Beck'scher
Bilanz-Kommentar

Beck'scher Bilanz-Kommentar

Handels- und Steuerbilanz
§§ 238 bis 339, 342 bis 342e HGB
mit IFRS-Abweichungen

herausgegeben von

Prof. Dr. Gerhart Förschle
Wirtschaftsprüfer und Steuerberater
in Frankfurt a. M.

Prof. Dr. Bernd Grottel
Wirtschaftsprüfer und Steuerberater
in München

Dr. Stefan Schmidt
Wirtschaftsprüfer und Steuerberater
in Frankfurt a. M.

Wolfgang J. Schubert
Wirtschaftsprüfer und Steuerberater
in München

Prof. Dr. Norbert Winkeljohann
Wirtschaftsprüfer und Steuerberater
in Frankfurt a. M.

9., neubearbeitete Auflage

des von

Dr. Wolfgang Dieter Budde
Wirtschaftsprüfer, Rechtsanwalt
und Steuerberater

Dr. Hermann Clemm
Wirtschaftsprüfer, Rechtsanwalt
und Steuerberater

Dr. Max Pankow †
Wirtschaftsprüfer und Steuerberater

Prof. Dr. Manfred Sarx †
Wirtschaftsprüfer und Steuerberater

begründeten Kommentars

Verlag C. H. Beck München 2014

Zitierweise: *Verfasser* in Beck Bil-Komm.

www.beck.de

ISBN 978 3 406 65720 7

© 2014 Verlag C. H. Beck oHG
Wilhelmstraße 9, 80801 München
Satz, Druck und Bindung: Druckerei C. H. Beck Nördlingen
(Adresse wie Verlag)

Gedruckt auf säurefreiem, alterungsbeständigem Papier
(hergestellt aus chlorfrei gebleichtem Zellstoff)

Verfasser

Prof. Dr. Gerrit Adrian
Steuerberater in Frankfurt a. M.

Prof. Dr. Christopher Almeling
Wirtschaftsprüfer in Bruchköbel

Prof. Dr. Kai C. Andrejewski
Wirtschaftsprüfer und Steuerberater in München

Dipl.-Kfm. Jens Briese LL. M. (taxation)
Wirtschaftsprüfer, Steuerberater und Certified Public Accountant in Hamburg

Dipl.-Kfm. Stephan Buchholz
Steuerberater in Hamburg

Dipl.-Kfm. Thomas Büssow
Wirtschaftsprüfer und Steuerberater in Frankfurt a. M.

Dipl.-Kfm. Michael Deubert
Wirtschaftsprüfer, Steuerberater und Certified Public Accountant in Frankfurt a. M.

Dr. Christian Feldmüller
Rechtsanwalt in Frankfurt a. M.

Prof. Dr. Gerhart Förschle
Wirtschaftsprüfer und Steuerberater in Frankfurt a. M.

Dipl.-Kfm. Stephan Gadek
Steuerberater in München

Prof. Dr. Bernd Grottel
Wirtschaftsprüfer und Steuerberater in München

Dr. Jochen Haußer
Rechtsanwalt, Wirtschaftsprüfer und Steuerberater in Hamburg

Stephan Heinz
Assessor in Frankfurt a. M.

Dr. Niels-Frithjof Henckel
Wirtschaftsprüfer und Steuerberater in Frankfurt a. M.

Dr. Heiko Hoffmann
Rechtsanwalt und Steuerberater in München

Verfasser

Dipl.-Kfm. Karl Hoffmann
Wirtschaftsprüfer, Steuerberater und Certified Public Accountant
in Königstein

Dipl.-Kfm. Franz Prinz zu Hohenlohe
Wirtschaftsprüfer, Steuerberater, Certified Public Accountant und
Fachberater für Internationales Steuerrecht in München

Dipl.-Kfm. Frank Huber
Wirtschaftsprüfer und Steuerberater in München

Dipl.-Kfm. Andreas Krämer
Wirtschaftsprüfer und Steuerberater in München

Dr. Markus Kreher
Wirtschaftsprüfer und Steuerberater in München

Dipl.-Kfm. Matthias Kroner
Wirtschaftsprüfer und Steuerberater in Frankfurt a. M.

Dipl.-Kfm. Thomas Küster
Wirtschaftsprüfer, Steuerberater und Certified Public Accountant
in Frankfurt a. M.

Sascha Kristina Larenz
Rechtsanwältin und Steuerberaterin in München

Dr. Lars Lawall
Rechtsanwalt und Steuerberater in Frankfurt a. M.

Dipl.-Kfm. Martin Leistner M.A. (WSU)
Wirtschaftsprüfer und Steuerberater in München

Dr. Stefan Lewe
Wirtschaftsprüfer und Steuerberater in Frankfurt a. M.

Dipl.-Betriebswirtin (FH) Christiane Pastor
Wirtschaftsprüferin, Steuerberaterin und Certified Public Accountant
in München

Dipl.-Kfm. Michael Peun
Frankfurt a. M.

Prof. Dr. Holger Philipps
Wirtschaftsprüfer und Steuerberater in Eppstein

Dr. Michael Poullie
Wirtschaftsprüfer und Steuerberater in Düsseldorf

Prof. Dr. Raimund Rhiel
Aktuar in Marburg

Verfasser

Dipl.-Wirt.Ing. Mariella Röhm-Kottmann
Wirtschaftsprüferin und Steuerberaterin in München

Dipl.-Kfm. Norbert Ries
Wirtschaftsprüfer und Steuerberater in Frankfurt a. M.

Dipl.-Kfm. Dirk Rimmelspacher
Wirtschaftsprüfer und Steuerberater in Frankfurt a. M.

Dipl.-Betriebswirt (FH) Klaus Roscher
Wirtschaftsprüfer und Steuerberater in München

Prof. Dr. Mathias Schellhorn
Wirtschaftsprüfer und Steuerberater in Hannover

Dr. Stefan Schmidt
Wirtschaftsprüfer und Steuerberater in Frankfurt a. M.

Dipl.-Kfm. Wolfgang J. Schubert
Wirtschaftsprüfer und Steuerberater in München

Dr. Richard Staudacher
Rechtsanwalt, Steuerberater und Fachanwalt für Steuerrecht in München

Dr. Tobias Taetzner
Wirtschaftsprüfer und Steuerberater in Frankfurt a. M.

Dipl.-Kfm. Rainer Usinger
Wirtschaftsprüfer und Steuerberater in Frankfurt a. M.

Prof. Dr. Norbert Winkeljohann
Wirtschaftsprüfer und Steuerberater in Frankfurt a. M.

Vorwort zur 9. Auflage

Die 9. Auflage des *Beck'schen Bilanz-Kommentars* wurde vollständig überarbeitet und – soweit erforderlich – um die gesetzlichen Neuregelungen ergänzt. Neben der Berücksichtigung der seit der Vorauflage ergangenen Rechtsprechung sowie der erschienenen umfangreichen Literatur und zahlreichen Kommentierungen, die sich mit Anwendungs- und Zweifelsfragen der durch das BilMoG geänderten Vorschriften befassen, lag ein Schwerpunkt der Überarbeitung in der Berücksichtigung der aktuellen **Gesetzesänderungen** im Bereich des Handels- und Steuerbilanzrechts. Zu nennen ist zunächst das *Kleinstkapitalgesellschaften-Bilanzrechtsänderungsgesetz (MicroBilG)*, das Kleinstkapital- und Kleinstpersonenhandelsgesellschaften i. S. d. § 267a HGB ermöglicht, eine verkürzte Bilanz und Gewinn- und Verlustrechnung aufzustellen und auf die Aufstellung eines Anhangs zu verzichten, sowie zusätzlich Offenlegungserleichterungen gewährt. Berücksichtigt wurden ferner die (redaktionellen) Änderungen durch das Gesetz zur Umsetzung der Richtlinie 2011/61/EU über die Verwalter alternativer Investmentsfonds *(AIFM-Umsetzungsgesetz)* in den §§ 285 Nr. 26, 290 Abs. 2 Nr. 4 Satz 2 und 314 Abs. 1 Nr. 18 HGB. Kurz vor der Druckfreigabe des Werks hat der Bundesrat noch das *Gesetz zur Änderung des Handelsgesetzbuchs* gebilligt, mit dem insbesondere die Mindestordnungsgelder gesenkt sowie in § 335a HGB n. F. ein (Revisions-)Verfahren für Offenlegungsentscheidungen geschaffen wird. Da das Inkrafttreten des Gesetzes bei Drucklegung des *Beck'schen Bilanz-Kommentars* noch nicht feststand, liegt der Kommentierung der von der Neuregelung betroffenen Vorschriften der Stand zum 1. Oktober 2013 zugrunde. Zusätzlich wird kurz auch die künftige gesetzliche Regelung darstellt.

Die seit der Vorauflage verabschiedeten neuen **IDW-Standards** zur Rechnungslegung und Prüfung bildeten einen weiteren Schwerpunkt bei der Überarbeitung des *Beck'schen Bilanz-Kommentars*. Soweit dies möglich war, wurden auch schon die in Folge der BilMoG-Änderungen veröffentlichten Entwürfe bzw. Neufassungen von IDW-Standards in der Kommentierung berücksichtigt. In die Kommentierung eingearbeitet wurden außerdem die seit der Vorauflage bekannt gemachten **DRSC-Standards,** namentlich DRS 20 Konzernlagebericht und DRS 16 (2012) Zwischenberichterstattung. Ferner werden wesentliche Änderungen des E-DRS 28 Kapitalflussrechnung auch schon in § 297 HGB im Überblick dargestellt.

Die Kommentierung der wesentlichen Abweichungen der **International Financial Reporting Standards** *(IFRS)* zu den handelsrechtlichen Vorschriften wurde um neue Standards sowie um neue Interpretationen des *International Financial Reporting Interpretations Committee (IFRIC)* ergänzt und unter Berücksichtigung der zwischenzeitlich erschienenen Literatur überarbeitet. Bei der Darstellung der Unterschiede und sonstigen Besonderheiten wurden jeweils die bis zum 30. Juni 2013 nach Abschluss des Komitologieverfahrens durch EU-VO in das europäische Bilanzrecht übernommenen Fassungen der Standards zugrunde gelegt.

In die **steuerrechtliche Kommentierung** wurden neben Gesetzesänderungen, z. B. das Jahressteuergesetz, vor allem aktuelle BMF-Schreiben mit bilanzsteuerrechtlichem Bezug sowie die aktuelle BFH-Rechtsprechung eingearbeitet.

Wegen ergänzender Ausführungen zu **Sonderthemen** (z. B. Eröffnungsbilanzen, Schlussbilanzen bei Umwandlungsvorgängen und Übernahmebilanzierung sowie Abwicklungs-/Liquidationsrechnungslegung) wird auf die in Vorbereitung befind-

Vorwort zur 9. Auflage

liche 5. Auflage der „*Sonderbilanzen*" verwiesen, die voraussichtlich im Sommer 2014 erscheinen wird.

Die Ausführungen in der 9. Auflage berücksichtigen den **Stand** der Gesetzgebung, Rechtsprechung und Literatur zum *1. Oktober 2013*.

Herr *Dr. Helmut Ellrott*, der bereits seit der 1. Auflage des *Beck'schen Bilanz-Kommentars* zu dessen Verfasserkreis gehörte, ist als Herausgeber ausgeschieden. Als Verfasser u. a. der Vorschriften zum (Konzern-)Anhang und (Konzern-)Lagebericht hat er seine langjährige Berufserfahrung in die Kommentierung einfließen lassen. Darüber hinaus haben seine konstruktiven und stets praxisrelevanten Hinweise zu den Manuskripten über viele Auflagen ganz maßgeblich zur inhaltlichen Verbesserung der Kommentierungen beigetragen. Hierfür danken wir ihm an dieser Stelle, auch im Namen aller Verfasser, noch einmal ganz ausdrücklich. Aus dem Herausgeberkreis ausgeschieden ist auch Herr *Michael Kozikowski*, dem wir ebenfalls für seine wertvolle Mitwirkung an den Vorauflagen des *Beck'schen Bilanz-Kommentars* danken. Neu zum Herausgeberkreis hinzugekommen ist Herr *Wolfgang J. Schubert*, der auch schon bisher zum Verfasserkreis des *Beck'schen Bilanz-Kommentars* gehörte.

Besonders möchten wir allen Verfassern danken, ohne deren großes – weitgehend zu Lasten der Freizeit gehendes – Engagement es nicht möglich gewesen wäre, den straffen Zeitplan zur Überarbeitung der 9. Auflage des *Beck'schen Bilanz-Kommentars* einzuhalten. Dies gilt ausdrücklich auch für Frau *Dr. Beate Eibelshäuser*, Herrn *Dipl.-Kfm. Daniel Göbel*, Frau *Dipl.-Kffr. Bettina Holland*, Frau *Dipl.-Kffr. Kerstin Kuppelwieser*, Frau *Dipl.-Kffr. Christina Koellner*, Herrn *M. Sc. Matthias Koeplin*, Herrn *Dipl.-Kfm. Ulrich Niklas*, Frau *Dipl.-Kffr. Julia Kaub* und Herrn *Dipl. iur. oec. univ. Frieder Mörwald*, die mit großem Einsatz bei der Überarbeitung einiger Kommentierungen mitgewirkt haben.

Frau *Sandra Roland LL. M.* sowie Herrn *Dipl.-Kfm. Christian Rothfelder* danken wir für ihre umsichtige Mitarbeit bei der Redaktion des Werks. Unser ganz besonderer Dank gilt in diesem Zusammenhang schließlich Herrn *Dipl.-Kfm. Michael Deubert*, der wieder mit viel Engagement die Gesamtredaktion des Werks übernommen hat.

Den Mitarbeitern des Beck-Verlags und dem zuständigen Lektor, Herrn *Dr. Adrian Hans*, danken wir für die professionelle Betreuung während der Entstehung dieser Auflage.

Wir hoffen sehr, dass auch die 9. Auflage des *Beck'schen Bilanz-Kommentars* – ebenso wie die vorangegangenen Auflagen – von unseren Lesern positiv aufgenommen und ihnen bei ihrer praktischen Arbeit von Nutzen sein wird. Anregungen zu den hier behandelten Themen und Hinweise zu etwaigen noch nicht behandelten Zweifelsfragen, die aus der praktischen Arbeit mit dem *Beck'schen Bilanz-Kommentar* resultieren, sind den Herausgebern und Verfassern jederzeit willkommen und können unter folgender E-Mail-Adresse *Redaktion_BeBiKo@Beck.de* an die Redaktion gerichtet werden.

Frankfurt am Main/München, im Oktober 2013

Prof. Dr. Gerhart Förschle *Prof. Dr. Bernd Grottel*
Dr. Stefan Schmidt *Wolfgang J. Schubert*
Prof. Dr. Norbert Winkeljohann

Vorwort zur 1. Auflage

Mit diesem „Bilanzkommentar" verfolgen wir eine neue Idee. Wir versuchen, nebeneinander die Vorschriften über die handelsrechtliche Rechnungslegung und die steuerliche Gewinnermittlung zu erläutern, und dies in kompakter, auf den täglichen Gebrauch des Praktikers zugeschnittener Form.

Als Ordnungsprinzip dienten uns dabei die handelsrechtlichen Vorschriften in ihrer neuesten Fassung, wie sie durch das Bilanzrichtlinien-Gesetz vom 19. Dezember 1985 in das Handelsgesetzbuch als Drittes Buch eingefügt worden sind. Dabei haben wir neben den handelsrechtlichen Bilanzierungs- und Bewertungsregeln jeweils auch die steuerlichen Besonderheiten unter Berücksichtigung von Rechtsprechung und Literatur kommentiert.

Um dem Bilanz-Praktiker entgegenzukommen, haben wir auch die über die reinen Bilanzierungsregeln hinausgehenden Vorschriften zum Anhang und zum Lagebericht miterläutert. Nicht behandelt sind hingegen die Vorschriften über die Abschlussprüfung sowie – einstweilen – über die Offenlegung und Konzernrechnungslegung. Der Kommentar berücksichtigt auch nicht Sonderfragen der Rechnungslegung von Kreditinstituten und Versicherungsunternehmen.

Dem Zweck als Kommentar für die Tagespraxis entsprechend, haben wir auf ausführliche Erörterungen wissenschaftlicher Theorien verzichtet.

Unser Buch erscheint – auch auf Wunsch des Verlages – sehr kurz nach Inkrafttreten des Bilanzrichtlinien-Gesetzes, das eine Fülle neuer Fragen aufgeworfen hat. Zwangsläufig konnten wir uns daher nur wenig auf die Meinung anderer Autoren stützen. Wir mussten uns oft selbst zu einer Meinung durchringen. Der nun in Gang kommende Meinungsbildungs-Prozess in Theorie, Rechtsprechung und Praxis kann „herrschende" Meinungen hervorbringen, die uns möglicherweise zu späteren Korrekturen oder Ergänzungen veranlassen werden.

Abzusehen ist, dass ein emsiger Gesetzgeber, eine mehr an vermeintlicher „Gerechtigkeits-Perfektion" als an Rechtssicherheit orientierte Rechtsprechung und eine nicht minder regelungs-aktive Finanzverwaltung uns weiterhin mit Neuerungen überraschen werden, die bisherige Regelungen und gefestigte Meinungen obsolet werden lassen. Wir leben ja in einer Zeit vielfältiger Aktivismen. Auf dem Gebiete der Rechnungslegung einschließlich der steuerlichen Gewinnermittlung herrscht dabei noch immer die Tendenz zu stets perfekterer und angeblich „genauerer" Periodenerfolgs-Ermittlung. Das versetzt den erfahrenen Bilanz-Praktiker allerdings in Erstaunen. Er weiß nämlich, dass die Werte vieler gewichtiger Bilanzposten in Wahrheit nicht genau ermittelbar sind, weil sie notwendigerweise auf Prognosen und Schätzungen beruhen. Überdies bestehen – auch über ausdrücklich eingeräumte Bilanzierungs- und Bewertungswahlrechte hinaus – vielerlei Möglichkeiten, durch tatsächliche und rechtliche Gestaltungen legal Einfluss auf die Höhe der nach unseren handels- und steuerrechtlichen Bilanzierungsregeln zu ermittelnden Periodenfolge zu nehmen. Alle diese Maßnahmen und Schätzungen ändern zwar meist nichts am Gesamterfolg des Unternehmens, wohl aber – in häufig erheblichem Umfang – an dessen Periodisierung.

Fraglich ist, welchen Einfluss und welche Bedeutung die aus dem angelsächsischen Recht ins Bilanzrichtlinien-Gesetz übernommene Forderung erlangen wird, der Jahresabschluss einer Kapitalgesellschaft habe „ein den tatsächlichen Verhältnissen entsprechendes Bild der Vermögens-, Finanz- und Ertragslage" zu vermitteln. Sicher wird damit der Erwartungshorizont der Adressaten der Jahres-

Vorwort zur 1. Auflage

abschlüsse erweitert; ob und welche Änderungen sich hieraus gegenüber dem bisherigen Recht ergeben, ist einstweilen auch unter Fachleuten zweifelhaft.

Ziemlich sicher dürfte sein, dass Jahresabschlüsse auch künftig nur selten ein wirklich zuverlässiges Urteil über die Gesundheit und Kreditwürdigkeit, kurz: über die „Gesamtsituation", erlauben werden, da diese von Fakten abhängen kann, die sich nicht zwangsläufig sogleich im Rechnungswesen niederschlagen, wie z.B. langfristig wirkende Entscheidungen auf den Gebieten Produktgestaltung einschließlich Forschung und Entwicklung, Vertrieb und Personalpolitik. Wir befinden uns wohl alle noch in einem Lernprozess darüber, was ein Jahresabschluss zuverlässig aussagen kann und muss. Nichtsdestoweniger haben wir die teils neuen, teils alten Rechnungslegungs-Regeln einschließlich der steuerlichen Besonderheiten zu beachten, wozu unser Kommentar Hilfestellung geben will.

Wir bedanken uns herzlich bei unseren – an anderer Stelle genannten – Mitarbeitern, die uns Vorentwürfe zu fast allen Kapiteln erarbeitet haben; ohne ihre Mitwirkung hätte dieser Kommentar von Praktikern, deren Tagesarbeit ihnen wenig Zeit für wissenschaftliche Tätigkeit lässt, nicht entstehen können. Dank auch an den Verleger und seine Mitarbeiter, insbesondere Herrn *Albert Buchholz*, der uns bei der Konzeption des Buches ebenso wie in vielen Einzelfragen wirksam unterstützt hat.

Wir hoffen auf eine wohlwollende Aufnahme bei unseren Lesern und bitten um Anregungen – Kritik eingeschlossen.

Im Mai 1986   Die Verfasser

Inhaltsverzeichnis

Abkürzungsverzeichnis XIX

Drittes Buch. Handelsbücher

Erster Abschnitt. Vorschriften für alle Kaufleute

Erster Unterabschnitt. Buchführung. Inventar

§ 238	Buchführungspflicht	1
§ 239	Führung der Handelsbücher	24
§ 240	Inventar	33
§ 241	Inventurvereinfachungsverfahren	51
§ 241 a	Befreiung von der Pflicht zur Buchführung und Erstellung eines Inventars	61

Zweiter Unterabschnitt. Eröffnungsbilanz. Jahresabschluss

Erster Titel. Allgemeine Vorschriften

§ 242	Pflicht zur Aufstellung	65
§ 243	Aufstellungsgrundsatz	69
§ 244	Sprache. Währungseinheit	92
§ 245	Unterzeichnung	95

Zweiter Titel. Ansatzvorschriften

§ 246	Vollständigkeit. Verrechnungsverbot	99
§ 247	Inhalt der Bilanz	136
	Exkurs 1: Gewinn- und Verlustrechnung für Einzelkaufleute und reine Personengesellschaften	201
	Exkurs 2: Die Steuerbilanz der Personengesellschaft/Mitunternehmerschaft	215
§ 248	Bilanzierungsverbote und -wahlrechte	246
	Exkurs: Bilanzielle Behandlung von Emissionsberechtigungen und emissionsbedingten Verpflichtungen	255
§ 249	Rückstellungen	258
§ 250	Rechnungsabgrenzungsposten	380
§ 251	Haftungsverhältnisse	392

Dritter Titel. Bewertungsvorschriften

§ 252	Allgemeine Bewertungsgrundsätze	411
§ 253	Zugangs- und Folgebewertung	438
	Exkurs: Bilanzberichtigung/Bilanzänderung	565
§ 254	Bildung von Bewertungseinheiten	575
	Exkurs: Optionen, Termingeschäfte, Zinsswaps, Wertpapier-Leihgeschäfte	591
§ 255	Bewertungsmaßstäbe	605
§ 256	Bewertungsvereinfachungsverfahren	720
§ 256 a	Währungsumrechnung	744

Dritter Unterabschnitt. Aufbewahrung und Vorlage

§ 257	Aufbewahrung von Unterlagen. Aufbewahrungsfristen	775
§ 258	Vorlegung im Rechtsstreit	784
§ 259	Auszug bei Vorlegung im Rechtsstreit	786
§ 260	Vorlegung bei Auseinandersetzungen	787
§ 261	Vorlegung von Unterlagen auf Bild- oder Datenträgern	788

Inhalt

Vierter Unterabschnitt. Landesrecht
§ 262 *(aufgehoben)*
§ 263 Vorbehalt landesrechtlicher Vorschriften 789

Zweiter Abschnitt. Ergänzende Vorschriften für Kapitalgesellschaften (Aktiengesellschaften, Kommanditgesellschaften auf Aktien und Gesellschaften mit beschränkter Haftung) sowie bestimmte Personenhandelsgesellschaften

Erster Unterabschnitt. Jahresabschluss der Kapitalgesellschaft und Lagebericht

Erster Titel. Allgemeine Vorschriften
§ 264 Pflicht zur Aufstellung 791
§ 264a Anwendung auf bestimmte offene Handelsgesellschaften und Kommanditgesellschaften 837
§ 264b Befreiung von der Pflicht zur Aufstellung eines Jahresabschlusses nach den für Kapitalgesellschaften geltenden Vorschriften 845
§ 264c Besondere Bestimmungen für offene Handelsgesellschaften und Kommanditgesellschaften im Sinne des § 264a 863
Exkurs: Übergang der Rechnungslegung von Vorschriften für Personenhandelsgesellschaften zu Vorschriften für Kapitalgesellschaften oder bestimmten Personenhandelsgesellschaften 876
§ 264d Kapitalmarktorientierte Kapitalgesellschaft 880
§ 265 Allgemeine Grundsätze für die Gliederung 884

Zweiter Titel. Bilanz
§ 266 Gliederung der Bilanz 894
Exkurs: Bilanzformate der E-Bilanz 940
§ 267 Umschreibung der Größenklassen 952
§ 267a Kleinstkapitalgesellschaften 963
§ 268 Vorschriften zu einzelnen Posten der Bilanz. Bilanzvermerke 967
§ 269 *(aufgehoben)*
§ 270 Bildung bestimmter Posten 1000
§ 271 Beteiligungen. Verbundene Unternehmen 1006
Exkurs: Verbundene Unternehmen im Steuerrecht (Organschaft) 1020
§ 272 Eigenkapital 1035
Exkurs 1: Verdeckte Einlagen 1092
Exkurs 2: Aktienoptionspläne 1109
§ 273 *(aufgehoben)*
§ 274 Latente Steuern 1116
Exkurs: Überleitung von der Handelsbilanz zur Steuerbilanz 1145
§ 274a Größenabhängige Erleichterungen 1173

Dritter Titel. Gewinn- und Verlustrechnung
§ 275 Gliederung 1176
§ 276 Größenabhängige Erleichterungen 1264
§ 277 Vorschriften zu einzelnen Posten der Gewinn- und Verlustrechnung 1266
§ 278 Steuern 1275
Exkurs 1: Verdeckte Gewinnausschüttungen 1279
Exkurs 2: Sachdividenden 1288

Vierter Titel. Bewertungsvorschriften
§§ 279–283 *(aufgehoben)*

Fünfter Titel. Anhang
§ 284 Erläuterung der Bilanz und der Gewinn- und Verlustrechnung 1294
§ 285 Sonstige Pflichtangaben 1338
§ 286 Unterlassen von Angaben 1449
§ 287 *(aufgehoben)*
§ 288 Größenabhängige Erleichterungen 1457

Inhalt

Sechster Titel. Lagebericht
§ 289 Lagebericht 1462
Exkurs: Abhängigkeitsbericht 1502
§ 289a Erklärung zur Unternehmensführung 1535

Zweiter Unterabschnitt. Konzernabschluß und Konzernlagebericht

Erster Titel. Anwendungsbereich
§ 290 Pflicht zur Aufstellung 1544
§ 291 Befreiende Wirkung von EU/EWR-Konzernabschlüssen 1567
§ 292 Rechtsverordnungsermächtigung für befreiende Konzernabschlüsse und Konzernlageberichte 1575
§ 292a *(aufgehoben)*
§ 293 Größenabhängige Befreiungen 1584

Zweiter Titel. Konsolidierungskreis
§ 294 Einzubeziehende Unternehmen. Vorlage- und Auskunftspflichten 1591
§ 295 *(aufgehoben)*
§ 296 Verzicht auf die Einbeziehung 1600

Dritter Titel. Inhalt und Form des Konzernabschlusses
§ 297 Inhalt 1617
§ 298 Anzuwendende Vorschriften. Erleichterungen 1655
§ 299 Stichtag für die Aufstellung 1680

Vierter Titel. Vollkonsolidierung
§ 300 Konsolidierungsgrundsätze. Vollständigkeitsgebot 1692
§ 301 Kapitalkonsolidierung 1704
§ 302 *(aufgehoben)*
§ 303 Schuldenkonsolidierung 1804
§ 304 Behandlung der Zwischenergebnisse 1819
§ 305 Aufwands- und Ertragskonsolidierung 1829
§ 306 Latente Steuern 1837
§ 307 Anteile anderer Gesellschafter 1849

Fünfter Titel. Bewertungsvorschriften
§ 308 Einheitliche Bewertung 1866
§ 308a Umrechnung von auf fremde Währung lautenden Abschlüssen ... 1878
§ 309 Behandlung des Unterschiedsbetrags 1895

Sechster Titel. Anteilmäßige Konsolidierung
§ 310 Anteilmäßige Konsolidierung 1907

Siebenter Titel. Assoziierte Unternehmen
§ 311 Definition. Befreiung 1923
§ 312 Wertansatz der Beteiligung und Behandlung des Unterschiedsbetrags ... 1929

Achter Titel. Konzernanhang
§ 313 Erläuterung der Konzernbilanz und der Konzern-Gewinn- und Verlustrechnung. Angaben zum Beteiligungsbesitz 1954
§ 314 Sonstige Pflichtangaben 1988

Neunter Titel. Konzernlagebericht
§ 315 Konzernlagebericht 2015

Zehnter Titel. Konzernabschluss nach internationalen Rechnungslegungsstandards
§ 315a Konzernabschluss nach internationalen Rechnungslegungsstandards ... 2027

Inhalt

Dritter Unterabschnitt. Prüfung

§ 316	Pflicht zur Prüfung	2033
§ 317	Gegenstand und Umfang der Prüfung	2039
§ 318	Bestellung und Abberufung des Abschlussprüfers	2093
	Vor § 319	2118
§ 319	Auswahl der Abschlussprüfer und Ausschlussgründe	2124
§ 319a	Besondere Ausschlussgründe bei Unternehmen von öffentlichem Interesse	2148
§ 319b	Netzwerk	2160
§ 320	Vorlagepflicht. Auskunftsrecht	2166
§ 321	Prüfungsbericht	2177
§ 321a	Offenlegung des Prüfungsberichts in besonderen Fällen	2223
§ 322	Bestätigungsvermerk	2228
§ 323	Verantwortlichkeit des Abschlussprüfers	2266
§ 324	Prüfungsausschuss	2308
§ 324a	Anwendung auf den Einzelabschluss nach § 325 Abs. 2a	2317

Vierter Unterabschnitt. Offenlegung. Prüfung durch den Betreiber des elektronischen Bundesanzeigers

	Vor § 325: Prüfung durch den Aufsichtsrat. Feststellung des Jahresabschlusses. Billigung des IFRS-Einzelabschlusses. Billigung des Konzernabschlusses. Gewinnverwendung	2321
§ 325	Offenlegung	2362
§ 325a	Zweigniederlassungen von Kapitalgesellschaften mit Sitz im Ausland	2387
§ 326	Größenabhängige Erleichterungen für kleine Kapitalgesellschaften bei der Offenlegung	2393
§ 327	Größenabhängige Erleichterungen für mittelgroße Kapitalgesellschaften bei der Offenlegung	2404
§ 327a	Erleichterung für bestimmte kapitalmarktorientierte Kapitalgesellschaften	2408
§ 328	Form und Inhalt der Unterlagen bei der Offenlegung, Veröffentlichung und Vervielfältigung	2410
§ 329	Prüfungs- und Unterrichtungspflicht des Betreibers des elektronischen Bundesanzeigers	2419

Fünfter Unterabschnitt. Verordnungsermächtigung für Formblätter und andere Vorschriften

§ 330	Formblattermächtigung. Weitere Ermächtigungen	2423

Sechster Unterabschnitt. Straf- und Bußgeldvorschriften. Ordnungsgelder

§ 331	Unrichtige Darstellung	2433
§ 332	Verletzung der Berichtspflicht	2450
§ 333	Verletzung der Geheimhaltungspflicht	2460
§ 334	Bußgeldvorschriften	2468
§ 335	Festsetzung von Ordnungsgeld	2479
§ 335a	Beschwerde gegen die Festsetzung von Ordnungsgeld; Rechtsbeschwerde; Verordnungsermächtigung	2488
§ 335b	Anwendung der Straf- und Bußgeld- sowie der Ordnungsgeldvorschriften auf bestimmte offene Handelsgesellschaften und Kommanditgesellschaften	2490

Dritter Abschnitt. Ergänzende Vorschriften für eingetragene Genossenschaften

§ 336	Pflicht zur Aufstellung von Jahresabschluss und Lagebericht	2491
§ 337	Vorschriften zur Bilanz	2499
§ 338	Vorschriften zum Anhang	2505
	Vor § 339: Vorlage des Jahresabschlusses. Abschlussprüfung. Feststellung des Jahresabschlusses. Gewinnverwendung	2508
§ 339	Offenlegung	2523

Inhalt

Fünfter Abschnitt. Privates Rechnungslegungsgremium; Rechnungslegungsbeirat

Vor § 342	2529
§ 342 Privates Rechnungslegungsgremium	2531
§ 342a Rechnungslegungsbeirat	2536

Sechster Abschnitt. Prüfstelle für Rechnungslegung

§ 342b Prüfstelle für Rechnungslegung	2539
§ 342c Verschwiegenheitspflicht	2555
§ 342d Finanzierung der Prüfstelle	2558
§ 342e Bußgeldvorschriften	2559

Einführungsgesetz zum Handelsgesetzbuch (EGHGB)

Zweiter Abschnitt. Übergangsvorschriften zum Bilanzrichtlinien-Gesetz

Art. 28 EGHGB [Pensionsrückstellungen für Altzusagen]	366

Neunundzwanzigster Abschnitt. Übergangsregelungen zum Bilanzrechtsmodernisierungsgesetz

Art. 67 [Übergangsvorschrift]	2561

Zweiunddreißigster Abschnitt. Übergangsvorschrift zum Kleinstkapitalgesellschaften-Bilanzrechtsänderungsgesetz

Art. 70 [Übergangsvorschrift zum Kleinstkapitalgesellschaften-Bilanzrechtsänderungsgesetz und zum HGB-Änderungsgesetz vom 4.10.2013]	2571

Dreiunddreißigster Abschnitt. Übergangsvorschriften zum AIFM-Umsetzungsgesetz

Art. 71 [Übergangsvorschrift zum AIFM-Umsetzungsgesetz]	2575
Stichwortverzeichnis	2577

Abkürzungsverzeichnis

aA	anderer Auffassung
AAB	Allgemeine Auftragsbedingungen für Wirtschaftsprüfer und Wirtschaftsprüfungsgesellschaften
aaO	am angegebenen Ort
AbhBer	Abhängigkeitsbericht
abhUnt	abhängige(s) Unternehmen
ABl EU	Amtsblatt der Europäischen Union (bis 31.1. 2003 Amtsblatt der Europäischen Gemeinschaften (Abl. EG))
Abs	Absatz
ABS	Asset Backed Securities
Abschn	Abschnitt
abw	abweichend(e)
abzgl	abzüglich
ACI	Audit Committee Institute
ADS	Adler/Düring/Schmaltz, Rechnungslegung und Prüfung der Unternehmen, 6. Auflage, Stuttgart, ab 1995
ADS (ErgBd)	Adler/Düring/Schmaltz, Rechnungslegung und Prüfung der Unternehmen, Ergänzungsband zur 6. Auflage, Stuttgart, 2001
ADS Int .	Adler/Düring/Schmaltz, Rechnungslegung nach Internationalen Standards (Loseblatt), Stuttgart
aE	am Ende
aF	alte Fassung
AfA	Absetzung für Abnutzung
AfaA	Absetzung für außergewöhnliche Abnutzung
afs	*available for sale* (zur Veräußerung verfügbar)
AfS	Absetzung für Substanzverringerung
AG	Aktiengesellschaft oder „Die Aktiengesellschaft" (Zeitschrift); auch Amtsgericht
AICPA	American Institute of Certified Public Accountants
AIFM-UmsG	Gesetz zur Umsetzung der Richtlinie 2011/61/EU über die Verwalter alternativer Investmentsfonds (AIFM-Umsetzungsgesetz), vom 4.7.2013, BGBl. I, 1981
AIG	Auslandsinvestitionsgesetz
AK	Anschaffungskosten
AKEIÜ	Arbeitskreis Externe und Interne Überwachung der Unternehmung der Schmalenbach-Gesellschaft – Deutsche Gesellschaft für Betriebswirtschaft e. V.
AK/HK	Anschaffungs- oder Herstellungskosten
AK Schmalenbach	Arbeitskreis der Schmalenbach-Gesellschaft – Deutsche Gesellschaft für Betriebswirtschaft e. V. (z. B. Externe Unternehmensrechnung)
AktG	Aktiengesetz
Alexander/Archer IFRS 2012	Alexander/Archer, International Accounting/Financial Reporting Standards Guide (2012), Kingston upon Thames, 2011
AltTZG	Altersteilzeitgesetz
aM	anderer Meinung
amend	*amended* (berichtigt)
ÄndG	Änderungsgesetz
Anm	Anmerkung (auch Tz, Rdnr)
AnSFuG	Anlegerschutz- und Funktionsverbesserungsgesetz, vom 5.4.2011, BGBl. I, 538.
AnwZpvV	Anwendungszeitpunktverschiebungsverordnung

Abkürzungen

ao	außerordentlich
AO	Abgabenordnung
AP	Abschlussprüfer
APAG	Abschlussprüferaufsichtsgesetz, vom 27.12.2004, BGBl. I, 3846
APAK	Abschlussprüferaufsichtskommission
APr	Abschlussprüfung
AR	Aufsichtsrat
Arge	Arbeitsgemeinschaft
arg ex	argumentum ex (folgt aus)
Art	Artikel
ARUG	Gesetz zur Umsetzung der Aktionärsrechterichtlinie, vom 4.8.2009, BGBl. I, 2479
ASC	Accounting Standards Codification
assozUnt	assoziierte(s) Unternehmen
AStG	Außensteuergesetz
ATZ	Altersteilzeit
AÜG	Arbeitnehmerüberlassungsgesetz
Aufl	Auflage
AusglPo	Ausgleichsposten
AVers	Altersversorgung
AVmG	Altersvermögensgesetz
AWV	Arbeitsgemeinschaft für Wirtschaftliche Verwaltung
Az	Aktenzeichen
Baetge JA	Baetge/Kirsch/Thiele, Bilanzen, 11. Auflage, Düsseldorf 2011
Baetge KA	Baetge/Kirsch/Thiele, Konzernbilanzen, 9. Auflage, Düsseldorf 2011
BaFin	Bundesanstalt für Finanzdienstleistungsaufsicht
BAG	Bundesarbeitsgericht
BAJ	Bundesamt für Justiz (s. auch BfJ)
BAK	Bundesaufsichtsamt für das Kreditwesen
BAnz	Bundesanzeiger
Baumbach/Hopt (*Bearbeiter* in)	Baumbach/Hopt, Kommentar zum Handelsgesetzbuch, 35. Auflage, München 2012
Baumbach/Hueck GmbHG (*Bearbeiter* in)	Baumbach/Hueck, Kommentar zum GmbH-Gesetz, 20. Auflage, München 2013
BAV	Bundesaufsichtsamt für das Versicherungswesen
BAW	Bundesaufsichtsamt für das Wertpapierwesen
BayObLG	Bayerisches Oberstes Landesgericht
BB	Betriebs-Berater (Zeitschrift)
BBK	Buchführung, Bilanz, Kostenrechnung, Zeitschrift für das gesamte Rechnungswesen
BC	Bilanzbuchhalter und Controller (Zeitschrift)
Bd	Band
BdF	Bundesminister der Finanzen (auch BMF)
BDI	Bundesverband der Deutschen Industrie
BdJ	Bundesminister der Justiz (auch BMJ)
BDSG	Bundesdatenschutzgesetz
Beck Handbuch GmbH (*Bearbeiter* in)	Beck'sches Handbuch der GmbH, Gesellschaftsrecht – Steuerrecht, hrsg. von Müller/Winkeljohann, 4. Auflage, München, 2009
Beck HdR (*Bearbeiter* in)	Beck'sches Handbuch der Rechnungslegung, hrsg. von Böcking/Castan/Heymann/Pfitzer/Scheffler (Loseblatt), München

Abkürzungen

Beck IFRS (*Bearbeiter* in)	Beck'sches IFRS-Handbuch, hrsg. von Bohl/Riese/Schlüter, 4. Auflage, München 2013
Begr	Begründung
Begr RegE	Begründung des Regierungsentwurfs
beizZW	beizulegender Zeitwert
Bem	Bemerkungen
Ber Merz ua	Beschlussempfehlung und Bericht des Rechtsausschusses zum Entwurf eines Gesetzes zur Modernisierung des Bilanzrechts (Bilanzrechtsmodernisierungsgesetz – BilMoG), BT-Drs. 16/12407
BerlinFG	Berlinförderungsgesetz
Bet	Beteiligung (auch in Zusammensetzungen zB BetUnt)
Betr; betr	Betreff; betrifft/betreffend
BetrAV	betriebliche Altersversorgung oder Mitteilungsblatt der Arbeitsgemeinschaft für betriebliche Altersversorgung
BetrAVG	Gesetz zur Verbesserung der betrieblichen Altersversorgung (Betriebsrentengesetz)
BetrVG	Betriebsverfassungsgesetz
BewDV	Durchführungsverordnung zum Bewertungsgesetz
BewEinh	Bewertungseinheit(en)
BewG	Bewertungsgesetz
BFA	Bankenfachausschuss des Instituts der Wirtschaftsprüfer in Deutschland e. V.
BFH	Bundesfinanzhof
BFHE	Sammlung der Entscheidungen des Bundesfinanzhofs, hrsg. von Mitgliedern des Bundesfinanzhofs
BFH/NV	Sammlung amtlich nicht veröffentlichter Entscheidungen des Bundesfinanzhofs (Zeitschrift)
BFinBl	Amtsblatt des Bundesfinanzministeriums
BfJ	Bundesamt für Justiz (s. auch BAJ)
BFuP	Betriebswirtschaftliche Forschung und Praxis (Zeitschrift)
BGB	Bürgerliches Gesetzbuch
BGBl	Bundesgesetzblatt
BGH	Bundesgerichtshof
BGHZ	Amtliche Sammlung von Entscheidungen des Bundesgerichtshofes in Zivilsachen
BHO	Bundeshaushaltsordnung
Bilanzrecht (*Bearbeiter* in)	Baetge/Kirsch/Thiele, Bilanzrecht, Handelsrecht mit Steuerrecht und den Regelungen des IASB (Loseblatt), Bonn/Berlin
BilKoG	Bilanzkontrollgesetz, vom 15.12.2004, BGBl. I, 3408
BilKoUmV	Bilanzkontrollkosten-Umlageverordnung
BilMoG	Gesetz zur Modernisierung des Bilanzrechts (Bilanzrechtsmodernisierungsgesetz – BilMoG), vom 25.5.2009, BGBl. I, 1102
BilReG	Bilanzrechtsreformgesetz, vom 4.12.2004, BGBl. I, 3166
BImSchG	Bundes-Immissionsschutzgesetz
BiRiLiG	Bilanzrichtlinien-Gesetz, vom 19.12.1985, BGBl. I, 2355
Blümich (*Bearbeiter* in)	Blümich, Kommentar zu EStG, KStG, GewStG, Nebengesetze, hrsg. von Heuermann/Brandis (Loseblatt), München
BMAS	Bundesminister/Bundesministerium für Arbeit und Soziales
BMF	Bundesminister der Finanzen/Bundesministerium der Finanzen
BMJ/BdJ	Bundesminister der Justiz (auch BdJ)
BMWI	Bundesminister/Bundesministerium für Wirtschaft und Technologie
BörsG	Börsengesetz
BörsZulVo	Börsenzulassungs-Verordnung
BoHdR	Neuauflage unter dem Titel: Rechnungslegung s. dort

Abkürzungen

Bp	Betriebsprüfung
BPGes/BPG	Buchprüfungsgesellschaft
BPg	Die steuerliche Betriebsprüfung (Zeitschrift)
Bp-Kartei	Betriebsprüfungs-Kartei
BPO	Betriebsprüfungsordnung
BR-Drs/BRat-Drs	Bundesrats-Drucksache
BReg	Bundesregierung
BRZ	Zeitschrift für Bilanzierung und Rechnungswesen
BS	Berufssatzung
Bsp(e)	Beispiel
bspw	beispielsweise
BStBl	Bundessteuerblatt
BT	Deutscher Bundestag
BT-Drs	Bundestags-Drucksache
Busse von Colbe/ Ordelheide	Busse von Colbe/Ordelheide/Gebhardt/Pellens, Konzernabschlüsse, 9. Auflage, Wiesbaden 2010
BuW	Betrieb und Wirtschaft (Zeitschrift)
BVerfG	Bundesverfassungsgericht
BVerfGE	Amtliche Sammlung von Entscheidungen des Bundesverfassungsgerichts
BVerwG	Bundesverwaltungsgericht
BVerwGE	Entscheidungen des Bundesverwaltungsgerichts
BVm	Bestätigungsvermerk
bzgl	bezüglich
bzw	beziehungsweise
CESR	Committee of the European Securities Regulators
cgu	*cash generating unit* (zahlungsmittelgenerierende Einheit)
CoE	Code of Ethics
CorpGov	Corporate Governance
Corporate Finance law	Corporate Finance law (Zeitschrift)
D	Draft (nur in Zusammensetzungen: zB IFRIC-D)
DB	Der Betrieb (Zeitschrift)
DBA	Doppelbesteuerungsabkommen
DBB	Deutsche Bundesbank
DBW	Die Betriebswirtschaft (Zeitschrift)
DCGK	Deutscher Corporate Governance Kodex
dementspr	dementsprechend
Der Schweizer Treuhänder	Der Schweizer Treuhänder (Zeitschrift)
dgl; desgl	dergleichen; desgleichen
dh	das heißt
Dipl-Kfm	Diplom-Kaufmann
Dipl-Kfr	Diplom-Kauffrau
Dipl-Vw	Diplom-Volkswirt
Diss	Dissertation
DJZ	Deutsche Juristenzeitung
DK	Der Konzern (Zeitschrift)
DM/DEM	Deutsche Mark
DMBilG	D-Markbilanzgesetz 1990
DMEB	DM-Eröffnungsbilanz
DNotZ	Deutsche Notar-Zeitung
Dötsch	Dötsch/Patt/Pung/Möhlenbrock, Umwandlungssteuerrecht. Umstrukturierung von Unternehmen – Verschmelzung – Spaltung – Formwechsel – Einbringung, 7. Auflage, Stuttgart 2012

Abkürzungen

Dötsch/Jost/Pung/Witt (*Bearbeiter* in)	Dötsch/Jost/Pung/Witt, Die Körperschaftsteuer, Kommentar (Loseblatt), Stuttgart
DPR	Deutsche Prüfstelle für Rechnungslegung
DrittelbG	Drittelbeteiligungsgesetz
Drs	Drucksache
DRS	Deutsche Rechnungslegung Standards (DRS), hrsg. vom DRSC (Loseblatt), Stuttgart
DRSC	Deutsches Rechnungslegungs Standards Committee e. V.
DSR	Deutscher Standardisierungsrat
DStJG Bd.	Jahrbuch Deutsche Steuerjuristische Gesellschaft e. V., Köln
DStR	Deutsches Steuerrecht (Zeitschrift)
DStR-E	Deutsches Steuerrecht-Entscheidungsdienst (Zeitschrift)
DStZ/A	Deutsche Steuerzeitung Ausgabe A (Zeitschrift)
DStZ/B	Deutsche Steuerzeitung Ausgabe B (Eildienst) (Zeitschrift)
DSWR	Datenverarbeitung. Steuer. Wirtschaft. Recht (Zeitschrift)
DV/DVO	Durchführungsverordnung
DVers	Direktversicherung
E	Entwurf (ggf. auch Exposure Draft)
EA	Einzelabschluss
EAV	Ergebnisabführungsvertrag
EB	Eröffnungsbilanz
eBAnz	elektronischer Bundesanzeiger
Ebenroth/Boujong/ Joost/Strohn (*Bearbeiter* in)	HGB, Handelsgesetzbuch: Kommentar, hrsg. von Joost/Strohn, 2. Auflage, München, Bd. I 2008, Bd. II 2009
ED	Exposure Draft
EDV	Elektronische Datenverarbeitung
E + E-Steuern	Steuern vom Einkommen und vom Ertrag
EFG	Entscheidungen der Finanzgerichte
EFRAG	European Financial Reporting Advisory Group
eG	eingetragene Genossenschaft
EG	Einführungsgesetz; Europäische Gemeinschaft (bis Oktober 1993)
EGAktG	Einführungsgesetz zum Aktiengesetz
EGAO	Einführungsgesetz zur AO
EGBGB	Einführungsgesetz zum Bürgerlichen Gesetzbuch
EGGmbHG	Einführungsgesetz zum Gesetz betreffend die Gesellschaften mit beschränkter Haftung
EGHGB	Einführungsgesetz zum Handelsgesetzbuch
EGInsO	Einführungsgesetz zur Insolvenzordnung
EG-Richtl	Richtlinie der Europäischen Gemeinschaft
EHUG	Gesetz über elektronische Handelsregister und Genossenschaftsregister sowie das Unternehmensregister, vom 15.11.2006, BGBl. I, 2553
EigAnVO	Eigenbetriebs- und Anstaltsverordnung
EigBG/EigBGes	Eigenbetriebsgesetz
EigVO	Eigenbetriebsverordnung
einschl	einschließlich
EK	Eigenkapital
EKfm/Ekfl	Einzelkaufmann/Einzelkaufleute
EMIR	European Market Infrastructure Regulation
Emmerich/Habersack	Aktien- und GmbH-Konzernrecht, 7. Auflage, München 2013
EndKons	Endkonsolidierung
entspr	entsprechend/e(n)
EntwLStG	Entwicklungsländer-Steuergesetz
EnWG	Energiewirtschaftsgesetz

Abkürzungen

EPS	Earnings per Share
ErbSt	Erbschaftsteuer
ErbStG	Erbschaftsteuer- und Schenkungsteuergesetz
ErgBd	Ergänzungsband
Erl	Erlass oder Erläuterung
ErstKons	Erstkonsolidierung
ESt	Einkommensteuer
EStÄndG	Einkommensteuer-Änderungsgesetz
EStB	Der Ertragsteuerberater (Zeitschrift)
EStDV	Einkommensteuer-Durchführungsverordnung
EStG	Einkommensteuergesetz
EStH	Hinweis zu Einkommensteuer-Richtlinien
EStR	Einkommensteuer-Richtlinien
EU	Europäische Union
EuGH	Europäischer Gerichtshof
€	Euro
EuroBilG	Euro-Bilanzgesetz, vom 10.12.2001, BGBl. I, 3414
EuroEG	Euro-Einführungsgesetz
e V	eingetragener Verein
evtl	eventuell
EVU	Energieversorgungsunternehmen
EW	Einheitswert
EWG	Europäische Wirtschaftsgemeinschaft (siehe auch EG, EU)
EWiR	Europäisches Wirtschaftsrecht (Zeitschrift)
EWR	Europäischer Wirtschaftsraum
EWS	Europäisches Wirtschafts- und Steuerrecht (Zeitschrift)
EWWU	Europäische Wirtschafts- und Währungsunion
f; ff	folgend; folgende
F	Framework
FA; FÄ	Finanzamt; Finanzämter
FAIT	Fachausschuss für Informationstechnologie des IDW
FAMA	Fachausschuss für moderne Abrechnungssysteme des Instituts der Wirtschaftsprüfer in Deutschland e. V.
FamFG	Gesetz über das Verfahren in Familiensachen und in den Angelegenheiten der freiwilligen Gerichtsbarkeit
FASB	Financial Accounting Standards Board (der Financial Accounting Foundation USA)
FB	Finanz Betrieb (Zeitschrift)
FG	Finanzgericht
FGG	Gesetz über die freiwillige Gerichtsbarkeit
FGO	Finanzgerichtsordnung
FinInst	Finanzinstrument(e)
FinVerw	Finanzverwaltung
FK	Fremdkapital
Fn	Fußnote
FN-IDW	Fachnachrichten des Instituts der Wirtschaftsprüfer in Deutschland e. V. (internes Mitteilungsblatt)
FörderGG	Fördergebietsgesetz
Förschle/Peemöller (*Bearbeiter* in)	Wirtschaftsprüfung und Interne Revision, Heidelberg, 2004
FR	Finanz-Rundschau (Zeitschrift)
FS	Festschrift
FS Baetge	Jahresabschluss und Jahresabschlussprüfung, Festschrift für Jörg Baetge, hrsg. von Fischer/Hömberg, Düsseldorf, 1997
FS Baetge 2007	Rechnungslegung und Wirtschaftsprüfung, Festschrift für Jörg Baetge, hrsg. von Kirsch/Thiele, Düsseldorf, 2007
FS Beisse	Handelsbilanzen und Steuerbilanzen, Festschrift für Heinrich Beisse, hrsg. von Budde/Moxter/Offerhaus, Düsseldorf, 1997

Abkürzungen

FS Brönner	Bilanzierung und Besteuerung der Unternehmen. Das Handels- und Steuerrecht auf dem Weg ins 21. Jahrhundert, Festschrift für Herbert Brönner, hrsg. von Jens Poll, Stuttgart, 2000
FS Budde	Rechnungslegung im Wandel, Festschrift für Wolfgang Dieter Budde, hrsg. von Förschle/Kaiser/Moxter, München, 1995
FS Claussen	Festschrift für Carsten Peter Claussen, hrsg. von Martens/Westermann/Zöllner, Köln u. a., 1997
FS Clemm	Rechnungslegung – Warum und Wie?, Festschrift für Hermann Clemm, hrsg. von Ballwieser u. a., München, 1996
FS Döllerer	Handels- und Steuerrecht, Festschrift für Georg Döllerer, hrsg. von Knobbe-Keuk/Klein/Moxter, Düsseldorf, 1988
FS Forster	Rechnungslegung – Entwicklungen bei Bilanzierung und Prüfung von Kapitalgesellschaften, Festschrift für Karl-Heinz Forster, hrsg. von Moxter/Müller/Windmöller/v. Wysocki, Düsseldorf, 1992
FS Goerdeler	Bilanz- und Konzernrecht, Festschrift für Reinhard Goerdeler, hrsg. von Havermann, Düsseldorf, 1987
FS Havermann	Internationale Wirtschaftsprüfung, Festschrift für Hans Havermann, hrsg. von Lanfermann, Düsseldorf, 1995
FS Hoffmann-Becking	Festschrift für Michael Hoffmann-Becking zum 70. Geburtstag, hrsg. von Krieger/Lutter/Schmidt, München, 2013
FS Hommelhoff	Festschrift für Peter Hommelhoff zum 70. Geburtstag, hrsg. von Erle/Goette/Kleindiek u. a., Köln, 2012
FS Hüffer	Festschrift für Uwe Hüffer zum 70. Geburtstag, hrsg. von Kindler/Koch/Ulmer/Winter, München, 2010
FS Krawitz	Besteuerung, Rechnungslegung und Prüfung der Unternehmen, hrsg. von Baumhoff/Dücker/Köhler, Wiesbaden, 2010
FS Kropff	Aktien- und Bilanzrecht, Festschrift für Bruno Kropff, hrsg. von Forster/Grunewald/Lutter/Semler, Düsseldorf, 1997
FS Lück	Wirtschaftsprüfung und Unternehmensüberwachung, Festschrift für Wolfgang Lück, hrsg. von Wollmert/Schönbrunn/Jung/Siebert/Henke, Düsseldorf, 2003
FS Ludewig	Rechnungslegung Prüfung und Beratung – Herausforderung für den Wirtschaftsprüfer, Festschrift für Rainer Ludewig, hrsg. von Baetge/Börner/Forster/Schruff, Düsseldorf, 1996
FS Matschke	Unternehmungswert und Rechnungswesen, Festschrift für Manfred Jürgen Matschke, hrsg. von Hering/Klingehöfer/Koch, Wiesbaden 2008
FS Moxter	Bilanzrecht und Kapitalmarkt, Festschrift für Adolf Moxter, hrsg. von Ballwieser/Böcking/Drukarczyk/Schmidt, Düsseldorf, 1994
FS W. Müller	Gesellschaftsrecht. Rechnungslegung. Steuerrecht., Festschrift für Welf Müller, hrsg. von Hommelhoff/Zätzsch/Erle, München, 2001
FS Schaumburg	Steuerzentrierte Rechtsberatung, Festschrift für Harald Schaumburg, hrsg. von Spindler/Tipke/Rödder, Köln, 2009
FS Strobel	Die deutsche Rechnungslegung und Wirtschaftsprüfung im Umbruch, Festschrift für Prof. Dr. Wilhelm Strobel, hrsg. von Freidank, München, 2001
FS von Wallis	Der Bundesfinanzhof und seine Rechtsprechung. Grundfragen. Grundlagen, Festschrift für Hugo von Wallis, Bonn, 1985
FS v Wysocki	Der Wirtschaftsprüfer im Schnittpunkt nationaler und internationaler Entwicklungen, Festschrift für Klaus v. Wysocki, hrsg. von Gross, Düsseldorf, 1985
FuE	Forschung und Entwicklung
GBO	Grundbuchordnung
GbR	Gesellschaft bürgerlichen Rechts

Abkürzungen

GEFIU	Gesellschaft für Finanzwissenschaft in der Unternehmensführung e. V.
gem	gemäß
GemUnt	Gemeinschaftsunternehmen
GenG	Gesetz betreffend die Erwerbs- und Wirtschaftsgenossenschaften (Genossenschaftsgesetz)
Ges	Gesellschaft (auch in Zusammensetzungen z. B. GesVermögen)
Gester	Gesellschafter
GesV	Gesellschafterversammlung
GewESt	Gewerbeertragsteuer
GewO	Gewerbeordnung
GewSt	Gewerbesteuer
GewStDV	Gewerbesteuer-Durchführungsverordnung
GewStG	Gewerbesteuergesetz
GewStR	Gewerbesteuer-Richtlinien
GFW	Geschäfts- oder Firmenwert
GG	Grundgesetz
ggf	gegebenenfalls
ggü	gegenüber
Gj	Geschäftsjahr
glA	gleicher Auffassung
GmbH	Gesellschaft mit beschränkter Haftung
GmbHG	Gesetz betreffend die Gesellschaften mit beschränkter Haftung
GmbHR	GmbH-Rundschau (Zeitschrift)
GoA	Grundsätze ordnungsmäßiger Abschlussprüfung
GoB	Grundsätze ordnungsmäßiger Buchführung
GoBS	Grundsätze ordnungsmäßiger DV-gestützter Buchführungssysteme
GoI	Grundsätze ordnungsmäßiger Inventur
GoS	Grundsätze ordnungsmäßiger Speicherbuchführung
grds	grundsätzlich
GrESt	Grunderwerbsteuer
GrEStG	Grunderwerbsteuergesetz
Großkomm AktG (*Bearbeiter* in)	Aktiengesetz Großkommentar, hrsg. von Hopt/Wiedemann, 4. Auflage, Berlin/New York, ab 1992
Großkomm GmbHG (*Bearbeiter* in)	Gesetz betreffend die Gesellschaften mit beschränkter Haftung (GmbHG) Großkommentar, hrsg. von Ulmer/Habersack/Winter, Tübingen, 2005 bis 2010 (bis zur 8. Auflage unter dem Titel: Hachenburg, Gesetz betreffend die Gesellschaften mit beschränkter Haftung (GmbH))
Großkomm HGB (*Bearbeiter* in)	Handelsgesetzbuch Großkommentar, begr. von Staub, hrsg. von Canaris/Habersack/Schäfer, 5. (in Teilen noch 4.) Auflage, Berlin/New York, ab 2010
GrS	Großer Senat
GuV	Gewinn- und Verlustrechnung
GVBl/GVOBl	Gesetz- und Verordnungsblatt
GWG	Geringwertige Wirtschaftsgüter
hA	herrschende Auffassung
Hachenburg (*Bearbeiter* in)	Hachenburg, Gesetz betreffend die Gesellschaften mit beschränkter Haftung (GmbH), 8. Auflage, Berlin/New York, ab 1990 (ab der 9. Auflage: Großkommentar GmbHG)
Haritz/Menner (*Bearbeiter* in)	Haritz/Menner, Umwandlungssteuergesetz Kommentar, 3. Auflage, München, 2010

Abkürzungen

Haufe HGB *(Bearbeiter in)*	Haufe HGB Bilanz Kommentar, hrsg. von Bertram/Brinkmann/Kessler/Müller, 3. Auflage, Freiburg, 2012
Haufe IFRS *(Bearbeiter in)*	Haufe IFRS-Kommentar, hrsg. von Lüdenbach/Hoffmann, 11. Auflage, Freiburg/Berlin/München/Zürich, 2013
HB	Handelsbilanz
HB Bilanzrecht *(Bearbeiter in)*	Handbuch Bilanzrecht, hrsg. von Petersen/Zwirner/Brösel, Köln, 2010
HBP	Handbuch der steuerlichen Betriebsprüfung, hrsg. von Schröder/Muuss (Loseblatt), Berlin
HdJ *(Bearbeiter in)*	Handbuch des Jahresabschlusses in Einzeldarstellungen, hrsg. von v. Wysocki/Schulze-Osterloh/Hennrichs/Kuhner (Loseblatt), Köln
HdKR *(Bearbeiter in)*	Handbuch der Konzernrechnungslegung, hrsg. von Küting/Weber, 2. Auflage, Stuttgart, 1998
HdR *(Bearbeiter in)*	Handbuch der Rechnungslegung Einzelabschluss, hrsg. von Küting/Pfitzer/Weber, 5. Auflage, Stuttgart, ab 2000
Heuser/Theile	Heuser/Theile, IFRS-Handbuch: Einzel- und Konzernabschluss, 5. Auflage, Köln 2012
Heymann *(Bearbeiter in)*	Heymann, Handelsgesetzbuch, 2. Auflage, Berlin/New York ab 1999
HFA	Hauptfachausschuss des Instituts der Wirtschaftsprüfer in Deutschland e. V.
HFA 1/19..	Stellungnahmen des HFA (Nummer, Jahrgang)
HFA-E	Entwurf einer HFA-Stellungnahme
HFR	Höchstrichterliche Finanzrechtsprechung (Zeitschrift)
HGB	Handelsgesetzbuch
HGB-Bilanzrecht *(Verfasser in)*	HGB-Bilanzrecht, Großkommentar, hrsg. von Peter Ulmer, Berlin/New York, 2002
HGrG	Haushaltsgrundsätzegesetz
HHR *(Bearbeiter in)*	Herrmann/Heuer/Raupach, Kommentar zur Einkommensteuer und Körperschaftsteuer (Loseblatt), Köln
HK	Herstellungskosten
hM	herrschende Meinung
HMD	HMD – Praxis der Wirtschaftsinformatik (Zeitschrift)
Hölters AktG *(Bearbeiter in)*	Aktiengesetz Kommentar, hrsg. von Wolfgang Hölters, München, 2011
Hoffmann/Lüdenbach	NWB Kommentar Bilanzierung, hrsg. von Hoffmann/Lüdenbach, 4. Auflage, Herne, 2013
HR	Handelsregister
HRefG	Handelsrechtsreformgesetz
hrsg	herausgegeben
Hrsg	Herausgeber
Hs	Halbsatz
Hübschmann/Hepp/Spitaler *(Bearbeiter in)*	Hübschmann/Hepp/Spitaler, Abgabenordnung und Finanzgerichtsordnung – Kommentar (Loseblatt), Köln
Hüffer	Hüffer, Aktiengesetz Kommentar, 10. Auflage, München, 2012

Abkürzungen

HuRB	Handwörterbuch unbestimmter Rechtsbegriffe im Bilanzrecht des HGB, hrsg. von Leffson/Rückle/Großfeld, Köln 1986
HV	Hauptversammlung
HWB (*Bearbeiter* in)	Handwörterbuch der Betriebswirtschaft, hrsg. von Köhler/Küpper/Pfingsten , 6. Auflage, Stuttgart, 2007
HWR (*Bearbeiter* in)	Handwörterbuch des Rechnungswesens, hrsg. von Chmielewicz/Schweitzer, 3. Auflage, Stuttgart, 1993
HWRuP (*Bearbeiter* in)	Handwörterbuch der Rechnungslegung und Prüfung, hrsg. von Coenenberg/v. Wysocki, 3. Auflage, Stuttgart, 2002
IAS	International Accounting Standards
IASB	International Accounting Standards Board
IAS C	International Accounting Standards Committee
IASCF	International Accounting Standards Committee Foundation
idF	in der Fassung
idR	in der Regel
idS	in diesem Sinne
IDW	Institut der Wirtschaftsprüfer in Deutschland e. V.
IDW EPH	IDW Prüfungshinweis Entwurf (Nummer) seit 1998
IDW EPS	IDW Prüfungsstandard Entwurf (Nummer) bis 1998 FG oder Stellungnahme
IDW PH	IDW Prüfungshinweis (Nummer) seit 1998
IDW PS	IDW Prüfungsstandard (Nummer) bis 1998 FG oder Stellungnahme
IDW RH HFA	IDW Rechnungslegungshinweis (Fachausschuss, Nummer) seit 1998
IDW RS HFA	IDW Rechnungslegungsstandard (Fachausschuss, Nummer) bis 1998 FG oder Stellungnahme
iE	im Ergebnis
IESBA	Internation Ethics Standards Board for Accountants
ieS	im engeren Sinne
IFAC	International Federation of Accountants
IFRS	International Financial Reporting Standard
IFRS-EA	IFRS-Einzelabschluss gem. § 325 Abs. 2a HGB
IFRS für Banken	IFRS für Banken, PricewaterhouseCoopers (Hrsg.), 5. Auflage, Frankfurt am Main 2012
IFRS IC	International Financial Reporting Standards Interpretations Committee
iHd	in Höhe des/der
IHK	Industrie- und Handelskammer
iHv	in Höhe von
IKS	Internes Kontrollsystem
iL	in Liquidation
Inf	Die Information über Steuer und Wirtschaft (Zeitschrift)
Inkl	inklusiv(e)
insb	insbesondere
InsO	Insolvenzordnung
International GAAP 2012	International GAAP 2012, Ernst & Young (Hrsg.), Chichester/Großbritannien, 2011
InvAG	Investmentaktiengesellschaft
InvZulG	Investitionszulagengesetz
IR	Interne Revision (Zeitschrift)
IRZ	Zeitschrift für internationale Rechnungslegung
ISA	International Standards on Auditing

Abkürzungen

iSd	im Sinne des
IStR	Internationales Steuerrecht (Zeitschrift)
iSv	im Sinne von
iVm	in Verbindung mit
iW	im Wesentlichen
IWB	Internationale Wirtschaftsbriefe
iwS	im weiteren Sinne
iZm	in Zusammenhang mit
JA	Jahresabschluss
JAP	Jahresabschlussprüfung
Jauernig	Jauernig, Kommentar zum Bürgerlichen Gesetzbuch, 14. Auflage, München 2011
JbFSt	Jahrbuch der Fachanwälte für Steuerrecht
JfB	Journal für Betriebswirtschaft (Zeitschrift)
Jg	Jahrgang
JR	Juristische Rundschau (Zeitschrift)
JVKostO	Justizverwaltungskostenordnung
JW	Juristische Wochenschrift (Zeitschrift)
JZ	Juristenzeitung (Zeitschrift)
KA	Konzernabschluss
KAGB	Kapitalanlagegesetzbuch
KapAEG	Kapitalaufnahmeerleichterungsgesetz, vom 20.4.1998, BGBl. I, 707
KapCoGes	Personenhandelsgesellschaft(en) im Sinne von § 264a HGB (Kapitalgesellschaft(en) & Co.)
KapCoRiLiG	Kapitalgesellschaften- und Co-Richtlinie-Gesetz, vom 24.2.2000, BGBl. I, 154
KapESt	Kapitalertragsteuer
KapGes	Kapitalgesellschaft(en)
KapKons	Kapitalkonsolidierung
kapmarktUnt	kapitalmarkt orientierte(s) Unternehmen
kfm	kaufmännisch
Kfm/Kfl	Kaufmann/Kaufleute
KFR	Kapitalflussrechnung
Kfz	Kraftfahrzeug
KfzSt	Kraftfahrzeugsteuer
KG	Kammergericht oder Kommanditgesellschaft
KGaA	Kommanditgesellschaft auf Aktien
KHB HKR	Kontierungshandbuch Hochschulkontenrahmen
KHFA	Krankenhausfachausschuss des IDW
Kirchhof EStG (*Bearbeiter* in)	Einkommensteuergesetz Kommentar, hrsg. von Kirchhof, 12. Auflage, Köln 2013
Kj	Kalenderjahr
KleinstKapGes	Kleinstkapitalgesellschaft(en)
KMU	kleine und mittlere Unternehmen
KO	Konkursordnung
Kölner Komm AktG (*Bearbeiter* in)	Kölner Kommentar zum Aktiengesetz, hrsg. von Zöllner, 3. Auflage, Köln
Kölner Komm HGB (*Bearbeiter* in)	Kölner Kommentar zum Rechnungslegungsrecht, hrsg. von Claussen/Scherrer, Köln, 2010
Kölner Komm WpHG	Kölner Kommentar zum WpHG, hrsg. von Hirte/Möllers, Köln, 2007
KÖSDI	Kölner Steuerdialog (Zeitschrift)
Komm	Kommentar

Abkürzungen

Komm IFRS (*Bearbeiter* in)	Rechnungslegung nach IFRS, hrsg. von Baetge/Wollmert/Kirsch/Oser/Bischof, 2. Auflage, (Loseblatt), Stuttgart
KonBefrV	Konzernabschlussbefreiungsverordnung
Kons	Konsolidierung (auch in Zusammensetzungen zB KapKons)
KonsKreis	Konsolidierungskreis
KonTraG	Gesetz zur Kontrolle und Transparenz im Unternehmensbereich, vom 27.4.1998, BGBl. I, 786
KoR	Zeitschrift für kapitalmarktorientierte Rechnungslegung
KostO	Kostenordnung
KPMG IFRS	International Financial Reporting Standards: Einführung in die Rechnungslegung nach den Grundsätzen des IASB, KPMG (Hrsg.), 4. Auflage, Stuttgart, 2007
KPMG IFRS aktuell	IFRS aktuell, Neuerungen bis 2012, KPMG (Hrsg.), 5. Auflage, Stuttgart, 2013
KSM (*Bearbeiter* in)	Einkommensteuergesetz Kommentar, hrsg. von Kirchhof/Söhn/Mellinghoff, Loseblatt, Heidelberg
KSt	Körperschaftsteuer
KStDV	Körperschaftsteuer-Durchführungsverordnung
KStG	Körperschaftsteuergesetz
KStH	Körperschaftsteuerhinweise
KStR	Körperschaftsteuerrichtlinien
KTS	Zeitschrift für Konkurs-, Treuhand- und Schiedsgerichtswesen
Kühn/von Wedelstädt	Kühn/von Wedelstädt, Abgabenordnung, Finanzgerichtsordnung, 20. Auflage, Stuttgart, 2011
Küting/Weber	Der Konzernabschluss, 13. Auflage, Stuttgart, 2012
KWG	Kreditwesengesetz
LAG	Lastenausgleichsgesetz
lfd	laufend(e)
Lfg	Lieferung
LG	Landgericht
lit	litera, Buchstabe
Littmann (*Bearbeiter* in)	Littmann/Bitz/Pust, Kommentar zum Einkommensteuergesetz (Loseblatt), Stuttgart
LöschG	Löschungsgesetz
LSt	Lohnsteuer
LStDV	Lohnsteuer-Durchführungsverordnung
LStR	Lohnsteuer-Richtlinien
lt	laut
Lutter/Hommelhoff	Lutter/Hommelhoff, GmbH-Gesetz, Kommentar, 18. Auflage, Köln, 2012
Lutter UmwG (*Bearbeiter* in)	Umwandlungsgesetz Kommentar, hrsg. von Lutter/Winter, 4. Auflage, Köln, 2009
MaBV	Makler- und Bauträgerverordnung
maW	mit anderen Worten
MDR	Monatsschrift für Deutsches Recht (Zeitschrift)
mE	meines Erachtens
Michalski (*Bearbeiter* in)	Kommentar zum Gesetz betreffend die Gesellschaften mit beschränkter Haftung (GmbH-Gesetz), hrsg. von Michalski, 2. Auflage, München, 2010

Abkürzungen

MicroBilG	Kleinstkapitalgesellschaften-Bilanzrechtsänderungsgesetz – (MicroBilG), vom 20.12.2012, BGBl. I, 2751
MinBl	Ministerialblatt
mind	mindestens
Mio	Million(en)
MinölStG	Mineralölsteuergesetz
MitbestG	Mitbestimmungsgesetz
MoMiG	Gesetz zur Modernisierung des GmbH-Rechts und zur Bekämpfung von Missbräuchen, vom 23.10.2008, BGBl. I, 2026
Montan-MitbestG	Montan-Mitbestimmungsgesetz
Moxter	Moxter, Bilanzrechtsprechung, 6. Auflage, Tübingen 2007
MünchKomm AktG (*Bearbeiter* in)	Münchener Kommentar zum Aktiengesetz, hrsg. von Kropff/ Semler, 3. (in Teilen noch 2.) Auflage, München (1. Auflage unter dem Titel: Geßler/Hefermehl/Eckhardt/Kropff, Aktiengesetz)
MünchKomm BGB (*Bearbeiter* in)	Münchener Kommentar zum Bürgerlichen Gesetzbuch, hrsg. von Säcker/Rixecker, 6. (in Teilen noch 5.) Auflage, München, ab 2012
MünchKomm BilR (*Bearbeiter* in)	Münchener Kommentar zum Bilanzrecht, hrsg. von Hennrichs/ Kleindiek/Watrin, München, ab 2008
MünchKomm HGB (*Bearbeiter* in)	Münchener Kommentar zum Handelsgesetzbuch, hrsg. von K. Schmidt, 3. (in Teilen noch 2.) Auflage, München, ab 2010
MU	Mutterunternehmen; auch Mitunternehmer
mwN	mit weiteren Nachweisen
mWv	mit Wirkung vom
nF	neue Fassung
nfd	near final draft
NJW	Neue Juristische Wochenschrift (Zeitschrift)
NJW-RR	NJW-Rechtsprechungs-Report Zivilrecht (Zeitschrift)
Nr; Nrn	Nummer; Nummern
nrkr	nicht rechtskräftig
NStZ	Neue Zeitschrift für Strafrecht
NWB	Neue Wirtschaftsbriefe (Zeitschrift)
NZA	Neue Zeitschrift für Arbeits- und Sozialrecht
NZG	Neue Zeitschrift für Gesellschaftsrecht
oä	oder ähnliches
OCI	*other comprehensive income* (sonstiges Ergebnis)
OFD	Oberfinanzdirektion
og	oben genannte
OHG	offene Handelsgesellschaft
OLG	Oberlandesgericht
OVG	Oberverwaltungsgericht
OWiG	Gesetz über Ordnungswidrigkeiten
pa	per annum
Palandt (*Bearbeiter* in)	Palandt, Kommentar zum BGB, 72. Auflage, München, 2013
PartGes	Partnerschaftsgesellschaft
PartGG	Partnerschaftsgesellschaftsgesetz
PCAOB	Public Company Accounting Oversight Board
PersGes	Personenhandelsgesellschaft(en)
PersGes, reine	Personenhandelsgesellschaft(en), die nicht unter § 264a fällt/fallen

Abkürzungen

Petersen/Zwirner
BilMoG
(*Bearbeiter* in) .... BilMoG, Gesetze, Materialien, Erläuterungen, hrsg. von Petersen/Zwirner, München, 2009
Petersen/Zwirner/
Brösel
(*Bearbeiter* in) .... Systematischer Praxiskommentar Bilanzrecht, hrsg. von Petersen/Zwirner/Brösel, Köln, 2010
P-Fonds .... Pensionsfonds
phG .... persönlich haftender Gesellschafter
PiR .... Praxis der internationalen Rechnungslegung (Zeitschrift)
P-Kasse .... Pensionskasse
PrüfBer .... Prüfungsbericht
PSVaG .... Pensionssicherungsverein aG, Köln
PublG .... Publizitätsgesetz
PwC BilMoG
Komm .... Rechnungslegung und Prüfung nach dem Bilanzrechtsmodernisierungsgesetz (BilMoG), Kommentar von *Gelhausen/Fey/ Kämpfer*, PricewaterhouseCoopers AG WPG (Hrsg.), Düsseldorf 2009
PwC MoA .... Manual of Accounting – IFRS 2012, PricewaterhouseCoopers (Hrsg.), London, 2011
PwC MoA FI .... Manual of Accounting – Financial Instruments 2012, PricewaterhouseCoopers (Hrsg.), London, 2011

QuoKons .... Quotenkonsolidierung

RA .... Rechtsanwalt
RAO .... Reichsabgabenordnung
RAP .... Rechnungsabgrenzungsposten
RdF .... Reichsminister der Finanzen
Rdnr/Rdn/RNr/
Rn .... Randnummer (auch Anm, Tz)
RDVers .... Rückdeckungsversicherung
Rechnungslegung
(*Bearbeiter* in) .... Hofbauer/Kupsch, Rechnungslegung (ursprünglich unter dem Titel: Bonner Handbuch Rechnungslegung; BoHdR) (Loseblatt), 2. (in Teilen noch 1.) Auflage, Bonn
ref .... *reformated* (neuformatiert)
RefE .... Referenten-Entwurf
RegE .... Regierungsentwurf
RegE BilMoG .... Entwurf eines Gesetzes zur Modernisierung des Bilanzrechts (Bilanzrechtsmodernisierungsgesetz – BilMoG), BR-Drs 344/08 vom 23.5.2008
RegE MicroBilG .... Entwurf eines Gesetzes zur Umsetzung der Richtlinie 2012/6/EU des Europäischen Parlaments und des Rates vom 14. März 2012 zur Änderung der Richtlinie 78/660/EWG des Rates über den Jahresabschluss von Gesellschaften bestimmter Rechtsformen hinsichtlich Kleinstbetrieben (Kleinstkapitalgesellschaften-Bilanzrechtsänderungsgesetz – MicroBilG), BT-Drs 17/1192 vom 5.11.2012
REIT-AG .... REIT-Aktiengesellschft
REITG .... Gesetz über deutsche Immobilien-Aktiengesellschaften mit börsennotierten Anteilen, vom 28.5.2007, BGBl. I, 914
rev .... *revised* (überarbeitet)
RFH .... Reichsfinanzhof
RFHE .... Entscheidungen des Reichsfinanzhofs
RG .... Reichsgericht
RGBl .... Reichsgesetzblatt

Abkürzungen

RGZ	Amtliche Sammlung von Entscheidungen des Reichsgerichts in Zivilsachen
RIC	Rechnungslegungs Interpretations Committee/Rechnungslegungsinterpretation
Richtl	Richtlinie(n)
RiskMa	Risikomanagement
RiW	Recht der internationalen Wirtschaftspraxis (bis 1974 AWD) (Zeitschrift)
rkr	rechtskräftig
RMS	Risikomanagementsystem
Rowedder/Schmidt-Leithoff (*Bearbeiter* in)	Schmidt-Leithoff (Hrsg.), begr. von Rodwedder, Gesetz betreffend die Gesellschaften mit beschränkter Haftung (GmbHG) Kommentar, 5. Auflage, München, 2013
Rpfleger	Der Rechtspfleger (Zeitschrift)
Rspr	Rechtsprechung
RStBl	Reichssteuerblatt
RStruktFG	Gesetz zur Errichtung eines Restrukturierungsfonds für Kreditinstitute (Restrukturierungsfondsgesetz)
RStruktFV	Verordnung für die Erhebung der Beiträge zum Restrukturierungsfonds für Kreditinstitute
RückAbzinsV	Rückstellungsabzinsungsverordnung
RVO	Rechtsverordnung
RWP	Rechts- und Wirtschaftspraxis (Zeitschrift)
Rz	Randziffer (auch Anm, Tz)
s	siehe
S	Satz/Sätze
SABI	Sonderausschuss Bilanzrichtlinien-Gesetz des IDW (1986–1988)
SachBezV	Sachbezugsverordnung
Sagasser/Bula/Brünger	Sagasser/Bula/Brünger, Umwandlungen, 4. Auflage, München, 2011
SCE	Societas Cooperativa Europaea/Europäische Genossenschaft
Schlegelberger (*Bearbeiter* in)	Schlegelberger, Handelsgesetzbuch, 5. Auflage, München 1973
Schmidt (*Bearbeiter* in)	Schmidt L., Kommentar zum Einkommensteuergesetz, hrsg. von Weber-Grellet, 32. Auflage, München, 2013
Schmidt/Lutter (*Bearbeiter* in)	Schmidt K./Lutter (Hrsg.), Aktiengesetz, 2. Auflage, Köln, 2010
Scholz (*Bearbeiter* in)	Scholz u. a., Kommentar zum GmbH-Gesetz, 10. Auflage, Köln, ab 2006
SchuModG	Gesetz zur Modernisierung des Schuldrechts, vom 29.11.2001, BGBl. I, 3138
Schwedhelm	Schwedhelm, Die Unternehmensumwandlung Verschmelzung, Spaltung, Formwechsel, Einbringung, 6. Auflage, Köln, 2008
SE	Societas Europaea/Europäische Gesellschaft
SEAG	SE-Ausführungsgesetz, vom 22.12.2004, BGBl. I, 3675
Seg	Segment
SegBer	Segmentbericht
SegBerE	Segmentberichterstattung
SEStEG	Gesetz über steuerliche Begleitmaßnahmen zur Einführung der Europäischen Gesellschaft und zur Änderung weiterer steuerrechtlicher Vorschriften, vom 12.12.2006, BGBl. I, 2782
SE-VO	SE-Verordnung

Abkürzungen

SFAS	Statement of Financial Accounting Standards
SIC	Standing Interpretations Committee
SOA; SOX	Sarbanes-Oxley Act
sog	sogenannt(e)
SolZ	Solidaritätszuschlag
Sonderbilanzen (*Bearbeiter* in)	Sonderbilanzen: Von der Gründungsbilanz bis zur Liquidationsbilanz, hrsg. von Budde/Förschle/Winkeljohann, 4. Auflage, München 2008
Sp	Spalte
SPE	*special purpose entity/entities* (Zweckgesellschaften)
Spindler/Stilz (*Bearbeiter* in)	Spindler/Stilz (Hrsg.), Kommentar zum Aktiengesetz, 2. Auflage, München, 2010
SpTrUG	Gesetz über die Spaltung der von der Treuhandanstalt verwalteten Unternehmen
S:R	Status:Recht (Zeitschrift)
SSAP	Statement of Standard Accounting Practice
StÄndG	Steueränderungsgesetz
Staudinger	Staudinger, Kommentar zum BGB mit Einführungsgesetz und Nebengesetzen, 13., neubearb. Auflage, Berlin, 2005
StB	Der Steuerberater (Zeitschrift); auch Steuerbilanz
Stbg	Die Steuerberatung (Zeitschrift)
StbJb	Steuerberater-Jahrbuch
StBP	Die steuerliche Betriebsprüfung (Zeitschrift)
StGB	Strafgesetzbuch
St/HFA 1/19	Stellungnahmen des HFA (Nummer, Jahrgang) bis 1998
StMBG	Missbrauchsbekämpfungs- und Steuerbereinigungsgesetz
stpfl	steuerpflichtig
Stpfl	Steuerpflichtiger
StPO	Strafprozessordnung
str	strittig
Streck	Streck, Kommentar zum KStG, 7. Auflage, München 2008
StRefG (Jahr)	Steuerreformgesetz (mit Jahresangabe)
stRspr	ständige Rechtsprechung
StuB	Steuer- und Bilanzpraxis (Zeitschrift)
StuW	Steuer und Wirtschaft (Zeitschrift)
Suppl	Supplement
TA	Technische Anleitung
T€	Tausend Euro
Tipke/Kruse	Tipke/Kruse, Kommentar zur Abgabenordnung, Finanzgerichtsordnung (Loseblatt), Köln
TransPuG	Transparenz- und Publizitätsgesetz, vom 19.7.2002, BGBl. I, 2681
TU	Tochterunternehmen
TUG	Transparenzrichtlinie-Umsetzungsgesetz, vom 10.1.2007, BGBl. I, 10
Tz	Textziffer
U	Urteil
uä	und ähnliches
ua	unter anderem oder und andere
uam	und andere mehr
uE	unseres Erachtens
Ubg	Unternehmensbesteuerung (Zeitschrift)
UBGG	Gesetz über Unternehmensbeteiligungsgesellschaften
ÜbUG	Übernahmerichtlinie-Umsetzungsgesetz, vom 13.7.2006, BGBl. I, 1426

Abkürzungen

UG	Unternehmergesellschaft (haftungsbeschränkt)
Understanding IAS	Understanding IAS: Analysis and Interpretation, hrsg. von PricewaterhouseCoopers, 3. Auflage, London 2002
U-Kasse	Unterstützungskasse
Umw	Umwandlung
UmwG	Umwandlungsgesetz
UmwSt-Erl	Umwandlungssteuererlass
UmwStG	Umwandlungssteuergesetz
Unt	Unternehmen
UntReg	Unternehmensregister
UR	Umsatzsteuer-Rundschau (Zeitschrift)
URüV	Unternehmensrückgabeverordnung
US-GAAP	United States Generally Accepted Accounting Principles
USt	Umsatzsteuer
UStAE	Umsatzsteuer – Anwendungserlass
UStDV	Umsatzsteuer-Durchführungsverordnung
UStG	Umsatzsteuergesetz
UStH	Umsatzsteuerhinweise
UStR	Umsatzsteuer-Rundschau (Zeitschrift); Umsatzsteuer-Richtlinien
usw	und so weiter
uU	unter Umständen
UVR	Umsatzsteuer- und Verkehrsteuer-Recht (Zeitschrift)
VAG	Versicherungsaufsichtsgesetz
vBP	vereidigte(r) Buchprüfer/in
vEK	verwendbares Eigenkapital
VerfGH	Verfassungsgerichtshof
VermBG	Vermögensbildungsgesetz
VersR	Versicherungsrecht (Zeitschrift)
VersRiLiG	Versicherungsbilanzrichtlinie-Gesetz
VFA	Versicherungsfachausschuss des Instituts der Wirtschaftsprüfer in Deutschland e. V.
VFE-Lage	Vermögens-, Finanz- und Ertragslage
Vfg	Verfügung
VG	Vermögensgegenstand
vGA	verdeckte Gewinnausschüttung
vgl	vergleiche
VglO	Vergleichsordnung
vH	vom Hundert
Vj	Vorjahr
VO	Verordnung
VOB/A	Verdingungsordnung für Bauleistungen Teil A
Voraufl	Vorauflage
Vorb(em)	Vorbemerkung
VorstAG	Gesetz zur Angemessenheit der Vorstandsvergütung, vom 31.7.2009, BGBl. I, 2509
VorstOG	Vorstandsvergütungs-Offenlegungsgesetzes (VorstOG), vom 3.8.2005, BGBl. I, 2267
vT	vom Tausend
VVaG	Versicherungsverein auf Gegenseitigkeit
VwGO	Verwaltungsgerichtsordnung
VZ	Veranlagungszeitraum
WähUm	Währungsumrechnung
WG	Wirtschaftsgut
WiB	Wirtschaftsrechtliche Beratung (Zeitschrift)
Widmann/Mayer (*Bearbeiter* in)	Widmann/Mayer, Umwandlungsrecht (Loseblatt), Bonn

Abkürzungen

Wiedmann	Wiedmann, Bilanzrecht: Kommentar zu den §§ 238–342a HGB, 2. Auflage, München 2003
Winkeljohann IFRS (*Bearbeiter* in)	Winkeljohann, Rechnungslegung nach IFRS, 2. Auflage, Herne/Berlin 2006
WILEY IFRS	WILEY-Handbuch International Financial Reporting Standards 2011, hrsg. von Ballwieser/Beine/Hayn/Peemöller/Schruff, L./Weber, 7. Auflage, Weinheim, 2011
Winnefeld	Winnefeld, Bilanz-Handbuch, 4. Auflage, München, 2006
wistra	Zeitschrift für Wirtschaft – Steuer – Strafrecht
Wj	Wirtschaftsjahr
WM	Wertpapiermitteilungen (Zeitschrift)
WP	Wirtschaftsprüfer/in
WPBHV	Wirtschaftsprüfer-Berufshaftpflichtversicherungsverordnung
WpDPV	Wertpapierdienstleistungs-Prüfungsverordnung
WPg	Die Wirtschaftsprüfung (Zeitschrift)
WPG	Wirtschaftsprüfungsgesellschaft
WpHG	Wertpapier – Handelsgesetz
WPH I	Wirtschaftsprüfer-Handbuch, Band I, 14. Auflage, Düsseldorf 2012
WPH II	Wirtschaftsprüfer-Handbuch, Band II, 13. Auflage, Düsseldorf 2008
WPK	Wirtschaftsprüferkammer
WPK-Mag	WPK-Magazin (Zeitschrift); früher: Wirtschaftsprüferkammer-Mitteilungen (WPK-Mitt)
WPO	Wirtschaftsprüferordnung
WP Praxis	NWB Wirtschaftsprüfung – WP Praxis (Zeitschrift)
WpÜG	Wertpapiererwerbs- und Übernahmegesetz
WuB	Entscheidungssammlung zum Wirtschafts- und Bankrecht (Zeitschrift)
v. Wysocki/Wohlgemuth	v. Wysocki/Wohlgemuth, Konzernrechnungslegung, 4. Auflage, Düsseldorf 1996
ZAG	Gesetz über die Beaufsichtigung von Zahlungsdiensten (Zahlungsdiensteaufsichtsgesetz – ZAG), vom 3.4.2013, BGBl. I, 610
zB	zum Beispiel
ZBB	Zeitschrift für Bankrecht und Bankwirtschaft
ZCG	Zeitschrift für Corporate Governance
ZfB	Zeitschrift für Betriebswirtschaft
ZfbF	Zeitschrift für betriebswirtschaftliche Forschung
ZfgG	Zeitschrift für das gesamte Genossenschaftswesen
ZfZ	Zeitschrift für Zölle und Verbrauchsteuern
ZGR	Zeitschrift für Unternehmens- und Gesellschaftsrecht
ZHR	Zeitschrift für das gesamte Handels- und Wirtschaftsrecht
Ziff	Ziffer
ZIP	Zeitschrift für Wirtschaftsrecht und Insolvenzpraxis
ZPO	Zivilprozessordnung
zT	zum Teil
ZVG	Gesetz über die Zwangsversteigerung und Zwangsverwaltung
ZVK	Zusatzversorgungskasse
zZ/zZt	zur Zeit
zzgl	zuzüglich

Handelsgesetzbuch

Vom 10. Mai 1897 (RGBl S 219)
Zuletzt geändert durch Gesetz vom 4. Oktober 2013
(BGBl I S 3746)

Drittes Buch. Handelsbücher

Erster Abschnitt. Vorschriften für alle Kaufleute

Erster Unterabschnitt. Buchführung. Inventar

§ 238 Buchführungspflicht

(1) [1]Jeder Kaufmann ist verpflichtet, Bücher zu führen und in diesen seine Handelsgeschäfte und die Lage seines Vermögens nach den Grundsätzen ordnungsmäßiger Buchführung ersichtlich zu machen. [2]Die Buchführung muß so beschaffen sein, daß sie einem sachverständigen Dritten innerhalb angemessener Zeit einen Überblick über die Geschäftsvorfälle und über die Lage des Unternehmens vermitteln kann. [3]Die Geschäftsvorfälle müssen sich in ihrer Entstehung und Abwicklung verfolgen lassen.

(2) Der Kaufmann ist verpflichtet, eine mit der Urschrift übereinstimmende Wiedergabe der abgesandten Handelsbriefe (Kopie, Abdruck, Abschrift oder sonstige Wiedergabe des Wortlauts auf einem Schrift-, Bild- oder anderen Datenträger) zurückzubehalten.

Übersicht

	Anm
A. Überblick über die Vorschrift	1–4
B. Der Kreis der zur Buchführung Verpflichteten (Abs 1 S 1)	
I. Zum Kaufmannsbegriff	
1. Tätigkeitsbezogener Kaufmannsbegriff/Handelsgewerbe (§ 1)	6–16
2. Handelsgewerbe kraft Eintragung/Kleingewerbetreibende (§ 2)	18–19
3. Fiktivkaufleute kraft Eintragung (§ 5)	21–23
4. Kannkaufmann in der Land- und Forstwirtschaft (§ 3)	25–26
5. Handelsgesellschaften (§ 6 Abs 1) und Formkaufleute (§ 6 Abs 2)	28–31
6. Eingetragene Genossenschaften	33
7. Versicherungsunternehmen	35–36
8. Wirtschaftsbetriebe der öffentlichen Hand	38–41
II. Einzelfragen der Abgrenzung der Buchführungspflicht	43–55
III. Verpflichtete Person	57–59
IV. Besonderheiten auf Grund § 263 (Landesrecht)	61
V. Steuerrechtliche Buchführungspflichten	63–64

	Anm
C. Beginn und Ende der Buchführungspflicht	
I. Beginn der Buchführungspflicht	70–74
II. Ende der Buchführungspflicht	78–81
D. Folgen der Verletzung der Buchführungspflicht	85–88
E. Begriff und Zweck der kaufmännischen Buchführung	90–92
F. Geschäftsvorfälle	
I. Allgemeines	95
II. Erfassung von bestimmten Geschäftsvorfällen	97-98
G. Allgemeine Anforderungen an die Buchführung (Abs 1 S 2–3)	
I. Der sachverständige Dritte und die Nachprüfbarkeit innerhalb angemessener Zeit	100–104
II. Überblick über die Geschäftsvorfälle und über die Lage des Unternehmens	107
III. Zu führende Handelsbücher	109–115
IV. Buchführungssysteme	118–121
V. Buchführungsformen	124–125
VI. Belegprinzip	128–129
H. Ort der Buchführung	132–137
I. Briefkopien (Abs 2)	140–142

Schrifttum: *Leffson* Grundsätze ordnungsmäßiger Buchführung, 7. Aufl, Düsseldorf 1987; *AWV-Schrift* Nr 528 Gesetzliche Anforderungen an moderne Verfahren zur Erfassung und Übermittlung von Buchhaltungsdaten, Eschborn 1993; *Lehmann* Marktorientierte Betriebswirtschaftslehre, Berlin ua 1998; *Kögel* Der nach Art und Umfang in kaufmännischer Weise eingerichtete Geschäftsbetrieb – eine unbekannte Größe, DB 1998, 1802; *Hohmeister* Die Bedeutung des § 5 HGB seit der Handelsrechtsreform 1998, NJW 2000, 1921; IDW RS HFA 5 Rechnungslegung von Stiftungen, WPg 2000, 391; IDW PS 740 Prüfung von Stiftungen, WPg 2000, 385; IDW ERS ÖFA 1 Rechnungslegung der öffentlichen Verwaltung nach den Grundsätzen der doppelten Buchführung, FN-IDW 2001, 661; IDW RS FAIT 1 Grundsätze ordnungsmäßiger Buchführung bei Einsatz von Informationstechnologie, FN-IDW 2002, 649; *Droscha/Reimer* Verlagerung der Buchführung in andere EG-Mitgliedstaaten? DB 2003, 1689; IDW RS FAIT 2 Grundsätze ordnungsmäßiger Buchführung bei Einsatz von Electronic Commerce, FN-IDW 2003, 559; *Prölss* Versicherungsaufsichtsgesetz, 12. Aufl, München 2005; IDW RS FAIT 3 Grundsätze ordnungsmäßiger Buchführung beim Einsatz elektronischer Archivierungsverfahren, FN-IDW 2006, 768; *Wachter* Die englische private limited company im deutschen Steuerrecht (Teil 2), FR 2006, 393; *Schumann* Limited: Buchführung, Rechnungslegung und Strafbarkeit, ZIP 2007, 1189; *Hüttemann/Meinert,* Zur handelsrechtlichen Buchführungspflicht des Kaufmanns kraft Eintragung, BB 2007, 1436; *Röhricht/Graf von Westphalen*[3] Handelsgesetzbuch, Köln 2008; *Eisele/Knobloch* Technik des betrieblichen Rechnungswesens, 8. Aufl, München 2011; Koller/Roth/Morck Handelsgesetzbuch, 7. Aufl, München 2011; *Beuthien* GenG, 15. Aufl., München 2011; IDW RS HFA 17 Auswirkungen einer Abkehr von der Going-Concern-Prämisse auf den handelsrechtlichen Jahresabschluss, FN-IDW 2011, 438; *Just* Limited, 4. Aufl, München 2012; *Roth-Altmeppen* GmbHG, 7. Aufl, München 2012; *Pöhlmann/Fandrich/Bloehs*[4] GenG, München 2012; *Klein*[11] Abgabenordnung, 11. Aufl, München 2012; IDW PS 450 Grundsätze ordnungsmäßiger Berichterstattung bei Abschlussprüfungen, FN-IDW 2009, 533 und FN-IDW 2012, 256; IDW RS HFA 7 Zur Rechnungslegung bei Personenhandelsgesellschaften, FN-IDW 2012, 189; IDW PS 400 Grundsätze für die ordnungsmäßige Erteilung von Bestätigungsvermerken bei Abschlussprüfungen, FN-IDW 2010, 537 und FN-IDW 2013, 11; IDW ERS HFA 5 nF Rechnungslegung von Stiftungen, FN-IDW 2013, 271.

A. Überblick über die Vorschrift

§ 238 enthält einen umfassenden allgemeinen Ordnungsgrundsatz. In Abs 1 S 1 ist die – vorbehaltlich § 241a – für alle Kfl bestehende kfm Buchführungspflicht geregelt. Die S 2 und 3 von Abs 1 entsprechen § 145 Abs 1 AO und bezwecken eine inhaltliche Verdeutlichung der GoB entspr der ständigen Rspr des BFH:
– **Satz 2:** Sachverständiger Dritter muss sich in angemessener Zeit zurechtfinden
– **Satz 3:** Zeitlicher Zusammenhang des Geschäftsvorfalls und seiner buchmäßigen Erfassung muss sich verfolgen lassen.

Die **Grundsätze ordnungsmäßiger Dokumentation** sind wesentlicher Teil der aus den Zielen der Rechnungslegungsvorschriften abgeleiteten GoB (s § 243 Anm 1 ff). Sie beziehen sich iW auf das Belegprinzip (s Anm 128), die zeitgerechte und geordnete Erfassung der Geschäftsvorfälle, die Zugriffsmöglichkeit und Lesbarkeit der Aufzeichnungen sowie die Beachtung der Aufbewahrungsvorschriften. Diese zT gesetzlich fixierten Grundsätze der Dokumentation dienen der Sicherung der materiellen GoB und deren Zielvorgabe. Die Realisation der aus den Grundsätzen abgeleiteten Anforderungen ist auf das organisatorische Umfeld und die jeweilige Organisationstechnologie zu beziehen und unterliegt damit auch technologischen Neuerungen im Zeitablauf. Die Vorschriften zur Dokumentation sind vor allem im HGB (insb §§ 238, 239 und 257), ergänzend aber auch in Steuergesetzen niedergelegt.

Die iZm den nachfolgend kommentierten handelsrechtlichen Vorschriften zu beachtenden **steuerrechtlichen Regelungen** sind die allgemeingültigen §§ 140–148 AO zur Ausgestaltung der Buchführung (s *Rätke* in Klein[11] §§ 140 ff; *Tipke/Kruse* §§ 140 ff) sowie die spezialgesetzlichen Vorschriften der §§ 4–7 EStG, 22 UStG und 4 LStDV.

§ 241a **befreit** Ekfl, die bestimmte Größenkriterien nicht erreichen, von der handelsrechtlichen Buchführungspflicht. Danach sind die §§ 238 bis 241 erst ab einer Umsatzhöhe von 500 000 € und einem Jahresüberschuss von 50 000 € anzuwenden, dh erst dann entsteht nach HGB eine Buchführungspflicht. Nach § 241a S 2 gilt dies im Falle der Neugründung bereits am ersten Abschlussstichtag. Andernfalls dürfen die og Grenzen an zwei aufeinander folgenden Gj nicht überschritten werden, um die Befreiung zu erlangen. Zur Befreiung von der handelsrechtlichen Buchführungspflicht für Ekfl, die bestimmte Größenschwellen bei Umsatzerlösen und Jahresergebnis unterschreiten, s detailliert § 241a Anm 1 ff und *PwC* BilMoG Komm, A.

B. Der Kreis der zur Buchführung Verpflichteten (Abs 1 S 1)

I. Zum Kaufmannsbegriff

1. Tätigkeitsbezogener Kaufmannsbegriff/Handelsgewerbe (§ 1)

§ 1 Abs 1 regelt: „Kaufmann ... ist, wer ein **Handelsgewerbe betreibt**". Zu den Kfl iSd § 1 Abs 1 gehören solche, deren Tätigkeit nach § 1 Abs 2 Handelsgewerbe ist (**tatsächlich betriebenes** Handelsgewerbe, sog Ist-Kfm) oder nach § 2 S 1, § 3 Abs 2 oder § 5 als Handelsgewerbe gilt (**fiktives** Handelsgewerbe), vgl *Kindler* in Ebenroth/Boujong/Joost/Strohn[2] § 1 Anm 1 ff.

§ 238 7–10 Buchführung. Inventar

7   Der **Istkaufmann** muss seine Firma gem § 29 im HR eintragen lassen; die HR-Eintragung hat lediglich deklaratorische Bedeutung. Nach § 1 Abs 2 ist ein „Handelsgewerbe ... jeder Gewerbebetrieb, es sei denn, dass das Unternehmen nach Art oder Umfang einen in kaufmännischer Weise eingerichteten Geschäftsbetrieb nicht erfordert". Damit werden Gewerbebetriebe, unbeschadet ihrer Branchenzugehörigkeit mit Ausnahme wissenschaftlicher, künstlerischer oder freiberuflicher Tätigkeiten, grds vom Kfm-Begriff miterfasst (vgl *Hopt* in Baumbach/Hopt[35] § 1 Anm 12).

Die Trennlinie zwischen Kfl und Nichtkfl markiert der in kaufmännischer Weise eingerichtete Geschäftsbetrieb. Ist ein solcher nicht erforderlich, wird ein Gewerbebetrieb als **Kleingewerbetreibender** grds nicht vom HGB erfasst (zu handelsrechtlichen Vorschriften, die kraft expliziter gesetzlicher Anordnung dennoch anwendbar sind, s *Kindler* in Ebenroth/Boujong/Joost/Strohn[2] Vor § 1 Anm 9 und § 2 Anm 38). Den Regelungen des BGB unterfallenden Kleingewerbetreibenden wird in § 2 allerdings eine Eintragungsoption zum Erwerb der Kfm-Eigenschaft eingeräumt (s Anm 18).

8   Die Definition des Handelsgewerbes ist so ausgestaltet, dass sie die (widerlegbare) gesetzliche Vermutung enthält, jeder Gewerbebetrieb sei Handelsgewerbe. Bei dem Erfordernis des nach **Art oder Umfang in kfm Weise eingerichteten Geschäftsbetriebs** handelt es sich um einen unbestimmten Rechtsbegriff. Abzustellen ist auf den konkreten Betrieb, nicht auf die Branche. Maßgebend ist dabei das Gesamtbild im gewöhnlichen Geschehensablauf (vgl BGH 28.4.1960, DB 1097).

Qualitativ strukturelle Kriterien („Art des Geschäftsbetriebs") sind zB: Kontokorrentverkehr, kfm Betriebsführung, Vielfalt der Leistungserbringung und der Geschäftsverbindungen, grenzüberschreitende Tätigkeit (s ähnlich *Kindler* in Ebenroth/Boujong/Joost/Strohn[2] § 1 Anm 49). Eine komplizierte gesrechtliche Binnenstruktur (zB Publikums-KG) genügt dagegen nicht (vgl LG Köln 10.3.1972, DB, 1015). Die Führung von Büchern ist wegen des damit verbundenen Zirkelschlusses als Merkmal ungeeignet.

Quantitative Kriterien („Umfang des Geschäftsbetriebs") sind zB: Bilanzsumme, Umsatzerlöse, Zahl der Arbeitnehmer, Zahl der Betriebsstätten (s ähnlich *Kindler* in Ebenroth/Boujong/Joost/Strohn[2] § 1 Anm 50), wobei die Bedeutung der Kriterien je nach Art des Unt sowie im Zeitablauf auf Grund wirtschaftlicher, technischer und sonstiger Entwicklungen unterschiedlich sein bzw schwanken kann (s detailliert *Kögel* DB 1998, 1802 ff).

9   Der handelsrechtliche Begriff des **Gewerbebetriebs** setzt wie bisher eine selbstständige nachhaltige Betätigung voraus, die mit Gewinnerzielungsabsicht (str, s Anm 12) unternommen wird und sich als Beteiligung am allgemeinen wirtschaftlichen Verkehr darstellt, soweit sie nicht als Ausübung eines freien Berufs oder als Ausübung von Land- oder Forstwirtschaft anzusehen ist (vgl BGH 7.7.1960 BGHZ 33, 325, s ergänzend *Hopt* in Baumbach/Hopt[35] § 1 Anm 12; *Kindler* in Ebenroth/Boujong/Joost/Strohn[2] § 1 Anm 20ff; *Förschle/Kropp* in Sonderbilanzen[4] B Anm 42). Der Begriff ähnelt dem des Gewerbebetriebs iSd Steuerrechts (§ 2 GewStG iVm § 15 EStG). Die steuerrechtlichen Abgrenzungskriterien (GewStR 11 ff, EStR R 15.1 ff) können daher grds auch hier als Indiz herangezogen werden; teilweise wird der steuerrechtliche Begriff allerdings – aus fiskalischen Erwägungen – weiter gefasst als der handelsrechtliche Begriff des Handelsgewerbes. Besonderheiten bestehen bei der Abgrenzung zur Landwirtschaft (s Anm 25).

10 **Selbstständige Tätigkeit** setzt nur rechtliche, nicht jedoch wirtschaftliche Selbstständigkeit voraus. Maßgebend ist das rechtliche Disponieren-Können im Außenverhältnis; internes Gebundensein an Weisungen oder Zustimmungen

Dritter (zB eines Vergleichsverwalters) sowie wirtschaftliche Abhängigkeit ist unerheblich (vgl *Oetker* in Großkomm HGB[5] § 1 Anm 19).

Nachhaltig ist eine **Tätigkeit**, wenn sie planmäßig betrieben sowie auf Dauer angelegt und auf eine Vielzahl von Geschäften ausgerichtet ist (nicht zuletzt *RG* 5.7.1910, RGZ 74, 150). Unterbrechungen, begrenzte Dauer oder Betrieb als Nebentätigkeit sind unschädlich. **11**

Nach traditioneller Auffassung bedarf es der **Absicht der Gewinnerzielung** (vgl BGH 11.1.1962, BGHZ 36, 273). Nach neuerer Ansicht wird anstelle dieses subjektiven Merkmals objektiven Kriterien wie der **Tätigkeit am Markt im Wettbewerb mit anderen Unternehmen** der Vorzug gegeben (vgl *Hopt* in *Baumbach/Hopt*[35] § 1 Anm 16; *Roth* in Koller/Roth/Morck[7] § 1 Anm 10, jeweils mwN). Gemeinnützigkeit schließt eine Gewinnerzielungsabsicht an sich nicht aus (vgl *Roth* in Koller/Roth/Morck[7] § 1 Anm 10). **12**

Lediglich **Vermögensverwaltung** begründet keine Gewinnerzielungsabsicht, soweit sie sich auf die Nutzung des Vermögens beschränkt (s EStR 15.7). Anhand welcher konkreten Kriterien die Abgrenzung der bloßen Vermögensverwaltung vom Gewerbe zu erfolgen hat, ist str (vgl *Kindler* in Ebenroth/Boujong/Joost/Strohn[2] § 1 Anm 34). Aus § 1 Abs. 2 lässt sich ableiten, dass der quantitative Umfang der Vermögensanlage nicht für das Vorliegen des Tatbestands des Gewerbes, sondern für das Vorliegen eines Handelsgewerbes entscheidend ist (vgl *Kindler* in Ebenroth/Boujong/Joost/Strohn[2] § 1 Anm 35). Alleine die Inhaberschaft von großen Vermögenswerten, deren Verwaltung nur durch einen professionellen Geschäftsbetrieb bewältigt werden kann, führt aus diesem Grunde auch nicht zur Gewerblichkeit dieser Tätigkeit. Vielmehr ist auf die **spezifische Risikostruktur** der gewerblichen Tätigkeit abzustellen, die im Unterschied zur Vermögensverwaltung durch ein „spekulatives" Element gekennzeichnet ist und höhere, über die fehlende oder verminderte Nutzbarkeit des betr Gegenstands oder das allgemeine Forderungsausfallrisiko hinausgehende Risiken birgt (s ausführlich *Kindler* in Ebenroth/Boujong/Joost/Strohn[2] § 1 Anm 35).

Eine **Teilnahme am allgemeinen wirtschaftlichen Verkehr** liegt vor, wenn der Betrieb seine Leistungen gegen Entgelt der Allgemeinheit, dh einer unbestimmten Anzahl von Personen anbietet (EStH 15.4). Das Betreiben des Gewerbes muss dabei äußerlich erkennbar hervortreten (Marktauftritt); der stille Teilhaber am Handelsgeschäft (auch ein atypischer stiller Gester iSd Steuerrechts) betreibt selbst kein Gewerbe. **13**

Kein Gewerbe betreiben **freiberuflich Tätige** (Anwälte, Ärzte usw; § 18 Abs 1 Nr 1 S 2 EStG sowie GewStH 2.1 Abs 1) und **Land- und Forstwirte** (s Anm 25), soweit sie sich auf ihre berufsspezifische Betätigung beschränken. **14**

Ein Gewerbetreibender kann **Inhaber mehrerer** getrennter Unt sein, die keineswegs alle einen nach Art oder Umfang in kfm Weise eingerichteten Geschäftsbetrieb erfordern. Bei einem gemischten Gewerbebetrieb kommt es für die Klassifizierung darauf an, welche Geschäfte den wesentlichen Gegenstand des Betriebs bilden. **15**

Die **Kaufmannseigenschaft** wird mit dem ersten Vorbereitungsgeschäft für die demnächst folgende Eröffnung des Betriebs **begründet** (BGH 17.6.1953, BB 571). Auf die Eintragung im HR kommt es für Kfl iSv § 1 nicht an. Zum Beginn der Buchführungspflicht s Anm 70 ff. **16**

Die Kfm-Eigenschaft **endet** unabhängig von der registerlichen Löschung mit der tatsächlichen Einstellung des Betriebs sowie dann, wenn das Unt einen in kfm Weise eingerichteten Geschäftsbetrieb nicht mehr erfordert. Faktisch ist der Kfm gezwungen, auch im Fall des „Herausschrumpfens" aus der Kfm-Eigenschaft bis zur Löschung seiner Firma Bücher zu führen, weil bis dahin durch die Eintragung im HR der Rechtsschein eines kfm Gewerbebetriebs besteht (vgl

§ 238   18–23   Buchführung. Inventar

Förschle/Kropp in Sonderbilanzen[4] B Anm 54; *Förschle/Deubert* in Sonderbilanzen[4] M Anm 6; zu Vorlagepflichten im Falle eines Rechtsstreits s § 258).
Die einstweilige Stilllegung, die Abwicklung oder die Eröffnung des Insolvenzverfahrens beenden das Handelsgewerbe nicht (vgl *Hopt* in Baumbach/Hopt[35] § 1 Anm 52).

2. Handelsgewerbe kraft Eintragung/Kleingewerbetreibende (§ 2)

18   Den Kleingewerbetreibenden, deren Unt nach Art oder Umfang einen in kfm Weise eingerichteten Geschäftsbetrieb nicht erfordert (s Anm 7), wird – ebenso wie gem § 105 Abs 2 der kleingewerblichen oder nur (eigenes) Vermögen verwaltenden OHG und KG – in § 2 die Möglichkeit eingeräumt, die Kfm-Eigenschaft durch freiwillige – hier konstitutiv wirkende – **Eintragung in das HR** herbeizuführen (sog **Kannkaufmann**, vgl *Hopt* in Baumbach/Hopt[35] § 2 Anm 1 und 3). § 2 S 1 fingiert dann das Vorliegen eines Handelsgewerbes, und die Kfm-Eigenschaft leitet sich aus § 1 Abs 1 ab (vgl *Kindler* in Ebenroth/Boujong/Joost/Strohn[2] § 2 Anm 34, s Anm 6).

19   Die Eintragung kann auch, sofern die Grenzen von § 1 Abs 2 nicht überschritten werden, auf **Antrag** wieder **gelöscht** werden (Löschungsantragsrecht), womit der kfm Status ex nunc erlischt. Insoweit prüft das Registergericht das Nichtvorliegen der Tatbestandsmerkmale des § 1 Abs 2.
Einer Löschung **von Amts wegen** eines als Kfm eingetragenen Unt, das die Kriterien nach § 1 Abs 2 unterschritten hat, kann in Konsequenz von § 2 S 2 (Eintragung auf Antrag des Unternehmers) widersprochen werden.

3. Fiktivkaufleute kraft Eintragung (§ 5)

21   § 5 ist **nachrangig** nach §§ 1–4 anwendbar und greift nur, wenn nicht schon nach diesen Vorschriften Kfm-Eigenschaft besteht. Ein Kleingewerbetreibender oder Landwirt, der versehentlich und ohne Antrag im HR eingetragen wird, muss sich gem § 5 als Kfm behandeln lassen (vgl *Hopt* in Baumbach/Hopt[35] § 5 Anm 2; *Kindler* in Ebenroth/Boujong/Joost/Strohn[2] § 5 Anm 16).

22   Der **Anwendungsbereich** der § 5 ist infolge des Nachrangs ggü §§ 2 Abs 1, 3 und 105 Abs 2 gering:
Ein bestehender Gewerbebetrieb oder ein land- und forstwirtschaftlicher Betrieb, der gem §§ 2 oder 3 im HR eingetragen ist, gilt aus Gründen der Rechtssicherheit prinzipiell als Kfm iSd § 1 Abs 1. Ebenfalls kein Anwendungsfall von § 5 liegt vor, wenn eine PersGes, die kein Handelsgewerbe gem § 1 Abs 2 betreibt oder die nur eigenes Vermögen verwaltet, durch Eintragung der Firma ins HR Kfm wird (vgl *Hopt* in Baumbach/Hopt[35] § 5 Anm 2). Gem § 105 Abs 2 „ist eine Gesellschaft, deren Gewerbebetrieb nicht schon nach § 1 Abs 2 Handelsgewerbe ist oder die nur eigenes Vermögen verwaltet . . . offene Handelsgesellschaft" bzw gem § 161 Abs 2 KG, „wenn die Firma des Unternehmens in das Handelsregister eingetragen ist".
Der Fall eines Unt, das ursprünglich ein Handelsgewerbe gem § 1 Abs 2 betrieb und nunmehr zum Kleingewerbe „geschrumpft" ist, eine Löschung aus dem HR aber unterblieben ist, fällt nicht in den Anwendungsbereich des § 5, sondern in den Anwendungsbereich des § 2 (vgl *Hohmeister* NJW 2000 1921 f; *Kindler* in Ebenroth/Boujong/Joost/Strohn[2] § 5 Anm 13; aA *Hüttemann/Meinert* BB 2007, 1436 f).

23   Für Nicht-Kfl besteht **keine Buchführungspflicht** nach § 238. Weil dies auch dann gilt, wenn Nicht-Kfl nach § 5 zu Unrecht im HR als Kfm eingetragen sind (vgl *Merkt* in Baumbach/Hopt[35] § 238 Anm 7; *Oetker* in Großkomm

HGB[5] § 5 Anm 22; *Görke* in Hübschmann/Hepp/Spitaler § 140 AO Anm 16), ist die Unterscheidung von Kfl gem §§ 1–4 und Fiktiv-Kfl kraft Eintragung gem § 5 bedeutsam.

4. Kannkaufmann in der Land- und Forstwirtschaft (§ 3)

Da § 1 für land- oder forstwirtschaftliche Unt gem § 3 Abs 1 nicht anwendbar ist, sind diese auch dann, wenn sie ein nach Art und Umfang in kfm Weise eingerichteten Geschäftsbetrieb erfordern, nicht Ist-Kfm. Ein land- oder forstwirtschaftliches Unt gilt jedoch dann als Handelsgewerbe, wenn es nach Art oder Umfang einen in kfm Weise eingerichteten Geschäftsbetrieb erfordert und, wozu dem Betreiber ein **Wahlrecht** eingeräumt ist, die Firma des Unt im HR eingetragen ist. Die Löschung ist gem § 3 Abs 2 nur dann zulässig, wenn der land- oder forstwirtschaftliche Betrieb einen nach Art und Umfang in kaufmännischer Weise eingerichteten Geschäftsbetrieb nicht mehr erfordert. Ob einem land- oder forstwirtschaftliches Unt, das nach Art und Umfang einen in kfm Weise eingerichteten Geschäftsbetrieb nicht erfordert, die Kfm-Option nach § 2 zusteht, ist umstritten (dafür *Kindler* in Ebenroth/Boujong/Joost/Strohn[2] § 2 Anm 34; dagegen *Förschle/Kropp* in Sonderbilanzen[4] B Anm 8). 25

Landwirtschaft ist die organische Nutzung des Grund und Bodens zwecks Gewinnung von pflanzlichen und tierischen Rohstoffen und deren Verarbeitung und Veräußerung, um wirtschaftliche Vorteile zu erzielen (vgl *Oetker* in Großkomm HGB[5] § 5 Anm 11). Die Abgrenzung kann im Einzelnen str sein, s *Hopt* in Baumbach/Hopt[35] § 3 Anm 4; *Oetker* in Großkomm HGB[5] § 5 Anm 12 ff. Bei der **Forstwirtschaft** ist nicht die Nutzung des Bodens, sondern die des Waldes zwecks Gewinnung des Rohstoffs Holz kennzeichnend (vgl *Oetker* in Großkomm HGB[5] § 5 Anm 16; *Hopt* in Baumbach/Hopt[35] § 3 Anm 4). 26

5. Handelsgesellschaften (§ 6 Abs 1) und Formkaufleute (§ 6 Abs 2)

Die Vorschriften für Kfl gelten auch für **Handelsgesellschaften kraft Gewerbes** und außerdem für **Formkaufleute**. Zu den HandelsGes (§ 6 Abs 1) gehören sowohl PersGes (OHG, KG, KapCoGes, zur Definition s § 264a Anm 10ff) wie auch KapGes (AG, KGaA, GmbH, KapGes & Co KGaA), vgl *Hopt* in Baumbach/Hopt[35] § 6 Anm 1. Letztere gelten kraft Gesetzes (§ 3 Abs 1 AktG, § 278 Abs 2 AktG, § 13 Abs 3 GmbHG) als HandelsGes, auch wenn sie kein Handelsgewerbe betreiben, weil es auf die Art des betriebenen Unt nicht ankommt (vgl *Förschle/Kropp/Schellhorn* in Sonderbilanzen[4] D Anm 1). Zum Betrieb eines Handelsgewerbes s Anm 8. 28

Da handelsgewerbliche Form-Kfl bereits durch § 6 Abs 1 Kfm sind, erfasst § 6 Abs 2 zusätzlich nur nichthandelsgewerbliche Form-Kfl und ist seit der Handelsrechtsreform 1998 von lediglich klarstellender Bedeutung und ohne eigenen Regelungsinhalt (vgl *Kindler* in Ebenroth/Boujong/Joost/Strohn[2] § 6 Anm 26).

Die Europäische wirtschaftliche Interessenvereinigung (**EWIV**) ist gem EWIV-Ausführungsgesetz vom 14.4.1988 (BGBl I, 14) der deutschen OHG gleichgestellt und gilt nach § 1 zweiter Hs EWIVG als HandelsGes iSd HGB (vgl *WPH*[13] II, J Anm 80f; *Fey* Rechnungslegungs- und Prüfungspflichten Europäischer Wirtschaftlicher Interessenvereinigungen, DB 1992, 233). 29

Die **PartGes** betreibt gem § 1 Abs 1 S 2 PartG kein Handelsgewerbe und ist damit nicht zur Beachtung der handelsrechtlichen Vorschriften zur Buchführung und Bilanz verpflichtet. Dies gilt auch für die Partnerschaft mit beschränkter Berufshaftung (**PartGmbB**), vgl *Leuering* NZG 2013, 1002.

§ 238 30–33 Buchführung. Inventar

Die Europäische Gesellschaft (**Societas Europaea,** SE) unterliegt gem Art 9 Abs 1c) ii) VO (EG) Nr 2157/2001, ABl EG Nr L 294, dem Recht der AG und ist gem § 6 Abs 1 Kfm. Sie unterliegt gem Art 61 VO (EG) Nr 2157/2001 hinsichtlich der Aufstellung ihres JA und Lagebericht den für AG geltenden Vorschriften. Für Kredit- und Finanzinstitute enthält Art 62 VO (EG) Nr 2157/2001 einen spezielleren Verweis auf das nationale Recht.

Auf europäischer Ebene wird überdies die Einführung der Europäischen Privatgesellschaft (**Societas Privata Europaea,** SPE), einer supranationalen Ges mit beschränkter Haftung, die für einen geschlossenen Gester-Kreis konzipiert ist und Ähnlichkeiten mit der GmbH und der UG (haftungsbeschränkt) aufweist, vorbereitet. Ob sich dieser Vorschlag jedoch durchsetzen wird, ist offen. Die SPE soll eigene Rechtspersönlichkeit (Art 9 Nr 2 Vorschlag für eine Verordnung des Rates über das Statut der Europäischen Privatgesellschaft, KOM (2008) 396) und voraussichtlich auch Kfm-Eigenschaft besitzen. Hinsichtlich der Aufstellung ihres JA und Lagebericht gelten für die SPE voraussichtlich die Vorschriften des anwendbaren innerstaatlichen Rechts (Art 25 Nr 1 des genannten Vorschlags). Eine mögliche Alternative zur SPE könnte der Vorschlag der von der EU-Kommission berufenen Reflection Group on the Future of EU Company Law zu einer vereinfachten Einmann-Gesellschaft (**Simplified Single Member Company,** SMC) darstellen (s *Hommelhoff* AG 2013, S 211 ff).

Die **Unternehmergesellschaft (haftungsbeschränkt)** ist eine besondere Form der GmbH, für die alle Vorschriften des GmbHG gelten, soweit nicht in § 5a etwas anderes bestimmt ist, und damit HandelsGes und Kfm gem § 6 Abs 1 (vgl *Fastrich* in Baumbach/Hueck GmbHG[20] § 5a Anm 7; *Roth* in Roth/Altmeppen[7] GmbHG[4] § 5a Anm 5).

Zu Unt ausländischer Rechtsformen, bspw der **Limited,** s Anm 47.

Keine Handelsgesellschaften sind die stille Ges (vgl *Hopt* in Baumbach/Hopt[35] § 230 Anm 2) und die Partenreederei (*Oetker* in Großkomm HGB[5] § 6 Anm 14), selbst wenn sie ein Handelsgewerbe betreiben. Die Rechtsform der Partenreederei wurde durch das Gesetz zur Reform des Seehandelsrechts (BGBl I 2013, 831 ff.) abgeschafft, es können keine neuen Partenreedereien mehr gegründet werden. Für Partenreedereien, die vor dem 25.4.2013 entstanden sind, gelten die bisherigen §§ 489 ff fort. Zur eG s Anm 33 und zum VVaG s Anm 35 f.

30 **Kapitalgesellschaften** entstehen als Kfl erst mit der **Eintragung in das HR** (§ 41 Abs 1 S 1 AktG; § 11 Abs 1 GmbHG). Mängel des GesVertrags (fehlerhafte Ges) sind für die rechtswirksame Existenz unbeachtlich (vgl *Roth/Altmeppen*[7] GmbHG § 2 Anm 34). Zum Beginn der Buchführungspflicht s Anm 70 ff.

31 Wann das **Ende der Rechtspersönlichkeit** einer KapGes eintritt, ist im Einzelnen umstritten (s *Hüffer* AktG[10] § 273 Anm 7 ff). Nach *Haas* (in Baumbach/Hueck GmbHG[20] § 74 Anm 2, 16) setzt die Vollbeendigung sowohl Vermögenslosigkeit als auch Löschung im HR voraus. Allein die Vermögenslosigkeit führt nicht zum Untergang der Rechtspersönlichkeit; umgekehrt besteht eine gelöschte AG/GmbH weiter, sofern sie noch VG besitzt oder ein VG bekannt wird (§ 2 Abs 3 LöschG); sie erlischt dann erst mit dessen Verlust (vgl BGH 23.2.1970 AG 200; *Hüffer* AktG[10] § 273 Anm 7, 13 ff).

6. Eingetragene Genossenschaften

33 Sie gelten gem § 17 Abs 2 GenG als Kfm iSd Handelsgesetzbuchs (anders die nicht eingetragenen Genossenschaften, vgl *Beuthien*[15] § 18 Anm 4; *Pöhlmann* in Pöhlmann/Fandrich/Bloehs[4] § 18 Anm 5). Zu den für eG geltenden Vorschriften zum JA und Lagebericht s §§ 336 ff und *WPH*[14] I, G.

Gleiches gilt gem Art 8 Abs 1c) ii) VO (EG) Nr 1435/2003, ABl EG Nr L 207, iVm § 17 Abs 2 GenG für die europäische Genossenschaft (**Societas Cooperativa Europaea,** SCE), vgl *Kindler* in Ebenroth/Boujong/Joost/Strohn[2] § 6 Anm 12. Sie unterliegt gem Art 68 Abs 1 VO (EG) Nr 1435/2003 hinsichtlich der Aufstellung ihres JA und Lagebericht den für Genossenschaften geltenden Vorschriften. Für Kredit- und Finanzinstitute enthält Art 69 VO (EG) Nr 1435/2003 einen spezielleren Verweis auf das nationale Recht.

Im Referentenentwurf eines Gesetzes zur Einführung der KooperationsGes und zum weiteren Bürokratieabbau bei Genossenschaften ist in Bezug auf die **„Kooperationsgesellschaft (haftungsbeschränkt)"** mit § 122 Abs 2 GenG-E ebenfalls ein Verweis auf § 17 Abs 2 GenG vorgesehen.

7. Versicherungsunternehmen

VersicherungsUnt betreiben Versicherungsgeschäfte, und zwar unabhängig von der Rechtsform (vgl *P. Präve* in Prölss[12] Versicherungsaufsichtsgesetz, § 1 Anm 6; zum Begriff s ebenda § 1 Anm 1 ff mwN). Soweit VersicherungsUnt gem § 1 als **Kaufmann** zu qualifizieren sind, werden sie bereits durch Abs 1 erfasst, während die VVaG gem § 16 VAG oft „wie ein Kaufmann" zu behandeln sind, wobei ua auch § 238 anzuwenden ist (vgl *Weigel* in Prölss[12] Versicherungsaufsichtsgesetz § 16 Anm 4).

Der **(große) VVaG ist grds kein Gewerbebetrieb,** da es ihm an der Gewinnerzielungsabsicht fehlt (zur Gewinnerzielungsabsicht als Tatbestandsmerkmal für den Gewerbebegriff s Anm 12). Er ist ein rechtsfähiger Verein, der mit der durch die Aufsichtsbehörde erteilten Erlaubnis zum Geschäftsbetrieb entsteht (§ 15 VAG). Für die Rechnungslegung gelten gem § 16 VAG die Vorschriften des Zweiten Unterabschnitts des Vierten Abschnitts (Ergänzende Vorschriften für VersicherungsUnt und P-Fonds) iVm den Vorschriften des Ersten (Vorschriften für alle Kfl) und Zweiten Abschnitts des Dritten Buchs des HGB (Ergänzende Vorschriften für KapGes sowie bestimmte PersGes) entspr.

Anders als der „reine" VVaG, der nur das Mitgliedergeschäft betreibt und der weder Kfm ist noch als Kfm gilt, ist ein **„gemischter VVaG",** der lt Satzung auch Nichtmitglieder zu festem Beitrag versichert, ohne Rücksicht auf den Umfang der Nichtmitgliederversicherung Kfm (vgl *WPH*[14] I, K Anm 13).

Keine Kaufleute sind die **kleineren Vereine** iSd § 53 Abs 1 S 1 VAG, die nach ihrer Satzung einen eng begrenzten Wirkungskreis haben, sei es in sachlicher (zB Versicherungszweig mit überschaubarem Risiko), örtlicher (zB regional begrenztes Geschäftsgebiet) oder persönlicher (zB kleiner und übersehbarer Mitgliederkreis) Hinsicht. Ob ein VVaG ein kleinerer Verein ist, entscheidet gem § 53 Abs 4 VAG die Aufsichtsbehörde. Gem § 53 Abs 1 S 1 iVm § 16 S 2 VAG gelten für ihn die handelsrechtlichen Rechnungslegungsvorschriften entspr (vgl *Weigel* in Prölss[12] Versicherungsaufsichtsgesetz § 16 Anm 4); das Gleiche gilt gem § 55 Abs 1 VAG für Versicherungsanstalten des öffentlichen Rechts.

8. Wirtschaftsbetriebe der öffentlichen Hand

Ein Wirtschaftsbetrieb der öffentlichen Hand (zum Begriff und zu den Rechtsgrundlagen s *WPH*[14] I, L Anm 1, 3 ff) liegt vor, wenn dieser **wirtschaftlich verwertbare Waren und Leistungen anbietet,** zB in den Bereichen Verkehrs-, Versorgungs-, Forst-, Wohnungswirtschaft, Kreditwesen, Zweckverbänden, sei es als Monopol- oder als Wettbewerbsbetrieb. **Unternehmensträger** können nur juristische Personen des öffentlichen Rechts sein, also nur Körperschaften (Gebietskörperschaften, Personalkörperschaften), rechtsfähige Anstalten des öffentlichen Rechts sowie rechtsfähige Stiftungen des öffentlichen Rechts.

§ 238 39–45

39 Die Wirtschaftsbetriebe können als **rechtlich unselbstständige Unternehmen des öffentlichen Rechts** (Regiebetriebe, nicht rechtsfähige Sondervermögen, kommunale Eigenbetriebe; zur Buchführungspflicht § 263 Anm 3), als **rechtlich selbstständige Unternehmen des öffentlichen Rechts** (Anstalten, wie zB die DBB und Rundfunkanstalten; Sparkassen; Stiftungen) oder als **rechtlich selbstständige Unternehmen des Privatrechts** (GmbH oder AG) organisiert sein (vgl *WPH*[14] I, L Anm 1). Zur Buchführungspflicht Anm 48 und 51.

40 Kfm iSd Dritten Buchs ist ein Wirtschaftsbetrieb der öffentlichen Hand insb dann, wenn seine Tätigkeit die in Anm 7 beschriebenen Voraussetzungen erfüllt (zum Vorbehalt landesrechtlicher Vorschriften Anm 61). Ob die für ein Handelsgewerbe erforderliche **Absicht dauernder Gewinnerzielung** vorliegt, ist für den Einzelfall festzustellen (vgl BGH 11.1.1962 BGHZ 36, 274). Unschädlich ist, wenn der mit dem Unt beabsichtigte Gewinn der Erfüllung gemeinwirtschaftlicher Aufgaben dienen soll (vgl BGH 18.1.1968 BGHZ 49, 258). Zu Besonderheiten bei Eigenbetrieben mit und ohne Kfm-Eigenschaft s detailliert *WPH*[14] I, L Anm 8 ff; zu Besonderheiten bei rechtsfähigen Anstalten des öffentlichen Rechts s *WPH*[14] I, L Anm 31.

Kein Gewerbebetrieb und damit auch kein Kfm ist ein sog **Hoheitsbetrieb** (zB Friedhof, Müllverbrennung, Straßenreinigung), der überwiegend der Erfüllung hoheitlicher Aufgaben dient (s KStR 6 Abs 3 ff und die dort zitierte Rspr). Kein Gewerbebetrieb liegt auch bei sog **Monopolunternehmen** vor wie zB bei Polizeimonopolen (für Kernbrennstoffe, Feuersicherheit, Tierkörperbeseitigung, Schlachthöfe), Lenkungsmonopolen (Einfuhr- und Vorratsstellen) und Finanzmonopolen (Branntweinmonopol).

EigenGes oder **BeteiligungsGes** der öffentlichen Hand in der Rechtsform der AG oder der GmbH sind dagegen stets Kfl nach § 6 Abs 1 und somit immer Kfm iSd Abs 1 (*WPH*[14] I, L Anm 5).

41 Zur Rechnungslegung der öffentlichen Verwaltung nach den Grundätzen der doppelten Buchführung s IDW ERS ÖFA 1.

II. Einzelfragen der Abgrenzung der Buchführungspflicht

43 **Vorgründungsgesellschaften** sind idR GbR, auf die die Vorschriften des HGB über die Buchführung keine Anwendung finden (vgl *ADS*[6] § 238 Anm 17). Falls die VorgründungsGes bereits als PersGes qualifiziert, s Anm 72.

44 **Vorgesellschaften** (vgl *Förschle/Kropp/Schellhorn* in Sonderbilanzen[4] D Anm 17; *Ulmer* in Hachenburg[34] § 11 Anm 5 ff) sind nach hM bereits mit dem **ersten Geschäftsvorfall** (zB Geschäftsbeginn oder Entgegennahme der Einlagen) buchführungspflichtig (vgl *Oetker* in Großkomm HGB[5] § 1 Anm 60; *Hüffer* in Großkomm HGB[4] § 238 Anm 16; s detailliert *Förschle/Kropp/Schellhorn* in Sonderbilanzen[4] D Anm 68 ff, die weitere Auffassungen zum Stichtag der EB und zum Beginn der Buchführungspflicht diskutieren), obwohl formalrechtlich betrachtet die Kfm.-Eigenschaft erst mit der Eintragung in das HR begründet wird. Dies gilt auch, wenn schon vor Abschluss des notariell beurkundeten Ges-Vertrags ein Handelsgewerbe betrieben wird (s glA *ADS*[6] § 238 Anm 17).

45 Führt die **Zweigniederlassung** eines **inländischen Unternehmens** (§§ 13, 13h) keine eigenen Bücher (sog Filialbuchhaltung), ist die Ordnungsmäßigkeit der Gesamtbuchhaltung des Unt davon nicht berührt. Eine gesonderte, nicht notwendigerweise aber selbständige, Buchführung für die Zweigniederlassung bei der Hauptniederlassung ist ausreichend, vgl *Koch* in Großkomm HGB[5] § 13 Anm 29; *Hopt* in Baumbach/Hopt[35] § 13 Anm 4.

Inländische **Zweigniederlassungen ausländischer kaufmännischer Unternehmen** (§§ 13d bis 13g, 325a) werden gem § 13d Abs 3 wie Hauptniederlassungen behandelt und sind somit grds buchführungspflichtig (vgl ADS[6] § 238 Anm 18; *Hüffer* in Großkomm HGB[4] § 238 Anm 24; vgl *Förschle/Kropp* in Sonderbilanzen[4] B Anm 10; *Förschle/Kropp/Schellhorn* in Sonderbilanzen[4] D Anm 3). Den Anforderungen wird genügt, indem die lokale Rechnungslegung der inländischen Zweigniederlassung in die Buchführung und den JA des ausländischen Unt einbezogen wird; eine zusätzliche Buchführung nach HGB ist nicht erforderlich (vgl *Förschle/Kropp* in Sonderbilanzen[4] B Anm 11; *Bayer* in Lutter/Hommelhoff[18] Anh II zu § 4a Anm 48). § 325a Abs 1 erfordert die Offenlegung der relevanten Rechnungslegungsunterlagen der Hauptniederlassung gem §§ 325, 328, 329 Abs 2 sowie grds die Einreichung einer deutschen Fassung zum Handelsregister am Sitz der inländischen Zweigniederlassung (vgl *Förschle/Kropp/Schellhorn* in Sonderbilanzen[4] D Anm 3). Soweit Deutsch nicht die Amtssprache am ausländischen Sitz der Hauptniederlassung ist, dürfen die Unterlagen der Hauptniederlassung gem § 325 Abs 1 S 2 Nr 1 auch in englischer Sprache eingereicht werden. Zur Offenlegung bestimmter Rechnungslegungsunterlagen inländischer Zweigniederlassungen von KapGes/KapCoGes mit Sitz in einem anderen Staat der EU/EWR s § 325a Anm 1 ff. Für **steuerrechtliche** Zwecke sind die Bücher grds im Inland zu führen (§ 146 Abs 2 S 1 AO). Zum Ort der Buchführung s detailliert Anm 132 ff. **46**

Zur Prüfung der **Kaufmannseigenschaft ausländischer Gebilde** s *Kindler* in Ebenroth/Boujong/Joost/Strohn[2] Vorb § 1 Anm 115 ff. § 6 Abs 1 differenziert nicht nach der Rechtsordnung, der eine HandelsGes unterliegt. Auch Ges ausländischen Ges-Rechts können unter § 6 Abs 1 fallen (vgl *Oetker* in Großkomm HGB[5] § 6 Anm 9; *Kindler* in Ebenroth/Boujong/Joost/Strohn[2] § 6 Anm 3). Ob eine **Limited** britischen Rechts mit Verwaltungssitz in Deutschland Kfm iSd HGB ist, richtet sich nach dem Recht, dem das jeweilige handelsrechtliche Rechtsgeschäft unterliegt (Wirkungsstatut, vgl *Bayer* in Lutter/Hommelhoff[18] Anh II zu § 4a Anm 16, s ergänzend *Schumann* ZIP 2007, 1189; *Wachter* FR 2006, 393), sodass die britische Limited mit inländischem Verwaltungssitz HandelsGes iSd § 6 Abs 1 Kfm sein kann (vgl *Graf* in MünchKomm BilR § 238 Anm 11). Ob die Bücher in diesem Fall nach ausländischem oder deutschem Recht zu führen sind, ist umstritten (s vertiefend *Graf* in MünchKomm BilR § 238 Anm 12; in Bezug zur britischen Limited s *Just*[4] Kap IX Tz 258 ff und *Bayer* in Lutter/Hommelhoff[18] Anh II zu § 4a Anm 46 ff, zu Rechnungslegungspflichten hinsichtlich der inländischen Zweigniederlassung s Anm 46). **47**

Juristische Personen des Privatrechts, die nicht als HandelsGes (Form-Kfl) errichtet worden sind, sind buchführungspflichtig, wenn sie die Anforderungen des § 1 erfüllen. Praxisrelevant sind hier insb Unt**Trägerstiftungen** (s ausführlich IDW RS HFA 5, IDW ERS HFA 5 nF und IDW PS 740) und **Vereine,** deren Zweck auf einen wirtschaftlichen Geschäftsbetrieb gerichtet ist (§ 22 BGB). Betreibt ein rechtsfähiger grds nichtwirtschaftlicher Verein zusätzlich ein Handelsgewerbe, das nach Art und Umfang einen in kfm Weise eingerichteten Geschäftsbetrieb erfordert, ergibt sich für diesen kfm Bereich eine Buchführungspflicht (s ausführlich IDW RS HFA 14 Rechnungslegung von Vereinen, FN-IDW 2011, 365). S ergänzend IDW RS HFA 21 Besonderheiten der Rechnungslegung Spenden sammelnder Organisationen, FN-IDW 2010, 201. **48**

Ob **nichtrechtsfähige Vereine,** deren Zweck auf einen wirtschaftlichen Geschäftsbetrieb abstellt, handelsrechtlich PersGes (OHG) und damit buchführungspflichtig sein können, ist umstritten (vgl *Kindler* in Ebenroth/Boujong/Joost/Strohn[2] § 1 Anm 74; *Schmidt* in MünchKomm HGB[3] § 1 Anm 46). **49**

50 Wird ein **Joint Venture** in der Rechtsform der KapGes oder PersGes betrieben, gelten die Rechnungslegungsvorschriften des HGB und damit auch § 238. Joint Ventures in der Rechtsform der GbR sind gem § 721 Abs 2 BGB grds verpflichtet, periodische Rechnungsabschlüsse zu erstellen. Eine handelsrechtliche Buchführungspflicht besteht dagegen grds nicht, sofern sich nichts anderes aus dem GesVertrag ergibt (s ausführlich *St/HFA 1/1993* Zur Bilanzierung von Joint Ventures, WPg 1993, 441).

51 **Juristische Personen des öffentlichen Rechts,** die ein Unt iSv § 1 Abs 2 betreiben, sind als Kfl buchführungspflichtig. Betreiben sie ein Unt, das die Voraussetzungen des § 3 erfüllt, sind sie buchführungspflichtig, wenn sie sich in das HR eintragen lassen.

52 Die Rechnungslegungs- und Buchführungspflichten der **Pflegeeinrichtungen** regelt die Pflegebuchführungsverordnung; gem deren § 3 gelten die §§ 238 bis 241 unabhängig von der Rechtsform und einer Kfm-Eigenschaft iSv § 1 ff. Für **Krankenhäuser** gilt die Krankenhaus-BuchführungsVO; zu Einzelfragen s IDW RS KHFA 1 Einzelfragen zur Rechnungslegung von Krankenhäusern, FN-IDW 2005, 227.

53 Gem § 6b Abs 1 EnWG haben bestimmte **Energieversorgungsunternehmen** ungeachtet ihrer Rechtsform einen JA und Lagebericht nach den für KapGes geltenden Vorschriften des HGB aufzustellen, was eine kfm Buchführung voraussetzt (vgl IDW RS ÖFA 2 nF Rechnungslegung nach § 6b EnergiewirtschaftsG, FN-IDW 2013, 132, Tz 11).

54 Politische **Parteien** müssen gem Art 21 Abs 1 GG über die Herkunft und die Verwendung ihrer Mittel sowie über ihr Vermögen öffentlich Rechenschaft geben, was eine Buchführung voraussetzt. Außerdem besteht für solche unternehmerischen Bereiche, die einen in kfm Weise eingerichteten Geschäftsbetrieb erfordern, handelsrechtliche Buchführungspflicht. S IDW RS HFA 12 Rechnungslegung von politischen Parteien, FN-IDW 2005, 522.

55 Für steuerliches **Sonderbetriebsvermögen** ist nicht der Gester, sondern die **PersGes** buchführungspflichtig (vgl BFH 23.10.1990 BStBl II 1991, 403). Zu PersGes s IDW RS HFA 7.

III. Verpflichtete Person

57 § 238 Abs 1 S 1 verpflichtet „jeden Kaufmann" zur Buchführung. Was ein Kfm ist, ergibt sich insb aus den §§ 1–6 (s Anm 6 ff). Danach wird jeder, der ein **Handelsgewerbe** iSv § 1 **betreibt,** mit Beginn des Handelsgewerbes buchführungspflichtig, selbst wenn er noch nicht in das HR eingetragen ist (vgl *ADS*[6] § 238 Anm 21 mwN). Die Buchführungspflicht obliegt beim EinzelUnt dem EKfm.

Des Weiteren sind nach Handelsrecht buchführungspflichtig die HandelsGes gem § 6 Abs 1 und die eG gem § 17 Abs 2 GenG (s Anm 28 ff). Die Buchführungspflicht liegt bei den HandelsGes und eG bei den für die Geschäftsführung zuständigen **Organmitgliedern** (zB Vorstand, Geschäftsführer), während bei der OHG alle Gester und bei der KG sowie der KGaA nur die **persönlich haftenden Gesellschafter** verantwortlich sind (hM, vgl *ADS*[6] § 238 Anm 10, *Merkt* in Baumbach/Hopt[35] § 238 Anm 8; aA *Graf* in MünchKomm BilR § 238 Anm 35, wonach bei OHG und der KG nur die geschäftsführenden Gester verantwortlich sind).

58 Der Buchführungspflichtige darf sich **Hilfspersonen** bedienen, bleibt aber in der Verantwortung (vgl *Pfitzer/Oser* in HdR[5] § 238 Anm 6; *Quick/Wolz* in Bilanzrecht § 238 Anm 16). Zu den Voraussetzungen, den Buchführungspflichtigen von seinen unmittelbaren Pflichten zu entlasten, s *ADS*[6] § 238 Anm 48 ff.

Buchführungspflicht 59–72 § 238

Im **Liquidationsverfahren** obliegen die handelsrechtlichen Buchführungs- 59
und Bilanzierungs-Pflichten („externe Rechnungslegung") den Liquidatoren (vgl
Förschle/Deubert in Sonderbilanzen[4] S Anm 66 und T Anm 123). Zur Liquidation
s *ADS*[6] § 238 Anm 25. Zur Rechnungslegung unter Aufgabe der Annahme der
Unt-Fortführung s IDW RS HFA 17.
Im **Insolvenzverfahren** obliegen diese Verpflichtungen dem Insolvenzverwalter (§ 155 Abs 1 InsO, IDW RH HFA 1.012, Tz 4f) und zwar unabhängig
von der erforderlichen „internen Rechnungslegung" (Masse-/Gläubiger-Verzeichnis etc, s IDW RH HFA 1.010 bis 1.012). Zur Rechnungslegung im Insolvenzverfahren s *Förschle/Weisang* in Sonderbilanzen[4] R Anm 1ff.

IV. Besonderheiten auf Grund § 263 (Landesrecht)

Für die zur Buchführung verpflichteten Unt des öffentlichen Rechts ohne 61
eigene Rechtspersönlichkeit gelten die Vorschriften der §§ 238ff nur dann nicht,
wenn landesrechtliche Vorschriften davon abweichen. Dies gilt insb für den Bereich der **Eigenbetriebe** (EigBG, EigVO der Länder; s die Zusammenstellung
mit Fundstellennachweis in § 263 Anm 1ff).

V. Steuerrechtliche Buchführungspflichten

Die handelsrechtliche Buchführungspflicht ist auch Anknüpfungspunkt der sog 63
abgeleiteten steuerlichen Buchführungspflicht: Wer nach § 238 zur Buchführung verpflichtet ist, hat die Verpflichtungen gem § 140 AO auch für die Besteuerung zu erfüllen (s detailliert *Tipke/Kruse* § 140 AO Anm 1 ff).
Der Kreis der für steuerliche Zwecke zur Buchführung Verpflichteten wird 64
durch die sog **originäre** steuerliche Buchführungspflicht erweitert (s detailliert
Tipke/Kruse § 141 AO Anm 1ff). Gem § 141 Abs 1 Nr 1–5 AO entsteht ab einer Umsatzhöhe von 500 000 € oder einem Gewinn von 50 000 € Buchführungspflicht, sofern nicht gem § 140 AO „nach anderen Gesetzen als den Steuergesetzen" – also insb nach HGB – Buchführungspflicht besteht (s § 241a
Anm 10; *PwC* BilMoG Komm, A Anm 4f und 7f).

C. Beginn und Ende der Buchführungspflicht

I. Beginn der Buchführungspflicht

Ist das Unt von Anfang an auf einen kfm Geschäftsbetrieb ausgerichtet 70
(s Anm 7), beginnt die Buchführungspflicht gem §§ 238 ff grds mit der **Aufnahme des Handelsgewerbes** durch den Kfm, dh der ersten Vorbereitungshandlung. Die Zeitpunkte der HR-Eintragung bzw der „Eröffnung" eines
Betriebs sind unerheblich (vgl *ADS*[6] § 238 Anm 21 f; *Förschle/Kropp* in Sonderbilanzen[4] B Anm 6; *Pfitzer/Oser* in HdR[5] § 238 Anm 8).
Für den **Kleingewerbetreibenden** (s Anm 7) und den **Kannkaufmann** 71
(s Anm 18 und 25) gilt diese Verpflichtung erst mit **Eintragung** in das HR
(Wahlrecht der Eintragung; vgl *Förschle/Kropp* in Sonderbilanzen[4] B Anm 6; *Hüffer* in Großkomm HGB[4] § 238 Anm 11).
Bei **Personenhandelsgesellschaften** kraft Gewerbes (s Anm 28) beginnt die 72
Buchführungspflicht mit der Aufnahme des Handelsgewerbes unter gemeinschaftlicher Firma (vgl *Förschle/Kropp/Siemers* in Sonderbilanzen[4] C Anm 2). Bei
PersGes, die kein Handelsgewerbe betreiben, beginnt die Buchführungspflicht

mit der nach § 105 Abs 2 möglichen Eintragung in das HR (vgl *Quick/Wolz* in Bilanzrecht § 238 Anm 21).

73 Bei **Kapitalgesellschaften** (s Anm 28) beginnt die Buchführungspflicht frühestens mit **Errichtung** der Ges (notarielle Beurkundung des GesVertrags, sog VorGes; s Anm 44); spätestens aber mit dem ersten Geschäftsvorfall wie bspw dem Geschäftsbeginn oder der Entgegennahme der Einlagen (vgl *Pfitzer/Oser* in HdR[5] § 238 Anm 9; s detailliert *Förschle/Kropp/Schellhorn* in Sonderbilanzen[4] D Anm 68 ff, die weitere Auffassungen zum Stichtag der EB und zum Beginn der Buchführungspflicht diskutieren).

74 Eine Buchführungspflicht von Ges aller Rechtsformen, die bereits *vor* ihrer Gründung geschäftlich tätig werden, kann sich uU aus den §§ 1 und 6 Abs 1 ergeben (Vorliegen einer PersGes).

II. Ende der Buchführungspflicht

78 Aus der Verknüpfung der handelsrechtlichen Buchführungspflicht mit der Kfm-Eigenschaft ergibt sich **formal**, dass die Buchführungspflicht **endet**, wenn die Kfm-Eigenschaft nicht mehr besteht, dh mit der Einstellung des Handelsgewerbes nach Abwicklung aller mit der Veräußerung oder Aufgabe zusammenhängenden Geschäftsvorfälle (vgl *Förschle/Deubert* in Sonderbilanzen[4] M Anm 6). **Besonderheiten** können auftreten, wenn Beendigung der Kfm-Eigenschaft und Einstellung des Handelsgewerbes zeitlich auseinanderfallen:

79 Beim **Istkaufmann** enden Kfm-Eigenschaft und Buchführungspflicht, wenn Art und Umfang des Unt einen in kfm Weise eingerichteten Geschäftsbetrieb nicht mehr erfordern und die HR-Eintragung gelöscht ist; beim (eingetragenen) **Kleingewerbebetreibenden** sowie beim **Kannkaufmann** ist allein die Löschung im HR maßgeblich, sofern nicht zwischenzeitlich die Voraussetzungen des § 1 Abs 2 eingetreten sind (vgl *Förschle/Deubert* in Sonderbilanzen[4] M Anm 6 f).

80 Bei **Personenhandelsgesellschaften** und sonstigen **Formkaufleuten** endet die werbende Tätigkeit mit Auflösung der Ges (§§ 145, 161; § 262 AktG; § 60 GmbHG; §§ 78 ff GenG, s *ADS*[6] § 238 Anm 25). Für den sich hieran anschließenden Abwicklungszeitraum gilt jedoch weiterhin Buchführungspflicht bis zum Ende der Abwicklung, dh Veräußerung aller VG, Begleichung aller Verbindlichkeiten und Auskehrung eines etwaigen Überschusses an die Gester (vgl *Förschle/ Deubert* in Sonderbilanzen[4] S Anm 41 und 66 und T Anm 12).

81 Wird *vor* Ende der Abwicklung die Ges im HR **gelöscht**, bleibt die Buchführungspflicht davon unberührt. Die Löschung hat nur deklaratorische Bedeutung. Die Ges besteht weiter, solange noch GesVermögen vorhanden ist, dementspr sind die Bücher bis zur endgültigen Abwicklung des noch vorhandenen Vermögens zu führen (s Anm 31).

D. Folgen der Verletzung der Buchführungspflicht

85 Die Buchführungspflicht ist eine **öffentlich-rechtliche Verpflichtung**. Eine Verletzung kann gem §§ 283 Abs 1 Nr 5, Abs 2, 283b Abs 1 Nr 1 StGB strafrechtliche Konsequenzen haben. Voraussetzung ist gem § 283 Abs 6 StGB allerdings, dass der Kfm (die Ges) die Zahlungen einstellt, das Insolvenzverfahren eröffnet oder dies mangels Masse abgelehnt wird. Die Vernichtung von Buchführungsunterlagen kann den Straftatbestand der Urkundenunterdrückung iSd § 274 StGB und deren Fälschung den der Urkundenfälschung iSd § 267 StGB erfüllen (vgl *Quick/Wolz* in Bilanzrecht § 238 Anm 64). UU kann § 265b StGB (Kredit-

betrug) vorliegen (vgl *Drüen* in Kölner Komm HGB § 238 Anm 35). §§ 331–335b, die allerdings nur für KapGes und gleichgestellte PersGes anwendbar sind, sanktionieren die Verletzung der Vorschriften des § 238 dagegen nicht (unmittelbar). Wenn eine solche Verletzung zu einer unrichtigen Darstellung im JA führt, kann dies allerdings (mittelbar) die Rechtsfolgen des § 331 (Freiheits- oder Geldstrafe) nach sich ziehen (s § 331).

Eine Verletzung der Buchführungspflicht kann bei prüfungspflichtigen Unt gem § 322 Abs 4 die **Einschränkung oder Versagung des BVm** nach sich ziehen (§ 322 Anm 61 und 67; s IDW PS 400, Tz 54 und 68a). Zum Verhältnis GoB zum Risikofrüherkennungssystem sowie zum IKS und zum RMS s Anm 92 und 115. 86

Die Verletzung der Buchführungspflicht führt grds nicht zu **Schadensersatzansprüchen** Dritter aus § 823 Abs 2 BGB, weil § 238 grds kein Schutzgesetz in diesem Sinne ist (vgl *Förschle/Kropp* in Sonderbilanzen[4] B Anm 74; *Graf* in MünchKomm BilR § 238 Anm 34 und 94). Als Anspruchsgrundlage für Schadenersatzansprüche einer Ges gegen das Geschäftsführungsorgan kommen ggf § 43 Abs 3 GmbHG und § 93 Abs 2 AktG in Betracht (vgl *Graf* in MünchKomm BilR § 238 Anm 96). 87

Die Verletzung handelsrechtlicher Vorschriften über die Buchführung stellt zugleich eine Verletzung der **steuerrechtlichen Pflichten** dar (vgl *ADS*[6] § 238 Anm 62). Durch Buchführungsmängel kann die Beweiskraft der Buchführung in Frage gestellt sein (Umkehrschluss aus § 158 AO). Der steuerrechtliche Gewinn ist ggf zu schätzen (§ 162 AO). Die FinVerw kann die Erfüllung der Buchführungspflicht durch Androhung und Festsetzung eines Zwangsgelds erzwingen (§ 328 Abs 1 AO). Die vorsätzliche oder leichtfertige Verletzung von Buchführungs- oder sonstigen Aufzeichnungspflichten ist eine Ordnungswidrigkeit (Steuergefährdung nach § 379 AO; leichtfertige Steuerverkürzung nach § 378 AO). Zu den Folgen der Verletzung steuerlicher Pflichten s detailliert *Tipke/Kruse* Vorb zu §§ 140–148 Anm 22 ff. 88

Die Inanspruchnahme von Steuererleichterungen und -vergünstigungen setzt – vorbehaltlich spezialgesetzlicher Regelungen wie bspw § 6b Abs 4 Nr 5 EStG – eine ordnungsmäßige Buchführung allerdings nicht voraus (vgl *ADS*[6] § 238 Anm 63; *Görke* in Hübschmann/Hepp/Spitaler Vor §§ 140–148 AO, Anm 41 f).

E. Begriff und Zweck der kaufmännischen Buchführung

Buchführung ist die lfd, systematische und in Geldgrößen vorgenommene **Dokumentation von Geschäftsvorfällen** (s Anm 95 ff und 109 ff) in einem kfm Unt. Die Buchführung bezweckt, Vermögen und Vermögensentwicklung des zur Buchführung Verpflichteten klar, übersichtlich und nachprüfbar zu dokumentieren. Sie dient so dem Gläubigerschutzgedanken, erfüllt eine Beweissicherungs- und Selbstinformationsfunktion und dient dem Schutz der Gester sowie der Sicherung des Rechtsverkehrs. Technisch vollzieht sich die Buchführung mit den Eintragungen in den Handelsbüchern. **Was** Handelsbücher sind bzw **welche** Handelsbücher **wie** zu führen sind, bestimmt sich nach den GoB (s § 243 Anm 1 ff). 90

Die GoB überlassen dem zur Buchführung Verpflichteten grds die Wahl des Buchführungssystems (s Anm 118 ff) wie auch der zu führenden Handelsbücher (s Anm 109 ff). System und Anzahl der geführten Bücher müssen aber den Buchführungszweck erfüllen. 91

Die GoB werden aus den Zwecken abgeleitet, die mit der Rechnungslegung verfolgt werden (zum Meinungsstand s § 243 Anm 11 ff). IdZ ist, explizit für AG 92 mit amtlich notierten Aktien, wohl aber auch zumindest für große KapGes und Konzerne, auf das Verhältnis GoB und Risikofrüherkennungssystem sowie IKS und RMS hinzuweisen (s *WPH*[14] I, P Anm 160, IDW PS 400, Tz 72, IDW PS 450, Tz 104 ff, § 289 Abs 5).

F. Geschäftsvorfälle

I. Allgemeines

95   Geschäftsvorfälle sind Ereignisse, die eine Veränderung des kfm Bruttovermögens in Höhe und/oder Struktur bewirken (vgl *Eisele/Knobloch*[8], 15; s grundlegend *Lehmann*, 79 ff; *Müller* Kriterien für den Ausweis von Ertrag und Aufwand, Ludwigsburg 1992, 9 ff). Nur solche Ereignisse, die mit der kfm Sphäre (also nicht der Privatsphäre) des Kfm zusammenhängen, dürfen und müssen in der Buchführung berücksichtigt werden (vgl *Hüffer* in Großkomm HGB[4] § 238 Anm 53). **Wann** eine solche Änderung der Vermögenslage bewirkt wird, bestimmt sich insb nach den materiellen GoB (wirtschaftliches Eigentum gem § 246 Abs 1, Realisationsprinzip, Imparitätsprinzip, Vorsichtsprinzip; s § 252 Anm 34 ff, zu Einschränkungen dieser GoB wegen der Bildung von BewEinh s § 254).

II. Erfassung von bestimmten Geschäftsvorfällen

97   Die gem Abs 1 S 1 in den Büchern ersichtlich zu machenden **Handelsgeschäfte** (s das Vierte Buch des HGB) werden erfasst, wenn wenigstens von einer Seite erfüllt wurde. **Schwebende Geschäfte** (vgl *WPH*[14] I, E Anm 28 mwN; IDW RS HFA 4 Zweifelsfragen zum Ansatz und zur Bewertung von Drohverlustrückstellungen, FN-IDW 2010, 298 und FN-IDW 2013, 61, Tz 2 ff) bewirken zum Zeitpunkt des Vertragsabschlusses noch keine Veränderung des kfm Vermögens im Rahmen der GoB. Drohende Verluste aus der Abwicklung schwebender Geschäfte sind bereits zum Zeitpunkt ihres Bekanntwerdens in den Büchern zu erfassen (s § 249 Anm 52 ff; § 252 Anm 34 ff; § 285 Anm 65 f). Bei umfangreichem Geschäftsvolumen sind daher **geeignete organisatorische Vorkehrungen** (Meldesystem) zu treffen, um die lückenlose Erfassung verlustbehafteter schwebender Verträge sicherzustellen. Um die Vollständigkeit der gebildeten Verbindlichkeitsrückstellungen (§ 249 Abs 1 S 1) und der angegebenen Haftungsverhältnisse (§ 251) sicherstellen zu können, kann das Führen eines Inventars der Risiken erforderlich sein (vgl *ADS*[6] § 249 HGB Anm 40 f, § 251 HGB Anm 20 f). Ähnliches gilt für die Erfassung der von mittleren und großen KapGes/KapCoGes im Anhang anzugebenden außerbilanziellen Geschäfte und sonstigen finanziellen Verpflichtungen (§ 285 Nr 3/3a, vgl § 285 Anm 41 ff) und der Informationen zu Geschäften mit nahestehenden Personen und Unt (§ 285 Nr 21) sowie zu BewEinh (§ 285 Nr 23). Sofern kein Risikofrüherkennungssystem (§ 91 Abs 2 AktG) eingerichtet ist, muss das Unt die externen und internen Risikobereiche für Zwecke der Berichterstattung eingehend analysieren, wozu es ebenfalls geeigneter organisatorischer Vorkehrungen bedarf (vgl *WPH*[14] I, F Anm 1118).

98   Das Entstehen einer Forderung (s ausführlich § 247 Anm 80 ff) und deren Bezahlung sind verschiedene Geschäftsvorfälle. Das Gleiche gilt für die Entstehung einer Verbindlichkeit und deren Tilgung. Aus Vereinfachungsgründen wird eine Zusammenfassung beider Geschäftsvorfälle zu einer Buchung dann zu akzeptieren sein, wenn zwischen Entstehung und Zahlung nur eine kurze Zeitspanne

von max 7 Kalendertagen und außerdem kein Bilanzstichtag liegt (s ähnlich EStR 5.2 Abs 1).

G. Allgemeine Anforderungen an die Buchführung (Abs 1 S 2–3)

I. Der sachverständige Dritte und die Nachprüfbarkeit innerhalb angemessener Zeit

Die handelsrechtliche Buchführung (bestehend aus dem System (s Anm 118 ff) und aus den geführten Handelsbüchern (s Anm 109 ff) ist nur dann ordnungsmäßig, wenn ein „sachverständiger Dritter" (dh nicht jeder beliebige Dritte) sich in angemessener Zeit darin zurechtfinden kann (**intersubjektive Nachprüfbarkeit**). Den gleichen Maßstab legt für steuerbilanzielle Zwecke § 145 S 1 AO an. DRS 20.65 verwendet im Zusammenhang mit dem Konzernlagebericht den Begriff „verständiger Adressat". Aus den Materialien zu E-DRS 27 ergibt sich, dass das DRSC den Inhalt dieses Begriffs mit dem des „sachverständigen Dritten" für identisch hält. Zur Prüfbarkeit edv-gestützter Buchführungssysteme s § 239 Anm 37. 100

Es ist der Sachverstand zu fordern, der notwendig wäre, um die Buchführungspflichten in einem Unt, das eine nach Art und Umfang vergleichbare Buchführung erfordert, zu erfüllen (vgl *ADS*[6] § 238 Anm 45). **Sachverständige** in diesem Sinne sind idR Buchhalter, Bilanzbuchhalter, WP, vBP, Angehörige der steuerberatenden Berufe sowie Steuerfahnder und Außenprüfer, nicht notwendigerweise aber Bedienstete im Veranlagungsdienst der FinVerw. Handels- und steuerrechtliche Kenntnisse allein sind keine Sachkunde (vgl *Tipke/Kruse* § 145 Anm 20). 101

Die **Zeit**, die erforderlich ist, um sich in der Buchführung zurechtzufinden, hängt vom Umfang des Rechenwerks und dem Grad der Sachkunde des Dritten (vgl *ADS*[6] § 238 Anm 40 ff) ab. Der Überblick muss anhand des Buchwerks, der Belege, der Arbeitsanweisungen und sonstigen Organisationsunterlagen (s Anm 129) und ganz überwiegend ohne weitere Auskünfte und **ohne Schwierigkeiten zügig** gewonnen werden können. 102

In diesem Zusammenhang hat der HFA erörtert, ob es für ein Unt, das nach § 315a einen KA nach **IFRS** aufstellt, ausreichend ist, die Buchführung an den IAS auszurichten und für den handelsrechtlichen JA nur eine Überleitungsrechnung zu erstellen. Nach Auffassung des HFA entspricht eine an den IFRS ausgerichtete Buchführung nur dann den handelsrechtlichen Vorschriften, wenn jederzeit die nach HGB erforderlichen Buchungen durch paralleles Mitführen von Korrekturposten exakt nachvollzogen werden können. Die Vornahme einer nur pauschalen Korrektur für den JA nach HGB ist danach nicht mit § 238 Abs 1 vereinbar (IDW-FN 2004, 38). Dies hat auch zu gelten für einen IFRS-EA nach § 325 Abs 2a. 103

Nach **internationalen Grundsätzen** (s *IAS* Framework 25) sind die Anforderungen an das Sachverständnis ggf nach der Schwierigkeit der jeweiligen Sachverhalte zu relativieren (s ergänzend *Wawrzinek* in Beck IFRS Anm 84 ff). 104

II. Überblick über die Geschäftsvorfälle und über die Lage des Unternehmens

Mit dem in Abs 1 S 2 geforderten Überblick über die Geschäftsvorfälle und über die Lage des Unt werden der Buchführung folgende Ziele zum Schutz von Gläubigern und Schuldnern zugewiesen (vgl *Leffson*[7], 46): 107

– Der Kfm soll den Stand von Schulden und Vermögen erkennen können,
– die Haftungsmasse soll gegen die Entziehung von VG gesichert werden und
– die Beweiskraft der Bücher soll gesichert werden.

Die Buchführung erfüllt also eine Beweis-, Sicherungs- und Informationsfunktion. Sie bildet damit zusammen mit dem Inventar die Grundlage für den jährlich aufzustellenden Abschluss, der zusammenfassend über die VFE-Lage unterrichtet.

III. Zu führende Handelsbücher

109 **Allgemeines:** Handelsbücher sind sämtliche Informationsträger, die sowohl dazu geeignet als auch dazu bestimmt sind, die Handelsgeschäfte des Kfm und die Lage seines Vermögens ersichtlich zu machen (vgl *Hüffer* in Großkomm HGB[4] § 238 Anm 32). Handelsbücher sind so zu führen, dass in ihnen die Geschäftsvorfälle vollständig, klar und nachprüfbar erfasst werden. In der kfm Praxis haben sich insb Grund-, Haupt- und Nebenbücher als Erfassungsinstrumente für Geschäftsvorfälle durchgesetzt. **Was** Handelsbücher im Einzelnen sind bzw **welche** Handelsbücher in einer ordnungsgemäßen Buchführung zu führen sind, bestimmt sich nach den GoB (s Anm 91 f). Daneben kann sich die Pflicht zur Führung bestimmter Bücher aus besonderen handels- und steuerrechtlichen Vorschriften ergeben, so bspw das Wareneingangsbuch gem § 143 Abs 1 AO und das Warenausgangsbuch gem § 144 Abs 1 AO (zu den wichtigsten nichtsteuerlichen Buchführungspflichten s *Tipke/Kruse* § 140 Anm 11 ff, *Görke* in Hübschmann/Hepp/Spitaler, § 140 AO Anm 9 ff).

110 Die Handelsbücher **brauchen nicht gebunden** geführt zu werden (s Anm 124; § 239 Anm 18 ff). Rechtlich gesehen haben sie den Charakter von Urkunden iSv § 267 ff StGB (vgl *Merkt* in Baumbach/Hopt[35] § 238 Anm 2, s Anm 85). Sie sind als Beweismaterial Bestandteil der Insolvenzmasse (§ 36 Abs 2 Nr 1 InsO).

111 **Grundbücher** (Journale): Zur **vollständigen Erfassung** und Sicherstellung aller Geschäftsvorfälle sind diese in Grundbüchern **chronologisch** geordnet zu dokumentieren (Dokumentation nach der zeitlichen Entstehung). Wieviele Grundbücher und in welcher Form diese zu führen sind, bestimmt sich nach der Zweckmäßigkeit (abhängig vom Volumen und von der Struktur der Geschäftsvorfälle, zB Kassen-, Wareneingangs- und Warenausgangsbuch). Hinsichtlich des einzelnen Geschäftsvorfalls sind idR folgende Angaben zu machen: Datum/Vorgang/Beleghinweis/Konto/Gegenkonto/Betrag.

112 **Hauptbücher:** Die Grundsätze der Klarheit und Nachprüfbarkeit erfordern eine Aufbereitung der Geschäftsvorfälle auch nach **sachlichen Ordnungskriterien.** Diese Funktion wird von den Hauptbüchern erfüllt. Sie bestehen idR aus Sachkonten. Den Konten selbst liegt ein entspr den betrieblichen Verhältnissen gegliederter Kontenplan zugrunde, zB ausgerichtet an einem Kontenrahmen (s vertiefend *Brüggemann* in Beck HdR, Abschn A 130). Praktisch verbreitet ist ua der Industrie-Kontenrahmen IKR (hrsg vom BDI). Ein nach den Grundsätzen der Klarheit und Nachprüfbarkeit aufgestellter **Kontenplan** gewährleistet insb die Einhaltung der bereits in den „Richtlinien zur Organisation der Buchführung" vom 11.11.1937 formulierten **Anforderungen an die Buchhaltung,** die noch heute richtungsweisend sind (Abdruck bei *Hüffer* in Großkomm HGB[4] § 238 Anm 48):

– Erfassung von **Stand und Veränderung** an Vermögen, Kapital, Schulden, Aufwendungen und Erträgen.
– Erfassung und Abgrenzung der einzelnen Geschäftsvorfälle sowie ausreichend tiefe Gliederung der JA-Posten durch sachgerechte **Kontierung.**

Nebenbücher (Hilfsbüchern): Darin werden Teilbereiche der Buchhaltung 113
gesondert erfasst. Nebenbücher haben die Aufgabe, die Aussagefähigkeit insb der
Hauptbücher in Bezug auf bestimmte Einzelinformationen zu erweitern, ohne
gleichzeitig die Übersichtlichkeit und Klarheit der Hauptbücher zu gefährden.
Die Hauptbücher enthalten dann insoweit nur noch Sammelbuchungen. Eine
Abstimmung der Nebenbücher mit den Hauptbüchern ist regelmäßig – mind
monatlich – erforderlich. Wichtigste Nebenbücher in der Praxis sind: Kontokorrentbuchhaltung (Einzeldarstellung der Forderungen/Verbindlichkeiten),
Kassenbuchhaltung, Lohn- und Gehaltsbuchhaltung, Anlagenbuchhaltung und
Lagerbuchhaltung. Auch die Aufzeichnungen zu Haftungsverhältnissen (§ 251),
außerbilanziellen Geschäften (§ 285 Nr 3), sonstigen finanziellen Verpflichtungen
(§ 285 Nr 3a), Geschäften mit nahestehenden Personen und Unt (§ 285 Nr 21)
und BewEinh (§ 285 Nr 23) müssen zu den erforderlichen Nebenbüchern gerechnet werden. Zulässig ist auch eine „Geheimbuchhaltung" zur Erfassung vertraulicher Vorgänge (vgl *Leffson*[7], 171 f).

Handelsbuch ist auch das Verwahrungsbuch gem § 14 DepG. **Keine Han-** 114
delsbücher iSv § 238 sind das Aktienbuch (§ 67 AktG), Wareneingangsbuch
(§ 143 AO) den Warenausgangsbuch (§ 144 AO) und das Tagebuch des Han-
delsmaklers (§ 100). Letztere stellen aber **sonst erforderliche Aufzeichnungen**
iSd § 239 Abs 1 (vgl *Hüffer* in Großkomm HGB[4] § 238 Anm 33).

Inwieweit die **Betriebsbuchhaltung** als Handelsbuch iSv § 238 gilt, ist nicht 115
eindeutig zu entscheiden. Man wird die Betriebsbuchhaltung zu den nach GoB
erforderlichen Nebenbüchern rechnen müssen, soweit sie erforderlich ist, um
einen Überblick iSv § 238 Abs 1 S 2 zu verschaffen, dh eine ordnungsgemäße
Bewertung der unfertigen und fertigen Erzeugnisse sowie aktivierungspflichtigen
und aktivierungsfähigen Eigenleistungen (für Sachanlagen, immaterielle VG) und
die sachgerechte Ableitung einer nach dem Umsatzkostenverfahren aufgestellten
GuV zu gewährleisten.

Ähnliches muss für das **Risikofrüherkennungssystem** sowie das **interne**
Kontrollsystem und das **Risikomanagementsystem** gelten. Für KapGes/
KapCoGes gilt, dass im Lagebericht zum JA die Lage der KapGes/KapCoGes
den tatsächlichen Verhältnissen entspr darzustellen ist; gem § 289 Abs 1 S 4 ist
„die voraussichtliche Entwicklung mit ihren wesentlichen Chancen und Risiken
zu beurteilen und zu erläutern". Dh ein Überblick über die Lage des Unt
schließt die Beachtung ggf bestehender Risiken und Chancen der künftigen
Entwicklung mit ein. Unterlagen hierzu sind insoweit mit zu den im Rahmen
der Buchführung zu führenden „Büchern" zu zählen, als sie erforderlich sind,
um die korrekte Abbildung solcher Risiken und Chancen im JA und Lagebericht
zu verifizieren. Führt das Nicht-Vorhandensein oder ein Mangel in diesen Unterlagen zur Nicht-Ordnungsmäßigkeit der Lageberichterstattung und damit der
Buchführung, weil uU eine derartige Verifizierung nicht möglich ist, kann aus
diesem Grunde eine Einschränkung oder Versagung des BVm angezeigt sein
(s *WPH*[14] I, P Anm 160, IDW PS 400, Tz 72, IDW PS 450, Tz 104 ff).

§ 289 Abs 5 verlangt von kapmarkt KapGes eine Beschreibung der „wesentlichen Merkmale des IKS und des RMS im Hinblick auf den Rechnungslegungsprozess". Auch die hierzu notwendigen Unterlagen sind zu den im Rahmen der
Buchführung zu führenden „Bücher" zu rechnen. Zur Auswirkung dieser Vorschriften auf die APr vgl § 317 Anm 83 ff.

IV. Buchführungssysteme

Das formale System von Normen, welches die Ordnung, die Verknüpfung 118
und die Verdichtung der Geschäftsvorfälle (s Anm 95) festlegt, wird als Buchfüh-

rungssystem bezeichnet (vgl *ADS*⁶ § 239 Anm 12). Im Rahmen der systematischen Erfassung von Geschäftsvorfällen kennt die Praxis drei Buchführungssysteme (s vertiefend *Gehringer* in Beck HdR, Abschn A 120), von denen infolge der Verpflichtung zur GuV-Aufstellung (§ 242 Abs 2) fast immer die doppelte (kfm) Buchführung angewandt wird, obwohl § 238 die Anwendung eines bestimmten Systems nicht vorschreibt.

119 **Doppelte Buchführung:** Aufgrund ihrer Überlegenheit und im Vergleich zu den genannten Alternativen höheren Beweiskraft (vgl *Pfitzer/Oser* in HdR⁴ § 238 Anm 11) ist die doppelte Buchführung in der Praxis das Buchführungssystem für die kfm Unt sowie für die Wirtschaftsbetriebe der öffentlichen Hand in privater Rechtsform und nun auch für Kommunen; für Eigenbetriebe siehe *WPH*¹⁴ I, L Anm 8 ff sowie § 263 Anm 3.

Der doppelte Buchungssatz verknüpft mind eine im Soll gebuchte mit mind einer im Haben eines anderen Kontos gebuchten Rechengröße, wobei systematisch bedingt die Summe der Sollbuchungen dem Betrag nach der Summe der Habenbuchungen entspricht. Während ein erfolgsneutraler Buchungssatz ausschließlich zu zweiseitigen Wertbewegungen auf aus dem Eröffnungsinventar abgeleiteten Bestandskonten führt, verknüpft ein erfolgswirksamer Buchungssatz den Abrechnungskreis der Bestandskonten mit dem Abrechnungskreis der Erfolgskonten, mithin den Vermögens- und den Erfolgsaspekt eines Geschäftsvorfalls (vgl *Lehmann* 91; *Lehmann/Müller* Der Jahresabschluss, Herne/Berlin 2002, 141 ff). Am Schluss des Abrechnungszeitraums werden die Bestandskonten zur Bilanz und die Erfolgskonten zur GuV verdichtet. Durch dieses geschlossene System wird der Erfolg selbständig zweifach („doppelt") und – systembedingt – in übereinstimmender Höhe ermittelt: durch Vermögensvergleich und durch Vergleich von Aufwand und Ertrag. Bzgl der einzelnen Buchführungsformen (Techniken und Organisationsmittel) s Anm 124 ff. Zu weiteren Einzelheiten der doppelten Buchführung s *Gehringer* in Beck HdR, Abschn A 120 Anm 4 ff.

120 **Einfache Buchführung:** Die einfache Buchführung sieht nur Bestandskonten vor, die ohne Gegenbuchung auf hier nicht eingerichteten Erfolgskonten geführt werden. Die Erfolgsermittlung erfolgt „einfach" durch Vermögensvergleich. Eine GuV wird idR nicht erstellt. Praktisch ist die einfache Buchhaltung ohne Bedeutung, weil Ekfl, die die Kriterien des § 241a erfüllen, ohnehin von der Buchführungspflicht nach § 238 befreit sind und ihre Rechnungslegung auf eine Einnahmen-Überschuss-Rechnung nach Maßgabe des § 4 Abs 3 EStG beschränken (vgl *Tipke/Kruse* § 140 Anm 11a; s Anm 4 und § 241a Anm 6 ff). Sofern die Grenzwerte überschritten werden, ist davon auszugehen, dass es einem sachverständigen Dritten nur mit Hilfe einer doppelten Buchführung gelingen kann, sich innerhalb angemessener Zeit einen Überblick über die Geschäftsvorfälle und über die Lage des Unt zu verschaffen. Mit Blick auf PersGes und KapGes ist schwer vorstellbar, dass die Aufstellung einer GuV auf Basis einer einfachen Buchführung gelingen und sich der sachverständige Dritte innerhalb angemessener Zeit darin zurechtfinden kann. Das Anwendungsgebiet der einfachen Buchführung erstreckt sich daher allenfalls auf Ausnahmefälle (zB in der Gründungsphase eines Unt, s Anm 43 f, oder in der Liquidation für den Zeitraum nach der sog Liquidations-Schlussbilanz, vgl *Förschle/Deubert* in Sonderbilanzen⁴ T Anm 282 f). Zu weitere Einzelheiten s *Gehringer* in Beck HdR, Abschn A 120 Anm 35 ff. Auch die Einnahmen-Überschuss-Rechnung ohne Bilanzierung nach den Vorschriften von § 4 Abs 3 EStG kann als Art einer einfachen Buchführung angesehen werden.

121 **Kameralistische Buchführung:** Diese kennt weder Inventar noch Bewertung von Vermögen und Schulden; sie stellt vielmehr auf Einnahmen und Ausgaben ab (vgl IDW ERS ÖFA 1, Tz 2; *Quick/Wolz* in Bilanzrecht § 238

Anm 36). Sie wird in der Praxis in Form der Verwaltungskameralistik und Betriebskameralistik von öffentlichen Haushalten und Betrieben angewandt. Zu weitere Einzelheiten s *Gehringer* in Beck HdR, Abschn A 120 Anm 40 ff. Eine Verdrängung durch die doppelte Buchführung ist insb im Bereich der Betriebskameralistik festzustellen. Zur Rechnungslegung der öffentlichen Verwaltung nach den Grundsätzen der doppelten Buchführung s ergänzend IDW ERS ÖFA 1.

V. Buchführungsformen

Buchführungsformen beziehen sich auf die äußere Aufmachung der Bücher. In der kfm Buchführungspraxis finden heute iW **EDV-Buchführungen** Anwendung. Hierbei wird insb zwischen PC-Finanzbuchführungen und Buchführungen auf Großrechnern unterschieden, die sowohl im als auch außer Haus geführt werden können (s Anm 132 ff).

Daneben werden in selteneren Fällen noch weitere Buchführungsformen angewandt. Hierzu zählen **Durchschreibebuchführungen,** bei denen die Geschäftsvorfälle gleichzeitig in Grund- und Hauptbuch im Durchschreibeverfahren gebucht werden. Voraussetzung für diese Buchführungen ist eine Lose-Blatt-Buchführung.

In **Übertragungsbuchführungen** werden die Geschäftsvorfälle zunächst im Grundbuch erfasst und von dort ins Hauptbuch übertragen.

In der amerikanischen **Journalbuchführung** sind Grund- und Hauptbuch in einem Buch (= Journal) derart zusammengefasst, dass in einem Tabellenbogen in der Horizontalanordnung (Spalten) zunächst das Grundbuch, in den folgenden Spalten das Hauptbuch angeordnet sind. In der Vertikalordnung (Zeilen) werden die einzelnen Geschäftsvorfälle gebucht. Die Journalbuchführung ist sinnvoll und zweckmäßig, wenn nur eine begrenzte Zahl von Konten zu führen ist.

VI. Belegprinzip

Das **Belegprinzip** gehört zum Wesen einer ordnungsgemäßen Buchhaltung und ist daher unabdingbar (vgl BFH 30.5.1962 DB 1029; *Leffson*[7], 164). Es bedeutet, dass keine Buchung ohne Beleg erfolgen darf (vgl *ADS*[6] § 238 Anm 36, IDW RS FAIT 1, Tz 33, IDW RS FAIT 2, Tz 29). Der Beleg stellt die Dokumentation bzw den Nachweis eines Geschäftsvorfalls (s Anm 95) in knapper, für das Rechnungswesen bearbeitbarer Form dar und ist die Verbindung zwischen Geschäftsvorfall und Buchung. Ist dies gewährleistet, ist die Belegfunktion erfüllt.

Maßgebliches Merkmal eines Belegs ist sein Inhalt und nicht die Form der Datenaufbewahrung. Daher sind grds Belege in allen möglichen Aufzeichnungsformen denkbar. Voraussetzung hierfür ist jedoch, dass die Geschäftsvorfälle nachweisbar vollständig und richtig erfasst (s § 239 Anm 10 ff) und so an die Buchführung übermittelt werden und in diese eingehen (vgl *AWV-Schrift 528*).

In **nicht EDV-gestützten Buchführungen** stellt der Beleg regelmäßig eine optisch lesbare Aufzeichnung (Papier) dar.

Werden bei **EDV-gestützten Buchführungssystemen** (§ 239 Anm 10 ff) keine Klarschriftbelege verwandt (sondern stattdessen zB Platten, DVDs oder CDs), ist eine optisch lesbare Auflistung dieser Belege nicht erforderlich. Doch müssen Haltbarkeit dieser optisch nicht lesbaren Belege (innerhalb der Aufbewahrungsfrist, § 257 Anm 25 ff) und ein jederzeitiger Zugriff auf den Beleg (in Form der optischen Sichtbarmachung) gewährleistet sein; zu den Grundsätzen

ordnungsmäßiger DV-gestützter Buchführungssysteme s § 239 Anm 22 ff. Erzeugt das EDV-gestützte Buchführungssystem selbst Buchungen (zB Zahlungs-/ Rechnungsbuchungen), ist als Beleg (Nachweis für den Geschäftsvorfall) anzusehen:
- Verfahrensdokumentation und
- die Ausgabe auf Papier (Ausdruck) oder Datenträger (mit jederzeitiger Ausdruckbereitschaft) mit den Einzelbeträgen.

H. Ort der Buchführung

132 Es fehlt eine allgemein **handelsrechtliche** Regelung, wo die Bücher zu führen und aufzubewahren sind (vgl *Hüffer* in Großkomm HGB[4] § 238 Anm 24). Eine **steuerrechtliche** Regelung findet sich in § 146 Abs 2 AO. Danach ist die Führung und Aufbewahrung der Bücher und Aufzeichnungen grds im Inland vorzunehmen (mit Ausnahme ausländischer Betriebsstätten und OrganGes, für die nach dem lokalen Recht Buchführungspflicht besteht und durch den Kfm erfüllt wird, § 146 Abs 2 S 2–3 AO, vgl *Rätke* in Klein[11] § 146 Anm 13). Für die elektronische Buchführung ergibt sich aus § 146 Abs 2a AO eine Ausnahme vom Inlandsprinzip, s Anm 137.

133 Grds sind folgende Sachverhalte zu unterscheiden:
- Auslagerung der Buchführung an Dritte (außer Haus = **Fernbuchführung**): Die Fernbuchführung eines **inländischen Unt** im **Inland** ist handels- und steuerrechtlich grds zulässig (vgl *Tipke/Kruse* § 146 Anm 16 und 32; *ADS*[6] § 238 Anm 27). Erforderlich ist jedoch eine ausreichende Belegsicherung bis zur gruppenweisen Buchung im Journal, zB durch Eintragungen in das Kassenbuch, Wareneingangsbuch, Warenausgangsbuch, durch fortlaufende Aufzeichnung der Ausgangsrechnungen im Rechnungsblock oder durch lückenlos gesammelte Durchschriften mit Nummerierung, Aufzeichnungen für die Buchstelle uä. Bei Durchführung dieser Grundbuchungen wird die monatliche gruppenweise Buchung im Journal und auf den Sachkonten anerkannt (EStR R 5.2 Abs 1).

Eine Verlegung der Buchführung eines inländischen Unt ins **Ausland** wird von der FinVerw nur unter engen Voraussetzungen genehmigt (s detailliert *Tipke/Kruse* § 146 Anm 31). Insofern gehen die steuerrechtlichen Vorschriften über die handelsrechtlichen Vorschriften hinaus, die nicht zwischen Auslagerung der Buchführung ins In- oder Ausland unterscheiden. Die Frage der Vereinbarkeit von § 146 Abs 2 AO mit dem EU-Recht ist allerdings umstritten, vgl *Droscha/Reimer* DB 2003, 1689 ff. § 146 Abs 2a AO (s Anm 137) trägt diesen Bedenken hinsichtlich der elektronischen Buchführung zum Teil Rechnung (vgl *Rätke* in Klein[11] § 146 Anm 12).

Wegen der Ordnungsmäßigkeit des **computergestützten Fernbuchhaltung** s BFH 10.8.1978 BStBl II 1979, 20; IDW RS FAIT 1 sowie die GoBS (§ 239 Anm 22 ff) und IDW RS FAIT 3 iZm der Archivierung. Wenn beim Unt die Originalbelege verbleiben und die lediglich maschinelle Bearbeitung auf Grund von Eingabebelegen „außerhalb" durchgeführt wird, liegt eine eigene Buchführung und keine Fernbuchführung vor.

Zur APr unter teilweiser Auslagerung der Buchführung an Dritte s IDW EPS 951 nF. Die Prüfung des internen Kontrollsystems beim Dienstleistungsunternehmen für auf das Dienstleistungsunternehmen ausgelagerte Funktionen, FN-IDW 2007, 588 und 2010, 423 und *WPH*[14] I, R Anm 838 ff.

134 - **Inländische Niederlassung** eines **ausländischen Unt**: Die Bücher und Unterlagen sind für steuerrechtliche Zwecke **im Inland** nach deutschen Vorschriften zu führen und aufzubewahren (vgl *Tipke/Kruse* § 146 Anm 38). Sofern dies für das ausländische Unt unzumutbare Härten mit sich bringt, kann die FinVerw unter den Voraussetzungen des § 148 AO Erleichterungen bewilligen. Zur Sprache der Buchführung s § 239 Anm 5 ff.

- **Ausländische Niederlassung** eines **inländischen Unt:** §§ 238 ff sind auf das **135** ganze Unt eines Kfm anzuwenden. Die handelsrechtlichen (und auch steuerrechtlichen) Buchführungspflichten erstrecken sich also auch auf die ausländischen Niederlassungen von Unt mit Sitz im Inland. Allerdings lässt sich aus dem **Handelsrecht** kein Gebot in der Form herleiten, dass die Bücher und Aufzeichnungen ausländischer Niederlassungen inländischer Unt im Inland geführt werden und dass die Geschäftsvorfälle der ausländischen Betriebsstätte in die Buchführung der inländischen Hauptniederlassung *einzeln* aufzunehmen sind (vgl *Trzaskalik* in Hübschmann/Hepp/Spitaler, § 146 AO Anm 37). Vielmehr entspricht es der Übung und ggf ausländischen Gesetzen, die Bücher am Ort der ausländischen Betriebsstätte – meist unter Beachtung der dort geltenden Bestimmungen – zu führen und die ggf nach deutschem Recht umgegliederten und umbewerteten Zahlen über Verrechnungskonten verdichtet (monatlich, jährlich) in die inländische Buchführung zu übernehmen. Zur Sprache der Buchführung s § 239 Anm 5 ff.

Für das **Steuerrecht** schreibt § 146 Abs 2 AO vor, dass die Bücher und Auf- **136** zeichnungen von im Ausland befindlichen Betriebsstätten inländischer Unt im Inland geführt werden müssen, wenn nicht ausländisches Recht deren Führung im Ausland vorschreibt. Dadurch soll vermieden werden, dass der Stpfl, um seine inländischen Buchführungs-, Aufzeichnungs- und Aufbewahrungspflichten erfüllen zu können, gegen zwingendes ausländisches Recht verstoßen muss (vgl *Tipke/Kruse* § 146 Anm 33). Schreibt das ausländische Recht nur das Führen von Büchern und Aufzeichnungen vor, nicht aber deren Aufbewahrung, braucht der Stpfl diese Unterlagen trotzdem nicht im Inland aufzubewahren (vgl *Tipke/Kruse* § 146 Anm 33). Gem § 146 Abs 2 S 3 und 4 AO müssen die Ergebnisse der im Ausland geführten Bücher in die Buchführung des inländischen Unt übernommen werden, soweit sie für die Besteuerung von Bedeutung sind. Dabei sind die erforderlichen Anpassungen an nationale Vorschriften vorzunehmen und kenntlich zu machen.

§ 146 Abs 2a und b AO erlauben es, die **elektronische Buchführung** (nicht **137** jedoch von Papierdokumenten) auf schriftlichen Antrag beim zuständigen inländischen FA ins Ausland auszulagern, sofern der Standort des DV-Systems im Ausland angegeben wird, Änderungen unverzüglich mitgeteilt werden, der Stpfl seinen Mitwirkungs-, Buchführungs-, Vorlage- und Auskunftspflichten nachgekommen, eine digitale Außenprüfung iSv § 147 Abs 6 AO uneingeschränkt möglich und die Besteuerung nicht beeinträchtigt ist (vgl *Tipke/Kruse* § 146 Anm 46a ff).

I. Briefkopien (Abs 2)

Gem Abs 2 ist eine vollinhaltliche Wiedergabe der **abgesandten** Handelsbrie- **140** fe zu Dokumentationszwecken zurückzubehalten und gem § 257 Abs 4 sechs Jahre lang aufzubewahren. Gem § 257 Abs 3 ist die Speicherung auf anderen Datenträgern als in Schrift und Bild zugelassen. Zulässig sind auch zB Mikrofilm, CD-ROM, DVD oder Festplatten (§ 257 Anm 20) mit einer angemessenen Sicherung gegen zufälliges Löschen.

Der Begriff **Handelsbrief** umfasst gem § 257 Abs 2 alle Schriftstücke, die ein **141** Handelsgeschäft betreffen. Das liegt vor, wenn das Schriftstück die Vorbereitung,

§ 239 Buchführung. Inventar

Durchführung, den Abschluss oder die Rückgängigmachung des Geschäfts zum Gegenstand hat (vgl *Emmerich* in Heymann[2] § 125a Anm 3 ff). Nicht abschließend aufgezählt fallen idR Verträge, Angebote, Aufträge, Auftragsbestätigungen, Lieferscheine, Versanddokumente, Frachtbriefe, Rechnungen, Gutschriften, Reklamationen, Zahlungsnachweise, Bankkontoauszüge usw unter den Begriff des Handelsbriefs (vgl *Drüen* in Kölner Komm HGB § 238 Anm 32). Der Begriff des Schriftstücks ist weit auszulegen und geht über den Brief im eigentlichen Sinne hinaus. Auch E-Mails, Telefaxe uä werden genutzt, um dem Empfänger einen schriftlichen Text zugehen zu lassen (vgl *Hüffer* in GroßkommHGB[4] § 238 Anm 61), und können daher die Qualität eines Handelsbriefs haben.

142 Der Begriff „übereinstimmende Wiedergabe" iSd Abs 2 verlangt, dass die **Urschrift vollständig** und wörtlich wiedergegeben sein muss, da nur vollinhaltliche Abschriften einen Beweiskraft besitzen; die Wiedergabe lediglich der wesentlichen Inhalte ist nicht ausreichend (vgl *ADS*[6] § 238 Anm 67 ff).

§ 239 Führung der Handelsbücher

(1) [1] Bei der Führung der Handelsbücher und bei den sonst erforderlichen Aufzeichnungen hat sich der Kaufmann einer lebenden Sprache zu bedienen. [2] Werden Abkürzungen, Ziffern, Buchstaben oder Symbole verwendet, muß im Einzelfall deren Bedeutung eindeutig festliegen.

(2) Die Eintragungen in Büchern und die sonst erforderlichen Aufzeichnungen müssen vollständig, richtig, zeitgerecht und geordnet vorgenommen werden.

(3) [1] Eine Eintragung oder eine Aufzeichnung darf nicht in einer Weise verändert werden, daß der ursprüngliche Inhalt nicht mehr feststellbar ist. [2] Auch solche Veränderungen dürfen nicht vorgenommen werden, deren Beschaffenheit es ungewiß läßt, ob sie ursprünglich oder erst später gemacht worden sind.

(4) [1] Die Handelsbücher und die sonst erforderlichen Aufzeichnungen können auch in der geordneten Ablage von Belegen bestehen oder auf Datenträgern geführt werden, soweit diese Formen der Buchführung einschließlich des dabei angewandten Verfahrens den Grundsätzen ordnungsmäßiger Buchführung entsprechen. [2] Bei der Führung der Handelsbücher und der sonst erforderlichen Aufzeichnungen auf Datenträgern muß insbesondere sichergestellt sein, daß die Daten während der Dauer der Aufbewahrungsfrist verfügbar sind und jederzeit innerhalb angemessener Frist lesbar gemacht werden können. [3] Absätze 1 bis 3 gelten sinngemäß.

Übersicht

	Anm
A. Bedeutung der Vorschrift	1–3
B. Lebende Sprache, Abkürzungen, Ziffern, Buchstaben, Symbole (Abs 1)	5–8
C. Vollständigkeit, Richtigkeit, Zeitnähe, Ordnung (Abs 2)	10–14
D. Unveränderlichkeit (Abs 3)	16
E. Anforderungen an bestimmte Buchführungsformen (Abs 4)	18
I. Offene-Posten-Buchführung	20
II. DV-gestützte Buchführungssysteme	22–25

	Anm
III. Grundsätze ordnungsmäßiger DV-gestützter Buchführungssysteme (GoBS)	
1. Beleg-, Journal- und Kontenfunktion	27
2. Buchung	29
3. Internes Kontrollsystem (IKS)	31–33
4. Datensicherheit	35
5. Dokumentation und Prüfbarkeit	37–39
6. Aufbewahrungsfristen	41
7. Wiedergabe der auf Datenträgern geführten Unterlagen	43
F. **Rechtsfolgen einer Verletzung des § 239**	45

Schrifttum: *Leffson* Grundsätze ordnungsmäßiger Buchführung, 7. Aufl, Düsseldorf 1987; *AWV-Schrift 546* Grundsätze ordnungsmäßiger DV-gestützter Buchführungssysteme (GoBS), Eschborn 1994; *BMF* 14. 12. 1994 betr Buchung von Bargeschäften im Einzelhandel, BStBl I 1994, 7; *BMF* Grundsätze ordnungsmäßiger DV-gestützter Buchführungssysteme (GoBS) vom 7.11.1995, BStBl I 1995, 738; *Zepf* Magnetische Datenträger – Ihre Zulässigkeit, ihre Beweiskraft, DB 1995, 1039; *Zepf* Die Prüfung des Zugriffsschutzes bei DV-Buchführungen, WPg 1997, 277; *Zepf* Ordnungsmäßige optische Archivierung, WPg 1999, 569; *AWV-Schrift 09 597* GoBS und Qualitätssicherung gemäß DIN EN ISO 9001, Eschborn 1999; *Schuppenhauer* Grundsätze ordnungsmäßiger Datenverarbeitung im Rechnungswesen (GoDV 2000), WPg 2000, 128; *BMF* Grundsätze zum Datenzugriff und zur Prüfbarkeit digitaler Unterlagen (GDPdU), WPg 2001, 852; IDW RS FAIT 1 Grundsätze ordnungsmäßiger Buchführung bei Einsatz von Informationstechnologie, FN-IDW 2002, 649; IDW PS 330 Abschlussprüfung bei Einsatz von Informationstechnologie, FN-IDW 2002, 604; IDW RS FAIT 2 Grundsätze ordnungsmäßiger Buchführung bei Einsatz von Electronic Commerce, FN-IDW 2003, 559; IDW RS FAIT 3 Grundsätze ordnungsmäßiger Buchführung beim Einsatz elektronischer Archivierungsverfahren, FN-IDW 2006, 768; *BMF* § 5b EStG – Elektronische Übermittlung von Bilanzen sowie Gewinn- und Verlustrechnungen, BStBl I 2010, 47; IDW PS 880 Die Prüfung von Softwareprodukten, FN-IDW 2010, 186; *BMF* Anwendungsschreiben zu § 5b EStG: Elektronische Übermittlung von Bilanzen sowie Gewinn- und Verlustrechnungen – Anwendungsschreiben zur Veröffentlichung der Taxonomie BStBl 2011, 855; *BMF* E-Bilanz – Verfahrensgrundsätze zur Aktualisierung der Taxonomien – Veröffentlichung der aktualisierten Taxonomien (Version 5.1), BStBl 2012, 598; *Mindermann/Walther*, Kontierung von Belegen zur Gewährleistung einer den GoB entsprechenden Buchführung? Steuer und Studium 2012, 154; IDW RS FAIT 4 Anforderungen an die Ordnungsmäßigkeit und Sicherheit IT-gestützter Konsolidierungsprozesse, FN-IDW 2012, 552.

A. Bedeutung der Vorschrift

§ 239 enthält kodifizierte GoB, regelt die äußere **Form** der nach § 238 zu führenden **Handelsbücher** (zum Begriff s § 238 Anm 109 ff sowie **sonst erforderlichen Aufzeichnungen** (s § 238 Anm 114) und bezweckt unter Berücksichtigung des Rationalisierungsinteresses der kfm Praxis eine Konkretisierung der Verpflichtungen aus § 238 (sog Dokumentationsgrundsätze, s *Graf* in Münch-Komm BilR § 239 Anm 1; *Hüffer* in GroßkommHGB[4] § 239 Anm 1). Wegen Einzelheiten zu den allgemeinen Anforderungen an die Buchhaltung s § 238 Anm 100 ff. 1

Zur **Befreiung** bestimmter Ekfl ua von den Pflichten des § 239 s § 241a Anm 1 ff und *PwC* BilMoG Komm, A. 2

Die Vorschrift entspricht inhaltlich größtenteils den ausdrücklich als „Ordnungsvorschriften" bezeichneten Bestimmungen des § 146 Abs 1, 3–5 AO (s *Tipke/Kruse* § 146 Anm 1 ff). Die **steuerrechtlichen** Bestimmungen enthalten 3 überdies Vorschriften zum Ort der Buchführung (s § 238 Anm 132 ff), zur Verlagerung elektronischer Bücher und Aufzeichnungen in das Ausland, zur Sanktionierung von Pflichtverletzungen des Stpfl (Verzögerungsgeld) sowie einen Anspruch der FinVerw auf Übersetzung fremdsprachiger Aufzeichnungen; diese gelten auch bei freiwilliger Führung von Handelsbüchern. Darüber hinaus ist für Zwecke der steuerlichen Bp die edv-gestützte, maschinelle Auswertbarkeit zu gewährleisten (s *BMF* WPg 2001, 852). Gem § 5b EStG haben Stpfl, die ihren Gewinn nach §§ 4 Abs 1, 5 oder 5a EStG ermitteln, den Inhalt der Bilanz sowie der GuV in elektronischer Form nach amtlich vorgeschriebenem Datensatz nach einer von der FinVerw aufgestellten Taxonomie durch Datenfernübertragung zu übermitteln (sog E-Bilanz, s § 266 Anm 300 ff und *BMF* BStBl 2011, 855; *BMF* BStBl 2012, 598; *Richter/Kruczynski* in HdR[5] Kap. 6 E Anm 501 ff).

B. Lebende Sprache, Abkürzungen, Ziffern, Buchstaben, Symbole (Abs 1)

5   Da Zweck der Buchführung ist, die Handelsgeschäfte und die Vermögenslage ersichtlich zu machen und einem sachverständigen Dritten in angemessener Zeit einen entspr Überblick zu ermöglichen (s § 238 Anm 90), darf nur eine **lebende Sprache** verwendet werden. Es ist ausreichend, wenn deren Übersetzung ins Deutsche durch Dolmetscher innerhalb einer Zeitspanne gewährleistet ist, die dem sachverständigen Dritten die Möglichkeit lässt, sich innerhalb angemessener Zeit einen Überblick über die Geschäftstätigkeit und die Lage des Unt zu verschaffen (abw Voraufl, s ähnlich *Drüen* in Kölner Komm HGB § 239 Anm 4; *Hüffer* in GroßkommHGB[4] § 239 Anm 2). **Keine** lebenden Sprachen sind bspw die lateinische und altgriechische Sprache, ebenso (internationale) Kunstsprachen, Programmiersprachen sowie Zeichen einer Kurzschrift (vgl *Hüffer* in GroßkommHGB[4] § 239 Anm 2).

6   Diese Vorschrift ist insb für inländische TU und Niederlassungen ausländischer Unt, (s § 238 Anm 134) aber auch für ausländische Niederlassungen von Unt mit Sitz im Inland (s § 238 Anm 135) von Bedeutung und ermöglicht die Buchführung in der jeweiligen Muttersprache. Für sachlich abgegrenzte Bereiche, zB bei Betriebsstättenbuchführungen, dürfen auch mehrere lebende Sprachen verwendet werden.

7   § 239 enthält keine Regelung bzgl der Währung, in der die Bücher zu führen sind. Daraus ergibt sich grds die Zulässigkeit von **Währungsbuchhaltungen**. Aufgrund der in § 244 normierten Pflicht zur Aufstellung eines JA in deutscher Sprache und in € ergibt sich nicht zwingend eine Verpflichtung der Buchführung in deutscher Sprache und in €. Im Hinblick auf das Erfordernis der Aufstellung des JA in € ist es allerdings sinnvoll, auch die Buchführung in € vorzunehmen.

8   Die in der kfm Praxis üblichen (zB lateinischen) **Abkürzungen, Ziffern, Buchstaben** oder **Symbole** sind zulässig; dies ist insb für EDV-Buchführungen von Bedeutung. Soweit Abkürzungen verwendet werden, die nicht aus sich selbst heraus verständlich sind, weil zB unternehmensspezifische Kodierungen verwendet werden, muss deren Eindeutigkeit gem § 239 Abs 1 S 2 durch entspr Schlüsselverzeichnisse nachgewiesen werden.

C. Vollständigkeit, Richtigkeit, Zeitnähe, Ordnung (Abs 2)

Der gesetzlich verankerte GoB der **Vollständigkeit** verlangt eine lückenlose 10 und einzelne Erfassung sämtlicher, unter Anwendung der geltenden Ansatz- (§§ 246 ff) und Bewertungsvorschriften (§§ 252ff) rechnungslegungsrelevanter Geschäftsvorfälle und verbietet zugleich eine mehrfache Erfassung des gleichen Geschäftsvorfalls (vgl IDW RS FAIT 1, Tz 26, IDW RS FAIT 4, Tz 23; zum Begriff des Geschäftsvorfalls s § 238 Anm 95). **Nebenbuchführungen** (auch sog Geheimbuchhaltungen) sind zulässig, sofern sie mit der übrigen Buchhaltung organisatorisch verknüpft und jederzeit abstimmbar sind. Eine **Fernbuchführung** an einem anderen Ort (zB im Ausland) ist zulässig, wenn die Grundaufzeichnungen bei dem Unt selbst erfolgen und die Bücher jederzeit dort nachprüfbar sind. Wenn beim Unt die Originalbelege verbleiben und die lediglich maschinelle Bearbeitung auf Grund von Eingabebelegen „außerhalb" durchgeführt wird, liegt eine eigene Buchführung und keine Fernbuchführung vor. (Zum Ort der Buchführung – auch teilweise abw nach Steuerrecht – s § 238 Anm 132 ff.)

Die **Richtigkeit** der Eintragungen in Büchern und der sonst erforderlichen 11 Aufzeichnungen bezieht sich auf die inhaltlich zutreffende Aufzeichnung und Abbildung tatsächlich auftretender, rechnungslegungsrelevanter Geschäftsvorfälle, die in Übereinstimmung mit den tatsächlichen Verhältnissen und im Einklang mit den gesetzlichen Vorschriften und ggf der Satzung oder dem GesVertrag stehen müssen (vgl IDW RS FAIT 2, Tz 20; IDW RS FAIT 4, Tz 24), und auf das Verbot fiktiver Konten und der Aufzeichnung und Abbildung fiktiver oder fingierter Geschäftsvorfälle (vgl IDW RS FAIT 2, Tz 32; zum Belegprinzip s § 238 Anm 128, zum Grundsatz der Richtigkeit s ausführlich *Kußmaul* in HdR[5] § 239 Anm 6ff und 21ff).

Die **zeitgerechte Erfassung** bezieht sich neben der Zuordnung der Ge- 12 schäftsvorfälle zur relevanten Abrechnungsperioden auf den zeitlichen Zusammenhang zwischen Geschäftsvorfall und Buchung (vgl IDW RS FAIT 2, Tz 25; IDW RS FAIT 4, Tz 25).

Während hinsichtlich der erforderlichen **Zeitnähe** an die Erfassung der Grundaufzeichnungen (Journal etc) und Kassenvorgänge (§ 146 Abs 1 S 2 AO, s *Tipke/Kruse* § 146 Anm 27 ff) strengere Anforderungen gestellt werden (möglichst unmittelbar nach Entstehung des Geschäftsvorfalls), reicht für die Hauptbuchfunktion eine periodenmäßige (zB monatliche, dekadische anstelle der täglichen) Erfassung aus; wegen Einzelheiten s *ADS*[6] § 239 Anm 30 sowie *BMF* BStBl I 1994, 7. Hierbei sind die Umstände des Einzelfalls, insb die Art und der Umfang der Geschäftsvorfälle, die UntGröße, die UntKomplexität, die Qualität des IKS sowie anderweitige rechtliche Pflichten des Kfm, zB § 15a InsO, § 49 Abs 3 GmbHG, § 92 Abs 1 AktG, § 28f Abs 3 SGB IV, § 41a Abs 1 EStG, § 18 Abs 1 UStG, zu berücksichtigen. Als zeitliche Grenze zur Erfassung von Geschäftsvorfällen sollte grds die in EStR 5.2 Abs 1 S 4 für die EDV-Buchführung genannte Frist von max 1 Monat nicht überschritten werden (zur steuerrechtlichen Rspr s *Tipke/Kruse* § 146 Tz 22).

In jedem Fall ist die konkrete **Zuordnung** von Geschäftsvorfällen zur relevanten **Abrechnungsperiode,** idR dem entspr Gj, zu beachten (zum GoB der Periodenabgrenzung s § 252 Anm 51 ff, zum GoB der Bewertung nach den Verhältnissen am Abschlussstichtag s § 252 Anm 27). Der relevante Abrechnungszeitraum darf nicht länger als zwölf Monate sein (§ 242 Anm 5) und ist bspw im Falle eines Rumpf-Gj oder eines Zwischenabschlusses (Halbjahresfinanzbericht gem § 37w Abs 1 und 2 WpHG, Quartalsfinanzbericht gem § 37x Abs 3 WpHG, s ergänzend DRS 16) kürzer. Bei der periodengerechten Erfassung von Geschäftsvorfällen bedürfen die Unterscheidung wertbegründender und wertaufhellender Tatsachen (vgl § 252 Anm 38, ADS^6 § 252 Anm 38 ff, 44) sowie Tatbestände, die ein Rückbezug zulassen (bspw Sanierungsmaßnahmen, s ADS^6 § 252 Anm 47) der Beachtung.

13 Die Forderung einer **geordneten Vornahme der Eintragungen** in Büchern und die sonst erforderlichen Aufzeichnungen wird durch eine sachgerechte Kontierung der Geschäftsvorfälle und hinreichend identifizierte (Belegnummerierung, Datum) Erfassung in einem sinnvoll und planmäßig gegliederten System von Grund-, Haupt- und Nebenbüchern (§ 238 Anm 111 ff) erfüllt. Die Maßstäbe für die Ausgestaltung im Einzelfall ergeben sich aus dem Erfordernis der **Nachprüfbarkeit** (durch sachverständigen Dritten in angemessener Zeit); s § 238 Anm 100 ff. Zur Diskussion, ob eine Kontierung auf Belegen zwingend erforderlich ist, um die progressive und retrograde Prüfbarkeit von Geschäftsvorfällen sicherzustellen, s *Mindermann/Walther* Steuer und Studium 2012, 154 ff. Zur gem § 5b EStG (E-Bilanz) erforderlichen Taxonomie, die eine Vielzahl, von den handelsrechtlichen Bilanz- (§ 266) und GuV-Posten (§ 275) abweichenden und tiefer gegliederten „Positionen" vorsieht, s *Richter/Kruczynski* in HdR⁵ Kap. 6 E Anm 514, 521 ff, 549 und 551 ff.

14 Die vollständige, richtige, zeitnahe und geordnete Erfassung aller Geschäftsvorfälle ist durch geeignete organisatorische Vorkehrungen **(Internes Kontrollsystem)** sicherzustellen (vgl ADS^6 § 239 Anm 4, 18, 23; *Graf* in MünchKomm BilR § 239 Anm 13). Für den Einsatz DV-gestützter Buchführungssysteme gelten grds die gleichen Anforderungen; zu Besonder- und Einzelheiten s Anm 27 ff.

D. Unveränderlichkeit (Abs 3)

16 Eintragungen sind nach Abs 3 in dauerhafter Form vorzunehmen. Sie dürfen nach der erstmaligen Erfassung bis zum Ende der Aufbewahrungspflicht nicht überschrieben, radiert oder ganz ausgelöscht werden; ihr **ursprünglicher Inhalt** und auch die Tatsache, dass **Veränderungen** vorgenommen wurden, müssen **feststellbar** bleiben (vgl IDW RS FAIT 2, Tz 34). Die Korrektur fehlerhafter Eintragungen darf nicht spurlos, sondern muss in kontrollierter und nachvollziehbarer Weise (vgl ADS^6 § 239 Anm 36) durch belegmäßig mit Angabe des Zeitpunkts nachgewiesene Stornierungen erfolgen und darf nicht zu Zweifeln darüber führen, ob die Buchung ursprünglich oder nachträglich vorgenommen wurde. Dieses Erfordernis ist besonders bei DV-gestützten Buchführungsformen von Bedeutung, da hier die Gefahr eines nicht bemerkbaren Verstoßes gegen den Unveränderlichkeitsgrundsatz besonders groß ist (s detailliert *Kußmaul* in HdR⁵ § 239 Anm 35 ff; *Zepf* DB 1995, 1039 ff.). Es bedarf geeigneter organisatorischer Vorkehrungen (IKS), um sowohl die spurlose Änderung des ursprünglichen Inhalts als auch unbeabsichtigte oder beabsichtigte unberechtigte Veränderungen zu verhindern und um die nachvollziehbare Erfassung gebotener Korrekturen zu gewährleisten (vgl ADS^6 § 239 Anm 38 und 42).

E. Anforderungen an bestimmte Buchführungsformen (Abs 4)

18 Besondere, von Abs 4 angesprochene Ausprägungen der Führung von Handelsbüchern und sonst erforderlichen Aufzeichnungen sind die Offene-Posten-

Buchführung („geordnete Ablage von Belegen") sowie die DV-gestützten Buchführungssysteme („auf Datenträgern"). Der Gesetzestext ist hier bewusst sehr allgemein gehalten, um dem schnellen technischen Fortschritt für die vorherrschenden DV-gestützten Buchführungssysteme auch künftig Raum zu lassen.

I. Offene-Posten-Buchführung

Von der Führung eines konventionellen Kontokorrents darf abgesehen werden, wenn die **jederzeitige Übersicht** über die Forderungen und Verbindlichkeiten auf Grund der Organisation der Buchführung auf andere Weise sichergestellt ist und das angewandte Verfahren den GoB (zB § 238 Abs 1 S 2 f und § 239 Abs 1 ff) entspricht. So darf die Führung von Personenkonten durch einen **beleg- oder datenmäßigen Nachweis** der jeweils offenen Posten ersetzt werden. Zu den dabei zu beachtenden Anforderungen (lfd Grundaufzeichnung, systematische Gliederung der offenen Posten, Abstimmung mit der Hauptbuchhaltung in angemessenen Zeitabständen) s EStR R 5.2 ff und *ADS*[6] § 239 Anm 50 ff.

II. DV-gestützte Buchführungssysteme

Nach Abs 4 und § 146 Abs 5 AO werden EDV-gestützte Buchführungsverfahren zugelassen, sofern die **Daten** während der Dauer der Aufbewahrungsfrist **verfügbar** sind und jederzeit innerhalb angemessener Frist **lesbar gemacht** werden können. Gem § 257 Abs 1 Nr 1 und § 147 Abs 1 Nr 1 AO zählen zu den aufbewahrungspflichtigen Buchführungsunterlagen neben Handelsbüchern, Inventar, EB, JA, KA, IFRS-EA, Lage- und Konzernlagebericht auch die zu ihrem Verständnis erforderlichen Arbeitsanweisungen und sonstigen Organisationsunterlagen. Die EDV-Buchführungsverfahren müssen den GoB (zB § 238 Abs 1 S 2 und 3 und § 239 Abs 1 bis 3) entsprechen.

Aufgrund der Ablösung alter Buchführungstechniken durch die elektronische Datenverarbeitung (EDV) hat die „Arbeitsgemeinschaft für wirtschaftliche Verwaltung e V (AWV)" die **Grundsätze ordnungsmäßiger DV-gestützter Buchführungssysteme (GoBS)** entwickelt (s *AWV-Schrift 09597* GoBS und Qualitätssicherung gemäß DIN EN ISO 9001), das BMF hat sie veröffentlicht (s *BMF* v 7.11.1995 und die sich hierauf beziehende IDW/FAMA-Auffassung in FN-IDW 1996, 276). Die GoBS enthalten Vorschriften, mit deren Anwendung bei der EDV-Buchführung die Einhaltung der GoB sichergestellt werden soll; s detailliert *Schuppenhauer* 128 und *ADS*[6] § 239 Anm 55 ff.

Es ist beabsichtigt, die GoBS in überarbeiteter Form und unter neuer Bezeichnung zu veröffentlichen, um den seit dem Jahr 1995 eingetretenen technischen und wirtschaftlichen Entwicklungen und damit verbundenen neuen Fragestellungen Rechnung zu tragen (vgl *Mindermann/Walther* StStud 2012, 160). Ein entspr **Entwurf** von **„Grundsätzen ordnungsmäßiger Buchführung bei IT-Einsatz" (GoBIT)** wurde durch den AWV vorbereitet (s http://www.awv-net.de/cms/upload/pdf/GoBIT_Entwurf_V_5_0_2012_10_13_final.pdf, Abruf am 18.9.2013). Nach Angaben des AWV (http://www.awv-net.de/cms/front_content.php?idart=848, Abruf am 18.9.2013) fand der Entwurf vom 13.10.2012 jedoch nicht die Unterstützung des BMF.

Stattdessen legte das BMF bestimmten Verbänden und Kammern am 9.4.2013 einen eigenen **Entwurf** von **„Grundsätzen zur ordnungsmäßigen Führung und Aufbewahrung von Büchern, Aufzeichnungen und Unterlagen in elektronischer Form sowie zum Datenzugriff" (GoBD)** zur Stellungnahme vor (s http://project-consult.de/files/GoBD_Entwurf_20140124.pdf, Abruf am 18.9.2013). Das IDW kritisiert diesen Entwurf, weil zahlreiche Regelungen, bspw zur Kontierung auf dem Papierbeleg zwecks Wahrung der Belegfunktion oder zum Verbot der weiteren Verarbeitung einmal eingescannter Papierdokumente, eine erhebliche Belastung für die Wirtschaft darstelle. Außerdem werde die bisherige Rechtslage teilweise einseitig zu Lasten der Buchführungs- bzw Steuerpflichtigen verschärft, bspw durch die Ausdehnung der Aufbewahrungsfristen für Anschaffungsbelege bei langlebigen WG/VG oder durch die Anforderung, jegliche Änderung von Daten lückenlos zu protokollieren, was selbst moderne ERP-Systeme nicht zu leisten vermögen. Das IDW vermisst die Behandlung grundlegender Praxisfragen, die Betrachtung sei vielmehr einzelfallgeprägt. Die gemeinsame Darstellung von Aufbewahrungsregeln, Datenzugriffsregeln für die BP und von GoB führe außerdem dazu, dass die unterschiedlichen Anforderungen in den verschiedenen Bereichen unklar bleiben (vgl IDW, Eingabe vom 2.5.2013, FN-IDW 2013, 257; s ähnlich kritisch Stellungnahme der Spitzenverbände der deutschen Wirtschaft vom 3.5.2013; http://www.muenchen.ihk.de/de/recht/Anhaenge/8-er-stellungnahme-vom-03.05.2013.pdf, Abruf am 18.9.2013).

Am 26.6.2013 legte das BMF daraufhin einen **überarbeiteten zweiten Entwurf** der GoBD vor (s http://www.idw.de/idw/portal/d633950/index.jsp, Abruf am 18.9.2013). Zu einer tabellarischen Gegenüberstellung des ursprünglichen und des überarbeiteten Entwurfs s BC 2013, 374ff. Nach Auffassung des IDW greift das BMF die zum ersten Entwurf vorgebrachten Anregungen jedoch nicht in zufriedenstellender Weise auf (IDW, Eingabe vom 2.9.2013, FN-IDW 2013, 431; s ähnlich kritisch Bundessteuerberaterkammer KdÖR, Stellungnahme vom 2.9.2013, http://www.bstbk.de/de/presse/stellungnahmen/archiv/20130902_stellungnahme_bstbk/index.html, Abruf am 18.9.2013; Deutscher Steuerberaterverband e.V., Stellungnahme S 09/13, http://www.dstv.de/interessenvertretung/steuern/stellungnahmen-steuern/2013-s09-zum-zweiten-entwurf-gobd, Abruf am 18.9.2013). Aufgrund der nach wie vor weitreichenden Kritik ist zu erwarten, dass das BMF vor Veröffentlichung eines endgültigen BMF-Schreibens den Dialog mit den relevanten Verbänden und Kammern fortsetzen wird, um den Entwurf zu einem praktikablen Ergebnis fortzuentwickeln.

25   Bei der Auslegung des § 239 hinsichtlich der Anforderungen an DV-gestützte Buchführungssysteme sind darüber hinaus die **Verlautbarungen des FAIT** zu beachten (s ausführlich *Kußmaul* in HdR[5] § 239 Anm 8ff und 22ff).

III. Grundsätze ordnungsmäßiger DV-gestützter Buchführungssysteme (GoBS)

1. Beleg-, Journal- und Kontenfunktion

27   Es gilt auch für eine EDV-Buchführung grds das **Belegprinzip**, dh keine Buchung ohne Beleg (vgl IDW RS FAIT 1, Tz 33ff; *BMF* v 7.11.1995 Anlage Abschn 2.2, s § 238 Anm 128). Bei Geschäftsvorfällen, die durch automatische Datenerfassung, programmierte Routinen sowie durch Datenträgeraustausch bzw Datenfernübertragung ausgelöst werden, ist das jeweilige Verfahren, dessen Anwendung und Kontrolle nachzuweisen (s § 238 Anm 129).

Die **Journalfunktion,** die verlangt, dass alle buchungspflichtigen Geschäftsvorfällen möglichst bald nach ihrer Entstehung vollständig und verständlich in zeitlicher Ordnung aufgezeichnet werden (vgl IDW RS FAIT 1, Tz 41ff, *BMF* v 7.11.1995 Anlage Abschn 2.3; s § 238 Anm 111), ist erfüllt, wenn der Nachweis der vollständigen, zeitgerechten und sachlich richtigen Erfassung auf den einzelnen Stufen des Bearbeitungsprozesses durch Protokollierung (auf Papier, auf

Bild- oder anderen Datenträgern) geführt wird. Zur Erfüllung der **Kontenfunktion** (Nachweis der Buchung auf Sach- und ggf Personenkonten, Darstellung in sachlicher Ordnung; s § 238 Anm 112) sind die Buchungsdaten in geordneter, übersichtlicher und verständlicher Form darzustellen und bei Bedarf lesbar auf Papier oder auf anderen Datenträgern wiederzugeben (vgl IDW RS FAIT 1, Tz 46 ff, *BMF* v 7.11.1995 Anlage Abschn 2.4).

2. Buchung

Geschäftsvorfälle sind nach einem Ordnungsprinzip vollständig, formal richtig, zeitgerecht und bearbeitungsfähig zu erfassen, zu speichern und vor Veränderungen zu schützen; die Forderung der zeitgerechten Buchung umfasst sowohl die zeitnahe als auch die periodengerechte Erfassung (s Anm 10 ff). Dies ist durch entspr Kontrollen sicherzustellen, wie auch die nachträgliche Veränderung von Buchungsmerkmalen über entspr Nachweise zu dokumentieren ist (vgl *BMF* v 7.11.1995 Anlage Abschn 3). 29

3. Internes Kontrollsystem (IKS)

Die Vollständigkeit, Richtigkeit, Zeitgerechtigkeit und Unveränderbarkeit der auf Datenträgern gespeicherten Buchungen muss durch ein IKS gewährleistet werden (s Anm 14). Als IKS wird die Gesamtheit aller aufeinander abgestimmten und miteinander verbundenen Methoden, Einrichtungen und Maßnahmen bezeichnet, die ua zur 31
– Sicherung und zum Schutz des vorhandenen Vermögens vor Verlusten aller Art und
– Gewinnung genauer und aussagefähiger sowie zeitnaher Aufzeichnungen
beitragen. Für die Erfüllung der GoBS stellen gerade diese beiden Punkte wesentliche Voraussetzungen dar (vgl *BMF* v 7.11.1995 Anlage Abschn 4).

Grundsätzliches **Ziel** des IKS im Rahmen der GoBS muss es sein, den Buchführungspflichtigen darin zu unterstützen, die gesetzlichen und satzungsmäßigen Vorschriften sowie die Ordnungsmäßigkeit von Buchführung, JA und Lagebericht zu gewährleisten. 32

Wesentlicher Bestandteil eines funktionsfähigen IKS und zugleich der erforderlichen Verfahrensdokumentation ist die **Beschreibung** des IKS (mit Beurteilung der maschinellen/manuellen Kontrollen, der Zuständigkeitsregelung, Verantwortungs- und Funktionstrennung, der Sicherstellung der Programmidentität), wobei der „Mensch-Maschine-Schnittstelle" besondere Bedeutung beizumessen ist (vgl *BMF* v 7.11.1995 Anlage Abschn 4.5). 33

4. Datensicherheit

Während der Aufbewahrungsfristen (§ 257) hat der Buchführungspflichtige für eine **sichere und dauerhafte Speicherung** der Daten zu sorgen, damit diese jederzeit wieder lesbar gemacht werden können (vgl *BMF* v 7.11.1995 Anlage Abschn 5). Diese Anforderungen beziehen sich auf die Hard- und Software sowie für deren Anwendung sachkundiges Personal, die bearbeiteten Daten (Lesbarkeit) sowie die Zugriffs- bzw Zugangskontrolle (s im Einzelnen *ADS*[6] § 239 Anm 86; *Zepf* WPg 1997, 277). Insb ist bei Änderungen der im Unt eingesetzten Hard-/Software sicherzustellen, dass die unter deren Verwendung gespeicherten Daten auch nach der Ablösung durch neue EDV-Technik weiterhin jederzeit lesbar gemacht werden können (vgl IDW RS FAIT 1, Tz 75). Das verwendete Speichermedium muss entspr lange haltbar und gegen den Verlust von Daten geschützt sein (s § 257 Anm 20 ff; IDW RS FAIT 3). 35

5. Dokumentation und Prüfbarkeit

37 Die EDV-Buchführung muss wie jedes andere Buchführungsverfahren von einem sachverständigen Dritten innerhalb angemessener Zeit auf formelle und sachliche Richtigkeit prüfbar sein (vgl IDW RS FAIT 1, Tz 52 ff, *BMF* v 7.11.1995 Anlage Abschn 6, s § 238 Anm 100 ff), und zwar durch die **Prüfbarkeit** sowohl einzelner Geschäftsvorfälle als auch des Abrechnungsverfahrens (Verfahrens- oder Systemprüfung, zur APr unter Einsatz von Informationstechnologie s IDW PS 330 und IDW PH 9.330.1 ff und zur Prüfung von Softwareprodukten s IDW PS 880; zu den Anforderungen der steuerlichen Außenprüfung gem § 147 Abs 6 AO s die vom *BMF* erlassenen Grundsätze zum Datenzugriff und zur Prüfbarkeit digitaler Unterlagen (GDPdU), *Quick/Wolz* in Bilanzrecht, § 239 Anm 73).

38 Aus der dazu erforderlichen **Verfahrensdokumentation** müssen Inhalt, Aufbau und Ablauf des Abrechnungsverfahrens vollständig ersichtlich sein. Die Form der Verfahrensdokumentation, etwa verbal (zB Arbeitsanweisungen), graphisch (zB Programmablaufpläne) oder tabellarisch (zB Entscheidungstabellen), darf vom Buchführungspflichtigen individuell bestimmt werden, muss jedoch für einen sachverständigen Dritten verständlich sein.

39 Die Verfahrensdokumentation muss nach den GoBS eine **Beschreibung** der sachlogischen sowie der programmtechnischen Lösung, eine Beschreibung zur Wahrung der Programm-Identität sowie zur Wahrung der Integrität von Daten und Arbeitsanweisungen für den Anwender enthalten. Umfang und Wirkungsweise des IKS müssen hieraus erkennbar sein.

6. Aufbewahrungsfristen

41 Datenträger, auf denen Buchungen gespeichert sind, müssen wie Handelsbücher (iSd § 257 Abs 1 Nr 1, § 147 Abs 1 AO) zehn Jahre aufbewahrt werden. Datenträger, die ausschließlich Belegfunktion haben, sind ebenfalls zehn Jahre aufzubewahren (§ 257 Anm 25).

Die Verfahrensdokumentation zur EDV-Buchführung gehört zu den Arbeitsanweisungen und sonstigen Organisationsunterlagen iSd § 257 Abs 1 Nr 1 bzw § 147 Abs 1 AO und ist ebenfalls zehn Jahre aufzubewahren (vgl IDW RS FAIT 1, Tz 60 ff; IDW RS FAIT 3; *BMF* v 7.11.1995 Anlage Abschn 7).

7. Wiedergabe der auf Datenträgern geführten Unterlagen

43 Der Buchführungspflichtige hat zu gewährleisten, dass sämtliche gespeicherten Daten sowie die zu ihrem Verständnis erforderlichen Arbeitsanweisungen jederzeit **innerhalb angemessener Frist lesbar** gemacht werden können. Das Verfahren für die Datenwiedergabe ist in einer Arbeitsanweisung schriftlich niederzulegen (vgl *BMF* v 7.11.1995 Anlage Abschn 8). Die inhaltliche Übereinstimmung (bzw bildliche Übereinstimmung zB bei empfangenen Handelsbriefen) der Datenausgabe mit den auf maschinell lesbaren Datenträgern geführten Unterlagen muss prüfbar sein (s *Zepf* WPg 1999, 569).

F. Rechtsfolgen einer Verletzung des § 239

45 Die Verantwortung für die Einhaltung der GoB und auch der GoBS trägt der Buchführungspflichtige. Verstöße gegen § 239 Abs 3 können ein Urkundendelikt iSd § 267 ff StGB darstellen (vgl *Hüffer* in HGB-Bilanzrecht, § 239 Anm 38. Zu den Folgen der Verletzung der Buchführungspflicht s § 238 Anm 85 ff).

§ 240 Inventar

(1) Jeder Kaufmann hat zu Beginn seines Handelsgewerbes seine Grundstücke, seine Forderungen und Schulden, den Betrag seines baren Geldes sowie seine sonstigen Vermögensgegenstände genau zu verzeichnen und dabei den Wert der einzelnen Vermögensgegenstände und Schulden anzugeben.

(2) [1]Er hat demnächst für den Schluß eines jeden Geschäftsjahrs ein solches Inventar aufzustellen. [2]Die Dauer des Geschäftsjahres darf zwölf Monate nicht überschreiten. [3]Die Aufstellung des Inventars ist innerhalb der einem ordnungsmäßigen Geschäftsgang entsprechenden Zeit zu bewirken.

(3) [1]Vermögensgegenstände des Sachanlagevermögens sowie Roh-, Hilfs- und Betriebsstoffe können, wenn sie regelmäßig ersetzt werden und ihr Gesamtwert für das Unternehmen von nachrangiger Bedeutung ist, mit einer gleichbleibenden Menge und einem gleichbleibenden Wert angesetzt werden, sofern ihr Bestand in seiner Größe, seinem Wert und seiner Zusammensetzung nur geringen Veränderungen unterliegt. [2]Jedoch ist in der Regel alle drei Jahre eine körperliche Bestandsaufnahme durchzuführen.

(4) Gleichartige Vermögensgegenstände des Vorratsvermögens sowie andere gleichartige oder annähernd gleichwertige bewegliche Vermögensgegenstände und Schulden können jeweils zu einer Gruppe zusammengefaßt und mit dem gewogenen Durchschnittswert angesetzt werden.

Übersicht

	Anm
A. Aufstellung des Inventars (Abs 1)	
I. Allgemeines	1–12
II. Inventurgrundsätze	17–29
III. Inventurplanung	35–38
IV. Verfahren der Stichtagsinventur	
1. Beschreibung	40–44
2. Durchführung und Auswertung der Stichtagsinventur	48–50
V. Überleitung des Inventars auf die Bilanzposten	52, 53
VI. Sonderfälle der Inventarisierung	
1. Wirtschaftliches Eigentum	56, 57
2. Unterwegs befindliche Ware	58
B. Dauer des Geschäftsjahrs und Aufstellungstermine (Abs 2)	
I. Abweichendes Geschäftsjahr und Rumpfgeschäftsjahr	60–64
II. Aufstellungsfristen	66–69
C. Festwertverfahren (Abs 3)	
I. Allgemeines	71–77
II. Voraussetzungen der Festwertbildung	80
1. Anwendungsbeschränkung	82
2. Regelmäßiger Ersatz der Vermögensgegenstände	84
3. Nachrangige Bedeutung des Gesamtwerts	86, 87
4. Geringe Veränderung der Größe, des Werts und der Zusammensetzung des Bestands	89–91
5. Regelmäßige körperliche Bestandsaufnahme	93
III. Mengengerüst und Wertansatz	
1. Ermittlung des Mengengerüsts	98
2. Ermittlung der durchschnittlichen Wertigkeit	100, 101

	Anm
3. Änderungen des Festwerts im Rahmen regelmäßiger Bestandsaufnahmen	104–107
4. Änderungen in der Zusammensetzung/Übergang zur Einzelbewertung	108
5. Sonstige Änderungen des Festwerts	111–113
IV. Ausweis des Festwerts in Bilanz, GuV und Anhang-Angaben	116–120
V. Hauptanwendungsfälle des Festwertverfahrens	125, 126
D. Gruppenbewertung (Abs 4)	
I. Allgemeines	130–132
II. Anwendungsbereich	134
III. Voraussetzungen	
1. Gleichartigkeit	135, 136
2. Annähernde Gleichwertigkeit	137
3. Gewogener Durchschnittswert	138–140
IV. Steuerbilanz	141
E. Abweichungen der IFRS	145

Schrifttum: *AWV-Schrift* Nr 383 Stichprobeninventur in Vertriebseinrichtungen des Handels, Eschborn 1984; *St HFA* 1990/1 Zur körperlichen Bestandsaufnahme im Rahmen von Inventurverfahren WPg 1990, 143; *Harrmann* Anwendung der Festbewertung BB 1991, 303; *Quick* Aufnahmeplan und Inventuranweisungen BB 1991, 723; *Büttner/Wenzel* Die Bewertung von Wirtschaftsgütern mit einem Festwert DB 1992, 1893; *AWV-Schrift* Nr 09 534 Inventarisierung unfertiger Erzeugnisse und Leistungen im Anlagenbau, Eschborn 1993; *Siepe/Husemann/Borges* Ist das Index-Verfahren mit den Grundsätzen ordnungsmäßiger Buchführung vereinbar? WPg 1995, 365; *Buchner* Die Festwertrechnung in der europäischen Rechnungslegung BB 1995, 2259; *Strieder/Habel* Rationalisierung der Permanenten Inventur BB 1996, 1836; *AWV-Schrift* Nr 09 572 Vereinfachungen bei der Verwaltung des Sachanlagevermögens, Eschborn 1997; *Gans/Quick* Planung und Organisation der Inventurdurchführung DStR 1998, 2027; *Quick* Inventur, Düsseldorf 2000; *Quick* Analyse von Inventurdifferenzen DStR 2000, 2201; *AWV-Schrift* Nr 03 6072 Übersicht über die Inventurverfahren, Eschborn 2010.

A. Aufstellung des Inventars (Abs 1)

I. Allgemeines

1   Das genaue Verzeichnis der VG des Kfm, nämlich der Grundstücke, der Forderungen, des baren Geldes und der sonstigen, dh aller übrigen materiellen und immateriellen VG sowie der Schulden, definiert das HGB als **Inventar**. Eine besondere Form des Inventars ist nicht vorgeschrieben. Dabei ist – abgesehen von der nach Abs 4 für gleichartige VG des Vorratsvermögens sowie andere gleichartige oder annähernd gleichwertige bewegliche VG und Schulden zulässigen **Gruppenbewertung** (Anm 130 ff) – der Wert der *einzelnen* VG und Schulden anzugeben.

Die Verpflichtung zur Aufstellung des Inventars besteht zu **Beginn** des Handelsgewerbes und für den **Schluss** eines jeden Gj, auch eines Rumpf-Gj (Abs 2 S 1). Eine Ausnahme von diesem Grundsatz der jährlichen Inventarisierung gestattet Abs 3 für VG des Sachanlagevermögens sowie für Roh-, Hilfs- und Betriebsstoffe unter bestimmten Voraussetzungen: Hier dürfen **Festwerte** gebildet werden – eine körperliche Aufnahme ist dann in der Regel nur alle drei Jahre erforderlich; näheres in Anm 71 ff. Zudem ist für Ekfl die **größenabhängige Befreiung** von der Inventarisierung gem § 241a zu beachten.

Als **Vermögensgegenstände** gelten nach dem Handelsrecht nur bestimmte 2 Posten der Aktivseite der Bilanz, und zwar körperliche und immaterielle VG.

Demgegenüber bezieht sich der steuerrechtliche Begriff des **Wirtschaftsguts** 3 auch auf Posten der Passivseite der Bilanz (s die Verwendung des Begriffs in § 6 Abs 1 EStG). Der Begriff des VG ist demnach enger gefasst als der Begriff des WG. Für nähere Einzelheiten zur Begriffsabgrenzung s § 247 Anm 10 ff. Beim Sammelposten gem § 6 Abs 2a EStG handelt es sich um einen rein steuerlichen Posten. Gleichwohl darf der Sammelposten handelsrechtlich uU wie ein VG behandelt werden (s § 253 Anm 275).

Die für Kfl bestehende Verpflichtung nach HGB zur Bestandsaufnahme und 4 Bewertung gehört nach § 140 AO zu den steuerrechtlichen Mitwirkungspflichten. Zudem gilt steuerrechtlich die Verzeichnispflicht nach § 5 Abs 1 EStG.

IdR werden die auf Grund dieser gesetzlichen Vorschriften aufzustellenden 5 **Bestandsnachweise** wie folgt erbracht:
- durch körperliche Aufnahme (grds für das Vorratsvermögen) und
- durch Buchinventur (für Anlagevermögen, Forderungen und Schulden).

Zur **körperlichen Aufnahme** s Anm 41 ff. Obwohl es sich bei der **Buchin-** 6 **ventur** um ein Inventurverfahren handelt, das nicht ausdrücklich im HGB geregelt wurde, ist für bestimmte Bestände unter nachfolgend genannten Voraussetzungen nach den GoB von der Zulässigkeit des Verfahrens auszugehen. Die Buchinventur kommt bei VG vor allem für diejenigen in Betracht, die ihrer Natur nach nicht durch eine körperliche Bestandsaufnahme erfasst werden können. Dazu zählen immaterielle VG und Forderungen. Nach allgemeiner Auffassung lässt sich die Buchinventur auch auf das bewegliche Anlagevermögen anwenden, so dass insoweit auf eine jährliche körperliche Bestandsaufnahme verzichtet werden kann, wenn alle beweglichen Anlagegegenstände in einer Anlagenkartei verzeichnet sind und sichergestellt ist, dass deren Bestand zuverlässig fortgeschrieben wird (s zB *ADS*[6] § 240 Anm 33 sowie – auch zum Inhalt der Anlagenkartei – St HFA 1990/1 A. II. b und EStR 5.4 Abs 4). Gleichwohl sollte in regelmäßigen Abständen zB von 3 Jahren eine mind stichprobenweise körperliche Bestandsaufnahme des Anlagevermögens durchgeführt werden, um eine Bestätigung der Ergebnisse auf Grund der Buchinventur zu erhalten (so auch *Petersen/Zwirner* in Beck HdR A 230 Anm 19; ähnlich *Hachmeister/Zeyer* in HdJ I/14 Anm 126, *ADS*[6] § 240 Anm 33 mwN), ggf durch planmäßige Teil-Aufnahmen in jedem Jahr. Dies wird nicht für erforderlich gehalten für GWG (§ 6 Abs 2, 2a EStG; EStR 6.13 Abs 2), sowie unter bestimmten Voraussetzungen für geringwertige VG des Sachanlagevermögens (im Wert bis zu je 2500 €), bei denen nach Ablauf der betriebsgewöhnlichen Nutzungsdauer auch eine sog automatische Ausbuchung vorgenommen werden kann (AWV-Schrift Nr 09 572; s auch *Petersen/Zwirner* in Beck HdR A 230 Anm 21). Sofern steuerrechtlich gem § 6 Abs 2 S 4 EStG für GWG ein besonderes Verzeichnis lfd geführt werden muss, ist dieses Verzeichnis Teil des Inventars.

Bei Forderungen und zT auch bei Schulden (zum Schuldbegriff nach hM s 7 § 247 Anm 201ff) wird das Inventar durch die aus den einzelnen Kontokorrentkonten abgeleiteten Saldenlisten erstellt. Zum Nachweis dienen die in diesen Konten verzeichneten Geschäftsvorfälle (durch Rechnungen belegte Lieferungen, Zahlungen etc) und zusätzlich Kontenabstimmungen und *Saldenbestätigungen*.

Die Buchinventur findet darüber hinaus zB bei unfertigen Erzeugnissen (hier- 8 zu *AWV-Schrift* Nr 09 534) sowie unfertigen Leistungen und – neben der Vermessung zur Ermittlung des anteiligen Leistungswerts – in der Bauindustrie Anwendung.

9 Nach § 240 müssen auch Altersversorgungsverpflichtungen und vergleichbare langfristig fällige Verpflichtungen, die Schulden darstellen, einer Bestandserfassung unterzogen werden. Dabei sind die GoI zu beachten. Um dem Vollständigkeitsgebot zu genügen, müssen nicht nur Direktzusagen, sondern auch arbeitsrechtlich gleichgestellte Verpflichtungen inventarisiert werden (einschl ins Ausland entsandter Arbeitnehmer); s hierzu auch WPH[14] I, R Anm 532 und § 249 Anm 169 ff. Saldierungspflichtige VG iSv § 246 Abs 2 S 2 sind bei der Inventarisierung (noch) nicht zu verrechnen. Die in § 241 geregelten **Inventurvereinfachungsverfahren** sind hier nach dem Gesetzeswortlaut nicht anwendbar, da sich diese nicht auf Schulden beziehen. EStR 6a Abs 18 sieht jedoch unter weiteren Voraussetzungen die Anwendung der vorverlegten Inventur auch für Pensionszusagen vor; näheres dazu in § 249 Anm 169.

Haftungsverhältnisse sowie nicht in der Bilanz enthaltene Geschäfte und sonstige finanzielle Verpflichtungen (§§ 251, 285 Nr 3 und 3a) fallen dem Wortlaut des § 240 Abs 1 nach nicht unter die Inventarisierungspflicht. Gleichwohl wird diese aufgrund § 243 Abs 1 und 2 bzw § 264 Abs 2 insb zur Aufstellung eines vollständigen JA erforderlich.

12 Der Begriff **Inventur** wird für die Bezeichnung des Vorgangs der Bestandserfassung verwendet, und zwar am häufigsten iZm der Erfassung der Vorräte, dh der Roh-, Hilfs- und Betriebsstoffe, Erzeugnisse und Waren. In der Praxis haben sich zur Berücksichtigung der unterschiedlichen betrieblichen Bedürfnisse mehrere Inventurverfahren entwickelt. Bei ihrer Anwendung sind neben den maßgeblichen gesetzlichen Vorschriften die Inventurgrundsätze zu beachten (Anm 17 ff).

II. Inventurgrundsätze

17 Hinsichtlich der Ableitung und der rechtlichen Bedeutung der GoI ist zu beachten, dass die GoI – ähnlich wie die Grundsätze ordnungsmäßiger Bilanzierung – Ausprägungen der GoB (hierzu § 243 Anm 1 und 3) sind. Demzufolge besitzen auch die GoI den Charakter von Rechtsnormen.

18 Nach allgemeiner Auffassung sind für die Inventarisierung die GoI der Vollständigkeit, Richtigkeit, Nachprüfbarkeit, Einzelerfassung und -bewertung, sowie Klarheit und Wirtschaftlichkeit zu beachten.

19 Der **Vollständigkeitsgrundsatz** bedeutet für die Inventarisierung, dass der Kfm alle ihm wirtschaftlich zuzurechnenden VG und Schulden im Inventar zu erfassen hat; hierbei sind auch wertaufhellende Informationen zu berücksichtigen (s *Quick* Inventur, 19 f). Hinsichtlich der Inventarisierung des Vorratsvermögens ist zu gewährleisten, dass zum einen sämtliche VG und zum anderen die vollständigen Mengen dieser VG erfasst werden.

20 Abs 1 schreibt vor, dass der Kfm **seine** VG und Schulden zu verzeichnen hat. Für die Zurechnung der VG ist nach § 246 Abs 1 S 2 die **wirtschaftliche Betrachtungsweise** maßgebend. Dies bedeutet einerseits, dass im Inventar im Zweifel nicht alle dem Kfm nach § 903 BGB gehörenden VG aufzunehmen, andererseits aber ggf ihm zivilrechtlich nicht gehörende VG, die ihm bei wirtschaftlicher Betrachtung zugerechnet werden, zu berücksichtigen sind; s dazu Anm 56 f.

21 Als hierbei auftretende Sonderfälle werden die Institute des **Eigentumsvorbehalts**, der Sicherungsübereignung, der Verpfändung, der Treuhandschaft (zur Behandlung von Treuhandgut als durchlaufende Posten s BFH 4.12.1996 WPg 1997, 433), des Leasingvertrags, des Kommissionsgeschäfts, der Forderungsabtretung sowie des Revisionsgeschäfts genannt (näheres § 246 Anm 5 ff).

Bilanzierungshilfen und Sonderposten mit Rücklageanteil (soweit in vor dem 22 1.1.2010 beginnenden Gj gebildet und nach Art 67 Abs 3 und 5 EGHGB fortgeführt bzw beibehalten) sowie RAP, „Sonderposten eigener Art" und aktivierte Sammelposten nach § 6 Abs 2a EStG müssen unbeschadet der für sie erforderlichen Aufzeichnungen nicht in das Inventar aufgenommen werden, da es sich hierbei nicht, zT nicht zweifelsfrei, um VG oder Schulden handelt. Nachweis in der Buchführung, beim Sammelposten ggf im besonderen Verzeichnis nach § 6 Abs 2 S 4 EStG, ist gleichwohl gegeben (glA zB *ADS*[6] § 240 Anm 8). Entgeltlich erworbene GFW gelten als VG (§ 246 Abs 1 S 4).

Nach den GoI sind die VG hinsichtlich ihrer Art, ihrer Menge und ihres 23 Werts richtig zu erfassen (Grundsatz der **Richtigkeit**). Die richtige Erfassung der **Art** der VG im Inventar zielt auf eine sachgerechte Identifizierung ab und soll den Nachweis und die Einzelbewertung ermöglichen.

Die richtige Ermittlung der **Mengen** setzt zuverlässige Mess-, Zähl- oder Wiegevorgänge voraus. Bei bestimmten Vorräten, zB auf Halden lagernde (Kohlen-)Bestände, ist man indes auf vertretbare Schätzungen oder auf Vermessungen von Sachverständigen angewiesen. Bei der mengenmäßigen Erfassung sind erfahrungsgemäß Wiegetoleranzen und Zählfehler nicht oder nur mit unverhältnismäßig hohem Aufwand auszuschließen. Die richtige Bestandserfassung ist davon unabhängig, welcher Wert den einzelnen VG beizumessen ist. Hierüber wird erst bei der Bewertung des Inventars und regelmäßig von anderen Personen entschieden als denjenigen, die für die Bestandsaufnahme verantwortlich sind.

Die **wertmäßige** Richtigkeit betrifft zunächst den rechnerischen Bewertungsvorgang. Von größerer Bedeutung sind die zutreffende Ermittlung und Zuordnung der einzelnen Wertmaßstäbe, wie zB AK, Marktpreis, beizZW, Veräußerungspreis usw. Der hier bestehende Ermessensspielraum wird durch die Annahme einer Verbrauchsfolge bei der Ermittlung von AK von Roh-, Hilfs- und Betriebsstoffen sowie Handelswaren aufgezeigt (§ 256). Für die Erzeugnisse gilt ähnliches hinsichtlich der den einzelnen Beständen zuzurechnenden HK, insb der einzurechnenden fixen Gemeinkosten (§ 255 Abs 2 und 3). Bewertungsspielräume ergeben sich auch bzgl der Berücksichtigung von Mode- und Gängigkeitsrisiken sowie Preisschwankungen während der Lagerdauer.

Das HGB lässt offen, welche Anforderungen an den Grad der Richtigkeit ge- 24 stellt werden. Für AG (und analog GmbH) gilt aber, dass Überbewertungen grds die Nichtigkeit des JA zur Folge haben, während Unterbewertungen nur dann zu Konsequenzen führen, wenn sie zu einer vorsätzlichen (wissentlichen und willentlichen) unrichtigen Wiedergabe oder Verschleierung der VFE-Lage führen (§ 256 Abs 5 AktG). Nach der Rspr (OLG Hamm 17.4.1991 AG 1992, 233) darf auch eine Überbewertung nicht unwesentlich sein. Es muss sich um schwerwiegende Verstöße handeln, die das Betriebsergebnis maßgeblich beeinflussen. An die richtige Bestands- und Wertermittlung werden – wenn von materieller Auswirkung – nach wie vor strenge Anforderungen zu stellen sein (Anm 23).

Die VG und Schulden sind unter Angabe *aller* für die Bewertung erforderli- 25 chen Bezeichnungen dergestalt aufzuschreiben, dass ein sachverständiger Dritter unter Einschaltung des Inventurpersonals die Wertfindung und das Inventar sowie das Vorgehen bei der Inventuraufnahme in angemessener Art und Weise nachvollziehen kann (Grundsatz der **Nachprüfbarkeit**).

Nach dem Grundsatz der **Klarheit** müssen die Inventurangaben verständlich, 26 dh in einer lebenden Sprache und deren Schriftzeichen erfolgen. Die Inventuraufzeichnungen sind übersichtlich anzufertigen, so dass eine zügige und zuverlässige Auswertung möglich ist; dies bedingt eine sachgerechte Ordnung und Gliederung der Inventurposten. Unleserliche Eintragungen und spätere Abänderungen sind zu vermeiden oder *kurzfristig* zu korrigieren (neue Kennzeichnung, ggf Wiederholung der Inventur).

27 Abs 1 sieht vor, dass im Inventar die VG (und Schulden) genau zu verzeichnen und einzeln zu bewerten sind. Dieser Grundsatz der **Einzelerfassung und Einzelbewertung** ist, abgesehen von der Anwendung des Festwertverfahrens gem Abs 3 und der Gruppenbewertung gem Abs 4, nur dahingehend begrenzt, dass an die Inventarisierung keine unzumutbaren und außer Verhältnis zur Bedeutung stehenden Anforderungen gestellt werden dürfen (so auch *ADS*[6] § 240 Anm 25). Im Regelfall sind also die einzelnen VG nach Art, Menge und Wert im Inventar aufzuführen, wobei allerdings eine Zusammenfassung gleichartiger VG zulässig ist; zur Abgrenzung von VG bei Bewertungseinheiten s § 252 Anm 23 ff, 254.

28 Die genannten Grundsätze gelten nicht absolut. Sie werden entspr dem ökonomischen Prinzip ggf durch den Grundsatz der **Wirtschaftlichkeit** eingeschränkt – so zB gem §§ 240 Abs 3 und 4 sowie 241 Abs 1, bei GWG oder geringwertigen VG (s Anm 6) sowie schwer erfassbaren VG (s *ADS*[6] § 240 Anm 25); Maßstab für die Konkretisierung etwaiger Einschränkungen der GoI bildet stets der Grundsatz der Wesentlichkeit (s zB *ADS*[6] aaO).

29 Neben den bisher beschriebenen Grundsätzen sind noch weitere, zT gesetzlich geregelte **formelle Grundsätze** zu beachten: Hier sind das Belegprinzip, die zeitgerechte und geordnete Erfassung, die Zugriffsmöglichkeit und Lesbarkeit sowie die Beachtung der Aufbewahrungsfristen für Inventare zu nennen; s § 257 Anm 25 f. Diese formellen Grundsätze beziehen sich auf das jeweilige organisatorische Umfeld und unterliegen dessen Veränderungen. Als Bsp hierfür seien die EDV und die Mikroverfilmung genannt.

III. Inventurplanung

35 Eine zuverlässige Inventarisierung setzt eine sorgfältige Inventurplanung voraus, deren Durchführung zweckmäßigerweise in einer Inventurrichtlinie (s dazu die „Checkliste" bei *Quick* Inventur, 252 ff) bzw in konkreten Inventuranweisungen für die körperliche und die buchmäßige Aufnahme niedergelegt werden (ähnlich *ADS*[6] § 240 Anm 48 ff). Die Planung bezieht sich auf zeitliche, räumliche und personelle Aspekte.

36 Die **zeitliche Planung** umfasst die Festlegung des Inventurstichtags und die Erstellung eines Terminplans, der die einzelnen Termine koordiniert und die dafür verantwortlichen Personen festlegt. Hierbei sollen ua folgende Punkte geregelt werden:
– Aufstellen eines Jahresplans (Termin- und Lagerplan) für eine lückenlose Durchführung der Inventur,
– Sicherstellen, dass Bewegungen der Bestände während einer körperlichen Aufnahme sowie bis zum Inventurstichtag ordnungsgemäß erfasst werden, um die richtige Abgrenzung zu gewährleisten,
– Vorbereiten der für die Aufzeichnung der Inventurergebnisse erforderlichen Datenträger (s auch Anm 29).

Probleme können insb bei zeitlich ausgeweiteter Aufnahme durch Bestandsbewegungen (Zu- und Abgänge) während der Zeit der Inventuraufnahme entstehen. Die Inventurplanung muss diese Tatbestände regeln, damit alle an der Aufnahme Beteiligten über die ordnungsgemäße Handhabung unterrichtet sind.

37 In der **räumlichen Planung** sind einzelne Inventurbereiche gegeneinander abzugrenzen, um sie dem Aufnahmepersonal gezielt zuordnen zu können; dies gilt sinngemäß auch für die Buchinventur, wenn ein Inventurbereich mehrere oder sehr heterogene Bilanzposten betrifft (s *ADS*[6] § 240 Anm 50). Dadurch

sollen Doppelerfassungen und Auslassungen von VG und Schulden vermieden werden; bzgl VG muss dazu auch die Aufnahme von bei Dritten gelagerten VG sowie von gelagerten VG in (rechtlichem oder wirtschaftlichem) Fremdeigentum geregelt werden. Die Aufteilung sollte möglichst so erfolgen, dass die in einem Bereich aufzunehmenden VG *einem* Bilanzposten angehören oder diese Zuordnung sich aus der jeweiligen Artikel-Nr oder Bezeichnung ergibt.

Die **Personalplanung** hat die Verfügbarkeit und den richtigen Einsatz geeigneten Personals sicherzustellen. Dabei bietet sich für die Inventur folgende Einteilung des einzusetzenden Personals an: 38
- Für jeden Inventurbezirk sollte eine verantwortliche Person bestimmt werden, die das eingesetzte Personal in die einzelnen Aufgaben einweist und die Inventurmaßnahmen dort eigenverantwortlich überwacht.
- Die Teams für die aufzunehmenden Bestände sollten jeweils aus 2 Personen bestehen, dem Ansager und dem Aufnehmer; hierdurch wird dem 4-Augen-Prinzip entsprochen (Vorschläge zur Rationalisierung hierfür unterbreiten *Strieder/Habel* BB 1996, 1836 ff).
- Es sollte ein Aufnahmeprüfer bestellt werden, der in Stichproben feststellt, ob die Aufnahmearbeiten korrekt durchgeführt werden.

Die mit den Inventuraufnahmen betrauten Personen sollen (bei Beachtung der Funktionstrennung zwischen Bestandsverwaltung und Inventarisierung) auch fachlich in der Lage sein, die Aufnahme ordnungsgemäß auszuführen. Dies setzt eine gewisse Qualifikation voraus, die bei Einsatz von Hilfskräften nicht immer gegeben ist. Die entspr Anweisung für das Personal sollte zumindest enthalten (s zB auch *ADS*[6] § 240 Anm 51):
- Gliederung der Arbeitsbereiche,
- zeitliche Anordnung der Arbeiten,
- Listenbehandlung und Kennzeichnung der Inventurobjekte,
- Aufnahmetechnik und Vorgehensweise bei Korrekturen.

IV. Verfahren der Stichtagsinventur

1. Beschreibung

Nach Abs 1 und 2 ist das Inventar *zu* Beginn des Handelsgewerbes und *zum* Ende eines jeden Gj zu erstellen. Das Ende des Gj bezieht sich auf den Bilanzstichtag, genauer auf den Ablauf dieses Tags, also zB den 31.12., 24.00 Uhr (s auch Anm 62). 40

Die Erfassung der Bestände für diesen Zeitpunkt erfolgt durch die **Stichtagsinventur**. Entscheidend ist hierbei das Kriterium der Stichtagsbezogenheit, und zwar hinsichtlich des Bilanzstichtags. 41

In der Praxis ist die Aufnahme der Bestände aus betrieblichen oder sonstigen (bei körperlicher Inventur zB Witterungs-)Gründen häufig nicht am Bilanzstichtag durchführbar. Dann ist es erforderlich, die Bestandserfassung in einer gewissen Zeitspanne vor oder nach dem Inventurzeitpunkt (Bilanzstichtag) durchzuführen. 42

Das damit praktizierte Verfahren der **ausgeweiteten Stichtagsinventur** (im Unterschied zur vor- oder nachgelagerten Inventur) ist aber aus Sicherheitsgründen nur zulässig, wenn die Zeitspanne zwischen Aufnahme und Bilanzstichtag möglichst kurz ist, dh einen Zeitraum von in der Regel 10 Tagen nicht überschreitet (St HFA 1990/1 C. I. b und für die Steuerbilanz EStR 5.3 Abs 1 S 2). 43

Die Veränderungen in dieser Zeitspanne sind mengenmäßig zu erfassen und nachzuweisen, so dass der mengenmäßige Bestand der einzelnen VG zum Inventurzeitpunkt ermittelt werden kann. 44

2. Durchführung und Auswertung der Stichtagsinventur

48 Damit die Inventurdurchführung zu verlässlichen Ergebnissen führt, ist sicherzustellen, dass die Inventur sorgfältig **vorbereitet** ist. Die Vorbereitungsmaßnahmen richten sich an den zur Inventurplanung genannten Punkten aus (Anm 35 ff).

49 Die eigentliche **körperliche Erfassung** erfolgt je nach Beschaffenheit der VG (insb Vorräte) durch Zählen, Messen oder Wiegen, ggf auch durch eine verlässliche Schätzung, entweder lückenlos oder in Stichproben gem § 241 Abs 1. Die Buchinventur vollzieht sich anhand der Buchführung mit Verifizierung der Bestände durch Saldenbestätigungen, Konto- bzw Depotauszügen, Verträgen, Urkunden ua (s *ADS*[6] § 240 Anm 31 f).

Bei der Aufnahme ist nach den GoI ua sicherzustellen, dass die VG vollständig und richtig erfasst und nicht doppelt aufgezeichnet werden. Dazu dient insb eine sorgfältige Organisation der nummerierten Aufnahmebelege (s *Gans/Quick* DStR 1998, 2029). Bei der Aufzeichnung sind bewertungsrelevante Hinweise (zB zu Gängigkeitsrisiken, Angabe des Fertigstellungsgrads bei unfertigen Erzeugnissen) zu berücksichtigen. Durch geeignete Kontrollmaßnahmen, insb Überwachung und Überprüfung der Aufnahme, ist die Verlässlichkeit der Aufnahme zu gewährleisten.

Bei lfd Bestandsführung sind die Buchbestände mit den Inventurergebnissen abzustimmen und nach Analyse festgestellter Inventurdifferenzen (s dazu *Quick* DStR 2000, 2201) – soweit erforderlich – vor Übernahme in das Inventar entspr zu korrigieren.

50 Alternative Aufnahmeverfahren zur Stichtagsinventur sind die vor- oder nachverlegte Stichtagsinventur (§ 241 Abs 3) oder ein Verfahren gem § 241 Abs 2 (zB die permanente Inventur). Zu Vor- und Nachteilen dieser Verfahren unter Kostengesichtspunkten s *AWV-Schrift* Nr 03 6072, 14 ff.

V. Überleitung des Inventars auf die Bilanzposten

52 Das Inventar bildet die Grundlage für die Ermittlung der Bilanzposten. Die Bilanzansätze ergeben sich aus der ordnungsmäßigen Erfassung der einzelnen Bestände nach Art und Menge und deren zutreffender Bewertung. Häufig werden für die Bestände zunächst Bruttowerte ermittelt, während die Überleitung auf die Bilanzposten im sog Anhängeverfahren erfolgt (so auch St HFA 1990/1 E). Das Anhängeverfahren ist insb von Bedeutung bei Anwendung der mathematisch-statistischen Stichprobeninventur (s St HFA 1981/1 idF 1990 IV.3.).

53 Bei der Bewertung sind folgende Bewertungsgrundsätze zu beachten:
– AK-/HK-Prinzip: Fremdkäufe sind zu AK, Erzeugnisse zu HK anzusetzen.
 Bei der Ermittlung der HK bestehen bzgl der Gemeinkosten Wahlrechte, die handelsrechtlich in § 255 Abs 2 und 3 geregelt sind, steuerrechtlich nach EStR 6.3 aber nicht weiter übernommen werden sollen (s BMF-Schreiben 25.3.2013 BStBl I, 296).
– Niederstwertprinzip: Nach dem für die Bewertung der Vorräte maßgeblichen strengen Niederstwertprinzip sind niedrigere Werte am Bilanzstichtag, bei Erzeugnissen in Form der verlustfreien Bewertung, zu berücksichtigen. Gängigkeitsrisiken werden üblicherweise durch pauschale Abschläge von den AK/HK erfasst.
– als Wahlrecht zulässige Abwertungen sind in § 253 Abs 3 S 4 nur für Finanzanlagen zugelassen (s dort).
– Verbindlichkeiten sind zu ihrem Erfüllungsbetrag und Rückstellungen grds in Höhe des nach vernünftiger kfm Beurteilung notwendigen Erfüllungsbetrags zu bewerten.

– Sind VG oder Schulden in BewEinh einbezogen, ist § 254 zu beachten.
– Der Bewertungsvorgang vollzieht sich organisatorisch regelmäßig in der Finanzbuchhaltung unter Rückgriff auf Informationen aus anderen (Fach-)Abteilungen (Kosten- und Leistungsrechnung, Controlling, Materialwirtschaft, Einkauf, Vertrieb ua).

VI. Sonderfälle der Inventarisierung

1. Wirtschaftliches Eigentum

§ 240 bestimmt, dass der Kfm *seine* VG und Schulden zu inventarisieren hat. **56** Maßgebliches Abgrenzungskriterium für die Erfassung der VG ist das bürgerlich-rechtliche Eigentum. Indessen ist bei davon abw wirtschaftlicher Zurechnung das wirtschaftliche Eigentum ausschlaggebend (§ 246 Abs 1 S 2; s auch § 246 Anm 5 ff sowie hier Anm 20 f). Die Feststellung, wem wirtschaftliches Eigentum zusteht, wird regelmäßig durch Erfassung in der Buchführung getroffen.

Dies gilt zB für die Inventarisierung und Bilanzierung von **Leasinggegen-** **57** **ständen** § 246 Anm 37 ff. Ist der Leasing-VG dem Leasinggeber zuzurechnen, erfolgt die Inventarisierung bei ihm, ggf gestützt auf eine Bestandsbestätigung des Leasingnehmers. Wird das wirtschaftliche Eigentum dem Leasingnehmer zugerechnet, hat er den Leasing-VG in üblicher Weise zu inventarisieren.

Zu weiteren Sonderfällen des wirtschaftlichen Eigentums s § 246 Anm 9 ff.

Im Rahmen der Buchinventur ist die vorgenommene Zuordnung des wirtschaftlichen Eigentums unter Berücksichtigung der jeweils aktuellen Verhältnisse zu überprüfen.

2. Unterwegs befindliche Ware

Für die Inventarisierung der am Inventurstichtag unterwegs befindlichen Ware **58** ist grds der Zeitpunkt der Erlangung der **Verfügungsmacht** (umittelbarer oder mittelbarer Besitz) maßgebend (so auch BFH 3.8.1988 BStBl II 1989, 21 und *ADS*[6] § 240 Anm 11). Dieser Zeitpunkt stimmt idR mit dem Eingang der Ware überein und bildet demnach organisatorisch auch eine geeignete Grundlage für die Inventarisierung. Bei Streckengeschäften ist insoweit auf den Wareneingang beim letzten Erwerber abzustellen.

B. Dauer des Geschäftsjahrs und Aufstellungstermine (Abs 2)

I. Abweichendes Geschäftsjahr und Rumpfgeschäftsjahr

Das Inventar ist nach Abs 2 S 1 zum Ende eines jeden Gj aufzustellen. Abs 2 **60** S 2 schreibt vor, dass die **Dauer des Geschäftsjahrs** 12 Monate nicht überschreiten darf. Damit ist die Höchstdauer des Gj begrenzt; eine Ausnahme insoweit wird lediglich EkfI iSd § 241a eingeräumt (s § 241a Anm 6). Es besteht aber eine gewisse (Anm 62) Freiheit in der Festlegung eines vom Kj abw Gj. Nach hM darf das Gj nicht kürzer als auf 12 Monate festgelegt werden; unter bestimmten Voraussetzungen kann jedoch ein kürzeres Rumpf-Gj gebildet werden (s zB auch *ADS*[6] § 240 Anm 69 mwN). Rumpf-Gj können insb bei Eröffnung des Geschäftsbetriebs während des ersten Jahrs, bei Auflösung des Geschäftsbetriebs, bei Umw, Spaltung und bei Änderungen des Gj (hierzu Anm 63) entstehen.

61 Die Vorschrift über die Höchstdauer des Gj schließt die zT nach ausländischem Recht zulässige Regelung aus, nach der das Gj zB vom letzten Freitag im Dezember eines Jahrs bis zum letzten Freitag im Dezember des Folgejahrs läuft oder bspw 52 Wochen und in jedem 5. Jahr 53 Wochen umfasst (*Hüffer* in Großkomm HGB[4] § 240 Anm 42). Abs 2 S 2 zielt vielmehr auf eine gleiche Länge der Gj ab.

62 Die Festsetzung eines vom Kj **abweichenden Geschäftsjahrs** ist bei *Errichtung* eines Unt frei; ist dies im GesVertrag bzw in der Satzung nicht geregelt, entspricht das Gj dem Kj. Eine Abweichung des Gj vom Kj kann zB auf Grund branchenmäßiger oder betrieblicher Gegebenheiten zweckmäßig sein, wie etwa bei Zuckerfabriken, Brauereien oder Versandhäusern. Auch Konzernauflagen können auf Grund der einheitlichen Bilanzierung und Einbeziehung in den KA für die Festlegung dieses Zeitpunkts maßgeblich sein; letzteres gilt auch für eine später entstehende oder später sich ändernde Konzernzugehörigkeit. Dass ein vom Kj abw Gj jeweils mit Ablauf des letzten Tages seines letzten Monats endet ist üblich, wird gesetzlich aber nicht verlangt.

63 Ein beliebiger und willkürlicher *Wechsel* des Gj ist unzulässig. Will man den Stichtag für das Gj ändern, ist eine Änderung des GesVertrags bzw der Satzung erforderlich, wenn dieser Sachverhalt darin geregelt ist. Das erste neue Gj kann verkürzt werden, wenn dies auf Grund der Verlegung erforderlich ist (Rumpf-Gj).

64 In steuerrechtlicher Hinsicht ist die Umstellung auf ein vom Kj abw Wj nur im Einvernehmen mit dem FA wirksam (ua § 4a EStG sowie § 8b S 2 Nr 2 EStDV); Maßgeblichkeit des Wj für das Gj besteht indes nicht (s auch ADS[6] § 240 Anm 68). Einvernehmen besteht stets bei Wechsel der Konzernzugehörigkeit.

II. Aufstellungsfristen

66 Nach Abs 2 S 3 ist die Aufstellung des Inventars „innerhalb der einem ordnungsmäßigen Geschäftsgang entsprechenden Zeit zu bewirken". Da die Erfassung des Mengengerüsts meist zeitnah, dh stichtagsbezogen oder in den durch das oder die gewählte(n) Inventurverfahren bedingten zeitlichen Abständen erfolgt, liegt die Bedeutung dieser Vorschrift vor allem in der rechtzeitigen Bewertung der Bestände.

67 Für die Begrenzung der Frist ist zunächst von der für die Aufstellung des JA in § 243 getroffenen (gleich lautenden) Regelung auszugehen; s § 243 Anm 91 ff.

68 Da das Inventar der Erstellung des JA vorausgehen muss, können für ersteres diese Fristen idR *nicht* voll ausgeschöpft werden.

69 Abs 2 S 3 gilt in seinem Wortlaut nur für **Einzelkaufleute** (außerhalb § 241a) und **Personenhandelsgesellschaften.** Große und mittelgroße **Kapitalgesellschaften** und **Kapitalgesellschaften & Co** müssen innerhalb der ersten drei Monate des neuen Gj ihren JA und Lagebericht aufstellen, **kleinen** KapGes und KapCoGes (einschl KleinstKapGes) wird eine Aufstellungsfrist für den JA von sechs Monaten gewährt, wenn dies einem ordnungsgemäßen Geschäftsgang entspricht (§ 264 Abs 1 S 3 und 4); eine kleine Holding-KapGes/KapCoGes muss jedoch auch die kürzeren Aufstellungsfristen für ihren KA beachten (s § 266 Anm 26). **Genossenschaften** haben ihren JA und Lagebericht gem § 336 Abs 1 S 2 innerhalb von fünf Monaten aufzustellen. Für Unt, die unter das **Publizitätsgesetz** fallen, beträgt die Frist gem § 5 Abs 1 S 1 PublG drei Monate.

C. Festwertverfahren (Abs 3)

I. Allgemeines

Zweck des Festwertverfahrens ist die **Vereinfachung** der Bestandsaufnahme, 71
der buchmäßigen Erfassung und der Bewertung bestimmter VG des **Sachanlagevermögens** und bestimmter **Roh-, Hilfs- und Betriebsstoffe**. Hinsichtlich
der Bestandserfassung bedeutet das Festwertverfahren eine periodische Erleichterung der Verpflichtung zur jährlichen Bestandsaufnahme nach Abs 2 und hinsichtlich der Bewertung eine erleichternde Ausnahme vom Grundsatz der Einzelbewertung (§ 252 Abs 1 Nr 3).

Bei Anwendung des Festwertverfahrens wird für bestimmte Arten von VG 72
(Bsp in Anm 125) eine **Festmenge zu Festpreisen** bewertet; dieser Festwert
wird in der Bilanz unter gleich bleibenden **Voraussetzungen** – dh, dass keine
wesentlichen Änderungen im Mengengerüst und/oder der Preisbasis eintreten –
für mehrere Gj unverändert fortgeführt. Das Verfahren unterstellt, dass sich bei
den zu einem Festwert zusammengefassten VG im Zeitablauf Zugänge einerseits
sowie planmäßige Abschreibungen, Abgänge oder Verbrauch andererseits in etwa
ausgleichen.

Die Festwertmethode ist eine **Weiterentwicklung** der Gruppenbewertung 73
(Anm 130). Hinsichtlich der Bewertung ist die Festwertbildung ein (vereinfachendes) **Bewertungsverfahren,** das nach § 284 Abs 2 Nr 1 und 3 als Bewertungsmethode unter die Erl-Pflicht im **Anhang** fällt (§ 284 Anm 40 und 101).

Abs 3 gewährt bilanzierenden Kfl ein **Wahlrecht** und ist durch den Maßgeb- 74
lichkeitsgrundsatz gem § 5 Abs 1 EStG Voraussetzung für ein entspr Vorgehen in
der StB. Zulässigkeit und Umfang der Anwendung des Festwertverfahrens bestimmen sich auch in der Steuerbilanz nach Abs 3 (H 6.8 EStH).

Bei Anwendung des Festwertverfahrens für VG des **Sachanlagevermögens**
werden im Anlagengitter keine Bewegungen ausgewiesen. Hinsichtlich der Ausweisvorschriften bedeutet dies einen Verzicht auf die Darstellung dieser Bewegungen, jedoch keinen Verstoß gegen § 268 Abs 2: Zugänge, Zuschreibungen
sowie Abgänge bzw Abschreibungen ergeben sich nur bei Änderungen der Festwerte (Anm 104 ff).

Für die Bewertung im Rahmen des Festwertverfahrens gelten keine besonde- 75
ren Bestimmungen. Neben der Ermittlung des Mengengerüsts ist die Bestimmung der durchschnittlichen Wertigkeit das zentrale Problem des Verfahrens.

VG des beweglichen Sachanlagevermögens, für die ein Festwert gebildet wird, 76
brauchen nicht in das Bestandsverzeichnis aufgenommen zu werden (EStR 5.4
Abs 1 S 3).

Für Festwerte bei **Roh-, Hilfs- und Betriebsstoffen** in der StB gilt als 77
Grundsatz, dass diese nur der Vereinfachung von Inventur und Buchführung
dienen, nicht hingegen Preisschwankungen – insb Preissteigerungen – ausgleichen sollen (hM, zB H 6.8 EStH).

II. Voraussetzungen der Festwertbildung

Die Zulässigkeit des Festwertverfahrens ist gem Abs 3 an folgende Vorausset- 80
zungen geknüpft:
– Anwendungsbeschränkung (Anm 82),
– Regelmäßiger Ersatz (Anm 84),
– Nachrangige Bedeutung des Gesamtwerts (Anm 86 f),

§ 240 82–90　　　　　　　　　　　　　　　　　　　　　Buchführung. Inventar

- Geringe Veränderungen in der Zusammensetzung (Anm 89 ff),
- Regelmäßige Bestandsaufnahme (Anm 93).

1. Anwendungsbeschränkung

82　Die Anwendung beschränkt sich auf VG des Sachanlagevermögens sowie Roh-, Hilfs- und Betriebsstoffe (Anm 71). Unzulässig ist das Festwertverfahren für immaterielle VG, Finanzanlagen, unfertige und fertige Erzeugnisse sowie für Handelswaren.

2. Regelmäßiger Ersatz der Vermögensgegenstände

84　Die in Frage kommenden VG müssen **regelmäßig** ersetzt werden. Diese Voraussetzung normiert die der Festbewertung zugrundeliegende Annahme, dass der Verbrauch sowie die Abgänge und die Abschreibungen der in den Festwert einbezogenen VG durch Zugänge in etwa bis zum Bilanzstichtag ausgeglichen werden (Anm 72).

3. Nachrangige Bedeutung des Gesamtwerts

86　Der Wortlaut des Abs 3, der auf den „Gesamtwert" der VG „für das Unternehmen" abstellt, spricht dagegen, bei jedem einzelnen Festwert gesondert die Nachrangigkeit für das bilanzierende Unt anhand des Verhältnisses zur Bilanzsumme zu überprüfen. Eine Orientierung an *einzelnen* Festwerten erscheint auch deshalb problematisch, da mehrere Festwerte zusammengefasst für das Unt uU von erheblicher Bedeutung sein können, was bei Einzelbeurteilung nicht erkennbar ist. Durch eine „Atomisierung" der Festwerte könnte zudem immer eine Nachrangigkeit des einzelnen Festwerts erreicht werden.

87　Daher sollte bei der Beurteilung der Nachrangigkeit die **Summe** aller in das Festbewertungsverfahren einbezogenen VG herangezogen werden (glA zB *Petersen/Zwirner* in Beck HdR A 230 Anm 27, *Graf* in Haufe HGB[3] § 240 Anm 55, aA z B *ADS*[6] § 240 Anm 79 ff mwN, differenzierend *Knop* in HdR[5] § 240 Anm 58). Als Maßstab für die nachrangige Bedeutung ist das Verhältnis zur Bilanzsumme (einschl der Festwerte) zu sehen, das die Orientierungsgröße von 5 vH idR nicht übersteigen sollte.

4. Geringe Veränderung der Größe, des Werts und der Zusammensetzung des Bestands

89　Unter **Größe** des Bestands ist das dem *einzelnen* Festwert zugrundeliegende Mengengerüst zu verstehen. Bei geringen Veränderungen dieser Größe darf der Festwert unverändert fortgeführt werden. Dies bedeutet nicht, dass eine künftig zu erwartende größere Mengenänderung auf Grund der Geschäftsentwicklung (zB Betriebserweiterung, andere Betriebsstruktur) die Anwendung des Festwertverfahrens ausschließt (*ADS*[6] § 240 Anm 84). Vielmehr muss in diesen Fällen lediglich der Festwert geändert werden.

90　Geringe Änderung des **Werts** bezieht sich auf die der Bewertung zugrundeliegenden Preisansätze. Das Festwertverfahren kommt daher für bestimmte Bestände an Roh-, Hilfs- und Betriebsstoffen, die nach der Erfahrung **erheblichen Preisschwankungen** unterliegen (zB Weltmarktpreise für Kaffee, Kakao, Kupfer oder Blei) nicht in Betracht. Beim Sachanlagevermögen kann auch die Zusammenfassung von Anlagegegenständen mit erheblich unterschiedlicher Nutzungsdauer unzulässig sein (so *ADS*[6] § 240 Anm 86; *Knop* in HdR[5] § 240 Anm 62).

Das Erfordernis geringer Veränderung der **Zusammensetzung** des Bestands 91
betrifft die Auswahl der in den Festwert einzubeziehenden VG. Um eine Stetigkeit der Zusammensetzung des Bestands zu erreichen, kommt es weniger auf körperliche Gleichartigkeit als vielmehr auf **Funktionsgleichheit** an (so auch *ADS*[6] § 240 Anm 89). Daher sind strukturelle Änderungen nicht unbedingt schädlich für die Anwendung des Festwertverfahrens, soweit die übrigen Voraussetzungen – insb die Gleichwertigkeit – noch vorliegen.

5. Regelmäßige körperliche Bestandsaufnahme

Für „festbewertete" VG ist idR alle drei Jahre eine körperliche Bestandsauf- 93
nahme durchzuführen. Das Abweichen von der jährlichen körperlichen Aufnahme gem Abs 2 ist jedoch nur solange zulässig, wie die Voraussetzungen gem Anm 82 bis 91 unverändert erfüllt sind. „In der Regel" bedeutet, dass in Sonderfällen ein **kürzerer** oder **längerer Zeitraum** in Frage kommen kann. Eine Ausweitung erscheint jedoch nur gerechtfertigt, wenn anhand geeigneter Schlüsselgrößen zuverlässig auf die Entwicklung des Bestands geschlossen werden kann.

III. Mengengerüst und Wertansatz

1. Ermittlung des Mengengerüsts

Die **erstmalige Bildung** eines Festwerts setzt eine körperliche Bestandsauf- 98
nahme voraus; dies gilt sowohl für die Bestände an **Roh-, Hilfs- und Betriebsstoffen** als auch für die VG des **Sachanlagevermögens**. Regelmäßiger Zeitpunkt ist ein Bilanzstichtag. Die Mengenfestlegung kann auch durch Bindung an **Schlüsselgrößen** (zB Belegschaftsstärke, Gleisnetzlängen, Maschinenstunden, s zB *WPH*[14] I, E Anm 480) erfolgen. Bei wesentlichen Änderungen der Schlüsselgrößen sind entspr Anpassungen des Festwerts notwendig.

2. Ermittlung der durchschnittlichen Wertigkeit

Bei Festwerten für VG des **Sachanlagevermögens** (Bsp Anm 125) sind die 100
AK oder HK die Ausgangsgrundlage für die Ermittlung des Festwerts. Da sich zukünftige Zugänge sowie Abschreibungen und Abgänge in etwa ausgleichen müssen (Anm 72), wird zur Berücksichtigung der Abnutzung auf Grund des Durchschnittsalters der VG idR der Festwert als prozentualer **Durchschnittswert** der tatsächlichen AK oder HK früherer Jahre angesetzt.
Als Maßstab können für die Bilanz auch die Regelungen für die StB herangezogen werden (s zB *ADS*[6] § 240 Anm 100f). Diese sehen vor, dass bei **neu** angeschafften oder hergestellten WG zunächst Abschreibungen vorgenommen werden müssen, bis ein sog **Anhaltewert** von etwa 40–50 vH der AK/HK erreicht ist. Erst dann besteht das Wahlrecht, auf das Festwertverfahren überzugehen. Für die Höhe dieses Festwerts gilt als Regelsatz ein Durchschnittswert von 40–50 vH der tatsächlichen AK oder HK (s *ADS*[6] § 240 Anm 100f mwN).
Bei **in Gebrauch befindlichen** VG des Anlagevermögens darf ebenfalls ein Durchschnittswert von 40–50 vH zugrunde gelegt werden. Unterschreitet deren Buchwert den Durchschnittswert des Festwertansatzes, kann eine Aufstockung bis zur Festwerthöhe nur durch Aktivierung weiterer Zugänge erreicht werden.
Für **Roh-, Hilfs- und Betriebsstoffe** werden stets die tatsächlichen AK oder 101
HK oder ggf ein niedrigerer Teilwert zugrunde gelegt. Die steuerrechtlichen Vorschriften sehen eine Bewertung nach dem gewogenen Mittel der im Laufe des Wj erworbenen WG vor; unter den Voraussetzungen des § 6 Abs 1 Nr 2a

EStG kann auch die Lifo-Methode (s § 256 Anm 62 ff) angewendet werden (EStR 6.9 Abs 1).

3. Änderungen des Festwerts im Rahmen regelmäßiger Bestandsaufnahmen

104 Werden bei Bestandsaufnahmen Mengenänderungen der festbewerteten VG festgestellt, kann eine Anpassung des Festwerts notwendig werden. Entscheidend dafür sind Ausmaß und Richtung der Bestandsveränderung.

105 Werden **Mehrmengen** auf Grund der körperlichen Bestandsaufnahme festgestellt, ist in Anlehnung an EStR 5.4 Abs 3 S 2 bis 5 bei Abweichungstoleranzen bis zu 10% eine Beibehaltung (Fortführung) des einzelnen Festwerts vorgesehen; anderenfalls ist der neue Wert maßgebend. Wesentlich ist auch hier, den bisherigen Festwert in den Folgejahren jährlich um die AK oder HK der Zugänge aufzustocken, bis der neue Festwert erreicht ist (EStR 5.4 Abs 3 S 3). Die Aufstockung auf den neuen Festwert kann sich somit über mehrere Gj erstrecken. Für die HB ist ein solches Vorgehen nicht zwingend, da zudem Zuschreibungen möglich sind (glA *ADS*[6] § 240 Anm 103 sowie § 268 Anm 38).

106 Bei **Mindermengen** sind in der HB grds Anpassungen vorzunehmen (*WPH*[14] I, E Anm 479). In der Steuerbilanz „kann" bei jedem Minderbetrag der niedrigere Wert als Festwert angesetzt werden, unabhängig vom jeweiligen Prozentsatz (EStR 5.4 Abs 3 S 4).

107 Für die Wertermittlung beim Sachanlagevermögen ist stets zwischen dem mengenmäßigen **Altbestand** und dem **Mehrbestand** zu unterscheiden. Für den Altbestand dürfen eingetretene **Preissteigerungen** nicht berücksichtigt werden (nicht realisierter Gewinn); für den Mehrbestand aus Neuzugängen und Ersatzbeschaffungen sind hingegen aktuelle Preise maßgebend. **Preissenkungen** können auch beim Altbestand den Ansatz eines **niedrigeren** beizulegenden Werts bzw Teilwerts erforderlich machen.

4. Änderungen in der Zusammensetzung/ Übergang zur Einzelbewertung

108 Bei wesentlichen Änderungen in der **Zusammensetzung** eines festbewerteten Bestands ist außerdem zu prüfen, ob der bisherige Festwert beibehalten werden darf. Ein Übergang zur Einzelbewertung wird erforderlich sein, wenn auch in Zukunft mit wesentlichen (dauerhaften) Änderungen der Zusammensetzung des Bestands zu rechnen ist. Letzteres bedingt mind eine Anpassung des Festwerts (so *Knop* in HdR[5] § 240 Anm 72).

5. Sonstige Änderungen des Festwerts

111 Ergeben sich zwischen den Aufnahmestichtagen (idR alle drei Jahre, Anm 93) **wesentliche Mengenänderungen** (zB Überbestände), ist eine Anpassung des Festwerts nur dann notwendig, wenn man eine *dauerhafte* Änderung erwartet (ähnlich schon Anm 105 ff). Wird in den Folgejahren wieder ein Rückgang erwartet, darf eine Anpassung des Festwerts unterbleiben. Der kurzfristig vorhandene Überbestand wird aber zu AK aktiviert (Anm 105).

112 **Anlässe für dauerhafte Veränderungen** sind zB Aufnahme oder Aufgabe eines Produktionszweigs oder wesentliche Änderungen ggf vorhandener Schlüsselgrößen.

113 Sind im Festwert **geringwertige Wirtschaftsgüter** enthalten, kann bei dessen Aufgabe die Bewertungsfreiheit nicht nachgeholt werden (BFH 17.3.1982 BStBl II 1982, 545).

IV. Ausweis des Festwerts in Bilanz, GuV und Anhangangaben

Für Festwerte beim **Sachanlagevermögen** wird im Anlagengitter keine **Be-** 116
wegung gezeigt, so lange der Festwert unverändert fortgeführt werden darf
(Anm 74). Das Bilanzrecht geht hier von der Fiktion aus, dass diese zusammengefasst *einen* VG darstellen. Der Festwert als Anhalte- oder Durchschnittswert ist
daher als „AK" der VG anzusehen. Ein Ausweis der Festwertgegenstände mit
tatsächlichen AK oder HK und kumulierten Abschreibungen würde gewissermaßen dem Festwertgedanken widersprechen (glA *ADS*[6] § 268 Anm 78).

Erhöhungen von Festwerten beim Sachanlagevermögen resultieren idR aus 117
Mehrmengen bei der Bestandsaufnahme. Diese können aus Zukäufen im abge-
laufenen oder aus Zugängen im Gj zwischen den Aufnahmestichtagen stammen.
Die Erhöhung aus Zukäufen im letzten Gj wird in der Bilanz als Zugang gezeigt.
Die Erhöhungen aus Zugängen in Vj dürfen vereinfachend ebenfalls als Zugang
ausgewiesen werden.

Werden bei Festwerten Erhöhungen auf Grund veränderter Gegebenheiten, zB
Kapazitätserweiterungen, Mehrproduktion oä vorgenommen, müssen – wie in
der StB – die AK oder HK aus den Zugängen zunächst außerhalb des Festwerts (zB
„Aufstockung") aktiviert und bis zum Erreichen des Anhaltewerts planmäßig abgeschrieben werden. Bei Erreichen des Anhaltewerts wird dieser dann ohne besonderen Ausweis auf den alten Festwert übertragen. Übersteigt die Festwertaufstockung
die Zugänge im Gj, werden fehlende Unterschiedsbeträge in den Folgejahren aktiviert. Die handelsrechtlich mögliche Zuschreibung nicht aktivierter Zugänge in
der Vergangenheit kommt für die StB grds nicht in Betracht (s Anm 105).

Bei **Minderung** von Festwerten bei Sachanlagen gem den Bestandsaufnah- 118
men kann der Unterschiedsbetrag im Anlagengitter idR als Abgang im Gj behandelt werden (§ 268 Anm 51).

In der **GuV** werden bei Anwendung des **Gesamtkostenverfahrens** (§ 275 119
Abs 2) die Ersatzbeschaffungen für Festwert-VG im Umlaufvermögen in dem
Posten „Aufwand für Roh-, Hilfs- und Betriebsstoffe und für bezogene Waren"
erfasst. Bei Festwerten im Sachanlagevermögen sollten die Ersatzbeschaffungen
dagegen den „sonstigen betrieblichen Aufwendungen" zugeordnet werden
(*WPH*[14] I, F Anm 528, 551). Dieser Posten kommt auch bei Anwendung des
Umsatzkostenverfahrens in Betracht, insofern die Aufwendungen nicht in die
AK/HK einbezogen werden.

Erhöhungen eines Festwerts auf Grund von Zugängen im Gj (Anm 117)
werden in der GuV beim entspr Aufwandsposten saldiert. Bestandsmehrungen
aus Zugängen in den Vj (ebenfalls Anm 117) werden unter „sonstigen betrieblichen Erträgen" ausgewiesen. Dagegen erhöhen **Minderungen** eines Festwerts in
der GuV die entspr Aufwendungen.

Die erstmalige Bildung und die Aufgabe eines Festwerts stellen jeweils eine 120
Änderung der Bewertungsmethode dar, worüber gem § 284 Abs 2 Nr 3 zu
berichten ist. Aufgrund der **nachrangigen Bedeutung** der festbewerteten VG
für das Unt (Anm 86) kann auf betragsmäßige Angaben verzichtet werden (*ADS*[6]
§ 284 Anm 78 sowie *Dörner/Wirth* in HdR[5] §§ 284 bis 288 Anm 100).

V. Hauptanwendungsfälle des Festwertverfahrens

Bsp für Festwertverfahren sind in *WPH*[14] I, E Anm 478 sowie in der steuer- 125
rechtlichen Literatur (zB *Kulosa* in *Schmidt*[32] § 6 Anm 614) zu finden. Dort
werden insb folgende Bereiche angeführt: Bahnanlagen (Gleisanlagen, Signale),
Bestecke, Geschirr und Wäsche bei Hotels (hier gilt idR die Bewertungsverein-

fachung nach § 6 Abs 2 und Abs 2a EStG), Betriebs- und Geschäftsausstattung (Schreib- und Rechenmaschinen), Stanzen, Formen und Modelle, Gerüst- und Schalungsteile im Baugewerbe, Laboratoriumseinrichtungen, Mess- und Prüfgeräte, Werkzeuge.

126 Bei den **Roh-, Hilfs- und Betriebsstoffen** kommt das Festwertverfahren überwiegend für Verbrauchsstoffe (Kleinmaterial, Brennstoffe) und dort bilanzierte Reparaturmaterialien und Ersatzteile in Betracht.

D. Gruppenbewertung (Abs 4)

I. Allgemeines

130 Die **Gruppenbewertung** nach Abs 4 ist eine Vereinfachungsregelung, die sich auf die Bewertung bezieht. Zulässig ist auch die gruppenweise Zusammenfassung im Inventar, also schon bei der körperlichen Erfassung bzw Buchinventur (glA *Petersen/Zwirner* in Beck HdR A 220 Anm 106). Die Bestandsaufnahme der VG und Schulden in einer Gruppe erfolgt nach den allgemeinen Regeln der körperlichen Aufnahme bzw Buchinventur (ebenso *WPH*[14] I, E Anm 21). Die Gruppenbewertung (Sammel-, Kollektivbewertung) stellt eine **Ausnahme** von dem Grundsatz der Einzelbewertung dergestalt dar, dass zu einer Gruppe zusammengefasste VG und Schulden mit einem Durchschnittswert bewertet werden. Es handelt sich um ein Verfahren zur Ermittlung der AK oder HK bzw des Erfüllungsbetrags für Schulden (*WPH*[14] I, E Anm 319), das wahlweise angewandt werden darf, wenn bestimmte Voraussetzungen eingehalten werden.

131 Die Bewertung hat zu einem **gewogenen Durchschnittswert** zu erfolgen. Der Ansatz eines einfachen Durchschnittswerts ist nicht erlaubt. Weiterhin enthält Abs 4 eine Beschränkung für die einbeziehungsfähigen VG des **Vorratsvermögens**. Diese müssen „gleichartig" sein; bei anderen beweglichen VG und auch bei Schulden genügt es, dass sie „annähernd gleichwertig" sind.

132 Die Anwendung der Gruppenbewertung kann zur Bildung von stillen Reserven führen, die vom HGB in Kauf genommen wird. Im Übrigen gilt auch für dieses Bewertungsvereinfachungsverfahren das **Niederstwertprinzip** (s § 253 Anm 506 ff; *Knop* in HdR[5] § 240 Anm 82).

II. Anwendungsbereich

134 Die Gruppenbewertung darf angewandt werden auf (gleichartige) VG des **Vorratsvermögens** (zum Begriff § 247 Anm 60 ff, ohne Anzahlungen) und andere (gleichartige oder annähernd gleichwertige) bewegliche VG des **Anlagevermögens** oder **Umlaufvermögens**, zB auf Wertpapiere (§ 255 Anm 304; *Knop* in HdR[5] § 240 Anm 79 f), auf bestimmte VG in Vertriebseinrichtungen des Handels sowie auf **Schulden** (zB Rückstellungen für Gleitzeitüberhänge bzw Überstunden, Altersteilzeit, Garantien, Resturlaub).

III. Voraussetzungen

1. Gleichartigkeit

135 Beim Vorratsvermögen dürfen nur gleichartige VG der Gruppenbewertung unterzogen werden. Der Begriff der **Gleichartigkeit** ist nach § 256 auch Voraussetzung für die dort geregelten **Bewertungsvereinfachungsverfahren**.

Der **Begriff** der Gleichartigkeit bedeutet zunächst, dass es sich nicht um *gleiche* 136
VG handeln muss. Nach hM wird die *Gleichartigkeit* der VG durch die Merkmale
Zugehörigkeit zur gleichen Warengattung oder Gleichheit in der Verwendbarkeit oder Funktion (Funktionsgleichheit) bestimmt (s *Knop* in HdR[5] § 240
Anm 75 f). Außerdem dürfen keine wesentlichen Qualitätsunterschiede bestehen.
Annähernde Preisgleichheit (s *ADS*[6] § 240 Anm 121) ist nach dem Wortlaut von
Abs 4 *nicht zwingend* notwendig.

2. Annähernde Gleichwertigkeit

Das für andere bewegliche VG (außer Vorräten) alternativ zur Gleichartigkeit 137
maßgebliche Merkmal der **Gleichwertigkeit** besagt, dass die Preise der in der
Gruppenbewertung zusammengefassten VG nicht wesentlich voneinander abweichen dürfen (weitergehend *ADS*[6] § 240 Anm 121 ff, die annähernde Gleichwertigkeit sei eine generelle Voraussetzung der Gruppenbewertung; zu dem Verhältnis von Gleichartigkeit und Gleichwertigkeit s auch *Siepe/Husemann/Borges*
WPg 1995, 367). Hierbei wird ein Spielraum von 20 vH zwischen höchstem
und niedrigstem Preis bei geringem Wert der einzelnen VG in der Gruppe noch
als vertretbar angesehen. Der generelle Maßstab muss sein, dass der Bilanzwert
der Gruppenbewertung nicht wesentlich höher oder niedriger sein darf, als sich
bei einer Bewertung zu Einzelpreisen ergeben würde. Annähernde Preisgleichheit setzt insb voraus, dass die Preise zeitlich miteinander verglichen werden können, also auf den gleichen Zeitpunkt bezogen sind.

Weiterhin besagt annähernde Gleichwertigkeit auch, dass nicht nur gleichartige VG zusammengefasst werden dürfen. Die Gruppenbewertung setzt jedoch
auch bei ungleichen VG weitere gemeinsame **Merkmale** außer annähernd gleichen Preisen voraus, zB gleiches Sortiment (*Knop* in HdR[5] § 240 Anm 78).

Die hier genannten Voraussetzungen (nicht aber die in Anm 135f) gelten auch
für zur Gruppenbewertung zusammengefasste Forderungen und **Schulden,** insb
Rückstellungen. Hier erscheint es zweckmäßig, auf die annähernde Gleichwertigkeit der Risiko-Arten abzustellen (s Bsp in Anm 140).

3. Gewogener Durchschnittswert

Die Gruppenbewertung muss zum **gewogenen Durchschnittswert** erfolgen. 138
Damit ist die Verwendung eines auf Grund anderer Umstände bekannten Durchschnittswerts in der HB nicht zulässig (StB s Anm 141). **Unzulässig** ist auch
eine einfache, nicht aber eine vereinfachte Durchschnittsbewertung (Anm 139);
unberührt bleibt jedoch die Verwendung von einfachen Durchschnittswerten
außerhalb der Gruppenbewertung (s Anm 130). Der Zweck einer Gruppenbewertung wird entweder durch einen sog einfach gewogenen oder durch einen
gleitend gewogenen Durchschnitt erreicht.

Zur **Ermittlung des einfach gewogenen Durchschnittspreises** (s Bsp 1) 139
wird die Summe der mit den Mengen multiplizierten Preise des Anfangsbestands
und der mit den tatsächlichen Preisen bewerteten Zugänge während des Gj oder
einer anderen Zeitperiode durch die Summe der Menge von Anfangsbestand
und Zugang des Zeitraums dividiert; mit diesem Ergebnis wird der Endbestand
zum Bilanzstichtag bewertet.

§ 240 140, 141   Buchführung. Inventar

Beispiel 1:

	Menge	Preis je Einheit €	Gesamtpreis €
Anfangsbestand	50	5,–	250,–
Zugang 1	100	6,–	600,–
Zugang 2	200	7,–	1400,–
Zugang 3	50	7,–	350,–
	400	6,50	2600,–
Endbestand	100	6,50	650,–

Bei einem Endbestand von 100 und einem Verbrauch von 300 Einheiten ergibt sich ein Inventurwert von € 650,–.

Bei der **Ermittlung des gleitend gewogenen Durchschnittspreises** (s Bsp 2) wird der Bestand lfd zu gewogenen Durchschnittspreisen bewertet und jeder Abgang zu den jeweils neu ermittelten Durchschnittspreisen angesetzt; mit der lfd Berücksichtigung der Abgänge und der lfd Fortschreibung der Durchschnittspreise wird eine den tatsächlichen AK näher kommende Bewertung des Inventurwerts erreicht.

Beispiel 2:

	Menge	Preis je Einheit €	Gesamtpreis €	Durchschnittspreis €
Anfangsbestand	50	5,–	250,–	–
Zugang 1	100	6,–	600,–	–
Summe	150	–	850,–	5,67
Abgang	50	5,67	283,–	–
Bestand	100	5,67	567,–	5,67
Zugang 2	200	7,–	1400,–	–
Summe	300	–	1967,–	6,56
Abgang	150	6,56	983,–	–
Bestand	150	6,56	984,–	6,56
Zugang 3	50	7,–	350,–	–
Summe	200	–	1334,–	6,67
Abgang	100	6,67	667,–	–
Endbestand	100	6,67	667,–	6,67

140 Bei zu Gruppenwerten zusammengefassten **Rückstellungen** könnten folgende Maßstäbe gelten: restliche Garantiezeiträume und Lieferwerte, Stückzahl der unerledigten Schäden und mittlere Schadenhöhe bei Kleinschäden oder bei Bearbeitungskosten, Zahl der offenen Urlaubstage oder Vorarbeitstage und Durchschnittslohn bei gewerblichen Arbeitnehmern.

IV. Steuerbilanz

141 Die Gruppenbewertung ist steuerrechtlich seit langem anerkannt und in wesentlichen Grundlagen von der Rspr entwickelt oder bestätigt worden. In EStR 6.8 Abs 4 ist – nur bezogen auf die Bewertung des Vorratsvermögens – eine gewisse Anpassung an Abs 4 vorgenommen worden. Nach EStR 6.8 Abs 4 ergeben sich für das Vorratsvermögen im Wesentlichen folgende Regelungen:
– Gruppenbildung und Gruppenbewertung dürfen im Einzelfall nicht gegen die GoB verstoßen.

- Gleichartigkeit der in der Gruppenbewertung zusammengefassten WG setzt keine Gleichwertigkeit voraus. Nach EStR 6.9 Abs 3 können erhebliche Preisunterschiede allerdings Anzeichen für Qualitätsunterschiede sein, dass insoweit Gleichartigkeit nicht anzunehmen wäre.
- Es genügt, dass *ein* Durchschnittswert bekannt ist.
- Dazu wird als ausreichend angesehen, wenn ein ohne weiteres feststellbarer Durchschnittswert verwendet wird, der nach den Erfahrungen der jeweiligen Branche als sachgemäß gilt (anders Anm 138 für die HB). Soweit hier auf einen Erfahrungswert der Branche abgestellt wird, also nicht auf den *betriebsindividuellen* gewogenen Durchschnittswert, entspricht die Vereinfachung aber nicht mehr Abs 4.

Die Gruppenbewertung für andere gleichartige oder annähernd gleichwertige bewegliche WG oder Schulden (Anm 135 bis 137) wird in den EStR nicht behandelt.

E. Abweichungen der IFRS

Standards: Rahmenkonzept für die Finanzberichterstattung (2010), *(Conceptual Framework for Financial Statements);* IAS 1 Darstellung des Abschlusses *(Presentation of Financial Statement) (rev 2007);* IAS 2 Vorräte *(Inventories) (rev 2003);* IAS 16 Sachanlagen *(Property, Plant and Equipment) (rev 2003);* IAS 34 Zwischenberichterstattung *(Interim Financial Reporting) (rev 1998);* IAS 38 Immaterielle Vermögenswerte *(Intangible Assets) (rev 2004);* IAS 39 Finanzinstrumente: Ansatz und Bewertung *(Financial Instruments) (rev 2004).*

Die IFRS enthalten weder Vorschriften zum **Inventar** noch zur **Inventur.** 145 Aus IAS 34 Appendix C 1, IAS 2 und insb allgemeinen Grundsätzen im Framework lassen sich GoI ableiten (s *Hachmeister/Zeyer* in HdJ I/14 Anm 54 ff, *Petersen/Zwirner* in Beck HdR A 210 Anm 72).

Der **Berichtszeitraum** umfasst nach IAS 1.36f grds ein Jahr. Bei Änderung des Bilanzstichtags sind längere oder kürzere Berichtszeiträume zulässig und dann im Anhang zu begründen. Aus praktischen Gründen ebenfalls zulässig sind regelmäßige Berichtszeiträume von 52 Wochen.

Das **Festwertverfahren** ist nach IFRS nicht vorgesehen, steht ihnen bei Unwesentlichkeit aller Festwerte allerdings nicht entgegen (s F. 30, IAS 1.30 f).

Für eine große Anzahl, normalerweise untereinander austauschbarer Vorräte iSv IAS 2.6 ff, bei denen es sich nicht um auftragsbezogene Sonderbestände handelt, verlangt IAS 2.25 die Anwendung der **Fifo-** oder der **Durchschnittsmethode;** die Durchschnittsermittlung ist gem IAS 2.27 sowohl einfach gewogen als auch gleitend gewogen zulässig. Im Übrigen ist die Anwendung der **Gruppenbewertung** im Rahmen der Neubewertung von immateriellen VG (IAS 38.72 f) und Sachanlagen (IAS 16.36 ff) sowie für FinInst unter den Voraussetzungen des IAS 39 vorgesehen.

§ 241 Inventurvereinfachungsverfahren

(1) [1]**Bei der Aufstellung des Inventars darf der Bestand der Vermögensgegenstände nach Art, Menge und Wert auch mit Hilfe anerkannter mathematisch-statistischer Methoden auf Grund von Stichproben ermittelt werden.** [2]**Das Verfahren muß den Grundsätzen ordnungsmäßiger Buchführung entsprechen.** [3]**Der Aussagewert des auf diese Weise aufgestellten Inventars muß dem Aussagewert eines auf Grund einer körperlichen Bestandsaufnahme aufgestellten Inventars gleichkommen.**

§ 241
Buchführung. Inventar

(2) **Bei der Aufstellung des Inventars für den Schluß eines Geschäftsjahrs bedarf es einer körperlichen Bestandsaufnahme der Vermögensgegenstände für diesen Zeitpunkt nicht, soweit durch Anwendung eines den Grundsätzen ordnungsmäßiger Buchführung entsprechenden anderen Verfahrens gesichert ist, daß der Bestand der Vermögensgegenstände nach Art, Menge und Wert auch ohne die körperliche Bestandsaufnahme für diesen Zeitpunkt festgestellt werden kann.**

(3) In dem Inventar für den Schluß eines Geschäftsjahrs brauchen Vermögensgegenstände nicht verzeichnet zu werden, wenn

1. der Kaufmann ihren Bestand auf Grund einer körperlichen Bestandsaufnahme oder auf Grund eines nach Absatz 2 zulässigen anderen Verfahrens nach Art, Menge und Wert in einem besonderen Inventar verzeichnet hat, das für einen Tag innerhalb der letzten drei Monate vor oder der ersten beiden Monate nach dem Schluß des Geschäftsjahrs aufgestellt ist, und
2. auf Grund des besonderen Inventars durch Anwendung eines den Grundsätzen ordnungsmäßiger Buchführung entsprechenden Fortschreibungs- oder Rückrechnungsverfahrens gesichert ist, daß der am Schluß des Geschäftsjahrs vorhandene Bestand der Vermögensgegenstände für diesen Zeitpunkt ordnungsgemäß bewertet werden kann.

Übersicht

	Anm
A. Anwendungsbereich	1
B. Stichprobeninventur (Abs 1)	
I. Allgemeines	5, 6
II. Voraussetzungen	
1. Anerkannte mathematisch-statistische Verfahren	7–16
2. Beachtung der Grundsätze ordnungsmäßiger Buchführung	17–21
3. Aussageäquivalenz	22, 23
4. Bestandszuverlässigkeit der Lagerbuchführung	25–27
C. Andere Inventurverfahren (Abs 2)	30
1. Permanente Inventur	31–33
2. Einlagerungsinventur	34–36
3. Systemgestützte Werkstattinventur	37–39
4. Warenwirtschaftssystemgestützte Inventur im Handel	40–42
D. Vor- oder nachverlegte Stichtagsinventur (Abs 3)	50–57
E. Anwendung und Kombination der Inventurverfahren	60–63
F. Aufnahme besonderer Bestände	70–72
G. Abweichungen der IFRS	73

Schrifttum: *AWV-Schrift* Nr 02 053 Permanente Inventur mit Stichproben, Eschborn 1982; *AWV-Schrift* Nr 383 Stichprobeninventur in Vertriebseinrichtungen des Handels, Eschborn 1984; *AWV-Schrift* Nr 385 Sequentialtest für die Inventur mit Stichproben bei ordnungsmäßiger Lagerbuchführung, Eschborn 1985; *AWV-Schrift* Nr 09 441 Systemgestützte Werkstattinventur, Eschborn 1989; St HFA 1990/1 Zur körperlichen Bestandsaufnahme im Rahmen von Inventurverfahren WPg 1990, 143; St HFA 1981/1 idF 1990 Stichprobenverfahren für die Vorratsinventur zum Jahresabschluss WPg 1990, 649; *Eckmann/Peters* Durchführung der Stichprobeninventur DB 1996, 488; *AWV-Schrift* Nr 09 545 Warenwirtschaftssystemgestützte Inventur im Handel, Eschborn 1996; *Quick* Inventur, Düsseldorf 2000; *Jaspers/Meinor* Kostensenkung durch Stichprobeninventur WPg 2005,

1077; *Jaspers* Inventur von Vertriebseinrichtungen des Handels mit Hilfe von Stichprobenverfahren WPg 2010, 672; *AWV-Schrift* Nr 03 6072 Übersicht über die Inventurverfahren, Eschborn 2010.

A. Anwendungsbereich

In § 241 sind ergänzend zu den allgemeinen Grundsätzen zur Inventaraufstellung gem § 240 Abs 1 und Abs 2 **Vereinfachungsverfahren** und deren Anwendung geregelt. Vereinfachungen für die Bewertung enthält § 256. Die in drei Absätzen geregelten Vereinfachungsverfahren zu den Bestandsaufnahmen beziehen sich nach dem Wortlaut nur auf Aktivposten; hauptsächlich betreffen sie die Vorräte. Zur Bestandsaufnahme bei Passivposten s § 240 Anm 9 sowie 130 ff und hier Anm 50. Neben der Stichtagsinventur (§ 240) sind in der Praxis am häufigsten die permanente Inventur, die vor- oder nachverlegte Stichtagsinventur sowie die Stichprobeninventur anzutreffen.

B. Stichprobeninventur (Abs 1)

I. Allgemeines

Während § 240 eine vollständige *körperliche* Erfassung aller VG und Schulden vorsieht, darf nach Abs 1 der Bestand der VG (nach Art, Menge und Wert) unter bestimmten Voraussetzungen auf Grund von **Stichproben** ermittelt werden. Die hierfür maßgeblichen **Voraussetzungen** sind:
– Die Verwendung anerkannter mathematisch-statistischer Methoden (S 1),
– die Beachtung der GoB (S 2) und
– die Aussageäquivalenz, dh die Gleichwertigkeit der Stichprobeninventur mit einer Vollinventur (S 3).
Aus diesen Voraussetzungen ergibt sich zusätzlich das Erfordernis der
– Bestandszuverlässigkeit der Lagerbuchführung (s hierzu Anm 25 ff).
Die Stichprobeninventur hat Vorzüge ggü der vollständigen körperlichen Aufnahme, die iW darin bestehen, dass die Zahl der aufzunehmenden VG beträchtlich vermindert wird und dadurch Zeitaufwand und Kosten für die Inventarisierung verringert werden. Die Beschränkung auf Stichproben ermöglicht den gezielten Einsatz geschulten Fachpersonals, wodurch Erfassungsfehler vermindert und damit eine zuverlässigere Bestandserfassung erreicht werden können.

II. Voraussetzungen

1. Anerkannte mathematisch-statistische Verfahren

Das angewandte Stichprobenverfahren muss wahrscheinlichkeitstheoretisch abgesichert sein (S 1). Das setzt eine ausreichende Grundgesamtheit (Anzahl der Lagerposten) und Stichprobengröße (dazu *Petersen/Zwirner* in BeckHdR A 220 Anm 136) sowie die Anwendung der Zufallsauswahl bei der Stichprobenerhebung voraus.
Bei den für eine Stichprobeninventur in Betracht kommenden Methoden werden **Schätz-** und **Testverfahren** unterschieden (dazu auch *Weiss/Heiden* in HdR[5] § 241 Anm 75 ff, *Petersen/Zwirner* in BeckHdR A 220 Anm 133 ff). Mittels statistischer Schätzverfahren werden die unbekannten Parameter einer Grundgesamtheit – zB Fehleranteil bzw Fehleranzahl oder durchschnittlicher

§ 241 9–15

Wert einer Position bzw Gesamtwert aller Positionen – ausgehend von den Stichprobenergebnissen geschätzt (Hochrechnung). Mittels statistischer Testverfahren werden dagegen Hypothesen über die „wahren" Parameter einer Grundgesamtheit getestet (s St HFA 1990/1 D.III.).

Bei den Schätzverfahren sind vom Anwender der „Sicherheits-" und der „Genauigkeitsgrad der Aussage" zu bestimmen, bei Testverfahren die Aussagewahrscheinlichkeiten sowie die tolerablen/nicht tolerablen Fehleranteile (hierzu Anm 20 und 27).

9 Geeignete **Schätzverfahren** dürfen keine Tendenz zur Über- oder Unterschätzung aufweisen, was indes zB beim Dollar-Unit-Sampling möglich ist (s St HFA 1981/1 idF 1990 II. 2. b). Sie werden nach **freien** und **gebundenen Verfahren** gegliedert. Zu den freien Verfahren rechnen die einfache und die geschichtete Mittelwertschätzung, zu den gebundenen Verfahren die Differenzen-, die Verhältnis- und die Regressionsschätzung.

10 Mit der **freien Hochrechnung** wird eine Aussage über den Inventurbruttowert für die betr Grundgesamtheit durch Hochrechnung der aus der Aufnahme der einzelnen Stichprobenelemente errechneten Mittelwerte gewonnen. Bei der **gebundenen Hochrechnung** werden zur Schätzung des Gesamtwerts Beziehungen zwischen Buch- und Istbestand bei der Hochrechnung ausgewertet, so dass die Lagerbuchführung zum notwendigen Bestandteil des Stichprobenverfahrens wird. Bei diesem Verfahren werden die Abweichungen zwischen den Stichprobenergebnissen und den Lagerbuchwerten zu einer Gesamtabweichung hochgerechnet (ebenso St HFA 1981/1 idF 1990 II. 2.). Der Inventurwert ergibt sich dann aus dem Lagerbuchwert und der Gesamtabweichung.

11 Zu den **Testverfahren** gehört der **Sequentialtest,** bei dem sich der Stichprobenumfang auch aus den Ergebnissen der jeweils vorangegangenen Erhebungen ergibt. Dabei wird die Richtigkeit der Einzelposten lt Lagerbuchhaltung und damit deren Qualität anhand der festgestellten Abweichungen zwischen Soll- und Istbeständen geprüft. Der Sequentialtest ist also ein Qualitätstest (*AWV-Schrift* Nr 385, 8). Er kann auch unter Berücksichtigung der Werte der Inventurposten angewandt werden (sog heterograder Fall; hierzu mwN *Weiss/Heiden* in HdR[5] § 241 Anm 99 ff).

12 Wenn der Test die Ordnungsmäßigkeit bzw Bestandszuverlässigkeit der Lagerbuchführung bestätigt, können die Buchbestände und -werte als Inventar verwendet werden. Dies gilt ebenso für die einzelnen Lagerposten wie für den Gesamtwert der Bestände. Damit wird – und dies ist ein wesentlicher Vorzug des Testverfahrens – zugleich der erforderliche Einzel- *und* Gesamtnachweis erbracht.

13 Der Kfm darf den Sequentialtest zu einem beliebigen Zeitpunkt innerhalb des Gj durchführen. Ein früher Zeitpunkt ermöglicht bei Nichtbestehen des Tests, dh bei Ablehnung der Bestandszuverlässigkeit (Anm 25 ff), die Anwendung anderer Inventurverfahren. Ein später Zeitpunkt hingegen ermöglicht die Einbeziehung der Neuzugänge in den Test, die bei einer früheren Durchführung gesondert erfasst werden müssten.

14 Die **Umstellung** auf ein anderes Inventurverfahren führt zu organisatorischen Problemen. Demzufolge ist es zweckmäßig,
– eine lfd Kontrolle der Lagerbestände und Sonderaufnahmen bei größeren Umlagerungen vorzunehmen,
– den Sequentialtest möglichst vorzuziehen und
– den Sequentialtest mit einem Stichprobenschätzverfahren (ggf auf permanenter Basis) zu kombinieren, um ggf dieses Verfahren anwenden zu können.

15 Obwohl der Sequentialtest strenge Anforderungen an die Bestandszuverlässigkeit der Lagerbuchführung stellt, bietet das Verfahren Unt, die diese Vorausset-

zungen erfüllen (zB bei computergestützter Bestandsfortschreibung), wesentliche Rationalisierungsmöglichkeiten (dazu *Eckmann/Peters* DB 1990, 1833).

Spezielle Ausprägungen der Stichprobenverfahren wurden bei den Schätz- 16 verfahren für Vertriebseinrichtungen des **Handels** (*AWV-Schrift* Nr 383, *Jaspers* WPg 2010, 692 ff) und für die Testverfahren zur Inventur nicht bewegter Lagereinheiten bei **automatisch gesteuerten Lagersystemen** (*AWV-Schrift* Nr 02050) entwickelt. Zu einem weiteren Inventurverfahren im **Handel** s Anm 40 ff.

2. Beachtung der Grundsätze ordnungsmäßiger Buchführung

Nach Abs 1 S 2 muss das bei der Inventarisierung angewandte Verfahren den 17 GoB entsprechen. In diesem Zusammenhang ist insb auf die Einhaltung der Grundsätze der Vollständigkeit, der Richtigkeit und der Nachprüfbarkeit zu achten (hierzu St HFA 1981/1 idF 1990 I.).

Die Forderung nach **Vollständigkeit** bezieht sich zunächst auf das der Stich- 18 probenauswahl zugrundeliegende Kollektiv. Die für die Bestimmung dieses Kollektivs (der Grundgesamtheit) verwendeten Unterlagen – die Lagerbuchführung oder die Artikel-/Bestandsverzeichnisse – müssen daher entspr zuverlässig sein. In die Betrachtung sind auch die abgewerteten Bestände sowie die mengenmäßigen Null-Bestände einzubeziehen. „Scheinpositionen" sind zu eliminieren (so auch *Weiss/Heiden* in HdR[5] § 241 Anm 117). Es bleibt dem Kfm allerdings freigestellt, welche Artikel er der Stichproben-Grundgesamtheit oder der sog Vollaufnahmeschicht (Vollerhebungsschicht, dazu Anm 72) zuordnet.

Der weitere Aspekt der Vollständigkeit betrifft die Berücksichtigung *sämtlicher* 19 durch die Zufallsauswahl erfassten Stichprobenelemente und zwar hinsichtlich ihrer mengenmäßigen Erfassung sowie ihrer Bewertung. Bei Testverfahren sind demnach *alle* ausgewählten Stichprobenelemente in den Soll-/Ist-Vergleich einzubeziehen; bei Schätzverfahren gilt dies sinngemäß für die Berücksichtigung bei der Hochrechnung.

Die Aussagen von Stichprobenerhebungen werden – verfahrensmäßig bedingt – 20 mit bestimmten Wahrscheinlichkeiten (Sicherheitsgrad) und Genauigkeiten (Stichprobenfehler) getroffen. Die hierfür maßgeblichen Parameter werden im Interesse der **Richtigkeit** der Stichprobeninventur mit 95 % für den Sicherheitsgrad und 1 % für den (relativen) Stichprobenfehler genannt (s zB St HFA 1981/1 idF 1990 IV. 1. a). Eine absolute Aussagesicherheit und Genauigkeit ist bei Stichprobenverfahren naturgemäß nicht möglich, wird aber auch bei der konventionellen Vollinventur nicht zwingend erreicht (s *Quick,* Inventur 79 f). Die Einhaltung dieser Grenzen gilt bei bestimmten Testverfahren (zB dem Sequentialtest) ebenso für die einzelnen Stichprobenelemente (Artikel) wie für die Grundgesamtheit, bei Schätzverfahren hingegen nur für die Hochrechnung des Kollektivs. Die Zuverlässigkeit der Aussage für die einzelnen Stichprobenelemente muss hier durch zusätzliche Maßnahmen sichergestellt werden (s Anm 22 zur Aussageäquivalenz).

Auch bei Stichprobenverfahren müssen die Ergebnisse der Inventarisierung für 21 einen sachverständigen Dritten in angemessener Zeit **nachprüfbar** sein. Dies bezieht sich auf die Dokumentation des Verfahrens, die dabei zugrunde gelegten Parameter, die Auswahl der Stichprobenelemente aus der Grundgesamtheit (nach einem mathematisch bestimmten Zufallsprinzip), deren Aufnahme, Bewertung und Auswertung (Hochrechnung).

3. Aussageäquivalenz

Nach Abs 1 S 3 muss der Aussagewert einer Stichprobeninventur „dem Aussa- 22 gewert eines auf Grund einer körperlichen Bestandsaufnahme aufgestellten Inventars gleichkommen". Dabei ist mit „körperlicher Bestandsaufnahme" die *vollständige* körperliche Bestandsaufnahme iSv § 240 Abs 1, Abs 2 S 1 gemeint. Auch die Stichprobeninventur ist demnach so auszugestalten, dass das Inventar den Einzel- und den Gesamtnachweis erbringt, also die einzelnen VG (§ 240 Abs 1) nach Art, Menge und Wert (Abs 1 S 1) verzeichnen und den für den Bilanzansatz zB der einzelnen Vorratsposten maßgeblichen Gesamtwert ermitteln kann (s zB *Petersen/Zwirner* in Beck HdR A 220 Anm 165, *Hachmeister/Zeyer* in HdJ I/14 Anm 234).

23 Bestimmte Stichprobenverfahren, zB der Sequentialtest, erfüllen diese beiden Anforderungen. Das gilt aber nicht für alle anerkannten mathematisch-statistischen Verfahren. ZB gewährleisten die sog Schätzverfahren unter bestimmten Voraussetzungen (dh bei Berücksichtigung bestimmter Aussagesicherheiten und -genauigkeiten; Anm 20) nur die zuverlässige Ermittlung von Gesamtwerten – bzgl des Einzelnachweises sind zusätzliche Maßnahmen erforderlich, die sich auf die Anzahl und Höhe der Einzelabweichungen und damit auf die Bestandszuverlässigkeit der Lagerbuchführung beziehen (Anm 25 ff).

4. Bestandszuverlässigkeit der Lagerbuchführung

25 Der gem §§ 240 Abs 1 und 241 Abs 1 verlangte Einzelnachweis des Bestands der VG nach Art, Menge und Wert ist bei bestimmten Stichprobenverfahren (zB geschichtete Mittelwertschätzung) und abgesehen von Sonderfällen (zB der Gruppenbewertung) nur mit Hilfe einer Lagerbuchführung erfüllbar, in der die Bestände und deren Bewegungen art- und mengenmäßig (ggf auch wertmäßig) zutreffend, dh wirklichkeitsgetreu erfasst werden.

26 Bei Schätz- und Testverfahren (Anm 8) ist eine bestandszuverlässige **Lagerbuchführung systemnotwendiger Bestandteil** des Verfahrens. Denn sie enthält die benötigten Vergleichs- oder Testwerte und liefert bei freien Schätzverfahren die erforderlichen Daten zur Abgrenzung der statistischen Grundgesamtheit, zur Schichtung des Kollektivs sowie zur Ermittlung der Mittelwerte und der Streuungen. Zudem ist sie geeignet, eine verlässliche Sicherungsfunktion bzgl der nach den GoB erforderlichen Vollständigkeit des Inventars zu übernehmen.

27 Die Bestandszuverlässigkeit kann durch ein zweckentspr **internes Kontrollsystem** sichergestellt und geprüft werden. Entscheidendes Kriterium ist der Umfang der **Einzelabweichungen** zwischen Soll- und Istbeständen, der einen vertretbaren Rahmen nicht überschreiten darf (St HFA 1981/1 idF 1990 IV. 1.b). Die saldierte **Gesamtabweichung** zwischen dem für die Bilanzierung maßgebenden Buchwert lt Lagerbuchführung und dem auf Grund des Stichprobenverfahrens ermittelten Schätzwert darf 2% nicht übersteigen (s St HFA 1981/1 idF 1990 IV.1 b).

C. Andere Inventurverfahren (Abs 2)

30 Nach Abs 2 bedarf es keiner körperlichen Bestandsaufnahme der VG *zum Bilanzstichtag,* soweit die Feststellung des Bestands nach Art, Menge und Wert durch ein – den GoB entspr – anderes Verfahren sichergestellt ist.

Diese Regelung beschränkt sich wie die übrigen durch § 241 zugelassenen Verfahren nicht auf bestimmte VG; sie kann demnach für VG des Anlage- und des Umlaufvermögens angewandt werden. Da hierbei in den meisten Fällen auf verlässliche Aufzeichnungen des Kfm zurückgegriffen wird, können die hier in Betracht kommenden Verfahren iwS als **Buchinventur** bezeichnet werden; dazu auch § 240 Anm 6 ff. Einen Schwerpunkt bilden diese Verfahren bei der Inventarisierung des Vorratsvermögens. Als besondere Ausprägungen, die als Kombination von Buchinventur und körperlicher Aufnahme angesehen werden können, seien die **permanente Inventur**, die **Einlagerungsinventur**, die **systemgestützte Werkstattinventur** und die **Warenwirtschaftssystemgestützte Inventur** im Handel genannt.

1. Permanente Inventur

Hier werden die betr Bestände insb des Vorratsvermögens nach Art und Menge buchmäßig fortgeschrieben; diese Aufzeichnungen (zB Lagerkarteien, Lagerbuchführungen) werden durch körperliche Aufnahmen kontrolliert und soweit erforderlich korrigiert. Die Erleichterung besteht darin, dass diese körperlichen Aufnahmen nicht zum Bilanzstichtag und auch nicht für alle Bestände zu *einem* bestimmten anderen Stichtag durchgeführt werden müssen, sondern über das Gj verteilt permanent vorgenommen werden können. Die Fortschreibungen können zugleich auch die Preis- bzw Wertangaben berücksichtigen. Der Bewertungsvorgang kann auch der Mengenermittlung der einzelnen Artikel nachgelagert werden (glA *ADS*[6] § 241 Anm 28). 31

Die für die permanente Inventur maßgeblichen **Ordnungsgrundsätze** lassen sich wie folgt zusammenfassen (hierzu auch H 5.3 EStH): 32
- Erfassung der Bestände und Bewegungen (Zu- und Abgänge) nach Tag, Art und Menge,
- belegmäßiger Nachweis der einzelnen Bewegungen,
- regelmäßige Kontrolle der Aufzeichnungen durch körperliche Bestandsaufnahmen, Analyse festgestellter Abweichungen und Angleichung der Buchaufzeichnungen an die körperlichen Aufnahmen,
- Dokumentation der Aufzeichnungen und Aufnahmen sowie Aufbewahrung wie für Handelsbücher (10 Jahre).

Nach hM ist sicherzustellen, dass die einzelnen VG in jedem Gj mind einmal körperlich erfasst werden (s EStH 5.3). Der Wortlaut des Abs 2 schließt indes nicht aus, dass bei nachweislich zuverlässigen Lagerungssystemen dieser zeitliche Abstand auch ausgeweitet werden kann (glA *ADS*[6] § 241 Anm 27). Für *Sachanlagen* genügt eine – ggf auch stichprobenweise – körperliche Kontrolle in regelmäßigen Abständen von zB 3 Jahren (dazu § 240 Anm 6).

Der Grundgedanke der permanenten Inventur besteht in dem Vergleich der Bestände mit den zugrundeliegenden möglichst wirklichkeitsgetreuen buchmäßigen Aufzeichnungen. Insofern dies für Bestände mit unkontrollierbaren Abgängen infolge Schwund, Verdunstung, Verderb, leichter Zerbrechlichkeit etc *nicht* zutrifft, – es sei denn, dass solche Abgänge auf Grund hinreichend zuverlässiger Erfahrungswerte berücksichtigt werden können, – ist die permanente Inventur hier nicht anwendbar. Gleiches gilt aus Sicherheitsgründen auch für solche Bestände, die – aus der Sicht des jeweiligen Unt – besonders wertvoll sind (s EStR 5.3 Abs 3 und hier Anm 70 ff). 33

2. Einlagerungsinventur

Lagersysteme mit einem hohen Maß an Zuverlässigkeit, bei denen die Fortschreibung eine wirklichkeitsgetreue Abbildung des realen Lagers (der Bestände und Bewegungen) gewährleistet, erlauben unter bestimmten Voraussetzungen die Anwendung der Einlagerungsinventur. In diesen Fällen kann die Einlagerung als körperliche Erfassung nach den Regeln, wie sie zB für die permanente Inventur gelten (Anm 31 ff), ausgestaltet werden. Eine körperliche Bestandsermittlung zum Bilanzstichtag ist dann nicht erforderlich. 34

35 Die Voraussetzungen für die Anwendung der Einlagerungsinventur können zB bei **vollautomatischen Lagersystemen (Hochregallägern)** gegeben sein, bei denen die Fortschreibung mit der Lagersteuerung verbunden ist, menschliche Eingriffe nicht möglich/zulässig sind und eine Identifikation der in einem bestimmten Fach eingelagerten Bestände (Teilmengen eines Artikels) möglich ist (hierzu St HFA 1990/1 D. II. b; *Quick* Inventur, 57 ff). Die körperliche Erfassung kann sich hier (was als weitere Erleichterung anzusehen ist) auf die in einem Fach gelagerten Teilbestände beschränken und braucht sich nicht, wie sonst erforderlich, auf den Gesamtbestand der einzelnen Artikel zu erstrecken.

36 Die Einlagerungsinventur ist nicht anwendbar, wenn das Lagersystem die genannten Voraussetzungen nicht erfüllt. Werden die Bestände jedoch fachweise fortgeschrieben und ist außerdem die Identifikation dieser Teilbestände möglich, darf die Erleichterung der fachweisen, auf die Teilmengen der Artikel begrenzten Aufnahme (ggf im Wege der permanenten Inventur) in Anspruch genommen werden (s *Weiss/Heiden* in HdR[5] § 241 Anm 53; *Quick* Inventur, 59).

3. Systemgestützte Werkstattinventur

37 Moderne Fertigungsverfahren wie computergestützte Produktionsplanungs- und Steuerungssysteme erfordern für die Aufnahme der Aufträge in den Fertigungswerkstätten eine Anpassung der Inventarisierungstechnik (*ADS*[6] § 241 Anm 31). Es können auch (zB in der Halbleiterproduktion) nach dem Reinheitsgebot der Fertigung konventionelle körperliche Aufnahmen nicht möglich sein.

38 Soweit die Systeme computergestützt auf Basis von lfd Rückmeldungen funktionieren, können die von ihnen verwendeten und erzeugten Daten für Inventurauswertungen genutzt werden, wenn die Systeme alle für die Inventarisierung erforderlichen Daten zur Verfügung stellen (zB Typenbezeichnung, Auftragsnummer, Soll-/Istmenge, Arbeitsfortschritt ua) und interne Kontrollen ihre Bestandszuverlässigkeit gewährleisten (s St HFA 1990/1 D. III. b); gesonderte körperliche Aufnahmen und die damit verbundenen Eingriffe in den Produktionsprozess können unter diesen Voraussetzungen vermieden werden (s St HFA 1990/1 D. III. b; *AWV-Schrift* Nr 09 441 sowie Nr 036072, 34). Die Beachtung vorgenannter Grundsätze ist durch entspr **Systemprüfungen** zu kontrollieren und zu dokumentieren. Das ersetzt die Dokumentation und Aufbewahrung der Kontrollvorgänge des ständig wechselnden Auftragsbestands in den Werkstätten.

39 Die Inventarisierung der Werkstattbestände kann mit bestimmten Bewertungsvereinfachungen, die zB an die Bestimmung einer am Produktionsprozess orientierten sog Wertschöpfungsstrecke anknüpfen, verbunden werden.

4. Warenwirtschaftssystemgestützte Inventur im Handel

40 Die Einführung geschlossener Warenwirtschaftssysteme im Handel zur Unterstützung des Bestandsmanagements und der Logistik bietet – bei Beachtung hoher Qualitätsstandards – geeignete Ansatzpunkte zur Rationalisierung der Inventurarbeiten. Geschlossene Warenwirtschaftssysteme bewirken eine vollständige artikelgenaue Bestandsfortschreibung.

41 Diese kann unterjährig in Teileinheiten (zB Abteilungen) körperlich überprüft und entspr korrigiert werden. Unkontrollierte Abgänge (Schwund) zwischen Aufnahme- und Bilanzstichtag sind anhand der ermittelten differenzierten Erfahrungswerte zu berücksichtigen, wobei eine Toleranzgrenze (2%) nicht überschritten werden darf. Andernfalls ist die Spanne zwischen Aufnahme- und Bilanzstichtag zu verkürzen.

Unter diesen Voraussetzungen bietet ein Warenwirtschaftssystem im Rahmen 42
der gesetzlichen Regelungen Möglichkeiten zur Rationalisierung der Inventurarbeiten (*AWV-Schrift* Nr 09 545 sowie Nr 036072, 42 f).

D. Vor- oder nachverlegte Stichtagsinventur (Abs 3)

Auch Abs 3 bezieht sich nach seinem Wortlaut nur auf **Vermögensgegen-** 50
stände. Gleichwohl besteht auch bei den **Rückstellungen** (insb bei Pensionsrückstellungen) das Bedürfnis, zwecks rechtzeitiger Erstellung des JA vorverlegte Bestandsaufnahmen durchzuführen (s auch IDW RS HFA 30, Tz 65). Der längeren praktischen Handhabung entspr ist durch EStR 6a Abs 18 „in Anwendung von § 241 Abs 3 HGB" sowie unter den dort genannten weiteren Voraussetzungen eine Vorverlegung der Bestandsaufnahme für Pensionszusagen ausdrücklich zugelassen; s dazu auch § 240 Anm 137.

Die vor- oder nachverlegte Stichtagsinventur setzt nach Abs 3 Nr 1 die Auf- 51
stellung eines besonderen Inventars (Anm 52) und nach Abs 3 Nr 2 ein bestimmten Voraussetzungen entspr Fortschreibungs- oder Rückrechnungsverfahren (Anm 53) voraus.

Das bis zu **drei Monaten vor** oder **zwei Monaten nach** dem Bilanzstichtag 52
zulässige besondere Inventar ist nach allgemeinen Grundsätzen nach Art, Menge und Wert aufzustellen (dazu *ADS*[6] § 241 Anm 36 f). Ihm liegt (nach HGB) entweder eine körperliche Aufnahme zum Zeitpunkt der Inventarisierung oder eine Bestandsermittlung zB auf dem Wege der permanenten Inventur zugrunde. Bei der körperlichen Aufnahme kann es sich um eine vollständige Erfassung oder eine Stichprobeninventur gem Abs 1 handeln (glA St HFA 1990/1 D. I.). Die auf den Bilanzstichtag auszurichtende, unter Berücksichtigung des Fortschreibungs-/Rückrechnungsverfahrens vorzunehmende Bewertung erfordert ggf eine Gruppenbildung; diese ermöglicht allerdings auch eine unterschiedliche Behandlung der einzelnen Vorratsgruppen, zB die Wahl unterschiedlicher Aufnahmezeitpunkte in dem genannten zulässigen zeitlichen Rahmen.

Das **Fortschreibungs-/Rückrechnungsverfahren** nach Nr 2 braucht im 53
Gegensatz zur permanenten Inventur nicht artikelgenau und mengenmäßig zu erfolgen. Es genügt – wie dies etwa bei Handelsbetrieben auf Grund der Umsätze und der daraus ableitbaren Einstandswerte möglich ist – eine allein wertmäßige Fortschreibung (s EStR 5.3 Abs 2 S 7 bis 9 sowie *ADS*[6] § 241 Anm 40). Ggf kommt zur Erfassung der für die Bewertung relevanten Mengenstruktur eine Verwendung von im maßgeblichen Zeitraum unveränderten Verrechnungspreisen bei der Fort-/Rückschreibung in Betracht. Auch für die rein wertmäßige Fort-/Rückschreibung ist entspr der Struktur des besonderen Inventars die für die Bewertungsforderungen notwendige Gruppenbildung zu beachten.

Die **Wertermittlung** ist auch bei dieser Art der Inventarisierung nach den 54
allgemeinen Bewertungsgrundsätzen, dh dem AK-/Niederstwertprinzip auszurichten. Diese Erfordernisse sind auch – etwa zur Berücksichtigung der für die einzelnen Artikelgruppen unterschiedlichen Preis- und Wertschwankungen – für die zuvor erwähnte Gruppenbildung (Anm 52) maßgeblich.

Zusätzliche Anforderungen ergeben sich hinsichtlich der Vornahme der **Lifo**- 55
Bewertung von Vorräten. Hier ist der Nachweis der betr Bestände nicht nur hinsichtlich ihres Werts, sondern auch nach Art und Menge erforderlich (so EStR 5.3 Abs 2 S 10). Eine nur wertmäßige Fortschreibung schließt daher die Inanspruchnahme dieser Bewertungs-Vergünstigung/-Vereinfachung aus.

Zur Inventarisierung besonders wertvoller und solcher Bestände, bei denen 56
unkontrollierbare Abgänge eintreten, s Anm 70 ff.

57 Eine weitere Besonderheit ergibt sich bei diesen Inventurverfahren hinsichtlich der **Abgrenzung**, dh der zeitlich übereinstimmenden Erfassung von **Bestandszugängen und -abgängen** einerseits und der korrespondierenden Forderungen/Verbindlichkeiten andererseits. Dieses normalerweise für den Bilanzstichtag maßgebliche Erfordernis ist hier auch für den vorher oder nachher liegenden Stichtag des besonderen Inventars zu beachten.

E. Anwendung und Kombination der Inventurverfahren

60 Die Inventurverfahren unterscheiden sich in folgender Hinsicht:
– Nach der **Art** der Aufnahme: Körperliche oder buch-/belegmäßige Aufnahme. Die körperliche Aufnahme kann gezielt für Inventurzwecke erfolgen oder unter bestimmten Voraussetzungen an betriebliche Vorgänge (Einlagerung, Kontrollmaßnahmen) anknüpfen.
– Nach dem **Umfang** der Aufnahme: Volle oder stichprobenweise Erfassung.
– Nach der **zeitlichen Anordnung** der Aufnahme: Stichtags-, vor- oder nachverlegte, permanente Inventur.

61 Die jeweils angewandten Inventurverfahren dürfen auch miteinander kombiniert werden. So darf das vor- oder nachverlagerte Inventar nach Abs 3 aufgrund permanenter Inventur im Laufe des Gj erstellt werden und die Stichprobeninventur darf für die körperliche Aufnahme zum Bilanzstichtag, für die vor- oder nachverlegte Stichtagsinventur und die permanente Inventur angewendet werden (s St HFA 1990/1 D. I., *Hachmeister/Zeyer* in HdJ I/14 Anm 250 ff mwN). Durch verschiedene geeignete Kombinationen lassen sich erhebliche Zeit- und Kostenreduktionen erreichen (dazu *AWV-Schrift* Nr 036072, 14 ff, *Jaspers/Meinor* WPg 2005, 1077 ff).

62 Der Kfm ist in der Wahl der zulässigen Inventurverfahren frei. Er darf für die Erfassung der **Vermögensgegenstände** und **Schulden** auch unterschiedliche Inventurverfahren anwenden. Dies gilt auch für die Inventarisierung der **Vorräte:** Für jedes organisatorisch selbstständige Lager darf ein eigenes Verfahren eingesetzt werden. Auch eine Zusammenfassung räumlich getrennter Lager zu organisatorischen Einheiten (mit einheitlicher Bestandsfortschreibung) ist zulässig.

63 Der Kfm ist für die Inventarisierung bestimmter Bestände ferner nicht an die Beibehaltung eines einmal gewählten Inventurverfahrens gebunden. Inventurverfahren gehören nicht zu den Bilanzierungs- und Bewertungsmethoden. Nur diese unterliegen dem Stetigkeitsgebot (§ 246 Abs 3, § 252 Abs 1 Nr 6) und lösen bei Abweichungen für KapGes und KapCoGes Anhangabgaben aus (§ 284 Abs 2 Nr 3). Allerdings mögen die organisatorischen Voraussetzungen den Wechsel von einem einmal gewählten Inventurverfahren zu einem anderen Verfahren erschweren.

F. Aufnahme besonderer Bestände

70 Besonders wertvolle VG und VG mit ins Gewicht fallenden unkontrollierbaren sowie nicht durch Erfahrungssätze erfassbaren Abgängen (zB im Lebensmittelhandel; s auch Anm 33) sind zum Bilanzstichtag (bei hochwertigen VG im Rahmen der Stichprobeninventur: zum Inventurstichtag) lückenlos aufzunehmen. Bzgl der Rationalisierungsmöglichkeiten durch warenwirtschaftssystemgestützte Inventur im Handel s Anm 40–42.

71 Dieser Grundsatz dient der Zuverlässigkeit des Inventurergebnisses. Er ist für die permanente und die vor- oder nachverlegte Stichtagsinventur auch in den

EStR (5.3 Abs 3) sowie für die Stichprobeninventur in St HFA 1981/1 idF 1990 I.5 erwähnt. Auch aus betrieblichen Gründen werden häufig Artikel, bei denen Fehlbestände zu einer empfindlichen Störung des Betriebsablaufes führen würden, einzeln erfasst und kontrolliert.

Inwieweit den am sog Lagerphänomen und dem Stabilitätseffekt ausgerichteten Empfehlungen des HFA (HFA 1/1981 idF 1990 II. 3.) zur Bildung einer Vollerhebungsschicht für höherwertige Lagerpositionen bei der Stichprobeninventur gefolgt wird, sollte anhand der Umstände des Einzelfalls entschieden werden (glA *Petersen/Zwirner* in Beck HdR A 220 Anm 139); der Grundsatz der Richtigkeit darf jedoch nicht unbeachtet bleiben. 72

G. Abweichungen der IFRS

Die IFRS enthalten keine expliziten Vorschriften zur Inventurvereinfachung. 73

§ 241a Befreiung von der Pflicht zur Buchführung und Erstellung eines Inventars

[1] Einzelkaufleute, die an den Abschlussstichtagen von zwei aufeinander folgenden Geschäftsjahren nicht mehr als 500 000 Euro Umsatzerlöse und 50 000 Euro Jahresüberschuss aufweisen, brauchen die §§ 238 bis 241 nicht anzuwenden. [2] Im Fall der Neugründung treten die Rechtsfolgen schon ein, wenn die Werte des Satzes 1 am ersten Abschlussstichtag nach der Neugründung nicht überschritten werden.

Übersicht

	Anm
A. Allgemeines	1
B. Anwendbarkeit	2, 3
C. Schwellenwerte	4, 5
D. Rechtsfolgen einer Verletzung des § 241a	6–9
E. Zur steuerrechtlichen Bedeutung des § 241a	10
F. Abweichungen der IFRS	11

Schrifttum: *Kußmaul/Meyering* BilMoG-Regierungsentwurf: Wen entlastet § 241a HGB?, DB 2008, 1445; *Theile* Der neue Jahresabschluss nach dem BilMoG, DStR 2009, 21, 22f; *Grefe* Buchführungsbefreiungen von Einzelunternehmen nach Handels- und Steuerrecht, Steuer und Studium 2010, 585; *Rätke* Befreiung von der handelsrechtlichen Buchführungspflicht nach § 241a HGB, BBK 2010, 951; *Marten/Maccari* Die Abschaffung der Buchführungspflicht gemäß § 241a HGB: Zur möglichen Wirkung einer Deregulierungsmaßnahme in Besteuerung, Rechnungslegung und Prüfung der Unternehmen, FS Krawitz, Wiesbaden 2010, 650 ff.

A. Allgemeines

§ 241a soll handelsrechtliche Buchführungs- und Bilanzierungpflichten für 1 Ekfl deregulieren (BR-Drs 344/08, BT-Drs 16/12407, 84). Dafür wird die formelle Anknüpfung der Buchführungspflicht an die KfmEigenschaft in § 238 eingeschränkt. Bei EKfl mit einem Umsatz von höchstens € 500 000 und einem maximalen Jahresüberschuss von € 50 000 wird auf die Buchführung sowie die Aufstellung eines Inventars verzichtet.

B. Anwendbarkeit

2   Die Befreiung gilt nur für **Einzelkaufleute**. Dies sind natürliche Personen, wenn sie ein Handelsgewerbe betreiben, das nach Art und Umfang einen in kfm Weise eingerichteten Geschäftsbetrieb erfordert (Einzelheiten bei *Grefe* Steuer und Studium 2010, 585 f). Anzuwenden ist § 241a auf den Ist- oder MussKfm iSv § 1, den KannKfm (§§ 2, 3 Abs 2, 3s *Schulze-Osterloh* Ausgewählte Änderungen des Jahresabschlusses nach dem Referentenentwurf eines Bilanzrechtsmodernisierungsgesetzes, DStR 2008, 71) und den Kfm kraft Eintragung (§ 5, der für und gegen alle wirkt, so BGH 6.7.1981, NJW 1982, 45). Gewerbetreibende, deren Unt nach Art und Umfang einen in kfm Weise eingerichteten Geschäftsbetrieb nicht erfordern, sind gem § 1 Abs 2 keine Kfl (es sei denn §§ 2, 3 Abs 2, 3 oder § 5 liegen vor). Dabei kommt es auf das Gesamtbild des Gewerbebetriebs an (*Hopt* in Baumbach/Hopt HGB[35] § 1 Anm 23). § 241a gilt ohne spezielle Regelung nicht für PersGes, eG (BR-Drs 344/08, 100) und für KapGes. Eine ordnungsgemäße Buchführung ist bei KapGes im besonderen öffentlichen Interesse, insb im Gläubigerinteresse (*Crezelius* in Scholz[10] § 41 Anm 3). Durch sie wird der ausschüttungsfähige Gewinn ermittelt.

3   Zur erstmaligen Anwendung der Vorschrift vgl Tz 3 der 7. Aufl.

C. Schwellenwerte

4   Die „**Umsatzerlöse**" und der „**Jahresüberschuss**", die beide gleichzeitig nicht überschritten werden dürfen, sind Posten der GuV, §§ 275 Abs 2 Nr 1 und 20, Abs 3 Nr 1 und 19, 277 Abs 1. Bei Kfl, die einen JA iSv § 242 aufstellen, können die Zahlen daher der GuV entnommen werden. Bei solchen, die dies berechtigterweise nach § 242 Abs 4 nicht tun (s dort Anm 14), genügt es, wenn nach überschlägiger Ermittlung unter Berücksichtigung der handelsrechtlichen Vorschriften zum JA ein Überschreiten der Schwellenwerte nicht zu erwarten ist (BR-Drs 344/08, 100). Sobald ernsthaft mit einem Überschreiten der Schwellenwerte zu rechnen ist, sind die §§ 238 ff ex nunc anzuwenden.

5   Die Schwellenwerte dürfen an zwei aufeinander folgenden **Abschlussstichtagen** nicht überschritten werden. Bei Neugründungen reicht es, wenn sie am ersten Abschlussstichtag nicht überschritten werden. Der Gesetzeswortlaut ist hier nicht ganz eindeutig: Kfl, die gem § 242 Abs 4 nicht verpflichtet sind, einen JA aufzustellen, haben keinen „Abschlussstichtag". Gemeint ist das Ende des Gj bzw das Gj. Maßgeblich sind somit Umsatzerlöse und Jahresüberschuss eines Gj. Dabei ist nicht zwischen Rumpf-Gj und vollem Gj zu unterscheiden. Ähnlich wie bei § 267 sollte für die Bestimmung der Umsatzerlöse auf die letzten zwölf Monate vor dem Ende des Gj abgestellt werden. Aus den gleichen Gründen wie bei § 267 ist hier eine Kompensation der bei einem Rumpf-Gj fehlenden Monate durch eine Hochrechnung der Umsätze der vorhandenen Monate unzulässig. Dies gilt auch bei Neugründungen, die mit einem Rumpf-Gj beginnen. Hier ist nur der effektive Umsatz des Rumpf-Gj zu berücksichtigen (zu § 267s dort Anm 8). Sollte der Kfm über § 241a ein Gj von mehr als **zwölf Monaten** wählen, indem er auf die Anwendung des § 240 Abs 2 S 2 verzichtet (s Anm 6), muss zur Vermeidung von Missbräuchen eine Überprüfung der Schwellenwerte in einem Abstand von maximal zwölf Monaten erfolgen. Dafür spricht der Wille des Gesetzgebers (BR-Drs 344/08, 100).

D. Rechtsfolgen einer Verletzung des § 241a

Der Ekfm hat ein **Wahlrecht,** die §§ 238–241 nicht anzuwenden. Gleiches 6 gilt für die Aufstellung eines JA gem § 242 Abs 4. Sofern er sich dazu entscheidet, die §§ 238 ff anzuwenden und einen JA aufzustellen, gelten keine Besonderheiten. Das Wahlrecht muss so verstanden werden, dass der Ekfm sich entscheiden kann, einzelne Vorschriften der §§ 238 ff nicht anzuwenden. So kann er bspw zwar lfd und systematisch Geschäftsvorfälle in Geldgrößen dokumentieren (Buchführung, § 238 Anm 59), sich aber gegen die Aufstellung eines Inventars iSv § 240 entscheiden. Dementsp muss auch das Wahlrecht des § 242 Abs 4 unabhängig von der Wahl nach § 241a ausgeübt werden können.

Im Einzelnen stehen insb folgende Pflichten zur Disposition:
– Buchführung, also die lfd, systematische und in Geldgrößen vorgenommene Dokumentation von Geschäftsvorfällen (§ 238 Anm 59).
– Zurückbehaltung von Briefkopien, § 238 Abs 2.
– Führung von Handelsbüchern, § 239.
– Aufstellung eines Inventars, § 240.

Nach dem Wortlaut des § 241a kann der Ekfm sich auch dazu entscheiden, ein Gj mit einer Dauer von mehr als zwölf Monaten zu wählen: § 240 Abs 2 S 2 braucht nicht angewendet werden. Zwar wird der Ekfm aus praktischen Erwägungen eine Erfolgsrechnung auf jährlicher (zwölf monatiger) Basis aufstellen, da bspw die ESt für ein Kj erhoben wird (§ 25 Abs 1 EStG). Daraus folgt aber kein Rückschluss auf die Dauer des handelsrechtlichen Gj.

Das Gesetz regelt nicht, was an die Stelle der §§ 238 ff tritt. Handelsrechtlich ist 7 daher alles offen: Keine Rechnungslegung, Kameralistik, Rechenschaft iSv § 259 BGB. Auch wenn sie – anders als der Bestandsvergleich – zur Kontrolle der betrieblichen Situation eines Unt weniger geeignet ist, wird der Ekfm nach § 241a in der Praxis seine Rechnungslegung auf eine **Einnahme-Überschuss-Rechnung** nach Maßgabe des § 4 Abs 3 EStG aus steuerrechtlichen Gründen beschränken (Br-Drs 344/08, 99). Zwar enthält das EStG keine allg Aufzeichnungspflichten für Betriebseinnahmen und -ausgaben. Das ESt-Recht kennt nur eine Fülle von Einzelaufzeichnungspflichten (*Heinicke* in Schmidt[32] § 4 Anm 374). Die Gewinnermittlung nach § 4 Abs 3 EStG setzt Kassenführung, Bestandskonten und Inventur voraus. Sie ist verhältnismäßig einfach (*Heinicke* aaO Anm 372). Gerade das Fehlen eines umfangreichen Regelwerks entspricht dem erklärten Regelungsziel des Gesetzgebers einer umfassenden Deregulierung der handelsrechtlichen Buchführungs- und Bilanzierungspflichten für Ekfl (Anm 1). Auch sog Freiberufler iSv § 18 EStG ermitteln ihren Gewinn regelmäßig nach § 4 Abs 3 EStG. Auch bei ihnen wird auf ein umfassendes Regelwerk verzichtet, obwohl sogar in zahlreichen Fällen die Schwellenwerte des § 241a überschritten werden.

Die Regelung des § 241a ist **nicht rückwirkend** anzuwenden. Das Wahlrecht 8 kann nur für die Zukunft ausgeübt oder versagt werden. Das bedeutet grds, dass in dem Gj (03), das auf zwei Gj (01 + 02) folgt, in dem die Schwellenwerte nicht überschritten wurden, von dem Wahlrecht des § 241a Gebrauch gemacht werden kann. Dies gilt auch, wenn in diesem Gj (03) einer oder beide der Schwellenwerte überschritten werden. Ein Überschreiten eines oder beider Schwellenwerte hat zur Folge, dass im folgenden Gj (04) kein Wahlrecht besteht. Insb bei Neugründungen mag es zwar umständlich erscheinen, zunächst eine Buchführung einzurichten, um dann nach Ablauf des Gründungsjahrs ggf festzustellen, dass die Schwellenwerte nicht überschritten sind. Eine rückwirkende Anwendung des Wahlrechts führt aber zu Rechtsunsicherheiten, die mit dem Schutzgedanken des Handelsrechts nicht vereinbar sind (zu den Problemen bei einer rückwirkenden Anwendung vgl

Deutscher Anwaltsverein Stellungnahme des Deutschen Anwaltsvereins durch den Handelsrechtsausschuss zum Regierungsentwurf eines Gesetzes zur Modernisierung des Bilanzrechts vom 28.4.2008, *Anm* 2). Gegen eine Rückwirkung spricht auch ein Vergleich mit § 141 AO. Nach § 141 Abs 2 AO entsteht eine (steuerrechtliche) Buchführungspflicht nur in der Zukunft, nämlich vom Beginn des Wj an, das auf die Bekanntgabe einer entspr Mitteilung der Finanzbehörden folgt. Da mit § 241a eine Annäherung an § 141 AO erfolgen soll (BR-Drs 344/08, 99 f), sollte handelsrechtlich ebenfalls keine Rückwirkung zulässig sein.

§ 241a strebt eine umfassende Deregulierung der handelsrechtlichen Buchführungs- und Bilanzierungspflichten für EkfI an (BR-Drs 344/08, 72). Um dieser Vereinfachung Rechnung zu tragen, muss es für das Wahlrecht genügen, wenn nach überschlägiger Prüfung vor Ende des zweiten Gj (02) feststeht, dass die Schwellenwerte in zwei hintereinander liegenden Gj nicht überschritten werden (ähnlich *Petersen/Zwirner* BilMoG, 381). Dann kann bereits im zweiten GJ (02) von dem Wahlrecht Gebrauch gemacht werden (vgl *PwC* BilMoG Komm, A Anm 11f; aA *Rätke* BBK 2010, 954).

9 Beim **Übergang** von einer Gewinnermittlungsart auf die andere muss und darf jeder Geschäftsvorfall ähnlich wie im Steuerrecht insgesamt nur einmal erfasst werden. Beim Übergang von der Überschussrechnung zur Bilanzierung sind alle Betriebsvorgänge, die bei der Überschussrechnung nicht erfasst wurden, dem ersten Bilanzgewinn hinzuzurechnen. Beim umgekehrten Wechsel gelten gleiche Erwägungen. Insgesamt kann hier insb auf die Erfahrungen aus dem Steuerrecht zurückgegriffen werden (vgl *Heinicke* in Schmidt³² § 4 Anm 650 ff).

E. Zur steuerrechtlichen Bedeutung des § 241a

10 Das Steuerrecht kennt in § 140 AO eine derivative Buchführungspflicht. Wer nach anderen Gesetzen als den Steuergesetzen Bücher und Aufzeichnungen zu führen hat, ist auch für Besteuerungszwecke dazu verpflichtet. § 140 AO bezieht sich insb auf die handelsrechtliche Buchführungspflicht aber auch auf spezielle Aufzeichnungspflichten anderer Gesetze (*Kussmaul/Meyering* DB 2008, 1446 mwN). Sofern der EKfm von seinem Wahlrecht in § 241a Gebrauch macht, besteht auch steuerrechtlich keine Buchführungs- oder Aufzeichnungspflicht nach § 140 AO.

Sofern die Voraussetzungen des § 141 AO erfüllt sind, ergibt sich aufgrund eines Feststellungsbescheids eine originäre steuerrechtliche Pflicht, Bücher zu führen und aufgrund jährlicher Bestandsaufnahmen regelmäßig Abschlüsse zu erstellen. § 241a bezweckt zwar eine Annäherung an die Schwellenwerte des § 141 AO. Die beiden Vorschriften sind in ihrer Anwendung aber nicht vollständig kongruent (zu Einzelheiten vgl *Grefe* Steuer und Studium 2010, 585 ff; *Rätke* BBK 2010, 951 ff). § 241a S 1 verlangt ein Unterschreiten der Schwellenwerte an den Abschlussstichtagen zweier aufeinander folgender Gj. Damit soll eine gewisse Kontinuität erzeugt und ein ständiger Wechsel zwischen handelsrechtlicher und steuerrechtlicher Rechnungslegung vermieden werden.

F. Abweichungen der IFRS

11 Die IFRS geben einem Unt keine Möglichkeit, auf ihre Anwendung zu verzichten. Sie sind auf Unt ausgerichtet, die sich über Wertpapiere am Kapitalmarkt finanzieren. Die Standards verfolgen das Ziel, Aktionäre, potenzielle Investoren und andere am Unt Interessierte mit Informationen zu versorgen, die für sie nütz-

lich sind (*Bohl* in Beck IFRS³ § 2 Anm 5ff). Ein Wahlrecht, die IFRS nicht anzuwenden, würde dem Schutzgedanken der IFRS widersprechen. Zur Bedeutung der IFRS für Small- and Medium-sized Enterprises (SMEs) vgl § 267 Anm 34.

Zweiter Unterabschnitt. Eröffnungsbilanz. Jahresabschluß

Erster Titel. Allgemeine Vorschriften

§ 242 Pflicht zur Aufstellung

(1) ¹Der Kaufmann hat zu Beginn seines Handelsgewerbes und für den Schluß eines jeden Geschäftsjahrs einen das Verhältnis seines Vermögens und seiner Schulden darstellenden Abschluß (Eröffnungsbilanz, Bilanz) aufzustellen. ²Auf die Eröffnungsbilanz sind die für den Jahresabschluß geltenden Vorschriften entsprechend anzuwenden, soweit sie sich auf die Bilanz beziehen.

(2) Er hat für den Schluß eines jeden Geschäftsjahrs eine Gegenüberstellung der Aufwendungen und Erträge des Geschäftsjahrs (Gewinn- und Verlustrechnung) aufzustellen.

(3) Die Bilanz und die Gewinn- und Verlustrechnung bilden den Jahresabschluß.

(4) ¹Die Absätze 1 bis 3 sind auf Einzelkaufleute im Sinn des § 241a nicht anzuwenden. ²Im Fall der Neugründung treten die Rechtsfolgen nach Satz 1 schon ein, wenn die Werte des § 241a Satz 1 am ersten Abschlussstichtag nach der Neugründung nicht überschritten werden.

Übersicht

	Anm
A. Grundsätze	1, 2
B. Eröffnungsbilanz und Bilanz (Abs 1)	3–7
C. Gewinn- und Verlustrechnung (Abs 2)	8
D. Jahresabschluss (Abs 3)	
I. Rechtsform-, größen- und geschäftszweigspezifische Differenzierung der Rechnungslegungsvorschriften	9–11
II. Folgen der Nichtbeachtung der Aufstellungspflicht	12
III. Erleichterungen bei der Offenlegung nach dem PublG	13
E. Befreiung von den Aufstellungspflichten (Abs 4)	14
F. Abweichungen der IFRS	15

Schrifttum: *Schellein* Der Einfluss der §§ 264–289 HGB auf die Rechnungslegung der Personenhandelsgesellschaften WPg 1988, 693; *Rodewald* Der maßgebliche Zeitpunkt für die Aufstellung von GmbH-Eröffnungsbilanzen BB 1993, 1693; *Schulze-Osterloh* Aufstellung und Feststellung des handelsrechtlichen Jahresabschlusses der Kommanditgesellschaft BB 1995, 2519; IDW RS HFA 7 Handelsrechtliche Rechnungslegung bei Personenhandelsgesellschaften FN-IDW 2012, 189.

A. Grundsätze

§ 242 enthält die **Verpflichtung** des Kfm **zur Aufstellung** von EB und Jahresbilanz (zur Erl des Kfm-Begriffs § 238 Anm 6ff). Die *Bilanz* wird dabei als ein 1

§ 242   2–5   Jahresabschluß (Allgemeine Vorschriften)

„das Verhältnis seines Vermögens und seiner Schulden darstellenden Abschluss" für einen bestimmten Stichtag (Stichtagsprinzip, Anm 6) bezeichnet. Bilanz und GuV, in der die Aufwendungen und Erträge des Gj gegenüberzustellen sind (Abs 2), bilden den **Jahresabschluss** (Abs 3), der jedoch bei KapGes und Kap-CoGes mit Ausnahme der KleinstKapGes zusätzlich den Anhang umfasst (§ 264 Abs 1) und bei KapmarktGes iSd § 264d unter bestimmten Voraussetzungen auch KFR und EK-Spiegel (§ 264 Abs 1 S 2).

Näheres zu **Form** (Gliederung) und **Inhalt** (einschl Bewertung) des JA sowie zu den dabei maßgeblichen Grundsätzen ist in §§ 243 bis 256a sowie – für Kap-Ges und KapCoGes – in §§ 264ff geregelt.

2   Die Vorschriften zur **Steuerbilanz** finden sich in § 140 AO, in den §§ 4 bis 7 EStG sowie in § 60 EStDV (für Wj, die nach dem 31.12.2011 beginnen, erfolgt grds elektronische Übermittlung der Bilanz und GuV nach amtlich vorgeschriebenem Datensatz durch Datenfernübertragung; wenn vorliegend, Beifügung, von Anhang, Lagebericht, PrüfBer, zur ESt-Erklärung; Einzelheiten s auch BMF-Schreiben 28.9.2011, BStBl I, 855). Die *Rechnungslegung* ist im Interesse der Gleichmäßigkeit der Besteuerung *rechtsformunabhängig* ausgestaltet. Es gilt für die Bilanzierung dem Grunde nach grds die Maßgeblichkeit der HB für die StB; für die Bewertung bestehen im Steuerrecht häufig eigenständige Vorschriften. Der GesVertrag einer GmbH darf die Geschäftsführung nicht verpflichten, die Bilanz ausschließlich nach steuerrechtlichen Vorschriften aufzustellen (BayOLG 5.11.1987 AG 1989, 59).

B. Eröffnungsbilanz und Bilanz (Abs 1)

3   Eine **Eröffnungsbilanz** ist „zu Beginn" des Handelsgewerbes aufzustellen. Für Kfl, die ein Handelsgewerbe nach § 1 Abs 2 betreiben, beginnt das Handelsgewerbe idR mit der Aufnahme einer gewerblichen Tätigkeit, die einen nach Art und Umfang in kfm Weise eingerichteten Geschäftsbetrieb erfordert. Die EB ist demnach zu **Beginn** der **Geschäftstätigkeit** aufzustellen; dies ist frühestens der Tag der Errichtung (näheres *ADS*[6] § 242 Anm 19ff und *Förschle/Kropp* in Sonderbilanzen[4] B Anm 46ff für Ekfl und *Förschle/Kropp/Siemers* in Sonderbilanzen[4] C Anm 34ff für PersGes).

Dieser Grundsatz gilt auch für KapGes und Kleingewerbetreibende, wenn die Kfm-Eigenschaft erst durch Eintragung in das HR entsteht, die tatsächliche Geschäftsaufnahme (VorGes, selten VorgründungsGes) indes vor dem (ggf zufallsbedingten) Eintragungstermin erfolgt (ausführlich *Förschle/Kropp/Schellhorn* in Sonderbilanzen[4] D Anm 69ff und *Förschle/Kropp/Siemers* aaO C Anm 36f).

4   Die Aufstellung einer EB wird aber nicht nur dann verlangt, wenn der Geschäftsbetrieb, der zum Beginn eines Handelsgewerbes führt, völlig **neu begründet** worden ist, sondern auch dann, wenn ein Geschäft, das bisher als Handwerk oder Kleingewerbe betrieben worden ist, sich nunmehr zum kfm Betrieb **erweitert** oder wenn jemand ein bestehendes Handelsgeschäft unter Lebenden oder von Todes wegen **übernimmt** und weiterführt (s *Hüffer* in Großkomm HGB[4] § 242 Anm 22), für weitere Anlässe (zB Verschmelzung durch Neugründung, Aufspaltung, Liquidation, Abwicklung, Insolvenz) s *Sonderbilanzen*[4] Kapitel K, R, S, T und *ADS*[6] § 242 Anm 21ff. Allerdings wird die Aufstellung einer EB dann **nicht** verlangt, wenn Gester ein- oder austreten, während die Ges im Übrigen, ggf unter anderer Firma, unverändert bleibt. Dieser handelsrechtliche Grundsatz gilt durch Bezugnahme in § 140 AO auch in steuerrechtlicher Hinsicht.

5   Die (Jahres-)**Bilanz** ist zum **Schluss** eines jeden Gj aufzustellen, wobei hier das Ende des letzten Tags des jeweiligen Gj (24.00 Uhr) – das uU kürzer

(Rumpf-Gj), aber nicht länger als zwölf Monate dauern darf (§ 240 Abs 2) – gemeint ist. Kürzere Rumpf-Gj können iZm Anteilsübertragungen analog KStR 59 Abs 2 S 3 auch im Verlauf oder am Ende des letzten Tags enden. Endet die Kfm-Eigenschaft vor dem Schluss eines Gj, weil das Unt eines Kfm zB in der zweiten Jahreshälfte nur noch als Kleingewerbe betrieben wird, muss zum Ende dieses Jahrs eine Bilanz nicht aufgestellt werden (ebenso *Hüffer* in Großkomm HGB[4] § 242 Anm 53). Jedoch ist zu dem Zeitpunkt, in dem der kfm Betrieb zum Kleingewerbe wurde, eine Schlussbilanz innerhalb der einem ordnungsgemäßen Geschäftsgang entspr Zeit (§ 243 Abs 3) aufzustellen.

Das **Stichtagsprinzip** besagt, dass im Rahmen der Bilanzierung die Geschäftsvorfälle im JA zu berücksichtigen sind, die bis zum Bilanzstichtag stattgefunden haben und dass für die Bewertung die Verhältnisse des Abschlussstichtags maßgeblich sind. Nach dem Bilanzstichtag *bekannt werdende verlustbringende* Ereignisse sind insoweit zu berücksichtigen, als sie vor dem Bilanzstichtag verursacht wurden *(Wertaufhellung).* Nach dem Bilanzstichtag *eintretende* wertmindernde Ereignisse sind für die Bilanzierung und Bewertung grds unerheblich. Näheres ist in § 252 (Anm 34 ff) dargestellt.

6

Das **Jahresergebnis** von PersGes wird in der Jahresbilanz (unverteilt) als Jahresüberschuss oder Bilanzgewinn nur dann ausgewiesen, wenn der Jahresüberschuss zur Disposition der GesV steht. Anderenfalls wird das Jahresergebnis den Kapitalanteilen der Gester zugeschrieben, bei Kommanditisten jedoch nur, soweit der Kapitalanteil den Betrag der bedungenen Einlage unterschreitet; darüber hinausgehende Gewinnanteile der Kommanditisten werden dem sog Privatkonto zugeschrieben (s IDW RS HFA 7, Tz 47 f sowie § 247 Anm 652).

7

C. Gewinn- und Verlustrechnung (Abs 2)

Die GuV ist zum Schluss eines jeden Gj aufzustellen, Anm 5.

8

Für eine ordnungsmäßige Rechenschaftslegung ist auch bei EKfm und PersGes eine **ausreichend** gegliederte GuV sachgerecht. Gleichwohl wird dies handelsrechtlich nicht verlangt (IDW ERS HFA 7, Tz 40 f), ist indes üblich, aber nicht so **detailliert** wie für KapGes und KapCoGes nach dem Gesamt- oder dem Umsatzkostenverfahren (hierzu § 247 Anm 667).

Besondere Fragen wirft hierbei der Ausweis von Aufwendungen und Erträgen aus Rechtsbeziehungen zwischen der Ges und den Gestern (Zinsen auf Gester-Darlehen, feste und gewinnabhängige Tätigkeitsvergütungen geschäftsführender Gester uam) auf. Da es zu Missdeutungen bei der Beurteilung von Jahresergebnissen und dadurch zu einer zu positiven Beurteilung der Ertragslage führen kann, wenn derartige Posten erst bei der Verteilung des Jahresergebnisses auf die Gester berücksichtigt werden, ist ein **Vermerk** im JA anzubringen (für Einzelheiten § 247 Anm 646 ff).

D. Jahresabschluss (Abs 3)

I. Rechtsform-, größen- und geschäftszweigspezifische Differenzierung der Rechnungslegungsvorschriften

Die Bilanz nach Abs 1 und die GuV nach Abs 2 bilden den JA. Bei der Aufstellung des JA sind die §§ 242–256a als allgemeine Vorschriften zu beachten. Sie gelten für *alle Kaufleute* und sind daher von den EKfl (mit Ausnahme derjenigen,

9

die § 241a in Anspruch nehmen), den Gestern von OHG sowie den Komplementären von KG zu beachten. Für die Zusammensetzung dieser Personenkreise sind die Verhältnisse zum Abschlussstichtag maßgeblich (§ 264a Anm 29). Die Feststellung der von den Komplementären aufgestellten Bilanz sowie die Ergebnisverwendung bedarf grds des Einverständnisses aller Gester, bei der KG auch der Kommanditisten (BGH 29.3.1996, DB 926; s auch Vor § 325).

10 Für den JA von *Kapitalgesellschaften* und von *Personenhandelsgesellschaften* iSd § *264a* sieht das HGB in den §§ 264 bis 289a ergänzende und zT abw Regelungen vor. So haben Geschäftsführer einer GmbH, Vorstände einer AG oder SE, phG von KGaA und gesetzliche Vertreter von KapCoGes im JA spezielle Ausweis- und Bewertungsvorschriften zu beachten und den JA um einen Anhang bei Kapmarkt Ges iSd § 264d unter bestimmten Voraussetzungen auch um eine KFR und einen EK-Spiegel zu erweitern; bei großen und mittelgroßen KapGes und KapCoGes müssen sie zudem einen Lagebericht aufstellen (§ 264 Abs 1). *KleinstKapGes* iSv § 267a dürfen im JA einen verkürzten Ausweis wählen und bei bestimmten Angaben unter der Bilanz auf den Anhang verzichten (§ 264 Abs 1 S 5, § 266 Abs 1 S 4, § 275 Abs 5, § 276 S 3).

Tochter-KapGes und *Tochter-KapCoGes,* welche die Voraussetzungen der §§ 264 Abs 3, 4 oder 264b erfüllen, brauchen abw davon jedoch nur die allgemeinen Vorschriften für den JA anzuwenden (s dazu § 264b Anm 10 ff; *ADS*[6] (ErgBd) § 264 Anm 2 ff mwN).

Genossenschaften haben bei der Aufstellung des JA zusätzlich die Regelungen der §§ 336 ff zu beachten und müssen ua ebenfalls einen Anhang sowie auch einen Lagebericht erstellen; sie dürfen Erleichterungen wie für KleinstKapGes nicht anwenden.

Auch für *Kreditinstitute* und *VersicherungsUnt* gelten (unabhängig von der Rechtsform) hinsichtlich JA sowie Lagebericht ergänzende, von den allgemeinen Regelungen zT abw Vorschriften (§§ 340 ff, 341 ff).

11 Die gesetzlichen Pflichten zur Aufstellung des JA können durch Weisungen der Gester und Regelungen im GesVertrag oder der Satzung **nicht** eingeschränkt werden.

II. Folgen der Nichtbeachtung der Aufstellungspflicht

12 Bei KapGes und KapCoGes werden unrichtige Darstellungen im JA sowie in der EB mit Freiheitsstrafen, Geldstrafen, Ordnungswidrigkeiten mit Geldbußen geahndet. Rechtsformunabhängig kommen die Vorschriften der §§ 283 bis 283b StGB im Insolvenzfall oder bei drohender Insolvenz zur Anwendung. Steuerrechtlich kann eine Unterlassung der Bilanz-Erstellung eine Schätzung durch das FA zur Folge haben (§ 162 AO).

III. Erleichterungen bei der Offenlegung nach dem PublG

13 Ekfl, PersGes außerhalb § 264a sowie KapCoGes unter den Voraussetzungen des § 264b haben für JA und EB keine externen Offenlegungspflichten; fallen PersGes außerhalb des § 264a unter das PublG, besteht Offenlegungspflicht nur für den JA. Jedoch gelten für JA von Ekfl und von reinen PersGes nach dem PublG gewisse Erleichterungen. So braucht die GuV nicht veröffentlicht zu werden, wenn in einer **Anlage zur Bilanz** Angaben zu den Umsatzerlösen, den Erträgen aus Bet, den Personalaufwendungen, den Bewertungs- und Abschrei-

bungsmethoden, sowie zur Zahl der Beschäftigten gemacht werden (§ 9 Abs 2 iVm § 5 Abs 5 PublG). In der publizierten Bilanz dürfen die EK-Bestandteile (einschl des Gewinns/Verlustes) in einem Posten, dh zusammengefasst, ausgewiesen werden (§ 9 Abs 3 PublG).

E. Befreiung von den Aufstellungspflichten (Abs 4)

Abs 4 stellt klar, dass EKfl, die die Schwellenwerte des § 241a S 1 einhalten (s § 241a Anm 4f), von der Verpflichtung zur Aufstellung der EB und des JA befreit sind. Andernfalls ginge die Befreiungswirkung des § 241a S 1 ins Leere. Abw vom Wortlaut greift Abs 4 systemkonform aber nur, wenn die Befreiung von der Buchführung tatsächlich in Anspruch genommen wird. **14**

Werden die Voraussetzungen des § 241a S 1 nicht mehr erfüllt, setzt beginnend mit EB die Bilanzierungspflicht ein. Ansatz und Bewertung der VG und Schulden richten sich dann nach allgemeinen Vorschriften (§§ 243 ff).

Im Fall von Neugründungen tritt die Befreiung nach Abs 4 bereits dann ein, wenn die Voraussetzungen des § 241a S 1 **am** ersten Abschlussstichtag nach der Neugründung erfüllt sind. Dies entspricht der Regelung des § 241a S 2; zu Zweifelsfragen s daher § 241a Anm 5 sowie § 267 Anm 21 ff.

F. Abweichungen der IFRS

Standards: IAS 1 Darstellung des Abschlusses *(Presentation of Financial Statement) (rev 2007)*; IAS 7 (2009) Kapitalflussrechnungen *(Statement of Cash Flows)*; IAS 33 Ergebnis je Aktie *(Earnings Per Share) (rev 2003)*; IFRS 1 Erstmalige Anwendung der International Financial Reporting Standards *(First-time Adoption of International Financial Reporting Standards) (rev 2012)*; IFRS 8 (2009) Geschäftssegmente *(Operating Segments)*.

IFRS 1 enthält Regelungen zur EB iSv § 242 Abs 1 und zur EB bei erstmaliger Anwendung der IFRS. Befreiungen von der Aufstellungspflicht bestehen nicht. **15**

Ein JA nach IFRS enthält unabhängig von der Größe und Rechtsform stets die in IAS 1.10 (rev 2007) genannten Bestandteile; sie können bezeichnet werden als:
– Bilanz (s dazu IAS 1.54 ff sowie *Guidance on Implementing* IAS 1),
– Gesamtergebnisrechnung (s dazu IAS 1.81 ff sowie *Guidance on Implementing* IAS 1),
– EK-Veränderungsrechnung (zur Darstellung der Transaktionen mit Anteilseignern; s dazu IAS 1.106 ff sowie *Guidance on Implementing* IAS 1),
– Kapitalflussrechnung (s IAS 7) und
– Anhang (s dazu IAS 1.112 ff sowie alle übrigen IFRS/IAS), in den bei entspr Angabepflicht (kapmarktUnt) idR auch die SegBer (s IFRS 8) und das Ergebnis je Aktie (s IAS 33) aufgenommen werden.

§ 243 Aufstellungsgrundsatz

(1) **Der Jahresabschluß ist nach den Grundsätzen ordnungsmäßiger Buchführung aufzustellen.**

(2) **Er muß klar und übersichtlich sein.**

(3) **Der Jahresabschluß ist innerhalb der einem ordnungsmäßigen Geschäftsgang entsprechenden Zeit aufzustellen.**

§ 243 Jahresabschluß (Allgemeine Vorschriften)

Übersicht

	Anm
A. Allgemeines, insbesondere Begriff der GoB	1–4
B. Rechtsnatur und Ermittlungsverfahren der GoB (Abs 1)	11–23
C. Normierte Grundsätze ordnungsmäßiger Bilanzierung im HGB	31–37
D. Klarheit und Übersichtlichkeit (Abs 2)	
I. Allgemeines	51–53
II. Einzelkaufleute und Personenhandelsgesellschaften	54–65
III. Kapitalgesellschaften	66, 67
IV. Rechtsfolgen einer Verletzung des Abs 2	68, 69
V. Zur steuerrechtlichen Bedeutung des Abs 2	70
VI. Publizitätsgesetz	71
E. Die Aufstellungsfrist (Abs 3)	
I. Geltungsbereich	91
II. Handelsrechtliche Auslegung	92, 93
III. Steuerrechtliche Auslegung	94
IV. Strafvorschriften bei versäumter Aufstellungsfrist in der Krise	95
F. Die Maßgeblichkeit der Handelsbilanz für die Steuerbilanz	
I. Der Maßgeblichkeitsgrundsatz	111, 112
II. Ansatzvorschriften	
1. Zwingendes Handelsrecht	113
2. Handelsrechtliche Ansatzwahlrechte	114–118
III. Bewertungsvorschriften	119, 120
IV. Die „umgekehrte" Maßgeblichkeit	121
G. Abweichungen der IFRS	
I. Rechtsnatur und Ermittlungsverfahren der GoB (Abs 1)	
1. Tendenzen der Annäherung von GoB an IFRS	130, 131
2. Zum Normensystem der IFRS	133
II. Der Grundsatz der Klarheit und Übersichtlichkeit (Abs 2)	135, 136
III. Die Aufstellungsfrist (Abs 3)	140
IV. Der Maßgeblichkeitsgrundsatz	
1. Die Maßgeblichkeit der Handelsbilanz für die Steuerbilanz	145
2. Kein Einfluss des Steuerrechts auf die IFRS-Rechnungslegung	146, 147

Schrifttum: *Döllerer* Grundsätze ordnungsmäßiger Bilanzierung, deren Entstehung und Ermittlung BB 1959, 1217; *Moxter* Die handelsrechtlichen Grundsätze ordnungsmäßiger Buchführung und das neue Bilanzrecht ZGR 1980, 254; *Leffson*[7] Die Grundsätze ordnungsmäßiger Buchführung, Düsseldorf 1987; *Baetge/Zülch* Rechnungslegungsgrundsätze nach HGB und IFRS in HdJ I/2; *Schoor* Frist für die Aufstellung des Jahresabschlusses nach Handels- und Steuerrecht StBp 1999, 216; *Moxter* Grundsätze ordnungsgemäßer Rechnungslegung, Düsseldorf 2003; *Herzig* IAS/IFRS und steuerliche Gewinnermittlung WPg 2005, 211; *Wagner/Wendelin* Die Behandlung geringwertiger Wirtschaftsgüter im Handels-, Steuer- und Investitionszulagenrecht nach dem Unternehmensteuerreformgesetz 2008 DB 2007, 2395; *Fülbier/Gassen* Das Bilanzrechtsmodernisierungsgesetz (BilMoG): Handelsrechtliche GoB vor der Neuinterpretation DB 2007, 2605; *Stibi/Fuchs* Zum Referentenentwurf des Bilanzrechtsmodernisierungsgesetzes (BilMoG): Erste Würdigung ausgewählter konzeptioneller Fragen, DB 2008 Beilage 1, 6; *Dörfler/Adrian*, Zum Referentenentwurf des Bilanzrechtsmodernisierungsgesetzes (BilMoG): Steuerliche Auswirkungen DB 2008 Beilage 1, 44; *Herzig* Modernisierung des Bilanzrechts und Besteuerung DB 2008, 1; *Kirsch* Steuerliche Auswirkungen des geplanten Bilanzrechtsmodernisierungsgesetzes DStZ 2008, 28; *Herzig* Steuerliche Konsequenzen des Regierungsentwurfs zum BilMoG DB 2008, 1339; *Hennrichs* Prinzipien vs Regeln – Quo vadis BilMoG? DB 2008 Beilage Status:Recht, 64; *Arbeitskreis Bilanzrecht der Hochschullehrer Rechtswissenschaft* Nochmals: Plädoyer für eine Abschaffung der „umgekehrten Maßgeblichkeit" DStR 2008, 1057; *Kirsch* Nutzen des steuerlichen Maßgeblichkeitsprinzips idF des Bilanzrechtsmodernisierungsgesetzes DStZ 2008, 561; *Wohlgemuth* Abgrenzung von Anlage- und Umlaufvermögen in Handels- und Steuerbilanz – Missachtung des Maßgeblichkeitsprinzips durch das FG Düsseldorf und den BFH bei Immobiliengesellschaften? WPg 2008, 1168; *Stobbe* Überlegungen zum Verhältnis von Handels- und Steuerbilanz nach dem (geplanten) Bilanzrechtsmodernisierungsgesetz – Ausschüttbarkeit von Gewinnen ohne vorherige Gesellschaftsbesteuerung? DStR 2008, 2432; *Rammert/Thies* Mit dem Bilanzrechtsmodernisierungsgesetz zurück in die Zukunft – was wird aus Kapitalerhaltung und Besteuerung? WPg 2009, 34; *Scheffler* Bilanzrechtsmodernisierungsgesetz und steuerliche Gewinnermittlung StuB 2009, 45; *Pellens* Evaluation der Arbeit des DRS C, DB 2009, 241; *Mayer* Die Fortentwicklung des Jahresabschlusses in Deutschland nach dem BilMoG DStR 2009, 129; *Moxter* IFRS als Auslegungshilfe für handelsrechtliche GoB? WPg 2009, 7; *Herzig/Briesemeister* Das Ende der Einheitsbilanz DB 2009, 1; *Herzig/Briesemeister* Steuerliche Konsequenzen des BilMoG – Deregulierung und Maßgeblichkeit DB 2009, 926; *Herzig/Briesemeister* Steuerliche Konsequenzen der Bilanzrechtsmodernisierung für Ansatz und Bewertung, DB 2009, 976; *Theile* Totenglocken für das Maßgeblichkeitsprinzip „Steuerbilanzgesetz" ante portas? – Zum Entwurf eines BMF-Schreibens zum Maßgeblichkeitsprinzip DStR 2009, 2384; *Förster/Schmidtmann* Steuerliche Gewinnermittlung nach dem BilMoG BB 2009, 1342; *Arbeitskreis Bilanzrecht der Hochschullehrer Rechtswissenschaft* Zur Maßgeblichkeit der Handelsbilanz für die steuerliche Gewinnermittlung gem. § 5 Abs. 1 EStG idF durch das BilMoG DB 2009, 2570; *BMF* v 12.3.2010 DStR 2010, 601 u 22.6.2010 Maßgeblichkeit der handelsrechtlichen Grundsätze ordnungsmäßiger Buchführung für die steuerliche Gewinnermittlung DB 2010, 642 und 1430; *Scheffler* Neuinterpretation des Maßgeblichkeitsprinzips StuB 2010, 295; *Herzig/Briesemeister* Reichweite und Folgen des Wahlrechtsvorbehalts § 5 Abs 1 EStG DB 2010, 917; *Freidank/Velte* Wahlrechte im Rahmen der handels- und steuerrechtlichen Herstellungskosten StuW 201, 356; *Fischer/Kalina-Kerschbaum* Maßgeblichkeit der Handelsbilanz für die steuerliche Gewinnermittlung DStR 2010, 399; *Künkele/Zwirner* Eigenständige Steuerbilanzpolitik durch das Bilanzrechtsmodernisierungsgesetz (BilMoG) StuB 2010, 335; *Prinz* Materielle Maßgeblichkeit handelsrechtlicher GoB – ein Konzept für die Zukunft im Steuerbilanzrecht? DB 2010, 2069; *Kaminski* Umfang der steuerlichen Herstellungskosten: Klarstellung oder neue Zweifelsfragen? DStR 2010, 1395; *Fülbier/Gassen/Sellhorn* Quo vadis, DRSC DB 27–28/2010, M1; *Wehrheim/Fross* Plädoyer für eine Stärkung des Maßgeblichkeitsprinzips DStR 2010, 1348; *Künkele/Zwirner* Steuerbilanzpolitik: Ausweitung der Möglichkeiten durch das BilMoG DStR 2010, 2263; *Ortmann-Babel/Bolik* Chancen und Grenzen der steuerbilanziellen Wahlrechtsausübung nach BilMoG BB 2010, 2099; *Weber-Grellet* Grundfragen und Zukunft der Gewinnermittlung DB 2010, 2298; *Herzig/Briesemeister/Schäperclaus* Von der Einheitsbilanz zur E-Bilanz DB 2011, 1; *DRSC* Quartalsbericht Q4/2010 und Q1/2011; *Schulze-Osterloh* Handelsrechtliche GoB und steuerrechtliche Gewinnermittlung DStR 2011, 534; *Niemeyer/Froitzheim* Praxisfragen nach Aufgabe der umgekehrten Maßgeblichkeit DStR 2011, 538; *Kahle* Steuerliche Gewinnermittlung nach dem BilMoG StuB 2011, 163; *Marx* Teilhaberthese als Leitbild zur Neukonzeption der steuerrechtlichen Gewinnermittlung nach Inkrafttreten des BilMoG BB 2011, 1003;; *Zwirner/Mugler* Einheitsbilanzklausel und BilMoG: Risiko, Handlungsbedarf, Vertragsanpassung DStR 2011, 1191; IDW RS HFA 7: Handelsrechtliche Rechnungslegung bei Personenhandelsgesellschaften FN-IDW 2012; *OFD Münster* v 13.7.2012, S 2170a – 234 – St 12–33 DStR 2012, 1606; *Rutemöller* OFD Münster: Maßgeblichkeit niedrigerer handelsrechtlicher Bilanzwerte im Rahmen der steuerlichen Rückstellungsberechnung BB 2012, 2174; *Zwirner/Endert/Sepetauz* Zur Maßgeblichkeit bei der steuerlichen Rückstellungsberechnung – Anmerkungen zur Verfügung der OFD Münster vom 13.7.2012

DtStR 2012, 2094; *OFD Münster* Kurzinfo ESt Nr 17/2012 v 14.9.2012 DB 2012, 2309; *Kahle/Günter* Fortentwicklung des Handels- und Steuerbilanzrechts nach dem BilMoG StuW 2012, 43; *Meurer* Maßgeblichkeit niedrigerer handelsrechtlicher Bilanzwerte im Rahmen der steuerlichen Rückstellungsbewertung BB 2012, 2807; *Hennrichs* GoB im Spannungsfeld von BilMoG und IFRS WPg 2012, 861; *Prinz* Widersinniges Maßgeblichkeitsverständnis der Finanzverwaltung bei sachleistungsbezogenen Rückstellungen DB 2012, Heft 34 S 9; *Zwirner/Künkele* Steuerliche Herstellungskosten – Rechtsunsicherheit und Anwendungsempfehlungen DStR 2012, 319; *Hoffmann* Verwaltungs- und Sozialaufwand als Herstellungskosten PiR 2012, 268; *Zwirner* Abweichende Nutzungsdauer in Handels- und Steuerrecht – Möglichkeiten, Probleme und Risiken DtStR 2013, 322; *Spieker* EStÄR 2012 – Die wesentlichen Änderungen im Überblick DB 2013, 780; *Weber-Grellet* Abschied vom subjektiven Fehlerbegriff DStR 2013, 729.

A. Allgemeines, insbesondere Begriff der GoB

1   Die GoB sind ein System von Regeln und Konventionen, das die gesamte Rechnungslegung umfasst. Entspr der herkömmlichen Praxis und der Literatur unterscheidet auch das HGB folgende Anwendungsbereiche:
– Grundsätze ordnungsmäßiger Buchführung (im engeren Sinn),
– Grundsätze ordnungsmäßiger Inventur und
– Grundsätze ordnungsmäßiger Bilanzierung.

Die GoB gelten **nur für Kaufleute** iSd HGB (nicht aber für EKfl iSd § 241a). Ihre Anwendung auf Unt anderer Rechtsformen kann in Spezialgesetzen (zB PublG) oder nach Landesrecht geregelt sein. Im Übrigen – zB für wirtschaftliche Vereine, Verbände, Parteien, Stiftungen oder Kommunen – dürfen sie nur angewendet werden, wenn die Statuten eine „kaufmännische Rechnungslegung" vorsehen. Die GoB setzen außerdem eine Bilanzierung voraus; in Einnahmenüberschuss-Rechnungen ist für sie kein Raum.

2   Den zuerst genannten Anwendungsbereich bilden die Grundsätze für die Erfassung/Dokumentation der Geschäftsvorfälle in der **Buchführung** (§§ 238, 239) sowie die Grundsätze ordnungsmäßiger **Aufbewahrung** von Büchern und Belegen (§ 257). Moderne Verfahren (insb Belegbuchführung, Datenträger, DV-gestützte Buchführungssysteme) werden hinsichtlich ihrer Zulässigkeit vom HGB ausdrücklich an die GoB gebunden.

3   Ähnliches gilt für die Grundsätze ordnungsmäßiger **Inventur** (§§ 240, 241). Auch hier sind die Vereinfachungsverfahren (Stichprobenverfahren, Buchinventur, Fortschreibungen) gem § 241 Abs 1 bis 3 nur in den als GoB anerkannten Ausgestaltungen zugelassen.

4   Hinsichtlich der für den JA geltenden und ihn prägenden Grundsätze ordnungsmäßiger **Bilanzierung** hat das HGB für alle Kfl ein geschlossenes System von Rechtsvorschriften gesetzt, unterteilt nach Allgemeinen Vorschriften (§§ 242 bis 245), Ansatzvorschriften (§§ 246 bis 251) und Bewertungsvorschriften (§§ 252 bis 256a).

B. Rechtsnatur und Ermittlungsverfahren der GoB (Abs 1)

11   Über die **Rechtsnatur** der GoB bestehen erhebliche Meinungsunterschiede. Sie werden als Gewohnheitsrecht, als Handelsbräuche und Verkehrsanschauungen angesehen. Die GoB werden aber auch als Rechtsregeln angesehen, „sie stehen als solche nicht außerhalb des gesetzten Rechts, sondern stellen Konkretisierungen desselben dar" (*Beisse* StuW 1984, 6 Fn 42).

12   Die GoB sind ein **Normbefehl** in der Form eines **unbestimmten Rechtsbegriffs** (so *Leffson*[7], 21 mwN). Zur Ausfüllung dieses Rechtsbegriffs sollte nach

einer älteren Auffassung das Verhalten des „durchschnittlichen ehrbaren Kaufmanns" empirisch festgestellt und daraus **induktiv** die GoB abgeleitet werden.

Erfahrungswissenschaftlich, also **induktiv** gewonnene Erkenntnisse allein, ohne 13
ihre Wertung als „ordnungsmäßig" oder „nicht ordnungsmäßig", sind nicht direkt verwendbar. Die induktive Methode bedarf auch nicht unbedingt der Umfragen von IHK. Die Auffassungen der Praxis zu Fragen der GoB schlagen sich außerdem im Schrifttum nieder.

Nach hM in der Betriebswirtschaftslehre sollen GoB ausschließlich aus den 14
Zwecken der Rechnungslegung **deduktiv** abzuleiten sein (*Leffson*[7], 29). Dies meint auch die Rspr des BFH. Deduktiv aus den Zwecken der Rechnungslegung sei dann zu entscheiden, wenn neue Fragen auftauchen, zu denen sich ein Handelsbrauch oder eine Verkehrsanschauung noch nicht gebildet habe. Die Erfahrung zeige aber auch, dass deduktiv aus den Zwecken der Rechnungslegung abgeleitete Entscheidungen gelegentlich zu Ergebnissen führten, die von der Praxis und dem Schrifttum nicht akzeptiert werden und dann teilweise von der Rspr zurückgenommen werden mussten (zB Bilanzierung von Bodenkontaminierungen und anderen Umweltschäden).

Die Auffassung, dass die GoB in erster Linie nicht durch statistische Erhebungen 15
(Anm 13), sondern **durch Nachdenken** ermittelt werden (*Döllerer* BB 1959, 1220) brachte diesen Wandel. Nach *Döllerer* soll nach den Regeln der Denkgesetze ermittelt werden, wie unter Heranziehung aller verfügbaren Erkenntnismöglichkeiten eine konkrete Bilanzierungsfrage zu entscheiden ist. *Döllerers* Auffassung der deduktiven Ermittlung des *unbestimmten Rechtsbegriffs* der GoB aus dem Sinn und Zweck der Bilanz konnte sich in der Literatur durchsetzen (s *Moxter* ZGR 1980, 259) und wurde bald von der Rspr übernommen.

Jedoch sollten auch die deduktiv gewonnenen **Erkenntnisse am tatsächlichen 16
Verhalten** der Kfl **überprüft** werden. Dies soll aber nicht bedeuten, dass ihr tatsächliches Verhalten beim Führen von Büchern und beim Bilanzieren direkt als GoB angesehen werden kann.

Die Ableitung der GoB aus dem Sinn und Zweck der Bilanz führt lediglich zu 17
einer Verlagerung des Problems: Die frühere „Feststellung einer von ehrbaren Kaufleuten geübten, herrschenden Bilanzierungsweise" wird ersetzt durch die Notwendigkeit, den „Sinn und Zweck der Bilanz" zu bestimmen. Angesichts der Vielzahl der in dem zu entscheidenden Einzelfall begründbaren Auffassungen ist eine Anknüpfung an den Sinn und Zweck der Bilanz zu unbestimmt, um daraus eine konkrete Aussage herleiten zu können. So sollten die **deduktive** und die **induktive Ermittlung** der GoB in einem **komplementären Verhältnis** zueinander gesehen werden (so auch *Moxter* ZGR 1980, 262). In den jeweils zu entscheidenden Einzelfällen sollte uE ein kombiniertes Verfahren aus deduktiver und induktiver Methode angewendet werden.

Die Meinungsverschiedenheit darüber, „wer in welcher Weise dieses Stück offengelassener Gesetzgebung auszufüllen berechtigt ist" (*Moxter* ZGR 1980, 275; *ders* Grundsätze ordnungsgemäßer Rechnungslegung, 9 ff), braucht nicht im Sinne *einer* Auffassung entschieden zu werden, weil sich die Entwicklung und Bestimmung der GoB in einem Prozess ständiger gegenseitiger Beeinflussung vollzieht.

Diese Auffassung zur Ermittlung und Inhaltsbestimmung der GoB lässt weiterhin 18
Raum für eine **induktive** Entwicklung der GoB (aus der als herrschend festgestellten Übung ordentlicher Kfl), die in der Praxis durch Stellungnahmen etc von Vertretern der Wirtschaft zum Ausdruck kommt. Gleichzeitig besteht die Notwendigkeit zur **deduktiven** Entwicklung von GoB aus den gesetzlichen Vorschriften und aus dem Zweck der Bilanz. Im Konfliktfall muss die induktive

Methode der deduktiven Methode weichen. Das gilt insb für neu aufgetretene Bilanzierungsfragen, s zB Anm 21.

In der Literatur werden weitere Methoden zur Ermittlung von GoB erörtert, so die **interdisziplinäre Methode,** die in dem Verweis auf die GoB auch einen Verweis auf die Wissenschaften allgemein sieht, so dass der Richter verpflichtet ist, auch wirtschaftswissenschaftliche Erkenntnisse in seine Entscheidung einzubeziehen. Die **hermeneutische Methode** soll durch Erkennen und Verarbeiten aller nur denkbaren Einflüsse auf die Rechnungslegung die handelsrechtlichen GoB ermitteln (WPH[14] I, E Anm 9). Zur Akzeptanz dieser Methode s ADS[6] § 243 Anm 18 mwN. Sie verbindet Elemente der Induktion und der Deduktion, um so zu begründeten Entscheidungen unter Berücksichtigung sämtlicher relevanten Determinanten zu gelangen, ADS[6] § 243 Anm 19. Einen Schwerpunkt hierbei bilden freilich die allgemein anerkannten Methoden zur Auslegung vorhandener (kodifizierter) Rechtsnormen, wonach neben dem Gesetzeswortlaut bzw -sinn und dessen Bedeutungszusammenhang auch die Entstehungsgeschichte sowie Zielsetzung des Gesetzgebers zu berücksichtigen sind (Baetge/Zülch in HdJ I/2 Anm 24f). Bisher hat sich allerdings – insgesamt gesehen – **noch keine allseits akzeptierte Lehre** zur Ermittlung der GoB herausgebildet, glA ADS[6] § 243 Anm 20.

Als **gerichtliche** (Letzt-)**Instanz** zur Klärung bedeutender Streitfälle gilt idR – da meist steuerrechtlich bedeutsam – der BFH; in eher seltenen Fällen entscheidet der BGH. Der EuGH erlangt insofern Bedeutung, als dass die nationalen (handelsrechtlichen) Vorschriften auf dem durch die EU-Richtl gesetzten Rahmen basieren; gleichwohl erscheint der unmittelbare Einfluss des EuGH auf die nationalen Vorschriften schwerlich zu prognostizieren (vgl Moxter Bilanzrechtsprechung[6], 5 sowie Ballwieser (mwN) in MünchKomm HGB[3] § 238 Anm 24).

19 Gesetzliche Vorschriften können und wollen nur allgemeingültige Regelungen geben oder konkrete Entscheidungen in häufig vorkommenden Einzelfragen treffen. Auf jeden Einzelfall passende Regeln können sie nicht geben. Außerdem will das HGB die Kfl nicht durch zu detaillierte gesetzliche Regelungen daran hindern, ihre Bilanzierung an **neue Erkenntnisse** sowie an die **Entwicklungen** des Wirtschaftslebens und der Technik anzupassen. So wird die erwünschte und notwendige Entwicklung der GoB zur Anpassung an die sich ständig ändernden Verhältnisse der Wirtschaft vom HGB nicht verwehrt. Fraglich erscheint uE freilich, ob der Grad der bestehenden Flexibilität soweit reicht, die Auslegung der den handelsrechtlichen Vorschriften zugrunde liegenden EU-Richtl auch unter Berücksichtigung der im Beurteilungszeitpunkt geltenden IFRS vorzunehmen (offenbar zustimmend Herzig, DB 2008, S 4; aA jedoch EuGH v 7.1.2003 DB 2003, 181). Schließlich darf auch nicht verkannt werden, dass das HGB bzw die GoB prinzipienorientiert sind, während die IFRS kasuistisch geprägt sind (s auch Anm 133).

20 Es wird immer eine größere Zahl von Fragen geben, die durch Auslegung von Einzelvorschriften des HGB und der jeweiligen GoB gelöst werden müssen, zB die Fragen der Bilanzierung (Zuordnung) von Treuhand-, Kommissions- und Leasing-Geschäften und in jüngerer Zeit auch zu Kontrakten über Derivate und Emissionsberechtigungen. Pensionsgeschäfte sind in § 340b ausführlich – und uE allgemeingültig – geregelt. Die wesentlichen **Bewertungsprinzipien,** früher „nur" als GoB geltend, sind in § 252 kodifiziert, Anm 31, 32. Ferner gibt es Literatur und Rspr zu wichtigen Einzelfragen, wie zur Gewinnrealisierung bei langfristiger Fertigung (s zB § 255 Anm 457ff) oder zur Aktivierung von Kosten der Beschaffung von Großaufträgen (§ 255 Anm 456).

21 Bekanntlich wird seit längerer Zeit auch der Umfang zulässiger Rückstellungen aus **Arbeitsverträgen** diskutiert (Stichworte: Jubiläumsgelder, Altersteilzeit,

Arbeitszeitkonten, Mehrausbildung, Sozialplankosten) sowie die Rückstellungs-*möglichkeit* für Umweltschäden und sog health-care-Verpflichtungen.

Die Fortentwicklung der **(Konzern-)GoB** hat durch die im Rahmen des KonTraG umgesetzte Entscheidung des deutschen Gesetzgebers, ua die Entwicklung von Empfehlungen zur Anwendung der Grundsätze über die Konzernrechnungslegung an ein privatrechtliches Gremium zu übertragen (§ 342 Abs 1), eine gewisse Besonderheit erfahren. Diese Aufgabe wurde seitdem bislang durch das **DRSC** wahrgenommen. Die von ihm herausgegebenen Standards (DRS) haben – sobald vom BMJ (idR im BAnz) bekannt gemacht – gem § 342 Abs 2 die Vermutung inne, Konzern-GoB zu sein (s § 342 Anm 17 ff).

Gleichwohl war – nach anfänglich umfangreichen Aktivitäten im Rahmen der og Aufgabe – aufgrund der raschen Entwicklungen im Bereich der Rechnungslegung auf europäischer Ebene inzwischen eine **thematische Veränderung des Arbeitsprogramms des DRSC** zu erkennen. Danach lag der ursprüngliche Aufgabenschwerpunkt nunmehr nicht mehr primär in der Auslegung bestehender Vorschriften, sondern hatte sich zugunsten der weiteren ihm zugewiesenen Aufgaben, und zwar neben der Beratung des BMJ bei neueren Gesetzesvorhaben im Bereich der Rechnungslegung insb der Vertretung der Bundesrepublik Deutschland in internationalen Standardisierungsgremien, verlagert (ausführlich hierzu *Pellens* DB 2009, 241; zur Mitgliedschaft beim jüngst eingerichteten Accounting Standards Advisory Forum (ASAF) vgl DRSC-Quartalsbericht Q1/2013, 2 u 32).

Die zwischenzeitliche Kündigung des Standardisierungsvertrags mit dem BMJ zum 31.12.2010 (vgl hierzu *DRSC* Quartalsbericht Q4/2010, 4 u Q1/2011, 4, u Q2/2011, 4; *Fülbier/Gassen/Sellhorn* DB 2010, M1; *FAZ* Kampf um die Rechnungslegung, v 22.12.2010), der strukturellen Neukonstitution des DRSC, die im Abschluss eines neuen Standardisierungsvertrags mit dem BMJ am 2.12.2011 mündete (vgl *DRSC* Jahresbericht 2011), hat das Aufgabenspektrum des DRSC weitgehend unberührt gelassen. Um den unterschiedlichen Belangen der an der Rechnungslegung Beteiligten (insb auch der mittelständischen Unt) besser Rechnung zu tragen und entspr eine Vertretung „im gesamtwirtschaftlichen Interesse" sicher zu stellen, wurde ua die Mitgliederstruktur angepasst (vgl Satzung des DRSC, § 4). Zudem erfolgte im Zuge dessen eine organisatorische Aufgabenverteilung, indem für HGB und IFRS getrennte und weisungsunabhängige Fachausschüsse eingerichtet wurden, die sich zwecks Wahrung der jeweiligen Interessen aus (fachkundigen) Abschlusserstellern, WP und Nutzern der Rechnungslegung zusammensetzen sollen (vgl Satzung des DRSC, § 19). Man darf gespannt sein, ob bzw inwiefern sich diese Neukonstitution künftig auf die Weiterentwicklung und Auslegung der Rechnungslegungsvorschriften auswirken wird.

Die Globalisierung der Rechnungslegungsvorschriften und zunehmende Bedeutung der IFRS veranlassten den deutschen Gesetzgeber in jüngerer Zeit zu mehreren **Gesetzgebungsinitiativen** zur Änderung der handelsrechtlichen Vorschriften. Insofern vollzog sich die Fortentwicklung der GoB in jüngster Zeit weniger im Rahmen der Auslegung bestehender (unkodifizierter oder interpretationsbedürftiger) Rechtsnormen als vielmehr der expliziten Kodifizierung neuerer Rechtsvorschriften.

Durch die **Umsetzung des BilMoG** – als wohl bedeutendste Reform des Handelsbilanzrechts seit dem BiRiLiG von 1985 – wird die Auslegung der (neuen) handelsrechtlichen Vorschriften wieder an Bedeutung gewinnen. Dabei wird zunehmend die Frage relevant, ob bzw inwieweit neue, meist offenkundig in Anlehnung an die Normen des IASB aufgenommene, Vorschriften einer Auslegung iSd IFRS zugänglich sind (zur diesbzgl Problematik vgl *Moxter* WPg 2009, 7;

Hennrichs DB 2008 Beilage Status:Recht, 64; *Fülbier/Gassen* DB 2007, 2612; *Stibi/Fuchs* DB 2008 Beilage 1, 7). Bemerkenswert hierbei ist bspw, dass die noch in der Begr des RefE enthaltenen vergleichenden Hinweise auf die IFRS-Regelungen im Zuge des RegE gestrichen wurden, um eine eigenständige Auslegung des Handelsrechts – sicherlich nicht zuletzt angesichts der divergierenden Zwecksetzung bzw Funktionen (vgl hierzu ausführlich *Moxter* WPg 2009, 7) – zu ermöglichen. Ob diese Vorgehensweise vollends die gewünschte Wirkung entfaltet, bleibt abzuwarten, darf allerdings uE eher bezweifelt werden. Letzten Endes bedarf es zu jeder Vorschrift einer sorgfältigen Analyse, ob bzw inwieweit eine Auslegung im Lichte der IFRS die gebotene Konformität mit der grundlegenden Zwecksetzung und den daraus abgeleiteten Grundprinzipien einer handelsrechtlichen Rechnungslegung wahrt (vgl auch *Hennrichs* WPg 2012, 861).

Hinsichtlich der Aufgaben des DRSC gem § 342 ist zudem darauf hinzuweisen, dass das Aufgabenspektrum bereits im Zuge des BilMoG explizit um die „Erarbeitung von Interpretationen der internationalen Rechnungslegungsstandards iSd § 315a Abs 1" erweitert wurde (§ 342 Abs 1 Nr 4).

C. Normierte Grundsätze ordnungsmäßiger Bilanzierung im HGB

31 Die in den Kommentaren zum Bilanzrecht erläuterten **wichtigsten GoB** sind im HGB **für alle rechnungslegenden Kaufleute** normiert. Keine Anwendung finden sie insofern lediglich bei von der handelsrechtlichen Buchführung und Rechnungslegung befreiten und auch nicht freiwillig buchführenden und rechnungslegenden Ekfl iSd § 241a (§ 242 Abs 4). Einzelne GoB:
- Stichtagsprinzip (§ 242 Abs 1 und 2)
- Persönliche Zuordnung („*sein* Vermögen" und „*seine* Schulden": § 242 Abs 1); Maßgeblichkeit des wirtschaftlichen Eigentums (§ 246 Abs 1 S 2)
- Klarheit und Übersichtlichkeit (§§ 243 Abs 2, 247 Abs 1)
- Vollständigkeit (§ 246 Abs 1)
- Verrechnungsverbot (§ 246 Abs 2 S 1)
- Kontinuität
  - Bilanzidentität (§ 252 Abs 1 Nr 1)
  - Ansatz- und Bewertungsstetigkeit (§§ 246 Abs 3, 252 Abs 1 Nr 6)
- Going-concern-Prinzip (§ 252 Abs 1 Nr 2)
- Prinzip der Einzelbewertung (§ 252 Abs 1 Nr 3)
- Grundsatz der Vorsicht
  - Imparitätsprinzip (§ 252 Abs 1 Nr 4 Halbsatz 1)
  - Niederstwertprinzip (§ 253 Abs 1, 3–4)
  - Realisationsprinzip (§ 252 Abs 1 Nr 4 Halbsatz 2)
- Bewertungsobergrenze AK/HK (§ 253 Abs 1)
- Periodengerechte Zuordnung von Aufwendungen und Erträgen (§ 252 Abs 1 Nr 5).

32 Für gliederungsgebundene Unt (KapGes und KapCoGes, eG und dem PublG unterliegende Unt) werden der Grundsatz der **Klarheit** und für die KapGes und KapCoGes auch der Grundsatz der **Vorsicht** noch ergänzt durch die Grundsätze der Klarheit und Übersichtlichkeit (vgl Gliederungsvorschriften für den JA, §§ 265, 266, 275, 277) und das Gebot zur Vermittlung eines angemessenen Einblicks in die VFE-Lage (§ 264 Abs 2).

33 Die in Anm 31 aufgeführten GoB für den JA sind bei den jeweils zitierten Paragraphen erläutert. Sie werden auch im einschlägigen Schrifttum als „GoB" bezeichnet (zB *ADS*[6] § 243 Anm 9, 22, 22a). Gleichwohl resultieren aus der

Einführung einiger Vorschriften im Rahmen des BilMoG **partielle Durchbrechungen** oder **Neuinterpretationen** der obigen Grundsätze. So wird bspw das AK- und Realisationsprinzip bei der Bewertung von Deckungsvermögen iSv § 246 Abs 2 sowie von FinInst des Handelsbestands bei Kreditinstituten zum beizZW (§§ 253 Abs 1 S 4, 340 Abs 3) sowie ggf bei der Umrechnung kurzfristiger Fremdwährungsposten zum Stichtagskurs (§ 256a) durchbrochen. Ausnahmen vom Saldierungsverbot ergeben sich durch das explizite Gebot zur Verrechnung von Deckungsvermögen iSv § 246 Abs 2 mit der korrespondierenden Versorgungsverpflichtung. Eine Neuinterpretation erfährt bspw das Stichtagsprinzip (zudem je nach Sichtweise ggf auch das Realisationsprinzip) hinsichtlich der Berücksichtigung künftiger Kosten- bzw Preissteigerungen sowie der Abzinsung bei der Bewertung von Rückstellungen (§ 253 Abs 1 und 2). Im Fall v BewEinh (§ 254) werden bestimmte Prinzipien explizit für nicht anwendbar erklärt. Zudem bestehen hinsichtlich der in Anm 32 genannten Grundsätze gewisse Einschränkungen bzw Erleichterungen für **KleinstKapGes** (§ 267a), so insb die Möglichkeit zur Erstellung einer verkürzten Bilanz und GuV (§ 266 Abs 1 S 4, § 275 Abs 5; § 152 Abs 4, § 158 Abs 3 AktG) oder der Verzicht auf einen Anhang (§ 264 Abs 1 S 5).

Das in den USA als „oberer GoB" anerkannte **matching principle** – zu- 35 sammengehörende Aufwendungen und Erträge sind der gleichen Rechnungsperiode zuzuordnen – gilt nach deutschem Handelsrecht grds nicht. Bereits 1969 hat der *BFH* (29.10.1969 BStBl II 1970, 178) entschieden: „Es gibt weder einen handelsrechtlichen Grundsatz ordnungsmäßiger Bilanzierung noch einen steuerrechtlichen Grundsatz, der es ... zuließe, ganz allgemein Ausgaben im Wege der aktiven Rechnungsabgrenzung in das Wirtschaftsjahr zu verlagern, in dem die Einnahmen fließen, aus denen die Ausgaben gedeckt werden sollen".

Das Verbot, **fiktive Posten** zu bilanzieren wird durch das Vollständigkeitsge- 36 bot des § 246 iVm § 253 Abs 1 sichergestellt.

Für den **Konzernabschluss** enthält § 298 Abs 1 S 1 zwar keinen Verweis auf 37 § 243; materiell sind die Gebote des § 243 jedoch in § 297 Abs 2 S 1 und 2 wiederholt und die in den Anm 31 und 32 aufgezählten Einzelvorschriften gem § 298 Abs 1 sämtlich anzuwenden. Hinzu treten für den KA spezielle Grundsätze, die sich aus der wirtschaftlichen Einheit des Konzerns und den KonsMaßnahmen ergeben; s § 297 Anm 190 ff, § 300 Anm 40 ff und § 308 Anm 4 ff.

D. Klarheit und Übersichtlichkeit (Abs 2)

I. Allgemeines

Der in § 243 Abs 2 normierte Grundsatz der Klarheit und Übersichtlichkeit 51 gilt für **alle rechnungslegenden Kaufleute** (vgl Anm 31), also auch für dem PublG unterworfene Unt (Anm 71), für KapGes und KapCoGes.

Er betrifft die **äußere Form** und die **Art der Darstellung** des gesamten JA, 52 bei der Bilanz und der GuV also speziell die Gliederung und beim Anhang der KapGes und gleichgestellter Unt (Anm 54) vor allem die ErlWeise. Gleichermaßen gilt er für sonstige Abschlussbestandteile wie KFR, EK-Spiegel, SegBerE sowie für den Lagebericht. Er soll jede Art von verschleiernder Darstellung verhindern.

Soweit **Wahlmöglichkeiten** bzgl der äußeren Form und der Art der Darstel- 53 lung des JA bestehen (Anm 55 ff), ist die Entscheidung stets so zu treffen, dass die gesetzliche Forderung nach Klarheit und Übersichtlichkeit des JA erfüllt wird.

Dabei ist aber zu berücksichtigen, dass das HGB nur eine klare und übersichtliche, nicht aber „die klarste und übersichtlichste" Darstellungsweise verlangt. Den Wünschen des Unt hinsichtlich der äußeren Form des JA kann deshalb (im Rahmen der bestehenden Wahlmöglichkeiten) Rechnung getragen werden, soweit der JA „klar und übersichtlich" ist.

II. Einzelkaufleute und Personenhandelsgesellschaften

54 Für Kfl, die weder KapGes noch diesen hinsichtlich der Gliederung des JA weitgehend gleichgestellte Unt (wie zB KapCoGes, eG, Kreditinstitute oder VersicherungsUnt) sind, ist der Grundsatz der Klarheit und Übersichtlichkeit im HGB nur in § 246 Abs 2 S 1 (Saldierungsverbot) und in § 247 Abs 1 (hinreichende Aufgliederung der Bilanz) gesetzlich konkretisiert. Für KapGes (sowie KapCoGes und für eG gem § 336 Abs 2) ist er dagegen im Rahmen der §§ 264c, 265 bis 288 in zahlreichen Spezialgesetzen (AktG, GmbHG) präzisiert. Diese Einzelvorschriften gelten für sonstige Kfl prinzipiell nicht, da sie **Spezialregelungen für KapGes und KapCoGes** sind (so auch *ADS*[6] § 243 Anm 35), können aber uU Ausstrahlungswirkung haben. Soweit sie Wahlrechte einräumen (wie § 268 Abs 5 S 2 bzgl der Absetzung erhaltener Anzahlungen von den Vorräten) oder nur ein unverzichtbares Element einer jeden klaren und übersichtlichen Rechnungslegung normieren (wie § 265 Abs 1 S 1 betr die Beibehaltung der Form der Darstellung) oder Abweichungen von einer Grundregel ausdrücklich als Mittel zur Erzielung eines klaren und übersichtlichen JA vorschreiben (wie § 265 Abs 6 bzgl der Änderung der Gliederung und der Postenbezeichnung), gelten sie aber **entspr auch für andere Kaufleute,** da auch diese dem Grundsatz der Klarheit und Übersichtlichkeit unterworfen sind. Für die dem PublG unterworfenen Unt s Anm 71.

Im Einzelnen bedeutet der Grundsatz für Ekfl und für PersGes, die weder durch § 264a erfasst noch dem PublG unterworfen sind, insb Folgendes (s auch IDW RS HFA 7 Tz 1 ff):

55 a) Von den für die jeweilige Branche, Rechtsform oder UntGröße geltenden **gesetzlichen Gliederungsschemata** der Bilanz und der GuV darf nicht abgewichen werden, es sei denn, dass eine andere Gliederung durch vorrangige Bestimmungen vorgeschrieben (s insb Formblätter gem § 330) oder erlaubt ist. Dabei ist auch § 265 Abs 6 zu beachten, wonach von der gesetzlichen Gliederung in bestimmtem Umfang abgewichen werden muss, wenn dies wegen Besonderheiten des Unt zur Aufstellung eines klaren und übersichtlichen JA erforderlich ist.

56 Kfl, die nicht KapGes bzw KapCoGes oder eG sind, haben allerdings nach dem HGB kein detailliertes gesetzliches Gliederungsschema zu beachten. Sie brauchen vielmehr – sofern sie keinem Spezialgesetz wie zB Formblattvorschriften unterliegen – in der Bilanz nur die wenigen in § 247 Abs 1 genannten Sammelposten auszuweisen und „hinreichend aufzugliedern" (§ 247 Anm 4 ff; s auch *Baumbach/Hopt*[35] § 243 Rn 4, wonach zumindest in der Grundform § 266 entsprochen werden müsse). Entspr gilt für die GuV (§ 242 Anm 8). EKfm und reinen PersGes ist jedoch zu empfehlen, ihrem JA jedoch stets freiwillig die Gliederung der §§ 266 und 275 f, und sei es nur in der auch KleinstKapGes zugestandenen verkürzten Fassung (Anm 33), zugrunde legen. Denn infolge des relativ hohen allgemeinen Bekanntheitsgrads dieser Gliederung wird eine andere Gliederung des JA nur in Ausnahmefällen im Hinblick auf Klarheit und Übersichtlichkeit gleichwertig sein können.

57 b) Die **Bezeichnung** der einzelnen Posten eines anzuwendenden (oder freiwillig angewandten) gesetzlichen Gliederungsschemas darf (bzw sollte) prinzipiell

nicht verändert werden. Eine Änderung muss aber vorgenommen werden, wenn dies wegen Besonderheiten des Unt zur Aufstellung eines klaren und übersichtlichen JA erforderlich ist (§ 265 Abs 6).

c) Die **Reihenfolge** der einzelnen Posten eines anzuwendenden (oder freiwillig angewandten) Gliederungsschemas darf (bzw sollte) ebenfalls grds nicht verändert werden. Auch hier muss eine Änderung aber dann erfolgen, wenn dies wegen Besonderheiten des Unt zur Aufstellung eines klaren und übersichtlichen JA erforderlich ist (§ 265 Abs 6).

d) Die einzelnen Posten eines anzuwendenden gesetzlichen Gliederungsschemas müssen grds **gesondert** ausgewiesen werden, solange nicht explizite Ausnahmevorschriften eine Zusammenfassung bzw verkürzte Darstellung (vgl bspw §§ 266 Abs 1 S 3 f, 276) gestatten. Bei freiwilliger Anwendung ist dagegen eine Zusammenfassung von Posten, die keine Saldierung (s Anm 60) darstellt, zulässig, und zwar bei der Bilanz theoretisch bis zu den in § 247 genannten Sammelposten, sofern damit im Einzelfall dem Erfordernis einer hinreichenden Aufgliederung iSd § 247 Abs 1 Genüge getan wird. Bei jeder Zusammenfassung ist aber zu beachten, dass diese zu keiner Verschleierung führen darf. Es darf daher keine gruppenübergreifende Zusammenfassung von Einzelposten erfolgen, solange die betr Gruppen noch getrennt ausgewiesen werden.

e) Eine **Saldierung** von Aktiv- und Passivposten ist grds ebenso unzulässig wie eine Saldierung von Aufwendungen und Erträgen (§ 246 Abs 2 S 1). Das Saldierungsverbot wird allerdings von zahlreichen Ausnahmen durchbrochen (§ 246 Anm 105–115).

f) Eine **Erweiterung** eines anzuwendenden oder freiwillig angewandten gesetzlichen Gliederungsschemas ist – soweit keine Spezialgesetze wie zB Formblattvorschriften entgegenstehen – grds zulässig, und zwar nicht nur iSe Untergliederung (also einer Aufgliederung eines Postens in mehrere Unterposten), sondern auch durch den Vermerk von Teilmengen eines Postens und sogar durch Hinzufügung gänzlich neuer Posten, sofern deren Inhalt nicht von einem gleichzeitig ausgewiesenen anderen Posten abgedeckt wird (§ 265 Abs 5). Zusätzliche Posten jeder Art sind so eindeutig wie möglich zu bezeichnen. Ein neuer Posten ist im Interesse der Übersichtlichkeit nach demjenigen Posten des gesetzlichen Gliederungsschemas einzufügen, zu dem er inhaltlich am ehesten gehört. Insgesamt ist bei Erweiterungen des gesetzlichen Gliederungsschemas zu beachten, dass ein Übermaß an Erweiterungen die Klarheit und Übersichtlichkeit des JA beeinträchtigt und daher unzulässig ist (glA *ADS*[6] § 243 Anm 32).

g) Die in der Bilanz sowie die in der GuV ausgewiesenen Posten müssen so **untereinander gesetzt** werden, dass jeder Posten mit dem dazugehörigen Betrag eine besondere Zeile erhält.

h) Posten, die **keinen Betrag** (weder im aktuellen noch vorhergehenden Gj) ausweisen, sollten weggelassen werden (§ 265 Abs 8). Weggelassene Posten dürfen bei der fortlaufenden Nummerierung der Posten des JA nicht berücksichtigt werden.

i) Bei größeren Unt ist es üblich, die im JA anzugebenden Summen auf volle € zu **runden**. Da dies die Übersichtlichkeit des JA erhöht, ohne seine Aussagefähigkeit zu beeinträchtigen, sind hiergegen keine Einwendungen zu erheben. Entspr gilt bei Großunt für Rundungen auf volle tausend € oder bei Milliarden-Abschlussposten auch auf volle Mio € (glA *ADS*[6] § 243 Anm 28).

j) Die Form der Darstellung in der Bilanz und in der GuV ist im Folgejahr **beizubehalten**, es sei denn, dass Abweichungen wegen besonderer Umstände sachlich gerechtfertigt sind (s die Erl zu § 265 Abs 1; *WPH*[14] I, E Anm 596). Denn eine willkürliche Änderung der Form der Darstellung kann eine Verschleierung bewirken. Eine Verpflichtung zur Angabe von Vj-Zahlen besteht nicht, erscheint jedoch zweckdienlich (*ADS*³² § 247 Anm 30, *WPH*¹⁴ I, E Anm 598). Erfolgt eine Angabe der Vj-Zahlen, sind diese jedoch mit den Beträgen des aktuellen Berichtsjahrs nicht vergleichbar (zB bei wesentlichen Umgliederungen), besteht zudem ErlPflicht (§ 265 Abs 2); bei bestimmten Sachverhalten kann uU auch eine Anpassung der Vj-Zahlen (mit entspr Erl) zB bei geänderter Postenzusammensetzung oder die zusätzliche Darstellung angepasster Vj-Zahlen (zB Drei-Spalten-Form; so etwa bei unterschiedlichem Vergleichszeitraum/ Rumpf-Gj; s hierzu auch IDW RS HFA 39 Tz 9 ff) in Betracht kommen.

III. Kapitalgesellschaften

66 Die vorstehenden Ausführungen (Anm 55 ff) gelten grds auch für KapGes und KapCoGes, da Abs 2 auch auf diese Anwendung findet (Anm 51). Der Zweite Abschn des Dritten Buchs des HGB (insb § 265) enthält jedoch darüber hinaus zahlreiche Einzelvorschriften zur äußeren Form und zu der Art der Darstellung der **Bilanz und der GuV**. Diese **Einzelvorschriften gehen** dem allgemeinen Grundsatz der Klarheit und Übersichtlichkeit prinzipiell **vor**. KapGes/KapCoGes dürfen diese Einzelvorschriften also nicht etwa unter Berufung auf den Grundsatz des Abs 2 generell außer Acht lassen. Eine spezielle Ausnahmeregelung enthält aber § 265 Abs 6, der eine Abweichung von bestimmten Einzelvorschriften sogar vorschreibt, wenn dies zur Aufstellung eines klaren und übersichtlichen JA erforderlich ist. Zudem bestehen diverse Erleichterungsvorschriften insb für kleine KapGes (§ 267 Abs 1) sowie KleinstKapGes (Anm 33).

67 Bzgl des von KapGes/KapCoGes grds aufzustellenden **Anhangs** enthält der Zweite Abschn – außer in § 284 Abs 1 – keine Einzelvorschriften, welche die äußere Form und die Art der Darstellung betreffen. § 265 Abs 1 regelt aber nur, dass die Form der Darstellung beizubehalten ist. In allen übrigen Belangen ist daher auf den Grundsatz des Abs 2 zurückzugreifen. Aus ihm folgt, dass die Erl im Anhang im Interesse der Übersichtlichkeit in einer sachbezogenen Reihenfolge (zB entspr der Postenfolge der Bilanz und der GuV) zu gegeben und klar (zB drucktechnisch oder durch Zwischenüberschriften) zu gliedern sind (§ 284 Anm 25 ff mwN). Sie müssen einen eindeutigen Aussageinhalt und eine leicht verständliche sprachliche Form haben. Außerdem sind sie – sofern bestimmte Angaben nicht ausdrücklich vorgeschrieben sind – auf das zu beschränken, was zur Vermittlung eines den tatsächlichen Verhältnissen entspr Bilds wesentlich ist. Denn Zusätze, die nicht wesentlich sind, würden die Klarheit und Übersichtlichkeit des JA beeinträchtigen. Kleine KapGes und KleinstKapGes (sowie kleine bzw KleinstKapCoGes) dürfen auf die Erstellung eines Anhangs verzichten. In diesem Fall sind allerdings bestimmte Angaben unter der Bilanz erforderlich; zudem können Angaben notwendig sein, wenn der Abschluss entgegen der gesetzlichen Vermutung ein den tatsächlichen Verhältnissen entspr Bild der VFE-Lage nicht vermittelt (§§ 264 Abs 1 S 5, Abs 2 S 3 u 4). Die voranstehenden Ausführungen betr äußere Form und Art der Darstellung gelten für den **Lagebericht** entspr (§ 289 Anm 12).

IV. Rechtsfolgen einer Verletzung des Abs 2

68 Für eine Verletzung des Gebots der Klarheit und Übersichtlichkeit sieht das HGB keine speziellen **zivilrechtlichen** Rechtsfolgen vor. Jedoch kann bei prüfungspflichtigen Unt in besonders schwerwiegenden Fällen eine Einschränkung des BVm (§ 322 Abs 4) oder gar eine Nichtigkeit des JA (§ 256 Abs 4 AktG) in Betracht kommen.

Bzgl **straf- und bußgeldrechtlicher** Konsequenzen s die Erl zu den §§ 331 69
Nr 1 und 334 Abs 1 Nr 1a.

V. Zur steuerrechtlichen Bedeutung des Abs 2

Abs 2 hat als eine Norm, die nur die äußere Form des JA betrifft, praktisch 70
keine steuerrechtliche Bedeutung.

VI. Publizitätsgesetz

Abs 2 gilt grds auch für Unt, die dem PublG unterliegen. Diese sind dem 71
Grundsatz der Klarheit und Übersichtlichkeit, allerdings gem den für KapGes
geltenden Sondervorschriften (Anm 66) unterworfen, da nach § 5 PublG alle die
äußere Form und die Art der Darstellung des JA betr Vorschriften der §§ 264 bis
288 (und insb auch § 265) auf publizitätspflichtige Unt sinngemäß anzuwenden
sind. Bei einer Verletzung des Abs 2 können sich straf- und bußgeldrechtliche
Konsequenzen aus den §§ 17 Nr 1 und 20 Abs 1 Nr 1a PublG ergeben (s auch
die Erl zu den ähnlich formulierten §§ 331 Nr 1 und 334 Abs 1 Nr 1a).

E. Die Aufstellungsfrist (Abs 3)

I. Geltungsbereich

Gegenstand des Abs 3 ist die Aufstellungsfrist des JA (§ 242 Abs 3). Da jedoch 91
die Aufstellungsfristen (= Ende der Abschlusserstellung) für KapGes und Kap-
CoGes in § 264 Abs 1 und die großen EKfm und PersGes (soweit nicht durch
§ 264a erfasst) bereits in § 5 Abs 1 PublG geregelt sind, betrifft Abs 3 **nur** die
nicht vom PublG (bzw § 264a) erfassten **Einzelkaufleute und (reine) Personenhandelsgesellschaften.** Anhaltspunkte für die Dauer der Aufstellungsfrist
für die JA solcher Unt, die das HGB als „einem ordnungsmäßigen Geschäftsgang
entsprechend" angesehen hat, lassen sich aus den zuvor genannten Vorschriften
entnehmen; sie können aber auch länger sein (Anm 92f).
Die gesetzlichen Fristen für die Aufstellung des JA für **AG, KGaA, GmbH**
(§ 264 Abs 1) und für die unter das PublG fallenden Unt (§ 5 Abs 1 PublG) betragen drei Monate nach Beendigung des Gj. Für **kleine Kapitalgesellschaf-
ten/KapCoGes und KleinstKapGes/KleinstKapCoGes** beträgt die Frist bis
zu **6 Monate** (§§ 264 Abs 1, 267a Abs 2), bei **Genossenschaften** 5 Monate
(§ 336 Abs 1 S 2). **Kreditinstitute** müssen weiterhin innerhalb von 3 Monaten
(§ 26 Abs 1 KWG), **Versicherungsunternehmen** innerhalb von 4 Monaten
ihren JA erstellen (§ 341a Abs 1; für RückversicherungsUnt mit Bilanzstichtag
31.12. kommt eine Frist von 10 Monaten in Betracht, § 341a Abs 5).
Die vorgenannten Zeiträume (Fristen) sind jedoch Ausfluss des Schutzprinzips
zugunsten der **Gesellschafter,** denen die Verwaltung Rechenschaft zu legen hat,
und der **Gläubiger.** Die Rspr sowohl der Finanz- als auch der Strafgerichte hat
unterschiedliche Auffassungen über eine zulässige Dauer der Aufstellungsfrist
vertreten. Die in den Urteilen genannten Fristen richten sich nach den jeweiligen individuellen Interessen und Zwecken der jeweiligen Parteien. Auch kommen hierbei Divergenzen zwischen Handels-, Steuer- und Strafrecht zum Ausdruck. Bei Auflösung einer GmbH beginnt für den Liquidator die Aufstellungsfrist des letzten JA der werbenden Ges nicht erst mit seiner Bestellung,

sondern bereits mit dem Ende des abgeschlossenen (Rumpf-)Gj (s *Förschle/ Deubert* in Sonderbilanzen[4], *T 105f*).

Hat das Unt auch einen **Konzernabschluss** aufzustellen, sind zusätzlich die Aufstellungsfristen für diesen zu beachten.

II. Handelsrechtliche Auslegung

92   Grds ist bei der Auslegung des **unbestimmten Rechtsbegriffs** „der einem ordnungsmäßigen Geschäftsgang entsprechenden Zeit" auf die **Verhältnisse des betr Unt** und die **billigerweise** zu stellenden **Anforderungen** abzustellen. Im handelsrechtlichen Schrifttum wird zum Teil die Auffassung vertreten, dass die Frist bis zu 6 Monaten beträgt (glA *Baumbach/Hopt*[35] § 243 Anm 10).

93   Da hier dieser unbestimmte Rechtsbegriff nur für EKfm sowie für OHG und KG (sofern keine KapCoGes) auszulegen ist, bei denen die Gester größere (Mitsprache-)Rechte haben, ist uE ein **längerer Zeitraum als 6 Monate** angebracht, ebenso *ADS*[6] § 243 Anm 42. Diese Ansicht wird auch vom BFH gestützt, der mit U vom 6.12.1983 (BStBl II 1984, 227) entschieden hat, dass eine Bilanz, die nach Ablauf eines Jahrs nach Abschluss des Gj aufgestellt wird, nicht mehr innerhalb der einem ordnungsmäßigen Geschäftsgang entspr Zeit aufgestellt ist. Daraus folgt, dass ein JA innerhalb „der einem ordnungsmäßigen Geschäftsgang entsprechenden Zeit" aufgestellt ist, wenn die Aufstellung **spätestens 12 Monate** nach Ablauf des Gj erfolgt ist (aA *Baetge/Fey/Fey* in HdR[5] § 243 Anm 93, die eine Überschreitung der Frist von 6 bis 9 Monaten grds ablehnen). Eine Verlängerung dieser Frist durch **gesellschaftsvertragliche Vereinbarungen** ist nicht zulässig.

III. Steuerrechtliche Auslegung

94   Für die **Steuerbilanz** gibt es keine explizit normierte Aufstellungsfrist. Zwar gibt es Fristen für die Abgabe der ESt-/KSt-Erklärungen (s § 149 Abs 2 AO mit der Möglichkeit der Verlängerung gem § 109 Abs 1 AO); diese greifen aber nur in beschränktem Maße für die StB, da diese lediglich als „Unterlage" (§ 150 Abs 4 S 1 AO) den Steuererklärungen beizufügen ist (s *Tipke/Kruse* § 150 Anm 19 und § 153 Anm 9). Die Vorlage der StB ist zwar erzwingbar, berechtigt jedoch nicht zum Verspätungszuschlag (s *Tipke/Kruse* § 150 Anm 23 und § 152 Anm 10). Zur Aufstellungsfrist nach Steuerrecht s auch *Schoor* StBp 1999, 216.

Da die **Buchführung** aber **nicht mehr ordnungsgemäß** ist, wenn die StB zu spät (dh nicht in der einem ordnungsmäßigen Geschäftsgang entspr Zeit) aufgestellt wird (BFH 6.12.1983 BStBl II 1984, 227), ist damit auch steuerrechtlich die Frist des Abs 3 einzuhalten.

IV. Strafvorschriften bei versäumter Aufstellungsfrist in der Krise

95   Befindet sich ein Unt in einer Krise, erhalten die Aufstellungsfristen im Interesse der Gläubiger ein besonderes Gewicht. Der BGH sowie das BVerfG (Beschluss vom 15.3.1978, BB, 572) sagen, dass in diesem Falle der JA zeitnah und ohne schuldhaftes Zögern aufzustellen sei. Dabei wird ein Zeitraum von 2 bis 3 Monaten genannt. Mit den Abschlussarbeiten ist daher unverzüglich zu beginnen (*Baetge/Fey/Fey* in HdR[5] § 243 Anm 94ff). Kommt der Kfm dieser Anforderung trotz Kenntnis der Krisensituation nicht nach, sehen die §§ 283, 283b StGB sowohl Geld- als auch Freiheitsstrafen vor. Im Übrigen ist die **Frist** nach

Abs 3 auch bei KapGes nicht durch Sanktionen gesichert; wie hier *Baetge/Fey/ Fey* in HdR[5] § 243 Anm 100; aA *ADS*[6] § 243 Anm 45: Fristenüberschreitung verletzt Abs 1 und damit § 334 Abs 1 Nr 1a.

F. Die Maßgeblichkeit der Handelsbilanz für die Steuerbilanz

I. Der Maßgeblichkeitsgrundsatz

Die handelsrechtlichen Rechnungslegungsvorschriften einschl der nicht kodifi‑ 111 zierten GoB sind grds auch für den Ansatz des Betriebsvermögens zum Zwecke der Besteuerung maßgebend. Eine nach den GoB aufgestellte HB bildet daher zugleich die **Grundlage für die steuerrechtliche Gewinnermittlung.** Denn § 5 Abs 1 S 1 EStG bestimmt, dass „bei Gewerbetreibenden, die auf Grund gesetzlicher Vorschriften verpflichtet sind, Bücher zu führen und regelmäßig Abschlüsse zu machen, oder die ohne eine solche Verpflichtung Bücher führen und regelmäßig Abschlüsse machen, für den Schluss des Wirtschaftsjahres das Betriebsvermögen anzusetzen ... (ist), das nach den handelsrechtlichen GoB auszuweisen ist" es sei denn, im Rahmen der Ausübung eines steuerrechtlichen Wahlrechts wird oder wurde ein anderer Ansatz gewählt. Die sich hieraus ergebende grds Maßgeblichkeit der HB für die StB gilt nach hM nicht nur für die Frage, welche VG und Schulden in der StB anzusetzen sind, sondern auch für ihren Wertansatz in der StB (BFH 25.4.1980, BStBl II 1986, 350; BFH 24.1.1990, BStBl II, 426). Insofern ist auch die handelsrechtliche Zuordnung in Anlage- bzw Umlaufvermögen grds steuerrechtlich maßgeblich (vgl auch *Wohlgemuth* WPg 2008, 1168).

Der Maßgeblichkeitsgrundsatz ist aber in vielfacher Weise **eingeschränkt** 112 (Anm 113 ff; s hierzu auch *Weber-Grellet* DB 2010, 2303 – der sich im Übrigen de lege ferenda für ein eigenständiges StB-Recht ausspricht). Denn wenn das Steuerrecht eigene Bestimmungen enthält, gehen die speziellen steuerrechtlichen Ansatz- und Bewertungsvorschriften für Zwecke der Besteuerung den Regelungen des HGB und den nicht kodifizierten GoB vor. Außerdem werden nicht alle handelsrechtlichen Wahlrechte steuerrechtlich anerkannt; ähnlich *Weber-Grellet* in Schmidt[32] § 5 Anm 31. Im Zuge der **Abschaffung der umgekehrten Maßgeblichkeit** durch das BilMoG ist die bisherige formelle Maßgeblichkeit, wonach steuerrechtliche Wahlrechte in Übereinstimmung mit der handelsrechtlichen Behandlung auszuüben waren, weitgehend weggefallen (Ausnahme bspw § 5 Abs 1a EStG). Dem neuen Gesetzeswortlaut entspr sind nunmehr jedwede (GoB-inkonforme als auch GoB-konforme) **steuerrechtliche Wahlrechte autonom ausübbar** (vgl *Herzig/Briesemeister* DB 2009, 929 f; BMF 12.3.2010, DStR 2010, 601 Anm 12 ff). Insofern führte die ursprüngliche Intention des Gesetzgebers zur bloßen Abschaffung der umgekehrten Maßgeblichkeit (zwecks Befreiung der HB von rein steuerrechtlich bedingten Fremdkörpern) letzten Endes auch zu einer weiteren (ggf nicht beabsichtigten) Einschränkung der (einfachen) Maßgeblichkeit (zur kontroversen Auseinandersetzung im Schrifttum vgl bspw *Arbeitskreis Bilanzrecht der Hochschullehrer Rechtswissenschaft* DB 2009, 2570; *Theile* DStR 2009, 2384). Besteht sowohl nach Handels- als auch Steuerrecht ein Wahlrecht, kann das steuerrechtliche Wahlrecht demnach unabhängig von der Entscheidung für die HB ausgeübt werden (vgl *Dörfler/Adrian* DB 2008 Beilage 1, 44 f). Zu beachten ist, dass gem FinVerw als steuerrechtliches Wahlrecht auch solche Regelungen gelten, die sich nicht aus dem Gesetz, sondern aus Verwaltungsvorschriften (zB Richtl u BMF-Schreiben) ergeben (BMF 12.3.2010, DStR 2010, 601 Anm 12; hierzu kritisch analysierend *Herzig/Briesemeister* DB 2010, 917). Materielle Bedeutung entfaltet der Maßgeblichkeitsgrundsatz somit nur noch in den Fällen, in denen eine steuerrechtliche Norm gänzlich fehlt (vgl hierzu ausführlich *Kirsch* DStZ 2008, 565). Seit dem BilMoG ist zudem zu beachten, dass die Ausübung steuerrechtlicher Wahlrechte voraussetzt, dass die WG, die steuerrechtlich mit einem vom handelsrechtlich maßgeblichen Wert abw Betrag angesetzt werden, in besondere, lfd zu führende Verzeichnisse aufgenommen werden (§ 5 Abs 1 S 2 EStG; s auch BMF 12.3.2010, DStR 2010, 601 Anm 19 ff).

Für Kfl, die gem § 241a Abs 2 iVm § 242 Abs 4 handelsrechtlich nicht buchführungs- und bilanzierungspflichtig sind und auch nicht auf freiwilliger Basis handelsrechtlich Bücher führen und Abschlüsse erstellen, kommt der Maßgeblichkeitsgrundsatz per se nicht zur Anwendung.

II. Ansatzvorschriften

1. Zwingendes Handelsrecht

113   Zwingende handelsrechtliche Ansatzvorschriften gelten gem § 5 Abs 1 EStG auch für das Steuerrecht, sofern dieses keine abw Bestimmungen enthält; glA *Weber-Grellet* in Schmidt[32] § 5 Anm 30. Ein nach den handelsrechtlichen GoB bestehendes **Aktivierungs- oder Passivierungsgebot** begründet deshalb grds auch steuerrechtlich eine Aktivierungs- bzw Passivierungspflicht (so muss zB eine handelsrechtlich erforderliche Rückstellung für die Kosten des JA auch steuerrechtlich gebildet werden). Und ein handelsrechtliches **Bilanzierungsverbot** führt auch steuerrechtlich idR zu einem Aktivierungs- bzw Passivierungsverbot (wie zB das Aktivierungsverbot des § 248 für Gründungs- und EK-Beschaffungskosten), es sei denn, das Steuerrecht sieht ein ausdrückliches **Bilanzierungswahlrecht** (wie zB bzgl der Bildung gewinnmindernder Rücklagen gem § 6b EStG) oder ein **Bilanzierungsgebot** (wie zB zum Ansatz aktiver RAP für auf Vorratsvermögen entfallende Zölle und Verbrauchsteuern sowie auf erhaltene Anzahlungen entfallende USt gem § 5 Abs 5 S 2 EStG) vor.

Diese Grundsätze sind allerdings durch Abs 4a und Abs 4b S 2 des § 5 EStG (Verbot von Rückstellungen für drohende Verluste aus schwebenden Geschäften sowie für bestimmte Entsorgungsverpflichtungen radioaktiver Stoffe) durchbrochen worden.

2. Handelsrechtliche Ansatzwahlrechte

114   Im Falle eines handelsrechtlichen Ansatzwahlrechts gilt der Maßgeblichkeitsgrundsatz dagegen idR nicht. Denn der BFH hat den Grundsatz aufgestellt, dass das, was handelsrechtlich aktiviert werden *darf*, steuerrechtlich prinzipiell aktiviert werden *muss* und dass das, was handelsrechtlich nicht passiviert werden *muss*, steuerrechtlich im Allgemeinen nicht passiviert werden *darf* (*Weber-Grellet* in Schmidt[32] § 5 Anm 31 mwN). Dieser BFH-Grundsatz gilt nur dann nicht, wenn auch das Steuerrecht ausdrücklich ein **Ansatzgebot**, ein **Ansatzwahlrecht** (bspw bei GWG mit AK/HK (vermindert um einen darin enthaltenen Vorsteuerbetrag) bis 410 € oder zur Bildung von Sammelposten bei GWG mit AK/HK (vermindert um einen darin enthaltenen Vorsteuerbetrag) von mehr als 150 €, jedoch nicht mehr als 1000 € (§ 6 Abs 2 u 2a EStG); s zudem Anm 117) oder gar ein **Ansatzverbot**, bspw für selbsterstellte immaterielle WG des Anlagevermögens (zB Entwicklungskosten) (§ 5 Abs 2 EStG) enthält.

115   Der in Anm 114 genannte BFH-Grundsatz hat **für die Aktivseite** der Bilanz insb für folgende handelsrechtliche Wahlrechte Bedeutung:
a) Das in § 250 Abs 3 behandelte **Disagio** von Verbindlichkeiten und Anleihen muss steuerrechtlich als RAP aktiviert werden.

b) Für zu erwartende **Dividenden** eines abhängigen Unt besteht nach der Rspr (BFH GrS 7.8.2000, BB, 2247) grds ein Aktivierungsverbot.

Auf der **Passivseite** der Bilanz hat der in Anm 114 genannte BFH-Grundsatz   **116** aufgrund zunehmender Aufhebung handelsrechtlicher Wahlrechte kaum noch Bedeutung.

Bzgl der bereits vor Beendigung des Vertragsverhältnisses gebildeten Rückstellung für künftige **Ausgleichsverpflichtungen gegenüber Handelsvertretern** nach § 89b geht der BFH von einem handelsrechtlichen Passivierungswahlrecht aus und folgert daraus ein steuerrechtliches Passivierungsverbot (die Schuld ist aber bei Vertragsende zu passivieren, glA *Weber-Grellet* in Schmidt[32] § 5 Anm 550).

Für die Passivseite gilt der in Anm 114 genannte BFH-Grundsatz aber dann   **117** nicht, wenn auf Grund einer ausdrücklichen Vorschrift **auch steuerrechtlich** ein **Passivierungswahlrecht** besteht. Dann besteht nunmehr wiederum die Möglichkeit zur eigenständigen, von der HB losgelösten, Wahlrechtsausübung. Als Bsp ist insb das Wahlrecht bzgl der Bildung von **Pensionsrückstellungen** für vor 1987 erteilte Pensionszusagen (Art 28 Abs 1 EGHGB; § 249 Anm 151 ff) zu nennen, das gem § 6a EStG – mit gewissen Einschränkungen – auch steuerrechtlich gilt. Bei öffentlichen Zuschüssen besteht trotz fehlender gesetzlicher Regelung auch steuerrechtlich (bis zur Entstehung der dann ggf zu mindernden AK/HK) ein Passivierungswahlrecht (EStR 6.5 Abs 2 und 4; *Kulosa* in Schmidt[32] § 6 Anm 73).

In Fällen von sowohl handels- als auch steuerrechtlich **unklarer Rechtslage**   **118** sollte die für handelsrechtliche Zwecke gewählte Bilanzierungsmethode grds auch für die StB maßgeblich sein. Bemerkenswert erscheint allerdings, dass nachträglich als unzutreffend einzustufende Bilanzierungsweisen nach jüngster Auffassung des BFH (Beschluss v 31.1.2013 GrS 1/10, DStR 2013, 633) steuerrechtlich selbst dann unbeachtlich sind, wenn die damalige (subjektive) Beurteilung des Bilanzierenden auch aus Sicht eines ordentlichen und gewissenhaften Kfm im Zeitpunkt der Bilanzaufstellung vertretbar gewesen war. Insofern sei bei ungeklärten Fragen, aber auch bei Änderungen der Rspr nach Bilanzaufstellung ein objektiver Maßstab anzulegen. Lediglich in Bezug auf tatsächliche Umstände bestehe weiterhin eine Bindung an subjektive Erkenntnisse des ordentlichen Kfm im Bilanzaufstellungszeitpunkt.

III. Bewertungsvorschriften

Nach dem Maßgeblichkeitsgrundsatz des § 5 Abs 1 EStG ist grds auch für die   **119** steuerrechtliche Bewertung von der HB auszugehen (Anm 111). Jedoch ist der sog steuerrechtliche **Bewertungsvorbehalt** des § 5 Abs 6 EStG zu beachten. Dieser bedeutet, dass steuerrechtliche Bewertungsbestimmungen (wie insb die §§ 6 bis 7k EStG) den entspr handelsrechtlichen Vorschriften für die Zwecke der StB vorgehen. Im Konfliktfall kommt es daher zu unterschiedlichen Ansätzen in der HB und in der StB und damit zu einer Durchbrechung des Maßgeblichkeitsgrundsatzes.

Abweichungen zwischen Handels- und Steuerbilanz bestehen insb in folgenden Fällen:
– Abschreibung des derivativen **Geschäfts- oder Firmenwerts**: steuerrechtlich ist gem § 7 Abs 1 S 3 EStG eine betriebsgewöhnliche Nutzungsdauer von 15 Jahren zugrunde zu legen, während handelsrechtlich nach § 253 Abs 3 (iVm § 246 Abs 1 S 4) die voraussichtliche Nutzungsdauer zugrunde zu legen ist.
– Wertaufholung des derivativen **Geschäfts- oder Firmenwerts**: steuerrechtlich ist beim Entfallen der Gründe für eine außerplanmäßige Abschreibung

eine Wertaufholung geboten (§ 6 Abs 1 Nr 1 S 4 EStG), handelsrechtlich hingegen verboten (§ 253 Abs 5 S 2).
- Bewertung von **zur Erfüllung von Altersversorgungsverpflichtungen gehaltenen** (und dem Zugriff aller übrigen Gläubiger entzogenen) **Vermögensgegenständen (Deckungsvermögen/Planvermögen)** isd § 246 Abs 2 S 2): gem § 6 Abs 1 Nr 1 u 2 EStG sind diese zu fortgeführten AK zu bewerten, während handelsrechtlich gem § 253 Abs 1 S 4 der beizZw maßgeblich ist.
- **Teilwertabschreibungen/außerplanmäßige Abschreibungen:** gem § 6 Abs 1 Nr 1 S 2 und Nr 2 S 2 EStG sind diese nur bei voraussichtlich *dauernder* Wertminderung zulässig (s hierzu Anm 120 u § 253 Anm 315), während im Gegensatz hierzu Abschreibungen auf den niedrigeren beizulegenden Wert bei VG des Finanzanlagevermögens in der HB auch bei nur *vorübergehender* Wertminderung vorgenommen werden dürfen (§ 253 Abs 3 S 4)
- Bewertung von **Fremdwährungsposten:** steuerrechtlich sind diese zu AK (historischer Kurs) bzw im Falle einer voraussichtlich dauerhaften Wertminderung (bei Schulden Wertsteigerung) zum niedrigeren beizulegenden Wert (bei Schulden zum höheren Wert) zu bewerten (§ 6 Abs 1 Nr 2 iVm Abs 1 Nr 3 S 1 EStG), während handelsrechtlich bei Laufzeiten von bis zu einem Jahr stets der Stichtagskurs heranzuziehen ist (§ 256a).
- **anschaffungsnahe HK von Gebäuden:** gem § 6 Abs 1 Nr 1a EStG gehören hierzu auch Aufwendungen für Instandsetzungs- und Modernisierungsmaßnahmen, die innerhalb von drei Jahren nach Anschaffung des Gebäudes durchgeführt werden, wenn die Aufwendungen ohne USt 15% der AK des Gebäudes übersteigen; nicht einzubeziehen sind hierbei Aufwendungen für Erweiterungen iSv § 255 Abs 2 S 1 sowie Aufwendungen für Erhaltungsarbeiten, die jährlich üblicherweise anfallen. Für die HB hingegen bestimmt sich der Umfang der HK ausschließlich nach den in § 255 Abs 2 genannten Kriterien; die zeitliche Nähe sowie die Kostenhöhe im Verhältnis zum Anschaffungsvorgang sind danach unmaßgeblich (s § 255 Anm 388).
- Verbrauchsfolgeverfahren zur Bewertung von Vorratsvermögen: nach § 6 Abs 1 Nr 2a EStG ist – im Gegensatz zur HB (§ 256 S 1) – die Anwendung des **FIFO-Verfahrens** *(first-in/first-out)* ausgeschlossen.

Zudem können sich aus der **Abzinsung und Bewertung von Verbindlichkeiten und Rückstellungen** zusätzlich folgende Abweichungen zwischen HB und StB ergeben:
- **Verbindlichkeiten** sind gem § 6 Abs 1 Nr 3 EStG mit einem Zinssatz von 5,5% pa abzuzinsen. Ausgenommen hiervon sind Verbindlichkeiten, deren Laufzeit am Bilanzstichtag weniger als 12 Monate beträgt, die verzinslich sind oder auf einer Anzahlung oder Vorausleistung beruhen. In der HB ist demggü eine Abzinsung grds unzulässig, so dass auch unterverzinsliche Verbindlichkeiten, sofern sie nicht auf Rentenverpflichtungen beruhen, für die eine Gegenleistung nicht mehr zu erwarten ist, mit ihrem Erfüllungsbetrag anzusetzen sind.
- **Rückstellungen** (die keine Rentenverpflichtungen sind) mit einer Laufzeit von mehr als 12 Monaten sind gem § 6 Abs 1 Nr 3a EStG wie Verbindlichkeiten mit einem Zinssatz von 5,5% pa abzuzinsen. Im Gegensatz hierzu sind Rückstellungen in der HB mit einer Laufzeit von mehr als einem Jahr mit dem fristadäquaten durchschnittlichen Marktzinssatz der vergangenen sieben Gj abzuzinsen (s hierzu § 253 Anm 188). Im Fall von (ratierlich bzw über einen gewissen Zeitraum zu erfüllenden) Sachleistungsverpflichtungen gilt hinsichtlich des Abzinsungszeitraums Folgendes: Während die Rückstellung auf den Betrag begrenzt ist, der sich aus einer Abzinsung bis zum Beginn der Verpflichtungserfüllung ergibt (§ 6 Abs 1 Nr 3a Buchst e) S 2 EStG), sind in der HB hingegen für jede Tranche die jeweiligen Erfüllungszeitpunkte maßgebend. Ist

der handelsrechtliche Rückstellungsbetrag niedriger als der nach dieser steuerlichen Vorschrift ermittelte Wert, ist allerdings nach Auffassung der OFD Münster steuerlich – insb mit Hinweis darauf, dass die im Zuge des StEntlG 1999/ 2000/2002 eingeführte Bewertungsvorschrift mittels ihres Einleitungssatzes („insbesondere höchstens") lediglich begrenzend wirke – der handelsrechtliche Betrag maßgeblich (vgl OFD Münster v 13.7.2012, DStR 2012, 1606). Eine solche Auslegung vermag in Anbetracht der seit dem BilMoG auch anderweitig (zwingend) divergierenden Bewertungsvorschriften bei Sachleistungsverpflichtungen nicht zu überzeugen (glA *Prinz* DB 2012 Heft 34 S 9; *Rutemöller* BB 2012, 2174; *Zwirner/Endert/Sepetauz* DtStR 2012, 2094; aA *Meurer* BB 2012, 2807). Gleichwohl hat der Bundesrat der Aufnahme dieser Auslegung in die EStR im Rahmen der EStÄR 2012 (R 6.11) nunmehr zugestimmt, allerdings nur unter der Maßgabe, dass etwaige hierdurch entstehende Auflösungsgewinne in eine gewinnmindernde Rücklage eingestellt werden können (vgl BR-Drs 681/12 v 14.12.2012; *Spieker* DB 2013, 783).

– Rückstellungen sind gem § 6 Abs 1 Nr 3a Buchst f EStG auf Basis des am Abschlussstichtag herrschenden **Preis- und Kostenniveaus** zu bewerten, während im handelsrechtlichen Erfüllungsbetrag (§ 253 Abs 1 S 2) künftige Kosten- bzw Preissteigerungen Berücksichtigung finden.

– Pensionsrückstellungen sind steuerlich nach den umfassenden Regelungen des § 6a EStG zu bilden, während handelsrechtlich die Vorschriften der § 249 Abs 1 S 1, § 253 Abs 1 u 2 (Bewertung in Höhe des Erfüllungsbetrags im og Sinn; bei wertpapiergebundenen Zusagen in Höhe des beizZw der Wertpapiere, soweit den garantierten Mindestbetrag übersteigend) gelten.

Ebenso ist für den Fall, dass einem handelsrechtlichen Bewertungswahlrecht oder einer zwingenden handelsrechtlichen Bewertungsvorschrift ein **steuerrechtliches Wahlrecht** gegenübersteht, nunmehr eine autonome steuerrechtliche Wahlrechtsausübung zulässig. So schlägt zB das handelsrechtlich zwingend vorgeschriebene Niederstwertprinzip im Hinblick auf die „kann"-Formulierung des § 6 Abs 1 Nr 1 S 2 und Nr 2 S 2 EStG nicht (mehr) auf das Steuerrecht durch (so auch BMF v 12.3.2010, DStR 2010, 601 Anm 15; aA *Schulze-Osterloh* DStR 2011, 538, der in der „kann"-Formulierung kein steuerrechtliches Wahlrecht, sondern lediglich die Begrenzung einer etwaigen Abschreibung auf einen niedrigeren Wert sieht und folglich steuerrechtlich den handelsrechtlichen Ansatz als maßgeblich erachtet). Gleiches gilt für die Wahl der Abschreibungsmethode beweglicher WG des Anlagevermögens (lineare vs degressive oder leistungsabhängige Abschreibung, § 253 Abs 3 S 1, § 7 Abs 1 u 2 EStG) sowie des Verbrauchsfolgeverfahrens (s Anm 119).

Fehlt es an einer eigenständigen **steuerrechtlichen Regelung** (zB Einbezug von FK-Zinsen in die HK, § 255 Abs 3 S 2) oder Bewertungsvereinfachungsverfahren (§ 240 Abs 3 u 4), ist wegen des Maßgeblichkeitsprinzips grds der handelsrechtlich gewählte Wert auch steuerrechtlich maßgebend (so auch BMF v 12.3.2010 DStR 2010, 601 Anm 5ff). Gleiches gilt für den Fall, dass sowohl handelsrechtlich als auch (mangels expliziter Kodifizierung) steuerrechtlich *Bewertungsspielräume* bestehen, solange sie sich innerhalb des steuerrechtlichen Bewertungsspielraums bewegen.

Hinsichtlich des Einbezugs von Kosten der allgemeinen Verwaltung, Aufwendungen für soziale Einrichtungen, freiwillige soziale Leistungen und betriebliche AVers in die HK von WG, wonach bisher ein steuerrechtliches Wahlrecht gesehen wurde (R 6.3. Abs 4 EStR), hat die FinVerw (überraschend) ihre Auffassung zugunsten eines Einbezugsgebots geändert (BMF v 12.3.2010 DStR 2010, 601 Anm 8; nunmehr R 6.3 Abs 2 u 3 EStR EStÄR 2012). Allerdings wurde – vermutlich angesichts der zahlreichen Kritik (vgl bspw *Herzig/Briesemeister* DB 2010,

921 ff sowie *Freidank/Velte* StuW 201, 356 ff) – zunächst durch Ergänzung des og Schreibens (BMF v 22.6.2010, DStR 2010, 1288 Anm 25), nunmehr durch BMF v 25.3.2013 (DB 2013, 732) die Anwendung der bisherigen Auffassung für bis zur Verifizierung des mit der Neuregelung der R 6.3 Abs. 1 EStÄR 2012 verbundenen Erfüllungsaufwands, spätestens aber für bis zur Veröffentlichung einer geänderten Richtl-Fassung endende Gj als nicht zu beanstanden erklärt.

Daneben bestehen diverse weitere Unterschiede in der bilanziellen Behandlung nach Handels- und Steuerrecht (vgl ausführlich *Herzig/Briesemeister/Schäperclaus* DB 2011, 2 ff). Genannt seien nur die Folgenden:
– Zur Erfüllung von AVers-Verpflichtungen gehaltene VG (Deckungsvermögen) sind handelsrechtlich gem § 246 Abs 2 S 2 mit der entspr Schuld zu saldieren, während steuerrechtlich ein Saldierungsverbot besteht (§ 5 Abs 1a S 1 EStG).
– Wesentliche physisch separierbare Komponenten eines VG bzw einer Sachgesamtheit können – in Anlehnung an den nach IFRS geltenden Komponentenansatz – separat planmäßig abgeschrieben werden (so IDW RH 1.016, FN 2009, 362; § 253 Anm 278), während steuerrechtlich grds von einer einheitlichen Abschreibung eines WG auszugehen ist.

Zu den zusätzlichen Anforderungen der für grds nach dem 31.12.2011 beginnende Gj geforderten elektronischen Übermittlung von Bilanzen sowie GuV-Rechnungen (§ 5b EStG, sog **E-Bilanz**) sowie zur Frage der gesetzlichen Konformität der seitens der FinVerw geforderten Daten vgl *Herzig/Briesemeister/Schäperclaus* DB 2011, 4).

IV. Die „umgekehrte" Maßgeblichkeit

121 Von der „Umkehrung des Maßgeblichkeitsgrundsatzes" spricht man dann, wenn der Bilanzierende steuerrechtliche Bilanzierungsvergünstigungen nur in Anspruch nehmen darf, falls er in gleicher Weise auch in der HB bilanziert hat. Denn in solchen Fällen ist die – angestrebte – StB **faktisch** für die Ausübung der handelsrechtlichen Bilanzierungswahlrechte „maßgeblich". Der Grundsatz der umgekehrten Maßgeblichkeit (§ 5 Abs 1 S 2 EStG aF) wurde im Zuge des BilMoG bereits mit dessen Inkrafttreten (29.5.2009) abgeschafft; gleichwohl sind die handelsrechtlichen Öffnungsklauseln (§ 247 Abs 3, § 254 S 1, § 273, § 279 Abs 2, § 280 Abs 2 u 3, § 281 HGB aF) erst mit Wirkung für nach dem 31.12.2009 beginnende Gj **abgeschafft**. Insofern können Nicht-KapGes bspw Sonderposten mit Rücklageanteil oder steuerrechtliche Sonderabschreibungen für vor dem 1.1.2010 beginnende Gj nicht nur beibehalten, sondern auch neu bilden bzw vornehmen; KapGes war dies hingegen aufgrund § 273 bzw § 279 Abs 2 HGB aF nur noch in Abschlüssen für vor dem 29.5.2009 begonnene Gj möglich (vgl Art 67 Abs 3 S 1, Abs 4 S 1 EGHGB; s auch IDW RS HFA 28 Tz 3; zur Rechtfertigung vgl bspw *Arbeitskreis Bilanzrecht der Hochschullehrer Rechtswissenschaft* DStR 2008, 1057 ff); zu den Übergangsbestimmungen vgl Art 66 Abs 5 EGHGB. Zum früheren Rechtsstand vgl die Ausführungen in der 6. Aufl.

G. Abweichungen der IFRS

Schrifttum: *Küting/Hayn* Unterschiede zwischen den Rechnungslegungsvorschriften von IASC und SEC/FASB vor dem Hintergrund einer internationalisierten Rechnungslegung in Deutschland DStR 1995, 1601, 1642; *Biener* Können die IAS als GoB in das deutsche Recht eingeführt werden? in FS Ludewig, 85; *Helmschrott/Buhleier* Die Konsequenzen einer GoB-widrigen Anwendung internationaler Rechnungslegungsnormen aus der Perspektive des Handelsrechts und des Strafrechts WPg 1997, 10; *Moxter* Zum Verhältnis von handelsrechtlichen Grundsätzen ordnungsmäßiger Bilanzierung und True-and-fair-view-Gebot bei Kapitalgesellschaften in FS Budde, 419; *Heurung* Führt die Internationalisierung der Rechnungslegung zu einer Erosion der steuerlichen Gewinnermittlung RIW 2000, 421; IFRS im Einzel- und Konzernabschluss unter der Prämisse eines Einheitsabschlusses für unter Anderem steuerliche Zwecke DB 2003, 1585; *Schneider,* Konzernrechnungslegung nach IAS als Besteuerungsgrundlage? BB 2003, 299; *Luttermann* Bilanzregeln und Finanzkrise: Die Besteuerung nach Leistungsfähigkeit und Bilanzwahrheit als Beweismaß StuW 2010, 346; *Hennrichs* GoB im Spannungsfeld von BilMoG und IFRS WPg 2012, 861.

Standards (und sonstige Normen)**:** IAS 1 Darstellung des Abschlusses *(Presentation of Financial Statements)* (2012); IAS 8 Rechnungslegungsmethoden, Änderungen von rechnungslegungsbezogenen Schätzungen und Fehler *(Accounting policies, changes in accounting estimates and errors)* (2010); Vorwort zu den IFRS *(Preface to IFRSs)* (2010); Rahmenkonzept *(Conceptual Framework)* (2010).

I. Rechtsnatur und Ermittlungsverfahren der GoB (Abs 1)

1. Tendenzen der Annäherung von GoB an IFRS

Angesichts zunehmender Internationalisierung der Rechnungslegung wird seit etwa 1995 diskutiert, ob sich die traditionell vom Vorsichtsprinzip geprägten deutschen GoB in Richtung auf die vom true-and-fair-view-Gebot dominierten Grundsätze der IFRS entwickeln könnten; s Schrifttum.

Für den auch als Grundlage der Einkommensbesteuerung dienenden **Jahresabschluss** (dazu Anm 111 ff) dürfte eine vollständige Angleichung der GoB an die IFRS in näherer Zukunft nicht erreichbar sein: Zum einen stehen einige der in Anm 31 genannten und im HGB vorgeschriebenen Grundsätze einer solchen Entwicklung entgegen; eine GoB-widrige Anwendung internationaler Normen wäre mind teilweise bußgeld-bewehrt, s *Helmschrott/Buhleier* WPg 1997, 11 ff. Gleichwohl wurden im Rahmen des BilMoG diverse, ua auch den JA betr Vorschriften geändert oder neu eingeführt, um sich den Regelungen der IFRS anzunähern. Dem Gläubigerschutz ggf zuwiderstehende Bilanzierungsvorschriften wurde teilweise durch Ausschüttungssperren (und/oder Anhangangaben) begegnet (so bspw im Falle des Aktivierungswahlrechts für Entwicklungskosten und sonstige selbst geschaffene immaterielle VG des Anlagevermögens (Aufhebung des Prinzips des entgeltlichen Erwerbs, § 248 Abs 2 aF) (§ 268 Abs 8 nF).

Für den lediglich der Information dienenden **Konzernabschluss** (§ 297 Anm 1) galten bisher prinzipiell ebenfalls nur die in Anm 31 genannten Grundsätze (Anm 37). Angesichts dieser Zwecksetzung des KA – und auch seiner Steuerneutralität wegen – sind hier leichter und früher Annäherungen möglich. Solche Bestrebungen ließen sich nicht zuletzt auch aus den vom **DRSC** bisher veröffentlichten Empfehlungen zur Konzernrechnungslegung (DRS) erkennen, deren Regelungen sich deutlich an den Vorschriften der IFRS bzw US-GAAP orientieren. Eine Vielzahl der Konzernrechnungslegungsvorschriften hat bereits – zT auf Empfehlung seitens des DRSC – eine Anpassung an die Vorschriften der IFRS im Rahmen des TransPuG, des BilReG sowie zuletzt durch das BilMoG erfahren. § 315a ist als gesetzliche Ausnahme-Regelung für kapmarktUnt zu den Bestimmungen über den deutschen KA konzipiert, also im Grundsatz nicht GoB-konform; ähnlich *ADS*[6] § 243 Anm 23a.

2. Zum Normensystem der IFRS

Die Vorschriften des IASB, namentlich das *(Conceptual) Framework* (Rahmenkonzept) sowie die Standards inkl dazugehöriger Interpretationen stellen – im

§ 243 133 Jahresabschluß (Allgemeine Vorschriften)

Gegensatz zu den GoB – zunächst keine Rechtsnormen, sondern lediglich von privatrechtlicher Seite (durch einen Standardsetting-Prozess) gesetzte **Fachnormen** dar. Den Status einer (europäischen) Rechtsnorm erlangen die Standards und Interpretationen freilich dann, sobald sie den Anerkennungsprozess (sog endorsement) seitens der EU erfolgreich passiert haben (*Baetge/Zülch* in HdJ I/2 Anm 193.5). Das Framework bedarf hingegen keiner Anerkennung (*EU-Kommission* Kommentar zur IAS-VO, Abschn 2.1.5) und erlangt damit formal niemals den Status einer Rechtsnorm.

Das **Preface** (Vorwort) enthält lediglich allgemeine Hinweise zur Zielsetzung des IASB sowie die Vorgehensweise bei der Erarbeitung neuer Vorschriften (Standardsetting-Prozess), besitzt insofern für Bilanzierungsfragen keine Bedeutung. Demggü nennt das als konzeptionelle Basis geltende **Framework** neben Ausführungen zur Ziel- bzw Zwecksetzung eines IFRS-Abschlusses (sowie künftig zur Abgrenzung der berichterstattenden Einheit (ED/2010/2) und weiterer geplanter Überarbeitungen zu den Themen Abschlusselemente, Bewertung, Ausweis und Angaben) (neben IAS 1, Darstellung des Abschlusses) ua qualitative Voraussetzungen wie den Grundsatz der Relevanz und Faithful representation *(true and fair view)* (konkretisiert durch die Prinzipien Vergleichbarkeit, Nachweisbarkeit, Rechtzeitigkeit und Verständlichkeit) sowie die Grundannahme der UntFortführung *(Going concern)* (das noch im Framework aF (1989) enthaltene Prinzip der Verlässlichkeit wurde im Rahmen der Überarbeitung (2010) zwecks Klarstellung durch den og Grundsatz der *Faithful representation* ersetzt; der Grundsatz der Periodenabgrenzung wurde nicht explizit übernommen, gilt aber faktisch weiter fort (vgl F. BC3.19; OB17 ff)). Dennoch handelt es sich hierbei im Gegensatz zu den handelsrechtlichen GoB um kein in sich geschlossenes, grds – abgesehen vom Falle etwaiger Regelungslücken – zur Lösung von Bilanzierungsfragen berechtigendes, Prinzipiengefüge. Vielmehr sind die konkreten Bilanzierungsvorschriften in einzelnen **Standards** einschl der sie zT ergänzenden **Interpretationen** (sog *case law*) zu finden, welche uE grds als lex specialis ggü dem Framework – obgleich in einem komplementären Verhältnis zueinander stehend – Vorrang besitzen (vgl Framework, Abschn Zweck und Status, IAS 8.11, IAS 1.16; zum *overriding-principle* s IAS 1.19). (Zu den systematischen Unterschieden zwischen einem prinzipien- und regelbasierten Ansatz *(principle-based vs rules-based)* vgl ausführlich *Baetge/Zülch* in HdJ I/2 Anm 303 ff). Die inhaltliche Abgrenzung der Standards folgt keiner strengen Systematik, orientiert sich jedoch überwiegend an Bilanzposten (zB Bilanzierung von Sachanlagen, IAS 16) oder Abschlusselementen (zB KFR, IAS 7), seltener an bilanzpostenübergreifenden Themen (zB Wertminderung von Vermögenswerten, IAS 36) oder Branchen (zB Landwirtschaft, IAS 41).

In den Standards werden die Kernvorschriften im Gegensatz zu den ihnen jeweils nachfolgenden Erl durch **Fettdruck** hervorgehoben; eine bestimmte Rangfolge oder abgestufte Bindungswirkung wird hierdurch jedoch nicht impliziert (s Preface Anm 13).

Im Falle etwaiger **Regelungslücken** hat das Management gem IAS 8.10 ff adäquate Bilanzierungsvorschriften zu entwickeln, wobei zunächst Standards (einschl Interpretationen), die ähnliche und verwandte Sachverhalte regeln, auf ihre Anwendbarkeit hin zu überprüfen und erst danach – sofern notwendig – die Definitionen sowie die Ansatz- und Bewertungsvorschriften des Framework heranzuziehen sind.

Bedeutsam ist, dass – im Gegensatz zur ursprünglichen Regelung IAS 1.22c aF – eine Berücksichtigung von Verlautbarungen anderer Standardsetter und anerkannter Branchenpraktiken – nunmehr zudem weiteres Schrifttum zur Rechnungslegung –, soweit diese mit den Standards des IASB und des Framework vereinbar sind, nicht mehr verpflichtend ist, sondern den Bilanzierenden nur noch auf freiwilliger Basis anheim gestellt wird (IAS 8.12, IAS 8.BC16).

II. Der Grundsatz der Klarheit und Übersichtlichkeit (Abs 2)

Die notwendige Transparenz, mit der die Informationen im JA vermittelt werden sollen, werden mit dem Begriff der **Verständlichkeit** umschrieben (F. QC 30 ff sowie IAS 1.51). Dabei wird für den Abschlussadressaten ein gewisser Sachverstand unterstellt sowie dessen Bereitschaft vorausgesetzt, sich mit den veröffentlichten Informationen sorgfältig zu beschäftigen. Die umfangreichen Offenlegungserfordernisse einzelner Standards mögen im Einzelfall der Forderung nach Verständlichkeit der Informationen, iSe *overloading*, abträglich sein. Dieser Zielkonflikt rechtfertigt jedoch nicht das Weglassen von entscheidungsrelevanten Informationen, da eine Entscheidung über die Informationsbedürfnisse der Bilanzadressaten immer nach dem Grundsatz der *fair presentation* (IAS 1.15 ff) zu fällen ist. 135

Den Grundsatz der **Klarheit** formulieren die IFRS iZm der Veröffentlichung des JA selbst sowie der Veröffentlichung weiterer UntInformationen neben dem JA (zB in Gestalt eines Geschäftsberichts). IAS 1.49 verlangt diesbzgl, dass sich die einzelnen Bestandteile des JA (vgl IAS 1.10) in ihrer Darstellungsweise eindeutig von den zusätzlich veröffentlichten Informationen, die nicht zum JA gehören, unterscheiden. Für die Präsentation des JA werden folgende Offenlegungen verlangt (IAS 1.51): Name des Unt, ob es sich um den JA oder KA handelt, Bilanzstichtag und Berichtsperiode sowie die Berichtswährung und Währungseinheit. Soweit es der Verständlichkeit nützt, sind die vorgenannten Angaben an mehreren Stellen im JA zu machen. Zudem muss bspw bei jedem Posten der Bilanz, GuV bzw Gesamtergebnisrechnung, EK-Veränderungsrechnung und KFR auf die korrespondierenden Anhangangaben referenziert werden (IAS 1.113). 136

III. Die Aufstellungsfrist (Abs 3)

Während das HGB die Aufstellung des JA innerhalb der einem ordnungsgemäßen Geschäftsgang entspr Zeit verlangt, sehen die IFRS (F. QC 29) eine Abwägung zwischen rechtzeitiger und verlässlicher Information vor. Eine rechtzeitige Information kann zu Lasten der Verlässlichkeit erforderlich sein, bevor alle Aspekte eines Geschäftsvorfalls oder Ereignisses bekannt sind. Zu einem späteren Zeitpunkt mag die Information zwar umfassender, für die Adressaten im Hinblick auf zwischenzeitliche Dispositionen aber von geringerem Interesse sein. Die früher in IAS 1.52 aF getroffene Aussage, wonach ein Unt grds in der Lage sein sollte, seinen Abschluss innerhalb von sechs Monaten nach dem Bilanzstichtag zu veröffentlichen, sowie der Hinweis, wonach unabänderliche Gegebenheiten wie die Komplexität der Geschäftstätigkeit kein ausreichender Grund seien, nicht zeitnah zu berichten, ist im Rahmen der Überarbeitung des IAS 1 im Jahr 2003 (mit grds Wirkung ab 2005) ersatzlos entfallen. 140

IV. Der Maßgeblichkeitsgrundsatz

1. Die Maßgeblichkeit der Handelsbilanz für die Steuerbilanz

Den IFRS ist ein Grundsatz, wonach die steuerrechtliche Gewinnermittlung an die Ermittlung eines ausschüttungsfähigen Gewinns gem handelsrechtlicher Vorschriften knüpft, fremd. Die fehlende Existenz eines solchen Grundsatzes zwischen IFRS-Bilanz und StB erlangt für einen Abschluss nach IFRS insofern Bedeutung, als dass hierdurch der Umfang zu bildender latenter Steuern zunimmt. 145

§ 244   1   Jahresabschluß (Allgemeine Vorschriften)

Anlässlich der zunehmenden Reformationen der handelsrechtlichen Vorschriften in Richtung IFRS wurde allerdings in jüngerer Zeit die Frage aufgeworfen, ob bzw inwieweit de lege ferenda auch die IFRS als Grundlage für die steuerrechtliche Gewinnermittlung geeignet sein könnten (vgl hierzu insb die Analyse von *Herzig* WPg 2005, 211). Nach dem wohl überwiegenden Verständnis sind die IFRS in toto – zumindest ohne etwaige Modifikationen – als Besteuerungsgrundlage ungeeignet.

2. Kein Einfluss des Steuerrechts auf die IFRS-Rechnungslegung

146   In der Einführung zum Framework wird darauf hingewiesen, dass die Aufstellung des IFRS-JA nicht durch Anforderungen, die Dritte (insb Regierungen) für eigene Zwecke stellen, im Hinblick auf die Bedürfnisse der Abschlussadressaten nachteilig beeinflusst werden darf. Zu denken ist hierbei neben dem Zweck der steuerrechtlichen Gewinnermittlung auch an die Erstellung eines JA für die Kreditwürdigkeitsprüfung nach besonderen Anforderungen des kreditgebenden Instituts. UE ist diese Aussage derart zu interpretieren, dass die IFRS eine „umgekehrte" Maßgeblichkeit nicht zulassen.

147   Gerade in Bezug auf die Wahl der Abschreibungsmethode lässt sich der Widerstreit zwischen steuerrechtlicher und IFRS-konformer Rechnungslegung besonders veranschaulichen. Gem IAS 16.60, IAS 38.97 – und grds auch der GoB – orientiert sich die Abschreibungsmethode am jährlichen Verbrauch des wirtschaftlichen Nutzenpotentials des Abschreibungsobjekts (definiert als *„useful live"*). Die FinVerw bedient sich zur Ermittlung der Nutzungs- bzw Abschreibungsdauer aus Normierungs- und Objektivierungsgründen der sog **AfA-Tabellen**. Da der handelsrechtliche Wertansatz von VG – mit Ausnahme von Gebäuden – den steuerrechtlichen Wertansatz nicht überschreiten darf, fanden die in den AfA-Tabellen aufgeführten Nutzungsdauern in der Praxis – bisher meist auch Eingang in die HB. Ungeachtet der Frage, ob bzw inwieweit diese Vorgehensweise auch nach Einführung des BilMoG noch vertretbar ist (zu dieser Thematik vgl bspw *Zwirner* DtStR 2013, 324f), setzt für IFRS-Abschlüsse eine Übernahme der lt AfA-Tabellen vermuteten Nutzungsdauern schon seit jeher voraus, dass diese der geschätzten betriebsgewöhnlichen Nutzungsdauer entsprechen.

§ 244   Sprache. Währungseinheit

Der Jahresabschluß ist in deutscher Sprache und in Euro aufzustellen.

Übersicht

	Anm
A. Allgemeines	1, 2
B. Sprache	3, 4
C. Währung	5–7
D. Rechtsfolgen einer Verletzung des § 244	9
E. Abweichungen der IFRS	10–12

A. Allgemeines

1   § 244 verpflichtet den Kfm, seinen JA in **deutscher Sprache** und in **Euro** zu erstellen. Dies gilt aufgrund des Verweises in § 325 Abs 2a S 3 auch für den

IFRS-EA. Die Vorschrift hat infolge der Verweisung in § 298 Abs 1 auch Bedeutung für den KA, insb für die Einbeziehung ausländischer TU und wegen Verweises in § 315a Abs 1 auch für den IFRS-KA.

Der **Jahresabschluss** besteht grds aus der **Bilanz** und der **Gewinn- und** 2
Verlustrechnung. Bei KapGes/KapCoGes gehört dazu gem § 264 Abs 1 S 1 ggf iVm § 264a Abs 1 zusätzlich der **Anhang** (§§ 284ff), sofern es sich nicht um KleinstKapGes iSv § 267a handelt, die die Erleichterung des § 264 Abs 1 S 5 in Anspruch nehmen und – sofern die Ges ein kapmarktUnt, jedoch nicht zur Aufstellung eines KA verpflichtet ist – die **Kapitalflussrechnung** und der **Eigenkapitalspiegel** sowie ggf eine freiwillig erstellte **Segmentberichterstattung** (§ 264 Abs 1 S 2). Der ebenfalls von mittelgroßen und großen KapGes/KapCo-Ges aufzustellende **Lagebericht** (§ 264 Abs 1 S 1, § 264a Abs 1, § 289) gehört zwar nicht zum JA, ist aber aufgrund seiner Funktion der Übermittlung ergänzender Informationen zum JA auch in diese Regelung (Text in deutscher Sprache und Beträge in €) einzubeziehen (so auch *ADS*[6] § 244 Anm 1; *Wiedmann* in Ebenroth/Boujong/Joost/Strohn[2] § 244 Anm 1; *Ellerich/Swart* in HdR[5] § 244 Anm 6 mwN). Gleiches gilt für **Sonderbilanzen**, für die eine sinngemäße Anwendung von JA-Vorschriften vorgeschrieben ist, wenn diese um eine verbale Berichterstattung, wie zB einen ErlBericht zur Liquidations-EB (hierzu *Förschle/ Deubert* in Sonderbilanzen[4] T Anm 185ff) zu ergänzen sind (*ADS*[6] § 244 Anm 2; zB *Förschle/Kropp/Schellhorn* in Sonderbilanzen[4] D Anm 103).

In den JA (und ggf den Lagebericht) einzubeziehen sind auch die Abschlusszahlen von rechtlich unselbstständigen **Niederlassungen** oder **Betriebsstätten** deutscher Unt im Ausland. Zur WähUm s § 256a und Anm 7.

B. Sprache

Während nach § 239 Abs 1 S 1 für die Führung der Handelsbücher und der 3 sonst erforderlichen Aufzeichnungen grds die Verwendung einer „lebenden Sprache" (dazu § 239 Anm 5) ausreichend ist, sind **Jahresabschluss, Konzernabschluss** (§ 298 Abs 1) und **IFRS-Abschlüsse** (§§ 325 Abs 2a S 3, 315a Abs 1) ggf einschl (Konzern-)Lagebericht (s Anm 2) in **„deutscher Sprache"** zu erstellen und offen zu legen (zur Offenlegung §§ 325ff). Dies ist für Kfl mit internationalen Beziehungen von Bedeutung. Zur Verwendung von Anglizismen in KA und Konzernlagebericht (gilt analog auch für JA, IFRS-EA und entspr Lageberichte) s § 298 Anm 12.

§ 244 steht im Einklang mit Vorschriften des **Steuerrechts:** § 87 Abs 1 AO 4 bestimmt die deutsche Sprache als Amtssprache. Zudem hat der Steuerpflichtige auf Verlangen der Finanzbehörde nach § 146 Abs 3 AO eine deutsche Übersetzung der Handelsbücher vorzulegen, falls diese in fremder Sprache geführt wurden.

C. Währung

Jahresabschlüsse sind in **Euro** aufzustellen und offen zu legen. Dies gilt auf- 5 grund des Verweises in § 325 Abs 2a S 3 auch für IFRS-EA, die anstelle von HGB-JA offen gelegt werden. Die Aufstellungspflicht in € gilt auch für KA (§ 298 Abs 1 S 1). Das gleiche gilt für den (Konzern-)Lagebericht (s Anm 2). Die früher darüber hinaus bestehende Möglichkeit zur Aufstellung des KA in einer anderen Währung besteht nach Aufhebung des DRS 14 durch Art 11 des

DRÄS 4 nicht mehr. Es erscheint jedoch zu Informationszwecken zulässig, den Abschluss zusätzlich in einer anderen Währung darzustellen, wobei Umrechnungsmethode sowie funktionale Währung genannt werden sollten (Pflichtangabe nach IFRS, s Anm 12).

Die Aufstellungspflicht in € gilt nicht für **befreiende Konzernabschlüsse** iSv §§ 291, 292 iVm der KonBefrV, da Befreiungsvoraussetzung in beiden Fällen lediglich eine **Offenlegung in deutscher Sprache**, nicht jedoch eine Aufstellung und Offenlegung in € ist.

Für **IFRS-Konzernabschlüsse** iSd § 315a wird durch Verweis auf §§ 244 und 325 die Aufstellung und Offenlegung in **deutscher Sprache** und **Euro** vorgeschrieben. Hieraus ergibt sich, dass für Zwecke der Anwendung des IAS 21 zwingend der € als Berichtswährung *(presentation currency)* zugrunde zu legen ist. Sofern dieser nicht der funktionalen Währung entspricht, muss der IFRS-KA zwingend Angaben nach IAS 21.53 zur funktionalen Währung sowie eine Begr einer hiervon abw Berichtswährung (hier: aufgrund gesetzlicher Vorschriften) enthalten.

6   Aus Gründen der Übersichtlichkeit kann je nach Größe des Unt auf volle €, T€ oder Mio € **gerundet** werden (s *WPH* I[14], E Anm 5; § 243 Anm 64; *ADS*[6] § 243 Anm 28 und § 244 Anm 6).

7   § 244 gilt für die JA sämtlicher inländischer Unt sowie *auch* für inländische **Niederlassungen ausländischer Unternehmen**, sofern diese Kfm-Eigenschaft besitzen (glA *ADS*[6] § 244 Anm 4); zur erforderlichen Einreichung der Unterlagen der Rechnungslegung der ausländischen Hauptniederlassung s § 325a Anm 20 ff. Werden einzelne VG oder Schulden ihrer Natur nach zunächst in ausländischer Währung erfasst und bewertet (etwa in einer **Währungsbuchhaltung**, zB Forderungen, Verbindlichkeiten sowie Aktien oder sonstige Wertpapiere, die an einer ausländischen Börse notiert sind), sind diese zum Bilanzstichtag in € umzurechnen; zu den Einzelheiten der Umrechnung s § 256 a. Entspr gilt für die in den JA einzubeziehenden **ausländischen Zweigniederlassungen** oder **Betriebsstätten** von Kfl oder Ges mit Sitz im Inland (so auch *ADS*[6] § 244 Anm 4), deren Bücher durchaus in Fremdwährung geführt werden dürfen. Zur Umrechnung von Fremdwährungsabschlüssen im KA s § 308a Anm 30 ff.

D. Rechtsfolgen einer Verletzung des § 244

9   Bei KapGes/KapCoGes stellen Zuwiderhandlungen gegen Vorschriften des § 244 nach § 334 Abs 1 Nr 1a iVm § 334 Abs 3 eine mit Geldbuße bewehrte Ordnungswidrigkeit dar.

E. Abweichungen der IFRS

Standards: IAS 1 Darstellung des Abschlusses *(Presentation of Financial Standards) (amend June 2011);* IAS 21 Auswirkungen von Wechselkursänderungen *(The Effects of Changes in Foreign Exchange Rates) (amend October 2010).*

10   Im Gegensatz zum HGB, das detaillierte Bestimmungen zur anzuwendenden Sprache in JA und KA enthält (Anm 3), schreiben die IFRS die Verwendung einer bestimmten Sprache nicht vor, so dass grds jede Sprache verwendet werden kann, es sei denn, sie erschwert das Verständnis des Abschlusses (*Bartone* in Bilanzrecht § 244 Anm 501).

Zur Vorgehensweise bei verpflichtend (Art 4 EU-VO iVm § 315a Abs 1 oder Abs 2) oder freiwillig (§ 315a Abs 3) erstellten IFRS-KA s jedoch Anm 5.

Hinsichtlich der im Abschluss zu verwendenden **Währung** verlangt 11
IAS 1.51 (d) die Angabe der im Abschluss verwendeten Berichtswährung *(presentation currency)*. Diese ist nach IAS 21.38 frei wählbar. Sofern eine andere Währung als die funktionale Währung des Unt (bei JA) bzw MU (bei KA) gewählt wird, darf der Abschluss aber nur als den IFRS entspr gekennzeichnet werden, wenn die Umrechnungsvorschriften des IAS 21 zur Umrechnung von der funktionalen Währung in die Berichtswährung angewendet wurden (IAS 21.55). Als funktionale Währung gilt dabei die Währung des wirtschaftlichen Umfelds, in dem das Unt überwiegend tätig ist. Die Verwendung einer von der funktionalen Währung abw Berichtswährung ist im Anhang anzugeben und zu begründen (ausführlich zur WähUm nach IFRS *Senger/Rulfs* in Beck IFRS[4] § 33; *ADS Int* Abschn 5).

Darstellungen von zusätzlichen Finanzinformationen, die weder in der 12 funktionalen, noch in einer unter Beachtung der Umrechnungsregeln des IAS 21 ermittelten Berichtswährung erfolgen, sind zulässig, müssen jedoch nach IAS 21.57 klar als nicht den IFRS entspr und unter Angabe der gewählten Währung, Umrechnungsmethode sowie funktionalen Währung, gekennzeichnet werden.

§ 245 Unterzeichnung

¹Der Jahresabschluß ist vom Kaufmann unter Angabe des Datums zu unterzeichnen. ²Sind mehrere persönlich haftende Gesellschafter vorhanden, so haben sie alle zu unterzeichnen.

Übersicht

	Anm
A. Allgemeines	1
B. Der Kreis der Unterzeichnungspflichtigen, Datum	2–5
C. Auswirkungen und Rechtsfolgen einer Verletzung des § 245	6
D. Abweichungen der IFRS	7

Schrifttum: *Maluck/Göbel* Die Unterzeichnung der Bilanz nach § 41 HGB WPg 1978, 624; *Erle* Unterzeichnung und Datierung des Jahresabschlusses bei Kapitalgesellschaften WPg 1987, 637; *Küting/Kaiser* Aufstellung oder Feststellung: Wann endet der Wertaufhellungszeitraum? WPg 2000, 577; *Oser/Eisenhardt* Zur Unterzeichnungspflicht von Jahresabschlüssen im Fall von Meinungsverschiedenheiten zwischen den Geschäftsführern einer GmbH DB 2011, 717.

A. Allgemeines

Jeder Kfm ist verpflichtet, den JA, der gem § 242 Abs 3 aus Bilanz und GuV 1 oder nach § 264 Abs 1 (bzw §§ 264a, 336 Abs 1) aus Bilanz, GuV und Anhang (Ausnahme ggf KleinstKapGes siehe § 264 Anm 61) sowie bei bestimmten kapmarktUnt auch aus KFR, EK-Spiegel und ggf SegBerE (§ 264 Abs 1 S 2) besteht, so zu unterzeichnen, dass seine Unterschrift diesen (im Original) räumlich abschließt, also am Ende des JA, dh idR am Ende des Anhangs (und vor dem Lagebericht); die Reihenfolge der einzelnen Teile des JA ist aber nicht zwingend vorgeschrieben (so *Erle* WPg 1987, 644; ähnlich *ADS*[6] § 245 Anm 6). Die einzelnen Teile des JA sind so miteinander zu verbinden, dass eine nachträgliche Trennung sichtbar wird, ansonsten ist einzeln jeder Teil zu unterzeichnen (so etwa *Hüffer* in HGB-Bilanzrecht § 245 Anm 11). Mit der Unterzeichnung übernimmt der Unterzeichnende die Verantwortung für die Vollständigkeit und Richtigkeit des unterschriebenen Abschlusses (ADS[6] § 245 Anm 1; *Ballwieser* in MünchKomm HGB[3] § 245 Anm 1).

Die Pflicht zur Unterzeichnung der **Eröffnungsbilanz** ergibt sich aus § 242 Abs 1 S 2. § 245 findet auch auf alle **Sonderbilanzen** (zB Verschmelzungsbilanz gem § 17 Abs 2 S 2 UmwG, Liquidationsbilanz gem §§ 270 Abs 2 S 2 AktG, 71 Abs 2 S 2 GmbHG; dazu im Einzelnen Sonderbilanzen[4]) Anwendung, auf die diese Vorschriften anzuwenden sind (ADS[6] § 245 Anm 3). Für Zwischenberichterstattung besteht dagegen keine Unterzeichnungspflicht nach § 245, allerdings müssen die Jahres- und Halbjahresfinanzberichte von Unt, die dem WpHG unterliegen, eine den Vorgaben der §§ 264 Abs. 2 S 3, 289 Abs 1 S 5 entspr Erklärung (sog Bilanzeid, siehe dazu § 264 Anm 65 ff) enthalten.

Aus § 325 Abs 2a S 3 ergibt sich auch die Verpflichtung zur Unterzeichnung eines IFRS-EA, der anstelle des HGB-JA gem § 325 Abs 2 offengelegt werden soll.

Die Verpflichtung betrifft auch Ekfl, die gem § 241a von der Buchführung befreit sind. Die Unterzeichnungspflicht betrifft dann die den JA ersetzende Rechungslegung (idR Einnahme-Überschussrechnung; zu § 241a s dort Anm 7).

B. Der Kreis der Unterzeichnungspflichtigen, Datum

Der JA ist „vom **Kaufmann**" – also nach der vollständigen Angabe der Firma lt HR – zu unterzeichnen; so auch im Ergebnis *Hüffer* in HGB-Bilanzrecht § 245 Anm 11; aA ADS[6] § 245 Anm 5 (ohne Firma, da sich diese aus der Überschrift des JA ergibt). Damit ist der Kreis der zur Unterzeichnung verpflichteten Personen genau so weit gezogen wie für die allgemeine handelsrechtliche Buchführungspflicht im § 238 (s dort Anm 4–43). Demgemäß ist der JA von dem **Einzelkaufmann** eines EinzelUnt, von allen Gestern einer **OHG**, von sämtlichen Komplementären einer **KG**, von allen Mitgliedern des Vorstands einer **AG** (OLG Karlsruhe 22.11.1986 AG 1989, 35) oder **Genossenschaft**, von allen Vorstandsmitgliedern einer **SE** mit dualistischen System bzw (nur) von sämtlichen geschäftsführenden Direktoren bei einer SE mit monistischem System (Kleindiek in SE-Kommentar Art. 61 SE-VO Anm 21 f), von den phG einer **KGaA** sowie von sämtlichen Geschäftsführern einer **GmbH** einschl stellvertretender Vorstandsmitglieder und Geschäftsführer zu unterschreiben. Dies gilt auch, wenn sie mit dem Inhalt des JA nicht einverstanden sind (ADS[6] § 245 Anm 11; *Ellerich/Swart* in HdR[5] § 245 Anm 3); allerdings muss ein gesetzeskonformer JA vorliegen (§ 264 Anm 63; s zutreffend differenzierend *Oser/Eisenhardt* DB 2011, 718f.). Ausnahmen sind daher (nur) denkbar bei Vorlagen, die bußgeldpflichtige oder strafrechtliche Tatbestände erfüllen (*Luttermann* in MünchKomm AktG[2] § 245 Anm 8). Unterzeichnen weitere Personen (zB Prokuristen, Generalbevollmächtigte) ist dadurch die Wirksamkeit des JA nicht berührt (ADS[6] § 245 Anm 14). Bei KapCoGes unterzeichnen in sinngemäßer Anwendung der §§ 91 Abs 1 AktG, 41 GmbHG sämtliche Vorstände bzw Geschäftsführer (Begr insb aus KapCoRiLiG folgend *Ellerich/Swart* in HdR[5] § 245 Anm 3; ebenso *Luttermann* in MünchKomm AktG[2] § 245 Anm 48; *Hüffer* in HGB-Bilanzrecht § 245 Anm 13; *Walz* in Heymann[2] § 245 Anm 8; auch *Hennrichs* Bilanzrecht § 245 Anm 25; aA *Maluck/Göbel* WPg 1978, 628; ADS[6] § 245 Anm 11; *Wiedmann* in Bilanzrecht[2] § 245 Anm 8, Unterzeichnung nur durch so viele Vorstände/Geschäftsführer notwendig, wie zur Vertretung erforderlich; diese Pflichten treffen auch die gesetzlichen Vertreter der öffentlich-rechtlichen Unt von Bund, Ländern und Gemeinden). Bei einer doppelstöckigen PersGes, wenn also eine PersGes

Unterzeichnung   3, 4   § 245

einziger phG einer anderen PersGes ist, ist der JA der unteren PersGes in gleicher Weise durch alle, aus deren Sicht (mittelbar) haftenden Gester (natürliche Personen und/oder alle gesetzlichen Vertreter des phG) zu unterzeichnen. Bei Minderjährigen unterzeichnet der gesetzliche Vertreter. Bei Ges in Liquidation/Abwicklung sämtliche Liquidatoren/Abwickler.

Personen, die zum Zeitpunkt der **Unterzeichnung** des JA **keine Kaufleute mehr** iSd § 238 sind (zB ehemalige phG oder Vorstandsmitglieder etc), brauchen den JA nicht zu unterzeichnen; ähnlich ADS[6] § 245 Anm 14. Mitglieder des Vorstands oder Geschäftsführer, deren Organstellung erst nach dem Unterschriftszeitpunkt beginnt, brauchen den JA ebenfalls nicht zu unterzeichnen. Es kann auch nicht verlangt werden, dass suspendierte Organmitglieder bei der Aufstellung mitwirken oder den JA unterzeichnen (ADS[6] § 245 Anm 14). Trotz genereller Unterzeichnungspflicht sämtlicher betroffener Personen wird man eine Unterzeichnung nicht verlangen können, wenn die Person aus wichtigem Grund nicht im Stande ist, die Unterzeichnung zu leisten (ADS[6] § 245 Anm 13a; für diesen Fall Vertretung durch anderen Mitunterzeichnungspflichtigen zulassend *Wiedmann* in Ebenroth/Boujong/Joost/Strohn[2] § 245 Anm 9; auch *Ellerich/Swart* in HdR[5] § 245 Anm 5; *Hennrichs* in Bilanzrecht § 245 Anm 27; uE aber abzulehnen, da höchstpersönliche Rechtshandlung; ebenso ADS[6] § 245 Anm 13a).

Die Unterzeichnung des JA ist nach hM für den Kfm eine **öffentlich-rechtliche Verpflichtung** (aA (privatrechtlich) *Claussen/Korth* in Kölner Komm[2] § 245 Anm 5; *Luttermann* in MünchKomm AktG[2] § 245 Anm 16). Sie hat grds höchstpersönlich zu erfolgen (so *Hüffer* in HGB-Bilanzrecht § 245 Anm 9). Eine mechanische, faksimilierte Unterschrift genügt nicht. Der Kfm kann sich bei der Unterzeichnung **nicht vertreten** lassen.

Zu unterzeichnen ist das Original, das der Kfm selbst aufzubewahren hat **3** (§ 257 Abs 1).

Ob der aufgestellte (so zB *Maluck/Göbel* WPg 1978, 625; *Erle* WPg 1987, 641 ff; *Braun* in Kölner Komm-HGB § 245 Anm 16; *Walz* in Heymann[2] § 245 Anm 6, *Küting/Kaiser* WPg 2000, 585 ff) oder der festgestellte (so zB BGH 28.1.1985 BB 567; *Claussen/Korth* in Kölner Komm[2] § 245 Anm 4; *Hennrichs* in Bilanzrecht § 245 Anm 2, 23; *Hüffer* in HGB-Bilanzrecht § 245 Anm 5; *Merkt* in Baumbach/Hopt HGB[35] § 245 Anm 1; *Oser/Eisenhardt* DB 2011, 718; *Reiner* in MünchKomm HGB[3] § 264 Anm 104; *Wiedmann* in Ebenroth/Boujong/Joost/Strohn[2] § 245 Anm 2; zuletzt OLG Stuttgart 5.11.2008 DB 2009, 1521, allerdings ohne andere Meinungen zur Kenntnis zu nehmen oder zu reflektieren) JA zu unterzeichnen ist, ist umstritten. Entscheidend ist, dass der **endgültige Jahresabschluss** unterzeichnet wird. Ergeben sich vom aufgestellten zum festgestellten JA keine Änderungen, reicht die Unterzeichnung des aufgestellten JA mit entspr Datum (ähnlich ADS[6] § 245 Anm 8; *Ellerich* in HdR[5] § 245 Anm 13 aE; *Luttermann* in MünchKomm AktG[2] § 245 Anm 32–40, mit weiteren Differenzierungen). Einer erneuten Unterschrift mit Datum der Feststellung bedarf es dann nicht. Bei Änderungen ist der ggf festgestellte JA mit Datum der (erneuten) Feststellung zu unterzeichnen. Allerdings ist es nicht zu beanstanden, wenn – auch ohne Änderung – der festgestellte JA mit Datum der Feststellung unterzeichnet wird. Der Nachweis der rechtzeitigen Aufstellung ist dann auf anderem Weg (zB Sitzungsprotokolle, Schreiben an AR, Unterzeichnung eines gesonderten Aufstellungsexemplars) zu erbringen (*Hüffer* in HGB-Bilanzrecht § 245 Anm 6).

Der JA ist unter Angabe des **Datums** zu unterzeichnen; S 1. Das Datum muss **Tag, Monat** und **Jahr** enthalten, da nur dann die Nachweisfunktion der Unterschrift erfüllt werden kann.

Nach § 298 Abs 1 ist § 245 analog auch auf den **Konzernabschluss** anzu- **4** wenden. Dies gilt gem § 315a auch für IFRS-KA. Somit haben die zur Aufstellung eines KA verpflichteten Personen diesen, dh den **endgültigen** KA, auch zu unterzeichnen. Bei Zusammenfassung von **Konzernanhang** und Anhang zum JA (des MU) ist es ausreichend und üblich, wenn nur einmal unterschrieben wird. Zur Unterzeichnung eines **Lageberichts** s § 264 Anm 16.

5   Nach Feststellung geänderte **Abschlüsse** sind mit entspr Datumsangabe erneut zu unterzeichnen, ggf mit Doppel-Datum.

C. Auswirkungen und Rechtsfolgen einer Verletzung des § 245

6   Durch die Unterschrift wird der **Beweis** erbracht, dass die im JA enthaltenen Erklärungen von den unterzeichnenden Personen nach den an diesem Tag (Anm 3) möglichen Erkenntnissen abgegeben wurden (s § 416 ZPO). Zur Beweisfunktion OLG Frankfurt 10.5.1988 BB 1989, 395.

Die Unterzeichnung des JA iVm der Angabe des Datums kann im **Insolvenzfall** oder bei drohender Insolvenz Bedeutung gewinnen (§§ 283–283b StGB), da die ordnungsgemäße Einhaltung von Aufstellungsfristen ua anhand dieser Unterlagen geprüft wird (s *Maluck/Göbel* WPg 1978, 627). **Weitere unmittelbare Rechtsfolgen** aus dem Fehlen der Unterschrift ergeben sich für EKfm und reine PersGes **nicht,** sofern der JA ansonsten ordnungsgemäß aufgestellt worden ist. Für **KapGes** und **KapCoGes** entsteht daraus eine Ordnungswidrigkeit gemäß § 334 Abs 1 Nr 1a. S hierzu § 334 Anm 10 ff. Eine fehlende Unterzeichnung führt nicht zur Nichtigkeit des JA (OLG Karlsruhe 21.11.1986 WM 1987, 533). Es kann auch ohne Unterschrift ein endgültiger JA vorliegen. Die Feststellung des JA ist von der Unterschrift unabhängig (*Walz* in Heymann[2] § 245 Anm 9; OLG Karlsruhe aaO).

Die **zivilrechtlichen Konsequenzen,** die sich aus der Unterzeichnung des JA ergeben, werden im Schrifttum unterschiedlich gewichtet; ebenso *ADS*[6] § 245 Anm 15 mwN. Es lassen sich uE allenfalls auf der Ebene der Gester Rechte herleiten (Gewinnverteilungsmaßstab) (ebenso *Wiedmann* Bilanzrecht 2 § 245 Anm 1); ein **Schuldanerkenntnis** zugunsten in der Bilanz angeführter Gläubiger **wird nicht begründet** (ebenso *Zunft* Materiellrechtliche und prozessrechtliche Fragen zur Bilanz der OHG und der KG NJW 1959, 1945; *ADS*[6] § 245 Anm 15, *Wiedmann* in Ebenroth/Boujong/Joost/Strohn[2] § 245 Anm 1).

D. Abweichungen der IFRS

7   Die IFRS enthalten keine dem § 245 entspr Regelung (zu weit gehend *Luttermann,* der für die beweiskräftige Dokumentation der auch nach IFRS gegebenen Verantwortung der UntLeitung für den JA (preface IAS, par 7) „im Grunde eine Unterzeichnungspflicht" nach IFRS sieht *Luttermann* in MünchKomm AktG 2 § 245 Anm 56; auch die nach IAS 10.17 erforderliche Angabe des Zeitpunkts der Freigabe zur Veröffentlichung des Abschlusses einschl der Angabe, wer dies genehmigt hat, ist schon allein mangels Unterzeichnungserfordernis nicht vergleichbar).

Zweiter Titel. Ansatzvorschriften

§ 246 Vollständigkeit. Verrechnungsverbot

(1) ¹Der Jahresabschluss hat sämtliche Vermögensgegenstände, Schulden, Rechnungsabgrenzungsposten sowie Aufwendungen und Erträge zu enthalten, soweit gesetzlich nichts anderes bestimmt ist. ²Vermögensgegenstände sind in der Bilanz des Eigentümers aufzunehmen; ist ein Vermögensgegenstand nicht dem Eigentümer, sondern einem anderen wirtschaftlich zuzurechnen, hat dieser ihn in seiner Bilanz auszuweisen. ³Schulden sind in die Bilanz des Schuldners aufzunehmen. ⁴Der Unterschiedsbetrag, um den die für die Übernahme eines Unternehmens bewirkte Gegenleistung den Wert der einzelnen Vermögensgegenstände des Unternehmens abzüglich der Schulden im Zeitpunkt der Übernahme übersteigt (entgeltlich erworbener Geschäfts- oder Firmenwert), gilt als zeitlich begrenzt nutzbarer Vermögensgegenstand.

(2) ¹Posten der Aktivseite dürfen nicht mit Posten der Passivseite, Aufwendungen nicht mit Erträgen, Grundstücksrechte nicht mit Grundstückslasten verrechnet werden. ²Vermögensgegenstände, die dem Zugriff aller übrigen Gläubiger entzogen sind und ausschließlich der Erfüllung von Schulden aus Altersversorgungsverpflichtungen oder vergleichbaren langfristig fälligen Verpflichtungen dienen, sind mit diesen Schulden zu verrechnen; entsprechend ist mit den zugehörigen Aufwendungen und Erträgen aus der Abzinsung und aus dem zu verrechnenden Vermögen zu verfahren. ³Übersteigt der beizulegende Zeitwert der Vermögensgegenstände den Betrag der Schulden, ist der übersteigende Betrag unter einem gesonderten Posten zu aktivieren.

(3) ¹Die auf den vorhergehenden Jahresabschluss angewandten Ansatzmethoden sind beizubehalten. ²§ 252 Abs. 2 ist entsprechend anzuwenden.

Übersicht

	Anm
A. Vorbemerkungen	1
B. Das Vollständigkeitsgebot in der Bilanz (Abs 1)	
I. Vollständigkeit als Zurechnungsproblem (S 1)	2, 3
II. Personelle Zuordnung von Vermögensgegenständen (S 2)	
1. Maßgeblichkeit des wirtschaftlichen Eigentums	5–7
2. Treuhandverhältnisse	9
a) Fiduziarische Treuhandschaft	10–13
b) Doppelseitige Treuhandschaft	14
c) Ermächtigungstreuhandschaft	15
d) Steuerrechtliche Behandlung von Treuhandverhältnissen	16
3. Total Return Swaps	17, 18
4. Dingliche Sicherungsrechte	19, 20
5. Kommissionsgeschäfte	21–23
6. Pensionsgeschäfte	24–28
7. ABS-Transaktionen	29–34
8. Andere Wertgarantien iZm Veräußerungsgeschäften	35, 36
9. Leasing	37
a) Echte Miet- und Pachtverträge	38
b) Finanzierungsverträge	39
c) Sale-and-lease-back	40
d) Zur steuerrechtlichen Zurechnung von Leasinggegenständen	41

	Anm
aa) Ohne Kauf- oder Mietverlängerungsoption	42
bb) Mit Kaufoption über Grund und Boden	43
cc) Mit Mietverlängerungsoption über Grund und Boden	44
dd) Übrige Fälle	45
ee) Spezial-Leasing-Verträge	46
ff) Teilamortisationsverträge	47
10. Nießbrauch	48
III. Personelle Zurechnung von Schulden	50, 51
IV. Sachliche Zurechnung von Vermögensgegenständen	55
1. Einzelkaufleute	
a) Handelsrechtliche Zurechnung	56, 57
b) Steuerrechtliche Zurechnung	58
aa) Notwendiges Betriebsvermögen	59
bb) Notwendiges Privatvermögen	60
cc) Gewillkürtes Betriebsvermögen	61
dd) Gemischte Nutzung	62
2. Personenhandelsgesellschaften	
a) Handelsrechtliche Zurechnung	63, 64
b) Steuerrechtliche Zurechnung	65
3. Kapitalgesellschaften	66
V. Sachliche Zurechnung von Schulden	
1. Einzelkaufleute	
a) Handelsrechtliche Zurechnung	70
b) Steuerrechtliche Zurechnung	71–74
2. Personenhandelsgesellschaften	75, 76
3. Kapitalgesellschaften	77
VI. Rechnungsabgrenzungsposten	80
VII. Geschäfts- oder Firmenwert	82, 83
VIII. Ansatz-, Beibehaltungswahlrechte und Ansatzverbote	
1. Zum Wesen des Ansatzwahlrechts	85
2. Bestehende Ansatz- und Beibehaltungswahlrechte	86
3. Ansatzverbote	87, 88
C. Vollständigkeitsgebot in der Gewinn- und Verlustrechnung	90–94
D. Verrechnungsverbot (Abs 2 S 1)	
I. Allgemeines	100
II. Ausnahmen bezüglich der Bilanz	105–110
III. Ausnahmen bezüglich der Gewinn- und Verlustrechnung	115
E. Verrechnungsgebot in besonderen Fällen (Abs 2 S 2) ..	120–122
F. Ansatzstetigkeit (Abs 3)	125
G. Rechtsfolgen einer Verletzung des § 246	130
H. Zur steuerrechtlichen Bedeutung des § 246	135
I. Abweichungen der IFRS	
I. Vollständigkeitsgebot (Abs 1)	150, 151
1. Vollständige Erfassung der Bilanzposten	152, 153
2. Vollständige Erfassung der GuV-Posten	155
3. Ansatzregelungen	156–161
II. Zurechnung von Vermögenswerten im Rahmen von Leasingverhältnissen	165–167
1. Finanzierungsleasing *(finance lease)*	168–172

	Anm
2. Sale-and-lease-back-Verträge *(sale and leaseback)*	173
3. Ausblick: Neuregelung der Leasingbilanzierung	174
III. Zurechnung von Vermögenswerten im Rahmen staatlicher Konzessionierung	175–178
IV. Ausbuchung von finanziellen Vermögenswerten und ABS-Transaktionen	180–184
V. Verrechnungsverbot (Abs 2)	185–192

Schrifttum: *Küting* Die phasengleiche Dividendenvereinnahmung nach der EuGH-Entscheidung „Tomberger" DStR 1996, 1947; *Ekkenga* Gibt es „wirtschaftliches Eigentum" im Handelsbilanzrecht? ZGR 1997, 262; *Hultsch* Wirtschaftliche Zurechnung von Forderungen bei Asset-Backed-Securities-Transaktionen DB 2000, 2129; *Fischer* Insolvenzsicherung für Altersteilzeit, Arbeitszeitkonten und Altersversorgung – Vermögensdeckung mit doppelseitiger Treuhand in der Praxis, DB Beilage 5/2001, 21; IDW RS HFA 8 Zweifelsfragen der Bilanzierung von asset backed securities-Gestaltungen und ähnlichen Transaktionen WPg 2002, 1151 sowie Ergänzung WPg 2004, 138; *Dreyer/Schmid/Kronat* Bilanzbefreiende Wirkung von Asset-Backed-Securities-Transaktionen Bilanzrecht und Betriebswirtschaft 2003, 91; *Rist* Bilanzierung von Forderungsverkäufen bei wirtschaftlicher Betrachtungsweise StuB 2003, 385; IDW ERS HFA 13 nF Einzelfragen zum Übergang von wirtschaftlichem Eigentum und zur Gewinnrealisierung nach HGB, FN-IDW 1–2/2007, 83; *Haas* Liebhaberei im Körperschaftsteuerrecht: Der angemessene Gewinnaufschlag bei der Bemessung der vGA; DStR 2008, 1997; *Hasenburg/Hausen* Zum Referentenentwurf des Bilanzrechtsmodernisierungsgesetzes (BilMoG): Pflicht zur Verrechnung von bestimmten Vermögensgegenständen mit Schulden – Einfügung von § 246 Abs. 2 Satz 2 und 3 HGB-E, DB 2008, 29; *Küting/Tesche* Änderungen der bilanziellen Zurechnung von Vermögensgegenständen nach dem BilMoG idF des Regierungsentwurfs, GmbHR 2008, 953; *Schulze-Osterloh* Ausgewählte Änderungen des Jahresabschlusses nach dem Referentenentwurf eines Bilanzrechtsmodernisierungsgesetzes, DStR 2008, 63; VMEBF eV, Kritische Auseinandersetzung mit dem Red-E eines BilMoG aus der Sicht von Familienunternehmen, KoR 2008, S. 357; *Birk* Liebhaberei im Ertragsteuerrecht, BB 2009, 860; *Findeisen/Sabel* Definition des Finanzierungsleasings iS des KWG nach der Merkblatt der BaFin, DB 2009, 801; *Künkele/Zwirner* BilMoG: Handelsrechtliche Reform mit steuerlichen Konsequenzen? Übersicht über die Änderungen durch das BilMoG und die steuerlichen Folgen, DStR 2009, 1277; *Künkele/Zwirner* Die Bedeutung der Neuregelungen des BilMoG im Kontext der zunehmenden Anwendung der IFRS, KoR 2009, 639; *Lüdenbach/Hoffmann* Wirtschaftliches Eigentum und bilanzielle Ertragsrealisierung bei rechtsunwirksamen Geschäften, DB 2009, 861; *Mayer* Übergang des wirtschaftlichen Eigentums an Kapitalgesellschaftsanteilen, DStR 2009, 674; *Scheithauer/Sartoris,* Contractual Trust Arrangement in Kolvenbach/Sartoris, Bilanzielle Auslagerung von Pensionsverpflichtungen, 2. Auflage, Stuttgart, 2009, Abschn K, Contractual Trust Arrangement, 318 *Fey/Ries/Lewe* Ansatzstetigkeit nach BilMoG für Pensionsverpflichtungen iSd Art. 28 EGHGB, BB 2010, 1011; *Gelhausen/Fey/Kirsch* Übergang auf die Rechnungslegungsvorschriften des Bilanzrechtsmodernisierungsgesetzes, WPg 2010, 24; *Herzig/Briesemeister* Unterschiede zwischen Handels- und Steuerbilanz nach BilMoG – Unvermeidbare Abweichungen und Gestaltungsspielräume, WPg 2010, 63; IDW RS HFA 28 Übergangsregelungen des Bilanzrechtsmodernisierungsgesetzes, WPg Suppl 4/2010, 54; *Petersen/Zwirner/Künkele* Umstellung auf das neue deutsche Bilanzrecht: Übergangsregelungen des BilMoG nach IDW RS HFA 28, DB Beilage 4/2010; *Ries,* Die Bilanzierung von Arbeitszeitkonten nach dem Bilanzrechtsmodernisierungsgesetz (BilMoG), WPg 2010, 811; *Struffert/Wolfgarten* Aktuelle Fragen der Bilanzierung von Verbriefungstransaktionen – Stellung von Credit Enhancements durch den Originator sowie Nutzung von Verbriefungen für Offenmarktgeschäfte, WPg 2010, 371; *Wichmann* Die rückgedeckte Pensionszusage im handelsrechtlichen Jahresabschluss nach BilMoG und in der Steuerbilanz, SteuerConsultant 4/2011, 22; IDW RS HFA 7 Handelsrechtliche Rechnungslegung bei Personenhandelsgesellschaften, FN-IDW 5/2011, 308; IDW RS HFA 30 Handelsrechtliche Bilanzierung von Altersversorgungsverpflichtungen, WPg Suppl, 3/2011, 44; IDW RS HFA 38 Ansatz- und Bewertungsstetigkeit im handelsrechtlichen Jahresabschluss, WPg Suppl, 3/2011, 74; *Fey/Ries/Lewe* Handelsrechtliche Bilanzierung von Pensionsverpflichtungen – Erfahrungen mit der BilMoG-Umstellung, BB 2012, 823.

A. Vorbemerkungen

1 § 246 regelt den Vollständigkeitsgrundsatz für Bilanz und GuV, das Verrechnungsverbot sowie die Zurechnung von VG und Schulden. Darüber hinaus enthält diese Vorschrift das Ansatz- und Abschreibungsgebot eines GFW sowie Regelungen zur Ansatzstetigkeit. Ferner wird hier das generelle Verrechnungsverbot für Posten der Bilanz und GuV für den Fall, dass zur Erfüllung von Schulden iZm der AVers von Arbeitnehmern eine Insolvenzsicherung und Zweckbindung von VG erfolgt ist, in Anlehnung an die Regelungen gem IFRS durch ein Saldierungsgebot eingeschränkt.

B. Das Vollständigkeitsgebot in der Bilanz (Abs 1)

I. Vollständigkeit als Zurechnungsproblem (S 1)

2 In Abs 1 S 1 wird der Grundsatz kodifiziert, dass der Kfm seine VG (vgl *ADS*[6] § 246 Anm 9 ff; *Ballwieser* in Beck HdR B 131 Anm 7 ff), Schulden (*ADS*[6] § 246 Anm 102 ff; *Kußmaul* in HdR § 246 Anm 14 ff; *Kirsch* in Rechnungslegung § 246 Anm 51 ff); und RAP (dazu § 250 Anm 2 ff) vollständig in die Bilanz aufzunehmen hat, soweit gesetzlich nichts anderes bestimmt ist. Dieses Vollständigkeitsgebot wird lediglich durch die sog **Ansatzwahlrechte** und die gesetzlichen **Ansatzverbote** durchbrochen (Anm 85 ff). Es sind daher grds alle diejenigen bilanzierungsfähigen VG, Schulden und RAP in der Bilanz zu erfassen, die in **personeller** Hinsicht dem Kfm (und nicht etwa einem anderen) und die in **sachlicher** Hinsicht dem Betriebsvermögen (und nicht etwa dem Privatvermögen) zuzurechnen sind.

3 Die Vollständigkeit iSd § 246 betrifft allerdings nur die Frage, ob bestimmte Gegenstände überhaupt anzusetzen sind. Sie betrifft jedoch nicht die Vollständigkeit der **Werterfassung**, für die die jeweiligen Bewertungsvorschriften (§§ 252 ff) maßgeblich sind. Dem Vollständigkeitsgebot des Abs 1 ist daher auch dann Genüge getan, wenn ein zu bilanzierender Gegenstand lediglich mit einem „Erinnerungsposten" (dazu *Kußmaul* in HdR[5] § 246 Anm 2) berücksichtigt worden ist.

II. Personelle Zuordnung von Vermögensgegenständen (S 2)

1. Maßgeblichkeit des wirtschaftlichen Eigentums

5 VG sind grds in der Bilanz des zivilrechtlichen Eigentümers aufzunehmen, der idR auch über das wirtschaftliche Eigentum verfügt. Bei Auseinanderfallen vom rechtlichen und wirtschaftlichen Eigentum ist der VG – vorbehaltlich anders lautender gesetzlicher Sonderregelungen (zB § 6 RechKredV zu Treuhandgeschäften) – bei demjenigen auszuweisen, dem dieser **wirtschaftlich zuzuorden** ist (§ 246 Abs 1 S 2; IDW ERS HFA 13 nF, Tz 6). Insb bei einem Treuhandverhältnis, Eigentumsvorbehalt und einer Sicherungsübereignung ist der Bilanzierende nur wirtschaftlicher Eigentümer. Auch im Steuerrecht richtet sich zunächst die personelle Zuordnung eines WG nach dem rechtlichen Eigentum

(§ 39 Abs 1 AO). Ist der rechtliche Eigentümer jedoch dauerhaft von der Einwirkung auf das WG durch einen anderen ausgeschlossen, ist auch hier das wirtschaftliche Eigentum entscheidend (§ 39 Abs 2 Nr 1 AO; *Weber-Grellet* in Schmidt[32] § 5 Anm 151 ff mwN). Im Regelfall ist davon auszugehen, dass sich die Vorschriften des § 246 Abs 1 S 2 und die vorstehend genannten steuerlichen Bestimmungen inhaltlich entsprechen (*PwC* BilMoG Komm, B Anm 8 mwN).

Wirtschaftlicher Eigentümer ist derjenige, dem für wesentliche Teile der wirtschaftlichen Nutzungsdauer eines VG Besitz, Gefahr, Nutzungen und Lasten zustehen. Entscheidend ist daher, wer über das Verwertungsrecht (durch Nutzung und/oder Weiterveräußerung) verfügt, wem die **Chancen und Risiken** aus der laufenden Nutzung oder Veräußerung zustehen und wer Wertsteigerungen und Wertminderungen – einschl der Gefahr des zufälligen Untergangs des VG – zu tragen hat (*ADS*[6] § 246 HGB Anm 263 ff; IDW ERS HFA 13 nF, Tz 7). 6

Die verschiedenen Kriterien für das wirtschaftliche Eigentum müssen nicht alle zwingend kumulativ vorliegen und sind ggf in Abhängigkeit von dem Einzelfall und der Art des VG unterschiedlich zu gewichten. Problematisch sind dabei die Fälle, in denen die genannten Kriterien des wirtschaftlichen Eigentums dauerhaft oder zeitweise unterschiedlichen Personen bzw Rechtssubjekten zuzuordnen sind (zB bei „sale-and-buy-back" Geschäften, (un)echten Pensionsgeschäften, Verkäufen mit Garantievereinbarungen). Entscheidend für die Zuordnung des wirtschaftlichen Eigentums ist dann das **Gesamtbild** der Verhältnisse. Dieses umfasst sowohl die abgeschlossenen rechtlichen Vereinbarungen als auch die tatsächliche Umsetzung dieser vertraglichen Abreden. Darüber hinaus sind unter wirtschaftlichen Gesichtspunkten mehrere Rechtsgeschäfte und Vereinbarungen, die im Zusammenhang mit der Nutzung/Verwertung eines VG stehen und idR in einem engen zeitlichen Zusammenhang abgeschlossen wurden, bei dieser Beurteilung einheitlich zu beurteilen (IDW ERS HFA 13 nF, Tz 7 ff). Dabei tritt wegen der Maßgeblichkeit der tatsächlichen Befugnisse ein nur formales Recht, über den VG zu verfügen oder diesen zu belasten, in seiner Bedeutung hinter die wirtschaftliche Verfügungsmacht zurück (glA *ADS*[6] § 246 Anm 262 ff). Die tatsächliche Sachherrschaft über den VG hat idR derjenige, bei dem Besitz, Gefahr, Nutzen und Lasten der Sache liegen. Bei der Übertragung von VG kann es dabei in Einzelfällen trotz des Übergangs des rechtlichen Eigentums als sachgerecht anzusehen sein, dass – in Abhängigkeit von der jeweiligen Gewichtung der einzelnen Kriterien zur personellen Zurechnung eines VG – das wirtschaftliche Eigentum sowohl bei dem Veräußerer als auch beim Erwerber zu bejahen ist, so dass beide den VG zu bilanzieren haben (vgl IDW ERS HFA 13 nF, Tz 6). 7

2. Treuhandverhältnisse

Bei einer rechtsgeschäftlichen Treuhand fallen häufig rechtliches und wirtschaftliches Eigentum auseinander. Hinsichtlich der bilanziellen Behandlung von Treuhandverhältnissen existiert keine für alle Kfl geltende spezifische Gesetzesvorschrift. Eine Ausnahme hierzu bildet die für Institute (Kredit- und Finanzdienstleistungsinstitute; § 1 RechKredV) geltende Vorschrift des § 6 RechKredV, nach der Kreditinstitute die in eigenem Namen aber für fremde Rechnung gehaltenen VG und Schulden in der Bilanz („über dem Strich") erfassen müssen; KapitalanlageGes haben abw hierzu das Treugut „unter dem Strich" auszuweisen. Unter Beachtung der vorstehend genannten Ausnahmen richtet sich die bilanzielle Behandlung des Treuguts in den übrigen Fällen nach der Zuordnung des wirtschaftlichen Eigentums, wobei die unterschiedlichen Ausgestaltungen der Treuhandverhältnisse zu berücksichtigen sind. Ob der VG dem Treuhänder oder 9 dem Treugeber zuzurechnen ist, richtet sich daher nach den Umständen des Einzelfalls, insb nach der Art und der Durchführung der Treuhandabrede (glA *ADS*[6] § 246 Anm 274 ff mwN).

a) Fiduziarische Treuhandschaft

10 Bei der fiduziarischen Treuhandschaft erwirbt der Treuhänder vom Treugeber (oder für dessen Rechnung von einem Dritten) VG **(Treugut)** zu vollem zivilrechtlichem Eigentum. Aufgrund der Treuhandabrede darf der Treuhänder das erworbene Recht am Treugut zwar im eigenen Namen, nicht jedoch im eigenen Interesse ausüben. Chancen und Risiken aus der Nutzung des Treuguts verbleiben idR somit beim Treugeber, dem auch ein Anspruch auf Rückübertragung des Treuhandvermögens zusteht.

11 Das Treugut ist prinzipiell weiterhin in der **Bilanz des Treugebers** auszuweisen, sofern die Treuhandabrede und die tatsächlichen Umstände so gestaltet sind, dass das wirtschaftliche Eigentum an dem Treugut dem Treugeber zuzurechnen ist. Die Auffassung, dass der Treugeber statt des Treuguts den entspr Herausgabeanspruch gegen den Treuhänder zu aktivieren hat, wenn der Treuhänder das Treugut von einem Dritten „zu treuen Händen" für den Treugeber erworben oder selbst hergestellt hat, wird hier nicht vertreten (zur sog „Vereinbarungstreuhand" *ADS*[6] § 246 Anm 282, *WPH*[14] I, E Anm 48; IDW ERS HFA 13 nF, Tz 51).

12 Über die Behandlung des Treuguts in der **Bilanz des Treuhänders** besteht keine einheitliche Auffassung. Der Gesetzgeber hat es, trotz Kenntnis der Problematik versäumt, eine entspr allgemeine Verpflichtungsnorm zu schaffen. Die heute wohl hM spricht sich dafür aus, das treuhänderisch gehaltene Vermögen beim Treuhänder – außerhalb des Anwendungsbereichs des § 6 RechKredV – zwar nicht innerhalb der Bilanz (mit Auswirkungen auf die Bilanzsumme), sondern vorzugsweise unter der Bilanz („unter der Strich") auszuweisen (*ADS*[6] § 246 Anm 293; *WPH*[14] I, E Anm 48). Bei KapGes kommt alternativ auch auch eine entsprechende Angabe im Anhang der Ges in Betracht.

13 Treuhänderisch übernommene **Verbindlichkeiten** sind jedoch stets in der Bilanz des Treuhänders zu passivieren, wobei der korrespondierende Freistellungs- bzw Ersatzanspruch zu aktivieren ist (glA *WPH*[14] I, E Anm 48; *ADS*[6] § 246 Anm 294, *Kreutziger* Bilanzierung von Treuhandverhältnissen in Beck HdR Abschn B 775 Anm 40).

b) Doppelseitige Treuhandschaft

14 Eine sog doppelseitige Treuhandschaft liegt vor, wenn Treugut auf einen Dritten übertragen wird, der Interessen sowohl des Gläubigers als auch des Schuldners – beide sind seine Treugeber – wahrzunehmen hat. Eine derartige Treuhandschaft kommt insb im gerichtlichen Vergleichsverfahren oder im außergerichtlichen Liquidationsvergleich vor. Zunehmende Bedeutung erlangt diese auch im Zuge der bilanziellen Auslagerung von Pensionsverpflichtungen auf der Grundlage einer sog „CTA-Konstruktion" (*Contractual Trust Arrangements;* hierzu *WPH*[14] I, E Anm 48 mwN). Auch bei der doppelseitigen Treuhandschaft richtet sich die bilanzielle Behandlung danach, wer unter Berücksichtigung aller Umstände des Einzelfalls als wirtschaftlicher Eigentümer des Treuguts anzusehen ist. Im Zweifelsfall wird dies der Schuldner sein, da der Gläubiger idR nur auf Befriedigung seiner Forderung bedacht ist und der Treuhänder zumeist nur eine Dienstleistungsfunktion ausübt (ähnlich *ADS*[6] § 246 Anm 278; zur doppelseitigen Treuhand iZm der BetrAV s *PwC* BilMoG Komm, C Anm 37 ff; *Scheithauer/Sartoris* Contractual Trust Arrangement, 319 ff).

c) Ermächtigungstreuhandschaft

Durch eine Ermächtigungstreuhandschaft wird dem Treuhänder lediglich die Ermächtigung erteilt, im eigenen Namen (aber für Rechnung des Treugebers) über das Treugut zu verfügen oder daran Rechte zu begründen, zu verändern oder aufzuheben. Jedoch findet – im Gegensatz zur fiduziarischen Treuhandschaft – eine Übertragung von zivilrechtlichem Eigentum an den Treuhänder nicht statt. Bei Ermächtigungstreuhandschaften ist ein Ausweis des betr Gegenstands in der Bilanz des Treuhänders normalerweise weder sinnvoll noch zulässig, da das wirtschaftliche Eigentum hier regelmäßig weiterhin dem Treugeber zuzurechnen ist und dieser außerdem zivilrechtlicher Eigentümer bleibt (glA *ADS*[6] § 246 Anm 292). 15

d) Steuerrechtliche Behandlung von Treuhandverhältnissen

Die steuerrechtliche Behandlung von Treuhandverhältnissen richtet sich nach § 39 Abs 2 Nr 1 AO, dessen Regelungen iW genau der handelsrechtlichen Rechtslage entsprechen. Nach dieser Vorschrift ist es allerdings unerheblich, ob der Treuhänder das Treugut vom Treugeber oder aber von einem Dritten erworben bzw selbst hergestellt hat. Das Treugut ist vielmehr steuerrechtlich **stets nur** in der StB des **Treugebers** auszuweisen, wenn dieser wirtschaftlicher Eigentümer ist (*Weber-Grellet* in Schmidt[32] § 5 Anm 154 mwN; *Müller/Wangler* Voraussetzungen für ein steuerlich beachtliches Treuhandverhältnis DStR 2010, 1067 f; *Steinhauff* Die Treuhand im Ertragsteuerrecht SteuK 2010, 249 ff). Ein solcher Bilanzausweis des Treuguts ist im Hinblick auf § 159 Abs 1 AO im Zweifelsfall auch zum Nachweis der ernsthaften Durchführung der getroffenen Treuhandabrede erforderlich. 16

3. Total Return Swaps

Als den Treuhandverhältnissen aus wirtschaftlicher Betrachtungsweise sehr ähnlich dürften solche Vereinbarungen bezeichnet werden, bei denen der Veräußerer trotz Übertragung des rechtlichen Eigentums iW sämtliche Wertänderungschancen und -risiken sowie die laufenden Aufwendungen und Erträge aus dem vermeintlich veräußerten VG zurückbehält. „Swap"-Transaktionen sind typische Geschäftsvorfälle innerhalb der Kreditwirtschaft und stehen für den Austausch von Zahlungsströmen zwischen zwei Parteien. Die traditionellen Anwendungsfälle sind hierbei der Zins- oder Währungsswap. Außerhalb der Kreditwirtschaft sind solche Vereinbarungen allgemein iZm Veräußerungsgeschäften oder speziell im Rahmen von UntTransaktionen anzutreffen. Für die Zurechnung des wirtschaftlichen Eigentums beim Veräußerer macht es dabei keinen Unterschied, ob die Wertänderungsrisiken und -chancen an dem Verkaufsobjekt über entspr Klauseln im Kaufvertrag selbst oder in einer parallel dazu getroffenen Nebenabrede zurückbehalten werden (IDW ERS HFA 13 nF, Tz 52 ff). In diesen Fällen gehen für den Zeitraum der Vereinbarung die wesentlichen Elemente des wirtschaftlichen Eigentums nicht auf den rechtlichen Erwerber über. Es erfolgen demnach bei dem Veräußerer in diesen Fällen keine Abgangsbuchung und keine Gewinnrealisation. 17

Ein solcher *Total Return Swap* wäre implizit in einer Vereinbarung enthalten, bei der der Veräußerer V an den Erwerber E eine Bet verkauft und beide Parteien zunächst einen vorläufigen Kaufpreis vereinbaren, der zB dem Börsenkurs bei Vertragsabschluss entspricht. Des Weiteren sind sich die Parteien darüber einig, dass der Kaufpreis erst zu einem in der Zukunft liegenden Zeitpunkt (zB nach Ablauf eines Jahrs oder bei Eintritt eines vordefinierten Ereignisses) abschließend in Abhängigkeit von der weiteren Entwicklung des Börsenkurses verhandelt werden 18 soll. Evtl Unterschiede zwischen dem Kaufpreis bei Vertragsabschluss und dem endgültigen Kaufpreis sollen am Ende durch entspr Zahlungen der Parteien untereinander ausgeglichen werden. Im Falle einer Wertminderung (zB Kurssteigerungen) hat E Anspruch auf Rückzahlung der Differenz, im Falle einer Wertsteigerung (zB Kursrückgänge) trifft E eine entspr Nachschusspflicht. Darüber hinaus zahlt V an E in der Zwischenzeit einen festen Zins auf den bei Vertragsabschluss erhaltenen Kaufpreis. Im Gegenzug hat E die laufenden Erträge aus der Bet an V für den Zeitraum bis zur endgültigen Bestimmung des Kaufpreises abzuführen.

Aus der Gesamtbetrachtung der Vereinbarung(en) ergibt sich, dass V iW sämtliche Risiken und Chancen aus der Bet zurückbehält. Wirtschaftlich gestaltet sich die Vereinbarung vergleichbar einer Kreditgewährung von E an V. Erst wenn die Parteien den Kaufpreis abschließend verhandelt haben und die Ausgleichszahlung geleistet ist, wird E wirtschaftlicher Eigentümer der Bet. Mit diesem Zeitpunkt gehen Wertänderungen zu seinen Lasten bzw seinen Gunsten. So kann V auch erst zu diesem Zeitpunkt die Bet als Abgang zeigen und ggf einen Gewinn aus diesem Veräußerungsgeschäft realisieren.

4. Dingliche Sicherungsrechte

19   Wenn die Bestellung dinglicher Sicherungsrechte an VG in der Form des **Eigentumsvorbehalts**, der **Sicherungsübereignung** oder der **Sicherungsabtretung** erfolgt, wird das wirtschaftliche Eigentum handels- und steuerrechtlich weiterhin dem **Sicherungsgeber** zugerechnet, solange der Sicherungsnehmer im Innenverhältnis zum Sicherungsgeber nur die Stellung eines Pfandgläubigers hat. Hat der Sicherungsnehmer jedoch auf Grund der dem Sicherungsgeschäft zugrunde liegenden Sicherungsabrede Verfügungsbefugnisse, die über den Sicherungszweck hinausreichen, kann eine Zurechnung des VG zum Sicherungsnehmer geboten sein. Dies ist zB dann der Fall, wenn der Verkäufer (Sicherungsnehmer) eines VG aufgrund bestehender Sicherungsabreden seinen Herausgabeanspruch geltend macht, weil der Käufer (Sicherungsgeber) mit der Zahlung in Verzug ist. Der bilanzielle Ausweis des VG erfolgt dementspr grds handels- und steuerrechtlich nur beim Sicherungsgeber, solange dieser wirtschaftlicher Eigentümer bleibt, und nur im letztgenannten Ausnahmefall kommt ein Ausweis beim Sicherungsnehmer in Betracht (glA *ADS*[6] § 246 Anm 270). Etwas anderes gilt – auch nach Streichung des entspr Gesetzeswortlauts durch das BilMoG – lediglich dann, wenn zu Sicherungszwecken eine Bareinlage erfolgt. Diese ist in die Bilanz des Sicherungsnehmers aufzunehmen (glA *Kirsch* in Rechnungslegung § 246 HGB Anm 81). Außerdem ist bei ihm eine entspr Verbindlichkeit zu passivieren und beim Sicherungsgeber eine entspr Geldforderung zu aktivieren.

20   Sicherungsübereignungen und Sicherungsabtretungen brauchen nach hM im JA eines Sicherungsgebers, in dessen Bilanz das Sicherungsgut auszuweisen ist, nicht in besonderer Weise **kenntlich gemacht** zu werden (*ADS*[6] § 246 Anm 271). Der Sicherungsgeber braucht daher die durch eine Sicherungsabrede gebundenen Vermögenswerte in seiner Bilanz nicht getrennt von den freien VG auszuweisen, und es ist auch kein Vermerk in einer Vorspalte zu dem betr Bilanzposten erforderlich. Selbst im Anhang der KapGes/KapCoGes sind keine diesbzgl Angaben vorgeschrieben. Vgl aber § 285 Nr 1b bzgl der Angaben zu den besicherten Verbindlichkeiten des Sicherungsgebers.

5. Kommissionsgeschäfte

21   Die bilanzielle Behandlung von Kommissionsgeschäften iSd §§ 383 ff richtet sich handels- und steuerrechtlich ebenfalls nach der Zurechnung des wirtschaftlichen Eigentums an den Kommissionsgütern.

Bei der **Verkaufskommission** verbleibt das Eigentum an den dem Kommis- 22
sionär zum Verkauf übergebenen Kommissionsgütern bis zum Verkauf beim
Kommittenten. Der Kommissionär erwirbt weder das rechtliche noch das wirtschaftliche Eigentum. Daher hat nur der Kommittent das Kommissionsgut (als
Ware und nicht etwa als Forderung) zu bilanzieren. Erst im Zeitpunkt der Veräußerung an den Endabnehmer hat der Kommittent eine Forderung gegen den
Kommissionär, der Kommissionär eine Forderung gegen den Erwerber der Ware
(Kommissionsgut) zu aktivieren. Der Kommissionär hat gleichzeitig eine entspr
Verbindlichkeit ggü dem Kommittenten zu passivieren. Eine Saldierung von
Forderung und Verbindlichkeit im JA des Kommissionärs ist abzulehnen, da diese
ggü unterschiedlichen Parteien bestehen. Etwas anderes gilt für den mit dem
Verkauf ggü dem Kommittenten entstandenen Provisionsanspruch des Kommissionärs und dessen Verbindlichkeit ggü dem Kommittenten. Hier kann eine Saldierung erfolgen, soweit Forderung und Verbindlichkeit am Bilanzstichtag fällig
sind (vgl ausführlich Anm 105 f).

Aus wirtschaftlicher Betrachtung kann von einer Verkaufskommission auch
dann gesprochen werden, wenn Veräußerer und Erwerber Weiterveräußerungsabreden treffen und dem Erwerber im Falle des Scheiterns einer Weiterveräußerung
an einen Dritten ein Andienungsrecht ggü dem ursprünglichen Veräußerer eingeräumt oder ein Rücktrittsrecht vom Kaufvertrag vereinbart wird (vgl IDW ERS
HFA 13 nF, Tz 34). Durch die getroffenen Abreden verbleiben wesentliche Elemente des wirtschaftlichen Eigentums beim ursprünglichen Veräußerer („Kommittenten").

Bei der **Einkaufskommission** wird der Kommissionär mit dem Bezug der 23
von ihm für Rechnung des Kommittenten erworbenen Kommissionsware deren
rechtlicher Eigentümer. Da der Einkaufskommissionär grds für Rechnung und
auf Risiko des Kommittenten handelt, ist das wirtschaftliche Eigentum an diesen
VG jedoch dem Kommittenten zuzurechnen. Der Kommissionär aktiviert daher
nur die Forderung an den Kommittenten (nicht aber die Ware) und passiviert die
Verbindlichkeit aus dem abgeschlossenen Kaufgeschäft mit dem Dritten. Beim
Kommittenten erfolgt die Bilanzierung der Ware, jedoch frühestens zu dem
Zeitpunkt, in dem die Verfügungsgewalt oder Gefahr an dem Kommissionsgut
auf den Kommissionär und damit auch mittelbar auf den Kommittenten übergeht. Kennt der Kommittent diesen Zeitpunkt nicht, kommt für ihn eine Aktivierung der Ware (und eine Passivierung der entspr Verbindlichkeit ggü dem Kommissionär) idR erst mit dem Eingang der Abrechnung durch den Kommissionär
in Betracht (*ADS*[6] § 246 Anm 309).

6. Pensionsgeschäfte

Unter Pensionsgeschäften versteht man Rechtsgeschäfte, bei denen das recht- 24
liche Eigentum an einem VG (zB an einem Wertpapier) für begrenzte Zeit (regelmäßig gegen Zahlung eines einem Kaufpreis entspr Entgelts) auf einen anderen,
den Pensionsnehmer übertragen („in Pension gegeben") wird. Die Erscheinungsformen der Pensionsgeschäfte sind vielfältig; in der Literatur werden solche Vereinbarungen vielfach als sog „Sale and buy back-Geschäfte" bezeichnet. Man
unterscheidet hinsichtlich der Rechtsfolgen vor allem sog „echte" und „unechte"
Pensionsgeschäfte. Die Übergänge sind allerdings fließend.

Ein **echtes Pensionsgeschäft** iSv § 340b Abs 1 und 2 liegt vor, wenn der 25
Pensionsgeber („Veräußerer") mit dem Pensionsnehmer („Erwerber") mit der
Veräußerung eines VG gleichzeitig dessen Rückerwerb zu einem im Voraus bestimmten oder vom Pensionsgeber noch zu bestimmenden Zeitpunkt (gegen
Rückerstattung des empfangenen Entgelts oder gegen Zahlung eines im Voraus

vereinbarten anderen Betrags) vereinbart. Statt eines Anspruchs auf Rückübertragung reicht für die Annahme eines echten Pensionsgeschäfts auch eine entspr (Kauf-)Option des Pensionsgebers aus, wenn die Umstände (zB niedrigerer Erwerbspreis oder faktischer Zwang) nahe legen, dass der Pensionsgeber die Option ausüben wird. Entscheidend ist, dass der Pensionsgeber auf jeden Fall in der Lage ist, das Pensionsgut zurück zu erwerben und dies erwartungsgemäß auch tun wird. Soweit es sich bei dem Pensionsgut um verkehrsfähige Wertpapiere handelt, müssen nicht dieselben Wertpapiere rückübertragen werden; es genügt wenn es sich um Wertpapiere gleicher Art, Menge und Güte (zB Aktien mit gleicher Wertpapierkennnummer) handelt. Beim echten Pensionsgeschäft ist das Pensionsgut beim Pensionsgeber auszuweisen, da dieser unverändert die Chancen und Risiken der Wertänderung trägt und somit als wirtschaftlicher Eigentümer anzusehen ist. Der Pensionsgeber hat aber zugleich das vom Pensionsnehmer empfangene „Entgelt" zu passivieren, da es regelmäßig wirtschaftlich nichts anderes als einen vom Pensionsnehmer an den Pensionsgeber gewährten Kredit darstellt (§ 340b Abs 4). Einen Veräußerungsgewinn kann der Pensionsgeber somit aus dem rechtlichen Veräußerungsgeschäft mit dem Pensionsnehmer nicht realisieren.

26 Das **unechte Pensionsgeschäft** iSv § 340b Abs 1 und 3 unterscheidet sich vom echten darin, dass der Pensionsgeber kein Recht auf Rückübertragung hat, sondern dass nur der Pensionsnehmer verlangen kann (Option), dass der Pensionsgeber das Pensionsgut (gegen Rückzahlung des geleisteten Entgelts oder gegen Entrichtung eines bestimmten anderen Betrags) zurücknimmt (Andienungsrecht bzw Verkaufsoption des Pensionsnehmers, sog „Put"). Da der Pensionsgeber hier nicht sicher mit der Wiedererlangung der Verfügungsgewalt rechnen kann, ist das wirtschaftliche Eigentum grds dem Pensionsnehmer zuzurechnen und das Pensionsgut allein bei diesem zu bilanzieren (§ 340b Abs 5; vgl auch IDW ERS HFA 13 nF, Tz 22 ff). Der VG ist somit grds in der Bilanz des Pensionsnehmers auszuweisen und der Pensionsgeber hat einen entspr Abgang zu erfassen. Ein Veräußerungsgewinn ist vor Ablauf der Frist zur Ausübung der sog „Put-Option" beim Pensionsgeber jedoch nur dann und insoweit als realisiert anzusehen, wie der Rücknahmepreis den ursprünglichen Veräußerungspreis unterschreitet. In Höhe des Differenzbetrags zwischen dem Buchwert und dem Rücknahmepreis hat dieser eine Verbindlichkeit zu passivieren (IDW ERS HFA 13 nF, Tz 24).

Wenn allerdings der Rücknahmepreis bereits im Zeitpunkt der Übertragung so hoch ist, dass von einer Rückübertragung bei Würdigung aller Umstände ausgegangen werden kann (zB Verkaufsoption des Pensionsnehmers ist „im Geld"), ist eine Ausbuchung des Pensionsguts beim Pensionsgeber abzulehnen, selbst wenn formal die Kriterien eines unechten Pensionsgeschäfts vorliegen. Eine solche Konstellation spricht dafür, dass der Pensionsgeber nicht ernsthaft beabsichtigt, das wirtschaftliche Eigentum auch nur kurzfristig aufzugeben. Ein Abgang des Pensionsguts beim Pensionsgeber ist auch dann zu verneinen, wenn nach den Umständen des Einzelfalls der Erwerber kein eigenes wirtschaftliches Interesse an dem übertragenen VG hat und der formale Pensionsnehmer diesen in Ermangelung einer anderen Verwertungsmöglichkeit aus faktischen Gründen zurückveräußern wird (vgl IDW ERS HFA 13 nF, Tz 26). Dieser Tatbestand kann insb dann erfüllt sein, wenn im Rahmen eines formalen Pensionsgeschäfts die Veräußerung und der Rückerwerb des VG durch den Pensionsgeber in einem relativ kurzen Zeitraum um den Bilanzstichtag herum erfolgen. Ein Abgang und Zugang des VG erscheint nur dann zulässig, wenn die wesentlichen Elemente des wirtschaftlichen Eigentums – insb das Wertänderungsrisiko – für eine im Hinblick auf die Art des VG hinreichende Zeitspanne tatsächlich dem Erwerber zuzurechnen sind und der vereinbarte Verkaufs- und Rückkaufspreis dem jeweiligen Marktwert im Transaktionszeitpunkt entsprechen. Zu Besonderheiten von

Pensionsgeschäften iZm mit Wertpapiertransaktionen wird auf die Ausführungen im IDW ERS HFA 13 nF, Tz 37 ff verwiesen.

27 Bei einem **gemischten Pensionsgeschäft**, bei dem sowohl die Merkmale des echten als auch diejenigen des unechten Pensionsgeschäfts vorliegen (bei dem also der Pensionsgeber eine Kauf- und der Pensionsnehmer gleichzeitig eine Verkaufsoption hat), ist zu prüfen, wer auf Grund der Umstände des Einzelfalls als wirtschaftlicher Eigentümer des Pensionsguts anzusehen ist. IdR wird dies der Pensionsgeber sein (zB bei identischem Ausübungspreis beider Optionen und Laufzeitkongruenz). Denn nur er hat sowohl die Chance der Wertsteigerung (bei gestiegenem Wert des Pensionsguts kann er Rückübertragung verlangen) als auch das Risiko des Wertverfalls (bei gesunkenem Wert kann der Pensionsnehmer sein Andienungsrecht geltend machen). Außerdem liegt bei ihm die dominierende wirtschaftliche Verfügungsmacht.

Etwas anderes kann aber dann gelten, wenn der Pensionsnehmer auf Grund der Pensionsabrede befugt ist, das Pensionsgut jederzeit auch an einen Dritten zu veräußern und dieses Verwertungsrecht an einem fungiblen Pensionsgut besteht. Ein Übergang des wirtschaftlichen Eigentums auf den Pensionsnehmer ist jedenfalls dann anzunehmen, wenn die gegenseitig eingeräumten Optionen jeweils auf den beizZW lauten. In diesem Fall sind Chancen und Risiken aus dem Pensionsgut auf den Pensionsnehmer übergegangen.

28 Zur **steuerrechtlichen Behandlung** von Pensionsgeschäften s *Weber-Grellet* in Schmidt[32] § 5 Anm 270 „Pensionsgeschäfte" mwN.

7. ABS-Transaktionen

29 **Asset-Backed-Securities-Transaktionen** oder kurz ABS-Transaktionen sind dadurch gekennzeichnet, dass ein Unt Finanzaktiva an eine rechtlich selbstständige ZweckGes (sog Special Purpose Entity [SPE] oder Special Purpose Vehicle [SPV]) veräußert und diese zum Zwecke ihrer Refinanzierung Wertpapiere bzw Schuldtitel emittiert, die durch die sachenrechtlich übertragenen Finanzaktiva gesichert sind. Bei den Finanzaktiva handelt es sich häufig um Kundenforderungen, die zumeist revolvierend veräußert werden; gleichwohl sind auch langfristige Forderungen zB aus Leasing- oder Darlehensverhältnissen Gegenstand von ABS-Transaktionen. Die Motivation von Unt, dieses Finanzierungsmodell zu wählen, basiert auf dem angestrebten **„Off-Balance-Effekt"** (s dazu die Angabepflichten nach § 285 Nr 3). Das die Finanzaktiva veräußernde Unt generiert mit dem Verkauf Liquidität aus der erhaltenen Kaufpreiszahlung, die es umgehend zur Schuldentilgung einsetzen kann. Der Wegfall der Schulden wiederum führt, neben der Bilanzverkürzung, zur Verbesserung der EK-Quote.

30 Analog zum traditionellen Forderungsverkauf (Factoring) stellt sich auch bei ABS-Transaktionen die Frage, ob die veräußerten Finanzaktiva wirtschaftlich beim Veräußerer abgegangen bzw diesem nicht mehr zuzurechnen sind (**Übergang des wirtschaftlichen Eigentums**). Würde die Frage verneint, handelte es sich aus wirtschaftlicher Betrachtungsweise nicht um einen Verkauf, sondern um ein Kreditverhältnis und die angestrebte Bilanzverkürzung wäre nicht eingetreten.

31 Maßgeblich für den Abgang der Finanzaktiva (**„Ausbuchung"**) ist zunächst, dass die erwerbende ZweckGes – grds auf Dauer – auf der Grundlage eines rechtswirksamen Vertrags die typischen Rechte und Eigenschaften eines wirtschaftlichen Eigentümers erlangt, dh sie muss die VG insb weiterveräußern oder verpfänden dürfen (**Verfügungsbefugnis**). Des Weiteren darf eine Rückübertragung, vergleichbar einem „echten" Pensionsgeschäft nicht von vorneherein vereinbart sein. Lediglich für den Fall, dass der Bestand der Finanzaktiva die Fortführung des Finanzierungsmodells unwirtschaftlich werden lässt, kann eine, bereits bei Abschluss der ABS-Transaktion vereinbarte, Rückübertragung – sog „clean-up call" – unschädlich sein. Der HFA (vgl IDW RS HFA 8, Tz 12) knüpft hieran allerdings zu Recht die Bedingung, dass es sich bei den rückzuübertragenden Aktiva hinsichtlich des Risikoprofils um einen bei Veräußerung vergleichbaren Bestand handelt, so dass Gegenstand des Rückkaufs nicht im überdurchschnittlichen Umfang risikobehaftete Ansprüche sein dürfen. Etwas anderes kann nur dann gelten, wenn der Rückkauf zum dann aktuellen niedrigeren Zeitwert erfolgt (vgl IDW RS HFA 8, Tz 12). Zulässig ist die „Ausbuchung" auch, wenn zB Kundenforderungen veräußert werden und die ABS-Transaktion den Forderungsschuldnern, vergleichbar der stillen Zession, nicht angezeigt wird (vgl IDW RS HFA 8, Tz 13). Dem Übergang des wirtschaftlichen Eigentums an dem Forderungsbestand steht dabei nicht entgegen, dass der Veräußerer ggf als eigentümertypische Rechte die Forderungsverwaltung und den Forderungseinzug weiterhin ausübt.

32 Neben dem vorstehend diskutierten stärker zivilrechtlich geprägten Aspekt ist bei Beurteilung der Zulässigkeit der „Ausbuchung" insb zu würdigen, ob der Veräußerer nicht Risiken zurückbehält, die der wirtschaftlichen „Abgangsfiktion" entgegenstehen. Hier wird handelsrechtlich vor allem Gewicht auf das **Bonitätsrisiko** gelegt (vgl ADS[6] § 246 Anm 326; IDW RS HFA 8, Tz 16ff; WPH[14] I, E Anm 55 mwN). Bzgl der Bedeutung des Bonitätsrisikos im Steuerrecht vgl BFH 26.8.2010, DB 2010, 2652: Danach verbleibt das wirtschaftliche Eigentum beim Forderungsverkäufer, „wenn der Forderungskäufer bei der Kaufpreisbemessung einen Risikoabschlag vornimmt, der den erwartbaren Forderungsausfall deutlich übersteigt, aber nach Maßgabe des tatsächlichen Forderungseingangs erstattungsfähig ist." Diese Auffassung wird durch den HFA bestätigt (vgl IDW RS HFA 8, Tz 7; WPH[14] I, E Anm 59). Der HFA hat hierzu einige Beispielsfälle, wie die Übernahme einer „first-loss"-Garantie oder ein Andienungsrecht seitens der Zweckgesellschaft aufgeführt, bei denen das Bonitätsrisikio ganz oder im wesentlichen Teilen beim Veräußerer verbleibt und somit das wirtschaftlichen Eigentum nicht auf den Erwerber übergeht (vgl IDW RS HFA 8, Tz 16). Gleichwohl bejaht der HFA die „Ausbuchung", wenn das Unt die Finanzaktiva regresslos veräußert und hierbei einen fixen und damit endgültigen Kaufpreisabschlag akzeptiert, der als außergewöhnlich hoch zu bezeichnen ist (vgl IDW RS HFA 8, Tz 19). Ist der Kaufpreisabschlag hingegen nicht endgültig, zB bei ABS-Transaktionen iZm einem Reserve- oder Garantiekonto (sog „loss reserve"), ist ein marktüblicher Abschlag für das Delkredererisiko für die Forderungsausbuchung erforderlich. Die Bedingung der **„Marktüblichkeit"** ist dann gewährleistet, wenn die Höhe des Kaufpreisabschlags so gewählt wurde, als handele es sich um eine gewöhnliche Forfaitierung. Der Abschlag bemisst sich folglich anhand der historischen Ausfallrate sowie unter der Berücksichtigung einer Risikoprämie für die Veränderlichkeit der Ausfallrate der zur Veräußerung stehenden Forderungen. Nicht heranzuziehen sind demggü die üblichen von Ratingagenturen geforderten Kaufpreisabschläge (vgl IDW RS HFA 8, Tz 21 ff).

Enthalten die **Ankaufsvereinbarungen** neben dem Kaufpreisabschlag für das Bonitätsrisiko weitere Abschläge (vgl zu Bsp(en) IDW RS HFA 8, Tz 24), ist zu untersuchen, ob diese letztlich nicht ebenfalls zur Abdeckung des Bonitätsrisiko zweckentfremdet werden können und damit den Kaufpreisabschlag erhöhen.

Unschädlich für den Übergang des wirtschaftlichen Eigentums ist dagegen, wenn das Risiko, dass die Forderungen nicht bestehen bzw ihr Einreden entgegengebracht werden, weiterhin vom Verkäufer getragen wird **(Veritätsrisiko)**.

33 In der Praxis werden häufig im Rahmen von ABS-Transaktionen revolvierende Ankaufsvereinbarungen geschlossen, dh die Parteien schließen einen Rahmen-

vertrag, nach dem über eine zumeist mehrjährige Vertragslaufzeit in vorher definierten Abständen (meist monatlich) stets neue Forderungsportefeuilles (Tranchen) von der ZweckGes angekauft werden. Steht das Reserve- oder Garantiekonto, soweit es durch tatsächlich eingetretene Ausfälle in der Vergangenheit angekaufter Tranchen nicht ausgeschöpft ist, zur Abdeckung des Bonitätsrisikos neuer anzukaufender Tranchen zur Verfügung, kann es durch diesen Mechanismus zur „Überdotierung" (unangemessener Abschlag für Bonitätsrisiken) kommen (vgl IDW RS HFA 8, Tz 31 f). Bei einer „Überdotierung" des Garantiefonds aufgrund eines zu hohen Kaufpreisabschlags bleibt der Veräußerer wirtschaftlicher Eigentümer der sachenrechtlich übertragenen Finanzaktiva und hat diese weiterhin zu aktivieren. Zusätzlich hat er eine (Kredit-)Verbindlichkeit in Höhe des erhaltenen Kaufpreises zu passivieren.

Dem Übergang des wirtschaftlichen Eigentums steht auch entgegen, wenn zwar **34** zunächst ein angemessener bzw marktüblicher Kaufpreisabschlag vereinbart wird, die Vereinbarung hingegen eine **rückwirkende Anpassungsmöglichkeit** vorsieht. Darüber hinaus ist iZm mehrjährigen revolvierenden Forderungsankäufen uE zu beachten, dass die Entscheidung über die Angemessenheit bzw Marktüblichkeit des im Rahmenvertrag vereinbarten Kaufpreisabschlags zu jedem Bilanzstichtag aufs Neue zu treffen ist, da sich die Ausfallquoten der periodisch anzukaufenden Forderungen ändern können.

8. Andere Wertgarantien iZm Veräußerungsgeschäften

Neben dem Bonitätsrisiko existieren in der Praxis eine Vielzahl von Variationen des Zurückbehaltens von maßgeblichen Wertminderungsrisiken im Rahmen von Veräußerungsgeschäften einzelner VG, Gesamtheiten von VG oder beim UntKauf im Besonderen (vgl hierzu IDW ERS HFA 13 nF, Tz 55 ff). Beim UntKauf ist zumeist fraglich, ob der von den Parteien gewählte Zeitpunkt oder die dingliche Übertragung der GesterRechte den Übergang des wirtschaftlichen Eigentums sachgerecht festlegen, wenn zwar die Chancen mit Erlangung der Verfügungsmacht auf den neuen Eigentümer der Bet übergehen, der Veräußerer hingegen noch über einen längeren Zeitraum an Wertminderungen partizipiert oder für solche vollständig einzustehen hat. Ein solches Szenario könnte zB darin bestehen, dass der Veräußerer für ein Unterschreiten des Börsenkurses, der Grundlage der Kaufpreisbemessung war, unbegrenzt einzustehen hat. Ein weiteres Bspl könnte darin gesehen werden, dass der Veräußerer den Eintritt bestimmter Ereignisse nach Abschluss des Kaufvertrags, wie zB den Rückgang der Umsätze unter einen zuvor definierten Betrag, ausschließt und ansonsten zur Kaufpreisrückzahlung verpflichtet ist. Bislang nicht abschließend geklärt ist die Frage, wann solche Wertgarantien als so erheblich bzw wesentlich zu bezeichnen sind, dass unbeachtlich des Übergangs der Chancen ein Übergang des wirtschaftlichen Eigentums auf den Erwerber bis zum Ende der Garantiefrist abzulehnen ist. Werden durch Nebenabreden der Art nach zentrale und damit bedeutsame Risiken (zB Bonitätsrisiken bei Forderungen, Ertragsrisiken bei Bet und UntKäufen, Vermietungsrisiken bei Gebäuden) aus einem VG nur temporär und damit kurzfristig vom Veräußerer zurückbehalten, wird es idR zum Abgang, nicht jedoch zu einer Gewinnrealisierung kommen. Auf die Konkretisierung und die absolute Höhe der Risiken kommt es dabei grds nicht an; entscheidend ist, dass gewichtige eigentümerspezifische Risiken dem Grunde nach unverändert vom Veräußerer getragen werden. Werden solche Risiken dagegen auf Dauer oder zumindest langfristig vom Veräußerer im nicht betragsmäßig begrenztem Umfang getragen – das IDW nennt im Zusammenhang mit der Veräußerungen von Bet und Unt hier eine Zeitspanne von mehr als zwei bis drei Jahren (vgl IDW
35

ERS HFA 13 nF, Tz 56 –, sind grundsätzlich sowohl Abgang als auch Gewinnrealisation zu verneinen. Ist die Wertgarantie auf einen Höchstbetrag begrenzt, steht für den Veräußerer ein Mindestkaufpreis in Höhe der Differenz zwischen dem ursprünglichen Kaufpreis und der Garantie fest. Sofern in diesen Fällen ein Abgang zu bejahen ist, hat eine etwaige Gewinnrealisation beim Veräußerer auf Basis dieses Mindesterlöses zu erfolgen. Soweit der Kaufpreis in Höhe der zurückbehaltenen Risiken nicht vereinnahmt werden kann, ist in dieser Höhe eine Verbindlichkeit zu passivieren (vgl IDW ERS HFA 13 nF, Tz 61).

36   Im vorstehenden Sinne zweifelhaft sind ebenso die Fälle der Kaufpreisstundung oder Kaufpreisfinanzierung durch den Veräußerer ggü „quasi" vermögenslosen Schuldnern, wie dies für ZweckGes gelten mag, die eigens für den Erwerb einer Bet oder eines anderen VGs gegründet wurden und im Vergleich zum Kaufpreis dieser Aktiva nur mit einem geringen EK ausgestattet sind. Wird hier die Werthaltigkeit der Kaufpreisforderung nicht durch zusätzliche Sicherheiten oder Bürgschaften eines Dritten mit höchstrangiger Bonität bestätigt, ist ein Übergang des wirtschaftlichen Eigentums uU sogar bis zur vollständigen Kaufpreiszahlung abzulehnen (vgl IDW ERS HFA 13 nF, Tz 97 f).

9. Leasing

37   In der Praxis werden mit dem Ausdruck „**Leasinggeschäft**" sowohl reine Miet- und Pachtverträge als auch Rechtsgeschäfte, die nach ihrem Gesamtbild wirtschaftlich einen Ratenkaufvertrag darstellen, sowie alle denkbaren Zwischenformen bezeichnet. Eine genaue Begriffsbestimmung existiert nicht. Jeder einzelne Vertrag ist deshalb daraufhin zu analysieren, zu welcher der nachfolgend genannten Vertragsarten er gehört. Hinsichtlich der Festlegung und Konkretisierung der einzelnen Kriterien, nach denen auf der Grundlage des wirtschaftlichen Eigentums die personelle Zuordnung eines Leasinggegenstands im Einzelfall zu erfolgen hat, hat sich im bilanzrechtlichen Schrifttum ebenfalls noch keine einheitliche und abschließende Auffassung gebildet. Wird von vornherein nach Ablauf der Mietzeit ein Eigentumsübergang vereinbart (sog Mietkaufverträge), so ist der Leasingnehmer als wirtschaftlicher Eigentümer des VG anzusehen. Mangels präziser handelsrechtlicher Abgrenzungskriterien zur Zurechnung des wirtschaftlichen Eigentums zum Leasingnehmer oder Leasinggeber in den übrigen Fällen wird weitgehend auf die Zuordnungsmerkmale abgestellt, die seitens der steuerlichen Rechtsprechung und der Finanzverwaltung entwickelt wurden (Anm 41 ff). Gleichwohl ist die personelle Zuordnung des Leasinggegenstands letztlich anhand der allgemeinen Kriterien für das wirtschaftliche Eigentum zu entscheiden, sofern besondere Ausgestaltungen der Leasingverträge vorliegen, die von den typisierten und standardmäßigen Fällen der steuerlichen Leasingerlasse abweichen. Dies gilt bspw bei Verträgen zum sog Anlagen-Contracting (*WPH*[14] I, E Anm 32). Hinsichtlich der einzelnen Ausgestaltungen der Leasinggeschäfte gilt hierbei (vorbehaltlich der in Anm 41–47 genannten speziellen Zurechnungsregeln) grds Folgendes:

a) Echte Miet- und Pachtverträge

38   Wenn ein Leasingvertrag als ein echter Miet- oder Pachtvertrag (dh als ein primär auf Nutzungsüberlassung ohne wirtschaftliches Eigentum gerichteter Vertrag) zu qualifizieren ist *(Operating-Leasing)*, bleibt der Vermieter bzw Verpächter sowohl rechtlicher als auch wirtschaftlicher Eigentümer der Miet- bzw Pachtobjekte. Er hat die betr VG daher in seiner Bilanz auszuweisen. Dies gilt jedoch nicht für Mieter- und Pächtereinbauten in gemietete oder gepachtete Grundstücke und Gebäude, die im Regelfall ohne Rücksicht auf das zivilrechtliche Eigentum

beim Mieter bzw Pächter zu bilanzieren sind (glA *ADS*[6] § 246 Anm 411 mwN). Das vorstehend Gesagte trifft insb dann zu, wenn die Nutzungsdauer dieser Einbauten kürzer als die Mietzeit ist oder wenn der Mieter diese nach Beendigung des Mietverhältnisses entfernen muss (Wiederherstellung des ursprünglichen Zustands).

b) Finanzierungsverträge

Bei Leasingverträgen, die ihrem wirtschaftlichen Charakter nach Finanzierungsgeschäfte nach Art eines Ratenkaufs unter Eigentumsvorbehalt sind *(Finanzierungsleasing)*, ist das wirtschaftliche Eigentum am Leasinggegenstand dem Leasingnehmer zuzurechnen. Dieser hat daher den Leasinggegenstand zu aktivieren und die Leasingverbindlichkeiten zu passivieren. Der Leasinggeber hat dagegen nicht das Leasingobjekt, sondern eine Forderung an den Leasingnehmer auszuweisen (*Kirsch* in Rechnungslegung § 246 HGB Anm 108). 39

c) Sale-and-lease-back

Als *sale-and-lease-back* werden Geschäfte bezeichnet, bei denen ein Kfm VG, deren Eigentümer er ist und die normalerweise bereits von ihm genutzt werden, an einen anderen verkauft (Verkaufs- bzw. Übertragungsgeschäft), um sie von diesem sogleich wieder zu mieten (Leasinggeschäft). Hier handelt es sich idR um Fälle des Finanzierungsleasings, wenn mit dem Geschäft primär die Beschaffung von Liquidität bezweckt wird, ohne dass sich aber nach dem Willen der Parteien an der tatsächlichen Sachherrschaft über den betr VG Wesentliches ändern soll. Wird dagegen primär die Aufdeckung stiller Reserven (zB zum Ausgleich von Verlusten) angestrebt, müssen die Parteien – als unerlässliche logische Voraussetzung einer Gewinnrealisierung – durch das Verkaufs- bzw. Übertragungsgeschäft einen Übergang des wirtschaftlichen Eigentums herbeiführen, so dass der sich anschließende Leasingvertrag in derartigen Fällen – bei entspr Ausgestaltung – als echter Miet- oder Pachtvertrag zu qualifizieren ist. Übersteigt der Veräußerungspreis jedoch den beizZW des VG („überhöhter Kaufpreis"), so ist insoweit eine Gewinnrealisation unzulässig (vgl zu weiteren Einzelheiten zur Gewinnrealisierung bei *sale-and-lease-back-Geschäften* auch *Gelhausen/Henneberger* in HdJ VI/1 Anm 250f; *ADS*[6] § 246 Anm 395; IDW ERS HFA 13 nF, Tz 72). 40

d) Zur steuerrechtlichen Zurechnung von Leasinggegenständen

Die Zurechnung ist für Leasingverträge, bei denen die während einer unkündbaren **Grundmietzeit** zu entrichtenden Leasingraten die AK bzw HK der Leasinggegenstände sowie sämtliche anderen Kosten des Leasinggebers (wie insb dessen Finanzierungskosten) decken (**„Vollamortisationsverträge"**), wie folgt geregelt worden (BMF-Schreiben 19.4.1971 BStBl I, 264; 21.3.1972 BStBl I, 188, ergänzt durch BStBl I 1992, 13 und 1996, 9; s auch *Weber-Grellet* in Schmidt[32] § 5 Anm 721 ff): 41

aa) Bei Leasing-Verträgen **ohne Kauf- oder Mietverlängerungsoption** über **Grund und Boden** werden die Leasinggegenstände dem Leasinggeber zugerechnet. Bei derartigen Verträgen über Gebäude und/oder Mobilien werden diese dem Leasinggeber zugerechnet, wenn die Grundmietzeit mind 40% und höchstens 90% der betriebsgewöhnlichen Nutzungsdauer der Leasinggegenstände beträgt. 42

bb) Bei Leasingverträgen **mit Kaufoption** über **Grund und Boden** und/ oder **Gebäude** sind die Leasinggegenstände dem Leasinggeber zuzurechnen, wenn der für den Fall der Ausübung der Option vorgesehene Gesamtkaufpreis 43 entweder nicht geringer als der Buchwert des Grund und Bodens zzgl des unter Anwendung der linearen AfA ermittelten Buchwerts der Gebäude oder nicht geringer als der niedrigere gemeine Wert der Leasinggegenstände im Zeitpunkt der Veräußerung ist. Bei derartigen Verträgen über **Mobilien** sind diese dem Leasinggeber zuzurechnen, wenn die Grundmietzeit mind 40% und höchstens 90% der betriebsgewöhnlichen Nutzungsdauer der Leasinggegenstände beträgt und der für den Fall der Ausübung der Option vorgesehene Kaufpreis entweder nicht geringer als der unter Anwendung der linearen AfA nach der amtlichen AfA-Tabelle ermittelte Buchwert der Objekte oder nicht geringer als deren niedrigerer gemeiner Wert im Zeitpunkt der Veräußerung ist.

44   cc) Bei Leasingverträgen **mit Mietverlängerungsoption** über **Grund und Boden** ist dieser dem Leasinggeber zuzurechnen. Bei derartigen Verträgen über **Gebäude** erfolgt eine Zurechnung beim Leasinggeber, wenn die Anschlussmiete mehr als 75% des Mietentgelts beträgt, das für ein nach Art, Lage und Ausstattung vergleichbares Objekt üblicherweise gezahlt wird. Handelt es sich bei den Leasinggegenständen um **Mobilien,** sind diese dem Leasinggeber zuzurechnen, wenn die Grundmietzeit mind 40% und höchstens 90% der betriebsgewöhnlichen Nutzungsdauer der Leasinggegenstände beträgt und die Anschlussmiete so bemessen ist, dass sie den Wertverzehr für die Leasinggegenstände deckt, der sich auf der Basis der unter Berücksichtigung der linearen AfA nach der amtlichen AfA-Tabelle ermittelten Buchwerte oder auf der Basis des niedrigeren gemeinen Werts und der Restnutzungsdauer gem der AfA-Tabelle ergibt.

45   dd) In den **übrigen Fällen** der in den Anm 42–44 genannten Verträge sind die Leasinggegenstände dem Leasingnehmer zuzurechnen.

46   ee) Bei **Spezial-Leasing-Verträgen** wird der Leasinggegenstand jedoch *stets* (dh ohne Rücksicht auf die sich nach den Anm 42–44 ergebende Behandlung) dem Leasingnehmer zugerechnet. Spezial-Leasing liegt vor, wenn der Leasinggegenstand (zB eine chemische Großanlage oder ein Kraftwerk) in einem solchen Maße auf die speziellen Verhältnisse und Anforderungen des Leasingnehmers zugeschnitten ist, dass eine anderweitige wirtschaftlich sinnvolle Nutzung oder Verwertung des Objekts nicht möglich erscheint. Die Annahme von Spezial-Leasing ist sorgfältig zu prüfen.

47   ff) Bei Leasingverträgen, bei denen die Leasingraten in der Grundmietzeit *nicht* sämtliche Kosten des Leasinggebers decken und die deshalb **Teilamortisationsverträge** genannt werden, richtet sich die Zurechnung des Leasinggegenstands prinzipiell nach den allgemeinen Kriterien des wirtschaftlichen Eigentums. Besondere Bedeutung hat dabei jedoch die Frage, wem eine **Wertsteigerung** des Leasinggegenstands am Ende der Mietzeit zugute kommt. Für eine Zurechnung des wirtschaftlichen Eigentums an beweglichen WG zum Leasinggeber genügt es nach dem BMF-Schreiben vom 22.12.1975 (DB 1976, 172), wenn diesem bei einer am Ende der Mietzeit vorgenommenen Veräußerung des Leasinggegenstands mind 25% des die Restamortisation (Differenz zwischen den Gesamtkosten des Leasinggebers und den in der Mietzeit entrichteten Leasingraten) übersteigenden Teils des Veräußerungserlöses zustehen. Erhält der Leasinggeber weniger als 25%, ist der Leasinggegenstand dem Leasingnehmer zuzurechnen. Die vertragliche Zuteilung des Risikos einer **Wertminderung** während der Mietzeit ist in derartigen Fällen dagegen ohne Bedeutung. Eine Zurechnung zum Leasingnehmer soll auch dann erfolgen, wenn dieser am Ende der Vertragslaufzeit zur Zahlung einer fest vereinbarten Abschlusszahlung, die den Wert der Restamortisation widerspiegelt, verpflichtet ist, und die Abschlusszahlung bei Ausübung der gewährten Kaufoption angerechnet wird (OFD Frankfurt, BB 2006, 2017). Bzgl unbeweglicher WG s BMF-Schreiben 23.12.1991 BStBl I 1992, 13.

10. Nießbrauch

Ein mit einem Nießbrauchsrecht belasteter VG ist grds dem zivilrechtlichen Eigentümer zuzurechnen. Er ist jedoch dem Nießbrauchsberechtigten zuzurechnen, wenn dessen Rechte an diesem VG derart stark ausgestaltet sind, dass sie wirtschaftliches Eigentum daran begründen. Dies ist prinzipiell dann der Fall, wenn der Nießbrauchsberechtigte im Innenverhältnis zum Eigentümer für eigene Rechnung über die Substanz verfügen darf oder wenn die Dauer des Nießbrauchs so bemessen ist, dass der belastete VG vor dem Erlöschen des Nießbrauchs technisch oder wirtschaftlich abgenutzt ist und deshalb der Herausgabeanspruch des Eigentümers keinen wirtschaftlichen Wert mehr hat (BFH 2.6.1978 BStBl II, 507; BMF-Schreiben 15.11.1984 BStBl I, 561; IDW ERS HFA 13 nF, Tz 68 f). **48**

III. Personelle Zurechnung von Schulden

Schulden sind stets demjenigen zuzurechnen, **in dessen Namen** sie begründet worden sind (vgl *PwC* BilMoG Komm, B Anm 20 f). Denn dieser ist dem Gläubiger ggü auch dann zur Zahlung verpflichtet, wenn die Schulden für fremde Rechnung eingegangen worden sind. Die Schulden dürfen in einem solchen Fall nicht etwa mit dem hier bestehenden (und grds zu aktivierenden) Ausgleichsanspruch ggü demjenigen, für dessen Rechnung die Schulden begründet worden sind, saldiert werden. Der Grundsatz, dass sämtliche im eigenen Namen eingegangene Schulden zu passivieren sind, gilt auch bei Verbindlichkeiten des Treuhänders, die dieser im eigenen Namen eingeht sowie bei **Betriebsführungsverträgen**, sofern der Vertrag zum Inhalt hat, ein Unt oder einen Betrieb im eigenen Namen für Rechnung eines anderen zu betreiben (*ADS*[6] § 246 Anm 416). Die im eigenen Namen für Rechnung eines anderen begründeten Schulden sind aber zugleich **auch von diesem anderen** zu passivieren, und zwar regelmäßig in Form der für ihn im internen Verhältnis bestehenden Freistellungsverpflichtung (*ADS*[6] § 246 Anm 415 f). **50**

Für die **Steuerbilanz** gilt § 39 Abs 2 Nr 1 AO (obwohl dort ausdrücklich die Zurechnung von „Wirtschaftsgütern" geregelt wird; vgl aber § 240 Anm 3). Danach sind Schulden – materiell entspr der handelsrechtlichen Rechtslage – dem wirtschaftlich Verpflichteten zuzurechnen. Dies schließt jedoch nicht aus, dass Schulden bei einem Auseinanderfallen von rechtlicher und wirtschaftlicher Verpflichtung auf Grund der auch für die StB geltenden Ausführungen in Anm 50 außerdem in der HB desjenigen auszuweisen sind, in dessen Namen sie rechtlich begründet wurden. **51**

IV. Sachliche Zurechnung von Vermögensgegenständen

Nur VG, die sachlich dem unternehmerischen Bereich zuzurechnen sind, sind zu bilanzieren (vgl IDW RS HFA 7, Tz 10 ff; § 264c Abs 3 S 1 für die KapCoGes sowie § 5 Abs 4 PublG für den Ekfm und die PersGes). **Das Unternehmensvermögen** (Handelsgeschäft) ist daher vom **Privatvermögen** des Kfm abzugrenzen. **55**

1. Einzelkaufleute

a) Handelsrechtliche Zurechnung

VG eines Ekfm, die ihrer Art nach sowohl Privat- als auch Betriebsvermögen sein können, sind handelsrechtlich primär gem dem Willen des Kfm (entspr der **56**

„Widmung") entweder seinem Unt oder seinem Privatvermögen zuzurechnen. Dieser Wille muss allerdings äußerlich erkennbar (zB durch eine entspr Behandlung in der Buchführung) bekundet worden sein.

57 Lässt sich ein VG weder hiernach noch auf Grund seiner tatsächlichen Nutzung oder anderer faktischer oder rechtlicher Umstände eindeutig dem privaten oder dem handelsgewerblichen Bereich zuordnen, ist das Rechtsgeschäft ausschlaggebend, auf Grund dessen der Kfm das Eigentum bzw die Inhaberschaft an dem VG erlangt hat. Nach § 344 Abs 1 gilt dabei die gesetzliche – widerlegbare – **Vermutung,** dass das von einem Kfm vorgenommene Rechtsgeschäft (und damit der hierdurch erworbene VG) im Zweifelsfall zum Betrieb seines Handelsgewerbes gehört.

b) Steuerrechtliche Zurechnung

58 Steuerrechtlich ist zwischen notwendigem Betriebsvermögen, gewillkürtem Betriebsvermögen und notwendigem Privatvermögen zu unterscheiden (kritisch hierzu *Heinicke* in Schmidt[32] § 4 Anm 108).

59 **aa) Zum notwendigen Betriebsvermögen** gehören alle WG, die dem Betrieb derart dienen, dass sie **objektiv** zum Einsatz im Betrieb bestimmt sind. Es entscheidet allein die betriebliche Veranlassung. Auf den Willen des Kfm kommt es nicht an. Diese WG gehören daher auch dann zum steuerrechtlichen Betriebsvermögen, wenn der Kfm sie nicht als solches behandelt.

60 **bb) Zum notwendigen Privatvermögen** gehören alle WG, die ausschließlich oder nahezu ausschließlich der eigenen privaten Lebensführung des Eigentümers dienen oder die der Eigentümer ausschließlich oder nahezu ausschließlich einem Familienangehörigen aus privaten Gründen unentgeltlich zur Nutzung überlässt. Auch hier kommt es nicht auf den subjektiven Willen des Kfm, sondern allein auf die **objektive** private Veranlassung an.

61 **cc)** Das **gewillkürte Betriebsvermögen** umfasst diejenigen WG, die weder notwendiges Betriebsvermögen noch notwendiges Privatvermögen darstellen, jedoch in einem gewissen objektiven Zusammenhang mit dem Betrieb stehen, dh objektiv dem Betrieb des Kfm in gewisser Weise dienen oder zu dienen geeignet sind, und auch subjektiv (was durch eine entspr Widmung und buchmäßige Behandlung zum Ausdruck gekommen sein muss) ihm zu dienen oder ihn zu fördern bestimmt sind (BFH 22.9.1993 BStBl II 1994, 172). Der BFH hat die von ihm selbst aufgestellte Voraussetzung, dass das WG in einem gewissen objektiven Zusammenhang mit dem Betrieb stehen und ihn zu fördern bestimmt und geeignet sein müsse, allerdings in einigen Entscheidungen erheblich abgeschwächt.

62 **dd)** Bei **gemischter Nutzung,** dh wenn ein WG sowohl privaten als auch betrieblichen Zwecken dient, ist eine entspr Zerlegung in einen privaten und in einen betrieblichen Teil – außer bei Grundstücken – nicht zulässig. Ist der Anteil der betrieblichen Nutzung größer als 50%, gehört das WG insgesamt zum notwendigen Betriebsvermögen. Überwiegt die private Nutzung und ist der Anteil der betrieblichen Nutzung nicht niedriger als 10%, kann das WG als gewillkürtes Betriebsvermögen behandelt werden. Beträgt die betriebliche Nutzung weniger als 10%, liegt notwendiges Privatvermögen vor (EStR R 4.2). Bei Grundstücken ist dagegen eine Aufteilung notwendig, da auch Grundstücksteile, die ausschließlich und unmittelbar für betriebliche Zwecke des Stpfl genutzt werden, zum notwendigen Betriebsvermögen gehören (*Heinicke* in Schmidt[32] § 4 Anm 187ff sowie EStR R 4.2 (4) ff). Zur Behandlung betrieblich genutzter Grundstücksteile von untergeordneter Bedeutung s EStR R 4.2 (8).

2. Personenhandelsgesellschaften

a) Handelsrechtliche Zurechnung

VG sind der PersGes sachlich zuzurechnen, wenn sie zum **Gesamthands-** 63
vermögen gehören. Dabei macht es keinen Unterschied, ob sie betrieblich genutzt werden oder nicht. VG, die einzelnen Gestern gehören, aber nicht Ges-Vermögen sind, dürfen handelsrechtlich auch dann nicht von der Ges bilanziert werden, wenn sie dem Geschäftsbetrieb der Ges dienen (= steuerrechtliches Sonderbetriebsvermögen). Ob VG eines Gesters steuerrechtlich als notwendiges Betriebsvermögen angesehen werden, spielt handelsrechtlich keine Rolle (s IDW RS HFA 7, Tz 12). Wegen der **Maßgeblichkeit des wirtschaftlichen Eigentums** für die Bilanzierung (Anm 5) ist jedoch eine wirtschaftliche Zugehörigkeit von VG zur Ges zu beachten.

In Fällen, in denen die Zurechnung zweifelhaft ist, entscheidet nicht die Ver- 64
mutung des § 344 Abs 1, da diese Vorschrift nur für EKfl gilt. Bei PersGes kommt es vielmehr darauf an, inwieweit die Rechtsgeschäfte, die für die Zurechnung maßgeblich sind, der PersGes nach den allgemeinen Vorschriften über die Vertretung (§§ 164 ff BGB, 125 ff, 170 HGB) zuzurechnen sind.

b) Steuerrechtliche Zurechnung

Das steuerrechtliche Betriebsvermögen der PersGes (Mitunternehmerschaft; s 65
§ 247 Exkurs 2) setzt sich aus dem Gesamthandsvermögen der PersGes und dem dieser PersGes zuzurechnenden Sonderbetriebsvermögen der Mitunternehmer zusammen. In der HB der PersGes bilanzierte VG gehören bereits nach § 5 Abs 1 EStG zum steuerrechtlichen Betriebsvermögen. Darüber hinaus werden im Eigentum der Gester stehende WG, die zwar nicht in der HB der PersGes aktiviert sind, aber durch entspr Widmung des Gester dazu bestimmt sind, dem gemeinschaftlichen Betrieb oder der Bet zu dienen, als Sonderbetriebsvermögen zum steuerrechtlichen Betriebsvermögen gerechnet.

3. Kapitalgesellschaften

Einer KapGes sind handelsrechtlich und steuerrechtlich alle eingegangenen 66
Rechtsgeschäfte und die daraus resultierenden VG sachlich zuzurechnen. Für die Zurechnung sind dabei die allgemeinen Vertretungsvorschriften (dh insb die §§ 164 ff BGB, 78 ff AktG, 35 ff GmbHG) maßgeblich. Auf den wirtschaftlichen Zusammenhang mit dem Betrieb des Unt kommt es nicht an, da eine KapGes kein „Privatvermögen" haben kann. (Steuerrechtlich ist allerdings eine gewisse Tendenz der FinVerw und der Rspr zu beachten, sog „Liebhaberei-Objekte" einer „Privatsphäre" der KapGes zuzurechnen und deren ergebnismäßige Auswirkungen nicht zu berücksichtigen oder gar als vGA zu behandeln; s Birk DStR 2009, 860; Haas DStR 2008, 1997 mwN).

V. Sachliche Zurechnung von Schulden

1. Einzelkaufleute

a) Handelsrechtliche Zurechnung

Schulden eines Ekfm sind seinem betrieblichen Bereich zuzurechnen, wenn sie 70
durch den Betrieb des Handelsgewerbes verursacht oder wenn sie von ihm als betriebliche Schulden eingegangen wurden. Dabei gilt gem § 344 Abs 1 die – wider-

legbare – **Vermutung,** dass die von einem Kfm eingegangenen Schulden im Zweifelsfall zum Betrieb seines Handelsgewerbes gehören. **Steuerschulden** des Kfm, die durch den UntGewinn oder das UntVermögen verursacht sind, dürfen – aber müssen nicht – in der Bilanz ausgewiesen werden, wie sich indirekt aus § 5 Abs 5 S 2 PublG ergibt (glA *ADS*[6] § 246 Anm 430).

b) Steuerrechtliche Zurechnung

71   Bei Ekfm richtet sich die Zugehörigkeit von Schulden zum steuerrechtlichen Betriebsvermögen oder zum Privatvermögen danach, ob sie **objektiv im wirtschaftlichem Zusammenhang** mit dem Unt (Betrieb) stehen (BFH 4.7.1990 BStBl II, 817; s auch *Heinicke* in Schmidt[32] § 4 Anm 226 mwN). Der wirtschaftliche Zusammenhang ist gegeben, wenn die Entstehung einer Schuld ursächlich und unmittelbar auf Vorgängen beruht, die das Unt betreffen. Das ist auch bei Schulden der Fall, die mit der Ablösung anderer UntSchulden oder der Zuführung liquider Mittel im Zusammenhang stehen oder die auch nur zum Zweck der Bilanzverschönerung eingegangen worden sind (sog *window-dressing*). Im wirtschaftlichen Zusammenhang mit dem Unt stehen auch die zum Zwecke der Errichtung oder des Erwerbs des Unt begründeten Schulden, zB Kaufpreisschulden, noch nicht bezahlte Beratungsgebühren und Darlehen zur Finanzierung des Kaufpreises oder zur Abfindung eines ausgeschiedenen Gesters. Eine **Privatschuld** wird aber nicht bereits dadurch zur betrieblichen Schuld, dass zu ihrer Absicherung ein Grundstück des Betriebsvermögens mit einem Grundpfandrecht belastet wird. Umgekehrt gilt das Gleiche (BFH 11.12.1980 BStBl II 1981, 461).

72   Dem Stpfl ist es zwar freigestellt, ob er seinen Betrieb mit EK oder FK finanzieren möchte. Wird ein betriebliches **Kontokorrentkonto,** das bei einem Kreditinstitut unterhalten wird und über das auch private Zahlungen abgewickelt werden, überzogen, spricht dies nicht zwangsläufig für eine betrieblich veranlasste FK-Aufnahme. Der Stpfl hat die betriebliche Veranlassung im Zweifel darzulegen (*Heinicke* in Schmidt[32] § 4 Anm 241 ff).

73   Eine als UntSchuld qualifizierte Verbindlichkeit kann nachträglich zu einer **Privatschuld** werden, wenn die Schuld mit dem Erwerb eines bestimmten WG, etwa eines Grundstücks oder eines Wertpapiers, zusammenhängt und dieses WG später aus dem Betriebsvermögen entnommen wird. Entspr gilt auch im umgekehrten Fall, wenn ein zunächst privat auf Kredit angeschafftes WG erst später der betrieblichen Nutzung zugeführt wird.

74   Nur durch eine Willensentscheidung des Unternehmers kann die sachliche Zurechnung einer Schuld hingegen nicht geändert werden. Denn **gewillkürte Betriebsschulden** gibt es nicht (s *Heinicke* in Schmidt[32] § 4 Anm 228 mwN). Zur Möglichkeit der Umwandlung einer Privatschuld in eine Betriebsschuld s BMF-Schreiben 27.7.1987 BB, 1583.

Wird ein mit Fremdmitteln angeschafftes WG **teils betrieblich, teils privat** genutzt, folgt die Behandlung der Schuld idR der Behandlung des betr WG. Handelt es sich (wie zB bei einem Pkw) um ein nur einheitlich zu behandelndes WG, ist je nach der Behandlung dieses WG auch die Schuldaufnahme entweder nur betrieblich oder nur privat veranlasst. Ist das WG (wie zB ein Grundstück) dagegen „teilbar" (Anm 62), ist auch die zur Anschaffung aufgenommene Schuld grds in derselben Weise aufzuteilen wie das WG (BFH BStBl II 1991, 226 und 1992, 141).

2. Personenhandelsgesellschaften

75   Schulden sind einer PersGes für Zwecke der HB sachlich zuzurechnen, wenn sie in ihrem Namen begründet worden sind und damit **Gesamthandsschulden**

darstellen (s IDW RS HFA 7, Tz 23). Dies gilt auch für Schulden, bei denen die Gegenleistung privaten Zwecken eines Gesters dient. Hier ist jedoch idR zugleich eine entspr Forderung an den Gester einzubuchen oder dessen Privatkonto zu belasten (glA *ADS*[6] § 246 Anm 433 mwN).

Steuerschulden, die durch den Gewinn oder das Vermögen der Ges ausgelöst sind, sind nur dann in der Bilanz der Ges auszuweisen, wenn die Ges der Steuerschuldner ist (wie sich indirekt aus § 5 Abs 5 S 2 PublG ergibt, Anm 70; IDW RS HFA 7, Tz 32). Dies ist bzgl der ESt bzw der KSt der Gester nicht der Fall, selbst wenn diese Steuern durch Gewinne der Ges ausgelöst worden sind (zum Ausweis diesbzgl Entnahmen s *ADS*[6] § 246 Anm 442).

Steuerrechtlich bestehen die zum Betriebsvermögen einer PersGes gehörenden Schulden aus den in Anm 75 beschriebenen sog Gesamthandsschulden der Ges sowie aus den zum Sonderbetriebsvermögen der Gester gehörenden Schulden (Anm 65). 76

3. Kapitalgesellschaften

Einer KapGes sind handelsrechtlich und steuerrechtlich sämtliche in ihrem Namen begründeten Schulden unabhängig von deren Veranlassung zuzurechnen. Für die Zurechnung von Rechtsgeschäften sind hierbei wiederum die allgemeinen Vertretungsvorschriften maßgeblich (Anm 66). Schulden, welche die Anteilseigner im eigenen Namen eingegangen sind, dürfen nicht bei der KapGes bilanziert werden, auch wenn sie im wirtschaftlichen Zusammenhang mit dem Betrieb derselben stehen. 77

VI. Rechnungsabgrenzungsposten

Der Vollständigkeitsgrundsatz des Abs 1 gilt auch für die RAP der Aktiv- und der Passivseite (s auch die Erl zu § 250). Die RAP sind zu bilanzieren, soweit kein Ansatzwahlrecht besteht (s Anm 86). 80

VII. Geschäfts- oder Firmenwert

Erwirbt der Kfm nicht eine Bet *(share deal),* sondern die einzelnen VG und Schulden eines Unt *(asset deal)* im Rahmen einer Einzelrechtsnachfolge, hat er gem Abs 1 S 4 den Unterschiedsbetrag zwischen dem beizZW der einzelnen VG abzgl dem beizZW der Schulden und dem höheren Kaufpreis im JA als GFW zu aktivieren und in der Folgezeit planmäßig abzuschreiben. Auch Teile eines Unt können trotz fehlender rechtlicher Selbständigkeit UntCharakter haben, sofern diese zum Zeitpunkt der Übernahme für sich allein als Unt geführt werden und selbstständig am Wirtschaftsleben teilnehmen könnten. Bevor es zu einem Ausweis eines entgeltlich erworbenen (derivativen) GFW kommt, sind zunächst gem dem Vollständigkeitsgrundsatz alle einzeln entgeltlich erworbenen immateriellen und materiellen VG sowie Schulden zu identifizieren und zu bewerten; der GFW repräsentiert insofern ein Residium. Mit dem Wortlaut des Abs 2 S 3 stellt der Gesetzgeber klar, dass es sich bei dem GFW um einen abnutzbaren VG handelt und nicht um ein Aktivum eigener Art oder eine Bilanzierungshilfe. Gem dem Wortlaut der Vorschrift unterstellt der Gesetzgeber, dass der Kfm mind den Wert bezahlt, der dem erworbenen Nettovermögen beizumessen ist; ein sog „lucky buy", dh den Fall eines negativen Unterschiedsbetrags (vgl zur bilanziellen Behandlung § 247 Anm 407) wird nicht in Betracht gezogen. 82

Ein aktivierter GFW ist planmäßig über seine geschätzte individuelle betriebliche Nutzungsdauer abzuschreiben (zu Details auch bzgl einer uU vorzunehmen- 83 den außerplanmäßigen Abschreibung vgl § 253 Anm 387). Zur Schätzung der individuellen Nutzungsdauer eines GFW erscheint es sachgerecht, die in DRS 4.33 für den KA genannten Faktoren sinngemäß für den JA anzuwenden (vgl *PwC BilMoG Komm*, E Anm 19 f). Hierzu zählen ua Art und voraussichtliche Bestandsdauer des/der erworbenen Unt, die Stabilität und Bestandsdauer der Branche oder der Lebenszyklus der mit dem Unt erworbenen Produkte. Ein aktivierter GFW ist dann im JA als Abgang zu zeigen, wenn die hieraus resultierenden Vorteile durch Verkauf, Einstellung der dazugehörigen Geschäftstätigkeit oder aus sonstigen Gründen dem Unt nicht mehr zur Nutzung zur Verfügung stehen.

VIII. Ansatz-, Beibehaltungswahlrechte und Ansatzverbote

1. Zum Wesen des Ansatzwahlrechts

85 Das Vollständigkeitsgebot des Abs 1 gilt nur, „soweit gesetzlich nichts anderes bestimmt ist". Mit dieser Einschränkung wird insb auf die gesetzlichen Ansatzwahlrechte verwiesen, bestimmte VG, Schulden oder RAP in der Bilanz anzusetzen oder nicht. Entscheidet der Bilanzierende sich dem Grunde nach für den Bilanzansatz, hat er die diesb gesetzlichen Bewertungsvorschriften zu beachten. Der Ansatz beliebiger Zwischenwerte ist nicht zulässig, es sei denn, dass zugleich auch ein Bewertungswahlrecht besteht. Darüber hinaus hat der Bilanzierende an den kommenden Bilanzstichtagen die Ansatz- (Abs 3) und die Bewertungsstetigkeit (§ 252 Abs 1 Nr 6) zu beachten (vgl hierzu auch IDW RS HFA 38).

2. Bestehende Ansatz- und Beibehaltungswahlrechte

86 Mit Inkrafttreten des BilMoG wurden die bis dato bestehenden vielfältigen Ansatzwahlrechte in erheblichem Umfang reduziert. Insoweit wurde der in der Vergangenheit bestehende Ermessens- und bilanzpolitische Spielraum für rechnungslegende Unt spürbar eingeschränkt. Gleichzeitig wurde den Bilanzierenden im Zuge der BilMoG-Umstellung gestattet, bestimmte in Vj gebildete Bilanzposten, die gem BilMoG nicht mehr neu gebildet bzw angesetzt werden dürfen, auch zukünftig beizubehalten und in den Folgejahren fortzuschreiben/abzuwickeln (s IDW RS HFA 28, Anm 12).

Im Folgenden werden die geltenden Ansatz- und Passivierungswahlrechte sowie die nach dem BilMoG noch geltenden Beibehaltungswahlrechte angeführt (s Bspe zur Wahlrechtsausübung, *Petersen/Zwirner/Künkele*, 4 ff).

a) Gem § 250 Abs 3 darf der Unterschiedsbetrag zwischen dem Rückzahlungsbetrag von Verbindlichkeiten und einem niedrigeren Ausgabebetrag (das sog Disagio) als RAP aktiviert werden.

b) Für selbst geschaffene immaterielle VG des Anlagevermögen besteht grds ein Aktivierungswahlrecht (§ 248 Abs 2 S 1), das jedoch nicht für selbst geschaffene Marken, Drucktitel, Verlagsrechte, Kundenlisten oder vergleichbare immaterielle Werte des AV gilt (Aktivierungsverbot gem § 248 Abs 1 Satz 2).

c) Ansatz eines aktiven Steuerabgrenzungspostens (§ 274 Abs 1 S 2).

d) Art 28 Abs 1 S 1 EGHGB gestattet es, die Bildung einer Pensionsrückstellung für bestimmte Altzusagen zu unterlassen.

e) Gem Art 28 Abs 1 S 2 EGHGB müssen für mittelbare Pensionsverpflichtungen und ähnliche Verpflichtungen keine Rückstellungen für ungewisse Verbindlichkeiten gebildet werden.

f) Wurde in einem JA vor Inkrafttreten des BilMoG eine Rückstellung nach § 249 Abs 1 S 3 aF (Rückstellung für unterlassene Instandhaltungen, die im 2.-4. Quartal des folgenden Gj nachgeholt werden) oder Abs 2 aF (sog „Aufwandsrückstellungen") gebildet, darf diese bis zum Zeitpunkt ihrer Abwicklung (zB Verbrauch oder Wegfall des Grunds) gem Art 67 Abs 1 EGHGB beibehalten werden. Gleiches gilt für nach § 247 Abs 3 aF iVm § 273 aF gebildete **Sonderposten mit Rücklageanteil** sowie nach § 250 Abs 1 S 2 aF **aktivierte RAP.**

Soweit in einem JA für ein vor dem 1. Januar 2010 endendes Gj eine Bilanzierungshilfe für Aufwendungen für die **Ingangsetzung** und Erweiterung des Geschäftsbetriebs nach § 269 aF gebildet wurde, darf auch diese gem Art 67 Abs 5 EGHGB beibehalten werden. Der Aktivposten ist in jedem folgenden Gj zu mindestens einem Viertel durch Abschreibungen zu tilgen.

3. Ansatzverbote

Bestimmte VG, die in personeller und sachlicher Hinsicht zu dem bilanziell **87** zu erfassenden Vermögen gehören, dürfen dennoch nicht in die Bilanz aufgenommen werden. Hierbei handelt es sich nach § 248 Abs 2 S 2 um selbst geschaffene Marken, Drucktitel uä immaterielle VG des Anlagevermögens (vgl Anm 86 sowie WPH^{14} I, E Anm 92 ff) sowie Aufwendungen für die Gründung eines Unt, die Beschaffung des EK und Aufwendungen für den Abschluss von Versicherungsverträgen (§ 248 Abs 1; vgl WPH^{14} I, E Anm 102 ff). Darüber hinaus besteht nach Art 66 EGHGB Abs 7 ein generelles Ansatzverbot für selbsterstellte immaterielle VG soweit mit deren Entwicklung in einem vor dem 1. Januar 2010 begonnenen Gj angefangen wurde (zur Anwendung des BilMoG auf „Altfälle" und „Neufälle" vgl IDW RS HFA 28, Tz 4 sowie *Gelhausen/Fey/ Kirsch,* 25). Außerdem dürfen für andere als die in § 249 genannten Zwecke keine Rückstellungen gebildet werden (§ 249 Abs 2).

Ein nur für die *steuerrechtliche* Gewinnermittlung geltendes Ansatzverbot ent- **88** hält § 5 Abs 4a EStG (Verbot von Rückstellungen für drohende Verluste aus schwebenden Geschäften).

C. Vollständigkeitsgebot in der Gewinn- und Verlustrechnung

Für die GuV bedeutet das Vollständigkeitsgebot des Abs 1, dass die GuV sämt- **90** liche Aufwendungen und Erträge des Unt in dem betr Gj grds unsaldiert und unter Eliminierung von Einlagen und Entnahmen zu enthalten hat, soweit gesetzlich nichts anderes bestimmt ist.

Aufwendungen und **Erträge** sind einem Unt dann **zuzurechnen,** wenn sie **91** aus Geschäftsvorfällen stammen, die **für Rechnung des Unternehmens** erfolgt sind. In wessen Namen sie vorgenommen wurden, ist unerheblich. Daher sind zB die Mieterträge und die Abschreibungen eines Mietobjekts, das von einem Treuhänder im eigenen Namen für Rechnung des Treugebers vermietet wird, ausschließlich in der GuV des Treugebers zu erfassen, während nur der Treuhänder zB die Treuhandgebühr in seiner GuV berücksichtigen darf. Zu den Besonderheiten des Ertragsteuerausweises in der KapCoGes vgl § 264c Anm 71 ff.

Bei **Einzelkaufleuten** ist wegen der hier bestehenden juristischen Einheit des **92** Rechtsträgers zu beachten, dass Aufwendungen und Erträge, die sachlich dem Handelsgewerbe zuzurechnen sind, auch dann in der GuV erfasst werden müssen, wenn sie mit privaten Mitteln des Kfm finanziert worden sind bzw wenn der Ertrag, der mit den dem Unt sachlich zugeordneten Aufwendungen erzielt wird, unmittelbar in die Privatsphäre geflossen ist. Denn hier liegen materiell (verdeckte) **Einlagen** (s § 255 Anm 162) bzw **Entnahmen** (s § 247 Anm 174 ff) des Kfm vor, die – insb auch für steuerrechtliche Zwecke (§ 4 Abs 1 EStG) – bei der Ergebnisermittlung zu eliminieren sind. Zwischen Handels- und Steuerrecht besteht allerdings insofern ein bedeutsamer Unterschied, als handelsrechtlich nur Einlagen oder Entnahmen von VG (bzw Verbindlichkeiten) relevant sind, während steuerrechtlich auch Entnahmen (nicht aber auch Einlagen!) von Nutzungen und Leistungen bei der Ermittlung des steuerrechtlichen Gewinns zu berücksichtigen sind (§ 4 Abs 1 S 2 und S 5 EStG).

93   Bei **Personengesellschaften** und bei **Kapitalgesellschaften** sind die Auswirkungen verdeckter **Einlagen** und **Entnahmen** dagegen handelsrechtlich nicht zu eliminieren. Eine Ergebniskorrektur erfolgt lediglich für Zwecke der Steuern außerhalb der handelsrechtlichen GuV. So ist zB eine vertraglich nicht vereinbarte Gratifikation, die ein Gester einer PersGes einem Angestellten derselben für besondere Verdienste um die Ges aus Privatmitteln und ohne einen entspr Auftrag der Ges zahlt, in der GuV der Ges nicht zu berücksichtigen. Umgekehrt ist ein objektiv überhöhtes, aber mit den MitGestern abgestimmtes Gehalt eines Gester-Geschäftsführers einer GmbH ungekürzt in der GuV der GmbH zu erfassen. (Steuerrechtlich erfolgen in derartigen Fällen jedoch idR Ergebniskorrekturen, die aber außerhalb der Bilanz und der GuV durchgeführt werden; zur Behandlung bei PersGes s § 247 Anm 645 ff; zur Behandlung von „Nutzungseinlagen" in KapGes s *Weber-Grellet* in Schmidt[32] § 5 Anm 185 mwN.)

94   Direkte gesetzliche **Ausnahmen** vom Vollständigkeitsgebot des Abs 1 bestehen für die GuV nicht. Indirekte Ausnahmen ergeben sich jedoch aus den für die GuV geltenden Einschränkungen des Verrechnungsverbots (Anm 115).

D. Verrechnungsverbot (Abs 2 S 1)

I. Allgemeines

100   Das generelle Verrechnungsverbot des Abs 2 S 1 ist ein Ausfluss sowohl des allgemeinen Gebots der Klarheit und Übersichtlichkeit des JA (§ 243 Abs 2) als auch des Vollständigkeitsgebots des Abs 1. Es gilt sowohl für die Bilanz als auch für die GuV. Danach dürfen grds weder in der Bilanz Posten der Aktivseite und Posten der Passivseite noch in der GuV Aufwendungen und Erträge miteinander verrechnet, dh „saldiert" werden. Das Verrechnungsverbot wird jedoch von zahlreichen Ausnahmen durchbrochen, und zwar sowohl bzgl der Bilanz (Anm 105 ff) als auch der GuV (Anm 115). Für Kreditinstitute s § 340a Abs 2 S 3; für VersicherungsUnt s § 341a Abs 2 S 3.

II. Ausnahmen bezüglich der Bilanz

105   **Forderungen und Verbindlichkeiten** dürfen – neben dem durch das BilMoG neu in das HGB eingeführten Verrechnungsgebot des Abs 2 S 2 – in folgenden Fällen miteinander verrechnet werden:

106   a) Forderungen und Verbindlichkeiten zwischen denselben Personen stehen sich am Bilanzstichtag in einer solchen Weise (also gleichartig und fällig) ggü, dass sie gem § 387 BGB von beiden Seiten **gegeneinander aufgerechnet werden könnten** (bestehende Aufrechnungslage). Hier ist eine Saldierung in der Bilanz nach hM zulässig, da das haftende Vermögen und die wirkliche Liquiditätslage sogar klarer aufgezeigt werden, wenn die betr Forderungen und Verbindlichkeiten so ausgewiesen werden, wie sie sich nach einer – jederzeit möglichen –

Vollständigkeit. Verrechnungsverbot 107–110 § 246

Aufrechnung darstellen würden (glA *WPH*[14] I, E Anm 75). Eines Aufrechnungswillens bedarf es insoweit nicht.

b) Wenn im vorgenannten Fall nur die Forderung des bilanzierenden Unt am Bilanzstichtag fällig ist, während die ihr ggüstehende Verbindlichkeit noch nicht fällig, aber bereits erfüllbar ist, darf das bilanzierende Unt (nicht jedoch der andere Teil) nach § 387 BGB aufrechnen. Auch hier ist eine Saldierung – unabhängig vom Aufrechnungswillen – vertretbar, da das bilanzierende Unt die Forderung und die Verbindlichkeit einseitig durch Aufrechnung eliminieren könnte (zurückhaltend *ADS*[6] § 246 Anm 467). **107**

c) Wenn in dem in Anm 106 genannten Fall sowohl die Forderung als auch die Verbindlichkeit am Bilanzstichtag noch nicht fällig sind, aber die Zeitpunkte der Fälligkeit der Forderung und der Erfüllbarkeit der Verbindlichkeit identisch sind oder nur unwesentlich voneinander abweichen, erscheint eine Saldierung uE nicht sachgerecht (glA *WPH*[14] I, E Anm 75). Die Argumentation, dass bei wirtschaftlicher Betrachtung die Forderung keinen frei verfügbaren VG und die Verbindlichkeit wegen der ihr ggüstehenden Forderung keine echte Last darstellt, würde nur dann eine Saldierung für vertretbar erscheinen lassen, wenn eine Saldierung tatsächlich beabsichtigt wird und dies auch in der Vergangenheit konkret so vollzogen wurde (glA *ADS*[6] § 246 Anm 466 f). **108**

d) Bei **Gesamtschuldverhältnissen** (vgl § 421 BGB) wird es auch für vertretbar angesehen, eine im Außenverhältnis bestehende Gesamtschuld mit den im Innenverhältnis bestehenden Rückgriffsansprüchen gegen die Mitschuldner zu verrechnen, wenn diese Ansprüche rechtlich zweifelsfrei und vollwertig sind und wenn durch eine Verrechnung insgesamt ein zutreffendes Bild der tatsächlichen Vermögens- und Finanzlage vermittelt wird (glA *WPH*[14] I, E Anm 76; zurückhaltender *ADS*[6] § 246 Anm 420). Eine Verrechnung ist jedoch nicht mehr zulässig, wenn und soweit der Gläubiger das bilanzierende Unt tatsächlich als Gesamtschuldner in Anspruch genommen hat oder von der Vollwertigkeit der Rückgriffsansprüchen ggü den übrigen Gesamtschuldnern nicht mehr ausgegangen werden kann. **109**

Das Vorstehende gilt auch, wenn die Gesamtschuld gem § 421 BGB durch eine Schuldmitübernahme (auch kumulative Schuldübernahme oder Schuldbeitritt genannt) begründet wird. Sofern sich der Beitretende im Innenverhältnis zur Erfüllung der Gesamtschuld verpflichtet hat (Erfüllungsübernahme im Innenverhältnis), muss dieser die Freistellungsverpflichtung vollumfänglich passivieren. Der Erstverpflichtete (primäre Schuldner) hat grds weiterhin die Schuld zu passivieren und aktiviert einen vollwertigen Freistellungsanspruch in gleicher Höhe (Bruttodarstellung). Der primäre Schuldner kann nur dann auf den Ansatz der vorstehend genannten Posten verzichten, wenn seine Inanspruchnahme aus der Verpflichtung nach dem Gesamtbild der Verhältnisse so gut wie ausgeschlossen ist.

Kontokorrentkonten werden vom Verrechnungsverbot nicht betroffen, da hier eine Forderung oder Verbindlichkeit von vornherein nur in Höhe des Abrechnungssaldos entsteht, so dass es einer Verrechnung iSd Abs 2 gar nicht bedarf. **110**

Das Verrechnungsverbot wird auch dann nicht berührt, wenn bei der **Bewertung** ungewisser Verbindlichkeiten die Möglichkeit eines Rückgriffs gegen Dritte betragsmindernd berücksichtigt wird, sofern eine aktivierungsfähige Rückgriffsforderung noch gar nicht rechtlich entstanden sind (vgl IDW RS HFA 34, Tz 30 ff).

Keine Verrechnung iSd Abs 2 S 1 ist eine **offene Absetzung** (wie zB gem §§ 268 Abs 5 S 2 oder 272 Abs 1 S 3 und 4). Zu den Ausnahmen zählen auch die Saldierung des Jahresverlusts mit dem Kapitalanteil (§ 264c Abs 2 S 3 und 6) bzw Saldierungen mit dem EK. Zur Saldierungsmöglichkeit von aktiven und passiven Steuerlatenzen gem § 274 vgl § 274 Anm 14 f.

III. Ausnahmen bezüglich der Gewinn- und Verlustrechnung

115 In der GuV sind folgende Saldierungen zulässig bzw vorgeschrieben:
a) Aus § 275 Abs 2 Nr 2 ergibt sich, dass bei Anwendung des Gesamtkostenverfahrens **Erhöhungen des Bestands** an fertigen und unfertigen Erzeugnissen mit diesbzgl Bestandsminderungen verrechnet werden dürfen. Dies gilt analog auch für Nicht-KapGes/KapCoGes.

b) Nach § 276 dürfen KapGes/KapCoGes, die nach § 267 klein oder mittelgroß sind, alle in § 275 Abs 2 Nr 1 bis 5 oder Abs 3 Nr 1 bis 3 und 6 genannten Posten zu einem Posten unter der Bezeichnung „**Rohergebnis**" zusammenfassen. Dies gilt entspr auch für Nicht-KapGes/KapCoGes, sofern sie nicht als GroßUnt Sondervorschriften (wie zB § 5 Abs 1 PublG) unterliegen.

c) Nach § 277 Abs 1 haben KapGes/KapCoGes die **Umsatzerlöse** um **Erlösschmälerungen** zu kürzen. Für Nicht-KapGes/KapCoGes ist eine solche Saldierung zulässig, aber nicht erforderlich (sofern sie keinen Sondervorschriften wie zB § 5 Abs 1 PublG unterliegen).

d) Steuererstattungen müssen nach hM in bestimmtem Umfang mit Steuernachzahlungen verrechnet werden (hierzu § 275 Anm 253).

e) Der **zusätzliche (Steuer-)Aufwand** auf Grund eines HV-(GesV-)Beschlusses braucht gem § 174 Abs 3 AktG bzw § 278 S 2 HGB nicht als Aufwand des Gj ausgewiesen zu werden; er mindert den Gewinnvortrag in das nächste Gj.

E. Verrechnungsgebot in besonderen Fällen (Abs 2 S 2)

120 Nach dem HGB in der Fassung des BilMoG sind in Anlehnung an die internationalen Rechnungslegungsstandards VG, die dem Zugriff aller übrigen Gläubiger entzogen sind (Deckungs- bzw zweckgebundenes Vermögen) und ausschließlich der Erfüllung von AVersVerpflichtungen oder vergleichbaren langfristig fällig Verpflichtungen ggü Mitarbeitern dienen, zwingend mit den dazugehörigen Schulden **zu verrechnen**. Verbleibt nach der Saldierung ein Passivüberhang, ist dieser unter der jeweiligen Rückstellungskategorie (§ 266 Abs 3 B) auszuweisen, wobei sich eine Anpassung der Bezeichnung des Bilanzpostens empfiehlt (§ 266 Abs 3 B Nr 1; zB „Rückstellungen für Pensionen und ähnliche Verpflichtungen nach Verrechnung mit Deckungsvermögen"). Überschreiten die beizZW des zweckgebundenen Vermögens (§§ 253 Abs 1 S 4 iVm 255 Abs 4) die dazugehörigen AVersVerpflichtungen uä, ist der saldierte Betrag in einem gesonderten Aktivposten gem § 266 Abs 2 E auszuweisen (**„Aktiver Unterschiedsbetrag aus der Vermögensverrechnung"**). Die Saldierung betrifft nur den Ausweis der betroffenen Posten, so dass sowohl die Verpflichtungen als auch die dazugehörigen VG – vorbehaltlich gesetzlich bestehender Sonderregelungen – einzeln zu bewerten sind (§ 252 Abs 1 Nr 3). Das Verrechnungsgebot umfasst auch die Saldierung von Aufwendungen und Erträgen aus der Auf- bzw Abzinsung der Schulden (§ 277 Abs 5 S 1) mit den dazugehörigen Aufwendungen und Erträgen aus dem Deckungsvermögen, sofern diese grds ebenfalls im Finanzergebnis erfasst werden (vgl zur Verrechnung innerhalb der GuV: IDW RS HFA 30, Tz 85 ff sowie ausführlich *PwC* BilMoG Komm, C Anm 78 ff). **Steuerrechtlich** findet die Vorschrift des Abs 2 S 2 keine Anwendung, so dass es in der StB in den vorgenannten Fällen weiterhin beim Saldierungsverbot bleibt.

Das Saldierungsgebot setzt das Bestehen von **Altersversorgungsverpflich-** 121
tungen (zur Definition vgl IDW RS HFA 30, Tz 7 sowie §§ 1 Abs 1 S 1, Abs 2
iVm 17 Abs 1 S 2 BetrAVG) oder **vergleichbaren langfristig fälligen Verpflichtungen** ggü Mitarbeitern voraus. Zu der zuletzt genannten Kategorie zählen insb
Altersteilzeitverpflichtungen, Schulden aus Lebensarbeitszeit- bzw Wertkonten-
modellen, Verpflichtungen zur Gewährung von Übergangs-, Sterbe-, Überbrü-
ckungs- und Vorruhestandsgeldern sowie Schulden aus der Gewährung von Jubi-
läumsleistungen und Beihilfen (vgl IDW RS HFA 30, Tz 8; *PwC* BilMoG Komm,
C Anm 13 ff). Gemeinsames Kriterium der vorstehend genannten langfristig fälligen
Verpflichtungen ist, dass die versprochenen Leistungen von biometrischen Ereignissen (zB Alter, Invalidität, Tod) abhängen oder einen gewissen Versorgungscharakter
aufweisen. Für die übrigen Verpflichtungen – auch ggü Arbeitnehmern und Mitarbeitern (zB Urlaubsrückstellungen) – gilt auch weiterhin das Verrechnungsverbot
des S 1.

Sowohl finanzielle VG (zB Bankguthaben, Wertpapiere, Rückdeckungsver- 122
sicherungsansprüche) als auch Sachanlagen (zB Grundstücke und Gebäude) kommen grds als Deckungsvermögen in Betracht, sofern diese im Verhältnis zu Dritten
unbelastet sind und **jederzeit zur Verwertung zwecks Erfüllung** der AltVers-
Verpflichtungen uä zur Verfügung stehen. Betriebsnotwendige VG erfüllen regelmäßig nicht das zuletzt genannte Kriterium und können daher kein zweckgebundenes Vermögen iSd Abs 2 S 2 darstellen (IDW RS HFA 30, Tz 27 f).

Der Tatbestand, dass das Deckungsvermögen ausschließlich der Erfüllung von
AltVersVerpflichtungen uä dienen muss **(Zweckexklusivität)**, bedingt, dass diese
VG zB durch dauerhafte Verpfändung an die begünstigten Arbeitnehmer oder
Übertragung auf einen Treuhänder vom übrigen Vermögen des Bilanzierenden
separiert werden müssen. Diese Vermögenstrennung muss so ausgestaltet sein, dass
die zweckgebundenen VG im Insolvenzfall bzw im Rahmen der Zwangsvollstreckung dem Zugriff aller übrigen Gläubiger entzogen sind **(Vollstreckungs-
bzw Insolvenzsicherheit).** Von der geforderten Insolvenzfestigkeit kann dann
ausgegangen werden, wenn die Voraussetzungen des § 7e Abs 2 SGB IV erfüllt sind
(vgl IDW RS HFA 30, Tz 26).

Der erforderliche **Insolvenzschutz** wird im Regelfall dann bestehen, wenn
dem Versorgungs- bzw Anspruchsberechtigten im Sicherungsfall an dem VG ein
Aussonderungs- (§ 47 InsO) oder Absonderungsrecht (§ 49 InsO) zusteht (IDW
RS HFA 30, Tz 23 f). Ein Absonderungsrecht wird im Regelfall durch eine unbe-
fristete und nicht unter einer aufschiebenden Bedingung stehenden Verpfändung
von VG (zB Wertpapierdepots, RDVersAnsprüche) oder durch die Übertragung
von VG auf einen Treuhänder im Rahmen einer doppelseitigen Treuhandlösung
oder anderer Treuhandmodelle (CTA-Konstruktionen; *Contractual trust Arrangement*) begründet (vgl *PWC* BilMoG Komm, C Anm 37 ff mwN).

Das Erfordernis der erforderlichen Zweckexklusivität des Deckungsvermögens
bedingt, dass auch die laufenden Erträge sowie die Erträge aus Realisierung stiller
Reserven aus diesen VG zur Erfüllung der AltVersVerpflichtungen zur Verfügung
stehen müssen. Aus dem gleichen Grund müssen Rückführungen von VG, die
im Rahmen eines CTA-Modells vom bilanzierenden Unt auf einen Treuhänder übertragen wurden, für die Anerkennung als Deckungsvermögen ausgeschlossen sein (vgl IDW RS HFA 30, Tz 33), solange die dazugehörigen Verpflichtungen
noch nicht erfüllt sind. Etwas anderes gilt nur, wenn es sich hierbei um Erstattungen von seitens des Treugebers an die Versorgungsberechtigten geleisteten Beträgen handelt oder die Rückgewährungen dem Abbau einer Überdotierung des
Treuhandvermögens dienen.

F. Ansatzstetigkeit (Abs 3)

125 Der durch das BilMoG kodifizierte Grundsatz der Ansatzstetigkeit besagt, dass die auf den vorherigen JA angewandten Ansatzmethoden beizubehalten sind (zeitliche Ansatzstetigkeit) und dass bei vergleichbaren Sachverhalten die gleichen Ansatzmethoden (sachliche Ansatzstetigkeit) Anwendung finden müssen. Ansatzmethoden umfassen sowohl das planvolle Vorgehen bei der Ausübung von gesetzlichen Ansatzwahlrechten (zB sog Altersverpflichtungen und mittelbare Versorgungszusagen iSv Art 28 Abs 1 EGHGB, Aktivierung selbst geschaffener immaterieller VG des Anlagevermögens (§ 248 Abs. 2)) als auch die Ausübung von Ermessensspielräumen im Rahmen der Entscheidung über den Ansatz von Vermögens- und Schuldposten sowie von RAP und Sonderposten (vgl IDW RS HFA 38, Tz 7). Hinsichtlich der Zulässigkeit einer Durchbrechung der Stetigkeit in begründeten Ausnahmefällen verweist Abs 3 auf die diesbzgl Regelungen zur Bewertungsstetigkeit des § 252 Abs 2 (vgl § 252 Anm 72 ff; IDW RS HFA 38, Tz 14 f). Um eine zulässige Durchbrechung der Ansatzstetigkeit wird es sich infolge einer besseren Darstellung der VFE-Lage eines Unt regelmäßig auch dann handeln, wenn im Zuge der BilMoG-Umstellung im Rahmen der Ausübung von Wahlrechten des Art 67 EGHGB Bilanzposten zunächst fortgeführt und beibehalten wurden und in einem Folgejahr vorzeitig aufgelöst werden (zB Auflösung einer gem Art 67 Abs 3 EGHGB im Zuge der BilMoG-Umstellung beibehaltenen Aufwandsrückstellung (§ 249 Abs 2 aF) in Folgejahren, obwohl diese bislang nicht bestimmungsgemäß verbraucht wurde und der ursprüngliche Grund für die Rückstellungsbildung nicht entfallen ist; der Auflösungsertrag ist dabei im ao Ergebnis zu zeigen; vgl IDW RS HFA 28, Tz 27).

Aus **steuerrechtlicher Sicht** ist der Grundsatz der Ansatzstetigkeit faktisch irrelevant, da handelsrechtliche Ansatzwahlrechte steuerrechtlich nicht zwingend zum Ansatz eines entspr WG führen (vgl BMF-Schreiben 12.3.2010, DStR 2010, 601; *WPH*[14] I, E Anm 608 ff).

G. Rechtsfolgen einer Verletzung des § 246

130 Spezielle zivilrechtliche Rechtsfolgen einer Verletzung des § 246 sieht das HGB (außer für KapGes/KapCoGes) nicht vor. Bei KapGes/KapCoGes stellt eine Verletzung des § 246 (insb eine solche des Vollständigkeitsgebots) grds zugleich eine Verletzung der Generalklausel des § 264 Abs 2 dar. Bzgl der sich daraus ergebenden Rechtsfolgen s § 264 Anm 56 ff. Wegen möglicher straf- und bußgeldrechtlicher Folgen s die Erl zu den §§ 331 und 334.

H. Zur steuerrechtlichen Bedeutung des § 246

135 Das Vollständigkeitsgebot des Abs 1 ist – soweit es die Bilanz betrifft – auch steuerrechtlich von entscheidender Bedeutung, da es gem § 5 Abs 1 EStG gleichzeitig die Grundlage für die steuerrechtliche Gewinnermittlung bildet. Dagegen sind das Vollständigkeitsgebot betr die GuV und das Saldierungsverbot des Abs 2 steuerrechtlich ohne größerer Relevanz, da die handelsrechtliche GuV für die Besteuerung nahezu unerheblich ist und Saldierungen in der Bilanz oder in der GuV das Jahresergebnis nicht beeinflussen. Das handelsrechtliche Verrechnungsgebot in besonderen Fällen des Abs 2 S 2 wird steuerrechtlich durch die Einfügung eines neuen S 1 in § 5 Abs 1a EStG unterbunden (s auch § 274 Anm 121 ff).

I. Abweichungen der IFRS

Schrifttum: *Alvarez/Wotschofsky/Miethig* Leasingverhältnisse nach IAS 17 – Zurechnung, Bilanzierung, Konsolidierung – WPg 2001, 933; *Fischer/Vielmeyer,* Bilanzierung der Aufwendungen für die Erstellung von Internetauftritten nach US-GAAP, IAS und HGB BB 2001, 1294; IDW RS HFA 8 Zweifelsfragen der Bilanzierung von asset backed securities-Gestaltungen und ähnlichen Transaktionen, IDW FN 11/2002, 667; *Schimmelschmidt/Happe* Off-Balance-Sheet-Finanzierungen am Beispiel der Bilanzierung von Leasingverträgen im Einzelabschluss und im Konzernabschluss nach HGB, IFRS und US-GAAP DB Beilage 9/2004; *Kirsch* Sale-and-Leaseback-Vorgänge in Bilanz und GuV – Die Fallstudie, KoR 2006, 220; *Küting/Hellen/Koch* Das Leasingverhältnis: Begriffsabgrenzung nach IAS 17 und IFRIC 4 sowie kritische Würdigung, KoR 2006, 649; IDW RS HFA 9 Einzelfragen zur Bilanzierung von Finanzinstrumenten nach IFRS, FN 2011, 326; IDW RS HFA 2 Einzelfragen zur Anwendung von IFRS, WPg Suppl 4/2008, 35; *Bardens/Kroner/Meurer* Neuer Standardentwurf zur Reformierung der Leasingbilanzierung nach IFRS und US-GAAP – eine schöne Bescherung?, KoR 2013, 453 ff, 509 ff; *KPMG* Insights into IFRS 2012/2013 – Practical guide to International Financial Reporting Standards; *E&Y* International GAAP 2013 – Generally Accepted Accounting Practice under International Financial Reporting Standards; *PwC* IFRS Manual of Accounting 2013.

Standards: Rahmenkonzept für die Rechnungslegung *(The Conceptual Framework for Financial Reporting)* (2010); IAS 17 Leasing *(Leases)* *(amend April* 2009); SIC-27 Beurteilung des wirtschaftlichen Gehalts von Transaktionen in der rechtlichen Form von Leasingverhältnissen *(Evaluating the Substance of Transactions Involving the Legal Form of a Lease)* *(amend* September 2007); SIC-29 Angaben Vereinbarungen über Dienstleistungskonzessionen *(Disclosure Service Concession Arrangements) (amend* September 2007); IFRIC 4 Feststellung, ob eine Vereinbarung ein Leasingverhältnis *(Determining whether an Arrangement contains a Lease) (amend* November 2006); IFRIC 12 Dienstleistungskonzessionsvereinbarungen *(Service Concession Arrangements) (amend September* 2007).

I. Vollständigkeitsgebot (Abs 1)

Abw von dem handelsrechtlichen Vollständigkeitsgebot verstehen die IFRS unter dem Grundsatz der **Vollständigkeit** *(completeness)* auch die richtige Bewertung sämtlicher JA-Posten, da der Ansatz dieser Posten für sich genommen nicht die Zuverlässigkeit der im JA bereitgestellten Informationen gewährleisten kann (F QC13). Das Vollständigkeitsgebot ist Teil der Anforderung an eine getreue Darstellung der VFE-Lage *(fair presentation;* IAS 1.15 iVm F QC12ff), die die Bereitstellung aller entscheidungsrelevanten Informationen (Ansatz, Bewertung und Erl) bedingt. Der Vollständigkeitsgrundsatz erfährt allerdings eine gewisse Einschränkung durch das Wesentlichkeitskriterium und den Kosten-Nutzen-Gedanken (F QC35 ff).

Eine Information gilt als wesentlich, wenn das Weglassen oder ihre fehlerhafte Darstellung dazu beitragen kann, die wirtschaftlichen Entscheidungen der JA-Adressaten zu beeinflussen (F QC11; IAS 1.7). IAS 1.30 besagt jedoch, dass auch vermeintlich unwesentliche Posten im Einzelfall eine Anhangangabe erfordern können. Die Bezugnahme auf das Kosten-Nutzen-Prinzip ist nur dann gerechtfertigt, wenn die Bereitstellung einer grds entscheidungsrelevanten Information im JA mit unvertretbar hohen Kosten verbunden ist und insoweit die Informationseffizienz in Frage gestellt ist (F QC35 ff 44).

1. Vollständige Erfassung der Bilanzposten

152 Für die **Erfassung sämtlicher Aktiva** ist zu beachten, dass die Begriffe des VG bzw WG (dazu § 247 Anm 10 ff) und der *asset*-Begriff (Vermögenswert) der IFRS (F 4.4(a); IAS 38.8) nicht deckungsgleich sind. Der *asset*-Begriff der IFRS ist weiter gefasst. Im Gegensatz zum HGB unterscheidet IFRS nicht in VG und RAP; nach IFRS gibt es ausschließlich Vermögenswerte *(assets)*. Darüber hinaus wird nach den IFRS auch dann bereits von einem Vermögenswert gesprochen, wenn die Aktivierung mangels zuverlässiger Bemessungsgrundlage ausgeschlossen ist (F 4.44; IAS 38.21).

153 Umgekehrt wird die **Erfassung sämtlicher Schulden** (F 4.4(b); IAS 37.10) durch die Ausrichtung am Außenverpflichtungsprinzip (F 4.15; IAS 37.14 iVm 20) ggü den HGB-Vorschriften eingeschränkt, so dass eine Bilanzierung von Aufwandsrückstellungen unter IFRS generell unzulässig ist. Passive RAP erfüllen hingegen die *liability*-Definition, während sie nicht unter dem handelsrechtlichen Schuldbegriff subsumiert werden können.

2. Vollständige Erfassung der GuV-Posten

155 Im Vergleich zu einem HGB-Abschluss werden Aufwendungen und Erträge teils zu anderen Zeitpunkten, teils direkt im EK erfasst (s hierzu auch IAS 1.109). ZB werden Instandhaltungsaufwendungen iSv § 249 Abs 1 Nr 1 unter IFRS erst im Zeitpunkt ihres Anfalls erfolgswirksam. Abweichungen ergeben sich auch hinsichtlich der Möglichkeit, nach IFRS Neubewertungen vornehmen zu können (zB IAS 16; 38); eine Option, die gegen das AK-Prinzip des § 253 Abs 1 S 1 verstößt.

3. Ansatzregelungen

156 Für den Ansatz (oder Nichtansatz) von JA-Posten ist innerhalb der IFRS zunächst zu prüfen, ob die definitorischen Voraussetzungen erfüllt sind, dh ob ein Vermögenswert *(asset)*, eine Verpflichtung *(liability)* oder ein sonstiger JA-Posten *(equity, income, expense)* vorliegt. In einem zweiten Schritt ist dann zu prüfen, ob der JA-Posten einer verlässlichen Bewertung zugänglich ist, die seine Erfassung als *asset* bzw *liability* im JA im Sinne einer fair presentation rechtfertigt. Nach F 4.38 ist ein Posten bilanzierungspflichtig, wenn es wahrscheinlich ist, dass – im Falle eines Vermögenswerts – ein mit dem Posten verbundener zukünftiger wirtschaftlicher Vorteil *(future economic benefit)* dem Unt zufließt oder – im Falle einer Verpflichtung – von diesem abfließt und der Posten einen verlässlich ermittelbaren Bewertungsmaßstab besitzt. Ergänzend zu den allgemeinen Grundsätzen (F 4.2-4.56) sind die Detailregelungen der Einzelstandards zu beachten (zB IAS 37.14 ff oder IAS 38.12 ff).

157 Nach IAS 38 besteht eine Aktivierungspflicht **selbsterstellter immaterieller Vermögenswerte**, wenn es sich um Aufwendungen iZm der eigenen Entwicklungstätigkeit handelt und bestimmte – sorgfältig zu würdigende – Kriterien erfüllt sind (vgl insb IAS 38.57).

158 **Erfolgsunsicherheiten** *(contingencies)* sind – und obwohl die Definitionen einer *liability* oder eines *assets* erfüllt sind – gem IAS 37.27 und .31 nicht bilanzierungsfähig. Sie bedürfen dennoch einer Anhangangabe; es sei denn, eine Inanspruchnahme des Unt oder die Vorteilsnahme aus der Existenz eines Vermögenswerts ist wenig wahrscheinlich (IAS 37.86, .89).

159 Im Rahmen eines **Unternehmenskaufs** erworbene Vermögenswerte oder Verpflichtungen, deren Existenz im Erwerbszeitpunkt *(acquisition date)* nicht erkannt wurde oder bei denen eine zuverlässige Bewertung in diesem Stadium nicht möglich war, sind bis zum Ablauf der Bewertungsperiode *(measurement period)* als Anpassung der Kaufpreisallokation *(purchase price allocation)* zu erfassen (IFRS 3.45 ff; vgl hierzu insb § 301 Anm 460 ff).

Fremdkapitalkosten unterliegen nach IAS 23 einer Aktivierungspflicht so- **160** weit es sich bei den Vermögenswerten um sog *qualifiying assets* handelt (hierzu § 255 Anm 595 ff).

Hält der rechtliche oder wirtschaftliche Eigentümer Grundvermögen aus- **161** schließlich zur Erzielung von Mietumsätzen oder zum Zwecke der Teilhabe an Wertsteigerungen, werden diese Vermögenswerte als *Investment Property* bezeichnet und sind gem IAS 40 als solche auszuweisen.

II. Zurechnung von Vermögenswerten im Rahmen von Leasingverhältnissen

Für die Bilanzierung von Leasingverhältnissen ist IAS 17 einschlägig. IAS 17 **165** knüpft das wirtschaftliche Eigentum an die in Anm 168 genannten Kriterien. Der Übergang iW aller mit dem Eigentum des Leasinggegenstands verbundenen Risiken und Chancen auf den Leasingnehmer führt zu einem *finance lease* mit der Folge, dass der Leasinggegenstand bei diesem zu bilanzieren ist. Die Kriterien des IAS 17 dürften für die in Deutschland eng an den steuerrechtlichen Leasingerlassen gestalteten Leasingverhältnisse öfter zu einem *finance lease* führen. Diese Trendaussage kann allerdings eine umfassende Prüfung des jeweiligen Einzelfalls nicht ersetzen. Qualifiziert ein Leasingverhältnis nicht als *finance lease,* handelt es sich automatisch um ein *operating lease.*

Ein Leasingverhältnis mag auch dann vorliegen, wenn die zwischen den Par- **166** teien geschlossenen Verträge bzw getroffenen Vereinbarungen die Gewährung eines Nutzungsrechts nicht explizit regeln. In der Praxis werden zunehmend im Rahmen des Auslagerns von bisher selbst ausgeführten UntAktivitäten (Stichwort: **„Outsourcing"**) Vertragsverhältnisse abgeschlossen, die geeignet sind, Nutzungsrechte zu enthalten. In der Vergangenheit war teilweise nicht zweifelsfrei zu beurteilen, in welchem Umfang IAS 17 auf solche Vertragsverhältnisse anzuwenden ist, obwohl die Formulierung in IAS 17.3 eine weite Auslegung nahe legt. Ob ein konkretes Vertragsverhältnis ein Nutzungsrecht an bestimmten Vermögenswerten iSd IAS 17 gewährt, ist zunächst nach IFRIC 4 festzustellen. Handelt es sich um ein solches Nutzungsrecht, liegt ein Leasingverhältnis (sog „embedded lease") vor, das von den anderen Komponenten des Vertragsverhältnisses abzuspalten und ausschließlich nach IAS 17 zu bilanzieren ist.

Umgekehrt existieren in der Praxis Vertragsverhältnisse, die formalrechtlich als **167** Leasingverhältnisse ausgestaltet sind, für Zwecke der Bilanzierung nach IFRS hingegen rein ökonomisch *(substance over form)* interpretiert werden. Hierbei handelt es sich insb um die sog **„Cross Border"-Leasingverhältnisse,** deren Abschluss einzig auf der Tatsache beruht, dass die Vertragsparteien besondere steuerrechtliche Regelungen im Sitzland der einen Vertragspartei (dem rechtlichen Eigentümer) zur Reduzierung deren zu versteuernden Einkommens ausnutzen und diesen Vorteil untereinander aufteilen. Dabei sind die Verträge so gestaltet, dass eine Nutzung der vertragsgegenständlichen Vermögenswerte durch eine andere Partei als dem im Vertrag benannten Leasingnehmer zu keinem Zeitpunkt beabsichtigt ist und bei bestimmten Vermögenswerten sogar unmöglich erscheint. Gem SIC-27 stellen solche Verträge kein nach IAS 17 zu bilanzierendes Leasingverhältnis dar. Vielmehr steht bei diesen Vertragsverhältnissen zB die Frage nach dem Zeitpunkt der Realisierung des steuerlichen Vorteils im Vordergrund. Die gegenseitigen Forderungen und Verbindlichkeiten aus dem vermeintlichen Leasingverhältnis dürfen uU saldiert werden (vgl weitere typische Beispiele im Appendix zu SIC-27).

1. Finanzierungsleasing *(finance lease)*

168 IAS 17.10 nennt Zurechnungskriterien, die einzeln oder in Kombination für das Vorliegen eines *finance lease* sprechen, wobei sich die Entscheidung an der wirtschaftlichen Realität und nicht an den vertraglichen Vereinbarungen zu orientieren hat *(substance over form)*:
(1) Das Eigentum wird am Ende der Laufzeit des Leasingverhältnisses auf den Leasingnehmer übertragen;
(2) der Leasingnehmer erhält die Option, den Leasinggegenstand am Ende der Vertragslaufzeit zu einem vermutlich unter dem dann vorherrschenden beizZW liegenden Preis zu erwerben, so dass bei Leasingbeginn von einer Optionsausübung auszugehen ist (sog *bargain purchase option*);
(3) die Laufzeit des Leasingverhältnisses *(lease term)* umfasst den wesentlichen Teil der gewöhnlichen Nutzungsdauer *(economic life)* des Leasinggegenstands, selbst wenn das Eigentum an diesem nicht übertragen wird;
(4) der Barwert der Mindestleasingzahlungen ist zu Beginn des Leasingverhältnisses *(inception of the lease)* annähernd so hoch wie der beizZW des Leasinggegenstands;
(5) bei dem Leasinggegenstand handelt es sich um eine Ausführung, die – ohne wesentliche Veränderungen vornehmen zu müssen – nur der Leasingnehmer nutzen kann (Spezialleasing).

Zusätzlich nennt IAS 17.11 drei Sachverhalte, die einzeln für sich oder in Kombination mit den anderen Sachverhalten für das Vorliegen eines *finance lease* sprechen:
(6) Der Leasingnehmer hat im Falle seiner vorzeitigen Kündigung des Leasingvertrags die Verluste, die dem Leasinggeber daraus erwachsen, zu tragen;
(7) Gewinne oder Verluste, die aus Änderungen des beizZW des Leasinggegenstands am Ende der Laufzeit des Leasingverhältnisses resultieren, stehen dem Leasingnehmer zu bzw sind von diesem zu tragen;
(8) der Leasingnehmer hat die Möglichkeit, die Vertragsdauer zu verlängern, wobei die Leasingraten unter denen eines vergleichbaren Leasingverhältnisses liegen, so dass bei Leasingbeginn von einer Optionsausübung auszugehen ist (sog *bargain renewal option*).

169 Zur Auslegung der ausschließlich qualitativen Kriterien (3) und (4) erfolgt in der Praxis zumeist ein Rückgriff auf die in den US-GAAP (ACS 840-10-25-1) formulierten quantitativen Kriterien. Damit würde eine Einstufung des Leasingverhältnisses als **finance lease** erfolgen, wenn die Laufzeit des Leasingverhältnisses 75% der wirtschaftlichen Nutzungsdauer des Leasinggegenstands erreicht oder übersteigt. Analog würde ein *finance lease* konstatiert, wenn der Barwert der Mindestleasingzahlungen des Leasingnehmers am Beurteilungsstichtag *(inception of the lease)* 90% oder mehr des beizZW des Leasinggegenstands beträgt. Für die Ermittlung des Barwerts ist der interne Zinsfuß des Leasinggebers *(interest rate implicit in the lease)* heranzuziehen. Dieser ist für die Klassifizierung des Leasingverhältnisses vom Leasingnehmer grds im Schätzwege zu ermitteln (*PwC*, 19017, Anm 19.67). Nur wenn eine zuverlässige Ermittlung des internen Zinsfußes durch den Leasingnehmer nicht möglich ist, hat dieser seinen Grenzfinanzierungssatz *(lessee's incremental borrowing rate)* für die Abzinsung zu verwenden.

170 Besondere Vorsicht ist bei den in der Praxis verbreiteten Vertragsgestaltungen geboten, die den Leasingnehmer an einem reell vorhandenen Restwertrisiko uU unbegrenzt beteiligen (sog **Restwert-Garantien;** *first-loss guarantees*). Gem vorstehendem Kriterium 7 (vgl IAS 17.11(b)) würde ein *finance lease* vorliegen, wenn der Leasinggeber durch die vereinbarte Restwert-Garantie keinem wirtschaftlich bedeutenden Verwertungsrisiko mehr ausgesetzt ist. Wird im Leasingvertrag vereinbart, dass der Leasinggeber einen sich im Rahmen der Verwertung am Ende der Laufzeit des Leasingverhältnisses einstellenden Verlust (der beizZW des Leasinggegenstands ist geringer als der zu Vertragsbeginn geschätzte Restwert) zu mindestens 10% zu übernehmen hat, würde dies uE ausreichen, um das Leasingverhältnis bezogen auf dieses Kriterium als operating lease einzustufen.

Zu solchen „zurechnungsschädlichen" first-loss-Garantien gehören grds auch vom Leasingnehmer an den Leasinggeber gewährte Mieterdarlehen. Diese werden im Rahmen von Immobilien-Leasingverhältnissen vereinbart und dienen vornehmlich dazu, die Finanzierungslücke zwischen steuerrechtlichem Restbuchwert und der von der refinanzierenden Bank am Ende der Vertragslaufzeit bereitgestellten Finanzierung zu schließen. Sind Kreditinstitute nicht bereit, über die gesamte Vertragslaufzeit Kredite in ausreichendem Umfang zu gewähren, stellen Mieterdarlehen-Modelle eine steueroptimale Finanzierungsform dar, weil die zusätzlich vom Leasingnehmer bereitgestellte Liquidität zur Rückführung der Finanzierung durch ein Kreditinstitut steuerrechtlich nicht als Mieterlöse gelten, sondern eine Art Umfinanzierung darstellen. Allerdings führt die Gewährung eines Mieterdarlehens an eine Leasing-ObjektGes, die nur mit einem für die wirtschaftliche Betrachtungsweise nicht ins Gewicht fallenden EK ausgestattet ist, ohne weitere Besicherung des Mieterdarlehens regelmäßig zur Klassifizierung des Leasingverhältnisses als finance lease (aA *Schimmelschmidt/Happe*, 5, die das Kriterium des IAS 17.11 (b) für ungeeignet halten, wenn der Einbezug der *first-loss*-Garantie bzw des Mieterdarlehens nicht bereits zu einer Klassifizierung als finance lease nach dem Barwert-Kriterium geführt hat).

Soweit für die Abwicklung von Leasingverhältnissen ObjektGes eingebunden sind, ist für die Zurechnung der Vermögenswerte bzw Leasinggegenstände neben IAS 17 zusätzlich SIC-12 (in der EU ab 2014: IFRS 10) heranzuziehen. Eine Kons der ObjektGes beim Leasingnehmer kann sich auch für den Fall ergeben, wenn das Leasingverhältnis isoliert betrachtet als operating lease zu klassifizieren wäre.

2. Sale-and-lease-back-Verträge *(sale and leaseback)*

IAS 17.58–.66 enthalten feste Grundsätze für die Behandlung sog *Sale-and-lease-back*-Verhältnisse, nach denen eine sofortige Gewinnrealisierung nur unter sehr restriktiven Bedingungen zulässig ist. Für die Frage, ob es sich bei dem Nutzungsüberlassung vorangehenden Verkauf um einen „true sale" handelt, ist nach wohl hM nicht IAS 18, sondern ausschließlich IAS 17 einschlägig (glA das IFRS IC; vgl IFRIC Update March 2007). In Anbetracht der Tatsache, dass letztlich die Zurechnung des Vermögenswerts bzw des Leasinggegenstands nach den Vorschriften des IAS 17 erfolgt, kann bzgl der Veräußerung eine eher formale Sichtweise als sachgerecht betrachtet werden. Eine Übertragung des rechtlichen Eigentums auf den Leasinggeber dürfte folglich grds ausreichen, um von einem „true sale" iSd IAS 17 auszugehen. Ob der Leasinggeber auch wirtschaftlicher Eigentümer des Vermögenswerts bzw des Leasinggegenstands geworden ist, entscheidet sich anschließend durch die Klassifizierung des Leasingverhältnisses als *operating lease* oder *finance lease*.

3. Ausblick: Neuregelung der Leasingbilanzierung

Der IASB will für die bilanzielle Abbildung von Leasingverhältnissen das „*Right-of-use*"-Modell einführen. Danach handelt es sich bei einem Leasingverhältnis aus Sicht des Leasingnehmers stets um den Erwerb eines Nutzungsrechts

(Anschaffungsvorgang). Der Leasingnehmer hat im Zeitpunkt der Ersterfassung eine Leasingverbindlichkeit sowie ein Nutzungsrecht jeweils zu AK anzusetzen. In der Folge sind beide Bilanzposten nach den einschlägigen Standards fortzuschreiben. Die Leasingverbindlichkeit ist nach der Effektivzinsmethode fortzuentwickeln (IAS 39). Das Nutzungsrecht ist grds planmäßig abzuschreiben (IAS 38). Soweit sich die Einschätzungen des Leasingnehmers hinsichtlich der erwarteten Leasingzahlungen, zB bzgl der Inanspruchnahme einer von ihm dem Leasinggeber ggü gewährten Restwertgarantie oder der Ausübung einer Kauf- oder Verlängerungsoption ändern, sind Nutzungsrecht und Leasingverbindlichkeit neu zu bewerten. Die Möglichkeit, Leasingverhältnisse „off-balance" zu behandeln, ist nach Umsetzung dieses Modells grds nur noch bei einer Laufzeit des Leasingverhältnisses von maximal 12 Monaten zulässig (vgl zum Entwurf des neuen Rechnungslegungsstandards *Bardens, Kroner, Meurer*, 453).

III. Zurechnung von Vermögenswerten im Rahmen staatlicher Konzessionierung

175 Infrastrukturvermögen, welches ein Unt im Auftrag der öffentlichen Hand errichtet und anschließend für den öffentlichen Auftraggeber betreibt, darf nach IFRIC 12 von dem Betreiber bzw Konzessionsnehmer *(operator)* nicht als eigenes Sachanlagevermögen bilanziert werden, wenn der öffentliche Auftraggeber bzw Konzessionsgeber *(grantor)* darüber bestimmt *(controls)*:
(1) welche Dienstleistung vom Betreiber mit dem Infrastrukturvermögen zu erbringen ist;
(2) wem ggü; und
(3) zu welchem Preis diese Dienstleistung zu erbringen ist; und
(4) der öffentliche Auftraggeber darüber hinaus am Ende der Vertragslaufzeit über die weitere Verwendung des Infrastrukturvermögens befindet und diese noch einen wesentlichen (Rest-)Wert aufweist.

176 IFRIC 12 ist eine Reaktion auf die zunehmende Beauftragung privater Unt, Dienstleistungen ggü der allgemeinen Öffentlichkeit zu erbringen, die in der Vergangenheit durch die öffentliche Hand im Rahmen der öffentlichen Daseinsvorsorge selbst erbracht wurden. Entscheidend ist dabei, dass es für die Erbringung der Dienstleistungen regelmäßig der Nutzung von kapitalbindendem Infrastrukturvermögen bedarf, welches zT durch den späteren Betreiber erst herzustellen ist oder bereits existiert, aber einer zumeist grundlegenden Modernisierung zu unterziehen ist. Die Interpretation repräsentiert eine strikte Zurechnungsregel des wirtschaftlichen Eigentums, welches im Anwendungsfall nicht beim Betreiber des Infrastrukturvermögens zu sehen ist, sondern bei dem öffentlichen Auftraggeber, der die Nutzung bestimmt bzw kontrolliert.

177 Als praktische Anwendungsfälle sind beispielhaft zu nennen der Betrieb von Verkehrswegen (Autostraßen oder Schienennetze) einschl Brücken oder Tunnels, Krankenhäusern, Gefängnissen, Flughäfen, Freizeiteinrichtungen (wie zB Schwimmbäder) oder kulturelle Einrichtungen, Kommunikationsnetze oder die Frischwasserver- und Abwasserentsorgung, wobei sich der konkrete Anwendungsfall in einzelnen Jurisdiktionen durchaus unterschiedlich gestalten kann.

178 Der Betreiber hat für seine Aufwendungen iZm der Errichtung und/oder Modernisierung des Infrastrukturvermögens in Abhängigkeit von dem zugrunde liegenden Vergütungssystem entweder eine Forderung ggü dem Konzessionsgeber *(financial asset model)* oder einen immateriellen Vermögenswert *(intangible asset model)* zu bilanzieren. Eine Forderung *(financial asset* iSd IAS 39) ist dann zu bilanzieren, wenn der Betreiber ggü dem Konzessionsgeber einen festen Entgeltanspruch hat, während ein immaterieller Vermögenswert *(intangible asset* iSd IAS 38) das Recht repräsentiert, unmittelbar von den Nutzern des Infrastrukturvermögens ein Entgelt (Gebühren, Maut, etc.) zu verlangen.

IV. Ausbuchung von finanziellen Vermögenswerten und ABS-Transaktionen

Die Abgangsregeln des IAS 39 sind als sehr detailliert und damit grds der Objektivierung förderlich zu bezeichnen (vgl zu Details § 254 Anm 130). Aufgrund des **„Komponenten"-Ansatzes** *(financial components approach)* sind die Abgangsregeln auch ausdrücklich dann anzuwenden, wenn von einem Vermögenswert Rechte abgespalten werden und lediglich das abgespaltene (Teil-)Recht Gegenstand einer Verkaufstransaktion wird. Bspw könnte der Inhaber einer verzinslichen Darlehensforderung ausschließlich das Recht auf den aus der Verzinsung resultierenden Zahlungsstrom oder alternativ lediglich den Nominalbetrag der Forderung veräußern (vgl IDW RS HFA 9, Tz 116f). 180

Ein wesentlicher Unterschied zu den durch den HFA verabschiedeten Grundsätzen iZm ABS-Transaktionen ergibt sich aus dem Umstand, dass IAS 39 neben dem Bonitätsrisiko auch andere – den Forderungen inhärente – Risiken für die Abgangsfrage als uU **wesentliche Risiken** ansieht. Hierzu zählen insb das Zinsänderungs-, das Zahlungszeitpunkt- sowie das Wechselkursrisiko (vgl IDW RS HFA 9, Tz 130). Nach dem Wortlaut des IDW RS HFA 8, Tz 7f muss mindestens das Bonitätsrisiko auf den Erwerber der Forderungen übergegangen sein. Würde folglich neben dem Bonitätsrisiko bzgl seiner Wesentlichkeit ein ebenso bedeutendes Wechselkursrisiko bestehen, könnte sich nach IAS 39 eine teilweise Ausbuchung *(continuing involvement)* bereits deshalb ergeben, weil der Erwerber dieses Risiko vollständig übernommen hat, während dies für eine Ausbuchung nach IDW RS HFA 8 unzureichend wäre. Selbst bei Forderungen, die ausschließlich das Bonitätsrisiko als für die Ausbuchung maßgebliches Risiko aufweisen, könnten sich nach dem Wortlaut der beiden Vorschriften im konkreten Einzelfall Unterschiede ergeben, wenn kein endgültiger Kaufpreisabschlag vereinbart wird. Während IDW RS HFA 8, Tz 7 fordert, „dass der Veräußerer keinerlei Bonitätsrisiko ... mehr trägt", spricht IAS 39.20 (a) von der Übertragung „substantially all the risks and rewards". Nach IAS 39 kann insofern das Zurückbehalten eines „gewissen" Bonitätsrisikos dennoch zur Ausbuchung führen, während dies bei wörtlicher Auslegung des IDW RS HFA 8 abzulehnen wäre. 181

Nach IDW RS HFA 8 (Tz 22) ist es darüber hinaus für einen **Abgang** ausreichend, wenn der Erwerber einen Abschlag verlangt, der im Rahmen einer normalen Forfaitierung der Forderungen mit einem Dritten üblicherweise vereinbart worden wäre. Nach IAS 39.21 ist demggü grds eine „Vorher-/Nachher-Analyse" durchzuführen. Danach ist für den Abgang entscheidend, ob sich die Variabilität in den Zahlungsströmen, denen sich der Veräußerer (sog Originator) ausgesetzt sieht, bzgl der Höhe der Beträge und deren zeitlichem Anfall durch den Verkauf der Forderungen so verändert hat, dass von einem ausreichenden Risikotransfer ausgegangen werden kann (s auch IAS 39 BC51). Dies dürfte iW dem Verständnis entsprechen, welches der IASB bereits im Jahre 2002 zur Frage der Chancen- und Risikomessung iZm SIC-12 geäußert hat (vgl IASB: Consolidation (including Special Purpose Entities) – Project Summary).

Eine in der **Praxis** iZm IAS 39 zT angewandte **Vorgehensweise** besteht darin, für die in Rede stehenden Forderungen bzw Forderungsportefeuilles Gegenwartswerte zu prognostizieren (Umweltzustände) und diesen Eintrittswahrscheinlichkeiten zuzuordnen. Für den sich ergebenden Erwartungswert wird anschließend die Standardabweichung – als ein adäquates Risikomaß – ermittelt. Das gleiche Kalkül wird für diejenigen prognostizierten Zahlungsströme durchgeführt, die bei dem 182

§ 246   183   Jahresabschluß (Ansatzvorschriften)

Veräußerer nach Abwicklung der Transaktion verbleiben bzw aufgrund des variablen Kaufpreisabschlags an ihn zurückgeführt werden. Für die Frage, ob der Forderungsverkauf zu einer Ausbuchung beim Veräußerer führt, werden anschließend die Standardabweichungen der beiden Erwartungswerte verglichen. Das IDW hat mittlerweile diese Vorgehensweise bzgl der Prüfung nach IAS 39 im RS HFA 9 bestätigt (vgl IDW RS HFA 9, Tz 126 ff sowie explizit das Bsp in Anm 132 ff).

183   Die Vorgehensweise soll am nachfolgenden, stark vereinfachtem **Beispiel** veranschaulicht werden:

Veräußert werden soll ein Forderungsportfolio mit einem Nominalwert von 1 Mio GE. Vereinbart wird ein variabler Kaufpreisabschlag iHv 4% (TGE 40). Die wirtschaftliche Situation des Veräußerers vor der Übertragung der Forderungen ergibt sich aus Tabelle 1. Der Erwartungswert (EW) beläuft sich auf 971 300 GE; die Standardabweichung auf 9763 (100%). Aus Tabelle 2, die die prognostizierten Zahlungsströme aus Sicht des Veräußerers nach Übertragung der Forderungen enthält, ergibt sich zB für den ersten Umweltzustand, dass der Veräußerer bei einem Eingang der Forderungen iHv TGE 990 insgesamt TGE 30 von dem Kaufpreisabschlag vom Erwerber zurückerhielte, bei einem Forderungseingang iHv TGE 960 und weniger, würde er hingegen in voller Höhe mit seiner „first loss"-Garantie einzustehen haben. Die Standardabweichung bei dem Erwartungswert von 12 000 beträgt 8124 und ist um ca 17% niedriger ggü der Standardabweichung vor Übertragung der Forderungen.

Tabelle 1

Umweltzustand Gegenwartswert der Zahlungseingänge	Wahrscheinlichkeit	Gewichteter Gegenwartswert	Abweichung vom gewichteten Gegenwartswert	Gewichtete Abweichungen (absolut)	Gewichtete quadratische Abweichungen
(1)	(2)	(3)	(4)	(5)	(6)
		(1) × (2)	(1) − (EW)	(4) × (2)	(4)2 × (2)
990 000	15%	148 500	18 700	2805	52 453 500
970 000	75%	727 500	− 1 300		1 267 500
960 000	5%	48 000	− 11 300		6 348 500
950 000	4%	38 000	− 21 300		18 147 600
930 000	1%	9 300	− 41 300		17 056 900
	100%	EW 971 300		2805	95 310 000

Standardabweichung   9763

Tabelle 2

Umweltzustand Gegenwartswert der Zahlungseingänge	Wahrscheinlichkeit	Gewichteter Gegenwartswert	Abweichung vom gewichteten Gegenwartswert	Gewichtete Abweichungen (absolut)	Gewichtete quadratische Abweichungen
(1)	(2)	(3)	(4)	(5)	(6)
		(1) × (2)	(1) − (EW)	(4) × (2)	(4)2 × (2)
30 000	15%	4500	18 000	2700	48 600 000
10 000	75%	7500	− 2000		3 000 000
0	5%	0	− 12 000		7 200 000
0	4%	0	− 12 000		5 760 000
0	1%	0	− 12 000		1 440 000
	100%	EW 12 000		2700	66 000 000

Standardabweichung   8124

Im dargestellten Fall ist die Bedingung des IAS 39.20(b) nicht erfüllt, dh der Veräußerer hat ausreichendes Risiko übertragen und behält folglich nicht iW alle Chancen und Risiken zurück. Für eine vollständige Ausbuchung der Forderung wäre es in diesem Fall jedoch notwendig, auch die Verfügungsmacht übertragen zu haben. Andernfalls ergibt sich die Bilanzierung der Forderung in dem Umfang, in dem der Veräußerer weiterhin an deren Wertänderungen teilnimmt *(continuing involvement)* (vgl hierzu IDW RS HFA 9, Tz 134). Fraglich ist hingegen, ob diese Aussage auch bei einem geringeren Risikotransfer aufrechterhalten werden kann. UE dürfte die Bedingung jedenfalls dann nicht mehr als erfüllt gelten, wenn die Differenz der beiden Standardabweichungen 10% und weniger beträgt. Dies wäre zB dann gegeben, wenn die Parteien im vorstehenden Beispiel einen variablen Kaufpreisabschlag von TGE 48 vereinbart hätten.

Erfolgt die Veräußerung einzelner Forderungen oder ganzer Forderungsportfolios zB im Rahmen einer ABS-Transaktion an eine ZweckGes iSd SIC-12, ist vor der Würdigung des Forderungsabgangs nach IAS 39 zunächst der Frage nachzugehen, ob die ZweckGes nach IAS 27 iVm SIC-12 (in der EU ab 2014: IFRS 10) zum KonsKreis des Veräußerers gehört, dh von diesem beherrscht wird (vgl hierzu IDW RS HFA 9, Tz 152 ff).

V. Verrechnungsverbot (Abs 2)

Eine Verrechnung *(offsetting)* von Vermögenswerten und Schulden sowie von Posten der GuV ist nur dann gestattet, wenn entspr Einzelregelungen dies ausdrücklich vorsehen (IAS 1.34). Darüber hinaus sollen Ertrags- und Aufwandsposten, die auf dem gleichen Sachverhalt beruhen, in einem Posten zusammengefasst werden, sofern sie einzeln unwesentlich sind (IAS 1.35, zB Ergebnis aus dem Verkauf von Betriebsmitteln und Fremdwährungsgewinne/-verluste). Eine Saldierung ist auch dann vorzunehmen, wenn nur sie die korrekte Abbildung des Geschäftsvorfalls (iSe *fair presentation*) sicherstellt (IAS 1.33).

Vorschriften zur Verrechnung finden sich neben den allgemeinen Grundsätzen des IAS 1 ausdrücklich zB in IAS 32.42–50 für FinInst, IAS 12.71–76 für aktuelle Steuerforderungen/-verbindlichkeiten und aktive und passive latente Steuern, IAS 19.131 für Kosten der AVers sowie IAS 37.54 für Ausgleichsansprüche. Gem IAS 12.71, IAS 19.131 und IAS 32.42 ist eine Saldierung der Bilanzposten dann vorzunehmen, wenn das Unt eine rechtliche Möglichkeit zur Verrechnung hat und diese auch vollziehen will, sei es, dass es beabsichtigt, lediglich den Saldo auszugleichen oder eine fristenkongruente Realisierung von Forderungen und Verbindlichkeiten anstrebt.

IZm mit **(allgemeinen) Rückstellungen** ist eine Verrechnung von Verpflichtungen und Ausgleichsansprüchen sowie Aufwendungen und Erträgen unterschiedlich geregelt. Während eine Verrechnung in der Bilanz generell ausgeschlossen ist (IAS 37.53; zB wäre es nicht zulässig, würde der Versicherungsnehmer eine Rückstellung nur in Höhe seines Selbstbehalts passivieren, nicht hingegen in Höhe der tatsächlich erwarteten Schadenssumme), darf der Aufwand aus der Verpflichtung (IAS 37.54) mit dem Ertrag aus dem Ausgleichsanspruch saldiert werden.

Ein **Saldierungsgebot** enthält IAS 2.34. Ist eine vormals vorgenommene Abschreibung auf den niedrigeren Nettoveräußerungserlös *(net realisable value)* zu korrigieren (Wertaufholungsgebot), ist die Zuschreibung als Kürzung der Umsatzkosten bzw des Materialaufwands des lfd Gj vorzunehmen.

Gem IAS 19.8 qualifizieren auch bestimmte Versicherungen (zB RDVers) als ausgelagertes Vermögen *(plan assets)*. Der Bilanzausweis der Pensionsverpflichtungen *(defined benefit liability)* erfolgt unter Abzug des beizZW dieser *plan assets* (vgl IAS 19.61 iVm 19.8 sowie § 249 Anm 494).

§ 247 Jahresabschluß (Ansatzvorschriften)

190 Ein **Saldierungsverbot** ergibt sich im Rahmen der periodenübergreifenden Auftragsfertigung bzw bei derartigen Dienstleistungsaufträgen (vgl IAS 11.42–44). Für die dem Auftraggeber noch nicht weiterbelasteten unfertigen Leistung(en) ist in der Bilanz ein Aktivposten *(gross amount due from customers for contract work)* innerhalb des Vorratsvermögens oder alternativ unter den Forderungen auszuweisen (der *HFA* bevorzugt den Ausweis unter den Forderungen und spricht von „künftigen" Forderungen; IDW RS HFA 2, Tz 17). Die Höhe dieses Postens errechnet sich als positiver Saldo aus den bis zum Bilanzstichtag entstandenen Auftragskosten zzgl der zeitanteilig verrechneten Gewinne abzgl der kumulierten berücksichtigungspflichtigen Verluste sowie den (unter den Forderungen aus Lfg und Leistungen bilanzierten) bereits in Rechnung gestellten Leistungen *(progress billings)*. Umgekehrt resultiert eine Verbindlichkeit ggü Auftraggebern *(gross amount due to customers for contract work)*, wenn der Saldo negativ wird. Die positiven und negativen Salden unterschiedlicher Aufträge dürfen nicht unter einem Posten zusammengefasst werden.

191 UE sind im Gj berücksichtigungspflichtige Verluste bei den Umsatzerlösen des Gj zu kürzen, soweit für einen Auftrag in der Vergangenheit bereits Gewinne iZm der *Percentage-of-Completion*-Methode realisiert wurden (zu beachten ist IAS 8.41 f bzgl des Vorliegens eines *errors*; s § 275 Anm 382).

192 In IAS 1 ist die **Verrechnungsmöglichkeit** von erhaltenen Anzahlungen mit dem Posten der unfertigen Leistung(en) (s Anm 190) nicht ausdrücklich geregelt. UE sprechen die Vorschriften von IAS 1.32 gegen eine Saldierung, da IAS 11 eine Verrechnung weder fordert noch nahe legt (dagegen verlangt IAS 11.40 (b) ausdrücklich die Offenlegung des Betrags der erhaltenen Anzahlungen). Eine Möglichkeit zur Verrechnung lässt sich auch nicht aus der Bestimmung des IAS 1.33 ableiten.

§ 247 Inhalt der Bilanz

(1) **In der Bilanz sind das Anlage- und das Umlaufvermögen, das Eigenkapital, die Schulden sowie die Rechnungsabgrenzungsposten gesondert auszuweisen und hinreichend aufzugliedern.**

(2) **Beim Anlagevermögen sind nur die Gegenstände auszuweisen, die bestimmt sind, dauernd dem Geschäftsbetrieb zu dienen.**

Übersicht

	Anm
Grundsatzregelung (Abs 1)	
A. Ausweisgrundsatz und Mindestgliederung	1–17
B. Anlagevermögen	20
C. Umlaufvermögen	
I. Allgemeines	51–53
II. Mindestgliederung in der Bilanz	55
III. Vorräte	
1. Begriff	60
2. Roh-, Hilfs- und Betriebsstoffe	61
3. Unfertige und fertige Erzeugnisse	62, 63
4. Unfertige Leistungen	64–67
5. Waren	68, 69
6. Geleistete Anzahlungen	70–72
IV. Forderungen und sonstige Vermögensgegenstände	
1. Forderungen aus Lieferungen und Leistungen	
a) Allgemeines	75–77

Inhalt der Bilanz § 247

	Anm
b) Der Zeitpunkt des Zugangs von Forderungen	80, 81
aa) Forderungsrealisierung bei Kaufverträgen	82–94
bb) Forderungsrealisierung bei Werkverträgen	95–98
cc) Forderungsrealisierung bei Dienstleistungen	99, 100
c) Der Zeitpunkt des Abgangs von Forderungen	110–114
2. Sonstige Vermögensgegenstände	120–124
V. Wertpapiere	125–128
VI. Flüssige Mittel	130–132

D. Eigenkapital

I. Überblick	150
II. Ausweis des Eigenkapitals beim Einzelkaufmann	155
III. Abgrenzung Eigenkapital zu Verbindlichkeiten/Forderungen	
1. HGB	160–163
2. IFRS	165–167
IV. Einlagen und Entnahmen	
1. Einlagen	170–173
2. Entnahmen	174–180
V. Bewertung von Einlagen und Entnahmen	190–193
VI. Rechte der Gesellschafter beim Jahresabschluss	195, 196

E. Schulden

I. Der bilanzrechtliche Schuldbegriff	201–207
II. Rückstellungen	211
III. Einzelfragen zu Verbindlichkeiten	
1. Mit Rechtsmängeln behaftete Verbindlichkeiten	221, 222
2. Bedingte Verbindlichkeiten	223–226
3. Genussrechtskapital	227–230
4. Kapitalersetzende Darlehen	231
5. Verbindlichkeiten mit Rangrücktritt	232
6. Einlagen stiller Gesellschafter	233, 234
7. Abgang von Verbindlichkeiten	235–239
IV. Gliederung der Schulden	240, 241

F. Rechnungsabgrenzungsposten ... 310
G. Haftungsverhältnisse ... 320

Anlagevermögen (Abs 2)

A. Grundsätzliches

I. Abgrenzung Anlagevermögen/Umlaufvermögen	350–357
II. Wechsel der Vermögensart	360, 361
III. Gliederung des Anlagevermögens	370

B. Immaterielle Vermögensgegenstände ... 372

I. Selbst geschaffene gewerbliche Schutzrechte und ähnliche Rechte und Werte	
1. Aktivierungswahlrecht	375
2. Voraussetzungen der Aktivierung	376–379
3. Aktivierungszeitpunkt	380, 381
II. Entgeltlich erworbene Konzessionen, gewerbliche Schutzrechte und ähnliche Rechte und Werte sowie Lizenzen an solchen Rechten und Werten	
1. Begriffsbestimmung und Beispiele	383–388
2. Voraussetzungen der Aktivierung	389–394

§ 247 Jahresabschluß (Ansatzvorschriften)

	Anm
III. Geschäfts- oder Firmenwert (GFW)	
1. Regelung durch das HGB	400
2. Begriff des Geschäfts- oder Firmenwerts	405–411
3. Voraussetzungen der Aktivierung	420–424
IV. Geleistete Anzahlungen	430
C. Sachanlagen	
I. Grundstücke, grundstücksgleiche Rechte und Bauten einschließlich der Bauten auf fremden Grundstücken	450–461
II. Technische Anlagen und Maschinen	480–482
III. Andere Anlagen, Betriebs- und Geschäftsausstattung	500, 501
IV. Geleistete Anzahlungen	545–555
V. Anlagen im Bau	561
D. Finanzanlagen	570
E. Rechtsfolgen einer Verletzung des § 247	580
F. Abweichungen der IFRS	590–592

Exkurs 1: Gewinn- und Verlustrechnung für Einzelkaufleute und reine Personengesellschaften

A. Funktion der handelsrechtlichen Gewinn- und Verlustrechnung für Einzelkaufleute und reine Personengesellschaften

I. Zweckbestimmung	600–605
II. Aufwendungen und Erträge als maßgebliche Größen	610–615

B. Allgemeine Aufstellungsgrundsätze

I. Überblick	620–622
II. Klarheit und Übersichtlichkeit	623–625
III. Vollständigkeitsgrundsatz und Verrechnungsverbot	626

C. Mindestgliederung der Gewinn- und Verlustrechnung für Einzelkaufleute und reine Personengesellschaften

I. Bedeutung des Kontenplans	630
II. Aufzustellende Gewinn- und Verlustrechnung für reine Personengesellschaften	631–633

D. Sonderfragen bei reinen Personengesellschaften

I. Ausweis des Steueraufwands	640–644
II. Behandlung von Vergütungen	645–647
III. Ergebnisabhängige Vergütungen und Vergütungsverzichte	648–651
IV. Ausweis des Jahresergebnisses	652, 653

E. Alternative Gliederungsformen und Gliederungsverfahren

I. Konto- oder Staffelform	660, 661
II. Gesamtkosten- oder Umsatzkostenverfahren	662, 663
III. Gliederungsschemata	664, 665
1. Interne Gliederungen	666
2. Vorlage an Dritte	667

Exkurs 2: Die Steuerbilanz der Personengesellschaft/Mitunternehmerschaft

A. Allgemeines

I. Handelsrecht	700–709

	Anm
II. Steuerrecht	710
1. Einkünftequalifikation	711–718
2. Mitunternehmerinitiative und Mitunternehmerrisiko	719, 720
3. Gewinnerzielungsabsicht	721, 722
4. Arten der Mitunternehmerschaft	
a) Personenhandelsgesellschaft	723
b) Atypisch stille Gesellschaft	724
c) Unterbeteiligungen	725
d) Treuhandverhältnisse	726
e) Nießbrauch	727
f) Personengesellschaften ausländischen Rechts	728
g) Verdeckte Mitunternehmerschaft	729
5. Beginn und Ende der Mitunternehmerschaft	730, 731

B. Die Steuerbilanz der Personengesellschaft (Mitunternehmerschaft)

	Anm
I. Die Einkünfteermittlung	732–735
II. Steuerliche Gesamthandsbilanz	
1. Gewinnermittlung auf Ebene der Gesellschaft	736, 737
2. Betriebsvermögen der Gesellschaft (Gesamthandsvermögen)	738–740
3. Verteilung des Bilanzgewinns bzw -verlusts	
a) Gewinnverteilungsabrede	741
b) Änderung der Gewinnverteilung	742
c) Verlustabzugsbeschränkung nicht unbeschränkt haftender Gesellschafter	743
III. Die Ergänzungsbilanz(en)	
1. Begriff und Anwendungsbereich	744–747
2. Entgeltlicher Erwerb eines Mitunternehmeranteils	748–750
3. Einbringung eines Betriebs, Teilbetriebs oder Mitunternehmeranteils in eine Personengesellschaft, Verschmelzung von Personengesellschaften, Abspaltung bzw Ausgliederung auf Personengesellschaft (§ 24 UmwStG)	751–753
4. Personenbezogene Steuervergünstigungen	754–756
IV. Die Sonderbilanz(en)	757–759
1. Sonderbetriebsvermögen	
a) Notwendiges Sonderbetriebsvermögen	760, 761
b) Gewillkürtes Sonderbetriebsvermögen	762
c) Konkurrenz zwischen Betriebsvermögen und Sonderbetriebsvermögen	763–766
d) Entnahme von Sonderbetriebsvermögen	767, 768
2. Sondervergütungen § 15 Abs 1 S 1 Nr 2 S 1 Hs 2 EStG	
a) Sachlicher Anwendungsbereich	769–772
b) Zeitlicher Anwendungsbereich	773
c) Zeitpunkt der Zurechnung	774
d) Mittelbare Beteiligung und unmittelbare Leistung	775, 776
e) Unmittelbare Beteiligung und mittelbare Leistung	777–779
f) Tätigkeitsvergütung	780–784
g) Darlehensvergütung	785, 786
h) Nutzungsvergütung	787, 788
i) Sonstige Zurechnung	789–791
3. Übertragung von Wirtschaftsgütern	792
a) Übertragung zwischen Gesellschaft und Mitunternehmer	793, 794
b) Übertragung zwischen Mitunternehmern	795–797
c) Übertragung innerhalb der Vermögenssphäre eines Gesellschafters (Sonderbetriebsvermögen, Privatvermögen, Eigenbetriebsvermögen)	798

§ 247 Jahresabschluß (Ansatzvorschriften)

	Anm
d) Übertragung zwischen Mitunternehmerschaften mit teilweiser oder vollständiger Mitunternehmeridentität	799

C. Besonderheiten der Personengesellschaft (Mitunternehmerschaft)

	Anm
I. Familienpersonengesellschaft	800, 801
1. Familien-KG	
a) Anerkennung als Mitunternehmerschaft	802
aa) Zivilrechtliche Wirksamkeit des Gesellschaftsvertrags	803
bb) Tatsächliche Durchführung des Gesellschaftsvertrags	804
cc) Inhaltliche Ausgestaltung des Gesellschaftsvertrags	805
dd) Folgen des Fehlens der Mitunternehmerschaft	806, 807
b) Anerkennung der Gewinnverteilung	808, 809
aa) Angemessenheit bei schenkungsweise übertragenen KG-Anteilen	810
bb) Angemessenheit bei entgeltlich erworbenen KG-Anteilen	811
2. Familien-GmbH & Co KG	812
3. Familien-OHG	813
4. Atypisch stille Beteiligungen und Unterbeteiligungen	814
II. GmbH & Co KG	
1. Anerkennung der Mitunternehmerschaft	815, 816
2. Sonderbetriebsvermögen der Gesellschafter	
a) Komplementär-GmbH	817
b) Kommanditisten	818–820
3. Tätigkeitsvergütung des Geschäftsführers der Komplementär-GmbH	821–825
4. Gewinn- und Verlustverteilung	
a) Angemessene Gewinnverteilung	826–829
b) Änderung der Gewinnverteilung	830
III. Betriebsaufspaltung	
1. Begriff	831–835
2. Tatbestandsvoraussetzungen	
a) Rechtsform von Besitz- und Betriebsunternehmen	
aa) Besitzunternehmen	836
bb) Betriebsunternehmen	837, 838
b) Verflechtung der Unternehmen	
aa) Sachliche Verflechtung	839, 840
bb) Personelle Verflechtung	841–845
3. Rechtsfolgen	846–851
IV. Sonstige Besonderheiten	
1. Persönlich haftender Gesellschafter der KGaA (§ 15 Abs 1 S 1 Nr 3 EStG)	852
2. Realteilung	
a) Begriff	853, 854
b) Gesetzliche Grundlage	855
c) Realteilung mit Wertausgleich	856
d) Kapitalanpassungsmethode	857
3. Verlustabzug (§ 15a EStG)	858–862
4. Einschränkung des Verlustausgleichs/-abzugs in den Sonderfällen des § 15 Abs 4 EStG	863
5. Sonderregelung für SE und SCE (§ 15 Abs 1a EStG)	864
6. Steuerstundungsmodelle (§ 15b EStG)	865

Grundsatzregelung (Abs 1)

A. Ausweisgrundsatz und Mindestgliederung

Schrifttum: *Westerwelhaus* Zwei-Stufen-Ermittlung zum bilanzierungsfähigen Vermögensgegenstand, DB 1995, 885; *Schick/Nolte* Bilanzierung von Internetauftritten nach Handels- und Steuerrecht, DB 2002, 541; *Steiner/Gross* Auswirkungen des Bilanzrechtsreformgesetzes auf die Rechnungslegung StuB 2004, 555; *Stibi/Fuchs* Zur Umsetzung der HGB-Modernisierung durch das BilMoG, DB 2009, Beilage 5, 13 f; *NWB* info center, Wirtschaftsgut, Januar 2013.

Standard: IDW RS HFA 7 (Stand 6.2.2012) Zur Rechnungslegung bei Personenhandelsgesellschaften.

Abs 1 gibt eine Rahmenvorschrift zur **Mindest-Aufgliederung der Bilanz** 1 (Anm 4) und Abs 2 enthält die Begriffsbestimmung des Anlagevermögens (Anm 350 ff). Die für Kredit- oder Finanzdienstleistungsinstitute als PersGes oder EKfl erlassenen Formblätter gehen vor.

§ 247 hat keine unmittelbare steuerrechtliche Bedeutung. Jedoch wird steuer- 2 rechtlich eine Unterschreitung des Mindest-Gliederungsgebots des § 247 Abs 1 nicht in Betracht kommen, wohl aber weitere individuelle Aufgliederungen. Ab dem Wj 2012 müssen bilanzierende Unt ihre Bilanz und GuV nach amtlich vorgeschriebenem Datensatz elektronisch an das FA übermitteln (E-Bilanz, s Exkurs § 266 Anm 300 ff).

Zivilrechtliche **Sanktionen** für die Nicht-Einhaltung der Mindestgliederung 3 sieht das HGB im Gegensatz zum PublG nicht vor; alle Sanktionen im HGB beschränken sich gem §§ 331, 334 auf KapGes und gem § 335b auf KapCoGes (s auch hier Anm 580).

Abs 1 umreißt Posten, die für den Ausweis in der **Bilanz** grds in Betracht kom- 4 men. Die Vorschrift, die für alle Kfl gilt – bei KapGes/KapCoGes/KleinstKapGes jedoch durch die als lex specialis anzusehenden „ergänzenden" Vorschriften der §§ 264 ff präzisiert wird –, enthält dagegen keine Aussage über eine gesetzliche Mindestgliederung der Bilanz in dem Sinne, dass diese den Anforderungen des HGB genügt, wenn sie nur den gesonderten Ausweis der in Abs 1 genannten Posten umfasst, ggf ergänzt um die Haftungsverhältnisse nach § 251. Es sind dies folgende **Bilanzgruppen:**
- das Anlagevermögen (Anm 350 ff)
- das Umlaufvermögen (Anm 51 ff)
- die aktiven Rechnungsabgrenzungsposten (§ 250 Abs 1 und 3)
- das Eigenkapital (Anm 150 ff)
- die Schulden (Anm 201 ff)
- die passiven Rechnungsabgrenzungsposten (§ 250 Abs 2)
- die Haftungsverhältnisse (als Vermerkposten unter der Bilanz), § 251.

Eine solche Gliederung *genügt nicht,* weil in Abs 1 hinter der Aufzählung von 5 Vermögens- und Schuldposten die Worte „und hinreichend aufzugliedern" angefügt sind. Diese Ergänzung hat lediglich klarstellende Bedeutung, weil bereits nach den **GoB** (§ 243) eine Gliederung lediglich nach den in Abs 1 genannten Posten unzureichend ist, glA *ADS*[6] § 247 Anm 11. Unter Berücksichtigung der Erleichterungsvorschriften für KleinstKapGes in § 266 Abs 1 S 4 ist es uE vertretbar, diese Gliederung auch bei Kleinst-Nicht-Kapges anzuwenden und dies als Untergrenze einer zulässigen Gliederungstiefe anzusehen, s § 266 Anm 20 ff.

§ 247 6–10   Jahresabschluß (Ansatzvorschriften)

Maßstab für die Worte „hinreichend aufzugliedern" ist der Aufstellungsgrundsatz in § 243 Abs 2 iVm Abs 1 – also eine klar und übersichtlich nach den GoB gegliederte Bilanz (dazu § 243 Anm 51 ff; *Hütten/Lorson* in HdR[5] § 247 Anm 10), zu denen idR ein getrennter Ausweis der Vorräte und Forderungen, aber auch der Rückstellungen gehört. Die übliche Anwendung von EDV-Programmen **mit daraus abgeleiteten Kontenaufgliederungen** auch durch Ekfl und reine PersGes oder in Datenverarbeitungs-Zentren bewirkt, dass das Gliederungs-Schema für KapGes/KapCoGes/KleinstKapGes/KleinstKapCoGes (§ 266) jetzt von nahezu allen Kfl angewandt wird, *ADS*[6] § 247 Anm 24. Die Gliederungstiefe sollte dabei den Größenklassen gem §§ 267, 267a folgen (ähnlich *ADS*[6] § 247 Anm 27).

Abweichungen von dieser vorherrschenden Praxis sollten im GesVertrag der reinen PersGes konkretisiert werden. Durch solche Konkretisierungen darf jedoch das gesetzliche Gliederungs-Mindestmaß (Anm 4 und 5 Abs 1) nicht unterschritten werden.

Wegen **Einzelheiten zu Mindest-Aufgliederungen** der einzelnen Bilanzgruppen s Anm 55 (Umlaufvermögen), Anm 155 ff (EK), Anm 240 f (Verbindlichkeiten) und Anm 370 (Anlagevermögen). Trotz fehlender Spezialregelung gilt als GoB-Grundsatz auch für Ekfl und reine PersGes der Grundsatz der Darstellungs-Stetigkeit (so auch *ADS*[6] § 247 Anm 34 f mwN).

6   Jeder einzelne Posten muss, darf aber auch nur das enthalten, was er seinem Wortlaut nach besagt. Das erfordert eine sachgemäße Bezeichnung und ggf Detaillierung der Bilanzposten. Zusammenfassungen sind nur zulässig, soweit der Inhalt vom Wortlaut gedeckt ist; Saldierungen sind gem § 246 Abs 2 S 1 unzulässig (Ausnahme § 246 Abs 2 S 2).

7   Aus Abs 1 ergeben sich keine Hinweise darauf, ob die Bilanz in **Kontoform** (wie in § 266 Abs 1 für KapGes/KapCoGes vorgeschrieben) oder in **Staffelform** (wie in der 4. EG-Richtl auch vorgesehen) aufzumachen ist. Beides ist uE zulässig; das Gebot der Übersichtlichkeit (§ 243 Abs 2) und die langjährige Übung in Deutschland geben der Kontoform eindeutig den Vorzug. Nur diese Darstellungsform ermöglicht es, die VG und Schulden einander ggüzustellen und damit die Vermögens- und Finanzlage deutlicher erkennbar zu machen.

8   Ekfl und reine PersGes, die nicht unter das PublG bzw § 264a fallen, brauchen in der Bilanzgliederung Finanzanlagen, Forderungen oder Verbindlichkeiten **gegenüber Beteiligungsgesellschaften** und/oder **verbundenen Unternehmen** und/oder **Gestern** nicht gesondert aufzuführen. Denn die Gliederungsvorschriften für KapGes/KapCoGes (§ 266 Abs 2, 3) gelten ausdrücklich nur für diese (und im PublG). Jedoch folgt die Praxis häufig der Gliederung gem § 266, die derartige Sonderausweise vorsieht; ähnlich *ADS*[6] § 247 Anm 38, weil die zutreffende Darstellung der Vermögens- und Finanzlage dies meistens erfordere.

9   Eine **Mindestgliederung für die GuV** der Kfl ist im HGB **nicht** vorgesehen. Da in § 247 der gesamte JA der Ekfl und der reinen PersGes behandelt wird, wurde ein entspr Abschn als Exkurs 1 ab Anm 600 angefügt.

10   Abs 1 verlangt den Ausweis von VG, EK, und Schulden sowie RAP. Der auch nach BilMoG nicht im HGB definierte Begriff des **Vermögensgegenstands** umfasst sowohl **körperliche Gegenstände** (Sachen iSd § 90 BGB), als auch **immaterielle Werte**, selbst soweit diese nicht mit einem Recht verbunden sind, also nicht eigentumsfähig sind. Es genügt, wenn eine **rechtliche oder tatsächliche Position** von wirtschaftlichem Wert ist, dh ihr ein eigener Wert im Geschäftsverkehr zukommt. Zivilrechtliches Eigentum ist nicht erforderlich (BFH 30.5.1984, BStBl II 825; dazu auch § 253 Anm 429 – Sonderfall bei Mietereinbauten). Der Klarheit halber ist das Prinzip der wirtschaftlichen Zurechnung jetzt in § 246 Abs 1 S 2 verankert. Mit den durch das BilMoG eingeführten neuen

Varianten von Sonderposten (selbst erstellte immaterielle VG des Anlagevermögens, GFW, aktive latente Steuern, Verrechnungsposten Planvermögen) ist nach den Erklärungen des Gesetzgebers keine Änderung des Begriffs des VG verbunden (*Stibi/Fuchs,* DB 2009, Beilage 5, S 14).

Andererseits sollen **bloße Möglichkeiten,** wirtschaftlich vorteilhafte **Chancen** oder **tatsächliche Vorteile** infolge eines **Rechtsreflexes** (zB die günstige Verkaufslage in einer Fußgängerzone, die künftigen Verkaufschancen eines „revolutionären" Produkts uÄ) nicht zur Annahme eines VG führen. Das gilt selbst dann, wenn diesen Möglichkeiten, Chancen oder tatsächlichen Zuständen unmittelbar Aufwendungen zuzuordnen sind (zu den kodifizierten Ansatzverboten s § 248 Abs 1). Durch das in § 248 Abs 2 S 1 verankerte Wahlrecht zur Aktivierung selbst erstellter immaterieller VG des Anlagevermögens ergibt sich als Novum ein VG, der mit einer Ausschüttungssperre verbunden ist und in der Vergangenheit den wirtschaftlichen Vorteilen zugeordnet wurde. Im Schrifttum wird deshalb bereits vorsichtig der Standpunkt vertreten, dass eine weitere Auslegung des Kriteriums der Einzelverwertbarkeit, iS einer Verwertung durch Verbrauch des zukünftigen Nutzens vorliegen könnte (*Stibi*/Fuchs, aaO, 14).

Auch aktive **Rechnungsabgrenzungsposten** (§ 250 Abs 1 und 3) gehören nicht zu den VG (wie auch passive RAP iSv § 250 Abs 2 keine Schulden sind; zur Abgrenzung s § 250 Anm 6 ff).

Der im **Bilanzsteuerrecht** geltende Begriff „Wirtschaftsgut" ist anhand einer wirtschaftlichen Betrachtungsweise auszulegen und unterscheidet sich im Grundsatz nicht von den Begriffen „Vermögensgegenstand" und „Schulden" (hM zB *Weber-Grellet* in Schmidt[32] EStG § 5 Anm 93 jeweils mwN von Rspr und Literatur). Das folgt aus § 5 Abs 1 EStG, wonach in der StB als Betriebsvermögen nicht mehr und nicht weniger angesetzt werden darf, als „nach den handelsrechtlichen Grundsätzen ordnungsmäßiger Buchführung auszuweisen ist" (wegen des hierauf beruhenden Grundsatzes der Maßgeblichkeit § 243 Anm 111 f). Auch (ungewisse) Schulden wegen Patentverletzung und Jubiläumszuwendungen sind (negative) WG; die steuerrechtliche Besonderheit besteht nur darin, dass die Passivierbarkeit dieser WG durch Sondervorschriften eingeschränkt ist (§ 5 Abs 3 EStG für Patentverletzungen und §§ 5 Abs 4, 52 Abs 6 EStG für Jubiläumszuwendungen). Das Gleiche gilt für Drohverlust-Rückstellungen (§§ 5 Abs 4a, 52 Abs 6a EStG).

Zwischen **Vermögensgegenständen** und aktiven WG sind nur insofern Unterschiede feststellbar, als die steuerrechtliche Rspr bei ihrer Interpretation des WG und damit des handelsrechtlichen Begriffs des VG (*Weber-Grellet* aaO § 5 Anm 94 f) zu anderen Ergebnissen kommt als die handelsrechtliche Literatur. Diese nimmt einen VG grds nur an, wenn er nicht nur selbstständig bewertbar, sondern auch **selbstständig verkehrsfähig** ist. Für *ADS*[6] § 246 Anm 26 ist entscheidend, dass sich ein VG „individualisierbar einzeln verwerten lässt". Zu den Entwicklungstendenzen bei der Definition des VG im Rahmen der Harmonisierungsbestrebungen internationaler Rechnungslegungssysteme nehmen *Gross/Steiner* (StuB 2004, 556 ff) Stellung.

Die Rspr des BFH stellt dagegen vor allem auf die **selbstständige Bewertbarkeit** ab und misst der Verkehrsfähigkeit nur insoweit Bedeutung bei, als ein WG zusammen mit einem Betrieb übertragbar sein muss (zB *Weber-Grellet* aaO § 5 Anm 96). So werden zB Zuschüsse einer Brauerei zur Erlangung von **Bierlieferungsrechten** trotz fehlender Einzelveräußerbarkeit und Markenrechte als VG/WG beurteilt (BFH 26.2.1975, BStBl II 1976, 13; dazu auch Anm 390). Dagegen entschied der BFH 20.3.2003 (BB 2003, 2342), dass bei einer Grundstücksveräußerung, bei der vertraglich ein gesondertes Entgelt für ein mit übertragenes Auffüllrecht vereinbart wurde, kein vom Grund und Boden verselbstständigtes WG „**Auffüllrecht**" vorliegt. Zu den VG/WG gehören unbestritten auch die **Sachgesamtheiten,** zB ist ein Gebäude nur mit Fenstern, Türen, Heizung, Bodenbelag gemeinsam verwertbar; dazu Anm 460 und *ADS*[6] § 246 Anm 34 f.

14 Der in der Vergangenheit im Schrifttum diskutierte bilanzielle Charakter des entgeltlich erworbenen **Geschäfts- oder Firmenwerts** (VG oder Bilanzierungshilfe) ist durch die Einfügung des § 246 Abs 1 S 4 entschieden. Per gesetzlicher Fiktion wird der derivative GFW zum normalen, zeitlich begrenzt nutzbaren VG erhoben, der keiner Ausschüttungssperre unterliegt. Damit besteht künftig Aktivierungspflicht in der HB. Der GFW unterliegt damit zwingend der planmäßigen Abschreibung; folglich besteht keine Möglichkeit, diesen im Zeitpunkt des Erwerbs direkt aufwandswirksam zu erfassen. Das EStG behandelt den GFW als WG, wie § 7 Abs 1 S 3 EStG zeigt.

15 Bei der Einordnung **negativer Geschäftswerte** hatte die in der Vergangenheit diskutierte Sonderstellung praktische Bedeutung und wir verweisen hierzu auf die Ausführungen in der 7. Aufl an selber Stelle.
Mittlerweile werden die Fälle negativer Kaufpreise bzw Geschäftswerte nach den Grundsatzurteilen des BFH 21.4.1994 und 26.4.2006 dahin gehend gelöst, dass der negative Kaufpreis beim Erwerber erfolgsneutral berücksichtigt wird. Nach der prinzipiell anzuwendenden Vorgehensweise erfolgt zunächst eine Abstockung von Aktiva und/oder eine Aufstockung von Passiva. Ein danach noch verbleibender Restbetrag führt zum erfolgsneutralen Ansatz eines passiven Ausgleichspostens. Die Behandlung des Postens und damit die Auswirkungen bei der Folgebilanzierung sind bisher nicht fixiert und werden in der Literatur unterschiedlich gesehen. Möglich ist zB beim Asset Deal die erfolgswirksame Auflösung gegen zukünftige im Kaufpreis bereits antizipierte Verluste, bei Liquidation einer Ges oder bei Übertragungsvorgängen. Die Bezeichnung dieses Sonderpostens ist nicht gesetzlich geregelt und es ist unerheblich, ob der nach § 265 Abs 5 S 2 zu bildende Posten als „passiver Ausgleichsposten" oder als „negativer Geschäftswert" bezeichnet wird.
Aktuelle Quellen zum negativen GFW und zur Folgebilanzierung beim Share Deal und Asset Deal enthalten *Scheunemann/von Mandersloh/Preuß* DB 2011, 201 ff u 674 ff, *Meier/Geberth* DStR 2011, 733 ff sowie *Preißer/Preißer* DStR 2011, 133 ff. Dagegen wird in einer Entscheidung des FG Schleswig-Holstein (U v 5.12.2003, *Beck* RS 2003) für den Fall einer vom Veräußerer an den Erwerber geleisteten Zuzahlung die Zulässigkeit sowohl der handels- als auch steuerrechtlichen Passivierungsfähigkeit eines negativen GFW sowie auch die Zulässigkeit der Bildung eines sonstigen passiven AusglPo verneint. Als Begründung wird angeführt, dass sich der Bilanzinhalt handelsrechtlich vollständig aus den §§ 246, 247 ergibt und die Anerkennung eines AusglPo eine im Steuerrecht unbekannte Bilanzierungshilfe darstellen würde. Die Revision des Klägers (BFH 26.4.2006 I R 49, 50/04) wurde als begründet angesehen und beim Erwerber kann ein passiver AusglPo auszuweisen sein.

16 Während durch die Vernachlässigung der „selbstständigen Verkehrsfähigkeit" (Anm 13) der Begriff des VG/WG vom Steuerrecht weiter als von der handelsrechtlichen Literatur ausgelegt wird, kann die Beurteilung der „selbstständigen Bewertbarkeit" durch die steuerrechtliche Rspr auch zu einer **Einengung des Begriffs** führen. ZB BFH (28.5.1979 BStBl II, 734), mit dem die selbstständige Bewertbarkeit eines immateriellen VG bei Zahlung einer *einheitlichen* Vergütung an Künstler für die Darbietung *und* für die Einwilligung zur Aufnahme auf **Tonträger** und deren Vervielfältigung verneint wurde. Die uE zu enge Auffassung des BFH von der „selbstständigen Bewertbarkeit" hat vor allem Bedeutung für die Abgrenzung **immaterieller Vermögensgegenstände** von den unselbststän-

digen Bestandteilen des GFW (den sog **geschäftswertbildenden Faktoren;** hierzu Anm 409 f). Hierzu entschied das FG Düsseldorf (DStRE 2003, 1141 ff), dass Gewinnerwartungen aus einem Auftragsbestand aufgrund bestehender Rahmenverträge mit Kunden lediglich einen geschäftswertbildenden Faktor darstellen und nicht selbstständig bilanziert werden können, da noch keine konkreten schwebenden Geschäfte vorliegen.

Vom Begriff des VG/WG sind die **Voraussetzungen der Aktivierung** zu unterscheiden. Wegen der hier geltenden Grundsätze der personellen und sachlichen **Zuordnung** s § 246 Anm 5 ff und 55 ff; zu den in § 248 Abs 1 u 2 aufgeführten Aktivierungsverboten und zum **Aktivierungswahlrecht** selbst geschaffener immaterieller VG s § 248 Anm 1 ff und zur **Aktivierungspflicht** des derivativ erworbenen GFW § 246 Anm 82 f; Forderungen aus Lfg und Leistungen dürfen erst im Zeitpunkt ihrer **Realisierung** angesetzt werden; die Aktivierung ist dann auch zwingend (Anm 80 ff).   17

B. Anlagevermögen

Zum Inhalt und Umfang der Bilanzgruppe „Anlagevermögen" sowie zur Abgrenzung zum Umlaufvermögen im Einzelnen Anm 350 ff.   20

C. Umlaufvermögen

Schrifttum: *Clemm* Grenzen der zivilrechtlichen Betrachtungsweise für das Bilanzrecht – kritische Würdigung der neueren BFH-Rechtsprechung, JbFSt 1979/80, 173; *Hottmann* Kommissionsgeschäft aus bilanzsteuerrechtlicher und umsatzsteuerrechtlicher Sicht, StBP 1983, 221; *Woerner* Grundsatzfragen zur Bilanzierung schwebender Geschäfte, FR 1984, 489; *Leffson* Die Grundsätze ordnungsmäßiger Buchführung, 7. Auflage, Düsseldorf 1987; *Klaus* Euronotes und Euro Commercial Paper als Finanzinnovation, Wiesbaden 1988; *Woerner* Die Gewinnrealisierung bei schwebenden Geschäften, BB 1988, 769; *Nieskens* Schwebende Geschäfte und das Postulat des wirtschaftlichen Eigentums, FR 1989, 537; *Knobbe-Keuk* Bilanz- und Unternehmenssteuerrecht, 9. Auflage, Köln 1993; *Früh/Klar* Joint-Venture – Bilanzielle Behandlung und Berichterstattung, WPg 1993, 493; *Rogler/Jacob* Bilanzierung unfertiger Bauten bei Bauunternehmen, BB 2000, 2407; *Fischer/Neubeck* Umsatzrealisierungszeitpunkt bei Werklieferungsverträgen nach der Schuldrechtsreform, BB 2004, 657.

Standards: HFA Stellungnahme 1/1984: Bilanzierungsfragen bei Zuwendungen, dargestellt am Beispiel finanzieller Zuwendungen der öffentlichen Hand, WPg 1984, 612; HFA Stellungnahme 1/1993: Zur Bilanzierung von Joint-Ventures, WPg 1993, 441; IDW RS HFA 8 (Stand 9.2.2003): Zweifelsfragen der Bilanzierung von asset backed securities-Gestaltungen oder ähnlichen securitations-Transactionen; IDW ERS HFA 13 nF (Stand: 29.11.2006): Einzelfragen zum Übergang von wirtschaftlichem Eigentum und zur Gewinnrealisierung nach HGB.

I. Allgemeines

Der **Begriff des Umlaufvermögens** ist gesetzlich nicht definiert. Im Umkehrschluss zum Begriff des Anlagevermögens (Abs 2) umfasst es diejenigen VG, die nicht dazu bestimmt sind, dauernd dem Geschäftsbetrieb zu dienen. Die Abgrenzung kann auch dadurch umschrieben werden, dass hierzu alle VG gehören, die nicht Anlagevermögen darstellen oder RAP sind (*Matschke* in Rechnungslegung § 266 Anm 76). Zum Umlaufvermögen rechnen hiernach Vorräte, Forderungen (Forderungen aus Lfg und Leistungen, sonstige Forderungen), sonstige   51

§ 247 52–60 Jahresabschluß (Ansatzvorschriften)

VG, die nicht Forderungen darstellen, Wertpapiere und flüssige Mittel (Kassenbestand, Bundesbankguthaben, Guthaben bei Kreditinstituten, Schecks). Eine Abgrenzung zum Anlagevermögen ist insb bei den geleisteten Anzahlungen, den Ausleihungen und den Wertpapieren geboten.

52 Die für die HB geltende Abgrenzung des Umlaufvermögens vom Anlagevermögen ist grds auch für die **Steuerbilanz** maßgebend. Zum Umlaufvermögen gehören hiernach diejenigen WG, die zum Verbrauch und zur Weiterveräußerung bestimmt sind (ständige Rspr, vgl zB BFH 29.11.1972, BStBl II 1973, 148), wobei der Umstand einer bevorstehenden Betriebsveräußerung der Einordnung als Anlagevermögen nicht entgegen steht (BFH 10.8.2005, BStBl II 2006, 58). Umlaufvermögen sind alle WG, die nicht Anlagevermögen oder RAP sind (glA *Stobbe* in HHR § 6 Anm 256).

53 Zur **Abgrenzung** zwischen Anlage- und Umlaufvermögen in HB und StB s Anm 350; zum Übergang von VG zwischen diesen beiden Obergruppen s Anm 360.

II. Mindestgliederung in der Bilanz

55 Eine hinreichende Aufgliederung der Posten des Umlaufvermögens kann für Unt mittlerer Größe oder darüber mit folgender **Mindestgliederung** angenommen werden (dem Schema des § 266 Abs 2 folgend):

I. Vorräte
  1. Roh-, Hilfs- und Betriebsstoffe
  2. Erzeugnisse und Leistungen, Waren
  3. geleistete Anzahlungen
II. Forderungen und sonstige VG
  1. Forderungen aus Lfg und Leistungen
  2. sonstige VG
III. Wertpapiere
IV. Flüssige Mittel (Kassenbestand, Bundesbankguthaben, Guthaben bei Kreditinstituten, Schecks)

KleinstKapGes/KleinstKapCoGes (§ 267a Abs 1 S 1) dürfen die Darstellung der Bilanz auf die Buchstabenposten des § 266 verkürzen (§ 266 Abs 1 S 4). Dies gilt uE auch für Unt, die nicht den Vorschriften für KapGes/KapCoGes unterliegen.

Kleine KapGes (§ 267 Abs 1) sowie **KapCoGes** (§ 267 Abs 1 iVm § 264a Abs 1) dürfen gem § 266 Abs 1 S 3 die Aufgliederung des Umlaufvermögens auf die mit römischen Zahlen bezeichneten Posten, die vorstehend als Gruppen bezeichnet sind, beschränken.

Außerdem können für alle Unt Zusammenfassungen nach § 265 Abs 7 in Betracht kommen, wenn dadurch die Klarheit und Übersichtlichkeit der Darstellung (§ 243 Abs 2) nicht gefährdet wird.

III. Vorräte

1. Begriff

60 **Vorräte** sind VG, die zum Verbrauch oder zur Weiterveräußerung angeschafft oder hergestellt worden sind. Bei **Produktionsunternehmen** umfasst das Vorratsvermögen idR die Roh-, Hilfs- und Betriebsstoffe sowie die unfertigen und fertigen Erzeugnisse. Bei **Handelsunternehmen** gehören zu den Vorräten Hilfs- und Betriebsstoffe sowie Handelswaren. Für **Dienstleistungsunternehmen** treten an die Stelle der unfertigen und fertigen Erzeugnisse des IndustrieUnt die unfertigen Leistungen als Vorratsvermögen.

2. Roh-, Hilfs- und Betriebsstoffe

Roh-, Hilfs- und Betriebsstoffe sind bei ProduktionsUnt Materialien, die als Hauptbestandteile (Rohstoffe) oder als untergeordnete Bestandteile (Hilfsstoffe, zB Schrauben, Farbe, Beschläge) in die Fertigerzeugnisse eingehen oder als Verbrauchsmaterial (Betriebsstoffe) der Fertigung dienen (s *ADS*[6] § 266 Anm 102 ff). Ebenfalls zu den Betriebsstoffen gehören nicht der Fertigung dienende VG wie Büromaterial und Heizmaterial. Wegen weiterer Einzelheiten s § 266 Anm 90. **61**

3. Unfertige und fertige Erzeugnisse

Unfertige Erzeugnisse sind im Regelfall die technische und zeitliche Vorstufe der **fertigen Erzeugnisse.** Ein Ausweis unter den fertigen Erzeugnissen ist erst bei Versandfertigkeit zulässig (*ADS*[6] § 266 Anm 110). Ist zwar die Fertigung beendet, jedoch Verkaufsfähigkeit noch nicht gegeben (zB Wein; Käse), so erfolgt der Ausweis weiterhin unter den unfertigen Erzeugnissen (*Dusemond/ Heusinger-Lange/Knop* in HdR[5] § 266 Anm 73). Abgrenzungsfragen können sich ergeben, wenn ein Unt selbst hergestellte Vorprodukte sowohl verkauft als auch zu Erzeugnissen höherer Stufe verarbeitet. Werden die unfertigen und fertigen Erzeugnisse zulässigerweise zusammengefasst (Anm 55), entstehen diese Fragen nicht (zur Problematik bei getrenntem Ausweis § 266 Anm 98). Ebenso bestehen bei dem Gliederungsvorschlag in Anm 55 keine Abgrenzungsfragen zur Unterscheidung von fertigen Erzeugnissen und Waren (hierzu § 266 Anm 98). **62**

Wegen weiterer Einzelheiten s § 266 Anm 93; zur Frage des Zeitpunkts, ab dem statt fertiger Erzeugnisse (oder Waren) Forderungen auszuweisen sind, s Anm 80. **63**

4. Unfertige Leistungen

Unfertige Leistungen werden wie unfertige Erzeugnisse unter den Vorräten ausgewiesen, ggf mit abw Postenbezeichnung. **64**

Zu den unfertigen Leistungen gehören bei **Bauunternehmen** neben Bauten auf eigenem Grund und Boden (sofern zum Verkauf bestimmt), auch solche auf fremdem Grund und Boden (dazu tendierend aber letztlich offen lassend BFH 7.9.2005, BStBl II 2006, 298 mit Übersicht über den aktuellen Meinungsstand) und bei Unt mit **sonstiger langfristiger Fertigung** vergleichbare unfertige Arbeiten (zur langfristigen Fertigung § 255 Anm 457). Bei BauUnt kommen als Postenbezeichnungen zB auch „in Ausführung befindliche Bauaufträge", „unfertige Bauten und Leistungen" oder „nicht abgerechnete Bauten" in Frage, bei sonstiger langfristiger Fertigung etwa „in Ausführung befindliche Aufträge" (vgl auch *Rogler/Jacob* BB 2000, 2407). **65**

Bei **Dienstleistungsunternehmen** (zB Forschungs-, Werbe-, Steuerberatungs- oder WirtschaftsprüfungsUnt) oder anderen Unt, die auch Dienstleistungen gesondert erbringen, sind idR zum Abschlussstichtag quantifizierbare unfertige Leistungen auf Einzelaufträge auszuweisen. Die unfertigen Leistungen sind **bilanzierungsfähig,** wenn und solange ein Vergütungsanspruch für die bisher angefallenen Aufwendungen besteht (so auch *Weber-Grellet* in Schmidt[32] § 5 Anm 270, „unfertige Leistungen"). Die Bilanzierungsfähigkeit ist nicht davon abhängig, dass die Aufwendungen zu einem materiellen VG geführt haben. Für DienstleistungsUnt und Unt, die auch Dienstleistungen von nicht nur untergeordneter Bedeutung erbringen, erfordert das Gebot der Klarheit und Übersichtlichkeit (§ 243 Abs 2) einen gesonderten Ausweis der unfertigen Leistungen. **66**

§ 247 67–75   Jahresabschluß (Ansatzvorschriften)

67   Der Ausweis von **fertigen Leistungen** scheidet aus, weil bei „Fertigstellung" einer Leistung die Forderung auf das Leistungsentgelt zu bilanzieren ist (ebenso *ADS*[6] § 266 Anm 118; dazu insb auch hier Anm 99 zum Zeitpunkt der Entstehung von Forderungen bei Dienstleistungen. Zu Sonderfragen bei Leistungen aus Lohnveredelung § 266 Anm 94). Für weitere Einzelheiten s § 266 Anm 100.

5. Waren

68   Unter „Waren" werden alle (fremdbezogenen) VG verstanden, die ohne Be- oder Verarbeitung (ggf auch nach unwesentlicher Bearbeitung) veräußert werden sollen. Dazu können auch Grundstücke (im Grundstückshandel), Beteiligungen (BFH 25.7.2001, BStBl II, 809), Kunstwerke und immaterielle VG (zB EDV-Software) gehören, sofern der Handel nachhaltig betrieben wird. Erworbene aber noch nicht angelieferte Ware ist bei Gefahrenübergang als unterwegs befindliche Ware unter den Vorräten auszuweisen (*ADS*[6] § 266 Anm 116). Im Gegenzug ist eine entspr Zahlungsverpflichtung zu passivieren (*WPH*[14] I, F Anm 273).

69   Im Einzelfall kann die Unterscheidung zwischen Waren und Rohstoffen schwierig sein, wenn ein und dasselbe **fremdbezogene Teil** sowohl in eigene Fertigerzeugnisse eingeht oder aber auch ohne Be- und Verarbeitung verkauft werden kann. In solchen Fällen kann als Unterscheidungskriterium die überwiegende Bestimmung der betr VG herangezogen werden (hierzu auch § 266 Anm 98). Bei Unt, die nicht den Vorschriften für KapGes/KapCoGes unterliegen, lassen sich derartige Ausweisfragen dadurch lösen, dass die Waren in Abweichung von dem Gliederungsvorschlag in Anm 55 zusammen mit den Roh-, Hilfs- und Betriebsstoffen ausgewiesen werden. Die Postenbezeichnung ist dann um „Waren" zu erweitern.

6. Geleistete Anzahlungen

70   Geleistete Anzahlungen sind **Vorleistungen** auf eine von dem anderen Vertragsteil zu erbringende Lfg oder Leistung, dh Vorleistungen im Rahmen eines schwebenden Geschäfts (dazu auch Anm 545). Anzahlungen können auch unfertige (also teilweise erfüllte) Fertigungs-, Bau- und Dienstleistungsaufträge betreffen.

71   Für Unt, die nicht den Vorschriften für KapGes/KapCoGes unterliegen, ist ein gesonderter Ausweis innerhalb der Vorräte nur erforderlich, wenn die geleisteten Anzahlungen einen wesentlichen Teil der Vorräte ausmachen.

72   Bei den unter den Vorräten gesondert oder mit anderen Posten zusammengefasst auszuweisenden geleisteten Anzahlungen handelt es sich nur um Vorleistungen, die auf zu erwerbende VG des Vorratsvermögens erbracht wurden. Andere Vorleistungen können im Anlagevermögen (Anm 545), als sonstige VG (Anm 122) oder als aktive RAP (§ 250) auszuweisen sein.
Wegen weiterer Einzelheiten s auch § 266 Anm 109.

IV. Forderungen und sonstige Vermögensgegenstände

1. Forderungen aus Lieferungen und Leistungen

a) Allgemeines

75   Forderungen aus Lfg und Leistungen entstehen im Rahmen von Schuldverhältnissen. Eine solche Forderung stellt demnach den Gegenwert einer erbrachten Lfg oder Leistung dar.

Inhalt der Bilanz 76–80 § 247

Es sind nur solche Forderungen auszuweisen, die aus Verträgen im Rahmen der gewöhnlichen Geschäftstätigkeit resultieren. Diese Forderungen gehören damit inhaltlich zu den Geschäftsvorfällen, die in der GuV als Umsatzerlöse ausgewiesen werden (ADS[6] § 266 Anm 120). Hierzu gehören auch entspr Forderungen an verbundene Unt, Gester und Unt, mit denen ein Beteiligungsverhältnis besteht, für die für KapGes/KapCoGes ein Sonderausweis oder Zugehörigkeitsvermerk (§ 265 Abs 3) vorgeschrieben ist. Zur Abgrenzung von Forderungen nach dem Gliederungsschema des § 266 s dort Anm 113.

Auch **zweifelhafte Forderungen** aus Lfg und Leistungen sind hier auszuweisen (zur Bewertung § 253 Anm 567 ff). Interne „Forderungen" an **Zweigniederlassungen** sind (ebenso wie die entspr „Verbindlichkeiten") nicht bilanzierungsfähig. Bestrittene Forderungen sind erst nach rkr Entscheidung bzw Einigung mit dem Schuldner zu aktivieren (BFH 14.3.2006, BStBl II 650).

Erlösschmälerungen sind abzusetzen (zB Rabatte, Umsatzprämien; nicht jedoch Skonti und Provisionen); ebenso die vor Entstehung einer Forderung auf die Lfg oder Leistung erhaltenen Anzahlungen.

Forderungen, für die ein **längeres als branchenübliches Zahlungsziel** eingeräumt ist oder die längerfristig gestundet werden, sind dessen ungeachtet hier auszuweisen, wenn keine Vereinbarung gem § 488 BGB (Darlehensvertrag) getroffen ist (ebenso ADS[6] § 266 Anm 122; WPH[14] I, F Anm 283). Ein Ausweis als Finanzanlagen kommt nicht in Betracht, da dort nur ursprüngliche oder durch Novation entstandene Darlehensforderungen ausgewiesen werden dürfen (für den Ausweis als sonstige VG Poullie in HdJ Abt II/6 Anm 106). 76

Aufschiebend bedingte Forderungen dürfen erst mit Bedingungseintritt aktiviert werden (BFH 26.4.1995, BStBl II, 594), es sei denn, sie erscheinen im Einzelfall hinreichend konkretisiert. Dies kann angenommen werden, wenn der Bedingungseintritt so gut wie sicher ist (ADS[6] § 246 Anm 53). Zur Aktivierung von Forderungen aus Lfg mit vertraglich vereinbartem Rückgaberecht s Anm 90. Die **Bilanzierung auflösend bedingter Forderungen** erfolgt nach den allgemeinen Vorschriften, solange bis die Bedingung in späteren Wj eintritt (sa Weber-Grellet in Schmidt[32] § 5 Anm 270 „Forderungen"). 77

b) Der Zeitpunkt des Zugangs von Forderungen

Aus dem Verbot der Bilanzierung schwebender Geschäfte folgt, dass die Aktivierung einer Forderung und damit die **Realisation des Gewinns** handelsrechtlich erst zulässig ist, wenn der zur Leistung Verpflichtete die Verpflichtungen aus dem zunächst schwebenden Vertrag iW erfüllt hat, dh ihm die Forderung auf die Gegenleistung so gut wie sicher ist (vgl Buciek in Blümich § 5 EStG Tz 940 mit Rsprnachweisen). Dabei bedeutet „so gut wie sicher", dass dem Liefernden oder Leistenden nur noch das Risiko aus Gewährleistungsansprüchen und das Ausfallrisiko der bilanzierten Forderung verbleibt (vgl Buciek in Blümich § 5 EStG Tz 940d; im Ergebnis ebenso Leffson, 262, wonach eine Forderung zu bilanzieren ist, wenn der Vertrag bis auf Nebenleistungen wie zB Kreditgewährung und Garantieübernahme erfüllt wurde). Dies ist zB der Fall wenn zivilrechtl die Preisgefahr, dh das Risiko des zufälligen Untergangs und der zufälligen Verschlechterung, auf den Vertragspartner übergeht (vgl Crezelius in Kirchhof EStG § 5 Tz 148). Da der Verkäufer grds davon ausgehen dürfen muss, mit einer aus seiner Sicht mangelfreien Sache erfüllt zu haben, steht die Möglichkeit von Mängelrügen der Forderungsrealisierung grds nicht entgegen (im Ergebnis ebenso Crezelius in Kirchhof EStG § 5 Tz 147). Das generell bestehende Gewährleistungsrisiko wird durch eine Gewährleistungsrückstellung abgedeckt. Etwas anderes gilt nur dann, wenn der Verkäufer vorsätzlich mit einer **mangelhaften** 80

Sache einen Erfüllungsversuch unternimmt. In einem derartigen Fall kann er auch unter betriebswirtschaftlicher Sicht erst nach Ablauf der Gewährleistungsfrist mit einer endgültigen Realisierung des wirtschaftlichen Erfolgs rechnen.

Problematisch sind die Fälle, in denen der Verkäufer subjektiv mangelfrei liefert und **erst später** durch die Geltendmachung des Käufers **vom Mangel der Sache Kenntnis** erlangt. Jedenfalls in den Fällen, in denen der Kenntniszeitpunkt nach dem Zeitpunkt der Bilanzerstellung liegt, ist eine Berichtigung des JA nicht erforderlich. Hier bleibt es bei der Bildung einer Gewährleistungsrückstellung nach den allgemeinen Grundsätzen.

In den Fällen der **Kenntnis vor Bilanzerstellung** ist es sachgerecht, die Regelungen für den Verkauf mit Rückgaberecht des Käufers (vgl Anm 90) entspr anzuwenden. Hat der Käufer daher zum Bilanzstichtag noch nicht bezahlt, ist die Forderung entspr dem Vorsichtsprinzip höchstens zu den AK/HK der gelieferten Ware abzgl voraussichtlich anfallender Rücknahmekosten und abzgl Wertminderungen infolge des Mangels der zurückzunehmenden Ware anzusetzen. Eine Umbuchung der Forderung auf Vorräte unter Ausbuchung der Differenz zwischen Kosten- und Absatzwert ist abzulehnen. Die für die Behandlung des Verkaufs mit Rückgaberecht des Käufers herrschende steuerrechtliche Literatur, die dort eine Gewinnrealisierung bejaht, findet jedenfalls bei Lfg einer mangelhaften Sache nach der Änderung des Schuldrechts keine rechtliche Grundlage mehr. Für den **Versandhandel** ist es nicht zu beanstanden, wenn die Forderungen mit dem Nennbetrag aktiviert werden und eine den Gewinn, die Rücknahmekosten und eine evtl Wertminderung der Ware umfassende Rückstellung gebildet wird (vgl Anm 91).

In den Fällen, in denen der Käufer **zum Bilanzstichtag bereits geleistet** hat, ist das Risiko durch die Bildung einer Gewährleistungsrückstellung abzudecken. Die Behandlung des gezahlten Kaufpreises als Anzahlung bei gleichzeitiger Rückgängigmachung des Umsatzes und Bildung einer Forderung auf Rückgabe des Kaufgegenstands kommt uE nicht in Betracht, da das schwebende Geschäft durch die Leistung des Käufers und die Übereignung des Kaufgegenstands nach Ansicht aller Beteiligten wirtschaftlich beendet wurde. Ein „Wiederaufleben" des Schwebezustands ist nicht zulässig. Zudem wollte der Käufer keine Anzahlung leisten, sondern die Forderung erfüllen. Eine Umdeutung erscheint hier lebensfremd und gekünstelt.

81 Der Gewinnrealisierung steht es nicht entgegen, wenn **am Bilanzstichtag** die **Rechnung noch nicht erteilt** ist (hM, zB *Woerner* BB 1988, 774; BFH 12.5.1993, BStBl II, 786; BFH 3.8.2005, BStBl II 2006, 20; BFH 29.11.2007, BStBl II 2008, 557). Das Gleiche gilt, wenn die Forderung erst nach dem Bilanzstichtag fällig wird (so zB *Weber-Grellet* in Schmidt[32] § 5 Anm 270 „Forderungen", BFH 6.10.2009, BStBl II 2010, 232).

82 **aa) Forderungsrealisierung bei Kaufverträgen.** Bei **Kaufverträgen** kommt es grds auf den **Übergang der Preisgefahr** (hierzu Anm 82) auf den Käufer an (insb *Woerner* BB 1988, 769; *Weber-Grellet* in Schmidt[32] § 5 Anm 609). Ist die Lfg eine **Bringschuld,** geht die Preisgefahr mit der Übergabe der verkauften Sache über (§ 446 Abs 1 BGB). Beim Versendungskauf **(Schickschuld)** erfolgt der Gefahrenübergang mit der Auslieferung an den Spediteur oder an die sonstige mit der Beförderung beauftragte Person (§ 447 Abs 1 BGB). Die Realisierung erfolgt also, obwohl dem Käufer das wirtschaftliche Eigentum (die Verfügungsmacht) noch nicht verschafft wurde (ebenso *ADS*[6] § 246 Anm 195). In Einzelfällen kann das Kriterium des Gefahrenübergangs problematisch sein, wenn dieser Zeitpunkt zB im **Überseehandel** nicht bekannt ist. In solchen Fällen geht die Preisgefahr vertragsgemäß oft mit der Überschreitung der Reling des Schiffes bzw Verbringung an Bord des Schiffes im Verschiffungshafen auf den Schuldner über (sog fob- oder cif-Klauseln). Wenn dieser Zeitpunkt nicht festgestellt werden kann, ist, sofern auch ein früherer Gefahrenübergang nicht nachweisbar ist, für die Bilanzierung auf den Zeitpunkt des örtlichen Abgangs des VG beim Verkäufer abzustellen (*ADS*[6] § 246 Anm 195 und *Leffson* GoB[7] 267); ansonsten ist der Zeitpunkt des Gefahrenübergangs erforderlichenfalls zu schätzen.

Der Umstand, dass der Verkäufer im Rahmen des Kaufvertrags nach Lfg der Kaufsache noch **weitere Nebenleistungen** zu erbringen hat, steht einer Gewinnrealisierung nur dann nicht entgegen, wenn es sich um unwesentliche Nebenleistungen handelt (ähnlich *ADS*[6] § 246 Anm 191), bspw relativ geringfügige Montagearbeiten, Wartungsdienste uÄ. Eine Forderungs- und Gewinnrealisierung muss zB unterbleiben, wenn die gelieferte Anlage noch durch den Verkäufer aufzustellen ist und nennenswerte Risiken hinsichtlich ihrer Betriebsfähigkeit bestehen. **83**

Die Rspr des BFH hat bisher Forderungs- und Gewinnrealisierung dann angenommen, wenn der **Vertrag** durch Lieferung oder Leistung zumindest **wirtschaftlich erfüllt** ist (vgl zB BFH 12.5.1993, BStBl II, 786; *Weber-Grellet* in Schmidt[32] § 5 Anm 270 „Forderungen"). Im Ergebnis besteht kein Widerspruch zu Anm 82, 83. Zu Einzelfragen in Bezug auf Gewinnrealisierung und Übergang von wirtschaftlichem Eigentum vgl auch IDW ERS HFA 13 nF, der sich aufgrund des BilMoG in Überarbeitung befindet, sowie § 246 Anm 5 ff. **84**

Trotz gesetzlichem oder vereinbartem Gefahrenübergang können in Sonderfällen Risiken bestehen, die aus Vorsichtsgründen eine Gewinn- und Forderungsrealisierung ausschließen: Bei **Annahmeverzug** geht die Preisgefahr auf den nicht annehmenden Käufer über (§ 326 Abs 2 BGB). Beabsichtigt daher der Verkäufer von der Hinterlegung, Versteigerung oder dem Recht des Verkaufs Gebrauch zu machen (hierzu § 373 HGB), ist die Kaufpreisforderung grds realisiert (so zB *Woerner* BB 1988, 776; missverständlich insoweit *ADS*[6] § 252 Anm 82, die sowohl auf den Übergang der Preisgefahr als auch auf die Auslieferung abstellen; Klarstellung in *ADS*[6] § 246 Anm 193, die aber offen lassen, ob die Forderung ausgewiesen werden darf, oder ob die Kaufsache mit erhöhtem Wert einschl Gewinn anzusetzen ist). Bei unstreitigem Annahmeverzug ist Gewinnrealisierung zulässig (*Weber-Grellet* in Schmidt[32] § 5 Anm 609; *ADS*[6] § 246 Anm 193). Ist es aber zweifelhaft, ob der Käufer tatsächlich in Verzug geraten ist (weil str ist, ob ihm die Leistung vertragsgemäß angeboten wurde, § 294 BGB), darf die Forderung nicht aktiviert werden (BFH 29.4.1987, BStBl II, 797; *ADS*[6] § 246 Anm 193). Wird die verkaufte Ware ausgesondert und vereinbarungsgemäß auf Gefahr des Käufers **beim Verkäufer gelagert,** dann ist sie beim Empfänger bereits als Zugang zu erfassen (*ADS*[6] § 246 Anm 202). Korrespondierend würde das beim Verkäufer eine Abgangsbuchung der Ware, den Ausweis einer Forderung und somit eine Gewinnrealisierung bedeuten. Allerdings können in der Steuerbilanz Vorsichtsgründe der Forderungs- und Gewinnrealisierung entgegenstehen (so BFH 27.2.1986, BStBl II, 552 – hier war diese Frage zwar nicht entscheidungserheblich, der BFH hat aber dennoch die Gewinnrealisierung abgelehnt, weil die Ware im Herrschaftsbereich des Verkäufers mit größeren Risiken als bei Übergabe an den Käufer behaftet ist; kritisch *Wassermeyer* Urteilsanmerkung in FR 1986, 486). **85**

Hat der Verkäufer am Bilanzstichtag nur **zum Teil geliefert,** ist zu unterscheiden: Ist der noch ausstehende Teil von **völlig untergeordneter Bedeutung,** ist uE eine Forderungs- und Gewinnrealisierung in vollem Umfang zulässig. *Beispiel:* Ein Möbelhersteller liefert zerlegt 50 Schränke; für 1 Schrank werden die Schrauben, die sich der Käufer auch anderweitig beschaffen könnte, nicht mitgeliefert. Das Kriterium der „verhältnismäßigen Geringfügigkeit des rückständigen Teiles" in § 320 Abs 2 BGB wird insoweit einen Anhaltspunkt bieten können. **86**

Ist der noch ausstehende Teil **nicht von völlig untergeordneter** Bedeutung („verhältnismäßiger Geringfügigkeit") und ist der Käufer vertraglich auch im Fall von Teillieferungen erst dann zur Zahlung des Kaufpreises verpflichtet, wenn vollständig geliefert wurde, ist eine auch nur teilweise Forderungs- und Gewinnrealisierung nicht zulässig. Ist dagegen vertraglich vorgesehen, dass über jede Teillfg bezahlt werden muss, ist jeweils Teilgewinnrealisierung zulässig (ähnlich *ADS*[6] § 246 Anm 196, wobei zusätzlich die Realisationsvoraussetzungen vorliegen müssen). Abschlagszahlungen auf Teillfg, die nicht behalten werden dürfen, sofern die weiteren Lieferungen nicht erbracht werden, führen dagegen nicht zu einer Forderungs- und Gewinnrealisierung. Im Ergebnis sind die Vereinbarungen zwischen den Parteien maßgeblich.

88 Bei einem **Sukzessivlieferungsvertrag** (Vertrag, in dessen Rahmen bei vorbestimmter Gesamtleistungsmenge die einzelnen Lfg in wechselseitiger Bindung nach Bedarf und auf Abruf erfolgen soll, BGH 6.2.1985, NJW 1986, 124; BGH 5.6.1991, BB, 1596) tritt, wenn sich aus den Vereinbarungen der Vertragspartner nichts Gegenteiliges ergibt, grds mit jeder (Teil-)Lfg Forderungs- und Gewinnrealisierung ein. Dieser steht es nicht entgegen, dass die **Höhe der Forderung nur geschätzt** werden kann, sofern überhaupt Anhaltspunkte für eine Schätzung vorliegen (BFH 4.4.1968, BStBl II, 411).

89 Bei der **Verkaufskommission (§§ 383 ff, 406 HGB)** wird durch die Lfg des Kommissionsguts **an den Kommissionär** wird noch keine Forderung und kein Gewinn realisiert; auch rechtlich kommt dieser Lfg eine andere Bedeutung zu als der Lfg des Verkäufers an den Käufer (BGH 26.9.1980, BB 1981, 576; *Hottmann* StBP 1983, 224). Auf die Entrichtung des Kaufpreises von Seiten des Käufers und dessen Abführung von Seiten des Kommissionärs kommt es nicht an. Im Fall des Selbsteintritts des Kommissionärs ist Forderungs- und Gewinnrealisierung beim Kommittenten uE mit Absendung der Ausführungsanzeige (§ 400 Abs 2 S 2) anzunehmen; maßgebend ist also grds deren Datum.

Wird das Kommissionsgut vom Kommittenten unmittelbar an den Käufer geliefert, gilt das in Anm 82 Ausgeführte. Wann der Kommissionär abrechnet, ist nicht maßgeblich.

Die Forderung des Kommittenten richtet sich, wenn keine Abtretung vorliegt, gegen den Kommissionär (§ 392 Abs 1); sie wird dort um Provision, Auslagenersatz etc des Kommissionärs gekürzt (*Hottmann* StBP 1983, 224); in der GuV darf allerdings keine Saldierung erfolgen.

90 Beim **Verkauf mit Rückgaberecht des Käufers** ist zu differenzieren. Es besteht wohl Einigkeit, dass in diesen Fällen mit Lfg eine auflösend bedingte Forderung zu aktivieren ist (*WPH*[14] I, E Anm 572 *Weber-Grellet* in Schmidt[32] § 5 Anm 270 „Kauf mit Rücktrittsrecht"; *ADS*[6] § 246 Anm 54). Die Annahme einer auf den Ablauf der Rückgabefrist aufschiebend bedingten Verfügung über den verkauften Gegenstand ist ohne entspr ausdrückliche vertragliche Regelung (zu Kauf auf Probe Anm 94) gekünstelt und lebensfremd, da sie dem Interesse des Käufers auf eine möglichst frühzeitige eigene Verfügungsbefugnis widerspricht.

Str ist dagegen, ob eine Gewinnrealisierung erfolgt. Die herrschende handelsrechtliche Meinung verneint dies (*ADS*[6] § 246 Anm 57 und § 252 Anm 82; *Knobbe-Keuk*, 249; *WPH*[14] I, E Anm 572). Die Forderung darf entspr dem Vorsichtsprinzip höchstens zu den AK/HK der gelieferten Ware abzgl voraussichtlich anfallender Rücknahmekosten und abzgl Wertminderungen infolge Beschädigung zurückzunehmender Waren erfolgen (*WPH*[14] I, E Anm 572). Eine Umbuchung der Forderung auf Vorräte unter Ausbuchung der Differenz zwischen Kosten- und Absatzwert der Ware ist uE abzulehnen. Die wohl herrschende steuerrechtliche Literatur bejaht dagegen eine Gewinnrealisierung (*Weber-Grellet* in Schmidt[32] § 5 Anm 270 „Kauf mit Rücktrittsrecht"; OFD Münster 12.6.1989,

DStR, 402) und korrigiert das Ergebnis durch Bildung einer Rückstellung für Rücknahmeverpflichtungen, soweit die Rückgabe erfahrungsgemäß wahrscheinlich ist (keine Drohverlustrückstellung vgl *Weber-Grellet* in Schmidt[32] § 5 Anm 616).

Für den **Versandhandel** ist es nicht zu beanstanden, wenn die Forderungen **91** mit dem Nennbetrag aktiviert werden und eine den Gewinn, die Rücknahmekosten und eine evtl Wertminderung der Ware umfassende Rückstellung gebildet wird (*ADS*[6] § 246 Anm 57 und § 277 Anm 28; *WPH*[14] I, E Anm 572).

Nach BFH 27.1.1966, BStBl III, 313 muss ein Verlag die **Forderungen an** **92** **Buchhändler** aus Konditionsgeschäften dann aktivieren, wenn die Buchhändler über die von ihnen bis zum Bilanzstichtag des Verlags getätigten Verkäufe erst nach dem Bilanzstichtag abrechnen.

Ist die Kaufsache nach dem Bilanzstichtag **bereits zurückgegeben** worden, **93** ist sie (nachträglich durch Inventur-Ergänzung) in den Lagerbestand aufzunehmen und die Aktivierung der Kaufpreisforderung grds in alter Rechnung zu stornieren. Nach dem Grundsatz der Wesentlichkeit dürfte es bei relativ zum Jahresumsatz geringwertigen Beträgen, vor allem bei Massengütern, bei denen Retouren zum normalen Geschäftsablauf gehören, vertretbar sein, Retouren nur in neuer Rechnung zu berücksichtigen. Die Ergebnisminderung ist dann jedoch aufgrund der erfahrungsgemäß zu erwartenden Retouren bei der Forderungsbewertung oder durch Rückstellungen zum Bilanzstichtag zu berücksichtigen.

Beim **Verkauf auf Probe** (§§ 454, 455 BGB) ist, solange der Käufer die Bil- **94** ligung des Kaufgegenstands nicht erklärt hat oder solange sie nicht vertraglich als erklärt gilt oder solange im Fall des § 455 S 2 BGB die Frist noch nicht abgelaufen ist, die Forderung und ein Veräußerungsgewinn **noch nicht** realisiert. Dies gilt auch steuerrechtlich (OfD Münster v 12.6.1989, DStR 402; aA wohl *Weber-Grellet* in Schmidt[32] § 5 Anm 270 „Kauf auf Probe", der auf den Gefahrenübergang abstellt). Zur Frage der vor Billigung nicht übergehenden Preisgefahr *Westermann* MünchKomm BGB § 454 Anm 7.

bb) Forderungsrealisierung bei Werkverträgen. Beim Werkvertrag kann **95** die Preisgefahr mit der **Fertigstellung** des Werks auf den Besteller übergehen (wenn die Abnahme ausgeschlossen ist, § 646 BGB). Sie ist aber meist ab der **Abnahme** vom Besteller zu tragen (§ 644 Abs 1 BGB) oder – bei **Versendung** – ab der Übergabe an die Beförderungsperson (§ 644 Abs 2 BGB). In diesen Fällen ist die Forderung einschl Gewinn mit Übergang der Preisgefahr zu bilanzieren (ebenso *Woerner* BB 1988, 776; *Nieskens* FR 1989, 537). Zu Gewinnrealisierung bei Abnahme sa BFH 8.9.2005, BStBl II 2006, 26. Bei Werkverträgen über nicht vertretbare Sachen (zB kundenspezifisch erstellte Werkzeuge, vgl *Fischer/Neubeck* BB 2004, 657) tritt anstelle der Abnahme die Übergabe des Werks (§ 651 Abs 1 BGB iVm § 446 Abs 1 BGB).

Befindet sich der Besteller mit der **Abnahme** in **Verzug**, geht die Gefahr **96** nach § 644 Abs 1 S 2 BGB bzw bei nicht vertretbaren Sachen nach § 651 Abs 1 BGB iVm § 446 BGB auf ihn über. Bei Abnahmeverzug verletzt der Besteller eine Hauptverpflichtung mit der Folge, dass der Kfm Schadenersatz wegen Nichterfüllung verlangen oder vom Vertrag zurücktreten kann; der Anspruch des Kfm auf Erfüllung ist aber ausgeschlossen. Beabsichtigt er Schadenersatz wegen Nichterfüllung zu verlangen, ist diese Forderung bei Eintritt des Abnahmeverzugs zu bilanzieren (glA *Woerner* BB 1988, 776); sie gehört jedoch nicht zu den Forderungen aus Lfg und Leistungen, sondern zu den sonstigen VG (Anm 124).

Auch bei Werkverträgen können nach Bilanzierung der Forderung noch ein **97** **Ausfallrisiko** und **Gewährleistungsrisiken** bestehen. Ebenso wie bei Kaufpreisforderungen ist das Ausfallrisiko bei der Bewertung der Forderung (§ 253 Anm 558) und sind Gewährleistungsrisiken durch Bildung von Rückstellungen zu berücksichtigen (§ 249 Anm 100 „Gewährleistung"). Am Bilanzstichtag noch zu erfüllende Nebenleistungen wie zB **Abrechnungsverpflichtungen,** die ua im Baugewerbe und beim Anlagenbau nicht unbedeutend sein können, stehen der Aktivierung des Entgelts als Forderung aus Lfg und Leistungen ebenso wenig entgegen (BFH 25.2.1986, BStBl II, 788) wie das **Risiko der Preisprüfung** bei Aufträgen der öffentlichen Hand; auch für diese Aufwendungen und Risiken sind Rückstellungen zu bilden (dazu § 249 Anm 100 „Abrechnungskosten").

98 Dass eine **Teil-(werk-)leistung** selbständig abrechenbar und vergütungsfähig ist, reicht für eine Teilgewinnrealisierung nicht aus; vielmehr muss vertraglich ein Anspruch auf Vergütung der erhaltenen Teilleistungen bestehen, wobei es sich nicht nur um einen Anspruch auf Zahlung eines Abschlags oder Vorschusses handeln darf (FG Berlin 29.4.1991, EFG 1992, 62).

Zu Fragen der Gewinnrealisierung bei **langfristiger Auftragsfertigung** § 255 Anm 457. Zur Frage des Ausweises teilfertiger Bauten s Anm 65.

99 cc) **Forderungsrealisierung bei Dienstleistungen.** Aus den in Anm 82 ff dargestellten Grundsätzen ergibt sich bei **Dienstleistungen,** dass die Forderung auf das Entgelt grds dann zu bilanzieren ist, wenn die Leistung vereinbarungsgemäß erbracht oder an den Gläubiger bewirkt ist. Hängt die Entstehung der Forderung von weiteren Ereignissen ab, kommt es auf deren Eintritt an. So entsteht die **Provisionsforderung** eines **Handelsvertreters** nach § 87a Abs 1 S 1 erst, sobald und soweit das Unt das Geschäft ausgeführt hat. Hat der Handelsvertreter aufgrund entspr Vereinbarungen schon vor Ausführung des Geschäfts Anspruch auf Provision, entsteht seine Forderung mit Abschluss des vermittelten Geschäfts (so auch *Thurow* BC 2010, 437, aA offenbar FG Hamburg EFG 1999, 973 17.12.1998 rkr das auf die wirtschaftliche Realisierung abstellt). Auch beim **Maklervertrag** entsteht die Forderung auf Lohn idR nicht schon, wenn die Leistung erbracht ist (dh mit Nachweis der Gelegenheit zum Abschluss eines Vertrags), sondern erst, wenn der Vertrag zustande gekommen ist (§ 652 Abs 1 BGB). Zum Zeitpunkt der Gewinnrealisierung bei Vermittlungsprovisionen im Versicherungsgeschäft s BFH 17.3.2010, BFH/NV 2033.

100 Bei Dienstleistungen, die durch die beanspruchte Zeit, aufgrund erzeugter oder transportierter Mengeneinheiten usw quantifiziert werden, tritt mit dem **Absatz jeder Maßeinheit** Forderungs- und Gewinnrealisierung ein. Ob der betr Vertrag am Abschlussstichtag voll oder teilweise erfüllt wurde, ist unter Berücksichtigung der einschlägigen bürgerlich-rechtlichen Vorschriften zu entscheiden (BFH 8.12.1982, BStBl II 1983, 369). Bei abgrenzbaren oder gesondert zu vergütenden **Teilleistungen** tritt (Teil-)Forderungs- und Gewinnrealisierung mit Erbringung der jeweiligen Teilleistung ein.

c) Der Zeitpunkt des Abgangs von Forderungen

110 Bei **Barzahlung** wird ab dem Tag der Kassenbewegung die getilgte Forderung nicht mehr oder (bei Teilzahlung) nur mit dem noch offenen Betrag bilanziert. Ebenso vermindern sich die Forderungen um erhaltene **Schecks,** die ihrerseits bis zur Gutschrift auf dem Bankkonto unter den flüssigen Mitteln auszuweisen sind (glA *Matschke* in Rechnungslegung § 266 Anm 119). **Banküberweisungen** führen mit der Gutschrift auf dem Bankkonto des Empfängers zum Abgang der Forderung. Erlischt die Forderung durch **Aufrechnung** (§§ 387 ff BGB), gilt sie auch bei späterer Erklärung der Aufrechnung als in dem Zeitpunkt erloschen, in dem sich Forderung und Gegenforderung zur Aufrechnung geeignet ggüstehen (§ 389 BGB). Der BFH zieht im U 29.6.1994 DStR, 1736 die Rückwirkung beim Forderungsverzicht des Gesters in Zweifel.

Erhält der Gläubiger zahlungshalber **Wechsel,** wird das Wechselkonto belastet **111** und das Debitorenkonto erkannt. Diese Buchung verursacht keine Veränderung des Bilanzausweises, da Besitzwechsel zusammen mit den Forderungen aus Lfg und Leistungen ausgewiesen werden (hierzu § 266 Anm 115). Der Abgang der Wechselforderung und damit die Verminderung des Postens „Forderungen aus Lfg und Leistungen" erfolgen nach Vorlage zum Inkasso oder im Falle der Einreichung zur Diskontierung am Tag der Gutschrift des Wechselbetrags auf dem Bankkonto des Gläubigers. Die Gutschrift des Wechselbetrags ist auch dann maßgebend, wenn sie unter dem Vorbehalt der Zahlung durch den Wechselschuldner („Eingang vorbehalten") steht.

Die **Abtretung** einer Forderung als Sicherheit ändert nichts an der Bi- **112** lanzierung beim Zedenten (*ADS*[6] § 266 Anm 123; *Matschke* in Rechnungslegung § 266 Anm 101). Forderungen, die an ein Factoring-Unt rechtswirksam abgetreten wurden, sind beim abtretenden Unt nicht mehr auszuweisen, wenn das Factoring-Unt das Ausfallrisiko übernimmt (sog **echtes Factoring,** vgl IDW RS HFA 8 Tz 7). Auch soweit beim echten Factoring abgetretene Forderungen nicht bevorschusst werden, zeigt das abtretende Unt nicht mehr Forderungen aus Lfg und Leistungen, sondern sonstige VG (so auch *Strickmann* in HdR[5] Kapitel 6 Anm 422). Gem § 354a ist eine Abtretung trotz Zessionsausschluss nach § 399 BGB wirksam, wenn es sich um ein beiderseitiges Handelsgeschäft handelt, oder der Schuldner eine juristische Person des öffentlichen Rechts oder ein öffentlichrechtliches Sondervermögen ist.

Beim **unechten Factoring** verbleibt das Ausfallrisiko und damit das wirt- **113** schaftliche Eigentum an der Forderung beim abtretenden Unt (vgl IDW RS HFA 8 Tz 41). Zum Abgang von Forderungen im Rahmen sog **asset-backed securities Gestaltungen** vgl IDW RS HFA 8 sowie allg § 246 Anm 29 ff, vgl auch BFH 26.8.2010 BFH/NV 2011, 143, der sich ausdrücklich an IDW RS HFA 8 orientiert.

Ein Forderungsabgang liegt nicht vor, wenn die Forderung zwar noch besteht, **114** aber wegen **Uneinbringlichkeit** abgeschrieben wird. Als weitere Gründe für den Abgang einer Forderung kommen hingegen zB, Verzicht oder vom Käufer verlangte Wandelung oder Minderung in Betracht (*Poullie* in HdJ Abt II/6 Anm 46). In solchen Fällen geht die (gewinnmindernde) Abschreibung dem Abgang voraus. Der Zeitpunkt des Abgangs bestimmt sich nach dem Eintritt des betr Ereignisses oder nach der Wirksamkeit der Rechtsgeschäfte (zB Rücktritt nach §§ 437 Nr 2, 323, 441 BGB).

2. Sonstige Vermögensgegenstände

Hier werden im Umlaufvermögen alle Posten zusammengefasst, die nicht ge- **120** sondert ausgewiesen werden. Hierunter fallen insb **sonstige Forderungen** und **andere Vermögensgegenstände,** die nicht zum Anlagevermögen oder zu den Vorräten, Wertpapieren und flüssigen Mitteln gehören. Auch soweit Forderungen sich gegen verbundene Unt, Gester und Unt, mit denen ein Betverhältnis besteht, richten, sind diese vorrangig als solche und nicht als sonstige VG auszuweisen. **Ansprüche,** die nicht aus Lfg oder Leistungen des Unt resultieren, sind nach Handels- und Steuerrecht grds zu aktivieren, wenn sie nach bürgerlichem oder öffentlichem Recht entstanden sind, sofern sich ihr Bestehen dem Grund und der Höhe nach hinreichend konkretisiert hat (so BFH 23.5.1984, BStBl II, 723). In Einzelfällen wird ein Anspruch auch dann zu aktivieren sein, wenn er **nicht einklagbar** ist; weitergehend aber offenbar BFH 9.2.1978, BStBl II, 370, wonach es (generell) nicht maßgebend ist, ob ein Recht realisierbar ist. Dem ist in dieser Allgemeinheit jedoch nicht zu folgen.

§ 247 121–124 Jahresabschluß (Ansatzvorschriften)

Die Entstehung eines Anspruchs richtet sich nicht allein nach formalrechtlichen, sondern auch nach wirtschaftlichen Gesichtspunkten. So kommt es zB darauf an, ob wirtschaftlich eine **Vermögensmehrung** eingetreten ist oder ob zumindest die für die Entstehung des Anspruchs wesentlichen Ursachen bereits gesetzt worden sind und man mit der Entstehung „fest rechnen kann" (BFH 12.4.1984, BStBl II, 554). Vgl zu Einzelfragen hinsichtlich wirtschaftlicher Betrachtungsweise und wirtschaftlichem Eigentumsübergang auch IDW ERS HFA 13 nF, der sich aufgrund der Veröffentlichung des BilMoG in Überarbeitung befindet.

121 Unter den sonstigen VG sind ferner die sog. **antizipativen aktiven Rechnungsabgrenzungsposten** auszuweisen.

122 Zu den sonstigen VG gehören auch **geleistete Anzahlungen,** soweit diese nicht im Anlagevermögen (Anm 545) oder bei den Vorräten (Anm 70) ausgewiesen werden. Dabei handelt es sich insb um Vorleistungen auf nicht aktivierbare Gegenleistungen, die künftig zB Reparatur- oder Werbeaufwand sein werden (dazu BFH 14.3.1986 BStBl II, 669 zur Aktivierung von Vorleistungen auf noch nicht entstandene Handelsvertreteransprüche). Vorleistungen, für die keine Gegenleistung zu erwarten ist, sind dagegen nicht als Anzahlungen aktivierbar. Das gilt zB für Vorleistungen auf Beitragsverpflichtungen (zB nach dem Bundesbaugesetz zur Berufsgenossenschaft oder nach einem Kommunalabgabengesetz), die nicht Bestandteil eines vertraglichen Leistungsaustauschs sind. So müssen Vorauszahlungen auf Klärbeiträge oder Entwässerungsbeiträge je nach Anlass und Zweck der betr Maßnahmen (dazu § 255 Anm 111) entweder beim Grund und Boden aktiviert oder als Erhaltungsaufwand behandelt werden (BFH 4.11.1986, BStBl II 1987, 333). Weitere Bsp ADS[6] § 266 Anm 134.

123 **Provisionszahlungen an Handelsvertreter** sind nur solange als geleistete Anzahlungen zu aktivieren, wie die Provisionsverpflichtung weder rechtlich entstanden noch wenigstens wirtschaftlich verursacht ist (näheres Anm 99). Entsteht der Provisionsanspruch rechtlich erst nach der Ausführung des vermittelten Geschäfts (zB erst mit der Zahlung des Kunden), ist er bereits durch die Ausführung des Geschäfts wirtschaftlich verursacht (dazu § 249 Anm 100 „Provisionen"). Dagegen sind nach der BFH-Rspr gezahlte Provisionsbeträge unabhängig von der wirtschaftlichen Verursachung solange als geleistete Anzahlungen zu aktivieren, wie die Provisionsanspruch rechtlich noch nicht entstanden ist (BFH 4.8.1976, BStBl II, 675 zu einem Fall, in dem der Provisionsanspruch rechtlich erst mit Zahlung des Kunden entstanden ist; aA unter ausdrücklicher Bezugnahme auf BFH aaO; FG Hamburg 17.12.1998, EFG 1999, 973 rkr; zur Kritik auch *Clemm* JbFSt 1979/80, 186).

124 Außer den antizipativen RAP (§ 268 Anm 94) und bestimmten Anzahlungen (Anm 122) kommen für den Ausweis als **sonstige Vermögensgegenstände** in Betracht:
– Forderungen aus dem Verkauf von **Gegenständen des Anlagevermögens** oder des **übrigen Umlaufvermögens** – nicht in engem Zusammenhang mit dem Gegenstand des Unt stehend – (ADS[6] § 266 Anm 120);
– **Gegenstände des Anlagevermögens,** zur Weiterveräußerung vorgesehen und nicht gem ihrer ursprüngl Zweckbestimmung genutzt (ADS[6] § 266 Anm 134); anderes gilt bei anstehender Betriebsveräußerung und Nutzung gem der ursprüngl Zweckbestimmung (s Anm 53);
– Gehalts- und Reisekosten**vorschüsse,** Personal**darlehen** (soweit sie nicht Finanzanlagen sind) und sonstige kurzfristige Darlehen einschl **Schuldscheindarlehen;**
– Ansprüche auf **Bonus** (lt BFH 9.2.1978, BStBl II, 370 auch ohne Rechtsanspruch, wenn auf langjähriger Übung beruhend; zu Recht Kritik an dieser

Rspr ua *Clemm* JbFSt 1979/80, 183), Ansprüche auf **Warenrückvergütung** (bei satzungsgemäßem Anspruch schon mit Ablauf der Rechnungsperiode der Genossenschaft, vgl BFH 12.4.1984, BStBl II, 554);
- Geschäftsanteile an **Genossenschaften;** *ADS*[6] § 266 Anm 81 und *WPH*[14] I, F Anm 270 allerdings bei gegebenem Anlagecharakter für Ausweis unter Anpassung der Postenbezeichnung unter Sonstige Ausleihungen oder einem Sonderposten;
- Anteile an **Joint Ventures** und **Arbeitsgemeinschaften,** wenn deren Gegenstand nicht auf Wiederholungsabsicht angelegt ist und deren voraussichtliche Dauer sich nicht über mehr als zwei Abschlussstichtage des PartnerUnt erstreckt (HFA 1/1993 WPg 441; *Früh/Klar* WPg 1993, 493);
- Ansprüche auf **Schadenersatz** (wenn und soweit hinreichend konkretisiert oder rechtskräftig festgestellt, BFH 26.4.1989, BStBl 1991 II, 213; BFH 17.9. 2003, BFH/NV 04, 182), **Rückgriffsansprüche** aus Bürgschaften (schon bei Passivierung einer Rückstellung wegen drohender Inanspruchnahme aus der Bürgschaft, zB BFH 19.3.1975, BStBl II, 614);
- **Steuererstattungsansprüche;** für die Aktivierung von Steuererstattungsansprüchen genügt es, wenn der Anspruch, dessen Realisierung sich kein Kfm vernünftigerweise entgehen ließe, erhoben werden kann, eine spätere tatsächliche Anspruchsdurchsetzung ist nicht relevant. Bei mit dem FA streitigen Ansprüchen ist dies zB im Fall von Musterverfahren der erste Bilanzstichtag nach Veröffentlichung der Entscheidung (so BFH 31.8.2011, BStBl II 2012, 190), bei individuellen Rechtsbehelfsverfahren der Zeitpunkt des Zugangs des berichtigten Steuerbescheids oder erkennbarer Abhilfe durch das FA. Ansprüche auf Erstattung oder Verrechnung von **Vorsteuer** für erhaltene, aber erst nach dem Bilanzstichtag berechnete Lfg und Leistungen sind zum genannten Bilanzstichtag zu aktivieren (BFH 12.5.1993, BStBl II, 786; BFH 15.3.2012, BStBl II, 719);
- Ansprüche auf **Investitionszulagen** und sonstige Zuwendungen der öffentlichen Hand (zum Zeitpunkt der Bilanzierung IDW HFA 1/1984 WPg 612), zu nicht rückzahlbaren öffentlichen Zuwendungen s BFH 31.3.2010, BFH/NV 1487;
- AK (Prämien) für erworbene **Kauf- oder Verkaufsoptionen** s § 254 Anm 72; Prämien für Optionen und ähnliche Rechte, wie zB Zinsbegrenzungen (Caps, Floors, Collars). Zinsbegrenzungen sind zwar laufzeitbezogen, sollten aber wegen ihrer Nähe zu den Optionen nicht als RAP ausgewiesen werden;
- **Einschüsse** (Margins) iZm Börsen-Termingeschäften. Zu **initial margins** und **variation margins** s § 254 Anm 101;
- **Rückkaufswerte** von Rückdeckungsversicherungen für Pensionsverpflichtungen; gem *ADS*[6] § 266 Anm 93 und *WPH*[14] I, F Anm 271 stellen Rückkaufswerte zwar keine Ausleihungen dar, können jedoch bei systematischer und vollständiger Rückdeckung dem Anlagevermögen zuzuordnen sein;
- **Zinsansprüche** aus Darlehen und Wertpapieren, soweit sie auf die Zeit bis zum Bilanzstichtag entfallen (Stückzinsen), selbst wenn die Fälligkeit ungewiss ist (vgl BFH 18.12.2002, FR 2003, 466). Es erscheint jedoch auch vertretbar, diese dem Kapital des Grundgeschäfts zuzuschreiben, wenn sie erst mit diesem fällig werden (*ADS*[6] § 266 Anm 77a, 150); Zinsansprüche aus Guthaben bei Kreditinstituten, soweit sie noch nicht gutgeschrieben wurden (*ADS*[6] § 266 Anm 150);
- Sonstiges wie geleistete **Kautionen** (für einen Ausweis unter Sonstige Ausleihungen, sofern langfristig *ADS*[6] § 266 Anm 90 und *WPH*[14] I, F Anm 293), **debitorische Kreditoren;** iZm **Wertpapier-Leihgeschäften** Sachdarlehensforderungen (beim Verleiher möglich) und geliehene Wertpapiere (beim Entleiher); vgl auch Bay LfSt 20.7.2010, StuB 674 u § 254 Anm 121;

§ 247   125–128   Jahresabschluß (Ansatzvorschriften)

- Auszahlungsanspruch hinsichtlich eines **Körperschaftsteuerguthabens** gem § 37 Abs 5 KStG; Aktivierung in HB und StB mit dem Barwert des gesamten Erstattungsanspruchs bzw dem Barwert der Restforderung (erstmals in der Bilanz zum 31.12.2006);
- **Emissionsberechtigungen** gem Treibhausgas-Emissionshandelgesetz (TEHG), soweit nicht unter Vorräten ausgewiesen;
- **Mietforderungen;** Aktivierung unabhängig von der Fälligkeit zeitraumbezogen bis zum Bilanzstichtag (BFH 20.5.1992, BStBl II, 904). Zur Behandlung von Mietvorauszahlungen s § 252 Anm 47. Zu Mietforderungen als Forderungen aus Lfg und Leistungen vgl § 266 Anm 113.

V. Wertpapiere

125 Es kommen alle Wertpapiere in Betracht, die auch Wertpapiere des Anlagevermögens sein können (§ 266 Anm 80). Zur Zuordnung zum Anlage- oder Umlaufvermögen s Anm 357. Unt-Anteile an PersGes, denen die Wertpapiereigenschaft mangels Verbriefung fehlt, zählen idR unabhängig von ihrer Höhe zu den Bet iSv § 271 Abs 1 (dort Anm 21; *WPH*[14] I, F Anm 259) oder verbundenen Unternehmen (*ADS*[6] § 266 Anm 71); dienen solche Anteile ausnahmsweise nur einer vorübergehenden Anlage, sind sie unter sonstige VG zu erfassen. GmbH-Anteile, die nicht unter Beteiligungen fallen, rechnen ebenfalls zu den sonstigen VG, ebenso Genossenschaftsanteile (s hierzu jedoch Anm 124).

Unter den Wertpapieren des Umlaufvermögens sind somit vor allem Aktien, Genussscheine und festverzinsliche Wertpapiere (Obligationen, Pfandbriefe, öffentliche Anleihen, Commercial Paper) auszuweisen. Auch Schatzwechsel des Bundes, der Länder, von Bundesbahn und Bundespost (bzw deren Nachfolger) haben wirtschaftlich Wertpapiercharakter (*ADS*[6] § 266 Anm 144). Ebenso sind abgetrennte Zins- und Dividendenscheine hier zu erfassen; sie dürfen aber auch unter den sonstigen VG ausgewiesen werden (*ADS*[6] § 266 Anm 145).

126 **Wechsel,** die der kurzfristigen Geldanlage dienen, sind als Wertpapiere auszuweisen (Finanzierungswechsel; ebenso zB *Lenz/Fiebiger* HdJ Abt I/6 Anm 85; *Dusemond/Knop* in HdR § 266 Anm 95). Als mit Wechseln vergleichbare Wertpapiere sind auch Euronotes und die von Banken emittierten (Euro) Certificates of Deposit (Euro-CD's und CD's) hier auszuweisen (da mit umlauffähigen Eigenwechseln des Kreditnehmers vergleichbar und als Inhaberpapiere frei übertragbar, vgl *Klaus* 15). Zahlungshalber oder an Zahlung Statt erhaltene Wechsel **(Wechselbestand)** werden anstelle der zugrunde liegenden Forderungen wie diese ausgewiesen (s Anm 111). Zu Wechseldiskontgeschäften von Banken BFH 26.4.1995, BB, 1530.

127 Zur Frage des bilanziellen **Zu- und Abgangs** von Wertpapieren s § 268 Anm 61; bei Wertpapieren des Umlaufvermögens ergeben sich hierzu keine Besonderheiten (zum Abgang von Wechseln s auch Anm 111). Zu Besonderheiten bei Wertpapiertransaktionen s auch IDW ERS HFA 13 nF der aufgrund der Veröffentlichung des BilMoG überarbeitet werden wird.

128 Wertpapiere, deren Veräußerung gesetzlichen oder vertraglichen **Beschränkungen** unterliegt, sollten durch einen entspr Vermerk (zB „davon beschränkt veräußerbar") gekennzeichnet werden, wenn es sich um erhebliche Beträge handelt; gleichbedeutend wäre ein Hinweis auf die eingeschränkte Fungibilität im Anhang von KapGes/KapCoGes. Zweckmäßig und zulässig dürfte es auch sein, nicht kurzfristig und ungehindert veräußerbare Wertpapiere (insb Namenspapiere) als sonstige VG auszuweisen.

VI. Flüssige Mittel

Zu den flüssigen Mitteln zählen Kassenbestand, Bundesbankguthaben, Guthaben bei Kreditinstituten und Schecks. 130

Zum **Kassenbestand** gehören neben Zahlungsmitteln in Euro und Fremdwährungen auch Postwertzeichen, Guthaben auf Frankiergeräten, Steuer-, Stempel-, Gerichtskosten- und Beitragsmarken (so auch ADS^6 § 266 Anm 148; *Lenz/Fiebiger* in HdJ Abt I/6 Anm 86). 131

Guthaben bei Kreditinstituten können bei inländischen und vergleichbaren ausländischen Banken, Sparkassen und Zentralbanken bestehen. Sie können auf jegliche Währung lauten. Gesperrte Guthaben stehen nicht wie flüssige Mittel frei zur Verfügung, daher ist ein Vermerk bzw eine Angabe im Anhang vorzunehmen, oder es hat ein gesonderter Ausweis zu erfolgen (WPH^{14} I, F Anm 299; ADS^6 § 266 Anm 152). Für weitere Einzelheiten s § 266 Anm 150. 132

D. Eigenkapital

Schrifttum: *Graf v. Kanitz* Rechnungslegung bei Personenhandelsgesellschaften – Anmerkungen zu IDW RS HFA 7 WPg 2003, 324; *Lüdenbach/W.-D. Hoffmann* Kein Eigenkapital in der IFRS-Bilanz von Personengesellschaften und Genossenschaften? BB 2004, 1042; *Baetge/Winkeljohann/Haenelt* Die Bilanzierung des gesellschaftsrechtlichen Eigenkapitals von Nicht-Kapitalgesellschaften nach der novellierten Kapitalabgrenzung des IAS 32 (rev. 2008) DB 2008, 1518; *Löw/Antonakopoulos* Die Bilanzierung ausgewählter Gesellschaftsanteile nach IFRS unter Berücksichtigung der Neuregelungen nach IAS 32 (rev. 2008) KoR 2008, 261; IDW RS HFA 7 Handelsrechtliche Rechnungslegung bei Personenhandelsgesellschaften FN-IDW 2012, 189; *Pöschke* Bilanzrechtliche Kriterien für die Abgrenzung von Eigen- und Fremdkapital Corporate Finance Law 2011, 195.

I. Überblick

§ 247 verlangt, das EK gesondert von VG, Schulden und RAP auszuweisen und hinreichend aufzugliedern. Das EK ist der verbleibende Saldo nachdem VG, Schulden, RAP und latente Steuerposten zum Stichtag nach den handelsrechtlichen Vorschriften zutreffend angesetzt und bewertet worden sind. 150

Für **Kapitalgesellschaften** enthalten §§ 266 Abs 3, 268 Abs 1 und 3, 272 Regelungen, wie diese Aufgliederung des EK zu erfolgen hat (s daher für Gliederung und Ausweis bei KapGes § 272).

Für **Personenhandelsgesellschaften,** die nach § 264a die Regeln für KapGes zu beachten haben (KapCoGes), substituiert § 264c Abs 2 teilweise die für KapGes anzuwendenden Regeln. Es liegt nahe, dass sich auch PersGes, die nicht von § 264a erfasst sind, bzgl des Ausweises des EK an den Regeln, die für KapCoGes gelten, orientieren. Diese Regelungen können als allgemeine Grundsätze für PersGes gelten (s daher für PersGes § 264c Anm 15ff und für kleinst und kleine PersGes § 264c Anm 90f). Dies gilt auch für PersGes, die nach PublG zur Rechnungslegung verpflichtet sind. Für die bei diesen Ges gesetzlich geforderte Offenlegung dürfen jedoch alle EK-Posten in einem Posten zusammengefasst werden (§ 9 Abs 3 PublG; s § 264c Anm 95).

II. Ausweis des Eigenkapitals beim Einzelkaufmann

Wendet man die Regeln für PerGes auf den **Einzelkaufmann** an, besteht das EK nur aus einem Kapitalanteil. Falls der Kapitalanteil negativ ist, ist er auf der 155

Aktivseite zB unter der Bezeichnung „Nicht durch Vermögenseinlage gedeckte Verluste/Entnahmen des Geschäftsinhabers" auszuweisen. Eine weitere Aufgliederung des EK ist nicht geboten und würde auch keine relevanten Informationen liefern. Allenfalls eine Darstellung der Entwicklung des EK erscheint sinnvoll:

EK zu Beginn des Gj
− Entnahmen im Gj
+ Einlagen im Gj
+/− Jahresergebnis
= EK zum Schluss des Gj

Eine derartige Darstellung ist jedoch nicht verpflichtend (ebenso ADS^6 § 247 Anm 75). Da der Kfm keine Verpflichtungen gegen sich selbst eingehen kann, kann es bei einem EinzelUnt auch keine (eingeforderten) ausstehenden Einlagen geben (ebenso ADS^6 § 247 Anm 74). Auch andere Forderungen und Verbindlichkeiten können ggü dem „Gesellschafter" des EinzelUnt nicht bestehen.

III. Abgrenzung Eigenkapital zu Verbindlichkeiten/Forderungen

1. HGB

160 Während beim Ekfm die **Abgrenzung** von **EK** und **Verbindlichkeiten/Forderungen** ggü dem Geschäftsinhaber nicht notwendig ist, ist die Abgrenzung zwischen EK und Verbindlichkeiten/Forderungen ggü Gestern bei OHG und KG von Bedeutung. EK der PersGes liegt nur dann vor, „wenn
− künftige Verluste dem jeweiligen Konto bis zur vollen Höhe − auch mit Wirkung ggü den Ges-Gläubigern − zu belasten sind und wenn
− im Fall der Insolvenz der Ges eine Insolvenzforderung nicht geltend gemacht werden darf oder wenn bei einer Liquidation der Ges Ansprüche erst nach Befriedigung aller Ges-Gläubiger mit dem sonstigen EK auszugleichen sind" (IDW RS HFA 7, Tz 13).
Die Unterscheidung ist bei OHG lediglich für das Innenverhältnis der Gester untereinander von Bedeutung, bei KG berührt die Unterscheidung, soweit sie Kommanditisten betrifft, auch die Position der anderen Gläubiger der KG. Ob obige Voraussetzungen für EK erfüllt sind, hängt vom GesVertrag und/oder von den Vereinbarungen der Gester ab, die zu verschiedenen „Konten" getroffen werden. Wenn die getroffenen Vereinbarungen unklar sind und eine Klarstellung nicht erreicht werden kann, muss eine Position im Zweifel als FK ausgewiesen werden (zu den EK-Voraussetzungen bei Genussrechtskapital s Anm 228).

161 Forderungen und Verbindlichkeiten können aus dem Liefer- und Leistungsverkehr eines Gesters mit der PersGes entstehen. Sie können auch zB durch Darlehensgewährung der PersGes an einen Gester oder umgekehrt begründet werden. Weiterhin können sie Ausfluss des unmittelbaren GesVerhältnisses sein, zB Forderungen der PersGes aus unzulässigen Entnahmen oder Vorabzinsen auf Festkonten. Auch Entnahmen für Steuerschulden (Anm 176) können je nach GesVertrag Forderungen begründen (§ 264c Anm 24), stehengelassene Gewinne der Kommanditisten, soweit sie ihre bedungenen Einlagen übersteigen, begründen Verbindlichkeiten (ebenso ADS^6 § 247 Anm 64; § 264c Anm 50).

162 **Steuerrechtlich** werden zwar Darlehenszinsen, Mieten, Tätigkeitsvergütungen usw − obwohl schuldrechtlich vereinbart − den Erträgen aus Kapitalkonten gleichgestellt (§ 15 Abs 1 Nr 2 EStG); für die steuerrechtliche Würdigung von Verlusten bei beschränkter Haftung (§ 15a EStG) ist jedoch die Abgrenzung der Kapitalkonten zu Darlehenskonten von Belang; dazu EStH 15a und BMF

30.5.1997 (BStBl I, 627). Wenn auf einem Verrechnungskonto Gewinne, Einlagen und Entnahmen des Kommanditisten, aber auch Verluste gebucht werden, handelt es sich *steuerrechtlich* (§§ 4, 5, 15 EStG) *im Zweifel nicht* um ein Darlehenskonto (BFH 27.6.1996, BStBl II 1997, 36).

Gewährt eine PersGes einem Gester ein *unverzinsliches und nicht gesichertes* **Darlehen**, gehört diese **Forderung** zum notwendigen Privatvermögen der PersGes. Die Darlehenshingabe stellt steuerrechtlich eine Entnahme aller Gester dar. Damit entfällt bei Uneinbringlichkeit eine Teilwertabschreibung; auch können die übrigen Gester nach Ausscheiden des Darlehensempfängers aus der PersGes steuerrechtlich wegen Forderungsausfalls keinen Verlust geltend machen (BFH 9.5.1996, BStBl II 1996, 642).

Die Abgrenzung zwischen Kapital- und Darlehenskonten hat **handelsrechtlich** auch Bedeutung für die Ermittlung der **Überschuldung** bei KapCoGes, für die nach §§ 130a und 177a die Überschuldung als Insolvenzgrund gilt (dazu *Förschle/Hoffmann* in Sonderbilanzen[4] P Anm 122). 163

2. IFRS

Die Regelungen zur Abgrenzung von EK zu FK sind in IAS 32.15–34 enthalten. Das zentrale Abgrenzungskriterium ist, dass ein EK-Instrument vor Auflösung der Ges (grds) keine Verpflichtung für das emittierende Unt enthalten darf, Geld oder andere finanzielle Vorteile an den Halter des Instruments zu zahlen (IAS 32.16(a)). Es muss den Organen des emittierenden Unt (dazu zählt auch die GesV) freistehen, zu entscheiden, dass bspw keine Gewinnanteile ausbezahlt werden. Die Haftungsqualität (Nachrangigkeit) einer Kapitalposition, die unter HGB das letztlich entscheidende EK-Kriterium ist, ist für IFRS dagegen nicht ausreichend. 165

Daraus ergibt sich, dass auch bei Gester-Positionen insb dann *kein* EK-Instrument iSd IFRS vorliegt, wenn und soweit

a) die Gester Anspruch auf Auszahlung des Gewinns haben (IAS 32.17) oder

b) die Gester ihren Anteil an die Ges zurückgeben können und Anspruch auf Auszahlung eines Abfindungsguthabens haben, selbst wenn sich dieses nach dem Netto-Vermögen (buchmäßig oder tatsächlicher Wert) im Zeitpunkt der Rückgabe richtet (IAS 32.18b), es sei denn, die mit Wirkung für Gj, die am oder nach 1.1.2009 beginnen, verpflichtend anzuwendende Ausnahmevorschrift nach IAS 32.16 A-B wird erfüllt. Die Ausnahmevorschrift besagt, dass trotz der Abfindungsverpflichtung EK vorliegt, wenn i) das Instrument ansonsten einen Anteil am Residualvermögen darstellt, ii) das Instrument das im Insolvenzfall letztrangige Instrument ist, das die Ges ausgegeben hat, iii) alle Instrumente dieser letztrangigen Klasse die gleichen Eigenschaften haben und iv) weitere Kriterien erfüllt sind, die letzlich die oben genannten Kriterien gegen „Strukturierungen" absichern sollen.

Zu a: Die Halter der Ges-Anteile an einer OHG und die Komplementäre einer KG haben nach § 122 einen **Entnahmeanspruch** auf 4% ihres Kapitalanteils und auf den darüber hinausgehenden **Gewinnanteil**. Auch die Kommanditisten der KG haben nach § 169 grds einen Anspruch auf Auszahlung ihres Gewinnanteils. (Ähnlich verhält es sich nach § 19 GenG bei Genossenschaften.) Sehr häufig finden sich in den Ges-Verträgen auch vom Gesetz abw Regelungen, wonach zwar grds ein Ausschüttungsbeschluss für die Entnahme erforderlich ist, aber in Höhe der persönlichen Steuerbelastung der Gester, die durch den ihnen steuerrechtlich zuzurechnenden Ergebnisanteil entsteht, ein Entnahmerecht des Gesters besteht. Ob diese Entnahmerechte für die Qualifizierung der Gester-Einlagen als EK nach IFRS schädlich ist, ist umstritten. 166

§ 247 166 Jahresabschluß (Ansatzvorschriften)

Nach RIC 3.20 ff sollen diese Entnahmerechte für die Qualifizierung der Instrumente als EK nach IFRS unschädlich sein. Es wird die Auffassung vertreten, dass diese Entnahmerechte nicht zu einem individuellen Auszahlungsanspruch des jeweiligen Gesters führen, also die gesetzliche Regelung oder die entspr Bestimmung im GesVertrag nicht bereits an sich eine (wenn auch nur bedingte (IAS 32.25)) Auszahlungsverpflichtung der Ges begründen. Diese Auszahlungsverpflichtung entstehe erst mit dem Beschluss der GesV zur Feststellung des JA der Ges. Dieser Feststellungsbeschluss impliziere zugleich den Gewinnverwendungsbeschluss. Es steht den Gestern frei, in der GesV im Rahmen der Feststellung des JA eine vom Ges-Vertrag abw Thesaurierung des Jahresergebnisses zu bestimmen und damit die durch Gesetz oder Ges-Vertrag antizipierte Gewinnverwendung abzuändern. Nach dieser Sicht entsteht erst mit dem im Feststellungsbeschluss implizierten Ergebnisverteilungsbeschluss eine Schuld der Ges in Höhe des zur Entnahme durch die Gester verfügbaren Betrags.

Gegen diese Auffassung des RIC, dass die Entnahmerechte der Gester vor dem Feststellungsbeschluss keine (bedingten) individuellen Auszahlungsansprüche begründen, lässt sich anführen, dass jeder einzelne Gester verlangen kann, dass die GesV einen JA feststellt, der insb im Hinblick auf die Ergebnisthesaurierung Gesetz und GesVertrag entspricht und damit durchsetzen kann, dass die bedingte Auszahlungsverpflichtung der Ges rechtlich voll erstarkt. Ein im Hinblick auf die Ergebnisthesaurierung von Gesetz und Satzung abw JA kann nur mit Zustimmung aller betroffenen Gester festgestellt werden. Der Umstand, dass es der Zustimmung jedes einzelnen Gesters bedarf, wenn die Entnahmerechte ggü Gesetz oder GesVertrag vermindert werden sollen, macht das Entnahmerecht wirtschaftlich zu einem individuell durchsetzbaren Recht. In dieser Sicht sind die Entnahmerechte EK-schädlich (so schon 6. Aufl und so auch noch im Ergebnis der Entwurf zu RIC 3). Der gesetzliche Vorbehalt in § 122, dass eine Entnahme nicht erfolgen darf, wenn dies zum offenbaren Schaden der Ges gereichen würde, ändert daran nichts, denn dies schiebt die Zahlungsverpflichtung ggf nur auf, bis sich die Lage entspr verändert hat (vgl IAS 32.AG 25). In Höhe des Barwerts der künftigen erwarteten Gewinnansprüche bestünde für die OHG/KG eine Verbindlichkeit nach IFRS (vgl den vergleichbaren Fall der „nicht rückzahlbaren Schuld" in IAS 32.AG 6). Dies dürfte im Entstehungszeitpunkt der Höhe der Einlage des Gester entsprechen. Die Folgebewertung ist nicht explizit geregelt. Insb ist fraglich, wie zu verfahren wäre, wenn im Zeitablauf (bei erfolgreicher Geschäftsentwicklung) der Barwert der erwarteten Gewinnansprüche höher wäre, als die ursprüngliche Einlage. Wird in einem einzelnen Jahr eine von Gesetz oder GesVertrag abw Gewinnverwendung beschlossen (mehr thesauriert), würde sich die Schuld entspr vermindern.

Wenn der GesVertrag der Ges (explizit) regelt, dass eine von Gesetz oder GesVertrag abw Ergebnisverwendung durch Mehrheitsbeschluss herbeigeführt werden kann, entfällt das Argument des individuell durchsetzbaren Rechts auf Ausschüttung, das gegen die Auffassung des RIC spricht.

Man wird sich an der Entscheidung des RIC orientieren dürfen und auch bei bestehenden Entnahmerechten die Einlagen der Gester einer PersGes als EK behandeln (wenn ansonsten alle Bedingungen hierfür erfüllt sind). Vor dem Hintergrund der angesprochenen Auslegungsunsicherheiten, mag es aber für nach IFRS bilanzierende PersGes ratsam sein, die Ges-Verträge dahingehend zu gestalten, dass dort die Gewinnverwendung von einer Entscheidung der GesV abhängig gemacht wird, die mit Mehrheit getroffen wird, und im Ges-Vertrag keine davon unabhängigen Entnahmerechte einzuräumen. Um die Entnahmeinteressen der Gester zu wahren, kann zwischen den Gestern eine Vereinbarung getroffen werden, dass für den Fall, dass gegen den Willen eines Gesters weniger als eine definierte Größe im Rahmen der Gewinnverteilung zur Entnahme beschlossen wird, die anderen Gester verpflichtet sind, den widersprechenden Gestern einen entspr Vorschuss auf zukünftige Gewinnentnahmerechte zu gewähren. Ggf kann des Weiteren geregelt werden, dass dieser Vorschuss nur aus zukünftigen Gewinnentnahmerechten zu tilgen ist. Auf diese Weise würden die Interessen der Minderheits-Gester einerseits geschützt und andererseits wären die Ges als solche aus diesen Vereinbarungen nicht belastet.

Die Regelung zur EK-Schädlichkeit von Gewinnentnahmerechten wirft auch im Bereich der KapGes ungeklärte Fragen auf, etwa wenn eine Ges einem EAV unterworfen wird. Bei Abschluss des Vertrags müsste dann wohl aus dem EK ein Betrag in Höhe des Barwerts der während der Vertragslaufzeit erwarteten Gewinne in die Verbindlichkeiten umgebucht werden (zu Auswirkungen im KA des herrschenden Konzerns s § 307 Anm 95).

Zu b: Wenn die OHG oder KG auf unbestimmte Zeit abgeschlossen ist, hat **167** nach § 105 Abs 3 HGB iVm § 723 BGB jeder Gester das Recht, aus der Ges auszutreten (ordentliches **Kündigungsrecht**). Ihm steht dann nach § 738 BGB ein Auseinandersetzungsguthaben zu. Wenn der Ges-Vertrag dazu nichts Abweichendes bestimmt, entspricht dieses dem anteiligen Zeitwert des Ges-Vermögens. (Auch bei Genossenschaften besteht für die Genossen nach § 65 GenG ein Austrittsrecht. Das Auseinandersetzungsguthaben ist in § 73 GenG geregelt.) Aufgrund dieses Austrittsrechts wäre das Kapitalkonto der Gester der OHG oder KG nach IAS 32.18 (b) grds als Verbindlichkeit zu erfassen.

Durch die für Gj, die am oder nach dem 1.1.2009 beginnen, verpflichtend anzuwendende Ausnahmeregel nach IAS 32.16 A-B, werden Instrumente mit derartigen Kündigungsrechten unter bestimmten Voraussetzungen (insb Letztrangigkeit bei Liquidation, Gleichheit in (finanzieller) Ausstattung, überwiegende Abhängigkeit der Zahlungsströme aus dem Instrument vom Unt-Erfolg) als EK-Instrumente behandelt. Nach RIC 3 sind diese Voraussetzungen bei Ges-Anteilen an OHG und KG idR erfüllt. Es bedarf aber stets einer individuellen Prüfung und Überwachung im Zeitablauf (zur abw Behandlung des „non-controlling interest" an PersGes im KA s § 307 Anm 94).

Wenn die Bedingungen für einen Ausweis als EK bei OHG oder KG ausnahmsweise nicht erfüllt wären, ist zum Zeitpunkt der erstmaligen Erfassung der Verbindlichkeit diese mit ihrem fair value anzusetzen, der sich aus dem Barwert des maximalen Rückzahlungsbetrags zum erstmöglichen Austritts- bzw Rückzahlungstermin ergibt (IFRIC 2.10). Wie die Folgebewertung vorzunehmen wäre, insb wenn sich das Auseinandersetzungsguthaben nach dem *fair value* des Ges-Vermögens bemisst, ist bisher in IFRS nicht explizit geregelt. Es liegt aber nahe, dass auch bei der Folgebewertung der Barwert des möglichen Rückzahlungsbetrags maßgeblich ist (was im Grunde die ständige Ermittlung des eigenen Unt-Werts erfordern würde). Die Veränderungen dieser Schuld sind Aufwand bzw Ertrag (IAS 32.41). Sie sollten aber gesondert als letzte Posten der GuV vor dem Jahresergebnis und nach einer Zwischensumme für alle anderen GuV-Posten ausgewiesen werden. Diese Zwischensumme entspräche dann dem Ergebnis, das ausgewiesen würde, wenn die Kapitalkonten der Gester EK iSd IFRS wären. Dadurch wäre die Vergleichbarkeit mit IFRS-Abschlüssen von KapGes erleichtert. Bei einer erfolgreichen Ges, deren *fair value* deutlich über ihrem Nettobuchvermögen (ohne die Schulden aus den Gester-Einlagen) liegt, ergeben sich aufgrund der Zunahme der Schulden aus Gester-Einlagen entspr „negative *retained earnings*". Es wäre sinnvoll, die Schulden aus Gester-Einlagen und diese „*retained earnings*" in der Bilanz in einem Zusammenhang darzustellen, denn zusammen genommen entsprechen diese Posten betragsmäßig dem, was als EK gezeigt würde, wenn die Gester-Einlagen EK wären. Gleiches gilt für EK-Posten, die etwa aus der Währungsumrechnung, der Neubewertung von Anlagevermögen, der Neubewertung von *available for sale*-Wertpapieren oder aus *cash flow hedges* resultieren.

IV. Einlagen und Entnahmen

1. Einlagen

170   Im **Handelsrecht** sind die Einlagen begrifflich Beiträge der Gester iSv §§ 705, 706 BGB. Danach sind Einlagen gesrechtlich die von Gestern geleisteten Beiträge, insb soweit sie in Geld und Sachwerten bestehen (*Baumbach/Hopt*[35] § 109 Anm 6 mwN).

171   Die **Beiträge** der Gester können in einmaligen oder wiederholten Geld- oder Sachleistungen bestehen. Die Sachwerte können durch rechtswirksame Überlassung oder nur dem Gebrauch nach erbracht werden. Auch Dienstleistungen können als Beitrag eines Gesters angerechnet werden (§ 706 Abs 3 BGB). Diese Vorschrift gilt nach §§ 105 Abs 2, 161 Abs 2 auch für OHG und KG.

172   Als allgemeine Voraussetzung für die **Einlagefähigkeit** gelten bei PersGes und KapGes, dass der Gegenstand der Einlage übertragbar und bilanzierungsfähig sein muss. Die Voraussetzung der Bilanzierungsfähigkeit ist allerdings umstritten (s *Hüffer*[10] § 27 Anm 15 mwN). **Bareinlagen** sind gesetzliche Zahlungsmittel, Bargeld, Schecks. Gegenstand von **Sacheinlagen** können Sachen, Rechte, sonstige gesicherte Rechtspositionen sowie ein Handelsgeschäft als Ganzes oder ein Teilbetrieb sein. Einlagefähig sind somit zB Grundstücke und bewegliche Sachen, Sachgesamtheiten (zB Sammlungen), absolute Herrschaftsrechte, *wenn übertragbar* (zB beschränkt dingliche Rechte, Urheberrechte, Patente, Konzessionen), Mitgliedschaftsrechte, *wenn übertragbar* (zB Aktien, GmbH-Anteile, Anteile an einer PersGes). Auch Forderungen gegen Dritte (zB Geldforderungen, Bankguthaben, Forderungen auf andere Leistungen, gesicherte Rechte auf Überlassungen der Nutzung von Sachen und Rechten (vgl BGH 14.6.2004 ZIP, 1642, Forderungen auf künftige Leistungen), sonstige Vermögenswerte (zB nicht geschützte Fabrikationsgeheimnisse und Herstellungsverfahren, sog *know how; Auftragsbestände*) sind, wenn übertragbar, einlagefähig.

Bei **Dienstleistungen** ist die Einlage jedoch erst dann erbracht, wenn sie durchgeführt ist, also entspr Fremdaufwand erspart wurde (ebenso wie Bareinlagen erst nach Gutschrift durch ein Kreditinstitut vollzogen sind). S ausführlich in § 272 Anm 402 f.

173   In der **Steuerbilanz** werden als Einlagen alle WG (Bareinzahlungen und sonstige WG) bezeichnet, der der Stpfl dem Betrieb im Laufe des Wj zugeführt hat (§ 4 Abs 1 S 8 EStG). **Einlagefähig** sind alle WG (Geld, Waren, Sachanlagen, Patente, Forderungen, Grundstücke usw), die nicht notwendiges Privatvermögen sind. Einlagefähig sind auch gesicherte Nutzungs*rechte* und Leistungen (Näheres zu den Einlagen *Heinicke* in Schmidt[32] § 4 Anm 301, 303 ff). **Nicht einlagefähig** sind die eigene Dienstleistung des Betriebsinhabers, weil sie steuerrechtlich Gewinnbestandteil ist, sowie Nutzungs*vorteile*. Wird eine Verbindlichkeit des Betriebsvermögens aus privaten Geldmitteln getilgt, liegt eine Einlage des Unternehmers vor.

2. Entnahmen

174   Begrifflich sind Entnahmen jede Art einer Leistung (Vermögenszuwendung) von der Ges an die Gester, insb die Zahlung von Geldbeträgen oder von anderen geldwerten Leistungen (*Baumbach/Hopt*[35] § 122 Anm 1 mwN).

Für **OHG** ist das Gester-Entnahmerecht in § 122 Abs 1 wie folgt geregelt: **175**
a) Entnahme bis zum Betrag von 4 vH seines für das letzte Gj festgestellten Kapitalanteils (sog Verzinsung);
b) Entnahme des Anteils am Gewinn des letzten Gj abzgl Verzinsung des Kapitalanteils zu a), also Mehrbetrag des Gewinnanteils, soweit diese Entnahme „nicht zum offenbaren Schaden der Gesellschaft gereicht".
Diese jeweils *fakultative* Regelung in § 122 Abs 1 unterscheidet nicht, ob die Entnahme zu Lasten des Gewinnanteils oder des Kapitalanteils erfolgt. Die Entnahme zu a) bis zu 4 vH des Kapitalanteils darf auch bei niedrigerem Gewinnanteil oder bei einem Verlustanteil des letzten Gj vorgenommen werden (s dazu § 264c Anm 44). Es gibt kein Verbot der Kapitalrückzahlung wie bei AG und GmbH.

Nach § 169 Abs 1 findet § 122 auf den **Kommanditisten** keine Anwendung. **176** Es besteht zwar auch für eine KG kein Verbot der Rückzahlung des EK, allerdings lebt in diesem Fall ggf die persönliche Haftung wieder auf. Das **Entnahmerecht** des Kommanditisten beschränkt sich auf die Auszahlung des Gewinnanteils. Den ihm zustehenden Gewinnanteil darf der Kommanditist grds ganz entnehmen.

Im GesVertrag werden oft auch den Kommanditisten Entnahmerechte für **fällige Steuerzahlungen** aus ihrem Kommanditanteil eingeräumt. Hierdurch entstehen ggf Forderungen oder Minderungen von Verbindlichkeiten (aus gutgeschriebenen Gewinnanteilen oder ggf Zinsgutschriften, soweit sie die bedungenen Einlagen überschreiten; § 264c Anm 36).

Entnommen werden können außer Barmitteln auch **Sachwerte** (VG), **Nut-** **177** **zungen** (Privatwohnung auf Betriebsgelände, Privatgebrauch eines Betriebs-PKW) oder **Dienstleistungen**. Das geschieht generell **ohne Entgelt**. Allgemein gilt, was handels- oder steuerrechtlich eingelegt werden darf (Anm 172, 173), kann auch entnommen werden; ausführlicher *Heinicke* in Schmidt[32] § 4 Anm 301 ff.

Werden dagegen von Gestern **Arbeitsleistungen** zugunsten des Unt erbracht oder **Gegenstände** (insb Grundbesitz) **vermietet,** sind das auf Leistung und Gegenleistung gerichtete **entgeltliche Schuldverhältnisse;** die Entgelte sind Aufwand der PersGes – auch wenn sie steuerrechtlich als Teil der Ergebnisverwendung behandelt werden müssen.

Der vorstehend (Anm 176, 177) behandelte Entnahmebegriff ist abgestellt auf **178** sog **„berechtigte Entnahmen",** wie sie zB fakultativ für OHG in § 122 Abs 1 und für KG in § 169 umschrieben sind. Im Gegensatz dazu stehen die **unzulässigen Entnahmen**. Letztere sind Forderungen, stets zurückzuzahlen und bis zur Rückzahlung zu verzinsen (*Baumbach/Hopt*[35] § 122 Anm 6).

Nach § 172 Abs 5 ist der Kommanditist nicht zur Rückzahlung von bezoge- **179** nen Gewinnanteilen verpflichtet, wenn die Bilanz **in gutem Glauben** erstellt worden ist und der Kommanditist den Gewinn in gutem Glauben bezogen hat (BGH 12.7.1982 DB, 2076). Eine Bilanz ist dann gutgläubig erstellt worden, wenn die für die Bilanzaufstellung zuständigen Gester die Bilanz nicht unter vorsätzlicher Verletzung allgemein anerkannter Bilanzierungsgrundsätze aufstellen (BGH 27.9.1979 WM, 1330 und Anm 186). Die Haftung des Kommanditisten lebt jedoch wieder auf, wenn durch eine von den geschäftsführenden Gestern gefälschte Bilanz der Kapitalanteil unter den Betrag der Haftsumme durch Gewinnentnahmen gemindert wird (BGH 17.12.1982 DB, 2076; ausführlich *Baumbach/Hopt*[35] § 172 Anm 9 ff).

Für die **Steuerbilanz** sind Entnahmen alle WG (Barentnahmen, Waren, Er- **180** zeugnisse, Nutzungen und Leistungen), die der Stpfl dem Betrieb für sich, für seinen Haushalt oder andere betriebsfremde Zwecke im Laufe des Wj entnommen hat (§ 4 Abs 1 S 2 EStG). VG des notwendigen Betriebsvermögens dürfen nur insoweit entnommen werden, als sie wesensmäßig durch die Entnahme zu Privatvermögen werden können. Eine unentgeltliche Überlassung von Nutzungen an Dritte ist Entnahme der Nutzung. Zu den Entnahmen bei der Mitunternehmerschaft Anm 793 ff. Zu den Entnahmen generell *Heinicke* in Schmidt[32] § 4 Anm 301 ff und EStR 4.3 Abs 2 bis 4.

V. Bewertung von Einlagen und Entnahmen

190 **Sacheinlagen** der Gester in Form einzelner VG dürfen in der HB **höchstens mit dem Zeitwert** angesetzt werden. Eine **niedrigere Bewertung** von Sacheinlagen in der HB ist im Rahmen vernünftiger kfm Beurteilung zulässig, zumal im HGB Vorschriften zur Bewertung von Einlagen fehlen; jedoch könnte das strengere BGH-U zur Bilanzaufstellung und Gewinnverwendung sich auch hier auswirken und Festlegungen im GesVertrag erfordern (Anm 195). Aus DRS 4.13 (AK eines Unt entspricht dem Zeitwert der hingegebenen Anteile) ergibt sich, dass das DRS C wohl nur die Bewertung von Sacheinlagen zum Zeitwert für zutreffend erachtet. Ob sich diese Auffassung als GoB durchsetzen wird, ist zZ aber noch offen (dazu *Förschle/Kropp/Schellhorn* in Sonderbilanzen[4], D Anm 197 f).

Wird eine Sacheinlage unterbewertet, kommen die stillen Reserven auch den übrigen Gestern zugute. Soll dies vermieden werden, sollte die Bewertung zum Zeitwert erfolgen und ein Mehrbetrag über dem für die Sacheinlage einzuräumenden Kapitalkonto als Darlehen des Einbringenden erfasst werden.

Die Bewertung der **Entnahmen** in der **Handelsbilanz** bestimmt sich, soweit es sich um Sachentnahmen handelt, nach dem GesVertrag, zB bei Entnahme von Erzeugnissen für den Privatverbrauch eines Gesters.

191 Die Bewertung von einzelnen WG als **Sacheinlage** ist für die **Steuerbilanz** in § 6 Abs 1 Nr 5 EStG geregelt; hiernach sind Einlagen grds mit dem Teilwert für den Zeitpunkt der Zuführung anzusetzen, aber höchstens zu AK/HK des Inferenten, wenn das zugeführte WG innerhalb der letzten drei Jahre vor Zuführung angeschafft oder hergestellt worden ist; bei Einlage eines abnutzbaren WG sind die AK/HK um die Normal-Afa zu kürzen, die auf den Zeitraum seit Anschaffung oder Herstellung entfallen. Die Begrenzung auf die AK gilt auch für die Einlage von wesentlichen Beteiligungen iSv § 17 Abs 1 EStG generell, dh ohne den Dreijahreszeitraum (*Kulosa* in Schmidt[32] § 6 Anm 561 ff).

Entnahmen sind in der **Steuerbilanz** grds mit dem Teilwert (§ 6 Abs 1 Nr 4 EStG), bei Entnahmen zur unentgeltlichen Überlassung für bestimmte steuerbegünstigte Zwecke zu Buchwerten (§ 6 Abs 1 Nr 4 S 4 EStG) zu bewerten. Hinweise zur Gewinnrealisierung enthält auch EStR 4.3 Abs 2, 3.

Zur Entnahme aus einem anderen Betrieb eines Mitunternehmers und Einlage s Anm 792 ff. Die Einlage eines Betriebs, Teilbetriebs oder Anteils an einer Mitunternehmerschaft in eine PersGes als Einbringung nach § 24 UmwStG wird, insb für die Ergänzungsbilanz, in Anm 751 ff behandelt. Ausführlich zu weiteren Fällen der Buchwertfortführung *Klingberg* in Sonderbilanzen[4] K Anm 110 ff.

192 In § 6 Abs 3 bis 6 EStG sind weitere Bewertungsregeln enthalten, die sich auf das steuerrechtliche EK von PersGes oder auf die Sonderbilanzen der Mitunternehmer auswirken: Für **unentgeltliche Übertragungen** eines (Teil-)Betriebs oder Mitunternehmeranteils sind die Buchwerte fortzuführen, **§ 6 Abs 3** EStG. Bei unentgeltlicher Übertragung eines einzelnen WG ist dagegen dessen gemeiner Wert maßgebend und bildet zugleich die AK des Aufnehmenden, **§ 6 Abs 4** EStG.

Werden einzelne WG zwischen mehreren Betriebsvermögen eines Stpfl, zwischen seinem Betriebsvermögen und seinem Sonder-Betriebsvermögen oder zwischen mehreren Sonder-Betriebsvermögen eines Stpfl übertragen, sind zwingend die *Buchwerte* fortzuführen, sofern eine spätere Besteuerung der stillen Reserven sichergestellt ist, § **6 Abs 5** S 1, 2 EStG. Dies gilt auch, wenn das WG unentgeltlich oder gegen Gewährung oder Minderung von GesRechten aus dem Betriebsvermögen des Mitunternehmers in das Gesamthandsvermögen einer Mitunternehmerschaft übertragen wird und umgekehrt. Das Gleiche gilt, wenn einzelne WG aus dem Gesamthandsvermögen einer Mitunternehmerschaft in das Sonderbetriebsvermögen eines Mitunternehmers dieser Mitunternehmerschaft und umgekehrt übergehen oder wenn zwischen dem jeweiligen Sonderbetriebsvermögen mehrerer Mitunternehmer Übertragungen innerhalb einer Mitunternehmerschaft stattfinden (§ 6 Abs 5 S 3 EStG). In bestimmten Konstellationen gibt es wiederum Ausnahmen von diesen Regeln (§ 6 Abs 5 S 4–6 EStG). Beim *Tausch* einzelner WG bemessen sich die AK des erhaltenen WG nach dem gemeinen Wert des hingegebenen WG, § **6 Abs 6** S 1 EStG.

Verdeckt eingelegte WG sind zu Teilwerten anzusetzen, ggf erhöhen sich die AK einer Beteiligung entspr, § 6 Abs 6 S 2 und 3 EStG; ggf gilt die Begrenzung des Einlagewerts gem § 6 Abs 1 Nr 5a EStG auch hier. 193

VI. Rechte der Gesellschafter beim Jahresabschluss

Das BGH-U vom 29.3.1996 DStR 1996, 753, stellte folgende Grundsätze auf: 195
- Für die **Aufstellung** des JA sind allein die geschäftsführenden Gester zuständig. Sie haben die Bilanzierung nach HGB und GoB durchzuführen. Die anderen Gester (auch die Kommanditisten) dürfen prüfen (lassen), ob diese Grundsätze eingehalten sind.
- Bilanzierungsentscheidungen, welche die **Ergebnisverwendung** beeinflussen, müssen von allen Gestern (phG und Kommanditisten) gemeinschaftlich getroffen werden, sofern der GesVertrag dies nicht anders regelt. Bei diesen Entscheidungen sind die Ausschüttungsinteressen der Gester gegen die Bedürfnisse der Ges (Selbstfinanzierung, Zukunftssicherung) abzuwägen.
- Die **Bildung offener und stiller Reserven** wirken sich wie eine Entnahme-Sperre aus. Ein Recht der Kommanditisten auf Ausschüttungen mindestens in Höhe der von ihnen zu zahlenden **Ertragsteuern** kann der GesVertrag regeln.

Die in Vor § 325 Anm 155 erläuterte **Feststellung** des JA ist ein Vorgang, der 196 Einvernehmen zwischen allen Gestern (Komplementären und Kommanditisten) erfordert; abw Regeln im GesVertrag sind zulässig (BGH-U vom 15.1.2007 NJW 2007, 1685 idR durch eine allg Mehrheitsklausel gedeckt). Wurden im GesVertrag die Rechte der Kommanditisten einem Beirat übertragen, bedarf es einer Übereinstimmung zwischen allen Komplementären und der Beirats-Mehrheit. Notfalls müssen Gester auf Feststellung des JA klagen.

E. Schulden

Schrifttum: *Groh* Verbindlichkeitsrückstellungen und Verlustrückstellungen: Gemeinsamkeiten und Unterschiede, BB 1988, 27; *Lutter* Ausgabe von Genussrechten und Jahresabschluss, in FS Döllerer (1988), 383; *Gross/Fink* Besserungsscheine im Jahresabschluss der GmbH, BB 1991, 1379; *Ziebe* Rechtsnatur und Ausgestaltung von Genussrechten, DStR 1991, 1594; *Linscheidt* Die steuerliche Behandlung des Genussrechtskapitals der Kapitalgesellschaft, DB 1992, 1854; *Moxter* Zum Passivierungszeitpunkt von Umweltschutzrückstellungen, in FS Forster (1992), 433; *Emmerich/Naumann* Zur Behandlung von Genussrechten im Jahresabschluss von Kapitalgesellschaften, WPg 1994, 677; *Schweitzer/Volpert*

Behandlung von Genussrechten im Jahresabschluss von Industrieemittenten, BB 1994, 821; *Rautenberg/Scharfenberg* Die steuerliche Behandlung des Darlehenserlasses mit Besserungsvereinbarung, DB 1995, 1345; *Küting/Kessler/Harth* Genussrechtskapital in der Bilanzierungspraxis, BB 1996, Beilage 4; *Schulze-Osterloh* Rangrücktritt, Besserungsschein, eigenkapitalersetzende Darlehen, Wpg 1996, 97; *Wassermeyer* Aktuelle Rechtsprechung des I. Senats des BFH – Inhalt und Auswirkungen, WPg 2002, 10; *Wassermeyer* Aktuelle Rechtsprechung des I. Senats des BFH – Inhalt und Auswirkungen, WPg 2002, 10; *Kußmaul* Kapitalersatz: Der Rangrücktritt in der Krise? DB 2002, 2258; *Loitz/Schulze* Jahresabschlussprüfung bei Vorliegen von Patronats-/Rangrücktrittserklärungen DB 2004, 769; *Herma*, Passivierung bei Rangrücktritt: Widersprüchliche Anforderungen an Überschuldungsbilanz und Steuerbilanz BB 2005, 537; *Klein* Rangrücktrittsvereinbarungen – als Sanierungsinstrument ein Auslaufmodell? GmbHR 2005, 663; *Helm/Krinninger* Steuerrechtliche Folgen des Gesellschafterverzichts auf Forderungen gegenüber einer Kapitalgesellschaft DB 2005, 1989; *Neufang/Oettinger* Kapitalersatz und Steuerrecht: Ein Beratungsumfeld in der Quadratur des Kreises BB 2006; 294; *Westerburg/Schwenn* Rangrücktrittsvereinbarungen für Gesellschafterdarlehen bei der GmbH – Entwicklung zu mehr Rechtssicherheit? BB 2006, 501; *Berndt* Bilanzielle Behandlung von Rangrücktrittsvereinbarungen BB 2006; 2744; *Schmidt* Rangrücktritt bei Gesellschafterdarlehen: Problem gebannt? DB 2006, 2503; *Lang* Gelöste und ungelöste Probleme des Rangrücktritts DStZ 2006, 789; *Klusmeier* Richtige Formulierung des qualifizierten Rangrücktritts – aus steuerlicher Sicht ZInsO 2012, 965.

I. Der bilanzrechtliche Schuldbegriff

201 Im JA sind sämtliche Schulden anzusetzen (§ 246 Abs 1). Nach Abs 1 hat der Kfm seine Schulden in der Bilanz gesondert auszuweisen und hinreichend aufzugliedern. Der bilanzrechtliche Schuldbegriff ist im HGB nicht definiert. Er steht als Oberbegriff für **Verbindlichkeiten** sowie für **Rückstellungen** für ungewisse Verbindlichkeiten und für drohende Verluste aus schwebenden Geschäften. Verbindlichkeiten sind noch nicht erfüllte rechtlich bestehende Verpflichtungen, die bereits im abgelaufenen Gj wirtschaftlich verursacht sind. Verbindlichkeitsrückstellungen erfassen dem Grunde oder der Höhe nach ungewisse Verbindlichkeiten. Eine Rückstellung für drohende Verluste ist zu bilden, wenn bei einem schwebenden Vertrag ein Verpflichtungsüberschuss besteht (zur Unbeachtlichkeit der Rückstellung für drohende Verluste in der Steuerbilanz s § 249 Anm 51 ff). Schulden iSd Bilanzrechts sind durch folgende drei Merkmale gekennzeichnet:

(1) Leistungszwang ggü einem anderen, dem sich der Kfm nicht entziehen kann (Außenverpflichtung; Anm 202)

(2) wirtschaftliche Belastung am Abschlussstichtag (Anm 205)

(3) Wahrscheinlichkeit der Inanspruchnahme (Anm 207).

202 Ein **Leistungszwang** ggü einem anderen **(Außenverpflichtung)** kann rechtlich begründet sein oder in einem faktischen Zwang bestehen. Die **rechtliche Begründung** einer Verpflichtung kann sich aus Zivilrecht (gesetzliche oder rechtsgeschäftliche Schuldverhältnisse) oder aus öffentlichem Recht ergeben. Dingliche Lasten, die auf ein Dulden oder Unterlassen gerichtet sind (zB Grunddienstbarkeit, Nießbrauch, Erbbaurecht) sind idR als Verpflichtungen im Rahmen schwebender Geschäfte nicht passivierungsfähig. Im Falle dinglicher Rechte mit Sicherungscharakter ist die gesicherte Schuld (zB Darlehensschuld) zu passivieren, nicht zB die Hypotheken- oder Grundschuldlast (so auch *Weber-Grellet* in Schmidt[32] § 5 Anm 319, 550 „Dingliche Lasten" mwN).

203 Rechtlich begründete Außenverpflichtungen können auch dann zur Annahme einer bilanzrechtlichen Schuld führen, wenn sie am Bilanzstichtag noch nicht voll entstanden sind. Ist mit dem Be- oder Entstehen der rechtlichen Leistungspflicht ernsthaft zu rechnen, muss bei Vorliegen der übrigen Voraussetzungen (wirtschaftliche Verursachung, Wahrscheinlichkeit der Inanspruchnahme) eine Verbindlichkeitsrückstellung angesetzt werden (§ 249 Anm 24ff, 36).

Faktische Verpflichtungen sind nicht einklagbare Leistungsverpflichtungen, denen sich der Kfm aus tatsächlichen oder wirtschaftlichen Gründen nicht entziehen kann (BGH 28.1.1991, BB 507; ADS[6] § 246 Anm 119). Beispiele hierfür sind verjährte Verbindlichkeiten, die der Kfm trotz der Verjährung zu begleichen beabsichtigt (Anm 221), Verpflichtungen aus Verträgen, die zB wegen Verstoßes gegen die guten Sitten nichtig sind (§ 138 BGB) und die in § 249 Abs 1 S 2 Nr 2 besonders geregelten „Gewährleistungen, die ohne rechtliche Verpflichtung erbracht werden" (§ 249 Anm 112ff). Ob ein faktischer Leistungszwang so stark ist, dass der Kfm sich ihm nicht entziehen kann, ist unter objektiven Gesichtspunkten aus der Sicht eines ordentlichen Kfm zu beurteilen (§ 249 Anm 31). **204**

Eine **wirtschaftliche Belastung** ist stets gegeben, wenn die Verpflichtung bereits vor dem Stichtag *rechtlich* entstanden ist (zur Bedeutung des Zeitpunkts der rechtlichen Entstehung als Unterscheidungsmerkmal s *Wassermeyer* WPg 2002, 10). Zwischen Verbindlichkeiten und Rückstellungen ist dann wie folgt zu unterscheiden: **205**

– Es kann sich zum einen um Auszahlungsverpflichtungen handeln, die aus Aktivazugängen herrühren (zB Darlehensschuld, Lieferantenverbindlichkeit). In diesem Fall liegt unabhängig davon, ob die künftigen Auszahlungen *der Höhe nach* sicher sind, eine Verbindlichkeit vor. Dies gilt aber dann nicht, wenn bis zum Abschlussstichtag zwar ein Aktivazugang erfolgte, die Lieferantenrechnung bis zur Bilanzaufstellung jedoch nicht vorlag. In diesem Fall wäre nach HGB (im Unterschied zu IFRS) eine Rückstellung für ausstehende Eingangsrechnungen zu buchen (*Groh* BB 1988, 27; aA BFH 12.12.1990, BStBl II 1991, 480, wonach „Einlagen" von Bausparern, die bei Verzicht auf das Bauspardarlehen zurückzuzahlen sind, nicht als Verbindlichkeiten, sondern als Rückstellungen zu passivieren sind; OFD München 19.7.2000, WPg, 1132). Bei Unsicherheit über die Höhe der Verbindlichkeit ist zu schätzen (zur Bewertung s § 253 Anm 51 ff). Der Höhe nach unsichere Verbindlichkeiten stellen zB Leibrentenverpflichtungen aus Anschaffungsgeschäften und Darlehensschulden in Fremdwährung dar.
– Steht die Verpflichtung dagegen nicht iZm einem Aktivazugang, ist bei sicherer Höhe eine Verbindlichkeit, bei unsicherer Höhe eine Rückstellung zu bilden (§ 249 Anm 34).

Ist die Verpflichtung rechtlich noch nicht entstanden, liegt eine wirtschaftliche Belastung vor, wenn künftige Vermögensabgänge (insb Ausgaben) zu leisten sind, die nicht künftigen Erträgen zugerechnet werden können (wirtschaftliche Verursachung nach dem **Realisationsprinzip,** wenn künftigen Anforderungen bereits realisierte Erträge als Aufwand zugerechnet werden müssen; BGH 28.1.1991, BB, 508; BFH 25.8.1989, BStBl II, 893; BFH 28.6.1989, BStBl II 1990, 550; *Moxter* in FS Forster, 433). In diesem Fall liegt eine Verbindlichkeit vor, wenn die künftigen Aufwendungen dem Grunde und der Höhe nach sicher sind (zB antizipative Zinsabgrenzung, veranlagte Steuern), andernfalls eine **Rückstellung für ungewisse Verbindlichkeiten** (zB Garantieleistungen für Umsätze in der Vergangenheit; vgl auch BFH 28.6.1989, BStBl II 1990, 552).

Eine wirtschaftliche Belastung liegt auch vor, soweit im Rahmen schwebender Geschäfte die künftigen Aufwendungen die künftigen Erträge übersteigen. Für den Verpflichtungsüberschuss werden Rückstellungen für drohende Verluste aus schwebenden Geschäften gebildet (hierzu § 249 Anm 57f), die dem **Imparitätsprinzip** folgen (vgl *Moxter* in FS Forster, 435). Steuerrechtlich sind **Drohverlustrückstellungen** nicht zulässig (§ 5 Abs 4a EStG, s § 249 Anm 51). Im Übrigen werden Verpflichtungen im Rahmen schwebender Geschäfte nicht bilanziert, weil es an der wirtschaftlichen Belastung fehlt (s § 249 Anm 52 sowie Anm 55 zur Ausnahme bei Erfüllungsrückständen bzw Vorleistungen). **206**

§ 247 207–222 Jahresabschluß (Ansatzvorschriften)

207 Drittes Merkmal ist die **Wahrscheinlichkeit der Inanspruchnahme**. Bei einer sicher oder wahrscheinlich be- oder entstehenden Verpflichtung (Konkretisierung), die dem Gläubiger bekannt sein dürfte, ist davon auszugehen, dass der Gläubiger von seinen Rechten Gebrauch machen wird und die Gefahr der Inanspruchnahme damit gegeben ist. Ist jedoch auf Grund der konkreten Umstände des Einzelfalls ausnahmsweise mit einer Inanspruchnahme durch den Gläubiger mit an Sicherheit grenzender Wahrscheinlichkeit nicht mehr zu rechnen, so darf eine Verbindlichkeit bzw Rückstellung nicht angesetzt werden (zu Rückstellungen § 249 Anm 44).

II. Rückstellungen

211 Der Ansatz von Rückstellungen ist in § 249 geregelt; s dort.

III. Einzelfragen zu Verbindlichkeiten

1. Mit Rechtsmängeln behaftete Verbindlichkeiten

221 Zu unterscheiden ist zwischen Einreden, die die Verbindlichkeit zwar nicht rechtlich beseitigen, aber die Durchsetzbarkeit ausschließen, und Gestaltungsrechten, die auf das Bestehen der Verbindlichkeit einwirken.

Zeitlich befristete **Einreden** hindern den Ansatz der Verbindlichkeit nicht (zB § 273 BGB Zurückbehaltungsrecht; § 320 BGB Einrede des nichterfüllten Vertrags). Steht dem Schuldner eine **dauernde Einrede** zu, kann er die Erfüllung der Verbindlichkeit auf Dauer verweigern. Wichtigster Fall ist die Einrede der **Verjährung** (§ 214 Abs 1 BGB). Eine verjährte Verbindlichkeit muss ausgebucht werden, wenn der Kfm die Zahlung aufgrund der Verjährung verweigern will (BFH 2.2.1993, BStBl II, 543). Auf eine tatsächlich erhobene Einrede der Verjährung nach Geltendmachung der Forderung durch den Gläubiger kommt es nicht an. Jedoch ist nach *ADS*[6] § 246 Anm 112 die Ausbuchung unter Beachtung des Vorsichts- und Imparitätsprinzips im Einzelfall zu prüfen. Wurde die Einrede der Verjährung noch nicht erhoben, weil etwa der Gläubiger den Schuldner noch nicht in Anspruch genommen hat, muss die Verbindlichkeit jedoch unter dem Gesichtspunkt des faktischen Leistungszwangs weiterhin passiviert bleiben, wenn sich der Kfm der Leistungsverpflichtung aus wirtschaftlichen Gründen nicht entziehen kann *und* mit der Inanspruchnahme rechnen muss (s Anm 204). Das Gleiche gilt für nichtige Verbindlichkeiten.

222 Anders ist die Beurteilung bei der Ausübungsmöglichkeit von **Gestaltungsrechten,** die auf das Bestehen eines Rechtsverhältnisses erst durch Vornahme der gestaltenden Erklärung einwirken. Im Falle eines **Anfechtungsrechts** des Schuldners ist die Verbindlichkeit solange zu passivieren, bis die Anfechtung wirksam erklärt wird (*ADS*[6] § 246 Anm 115). Steht dem Schuldner ein **Minderungsrecht** zu, ist die Verbindlichkeit erst zu reduzieren, wenn das Minderungsrecht wirksam ausgeübt wurde.

Dass eine Verbindlichkeit **bestritten** wird, berechtigt so lange nicht zur Ausbuchung, bis der Streit entschieden ist. Der Ansatz einer Verbindlichkeit setzt aber voraus, dass vom Bestehen eines Rechtsverhältnisses ausgegangen werden kann (zB wenn die Verbindlichkeit auf Zahlung bei einer tatsächlichen Leistungsvereinbarung bestritten wird, falls der Auftragnehmer die geforderte Leistung nicht erbracht hat). Etwas anderes gilt nur bei offenkundig unbegründeten Ansprüchen, zB auf Bezahlung einer nicht bestellten Leistung. In diesen Fällen kann jedoch eine Rückstellung für ungewisse Verbindlichkeiten erforderlich sein, falls mit einer Inanspruchnahme gerechnet werden muss (insb nach Klageerhebung).

2. Bedingte Verbindlichkeiten

Verbindlichkeiten können unter einer aufschiebenden oder unter einer auflösenden Bedingung stehen. Bei aufschiebender Bedingung entsteht die Verpflichtung rechtlich erst mit dem Eintritt der Bedingung (§ 158 Abs 1 BGB), während bei einer auflösenden Bedingung die bis dahin rechtlich bestehende Verpflichtung mit dem Eintritt der Bedingung wegfällt (§ 158 Abs 2 BGB).

Aufschiebend bedingte Verbindlichkeiten sind als solche erst mit dem Eintritt der Bedingung zu passivieren (BFH 4.2.1999, BStBl II 2000, 139; ADS[6] § 246 Anm 121). Vor Eintritt der Bedingung ist eine Rückstellung für ungewisse Verbindlichkeiten zu bilden, wenn die künftigen Ausgaben wirtschaftlich in der Vergangenheit verursacht sind und der Eintritt der Bedingung hinreichend wahrscheinlich ist (dazu *Weber-Grellet* in Schmidt[32] § 5 Anm 314; zur wirtschaftlichen Verursachung vgl § 249 Anm 34 ff). Dies gilt zB für eine Bürgschaftsverpflichtung, wenn die Inanspruchnahme droht (§ 249 Anm 100 „Bürgschaft"). Den aufschiebend bedingten Verbindlichkeiten sind Verbindlichkeiten gleichzusetzen, die unter einer auflösenden Bedingung erlassen wurden (beide Varianten gibt es zB beim Forderungsverzicht mit Besserungsschein, vgl Anm 237).

In der **Steuerbilanz** darf jedoch nach § 5 Abs 2a EStG dann keine Rückstellung gebildet werden, wenn die künftigen Aufwendungen oder Erlösminderungen (vgl BFH 6.2.2013, DStR 2013, 1074) unter der Bedingung der Erzielung künftiger Erträge stehen. Die Passivierung erfolgt erst, wenn die Erträge angefallen sind; dann als Verbindlichkeit, wenn die Rückzahlungshöhe bekannt ist.

Auflösend bedingte Verbindlichkeiten erlöschen mit Eintritt der Bedingung (§ 158 Abs 2 BGB). Obwohl sie zivilrechtlich bis zum Bedingungseintritt bestehen, kommt es, solange die Bedingung noch nicht eingetreten ist, auf die **Wahrscheinlichkeit des Bedingungseintritts** an. Ist der Bedingungseintritt unwahrscheinlich, ist eine Verbindlichkeit anzusetzen. Falls jedoch mit dem Bedingungseintritt gerechnet werden muss, ist die Verbindlichkeit dem Grunde nach ungewiss. Es kommt dann eventuell die Bildung einer *Verbindlichkeitsrückstellung* in Frage. Hierfür ist wie im Falle einer aufschiebenden Bedingung die wirtschaftliche Verursachung der künftigen Ausgaben in der Vergangenheit und die Wahrscheinlichkeit des Eintritts der Bedingung entscheidend (BFH 11.4.1990, DB, 1642; wohl auch BFH 21.6.1990, BStBl II, 980 zur Rückzahlungsverpflichtung öffentlich-rechtlicher Zuschüsse; aA wohl HFA 1/1984 Bilanzierungsfragen bei Zuwendungen, dargestellt am Beispiel finanzieller Zuwendungen der öffentlichen Hand: Grds Passivierung einer Verbindlichkeit bei Knüpfung der Rückzahlungsverpflichtung an mit dem Zuschuss bezweckte künftige wirtschaftliche Erfolge des Zuwendungsempfängers; ADS[6] § 246 Anm 122, wollen auflösend bedingte Verbindlichkeiten unabhängig von der Wahrscheinlichkeit des Bedingungseintritts und von der wirtschaftlichen Verursachung der künftigen Ausgaben in der Vergangenheit als Verbindlichkeiten passivieren). Die Frage, welcher Grad der Wahrscheinlichkeit des Bedingungseintritts für die Rückstellungsbildung ausreicht, ist nach den Grundsätzen zum Konkretisierungserfordernis für ungewisse Verbindlichkeiten zu entscheiden (vgl § 249 Anm 33).

Der auflösend bedingten Verbindlichkeit steht der aufschiebend bedingte Forderungserlass gleich. Entgegengesetzt zu beurteilen ist der auflösend bedingte **Forderungserlass**. Nach dem Forderungserlass hat der Schuldner keine Verbindlichkeit anzusetzen. Mit Bedingungseintritt fällt nicht die Forderung, sondern der Erlass weg und die Verbindlichkeit lebt wieder auf. Der auflösend bedingte Forderungserlass ist daher wie eine aufschiebend bedingte Verbindlichkeit zu behandeln (Anm 224).

Zur Beschränkung in der **Steuerbilanz** nach § 5 Abs 2a EStG s Anm 224.

226 Bei **öffentlichen Zuwendungen** kommt es für die bilanzielle Behandlung nicht darauf an, ob ein aufschiebend bedingt rückzahlbarer Zuschuss oder ein auflösend bedingt rückzahlbares Darlehen gewährt wird (so auch *LS* Anmerkung zu BFH 11.4.1990, DStR, 485).

3. Genussrechtskapital

227 Genussrechte sind Gläubigerrechte schuldrechtlicher Art (vgl *Ziebe* DStR 1991, 1594). Sie gewähren keine Mitgliedschaftsrechte (Verwaltungsrechte), insb kein Stimmrecht (BGH 5.10.1992, DB, 2383), jedoch Vermögensrechte, die typischerweise Gestern zustehen, meistens eine Beteiligung am Gewinn und/oder am Liquidationserlös. Die Vermögensrechte können Gegenleistung für die Überlassung von Kapital oder für besondere Dienste (zB Erfindungen) sein (näheres bei *Claussen* in FS Werner, 81). Genussrechte sind nicht auf die AG beschränkt. Sie können auch von GmbH, KG, VVaG oder öffentlich-rechtlichen Personen wie zB Sparkassen ausgegeben werden (*Lutter* in FS Döllerer, 384). Genussrechte können verbrieft (Genussscheine) oder nicht verbrieft sein. Genussscheine können als Inhaber-, Order- oder Namenspapiere begeben werden. Die Vergütung ist idR ergebnisabhängig, es kann aber auch ganz oder zT eine feste Verzinsung vereinbart sein (*ADS*[6] § 246 Anm 87 mwN).

228 Bei Genussrechten, die als Gegenleistung für die **Überlassung von Kapital** gewährt werden, stellt sich die Frage, ob das Genussrechtskapital EK oder eine Verbindlichkeit darstellt (zur Bilanzierungspraxis s *Küting/Kessler/Harth* BB 1996, Beilage 4). Nach der Stellungnahme HFA 1/1994, WPg, 419 ff (dazu *Emmerich/Naumann* WPg 1994, 677) ist Genussrechtskapital nur dann bilanziell **Eigenkapital,** wenn folgende **Kriterien** kumulativ erfüllt sind:
(1) *Nachrangigkeit:* Ein Rückzahlungsanspruch des Genussrechtsinhabers kann im Insolvenz- oder Liquidationsfall erst nach Befriedigung aller anderen Gläubiger geltend gemacht werden.
(2) *Erfolgsabhängigkeit:* Die Vergütung für die Kapitalüberlassung ist erfolgsabhängig, dh sie muss unter der Bedingung stehen, dass sie nur aus EK-Bestandteilen geleistet werden darf, die nicht besonders gegen Ausschüttungen geschützt sind.
(3) *Verlustteilnahme:* Genussrechtskapital muss am Verlust bis zur vollen Höhe teilnehmen.
(4) *Längerfristigkeit:* Das Genussrechtskapital wird für einen längerfristigen Zeitraum überlassen, während dessen die Rückzahlung für beide Seiten ausgeschlossen ist.
Eine **Umqualifizierung** von EK in FK muss vorgenommen werden, wenn innerhalb des dem Stichtag folgenden Gj die Rückzahlung möglich ist (HFA 1/1994, Tz 2.1.1. c).

Das Genussrechtskapital ist immer dann EK, wenn der Genussrechtsinhaber im Wege des Forderungsverzichts nach § 397 BGB auf die Rückzahlung verzichtet. Nur wenn bei Ausgabe des Genussrechts kein Rückzahlungsanspruch besteht, und der Genussrechtsinhaber ausdrücklich einen ertragswirksamen Zuschuss leisten will, ist dieser **erfolgswirksam** zu vereinnahmen (HFA 1/1994, Tz 2.1.2).

Falls die Voraussetzungen für die Bilanzierung als EK bzw eine erfolgswirksame Erfassung nicht erfüllt sind, ist **Fremdkapital** zu bilanzieren.

Zum Ausweis des Genussrechtskapitals in der Bilanz der KapGes/KapCoGes vgl § 266 Anm 186 (wenn EK) und § 266 Anm 216 (wenn FK).

Ausschüttungen auf Genussrechte mindern unabhängig davon, ob das Genussrechtskapital EK- oder FK-Charakter hat, den Jahresüberschuss im Jahr der Gewinnerzielung (HFA 1/1994, WPg, 419 ff, Tz 2.2; aA *Schweitzer/Volpert* BB 1994, 826: Ausschüttung als Bestandteil der Gewinnverwendung, wenn EK).

Eine **Verlustbeteiligung** mindert das Genussrechtskapital, wenn eine Beteiligung am laufenden Verlust vereinbart wurde, und dabei das bilanzielle Ergebnis zugrundgelegt werden soll. Die Minderung ist Ertrag, wenn das Genussrechtskapital FK-Charakter hat. Bei Genussrechtskapital mit EK-Charakter ist eine Verlustbeteiligung in der GuV nach dem Jahresergebnis auszuweisen (HFA 1/1994, WPg, 419 ff, Tz 2.2.2b). Wurde vereinbart, dass künftige Überschüsse zur Wiederauffüllung des Genussrechtskapitals führen, so ist umgekehrt zu verfahren: Bei Genussrechtskapital mit EK-Charakter ist die Erhöhung des Genussrechtskapitals in der GuV nach dem Jahresergebnis auszuweisen, bei FK-Charakter mindert der Aufwand das Jahresergebnis.

Steuerrechtlich sind Ausschüttungen auf Genussrechte Betriebsausgaben. Sie mindern allerdings das Einkommen nicht, sofern mit den Genussrechten das Recht auf Beteiligung am Gewinn *und* am Liquidationserlös verbunden ist (§ 8 Abs 3 S 2 KStG). Die Abzugsfähigkeit ist danach gegeben, wenn eines der beiden Merkmale fehlt, insb wenn der Genussrechtsinhaber nur am Gewinn beteiligt ist (BFH 19.1.1994, BStBl II 1996, 77). Das Merkmal der Gewinnbeteiligung nach § 8 Abs 3 S 2 KStG muss mit dem Kriterium der Erfolgsabhängigkeit der Vergütung für die Annahme von bilanziellem EK (Anm 228) nicht vollständig übereinstimmen (aA OFD Rheinland v 14.11.2012 DStR 2012, 189). So schließt die Vereinbarung einer Mindestverzinsung zwar uU die Annahme von bilanziellem EK, nicht aber das steuerrechtliche Tatbestandsmerkmal der Gewinnbeteiligung aus (HFA 1/1994, WPg, 419 ff, Tz 2.1.1. b). Nach Auffassung der FinVerw ist eine Beteiligung am Liquidationserlös schon dann anzunehmen, wenn eine Rückzahlung des Genussrechtskapitals vor der Liquidation nicht verlangt werden oder der Rückzahlungsanspruch erst in ferner Zukunft geltend gemacht werden kann (BMF 8.12.1986, BB 1987, 667; kritisch zurecht BFH 19.1.1994, BStBl II 1996, 77; vgl auch *Linscheidt* DB 1992, 1854).

4. Kapitalersetzende Darlehen

Die Regeln über die Behandlung von kapitalersetzenden Darlehen sind im § 39 InsO geregelt. Anstelle des gesellschaftsrechtlichen Eigenkapitalersatzrechts gilt seither der insolvenzrechtliche Anfechtungstatbestand des § 135 InsO. In der Insolvenz werden gemäß § 39 Abs 1 Nr 5 InsO alle Gester-Darlehen – mit Ausnahme der durch das Sanierungsprivileg (§ 39 Abs 4 InsO, und das Kleinanlegerprivileg (§ 39 Abs 5 InsO) begünstigten Gester-Darlehen – unabhängig von ihrer vertraglichen Ausgestaltung und unabhängig vom Zeitpunkt der Hingabe als nachrangig klassifiziert. Ferner werden alle Zahlungen im Ein-Jahreszeitraum vor dem Insolvenzeröffnungsantrag) von der Insolvenzanfechtung des § 135 InsO erfasst.

Gester-Darlehen iSd InsO sind auch dann als Verbindlichkeiten zu bilanzieren, wenn eine Rückzahlung an den Gester nicht erfolgen darf und das Darlehen insolvenzrechtlich wie EK behandelt wird (*ADS*[6] § 246 Anm 93, 97; *WPH*[14] I, E Anm 444). Der Bestand der Verbindlichkeit wird durch die Wirkung des EK-Ersatzes nicht berührt. Zur Frage der Kenntlichmachung der Kapitalersatzfunktion im JA von KapGes/KapCoGes § 266 Anm 255.

Nach § 225a Abs 2 S 1 InsO kann im gestaltenden Teil des Insolvenzplans vorgesehen werden, dass Forderungen von Gläubigern in Anteils- oder Mitgliedschaftsrecht am Schuldner umgewandelt werden (gesetzlich verankerter debt to equity swap). Eine Umwandlung gegen den Willen der betroffenen Gläubiger ist ausgeschlossen. Eine derartig beschlossene Maßnahme berechtigt nicht zum Rücktritt oder der Kündigung von Verzträgen, an denen der Schuldner beteiligt. Sie führen auch nicht zu einer anderweitigen Beeindigung der Verträge (§ 225a Abs 4 InsO).

5. Verbindlichkeiten mit Rangrücktritt

232 Zur Beseitigung einer bestehenden bzw Abwendung einer drohenden Überschuldung können Gläubiger und Schuldner einen **Rangrücktritt** vereinbaren. Unter bestimmten Voraussetzungen können Rangrücktrittsvereinbarungen eine Überschuldung der Gesellschaft abwenden und diese vor der Insolvenz bewahren. Für seine Auswirkungen ist zu unterscheiden (Abgrenzung zum Forderungsverzicht, s Anm 237f; zur sog Patronatserklärung s § 251 Anm 41ff):

Der Rangrücktritt hat im Gegensatz zum Forderungsverzicht keinen Einfluss auf die Passivierungspflicht der Verbindlichkeit in **Handels- und Steuerbilanz** (BFH 30.3.1993, BStBl II, 502; *ADS*[6] § 246 Anm 128ff), da er lediglich zu einer veränderten Rangordnung innerhalb der Verbindlichkeiten führt. Zivilrechtlich handelt es sich um einen verfügenden Schuldänderungsvertrag (vgl *Schmidt*, GmbHR 1999, S 9). Der Schuldner erhält ein Leistungsverweigerungsrecht, die Schuld beleibt im Bestand und in der Höhe unberührt. Für die Steuerbilanz ist nach § 5 Abs 2a EStG zu unterscheiden (BFH 30.11.2011, BStBl II 2012, 332; BMF 8.9.2006, BStBl I, 497; zum Diskussionsstand siehe auch *Herma* BB 2005, 537; *Berndt* BB 2006, 2744; *Schmidt* BB 2006, 2503; *Lang* DStZ 2006, 789; *Neufang/Oettinger* BB 2006, 294):

– Bleibt die Verpflichtung bestehen, und es wird lediglich die Fälligkeit hinausgeschoben, greift § 5 Abs 2a EStG nicht,
– Wird vereinbart, dass die Verpflichtung nur aus künftigen Überschüssen zu zahlen ist, darf sie in der Steuerbilanz nicht passiviert werden. Einer solchen Vereinbarung steht zB bei einem Rangrücktritt mit Besserungsabrede das Fehlen der Bezugnahme auf die Möglichkeit der Tilgung aus sonstigem freien Vermögen gleich (BFH 30.11.2011, BStBl II 2012, 332).
– Bei einem qualifizierten Rangrücktritt, bei dem der Gläubiger erklärt, dass er bis zur Abwendung der Krise erst nach allen anderen Gläubigern und nur zugleich mit den Einlagerückgewährungsansprüchen der anderen Gläubiger befriedigt werden soll, liegen die Voraussetzungen des § 5a Abs 2a EStG nicht vor, weil eine Abhängigkeit zwischen Verbindlichkeit und Einnahmen oder Gewinnen nicht besteht, sondern die Begleichung der Verbindlichkeit zeitlich aufschiebend bedingt bis zur Abwendung der Krise verweigert werden kann (BMF 8.9.2006, BStBl I, 497; *Weber-Grellet* in Schmidt[32] § 5 Anm 315; BFH 30.11.2011, BStBl II 2012, 33).

Es gibt keine starren Regeln für die Formulierung eines Rangrücktritts, so dass eine für den konkreten Einzelfall passende Vereinbarung zu wählen ist. Ausgehend vom Zweck des Rangrücktritts (zumindest vorübergehende wenn nicht gar dauernde Beseitigung der Überschuldung) muss er enthalten:

– Bezeichnung einer bestimmten Forderung dem Grunde nach. Die Höhe der Forderung muss für die Wirksamkeit des Rangrücktritts nicht feststehen. Es kann auch für erst künftig anfallende Leistungen zurückgetreten werden (dies gilt auch für Dauerschuldverhältnisse, zB Rücktritt eines Geschäftsführers betr seine künftigen Ansprüche auf monatliche Pensionszahlung; in diesem Fall ist die Pensionsrückstellung im Überschuldungsstatus nicht zu berücksichtigen).
– Angabe des Zwecks, dh zur Beseitigung bzw Abwendung der Überschuldung.
– Rücktritt hinter alle anderen Forderungen, für die kein Rangrücktritt bzw Verzicht erklärt wurde, dergestalt, dass sie nur aus künftigen Jahresüberschüssen, ei-

nem Liquidationsüberschuss oder bei Vorhandensein anderen freien Vermögens gefordert werden darf (die Verpflichtung zur Erfüllung aus anderem freien Vermögen wird von BMF 8.9.2006, BStBl I 2006, 497 gefordert, um trotz § 5 Abs 2a EStG in der Steuerbilanz passivieren zu dürfen); FN IDW 1998, 568; *WPH*[14] I, F Anm 444. Eine Befristung allein mit dem Ziel, dass die Verbindlichkeit unabhängig von der künftigen wirtschaftlichen Lage erst zu einem späteren Zeitpunkt zu begleichen ist, ist lediglich als Stundung bzw Moratorium zu betrachten, ohne dass die Verbindlichkeit erlischt (*WPH*[13] II, L Anm 316).
- Nach § 39 Abs 1 Nr 5 InsO werden alle *eigenkapitalersetzende Darlehen* als Gester Darlehen als nachrangig klassifiziert. Ferner werden alle Zahlungen im Ein-Jahreszeitraum vor dem Insolvenzeröffnungsantrag von der Insolvenzanfechtung des § 135 InsO erfasst

Zu Formulierungsbeispielen betr den Mindestinhalt für Gester, stille Gester und Fremdgläubiger s Klein GmbHR 2005, 663; Kussmaul DB 2002, 2258; zu Formulierungen bei KonzernGes s *Loitz/Schulze* DB 2004, 769.

Darüber hinaus sind je nach Sachverhalt folgende Regelungen zweckmäßig:
- Erklärung der Unwiderruflichkeit.
- Rücktritt mit der ganzen Forderung, oder nur *soweit* zur Beseitigung der Überschuldung erforderlich. IdR wird jedoch die Auslegung der Erklärung ergeben, dass eine zurückgetretene Forderung zumindest teilweise zu tilgen ist, wenn hierfür die Möglichkeit besteht, falls bei vollständiger Zahlung wieder eine Überschuldung eintreten würde.
- Rücktritt auch mit den bereits entstandenen und/oder künftig anfallenden Zinsen und weiteren Nebenleistungen, wie zB bereits entstandenen Ansprüchen auf Gewährleistung bzw Schadensersatz, sowie Kosten.
- Rangfolge zwischen mehreren Gläubigern, die gleichzeitig zurücktreten oder früher zurückgetreten sind. EK-ersetzende Gesterdarlehen müssen jedoch stets den letzten Rang haben (s oben).

Meist ist eine Erklärung von wenigen Sätzen ausreichend. Bei längeren Erklärungen mit einer Vielzahl von Bedingungen und Sonderregelungen kann es zu Auslegungsschwierigkeiten kommen, die dem Zweck der Vereinbarung entgegenlaufen. Zur Abgrenzung zum Forderungsverzicht s Anm 238.

Schuldrechtlich hat ein Rangrücktritt zur Folge, dass der *Gläubiger* die Forderung solange nicht gelten machen kann, wie die vereinbarten Voraussetzungen nicht eingetreten sind. Da die Verbindlichkeit besteht und erfüllbar ist, darf der *Schuldner* gleichwohl erfüllen. Dies gilt grds auch, wenn die Überschuldung noch besteht bzw durch die Erfüllung wieder eintritt. Die Frage, ob der Gläubiger das zur Erfüllung vom Schuldner Hingegebene auch behalten darf, oder ob er eine Rückübertragungsverpflichtung hat, die dann vom Schuldner als Forderung zu aktivieren wäre, ist nach insolvenzrechtlichen Regeln bzw den Grundsätzen des Gläubigerschutzes zu beantworten (zB § 30 f GmbHG).

Zum Ausweis in der Bilanz von KapGes/KapCoGes vgl § 266 Anm 255.

6. Einlagen stiller Gesellschafter

Einlagen stiller Gester sind nur dann bilanzielles **Eigenkapital,** wenn folgende Kriterien kumulativ erfüllt sind (so auch *ADS*[6] § 246 Anm 90 ff):
(1) *Längerfristigkeit:* Der stille Gester und der Inhaber des Handelsgeschäfts können die Beteiligung längerfristig nicht kündigen.
(2) *Nachrangigkeit:* Ein Rückzahlungsanspruch des stillen Gesters kann im Liquidationsfall erst nach Befriedigung aller Gläubiger und im Insolvenzfall nicht als Insolvenzforderung geltend gemacht werden (dies setzt eine von § 236 abw vertragliche Regelung voraus).

(3) *Verlustteilnahme:* Die stille Einlage nimmt am Verlust bis zur Höhe einer Einlage teil.

Die stille Einlage muss auf Dauer überlassen sein. Wie im Falle von Genussrechtskapital (dazu Anm 228) ist dafür nicht erforderlich, dass eine Rückforderung *vor* Insolvenz- oder Liquidationsfall ausgeschlossen ist (so aber *Bordt* in HdJ Abt III/1 Anm 221, 228) Die **Umqualifizierung** von EK in FK bei Ablauf der Laufzeit bzw möglicher Kündigung durch den stillen Gester erfolgt wie bei Genussrechten (s Anm 228). Sofern die drei Kriterien nicht sämtlich erfüllt sind, liegt bilanzrechtlich eine **Verbindlichkeit** vor.

234   Falls EK vorliegt, ist die stille Beteiligung als Sonderposten innerhalb des EK auszuweisen (*ADS*[6] § 266 Anm 189: „Kapital des stillen Gester"). Wird die stille Einlage vom Gester einer KapGes geleistet, handelt es sich um eine andere Zuzahlung als Kapitalrücklage nach § 272 Abs 2 Nr 4 (*Hense* Die stille Gesellschaft im handelsrechtlichen Jahresabschluss, Düsseldorf 1990, 258, 261 f). Da die stille Beteiligung in diesem Fall nicht aus der Bilanz ersichtlich ist, muss bei KapGes/KapCoGes eine Anhangangabe erfolgen. Zum Ausweis als EK s auch § 266 Anm 187. Liegt FK vor, ist die stille Einlage unter den sonstigen Verbindlichkeiten oder in einem besonderen Posten innerhalb der Verbindlichkeiten auszuweisen.

7. Abgang von Verbindlichkeiten

235   Eine Verbindlichkeit ist auszubuchen, wenn sie erloschen ist. Verbindlichkeiten erlöschen durch **Erfüllung** (§ 362 BGB), **Aufrechnung** (aus Vertrag, Vereinbarung eines Kontokorrentverhältnisses, § 355, oder aus Gesetz, §§ 387–396 BGB), **Erlass** (§ 397 BGB), **Schuldumwandlung** (Novation) oder **befreiende Schuldübernahme** (§§ 414 ff BGB).

Die **Insolvenz** des Schuldners berührt nicht das Bestehen der Verbindlichkeit. Da der Gläubiger die Forderung auch nach Aufhebung eines Insolvenzverfahrens geltend machen kann, bleibt es bei einer wirtschaftlichen Belastung selbst dann, wenn der Schuldner im Falle einer Insolvenz nach Auflösung und Liquidation im HR gelöscht wird (OFD Münster BB 2006, 153). Erst das Erlöschen der Verpflichtung durch ein Insolvenzplan- bzw Restschuldbefreiungsverfahren führt zum Wegfall der Verbindlichkeit.

236   **Erlass** ist ein Vertrag zwischen Gläubiger und Schuldner, durch den der Gläubiger auf eine Forderung verzichtet. Der **Forderungsverzicht** führt beim Schuldner regelmäßig zu einem (ao) Ertrag. Verzichtet ein Gester auf eine Forderung, kommt stattdessen bei PersGes die Gutschrift auf einem Kapitalkonto bzw bei KapGes die Einstellung in die Kapitalrücklage in Frage, wenn die Leistung „in das EK" (§ 272 Abs 2 Nr 4) gewollt war (vgl hierzu § 272 Anm 195). Zur steuerrechtl Behandlung *Helm/Krinninger* DB 2005, 1989.

237   Der Forderungsverzicht zur Abwendung einer insolvenzrechtlichen Überschuldung wird häufig mit einem **Besserungsschein** verbunden. Die Besserungsklausel kann zum Inhalt haben, dass der Schuldner auf die erlassene Schuld Nachzahlungen zu leisten hat, soweit sich seine Vermögensverhältnisse bessern, insb aus künftigen Gewinnen oder aus einem Liquidationserlös. Der je nach Formulierung auflösend bedingte Schulderlass bzw unbedingte Erlass mit gleichzeitig vereinbartem aufschiebend bedingtem Wiederaufleben der Schuld führt zur Ausbuchung der Verbindlichkeit und damit zu einem (ao) Ertrag (*ADS*[6] § 246 Anm 150; *WPH*[13] II, L Anm 311). Bei Gester-Darlehen ist stattdessen auch die Einstellung in die Kapitalrücklage zulässig (§ 272 Anm 195); der Gester kann bei Verzicht eine entspr Verwendung vorgeben. Steuerrechtl liegt bei einem Gester-Darlehen für eine KapGes eine (verdeckte) Einlage vor, allerdings

nur in Höhe des werthaltigen Teils der Forderung des Gesters (BFH 9.6.1997, BStBl II 1998, 307; BMF 2.12.2003, WPg 2004, 168). Bei Eintritt des Besserungsfalls ist die Verbindlichkeit in der sich nach den Verhältnissen der Besserung ergebenden Höhe aufwandswirksam wieder einzubuchen. Die Verpflichtung aus dem Besserungsschein ist vor Eintritt der (aufschiebenden bzw auflösenden) Bedingung nicht anzusetzen. Ist Bedingung die Erzielung von Gewinnen, so ist die Schuld aus dem Besserungsschein erst dann und nur soweit wirtschaftlich verursacht, als Gewinne tatsächlich entstanden sind, und erst in den Jahren der Gewinnerzielung zu Lasten des Jahresüberschusses zu passivieren (hM, *ADS*[6] § 246 Anm 150 mwN; BMF 7.11.1990, DB 1991, 354; *Weber-Grellet* in Schmidt[32] § 5 Anm 314; *Gross/Fink* BB 1991, 1379 auch zu Hinweispflichten im JA; *Schulze-Osterloh* WPg 1996, 99 mwN; *Rautenberg/Scharfenberg* DB 1995, 1347; aA *Hüttemann* in HdJ Abt III/8 Anm 58). Für diesen Fall folgt aus § 5 Abs 2a EStG keine Abweichung für die Steuerbilanz, da auch handelsbilanziell nicht vorher passiviert werden darf (hierzu s Anm 224).

Ein Forderungsverzicht mit Besserungsschein ist bilanziell anders als ein „bloßer" **Rangrücktritt** zu behandeln (vgl Anm 232). Schwierigkeiten können sich aber bei der Auslegung einer Vereinbarung ergeben, welche Erklärung vorliegt (*Weber-Grellet* in Schmidt[32] § 5 Anm 550 „Gesellschafterfinanzierung"). Forderungsverzicht mit Besserungsschein und Rangrücktritt sind indes nur dann (aus der Sicht des Schuldners) wirtschaftlich gleichwertig, wenn das Wiederaufleben der Verbindlichkeit auf Grund des Besserungsscheins und die Pflicht zur Bedienung der Verbindlichkeit mit Rangrücktritt an dieselben Voraussetzungen geknüpft sind. In Rangrücktrittsvereinbarungen ist aber regelmäßig bestimmt, dass die Verbindlichkeit *auch aus weiterem,* dh sonstigen Schulden der Ges übersteigendem Vermögen zu bedienen ist (ein Rangrücktritt führt nicht zu einer bedingten Zahlungsverpflichtung und somit nicht zu einem steuerbilanziellen Passivierungsverbot nach § 5 Abs 2a EStG, s Anm 232). Besserungsklauseln haben dagegen meist zum Inhalt, dass die Verbindlichkeit nur aus künftigen Gewinnen oder aus einem Liquidationsüberschuss zu bedienen ist, so dass die beiden Fälle wirtschaftlich nicht gleichwertig sind (zum Unterschied zwischen Forderungsverzicht mit Besserungsschein und Rangrücktritt vgl auch *ADS*[6] § 246 Anm 146 f; *Groh* BB 1993, 1885; *Schulze-Osterloh* WPg 1996, 104).

Im Falle der **befreienden Schuldübernahme** erlischt das Schuldverhältnis erst, wenn die Voraussetzungen der Schuldübernahme erfüllt sind (Vertrag zwischen Neuschuldner und Gläubiger oder vom Gläubiger genehmigter Vertrag zwischen Alt- und Neuschuldner). Dann hat der Altschuldner die Verbindlichkeit auszubuchen. Beispiel: Verkauf eines Grundstücks mit Übernahme einer Hypothek durch den Käufer unter Anrechnung auf den Kaufpreis. Die **Schuldmitübernahme** (zB in Form des **Schuldbeitritts**) durch einen Dritten hat keine befreiende Wirkung. Die Verbindlichkeit bleibt bestehen (zur Vermerkpflicht beim Schuldmitübernehmer vgl § 251 Anm 30). Gleiches gilt, wenn dem Neuschuldner ein Regressanspruch ggü dem Altschuldner zusteht.

IV. Gliederung der Schulden

Einzelkaufleute und reine Personenhandelsgesellschaften haben nach Abs 1 die Schulden gesondert auszuweisen und hinreichend aufzugliedern. Die Mindest-Gliederung besteht darin, wie für kleine und KleinstKapGes vorgeschrieben, die Posten „Rückstellungen" und „Verbindlichkeiten" gesondert auszuweisen (vgl § 266 Abs 1 S 3 und 4). Je nach Größe des Unt und Bedeutung der verschiedenen Rückstellungen und Verbindlichkeiten kann nach dem

§ 247 241–352   Jahresabschluß (Ansatzvorschriften)

Grundsatz der Klarheit und Übersichtlichkeit eine weitere Aufgliederung geboten sein. Dies gilt insb für Pensionsrückstellungen, Steuerrückstellungen, für Verbindlichkeiten ggü Kreditinstituten, erhaltene Anzahlungen, Verbindlichkeiten aus Lfg und Leistungen und Wechselverbindlichkeiten (vgl auch ADS[6] § 247 Anm 50). Außerdem sollten Verbindlichkeiten, die insb wegen Verlustbeteiligung oder Nachrangigkeit funktional dem EK angenähert sind (wie zB Einlagen stiller Gester oder Verbindlichkeiten mit Rangrücktritt), gesondert ausgewiesen werden.

241   Bei reinen **Personenhandelsgesellschaften** sind Verbindlichkeiten ggü Gestern unter den Verbindlichkeiten gesondert auszuweisen oder durch Vermerk kenntlich zu machen, wenn sie wesentlich sind (IDW RS HFA 7 nF Tz 53).

Zur Gliederung von Rückstellungen und Verbindlichkeiten bei **Kapitalgesellschaften** und bei Ges, die wie KapGes bilanzieren s § 266 Anm 200 ff und Anm 210 ff.

Zu den **erhaltenen Anzahlungen** s § 253 Anm 95 und § 266 Anm 223.

F. Rechnungsabgrenzungsposten

310   S hierzu die Erl zu § 250.

G. Haftungsverhältnisse

320   Haftungsverhältnisse sind in § 247 nicht erwähnt. Sie sind unter der Bilanz zu vermerken (§ 251). Das darf in einem Gesamtbetrag geschehen. Wegen der ggf gebotenen Bilanzierung unter den Rückstellungen oder Verbindlichkeiten s auch Anm 224.

Anlagevermögen (Abs 2)

A. Grundsätzliches

I. Abgrenzung Anlagevermögen/Umlaufvermögen

350   Der Begriff des Anlagevermögens lässt sich nur aus der Gegenüberstellung der **Komplementärbegriffe Anlagevermögen** und **Umlaufvermögen** ableiten, die das gesamte Betriebsvermögen erfassen und keine weitere Vermögensart zwischen sich dulden (BFH 13.1.1972, BStBl II, 744).

351   Dabei kommt es auf die **Zweckbestimmung** an, mit der ein VG im Unt eingesetzt ist, wobei zum einen die **Eigenschaften** der Sache, zum anderen der **Wille des Kaufmanns** hinsichtlich der Art des Einsatzes ausschlaggebend sind (BFH 26.11.1974, BStBl II 1975, 352). Bestimmte Gegenstände (zB Warenbestände) sind auf Grund ihrer Eigenart unabhängig vom Zeitelement (hierzu Anm 353) stets Umlaufvermögen.

352   In den übrigen Fällen (zB Grundvermögen bei einem Grundstückshandels-Unt), in denen die Sache eine Verwendung als Anlagevermögen (zB als eigengenutztes Verwaltungsgebäude oder Renditeobjekt so *FG Hamburg* 21.12.1984, EFG 1985, 460) oder als Umlaufvermögen (Handelsbestand uU nach vorheriger

Bebauung) gestattet, entscheidet über die Zuordnung die **betriebliche Funktion** des VG, der er nach dem Willen des Kfm gewidmet ist (Anm 354). Die steuerrechtliche Rspr unterscheidet in diesem Fall auch für das Handelsrecht die Funktionen des Gebrauchs für VG des Anlagevermögens und des Verbrauchs für VG des Umlaufvermögens. Ein **Gebrauchsgut** liegt danach schon dann vor, wenn die Absicht mehrmaliger betrieblicher Verwendung besteht, ein **Verbrauchsgut** und damit ein VG des Umlaufvermögens, wenn er dem Betrieb nur für einen einmaligen Nutzungsvorgang (sofortiger Verkauf, Verbrauch) dienen soll (BFH 31.5.2001, BFH/NV, 1485, 1486). Allein Verschleiß oder Schwund stehen bei einem mehrmalig verwendeten VG der Beurteilung als Anlagevermögen nicht entgegen (zB bei Elektrolyten, hierzu BFH 11.4.1986, BStBl II, 551; BFH 31.1.1991, BStBl II, 627 zu Chlorbäderinhalten; OFD Berlin 10.11.1992, FR 1993, 249 zu Trägerfilmen und Druckplatten). Die Abgrenzung zwischen Anlage- und Umlaufvermögen bei **Werkzeugen** ist zweckmäßigerweise danach vorzunehmen, ob die Werkzeuge dem Betrieb zu mehrmaligem Einsatz zur Verfügung stehen (Anlagevermögen) oder sich während der Ausführung eines Auftrags verschleißen bzw auf Grund ihrer besonderen Beschaffenheit nur für einen einzigen Auftrag Verwendung finden können (Umlaufvermögen, Betriebsstoffe Anm 61). **Kundengebundene Werkzeuge,** die für mehrere Aufträge des Kunden verwendet werden sollen, sind Anlagevermögen (ADS^6 § 266 Anm 51). Zum Ausweis von Zuschüssen des Kunden s § 255 Anm 119. Werkzeuge, die auftragsgebunden zur Veräußerung an den Kunden bestimmt sind, sind Umlaufvermögen (ADS^6 § 266 aaO „fremde Werkzeuge"). **Ersatzteile** und **Reparaturmaterialien,** die nur zum Einbau in zum Anlagevermögen gehörige technische Anlagen und Maschinen vorgesehen sind, können, **Spezialreserveteile,** die nur bei bestimmten Anlagen oder Maschinen verwendbar sind, müssen zusammen mit diesen aktiviert werden (so ADS^6 § 266 Anm 50).

Der **Begriff „dauernd"** enthält ein Zeitelement, darf jedoch nicht als absoluter Zeitbegriff iSv „immer" oder „für alle Zeiten" verstanden werden (ADS^6 § 247 Anm 107); *Stobbe* in *HHR* § 6 Anm 253). Eine längere Verweildauer eines VG im Betriebsvermögen kann allerdings ein Hinweis auf das Vorliegen einer Daueranlage sein (BFH 5.2.1987, BStBl II, 448). Das trifft insb auf Finanzanlagen zu, die dem eigentlichen UntZweck häufig nur mittelbar dienen (dazu Anm 357). Da eine bestimmte Mindestverweildauer im Betriebsvermögen nicht vorausgesetzt wird (*Littmann* § 6 Anm 76), können auch VG mit kurzer Nutzungsdauer zum Anlagevermögen gehören (zB ein gebraucht erworbener Pkw).

„Dauernd dienen" umschreibt auch die betriebliche Funktion, dh die Art des Einsatzes eines zum Anlagevermögen gehörenden VG im Geschäftsbetrieb. Er muss in die Betriebsabläufe so eingegliedert sein, dass er auf Dauer – oder iSd steuerrechtlichen Definition (BFH 26.11.1974, BStBl II 1975, 352) – zur wiederholten betrieblichen Nutzung zur Verfügung steht. Oder in der Umkehr: Unterliegt der VG der Abnutzung im Betrieb, dient er dauernd dem Geschäftsbetrieb, wenn mit seiner Veräußerung erst zu rechnen ist, sobald er seine **betriebliche Zweckbestimmung** nicht mehr erfüllt. So sind VG eines *Vermietungsunternehmens* (Mietwagen, Telefonanlagen) entspr ihrer betrieblichen Zweckbestimmung Anlagevermögen. **Vorführwagen** eines *Kfz-Händlers,* die üblicherweise Kunden zu Testzwecken zur Verfügung gestellt werden, sind zwar auch in Verkaufsabsicht angeschafft, sie gehören aber dennoch zum Anlagevermögen, weil die Gebrauchsbestimmung dominiert (BFH 17.11.1981, BStBl II 1982, 344); anders, wenn der Händler LKW für die Bedürfnisse bestimmter Kunden herrichtet und diese nach kurzer Mietphase unter Anrechnung des Mietzinses an die Kunden verkauft (BFH 30.4.1998, BFH/NV, 1372). Das Gleiche gilt für **Musterhäuser** eines Fertighausherstellers (BFH 31.3.1977, BStBl II, 684) sowie für **Musterküchen** und **Musterelektrogeräte** eines Groß- und Einzelhändlers, solange sie zum Zweck der Werbung von Kunden aufgestellt und fest installiert sind (*FG München* 28.9.1979, EFG 1980, 142; zur Qualifizierung von **Ausstellungsmöbeln** eines Möbel*einzel*händlers als Umlaufvermögen vgl *FG Berlin* 11.5.1976, EFG 1977, 2).

Im Einzelfall entscheidet über die Zuordnung die Art des Unt (zB Grundstücks-, Maschinen-, Auto- und Beteiligungshandel) oder im Zweifel der Wille des Kfm. So ist ein Grundstück, das ein Kfm zB im Wege der Zwangsvollstreckung erworben hat, um seine hypothekarisch gesicherte Forderung zu retten, Umlaufvermögen, wenn er beabsichtigt, das Grundstück wieder zu verkaufen (vgl *FG Nds* 5.3.1992, EFG, 722 zu gewerblichem Grundstückshandel). Zum Anlagevermögen kann ein solches Grundstück nur gehören, wenn es mindestens die Funktion von Reservevermögen erfüllt oder als Vermögensanlage dient. Sofern ein Grundstück durch eine gewerbliche PersGes in Veräußerungsabsicht erworben wurde, gehört es auch dann zum Umlaufvermögen, wenn die bestehenden Mietverhältnisse (über einen längeren Zeitraum) fortgeführt werden (BFH 6.3.2007, NV 1128; ablehnend *Wohlgemuth* WPg 2008, 1168).

Die Einbindung eines VG in das Anlagevermögen setzt die **Nutzung im Betrieb** voraus. Sie liegt auch vor, wenn – wie bei den Finanzanlagen – das Geld im fremden Unt arbeitet, die Geldanlage als solche durch eine Rendite oder ggf nur als Sicherheit zum betrieblichen Erfolg beiträgt. Nutzung im Betrieb liegt vor, wenn der Arbeitgeber seinem Arbeitnehmer ein **Kfz** zur betrieblichen und privaten **Nutzung** überlässt (BFH 23.5.1986, BStBl II, 919). UE liegt auch dann noch Nutzung im Betrieb vor, wenn der Arbeitnehmer das Kfz ausschließlich privat nutzt, da die Nutzungsüberlassung als betriebliche Leistung des Arbeitgebers Arbeitslohn ersetzt (BFH 10.3.1989, BFH/NV, 805). Auch bei **Automaten** eines Automatenaufstellers liegt Nutzung im eigenen Betrieb vor, wenn der Aufsteller den unmittelbaren Besitz an den Automaten behält und damit die tatsächliche Gewalt über sie ausübt (BFH 23.5.1986, BStBl II, 918). Das gilt auch, wenn die betriebliche Nutzung durch Vermietung der Automaten erfolgt.

355 Gleiches gilt für den Ausweis von **Leasing-Gegenständen** beim **Leasing-Geber**. Da der Betriebszweck des Leasing-Gebers auf die Nutzungsüberlassung an VG gerichtet ist, liegt Nutzung im eigenen Betrieb vor. Das gilt sowohl für das langfristige *Finanzierungs-Leasing* (BFH 5.2.1987, BStBl II, 448; IDW WPg 1989, 369) als auch für das eher kurzfristige *Operating-Leasing,* bei dem ggf mehrere aufeinander folgende Leasingverträge mit uU verschiedenen Kunden abgeschlossen werden (BFH 9.4.1989, BStBl II, 481; *ADS*[6] § 247 Anm 125, *Hütten/Lorson* in HdR[5] § 247 Anm 52). Wird der VG wirtschaftlich dem **Leasingnehmer** zugerechnet und hat er ihn zu aktivieren, ist ebenfalls Anlagevermögen gegeben, da ein Verbrauch oder eine Verarbeitung des Leasinggegenstands auf Grund der mietvertragsähnlichen Vereinbarungen ausscheidet (*ADS*[6] aaO, *Hütten/Lorson* in HdR[5] aaO).

356 Die Definition des Anlagevermögens in Abs 2 („dauernd dem Geschäftsbetrieb zu dienen bestimmt") gilt auch für **Finanzanlagen**. Es kommt also ebenso wie bei Sachanlagen auf die Zweckbestimmung (Anm 351f), den Begriff „dauernd" (Anm 353) und den Begriff der (dauernden) Dienens (Anm 354f) an. Zur speziellen Definition für Bet bei KapGes/KapCoGes (§ 271 Abs 1) s dort Anm 8ff und für verbundene Unt (§ 271 Abs 2) dort Anm 33ff.

Die Zweckbestimmung und der Begriff des Dienens sind keine eindeutigen Abgrenzungskriterien, weil Forderungen und Wertpapiere auch im Umlaufvermögen „dazu bestimmt" sind, dem Geschäftsbetrieb (durch Erzielung von Erträgen) zu „dienen". Bei Finanzanlagen hat daher das Zeitelement, das „dauernde" Dienen, entscheidende Bedeutung (§ 271 Anm 16, 18ff).

Im HGB ist keine bestimmte Laufzeit für den Begriff der **Ausleihungen** vorgesehen. Dennoch kommt es für die Qualifizierung als Anlagevermögen wegen der Bedeutung des Zeitelements auf eine vereinbarte Mindestlaufzeit an. Dabei dürfte unbestritten sein, dass Ausleihungen mit einer vereinbarten Laufzeit von mindestens vier Jahren stets Anlagevermögen und mit einer vereinbarten Laufzeit von nicht mehr als einem Jahr stets Umlaufvermögen sind. Für Laufzeiten von mehr als einem und weniger als vier Jahren kann es mangels objektiver Kriterien nur auf die subjektive Absicht des Kfm ankommen, eine Ausleihung als Anlage- oder als Umlaufvermögen zu halten. Auch bei den **übrigen Finanzanlagen** (zB bei **Wertpapieren des Anlagevermögens**) ist für die Qualifikation als Anlagevermögen auf die Dauerhaftigkeit der Anlage abzustellen. Die genannten Fristen (bis zu einem Jahr: stets Umlaufvermögen, mehr als vier Jahre: stets Anlagevermögen) scheiden jedoch regelmäßig bei **Anteilen** als Abgrenzungskriterien aus (weil es mit der seltenen Ausnahme zeitlich befristeter Ges keine vereinbarten „Laufzeiten" gibt). Deshalb kann es hier nur auf die subjektive Absicht des Kfm ankommen (BFH 18.12.1986, BStBl II 1987, 446 zu stillen Bet, die idR 10 Jahre lang gehalten werden sollten: Anlagevermögen). Dabei ist an der einmal getroffenen Entscheidung des Kfm solange festzuhalten, bis eine Änderung des Ausweises durch neue, nachprüfbare Tatsachen begründet werden kann, weil andernfalls die unterschiedlichen Bewertungsregeln für Anlage- und Umlaufvermögen willkürlich angewendet werden könnten.

II. Wechsel der Vermögensart

Da sich § 247 auf den Inhalt der Bilanz bezieht, kommt es auch für den Ausweis als Anlage- oder Umlaufvermögen auf die **Verhältnisse am Bilanzstichtag** an (dazu *Bordewin* DStZ 1986, 84; *Tertel* DStR 1986, 116). Dabei müssen jedoch auch vor oder nach dem Bilanzstichtag liegende Umstände berücksichtigt werden. Dennoch ist es denkbar, dass ein VG zunächst als Umlaufvermögen und danach (auf Grund geänderter Zweckbestimmung) als Anlagevermögen ausgewiesen wird (und umgekehrt). Die Änderung der Zuordnung bedarf einer Begr im Anhang von KapGes/KapCoGes nur, wenn die Änderung zugleich eine Abweichung von Bilanzierungsmethoden darstellt und wesentlich ist (§ 284 Anm 143).

Eine **Umgliederung in das Anlagevermögen** liegt vor, wenn zB eine Maschine aus einem Warenbestand entnommen und für die eigene Produktion eingesetzt wird oder, wenn der Hersteller von im Regelfall zum umgehenden Verkauf bestimmten Gebrauchsgegenständen, diese durch Leasingverträge mit mehrjähriger Laufzeit vermietet (BFH 5.2.1987, BStBl II, 448 betr Transportfahrzeuge; auch *Strunz* StBP 1987, 183). Bei **Eigentumswohnungen** eines GrundstückshandelsUnt liegt im Zweifel ein Zugang zum Anlagevermögen vor, wenn diese – infolge der längerfristigen Bindung an diese Nutzungsart durch die Mieterschutzgesetzgebung – im Wege der Vermietung für den Geschäftsbetrieb genutzt werden. Kein Wechsel der Vermögensart liegt demggü vor, wenn diese vermieteten Eigentumswohnungen ggf unter Zusage einer Vermietungsgarantie weiterhin im Angebot des GrundstückshandelsUnt bleiben. **Ladenlokale** eines GrundstückshandelsUnt bleiben auch nach Vermietung in der Regel Umlaufvermögen, da sie üblicherweise erst nach Sicherstellung einer Vermietung marktgängig sind; ein Zugang zum Anlagevermögen kommt in diesen Fällen nur in Betracht, wenn wegen Dauernutzung durch Vermietung das Ladenlokal aus dem Angebot genommen wird. Unerheblich ist, ob sich die Verkaufsabsicht in absehbarer Zeit verwirklichen lässt, solange die Zweckwidmung zum Verkauf fortbesteht. Auch **An-**

zahlungen, die ursprünglich auf VG des Umlaufvermögens geleistet wurden, sind in das Anlagevermögen umzugliedern, sobald feststeht, dass die zu liefernden VG auf Dauer dem Geschäftsbetrieb dienen sollen.

361 Keine Umgliederung in das Umlaufvermögen ist erforderlich, solange ein VG noch tatsächlich betrieblich genutzt wird, auch wenn eine Veräußerung in naher Zukunft geplant oder zu erwarten ist. Auch nach der BFH-Rspr ändert ein WG des Anlagevermögens seine Zweckbestimmung nicht allein dadurch, dass es verkauft werden soll. Dementspr bedeutet eine zum Zwecke der Veräußerung vorgenommene **Parzellierung** unbebauter Grundstücke kein Wechsel der Vermögensart, wenn sich der Veräußerer auf eine bloße Verkaufstätigkeit beschränkt, ohne die Flächen selbst als Bauland aufzubereiten und zu erschließen oder hieran aktiv etwa durch Beantragung und Finanzierung eines Bebauungsplans mitwirkt. Letzteres führt zur Zweckänderung (Umlaufvermögen) schon vor der Veräußerung (BFH 31.5.2001, BFH/NV, 1485; 25.10.2001, BStBl II 2002, 289, jeweils zu § 6b EStG). Ebenso die FinVerw (EStR 6.1 S 7, 8). Auch sonst kann im Einzelfall der Wechsel eines VG vom Anlagevermögen zum Umlaufvermögen vorliegen, wenn die Zweckbestimmung „dauernd dem Betrieb dienen" durch Maßnahmen aufgegeben wird, die die anderweitige Verwendung eindeutig erkennen lassen (zB durch Zuführung zu einem Handelsbestand oder entspr Umwidmung). Auch mit der **Verschrottung** eines VG endet seine Zweckbestimmung als Anlagevermögen. Die **Stilllegung** einer Anlage allein begründet keinen Wechsel der Vermögensart, solange sie noch als Reservevermögen vorgehalten (gewartet und gepflegt) wird. Ist noch unentschieden, ob die stillgelegte Anlage später (ggf nach einem Umbau) wieder genutzt oder verschrottet werden soll, bestehen keine Bedenken, den Bilanzansatz als AnlageVG bis zum Abgang beizubehalten (ADS[6] § 247 Anm 120). Die zur Veräußerung bestimmten VG des Anlagevermögens eines **in Abwicklung befindlichen Unternehmens** werden zu Umlaufvermögen, wenn sie nach außen erkennbar zum Verkauf bereitgestellt werden (BFH 7.3.1985, BFH/NV 1986, 120); dazu die Bewertungs- und Abgrenzungsvorschriften in § 270 Abs 2 S 3 AktG, § 71 Abs 2 S 3 GmbHG. Zur Umwidmung von Finanzanlagen s Erl SächsSMF 20.8.1992, DStR, 1476.

III. Gliederung des Anlagevermögens

370 Abs 1 schreibt lediglich vor, dass das Anlagevermögen gesondert auszuweisen und hinreichend aufzugliedern ist. Die „hinreichende Aufgliederung" *kann* sich für nicht dem PublG und Formblattvorschriften unterliegende Ekfl und reine PersGes aus den Gliederungsvorschriften für kleine KapGes/KapCoGes ergeben (§§ 266 Abs 1, 267 Abs 1). Danach ist es grds zulässig und geboten, das Anlagevermögen wie folgt zu gliedern:
  I. Immaterielle Vermögensgegenstände
  II. Sachanlagen
  III. Finanzanlagen
Eine solche Mindestgliederung genügt jedoch dem Gebot der hinreichenden Gliederung nicht, wenn dadurch im Einzelfall der Grundsatz der Klarheit und Übersichtlichkeit (§ 243 Abs 2) verletzt wird. In solchen Fällen erscheint etwa folgende **Mindestgliederung** geboten:
  I. Immaterielle VG
    1. Selbst geschaffene immaterielle VG
    2. GFW
    3. sonstige entgeltlich erworbene immaterielle VG

II. Sachanlagen
  1. Grundstücke und Gebäude (ggf einschl Anzahlungen und im Bau befindliche Gebäude)
  2. Maschinen, Anlagen, Betriebs- und Geschäftsausstattung (ggf einschl Anzahlungen und im Bau befindliche Anlagen)
  3. geleistete Anzahlungen und Anlagen im Bau – wenn von besonderem Gewicht
III. Finanzanlagen
  1. Anteile an verbundenen Unt und BetGes
  2. Wertpapiere des Anlagevermögens
  3. sonstige Finanzanlagen

B. Immaterielle Vermögensgegenstände

Zu den immateriellen VG des Anlagevermögens gehören alle unkörperlichen Werte, die nicht zu den Sachanlagen oder Finanzanlagen zählen oder VG des Umlaufvermögens sind. Soweit bestimmte Rechte oder Werte sich auf Sachlagevermögen beziehen (zB **Erbbaurecht, Mieterein- und -umbauten, wirtschaftliches Eigentum** an Sachen), sind diese unter den Sachanlagen auszuweisen (*ADS*[6] § 266 Anm 27).

I. Selbst geschaffene gewerbliche Schutzrechte und ähnliche Rechte und Werte

Schrifttum: *AK Schmalenbach* „Immaterielle Werte im Rechnungswesen" Kategorisierung und bilanzielle Erfassung immaterieller Werte, DB 2001, 989; *ders.* Leitlinien zur Bilanzierung selbst geschaffener immaterieller Vermögensgegenstände des Anlagevermögens nach dem Regierungsentwurf des BilMoG, DB 2008, 1813; *Küting/Pfirmann/Ellmann* Die Bilanzierung von selbst erstellten immateriellen Vermögensgegenständen nach dem RegE des BilMoG, KOR 2008, 689; *Theile* Immateriellen Vermögensgegenständen nach RegE BilMoG – Akzentverschiebung beim Begriff des Vermögensgegenstands?, WPg 2008, 1064; *Moxter* IFRS als Auslegungshilfe für handelsrechtliche GoB? WPg 2009, 7; *Kreher/Sailer/Rothenburger/Spang* Ausgewählte Anwendungsfragen zu aktienbasierten Mitarbeitervergütungen, selbst geschaffenen immateriellen Vermögensgegenständen und der Bilanzierung von sonstigen Rückstellungen DB 2009 Beilage 5, 99; *Laubach/Kraus/Bornhofen* Die Bilanzierung selbst geschaffener immaterieller Vermögensgegenstände, DB 2009 Beilage 5, 19.

1. Aktivierungswahlrecht

Für selbst geschaffene immaterielle VG des Anlagevermögens besteht grds ein Aktivierungswahlrecht (§ 248 Abs 2 S 1). Lediglich für selbst geschaffene Marken, Drucktitel, Verlagsrechte, Kundenlisten oder vergleichbare immaterielle VG des Anlagevermögens gilt ein Aktivierungsverbot (§ 248 Abs 2 S 2). Steuerrechtlich gilt gem § 5 Abs 2 EStG ein generelles Aktivierungsverbot für selbst geschaffene immaterielle VG des Anlagevermögens.

Nach § 255 Abs 2a dürfen nur die in der Entwicklungsphase anfallenden HK aktiviert werden. Für Forschungskosten besteht ein Aktivierungsverbot (§ 255 Abs 2 S 4). Können FuE-Phase nicht verlässlich voneinander getrennt werden, ist eine Aktivierung ausgeschlossen; s § 255 Anm 483 zur Abgrenzung zwischen FuE.

Der Ausweis der selbst geschaffenen immateriellen VG des Anlagevermögens erfolgt unter einem gesonderten Bilanzposten (§ 266 Abs 2 A.I. Nr 1).

Die Ausübung des Aktivierungswahlrechts ist für KapGes mit einer Ausschüttungssperre verbunden; s § 268 Anm 140ff.

2. Voraussetzungen der Aktivierung

376 Die Ausübung des Aktivierungswahlrechts setzt voraus, dass das zu aktivierende Gut als **VG im handelsbilanziellen Sinn** klassifiziert werden kann (RegE BilMoG 50). Das Gesetz definiert den Begriff nicht explizit. In der Gesetzesbegr wird jedoch darauf verwiesen, dass die bisherigen GoB beibehalten werden sollen und durch die mit der Aktivierung selbst geschaffener immaterieller VG des Anlagevermögens verbundene Ausschüttungssperre keine Änderung des handelsrechtlichen VG-Begriffs verbunden ist.

377 Nach der Begr zum RegE wird als entscheidendes Merkmal eines VG dessen **selbständige Verwertbarkeit** nach der allgemeinen Verkehrsauffassung genannt. Dies entspricht der wohl bislang hM in der Literatur (zB ADS^6 § 246 Anm 15; s auch Anm 13), die neben einem wirtschaftlichen Nutzen für das Unt (Pfeifer StuW 1984) als weitere Aktivierungsvoraussetzung die selbständige Verkehrsfähigkeit dieser Werte iSe Einzelveräußerbarkeit oder -verwertbarkeit (ADS^6 aaO Anm 18–20 mwN) fordert. Dieses Kriterium wird als erfüllt betrachtet, wenn ein Gegenstand, zumindest dem Wesen nach, außerhalb des Unt monetär verwertet werden kann (*AK Schmalenbach* DB 2001, 991). Die Einzelverwertbarkeit geht dabei über die Einzelveräußerbarkeit hinaus, indem auch die Verarbeitung, der Verbrauch oder die Nutzungsüberlassung als hinreichende Kriterien angesehen werden (ADS^6 § 246 Anm 28).

378 Als weiteres Kriterium zur Beurteilung der VG wird die **selbständige Bewertbarkeit** von Gütern genannt. Auf dieses Merkmal stellen bisher die steuerrechtliche Rspr und Teile des Schrifttums in Abgrenzung zu unselbstständigen geschäftswertbildenden Faktoren ab (zB BFH 19.8.1989, BStBl II 1990, 15 betr die Güterkraftverkehrskonzession als eine nach der Verkehrsanschauung selbstständig bewertbare und ggü dem GFW abgrenzbare „greifbare Einzelheit"; vgl auch Anm 13). Auch in der Gesetzesbegr zum RegE BilMoG wird als Begr für die eingeschränkte Aufrechterhaltung des Aktivierungsverbots für selbstgeschaffene Marken, Drucktitel, Verlagsrechte, Kundenlisten oder vergleichbare immaterieller VG die fehlende selbständige Bewertbarkeit dieser Güter genannt.

379 Fraglich ist, ob die **Kriterien des IAS 38** als Konkretisierung der handelsrechtlichen Ansatzkriterien angesehen werden können (zustimmend *Theile* WPg 2008, 1069; ablehnend *Moxter* WPg 2009, 9). In der Gesetzesbegr wird klargestellt, dass der handelsrechtliche VGBegriff von der Definition eines *assets* abweiche. Trotz der fehlenden Übereinstimmung beider Konzepte, erscheint es in der Praxis unwahrscheinlich, dass Unterschiede zwischen HGB und IFRS im Ansatz von immateriellen Werten bestehen können (*AK Schmalenbach* DB 2008, 1815). Ermessensspielräume verbleiben sowohl nach HGB als auch bei IFRS bei wirtschaftlichen Werten, die nicht durch Rechte konkretisiert, aber dennoch selbständig verwertbar sind (zB ungeschützte Erfindungen und selbst erstellte Software; *AK Schmalenbach* DB 2008, 1816).

3. Aktivierungszeitpunkt

380 Der Aktivierungszeitpunkt ist nicht explizit geregelt. Nach dem Gesetzeswortlaut (§ 255 Abs 2a S 1) sind die bei der Entwicklung eines selbst geschaffenen immateriellen VG des Anlagevermögens angefallenen Aufwendungen zu aktivieren. Der Aktivierungszeitpunkt würde dementspr auf den Beginn der Entwicklungphase entfallen. Nach der Gesetzesbegr zum RegE setzt die Aktivierung jedoch voraus, dass mit hinreichender Wahrscheinlichkeit von der Entstehung eines VG ausgegangen werden kann. Die Aktivierung erfolgt somit nicht zwangsläufig bereits mit dem Beginn der Entwicklungsphase und auch nicht erst zu dem Zeitpunkt in dem der VG entstanden ist, sondern bereits wenn anhand einer zukunfts-

orientierten Beurteilung die VGEigenschaft bejaht werden kann (*Küting/Pfirmann/Ellmann* KoR 2008, 692; *Laubach/Kraus/Bornhofen* DB 2009 Beilage 5, 22).

Vor diesem Hintergrund ist der Aktivierungszeitpunkt branchenspezifisch und unternehmensindividuell zu beurteilen. Für den Bilanzierenden ergibt sich daraus die Anforderung, seine (subjektive) Beurteilung des Zeitpunktes, zu dem mit hinreichender Sicherheit von einem VG ausgegangen werden kann, zu begründen und zu dokumentieren (*Kütting/Pfirmann/Ellmann* KoR 2008, 692). Das Gesetz enthält keine Kriterien, die für die Beurteilung der Aktivierung heranzuziehen sind. Der im RefE BilMoG noch enthaltene Verweis auf die Ansatzkriterien des IAS 38.57 wurde im RegE BilMoG gestrichen. Gleichwohl kann daraus nicht gefolgert werden, dass ein Rückgriff auf IAS 38.57 unzulässig wäre (*AK Schmalenbach* DB 2008, 1817; *Laubach/Kraus/Bornhofen* DB 2009 Beilage 5, 22; *Theile* WPg 2008, 1069).

Im Schrifttum wird zudem die Notwendigkeit konkretisierender Regelungen für die objektive Nachprüfbarkeit der Aktivierungsfähigkeit betont (zB *Kütting/Pfirmann/Ellmann* KoR 2008, 692). Neben den Ansatzkriterien des IAS 38.57 hat der AK Schmalenbach projektbezogene Objektivierungskriterien definiert, die zur Beurteilung der Aktivierungsfähigkeit herangezogen werden können (*AK Schmalenbach* DB 2001, 992 f; vgl auch *Kreher/Sailer/Rothenburger/Spang* DB 2009 Beilage 5, 105 f zu den Anforderungen eines Sollprozesses für die Entwicklung von selbst erstellter Software):

Ansatzkriterien IAS 38.57	Projektbezogene Anforderungen des AK Schmalenbach „Immaterielle Werte im Rechnungswesen"
• Technische Realisierbarkeit der Fertigstellung • Absicht, den immateriellen Vermögenswert fertig zu stellen, zu nutzen oder zu verkaufen • Fähigkeit, den immateriellen Vermögenswert zu nutzen oder zu verkaufen • Art des künftigen wirtschaftlichen Nutzens aus dem Vermögenswert • Verfügbarkeit adäquater Ressourcen zur Fertigstellung der Entwicklung und zur Nutzung • Zuverlässige Erfassung der zurechenbaren Kosten während der Entwicklung	• Projekt ist initiiert worden (Geschäftsführungsbeschluss; Budgetfreigabe) • Projektabgrenzung und -beschreibung sind möglich (Präzise Abgrenzung; Zurechenbarkeit der Ausgaben) • Möglicher Projektnutzen ist darstellbar (Nutzen iSd selbstständigen Verwertbarkeit) • Aktive weitere Projektverfolgung ist sichergestellt

II. Entgeltlich erworbene Konzessionen, gewerbliche Schutzrechte und ähnliche Rechte und Werte sowie Lizenzen an solchen Rechten und Werten

Schrifttum: *Meyer-Scharenberg* Tatbestand und Rechtsfolgen der Nutzungsüberlassung, StuW 1987, 103; *Knepper* Software in der Handels- und Steuerbilanz, FS Döllerer 1988, 299; *Voss* Steuerbilanzielle Behandlung von PC-Software, FR 1989, 358; HFA 1/1992 Zur bilanziellen Behandlung von Güterfernverkehrskonzessionen, WPg 1992, 609; *Barth/Kneisel* Entgeltlich erworbene Warenzeichen in der Handels- und Steuerbilanz, WPg 1997, 473; *Hommel* Bilanzierung immaterieller Anlagewerte, Stuttgart 1998; *Niemann* Immaterielle Wirtschaftsgüter im Handels- und Steuerrecht, Bielefeld 1999; *Schick/Nolte* Bilanzierung von Internetauftritten nach Handels- und Steuerrecht, DB 2002, 541; *Peter* Zwischen Standard- und Individualsoftware: Bilanzielle Behandlung von ERP-Programmen, DB 2003, 1341; *Klein/Völker-Lehmkuhl* Die Bilanzierung von Emissionsrechten nach den deutschen Grundsätzen ordnungsgemäßer Bilanzierung, DB 2004, 332;

§ 247 383–387   Jahresabschluß (Ansatzvorschriften)

Standards: IDW RS HFA 11 (Stand 23.6.2010): Bilanzierung entgeltlich erworbener Software beim Anwender; IDW RS HFA 15 (Stand 1.3.2006): Bilanzierung von Emissionsberechtigungen nach HGB. S auch das Schrifttum vor Anm 400.

1. Begriffsbestimmung und Beispiele

383 Zu den Konzessionen, gewerblichen Schutzrechten und ähnlichen Rechten und Werten sowie Lizenzen an solchen Rechten und Werten gehören **Rechte** (zB Patente, Gebrauchsmuster, Warenzeichen, Marken, Urheberrechte, Leistungsschutzrechte), **Rechtspositionen** (zB Nutzungsberechtigungen an Sachen und Rechten auf Grund schuldrechtlichen Vertrags, Belieferungsrechte, Vertriebsrechte, durch langfristige Verträge abgesicherte Geschäftsbeziehungen, Wettbewerbsverbote, Gewerbeberechtigungen, Konzessionen, Kontingente, Quoten) und **rein wirtschaftliche Werte** (zB ungeschützte Erfindungen, Rezepte, Know-how, EDV-Software, Archive, Film- und Tonaufzeichnungen). Zu zahlreichen Beispielen aus der BFH-Rspr s *Weber-Grellet* in Schmidt[32] § 5 Anm 172.

384 Bei VG, deren unkörperliche Substanz **mit einem körperlichen Gut verknüpft** ist (zB Bild- und Tonträger, EDV-Datenträger), kommt es für die Einordnung als immaterieller Wert oder als Sache auf den Schwerpunkt bzw das überwiegende Element des VG an. Die Zuordnung zu den immateriellen VG ist vorzunehmen, wenn im Rahmen des Nutzungs- und Funktionszusammenhangs im Unt das Interesse an der unkörperlichen Substanz, dh die Übertragung von Nutzungsrechten (§ 34 UrheberrechtsG) bzw die Rechteübertragung (§ 94 UrheberrechtsG) im Vordergrund steht und sich die Überlassung des Werk- und Vervielfältigungsstücks nur als das körperliche Substrat der Rechteüberlassung darstellt (zB Spielfilme BFH 14.6.1985, BFH/NV, 58); Werbefilme (*FG Hamburg* 4.12.1989, EFG 1990, 463 rkr); Tonträger (BFH 28.5.1979, BStBl II, 734); Film- oder Videomagnetband einer Fernsehproduktion (BFH 20.9.1995, BStBl II 1997, 320).

385 Der **Domain**-Name („Internet-Adresse") ist ein (nicht abnutzbarer) immaterieller VG (BFH 19.10.2006, BStBl II, 303f).
EDV-Software gehört seit dem Grundsatzurteil des BFH 3.7.1987 (BStBl II, 728) zu den immateriellen VG (so auch U vom gleichen Tag, BStBl II, 787 und BMF 20.1.1992 WPg, 365). Zu Abgrenzungsfragen zwischen selbstgeschaffener und fremd bezogener Software vgl IDW RS HFA 11.
Ebenso wie Anwendungssoftware ist auch Systemsoftware **selbstständiger Vermögensgegenstand** (so *George* FR 1987, 579; IDW RS HFA 11 Tz 5; aA *Walter* DB 1980, 1817). Unselbständiger Teil der Hardware ist dagegen mit dieser fest verdrahtete Software – **Firmware** – (*Voss* FR 1989, 358; IDW RS HFA 11 Tz 4). Gleiches gilt für den Ausnahmefall des sog *Bundling,* bei dem die Systemsoftware nur zusammen mit einer bestimmten Hardware ohne Aufteilbarkeit des Entgelts zur Verfügung gestellt wird (BFH 16.2.1990 BStBl II, 794; 28.7.1994 BStBl II, 873, 874; IDW RS HFA 11 Tz 6). Dass Systemprogramme ohne eine entspr Hardware nicht nutzbar sind oder umgekehrt, ist kein Kriterium der Unselbstständigkeit (BFH aaO).

386 Von den **Anwenderprogrammen** sind sowohl Individual- als auch Standardprogramme immaterielle VG, unabhängig davon, ob es sich um fixe oder variable Standardprogramme handelt (*Knepper* in FS Döllerer 310; BFH 3.7.1987 BStBl II, 728; 10.8.1988, BFH/NV 1990, 62; *ADS*[6] § 246 Anm 37 mwN).

387 Das Gleiche gilt für **Systemsoftware,** unabhängig davon, ob es sich um *Individual-* oder *Standardsoftware* handelt (BFH 28.7.1994, BStBl II, 873, 874). Zivilrechtlich wird zT für Standardsoftware im iZm Gewährleistungsfragen ein körperlicher und im Hinblick auf den urheberrechtlich geschützten Charakter ein im-

materieller VG angenommen (s *Müller-Hengstenberg* NJW 1994, 3128; *Witt* DStR 1996, 1049). Für das Bilanzrecht ist der durch Änderungsgesetz vom 9.6.1993 auch urheberrechtlich abgesicherte (§§ 2 Abs 1 Nr 1, 69 a–f UrheberrechtsG) geistig-schöpferische Gehalt entscheidend, darin bestehend, einer Maschine (wie sonst einem Menschen) Befehle und Anweisungen zur Lösung von Aufgaben zu erteilen und Funktionsabläufe zu steuern (so schon *Mathiak* StuW 1988, 83; ebenso *ADS*[6] § 246, Anm 37; *Weber-Grellet* in Schmidt[32] § 5 Anm 270 „Software"; *Stobbe* in HHR § 6 Anm 722).

Anders hingegen sind Datenträger (Dateien) zu beurteilen, die keine Befehle enthalten und deren maßgebliche Funktion sich darin erschöpft, gespeicherte Daten vorzuhalten (BFH 5.2.1988, BStBl II, 737 betr auf Disketten gespeicherten Informationen über Schriftarten bei Fotosatzmaschinen). Solche Anwendungssoftware zur Wiedergabe von allgemein zugänglichen Inhalten ist als materieller VG auszuweisen und kann entspr den steuerrechtlichen Regelungen zur Bestimmung GWG aus Vereinfachungsgründen im Jahr des Zugangs in voller Höhe abgeschrieben werden (IDW RS HFA 11 Tz 7; analog sog **Trivialsoftware** IDW RS HFA 11 Tz 8; EStR 6.13).

Wenn der Wert eines Programms jedoch maßgeblich auf vorteilhaften Einsatzmöglichkeiten wie der schnellen Abrufbarkeit der Daten und der einfachen Änderungsmöglichkeit beruht und der Wert der Datensammlung dabei in den Hintergrund tritt, handelt es sich um einen immateriellen VG (so BFH 2.9.1988, BStBl II 1989, 160 zu Datenträgern mit Adressen zum Druck von Adressbüchern).

Immaterielle Werte können zu körperlichen VG in der Weise in Beziehung treten, dass die Aufwendungen hierauf **Nebenkosten der Anschaffung** bzw Herstellung einer Sachanlage sind (zB Kosten einer Baugenehmigung, Konzessionskosten zum Betrieb einer Kesselanlage s *Richter* HdJ Abt II/2 Anm 22 mw Bsp). Andererseits können körperliche Gegenstände **Zubehör zu immateriellen Werten** und zusammen mit diesen zu bilanzieren sein (zB Abonnentenkarteien, Modelle, Pläne, Beschreibungen; BFH 27.5.1979, BStBl II, 634 zu Prototypen von Maschinen als Träger von technischem Know-how).

2. Voraussetzungen der Aktivierung

Entgeltlich erworbene immaterielle VG sind nach § 246 Abs 1 S 1 aktivierungspflichtig – (wirtschaftliches) Eigentum bzw Inhaberschaft vorausgesetzt –, wenn sie einen immateriellen wirtschaftlichen Wert darstellen, der **selbständig verkehrsfähig** ist (vgl IDW RS HFA 11 Abschn 4 zur Abgrenzung von AK- und KH bei Software). Ein **wirtschaftlicher Wert** ist immer dann gegeben, wenn der Gegenstand einen Nutzen für das Unt verspricht (*Pfeiffer* StuW 1984, 335) und als Einzelheit ins Gewicht fällt (ablehnend für Nutzungsrecht *Meyer-Scharenberg* StuW 1987, 109). Die Prüfung dieser Voraussetzungen hat besondere Bedeutung für die „ähnlichen Werte", um den Begriff des VG nicht ausufern zu lassen.

Als Aktivierungsvoraussetzung werden die **selbstständige Verkehrsfähigkeit** iSe Einzelverwertbarkeit bzw die **selbstständige Bewertbarkeit** dieser Werte gefordert (s Anm 376 ff). Die begrifflichen Unterscheidungen dieser Aktivierungsvoraussetzungen verlieren sich, wenn man nicht auf die Einzelveräußerbarkeit im Rechtssinne abstellt (sog konkrete Einzelveräußerbarkeit), sondern entspr der das Bilanzrecht beherrschenden wirtschaftlichen Betrachtungsweise auf die Möglichkeit, den VG **seinem wirtschaftlichen Wert** nach übertragen zu können (so zB *Pfeifer* StuW 1984, 335). Es bleibt dann unerheblich, ob der freien Übertragbarkeit von Rechten gesetzliche Vorschriften entgegenstehen (zB Güterkraftverkehrskonzession § 11 GüKG, Nießbrauch § 1059 S 1 BGB, Firma

§ 23 HGB) oder diese auf Grund ihrer Natur nicht übertragbar sind (Rechte aus schuldrechtlichen Vertragsbeziehungen wie Alleinvertriebsrecht, Handelsvertretung, Belieferungsrecht, bestehende schwebende Verträge aus Dauer- oder Einzelschuldverhältnissen). Gegenstand der Aktivierung ist in diesen Fällen nicht das Recht, sondern der hieraus resultierende Vorteil, der wirtschaftliche Wert. Auch die steuerrechtliche Begriffsbestimmung verlangt **einen abgrenzbaren wirtschaftlichen** Wert im fortgeführten Unt. Sie hält es lediglich – in Ausnahmefällen – für ausreichend, dass derartige Werte zusammen mit dem Betrieb übertragen werden können (s *Weber-Grellet* in Schmidt[32] § 5 Anm 95 mwN). Dementspr wird zunehmend angenommen, dass der handelsrechtliche Begriff „*Vermögensgegenstand*" und für das Bilanzrecht der steuerrechtliche Begriff „*Wirtschaftsgut*" identisch sind (zB *Mellwig/Weinstock* DB 1996, 2245; *Moxter* in HURB, 247; *Westerverfelhaus* DB 1995, 885 mwN; *Weber-Grellet* in Schmidt[32] § 5 Anm 93; ebenso BFH GrS 7.8.2000, BStBl II, 633, 635 betr Dividendenanspruch vor Gewinnverwendungsbeschluss, s auch Anm 12). Für die entgeltlich erworbenen immateriellen VG des Anlagevermögens ergibt sich eine zwangsläufige Konkretisierung dadurch, dass sie nur im Falle eines marktbestätigten entgeltlichen Erwerbs zu aktivieren sind, wodurch für diese VG ein möglicherweise bestehender begrifflicher Unterschied weitgehend gegenstandslos wird; im Ergebnis ähnlich *ADS*[6] § 246 Anm 30.

391 **Entgeltlicher Erwerb** bedeutet, dass AK für einen abgeleiteten Erwerb (s § 255 Anm 21), dh ein Erwerb von einem Dritten zu einem nach kfm Grundsätzen ausgehandelten Entgelt und damit eine **gewisse Objektivierung** des angesetzten Zugangswerts vorliegt (im Ergebnis ebenso *ADS*[6] § 248 Anm 14; *Baetge/Fey/ Weber/Sommerhoff* in HdR[5] § 248 Anm 31). Entgeltlicher Erwerb kann nicht nur bei **Kauf,** sondern auch bei **Tausch** oder **Sacheinlagen** vorliegen (*ADS*[6] aaO Anm 15 ff, *Baetge/Fey/Weber/Sommerhoff* aaO; s § 248 Anm 32 f).

Vergütungen für **Arbeitnehmererfindungen sind** aktivierungspflichtig, soweit es sich um freie Erfindungen handelt; im Falle gebundener Erfindungen (Diensterfindungen nach § 4 des Gesetzes über Arbeitnehmererfindungen, *Hottmann* StBP 1982, 289) besteht für diese Aufwendungen ein Aktivierungswahlrecht, soweit die Aktivierungsvoraussetzungen für selbst geschaffene immaterielle VG vorliegen (s Anm 376 ff).

392 Keine AK und damit auch **kein entgeltlicher Erwerb** liegt vor bei Einräumung oder erstmaliger Begründung immaterieller VG, die zum Gebrauch oder zur Nutzung auf Zeit berechtigen und das Entgelt **pro rata temporis** der Nutzung gezahlt wird. Es handelt sich insoweit um schwebende Verträge, die nach dem vorrangigen Grundsatz der Nichtbilanzierung schwebender Geschäfte (s *Weber-Grellet* in Schmidt[32] § 5 Anm 76; BFH 15.12.1993, BFH/NV 1994, 443, 445) nicht bilanziert werden dürfen. Auch vorausgezahlte Entgelte für die zeitliche Nutzungsüberlassung sind in diesen Fällen keine AK sondern RAP (s auch § 255 Anm 325; Lizenz, Mietrecht, Nießbrauch). Wird dagegen ein **bereits bestehender immaterieller Vermögenswert** in Gestalt eines schwebenden Vertrags übertragen (zB Lizenz, Belieferungsrecht, Miet- und Nutzungsrecht oder Auftragsbestand) und wird hierfür ein Entgelt gezahlt, hat sich am Markt die **Werthaltigkeit** des immateriellen VG **bestätigt,** unabhängig davon, ob es sich um Gewinnaussichten aus einem schwebenden Dauerschuldverhältnis (Lizenz, Belieferungsrecht) oder Einzelschuldverhältnis (Auftragsbestand) handelt (BFH 15.12.1993, BFH/NV 1994, 543, 545). Die Marktbestätigung des immateriellen Werts ist zweifelsfrei, wenn das **Entgelt ausschließlich und gesondert** für das jeweilige Recht gezahlt wird und Unsicherheiten, wie sie beim Gesamterwerb einer Vielzahl von Einzelpositionen bis hin zum Erwerb ganzer Unt bei unaufgeteiltem Gesamtkaufpreis bestehen, nicht auftreten können.

Nach den gleichen Grundsätzen liegt entgeltlicher Erwerb und damit AK einer Spielerlaubnis vor bei gezahlten Transferentschädigungen für den Wechsel eines Spielers der Fußballbundesliga von einem zu einem anderen Verein (BFH 26.8. 1992, BStBl II, 977).

Kein entgeltlicher Erwerb liegt vor bei **Provisionszahlungen** für die erstmalige Begründung von Belieferungsrechten aus Abonnementverträgen. Die für die Vermittlung der Verträge an Handelsvertreter gezahlte Provision stellt sich nicht als Entgelt für den abgeleiteten Erwerb eines von einem Dritten erworbenen immateriellen VG „Belieferungsrecht" dar (BFH 3.8.1993, BStBl II 1994, 444, 447, s auch § 255 Anm 22). Mangels AK des nach den Grundsätzen der Nichtbilanzierung schwebender Verträge begründeten Belieferungsrechts dürfen die Provisionen auch nicht als Anschaffungsnebenkosten behandelt und aktiviert werden (§ 255 Anm 72). Gleiches gilt für die an Makler gezahlten Vermittlungsgebühren für die Begründung eines Mietrechts (BFH 16.9.1997, DB, 2154).

Immaterielle Anlagegegenstände, die als **Sacheinlage** eingebracht werden, gelten als entgeltlich erworben, wenn sie einlagefähig sind und im Rahmen des Einbringungsvorgangs ein Wert für sie festgesetzt wird (*Widmann* in FS Döllerer 736). In diesem Fall bilden die neu ausgegebenen GesRechte eine feststellbare Gegenleistung (s § 248 Anm 39f). Werden dagegen immaterielle Einzelwerte **unentgeltlich** etwa zwischen SchwesterGes oder von einem Gester an seine Ges übertragen (verdeckte Einlage), findet steuerrechtlich das für unentgeltlich erworbene immaterielle WG bestehende Aktivierungsverbot keine Anwendung, wenn es sich um Wertbewegungen zwischen einer KapGes und ihren Gestern handelt, die ihre Veranlassung im Ges-Verhältnis haben (s *GrS 26.10.1987, BStBl II 1988, 348*). Sie sind in der StB mit dem Teilwert anzusetzen (Bewertungsvorbehalt §§ 5 Abs 6, 6 Abs 1 Ziff 5 EStG). Entspr gilt für den GFW (s Anm 422; sowie zur verdeckten Einlage § 248 Anm 45).

III. Geschäfts- oder Firmenwert (GFW)

1. Regelung durch das HGB

Die Rechtsnatur des GFW war bisher strittig. Einerseits wurde er auf Grund der gesonderten Ausweisvorschrift des § 266 Abs 2 unter A I 2 sowie des Ansatzwahlrechts nach § 255 Abs 4 S 1 aF als (immaterieller) VG qualifiziert. Teilweise wurde er als Bilanzierungshilfe angesehen; nach *ADS*[6] § 255 Anm 271 ff „Wert eigener Art".

Durch das BilMoG wird der entgeltlich erworbene GFW als **zeitlich begrenzt nutzbarer VG** definiert (§ 246 Abs 1 S 4). Er unterliegt damit dem Vollständigkeitsgrundsatz und ist von allen Kfl zwingend im Anlagevermögen zu aktivieren (§ 246 Abs 1). Für den selbstgeschaffenen oder unentgeltlich erworbenen GFW besteht weiterhin ein Aktivierungsverbot.

Zu den **steuerrechtlichen Ansatzvorschriften** besteht insofern kein Unterschied, als der originäre GFW nicht aktiviert werden darf, der entgeltlich erworbene GFW hingegen aktiviert werden muss (*Weber-Grellet* in Schmidt[32] § 5 Anm 222). Die Folgebewertung des GFW bestimmt sich nach den allgemeinen Vorschriften zur **handelsrechtlichen** (s § 253 Anm 671 ff) und **steuerrechtlichen Abschreibung** (§ 7 Abs 3 S 1 EStG).

2. Begriff des Geschäfts- oder Firmenwerts

Die **Definition** des GFW ergibt sich aus § 246 Abs 1 S 4 als (positiver) **Unterschiedsbetrag** zwischen einem im Rahmen der Übernahme eines Unt gezahlten Gesamtkaufpreis und den Zeitwerten der einzelnen übernommenen VG abzügl Schulden. Das HGB lässt seine Aktivierung zu, ohne nach seinen Gründen zu fragen (*Knop/Küting* in HdR[5] § 255 Anm 413 ff).

406 Im Ergebnis ähnlich die Rspr des BFH: **Mehrwert,** der einem gewerblichen Unt über den Substanzwert der materiellen und immateriellen Einzel-WG abzügl Schulden hinaus innewohnt, als Verkörperung der aus den Ergebnissen der Vergangenheit abzuleitenden künftigen Gewinnchancen des Unt. Diese Chancen bestehen losgelöst von der Person des Unternehmers auf Grund besonderer, dem Unt eigener Vorteile, wie zB der **Ruf des Unternehmens,** der **Kundenkreis,** die **Organisation** ua (zB BFH 16.3.1996, BStBl II, 576). Der GFW ist damit ein Bündel von geschäftswertbildenden Faktoren, das nicht weiter zerlegt werden kann (BFH 12.8.1982, BStBl II, 652 „Gesamtwirtschaftsgut"). Er kommt darin zum Ausdruck, dass sich für ein Unt Umstände auswirken, die es erlauben, einen Gewinn zu erzielen, der höher ist als die angemessene Verzinsung des eingesetzten EK zzgl der Verwertung der Arbeitskraft des Unternehmers (BFH 24.4.1980, BStBl II, 690). Es handelt sich um die **kapitalisierte Überrendite** eines Unt (so *FG Hamburg* 29.1.1986, EFG, 551).

407 Der Ansatz eines **negativen Geschäftswerts** für den Fall, dass die Gegenleistung für den Erwerb eines Unt die Zeitwerte der übernommenen Einzel-WG abzügl Schulden nicht erreicht, ist, weil mit der gesetzlichen Definition des § 255 unvereinbar, abzulehnen (ebenso *Siegel/Bareis* BB 1993, 1477; *Ossadnik* BB 1994, 747; *Groh* in FS Klein, 815). Die Vertreter der abw Auffassung halten den Ausweis eines negativen GFW für unausweichlich, weil nur auf diesem Wege die erfolgsneutrale AKBilanzierung zu erreichen sei (so *Bachem* BB 1993, 967, 1976; *Moxter* in FS Semler 853; *Pusecker/Schruff* BB 1996, 735, 742). Zutreffend ist, dass der Grundsatz der *erfolgsneutralen Anschaffungskostenbilanzierung* auch beim Erwerb eines Unt vorrangig zu beachten ist. Dies führt zum Ansatz eines passiven *Ausgleichspostens,* der nach Maßgabe der eingetretenen Verluste aufzulösen ist (so iE ADS[6] § 255 Anm 294, *Heurung* DB 1995, 385, 392; *Geiger* DB 1996, 1533, 1535; s auch Anm 15).

408 Die **Abgrenzung** des GFW **von den sonstigen immateriellen Vermögensgegenständen** kann nur in der Weise vorgenommen werden, dass ihm die übrigen unkörperlichen Werte (des Anlage- und Umlaufvermögens), die selbständig verwertbar und/oder bewertbar sind (Anm 377 f) ggügestellt werden (Bsp Anm 383). Diese selbständig verkehrsfähigen Werte müssen *zuvor* nach § 246 Abs 1 einzeln und vollständig erfasst werden, so dass für den GFW als Restgröße nur noch diejenigen Faktoren übrig bleiben, die von dem Unt nicht getrennt werden können, dh sich einer Einzelveräußerung oder Einzelverwertung entziehen.

409 Auch die **steuerrechtliche Rspr** unterscheidet zwischen eigenständigen WG und geschäftswertbildenden Faktoren. Immaterielle WG aus schwebenden Verträgen des *Absatzmarkts* wie zB *Belieferungsrechte, Kundenaufträge, Auftragsbestand,* die auch losgelöst vom Unt gegen marktbestätigtes Entgelt übertragen werden (s Anm 392) sind auch dann keine geschäftswertbildenden Faktoren, wenn sie zusammen mit einem Unt erworben werden (BFH 15.12.1993, BFH/NV 1994, 543, 545). Sie sind gesondert anzusetzen, wenn ihnen mit der *erforderlichen Sicherheit* ein Teil des Gesamtkaufpreises zugeordnet werden kann. Ein gesonderter Ansatz kommt in Betracht, wenn derartige WG unter Berücksichtigung der Verkehrsanschauung und der Umstände des Einzelfalls als Einzel-WG beurteilt werden können, wobei dann auch von Bedeutung ist, „ob die Vertragsparteien bei oder vor Vertragsabschluss im Rahmen der Preisfindung erkennbar *eine rational nachvollziehbare Einzelbewertung* bestimmter tatsächlicher oder rechtlicher Verhältnisse des Unt vorgenommen und damit deren selbstständige Bewertbarkeit indiziert haben" (BFH 7.11.1985, BStBl II 1986, 176; ebenso *Weber/Grellet* in Schmidt[32] § 5 Anm 223); zum Ansatz eines Auftragsbestands s *Flies* DB 1996, 846; Gleiches gilt für den Versicherungsbestand (§ 14 VAG). Lediglich geschäftswertbildende Faktoren sollen dagegen bei schwebenden Geschäften auf der *Beschaffungsseite* vorliegen, so bei schwebenden Arbeitsverträgen (BFH 7.11.1985 aaO). Dementspr werden bestimmte Vorteile wie Arbeiterstamm, Lieferantenbeziehungen oder ungeschütztes Know-how beim Erwerb des ganzen Unt regelmäßig als vom GFW nicht lösbare, dh als nicht selbstständig bewertbare *geschäftswertbildende Faktoren* beurteilt, selbst wenn sie etwa bei einer beabsichtigten Einstellung des erworbenen Unt als Einzel-WG behandelt werden; so BFH 25.1.1979, BStBl II, 369 (unbefristetes Wettbewerbsverbot als Einzel-WG). Die Differenzierung nach immateriellen Werten des Absatz- oder Beschaffungsmarkts ist insofern nachvollziehbar, als die Einzelveräußerung bei Letzteren in der Praxis seltener vorkommt. Gleichwohl sollte eine Einzelbewertung auch bei schwebenden Verträgen der Beschaffungsseite (zB Einkaufskontrakt, vorteilhafte Mietposition) nicht ausgeschlossen sein, wenn sie auf rational nachvollziehbaren Überlegungen der Vertragsparteien im Rahmen der Kaufpreisfindung beruht.

Stellt ein **Kundenstamm** den einzigen geschäftswertbildenden Faktor eines **410** Unt dar, bedarf es keiner Abgrenzung vom GFW; der Kundenstamm ist dann ein selbstständiges WG (*FG Köln* 23.1.1985, EFG, 439; BFH 26.7.1989, BFH/NV 1990, 442). Gleiches gilt bei isolierter Übertragung eines Kundenstamms, wenn ein Exportmarkt abgetreten (BFH 20.8.1986, BFH/NV 1987, 471) oder eine Vertriebssparte übertragen wird (BFH 20.8.1986, BFH/NV 1987, 468). Abgesehen von den Fällen eines isolierten entgeltlichen Erwerbs ist der Kundenstamm **unselbständiger Geschäftswertbestandteil,** weil er eine heterogene Größe darstellt, die je nach Branche und Tätigkeit des Unt ihre Ursache in anderen Faktoren haben kann. So kann mit Kundenstamm eine besonders große Laufkundschaft gemeint sein, die sich aus der Lage des Geschäftslokals ergibt. Die zahlreiche Kundschaft kann ihren Grund auch in der Güte der Produkte des übernommenen Unt haben, wie in den angewandten Produktionsverfahren (Patente, Lizenzen, Rezepte, Know-how) oder dem Ruf und Bekanntheitsgrad einer Marke. Eine isolierte Bewertung des Kundenstamms ist in derartigen Fällen kaum möglich. Zu denkbaren Ausnahmefällen s *Winkeljohann* in HHR § 6 Anm 306 „Kundenstamm".

In steuerrechtlicher Terminologie werden WG, die in ihrer Eigenart dem **411** GFW nahekommen (sog **geschäftswertähnliche WG,** zB Verlagswert, Güterfernverkehrskonzession), zT dem GFW gleichgestellt (so die Verlagsrechte, BMF 24.10.1986, BStBl I, 533); teils werden sie als immaterielle Einzel-WG mit der Aussicht auf Verlängerung erteilt, als nicht abschreibungsfähig beurteilt (so BFH 22.1.1992, BStBl II, 383 betr Güterfernverkehrskonzession), die aber mit Rücksicht auf die Freigabe ab 1998 unter dem Gesichtspunkt der Teilwertabschreibung ab 1992 beginnend mit $1/7$ pa pauschaliert abgeschrieben werden können (so BMF 1.3.1996, BStBl I, 372). Der Begriff hat seit der Einführung der 15-jährigen GFW-Afa durch § 7 Abs 3 S 1 EStG seine ursprüngliche Bedeutung verloren. Für das jeweilige immaterielle Einzel-WG ist zu entscheiden, ob sich sein Wert innerhalb bestimmbarer Zeit erschöpft (Afa) oder ein immerwährendes nicht Afa-fähiges WG vorliegt (BFH 28.5.1998, BStBl II, 775). Zum Warenzeichen (Marke) als Afa-fähig s *Barth/Kneisel* WPg 1997, 473.

3. Voraussetzungen der Aktivierung

Nach § 246 Abs 1 S 4 muss es sich um Gegenleistung für die **Übernahme** **420** **eines Unternehmens** handeln. Der Begriff „Unternehmen" wird im HGB nicht definiert. Entspr dem Sinn der Vorschrift, einen Unterschiedsbetrag ausweisen zu müssen, bezieht sich der Begriff nicht auf ein rechtlich selbständiges Gebilde, sondern auf eine **Sachgesamtheit,** die alle betriebsnotwendigen Grundlagen besitzt, um selbständig am Wirtschaftsverkehr teilnehmen zu können. Als „Unternehmen" kommen daher nur in Frage Sachgesamtheiten, die über eine ihrem Nutzungs- und Funktionszusammenhang entspr sachliche und personelle Organisation sowie die notwendigen Außenbeziehungen verfügen (so auch *FG München* 9.12.1986, EFG 1987, 367 zur Abgrenzung selbständiger Gewerbebetriebe). IdR handelt es sich um **Einzelfirmen.** Aber auch einzelne **Betriebe** (**Teilbetriebe** Anm 423) aus einem größeren UntZusammenhang können Unt iSv § 246 Abs 1 S 4 sein, wenn sie bei Übernahme die Fähigkeit mitbringen, als selbstständige Einheit am Wirtschaftsverkehr teilzunehmen (*LG Lübeck* 14.12.1992, GmbHR 1993, 229). Muss diese Fähigkeit nach Übernahme erst hergestellt werden, liegt (noch) kein Unt vor (BFH 19.11.1985, BFH/NV 1986, 363). Oft sind deshalb einzelne Betriebe aus einem größeren UntBereich kein Unt iSd Vorschrift, da ihre Außenbeziehungen über das GesamtUnt abgewickelt und nach Übernahme neu aufgebaut werden müssen (so auch BFH 3.10.1984, BStBl II 1985, 245 mit Kritik von *Richter/Winter* DStR 1986, 145).

421   Die steuerrechtliche Rspr nennt inhaltsgleich mit dem Handelsrecht als Aktivierungsvoraussetzung die „**Übernahme eines lebenden Unternehmens im Ganzen** zum Zwecke der Fortführung" (BFH 29.7.1982, BStBl II, 650). Mit „lebenden" Unt ist ein Gebilde bestehend aus WG und Rechtsbeziehungen gemeint, welches nach einem Unternehmerwechsel mit iW gleichem Bestand fortgeführt werden kann. Dazu ist erforderlich, dass der Erwerber das Unt ohne nennenswerte finanzielle Aufwendungen fortführen oder, sofern der Betrieb des Unt vor dem Erwerb bereits eingestellt war, ohne großen Aufwand wieder in Gang setzen kann (BFH 23.10.1985, BFH/NV 1986, 381). Die Voraussetzung „zum Zwecke der Fortführung" dient der Abgrenzung zwischen derivativ erworbenem aktivierungspflichtigem und originärem (nicht aktivierungsfähigem) GFW: Wird ein lebendes Unt erworben, um es stillzulegen bzw zu liquidieren, liegen handelsrechtlich AK auf den eigenen GFW des Erwerbers vor, die nach § 5 Abs 2 EStG auch steuerrechtlich nicht aktiviert werden dürfen (BFH 23.6.1981, BStBl II 1982, 56; *Weber-Grellet* in Schmidt[32] § 5 Anm 222).

422   **Kein entgeltlicher Erwerb,** weil nicht durch eine Gegenleistung bestätigt, liegt vor bei unentgeltlicher Übertragung eines GFW zwischen SchwesterGes oder bei Übertragung durch einen Gester auf eine KapGes (verdeckte Einlage). Gleichwohl wird **steuerrechtlich dieser** Vorgang wie **ein entgeltlicher Erwerb** behandelt, weil das für das unentgeltlich erworbene immaterielle WG bestehende Aktivierungsverbot keine Anwendung findet, wenn es sich um Wertbewegungen zwischen einer KapGes und ihren Gestern handelt, die ihre Veranlassung im GesVerhältnis haben (so bereits BFH 20.8.1986, BStBl II 1987, 455 betr unentgeltlicher Übertragung eines GFW zwischen SchwesterGes; BFH GrS 26.10.1987, BStBl II 1988, 348; BFH 30.3.1994, BStBl II, 903 betr Praxiswert; 25.10.1995 WPg 1996, 440 betr GFW, *Weber-Grellet* in Schmidt[32] § 5 Anm 204).

423   Unt kann auch ein **Teilbetrieb** (BFH 24.4.1980, BStBl II, 690) oder ein **Mitunternehmeranteil** sein (BFH 7.6.1984, BStBl II, 584). Im letztgenannten Fall kommt handelsrechtlich die Aktivierung eines gesonderten GFW nicht in Frage, da der Anteilserwerb in einer Summe unter den Finanzanlagen auszuweisen ist. Im Steuerrecht hat dieser Fall Bedeutung, weil es für die Ermittlung des Gewinns des Gesters nicht auf dessen Bilanz, sondern auf die Bilanz der Ges, ggf einschl Ergänzungsbilanz, ankommt (Anm 744 ff).

Scheiden dagegen Gester aus einer PersGes aus und werden sie durch die *PersGes* selbst abgefunden, liegt auch handelsrechtlich kein Erwerb eines eigenen

Anteils vor; die PersGes hat die im Rahmen der Abfindung vergüteten stillen Reserven bei den VG zu aktivieren, deren Buchwerte stille Reserven enthalten. Dabei ist auch die nachträgliche anteilige Aktivierung von selbst geschaffenen immateriellen VG des Anlagevermögens oder eines GFW zulässig (IDW RS HFA 7 Tz 59; *ADS*[6] § 255 Anm 261).

Die Aktivierung eines GFW setzt voraus, dass eine **Gegenleistung für die** 424 **Übernahme eines Unternehmens** bewirkt wurde. Gegenleistung ist der vereinbarte Kaufpreis für das Unt (oder ggf der Wert, steuerrechtlich der gemeine Wert, der tauschweise hingegebenen VG). Die Gegenleistung ist als AK auf die übernommenen VG zu verteilen.

IV. Geleistete Anzahlungen

Anzahlungen für *entgeltlich* erworbene immaterielle VG sind gem § 266 geson- 430 dert auszuweisen. Eine Anzahlung ist gegeben bei einer Vorauszahlung auf den Kaufpreis, dh wenn vor der Verschaffung des (wirtschaftlichen) Eigentums am immateriellen VG bereits Zahlungen erfolgten (s auch Anm 545 ff). Vorauszahlungen für Leistungen von Dritten im Rahmen der Entwicklung von selbst geschaffenen immateriellen VG des Anlagevermögens sind unter Nr 1 auszuweisen, soweit vom Aktivierungswahlrecht Gebrauch gemacht wird. Vorauszahlungen auf wiederkehrende Entgelte für die Nutzung eines im Vermögen eines Dritten verbleibenden Anlageguts (für Nutzungsüberlassung auf Zeit) sind keine Anzahlungen, sondern ggf aktive RAP (s Anm 392; *ADS*[6] § 266 Anm 31).

C. Sachanlagen

Vorschläge zur Mindestgliederung gem § 247 Abs 1 in Anm 370.

Schrifttum: *Kühne/Melcher* Wirtschaftliche Zurechnung von Vermögensgegenständen und Schulden sowie Erträgen und Aufwendungen, DB 2009 Beilage 5, 15.

I. Grundstücke, grundstücksgleiche Rechte und Bauten einschließlich der Bauten auf fremden Grundstücken

Das **Grundvermögen** umfasst die im Eigentum des Kfm stehenden und seinem 450 Unt dienenden, bebauten und unbebauten Grundstücke und grundstücksgleichen Rechte sowie die Bauten auf fremden Grundstücken einschl der Mietereinbauten, gleichviel, ob es sich um Wohn-, Geschäfts-, Fabrik- oder andere Bauten handelt. Grund und Boden, aufstehende Gebäude und von der Gebäudenutzung verschiedene, in **besonderen Nutzungs- und Funktionszusammenhängen stehende Gebäudeteile** sind dabei jeweils selbstständige VG (zB Mietereinbauten zum Betrieb einer Arztpraxis, Apotheke BFH 15.10.1996, BStBl 1997 II, 533; ebenso Außen- und Gartenanlagen BFH 20.1.1996, BStBl II 1997, 25). Zum Grundvermögen gehören auch **andere Bauten** wie zB Hof- und Platzbefestigungen (BFH 4.3.1998, BFH/NV, 1086), auf gesondertem Grundstück angelegte Privatstraße (BFH 19.10.1999, DStR 2000, 418), Parkplätze, Straßen, Brücken, Einfriedungen, ferner technische Bauten wie zB Ziegeleiöfen, Kühltürme, Eisenbahn- und Hafenanlagen, Kanalbauten, Flussregulierungen, Wasserbauten, Schacht- und Streckenbauten unter Tage.

Durch § 246 Abs 1 S 2 wird der Grundsatz der wirtschaftlichen Zurechnung 451 von VG gesetzlich verankert. Danach entscheidet in erster Linie das zivilrechtliche Eigentum die Zugehörigkeit eines VG im bilanzrechtlichen Sinne. Hiervon abw kann (ausnahmsweise) **wirtschaftliches Eigentum** genügen, wenn ein anderer als der zivilrechtliche Eigentümer die tatsächliche Sachherrschaft in der Weise ausübt, dass er den zivilrechtlichen Eigentümer im **Regelfall wirtschaftlich** ausschließen kann. Die wirtschaftliche Zurechnung verlangt, dass **Substanz und Ertrag** in zivilrechtlich abgesicherter Form in der Weise auf einen anderen übergehen, dass **einem formalrechtlichen Herausgabeanspruch** des Eigentümers bei typischem Geschehensablauf **keine nennenswerte Bedeutung zukommt** (BGH 6.11.1995, BB 1996, 155 betr ein Gebäude auf fremdem Grund und Boden mwN; im Ergebnis ebenso BFH 12.9.1991, BStBl II 1992, 182 betr Mietkauf; 28.7.1993, BStBl II 1994, 164, 166 betr Mietereinbauten; 11.6.1997, DB, 2004). Erstreckt sich die rechtlich abgesicherte Nutzungsmöglichkeit (zB auf Grund eines Pacht- oder Mietvertrags am Grundstück) auf die wesentliche, nicht aber auf die gesamte betriebsgewöhnliche Nutzungsdauer des VG (Mietereinbauten, Gebäude), verlangt wirtschaftliches Eigentum eine Teilhabe an dem noch nicht verbrauchten Restwert (Substanz), sei es in Form eines vereinbarten oder gesetzlichen Wertersatzanspruchs nach §§ 951, 812 BGB (*Weber-Grellet* in Schmidt[32] § 5 Anm 270 „Bauten auf fremdem Grund und Boden"; BFH 11.6. 1997 aaO; 27.11.1996, DB 1997, 808). Vom Zivilrecht abw wirtschaftliches Eigentum kann auch dadurch entstehen, dass dem Nutzenden nach Ablauf der vertraglichen Nutzungszeit ein Ankaufsrecht **(Kaufoption)** zu extrem günstigen Bedingungen eingeräumt wird, welches er bei typischem Geschehensablauf auch ausübt (Mietkauf, Leasing).

Wirtschaftliches Eigentum am **Grundstück** kann vorliegen, wenn eindeutige Vereinbarungen zwischen wirtschaftlichem und rechtlichem Eigentümer die Verfügungsmacht des Letzteren über das Grundstück beschränken (BFH 21.12.1978, BStBl II 1979, 466); ebenso bei unwiderruflicher Vollmacht hinsichtlich aller Angelegenheiten das Grundstück betr über den Tod des Vollmachtgebers hinaus (BFH 21.6.1977, BStBl II 1978, 303).

452 Die Kriterien wirtschaftlichen Eigentums (Anm 451) gelten auch für **Leasing-Verhältnisse.** Die von der FinVerw entwickelten **typisierenden** Abgrenzungskriterien können nach der Begr zum RegE BilMoG auch weiterhin für das Handelsrecht übernommen werden (einschränkend hierzu *Kühne/Melcher* DB 2009 Beilage 5, 18).

Nach BMF 21.3.1972, BStBl I, 188 zu **Immobilien-Leasing** bei **Vollamortisationsverträgen** liegt wirtschaftliches Eigentum beim Leasingnehmer vor:
- Wirtschaftliches Eigentum an Grund und Boden sowie Gebäuden beim Leasingnehmer bei Spezial-Leasing-Verträgen, dh wenn der Leasing-Gegenstand speziell auf die Bedürfnisse des Leasingnehmers zugeschnitten und nach Ablauf der Grundmietzeit wirtschaftlich sinnvoll nur bei diesem zu verwenden ist (zB Kraftwerk). Ferner bei Verträgen mit Kaufoption ohne Rücksicht auf die Beschaffenheit des Leasinggegenstands, wenn der für den Fall der Option vorgesehene Gesamtkaufpreis niedriger ist als der unter Anwendung der linearen Afa ermittelte Buchwert des Gebäudes zzgl des Buchwerts des Grund und Bodens oder der niedrigere gemeine Wert des Grundstücks zum Zeitpunkt der Veräußerung.
- Wirtschaftliches Eigentum des Leasingnehmers nur an Gebäuden (Bauten auf fremdem Grund und Boden) bei Verträgen mit Mietverlängerungsoption, wenn die Anschlussmiete weniger als 75 vH des Mietentgelts beträgt, das für ein nach Art, Lage und Ausstattung vergleichbares Grundstück üblicherweise bezahlt wird. Das gilt auch bei Verträgen ohne Option, wenn die Grundmietzeit weniger als 40 vH oder mehr als 90 vH der betriebsgewöhnlichen Nutzungsdauer beträgt.

Bei Immobilien-**Teilamortisationsverträgen** über **Gebäude** gelten ähnliche 453
Grundsätze (BMF 23.12.1991, BStBl I 1992, 13). Bei Spezialleasing wie bei
Vollamortisation; bei Verträgen mit *Kaufoption* und Grundmietzeit von über
90 vH der betriebsgewöhnlichen Nutzungsdauer oder Kaufpreis unter Restbuchwert bei AfA nach § 7 Abs 4 S 2 EStG; bei Verträgen mit *Mietverlängerungsoption* bei Grundmietzeit von 90 vH der betriebsgewöhnlichen Nutzungsdauer
oder Anschlussmiete von weniger als 75 vH der üblichen Miete.

Der Bilanzansatz eines **Grundstücks** muss nicht der vermessungstechnischen 455
oder grundbuchrechtlichen Bezeichnung und Abmessung folgen (*FG Hessen*
21.1.1988, EFG, 348). Grundstück und Gebäude sind, obwohl sie sachenrechtlich und in ihrer Eigenschaft als Privat- oder Betriebsvermögen eine Einheit bilden, zwei selbstständige, getrennt voneinander zu behandelnde VG (BFH 13.11.
1985, BFH/NV 1986, 331); ebenso Außen- und Gartenanlagen (BFH 30.1.
1996, BStBl II 1997, 25). Beim Erwerb von Grundstücken mit Mineralvorkommen sind Grund und Boden sowie das Mineralvorkommen ebenfalls getrennt zu
bilanzieren (*OFD Münster* 7.9.1987, DStR, 804).

Als **Gebäude** ist ein Bauwerk anzusehen, das nicht nur fest mit dem Grund 456
und Boden verbunden, von einiger Beständigkeit und ausreichend standfest ist,
sondern es muss auch Menschen oder Sachen durch räumliche Umschließung
Schutz gegen Witterungseinflüsse gewähren und den Aufenthalt von Menschen
gestatten (BFH 18.3.1987, BStBl II, 551). Ortsfeste Zelthallen können bei
entspr technischer Ausgestaltung Gebäude idS sein (zur Abgrenzung *OFD
Frankfurt* 20.5.1987 DStZ/E, 267). Keine Gebäude dagegen sind transportable
Baustellencontainer, da ihnen im Gegensatz zu Fertiggaragen die dem Gebäudebegriff immanente Ortsfestigkeit (Beständigkeit) fehlt (BFH 18.6.1986,
BStBl II, 787). Dagegen kann ein nur auf lose verlegten Kanthölzern aufgestellter Container ein Gebäude sein, wenn er nach dem Nutzungs- und Funktionszusammenhang einer auf Dauer angelegten ortsfesten Nutzung dient (BFH
23.9.1988, BStBl II 1989, 113). Gebäude sind auch Gewächshäuser (BFH 21.1.
1988, BStBl II, 628) und Autowaschhallen (BFH 14.11.1975, BStBl II 1976,
198).

Grundstücksgleiche Rechte sind Rechte, die den Vorschriften des bürgerli- 457
chen Rechts über Grundstücke unterliegen. Zu nennen sind zB das Erbbaurecht,
die Bergwerksgerechtigkeit (Bergwerkseigentum) und andere Abbaugerechtigkeiten, das Dauerwohn- und Dauernutzungsrecht nach § 31 WEG. Unentgeltlich auf mind 10 Jahre unentziehbar eingeräumte grundstücksgleiche Rechte
nach § 9 Abs 3 DMBilG (neue Bundesländer) sind hier auszuweisen.

Das **Erbbaurecht** ist in zivil- und bilanzrechtlicher Sicht das dinglich abgesicherte zeitlich befristete Recht (immaterieller VG), das Grundstück (Grund
und Boden) umfassend zu nutzen und auf oder unter der Erde ein Bauwerk (Sache) zu haben (§ 1 Erbbau-VO) mit der Maßgabe, dass der Erbbauberechtigte
Eigentümer des Bauwerks wird. Unbeschadet der dinglichen Sicherung der Nutzungsbefugnis und des zivilrechtlichen Eigentumserwerbs am aufstehenden Gebäude ist es seinem wirtschaftlichen Leistungsinhalt nach ein „Nutzungsverhältnis" auf Zeit, welches insoweit einem rein schuldrechtlichen Nutzungsverhältnis
wie Miete oder Pacht vergleichbar nach den Grundsätzen eines *schwebenden Geschäfts* bilanziert wird (BFH 20.1.1983, BStBl II, 413; 7.4.1994, BStBl II, 796,
797). AK sind auch nur bei einmaligen Aufwendungen für den Erwerb gegeben, was
sich beim Erbbaurecht nicht unter den dinglichen, nicht unter den immateriellen VG,
sondern unter den Sachanlagen auszuweisenden VG ergibt (s § 255 Anm 325
und § 266 Anm 65). Das Erbbaurecht führt wegen seiner Befristung idR nicht
zu wirtschaftlichem Eigentum an dem mit dem Erbbaurecht belasteten Grundstück (BFH 16.3.1994, BStBl II, 796, 797).

458 Auch das **Bergwerkseigentum** wird wie eine unbewegliche Sache behandelt. Es gewährt kein Eigentum an den im Grubenfeld lagernden, verliehenen Mineralien, sondern ein Aneignungsrecht an ihnen bei Abbau sowie einen Anspruch auf entgeltliche Benutzung der Grundstücke, auf und unter denen das verliehene Feld liegt.

Das **Dauerwohnrecht** und das **Dauernutzungsrecht** unterscheiden sich nur darin, dass das eine an Wohnraum, das andere an nicht zu Wohnzwecken bestimmten Räumen bestellt wird. Für beide gelten die gleichen Vorschriften des WEG. Von den entspr persönlichen Dienstbarkeiten des BGB unterscheiden sie sich dadurch, dass sie nicht an die Person des Berechtigten gebunden sind. Sie sind, soweit nicht anders vereinbart, frei übertragbar, vererblich und können belastet werden (Nießbrauch §§ 1068ff BGB und Pfandrecht §§ 1273ff BGB), so dass sie wirtschaftlich dem Grundeigentum gleichstehen (BFH 22.10.1985, BStBl II 1986, 258).

459 Zu den Gebäuden gehört das **Wohnungseigentum** sowie das **Teileigentum** an nicht zu Wohnzwecken dienenden Räumen, welches Sondereigentum an den Räumen sowie beschränktes Miteigentum an Grund und Boden sowie an Gebäuden gewährt (§ 1 WEG).

Gebäude auf fremdem Grund und Boden sind bei vom Grundstückseigentum **getrenntem Gebäudeeigentum** gegeben, so beim Erbbaurecht (s Anm 457) und bei Scheinbestandteilen (§ 95 BGB), wenn das Gebäude zu einem nur vorübergehenden Zweck errichtet wurde. Dies ist selten und bei multifunktionalen Gebäuden (zB Bürogebäuden), die objektiv nicht nur den Interessen des Errichtenden dienen, kaum anzunehmen (s *Eisgruber* DStR 1997, 522). Im Übrigen sind Gebäude auf fremdem Boden nur unter den **Voraussetzungen wirtschaftlichen Eigentums** (s Anm 451) gegeben. Besteht die zivilrechtlich abgesicherte Nutzungsmöglichkeit nicht für die gesamte betriebsgewöhnliche Nutzungsdauer, muss eine Teilhabe an der Substanz durch einen vertraglichen oder gesetzlichen Wertersatzanspruch (§§ 951, 812 BGB) hinzukommen. Soll das Gebäude bei Vertragsbeendigung **ohne Wertersatzanspruch** beim Grundstückseigentümer verbleiben, liegt kein materieller, sondern ein **immaterieller Vermögenswert** (Nutzungsrecht) vor. Die Aufwendungen sind dann als AK eines Nutzungsrechts oder als RAP (Einmalaufwendungen für die Nutzungsmöglichkeit während der Vertragslaufzeit) zu aktivieren.

460 Als **Gebäudebestandteile** sind alle Einrichtungen zu erfassen, die üblicherweise der Nutzung als Gebäude dienen wie zB Heizungs-, Beleuchtungs-, Lüftungs- und Sprinkleranlagen (BFH 7.10.1983, BStBl II 1984, 262) sowie sonstige Installationen, Personenaufzüge, Rolltreppen uä (BFH 8.10.1987, BStBl II 1988, 440 betr abgehängte, mit einer Beleuchtungsanlage versehene Kassettendecke eines Büroraums; BFH 16.2.1993, BStBl II, 544). In das Gebäude eingezogene Schranktrennwände sollen auch dann Gebäudebestandteile sein, wenn sie aus einem genormten Raummöbelprogramm zusammengesetzt sind und ohne Beeinträchtigung ihrer Wiederverwendungsfähigkeit leicht abgebaut werden können (*FG BaWü* 17.5.1984, EFG, 602, uE eher Geschäftausstattung). Kein Gebäudebestandteil ist eine Regenwasser-Hebeleitung (BFH 25.8.1989, BStBl II 1990, 82).

461 Nicht zu den Gebäudebestandteilen gehören die als **Betriebsvorrichtungen** bezeichnete Gruppe von technischen Anlagen und Maschinen, auch wenn sie durch feste Verbindung zivilrechtlich wesentlicher Bestandteil des Gebäudes geworden sind (s § 253 Anm 415ff), da sie in erster Linie der Ausübung des Geschäftsbetriebs des Kfm dienen (betriebliche Zweckbestimmung). So handelt es sich bei **Lastenaufzügen** oder bei überwiegend zum Lastentransport benutzten Aufzügen in einem Gebäude um Betriebsvorrichtungen. *Beispie-*

le: Küchenaufzüge in Hotels, Aktenaufzüge in Bürogebäuden, Lastenaufzüge in Fabriken, Warenhäusern, Markt- und Messehallen, Laboratoriumsgebäuden, Lagergebäuden uä, ferner Autoaufzüge in Parkhäusern (OFD *Frankfurt* 3.7.1987, DStZ/E, 373). Der **Fahrstuhlschacht** ist in diesen Fällen als Betriebsvorrichtung anzusehen, wenn er keine zusätzlichen Gebäudefunktionen erfüllt, etwa in Form tragender Wände. Ein **vollautomatisches Hochregallager** ist einschl der räumlichen Umschließung kein Gebäude sondern Betriebsvorrichtung (BFH 18.3.1987, BStBl II, 551). Das Gleiche gilt zB auch für die **Gärbeckenanlage** einer Weinkellerei. Weitere Beispiele für Betriebsvorrichtungen sind die Ausstattungen der Eingangshallen von Kreditinstituten und Sparkassen (*FG Saarl* 25.6.1986 EFG, 486). Maschinenfundamente sind Betriebsvorrichtungen. Dabei ist zu unterscheiden, ob es sich um *Spezial*fundamente für eine Maschine (Abschreibungsdauer gleich Maschinennutzungsdauer) oder um Fundamente zum Aufstellen von Maschinen handelt (Abschreibungsdauer solange das Fundament zum Aufstellen von Maschinen dienen kann). Zur Abgrenzung zwischen Gebäudebestandteilen und Betriebsvorrichtungen auch BFH 11.12.1987, BStBl II 1988, 300 (zu Schallschutzdecke), BFH 9.12.1988, BFH/NV 1989, 570 (zu Außenanlagen eines Tanklagers) sowie § 253 Anm 414 ff.

II. Technische Anlagen und Maschinen

Zu den technischen Anlagen und Maschinen gehören alle Anlagen und Maschinen, die der Produktion dienen. Das sind zB **Anlagen zur Kraftversorgung** der Produktionsmaschinen, **Umspannwerke, Rohrleitungen, Leitungsnetze** der Strom-, Gas- und Wasserversorgung (BFH 12.12.1985, BFH/NV 1987, 269), **Kokereien, Hochöfen, Gießereien** ggf einschl der verwendeten Formen (Stranggussverfahren), **Anlagen der chemischen Industrie, Raffinerien, Bagger, Transportanlagen, Förderbänder, Krane, Arbeitsbühnen, Silos, Gasbehälter, Tanks, Kohlebunker,** sonstige **Lagerbehälter** und die **Arbeitsmaschinen,** einschl der Fundamente, Stützen, Stützmauern uä. Nicht entscheidend ist, ob diese Gegenstände als Betriebsvorrichtungen wegen des Einbaus in fremde Grundstücke und Gebäude rechtlich im Eigentum eines Dritten stehen (Anm 461 u § 253 Anm 414 ff), da die wirtschaftliche Zugehörigkeit ausschlaggebend ist (Anm 451 ff). **480**

Nicht hierzu gehören zB **Kraftanlagen** zur Gebäudebeleuchtung (Notstromaggregate). Unschädlich ist jedoch, wenn betriebliche Kraftanlagen zur Gebäudebeleuchtung oder Wärmeanlagen auch zur Gebäudeheizung mitbenutzt werden. **Lastenaufzüge** in Gebäuden können technische Anlagen sein, zB wenn sie die Aufgabe haben, die Fortsetzung einer Produktionsstraße in einem anderen Stockwerk zu ermöglichen (zur Abgrenzung zu Gebäuden Anm 460 ff). **Vorrichtungen,** die zwar nicht unmittelbar mit einer Maschine verbunden, aber für die Betätigung der Maschine unbedingt erforderlich sind, gehören zu den Maschinen. Das Gleiche gilt auch für die **Werkzeuge** der spanlosen Verformung durch Stanzen und Pressen, da sie Maschinenbestandteile sind (*Müller,* DB 1977, 2110). Zur Abgrenzung vom Umlaufvermögen bei Werkzeugen, Ersatzteilen und Reparaturmaterial Anm 352. **481**

Die Aktivierung kommt auch in Frage, wenn nur **wirtschaftliches Eigentum** gegeben ist, wobei die Abgrenzungskriterien aus der Rspr des BFH, die im BMF 19.4.1971 BStBl I, 264 zusammengefasst wurden, handelsrechtlich vertretbar sind. In der Praxis handelt es sich meist um gelaste Gegenstände, hierzu Anm 452 und § 246 Anm 37 ff. **482**

III. Andere Anlagen, Betriebs- und Geschäftsausstattung

500 Aus der Postenbezeichnung „Andere Anlagen" folgt, dass es sich um einen **Sammelposten** handelt, der alle VG aufnimmt, die nicht bereits unter anderen Sachanlagegruppen ausgewiesen sind und der deswegen sehr unterschiedliche VG umfasst (s *ADS*[6] § 266 Anm 55).

Hierzu zählen alle VG der **Büro- und Werkstatteinrichtung, EDV-Hardware, Telefonanlagen, Arbeitsgeräte, Kraftwagen, sonstige Fahrzeuge, Transportbehälter,** ferner **Werkzeuge** (BFH 9.3.1967, BStBl III 238; *Römer,* BB 1981, 588) und **Baustellencontainer** (BFH 18.6.1986, BStBl II, 787). Nicht hierher gehören maschinengebundene **Formen und Modelle** (BFH 28.10.1977, BStBl II 1978, 115; *Müller,* DB 1977, 2110) sowie **Gerüst- und Schalungsteile** (BFH 26.7.1966, BStBl III 1967, 151); sofern sich diese bei der Durchführung eines bestimmten Auftrags in verhältnismäßig kurzer Zeit wirtschaftlich oder technisch verbrauchen, sind sie Umlaufvermögen bzw Betriebsmittel (hierzu BFH 21.1.1971 BStBl II, 304, Klischees, deren Verwendung nur für eine Aufl feststeht). Ihrer Zugehörigkeit zur Betriebs- und Geschäftsausstattung steht es nicht entgegen, wenn sie kundenbezogen sind, dh wenn hiermit nur laufende Aufträge eines bestimmten Kunden ausgeführt werden (BFH 8.10.1970, BStBl II 1971, 51). Das gilt auch für **Druckstöcke,** die im Auftrag von Kunden hergestellt und deren Wiederverwendung für Folgeaufträge desselben Kunden oder für Dritte möglich ist (BFH 28.10.1977, BStBl II 1978, 115). Ebenso wie das **Individualleergut** von Brauereien und Säfteherstellern gehört auch das nicht einer bestimmten Brauerei zuzuordnende **Einheitsleergut** zur Betriebs- und Geschäftsausstattung. Das Gleiche muss auch für die übrige Getränkeindustrie und sonstige Leergutwiederverwender gelten, wenn der Rücklauf des Leerguts (bei Einheitsleergut in gleicher Art, Güte und Menge) gewährleistet ist.

501 Zur Geschäftsausstattung gehören ferner: Gegenstände der Verkaufsförderung bzw Kundeninformation wie die **Vorführwagen** eines Kfz-Händlers (BFH 17.11.1981, BStBl II 1982, 344; *Schulze zur Wiesche* StBP 1979, 203), **Einbauten in Geschäftslokale** und **Restaurantausstattungen,** die dem modischen Wechsel entspr häufiger umgestaltet bzw ersetzt werden müssen (*ADS*[6] § 266 Anm 34), auch **Fernsprech- und Rohrpostanlagen** gelten als Gegenstände der Betriebs- und Geschäftsausstattung (so *ADS*[6] § 266 Anm 56). Letztere können auch als Gebäudebestandteil anzusehen sein, wenn sie der Verkürzung der Postwege in übergroßen Gebäuden dienen (BFH 7.10.1983, BStBl II 1984, 262 zu Sprinkleranlagen). Zu geleasten Gegenständen Anm 452 u 482 sowie § 246 Anm 37 ff.

IV. Geleistete Anzahlungen

545 Geleistete Anzahlungen sind **Vorleistungen** auf eine von dem anderen Vertragsteil zu erbringende Lfg oder Leistung, Vorleistungen **im Rahmen eines schwebenden Geschäfts** (*ADS*[6] § 266 Anm 59; BFH 14.3.1986, BStBl II, 670 mwN), die der Leistende ggf zurückfordern kann (BFH 1.6.1989, BStBl II, 830; *Weber-Grellet* in Schmidt[32] § 5 Anm 270 „Anzahlungen"). Sie sind zu aktivieren, um das schwebende Geschäft erfolgsneutral zu behandeln. Aktiviert wird nicht der Sach- oder Dienstleistungsanspruch aus dem zugrunde liegenden schwebenden Geschäft. Dem stünde das Verbot der Bilanzierung von Ansprüchen aus schwebenden Geschäften (§ 249 Anm 52) entgegen. Vorauszahlungen sind vielmehr bilanziell als (schwebende) Kreditgeschäfte anzusehen. Die Anzahlungen mindern die bilanziell mit Erfüllung der Sach- oder Dienstleistungsverpflichtung entstehende Gegenleistungsverpflichtung oder begründen ggf einen Rückzahlungsanspruch, wenn der andere Vertragsteil die Lfg oder Leistung nicht erbringt. Der Anspruch ist auch dann zu aktivieren, wenn der Gegenstand der Gegenleistung nicht aktivierungsfähig ist (BFH 25.10.1994 BStBl II 1995, 315; *Weber-Grellet* in Schmidt[32] § 5 Anm 270 „Anzahlungen").

Geleistete Anzahlungen auf Sachanlagen liegen vor, wenn das schwebende Geschäft, in dessen Rahmen die Anzahlung als Vorleistung erbracht wurde, die Anschaffung eines VG iSd § 266 Abs 2 A II 1 bis 3 oder eines nach der Lfg unter die Anlagen im Bau fallenden VG zum Inhalt hat. 546

Als Bestandteil eines (schwebenden) Kreditgeschäfts sind Anzahlungen (als solche) auch dann zu aktivieren, wenn sie auf einen **Vertrag** geleistet werden, **dessen Abschluss erst noch bevorsteht** (dazu BFH 8.10.1970, BStBl II 1971, 151). Sofern jedoch weder ein Vorvertrag abgeschlossen, noch ein bindendes Vertragsangebot abgegeben wurde, dessen Annahme wahrscheinlich ist, liegt noch kein schwebendes Geschäft vor (§ 249 Anm 57), so dass keine geleistete Anzahlung, sondern ein sonstiger VG (im UV) auszuweisen ist. 547

Unter den Begriff der Anzahlung fallen nicht nur Zahlungsvorgänge, sondern auch **Tauschvorgänge** und die **Übernahme einer Verbindlichkeit,** zB durch Hingabe eines Wechselakzepts (dazu BFH 17.1.1973, BStBl II, 487). 548

Für die Einordnung unter die geleisteten Anzahlungen ist allein der Vorleistungscharakter entscheidend. Ohne Bedeutung hierfür ist, ob eine **Teil-** oder **Vollzahlung** vorliegt. 549

Von den aktiven **Rechnungsabgrenzungsposten,** die ebenfalls Vorleistungscharakter haben, unterscheiden sich die geleisteten Anzahlungen dadurch, dass diese nicht auf eine zeitraumbezogene Gegenleistung geleistet werden.

Sonstige VG haben idR zwar ebenfalls Vorleistungscharakter. Die Vorleistung besteht jedoch (zB bei Zinsforderungen und rückständigen Mieten) nicht in einer Zahlung, sondern in einer Lfg oder Leistung.

Der **Zeitpunkt des Zugangs** von geleisteten Anzahlungen bestimmt sich nach den gleichen Grundsätzen, wie sie für den Zeitpunkt der Erfüllung von Verbindlichkeiten gelten, dh bei Überweisung und bei Hingabe eines Schecks mit der Belastung auf dem Konto des Leistenden. Im Falle der Hingabe eines Wechsels ist regelmäßig der Zeitpunkt der Aushändigung entscheidend. Die Verpflichtung, eine Anzahlung zu leisten, ist wie die Verpflichtung zur Auszahlung einer Darlehensvaluta im normalen Kreditgeschäft bilanziell nicht zu berücksichtigen (BFH 13.12.1979, BStBl II 1980, 239 für erhaltene Anzahlungen). 550

Der **Zeitpunkt des Abgangs** von geleisteten Anzahlungen liegt vor, wenn der andere Vertragsteil seine Lfg oder Leistung (bzw selbständige Teillfg oder -leistung), für welche die Anzahlung geleistet wurde, iW erbracht hat, nicht jedoch, wenn der Vergütungsanspruch noch von einem Leistungserfolg abhängt (BFH 4.8.1976, BStBl II, 675). Die Anzahlung ist mit der Lieferantenverbindlichkeit (wenn abgerechnet) oder der Rückstellung für fehlende Eingangsrechnungen zu saldieren. Darin liegt kein Verstoß gegen das Saldierungsverbot des § 246 Abs 2. Vielmehr wird dadurch nur buchmäßig nachvollzogen, dass wegen des Vorleistungscharakters der geleisteten Anzahlung nur eine um die Anzahlung geminderte Verpflichtung besteht (Anm 545). 551

Geleistete Anzahlungen sind auf sonstige VG umzugliedern, wenn (zB auf Grund von Leistungsstörungen) mit der **Rückforderung** zu rechnen ist oder die Rückforderung schon erklärt wurde, da sie dann ihren Vorleistungscharakter verloren haben. 553

Wenn mit der Anzahlung **Umsatzsteuer** zu leisten war, ist die Anzahlung mit dem Nettobetrag auszuweisen, soweit die USt abzugsfähig ist. Nichtabzugsfähige 554

§ 247   555–580   Jahresabschluß (Ansatzvorschriften)

Vorsteuern gehören zu den AK und sind deshalb auch den geleisteten Anzahlungen zuzuordnen (§ 250 Anm 1).

555 Sofern geleistete Anzahlungen verzinslich sind, stellen bis zum Bilanzstichtag entstandene **Zinsforderungen** sonstige VG dar.

V. Anlagen im Bau

561 Hierbei handelt es sich um die bis zum Bilanzstichtag getätigten Investitionen des Kfm für alle VG des Sachanlagevermögens (zum Anwendungsbereich auch ADS^6 § 266 Anm 64), die am Bilanzstichtag noch nicht endgültig fertiggestellt sind. Zu aktivieren sind alle Aufwendungen, die auf die Herstellung des VG verwendet worden sind, ohne Unterschied, ob es sich um Eigen- oder Fremdleistungen gehandelt hat. Voraussetzung ist aber, dass die im Bau befindliche Anlage bei Fertigstellung aktivierungsfähig ist (ADS^6 § 266 Anm 65). Der Ausweis im Anlagevermögen trägt dem Umstand Rechnung, dass die Mittel durch die Investitionsentscheidung langfristig gebunden sind. Nach Fertigstellung werden die VG auf die einzelnen Posten des Anlagevermögens, zu denen sie gehören, umgebucht.

D. Finanzanlagen

570 Für den Begriff „Anlagevermögen" bei Finanzanlagen vgl Anm 356. Zur Gliederung in der Bilanz von nicht dem PublG unterliegenden Ekfl und reinen PersGes vgl Anm 8, 370. Einzelheiten zu den verschiedenen Arten von Finanzanlagen sind bei § 266 Anm 69 ff erläutert.

Fraglich könnte sein, ob der Begriff der Beteiligung iSv § 271 Abs 1 auch für nicht dem PublG unterliegende Ekfl und nicht unter § 264a fallende PersGes gilt. Soweit solche Kfl Beteiligungen gesondert ausweisen und dabei die für KapGes/KapCoGes vorgeschriebene Postenbezeichnung verwenden, müssen sie im Interesse der Klarheit (§ 243 Abs 2) auch von dem gleichen Posteninhalt wie KapGes/KapCoGes ausgehen.

E. Rechtsfolgen einer Verletzung des § 247

580 Für eine Verletzung der Ansatz- und Gliederungsvorschriften des § 247 sieht das HGB keine speziellen zivilrechtlichen Sanktionen vor. Eine Verletzung kann gem § 283b Abs 1 Nr 3a StGB strafrechtliche Konsequenzen haben (Freiheitsstrafe bis zu 2 Jahren), wenn das Unt die Zahlungen einstellt oder über sein Vermögen das Insolvenzverfahren eröffnet oder es mangels Masse abgelehnt wird. Eine Verletzung von § 247 bei bereits eingetretener Überschuldung oder bei drohender oder eingetretener Zahlungsunfähigkeit führt dazu, dass die erweiterten Strafrahmen der §§ 283, 283a StGB (bis zu 5 bzw 10 Jahre Freiheitsstrafe) in Betracht kommen.

Ein vorsätzliches oder leichtfertiges Zuwiderhandeln gegen § 247 bei der Aufstellung oder Feststellung des JA durch ein Mitglied eines vertretungsberechtigten Organs oder des AR einer KapGes/KapCoGes oder eines publizitätspflichtigen Unt ist ausdrücklich als Ordnungswidrigkeit sanktioniert, die mit einer Geldbuße geahndet werden kann; s § 334 Abs 1 Nr 1a, § 335b oder § 20 Abs 1 Nr 1a PublG.

Stellt der AP fest, dass bei der Aufstellung des JA die gesetzlichen Vorschriften und die sie ergänzenden Bestimmungen des GesVertrags (Satzung) nicht beachtet wurden (§ 317 Abs 1 S 2), kann je nach Schwere des Verstoßes eine Einschränkung des BV die Folge sein (§ 322 Abs 4).

F. Abweichungen der IFRS

Standards: Rahmenkonzept für die Aufstellung und Darstellung von Abschlüssen *(Framework for the Preparation and Presentation of Financial Statements)*; IAS 1 Darstellung des Abschlusses *(Presentation of Financial Statements)* (amend 2011).

Die Ziele der IFRS sind in erster Linie auf AG und Unt ausgerichtet, die sich über den Kapitalmarkt finanzieren (vgl *Baetge*[9] KA, Düsseldorf 2011, 81 mit Verweis auf das „*Conceptual Framework*" CF.OB2 sowie CF.BC1.15 ff). Trotz der Fokussierung auf kapmarktUnt, sind – sofern ein IFRS-Abschluss aufgestellt wird – die IFRS für Unt aller Rechtsformen und Größenklassen anzuwenden. Die zu den §§ im zweiten Abschn des 3. Buchs des HGB („Ergänzende Vorschriften für KapGes sowie bestimmte PersGes") gemachten Anmerkungen zu den IFRS sind daher von allen IFRS-Anwendern zu beachten.

An Stelle der im Abs 1 vorgeschriebenen Aufteilung der VG in Anlage- und Umlaufvermögen tritt in den IFRS die Aufteilung in *current* und *non-current assets* (vgl hierzu § 266 Anm 281). RAP dürfen nach IAS 1.28 nur dann aktiviert bzw passiviert werden, wenn sie die Kriterien eines *assets* oder einer *liability* erfüllen (§ 250 Anm 58). Durch die Definition von *non-current assets* (vgl § 266 Anm 282) kann es zu Abweichungen im Ausweis von Anlagevermögen kommen, welches nach Abs 2 „dauernd dem Geschäftsbetrieb zu dienen" hat.

Die **Bilanz nach IFRS** setzt sich zusammen aus:
– Vermögenswerten *(assets)*,
– Schulden *(liabilities)* und
– EK *(equity)*.

Ein Vermögenswert ist definiert als eine in der Verfügungsmacht des Unt stehende Ressource, die ein Ergebnis von Ereignissen der Vergangenheit darstellt, und von der erwartet wird, dass dem Unt aus ihr künftiger wirtschaftlicher Nutzen zufließt (IAS F 49 (a)).

Eine Schuld ist eine gegenwärtige Verpflichtung eines Unt aus Ereignissen der Vergangenheit, von deren Erfüllung erwartet wird, dass aus dem Unt Ressourcen abfließen, die wirtschaftlichen Nutzen verkörpern (IAS F 49(b)).

EK ist der nach Abzug aller Schulden verbleibende Restbetrag der Vermögenswerte des Unt (IAS F 49 (c)).

Zur Angabe von Haftungsverhältnissen unter der Bilanz vgl § 251 Anm 60.

Exkurs 1: Gewinn- und Verlustrechnung für Einzelkaufleute und reine Personengesellschaften

Schrifttum: *Förschle/Kropp* Mindestinhalt der Gewinn- und Verlustrechnung für Einzelkaufleute und Personenhandelsgesellschaften, DB 1989, 1037, 1096; *Jorde* Dividendenerträge in Rechnungslegung und Gesellschaftsvertrag von Personengesellschaften, DB 1996, 233; *Altmann* Bilanzierung von Erträgen aus Beteiligungen an Kapitalgesellschaften bei Personenhandelsgesellschaften, BB 1998, 631; *Kirsch* Ertragsteueraufwand bei Personenhandelsgesellschaften nach dem Bilanzrechtsmodernisierungsgesetz, DStR 2009, 1972; *Plambeck* Anpassungsbedarf für Gewerbesteuerklauseln bei Personengesellschaften aufgrund

§ 247   600–604   (Exkurs 1)

Nichtabzugsfähigkeit der Gewerbesteuer seit UntStRefG, DStR 2010, 1553; *Herzig/ Briesemeister/Schäperclaus* Von der Einheitsbilanz zur E-Bilanz, DB 2011, 1; IDW RS HFA 7 Handelsrechtliche Rechnungslegung bei Personenhandelsgesellschaften FN-IDW 2012, 189; *Fey/Deubert/Lewe/Roland* Erleichterungen nach dem MicroBilG – Einzelfragen zur Anwendung der neuen Vorschriften, BB 2013, 107 ff.

A. Funktion der handelsrechtlichen Gewinn- und Verlustrechnung für Einzelkaufleute und reine Personengesellschaften

I. Zweckbestimmung

600   Die GuV hat die Funktion, die Quellen der Entstehung des Jahresergebnisses zu zeigen, um dadurch einen Einblick in die Ertragslage und -kraft des Unt zu ermöglichen. Dies setzt eine hinreichende Gliederung voraus.

601   KapGes/KapCoGes, soweit sie nicht befreit sind (§§ 264 Abs 3, 264b) und Unt, sofern diese auf Grund ihrer Größe unter das PublG fallen, haben ihre GuV grds nach den Schemata des § 275 Abs 2 oder Abs 3 zu gliedern, nach denen bestimmte Posten, ihre Bezeichnung und einige Zwischensummen vorgeschrieben sind. KleinstKapGes iSd § 267a Abs 1 dürfen das verkürzte Schema des § 275 Abs 5 anwenden. Alle übrigen Unt sind bei der Aufstellung ihres JA nicht ausdrücklich an ein bestimmtes Gliederungsschema gebunden und daher in der Gestaltung mehr oder weniger frei. Maßgebend für Form und Gliederung der GuV sind für Nicht-KapGes und -KapCoGes allein die GoB, die Aufstellungsgrundsätze der Klarheit und Übersichtlichkeit (§ 243 Abs 1 und 2) und ggf branchenspezifische Besonderheiten.

602   Bei den Gliederungsanforderungen ist zu beachten, dass die gesetzliche Verpflichtung zur Buchführung (§ 238) und zur Aufstellung eines JA (§ 242) iW der Dokumentation und der Selbstinformation des Kfm über die im Laufe des Gj eingetretenen Geschäftsvorfälle und die Vermögens- und Ertragslage am Ende einer Abrechnungsperiode dient. Zu größenabhängigen Befreiungen von den §§ 238–241 (Buchführung und Inventar) von Ekfl s § 241a Anm 6 ff. Ein Begrenzungsinteresse könnte allenfalls bei einer **Offenlegung** ggü Dritten bestehen, denen die Unterlagen aus geschäftlichen Gründen vorgelegt werden sollen oder müssen (zB Vorlage an Kreditinstitute nach § 18 KWG).

603   Da Ekfl und *reine* PersGes, dh PersGes, die nicht unter § 264a fallen, fast immer nicht offenlegungspflichtig sind, liegt die **Aufstellung** der GuV in erster Linie *im Interesse* der Geschäftsinhaber, Geschäftsführer, Gester und ggf eines Beirats. Daher sollten für interne Zwecke zumindest die für große KapGes bestehenden Gliederungsvorschriften im Rahmen einer **Kontenplan-Gliederung** berücksichtigt werden; sonst wird möglicherweise das Informationsbedürfnis des Kfm oder eines Gesters nicht ausreichend befriedigt.

604   Die Mindestgliederung der GuV hat sich bei *reinen* PersGes auch an der zusätzlichen Aufgabe der **Rechenschaft** ggü nicht geschäftsführenden Mit-Gestern zu orientieren. Ziel muss dabei sein, auch durch die formale Gestaltung dem Gester die relevanten Zusammenhänge zu erschließen, wie dies für Gester von KapGes/KapCoGes vorgeschrieben ist.

Die Gester von kleinen und mittelgroßen KapGes (§ 267 Abs 1 und 2) haben besondere Informationsrechte. Danach kann zB nach § 131 Abs 1 AktG jeder Aktionär verlangen, dass ihm in der HV der JA in der Form vorgelegt wird, die er ohne Anwendung der Erleichterungen nach § 266 Abs 1 S 3 (verkürzte Bilanz), § 276 (Zusammenfassung zum Rohergebnis) und § 288 (Erleichterung bei Anhangangaben) hätte. Entspr Informationsrechte stehen nach § 51a Abs 1 GmbHG auf Verlangen idR auch jedem Gester einer GmbH zu.

Man wird davon ausgehen können, dass diese grundlegenden **internen Informationsrechte** allen Gestern einer PersGes (s §§ 118/166) zustehen. Darüber hinaus können ges-vertragliche Regelungen für die GuV maßgebend sein. Die allgemeinen Grundsätze für die GuV (§§ 243, 275) dürfen aber durch die ges-vertraglichen Regelungen nicht unterschritten werden, wohl aber dürfen diese Regelungen über die allgemeinen Grundsätze hinausgehen. Nach ESt-/GewSt-Recht ist eine GuV nicht vorgeschrieben. Zu der Frage, ob und in welchen Fällen nach § 5b EStG eine Verpflichtung zur Übermittlung einer steuerrechtlichen GuV bzw einer steuerrechtlichen Überleitung der handelsrechtlichen GuV besteht s § 266 Anm 318 ff. Zu den besonderen Anforderungen der FinVerw an Umfang und Gliederung der nach § 5b EStG elektronisch zu übermittelnden handelsrechtlichen GuV s § 266 Anm 332 ff.

Die folgenden Ausführungen betreffen nur die (gesellschafts-)interne Berichterstattung; Ausnahmen hiervon werden ausdrücklich erwähnt.

II. Aufwendungen und Erträge als maßgebliche Größen

Die GuV dient dazu, den wirtschaftlichen Erfolg der UntTätigkeit während einer Abrechnungsperiode (Periodenerfolg) durch Gegenüberstellung der Aufwendungen und Erträge dieser Abrechnungsperiode zu ermitteln (ähnlich *Sieben ua* in HWR³ Sp 747).

Unter **Aufwendungen** versteht man den einer Rechnungslegungsperiode zuzurechnenden bewerteten Verbrauch von Gütern und Dienstleistungen (Werteverzehr). Sie unterscheiden sich von den Ausgaben und den Auszahlungen insb dadurch, dass sie nicht nur Minderungen des Geld-, sondern auch des Sachvermögens eines Unt umfassen. Das gilt unabhängig davon, ob dem eingetretenen Werteverzehr anderweitige Vermögensmehrungen (Erlöse) gegenüberstehen oder durch sie ausgelöst werden.

Demggü betreffen **Ausgaben** nur den Bereich der Finanzierungsrechnung. Hierzu zählen neben den Zahlungsvorgängen auch das Entstehen von Verbindlichkeiten (und Forderungsminderungen). Ausgaben repräsentieren damit lediglich den (Gegen-)Wert für erworbene Güter und Dienstleistungen einer Periode oder sonstige Minderungen des Geldvermögens (zB Geldspenden oder Forderungsverzichte). Bei **Auszahlungen** wird auf den Zahlungsbereich abgestellt; es handelt sich allein um den Zahlungsmittelabgang.

In zeitlicher Hinsicht handelt es sich bei den Aufwendungen um der Periode ihrer wirtschaftlichen Zugehörigkeit zugeordnete **(periodisierte)** Ausgaben (so *Egger* in HWR³ Sp 89 f). Stimmen Aufwendungen und Ausgaben zeitlich überein, spricht man von Erfolgsausgaben. Aufwendungen und Ausgaben werden aber zum Teil in zeitlicher Hinsicht voneinander abweichen. Aufwendungen können zB einer späteren Periode zuzuordnen sein als der, in die der Zeitpunkt der Verausgabung fällt (zB Miete für einen über den Bilanzstichtag hinausreichenden Abrechnungszeitraum oder Beschaffung von Vorräten, die erst in der Folgeperiode verbraucht werden). Eine weitere Abweichung ergibt sich bei der Periodisierung (Verteilung) von vorgeleisteten Ausgaben (zB Abschreibungen auf Gegenstände des Anlagevermögens) oder bei der Antizipation erwarteter künftiger Ausgaben (zB Bildung von Rückstellungen). Aufwendungen können sich ferner aus nachträglichen Ertragskorrekturen (zB durch Gutschriften) ergeben.

Ferner ist zwischen Aufwendungen und Kosten zu unterscheiden. Unter **Kosten** ist der bewertete Verbrauch an Gütern und Dienstleistungen zu verstehen,

§ 247   613–622   (Exkurs 1)

der zur Erstellung der *betrieblichen Leistung* entstanden ist. Abgrenzungsmerkmal der Kosten ggü den Aufwendungen ist vor allem die Zwecksetzung. Sie besteht bei den Kosten allein in der Erstellung der betrieblichen Leistung. Diejenigen Aufwendungen, die *nicht* der betrieblichen Leistungserstellung dienen, dh die betriebsfremd, periodenfremd oder ao sind, stellen keine Kosten im betriebswirtschaftlichen Sinne dar. Hierzu zählen zB Reparaturen an nicht betrieblich genutzten Gebäuden (betriebsfremd) oder wesentliche Feuerschäden (ao).

613   Eine entspr Abgrenzung gilt für Erträge, Einnahmen, Einzahlungen und Leistungen. **Erträge** im bilanzrechtlichen Sinne sind alle bewerteten Vermögensmehrungen in der Abrechnungsperiode, also zB die Erlöse aus allen selbsterstellten Gütern und erbrachten Leistungen sowie die aus der Geschäftstätigkeit erzielten Erlöse (gesamte Werteentstehung). Unter **Einnahmen** sind lediglich die erhaltenen (Gegen-)Werte für die in der Periode veräußerten Güter und Leistungen sowie sonstige Geldvermögenszugänge, zB erhaltene Zuschüsse, zu verstehen. Die **Einzahlungen** betreffen allein den Zahlungsmittelzugang.

614   In zeitlicher Hinsicht handelt es sich bei den Erträgen um **periodisierte** Einnahmen (so *Egger* in HWR³ Sp 89). Soweit Einnahmen mit Erträgen zeitlich übereinstimmen, spricht man von Erfolgseinnahmen. Einnahmen und Erträge werden jedoch wie Ausgaben und Aufwendungen in zeitlicher Hinsicht häufig voneinander abweichen. Erträge können zB einer späteren Periode zuzuordnen sein als der, in die die Einnahme fällt (zB im Voraus vereinnahmte Miete oder Kundenvorauszahlungen für noch nicht ausgelieferte Waren). Erträge entstehen – ohne dass eine Einnahme erfolgt ist – auch bei Korrekturen von Aufwand der Vorperioden, zB der Auflösung nicht mehr benötigter Rückstellungen oder bei Zuschreibungen zu VG des Anlage- oder Umlaufvermögens.

615   Entspr der Abgrenzung der Kosten von den Aufwendungen lässt sich der Begriff der **Leistungen** von den Erträgen abgrenzen. Betriebsfremde, periodenfremde und ao Erträge gehören nicht zu den Leistungen, weil sie nicht unmittelbar aus dem Prozess der betrieblichen Leistungserstellung resultieren. Keine „Leistungen" sind zB Kursgewinne aus Wertpapieren.

B. Allgemeine Aufstellungsgrundsätze

I. Überblick

620   Abgesehen von der gesetzlichen Verpflichtung, die GuV als Bestandteil des JA nach den GoB aufzustellen (§ 243 Abs 1), haben auch die folgenden im HGB genannten allgemeinen Grundsätze Bedeutung für die Mindestanforderungen hinsichtlich der Form und Gliederung der GuV (so auch *WPH*[14] I, E Anm 605):
– Die GuV muss **klar und übersichtlich** sein (Anm 623ff);
– sie muss eine Gegenüberstellung von Aufwendungen und Erträgen des Gj sein (§ 242 Anm 8);
– sie hat **sämtliche** Aufwendungen und Erträge zu enthalten (**Vollständigkeitsgebot,** Anm 626);
– es gilt grds das **Verrechnungsverbot** (Anm 626).

621   Nach § 265 Abs 7 (s § 265 Anm 17) sind **Postenzusammenfassungen** bei KapGes – trotz der vorgeschriebenen Schemata – erlaubt, wenn der Anhang eine entspr Aufgliederung enthält. Gleiches gilt für dem PublG unterliegende Unt sowie KapCoGes. Auf andere Ges ist dies mangels Anhang jedoch *nicht* übertragbar, es sei denn, der JA wird freiwillig um eine entspr Anlage ergänzt.

622   Insb bei Produktions- und HandelsUnt sind – analog zu § 247 Abs 1 (Inhalt der Bilanz) – zumindest die wesentlichen **Strukturelemente** der gesetzlichen

GuV-Gliederungsschemata nach § 275 Abs 2 und 3 für KapGes auch für die (interne) GuV für alle Kfl maßgeblich und gesondert auszuweisen. Dabei handelt es sich um folgende **Grundstruktur** (so auch *ADS*[6] § 247 Anm 90):

  Betriebliches Ergebnis
± Finanzergebnis
= Ergebnis der gewöhnlichen Geschäftstätigkeit
± ao Ergebnis
− ergebnisabhängige Steuern
= Jahresergebnis

Diese Strukturelemente der GuV sind analog zur Bilanz weiter aufzugliedern. Maßstab dafür ist wiederum der Grundsatz der Klarheit und Übersichtlichkeit. Das ergibt sich auch aus dem grds Verrechnungsverbot des § 246 Abs 2 S 1. Das „betriebliche Ergebnis" ist zumindest nach den wesentlichen Ertrags- und Aufwandskomponenten (zB Umsatzerlöse, Material- und Personalaufwand, Abschreibungen) oder nach Funktionsbereichen (zB Umsatzerlöse, HK des Umsatzes, Vertriebskosten, allgemeine Verwaltungskosten) weiter aufzugliedern. Ferner sind ggf wesentliche periodenfremde und ao Aufwendungen und Erträge gesondert anzugeben. Mit der Einführung der verkürzten Gliederung der GuV für **Kleinstkapitalgesellschaften** (§ 275 Abs 5) dürfte es auch für Ekfl und PersGes vergleichbarer Größe (§ 267a Anm 3) ausreichend sein, wenn diese, abw von den dargestellten Strukturelementen, ihre GuV nach dem in § 275 Abs 5 genannten Schema aufstellen (vgl *Fey ua* BB 2013, 110; wegen Einschränkungen aufgrund E-GuV vgl Anm 664).

II. Klarheit und Übersichtlichkeit

Dieser Grundsatz (§ 243 Anm 51 ff) verlangt für die GuV, dass sie in ihrer Darstellung verständlich und eindeutig, insb nicht irreführend ist, und dass die einzelnen Posten inhaltlich deutlich voneinander abgegrenzt sind. Eine **übersichtliche Anordnung** der Gliederungsposten muss sachlichen Gesichtspunkten folgen. Die verwendeten Bezeichnungen müssen allgemeinverständlich sein und den Posteninhalt eindeutig abbilden. Dabei werden sich die Bezeichnungen und die Abgrenzungen der Posteninhalte an den Gliederungsschemata des § 275 (dort Anm 13 ff) zu orientieren haben. Werden die Bezeichnungen des Gliederungsschemas für KapGes/KapCoGes verwendet, muss sichergestellt sein, dass die Posteninhalte den dazu bestehenden Konventionen entsprechen.

Mit Ausnahme für KleinstEkfl und KleinstPersGes sollten auch **Zwischensummen** – zumindest für das Ergebnis der gewöhnlichen Geschäftstätigkeit und das ao Ergebnis – gebildet werden.

Der Grundsatz der Klarheit und Übersichtlichkeit bezieht sich auch auf die **Vergleichbarkeit** mit dem Vj-Abschluss sowie auf eine gewisse externe Vergleichbarkeit der Angaben mit denen publizitätspflichtiger Unt. Die Angabe von Vj-Zahlen (in €; uU in T€ oder Mio€) gestattet dabei einen schnelleren Überblick über die Entwicklung der ausgewiesenen Posten, kann jedoch nicht gefordert werden.

Von größerer Bedeutung ist die **Stetigkeit der Darstellung.** Die einmal gewählte Bezeichnung und Reihenfolge sowie der Inhalt der Gliederungsposten darf – von Ausnahmen abgesehen – später nicht mehr geändert werden. Bei diesem – unmittelbar nur auf KapGes/KapCoGes anzuwendenden – Grundsatz der Darstellungsstetigkeit (§ 265 Abs 1) dürfte es sich um einen allgemeinen (rechtsformunabhängigen) GoB handeln.

III. Vollständigkeitsgrundsatz und Verrechnungsverbot

626 Nach dem **Vollständigkeitsgebot** (§ 246 Abs 1) sind bei Ekfl und PersGes die betrieblichen Aufwendungen und Erträge vollständig zu erfassen. Hier ist insb eine Abgrenzung ggü dem privaten Bereich des EKfm und der Gester vorzunehmen. Ob bestimmte Posten Aufwand oder Ertrag der PersGes oder Teil der Ergebnisverwendung sind, hängt von den jeweiligen Rechtsbeziehungen zwischen den Gestern und der PersGes ab; dazu s Anm 645 ff.

Auch das grds **Verrechnungsverbot** des § 246 Abs 2 S 1 dient der Offenlegung der Erfolgsstruktur und ist auch für die GuV als gesicherter GoB ausdrücklich vorgeschrieben. Zur Ausnahme bei Vorliegen von Deckungsvermögen s § 246 Anm 120 ff.

C. Mindestgliederung der Gewinn- und Verlustrechnung für Einzelkaufleute und reine Personengesellschaften

I. Bedeutung des Kontenplans

630 Entscheidend für die Erfüllung der Dokumentations- und Selbstinformationsfunktion der GuV-Gliederung (Anm 602 ff) ist in erster Linie die Detailtiefe des Kontenplans, und zwar auch im Hinblick auf die Aufzeichnung der ao, betriebsfremden und aperiodischen Geschäftsvorfälle. Hier sind die veröffentlichten Kontenpläne (zB Industriekontenrahmen oder DATEV-Spezialkontenrahmen) ausreichend und mit den GoB vereinbar. Diese Kontenpläne und EDV-Programme orientieren sich meist an den Gliederungsschemata für große KapGes sowie ggf an den zusätzlichen Anforderungen der FinVerw hinsichtlich der Gliederungstiefe der elektronisch zu übermittelnden Bilanz und GuV nach § 5b EStG (§ 266 Anm 332 ff). Die GuV der Ekfl erfüllt die gesetzlichen Gliederungsanforderungen idR dann, wenn die Kontenzusammenfassung auf eine sachgerechte und sinnvolle Art und Weise aus diesen Kontenplänen vorgenommen wird (s *Förschle/Kropp* DB 1989, 1042 ff).

II. Aufzustellende Gewinn- und Verlustrechnung für reine Personengesellschaften

631 Den Kommanditisten (§ 166 Abs 1) und den phG (§ 118 Abs 1) stehen grds zwar weitergehende gesetzliche Informationsrechte als den Gestern einer KapGes zu; die Kommanditisten sind dabei jedoch stärker als geschäftsführende phG auf eine aussagefähige Rechnungslegung angewiesen. Dem hat auch die GuV im Rahmen des **aufzustellenden** JA Rechnung zu tragen. Insb kann die gesetzliche Verpflichtung zur Aufstellung einer GuV nicht mit dem Hinweis auf anderweitige Informationsrechte der Gester relativiert werden.

Dabei können je nach UntGröße und Zahl der Gester (zB bei Publikums-PersGes mit einer Vielzahl von Kommanditisten) Differenzierungen notwendig sein, so dass im Grunde **nicht** von einer **allgemeingültigen GuV** der *reinen* PersGes gesprochen werden kann. Die gesetzliche Kontroll- und Informationsregelung soll ua verhindern, dass die nicht geschäftsführenden Mit-Gester sich mit zu niedrigen Ergebnisanteilen zufrieden geben. Die Gester müssen sich anhand der GuV zumindest über die wesentlichen Quellen des Jahresergebnisses und die Auswirkungen in Anspruch genommener Ansatz- und Bewertungsspielräume, durch die das Ergebnis wesentlich beeinflusst wurde, ausreichend informieren können.

Einen Anhaltspunkt für die danach notwendigen Informationen können die Gliederungsvorschriften für KapGes (§§ 275 ff) bieten (so auch ADS[6] § 247 Anm 81 mwN). Sie sind ggf um wesentliche aperiodische sonstige betriebliche Erträge und wesentliche aperiodische sonstige betriebliche Aufwendungen zu ergänzen. 632

Vielfach wird auch im GesVertrag auf die Vorschriften für KapGes Bezug genommen. Ein wesentliches Unterschreiten dieser Anforderungen könnte deshalb uU ges-rechtlich bedenklich sein und einen Verstoß gegen die GoB bedeuten (näher vgl *Förschle/Kropp* DB 1989, 1041 ff). Zu den Besonderheiten bei KapCoGes s § 264c Anm 70 ff mwN. 633

D. Sonderfragen bei reinen Personengesellschaften

I. Ausweis des Steueraufwands

Nach den Gliederungsschemata des § 275 haben KapGes die Posten „Steuern vom Einkommen und vom Ertrag" und „sonstige Steuern" gesondert auszuweisen. Hierunter fallen nach hM alle Steuern, die das Unt als Steuerschuldner zu entrichten hat (§ 275 Anm 235 ff). 640

Unter den Steuern vom Ertrag ist bei PersGes **allein die Gewerbesteuer** auszuweisen, da die auf das Jahresergebnis entfallende ESt nicht von dem Unt, sondern von den Gestern geschuldet wird (zur Zuordnung von Steuerschulden des Ekfm s § 246 Anm 70). Die von der PersGes geschuldete GewSt ist vollständig erfolgswirksam zu erfassen, auch soweit es sich um Steuerwirkungen aufgrund von Ergänzungs- und Sonderbilanzen oder aus der Veräußerung von Mitunternehmeranteilen durch KapGes oder PersGes (§ 7 S 2 Nr 2 GewStG) handelt, die von einem Gester veranlasst sind, sich im Rahmen der Gewinnverteilung wirtschaftlich jedoch grds auch auf die anderen Gester auswirken (so auch *Ischebeck/Nissen-Schmidt* in HdR[5] Kap 5 Anm 20; aA (Erfassung einer Entnahme des die Steuerwirkung auslösenden Gesters) *Kirsch* DStR 2009, 1972). Solche fremdbestimmten Steuerwirkungen können zwischen den Gestern zB durch die Anpassung des ges-vertraglichen Gewinnverteilungsschlüssels ausgeglichen werden (s *Plambeck* DStR 2010, 1553). Die persönlichen Steuerschulden eines Gesters sind auch dann nicht passivierbar, wenn sie sich aus der Beteiligung am Vermögen und Gewinn der PersGes ergeben haben, da diese keine „Gesamthandsverbindlichkeiten" der Ges darstellen (IDW RS HFA 7, Tz 23). Zu den Besonderheiten des Ausweises bei KapCoGes vgl § 264c Abs 3 S 2. Im Steueraufwand von PersGes sind auch Zuführungen zu Rückstellungen für passive latente Steuern bei Vorliegen der Tatbestandsvoraussetzungen nach § 249 Abs 1 S 1 zu erfassen (s hierzu IDW RS HFA 7, Tz 26; den Kreis der Anwendungsfälle sehr eng auslegend *BStBK*, Verlautbarung der Bundessteuerberaterkammer zum Ausweis passiver latenter Steuern als Rückstellungen in der Handelsbilanz DStR 2012, 2296; dazu auch *Karrenbrock* Passive latente Steuern als Verbindlichkeitsrückstellungen BB 2013, 235). Gleiches gilt für Aufwendungen und Erträge aus der freiwilligen Anwendung von § 274 (zur Zulässigkeit s IDW RS HFA 7, Tz 18).

§ 5 Abs 5 S 2 PublG gestattet, die Steuern, die publizitätspflichtige reine PersGes und Ekfl als Steuerschuldner zu entrichten haben, bei Anwendung der 641

§ 247 642–648 (Exkurs 1)

Gliederung nach § 275 unter den **sonstigen betrieblichen Aufwendungen** auszuweisen. Obwohl es sich hierbei um eine Spezialvorschrift für GroßUnt dieser Rechtsformen handelt, können auch kleinere Ekfl und *reine* PersGes dieser Handhabung folgen.

642 Falls *reine* PersGes das **Umsatzkostenverfahren** anwenden (Anm 666 f), bestehen keine Bedenken, die Verkehrsteuern den Funktionsbereichen Herstellung, Vertrieb und allgemeine Verwaltung zuzuordnen. Werden die „sonstigen Steuern" beim **Gesamtkostenverfahren** in den sonstigen betrieblichen Aufwendungen ausgewiesen, ist ggf eine Erweiterung der Postenbezeichnung erforderlich.

643 Zur Ermittlung und zum Ausweis der auf den Anteil am Gewinn von **KapCoGes** entfallenden von den Gestern zu zahlenden persönlichen Steuern s § 264c Anm 71 ff.

644 Bei zu erwartenden **erheblichen Steuernachzahlungen** wird die künftige Vermögens- und Finanzlage des Unt belastet, wenn die dafür erforderlichen Mittel der PersGes entzogen werden dürfen. Es kann erforderlich werden, bei Aufstellung des JA künftige Entnahmen hierfür durch Bilanzvermerke bei den entspr EK-Posten anzugeben (s *ADS*[6] § 246 Anm 442 mwN).

II. Behandlung von Vergütungen

645 IdR werden zwischen PersGes und ihren Gestern außerhalb der ges-rechtlichen Gewinnverteilung besondere **Vergütungen** vereinbart, insb für die Haftungsübernahme, persönliche Mitarbeit (zB Geschäftsführung) eines Gesters oder für die Gewährung von Darlehen oder Überlassung bestimmter VG (zB Mieten). Darüber hinaus sind auch Vergütungen für andere Leistungen der Gester (zB Warenbezüge oder Dienstleistungen von anderen Unt eines Gesters) denkbar.

646 Zum Teil werden diese (Vorab-)Vergütungen bei der **Ergebnisermittlung**, zum Teil aber auch – entspr den steuerrechtlichen Vorschriften – erst bei der Gewinnverteilung berücksichtigt. Die unterschiedliche Darstellung der Ertragslage je nachdem, welche Vereinbarungen im Einzelfall getroffen wurden, „wird vom Gesetzgeber bewusst in Kauf genommen" (IDW RS HFA 7, Tz 29). Die in der Praxis sehr unterschiedlichen Handhabungen beruhen häufig auf entspr Bestimmungen des GesVertrags. Im Hinblick auf die Beurteilung der Ertragslage und den Gläubigerschutz dürfte eine exakte Abgrenzung aber unverzichtbar sein. Sofern zwischen PersGes und Gester ein **Leistungsentgelt** besonders vereinbart ist, kann aus systematischen Gründen nur die Verrechnung als Aufwand in Betracht kommen. Dabei wäre es im Interesse der Mit-Gester (und evtl der Gläubiger) informativ, die *Gester-Beziehungen* durch Davon-Vermerke (zB „Davon an Gesellschafter") bei dem betr Posten der GuV offenzulegen.

647 **Steuerrechtlich** handelt es sich bei solchen Vergütungen wegen § 15 Abs 1 Nr 2 EStG und mangels Drittwirkung von Vereinbarungen zwischen Gestern unabhängig von der Behandlung im handelsrechtlichen JA stets um Gewinnverwendung, so dass als Aufwand erfasste Vergütungen zur Berechnung der GewSt dem HB-Ergebnis hinzugerechnet werden müssen.

III. Ergebnisabhängige Vergütungen und Vergütungsverzichte

648 Werden geschäftsführenden phG einer PersGes ergebnisabhängige Vergütungen (zB Abschlussvergütungen, Gratifikationen, Tantiemen) zugesagt und ge-

währt, richtet sich die Behandlung im JA grds nach den vertraglichen Regelungen. Ist danach mit den Gester-Geschäftsführern für ihre persönliche Mitarbeit ein bestimmter Betrag oder besonderer Ergebnisanteil vereinbart, ist die erfolgsabhängige Vergütung handelsrechtlich unter **„Löhne und Gehälter"** zu erfassen.

Fehlen diese Voraussetzungen, handelt es sich um eine besondere ges-rechtliche **Gewinnverteilungsabrede** mit der Folge, dass die Vergütungen auch das HB-Ergebnis **nicht** mindern dürfen.

649 Es kommt vor, dass Gester zur Vermeidung eines Verlustausweises auf ihnen zustehende Vergütungen **endgültig verzichten**. Soweit der Verzicht bereits vor Entstehung des Vergütungsanspruchs, dh bei Anknüpfung des Anspruchs an eine auf das Gj bezogene Ergebnisgröße vor Ablauf des Gj, ausgesprochen wird, ist die Behandlung im JA unproblematisch (keine Berührung von Bilanz und GuV). Anders dagegen, wenn erst angesichts einer schlechten Ertragslage auf einen bereits entstandenen Vergütungsanspruch verzichtet wird. In diesem Fall kommt lediglich eine Bruttoerfassung in Betracht, dh der Aufwand darf nicht storniert werden (zur Möglichkeit des Rückbezugs von Sanierungsmaßnahmen auf den Abschlussstichtag s *Förschle/Heinz* in Sonderbilanzen[4] Q Anm 43).

650 Entspr gilt bei einem auflösend **bedingten Verzicht**. Knüpft die Bedingung wie ein Besserungsschein an eine künftige Gewinnerzielung an, ist die Nachzahlung der „gestundeten" Beträge erst in dem Gj, in dem Gewinn erzielt wird, aufwandswirksam zu erfassen (s *Förschle/Heinz* in Sonderbilanzen[4] Q Anm 48f).

651 Unter Umständen kann eine vereinbarte Vergütung auch eine ges-rechtliche **Gewinnverteilungsabrede** besonderer Art darstellen (s Anm 646). Unabhängig vom Ergebnis der Vertragsauslegung sollte jedoch eine ggü dem Vj geänderte Beurteilung aus Gründen der Klarheit kenntlich gemacht werden (so IDW RS HFA 7, Tz 30).

IV. Ausweis des Jahresergebnisses

652 Sofern der JA aufgrund von GesVertrag oder gesetzlichen Regelungen unter Berücksichtigung der vollständigen oder teilweisen Verwendung des Jahresergebnisses aufzustellen ist und dieses dann nicht unmittelbar in der Bilanz ersichtlich ist, erscheint es insb für KapCoGes (§ 264c Anm 40ff), jedoch auch für reine PersGes sachgerecht, in Fortführung der GuV oder ggf im Anhang die Verwendung des Jahresergebnisses wie folgt darzustellen (IDW RS HFA 7, Tz 56; glA *WPH*[14] I, F Anm 142):

Jahresüberschuss/-fehlbetrag
-/+ Gutschrift/Belastung auf Rücklagenkonto ...
-/+ Gutschrift/Belastung auf Kapitalkonten ...
-/+ Gutschrift/Belastung auf Verbindlichkeitenkonto ...
Ergebnis nach Verwendungsrechnung/Bilanzgewinn

Bei reinen PersGes erscheint es ebenso mit den GoB vereinbar, das Jahresergebnis in eine Darstellung der Veränderung der Kapitalanteile in einer Vorspalte zum EK einzubeziehen.

Ein unverteilter offener Ausweis in der Bilanz ist nur zulässig, wenn der Jahresüberschuss zur Disposition der Gester steht (IDW RS HFA 7, Tz 47f). Verluste, die nach einer ges-vertraglich zulässigen Verrechnung mit ggf vorhandenen gesamthänderisch gebundenen Rücklagen verbleiben, sind stets von den Kapitalkonten der Gester abzusetzen (IDW RS HFA 7, Tz 49, 51).

653 Voraussetzung ist jedoch, dass in all diesen Fällen das Jahresergebnis aus der GuV hervorgeht. Aus § 242 Abs 2, wonach die GuV „eine Gegenüberstellung der Aufwendungen und Erträge des Geschäftsjahrs" zu sein hat, ergibt sich die Notwendigkeit der exakten Abgrenzung zwischen Ergebnis*entstehung* und Ergebnis*verteilung*. Die den Gestern zustehenden Gewinnanteile dürfen das handelsrechtliche Jahresergebnis nicht mindern. Umgekehrt dürfen Verlustanteile das handelsrechtliche Jahresergebnis nicht erhöhen. Ausnahmen sind nur dann zulässig, wenn die Gewinnverteilungsregelung im GesVertrag die Voraussetzungen einer Gewinnabführungs- und Verlustübernahmevereinbarung (§§ 291, 292 AktG) erfüllt. Dies dürfte jedoch nur selten der Fall sein.

Bei Gewinnausschüttungen einer KapGes, an der die PersGes beteiligt ist, ist die von der KapGes einbehaltene KapESt Beteiligungsertrag; dieser ist „bei Einbuchung des Beteiligungsertrages als von den Gesellschaftern entnommen zu betrachten" (IDW RS HFA 7, Tz 31; *BMF* 23.9.1996 GmbHR, 956; BGH 30.1.1995 DStR, 574).

Zum Ausweiswahlrecht eines fiktiven Steueraufwands der Gester nach dem Jahresergebnis s § 264c Anm 72 ff.

E. Alternative Gliederungsformen und Gliederungsverfahren

I. Konto- oder Staffelform

660 Im Gegensatz zu den KapGes/KapCoGes ist den Ekfl und *reinen* PersGes für die GuV-Gliederung keine bestimmte Form vorgeschrieben. Sie dürfen daher zwischen der Konto- und der Staffelform wählen (so auch *ADS*[6] § 247 Anm 86). Gleichwohl dürfte das HGB auch hier die Staffelform stillschweigend unterstellt haben, denn in der Begr zum ursprünglichen Gesetzentwurf findet sich der Hinweis, dass „sich die Staffelform bewährt habe und kein Bedürfnis für eine Gliederung in Kontoform" bestehe.

661 Die **Kontoform** hat die Vorteile, die gleiche drucktechnische Anordnung wie die Bilanz zuzulassen, die Zuordnung als Aufwand oder Ertrag ohne Angabe eines Vorzeichens sofort erkennen zu lassen sowie die Aufwands- und die Ertragssumme direkt auszuweisen. Das sind zugleich Mängel der **Staffelform**. Ein weiterer Mangel der Staffelform ist, dass sie bzgl der Reihenfolge der Posten auf einen bestimmten Auswertungszweck hin konzipiert und damit für andere Zwecke wenig oder gar nicht brauchbar ist. Die Staffelform hat aber den entscheidenden Vorteil, den Prozess der Ergebnisentstehung bis hin zum Jahresergebnis wesentlich deutlicher zu machen. Außerdem lässt sie die Bildung zusätzlicher Zwischensummen zu und erleichtert durch ihre dadurch idR übersichtlichere Struktur die Erfolgsanalyse zB in Form von Vj-Vergleichen oder durch Darstellung einer mehrjährigen Entwicklung. Außerdem werden die Erfolgskomponenten der gewöhnlichen Geschäftstätigkeit und ao Erfolgskomponenten augenfällig getrennt.

II. Gesamtkosten- oder Umsatzkostenverfahren

662 Das in der GuV häufig verwendete Gesamtkostenverfahren (§ 275 Anm 45 ff) ist für Ekfl und *reine* PersGes ebenso zulässig wie das Umsatzkostenverfahren (§ 275 Anm 265 ff; so auch *ADS*[6] § 247 Anm 84). Beide Verfahren entsprechen den GoB. Da das Umsatzkostenverfahren im Allgemeinen ein Betriebsabrechnungssystem voraussetzt, ist es für Unt ohne Kostenstellenrechnung nicht geeignet. Allerdings wäre eine Beschränkung nur auf das Gesamtkostenverfahren angesichts des für KapGes bestehenden Wahlrechts unangebracht.

Hinzuweisen ist auch auf die starke Informationsverdichtung beim Umsatzkostenverfahren. Während dies für Zwecke der Information **Außenstehender** unproblematisch ist, werden Ekfl und *reine* PersGes für **interne Zwecke** der Inhaber-/Gester-Information zusätzlich die Personalaufwendungen, jeweils als „Davon-Vermerk" oder nachrichtlich, anzugeben haben. Für den Materialaufwand wird dies nur in Einzelfällen (zB bei relativ hohem Anteil am Umsatz, bei sehr großen Schwankungen der Stoffeinsatzquote) gefordert werden können; denn auch unter das PublG fallende PersGes brauchen keinen Anhang aufzustellen (§ 5 Abs 2 S 1 PublG). 663

III. Gliederungsschemata

Ekfl und PersGes, die zur Aufstellung eines handelsrechtlichen JA verpflichtet sind, haben nach § 60 Abs 1 S 2 EStDV der **Steuererklärung** die GuV beizufügen. Grds kann es sich daher anbieten, eine handelsrechtliche GuV aufzustellen, die soweit möglich auch die Informationsanforderungen der FinVerw berücksichtigt **(einheitliche GuV).** Dabei sind Vergütungen, die ein Gester auf der Grundlage schuldrechtlicher Vereinbarungen von der PersGes erhält oder an die PersGes zahlt, unabhängig von der steuerrechtlichen Behandlung nicht im Rahmen der Gewinnverteilung, sondern unter den der zivilrechtlichen Beurteilung entspr GuV-Posten auszuweisen. 664

Die Aufstellung einer weitestgehend einheitlichen GuV erscheint jedoch nicht unproblematisch, da die **Unterschiede in den Wertansätzen** zwischen StB und HB bzw der Überleitungsbedarf nach § 60 Abs 2 EStDV infolge der Abschaffung der sog umgekehrten bzw formellen und der materiellen Maßgeblichkeit sowie der Einführung neuer Bewertungsvorschriften durch das BilMoG deutlich zugenommen haben (*Herzig/Briesemeister/Schäperclaus* DB 2011, 1 ff). Die Erstellung einer Einheitsbilanz wird somit nicht mehr der Regelfall sein. Auch die handelsrechtliche GuV wird den Informationsbedürfnissen der FinVerw in der Folge uU nur unzureichend gerecht. Zudem sind die (Gliederungs-)Anforderungen (veröffentlichte Taxonomien) der FinVerw an die nach § 5b EStG für Wj, die nach dem 31.12.2011 beginnen (s §§ 52 Abs 15a, 51 Abs 4 Nr 1c EStG, 1 AnwZpvV), **elektronisch zu übermittelnde GuV** zu beachten (zur sog „Nichtbeanstandungsregelung" für das Erstjahr vgl § 266 Anm 307 ff; Taxonomie abrufbar unter www.esteuer.de; vgl BMF v 27.6.2013, 5.6.2012 und 28.9.2011, *s* auch § 266 Anm 306, 325 ff). Vor dem Hintergrund der durch die FinVerw festgelegten (Gliederungs-)Anforderungen, insb der Vielzahl vorgegebener Mussfelder auch bei Verwendung der durch die Taxonomie 5.2 mit BMF v 27.6.2013 eingeführten sog *GuV nach MicroBilG,* ist fraglich, inwieweit für KleinstEkfl und KleinstPersGes mit einer Anwendung der verkürzten GuV-Gliederung nach § 275 Abs 5 für KleinstKapGes überhaupt wesentliche Erleichterungen verbunden sind.

Eine Gliederung, die für die **aufzustellende interne GuV** von Ekfl und *reinen* PersGes in Betracht kommen kann, wird sich hinsichtlich des Aufbaus grds an den Gliederungsschemata des § 275 orientieren (§ 275 Anm 11, 15 ff), um die handelsrechtlichen Rechnungslegungspflichten zum Zweck der Information von Geschäftsinhaber bzw Gester zu erfüllen. Im Übrigen bleibt es den Unt unbenommen, den JA für Zwecke der **Vorlage an Dritte** abw und **weniger tief** zu gliedern. Auch eine Offenlegung der Beziehungen zu *verbundenen Unternehmen* dürfte zweckmäßig, aber nicht erzwingbar sein. Wesentliche Erträge oder Auf- 665 wendungen des Finanz- und Beteiligungsergebnisses aus verbundenen Unt sollten in einen Davon-Vermerk aufgenommen werden. Jedoch werden die für Ekfl und *reine* PersGes erforderlichen Gliederungen wesentlich von den individuellen Gegebenheiten und den jeweiligen Informationsanforderungen geprägt.

1. Interne Gliederungen

666 Aus den dargelegten Grundsätzen und den bisherigen Erfahrungen ergeben sich – in Anlehnung an § 275 – folgende **Beispiele** für **aufzustellende GuV** (zur weitergehenden (Unter-)Gliederung s *Förschle/Kropp* DB 1989, 1043 ff):

Gesamtkostenverfahren – Staffelform

Umsatzerlöse
Erhöhung oder Verminderung des Bestands an fertigen und unfertigen Erzeugnissen und andere aktivierte Eigenleistungen
Sonstige betriebliche Erträge
Materialaufwand
Personalaufwand
– davon für Altersversorgung
Planmäßige Abschreibungen auf immaterielle Anlage-VG und Sachanlagen
Außerplanmäßige Abschreibungen
Sonstige betriebliche Aufwendungen
Ergebnis aus Betriebstätigkeit
Erträge aus Finanzanlagen
Erträge aus Zinsen und ähnliche Erträge
Abschreibungen auf Finanzanlagen
Zinsen und ähnliche Aufwendungen
Ergebnis der gewöhnlichen Geschäftstätigkeit
Außerordentliche Erträge
Außerordentliche Aufwendungen
Außerordentliches Ergebnis
Steuern
Jahresüberschuss/Jahresfehlbetrag

Umsatzkostenverfahren – Staffelform

Umsatzerlöse
Herstellungskosten der zur Erzielung der Umsatzerlöse erbrachten Leistungen
Bruttoergebnis vom Umsatz
Vertriebskosten
Allgemeine Verwaltungskosten
Sonstige betriebliche Erträge
Sonstige betriebliche Aufwendungen
Außerplanmäßige Abschreibungen
   (sofern nicht bei den Funktionsbereichen als Davon-Vermerk)
Ergebnis aus Betriebstätigkeit
Erträge aus Finanzanlagen
Erträge aus Zinsen und ähnliche Erträge
Abschreibungen auf Finanzanlagen
Zinsen und ähnliche Aufwendungen
Ergebnis der gewöhnlichen Geschäftstätigkeit
Außerordentliche Erträge
Außerordentliche Aufwendungen
Außerordentliches Ergebnis
Steuern
Jahresüberschuss/Jahresfehlbetrag

Gesamtkostenverfahren – Kontoform

Aufwendungen	Erträge
Bestandsminderung an fertigen und unfertigen Erzeugnissen	Umsatzerlöse
Materialaufwand	Bestandserhöhungen an fertigen und unfertigen Erzeugnissen
Personalaufwand	Andere aktivierte Eigenleistungen
– davon für Altersversorgung	Sonstige betriebliche Erträge
Planmäßige Abschreibungen auf immaterielle Anlage-VG und Sachanlagen	Erträge aus Finanzanlagen
	Erträge aus Zinsen und ähnliche Erträge
Außerplanmäßige Abschreibungen	Außerordentliche Erträge
Sonstige betriebliche Aufwendungen	Jahresfehlbetrag
Abschreibungen auf Finanzanlagen	
Zinsen und ähnliche Aufwendungen	
Außerordentliche Aufwendungen	
Steuern	
Jahresüberschuss	

Umsatzkostenverfahren – Kontoform

Aufwendungen	Erträge
Herstellungskosten der zur Erzielung der Umsatzerlöse erbrachten Leistungen	Umsatzerlöse
	Sonstige betriebliche Erträge
Vertriebskosten	Erträge aus Finanzanlagen
Allgemeine Verwaltungskosten	Erträge aus Zinsen und ähnliche Erträge
Sonstige betriebliche Aufwendungen	Außerordentliche Erträge
Außerplanmäßige Abschreibungen (sofern nicht bei den Funktionsbereichen als Davon-Vermerk)	Jahresfehlbetrag
Abschreibungen auf Finanzanlagen	
Zinsen und ähnliche Aufwendungen	
Außerordentliche Aufwendungen	
Steuern	
Jahresüberschuss	

2. Vorlage an Dritte

Um auch für **außenstehende Dritte** einen Aussagewert zu besitzen, sollte eine **offengelegte** GuV zumindest die Posten der nachfolgend gekürzten Schemata enthalten (s *Förschle/Kropp* DB 1989, 1046; zu den darüber hinaus gehenden steuerrechtlichen Untergliederungen im Rahmen der Taxonomie für Zwecke der elektronischen Übermittlung gem § 5b EStG s § 266 Anm 332 ff). Dabei können die Staffelform oder die Kontoform gewählt werden. Die Staffelform hat sich an der Reihenfolge des § 275 zu orientieren. Im Übrigen sind die Vorschriften des § 277 Abs 1 bis 5 sinngemäß anzuwenden.

667

Gesamtkostenverfahren – Kontoform

Aufwendungen	Erträge
Materialaufwand, Bestandsminderungen und bezogene Leistungen	Umsatzerlöse
Personalaufwand	Bestandserhöhungen und andere aktivierte Eigenleistungen
Planmäßige Abschreibungen	Sonstige betriebliche Erträge
Außerplanmäßige Abschreibungen	Beteiligungserträge, Zinsen und ähnliche Finanzerträge
Sonstige betriebliche Aufwendungen	Außerordentliche Erträge
Zinsen und ähnliche Finanzaufwendungen, Abschreibungen auf Finanzanlagen	Jahresfehlbetrag

§ 247 667 (Exkurs 1)

Aufwendungen	Erträge
Außerordentliche Aufwendungen Steuern Jahresüberschuss	

Gesamtkostenverfahren – Staffelform

Umsatzerlöse
Bestandsveränderungen und andere aktivierte Eigenleistungen
Sonstige betriebliche Erträge
Materialaufwand
Personalaufwand
Planmäßige Abschreibungen
Außerplanmäßige Abschreibungen
Sonstige betriebliche Aufwendungen
Ergebnis aus Betriebstätigkeit
Beteiligungserträge, Zinsen und ähnliche Finanzerträge
Zinsen und ähnliche Finanzaufwendungen, Abschreibungen auf Finanzanlagen
Ergebnis der gewöhnlichen Geschäftstätigkeit
Außerordentliche Erträge/Außerordentliche Aufwendungen
Außerordentliches Ergebnis
Steuern
Jahresüberschuss/Jahresfehlbetrag

Umsatzkostenverfahren – Kontoform

Aufwendungen	Erträge
Herstellungskosten der zur Erzielung der Umsatzerlöse erbrachten Leistungen Vertriebskosten Allgemeine Verwaltungskosten Sonstige betriebliche Aufwendungen Außerplanmäßige Abschreibungen (sofern nicht bei den Funktionsbereichen als Davon-Vermerk) Zinsen und ähnliche Finanzaufwendungen, Abschreibungen auf Finanzanlagen Außerordentliche Aufwendungen Steuern Jahresüberschuss	Umsatzerlöse Sonstige betriebliche Erträge Beteiligungserträge, Zinsen und ähnliche Finanzerträge Außerordentliche Erträge Jahresfehlbetrag

Umsatzkostenverfahren – Staffelform

Umsatzerlöse
Herstellungskosten der zur Erzielung der Umsatzerlöse erbrachten Leistungen
Bruttoergebnis vom Umsatz
Vertriebskosten
Allgemeine Verwaltungskosten
Sonstige betriebliche Erträge
Sonstige betriebliche Aufwendungen
Außerplanmäßige Abschreibungen
 (sofern nicht bei den Funktionsbereichen als Davon-Vermerk)
Ergebnis aus Betriebstätigkeit
Beteiligungserträge, Zinsen und ähnliche Finanzerträge
Zinsen und ähnliche Finanzaufwendungen, Abschreibungen auf Finanzanlagen
Ergebnis der gewöhnlichen Geschäftstätigkeit
Außerordentliche Erträge/Außerordentliche Aufwendungen
Außerordentliches Ergebnis
Steuern
Jahresüberschuss/Jahresfehlbetrag

Exkurs 2: Die Steuerbilanz der Personengesellschaft/Mitunternehmerschaft

A. Allgemeines

I. Handelsrecht

Die **PersGes** ist ein privatrechtlicher, rechtsgeschäftlich begründeter Zusammenschluss von mindestens zwei Personen zur Verwirklichung eines gemeinsamen Zwecks (§ 705 BGB). Im Unterschied zur KapGes, die körperschaftlich bzw mitgliedschaftlich strukturiert ist, ist die PersGes in ihrer traditionellen gesetzlichen Grundform personalistisch ausgestaltet, wenngleich neuerdings eine partielle Anpassung an die rechtstatsächlichen Verhältnisse erfolgt (§§ 131 Abs 3 Nr 1, 177). Personalistisch bedeutet, dass den Beteiligten an der Zusammenarbeit mit der bzw den jeweiligen individuellen Person(en) gelegen ist, der konkrete GesterBestand eine tragende Grundlage des Zusammenschlusses ist. 700

Grundtypus der PersGes ist die **Gesellschaft bürgerlichen Rechts** (GbR, §§ 705 ff BGB). Sog **PersonenhandelsGes** sind die OHG (§§ 105 ff), die KG (§§ 161 ff) und die Europäische Wirtschaftliche Interessenvereinigung (EWIV, VO(EWG) Nr. 2137/85 vom 25.7.1985; EWIV-Ausführungsgesetz vom 14.4. 1988, BGBl I, 514). PersGes ist weiterhin die **stille Ges** (§§ 230 ff), die **Partenreederei** (§§ 489 ff) und die **Partnerschaft** (§ 1 PartGG). 701

InnenGes treten im Unterschied zur **AußenGes** im Rechtsverkehr nicht als verbundene Gesamtheit der Gester nach außen auf. InnenGes ist zB die stille Ges, AußenGes sind zB die OHG und KG. PersGes können ein ges-rechtlich gebundenes Vermögen, sog **Gesamthandsvermögen** aufweisen (zB OHG und KG) oder **gesamthandslos** sein (zB stille Ges). 702

Die sog **Unterbeteiligung,** im Rahmen derer ein Hauptbeteiligter einem Dritten eine Bet an seinem Ges-Anteil einräumt, ist eine GbR in Form einer gesamthandslosen InnenGes. Es bestehen keine ges-rechtlichen Beziehungen des Unterbeteiligten zu derjenigen Ges, an deren Anteil die Bet eingeräumt wurde. Keine PersGes ist der **nichtrechtsfähige Verein** (§ 54 BGB, § 1 Abs 1 Nr 5 KStG). Die **Bruchteilsgemeinschaft** (§§ 741 ff BGB) ist eine bloße Rechtsgemeinschaft, keine Zweckgemeinschaft. 703

Besondere gesetzliche Rechnungslegungspflichten bestehen für die **GbR** und die **stille Ges** nicht. Vorbehaltlich rechtsgeschäftlich vereinbarter besonderer Verpflichtungen besteht eine allgemeine Verpflichtung zur **Rechenschaftslegung** nach Maßgabe des § 259 BGB. 704

Gemäß § 6 finden die „in betreff der Kaufleute geltenden Vorschriften", mithin auch die Verpflichtung zur Führung von Büchern (§§ 238 ff; hierzu § 247 Anm 28), auch auf die HandelsGes Anwendung. Die **PersonenhandelsGes** sind daher handelsrechtlich zur **Rechnungslegung** verpflichtet (§§ 242 ff; die Vergünstigungen nach §§ 241a, 242 Abs 4 sind auf PersGes nicht anwendbar). Dies gilt auch für die Kfl kraft Eintragung (§§ 2, 3). Bei Überschreiten bestimmter Größenordnungen (Bilanzsumme, Umsatzerlöse, Arbeitnehmer) kann sich eine Rechnungslegungspflicht für reine PersGes nach dem **Publizitätsgesetz** ergeben (§§ 1, 3 Abs 1 Nr 1 PublG). Für KapCoGes s § 264a. 705

Zur handelsrechtlichen **Bilanzierung bei PersGes** und zur **GuV von PersGes** s IDW RS HFA 7 vom 6.2.2012 (FN-IDW 2012, 189) sowie § 246 Anm 63 f, 75 f; § 247 Anm 641 ff u 660 ff: Zu bilanzieren sind nur VG, die bei 706 wirtschaftlicher Betrachtung Ges-Vermögen sind, ungeachtet ihrer betrieblichen Nutzung. VG, die im Eigentum der Gester stehen, dürfen bei der Ges auch dann nicht bilanziert werden, wenn sie betrieblich genutzt werden. Zu passivieren sind nur Gesamthandsverbindlichkeiten, also nicht persönliche Schulden der Gester. Verbindlichkeiten ggü Gestern sind als solche auszuweisen. Für die Bildung von Rückstellungen gelten die gleichen Grundsätze wie bei KapGes (s § 249).

707 Die **Beziehungen zwischen Ges und Gester** können sich auf den Inhalt der GuV und der Bilanz auswirken. Je nach Vereinbarung kann ein Vorgang als Aufwand/Ertrag oder bei der Ergebnisverteilung zu berücksichtigen sein. Erträge aus der Bet an KapGes umfassen auch die einbehaltene KapESt, die bei Einbuchung des Beteiligungsertrags als entnommen anzusehen ist.

708 Die Gliederung der Bilanz richtet sich nach Abs 1, für KapCoGes nach §§ 264 ff. Maßgeblich sind die GoB, insb der Grundsatz der Klarheit und Übersichtlichkeit. Entspr gilt auch für die Gliederung der GuV.

709 Im gesetzlichen Normalstatut hat jeder Gester der PersGes nur einen Kapitalanteil (§§ 120 Abs 2, 121, 122 Abs 2, 161 Abs 2, 168, 169). Hiervon wird in der Praxis schon wegen der nicht gewollten Gewinnverteilung (§ 121) regelmäßig durch GesVertrag abgewichen, wobei zunächst zwischen festem und variablem **Kapitalkonto** zu unterscheiden ist. Das feste Kapitalkonto („Kapitalkonto I") entspricht meist der bedungenen (Haft-)Einlage und definiert regelmäßig die Beteiligungsquote, wogegen auf dem variablen Kapitalkonto („Kapitalkonto II") alle übrigen Bewegungen erfasst werden. Das Kapitalkonto II wird seinerseits häufig unterteilt. Durchgesetzt haben sich 3-Konten-Modelle (Kapitalkonto I, Verlustvortrags- und Darlehenskonto) bzw 4-Konten-Modelle (zzgl gesamthänderisch gebundenes Rücklagenkonto). Die Behandlung der Konten ergibt sich dabei allein aus dem GesVertrag. Gleichartige Konten können in der HB zusammengefasst werden. Für die GmbH & Co KG und die OHG ohne natürliche Person als Vollhafter gelten die besonderen Bestimmungen des § 264c. Die im HR eingetragene Hafteinlage des Kommanditisten entspricht nur dann auch der ges-rechtlichen Einlageverpflichtung, wenn der Ges-Vertrag die Einlageverpflichtung nicht gesondert regelt, was normalerweise jedoch der Fall ist. Eine über die ges-vertragliche Einlageverpflichtung hinausgehende im HR eingetragene Hafteinlage kommt vor allem im Insolvenzfall zum Tragen, da den Gläubigern ggü die ges-vertragliche Regelung unerheblich ist (§ 172 Abs 1, Abs 3). Rücklagen sind als Teil des EK gesondert auszuweisen. Der Ausweis des Jahresergebnisses ist abhängig von den ges-vertraglich getroffenen Vereinbarungen und kann separat unverteilt, in einer Vorspalte oder bereits saldiert in den Kapitalkonten erfolgen. Kapitalanteile der Gester, die jederzeit entnommen werden dürfen, sollen kenntlich gemacht werden.

II. Steuerrecht

710 **Einkommen- bzw körperschaftsteuerlich** ist die PersGes im Grundsatz **transparent,** dh nicht die Ges selbst ist Steuerrechtssubjekt, sondern in erster Linie ihre Gester (zu Reformüberlegungen *Brandenberg, Hennrichs* und *Prinz*, FR 2010, 721 ff, 731 ff und 736 ff). Dies folgt aus § 15 Abs 1 S 1 Nr 2 EStG, der die **Gewinnanteile** der Gester und nicht den Gewinn der Ges als **Einkünfte** bestimmt. Nicht die Ges ist steuerpflichtig, sondern die Gester. Allerdings wird der PersGes in bestimmten Angelegenheiten partielle Steuerrechtsfähigkeit zuerkannt (vgl *Wacker* in Schmidt[32] § 15 Anm 164). Für Zwecke der **GewSt** ist die PersGes umfassend eigenständiges Steuersubjekt (§ 5 Abs 1 S 3 GewStG), ebenso für Zwecke der **USt** (§ 2 UStG) und der **GrESt** (§ 13 GrEStG). Materiell wird bei der GrESt allerdings im Verhältnis zwischen Ges und Gester wieder durch die Ges „hindurchgesehen" (§§ 5, 6 GrEStG).

1. Einkünftequalifikation

Ertragsteuerlich tritt ggü dem (zivilrechtlichen) Begriff der PersGes der aus **711** § 15 Abs 1 S 1 Nr 2 EStG abgeleitete Begriff der **„Mitunternehmerschaft"** in den Vordergrund. § 15 Abs 1 S 1 Nr 2 EStG erfasst explizit die OHG und die KG sowie andere Ges, bei denen der Gester als Unternehmer (Mitunternehmer) anzusehen ist. Letzteres sind PersGes und ihnen wirtschaftlich vergleichbare Gemeinschaftsverhältnisse.

Zum Begriff der **PersGes** s oben Anm 700. **Andere Ges** iSd § 15 Abs 1 S 1 **712** Nr 2 EStG sind die GbR, die Partenreederei, die stille Ges, die ausländische PersGes (soweit mit deutscher PersGes vergleichbar), wirtschaftlich vergleichbaren Gemeinschaftsverhältnisse (insb Gütergemeinschaft, Erbengemeinschaft und Bruchteilsgemeinschaft, vgl hierzu *Bode* in Blümich § 15 Anm 337 f) und Partnerschaften (s *Wacker* in Schmidt[32] § 18 Anm 41). Keine Mitunternehmerschaft liegt vor, wenn der einzige Kommanditist nur Treuhänder des einzigen phG ist (sog Treuhandmodell, vgl BFH 3.2.2010 BStBl II, 751 mit Anm *Wacker*, HFR 2010, 744).

Gewerbliche Tätigkeit ist eine mit Gewinnerzielungsabsicht ausgeübte, **713** selbstständige und nachhaltige Tätigkeit, die eine Beteiligung am allgemeinen wirtschaftlichen Verkehr bildet (zu diesen Merkmalen *Bode* in Blümich § 15 Anm 18 ff) und nicht eine land- und forstwirtschaftliche, freiberufliche bzw selbstständige oder rein vermögensverwaltende Tätigkeit darstellt (§ 15 Abs 2 EStG). Auf PersGes mit Einkünften aus **selbständiger Tätigkeit** (vgl § 18 Abs 1 EStG) bzw aus **Land- und Forstwirtschaft** (vgl § 13 Abs 1 EStG) findet § 15 Abs 1 S 1 Nr 2 EStG entspr Anwendung (§§ 18 Abs 4, 13 Abs 7 EStG). Für **vermögensverwaltende PersGes** kann ein Verfahren zur einheitlichen und gesonderten Feststellung des Überschusses über die Werbungskosten nach § 180 Abs 1 Nr 2 AO in Frage kommen, zur sog **Zebragesellschaft** siehe Anm 735.

Als Gewerbebetrieb gilt die Tätigkeit einer OHG, KG oder anderen PersGes **714** in vollem Umfang, wenn sie auch nur teilweise gewerblich tätig ist (**Abfärbe- oder Infektionstheorie**). Zur Verankerung der Abfärbetheorie in § 15 Abs 3 Nr 1 EStG und zu Ausnahmen vgl *Wacker* in Schmidt[32] § 15 Anm 185 ff. Soweit die PersGes damit originär auch andere Einkunftsarten verwirklichen würde, führt die Abfärbetheorie zur **Umqualifizierung** sämtlicher anderer Einkünfte der Ges in gewerbliche Einkünfte. Zur Vermeidung dieser Rechtsfolge hat sich in der Praxis das sog Ausgliederungsmodell entwickelt (*Wacker* in Schmidt[32] § 15 Anm 193). Durch Aufnahme einer (untergeordneten) gewerblichen Tätigkeit kann andererseits eine ansonsten nur vermögensverwaltende PersGes zu einer gewerblichen PersGes umgestaltet werden. Erfüllen nicht alle Gester einer freiberuflichen PersGes die persönlichen Voraussetzungen der beruflichen Qualifikation (**Beteiligung berufsfremder Personen**), erzielt die Ges grds in vollem Umfang gewerbliche Einkünfte (*Wacker* in Schmidt[32] § 18 Anm 43).

Eine PersGes, die keine gewerbliche Tätigkeit ausübt, erzielt jedoch auch dann **715** in vollem Umfang gewerbliche Einkünfte, wenn ihre persönlich haftenden Gester alle KapGes sind und nur diese oder Personen, die nicht Gester sind, zur Geschäftsführung befugt sind (**gewerblich geprägte PersGes**, § 15 Abs 3 Nr 2 S 1 EStG). Zum Begriff der PersGes s oben Anm 700. Der Begriff der KapGes entspricht demjenigen des § 1 Abs 1 Nr 1 KStG (einschl vergleichbarer ausländischen Ges; zur str Frage, ob generell geprägte PersGes auch DBA-rechtlich immer „unternehmerisch" tätig sind vgl *Wacker* in Schmidt[32] § 15 Anm 216 iVm

173 mwN). Ist neben oder zusammen mit der Komplementär-KapGes auch eine natürliche Person, die gleichzeitig Gester ist, geschäftsführungsbefugt, liegt eine gewerblich geprägte PersGes nicht vor. Insoweit besteht eine Gestaltungsfreiheit mit steuerrechtlicher Wirkung. Zu Einzelheiten s *Wacker* in Schmidt[32] § 15 Anm 212 ff.

716 Die umstrittene Frage, ob eine **Innenges** gewerblich geprägt sein kann, hat der BFH für die atypisch stille Ges mit einer gewerblich tätigen KapGes bzw gewerblich geprägten PersGes bejaht, obwohl es mangels Ges-Schulden persönlich haftende Gester eigentlich nicht gibt (BFH 26.11.1996 BStBl II 1998, 328).

717 Zu Voraussetzungen und Folgen sog **doppel- oder mehrstöckig gewerblich geprägter PersGes** nach § 15 Abs 3 Nr 2 EStG vgl *Wacker* in Schmidt[32] § 15 Anm 217; *Thiel* in FS Spiegelberger, 504 ff).

718 Soweit im Rahmen einer Mitunternehmerschaft gewerbliche Einkünfte erzielt werden, führt dies regelmäßig zur **Gewerbesteuerpflicht** der PersGes mit diesen Einkünften und damit zu einer zusätzlichen Steuerbelastung auf Ebene der PersGes, der jedoch für Gester, die natürliche Personen sind, wegen der pauschalen Anrechnung nach § 35 EStG (vgl dazu BMF 24.2.2009, BStBl I, 440; BMF 22.12.2009, BStBl I 2010, 43; BMF 1.11.2010, BStBl I, 1312) eine ESt-Entlastung ggüstehen kann. Nicht der GewSt unterliegt die Aufgabe des Gewerbebetriebs oder die Veräußerung des Gewerbebetriebs bzw der Anteile an einer Mitunternehmerschaft (§ 16 EStG), sofern dies unmittelbar durch eine natürliche Person geschieht (§ 7 S 2 GewStG). Bei Vorliegen eines Gewerbebetriebs sind die WG des Betriebsvermögens grds steuerverstrickt, dh **stille Reserven** unterliegen im Falle ihrer Realisierung (zB durch Veräußerung des WG) der Besteuerung.

2. Mitunternehmerinitiative und Mitunternehmerrisiko

719 Die Personen(außen)Ges ist insoweit partielles Steuerrechtssubjekt, als sich auf Ebene der Ges als Einheit die **Einkünfteerzielung** vollzieht und die **Gewinnermittlung** erfolgt.

§ 15 Abs 1 S 1 Nr 2 EStG erfasst neben PersGes ihnen **gleichgestellte** gewerblich tätige **Rechtsgemeinschaften** (zB Gütergemeinschaft, Erbengemeinschaft) und sonstige nicht als Ges-Verhältnis in Erscheinung tretende Rechtsverhältnisse, die zivilrechtlich jedoch als solche zu qualifizieren sind (**verdeckte Mitunternehmerschaft,** s Anm 729).

720 Der Begriff des Mitunternehmers ist ein Typusbegriff, der sich nur in einer wertenden Betrachtung aller seiner Merkmale erschließt. Maßgeblich ist das Gesamtbild der Verhältnisse.

Mitunternehmer ist, wer auf Grund eines Ges-Verhältnisses oder eines diesem gleichgestellten Gemeinschaftsverhältnisses zusammen mit anderen Personen Mitunternehmerinitiative ausübt und Mitunternehmerrisiko trägt. Beide Merkmale müssen nicht gleichmäßig stark ausgeprägt sein, sie sind bedingt kompensierbar, s *Wacker* in Schmidt[32] § 15 Anm 262.

Mitunternehmerinitiative ist die ges-rechtliche Teilnahme an unternehmerischen Entscheidungen nach Art eines Geschäftsführers oder leitenden Angestellten. Es ist nach hM ausreichend, wenn die Stellung des Gesters hinsichtlich seiner Stimm-, Kontroll- und Widerspruchsrechte derjenigen des gesetzlich typisierten Kommanditisten bzw GbR-Gesters entspricht bzw angenähert ist (§§ 161, 164, 166, § 716 Abs 1 BGB). Bei Abweichung vom gesetzlichen Regelstatut eines Kommanditisten muss die Stellung jedoch über das gesetzliche Regelstatut eines typisch stillen Gesters hinausreichen (§§ 233 ff). Im Einzelnen s *Wacker* in Schmidt[32] § 15 Anm 263 und 266 ff.

Mitunternehmerrisiko ist die ges-rechtliche Teilhabe am Erfolg und Misserfolg des Gewerbebetriebs, dh:
- die Teilhabe am lfd Gewinn/Verlust,
- die Teilhabe am übrigen Wertzuwachs des betrieblichen Vermögens, dh an den stillen Reserven (inkl GFW) spätestens bei Beendigung der Ges und
- die Haftung.

Für das Bestehen eines Mitunternehmerrisikos müssen nicht alle Bestandteile der Erfolgsteilhabe/Risiken gleichzeitig bestehen. Die verschiedenen Komponenten können im Rahmen des Mitunternehmerbegriffs als **Typusbegriff** auch unterschiedlich stark ausgeprägt sein und erst in ihrer wertenden Zusammenschau die Qualifikation als Mitunternehmer entscheiden (s *Wacker* in Schmidt[32] § 15 Anm 266ff). So reicht das bloße Haftungsrisiko als persönlich haftender Gester einer KG für das Bestehen eines Mitunternehmerrisikos aus, selbst wenn keine kapitalmäßige Beteiligung des Komplementärs und damit weder Gewinn/Verlustbeteiligung noch Beteiligung an stillen Reserven besteht. Letztere Konstellation ist oft bei der GmbH & Co KG anzutreffen. Dies soll auch dann gelten, wenn der Gester im Innenverhältnis freigestellt ist und eine feste Vergütung erhält (BFH 25.4.2006 BStBl II, 595). Wer am lfd Gewinn/Verlust und bei seinem Ausscheiden oder im Falle der Liquidation auch an den stillen Reserven einschl des GFW beteiligt ist, ist auch dann Mitunternehmer, wenn er an der Geschäftsführung nicht beteiligt ist und nur geringe sonstige Mitwirkungs- und Kontrollrechte hat. Wer nicht an den stillen Reserven einschl des GFW partizipiert, ist regelmäßig nicht Mitunternehmer, auch wenn er am lfd Gewinn/Verlust beteiligt ist, sofern nicht seine Entscheidungskompetenz maßgeblichen Einfluss auf seinen Gewinn-/Verlustanteil hat (vgl *Bode* in Blümich § 15 Anm 349f).

3. Gewinnerzielungsabsicht

Gewinnerzielungsabsicht (§ 15 Abs 2 EStG) ist das Streben nach Totalgewinn über die gesamte Lebensdauer der Ges. Bei einer Personenmehrheit wie einer PersGes muss diese Absicht in der Verbundenheit der Personen, dh auf Ebene der Ges vorliegen. Es ist allerdings möglich, dass trotz Gewinnerzielungsabsicht auf Ebene der Ges in der Person einzelner Gester eine Gewinnerzielungsabsicht ausgeschlossen werden muss mit der Folge, dass diese keine Mitunternehmer sind (*Wacker* in Schmidt[32] § 15 Anm 183). Die Gewinnerzielungsabsicht kann Nebenzweck der Ges sein (§ 15 Abs 2 S 3 EStG).

Gewinn ist die durch Betriebsvermögensvergleich erfassbare, aus der gewerblichen Betätigung resultierende Mehrung des Betriebsvermögens (*Bode* in Blümich 15 Anm 36ff). Erforderlich ist die Mehrung des Ges-Vermögens unter Einbeziehung des Sonderbetriebsvermögens (Anm 760) der Gester. Die Minderung der persönlichen Steuerbelastung erhöht den Gewinn nicht, die Absicht Steuern zu mindern, ist damit keine Gewinnerzielungsabsicht (§ 15 Abs 2 S 2 EStG). Abzustellen ist auf den **Totalgewinn** in der **Totalperiode,** dh die Mehrung des eingesetzten EK bei Betrachtung der gesamten Lebensdauer der Ges. Hat eine PersGes unterschiedliche, selbständige Tätigkeitsbereiche, ist das Vorliegen der Gewinnerzielungsabsicht für jeden Tätigkeitsbereich einzeln zu prüfen.

Als **subjektives Tatbestandsmerkmal** muss das Vorliegen bzw Nichtbestehen der Gewinnerzielungsabsicht auf der Grundlage objektiver Tatsachen und Merkmale (Indizien) unter Einbeziehung einer Prognose abgeleitet werden. Die Feststellungs- und Beweislast für das Vorliegen der Gewinnerzielungsabsicht trägt nach den allgemeinen Regeln derjenige, der sich zu seinen Gunsten auf sie beruft.

4. Arten der Mitunternehmerschaft

a) Personenhandelsgesellschaft

723 Zu den einzelnen Arten einer Mitunternehmerschaft vgl oben Anm 700 ff und *Bode* in Blümich § 15 Anm 251 ff. Zu den Erfordernissen der Mitunternehmerinitiative und des Mitunternehmerrisikos vgl oben Anm 720. Zur Gewinnerzielungsabsicht vgl oben Anm 721.

b) Atypisch stille Gesellschaft

724 Wer sich am Handelsgewerbe eines anderen beteiligt, ist stiller Gester (§ 230). Sofern der still Beteiligte nicht Mitunternehmer ist, bezieht er Einkünfte aus Kapitalvermögen (sog typisch stiller Gester § 20 Abs 1 Nr 4 EStG). Der atypisch stille Gester bezieht dagegen als Mitunternehmer Einkünfte aus Gewerbebetrieb. Mitunternehmerschaft liegt regelmäßig vor, wenn der still Beteiligte am Gewinn und Verlust sowie den stillen Reserven beteiligt ist oder bei fehlender Bet am Verlust bzw an den stillen Reserven jedenfalls maßgeblichen Einfluss auf die lfd unternehmerischen Entscheidungen hat. Im Einzelnen s *Wacker* in Schmidt[32] § 15 Anm 340 ff. Auch am Geschäftsbetrieb einer KapGes ist eine stille Bet möglich (zB GmbH & Still).

c) Unterbeteiligungen

725 Eine Bet kann auch an einer anderen Bet, dh einem Mitunternehmeranteil oder einem Anteil an einer KapGes bestehen. Mangels Bet an einem Handelsgewerbe liegt keine stille Ges, sondern eine GbR in der Form der Innenges vor (s Anm 703). Diese Unterbeteiligung selbst kann wiederum Mitunternehmerschaft sein, wenn sie an einer Mitunternehmerschaft besteht. Im Rahmen einer atypisch stillen Unterbeteiligung an einem Mitunternehmeranteil bestehen somit zwei Mitunternehmerschaften. Unterbeteiligung an einem GmbH-Anteil oder einer typisch stillen Beteiligung begründet keine Mitunternehmerschaft. Der Unterbeteiligte erzielt regelmäßig anteilig Einkünfte derselben Einkunftsart wie der Hauptbeteiligte. Im Einzelnen s *Bode* in Blümich § 15 Anm 330 ff; *Wacker* in Schmidt[32] § 15 Anm 365 ff.

d) Treuhandverhältnisse

726 Im Rahmen eines Treuhandverhältnisses betr einen Ges-Anteil an einer PersGes ist der Treuhänder zivilrechtlich Gester. Allein der Treugeber ist jedoch bei fremdnütziger Treuhand an einem Kommanditanteil im steuerlichen Sinn Mitunternehmer (zum sog Treuhandmodell vgl oben Anm 712). Ihm sind die Einkünfte zuzurechnen, da er Mitunternehmerinitiative entfaltet und das Mitunternehmerrisiko trägt. Bei unbeschränkter Außenhaftung des Treuhänders (Stellung als Komplementär oder Gester einer OHG) kann der Treuhänder ebenfalls Mitunternehmer sein (Anm 813, 805). Zum Unterschied zur Unterbeteiligung und zu weiteren Einzelheiten s *Wacker* in Schmidt[32] § 15 Anm 295 ff; *Bode* in Blümich § 15 Anm 361 ff.

e) Nießbrauch

727 Unabhängig von der zivilrechtlichen Einordnung des Nießbrauchs an einem Anteil an einer PersGes (s hierzu *Wacker* in Schmidt[32] § 15 Anm 305) ist der Nießbraucher dann als Mitunternehmer anzusehen, wenn er infolge der Einräumung des Nießbrauchs eine Stellung erlangt, die derjenigen eines Mitunternehmers entspricht. Da der Nießbraucher grds nicht an den stillen Reserven beteiligt ist, bedarf es zur Vermittlung der Mitunternehmerstellung neben einem Mitunternehmerrisiko durch eine erfolgsabhängige Gewinn- bzw Verlustbeteiligung einer entspr starken Ausprägung der Mitunternehmerinitiative (s Anm 720). Der Nießbrauchbesteller bleibt regelmäßig Mitunternehmer. Im Einzelnen s *Bode* in Blümich § 15 Anm 364 ff.

f) Personengesellschaften ausländischen Rechts

Soweit eine ausländische PersGes wirtschaftlich mit einer inländischen PersGes vergleichbar ist (Typenvergleich), ist sie eine „andere Gesellschaft" iSd § 15 Abs 1 S 1 Nr 2 EStG. Ihre inländischen Gester bzw ihr inländischer Betriebsstättengewinn sind entspr zu behandeln. Im Einzelnen s *Wacker* in Schmidt[32] § 15 Anm 169, 173; *Bode* in Blümich § 15 Anm 247. Allg zu Mitunternehmerschaften im internationalen SteuerR *Prinz* FR 2013, 1.

g) Verdeckte Mitunternehmerschaft

Auch ohne zivilrechtliche Stellung als Gester einer PersonenaußenGes kann eine sog verdeckte (bzw faktische) Mitunternehmerschaft bestehen, wenn die Rechtsbeziehungen einer Person zur Ges oder zu einem Gester so ausgestaltet sind, dass von einer InnenGes im Verhältnis zur Ges oder zum Gester auszugehen ist. Voraussetzung ist auch hier, dass Mitunternehmerrisiko und -initiative bestehen. Entspr gilt für Rechtsbeziehungen zu KapGes oder Einzel-Unt.

Bei Austauschverträgen (zB Darlehens-, Pacht-, Dienstvertrag) mit angemessenem Verhältnis zwischen Leistung und Gegenleistung liegt regelmäßig keine InnenGes vor, soweit Inhalt und Durchführung einem Fremdvergleich standhalten. In diesen Fällen wird keine steuerliche Mitunternehmerschaft verdeckt. Im Einzelnen zur verdeckten Mitunternehmerschaft s *Wacker* in Schmidt[32] § 15 Anm 172 und 280 ff; *Bode* in Blümich § 15 Anm 234 f.

5. Beginn und Ende der Mitunternehmerschaft

Die gewerbliche und damit mitunternehmerische Tätigkeit der Personengesamtheit **beginnt** einkommensteuerrechtlich mit den ersten gemeinsamen Vorbereitungshandlungen, die in unmittelbarem wirtschaftlichem Zusammenhang mit dem Beginn der werbenden Tätigkeit stehen, soweit die Tatbestandsmerkmale der Mitunternehmerschaft erfüllt sind. Die zivilrechtliche Wirksamkeit eines Ges-Vertrags ist dazu nicht erforderlich. Der Beginn einer Mitunternehmerschaft kann auch dann anzunehmen sein, wenn es am Ende zur werbenden Tätigkeit nicht gekommen ist, diese aber ernsthaft beabsichtigt wird. Gewerbesteuerrechtlich beginnt der Gewerbebetrieb jedoch erst mit Aufnahme seiner werbenden Tätigkeit nach außen (A 18 Abs 1 GewStR; BFH 30.8.2012, BStBl II, 927; *Drüen* in Blümich § 2 GewStG Anm 235 ff).

Zum (Beginn des) **gewerblichen Grundstückshandel(s)** s *Bode* in Blümich § 15 Anm 156 ff, 191; *Dellner*, SteuK 2009, 69. Zum Beginn eines Gewerbebetriebs durch **Strukturwandel** s *Wacker* in Schmidt[32] § 15 Anm 132.

Der Gewerbebetrieb der Mitunternehmerschaft **endet** nicht bereits mit Einstellung der werbenden Tätigkeit **(Betriebseinstellung),** sondern erst mit Ende der letzten Abwicklungshandlung, im Zeitpunkt der Betriebsaufgabe oder im Zeitpunkt der Betriebsveräußerung. Er endet weiterhin mit Aufgabe der Gewinnerzielungsabsicht oder der Veräußerung des Mitunternehmeranteils. Gewerbesteuerrechtlich zählen Abwicklungshandlungen bereits nicht mehr zur stpfl Tätigkeit. Gewerbesteuerrechtlich ist demgemäß für die Beendigung des Gewerbebetriebs die Betriebseinstellung maßgeblich. S hierzu *Wacker* in Schmidt[32] § 15 Anm 133, 197; *Drüen* in Blümich § 2 GewStG Anm 248 ff.

Nur eine **Betriebsunterbrechung (ruhender Gewerbebetrieb)** liegt vor, wenn es wahrscheinlich ist, dass die werbende Tätigkeit innerhalb einer adäquaten Zeitspanne in ähnlicher oder vergleichbarer Art wie bisher wieder aufgenommen werden soll oder wenn der Betrieb ohne Erklärung der Betriebsaufgabe alsbald wieder verpachtet wird (*Drüen* in Blümich § 2 GewStG Anm 263 ff; vgl auch zur Neuregelung in § 16 Abs 3b *Wacker* in Schmidt[32] § 16 Anm 181 f, 709). Auch nach Beendigung einer Mitunternehmerschaft können noch **nachträgliche** Einkünfte aus Gewerbebetrieb, Land- und Forstwirtschaft bzw selbständiger Arbeit erzielt werden (§§ 15 Abs 1 S 2, 24 Nr 2 EStG; unten Anm 773).

B. Die Steuerbilanz der Personengesellschaft (Mitunternehmerschaft)

I. Die Einkünfteermittlung

732 Einkünfte aus Gewerbebetrieb sind die **Anteile** der Mitunternehmer am **Gesamtgewinn der Mitunternehmerschaft** (§ 15 Abs 1 S 1 Nr 2 EStG). Der Gesamtgewinn wird nach hM in einer **„Gesamtbilanz der Mitunternehmerschaft"** (BFH 2.12.1997 DStR 1998, 482) zweistufig wie folgt ermittelt:
1. Anteil am Gesamtgewinn – **erste Stufe** –
    a) Anteil am Ergebnis der aus der HB entspr den steuerlichen Vorschriften abgeleiteten StB
    b) Ergebnis einer etwaigen Ergänzungsbilanz für den einzelnen Mitunternehmer
2. Anteil am Gesamtgewinn – **zweite Stufe** –
    a) Ergebnis einer etwaigen Sonderbilanz für den einzelnen Mitunternehmer
    b) Ergebnis aus einer etwaigen Veräußerung des Mitunternehmeranteils

Zur Ermittlung des Gesamtergebnisanteils ist zunächst aus der HB der PersGes (Gesamthandsvermögen; Anm 705 ff) nach Maßgabe der steuerrechtlichen Vorschriften das Ergebnis der **StB der Gesellschaft** abzuleiten. Der Anteil an diesem Ergebnis wird durch die Resultate von evtl für einzelne Gester bestehenden **Ergänzungsbilanzen** (nur) für diese Gester modifiziert. Ergänzungsbilanzen berücksichtigen nicht für die Gesamtheit der Gester, sondern nur für einzelne Gester steuerlich relevante Umstände (Anm 744). Einzubeziehen sind dann weiterhin die Ergebnisse aus **Sonderbilanzen** für einzelne Gester. In Sonderbilanzen werden vor allem WG des Gesters ausgewiesen, die dieser der Ges zur Nutzung überlässt (Anm 757). Aus der Nutzungsüberlassung resultierende Sonderbetriebseinnahmen und -ausgaben beeinflussen den Gewinnanteil des betroffenen Gesters. Letztendlich sind auch die Ergebnisse aus der **Veräußerung von Gesellschaftsanteilen** (Mitunternehmeranteilen, § 16 Abs 1 Nr 2 EStG) beim veräußernden Gester zu berücksichtigen.

733 Das sich hiernach durch Addition der Einzelergebnisse für den einzelnen Gester ergebende Gesamtergebnis ist sein ihm steuerlich zuzurechnender Gewinn-/Verlustanteil. Der Erstellung einer formellen Gesamtbilanz bedarf es nicht. Im Verhältnis zwischen Gester und Ges ist grds korrespondierend zu bilanzieren (**„additive Gewinnermittlung mit korrespondierender Bilanzierung";** BFH 2.12.1997 DStR 1998, 482). Zu weiteren Einzelheiten s *Wacker* in Schmidt[32] § 15 Anm 403 ff.

Verfahrensmäßig wird der Gewinnanteil des jeweiligen Gesters durch das 734
Betriebs-FA einheitlich und gesondert festgestellt (§§ 179, 180 Abs 1 Nr 2a AO).

Vorstehendes gilt grds auch dann, wenn der **Anteil an einer PersGes in ei-** 735
nem Betriebsvermögen gehalten wird, bei dem der Gewinn durch Betriebsvermögensvergleich ermittelt wird. Wegen der Transparenz der PersGes existiert
in der steuerrechtlichen Betrachtung kein WG „Bet an einer PersGes", das in
einen Betriebsvermögensvergleich einbezogen werden könnte (zur Spiegelbildmethode vgl. *Weber-Grellet* in Schmidt[32] § 5 Anm 270 „Bet an PersGes" und
Wacker in Schmidt[32] § 15 Anm 690). Handelsbilanziell stellt eine Bet an einer
PersGes jedoch einen VG dar, der grds mit seinen AK zu bewerten ist (s IDW
RS HFA 18 vom 25.11.2011 FN-IDW 2012, 24: Bilanzierung von Anteilen an
Personenhandelsgesellschaften).

Werden Anteile an einer vermögensverwaltenden PersGes im Betriebsvermögen gehalten (sog **Zebragesellschaft**), sind die nicht gewerblichen Einkünfte
der PersGes beim Gester anteilig als Überschusseinkünfte zu erfassen. Die Einkünfte sind dann erst auf Ebene des gewerblich beteiligten Gesters umzuqualifi-
zieren (BFH GrS 11.4.2005 BStBl II, 679, BMF 29.4.1994 BStBl I, 282 mit
Vereinfachungsregelung; BMF 8.6.1999, BStBl I, 592).

II. Steuerliche Gesamthandsbilanz

1. Gewinnermittlung auf Ebene der Gesellschaft

Wegen der partiellen Steuerrechtssubjektivität der PersGes ist der Gewinn auf 736
Ebene der Ges zu ermitteln. Die Ges ist **Gewinnermittlungssubjekt.** Der
Gewinn ist durch **Betriebsvermögensvergleich** gemäß § 4 Abs 1 EStG zu
ermitteln. Gewinn ist demnach der Unterschiedsbetrag zwischen dem Betriebsvermögen am Schluss des Wj und zu Beginn des Wj, vermehrt um Entnahmen
und vermindert um Einlagen. Ausgangspunkt ist wegen des Maßgeblichkeitsgrundsatzes des § 5 Abs 1 EStG die HB der Ges (zur grds Fortgeltung der materiellen Maßgeblichkeit, allerdings modifiziert durch die Autonomie in der Ausübung steuerrechtlicher Wahlrechte, und zur Aufhebung der formellen/umge
kehrten Maßgeblichkeit in § 5 Abs 1 EStG vgl *Herzig/Briesemeister* DB 2009, 926
sowie *Dörfler/Adrian* DB 2009 Beilage Nr 5 (Umsetzung der HGB-Modernisierung), S 58 ff). Als partielles Steuerrechtssubjekt sind **Bilanzierungs- und
Bewertungswahlrechte auch** grds **einheitlich** für alle Gester auszuüben, sofern es sich nicht um personenbezogene Steuervergünstigungen handelt. Solche
werden steuerrechtlich durch Ergänzungsbilanzen erfasst (Anm 744 und 754 ff).

Rechtsbeziehungen zwischen der Ges und Gestern werden grds wie 737
Rechtsbeziehungen der Ges zu Dritten behandelt, sofern nicht eine Veranlassung
im Ges-Verhältnis zu einer abw Berücksichtigung führt bzw gesetzliche Regelungen anderes vorschreiben (§ 15 Abs 1 S 1 Nr 2 S 1 Hs 2 EStG). Soweit **Nutzungsvergütungen iSd** § 15 Abs 1 S 1 Nr 2 S 1 Hs 2 EStG den HB-Gewinn
als Aufwand gemindert haben, werden sie dem betroffenen Gester im Rahmen
der Sonderbilanz als Ertrag zugerechnet, so dass es sich per Saldo steuerlich um
eine Ergebniszurechnung handelt. Zur **Übertragung von WG** aus dem Betriebsvermögen der Ges in ein Sonderbetriebsvermögen oder sonstiges Betriebsvermögen und vice versa siehe unten Anm 792 ff.

2. Betriebsvermögen der Gesellschaft (Gesamthandsvermögen)

Grundlage der Gewinnermittlung ist der Betriebsvermögensvergleich: WG, 738
die zivilrechtlich oder wirtschaftlich (§ 39 Abs 2 Nr 1 AO) dem Gesamthands-

vermögen zuzuordnen sind, sind grds **notwendiges Betriebsvermögen** der PersGes und damit in den Betriebsvermögensvergleich zur Einkünfteermittlung einzubeziehen. Dies gilt auch dann, wenn das einzelne WG dem Betrieb der PersGes nicht unmittelbar dient oder zu dienen bestimmt ist. Letzteres folgt aus dem Grundsatz der Maßgeblichkeit der HB für die StB (s oben Anm 736). S im Einzelnen *Wacker* in Schmidt[32] § 15 Anm 480 ff.

739 Die mangelnde Mitunternehmerstellung einzelner Gester ist für die Qualifikation als Betriebsvermögen nicht relevant. WG des Betriebsvermögens, die fälschlich nicht bilanziert wurden, sind im Wege der Bilanzberichtigung (§ 4 Abs 2 EStG) einzubuchen (EStR (2012) 4.4). **Gewillkürtes Betriebsvermögen** als Gesamthandsvermögen einer PersGes gibt es anders als beim Sonderbetriebsvermögen nicht (BFH 20.5.1994 BFH/NV 1995, 101; aA wohl BFH 29.4.1999, BStBl II, 466 zu Devisentermingeschäften).

740 WG des Gesamthandsvermögens sind ausnahmsweise dann nicht dem Betriebsvermögen zuzuordnen, wenn eine betriebliche Veranlassung für den Erwerb nicht besteht bzw bestand. Insoweit wird der Maßgeblichkeitsgrundsatz durch zwingende steuerrechtliche Gewinnermittlungsvorschriften (§§ 4, 5 EStG) durchbrochen. Hintergrund hierfür ist die Maßgabe, dass nur betrieblich veranlasste Vermögensmehrungen und -minderungen steuerrechtlich wirksam werden. Dies ist insb dann nicht der Fall, wenn die Nutzung des WG ausschließlich oder fast ausschließlich in der privaten Sphäre der Gester liegt, so dass nicht mehr nur von einer Nutzungsentnahme ausgegangen werden kann, oder das WG voraussichtlich nur Verluste verursachen wird.

3. Verteilung des Bilanzgewinns bzw -verlusts

a) Gewinnverteilungsabrede

741 Das Ergebnis der StB der Ges ist den Mitunternehmern unmittelbar anteilig als eigene Einkünfte aus Gewerbebetrieb in dem **Zeitpunkt** zuzurechnen, in dem sie erzielt sind, dh regelmäßig mit Ablauf des Wj der Ges. Zufluss bzw Entnahmefähigkeit sind unbeachtlich (*Wacker* in Schmidt[32] § 15 Anm 441).

Die Zurechnung des Ergebnisses der **StB** erfolgt auf der **Grundlage** des gesvertraglich vereinbarten oder (mangels Vereinbarung) des gesetzlichen Gewinnverteilungsschlüssels. Ergebnisse aus **Ergänzungs- und Sonderbilanzen** sind dem jeweils betroffenen Gester zuzurechnen. Wiewohl sich die Gewinnverteilungsabrede auf den HB-Gewinn bezieht, ist diese auch auf das steuerrechtliche Ergebnis anzuwenden.

b) Änderung der Gewinnverteilung

742 Eine Änderung der Gewinnverteilung mit Wirkung für die Zukunft ist grds auch **steuerrechtlich zu beachten.** Einschränkungen können sich jedoch ergeben, wenn sachliche Gründe hierfür nicht erkennbar sind, insb bei einzelnen Gestern (bis zur nächsten Änderung) sachlich nicht gerechtfertigte Steuereffekte entstehen (idS auch *Bode* in Blümich § 15 EStG Anm 543). Eine **rückwirkende Änderung** ist mit steuerrechtlicher Wirkung jedoch ausgeschlossen. Relevant ist dies insb auch bei Änderungen im GesterBestand, sofern diese zivilrechtlich rückbezogen sind. Der Vollzug einer solchen Vereinbarung kann zu einem Anschaffungs- und Veräußerungsvorgang führen (*Wacker* in Schmidt[32] § 15 Anm 452). Bei einer **Änderung während des Wj** ist grds eine Zwischenbilanz aufzustellen (evtl Schätzung) und bis dahin der Gewinn nach der bisherigen Abrede und ab diesem Zeitpunkt nach der neuen Abrede zu verteilen.

c) Verlustabzugsbeschränkung nicht unbeschränkt haftender Gesellschafter

Die Zurechnung von Verlusten erfolgt auch für nur beschränkt haftende 743
Gester (Kommanditist, atypisch stiller Gester) nach der ges-rechtlichen Gewinnverteilungsabrede. Dies gilt auch dann, wenn hierdurch ein negatives Kapitalkonto entsteht, unabhängig davon ob der Verlust ausgleichs- oder abzugsfähig oder nur verrechenbar ist (§ 15a EStG, s unten Anm 858 ff). Steht jedoch bei Bilanzaufstellung fest, dass das negative Kapitalkonto durch künftige Gewinnanteile (ohne Ergebnisse aus Sonderbilanzen) nicht mehr ausgeglichen werden kann, ist ein entspr Verlustanteil den übrigen Gestern bis zur Höhe ihrer Kapitalanteile zuzurechnen (*Wacker* in Schmidt³² § 15a Anm 10). Ein darüber hinausgehender Verlust ist den persönlich haftenden Gestern zuzurechnen. Für den Gester, dessen negatives Kapitalkonto wegfällt, entsteht ein lfd Gewinn in Höhe des negativen Kapitalkontos bzw bei Wegfall anlässlich Liquidation oder Betriebsaufgabe ein begünstigter Gewinn (§§ 16 Abs 1 Nr 1, Abs 3, 34 EStG).

III. Die Ergänzungsbilanz(en)

1. Begriff und Anwendungsbereich

Ergänzungsbilanzen enthalten **Korrekturen** zu den Wertansätzen der WG des 744
Gesamthandsvermögens in der StB der PersGes (Mitunternehmerschaft), die nicht alle Mitunternehmer gleichermaßen betreffen. Ob die Wertansätze der Ergänzungsbilanz rein rechnerische Korrekturposten sind oder ideelle Anteile an den WG des Gesamthandsvermögens beschreiben, ist str (hierzu *Wacker* in Schmidt³² § 15 Anm 460). Ergänzungsbilanzen sind durch die Ges (Mitunternehmerschaft) zu erstellen. Sonderbilanzen enthalten hingegen WG, die außerhalb der Gesamthand stehen und einzelnen Gestern zuzuordnen sind (s unten Anm 757).

Ergänzungsbilanzen ergeben sich daher grds in folgenden Fällen, sofern han- 745
delsrechtlich eine Übernahme der „neuen" steuerrechtlichen Werte in der HB nicht zulässig oder – sofern nicht zwingend – nicht gewünscht ist:

1. Entgeltlicher **Erwerb eines Mitunternehmeranteils;**
2. in den Fällen des **§ 24 UmwStG** (**Einbringung** von Betrieb, Teilbetrieb oder Mitunternehmeranteil gegen Anteilsgewährung; **Verschmelzung** einer PersGes auf eine PersGes; **Abspaltung** und **Ausgliederung** auf eine PersGes);
3. Inanspruchnahme **persönlicher Steuervergünstigungen** durch einzelne Gester;
4. In den Fällen des § 6 Abs 5 EStG bei steuerneutraler Übertragung eines WG.

Das **Zusammenwirken** von **StB** der Ges und **Ergänzungsbilanz** des Mit- 746
unternehmers stellt sich wie folgt dar:

1. Das dem Mitunternehmer zuzurechnende anteilige Ergebnis der StB der Ges und das Ergebnis der Ergänzungsbilanz des Mitunternehmers ergeben seinen Gewinnanteil iSd § 15 Abs 1 S 1 Nr 2 Hs 1 EStG.
2. Das Kapitalkonto des Mitunternehmers in der StB der Ges und das Kapitalkonto seiner Ergänzungsbilanz bilden das Kapitalkonto iSd § 15a EStG (BMF 30.5.1997, BStBl I, 627).
3. Der Buchwert eines WG des Gesamthandsvermögens ist der addierte Wert in der StB der Ges und in der Ergänzungsbilanz.

Die Wertansätze der **Ergänzungsbilanz** sind grds nach dem Grundsatz der 747
Einheitlichkeit der Bewertung wie diejenigen in der StB der Ges **fortzuschreiben** (BFH 28.9.1995 BStBl II 1996, 68), es sei denn, es sind WG betroffen, die

nur in der Ergänzungsbilanz ausgewiesen sind oder bestimmte Maßnahmen sind personenbezogen. Im Einzelnen ist jedoch vieles str (*Wacker* in Schmidt[32] § 15 Anm 460, 464 ff). Aufwand und Ertrag aus der Fortschreibung von Ergänzungsbilanzen sind Teil des Gewinnanteils des betroffenen Mitunternehmers (Anm 746).

2. Entgeltlicher Erwerb eines Mitunternehmeranteils

748 Erwirbt ein Dritter oder ein bisheriger Gester einen Anteil an einer PersGes, dh einen Mitunternehmeranteil oder einen Teil hiervon, zu einem Preis, der über oder unter dem steuerlichen Buchwert (Kapitalkonto in der Gesamthand) liegt, ist dem durch eine positive bzw negative Ergänzungsbilanz Rechnung zu tragen. Hintergrund hierfür ist, dass der Erwerber steuerrechtlich nicht ein WG „Gesellschaftsanteil" erwirbt, sondern ideell anteilig die WG des Gesamthandsvermögens. Dementspr hat er nunmehr AK, die vom bisherigen Buchwert in der StB der Ges abweichen. Zum Ganzen s *Wacker* in Schmidt[32] § 15 Anm 461 ff.

749 Während die bisherigen Buchwerte in der StB der Ges fortgeführt werden, werden die sich aus den hiervon abw AK ergebenden Mehr- bzw Minderbeträge in einer Ergänzungsbilanz des erwerbenden Gesters ausgewiesen, dh die WG sind auf- bzw abzustocken **(positive bzw negative Ergänzungsbilanz).** Der Gesamtaufstockungs- bzw -abstockungsbetrag als Differenz zwischen dem Buchwert des erworbenen Kapitalkontos und dem Erwerbspreis wird im Verhältnis der in den einzelnen WG enthaltenen stillen Reserven bzw der Minderwerte auf diese verteilt (zur Aufteilung s § 255 Anm 81, hier Anm 405 ff). Soweit bei einer positiven Ergänzungsbilanz eine Verteilung auf sonstige bilanzierungsfähige WG nicht möglich ist, ergibt sich in der Ergänzungsbilanz ein GFW. Bei einer negativen Ergänzungsbilanz kann eine Abstockung nicht durch den Ansatz eines negativen GFW vermieden werden. Ist eine Abstockung von WG nicht mehr möglich, ist ein erfolgsneutraler Ausgleichsposten zu bilden (*Wacker* in Schmidt[32] § 15 Anm 463).

750 Bei einer **doppel- oder mehrstöckigen Personengesellschaft** ist der Mitunternehmer der OberGes gleichzeitig Mitunternehmer der UnterGes (§ 15 Abs 1 S 1 Nr 2 S 2 EStG). Beim entgeltlichen Erwerb eines Anteils an der OberGes einer doppelstöckigen PersGes über bzw unter Buchwert sind somit zwei Ergänzungsbilanzen zu erstellen. Die erste betrifft die WG der OberGes einschl, soweit vorhanden, deren Sonderbetriebsvermögen der UnterGes ohne den Anteil an der UnterGes. Die zweite betrifft die WG des Gesamthandsvermögens der UnterGes (*Wacker* in Schmidt[32] § 15 Anm 471).

3. Einbringung eines Betriebs, Teilbetriebs oder Mitunternehmeranteils in eine Personengesellschaft, Verschmelzung von Personengesellschaften, Abspaltung bzw Ausgliederung auf Personengesellschaft (§ 24 UmwStG)

751 Folgende Vorgänge stellen eine Einbringung eines Betriebs, Teilbetriebs oder Mitunternehmeranteils in eine PersGes nach § 24 UmwStG dar (UmwStG-Erl 11.11.2011 BStBl I, 1314, Tz 01.47; *Nitzschke* in Blümich § 24 UmwStG Anm 25 ff):

1. Aufnahme eines Gesters in ein EinzelUnt gegen Geldeinlage oder Einlage anderer WG,
2. Einbringung eines EinzelUnt in eine bereits bestehende PersGes oder durch Zusammenschluss mehrerer EinzelUnt zu einer PersGes,
3. Eintritt eines weiteren Gesters in eine bestehende PersGes gegen Geldeinlage oder Einlage anderer WG,

4. Einbringung der Ges-Anteile einer PersGes in eine andere PersGes gegen Gewährung von Anteilen an Letzterer, wobei das Vermögen der neuen Ges anwächst,
5. Verschmelzung von PersGes nach §§ 2, 39 UmwG,
6. Aufspaltung oder Abspaltung in eine PersGes nach § 123 Abs 1 und 2 UmwG bzw Ausgliederung aus Körperschaften, PersGes oder EinzelUnt auf PersGes nach § 123 Abs 3 UmwG.

Teilbetrieb iSd § 24 Abs 1 UmwStG ist auch eine zu einem Betriebsvermögen gehörende 100%-ige Bet an einer KapGes (UmwStG-Erl aaO, Tz 24.02 iVm 20.05, 15.02, 15.06 f; aA BFH 17.7.2008, DB 2281).

Bei Einbringung eines Betriebs, Teilbetriebs oder Mitunternehmeranteils in eine PersGes gegen Anteilsgewährung besteht für die aufnehmende PersGes gemäß § 24 UmwStG ein Wahlrecht, das eingebrachte Betriebsvermögen in ihrer StB einschließl der Ergänzungsbilanzen für ihre Gester mit dem Buchwert oder mit einem höheren Wert, höchstens mit dem gemeinen Wert anzusetzen. Bei der Wahl der Buchwertfortführung wird ein stpfl Veräußerungsgewinn vermieden, da der Wert, mit dem das eingebrachte Betriebsvermögen in der StB der PersGes einschl der Ergänzungsbilanz angesetzt wird, gemäß § 24 Abs 3 UmwStG für den Einbringenden als Veräußerungspreis gilt. **752**

Bei der Einbringung werden vielfach die Buchwerte des eingebrachten Betriebsvermögens in der StB der PersGes aufgestockt, um die Kapitalkonten der Gester im richtigen Verhältnis zueinander auszuweisen. Es kommt auch vor, dass ein Gester wegen unterschiedlicher stiller Reserven eine höhere Einlage leisten muss, als ihm in der StB der PersGes als Kapitalkonto gutgeschrieben wird. In solchen Konstellationen kann durch die Erstellung von negativen bzw positiven Ergänzungsbilanzen für die Gester die Entstehung eines stpfl Veräußerungsgewinns vermieden werden bzw durch den entspr Ansatz in den Ergänzungsbilanzen der gewählte Zwischenwert dargestellt werden. Bspe im UmwStG-Erl aaO, Tz 24.13 f; vgl *Wacker* in Schmidt[32] § 15 Anm 472 mwN. **753**

4. Personenbezogene Steuervergünstigungen

Neben rein **betriebsbezogenen** Steuervergünstigungen, die unabhängig vom jeweiligen UntTräger gewährt und in der StB einheitlich erfasst werden, gibt es **personenbezogene** Steuervergünstigungen, die an bestimmte personelle Voraussetzungen beim Stpfl anknüpfen. Sofern diese Vergünstigungen WG des Gesamthandsvermögens, dh der StB der Mitunternehmerschaft betreffen und nur für einzelne Mitunternehmer in Anspruch genommen werden (können), geschieht dies in einer (positiven oder negativen) Ergänzungsbilanz für den jeweils betroffenen Gester. Solche Steuervergünstigungen kann es zB in Form von erhöhter AfA, Sonderabschreibungen, steuerfreien Rücklagen oder Investitionszulagen geben. Sofern WG des Sonderbetriebsvermögens betroffen sind, sind die Steuervergünstigungen in der betroffenen Sonderbilanz zu berücksichtigen. Solange der GesterBestand unverändert ist, sind auch solche personenbezogenen Steuervergünstigungen einheitlich zu bilanzieren. **754**

Als eine der wichtigsten derzeit geltenden personenbezogenen Steuervergünstigungen ist **§ 6b EStG** zu nennen (vgl *Loschelder* in Schmidt[32] § 6b Anm 3 f; 43 ff; *Wacker* in Schmidt[32] § 15 Anm 474). **755**

Hat zB ein Mitunternehmer seinen Mitunternehmeranteil erst vor vier Jahren von einem ausgeschiedenen Mitunternehmer entgeltlich erworben, kann er eine Rücklage nach § 6b EStG im Falle der Veräußerung eines WG, das bereits mehr als sechs Jahre zum Betriebsvermögen der PersGes gehörte, nicht in Anspruch nehmen. Wird die Rücklage in der StB der Ges gebildet, ist dies in einer (positi- **756** ven) Ergänzungsbilanz für den nicht begünstigten Gester zu korrigieren. Das Mehrkapital der Ergänzungsbilanz erhöht seinen Gewinnanteil.

IV. Die Sonderbilanz(en)

757 Sonderbilanzen der Gester haben keine Korrekturfunktion zur StB der Ges vergleichbar der Ergänzungsbilanz (s oben Anm 744). In den Sonderbilanzen weisen die Gester die WG ihres Sonderbetriebsvermögens (Anm 760) sowie ihre Sonderbetriebseinnahmen und -ausgaben aus (s unten Anm 769).

Zum Betriebsvermögen der PersGes gehören auch die WG, die zwar nicht Gesamthandsvermögen der Ges sind, aber einem, mehreren oder allen Mitunternehmern zuzurechnen sind und zum Bereich der betrieblichen Betätigung des Mitunternehmers im Rahmen der PersGes gehören (**Sonderbetriebsvermögen**). Die steuerliche Gewinnermittlung erfolgt in der Sonderbilanz wie in der Gesamthandsbilanz(StB) der Ges einheitlich nach den gleichen Grundsätzen gemäß §§ 4, 5 EStG oder § 4 Abs 3 EStG.

758 Wird der Gewinn bzw Verlust aus den Sonderbilanzen zwar durch Betriebsvermögensvergleich ermittelt, kann daneben gleichwohl aus buchungstechnischen Gründen eine „**Sonder GuV**" geführt werden.

759 **Forderungen** eines **Gesters gegen** die **Ges** sind steuerlich grds als EK anzusehen mit der Folge, dass zB ergebniswirksame Wertberichtigungen in der Sonderbilanz nicht zulässig sind. Sondervergütungen sind zeit- und betragsgleich als Aufwand in der StB der Ges und als Ertrag in der Sonderbilanz des Gesters zu bilanzieren. S hierzu im Einzelnen *Wacker* in Schmidt[32] § 15 Anm 400ff u 506ff.

1. Sonderbetriebsvermögen

a) Notwendiges Sonderbetriebsvermögen

760 WG, die rechtlich und wirtschaftlich oder nur wirtschaftlich (§ 39 Abs 2 Nr 1 AO) im Eigentum eines Mitunternehmers stehen, sind sog **Sonderbetriebsvermögen I,** wenn sie **unmittelbar dem Betrieb** der PersGes **dienen** und sog **Sonderbetriebsvermögen II,** wenn sie **unmittelbar der Beteiligung** des Gesters an der PersGes **dienen** bzw diese fördern. Grundlage dessen ist zum einen der Begriff des Betriebsvermögens in §§ 4, 5 EStG, wonach WG, die der gewerblichen Tätigkeit dienen bzw hierzu gewidmet werden, dem Betriebsvermögen zuzuordnen sind, sowie partiell die Regelung des § 15 Abs 1 S 1 Nr 2 S 1 Hs 2 EStG, wonach Einkünfte aus Gewerbebetrieb zum einen die Gewinnanteile der Gester „und die Vergütungen, die der Gester von der Ges für seine Tätigkeit im Dienste der Ges oder für die Hingabe von Darlehen oder für die Überlassung von WG bezogen hat", sind (*Wacker* in Schmidt[32] § 15 Anm 506).

WG, die nur anteilig im rechtlichen bzw wirtschaftlichen Eigentum des Mitunternehmers stehen, sind, sofern sie dem Betrieb oder der Bet unmittelbar dienen, mit diesem Anteil Sonderbetriebsvermögen.

Die Geschäftsanteile der Komplementär-GmbH einer GmbH & Co KG sind idR notwendiges Sonderbetriebsvermögen, sofern die Komplementär-GmbH keine eigenständige gewerbliche Tätigkeit von einiger Bedeutung hat (vgl. etwa OFD Rheinland/OFD Münster 23.3.2011, DB 2011, 1302).

761 Die Einlage von **Nutzungsrechten,** sofern sie einlagefähige WG darstellen (BFH GrS 26.10.1987 BStBl II 1988, 348, *Heinicke* in Schmidt[32] § 4 Anm 303ff) führt regelmäßig dazu, dass das genutzte WG Sonderbetriebsvermögen wird (s *Wacker* in Schmidt[32] § 15 Anm 514f).

Verbindlichkeiten eines Mitunternehmers ggü Dritten sind notwendiges passives Sonderbetriebsvermögen, wenn sie unmittelbar durch den Betrieb der PersGes oder die Bet veranlasst sind. Dies ist insb dann der Fall, wenn die Schulden im unmittelbaren wirtschaftlichen Zusammenhang mit aktiven WG des Betriebsvermögens (notwendiges oder gewillkürtes Sonderbetriebsvermögen I oder II) stehen oder anderweitig mit dem Betrieb zusammenhängen (*Wacker* in Schmidt[32] § 15 Anm 521 ff).

b) Gewillkürtes Sonderbetriebsvermögen

Unter den gleichen Voraussetzungen, zu denen ein Einzelunternehmer gewillkürtes Betriebsvermögen bilden kann, kann auch ein Mitunternehmer gewillkürtes Sonderbetriebsvermögen I bzw II bilden (*Wacker* in Schmidt[32] § 15 Anm 527). Das nicht zum notwendigen Sonderbetriebsvermögen gehörende WG muss **objektiv geeignet** sein, dem Betrieb der PersGes oder der Bet des Eigentümers zu dienen und den Betrieb bzw die Bet fördern bzw in einem gewissen objektiven Zusammenhang mit dem Betrieb der PersGes oder Beteiligung stehen. Ferner muss das WG vom Eigentümer **subjektiv** dazu **bestimmt** sein, dem Betrieb der Ges oder seiner Bet zu dienen und diesen bzw diese zu fördern und dieser **Widmungsakt** muss rechtzeitig, klar und eindeutig zum Ausdruck gebracht werden (EStH (2011) 4.2 (1) „gewillkürtes Betriebsvermögen"). Dieser Widmungsakt vollzieht sich nach außen erkennbar regelmäßig mit dem Ausweis in der Buchführung der PersGes (zum Diskussionsstand, ob dies der allein zulässige Widmungsakt ist, s *Wacker* in Schmidt[32] § 15 Anm 530).

Verbindlichkeiten können regelmäßig nicht als passive WG gewillkürtes Sonderbetriebsvermögen sein, da sie regelmäßig nicht geeignet sind, den Betrieb bzw die Beteiligung zu fördern, es sei denn, sie stehen im wirtschaftlichen Zusammenhang mit aktivem gewillkürtem Betriebsvermögen (zB zur Finanzierung vgl *Wacker* in Schmidt[32] § 15 Anm 527). Wird ein WG dauernd und ausschließlich privat genutzt, ist es dem notwendigen Privatvermögen zuzurechnen.

c) Konkurrenz zwischen Betriebsvermögen und Sonderbetriebsvermögen

Ist ein WG sowohl einem Betriebsvermögen des Gesters als auch einem Sonderbetriebsvermögen der PersGes zuzurechnen, wird dieses Konkurrenzverhältnis nach derzeit hA an sich grds zugunsten der Sonderbetriebsvermögenseigenschaft gelöst (**Vorrang des Sonderbetriebsvermögens**, vgl *Wacker* in Schmidt[32] § 15 Anm 534). Nach aA (sog **Subsidiaritätsthese**) ist § 15 Abs 1 S 1 Nr 2 S 1 Hs 2 EStG jedoch lediglich eine Qualifikationsnorm, die nur solche Einkünfte und WG umqualifiziert, die zuvor keine gewerblichen Einkünfte bzw WG waren. Zu den Folgen der Qualifikation als Sonderbetriebsvermögen s *Wacker* in Schmidt[32] § 15 Anm 544 ff.

Für die mitunternehmerische Betriebsaufspaltung hat der BFH jedoch im Ergebnis die **Subsidiaritätsthese** angewandt (BFH 23.4.1998 BStBl II, 325; ebenso BMF 28.4.1998 BStBl I, 583). Danach besteht die Zuordnung zu einem anderen Betriebsvermögen auch bei Überlassung an die PersGes fort. § 15 Abs 1 S 1 Nr 2 S 1 Hs 2 EStG ist dann nicht vorrangig.

Bei (Nutzungsüberlassungs)Leistungen zu fremdüblichen Konditionen im Rahmen des lfd Geschäftsverkehrs zwischen PersGes und dem am Drittmarkt tätigen Gester soll der Vorrang des Sonderbetriebsvermögens ebenfalls nicht gelten (*Wacker* in Schmidt[32] § 15 Anm 535, 549).

Auch bei der Nutzungsüberlassung zwischen gewerblichen Schwester-PersGes soll der Vorrang des Sonderbetriebsvermögens der nutzenden Ges grds nicht gelten (zu weiteren Einzelheiten s *Wacker* in Schmidt[32] § 15 Anm 536, 601 ff).

766 Ist ein WG gleichzeitig Sonderbetriebsvermögen I bei einer und II bei einer anderen PersGes, geht die Qualifikation als Sonderbetriebsvermögen I vor (*Wacker* in Schmidt[32] § 15 Anm 537).

d) Entnahme von Sonderbetriebsvermögen

767 Verliert ein WG seine Eigenschaft als Sonderbetriebsvermögen, ist dies grds als stpfl Entnahme anzusehen. Dies ist in folgenden Situationen der Fall (*Wacker* in Schmidt[32] § 15 Anm 538):
1. Gewillkürtes Sonderbetriebsvermögen wird nicht mehr bilanziert.
2. Der (wirtschaftliche) Eigentümer verliert seine Mitunternehmereigenschaft.
3. Das WG wird an einen Nicht-Mitunternehmer übertragen.
4. Die Nutzungsüberlassung des WG durch den Gester wird beendet und das WG weiterhin privat genutzt.

768 Gehört das WG zu einem eigenen Betriebsvermögen des Gesters und ist nur wegen des Zuordnungsvorrangs Sonderbetriebsvermögen (oben Anm 763) führt der Wegfall der Sonderbetriebsvermögenseigenschaft nicht zu einer Entnahme/Einlage. Zum Übergang vom Sonderbetriebsvermögen eines Gesters in das Sonderbetriebsvermögen eines anderen Gesters vgl Anm 795 ff.

2. Sondervergütungen § 15 Abs 1 S 1 Nr 2 S 1 Hs 2 EStG

a) Sachlicher Anwendungsbereich

769 Gem § 15 Abs 1 S 1 Nr 2 S 1 Hs 2 EStG sind Einkünfte aus Gewerbebetrieb auch „die Vergütungen, die der Gester von der Ges für seine Tätigkeit im Dienste der Ges oder für die Hingabe von Darlehen oder für die Überlassung von WG bezogen hat". Vergütungen zwischen den Gestern oder solche, die von den Gestern an die Ges geleistet werden, sind ebenso wenig erfasst wie Veräußerungsentgelte.

770 Tätigkeitsvergütungen und Nutzungsüberlassungsvergütungen werden in Einkünfte aus Gewerbebetrieb **umqualifiziert,** auch wenn sie isoliert betrachtet einer anderen Einkunftsart zuzurechnen wären (zB unselbstständige Tätigkeit, Einkünfte aus Kapitalvermögen, Einkünfte aus Vermietung und Verpachtung). Der Rechtsgrund für die Nutzungsüberlassung ist grds unbeachtlich, solange die Veranlassung im Ges-Verhältnis liegt. Zu § 50d Abs 10 EStG (geändert durch AmtshilfeRLUmsG) bei grenzüberschreitenden Sondervergütungen s *Loschelder* in Schmidt[32] § 50d Anm 60 ff.

771 Ausgehend vom Veranlassungszusammenhang und auf der Grundlage des **„Beitragsgedankens"** erfasst § 15 Abs 1 S 1 Nr 2 S 1 Hs 2 EStG alle durch das Ges-Verhältnis veranlassten Vergütungen, die ein Mitunternehmer von der Ges erlangt und schließt nur zufällige oder vorübergehende Leistungsverhältnisse zwischen Ges und Gester aus, bei denen ein wirtschaftlicher Zusammenhang der Leistung mit der Mitunternehmerschaft ausgeschlossen erscheint (*Wacker* in Schmidt[32] § 15 Anm 562).

772 Werden die Leistungen durch den Mitunternehmer im Rahmen eines eigenen Gewerbebetriebs erbracht, stellen sie nach hM dennoch Sonderbetriebseinnahmen im Rahmen der Mitunternehmerschaft und nicht Betriebseinnahmen im eigenen Gewerbebetrieb dar. Zur **Subsidiaritätsthese** s Anm 763 ff.

b) Zeitlicher Anwendungsbereich

773 § 15 Abs 1 S 1 Nr 2 S 1 Hs 2 EStG erfasst grds nur solche Vergütungen, die der Empfänger für Leistungen während seiner Mitunternehmerstellung bezogen hat. Fälligkeit und Zahlungszeitpunkt sind unerheblich. § 15 Abs 1 S 2 EStG

erweitert den Anwendungsbereich auf Vergütungen, die als nachträgliche Einkünfte (§ 24 Nr 2 EStG) bezogen werden. Vergütungen, die als Einkünfte aus einem ehemaligen Rechtsverhältnis zwischen Mitunternehmer und Mitunternehmerschaft vom Mitunternehmer später oder von dessen Rechtsnachfolger (Gesamt- oder Einzelrechtsnachfolger) bezogen werden, werden somit auch als gewerbliche Einkünfte qualifiziert, obwohl sie von einem Stpfl bezogen werden, der nicht (mehr) Mitunternehmer ist. Damit ist die Vergütung mit GewSt belastet und in die gesonderte und einheitliche Feststellung einzubeziehen (*Wacker* in Schmidt[32] § 15 Anm 572).

c) Zeitpunkt der Zurechnung

Die Vergütungen sind dem Mitunternehmer unabhängig vom Zeitpunkt des tatsächlichen Zuflusses dann steuerrechtlich als gewerbliche Einkünfte zuzurechnen, wenn er sie bezogen hat. Für den Bereich der Sondervergütungen wird der Gesamtgewinn der Mitunternehmerschaft in der Weise ermittelt, dass die in der StB der Ges passivierten Verpflichtungen zur Zahlung einer Sondervergütung durch einen gleichhohen Aktivposten in der Sonderbilanz der begünstigten oder aller Gester ausgeglichen wird (**Grundsatz der korrespondierenden Bilanzierung**). Demnach erfolgt die Zurechnung in dem Wj, in dem die Vergütung in der StB der Ges als Aufwand zu erfassen ist. Ob der Aufwand bei der Ges abzugsfähig oder aktivierungspflichtig ist, ist für den Zurechnungszeitpunkt nicht relevant (*Wacker* in Schmidt[32] § 15 Anm 576 ff).

d) Mittelbare Beteiligung und unmittelbare Leistung

Gemäß § 15 Abs 1 S 1 Nr 2 S 2 EStG steht der mittelbar über eine oder mehrere PersGes beteiligte Gester dem unmittelbar beteiligten Gester gleich. Er ist als Mitunternehmer des Betriebs der Ges anzusehen, an der er mittelbar beteiligt ist, wenn er und die PersGes, die seine Bet vermitteln, jeweils als Mitunternehmer der Betriebe der PersGes anzusehen sind, an denen sie unmittelbar beteiligt sind. Für die Gleichstellung bei der **mehrstöckigen PersGes** ist somit eine ununterbrochene Kette von Mitunternehmerschaften erforderlich. Die Zwischenschaltung einer KapGes unterbricht eine solche Kette (*Wacker* in Schmidt[32] § 15 Anm 610 ff, 624).

Vergütungen des mittelbar Beteiligten auf Grund einer unmittelbaren Leistungsbeziehung zur UnterGes sind demgemäß Sonderbetriebseinnahmen, und zur Nutzung überlassene WG des Gesamthandsvermögens der OberGes sind Sonderbetriebsvermögen bei der UnterGes. Zu Einzelheiten der Gewinnermittlung der Unter- und OberGes s *Wacker* in Schmidt[32] § 15 Anm 619 f.

e) Unmittelbare Beteiligung und mittelbare Leistung

Auf mittelbare Leistungen durch eine **gewerblich tätige Schwester-PersGes** ist § 15 Abs 1 S 1 Nr 2 S 1 Hs 2 EStG grds nicht anwendbar (BFH 23.4.1998 BStBl II, 325). Im Ergebnis wendet der BFH die ansonsten abgelehnte Subsidiaritätsthese an (s Anm 763). Im Einzelnen s *Wacker* in Schmidt[32] § 15 Anm 600 ff.

Auf Leistungen durch eine nicht **gewerblich tätige** (vermögensverwaltende, freiberufliche oder land- und forstwirtschaftlich tätige) **Schwester-PersGes** hingegen ist § 15 Abs 1 S 1 Nr 2 S 1 Hs 2 EStG grds anwendbar. Im Einzelnen s *Wacker* in Schmidt[32] § 15 Anm 606.

Dienstleistungen, die ein Gester durch eine **Schwester-KapGes** ggü der PersGes erbringt, fallen grds unter § 15 Abs 1 S 1 Nr 2 S 1 Hs 2 EStG, nicht hingegen sonstige Nutzungsüberlassungen, wobei der zur Nutzung überlassene Gegenstand unmittelbar Sonderbetriebsvermögen II bei der PersGes darstellen und das Entgelt als Sonderbetriebseinnahme qualifizieren kann (*Wacker* in Schmidt[32] § 15 Anm 607).

f) Tätigkeitsvergütung

780   Tätigkeitsvergütungen, die der Mitunternehmer von der Ges für seine Dienste bezieht, werden durch § 15 Abs 1 S 1 Nr 2 S 1 Hs 2 EStG als gewerbliche Einkünfte qualifiziert. Die rechtliche Grundlage des Vergütungsanspruchs ist hierbei ebenso wenig relevant wie die Art der Tätigkeit. Die Dienstleistung muss nicht höchstpersönlich, sondern kann auch durch Dritte erbracht werden. Es ist ferner unmaßgeblich, ob die Mitunternehmereigenschaft oder die Position als Dienstleistender überwiegt. Zu weiteren Einzelheiten s *Wacker* in Schmidt[32] § 15 Anm 580 ff.

781   Als **Folge der Umqualifikation** wird der Aufwand in der StB der Ges durch die Erfassung der Vergütung als Sonderbetriebseinnahmen in der Sonderbilanz des Gesters neutralisiert. Die Tätigkeitsvergütung stellt im Ergebnis Vorabgewinn dar und führt zu einer GewSt-Belastung und einer ESt-Entlastung nach § 35 EStG.

782   Die Umqualifikation greift jedoch nicht schrankenlos: Vergütungen auf der Grundlage eines nur zufälligen oder vorübergehenden Leistungsverhältnisses zwischen Ges und Gester, bei denen ein wirtschaftlicher Zusammenhang der Leistung mit der Mitunternehmerschaft ausgeschlossen erscheint, werden von der Qualifikationsnorm nicht erfasst (s Anm 771).

783   Zu den Vergütungen aus **Arbeitsverhältnissen** rechnen neben dem Lohn bzw Gehalt auch Entschädigungen und Abfindungen iZm dem Arbeitsverhältnis, die Arbeitgeberanteile zur Sozialversicherung sowie die Arbeitgeberzuschüsse zu einer Lebensversicherung. Ferner werden die lfd **Pensionszahlungen** nach Eintritt des Versorgungsfalls erfasst. Nicht erfasst werden Vergütungen der Ges an den Ehegatten des Gesters, soweit das Rechtsverhältnis steuerrechtlich anzuerkennen ist.

784   Die Behandlung des Aufwands im Rahmen der Bildung von **Pensionsrückstellungen** ist mittlerweile geklärt: unabhängig von der isolierten Aktivierungsfähigkeit eines Pensionsanspruchs oder einer Pensionsanwartschaft ist in der Sonderbilanz des betroffenen Gesters korrespondierend zur Rückstellung ein Aktivposten anzusetzen (BFH 14.2.2006 BStBl II 2008, 182; BMF 29.1.2008 BStBl I, 317 mit Übergangsregelung). Demgemäß wird der Gesamtgewinn der Mitunternehmerschaft durch die Bildung von Pensionsrückstellungen nicht vermindert und der entstehende Mehrgewinn dem betroffenen Gester periodenkongruent zugerechnet.

g) Darlehensvergütung

785   Der **Begriff des Darlehens** in § 15 Abs 1 S 1 Nr 2 S 1 Hs 2 EStG umfasst jede Art der Nutzungsüberlassung von Kapital durch den Gester an die Ges ungeachtet der jeweiligen zivilrechtlichen Qualifikation. Hierzu gehören zB Darlehen iSd § 607 BGB, typische stille Beteiligung, partiarisches Darlehen, Genussrechte, Kontokorrent, Aval, Stundung.

786   Nach den allgemeinen Grundsätzen für Sondervergütungen mindern die Vergütungen für die Hingabe von Darlehen zwar zunächst den Gewinn der StB der Ges, werden jedoch als Sonderbetriebseinnahmen dem betroffenen Gester zugerechnet, so dass der Gesamtgewinn der Mitunternehmerschaft wiederum

nicht vermindert wird. Zur Darlehensforderung als Sonderbetriebsvermögen s Anm 759.

h) Nutzungsvergütung

Während bei der Veräußerung bzw Einlage von WG das rechtliche und/ oder wirtschaftliche Eigentum übertragen wird, ist die Nutzungsüberlassung mit einer solchen Übertragung nicht verbunden und zeitlich beschränkt. Die Art des WG ist unbeachtlich. Erfasst werden daher materielle, immaterielle, bewegliche und unbewegliche WG bzw jegliche Sachen und Rechte. Die rechtliche Grundlage der Nutzungsüberlassung (schuldrechtlich, dinglich) ist ebenso unbeachtlich wie ihre Dauer, soweit letztere nicht zur Übertragung des wirtschaftlichen Eigentums führt.

Das überlassene WG muss nicht zwingend dem Sonderbetriebsvermögen des Gesters zuzuordnen sein, im Regelfall wird aber Sonderbetriebsvermögen vorliegen (vgl aber zu Ausnahmen oben bei Anm 771).

i) Sonstige Zurechnung

Neben den Sondervergütungen werden durch § 15 Abs 1 S 1 Nr 2 S 1 Hs 2 EStG auch sonstige Erträge des Mitunternehmers als gewerbliche Einkünfte qualifiziert, die wirtschaftlich durch die Mitunternehmerstellung veranlasst sind. Diese weiteren **Sonderbetriebseinnahmen** sind in die Ermittlung des Gesamtgewinns der Mitunternehmerschaft einzubeziehen. Beispiele bei *Wacker* in Schmidt[32] § 15 Anm 648 f.

Dementspr sind auch **Sonderbetriebsausgaben,** dh durch die Mitunternehmerstellung veranlasste Aufwendungen des Gesters, zu berücksichtigen. Sonderbetriebseinnahmen und -ausgaben gehen in die Sonderbilanz und damit in die Ermittlung des Gesamtgewinns ein. Sie sind nach steuerrechtlichen Grundsätzen zu erfassen.

Sonderbetriebsausgaben sind zB Aufwendungen auf zur Nutzung an die Ges überlassene WG (Reparaturaufwendungen, AfA, Finanzierungskosten) oder Aufwendungen der Komplementär-GmbH einer GmbH & Co KG für den Geschäftsführer. Weitere Beispiele bei *Wacker* in Schmidt[32] § 15 Anm 645 ff. Aufwendungen, die in keinem Zusammenhang mit der Mitunternehmerschaft stehen, sind auch nicht als Sonderbetriebsausgaben abzugsfähig (zB Prämien für die private Lebensversicherung des Gesters; Gründungskosten für die Komplementär-GmbH, *Wacker* in Schmidt[32] § 15 Anm 647).

3. Übertragung von Wirtschaftsgütern

Die Übertragung von einzelnen WG zwischen den verschiedenen Vermögenssphären der Mitunternehmer und der Ges kann im Wege der entgeltlichen Veräußerung, der Einlage gegen Gewährung von Ges-Rechten oder der Entnahme/Einlage erfolgen. Solche Übertragungen sind grds nach den allgemeinen Regeln der Gewinnermittlung durch Vermögensvergleich zu beurteilen. Im Einzelnen s *Kulosa* in Schmidt[32] § 6 Anm 501 ff, 641 ff und 681 ff; zu derzeitigen Streitfragen siehe *Mitschke* FR 2013, 314. Allerdings existieren diverse Ausnahmen. Für die Übertragung von Betrieben, Teilbetrieben und Mitunternehmeranteilen oder einzelne WG sowie den Eintritt von bislang nicht beteiligten Personen s § 24 UmwSt, § 20 UmwStG (sofern Übertragung in KapGes gegen Gewährung von Anteilen) bzw § 6 Abs 3 und Abs 5 EStG (sofern unentgeltlich oder gegen Gewährung von GesRechten). Zur Realteilung s Anm 853 ff.

a) Übertragung zwischen Gesellschaft und Mitunternehmer

793 **aa)** § 6 Abs 5 EStG regelt die Buchwertfortführung für die unentgeltliche Übertragung von WG und die Übertragung gegen Gewährung bzw Reduzierung von GesRechten (sonstige entgeltliche Übertragungen führen zur Gewinnrealisation). Die steuerneutrale Übertragung zu Buchwerten ist in diesen Fällen zwingend (BMF 8.12.2011 BStBl I, 1279) bei der Übertragung aus einem Betriebsvermögen des Mitunternehmers in das Gesamthandsvermögen und umgekehrt sowie der Übertragung aus einem Sonderbetriebsvermögen in das Gesamthandsvermögen und umgekehrt. Sie ist nicht zulässig, wenn das übertragene WG innerhalb der Sperrfrist nach § 6 Abs 5 S 4 EStG veräußert oder entnommen wird oder sich mit der Übertragung oder innerhalb von 7 Jahren der Anteil einer Körperschaft an dem WG erhöht (§ 6 Abs 5 S 5 und 6 EStG).

Entspr gilt nach Auffassung der FinVerw, wenn die Übertragung zwar entgeltlich jedoch unter Preis erfolgte, soweit das Entgelt nicht fremdüblich ist (so BMF 8.12.2011 BStBl I, 1279; äußerst streitig, vgl BFH 19.9.2012 DStR 2012, 2051; *Prinz/Hütig* DB 2012, 2597, *Mitschke* FR 2013, 314; *Strahl* FR 2013, 322).

794 **bb) Die entgeltliche Übertragung zwischen dem Gesamthandsvermögen und dem Privatvermögen eines Gesters** stellt einen Veräußerungs- bzw Anschaffungsvorgang dar. Bei Veräußerung durch die Ges entsteht ggf ein Veräußerungsgewinn. Die **unentgeltliche Übertragung** aus dem Gesamthandsvermögen in das Privatvermögen eines Gesters mit Zustimmung aller Gester ist Entnahme; die unentgeltliche Übertragung vom Privatvermögen eines Gesters in das Gesamthandsvermögen ist Einlage. Bei **teilentgeltlicher Übertragung** an den Gester ist nach umstrittener Verwaltungsauffassung (siehe Anm 793) in einen entgeltlichen und einen unentgeltlichen Teil aufzuteilen.

b) Übertragung zwischen Mitunternehmern

795 Die **entgeltliche** Veräußerung von WG aus dem Sonderbetriebsvermögen eines Gesters in das Sonderbetriebsvermögen eines anderen Gesters führt zur Realisierung stiller Reserven nach den allgemeinen Grundsätzen. Entspr gilt bei entgeltlicher Übertragung in das Privatvermögen oder ein Eigenbetriebsvermögen des anderen Gesters.

796 Die **unentgeltliche** Übertragung von WG zwischen den Sonderbetriebsvermögen zweier Gester stellt keine Entnahme mit anschließender Einlage dar und erfolgt somit erfolgsneutral zu Buchwerten (§ 6 Abs 5 S 3 EStG). Zu den Ausnahmen s Anm 793. Die unentgeltliche Übertragung ins Privatvermögen oder Eigenbetriebsvermögen eines anderen Gesters ist Entnahme.

797 Bei **teilentgeltlicher** Übertragung ist das Geschäft nach bestrittener Auffassung der FinVerw (s Anm 793) nach Maßgabe des Verkehrswerts in einen entgeltlichen und einen unentgeltlichen Teil aufzuspalten (BMF 8.12.2011 BStBl I, 1279).

c) Übertragung innerhalb der Vermögenssphäre eines Gesellschafters (Sonderbetriebsvermögen, Privatvermögen, Eigenbetriebsvermögen)

798 Die unentgeltliche Übertragung von WG aus dem Sonderbetriebsvermögen in ein Eigenbetriebsvermögen des Mitunternehmers und umgekehrt erfolgt zwingend zu Buchwerten (§ 6 Abs 5 S 2 EStG; BMF 8.12.2011 BStBl I, 1279).

Die unentgeltliche Übertragung von WG aus dem Sonderbetriebsvermögen oder dem Eigenbetriebsvermögen in das Privatvermögen stellt eine Entnahme dar (grds Teilwert, § 6 Abs 1 Nr 4 EStG). Die Übertragung aus dem Privatvermögen in das Sonderbetriebsvermögen oder in das Eigenbetriebsvermögen ist Einlage (grds Teilwert, § 6 Abs 1 Nr 5 EStG).

d) Übertragung zwischen Mitunternehmerschaften mit teilweiser oder vollständiger Mitunternehmeridentität

Die **entgeltliche Übertragung** von WG stellt auch bei Personenidentität der beteiligten PersGes eine Veräußerung dar und führt zur Gewinnrealisierung nach den allgemeinen Grundsätzen. Ob die **unentgeltliche Übertragung** von einzelnen WG zwischen teilweise oder vollständig personenidentischen Mitunternehmerschaften (SchwesterGes) zu Buchwerten zulässig ist, ist derzeit selbst innerhalb des BFH sehr str (*Kulosa* in Schmidt[32] § 6 Anm 702 mwN; vgl auch *Mitschke* FR 2013, 314).

C. Besonderheiten der Personengesellschaft (Mitunternehmerschaft)

I. Familienpersonengesellschaft

Sind an einer PersGes Familienmitglieder oder sonstige Verwandte oder persönlich sehr nahe stehende Personen beteiligt, spricht man auch von einer Familien-PersGes. Da auf Grund der bestehenden familiären Bindungen nach der allgemeinen Lebenserfahrung **wirtschaftliche Interessengegensätze** wie unter fremden Dritten nicht bestehen, sind die Ges und ihre Gester aus steuerrechtlicher Sicht „suspekt". Es besteht primär das Risiko des sog „Realsplitting" oder „Familiensplitting", dh einer nicht wirtschaftlich begründeten Gewinnverteilung auf die Beteiligten, um in summa eine geringere Gesamtsteuerbelastung zu erreichen (mehrfache Nutzung des Grundfreibetrags; Progressionsschwächung, Mehrfachnutzung von sonstigen Freibeträgen ua; zu gewerbesteuerrechtlichen Wirkungen s *Wacker* in Schmidt[32] § 15 Anm 744).

Aus steuerrechtlicher Sicht sind solche nicht wirtschaftlich begründeten Einkünftezuordnungen insoweit privat, dh durch die familiären Verhältnisse veranlasst, als sie einem **Fremdvergleich** nicht standhalten. Solche privat veranlassten Zuwendungen stellen sich iE wirtschaftlich als Einkommensverwendung dar (zB Unterhaltsleistungen oder Schenkungen) und werden steuerrechtlich entspr behandelt (s § 12 Nr 1 EStG). Zur steuerrechtlichen Anerkennung von Familien-PersGes s EStR (2012) und EStH (2011) jeweils 15.9.

1. Familien-KG

a) Anerkennung als Mitunternehmerschaft

Zur Anerkennung der Mitunternehmerschaft bei Familien-PerGes sind die folgenden Kriterien zu beachten:

aa) Zivilrechtliche Wirksamkeit des Gesellschaftsvertrags. Der Ges-Vertrag muss zu seiner steuerrechtlichen Anerkennung ernsthaft gewollt und zivilrechtlich wirksam sein. Obwohl § 42 AO grds den Vorrang der wirtschaftlichen Durchführung einer Vereinbarung vor ihrer zivilrechtlichen Wirksamkeit zum Ausdruck bringt, wird eine Mitunternehmerschaft nur dann anerkannt, wenn ihre vertraglichen Grundlagen wirksam sind (vgl neuerdings BMF 23.12.2010 BStBl I 2011, 37). Dies gilt insb für gesetzliche Form- und familienrechtliche Vertretungserfordernisse bei Vertragsschluss. Durch die Einhaltung der formalrechtlichen Vorschriften wird die Ernsthaftigkeit der Einräumung der GesterStellung dokumentiert.

Beim Abschluss von Ges-Verträgen durch Eltern mit ihren minderjährigen Kindern bedarf es regelmäßig der Mitwirkung eines Ergänzungs-/Abschlusspflegers (§§ 181, 1629 Abs 2, 1795 Abs 2 BGB) und der Genehmigung des Familiengerichts (§§ 1643 Abs 1, 1822 Nr 3 BGB). Die familiengerichtliche Genehmigung wirkt grds auch steuerrechtlich zurück, wenn sie unverzüglich beantragt wurde.

804 **bb) Tatsächliche Durchführung des Gesellschaftsvertrags.** Für die steuerliche Anerkennung der Mitunternehmerschaft ist weiterhin erforderlich, dass der GesVertrag auch tatsächlich so umgesetzt wird, wie er abgeschlossen wurde. Wird zwischen den Gestern abw vom GesVertrag verfahren, entspricht dies nicht dem Verhalten fremder Dritter untereinander. Wenngleich die formalrechtliche Stellung des Gesters derjenigen eines Mitunternehmers entspricht, weicht die tatsächliche und insoweit maßgebliche Beziehung zwischen den Gestern hiervon ab. Zur Ausübung der Gesterrechte für minderjährige Kinder bedarf es keines Dauerergänzungspflegers, vielmehr sind die Eltern insoweit vertretungsbefugt, ohne dass hierdurch die steuerliche Anerkennung der Mitunternehmerschaft des minderjährigen Gesters gefährdet wäre (*Wacker* in Schmidt[32] § 15 Anm 749).

805 **cc) Inhaltliche Ausgestaltung des Gesellschaftsvertrags.** Für die inhaltliche Ausgestaltung der Gesterstellung gelten für die Familien-KG grds keine anderen Regeln als für die Mitunternehmerschaft allgemein (s Anm 719 f). Zur Gewährleistung der Mitunternehmerinitiative und des Mitunternehmerrisikos des **Kommanditisten** muss die Gesterstellung annähernd der nach dem gesetzlichen Regelstatut des HGB ausgestaltet sein. Insb in Fällen der unentgeltlichen Einräumung der Gesterstellung an Kinder durch die Eltern sind teilweise „Entrechtungen" der Kinder-Gester zu beobachten mit der Folge, dass sich iW an der ges-rechtlichen Position der Eltern nichts verändert hat. Entspricht die Stellung des Gesters dann jedoch insb durch entspr vertragliche Kündigungs- und/oder Abfindungsregelungen oder Stimmrechts- und/oder Gewinnentnahmebeschränkungen uä iW nicht mehr derjenigen eines gesetzlich typisierten Kommanditisten, ist eine Mitunternehmerstellung nicht mehr gegeben (vgl BFH 10.12.2008 BStBl II 2009, 312; zu weiteren Bsp aus der Rspr s *Wacker* in Schmidt[32] § 15 Anm 751 ff). Die Mitunternehmerschaft eines **Komplementärs** ergibt sich regelmäßig bereits aus seiner Außenhaftung (s Anm 813).

806 **dd) Folgen des Fehlens der Mitunternehmerschaft.** Hat der Gester keine Mitunternehmerstellung, kann ihm nach § 15 Abs 1 S 1 Nr 2 EStG ein Gewinn- bzw Verlustanteil nicht zugerechnet werden. Der Gewinn ist nur den übrigen Mitunternehmern zuzurechnen. Das, was der nicht-mitunternehmerische Gester auf Grund eines zivilrechtlich wirksamen Ges-Vertrags tatsächlich als Gewinnanteil erlangt, erlangt er von den ihm nahe stehenden MitGestern grds **privat veranlasst** zugewendet (Einkommensverwendung, § 12 Nr 2 EStG).

807 Soweit jedoch durch die missglückte Mitunternehmerschaft **ein anderer Einkünfteerzielungstatbestand** erfüllt wird, können durch den Gester evtl Einkünfte aus einer anderen Einkunftsart verwirklicht werden (zB Einkünfte aus Kapitalvermögen).

b) Anerkennung der Gewinnverteilung

808 Ist die Mitunternehmerstellung dem Grunde nach anerkannt, ist als weitere Komponente die Gewinnverteilung zu überprüfen. Ges-vertraglich vereinbarte Gewinnverteilungsregelungen können nur insoweit steuerlich anerkannt werden, als sie einem **Fremdvergleich** standhalten. **Im Übrigen** sind Zuwendungen grds als **privat veranlasst** anzusehen, dh sie werden steuerlich dem bzw den anderen Gester(n) auf der Grundlage des Fremdvergleichs zugerechnet (s Anm 806).

809 Im Rahmen der Durchführung des Fremdvergleichs zur Ermittlung der angemessenen Gewinnverteilung sind alle Umstände der Bet und des Gesters zu

berücksichtigen, die sich aus wirtschaftlicher Sicht auf die Höhe der Gewinnbet auswirken können (Kapitaleinsatz, Arbeitseinsatz, persönliche Qualifikationen uä). Maßgeblich sind die Umstände im **Zeitpunkt** des Abschlusses des GesVertrags, solange nicht so wesentliche Änderungen eintreten, die eine Anpassung der Gewinnverteilungsregelungen an veränderte Verhältnisse aus Sicht verständiger, nicht familiär verbundener Gester erforderlich machen (vgl BFH 19.2.2009 BStBl II, 798).

aa) Angemessenheit bei schenkungsweise übertragenen KG-Anteilen. 810
Für ein nicht im Unt mitarbeitendes Kind, dem ein KG-Anteil schenkungsweise eingeräumt wurde, hat die Rspr eine **typisierte Rendite** in Höhe von höchstens **15%** des tatsächlichen Werts des geschenkten KG-Anteils für angemessen erachtet. Tatsächlicher Wert des KG-Anteils ist der im Zeitpunkt des Abschlusses des GesVertrags vom Gesamtunternehmenswert abgeleitete Anteilswert. Unterschiedliche Ausgestaltungen der KG-Anteile sind ggf durch Auf- bzw Abschläge zu berücksichtigen. Zur Ermittlung der Rendite ist auf den prognostizierten Gewinnanteil nach Berücksichtigung von Sondervergütungen für Sonderleistungen abzustellen. Die Literatur ist hinsichtlich der 15%-Grenze meist kritisch eingestellt (Nachweise bei *Wacker* in Schmidt³² § 15 Anm 776 ff).

bb) Angemessenheit bei entgeltlich erworbenen KG-Anteilen. Hat eine 811
nahe stehende Person einen KG-Anteil entgeltlich erworben oder ist sie gegen Einlage beigetreten, **gilt die 15%-Grenze nicht.** Der allgemeine Fremdvergleichsgrundsatz bleibt jedoch anwendbar, insb ist zu prüfen, ob das aufgewendete Entgelt für den KG-Anteile angemessen war und der Gewinnanteil des Anteils dem eines fremden Dritten entspricht (*Bode* in Blümich § 15 Anm 422 f).

2. Familien-GmbH & Co KG

Für die Familien GmbH & Co KG gelten die vorgenannten allgemeinen 812
Grundsätze für die steuerrechtliche Anerkennung der Mitunternehmerschaft des Kommanditisten. Zur GmbH & Co KG s Anm 815 ff. Regelmäßig sind die Eltern Gester und/oder Geschäftsführer der Komplementär-GmbH und beherrschen die KG zumindest tatsächlich, während den Kindern schenkungsweise Kommanditanteile übertragen wurden. Vergleichbares gilt auch für eine Familien GmbH & atypisch Still (*Wacker* in Schmidt³² § 15 Anm 770 ff).
Zur Angemessenheit der Gewinnverteilung s Anm 808.

3. Familien-OHG

Soweit die Stellung des Angehörigen-Gesters zur typischen unbeschränkten 813
persönlichen **Außenhaftung** des Gesters führt, ist regelmäßig von einer Mitunternehmerstellung auszugehen (*Wacker* in Schmidt³² § 15 Anm 769).
Zur Angemessenheit der Gewinnverteilung s Anm 808.

4. Atypisch stille Beteiligungen und Unterbeteiligungen

Die Anerkennung der Mitunternehmerstellung eines still beteiligten Familien- 814
angehörigen erfordert zum einen, dass der GesVertrag ernstlich gemeint und tatsächlich vollzogen wird und die Stellung des Beteiligten dem gesetzlichen Regelstatut des Kommanditisten entspricht. Er muss insb an den stillen Reserven und dem GFW partizipieren (*Wacker* in Schmidt³² § 15 Anm 770 f). Zur Frage ob die schenkweise Einräumung durch die Hauptbeteiligten stets der notariellen Beurkundung bedarf oder ob auch ein Vollzug der Schenkung ausreichen kann vgl *Wacker* in Schmidt³² § 15 Anm 773. Zur steuerrechtlichen Anerkennung von stillen Beteiligungen und Unterbeteiligungen ohne Mitunternehmerschaft s *Wacker* in Schmidt³² § 15 Anm 774 (Einkünfte nach § 20 EStG).

II. GmbH & Co KG

1. Anerkennung der Mitunternehmerschaft

815 Die GmbH & Co KG ist eine KG, bei der der einzige persönlich haftende Gester eine GmbH ist. Sie ist zivil- und steuerrechtlich PersGes. Ihr Erscheinungsbild reicht von der „**Einheits-GmbH & Co KG**", bei der die GmbH-Anteile im Gesamthandsvermögen der KG liegen, bis zur **Publikums-GmbH & Co KG** mit einer Vielzahl an Kommanditisten (s *Bode* in Blümich § 15 Anm 267 ff). Bei der **typischen GmbH & Co KG** hält der einzige Kommanditist gleichzeitig alle Anteile der Komplementär-GmbH („Einmann-GmbH & Co KG"). Eine GmbH & Co KG, deren einziger persönlich haftender Gester eine GmbH ist, die gleichzeitig alleinige Geschäftsführerin der KG ist, ist eine gewerblich geprägte PersGes (§ 15 Abs 3 Nr 2 EStG). Ihre Gester erzielen daher gewerbliche Einkünfte. Die zivilrechtliche Problematik der vermögensverwaltenden GmbH & Co KG ist durch § 105 Abs 2 entschärft (zur steuerrechtlichen Behandlung einer bloß vermögensverwaltenden GmbH & Co KG s *Wacker* in Schmidt[32] § 15 Anm 701 f, 708). Einer gewerblich tätigen GmbH & Co KG vergleichbar ist die GmbH & atypisch Still.

816 Bei der typischen GmbH & Co KG ist die Komplementär-GmbH grds Mitunternehmer auf Grund ihrer Außenhaftung, Geschäftsführungs- und Vertretungsbefugnis. Dies gilt auch dann, wenn die GmbH vermögensmäßig an der PersGes nicht beteiligt ist und für ihre Außenhaftung eine erfolgsunabhängige fixe Haftungsvergütung erhält und selbst dann, wenn sie im Innenverhältnis weisungsabhängig ist. Die Komplementär-GmbH kann auch dann Mitunternehmer sein, wenn sie nur Treuhänderin oder OrganGes ist.

2. Sonderbetriebsvermögen der Gesellschafter

a) Komplementär-GmbH

817 Die Gewinnermittlung der GmbH & Co KG erfolgt nach den allgemeinen Grundsätzen der Gewinnermittlung von PersGes (Anm 732 ff). WG der GmbH, die sie der KG zur Nutzung überlässt, sind bei der KG Sonderbetriebsvermögen I. Die Sonderbetriebsvermögenseigenschaft geht der Qualifikation als originäres Betriebsvermögen bei der GmbH vor (s Anm 763). Der Ausweis der WG erfolgt in der HB der GmbH.

b) Kommanditisten

818 Hält der Kommanditist Anteile der Komplementär-GmbH, sind diese wegen der Möglichkeit der Einflussnahme auf die Geschäftsführung der KG notwendiges Sonderbetriebsvermögen II des Kommanditisten, es sei denn, die GmbH übt eine eigenständige Geschäftstätigkeit von nicht untergeordneter Bedeutung aus. Im Einzelnen s *Wacker* in Schmidt[32] § 15 Anm 714; OFD Rheinland/OFD Münster oben bei Anm 760.

819 Bei beteiligungsidentischen GmbH & Co KGs mit jeweils derselben GmbH als Komplementär, sind die Anteile Sonderbetriebsvermögen der zuerst gegründeten KG (s *Wacker* in Schmidt[32] § 15 Anm 714).

820 Ausschüttungen aus den Anteilen im Sonderbetriebsvermögen sind Sonderbetriebseinnahmen, damit zusammenhängende Aufwendungen Sonderbetriebsausgaben. Die Veräußerung ist Veräußerung von WG des Betriebsvermögens und der Erlös daher Sonderbetriebseinnahme.

3. Tätigkeitsvergütung des Geschäftsführers der Komplementär-GmbH

Vergütungen für die Ausübung der Geschäftsführung der KG, die an einen Geschäftsführer oder Arbeitnehmer der GmbH gezahlt werden, der gleichzeitig Kommanditist ist, sind **Sondervergütungen** des betr Kommanditisten. Es ist unbeachtlich, ob der Dienstvertrag mit der GmbH oder der KG besteht. Entspr gilt für Versorgungsbezüge und Pensionszusagen. 821

Vorstehendes gilt nach § 15 Abs 1 S 1 Nr 2 S 2 EStG sinngemäß bei **doppelstöckiger GmbH & Co KG** für die Geschäftsführervergütung des Geschäftsführers der Komplementär-GmbH der OberGes, wenn dieser an der UnterGes unmittelbar beteiligt ist und für den Geschäftsführer der Komplementär-GmbH der UnterGes, der nur an der OberGes beteiligt ist (*Wacker* in Schmidt[32] § 15 Anm 721). 822

Geschäftsführervergütungen, die Sonderbetriebseinnahmen sind, unterliegen nicht der **Lohnsteuer,** da sie keine Einkünfte aus nichtselbständiger Arbeit sind (§ 38 EStG). 823

Unangemessen hohe Vergütungen oder Vergütungen auf der Grundlage von nicht im Voraus klar getroffenen Vereinbarungen können wegen der ausgelösten Gewinnminderung bei der GmbH verdeckte Gewinnausschüttungen sein (§ 8 Abs 3 S 2 KStG; *Wacker* in Schmidt[32] § 15 Anm 718). 824

Vergütungen für den Geschäftsführer bzw Arbeitnehmer, der nicht Mitunternehmer der KG ist, stellen **Sonderbetriebsausgaben** bei der Komplementär-GmbH dar, soweit sie auf die Geschäftsführung für die KG entfallen. Soweit die Vergütung unangemessen ist, stellt dies ggf eine verdeckte Gewinnausschüttung dar. 825

4. Gewinn- und Verlustverteilung

a) Angemessene Gewinnverteilung

Soweit bei der Gewinnverteilung ein natürlicher **Interessenwiderstreit** zwischen Komplementär und Kommanditist zB deshalb **fehlt,** weil Gester der Komplementär-GmbH gleichzeitig die Kommanditisten oder ihnen nahe stehende Personen sind, kommt steuerlich wie bei FamilienPersGes (Anm 800 ff) eine **Korrektur** auf der Grundlage des **Fremdvergleichs** in Betracht. Angemessen ist ein Gewinnanteil, den ein ordentlicher Geschäftsleiter der GmbH akzeptiert hätte. 826

Ist die Komplementär-GmbH **am Kapital** der Ges **beteiligt,** sollte der Gewinnanteil so bemessen sein, dass der Aufwand gedeckt und eine dem Haftungsrisiko und dem Kapitaleinsatz entspr marktübliche Verzinsung erreicht wird. Als Ausgangspunkt wird das Verhältnis der Kapitaleinlagen maßgeblich sein, wobei sich durch Aspekte wie Haftungsübernahme, Ausübung der Geschäftsführung und Vertretung etc Anpassungen ergeben werden. 827

Ist die Komplementär-GmbH **kapitalmäßig nicht beteiligt,** übt sie demgemäß lediglich die Funktion eines Vollhafters, die Geschäftsführung und Vertretung der Ges aus, ist ein Gewinnanteil regelmäßig angemessen, wenn er neben einem Aufwandsersatz eine angemessene Haftungsvergütung enthält. Als Maßstab kann ggf auf eine banktübliche Avalprovision zurückgegriffen werden (*Bode* in Blümich § 15 Anm 287). 828

Zu den Folgen bei einer unangemessenen Gewinnbeteiligung s *Wacker* in Schmidt[32] § 15 Anm 724 f. 829

b) Änderung der Gewinnverteilung

Stimmt die Komplementär-GmbH einer **Änderung der Gewinnverteilung** zu ihren Lasten zu, ist dies nach den allgemeinen Regeln eine verdeckte Gewinnausschüttung, wenn ein ordentlicher Geschäftsleiter der GmbH einer Ände- 830 rung nicht zugestimmt hätte, da insoweit die Veranlassung hierfür außerbetrieblich ist. Entspr gilt, wenn die GmbH an einer Kapitalerhöhung bei der KG nicht teilnimmt und hierdurch ihren Anteil verwässert. Die verdeckte Gewinnausschüttung entspricht einer Veräußerung des entspr Anteils des Mitunternehmeranteils der GmbH mit Ausschüttung des Gewinns an die Gester der GmbH. In Höhe des ausgeschütteten Werts des Anteils liegt eine verdeckte Gewinnausschüttung vor, die bei Identität von GmbH-Gester und Kommanditist Sonderbetriebseinnahmen darstellt (*Wacker* in Schmidt[32] § 15 Anm 729).

III. Betriebsaufspaltung

1. Begriff

831 Eine Betriebsaufspaltung liegt vor (EStH (2011) 15.7 (4)),wenn ein Unt **(Besitzunternehmen)** eine wesentliche Betriebsgrundlage (zB Grundstück, Maschinen, gewerbliches Schutzrecht) an eine gewerblich tätige Personen- oder Kapitalgesellschaft **(Betriebsunternehmen)** zur Nutzung überlässt **(sachliche Verflechtung)** und eine Person oder mehrere Personen zusammen (Personengruppe) sowohl das BesitzUnt als auch das BetriebsUnt in dem Sinne beherrschen, dass sie in der Lage sind, in beiden Unt einen einheitlichen geschäftlichen Betätigungswillen durchzusetzen **(personelle Verflechtung).**

832 Die Betriebsaufspaltung **führt dazu,** dass eine ihrer Art nach vermögensverwaltende und damit nicht gewerbliche Betätigung (das Vermieten oder Verpachten von WG) durch die sachliche und personelle Verflechtung zweier rechtlich selbständiger Unt – Besitz- und BetriebsUnt – zum Gewerbebetrieb wird. **Rechtsgrundlage** dafür ist ein jahrzehntelanges Richterrecht, ein in wertender Betrachtungsweise verstandener Begriff des Gewerbebetriebs (BFH 17.7.1991 BStBl II 1992, 246).

833 Bei der **echten Betriebsaufspaltung** wird ein bisher einheitlicher Gewerbebetrieb in ein Besitz- und ein BetriebsUnt aufgespalten, wobei das BesitzUnt die zum Betrieb erforderlichen WG an das BetriebsUnt zur Nutzung überlässt. Eine **unechte Betriebsaufspaltung** liegt vor, wenn die unternehmerische Tätigkeit von Anfang an durch eine Besitz- und BetriebsGes ausgeübt wurde, wenn also keine „Aufspaltung" aus einem bisher einheitlichen Unt vollzogen wurde (*Bode* in Blümich§ 15 Anm 595).

834 Zur weiteren teilweise nicht ganz einheitlichen Terminologie hinsichtlich der **mitunternehmerischen, kapitalistischen** oder **umgekehrten Betriebsaufspaltung** vgl bei *Kußmaul/Schwarz* GmbHR 2012, 834 (umfassend zur Betriebsaufspaltung).

835 Zu den Vor und Nachteilen der Betriebsaufspaltung s *Bitz* in Littmann § 15 Anm 312–315; Gesamtdarstellung aus Verwaltungssicht OFD Frankfurt S 2240 A – 28 – St 219 10.5.2012 FR 2012, 976.

2. Tatbestandsvoraussetzungen

a) Rechtsform von Besitz- und Betriebsunternehmen

836 **aa) Besitzunternehmen.** Das BesitzUnt kann eine beliebige Rechtsform haben. Überlässt jedoch eine Besitz-KapGes einer anderen KapGes WG zur Nutzung, liegt eine Betriebsaufspaltung nur vor, wenn die Besitz-KapGes an der anderen KapGes beherrschend beteiligt ist.

837 **bb) Betriebsunternehmen.** Das BetriebsUnt kann grds KapGes (auch börsennotierte, BFH 23.3.2011 BStBl II, 778) oder (seltener) PersGes sein. Bei einer PersGes als BetriebsUnt kann das an sich grds bestehende Prinzip des Vorrangs von Sonderbetriebsvermögen/Sondervergütungen in Einzelfällen keine Geltung vor der Anwendung der Rechtsgrundsätze der Betriebsaufspaltung beanspruchen, so dass hier umgekehrt ein Vorrang der sog **mitunternehmerischen Betriebsaufspaltung** besteht (*Wacker* in Schmidt[32] § 15 Anm 858 f).

Ein EinzelUnt kann nicht BetriebsUnt sein, da die Anteile an dem BesitzUnt **838** notwendiges Betriebsvermögen beim EinzelUnt wären. Diese Qualifikation ist vorrangig (*Wacker* in Schmidt[32] § 15 Anm 857).

b) Verflechtung der Unternehmen

aa) Sachliche Verflechtung. Eine sachliche Verflechtung zwischen den bei- **839** den Unt liegt vor, wenn der BetriebsGes materielle oder immaterielle WG auf schuldrechtlicher oder dinglicher Grundlage zur Nutzung überlassen werden, die bei ihr zumindest eine ihrer wesentlichen Betriebsgrundlagen darstellen. Es ist nicht erforderlich, dass die BesitzGes Eigentümerin der überlassenen WG ist oder die überlassenen WG alleinige Betriebsgrundlage sind. Ferner ist es unbeachtlich, ob die Nutzungsüberlassung entgeltlich oder unentgeltlich erfolgt.

Eine **wesentliche Betriebsgrundlage** liegt vor, wenn die überlassenen WG **840** nach dem Gesamtbild der Verhältnisse zur Erreichung des Betriebszwecks erforderlich sind und für die Betriebsführung besonderes Gewicht besitzen. Das ist insb dann der Fall, wenn das BetriebsUnt in seiner Betriebsführung auf das WG angewiesen ist. Maßgeblich ist grds eine funktionale Betrachtung (dazu BFH 19.3.2009 BStBl II, 803). Hohe stille Reserven in den überlassenen WG führen nicht zur Wesentlichkeit (EStH (2011) 15.7 (5); zu weiteren Einzelheiten der sachlichen Verflechtung s *Kußmaul/Schmidt* GmbHR 2012, 834).

bb) Personelle Verflechtung. Eine personelle Verflechtung zwischen Be- **841** sitz- und BetriebsGes liegt vor, wenn beide Ges von einem einheitlichen geschäftlichen Betätigungswillen getragen werden (wenn die hinter beiden Unt stehenden Personen einen **einheitlichen geschäftlichen Betätigungswillen** haben). Für die Annahme eines solchen genügt es, dass die Person oder die Personen, die das BesitzUnt beherrschen, in der Lage sind, auch in der BetriebsGes für die Geschäfte des täglichen Lebens ihren Willen durchzusetzen. Dies geschieht grds mit den Mitteln des GesRechts, kann aber in Ausnahmefällen auch durch eine besondere tatsächliche Machtstellung vermittelt werden **(faktische Beherrschung).**

Am deutlichsten wird die Verflechtung, wenn an beiden Unt dieselben Perso- **842** nen im gleichen Verhältnis beteiligt sind **(Beteiligungsidentität).** Sie liegt aber auch dann vor, wenn einzelne Personen oder eine Personengruppe an beiden Unt mehrheitlich beteiligt sind und so einen einheitlichen geschäftlichen Betätigungswillen durchsetzen können **(Beherrschungsidentität).** Liegt eine durch gleichgerichtete Interessen qualifizierte geschlossene Personengruppe vor, ist diese jeweils als Einheit zu werten **(Personengruppentheorie).** Auch eine **mittelbare Beteiligung** kann hierfür ausreichen, wenn die Willensbetätigung auf die UnterGes durchgreift. Trotz erforderlicher Beteiligungsverhältnisse, die die Durchsetzung eines einheitlichen geschäftlichen Betätigungswillen in beiden Ges quotal gewährleisten, liegt eine personelle Verflechtung jedoch dann nicht vor, wenn dies auf Grund von **gesellschaftsvertraglichen Regelungen,** die auch tatsächlich durchgeführt werden, ausgeschlossen ist (zB Stimmrechtsverbot, qualifizierte Mehrheit oder Einstimmigkeit). Stimmrechtsbindungsverträge können eine personelle Verflechtung sowohl begründen als auch verhindern. Zu Einzelheiten der personellen Verflechtung s *Wacker* in Schmidt[32] § 15 Anm 820 ff.

Keine personelle Verflechtung liegt vor, wenn die Beteiligungsverhältnisse in **843** Besitz- und BetriebsGes entgegengesetzt sind (zB $^{90}/_{10}$ und $^{10}/_{90}$) oder wenn nachweislich auf Grund bestehender **Interessengegensätze** ein einheitlicher geschäftlicher Betätigungswille nicht vorliegt oder tatsächlich durchgeführte Stimmbindungsverträge einen einheitlichen Betätigungswillen ausschließen.

844   Die Anteile von **Ehegatten** an Besitz- und BetriebsGes dürfen nicht bereits wegen der familiären Bindung für die Feststellung der Beherrschungsidentität zusammengerechnet werden. Hierin läge eine verfassungswidrige Diskriminierung der Ehe (Art 6 GG). Liegen jedoch, wie unter fremden Dritten, Beweisanzeichen vor, die den Schluss auf gleichgerichtete wirtschaftliche Interessen nahe legen, steht der Schutz der Ehe einer Zusammenrechnung nicht entgegen. Für das Bestehen gleichgerichteter wirtschaftlicher Interessen der Ehegatten ist vor dem Hintergrund des Art 6 GG die Finanzbehörde beweispflichtig. Keine Zusammenrechnung erfolgt beim sog **Wiesbadener Modell,** wenn ein Ehegatte alle Anteile an der BesitzGes und der andere Ehegatte alle Anteile an der BetriebsGes hält. Dies gilt auch dann, wenn Beweisanzeichen für gleichgerichtete wirtschaftliche Interessen vorliegen. Zu weiteren Einzelheiten s *Wacker* in Schmidt[32] § 15 Anm 845 ff.

845   Entspr gilt für die Anteile von **minderjährigen Kindern.** Anteile **volljähriger Kinder** und **sonstiger Verwandter** sind wie Anteile fremder Dritter zu behandeln (s *Wacker* in Schmidt[32] § 15 Anm 849 f).

3. Rechtsfolgen

846   Die **Aufteilung** eines einheitlichen Unt in eine Betriebs- und eine an sich vermögensverwaltende BesitzGes kann wegen § 6 Abs 6 EStG nicht mehr allein wegen des Vorliegens einer Betriebsaufspaltung (bei Teilbetrieben s §§ 20, 24 UmwStG) ertragsteuerneutral zu Buchwerten erfolgen. Zur Anwendung von § 6 Abs 5 EStG bei Übertragung von WG zwischen PersGes im Rahmen einer Betriebsaufspaltung s *Wacker* in Schmidt[32] § 15 Anm 877 f. **Ab dem Zeitpunkt,** in dem die Voraussetzungen für eine Betriebsaufspaltung erstmals erfüllt sind, ist das BesitzUnt als Gewerbebetrieb zu behandeln.

847   Sowohl Betriebs- als auch BesitzGes betreiben als selbstständige Unt jeweils einen **Gewerbebetrieb** mit jeweils eigenständiger Gewinnermittlung. Die Gester beziehen daher Einkünfte aus Gewerbebetrieb. Dies gilt auch für solche Gester einer Besitz-PersGes, die nicht an der BetriebsGes beteiligt sind (§ 15 Abs 3 Nr 1 EStG, *Wacker* in Schmidt[32] § 15 Anm 872).

848   Ob es einen allgemeinen Grundsatz gibt, wonach bei einer Betriebsaufspaltung bei Besitz- und BetriebsUnt durchgängig **korrespondierend bilanziert** werden muss, scheint noch nicht abschließend geklärt (s im Einzelnen *Wacker* in Schmidt[32] § 15 Anm 869 f mwN).

849   Zum notwendigen **Betriebsvermögen** des Besitz(einzel)Unt gehören neben den zur Nutzung überlassenen WG auch die Anteile an einer Betriebs-KapGes. Bei einer Besitz-PersGes gehören die WG des Gesamthandsvermögens zum Betriebsvermögen, die Anteile an einer Betriebs-KapGes zum **Sonderbetriebsvermögen** des an beiden Ges beteiligten Gesters. Werden vom Gester der Besitz-PersGes WG an die BesitzGes zur Überlassung an die BetriebsGes oder unmittelbar der BetriebsGes überlassen, sind diese notwendiges Sonderbetriebsvermögen bei der BesitzGes. Die **Beteiligungserträge** aus den Anteilen an der Betriebs-KapGes sind wegen deren Betriebsvermögenseigenschaft gewerbliche Einkünfte (bei natürlichen Personen als Gester: Teileinkünfteverfahren gem § 3 Nr. 40 lit d, S 2 iVm § 20 Abs 8 EStG).

850   Die Betriebsaufspaltung **endet,** wenn die sachliche und/oder die personelle Verflechtung entfallen (Entflechtung). Zum Ganzen *Bode* in Blümich § 15 Anm 644 ff.

Der Wegfall der Betriebsaufspaltung führt grds zur **Betriebsaufgabe** des Be- 851
sitzUnt (§ 16 Abs 3 EStG) mit einer vollständigen Gewinnrealisierung einschl
evtl Anteile an der Betriebs-KapGes als notwendigem Betriebsvermögen der
BesitzGes. Keine Betriebsaufgabe liegt vor, wenn gleichzeitig eine (subsidiäre)
Betriebsverpachtung vorliegt oder wenn das BesitzUnt zuvor eine gewerbliche
Tätigkeit aufgenommen hat oder gewerblich geprägt ist oder nur eine vorübergehende Betriebsunterbrechung (Anm 731) vorliegt.

IV. Sonstige Besonderheiten

1. Persönlich haftender Gesellschafter der KGaA (§ 15 Abs 1 S 1 Nr 3 EStG)

Die KGaA ist gemäß § 278 AktG eine Ges mit eigener Rechtspersönlichkeit, 852
bei der mind ein Gester den Ges-Gläubigern unbeschränkt haftet (phG) und die
übrigen an dem in Aktien zerlegten Grundkapital beteiligt sind, ohne persönlich
für die Verbindlichkeiten der Ges zu haften (Kommanditaktionäre). Die Rechtsverhältnisse der persönlich haftenden Gester untereinander, zur Gesamtheit der
Kommanditaktionäre und ggü Dritten bestimmt sich iW nach den Vorschriften
über die KG. Im Übrigen gilt für die KGaA jedoch Aktienrecht, die KGaA ist
eine KapGes. PhG kann auch eine KapGes oder PersGes sein.

Die hybride Struktur der KGaA setzt sich im Steuerrecht fort: Die KGaA ist
körperschaftsteuerpflichtig (§ 1 Abs 1 Nr 1 KStG). Die Kommanditaktionäre
erzielen mit ihren Dividenden Einkünfte aus Kapitalvermögen (§ 20 Abs 1 Nr 1
EStG). Die Gewinnanteile der phG und deren Sondervergütungen sind jedoch
gewerbliche Einkünfte (§ 15 Abs 1 S 1 Nr 3 EStG). Während die Dividenden
der Kommanditaktionäre bei der KGaA Gewinnverwendung darstellen, ist der
Gewinn des phG abzugsfähig (§ 9 Abs 1 Nr 1 KStG).

Gewerbesteuerrechtlich wird der abgezogene Gewinn des phG wieder hinzugerechnet (§ 8 Nr 4 GewStG), um die Einmalbesteuerung sicherzustellen. Ist der
phG jedoch selbst gewerbesteuerpflichtig, wird die Hinzurechnung auf der Ebene des phG wieder rückgängig gemacht, um eine gewerbesteuerliche Doppelbesteuerung zu vermeiden (§ 9 Nr 2b GewStG).

Zwar besteht zwischen phG und KGaA bzw den Kommanditaktionären an
sich keine Mitunternehmerschaft, jedoch ist der phG in jeder Beziehung wie
ein Mitunternehmer zu behandeln, dh mit gewerblichen Einkünften (BFH
19.5.2010 DStR 2010, 1712). Zahlreiche Fragen sind insoweit noch ungeklärt,
vgl *Drüen/van Heek* DStR 2012, 541; *Kollruss* BB 2012, 3178. Zu weiteren Einzelheiten s *Wacker* in Schmidt[32] § 15 Anm 890f; *Hofmeister* in Blümich § 9 KStG
Anm 10ff.

2. Realteilung

a) Begriff

Ges-rechtlich ist die Realteilung als Naturalteilung eine Form der Auseinan- 853
dersetzung des Ges-Vermögens einer PersGes. Die Realteilung des Betriebsvermögens einer gewerblichen PersGes nach Steuerrecht unterscheidet sich von der
Naturalteilung des Ges-Vermögens nach Handelsrecht dadurch, dass die übernommenen WG weiterhin Betriebsvermögen bei den Gestern bleiben. Im Unterschied hierzu führt die Liquidation zur Überführung aller verbleibender WG
der Ges ins Privatvermögen der Gester.

Die Realteilung kann idealiter dadurch vollzogen werden, dass die WG der
Ges auf die Gester entspr ihrem Auseinandersetzungsanspruch ohne weitere Aus-

gleichszahlungen übertragen werden (**Realteilung ohne Wertausgleich**). Ist durch die reine Realteilung die Wertzuteilung an die Gester entspr ihrer Beteiligungsquote nicht zu gewährleisten, insb wegen unterschiedlicher Verkehrswerte von WG, hat der durch die Realteilung begünstigte Beteiligte an den bzw die anderen Gester einen Spitzenausgleich, dh Ausgleichszahlungen (Geld- und/oder Sachleistung) aus seinem Privatvermögen zu leisten (**Realteilung mit Wertausgleich**).

In die Realteilung können neben Aktiva auch **betriebliche Verbindlichkeiten** der PersGes einbezogen werden. Es ist nicht erforderlich, dass die einem Gester zugeteilten Verbindlichkeiten mit den ihm zugeteilten aktiven WG in einem wirtschaftlichen Zusammenhang stehen.

854 Die Realteilung einer PersGes *ohne Betriebsfortführung* ist grds **Betriebsaufgabe**, bei Ausscheiden nur einzelner Gester *unter Fortführung* von bestehenden Teilbetrieben durch die PersGes evtl **Veräußerung eines Mitunternehmeranteils**. Im Grundsatz ist damit eine Gewinnrealisierung verbunden.

Zu Einzelheiten s BMF 28.2.2006 BStBl I, 228; *Wacker* in Schmidt[32] § 16 Anm 530ff und *Wendt*, FS Joachim Lang, 699ff; zur **Realteilung** (Spaltung) von **KapGes** s §§ 123ff UmwG und §§ 15, 16 UmwStG.

b) Gesetzliche Grundlage

855 Gemäß § 16 Abs 3 S 2 EStG ist die Realteilung auch bei Übertragung von EinzelWG zwingend zu Buchwerten durchzuführen, sofern die stillen Reserven steuerverhaftet bleiben. Ebenso wie bei § 6 Abs 5 EStG darf weder eine Veräußerung/Entnahme in einer Sperrfrist erfolgen noch dürfen stille Reserven auf eine KapGes übergehen (§ 16 Abs 3 S 3u 4 EStG).

c) Realteilung mit Wertausgleich

856 Erlangen Gester auf Grund der Zusammensetzung des Betriebsvermögens im Rahmen der Realteilung nicht ihrer Beteiligungsquote entspr Werte, ist letztendlich ein Ausgleich zwischen den Gestern aus dem Privatvermögen zu leisten. Soweit keine Ausgleichszahlung geleistet wird, besteht grds weiterhin das **Wahlrecht** zur Buchwertfortführung wie bei Realteilung ohne Wertausgleich. Soweit ein Ausgleich bezahlt wird, liegt einerseits ein Anschaffungsvorgang, andererseits ein Veräußerungsvorgang vor.

Zur **Höhe** des daraus entstehenden **Gewinns** und zur Frage der **Tarifbegünstigung** nach §§ 16, 34 EStG sowie zur gewerbesteuerrechtlichen Behandlung s BMF 28.2.2006 BStBl I, 228 Ziffer VI mit Bsp; dazu und zu str Ausweichgestaltungen *Wacker* in Schmidt[32] § 16 Anm 549f.

d) Kapitalanpassungsmethode

857 Da bei der Realteilung zu Buchwerten die sich im verbleibenden bzw übernommenen Teilbetrieb aus der Differenz der übernommenen Buchwerte der aktiven und der passiven WG ergebenden Kapitalkonten regelmäßig nicht mit den Kapitalkonten des übernehmenden Gesters in der geteilten Ges übereinstimmen, ist eine Anpassung erforderlich. Diese erfolgt erfolgsneutral durch schlichte Erhöhung bzw Reduzierung dieser Kapitalkonten zu Lasten bzw zu Gunsten der Kapitalkonten der übrigen Gester (sog Kapitalanpassungsmethode; vgl *Wacker* in Schmidt[32] § 16 Anm 547). Dabei kann es zu ungleicher Übertragung stiller Reserven kommen, deren potenzielle Steuerlast bei der Wertfindung zu berücksichtigen ist.

3. Verlustabzug (§ 15a EStG)

Nach der Rspr des BFH war einem Kommanditisten ein **Anteil am Verlust** 858 der Ges auch dann zuzurechnen, wenn sein steuerliches Kapitalkonto hierdurch negativ wurde bzw bereits negativ war, obwohl er über seine erbrachte Einlage hinaus weder haftete noch eine Ausgleichspflicht bestand. Die gewerblichen Verluste konnten damit mit anderen positiven Einkünften ausgeglichen werden oder im Rahmen des Verlustabzugs vor- bzw rückgetragen werden (§ 10d EStG).

Zur rechtlichen Situation außerhalb des sachlichen und zeitlichen Anwendungsbereichs des § 15a EStG s *Wacker* in Schmidt[32] § 15a Anm 35).

§ 15a EStG **schränkt** die **Ausgleichs- und Abzugsmöglichkeit** solcher 859 Verluste und hierdurch insb den Tätigkeitsbereich sog VerlustzuweisungsGes **ein**. Gemäß § 15a Abs 1 EStG darf der einem Kommanditisten zuzurechnende Anteil am Verlust der KG weder mit anderen Einkünften aus Gewerbebetrieb noch mit Einkünften aus anderen Einkunftsarten ausgeglichen werden, soweit ein **negatives Kapitalkonto** des Kommanditisten entsteht oder sich erhöht; er darf insoweit auch nicht nach § 10d EStG abgezogen werden. Soweit der Verlust hiernach nicht ausgeglichen oder abgezogen werden kann, mindert er die Gewinne, die dem Kommanditisten in späteren Wj aus seiner Bet an der KG zuzurechnen sind (§ 15a Abs 2 EStG). Derartige sog **verrechenbare Verluste** werden verfahrensmäßig gesondert festgestellt (§ 15a Abs 4 EStG).

Kapitalkonto iSd § 15a EStG ist das Kapitalkonto in der StB der KG 860 einschließl eventueller Ergänzungsbilanzen des betr Kommanditisten einschl Sonderbilanzen (BMF 30.5.1997 BStBl I, 627; OFD Hannover 7.2.2008 DB 1350).

Erhalten bleibt die Ausgleichs- und Abzugsmöglichkeit bei sog überschießen- 861 der Außenhaftung (§ 15a Abs 1 S 2 bis 3 EStG), soweit die Haftung über diejenige eines Kommanditisten hinausgeht (zur Neuregelung in § 15a Abs 1a EStG vgl *Wacker* in Schmidt[32] § 15a Anm 180ff). Andererseits schränkt § 15a Abs 3 EStG Manipulationsmöglichkeiten zur Erlangung einer nicht gerechtfertigten Ausgleichs- und Abzugsmöglichkeit ein. Vgl im Einzelnen *Wacker* in Schmidt[32] § 15a Anm 120ff und 150ff.

§ 15a Abs 5 EStG **erweitert den Anwendungsbereich** der Vorschrift auf 862 alle wirtschaftlich vergleichbaren Konstellationen, um Umgehungsmöglichkeiten einzuschränken (zB stille Ges, GbR, ausländische PersGes).

4. Einschränkung des Verlustausgleichs/-abzugs in den Sonderfällen des § 15 Abs 4 EStG

Für Verluste aus gewerblicher Tierzucht/Tierhaltung bzw aus bestimmten 863 Termingeschäften im betrieblichen Bereich bzw aus mitunternehmerischen InnenGes zwischen KapGes gilt § 15 Abs 4 S 1–8 EStG. Zu den Einschränkungen von Verlustausgleich und Verlustabzug bei diesen Sachverhalten vgl *Wacker* in Schmidt[32] § 15 Anm 895ff und neuerdings BFH 27.3.2012 BStBl II, 745; BFH 24.4.2012 BFH/NV 2012, 1313.

5. Sonderregelung für SE und SCE (§ 15 Abs 1a EStG)

Die Sitzverlegung einer Europäischen Gesellschaft (SE) bzw Europäischen 864 Genossenschaft (SCE), deren Anteile einer inländischen Betriebsstätte zuzurechnen sind, darf entgegen § 4 Abs 1 S 5 EStG nach der Fusions-Richtl noch nicht zu einer deutschen Besteuerung führen. Werden diese Anteile aber nach dem Zeitpunkt der Sitzverlegung veräußert, soll eine Besteuerung des Veräußerungsgewinns nach § 15 Abs 1a S 1 EStG erfolgen. Dasselbe gilt für Sachverhalte nach Sitzverlegung, die einer Veräußerung gleichstehen (§ 15 Abs 1a S 2 EStG). Zu weiteren Einzelheiten *Bode* in Blümich § 15 Anm 585.

§ 248 Jahresabschluß (Ansatzvorschriften)

6. Steuerstundungsmodelle (§ 15b EStG)

865 Für alle Einkunftsarten und somit auch für die gewerblichen Einkünfte einer PersGes versucht der Gesetzgeber, unangemessene Stundungseffekte iZm vorgefertigten Vertragskonzepten (= Steuerstundungsmodelle) zu unterbinden. Zu weiteren Einzelheiten dieser umstrittenen Regelung, auch zu Bsp mit endgültigem Steuerausfall bei den sog. Gold-Fällen vgl *Seeger* in Schmidt[32] § 15b mwN.

§ 248 Bilanzierungsverbote und -wahlrechte

(1) In die Bilanz dürfen nicht als Aktivposten aufgenommen werden
1. Aufwendungen für die Gründung eines Unternehmens,
2. Aufwendungen für die Beschaffung des Eigenkapitals und
3. Aufwendungen für den Abschluss von Versicherungsverträgen.

(2) ¹Selbst geschaffene immaterielle Vermögensgegenstände des Anlagevermögens können als Aktivposten in die Bilanz aufgenommen werden. ²Nicht aufgenommen werden dürfen selbst geschaffene Marken, Drucktitel, Verlagsrechte, Kundenlisten oder vergleichbare immaterielle Vermögensgegenstände des Anlagevermögens.

Übersicht

	Anm
A. Gründungs- und Eigenkapitalbeschaffungskosten (Abs 1 Nr 1 und 2)	
I. Handelsrecht	1–4
II. Steuerrecht	5
B. Aufwendungen für den Abschluss von Versicherungsverträgen (Abs 1 Nr 3)	7
C. Selbst geschaffene immaterielle Vermögensgegenstände des Anlagevermögens (Abs 2)	
I. Allgemeines	10
II. Handelsrecht	11–20
III. Steuerrecht	35–46
D. Rechtsfolgen einer Verletzung des § 248	50, 51
E. Abweichungen der IFRS	
I. Gründungs- und Kapitalbeschaffungskosten	55–57
II. Aufwendungen für den Abschluss von Versicherungsverträgen	58–61
III. Selbst geschaffene immaterielle Vermögenswerte des Anlagevermögens	63–68
F. Exkurs: Bilanzielle Behandlung von Emissionsberechtigungen und emissionsbedingten Verpflichtungen	
I. Handels- und Steuerrecht	70–75
II. IFRS	76–81

Schrifttum: *Küting/Zwirner* Bilanzierung und Bewertung bei Film- und Medienunternehmen des Neuen Marktes FB 2001, Beilage 3 zu Heft 4; *Küting/Pilhofer/Kirchhof* Die Bilanzierung von Software aus der Sicht des Herstellers nach US-GAAP und IAS WPg 2002, 73; *Weber/Böttcher/Griesemann* Spezialfonds und ihre Behandlung nach deutscher und internationaler Rechnungslegung WPg 2002, 905; *Esser/Hackenberger* Bilanzierung immaterieller Vermögenswerte des Anlagevermögens nach IFRS und US-GAAP KoR

2004, 402; *Leibfried/Pfanzelt* Praxis der Bilanzierung von Forschungs- und Entwicklungskosten gemäß IAS/IFRS KoR 2004, 491; *Lüdenbach/Hoffmann* Die langen Schatten der IFRS DStR 2007 Beihefter; *Hennrichs* Immaterielle Vermögensgegenstände nach dem Entwurf des Bilanzrechtsmodernisierungsgesetzes (BilMoG) DB 2008, 537; *Madeja/Roos* Zur Bilanzierung immaterieller Vermögenswerte des Anlagevermögens nach BilMoG KoR 5/2008, 342; *Arbeitskreis „Immaterielle Werte im Rechnungswesen" der Schmalenbach-Gesellschaft für Betriebswirtschaft e. V.* Leitlinien zur Bilanzierung selbstgeschaffener immaterieller Vermögensgegenstände des Anlagevermögens nach dem Regierungsentwurf des BilMoG, DB 2008, 1813; *Dobler/Kurz* Aktivierungspflicht für immaterielle Vermögensgegenstände in der Entstehung nach dem RegE des BilMoG, KoR 2008, 485; *Küting/Ellmann* in *Küting* (ua) Das neue deutsche Bilanzrecht[2] – Handbuch zur Anwendung des Bilanzrechtsmodernisierungsgesetzes (BilMoG), Stuttgart 2009, Kap XI. Immaterielles Vermögen (S 263 ff); *Zwirner* Die bilanzielle Behandlung von Filmrechten und Lizenzen KoR 2008, 272; *Madeja/Roos* Zur Bilanzierung immaterieller Vermögenswerte des Anlagevermögens nach BilMoG KoR 2008, 342; *Moxter* Aktivierungspflicht für selbsterstellte immaterielle Anlagewerte? DB 2008, 1514; *Lüdenbach/Völker* Unzutreffende Qualifizierung des Wettbewerbsverbots als immaterielles Vermögen BB 2008, 1162; *Dörner/Neubert* Praktische Bilanzierung von Entwicklungskosten nach dem Regierungsentwurf zum BilMoG IRZ 2008, 449; *Küting/Pfirrmann/Ellmann* Die Bilanzierung von selbsterstellten immateriellen Vermögensgegenständen nach dem RegE des BilMoG KoR 2008, 689; *Theile* Immaterielle Vermögensgegenstände nach dem RegE BilMoG – Akzentverschiebung beim Begriff des Vermögensgegenstands? WPg 2008, 1064; *Lüdenbach/Freiberg* Zweifelsfragen der abstrakten und konkreten Bilanzierungsfähigkeit immaterieller Anlagen BFuP 2009, 131; *OFD Frankfurt* Ertragsteuerliche Behandlung von Film- und Fernsehfonds – Bilanzielle Abbildung von Rechten an Filmwerken, Vfg v 15.4.2010 – S 2241 A – 64 – St 213, DB 2010, 1207; *Boecker/Künkele* Forschung und Entwicklung im Fokus – Gemeinsamkeiten und Unterschiede zwischen IFRS und HGB i. d. F. des BilMoG IRZ 2010, 484; *Velte/Sepetauz* BilMoG: Ansatzwahlrecht für selbst geschaffene immaterielle Anlagegüter BC 2010, 349; *Quitmann/Jaenecke* Bilanzierung von E-Books in der Verlagsbranche nach IFRS KoR 2010, 88; *IDW RS HFA 11*: Bilanzierung entgeltlich erworbener Software beim Anwender WPg Suppl 3/2010, 57; *Weinand/Wolz* Forschungs- und Entwicklungskosten im Mittelstand KoR 2010, 130; *Gabert* Die Bilanzierung von Filmrechten StuB 2010, 891; *Schweinberger/Horstkötter* Die Bilanzierung von Versicherungsverträgen gemäß den Vorschlägen des ED/2010/8 KoR 2010, 546; *Bächler* Bilanzierung von Versicherungsverträgen IRZ 2010, 381; *Bacher/Hofmann* Die Vorschläge des IASB für einen Nachfolgestandard zu IFRS 4 IRZ 2010, 433; *Kahle/Haas* Herstellungskosten selbst geschaffener immaterieller Vermögensgegenstände des Anlagevermögens WPg 2010, 34; *Schülke* Zur Aktivierbarkeit selbstgeschaffener immaterieller Vermögensgegenstände DStR 2010, 992; *Kußmaul/Ollinger* Zur Aktivierungsfähigkeit von Nutzungsrechten in Handels- und Steuerbilanz StuW 2011, 282; *Tran* Die Bilanzierung immaterieller Vermögensgegenstände nach BilMoG – Normative Erkenntnisse empirischer Befunde KoR 2011, 538; *Freiberg* Abstrakte und konkrete Bilanzierungsfähigkeit immaterieller Werte PiR 2012, 194; *Mindermann* Zweifelsfragen zur Verbesserung der Informationsfunktion durch § 248 Abs. 2 HGB BFuP 2012, 533; *Behrendt-Geisler/Weißenberger* Branchentypische Aktivierung von Entwicklungskosten nach IAS 38 KoR 2012, 56.

A. Gründungs- und Eigenkapitalbeschaffungskosten (Abs 1 Nr 1 und 2)

I. Handelsrecht

Ein Kfm darf nach Abs 1 Nr 1 und 2 Aufwendungen für die Gründung des 1 Unt und für die Beschaffung des EK in der Bilanz **nicht als Aktivposten** ansetzen, da durch sie weder VG noch RAP entstehen. Derartige Aufwendungen dürfen auch nicht mit einem Ausgabeaufgeld (Agio) verrechnet werden (§ 272 Abs 2 Nr 1). Sie stellen daher stets Aufwand der betr Rechnungsperiode dar.

2 **Gründungskosten** iSd Nr 1 sind alle Aufwendungen, die zur Herbeiführung der rechtlichen Existenz des Unt getätigt werden. Hierzu gehören insb Beratungsgebühren, Notariatskosten, Genehmigungsgebühren, Gründungsprüfungskosten, Eintragungs- und Veröffentlichungskosten sowie Reisekosten der Gründer (*Baetge/Fey/Weber* in HdR[5] § 248 Anm 9 f), aber auch Umgründungskosten (so auch *ADS*[6] § 248 Anm 5) oder Kosten eines Formwechsels.

3 **Kosten der Eigenkapitalbeschaffung** iSd Nr 2 sind alle Aufwendungen, die zum Zwecke der (erstmaligen oder wiederholten) Ausstattung eines Unt mit EK getätigt werden. Hierzu gehören insb die Aufwendungen iZm der Ausgabe von GesAnteilen (Emissionskosten), die Kosten der Börseneinführung wie zB die Bankgebühren und die Druckkosten für Aktienurkunden und Börsenprospekte, die Kosten der Bewertung von Sacheinlagen sowie alle Kosten einer Kapitalerhöhung. In der Gründungsphase überschneiden sich die Begriffe „Gründungskosten" und „Eigenkapitalbeschaffungskosten" weitgehend. Zur Behandlung von Gründungskosten, die vor dem EB-Stichtag anfallen, s *Förschle/Kropp/Schellhorn* in Sonderbilanzen[4] D Anm 143 ff sowie *ADS*[6] § 248 Anm 6a.

4 **Kosten der Fremdkapitalbeschaffung** fallen nicht unter Nr 2, da diese Vorschrift ausdrücklich nur die Beschaffung des EK behandelt. Angesichts des klaren Gesetzeswortlauts ist es **nicht** vertretbar, Nr 2 in erweiternder Auslegung als ein **generelles Aktivierungsverbot** für sämtliche Kapitalbeschaffungskosten zu interpretieren. Die Aktivierungsfähigkeit von FK-Beschaffungskosten wird durch Nr 2 überhaupt nicht geregelt, also weder bejaht noch verneint (glA *ADS*[6] § 248 Anm 11; aA *Kirsch* in Rechnungslegung § 248 Anm 23). Bei FK-Beschaffungskosten wie zB einem Disagio (Damnum) oder bei Zinsen ist daher jeweils zu prüfen, ob sich eine Aktivierungsfähigkeit oder gar Aktivierungspflicht nach anderen Vorschriften (nämlich als aktiver RAP nach § 250 oder als HK nach § 255 Abs 3) ergibt.

II. Steuerrecht

5 Das handelsrechtliche **Aktivierungsverbot** der Nr 1 u 2 **gilt** auch bei der Ermittlung des steuerrechtlichen Einkommens (*Weber-Grellet* in Schmidt[32] § 5 Anm 30). Gründungskosten und EK-Beschaffungskosten sind daher steuerrechtlich sofort abzugsfähige Betriebsausgaben.

B. Aufwendungen für den Abschluss von Versicherungsverträgen (Abs 1 Nr 3)

7 In Abs 1 Nr 3 wird klargestellt, dass Aufwendungen für den Abschluss von Versicherungsverträgen nicht aktiviert werden dürfen. Hierunter fallen sämtliche zielgerichtete Aufwendungen, die unmittelbar oder mittelbar zur Erlangung bzw dem Abschluss von Versicherungsverträgen getätigt wurden (bspw Vermittlungsprovisionen, Werbemittel). Das Verbot steht der Anwendung des Zillmer-Verfahrens nicht entgegen, da es sich bei der Zillmerung nicht um eine Aktivierung von Kosten, sondern um eine Kürzung der Zuweisung zur Deckungsrückstellung handelt. Zu weiteren Einzelheiten s *Kölschbach* in Prölss[12] VAG, § 65 Anm 7 ff sowie *ADS*[6] § 248 Anm 27 mwN. Als Spezialvorschrift für Versicherungsverträge ist Nr 3 auf sonstige Verträge grds nicht analog anwendbar. Er gilt jedoch nicht nur für zugelassene VersicherungsUnt (§ 341), sondern auch für sonstige PersonenUnt, die Versicherungsverträge abschließen. Nr 3 gilt auch **steuerrechtlich** (Erl *NRW* 3.1.1966 BStBl II, 37).

C. Selbst geschaffene immaterielle Vermögensgegenstände des Anlagevermögens (Abs 2)

I. Allgemeines

Unter immaterielle VG werden VG verstanden, deren wirtschaftlicher Gehalt weder durch physische Substanz noch durch einen monetären Anspruch verkörpert wird. Zu den immateriellen VG des Anlagevermögens zählen – zT in Anlehnung an die im Gliederungsschema § 266 Abs 2 A.I. aufgeführten Posten – insb Konzessionen (zB Betriebs- und Versorgungsrechte, Wegerechte), gewerbliche Schutzrechte (zB Patente, Warenzeichen, Marken-, Urheber- und Verlagsrechte sowie Geschmacks- und Gebrauchsmuster), ähnliche Rechte und Werte (zB Wohn-, Belieferungs-, Zuteilungsrechte, Nießbrauch, Emissionsrechte (Anm 70)), Lizenzen an solchen Rechten und Werten, sowie rein wirtschaftliche Werte (zB ungeschützte Erfindungen, Rezepte, Auftragsbestand) (vgl hierzu auch *Kuhner* in HdJ II/1 Anm 2). Als bedeutendster Posten dürfte gleichwohl der *derivative* GFW gelten, nach dem diesem seit dem BilMoG nun – obgleich lediglich im Wege einer Fiktion – explizit die Eigenschaft eines VG zugesprochen wird (§ 246 Abs 1 S 2).

Bei immateriellen Werten, die mit einem materiellen Gut verbunden sind (zB Bücher, Datenträger), kommt es für die Einstufung als immateriellen oder materiellen VG darauf an, welches der beiden Elemente dominiert. Zur Einstufung von Software vgl § 247 Anm 385 ff.

Der noch auf der vor dem BilMoG geltenden Rechtslage basierende DRS 12 wurde mit Bekanntmachung des DRÄS 4 durch das BMJ am 18.2.2010 ersatzlos aufgehoben. Er war letztmals auf vor dem 1.1.2010 beginnende Gj anzuwenden. Zu dessen Inhalt vgl 7. Aufl.

II. Handelsrecht

Mit Umsetzung des **BilMoG** wurde das bis dato für nicht entgeltlich erworbene immaterielle VG des Anlagevermögens bestehende Aktivierungsverbot (§ 248 Abs 2 aF) aufgehoben (zur vorherigen Rechtslage s 7. Aufl § 248 Anm 11) und durch ein grds **Aktivierungswahlrecht** ersetzt. Punktuelle **Ausnahmen** – und damit weiterhin mit einem Aktivierungsverbot belegt – sind Aufwendungen für selbsterstellte Marken, Drucktitel, Verlagsrechte, Kundenlisten oder vergleichbare immaterielle VG des Anlagevermögens (Abs 2 S 2) sowie Forschungskosten (§ 255 Abs 2 S 4). Zur Behandlung von **Forschungs- und Entwicklungskosten** vgl § 255 Anm 480 ff. Zu den Übergangsbestimmungen vgl Art 66 Abs 7 EGHGB.

Eine Differenzierung zwischen erworbenen und selbst geschaffenen immateriellen VG des Anlagevermögens bleibt nicht nur für die in Abs 2 S 2 genannten VG notwendig, schließlich ist dies auch für den Bilanzausweis (§ 266 Abs 2 A.I. sieht einen getrennten Ausweis vor) als auch für bestimmte Anhangangaben bedeutsam (§ 285 Nr 22 bzw § 314 Abs 1 Nr 14 fordern im Fall der Aktivierung die Angabe des Gesamtbetrags der FuE-Kosten des Gj sowie den davon auf selbst geschaffene immaterielle VG des Anlagevermögens entfallenden Betrag). Zudem ist zu beachten, dass die Aktivierung selbst geschaffener immaterieller VG bei KapGes mit einer **Ausschüttungs- und Abführungssperre** gekoppelt ist (§ 268 Abs 8, § 301 S 1 AktG). Im Übrigen kann die Ausübung des Aktivierungswahlrecht die Klassifizierung von diesbzgl erhaltenen **Zuschüssen** (Aufwands- versus Investitionszuschuss) determinieren (s IDW St/HFA 2/1996 idF 2013, Abschn 2.1.2 sowie § 255 Anm 113 ff).

Zur Frage, ob ein VG als erworben oder **selbst geschaffen** gilt, ist es uE sachgerecht, auf die bisherige (und künftige) Auslegung des Prinzips des entgeltlichen

Erwerbs iSd Abs 2 aF bzw § 5 Abs 2 EStG abzustellen (vgl hierzu ausführlich Anm 35 ff). Insofern sind Sachverhalte, die nicht im og Sinn als entgeltlich erworben gelten, als selbst geschaffen anzusehen.

Zu den Übergangsvorschriften vgl Art 66 Abs 5 EGHGB.

14 Für immaterielle VG des *Umlaufvermögens* (zB nicht abgerechnete Leistungen eines DienstleistungsUnt) galt das Aktivierungsverbot des Abs 2 aF nicht, so dass diese auch schon seit jeher ohne das Vorliegen eines entgeltlichen Erwerbs gem § 246 Abs 1 aktivierungspflichtig sind (hM zB *ADS*[6] § 248 Anm 23).

15 Mit einem **Aktivierungsverbot** belegt bleiben gem Abs 2 S 2 *selbst geschaffene* Marken, Drucktitel, Verlagsrechte, Kundenlisten und vergleichbare selbst geschaffene immaterielle VG des Anlagevermögens. Der Gesetzgeber begründet dies damit, dass Aufwendungen für derartige VG teilweise nicht von denjenigen Aufwendungen zur Schaffung bzw Förderung des originären GFW getrennt werden könnten und somit die HK für derartige VG nicht zweifelsfrei zurechenbar seien (Begr RegE S 109; Ber Merz ua, 110). Entspr scheidet bspw auch (spätestens hierdurch) der eigenständige Ansatz eines Mitarbeiterstamms (Belegschaft) aus.

16 Bei einer **Marke** (im Sprachgebrauch zT auch als Warenzeichen bezeichnet) handelt es sich um eine besondere, rechtlich geschützte Kennzeichnung von Waren oder Dienstleistungen eines Unt, die dazu dient, sie von denjenigen anderer Unt zu unterscheiden. Diese kann neben Wörtern einschl Personennamen (Markenname) auch in Form von Zeichen, Abbildungen, Buchstaben, Zahlen, Hörzeichen, dreidimensionalen Gestaltungen einschl der Form einer Ware oder ihrer Verpackung sowie sonstiger Aufmachungen einschl Farben und Farbzusammenstellungen erfolgen (§ 3 MarkenG). Unbeachtlich ist, ob die Marke in ein Register (zB beim Deutschen Patent- und Markenamt) eingetragen ist.

17 **Drucktitel** sind der Name oder besondere Bezeichnungen, unter denen Druckschriften (zB Zeitungen) veröffentlicht werden.

18 **Verlagsrechte** stellen das (gewöhnlich seitens des Urhebers einem Verleger eingeräumte) ausschließliche Recht dar, ein Werk der Literatur oder Tonkunst (Notenmaterial) zu vervielfältigen und zu verbreiten (§ 8 VerlG).

19 Bei **Kundenlisten** (Kundenkarteien) handelt es sich um eine systematische Bestandsaufnahme bzw -führung bestehender Geschäftskunden, die neben Namen und Anschrift häufig auch weitere kundenspezifische Daten wie bspw Art und Häufigkeit der Bestellungen, Kreditwürdigkeit, Zahlungsverhalten etc beinhalten.

20 Als **vergleichbare immaterielle VG des Anlagevermögens** dürften bspw in Betracht kommen: Geschmacks- und Gebrauchsmuster, UntKennzeichen (Name, Firma oder besondere Bezeichnung eines Geschäftsbetriebs oder eines Unt; § 5 Abs 2 MarkenG), sonstige Werktitel (Namen oder besondere Bezeichnungen von Film- und Tonwerken, Bühnenwerken oder sonstigen vergleichbaren Werken; § 5 Abs 3 MarkenG) und Urheberrechte sowie Internet-Domain-Namen.

III. Steuerrecht

35 Gem § 5 Abs 2 EStG setzt die Aktivierung immaterieller WG des Anlagevermögens voraus, dass sie entgeltlich erworben wurden (vgl § 274 Anm 192). Ist dies der Fall, besteht ein ausdrückliches **steuerrechtliches Aktivierungsgebot** (*Weber-Grellet* in Schmidt[32] § 5 Anm 161). **Fehlt** es hingegen an einem entgeltlichen Erwerb, besteht steuerrechtlich ein generelles eigenständiges **Aktivierungsverbot** (*Baetge/Fey/Weber* in HdR[5] § 248 Anm 18).

Das Erfordernis eines entgeltlichen Erwerbs stellt sicher, dass eine Leistung des Erwerbers vorliegt, die nach den Vorstellungen der Vertragspartner eine **gleich-**

wertige Gegenleistung dafür ist, dass das immaterielle WG aus dem Vermögen eines anderen in das Vermögen des Erwerbers übergeht und dass dadurch eine gewisse **Wertobjektivierung** stattgefunden hat. Bei entgeltlichen Transaktionen zwischen nahe stehenden Personen, wie zB zwischen MU und TU, ist allerdings stets sorgfältig zu prüfen, ob hier eine zutreffende Wertkonkretisierung erfolgt ist (glA *Kuhner* in HdJ II/1 Anm 201; *Löcke* BB 1998, 419, der hier eine Wertkonkretisierungsmöglichkeit sogar generell verneint; hingegen offen lassend *Weber-Grellet* in Schmidt[32] § 5 Anm 199).

Ein **Erwerb** liegt vor, wenn das wirtschaftliche Eigentum an dem betr WG aus dem Vermögen anderer in das Vermögen des Erwerbers gelangt. Dabei ist es nicht erforderlich, dass sich das WG bereits in fertigem Zustand befindet, bevor es das Vermögen eines anderen verlässt. Es genügt vielmehr, wenn es erst durch das Erwerbsgeschäft geschaffen wird (BFH 14.3.2006, I R 109/04, BFH/NV 2006, 1812; BMF 11.7.1995 DB, 1637) oder erst in der Hand des Erwerbers entsteht, sofern nur alle wesentlichen Komponenten des WG aus dem Vermögen anderer stammen. Ein Erwerb, zB eines im Auftrag des Erwerbers entwickelten umfangreichen EDV-Programms, ist daher auch dann gegeben, wenn die einzelnen Programmteile vom Hersteller sukzessiv hergestellt und jeweils an den Besteller ausgeliefert werden oder wenn bei mehreren Herstellern jeder den von ihm entwickelten Programmteil unmittelbar an den Besteller liefert und erst dieser die Zusammenfügung der Programmteile zu dem gewünschten WG vornimmt. Denn auch hier handelt es sich um einen von anderen abgeleiteten Rechtserwerb. Gleichermaßen gilt ein erstmals durch Vertrag entstehendes (und finanziell vergütetes) Recht wie bspw ein Belieferungsrecht oder Wettbewerbsverbot (aA *Lüdenbach/Veit* BB 2008, 1162 ff, die hierin vielmehr einen aktiven RAP iVm einem schwebenden Geschäft sehen) als entgeltlich erworben. **36**

Ein Erwerb iSd Abs 2 kann auch auf einem **Vermögensübergang kraft Gesetzes** beruhen (wie zB bei der Gesamtrechtsnachfolge anlässlich einer Verschmelzung oder bei einer Vermögensanwachsung infolge der Vereinigung aller Anteile an einer PersGes in einer Hand); s hierzu auch *Weber-Grellet* in Schmidt[32] § 5 Anm 191. **37**

Selbst hergestellte immaterielle WG des Anlagevermögens sind hingegen nicht aktivierungsfähig. Folglich begründen **interne** Aufwendungen wie bspw eigene Entwicklungskosten eines Patents steuerrechtlich keinen (abgeleiteten) Erwerb iSd Abs 2, sondern eine (originäre) Herstellung. Gleiches gilt für **externe** Aufwendungen, die nicht auf einem Werk-, sondern lediglich einem Dienstvertrag beruhen und damit der Auftraggeber das Herstellungsrisiko trägt (s auch IDW RS HFA 11 Tz 9 ff). Zur Abgrenzung der Herstellung vom Erwerb (bzw von der Anschaffung) s die Erl zu § 255 Anm 35 ff, 360. **Interne** (sowie auf Dienstvertrag beruhende externe) Aufwendungen, die zusätzlich im Rahmen des Erwerbs immaterieller WG anfallen, sind nur dann aktivierungsfähig, wenn sie als Anschaffungs*neben*kosten iS § 255 Abs 1 qualifizieren; das Prinzip des entgeltlichen Erwerbs gilt insoweit nicht (s auch IDW RS HFA 11 Tz 18 ff). **38**

Entgeltlich ist ein Erwerb grds dann, wenn und soweit eine **Gegenleistung** aus dem Vermögen des Erwerbers erfolgt ist. Als Gegenleistung ist dabei aber nur desjenige anzusehen, was auf Grund eines Leistungsaustauschvertrags zum Zwecke der Abgeltung für den Rechtsverlust der Gegenpartei entrichtet wird. Es genügt nicht, dass gelegentlich des Erwerbs des immateriellen WG irgendwelche Aufwendungen – wie zB Vermittlungsprovisionen – entstanden sind. So sind Maklerkosten, die zum Abschluss eines Mietverhältnisses aufgewendet wurden, nicht aktivierungsfähig (BFH 19.6.1997 BStBl II, 808). Derartige Kosten zum Erwerb eines Erbbaurechts sind hingegen als Anschaffungs(neben)kosten des Erbbaurechts zu aktivieren, was ua damit begründet wird, dass das dem Austauschverhältnis **39**

zugrunde liegende Erbbaurecht dem materiellen Anlagevermögen zuzuordnen ist (BFH 4.6.1991 BStBl II 1992, 70; zur Urteilswürdigung s *Moxter* DStR 1999, 51; im Übrigen s Erl zu § 255 Anm 325). Die anlässlich der Erteilung einer Verkehrskonzession zu zahlenden behördlichen Gebühren führen nicht zu einem entgeltlichen Erwerb der Konzession. Gleiches gilt für die an ein Elektrizitätswerk geleisteten Beiträge für die Durchführung der Stromanschlussarbeiten (diese Beiträge sind keine Gegenleistung für ein Stromversorgungsrecht, BFH 13.12.1984 BStBl II 1985, 289), ebenso Beiträge zum Ausbau einer öffentlichen Straße (BFH 26.2.1980 BStBl II, 687) oder zum Bau einer städtischen Kläranlage (BFH 25.8.1982 BStBl II 1983, 38). Zur Qualifizierung eines verlorenen Zuschusses als Entgelt s *Kuhner* in HdJ II/1 Anm 209.

40 Die **Gegenleistung** braucht nicht in Geld oder Geldersatz zu bestehen. Auch ein Tauschgegenstand oder eine als Gegenleistung erbrachte Dienst- oder sonstige Leistung können das Entgelt bilden, sofern diesem Gegenstand bzw dieser Leistung ein objektiver und daher nachprüfbarer Wert beizumessen ist (*ADS*[6] § 248 Anm 16; aA für den Tausch bisher noch nicht entgeltlich erworbener immaterieller Werte *Kuhner* in HdJ II/1 Anm 210). Das Entgelt kann ferner in der Gewährung von neuen GesRechten, in der Aufgabe bisheriger Beteiligungsrechte oder in der Übernahme bestehender Verbindlichkeiten anderer Personen bestehen, was insb bei Verschmelzungen sowie Einbringungen und Anwachsungen von Betrieben häufig der Fall ist (glA *ADS*[6] § 248 Anm 21 mwN; zur Übernahme von Nachlassverbindlichkeiten sowie Ausgleichszahlungen iZm Erbvorgängen s 7. Aufl § 248 Anm 41).

42 Bei **Schenkungen** fehlt es an einem entgeltlichen Erwerb, selbst wenn der Schenker seinerseits das betr WG – und sei es noch so kurz zuvor – entgeltlich erworben hatte. Dies gilt nicht, wenn anstelle des WG das für den Erwerb von einem Dritten erforderliche Entgelt zweckgebunden geschenkt wird. Denn auch hier ist das Entgelt als eine Leistung aus dem – um die Schenkung vermehrten – Vermögen des Erwerbers zu sehen, so dass es die Wertkonkretisierungsfunktion erfüllt.

43 Das Aktivierungsverbot findet keine Anwendung auf solche immaterielle WG, die im Rahmen eines **UntErwerbs** angeschafft – und somit nicht im og Sinne entgeltlich erworben – wurden. Andernfalls gingen diese im derivativen GFW auf, was im Hinblick auf den Einzelbewertungsgrundsatz sowie das Vorsichtsprinzip nicht sachgerecht wäre (vgl *Moxter*[6], 28; s auch Erl zu § 255 Anm 80ff).

44 Zur Behandlung von Aufwendungen iZm der Einführung neuer **Software** s auch BMF 18.11.2005, IV B 2 – S 2172 – 37/05; FinSen Bremen, Erl v 13.9.2004, DB 2004, 2782 und OFD *Magdeburg*, Vfg v 26.11.2004, DStZ 2005, 130.

45 Das Aktivierungsverbot gem § 6 Abs 1 Nr 5 EStG greift nicht, sofern es sich um (offene oder verdeckte) **Einlagen** handelt (R 5.5 Abs 3 EStÄR 2012; *Weber-Grellet* in Schmidt[32] § 5 Anm 164 u 204). Dies folge aus der Notwendigkeit der Abgrenzung der gesrechtlichen von der betrieblichen Sphäre der KapGes, die dem Aktivierungsverbot des § 5 Abs 2 EStG vorgehe (ebenso *Weber-Grellet* in Schmidt[32] § 5 Anm 164 und 201).

46 Demggü greift das Aktivierungsverbot nach einem BFH-U (9.8.2000 BB, 2515) auch bei der Erstellung einer **Anfangsbilanz** gem § 13 Abs 3 S 1 KStG (aA *Hommel* BB 2000, 2517, der aus der og Begr zu Einlagen auch hier eine Aktivierungspflicht präferiert).

D. Rechtsfolgen einer Verletzung des § 248

50 Für eine Verletzung der Aktivierungsverbote des § 248 sieht das HGB keine speziellen **zivilrechtlichen** Rechtsfolgen vor. Die Aktivierung nicht ansatzfähiger

Güter oder Aufwendungen stellt jedoch eine **Überbewertung** iSd § 256 Abs 5 AktG dar, die bei KapGes grds zur Nichtigkeit des JA führt (§ 264 Anm 57 ff); demggü führt das Unterlassen gebotener Aktivierungen im Hinblick auf die damit einhergehende Unterbewertung gem § 256 Abs 5 S 1 Nr 2 AktG nur dann zur Nichtigkeit, wenn dadurch die Vermögens- und Ertragslage der Ges vorsätzlich unrichtig wiedergegeben oder verschleiert wird.

Außerdem kann bei allen prüfungspflichtigen Unt eine Einschränkung oder – bei 51 erheblichem Umfang der verbotenen Aktivposten – eine Versagung des BVm in Betracht kommen (§ 322 Abs 4). Wegen möglicher **straf- und bußgeldrechtlicher** Konsequenzen s die Erl zu den §§ 331 und 334.

E. Abweichungen der IFRS

Schrifttum: s unter Schrifttum zu HGB.

Standards (und Interpretationen): IAS 38 Immaterielle Vermögenswerte *(Intangible Assets)* (2011); SIC-32 Immaterielle Vermögenswerte – Kosten von Internetseiten *(Intangible Assets – Web Site Costs)*; IAS 32 Finanzinstrumente: Darstellung *(Financial Instruments: Presentation)* (2012); IFRS 4 Versicherungsverträge *(Insurance Contracts)*; ED/2010/8 Versicherungsverträge *(Insurance Contracts)* (2010); IFRS 3 Unternehmenszusammenschlüsse *(Business Combinations)* (2008); IAS 17 Leasingverhältnisse *(Leases)* (2004); ED/2013/6 Leasingverhältnisse *(Leases)* (2013).

I. Gründungs- und Kapitalbeschaffungskosten

Bzgl der Bilanzierung von **Gründungskosten,** die im **IAS 38** behandelt 55 werden, besteht grds **kein Unterschied** zum HGB. Gem IAS 38.69a sind Anlaufkosten *(start-up costs)*, die auch Kosten zur Gründung einer Rechtseinheit *(establishment costs)*, wie zB Rechtsanwalts- oder Sekretariatskosten einschließen, stets als **Aufwand** des Gj zu erfassen.

Kosten für EK-Transaktionen (= Transaktionen, die zu einer Nettozu- oder 56 abnahme des EK führen) (idR **EK-Beschaffungskosten**) sind – nach Abzug etwaiger damit verbundener Ertragsteuervorteile – erfolgsneutral durch Abzug vom EK zu erfassen, allerdings nur, soweit es sich um zusätzliche (dh um anderfalls vermiedene) externe, der EK-Transaktion direkt zurechenbare Kosten handelt (IAS 32.35, 32.37). Die übrigen Kosten, so bspw auch Aufwendungen für nachträgliche Börsennotierungen, sekundäre Zeichnungsangebote, Aktiensplits sowie die Ausgabe von Gratisaktien sind als Aufwand des Gj zu erfassen (IAS 32. BC33 iVm der ehemaligen Vorschrift SIC-17.3).

Die og Behandlung gilt auch für derartige im Rahmen eines UntErwerbs 57 angefallene Kosten; die Behandlung als Anschaffungs(neben)kosten der Beteiligung ist im Zuge der Ablösung des IAS 22 durch IFRS 3 (rev 2004) entfallen (IFRS 3.53, BC437d).

II. Aufwendungen für den Abschluss von Versicherungsverträgen

Die bilanzielle Behandlung von Versicherungsverträgen ist in IFRS 4 bislang 58 grds nur für **Versicherungs*geber*** geregelt (IFRS 4.4f). Im Hinblick auf die geplante Überarbeitung dieses Standards (sog Phase II) war der Standardsetter in der ersten Fassung weitgehend um Konsens bemüht, um zu vermeiden, zu einschneidenden Änderungen der bisherigen Bilanzierungspraxis führende Vorschriften zu erlassen, die uU nur vorläufigen Charakter hätten (IFRS 4.BC5).

Entspr wurde ua auch die Behandlung von Aufwendungen iZm dem Abschluss von Versicherungsverträgen *(acquisition costs)* explizit offen gelassen (IFRS 4.BC 115 ff); da gleichzeitig das grds für Regelungslücken vorgesehene Prozedere (IAS 8.10 ff) gem IFRS 4.13 für nicht anwendbar erklärt wurde, besteht infolgedessen *derzeit* faktisch ein **Wahlrecht,** solche Kosten entweder zu aktivieren bzw über die Vertragslaufzeit abzugrenzen oder sofort aufwandswirksam zu erfassen.

Nach bisheriger Äußerung des Standardsetters im gegenwärtigen Standard sollte künftig voraussichtlich eine sofortige Aufwandsverrechnung vorgeschrieben werden (IFRS 4.BC6e). Gem dem inzwischen vorliegenden Entwurf „Insurance Contracts" (ED/2010/8) sollen die Kosten hingegen in die Erstbewertung eines Vertrags bzw – nach jüngsten Überlegungen hierzu – in die Erstbewertung eines Vertragsportfolios einbezogen und damit erst über die Laufzeit aufwandswirksam erfasst werden. Eine Beschränkung auf nur diejenigen Kosten, die zu einem erfolgreichen Vertragsabschluss geführt haben, würde danach nicht erfolgen (vgl ED Paragraph 24 u 39a sowie *IASB* Update v 1./2. März 2011, Mai u Oktober 2012). Allerdings soll der Einbezug nur für die direkt zurechenbaren Kosten gelten (vgl IASB Update Juni 2011).

59 Zur bilanziellen Behandlung seitens der **Versicherungs***nehmers* enthalten die IFRS keine explizite Vorschrift. In Anbetracht dieser Regelungslücke ist eine adäquate Bilanzierungsmethode anhand des Auslegungsprozederes gem IAS 8.10 ff herzuleiten, wonach ua auf vergleichbare, in anderen Standards geregelte Sachverhalte zurückzugreifen ist.

60 IAS 17 regelt die Behandlung von Aufwendungen, die durch Verhandlungen und den Abschluss von **Leasingverträgen** entstehen (initial direct costs; IAS 17. 38). Danach besteht seitens des Leasing*gebers* eine Aktivierungspflicht in Form eines Einbezugs in den Buchwert der Forderung (im Falle von Finanzierungs-Leasing) bzw des Leasingobjekts (im Falle von Operating-Leasing) (IAS 17.38 bzw 17.52). Seitens des Leasing*nehmers* sind bei Finanzierungs-Leasingverhältnissen derartige Aufwendungen in die AK des Leasingobjekts einzubeziehen (IAS 17.20, 17.24); für Operating-Leasingverhältnisse fehlt hingegen eine explizite Regelung. Insofern sehen die IFRS in diesem Kontext eine explizite Aktivierungspflicht nur in Form von Anschaffungs*neben*kosten vor; ob derartige Kosten auch die Eigenschaft eines eigenständigen Vermögenswerts erfüllen, bleibt offen.

61 Zwecks analoger Anwendung gilt damit zu untersuchen, ob Versicherungsverträge aus Sicht des Versicherungs*nehmers* als (immaterieller) Vermögenswert qualifizieren. Dies ist uE zu verneinen, da die Wahrscheinlichkeit des Zuflusses des künftigen ökonomischen Nutzens iSd IAS 38.8 iVm 18 ff bzw F. 4.37 ff weder hinreichend sicher noch abschätzbar ist. Folglich scheidet eine Aktivierung der Abschlusskosten als Anschaffungs(neben)kosten des Versicherungsvertrags aus; dennoch dürfte – im Hinblick auf die og (vermutlich bewusst belassene) Regelungslücke in IAS 17 – grds von einem **Wahlrecht** zwischen sofortiger erfolgswirksamer Erfassung und Verteilung über die Vertragslaufzeit auszugehen sein.

Nach den gegenwärtig geplanten Änderungen zur Leasingbilanzierung (ED/2013/6) ist allerdings künftig eine zwingende Berücksichtigung derartiger Kosten im Rahmen des Ansatzes des Nutzungsrechts (sog *right of use-*Modell) – und damit eine aufwandswirksame Verteilung – vorgesehen (ED/2013/6 Tz 40c; B10).

III. Selbst geschaffene immaterielle Vermögenswerte des Anlagevermögens

63 Die Bilanzierung und Bewertung immaterieller Vermögenswerte richtet sich grds nach **IAS 38,** es sei denn, andere Vorschriften (zB IAS 2, Vorräte) gehen

diesem vor. Danach besteht bei Erfüllung bestimmter Definitions- und Ansatzkriterien (Anm 65) sowohl für entgeltlich erworbene als auch für selbst erstellte immaterielle Vermögenswerte – unabhängig davon, ob es sich um kurz- oder langfristige Posten handelt – ein grds **Aktivierungsgebot.**

Lediglich für selbst erstellte Markennamen, Drucktitel, Verlagsrechte, Kundenlisten und ähnliche Posten gilt – wie nach HGB – ein ausdrückliches **Aktivierungsverbot** (IAS 38.63, vgl auch IAS 38.119), da davon ausgegangen werden muss, dass sie nicht von den Kosten zur Entwicklung des originären GFW abgegrenzt werden können. Entspr gilt für den Mitarbeiterstamm (Belegschaftsqualität) (s auch IFRS 3.B37).

Trotz zum Teil unterschiedlich formulierter Definitions- und Ansatzkriterien **64** nach IFRS und HGB (§ 247 Anm 372 ff zur Begriffsbestimmung und Anm 389 ff zu den Ansatzkriterien) werden grds die nach IFRS als immaterielle Vermögenswerte qualifizierten Posten auch nach HGB immaterielle VG darstellen.

Die Problematik der Unsicherheit über das Vorhandensein und die Bemessung **65** eines Vermögensvorteils (Anm 11) bei **selbst erstellten** immateriellen Vermögenswerten erkennt auch IAS 38. Da es aber nach IFRS nicht sachgerecht erscheint, gleiche Sachverhalte durch ein Bilanzierungsverbot bilanziell unterschiedlich zu würdigen, wurden bzgl selbst erstellter immaterieller Vermögenswerte zusätzliche Ansatzvorschriften formuliert (IAS 38.51 ff). So sind selbsterstellte immaterielle Vermögenswerte entspr ihrem Entstehungsfortschritt bzw ihrer Bestimmung entweder einer sog *Forschungsphase* (zB Suche nach neuen Prozessen, Produkten oder Materialien) oder einer sog *Entwicklungsphase* (zB Entwurf, Konstruktion und Test neuer Prozesse, Produkte oder Materialien) zuzuordnen.

Kosten der Erstellung immaterieller Vermögenswerte, die **der Forschungs- 66 phase** zuzuordnen sind, **dürfen** – analog HGB – **nicht aktiviert werden** (IAS 38.54).

Kosten der Entwicklungsphase sind zu aktivieren, sobald der Vermö- **67** genswert die folgenden **Voraussetzungen** erfüllt und dies sowie die Erfüllung der übrigen Kriterien vom Unt nachgewiesen (... *requires an enterprise to demonstrate* ...) wird (IAS 38.57):
– technische Durchführbarkeit der Fertigstellung, so dass der immaterielle Vermögenswert bestimmungsgemäß eingesetzt werden kann;
– Absicht und Fähigkeit, den immateriellen Vermögenswert fertigzustellen und zu nutzen oder zu verkaufen;
– Nachweis, dass der immaterielle Vermögenswert den Nettozufluss an zukünftigem wirtschaftlichen Nutzen des Unt erhöhen wird;
– Verfügbarkeit adäquater Ressourcen, um die Entwicklung vollenden und den immateriellen Vermögenswert nutzen oder verkaufen zu können; und
– Fähigkeit, die während der Entwicklung anfallenden, dem immateriellen Vermögenswert zurechenbaren Kosten zuverlässig zu messen.

Zur Behandlung von Aufwendungen iZm der Erstellung einer eigenen Inter- **68** netpräsenz **(website)** enthält **SIC-32** konkrete Hinweise zur Behandlung der in diesem Zusammenhang typischerweise anfallenden Aufwandsarten.

F. Exkurs: Bilanzielle Behandlung von Emissionsberechtigungen und emissionsbedingten Verpflichtungen

Schrifttum: *Schmidt/Schnell* Bilanzierung von Emissionsrechten nach IAS/IFRS DB 2003, 1449; *Hermes/Jödicke* Bilanzierung von Emissionsrechten nach IFRS KoR 2004, 287; *Rogler*, Bilanzierung von CO_2-Emissionsrechten KoR 2005, 255; *BMF-Schreiben*

§ 248 70–73   Jahresabschluß (Ansatzvorschriften)

v 6.12.2005 Ertragsteuerliche Behandlung von Emissionsberechtigungen nach dem Gesetz über den Handel mit Berechtigungen zur Emission von Treibhausgasen Az IV B2 – S 2134a – 42/05 BB 2006 S 374; *Hoffmann/Lüdenbach* Die Bilanzierung von Treibhausgas-Emissionsrechten im Rechtsvergleich DB 2006 S. 57; *Hommel/Wolf* Emissionshandel im handelsrechtlichen Jahresabschluss – eine kritische Würdigung des Entwurfs der IDW Stellungnahme vom 2.3.2005 BB 2005 S 1782; *IDW* RS HFA 15 Bilanzierung von Emissionsberechtigungen nach HGB WPg 2006, 574; *Patek* Bilanzierung von Schadstoff-Emissionsrechten und Emissionsrechte-Abgabepflichten nach HGB WPg 2006 S 1152; *IETA/PricewaterhouseCoopers* Trouble-entry accounting – Revisited* Uncertainty in accounting for the EU Emissions Trading Scheme and Certified Emission Reductions, 2007; *Lorson/Toebe* Bilanzierungsfeld Emissionsrechtehandel KoR 2008, 498; *Rogler/Lange/Straub* Bilanzierung von Emissionsrechten KoR 2009, 371; *Wulf/Lange* Bilanzierung von Emissionsrechten nach IFRS IRZ 2011, 485.

Standards: IAS 38 Immaterielle Vermögenswerte *(Intangible Assets)* (2011); IAS 20 Bilanzierung und Darstellung von Zuwendungen der öffentlichen Hand *(Accounting for Government Grants and Disclosure of Government Assistance)* (2012); IAS 37 Rückstellungen, Eventualverbindlichkeiten und Eventualforderungen *(Provisions, contingent liabilities and contingent assets)* (2010).

I. Handels- und Steuerrecht

70 **Emissionsberechtigungen** (Emissionsrechte) stellen immaterielle VG dar und sind nach hM dem Umlaufvermögen zuzuordnen, und zwar unabhängig davon, ob diese zur Erfüllung der emissionsbedingten Verpflichtungen oder zu Handelszwecken gehalten werden (IDW RS HFA 15 Tz 5). Die **erstmalige Erfassung** erfolgt erst mit Eintragung in das Emissionshandelsregister, nicht bereits mit Zugang des Zuteilungsbescheids (IDW RS HFA 15 Tz 6; BMF 6.12.2005 Anm 7). Die Zugangsbewertung erfolgt grds zu AK inkl Anschaffungsnebenkosten (§ 255 Abs 1). Für unentgeltlich erworbene Emissionsberechtigungen besteht handelsrechtlich ein Wahlrecht zwischen Ansatz zum Zeitwert oder Erinnerungswert, wobei im erstgenannten Fall zwecks periodengerechter Ertragserfassung gem § 265 Abs 5 S 2 ein passiver Sonderposten zu bilden ist (IDW RS HFA 15 Tz 11, 13). Demggü kommt nach Auffassung der FinVerw nur ein Ansatz mit Null in Betracht; wird in der HB hingegen die erste Alternative gewählt, sei der Buchwert der Emissionsberechtigungen und der passive Sonderposten zu saldieren (BMF 6.12.2005 Anm 9).

71 Die **Folgebewertung** der Emissionsberechtigungen erfolgt unter Beachtung des strengen Niederstwertprinzips mit den fortgeführten AK. Planmäßige Abschreibungen kommen hingegen angesichts des fehlenden planmäßigen Werteverzehrs grds nicht in Betracht.

72 Ein in der HB ggf gebildeter passiver **Sonderposten** ist nach Maßgabe des Anfalls der emissionsbedingten Aufwendungen, welche durch die unentgeltliche Gewährung von Emissionsberechtigungen (partiell) kompensiert werden sollen, ertragswirksam aufzulösen. Hierbei ist es unerheblich, ob die betr Emissionsberechtigungen noch vorhanden sind oder zwischenzeitlich veräußert wurden.

73 Werden unentgeltlich erworbene, nur mit einem Erinnerungswert eingebuchte Emissionsberechtigungen veräußert, ist in der HB zwecks Vermeidung einer unangemessen vorzeitigen Gewinnrealisierung nachträglich ein passiver Sonderposten in Höhe des Betrags zu bilden, der im Falle einer erstmaligen Erfassung der Emissionsberechtigungen mit ihrem Zeitwert bis zum Veräußerungstag noch verblieben wäre (IDW RS HFA 15 Tz 15). Steuerrechtlich ist demggü nach Auffassung der FinVerw ein Gewinn in Höhe des vollen Veräußerungserlöses als realisiert anzusehen (BMF 6.12.2005 Anm 14).

Der **Verpflichtung zur Abgabe von Emissionsberechtigungen** nach Maß- 75
gabe getätigter Schadstoffemissionen ist durch Bildung einer Verbindlichkeitsrückstellung (§ 249 Abs 1 S 1) Rechnung zu tragen (differenzierend: Lt FinVerw gilt dies nur, soweit noch keine entspr Emissionsberechtigungen vorhanden sind; andernfalls handle es sich mangels Ungewissheit (weder dem Grunde noch der Höhe nach) hingegen um eine Verbindlichkeit; vgl BMF 6.12.2005 Anm 15). Sind entspr Emissionsberechtigungen zur Erfüllung der zum Abschlussstichtag bestehenden Verpflichtung vorhanden, hat die Bewertung entspr der Behandlung von Sachleistungsverpflichtungen auf Basis deren Buchwerts (ggf Erinnerungswerts) zu erfolgen; dabei ist davon auszugehen, dass zur Verpflichtungserfüllung zuerst die unentgeltlich und erst danach die entgeltlich erworbenen Emissionsberechtigungen verwendet werden (IDW RS HFA 15 Tz 18;). Letzteres soll nach Auffassung der FinVerw allerdings nur gelten, wenn sich nicht die tatsächliche Verbrauchsfolge anhand von bei einer Transaktion anzugebenden ID-Nummern (zB Seriennummer der Emissionszertifikate) bestimmen lässt (BMF 6.12.2005 Anm 16 u 16a, ergänzt durch BMF 7.3.2013). Sind hingegen nicht ausreichend Emissionsberechtigungen vorhanden, ist die Deckungslücke grds mit dem Zeitwert entspr Emissionsberechtigungen zu bewerten. Wurde zum Erwerb fehlender Emissionsberechtigungen ein Termingeschäft abgeschlossen, erscheint stattdessen eine Rückstellungsbewertung iHd Terminkurses sachgerecht. Eine Abzinsung der og Beträge iSd § 253 Abs 2 kommt bereits aufgrund der Kurzfristigkeit der Verpflichtung grds nicht in Betracht; im Fall der Bewertung auf Basis des Buchwerts bereits vorhandener Emissionsberechtigungen scheidet eine Abzinsung per se aus (glA IDW RS HFA 34 Tz 23).

II. IFRS

Die bilanzielle Behandlung von Emissionsberechtigungen sowie emissionsbe- 76
dingten Verpflichtungen ist seit Aufhebung von IFRIC 3 im Juni 2005 nicht mehr explizit geregelt. Der IASB hat allerdings ein erneutes Projekt („Emissions Trading Schemes") aufgenommen, dessen anfängliche Erörterungen angesichts anderer Prioritäten zeitweise pausierten und mit Beschluss im Mai 2012 wieder im Rahmen eines Forschungsprojekts fortgesetzt werden sollen. Angesichts der damit derzeit noch bestehenden Regelungslücke gilt es im Nachfolgenden nach Maßgabe der Vorgaben gem IAS 8.10ff eine adäquate Bilanzierungsweise zu entwickeln.

Emissionsberechtigungen zählen aus Sicht des unter das Emissionshandels- 77
system fallenden Unt grds zum Anwendungsbereich des IAS 38. Entspr erfolgt deren **erstmalige Erfassung** grds iHd AK (inkl Anschaffungsnebenkosten; IAS 38.24, 38.27). Bzgl unentgeltlich erworbener Emissionsrechte besteht allerdings gem IAS 20.23 ein Wahlrecht, wonach ein Ansatz entweder iHd Marktwerts (dies sah IFRIC 3 noch zwingend vor) oder zu Null (nominal) zulässig ist. Erfolgt der Erstansatz zum Marktwert, ist zwecks Erfolgsneutralisierung die Bildung eines passiven Abgrenzungspostens (deferred income) geboten (IAS 20.26).

Hinsichtlich der **Folgebewertung** besteht angesichts des bestehenden aktiven 78
Markts ein Wahlrecht zwischen fortgeführten AK und (GuV-neutraler) Neubewertung (revaluation) (IAS 38.72). Angesichts der Tatsache, dass Emissionsberechtigungen grds keinem planmäßigen Werteverzehr unterliegen, kommt eine planmäßige Abschreibung iSd IAS 38.88 regelmäßig nicht in Betracht. Etwaige Wertminderungen sind nach den Vorschriften des IAS 36 zu erfassen; entspr führen gesunkende Marktpreise nicht zwangsläufig zu einem Abwertungsbedarf, solange der Nutzungswert (value in use) den Buchwert noch deckt (offenbar aA: *Wulf/Lange* IRZ 2011, 487).

79 Ein etwaig gebildeter passiver **Abgrenzungsposten** ist nach einem vernünftigen Verfahren (systematic and rational basis, IAS 20.26) erfolgswirksam aufzulösen; uE liegt diesbzgl eine Orientierung am zeitlichen Verlauf der erwarteten Aufwendungen nahe, deren wirtschaftliche Belastung durch die unentgeltlich zugeteilten Emissionsrechte gemindert werden sollen (IAS 20.12).

80 Werden unentgeltlich erworbene, mit Null eingebuchte Emissionsberechtigungen veräußert, stellt sich die Frage, ob es geboten ist, nachträglich einen passiven Abgrenzungsposten iHd Betrags zu bilden, der im Falle einer erstmaligen Erfassung der Emissionsberechtigungen mit ihrem Zeitwert bis zum Veräußerungstag noch verblieben wäre. Obgleich IAS 20 diesbzgl keine expliziten Vorschriften enthält, ist im Hinblick auf den Grundsatz des IAS 20.12, wonach öffentliche Zuschüsse in den Perioden ertragswirksam zu vereinnahmen sind, in denen auch der entspr Aufwand anfällt, eine solche Vorgehensweise – entgegen der derzeit wohl überwiegenden Praxis (vgl *IETA/PricewaterhouseCoopers* Trouble-entry Accounting – Revisited*, 20) – uE zumindest zu präferieren.

81 Der **Verpflichtung zur Abgabe von Emissionsberechtigungen** nach Maßgabe getätigter Schadstoffemissionen ist durch Bildung einer Rückstellung gem IAS 37 Rechnung zu tragen. Die Bewertung hat dabei auf Basis der bestmöglichen Schätzung über die zur Erfüllung der Verpflichtung notwendigen Kosten zu erfolgen (IAS 37.36). Soweit das Unt am Abschlussstichtag über keine entspr Anzahl an Emissionsberechtigungen verfügt, kommt grds eine Bewertung auf Basis der am Abschlussstichtag herrschenden Marktpreise der Emissionsrechte in Betracht. Verfügt das Unt hingegen über eine gewisse Anzahl an Emissionsrechten, die es zur Erfüllung der am Abschlussstichtag bestehenden Verpflichtung verwenden will, sind uE zwei Bewertungsalternativen als zulässig anzusehen: entweder auf Basis der am Abschlussstichtag herrschenden Marktpreise der Emissionsrechte (dies sah IFRIC 3 als zwingende Methode vor) oder auf Basis des Buchwerts der für die Verpflichtungserfüllung zu verwendenden Emissionsberechtigungen. Im letzteren Fall dürfte regelmäßig davon auszugehen sein, dass zur Verpflichtungserfüllung zuerst die unentgeltlich und erst danach die entgeltlich erworbenen Emissionsberechtigungen verwendet werden; gleichwohl erscheint ebenso eine Bewertung gem Fifo- oder Durchschnittsmethode möglich (glA *PwC* MoA Anm 21.254 ff; *Hoffmann/Lüdenbach* in Haufe IFRS § 13 Anm 43).

§ 249 Rückstellungen

(1) ¹Rückstellungen sind für ungewisse Verbindlichkeiten und für drohende Verluste aus schwebenden Geschäften zu bilden. ²Ferner sind Rückstellungen zu bilden für

1. im Geschäftsjahr unterlassene Aufwendungen für Instandhaltung, die im folgenden Geschäftsjahr innerhalb von drei Monaten, oder für Abraumbeseitigung, die im folgenden Geschäftsjahr nachgeholt werden,
2. Gewährleistungen, die ohne rechtliche Verpflichtung erbracht werden.

(2) ¹Für andere als die in Absatz 1 bezeichneten Zwecke dürfen Rückstellungen nicht gebildet werden. ²Rückstellungen dürfen nur aufgelöst werden, soweit der Grund hierfür entfallen ist.

Übersicht

	Anm
A. Allgemeines	
I. Begriff und Merkmale von Rückstellungen	1–4
II. Rückstellungen nach Handels- und Ertragsteuerrecht	
1. Der Rückstellungskatalog des HGB	6–11
2. Rückstellungen in der Steuerbilanz	14

	Anm
III. Gliederung der Rückstellungen in der Handelsbilanz ...	15
IV. Einzelfragen zur Bildung und Auflösung von Rückstellungen	
1. Zeitpunkt der Rückstellungsbildung	16
2. Berücksichtigung von Erkenntnissen zwischen Bilanzstichtag und Tag der Bilanzaufstellung	17
3. Wesentlichkeitsgrundsatz	18
4. Nachholung unterlassener Rückstellungen	19, 20
5. Auflösung von Rückstellungen	21–23

B. Rückstellungen für ungewisse Verbindlichkeiten und für drohende Verluste aus schwebenden Geschäften (Abs 1 S 1)

	Anm
I. Rückstellungen für ungewisse Verbindlichkeiten	
1. Passivierungsgrundsatz	24
2. Außenverpflichtung	
a) Zweck des Kriteriums	26
b) Unselbstständige Nebenleistungen und Nebenpflichten	27, 28
c) Rechtliche Begründung oder faktischer Leistungszwang	29–32
d) Das Konkretisierungserfordernis	33
3. Zeitpunkt der rechtlichen bzw wirtschaftlichen Verursachung	34–36
4. Betriebliche Veranlassung	41
5. Wahrscheinlichkeit der Inanspruchnahme	42–45
II. Rückstellungen für drohende Verluste	
1. Vorbemerkung	51
2. Schwebende Geschäfte	
a) Begriff des schwebenden Geschäfts	52–54
b) Zeitlicher Umfang	
aa) Beginn des Schwebezustands	55
bb) Ende des Schwebezustands	56
c) Rückstellungsrelevanz	57, 58
3. Drohverlustrückstellungen in der Handelsbilanz	
a) Objektivierung der Verlusterwartung	60–62
b) Kompensationsbereich	63–65
c) Konkurrenzverhältnis	66
aa) Abgrenzung zur Verbindlichkeitsrückstellung	67
bb) Abgrenzung zur Abschreibung	68
d) Drohverluste bei auf einmalige Leistung gerichteten Schuldverhältnissen	
aa) Beschaffungsgeschäfte über aktivierungsfähige Vermögensgegenstände oder Leistungen	69–72
bb) Beschaffungsgeschäfte über nicht aktivierungsfähige Leistungen	73
cc) Absatzgeschäfte	74, 75
e) Dauerschuldverhältnisse	76
aa) Dauerbeschaffungsgeschäfte	77
bb) Absatzgeschäfte	78
f) Aufzeichnungspflicht	79
4. Exkurs: Drohverlustrückstellungen und Steuerbilanz	85
III. Anwendungsfälle (einschließlich Bewertung)	100

C. Rückstellungen für unterlassene Instandhaltung (Abs 1 S 2 Nr 1)

	Anm
I. Allgemeines	101–103

§ 249 Jahresabschluß (Ansatzvorschriften)

	Anm
II. Bildung in der Handelsbilanz	104–108
III. Bildung in der Steuerbilanz	109

D. Rückstellungen für Abraumbeseitigung (Abs 1 S 2 Nr 1) ... 111

E. Rückstellungen für Gewährleistungen, die ohne rechtliche Verpflichtung erbracht werden (Abs 1 S 2 Nr 2)
    I. Bildung in der Handelsbilanz ... 112–115
    II. Bildung in der Steuerbilanz ... 116

F. Rückstellungen für Pensionen und ähnliche Verpflichtungen
    I. Begriff der Rückstellungen für Pensionen und ähnliche Verpflichtungen
      1. Begriff der Pensionsrückstellung ... 151
        a) Arten von Pensionsverpflichtungen ... 152–157
        b) Entstehung von Pensionsverpflichtungen ... 158–160
        c) Steuerrechtliche Grundlagen (§ 6a EStG) und Maßgeblichkeitsgrundsatz (§ 5 Abs 1 EStG) ... 161
      2. Begriff der Rückstellung für ähnliche Verpflichtungen ... 162, 163
      3. Unmittelbare und mittelbare Pensionen und ähnliche Verpflichtungen ... 164, 165
      4. Neuzusagen ... 166
      5. Altzusagen ... 167, 168
    II. Inventur der Pensionsverpflichtungen
      1. Stichtagsprinzip/Verlegung der Inventur ... 169
      2. Inventur der vertraglichen und sonstigen rechtlichen Grundlagen der Pensionsverpflichtungen ... 170
      3. Inventur der personellen Unterlagen ... 171
    III. Die steuerrechtlichen Voraussetzungen für die Bildung von Pensionsrückstellungen
      1. Gesetzestext des § 6a EStG ... 175
      2. Sachliche Voraussetzungen
        a) Rechtsanspruch auf laufende oder einmalige Pensionsleistungen (§ 6a Abs 1 Nr 1 EStG) ... 176–178
        b) Widerrufsvorbehalte (§ 6a Abs 1 Nr 2 EStG) ... 179–185
        c) Schriftformerfordernis (§ 6a Abs 1 Nr 3 EStG) ... 186, 187
      3. Persönliche Voraussetzungen
        a) Das rückstellungsberechtigte Unternehmen ... 188
        b) Der Pensionsberechtigte ... 189
        c) Voraussetzungen innerhalb eines Konzerns ... 190
      4. Das Nachholverbot ... 191
      5. Das Passivierungswahlrecht ... 192–194
    IV. Bewertung der Pensionsverpflichtungen
      1. Die Bewertung nach Handelsrecht (§ 253 Abs 1 und 2)
        a) Bewertungsvorschrift des § 253 ... 195, 196
        b) Bewertungsmethode ... 197–199
        c) Rechnungsgrundlagen ... 200–202
        d) Mindestanforderungen an ein Bewertungsprogramm ... 203
        e) An Wertpapiere gebundene Zusagen ... 204
        f) Verrechnung zweckgebundener Vermögensgegenstände nach § 246 Abs 2 ... 205
        g) Bewertung mittelbarer Pensionsverpflichtungen ... 206

	Anm
h) Bewertung bei Mischfinanzierungen und bei Änderung des Durchführungsweges	207
i) Verteilung nach Art 67 Abs 1 und 2 EGHGB	208
2. Die Bewertung nach Steuerrecht (§ 6a EStG)	
a) Zweck und Systematik des § 6a EStG	209
b) Bewertung mit dem Teilwert; Definition und Unterschiede zu anderen versicherungsmathematischen Werten	210–212
c) Ermittlung des Teilwerts vor Beendigung des Dienstverhältnisses	213–220
d) Ermittlung des Teilwerts nach Beendigung des Dienstverhältnisses oder nach Eintritt des Versorgungsfalls	221
e) Versicherungsmathematische Berechnung der Pensionsrückstellung	222–228
f) Änderung der biometrischen Rechnungsgrundlagen – Übergang zu neuen Tafeln	229
V. Zuführungen zur steuerrechtlichen Pensionsrückstellung nach § 6a EStG	
1. Die regelmäßigen Zuführungen	230
2. Verteilung von Sonderzuführungen	
a) Erstmalige Zuführungen	231
b) Zuführungen mit besonders großem Umfang	232
3. Nachholverbot	233
4. Nachholung bei Ausscheiden bzw Eintritt des Versorgungsfalls	234
VI. Auflösung der steuerrechtlichen Pensionsrückstellung	
1. Versicherungsmathematische Auflösung	235
2. Auflösung bei technischen Rentnern	236
3. Auflösung bei Bestehen von Fehlbeträgen	238
4. Auflösung in besonderen Fällen	239
VII. Pensionsrückstellungen in Sonderfällen	
1. Pensionsrückstellungen für Pensionszusagen an Nicht-Arbeitnehmer in Handels- und Steuerbilanz	240
2. Steuerrechtliche Pensionsrückstellungen für Gesellschafter-Geschäftsführer von Kapitalgesellschaften	241
3. Steuerrechtliche Pensionsrückstellungen für Gesellschafter von Personengesellschaften	243, 244
4. Steuerrechtliche Pensionsrückstellungen für Pensionszusagen an Arbeitgeber-Ehegatten	246
5. Steuerrechtliche Pensionsrückstellungen und Rückdeckungsversicherung	247, 248
VIII. Rückstellungen für Zuwendungen an rechtlich selbstständige Unterstützungskassen, Pensionskassen, Pensionsfonds und Beiträge zu Direktversicherungen	
1. Rückstellungen für Zuwendungen an Unterstützungskassen	252
2. Rückstellungen für Zuwendungen an Pensionskassen und Pensionsfonds	254
3. Rückstellungen für Direktversicherungen	255
IX. Vermerk nicht ausgewiesener Rückstellungen im Anhang	256
X. Exkurs: Passivierungswahlrechte für Pensionsverpflichtungen (Art 28 EGHGB)	
A. Unmittelbare Pensionsverpflichtungen (Abs 1 S 1)	260–262
B. Mittelbare und ähnliche Verpflichtungen (Abs 1 S 2)	266–270

Schubert

	Anm
C. Angabe eines Fehlbetrags im Anhang (Abs 2)	
I. Jahresabschluss	
1. Angabepflichtige Unternehmen	271, 272
2. Art und Umfang der Angabe	274, 275
3. Berechnung des Fehlbetrags	279–284
II. Konzernabschluss	286–290
XI. Abweichungen der IFRS	
1. Allgemeines	291
2. Leistungsorientierte Pensionspläne (defined benefit plans)	292–296
3. Sonstige Verpflichtungen gegenüber Arbeitnehmern	299
G. Aufwandsrückstellungen	300–302
H. Verbot der Bildung von Rückstellungen für andere Zwecke (Abs 2 S 1)	325
I. Auflösungsverbot für Rückstellungen bei fortbestehendem Grund (Abs 2 S 2)	326, 327
J. Rechtsfolgen einer Verletzung des § 249	330
K. Abweichungen der IFRS	
I. Allgemeines	331
II. Ansatz von Rückstellungen	
1. Verbindlichkeitsrückstellungen	332–337
2. Drohverlustrückstellungen	338
3. Restrukturierungsrückstellungen	339
III. Zukünftige Entwicklungen	340
IV. Bewertung von Rückstellungen	341

Schrifttum: S a vor Anm 24, 51, 151, 300 und 331. *Hoffmann* Gibt es einen Grundsatz der Wesentlichkeit bei der steuerlichen Gewinnermittlung? BB 1995, 1688; *Groh* Die Rechtsprechung des BFH zum Steuerrecht der Unternehmen, ZGR 1996, 646; *Doralt* Sind Rückstellungen steuerpolitisch gerechtfertigt? DB 1998, 1357; *Weber-Grellet* Das häßliche Bilanzsteuerrecht, DB 1998, 2435; *Naumann/Breker* Bewertungsprinzipien für die Rechnungslegung nach HGB, Bilanzsteuerrecht und IAS/IFRS, HdJ I/7 Anm 441; *Weber-Grellet* Rechtsprechung des BFH zum Bilanzsteuerrecht im Jahr 2005, BB 2006, 35; *Weber-Grellet* Rechtsprechung des BFH zum Bilanzsteuerrecht im Jahr 2006, BB 2007, 35; *Küting/Cassel/Metz* Ansatz und Bewertung von Rückstellungen, in Das neue deutsche Bilanzrecht (2008), 307; *Drinhausen/Ramsauer* Zur Umsetzung der HGB-Modernisierung durch das BilMoG: Ansatz und Bewertung von Rückstellungen. Sonderdruck DB (2009, 46); *Melcher/David/Skowronek* Verteilungsrückstellungen nach HGB: Anwendungshinweise für die Praxis Teil I BC 3/2013, 116 und Teil II BC 4/2013, 155; *Melcher/David/Skowronek* Rückstellungen in der Praxis, Weinheim 2013.

A. Allgemeines

I. Begriff und Merkmale von Rückstellungen

1 § 249 regelt abschließend den **Ansatz** von Rückstellungen. Die Bewertung ist in § 253 Abs 1 S 2 und 3 und Abs 2 geregelt, der Ausweis in § 247 Abs 1 und für KapGes/KapCoGes in § 266 Abs 1 und 3, die Erl im Anhang in §§ 284, 285 Nr 12 und 24.

Rückstellungen sind Passivposten, mit denen bestimmte künftige Vermögensabgänge (insb Ausgaben) oder Aufwendungsüberschüsse gewinnmindernd erfasst werden. Im Falle von **Rückstellungen mit Verpflichtungscharakter** beruhen die künftigen Aufwendungen oder Aufwendungsüberschüsse auf einer Außenverpflichtung, dh einem (rechtlichen oder faktischen) Leistungszwang ggü Dritten. Hierunter fallen die Rückstellungen für ungewisse Verbindlichkeiten und die Rückstellungen für drohende Verluste aus schwebenden Geschäften, die zu den bilanzrechtlichen Schulden gehören (§ 247 Anm 201). Soweit sie auch steuerrechtlich angesetzt werden dürfen (beachte § 5 Abs 4a EStG), führen sie zu einer Steuerstundung und haben damit auch Finanzierungscharakter.

Rückstellungen für ungewisse Verbindlichkeiten unterscheiden sich von 2 Verbindlichkeiten dadurch, dass die Verpflichtung *dem Grund und/oder der Höhe nach* nicht sicher bestimmbar ist. Dem Grund *und* der Höhe nach sichere „Aufwandsschulden" stellen Verbindlichkeiten dar. Zum Zeitpunkt der Passivierung s Anm 34 ff.

Die Bildung von **Rückstellungen für drohende Verluste aus schweben-** 3 **den** Geschäften resultiert aus dem Imparitätsprinzip (zu den steuerrechtlichen Besonderheiten s Anm 14). Sie dient der Antizipation von zukünftigen Aufwandsüberschüssen aus schwebenden Geschäften, die noch nicht zu realisierten Erträgen geführt haben (*Moxter* in FS Forster, 435; *Naumann* WPg 1991, 531). Soweit im Rahmen eines schwebenden Geschäfts die künftigen Aufwendungen nicht durch künftige Erträge gedeckt sind, muss der Verpflichtungsüberschuss als Verlustrückstellung gewinnmindernd berücksichtigt werden.

Mit **Aufwandsrückstellungen** werden bestimmte künftige Aufwendungen 4 gewinnmindernd berücksichtigt, ohne dass eine Verpflichtung ggü einem anderen besteht. Insoweit liegen unechte Schulden iSd § 247 Abs 1 vor. Für Aufwandsrückstellungen besteht – mit Ausnahme der Instandhaltungsrückstellungen gem § 249 Abs 1 S 2 – (seit BilMoG) ein Ansatzverbot (s Anm 11).

Eigenständige Ansatzregeln sehen die §§ 341e–h HGB und § 56a VAG für **VersicherungsUnt** vor.

II. Rückstellungen nach Handels- und Ertragsteuerrecht

1. Der Rückstellungskatalog des HGB

Das HGB enthält in § 249 keine allgemeine Definition der Rückstellungen, 6 sondern zählt in Abs 1 abschließend die Zwecke auf, für die Rückstellungen gebildet werden. Nach § 249 Abs 1 S 1 und 2 sind **(Passivierungspflicht)** Rückstellungen zu bilden für
(1) ungewisse Verbindlichkeiten (Anm 24 ff),
(2) drohende Verluste aus schwebenden Geschäften (Anm 51 ff),
(3) im Gj unterlassene Aufwendungen für Instandhaltung, die im folgenden Gj innerhalb von drei Monaten nachgeholt werden (Anm 101 ff),
(4) im Gj unterlassene Aufwendungen für Abraumbeseitigung, die im folgenden Gj nachgeholt werden (Anm 111),
(5) Gewährleistungen, die ohne rechtliche Verpflichtung erbracht werden (Anm 112 ff).

Rückstellungen für ungewisse Verbindlichkeiten, drohende Verluste aus schwebenden Geschäften und Gewährleistungen, die ohne rechtliche Verpflichtung erbracht werden, sind Rückstellungen mit Verpflichtungscharakter.

7 Zu den ungewissen Verbindlichkeiten iSv Abs 1 S 1 gehören auch die unmittelbaren **Pensionsverpflichtungen** (Anm 151 ff; zur Übergangsregelung für vor dem 1.1.1987 erteilte Zusagen s Anm 260 ff).

8 Zum Ansatz und Ausweis **passiver latenter Steuern** s § 274 Anm 75.

9 Einstweilen frei

10 § 249 Abs 1 S 2 Nr 2 zählt die **Rückstellungen für Gewährleistungen, die ohne rechtliche Verpflichtung erbracht werden,** zu den passivierungspflichtigen Rückstellungen. Passivierungspflicht besteht für solche Leistungen, denen sich das Unt aus sittlichen oder wirtschaftlichen Gründen nicht entziehen kann (faktischer Leistungszwang; § 247 Anm 204). Gewährleistungen, zu denen das Unt weder rechtlich noch faktisch verpflichtet ist, fallen nicht unter § 249 Abs 1 S 2 Nr 2, hierzu Anm 112 ff.

11 Nach § 249 Abs 2 S 1 dürfen für **andere Zwecke** keine Rückstellungen gebildet werden. Von diesem **Verbot** sind insbesondere die Aufwandsrückstellungen erfasst; Einzelheiten s Anm 300 f. Unter das Passivierungsverbot fallen auch künftige, mit großer Wahrscheinlichkeit zu erwartende Verluste, die nicht einzelnen schwebenden Verträgen zugerechnet werden können, zB Verluste wegen mangelnder Kapazitätsauslastung. Bei Bildung von BewEinh ist § 249 Abs 1 auch nicht anzuwenden (§ 254 S 1). Allerdings ist § 249 bei antizipative Bewertungseinheiten wiederum auf die gesamte Bewertungseinheit anzuwenden (s hierzu IDW RS HFA 35 Tz 92). Die vom Vorsichtsprinzip her gesehen wünschenswerte Passivierung scheitert an der fehlenden Objektivierbarkeit (*Moxter* in FS Forster, 435). Rückstellungen für das allgemeine UntRisiko dürfen nicht gebildet werden.

2. Rückstellungen in der Steuerbilanz

14 Nach § 5 Abs 1 S 1 EStG ist in der StB das Betriebsvermögen anzusetzen, das nach den handelsrechtlichen GoB auszuweisen ist. Die hierin zum Ausdruck kommende **Maßgeblichkeit** der HB für die StB ist mittlerweile vom Gesetzgeber für den zentralen Bereich des steuerbilanziellen Rückstellungsrechts **weitgehend beseitigt** worden. Das genuin steuerbilanzielle Rückstellungsrecht (Ansatz und Bewertung) besteht aus folgenden Vorschriften:

(1) § 5 Abs 2a EStG (Verbot der Rückstellungen für Verpflichtungen unter der Bedingung der Erzielung künftiger Einnahmen oder Gewinne);
(2) § 5 Abs 3 EStG (Rückstellungen wegen Schutzrechtsverletzungen);
(3) § 5 Abs 4 EStG (Rückstellungen für Jubiläumszuwendungen);
(4) § 5 Abs 4a EStG (Verbot der Bildung von Drohverlustrückstellungen);
(5) § 5 Abs 4b EStG (Verbot der Bildung von Rückstellungen für künftige AK/HK, insb bei Kernkraftwerken);
(6) § 6 Abs 1 Nr 3a Buchst a EStG (Abschlag für Wahrscheinlichkeit der Nichtinanspruchnahme bei gleichartigen Verpflichtungen);
(7) § 6 Abs 1 Nr 3a Buchst b EStG (Rückstellungsbewertung für Sachleistungsverpflichtungen mit Einzelkosten und angemessenen Teilen der notwendigen Gemeinkosten);
(8) § 6 Abs 1 Nr 3a Buchst c EStG (wertmindernde Berücksichtigung künftiger Vorteile bei der Rückstellungsbewertung);
(9) § 6 Abs 1 Nr 3a Buchst d EStG (Ansammlungsrückstellungen, insb bei Kernkraftwerken);
(10) § 6 Abs 1 Nr 3a Buchst e EStG (Abzinsungsgebot für auf Geld- und Sachleistungen beruhenden Rückstellungen);
(11) § 6 Abs 1 Nr 3a Buchs f EStG (Bewertung nach den Verhältnissen am Bilanzstichtag; künftige Preis- und Kostensteigerungen dürfen nicht berücksichtigt werden);
(12) § 6a EStG (Pensionsrückstellungen).

Vom BFH wurde der Maßgeblichkeitsgrundsatz in der Weise eingeschränkt, dass Passivposten in der StB nur angesetzt werden dürfen, wenn sie *nach den han-*

delsrechtlichen GoB nicht nur passivierungsfähig, sondern *passivierungspflichtig* sind (GrS BFH 3.2.1969, BStBl II, 291; vgl hierzu auch § 243 Anm 114ff). Danach besteht außerhalb des Katalogs genuin steuerbilanzieller Rückstellungsvorschriften Passivierungspflicht für alle Rückstellungen, die in der HB angesetzt werden *müssen*. Mit Ausnahme der Pensionsrückstellungen im Rahmen der Übergangsregelung des Art 28 Abs 1 EGHGB besteht ein Passivierungsverbot für die Rückstellungen, die in der HB nicht angesetzt werden müssen. Zum Nachholverbot bei Pensionsrückstellungen in der StB vgl Anm 191.

In der StB sind somit Rückstellungen zu bilden für

(1) ungewisse Verbindlichkeiten einschließlich Pensions-Neuzusagen ab 1987;
(2) im Gj unterlassene Aufwendungen für Instandhaltung, die im folgenden Gj innerhalb von drei Monaten nachgeholt werden (Anm 109);
(3) im Gj unterlassene Aufwendungen für Abraumbeseitigung, die im folgenden Gj nachgeholt werden (Anm 100 „Abraumbeseitigung");
(4) Gewährleistungen, die ohne rechtliche Verpflichtung erbracht werden (Anm 116).

Andere Rückstellungen dürfen in der Steuerbilanz nicht gebildet werden (BFH 25.8.1989, BStBl II, 893).

Drohverlustrückstellungen dürfen in der StB aufgrund § 5 Abs 4a EStG nicht gebildet werden. Sind sie dagegen Bestandteil einer BewEinh nach § 254 HGB und werden zur Absicherung finanzwirtschaftlicher Risiken gebildetet, so sind sie für die steuerliche Gewinnermittlung maßgeblich (§ 5 Abs 4a EStG).

III. Gliederung der Rückstellungen in der Handelsbilanz

Zur Gliederung in der Bilanz von **Einzelkaufleuten und reinen Personenhandelsgesellschaften** vgl § 247 Anm 241. Zur Gliederung der Rückstellungen bei **Kapitalgesellschaften/KapCoGes** vgl § 266 Anm 200.

IV. Einzelfragen zur Bildung und Auflösung von Rückstellungen

1. Zeitpunkt der Rückstellungsbildung

Für den Zeitpunkt der Bilanzierung einer Rückstellung kommt es auf die Verwirklichung eines der in § 249 aufgeführten Rückstellungsgründe an. Danach ist eine Rückstellung für ungewisse Verbindlichkeiten zu bilden, wenn eine sicher oder wahrscheinlich be- oder entstehende Verpflichtung ggü einem anderen am Bilanzstichtag rechtlich entstanden oder wirtschaftlich verursacht war und mit einer Inanspruchnahme ernsthaft zu rechnen ist. Rechtlich entstanden und wirtschaftlich verursacht ist zB eine Gewährleistungsverpflichtung nach Lfg mit Umsatzrealisierung und Eintritt eines Gewährleistungsfalles. Zwar rechtlich entstanden, aber nicht wirtschaftlich verursacht ist zB die Verpflichtung zur Durchführung einer Sicherheitsinspektion (dazu Anm 100). Rückstellungen für drohende Verluste aus schwebenden Geschäften sind zu bilden, wenn konkrete Anhaltspunkte vorliegen, die den Eintritt eines Verlustes als ernsthaft bevorstehend erscheinen lassen (Anm 57ff).

Rückstellungen sind laufend zu buchen, sobald die jeweiligen Voraussetzungen der Passivierung erfüllt sind. Es genügt jedoch, wenn die zu einem Bilanzstichtag neu zu bildenden oder zu erhöhenden Rückstellungen in einem Arbeitsgang im Rahmen der Abschlussarbeiten (zum Quartals-, Halbjahres- bzw JA) bestimmt werden. Um den vollständigen Ansatz zu gewährleisten, ist eine **Inventur** der zugrunde liegenden Sachverhalte erforderlich. Dafür gelten die §§ 240, 241.

§ 249 17–19   Jahresabschluß (Ansatzvorschriften)

In der **Steuerbilanz** sind nach § 6 Abs 1 Nr 3a Buchst d S 1 EStG Rückstellungen für Verpflichtungen, für deren Entstehen im wirtschaftlichen Sinne der laufende Betrieb ursächlich ist, zeitanteilig in gleichen Raten anzusammeln. Dies sind lediglich Rückstellungen für solche Verpflichtungen, die bereits zu Beginn des Ansammlungszeitraumes in endgültiger Höhe rechtlich entstanden sind, aber unter wirtschaftlichen Gesichtspunkten auf mehrere Wj verteilt werden. Demggü fallen Rückstellungen für Verpflichtungen, die erst im Zeitablauf in tatsächlicher Hinsicht zunehmen, nicht hierunter (s. § 253 Anm 164).

In der StB darf nach § 5 Abs 2a EStG keine Rückstellung gebildet werden, wenn künftige Aufwendungen unter der Bedingung der Erzielung künftiger Erträge stehen. Die Passivierung erfolgt erst, wenn die Erträge angefallen sind; dann als Verbindlichkeit, wenn die Rückzahlungshöhe bekannt ist.

2. Berücksichtigung von Erkenntnissen zwischen Bilanzstichtag und Tag der Bilanzaufstellung

17   Zur Abgrenzung von wertaufhellenden und wertbegründenden/wertbeeinflussenden Tatsachen s § 252 Anm 38 ff. Sie bereiten in der Praxis bei den Rückstellungen besondere Schwierigkeiten; s zur Bewertung auch § 253 Anm 155.

3. Wesentlichkeitsgrundsatz

18   Liegen die Voraussetzungen für die Bildung einer Rückstellung vor, ist diese unabhängig von ihrer Höhe zu bilden, selbst wenn sie für die Beurteilung der VFE-Lage unbedeutend ist und im Falle des Unterlassens nicht zu einer Einschränkung des BVm führen würde (Grundsatz der vollständigen Schulden- und Aufwandserfassung). Das folgt auch aus § 246 Abs 1. Demggü nimmt der BFH ein Ansatzwahlrecht bei unwesentlichem Aufwand an mit der Folge, dass insoweit ein steuerrechtliches Passivierungsverbot gilt (18.1.1995, BStBl II, 743 mwN; krit *Hoffmann* BB 1995, 1688; *Groh* ZGR 1996, 646; dagegen zu Recht *ADS*[6] § 249 Anm 46 mwN).

4. Nachholung unterlassener Rückstellungen

19   **Unterlassen** ist eine Rückstellung, die zu einem früheren Bilanzstichtag hätte gebildet werden müssen und gleichwohl nicht gebildet wurde. Unterlassung liegt nicht vor, wenn der Kfm erst nach der Bilanzaufstellung Kenntnis davon erlangt, dass die Voraussetzungen der Rückstellungsbildung am Bilanzstichtag gegeben waren.

In der **Handelsbilanz** müssen unterlassene Rückstellungen für ungewisse Verbindlichkeiten (einschl der Rückstellungen für drohende Verluste aus schwebenden Geschäften) zumindest im letzten noch nicht festgestellten JA nachgeholt werden. Sofern im JA einer KapGes eine Rückstellung in mehreren aufeinander folgenden Jahren fehlt und dies zur Nichtigkeit führt oder die JA mit Erfolg angefochten wurden, ist regelmäßig die Rückwärtsberichtigung aller JA bis zur eigentlichen Fehlerquelle erforderlich, soweit nicht im Falle der Nichtigkeit nach § 256 Abs 6 AktG Heilung eingetreten ist (dazu *ADS*[6] § 256 AktG Anm 82; zur Anwendung der Nichtigkeitsvorschrift des § 256 Abs 5 Nr 1 AktG (Überbewertung) auf die GmbH *Schulze-Osterloh* in Baumbach/Hueck GmbHG[19], § 42a Anm 30 mwN, § 253 Anm 802ff). Die FinVerw hat sich einer BFH-Auffassung angeschlossen, wonach Rückstellungen frühestens ab Entscheidung und spätestens nach BStBl-Veröffentlichung zu passivieren sind (FinVer NW DB 2005, 1083). Zur Frage der Änderung eines festgestellten, fehlerhaften sowie *nicht* fehlerhaften JA wegen zwischenzeitlich besserer Erkenntnis s § 253 Anm 802ff, 830ff.

In der **Steuerbilanz** gilt für Rückstellungen für ungewisse Verbindlichkeiten 20 wie in der HB das Gebot, unterlassene Rückstellungen gewinnmindernd nachzuholen, soweit eine Berichtigung oder Änderung vorhergehender Bilanzen (wegen fehlender Bestandskraft der Steuerveranlagung) noch zulässig ist (*Weber-Grellet* in Schmidt[32] § 5 Anm 422 m,wN). Im Gegensatz zur HB ist die Nachholung jedoch verboten, wenn die Grundsätze von Treu und Glauben entgegenstehen. Das ist dann der Fall, wenn die Passivierung in den früheren Veranlagungszeiträumen bewusst zum Zwecke der steuerlichen Manipulation unterlassen wurde (BFH 26.1.1978, BStBl II, 301). Für **Pensionsrückstellungen** gilt in der StB, anders als in der HB, ein Nachholverbot. Das ergibt sich aus § 6a Abs 4 S 1 EStG (Anm 191).

5. Auflösung von Rückstellungen

Nach Abs 2 S 2 dürfen Rückstellungen nur aufgelöst werden, soweit der 21 Grund hierfür entfallen ist. In vorausgegangenen Bilanzen gebildete Rückstellungen sind ganz oder teilweise aufzulösen, wenn bis zur Bilanzaufstellung bekannt wird, dass mit einer Inanspruchnahme nicht mehr bzw. nicht mehr vollständig zu rechnen ist, weil sich die Verhältnisse geändert haben oder neue Informationen vorliegen, die zu einer geänderten Beurteilung der sachlichen Verhältnisse führen (*ADS*[6] § 253 Anm 180, *Weber-Grellet,* in Schmidt[32] § 5 Anm 350: „*actus contrarius*").

Für **gerichtliche Verfahren** hat BFH 30.1.2002, DB 871 unter teilweiser Aufgabe früherer Rspr die Grundsätze der Auflösung zusammengefasst: Wurde der Kfm verklagt, darf erst nach rechtskräftiger Klageabweisung aufgelöst werden, auch wenn die Klage bereits durch vorinstanzliches U abgewiesen wurde, aber der Kläger noch Rechtsmittel hat (auch im Falle der Zulässigkeit einer Beschwerde gegen die Nichtzulassung eines Rechtsmittels). Eine Auflösung ist nur in dem Ausnahmefall zulässig, wenn aus den zum Zeitpunkt des Bilanzstichtags vorliegenden Tatsachen erkennbar ist, dass das Rechtsmittel des Klägers offensichtlich erfolglos sein wird (dies war zB im zugrundeliegenden Fall nicht möglich: Die Erfolgsaussichten eines Rechtsmittels werden maßgeblich von der Formulierung der schriftlichen Begründung des U bestimmt, so dass deren Bekanntgabe nach dem Bilanzstichtag nicht erhellendes, sondern begründendes Merkmal ist). Zuzustimmen ist dem BFH auch in der unter Verweis auf § 252 Abs 1 Nr 4 erfolgenden Aufgabe der früheren Rspr, wonach der zwischen Bilanzstichtag und Bilanzaufstellung erfolgte Verzicht auf ein Rechtsmittel des Klägers bzw das Verstreichenlassen der Rechtsmittelfrist als werterhellend berücksichtigt wurde. Der Grund für die Beibehaltung der Rückstellung ist demggü nach neuer Auffassung nicht die Inanspruchnahme an sich, sondern das *Risiko* der Inanspruchnahme, das zum Bilanzstichtag bestanden hat. Insofern ist die Nichtausübung des Rechtsmittels ein begründendes Merkmal und für die Bilanzierung unerheblich.

Macht der Kläger einen geringeren Betrag geltend, als der Kfm bei der Rückstellungsbildung angenommen hat, kann eine teilweise Auflösung in Frage kommen. Eine Teilauflösung ist jedoch dann nicht zulässig, wenn nicht ausgeschlossen werden kann, dass der Kläger zur Vermeidung hoher Gerichtskosten und Anwaltsgebühren nur einen Teilanspruch geltend macht, um strittige Sach- und Rechtsfragen klären zu lassen. Sind die Ansprüche am Bilanzstichtag verjährt, sind die dafür gebildeten Rückstellungen aufzulösen.

Von den Fällen, in denen sich die sachlichen Verhältnisse oder deren Einschätzung geändert haben, sind die Fälle zu unterscheiden, in denen eine Rückstellung schon früher nicht hätte gebildet werden dürfen. Solche Bilanzierungsfehler

§ 249 22, 23   Jahresabschluß (Ansatzvorschriften)

sind nach den Grundsätzen der Bilanzänderung und Bilanzberichtigung zu korrigieren (§ 253 Anm 802 ff). Danach kommt für zurückliegende HB eine Änderung nur bei deren Nichtigkeit in Frage. In der StB ist dagegen grds „bis zur Fehlerquelle" zu berichtigen (vgl *Heinicke* in Schmidt[32] § 4 Anm 706 mwN). Wenn die Rückstellung in vergangenen, nicht mehr berichtigungsfähigen Veranlagungszeiträumen gebildet worden ist, ist sie in der ersten offenen StB gewinnerhöhend auszubuchen (BFH 13.6.2006, BStBl 2006, 928; EStR 4.4 I).

22 Zur Auflösung von **Pensionsrückstellungen** s Anm 235 ff. Rückstellungen **wegen Verletzung fremder Patent-, Urheber- oder ähnlicher Schutzrechte,** die gebildet werden, weil mit einer Inanspruchnahme ernsthaft zu rechnen ist, sind entgegen GoB nach § 5 Abs 3 S 2 EStG in der StB des dritten auf ihre erstmalige Bildung folgenden Wj aufzulösen, wenn Ansprüche nicht geltend gemacht worden sind. Dies gilt nur in der StB (Anm 100 „Patentverletzung").

23 Die Pflicht zur Auflösung von Rückstellungen, wenn die Voraussetzungen für ihre Bildung nicht mehr bestehen, gilt sowohl für die Passivierung dem Grunde als auch der Höhe nach. Rückstellungen sind daher zu jedem Bilanzstichtag nicht nur daraufhin zu untersuchen, ob sie dem Grunde nach beibehalten werden müssen. Es ist auch die **Höhe** der einzelnen Rückstellungen zu jedem Bilanzstichtag veränderten Verhältnissen oder neuen Erkenntnissen anzupassen (vgl *ADS*[6] § 253 Anm 180).

B. Rückstellungen für ungewisse Verbindlichkeiten und für drohende Verluste aus schwebenden Geschäften (Abs 1 S 1)

I. Rückstellungen für ungewisse Verbindlichkeiten

Schrifttum: *Eifler* Grundsätze ordnungsmäßiger Bilanzierung für Rückstellungen, Düsseldorf 1976; *Kulla* Rückstellungen für Bergbauwagnisse, DB 1977, 1281; *Bartke* Rückstellungen für Bergschäden, Gruben- und Schachtversatz nach aktienrechtlichen und steuerlichen Grundsätzen, DB 1978 Beilage 4, 1; *Emmerich* Zur Zulässigkeit der Bildung von Rückstellungen für Bergschäden, Gruben- und Schachtversatz, DB 1978, 2133; *Küting/Kessler* Handels- und steuerbilanzielle Rückstellungsbildung, DStR 1989, 655, 693; *Herzig* Rückstellungen wegen öffentlich-rechtlicher Verpflichtungen, insbesondere Umweltschutz, DB 1990, 1341; *Herzig/Hötzel* Rückstellungen wegen Produkthaftung, BB 1991, 99; *Herzig* Konkurrenz von Rückstellungsbildung und Teilwertabschreibung bei Altlastenfällen, WPg 1991, 610; *Herzig/Köster* Die Rückstellungerelevanz des neuen Umwelthaftungsgesetzes, DB 1991, 53; *Bachem* Bewertung von Rückstellungen für Buchführungsarbeiten, BB 1993, 2337; *Christiansen* Steuerliche Rückstellungsbildung, Bielefeld 1993; *Förschle/Scheffels* Die Bilanzierung von Umweltschutzmaßnahmen aus bilanztheoretischer Sicht, DB 1993, 1198; *Gelhausen/Fey* Rückstellungen für ungewisse Verbindlichkeiten und Zukunftsbezogenheit von Aufwendungen, DB 1993, 593; *Clemm* Zur Nichtpassivierung entstandener Verbindlichkeiten wegen nachträglicher Verursachung (Realisation) oder: Wie dynamisch ist die Bilanz im Rechtssinne?, in FS Moxter (1994), 167; *Schön* Der Bundesfinanzhof und die Rückstellungen, BB 1994, Beilage 9; *Siegel* Das Realisationsprinzip als allgemeines Periodisierungsprinzip?, BFuP 1994, 1; *Woerner* Kriterien zur Bestimmung des Passivierungszeitpunkts bei Verbindlichkeitsrückstellungen, BB 1994, 246; *Moxter* Zur Abgrenzung von Verbindlichkeitsrückstellungen und (künftig grundsätzlich unzulässigen) Verlustrückstellungen DB 1997, 1477; *Eckstein/Fuhrmann* Steuerliche Nichtanerkennung von Drohverlustrückstellungen — Abgrenzung zu anderen Rückstellungen DB 1998, 529; *Moxter* Künftige Verluste in der Handels- und Steuerbilanz DStR 1998, 509; *Moxter* Die BFH-Rechtsprechung zu den Wahrscheinlichkeitsschwellen bei Schulden BB 1998, 2464; *Küting/Kessler* Zur geplanten Reform des bilanzsteuerlichen Rückstellungsrechts nach dem Entwurf eines Steuerentlastungsgesetzes 1999/2000/2002, DStR 1998, 1937; *Moxter* Die

BFH-Rechtsprechung zu den Wahrscheinlichkeitsschwellen bei Schulden, BB 1998, 2464; *Moxter* Künftige Verluste in der Handels- und Steuerbilanz, DStR 1998, 509; *Siegel* Rückstellungen für Anschaffungs- oder Herstellungskosten in Ausnahmefällen, DB 1999, 857; *Höfer/Kempkes* Rückstellungen für Altersteilzeit, DB 1999, 2537; *Roller* Altlast oder Verdachtsfläche? – Zur Begriffsverwirrung bei der Teilwertabschreibung, WPg 2001, 492; *Wassermeyer* Aktuelle Rechtsprechung des I. Senats des BFH – Inhalt und Auswirkungen, WPg 2002, 10; *Gosch* Einige Bemerkungen zur aktuellen bilanzsteuerrechtlichen Rechtsprechung des I. Senats des BFH, DStR 2002, 977; *Weber-Grellet* Realisationsprinzip und Belastungsprinzip – Zum zeitlichen Ausweis von Ertrag und Aufwand, DB 2002, 2180; *Siegel* Rückstellungsbildung nach dem Going-Concern-Prinzip – eine unzweckmäßige Innovation, DStR 2002, 1636; *Weber-Grellet* Rechtsprechung des BFH zum Bilanzsteuerrecht im Jahr 2002, BB 2003, 37; *Schulze-Osterloh* Rückzahlungsbetrag und Abzinsung von Rückstellungen und Verbindlichkeiten – Überlegungen zur Reform des HGB-Bilanzrechts, BB 2003, 351; *Groß/Matheis/Lindgens* Rückstellung für Kosten des Datenzugriffs, DStR 2003, 921; *Osterloh-Konrad* Rückstellungen für Prozessrisiken in Handels- und Steuerbilanz – Kriterien der Risikokonkretisierung und ihre Anwendung auf die Prozesssituation, DStR 2003, 1631 und 1675; *Mayr* Schließt das Eigeninteresse eine Verbindlichkeitsrückstellung aus? DB 2003, 740; *Kemper/Konold* Die Berücksichtigung von Vergangenheitserfahrungen bei Rückstellungen für gleichartige Verpflichtungen (§ 6 Abs 1 Nr 3a Buchst c EStG), DStR 2003, 1686; *Hahne/Sievert* Abgrenzung von Drohverlustrückstellungen und Rückstellungen für ungewisse Verbindlichkeiten – Zugleich Anmerkungen zum BFH-Urteil vom 18.12.2002, I R 17/02, DStR 2003, 1992; *Roß/Drögemüller* Handelsbilanzrechtliche Behandlung von US-Lease-in/Lease-out-Transaktionen, WPg 2004, 185; *Moxter* Neue Ansatzkriterien für Verbindlichkeitsrückstellungen, DStR 2004, 1057 (Teil I), 1098 (Teil II); *Jakob/Kobor* Eckdaten der steuerbilanziellen Erfassung eines „Pfandkreislaufs", DStR 2004, 1596; *Hommel/Schulte* Schätzungen von Rückstellungen in Fast-Close-Abschlüssen, BB 2004, 1671; *Bode/Hainz* Rückstellungen für Altersteilzeitverpflichtungen in der Steuerbilanz, DB 2004, 2436; *Zühlsdorff/Geißler*, Abfallrechtliche Rückstellungen im Fokus des BFH, BB 2005, 1099; *Tiedchen* Rückstellungsfähigkeit der Verpflichtungen zur Abfallentsorgung, NZG 2005, 801; *Schulze-Osterloh* in FS Siegel 2005, 185; *Marx/Köhlmann* Bilanzielle Abbildung von Rücknahmeverpflichtungen nach HGB und IFRS, BB 2005, 2008; *Krink* Das neue Elektro- und Elektronikgerätegesetz, DB 2005, 1893; *Marx/Berg* Rückstellungen für Dokumentationsverpflichtungen nach HGB, IFRS und EStG, DB 2006, 169; *Groteluschen/Karenfort* Die Herstellerpflichten nach dem ElektroG und ihre wettbewerbsrechtliche Relevanz, BB 2006, 955; *Roß/Drögemüller* Keine Rückstellungen in der Handels- und Steuerbilanz für Registrierungskosten aufgrund der künftigen EU-Chemikalienverordnung („REACH"), BB 2006, 1044; *Herzig/Bohn* Rückstellungspflichten aus den ERA-Einführungstarifverträgen in der Metall- und Elektroindustrie, BB 2006, 551; *Herzig/Nissen*/Koch Bilanzierung von Emissionsberechtigungen im. Treibhausgas-Emissionshandelsgesetz (TEHG) nach Handels- und Steuerrecht, FR 2006, 109; *Herzig/Teschke* Vorrang der Teilwertabschreibung vor der Drohverlustrückstellung, DB 2006, 576; *Kleine/Werner* Rückstellung für Verwaltungskosten künftiger Betriebsprüfungen DStR 2006, 1954; *Wellisch* Die steuer- und sozialversicherungsrechtliche Behandlung von Arbeitgeberzuschüssen in ein Arbeitszeitkonto, DStR 2007, 54; *Christiansen* Zur Passivierung von Verbindlichkeiten: (Nicht-)Passivierung im Rahmen schwebender Geschäfte, DStR 2007, 869; *Christiansen* Zur Passivierung von Verbindlichkeiten: Dem Grunde nach bestehende Verbindlichkeiten – (Nicht-)Anwendung des BFH-Urteils I R 45/97, DStR 2007, 127; *Weber-Grellet* BB-Rechtsprechungsreport zu 2010 veröffentlichten bilanzsteuerrechtlichen BFH-Urteilen, BB 2011, 43; *Thaut* Die Bilanzierung von Aufstockungsleistungen bei Altersteilzeit nach IFRS und HGB, DB2013, 242; *Kühne/Böckem/Czupalla* Bilanzierung der Verpflichtungen aus Altersteilzeitregelungen nach IAS 19 (rev. 2011), DB 2013, S 525.

1. Passivierungsgrundsatz

Verbindlichkeiten können dem Grund und/oder der Höhe nach ungewiss **24** sein. Das kann auch der Fall sein, wenn sie aufschiebend oder auflösend bedingt sind und der Bedingungseintritt ungewiss ist. Fehlt es an der Ungewissheit über den Grund und/oder die Höhe, ist eine Verbindlichkeit anzusetzen. Hingegen sind Rückstellungen für ungewisse Verbindlichkeiten zu bilden

(1) für sicher oder wahrscheinlich be- oder entstehende Verpflichtungen ggü einem anderen (Außenverpflichtung), Anm 26 ff,
(2) die rechtlich oder wirtschaftlich verursacht sind, Anm 34 ff,
(3) sofern mit der tatsächlichen Inanspruchnahme ernsthaft zu rechnen ist (Wahrscheinlichkeit der Inanspruchnahme), Anm 42 f, wobei
(4) die künftigen Ausgaben nicht als AK/HK aktivierungspflichtig sein dürfen und
(5) kein Passivierungsverbot besteht, Anm 11.

2. Außenverpflichtung

a) Zweck des Kriteriums

26 Das Erfordernis einer am Bilanzstichtag sicher oder wahrscheinlich be- oder entstehenden **Verpflichtung ggü einem anderen** grenzt sog Innenverpflichtungen, dh Verpflichtungen, die sich der Kfm selbst auferlegt hat, von der Passivierung aus. Für die Passivierung als (ungewisse) Verbindlichkeit kommen nur Drittverpflichtungen in Frage. Diese Bedingung ergibt sich aus dem Wortlaut.

Aufgrund des Vorsichtsprinzips ist bei Unsicherheit über das Bestehen einer Verpflichtung auch dann bereits eine Rückstellung zu bilden, wenn die Wahrscheinlichkeit des Bestehens *unter* 50% liegt. Sie muss so wahrscheinlich sein, dass sie ein gedachter Erwerber des Unt bei der Kalkulation des Kaufpreises berücksichtigen würde (nach *Moxter* DStR 2004, 1057 Tz 2.1.1.3 reicht bereits eine Eintrittswahrscheinlichkeit von 25% aus; auch DStR 2004, 1098 Tz 4).

Abzulehnen ist BFH 8.11.2000, BStBl II, 2001, 570, wonach eine Verbindlichkeitsrückstellung dann nicht gebildet werden dürfte, wenn neben der Außenverpflichtung ein eigenes, gleichgerichtetes Interesse in der Erfüllung der Verpflichtung liegt (ebenso *Weber-Grellet* in Schmidt[32] § 5 Anm 362; *Zündorff/Geißler* BB 2005, 1099; *Tiedchen* NZG 2005, 801; *HHR* § 5 Rz 505). Diese Auffassung verstößt gegen das Vollständigkeitsgebot des § 246, wonach sämtliche Schulden zu passivieren sind. Wäre es zulässig, allein durch plausible Begr eines Eigeninteresses von der Passivierung abzusehen, könnte zB eine KapGes ihr Vermögen zu positiv darstellen, und es durch anschließende Ausschüttung zu Lasten der Gläubiger mindern, obwohl der Aufwand für die Erfüllung der Verpflichtung in folgenden Gj noch anfallen wird. Die Unvereinbarkeit dieser Auffassung mit der Gesetzessystematik zeigt folgendes

Beispiel: Ein ProduktionsUnt, das seine Tätigkeit fortführen möchte, wird die Gewährleistungsansprüche seiner Kunden regelmäßig auch aus dem nachvollziehbaren Eigeninteresse heraus begleichen, sich seine Kundschaft und damit seinen Marktzugang zu erhalten. Aufgrund der negativen Auswirkungen einer restriktiven Handhabung von Gewährleistungsansprüchen dürfte dieses Interesse die eigentliche Verpflichtung auch aus wirtschaftlicher Sicht wesentlich überlagern. Es ist sogar so, dass eine kulante und schnelle Abwicklung der Gewährleistungsansprüche (seien es berechtigte oder auch unberechtigte Ansprüche) als Werbeargument einen Beitrag zur Sicherstellung der künftigen Absatzchancen darstellt. Im Ergebnis müsste die Auffassung des BFH in diesem Falle dazu führen, dass Gewährleistungsrückstellungen überhaupt nicht mehr als Verbindlichkeitsrückstellung passiviert werden dürfen.

Das Gleiche gilt für folgende Sachverhalte, bei denen das Eigeninteresse ggü der Verpflichtung regelmäßig überwiegen dürfte:

- Gratifikationen und Jubiläumszuwendungen, die dem Arbeitnehmer vor dem Stichtag freiwillig zugesagt werden, um sich seine motivierte Arbeitskraft für die Zukunft zu sichern.
- Vertraglich vereinbarte Abfindungen, mit denen das Unt Mitarbeiter, die das Betriebsklima gestört haben, zur Zustimmung eines Aufhebungsvertrags gebracht hat.

- Drohende Inanspruchnahme aus Bürgschaften eines MU für das TU, wenn die Tätigkeit des TU im strategischen Interesse des MU liegt, und das TU ansonsten mangels ausreichendem EK keine Fremdfinanzierung erhalten würde.
- Boni und Rabatte, die wichtigen Abnehmern gewährt werden, um diese an das Unt zu binden.

Abzulehnen ist die Auffassung des BFH auch deshalb, da sie ein nicht nachprüfbares subjektives Element in die Rechnungslegung einführt. Denn die Feststellung, was das konkrete Eigeninteresse des betroffenen Kfm ist, muss stets im Wege einer Wertung ermittelt werden, da es schwerlich möglich sein wird, für alle einschlägigen Lebenssachverhalte eine *objektive* Interessenlage zu ermitteln (s auch *Mayr* DB 2003, 740).

b) Unselbstständige Nebenleistungen und Nebenpflichten

Umstritten ist, ob **unselbstständige Nebenleistungen** als Bestandteile schuldrechtlicher Verpflichtungen zu passivierungspflichtigen Außenverpflichtungen gehören. Entscheidend für die Beurteilung ist nicht, dass die Leistung selbstständig einklagbar ist, sondern dass die Aufwendungen erforderlich sind, um eine Außenverpflichtung erfüllen zu können. So sind etwa die Schadenbearbeitungskosten zur Erfüllung von versicherungsvertraglichen Verpflichtungen genauso erforderlich (ADS^6 § 249 Anm 57; aA BFH 10.5.1972, BStBl II, 827), wie es die Kosten der Konstruktion und der zeitgerechten Materialbestellung innerhalb des Fertigungsprozesses zur Erfüllung einer Werklieferungsverpflichtung sind (*Boetius* in HHR Anhang zu §§ 20, 21 KStG Anm 111). Das entspricht dem Gedanken des wirtschaftlichen Synallagmas, wie er vom GrS BFH in der Entscheidung zu den Drohverlustrückstellungen entwickelt wurde (GrS BFH 23.6.1997, BStBl II, 735). Einzubeziehen sind daher auch **interne Aufwendungen.**

Solche sind auch die Kosten einer Prüfung des JA auf Grund vertraglicher Verpflichtung zB ggü einem Kreditinstitut, für die die FinVerw keine Rückstellung zulässt, da es sich hierbei um eine Nebenverpflichtung aus dem Kreditvertrag handelt (FinVerw 19.11.1982, DStR 1983, 2; hierzu auch IDW RH HFA 1.009, und die Erl in Tz 100 „Jahresabschluss"). Zu Rückstellungen für Verwaltungskosten bei der Durchführung der betrieblichen Altersversorgung s Anm 163.

c) Rechtliche Begründung oder faktischer Leistungszwang

Die Verpflichtung ggü einem Dritten kann rechtlich begründet sein oder in einem faktischen Leistungszwang bestehen. Die Verpflichtung wird idR auf eine Geld-, Sach-, Dienst- oder Werkleistung gerichtet sein (BFH, VIII R 134/80 BStBl II 86, 788). Die **rechtliche Begründung** einer Verpflichtung kann sich aus Zivilrecht (gesetzliche oder rechtsgeschäftliche Schuldverhältnisse, dingliche Rechte, Familien- oder Erbrecht) oder aus öffentlichem Recht ergeben.

Rückstellungen für **öffentlich-rechtliche Verpflichtungen** können unmittelbar auf dem Gesetz, auf einem besonderen Verwaltungsakt oder einem Urteil beruhen (strafrechtliche Anordnung des Verfalls von Gewinnen BFH 6.4.2000, WPg 820f). Sie können auf Geld oder eine andere Leistung gerichtet sein. Allgemeine Leitsätze, zB der verfassungsrechtliche Grundsatz, dass Eigentum verpflichtet (Art 14 Abs 2 GG), rechtfertigen noch keine Rückstellung. Beispiele für Rückstellungen sind Rückstellungen für Altlastensanierungs-, Prüfungs-, Instandhaltungs-, Entfernungs- oder Aufbewahrungspflichten sowie Rückstellungen für Rückzahlungsverpflichtungen, die Rückstellungen für die gesetzliche Verpflichtung zur Aufstellung und Prüfung des JA oder die Rückstellungen für die Verpflichtung zur Erstellung der die Betriebsteuern des abgelaufenen Jahres betr Steuererklärungen (Einzelheiten vgl Anm 100 unter dem jeweiligen Stichwort).

30 Im Falle einer **bürgerlich-rechtlichen Verpflichtung** muss die Person des Gläubigers nicht notwendig bekannt sein (zB Rückstellung für Produzentenhaftung). Die bürgerlich-rechtliche Verpflichtung braucht auch nicht einklagbar zu sein. So sind zB die Gebühren eines Ehevermittlungs-Unt, die vor Erbringung der vertragsmäßigen Leistungen vereinnahmt wurden, wegen der erst nach dem Bilanzstichtag zu erbringenden Leistungen als Passivposten (hier Rechnungsabgrenzung) anzusetzen, ungeachtet der nach § 656 Abs 1 S 2 BGB fehlenden Einklagbarkeit des Anspruchs des Kunden auf Rückforderung des Honorars (BFH 17.8.1967, BStBl II 1968, 80). Auch bei Verträgen, die eine auflösende Bedingung enthalten, hat der Verkäufer eine Rückstellung zu bilden, wenn am Bilanzstichtag eine überwiegende Wahrscheinlichkeit dafür besteht, dass die auflösende Bedingung eintritt (so für einen Rücktrittsvorbehalt BFH 25.1.1996, BStBl II 1997, 382; krit *Moxter* DB 1998, 2465 ff).

31 **Faktische Verpflichtungen** sind nicht einklagbare Leistungsverpflichtungen, denen sich der Kfm aus tatsächlichen oder wirtschaftlichen Gründen nicht entziehen kann (BGH 28.1.1991, BB, 507; *ADS*[6] § 249 Anm 52 ff). Es muss sich dabei um Leistungen handeln, die ein ordentlicher Kfm als Schuld empfindet und auch ohne Rechtspflicht erfüllt, auch auf Grund einer sittlichen Verpflichtung, der sich das Unt nicht entziehen zu können glaubt, zB bei Kulanzleistungen, Gewährleistungen (dazu Anm 112 ff, vgl auch EStR H 5.7 (5)). Den sittlichen Verpflichtungen hat der BFH rein wirtschaftliche Verpflichtungen gleichgestellt, „denen ein Kfm aus geschäftlichen Erwägungen heraus nachkommt, ohne dass ein Anspruch besteht, der vor den Gerichten mit Erfolg geltend gemacht werden kann. Eine Rückstellung muss stets gebildet werden, wenn der Zwang zur Erfüllung der Verpflichtung derart groß ist, dass ihm die Kfl von wenigen Ausnahmefällen abgesehen, allgemein nachgeben würden" (BFH 29.5.1956, BStBl III, 212). Die Abgrenzung, wie stark der Kfm eine Erwartung des Kunden auf Kulanzleistung erwarten muss, ist schwierig. Nach BFH 15.3.1999, BFH/NV 1206 ist jedoch zweifelhaft, ob diese Ablehnung auch für andere Sachverhalte gelten kann, wenn eine – eventuell nur graduelle – stärkere Verknüpfung zwischen Veräußerung einer Ware und einer späteren kostenlosen Leistung vorliegt.

32 Rückstellungen für ungewisse Verbindlichkeiten sind nicht beschränkt auf die Verpflichtung zur Übereignung von Geld oder anderen VG. Rückstellungspflichtig sind auch **andere Verpflichtungen,** zB Dienst- oder Werkleistung, vgl zB Anm 100 „Altlastensanierung", „Rekultivierung", „Umweltschutzverpflichtungen".

S auch § 246 Abs 1 S 3. Im Hinblick auf Schulden wird das Prinzip der wirtschaftlichen Zurechnung – schon aufgrund des Vorsichtsprinzips – wie bisher stark eingeschränkt. Solange ein Unt rechtlich verpflichtet ist, folgt daraus die Verpflichtung zum Ausweis einer Verbindlichkeit oder Rückstellung (BegGrZgE).

d) Das Konkretisierungserfordernis

33 Eine ungewisse Verbindlichkeit muss **hinreichend konkretisiert** sein. Dies ist der Fall, wenn mit dem Be- oder Entstehen ernsthaft zu rechnen ist (*Moxter* in FS Forster, 430). Eine Verbindlichkeit muss dem Grunde nach zwar nicht mit Sicherheit, aber doch mit Wahrscheinlichkeit be- oder entstehen (verneint bei Leistungsprämien für Arbeitnehmer BFH 2.12.1992, BStBl II 1993, 110; verneint bei künftigen Beiträgen für einen Garantiefonds von Banken BFH 13.11.1991, BStBl II 1992, 178; bejaht bei satzungsmäßiger Rückzahlung von Vereinsbeiträgen BFH 28.6.1989, BStBl II 1990, 552). Die Aussage, dass hiervon

ausgegangen werden könne, wenn mehr Gründe für als gegen das Be- oder Entstehen einer Verbindlichkeit (und einer künftigen Inanspruchnahme, dazu Anm 42f) sprechen (EStR R 5.7 (2, 3 und 4)), kann nicht iS mathematischen Wahrscheinlichkeit (mehr als 50%) verstanden werden, weil Wahrscheinlichkeiten im Bereich des Be- oder Entstehens von Verbindlichkeiten nur selten nachprüfbar quantifiziert werden können. Als Indiz für die Wahrscheinlichkeit des Entstehens der Verbindlichkeit könnte dienen, ob ein gedachter Erwerber des ganzen Unt die Verpflichtung in seinem Kaufpreiskalkül berücksichtigen würde (*Moxter* in FS Forster, 430).

Nach ständiger BFH-Rspr soll eine ungewisse **öffentlich-rechtliche Verpflichtung** unmittelbar durch das Gesetz nur dann hinreichend konkretisiert sein, wenn das Gesetz (1) ein inhaltlich genau bestimmtes Handeln vorsieht, (2) ein Handeln innerhalb eines bestimmten Zeitraums fordert und (3) Sanktionen vorsieht (Konkretisierung BFH 19.10.1993, BStBl II, 892. Bejaht für die Verpflichtung zur Umrüstung einer Anlage nach dem Gesetz zum Schutz vor schädlichen Umwelteinwirkungen durch Luftverunreinigungen, Geräusche, Erschütterungen und ähnliche Vorgänge (BImSchG)/TA Luft BFH 27.6.2001, DB, 1698, s Anm 100 „Anpassungsverpflichtungen". Verneint für die Verpflichtung zu besonderen Maßnahmen bei der Entsorgung von Abfällen nach dem AbfG BFH 8.11.2000, BStBl II 2001, 570, s hierzu Anm 100 „Entsorgung"; BFH 19.10.1993, BStBl II, 892). Diese Bedingungen, die für die gesetzliche Verpflichtung zur Aufstellung des JA entwickelt wurden, statuieren ein „Sonderrecht für öffentlich-rechtliche Verpflichtungen" (s *ADS*[6] § 249 Anm 51 mwN), das keine Stütze im Gesetz findet (ebenso *Mayr* DB 2003, 740 mwN). Für die hinreichende Konkretisierung kann auch im Falle öffentlich-rechtlicher Verpflichtungen nur entscheidend sein, ob bei Fortführung des Unt mit dem Entstehen der Verbindlichkeit ernsthaft zu rechnen ist (vgl Anm 100 „Altlastensanierung").

3. Zeitpunkt der rechtlichen bzw wirtschaftlichen Verursachung

Eine (ungewisse) Verbindlichkeit ist dann zu passivieren, wenn sie am Bilanzstichtag *rechtlich* wirksam entstanden (s auch § 246 Abs 1 S 3) oder *wirtschaftlich* verursacht ist und damit eine wirtschaftliche Belastung darstellt. Fallen diese Zeitpunkte auseinander, ist bilanzrechtlich der frühere entscheidend. Auf den Zeitpunkt der Fälligkeit der Verpflichtung kommt es nicht an. Eine rechtlich entstandene Verbindlichkeit ist daher unabhängig von der Zuordnung zukünftiger Erträge zu bilanzieren (I. Senat des BFH 27.6.2001, DB 1698 unter Zusammenfassung der bisherigen Rspr unter Hinweis darauf, dass insoweit BMF 27.9.1988, DB 2279 keine Rechtsgrundlage hat; dies gilt auch für EStR R 5.7 (2). Der BFH stützt seine Ausführungen neben dem Vollständigkeitsgebot insb auch auf das Imparitätsprinzip des § 252 Abs 1 Nr 4 erster Halbsatz sowie das Saldierungsverbot nach § 246 Abs 2: Die zum Stichtag vorhandenen Risiken sind vollständig zu erfassen, eine Verrechnung mit künftigen Erträgen ist unzulässig. Eine betriebswirtschaftliche Nettorealisation widerspricht dem Gesetz (kein „matching principle").

Nach dieser Entscheidung des I. Senats bleibt in Literatur und Rspr (s zB Verweis auf aA des VIII. Senats des BFH bei *Weber-Grellet* BB 2003, 37 Tz 2) umstritten, ob bei der Beurteilung der Entstehung einer Verbindlichkeit nur auf den Zeitpunkt der wirtschaftlichen Entstehung oder auch auf die rechtliche Entstehung abzustellen ist (*Weber-Grellet* DB 2002, 2180; *Siegel* DStR 2002, 1636; *Wüstemann* Anm zu BFH 30.1.2002 BB 2002, 1688; *Moxter* DStR 2004, 1057 [Teil I], 1098 [Teil II]). Bedeutung hat dies in den Fällen, in denen die wirtschaftliche Entstehung der rechtlichen Verpflichtung zeitlich nachgelagert ist. So wäre nach dieser aA unter Verweis auf das Realisationsprinzip eine Rückstellungsbildung zum Zeitpunkt des Entstehens einer rechtlichen Verpflichtung dann zu verneinen, wenn dem aus der Verpflichtung resultierenden Aufwand künftige Erträge gegenüberstehen.

Den bilanztheoretischen Kern dieser Diskussion stellt die Frage dar, ob das Vollständigkeitsgebot dazu führen muss, dass bereits allein das rechtliche Bestehen einer Verpflichtung zu einer Passivierung führen *muss* (*Wassermeyer* WPg 2002, 10; *Gosch* DStR 2002, 977), oder ob das Realisationsprinzip das Vollständigkeitsgebot insoweit modifiziert bzw einschränkt (*Moxter* DStR 2004, 1098 Tz 3.2.2.6; *Weber-Grellet* DB 2002, 2180 Tz II.5). In der Auswirkung geht es darum, welcher der Bilanzfunktionen mehr Gewicht zukommt: Gläubigerschutz iVm dem Grundsatz der Kapitalerhaltung (durch Darstellung aller bestehenden Verpflichtungen, ohne Rücksicht auf zukünftig mögliche Erträge) oder Ermittlung der zum Bilanzstichtag bestehenden wirtschaftlichen Leistungsfähigkeit des Unt (betriebswirtschaftlicher Ansatz). Beides zusammen könnte nur dann erreicht werden, wenn bei der Bewertung der in Zukunft erwarteten, mit der Verpflichtung verbundenen Erträge mit gleicher Vorsicht wie bei der Bewertung der Verpflichtung selbst vorgegangen wird. Dh die Erzielung dieser Einnahmen müsste sowohl dem Grunde nach, als auch in ihrer angenommenen Höhe sowie der vermuteten Durchsetzbarkeit hinreichend wahrscheinlich sein, wobei auf Grund des Vorsichtsprinzip eine hohe Wahrscheinlichkeit zu fordern wäre (im Umkehrschluss nach *Moxter* DStR 2004, 1057 Tz 2.1.1.3 wohl mindestens 75%, s Anm 26), und nur der Barwert heranzuziehen sein dürfte. Die Praxis zeigt jedoch, dass dieser betriebswirtschaftliche Ansatz selten umgesetzt wird, da der künftig erwartete Ertrag regelmäßig nur Ausfluss der Geschäftschance aus der weiteren Geschäftstätigkeit des Unt, und somit nicht hinreichend wahrscheinlich ist (ebenso *Moxter* DStR 2004, 1057 Tz 2.1.2.2: In Zweifelsfällen muss passiviert werden). Insb bei prüfungspflichtigen Unt wird vom AP bei klarem Vorliegen einer rechtlich entstandenen Verpflichtung zu Recht stets die Bildung einer Rückstellung mit Hinweis auf das Vollständigkeitsgebot iSd § 246 Abs 1 S 3 gefordert.

Folgt man *Weber-Grellet* DB 2002, 2180 Tz III.11 dahingehend, dass es auf Grund des Prinzips der Besteuerung nach der Leistungsfähigkeit wünschenswert wäre, Verpflichtungen nach Maßgabe der tatsächlichen wirtschaftlichen Belastung im jeweiligen Besteuerungszeitraum zu berücksichtigen, bedürfte es einer – weiteren – Abkoppelung der StB von der HB, die vom Gesetzgeber vorgenommen werden müsste.

35 Aufgrund von Rspr und bilanzieller Übung wird bei folgenden Sachverhalten gleichwohl das Realisationsprinzip im Rahmen der **Bewertung** berücksichtigt. Für sog **Verteilungsrückstellungen** darf der voraussichtliche Erfüllungsbetrag auf die Laufzeit bis zur Fälligkeit bzw dem anzunehmenden Erfüllungszeitpunkt so aufgeteilt werden, dass es zu jährlich gleichmäßigen Zuführungen kommt (vgl. Anmerkungen zu § 253, Tz 164 und 165 zur Brutto-/Nettomethode sowie zur annuitätischen Ansammlung (*Gleichverteilungsverfahren*, s IDW RS HFA 34). Für die StB gilt diese Behandlung von Verteilungsrückstellungen auch auf Grund § 6 Abs 1 Nr 3a Buchst d EStG. Nach IDW RS HFA 34 Tz 18ff gibt es handelsrechtlich gibt es für Verteilungsrückstellungen zwei zulässige Methoden (Einzelheiten s § 253 Anm 164).

Eine eigenständige Bewertung erfahren auch **Ansammlungsrückstellungen** (s hierzu § 253 Anm 164/165) für Verpflichtungen wie zB Rekultivierung oder Verfüllung bei Gruben- und Schachtversatz. Grds sind diese Verpflichtungen nach Abbaufortschritt zu bewerten. Dies ist kein Widerspruch zu der unter Anm 34 dargestellten Rspr, da der am jeweiligen Bilanzstichtag zu schätzende

Gesamtaufwand für die Rekultivierung bzw den Rückbau nur in Höhe des bis dahin erfolgten Abbaus vorliegt. Eine Vereinfachung durch Ansammlung (IDW RS HFA 34) in gleichen Raten wird im Einzelfall für zulässig gehalten. Zu den Einzelfällen s Anm 100.

Auf die **wirtschaftliche Entstehung** kommt es demggü an, wenn die Verbindlichkeit *noch nicht rechtlich entstanden* ist (erst zukünftig entstehende Verpflichtungen; BFH 27.6.2001, DB 1699 mwN). Eine dem Grunde nach ungewisse Verbindlichkeit soll nach ständiger Rspr des BFH wirtschaftlich verursacht sein, wenn „die *wirtschaftlich wesentlichen Tatbestandsmerkmale* der Verpflichtung erfüllt sind und das Entstehen der Verbindlichkeit nur noch von wirtschaftlich unwesentlichen Tatbestandsmerkmalen abhängt" (BFH 13.5.1998, DStRE 1999, 6 mwN; zu weiteren Kriterien s *Weber-Grellet* in Schmidt[32] § 5 Anm 386). Es kommt hierbei stets auf die Beurteilung des Einzelfalles an (s Anm 100). Gegen die Auffassung von *Schön,* BB 1994, Beilage 9, 7, dass es darauf ankomme, dass sich der Kfm der Verbindlichkeit nicht mehr entziehen kann, zu Recht *Weber-Grellet* in Schmidt[32] § 5 Anm 385 unter Verweis auf das Vorsichtsprinzip (*Schulze-Osterloh* in FS Siegel, 2005, 185). 36

4. Betriebliche Veranlassung

Die ungewisse Verbindlichkeit muss betrieblich veranlasst sein. Die mit ihr verbundenen Aufwendungen müssen aus steuerrechtlicher Sicht Betriebsausgaben sein (*Weber-Grellet* in Schmidt[32] § 5 Anm 368 mwN). Bei KapGes ist dies regelmäßig der Fall, bei PersGes uU problematisch. 41

5. Wahrscheinlichkeit der Inanspruchnahme

Zu der Wahrscheinlichkeit des Be- oder Entstehens (Anm 33) einer ungewissen Verbindlichkeit muss noch die Wahrscheinlichkeit der Inanspruchnahme aus der Verbindlichkeit hinzukommen (BFH 17.12.1998, BStBl II 2000, 116). Überwiegend wird nicht zwischen der Wahrscheinlichkeit des Be- oder Entstehens der Verbindlichkeit und der Wahrscheinlichkeit der Inanspruchnahme unterschieden (BFH 2.10.1992, BStBl II 1993, 154; BFH 1.8.1984, BStBl II 1985, 44). Die Unterscheidung empfiehlt sich jedoch, weil zweierlei Risiken vorliegen können: So kann zB bei einer Schadensersatzverpflichtung zum einen Ungewissheit darüber bestehen, ob die Verpflichtung dem Grunde nach rechtlich besteht. Zum anderen kann bei rechtlich sicher oder wahrscheinlich bestehender Verpflichtung unsicher sein, ob der Gläubiger den Schuldner tatsächlich in Anspruch nehmen wird. 42

Bedingung für den Ansatz einer Rückstellung ist, dass der Kfm mit der Inanspruchnahme aus der betr Verpflichtung ernsthaft zu rechnen hat (BFH 17.7.1980, BStBl II 1981, 669). Eine Ungewissheit über den *Zeitpunkt* der Inanspruchnahme ist unerheblich (BFH 28.3.2000, BStBl II, 612). Die Annahme in EStR R 5.7 (6), wonach mehr Gründe für als gegen die Inanspruchnahme sprechen müssen, greift zu kurz. Muss der Kfm davon ausgehen, dass der Gläubiger seinen Anspruch kennt, wie dies insb bei Verpflichtungen aus Verträgen und ähnlichen öffentlich-rechtlichen Verpflichtungen der Fall sein sollte, ist regelmäßig anzunehmen, dass die Inanspruchnahme erfolgen wird, wenn das Be- oder Entstehen der Verpflichtung wahrscheinlich ist (BFH 19.10.1993, BStBl II, 891). Nur wenn auf Grund der konkreten Umstände des Einzelfalls trotz rechtlich sicher oder wahrscheinlich bestehender Verpflichtung ausnahmsweise mit einer Inanspruchnahme mit an Sicherheit grenzender Wahrscheinlichkeit nicht zu rechnen ist, darf eine Rückstellung nicht gebildet werden. Dieser Grundsatz wurde vom BFH für Verpflichtungen zur Einlösung von sog Gutmünzen (Waren- 43 gutschein) entwickelt, die als Verbindlichkeiten auszuweisen sind, weil sie aus einem Aktivazugang herrühren (BFH 22.11.1988, BStBl II 1989, 359; dazu § 247 Anm 207). Für Verpflichtungen, die der Antizipation künftiger Aufwendungen dienen und deshalb als Rückstellungen zu bilanzieren sind, sollte nichts anderes gelten (so auch *Herzig* DB 1990, 1347). Sehen vertragliche Vereinbarungen mehrere Gestaltungsmöglichkeiten des Vertragspartners vor, ist die konkrete Inanspruchnahme aus einer bestimmten Gestaltung erst wahrscheinlich, wenn andere, näher liegende Gestaltungsmöglichkeiten nicht mehr in Betracht kommen. So ist zB eine Kaufpreisminderung oder ein Schadenersatzanspruch noch nicht wahrscheinlich, wenn zum Bilanzstichtag Verhandlungen über Nachbesserungen an der Kaufsache stattfinden, und die Nachbesserung tatsächlich noch möglich ist. Die Beurteilung der Wahrscheinlichkeit ist hierbei für den Einzelfall anhand der Erfahrungen der Vergangenheit vorzunehmen (so zu Schadenersatz bei Nichtrückgabe von Leergut im Großhandel BMF 23.4.2001, DB, 1224).

44 Muss der Kfm nicht davon ausgehen, dass der Gläubiger seinen Anspruch bzw die Behörde den Grund für den Erlass einer Verfügung bereits kennt, kann auch bei hinreichender Konkretisierung der Verpflichtung nicht ohne weiteres vermutet werden, dass eine Inanspruchnahme wahrscheinlich ist. Hier müssen vielmehr gute Gründe dafür sprechen, dass der Gläubiger von seinem Anspruch weiß oder erfahren wird und deshalb mit einer Inanspruchnahme ernsthaft zu rechnen ist. Eine Schadensersatzverpflichtung aus unerlaubter Handlung ist zB so lange nicht passivierungsfähig, solange der Schuldner davon ausgehen kann, dass die Handlung unentdeckt bleibt (BFH 3.7.1991, BStBl II, 804 – „Untreuefall"). Aufdeckungswahrscheinlichkeit vom BFH bejaht für den Fall der strafrechtlichen Anordnung des Verfalls von Gewinnen, da das Gericht zur Anordnung des Verfalls verpflichtet ist (BFH 6.4.2000, WPg, 820). Gründe dafür, dass der Gläubiger von seinem Anspruch erfahren wird, können etwa in Erfahrungen in vergleichbaren Fällen im Unt oder bei anderen Unt bestehen. Indiz für die Wahrscheinlichkeit der Inanspruchnahme sollte sein, dass ein Käufer des ganzen Unt die ungewisse Verpflichtung kaufpreismindernd berücksichtigen würde (mit gleichem Argument für Verbindlichkeitsrückstellung bei bedingter Rückzahlungsverpflichtung BFH 4.2.1999, DB, 881).

Dass der Gläubiger oder bei öffentlich-rechtlichen Verpflichtungen die Behörde den Anspruch bei Aufstellung der Bilanz *bereits kennen muss* oder zumindest mit Kenntnisnahme *in Kürze* gerechnet werden muss, kann jedoch nicht gefordert werden (so aber zur Altlastensanierung BFH 19.10.1993, BStBl II, 891, BFH 11.12.2001, DStRE 2002, 541; *Weber-Grellet* BB 2003, 38). Dass es nicht richtig sein kann, allein darauf abzustellen, *wann* der Anspruch entdeckt werden wird, ergibt sich aus folgendem

Beispiel: Einem Steuerberater ist bewusst, dass er einen gravierenden und für einen Sachverständigen sofort ersichtlichen Beratungsfehler begangen hat, der auf Grund der Tatsache, dass der Mandant lückenlosen Anschluss-Betriebsprüfungen unterzogen wird, mit hoher Wahrscheinlichkeit noch vor Eintritt der Verjährung des Schadensersatzanspruchs erkannt werden wird. Würde man die Rückstellungsbildung erst zu dem Zeitpunkt zulassen, an dem der anspruchsbegründende Beratungsfehler tatsächlich entdeckt wird, würde man ignorieren, dass der Beratungsfehler als wertbegründendes Ereignis unter Berücksichtigung des Vollständigkeitsprinzips nach § 246 Abs 1 S 1 im Jahr der Verursachung zur Rückstellungsbildung führen muss. Entgegen der Auffassung von *Weber-Grellet* BB 2003, 38 hat der Zeitpunkt der Entdeckung des Anspruchs durch den Gläubiger nur mit der Frage zu tun, *wann,* aber nicht *ob* mit der Inanspruchnahme zu rechnen ist. Bedeutsam ist der Zeitpunkt der Entdeckung und damit der Inanspruchnahme daher lediglich für die separat zu beurteilende Frage der Abzinsung der Rückstellung (s § 253 Anm 188).

45 Zur Auflösung von Rückstellungen nach Klageerhebung s Anm 21.

II. Rückstellungen für drohende Verluste

Schrifttum: *Woerner* Grundsatzfragen zur Bilanzierung schwebender Geschäfte, FR 1984, 496; *Winkler/Hackmann* Die Bewertung der Rückstellung für die Verpflichtung zur Rechnungstellung nach § 14 VOB/B, BB 1985, 1103; *Döllerer* Ansatz und Bewertung von Rückstellungen in der neueren Rechtsprechung des Bundesfinanzhofs, DStR 1987, 67; *W. Müller* Rückstellungen für drohende Verluste aus Dauerrechtsverhältnissen, BFuP 1987, 322; *Crezelius* Das sogenannte schwebende Geschäft in Handels-, Gesellschafts- und Steuerrecht, FS Döllerer, 81; *Groh* Verbindlichkeitsrückstellung und Verlustrückstellung: Gemeinsamkeiten und Unterschiede, BB 1988, 27; *Herzig* Bilanzrechtliche Ganzheitsbetrachtung und Rückstellung bei Dauerrechtsverhältnissen, ZfB 1988, 212; ZfbF 1990, 1036; *Eilers* Rückstellungen für Altlasten: Umwelthaftungsgesetz und neueste Rechtsentwicklung, DStR 1991, 101; *Herzig* Rückstellungen als Instrument der Risikovorsorge in der Steuerbilanz, DStJG 1991, 199; *Kupsch* Zum Verhältnis von Einzelbewertung und Imparitätsprinzip, in FS Forster (1992), 339; *Küting/Kessler* Grundsätze ordnungswidriger Verlustrückstellungsbildung, DStR 1993, 1045; *Christiansen* Steuerliche Rückstellungsbildung, Bielefeld 1993, 38; *Christiansen* Drohende Verluste aus Beschaffungsdauerschuldverhältnissen, DStR 1993, 1242; *Herzig* Drohverlustrückstellungen für wirtschaftlich ausgewogene Geschäfte?, DB 1994, 1429; *Groh* Rechtsprechung zum Bilanzsteuerrecht, StuW 1994, 90; *Weber-Grellet* Maßgeblichkeitsschutz und eigenständige Zielstruktur der Steuerbilanz, DB 1994, 288; *Kübler* Vorsichtsprinzip versus Kapitalmarktinformation in FS Budde (1995), 361; *Herzig/Rieck* Saldierungsbereich bei Drohverlustrückstellungen im Gefolge der Apothekerentscheidung, DB 1997, 1881; *Küting/Kessler* Rückstellungsbildung nach der Entscheidung im „Apotheker-Fall", DStR 1997, 1665; *Küting/Kessler* Der Streit um den Apotheker-Fall: Meinungssache oder Stimmungsmache?, DB 1997, 2441; *Moxter* Zur Abgrenzung von Verbindlichkeitsrückstellung und (künftig grundsätzlich unzulässigen) Verlustrückstellungen, DB 1997, 1477; *Clemm* Zur Bilanzierung von Rückstellungen für drohende Verluste, vor allem aus schwebenden Dauerschuldverhältnissen – Gedanken angesichts erkennbarer Tendenzen zur Reduzierung von Rückstellungen in Handels- und Steuerbilanzen, in FS Beisse (1997), 123; *Oser* Zum Saldierungsbereich bei Rückstellungen für drohende Verluste aus schwebenden Dauerschuldverhältnissen, BB 1997, 2367; *Weber-Grellet* Der Apotheker-Fall – Anmerkungen und Konsequenzen zum Beschluss des Großen Senats vom 23.6.1997 GrS 2/93, DB 1997, 2233; *Weber-Grellet* Der Apotheker-Fall – Neue Entwicklungen im Bilanzsteuerrecht, StbJb 1997/98, 275; *Küting/Kessler* Der Streit um den Apotheker-Fall: Meinungssache oder Stimmungsmache, DB 1997, 2443; *Babel* Zum Saldierungsbereich bei Rückstellungen für drohende Verluste aus schwebenden Geschäften, ZfB 68 (1998), 825; *Eckstein/Fuhrmann* Steuerliche Nichtanerkennung von Drohverlustrückstellungen – Abgrenzung zu anderen Rückstellungen, DB 1998, 529; *Naumann* Zur Abgrenzung von künftig ertragsteuerrechtlich nicht mehr zu bildenden Drohverlustrückstellungen, insbesondere bei Kreditinstituten, BB 1998, 527; *IDW* Stellungnahme zum Entwurf eines Steuerentlastungsgesetzes 1999/2000/2002, WPg 1999, 26; *Duske/Stalf* Verluste aus unfertigen Bauaufträgen auf dem Prüfstand: Abschied vom Grundsatz des Vorrangs der verlustfreien Bewertung vor der Drohverlustrückstellung? Anmerkungen zum Urteil des FG Rheinland-Pfalz vom 18.11.2002 und der Verwaltungsauffassung DStR 2003, 533; *Krüger* Zur Verfassungsmäßigkeit des Verbots der Verlustrückstellung, FR 2008, 625; *Prinz/Adrian* „Angeschaffte Drohverlustrückstellungen, BB 2011, 1646.

1. Vorbemerkung

Gegenstand der Drohverlustrückstellung nach § 249 Abs 1 S 1 2. Alt ist der Aufwandsüberschuss aus einem schwebenden Geschäft. Ziel ist die **Verlustantizipation** – als Regelung sui generis des Vorsichtsprinzips (§ 252 Abs 1 Nr 4) – und die Vollständigkeit der Schuldenerfassung. Das Handelsbilanzrecht steht hier im Dienste des dem Gläubigerschutz verpflichteten gesrechtlichen Prinzips der Kapitalerhaltung: Der in der Periode ermittelte Gewinn soll der Ges unbedenklich entzogen werden können. Das ist der Fall, wenn auch bei vollständiger Ausschüttung noch alle bereits verursachten Verluste abgedeckt sind (*Heddäus*, 14; *Groh* BB 1988, 28). Drohverlustrückstellungen dienen insoweit dem Gläubigerschutz.

In der StB dürfen Rückstellungen für drohende Verluste aus schwebenden Geschäften nicht gebildet werden (§ 5 Abs 4a EStG).

Die handelsrechtlichen Grundsätze für die Ermittlung eines drohenden Verlustes gelten uneingeschränkt. Ein mittelbarer Einfluss ergibt sich demgü aus der Differenz des unterschiedlichen handelsrechtlichen und steuerrechtlichen Wertansatzes, welche die Möglichkeit zur Aktivierung latenter Steuern als Sonderposten eigener Art eröffnet (§ 274 Abs 1 Anm 57, § 266 Abs 2 D, s Anm 262).

Die bisher ergangene **Rechtsprechung des BFH** ist trotz der jetzigen steuerrechtl Unbeachtlichkeit von Drohverlustrückstellungen weiterhin zu beachten, da deren Ansatz und Bewertung handelsrechtliche Fragen sind, zu denen der BFH als zuständiges Obergericht Stellung genommen hat (s auch IDW PS 201 Tz 8).

2. Schwebende Geschäfte

a) Begriff des schwebenden Geschäfts

52   Schwebende Geschäfte iSd § 249 Abs. 1 S 1 sind verpflichtende Verträge, die auf einen Leistungsaustausch gerichtet sind und aus Sicht jedes Vertragspartners einen Anspruch und eine Verpflichtung begründen (IDW RS HFA 4 Tz 2). Drohverlustrückstellungen sind anzusetzen, wenn aus dem schwebenden Geschäft ein Verlust in Form eines Aufwandsüberschusses zu erwarten ist. Die Ermittlung dieser Saldogröße für den Ansatz umfasst gleichzeitig die Ermittlung der Höhe der Rückstellung. Ansatz und Bewertung sind bei der Bildung von Drohverlustrückstellungen somit nicht zu trennen. Obwohl in § 249 Abs 1 S 1 ausdrücklich erwähnt, sind Rückstellungen für drohende Verluste aus schwebenden Geschäften nur ein Unterfall für Rückstellungen für ungewisse Verbindlichkeiten. Daraus ergibt sich, dass eine Außenverpflichtung vorliegen muss (IDW RS HFA 4 Tz 17). Aus Gründen der Objektivierung ist daher der Begriff „Geschäft" eng auszulegen. Es ist darunter ein **Vertrag** zu verstehen, der zweiseitig verpflichtend und auf Leistungsaustausch iSd §§ 320 ff BGB gerichtet ist (zu nichtigen Verträgen vgl Anm 54). Der drohende Verlust ist somit ein **Verpflichtungsüberschuss** (*Moxter* DStR 1998, 512). Einseitige und sonstige Verpflichtungen wie Schenkung, Haftung oder gesrechtliche Verpflichtungen wie Verlustübernahmeverpflichtung aus EAV resultieren nicht aus schwebenden Geschäften. In diesen Fällen kann eine Rückstellung für ungewisse Verbindlichkeiten zu bilden sein (IDW RS HFA 4 Tz 4).

53   **Schwebend** ist ein Geschäft, das von der zur Lfg oder Leistung verpflichteten Vertragspartei noch nicht voll erfüllt ist (GrS BFH 23.6.1997, BStBl II, 737; zum Begriff *Woerner* FR 1984, 490; *Babel* ZfB 68 (1998), 828 f; *Weber-Grellet* in Schmidt[32] § 5 Anm 270 und 450 f. jeweils mwN aus der Rspr). Die Leistungsverpflichtung kann in einer Sach- oder Dienstleistungsverpflichtung bestehen. Ein schwebendes Geschäft kann auf einen einmaligen Leistungsaustausch gerichtet sein (zB Kauf von Rohstoffen, Reparatur eines Anlagegutes) oder auch ein Dauerschuldverhältnis zum Gegenstand haben. Ausführlich zum Begriff des schwebenden Geschäfts iSd § 249 Abs 1 S 1 vgl IDW RS HFA 4 Tz 2 ff. Die schwebenden Geschäfte lassen sich daher wie folgt einteilen:

Einteilung der schwebenden Geschäfte

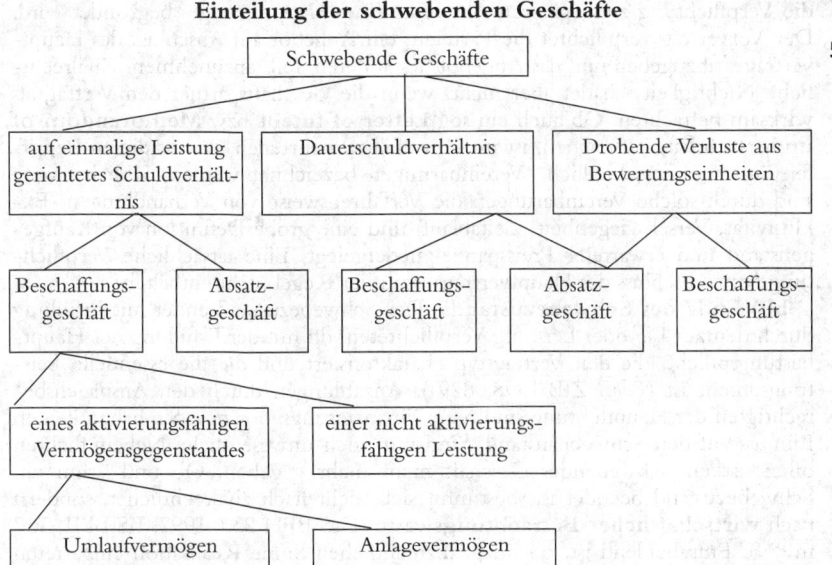

Schwebende Geschäfte werden nicht durch Verpflichtungen aus Gesellschaftsverträgen begründet. Droht aus einem gesellschaftsrechtlichem Haftungstatbestand eine Inanspruchnahme handelt es sich um eine einseitige Verpflichtung. Das Gleiche gilt für gesellschaftsrechtliche Einlageverpflichtungen oder die drohende Inanspruchnahme aus sonstigen Verpflichtungsgründen (zB gesetzliche Haftung, Schenkung Verlustübernahmeverpflichtungen aufgrund eines Beherrschungs- oder Gewinnabführungsvertrags. Für derartige Verpflichtungen sind ggf Rückstellungen für ungewisse Verbindlichkeiten zur bilden (s IDW RS HFA 4 Tz 4–6)

Bei **Dauerschuldverhältnissen** kommt dem Zeitmoment entscheidende Bedeutung zu. Der Umfang der Gesamtleistung hängt vom Zeitraum ab, während dessen die Leistung erbracht werden soll (zB Miete, Pacht, Leihe und Verwahrung). Diese Verträge sind zeitraumbezogen (Einzelheiten bei *Kramer* in MünchKomm Einl BGB vom § 241 Anm 85). Hierzu gehören auch **Sukzessivlieferverträge** (Abruf nach Bedarf von zB Wasser, Gas, Elektrizität, Bier). Diese sind im Kern Kaufverträge. Aufgrund der Vereinbarung sind aber periodisch gewisse Teillieferungen eines von vornherein bestimmten oder erst nach Bedarf bestimmbaren Umfangs zu erbringen. Der Umfang der Gesamtleistung ist dagegen bei Vertragsschluss unbestimmt.

b) Zeitlicher Umfang

aa) Beginn des Schwebezustands. Der Schwebezustand beginnt grds mit Vertragsabschluss, es sei denn, dass eine aufschiebende Bedingung die Rechtswirksamkeit hinausschiebt (IDW RS HFA 4 Tz 7 f: zB Gremienvorbehalt; anders jedoch, wenn aus wirtschaftlichen Zwängen mit der Gremienzustimmung gerechnet werden muss). Es reicht aber auch ein **Vorvertrag**, uU sogar, dass mit der Annahme eines bindenden Vertragsangebotes ernsthaft zu rechnen ist (nach IDW RS HFA 4 Tz 9 wegen Vorsichtsprinzip insb wenn der Vertrag für den Kfm nachteilig ist). Der Vorvertrag ist ein schuldrechtlicher Vertrag, durch den die Verpflichtung zum späteren Abschluss eines Hauptvertrages begründet wird. Der Vorvertrag verpflichtet die Parteien, ein Angebot auf Abschluss des Hauptvertrages abzugeben und das Angebot des anderen Teils anzunehmen. Zivilrechtliche Nichtigkeit schadet aber nicht, wenn die Geschäftspartner den Vertrag als wirksam betrachten. Ob auch ein sog **Letter of intent** bzw **Memorandum of understanding** ausreichen, ist im Einzelfall zu beurteilen, da mit diesen Begriffen äußert unterschiedliche Vereinbarungen bezeichnet werden. Üblicherweise sind durch solche Vereinbarungen die Verfahrensweise von Verhandlungen (Exklusivität, Verschwiegenheit, Zeitablauf) und eine grobe Definition von Kaufgegenstand und erwarteter Preisspanne niedergelegt. Eine tatsächliche Verpflichtung zum Abschluss des Hauptvertrags ist in der Regel nicht enthalten.

56 **bb) Ende des Schwebezustands.** Der Schwebezustand endet mit Erfüllung durch den zur Lfg oder Leistung Verpflichteten, dh mit der Erfüllung der Hauptleistungspflicht, die den Vertragstyp charakterisiert und die die essentielle Leistungspflicht ist (*Babel* ZfB 1998, 829 f). Anzahlungen durch den Anspruchsberechtigten der Hauptleistung sind reine Finanzierungsvorgänge. Sie haben keinen Einfluss auf den Schwebezustand. Sind nur noch unwesentliche Nebenpflichten offen, ist ein schwebendes Geschäft nicht mehr gegeben. Ob und wann ein Schwebezustand beendet ist, bestimmt sich nicht nach zivilrechtlicher, sondern nach **wirtschaftlicher Betrachtungsweise** (GrS BFH 23.6.1997, BStBl II, 737 mwN). Entscheidend ist, ob im bilanzrechtlichen Sinne Realisation eingetreten ist (*Heddäus*, 47 mwN). Erfüllt ist, wenn und soweit die geschuldete Leistung an den Gläubiger bewirkt wurde. Insoweit decken sich zivilrechtliche (§ 362 Abs 1 BGB) und wirtschaftliche Betrachtungsweise. Bei teilweiser Leistungserbringung ist zu unterscheiden, ob der Vertrag die abschnittsweise Erbringung von Teilleistungen vorsieht; in diesem Fall endet der Schwebezustand für den erbrachten Leistungsaustausch mit der Teilleistung. Hat der zur Lfg oder Leistung Verpflichtete teilweise erfüllt und zulässigerweise einen Teilgewinn oder -verlust realisiert, kommt eine Drohverlustrückstellung nur noch für den Aufwandsüberschuss aus dem noch nicht erfüllten Teil des Vertrags in Frage. Ohne eine solche Regelung bleibt der gesamte Vertrag in der Schwebe (s auch IDW RS HFA 4 Tz 13).

c) Rückstellungsrelevanz

57 Schwebende Geschäfte dürfen **grundsätzlich nicht bilanziert werden.** Dies folgt aus dem Realisationsprinzip: Gewinne dürfen nur berücksichtigt werden, wenn sie am Abschlussstichtag realisiert sind (§ 252 Abs 1 Nr 4). Die Wertveränderung muss also durch einen Umsatzakt bestätigt sein (*Moxter* DStR 1998, 509). Der Ertrag aus einem zweiseitigen verpflichtenden Vertrag ist nicht schon bei Vertragsschluss, sondern erst im Zeitpunkt der Leistungserbringung realisiert (§ 252 Anm 44). Es besteht während des Schwebezustands die widerlegliche Vermutung, dass sich die wechselseitigen Rechte und Pflichten aus dem Vertrag wertmäßig ausgleichen (GrS BFH 23.6.1997, BStBl II, 737 mwN). Die Verpflichtungen aus dem Vertrag sind keine bilanziellen Schulden für die Parteien, weil den betr künftigen Aufwendungen künftige Erträge zuzurechnen sind (zu den verschiedenen Erklärungsansätzen für die Nichtbilanzierung vgl *Heddäus*, 48 ff; *Küting/Kessler* DStR 1993, 1046; *Crezelius* in FS Döllerer, 85). Darin liegt kein Verstoß gegen das Vollständigkeitsgebot. Dieses setzt das Bestehen eines bilanziellen VG oder einer Schuld voraus, bestimmt jedoch nicht, *wann* sie vorliegen.

58 Schwebende Geschäfte sind aber nur bilanziell irrelevant, solange sie ausgeglichen sind. Bei Störungen zum Nachteil des Bilanzierenden kann es zu einer Rückstellungspflicht kommen. Die Pflicht zur Passivierung einer Drohverlustrückstellung ergibt sich aus dem **Imparitätsprinzip** (§ 252 Abs 1 Nr 4). Danach sind alle Verluste zu berücksichtigen, die bis zum Abschlussstichtag entstanden sind. Ein Überschuss der Aufwendungen über die Erträge aus einem schwebenden Geschäft muss als Schuld bilanziert werden (*Moxter* in FS Forster, 435). Kernfrage ist dabei, welche Vorteile in die Gegenüberstellung einzubeziehen sind (dazu Anm 63 ff), nach welchen Gesichtspunkten der sog Kompensationsbereich mithin zu bestimmen ist. Künftige Rechnungslegungsperioden sollen von vorhersehbaren Risiken und Verlusten freigehalten werden, die am Bilanzstichtag zwar noch nicht realisiert, aber bereits verursacht sind. Die als Verlust ermittelten Beträge werden mit Hilfe einer Rückstellung gewinnmindernd berücksichtigt und entlasten damit künftige Perioden (GrS BFH 23.6.1997, BStBl II, 738). Was die steuerbilanzielle Behandlung der Drohverlustrückstellungen insb auch im Hinblick auf Dauerschuldverhältnisse angeht, ist die Entscheidung des Großen Senats durch die Einführung von § 5 Abs 4a EStG überholt (Verbot der Bildung von Drohverlustrückstellungen in der **Steuerbilanz**).

3. Drohverlustrückstellungen in der Handelsbilanz

a) Objektivierung der Verlusterwartung

Für die Rückstellungsbildung genügt nicht die bloße Möglichkeit des Verlusteintritts. Der Verlust muss ernsthaft und objektiv zu erwarten sein (IDW RS HFA 4 Tz 15, GrS BFH 23.6.1997, BStBl II, 738 mwN). Dh, es müssen **konkrete Anzeichen** dafür vorliegen, dass der Wert der eigenen Verpflichtung (Erfüllungsbetrag, § 253 Abs 1 S 2) aus dem Geschäft den Wert des Anspruchs auf die Gegenleistung übersteigt. Entscheidend dafür sind die objektiven Wertverhältnisse am Bilanzstichtag. Ein Verpflichtungsüberschuss droht zB bei einem schwebenden Veräußerungsgeschäft nicht schon deshalb, weil bei der Herstellung noch technische Probleme auftreten können. Mit dem Eintritt eines Verlustes ist ernsthaft erst dann zu rechnen, wenn bis zur Bilanzaufstellung bekannt geworden ist, dass und warum die zu erbringende Leistung insgesamt Kosten verursacht, die über dem Wert der vereinbarten Gegenleistung des Kunden liegen. Ob im konkreten Fall mit einem Verlust zu rechnen ist, lässt sich nur beurteilen, wenn Anspruch und Verpflichtung für sich bewertet werden. Die Bewertung erfolgt nach den allgemeinen Grundsätzen zur Bewertung von Forderungen und Verbindlichkeiten. Die Verpflichtung ist daher mit dem Erfüllungsbetrag zu bewerten. Vgl hierzu im Einzelnen § 253 Anm 167 ff sowie nachfolgende Anm 63 ff. Für die Frage, ob im Rahmen eines schwebenden Geschäftes der Wert der Verpflichtung den Wert des Anspruchs übersteigt, kommt es nicht darauf an, ob die Gegenleistung zu einem aktivierbaren VG führen wird (zB für die gesetzliche Verpflichtung zur Aufstellung des JA BFH 20.3.1980, BStBl II, 297). Ein drohender Verlust kann also nicht schon damit begründet werden, dass der Empfang der Gegenleistung zu Aufwand führt.

Eine Rückstellung für drohende Verluste aus schwebenden Geschäften ist auch dann zu bilden, wenn das verlustbringende Geschäft **bewusst eingegangen** wurde (*ADS*[6] § 249 Anm 145 mwN; aA *Weber-Grellet* DB 1994, 291; diesen widerlegend *Oser* BB 1997, 2370).

Das Objektivierungserfordernis wird konkretisiert durch die **Ausgeglichenheitsvermutung.** Daraus ergibt sich zwar keine Beweislastumkehr (so etwa *Herzig/Rieck* DB 1997, 1884), sondern nur eine Umkehr der Darlegungslast (dies war bis zum Verbot der Drohverlustrückstellung in der StB im Verhältnis zur Finanzbehörde von Bedeutung). Zur Erfüllung der Darlegungslast reicht aber die bloße Behauptung eines Aufwandsüberschusses nicht aus. Der Bilanzierende muss hinreichend konkrete Anhaltspunkte für die Unausgeglichenheit (den Aufwandsüberschuss) glaubhaft darlegen können. Liegen diese vor, ist eine Drohverlustrückstellung zu bilden.

b) Kompensationsbereich

63 Rückstellungsfähig ist nur der Verpflichtungsüberschuss aus einem schwebenden Geschäft. Es handelt sich dabei um eine **Saldogröße.** Sie ergibt sich aus der Saldierung der wechselseitigen Ansprüche und Verpflichtungen aus dem Schuldverhältnis. Dabei ist die Rückstellung selbst keine Ausnahme vom Saldierungsverbot. Dies ergibt sich unmittelbar aus dem Gesetz. Denn nur für die „Verluste" aus einem schwebenden Geschäft sind Rückstellungen zu bilden. Der Verlust ist aber notwendig eine Saldogröße (s dazu *Eckstein/Fuhrmann* DB 1998, 530 mwN). In den Saldierungs- oder Kompensationsbereich einzubeziehen sind wechselseitige Leistungen, zu denen sich die Vertragsparteien verpflichtet haben, um die Gegenleistung des anderen Vertragspartners zu erhalten. Dabei gilt eine **wirtschaftliche Betrachtungsweise** (GrS BFH 23.6.1997, BStBl II, 738 mit im Ergebnis breiter Zustimmung, vgl nur *Herzig/Rieck* DB 1997, 1882f).

64 In den Kompensationsbereich einzubeziehen sind zunächst die Hauptleistungspflichten des Leistungsverpflichteten (zB Lfg der Maschine). Es handelt sich dabei um das **schuldrechtliche Synallagma.** Diese Verpflichtung ist von der Gegenseite einklagbar. Vertragliche Nebenleistungspflichten des Leistungsverpflichteten (zB Einweisung in die Maschinenführung nach dem Kauf einer Maschine) gehören ebenfalls zum schuldrechtlichen Synallagma und sind in gleicher Weise von der berechtigten Partei einklagbar. Auch sie gehören unstreitig zu den in den Kompensationsbereich einzubeziehenden Ansprüchen. Wirtschaftliche Vorteile, die nach den Vorstellungen der Vertragsparteien subjektive Vertragsgrundlage sind (zB Standortvorteil), gehören zum **wirtschaftlichen Synallagma,** das nach der Rspr des BFH ebenfalls einzubeziehen ist (GrS BFH 23.6.1997, BStBl II, 738; krit *Clemm* in FS Beisse, 133). Auch Vorteile, die anlässlich des Vertrages anfallen (zB öffentliche Zuschüsse für den Erwerb des Anlagegutes), gehören zu den wirtschaftlichen Vorteilen, auch wenn kein Anspruch gegen den Hauptleistungspflichten, sondern **gegen einen Dritten** besteht. Entscheidend ist hierbei, dass der Vertrag kausal für die Entstehung des wirtschaftlichen Vorteils ist. Es gilt insoweit ein strikter **Kausalitätszusammenhang.** Die Kausalität ist auch bei Vorteilen aus weiteren Verträgen gegeben, die aus Anlass des Hauptgeschäftes geschlossen wurden (zB Termingeschäfte zur Sicherung einer Fremdwährungsforderung – zur BewEinh vgl Anm 65). Gleichfalls einzubeziehen sind Vorteile aus einer Folgehandlung, die ohne den Hauptvertrag nicht möglich wäre. Dies ist etwa der Fall, wenn eine Maschine ohne Verlust weiter veräußert wurde, obwohl die Einstandspreise für den Erwerb der Maschine gesunken sind. Ausgenommen sind allerdings alle Vorteile, die sich nicht aus Anlass, sondern nur **bei Gelegenheit** des Vertrages ergeben haben (dh nicht kausal auf dem Vertragsschluss beruhen). Hierzu gehören zB günstige Lieferangebote eines Konkurrenten des Vertragspartners, weil auch dieser Geschäftsbeziehungen mit dem Abnehmer aufbauen möchte. Kompensationsfähig sind demzufolge alle Vorteile aus dem Gegenseitigkeitsverhältnis der Vertragsparteien und Vorteile mit Dritten, die *ohne den Vertrag nicht möglich* gewesen wären. Vorteile von Dritten, die bei Gelegenheit des Vertrages, aber auch ohne den Vertrag möglich gewesen wären, sind dagegen nicht kompensationsfähig. Siehe auch IDW RS HFA 4 Tz 19 iVm Tz 25f.

65 Bei der Ermittlung des Kompensationsbereiches gilt der Grundsatz der Einzelbewertung (§§ 246 Abs 2, 252 Abs 1 Nr 3). Dieser wird durchbrochen durch das Institut der **Bewertungseinheit.** Nach IDW RS HFA 35, insb Tz 92 ist die

Differenz aus dem Überhang der negativen Wertänderungen über die positiven Wertänderungen nach dem Imparitätsprinzip als nicht realisierter Verlust aufwandswirksam in eine Rückstellung für Bewertungseinheiten einzustellen. Zu Einzelheiten s Erläuterungen zu § 254 Anm 1 ff.

c) Konkurrenzverhältnis

Nach dem Verbot der Bildung von Drohverlustrückstellungen in der StB und **66** der Entscheidung des Großen Senats des BFH im Apotheker-Fall 23.6.1997, BStBl II, 738 (weiter Saldierungsbereich) gewinnt die Abgrenzung und Konkurrenz iSd Frage nach der Vorrangigkeit der Drohverlustrückstellung zu den Verbindlichkeitsrückstellungen und zur Abschreibung auf den niedrigeren beizulegenden Wert (bzw steuerrechtliche Teilwertabschreibung, wobei diese nur bei dauernder Wertminderung zulässig ist, s § 253 Anm 13 ff) sowie zur erhaltenen Anzahlung und zum passiven RAP eine früher so nicht gekannte Bedeutung (*Moxter* DStR 1998, 513). Aufgrund des Maßgeblichkeitsprinzips ist die handelsbilanzielle Behandlung entscheidend.

aa) Abgrenzung zur Verbindlichkeitsrückstellung. Rückstellungen für **67** ungewisse Verbindlichkeiten berücksichtigen zukünftige Aufwendungen, denen keine zukünftigen Erträge gegenüberstehen, dh zum einen Aufwendungen, die in der Vergangenheit realisierten Erträgen zuordenbar sind (*Erfüllungsrückstand*), zum anderen Aufwendungen, denen aus der Eigenart des den Aufwendungen zugrunde liegenden Sachverhalts weder zukünftige noch vergangene Erträge gegenüberstehen. Drohverlustrückstellungen erfassen demggü solche zukünftigen Aufwendungen, denen zukünftige Erträge bzw aus der Eigenart des ihnen zugrunde liegenden Geschäfts noch zukünftige Erträge ggü stehen können (IDW RS HFA 4 Tz 18, *Moxter* DStR 1998, 513; ähnlich *Groh* BB 1988, 32; zT anders Rspr des BFH, etwa zum Mutterschutzgesetz BFH 2.10.1997, DStR 1998, 23; BFH 20.1.1993, BStBl II, 373; dazu *Groh* StuW 1994, 94; BFH 24.8.1983, BStBl II 1984, 273, dazu kritisch *Groh* in Baetge, Rückstellungen in der Handels- und Steuerbilanz, 81; *Moxter* DStR 1998, 514; *Naumann* BB 1998, 528). Das Vorliegen eines schwebenden Geschäftes schließt eine Verbindlichkeitsrückstellung nach § 249 Abs 1 S 1, 1. Alt nicht aus (*Moxter* DStR 1998, 513; *Naumann* BB 1998, 527; BFH 16.9.1970, BStBl II 1971, 85). Es besteht ein **Vorrang der Verbindlichkeitsrückstellung** ggü der Drohverlustrückstellung (*Moxter* DStR 1998, 514). Eine Verbindlichkeitsrückstellung ist zu bilden im Falle eines Erfüllungsrückstandes (*Eckstein/Fuhrmann* DB 1998, 530; *Naumann* BB 1998, 528). Die Verbindlichkeitsrückstellung steht iZm vergangenen, die Drohverlustrückstellungen dagegen mit künftigen Ereignissen (*Groh* BB 1988, 27). Unabhängig davon, ob ein Dauerschuldverhältnis ausgeglichen ist, sind **Leistungs- oder Erfüllungsrückstände** als Rückstellungen für ungewisse Verbindlichkeiten zu bilanzieren (hierzu *Sarx* in FS vom Wysocki, 94; *W. Müller* BFuP 1987, 324 f; *Groh* BB 1988, 28). Fallen bei einem Dauerschuldverhältnis Leistung und Gegenleistung nicht periodengleich an, stellt das Mehr an in Anspruch genommener Leistung ggü der erbrachten Gegenleistung einen Erfüllungsrückstand dar (BFH 3.12.1991, BStBl II 1993, 92 zur Pachterneuerungspflicht). Weitere Beispiele für Rückstellungen wegen Erfüllungsrückständen sind der noch nicht genommene Urlaub (Anm 330 „Urlaub"), in späteren Jahren zu zahlende Gratifikationen (Anm 200 „Gratifikationen") und die Jubiläumszuwendungen (Anm 300 „Jubiläumszuwendungen").

bb) Die Abgrenzung zur (außerplanmäßigen) **Abschreibung** ist hauptsäch- **68** lich im Rahmen von Absatzgeschäften bei der Bewertung unfertiger Erzeugnisse und Leistungen von Bedeutung. Soweit zB ein insgesamt verlustbringender

Kaufvertrag abgeschlossen wurde, stellt sich für den Verkäufer die Frage, ob eine Drohverlustrückstellung zu bilden ist oder die unfertigen Erzeugnisse, auf die sich der Kaufvertrag bezieht, auf den niedrigeren beizulegenden Wert (§ 253 Abs 4) abzuschreiben sind (verlustfreie Bewertung). Diese (Teilwert-)abschreibung würde auch steuerrechtlich sofort aufwandswirksam werden, da die Wertminderung bis zum Absatzzeitpunkt anhält und daher dauerhaft iSv BMF 25.2.2000, BStBl I 372, Tz 23 ist. Ohne Bestehen zB eines Kaufvertrages über ein unfertiges Erzeugnis wäre eine außerplanmäßige Abschreibung einer ggü dem Marktpreis zu teuren Fertigung zwingend. Das Vorliegen eines Absatzgeschäftes kann zu keiner anderen Beurteilung führen. Die **außerplanmäßige Abschreibung** ist daher **vorrangig** (IDW RS HFA 4 Tz 20 ff). Fraglich ist aber, ob Verluste in der erwarteten Gesamthöhe oder nur anteilig nach dem Fertigstellungsgrad durch außerplanmäßige Abschreibungen antizipiert werden müssen. Grenze ist in jedem Fall die Höhe des bisherigen Ansatzes der AK/HK. Da eine Verpflichtung zur Fertigstellung auf Grund der eingegangenen Lieferverpflichtung besteht, sind die *gesamten erwarteten Verluste* einschl zukünftiger Kostensteigerungen (s Erl § 253 Anm 174) durch die Teilwertabschreibung zu berücksichtigen (aA FG Rheinl-Pfalz 18.11.2002 DStRE 2003, 321 nrkr; BMF 14.11. 2000, BStBl I 1514 zu halbfertigen Bauten auf fremdem Grund und Boden bei Bau-Unt: Nur insoweit, als die bisher angefallenen AK/HK über dem Teil der Vergütung liegen, der bezogen auf den Fertigstellungsgrad anteilig auf die halbfertigen VG entfällt; auch BMF 27.4.2001, DStR 1527 zu halbfertigen Erzeugnissen: Der auf den künftigen Produktionsfortschritt entfallende Verlust sei dem schwebenden Geschäft und damit der Drohverlustrückstellung zuzuordnen; s auch *Hoffmann* Bilanzierung und Bewertung von halbfertigen Erzeugnissen, DB 2001, 2016; *Wulf/Roessle* Bilanzierung und Bewertung unfertiger Bauaufträge bei Verlustgeschäften, DB 2001, 393 mit Rechenbeispiel). Mit zutreffenden Argumenten gegen die Auffassung des FG Rheinl-Pfalz sowie des BMF auch *Duske/Stalf* DStR 2003, 533 insb unter Verweis auf den Teilwertbegriff, wonach der beizulegende Wert dem entspricht, was ein gedachter Erwerber des gesamten Unt für den einzelnen VG bereit wäre zu zahlen: Ist der VG einem verlustbringenden Geschäft zugeordnet, hat er keinen Nutzen mehr daraus, also wird er dafür nichts aufwenden.

In der Praxis wird vielfach so verfahren, dass ein drohender Verlust von den AK/HK der dem verlustbehafteten Geschäft zuzurechnenden Vorräte abgesetzt wird und nur ein die AK/HK übersteigender Teil des Verlustes als Rückstellung bilanziert wird (auch IDW RS HFA 4 Tz 24 hält dieses Verfahren für zulässig). Die Bildung einer Rückstellung für drohende Verluste aus Verkaufsgeschäften ist im Übrigen nur dann geboten, wenn mit der Herstellung noch nicht begonnen wurde, oder die Bestände (noch) nicht auftragsbezogen sind. Nach IDW RS HFA 4 Tz 22 ist die Rückstellung dann aber mit Fertigungsfortschritt im Umfang der niedrigeren Bewertung der VG abzubauen. Teilwertabschreibungen sind in der **Steuerbilanz** nur bei voraussichtlich dauernder Wertminderung zulässig (s § 253 Anm 13). Jedenfalls im Rahmen eines verlustträchtigen Absatzgeschäftes, dessen Abwicklung zeitnah bevorsteht, dürfte diese Voraussetzung für den Verkäufer erfüllt sein.

d) Drohverluste bei auf einmalige Leistung gerichteten Schuldverhältnissen

69   aa) Beschaffungsgeschäfte über aktivierungsfähige Vermögensgegenstände oder Leistungen. Bei Beschaffungsgeschäften über VG des Anlage- und Umlaufvermögens gilt als Wert des Leistungs- oder Lieferungsanspruches der Wert, mit dem die bestellten VG bei bereits erfolgter Lfg oder Leistung zum Bilanzstichtag anzusetzen wären. Die Drohverlustrückstellung stellt faktisch eine vorweggenommene außerplanmäßige Abschreibung dar (vgl RS HFA 4, Tz 30). Beim **Anlagevermögen** ist auf die AK oder die niedrigeren Wiederbeschaffungskosten und uU auf den Ertragswert (Barwert aller zukünftigen Einnahmenüberschüsse, s § 253 Anm 310) abzustellen. Die Wertminderung muss dauerhaft sein (Anm 72; gilt nicht für Finanzanlagen, § 253 Abs 3 S 3 und 4).

Eine Rückstellung ist bei Beschaffungsgeschäften über VG des **Umlaufvermögens** zu bilden, wenn der sich aus dem Börsen- oder Marktpreis am Bilanzstichtag ergebende Wert oder der den bestellten VG am Abschlussstichtag beizulegende Wert unter dem vereinbarten Kaufpreis liegt (§ 253 Abs 4 S 1 und 2). Ob für den Börsen- oder Marktpreis oder den beizulegenden Wert der Absatz- oder Beschaffungsmarkt maßgeblich ist, entscheidet sich nach den für die Vorratsbewertung entwickelten Grundsätzen (§ 253 Anm 516). Für Handelswaren können beide Märkte maßgebend sein (§ 253 Anm 519). 70

Die Passivierung einer Drohverlustrückstellung ist geboten, wenn die zu beschaffenen Vermögensgegenstände seit dem Vertrags- bzw. Vorvertragsschluss in ihrem (Wiederbeschaffungs-)Preis gesunken sind (*ADS*[6] § 249 Anm 153 mwN). Wenn die Vermögensgegenstände (so gut wie sicher) zu einem höheren Wert als den AK veräußert werden können, kann auf die Bildung einer Rückstellung verzichtet werden(s auch *WPH*[14] I, E Anm 435). Daher darf insoweit auch vor Abschluss des Verkaufs der Waren keine Drohverlustrückstellung gebildet werden (glA *Eckstein/Fuhrmann* DB 1998, 531; aA *ADS*[6] § 249 Anm 153 mwN). Wertminderungen nach dem Bilanzstichtag dürfen bei der Rückstellungsbildung berücksichtigt werden.

Eine Rückstellung für drohende Verluste aus einem schwebenden Beschaffungsgeschäft über **Beteiligungen** ist zu bilden, wenn zwischen dem Zeitpunkt des Abschlusses des Übernahmevertrages (vor dem Bilanzstichtag) und der späteren Übertragung einer Beteiligung Umstände eintreten (etwa eine nachhaltige Verschlechterung der Ertragslage), die den Ertragswert unter die AK sinken lassen. 71

Da der Gegenstand der Drohverlustrückstellung die Verlustantizipation ist (Anm 51), muss sie vorgenommen werden, wenn bei Erwerb eines VG eine Bewertung mit dem niedrigeren beilzulegenden Wert zwingend wäre. Dies ist nach § 253 Abs 3, 4 beim Umlaufvermögen stets, beim Anlagevermögen nur bei dauerhafter Wertminderung der Fall (gilt nicht für Finanzanlagen, § 253 Abs 3 S 3 und 4). Rückstellungen sind nur zulässig, wenn es sich um eine **dauerhafte** Wertminderung handelt (IDW RS HFA 4 Tz 30f). 72

bb) Beschaffungsgeschäfte über nicht aktivierungsfähige Leistungen. Hierzu zählt zB der Werkvertrag über die Erstattung eines Gutachtens, über die Prüfung des JA oder über Beförderungsleistungen. Bei der Ermittlung der Ausgeglichenheit kann es hier nicht darauf ankommen, wie diese Leistung nach Erbringung im JA anzusetzen wäre, da sie nicht aktivierungsfähig ist. Stattdessen kommt es auf den **wirtschaftlichen Wert der Leistung** an (ebenso IDW RS HFA 4 Tz 32). Es gilt auch hier die Vermutung der Ausgeglichenheit: Der wirtschaftliche Wert der Leistung wird danach idR dem Wert der Gegenleistung entsprechen. Ein Verlust kann ausnahmsweise drohen, wenn eine Leistung mit gleichem Nutzen von einem anderen Anbieter zu einem **günstigeren Preis** zu erhalten gewesen wäre, oder die im Auftrag gegebene Leistung so nicht (mehr) benötigt wird und der Auftrag daher eine **Fehlmaßnahme** darstellt. Nach IDW RS HFA 4 Tz 32 kann eine Drohverlustrückstellung nur bei völlig fehlendem oder sehr geringem Wert angesetzt werden, falls die Ermittlung des wirtschaftlichen Werts der Leistung für den Unt-Erfolg im Einzelfall schwierig ist (Argu- 73 ment: Wenn die Auswirkung der Einzelmaßnahme auf den Unt-Erfolg schwer abzuschätzen ist, besteht die Gefahr, dass nicht nur drohende Verluste, sondern auch entgehende zukünftige Gewinne berücksichtigt werden).

In der steuerlichen Rspr wurde die Bildung einer Drohverlustrückstellung bei Zusammenhang mit nicht aktivierungsfähigen Leistungen grds abgelehnt (zu tarifvertraglicher Verdienstsicherung für ältere Arbeitnehmer BFH 25.2.1986, BStBl II, 465; dazu *Herzig* DStJG 1991, 223). Dies kann schon deshalb nicht richtig sein, weil damit der Zweck der Vorschrift – Verlustantizipation zur Kapitalerhaltung (Anm 51) – für den gesamten Bereich der Beschaffungsgeschäfte über *nicht aktivierungsfähige Leistungen* verfehlt würde. Überdies ist nicht verständlich, dass nach der neueren Rspr *nicht aktivierungsfähige wirtschaftliche Vorteile* bei der Ermittlung eines drohenden Verlustes zu berücksichtigen sind (vgl Anm 64), aber *nicht aktivierungsfähige Leistungen* wie in den oben genannten Bsp unberücksichtigt bleiben sollen. Schließlich werden auch nicht die (schuldrechtlichen) Verpflichtungen aus dem Vertrag bilanziert, sondern ein evtl Aufwandsüberschuss bei Erfüllung der Verpflichtung. Daher kann es auf die Aktivierungsfähigkeit der einzelnen Verpflichtung nicht ankommen.

74   cc) **Absatzgeschäfte.** Ein Verlustrisiko besteht bei schwebenden Absatzgeschäften darin, dass der Bilanzierende zur Erfüllung seiner Verpflichtungen Aufwendungen in Kauf nehmen muss, die nicht mehr durch den zurechenbaren Erlös gedeckt sind (BFH 19.3.1998, DB, 126). Dazu kann es kommen, wenn ein Verlustgeschäft bewusst eingegangen wurde (zB um einen Konkurrenten aus dem Markt zu drängen), die Kosten falsch kalkuliert wurden oder der Wert der Gegenleistung (zB durch Wechselkursänderung) gesunken ist. Wird in einem Rechtsgeschäft einem Abnehmer ein Warensortiment verkauft, für das insgesamt eine Mischkalkulation gemacht wurde, darf eine Drohverlustrückstellung nur gebildet werden, wenn das gesamte Geschäft verlustbringend ist.

75   Zur Bewertung von Verpflichtung und Gegenleistung § 253 Anm 168 ff.

e) Dauerschuldverhältnisse

76   Zum Begriff vgl Anm 54. Drohverlustrückstellungen sind auch für Dauerschuldverhältnisse im Prinzip geboten, sofern die Voraussetzungen erfüllt sind. Es gelten die gleichen Grundsätze wie für Geschäfte, die auf einen einmaligen Leistungsaustausch gerichtet sind (Anm 69 ff). Dauerschuldverhältnisse sind nur insoweit schwebende Geschäfte, als sie noch nicht abgewickelt sind (**Restwertbetrachtung;** IDW RS HFA 4 Tz 14). Nur für den nicht abgewickelten Teil kann ein Verpflichtungsüberschuss bestehen, und nur insoweit kann eine Drohverlustrückstellung in Frage kommen. Hinsichtlich des abgewickelten Teils kann ein *Erfüllungsrückstand* (zB nicht genommener Urlaub, Anm 100 „Urlaub") bestehen. Der abgewickelte Teil ist *nicht* in den Kompensationsbereich zur Beurteilung des Drohverlustes (Anm 63 ff) einzubeziehen (nicht ganz eindeutig für zunehmende Verpflichtungen aus Wartungsverträgen BFH 3.7.1980, BStBl II, 648; Betrachtung der Gesamtlaufzeit eines Mietvertrags BFH 19.7.1983, BStBl II 1984, 56; keine Rückstellung für Verpflichtung des Leasinggebers, den Leasingnehmer bei Vertragsablauf am Verwertungserlös zu beteiligen BFH 8.10.1987, BStBl II 1988, 57; keine Rückstellung bei tarifvertraglicher Verdienstsicherung für ältere Arbeitnehmer BFH 25.2.1986, BStBl II, 465; Differenzierung zum Sparvertrag mit steigenden Zinsen – Zuwachssparen – BFH 20.1.1993, BStBl II, 375). Auch für Dauerschuldverhältnisse dürfen in der **Steuerbilanz** keine Drohverlustrückstellungen angesetzt werden (§ 5 Abs 4a EStG).

77   aa) Bei **Dauerbeschaffungsgeschäften** (zB Arbeitsverträge auf Seiten des Arbeitgebers, Mietverträge auf Seiten des Mieters, Darlehensverträge beim Dar-

lehensnehmer) müssen die nicht in Geld bestehenden Leistungsansprüche bewertet werden. Die Bewertung kann sich am Absatz- oder am Beschaffungsmarkt orientieren. Der BFH ließ dies offen und stellte darauf ab, welchen Beitrag der Anspruch (zB die Möglichkeit zur Nutzung der Mietsache) zum Erfolg des Unt leistet (GrS BFH 23.6.1997, BStBl II, 738 iZm Absatzgeschäften – Apothekenurteil). Das deutet auf eine Teilwertbetrachtung hin. Dieser Wert wurde dann vom BFH zu Recht als im Regelfall nicht feststellbar bezeichnet, weil die Auswirkungen der einzelnen Produktionsfaktoren auf das Betriebsergebnis nicht hinreichend objektivierbar sind. Nach IDW RS HFA 4 Tz 32 ist eine Rückstellung dann zu bilden, wenn der Beitrag der Gegenleistung zum Unternehmenserfolg hinter dem Wert der vom Bilanzierende zu erbringende Lesitung zurückbleibt. Kann dieser Beitrag nicht hinreichend objektiv ermittelt werden, kann keine Drohverlustrückstellung angesetzt werden. Die Bewertung zu Wiederbeschaffungskosten scheidet damit aus. Die lange hierzu geführte Diskussion hat mit dieser Stellungnahme ein Ende gefunden (vgl zu den Argutemen bis dahin: *Herzig* DStJG 1991, 224, marktübliche Beschaffungspreise; *Christiansen,* 106; *ders* DStR 1993, 1244ff mit Ausnahme von Arbeitsverhältnissen; für eine auf Fälle von Fehlmaßnahmen beschränkte beschaffungsmarktorientierte Verlustermittlung bei Dauerbeschaffungsgeschäften *Kessler,* 377). Eine Ausnahme kommt nur dann in Betracht kommen, wenn sich das Geschäft als Fehlmaßnahme erweist, weil der Sach- oder Dienstleistungsanspruch des Unt für den Betrieb keinen Wert hat (GrS BFH 23.6.1997, BStBl II, 738 mwN; IDW RS HFA 4 Tz 32).

bb) Bei **Absatzgeschäften** mit Dauerschuldcharakter (zB die Vermietung 78 von Räumen), ist zur Ermittlung des Verpflichtungsüberschusses der Wert des Anspruchs auf die Gegenleistung (zB dem Mietzins) mit dem Geldwert der Aufwendungen zu vergleichen, die zur Erbringung der Leistung erforderlich sind (GrS BFH 23.6.1997, BStBl II, 738 mwN). Im Falle der Vermietung gehören dazu der vom Vermieter selbst aufgewandte Mietzins, wenn er selbst nicht Eigentümer, sondern Zwischenmieter ist (so im Apothekerfall GrS BFH 23.6.1997, BStBl II, 735). Beim Eigentümer, der vermietet, gehören dazu die Abschreibung (AfA) der Mietsache, Fremdfinanzierungskosten und der laufende Unterhalt. Anzusetzen sind nur die tatsächlichen Aufwendungen, nicht kalkulatorische Kosten (*Eifler,* 129f). Ein Zuschlag für entgangenen Gewinn darf nicht eingerechnet werden (*Eifler,* 130; *Forster* WPg 1971, 394). Vgl zu den Einzelheiten der Bewertung § 253 Anm 179 und zu einzelnen Anwendungsfällen Anm 100.

f) Aufzeichnungspflicht

Die vollständige und richtige Erfassung ggf drohender Verluste ist nur gewähr- 79 leistet, wenn die Ansprüche und Verpflichtungen aus einem schwebenden Geschäft unabhängig von ihrer Bilanzierungsfähigkeit bzw -pflichtigkeit aufgezeichnet werden. Da Drohverlustrückstellungen gem § 249 Abs 1 S 1 Alt 2 in der HB gebildet werden müssen, ergibt sich eine entspr Aufzeichnungspflicht aus dem Gesetz.

4. Exkurs: Drohverlustrückstellungen und Steuerbilanz

In der StB dürfen nach § 5 Abs 4a EStG Rückstellungen für drohende Verluste 85 aus schwebenden Geschäften in Abweichung vom Maßgeblichkeitsgrundsatz nicht gebildet werden (ausführlich *Weber-Grellet* in Schmidt[32] § 5 Anm 450f).

Das Passivierungsverbot ist steuersystematisch fragwürdig. Allerdings besteht die Zielsetzung des § 5 Abs. 4a EStG nicht darin, unrealisierte Gewinne zu besteuern. Aus fiskalischen Gründen soll der Verlust aus einem schwebenden Geschäft allerdings nicht bereits bei dessen Entstehung, sondern erst bei tatsäch-

licher Realisation steuerlich berücksichtigungsfähig werden (vgl *Prinz/Adrian* BB 2011 S. 1646).
Nach der Rechtsprechung des BFH (Urteil vom 16.12.2009, I R 192/08, BFH/NV 2010, 517) hat ein Erwerber einer Drohverlustrückstellung (entschieden im Fall des Erwerbs im Rahmen eines *Asset Deal*) trotz des Passivierungsverbots in § 5 Abs. 4a EStG im Zeitpunkt des Erwerbs und auch zu den folgenden Bilanzstichtagen zu passivieren, solange der Schwebezustand für die entsprechenden Geschäfte anhält (sog. **angeschaffte Drohverlustrückstellung**). Nach der überzeugenden Begr des BFH kommt der Grundsatz der erfolgsneutralen Behandlung von Anschaffungsvorgängen auch bei übernommenen Passivposten und hierbei unabhängig davon zur Anwendung, ob der Ausweis dieser Passivposten in der StB – von der HB abweichend – einem Ausweisverbot ausgesetzt ist. Die Übernahme von steuerrechtlich zu Recht nicht bilanzierten Verbindlichkeiten ist Teil des vom Erwerber zu entrichtenden Entgelts und erhöht damit die Anschaffungskosten der erworbenen Vermögensgegenstände.
Die Drohverlustrückstellung erfasst zukünftige Verluste. Vor Lieferung oder Leistung kommt daher eine Teilwertabschreibung in Betracht (*Weber-Grellet* in Schmidt[32] § 5 Anm 450).

III. Anwendungsfälle (einschließlich Bewertung)

Schrifttum: S jeweils Anm 1, 24 und 51.

100 S auch ABC bei *Weber-Grellet* in Schmidt[32] § 5 Anm 550, *Herzig/Köster* HdJ III/5 Anm 383 ff, *Heuer/Raupach* in HHR § 5 EStG Anm 2200.
Abbruchkosten. Wegen der vertraglichen Verpflichtung zum Abbruch von Gebäuden auf fremdem Grund und Boden ist eine Rückstellung für die voraussichtlichen Abbruchkosten zu bilden (BFH 19.2.1975, BStBl II, 480, vgl zur erforderlichen Konkretisierung BFH 12.12.1991, BStBl II 1992, 600; *FG Bremen* 10.5.1994, EFG, 1084 rkr). Das Gleiche gilt für öffentlich-rechtliche Verpflichtungen (*FG Hamburg* 9.3.1964, EFG 530, rkr). Der Erfüllungsbetrag ist verursachungsgerecht über die Jahre der voraussichtlichen Nutzung bzw Vertragszeit anzusammeln (zur den Methoden s § 253 Anm 164 und IDW RS HFA 34). Die jährliche Zuführung zur Rückstellung ergibt sich in Höhe der durch die Anzahl der Jahre bis zur Erfüllung der Verpflichtung geteilten Differenz zwischen dem nominalen Verpflichtungsbetrag geschätzt zum Bilanzstichtag (s § 253 Anm 51 ff) und dem Stand der Rückstellung am vorangegangenen Bilanzstichtag (siehe auch Komm § 253 Tz 164 in Bezug auf eine annuitätische Ansammlung).
Nach § 253 Abs 1 S 2 sind handelsrechtlich Kosten- und Preissteigerungen zu berücksichtigen; eine Abzinsung ist vorzunehmen. Steuerrechtlich entfällt eine Abzinsung, s 6 Abs 1 Nr 3a Buchs f EStG. Kosten für einen in Zukunft wirkenden Abriss wegen der Herstellung eines neuen Gebäudes sind nicht rückstellbar (FG Bremen EFG 2007, 665).
Zur Abzinsung von Ansammlungsrückstellungen s § 253 Anm 164 f.
Abfall. S „Atomanlagen", „Entsorgung", „Produktverantwortung", „Recycling".
Abfindung. Für zum Bilanzstichtag bestehende rechtliche oder faktische Verpflichtungen zur Gewährung von Abfindungszahlungen an Mitarbeiter (bspw im Zusammenhang mit der Beendigung von Arbeitsverhältnissen, im Rahmen von Sozialplanverpflichtungen) sind Rückstellungen zu bilden.
Eine Rückstellung für die *zukünftige* Abfindung an langjährige Mitarbeiter hat der BFH abgelehnt, da idR kein Erfüllungsrückstand besteht (BFH 9.5.1995, BFH/

NV, 970). Anders, wenn vertragliche Verpflichtung besteht. Bildung erst mit Abschluss der Abfindungsvereinbarung geboten (*FG Hessen* 9.12.2004 EFG 2005, 938 rkr). Künftige Leistungen auf Grund eines Sozialplans (§§ 111, 112 BetrVerfG) wirken sich auf die Rückstellungsbildung (dem Grunde nach und der Höhe nach) aus. Hat der ArbG den Betriebsrat vor dem Abschlussstichtag über die geplante Betriebsänderung informiert, ist diese zumindest schon beschlossen oder wirtschaftlich notwendig (FG Düsseldorf EFG 89, 223 rkr), besteht eine Rückstellungspflicht. S auch „Sozialplan"

Abraumbeseitigung. Vgl Anm 111.

Abrechnungskosten. Sie entstehen durch die Erstellung einer prüfungsfähigen Abrechnung. Die Verpflichtung hierzu ergibt sich im kfm Verkehr oft als Nebenleistungspflicht. Dies gilt vor allem für das Werkvertragsrecht. Explizit geregelt ist die Pflicht zur Vorlage einer prüfungsfähigen Schlussrechnung im Baugewerbe in § 14 VOB/B. Mit Abnahme der Bauleistung (§ 12 VOB/B) hat der Auftragnehmer seine Leistungspflicht iW erfüllt und den Anspruch auf die Vergütung anzusetzen. Die noch ausstehende Abrechnung stellt eine Nebenleistung zu dem bereits erfüllten Liefergeschäft dar, die über die übliche Rechnungsstellung hinaus besondere Berechnungs- und Abrechnungsmodalitäten umfasst (s EStH 5.7 (3) Abs 3 „Abrechnungsverpflichtung"). Die Rückstellung ist zu Vollkosten zu bewerten (BFH 25.2.1986, BStBl II, 788; ähnlich BFH 18.1.1995, BStBl II, 742; *Weber-Grellet* in Schmidt^{32} § 5 Anm 550 „Abrechungspflicht"; *Winkler/Hackmann* BB 1985, 1103). Gleiches gilt für Abrechnung nach den allgemeinen Bedingungen für Gas- und Elektrizitätsversorgung (BFH 18.1.1995, BStBl II, 742). Zur Abgrenzung der Verpflichtung nach § 14 VOB/B von der Verpflichtung zur Erteilung einer Rechnung in anderen Fällen s *Döllerer* DStR 1987, 68.

Abrechnungsverpflichtungen. Am Abschlussstichtag bereits abgenommene, aber noch nicht abgerechnete Bauleistungen (§ 14 VOB/B) sind durch eine Rückstellung für ungewisse Verbindlichkeiten zu erfassen. Gleiches gilt für Abrechnungsverpflichten von Versorgungsunternehmen.

Abschlussgebühren für Bausparverträge. Nach BFH 12.12.1990, BStBl II 1991, 479; BFH 12.12.1990, BStBl II 1991, 485; BFH 12.12.1990, BFH/NV 1992, 8, haben Bausparkassen für die ungewisse Verpflichtungen, an Bausparer, die nach Zuteilung auf das Bauspardarlehen verzichten, bei Vertragsabschluss erhobene unverzinsliche Einlagen zurückzuzahlen, Verbindlichkeitsrückstellungen zu bilden. Bei der Bewertung der Rückstellung ist die Wahrscheinlichkeit der Rückzahlung auf Grund von Rückzahlungen in der Vergangenheit zu schätzen. Die Rückstellung ist in der HB abzuzinsen (§ 253 Abs 2; zur Abzinsung in der StB nach § 6 Abs 1 Nr 3a Buchst e s § 253 Anm 181). Näheres bei *Groh* StuW 1992, 182; *Döllerer* ZGR 1992, 588. Zum Fonds zur bauspartechnischen Absicherung s IDW WPg 1995, 374: zweckgebundene Rücklage.

Aktienoptionsprogramme. S ausführlich § 272 Tz 500ff, auch BFH 25.8.2010, I R 103/09.

Altauto/Altgeräte/etc. Für die Verpflichtung zur Altautorücknahme und -entsorgung ist eine Verbindlichkeitenrückstellung zu bilden; ähnliches gilt für die Verpflichtung zur Batterierücknahme (BFH I B 95/98 BFH/NV 99, 1205). Zu Rücknahmeverpflichtungen s allgemein „Produktverantwortung".

Altersfreizeit und -mehrurlaub. Nach *FG Nds* 15.10.1987, DB 1988, 1976 rkr darf bei Gewährung eines zusätzlichen Urlaubsanspruchs von 28 Tagen für ältere Arbeitnehmer in der HB und StB keine Rückstellung für drohende Verluste aus schwebenden Geschäften gebildet werden. Begründet wird dies damit, dass der Wert der Arbeitsleistung als Beitrag zum Gesamterfolg des Unt nicht bestimmbar sei. Zur Kritik vgl Anm 51ff; s auch unten „Arbeitnehmer".

§ 249 100

Altersteilzeit. S ausführlich IDW RS HFA 3 (nF, Fassung vom 19.6.2013). Nach dem Altersteilzeitgesetz (AltTZG) können die folgenden Altersteilzeitmodelle vereinbart werden:

Das *Gleichverteilungsmodell* sieht während der gesamten Altersteilzeitperiode die Vereinbarung einer reduzierten täglichen Arbeitszeit vor.

Das *Blockmodell* besteht in der Vereinbarung einer Beschäftigungsphase mit unverminderter Arbeitszeit aber vermindertem Lohn und einer sich anschließenden Phase der vollständigen Freistellung von der Arbeitspflicht unter Weiterzahlung von Lohn (Freistellungsphase).

Bei beiden Modellen werden das Arbeitsentgelt und der Aufstockungsbetrag gleichmäßig über den gesamten ATZ-Zeitraum geleistet.

Verpflichtungen, für die Rückstellungen zu bilden sind, ergeben sich einerseits aus den sog Aufstockungsbeträgen, das sind Zuschüsse zum regulären Arbeitsentgelt während der Altersteilzeit einschl zusätzlicher Beiträge zur Rentenversicherung) und andererseits bei der Altersteilzeit nach dem Blockmodell aufgrund von Erfüllungsrückständen.

Nach IDW RS HFA 3 Tz 7 ist für die bilanzielle Behandlung der vom Arbeitgeber des Aufstockungsbetrag danach zu unterscheiden, ob sie Anreize für den Übergang älterer Mitarbeiter in den Ruhestand sind und damit Abfindungscharakter haben oder ob sie eine zusätzliche Entlohnung darstellen (zu den Indikatoren im Einzelnen IDW RS HFA 3 Tz 8 ff).

a) Bei Vereinbarungen mit Abfindungscharakter ist der nach vernünftiger kfm Beurteilung notwendige Erfüllungsbetrag im Zeitpunkt der Entstehung der eigenständigen Abfindungsverpflichtung sofort in voller Höhe aufwandswirksam zu passivieren (vgl IDW RS HFA 3 Tz 19).

b) Sofern die Aufstockungsbeträge den Charakter einer zusätzlichen Entlohnung haben, stellen sie eine vom Arbeitgeber aus Anlass für seine Tätigkeit für das Unternehmen zugesagte Leistung dar, die erst zu späteren Zeitpunkten, nämlich während der Altersteilzeitphase, erbracht werden. In diesen Fällen ist die Rückstellung ratierlich über den Zeitraum anzusammeln, in dem vereinbarungsgemäß die zusätzliche Entlohnung vom Arbeitnehmer erdient wird. Ist der Zeitraum, in dem die zusätzliche Entlohnung in Form der Aufstockungsbeträge erdient wird, in der ATZ-Vereinbarung nicht ausdrücklich geregelt, so kann unterstellt werden, dass dieser Zeitraum mit dem Inkrafttreten der ATZ-Vereinbarung beginnt und mit dem Ende der Beschäftigungsphase endet (vgl IDW RS HFA 3 Tz 21, 22).

Der Rechtsgrund zur Leistung der Aufstockungsbeträge entsteht mit Abschluss einer ATZ-Vereinbarung zwischen dem Arbeitgeber und dem Arbeitnehmer, bei tarifvertraglichen Vereinbarungen oder einer Betriebsvereinbarung in dem Zeitpunkt, in dem der Arbeitnehmer in der ATZ-Regelung einwilligt. Soweit durch die Aufstockungsbeträge auch eine in der Vergangenheit geleistete Tätigkeit entlohnt wird, ist für die Bewertung aufgrund eines bestehenden Wahlrechts der Arbeitnehmer, in der Zukunft eine ATZ-Vereinbarung abzuschließen, vom Grad der wahrscheinlichen Inanspruchnahme des U auszugehen: Die voraussichtlich zu leistenden Beträge sind vorsichtig zu schätzen (s IDW RS HFA 3 Tz 14). Das Invaliditäts- und Todesrisiko des Arbeitnehmers vor Eintritt der Leistungsverpflichtung ist nach versicherungsmathematischen Grundsätzen zu berücksichtigen. Rückstellungen mit einer Restlaufzeit von mehr als einem Jahr sind nach § 253 Abs 2 S 2 abzuzinsen, s Erl zu § 253 Anm 180b IDW RS HFA 3 Tz 18 lässt bei entsprechend langfristig fälligen Verpflichtungen für die Ableitung des Abzinsungssatzes die Möglichkeit der Pauschalierung (mit einer Restlaufzeit von 15 Jahren) zu.

Liegt dem ATZ-Verhältnis das **Blockmodell** zugrunde, erbringt der Arbeitnehmer in der Beschäftsigungspha des ATZ-Zeitraums die volle Arbeitsleistung, wird aber während dieser Beschäftigungsphase nur entsprechend der Teilzeitvereinbarung entlohnt. Dadurch baut sich beim Arbeitgeber in Höhe des noch nicht entlohnten Anteil ein Erfüllungsrückstand auf, der durch die Bildung einer Rückstellung für ungewisse Verbindlichkeiten unter Anwendung anerkannter versicherungsmathematischer Grundsätzen zu berücksichtigen ist. Die Rückstellung wird in den Perioden, in denen der Arbeitnehmer entsprechend der Teilzeitregelung entlohnt wird, ohne eine Arbeitsleistung zu erbringen, verbraucht (IDW RS HFA 3 Tz 26). Das nach § 246 Abs 2 saldierungsfähige Deckungsvermögen ist sowohl gegen die Rückstellung für den Erfüllungsrückstand als auch für die Aufstockungsleistung zu saldieren; s § 246 Abs. 2 S 2 HGB und IDW RS HFA 30 Tz 83.

Steuerlich sind Zeitpunkt und Umfang der Rückstellung abhängig vom vereinbarten Altersteilzeitmodell.

Beim *Gleichverteilungsmodell* ist auch dann in der StB keine Verbindlichkeitsrückstellung zu bilden, wenn die Arbeitsleistung stärker als der Lohn reduziert wird. Auch eine Drohverlustrückstellung hat die Rspr bei Verminderung der Arbeitsleistung des Arbeitnehmers generell nicht zugelassen, s „Arbeitnehmer".

Beim *Blockmodell* ist eine Ansammlungsrrückstellung bis zum Beginn der Freistellungsphase mit dem Erfüllungsbetrag (Vollkosten, Aufstockungsbeträge, Nebenleistungen, Fluktuationsabschlag) nach den Wertverhhältmnides des Bilanzstichtags zu bilden (*Weber*-Grellet in Schmidt[32] § 5 Anm 550 (Arbeitszeit); BFH 30.11.2005 DStR 2006, 367; *Prinz* WPg 2006, 953; *Euler*/Binger DStR 2007, 177; BMF 28.3.2007 BStBl I 297, geändert durch Schreiben des BMF 11.3.2008 BStBl I 2008, 496). Anzusetzen ist der versicherungsmathematische Barwert. BMF 28.3.2007 BStBl I 297 lässt ein vereinfachtes Pauschalwertverfahren auf Grundlage der dort angegebenen Barwertfaktoren zu. Die Rückstellung ist gem § 6 Abs 1 Nr 3a Buchstabe e EStG mit einem Zinssatz von 5,5% pa abzuzinsen.

Ein Anspruch auf **Erstattung gezahlter Aufstockungsbeträge** durch die Bundesanstalt für Arbeit nach § 4 ATZG hat der Arbeitgeber nur, wenn die ATZ vor dem 1.1.2012 begonnen hat und sämtlich in §§ 2, 3 ATZG aufgeführten Voraussetzungen am Bilanzstichtag erfüllt sind. Lediglich *erwartete* Erstattungsansprüche dürfen nicht aktiviert werden; Die Erstattungsbeträge können vor Erfüllung der Leistungsvoraussetzungen auch nicht rückstellungsmindernd berücksichtigt werden (IDW RS HFA 3 nF Tz 24); näher zu den Voraussetzungen der rückstellungsmindernden Einbeziehung nicht aktivierbarer Ersatzansprüche § 253 Anm 157; ähnlich BMF 28.3.2007 BStBl I 297 für die StB nach § 6 Abs 1 Nr 3a Buchst c EStG: Gegenrechnung, falls nach den Umständen des Einzelfalls mehr Gründe für als gegen den Vorteilseintritt sprechen). Ausführlich zu BMF 11.11.1999, BStBl I, 959 s *Höfer/Kempkes* DB 1999, 2537.

Altlastensanierung. Unter *Altlasten* versteht man gefahrenträchtige Verunreinigungen des Bodens und des Grundwassers; sog Kontamination. Eine Sanierungsverpflichtung (Dekontamination) kann sich aus öffentlichem Recht oder aus Zivilrecht ergeben (letzteres aus §§ 823, 906, 1004 BGB sowie Vertrag). Zur Entwicklung der verwaltungsgerichtlichen Rspr ausführlich *Kügel* NJW 2000, 107.

Öffentlich-rechtliche Sanierungsverpflichtungen beruhen nur in seltenen Ausnahmefällen auf Vorschriften in Spezialgesetzen, dh den Abfallgesetzen des Bundes und der Länder und dem Wasserhaushaltsgesetz (hierzu *Eilers* DStR 1991, 102; *Rürup* in FS Forster, 538), dem Bundes-Bodenschutzgesetz (BBodSchG; hierzu *Götz* WPg 2001, 492 mwN) oder dem Bundes-Immissionsschutzgesetz (BImSchG). Öffentlich-rechtliche Verpflichtungen zur Sanierung von Altlasten ergeben sich vielmehr regelmäßig aus der Generalklausel zur Gefahrenabwehr des allgemeinen Polizei- und Ordnungsrechts. Die ordnungsrechtliche Sanierungsverantwortung trifft den Handlungsstörer (Verursacher der Verschmutzung) und den Zustandsstörer (den an dem verschmutzten Grundstück Berechtigten, dh vor allem den Eigentümer), wobei die Störerauswahl im pflichtgemäßen Ermessen der Ordnungsbehörde steht. In der Praxis werden überwiegend die Zustandsstörer zur Sanierung verpflichtet. Aufgrund des im Ordnungs- und Polizeirecht geltenden Opportunitätsprinzips ist die Behörde grds nur berechtigt und nicht verpflichtet, Maßnahmen zur Gefahrenabwehr anzuordnen. Bei schweren Umweltschädigungen wird jedoch eine Pflicht zum Einschreiten angenommen (hierzu *Bordewin* DB 1992, 1098). Ist der Kfm insolvent, ist spätestens mit Eröffnung des Insolvenzverfahrens von der überwiegenden Wahrscheinlichkeit des Tätigwerdens der Behörde auszugehen.

Zivilrechtliche Sanierungsverpflichtungen können sich außer aus dem Nachbarrecht und dem Deliktsrecht (hierzu *Eilers* DStR 1991, 103) aus dem Umwelthaftungsgesetz (hierzu *Herzig/Köster* DB 1991, 53) ergeben.

Eine öffentlich-rechtliche Sanierungsverpflichtung ist nach hM bereits dann hinreichend konkretisiert, wenn der Kfm weiß, dass eine Altlast vorliegt, für die er als Handlungs- oder Zustandsstörer in Anspruch genommen werden kann (so zB *Crezelius* DB 1992, 1359; *Herzig* DB 1990, 1349; *Rürup* in FS Forster, 539). Die Altlast muss der Ordnungsbehörde noch nicht bekannt sein und es muss noch kein Verwaltungsakt vorliegen. Nach ständiger BFH-Rspr soll jedoch eine ungewisse öffentlich-rechtliche Verpflichtung unmittelbar durch das Gesetz nur dann hinreichend konkretisiert sein, wenn das Gesetz (1) ein inhaltlich genau bestimmtes Handeln vorsieht, (2) ein Handeln innerhalb eines bestimmten Zeitraums fordert und (3) Sanktionen vorsieht (BFH 27.6.2001, DB, 1698 mwN; s „Umweltschutzverpflichtungen"). Die Anwendbarkeit dieser Grundsätze auf Beseitigungsverpflichtungen im Rahmen der Umweltsanierung wird ganz überwiegend bestritten (hierzu *Kupsch* BB 1992, 2322 mwN). In BFH 19.10.1993, BStBl II, 892 wurde diese Frage ausdrücklich offengelassen. Die Rückstellungsbildung erfordert außerdem, dass mit der *Inanspruchnahme aus der Verpflichtung ernsthaft zu rechnen* ist (s Anm 42 ff). Der BFH hat auch dazu festgestellt, dass bei einseitigen (zivil- und öffentlich-rechtlichen) Verbindlichkeiten mit einer Inanspruchnahme nur dann zu rechnen sei, wenn der Gläubiger bzw die zuständige Fachbehörde den Anspruch kennt oder zumindest in Kürze kennen wird. Damit wird dem Vorsichtsprinzip nicht ausreichend Rechnung getragen (s Anm 44; abzulehnen daher BMF 25.2.2000, BStBl I, 372 Tz 12: Keine Rückstellung, wenn die Behörde mangels akuter Umweltgefährdung erst bei Nutzungsänderung eine Dekontamination fordern wird). Indiz dafür sollte sein, ob ein gedachter Erwerber des Unt die Kontamination kaufpreismindernd berücksichtigen würde (glA *Herzig* DB 1990, 1347; *Moxter* in FS Forster, 430). Ob auf Grund der Aufgabenstellung und der tatsächlichen Tätigkeit der Umweltbehörden bei Vorliegen einer Altlast immer damit gerechnet werden muss, dass die Kontamination in absehbarer Zeit von den Behörden ermittelt wird (so *Bartels* BB 1992, 1101) erscheint zweifelhaft (vgl hierzu auch *Groh* DB 1993, 1836). In diesem Zusammenhang ist auch darauf hinzuweisen, dass die FinVerw befugt sein können, Erkenntnisse über Verstöße gegen Umweltschutzbestimmungen an die jeweiligen Umweltschutzbehörden weiterzugeben (BMF 1.7.1993, DB 1993, 1449).

Das Vorliegen einer Altlast führt bei einer voraussichtlich dauerhaften Wertminderung dazu, dass auf das Grundstück eine *außerplanmäßige Abschreibung* nach § 253 Abs 3 S 3 vorzunehmen ist; steuerrechtlich besteht ein Wahlrecht für eine *Teilwertabschreibung* nach § 6 Abs 1 Nr 2 S 2 EStG (zum Bundesbodenschutzgesetz – BBodSchG *Roller* WPg 2001, 492 mwN). Die Abschreibung des Grundstücks und die Bildung einer Rückstellung sind unabhängig voneinander zu beurteilen, sollten aber zusammengenommen regelmäßig die gesamten künftigen Sanierungsaufwendungen abdecken. Dabei wird unterstellt, dass die vorstehend genannten Kriterien für die Bildung einer Rückstellung erfüllt sind, nicht jedoch notwendig die Anforderungen der Rspr. Altlasten führen nur dann zu einer außerplanmäßigen Abschreibung bzw Teilwertabschreibung eines nicht zur Veräußerung bestimmten Grundstücks, wenn die Nutzbarkeit des Grundstücks durch die Kontamination eingeschränkt ist. Eine Teilwertabschreibung ist aber auch darüber hinaus zulässig. Dies ist zB der Fall, wenn Grund und Boden wegen einer Altlast nicht wie geplant bebaut, sondern nur als Parkplatz genutzt werden darf. Grund für die Abschreibung sind dann nicht die künftigen Sanierungsaufwendungen, sondern ist die Nutzungsbeeinträchtigung durch die Kontamination. Das Ausmaß der Abschreibung bestimmt sich grundsätzlich unabhängig von der Höhe der Sanierungsaufwendungen nach dem Ausmaß der Nutzungsbeeinträchtigung (aA *Budde* in FS Forster, 111 f: Abschreibung auf den Veräußerungspreis des kontaminierten Grundstücks mit Hinweis auf BFH 12.12.1990, BStBl II 1991, 196 zur Einheitsbewertung). Im Bsp ergibt sich der beizulegende Wert bzw Teilwert aus dem Marktwert eines vergleichbaren nicht bebaubaren Grundstücks. Die Abschreibung ist aber auf den Betrag der Sanierungsaufwendungen (zuzüglich der Nutzungsausfälle bis zur Sanierung) begrenzt (*Rautenberg* WPg 1993, 272f). Die Nutzungsbeschränkung stellt keine vorübergehende Wertminderung dar, so dass Abschreibungspflicht besteht. Eine Wertminderung ist nämlich nur dann vorübergehend, wenn sie ohne aufwandswirksame Maßnahmen des Unt beseitigt werden kann (ähnlich BMF 25.2.2000, BStBl I, 372 Tz 13: Dauerhafte Wertminderung, wenn mangels Aufforderung der Behörde oder geplanter Nutzungsänderung Dekontamination in absehbarer Zeit nicht zu erwarten ist). Die spätere Durchführung der Sanierungsmaßnahmen führt zu nachträglichen HK, soweit die ursprüngliche Nutzbarkeit wiederhergestellt wird (ähnlich BMF 25.2.2000, BStBl I, 372 Tz 13: Zuschreibung bis höchstens zur Höhe der ursprünglichen AK). Unabhängig von einer Abschreibung des Grundstücks ist für die öffentlich-rechtliche Sanierungsverpflichtung eine Rückstellung zu bilden (für Vorrang der Rückstellungsbildung in einem uE nicht bestehenden Konkurrenzverhältnis zur Abschreibung *Herzig* in FS Moxter, 244; *ders* WPg 1991, 618f; *Bartels* WPg 1992, 82; *Kupsch* BB 1992, 2326f; IDW WPg 1992, 326). Eine Abschreibung wegen eingeschränkter Nutzbarkeit mindert eine wegen der Sanierungsverpflichtung erforderliche Rückstellung, soweit die Sanierungsmaßnahmen zu nachträglichen HK führen, weil insoweit eine „kompensierte" Verpflichtung vorliegt (vgl *Förschle/Scheffels* DB 1993, 1200). Der Verkehrswert des kontaminierten Grundstücks stellt nur dann dessen beizulegenden Wert bzw Teilwert dar, wenn das Grundstück zur Veräußerung bestimmt ist. In diesem Fall kann es dazu kommen, dass stille Reserven die Abschreibung mindern (*Förschle/Scheffels* DB 1993, 1202). Übersteigen die Sanierungsaufwendungen den Veräußerungspreis des Grundstücks im nicht kontaminierten Zustand, ist in Höhe des Differenzbetrags eine Rückstellung wegen drohender Zuzahlung zu bilden (IDW WPg 1992, 326).

Altreifen. Nach Ansicht der FinVerw ist eine Rückstellung für künftige Maßnahmen zur Vernichtung von abgelagerten Altreifen erst dann zulässig, wenn der Stpfl zur Entsorgung durch Verwaltungsakt aufgefordert wurde (BMF 12.12.1992, DStR, 357). Diese Auffassung ist abzulehnen (mit gleicher Begründung wie bei „Altlastensanierung").

Anpassungsverpflichtungen. Die Betreiber genehmigungspflichtiger Anlagen können auf der Grundlage des Gesetzes zum Schutz vor schädlichen Umwelteinwirkungen durch Luftverunreinigungen, Geräusche, Erschütterungen und ähnliche Vorgänge (Bundes-Immissionsschutzgesetz – BImSchG) verpflichtet werden, die Anlagen durch Nachrüstung oder Veränderung so anzupassen, dass bestimmte Emissionsgrenzwerte eingehalten werden (zB nach der TA-Luft). Die Verpflichtung kann sich entweder unmittelbar aus dem Gesetz oder aus einem vollziehenden Verwaltungsakt ergeben (s Anm 29). Die konkrete gesetzliche Verpflichtung zB der TA-Luft führt zum Ansatz einer Verbindlichkeitsrückstellung bereits im Zeitpunkt des rechtlichen Entstehens der Verpflichtung. Nach Auffassung des BFH entsteht die Verpflichtung rechtlich erst mit Ablauf einer eingeräumten Übergangsfrist und zwar unabhängig davon, ob die Frist bereits in der entspr Rechtsnorm vorgesehen ist (BFH 13.12.2007, DB 2008, 1013 zur Nachrüstung von Tankstellen-Zapfsäulen mit einem Gasrückführungssystem) oder ob dem Bilanzierenden lediglich durch Verwaltungsakt für die Erfüllung der gesetzlichen Verpflichtung eine Frist eingeräumt wird (BFH 6.2.2013, DB, 1087 zu Anpassungsverpflichtungen nach der TA-Luft, in diesem Punkt zugleich Abkehr von BFH 27.6.2001, DB, 1698; vgl hierzu auch *Prinz* DB 2013, 1815). Etwas anderes (rechtliche Entstehung vor Fristablauf) muss jedoch gelten, wenn das Unt sich aufgrund tatsächlicher Gegebenheiten, bspw aufgrund einer gesetzlichen oder vertraglichen Betriebspflicht, der Außenverpflichtung bis zum Ablauf der Übergangsfrist nicht durch Marktaustritt entziehen kann (zur (Un-)Entziehbarkeit als Kriterium für die Rückstellungsbildung vgl HFA, FN-IDW 2006, 367). Es ist im Hinblick auf rechtlich entstandene Verpflichtungen unerheblich, dass die Anpassung wirtschaftlich die Einhaltung von Grenzwerten für die künftige Produktion erlauben soll und es insofern an der wirtschaftlichen Verursachung fehlt (s Anm 34). Eine Rückstellung ist nicht vorzunehmen, wenn der Aufwand zu HK führt. Wurde eine Anpassungsfrist versäumt und ist insoweit mit einem Bußgeld zu rechnen, ist hierfür ebenfalls eine Verbindlichkeitsrückstellung zu bilden.

Anschaffungs- und Herstellungskosten. Zu HK-Zuschüssen eines Kunden an den Kfm s „Herstellungskostenbeiträge". In der StB dürfen nach § 5 Abs 4b S 1 EStG keine Rückstellungen für *künftige* AK/HK gebildet werden (zur Zulässigkeit von Verbindlichkeitsrückstellungen bei *bereits angeschafften* VG OFD München 19.7.2000, WPg, 1132, obwohl in dem zugrunde liegenden Bsp eine Verbindlichkeit zu passivieren wäre, da nur die Höhe der Zahlungsverpflichtung ungewiss ist, s Anm 2, § 247 Anm 205).

In der HB ist eine Drohverlustrückstellung für *künftige* AK/HK für VG des Anlagevermögens nur bei dauerhafter Wertminderung zulässig (RS HFA 4, Tz 30). Bei VG im Umlaufvermögen, die in einen Herstellungsprozess eingehen, ist eine Gesamtbetrachtung vorzunehmen. Bei der Beurteilung, ob vorübergehende Wertminderung vorliegt, ist auf den gesamten Vermögensgegenstand abzustellen. (s dazu die Schrifttumsnachweise bei BFH 19.8.1998, BStBl II 1999, 18 zur Herstellung von „wertlosen" WG und *Küting/Kessler* DStR 1998, 1942; zur Bilanzierung möglicher Ausnahmefälle *Siegel* DB 1999, 857). In solchen Fällen verlustbringender Herstellung ist uE der Differenzbetrag zwischen HK und Zeitwert zu passivieren. Kernbrennstäbe können zB am Markt im Verhältnis zu den im Rahmen der Entsorgung anfallenden Wiederaufarbeitungskosten kostengünstiger bezogen werden. In den Wiederaufarbeitungskosten sind demnach Entsorgungsaufwendungen enthalten, denen durch eine Rückstellung für ungewisse Verbindlichkeiten Rechnung zu tragen ist.

Arbeitnehmer. Risiken des Arbeitgebers aus dem Arbeitsverhältnis können sich ergeben, wenn der Arbeitnehmer nicht mehr einsatzfähig ist oder eine für sein Gehalt zu geringe Anforderung stellende Tätigkeit ausübt und eine Kündigung oder Änderungskündigung nicht möglich ist. Die steuerrechtliche Rspr lässt in diesen Fällen der Unausgewogenheit keine Rückstellung zu, sondern hält die Ausgeglichenheitsvermutung für im Ergebnis nicht widerlegbar (BFH 16.12.1987, BStBl II 1988, 338; eingehend *Kessler* WPg 1996, 10); s auch die Stichworte „Abfindung", „Altersfreizeit- und mehrurlaub", „Alters-Teilzeitarbeit", „Arbeitslosengeld", „Ausbildungskosten", „Beihilfe", „Gratifikation", „Jubiläumsaufwendungen", „Lohnfortzahlung im Krankheitsfall", „Mutterschutz", „Sozialplan", „Verdienstsicherung".

Arbeitslosengeld. Die Entlassung eines Arbeitnehmers, der danach Arbeitslosengeld bezieht, kann einen Erstattungsanspruch des deutsche Rentenversicherung Bund nach § 128 Arbeitsförderungsgesetz (AFG) auslösen. Hierfür ist eine Rückstellung zu bilden, soweit die Tatbestandsvoraussetzungen des § 128 AFG erfüllt sind (FinVerw BB 1992, 31; zu § 128 AFG *Bauer/Diller* BB 1992, 2283; *Beck* DB 1994, 2561). Die Rückstellung ist handelsrechtlich abzuzinsen; vgl § 253 Abs 2. Zur Abzinsung in der StB nach § 6 Abs 1 Nr 3a Buchstabe s § 253 Anm 181.

Arzneimittelhersteller. Zur Bildung von Rückstellungen wegen Nachprämienverpflichtungen aus Haftpflichtversicherungen der Arzneimittelhersteller vgl *Renz* StBP 1984, 16 und 110; *Killinger* StBP 1984, 108. Nach BFH 20.10.1976, BStBl II 1977, 278 darf wegen der in Werbeprospekten zugesagten unentgeltlichen Abgabe von Ärztemustern eine Rückstellung oder ein sonstiger Schuldposten nicht gebildet werden. Für Kosten der Analyse und Registrierung bisher zulassungsfreier Arzneimittel darf keine Rückstellung gebildet werden, weil die Anforderungen zukunftsbezogen sind (BFH 28.5.1997, DStRE 1998, 37 mwN).

Atomanlagen. Rückstellungen für die Verpflichtung zur *Entsorgung bestrahlter Brennelemente* werden ratierlich angesammelt, wobei die Zuführungsbeträge eine abbrand- und eine leistungsabhängige Komponente umfassen (aA *Siegel* BFuP 1994, 16: Passivierung der vollen Entsorgungskosten ab erstmaliger Aktivität des Brennelements). Zur Rückstellung für zukünftige AK/HK bei Wiederaufbereitung von Kernbrennstoffen s „AK/HK".

Die Kosten für die *Stilllegung von Kernkraftwerken* werden parallel zur Abschreibung über die Nutzungsdauer des Kraftwerks in einer Rückstellung angesammelt (*Clemm* in FS Moxter, 180). Für die StB schreibt § 6 Abs 1 Nr 3a Buchst d S 3 EStG die zeitanteilige Ansammlung der Rückstellungsbeträge in gleichen Raten ausdrücklich vor, wobei im Falle eines ungewissen Stilllegungszeitpunktes gemäß § 6 Abs 1 Nr 3a Buchst d S 3 Hs 2 EStG ein Ansammlungszeitraum von 25 Jahren gilt. Bei ungewissem Stilllegungszeitpunkt sind bisher gebildete Rückstellungen bis zu dem Betrag gewinnerhöhend aufzulösen, der sich bei Anwendung des § 6 Abs 1 Nr 3a Buchst d S 2 EStG ergibt (§ 52 Abs 16 S 9 EStG). Zu den bilanziellen Konsequenzen einer Veränderung des Verteilungszeitraums vgl IDW RS HFA 34 Tz 20 (Wahlrecht) und ausführlich *Melcher/David/Skowronek*, BC 4/2013, 156, 161 (auch unterschiedliche Auffassungen FG Niedersachsen v 10.5.2012, 6 K 108/10 und FG Hessen v 21.9.2011, 9 K 1033/06 – jeweils Revision eingelegt). Zur Abzinsung von Ansammlungsrückstellungen s § 253 Anm 164 f.

Aufbewahrung von Geschäftsunterlagen. S auch „Datenzugriff der Finanzverwaltung". Für den Aufwand aus der öffentlich-rechtlichen (nach § 257 bzw § 147 AO) oder privatrechtlichen Verpflichtung, die Geschäftsunterlagen aufzubewahren, ist eine Verbindlichkeitsrückstellung zu bilden (IDW RH HFA 1.009). S auch BFH 19.8.2002 DStR, 2030. Auch nach dem vom BFH in ständiger Rspr geforderten besonderen Konkretisierungsprinzip für öffentlich-rechtliche Verpflichtungen (Anm 33) reicht bereits diese gesetzliche Verpflichtung für die Bildung einer Rückstellung aus, da diese Normen einen konkreten, sanktionsbewehrten Gesetzesbefehl enthalten. Der Aufwand ist durch die gesetzliche

Verpflichtung im Gj rechtlich und wirtschaftlich entstanden; auf anderen späteren Nutzen der Unterlagen kommt es nicht mehr an (zB Aufbewahrung aus eigenem Interesse, zB zur Beweissicherung für spätere Rechtsstreitigkeiten). Der Rückstellungsbildung steht auch nicht entgegen, dass zur Erfüllung der Aufbewahrungsverpflichtung Dauerschuldverhältnisse für den Aufbewahrungszeitraum geschlossen werden (Mietvertrag zur Lagerung, Wartungsvertrag zur Instandhaltung der Datenverarbeitungsanlagen). Dies sind zwar schwebende Geschäfte, die jedoch eigenständig zu beurteilen sind und sich nicht auf die Verpflichtung zur Aufbewahrung auswirken.

Die Bewertung der Rückstellung hat mit dem nach vernünftiger kaufmännischer Beurteilung notwendigen Erfüllungsbetrag zu erfolgen, dh unter Berücksichtigung der voraussichtlich im Erfüllungszeitpunkt geltenden Kostenverhältnisse. Dazu gehören auch die voraussichtlich anfallenden internen Aufwendungen. Die Kosten umfassen die internen Einzelkosten und die an Dritte zu bezahlende Beträge (ausführlich IDW RH HFA 1.009 Tz 8, s § 253 Anm 158). Da es sich um eine Sachleistungsverpflichtung handelt (in Abgrenzung ggü reinen Geldleistungsverpflichtungen nach der Regelung in § 6 Abs 1 Nr 3a Buchst b EStG, *Kulosa* in Schmidt[32] § 6 Anm 447), kommt es bei der Bewertung zu einer Abweichung zwischen HB und StB: Während in der HB zu Vollkosten zu bewerten ist (Einzelkosten und notwendige Gemeinkosten, s § 253 Anm 159), dürfen in der StB nach § 6 Abs 1 Nr. 3a Buchst b EStG neben den Einzelkosten nur *angemessene Teile* der notwendigen Gemeinkosten erfasst werden (*Kulosa* in Schmidt[32] § 6 Anm 475). In der HB ist die Rückstellung gemäß § 253 Abs 2 abzuzinsen, soweit diese den Aufwand für Aufbewahrung von Geschäftsunterlagen nach Ablauf des dem Abschlussstichtag folgenden Geschäftsjahres betrifft (s Melcher/David/Skowronek, Rückstellungen in der Praxis, Abschn. 5.1.3, S. 296 ff. In der StB ist eine Abzinsung nicht zulässig, da es nach § 6 Abs 1 Nr 3a Buchst e S 2 EStG auf den Zeitraum zwischen Stichtag und *Beginn* der Verpflichtung ankommt (und nicht auf deren Ende) und die Verpflichtung aber bereits ab Stichtag lfd zu erfüllen ist.

Auffüllverpflichtung. S Rekultivierung.

Aufgabe und Veräußerung eines Gewerbebetriebes. Nach der Aufgabe oder Veräußerung eines Gewerbebetriebes ist die Bildung einer Rückstellung für künftig anfallende nachträgliche Betriebsausgaben nach der Rspr nicht zulässig (BFH 1978, BStBl II, 430).

Aufsichtsratsvergütung. Falls Aufsichtsratsmitglieder gegen Entgelt tätig sind, ist die Verpflichtung der Ges zur Leistung der Vergütung für die Tätigkeit im abgelaufenen Gj am Bilanzstichtag rechtlich entstanden und wirtschaftlich verursacht. Sofern die Höhe der Vergütung noch nicht feststeht, zB weil gem § 113 Abs 1 S 2 2. Alt AktG die HV die Vergütung in Form eines Ad-hoc-Beschlusses bewilligt (hierzu *Vetter* BB 1989, S 442), ist eine Rückstellung für ungewisse Verbindlichkeiten zu bilden. Steht die Höhe fest, dann Verbindlichkeit.

Ausbildungskosten. Soweit Unt über den eigenen Bedarf an ausgebildeten Arbeitskräften aus politischer und sozialer Verantwortung Auszubildende beschäftigen (Überbestand), steht den Ausbildungskosten nur der Wert der Arbeitsleistung der Auszubildenden ggü. Maßstab für die Bewertung der Leistung der Auszubildenden ist die produktive Arbeit, die im Rahmen des Ausbildungsverhältnisses verlangt werden kann, bewertet zu den ersparten Aufwendungen für ausgebildete Arbeitnehmer. Für einen daraus sich ergebenden Verpflichtungsüberschuss ist eine Drohverlustrückstellung zu bilden (vorsichtiger BFH 3.2.1993, BStBl II, 444 bei erheblich zu vielen Auszubildenden; wie hier *W. Müller* BFuP 1987, 327; *Herzig* ZfB 1988, 219; *Küting/Kessler* DStR 1993, 1045; *Lauth* StKong

Rep 1993, 393; *Kessler* DStR 1994, 1291; IDW RS HFA 4 Tz 32; aA *Groh* StuW 1994, 95 und *Weber-Grellet* in Schmidt[32] § 5 Anm 550 „*Ausbildungskosten*": „Wegen künftiger Kosten eines Berufsausbildungsverhältnisses kann grds **keine Verlustrückstellung gebildet** werden. Dies gilt idR auch bei „Überbestand" an Ausbildungsverträgen (mit Hinweis auf (BFH I R 7/80 BStBl II 84, 344, BFH I R 37/91 BStBl II 93, 441)). Hinsichtlich des Bedarfs- und eines Reservebestandes an Berufsausbildungsverhältnissen wird man die Ausgeglichenheitsvermutung für Ansprüche und Verpflichtungen aus den schwebenden Verträgen nicht verneinen können (BFH 3.2.1993, BStBl II, 443 mwN auch zu abw Auffassungen; BFH 25.1.1984, BStBl II, 344). Der BFH verneinte dagegen die Zulässigkeit der Bildung einer Drohverlustrückstellung wegen eines Überbestandes an Auszubildenden, weil die betr Ausbildungskosten nicht mit dem Wert der Arbeitsleistung der Auszubildenden, sondern mit dem Wert eines wirtschaftlichen Vorteils „Sicherung oder Erhöhung des Ansehens des Unt" zu vergleichen seien (BFH 3.2. 1993, BStBl II, 441). UE ist der Vorteil „Ansehenssicherung oder -erhöhung" zu wenig greifbar, als dass er den Ausbildungskosten gleichwertig gegenübergestellt werden könnte. Nach GrS BFH 23.6.1997, BStBl II, 785 könnte dieser Vorteil aber zu den wirtschaftlichen Vorteilen im weitesten Sinne gehören (*Küting/ Kessler* DB 1997, 2443; *Weber-Grellet* StbJb 1997/98, 290).

Ausgleichsanspruch. S Handelsvertreter.

Ausstehende Rechnungen. Sofern für Lfg oder Leistungen im abgelaufenen Gj bis zur Bilanzaufstellung die Rechnungen noch nicht eingegangen sind, müssen in Höhe der voraussichtlichen Rechnungsbeträge Rückstellungen für ungewisse Verbindlichkeiten in HB und StB gebildet werden.

Avalprovision. Eine Rückstellung für Avalprovisionen, die auf künftige Zeiträume des Avalkredits entfallen, wurde vom BFH abgelehnt (BFH 12.12.1991, BStBl II 1992, 601). Das soll auch gelten, wenn der Avalkredit zur Ablösung eines Gewährleistungseinbehaltes des Kunden dient (zustimmend *Weber-Grellet* in Schmidt[32] § 5 Anm 550 „Avalprovisionen").

Baulast. Für die gegen ein einmaliges Entgelt als öffentlich-rechtliche Baulast übernommene Verpflichtung eines Parkhaus-Unt, eine bestimmte Anzahl von Parkboxen zur Vermietung gegen den üblichen Mietzins bereitzuhalten, darf eine Rückstellung nicht gebildet werden, weil die Verpflichtung in zeitlicher Hinsicht nicht ausreichend bestimmt ist (BFH 3.5.1983, BStBl II, 572).

Bauspartechnische Abgrenzung. Eine Bausparkasse darf während des Sparstadiums der Bausparverträge keine Rückstellungen oder passive RAP für die im späteren Darlehensstadium höheren Verwaltungskosten der Verträge bilden (BFH 7.3.1973, BStBl II, 565; s auch unter „Abschlussgebühren").

Beihilfe. Für die Verpflichtung, Pensionären und Mitarbeitern bei Ruhestand, Krankheit etc Beihilfen zu gewähren, ist eine Verbindlichkeitsrückstellung zu bilden. Der Grundsatz der Nichtbilanzierung schwebender Geschäfte hindert nicht den Ausweis einer Verpflichtung, die erst nach Beendigung des Schwebezustands zu erfüllen sein wird, da im Verpflichtungsüberhang besteht (BFH 30.1.2002, BStBl II 2003, 279). „Druckbeihilfen" s dort.

Bergschäden. S auch „Gruben- und Schachtversatz". Eine Rückstellung für ungewisse Verbindlichkeiten kommt in Betracht, wenn an der Erdoberfläche unmittelbar oder mittelbar durch den Bergbau Sachschäden entstehen, die von den Bergbau-Unt ausgeglichen werden müssen. Die Haftung für Bergschäden richtet sich nach §§ 114 ff BBergG (BGBl I 1980, 1310). Rückstellungen sind nach § 249 Abs 1 S 1 zu bilden für:
a) die rechtlich bereits entstandene Verpflichtung zum Ersatz eines vor dem Bilanzstichtag eingetretenen Bergschadens, wenn die Höhe der Verbindlichkeit noch nicht feststeht;

b) die rechtlich noch nicht entstandene Verpflichtung zum Ersatz eines nach dem Bilanzstichtag ernsthaft zu erwartenden Bergschadens, der durch Abbauhandlungen vor dem Bilanzstichtag wirtschaftlich verursacht ist.

Die in der HB zu passivierenden Rückstellungen sind auch steuerrechtlich anzuerkennen (*HHR* § 5 EStG Anm 2200 mwN; *Emmerich* DB 1978, 2135 f). Die Passivierungspflicht in der StB wurde vom BFH in einer Gewerbesteuersache stillschweigend bejaht (BFH 14.11.1968, BStBl II 1969, 266; *Weber-Grellet* in Schmidt[32] § 5 Anm 550 „Bergbauwagnisse"). Zur Bewertung s *Roser* Die Behandlung der Bergschäden in Handels- und Steuerbilanz, Düsseldorf 1951; *Kulla* DB 1977, 1281; *Bartke* DB 1978 Beilage 4, 11 f; speziell bei Kleinzechen FG Münster 28.9.1972, EFG 1973, 59. Die Rückstellung ist in angemessener Höhe mit den wahrscheinlichen Kosten der Beseitigung zu bilden. Die Rückstellungspflicht umfasst auch die Kosten der Ermittlung der Schadensursache, Schadenhöhe und der Person des Schädigers (HFA lt *Schülen* WPg 1983, 663). Für Dauerschäden, die nicht beseitigt werden können, ist der Barwert der künftigen Belastungen zurückzustellen. Rückstellungen für wirtschaftlich verursachte, aber noch nicht entstandene oder anerkannte Bergschäden werden nach Erfahrungswerten bemessen. Üblich ist ein Ansatz mit dem 15-fachen durchschnittlichen Jahresaufwand für die Schadenbeseitigung in den letzen zehn Jahren (*WPH*[14] I, E Anm 169).

Berufsgenossenschaftsbeiträge. Eine Rückstellung ist in HB und StB zu bilden für die für das abgelaufene Gj zu leistenden Beiträge. Als Verpflichtung aus einem schwebenden Geschäft darf für künftige Beiträge eine Rückstellung nicht gebildet werden (BFH 24.4.1968, BStBl II, 544). Vom BFH wird dabei auch die Zulässigkeit von Rückstellungen für die von der Berufsgenossenschaft zu zahlenden Unfallrenten verneint (aA *HHR* § 5 EStG Anm 2200 mwN). Zu den Berufsgenossenschaftsbeiträgen zählt auch die Umlage für das Insolvenzgeld nach §§ 358 ff SGB III.

Betriebsprüfungskosten. Für Kosten der Betriebsprüfung darf in HB und StB erst eine Rückstellung gebildet werden, wenn eine Prüfungsanordnung ergangen ist (BFH 24.8.1972, BStBl II 1973, 55 zu Buchführungsarbeiten infolge einer Betriebsprüfung; EStR H 5.7 (4) „Rückstellung für öffentlich-rechtliche Verpflichtungen").

Betriebsprüfungsrisiko. Auch das erfahrungsgemäß bestehende Risiko, dass das Unternehmen auf Grund einer steuerlichen Außenprüfung in Anspruch genommen wird, ist durch die Bildung einer Rückstellung zu berücksichtigen; dies gilt insbesondere, soweit die steuerliche Behandlung bestimmter Tatbestände strittig ist (*WPH*[14] I, E Anm 205; EStH 4.9 „Rückstellungen für künftige Steuernachforderungen"; aA *ADS*[6] § 253 Anm 216). Die Bildung einer Rückstellung für zu erwartende Steuernachforderungen ist dann geboten, wenn das Risiko in Einzelsachverhalten konkret begründet ist (BFH 8.11.2000, WPg 2001, 506: Da Ausgang eines Rechtsstreits regelmäßig unsicher ist, besteht hinreichende Wahrscheinlichkeit für Inanspruchnahme; die Aussetzung der Vollziehung steht dieser Annahme nicht entgegen, da für diese andere Wahrscheinlichkeitskriterien gelten). Das Gleiche gilt für entschiedene oder noch lfd Musterverfahren, durch die das Unt belastet werden kann. Voraussetzung ist dagegen nicht, dass mit der Betriebsprüfung bereits begonnen ist und der Prüfer eine bestimmte Sachbehandlung beanstandet hat oder zumindest den einschlägigen Sachverhalt konkret überprüft (so aber *Weber-Grellet* in Schmidt[32] § 5 EStG Anm 550 „Betriebsprüfung"; BFH 16.2.1996, BStBl II, 592; *Kleine/Werner* DStR 2006, 1954). Zur Bedeutung des Betriebsprüfungsrisikos im Rahmen der Bildung latenter Steuern bei KapGes/KapCoGes vgl § 274 Anm 37 f. S auch „Zinsen auf Steuernachforderungen".

Bei der Ermittlung des Erfüllungsbetrags sind gem § 253 Abs 1 S 2 auch die voraussichtlich auf die Steuerschuld bis zum voraussichtlichen Erfüllungszeitpunkt entfallenden Zinsen (§ 233a AO) einzubeziehen und nach Maßgabe des § 253 Abs 2 HGB abzuzinsen. Zu den Steuerschulden gehören auch steuerliche Nebenleistungen nach § 3 Abs 4 AO (zB Säumniszuschläge), da diese das Schicksal der Hauptleistungen teilen.

Bonus. Wird im Nachhinein für die in einem bestimmten Zeitraum abgenommenen Lfg oder Leistungen eine Umsatzvergütung (Umsatzbonus, Treuerabatt usw) gewährt, sind die auf die Umsätze des abgelaufenen Gj entfallenden Beträge in HB und StB zurückzustellen (*HHR* § 5 EStG Anm 2200 „Umsatzvergütung"). Ist die Bonusgewährung jedoch noch zB von einer Entscheidung des Kfm oder von weiteren Umsätzen im neuen Gj abhängig, ist die Rückstellung unzulässig, da dann der Sachverhalt, aus dem sich die Verpflichtung zur Bonuszahlung ergibt, erst im folgenden Gj erfüllt wird (BFH 13.3.1963, HFR, 361).

Buchführungsarbeiten. Für lfd Buchführungsarbeiten nach dem Bilanzstichtag, die Geschäftsvorfälle des abgelaufenen Gj betreffen, ist in HB und StB eine Verbindlichkeitsrückstellung zu bilden (EStH 5.7 (4) *„Rückstellungen ... zulässig für"* BFH 25.3.1992, BStBl II, 1010; zur Bewertung *Bachem* BB 1993, 2337).

Bürgschaft. Allg zu Gewährleistungen für fremde Leistungen s § 251 Anm 29. Erst bei drohender Inspruchnahme aus einer Bürgschaft oder einem ähnlichen Haftungsverhältnis (zB Patronatserklärung, s § 251 Anm 41) ist für die Verpflichtung eine Verbindlichkeitsrückstellung in HB und StB zu bilden (BFH 15.10.1998, DStR 1999, 196; vgl aber auch *Naumann* BB 1998, 529). § 5 Abs 4b S 1 EStG steht dem nicht entgegen (*OFD München* 12.4.2002, DStR, 1303, ebenso für anderweitige vertragliche Garantien). Wenn eine größere Zahl von Bürgschaften übernommen wurde, ist insoweit eine Pauschalrückstellung zu bilden, als objektiv die Gefahr der Inanspruchnahme aus dem gesamten Bestand an Bürgschaften droht. Bestimmte einzelne Inanspruchnahmen brauchen in diesem Fall nicht erkennbar zu sein (*FG Köln* 16.12.1986, BB 1987, 306, rkr). Das Haftungsrisiko ist auch von den Einwendungsmöglichkeiten des Bürgen und damit von der Ausgestaltung der Bürgschaft im Einzelfall abhängig. Steht dem Bürgen nur hinsichtlich eines Teilbetrags eine Verteidigungsmöglichkeit offen, von der er auch Gebrauch machen wird, kommt eine Rückstellung nur für den darüber hinausgehenden Betrag in Frage. Bei Teilnahme an einer Bürgschafts- oder Garantiegemeinschaft bemisst sich die Rückstellung nach dem anteiligen Risiko (BFH 9.5.1961, BStBl III, 336). Verwertbare Sicherheiten sind bei der Bewertung der Rückstellung zu berücksichtigen. Eine Rückgriffsforderung gegen den Hauptschuldner ist, wenn die Bürgschaftsverpflichtung passiviert wird, zu aktivieren und ggf mangels Werthaltigkeit abzuschreiben. Zur Bildung einer Rückstellung für einen Aufwendungsersatzanspruch des Gesters einer KapGes, der im Interesse der Ges eine Bürgschaft für die Schuld eines Dritten übernommen hat, BFH 16.12.1987, BFH/NV 1989, 103. Zuführungen zu Rückstellungen für die drohende Inanspruchnahme aus einer Bürgschaft fallen nicht unter das Benennungsverlangen nach § 160 Abs 1 S 1 AO (BFH 15.10.1998, BStBl II 1999, 333).

Darlehenszinsen. S § 253 Anm 60 und IDW RS HFA 34 Tz 32: idR nicht (bejahend dagegen *Moxter* WPg 1984, 405; *Ballwieser* in FS Forster 45; aA *Mathiak* DStR 1990, 692; *Kessler* WPg 1996, 8). Steuerl ablehnend bei Überverzinslichkeit infolge Marktzinsänderung s *Weber-Grellet* in Schmidt[32] § 5 Anm 550 *„Darlehen"*.

Datenschutz. Verstöße gegen das Bundesdatenschutzgesetz oder andere Vorschriften über den Datenschutz begründen Ansprüche der betroffenen Personen, die zu Aufwendungen (zB zur Berichtigung oder Löschung von Daten) führen können. Einzelrückstellungen sind für die bei Bilanzaufstellung bekannten Fälle in HB und StB zu bilden, soweit eine Inanspruchnahme droht. Darüber hinaus muss ggf eine Pauschalrückstellung auf der Basis von eigenen oder branchenbezogenen Erfahrungswerten gebildet werden.

Datenzugriff der Finanzverwaltung. §§ 146, 147, 200 AO ergänzt durch die Grundsätze zum Datenzugriff und zur Prüfbarkeit digitaler Unterlagen (GDPdU, BMF 16.7.2001, BStBl I, 401). Für die nach § 147 Abs 6 S 3 AO erforderlichen Aufwendungen ist eine Verbindlichkeitsrückstellung zu bilden (*Groß/Matheis/Lindgens* DStR 2003, 921). S auch „Aufbewahrung von Geschäftsunterlagen".

Deputate. Verpflichtungen zur Erbringung von Deputaten und ähnlichen wiederkehrenden Leistungen iZm mit Arbeitsverhältnissen rechtfertigen eine Rückstellung, wenn ihre Höhe bei Aufstellung der Bilanz noch ungewiss ist. IdR wird der Deputatbetrag feststehen und daher als Verbindlichkeit auszuweisen sein. Soweit es sich hierbei um Pensionsverpflichtungen auf Grund von Altzusagen handelt, besteht ein Passivierungswahlrecht (Anm 152, 167 f).

Devisentermingeschäfte. Zum Begriff s § 254 Anm 102; *Prahl/Naumann* HdJ II/10 Anm 71. Im Falle offener Positionen (s *Prahl/Naumann* HdJ II/10 Anm 176 ff; zu BewEinh s § 254) ist eine Rückstellung für drohende Verluste aus schwebenden Geschäften in der HB zu bilden, soweit sich unter Zugrundelegung des am Stichtag geltenden Kassakurses ein Verlust ergeben würde. Zulässig ist auch die Verwendung des betr Terminkurses (*Prahl/Naumann* HdJ II/10 Anm 77). Der drohende Verlust entspricht dann dem bei Glattstellung am Bilanzstichtag aufzuwendenden Betrag, dh dem beizulegenden Zeitwert (IDW RS HFA 4 Tz 44). Bei Umrechnung zum Kassakurs wird der Terminkurs in die Bestandteile Kassakurs und Swapsatz für die Restlaufzeit des Geschäfts aufgeteilt (§ 256a Anm 12).

Außer dem Währungsrisiko besteht auch bei Devisentermingeschäften ein von der Bonität des Geschäftspartners abhängiges Erfüllungsrisiko, das ebenfalls eine Rückstellungsbildung erforderlich machen kann. Vgl ausführlich IDW RS BFA 4, inbes Tz 16–18.

Druckbeihilfen. Nach BFH 3.7.1997, BStBl II 1998, 244 sollten für die Verpflichtung zur Rückgewähr von Druckbeihilfen, die ein Verlag vom Autor mit der Maßgabe der Rückzahlung bei Erreichen eines bestimmten Buchabsatzes erhält, Verbindlichkeitsrückstellungen gebildet werden. Dem ist insoweit nicht zuzustimmen, als Entstehung und Höhe der Rückzahlungsverpflichtung regelmäßig allein von der Höhe des künftigen Buchabsatzes abhängen. Der sich nach dem Bilanzstichtag ergebende Absatz ist ein wertbegründendes Ereignis (s auch Nichtanwendungserlass BMF 27.4.1998, BStBl I 1998, 368; *Weber-Grellet* DStR 1998, 1345; aA *Herzig/Köster* HdJ III/5 Anm 397; für den Ansatz einer Verbindlichkeit *Moxter* BB 1998, 2466 unter Berufung auf die Gewinnrealisierungsgrundsätze). Da die Rückgewähr an die Bedingung des Erreichens eines bestimmten Absatzes und damit an künftige Gewinne geknüpft ist, darf eine Rückstellung in der StB nunmehr nach § 5 Abs 2a EStG ohnehin erst gebildet werden, wenn diese Gewinne anfallen.

Emissionsrechte (s hierzu auch IDW RS HFA 15): Zur Verpflichtung zur Abgabe von Emissionsrechten nach dem TEHG s BMF BStBl I 2005, 1047 Rn 16 ff. Für diese Abgabe ist eine Rückstellung für ungewisse Verbindlichkeiten zu bilden. Bei der Bewertung dieser Abgabeverpflichtung sind die Grundsätze zur Bewertung von Sachleistungsverpflichtungen anzuwenden (*WPH*[14] I, E Anm 180). Ansatz der Einzelkosten der am Bilanzstichtag vorhandenen Rechte, unabhängig von späteren Erwerbskosten. Es ist davon auszugehen, dass dafür die unentgeltlich erworbenen Rechte eingesetzt werden (*Hoffmann/Lüdenbach* DB 2006, 57; *Herzig/Krüger* FR 2006, 109; IDW RS HFA 15, Tz 18).

Elektroschrott. Das ElektroG begründet für bestimmte Hersteller die Verpflichtung zur Rücknahme und Entsorgung von Altgeräten („Elektroschrott"). Im ElektoG wird zwischen *„historischen und neuen Altgeräten"* sowie zwischen Geräten privater Haushalte (*B2C-Geräte*) und Geräten kommerzieller Nutzer (*B2B-Geräte*) unterschieden. Historische Altgeräte sind solche, die vor dem 24.11.2005 auf den Markt gebracht wurden, neue Altgeräte solche, die ab dem 24.11.2005 auf den Markt gebracht wurden. Die bilanzielle Behandlung der Rücknahmeverpflichtung nach ElektroG ist nach **HGB** und **IFRS identisch:**

Die Hersteller sind für die Finanzierung der Entsorgung von historischen Altgeräten privater Haushalte verantwortlich. Die Beteiligung an den Entsorgungskosten bemisst sich nach dem Absatzanteil in der Periode, die von der Stiftung EAR als Berechnungszeitraum zugrunde gelegt wurde. Beim Absatzanteil handelt es sich um die Menge an Geräten einer Geräteart, die ein Hersteller in Deutschland in Verkehr bringt, in Bezug auf alle Geräte sämtlicher Hersteller derselben Geräteart (s IFRIC 6 und RIC 2).

Die Entsorgungsverpflichtung entsteht weder zum Zeitpunkt der Produktion noch bei erstmaligem Inverkehrbringen, weil sich diese Verpflichtung erst aus der zukünftigen Marktteilnahme ergibt. Das Entstehen der Entsorgungsverpflichtung und die Passivierung einer Rückstellung sind allein an die Marktteilnahme eines Herstellers im Berechnungszeitraum (verpflichtendes Ereignis nach IAS 37) geknüpft. Sobald ein Unternehmen nicht mehr am Markt vertreten ist bzw. diese Geräteart nicht mehr am Markt anbietet, entstehen dem Unternehmen keine Verpflichtungen mehr.

Sofern es sich um *„neue Altgeräte"* von privaten Haushalten handelt, haben die Hersteller die Kosten für die Entsorgung dieser Geräte zu tragen. Grundsätzlich haben diese hierbei ein Wahlrecht zwischen der sog. **Vorwärtsfinanzierung** und dem **Umlageverfahren** (welches in praxi fast ausschließlich zur Anwendung kommt). Hierbei berechnet sich die Entsorgungsverpflichtung nach der im jeweiligen Berechnungszeitraum in Verkehr gebrachten Menge an Elektro- und Elektronikgeräten pro Geräteart. Somit werden die Entsorgungskosten für Altgeräte von den im Markt aktuell bestehenden Herstellern einer Geräteart übernommen.

Auch begründet das Inverkehrbringen von neuen Altgeräten keine Rückstellungspflicht, da sich der Hersteller durch Marktaustritt seiner Verpflichtung zur Finanzierung der Entsorgung von Altgeräten entziehen kann. Die Marktteilnahme ist das rückstellungsbegründende Ereignis. Die Methode und die Bilanzierung beim Umlageverfahren entsprechen der für die historischen Altgeräte von privaten Haushalten dargestellten Methode.

Haben mehrere Hersteller, die das Umlageverfahren gewählt haben, sich zu einem kollektiven System zusammengeschlossen, sind im Einzelfall die Regelungen dieser privatrechtlichen Vereinbarung zu würdigen und zu überprüfen, ob sich ein Hersteller im Falle des Marktaustritts unter bestimmten Voraussetzungen seiner Verpflichtung zur Finanzierung der Entsorgung von Altgeräten entziehen kann.

Entfernungsverpflichtungen. S auch „Abbruchkosten". Verpflichtungen, bestimmte Einrichtungen oder Anlagen zu entfernen, können sich selbstständig oder als Teil einer Wiederherstellungsverpflichtung, aus privatrechtlichen Miet- oder Pachtverträgen (§ 556 Abs 1 BGB) und auf Grund von Auflagen in öffentlich-rechtlichen Genehmigungen ergeben. Sieht ein Bewilligungsbescheid vor, dass das Unt zur Entfernung von Gebäuden und Anlagen verpflichtet werden kann, die Behörde aber auch die Belassung der Anlagen auf staatliche Kosten verlangen kann, darf eine Rückstellung nicht gebildet werden, weil die Verpflichtung nicht hinreichend konkretisiert ist (BFH 12.12.1991, BStBl II 1992,

603). Sofern eine überwiegende Wahrscheinlichkeit besteht, dass eine Entfernungsverpflichtung be- oder entsteht, sind die zu erwartenden Ausgaben von Vertragsbeginn an über die Laufzeit des Vertrags verteilt in einer Rückstellung in der HB und StB anzusammeln (s IDW RS HFA 34 Tz 18–20). Dabei sind nicht nur bereits eingetretene, sondern auch zukünftige Preissteigerungen zu berücksichtigen. Steuerrechtlich vgl BFH 29.10.1974, BStBl II 1975, 114 zur Entfernung von Rohrleitungen durch ein Erdöl-Unt; BFH 27.11.1968, BStBl II 1969, 247 zur Verpflichtung eines Elektrizitätswerks, seine Anlagen auf öffentlichem Grund und Boden nach Ablauf des Vertrags zu entfernen. Konkretisiert sich die Entfernungsverpflichtung erst während der Vertragslaufzeit, ist der gesamte Rückstellungsbedarf auf die verbleibende Vertragslaufzeit zu verteilen. In die Rückstellung sind nur die Beseitigungs- und Wiederherstellungsaufwendungen einzubeziehen. Ein etwaiger Wertverlust der entfernten Anlage ist bei der Bewertung der Anlage zu berücksichtigen. Die durch den Aus- und Umzug zu erwartenden Aufwendungen dürfen nicht zurückgestellt werden, da es sich um betrieblichen Aufwand künftiger Perioden handelt.

Zur Abzinsung von Ansammlungsrückstellungen s § 253 Anm 164f.

Entgelt- bzw Gebührensenkung. Für Abfall- und Abwasserbetriebe sowie Energieversorgungsunternehmen kann aufgrund gesetzlicher Vorschriften zur Gebührenerhebung bzw zur Festsetzung von Leistungsentgelten die Verpflichtung zur Gebühren- bzw Entgeltabsenkung bestehen, wenn der Bilanzierende in einem GJ mehr Gebühren und Entgelte vereinnahmt hat, als er nach den gesetzlichen Regelungen hätte erzielen dürfen. Für diese Verpflichtung zur Entgeltabsenkung (in den Folgejahren) ist eine Rückstellung für ungewisse Verbindlichkeiten zu bilden (*WPH*[14] I, E Anm 181).

Entsorgung. Ausführlich auch DRSC RIC 2. Zur Verpflichtung zur Rücknahme und Entsorgung *ggü Dritten* s „Produktverantwortung"; zur Entsorgung von Kernbrennstoffen s „Atomanlagen". Auch für die Entsorgung *eigenen* Abfalls ist eine Rückstellung zu bilden, wenn eine hinreichende Konkretisierung gegeben ist (IV. Senat BFH BStBl II 2006, 644), worauf *Mayr* DB 2003, 740 überzeugend hinweist. Es kommt nicht darauf an, dass mit der Entsorgung auch eigene Interessen verfolgt werden (aA I. Senat BFH 8.11.2001, 579; hierzu erläuternd *Christiansen* DStR 2007, 407). Liegt eine solche Außenverpflichtung vor, so lässt § 249 keinen Raum mehr für die Frage, ob mit der Erfüllung dieser Verpflichtung auch eigene Interessen wahrgenommen werden (s Anm 26). Im Ergebnis ist daher der Entscheidung des IV. Senats des BFH 25.3.2004 DStR 1247 zuzustimmen, wonach ein Unt, dessen Zweck die Wiederaufbereitung von Bauschutt ist, eine Rückstellung auf Grund der abfallrechtlichen Verpflichtung zu bilden hat (der IV. Senat verweist unter Hinweis auf die Entscheidung des I. Senats ausdrücklich darauf, dass es sich bei dieser abfallrechtlichen Verpflichtung nicht um eine Maßnahme im Eigeninteresse handelt). Abzulehnen ist jedoch die Auffassung des I. Senats, wonach eine Rückstellungsbildung nicht erfolgen darf, wenn damit zu rechnen ist, dass die zuständige Behörde die Einhaltung der abfallrechtlichen Vorschriften nicht kontrollieren wird, bzw auf eine Kontrolle konkludent verzichtet hat. Der Verzicht oder die Untätigkeit der Behörde führt nicht zum Wegfall der zugrundeliegenden gesetzlichen Verpflichtung.

Erbbaurecht. Zur Bilanzierung von Erbbaurechten vgl § 247 Anm 457. Wird das Erbbaurechtsverhältnis wie ein Miet- oder Pachtverhältnis behandelt, gelten die Grundsätze über die (Nicht-)Bilanzierung schwebender Geschäfte (Anm 57). Danach sind die Ansprüche und Verpflichtungen aus dem Erbbaurechtsverhältnis (= Dauerrechtsverhältnis) nicht zu bilanzieren, solange und soweit sich die beiderseits noch zu erbringenden Leistungen gleichwertig gegenüberstehen. Der Erbbauberechtigte hat eine Rückstellung für drohende Verluste aus schwebenden Geschäften in der HB zu bilden, wenn der Barwert der noch zu erbringenden Leistung (Erbbauzinsen) den Barwert der korrespondierenden Gegenleistung (Grundstücksnutzung) übersteigt (zur Abzinsung § 253 Anm 175 f). Das kann zB der Fall sein, wenn die Voraussetzungen für eine Erhöhung der Erbbauzinsen auf Grund einer Wertsicherungsklausel eingetreten sind und am Grundstücksmarkt ohne weiteres ein vergleichbares Grundstück zur Nutzung gegen niedrigere lfd Leistungen zu erlangen gewesen wäre (BFH 20.1.1983, BStBl II, 413). Drohende Verluste können auch auf Grund mangelnder Nutzungsmöglichkeiten entstehen. In diesem Fall ist eine Rückstellung auf Grund der Differenz zwischen Erbbauzins und Mietzins zumindest für die Restlaufzeit des Mietvertrags unter Berücksichtigung der Abzinsung zu bilden (hierzu *Hütz* StBP 1983, 5 ff).

Erfolgsprämien. S Gratifikationen.
Erneuerungsverpflichtung. S „Substanzerhaltung".
Garantie. S auch „Bürgschaft", „Gewährleistung". Rückstellungen sind bei drohender Inanspruchnahme aus einer Zahlungsgarantie in der HB und StB veranlasst. Regelmäßig sind zB bei einer sog „Garantie auf erstes Anfordern" alle Einwendungsmöglichkeiten ausgeschlossen, da nur so dem Garantienehmer eine effektive Zahlungssicherung gegeben ist. Der wirtschaftliche Unterschied zwischen Garantie und Bürgschaft ist fließend. Auf die gewählte Bezeichnung kommt es dabei nicht an. Zu Schätzverfahren s *Hommel/Schulte* BB 2004, 1671.
ERA-Anpassungsfonds. Rückstellungen für ungewisse Verbindlichkeiten sind für aufgrund eines Entgeltrahmentarifvertrages der Metall- und Elektroindustrie (ERA-TV) in einem Anpassungsfonds einbehaltener Mittel zu bilden, soweit sie auf Verpflichtungen des Arbeitgebers beruhen, die als Gegenleistung im Rahmen der Tätigkeit der Arbeitnehmer während der Ansparphase entstanden sind und denen sich der Arbeitgeber nicht entziehen kann. Der AG-Anteil zur Sozialversicherung ist bei der Bewertung zu berücksichtigen.
Geldbußen. Für drohende Geldbußen der EU-Kommission oder von einer Kartellbehörde ist bei Vorteilsabschöpfung eine Rückstellung in HB und StB zu bilden (BFH I B/20 303 DStRE 04, 1449, „möglich" nach *Weber-Grellet* in Schmidt[32] § 5 Anm 550 „Geldbuße").
Geschäftsunterlagen. S „Aufbewahrung von Geschäftsunterlagen".
Geschäftsverlegung. Nach Auffassung des BFH dürfen Aufwendungen für die Verlegung des Betriebs weder in HB noch in der StB auch dann nicht zurückgestellt werden, wenn der Umzug durch die Kündigung gemieteter Räume notwendig wird (BFH 24.8.1972 BStBl II, 943; uE zutreffend; aA *HHR* § 5 EStG Anm 2200 „Betriebsverlegung": durch die Kündigung oder Kündigungsandrohung bereits verursachte, die Zeit vor dem Umzug belastende ungewisse Verbindlichkeit).
Gewährleistung. Gewährleistungsrückstellungen werden als Verbindlichkeitsrückstellungen für Verpflichtungen *ggü Vertragspartnern* gebildet. Zu Rückstellungen wegen der Verpflichtung für eine Haftung *ggü Dritten* s „Haftpflicht", „Produzentenhaftung".
Rückstellungen sind in HB und StB zu bilden wegen der Verpflichtung zu kostenlosen Nacharbeiten, Ersatzlieferungen, Rückgewährungen nach Rücktritt vom Vertrag, Minderungen oder Schadenersatzleistungen. Gewährleistungsverpflichtungen können auf Gesetz, einer Eigenschaftszusicherung oder auf selbstständiger Gewährleistungszusage (zB Herstellergarantie bei neuen Sachen) beruhen (zur Abgrenzung vgl *Loose* in HHR § 5 Anm 609 ff). Eine Rückstellung wegen Verpflichtung zur Rückerstattung des Kaufpreises darf nicht gebildet werden, wenn am Bilanzstichtag nicht mit Rücktritt des Käufers gerechnet werden muss, zB wenn noch Nachbesserungen erfolgen sollen, oder Minderung wahrscheinlich ist (dann evtl Rückstellung wegen Minderung). Die Erklärung des

Rücktritts durch den Käufer nach dem Bilanzstichtag, aber vor der Bilanzaufstellung ist als Ausübung eines Gestaltungsrechts ein wertbegründendes Merkmal, und nicht zu berücksichtigen. Das Vorliegen der zum Rücktritt führenden Mängel am Bilanzstichtag reicht nicht aus. Anders aber, wenn am Bilanzstichtag bereits Verhandlungen über einen möglichen Rücktritt liefen, und dieser am Bilanzstichtag wahrscheinlich war (BFH 28.3.2000, WPg, 914; BMF 21.2.2002, WPg 390). – Zu Rückstellungen für Gewährleistungen, die ohne rechtliche Verpflichtung erbracht werden, s Anm 112 ff.

Es sind *Einzelrückstellungen* für alle bis zur Bilanzaufstellung bekannt gewordenen Gewährleistungsfälle zu bilden (BFH 17.2.1993, BStBl II, 437). Die Rückstellung ist mit dem Betrag der Aufwendungen zu bewerten, die zur Erfüllung der Gewährleistungspflicht erforderlich sind, dh zu Vollkosten unter Berücksichtigung künftiger Preis- und Kostensteigerungen (s § 253 Anm 158). Für die Verpflichtung zur mangelfreien Nachlieferung sind die AK/HK zuzüglich Nebenkosten, aber ohne Gewinnaufschlag zurückzustellen (BFH 13.12.1972, BStBl II 1973, 217). Die Verpflichtung zur Rücknahme einer mangelhaften Lfg ist mit dem zurückzuzahlenden Entgelt abzüglich Zeitwert der mangelhaften Ware zu passivieren (aA BMF 21.1.2002, WPg, 390: nur Abzug des Buchwerts des veräußerten VG; hierdurch soll lediglich der Veräußerungsgewinn eliminiert werden). Erfüllt ein Hersteller Gewährleistungspflichten ggü seinen Vertragshändlern durch Erteilung einer Gutschrift für die vom Händler verwendeten und vom Hersteller gelieferten Ersatzteile, hat der Hersteller die Rückstellung unter Zugrundelegung der Händler-Nettopreise (und nicht der eigenen Selbstkosten) zu bilden (BFH 13.11.1991, BStBl II 1992, 519). Sofern Rückgriffsansprüche bestehen, ist eine Aktivierung zu prüfen. Zur Frage der Berücksichtigung noch nicht aktivierbarer Rückgriffsansprüche bei der Bewertung der Rückstellung § 253 Anm 157. Zu Schätzverfahren s *Hommel/Schulte* BB 2004, 1671.

Ergänzend ist eine *Pauschalrückstellung* zu bilden, wenn der Kfm auf Grund seiner Erfahrungen in der Vergangenheit mit einer gewissen Wahrscheinlichkeit mit Gewährleistungsinanspruchnahmen rechnen muss oder wenn sich aus der branchenmäßigen Erfahrung und der individuellen Gestaltung des Betriebs die Wahrscheinlichkeit ergibt, Gewährleistungen erbringen zu müssen (BFH 30.6.1983, BStBl II 1984, 263). Auch ohne Erfahrungswerte kann sich das Wahrscheinlichkeitsurteil aus den jeweiligen Umständen des Einzelfalls ergeben (BFH 28.3.2000, WPg, 914). Zum Grad der Wahrscheinlichkeit, ab dem allgemein eine Rückstellung geboten ist, s Anm 33. Pauschalrückstellungen sind auf der Basis der Erfahrungen in der Vergangenheit zu schätzen. Dabei wird regelmäßig ein Prozentsatz vom Umsatz zugrunde gelegt (BFH 7.10.1982, BStBl II 1983, 104 zur Berechnung von Garantierückstellungen bei mehrjähriger Garantiefrist). Dieser muss jedoch auf Basis der Vergangenheitserfahrung den tatsächlichen Verhältnissen entsprechen. Eine höhere Rückstellung ist zulässig, wenn konkrete Umstände einen höheren Bedarf ggü den Vergangenheitserfahrungen erfordern (OFD Koblenz 12.5.2004, DStR, 1606, zu Gewährleistungen der Bauwirtschaft). Aufgrund der Verpflichtung, eine Rückstellung zum Erfüllungsbetrag anzusetzen, sind Preis- und Kostensteigerungen oder andere Umstände, die nach der Lebenserfahrung oder konkret einen höheren Garantieaufwand erwarten lassen (zB Modellwechsel, Verfahrensänderungen oder Änderungen der Garantiebedingungen), sind bei der Schätzung in der HB zu berücksichtigen (ADS[6] § 253 Anm 225; steuerrechtlich gegen die Berücksichtigung zu erwartender Kostensteigerungen BFH 7.10.1982, BStBl II 1983, 104). Mehrjährige Garantieverpflichtungen sind abzuzinsen; s ausführlich § 253 Anm 180 f.

Gewerbesteuer. Ergibt sich auf der Grundlage des ermittelten Gewerbeertrags eine Abschlusszahlung, ist hierfür eine Rückstellung zu bilden. Bei abw

Wj fallen Bemessungszeitraum (= Wj) und Erhebungszeitraum (= Kj) auseinander. Der Stpfl darf in diesem Fall die Rückstellung entweder auf der Basis der anteiligen Gewerbesteuer der in das Wj fallenden Erhebungszeiträume oder auf der Basis der Gewerbesteuer für den Erhebungszeitraum, der am Ende des Wj noch läuft, berechnen. Außerdem besteht ein Wahlrecht, die GewSt für den Erhebungszeitraum (Kj), der am Ende des abw Wj noch läuft, in voller Höhe zu Lasten dieses Wj zu berücksichtigen. Steuerrechtlich ist ein Abzug der Gewerbeertragsteuer bei der Ermittlung ihrer eigenen Bemessungsgrundlage nicht zulässig.

Gewinnabhängige Verpflichtungen. S „Gratifikationen", „Zuwendungen, bedingt rückzahlbare".

Gleitzeitüberhänge. Soweit Arbeitnehmer bis zum Bilanzstichtag die Normalarbeitszeit überschritten haben und der Ausgleich im neuen Gj erfolgt, befindet sich der Arbeitgeber im Erfüllungsrückstand und hat hierfür in HB und StB eine Rückstellung für ungewisse Verbindlichkeiten zu bilden. Der Erfüllungsrückstand ist wie im Falle der Urlaubsrückstellung zu bewerten, insbes einschl der Sozialabgaben des Arbeitgebers. Eine Saldierung des Erfüllungsrückstandes mit Leistungsrückständen anderer Arbeitnehmer ist nach dem Grundsatz der Einzelbewertung unzulässig (hierzu *Esser* DB 1985, 1305).

Gratifikationen. S auch „Jubiläumszuwendungen". Werden Arbeitnehmern Gratifikationen, Boni, Tantiemen oder andere Gewinnbeteiligungen vor dem Bilanzstichtag zugesagt, ist eine Rückstellung in HB und StB zu bilden, wenn die versprochene Leistung vorwiegend ein zurückliegendes Verhalten des Arbeitnehmers abgelten soll. Daran bestehen keine Zweifel, wenn eine Gratifikation/Tantieme für das abgelaufene Gj unabhängig vom künftigen Verhalten des Arbeitnehmers zeitnah gezahlt wird. Der BFH hat die Passivierungspflicht auch dann bejaht, wenn die an die Arbeitnehmer nach Ablauf mehrerer Jahre und unter der Voraussetzung weiterer Betriebszugehörigkeit auszuzahlenden Gratifikationen nach Merkmalen der Vergangenheit (erreichter Arbeitslohn, Dauer der Betriebszugehörigkeit) bemessen sind (BFH 7.7.1983, BStBl II, 753). Bei der Bewertung dieser Rückstellung ist ein Fluktuationsabschlag vorzunehmen, wenn die Gratifikation nur unter der Voraussetzung weiterer Betriebszugehörigkeit zu zahlen ist. Zur Frage der Abzinsung § 253 Anm 180f und hier „Jubiläumszuwendungen". Für *ertragsabhängige* Leistungsprämien sind Rückstellungen in dem Gj zu bilden, in dem der betr Ertrag erwirtschaftet wird. Dies gilt auch dann, wenn sich die Prämie auch nach dem in einem früheren Gj bezogenen Arbeitslohn bemisst (BFH 2.12.1992, BStBl II 1993, 109). Nach BFH 18.6.1980, BStBl II, 741 darf für Erfolgsprämien, die erst nach 20 Jahren und dann nur nach Maßgabe der späteren Ertrags- und Liquiditätslage des Unt ratenweise zu zahlen sind, im Zusagejahr keine Rückstellung in der StB gebildet werden.

Gruben- und Schachtversatz. S auch „Bergschäden". Für die bergrechtliche Verpflichtung zur Verfüllung der durch den Abbau entstandenen Hohlräume (lfd Grubenversatz und Grubenversatz nach Stilllegung) und zum Verfüllen eines abgeworfenen Schachts nach Stilllegung des Bergwerks (Schachtversatz) sind Rückstellungen zu bilden (*BdF* 18.4.1980, BStBl I, 230). Die Rückstellung ist unter Anwendung der Grundsätze zur Bewertung von Auffüllverpflichtungen ratierlich anzusammeln und abzuzinsen. Zur Möglichkeit der Anwendung des Gleichverteilungsverfahren s IDW RS HFA 34 Tz 19; § 253 Anm 164.

Die Ansammlung kann entspr der voraussichtlichen Abbauzeit (HFA lt *Schülen* WPg 1983, 664) oder entspr der Abbaumengen erfolgen (vgl „Rekultivierung"). S auch *Kulla* DB 1977, 1283; *Bartke* DB 1978 Beilage 4; *Emmerich* DB 1978, 2133; *Bordewin* BB 1979, 156.

Zur Abzinsung von Ansammlungsrückstellungen s § 253 Anm 164f.

Haftpflicht. Haftpflichtverpflichtungen können ggü Vertragspartnern aus positiver Vertragsverletzung oder unerlaubter Handlung (§§ 823 ff BGB), ggü Dritten nach §§ 823 ff BGB oder gesetzlichen Vorschriften über Gefährdungshaftung (zB nach ProdHaftG, UmweltHG) bestehen. Wegen der Haftpflicht *ggü Vertragspartnern* sind Rückstellungen nach den für Gewährleistungsverpflichtungen geltenden Grundsätzen zu bilden (s „Gewährleistung"). Deshalb sind hier auch Pauschalrückstellungen zulässig. Wegen der Haftung *ggü Dritten* wird eine Rückstellung dagegen nur anerkannt, wenn spätestens bis zur Bilanzaufstellung ein Schadensersatzanspruch ggü dem Verpflichteten geltend gemacht ist oder wenigstens die den Anspruch begründenden Tatsachen im Einzelnen bekannt geworden sind. Für eine Haftpflicht ggü Dritten dürfen Rückstellungen grundsätzlich nicht in pauschaler Form gebildet werden (BFH 30.6.1983, BStBl II 1984, 263; krit E. *Schmidt* BB 1984, 1788; *Esser ua* JbFSt 1986/87, 99; *HHR* § 5 EStG Anm 2200). Versicherungsansprüche sind zu aktivieren, wenn sie nicht bestritten werden. Bestrittene Rückgriffsansprüche dürfen weder aktiviert noch bei der Rückstellungsbewertung berücksichtigt werden (BFH 17.2.1993, BStBl II, 440). Die Saldierung von unbestrittenen Regressansprüchen (insb Versicherungsansprüchen) entspricht verbreiteter Praxis. Für die StB ist dies nach § 6 Abs 1 Nr 3a Buchst c EStG zulässig. *Weber-Grellet* in Schmidt[32] § 5 Anm 550 „Haftpflichtverbindlichkeiten" sieht hierin keinen Verstoß gegen das Prinzip der Einzelbewertung. S auch „Produkthaftung".

Handelsvertreter (Ausgleichsanspruch). S auch „Provisionen". Einzelheiten vgl *Melcher/David/Skowronek* Rückstellungen in der Praxis, 324 ff. Nach § 89b HGB kann der Handelsvertreter vom Unt nach Beendigung des Vertragsverhältnisses einen angemessenen Ausgleich verlangen, wenn und soweit (1) das Unt aus der Geschäftsverbindung mit neuen Kunden, die der Handelsvertreter geworben hat, auch nach Beendigung des Vertragsverhältnisses erhebliche Vorteile hat, (2) der Handelsvertreter infolge der Beendigung des Vertragsverhältnisses Ansprüche auf Provision verliert, die er bei Fortsetzung desselben aus bereits abgeschlossenen oder künftig zustande kommenden Geschäften mit den von ihm geworbenen Kunden hätte, und (3) die Zahlung eines Ausgleichs unter Berücksichtigung aller Umstände der Billigkeit entspricht. **Bei** tatsächlicher Beendigung des Vertragsverhältnisses mit einem Handelsvertreter ist eine Rückstellung für ungewisse Verbindlichkeiten zu bilden, sofern die Voraussetzungen nach § 89b iVm § 249 Abs 1 S 1 HGB erfüllt sind. Die Höhe bemisst sich nach dem nominalen Verpflichtungsbetrag. Die Verpflichtung ist in der HB abzuzinsen, wenn die Laufzeit für einen Teil der Rückstellung über ein Jahr beträgt. S § 253 Anm 180 f.

Vor tatsächlicher Beendigung des Vertragsverhältnisses für künftige Ausgleichszahlungen an einen Handelsvertreter sind keine Rückstellungen für ungewisse Verbindlichkeiten zu bilanzieren, da die Voraussetzungen (Vertragsbeendigung) hierfür nicht erfüllt sind. Die allgemeinen Ansatzgrundsätze setzen für die Bildung einer Rückstellung nach § 249 Abs 1 S 1 HGB voraus, dass die Zahlungsverpflichtung im abgelaufenen Geschäftsjahr verursacht ist. Wegen der Erfolgsabhängigkeit des Ausgleichsanspruchs ist die Schuld des Unternehmens wirtschaftlich eng mit den möglichen Vorteilen nach Beendigung des Vertragsverhältnisses verknüpft und deshalb nicht wesentlich in den abgelaufenen Geschäftsjahren verursacht. Mit der Ausgleichszahlung werden Vorteile des Unternehmens abgegolten, die erst nach der Vertragsbeendigung aus den vom Handelsvertreter angebahnten Geschäftsbeziehungen erwartet werden können (vgl. *Winnefeldt,* Bilanzhandbuch, 2002, Kap M, Tz 1.135).

Nach EStH 5.7 (5) „Ausgleichsanspruch" darf eine Rückstellung in der StB nicht gebildet werden, da der Ausgleichsanspruch künftige wirtschaftliche Vorteile abgelten soll.

Diese Ansicht steht in Widerspruch zur Rspr des BFH, wonach eine bereits rechtlich entstandene Verpflichtung unabhängig von künftigen Erträgen zu passivieren ist (Anm 34; das Gleiche gilt, wenn die Zahlung für ein künftiges Wettbewerbsverbot geleistet wird).

Eine Rückstellung für ungewisse Verbindlichkeiten ist stets in HB und StB zu bilden, wenn die künftige Zahlung an den Handelsvertreter für seine ehemalige Tätigkeit erbracht wird, dh keine künftigen wirtschaftlichen Vorteile abgegolten werden sollen (zur Abgrenzung BFH 24.1.2001, DB, 1227: Bei Abschluss eines Vertrags über die Weiterzahlung einer Provision; BMF 21.6.2005). Wenn dem Handelsvertreter eine Pensionszusage gegeben wurde, die auf einen Ausgleichsanspruch anzurechnen ist, muss die Pensionsrückstellung in vollem Umfang gebildet werden (FinMin NRW 28.2.1967, BStBl II, 91). Dadurch ist der Ausgleichsanspruch mittelbar auch nach Ansicht der FinVerw auch steuerrechtlich passivierungspflichtig.

Handelsvertreter. Eine Rückstellung für künftigen Aufwand der Kundenbetreuung ist nicht zulässig (BFH 24.11.1983, BStBl II 1984, 300).

Hauptversammlung. Die zu erwartenden Kosten für die Durchführung der Hauptversammlung einer AG dürfen in der HB und der StB nicht zurückgestellt werden (BFH 23.7.1980, BStBl II 1981, 62; EH 31c Abs 4 EStR 2008 *„Rückstellungen ... nicht zulässig";* krit *HHR* § 5 EStG Anm 2200 „Gesellschafterversammlung").

Heimfall. Soweit eine öffentlich-rechtlich oder privat-rechtlich begründete Verpflichtung zB des Mieters, Pächters oder Erbbauberechtigten besteht, *eigene* Anlagen unter bestimmten Voraussetzungen entschädigungslos oder gegen teilweise Entschädigung zu übereignen, und mit der Ausübung des Heimfallrechts zu rechnen ist, ist dem durch entspr bemessene planmäßige Abschreibungen und nicht durch die ratierliche Ansammlung einer Rückstellung Rechnung zu tragen (nicht eindeutig *ADS*[6] § 253 Anm 376). Ist damit zu rechnen, dass das Heimfallrecht eines Dritten zu einem bestimmten Zeitpunkt ohne Entschädigung ausgeübt wird, so ist dem durch eine entsprechende Bemessung der planmäßigen Abschreibungen Rechnung zu tragen. In den anderen Fällen (kein bestimmter Heimfallzeitpunkt) ist eine vor Ablauf der allgemeinen Nutzungsdauer eintretende Heimfallverpflichtung durch Dotierung einer Rückstellung zu berücksichtigen; in diese sind auch die bei Übergabe der Anlagen anfallenden Ausgaben einzubeziehen (s *ADS*[6] § 253 Anm 376).

Herstellungskosten. S Anschaffungskosten/Herstellungskosten.

Herstellungskostenbeiträge. Erhält ein Unt HK-Zuschüsse des Kunden, die verkaufspreismindernd zu berücksichtigen sind, sind diese gewinnerhöhend zu erfassen. Gleichzeitig ist in derselben Höhe eine Verbindlichkeitsrückstellung zu bilden, die über die voraussichtliche Dauer der Lieferverpflichtung aufzulösen ist. Dies gilt auch bei nur faktischem Leistungszwang, dh ohne bei am Bilanzstichtag vorliegendem Vertrag (BFH 29.11.2000, DB 2001, 674).

Inspektionsverpflichtungen. S „Sicherheitsinspektionen".

Instandhaltung. Zur *unterlassenen* Instandhaltung Anm 101 ff. Ein Wohnungsvermieter darf, solange ein Erfüllungsrückstand nicht vorliegt, keine Rückstellung für die gesetzliche oder vertragliche Instandhaltungsverpflichtung bilden (s § 253 Anm 180 f). Hat ein *Baubetreuungs-Unt* die vereinbarte Vergütung für den sich über mehrere Jahre erstreckenden Betreuungszeitraum vollständig oder zT im Voraus erhalten, ist wegen der noch zu erbringenden Instandhaltungsleistungen eine Rückstellung zu bilden (BFH 21.7.1976, BStBl II, 778). Dagegen wird vom BFH die Bildung einer Verlustrückstellung bei *Wartungs-Unt* für zukünftige, von Jahr zu Jahr wechselnde Instandhaltungsaufwendungen mit der Begründung abgelehnt, dass die gegenseitigen Leistungsverpflichtungen aus den

Dauerwartungsverträgen sich an jedem Bilanzstichtag ausgeglichen gegenüberstehen (BFH 3.7.1980, BStBl II, 648). Dem kann in der HB nicht gefolgt werden, wenn auf Grund eines typischen Aufwandsverlaufs für die Restlaufzeit des Vertrags das Pauschalentgelt übersteigende Aufwendungen zu erwarten sind (*Sarx* in FS vom Wysocki, 102; *W. Müller* BFuP 1987, 328).

Inzahlungnahme. Wenn bei einem Veräußerungsgeschäft am Bilanzstichtag die Lfg erbracht ist, die Inzahlungnahme eines gebrauchten Gegenstandes zu einem über dem Zeitwert liegenden Anrechnungsbetrag aber noch aussteht, ist für den drohenden Verlust aus der Inzahlungnahme eine Rückstellung in der HB (und StB) zu bilden (*FG BaWü* 31.3.1981, EFG, 620, rkr).

IFRS-Umstellung. Soweit ein Unternehmen aufgrund Art 4 der EU-IAS-Verordnung und § 315a Abs 2 HGB verpflichtet ist, einen IFRS-KA aufzustellen, können diese Kosten **nicht** im Rahmen einer Rückstellung nach § 249 Abs 1 erfasst werden. Die Aufstellungspflicht ergibt sich aus der Notierung von WP am jeweiligen Abschlussstichtag oder mit der Stellung des Antrags auf Zulassung zum Handel. Davor ist eine rechtliche Verpflichtung ebenso wenig entstanden wie mangels Vergangenheitsbezug eine wirtschaftliche Verursachung.

Jahresabschluss. Rückstellungen für ungewisse Verbindlichkeiten sind zu bilden für:

a) die *gesetzliche Verpflichtung* zur Aufstellung, Prüfung sowie Veröffentlichung von JA und Lagebericht (BFH I R 44/94 BStBl II 95, 742, BFH I R 28/77 BStBl II 81, 62ESTR H 5.7 (4) „*Rückstellung ... zulässig für:*"; IDW RH HFA 1.009 Tz 5).
b) eine *privatrechtliche* Verpflichtung zur Aufstellung und Prüfung von JA und ggf Lagebericht (IDW RH HFA 1.009 Tz 6; von FinVerw nicht anerkannt: Prüfungspflicht durch Ges-Vertrag *BdF* 16.1.1981, DB, 398; Prüfungspflicht durch Vertrag mit Gläubiger *BdF* 19.11.1982, DB 1982, 2490. Gegen die Auffassung der FinVerw steht die überwiegende Meinung im Schrifttum, hierzu *Herzig/Köster* in HdJ III/5 Anm 422);
c) die Verpflichtung zur Erstellung der die Betriebsteuern des abgelaufenen Gj betr Steuererklärungen (insbes USt, GewSt; EStH 5.7 (2) „*Rückstellung ... zulässig*"). Die auf das Aufteilungs- und Abzugsverbot des § 12 Nr 1 EStG gestützte Ablehnung einer Rückstellung für die Erstellung der Erklärungen zur einheitlichen und gesonderten Gewinnfeststellung und zur Feststellung des Einheitswerts des Betriebsvermögens einer PersGes kann nur steuerrechtlich gelten. Handelsrechtlich besteht auch insoweit Passivierungspflicht.

Der Ansatz zu Vollkosten ist verpflichtend (IDW RS HFA 4 Tz 35). Die Bewertung erfolgt zum notwendigen Erfüllungsbetrag (IDW RH HFA 1.009 Tz 8). Die Auffassung BFH 24.11.1983, BStBl II, 1981, 301, dass interne JA-Kosten höchstens mit dem Betrag zurückgestellt werden dürfen, der für die gleiche Leistung an Fremde zu bezahlen wäre, ist nicht begründet (glA *Herzig* DB 1990, 1353 mwN; *HHR* § 5 EStG Anm 2200 „Steuerberatungskosten"; nicht eindeutig BFH 25.2. 1986, BStBl II, 788). Da die Verpflichtungen zur Aufstellung, Prüfung und Offenlegung innerhalb eines Jahres nach dem Abschlussstichtag zu erfüllen sind, ist eine Abzinsung nicht notwendig (vgl. IDW RH HFA 1.009 Tz 9).

Jubiläumszuwendungen. Die Verpflichtung zur Leistung von *Jubiläumszuwendungen* ist in den Jahren wirtschaftlich verursacht, in denen der Arbeitnehmer seine Arbeitsleistung erbracht hat. Die Jubiläumszuwendung ist arbeitsrechtlich ein weiteres Entgelt für die bisher erbrachten Arbeitsleistungen, so dass auf Seiten des Arbeitgebers bis zur Leistung der Jubiläumszuwendung ein Erfüllungsrückstand besteht, der die Bildung einer Verbindlichkeitsrückstellung in der HB und StB gebietet. Es ist unerheblich, dass das Jubiläum in der Zukunft liegt (BFH

29.11.2000, DStR 2001, 523). Rückstellungen sind in dem Umfang zu bilden, wie die vertraglichen Anspruchsvoraussetzungen durch die vergangene Betriebszugehörigkeit des Arbeitnehmers bis zum Bilanzstichtag erfüllt sind (HFA WPg 1994, 27). Bei der Bewertung der Rückstellung ist der Wahrscheinlichkeit des vorzeitigen Ausscheidens von Arbeitnehmern durch einen anhand betrieblicher Erfahrungswerte oder pauschal ermittelten Fluktuationsabschlag Rechnung zu tragen (*Höfer* BB 1987, 998; hierzu auch *Hartung* BB 1989, 739 mwN). Kostensteigerungen und Abzinsung sind zu berücksichtigen (s § 253 Anm 158 und 180 f).

In der *Handelsbilanz* sind für sämtliche rechtsverbindlich zugesagte Leistungen des Arbeitgebers aus Anlass von *Dienstjubiläen* seiner Arbeitnehmer Rückstellungen zu bilden. In der *Steuerbilanz* sind Rückstellungen hierfür nach § 5 Abs 4 EStG (s EStR H 5.7 (1) „Jubiläumszuwendungen", BMF 8.2.2008, BStBl I, 1013) nur in eingeschränktem Umfang zulässig:
– das Dienstverhältnis muss mindestens 10 Jahre bestanden haben; daher darf mit der Rückstellungsbildung erst vom 11. Dienstjahr an begonnen werden; dafür entfällt der Fluktuationsabschlag;
– das Dienstjubiläum muss das Bestehen eines Dienstverhältnisses von mindestens 15 Jahren voraussetzen; damit entfällt die Rückstellungsbildung zB für das 10-jährige Dienstjubiläum;
– die Zusage muss schriftlich erteilt sein; betriebliche Übung reicht als Verpflichtungsgrund nicht aus, wohl aber zB eine schriftliche Betriebsvereinbarung.

Zu den Bewertungsalternativen nach dem Teilwertverfahren (Ermittlung des versicherungsmathematischen Barwerts) oder dem Pauschalwertverfahren unter zwingender Anwendung einer Pauschalierungstabelle s BMF 29.10.1993, BStBl I, 898; für das Pauschalwertverfahren sind die Tabellenwerte durch neue Werte in BMF 12.4.1999, BStBl I, 434 ersetzt worden; zur Bewertung s auch *Höfer* DB 1993, 2241; *Grabner* DB 1992, 2561; *Pinkos* BetrAV 1993, 265. Die mit der Dienstjubiläumszuwendung verbundenen Arbeitgeberanteile der gesetzlichen Sozialabgaben sind einzubeziehen (OFD Erfurt 3.3.1998, DStR, 680).

Die steuerrechtliche Beschränkung bei *Dienstjubiläen* berührt die handelsrechtliche Bilanzierung nicht (HFA WPg 1994, 27; *Küting/Kessler* DStR 1989, 658). Es wird aber nicht zu beanstanden sein, der Berechnung der Rückstellung für handelsrechtliche Zwecke § 5 Abs 4 EStG zugrunde zu legen, ohne jedoch die steuerrechtlichen Einschränkungen (insb keine Rückstellung für 10-jährige Dienstjubiläen, Fehlbeträge aus der Nichtberücksichtigung der Dienstzeiten, Verbot des Einbezugs künftiger Preis- und Kostensteigerungen in Form von Lohn- und Gehaltssteigerungen gem § 6 Abs 1 Nr 3a EStG zu beachten. Soweit dem nicht betriebsindividuelle Gegebenheiten entgegenstehen, kann der Fluktuationsabschlag in der Weise berücksichtigt werden, dass Rückstellungen in den ersten fünf Jahren der Betriebszugehörigkeit nicht gebildet werden.

Für *Geschäfts- oder Firmenjubiläen* gelten die Beschränkungen nach § 5 Abs 4 EStG nicht (BFH 29.11.2000, DStR 2001, 523).

Für *zugesagten Sonderurlaub* bei Dienstjubiläum ist eine Urlaubsrückstellung zu bilden, die über die Jahre ab der Zusage bis zur Erreichung des Jubiläums zeitanteilig zu bemessen und abzuzinsen ist (s „Urlaub"). Nach dem vom BFH angenommenen Passivierungswahlrecht bei Unwesentlichkeit (s Anm 18) ist ein Ansatz zumindest dann zwingend, wenn am ersten Bilanzstichtag nach Erreichung der für den Anspruch erforderlichen Dienstzeit der Sonderurlaub noch nicht genommen wurde. Ist die Dauer des Sonderurlaubs im Verhältnis zum gewöhnlichen Urlaub nicht unwesentlich, muss die Ansammlung bereits ab dem Zeitpunkt der Zusage erfolgen. Entspr gilt für *Sachprämien,* die zu einem Jubiläum gewährt werden sollen; sie sind zu Vollkosten zu bewerten.

Hat der Arbeitgeber sich demggü nicht zu einer Leistung verpflichtet, sondern gewährt er regelmäßig *freiwillige* Gratifikationen zu Dienstjubiläen (florale Gebinde, Lebensmittelsachzuwendungen – „Fresskorb", bis hin zu semiwertvollen Erinnerungsgegenständen – „Roleximitat"), ist eine Rückstellungsbildung nach den Grundsätzen für zugesagte Leistungen zu beurteilen, wenn sich der Arbeitgeber aus betrieblichen Gründen (Betriebsklima) faktisch zur Leistung verpflichtet sieht (s Anm 31).

Für künftige Zahlungen aus Anlass eines Firmenjubiläums darf keine Rückstellungen gebildet werden, solange nicht ein entspr bekannt gemachter Beschluss vorliegt (*WPH*[14] I, E Anm 190).

Zur Abzinsung s § 253 Anm 180 f.

Kauf auf Probe oder mit Rückgaberecht (insb im Versandhandel). Bei Kauf auf Probe tritt im Grundsatz mit der Lfg noch keine Erfüllung ein. In der Praxis wird gleichwohl im Massengeschäft aus Vereinfachungsgründen mit Auslieferung der Ware der Umsatz als realisiert behandelt. Das Ergebnis wird durch eine Rückstellung für nicht realisierte Gewinne korrigiert. Dies ist nicht zu beanstanden, da der Bruttoausweis zu keiner Verfälschung des Einblicks in die VFE-Lage führt. In der GuV Nettoausweis, da ansonsten zu viel Umsatz gezeigt wird.

Körperschaftsteuer. Die bis zum Bilanzstichtag entstandene und noch nicht veranlagte KSt stellt eine ungewisse Verbindlichkeit dar, für die eine Rückstellung zu bilden ist.

Konzernhaftung. S „Verlustausgleichsverpflichtungen".

Kulanz. S Anm 112 ff.

Langfristige Fertigung. S § 253 Anm 524.

Leasingverträge. Der *Leasingnehmer* hat eine Drohverlustrückstellung in der HB zu bilden, soweit der Barwert der Leasingraten den beim Leasingnehmer beizulegenden Wert des Leasinggegenstandes übersteigt, weil das geleaste Objekt nicht mehr zu nutzen ist oder die Leasingraten nachhaltig nicht mehr erwirtschaftet werden können (Verpflichtungsüberschuss). Nach BFH 27.7.1988 BStBl II, 999, darf der Leasingnehmer regelmäßig (insb wegen niedrigerer Leasingraten für Neuverträge) keine Verlustrückstellung in der StB bilden, weil der („betriebsinterne") Wert des Anspruchs auf Leistungen des Leasinggebers im Allgemeinen nicht feststellbar und eine Bewertung mit den Wiederbeschaffungskosten nicht zulässig sei. Hiergegen bestehen Bedenken. Eine Rückstellung für ungewisse Verbindlichkeiten ist geboten, wenn die Leasingraten progressiv verlaufen und die noch zu erbringenden Leasingraten den Wert der Nutzungsüberlassung übersteigt (Erfüllungsrückstand); s *WPH*[14] I, E Anm 193.

Der *Leasinggeber* hat eine Rückstellung zu bilden, soweit der Barwert der Leasingraten unter dem Barwert der zukünftigen Aufwendungen (Vollkosten: insb Abschreibungen, Zinsen, Verwaltungsaufwendungen) liegt (BFH 19.7.1983, BStBl II 1984, 56 zur Vermietung; BFH 11.2.1988, BStBl II, 661 zu Charterverträgen). Zur Frage der Bildung von Verlustrückstellungen beim Leasinggeber wegen Wertminderungen iZm der Weitergabe von Investitionszulagen s *Paulus* BB 1984, 1462; *Bordewin* BB 1985, 788 und *Rohse* BB 1985, 1463. Nach BFH 19.3.1998, BStBl II 1999, 352 darf die Weitergabe der Investitionszulage nicht wertmindernd berücksichtigt werden (krit *Weber-Grellet* in Schmidt[32] § 5 Anm 734 aE). Zur Frage der Abzinsung § 253 Anm 176 ff. Bonitätsrisiken hinsichtlich zukünftiger Leasingentgelte und Vertragsbestandsrisiken ist durch Bildung einer Rückstellung für drohende Verluste aus schwebenden Geschäften in der HB Rechnung zu tragen (HFA 1/1989, WPg, 626). Für die Verpflichtung des Leasinggebers, den Leasingnehmer bei Beendigung des Mietvertrags am Verwertungserlös zu beteiligen, muss der Leasinggeber während der Laufzeit des Leasingvertrags eine Verbindlichkeitsrückstellung ansammeln (BFH 15.4.1993, BB, 1912). S auch *Roß/Drögemüller* Handelsbilanzrechtl Behandlung von US-Lease-in/Lease-out-Transaktionen WPg 2004, 185.

Leergut. Die Verwender von Einheitsmehrwegleergut sind nicht nur verpflichtet, die von ihnen herausgegebenen Flaschen und Kästen zurückzunehmen, sondern jedes zum Einheitsgebinde gehörende Leergut. Sie verpflichten sich ua zudem innerhalb des Verbandes, der das Einheitsleergut herausgibt, den Bestand des Einheitsmehrwegleerguts sicher zu stellen und überflüssig werdendes Leergut zu entsorgen. Es handelt sich insoweit um eine Verpflichtung der Verbandsmitglieder, für den Einzelnen damit um eine Außenverpflichtung, für die eine Verbindlichkeitsrückstellung anzusetzen ist. Eine ausreichende Wahrscheinlichkeit für die Inanspruchnahme (hierzu Anm 43) liegt jedoch erst vor, wenn zum Bilanzstichtag damit zu rechnen ist, dass die erforderliche Menge an Leergut nicht zurückgegeben werden kann, oder der Großhändler/Abfüller statt der Rückgabe tatsächlich Schadenersatz verlangt (BMF 23.4.2001, DB, 1224). Eine Saldierung von zu aktivierenden Erstattungsforderungen ist nicht zulässig (*Weber-Grellet* in Schmidt[32] § 5 Anm 550 „Pfandgelder"). Für die Verpflichtung, vereinnahmte Pfandgelder bei Rückgabe des Leerguts zurückzuzahlen, ist ebenfalls eine Verbindlichkeitsrückstellung zu bilden (BMF 11.7.1995, BStBl I, 363; *Gail/Düll/ Schubert* GmbHR 1995, 770; *Jakob/Kobor* DStR 2004, 1596).

Lohnfortzahlung im Krankheitsfall. Wenn ein Arbeitnehmer am Bilanzstichtag einen Anspruch auf Lohnfortzahlung wegen bereits eingetretener Krankheit hat, ist der Arbeitsvertrag insoweit nicht ausgeglichen, so dass eine Rückstellung gebildet werden muss (*Meilicke* DB 1978, 2483; *HHR* § 5 EStG Anm 940 „Lohnfortzahlung"; aA *Weber-Grellet* in Schmidt[32] § 5 Anm 550 „Lohnfortzahlung": Keine Rückstellung für künftige Leistungen […] auch nicht, wenn ArbeitN bereits erkrankt. Für zukünftige Verpflichtungen (siehe Mutterschutz, Lohnfortzahlung im Krankheitsfall usw) sind keine Rückstellungen zulässig. Bestehen allerdings Erfüllungsrückstände, sind verpflichtend Rückstellungen für ungewisse Verbindlichkeiten zu bilden). Die Bewertung der Rückstellung erfolgt wie bei der Urlaubsrückstellung. Dagegen darf für künftige Verpflichtungen zur Lohnfortzahlung im Krankheitsfall keine Rückstellung gebildet werden (BFH 7.6.1988, BStBl II, 886; aA *Bode* DB 1990, 333; *Weber-Grellet* in Schmidt[32] § 5 Anm 550 „Soziallasten"). Zur Lohnfortzahlung im Todesfall s *Olbrich* WPg 1989, 390.

Lohnsteuer. Haftungsansprüche wegen hinterzogener Lohnsteuer sind zurückzustellen, wenn mit dem Haftungsbescheid ernsthaft zu rechnen ist (BFH 16.2. 1996, BStBl II, 592).

Mietverträge. Bei nachhaltiger Unausgeglichenheit von Mietverträgen (Gleiches gilt für Pachtverträge) während der unkündbaren Vertragslaufzeit kann sowohl beim Mieter als auch beim Vermieter eine Drohverlustrückstellung in der HB in Frage kommen (IDW RS HFA 4 Tz 23, 32; *Sarx* in FS v Wysocki, 100; *W. Müller* BFuP 1987, 326; *Rohse* StBP 1986, 279). Der *Mieter* hat eine Rückstellung zu bilden, wenn er die Mietsache nicht mehr oder nur noch in vermindertem Umfang nutzen kann (s BFH 7.10.1997, DStR 1998, 802). Der Leistungsanspruch im Rahmen des Dauerschuldverhältnisses ist dann mit den Mietraten der benötigten, kleiner dimensionierten Anlage anzusetzen (*Groh* StuW 1976, 40). Könnte der Mieter die Mietsache zu einer wesentlich niedrigeren Miete erhalten, ist eine Verlustrückstellung in der HB wegen der Mietratendifferenz zu bilden (hierzu auch BFH 16.11.1982, BStBl II 1983, 361 zur Anmietung einer EDV-Anlage).

Der *Vermieter* hat eine Verlustrückstellung in der HB zu bilden, soweit der Anspruch auf den Mietzins den Wert der Verpflichtung zur Überlassung und Erhaltung der vermieteten Sache übersteigt, wobei diese Verpflichtung mit den tatsächlichen Aufwendungen (Vollkosten, dh planmäßige Abschreibungen, FK-Zinsen für den Mietgegenstand, Instandhaltungskosten, öffentliche Abgaben etc) anzusetzen ist (BFH 7.7.1983, BStBl II 1984, 56 zur Vermietung eines Heizkraftwerkes; BFH 11.2.1988, BStBl II, 661 speziell zu FK-Zinsen). Nach BFH und § 253 Abs 2 ist der Verpflichtungsüberschuss abzuzinsen (hierzu § 253 Anm 175). In den Saldierungsbereich ist nach Ansicht des GrS BFH 23.6.1997, BStBl II, 735 auch ein Standortvorteil einzubeziehen (Anm 63 ff). S auch *Ruter/ Mokler/Serf* Rückstellung für drohende Verluste aus Mietverhältnissen im sozialen Wohnungsbau, DB 2001, 209.

Minderung. S „Gewährleistung".

Mutterschutz. In den Fällen, in denen am Bilanzstichtag eine Meldung der Schwangerschaft gem § 5 des Mutterschutzgesetzes vorliegt, sind Rückstellungen für drohende Verluste aus schwebenden Geschäften in der HB zu bilden. In der Rückstellung sind die Zuschüsse für die Tage der Schutzfristen zu erfassen, die in das neue Gj fallen (ebenso *HHR* § 5 EStG Anm 940; aA BFH 2.10.1997, DB 1998, 39; *Weber-Grellet* in Schmidt[32] § 5 Anm 550 „Soziallasten").

Nachbetreuungsleistungen. Mit U vom 5. Juni 2002 hat der BFH entschieden (BStBl 2005 II S 736), dass ein Hörgeräteakustiker eine Rückstellung für die Verpflichtung zu bilden hat, die er beim Verkauf einer Hörhilfe für einen bestimmten Zeitraum zur kostenlosen Nachbetreuung des Gerätes und des Hörgeschädigten in technischer und medizinischer Hinsicht eingeht. Die rechtl Verpflichtung zur Nachbetreuung ergebe sich bereits aus dem jeweiligen Veräußerungsgeschäft in Verbindung mit dem zugrunde liegenden Rahmenvertrag. Sie entstehe dagegen nicht erst mit Eintritt der Erforderlichkeit der jeweiligen Nachbetreuungsleistungen, da diese lediglich die bilanzsteuerlich nicht relevante Fälligkeit der jeweiligen Verpflichtung beträfen. Reparaturleistungen fielen jedoch nicht unter den Begriff der Nachbetreuungen und seien von der Krankenkasse bei entsprechendem Anfall zusätzlich vergütet worden (Einzelheiten BMF vom 7.2.1994, BStBl I, 140).

Optionsgeschäfte. S ausführlich IDW RS BFA 6. Als Basisgüter (underlying) von Optionsscheinen (naked warrants) kommen Devisen, Wertpapiere, Indizes, Zinsen (§ 254 Anm 71), Rohstoffe etc in Betracht. Der Käufer einer Option erwirbt gegen Zahlung einer Optionsprämie das befristete Recht, das Basisgut *an* (europäische Option) oder *bis* zu (amerikanische Option) einem bestimmten Zeitpunkt zu einem im Voraus bestimmten Kurs (Basispreis, strike) zu kaufen (Kaufoption, call) oder zu verkaufen (Verkaufsoption, put).

Der Emittent der Option (Stillhalter) hat die Optionsprämie als sonstige Verbindlichkeit zu passivieren, da er die Optionsprämie für seine potentielle Verpflichtung erhält, das Basisgut mit Verlust liefern bzw abnehmen zu müssen (BFH BB 2003, 1006 mit Anm *Schulze-Osterloh;* ausführlich hierzu *Hahne/Sievert* DStR 2003, 1992; s auch *Prahl/Naumann* HdJ II/10 Anm 122; *Wiese/Dammer* DStR 1999, 867/74; *BFA* WPg 1994, 700; *Winter* BB 1995, 1633; *Windmöller/Breker* WPg 1995, 395; *Naumann* BB 1998, 529). Der Stillhalter trägt das Risiko, dass die Option zu einem für ihn unvorteilhaften Kurs ausgeübt wird. Er hat daher eine Drohverlustrückstellung in der HB zu bilden, soweit sich der Optionsschein am Bilanzstichtag „im Geld befindet" (*Fleischer* DB 1995, 1782; *Windmöller/Breker* WPg 1995, 395), dh die erhaltene und passivierte Optionsprämie den potentiellen Verlust nicht deckt.

Die Bildung einer Drohverlustrückstellung ist jedoch nur dann geboten, wenn es sich um eine offene Position handelt *(Ausübungsmethode).* Zur *Glattstellungsmethode* im Falle geschlossener Positionen s § 254 Anm 75 (zum Hedging und BewertungsEinh s § 254; *Windmöller/Breker* WPg 1995, 398 ff; *Herzig/Rieck* DB 1997, 1884 f; *Prahl/Naumann* HdJ II/10 Anm 218).

Patentverletzung, Urheberrechtsverletzung, Verletzung sonstiger Schutzrechte. In der HB sind Rückstellungen wegen der dem Unt bekannten Verletzung von Patenten, Urheber- oder ähnlichen Schutzrechten zu bilden, wenn die Inanspruchnahme bereits erfolgt ist. Pauschalrückstellungen sind für mögliche, aber noch nicht bekanntgewordene Verletzungen zu bilden (*WPH*[14] I, E Anm 198; *ADS*[6] § 253 Anm 231 mwN). Die Bewertung der Rückstellung erfolgt auf der Basis der zu § 139 Abs 2 S 1 PatG anerkannten Schadensberechnungsarten (hierzu *van Veenroy* StuW 1991, 31) und Abzinsung.

Für die *Steuerbilanz* gilt § 5 Abs 3 EStG. Danach sind zwei Fallgruppen zu unterscheiden:

a) Der Rechtsinhaber hat Ansprüche wegen der Rechtsverletzung geltend gemacht.

b) Der Rechtsinhaber hat noch keine Ansprüche geltend gemacht, mit einer Inanspruchnahme ist aber ernsthaft zu rechnen.

Ansprüche sind nicht nur dann geltend gemacht, wenn sie rechtshängig sind, sondern bereits dann, wenn der Rechtsinhaber ggü dem Unt die Absicht zu erkennen gab, wegen der Rechtsverletzung Ansprüche zu stellen. Mit einer Inanspruchnahme wegen der Rechtsverletzung ist dann ernsthaft zu rechnen, wenn die Rechtsverletzung, dh das Bestehen einer Verbindlichkeit wahrscheinlich ist (*Loose* in HHR § 5 EStG Anm 1819). Welcher Art die Tatsachen sein müssen, die eine Rechtsverletzung wahrscheinlich erscheinen lassen, ist im EStG nicht geregelt. Die Forderung von *Bordewin* BB 1983, 118, dass die Rechtsverletzung im Allgemeinen durch Sachverständigengutachten zu belegen sei, findet im EStG keine Stütze. Bei noch nicht geltend gemachten Ansprüchen ist für die Wahrscheinlichkeit der Inanspruchnahme auch auf die Kenntnis des Rechtsinhabers von der Rechtsverletzung abzustellen. Dabei ist zu beurteilen, ob der Rechtsinhaber während der Verjährungsfrist für die Geltendmachung seines Anspruchs Kenntnis erlangen kann (gegenläufiges Bsp bei *Weber-Grellet* in Schmidt[32] § 5 Anm 395: Bei Unterlassen der Geltendmachung eines Anspruchs trotz Kenntnis des Rechtsinhabers uU Vermutung eines konkludenten Verzichts, zB um lfd Geschäftsbeziehung aufrecht zu erhalten). Sowohl im Fall a) als auch im Fall b) besteht Passivierungspflicht. Zur Berücksichtigung von Vergangenheitserfahrungen bei der Bildung von Pauschalrückstellungen für Patent-, Urheber- oder ähnliche Rückstellungen s *Kemper/Konold* DStR 2003, 1686.

Auflösung s Anm 21. Über die Auflösung von Rückstellungen wegen Patentverletzung der *Fallgruppe a)* enthält § 5 Abs 3 EStG keine Regelung. Die Auflösung dieser Rückstellungen richtet sich daher nach den GoB (s Anm 21). Rückstellungen der Fallgruppe a) sind danach aufzulösen, sobald und soweit sich die geltend gemachten Ansprüche als nicht durchsetzbar erweisen (*HHR* § 5 EStG Anm 1823).

Für die *Fallgruppe b)* schreibt § 5 Abs 3 S 2 EStG zwingend vor, dass die Rückstellung spätestens in der StB des dritten auf die erstmalige Bildung folgenden Wj gewinnerhöhend aufzulösen ist, wenn Ansprüche nicht geltend gemacht worden sind. Ist also zB in der StB zum 31.12.01 eine Rückstellung wegen Patentverletzung gebildet worden, weil mit einer Inanspruchnahme ernsthaft gerechnet wurde, ist diese Rückstellung auch in den StB der Jahre 02 und 03 auszuweisen, soweit auch zu diesen Bilanzstichtagen mit einer Inanspruchnahme ernsthaft zu rechnen ist oder Ansprüche geltend gemacht worden sind. Sind bis zur Aufstellung der StB des Jahres 04 Ansprüche nicht geltend gemacht worden, ist die Rückstellung in der Bilanz des Jahres 04 gewinnerhöhend aufzulösen. Erfolgen in den Jahren 02 und 03 weitere das Patent verletzende Handlungen, ist die in 01 gebildete Rückstellung entspr aufzustocken. Umstritten ist, wann die Dreijahresfrist für diese Zuführungen in den Jahren nach der erstmaligen Bildung der Rückstellung zu laufen beginnt. Nach einer Auffassung ist die Rückstellung in 04 einschl der Zuführungen aus den Jahren 02 und 03 gewinnerhöhend aufzulösen (*Weber-Grellet* in Schmidt[32] § 5 Anm 391: estrechtl Passivierungsverbot; BFH IV R 33/05 BStBl II 2006, 517; *Offerhaus* FS Wacker 2006, 337/47). Für Verletzungen desselben Patents in den Jahren ab 04 dürfte dann keine Rückstellung mehr gebildet werden. Nach wohl zutreffender Auffassung bedingen jedoch erneute Rechtsverstöße ab dem Jahr 02 jeweils eine neue Passivierungspflicht, so dass die entspr Zuführungen zur Rückstellung erst ab dem Jahr 05 unter das Auflösungsgebot nach § 5 Abs 3 S 2 EStG fallen (so *HHR* § 5 EStG Anm 1825; evtl *Dankmeyer/Klöckner* DB 1983, 304; hierzu auch *Döllerer* ZGR 1983, 410). Danach sollten Rückstellungen auch für Verletzungen desselben Patents in den Jahren ab 04 grds geboten sein.

Das Auflösungsgebot des § 5 Abs 3 S 2 EStG steht in Widerspruch zu Abs 2 S 2 und dem bilanzrechtlichen Grundsatz, dass mit einer Inanspruchnahme nicht schon deshalb nicht zu rechnen ist, weil der Gläubiger seinen Anspruch noch nicht geltend gemacht hat (aA BFH 19.10.1993, BStBl II, 891; hierzu Anm 44). § 5 Abs 3 S 2 EStG stellt daher eine steuerrechtliche Spezialvorschrift dar, die handelsrechtlich nicht maßgeblich ist.

Unter § 5 Abs 3 EStG fallen Patentrechte, Gebrauchsmusterrechte, Geschmacksmusterrechte, Warenzeichen-, Dienstleistungsmarken- und Ausstattungsrechte, ausländische Schutzrechte, Nutzungsrechte dinglicher Art an Patent-, Gebrauchsmuster- oder Geschmacksmusterrechten sowie Urheberrechte, Leistungsschutzrechte und Nutzungsrechte dinglicher Art an urheberrechtlich geschützten Werken (wie zB Vertragsrechte oder Verfilmungsrechte, hierzu *Weber-Grellet* in Schmidt[32] § 5 Anm 398 f; *Loose* in HHR § 5 EStG Anm 1809 f).

Pensionsverpflichtungen. S Anm 151 ff.

Patronatserklärungen. S „Konzernhaftung" und „Verlustausgleichsverpflichtung".

Pfand. S „Leergut".

Preisnachlässe. Veräußert ein Unt kundengebundene Formen, die ihm sodann von den Kunden gegen Gewährung eines Preisnachlasses auf die mit den Formen hergestellten Erzeugnisse überlassen werden, darf es im Jahr der Veräußerung der Formen keine Rückstellung bilden (BFH 31.1.1973, BStBl II, 305; hierzu auch FinVerw DB 1982, 1787).

Produktverantwortung. Für öffentlich-rechtliche Verpflichtungen zur *Rücknahme und Entsorgung* von Verpackungen, gebrauchten Geräten und Materialien und anderem sind in HB und StB Rückstellungen zu bilden, soweit die künftigen Ausgaben durch Umsatzerlöse des abgelaufenen Gj verursacht sind (zB nach AltfahrzeugG, s Art 53 EGHGB; zu VerpackungsVO *Fey* DB 1992, 2355; zur Frage der Zurechnung zu bereits realisierten Erträgen bei Altbatterien BFH 15.3.1999, BFH/NV, 1207). Dies gilt auch bei der freiwilligen Rücknahme nach § 25 KrW-/AbfG (zu KrW-/AbfG s *Janke* BuW 1997, 724 f).

Soweit im Rahmen der Rückstellungen für Abfallverwertungs- oder Abfallbeseitigungsverpflichtungen wegen des öffentlich-rechtlichen Charakters dieser Verpflichtungen über die allgemeinen Voraussetzungen der Rückstellungsbildung hinausgehende *Konkretisierungsanforderungen* gestellt werden (dazu *Janke* BuW 1997, 725), wird auf die Ausführungen in Anm 33 und 44 verwiesen.

Dessen ungeachtet kommt es darauf an, welcher der möglichen *Träger der Produktverantwortung* (Hersteller, Bearbeiter, Verarbeiter, Vertreiber von Erzeugnissen) im konkreten Fall produktverantwortlich sein soll. Soweit die konkret Verpflichteten nicht zB durch Rechtsverordnung nach §§ 22 IV, 23, 24 KrW-/AbfG bestimmt sind, scheidet eine Rückstellungsbildung auf Grund einer rechtlichen Verpflichtung aus. Daher wurde in FG München 29. 5. 1998, DStRE, 786 für Altfälle aus 1993, 1994 die Bildung von Verbindlichkeitsrückstellungen für die Verpflichtung zur Rücknahme und Entsorgung von Altbatterien abgelehnt. Nach dem Inkrafttreten der Batterie-Verordnung (BattV) existieren nunmehr mit den §§ 4, 5 BattV Regelungen, die die notwendige Konkretisierung der produktverantwortlichen Personen enthalten. Daher sind Rückstellungen für die der Höhe nach ungewisse Verpflichtung zur Rücknahme und Beseitigung von Altbatterien zu bilden.

Durch das AltfahrzeugG (BGBl I 2002, 2199) werden Hersteller und Importeure von KFZ zur *Zurücknahme von Altfahrzeugen* ihrer Marke vom Letzthalter verpflichtet. Die Verpflichtung gilt für alle im Verkehr befindlichen Kfz. Es ist eine Verbindlichkeitsrückstellung zu bilden, wobei die Rücknahmeverpflichtung für alle zum Bilanzstichtag in Verkehr gebrachten Kfz zu berücksichtigen ist. § 6 Abs 1 Nr 3a Buchst d S 2 EStG gilt für alle gesetzlich rückwirkenden Rücknahmeverpflichtungen: Soweit vor Inkrafttreten der entspr gesetzlichen Regelung zurückzunehmende Gegenstände in Verkehr gebracht wurden, ist die Rückstellung gleichmäßig zeitanteilig bis zum Beginn der jeweiligen Erfüllung der Rücknahmepflicht anzusammeln und abzuzinsen.

Zu den Ansammlungsrückstellungen s § 253 Anm 164 f.

Der Ansatz von Rückstellungen kann sich auch aus einer *faktischen Verpflichtung* ergeben (s Anm 31; zur Beurteilung der Intensität der Verpflichtung BFH 15.3.1999, BFH/NV, 1206 für einen Sachverhalt vor Inkrafttreten der BattV, jedoch mit grundsätzlichen, auch für andere Verpflichtungen heranziehbaren Erwägungen). Zur Bewertung anhand des Beispiels der Verpackungsverordnung *Berizzi/Guldan* DB 2007, 645.

Produzentenhaftung/Produkthaftung. Der Hersteller haftet nach dem Produkthaftungsgesetz (ProdHaftG) für Folgeschäden aus der Benutzung seiner Produkte, die der bestimmungsgemäße Verbraucher oder sonstige Personen infolge eines Fehlers des Erzeugnisses erleiden. *Einzelrückstellungen* sind in HB und StB zu bilden, wenn spätestens bis zur Bilanzaufstellung ein Schadenersatz geltend gemacht wurde oder wenigstens die den Anspruch begründenden Tatsachen im Einzelnen bekannt geworden sind. Sind Produkthaftungsansprüche nicht bekannt, ist bei Vorliegen eines Produktfehlers eine *Pauschalrückstellung* zu bilden, auch wenn bei Bilanzaufstellung konkrete Schadenfälle noch nicht bekannt geworden sind, aber erfahrungsgemäß mit Schadenfällen gerechnet werden muss (s auch *Beier/Grimm* BB 1995, 1686; *Herzig/Hötzel* BB 1991, 99; Pauschalrückstellungen insgesamt ablehnend: OFD Münster 28.7.1986, BB, 2169; für Pauschalrückstellung bei konkreten eigenen oder Branchenerfahrungen FG Schleswig-Holstein 6.12.1983, EFG 1984, 336 rkr). BFH 30.6.1983 BStBl II 1984, 263 hat die Zulässigkeit von Pauschalrückstellungen in Fällen der Haftpflicht (und damit unausgesprochen auch der Produzentenhaftung) *ggü Vertragspartnern* bejaht, jedoch offen gelassen, ob Pauschalrückstellungen nach den für Gewährleistungen geltenden Grundsätzen auch in Fällen der Produzentenhaftung *ggü Dritten* zulässig sind (s „Haftpflicht"; mit Recht gegen die Unterscheidung zwischen Produkthaftungsansprüchen von Vertragspartnern und von Dritten *Vollmer/Nick* DB 1985, 54 und *Scharpf* DStR 1985, 174; zur Frage der Zulässigkeit von Pauschalrückstellungen auch *Schwarz* DStR 1994, 194). Bei der Bemessung der Rückstellungen können im Einzelfall sehr unterschiedliche Gesichtspunkte zu berücksichtigen sein. Anhaltspunkte können sich aus Erfahrungen im Unt, der Branche oder von VersicherungsUnt ergeben (hierzu *Vollmer/Nick* DB 1985, 58 mwN). Zur Berücksichtigung etwaiger Versicherungsansprüche vgl § 253 Anm 157. Zur Abzinsung s § 253 Anm 180 f.

Provisionen. Zum Ausgleichsanspruch s unter „Handelsvertreter". Provisionsverpflichtungen ggü Handelsvertretern sind *wirtschaftlich* verursacht und deshalb spätestens zu passivieren, wenn der Ertrag aus dem vermittelten Geschäft realisiert wird. Nach ständiger Rspr ist die Provisionsverpflichtung jedoch generell erst zu passivieren, sobald sie *rechtlich* entstanden ist (BFH 14.3.1986, BStBl II, 669). Der Provisionsanspruch entsteht rechtlich, sofern nichts anderes vereinbart ist, mit der Ausführung des vermittelten Geschäfts (§ 87a Abs 1 S 1). Hier fallen rechtliche Entstehung und wirtschaftliche Verursachung zusammen. Die Entstehung des Provisionsanspruchs kann jedoch nach § 87a Abs 1 S 2 durch eine Vereinbarung zeitlich vorverlegt (etwa auf den Zeitpunkt der Beendigung der Vermittlungstätigkeit oder des Abschlusses des Geschäfts) oder hinausgezögert werden (zB auf den Zeitpunkt der Zahlung des Kunden). Bei Vorverlegung ist bereits im Zeitpunkt der rechtlichen Entstehung zu passivieren. Entsteht der Provisionsanspruch rechtlich erst *nach* der Ausführung des vermittelten Geschäfts (zB erst mit Zahlung des Kunden), ist er bereits bei Ausführung des Geschäfts auf Grund wirtschaftlicher Verursachung zu passivieren (ebenso *HHR* § 5 EStG Anm 1545).

Prozesskosten. S auch „Strafverteidigerkosten". Eine Rückstellung für Prozesskosten ist idR in der HB und StB zu bilden, wenn der Prozess am Bilanzstichtag bereits anhängig ist. Zu passivieren sind die Kosten bereits eingeleiteter Verfahren in der lfd Instanz, für Prozesse, die noch nicht anhängig sind dürfen steuerl Prozesskosten nicht zurückgestellt werden (BFH 6.12.1995, BStBl II 1996, 406 für den Kläger; mit Einschränkung auch für den Beklagten BFH 24.6.1970, BStBl II, 802: Passivierung, wenn am Bilanzstichtag mit einer Klageerhebung gegen das Unt unabwendbar zu rechnen war; *Stengel* BB 1993, 1403).

In die Rückstellung sind sämtliche durch die Prozessvorbereitung und -führung entstehenden Aufwendungen einzubeziehen, dh insbesondere Kosten für Gericht, Anwälte, Gutachten, Zeugen, Fahrten, Personal und Beschaffung von Beweismaterial. Die vorstehenden Grundsätze gelten auch für betrieblich veranlasste Strafverteidigungskosten (nach BFH 19.2.1982, BStBl II, 467: abzugsfähige Betriebsausgaben). Bei *Passivprozessen* sind neben den Prozesskosten die wahrscheinlichen Schadenersatzverpflichtungen und Bußgelder zu berücksichtigen; bei *Aktivprozessen* beschränkt sich die Rückstellung auf das Kostenrisiko (*WPH*[14] I, E Anm 202; BFH 27.5.1964, BStBl III S 478). Ist nach vernünftiger kaufmännischer Beurteilung davon auszugehen, dass unter Berücksichtigung der konkreten Umstände des Einzelfalles der Prozess in die nächst höhere Instanz gehen wird, so ist diese Erwartung handelsr bei der Bemessung der Höhe Rückstellung zu berücksichtigen (Bewertung mit dem Erfüllungsbetrag s. § 253 Anm 151). Für die Bewertung der Rückstellung ist die voraussichtliche Restlaufzeit bis zur Erfüllung zu schätzen und die Rückstellung entsprechend abzuzinsen (BFH 6.12.1995, BStBl II 1996, 406).

Bei Vorliegen einer Rechtsschutzversicherung scheidet die Bildung einer Rückstellung insoweit aus, wie die Kosten durch diese gedeckt sind (*Melcher/ David/Skowronek* Rückstellungen in der Praxis, 367)

PSV-Beiträge. Zu Beiträgen zum Pensionssicherungsverein s Anm 163.

Prüfungskosten. S „Jahresabschluss".

Recycling. Betreiber von Recyclinganlagen müssen grds Rückstellungen für Recyclingkosten bilden. BFH 21.9.2005, DB 2006, 1.66; zur Berechnung s *Hofmann* DB 2006, 1522; *Hofmann/Siegel* DB 2007, 121.

Rekultivierung. S „Wiederaufforstungskosten". Rückstellungen für ungewisse Verbindlichkeiten sind zu bilden für die auf Gesetz oder Vertrag beruhende Verpflichtung zur Wiederauffüllung und Rekultivierung von im Tagebau ausgebeuteten Flächen. Zu dotieren ist die Rückstellung mit dem unter Berücksichtigung von zukünftigen Preis- und Kostensteigerungen notwendigen Erfüllungsbetrag um den bis dahin ausgebeuteten Teil des Geländes aufzufüllen bzw zu rekultivieren. Der Erfüllungsbetrag wird ratierlich in Abhängigkeit von der Ausbeute aufgebaut (EStH 6.11; aA *Siegel* BB 1993, 333: nach Maßgabe des Zustands des Geländes am Bilanzstichtag; dagegen zurecht *Förschle/Scheffels* DB 1993, 1203). § 6 Abs 1 Nr 3a Buchst d S 1 EStG, der eine Rückstellungsansammlung zeitanteilig in gleichen Raten vorschreibt, ist für Rekultivierungsverpflichtungen nicht einschlägig (s Begründung zum Steuerentlastungsgesetz 1999ff in BT-Drs 14/443 S 52; ebenso *Kulosa* in Schmidt³² § 6 Anm 477; BMF 25.7.2005 DB 2005, 1655 Rz 21; § 10 ElektroG BGBl I 2005, 762; *Krink* DB 2005, 1893; *Grotelüschen/Karenfort,* BB 2006, 955). Auch für die *Steuerbilanz* gilt demnach, dass in Abhängigkeit vom Ausbeutungsfortschritt zu passivieren ist. Im Ergebnis zurecht ließ der BFH eine Abzinsung der künftigen Ausgaben nicht zu (hierzu BFH 19.2.1975, aaO; zur Abzinsungsfrage siehe § 253 Abs 2; zur Abzinsung in der StB vgl Anm 181, zur Bestimmung des steuerbilanziellen Abzinsungszeitraums bei bergrechtlichen Verpflichtungen s BMF 9.12.1999, BStBl I 2000, 1127). Bei der Bemessung der Rückstellung durften Einnahmen wegen zu erwartender Kippgebühren nicht berücksichtigt werden. Nach § 6 Abs 1 Nr 3a Buchst c EStG sind künftige Vorteile, die mit Erfüllung der der Rückstellung zugrundeliegenden Verbindlichkeit voraussichtlich verbunden sein werden, bei der Rückstellungsbewertung wertmindernd zu berücksichtigen, soweit sie nicht als Forderung zu aktivieren sind. Nach der Begründung zu § 6 Abs 1 Nr 3a Buchst c EStG sollen zu derartigen Vorteilen auch Kippentgelte gehören, soweit Verkippungsverträge mit Dritten am Bilanzstichtag bereits abgeschlossen sind (§ 253 Anm 157; s dazu *Kulosa* in Schmidt³² § 6 Anm 476). Erforderlich ist die begründete Aussicht auf den Vorteil (s *Marx/Köhlmann* BB 2005, 2007/9). Dies kann zB in der Existenz bestehender Verträge über Kippentgelte oder in der sicheren Annahme eines solchen Vertragsabschlusses am Bilanzstichtag gesehen werden. Zur Berechnung der Rückstellung im Einzelnen *Pfleger* DB 1981, 1686; *Wassermann/Teufel* DB 1983, 2004. S auch „Wiederaufforstungskosten". Zur Abzinsung von Ansammlungsrückstellungen s § 253 Anm 164f.

Restrukturierung. S „Sozialplan".
Rückbauverpflichtung. S „Entfernungsverpflichtungen".
Rücknahmeverpflichtung. Bei Lfg mit Rückgaberecht des Abnehmers ist eine Gewinnrealisierung erst dann zulässig, wenn der Schwebezustand durch Zeitablauf oder Erklärung des Abnehmers beendet ist. Der alternativen Umsatzrealisierung durch Aktivierung von Forderungen sowie der Bildung von Rückstellungen kann allenfalls aus praktischen Gründen zugestimmt werden (*Piltz* BB 1985, 1368 mwN). Besteht eine Verpflichtung des Verkäufers zur Rücknahme nach Ablauf einer bestimmten Zeit und zu einem festen, im Voraus vereinbarten Preis, ist eine Drohverlustrückstellung in der HB zu bilden, wenn der Marktpreis in der Zwischenzeit gesunken ist (BFH 15.10.1997, DStR 1998, 480). Bei Verpflichtung eines Kfz-Händlers zum Rückkauf von Leasing-Kfz BFH 25.7.2000, DB, 2563: Ermittlung aus den Verkaufspreisen der Gebrauchtwagen.

Betr die Verpflichtung zur Rücknahme und Entsorgung von Gegenständen s „Produktverantwortung".

Schadenbearbeitungskosten. Zum VersicherungsUnt s Anm 27. Dagegen kann ein Versicherungsagent, der ggü dem VersicherungsUnt zur Schadenbearbeitung verpflichtet ist, eine Rückstellung für die künftigen Kosten der Bearbeitung solcher Schäden bilden, die bis zum Bilanzstichtag eingetreten sind (FG Hamburg 16.10.1980, EFG 1981, 228, rkr).

Schadenersatz. Zu Schadenersatz wegen Nichterfüllung s „Gewährleistung"; s auch „Haftpflicht", „Produzentenhaftung" und „Patentverletzung". Für gesetzliche oder vertragliche Schadenersatzverpflichtungen sind Rückstellungen in HB und StB zu bilden, wenn nach den bis zur Bilanzaufstellung bekanntgewordenen Verhältnissen am Bilanzstichtag das Bestehen der Verbindlichkeit und die Inanspruchnahme wahrscheinlich sind. Die Inanspruchnahme ist nicht erst wahrscheinlich, wenn die den Anspruch begründenden Tatsachen entdeckt und dem Geschädigten bekannt sind oder dies wenigstens unmittelbar bevorsteht (BMF DStR 92, 912; so aber BFH 19.10.1993, DB 1994, 19; BFH 2.10.1992, BStBl II 1993, 153; BFH 3.7.1991, BStBl II, 804; *Gail/Düll/Schubert/Heß-Emmerich* GmbHR 1993, 689). Es genügt vielmehr, dass der Kfm auf Grund konkreter Umstände ernsthaft damit rechnen muss, dass die Tatsachen bekannt werden.

Schutzrechtsverletzung. S „Patentverletzung".

Schwerbehinderten-Pflichtplätze. Bei der Beschäftigung von Schwerbehinderten kommt eine Verlustrückstellung in der HB in Frage, soweit der Wert der Leistungen des schwerbehinderten Arbeitnehmers während der restlichen Gesamtlaufzeit des Arbeitsverhältnisses unter dem Wert der vom Arbeitgeber zu erbringenden Gegenleistungen (Arbeitslohn und Nebenleistungen) liegen wird. In der StB keine Rückstellung wg drohenden Verlusten aus schwebenden Geschäften für allgemeine Soziallasten (*HHR* § 5 EStG Anm 940; aA *Weber-Grellet* in Schmidt[32] § 5 Anm 550 „Soziallasten"; BFH 7.6.1988, BStBl II, 886).

Sicherheitsinspektionen. Für öffentlich-rechtliche Verpflichtungen zu regelmäßigen Sicherheitsinspektionen an technischen Anlagen, von denen eine Gefährdung ausgehen kann, dürfen mangels wirtschaftlicher Verursachung keine Verbindlichkeitsrückstellungen gebildet werden. Die wirtschaftliche Verursachung ist zu verneinen, weil die Aufwendungen zukunftsgerichtet sind, nämlich den Sinn haben, künftige Erträge zu ermöglichen (hierzu *Förschle/Scheffels* DB 1993, 1199; *Gelhausen/Fey* DB 1993, 595; aA *Kupsch* DB 1989, 55; *Herzig* DB 1990, 1351; *Klein* DStR 1992, 1776).

Soziallasten. Vgl „Mutterschutz", „Sozialplan", „Lohnfortzahlung im Krankheitsfall", „Schwerbehinderten-Pflichtplätze", „Altersteilzeit". Nach Ansicht der Rspr und FinVerw ist für Soziallasten generell keine Rückstellung für drohende Verluste aus schwebenden Geschäften zulässig (zB BFH BStBl II 1998, 205; BMF DB 1996, 2243). Dagegen bestehen erhebliche Bedenken (so auch *Hartung* BB 1995, 2573). S auch „Arbeitnehmer". FG *Münster* 17.9.1998, EFG 1999, 63, rkr, ließ Verbindlichkeitsrückstellungen für künftige Beihilfeleistungen einer Sparkasse an Rentner zu, da diese wirtschaftlich in bereits erbrachter Arbeitsleistung begründet sind. Die FinVerw sieht demggü die wirtschaftliche Veranlassung im Krankheitsfall in der Zukunft und wendet das U nicht an, *OFD München* 2.6.1999, DB, 1477.

Sozialplan. Für Leistungen auf Grund eines Sozialplans nach §§ 111, 112 BetrVG müssen sog Restrukturierungsrückstellungen ggf. in HB und StB gebildet werden, wenn das Unt den Betriebsrat vor dem Bilanzstichtag über die geplante Betriebsänderung nach § 111 S 1 BetrVG unterrichtet hat oder die Unterrichtung des Betriebsrats zwischen Bilanzstichtag und Aufstellung oder Feststellung des JA erfolgt und vor dem Bilanzstichtag ein entspr Beschluss gefasst wurde oder wirtschaftlich unabwendbar war (EStR R 5.7 (9)). Dies gilt jedoch nicht für solche Maßnahmen, die iZm künftigen Leistungen der Arbeitnehmer stehen (zB Ausgleichszahlungen für Umzugskosten bzw höhere Fahrtkosten bei Verlegung von Untteilen oder ganzen Betrieben). Entgegen der Auffassung der FinVerw ist die Unterrichtung des Betriebsrats jedoch keine notwendige Voraussetzung für die Annahme einer ungewissen Verbindlichkeit. Die Verbindlichkeit ist vielmehr schon durch den Beschluss über die Betriebsänderung hinreichend konkretisiert (hierzu *HHR* § 5 EStG Anm 940 mwN). Für die Passivierung einer Rückstellung ist es jedoch zwingend erforderlich, dass spätestens zum Ende des

Wertaufhellungszeitraums (Ende der Aufstellungsphase) der Betriebsrat oder die Arbeitnehmer informiert werden, um so eine Außenverpflichtung zu begründen, die auf den Beschluss vor dem Stichtag zurückgeführt wird. Ohne eine Information der Arbeitnehmer wird durch den Beschluss lediglich eine Innenverpflichtung begründet, die durch einen erneuerten Beschluss widerrufen werden kann. Es würde sich um eine reine (interne) Aufwandsrückstellung handeln, die nach BilMoG gem § 249 Abs. 2 S. 1 HGB nicht mehr zulässig ist.

Hinsichtlich des in die Beschlussfassung involvierten Gremiums (Vorstand oder AR) ist zu unterschieden ist dabei, ob es sich um zustimmungspflichtige Geschäfte handelt, ob der AR in den Entscheidungsprozess des Vorstandes mit involviert ist oder ob der AR noch nicht sicher ist, ob er dem Vorstandsbeschluss zustimmt. Davon ist abhängig, ob der AR-Beschluss werterhellende oder wertbegründende Wirkung hat, wenn dieser AR-Beschluss erst nach dem Bilanzstichtag erfolgt.

Allein die Wahrscheinlichkeit von Betriebsänderungen reicht nicht aus (FinVerw DStR 1990, 148; *Weber-Grellet* in Schmidt[32] § 5 Anm 550 „Sozialplan"). Ausführlich mit Beispielen zur Bewertung s *Prinz* DB 2007, 353. Aufwendungen von zB Transfergesellschaft, sofern diese für die Abwicklung der Mitarbeiter eingesetzt werden, können grundsätzlich als Teil des Sozialplans angesehen werden, da sie insbesondere gemäß § 112 Abs 1 BetrVG einen Ausgleich bzw. Milderung für die wirtschaftlichen Nachteile aus der Betriebsänderung schaffen sollen.

Sozialversicherungsabgabe. Für hinterzogene Sozialversicherungsabgaben ist in der HB und StB eine Rückstellung zu bilden (BFH 16.2.1996, BStBl II, 592; aA *Weber-Grellet* in Schmidt[32] § 5 Anm 550 „Soziallasten": Ausweis als Verbindlichkeit).

Steuererklärung. S „Jahresabschluss".

Steuerschuld. S „Körperschaftsteuer", „Gewerbesteuer". Für die geschuldete Ertragsteuer sowie die abzuführende Umsatzsteuer ist eine Steuerrückstellung zu bilden (§ 266 Anm 201). S auch „Lohnsteuer".

Stock-Options. S ausführlich § 272 Anm 500 ff.

Strafverteidigerkosten. Eine Rückstellung setzt betriebliche Veranlassung voraus, BFH 12.6.2002 BFH/NV 1441. Diese liegt nur vor, wenn die Straftat ausschließlich und unmittelbar in Ausübung der beruflichen Tätigkeit begangen wurde.

Strafe. Rückstellung zulässig für strafrechtliche Anordnung des Verfalls von Gewinnen nach §§ 73, 73a StGB, BFH 6.4.2000, WPg, 820 f. Nach FG Rhld-Pfalz 15.7.2003 BB 2004, 1442, nrkr, in der StB Rückstellung für zu erwartende Kartellbußen der EU aufgrund § 4 Abs 5 S 1 Nr 8 EStG nicht zulässig.

Substanzerhaltung. Für die Verpflichtung des Mieters oder Pächters, unbrauchbar werdende Anlagen auf eigene Kosten durch Neuanlagen zu ersetzen, ist unter dem Gesichtspunkt eines Erfüllungsrückstandes im Rahmen eines schwebenden Geschäfts eine Verbindlichkeitsrückstellung zu bilden, soweit mit einer Ersatzbeschaffung während der Laufzeit des Miet- oder Pachtvertrags zu rechnen ist. Die Rückstellung ist nach dem jährlichen Wertverzehr (der sich nach der Nutzungsdauer der Gegenstände bestimmt) unter Berücksichtigung zukünftiger Preis- und Kostensteigerungen zum jeweiligen Bilanzstichtag in der HB ratierlich anzusammeln und abzuzinsen (BFH 3.12.1991, BStBl II 1993, 89; krit *Mathiak* DStR 1992, 1601). In der StB ist nach § 6 Abs 1 Nr 3a Buchst e EStG abzuzinsen. Die Ansammlung der Rückstellung nach dem Wertverzehr sollte sowohl linear als auch degressiv zulässig sein. Wegen gestiegener Wiederbeschaffungskosten für *eigene* abnutzbare bewegliche Anlagegüter darf gewinnmindernd kein Passivposten (Rückstellung, Rücklage) gebildet werden (BFH 17.1.1980, BStBl II, 434).

Swapgeschäfte. Zum Begriff § 254 Anm 110. Zu den verschiedensten Erscheinungsformen s *Prahl/Naumann* HdJ II/10 Anm 95 ff. *Zinsswaps* bestehen im Tausch von festen und variablen Zinsverpflichtungen auf identische und währungsgleiche Kapitalbeträge. Die dem Zinstausch zugrundeliegenden Kapitalbeträge werden nicht ausgetauscht. Sind die im Rahmen des Tausches noch zu zahlenden (zB festen) Zinsbeträge höher als die noch zu erwartenden (im Bsp variablen) Zinsbeträge, ist eine Drohverlustrückstellung in der HB zu bilden (differenzierter *Prahl/Naumann* HdJ II/10 Anm 103 ff) (bei Futures alternativ eine außerplanmäßige Abschreibung der aktivierten *variation margin*). Der Aufwand ist in der GuV im Posten „Sonstige betriebliche Aufwendungen" zu erfassen (s IDW RS BFA 5 Tz 4, 15). Gleiches gilt für einen *Währungsswap*, dh den Tausch von Kapitalbeträgen in unterschiedlichen Währungen einschl der zugehörigen Zinsverpflichtungen. Im Unterschied zu den Zinsswaps sind die wiederkehrenden Zahlungen (getauschten „Zinsen") in unterschiedlichen Währungen zu leisten und werden zudem auch die Kapitalbeträge (in unterschiedlichen Währungen) per Kasse getauscht und per Termin zurückgetauscht (differenzierter, da zwischen Zins- und Währungskomponente unterscheidend, *Prahl/Naumann* HdJ II/10 Anm 107).

Tantiemen. S „Gratifikationen".

Termingeschäfte. S „Devisentermingeschäfte". Zu Zinstermingeschäften § 254 Anm 80 ff; *Göttgens/Prahl* WPg 1993, 503. Für offene Termingeschäfte sind grd Rückstellungen zu bilden, wenn mit Verlusten gerechnet wird. Werden Futures Variation Margins geleistet und aktiviert, ist es zulässig, diese zunächst abzuschreiben. Bei geschlossenen Positionen (s § 254 Anm 50 ff) kann von einer Rückstellungsbildung abgesehen werden.

Überstunden. S „Gleitzeitüberhänge".

Überverzinslichkeit von Verbindlichkeiten. S § 253 Anm 60 ff.

Umsatzboni und -rabatte. S „Bonus".

Umweltschutzverpflichtungen. S „Altlastensanierung", „Altreifen", „Anpassungsverpflichtungen", „Bergschäden", „Entsorgung", „Gruben- und Schachtversatz", „Leergut", „Rekultivierung", „Wiederaufforstungskosten". Sie sind nicht einheitlich zu beurteilen. Es ist zu differenzieren nach der konkreten Verpflichtung (*Stuhr/Bock* DStR 1995, 1134; *Weber-Grellet* in Schmidt[32] § 5 Anm 550 „Umweltschutz und -schäden"), zB Anpassungspflichten nach Bundesimmissionsschutzgesetz (BImSchG; s „Anpassungsverpflichtungen"), Inspektionspflichten, Altlasten, Rekultivierungsverpflichtungen und Schadenersatzpflichten sowie nach den Rechtsgrundlagen, zB aus Zivilrecht (§§ 823, 906, 1004 BGB, Vertrag) oder öffentlichem Recht (zB Abfall-, BImSch-, Wasserhaushalts- und Umwelthaftungsgesetz und inbes allg Polizei- und Ordnungsrecht). Eine Schadstoffbelastung kann zu einer Wertminderung des VG führen, die Beseitigung zu HK. Für künftige Ausgaben ist eine Rückstellung in der HB und StB zu bilden, wenn die Schadstoffbelastung nachgewiesen ist (*Frenz* DStZ 1997, 37 mwN). So zB für den noch ausstehenden Erwerb von Emissionsberechtigungen entspr den im Gj ausgestoßenen Emissionen (BMF 6.12.2005 WPg 2006, 54; IDW RS HFA 15). Die Rspr verlangt zudem, dass durch Gesetz oder Verwaltungsakt ein inhaltlich bestimmtes Verhalten innerhalb eines bestimmten Zeitraums verlangt wird, das sanktioniert und durchsetzbar ist, die verpflichtungsbegründenden Tatsachen der zuständigen Behörde bekannt geworden sind (BFH 19.10.1993, BStBl II, 891; krit *Herzig/Köster* WiB 1995, 365; *Loose* FR 1995, 393; *Frenz* DStZ 1997, 37) und die Sanierungspflicht hinreichend konkretisiert ist (BFH 27.6.2001, DB, 1698; *Groh* StbJb 1994/95, 29).

Umzugskosten. S „Geschäftsverlegung".

Urheberrechtsverletzung. S „Patentverletzung".

Urlaub. Für die Verpflichtung des Arbeitgebers zur Gewährung von Urlaub unter Fortzahlung des Arbeitslohns (Urlaubsentgelt) ist eine Rückstellung in der HB und der StB zu bilden, soweit ein Arbeitnehmer am Bilanzstichtag den ihm bis dahin zustehenden Urlaub noch nicht genommen hat und der Urlaub im folgenden Gj nachgewährt oder abgegolten werden muss (BFH 8.7.1992, BStBl II, 911). Bei abw Gj ist die Rückstellung zeitanteilig zu bemessen (BFH 26.6.1980, BStBl II, 506). Mit der Urlaubsrückstellung sind nach dem Stichtag anfallende Personalaufwendungen zu erfassen, denen keine Arbeitsleistung gegenübersteht, weil Arbeitnehmer im abgelaufenen Gj vorgeleistet hatten (*Breidenbach* DB 1992, 2568). Die Höhe der Rückstellung bemisst sich deshalb nach dem Urlaubsentgelt (Bruttoarbeitsentgelt einschl anteiligem Weihnachtsgeld bzw sog 13. Gehalt, das der Arbeitgeber den Arbeitnehmern für die Zeit zu zahlen hat, in der diese den rückständigen Urlaub nehmen) zuzüglich der auf dieses Urlaubsentgelt entfallenden Arbeitgeberanteile zur Sozialversicherung (gesetzliche und freiwillige Arbeitgeberanteile zur Rentenversicherung, Krankenversicherung, Pflegeversicherung und Arbeitslosenversicherung). Soweit die Höhe des Urlaubsentgelts nicht im Tarifvertrag oder in Einzelverträgen geregelt ist, bemisst sie sich nach dem Bundesurlaubsgesetz (Durchschnittsverdienst der letzten 13 Wochen vor Urlaubsantritt, § 11 BundesurlaubsG). Bei der Bemessung der Rückstellung sind Änderungen des Arbeitslohnes zu berücksichtigen (notwendiger Erfüllungsbetrag). Einzubeziehen sind fest zugesagte Sondervergütungen (zB umsatzabhängige Tantiemen auf der Basis des geschätzten Umsatzes), periodisierte Anteile von Aufwendungen, die erst später ausgezahlt werden (insb Zuführungen zu Pensionsrückstellungen und zu Jubiläumsrückstellungen), Urlaubsgeld und anteilige Gemeinkosten (IDW WPg 1992, 330). Bei der Berechnung der künftigen Personalaufwendungen pro nachzugewährendem Urlaubstag ist der individuelle oder durchschnittliche Jahresaufwand zu den tatsächlichen Arbeitstagen, dh den regulären Arbeitstagen abzüglich neuem Urlaubsanspruch und zu erwartenden Ausfallzeiten (insb wegen Krankheit) in Beziehung zu setzen (IDW WPg 1992, 330; *K. Müller* DB 1993, 1582; *Tonner* DB 1992, 1594). Dagegen sieht der BFH Urlaubsrückstände nicht als Verpflichtung zur Freizeitgewährung im Folgejahr, sondern als Geldschuld an, deren Höhe sich danach bestimmt, welches Urlaubsentgelt „der Arbeitgeber hätte aufwenden müssen, wenn er seine Zahlungsverpflichtung bereits am Bilanzstichtag erfüllt hätte" (BFH 10.3.1993, BStBl II, 446; BFH 8.7.1992, BStBl II, 910). Aus dieser uE unzutreffenden Interpretation des Inhalts der Verpflichtung folgert der BFH, dass die Rückstellung nur unter Einbeziehung des Bruttoarbeitsentgelts, der Arbeitgeberanteile zur Sozialversicherung, eines Urlaubsgeldes und anderer lohnabhängigen Nebenkosten nach den Preisverhältnissen des *abgelaufenen* Gj und auf der Basis der regulären Arbeitstage zu berechnen ist (glA *Weber-Grellet* DB 1992, 2567; krit *Breidenbach* DB 1992, 2203, 2568; *K. Müller* DB 1993, 1581). Zu den Besonderheiten in der Bauwirtschaft vgl Arbeitskreis „Steuern und Revision" im BDVB DStR 1993, 661; *Feldmann* FR 1993, 190).

Verdienstsicherung. Vereinbarungen, wonach Arbeitnehmer nach Umsetzung auf Arbeitsplätze mit geringerem Vergleichsentgelt die ihrer bisherigen Tätigkeit entspr Vergütung behalten, berechtigen nach Auffassung des BFH nicht zur Bildung von Verlustrückstellungen (BFH 25.2.1986, BStBl II, 465 zur tarifvertraglichen Verdienstsicherung für ältere Arbeitnehmer; BFH 16.12.1987, BStBl II 1988, 338 zu einer einzelvertraglichen Verdienstsicherung bei rationalisierungsbedingter Umsetzung von Arbeitnehmern). Begründet wird dies iW damit, dass der Wert der Arbeitsleistung weder als Beitrag zum Gesamterfolg des Unt noch im Vergleich mit der Vergütung anderer Arbeitnehmer an gleichen Arbeitsplätzen feststellbar ist (glA *Döllerer* DStR 1987, 69; *Mathiak* StuW 1986,

290; 1988, 295). Aus den in IDW RS HFA 4 Tz 32 genannten Gründen können in Fällen der Verdienstsicherung Drohverlustrückstellungen auch in der HB nur bei völlig fehlendem oder sehr geringem Wert der Gegenleistung gebildet werden (glA *WPH*[14] I, E Anm 215).

Verlustausgleichsverpflichtungen. Hat in einem qualifiziert faktischen Konzern das herrschende Unt nach § 302 AktG analog einen bis zu dessen Bilanzstichtag bei der abhängigen Ges entstandenen Verlust auszugleichen, muss es hierfür in der HB und StB eine Verbindlichkeitsrückstellung bilden (*Knepper* DStR 1993, 1614; *Knobbe-Keuk* DB 1992, 1462; aA *Hahn* in FS L. Schmidt, 670, weil die Inanspruchnahme auf Grund gleichlaufender Interessen von herrschendem und abhängigem Unt nicht wahrscheinlich sei). Für noch nicht entstandene Verluste darf mangels wirtschaftlicher Verursachung keine Rückstellung gebildet werden (aA *Kraft/Kraft* BB 1992, 2466 f, die auch auf in der Vergangenheit getroffenen Maßnahmen des herrschenden Unt beruhende zukünftige Verluste für rückstellungspflichtig halten; wohl auch *W. Müller* in FS Kropff, 527, *WPH*[14] I, E Anm 216). Die Bildung einer Rückstellung für noch nicht entstandene Verluste kann aber nur vertreten werden, wenn die vom BGH entwickelten Voraussetzungen einer Konzernhaftung (zB BGH 29.3.1993, DB, 825 – „TBB"; dazu statt vieler *Lutter* DB 1994, 129) mit überwiegender Wahrscheinlichkeit erfüllt sind. Dies dürfte regelmäßig nur schwer feststellbar sein (hierzu *Oser* WPg 1994, 317). Steuerrechtlich erfüllt der Verlustausgleich die Voraussetzungen einer verdeckten Einlage (hierzu *Döllerer* in FS L. Schmidt, 532 ff; *Knepper* DStR 1993, 1615).

Nach § 6 Abs 6 S 2 EStG erhöhen sich die AK der Bet um den Teilwert des eingelegten VG. In einem zweiten Schritt kann eine TW-Abschreibung in Betracht kommen (auf die steuerl aber verzichtet werden kann, vgl auch BFH 16.5.1990 IR 96/88, BStBl II 1990, 797); insofern nur in der HB aufwandswirksam.

Verlustübernahme. Bei Beherrschungs- und/oder Gewinnabführungsverträgen ebenso in den Fällen des § 264 Abs 3 Nr 2 hat das MU *handelsrechtlich* für den beim TU bis zum Bilanzstichtag des MU angefallenen Verlust eine Rückstellung für ungewisse Verbindlichkeiten oder bereits eine Verbindlichkeit zu passivieren (hierzu *Kropff* in FS Döllerer, 358 ff). Liegt bei unterschiedlichen Abschlussstichtagen kein Zwischenabschluss des TU vor, muss der bis zum Bilanzstichtag des MU beim TU angefallene Verlust geschätzt werden.

Steuerrechtlich darf der Organträger wegen der Verlustübernahme durch Einkommenszurechnung (§ 14 KStG) keine Rückstellung für die Verpflichtung zur Verlustübernahme bilden (*Weber-Grellet* in Schmidt[32] § 5 Anm 550 „Verlustübernahme"; KStR A 58 Abs 2; zur Kritik *Raupach/Clausen* BB 1974, 689; aA *Kusterer* DStR 1996, 114).

Für darüber hinaus *drohende* Verlustübernahmen darf auch handelsbilanziell keine Rückstellung gebildet werden. Rückstellungen für drohende Verluste aus schwebenden Geschäften scheiden aus, weil Beherrschungs- und/oder Gewinnabführungsverträge keine „Geschäfte" mit Leistung und Gegenleistung sind, sondern gesrechtliche Organisationsverträge (ebenso IDW RS HFA 4 Tz 4; *Kropff* in FS Döllerer, 352 ff; aA *Kusterer* DStR 1996, 114; *Forster* in FS Stimpel, 762/765: Rückstellung für in einem Zeitraum, in dem der Vertrag rechtlich oder faktisch unkündbar ist, drohende Verluste; *ADS*[6] § 277 Anm 72: bei überlappenden Gj Berücksichtigung des vollen Verlustes des am Bilanzstichtag des MU lfd Gj des TU). Dies gilt auch dann, wenn zum Bilanzstichtag des MU nicht damit gerechnet werden kann, dass das TU innerhalb der voraussichtlichen Laufzeit des EAV jemals die Gewinnschwelle erreichen wird.

Verlustübernahmeverpflichtungen aus Beherrschungs- und/oder Gewinnabführungsverträgen sind für die Beurteilung der Finanzlage von wesentlicher Bedeutung, so dass eine *Anhangangabe* nach § 285 Nr 3a Anm 66 zu erfolgen hat, sofern sie nicht passiviert sind. Dies gilt auch dann, wenn das MU keine künftige Inanspruchnahme erwartet, da es für die Beurteilung der Finanzlage des MU nicht auf die Wahrscheinlichkeit eines Verlustausgleichs ankommt, sondern auf die grds Tatsache des Bestehens einer solchen Verpflichtung. Ergibt die vom MU vorzunehmende Einschätzung der kumulierten künftigen Ergebnisabführungen und Verlustausgleiche insgesamt einen negativen Saldo, der in seinem Umfang von wesentlicher Bedeutung für die VFE-Lage des MU ist, so ist auf Grund § 285 Nr 3a und § 264 Abs 2 S 2 neben einer verbalen Beschreibung im Anhang auch die betragsmäßige Auswirkung anzugeben. Für die Ermittlung dieses Saldos ist die angenommene Laufzeit des UntVertrags von Bedeutung: Bei (idR aus steuerrechtlichen Gründen) zB für einen Zeitraum von 5 Jahren abgeschlossenen EAV (mit anschließender unbefristeter Verlängerung bei beiderseitigem Kündigungsrecht) hat eine entspr Anhangangabe für mittelfristig zu erwartende Verluste des TU auch dann zu erfolgen, wenn erst nach einem längerfristigen Zeitraum (nach Ablauf der Mindestlaufzeit des UntVertrags) mit Erreichen der Gewinnschwelle durch das TU zu rechnen ist.

Neben Bildung der Verbindlichkeitsrückstellung (für im Gj zu übernehmende Verluste) und Anhangangabe (für in Zukunft mögliche Verluste) ist bei zu erwartender längerfristiger Ertraglosigkeit des TU unabhängig davon das Erfordernis einer Abschreibung auf den niedrigeren beizulegenden Wert zu prüfen (§ 253 Anm 460).

Verurteilung, strafrechtliche. S „Strafe".
Verwaltungskosten. Für betriebliche Altersversorgung s Anm 163.
Vorruhestandsgeld. Zur Ausweisdiskussion vgl *Melcher/David/Skowronek* Rückstellungen in der Praxis, 355 ff: Ausweis ist abhängig von der konkreten Zwecksetzung. Verpflichtungen zu Vorruhestandsleistungen sind in HB und StB passivierungspflichtig. Die Rückstellung ist um voraussichtliche Zuschüsse zu kürzen, wenn sie hinreichend sicher und konkretisiert sind (*Weber-Grellet* in Schmidt[32] § 5 Anm 550 nmN). Dh die lediglich „voraussichtlichen" Zuschüsse sind nicht rückstellungsmindernd zu berücksichtigen (s auch IDW ERS HFA 3 nF Tz 24 sowie Beck, § 249, Tz 100 Stichwort Altersteilzeit § 6 Abs 1 Nr 3.
Währungsswap. S „Swapgeschäfte".
Wandlung. Nunmehr Rücktritt nach § 437 Nr 2 BGB; s „Gewährleistung".
Wartungsvertrag. S „Instandhaltung".
Wechselobligo. Wegen des Risikos der wechselrechtlichen Haftung für am Bilanzstichtag weitergegebene, noch nicht eingelöste Wechsel sind Rückstellungen in HB und StB zu bilden (BFH 7.5.1998, DStRE, 914). In Frage kommen Einzel- und Pauschalrückstellungen. Steuerrechtlich wird eine Rückstellung nicht anerkannt, soweit der Wechsel bei Bilanzaufstellung eingelöst ist (BFH 19.12.1972, BStBl II 1973, 218: auch bei pauschaler Bewertung). Bei der Pauschalrückstellung nach Maßgabe eines Prozentsatzes auf den Gesamtbetrag der am Bilanzstichtag weitergegebenen Wechsel, für die das Pauschalverfahren angewendet wird, darf die Rückstellung nach Auffassung der FinVerw die Summe der bei Bilanzaufstellung noch nicht eingelösten Wechsel nicht übersteigen (BMF 29.4.1974, DB, 848).
Weihnachtsgratifikation. Die Verpflichtung zur Zahlung eines Weihnachtsgeldes kann auf Tarifvertrag, Betriebsvereinbarung, Einzelvertrag oder mehrmaliger vorbehaltloser Zahlung beruhen. Eine am Bilanzstichtag noch nicht ausgezahlte Weihnachtsgratifikation für das vergangene Gj ist in HB und StB zu passivieren. Bei abw Gj darf nur der Betrag angesetzt werden, der bei zeitproportionaler Aufteilung des Weihnachtsgeldes auf die Zeit vor dem Bilanzstichtag entfällt (BFH 26.6.1980, BStBl II, 506). Besteht über Grund und Höhe der Ver-

pflichtung Sicherheit, ist die Verpflichtung unter den sonstigen Verbindlichkeiten auszuweisen.
Wiederaufbereitung. S „Recycling".
Wiederaufforstungskosten. Zu Wiederaufforstungskosten und der Rekultivierungsverpflichtung des Forstbetriebs und der Mülldeponie BMF 25.7.2005 DStR 2005, 1529; Schindler BB 1985, 239.
Windkraft-Energie-Übernahmeverpflichtungen. Nicht rückstellbar (*Weber-Grellet* in Schmidt[32] § 5 Anm 550).
Zinsen auf Steuernachforderungen. Soweit sich das Risiko von Steuernachforderungen hinreichend konkretisiert hat (s „Betriebsprüfungsrisiko"), sind auch darauf nach § 233a AO anfallende Zinsen zu passivieren. Die Zinsen müssen für am Bilanzstichtag zurückliegende Zeiträume erhoben werden. Zukünftige Zinsen sind in die Ermittlung des nominalen Verpflichtungsbetrags mit einzubeziehen. In der Literatur sind teilweise Gegenmeinungen zu finden (IDW RS HFA 34 Tz 34, 35; BFH 8.11.2000 WPg 2001, 506; abzulehnen OFD *Münster* 2.6.1993, DB, 1447, wonach frühestens 15 Monate nach Ablauf des Kj, in dem die Steuernachforderung entstanden ist, zurückgestellt werden dürfte). Keine Passivierung von Hinterziehungszinsen BFH 16.2.1995, BStBl II 1996, 592.

Für die StB dürfen nur steuerlich abzugsfähige Zinsen berücksichtigt werden (BFH 8.11.2000, WPg 2001, 506). Nach § 10 Nr 2 KStG, § 12 Nr 3 EStG sind Zinsen auf Steuernachforderungen jedoch nicht abzugsfähig, daher erfolgt keine Rückstellung in der StB.
Zinsswap. S „Swapgeschäfte".
Zinszahlungen. Zinszahlungsverpflichtungen sind nur für die Zeitspanne bis zum Bilanzstichtag zurückzustellen (BFH 6.12.1995, BStBl II 1996, 406), soweit es sich nicht ohnehin um Verbindlichkeiten handelt. Zudem sind Zinsen in die Berechnung des Erfüllungsbetrags mit einzubeziehen.
Zuweisungen an Unterstützungskassen. S Anm 252.
Zuwendungen, bedingt rückzahlbare. Soweit Zuwendungen aus künftigen Gewinnen des Unt zurückzuzahlen sind (zB Sanierungszuschüsse), muss im Gj der Gewinnerzielung eine Verbindlichkeit angesetzt werden (HFA 1/1984, WPg, 614). Ist die Rückzahlung an einen Erlös bzw Erfolg aus dem geförderten Vorhaben geknüpft, ist die Rückzahlungsverpflichtung als solche erst dann zu passivieren, wenn der maßgebliche Erfolg eingetreten ist.

C. Rückstellungen für unterlassene Instandhaltung (Abs 1 S 2 Nr 1)

I. Allgemeines

101 S. auch Tz 301, IDW RH HFA 1.016.
Die Rückstellungen für unterlassene Instandhaltung dienen nur zur Erfassung solcher künftiger Aufwendungen, für die am Bilanzstichtag keine Verpflichtung ggü einem Fremden besteht, sog. **Innenverpflichtungen.** Es handelt sich insoweit um **Aufwandsrückstellungen** (Anm 4). Für unterlassene Aufwendungen für Instandhaltung, zu deren Vornahme das Unt ggü Fremden verpflichtet ist (zB an fremden VG als Mieter und an eigenen VG als Vermieter), kommen Rückstellungen für ungewisse Verbindlichkeiten in Betracht (ADS[6] § 249 Anm 166; *Sundermeier* BB 1993, 825). **Aufwand** iSv Abs 1 Nr 1 ist ein erfolgswirksamer Güterverbrauch (ADS[6] § 249 Anm 167), dessen Ergebnisauswirkung antizipiert wird. **Instandhaltung** iSv Abs 1 meint wiederkehrende Instandsetzungsmaß-

nahmen, Wartung und Inspektion von VG des Anlagevermögens (*ADS*[6] § 249 Anm 168). Wurde der Komponentenansatz für eine wesentliche Komponente (die austauschbar ist) bei Anschaffung eines VG gewählt und entfallen die Instandhaltungen gerade auf diese Komponente, so sind gerade Instandhaltungen nicht rückstellungspflichtig.

In Fällen unterlassener Instandhaltung kann auch eine **außerplanmäßige** 102 **Abschreibung** auf den niedrigeren beizulegenden Wert nach § 253 Abs 3 S 3 bzw eine **Teilwertabschreibung** nach § 6 Abs 1 Nr 1 EStG in Frage kommen, allerdings nur, wenn eine dauerhafte Wertminderung vorliegt (zum Konkurrenzverhältnis vgl Anm 66 ff; aA *ADS*[6] § 249 Anm 170: lex spezialis). **Aktivierungspflichtiger Erhaltungsaufwand** ist nicht rückstellungsfähig (*ADS*[6] § 249 Anm 175 mwN).

Unterlassene Instandhaltungen kommen hauptsächlich bei **abnutzbaren Sach-** 103 **anlagen** vor, können aber auch **immaterielle Vermögensgegenstände** betreffen, zB im Fall der unterlassenen Pflege von Software. Dabei wird für die Rückstellungsbildung die Aktivierung bzw Aktivierungsfähigkeit bestimmter selbst geschaffener immaterieller VG des AV gem § 248 Abs 2 nicht vorausgesetzt.

II. Bildung in der Handelsbilanz

Rückstellungen für im Gj unterlassene Aufwendungen für Instandhaltung, die 104 im folgenden Gj innerhalb von **drei Monaten** nachgeholt werden, müssen passiviert werden (Abs 1 S 2 Nr 1).

Die Bildung der Rückstellung ist an **drei Voraussetzungen** geknüpft:
(1) Der Aufwand für Instandhaltung muss **unterlassen** worden sein. Das ist 105 der Fall, wenn die Instandhaltungsmaßnahme aus betrieblichen Gründen schon vor dem Bilanzstichtag geboten war, zB wenn Anlagen oder Maschinen nach Wartungsplan vor dem Bilanzstichtag zu überholen gewesen wären oder reparaturbedürftig waren. Aufwendungen für Instandhaltung sind nicht unterlassen worden, wenn nur später nach weiterem Gebrauch Instandhaltungsmaßnahmen durchzuführen sein werden.
(2) Der Aufwand muss **im letzten Gj unterlassen** worden sein. Eine Nach- 106 holung für in früheren GJ unterlassenen Aufwand ist aber zulässig bzw. geboten, wenn die Unterlassung auch das letzte GJ betrifft (*WPH*[14] I, E Anm 261).
(3) Die Aufwendungen müssen **innerhalb von drei Monaten nach dem** 107 **Bilanzstichtag nachgeholt werden** (Abs 1 S 2 Nr 1). Die Arbeiten können durch das Unt selbst oder durch Dritte ausgeführt werden. Eine Nachholung liegt nur dann vor, wenn die entspr Arbeiten in der vorgeschriebenen Zeit abgeschlossen werden (*ADS*[6] § 249 Anm 178). Ist die Instandhaltung bei Aufstellung der Bilanz noch nicht durchgeführt, kommt es für die Bildung der Rückstellung darauf an, ob die Nachholung im Dreimonatszeitraum noch möglich erscheint.

Im Vj zulässigerweise gebildete Rückstellungen, die im folgenden GJ nicht in Anspruch genommen wurden sind aufzulösen.

Für Rückstellungen für unterlassene Instandhaltung ist ein gesonderter **Aus-** 108 **weis** nicht vorgeschrieben (*ADS*[6] § 249 Anm 179; *Mayer-Wegelin/Kessler/Höfer* in HdR[5] § 249 Anm 74). Anhangabe bei Wesentlichkeit für KapGes/KapCo Ges § 285 Nr 12 Anm 240 f.

III. Bildung in der Steuerbilanz

Abs 1 S 2 Nr 1 gilt über das Maßgeblichkeitsprinzip (§ 5 Abs 1 EStG) auch für 109 die StB. Danach sind Rückstellungen für unterlassene Instandhaltung, die innerhalb von drei Monaten nach dem Bilanzstichtag nachgeholt wird, unter den in Anm 105 ff erläuterten Voraussetzungen steuerrechtlich anzuerkennen (EStR R 5.7 (11)).

D. Rückstellungen für Abraumbeseitigung (Abs 1 S 2 Nr 1)

111 Nach Abs 1 S 2 Nr 1 sind Rückstellungen für im Gj unterlassene Aufwendungen für Abraumbeseitigung, die im folgenden Gj nachgeholt werden, zu bilden. Diese Sonderregelung gilt nur für unterlassene Abraumbeseitigung ohne (öffentlich-)rechtliche Verpflichtung. Insoweit handelt es sich um eine Aufwandsrückstellung (Anm 305), für die eine **Passivierungspflicht** besteht. Besteht eine (öffentlich-) rechtliche Verpflichtung zur Abraumbeseitigung, ist eine Verpflichtungsrückstellung nach Abs 1 S 1 auch dann zu bilden, wenn die Abraumbeseitigung in einem früheren Gj unterlassen und/oder die Nachholung in einem späteren Gj erfolgen soll (EStR R 5.7 (11)); *ADS*[6] § 249 Anm 180 mwN; zu den Besonderheiten des Braunkohlebergbaus *Krämer* BFuP 1987, 348). Nach dem Wortlaut des Gesetzes könnte nur eine Rückstellung für im Gj unterlassene Aufwendungen gebildet werden, nicht aber wenn im Vj die Abraumbeseitigung unterlassen wurde. Für eine extensive Auslegung mit der Folge, dass auch für die bereits im Vj unterlassene Abraumbeseitigung eine Rückstellungspflicht anzunehmen ist *ADS*[6] § 249 Anm 181. Nach dem Maßgeblichkeitsprinzip ist die Rückstellung für Abraumbeseitigung auch steuerrechtlich anzusetzen (EStR R 5.7 (11)).

E. Rückstellungen für Gewährleistungen, die ohne rechtliche Verpflichtung erbracht werden (Abs 1 S 2 Nr 2)

I. Bildung in der Handelsbilanz

112 Zu passivieren sind nicht nur rechtliche Verpflichtungen, sondern auch **faktische Verpflichtungen,** denen sich das Unt, ohne rechtlich zu einer Leistung gezwungen zu sein, nicht entziehen kann (dazu Anm 31). Abs 1 S 2 Nr 2 schreibt die Passivierung für den Fall der Gewährleistungen ohne rechtliche Verpflichtung eigens vor. Der Regelung hätte es für die HB nicht bedurft, da faktische Verpflichtungen ohnehin unter die nach Abs 1 S 1 zu passivierenden ungewissen Verbindlichkeiten fallen. Die Vorschrift wurde zur steuerrechtlichen Anerkennung der Rückstellung aufgenommen.

113 Nicht jede künftige Kulanzleistung darf nach Abs 1 S 2 Nr 2 zurückgestellt werden. Eine die Passivierung begründende faktische Verpflichtung liegt nur vor, wenn der Gewährleistungsaufwand iZm einer vorangegangenen Lfg oder Leistung durch den bilanzierenden Kfm selbst steht (weniger eng *ADS*[6] § 249 Anm 184). **Voraussetzung** für die Passivierung ist also

1. die Behebung von Mängeln an eigenen Lfg und Leistungen und
2. dass es sich um Mängel handelt, die (wie zB Material- und Funktionsfehler) dem Verkäufer angelastet werden können und nicht etwa auf natürlichen Verschleiß oder unsachgemäße Behandlung zurückzuführen sind (so auch BFH 10.12.1992, BStBl II 1994, 159; BFH 6.4.1965, BStBl III, 383; einschränkend *ADS*[6] § 249 Anm 184).

Für die Bildung von **Rückstellungen für Kulanzleistungen** kommen danach nur Gewährleistungen in Frage, die nach Ablauf der vereinbarten oder gesetzlichen Garantiefrist oder über das vertraglich oder gesetzlich erforderliche Maß hinaus erbracht werden müssen. Zur Frage der Intensität der Verpflichtung s Anm 31.

Ohne den Zusammenhang mit vorangegangenen Lfg oder Leistungen kann eine faktische Verpflichtung nicht angenommen werden. „**Reine Gefälligkeitsarbeiten**" dienen allein der Kundenpflege und -werbung und sind nicht rückstellungsfähig. Die Bildung einer Rückstellung für Kulanzleistungen ist nicht auf eigene Lieferungen oder Leistungen beschränkt. Auch das Bestehen einer faktischen Verpflichtung des Kfm, bspw für Gewährleistungsverpflichtungen für KonzernUnt, führt zur Rückstellungspflicht (s *ADS*[6] § 249 Anm 184).

Die Rückstellung braucht **nicht gesondert ausgewiesen** zu werden, bei Wesentlichkeit muss jedoch nach § 285 Nr 12 eine Anhangsangabe gemacht werden.

II. Bildung in der Steuerbilanz

Für die Bildung von Rückstellungen für Gewährleistungen ohne rechtliche Verpflichtung in der StB gelten die in Anm 113f für die HB dargestellten Grundsätze gleichermaßen. **Voraussetzung** für die Passivierung ist das Vorliegen einer sittlichen oder wirtschaftlichen Verpflichtung, „der sich der Unternehmer nicht entziehen zu können glaubt" (BFH 6.4.1965, BStBl III, 383; EStR H 5.7 (5): aus geschäftlichen Erwägungen; zur Gleichsetzung wirtschaftlicher mit sittlichen Verpflichtungen BFH 29.5.1956, BStBl III, 212).

Das Bestehen einer faktischen Gewährleistungsverpflichtung am Bilanzstichtag ist durch nachprüfbare Darlegungen über in der Vergangenheit erbrachte Kulanzleistungen **nachzuweisen** (BFH 20.11.1962, BStBl III 1963, 113).

Eine **faktische Verpflichtung** kann nur zur Behebung von Mängeln an eigenen Lfg und Leistungen bestehen, nicht etwa auch zur Behebung von Mängeln an von Dritten erworbenen Produkten. Der auf Kosten des Unt zu behebende Mangel darf außerdem nicht auf natürlichen Verschleiß oder unsachgemäße Behandlung zurückzuführen sein, sondern muss dem Verkäufer angelastet werden können (BFH 6.4.1965, BStBl III, 383).

F. Rückstellungen für Pensionen und ähnliche Verpflichtungen

Schrifttum: *ABA Arbeitsgemeinschaft für betriebliche Altersversorgung* Handbuch der betrieblichen Altersversorgung Heidelberg LB; *Ahrend/Förster/Rößler* Steuerrecht der betrieblichen Altersversorgung Köln LB; *Höfer* Gesetz zur Verbesserung der betrieblichen Altersversorgung Bd I Arbeitsrecht und Bd II Steuerrecht München LB; HFA 3/1993 Zur Bilanzierung und Prüfung der Anpassungspflicht von Betriebsrenten WPg 1994, 24; HFA Zur Übernahme von Versorgungsverpflichtungen nach FAS 106 in einen nach handelsrechtlichen Grundsätzen aufzustellenden Konzernabschluss WPg 1994, 26; *Blomeyer/Rolfs/ Otto* Gesetz zur Verbesserung der betrieblichen Altersversorgung 4. Aufl München 2006; *Rhiel/Veit* Auswirkungen des BilMoG bei der Bilanzierung von Pensionsrückstellungen PiR 2009, 167; *Hasenburg/Hausen* Zur Bilanzierung von Altersversorgungsverpflichtungen nach BilMoG DB Beilage 5 2009, 38; *Dörfler/Adrian* Steuerbilanzrechtliche Auswirkungen DB Beilage 5 2009, 58; *Herzig* Abweichungen zwischen Handels- und Steuerbilanz nach dem BilMoG BetrAV 2009, 289; *Höfer/Rhiel/Veit* Die Rechnungslegung für betriebliche Altersversorgung im Bilanzrechtsmodernisierungsgesetz (BilMoG) DB 2009, 1605; *Lucius/ Thurnes* Bilanzierung von Altersversorgungsverpflichtungen in der Handelsbilanz nach

IDW RS HFA 30 BB 2010, 3014; *Höfer* Pensionsrückstellungen in der Steuerbilanz DB 2011, 140; *Bertram/Johannleweling/Roß/Weiser* Handelsrechtliche Bilanzierung von Altersversorgungsverpflichtungen nach IDW RS HFA 30 Wpg 2011, 57; *Höfer* Bilanzierung und Bewertung entgeltlich übernommener Versorgungsverpflichtungen DB 2012, 2130; *Rhiel* Altersgrenze 65 versus Regelaltersgrenze in der bAV – Anmerkungen zum BAG-Urteil vom 15.5.2012 BetrAV 2012, 610; *Oser* Aktuelle Entwicklungen in der betrieblichen Altersversorgung aus Sicht der Wirtschaftsprüfung BetrAV 2012, 384.

Standards: IDW RS HFA 23 (Stand 24.4.2009) Bilanzierung und Bewertung von Pensionsverpflichtungen gegenüber Beamten und deren Hinterbliebenen; IDW RS HFA 28 (Stand 9.9.2010) Übergangsregelungen des Bilanzrechtsmodernisierungsgesetzes; IDW RS HFA 30 (Stand 10.6.2011) Handelsrechtliche Bilanzierung von Altersversorgungsverpflichtungen; IDW RS HFA 2 (Stand 6.6.2012) Einzelfragen zur Anwendung von IFRS.

I. Begriff der Rückstellungen für Pensionen und ähnliche Verpflichtungen

1. Begriff der Pensionsrückstellung

151 Die Pensionsrückstellung stellt nach § 253 den (abgezinsten) Betrag dar, der gem vernünftiger kfm Beurteilung vom Unt zur Erfüllung der künftigen Pensionszahlungen und ähnlichen Versorgungsleistungen wahrscheinlich notwendig sein wird. Unter den Voraussetzungen des § 246 Abs 2 sind dem Zweck der BetrAV exklusiv gewidmete VG mit den entspr Verpflichtungen zu verrechnen. Pensionsrückstellungen können gem den Art 28, 48, 67 EGHGB auch nicht ausgewiesen sein. Wegen der in § 6a EStG bestehenden Restriktionen für die steuerrechtliche Rückstellungsbildung unterscheiden sich idR die Pensionsrückstellungen in der HB und der StB (Anm 161).

Da Pensionsverpflichtungen den ungewissen Verbindlichkeiten zuzuordnen sind, besteht gem Abs 1 S 1 iVm Art 28 Abs 1 S 1 EGHGB Passivierungspflicht, wenn der Pensionsberechtigte erstmals nach dem 31.12.1986 einen Rechtsanspruch erworben hat (sog Neuzusagen). Für unmittelbare Pensionszusagen, die vor dem 1.1.1987 erteilt wurden (sog Altzusagen), sowie für sämtliche mittelbaren und ähnlichen Pensionsverpflichtungen besteht ein Passivierungswahlrecht mit Angabe des Fehlbetrags im Anhang von KapGes/KapCoGes (Anm 256). Zum Ausweis von Pensionsverpflichtungen s § 266 Anm 200–205 (Bilanzausweis) und § 275 Anm 135, 137 f (GuV-Ausweis).

a) Arten von Pensionsverpflichtungen

152 Bei den Pensionsverpflichtungen kann es sich um lfd zu zahlende Pensionen **(laufende Pensionen)** oder um **Einmalzahlungen** (auf Grund von Kapitalzusagen) handeln. Zu den **Merkmalen** einer BetrAV gehören ausschließlich das Versprechen einer Leistung zum **Zweck der Versorgung,** ein den Versorgungsanspruch auslösendes Ereignis wie Alter, Invalidität oder Tod sowie die Zusage an einen Arbeitnehmer (oä Person wie zB Organmitglieder, Berater) durch einen Arbeitgeber (bzw Dienst- oder Auftraggeber) aus Anlass eines Arbeits- bzw Dienst- oder Auftragsverhältnisses oä (BAG 8.5.1990 DB, 2375 und v 26.6.1990 DB, 2475 u IDW RS HFA 30 Tz 6 ff).

Pensionsverpflichtungen bestehen meist auf Grund einer unmittelbaren Zusage zur Zahlung lfd Bezüge **versorgungshalber** (Pensionen, Ruhegelder, Renten) an Stelle oder zusätzlich zu Renten aus der Sozialversicherung oder zu Versorgungszahlungen aus einem öffentlich-rechtlichen Dienstverhältnis. Die Versorgungsbezüge können auch lfd Sachleistungen (zB Deputate) sein. Zu Beihilfen zu Krankenversicherungsbeiträgen bzw Krankheitskosten der Betriebsrentner s Anm 162.

Die Pensionen werden fällig bei Invalidität (Erwerbs- oder Berufsunfähigkeit; in der gesetzlichen Rentenversicherung werden die Begriffe volle oder teilweise Erwerbsminderung gebraucht, § 43 SGB VI) oder Erreichen der vorgesehenen Altersgrenzen (feste zB 60/65/67 Jahre, Regelaltersgrenze von künftig 67 Jahren oder vorgezogene Altersgrenzen gem Sozialversicherungsrecht) oder Tod (auslösende biometrische Ereignisse) und werden in der Regel **lebenslänglich** bis zum Tode des Empfängers (Versorgungsberechtigten) oder der hinterbliebenen Witwen/Witwer/Waisen gezahlt (zu Witwerrenten Anm 187). Die Versorgungszahlungen können aber auch **befristet** gezahlt werden, was insb bei Waisen-, Vollwaisen-, Kinder- und Erziehungsrenten die Regel ist oder auch bei Entgeltumwandlungszusagen (sog deferred compensation Modelle) vorkommt. Eine Pensionszahlung kann aber auch aus anderen vertraglich vereinbarten Gründen ausgelöst werden, zB bei Nichtverlängerung oder vorzeitiger Beendigung von Anstellungs- und/oder Organ-Bestellungsverträgen, auch wenn es sich dann insoweit nicht um *insolvenzgesicherte* Leistungen der BetrAV handelt (wie zB bei Altersrenten vor Vollendung des 60. Lebensjahrs). 153

Wesentliches Merkmal von lfd Pensionen ist, dass sie **versorgungshalber** gezahlt werden und eine Gegenleistung vom Empfänger nicht mehr erbracht wird; materiell handelt es sich auch dann um Pensionen, wenn sie zB als **Übergangsgelder/-zahlungen, Treuezahlungen, Abfindungen** oder **Auslandszuschläge** zur Pension bezeichnet werden, diese aber wie Pensionen bei Eintritt der erwähnten biologischen Ereignisse fällig werden (vgl BAG 18.3.2003 DB 2004, 1624 zu Übergangszahlungen). Regelmäßig muss das Arbeitsverhältnis rechtlich beendet und die lfd Gehaltszahlung eingestellt sein, bevor die lfd Pensionszahlung einsetzt. In den ersten drei oder sechs Monaten nach Beendigung des Arbeitsverhältnisses infolge Pensionierung werden die Pensionen vielfach zur Erleichterung des Übertritts in den Ruhestand auf die letzten Gehaltsbezüge aufgestockt. Die Differenz zwischen letztem Gehalt und bereits fälliger Pension ist eine zusätzliche Versorgungslast **(Übergangsbezüge)** (FinMin BaWü 30.6. 1982, BetrAV 1983, 45 Rückstellungsfähigkeit von Überbrückungsgeldern nach § 6a EStG; 22.4.1986, BetrAV, 162; BMF 13.3.1987 DB, 716). Überbrückungsgelder („Gnadenbezüge") beim Tod eines Rentners sind im Allgemeinen geringfügig und werden daher idR nicht bewertet; nach BdF 9.4.1984 (BStBl 260) soll steuerrechtlich wegen Berücksichtigung der vorschüssigen Zahlungsweise trotz nachschüssiger Rentenzahlung, wie es regelmäßig der Fall ist, keine zusätzliche Rückstellung für eine vereinbarte Rentenfortzahlung (Überbrückungsgeld) bis zu 4 Monaten bei Tod eines Rentners berücksichtigt werden. Weitere Versorgungsverpflichtungen können nach Auffassung der FinVerw **Vorruhestandsgelder** sein (BStBl I 1984, 518), aA jedoch HFA (zur bilanziellen Behandlung von Leistungsverpflichtungen aus Vorruhestandsregelungen, WPg 1984, 331), der sie als **Abfindungszahlungen** betrachtet, was zutreffend ist (glA auch *ADS*[6] § 249 Anm 116 mwN). 154

Im Rahmen von **Altersteilzeitregelungen** (ausführlicher Anm 100) vereinbarte Gehaltsaufstockungen und zusätzliche Beiträge zur Sozialversicherung stellen in den meisten Fällen (handelsrechtlich grds rückstellungspflichtige) Abfindungen für die partielle Aufgabe des Arbeitsplatzes dar, wobei nach Tz 7 ff in IDW RS HFA 3 der wirtschaftliche Gehalt der Aufstockungen im Einzelfall zu analysieren ist und in heutigen ATZ-Vereinbarungen nicht mehr generell eine Qualifizierung als Abfindung (sondern als zusätzliche Entlohnung mit über den Entlohnungszeitraum aufzubauender Rückstellung) sachgerecht ist.

Die Versorgung kann auch als **Einmalzahlung** eines Kapitalbetrags **(Kapitalzusage)** bei Eintritt des Versorgungsfalls bewirkt werden. Obwohl die Kapitalzahlung lohnsteuerrechtlich weniger günstig für den Empfänger ist als eine lfd 155

Pensionszahlung, haben die Kapitalzahlungen seit Ergehen des BetrAVG im Jahre 1974 zugenommen, weil bei ihnen eine **Anpassungsprüfung** alle drei Jahre nach § 16 BetrAVG – im Gegensatz zur Anpassung lfd Pensionen – entfällt (und auch weitere Verwaltungs- und Insolvenzsicherungskosten nicht anfallen).

156 Solange der Pensionsfall noch nicht eingetreten ist, besteht nur eine **Anwartschaft** auf lfd oder einmalige Versorgungszahlungen, die sich im Zeitpunkt des Versorgungsfalls zum dann **fälligen Anspruch** verdichtet.

157 Charakteristisch für eine Pensionsverpflichtung ist, dass der Verpflichtete aus **eigenen Mitteln** an den Pensionsberechtigten im Pensionsfall leistet. Jedoch ist diese Abgrenzung dann nicht mehr eindeutig, wenn die Pensionszusage an Stelle eines Gehalts- oder Sonderzahlungsbestandteils oder einer Gehaltserhöhung (sog **arbeitnehmerfinanzierte Pensionszusagen** oder **Entgeltumwandlung**) gewährt wird, was auch steuerrechtlich (zB BMF 20.1.2009 BStBl I 273, Rz 190ff) anerkannt wird. Nach § 1b BetrAVG liegt grds auch Insolvenzschutz vor. Wegen Pensionszusagen an **Nicht-Arbeitnehmer** (zB Organmitglieder, Berater, Handelsvertreter) Anm 240.

b) Entstehung von Pensionsverpflichtungen

158 Rechtlich entsteht eine Pensionsverpflichtung **dem Grunde nach** durch **Einzelvertrag** (Pensionszusage) oder **Gesamtzusage** (Pensions- oder Versorgungsordnung, einheitsvertragliche Zusagen) an eine Personengesamtheit, **Betriebsvereinbarung** (§ 87 BetrVG), **Tarifvertrag** oder **Besoldungsordnung** (unmittelbare Versorgungszusage durch den Arbeitgeber). Sie kann aber auch auf **Gesetz** (zB Beamtenversorgungsgesetz), **Gerichtsurteil** und **betrieblicher Übung** oder **Gleichbehandlung** (vgl BAG 25.5.2004 – 3 AZR 15/03) beruhen (§ 1b BetrAVG; wegen der steuerrechtlichen Anerkennung vgl aber Anm 186). Änderungen bedürfen idR der Zustimmung der Vertragspartner. Auch durch Versorgungsausgleich können (beim Ausgleichsberechtigten) Pensionsverpflichtungen entstehen bzw (beim Ausgleichsverpflichteten) verändert werden (vgl BMF 12.11.2010, DB, 2585).

Wird eine Versorgungsleistung lediglich unverbindlich in Aussicht gestellt oder von einem ungewissen Ereignis abhängig gemacht, dessen Eintritt vom Arbeitgeber bestimmt werden kann (zB Erreichen einer bestimmten Stellung im Betrieb), besteht noch keine nach § 249 rückstellungspflichtige Anwartschaft (IDW RS HFA 30 Tz 19). **Mündliche Zusagen** stehen handelsrechtlich schriftlichen Zusagen gleich, jedoch ist die Schriftform steuerrechtlich nach § 6a EStG Voraussetzung für die Rückstellungsbildung. Zahlt der Arbeitgeber an in den Ruhestand tretende Arbeitnehmer Ruhegelder und hat sich eine solche tatsächliche Handhabung zu einer **betrieblichen Übung** verfestigt, erwächst aus dieser Übung für alle unter den gleichen Voraussetzungen ausscheidenden Arbeitnehmer ein Anspruch auf ein entspr Ruhegeld und damit bei Entstehen des Anspruchs, ab 1987 grds Rückstellungspflicht. In engem Zusammenhang hiermit steht der Grundsatz der **Gleichbehandlung**, wonach einzelne Arbeitnehmer nicht willkürlich ausgeschlossen werden dürfen. Der Gleichbehandlungsgrundsatz bewirkt, dass ein nur einzelnen Arbeitnehmern ggü gezeigtes Verhalten zur generellen Regel und somit auch anderen vergleichbaren Arbeitnehmern ggü wirksam wird. Handelsrechtlich ist eine Rückstellungsbildung auch bereits vorzunehmen (IDW RS HFA 30 Tz 15), wenn die Verpflichtung zwar noch nicht rechtsverbindlich erfolgt, aber ein faktischer Leistungszwang besteht, dem sich das Unt nicht entziehen kann.

159 Der in mehrfacher Hinsicht bedeutsame **Zeitpunkt der Entstehung** der Pensionsverpflichtung fällt grds mit der Abgabe der darauf gerichteten Willenserklärungen des Arbeitgebers an den Arbeitnehmer zusammen. Bei einseitigen, begünstigenden Willenserklärungen des Arbeitgebers, als welche die Einzelpensions- oder Gesamtzusagen angesehen werden können, wird die Annahme ohne Zugang einer Erklärung an den Antragenden unterstellt (§ 151 BGB); Einzelzusage und Gesamtzusage werden wesentlicher Bestandteil des Arbeitsvertrags, auch wenn sie separat in einem eigenen Schriftstück abgefasst und bekannt gemacht sind. Nach der Rspr des BAG (ua U 12.2.1981 BB, 1338) entsteht bei **kollektiven Pensionsvereinbarungen** die Versorgungsanwartschaft grds mit dem Diensteintritt des Arbeitnehmers; auch Vorschaltzeiten, besondere Aufnahmebedingungen oder eine Wartezeit von 5 oder 10 Jahren als Leistungsvoraussetzung verhindern die Entstehung der Anwartschaft nicht, da das BAG hierin eine Umgehung von § 1b BetrAVG erblickt, wodurch der Eintritt der Unverfallbarkeit entgegen dem Willen des Gesetzes verzögert werden könnte.

Die Festlegung der **Höhe und des Umfangs** der Pensionsverpflichtung wird idR mit der Entstehung dem Grunde nach vereinbart; die beiden Zeitpunkte können aber auch auseinanderfallen. Das BAG hat im Falle einer verbindlichen **Blankettzusage** entschieden, dass der Arbeitgeber die Einzelheiten über Höhe und Umfang einseitig bestimmen kann, dabei aber gem § 315 BGB einer gerichtlichen Billigkeitskontrolle unterworfen ist. Bleibt der Arbeitgeber untätig, wird die Blankettzusage durch Urteil ausgefüllt (BAG 23.11.1978 DB 1979, 364). In der Pensionsvereinbarung ist unmissverständlich darzulegen, welche Leistungen bei welchem Anlass und in welcher Höhe gewährt werden. Unklare Regelungen gehen zu Lasten des Arbeitgebers (BAG 27.1.1998 DB, 1671). § 2 Nr 6 Nachweisgesetz verpflichtet den Arbeitgeber, die wesentlichen Vertragsbedingungen eines Arbeitsverhältnisses schriftlich niederzulegen. Viele Unt sagen die Pensionsleistungen in Ergänzung der Sozialversicherung als Grundsicherung zu *(leistungsorientierte Zusagen)*. Bei sog **beitrags-** oder **aufwandsorientierten Leistungszusagen,** bei denen sich die Leistungen nach der Höhe eines bestimmten vorgegebenen Aufwands richten, fallen der Aufwand der HB und der StB idR deutlich auseinander, da in diese der veranschlagte Aufwand nicht einfach als Einmalrückstellung übernommen werden darf.

Im Allgemeinen wird die Höhe der Pension – ob gehaltsabhängig oder gehaltsunabhängig – in einem angemessenen **Verhältnis zum Arbeitsentgelt** festgesetzt werden (für die steuerrechtliche Rückstellungsbildung dürfen Pensionszusagen nach EStH 6a Abs 17 und BMF 3.11.2004 BStBl I 1045 nicht „überhöht" sein). Übliche Durchschnittssätze bei Entgelten unter der Beitragsbemessungsgrenze in der gesetzlichen Rentenversicherung nach 30 bis 40 Dienstjahren bewegen sich zwischen 10% und 20%, für Gehaltsteile darüber zwischen 30% und 50%; die Pensionen für leitende Angestellte betragen im Mittel 20% bis 30%, für Geschäftsführer und Vorstandsmitglieder 50% bis 65% der letzten festen Bezüge, wobei für letztere vielfach **Wertsicherungsklauseln** (Spannungsklauseln) vorgesehen sind. Für *neu* erteilte Pensionszusagen liegt das Durchschnittsniveau aber wesentlich niedriger; oftmals werden Pensionsordnungen für neue Arbeitnehmer gänzlich geschlossen.

c) Steuerrechtliche Grundlagen (§ 6a EStG) und Maßgeblichkeitsgrundsatz (§ 5 Abs 1 EStG)

Steuerrechtlich ist § 6a EStG für Pensionsrückstellungen zu beachten. Diese Vorschrift regelt den steuerrechtlichen Ansatz und Bewertung von Pensionsrückstellungen. § 6a EStG ist sowohl als Bewertungs- wie auch als Ansatzvorschrift eine Spezialregelung im Verhältnis zu § 5 Abs 1 EStG (so BFH 5.4.2006 BStBl II, 688 = DB 2006, 1529, unter II 2a der Begr). Zum Wechselspiel zwischen diesen beiden

§ 249 162, 163 Jahresabschluß (Ansatzvorschriften)

Paragrafen (**Maßgeblichkeit**) bei **Altzusagen** (Anm 167) und **Neuzusagen** (Anm 166) s auch BMF 12.3.2010, DB, 642; dem zustimmend das IDW in den beiden Schreiben v 20.11.2009 u 9.6.2010 an das BMF (s www.idw.de); sowie § 274 Anm 166 ff: Sowohl steuerrechtlich als auch handelsrechtlich gilt für Neuzusagen Passivierungspflicht, für Altzusagen Passivierungswahlrecht (unabhängig voneinander ausübbar in HB und StB).

2. Begriff der Rückstellung für ähnliche Verpflichtungen

162 Während der Begriff der Pensionsverpflichtung schon lange Gegenstand der Rechtsordnung ist, führte das BiRiLiG den Begriff der (den Pensionsverpflichtungen) **ähnlichen Verpflichtungen** ein.

Die „ähnlichen Verpflichtungen" sollen nach § 266 Abs 3 B Nr 1 zusammen mit den Pensionsrückstellungen gesondert ausgewiesen werden, und nach Art 28 Abs 1 EGHGB braucht für unmittelbare oder mittelbare ähnliche Verpflichtungen eine Rückstellung in keinem Fall gebildet zu werden. Das EGHGB und seine Begr enthalten aber keinen Hinweis dafür, was unter den „ähnlichen Verpflichtungen" zu verstehen ist. Es kann vermutet werden, dass die Verfasser des BiRiLiG und seiner Begr bei den „ähnlichen Verpflichtungen" die Verpflichtung zur Zahlung von **Vorruhestandsgeld** gemeint haben. Es ergeben sich aber weder aus dem Wortlaut des Gesetzes noch aus dem Sinnzusammenhang der einschlägigen Vorschriften (§§ 249, 253 Abs 1, 266 Abs 3 B Nr 1 und Art 28 EGHGB) Hinweise dafür, dass die Verpflichtung zur Zahlung von Vorruhestandsgeld zu den „ähnlichen Verpflichtungen" gehört. Der HFA (WPg 1994, 26) zählte **Krankheitskostenersatzleistungen** (bzw **Beihilfen** dazu) an ehemalige Arbeitnehmer nicht zu den ähnlichen Verpflichtungen, sondern zu den Pensionsverpflichtungen (auch steuerrechtlich anerkannt durch BFH 30.1.2002 DB, 1636). Der HFA hält in IDW RS HFA 30 Tz 8 an dieser Auffassung nicht mehr generell fest; es handelt sich nur dann um Pensionsverpflichtungen, wenn der Versorgungscharakter im Vordergrund steht, ansonsten (was der Regelfall ist) „nur" um mit den AVers-Verpflichtungen vergleichbare langfristig fällige Verpflichtungen (glA *Höfer* in HdR[5] § 249 Anm 620). Nach BAG 10.2.2009 Tz 19 DB, 1303 (BAG bestätigend 16.3.2010 Tz 25 DB, 1834) ist „das Krankheitsrisiko von den Versorgungsrisiken des Betriebsrentenrechts zu unterscheiden." Auch durch andere Beispiele lässt sich der Begriff der ähnlichen Verpflichtungen derzeit nicht belegen (IDW RS HFA 30 Tz 9). Er kann somit höchstens als Auffangbegriff für evtl noch nicht erfasste Verpflichtungen in der Zukunft dienen, glA *ADS*[6] § 249 Anm 116.

163 Die **Verpflichtungen aus der Insolvenzsicherung** ggü dem PSVaG und die **Verwaltungskosten zur Durchführung der BetrAV** stehen zwar iZm der BetrAV, sie können aber nicht unter den Begriff der „ähnlichen Verpflichtungen" eingeordnet werden. Da das Finanzierungsverfahren des **PSVaG** am 2.12.2006 von einem Rentenwertumlageverfahren auf volle Kapitaldeckung umgestellt wurde, gibt es auch keine ungedeckte (ggf rückstellungsrelevante) Last des insolvenzversicherten Unt mehr. Für die bis 31.12.2005 nicht ausfinanzierten Anwartschaften wird gem § 30i BetrAVG ein Sonderbeitrag von den in 2005 beitragspflichtigen Arbeitgebern erhoben (dessen Verfassungsmäßigkeit teils bestritten wird). Für die ausstehenden Sonderbeiträge ist eine Verbindlichkeit anzusetzen.

Zu den **Verpflichtungen aus DVers** s Anm 255. Auch Verpflichtungen ggü **P-Kassen** (Anm 254) und **U-Kassen** (Anm 252) sind keine „ähnlichen Verpflichtungen". Nach IDW RS HFA 30 Tz 9 kann es sich bei den ähnlichen Verpflichtungen nur um solche handeln, die *nicht* den Charakter einer Pensionsverpflichtung erfüllen. Es muss sich um der Pension inhaltlich ähnliche Verpflichtungen handeln, ohne selbst den Begriff der Pension zu erfüllen. Beispiele hierfür nennt der HFA allerdings nicht. Es gibt auch im BilMoG keinerlei Anhaltspunkte dafür, dass die in § 246 Abs 2 und § 253 Abs 2 S 2 verwendete Formulierung („vergleichbare langfristig fällige Verpflichtungen") iSd „ähnlichen Verpflichtungen" nach Art 28 EGHGB zu verstehen sein sollte.

3. Unmittelbare und mittelbare Pensionen und ähnliche Verpflichtungen

Die Unterscheidung zwischen unmittelbaren und mittelbaren Verpflichtungen ist für die Anwendung von Art 28 EGHGB von Bedeutung (Anm 166). Unter **„unmittelbaren Verpflichtungen"** sind solche zu verstehen, die ohne Zwischenschaltung eines anderen Rechtsträgers (wie zB einer U-Kasse) zwischen dem verpflichteten Unt und den Anspruchsberechtigten bestehen. Dabei handelt es sich insb um Pensionsverpflichtungen auf Grund von (unmittelbaren) Zusagen (Entstehungsgründe s Anm 158). Mündliche Zusagen und Zusagen mit Widerrufsvorbehalt oder Ausschluss des Rechtsanspruchs sind nach der Rspr zum Arbeitsrecht iW wie solche mit Rechtsanspruch und Schriftform zu beurteilen. Nach IDW RS HFA 30 Tz 15 genügt ein faktischer Leistungszwang, weil sich das Unt dann auch ohne rechtliche Verpflichtung der Leistung nicht entziehen kann.

Hieraus ergibt sich gleichzeitig die Definition der **mittelbaren Verpflichtungen.** Unter mittelbaren Pensionsverpflichtungen sind solche zu verstehen, die zwar unmittelbar von einem anderen Rechtsträger (zB einer U-Kasse oder auch einem P-Fonds) erfüllt werden, für die das TrägerUnt aber nach § 1 BetrAVG einzustehen hat (IDW RS HFA 30 Tz 36ff). Der Begriff bezieht sich auf die Bilanzierung beim TrägerUnt.

Mittelbare ähnliche Verpflichtungen gibt es in der Praxis genauso wenig wie unmittelbare ähnliche (Anm 163).

4. Neuzusagen

Für **unmittelbare** Pensionszusagen, die mit Rechtsanspruch nach dem 31. Dezember 1986 erteilt wurden (Neuzusagen), sind Rückstellungen nach Art 28 Abs 1 S 1 zu bilden.

Für **mittelbare** Pensionsverpflichtungen (Anm 164) sowie für unmittelbare und mittelbare **ähnliche Verpflichtungen** besteht ein **Passivierungswahlrecht;** für sie brauchen „in keinem Fall" (Art 28 Abs 1 S 2 EGHGB), also auch nicht bei mit Sicherheit bevorstehender Inanspruchnahme, Rückstellungen gebildet zu werden. Wegen der Vermerkpflicht im Anhang Anm 271ff.

Neuzusagen liegen auch vor, wenn ein Arbeitgeber die vor dem 1.1.1987 erworbene AVers neu eintretender Arbeitnehmer durch Erteilung entspr neuer Zusagen nach dem 31. Dezember 1986 *unentgeltlich* übernimmt (glA *ADS*[6] § 249 Anm 92, aA *Höfer* in HdR[5] § 249 Anm 648). Das gilt auch innerhalb eines Konzerns.

Werden bei der Übernahme einzelner **Pensionsanwartschaften** iSd § 4 Abs 2 und 3 BetrAVG gleichzeitig VG auf Grund befreiender **entgeltlicher Schuldübernahme** übernommen (Anm 218), kann wie bei dem **gesetzlichen Übergang** der Pensionsanwartschaften der übergehenden Arbeitnehmer nach § 613a BGB im Rahmen eines Betriebs- oder Teilbetriebsübergangs verfahren werden (Anm 167); zu passivieren sind beim übernehmenden Arbeitgeber mind Pensionsrückstellungen in Höhe der übernommenen VG (IDW RS HFA 30 Tz 97). Die Übernahme einzelner **laufender Renten** oder (unverfallbarer) Anwartschaften bereits ausgeschiedener Arbeitnehmer ist nach § 4 Abs 2 und 3 BetrAVG nicht zulässig, da diese Personen regelmäßig nicht mehr vom Übernehmer beschäftigt werden können. Werden Pensionsverpflichtungen lediglich im Wege des entgeltlichen **Schuldbeitritts** getragen, s Anm 220; der primär Verpflichtete bleibt aber weiterhin in der Haftung und damit auch weiterhin insolvenzsicherungspflichtig.

5. Altzusagen

167 Für vor dem 1. Januar 1987 erteilte **Zusagen** (Altzusagen) und deren **Erhöhung** brauchen Rückstellungen nach Abs 1 S 1 nicht gebildet zu werden (Art 28 Abs 1 EGHGB). Wegen des Vermerks im Anhang Anm 256. Bei Übergang eines Betriebs durch **Gesamtrechtsnachfolge** (zB bei einer Verschmelzung) oder durch **Einzelrechtsnachfolge** (zB in den Fällen des **§ 613a BGB**) gehen zwar die Pensionsverpflichtungen des bisherigen auf den neuen Arbeitgeber über. Erteilt dieser aber keine eigenen Zusagen, beruhen seine Verpflichtungen auch nicht auf Neuzusagen. Dennoch kann es in diesen Fällen zu einer Passivierungspflicht kommen, wenn die übernommene AVers Bestandteil des Entgelts für die Übernahme von VG ist (glA IDW RS HFA 30 Tz 97 u ADS^6 § 249 Anm 91). Bei der Übernahme von **laufenden Renten** und von unverfallbaren Anwartschaften ausgeschiedener Arbeitnehmer durch Einzelrechtsnachfolge, die durch § 613a BGB nicht erfasst werden, liegen regelmäßig nur **Schuldbeitritt** und Neuzusagen vor. Weiteres in Anm 220.

168 Zu den Erhöhungen der bisherigen AVers gehören arbeitsrechtlich auch solche Erhöhungen, die sich durch die **Beförderung** vom „tariflichen" Arbeitnehmer zum Prokuristen, Direktor oder Vorstandsmitglied mit entspr anderer (höherer) Versorgungsregelung ergeben (dazu zB BAG 12.2.1981 BB, 1338). Wenn ein Arbeitgeber einem Arbeitnehmer nacheinander verschiedene Versorgungszusagen erteilt und zwischen der neueren und der älteren Zusage kein Zusammenhang besteht und die ältere Zusage unverändert weitergeführt wird, gelten lt BAG 28.4.1992 BetrAV, 229 für jede der beiden Zusagen eigenständige Unverfallbarkeitsfristen. Die Neuzusage stellt dann keine Änderung der älteren Versorgungszusage iSv § 1b Abs 1 S 3 BetrAVG dar. **Arbeitsrechtlich** liegt auch dann keine Neuzusage – sondern lediglich eine Änderung – vor, wenn eine **mittelbare Versorgung** über eine U-Kasse **durch eine Direktzusage ersetzt** wird. Bei Einschaltung einer U-Kasse hat der Arbeitnehmer zwar keinen Rechtsanspruch gegen die Kasse, nach § 1 Abs 1 S 3 BetrAVG aber gegen das TrägerUnt. Deshalb besteht auch bei der Umstellung von vor dem 1.1.1987 entstandenen U-Kassenverpflichtungen (Diensteintritte vor dem 1.1.1987) auf unmittelbare Pensionsverpflichtungen, soweit sie evtl übernommenes Kassenvermögen übersteigen, das Passivierungswahlrecht für Altzusagen (und damit bspw auch die steuerrechtliche Drittelungsmöglichkeit, Anm 231) weiter (glA ADS^6 § 249 Anm 90 und *Ahrend/Förster/Rößler* 8. Teil Anm 24, aA BMF 13.3.1987, BStBl I, 365 ohne Begr). Für den **Wechsel von Durchführungswegen** gelten die vorstehenden Ausführungen entspr.

II. Inventur der Pensionsverpflichtungen

1. Stichtagsprinzip/Verlegung der Inventur

169 Nach § 240 Abs 1 ist auch der Bestand der Pensionsverpflichtungen (pensionsberechtigte Personen und Umfang der Pensionsverpflichtungen) grds auf Grund einer körperlichen Aufnahme für den Schluss eines jeden Gj festzustellen (**Stichtagsinventur**). Entspr § 241 Abs 3 kann der Bestand auch für einen Tag innerhalb der letzten drei Monate vor oder der beiden ersten Monate nach dem Schluss des Gj festgestellt werden, wenn gesichert ist, dass der vorhandene Bestand zum Bilanzstichtag ordnungsgemäß bewertet werden kann. (Nach den Fristenberechnungsregeln des BGB in §§ 186 ff kann zB bei einem Bilanzstichtag 31.12. vorverlegt werden bis auf irgendeinen Zeitpunkt im Verlauf des Tages 30.9. (also zB auch mittags 12 Uhr), so dass die personellen Veränderungen zum 1.10. nicht zwingend zu berücksichtigen sind. § 241 Abs 3 bezieht sich zwar nur auf VG, es ist aber davon auszugehen, dass auch weiterhin für die Erfassung von Pensionsverpflichtungen *entsprechend* verfahren werden darf. Dies entspricht langjähriger, weit verbreiteter Übung und ist GoB. EStR 6a Abs 18 gewährt hierzu Erleichterungen; sie gelten jedoch nicht für Bestände bis zu 20 Pensionsberechtigten und nicht für Pensionsverpflichtungen ggü Vorstandsmitgliedern und Geschäftsführern von KapGes/KapCoGes. Die steuerrechtlich zulässigen Vereinfachungen nach EStR 6a Abs 18 können insgesamt als GoB entspr angesehen werden und sind daher auch für Zwecke des Inventars iSv § 240 anwendbar.

Von der **Vorverlegung** der Inventur der Pensionsverpflichtungen um bis zu drei Monate vor den Bilanzstichtag wird häufig Gebrauch gemacht, während die **Nachverlegung** um bis zu 2 Monate wohl überhaupt nicht vorkommt. **Normale Veränderungen** des Bestands zwischen Inventurstichtag und Bilanzstichtag können bei der Berechnung der Pensionsrückstellung für den Bilanzstichtag unberücksichtigt bleiben, sie werden dann zum Bilanzstichtag des Folgejahrs – ohne steuerrechtliches Nachholverbot – mit dem sich dann ergebenden Wert angesetzt. **Außergewöhnliche Veränderungen** im Hinblick auf Bestand oder Höhe (zB generelle Gehaltserhöhungen, Tarifabschlüsse, generelle Veränderung anzurechnender Sozialversicherungsrenten) müssen zum Bilanzstichtag berücksichtigt werden. Sind die versicherungsmathematischen Berechnungen bereits abgeschlossen, sind außergewöhnliche Veränderungen mind näherungsweise bei der Pensionsrückstellung anzusetzen und im Folgejahr dann genau zu berücksichtigen, ohne dass das steuerrechtliche Nachholverbot greift. Einseitige Berücksichtigung werterhöhender Veränderungen ohne Berücksichtigung wertmindernder Veränderungen ist unzulässig (Einzelheiten EStR 6a Abs 18).

2. Inventur der vertraglichen und sonstigen rechtlichen Grundlagen der Pensionsverpflichtungen

Die **vertraglichen Grundlagen** der Pensionsverpflichtungen bestehen idR aus der Niederschrift der einzelnen Rechtsbegründungsakte (Einzelzusage, Gesamtzusage, Betriebsvereinbarung, Tarifvertrag, Besoldungsordnung, Gerichtsurteil). Jedoch sind auch mündliche Zusagen und Pensionsrechte auf Grund betrieblicher Übung und Gleichbehandlung zu erfassen; vielfach wird die Schriftform im Zuge der Inventur präzisiert werden können (dazu auch Anm 158 ff). Änderungen der vertraglichen Grundlagen müssen ebenfalls festgestellt werden; auch hier ist auf die Einhaltung der Schriftform, insb auf rechtswirksame und termingerechte Unterschriften zu achten.

Aus den Inventurunterlagen über die Pensionsverpflichtungen ergeben sich die Pensionsansprüche dem Grunde und der Höhe nach, wobei für die Bewertung regelmäßig (Anm 169 aE) die Verhältnisse am (bzw Schätzungen ausgehend vom) Bilanzstichtag maßgebend sind (§ 241 Abs 3 Nr 2, § 6a Abs 3 EStG), auch wenn das Mengengerüst (Einzellistung der Pensionsberechtigten, Bemessungsgrundlagen) auf einen anderen Stichtag ermittelt wurde.

3. Inventur der personellen Unterlagen

Neben der Feststellung der **Anzahl der Personen,** die zum Inventurstichtag Pensionsansprüche erworben haben (Anwärter und Leistungsempfänger) ist auch die zutreffende **Zuordnung zu den einzelnen Pensionsgruppen** entspr den Zusagetypen im Rahmen der Inventur vorzunehmen. Bei EDV-Verarbeitung ist für jede einzelne Pensionsverpflichtung ein **Stammsatz** mit iW folgenden Daten erforderlich: Identifikation (Name oder Personal-Nr), Geburtsdatum, Geschlecht, ggf Vordienstzeiten, tatsächlicher Diensteintritt, rechnungsmäßiger Diensteintritt, Zusagedatum, Höhe der Pension oder des pensionsfähigen Gehalts, Austritte/ Wiedereintritte, Familienstand, Umfang der Hinterbliebenenanwartschaften (Witwen-/Witwer-/Waisenansprüche), vertragliche und rechnungsmäßige Altersgrenze.

Die mit unverfallbarer Anwartschaft ausgeschiedenen ehemaligen Arbeitnehmer müssen besonders erfasst werden, da diese nicht mehr in die lfd Gehaltsabrechnung einbezogen sind. Bei diesem Personenkreis braucht erst nach Erreichen der vertraglichen Altersgrenze geprüft zu werden, ob eine Leistung zu erbringen ist (EStR 6a Abs 19). In der Praxis empfiehlt es sich darauf zu achten, dass zu TU (insb ausländischen) entsandte Arbeitnehmer mit fortbestehender Anwartschaft erfasst bleiben; hierzu auch Anm 190.

III. Die steuerrechtlichen Voraussetzungen für die Bildung von Pensionsrückstellungen

1. Gesetzestext des § 6a EStG

175 § 6a EStG **Pensionsrückstellung** *(Stand 8.10.2009, BGBl I S 3366)*

(1) Für eine Pensionsverpflichtung darf eine Rückstellung (Pensionsrückstellung) nur gebildet werden, wenn und soweit
1. der Pensionsberechtigte einen Rechtsanspruch auf einmalige oder laufende Pensionsleistungen hat,
2. die Pensionszusage keine Pensionsleistungen in Abhängigkeit von künftigen gewinnabhängigen Bezügen vorsieht und keinen Vorbehalt enthält, dass die Pensionsanwartschaft oder die Pensionsleistung gemindert oder entzogen werden kann, oder ein solcher Vorbehalt sich nur auf Tatbestände erstreckt, bei deren Vorliegen nach allgemeinen Rechtsgrundsätzen unter Beachtung billigen Ermessens eine Minderung oder ein Entzug der Pensionsanwartschaft oder der Pensionsleistung zulässig ist, und
3. die Pensionszusage schriftlich erteilt ist; die Pensionszusage muss eindeutige Angaben zu Art, Form, Voraussetzungen und Höhe der in Aussicht gestellten künftigen Leistungen enthalten.

(2) Eine Pensionsrückstellung darf erstmals gebildet werden
1. vor Eintritt des Versorgungsfalls für das Wirtschaftsjahr, in dem die Pensionszusage erteilt wird, frühestens jedoch für das Wirtschaftsjahr, bis zu dessen Mitte der Pensionsberechtigte das 27. Lebensjahr vollendet, oder für das Wirtschaftsjahr, in dessen Verlauf die Pensionsanwartschaft gemäß den Vorschriften des Betriebsrentengesetzes unverfallbar wird,
2. nach Eintritt des Versorgungsfalls für das Wirtschaftsjahr, in dem der Versorgungsfall eintritt.

(3) ¹Eine Pensionsrückstellung darf höchstens mit dem Teilwert der Pensionsverpflichtung angesetzt werden. ²Als Teilwert einer Pensionsverpflichtung gilt
1. vor Beendigung des Dienstverhältnisses des Pensionsberechtigten der Barwert der künftigen Pensionsleistungen am Schluss des Wirtschaftsjahrs abzüglich des sich auf denselben Zeitpunkt ergebenden Barwerts betragsmäßig gleich bleibender Jahresbeträge, bei einer Entgeltumwandlung im Sinne von § 1 Absatz 2 des Betriebsrentengesetzes mindestens jedoch der Barwert der gemäß den Vorschriften des Betriebsrentengesetzes unverfallbaren künftigen Pensionsleistungen am Schluss des Wirtschaftsjahres. ²Die Jahresbeträge sind so zu bemessen, dass am Beginn des Wirtschaftsjahrs, in dem das Dienstverhältnis begonnen hat, ihr Barwert gleich dem Barwert der künftigen Pensions-

leistungen ist; die künftigen Pensionsleistungen sind dabei mit dem Betrag anzusetzen, der sich nach den Verhältnissen am Bilanzstichtag ergibt. ³Es sind die Jahresbeträge zugrunde zu legen, die vom Beginn des Wirtschaftsjahres, in dem das Dienstverhältnis begonnen hat, bis zu dem in der Pensionszusage vorgesehenen Zeitpunkt des Eintritts des Versorgungsfalls rechnungsmäßig aufzubringen sind. ⁴Erhöhungen oder Verminderungen der Pensionsleistungen nach dem Schluss des Wirtschaftsjahres, die hinsichtlich des Zeitpunktes ihres Wirksamwerdens oder ihres Umfangs ungewiss sind, sind bei der Berechnung des Barwerts der künftigen Pensionsleistungen und der Jahresbeträge erst zu berücksichtigen, wenn sie eingetreten sind. ⁵Wird die Pensionszusage erst nach dem Beginn des Dienstverhältnisses erteilt, so ist die Zwischenzeit für die Berechnung der Jahresbeträge nur insoweit als Wartezeit zu behandeln, als sie in der Pensionszusage als solche bestimmt ist. ⁶Hat das Dienstverhältnis schon vor der Vollendung des 27. Lebensjahres des Pensionsberechtigten bestanden, so gilt es als zu Beginn des Wirtschaftsjahres begonnen, bis zu dessen Mitte der Pensionsberechtigte das 27. Lebensjahr vollendet; in diesem Fall gilt für davor liegende Wirtschaftsjahre als Teilwert der Barwert der gemäß den Vorschriften des Betriebsrentengesetzes unverfallbaren künftigen Pensionsleistungen am Schluss des Wirtschaftsjahres;

2. nach Beendigung des Dienstverhältnisses des Pensionsberechtigten unter Aufrechterhaltung seiner Pensionsanwartschaft oder nach Eintritt des Versorgungsfalls der Barwert der künftigen Pensionsleistungen am Schluss des Wirtschaftsjahres; Nummer 1 Satz 4 gilt sinngemäß.

³Bei der Berechnung des Teilwerts der Pensionsverpflichtung sind ein Rechnungszinsfuß von 6 Prozent und die anerkannten Regeln der Versicherungsmathematik anzuwenden.

(4) ¹Eine Pensionsrückstellung darf in einem Wirtschaftsjahr höchstens um den Unterschied zwischen dem Teilwert der Pensionsverpflichtung am Schluss des Wirtschaftsjahres und am Schluss des vorangegangenen Wirtschaftsjahres erhöht werden. ²Soweit der Unterschiedsbetrag auf der erstmaligen Anwendung neuer oder geänderter biometrischer Rechnungsgrundlagen beruht, kann er nur auf mindestens drei Wirtschaftsjahre gleichmäßig verteilt der Pensionsrückstellung zugeführt werden; Entsprechendes gilt beim Wechsel auf andere biometrische Rechnungsgrundlagen. ³In dem Wirtschaftsjahr, in dem mit der Bildung einer Pensionsrückstellung frühestens begonnen werden darf (Erstjahr), darf die Rückstellung bis zur Höhe des Teilwerts der Pensionsverpflichtung am Schluss des Wirtschaftsjahres gebildet werden; diese Rückstellung kann auf das Erstjahr und die beiden folgenden Wirtschaftsjahre gleichmäßig verteilt werden. ⁴Erhöht sich in einem Wirtschaftsjahr gegenüber dem vorangegangenen Wirtschaftsjahr der Barwert der künftigen Pensionsleistungen um mehr als 25 Prozent, so kann die für dieses Wirtschaftsjahr zulässige Erhöhung der Pensionsrückstellung auf dieses Wirtschaftsjahr und die beiden folgenden Wirtschaftsjahre gleichmäßig verteilt werden. ⁵Am Schluss des Wirtschaftsjahres, in dem das Dienstverhältnis des Pensionsberechtigten unter Aufrechterhaltung seiner Pensionsanwartschaft endet oder der Versorgungsfall eintritt, darf die Pensionsrückstellung stets bis zur Höhe des Teilwerts der Pensionsverpflichtung gebildet werden; die für dieses Wirtschaftsjahr zulässige Erhöhung der Pensionsrückstellung kann auf dieses Wirtschaftsjahr und die beiden folgenden Wirtschaftsjahre gleichmäßig verteilt werden. ⁶Satz 2 gilt in den Fällen der Sätze 3 bis 5 entsprechend.

(5) Die Absätze 3 und 4 gelten entsprechend, wenn der Pensionsberechtigte zu dem Pensionsverpflichteten in einem anderen Rechtsverhältnis als einem Dienstverhältnis steht.

Zum Anwendungsbereich des § 6a EStG enthält § 52 EStG weitere Vorschriften: insb gilt das Alter 27 nur für Neuzusagen nach dem 31.12.2008, für Neuzusagen vor dem 1.1.2009 und nach dem 31.12.2000 gilt das Alter 28, ansonsten bleibt es beim Alter 30; ebenso gelten die Rückstellungsverbesserungen für Entgeltumwandlungszusagen (Barwert statt Teilwert) auch nur für nach dem 31.12.2000 vereinbarte Entgeltumwandlungen iSd BetrAVG. In EStR 6a finden sich eingehende **Anweisungen der Finanzverwaltung**. § 6a EStG ist nicht nur eine Bewertungsvorschrift, sondern auch für den Ansatz von Pensionsrückstellungen bedeutsam und insoweit im Verhältnis zu § 5 Abs 1 EStG eine Spezialregelung (BFH 5.4.2006 BStBl II, 688 unter II 2a der Begr).

2. Sachliche Voraussetzungen

a) Rechtsanspruch auf laufende oder einmalige Pensionsleistungen (§ 6a Abs 1 Nr 1 EStG)

176 Rechtsanspruch ist der Anspruch iSd § 194 BGB. Er ist das Recht, von einem anderen ein Tun oder Unterlassen zu verlangen. Hier ist das einklagbare Recht gemeint, im Pensionsfalle die versprochene Pensionsleistung zu erhalten.

Der Rechtsanspruch muss am **Bilanzstichtag** bereits vorliegen, dh vereinbart sein. Entsteht die rechtsverbindliche Pensionsverpflichtung erst nach dem Bilanzstichtag, ist steuerrechtlich (für HB s Anm 158) die Rückstellung erst im Folgejahr zulässig; dies gilt auch für vertragliche Änderungen, wie bspw Pensionserhöhungen. **Rückdatierungen,** die zivilrechtlich wirksam sein können, sind steuerrechtlich unbeachtlich; dh, sie gelten erst ab dem Tag, an dem die Rückdatierung vorgenommen wurde. Pensionserhöhungen infolge von tarifvertraglich mit späterem Wirksamwerden vereinbarten (prozentualen) Entgelt-Erhöhungen sind bereits ab Vertragsabschluss zu berücksichtigen; ebenso sind Rentensteigerungen auf Grund **Anpassungsprüfung** gem § 16 BetrAVG, die teilweise mit Mindestprozentsätzen rechtsverbindlich für einige Jahre im Voraus festgelegt sind, dann bereits im Wj der Festlegung rückstellungspflichtig. Auch bei **umsatzabhängigen Pensionsverpflichtungen** ist der Rechtsanspruch ausreichend dauernd konkretisiert; dies gilt gem BFH 9.11.1995 (DB 1996, 185) und 16.12.1992 (DB 1993, 1013) zwar auch bei **gewinnabhängigen Pensionsverpflichtungen;** jedoch besteht ein steuerrechtliches Rückstellungsverbot mit Wirkung für Bilanzstichtage nach dem 29.11.1996; zum Begriff der gewinnabhängigen Pensionsverpflichtungen auch BFH 3.3.2010 (DB, 757) mit zutreffender Kommentierung zur Nichtanwendung bei modernen Bausteinzusagen *Höfer* (DB 2010, 925). Nach BMF 17.12.2002 (DB 2003, 68) dürfen bei wertpapiergebundenen Zusagen (Anm 204) nur die garantierten Leistungsbestandteile berücksichtigt werden.

177 **Subsidiäre** rechtsverbindliche **Pensionsverpflichtungen** sind vom primär verpflichteten Unt zurückzustellen; erst bei dessen Ausfall und Auslösung der Eintrittspflicht des bisher sekundär Verpflichteten darf dieser eine entspr Pensionsrückstellung mit steuerrechtlicher Wirkung nach den Regeln des § 6a EStG bilden. Haften zB bei Verbänden die MitgliedsUnt für die vom Verband erteilten Pensionszusagen, dürfen sie Pensionsrückstellungen erst bilden, wenn der Verband ausfällt. Werden die Pensionsrückstellungen des Verbands für einen Arbeitnehmer durch Umlagen finanziert, dürfen die Verbandsmitglieder hierfür einen Passivposten in der Bilanz bilden (BdF 17.3.1971 BB, 510 und analog BMF 22.3. 1985 BetrAV, 61). Sind **Beamte** für einen bilanzierungspflichtigen Arbeitgeber tätig und hat dieser später die Versorgungslasten direkt zu tragen, liegen gem IDW RS HFA 23 und stRspr des BFH (zuletzt bestätigend BFH 8.10.2008, BB 2009, 321) unstrittig unmittelbare Pensionsverpflichtungen des Arbeitgebers iSd § 6a EStG vor. Für den Fall, dass (lediglich zu Finanzierungszwecken) Beamtenversorgungskassen eingeschaltet werden s Anm 206.

178 Voraussetzung für die Rückstellungsbildung ist nicht, dass die Pensionsanwartschaft bereits **gesetzlich unverfallbar** oder **insolvenzsicherungsfähig** geworden ist, was frühestens mit dem 35. Lebensjahr (bzw 30 für Zusagen ab 2001 und 25 für Zusagen ab 2009) eintreten kann (§ 1b Abs 1 BetrAVG); auch für 30- bis 35-jährige Anwärter (bzw 28 bis 30 für Zusagen ab 2001 und 27 für Zusagen ab 2009) muss steuerrechtlich bereits eine Pensionsrückstellung gebildet werden. Tritt der Versorgungsfall vor Vollendung des 30. bzw 28. bzw 27. Lebensjahres ein, muss auch steuerrechtlich der volle Barwert der lfd Pension zurückgestellt werden. Außerdem gibt es spezielle Pensionsverpflichtungen (BGH 2.7.1984 BB,

1942; BAG 2.8.1983 BB 1984, 1047), zB **Übergangsbezüge,** die nicht unter §§ 1 und 2 BetrAVG fallen (s aber zu Übergangszahlungen aus Anlass eines biometrischen Ereignisses BAG 18.3.2003, DB 2004, 1624). Pensionsrechte der **Gesellschafter-Geschäftsführer** von KapGes und KapCoGes sind vielfach nicht insolvenzsicherungsfähig (dazu PSV-Merkblatt 300/M 1). Ob eine rechtsverbindliche Pensionsverpflichtung vorliegt, ist zwar im Zweifel nach arbeitsrechtlichen Grundsätzen zu beurteilen, jedoch ist es für die steuerrechtliche Rückstellungsbildung unerheblich, ob sie bereits gesetzlich unverfallbar ist oder nicht, § 6a EStG stellt hierauf nicht ab.

b) Widerrufsvorbehalte (§ 6a Abs 1 Nr 2 EStG)

179 Zweite Voraussetzung für die Rückstellungsbildung ist, dass die Pensionszusage keinen Widerrufsvorbehalt enthält, wonach die Pensionsleistung gemindert oder entzogen werden kann, es sei denn, dass dies nach allgemeinen Rechtsgrundsätzen und unter Beachtung billigen Ermessens zulässig ist.

180 **Schädliche Vorbehalte,** bei denen eine Rückstellung steuerrechtlich nicht anerkannt wird, liegen vor, wenn der Arbeitgeber die Zusage nach freiem Belieben widerrufen kann (EStR 6a Abs 3). Solche steuerschädlichen Vorbehalte sind ggü einem aktiven Arbeitnehmer auch zivilrechtlich wirksam (BAG 14.12.1956 BStBl I 1959, 258), wenn die Pensionszusage Formulierungen wie „freiwillig und ohne Rechtsanspruch", „jederzeitiger Widerruf vorbehalten", „ein Rechtsanspruch auf die Leistungen besteht nicht" oder „die Leistungen sind unverbindlich" oder ähnliche Formulierungen enthält, sofern nicht besondere Umstände eine andere Auslegung rechtfertigen.

Ist **vereinbart,** dass die Pensionsverpflichtung *nach* Eintritt des Versorgungsfalls auf eine U-Kasse übertragen wird, darf eine Rückstellung auch in der Anwartschaftszeit mit steuerrechtlicher Wirkung *nicht* gebildet werden (EStH 6a Abs 3, das dem entgegenstehende U des BFH 19.8.1998 DB 1999, 73 will die FinVerw gem BMF 2.7.1999 DB, 1352 nicht allgemein anwenden). In den EStÄR 2008 wurden die Sätze 7–12 in EStR 6a Abs 3 mit weiteren Beschränkungen der Rückstellungsbildung iZm Übertragungen auf außerbetriebliche Versorgungseinrichtungen (insb U-Kasse und P-Fonds) gestrichen. Ebenso gilt die **Beschränkung der Haftung** aus einer Pensionszusage auf das Betriebsvermögen als dem Grunde nach steuerschädlicher Vorbehalt, es sei denn, es besteht eine gesetzliche Haftungsbeschränkung, wie zB bei KapGes. Auch die sog **Inhaberklausel** ist steuerschädlich (EStR 6a Abs 6). Werden die Rentenzahlungen aufgenommen, darf eine Rückstellung dann trotz der steuerrechtlich schädlichen Vorbehalte gebildet werden (EStR 6a Abs 3 S 6).

181 **Unschädliche Vorbehalte** (allgemeiner Vorbehalt und spezielle Vorbehalte), die den Widerruf der Pensionszusage bei geänderten Verhältnissen nur nach billigem Ermessen (§ 315 BGB) vorsehen, werden von der FinVerw in EStR 6a Abs 4 aufgeführt. Der BFH hat diese **Mustervorbehalte** sanktioniert (BFH 6.10.1967 BStBl II 1968, 90), dabei aber auch festgestellt, dass „die Alterssicherung eine arbeitsrechtliche und soziale Maßnahme ist, die nicht durch steuerrechtliche Anforderungen unangemessen erschwert werden darf".

182 Der Vorbehalt der **Haftungsbeschränkung** in Pensionszusagen beim Ausscheiden von phG von PersGes ist nicht steuerschädlich (BdF 20.2.1978 BetrAV, 224 und 20.2.1980 BetrAV, 74 betr Übertragung oder Aufgabe eines Einzelunternehmens; Finanzministerium Nds 6.10.1980 BB, 1565).

183 **Verunglückte Vorbehalte,** die sich zu weit von den Mustervorbehalten entfernten, sind in der Praxis der Bp vielfach dadurch geheilt worden, dass entspr schriftliche Klarstellungen vom Arbeitgeber abgegeben wurden.

184 Die **zivilrechtliche Bedeutung** der steuerrechtlich anerkannten Mustervorbehalte ist allerdings für die Unt gering. Diese Mustervorbehalte gehen in ihrer Wirkung nicht wesentlich über die Voraussetzungen hinaus, unter denen auch ohne Vorbehalt gegebene Pensionszusagen wegen Wegfalls der Geschäftsgrundlage widerrufen oder an veränderte Verhältnisse angepasst werden können; sie haben somit mehr oder weniger nur deklaratorische Bedeutung. Die Rspr des BAG (BAG 24.11.1977 BB 1978, 450; 5.7.1979 BB, 1605; 22.4.1988 DB, 2311) hat die Anforderungen an einen zivilrechtlich wirksamen Widerruf verschärft und an sachliche Gründe gebunden. Seit der Streichung des Sicherungsfalls der wirtschaftlichen Notlage (§ 7 Abs 1 S 3 Nr 5 BetrAVG aF) durch Art 91 EGInsO besteht das von der Rspr entwickelte Recht zum Widerruf wegen wirtschaftlicher Notlage nicht mehr (BAG 17.6.2003 DB 2004, 324).

185 In Anbetracht dieser BAG-Rspr ist eine Steuerschädlichkeit von Vorbehalten, die nur nach billigem Ermessen und an sachliche Gründe gebunden ausgeübt werden können, nicht mehr gegeben. Im Übrigen ist die Vorbehaltsthematik durch das Instrument der **umstrukturierenden** und **ablösenden Betriebsvereinbarung** (dazu ua BAG 22.5.1990 BB, 2047) entschärft und die **Änderungsmöglichkeit** von Pensionsverpflichtungen auf bestimmte Tatbestände (wie zB Umstrukturierung unter Aufrechterhaltung der Besitzstände und des Dotierungsrahmens, Überversorgung, Harmonisierung, Wegfall der Geschäftsgrundlage) unter Beachtung von Recht und Billigkeit, insb des Vertrauensschutzgedankens beschränkt worden.

c) Schriftformerfordernis (§ 6a Abs 1 Nr 3 EStG)

186 Dritte steuerrechtliche Voraussetzung für die Rückstellungsbildung ist, dass die Pensionszusage **schriftlich** erteilt ist.

Als Schriftform gilt jede schriftliche Festlegung, aus der sich der Pensionsanspruch nach Art und Höhe ergibt (EStR 6a Abs 7), zB **Einzelvertrag, Gesamtzusage (Pensionsordnung), Betriebsvereinbarung, Tarifvertrag, Besoldungsordnung, Gerichtsurteil.** Bei Gesamtzusagen ist eine schriftliche Bekanntmachung in geeigneter Form nachzuweisen (zB Protokoll über Aushang im Betrieb oder Aushändigung der schriftlichen Gesamtzusage). Die Schriftform muss am Bilanzstichtag vorliegen und den Pensionsberechtigten bekanntgemacht, dh zugegangen sein. **Betriebliche Übung** und **Gleichbehandlung** sind wegen der fehlenden Schriftform steuerrechtlich nicht ausreichend, es sei denn, dem Arbeitnehmer ist bei vorzeitigem Ausscheiden eine gesetzlich oder vertraglich unverfallbare Anwartschaft schriftlich bestätigt worden.

Diese Grundsätze über die Schriftform sind auch bei der Änderung von Pensionsverpflichtungen (zB Erhöhung) einzuhalten.

Pensionsverpflichtungen auf Grund betrieblicher Übung oder Gleichbehandlung scheiden danach vornehmlich wegen fehlender Schriftform und denkbarer steuerschädlicher Vorbehalte für die Bildung von steuerrechtlich anzuerkennenden Pensionsrückstellungen aus, handelsrechtlich sind sie jedoch zwingend. Sie müssen zwar bei Entstehung des Rechtsanspruchs nach dem 31.12.1986 in der HB passiviert werden, dürfen aber wegen der steuerrechtlichen Sondervorschrift in § 6a Abs 1 Nr 3 EStG nicht in die StB übernommen werden, so dass hier HB und StB voneinander abweichen (evtl Einbeziehung in die Berechnung der aktiven latenten Steuern, § 274 Anm 35).

187 Sieht eine Versorgungsregelung eine Witwenrente, nicht aber eine **Witwerrente** vor oder ist die Zusage auf Witwerrente ggü der Witwenrente eingeschränkt, besteht gleichwohl ein (voller) Witwerrentenanspruch. Lt BAG 5.9.1989 DB, 2615 verstößt es gegen Art 3 Abs 2 und 3 GG, gegen das Lohngleichheitsgebot des Art 141 EG und gegen den arbeitsrechtlichen Gleichbehandlungsgrundsatz, wenn in einem Unt männlichen Arbeitnehmern eine Hinterbliebenenversorgung zugesagt wird, den weiblichen Arbeitnehmern aber nicht. Eine Frist zur Einführung der Witwerversorgung gesteht das BAG den betroffenen Arbeitgebern nicht zu.

Nach BAG (zB 16.1.1996 DB, 939) und BVerfG 28.9.1992 (DB, 2511) ist eine unterschiedliche Behandlung von Arbeitnehmern wegen der **Teilzeitarbeit** auf Grund des arbeitsrechtlichen Gleichbehandlungsgrundsatzes und wegen § 2 Abs 1 BeschFG unzulässig. Sachliche Gründe, die eine unterschiedliche Behandlung von Teilzeitkräften gestatten, müssten anderer Art sein, etwa auf Arbeitsleistung, Qualifikation, Berufserfahrung oder unterschiedlichen Anforderungen am Arbeitsplatz beruhen. Der EuGH toleriert mit U 10.2.2000 BB, 983 eine Ungleichbehandlung von Teilzeitkräften nur für Beschäftigungszeiten vor dem EuGH-U (Defrenne II) 8.4.1976. **Geringfügig Beschäftigte,** die nicht der Sozialversicherungspflicht unterliegen, dürfen von Leistungen der BetrAV ausgeschlossen werden (BAG 27.2.1996 DB, 1827 und 12.3.1996 DB, 2085 für den Bereich der Zusatzversorgung im öffentlichen Dienst (VBL, VAP); ferner BAG 13.5.1997 DB, 2627; strittig für die Zeit ab 1.4.1999 nach der Änderung von § 8 SGB IV vgl *Blomeyer/Otto,* BetrAVG, Anh § 1 Rz 76).

Wenn für Männer und Frauen unterschiedliche Rentenzugangsalter in betrieblichen Versorgungsregelungen vorgesehen sind, verlangt der EuGH in einem (zeitlich später ergangenen) U (14.12.1993 DB 1994, 228) eine Gleichbehandlung nur für Betriebsrentenansprüche, die *nach* dem 17.5.1990 (Erlass des Barber-U des EuGH, DB 1990, 1824) erworben werden. Das BAG hat sich in seinen U v 18.3.1997 (BB, 1417) und v 3.6.1997 (BB, 1694) dieser Meinung angeschlossen. Die strengeren BAG-U zur Witwerrente und zu Teilzeitbeschäftigten bleiben aber bestehen.

Zur steuerrechtlichen Anerkennung einer Pensionsrückstellung für Versorgungsansprüche auf Witwerrente bzw für Versorgungsansprüche von Teilzeitbeschäftigten verlangen BMF 26.11.1990 und 13.12.1990 BetrAV, 266 sowie EStR 6a Abs 7 eine ausdrückliche schriftliche Zusage dieser Versorgungsansprüche vom Arbeitgeber.

3. Persönliche Voraussetzungen

a) Das rückstellungsberechtigte Unternehmen

Pensionsrückstellungen sind von solchen Unt zu bilden, die einen JA nach §§ 242 ff aufstellen bzw den steuerrechtlichen Gewinn durch Bestandsvergleich nach § 4 Abs 1 oder nach § 5 EStG ermitteln. Stpfl, die den Gewinn nach § 4 Abs 3 EStG als Überschuss der Betriebseinnahmen über die Betriebsausgaben ermitteln, können Pensionsverpflichtungen erst bei Zahlung der Versorgungsleistungen als Betriebsausgaben berücksichtigen.

b) Der Pensionsberechtigte

Unter Pensionsberechtigte sind **Anwärter** und **Leistungsempfänger** zu verstehen. IdR handelt es sich bei ihnen um Arbeitnehmer oder ehemalige Arbeitnehmer iSd BetrAVG, die zu dem pensionsverpflichteten Unt in einem Arbeitsverhältnis stehen oder standen und ein Pensionsrecht auf Grund Rechtsbegründungsakt erworben haben.

Arbeitnehmer iSd §§ 1 bis 16 BetrAVG sind Arbeiter und Angestellte einschl der zu ihrer Berufsausbildung Beschäftigten. §§ 1 bis 16 BetrAVG gelten entspr für Personen, die **nicht Arbeitnehmer** sind, wenn ihnen Leistungen der Alters-,

§ 249   190, 191   Jahresabschluß (Ansatzvorschriften)

Invaliditäts- oder Hinterbliebenenversorgung aus Anlass ihrer Tätigkeit für ein Unt zugesagt worden sind (§ 17 BetrAVG); hierzu rechnen **Organe** von **KapGes/KapCoGes** (AR-Mitglieder, Vorstandsmitglieder, Geschäftsführer, auch nicht-beherrschende Gester-Geschäftsführer), arbeitnehmerähnliche Personen (zB **Handelsvertreter** oder Pächter einer Gastwirtschaft) und **Berater** (zB Steuerberater). § 6a EStG hebt aber nicht auf § 17 BetrAVG ab, sondern spricht vom Pensionsberechtigten. Das ist jede Person, die eine **betrieblich veranlasste Pensionszusage** erhalten hat. Demzufolge können zB bei Verbänden Pensionszusagen auch durch Verbandsmitglieder an Angestellte des Verbands oder im Rahmen eines Lieferungsverhältnisses (Großhändler gibt Zusagen an belieferte Einzelhändler) in Betracht kommen. Der Grundsatz, dass im Allgemeinen die Pensionszusage vom Arbeitgeber an seinen Arbeitnehmer gegeben wird und beim pensionsverpflichteten Unt bilanziert wird, gilt nicht ausnahmslos und wird von § 6a EStG nicht einmal gefordert.

Pensionsanwartschaften bilanzierender Kfl (ggü anderen) dürfen in deren Bilanz idR nicht aktiviert werden (BFH 14.12.1988 DB 1989, 757).

c) Voraussetzungen innerhalb eines Konzerns

190   In Konzernen kommt es vor, dass das MU Pensionszusagen an **Arbeitnehmer** (oä Personen, Anm 152) **von Tochterunternehmen** gibt und hierfür Pensionsrückstellungen bildet. Wird das dadurch entstehende Aufwand nicht erstattet, liegt steuerrechtlich eine Einlage vor, die vom MU auf dem Beteiligungskonto in Höhe des Pensionsaufwands zu aktivieren ist (BdF 19.8.1957 DB 1958, 65); nur wenn ein **Organschaftsverhältnis** mit Gewinnabführungsvertrag besteht, ist der Aufwand für die Pensionszusagen des Organträgers an Arbeitnehmer des Organs nicht auf dem Beteiligungskonto zu aktivieren (BdF 15.1.1959, DB, 108); das Gleiche sollte auch im Falle der **Eingliederung** des TU in das MU gelten (§ 324 Abs 2 AktG und *Hüffer* AktG[9] § 324 Anm 4). Im umgekehrten Fall (TU gibt Pensionszusagen an Arbeitnehmer des MU) liegt steuerrechtlich eine vGA des TU an das MU vor. Dies gilt wiederum für den Fall der OrganGes mit Gewinnabführungsvertrag nicht. Diese Regelungen können zu unbefriedigenden Ergebnissen führen, insb dann, wenn es sich um **internationale Konzerne** handelt. Vielfach wird man auf Erstattungen des Pensionsaufwands (Nettoprämie oder Zuführung bereinigt wegen Zins und Dynamik) zurückgreifen müssen oder **Doppelarbeitsverhältnisse** einrichten (BdF 26.1.1973, BB, 231), um Schwierigkeiten gar nicht erst entstehen zu lassen. Sind die zu einem TU im Ausland entsandten Arbeitnehmer nachweislich teilweise auch noch für das MU tätig, darf der Pensionsaufwand weiterhin (nach den allg steuerrechtlichen Regelungen) beim MU als Betriebsausgabe behandelt werden.

Ausländische Tochterunternehmen bilanzieren grds nach dem Recht des jeweiligen Landes. Daneben haben sie vielfach nach den Bilanzierungsvorschriften des MU einen zusätzlichen JA (HB II, dazu § 300 Anm 26 f) zu erstellen.

4. Das Nachholverbot

191   Das (nur) steuerrechtliche **Nachholverbot** unterlassener Zuführungen zur Pensionsrückstellung ergibt sich aus § 6a Abs 4 S 1 EStG, wonach eine Pensionsrückstellung in einem Wj höchstens um den Unterschied zwischen dem Teilwert der Pensionsverpflichtung am Schluss des Wj und am Schluss des vorangegangenen Wj erhöht werden darf. Bei Altzusagen kann der Stpfl in jedem Wj entscheiden, ob er der Rückstellung einen Betrag im Rahmen der jährlichen Höchstgrenze zuführen will (EStR 6a Abs 1 S 3 iVm A 41 Abs 21 S 3 EStR 1984). § 6a Abs 4 S 1 EStG lässt offen, ob das Nachholverbot an das bewusste Unterlassen oder das

objektive Fehlen einer Pensionsrückstellung zB auch infolge fehlerhafter Erfassung oder Bewertung anzuknüpfen hat. Der BFH urteilte iSd zweiten Auffassung (BFH 13.2.2008 BStBl II, 673; BFH 14.1.2009 BStBl II, 457). Dies soll dann sogar auch für Neuzusagen gelten, was uE wegen deren Passivierungspflicht uneinsichtig ist (glA *Höfer* DB 2011, 140).

Gem § 6a Abs 4 S 5 EStG dürfen **unterlassene Zuführungen** in dem Wj nachgeholt werden, in dem das Dienstverhältnis unter Aufrechterhaltung der Pensionsanwartschaft endet, oder in dem der Versorgungsfall eintritt. In diesen Fällen darf die Pensionsrückstellung stets bis zur Höhe des steuerlichen Teilwerts der Pensionsverpflichtung gebildet werden.

Ist eine Rückstellung **ganz oder teilweise aufgelöst** worden, ohne dass sich die Pensionsverpflichtung entspr geändert hat, ist die StB unrichtig und ggf im Wege der *Bilanzberichtigung* (§ 4 Abs 2 S 1 EStG; § 253 Anm 802 ff) zu korrigieren (EStR 6a Abs 21). Dem steht das Nachholverbot nicht entgegen.

5. Das Passivierungswahlrecht

Unter Berücksichtigung des Auflösungsverbots (Anm 239) bedeutet das **Passivierungswahlrecht bei Altzusagen** (Anm 167), dass jährlich für jede einzelne Pensionsverpflichtung **(Einzelbewertungsprinzip)** unabhängig von der Bilanzierung in der HB (Anm 161) neu entschieden werden darf, ob die versicherungsmathematisch errechnete, steuerrechtlich zulässige Zuführung ganz, teilweise oder gar nicht vorgenommen wird. 192

Auflösungen von Pensionsrückstellungen wegen Herabsetzung oder Wegfalls von Pensionsverpflichtungen oder wegen des Älterwerdens eines Leistungsempfängers sind unter Beachtung des Grundsatzes der Einzelbewertung in der HB und StB vorzunehmen. Es ist unzulässig, den Bilanzwert der Pensionsrückstellungen fortzuführen, ohne im einzelnen Zugänge und Abgänge zu berücksichtigen. Dies gilt auch für die HB. 193

Durch eine **Bilanzänderung** (§ 253 Anm 830 ff) darf der Ansatz für eine Pensionsrückstellung, soweit für sie Passivierungswahlrecht besteht, für das betr Wj mit Zustimmung des FA geändert werden (§ 4 Abs 2 S 2 EStG). Dies kommt vor allem in Betracht, um anderweitige Mehrergebnisse von Bp aufzufangen oder um Verlustrückträge und -vorträge entstehen zu lassen (wegen Einzelheiten zur Bilanzänderung allgemein IDW RS HFA 6; § 253 Anm 830 ff). Bei Irrtümern (Anm 191) sind fehlerhafte Ansätze in HB und StB zu berichtigen, steuerrechtlich soweit dem das Nachholverbot nicht entgegensteht (Anm 161, 191). 194

IV. Bewertung der Pensionsverpflichtungen

1. Die Bewertung nach Handelsrecht (§ 253 Abs 1 und 2)

a) Bewertungsvorschrift des § 253

Nach § 253 Abs 1 S 2 sind Rückstellungen in Höhe des nach vernünftiger kfm Beurteilung notwendigen **Erfüllungsbetrags** anzusetzen. Der Erfüllungsbetrag ist abzuzinsen. Da Pensionsverpflichtungen idR sowohl hinsichtlich ihrer Zahlungszeitpunkte als auch ihrer Zahlungshöhen noch ungewiss sind, können diese nur versicherungsmathematisch nach statistischen Bewertungsverfahren unter Verwendung von „geeigneten" Bewertungsparametern **(Rechnungsgrundlagen)** geschätzt werden. Gesetzlich oder vertraglich vorgesehene Erhöhungen der Pensionsansprüche (lfd Renten wie auch Anwartschaften), die ihrem Zeitpunkt und/oder ihrer Höhe nach ungewiss sind, sind im Schätzwege zu be- 195 rücksichtigen (IDW RS HFA 30 Tz 51–54). Dies betrifft die Anpassungen der lfd Rentenzahlungen nach § 16 Abs 2 BetrAVG in Höhe der langfristig geschätzten Inflationsrate (Verbraucherpreisindex); als Anhaltspunkt hierfür kann zB dienen, dass die Europäische Zentralbank das Ziel verfolgt, diese unter 2% pa zu halten. Ggf noch nachzuholende Anpassungen gem § 16 BetrAVG (zu Recht oder zu Unrecht unterblieben) sind im zu erwartenden Umfang zu berücksichtigen. Bei gehaltsabhängigen Pensionsanwartschaften sind der *allgemeine* Gehaltstrend (zB mit 3% pa) und auch zu erwartende *karrieremäßige* Steigerungen anzusetzen, soweit sie auf begründeten Erwartungen und hinreichend objektiven Hinweisen beruhen (IDW RS HFA 30 Tz 52, 54).

196 Nach § 253 Abs 2 sind Rückstellungen mit einer Laufzeit von mehr als einem Jahr zwingend abzuzinsen (sog **Abzinsungsmethode**), und zwar mit dem ihrer Restlaufzeit entspr durchschnittlichen Marktzinssatz der vergangenen sieben Gj vor dem Bilanzstichtag. Abw davon dürfen Rückstellungen für Pensionsverpflichtungen (und vergleichbare langfristig fällige Personalverpflichtungen, wie Lebensarbeitszeitkonten, Altersteilzeit, Dienstjubiläen, Vorruhestands-, Übergangs- und Sterbegelder sowie Beihilfen zur Kranken- und Pflegeversicherung für Rentner, IDW RS HFA 30 Tz 8 und IDW RS HFA 3 Tz 18) pauschal mit dem durchschnittlichen Marktzinssatz abgezinst werden, der sich bei einer angenommenen Laufzeit von 15 Jahren ergibt. Diese Abzinsungssätze werden von der DBB nach Maßgabe einer RVO (**Rückstellungsabzinsungsverordnung** – RückAbzinsV) ermittelt und monatlich bekanntgegeben. In der RVO, die nicht der Zustimmung des Bundesrats bedarf, bestimmt das BMJ im Benehmen mit der DBB das Nähere zur Ermittlung der Abzinsungssätze, insb die Ermittlungsmethodik und deren Grundlagen, sowie die Form der Bekanntgabe, s Anm 200.

Nettoaufwendungen bzw -erträge aus der Auf- bzw Abzinsung sind nach § 277 Abs 5 S 1 im Finanzergebnis auszuweisen; hingegen gewährt IDW RS HFA 30 Tz 86 u 87 ein Ausweiswahlrecht (operatives Ergebnis oder Finanzergebnis) für Erfolgswirkungen aus der Änderung des Diskontierungssatzes.

Zu Angabepflichten im Anhang nach § 285 Nr 24 s dort Anm 415 ff.

b) Bewertungsmethode

197 Verpflichtungen, für die eine Gegenleistung nicht mehr zu erwarten ist, sind mit ihrem (vollen) Barwert anzusetzen. Dies betrifft lfd Pensionsverpflichtungen (mit dem lfd Rentenbarwert) und unverfallbare Anwartschaften ausgeschiedener Pensionsberechtigter (mit dem vollen Anwartschaftsbarwert).

198 Bei der Bewertung von Anwartschaften noch tätiger Pensionsberechtigter ist nach allgemeinen Bilanzierungsgrundsätzen nur ein auf die Dienstzeit bis zum Bilanzstichtag entfallender Teil des vollen Anwartschaftsbarwerts anzusetzen (IDW RS HFA 30 Tz 60). § 253 schreibt zur Ermittlung dieses Anteils kein Verfahren vor. In den meisten Fällen (außer zB bei wertpapiergebundenen Zusagen, Anm 204) sinnvoll anzuwenden ist das gem IAS 19 vorgeschriebene **Ansammlungsverfahren** (*Projected Unit Credit Methode,* PUCM). Bei diesem Verfahren wird der Barwert der zum Bilanzstichtag erdienten (und somit vergangenen Gj zuzurechnenden) Pensionsansprüche, die sog DBO, bestimmt (Anm 292). Sofern es sich um eine „reine Leistungszusage" mit zeitratierlicher Unverfallbarkeit nach BetrAVG handelt, ist auch ein **Gleichverteilungsverfahren** wie das **Teilwert**verfahren zulässig. Insoweit besteht ein **Wahlrecht** zur Bestimmung des Bewertungsverfahrens, das nach erfolgter Wahl konsistent und stetig anzuwenden ist. Beim Teilwertverfahren wird der volle Anwartschaftsbarwert mittels konstanter oder auch mittels gleichmäßig steigender Prämien finanziert. Bei beitragsorientierten Leistungszusagen (idR also auch bei Entgeltumwandlungszusagen) und bei Zusagen, bei denen sich die unverfallbaren Pensionsansprüche nicht zeitratierlich ermitteln lassen (zB wenn Besitzstände vertraglich festgeschrieben sind oder Pensionspläne geschlossen oder verschlechtert wurden), ist das unmodifizierte Teilwertverfahren ungeeignet. In der Praxis wird sich bei der Bewertung von Anwartschaften noch tätiger Pensionsberechtigter auf lange Frist sicherlich die PUCM durchsetzen, da sie *stets* zu handelsrechtlich zulässigen Wertansätzen führt, nicht hingegen das versicherungsmathematische Teilwertverfahren (so auch IDW RS HFA 30 Tz 61).

Für den Fall, dass sowohl das Teilwertverfahren als auch die PUCM zulässig **199** sind (Anm 198), ergibt das Teilwertverfahren (bei identischen Bewertungsparametern) etwas höhere Pensionsrückstellungen. Dies gilt es bei der Festlegung des Bewertungsverfahrens zu beachten; hier sind „Alternativberechnungen" sinnvoll. Das gewählte Verfahren dient gleichzeitig der Ermittlung des ua von KapGes/KapCoGes mind im Anhang anzugebenden Fehlbetrags bei unmittelbaren und mittelbaren Verpflichtungen (Art 28, 48, 67 EGHGB); dazu IDW RS HFA 30 Tz 78 und Anm 256, 271 ff.

c) Rechnungsgrundlagen

Die zu jedem Bilanzstichtag zu aktualisierenden und zwingend anzuwenden- **200** den **Abzinsungssätze** nach der RückAbzinsV (BGBl I 2009, 3790) orientieren sich an in Euro lautende UntAnleihen mit einem Rating der **Kategorie AA** (Null-Kupon-Euro-Swaps plus geeignetem Aufschlag; abrufbar unter: www.bundesbank.de/Statistiken/Geld- und Kapitalmärkte/Zinssätze und Renditen/Abzinsungssätze gemäß § 253 Abs 2 HGB, Tabellen). Für die 15-jährige Laufzeit lag der Siebenjahresdurchschnitt (**„Standardabzinsungssatz"**) Ende 2012 bei 5,04% und Juni 2013 bei 4,94%. Die Verwendung eines Stichtagszinses wie nach IAS 19 ist unzulässig (Anm 292); insoweit darf auch eine Bewertung nach IAS 19 nicht in die HB übernommen werden.

Pensionsleistungen (Invaliden-, Hinterbliebenen-, Altersleistung), die durch die **201** Risiken des menschlichen Lebens (Invalidität, Tod, Erleben eines bestimmten Alters) bedingt sind und deren finanzielle Auswirkungen mildern sollen, können zutreffend nur unter **Wahrscheinlichkeitsgesichtspunkten** nach den Regeln der **Versicherungsmathematik** bewertet werden (IDW RS HFA 30 Tz 62). Bei Vorgabe geeigneter zeitnaher Rechnungsgrundlagen (biometrische Rechnungsgrundlagen) ist die Abweichung der Bewertung zum Erwartungswert umso geringer, dh der tatsächliche Risikoverlauf wird durch den rechnungsmäßigen umso besser approximiert, je größer die Anzahl der Pensionsverpflichtungen in einem Unt ist **(Gesetz der großen Zahl).** Selbst wenn nur eine einzige Pensionsverpflichtung besteht, ergibt nur die **versicherungsmathematische Schätzung** des Erwartungswerts einen sinnvollen Bilanzwert auch iSe vernünftigen kfm Beurteilung. Dies schließt nicht aus, dass im Einzelfall (zB bei einem schwerkranken Pensionsberechtigten) ein Kfm auch zu einem Ansatz unter dem versicherungsmathematischen Wert, der immer Durchschnittscharakter hat, kommen könnte.

Die bei der Bewertung von Pensionsverpflichtungen benötigten Wahrschein- **202** lichkeiten unterliegen im Zeitablauf Änderungen, von denen die Erhöhung der Lebenserwartung allgemein bekannt ist. Die künftige Entwicklung der **biometrischen Rechnungsgrundlagen** ist deshalb angemessen zu berücksichtigen. Für die Bewertung von Pensionsverpflichtungen sind nur solche biometrische Rechnungsgrundlagen geeignet, die entweder auf Statistiken des gesamten Kollektivs (Risikogemeinschaft) aller Betriebsrentenanwärter oder -empfänger oder entspr großer Unterkollektive (zB Chemie- oder Bankenbranche, Großkonzerne mit über 100 000 Anwärtern und Rentnern) beruhen. Die Allgemeine Deutsche

Sterbetafel ist zu allgemein; die Sterbetafeln für privat Rentenversicherte (DAV 2004R) und für privat Krankenversicherte (PKV 2000) beziehen sich auf gänzlich andere Kollektive mit im Durchschnitt höheren Lebenserwartungen. Außerdem enthalten sie keine Wahrscheinlichkeiten für Invalidität und Witwen/r/hinterlassung. *Methodisch* geeignet für die Bewertung von Pensionsverpflichtungen sind vor allem die *Richttafeln von K. Heubeck* (derzeit die Generationentafeln RT 2005 G). Da diese stets auf großen allgemeingültigen Statistiken aller Erwerbstätigen in Deutschland (mit Trendextrapolation in die Zukunft) beruhen, kann es angezeigt sein, sie ggf durch pauschale Zu- oder Abschläge zu modifizieren (längere Lebenserwartung und geringere Invalidität insb bei leitenden Angestellten und Organmitgliedern, geringeres Witwen/r/risiko wegen Zunahme der Ehescheidungen). Meist werden aber die Heubeck-Richttafeln ohne Modifikationen angewandt, was uE immer dann gerechtfertigt ist, wenn der Bestand aufgrund zu geringer Größe keine statistisch validen Aussagen zulässt (so auch IDW RS HFA 30 Tz 62). Da bei Entgeltumwandlungszusagen ein individuelles Selektionsrisiko besteht, können bei diesen auch die Versichertensterbetafeln DAV 2004 R (ggf modifiziert) gerechtfertigt sein. Wenn sich zeigt, dass die verwendeten Richttafeln nicht mehr geeignet sind, sind sie unverzüglich durch geeignetere zu ersetzen.

Große Bedeutung für die Bewertung von Pensionsverpflichtungen ist der Altersgrenze (für den Rentenbeginn) beizumessen (IDW RS HFA 30 Tz 62). Meist kommen hier die vorgezogenen Altersgrenzen der gesetzlichen Rentenversicherung (idR Alter 63) in Betracht. Da die vorgezogenen Altersrenten mit Abschlägen versehen sind, wird der wahrscheinliche Rentenbeginn langfristig, dh bei jüngeren Anwärtern, eher höher (bis Alter 67; ggf noch höher) anzusetzen sein. Wird die rechnungsmäßige Altersgrenze bei bestehenden Verpflichtungen erhöht (zB im Fall der Anm 225), kann eine sich dann evtl ergebende Auflösung nach IDW RS HFA 34 Tz 20 auch unterbleiben.

Die Arbeitnehmer-Fluktuation (Ausscheiden mit und ohne unverfallbarem Pensionsanspruch) hat durch das Herabsetzen der Unverfallbarkeitsfristen (und auch da neuere Pensionszusagen idR nicht mehr anwartschaftsdynamisch sind) an Bedeutung verloren. Dennoch ist sie zu beachten (IDW RS HFA 30 Tz 62).

d) Mindestanforderungen an ein Bewertungsprogramm

203 Wenn sich die Unverfallbarkeit (wie meist noch der Fall) zeitratierlich ergibt (bei Ausscheiden erreichte Dienstjahre m zu bei Pensionierung erreichbaren Dienstjahren n), ist auch weiterhin das Teilwertverfahren sinnvoll (Anm 198). Allerdings wäre dann auch die PUCM nach IAS 19 leicht anwendbar, in der Form des sog degressiven m/n-tel Verfahrens. Hierbei werden die bei Eintritt des Versorgungsfalls erreichbaren Pensionsansprüche im Verhältnis der am Bilanzstichtag erreichten Dienstzeit m zu den bei Eintritt des jeweiligen Versorgungsfalls erreichbaren Dienstjahren n gekürzt. Die PUCM würde zu leicht geringeren Werten als das Teilwertverfahren führen.

Ein zulässiges Bewertungsprogramm muss mind in der Lage sein, zu berücksichtigen:
– Rechnungszins gemäß § 253 Abs 2
– Rentendynamik ab Rentenbeginn (zB 2% Inflationsanpassung)
– Gehaltsdynamik bei gehaltsabhängigen Zusagen
– pauschale prozentuale Verringerung der Wahrscheinlichkeiten für Invalidität und Sterblichkeit
– Mitarbeiterfluktuation: Diese ist bei leitenden Angestellten und Organmitgliedern idR vernachlässigbar, da sie entweder geringfügig oder nicht zuverlässig

ermittelbar ist. Wenn sie wesentlich und somit zu berücksichtigen sein sollte (insb innerhalb der Verfallbarkeitszeit), dann muss sie nicht als jährliche Wahrscheinlichkeit in die Formeln eingebaut werden, sondern kann auch durch einen Fluktuationsabschlag auf die ohne Fluktuation ermittelten Barwerte berücksichtigt werden. Es gibt allerdings keine „einfachen Näherungsverfahren", um aus dem Teilwert nach § 6a EStG (durch einen pauschalen Faktor etwa) den Wert nach § 253 zu „schätzen"; eine versicherungsmathematische Bewertung ist stets unabdingbar.

e) An Wertpapiere gebundene Zusagen

Soweit sich die Höhe von AVers- (oder lt Begr und IDW RS HFA 30 Tz 77 auch vergleichbaren langfristig fälligen) Verpflichtungen ausschließlich nach dem beizZW von Wertpapieren iSd § 266 Abs 2 A III 5 (Wertpapiere des Anlagevermögens; insb Aktien, Genussscheine, Pfandbriefe, Obligationen, Schuldverschreibungen, Indexpapiere, Fondsanteile, nicht aber GmbH-Anteile nach IDW RS HFA 30 Tz 73) bestimmt, sind die Rückstellungen hierfür nach § 253 Abs 1 S 3 zum beizZW dieser Wertpapiere anzusetzen; egal ob solche Wertpapiere tatsächlich oder nur fiktiv (IDW RS HFA 30 Tz 72) gehalten werden (sog **wertpapiergebundene Zusagen**). Eine Bewertung solcher Zusagen nach der „Abzinsungsmethode" des § 253 würde nämlich zu unzutreffenden (idR überhöhten) Ergebnissen führen. Werden solche Wertpapiere auch tatsächlich gehalten, kommt der beizZW als Wertansatz für diese Wertpapiere auf jeden Fall dann in Frage, wenn zusätzlich die Situation des § 246 Abs 2 („zugriffsfreie Auslagerung") gegeben ist (Anm 205). Ist diese Situation nicht gegeben, müsste der Wertansatz eigentlich unverändert „wie für entsprechende normale Wertpapiere im Besitz des Unternehmens" erfolgen. Wegen § 254 (BewEinh, Durchbuchungsmethode) ist lt IDW RS HFA 30 Tz 76 auch der beizZW angebracht, allerdings keine Saldierung mit der Rückstellung.

Eine evtl gegebene Mindestgarantie (zB bei einer Beitragszusage mit Mindestleistung oder auch anderen neueren Zusagetypen mit Mindestgarantien) ist zu berücksichtigen, wenn diese Mindestgarantie (dh besser gesagt: der *Barwert* dieser Mindestgarantie, gerechnet mit der Bewertungsmethode gem Anm 197 ff und den Rechnungsgrundlagen gem Anm 200 ff) am Bilanzstichtag durch die VG nicht abgedeckt ist (vgl auch Anm 176). Insofern erfolgt die Bewertung zum inneren Wert der Mindestgarantie (IDW RS HFA 30 Tz 71). Eine explizite (direkte oder pauschale) Bewertung der in der Mindestgarantie steckenden Optionsprämie wäre bei Wesentlichkeit wohl zulässig.

Die Beschränkung auf Wertpapiere des Anlagevermögens (bzw Wertanbindungen an solche Wertpapiere) ist vernünftig, um die „Bewertungssubjektivität" bei Gestaltungen mit Anbindung an „schwerlich handelbare" VG (zB also auch Einzelimmobilien oder GmbH-Anteile) auszuschließen.

Dass hier nun aber nicht auch Zusagen mit Anbindung an kongruente RDVers (s Anm 247 f) explizit erwähnt wurden (bei denen zum Bilanzstichtag die beitragsfreie Leistung einschl der künftigen Gewinnanteile die erdienten Pensionsansprüche zumindest erwartungsgemäß abdeckt), ist uE unschädlich, so auch iE IDW RS HFA 30 Tz 74. Auch bei ihnen liegt stets ein „objektiver" Wert (und zwar der vom VersicherungsUnt gemeldete Aktivwert) vor, so dass § 253 Abs 1 S 3 uE von seinem Sinn und Zweck her analog anzuwenden ist, also die RDVers den Wertpapieren des Anlagevermögens gleichzustellen ist. Tatsächlich orientiert sich auch die Wertentwicklung von RDVers ganz überwiegend nach der Wertentwicklung der Kapitalanlagen (idR Wertpapiere) des VersicherungsUnt. Auch der Grundsatz der Bewertungseinheit nach § 254 legt eine solche Bewertung nahe, denn RDVers gehören vom Grundsatz her (zB auch nach IFRS) unstrittig zur Kategorie der FinInst (Sicherungsgeschäft versus Grundgeschäft), auch wenn § 254 auf die BetrAV nicht direkt eingeht.

Deckt eine RDVers nur einen Teil (zB 80%) der Pensionsverpflichtung ab, sollte uE die Pensionsverpflichtung nur in Höhe des nicht gedeckten Teils (dh zB mit 20% des Werts) nach der „Abzinsungsmethode" zzgl des Werts der RDVers bewertet werden. Sonst könnte ggf der Aktivwert für die teildeckende RDVers höher sein als die Pensionsrückstellung nach der „Abzinsungsmethode" für die volle 100%ige Zusage, was unzutreffend wäre. So iE auch IDW RS HFA 30 Tz 71 aE.

f) Verrechnung zweckgebundener Vermögensgegenstände nach § 246 Abs 2

205 In Analogie zu IAS 19 sind nach § 246 Abs 2 VG, die dem Zugriff aller übrigen Gläubiger entzogen sind und *ausschließlich der Erfüllung* von Schulden (und nicht nur der *Sicherung* dieser Schulden für den Insolvenzfall) aus AVers-Verpflichtungen oder vergleichbaren langfristig fälligen Verpflichtungen dienen (aufgezählt in Anm 196) mit diesen Schulden zu verrechnen („zugriffsfreie Auslagerung"); entspr ist mit den zugehörigen Aufwendungen und Erträgen aus der Abzinsung und aus dem zu verrechnenden Vermögen zu verfahren (§ 246 Abs 2 S 2 Hs 2). Nach § 253 Abs 1 S 4 sind solche zu verrechnende VG mit ihrem beizZW zu bewerten. Übersteigt der beizZW der VG den Betrag der Schulden, ist der übersteigende Betrag unter einem gesonderten Posten zu aktivieren (§ 266 Abs 2 E). Die Ausschüttungssperre gem § 268 Abs 8 ist zu beachten, nach der nicht realisierte Kapitalerträge aus dem Deckungsvermögen zwar erfolgswirksam zu erfassen sind, aber nicht an die Anteilseigner ausgeschüttet werden dürfen. Steuerrechtlich ist gem § 5 Abs 1a S 1 EStG die Verrechnung nicht zulässig.

Eine solche Zweckbindung von VG zur Erfüllung der Schulden ist möglich durch Verpfändung oder durch Einbringung in eine **Treuhandgestaltung** (**Contractual Trust Arrangement,** CTA, Anm 293, vgl auch § 7e Abs 2 SGB IV). Sie ist insb sinnvoll bei Zusagen aus Entgeltumwandlung und bei wertpapiergebundenen Zusagen (Anm 204), wenn diese mit VG gedeckt sind. Wenn bei solchen Zusagen dann noch die Verpflichtung mit dem beizZW anzusetzen ist, ergibt sich durch die Verrechnung nach § 246 Abs 2 eine vollständige Eliminierung von VG und Verpflichtung aus der HB (vollständiges **Outside Funding**).

Werden VG insolvenzsicher ausgelagert, die für den Betrieb des Unt notwendig sind, liegt kein verrechenbares Vermögen vor, da diese VG nicht ausschließlich der Erfüllung von Schulden aus den AVers- oder vergleichbarer langfristig fälliger Verpflichtungen dienen; die VG müssen im Verhältnis zu Dritten unbelastet sein; auch die Erträge der VG müssen dem Zweck dienen (IDW RS HFA 30 Tz 25–28); eigene Anteile qualifizieren uE analog zu IAS 19.8 als Deckungsvermögen, wenn sie übertragbar sind und nicht einen wesentlichen Umfang überschreiten. Bei „ausreichender Überdotierung" ist eine Rückübertragung (Entwidmung) nach IDW RS HFA 30 Tz 33 zulässig, womit dann die Bewertung zum beizZW und die Verrechnung wieder entfallen.

§ 246 Abs 2 betrifft keine VG in einem externen Versorgungsträger (U-Kasse, P-Kasse, P-Fonds, DVers) zur Erfüllung mittelbarer Pensionsverpflichtungen oder bei einem der Schuld beigetretenem Dritten, weil deren Versorgungsleistungen nicht Bestandteil des nach § 253 Abs 1 notwendigen Erfüllungsbetrags des Unt sind (auch Anm 220).

Ein (mit den Erfolgswirkungen aus der Änderung des Diskontierungssatzes einheitlich auszuübendes) Ausweiswahlrecht (operatives Ergebnis oder Finanzergebnis) gewährt IDW RS HFA 30 Tz 87 für die lfd Erträge und die Erfolgswirkungen aus Änderungen des beizZW des Deckungsvermögens (soweit diese nicht bereits gem § 246 Abs 2 S 2 Hs 2 verrechnet sind).
Zu Angabepflichten im Anhang nach § 285 Nr 25s dort Anm 430 ff.

g) Bewertung mittelbarer Pensionsverpflichtungen

Nach § 1 Abs 1 S 3 BetrAVG hat der Arbeitgeber (zusagendes Unt) für die Erfüllung der von ihm zugesagten Leistungen auch dann einzustehen, wenn die Durchführung nicht unmittelbar über ihn, sondern (mittelbar) über einen externen Versorgungsträger (rückgedeckte oder nicht rückgedeckte U-Kasse, P-Kasse, P-Fonds, DVers) erfolgt. Bei nicht ausreichender Finanzierung des Versorgungsträgers können sich beim Unt (**TrägerUnt**) zu bewertende **mittelbare Pensionsverpflichtungen** (also Unterdeckungen, Fehlbeträge) ergeben. Nach IDW RS HFA 30 Tz 78 ermitteln sich diese bei (nicht rückgedeckten) U-Kassen generell als Differenz der nach § 253 zu bewertenden Pensionsverpflichtungen und dem beizZW des U-Kassenvermögens zum Bilanzstichtag. Überdeckungen sind nicht aktivierbar, da die VG des externen Versorgungsträgers nicht dem Unt gehören.

Genauso (also Differenz von Verpflichtung und Vermögen) sollen nach IDW RS HFA 30 Tz 78 auch Unterdeckungen bei den anderen Versorgungsträgern ermittelt werden. Solche kann es zB auch bei **P-Kassen und P-Fonds** bei bestimmten Finanzierungsverfahren (zB Bilanzausgleichsverfahren) und Tarifen (zB mit „hohen" Rechnungszinssätzen oder unter Einrechnung zukünftig erwarteter Überschussanteile) geben. Bei diesen Durchführungswegen erfolgt die Finanzierung aber idR „planmäßig" mit Beiträgen bzw Zuwendungen. Wenn zum Bilanzstichtag davon auszugehen ist, dass die Verpflichtungen durch die planmäßige Finanzierung *periodengerecht* gedeckt werden können, liegt uE zum Bilanzstichtag keine zu bewertende Unterdeckung vor. Ansonsten wäre die Unterdeckung direkt nach § 253 mit ihrem wahrscheinlichen Erfüllungsbetrag zu bewerten, dh mit dem Barwert der zu erwartenden Mehrbeiträge (Zusatzbeiträge oä) zur Finanzierung der Unterdeckung. Hier wäre eine sorgfältige Analyse insb zur (in der Praxis schwierigen) periodengerechten Abgrenzung der „Mehrbeiträge" von den „Normalbeiträgen" geboten, s auch Anm 254, 267.

Haben die Arbeitnehmer eines Unt Anspruch auf eine **Zusatzversorgung** ggü einer öffentlichen Zusatzversorgungskasse (ZVK, zB VBL), sind hierin nach IDW RS HFA 30 Tz 45 mittelbare Pensionsverpflichtungen zu sehen, die ggf schwierig oder auch gar nicht zu bewerten sein können, wobei dann nach IDW RS HFA 30 Tz 94 qualitative Anhangangaben ausreichen.

Hingegen sehen *Uttenreuther/von Puskas* (DB 1996, 741) und *Pfitzer/Schaum/ Oser* (BB 1996, 1376) lediglich eine Verpflichtung der Unt, ihre Arbeitnehmer bei der ZVK anzumelden und die entspr alljährlich festgelegten Umlagen zu zahlen. Ein Pensionsanspruch bestehe nur ggü der ZVK. Daher liegt nach deren Auffassung keine angabepflichtige Pensionsverpflichtung nach Art 28 EGHGB vor. Gestützt wird diese Auffassung durch zwei BFH-U (v 5.4.2006, BStBl II, 688 und v 8.10.2008, BB 2009, 321; bestätigend BMF 26.1.2010, DB, 306), die sogar bei der Einschaltung von **Versorgungskassen** zur Finanzierung von unmittelbaren **Beamten**versorgungsverpflichtungen keine bilanzierungspflichtige Verpflichtung beim Arbeitgeber sehen, soweit die Zahlungsfähigkeit der Kasse nicht zu bezweifeln ist, denn dann bestehe keine Wahrscheinlichkeit der direkten Inanspruchnahme des Arbeitgebers durch den Arbeitnehmer. Wegen der Begr mit der Inanspruchnahmewahrscheinlichkeit kommt den BFH-U auch handelsrechtliche Bedeutung zu. Der BFH ließ in seinem zweiten U aber offen, ob „aus Sicht des Handelsrechts eine abw Handhabung darauf gestützt werden kann, dass der Arbeitgeber für den Fall des Austritts aus der Kasse Nachzahlungen leisten muss". Der HFA hat die beiden BFH-U zwar in IDW RS HFA 23 (der nach IDW RS HFA 30 Tz 3, 44 gültig bleibt) nicht offen angesprochen, dies aber in einem separaten Schreiben an den BMF v 3.6.2009 (IDW website) nachgeholt. Der HFA sieht auch weiterhin eine Passivierungsnotwendigkeit sowohl handelsrechtlich als auch steuerrechtlich. Die Zahlungsfähigkeit der Kasse ist nur durch deren Zugriff auf die Arbeitgeber gesichert; insoweit ist es gleichgültig, ob der Arbeitgeber für die Erfüllung der Zusage oder für die Finanzierung der Zusage einzustehen hat. Nur wenn ein Kapitalstock vorhanden und anteilig eindeutig dem Arbeitgeber zuzuordnen ist, ist dieser gem § 246 Abs 2 mit der Pensionsrückstellung zu verrechnen.

Viele Beamtenversorgungskassen verlangen auch Umlagezahlungen, die sich auf die lfd Pensionszahlungen (und nicht nur die Gehaltszahlungen) beziehen. Für diese Verpflichtungen sind auf jeden Fall handels- und steuerrechtlich Rückstellungen zu bilden (Münchner Ansatz gem *Abel*, DB 2006, 961).

Viele ZVK fordern mittlerweile von ihren Mitgliedern zusätzliche Umlagen ein (sog **Sanierungsgelder** iSd § 19 Abs 1 EStG und BMF 20.1.2009, BStBl I 273, Rz 200ff). Diese dienen der Umstellung der Zusatzversorgung auf der Finanzierungsseite (ggf sogar Herstellung einer vollständigen Kapitaldeckung) oder der Leistungsseite (Systemumstellung auf das Punktesystem mit Schließung der „alten" Zusatzversorgung). Bilanziell sind sie Teil der mittelbaren Pensionsverpflichtung des Arbeitgebers und stellen somit „nur" erhöhte Umlagen dar. Auch in der StB sind für künftige Sanierungsgelder keine Rückstellungen zulässig (BFH 27.1.2010, BStBl II, 614).

h) Bewertung bei Mischfinanzierungen und bei Änderung des Durchführungsweges

Mischfinanzierungen liegen vor, wenn eine Pensionszusage über mehrere Durchführungswege finanziert wird; zB wird auf eine Direktzusage eine U-Kassenzusage oder eine DVers angerechnet. Hier gibt es grds drei Methoden der handelsrechtlichen Bewertung:
(1) Bestmögliche realistische Zerlegung der Zusage in die einzelnen Leistungskomponenten: Welche wahrscheinliche Versorgungsleistung wird zB aus der Direktzusage kommen und welche aus der U-Kassenzusage? Dann getrennte Bewertung der einzelnen Leistungskomponenten, wobei dann jeweils zu entscheiden ist, welcher Teilbetrag der wahrscheinlichen Pensionsleistung der Vergangenheit zuzurechnen ist (also zum Bilanzstichtag erdient ist).
(2) Bewertung der Zusage als Einheit, wobei in der Bewertung der aus dem schon vorhandenen externen Versorgungsvermögen (zB dem U-Kassenvermögen) finanzierte Teil der Versorgungsleistung abgezogen wird.
(3) Bewertung der Zusage als Einheit und Verrechnung des externen Versorgungsvermögens (zB des U-Kassenvermögens) zum beizZW (analog § 246 Abs 2).
Die dritte Methode entspricht IFRS (IAS 19). Die zweite Methode entspricht wohl am ehesten der Intention von § 253 mit der Ermittlung des wahrscheinlichen Erfüllungsbetrags aus Sicht des Unt. Die erste Methode ist die in der Vor-BilMoG-Zeit allgemein verwendete (und auch steuerrechtlich vorgeschriebene) Aufteilungsmethode; sie ermöglicht auch die separate Anwendung des Passivierungswahlrechts für die mittelbaren Teile der Zusage. Der HFA scheint diese auch in IDW RS HFA 30 Tz 53 weiterhin zu bevorzugen.

Durch eine **Änderung des Durchführungswegs** ändert sich an der Pensionsverpflichtung grds nichts, dh die Pensionsrückstellung ist nicht vom Ansatz her aufzulösen. Allerdings kann sich die *Bewertung* der Pensionszusage ändern (siehe obige drei Methoden) und somit auch die auszuweisende Pensionsrückstellung.

Werden Direktzusagen (einschl der *bereits erdienten* Pensionsansprüche), für die Pensionsrückstellungen ausgewiesen wurden, auf eine DVers oder eine P-Kasse oder eine rückgedeckte U-Kasse gegen lfd *künftige* Beitragszahlungen übertragen, sind die Pensionsrückstellungen in der StB nach § 6a EStG aufzulösen, da die Direktzusage entfallen ist. In der HB ist dies unzulässig (IDW RS HFA 30 Tz 46, 47). Wird gegen Einmalbeitrag übertragen (zB auf einen **P-Fonds**), muss die Pensionsrückstellung um jenen Betrag aufgelöst werden, um den sie eine ggf verbleibende Unterdeckung überschreitet (IDW RS HFA 30 Tz 48).

i) Verteilung nach Art 67 Abs 1 und 2 EGHGB

Zur Ermittlung einer Sonderzuführung (bzw –auflösung) zu den Pensionsrückstellungen, soweit sich aufgrund der durch das BilMoG geänderten Bewertung der Pensionsverpflichtungen eine solche im Übergangsjahr ergab, s 7. Aufl Anm 208 (und IDW RS HFA 28 Tz 36–48).

Ein Sonderzuführungsbetrag ist bis spätestens zum 31.12.2024 in jedem Gj zu mind $1/15$ anzusammeln. Nicht bilanzierte Rückstellungsbeträge sind im Anhang anzugeben. Die zuzuführenden Jahresraten (zu erfassen unter ao Aufwendungen) müssen nicht gleichmäßig sein; es kann in jedem Gj ein vom Jahresergebnis abhängiger höherer Betrag (als $1/15$) frei gewählt werden. Ein „beabsichtigter Verteilungsplan" ist nicht vorzulegen. Zumindest bei gravierenden Bestandsveränderungen (Abfindungen, Übertragungen, Ausgliederungen) müssten uE noch ausstehende Jahresraten insoweit auf die weggehenden und die verbleibenden Verpflichtungen (zumindest näherungsweise) aufgeteilt („zugeordnet") werden. Der den verbleibenden Pensionsverpflichtungen zugeordnete Teil muss uE dann auf jeden Fall weiterhin verteilt werden dürfen.

Ergibt sich in einem Folgejahr durch welche Gründe auch immer (Zinssatzerhöhung, Änderung der biometrischen Rechnungsgrundlagen, Änderung der beizZW zu verrechnender VG, Änderung oder Wegfall von Verpflichtungen) eine **Verminderung der Pensionsrückstellungen,** kann (muss aber nicht) diese Verminderung uE zunächst gegen evtl noch nach Art 67 ausstehende Zuführungsbeträge verrechnet werden. Eine Auflösung von Pensionsrückstellungen würde dann erst nach Wegfall aller noch ausstehenden Zuführungsbeträge erfolgen. Da das Ansammlungswahlrecht des Art 67 eine Spezialregelung im Verhältnis zum Auflösungsverbot des § 249 Abs 2 ist, sind uE beide Auffassungen vertretbar.

Soweit aufgrund der durch das BilMoG geänderten Rückstellungsbewertung in Ausnahmefällen (in der Gesamtbetrachtung lt IDW RS HFA 28 Tz 46, im Gegensatz zu Tz 38) eine Auflösung der Pensionsrückstellungen erforderlich war, dürfen die Rückstellungen beibehalten werden, soweit in den folgenden 15 Gj Zuführungen (auch einschl künftiger Pensionsverpflichtungen lt IDW RS HFA 28 Tz 46 u 47) in der Höhe der Auflösung zu erwarten sind. Diese Einschätzung ist zu jedem Bilanzstichtag zu überprüfen, ggf ist entspr erfolgswirksam aufzulösen (IDW RS HFA 28 Tz 37).

2. Die Bewertung nach Steuerrecht (§ 6a EStG)

a) Zweck und Systematik des § 6a EStG

§ 6a EStG regelt Ansatz und Bewertung von Pensionsrückstellungen für unmittelbare Pensionszusagen. Für die Bewertung maßgebend sind das Verfahren und die Rechnungsgrundlagen (Berechnungsparameter für Tod, Invalidität und Ausscheiden). ISe einer „Bewertungseinheitlichkeit und Steuergerechtigkeit" sind beide streng reglementiert: Zwingend vorgeschrieben sind das Teilwertverfahren (mit gewissen Einschränkungen) und der Zinssatz von 6%; als **biometrische Rechnungsgrundlagen** finden fast ausschließlich nur die Richttafeln RT 2005 G von *K. Heubeck* (BMF 16.12.2005 BStBl I, 1054) Anwendung. Andere biometrische Rechnungsgrundlagen wären zulässig, wenn sie nachgewiesenermaßen zu einer genaueren Bewertung führen (s dazu BMF 9.12.2011 BStBl I, 1247).

Der Teilwert ist insoweit eingeschränkt, als dass er sich zwar nach Erteilung der Pensionszusage ab dem **Zeitpunkt des Diensteintritts** errechnet, bei aktiven *Anwärtern* aber frühestens ab dem Alter 30 (28 für Neuzusagen ab 2001, 27 für Neuzusagen ab 2009). Die auf die rückliegende Dienstzeit **(past service)** entfallende Versorgungslast darf in einem Betrag nachgeholt werden. Das gilt auch für spätere Erhöhungen von Zusagen. Der Teilwert von Pensionsanwartschaften kann entspr der vor der Pensionszusage liegenden Dienstzeit auch stärkere Ergebnisschwankungen verursachen, so dass in solchen Fällen eine gleichmäßige **Verteilung mit je einem Drittel** auf drei Jahre durch § 6a Abs 4 EStG zugelassen wurde.

b) Bewertung mit dem Teilwert; Definition und Unterschiede zu anderen versicherungsmathematischen Werten

210   Als Definition des auf § 6 Abs 1 Nr 1 S 3 EStG gestützten steuerrechtlichen Teilwerts einer Pensionsanwartschaft gilt nach § 6a Abs 3 EStG vor Beendigung des Dienstverhältnisses der **Barwert der künftigen Pensionsleistungen** am Schluss des Wj abzgl des Barwerts gleich bleibender Jahresbeträge **(fiktiver Nettoprämien)** nach den Verhältnissen am Bilanzstichtag auf Basis eines frühesten Diensteintritts mit Alter 30. Bei erstmaligen Zusagen ab 2001 (bzw ab 2009) ist das Alter 30 stets durch 28 (bzw 27) Jahre zu ersetzen. Der steuerrechtliche Teilwert differiert vom vollen **„betriebswirtschaftlichen Teilwert"**, der ab dem tatsächlichen Diensteintritt errechnet wird, dadurch, dass Dienstjahre vor dem Alter 30 (bzw 28, 27) der Pensionsanwärter steuerrechtlich (zum pauschalen Ausgleich der Fluktuation) nicht berücksichtigt werden dürfen (§ 6a Abs 2 Nr 1 EStG).

211   Nach Eintritt des Pensionsfalls oder Ausscheiden des Arbeitnehmers mit aufrechterhaltener Anwartschaft münden „betriebswirtschaftlicher Teilwert" und steuerrechtlicher Teilwert ein in den **Barwert der laufenden Pension** bzw in den **Barwert der unverfallbar aufrechterhaltenen Anwartschaft;** letzterer steigt bis zum Eintritt des Versorgungsfalls noch auf den Barwert der lfd Pension an. Nach § 6a Abs 3 Nr 2 EStG gilt ab dem Zeitpunkt der Pensionierung oder des vorzeitigen Ausscheidens mit unverfallbar aufrechterhaltener Anwartschaft der Barwert als Teilwert. Die Rückstellung wird in den Jahren der lfd Pensionszahlung mit zunehmendem Alter der Pensionsberechtigten schrittweise wieder aufgelöst. Erhöht sich die lfd Pension zB infolge der **Anpassungsprüfung** bzw auch **nachholenden Anpassung** nach § 16 BetrAVG, kann/soll für den Erhöhungsbetrag der Barwert der Erhöhung als Einmalbetrag zugeführt werden; der Barwert der Gesamtverpflichtung darf dadurch nicht überschritten werden.

212   Bei im Unt tätigen **aktiven Anwärtern** ist der Barwert der gesamten (vollen) Anwartschaft höher als der steuerrechtliche Teilwert, während der **pro rata temporis-Barwert** (m/n-tel-Barwert), das ist der im Verhältnis der Dienstzeit **quotierte Barwert**, idR niedriger liegt.

c) Ermittlung des Teilwerts vor Beendigung des Dienstverhältnisses

213   **Entsteht** die Pensionsverpflichtung bereits **mit Diensteintritt** – wie idR bei kollektiven Pensionsvereinbarungen –, darf die erste Zuführung für das Wj der

Entstehung (Zusagejahr) zur Pensionsrückstellung in Höhe des Teilwerts vorgenommen werden, wenn der Pensionsanwärter am Bilanzstichtag älter als 30 Jahre und 6 Monate (versicherungstechnisch aufgerundet mind 31 Jahre alt) ist (bei Zusagen ab 2001 ist Alter 28 anzusetzen, bzw bei Zusagen ab 2009 das Alter 27). Die Zuführung im ersten Jahr ist dann mit dem Teilwert identisch, es kann sich somit keine Einmalrückstellung für frühere Dienstjahre ergeben. Ist die Pensionszusage bereits vor dem Dienstantritt erteilt worden, darf die Rückstellungsbildung gleichwohl erst ab dem Beginn der Tätigkeit vorgenommen werden (BdF 11.12.1964 DB, 1831).

Wird die **Zusage nach** dem Jahr des **Diensteintritts** erteilt, was vor allem bei einzelvertraglichen Zusagen und bei Neueinführung von Versorgungsregelungen vorkommt, müssen die auf die bereits zurückliegenden Dienstjahre rechnungsmäßig entfallenden Zuführungen in einem Betrag nachgeholt werden **(Einmalrückstellung);** rechnungsmäßig wird unterstellt, die Zusage wäre bereits mit Diensteintritt – bei Anwärtern frühestens mit Alter 30 Jahre (bzw 28 Jahre bei Zusagen ab 2001, bzw 27 bei Zusagen ab 2009) – erteilt worden und die Verhältnisse vom Bilanzstichtag werden – auch wenn Dienstzeiten vor der Zusageerteilung nicht als rentensteigernd angerechnet werden – auf den vorgenannten Diensteintritt zurückprojiziert; für spätere **Erhöhungen** gilt das Gleiche.

In den Pensionsvereinbarungen sind häufig als Anspruchsvoraussetzungen **Wartezeiten** (zB 5 oder 10 Jahre) festgelegt. Tritt der Versorgungsfall vor Ablauf der Wartezeit ein, können vom Pensionsberechtigten keine Leistungen verlangt werden. Die Pensionsrückstellung darf gleichwohl bereits ab dem Zusagejahr in Höhe des Teilwerts gebildet werden und nicht erst nach Ablauf der Wartezeit; im letzteren Falle käme das steuerrechtliche Nachholverbot (Anm 191) zum Zuge. Kann die Wartezeit jedoch vor Vollendung der vertraglichen Pensionsaltersgrenze nicht erfüllt werden und ist ihre Erfüllung durch Dienstzeiten nach der Altersgrenze ausgeschlossen, kann eine Leistung nicht anfallen. In diesem Falle ist auch eine Rückstellung nicht zulässig. Sog **Vorschaltzeiten,** dh Zeiten vor Aufnahme in eine Versorgungsregelung (BAG 7.7.1977 DB, 1324), stehen Wartezeiten gleich.

Änderungen der Pensionsvereinbarungen, die noch im Jahre der Entstehung der Pensionsverpflichtung erfolgen, sind noch in diesem Wj zu berücksichtigen, **spätere Änderungen** jeweils im betr Wj. Grds gelten für Änderungen die gleichen Rückstellungsvoraussetzungen nach § 6a EStG (Rechtsanspruch, keine steuerschädlichen Vorbehalte und Schriftform). Änderungen der Bemessungsgrundlagen, die erst nach dem Bilanzstichtag wirksam werden (zB Erhöhungen der Pensionsverpflichtungen) sind bei der Rückstellungsberechnung zu berücksichtigen, wenn sie am Bilanzstichtag bereits feststehen, zB durch schriftliche Bekanntgabe entspr Willenserklärungen oder Änderung der Bemessungsgrundlagen durch Betriebsvereinbarung, Tarifvertrag (s auch BMF 28.10.1987 DB, 2333 zur Berücksichtigung mehrjähriger tariflicher Gehaltsvereinbarungen) oder Gesetz vor dem Bilanzstichtag. Zum Stichtagsprinzip EStR 6a Abs 17 und EStH 6a Abs 17. Änderungen werden auf den Diensteintritt zurückprojiziert und verursachen zusätzliche Einmalrückstellungen bei Erhöhungen bzw Einmalauflösungen bei Verminderungen.

Sonderfälle bei der Teilwert-Ermittlung

(1) Unterbrechung des Dienstverhältnisses

Wird das **Dienstverhältnis unterbrochen,** sind bei kurzfristigen Unterbrechungen (innerhalb des Gj) zunächst keine Folgerungen bei der Rückstellungsberechnung zu ziehen. Bei längeren Unterbrechungen wird idR das Dienstverhältnis auch vertraglich beendet werden und die Pensionsrückstellung aufzulösen sein, wenn weder gesetzliche noch vertragliche Unverfallbarkeit gegeben ist. Ist Unverfallbarkeit gegeben, muss die Rückstellung auf den Barwert der aufrechterhaltenen Anwartschaft unter Nachholung etwaiger Fehlbeträge erhöht werden. Solange das **Arbeitsverhältnis** allerdings nur **ruht** (zB unbezahlter Urlaub, Schwangerschaft, Erziehungsurlaub), also rechtlich noch besteht, ist die Pensionsrückstellung normal weiter zu entwickeln.

Bei **Wiedereintritt** nach einer Unterbrechung in dasselbe Unt ist bei der Teilwertermittlung eine ggf anzurechnende Vordienstzeit beim selben Unt durch Vorverlegung des Wiedereintrittsdatums zu berücksichtigen (EStR 6a Abs 10). Für Wiedereintritte nach dem 31.12.1997 lehnt die FinVerw auf Grund des BFH-U 9.4.1997 (DB, 1160) diese Vorverlegung jedoch ab (BMF 22.12.1997 BStBl I, 1020; auch BFH 7.2.2002 BStBl II 2005, 88). Eine evtl aus der Vordienstzeit bestehende unverfallbare Anwartschaft ist gem dem sog **Teilwertsplittingverfahren** nach EStR 6a Abs 13 (s ausführlich in Anm 218) in den Teilwert einzubeziehen.

(2) Anrechnung von Vordienstzeiten

217   Für die versicherungsmathematische Berechnung der Pensionsrückstellung ist als Eintrittsalter grds das Alter zu Beginn des Wj des tatsächlichen Diensteintritts im Rahmen des bestehenden Dienstverhältnisses zugrunde zu legen, bei Anwärtern frühestens das versicherungstechnische Alter 30/28/27 Jahre. Durch **vertragliche Anrechnung von Vordienstzeiten** bei Dritten kann zwar die Höhe der Pension beeinflusst werden, jedoch nicht der Rückstellungsbeginn vorverlegt werden, wohl aber, wenn auf Grund **gesetzlicher** Vorschriften (zB § 8 Abs 3 Soldatenversorgungsgesetz, § 6 Abs 2 Arbeitsplatzschutzgesetz) Zeiten außerhalb des Dienstverhältnisses als **Betriebszugehörigkeitszeiten** gelten (EStR 6a Abs 10).

Die Anrechnung von Vordienstzeiten kommt häufig in Konzernen vor, wenn Arbeitnehmer von einer KonzernGes zur anderen wechseln und die übernehmende Ges in den Pensionsvertrag eintritt; sie kommt aber auch bei Arbeitnehmerwechsel zwischen nicht verbundenen Unt vor (BdF 5.11.1976 I 1 BetrAV, 221). Auch wenn die Vordienstzeit auf ein Konzern-Unt entfällt, ist die Anrechnung ohne Einfluss auf die Berechnung des Teilwerts einer Pensionsverpflichtung (BFH 25.5.1988 BStBl II, 720 und EStH 6a Abs 10).

218   **Übernimmt** ein Unt eine Pensionsverpflichtung (dazu auch Anm 167) vom Vorarbeitgeber **gegen Übernahme von Vermögensgegenständen** (in Konzernen meist in Höhe des Teilwerts), ist für die Bildung der Pensionsrückstellung das **Teilwertsplittingverfahren** anzuwenden (EStR 6a Abs 13). Hier wird aus den übernommenen VG versicherungsmathematisch der Pensionsteil errechnet, der durch sie gedeckt (finanziert) ist, und mit dem Anwartschaftsbarwert in der Pensionsrückstellung weiter entwickelt, während für den nicht gedeckten Pensionsbetrag der Teilwert unter Zugrundelegung des Beginns des Übernahmejahrs ermittelt wird. Beide Rückstellungsbeträge zusammen ergeben den Teilwert der gesamten Pensionsverpflichtung. Wird der Vj-Teilwert übertragen und bleiben sowohl die Pensionsverpflichtung als auch die Bemessungsgrößen unverändert, ergibt sich nach diesem Verfahren der gleiche Teilwert, der sich beim Vorarbeitgeber zum Ende des Übertrittsjahrs ergeben hätte. Ansonsten kann der Teilwert höher oder niedriger sein. Eine Durchrechnung der Pensionsrückstellung beim übernehmenden Arbeitgeber auf der Grundlage des ursprünglichen Diensteintritts beim Vorarbeitgeber (die im Hinblick auf die Unverfallbarkeit an sich sachgerecht wäre) lässt die FinVerw nicht zu (EStR 6a Abs 13). Allerdings ist das

Teilwertsplittingverfahren durch das BFH 12.12.2012 (I R 69/11) obsolet geworden und dürfte nicht mehr anwendbar sein; zumindest nicht, wenn der nach ihm (mit einem Rechnungszinsfuß von 6%) zu ermittelnde Wert unter dem Übernahmewert liegt und sich ein Übernahmegewinn ergäbe (Anm 220, *Höfer* DB 2012, 2130, *Günkel* BB 2013, 1001; *M. Prinz* Ubg 2013, 57).

(3) Betriebsübergang

Ein Betriebsübergang kann auf Einzelrechtsnachfolge oder auf Gesamtrechtsnachfolge beruhen. Bei Einzelrechtsnachfolge (Betriebs- oder Teilbetriebsveräußerung durch Rechtsgeschäft wie Kauf, Schenkung, Vermächtnis, Einbringung, Verpachtung, Betriebsaufspaltung und Realteilung) gehen nach § 613a BGB die Arbeitsverhältnisse und damit die Pensionsverpflichtungen der tätigen Arbeitnehmer, wenn nicht in Einzelfällen Widerspruch erhoben wird, auf den Erwerber über, nicht jedoch die lfd Pensionen und die unverfallbaren Anwartschaften vorher ausgeschiedener Arbeitnehmer (wegen § 4 BetrAVG); bei letzteren ist nach Auffassung des PSVaG lediglich Schuldbeitritt durch den Erwerber möglich (BAG 24.3.1977 BB, 1202). Hingegen gehen bei **Gesamtrechtsnachfolge** (Erbfall, Umw, Verschmelzung, Anwachsung und Spaltung) alle Pensionsverpflichtungen (Anwartschaften und lfd Pensionen) kraft Gesetzes auf den Nachfolger über. Nach UmwG können im Spaltungs- oder Übernahmevertrag benannte Versorgungsverpflichtungen ggü Rentnern und unverfallbar Ausgeschiedenen ohne deren Zustimmung auf eine nur zu diesem Zweck gegründete sog **Rentnergesellschaft** ausgegliedert werden. Diese RentnerGes ist so mit VG auszustatten, dass auch eine Anpassung nach § 16 BetrAVG gewährleistet ist (BAG 11.3.2008 DB, 2369).

Gehen in den Fällen einer **Gesamtrechtsnachfolge** iSd UmwG, für die idR das UmwStG gilt, Pensionsverpflichtungen über, so sind diese steuerrechtlich stets nach § 6a EStG zu bewerten (§ 3 Abs 1 S 2 u § 4 Abs 1, § 11 Abs 1 S 2 u § 12 Abs 1 S 2, § 15 Abs 1, § 20 Abs 2 S 1, § 24 Abs 2 S 1 UmwStG). Zum Fall der Übernahme von Pensionsverpflichtungen durch eine reine Rentner-GmbH siehe jedoch Anm 220.

Gehen Verpflichtungen im Rahmen eines entgeltlichen Betriebserwerbs durch Betriebsübergang nach § 613a BGB auf einen Erwerber über, sind sie bei Übernahme erfolgsneutral mit den AK zu bewerten (BFH 14.12.2011, I R 72/10, BStBl II 2012, 635; 16.12.2009, I R 102/08, BStBl II 2011, 566 u BMF v 24.6.2011, BStBl I, 627). An den nachfolgenden Bilanzstichtagen wären nach BMF wieder steuerliche Ansatz- und Bewertungsvorbehalte zu beachten. Das oa BFH-U lehnt dies im Falle von Dienstjubiläen ab; das BFH 12.12.2012 (I R 69/11, DStR 2013, 570) gleichermaßen bei Pensionsverpflichtungen. Die weiteren Zuführungen (so BFH) bleiben nach § 6a Abs 3 EStG auf die Teilwertdifferenz beschränkt; einen kompensatorischen „Bewertungspuffer", der eine Erhöhung der Rückstellung in Bezug auf diese Zuführungen solange verhindert („einfriert"), bis die infolge des „Anwartschaftskaufs" gebildete und mit den AK ausgewiesene Rückstellung rechnerisch den Teilwert der Anwartschaften erreicht, lehnt der BFH ab. Der BFH hatte sich indes (noch) nicht mit einem geeigneten Auflösungsverfahren ab Rentenbeginn zu befassen: Die jährlichen Auflösungsbeträge müssten höher sein als die Barwertdifferenz nach § 6a EStG, zB in dem Umfang wie die steuerlich gebildete Pensionsrückstellung höher ist als der Barwert nach § 6a EStG. UE dürfte aber wegen des Auflösungsverbots die bei Rentenbeginn steuerrechtlich anerkannte Pensionsrückstellung erst aufgelöst werden, wenn der HGB-Wert auf diesen Wert abgesunken ist.

Gleichermaßen urteilte der BFH am 12.12.2012 (I R 28/11, DStR 2013, 575) bei einer Ausgliederung (zur Neugründung gem § 123 Abs 3 Nr 2 UmwG) von Pensionsverpflichtungen ggü Rentnern und unverfallbar Ausgeschiedenen in eine reine Rentner-GmbH, da es sich hierbei steuerrechtlich um die Einbringung von Einzel-WG in eine KapGes handelt; und nicht um die Einbringung eines Betriebs, Teilbetriebs oder Mitunternehmeranteils in eine KapGes, wo das UmwStG und somit die besonderen Vorschriften des § 6a EStG einschlägig sind (Anm 219). Dies gilt nicht nur unter dem alten UmwStG 2002, sondern auch unter dem UmwStG 2006 (*Wacker* BetrAV 2013, 200).

Gehen Pensionsverpflichtungen (wirtschaftlich betrachtet) lediglich im Wege von **Schuldbeitritt mit Erfüllungsübernahme** (also nicht schuldbefreiend) auf einen neuen Verpflichteten über, hat das übertragende Unt nach BFH 26.4.2012 (IV R 43/09, DB, 1359) insoweit keine Pensionsrückstellungen mehr zu bilden und auch keinen Freistellungsanspruch zu aktivieren (im Gegensatz zu BMF 16.12.2005 BStBl I, 1052); aufgrund der U-Begr und des Verweises auf die BFH 5.4.2006, BStBl II, 688 und v 8.10.2008, BB 2009, 321 (Anm 206) sollte dies im Übrigen auch für eine bloße interne Erfüllungsübernahme ohne Schuldbeitritt gelten (*Günkel* BB 2013, 1001). Die Pensionsrückstellungen sind vom Übernehmer zu bilden. Es gilt für den Übernehmer das Gleiche (auch bzgl Übernahme und Fortführung der Pensionsrückstellung) – egal ob mit oder ohne Schuldbeitritt – wie bei einem schuldbefreienden Übergang (zB Betriebsübergang nach § 613a BGB im Rahmen eines Betriebserwerbs oder einzelvertragliche Übernahme einer Pensionsverpflichtung nach § 414 BGB), so auch ausdrücklich BFH 12.12.2012 (I R 28/11, DStR 2013, 575). Als Reaktion auf die BFH-U strebt der Gesetzgeber eine gesetzliche Regelung zur Schuld- bzw Verpflichtungsübernahme (zumind in Konzernfällen) an (vgl BR-Drs 663/12 (B), 12 ff; BT-Drs 17/12 037, 8; BR-Drs 95/13 (B), 11 ff; BT-Drs 17/13 036, 7).

Handelsrechtlich hat der Übernehmer den Passivposten nach § 253 zu bewerten (zur Gültigkeit des Anschaffungswertprinzips s § 253 Anm 152) und kann ihn (wirtschaftlich betrachtet) auch Pensionsrückstellung nennen, auch wenn es sich nach IDW RS HFA 30 Tz 103 nicht um eine Pensionsverpflichtung ieS handelt. Das übertragende Unt hat nur eine ggf noch trotz der Erfüllungsübernahme und des Schuldbeitritts des Übernehmers bestehende Restverpflichtung nach § 253 zu bewerten. Sind Erfüllungsübernahme und Schuldbeitritt „vollständig" (und werthaltig), hat das übertragende Unt in der HB keinen Passivposten, denn „sein wahrscheinlicher Erfüllungsbetrag" ist Null, und auch keinen Aktivposten zu erfassen (so IDW RS HFA 30 Tz 101 und auch schon IDW in FN IDW 2006, 369 und FN IDW 1996, 529). Besteht lediglich eine Erfüllungsübernahme im Innenverhältnis (ohne Schuldbeitritt ggü den Pensionsberechtigten), hat (so IDW RS HFA 30 Tz 102 ff) eine Bruttodarstellung in der HB des übertragenden Unt (Passivierung der Pensionsverpflichtung und Aktivierung des Freistellungsanspruchs) zu erfolgen.

d) Ermittlung des Teilwerts nach Beendigung des Dienstverhältnisses oder nach Eintritt des Versorgungsfalls

221 Endet das Arbeitsverhältnis und ist die Pensionsverpflichtung weder gesetzlich noch vertraglich unverfallbar, ist eine bereits gebildete Pensionsrückstellung aufzulösen. Wird jedoch eine Pensionsanwartschaft des ausgeschiedenen Arbeitnehmers ganz oder teilweise aufrechterhalten oder tritt gleichzeitig mit dem Ausscheiden der Versorgungsfall ein, darf/muss die Pensionsrückstellung mit dem Teilwert in Höhe des Barwerts der Anwartschaft oder der lfd Pension bewertet werden (wobei evtl bestehende Fehlbeträge nachgeholt werden dürfen, § 6a Abs 3 Nr 2 EStG).

e) Versicherungsmathematische Berechnung der Pensionsrückstellung

Gem § 6a Abs 3 S 3 EStG sind bei der Berechnung des Teilwerts der Pensions- 222
verpflichtung die anerkannten Regeln der **Versicherungsmathematik** anzuwenden. Als **biometrische Rechnungsgrundlagen** (Invaliditäts- und Sterbewahrscheinlichkeiten) werden in der Praxis fast ausschließlich die Richttafeln RT 2005 G von *K. Heubeck* (BMF 16.12.2005 BStBl I, 1054) verwendet (auf Generationentafeln umgestaltete Richttafeln aus 1998). Im Interesse der Gleichmäßigkeit der Besteuerung, der leichten Nachprüfbarkeit und Vergleichbarkeit der in den Unt-Bilanzen ausgewiesenen Versorgungslasten wird es idR nicht zweckmäßig sein, unternehmensspezifische Rechnungsgrundlagen zu verwenden. Das Beobachtungsmaterial für die Gewinnung wissenschaftlich abgesicherter betriebsindividueller Rechnungsgrundlagen wäre in den meisten Fällen zu gering und seine Aufbereitung mit erheblichen Kosten verbunden. Für ganze Berufsstände vorliegende (und von einer Aufsichtsbehörde wie etwa der BaFin testierte) aktuelle Rechnungsgrundlagen müssten aber steuerrechtlich anzuerkennen bzw zu berücksichtigen sein. Die Anforderungen des BMF v 9.12.2011 BStBl I, 1247 an statistischem Material und Aufwändigkeit in der Aufbereitung sind sehr hoch (glA *Heger* BB 2012, 186) und kaum bzw nur mit geeigneten Hilfsmitteln zu erfüllen (*Herrmann* BetrAV 2013, 410).

Als **Rechnungszinsfuß** schreibt § 6a Abs 3 EStG 6% vor. 223

§ 6a EStG lässt Pensionsrückstellungen für tätige Anwärter erst **ab dem Alter** 224
30 Jahre zu. Für Neuzusagen ab 2001 gilt Alter 28 Jahre; für Neuzusagen ab 2009 gilt Alter 27. Durch die Hinausschiebung des Beginns der Rückstellungsbildung soll ua die **Fluktuation** pauschal berücksichtigt werden. Bei Rückstellungen für Anwärter, die vor dem Alter 30/28/27 Jahre eingetreten sind, wirkt sich diese Einschränkung des Teilwerts bis zur Pensionierung aus, obwohl die Fluktuation etwa ab dem Alter 35 erfahrungsgemäß sehr gering ist (zur handelsrechtlichen Berücksichtigung der Fluktuation Anm 202 aE).

Während auch heute noch in vielen Pensionsvereinbarungen als feste **Alters-** 225
grenze iSd § 2 BetrAVG für Männer und Frauen 65 Jahre festgelegt ist, besteht nach den Sozialversicherungsgesetzen derzeit noch die Möglichkeit, von der Altersgrenze 63 Jahre für langjährig Versicherte oder von der Altersgrenze 60 Jahre für Frauen, Schwerbehinderte, Berufs- oder Erwerbsunfähige oder Arbeitslose Gebrauch zu machen (zur stufenweisen Anhebung dieser Altersgrenzen siehe § 41 SGB VI), wobei § 6 BetrAVG die Unt zur gleichzeitigen Zahlung der Betriebsrenten verpflichtet, wenn die Voraussetzungen hierfür erfüllt sind. Der früheren Inanspruchnahme der Betriebsrente kann der Arbeitgeber durch einen Abschlag pro rata temporis oder durch einen versicherungsmathematischen Abschlag Rechnung tragen, hierauf aber auch ausdrücklich oder durch konkludentes Verhalten verzichten (BAG 24.2.1982 BB, 1795; 22.2.1983 BB, 1668). Ein ohne Beachtung der Mitbestimmung des Betriebsrats festgesetzter Abschlag ist rechtlich unwirksam (BAG 26.3.1985 DB, 2617).

Für die Unt besteht nach EStR 6a Abs 11 ein **Wahlrecht,** ob sie bei der Berechnung der einzelnen Pensionsrückstellungen die vertragliche Altersgrenze zugrunde legen wollen oder den Zeitpunkt der frühestmöglichen Inanspruchnahme der vorzeitigen Altersrente aus der gesetzlichen Rentenversicherung. Zu den Auswirkungen des RV-Altersgrenzen-Anpassungsgesetzes vom 20.4.2007, BGBl I, 554 auf das maßgebende Pensionsalter s auch BMF 5.5.2008 BStBl I, 569: Bei Zugrundelegung einer Pensionsaltersgrenze nach der gesetzlichen Regelaltersgrenze ist dies, gerundet auf volle Jahre, das Alter 65 für Geburtsjahrgänge bis 1952, Alter 66 für Geburtsjahrgänge 1953 bis 1961 und Alter 67 ab Geburtsjahrgang 1962; bei Zugrundelegung einer Pensionsaltersgrenze nach der frühestmöglichen Inanspruchnahme der gesetzlichen Altersrente ist dies idR das Alter 63, bei Schwerbehinderten das Alter 62; Abweichungen bestehen bei vor 1962 geborenen Schwerbehinderten sowie bei vor Juli 1948 geborenen Frauen.

An die für eine Pensionsverpflichtung einmal getroffene Wahl sind die Unt für die steuerrechtliche Gewinnermittlung gebunden. Voraussetzung ist, dass in der Pensionszusage festgelegt ist, in welcher Höhe von der gewählten rechnungsmäßigen Altersgrenze an Versorgungsleistungen gewährt werden. Ist die Festlegung nicht getroffen, muss das vertraglich vereinbarte Pensionsalter zugrundegelegt werden.

Nach dem überraschenden BAG-U v 15.5.2012 BB, 2630 ist eine Altersgrenze von 65 „regelmäßig dahingehend auszulegen", dass damit die gesetzliche Regelaltersgrenze gemeint ist; zumind gilt dies bei einer („im Wege der Auslegung" zu beurteilenden) engen Verzahnung von Betriebsrente und gesetzlicher Rente wie (im Urteilsfall) bei Gesamtversorgungssystemen oder auch bei sehr niedrigen Betriebsrenten, die nicht unabhängig von einer gesetzlichen Rente bezogen werden. Ob und inwieweit die Unt diesem BAG-U folgen werden (*Rhiel* BetrAV 2012, 610 u *Langohr/Plato* BetrAV 2013, 402), bleibt abzuwarten. Aus Gründen der Rechtssicherheit sollten die Unt im Wege der Auslegung prüfen, ob und inwieweit die Grundsätze des Urteils auf ihre Versorgungszusagen übertragbar sind. Eine Reaktion der FinVerw zu Auswirkungen auf die Bewertung der Pensionsrückstellungen steht noch aus. Handelsrechtlich (Anm 202) ist das Urteil – nachdem sich das Unt entschieden hat – grds sofort zu beachten (FN-IDW 2013, 63).

226 Die Bildung von Pensionsrückstellungen hat auf Basis der **Verhältnisse am Bilanzstichtag** zu erfolgen (EStR 6a Abs 17 und EStH 6a Abs 17). Damit ist gemeint, dass Bemessungsgrundlagen, die am Bilanzstichtag feststehen oder durch schriftliche Bekanntgabe vereinbart sind, bereits zu berücksichtigen sind, auch wenn sie erst nach dem Bilanzstichtag wirksam werden (zB einem Pensionär wird vor Ende des Gj rechtswirksam mitgeteilt, dass sich seine Pension mit Wirkung vom Februar des Folgejahrs erhöht). Nach BFH (13.11.1975 BStBl 1976, 142 sowie 6.12.1995 BStBl 1996, 406) sind künftige Erhöhungen, die hinsichtlich des Zeitpunkts ihres Wirksamwerdens oder ihres Umfangs ungewiss sind, unberücksichtigt zu lassen.

227 Wegen der Komplexität versicherungsmathematischer Berechnungen und der von jedem Geburtsjahrgang abhängigen Sterbetafeln (Generationentafeln) werden „leicht handhabbare **Teilwert-Tabellen**" mittlerweile nicht mehr publiziert, da sie nur als Beispielsfälle dienen könnten.

228 Bei der versicherungsmathematischen Berechnung von Pensionsverpflichtungen ist trotz inzwischen erreichter formaler Rechengenauigkeit beim Einsatz von Computern vielfach ohne Näherungsverfahren nicht auszukommen (zB BMF 5.5.2008 BStBl I, 570 und BMF 15.3.2007 BStBl I, 290 betr Näherungsverfahren zur Berücksichtigung von Sozialrenten bei der Berechnung von Pensionsrückstellungen nach § 6a EStG). Sachgerechte Näherungsverfahren sind handels- und steuerrechtlich zulässig, wenn eine genaue Berechnung nicht möglich oder nicht zumutbar ist (zB wenn bei unverfallbar Ausgeschiedenen lediglich der Altersrentenanspruch ab Alter 65 Jahre EDV-technisch verfügbar ist, müssen die Invaliden- und Witwenrentenansprüche geeignet geschätzt werden). Beim Übergang von einem Näherungsverfahren auf die exakte Berechnung infolge besserer Erkenntnisse oder Computer-Verfahren sollte das steuerrechtliche Nachholverbot eigentlich nicht zum Zuge kommen, da sonst Verbesserungen in der Ermittlung von Pensionsrückstellungen blockiert würden (s aber Anm 191 und 233).

f) Änderung der biometrischen Rechnungsgrundlagen – Übergang zu neuen Tafeln

Eine **Änderung der biometrischen Rechengrößen** (Sterblichkeit, Invalidität, Verheiratungswahrscheinlichkeit) sollte, sobald angezeigt, in Form neuer Rechnungsgrundlagen bei der Bewertung der Pensionsrückstellungen berücksichtigt werden. Ein sich ergebender Mehrzuführungsbetrag zu den Pensionsrückstellungen darf steuerrechtlich *nur* auf *mindestens* drei Wj gleichmäßig verteilt den Pensionsrückstellungen zugeführt werden (handelsrechtlich sofort in voller Höhe, Anm 202). 229

V. Zuführungen zur steuerrechtlichen Pensionsrückstellung nach § 6a EStG

1. Die regelmäßigen Zuführungen

Während der **Anwartschaftszeit** ergibt sich nach § 6a Abs 4 S 1 EStG der Jahresbetrag der regelmäßigen steuerrechtlichen Zuführung als Unterschied des Teilwerts der Pensionsverpflichtung zum Schluss des Wj und des Teilwerts zum Schluss des vorangegangenen Wj. Für Rumpf-Wj ist eine pro rata temporis-Zuführung zu ermitteln (BdF 9.3.1967 BB, 359). Der Stpfl darf bei Altzusagen (Anm 161, 167) in jedem Wj neu entscheiden, ob er der Pensionsrückstellung einen Betrag im Rahmen der regelmäßigen steuerrechtlichen Zuführung zuführen will oder nicht. Bei Erhöhung einer untergedeckten **laufenden Pension** darf (bei Altzusagen) im Wj der Erhöhung der Barwert der Erhöhung insoweit zugeführt werden, als dadurch der Barwert der künftigen Pensionsleistungen nicht überschritten wird (FinMin Nds 16.3.1981 BB, 592). Wird die steuerrechtlich zulässige Zuführung (bei Altzusagen) tatsächlich nicht vorgenommen, ergibt sich ein steuerrechtlicher Fehlbetrag. 230

2. Verteilung von Sonderzuführungen

a) Erstmalige Zuführungen

Nach § 6a Abs 4 S 3 EStG darf die **erstmals** für eine Pensionsverpflichtung in Höhe des Teilwerts steuerrechtlich **mögliche Pensionsrückstellung** auf drei Jahre – das Erstjahr und die beiden folgenden Wj – gleichmäßig verteilt werden. Da für Neuzusagen auch steuerrechtlich Passivierungspflicht besteht (Anm 161), läuft diese Regelung generell ins Leere. 231

b) Zuführungen mit besonders großem Umfang

Besonders hohe Zuführungen können sich ergeben: 232
a) bei Erhöhung von Pensionszusagen,
b) bei vorzeitigem Eintritt des Versorgungsfalls infolge Invalidität oder Tod oder
c) bei vorzeitiger Beendigung des Dienstverhältnisses unter Aufrechterhaltung der *vollen* Pensionsanwartschaft.

Erhöht sich im Falle a) der Leistungsbarwert als eine Komponente des Teilwerts ggü dem Vj um mehr als 25%, darf die für das Erhöhungsjahr sich ergebende Teilwertzuführung gleichmäßig auf drei Jahre verteilt werden. In den Fällen b) und c) darf die Pensionsrückstellung stets bis zur Höhe des Teilwerts aufgefüllt werden; der Auffüllungsbetrag darf aber auch gleichmäßig auf drei Jahre verteilt werden (§ 6a Abs 4 S 4 und 5 EStG). Wegen der steuerrechtlichen Passivierungspflicht für Neuzusagen (Anm 161) kommt diese Verteilung nur für

Altzusagen in Betracht. Wegen hoher Zuführungen bei Übergang auf neuere Tafeln s Anm 229.

3. Nachholverbot

233 Siehe hierzu Anm 191.

4. Nachholung bei Ausscheiden bzw Eintritt des Versorgungsfalls

234 Nach § 6a Abs 4 S 5 EStG dürfen Fehlbeträge zum Schluss des betr Wj bis zur Höhe des Teilwerts nachgeholt werden, und zwar

a) bei Beendigung des Dienstverhältnisses mit aufrechterhaltener Anwartschaft (ohne Eintritt des Versorgungsfalls) *oder*

b) bei Eintritt des Versorgungsfalls.

Wird die Nachholmöglichkeit nach a) nicht wahrgenommen, wird dadurch Fall b) nicht ausgeschlossen. Werden beide Nachholmöglichkeiten ungenutzt gelassen, dürfen dann noch vorhandene Fehlbeträge nur nach Eintritt des Versorgungsfalls durch Konstantlassen der Rückstellung, bis der Teilwert auf diese abgesunken ist, nach und nach abgebaut werden.

Beim Ausscheiden des Arbeitnehmers zum 31. Dezember und Beginn der Pensionszahlungen zum folgenden 1. Januar ist die Nachholung bereits zum Schluss des vorangegangenen Wj zulässig, da mit dessen Ablauf der Alterspensionsfall eingetreten ist (EStR 6a Abs 17 S 3).

Bei **technischen Rentnern** (Anm 236) ist die Nachholung erst zulässig, wenn sie tatsächlich wegen Alterspensionierung ausscheiden (EStR 6a Abs 20 S 4).

VI. Auflösung der steuerrechtlichen Pensionsrückstellung

1. Versicherungsmathematische Auflösung

235 Nach Eintritt des Versorgungsfalls und Beginn der lfd Pensionszahlungen ist die Pensionsrückstellung entspr aufzulösen (dh bewertungsmäßig zu vermindern). Nach der (einzig zulässigen) **versicherungsmathematischen Auflösungsmethode** werden die lfd Pensionszahlungen als Aufwand und die altersbedingte Auflösung in Höhe des Unterschieds der Teilwerte (= Barwerte) zum Schluss des Wj als Aufwandsminderung behandelt. Die Rückstellung wird zum jeweiligen Bilanzstichtag in der versicherungsmathematisch berechneten Höhe des Teilwerts, der bei lfd Pensionen (und idR bei Entgeltumwandlung) dem Barwert entspricht, ausgewiesen. Bei teilweisem oder vollständigem Wegfall der Pensionsverpflichtung ergibt sich eine entspr gewinnerhöhende Sonder-Auflösung. Der Aufwand für die lfd Pensionszahlungen kann durch solche Sonder-Auflösungen, durch Heranziehung der Zinserträge auf die den Pensionsrückstellungen ggü stehenden VG und durch altersbedingte Auflösungen kompensiert werden. Im Ergebnis könnten dann bei voller Rückstellungsbildung die Pensionen nach Eintritt des Versorgungsfalls erfolgsneutral abgewickelt werden. Durch Rentenanpassungen(-erhöhungen) – alle drei Jahre – entsteht jedoch weiterer Aufwand in Höhe des Barwerts der Erhöhung.

2. Auflösung bei technischen Rentnern

236 Unter technischen Rentnern versteht man Anwärter, die bei Erreichen der den Pensionsrückstellungen zugrunde gelegten rechnungsmäßigen Pensionsaltersgrenze (Anm 225) nicht in den Ruhestand getreten, sondern weiter aktiv im

Unt tätig sind. Dabei erhalten sie neben den Aktivenbezügen nicht auch zusätzlich Versorgungszahlungen. Bei ihnen ist die jährliche **altersbedingte Auflösung** ggf gegen Zuführungen zu saldieren (EStR 6a Abs 22 S 2).

Bei **Kapitalversorgungen** bleibt die Pensionsrückstellung in Höhe des Kapitalbetrags für den technischen Rentner bis zur Auszahlung beim Ausscheiden unverändert.

3. Auflösung bei Bestehen von Fehlbeträgen

Ist bei Eintritt des Pensionsfalls bzw bei Beginn der lfd Pensionszahlungen die 238 gebildete Rückstellung niedriger als der Teilwert und wird der Fehlbetrag in diesem Zeitpunkt nicht nachgeholt – was zulässig wäre (§ 6a Abs 4 S 5 EStG) – führt die Anwendung der versicherungsmathematischen Auflösungsmethode dazu, dass die Rückstellung solange beibehalten wird, bis der Fehlbetrag abgebaut ist; Anm 234.

4. Auflösung in besonderen Fällen

Auflösungen oder Teilauflösungen von Pensionsrückstellungen sind nur inso- 239 weit zulässig, als sich die Höhe der Pensionsverpflichtung rechtswirksam gemindert hat (BFH 22.6.1977 BStBl II, 798; so auch EStR 6a Abs 21). Geht die Auflösung der Pensionsrückstellung über die steuerrechtlich zulässige hinaus, ist die StB – soweit zulässig – zu berichtigen.

Eine vollständige oder teilweise Minderung der Pensionsverpflichtung und damit entspr Auflösung kann sich ergeben bei Wegfall von Pensionsberechtigten infolge Ausscheidens oder Tods, bei Ausscheiden mit unverfallbarer Anwartschaft und Übergang auf deren Barwert sowie Widerruf oder vertraglicher Herabsetzung von Pensionsverpflichtungen.

Werden rechtsverbindliche **Pensionszusagen** auf eine U-Kasse, eine P-Kasse, einen P-Fonds oder eine VersicherungsGes **übertragen,** müssen die Pensionsrückstellungen nach § 6a EStG steuerrechtlich aufgelöst werden (zur Auflösung in der HB s Anm 207).

VII. Pensionsrückstellungen in Sonderfällen

1. Pensionsrückstellungen für Pensionszusagen an Nicht-Arbeitnehmer in Handels- und Steuerbilanz

Als Pensionsberechtigte kommen grds auch Personen in Betracht, die **nicht** 240 **Arbeitnehmer** des Unt sind, also auch Organmitglieder (Geschäftsführer, Vorstände, AR, phG, Kommanditisten, Komplementäre) – unabhängig davon ob diese am Unt (egal ob KapGes oder PersGes) beteiligt sind oder nicht –, ebenso auch Personen, die für ein Unt tätig sind im Rahmen eines Dienst- oder Auftragsverhältnisses (Berater, selbständige Vertreter, Handelsvertreter, Hausgewerbetreibende, mithelfende Ehegatten oder Familienangehörige mit oder ohne steuerrechtlich anerkanntem Arbeitsverhältnis). Wesentlich ist, dass die Pensionszusage für eine Tätigkeit zum Nutzen des Unt gegeben wird, also betrieblich veranlasst ist. Wesentlich ist auch, dass die Pensionszusage rechtswirksam, also von der „zuständigen Stelle" im Unt, erteilt wurde.

Grds sind auf Ebene des Unt handels- und steuerrechtlich Pensionsrückstellungen nach den allgemeinen Prinzipien des Handelsrechts (§§ 249, 253, 246, Art 28, 48, 67 EGHGB) und des Steuerrechts (§ 6a EStG) zu bilden. Dies gilt uneingeschränkt. Die Rechtslage ist insoweit mittlerweile „grundsätzlich einfach" geworden. Zu beachten ist aber, ob sich steuerrechtlich nicht in Bezug auf vGA bei Gester-Geschäftsführern von KapGes oder der Zurechnung in der Sonderbilanz eines begünstigten Gester einer PersGes „Besonderheiten zur steuerrechtlichen Neutralisierung" der Pensionszusage ergeben. Zu beachten sind ferner diverse steuerrechtliche Übergangsvorschriften, da die „steuerrechtliche Neutralisierung" in der Vergangenheit oft einfach nur durch ein Verbot der steuerrechtlichen Rückstellung im Unt verfügt wurde. Hierauf wird in den folgenden Abschn eingegangen.

Auch können sich Abgrenzungsfragen von Pensionszusage zu anderen Verpflichtungen des Unt ggü der betroffenen Person ergeben: Dies kommt etwa vor, wenn bei einem **Handelsvertreter** der Ausgleichsanspruch nach § 89b mit einer Pensionszusage verbunden wird. So vertritt die FinVerw die auch handelsrechtlich zutreffende Auffassung, dass bei **Anrechnung des Ausgleichsanspruchs** nach § 89b auf die zugesagten Pensionsleistungen die Pensionsrückstellung nur für die verbleibende Pensionsverpflichtung gebildet werden darf. Wegen der Ungewissheit des Ausgleichsanspruchs dem Grunde und der Höhe nach wird vielfach umgekehrt die **Pensionszusage auf** einen **Ausgleichsanspruch angerechnet**, so dass die Pensionsrückstellung im vollen Umfange gebildet werden darf (so EStR 6a Abs 16). Die uneingeschränkt erteilte Pensionszusage hat nach BGH 17.11.1983 (BB 1984, 168) Vorrang vor dem (steuerrechtlich) nicht rückstellungsfähigen Ausgleichsanspruch (BFH 20.1.1983 BStBl II, 375).

2. Steuerrechtliche Pensionsrückstellungen für Gesellschafter-Geschäftsführer von Kapitalgesellschaften

241 Steuerrechtlich ist von Bedeutung, dass Pensionsrückstellungen für **beherrschende** Gester-Geschäftsführer nur unter Zugrundelegung einer angenommenen Pensionsaltersgrenze nach der gesetzlichen Regelaltersgrenze anerkannt werden; gerundet auf volle Jahre ist dies das Alter 65 für Geburtsjahrgänge bis 1952, Alter 66 für Geburtsjahrgänge 1953 bis 1961 und Alter 67 ab Geburtsjahrgang 1962 (EStR 6a Abs 8). Für Schwerbehinderte ist eine bis zu 5 Jahre niedrigere Altersgrenze zulässig. Die Pensionszusage muss ernsthaft, erdienbar, finanzierbar und angemessen sein (zur Überversorgung vgl BFH 31.3.2004 BB, 1956 und DB, 1647, BFH 28.1.2004 DB, 1073), sowie das Nachzahlungsverbot (keine nachträgliche, auf abgeleistete Dienstjahre entfallende Pensionszusage oder -erhöhung) erfüllen. Es darf durch Eintritt eines Versorgungsfalls nicht zur Überschuldung des Unt kommen (BMF 14.5.1999 DB, 1191; dem entgegenstehend die U des BFH 8.11.2000 DB 2001, 787 und 20.12.2000 DB 2001, 1119; daher weiteres BMF 14.12.2012 BetrAV 2013, 30). Nach BFH 21.12.1994 (BB 1995, 861) liegt vGA vor, wenn die Zusage weniger als 10 Jahre vor der festgelegten Altersgrenze erfolgt ist. Außerdem muss die Zusage vor dem 60. Lebensjahr erteilt sein (BFH 5.4.1995 BB, 1276 und 17.5.1995 BetrAV, 198). Die 10-Jahresfrist ist nur auf Zusageerteilungen nach dem 8.7.1995 anzuwenden (BMF 1.8.1996 BB, 1829). Die Altfälle sind nach der bisherigen (unterschiedlichen) Verwaltungspraxis der Länder zu entscheiden (oft eine Frist von 7 Jahren). Auch bei **nicht beherrschenden** Gester-Geschäftsführern kann nach BFH 24.1.1996 (BB, 1713) und BMF 7.3.1997 (BB, 1632) vGA vorliegen. Die 10-Jahresfrist kommt aber (wegen des hier nicht anwendbaren Nachzahlungsverbots) dann nicht zur Anwendung, wenn eine 3-Jahresfrist erfüllbar ist und insgesamt 12 Jahre Betriebszugehörigkeit bis zur Altersgrenze (BFH 29.10.1997 BB 1998, 730) möglich sind.

Nach BFH 28.4.2010 BStBl II 2013, 41 (u schon 9.11.2005 BStBl II 2008, 523) führt die Zusage einer Nur-Pension (sogar für alle Arbeitnehmer) zu einer Überversorgung, wenn dem keine (ernsthaft vereinbarte) Entgeltumwandlung zugrunde liegt. Insoweit kommt steuerrechtlich keine (oder nur eine gekürzte) Pensionsrückstellung in Betracht. Das BMF (13.12.2012 BStBl I 2013, 35) will das BFH-U nun doch allgemein anwenden.

Der durch das GesVerhältnis veranlasste Verzicht eines Gester-Geschäftsführers auf eine Pensionsanwartschaft führt zu einer verdeckten Einlage nach § 8 Abs 3 S 3 KStG (BFH 9.6.1997, BStBl II 1998, 307). Zur Bewertung BMF 14.8.2012, BStBl I, 874.

3. Steuerrechtliche Pensionsrückstellungen für Gesellschafter von Personengesellschaften

Steuerrechtlich bestehen folgende Besonderheiten: Bezüglich der einem Gester einer PersGes erteilten Versorgungszusage ist nach BFH 2.12.1997 (DB 1998, 757) eine Pensionsrückstellung in der GesBilanz zu bilden, die Zuführungen zur Pensionsrückstellung dürfen jedoch den Gesamtgewinn der Mitunternehmerschaft nicht mindern; der Ausgleich ist in der Sonderbilanz des begünstigten Gester herzustellen (BFH 30.3.2006, BStBl II 2008, 171). **243**

Das BMF (29.1.2008 BStBl I, 317) schloss sich der BFH-Rspr an und gab seine bisherige Auffassung auf. Danach hat nunmehr die PersGes eine Pensionsrückstellung nach § 6a EStG zu bilden. Die fälligen Pensionsleistungen stellen bei der PersGes abziehbare Betriebsausgaben dar. Die gebildete Rückstellung ist anteilig aufzulösen. Der aus der Zusage *begünstigte* Gester hat in seiner Sonderbilanz gemäß § 15 Abs 1 S 1 Nr 2 EStG eine Forderung auf künftige Pensionsleistungen zu aktivieren. Dieser Aktivposten hat der Pensionsrückstellung in der PersGes zu entsprechen. Die Sonderbilanzen der *nicht* begünstigten Gester sind *nicht* betroffen. Die späteren Pensionsleistungen sind beim begünstigten Gesterals Sonderbetriebseinnahmen zu erfassen. Das BMF-Schreiben enthält zudem Ausführungen zum analogen Fall der Pensionszusage durch die Komplementär-GmbH einer GmbH & Co KG und bei einer doppelstöckigen PersGes. Die neuen Regelungen führen zu einer zutreffenden steuerrechtlichen Behandlung der Pensionszusage, wirken sich für den begünstigten Gester aber nachteilig aus. Das BMF gewährt in seinem Schreiben vom 29.1.2008 jedoch für Zusagen, die vor Beginn des Wj erteilt wurden, das nach dem 31.12.2007 endet, eine Übergangsregelung, wenn die Pensionszusage bisher entweder als steuerrechtlich unbeachtliche Gewinnverteilungsabrede behandelt oder der Passivposten in der GesBilanz durch *anteilige* Aktivierung in den Sonderbilanzen *aller* Gester neutralisiert worden war. In diesen Fällen darf der begünstigte Gester aus Billigkeitsgründen eine Rücklage in Höhe von $^{14}/_{15}$ des aus der erstmaligen Anwendung dieses Schreibens entstehenden Gewinns bilden und diese in den nachfolgend 14 Wj gewinnerhöhend auflösen. Alternativ darf in diesen Fällen die bisherige Bilanzierung auch für nach dem 31.12.2007 endende Wj fortgeführt werden, wenn die PersGes dies beantragt.

Wird ein bei einer PersGes beschäftigter **Arbeitnehmer phG oder Kommanditist** dieser Ges, wird die bisher für ihn gebildete Pensionsrückstellung dadurch nicht steuerrechtlich unzulässig (BFH 22.6.1977 BStBl II, 798). Bleibt die Pensionsanwartschaft aufrechterhalten, ist die Pensionsrückstellung mit dem jeweiligen Anwartschaftsbarwert unter Zugrundelegung des ratierlich erdienten Pensionsanspruchs fortzuführen; für den darüber hinausgehenden dem phG zuzurechnenden Teil gilt Anm 243. Dies gilt auch bei Umw einer KapGes in eine PersGes (BMF 11.11.2011 BStBl I, 1314 Anm 06.04 ff). **244**

Gibt ein Gester seinen GesAnteil auf und wird er als Arbeitnehmer in der Ges tätig, gelten ab diesem Zeitpunkt für die Erteilung von Pensionszusagen und die Bildung von Pensionsrückstellungen die allgemeinen für Arbeitnehmer gültigen

§ 249 246–252   Jahresabschluß (Ansatzvorschriften)

Grundsätze, glA *Höfer* Bd II Anm 2165 und *Ahrend/Förster/Rößler* 6. Teil Anm 9. (Zur Behandlung von Pensionsverpflichtungen bei Umw einer PersGes in eine KapGes BMF 11.11.2011 BStBl I, 1314 Anm 20.38 ff).

4. Steuerrechtliche Pensionsrückstellungen für Pensionszusagen an Arbeitgeber-Ehegatten

246 Steht ein Ehegatte als Arbeitnehmer in einem steuerrechtlich anzuerkennenden Arbeitsverhältnis zum anderen Ehegatten bzw zum Unt (egal ob KapGes oder PersGes), an dem der andere Ehegatte beteiligt ist, kommen Pensionsrückstellungen für ernsthafte Pensionszusagen an den Arbeitnehmer-Ehegatten im üblichen, auch für fremde Arbeitnehmer geltenden angemessenen Rahmen mit steuerrechtlicher Wirkung in Betracht (BVerfG 22.7.1970 BStBl II, 652; BFH 14.7.1989 BStBl II, 969; EStH 6a Abs 9).

5. Steuerrechtliche Pensionsrückstellungen und Rückdeckungsversicherung

247 Die RDVers dient der teilweisen oder vollen **Rückdeckung von Pensionsverpflichtungen** des Arbeitgebers bei einem VersicherungsUnt. RDVers kommen in der Praxis vor allem bei wenigen oder relativ hohen Einzelzusagen vor (zB auch bei Gester-Geschäftsführern von KapGes), um unerwünschte Gewinnschwankungen oder gar eine Überschuldung des Unt bei vorzeitigem Eintritt von Versorgungsfällen zu vermeiden. Der Abschluss einer RDVers ist eine reine Finanzierungs- und Risikovorsorgemaßnahme des Arbeitgebers, die grds ohne Einfluss auf die Bewertung der Pensionsrückstellung ist. Sie unterstreicht bei Gester-Geschäftsführern von KapGes die Ernsthaftigkeit der Pensionszusage. Sie ist iW wie folgt definiert (BFH 12.7.1957, BStBl III, 289, EStH 6a Abs 23):

a) Es muss dem Arbeitnehmer ausreichend bestimmt eine Versorgung aus den Mitteln des Arbeitgebers zugesagt sein.
b) Zur Gewährleistung der Mittel für die Ausführung dieser Versorgung muss eine Sicherheit geschaffen sein.
c) Die Sicherung darf nicht zusätzlich den Belangen des Arbeitnehmers dienen, sondern muss allein oder überwiegend den Belangen des Arbeitgebers zu dienen bestimmt sein.

Dies ist gewährleistet, wenn der Arbeitgeber Versicherungsnehmer, alleiniger Prämienzahler und Bezugsberechtigter auf die Versicherungsleistungen ist. Der pensionsberechtigte Arbeitnehmer ist Versicherter iSd VVG.

248 Der **Rückdeckungs-Versicherungsanspruch** und die Pensionsrückstellung für die Pensionszusage sind nach EStH 6a Abs 23 grds getrennt zu bilanzieren. Eine **Saldierung** ist selbst bei kongruenter Rückdeckung unzulässig; ebenso unzulässig ist eine Begrenzung der Bewertung auf den Betrag der passivierten Pensionsrückstellung (so auch BFH 25.2.2004 BStBl II, 654).
Zur HB s Anm 204 und bei Verpfändung s Anm 205.

VIII. Rückstellungen für Zuwendungen an rechtlich selbstständige Unterstützungskassen, Pensionskassen, Pensionsfonds und Beiträge zu Direktversicherungen

1. Rückstellungen für Zuwendungen an Unterstützungskassen

252 Eine Rückstellung für Zuwendungen an eine U-Kasse ist nach § 4d EStG steuerrechtlich (aber nicht für die HB) noch für das abgelaufene Wj mit Gewinn mindernder Wirkung zulässig, wenn die Zuwendung innerhalb eines Monats

nach Aufstellung oder Feststellung der Bilanz des TrägerUnt für den Schluss eines Wj geleistet wird. Geleistet ist die Zuwendung dann, wenn die U-Kasse infolge Gutschrift, Barzahlung oder Übertragung entspr VG über die Zuwendung verfügen kann.

Die Zuwendung von Deckungskapital kann für lfd Leistungen erst in dem Wj in Betracht kommen, in dem mit der Zahlung tatsächlich begonnen wurde. Werden lfd U-Kassenrenten vor Ablauf des Gj des TrägerUnt mit Wirkung ab dem Folgejahr erhöht, darf die Zuwendung des Deckungskapitals für die Erhöhung auch erst im Folgejahr vorgenommen werden (BdF 6.4.1976 BB, 538), weil das Deckungskapital grds nur bei oder nach Leistungsbeginn zugewendet werden darf.

Übersteigen die Zuwendungen die nach § 4d EStG steuerrechtlich abziehbaren Beträge, dürfen die übersteigenden Beträge im Wege der aktiven **Rechnungsabgrenzung** in der StB auf die folgenden drei Wj vorgetragen und im Rahmen der für diese Wj abzugsfähigen Beträge als Betriebsausgaben behandelt werden, § 4d Abs 2 EStG; eine entspr Abgrenzung in der HB kommt nicht in Betracht.

Zur Zuwendung an U-Kassen siehe auch BMF 31.1.2002 BStBl I 214.

2. Rückstellungen für Zuwendungen an Pensionskassen und Pensionsfonds

Sonstige Rückstellungen sind zu bilden für Zuwendungen auf Grund einer Anordnung der Versicherungsaufsichtsbehörde oder zur Abdeckung von Fehlbeträgen bei einer P-Kasse oder P-Fonds, wenn deren Höhe bei Bilanzaufstellung des TrägerUnt noch nicht festliegt; ist ihre Höhe jedoch bekannt, ist ein Ausweis als **Verbindlichkeit** geboten. Ergeben sich nach § 2 Abs 3 BetrAVG Ansprüche des Berechtigten *ggü dem Arbeitgeber*, handelt es sich bei diesem um **unmittelbare Pensionsverpflichtungen** (dazu Anm 164). Zu Unterdeckungen bei P-Kassen und P-Fonds vgl Anm 206, 267.

3. Rückstellungen für Direktversicherungen

DVers (zum Begriff EStR 4b) erfüllen für die BetrAV die gleiche Funktion wie Pensionszusagen. In beiden Fällen ist ein Unt (Arbeitgeber) zugunsten eines Arbeitnehmers verpflichtet, Leistungen für dessen Alters-, Invaliditäts- oder Hinterbliebenenversorgung zu erbringen. Verpflichtungen aus DVers haben deshalb den Charakter von **Pensionsverpflichtungen;** sie gehören nicht zu den „ähnlichen Verpflichtungen" (Anm 163).

Solange das Unt seine Beitragsverpflichtungen ggü dem VersicherungsUnt erfüllt, kann davon ausgegangen werden, dass hinreichend Vorsorge für die Pensionsverpflichtung des Unt getroffen wird. Zur Auflösung der Pensionsrückstellung bei Übertragung von Pensionsverpflichtungen auf eine DVers Anm 239. Die Prämienzahlungen des Unt sind unter den Voraussetzungen des § 4b EStG abziehbare Betriebsausgaben.

Für die Bildung einer **Pensionsrückstellung** kommen Fälle in Betracht, in denen sich mangels ausreichender Leistungsverpflichtung des VersicherungsUnt **unmittelbare Verpflichtungen** des Unt ggü dem Berechtigten ergeben. Das ist der Fall, wenn beim Ausscheiden des Berechtigten mit aufrechterhaltener Anwartschaft gemäß § 2 Abs 2 BetrAVG eine **Deckungslücke** besteht, weil die dann beitragsfreie Versicherungsleistung nicht zur Erfüllung der DVers-Zusage ausreicht. Derartige Deckungslücken (mit der Folge unmittelbarer Verpflichtungen des Arbeitgebers) können auch entstehen, wenn das Unt vorbehaltlos eingegangenen Zahlungsverpflichtungen nicht nachkommt oder den Versicherungsvertrag kündigt, ohne dass ein Widerrufstatbestand gegeben ist.

Verpflichtet sich ein Unt vor Ablauf des Wj schriftlich, rechtswirksam für rückliegende Dienstjahre bestimmte Leistungen durch **Einmalzahlung in rückdatierte DVers** zu finanzieren und liegt deren Höhe bis zur Bilanzaufstellung noch nicht fest, muss eine **sonstige Rückstellung** hierfür ausgewiesen werden; liegt ihre Höhe jedoch genau fest, kommt nur ein Ausweis als **sonstige Verbindlichkeit** ggü dem VersicherungsUnt in Betracht.

IX. Vermerk nicht ausgewiesener Rückstellungen im Anhang

256 Nach Art 28 Abs 2 bzw 48 Abs 6 EGHGB müssen KapGes/KapCoGes die in Ausübung der Wahlrechte des Art 28 Abs 1 EGHGB in der Bilanz **nicht ausgewiesenen Rückstellungen** für Pensionsverpflichtungen (lfd Pensionen und Anwartschaften) und für ähnliche Verpflichtungen im Anhang (und im Konzernanhang) „in einem Betrag" angeben. Art 28 Abs 2 EGHGB macht keinen Unterschied zwischen unmittelbaren und mittelbaren Verpflichtungen.

Für weitere Einzelheiten zu Art 28 EGHGB, Anm 260 ff; bzw zum Übergang auf die BilMoG-Bilanzierung gem Art 67 Abs 1 und 2 EGHGB, Anm 208.

X. Exkurs: Passivierungswahlrechte für Pensionsverpflichtungen (Art 28 EGHGB)

Zweiter Abschnitt.
Übergangsvorschriften zum Bilanzrichtlinien-Gesetz

Art 28 EGHGB [Pensionsrückstellungen für Altzusagen]

(1) [1]Für eine laufende Pension oder eine Anwartschaft auf eine Pension auf Grund einer unmittelbaren Zusage braucht eine Rückstellung nach § 249 Abs. 1 Satz 1 des Handelsgesetzbuchs nicht gebildet zu werden, wenn der Pensionsberechtigte seinen Rechtsanspruch vor dem 1. Januar 1987 erworben hat oder sich ein vor diesem Zeitpunkt erworbener Rechtsanspruch nach dem 31. Dezember 1986 erhöht. [2]Für eine mittelbare Verpflichtung aus einer Zusage für eine laufende Pension oder eine Anwartschaft auf eine Pension sowie für eine ähnliche unmittelbare oder mittelbare Verpflichtung braucht eine Rückstellung in keinem Fall gebildet zu werden.

(2) Bei Anwendung des Absatzes 1 müssen Kapitalgesellschaften die in der Bilanz nicht ausgewiesenen Rückstellungen für laufende Pensionen, Anwartschaften auf Pensionen und ähnliche Verpflichtungen jeweils im Anhang und im Konzernanhang in einem Betrag angeben.

Schrifttum: Vor Anm 151.

A. Unmittelbare Pensionsverpflichtungen (Abs 1 S 1)

260 Pensionsverpflichtungen sind ungewisse Verbindlichkeiten; sie müssen daher grds nach Abs 1 S 1 passiviert werden. Art 28 Abs 1 enthält Ausnahmen von diesem Grundsatz, und zwar in S 1 für Verpflichtungen auf Grund unmittelbarer Zusagen (hierzu Anm 164) und in S 2 für mittelbare und den Pensionsverpflichtungen ähnliche Verpflichtungen (Anm 266–270).

Nach Abs 1 S 1 müssen bei **unmittelbaren Zusagen** Rückstellungen für lfd Pensionen und Anwartschaften nur gebildet werden, wenn die Berechtigten ihre Rechtsansprüche nach dem 31.12.1986 erworben haben (Neuzusagen, Anm 166); für Pensionsverpflichtungen auf Grund von vor dem 1.1.1987 erteilten Zusagen (Altzusagen, Anm 167) und für Erhöhungen solcher Verpflichtungen nach dem 31.12.1986 besteht ein **Passivierungswahlrecht.** Dieses Wahlrecht ist eine langfristige **Übergangsregelung,** die erst mit dem Auslaufen der Altzusagen hinfällig wird („biologische Lösung"). Zuführungen für Altzusagen ab 1987 verpflichten wegen des Ansatzstetigkeitsgebots in § 246 Abs 3 zu gleichartiger Handhabung in Folgejahren (IDW RS HFA 30 Tz 79–79d). Umgekehrt kann eine bisher gehandhabte Nichtpassivierung fortgesetzt werden. Zulässig ist eine Durchbrechung des Grundsatzes der Ansatzstetigkeit hin zur (vollen oder teilweisen) Passivierung, da dies (als begr Ausnahmefall iSd § 252 Abs 2) zu einer verbesserten Vermittlung eines den tatsächlichen Verhältnissen entspr Bilds der VFE-Lage des Unt beiträgt. Wegen des Grundsatzes der sachlichen Ansatzstetigkeit kann vom Passivierungswahlrecht für gleichartige Personen- und Verpflichtungskreise nur gleichartig Gebrauch gemacht werden (IDW RS HFA 30 Tz 79b). Eine Angabe über die Ausübung des Bilanzierungswahlrechts ist nach § 284 Anm 89, 126 ff nicht nötig.

Das Passivierungswahlrecht für Pensionsverpflichtungen auf Grund von Altzusagen und Erhöhungen solcher Verpflichtungen gilt auch, wenn einem Arbeitnehmer (oä Person) neben der Versorgung durch eine U-Kasse *vor* oder *nach* dem 1.1.1987 eine Direktzusage erteilt wird oder wenn die U-Kassenversorgung durch eine Direktzusage ersetzt wird (Anm 168). **261**

Unbeschadet des Passivierungswahlrechts dürfen einmal gebildete Pensionsrückstellungen nur insoweit *aufgelöst* werden, als die Pensionsverpflichtung nicht mehr besteht. Einer weitergehenden Auflösung steht Abs 2 S 2 entgegen, wonach Rückstellungen nur aufgelöst werden dürfen, soweit der Grund für ihre Bildung entfallen ist (Anm 21 f, 235 ff). Es besteht also **kein Auflösungswahlrecht.** **262**

B. Mittelbare und ähnliche Verpflichtungen (Abs 1 S 2)

Anders als die (wenn auch sehr langfristige) Übergangsregelung des Abs 1 S 1 (Passivierungswahlrecht bei Altzusagen und deren Erhöhungen) enthält Abs 1 S 2 ein **Passivierungswahlrecht als Dauerregelung:** Für mittelbare Pensionsverpflichtungen und für unmittelbare und mittelbare ähnliche Verpflichtungen brauchen Rückstellungen unabhängig vom Zeitpunkt des Erwerbs eines Anspruchs durch den Berechtigten nicht („in keinem Fall") gebildet zu werden. Auch hier gilt das **Verbot der Auflösung** gebildeter Rückstellungen, soweit deren Grund nicht entfallen ist (Anm 21 f, 235 ff). Zum Gebot der Ansatzstetigkeit bei Ausübung des Passivierungswahlrechts s analog Anm 260. **266**

Mittelbare Pensionsverpflichtungen kommen hauptsächlich bei Zwischenschaltung einer **U-Kasse** (iSv § 1b Abs 4 BetrAVG) und ab 2002 ggf eines **P-Fonds** in Betracht, *nicht* jedoch idR in den Fällen von **DVers** (§ 1b Abs 2 BetrAVG) oder **P-Kassen** (§ 1b Abs 3 BetrAVG). Bei den beiden letztgenannten Versorgungsformen können unmittelbare Pensionsverpflichtungen entstehen, wenn Deckungslücken (zB beim Ausscheiden eines Berechtigten mit unverfallbarer Anwartschaft) bestehen, oder es können nach Abs 1 passivierungspflichtige Verbindlichkeiten vorliegen, wenn der Arbeitgeber seine Beitragsverpflichtungen nicht erfüllt (Anm 254 und 255) oder er für Kürzungen der **P-Kasse** einstehen muss (BAG 19.6.2012 BetrAV, 710). Wegen öffentlicher Zusatzversorgungen s Anm 206. Zum Begriff der mittelbaren Verpflichtungen und den Gegenmeinungen s Anm 164 f. **267**

Nach der hier vertretenen Auffassung fällt die Verpflichtung zur Zahlung von **Vorruhestandsgeld** nicht unter den Begriff der **ähnlichen Verpflichtungen** **268** (s Anm 154); Beispiele für ähnliche Verpflichtungen können entgegen den in der Literatur gelegentlich geäußerten Meinungen nicht genannt werden (Anm 162f, ADS⁶ § 249 Anm 117 u IDW RS HFA 30 Tz 9).

269 Steuerrechtlich ist die Passivierung von Vorruhestandsverpflichtungen durch BMF 16.10.1984 BStBl I, 518; 13.3.1987 BStBl I, 365 und 25.7.1988 BB, 2073 geregelt; Anm 154, 162.

270 Im Übrigen sind sowohl mittelbare als auch ähnliche (unmittelbare oder mittelbare) Versorgungsverpflichtungen steuerrechtlich nicht ansatzfähig; dazu BMF 13.3.1987 BStBl I, 365.

C. Angabe eines Fehlbetrags im Anhang (Abs 2)

I. Jahresabschluss

1. Angabepflichtige Unternehmen

271 Werden auf Grund der Wahlrechte nach Abs 1 S 1 (unmittelbare Zusagen) und/oder S 2 (mittelbare Zusagen) Pensionsrückstellungen nicht gebildet, müssen KapGes/KapCoGes die nicht gebildeten Rückstellungen im Anhang in einem Betrag angeben. **Größenabhängige Erleichterungen** werden für diese Anhangangaben *nicht* gewährt (glA ADS⁶ § 284 Anm 158). Die Angabepflicht besteht jedoch nicht für Unt, die keine KapGes/KapCoGes sind; auch nicht für Unt, die nach §§ 1, 3 PublG zur Rechnungslegung verpflichtet sind. Bei reinen PersGes ist eine Angabe von Fehlbeträgen, die von Bedeutung sind, im JA jedoch wünschenswert (ebenso HFA 2/1993 Teil A Nr 3 WPg 1994, 22 und ADS⁶ § 284 Anm 159 mwN).

272 Bei *mittelbaren* Versorgungsverpflichtungen über eine U-Kasse ist nur das **Trägerunternehmen** zur Angabe eines Fehlbetrags verpflichtet. Auch wenn die **Unterstützungskasse als Kapitalgesellschaft** organisiert ist und daher auch einen Anhang aufzustellen hat, kommt hier die Angabe eines Fehlbetrags nicht in Betracht, weil U-Kassen ihre Leistungen nur bis zur Höhe ihres Vermögens zu erbringen haben, so dass sich eine als Fehlbetrag anzugebende Unterdeckung nicht ergeben kann.

2. Art und Umfang der Angabe

274 Ein Fehlbetrag ist in €, und zwar „**in einem Betrag**" jeweils im Anhang und im Konzernanhang zu nennen, nicht aber getrennt nach nicht ausgewiesenen Rückstellungen für lfd Pensionen, Anwartschaften auf Pensionen und für ähnliche Verpflichtungen (ebenso zB ADS⁶ § 284 Anm 172 mit überzeugender Ablehnung der dort zitierten Gegenmeinung, welche eine gesonderte Angabe für mehrere Arten von Fehlbeträgen für erforderlich hält).

Die Angabe nach Abs 2 erstreckt sich nur auf eine Betragsangabe; eine **Begründung** ist nicht erforderlich. Daher ist es denkbar, dass sich die Angabe auf Formulierungen beschränkt wie „Für Pensionsverpflichtungen in Höhe von ... € wurden Rückstellungen nicht gebildet" oder „Der Fehlbetrag wegen nicht bilanzierter Versorgungsverpflichtungen iSv Art 28 Abs 2 EGHGB beläuft sich auf ... €".

275 Zusätzlich zur Angabe des Fehlbetrags besteht allerdings die Verpflichtung, Angaben über die auf Pensionsrückstellungen angewandten **Bilanzierungs- und Bewertungsmethoden** zu machen (§ 285 Nr 24, vgl hierzu § 285 Anm 415 ff). Werden in der Bilanz **keine Pensionsrückstellungen** ausgewiesen, sind gleichwohl Anhangangaben über Bewertungsmethoden erforderlich; diese beziehen sich

dann auf die Bemessung des im Anhang angegebenen Fehlbetrags (§ 284 Anm 127, 128 und *ADS*⁶ § 284 Anm 88 mwN).

3. Berechnung des Fehlbetrags

279 Die Berechnung des Fehlbetrags hat nach denselben Grundsätzen **wie** diejenige von **Pensionsrückstellungen** zu erfolgen (Anm 206; zur Bewertung von Pensionsrückstellungen Anm 195 ff). Dies ergibt sich aus der Funktion der Fehlbetragsangabe als Korrektur für (teilweise) nicht gebildete Pensionsrückstellungen (glA § 284 Anm 128 und *ADS*⁶ § 284 Anm 90).

280 Fraglich ist es, ob eine **Saldierung** zulässig ist, wenn über- und unterbewertete Pensionsrückstellungen zusammentreffen oder wenn bei verschiedenen Versorgungsformen eines Unt teils Über- und teils Unterdeckungen gegeben sind (s dazu auch *ADS*⁶ § 284 Anm 168, 169).

Bei einer **Mischfinanzierung** (die Arbeitnehmer werden sowohl durch Direktzusagen als auch zB über eine U-Kasse versorgt, Anm 207) werden Überdeckungen, zB im Vermögen einer U-Kasse, mit Fehlbeträgen aus Direktzusagen idR saldiert. Dies ist unproblematisch, weil es sich in solchen Fällen um nur technisch verschiedene Formen derselben „Gesamtversorgung" eines Arbeitnehmers handelt. Auch Anm 207.

281 Für ehemalige Mitglieder der Geschäftsführungs- und der Aufsichtsorgane von Unt, für welche die Vorschriften über den Anhang von KapGes/KapCoGes gelten (nach HGB oder PublG), müssen zusätzlich gesondert die bilanzierten und die nicht bilanzierten Pensionsrückstellungen in je einem Betrag angegeben werden. Für Einzelheiten § 285 Anm 206 ff.

282 Ist eine Pensionsrückstellung in der StB nicht und in der HB nur teilweise gebildet (zB bei mittelbaren Verpflichtungen), darf die **Steuerminderung auf Grund künftiger Zahlungen** (zB Zuweisungen an die U-Kasse) bei der Ermittlung des Fehlbetrags nicht berücksichtigt werden. *ADS*⁶ (§ 284 Anm 162) halten hingegen auch eine Kürzung des Fehlbetrags um die Steuerminderung (wenn mit Sicherheit zu erwarten) für vertretbar, gehen dabei aber nicht auf den Gesichtspunkt ein, dass die Berücksichtigung derartiger künftiger Steuerminderungen ausschließlich und abschließend in den Vorschriften zu aktiven latenten Steuern (§§ 274 Abs 1, 306) anders geregelt ist.

283 Bei Einschaltung einer **U-Kasse** errechnet sich der nach Abs 2 anzugebende Fehlbetrag als Unterschiedsbetrag zwischen den wie für unmittelbare Pensionsverpflichtungen nach § 253 bewerteten Versorgungsleistungen auf Grund des Leistungsplans der Kasse und dem Wert des Kassenvermögens. Zur Bewertung des Fehlbetrags in anderen Fällen Anm 206.

284 Zu den speziellen Verteilungen nach Art 67 Abs 1 und 2 s Anm 208. **Ausstehende Zuführungsbeträge** nach Abs 1 bzw Überdeckungen nach Abs 1 sind im Anhang anzugeben.

II. Konzernabschluss

286 Ist das MU eine KapGes/KapCoGes, bezieht sich die Angabepflicht auf den Gesamt-Fehlbetrag aus allen einbezogenen Unt, auch wenn es sich um Nicht-KapGes oder um ausländische Unt handelt (*ADS*⁶ § 313 Anm 132); es genügt auch hier eine einzige Zahl (Anm 274). Nicht-KapGes/KapCoGes, die nach § 13 PublG einen KA aufstellen, sind zwar auch verpflichtet, einen Konzern-Anhang aufzustellen. Mangels einer Verweisung des § 13 Abs 3 PublG auf § 5 Abs 2 PublG gilt die dort geregelte Befreiung von der Erstellung eines Anhangs im JA nicht für den KA. Sie brauchen aber einen Fehlbetrag nicht anzugeben, weil Art 28 Abs 2 diese Verpflichtung ausdrücklich nur KapGes auferlegt

(Anm 271, ebenso *ADS*⁶ § 313 Anm 134). Nur wenn der KA einer Nicht-KapGes/KapCoGes nach § 13 Abs 3 S 3 PublG **befreiende Wirkung** für einen Teil-KA einer KapGes/KapCoGes haben soll, muss ein Fehlbetrag auch im Konzernanhang der Nicht-KapGes angegeben werden (*ADS*⁶ § 313 Anm 135).

Für die Formulierung des Konzern-Gesamt-Fehlbetrags (Anm 274), für die Bilanzierungs- und Bewertungsmethoden (Anm 275), Anhangangaben nach § 314 Abs 1 Nr 16 und für die Berechnung des Fehlbetrags (Anm 279 ff) gelten die Erl zum JA entspr (glA *ADS*⁶ § 313 Anm 132).

287 **Saldierungen** von Fehlbeträgen mit Überdeckungen in der Bilanz halten wir für den KA allenfalls dann (und nur in dem in Anm 280 dargestellten Umfang) für zulässig, wenn tatsächlich die Überdeckung in einem Unt zur Finanzierung der Unterdeckung in dem anderen Unt herangezogen werden kann. Bei Anwendung des Passivierungswahlrechts sind die Fehlbeträge für die Anhangangabe zusammenzufassen, da die Angabe nur „in einem Betrag" zu erfolgen hat.

288 Der Konzern-Fehlbetrag gem Abs 2 bezieht sich auf alle *einbezogenen* Konzern-Unt, unabhängig von *deren* Rechtsform (hM; Anm 286). Auch GemUnt gem § 310 sind einzubeziehen, wenn für sie die anteilige Vollkonsolidierung gewählt wurde. Außer Betracht bleiben die nicht einbezogenen Unt (§ 296) und die assoziierten Unt (§§ 311 f); aA ohne Begr *ADS*⁶ § 313 Anm 132 (*„sämtliche"* einbezogene).

Die Fehlbeträge wegen „unterdeckter" **U-Kassen** sind als Fehlbeträge der einbezogenen TrägerUnt (Anm 272) in den Konzern-Fehlbetrag aufzunehmen. U-Kassen in der Rechtsform der GmbH brauchten (zumindest vor BilMoG) nach § 296 Abs 1 Nr 1 nicht konsolidiert zu werden. Nach DRS 19 stellen U-Kassen aber generell (falls nicht nach § 296 Abs 2 unwesentlich) zu konsolidierende **ZweckGes** nach § 290 Abs 2 Nr 4 dar (sofern das MU die Mehrheit der Risiken und Chancen trägt, also idR nicht bei Gruppenkassen und voll rückgedeckten U-Kassen), so dass das KonsWahlrecht nach § 296 Abs 1 Nr 1 nicht greift. IDW RS HFA 30 äußert sich hierzu noch nicht. Zu Problematik und Konsequenzen (bei Einbezug in den KA weiterhin Passivierungswahlrecht für mittelbare Pensionsverpflichtungen soweit U-Kassenvermögen übersteigend, aber ggf Verrechnung und Bewertung des U-Kassenvermögens im KA nach § 246 Abs 2 als Deckungsvermögen) DRS 19 Tz 46, 47, 86 und A7 (ausführlich auch Bertram/Johanneweling/Roß/Weiser, Wpg 2011, 69 u Oser, BetrAV 2012, 384).

289 Für die Ermittlung des Konzern-Fehlbetrags gilt insb auch der Grundsatz der **einheitlichen Bewertung** (§ 308), der jedoch die Berücksichtigung sachverhaltlicher Unterschiede (unterschiedliche biometrische Gegebenheiten für Arbeitnehmer einzelner Unt im Ausland, unterschiedliche Zinssätze entspr verschiedenen Kapitalmarktverhältnissen im Ausland, ähnliche Ansammlungsverfahren) nicht ausschließt; dazu auch § 308 Anm 51; glA *ADS*⁶ § 313 Anm 133.

290 Für ehemalige Mitglieder des Geschäftsführungsorgans des MU (oder ggf der Mitglieder ihrer Aufsichtsgremien) sind gem § 314 Abs 1 Nr 6b außerdem die Beträge der bilanzierten Pensionsrückstellungen und der nicht bilanzierten Pensionsrückstellungen zu nennen. Für Einzelheiten und zum Geltungsbereich § 314 Anm 76.

XI. Abweichungen der IFRS

Standard: IAS 19 Leistungen an Arbeitnehmer *(Employee Benefits) (amend 2011).*

1. Allgemeines

291 Zum Rechtsstand vor dem *Amendment* vom Juni 2011 s 7. Aufl. Hier wird nur der neue Standard kommentiert. Die Neuerungen sind verpflichtend anzuwenden für Gj, die ab 1.1.2013 beginnen; eine freiwillige frühere Anwendung war zulässig (IAS 19.172). Wurde nach altem Rechtsstand die Korridormethode angewendet, ist der Übergang auf die nunmehr einzig erlaubte OCI-Methode zum Beginn des Übergangsjahrs (idR der 1.1.2013) retrospektiv nach IAS 8 durchzuführen (IAS 19.173).

Maßgeblich ist IAS 19 *(as amend in June 2011)* über *Employee Benefits*. IAS 26 *(Accounting and Reporting by Retirement Benefit Plans)* gilt hingegen nur für die Berichterstattung der Versorgungseinrichtung (P-Fonds, U-Kasse, P-Kasse bzw Versorgungskasse) selbst (IAS 19.3), wenn diese in ihrer Eigenschaft als *Retirement Benefit Plan* einen eigenständigen JA nach IFRS an die Adresse der Versorgungsberechtigten erstellen sollte, was wohl praktisch nie vorkommen dürfte. Wird eine P-Kassen-AG oder P-Fonds AG in einen KA nach IFRS einbezogen, gilt IAS 19, insoweit die P-Kasse oder der P-Fonds Mitarbeiter des Konzerns versorgt. Versichert bzw versorgt die P-Kassen-AG oder P-Fonds-AG (gewerbsmäßig) Mitarbeiter fremder Arbeitgeber, ist sie insoweit nicht als *Retirement Benefit Plan* tätig, so dass für den KA nach IFRS weder IAS 19 noch IAS 26 einschlägig sind, sondern die entspr IFRS für LebensversicherungsUnt. Für eine P-Kassen-AG gilt dies zwingend, da sie auch rechtlich ein LebensversicherungsUnt ist, und für eine P-Fonds-AG zumindest analog.

Nach IAS 19.26, 19.56 erfolgt im Gegensatz zu Art 28 EGHGB keine Unterscheidung zwischen unmittelbaren und mittelbaren Pensionsverpflichtungen. Auch Beihilfen zu Krankenversicherungsbeiträgen bzw Krankheitskosten von Betriebsrentnern *(post-employment medical care* gem IAS 19.5) werden mit erfasst (s auch Anm 152). Die formelle Ausgestaltung der Rechtsverhältnisse zwischen Arbeitgeber, Arbeitnehmer und Versorgungseinrichtung (Rechtsanspruch des Arbeitnehmers ggü Arbeitgeber und/oder Versorgungseinrichtung) ist ohne Bedeutung (IAS 19.4). Entscheidend ist hingegen, ob ein Pensionsplan beitragsorientiert *(defined contribution)* oder leistungsorientiert ist *(defined benefit,* IAS 19.27 ff). Bei einem *defined contribution plan* (IAS 19.27) ist der Arbeitgeber nur zu Beiträgen (zB in absoluter Höhe oder in relativer Höhe zum Gehalt oder zu einer anderen Bemessungsgröße wie Umsatz oder Gewinn) verpflichtet; außerdem darf der Arbeitgeber weder von einer guten noch einer schlechten Entwicklung (performance) der Versorgungseinrichtung betroffen sein (zB keine Nachschussverpflichtung und kein Rückfluss von Überschüssen, wobei aber ein gewisses *upside potential* zulässig ist).

Wegen der arbeitsrechtlichen Haftung des Arbeitgebers (und da U-Kassen aus steuerrechtlichen Gründen stets eine Leistung zusagen müssen) stellen unmittelbare **Pensionsverpflichtungen** und **U-Kassenpläne** grds immer *defined benefit plans* dar; ebenso viele P-Kassenpläne und auch einige DVers-Pläne, sofern der Arbeitgeber an den Überschüssen partizipieren kann oder Deckungslücken zu seinen Lasten gehen können. Auch **P-Fonds** sind an diesen Grundsätzen zu messen. Allein die finale Einstandspflicht des Arbeitgebers für sämtliche Leistungen der BetrAV nach § 1 Abs 1 S 3 BetrAVG führt nach hM zumindest bei DVers nicht dazu, dass ein Pensionsplan als leistungsorientiert zu werten ist (IAS 19.46, IAS 19.49 stellen nämlich nicht auf die Insolvenz des Versicherers ab, sondern auf die „normale" Fälligkeit der Leistungen, dh *„when they fall due"* statt *„when the insurer cannot pay");* eine solche Einstandspflicht ist nur als Eventualverbindlichkeit zu werten. Das sollte auch bei P-Kassen und P-Fonds gelten, wenn diese nach gleichen Grundsätzen (hinsichtlich EK-Ausstattung, Solvabilität, Tarifgestaltung) wie Versicherer operieren sollten (*Hagemann/Neumeier* in Haufe IFRS[11] § 22 Anm 10, 62). Auch bei kongruent rückgedeckten U-Kassen sind Gestaltungen denkbar, in denen faktisch nur die Einstandspflicht des Trägerunternehmens als Eventualverbindlichkeit verbleibt.

Bei **Gruppenkassen** *(multi-employer plans)* gem IAS 19.32ff in der Form der *defined benefit plans* wird jedem Arbeitgeber sein Anteil an den Verpflichtungen und den Vermögenswerten der Kasse (sofern dies möglich ist) zugeordnet, so dass sich hier idR Pensionsrückstellungen ergeben werden. Ist diese Aufteilung nicht möglich (was bei den Kassen für die Zusatzversorgung der Arbeitnehmer im öffentlichen Dienst wie der VBL idR der Fall ist), kann die Gruppenkasse nach IAS 19.34 wie ein *defined contribution plan* behandelt werden. Nach dem *Amendment* vom 16.12.2004 (IAS 19.37) sind bereits beschlossene künftige Zusatzbeiträge zur vollständigen Deckung eines bestehenden Defizits der Gruppenkasse beim Arbeitgeber zu passivieren. Dies betrifft die Sanierungsgelder der ZVK nur dann, wenn sie der vollständigen Schließung einer Deckungslücke der ZVK dienen; nicht hingegen, wenn sie nur als „Zusatzumlagen" zu den „Normalumlagen" aufzufassen sind, ohne das Ziel der vollständigen Schließung der Deckungslücke zu haben (was idR der Fall ist).

2. Leistungsorientierte Pensionspläne *(defined benefit plans)*

292 Verpflichtungen aus defined benefit plans sind (wie nach Handelsrecht) unter Zugrundelegung realistischer und zutreffender Berechnungsparameter und -methoden zu bewerten (IAS 19.57). Nach IAS 19.67 ist – genauso wie nach US-GAAP (SFAS 87) – nur die *projected unit credit* Methode zulässig. Der hiernach zu ermittelnde versicherungsmathematische Sollwert der Pensionsverpflichtung ist der *present value of the defined benefit obligation* **DBO** (nach SFAS 87 lautet die Bezeichnung *projected benefit obligation* PBO), der Barwert der zum Bilanzstichtag erdienten (und somit vergangenen Gj zuzurechnenden) Pensionsansprüche. Hierbei sind sämtliche Regelungen des Pensionsplans mittels geeigneter **Bewertungsparameter** zu berücksichtigen; insb auch im Plan angelegte Erfüllungsoptionen, zB Auszahlungswahlmöglichkeiten der Versorgungsleistung als Rente oder Kapital. Allgemeine biometrische Wahrscheinlichkeiten für Invalidität, Sterblichkeit und Hinterbliebenensituation (zB die Richttafeln nach *K. Heubeck*) sind ggf unt-spezifisch zu modifizieren. Die betriebliche Fluktuation ist zu berücksichtigen. Für den Rechnungszinsfuß gibt es grds nur einen engen Bewertungsspielraum; nach IAS 19.83ff ist der laufzeitadäquate Zinssatz für hochklassige UntAnleihen *(high quality corporate bonds)* zum Bilanzstichtag anzusetzen (Stichtagszins). Als hochklassig gilt grds ein AA-Rating; zum 31.12.2012 lag dieser Zins bei etwa 3,2% und Ende Juni 2013 bei etwa 3,5%. Ein Mehrjahresdurchschnittszins über AA-Anleihen (wie nach HGB) ist unzulässig. Je nachdem, wie der Stichtagszins zum Siebenjahresdurchschnittszins steht, ist die Bewertung nach IFRS höher oder niedriger als nach HGB; zB lag der AA-Stichtagszins Ende 2012 um etwa 1,8%-Punkte unter dem AA-Siebenjahresdurchschnittszins. Künftige wahrscheinliche (auch karrieremäßige) Erhöhungen von Renten und Gehältern (Pensionsansprüchen) sind nach IAS 19.75ff einzubeziehen. Die Annahmen über Inflation und tarifliche Gehaltssteigerungen müssen gem IAS 19.78 mit dem Rechnungszinssatz in Einklang stehen. Für dynamische Pensionsverpflichtungen liegt daher die DBO idR deutlich über dem Teilwert nach § 6a EStG, aber – je nach Verhältnis zwischen Stichtagszins und Durchschnittszins – grds in etwa vergleichbarer Größenordnung zum HGB-Wert. Eine Übernahme des Werts nach IAS 19 in einem HGB-Abschluss (oder umgekehrt) ist dennoch unzulässig.

293 *Plan assets,* dh Vermögenswerte einer evtl vorhandenen externen Versorgungseinrichtung (P-Fonds, U-Kasse, P-Kasse oder Versorgungskasse) sind gem IAS 19.113ff nach Marktwertverhältnissen *(fair value)* anzusetzen, wobei Darlehensforderungen von U-Kassen an TrägerUnt wegen IAS 19.114 nur dann als plan assets gelten können, wenn sie wie unter fremden Dritten (auch hinsichtlich

Besicherung) vereinbart wurden (IDW RS HFA 2). Auch als *plan assets* gelten seit 2000 mittels einer **Treuhandgestaltung** (oder Verpfändung) anderen Gläubigern entzogene Vermögenswerte des Unt (auch RDVers), wenn diese Vermögenswerte nur zur Erfüllung der Pensionsverpflichtungen des Unt dienen (sog **Contractual Trust Arrangement** CTA, bzw *qualifying insurance contracts*). Zuwendungen an die Versorgungseinrichtung (wie auch direkte Rentenzahlungen) stellen keinen Aufwand dar (IAS 19.120), sondern werden erfolgsneutral vom Rückstellungsbetrag gemindert.

Der Differenzbetrag von DBO und *plan assets* stellt grds den Bilanzwert im IFRS-JA des Unt dar (IAS 19.63): Übersteigt die DBO die *plan assets*, handelt es sich um eine **Unterdeckung**, die als Pensionsrückstellung *(defined benefit liability)* auszuweisen ist. Im andern Fall handelt es sich um eine **Überdeckung**, die grds als *defined benefit asset* zu aktivieren ist (s aber Anm 296).

Der jährliche **Pensionsaufwand für Leistungszusagen** *(defined benefit cost)* besteht aus den drei Komponenten: **Dienstzeitaufwand** *(service cost, SC)*, **Nettozins** *(net interest)* und **Umbewertung** *(remeasurement)* von DBO und *plan assets* (IAS 19.120 ff).

Der Dienstzeitaufwand besteht auch wiederum aus drei Komponenten: **Laufender Dienstzeitaufwand** *(current service cost, CSC)*, **nachzuverrechnender Dienstzeitaufwand** *(past service cost, PSC)* und Gewinne oder Verluste bei **Planabfindungen** *(settlements)*.

CSC ist der Barwert der im Gj erdienten Pensionsansprüche; PSC umfasst den Barwert von im Gj vorgenommenen **rückwirkenden Planänderungen** *(plan amendments)* und Gewinne und Verluste bei **Planabschneidungen** *(plan curtailments)*.

Bei einem *curtailment* fallen (zB durch Betriebs- oder Teilbetriebsveräußerung, Vorruhestands- oder andere Maßnahmen) Leistungen für künftige versorgungsfähige Dienstjahre weg (IAS 19.105 ff).

Bei einem *settlement* werden leistungsorientierte Pensionsverpflichtungen ganz oder teilweise durch eine nicht bereits im Pensionsplan vorgesehene Maßnahme abgefunden oder schuldbefreiend auf einen neuen Verpflichteten (zB neuen Arbeitgeber, VersicherungsGes oder auf einen eigenen *defined contribution plan*) übertragen (IAS 19.109 ff). Im Plan angelegte Erfüllungsoptionen (zB Auszahlungswahlmöglichkeiten der Versorgungsleistung als Rente oder Kapital) gelten nicht als *settlement*, sondern sind schon in den Bewertungsparametern anzusetzen.

Der **Nettozins** ergibt sich als Aufwand oder Ertrag durch Multiplikation des Rechnungszinses mit dem Bilanzwert am Anfang des Gj.

Dienstzeitaufwand und Nettozins sind im *profit or loss* zu erfassen, die Präsentation hat im Einklang mit IAS 1 zu erfolgen; IAS 19 gibt keine weitere Spezifikation (IAS 19.134). Die Umbewertungen (iW *remeasurements* der DBO durch geänderte Bewertungsparameter bzw der *plan assets* durch Marktwertschwankungen oder lfd Erträge oder Verluste) sind im Umbewertungsergebnis des *other comprehensive income* (OCI) zu erfassen, ohne *recycling* durch *profit or loss* in späteren Gj (wie nach US-GAAP vorgeschrieben).

In den *disclosures* sind die Bewertungsgrundsätze und -parameter sowie Bilanzwert und Pensionsaufwand (ua *curtailments* und *settlements*) zu erläutern; verpflichtend ist ferner eine risikoorientierte Beschreibung der wesentlichen Pläne und deren Finanzierung mit Angaben zu Zusammensetzung und Risikostruktur von Planvermögen (IAS 19.135 ff).

Wegen der Saldierung von Verpflichtung (DBO) und (idR nicht individuell zurechenbaren) *plan assets* stellt der Bilanzwert nach IAS 19.63 einen Gesamtbetrag dar, der praktisch nur schwer auf die einzelnen Pensionsverpflichtungen individualisiert werden kann.

296 Ergibt sich gem IAS 19.64 ein *Aktivwert (defined benefit asset)* in der Bilanz, ist dieser zu begrenzen auf den Barwert der Vorteile, die das Unt aus der Überdotierung des externen Versorgungsträgers durch Rückvergütung oder Minderung von Beiträgen in künftigen Gj voraussichtlich realisieren kann. Näheres hierzu findet sich in IFRIC 14.

Bei einer Beitragszusage mit Mindestleistung (oder auch anderen neueren Zusagetypen mit Mindestgarantien, wie zB wertpapiergebundene Zusagen) sollte die DBO dem Marktwert der betr Vermögenswerte entsprechen, mind aber dem Barwert der Mindestleistung (s Anm 204). Diese Bewertung nach dem „Prinzip der Bewertungseinheit" widerspricht allerdings dem gegenwärtigen Wortlaut von IAS 19; das IASB „denkt aber in seinem *Discussion Paper* vom 27.3.2008 in diese Richtung".

3. Sonstige Verpflichtungen gegenüber Arbeitnehmern

299 IAS 19 enthält auch Rechnungslegungsvorschriften über sonstige kurzfristige und langfristige sowie weitere Verpflichtungen ggü Arbeitnehmern *(employee benefits)*. Kurzfristige Verpflichtungen aus dem Arbeitsverhältnis (IAS 19.9 ff), die innerhalb von 12 Monaten nach Entstehung fällig werden, sind im Gegensatz zu langfristigen unabgezinst zurückzustellen. Zu den sonstigen langfristigen Verpflichtungen (*other long-term employee benefits,* IAS 19.153 ff) zählen ua Jubiläumsgelder, langfristig aufgeschobene Vergütungen sowie Leistungen bei Invalidität oder Tod außerhalb des Rahmens eines Pensionsplans. Überbrückungsgelder und Leistungen bei Invalidität oder Tod im Rahmen eines Pensionsplans (wie in Deutschland fast regelmäßig der Fall) sollten im Rahmen des Pensionsplans angesetzt und bewertet werden. Weitere in IAS 19 behandelte Verpflichtungen sind *termination benefits* (Zahlungen, Abfindungen, Abfertigungen bei Beendigung des Arbeitsverhältnisses auf Veranlassung des Arbeitgebers) gem IAS 19.159 ff. Anteilsbasierte Vergütungen *(share-based payments,* zB Aktienoptionen, *Stock Appreciation Rights* uä) werden seit 2005 in einem separaten Standard (IFRS 2) behandelt.

Für all diese längerfristigen Verpflichtungen und auch *termination benefits* ist der **Barwert** der abgelaufenen Gj zuzurechnenden (Teil-)Ansprüche (DBO) zurückzustellen, wobei für die Berechnungsmethoden und -annahmen (insb Zins und Dynamisierung) das Gleiche wie bei Pensionszusagen gilt. Der gesamte Aufwand (inkl remeasurements) ist im *profit or loss* zu erfassen, eine Aufteilung in Dienstzeitaufwand, Nettozins und Umbewertung erfolgt nicht. IAS 19 enthält auch keine besonderen *disclosure* Vorschriften.

Zu Gehaltsaufstockungen im Rahmen von Altersteilzeitregelungen (bei bestehenden Arbeitsverhältnissen) enthält IAS 19 keine expliziten Angaben. Vor dem *amendment* vom Juni 2011 erfolgte eine Bilanzierung analog *termination benefits* als Abfindung für die partielle Aufgabe des Arbeitsplatzes (s Anm 100, 154) (IDW RS HFA 3 aF WPg 1998, 1063). Die Neufassung vom Juni 2011 in IAS 19.159 ff (insb das Beispiel sowie die BC 254–279) fasst den Begriff der *termination benefits* enger: Die gewährten Leistungen dürfen nicht von einer weiteren Arbeitsleistung des Mitarbeiters abhängen, dann lägen nämlich *post-employment benefits* oder *other (longterm) employee benefits* vor. Das IFRS IC hat bestätigt, dass nunmehr Altersteilzeitregelungen im Blockmodell idR (wie nach US-GAAP) als *other long-term employee benefits* anzusehen sind; nach DRS C AH 1 (4.12.2012) mit (grds) ratierlicher oder „aufwandsgleichmäßiger" Ansammlung (inkl Abzinsung) der insgesamt auszuzahlenden Aufstockungsbeträge über die Phase ab Entstehen der Verpflichtung (ggf unter Berücksichtigung von Mindestdienstzeiten mit der Folge von *past service cost*) bzw erst ab Eintritt in die Arbeitsphase bis zur Freistellung (ggf nur bis zu einer früheren Fälligkeit). S auch *Kühne/Böckem/Czupalla*, DB 2013, 525 mit weiteren sachgerechten Varianten der Aufwandsverteilung. Eine vollständig identische Handhabung mit US-GAAP wäre praktikabel und wünschenswert.

G. Aufwandsrückstellungen

Schrifttum: *Dörner* Aufwandsrückstellungen – Möglichkeiten und Grenzen der Bilanzpolitik, WPg 1991, 225, 264; *Kämpfer* Zum Ansatz von Aufwandsrückstellungen nach § 249 Abs 2 HGB, in FS Moxter (1994), 257; *Wesner* Altlast und Aufwandsrückstellung – ein Widerspruch? in FS Moxter, 433.

Mit dem BiloMoG wurde das Ansatzwahlrecht für Aufwandsrückstellungen aufgehoben. Aufwandsrückstellungen dürfen nur noch dann bilanziert werden, wenn sie die Tatbestandsvoraussetzungen passivierungspflichtiger Aufwandsrückstellungen erfüllen, also wenn es sich um unterlassene Aufwendungen für Instandhaltungen oder für Abraumbeseitigung handelt (Anm 101–111). Die in der Vergangenheit unter diese Regelung subsumierten Rückstellungen für Großreparaturen und in bestimmten Zeitabständen anfallenden Generalüberholungen sind damit handelsrechtlich (wie im Steuerrecht) grundsätzlich nicht mehr ansatzfähig. Für austauschbare Komponenten kann der Komponentenansatz verwendet werden. **300**

Die Aufhebung des Passivierungswahlrechts für Aufwandsrückstellungen betrifft JA und KA von Geschäftsjahren, die nach dem 31.12.2009 beginnen. Für früher gebildete Aufwandsrückstellungen enthält Art 67 Abs 3 EGHGB eine Übergangsregelung. Den Unt wurde ein **Beibehaltungswahlrecht** eingeräumt. Die bisher gebildeten Aufwandsrückstellungen und Rückstellungen nach § 249 Abs 1 Satz 3 und Abs 2 aF konnten demnach beibehalten oder unmittelbar zugunsten der Gewinnrücklagen auflöst werden (IDW RS HFA 28 Tz 28). **301**

Das Wahlrecht konnte nur einmalig im Übergangszeitpunkt auf das BilMoG ausgeübt werden (zur Begr vgl Vorauflage § 249 Anm 301). Dabei durften bestehende Aufwandsrückstellungen auch teilweise beibehalten werden, so dass eine sachverhaltsbezogene Beurteilung möglich war. Die Beibehaltung der Aufwandsrückstellung führt dazu, dass der beibehaltene Betrag weiterhin stichtagsbezogen nach alter Rechtslage zu bewerten und nicht abzuzinsen ist, bestimmungsgemäß zu verbrauchen oder bei Wegfall des Rückstellungsgrundes nach § 249 Abs 2 S 2 aufzulösen ist (s auch Art 67 Tz 15; *WPH*[14] I, Anm 133). Eine Erhöhung der Aufwandsrückstellung oder eine weitere Ansammlung ist nicht zulässig (IDW RS HFA 28 Tz 17). Zuführungen sind nach dem Übergang auf das BilMoG nicht mehr möglich. Auf die Beibehaltung ist im Anhang/Konzernanhang hinzuweisen.

Nach der Aufhebung des Ansatzwahlrechts wird die Übernahme des **Komponentensansatzes** des IAS 16 *(„components approach")* in die Rechnungslegung nach HGB als Ersatz für die Aufwandsrückstellungen diskutiert (s *PWC* BilMoG S 105 ff, IDW RH HFA 1.016 Fn 7/2009 S 362). Der Gedanke der Verteilung künftiger Aufwendungen auf Perioden, in denen sie wirtschaftlich verursacht werden, folgt allgemeinen betriebswirtschaftlichen Überlegungen zur Selbstfinanzierung. Die IFRS (IAS 16.43–49), denen sich der Gesetzgeber mit Neuregelung der handelsrechtlichen Rechnungslegung nach BilMoG annähern wollte (Begr RegE, BT-Drucks 16/10067, 30 f), beinhalten für VG des Sachanlagevermögens die Verpflichtung, jeden Teil einer Sachanlage getrennt abzuschreiben, sofern diese einzelne Komponente unterschiedliche Nutzungsdauern aufweisen. Korrespondierend sind nach IAS 16.14 Aufwendungen für Großreparaturen und Großinspektionen bei Vorliegen der Ansatzvoraussetzungen als nachträgliche **302**

AK/HK zu erfassen. Damit wird der Gesamtaufwand verursachungsgerecht auf die künftigen Geschäftsjahre verteilt.

Die handelsrechtlichen Bewertungsnormen stehen der Anwendung des Komponentenansatzes nicht entgegen (ausführlich IDW RH HFA 1.016 Tz 8/9). Vorausgesetzt es liegen physisch separierbare Komponenten vor, die im Verhältnis zum gesamten Sachanlgevermögen wesentlich sind (IDW RH HFA 1.016 Tz 5 mit Bsp). Der Ersatz einer Komponente wird im Zeitpunkt des Austausches nicht erfolgswirksam erfasst, sondern ist als nachträgliche AK/HK zu aktivieren und über die Nutzungsdauer der relevanten Komponente abzuschreiben (s auch Erl zu § 255 Anm 391). Großreparaturen bzw Inspektionen sind mangels physischen Austausches wesentlicher separierbarer Komponenten ausgenommen (IDW RH HFA 1.016 in Tz 6). Insoweit wird eine mit den IFRS vergleichbare Rechnungslegung nicht erreicht (so auch *PWC* BilMoG S 108).

Bei Anwendung des Komponentenansatzes besteht Angabe- und Erläuterungspflicht zur angewandten Bilanzierungs- und Bewertungsmethode (§ 284 Abs 2 Nr 1).

H. Verbot der Bildung von Rückstellungen für andere Zwecke (Abs 2 S 1)

325 Gem Abs 2 S 1 dürfen für andere als in Abs 1 bezeichnete Zwecke keine Rückstellungen gebildet werden. Diese Vorschrift hat lediglich klarstellende Bedeutung.

I. Auflösungsverbot für Rückstellungen bei fortbestehendem Grund (Abs 2 S 2)

326 Nach Abs 3 S 2 dürfen Rückstellungen nur aufgelöst werden, soweit der Grund hierfür entfallen ist. Die Auflösung einer passivierungspflichtigen Rückstellung bei fortbestehendem Grund würde schon der Vorschrift widersprechen, nach der die Bildung erfolgte. So dürfen zB Jubiläumsrückstellungen wegen der nach Abs 1 S 1 bestehenden Passivierungspflicht (Anm 100) nur aufgelöst werden, wenn die Verpflichtung nicht mehr besteht, zB wenn der Arbeitnehmer vor dem Jubiläum ausscheidet. Zum Verbot der Auflösung von Pensionsrückstellungen, die nach Art 28 Abs 1 EGHGB nicht passivierungspflichtig sind, s Anm 260 ff.

327 Dem Verbot, Rückstellungen aufzulösen, soweit ihr Grund noch besteht, entspricht die Pflicht, Rückstellungen aufzulösen, soweit ihr Grund entfallen ist (hierzu Anm 21 ff sowie Voraufl Anm 312). Darüber hinaus sind Rückstellungen aufzulösen, wenn sich herausstellt, dass ein Grund zur Bildung nie bestand (BFH 7.6.1988, BStBl II, 886). Entfällt lediglich die zB Ungewissheit über das Bestehen der Verpflichtung, so ist erfolgsneutral umzubuchen und eine Verbindlichkeit auszuweisen.

J. Rechtsfolgen einer Verletzung des § 249

330 Für eine Verletzung der Bewertungsvorschriften des § 249 sieht das HGB für Ekfl und reine PersGes keine speziellen zivilrechtlichen Sanktionen vor. Eine Verletzung kann gem § 283b Abs 1 Nr 3a StGB **strafrechtliche Konsequenzen** haben, wenn die Bilanz so aufgestellt wurde, dass die Übersicht über den Vermögensstand des Unt erschwert wird (**Freiheitsstrafe** bis zu 2 Jahren oder **Geldstrafe**), wenn das Unt die Zahlungen einstellt oder über sein Vermögen ein Insolvenzverfahren eröffnet oder mangels Masse abgelehnt wird; ähnlich § 283

StGB bei drohender Insolvenz (Bankrott). Bei **KapGes** (und nach § 335b bei **KapCoGes**) kann ggü vertretungsberechtigten Organen nach § 331 Nr 1 mit Freiheitsstrafe bis zu 3 Jahren oder Geldstrafe sanktioniert werden, wenn die Verhältnisse des Unt im JA unrichtig wiedergegeben wurden.

Ordnungswidrig handelt, wer als Mitglied des Geschäftsführungsorgans oder des AR einer KapGes/KapCoGes bei der Aufstellung oder Feststellung des JA den Vorschriften des Abs 1 S 1 oder Abs 2 zuwiderhandelt (§ 334 Abs 1 Nr 1a); der Täter kann mit einer Geldbuße bestraft werden. Gleiches gilt für die Bewertungsvorschriften des § 253 Abs 1 S 2 (§ 334 Abs 1 Nr 1b).

Wird gegen die Bewertungsvorschriften des § 253 Abs 1 S 2 verstoßen, so kann bei der AG/KGaA **Nichtigkeit des JA** nach § 256 Abs 5 AktG wegen Überbewertung vorliegen. Bei einer GmbH ist § 256 Abs 5 AktG entspr anzuwenden (BGH 1.3.1982, BB, 1527).

Wer als gesetzlicher Vertreter eines nach PublG prüfungspflichtigen Unt oder beim prüfungspflichtigen Ekfm als Inhaber oder dessen gesetzlicher Vertreter die Verhältnisse des Unt im JA unrichtig wiedergibt oder verschleiert, wird mit **Freiheitsstrafe** bis zu 3 Jahren oder mit Geldstrafe bestraft (§ 17 Abs 1 Nr 1 PublG). Außerdem stellt in diesen Fällen die Zuwiderhandlung gegen die Vorschriften des Abs 1 S 1 oder Abs 2 bei der Aufstellung oder Feststellung des JA eine Ordnungswidrigkeit dar, die mit einer **Geldbuße** geahndet werden kann (§ 20 Abs 1 Nr 1a PublG).

Stellt der AP von KapGes/KapCoGes und anderen prüfungspflichtigen Unt (§ 6 Abs 1 und 2 PublG) fest, dass bei der Aufstellung des JA die gesetzlichen Vorschriften und die sie ergänzenden Bestimmungen des GesVertrags oder der Satzung nicht beachtet wurden (§ 317 Abs 1 S 2), kann je nach Schwere des Verstoßes eine Einschränkung oder Versagung des BVm die Folge sein (§ 322 Abs 4).

K. Abweichungen der IFRS

Standards: IAS 19 Leistungen an Arbeitnehmer *(Employee Benefits)* (revised June 2011), ED *Measurement of Liabilities* in IAS 37, ED *of proposed Amendments to* IAS 37 *Provisions, Contingent Liabilities and Contingent Assets* and IAS 19 *Employee Benefits*.

I. Allgemeines

IAS 37 regelt die Bilanzierung von Rückstellungen *(provisions)*, Eventualverpflichtungen *(contingent liabilities)* und Eventualforderungen *(contingent assets)*. Die Sonderregelungen für die Rückstellungsbildung bei langfristiger Fertigung (IAS 11), für Steuerrückstellungen (IAS 12), Verpflichtungen aus Finanzierungsleasingverträgen (IAS 17), Versorgungszusagen (IAS 19; s Anm 291 ff) und Versicherungsverträgen (IFRS 4) sind ggü IAS 37 vorrangig (vgl IAS 37.5). FinInst (IAS 39) mit Verpflichtungsüberhang liegen nicht im Anwendungsbereich des IAS 37 (vgl IAS 37.2).

II. Ansatz von Rückstellungen

1. Verbindlichkeitsrückstellungen

Für **Rückstellungen** *(provisions)* besteht – im Gegensatz zu Eventualschulden und -forderungen – eine Ansatzpflicht. Unter Rückstellungen sind dabei Verpflichtungen zu verstehen, bei denen Unsicherheiten hinsichtlich der Höhe oder des Zeitpunkts des künftigen Ressourcenabflusses bestehen (IAS 37.10). IAS 37 unterscheidet Rückstellungen von sonstigen Schulden, die zB Verbindlichkeiten aus Lieferungen und Leistungen sowie abgegrenzte Schulden (accruals) umfassen. Die Unterscheidung der Rückstellungen von den abgegrenzten Schulden ergibt sich im Vergleich daraus, dass die Unsicherheit bzgl des Zeitpunktes oder der Höhe des zukünftigen Ressourcenabflusses deutlich geringer ist. Abgegrenzte Schulden umfassen zB ausstehende Lieferantenrechnungen sowie an Mitarbeiter geschuldete Beträge aus der Verpflichtung des Arbeitgebers zur Gewährung von Urlaub unter Fortzahlung des Arbeitslohns (Urlaubsentgelt) (IAS 37.11). Der Ausweis der Rückstellungen erfolgt separat von den sonstigen Schulden (IAS 1.54).

333 Aufwendungen für die künftige Geschäftstätigkeit sind nicht rückstellungsfähig (IAS 37.18, 19). Aufwendungen, die erforderlich sind, um zukünftig Erträge zu erzielen, dürfen nicht als Rückstellung passiviert werden. Nur künftige Aufwendungen, die der Geschäftstätigkeit in der Vergangenheit zuzuordnen sind, können daher eine Rückstellungspflicht hervorrufen.

334 Nach IAS 37.14 besteht eine Ansatzpflicht für Rückstellungen *(provisions)*, wenn folgende Kriterien vollständig erfüllt sind:
– das Unt hat eine gegenwärtige Verpflichtung *(present obligation)* ggü Dritten (Außenverpflichtung – IAS 37.20),
– die Verpflichtung wurde durch ein Ereignis in der Vergangenheit verursacht,
– es ist wahrscheinlich, dass es zu einem Abfluss von Ressourcen mit wirtschaftlichem Nutzen zum Ausgleich der Verpflichtung kommen wird, und
– die Höhe der Verpflichtung kann zuverlässig geschätzt werden.
Bei der **gegenwärtigen Verpflichtung** kann es sich um eine rechtliche oder faktische Verpflichtung zum Bilanzstichtag handeln. Eine rechtliche Verpflichtung beruht insb auf Gesetzen und Verträgen. Eine faktische Verpflichtung *(constructive obligation)* besteht, wenn das Unt durch beständiges Verhalten in der Vergangenheit, durch die verlautbarte UntP oder aber durch eine hinreichend konkrete aktuelle Erklärung ggü Dritten zu verstehen gegeben hat, dass es bereit ist, eine bestimmte Verpflichtung zu übernehmen und dadurch bei anderen die begründete Erwartung entstanden ist, dass sich das Unt auch so verhalten wird (IAS 37.10).

335 Die gegenwärtige Verpflichtung muss sich aus einem vergangenen Ereignis (Handlung bzw Aktivität) begründen. Das Unt darf sich dieser Verpflichtung nicht entziehen können, dh es darf keine realistische Alternative zur Erfüllung der durch das Ereignis entstandenen Verpflichtung haben. Das ist der Fall, wenn die Verpflichtung rechtlich durchgesetzt werden kann oder wenn das Ereignis gerechtfertigte Erwartungen bei anderen Parteien hervorruft, dass das Unt die Verpflichtung erfüllen wird (IAS 37.17).

336 Eine Rückstellung darf nur angesetzt werden, wenn ein **Abfluss von Ressourcen wahrscheinlich** ist. Es müssen mehr Gründe für den Mittelabfluss als dagegen sprechen *(more likely than not* – IAS 37.23). Das entspricht einer Eintrittswahrscheinlichkeit von mehr als 50 vH.

337 Demggü sind **Eventualschulden** *(contingent liabilities)* nach IAS 37.10 ungewisse Verpflichtungen, denen eine oder mehrere der oben genannten Voraussetzungen fehlt und die nicht unter den Begriff der Rückstellung *(provision)* fallen. Für Eventualschulden besteht ein Passivierungsverbot (IAS 37.27). Über sie ist allerdings in den *notes* Bericht zu erstatten, sofern ihre Eintrittswahrscheinlichkeit nicht gering *(remote)* ist (IAS 37.86).

2. Drohverlustrückstellungen

338 Für Drohverlustrückstellungen (IAS 37.66–69) sieht IAS 37.66 ein Passivierungsgebot vor, wenn ein belastender Vertrag vorliegt. Ein belastender Vertrag ist

dadurch gekennzeichnet, dass die unvermeidbaren Kosten zur Erfüllung der vertraglichen Verpflichtungen höher als der erwartete wirtschaftliche Nutzen aus dem Vertrag sind (IAS 37.68). Die unvermeidbaren Kosten – das sind die anfallenden Nettokosten, da nur ein Verpflichtungsüberhang bilanziell berücksichtigt wird – sind hierbei das Minimum aus den Kosten zur Erfüllung des Vertrags und den Kosten bei Nicht-Erfüllung des Vertrags (Entschädigungszahlungen oder Strafgelder). Kann ein Vertrag ohne Entschädigungszahlungen an die andere Vertragspartei storniert werden, fehlt eine Belastungswirkung. Die Rückstellungsbildung scheidet in diesen Fällen aus. Auch nach IFRS ist eine außerplanmäßige Abschreibung vorrangig, soweit es im Rahmen des schwebenden Geschäfts zur Aktivierung eines Vermögenswerts (zB unfertige Leistungen) gekommen ist (vgl IAS 37.69 iVm IAS 36).

3. Restrukturierungsrückstellungen

Eine Rückstellung für Restrukturierungsverpflichtungen (IAS 37.70–83) ist zB **339** möglich bei der Umstrukturierung des Unt, bei der Aufgabe oder dem Verkauf ganzer Geschäftszweige oder Standorte. Dabei handelt es sich um einen besonderen Anwendungsfall der allgemeinen Regeln (IAS 37.71). Eine solche Rückstellung im Rahmen einer Restrukturierung ist nur dann zulässig, wenn ein detaillierter Plan über die geplanten Maßnahmen und Ausgaben vorliegt und durch die Veröffentlichung der wichtigsten Details oder den Beginn der Umsetzung des Plans vor dem Bilanzstichtag eine begründete Erwartung *(valid expectation)* bei den Betroffenen geschaffen wurde (IAS 37.72). Diese Sonderregelung dient insb der Klarstellung, in welchem Zeitpunkt eine Verpflichtung soweit konkretisiert ist, dass eine Rückstellung passiviert werden muss. Erforderlich ist, dass das Leitungsorgan über die Restrukturierung des Unt beschlossen und diesen Plan den Betroffenen bekannt gegeben hat oder ihn bereits umzusetzen beginnt (IAS 37.75). Als Bekanntgabe können auch Verhandlungen mit Arbeitnehmervertretern oder die Zustimmung des teilweise mit Arbeitnehmern besetzten AR angesehen werden, sofern die übrigen Voraussetzungen erfüllt sind (IAS 37.76, 77).

Auf Basis des IAS 19 wurden die Kriterien für den Zeitpunkt des Ansatzes von Rückstellungen für Leistungen aus Anlass der Beendigung des Arbeitsverhältnisses *(termination benefits)* im Zusammenhang mit der Bildung von Restrukturierungsrückstellungen vereinheitlicht. Rückstellungen für Abfindungsleistungen im Zusammenhang mit einer Restrukturierung sind entsprechend dann nach IAS 19 zu passivieren, wenn die Ansatzkriterien für eine Restrukturierungsrückstellung nach IAS 37 erfüllt sind (IAS 19R.165).

III. Zukünftige Entwicklungen

Im Rahmen des Konvergenz-Projekts hat das IASB den Standardentwurf „*ED* **340** *of proposed Amendments to IAS 37 Provisions, Contingent Liabilities and Contingent Assets and IAS 19 Employee Benefits*" im Juni 2005 sowie den Standardentwurf „*Measurement of Liabilities in IAS 37*" im Januar 2010 veröffentlicht. Die vom IASB in den Standardentwürfen vorgesehenen wesentlichen Änderungen in der Bilanzierung von Rückstellungen, Eventualschulden und -forderungen werden voraussichtlich in der zweiten Hälfte des Jahres 2011 in einem erneuten Standardentwurf durch das IASB veröffentlicht und zur Diskussion gestellt werden.

Auf Basis der vorliegenden working draft werden die Begriffe Rückstellungen sowie Eventualverbindlichkeiten entfallen. Stattdessen verwendet der Standardentwurf den Begriff der *non-financial liability* in Abgrenzung zur Definition einer finanziellen Schuld in IAS 32.

§ 250 Jahresabschluß (Ansatzvorschriften)

Die wesentlichen Änderungen werden sich im Zusammenhang mit dem Ansatz von *non-financial liabilities* ergeben. In Anlehnung an die Definition einer Schuld im Rahmenkonzept sieht der Standardentwurf die Passivierung nur vor, wenn eine aus einem vergangenen Ereignis hervorgehende gegenwärtige Verpflichtung *(present obligation)* besteht. Das Ansatzkriterium des wahrscheinlichen Ressourcenabflusses (IAS 37.14) entfällt. Die Wahrscheinlichkeit des Ressourcenabflusses soll nicht mehr im Ansatz, stattdessen ausschließlich in der Bewertung der *non-financial liability* berücksichtigt werden. Zudem wurde im Februar 2010 ein working draft (International Financial Reporting Standard X-Liabilities) veröffentlicht, das sowohl die Neuerungen aus dem Jahr 2005 als auch aus dem Jahr 2010 umfasst. Laut Arbeitsplan des IASB ist die Überarbeitung des IAS 37 nicht mehr auf der Agenda. Das Projekt wurde vorerst zurückgestellt.

IV. Bewertung von Rückstellungen

341 Zur Bewertung von Rückstellungen nach IFRS s § 253 Anm 745 ff.

§ 250 Rechnungsabgrenzungsposten

(1) **Als Rechnungsabgrenzungsposten sind auf der Aktivseite Ausgaben vor dem Abschlußstichtag auszuweisen, soweit sie Aufwand für eine bestimmte Zeit nach diesem Tag darstellen.**

(2) **Auf der Passivseite sind als Rechnungsabgrenzungsposten Einnahmen vor dem Abschlußstichtag auszuweisen, soweit sie Ertrag für eine bestimmte Zeit nach diesem Tag darstellen.**

(3) **[1] Ist der Erfüllungsbetrag einer Verbindlichkeit höher als der Ausgabebetrag, so darf der Unterschiedsbetrag in den Rechnungsabgrenzungsposten auf der Aktivseite aufgenommen werden. [2] Der Unterschiedsbetrag ist durch planmäßige jährliche Abschreibungen zu tilgen, die auf die gesamte Laufzeit der Verbindlichkeit verteilt werden können.**

Übersicht

	Anm
A. Vorbemerkungen	1
B. Rechnungsabgrenzungsposten (Abs 1 und 2)	
I. Allgemeines	2–5
II. Anwendungsbereich und Art der Bilanzposten	
1. Anwendungsbereich	6–12
2. Art der Bilanzposten	14–17
III. Voraussetzungen	
1. Zahlungsvorgänge vor dem Abschlussstichtag	18, 19
2. Aufwand bzw Ertrag nach dem Abschlussstichtag	20
3. Bestimmte Zeit	21–23
4. Besonderheiten der passiven Rechnungsabgrenzung	24–26
IV. Bilanzierungspflicht	28
V. Höhe der Rechnungsabgrenzungsposten	29, 30
VI. Auflösung der Rechnungsabgrenzungsposten	31–33
C. Aktive Abgrenzung eines Unterschiedsbetrags aus der Aufnahme von Verbindlichkeiten (Abs 3)	
I. Allgemeines	35–37
II. Wahlrecht	38–41

	Anm
III. Höhe des Unterschiedsbetrags	
1. Höhe, Ausgabekosten	42
2. Bearbeitungsentgelte, Verwaltungs- und Abschlussgebühren	43
IV. Ausweis	44
V. Planmäßige und außerplanmäßige Abschreibungen	
1. Planmäßige Abschreibungen	45–48
2. Außerplanmäßige Abschreibungen	49–52
VI. Unterschiedsbetrag als passiver Rechnungsabgrenzungsposten	53–56
D. Rechtsfolgen einer Verletzung des § 250	57
E. Abweichungen der IFRS	58
I. Aktive Rechnungsabgrenzungsposten	59
II. Passive Rechnungsabgrenzungsposten	60

Schrifttum: *Bachem* Das Auszahlungsdisagio in Bilanz und Vermögensaufstellung des Darlehnsnehmers, BB 1991, 1671; *Meyer-Scharenberg* Zweifelsfragen bei der Bilanzierung transitorischer Rechnungsabgrenzungsposten, DStR 1991, 754; *Mathiak* Rechtsprechung zum Bilanzsteuerrecht, DStR 1992, 1601; *Tiedchen* Rechnungsabgrenzung und „bestimmte Zeit", BB 1997, 2475; *Crezelius* Bestimmte Zeit und Rechnungsabgrenzungsposten, DB 1998, 633; *Berndt* Grundsätze ordnungsmäßiger passiver Rechnungsabgrenzung, Wiesbaden 1998; *Arbeitskreis „Steuern und Revision"* Gesetzeskonforme Definition des RAP – Eine Analyse vor dem Hintergrund des true and fair view, DStR 1999, 2135; *Hahne* Behandlung des Emissionsdisagios in der Handels- und Steuerbilanz des Emittenten, DB 2003, 1397; *Heinhold* Aktivierung von Werbeaufwand?, DB 2005, 2033 *Kupsch* Verrechnung von Garantieversicherungsbeiträgen im Jahresabschluss, DB 2006, 1800; Kein passiver Rechnungsabgrenzungsposten bei Entschädigungen für die Duldung öffentlicher Maßnahmen, BB 2009, 1580; *Herzig/Joisten* Bilanzierung von Abschlussgebühren für Darlehensverträge als Rechnungsabgrenzungsposten, DB 2011, 1014; *Balmes/Graessner* Passive Rechnungsabgrenzung bei der Finanzierung von Autokäufen durch zinsgünstige Darlehen, FR 2011, 885; Rechnungsabgrenzung bei Darlehen mit fallenden Zinssätzen, DB 2011, 2410.

A. Vorbemerkungen

§ 250 regelt folgende RAP: **1**
1. Aktive und passive RAP (Abs 1, Abs 2) – für die StB gilt § 5 Abs 5 EStG entspr.
2. Aktive Abgrenzung eines Unterschiedsbetrags aus der Aufnahme von Verbindlichkeiten (Disagio, Abs 3); für die StB gilt EStH 6.10 „Damnum".

Die steuerrechtlichen Regelungen in § 5 Abs 5 S 2 Nr 1 u Nr 2 EStG zur aktiven Abgrenzung von Zöllen und Verbrauchsteuern und der USt auf erhaltene Anzahlungen bestehen unverändert, obwohl Abs 1 S 2 aF durch das BilMoG in Anpassung an internationale Rechnungslegungsstandards aufgehoben wurde. Materiell dürften sich jedoch daraus keine Abweichungen zum Steuerrecht ergeben, da Zölle und Verbrauchsteuern handelsrechtlich als AK/HK zu aktivieren sind und bei der Verbuchung erhaltener Anzahlungen die Nettomethode (getrennter Ausweis des erhaltenen Nettobetrags und der erhaltenen USt – bis zur Abführung an den Fiskus – in den sonstigen Verbindlichkeiten) zu präferieren ist.

B. Rechnungsabgrenzungsposten (Abs 1 und 2)

I. Allgemeines

2 § 250 definiert in Abs 1 die aktiven RAP und in Abs 2 die passiven RAP. Hiernach sind als **aktive Abgrenzungsposten** zu aktivieren: Ausgaben vor dem Abschlussstichtag, soweit sie Aufwand für eine bestimmte Zeit nach diesem Tag darstellen. Die **passive Rechnungsabgrenzung** umfasst Einnahmen vor dem Abschlussstichtag, soweit sie Ertrag für eine bestimmte Zeit nach diesem Tag darstellen.

3 Die Rechtsgrundlagen nach Handelsrecht und nach Steuerrecht (§ 5 Abs 5 EStG) stimmen zT wörtlich überein, sind aber nach den Veränderungen durch das BilMoG nicht mehr vollständig identisch.

4 So genannte **antizipative** Posten (Ausgaben/Einnahmen nach dem Abschlussstichtag, die Aufwand/Ertrag der abgelaufenen Rechnungsperiode betreffen) sind als VG oder Schulden unter Forderungen bzw Verbindlichkeiten/Rückstellungen auszuweisen (*WPH*[14] I, E Anm 267).

5 Aktive und passive RAP iSd Abs 1 und 2 sind von allen EkFl sowie reinen PersGes (§ 247 Abs 1), KapGes/KapCoGes (§ 266 Abs 1), eG (§ 336 Abs 2) und von nach § 3 Abs 1 iVm § 5 Abs 1 S 2 PublG publizitätspflichtigen Unt stets *gesondert* auszuweisen.

II. Anwendungsbereich und Art der Bilanzposten

1. Anwendungsbereich

6 Der **Anwendungsbereich** der RAP betrifft in erster Linie gegenseitige Verträge, bei denen für eine bestimmte Zeit Leistungen zu erbringen sind, aber Leistung und Gegenleistung zeitlich auseinanderfallen (so zB *WPH*[14] I, E Anm 267; *Trützschler* in HdR[5] § 250 Anm 4; BFH 5.4.1984, BStBl II, 552). Der BFH spricht auch von Vorleistungen auf **zeitbezogene** (zB BFH 23.2.2005, BStBl II, 481) oder **zeitraumbezogene** (zB BFH 19.6.1997, BStBl II, 808) **Gegenleistungen. Die Gegenleistung kann auch in einem Dulden oder Unterlassen bestehen (s FG Köln, U v 20.5.2009, EFG 2009, 1369).** An einer solchen Gegenleistung fehlt es zB bei der vorzeitigen Beendigung von langfristigen Hausverwalterverträgen gegen Entschädigungszahlung. Die bei der Aufhebung eines über eine bestimmte Laufzeit begründeten Schuldverhältnisses erhaltene Abfindung kann folglich nicht als passiver RAP abgegrenzt werden (BFH 23.2.2005 R 1/9/04). Dagegen ist es für den BFH ausreichend, wenn mit der Vorleistung ein zeitraumbezogenes Verhalten verbunden ist, welches wirtschaftlich betrachtet als Gegenleistung für die Vorleistung aufgefasst werden kann. So vertritt der BFH im Fall eines Darlehens mit fallenden Zinssätzen (sog Step-down-Gelder, BFH U v 27.7.2011, I R 77/10) die Auffassung, dass der Darlehensnehmer für die anfänglich bezahlten Überzinsen einen aktiven RAP zu bilden hat und geleistete Zinszahlungen unter gewissen Voraussetzungen gem dem rechnerischen Durchschnittszinssatz gleichmäßig auf die Laufzeit des Darlehens zu verteilen sind (vgl. *Hoffmann* in Littmann/Bitz/Pust, Das Einkommen-Steuerrecht §§ 4, 5 Anm 811). Der BFH beschränkt den Anwendungsbereich der RAP, soweit es sich um Vorleistungen an den Vertragspartner handelt, grds auf solche Vertragsverhältnisse bei denen die Ertragsrealisierung bzw Aufwandsentstehung nicht zu einem Zeitpunkt erfolgt, sondern sich im Zeitablauf *fortwährend* vollzieht (so *Kupsch* WPg 1980, 381; gegen eine solche Beschränkung *Federmann* BB 1984, 245).

Es ist nicht erforderlich, dass ein **Vertrag bereits abgeschlossen** ist; es genügt, dass die Vorleistung in Erwartung seines Zustandekommens erbracht wird (jetzt ähnl *Hoffmann* in Littmann/Bitz/Pust, Das Einkommen-Steuerrecht §§ 4, 5 Anm 813, 939). Auch **dingliche Pflichten,** zB bei einer Grunddienstbarkeit, können Grundlagen eines RAP sein (so BGH 28.6.1985, DB, 2558). 7

RAP sind auch dann zu bilden, wenn sie ihre Grundlage im **öffentlichen Recht** haben (für die Abgrenzung von KfzStaufwand s BFH 19.5.2010, BStBl II 2010, 967). Das gilt jedenfalls dann, wenn die Leistung der öffentlichen Hand und das vom Leistungsempfänger erwartete bzw von ihm geschuldete Verhalten in einem – den gegenseitigen Verträgen (§§ 320 ff BGB) wirtschaftlich vergleichbaren – Verhältnis von Leistung und Gegenleistung stehen (dazu BFH 17.9.1987, BStBl II 1988, 327). 8

Leistungen an einen fremden **Dritten** (zB Vermittlungs- oder Maklergebühren bei Darlehens- oder Mietverträgen) rechtfertigen nach der Rspr keine Rechnungsabgrenzung (so etwa BFH 11.2.1998; BFH 3.5.1983, BStBl II, 572), es sei denn, dass die (Gegen-)Leistung des Dritten ihrerseits zeit-(raum-)bezogen ist (BFH 19.1.1978, BStBl II, 262) oder dass in der Leistung an den Dritten auch eine Zuwendung an den Vertragspartner liegt (BFH 17.4.1985, BStBl II, 617; 20.11.1980, BStBl II 1981, 398). 9

Die Vorleistung braucht nicht das **gesamte Entgelt** für eine bestimmte Periode oder die Vertragsdauer zu umfassen (so ua BFH 12.8.1982, BStBl II, 696; 20.11.1980, BStBl II 1981, 398; aA offenbar BFH 3.11.1982, BStBl II 1983, 132). 10

Ist nur ein **Teil des** vereinbarten **Gesamtentgelts** Gegenleistung für eine noch nicht erbrachte Leistung des Vorleistungsempfängers (vgl Abs 1 und 2: „soweit"), ist das auf diese Leistung entfallende Entgelt ggf im Schätzungswege zu ermitteln (BFH 3.5.1983, BStBl II, 572). 11

RAP sind insb auch beim **Leasinggeschäft** zu bilden, wenn den Leasingraten nicht angemessene Gegenleistungen in den einzelnen Perioden ggüberstehen. Maßgebend ist hierfür beim Leasinggeber der Aufwandsverlauf, soweit ein passiver RAP zu bilden ist, bzw die gleich bleibende Verpflichtung zur Nutzungsüberlassung, wenn ein aktiver RAP anzusetzen ist (*HFA* 1/1989). Beim Leasingnehmer ist ein RAP zu bilden, wenn die Leasingraten nicht der Nutzung des Leasinggegenstands entsprechen (s auch BFH 28.2.2001, DB, 1457, kein aktiver RAP bei degressiven Raten von beweglichen WG des Anlagevermögens, zu Einzelheiten s *ADS*[6] § 250 Anm 119 ff). 12

Gemäß der Auffassung im BMF-Schreiben v 20.6.2005 (DB 2005, 1417) zu sog Kopplungsgeschäften (zB Abschluss eines längerfristigen Mobilfunkdienstleistungsvertrages gekoppelt mit dem vergünstigten Erwerb eines Mobilfunktelefons) bei Unt der Telekommunikationsbranche sind die beiden Verträge als einheitliches Vertragsverhältnis zu qualifizieren. Nach dem Prinzip der periodengerechten Gewinnermittlung ist zum Zeitpunkt des Vertragsabschlusses für die Vermögensminderung aus der verbilligten Abgabe eines Mobilfunktelefons ein aktiver RAP zu bilden, der über die Vertragslaufzeit aufwandswirksam aufzulösen ist (BFH v 7.4.2010, I R 77/08, BStBl II 2010, 739; kritisch dagegen *Heinhold* DB 2005, 2033 ff).

2. Art der Bilanzposten

§ 246 Abs 1 erwähnt die RAP *neben* den VG und Schulden, § 247 Abs 1 nennt das Anlage- und das Umlaufvermögen, das EK, die Schulden sowie die RAP. Das HGB beurteilt also RAP *nicht* als VG bzw Schulden. 14

Nach BFH 9.4.1981, BStBl II, 481 gehören zum Umlaufvermögen alle WG, die weder Anlagevermögen noch RAP sind. RAP stellen keine WG dar (BFH 15

GrS 2/86 v 26.10.1987, BStBl II 1988, 348, 352; *Weber-Grellet* in Schmidt[32] § 5 Anm 241).

16 Die Grenzen des **Übergangs** der aktiven oder passiven RAP zu den VG oder Schulden sind nur in Grenzfällen fließend.

– Beim **aktiven** RAP muss der Vorleistende einen **Anspruch** auf die Gegenleistung haben (so *Beisse* DStR 1980, 249); grds dürfen aktive RAP nur gebildet werden, die Ausdruck eines rechtlichen Anspruchs ggü einem anderen sind (so *Döllerer* JbFSt 1979/80, 201) oder den klagbaren Anspruch auf Leistung durch den Empfänger der Zahlung repräsentieren.

– Durch die Bildung **passiver** RAP wird berücksichtigt, dass Vermögenszugängen **Leistungspflichten** gegenüberstehen (BFH 9.12.1993, BStBl II 1995, 202; BFH 23.2.2005, BStBl II, 481). Sie haben zur Voraussetzung, dass der im Voraus Empfangende eine Verpflichtung zur Gegenleistung hat (*Beisse* BB 1980, 642; *Döllerer* JbFSt 1979/80, 201).

17 Das **Saldierungsverbot** (§ 246 Abs 2 S 1) gilt auch für RAP (*ADS*[6] § 250 Anm 43).

III. Voraussetzungen

1. Zahlungsvorgänge vor dem Abschlussstichtag

18 Die Begriffe „Ausgaben" bzw „Einnahmen" iSd Abs 1 und 2 umfassen neben baren (Kasse) und unbaren (Bank) Aus- bzw Einzahlungen die **Einbuchung von** entstandenen, fälligen, aber noch nicht durch Zahlung ausgeglichenen **Verbindlichkeiten bzw Forderungen** sowie die Ausreichung und Entgegennahme von Schecks, Wechseln, uä (hM ua *WPH*[14] I, E Anm 268). Die entspr Beträge sind trotz Fehlens eines Zahlungsvorgangs bis zum Stichtag nach Abs 1 bzw 2 aktivisch bzw passivisch abzugrenzen.

19 **Zahlungen am** Bilanzstichtag, aber vor dessen Ablauf (24 Uhr) sind noch Zahlungsvorgänge vor dem Abschlussstichtag (zB *Hayn* in Beck HdR B 218 Anm 18).

2. Aufwand bzw Ertrag nach dem Abschlussstichtag

20 Ob Ausgaben als **Aufwand** für das abgelaufene Gj oder für eine Zeit *nach* dem Abschlussstichtag zu werten sind, ist nach BFH (24.6.2009 BStBl II, 781) im Allgemeinen danach zu entscheiden, ob der „wirtschaftliche Grund" für die Ausgaben in der Vergangenheit oder in der Zukunft liegt, insb auch, ob und inwieweit diese Ausgaben durch bestimmte im abgelaufenen Wj/Gj empfangene Gegenleistungen oder erst durch künftig zu erwartende Gegenleistungen wirtschaftlich verursacht sind. Entspr gilt für die **Erträge**.

3. Bestimmte Zeit

21 **Handelsrechtlich** ist nach hM von einer **engen** Auslegung des Merkmals „bestimmte Zeit" auszugehen. Das Merkmal des bestimmten Zeitraums muss sich unmittelbar aus dem Sachverhalt ergeben, dh Anfang und Ende des Zeitraums müssen eindeutig festliegen und damit kalendermäßig bestimmt sein (*WPH*[14] I, E Anm 269; *Trützschler* in HdR[5] § 250 Anm 63; *Hayn* in Beck HdR B 218 Anm 21). Dabei liegt nach *Tiedchen* BB 1997, 2471 auch dann eine bestimmte Zeit vor, wenn zuvor nicht die Gesamtlaufzeit, aber ein **Mindestzeitraum** exakt festgelegt werden kann. Die bestimmte Zeit nach dem Abschlussstichtag muss sich nicht auf das folgende Gj beschränken, sondern kann auch mehrere Gj umfassen (*WPH*[14] I, E Anm 269; *Hayn* in Beck HdR B 218 Anm 21). *Tiedchen*

(BB 1997, 2474) führt an, dass das Kriterium der bestimmten Zeit bei Vorauszahlungen auf VG, zB Nutzungsrechte, entbehrlich ist, da in diesen Fällen der zukünftige Nutzen nie unsicher ist. Bzgl der „bestimmten Zeit" kann jedoch bei passiven RAP eine erweiternde Auslegung in Frage kommen (vgl Anm 24).

Steuerrechtlich bedeutet gem EStR 5.6 Abs 2 die „bestimmte Zeit", dass der **22** Vorleistung des einen Vertragsteils eine zeitbezogene Gegenleistung des Vertragspartners nach dem Abschlussstichtag ggübersteht (BFH 20.5.1992, BStBl II, 904; BFH 23.2.2005, BStBl II, 481) und der Zeitraum, auf den sich die Vorleistung des einen Vertragsteils bezieht, „bestimmt sein muss" (BFH 7.3.1973, BStBl II, 565). Eine „bestimmte Zeit" liegt nur vor, wenn die Zeit, der die abzugrenzenden Ausgaben und Einnahmen zuzurechnen sind, **„festliegt und nicht nur geschätzt wird"** (BFH 3.11.1982, BStBl II 1983, 132; BFH 3.5.1983 BStBl II, 572; BFH 22.1.1992, BStBl II, 488). Die abzugrenzenden Ausgaben und Einnahmen müssen deshalb **„schon ihrer Art nach"** unmittelbar zeitbezogen sein, also nur für einen bestimmten, nach dem **Kalenderjahr** bemessenen Zeitraum bezahlt oder vereinnahmt werden".

So liegt nach BFH 22.1.1992, BStBl II, 488 eine Schätzung und keine „be- **23** stimmte Zeit" bei der **betriebsgewöhnlichen Nutzungsdauer** eines abnutzbaren Sachanlageguts vor. Ebenso handelt es sich bei der **Lebenserwartung** nicht um eine „bestimmte Zeit" (so *Mathiak* DStR 1992, 1605, aA *Kupsch* Bilanzierung öffentlicher Zuwendungen WPg 1984, 369). Die „bestimmte Zeit" kann grds einen **beliebig langen Zeitraum umfassen** (BFH 22.7.1982 BStBl II, 655: 30 Jahre; 20.11.1980, BStBl II 1981, 398: 99 Jahre; 23.2.1977 BStBl II, 392: 20 Jahre). Durch das Erfordernis der „bestimmten Zeit" soll vor allem erreicht werden, dass die sog **transitorischen Posten im weiteren Sinn,** namentlich Reklameaufwendungen und Entwicklungskosten, *nicht* unter den RAP bilanziert werden (glA *Tiedchen* BB 1997, 2475).

4. Besonderheiten der passiven Rechnungsabgrenzung

Die **GoB** sind auch bei der Bildung von RAP zu beachten und als Maßstab **24** für den Begriff „bestimmte Zeit" heranzuziehen. Das gilt insb bzgl des Realisationsprinzips (§ 252 Abs 1 Nr 4), wonach es zumindest handelsrechtlich erforderlich sein kann, dass im Zweifelsfall passive RAP zu bilden sind, aktive hingegen nicht, wenn die „bestimmte Zeit" unbestimmt zu werden droht (so auch ADS[6] § 250 Anm 115, *Crezelius* DB 1998, 633). Beim Ansatz **passiver** RAP genügt es nach der Rspr (BFH 24.3.1982 BStBl II, 643; 5.4.1984 BStBl II, 552; BFH 3.11.1982 BStBl II 1983, 132), dass der **Zeitraum** nach dem Abschlussstichtag zwar nicht bestimmt, aber **bestimmbar** ist. Der BFH geht dabei von der Überlegung aus, dass jedenfalls dann ein RAP gebildet werden muss, wenn feststeht, dass für den Bilanzierungszeitraum bestimmte Einnahmen noch nicht Ertrag sind; hierdurch wird vermieden, dass Einnahmen für mehrere Jahre bereits im Jahr des Zuflusses in voller Höhe als Ertrag erfasst werden.

Nach BFH 24.3.1982, BStBl II, 643 ist das **Einmal-Entgelt** für die immerwäh- **25** rende (zeitlich nicht begrenzte) Nutzung eines Grundstücks als Kapitalwert einer ewigen Rente zu erfassen, die rechnerisch wie eine auf bestimmte Zeit gezahlte Rente zu behandeln und dementspr passiv abzugrenzen sei. Anders ist es, wenn feststünde, dass die Pflicht zur Nutzungsüberlassung einmal erlöschen würde, ohne dass festgestellt werden könnte, nach welcher (Mindest-)Zeit mit einem Erlöschen zu rechnen wäre. Auch bei der Vergabe von zinsgünstigen Darlehen an Autokäufer und damit in Zusammenhang stehenden kompensatorischen Einmalzahlungen durch Autohändler u Automobilproduzenten an die finanzierende Bank, wird die Auffassung vertreten, die Einmalzahlung bei der Bank passiv abzugrenzen u über die Laufzeit des Darlehens aufzulösen (*Balmes/Graessner,* FR 2011, 885). Ist dagegen ein Vertrag zur Verwertung eines Patentrechts auf Grund der vollständigen Übertragung des Verwertungsrechts als Rechtskaufvertrag und nicht als Lizenzvertrag zu qualifizieren, ist der gezahlte Einmalbetrag ohne die Bildung eines passiven RAP im Gj der Realisation in voller Höhe als Ertrag zu erfassen (FG Münster 15.12.2010, 8 K 1543/07 E). Nach einem weiteren U des FG Berlin 28.4.2003 (EFG 2004, 999) ist für den Fall vereinnahmter Entschädigungszahlungen bei der vorzeitigen Beendigung von Hausverwalterverträgen die Bildung eines passiven RAP nicht zulässig (ähnliche Entscheidung FG Niedersachsen EFG 98, 657 sowie FG Köln 20.5.2009, 5 K 2907/07 – keine Bildung eines passiven RAP bei einer Entschädigungszahlung für den zukünftigen Erwerbsverlust in Folge der Duldung einer Straßenbaumaßnahme). Nach Ansicht des FG wird eine solche Entschädigung nicht für zukünftige Unterlassungen gezahlt, sondern für den einmaligen Verzicht auf eine Rechtsposition oder die endgültige Aufgabe des Rechts. Gemäß der U-Begr ergibt sich durch das vertragsgemäße Unterlassen keine Duldung einer Beeinträchtigung subjektiver Rechte mit der Folge, dass Einnahme und Ertrag gleichzeitig angefallen sind.

26 Bei **Optionsgeschäften** hat der Verkäufer eines Optionsscheins einen passiven RAP in Höhe der Optionsprämie zu bilden. Eine sofortige Erfassung als Ertrag ist auf Grund des Realisationsprinzips nicht zulässig (s Exkurs § 254 Anm 70 ff, FG Hamburg 6.12.01; BB 2002, 933, vereinnahmte Optionsprämien sind beim Stillhalter bis zur Glattstellung, Ausübung oder Zeitablauf durch eine sonstige Verbindlichkeit zu neutralisieren). Ebenso ist beim Abschluss von **Aktienswaps** und für den Fall der Vereinnahmung einer „Upfrontzahlung" ein passiver RAP zu bilden, der über die Laufzeit des Aktienswaps aufzulösen ist.

IV. Bilanzierungspflicht

28 Durch die Formulierung des Abs 1 und 2 ist klargestellt, dass für RAP handelsrechtlich und steuerrechtlich (BFH 19.1.1978 BStBl II, 262) **Bilanzierungspflicht** besteht. Entspr dem Grundsatz der Wesentlichkeit (dazu § 264 Anm 57) ist es handels- und steuerrechtlich zulässig, von der Bilanzierung geringfügiger RAP abzusehen (ebenso *WPH*[14] I, E Anm 271; ausführlich *HHR* § 5 Anm 1921 mit weiteren Hinweisen, *Weber-Grellet* in Schmidt[32] § 5 Anm 242). Der Begriff der Geringfügigkeit ist relativ zu sehen und am Einzelfall zu bemessen. Als Maßstab für die HB muss gelten, dass der Einblick in die VFE-Lage durch die Vereinfachung lediglich unwesentlich beeinträchtigt ist. Gemäß BFH/NV v 18.3.2010, X R 20/09, DStRE 2010, 1036 orientiert sich der BFH in einem aktuellen U zur Abgrenzung der Wesentlichkeit von KfzStaufwand an den jeweiligen Grenzen des § 6 Abs 2 EStG für den einzelnen Veranlagungszeitraum. Auf eine Abgrenzung darf demnach verzichtet werden, wenn der Wert 410 € für den einzelnen zu bilanzierenden Abgrenzungsposten nicht übersteigt. Der BFH ist darüber hinaus der Ansicht, dass für eine höhere Geringfügigkeitsgrenze aus steuerrechtlicher Sicht keine Rechtsgrundlage besteht.

V. Höhe der Rechnungsabgrenzungsposten

29 **Handelsrechtlich** sind die RAP **keiner Bewertung** zugänglich, da sie weder VG noch Schulden sind. Die Rechnungsabgrenzung ist entspr zu **berechnen,** und zwar zu jedem Bilanzstichtag neu. Eine Abzinsung scheidet bei Erstreckung der RAP über mehrere Gj aus (ebenso *Weber-Grellet* in Schmidt[32] § 5 Anm 253).

Steuerrechtlich bestimmt sich die **Höhe** nach dem „rechtlichen, insb schuldrechtlichen Verhältnis von Leistung und Gegenleistung" (BFH 12.8.1982 BStBl II, 696). Abzustellen ist darauf, was die nach dem Vertrag geschuldete Leistung ist, und nicht darauf, welche Kosten aufzuwenden sind, um diese Leistung zu bewirken (BFH 12.8.1982 aaO). Die Höhe eines RAP bemisst sich also nach dem Verhältnis der noch ausstehenden Gegenleistung zur gesamten Gegenleistung (so zB BFH 17.7.1974 BStBl II, 684).

Hat die künftige Gegenleistung für den Vorleistenden **keinen** oder einen **30** niedrigeren „**Wert**", zB weil die Räumlichkeiten, für die die Miete bereits im Voraus bezahlt wurde, nicht (mehr) genutzt werden oder die Mieten sinken, ist diesem Umstand durch entspr Auflösung des RAP Rechnung zu tragen (glA *ADS*[6] § 250 Anm 47).

VI. Auflösung der Rechnungsabgrenzungsposten

Der in einer früheren Rechnungsperiode bilanzierte RAP ist insoweit **aufzulö- 31 sen,** als in dieser Rechnungsperiode Aufwand bzw Ertrag entstanden ist (vgl Anm 20), innerhalb von Leistungsaustauschverhältnissen also nach Maßgabe der Verminderung der noch ausstehenden Gegenleistung (ebenso *ADS*[6] § 250 Anm 49). Einen **Sonderfall** stellen die passiven RAP dar, die beim **Leasinggeber** zu bilanzieren sind, soweit die Erlöse aus dem Verkauf zukünftig fälliger Leasingraten (sog *Forfaiting*) Erträge zukünftiger Perioden darstellen und die Haftung auf den rechtlichen Bestand der Forderungen beschränkt ist (vgl *Hoffmann* in Littmann/Bitz/Pust, Das Einkommen-Steuer-Recht §§ 4, 5 Anm 939). Gemäß *HFA* 1/1989 richtet sich die Auflösung des passiven RAP entweder nach der im Zeitablauf gleich bleibenden Nutzungsüberlassung oder nach dem Aufwandsverlauf beim Leasinggeber. Damit besteht grds die Möglichkeit einer **linearen, progressiven oder degressiven Auflösung** (zu Einzelheiten *ADS*[6] § 250 Anm 139). **Steuerrechtlich** ist allerdings die Leistungsverpflichtung des Leasinggebers maßgebend, die während der Leasingzeit von gleicher Art und gleichem Umfang ist, so dass nur eine **lineare Auflösung** zulässig ist (BMF 19.2.1992, DB 608). Ebenso linear über den Garantiezeitraum aufzulösen, sind erhaltene Vergütungen für die Übernahme von Ausbietungsgarantien beim Garantiegeber (BFH 23.3.1995 BStBl II 772) und durch eine Einmalzahlung im Voraus vereinnahmte Erbbauzinsen (FG Berlin 8.5.2000, EFG 2001, 38).

Außerplanmäßige Abschreibungen sind nicht zulässig, weil bewertungsfä- **32** hige VG nicht gegeben sind. Eine **Teilwertabschreibung** lässt der BFH nicht zu mit der Begründung, es gehe bei der Rechnungsabgrenzung nicht um die Bewertung von WG oder Verbindlichkeiten, sondern um die zutreffende Abgrenzung gebuchter „Einnahmen" oder „Ausgaben", über die § 6 EStG nichts bestimme. Da ein RAP somit – anders als ein WG – nicht zu bewerten sei, besitze er „begrifflich" keinen Teilwert (BFH 20.11.1969 BStBl II 1970, 209).

Bei vorzeitiger Beendigung des Vertrages, bei dem Vorleistungen erbracht **33** wurden, ist ein hierfür gebildeter RAP *insoweit* aufzulösen, als die Vorleistung nicht zurückgefordert werden kann.

C. Aktive Abgrenzung eines Unterschiedsbetrags aus der Aufnahme von Verbindlichkeiten (Abs 3)

I. Allgemeines

Nach Abs 3 darf der **Unterschiedsbetrag** aus einem höheren Erfüllungsbe- **35** trag einer Verbindlichkeit ggü dem Ausgabebetrag in den aktiven RAP aufgenommen werden; nachfolgend auch als **Disagio** bezeichnet. Die Tilgung erfolgt durch planmäßige jährliche Abschreibungen, die auf die gesamte Laufzeit der Verbindlichkeit verteilt werden dürfen.

36 Für die Abgrenzung des Unterschiedsbetrags kommen *alle* Verbindlichkeiten in Frage, bei denen der Erfüllungsbetrag höher ist als der Ausgabebetrag; die Möglichkeit der Abgrenzung beschränkt sich nicht auf Verbindlichkeiten mit einer längeren Mindestlaufzeit. Der Unterschiedsbetrag kann sich aus einem Auszahlungs-Disagio oder einem Rückzahlungs-Agio ergeben (ebenso *ADS*[6] § 250 Anm 87; *WPH*[14] I, E Anm 274). Der Unterschied zwischen dem Ausgabebetrag von Zero-Bonds („Stammrecht") und dem Erfüllungsbetrag (Stammrecht zzgl Zinsen) führt nicht zu der Abgrenzung eines Unterschiedsbetrags (s § 253 Anm 65, § 255 Anm 311).

37 Bürgerlich-rechtlich liegt es im Ermessen der Vertragspartner, ob sie das Disagio als Zins oder als Nebenkosten gestalten (*Bachem* BB 1991, 1671). Nach der steuerrechtlichen Rspr ist das Disagio **wirtschaftlich** idR nichts anderes als eine zusätzlich geleistete „Vergütung für die Kapitalüberlassung" (dazu BFH 12.7.1984 BStBl II, 713). Diesem Charakter als zinsähnlichem Aufwand (vorweggezahlter Zins) entspricht die Zulässigkeit der aktiven Abgrenzung mit Verteilung auf die Laufzeit der Verbindlichkeit (so auch *Trützschler* in HdR[5] § 250 Anm 79).

II. Wahlrecht

38 In der **Handelsbilanz** besteht für die aktive Abgrenzung des Disagios ein Aktivierungswahlrecht („darf"). Abw zur bisherigen Rechtslage darf das Wahlrecht nur hinsichtlich des ganzen Unterschiedsbetrags ausgeübt werden (glA *WPH*[14] I, E Anm 274 – der Grundsatz der Ansatzstetigkeit gem § 246 Abs 3 steht dem Ansatz eines Teilbetrag entgegen; *ADS*[6] § 250 Anm 85).

39 Nach hM ist das Disagio als vorweg entrichteter Zins eine „Ausgabe vor dem Abschlussstichtag", die – entspr der Laufzeit der Verbindlichkeit – Aufwand für eine **bestimmte Zeit** iSv Abs 1 darstellt.

40 Das **Aktivierungswahlrecht kann nach dem Wortlaut der Vorschrift für jedes Disagio neu ausgeübt werden** (*Trützschler* in HdR[5] § 250 Anm 82), muss jedoch **im Jahr der Ausgabe** der Verbindlichkeit ausgeübt werden (ebenso *ADS*[6] § 250 Anm 85; *WPH*[14] I, E Anm 274). Eine einheitliche Vorgehensweise in einem Gj ist gem § 246 Abs 3 zumindest zu empfehlen. Wird in dem Gj, in dem die Verbindlichkeit passiviert wird, das Disagio nicht abgegrenzt, ist eine Nachholung der Abgrenzung in einem späteren Gj nicht mehr zulässig, weil das Wahlrecht verwirkt ist.

41 Für die **Steuerbilanz** besteht **Aktivierungspflicht** für den Abgrenzungsposten (Darlehensdisagio beim Schuldner) im Erstjahr der Passivierung der Verbindlichkeit (BFH 24.5.1984 BStBl II, 747). Der Unterschiedsbetrag ist als RAP auf die Laufzeit der Verbindlichkeit zu verteilen (BFH 19.1.1978 BStBl II, 262). Auch bei der Ausgabe von an der Börse notierten, verbrieften festverzinslichen Schuldverschreibungen qualifiziert der BFH (U v 29.11.2006, DStR 2007, 573) einen Emissionserlös unter pari (sog Emissionsdisagio) ab Disagio, wofür in der StB ein aktiver RAP zu bilden ist (aM *Hahne* DB 2003, 1397 und DStR 2005, 2000, der das Emissionsdisagio als Kaufpreisabschlag behandelt).

III. Höhe des Unterschiedsbetrags

1. Höhe, Ausgabekosten

42 Die **Höhe** des Unterschiedsbetrags ergibt sich aus dem vereinbarten Ausgabedisagio, Rückzahlungsagio oder Damnum bei Hypothekendarlehen und lässt sich

wirtschaftlich betrachtet durch das Merkmal eines vorweg gezahlten Zinses von den Nebenkosten der Kreditgewährung bzw weiteren Kosten der Geldbeschaffung abgrenzen. Die Zulässigkeit der Einbeziehung weiterer Nebenkosten der Kreditaufnahme in die Bemessung des Unterschiedsbetrags ist strittig. Nach *ADS*[6] § 250 Anm 89 und *Trützschler* in HdR[5] § 250 Anm 80 sind die Bearbeitungsentgelte, Verwaltungs- und Abschlussgebühren von Verbindlichkeiten wegen ihres Einmalcharakters als lfd Aufwendungen des Gj zu behandeln (aA *Meyer-Scharenberg* DStR 1991, 757).

2. Bearbeitungsentgelte, Verwaltungs- und Abschlussgebühren

Nach der str Rspr des BFH (BFH v 22.6.2011, I R 7/10, BStBl II 2011, 870 **43** für den Fall öffentlich geförderter Kredite) sind aus steuerlicher Sicht für Bearbeitungs-, Verwaltungs- und Abschlussgebühren keine aktiven RAP zu bilden, wenn bei einer vorzeitigen Vertragsbeendigung das gezahlte Entgelt nicht zurück gewährt wird. Wenn aber, das Darlehensverhältnis nur aus wichtigem Grund gekündigt werden kann u auch keine konkreten Anhaltspunkte vorliegen, dass die Kündigung mehr ist als nur eine theoretische Option soll etwas anderes gelten u diese Beträge sollen dann über die Laufzeit aktiv abzugrenzen sein (sh *Herzig/ Joisten* DB 2011, 1014, mit dem Verweis auf und der Kritik an der diskongruenten Bilanzierung, da empfangene Abschlussgebühren sofort als Ertrag zu erfassen sind). Aufwendungen, die bei der Darlehensaufnahme durch Zahlungen an **Dritte** entstehen, zB Vermittlungsprovisionen, sind Betriebsausgaben im Jahr der Zahlung (BFH 4.5.1977 BStBl II, 802); dagegen sind Bearbeitungsgebühren an ein Kreditinstitut für die Übernahme einer Bürgschaft als aktive RAP für die Bürgschaft abzugrenzen (BFH 19.1.1978 BStBl II, 262).

IV. Ausweis

Ein nach Abs 3 in den aktiven RAP aufgenommener Unterschiedsbetrag ist **44** von KapGes/KapCoGes nach § 268 Abs 6 in der Bilanz **gesondert** auszuweisen **oder** im **Anhang** anzugeben. Der gesonderte Ausweis steht damit in Verbindung, dass das Disagio auch einen Korrekturposten zu den auf der Passivseite mit ihrem Erfüllungsbetrag ausgewiesenen Verbindlichkeiten darstellt (weitere Einzelheiten zum Ausweis siehe § 268 Anm 110–112).

V. Planmäßige und außerplanmäßige Abschreibungen

1. Planmäßige Abschreibungen

Nach Abs 3 S 2 ist ein abgegrenzter Unterschiedsbetrag durch planmäßige **45** **Abschreibungen** zu tilgen, die auf die gesamte Laufzeit der Verbindlichkeit verteilt werden *dürfen*.

In der **Handelsbilanz** *darf* ein ggü der Laufzeit **kürzerer** Abschreibungszeit- **46** raum gewählt werden (glA *Trützschler* in HdR[5] § 250 Anm 88; *Bachem* BB 1991, 1675), zB Laufzeit bis zur ersten Kündigungsmöglichkeit. So wird auch **steuerrechtlich** eine kürzere Laufzeit anerkannt, wenn bei Zinsfestschreibung nach dem Zeitraum der Zinsfestschreibung grds eine Kündigung erfolgen kann, falls die Vertragsparteien über die Zinskonditionen für die verbleibende Restlaufzeit keine Einigung erzielen (BFH 21.4.1988 BStBl II 1989, 722).

Planmäßig bedeutet, dass zu Beginn des Abschreibungszeitraums ein Ab- **47** schreibungsplan aufgestellt und grds eingehalten wird (*ADS*[6] § 250 Anm 90) und dass ein Aussetzen der Abschreibung unzulässig ist. Hinsichtlich der Zulässigkeit von Planänderungen gelten die Ausführungen zu § 253 Abs 3 (vgl dort Anm 220 und Anm 260 ff) entspr.

48 Ist eine *feste* **Laufzeit** für den Kredit vereinbart, ist damit grds die Verteilungsdauer für die Abschreibung festgelegt. Ist hingegen eine Laufzeitregelung nicht gegeben, darf die Abschreibung auf die voraussichtliche Tilgungszeit verteilt werden; aus Gründen der Vorsicht sollte das der Zeitpunkt der ersten Kündigungsmöglichkeit sein (*ADS*[6] § 250 Anm 95).

2. Außerplanmäßige Abschreibungen

49 **Außerplanmäßige** Abschreibungen sieht Abs 3 nicht ausdrücklich vor. Sie *müssen* vorgenommen werden, wenn die korrespondierenden Verbindlichkeiten ganz oder teilweise vorzeitig zurückgezahlt werden oder erlassen werden oder die Laufzeit verkürzt wird. Auch bei nachhaltiger wesentlicher Senkung des Zinsniveaus kann eine außerplanmäßige Abschreibung erforderlich sein (so *ADS*[6] § 250 Anm 98; *WPH*[14] I, E Anm 275).

50 **Freiwillige** außerplanmäßige Abschreibungen auf ein Disagio in der HB sind strittig. *ADS*[6] § 250 Anm 99 halten sie bis zur Vollabschreibung für zulässig, da auf die Aktivierung verzichtet oder die Abschreibung auf eine kürzere Laufzeit verteilt werden darf; für Zulässigkeit auch *WPH*[14] I, E Anm 275. Gegen die freiwillige Mehr-Abschreibung ist einzuwenden, dass sie nicht der vom Gesetz geforderten „planmäßigen" Abschreibung entspricht.

51 Abs 3 verlangt zwar auch „planmäßige jährliche Abschreibungen". Man wird diese jedoch auch als **Mindest**abschreibungen verstehen und freiwillige außerplanmäßige Abschreibungen bis zur Vollabschreibung als mit dem Zweck der **Aktivierung** vereinbar ansehen dürfen.

52 Für die **Steuerbilanz** gibt es nur planmäßige Abschreibungen auf den Unterschiedsbetrag; Teilwertabschreibungen sind nicht zulässig. Bei Umschuldung ist nach BFH 13.3.1974 BStBl II, 359, das alte Disagio nur insoweit abzuschreiben, als es bei wirtschaftlicher Betrachtung nicht als zusätzliche Gegenleistung für das neue Darlehen anzusehen ist.

VI. Unterschiedsbetrag als passiver Rechnungsabgrenzungsposten

53 Ausleihungen dürfen handelsrechtlich statt mit dem Auszahlungsbetrag mit dem **höheren Erfüllungsbetrag** (= Nennbetrag der Schuld) aktiviert werden, wenn gleichzeitig ein passiver RAP für den Unterschiedsbetrag gebildet wird. Nach überwiegender Meinung in der Literatur ist diese Bilanzierung generell, also auch für mit einem Damnum (Disagio) ausgereichte Darlehen oder für Schuldverschreibungen zulässig (vgl auch § 340e Abs 2). Der durch die Bewertung zum Nominalbetrag entstehende Unterschiedsbetrag stellt eine Einnahme (vorweg erhaltener Zins) iSv Abs 2 dar, dessen bestimmte Zeit sich aus den Darlehensvereinbarungen ergibt.

54 Zur Darlehensbewertung mit dem Nominalbetrag und passiven RAP vgl auch § 255 Anm 254. Zur Verteilung des Damnums bei Darlehensforderungen s § 340e Abs 2.

55 Für die **Steuerbilanz** stellt ein Damnum (Disagio) eine Einnahme des Gläubigers im Wj der Darlehensauszahlung dar. Diese Einnahme ist bei bestimmter Laufzeit des Darlehens als passive Rechnungsabgrenzung auf diese Laufzeit zu verteilen (*HHR* § 5 Anm 1962 mwN).

56 Mit U v 17.3.2005 hat das FG Köln (bestätigt durch BFH U 29.11.2006, DStR 2007, 573) die zeitanteilige Abgrenzung von Emissionsagien bei der Ausgabe von börsennotierten Schuldverschreibungen verneint, da das vereinnahmte Aufgeld einen Kaufpreiszuschlag darstellt.

D. Rechtsfolgen einer Verletzung des § 250

Bei einer Verletzung des Abs 1 oder des Abs 2 im Rahmen der Aufstellung oder Feststellung des JA durch die Organe der KapGes liegt eine Zuwiderhandlung gem § 334 Abs 1 Nr 1a vor, die als Ordnungswidrigkeit mit einer Geldbuße bis zu 50 000 € geahndet werden kann (§ 334 Abs 3). Für Unt, die dem PublG unterliegen, gilt für den Tatbestand der Ordnungswidrigkeit bei einer analogen Bußgeldregelung § 20 Abs 1 Nr 1a sowie Abs 3 des PublG. Mit Freiheitsstrafe bis zu drei Jahren oder mit Geldstrafe wird gem § 331 Nr 1 belegt, wer als Mitglied des vertretungsberechtigten Organs oder des AR einer KapGes im JA die Verhältnisse unrichtig wiedergibt oder verschleiert. Eine analoge Strafregelung erfolgt für PublG-pflichtige Unt und deren gesetzliche Vertreter (§ 4 Abs 1 PublG) für den Sachverhalt der unrichtigen Wiedergabe oder der Verschleierung in § 17 Abs 1 Nr 1 PublG. 57

KapCoGes werden über § 335b den genannten Straf- und Bußgeldvorschriften bei einer Verletzung des § 250 unterworfen.

E. Abweichungen der IFRS

Standards: IAS 1 Darstellung des Abschlusses *(Presentation of Financial Statements) (amended June 2011).*

Nach dem *accrual*-Prinzip (F 22/IAS 1.27) sind Aufwendungen und Erträge periodengerecht abzugrenzen, so dass RAP unter *assets* bzw *liabilities* angesetzt werden müssen. Dies ist jedoch nur dann zulässig, wenn ein aktiver RAP als *asset* und ein passiver RAP als *liability* einzustufen sind (F 47 ff). 58

I. Aktive Rechnungsabgrenzungsposten

Nach den IFRS gibt es keine RAP. In der Mindestgliederung nach IAS 1.54 sind die aktiven RAP unter „*trade and other receivables*" auszuweisen. Wenn es sich bei den aktivierten Vorauszahlungen um Aufwand handelt, der innerhalb eines Jahres verrechnet wird, sind sie als *current assets* zu erfassen (IAS 1.66 (c)). Ausgaben, die erst in späteren Jahren zu Aufwand werden, sind somit unter den *non-current assets* auszuweisen. Nach IAS 39.43 ist eine finanzielle Verbindlichkeit mit dem beizZW anzusetzen und somit ist bei einem Darlehen mit Disagio im Zeitpunkt der Erstbewertung nur der ausbezahlte Betrag als maßgebender Zugangswert zu passivieren. Die Folgebewertung erfolgt gem IAS 39.47 nach der Effektivzinsmethode (vgl *Schulze Osthoff* in Beck IFRS, 3. Aufl, § 14 Tz 66 u 73 ff). 59

Gemäß IAS 2.11 sind nicht erstattungsfähige **Zölle** und **Verbrauchsteuern** dem Vorratsvermögen zuzuordnen.

II. Passive Rechnungsabgrenzungsposten

Wenn die passiven RAP innerhalb von 12 Monaten realisiert werden, sind sie unter den *current liabilities* (IAS 1.69), ansonsten unter den *non-current liabilities* auszuweisen (IAS 1.60). 60

§ 251 Haftungsverhältnisse

¹Unter der Bilanz sind, sofern sie nicht auf der Passivseite auszuweisen sind, Verbindlichkeiten aus der Begebung und Übertragung von Wechseln, aus Bürgschaften, Wechsel- und Scheckbürgschaften und aus Gewährleistungsverträgen sowie Haftungsverhältnisse aus der Bestellung von Sicherheiten für fremde Verbindlichkeiten zu vermerken; sie dürfen in einem Betrag angegeben werden. ²Haftungsverhältnisse sind auch anzugeben, wenn ihnen gleichwertige Rückgriffsforderungen gegenüberstehen.

Übersicht

	Anm
A. Allgemeines	1
B. Begriff der Haftungsverhältnisse	2
C. Die Grundsätze der Vermerkpflicht	
I. Vorrang der Passivierung	3
II. Umfang der Vermerkpflicht	
1. Allgemeines	4
2. Beschränkung auf vertragliche betriebs- und branchenübliche Haftungsverhältnisse	5
3. Bedingte und künftige Haftungsverhältnisse	6
III. Ausweis der Haftungsverhältnisse	7–9
IV. Bewertung der Haftungsverhältnisse	10, 11
V. Rückgriffsforderungen	12
VI. Erweiterte Vermerke	13
D. Die einzelnen vermerkpflichtigen Haftungsverhältnisse	
I. Verbindlichkeiten aus der Begebung und Übertragung von Wechseln	14–20
II. Verbindlichkeiten aus Bürgschaften, Wechsel- und Scheckbürgschaften	21–24
III. Verbindlichkeiten aus Gewährleistungsverträgen	
1. Allgemeines	25
2. Gewährleistung für eigene Leistungen	26–28
3. Gewährleistung für fremde Leistungen	29–43
4. Sonstige Gewährleistungen	44
IV. Haftungsverhältnisse aus der Bestellung von Sicherheiten für fremde Verbindlichkeiten	45
E. Zusätzliche Bilanzvermerke	50
F. Rechtsfolgen einer Verletzung des § 251	55
G. Abweichungen der IFRS	60

Schrifttum: *Gerth* Rechnungslegung bei Eventualverbindlichkeiten nach geltendem und künftigem Recht, BB 1981, 1611; *Kortmann* Zur Darlegung von Haftungsverhältnissen im Jahresabschluß, DB 1987, 2577; *Schnoor* Ist § 251 (Bestellung von Sicherheiten für fremde Verbindlichkeiten) nicht auf Leasinggesellschaften anzuwenden?, DB 1988, 2421; *G. Fey* Grundsätze ordnungsmäßiger Bilanzierung für Haftungsverhältnisse, Düsseldorf 1989; *Küting/Pfuhl* „In-Substance defeasance" – vorzeitige Eliminierung von Verbindlichkeiten über einen derivativen Schuldner als neues Instrument der Bilanzpolitik, DB 1989, 1245; *G. Fey* Probleme bei der Rechnungslegung von Haftungsverhältnissen WPg 1992, 1; *Limmer* „Harte" und „weiche" Patronatserklärungen in der Konzernpraxis, DStR 1993, 1750; *Michalski* Die Patronatserklärung, WM 1994, 1229; *Hoffmann* Das Verfahren des In-substance defeasance im deutschen Bilanzrecht, WPg 1995, 721; *Schäfer* Die harte Patronatserklärung – vergebliches Streben nach Sicherheit? WM 1999, 153; *Müller* Die gesamtschuldnerische Haftung bei der Spaltung nach §§ 133, 134 UmwG, DB 2001, 2637; *Kühne/ Schween* Konzeptionelle Basis der Rückstellungsbilanzierung: Verbesserung durch Bilanzierung von „Stand ready"-Verpflichtungen? KoR 2006, 171; *Hommel/Wich* Neues zur Entwicklung der Rückstellungsbilanzierung nach IFRS WPg 2007, 509; *Haußer/Heeg* Überschuldungsprüfung und Patronatserklärung ZIP 2010, 1427.

Standards: IDW HFA Die Angabe des Wechselobligos im Geschäftsbericht, WPg 1951, 19; IDW RS HFA 5 Zweifelsfragen zum Ansatz und zur Bewertung von Drohverlustrückstellungen; IDW RS HFA 8 Zweifelsfragen der Bilanzierung von asset-backed-securities-Gestaltungen und ähnlichen Transaktionen; IDW RS HFA 30 Handelsrechtliche Bilanzierung von Altersversorgungsverpflichtungen; IDW RS HFA 43 Auswirkungen einer Spaltung auf den handelsrechtlichen Jahresabschluss; IDW RH HFA 1.013 Handelsrechtliche Vermerk- und Berichterstattungspflichten bei Patronatserklärungen.

A. Allgemeines

§ 251 verlangt, dass unter der Bilanz nachstehende Haftungsverhältnisse – ggf 1 zusammengefasst (Anm 8) – zu vermerken sind:
1. Verbindlichkeiten aus der Begebung und Übertragung von Wechseln,
2. Verbindlichkeiten aus Bürgschaften, Wechsel- und Scheckbürgschaften,
3. Verbindlichkeiten aus Gewährleistungsverträgen,
4. Haftungsverhältnisse aus der Bestellung von Sicherheiten für fremde Verbindlichkeiten.

Mit der Vermerkpflicht sollen vertragliche Verpflichtungen im JA ausgewiesen werden, mit deren Inanspruchnahme nicht zu rechnen ist und die deshalb nicht passiviert werden (vgl Anm 3). Damit sollen der Kfm (bei nicht publizitätspflichtigen Unt) und externe JA-Adressaten (bei KapGes sowie publizitätspflichtigen Unt) einen umfassenden Einblick in die VFE-Lage des Unt erhalten.

KapGes/KapCoGes sowie Unt, die §§ 264 bis 289 im JA und/oder KA anwenden müssen, haben die weitergehende Vorschrift des § 268 Abs 7 zu beachten, die eine Aufgliederung des Vermerks verlangt (zu KleinstKapGes/KleinstKapCoGes iSv § 267a Abs 1 HGB vgl § 268 Anm 123).

Diese Aufgliederung kann jedoch alternativ im Anhang erfolgen (§ 284 Anm 56). Ferner haben diese Unt im Anhang die Gründe der Einschätzung des Risikos der Inanspruchnahme aus den Haftungsverhältnissen anzugeben, dh Angabe der Gründe, warum ein Sachverhalt als Eventualschuld unter der Bilanz ausgewiesen wird und nicht als Schuld passiviert wird (§ 285 Nr 27 Anm 456f; zu § 285 Nr 3a vgl Anm 2). Die Ausweispflicht betrifft alle KapGes/KapCoGes unabhängig von ihrer Größe. KleinstKapGes/KleinstKapCoGes iSd § 267a Abs 1 HGB sind zudem nicht verpflichtet, einen Anhang aufzustellen, sofern die Angaben zu den Haftungsverhältnissen unter der Bilanz vorgenommen werden (§ 264 Abs. 1 S 5 Nr 1 HGB). Für Kreditinstitute bestimmt § 340a Abs 2, dass die durch RVO erlassenen Formblätter und andere Vorschriften anzuwenden sind. Für VersicherungsUnt gilt § 341a Abs 2, nach dem die durch RVO erlassenen Formblätter und andere Vorschriften anzuwenden sind.

B. Begriff der Haftungsverhältnisse

Haftungsverhältnisse im bilanzrechtlichen Sinne sind alle **Verbindlichkeiten** 2 **auf Grund von Rechtsverhältnissen,** aus denen der Kfm nur unter bestimmten Umständen, mit deren Eintritt er *nicht* rechnet, in Anspruch genommen werden kann (*ADS*[6] § 251 Anm 1). Die Möglichkeit der Inanspruchnahme reicht für den Vermerk aus. Von den Verbindlichkeiten und Rückstellungen unterscheiden sich die Haftungsverhältnisse durch den Grad der Wahrscheinlichkeit der Inanspruchnahme. Bei sicherem oder wahrscheinlichem Eintritt der Verpflichtung ist stets eine Passivierung geboten (Anm 3; s auch § 249 Anm 42f).

Der bilanzrechtliche Begriff der Haftungsverhältnisse ist nicht dem schuldrechtlichen Begriff der Haftung gleichzusetzen. Zivilrechtlich ist die Haftung allgemein als das Unterworfensein des Vermögens eines Schuldners unter den Vollstreckungszugriff des Gläubigers zu verstehen (*Grüneberg* in Palandt[72] Einl vor § 241 BGB Anm 10). Das bilanzrechtliche Verständnis ist hingegen enger. So gehören Haftungen aus **unerlaubter Handlung** oder aus **schwebenden Verbindlichkeiten** aus noch nicht erfüllten Geschäften nicht zu den Haftungsverhältnissen im bilanzrechtlichen Sinne (*Fey* in HdR[5] § 251 Anm 28, 30). Im Vergleich zu schwebenden Geschäften, bei denen sich Leistung und Gegenleistung in der Regel ausgeglichen gegenüberstehen und die in diesem Fall nicht bilanziert werden, stellen Haftungsverhältnisse eine einseitige Belastung dar (IDW RS HFA 4 Tz 2). Verpflichtungen aus schwebenden Geschäften (zB langfristige Abnahmeverpflichtungen, Warentermingeschäfte, Lizenzverträge) sind hingegen als sonstige finanzielle Verpflichtungen nach § 285 Nr. 3a anzugeben. Gleiches gilt für **Stillhalterverpflichtungen aus Put-Optionen,** bei denen die Optionsausübung zu einem Erwerbsgeschäft mit einer Gegenleistung führt *(Wiehn* in Beck HdR B 250 Anm 126). Ein drohendes Risiko aus einer derartigen Verpflichtung ist durch die Bildung einer Rückstellung für drohende Verluste aus schwebenden Geschäften abzubilden (*ADS*[6] § 251 Anm 90).

Bei den im HGB aufgezählten Haftungsverhältnissen handelt es sich stets um **eigene Haftungsverhältnisse** des Kfm. Nicht erfasst ist die Haftung Dritter für Verbindlichkeiten des Kfm, unbeschadet eines Rückgriffs auf den bilanzierenden Kfm. Aus der Sicht des Kfm stellen auch die privaten Schulden eine „fremde" Verbindlichkeit dar (ebenso *ADS*[6] § 251 Anm 96). Geht er in seiner KfmEigenschaft Haftungsverhältnisse für seine privaten Schulden ein, muss er diese in den Vermerk nach § 251 aufnehmen, da die Haftung außerhalb der betrieblichen Sphäre des Unt liegende Sachverhalte betrifft, vgl § 264c Abs 3 S 1, § 5 Abs 4 PublG.

C. Die Grundsätze der Vermerkpflicht

I. Vorrang der Passivierung

3   Die Haftungsverhältnisse sind nach § 251 zu vermerken, „sofern sie nicht auf der Passivseite auszuweisen sind". Demnach ist bei Bestehen eines Haftungsverhältnisses zunächst in jedem Fall zu untersuchen, ob nicht die **Passivierung** als Verbindlichkeit oder Rückstellung geboten ist (§ 247 Anm 201). Das ist dann der Fall, wenn der Kfm mit einer Inanspruchnahme ernstlich zu rechnen hat (*Kleindiek* in Großkomm HGB[5] § 251 Anm 13*)*. Ist die Verbindlichkeit oder Rückstellung passiviert, entfällt die Angabepflicht unter den Haftungsverhältnissen.

Erfolgt eine **Teilpassivierung** des Haftungsrisikos, ist nur der nicht passivierte Teil des Haftungsverhältnisses unter der Bilanz zu vermerken. Nach dem Wortlaut des Gesetzes („sofern") schließen sich Passivierung und Vermerk unter der Bilanz aus. Es stellt sich jedoch die Frage, ob diese Wortauslegung dem Zweck der Vorschrift gerecht wird. Die Auslegung nach Sinn und Zweck der Vermerkpflicht der Haftungsverhältnisse (Angabe der möglichen Inanspruchnahme aus

Haftungsverhältnissen in voller Höhe ohne Saldierung mit Rückgriffsforderungen) ergibt, dass eine vollständige Angabe gefordert ist (ebenso *ADS*[6] § 251 Anm 6) und das „sofern" des Gesetzes als „soweit" zu interpretieren ist (wie hier G. *Fey*, 63). Eine Berücksichtigung der Haftungsverhältnisse in der Bilanz in voller Höhe ist aber nur dann gewährleistet, wenn der gesamte Haftungsbetrag sich als Summe aus den betr Posten über und unter dem Strich der Bilanz ergibt. Eine Pflicht, auf den passivierten Teil hinzuweisen, besteht nicht (glA *Kirsch* in Rechnungslegung § 251 Anm 15).

Bei den Haftungsverhältnissen für eigene Verbindlichkeiten ist jedoch zu beachten, dass der Ausweis einer Verbindlichkeit oder Rückstellung in der Bilanz nicht in jedem Fall die **zusätzliche Angabe** eines damit zusammenhängenden Haftungsverhältnisses erübrigt bzw verbietet. Das ist zB dann der Fall, wenn für eigene (passivierte) Verbindlichkeiten **zusätzliche Garantien** geleistet wurden. Der alleinige Ausweis der Verbindlichkeit lässt hier nicht erkennen, ob und in welchem Umfang weitergehende Haftungen bestehen. Demzufolge ist dann die zusätzliche Angabe des Haftungsverhältnisses erforderlich.

II. Umfang der Vermerkpflicht

1. Allgemeines

Nach dem Wortlaut des HGB ist der Umfang der vermerkpflichtigen Haftungsverhältnisse klar definiert. Die Vorschrift schließt den Vermerk anderer Haftungsverhältnisse aus, nämlich der Haftungsverhältnisse aus der **Bestellung von Sicherheiten für eigene Verbindlichkeiten, gesetzliche Haftungen** für eigene und fremde Verbindlichkeiten (Anm 5), **Konsortialhaftungen;** KapGes und gleichgestellte Unt haben auch diese Haftungsverhältnisse anzugeben (§ 285 Nr 1b, 2, 3a). Insoweit umfasst der Vermerk nicht alle Haftungsverhältnisse des Kfm, auch nicht alle Haftungsverhältnisse für fremde Verbindlichkeiten. Über den Wortlaut des § 251 hinausgehende Angaben zu weiteren Haftungsverhältnissen können uU geboten sein (s Anm 50).

Etwaige Fehlbeträge bei Rückstellungen für **Pensionen** und ähnliche Verpflichtungen, die von KapGes/KapCoGes im Anhang anzugeben sind, gehören nach dem Wortlaut nicht hierzu. Werden sie freiwillig vom Kfm angegeben, dürfen sie nicht mit den Haftungsverhältnissen zusammengefasst werden, sondern sind gesondert unter der Bilanz zu vermerken (*WPH*[14] I, E Anm 120), s Anm 50.

Die im HGB aufgeführten Haftungsverhältnisse sind grds (s aber Anm 5) vollständig angabepflichtig. Vollständig ist der Vermerk über die Haftungsverhältnisse nur dann, wenn alle am Bilanzstichtag bestehenden Haftungsverhältnisse erfasst werden. Ereignisse nach dem Bilanzstichtag dürfen nur zur Beurteilung bereits bekannter Haftungsverhältnisse wertaufhellend herangezogen werden.

Auch Haftungen für die Verbindlichkeiten eines verbundenen Unt (zB MU), das einen aufgenommenen Kredit an das bilanzierende Unt weitergeleitet hat, sind im JA vermerkpflichtig. Wirtschaftlich betrachtet handelt es sich zwar im **Konzern** um eine Haftung für eigene Verbindlichkeiten, jedoch sind aus der Sicht des kreditgewährenden Kreditinstituts Schuldner und Haftungsschuldner nicht identisch, so dass das Haftungsverhältnis in EA anzugeben ist.

Die Tatsache, dass **Haftungsverhältnisse streitig** sind, erlaubt es nicht, auf die Angabe zu verzichten (so auch G. *Fey*, 96). Ferner ist die Angabepflicht nicht davon abhängig, wie ernsthaft mit der Inanspruchnahme aus dem Haftungsverhältnis zu rechnen ist. Dies hat allein auf die Bildung einer Rückstellung Einfluss. Eine Angabepflicht besteht gerade dann, wenn die Inanspruchnahme nicht droht.

§ 251 5, 6 Jahresabschluß (Ansatzvorschriften)

Besteht ein **doppeltes Haftungsverhältnis**, zB Bürgschaft und Grundschuld für eine fremde Verbindlichkeit, ist nur ein Haftungsverhältnis in den Vermerk aufzunehmen (glA G. Fey, 114). Da der Kfm nur einmal haftet, ist die Grundschuld als das stärkere Haftungsverhältnis anzugeben (s auch Anm 13).

2. Beschränkung auf vertragliche betriebs- und branchenübliche Haftungsverhältnisse

5   Der Anwendungsbereich von § 251 beschränkt sich auf vertragliche Haftungsverhältnisse. Das zeigen die in der Norm aufgezählten Fallgruppen. **Gesetzliche Haftungen** (zB aus Kfz-, Flugzeug- sowie sonstiger Fahrzeug- und Tierhaltung; bei Grundstücken aus Verkehrssicherungspflichten oder nachbarrechtlichen Verboten oder Beschränkungen) sind daher **nicht** erfasst. Gleichfalls nicht anzugeben sind Verträge, an die das Gesetz eine Haftung anknüpft (zB §§ 128, 171 HGB, § 302 AktG, § 322 AktG, § 133 UmwG vgl Anm 36), weil für den JA-Adressat in diesen Fällen kein Informationsbedürfnis besteht (*ADS*[6] § 251 Anm 10 f; *Wiehn* in Beck HdR B 250 Anm 11; aA *D. Fey* in HdR[5] § 251 Anm 23 f).

Der Grundsatz der Vollständigkeit des Vermerks der Haftungsverhältnisse erhält eine weitere wesentliche **Einschränkung:** Vertragliche Haftungsverhältnisse, die **selbstverständlich** sind oder mit denen der Verkehr nach der Art des Geschäftsbetriebs **ohne weiteres** rechnet, weil sie betriebs- und branchenüblich sind, brauchen und sollen nicht angegeben werden; denn die Angabepflicht betrifft nur auf besonderen Verhältnissen beruhende Haftungen, die den JA-Adressaten als nicht als bekannt vorausgesetzt werden können (*WPH*[14] I, E Anm 118). Der Normzweck von § 251 verlangt insoweit eine Einschränkung seines Anwendungsbereichs.

Somit ist über folgende Sachverhalte im Normalfall *nicht* zu berichten (*ADS*[6] § 251 Anm 10 u 62):
– **Gesetzliche Pfandrechte,** die Dritte ggü dem Kfm geltend machen können (zB Vermieter, Verpächter, Lagerhalter, Spediteur),
– **Eigentumsvorbehalte** von Lieferanten gemäß § 455 BGB,
– **Haftung aus treuhänderischer Übereignung** an den Kfm oder sonstigen Treuhandgeschäften,
– **Haftungen auf Grund steuerrechtlicher Vorschriften** (zB Lohnsteuer).

3. Bedingte und künftige Haftungsverhältnisse

6   Die Vermerkpflicht von unter einer **Bedingung** übernommenen Haftungsverhältnissen, wie zB der Übernahme einer aufschiebend bedingten Bürgschaft, richtet sich danach, ob der Eintritt der Haftung unabhängig vom Willen des Erklärenden (und Bilanzierenden) *möglich* ist. In diesem Fall ist eine Vermerkpflicht gegeben (so auch *G. Fey,* 95; *Bordt* in HdJ Abt III/9 Anm 7). Das gilt insb dann, wenn der Gegenstand der Bedingung eine Vertragsverletzung durch den Hauptschuldner ist. Von den bedingten Haftungsverhältnissen für eine bestehende Hauptschuld sind die Haftungsverhältnisse für **bedingte Hauptschulden** zu unterscheiden. In diesem Fall sind Haftungsverhältnisse anzugeben, wenn nach GoB die aufschiebend bedingte Hauptverpflichtung in der Bilanz des Hauptschuldners zu passivieren wäre (§ 247 Anm 224). Mit dem Eintritt der Bedingung muss sicher oder wahrscheinlich zu rechnen sein, was aus der Sicht des bilanzierenden Kfm zu beurteilen ist (für eine Vermerkpflicht auch in diesen Fällen *G. Fey,* 91 und *ADS*[6] § 251 Anm 13).

Gleiches gilt auch für die Verpflichtung zur Übernahme **künftiger Haftungsverhältnisse** wie zB der Verpflichtung, auf erste Anforderung eine Bürgschaft oder Garantie zu übernehmen. Da der Gläubiger hier aus wirtschaftlicher Sicht genauso gestellt wird, wie wenn er die Sicherheit bereits erhalten hätte, ist die Vermerkpflicht zu bejahen (*Bordt* in HdJ Abt III/9 Anm 8). Die unter einer Bedingung übernommenen Bürgschaften oder die Übernahme einer künftigen Bürgschaft sind jedoch nicht unter dem Haftungsverhältnis „Verbindlichkeiten aus Bürgschaften" zu vermerken, sondern unter „Verbindlichkeiten aus Gewährleistungsverträgen".

III. Ausweis der Haftungsverhältnisse

Nach dem Wortlaut des § 251 sind die betragsmäßigen Angaben **„unter der Bilanz"** zu machen. Ein Ausweis der Haftungsverhältnisse an anderer Stelle, wie zB Aufnahme in die Bilanz (Passivierung und Aktivierung einer Rückgriffsforderung), Angabe im freiwilligen Anhang oder Lagebericht, ist damit unzulässig. Aus der Formulierung „unter der Bilanz" wird deutlich, dass der Vermerk nachrichtlich außerhalb der Hauptspalte zu erfolgen hat (*WPH*[14] I, E Anm 111). Ein Ausweis in einer nicht mitaddierten Vorspalte innerhalb der Bilanz ist nicht zulässig. Für die Darstellung unter der Passivseite der Bilanz (*Karrenbrock* in Bilanzrecht § 251 Anm 39) gilt der Grundsatz, dass sie klar und übersichtlich sein muss (§ 243 Anm 51 ff). 7

Die Haftungsverhältnisse dürfen von Kfl, die weder KapGes/KapCoGes noch diesen gleichgestellt sind, zB dem PublG unterliegen (§ 1 Abs 1 PublG), **in einem Betrag** angegeben werden. Damit besteht ein **Wahlrecht,** die vier angabepflichtigen Haftungsverhältnisse entweder gesondert oder zusammengefasst in einem Betrag zu vermerken (*ADS*[6] § 251 Anm 15). Werden die Haftungsverhältnisse gesondert angegeben, sind sie mit den gesetzlich vorgeschriebenen Bezeichnungen zu vermerken. Kurzbezeichnungen (wie zB Wechseloblige) sind statthaft, wenn sie eindeutig sind. Jedoch brauchen Leerposten nicht angegeben zu werden. Das gilt jedoch dann nicht, wenn im Vorjahr Verpflichtungen aus Haftungsverhältnissen bestanden; § 265 Abs. 8 HGB ist auf die Vermerkpflicht nach § 251 entsprechend anzuwenden (aA *Karrenbrock* in Bilanzrecht § 251 Anm 43). Anpassungen der Bezeichnungen an den Sachverhalt dürfen vorgenommen werden, da sie die Klarheit der Darstellung erhöhen. Liegen zB bei den Verbindlichkeiten aus Bürgschaften, Wechsel- und Scheckbürgschaften keine Wechsel- und Scheckbürgschaften vor, darf der Vermerk „Verbindlichkeiten aus Bürgschaften" lauten. 8

Werden die Haftungsverhältnisse in einem Betrag vermerkt, hat dies unter der gesetzlich vorgeschriebenen Bezeichnung „Verbindlichkeiten aus der Begebung und Übertragung von Wechseln, aus Bürgschaften, Wechsel- und Scheckbürgschaften und aus Gewährleistungsverträgen sowie Haftungsverhältnisse aus der Bestellung von Sicherheiten für fremde Verbindlichkeiten" zu erfolgen. Weist ein Haftungsverhältnis keinen Betrag aus, darf die Bezeichnung des Vermerks entspr gekürzt werden. Es ist auch zulässig, die Kurzbezeichnung der Paragraphenüberschrift „Haftungsverhältnisse" unter Hinweis auf § 251 zu verwenden, da dann der Inhalt durch den Gesetzestext klar bestimmt ist (glA *ADS*[6] § 251 Anm 29). Unzulässig jedoch ist die Bezeichnung des Vermerks als „Eventualverbindlichkeiten", da dieser in der Praxis häufig verwendete Begriff im HGB nicht vorkommt und den Inhalt des Vermerks zudem nicht genau abdeckt, weil in dem Vermerk nach § 251 auch Verbindlichkeiten aufzunehmen sind, die zum Bilanzstichtag bereits (unbedingt) entstanden sind und lediglich die Inanspruchnahme daraus ungewiss ist. 9

Bei Zusammenfassung der Haftungsverhältnisse zu einem Betrag dürfen andere als die vorgeschriebenen Haftungsverhältnisse nicht in den Vermerk einbezogen werden, da eine solche Vermischung die Vergleichbarkeit des Vermerkpostens mit denen anderer Kfl beeinträchtigt. Liegen keine Haftungsverhältnisse vor, erübrigt sich ein Negativvermerk, da Leerposten nicht ausgewiesen werden müssen (glA *G. Fey,* 194). Zu erweiterten Vermerken s Anm 13 und 50.

IV. Bewertung der Haftungsverhältnisse

10 Die Haftungsverhältnisse sind in Höhe des Betrags zu vermerken, für den der Kfm am Bilanzstichtag haftet. Sie sind daher in voller Höhe anzugeben und nicht nur mit dem Betrag, mit deren Inanspruchnahme der Kfm allenfalls rechnet. Allein auf diese Weise ist der Bilanzleser in der Lage, sich selbständig ein Bild vom Haftungsrisiko zu machen. Sofern eine Verbindlichkeit oder Rückstellung zu bilden ist, muss der Gesamtbetrag des entspr Haftungsverhältnisses ggf gekürzt werden, um einen Doppelausweis zu verhindern (Anm 3). Soweit sich die Haftung auf die Schuld eines Dritten bezieht (Bürgschaft, Hypothek, Schuldmitübernahme, Garantie uä) ist für den Umfang des Vermerks der jeweilige Bestand der Hauptverbindlichkeit maßgebend (§ 767 Abs 1 S 1 BGB). Das gilt auch für vermerkpflichtige harte Patronatserklärungen (Anm 41; *Schäfer* WM 1999, 162). Im Fall einer Höchstbetragsbürgschaft kommt es hingegen auf den Gesamtbetrag der Bürgschaftssumme an, weil der mögliche Umfang der Inanspruchnahme nicht vom Willen des Bürgen abhängt (glA *ADS*[6] § 251 Anm 51 und 56; *Kirsch* in Rechnungslegung § 251 Anm 124; aA Voraufl; *Bordt* in HdJ III/9 Anm 64).

Haftet der Kfm für die **Kontokorrentverbindlichkeit** eines Dritten, kommt es für den Vermerk des Haftungsverhältnisses auf den Kontokorrentrahmen, nicht hingegen auf den zum Bilanzstichtag bestehenden Kontokorrentstatus an (vgl auch *Kirsch* in Rechnungslegung § 251 Anm 124). In den Vermerk sind grds auch die **Nebenkosten und Zinsen,** soweit sie am Bilanzstichtag fällig sind, einzubeziehen, sofern sich die Haftung auch auf diese erstreckt. Da diese Bestandteile häufig nicht eindeutig bestimmbar sind, reicht idR der Vermerk der Hauptschuld aus (im Ergebnis glA *ADS*[6] § 251 Anm 41; für eine Erfassung der Nebenkosten vor einer drohenden Inanspruchnahme in einer pauschalen Rückstellung *Wiehn* in Beck HdR B 250 Anm 192).

Haftet der Kfm gesamtschuldnerisch (§ 421 S 1 BGB), ist der volle Betrag der **Gesamtschuld** zu vermerken (glA *WPH*[14] I, E Anm 115). Es erscheint hier ggf sinnvoll, werthaltige Ausgleichsansprüche gegen andere Mitverpflichtete durch folgenden Vermerk ersichtlich zu machen: „davon bestehen Ausgleichsansprüche aus Gesamtschuldverhältnissen gegenüber Dritten in Höhe von Euro …". Zulässig ist auch ein Hinweis auf den eigenen Haftungsanteil, wie zB „interner Haftungsanteil hieran …%" (*Bordt* in HdJ III/9 Anm 69). Im Falle einer vertraglichen Haftungsfreistellung eines Gesamtschuldners gilt nichts anderes, da hierdurch regelmäßig nur dessen Verpflichtung ggü dem Gläubiger ausgeschlossen ist, nicht aber zugunsten der übrigen Gesamtschuldner. Haftet der Kfm nur nach Bruchteilen, also **anteilig** zusammen mit anderen (*nicht* gesamtschuldnerisch), ist nur der Anteil, der auf ihn entfällt, anzusetzen (glA *G. Fey,* 196; *ADS*[6] § 251 Anm 57).

Für die Umrechnung von Haftungsverhältnissen in **Fremdwährung** auf Euro greift § 256a S 1 (s hierzu § 256a Anm 210); sie sind mit dem Devisenkassageldkurs, aus Vereinfachungsgründen auch zum Mittelkurs, am Abschlussstichtag umzurechnen.

11 Ist die Verbindlichkeit aus dem Haftungsverhältnis **nicht exakt zu quantifizieren,** führt das nicht dazu, dass auf die Aufnahme in den Bilanzvermerk verzichtet werden darf. In diesem Fall ist der Haftungsbetrag nach vernünftiger kaufmännischer Beurteilung zu schätzen (wie hier ADS^6 § 251 Anm 108 mit Bsp) und dieser **Schätzbetrag** in den Vermerk einzubeziehen. Lässt sich das Haftungsverhältnis nicht beziffern, ist nach dem Vollständigkeitsgebot ein Merkposten von Euro 1,– anzugeben (*Kortmann*, DB 1987, 2580; aA *Kirsch* in Rechnungslegung § 251 Anm 26, der eine Auflistung und Beschreibung der nicht quantifizierbaren Haftungsverhältnisse sowie ein Hinweis auf deren Nichtquantifizierbarkeit verlangt). Zur Beurteilung der Haftungsverhältnisse ist in diesen Fällen ein erläuternder Vermerk unter der Bilanz oder im Anhang erforderlich (ADS^6 § 251 Anm 109; WPH^{14} I, E Anm 119. Das gilt sowohl für Ekfl und Personenhandelsgesellschaften als auch für KapGes/KapCoGes und andere anhangpflichtige Unt (anders noch Voraufl).

Sind für die Haftungsverhältnisse pauschale oder individuelle **Rückstellungen** gebildet oder Teilbeträge als **Verbindlichkeiten** passiviert worden, sind die Bruttobeträge des Haftungsverhältnisses um diese Passiva zu kürzen, um einen Doppelausweis zu vermeiden (Anm 3).

V. Rückgriffsforderungen

Das Verrechnungsverbot (allgemein § 246 Anm 100 ff) verlangt den Vermerk **12** von Haftungsverhältnissen unabhängig davon, ob ihnen gleichwertige Rückgriffsforderungen ggüstehen (§ 251 S 2). Sie sind demnach unsaldiert anzugeben. Eine Saldierung scheidet abgesehen vom Gesetzeswortlaut schon allein deshalb aus, weil Schuldner und Gläubiger nicht dieselbe Person sind. Die Rückgriffsforderungen *können* jedoch unter der Bilanz auf der Aktivseite vermerkt werden (ADS^6 § 251 Anm 35). Sofern sich der Wert der Rückforderung nicht bestimmen lässt, muss eine Angabe unterbleiben (*Wiehn* in Beck HdR B 250 Anm 22).

Zu den Rückgriffsforderungen gehören neben schuldrechtlichen Rückgriffsansprüchen auch **dingliche Ansprüche** auf Herausgabe eines Gegenstands. Obwohl der Wortlaut des § 251 eine solche Auslegung nicht deckt, ist der Begriff der Rückgriffsforderungen weit auszulegen, um den Bruttoausweis der Haftungsverhältnisse zu gewährleisten.

VI. Erweiterte Vermerke

Der gemäß § 251 unter der Bilanz auszuweisende Vermerk kann erweitert **13** werden, bspw um sog **Davon-Vermerke**. In Frage kommen die Vermerke von Haftungsverhältnissen ggü verbundenen Unt (§ 268 Abs 7) oder Gestern (§ 42 Abs 3 GmbHG, § 264c Abs. 1) oder zugunsten verbundener Unt (Gester). Werden die einzelnen Haftungsverhältnisse freiwillig gesondert vermerkt (Anm 7 ff), kann bei Vorliegen einer doppelten Haftung die Mitzugehörigkeit zu einem anderen Haftungsverhältnis angegeben werden (zB „davon zugleich durch Verbindlichkeiten aus Gewährleistungsverträgen gesichert Euro ...").

D. Die einzelnen vermerkpflichtigen Haftungsverhältnisse

§ 251 sieht eine Angabepflicht nur für folgende Haftungsverhältnisse vor:
1. Verbindlichkeiten aus der Begebung und Übertragung von Wechseln,
2. Verbindlichkeiten aus Bürgschaften, Wechsel- und Scheckbürgschaften,
3. Verbindlichkeiten aus Gewährleistungsverträgen,
4. Haftungsverhältnisse aus der Bestellung von Sicherheiten für fremde Verbindlichkeiten.

Die Aufzählung ist abschließend. Lässt sich ein Haftungsverhältnis nicht darunter fassen, besteht keine Vermerkpflicht (*Karrenbrock* in Bilanzrecht § 251 Anm 21).

I. Verbindlichkeiten aus der Begebung und Übertragung von Wechseln

14 Zu vermerken sind hier nur die Verbindlichkeiten, bei denen es sich um einen Wechsel gemäß § 1 WG handelt. In allen anderen Fällen kommt nur der Vermerk unter den Verbindlichkeiten aus Gewährleistungsverträgen in Frage. Verbindlichkeiten aus der Begebung und Übertragung von Schecks, das sog Scheckobligo, sollten hier nicht vermerkt werden (*ADS*[6] § 251 Anm 46 halten eine freiwillige und gesonderte Angabe des Scheckobligos für zulässig).

15 Als Verbindlichkeiten aus der Begebung und Übertragung von Wechseln (kurz **Wechselobligo**) ist der Gesamtbetrag anzugeben, für den der Kfm als **Aussteller** gemäß § 9 WG (Begebung) oder als **Indossant** gemäß § 15 WG (Übertragung) bei Nichteinlösung haftet. Für die Vermerkpflicht ist es grds nicht maßgebend, ob es sich um Akzeptanten von großer oder geringer Bonität handelt. Entscheidend ist vielmehr allein die Tatsache, ob wechselrechtlich ein Obligo vorliegt. Demzufolge sind zB auch weitergegebene Wechsel in den Vermerkbetrag aufzunehmen, bei denen der Schuldner die öffentliche Hand ist (IDW HFA WPg, 1951, 19; *Wiehn* in Beck HdR B 250 Anm 68). Damit werden die auf den Kfm möglicherweise zukommenden Regressverpflichtungen aus Wechselgeschäften vollständig sichtbar. Eine Vermerkpflicht besteht auch dann, wenn mit einer besonderen Indossamentform die Regressmöglichkeit beschränkt wird. Zu nennen sind hier zB das offene **Vollmachtsindossament,** das nur den Indossatar bevollmächtigt, die Wechselrechte im Namen des Indossanten auszuüben (*Baumbach/Hefermehl/Casper* WG[23] Art 18 Anm 2) und das offene **Pfandindossament,** bei dem aus einem zusätzlichen Vermerk im Indossament ersichtlich ist, dass der Wechsel zum Zwecke der Verpfändung indossiert worden ist (*Baumbach/Hefermehl/Casper* WG[23] Art 19 Anm 7). Auf diese Beschränkung kann mit einem Davon-Vermerk hingewiesen werden. Demggü schließt die sog Angstklausel **„ohne Obligo"** oder **„ohne Gewähr"** eine Haftung aus (*Baumbach/Hefermehl/Casper* WG[23] Art 15 Anm 10), so dass solche Wechsel nicht in den Vermerk einzubeziehen sind (*G. Fey,* 111; *ADS*[6] § 251 Anm 38).

16 In das Wechselobligo sind alle Wechsel aufzunehmen, die am Bilanzstichtag weitergegeben und noch nicht fällig bzw eingelöst waren. Die **Weitergabe zum Inkasso** fällt nicht hierunter, denn hieraus resultiert kein Obligo. Der Kfm haftet nicht mehr aus einem Wechsel, wenn dieser von dem Bezogenen, Aussteller oder einem Vorgiranten tatsächlich eingelöst worden ist. Da dieser Zeitpunkt dem Indossanten im Allgemeinen nicht bekannt ist, ist davon auszugehen, dass die Haftung innerhalb von fünf Tagen nach Verfall endet (*D. Fey* in HdR[5] § 251 Anm 40). Bis dahin ist das Haftungsverhältnis anzugeben.

Die Verpflichtungen aus der Wechselschuldnerschaft dürfen nicht hier, sondern müssen in der Bilanz als Wechselschulden ausgewiesen werden. Ferner sind hier nicht einzubeziehen die Wechsel im eigenen Bestand am Bilanzstichtag; diese werden als „Forderungen aus Lieferungen und Leistungen" aktiviert.

17 Ebenfalls nicht zu vermerken sind die **Mobilisierungs- und Kautionswechsel** sowie die **Depotwechsel** für eigene Verbindlichkeiten (glA *G. Fey,* 107) sowie die **Gefälligkeitsakzepte;** sie sind zu passivieren, wenn es sich um bereits entstandene Verbindlichkeiten handelt. Damit scheidet ein nochmaliger Ausweis als Wechselobligo aus. Werden sie in Umlauf gebracht, erfolgt der Ausweis unter

Wechselverbindlichkeiten. Nur wenn Kautionswechsel für eine bestimmte, nicht als Verbindlichkeit zu interpretierende Leistung (Unterlassung) des Kfm hinterlegt werden, gehören sie in das Wechselobligo. Werden Kautionswechsel für fremde Verbindlichkeiten hinterlegt, liegt keine Bürgschaft im Rechtssinne vor, so dass ein Ausweis von Kautionswechseln nicht in Betracht kommt (so aber *ADS*[6] § 251 Anm 44). Wirtschaftlich gesehen liegt vielmehr ein Gewährleistungsvertrag vor, der uE unter den „Verbindlichkeiten aus Gewährleistungsverträgen" zu vermerken ist (*Bordt* in HdJ III/9 Anm 42 befürwortet einen Ausweis als „Wechselobligo").

Im Gegensatz zu den Gefälligkeitsakzepten führen die **Gefälligkeitsindossamente** (Gefälligkeitsgiros) zur Vermerkpflicht unter den Haftungsverhältnissen. Umstritten ist allerdings, ob sie auf Grund der rechtlichen Betrachtungsweise dem Wechselobligo oder den Verbindlichkeiten aus Wechselbürgschaften zuzuordnen sind. Aufgrund der wirtschaftlichen Betrachtungsweise ist der strengere Vermerk unter den Wechselbürgschaften geboten (ebenso *ADS*[6] § 251 Anm 43; *Bordt* in HdJ III/9 Anm 43 „als Wechselobligo"). Die Kontinuität der Angabe ist in jedem Falle zu beachten (§ 246 Abs 3 S 1).

Auch Wechsel, die im sog **Scheck-Wechsel-Verfahren** begeben werden, sind in das Wechselobligo einzubeziehen. Bei diesem Verfahren werden die Warenforderungen des bilanzierenden Kfm vom Kunden idR zur Ausnutzung des Skontos mittels Scheck bezahlt mit der Bitte an den Kfm, in gleicher Höhe einen Finanzwechsel auszustellen und auf den Kunden zu ziehen, der sich bei seiner Bank hiermit refinanziert.

Eine Aufteilung des Vermerkbetrags in Teilbeträge für die Haftung als Aussteller und für die Haftung als Indossant ist vom HGB nicht vorgesehen und auch nicht üblich. **18**

Für die Ermittlung des Vermerkbetrags wird regelmäßig die **Wechselsumme** der einzelnen Wechsel herangezogen. Auf die Einbeziehung der Zinsen, Protestkosten und Vergütung wird verzichtet, obgleich der Kfm nach Art 48, 49 WG auch dafür haftet. Diese Vorgehensweise ist nicht zu beanstanden, weil die Höhe der beim Protest anfallenden Nebenkosten im Vorhinein nur sehr schwer schätzbar ist. Das dadurch nicht erfasste Risiko ist in der **Rückstellung** für Risiken im Wechselobligo zu berücksichtigen (*ADS*[6] § 251 Anm 41; *G. Fey*, 190). **19**

Werden für das **pauschale Risiko** der Inanspruchnahme aus der Wechselhaftung oder für das konkrete Risiko in einem bestimmten Fall Verbindlichkeiten oder Rückstellungen gebildet, sind die passivierten Beträge, sofern sie die Wechselsumme und nicht zB die Zinsen betreffen, vom Bruttovermerkbetrag abzusetzen, da die Verpflichtung im JA nicht doppelt gezeigt werden darf (Anm 3; hM *ADS*[6] § 251 Anm 40).

Bei **Sichtwechseln,** die gemäß Art 23 WG innerhalb eines Jahres vorgelegt werden müssen, ist, solange die frühere Einlösung nicht feststeht, davon auszugehen, dass das Obligo erst nach Ablauf der gesetzlichen Vorlegungsfrist erlischt. Erlangt der Kfm bis zum Zeitpunkt der Bilanzerstellung Kenntnis, dass der Wechsel bereits vor dem Bilanzstichtag eingelöst worden ist, entfällt die Vermerkpflicht (*ADS*[6] § 251 Anm 39). **20**

II. Verbindlichkeiten aus Bürgschaften, Wechsel- und Scheckbürgschaften

Als **Bürgschaft** bezeichnet man die Verpflichtung des Bürgen ggü dem Gläubiger eines Dritten, für die Erfüllung der Verbindlichkeit des Dritten einzustehen (§ 765 BGB). Ist der Bürge Kfm, entfällt der Zwang zur schriftlichen Erteilung **21** der Bürgschaftserklärung (§ 766 BGB, § 350 HGB); das gilt auch für deutsche Bürgschaften im internationalen Handelsverkehr (Art 11 Abs 2 EGBGB). Zu den Bürgschaften gehören **alle Arten von Bürgschaften,** wie die selbstschuldnerische Bürgschaft, Rückbürgschaft, Gewährleistungsbürgschaft, Vertragserfüllungsbürgschaft, Voraus- oder Abschlagszahlungsbürgschaft, Nachbürgschaft, Ausfallbürgschaft, Kreditbürgschaft, Mitbürgschaft, Höchstbetrag- und Zeitbürgschaft. Ferner zählt hierzu der **Kreditauftrag** gemäß § 778 BGB.

Bürgschaftsähnliche Rechtsverhältnisse sind nicht hier, sondern unter den Verbindlichkeiten aus Gewährleistungsverträgen anzugeben (s Anm 29; glA ADS[6] § 251 Anm 48). **Bürgschaften nach ausländischem Recht** sind gleichfalls unter den Verbindlichkeiten aus Bürgschaften auszuweisen, sofern sie eine § 765 BGB vergleichbare Verpflichtung darstellen (so auch ADS[6] § 251 Anm 48; aA Voraufl; *D. Fey* in HdR[5] § 251 Anm 43).

22   **Wechselbürgschaften** sind Verpflichtungen iSd Art 30 WG. Die Bürgschaftserklärung wird auf den Wechsel oder auf einen Anhang gesetzt. Ein ausdrücklicher Zusatz, dass jemand zur Wechselbürgschaft bereit ist, ist notwendig, wenn sie auf der Rückseite des Wechsels abgegeben wird. Dagegen gilt die bloße Unterschrift auf der Vorderseite des Wechsels als Bürgschaftserklärung, soweit es sich nicht um die Unterschrift des Bezogenen oder des Ausstellers handelt. Zum Ausweis des Gefälligkeitsgiros (bzw Gefälligkeitsindossaments) siehe Anm 17.

Scheckbürgschaften sind Verpflichtungen iSd Art 25 ScheckG; ihre gesetzlichen Regelungen entsprechen denen der Wechselbürgschaften (*Baumbach/ Hefermehl/Casper* SchG[23] Art 25 Anm 1). Sie sind – im Gegensatz zum Scheckobligo – vermerkpflichtig.

23   Bürgschaften sind nur insoweit zu vermerken, als die **Hauptschuld am Bilanzstichtag** bestanden hat. Bei der Ermittlung des Vermerkbetrags ist zu berücksichtigen, dass sich die Höhe der zu vermerkenden Bürgschaft nach dem jeweiligen Stand der Hauptschuld am Bilanzstichtag richtet (§ 767 BGB); dies gilt unabhängig von der Bilanzierung beim Hauptschuldner. Bei Höchstbetragsbürgschaften hängt der Umfang der Haftung jedoch nicht vom Willen des Bürgen ab, so dass hier der Höchstbetrag anzugeben ist (glA ADS[6] § 251 Anm 52 u 56; *D. Fey* in HdR[5] § 251 Anm 76; aA noch Voraufl und etwa *Hennrichs* in MünchKomm AktG[3] § 251 Anm 25). Zum Umfang des Vermerkbetrags s Anm 10.

24   Nicht als Bürgschaften zu vermerken sind **Bürgschaften Dritter** (einschl verbundener Unt) *zugunsten* des Kfm. Bei den angabepflichtigen Bürgschaften muss es sich vielmehr stets um das Einstehen des Kfm für eine fremde Leistung handeln.

III. Verbindlichkeiten aus Gewährleistungsverträgen

1. Allgemeines

25   Der Begriff „Gewährleistungsverträge" ist gesetzlich nicht definiert. Unter Gewährleistungsverträgen ist hier jede vertragliche Verpflichtung zu verstehen, die das Einstehen für einen geschuldeten oder sonstigen Erfolg oder eine Leistung bzw den Nichteintritt eines Erfolgs, eines bestimmten Nachteils oder Schadens zum Gegenstand hat und nicht schon unter Verbindlichkeiten aus der Begebung und Übertragung von Wechseln oder Verbindlichkeiten aus Bürgschaften, Wechsel- und Scheckbürgschaften fällt (IDW RH HFA 1.103 Tz 5).

Nach dem Gesetzeswortlaut muss es sich immer um einen Vertrag handeln. Gesetzliche Gewährleistungen und gesetzliche Haftungen gehören nicht hierzu (glA ADS[6] § 251 Anm 60; aA *G. Fey,* 79), vgl auch Anm 5.

Der Gewährleistungsvertrag muss eine **Eventualverbindlichkeit** oder ein **Haftungsverhältnis** über das Ausmaß der gesetzlichen Haftung (§§ 434, 437

BGB) hinaus begründen. Als Eventualverbindlichkeit ist eine aufschiebend bedingte Verbindlichkeit zu verstehen, bei der die Bedingung, von der die Wirksamkeit des Schuldverhältnisses abhängt, noch nicht eingetreten ist und mit ihrem Eintritt auch kaum zu rechnen ist. Das Haftungsverhältnis muss so gelagert sein, dass der Kfm mit einem zusätzlichen wirtschaftlichen Risiko aus einer bedingten oder sonstigen ungewissen Verpflichtung belastet ist.

Bei Gewährleistungsverträgen kommt es auf das Verhältnis zu einer Hauptschuld nicht an (wie hier G. *Fey,* 87). Die Verpflichtungen können **unselbstständig,** also Bestandteil eines anderen auf eine Leistung oder einen Erfolg gerichteten Vertrags sein; sie können aber auch **selbstständig,** dh Gegenstand eines Garantievertrags, sein. Garantiezusagen können sich auf eine eigene Leistung oder einen eigenen Erfolg oder auf eine fremde Leistung oder einen fremden Erfolg beziehen. Vermerkpflichtig sind nach HGB beide Arten von Gewährleistungen (wie hier mit weiteren Begr G. *Fey,* 75; glA *ADS*[6] § 251 Anm 61).

2. Gewährleistung für eigene Leistungen

Bei den Garantien für eigene Leistungen sind die selbstständigen von den unselbstständigen Garantien zu unterscheiden. Bei einer **unselbstständigen Garantie** handelt es sich um Zusicherungen bestimmter Eigenschaften des Gegenstands der Lfg oder Leistung; sie sind unselbstständige Bestandteile eines Kauf-, Werk-, Dienst- oder sonstigen Vertrags über einen Gegenstand bzw eine Leistung. Für die Vermerkpflicht ist entscheidend, ob die Garantie geschäfts- und branchenüblich ist. Nur was über die gewöhnliche Gewährleistung hinausgeht (also eine umfassendere Haftung begründet), muss im Vermerk angegeben werden (hM s *ADS*[6] § 251 Anm 62; G. *Fey* WPg 1992, 3; oben Anm 5). Daher sind Gewährleistungszusagen auf Rechnungen auf Grund von Liefer- und Leistungsbedingungen und allgemeinen Geschäftsbedingungen nicht anzugeben (ebenso D. *Fey* in HdR[5] § 251 Anm 50). Somit führt der größte Teil der unselbstständigen Gewährleistungen aus dem lfd Geschäft nicht zur Vermerkpflicht. 26

Die **selbstständigen Gewährleistungsverträge,** die sich auf eine eigene Leistungspflicht beziehen, begründen die Verpflichtung, für einen über die bloße Vertragsmäßigkeit der eigenen Leistung hinausgehenden Erfolg einzustehen (BGH 10.2.1999, ZIP, 609). Eine derartige Garantie liegt bereits dann vor, wenn der Kfm für die zugesicherten Eigenschaften auch in den Fällen haftet, in denen er ihr Fehlen nach Kauf- oder Werkvertragsrecht nicht zu vertreten hat. Ferner verpflichtet der typische selbstständige Gewährleistungsvertrag den Kfm zur Gewähr für einen Erfolg oder Zustand, der weitgehend oder völlig unabhängig von der Beschaffenheit der eigenen Leistung und seiner Einflussnahme insoweit entzogen ist (zB Mietgarantien, Hotelbelegungsgarantien, Kursgarantien). Derartige Garantieverträge sind vermerkpflichtig, da der Kfm durch sie eine zusätzliche, außerhalb des branchenüblichen Risikos liegende Belastung übernimmt. 27

Nicht vermerkpflichtig sind dagegen sog **Negativerklärungen,** in denen der Kfm als Kreditnehmer ggü dem Kreditgeber zusagt, bestimmte VG weder zu veräußern noch über die bestehenden Belastungen hinaus zu belasten, Dritten keine Sicherheiten zu gewähren oder keine entspr Verpflichtungsgeschäfte mit Dritten einzugehen, da hiermit eine Einstandspflicht für den Kredit selbst nicht begründet wird. 28

3. Gewährleistung für fremde Leistungen

Garantien für fremde Leistungen beziehen sich auf bestehende oder künftige **Verbindlichkeiten Dritter** ggü dem Garantieempfänger, für deren Erfolg der Kfm einzustehen hat, gleichgültig, in welche Rechtsgestaltung (Ausnahme Bürg- 29

schaft nach §§ 765 ff BGB, s Anm 21) sie gekleidet, wie sie bezeichnet und ob sie mündlich oder schriftlich vereinbart sind. Es spielt ferner keine Rolle, ob die Gewährleistung fremder Verbindlichkeiten vom Kfm unmittelbar übernommen wurde oder ob der Kfm einen Dritten beauftragt hat, eine solche Gewährleistung an seiner Stelle zu übernehmen und er aus diesem Auftrag haftet (indirekte Garantie, Rück- oder Gegengarantie, vgl BGH 10.10.2000 ZIP, 2157). Auch Garantien nach ausländischem Recht gehören hierzu. Es kommen in Betracht:
- **Freistellungsverpflichtungen** jeder Art,
- **Haftungsübernahmen,**
- **Liquiditätsgarantien,**
- **Werthaltigkeitsgarantien** (Einstehen für Forderungsausfälle bei einem Dritten; im Falle von asset backed securities-Gestaltungen s IDW RS HFA 8 Tz 39a),
- **Einstehen für** die Bezahlung abgetretener oder verkaufter **Forderungen,**
- **Garantie für** die Ausführung von **Arbeiten Dritter,**
- Hinterlegung von **Kautionswechseln** für fremde Schuld (s Anm 17).

Andere Gewährleistungsverträge:

30 Durch **Schuldmitübernahmen** in Form des **Schuldbeitritts,** der **kumulativen Schuldübernahme,** der **Schuldmitübernahme** oder der **Mitvertragspartnerschaft** verpflichtet sich der Kfm, die Verbindlichkeit des Schuldners als eigene *neben* der des Schuldners zu übernehmen. Da der Kfm selbst ebenfalls Schuldner wird, kann eine Passivierung der Schuld geboten sein. Dient der Schuldübernahmevertrag seinem wirtschaftlichen Charakter nach lediglich der Absicherung des Gläubigers, handelt es sich um einen vermerkpflichtigen Gewährleistungsvertrag iSv bürgschaftsähnlichen Rechtsverhältnissen. Ist eine Schuldbefreiung beabsichtigt, hat der Kfm die Schuld als eigene zu passivieren. Unabhängig vom Wortlaut einer solchen Erklärung (Mithaftungserklärung, Sicherungsmitschuldner, Mitschuldner, Zweitschuldner, Mithaftender) kommt es für den Ausweis unter § 251 immer auf ihre Zweckrichtung (Sicherung, Haftung) an.

Zu den Schuldmitübernahmen gehören auch die Fälle, in denen der Kfm **Dauerschuldverhältnissen** (zB Miet-, Pacht- und Leasing-Verträgen) **beitritt,** um die Ansprüche des Gläubigers abzusichern. Die Passivierung oder der Vermerk der Verbindlichkeit richtet sich ebenfalls nach dem Zweck des Schuldübernahmevertrags.

Ob eine **In-substance defeasance-Gestaltung,** bei der Verbindlichkeiten des (originären) Schuldners ohne Zustimmung des Gläubigers (§ 415 BGB) zusammen mit Aktiva unwiderruflich auf einen derivativen Schuldner übertragen werden, als Gewährleistungsvertrag mit entspr Vermerk qualifiziert werden kann, ist str (bejahend *Küting/Pfuhl* DB 1989, 1245; *Hoffmann* WPg 1995, 721). Im Hinblick auf die weiterhin beim Kfm zu bilanzierenden VG und Schulden besteht keine Vermerkpflicht (so auch *ADS*[6] § 251 Anm 67; *WPH*[14] I, E Anm 117).

31 **Garantieverträge** sind bürgschaftsähnliche Verträge. Von der Bürgschaft unterscheidet sich ein Garantievertrag dadurch, dass er eine selbstständige, von der des Schuldners unabhängige Verpflichtung begründet (BGH 13.6.1996, NJW 2569; 8. 3. 67 WPg, 263). Damit geht die Garantie weiter als eine Bürgschaft, da die Schuld des Kfm von der gesicherten Schuld unabhängig ist. Im Zweifel ist eine Bürgschaft anzunehmen (BGH WM 1985, 1417; *Sprau* in Palandt[72] Einl § 765 BGB Anm 16 ff). Im Einzelnen handelt es sich bei derartigen, stets vermerkpflichtigen Gewährleistungen um Kreditgarantien, Tilgungsgarantien, Anzahlungsgarantien, Exportgarantien, Bietungsgarantien, Vertragserfüllungsgarantien, Liefer- und Leistungsgarantien uÄ. Hierzu gehören auch „verunglückte" Bürgschaften selbst, die wegen Formmangels als Bürgschaften iSd §§ 765 ff BGB nichtig sind.

Zu **Haftungen für Bürgschaften und Garantien Dritter** kommt es auf 32 Grund eines Auftrages an einen Dritten (zB Kreditinstitut), Bürgschaften, Garantien oder andere Sicherheiten anstelle des Kfm an seinen Geschäftspartner zu gewähren. Die Haftung in voller Höhe ergibt sich abgesehen von den Allgemeinen Geschäftsbedingungen der Bank aus dem Auftragsverhältnis, da das Kreditinstitut einen Rückgriffsanspruch hat. Diese Haftung ist nicht vermerkpflichtig, weil ihr eine Leistungsverpflichtung des Kfm zugrunde liegt, die bereits als Verbindlichkeit bereits passiviert oder als schwebendes Geschäft nicht zu passivieren ist (so *ADS*[6] § 251 Anm 69; aA G. *Fey*, 96 und noch Vorauf). Es zählen hierzu Bürgschaftsauftrag, Rückbürgschaftsauftrag, Garantieauftrag. Der **Kreditauftrag** gilt nach § 778 BGB als Bürgschaft und ist deshalb dort vermerkpflichtig (Anm 21).

Bürgschafts-, Garantie-, Schuldbefreiungsversprechen sind vertragliche 33 Verpflichtungen ggü einem Gläubiger, auf dessen jederzeit zulässiges Verlangen oder auf erste Anforderung eine Bürgschaft oder Gewährleistung für die Verpflichtung des Schuldners zu übernehmen (ebenso *ADS*[6] § 251 Anm 68). Ähnlich liegt der Fall des **bindenden Versprechens** ggü einem Gläubiger, auf dessen Wunsch eine Grundschuld oder andere Sicherheit für die Verpflichtung des Schuldners zu bestellen. Hierzu gehört auch die Schuldbefreiungszusage, dh das Versprechen, in die Verbindlichkeit als Schuldner einzutreten oder die Verbindlichkeit des Schuldners zu übernehmen und ihn von seiner Schuld zu befreien. Solche vertragliche Versprechen begründen ein Haftungsverhältnis des Kfm, da die Sicherheitsleistung unabhängig vom Willen des Kfm erfolgt.

Erwerbs- und Abkaufsverpflichtungen beruhen auf einem bindenden An- 34 gebot ggü einem Kreditgeber, unter bestimmten Voraussetzungen Forderungen des Kreditgebers an einen Dritten gegen Zahlung des Nennbetrags zu erwerben (glA *ADS*[6] § 251 Anm 72). Da der Zweck der Erklärung darin besteht, den Kreditgeber so zu stellen, dass er aus seiner Forderung ggü dem Schuldner keinen Schaden erleidet, begründet die Erklärung eine Gewährleistungsverpflichtung, die zu vermerken ist (*Gerth, BB 1981, 1611; Wiehn* in Beck HdR B 250 Anm 115).

Rangrücktritts- oder Forderungsrücktrittserklärungen verpflichten den 35 Kfm ggü den anderen Gläubigern desselben Schuldners, mit seiner Forderung hinter die Forderungen der anderen Gläubiger zurückzutreten. Eine solche Erklärung ist *nicht* vermerkpflichtig, da sie kein Einstehen für einen Erfolg enthält und damit keine Gewährleistung bezweckt, sondern lediglich die Rangfolge der Inanspruchnahme (glA *ADS*[6] § 251 Anm 73; *Wiehn* in Beck HdR B 250 Anm 107; aA *Bordt* in HdJ III/9 Anm 55, der eine Ähnlichkeit mit einer Sicherungsabtretung sieht). Das Risiko aus einer solchen Erklärung ist bei der Bewertung der Forderung zu berücksichtigen (hM s *Karrenbrock* in Bilanzrecht § 251 Anm 107).

Nachhaftung bei Spaltungen. Gemäß § 133 Abs 1 S 1 UmwG haften die 36 an der Spaltung beteiligten Rechtsträger für die Verbindlichkeiten des übertragenden Rechtsträgers, die vor dem Wirksamwerden der Spaltung begründet worden sind, als Gesamtschuldner. Derjenige Rechtsträger, der gemäß Spaltungs- und Übernahmevertrag (§ 126 Abs 1 Nr 9 UmwG) bzw Spaltungsplan (§ 136 UmwG) von seinen Verpflichtungen im Innenverhältnis befreit worden und nicht Hauptschuldner geworden ist, haftet gesamtschuldnerisch begrenzt auf fünf Jahre (§ 133 Abs 3 UmwG). Diese Haftung ergibt sich als gesetzliche Folge aus dem Spaltungsvorgang, so dass sie gleichfalls nicht gemäß § 251 zu vermerken ist (glA IDW RS HFA 30 Tz 25; *Bordt* HdJ III/9 Anm 53; aA Vorauf; *Kleindiek* in Großkomm HGB[5] § 251 Anm 15). Dies gilt sowohl für Pensionsanwartschaften als auch für lfd Pensionsverpflichtungen ggü Rentnern (vgl *Rolfs* in

§ 251 37–41   Jahresabschluß (Ansatzvorschriften)

Blomeyer/Rolfs/Otto Betriebsrentengesetz Gesetz zur Verbesserung der betrieblichen Altersversorgung[5] § 4 Anm 34). Bei Pensionsanwartschaften (sowohl verfallbaren als auch unverfallbaren) gilt die gesamtschuldnerische Haftung nur für den vor der Spaltung bereits begründeten Teil des Versorgungsanspruchs (*Müller* DB 2001, 2638). Im Falle der Betriebsaufspaltung erweitert § 134 Abs 1 UmwG die gesamtschuldnerische Haftung auf alle Arbeitnehmer-Ansprüche (einschl Sozialplan, Nachteilsausgleich, betriebliche AVers), die innerhalb von fünf Jahren nach der Spaltung begründet werden (insb gem §§ 111 ff BetrVG), auf einen Zeitraum von zehn Jahren nach der Spaltung. Für die Pensionsansprüche gilt die Haftung nur in dem Umfang, in dem sie vor Wirksamwerden der Spaltung begründet worden sind (*Müller* aaO).

37 **Haftungen für laufende Pensionsverpflichtungen** oder unverfallbare Anwartschaften ausgeschiedener Mitarbeiter können durch Schuldbeitrittsverträge begründet werden, wozu es häufig bei Veräußerungen, Einbringung von Teilbetrieben oder rechtlichen Verselbstständigungen von UntTeilen mit Einzelrechtsnachfolge kommen kann. Dies ist der Fall, wenn die lfd Pensionsverpflichtungen im Innenverhältnis auf einen anderen Schuldner mit Erfüllungsübernahme übertragen werden und dieser bei wirtschaftlicher Betrachtungsweise die Pensionsverpflichtungen passiviert bzw die Fehlbeträge aus Altzusagen im Anhang (§ 249 Anm 256) angibt. Rechtlich bleibt zwar der Primärverpflichtete Pensionsschuldner (§ 4 BetrAVG; § 249 Anm 219). Eine zweifache Passivierung beim Primär- und Sekundärverpflichteten würde aber dem wirtschaftlichen Gehalt einer solchen Pensionsübernahmevereinbarung nicht gerecht. Vielmehr ist eine solche Vereinbarung als ein eine Mithaftung begründendes Rechtsverhältnis zu qualifizieren. Auch in diesem Fall ist der versicherungsmathematische Wert der lfd Pensionsverpflichtungen als Verbindlichkeit aus Gewährleistungsverträgen beim Primärverpflichteten zu vermerken (glA *ADS*[6] § 251 Anm 66; *Wiehn* in Beck HdR B 250 Anm 110), wenn damit zu rechnen ist, dass der Schuldbeitretende seiner Verpflichtung nachkommt. Ein Vermerk ist auch deshalb geboten, da Pensionsverpflichtungen nach § 249 grds passivierungspflichtig und bei Nichtpassivierung von Altzusagen Fehlbeträge von KapGes/KapCoGes im Anhang anzugeben sind.

Im Falle eines Betriebsübergangs nach § 613a Abs 2 BGB haftet das übertragende Unt gesamtschuldnerisch für die vor dem Übergangszeitpunkt entstandenen und vor Ablauf eines Jahres nach diesem Zeitpunkt fällig werdenen AVers-Verpflichtungen aus den verfallbaren und unverfallbaren Anwartschaften. Deshalb ist diese Haftung unter den Gewährleistungsverpflichtungen zu vermerken (IDW RS HFA 30 Tz 99).

41 Unter **Patronatserklärungen** ist der Oberbegriff rechtlich unterschiedlicher Erklärungen (Verträge) zu verstehen, mit denen der „Patron" (idR ein MU) dem Kreditgeber eines Dritten (idR seinem TU) zur Förderung oder Erhaltung der Kreditbereitschaft Maßnahmen oder Unterlassungen in Aussicht stellt oder zusagt (IDW RH HFA 1.013 Tz 2; BGH 30.1.1992, BGHZ 117, 133; *Michalski*, WM 1994, 1229). Patronatserklärungen sind **vermerkpflichtig,** sofern sie zwischen dem MU und dem Gläubiger des TU **bürgschaftsähnliche Rechtsverhältnisse** begründen (zB Schuldmitübernahme, Freistellungsverpflichtung, Haftungsübernahme, Kreditauftrag, Finanzausstattungsverpflichtung, Liquiditätsgarantie). Patronatserklärungen sind dagegen **nicht vermerkpflichtig,** wenn das MU ein Wohlverhalten, die Aufrechterhaltung von UntVerträgen oder GesVerhältnissen oder auch eine bestimmte Einflussnahme auf das TU verspricht (dazu OLG Karlsruhe 7.8.1992, BB, 2097; BGH 12.7.1993, DStR, 1753; *Limmer,* DStR 1993, 1750; s auch *Haußer/Heeg,* ZIP 2010, 1430) und wenn außerdem der Eintritt der Bedingungen für die mögliche Inanspruchnahme des MU in ihrem freien Belieben steht.

Inweiweit Patronatserklärungen vermerkpflichtig sind, richtet sich zunächst nach ihrem Wortlaut. Ist er unklar, sind die Umstände, die zur Erklärung führten, und der Zweck der Erklärung heranzuziehen; bei dennoch verbleibenden *Zweifeln* ist eine Gewährleistungsverpflichtung (Anm 25 ff) anzunehmen (so *ADS*[6] § 251 Anm 85; IDW RH HFA 1.013 Tz 6). Die Vermerkpflicht hängt grds nicht davon ab, ob die Patronatserklärung ggü dem Gläubiger oder dem TU abgegeben wird. Es kommt immer auf den Verpflichtungsgehalt an. Diese Grundsätze gelten auch für den Fall, wenn der Kfm garantiert, dass die Patronatserklärung von einem Dritten erfüllt wird (*Bordt* in HdJ III/9 Anm 94).

Im Einzelnen **besteht** nach IDW RH HFA 1.013 Tz 10 eine **Vermerkpflicht**, wenn das MU zusagt oder die Verpflichtung übernimmt, dafür zu sorgen oder sicherzustellen,
- das TU finanziell so ausgestattet zu halten, dass es seinen Verbindlichkeiten aus dem Kreditvertrag nachkommen kann,
- beim TU eine bestimmte Kapitalausstattung aufrechtzuerhalten.

Eine Vermerkpflicht ist bereits dadurch gegeben, dass der „Patron" neben dem Schuldner als Gesamtschuldner haftet (BGH 30.1.1992, DB, 2238).

Nicht vermerkpflichtig sind danach Zusagen,
- das GesVerhältnis nicht zu ändern, solange die Ansprüche aus den Krediten nicht erfüllt sind,
- bei Veräußerung oder Verminderung der Bet den Kreditgeber rechtzeitig zu informieren oder dafür zu sorgen, dass die Forderung des Kreditgebers besichert wird,
- den UntVertrag (Gewinnabführungsvertrag) mit dem TU bis zur Rückzahlung des Kredits weder zu ändern noch aufzuheben oder zu kündigen,
- das TU dahin zu beeinflussen, dass es seinen Verbindlichkeiten aus dem Kreditvertrag nachkommt,
- Einfluss auf das TU geltend zu machen, dass es stets in der Lage ist, seinen Verbindlichkeiten nachzukommen, wonach es Geschäftspolitik des MU ist, die Kreditwürdigkeit des TU zu erhalten (OLG Frankfurt/M 19.9.2007, DB, 2535).

Bei der Beurteilung solcher Zusagen sind *strenge Maßstäbe* anzulegen.

Als Sonderfall einer Patronatserklärung ist die **Verpflichtung zum Ausgleich eines negativen cash-flow** anzusehen. Diese Verpflichtung ist vermerkpflichtig, da die Möglichkeit der Inanspruchnahme des zum Ausgleich Verpflichteten eine Garantieübernahme enthält. Sie entspricht einer Patronatserklärung zur Liquiditätsausstattung (Anm 41).

4. Sonstige Gewährleistungen

Hierunter fallen Gewährleistungen, die weder die Erfüllung von Verbindlichkeiten Dritter noch den Erfolg eigener Leistungen zum Gegenstand haben. In diesen Fällen sichert der Kfm einem Dritten einen bestimmten Erfolg zu, so dass dieser keinen Nachteil bzw Schaden erleiden wird. Dazu zählen zB die Ausbietungs-, Kurs- und Dividendengarantie.

Ausbietungsgarantie. Hier handelt es sich um die Zusage des Garanten, dafür einzustehen, dass der Hypotheken- oder Grundschuldgläubiger bei der Zwangsversteigerung eines Grundstücks nicht ausfällt. Bei der Beurteilung der Vermerkpflicht ist auf den Zweck der Zusage abzustellen. Bezweckt die Garantie, dass der Grundpfandgläubiger aus der Zwangsversteigerung des belasteten Grundstücks ganz oder teilweise ohne Verlust hervorgeht (Ausfallgarantie), ist die Ausbietungsgarantie vermerkpflichtig (*ADS*[6] § 251 Anm 87 mwN, aA *Herfurth*, WPg 1977, 349). Anders liegt der Fall, wenn sich der Kfm zur Abgabe eines bestimmten

Gebots in der Zwangsversteigerung verpflichtet. Diese Ausbietungsgarantie mit Bietungspflicht ist nicht vermerkpflichtig, da sie auf den Erwerb eines Grundstücks gerichtet ist; sie garantiert eine bestimmte Tätigkeit und keinen Erfolg. Zur Vermerkpflicht der Bietungsgarantien s Anm 31.

Kursgarantie. Hier verpflichtet sich der Kfm, den Garantieempfänger nach näherer vertraglicher Bestimmung von Schulden oder Nachteilen freizustellen, die diesem als Zeichner, Inhaber oder Optionär von Wertpapieren drohen oder ihn treffen. Daher sind Kursgarantien als sonstige Gewährleistungen vermerkpflichtig.

Dividendengarantie. Verpflichtet sich der Kfm, an die Gester eines anderen Unt einen bestimmten Gewinn (Dividende) zu zahlen **(Rentengarantie)**, handelt es sich um eine eigene, von der Höhe künftiger Gewinne abhängige Verbindlichkeit des Kfm aus einem schwebenden Geschäft, die nach GoB zu behandeln ist. Ein Gewährleistungsvertrag liegt nicht vor (*ADS*[6] § 251 Anm 92; *Karrenbrock* in Bilanzrecht § 251 Anm 112). Dagegen führt die sog **Rentabilitätsgarantie,** nach der der Kfm sich verpflichtet, ein anderes Unt so zu stellen, dass es einen bestimmten Gewinn (Dividende) ausschütten kann, zu einer Vermerkpflicht unter den Verbindlichkeiten aus Gewährleistungsverträgen (*ADS*[6] § 251 Anm 93) oder stattdessen zu einer Rückstellung für den Fall eines gleichzeitigen Bestehens einer Verlustübernahmeverpflichtung (*Bordt* in HdJ Abt III/9 Anm 57; *Kirsch* in Rechnungslegung § 251 Anm 102).

Unwiderrufliches Akkreditiv. Es handelt sich um ein abstraktes Zahlungsversprechen des Kfm (idR Kreditinstitut), an den Verkäufer für Rechnung des Käufers Zahlung gegen Aushändigung bestimmter Warendokumente zu leisten. Ab Bestellung des unwiderruflichen Akkreditivs haftet der Kfm (Kreditinstitut) für die Verpflichtungen ggü dem Begünstigten, was zur Vermerkpflicht führt (*Birck/Meyer* Die Bankbilanz[3] Bd II, 398). Für die Haftung des Verkäufers s Anm 32. Dem Akkreditiv ähnlich ist der „Standby Letter of Credit", bei dem die Sicherungsfunktion im Vordergrund steht.

IV. Haftungsverhältnisse aus der Bestellung von Sicherheiten für fremde Verbindlichkeiten

45 Leistet der Kfm für *fremde* Verbindlichkeiten Sicherheiten, muss diese Haftung nach § 251 angegeben werden. Nicht vermerkpflichtig sind hingegen Haftungsverhältnisse für eigene Verbindlichkeiten (vgl aber § 285 Nr 1b). Zu vermerken sind jedoch Haftungsverhältnisse aus der Bestellung von Sicherheiten für eigene Verbindlichkeiten, sofern diese Sicherheiten auf Grund einer Konzernklausel auch für Verbindlichkeiten verbundener Unt herangezogen werden können. In Frage kommt für die Vermerkpflicht die dingliche **Sicherung durch eigene Vermögensgegenstände** des Kfm, und zwar **Grundpfandrechte** (Hypotheken, Grund- und Rentenschulden, Schiffshypothek), **Pfandbestellung** an beweglichen Sachen und Rechten, **Sicherungsübereignung** von VG, **Sicherungsabtretung** von Forderungen und sonstigen Rechten. Hierzu gehört zB auch die Sicherungsübereignung des Leasinggegenstands seitens des Leasinggebers (LeasingGes) an ein Kreditinstitut, die von der LeasingGes die Mietforderungen „à forfait" gekauft hat (vgl *Schnoor* DB 1988, 2421; aA *G. Fey* WPg 1992, 7). Der Vermerk ist mit dem Betrag anzusetzen, für den am Bilanzstichtag das Vermögen des Kfm zur Sicherung der fremden Verbindlichkeiten haftet (glA *G. Fey,* 179, *ADS*[6] § 251 Anm 95 mwN). Der Wert (Zeitwert) der VG ist maßgebend, sofern dieser die Höhe der Verbindlichkeit nicht überschreitet, weil sich die Haftung auf den VG beschränkt (*ADS*[6] § 251 Anm 95; *Karrenbrock* in Bilanzrecht § 251 Anm 116).

E. Zusätzliche Bilanzvermerke

Es kann zu empfehlen oder nach GoB geboten sein, im JA nach §§ 242 ff zusätzliche Bilanzvermerke von Bedeutung im Interesse der Bilanzklarheit und -wahrheit auszuweisen. Infrage kommen: 50
- *Sonstige Haftungsverhältnisse*
  Insb sind sonstige finanzielle Verpflichtungen (zum Begriff § 285 Nr 3a Anm 42) in dem Vermerk nach § 251 nicht umfasst (dazu § 285 Anm 70; vgl auch *D. Fey* in HdR[5] § 251 Anm 65 ff).
- *Fehlbeträge bei Pensionsrückstellungen*
  Für Pensionsleistungen, auf die der Berechtigte seinen Rechtsanspruch vor Januar 1987 erworben hat, besteht auch für Ekfm und reine PersGes ein Passivierungswahlrecht (Art 28 Abs 1 S 2 EGHGB). Die Angabe eines wesentlichen Fehlbetrags ist wünschenswert. Das gleiche sollte für Fehlbeträge iSv Art 67 Abs 2 EGHGB aus der geänderten Bewertung der Pensionsrückstellungen gelten.
- *Besserungsscheine*
  Sofern die Voraussetzungen (s § 285 Anm 78) gegeben sind, ist ein Vermerk wegen der Vorbelastung künftiger Erträge uE geboten.
- *Bedingt rückzahlbare Zuwendungen/Zuschüsse*
  Sofern Zuwendungen aus künftigen Gewinnen oder Erlösen des Unt zurückzuzahlen sind und die aufschiebende Bedingung noch nicht eingetreten ist, kommt ein Vermerk unter der Bilanz in Betracht (s IDW HFA 1/1984 idF 1990 Abschn 3a § 285 Anm 78).
- *Für den Fall der Rückübertragung vereinbarter Betrag beim unechten Pensionsgeschäft*
  Gem § 340b Abs 5 S 2 haben Kreditinstitute diesen Betrag unter der Bilanz anzugeben. Nach hM gilt diese Bestimmung für alle KfI für die Bilanzierung von Pensionsgeschäften (*WPH*[14] I, E Anm 60 mwN).

F. Rechtsfolgen einer Verletzung des § 251

Das **HGB** sieht bei Verletzungen der Vorschriften des § 251 für KapGes/KapCoGes in der Strafvorschrift des § 331 Freiheitsstrafe bis zu drei Jahren oder Geldstrafe vor, wenn ein Mitglied des Geschäftsführungsorgans oder des AR einer KapGes/KapCoGes im JA die Verhältnisse der KapGes/KapCoGes unrichtig wiedergibt oder verschleiert. Nach der Bußgeldvorschrift des § 334 handelt ordnungswidrig, wer bei der Aufstellung des JA einer KapGes/KapCoGes den Vorschriften des § 251 vorsätzlich zuwiderhandelt; fahrlässiges Verhalten reicht hingegen nicht aus (§ 10 OWiG). Zudem kann ein wesentlicher Verstoß zur Nichtigkeit der JA einer AG (§ 256 Abs 1 Nr 1 AktG) bzw GmbH führen (*ADS*[6] § 251 Anm 23; *G. Fey* 265). Weiterhin hat der AP einer KapGes/KapCoGes bei der Feststellung, dass im JA die gesetzlichen Vorschriften oder die ergänzenden Bestimmungen des GesVertrag oder der Satzung nicht beachtet wurden (§ 317 Abs 1 S 2), uU den BVm einzuschränken oder zu versagen (§ 322 Abs 4 S 1). 55

Eine Verletzung des § 251 in der Zeit vor Eintritt der Überschuldung oder Zahlungsunfähigkeit kann gem § 283b Abs 1 Nr 3a StGB strafrechtliche Konsequenzen im Falle der Zahlungseinstellung oder Insolvenzeröffnung haben. Für prüfungspflichtige Unt, die keine KapGes/KapCoGes sind, müssen darüber hinaus die Vorschriften des **PublG** beachtet werden. Gem § 17 Abs 1 Nr 1 PublG wird mit Freiheitsstrafe bis zu drei Jahren oder mit Geldstrafe bestraft, wer als gesetzlicher Vertreter (4 Abs 1 S 1 PublG) eines Unt oder beim Ekfm als Inhaber oder dessen gesetzlicher Vertreter die Verhältnisse des Unt im JA unrichtig wiedergibt oder verschleiert. Nach § 20 Abs 1 Nr 1 PublG handelt ordnungswidrig, wer als gesetzlicher Vertreter (4 Abs 1 S 1 PublG) eines Unt oder beim Ekfm als Inhaber oder dessen gesetzlicher Vertreter einer Vorschrift des § 251 zuwiderhandelt.

G. Abweichungen der IFRS

Standards: IAS 37 Rückstellungen, Eventualverbindlichkeiten und Eventualforderungen *(Provisions, Contingent Liabilities and Contingent Assets)* (1998); IAS 39 Finanzinstrumente: Ansatz und Bewertung *(Financial Instruments: Recognition and Measurement)* (rev 2004).

60 Im Unterschied zu § 251 enthalten die IFRS keine Regelung, Haftungsverhältnisse unter der Bilanz anzugeben. Das Wahlrecht des § 268 Abs 7, wonach Haftungsverhältnisse entweder unter der Bilanz oder im Anhang anzugeben sind (zu den Ausnahmen vgl Anm 1) besteht nach IFRS folglich nicht.

Mit „contingent liabilities" befasst sich IAS 37. Darunter sind zum einen mögliche („eventuelle") Verpflichtungen aus vergangenen Ereignissen zu verstehen, deren Verwirklichung unsicher ist und die nicht vollständig unter der Kontrolle des Unternehmens stehen. Zum anderen fallen darunter gegenwärtige Verpflichtungen, die auf vergangenen Ereignissen beruhen, deren Inanspruchnahme aber entweder nicht wahrscheinlich ist oder deren Höhe nicht zuverlässig geschätzt werden kann (IAS 37.10). Bei solchen Verpflichtungen kann der Kfm von einer Wahrscheinlichkeit der Inanspruchnahme ausgehen, wenn mehr dafür als dagegen spricht (IAS 37.23). Nach IAS 37.86 sind diese Verpflichtungen im Anhang zu beschreiben und soweit praktikabel Angaben zu den finanziellen Auswirkungen, zu der Ungewissheit hinsichtlich Höhe und Zeitpunkt des Vermögensabgangs sowie zu etwaigen Rückgriffsforderungen zu machen. Eine Anhangangabe entfällt, wenn eine Inanspruchnahme sehr unwahrscheinlich *(„remote")* ist. Die „contingent liabilities" iSv IAS 37 gehen insoweit über die Haftungsverhältnisse iSv § 251 hinaus als sie auch gesetzliche Verpflichtungen umfassen und es auf die Branchen- oder Geschäftsüblichkeit nicht ankommt (vgl oben Anm 5). § 251 HGB sind zudem als Tatbestände einer Ausfallhaftung konzipiert, während IAS 37 auch Primärverpflichtungen des Kfm abbilden, deren Inanspruchnahme nicht wahrscheinlich ist (vgl *Hoffmann* in Haufe IFRS-Kommentar § 21 Rn 113). Umgekehrt besteht nach § 251 eine Vermerkpflicht auch für solche Haftungsverhältnisse, deren Inanspruchnahme sehr unwahrscheinlich ist. Nach dem deutschen Handelsrecht kommt es auf die Wahrscheinlichkeit der Inanspruchnahme bei der Angabe unter der Bilanz gerade nicht an (Anm 10).

Sofern der Kfm eine finanzielle Garantie (IAS 39.9) abgegeben hat, regelt sich die Bilanzierung nach IAS 39 (vgl IAS 37.2). Dabei ist eine Finanzverbindlichkeit zu passivieren und mit dem beizZW zu bewerten (IAS 39.14 u .43). Bei der Folgebewertung ist der höhere Betrag aus dem nach IAS 37 ermittelten oder dem ursprünglich angesetzten Betrag anzusetzen (IAS 39.47(c)).

Das IASB arbeitet seit mehreren Jahren an einer Überarbeitung der bestehenden Regelungen des IAS 37, die auch „contingent liabilities" berücksichtigt (dazu *Hommel/Wilch* WPg 2007, 509; *Schrimpf-Dörges* in Beck IFRS⁴ § 13 Anm 225 ff). Nach dem ersten Entwurf *„Exposure Draft of Proposed Amendments to*

Allgemeine Bewertungsgrundsätze § 252

IAS 37 Provisions, Contingent Liabilities and Contingent Assets" aus dem Jahr 2005, hat es im Januar 2010 den Entwurf ED/2010/1 *„Measurement of Liabilities in IAS 37"* vorgelegt, der sich Fragen zur Bewertung von Schulden widmet. Am 19.2.2010 hat das IASB schließlich den *„Working Draft Liabilities"* veröffentlicht, der die vorgeschlagenen Änderungen aus den Entwürfen zusammenfasst. *„Provisions"* und *„contingent liabilities"* sollen danach einheitlich als *„non-financial liabilities"* bezeichnet werden. Die Änderungen sehen vor, dass alle gegenwärtigen Verpflichtungen anzusetzen sind. Damit sind alle unbedingten Verpflichtungen zu passieren, unabhängig vom Grad der Wahrscheinlichkeit der Inanspruchnahme; diese soll künftig nur für die Bewertung, nicht hingegen für die Passivierungspflicht maßgeblich sein. Hängt das Entstehen einer Verbindlichkeit von Eintritt einer Bedingung ab (bedingte Verpflichtung), liegen die Passivierungsvoraussetzungen nicht vor, so dass diese nicht zu bilanzieren sind. Sofern mit einer bedingten Verpflichtung allerdings eine unbedingte *stand-ready*-Verpflichtung verbunden ist, muss diese passiviert werden (dazu *Kühne/Schween* KoR 2006, 171). Das gilt etwa für laufzeitabhängige Produktgarantien eines Geräteherstellers. Die Verabschiedung des Entwurfs steht noch aus. Mit einer Verabschiedung ist indes vorerst nicht zu rechnen.

Dritter Titel. Bewertungsvorschriften

§ 252 Allgemeine Bewertungsgrundsätze

(1) Bei der Bewertung der im Jahresabschluß ausgewiesenen Vermögensgegenstände und Schulden gilt insbesondere folgendes:
1. Die Wertansätze in der Eröffnungsbilanz des Geschäftsjahrs müssen mit denen der Schlußbilanz des vorhergehenden Geschäftsjahrs übereinstimmen.
2. Bei der Bewertung ist von der Fortführung der Unternehmenstätigkeit auszugehen, sofern dem nicht tatsächliche oder rechtliche Gegebenheiten entgegenstehen.
3. Die Vermögensgegenstände und Schulden sind zum Abschlußstichtag einzeln zu bewerten.
4. Es ist vorsichtig zu bewerten, namentlich sind alle vorhersehbaren Risiken und Verluste, die bis zum Abschlußstichtag entstanden sind, zu berücksichtigen, selbst wenn diese erst zwischen dem Abschlußstichtag und dem Tag der Aufstellung des Jahresabschlusses bekanntgeworden sind; Gewinne sind nur zu berücksichtigen, wenn sie am Abschlußstichtag realisiert sind.
5. Aufwendungen und Erträge des Geschäftsjahrs sind unabhängig von den Zeitpunkten der entsprechenden Zahlungen im Jahresabschluß zu berücksichtigen.
6. Die auf den vorhergehenden Jahresabschluss angewandten Bewertungsmethoden sind beizubehalten.

(2) Von den Grundsätzen des Absatzes 1 darf nur in begründeten Ausnahmefällen abgewichen werden.

Übersicht

	Anm
A. Allgemeines	1, 2
B. Die ausdrücklich aufgezählten Bewertungsgrundsätze des Abs 1	
I. Identität der Wertansätze in Eröffnungs- und Schlussbilanz (Nr 1)	3–8

	Anm
II. Grundsatz der Unternehmensfortführung (Nr 2)	
1. Der vom Gesetz unterstellte Regelfall	9–13
2. Entgegenstehende Gegebenheiten	14–16
3. Bewertung bei Fortführung der Unternehmenstätigkeit	17
4. Bewertungsbesonderheiten bei Wegfall der going-concern-Prämisse	18
a) Bewertung bei geplanter Unternehmenseinstellung	19
b) Bewertung bei ungeplantem Wegfall der going-concern-Prämisse	20
c) Wegfall des going-concern-Prinzips bei Betriebsteilen	21
III. Grundsatz der Einzelbewertung am Abschlussstichtag (Nr 3)	22–28
IV. Grundsatz der Vorsicht (Nr 4)	
1. Zum Stellenwert des Vorsichtsprinzips	29, 30
2. Zum Inhalt des Vorsichtsprinzips	32, 33
3. Die in § 252 ausdrücklich genannten Ausprägungen des Vorsichtsprinzips	
a) Imparitätsprinzip	34–42
b) Realisationsprinzip	43–49
4. Nicht ausdrücklich in § 252 genannte Ausprägungen des Vorsichtsprinzips	50
V. Aufwands- und Ertragsperiodisierung (Nr 5)	51–54
VI. Grundsatz der Bewertungsstetigkeit (Nr 6)	55–63

C. Nicht in § 252 ausdrücklich genannte Bewertungsgrundsätze

I. Aus anderen Vorschriften ableitbare Grundsätze und der Vorrang der Einzelvorschriften	65, 66
II. Grundsatz der Methodenbestimmtheit	67
III. Grundsatz des Willkürverbots	68, 69
IV. Grundsatz der Wesentlichkeit	70, 71

D. Abweichungen nach Abs 2 von den Bewertungsgrundsätzen des Abs 1

I. Anwendungsbereich	72
II. Zwingende Abweichungen auf Grund gesetzlicher Vorschriften	73
III. Abweichungen auf Grund gesetzlicher Gestattung	74
IV. Abweichungen aus sonstigen Gründen	75–79

E. Rechtsfolgen einer Verletzung des § 252 80

F. Abweichungen der IFRS

I. Identität der Wertansätze in Eröffnungs- und Schlussbilanz	81
II. Grundsatz der Unternehmensfortführung	82
III. Grundsatz der Einzelbewertung	83
IV. Grundsatz der Vorsicht	84
V. Aufwands- und Ertragsperiodisierung	85
VI. Bewertungsstetigkeit	86

Allgemeine Bewertungsgrundsätze 1 § 252

Schrifttum: *Förschle/Kropp* Die Bewertungsstetigkeit im Bilanzrichtliniengesetz, ZfB 1986, 873; *Groh* Zur Bilanzierung von Fremdwährungsgeschäften, DB 1986, 869; *Kupsch* Einheitlichkeit und Stetigkeit der Bewertung gemäß § 252 Abs. 1 Nr. 6 HGB (Teil II), DB 1987, 1157; *Müller J* Das Stetigkeitsprinzip im neuen Bilanzrecht, BB 1987, 1629; *Sarx* Einzelprobleme des Grundsatzes der Unternehmensfortführung, ZfB Erg-Heft 1/87, 25; *Müller* Zur Rangordnung der in § 252 Abs 1 Nr 1 bis 6 HGB kodifizierten allgemeinen Bewertungsgrundsätze in FS Goerdeler, 397; *Benne* Einzelbewertung und Bewertungseinheit, DB 1991, 2601; *Benne* Einzelbewertung bei wechselseitigen Leistungsbeziehungen, WPg 1992, 245; *Siegel* Metamorphosen des Realisationsprinzips in FS Forster, 587; *Kupsch* Zum Verhältnis von Einzelbewertungsprinzip und Imparitätsprinzip in FS Forster, 339 ff; *Knobbe-Keuk*[9] Bilanz- und Unternehmenssteuerrecht, Köln 1993, 54; *Hense* Rechtsfolgen nichtiger Jahresabschlüsse und deren Konsequenzen auf Folgeabschlüsse, WPg 1993, 716; *Beisse* Zum neuen Bild des Bilanzrechtssystems in FS Moxter, 3; *Schülen* Änderung von Bewertungsmethoden – Anmerkung zu *Küting/Kaiser* Bilanzpolitik in der Unternehmenskrise, BB 1994, 2312; *Kropp/Weisang* Erfolgsneutrale Neubewertung von Schulden und Aufstockung abgezinster Rückstellungen im Jahresabschluss 1995, DB 1995, 2485; *Kropff* Auswirkungen der Nichtigkeit eines Jahresabschlusses auf die Folgeabschlüsse in FS Budde, 341 ff; *Müller* Die Bildung von Bewertungseinheiten bei neutralem Zins- und Währungsmanagement im Konzern, DB 1995, 1973; *Küting* Die Erfassung von erhaltenen und gewährten Zuwendungen im handelsrechtlichen Jahresabschluß (Teil I) – ein Grundlagenbeitrag ergänzt um eine empirische Analyse – DStR 1996, 276; *Müller* Imparitätsprinzip und Erfolgsermittlung, DB 1996, 689; *Scherrer* Offene Fragen zur Liquidationsbilanz, WPg 1996, 681; *Moxter* Grundwertungen in Bilanzrechtsordnungen in FS Beisse, 347; *Müller* Bilanzierungsfragen bei der Beendigung von Unternehmensverträgen in FS Kropff, 519; *Kupsch/Achtert* Der Grundsatz der Bewertungseinheitlichkeit in Handels- und Steuerbilanz, BB 1997, 1403; *Kropff* Wann endet der Wertaufhellungszeitraum?, WPg 2000, 1137 ff; *Küting/Kaiser* Aufstellung oder Feststellung: Wann endet der Wertaufhellungszeitraum?, WPg 2000, 577 ff; *Förschle/Holland/Kroner*[6] Internationale Rechnungslegung: US-GAAP, HGB und IAS, Heidelberg 2003; *Moxter* Unterschiede im Wertaufhellungsverständnis zwischen den handelsrechtlichen GoB und den IAS/IFRS, BB 2003, 2559; *Moxter* IFRS als Auslegungshilfe für handelsrechtliche GoB?, WPg 2009, 7; *Lüdenbach/Hoffmann* Erlösrealisierung bei Mehrkomponentengeschäften nach IFRS und HGB/EStG, DStR 2006, 153; *Zülch/Hoffmann* Die Modernisierung des deutschen Handelsbilanzrechts durch das BilMoG: Wesentliche Alt- und Neuregelungen im Überblick, DB 2009, 745; *Herzig/Briesemeister* Steuerliche Konsequenzen des BilMoG – Deregulierung und Maßgeblichkeit, DB 2009, 926; *Stibi/Fuchs* Zur Umsetzung der HGB-Modernisierung durch das BilMoG: Konzeption des HGB – Auslegung und Interpretation der Grundsätze ordnungsmäßiger Buchführung unter dem Einfluss der IFRS?, DB 2009 Beilage 5, 9; *Hommel/Berndt* Das Realisationsprinzip – 1884 und heute, BB 2009, 2190; *Küting/Tesche* Der Stetigkeitsgrundsatz im verabschiedeten neuen deutschen Bilanzrecht, DStR 2009, 1491; *Lilienbecker/Link/Rabenhorst* Beurteilung der Going-Concern-Prämisse durch den Abschlussprüfer bei Unternehmen in der Krise, BB 2009, 262; *Groß* Zur Beurteilung der „handelsrechtlichen Fortführungsprognose" durch den Abschlussprüfer, WPg 2010, 119; *Ehlers* Anforderungen an die Fortbestehensprognose, NZI 2011, 161; *Preißer/Preißer* Negativer Geschäftswert beim Asset Deal – Handelsrechtliche Überlegungen unter Einbeziehung der Steuersituation der Beteiligten, DStR 2011, 133; *Ruhnke/Schmitz* Wesentlichkeitsüberlegung bei der Prüfung von Konzernabschlüssen, IRZ 2011, 193; *Küting/Cassel* Zur Vermengung von Einzel- und Gesamtbewertung im IFRS-Regelwerk, DB 2012, 697; *Kaiser* Die Crux mit dem Going Concern, ZIP 2012, 2478; IDW Positionspapier zum Zusammenwirken von handelsrechtlicher Fortführungsannahme und insolvenzrechtlicher Fortbestehensprognose, FN-IDW 2012, 463; *Küting/Lam* Umsatzrealisierung dem Grunde nach – Ein Vergleich zwischen HGB, IFRS und dem Standardentwurf ED/2011/6, DStR 2012, 2348; *Hennrichs* Zum Fehlerbegriff im Bilanzrecht, NZG 2013, 681.

A. Allgemeines

Der Dritte Titel des Zweiten Unterabschnitts über den JA enthält die von allen Kfl zu beachtenden Bewertungsvorschriften für VG und Schulden. Diese sind **1** wegen des für die Bewertung geltenden Grundsatzes der Maßgeblichkeit der HB für die StB auch steuerrechtliche Bewertungsvorschriften, sofern nicht steuerrechtliche Spezialvorschriften vorgehen. Durch Aufzählung in Abs 1 werden die genannten **Bewertungsregeln** aus der Vielzahl aller Regeln für die Bewertung herausgestellt. Bewertungsregeln, die in den Nrn 1 bis 6 nicht enthalten sind, müssen jedoch gem § 243 Abs 1 bei der Aufstellung des JA beachtet werden, wenn es sich um zu den GoB zu zählende Regeln handelt, dazu § 243 Anm 31 ff. Das Vorhandensein zusätzlicher, nicht aufgeführter Bewertungsgrundsätze ergibt sich aus der „insbesondere"-Formulierung in Abs 1 und der Ausnahmeregelung in Abs 2, die zwar ein Abweichen von Abs 1, nicht jedoch von den GoB zulässt.

2   Die in Abs 1 aufgeführten Bewertungsregeln sind **gleichrangig** und grds unabhängig voneinander anwendbar. Für den Fall einer echten Konkurrenz, dass nämlich nur der einen unter Ausschluss einer anderen Regel gefolgt werden kann, ergibt weder der Gesetzesaufbau noch der Wortlaut eine Rangfolge untereinander (so auch *ADS*[6] § 252 Anm 6). Einen Ansatz, eine solche Konfliktsituation zu lösen, bietet nur Abs 2, wonach von den Grundsätzen des Abs 1 nur in begründeten **Ausnahmefällen** abgewichen werden darf. Diese Ermessensregelung bietet die Möglichkeit, in Ausnahmefällen einzelnen Grundsätzen den Vorrang vor anderen Grundsätzen einzuräumen (ähnlich *Müller* in FS Goerdeler, 408; *Winnefeld*[4] E 6).

B. Die ausdrücklich aufgezählten Bewertungsgrundsätze des Abs 1

I. Identität der Wertansätze in Eröffnungs- und Schlussbilanz (Nr 1)

3   Abs 1 Nr 1 verlangt die **Übereinstimmung** der Wertansätze der **Eröffnungsbilanz** mit den Wertansätzen in der **Schlussbilanz des vorhergehenden Geschäftsjahrs** (Grundsatz der formellen **Bilanzkontinuität**). Dies bedeutet, dass zwischen Schlussbilanz und EB keine Buchung, Änderung des Bilanzinhalts oder Bewertungsänderung vorgenommen werden darf. Diese Forderung nach Bilanzidentität gehört zu den GoB.

4   Durch die Bilanzidentität wird erreicht, dass der Totalgewinn eines Betriebs der Summe der Gewinne der einzelnen Gj (in der gleichen Währung) entspricht. Dies ist eine Folge der **„Zweischneidigkeit der Bilanz"**, die darin besteht, dass höhere oder niedrigere Wertansätze in einem Gj sich in der Folgeperiode (oder in mehreren) entgegengesetzt auswirken.

5   Weder nach HGB noch nach GoB besteht für den bilanzierenden Kfm eine Pflicht zur Erstellung einer *jährlichen* **Eröffnungsbilanz.** Wenn § 252 diesen Ausdruck enthält, ist hiermit nicht eine Bilanz im formellen, sondern im materiellen Sinn gemeint, nämlich dass die Saldenvorträge auf den Bestandskonten mit den entspr Schlusssalden der Vorperiode übereinstimmen (*ADS*[6] § 252 Anm 11).

6   Sämtliche Aktiva und Passiva sowie die einzelnen Posten des EK sind mit den Werten der Schlussbilanz in der EB anzusetzen (*ADS*[6] § 252 Anm 12). Hieraus folgt, dass zB auch eine Umbewertung einzelner in einem Bilanzposten zusammengefasster VG mit dem Ergebnis, dass der Wertansatz des Bilanzpostens selbst gleich bleibt, nicht zulässig ist.

Ebenso ist es unzulässig, die handelsrechtliche EB an eine abw StB anzupassen. Das ist vielmehr ein Geschäftsvorfall *nach* dieser EB.

Aus der zwingenden **Identität der Wertansätze** ergibt sich des Weiteren, 7
dass zB die Zuordnung einzelner VG zu den jeweiligen Aktiva und Passiva zwischen Schlussbilanz und EB nicht geändert werden darf; ebenso wenig kann zwischen den beiden Bilanzen etwas hinzugefügt oder weggelassen werden (*ADS*[6] § 252 Anm 13).

Das in der Praxis anzutreffende Verfahren, bei Einbuchung der Bilanzvorträge 8 die bereits bekannten **Gewinnverteilungsbeschlüsse** einzubeziehen, stellt zwar eine Durchbrechung der formellen Bilanzidentität dar, die aber ohne Folgen bleibt, da gegen den Inhalt des Grundsatzes der Bilanzidentität (s Anm 4) nicht verstoßen wird (iE ebenso *ADS*[6] § 252 Anm 16; einschränkend *Fülbier/Kuschel/Selchert* in HdR[5] § 252 Anm 35).

Werden **Beteiligungen** mit Wirkung auf die juristische Sekunde zwischen altem und neuem Gj übertragen (BFH 2.5.1974 BStBl II, 709), kann das übertragende Unt den Abgang dem alten Gj – ggf unter Verlustrealisation – zuordnen. Das übernehmende Unt muss den Zugang im neuen Gj ausweisen, wenn es ein Anlagengitter erstellt. Wird ein solches nicht erstellt, kann der Zugang in Übereinstimmung mit der Praxis bereits in den EB-Buchungen berücksichtigt werden, da auch hierin kein Verstoß gegen den Inhalt des Grundsatzes der Bilanzidentität (s Anm 4) besteht (ebenso *ADS*[6] § 252 Anm 18; strenger *Fülbier/Kuschel/Selchert* in HdR[5] § 252 Anm 44). Das übernehmende Unt darf den Zugang nicht dem alten Gj zuordnen, weil eine korrespondierende Ausübung des Wahlrechts bei übertragendem und übernehmendem Unt nicht erzwingbar ist.

II. Grundsatz der Unternehmensfortführung (Nr 2)

1. Der vom Gesetz unterstellte Regelfall

Gem Abs 1 Nr 2 ist von der Fortsetzung der UntTätigkeit auszugehen, sofern 9 dem nicht tatsächliche oder rechtliche Gegebenheiten entgegenstehen. Der vom HGB für Zwecke der Bewertung unterstellte Regelfall ist damit die Fortsetzung der UntTätigkeit *(going-concern-concept)*. Bewertung nach dem going-concern-concept bedeutet, dass den VG eines Unt im Fall der Fortführung ein anderer Wert beizumessen ist als im Fall der Einzelveräußerung oder Liquidation. Im Fall der UntFortführung sind der Verbleib der VG im Unt und die zukünftige Nutzung zu berücksichtigen, während bei Wegfall der Fortführungsprämisse zB der Einzelveräußerungswert anzusetzen ist, sofern das AK/HK-Prinzip eingehalten wird.

Die gesetzliche Unterstellung der Fortführung der UntTätigkeit gilt nur, sofern 10 dem nicht tatsächliche oder rechtliche **Gegebenheiten entgegenstehen.** Die Bewertung nach dem going-concern-concept erfordert es daher, dass jeder Kfm im Rahmen der Bilanzerstellung prüft, ob solche Gegebenheiten bestehen. Von der UntFortführung kann dabei ohne weiteres ausgegangen werden, wenn die Ges in der Vergangenheit nachhaltige Gewinne erzielt hat, leicht auf finanzielle Mittel zurückgreifen kann und keine bilanzielle Überschuldung droht (implizite Fortbestehensprognose, vgl IDW PS 270, WPg 2010 Suppl 4, 1 ff Tz 9; *Lilienbecker/Link/Rabenhorst* BB 2009, 263; *Ehlers* NZI 2011, 161 Anm 164). Wenn diese Voraussetzungen nicht vorliegen und die Ges nicht über ausreichende stille Reserven verfügt, haben die gesetzlichen Vertreter eingehende Untersuchungen durchzuführen und dabei anhand aktueller, hinreichend detaillierter und konkretisierter interner Planungsunterlagen zu analysieren, ob weiterhin von der Fortführung der UntTätigkeit auszugehen ist (explizite Fortführungsprognose, vgl *Lilienbecker/Link/Rabenhorst* aaO, 264). Entspr Erkenntnisse können ggf aus externen Gutachten zu Sanierungskonzepten gewonnen werden (zu den Anforderungen vgl IDW S 6, FN-IDW 2012, 719 ff).

11 Bei der Prüfung der Anwendbarkeit der Regelvermutung stellt sich die Frage, wie lang der **Zeitraum** sein muss, für den die UntFortführung noch mit hinreichender Sicherheit erwartet werden kann. Angesichts der gesetzlichen Fristen für die Erstellung der Bilanz wird es im Allgemeinen als ausreichend anzusehen sein, wenn im Zeitpunkt der Bilanzerstellung die Fortsetzung der UntTätigkeit für die auf den Abschlussstichtag folgenden **12 Monate** erwartet werden kann, wobei bis zum Abschluss der Aufstellung des JA keine fundierten Anhaltspunkte dafür vorliegen dürfen, dass die Fortführungsprognose zu einem nach diesem Zeitraum liegenden Zeitpunkt nicht mehr aufrecht zu halten sein wird (IDW PS 270, WPg 2010 Suppl 4, 1 ff). Längere Prognosezeiträume können unter untspezifischen Gesichtspunkten geboten sein, wobei zB die Fertigungsdauer und/oder die Umschlagshäufigkeit des Warenlagers von entscheidender Bedeutung sein können (für Unt mit einem längeren Produktzyklus vgl *Lilienbecker/Link/Rabenhorst* aaO, 263).

Eine Verkürzung des zu beurteilenden Zeitraums auf nur wenige Monate, die hinreichend sicher zu überblicken sind (so *ADS*[6] § 252 Anm 24), halten wir nur dann für ausreichend, wenn dieser Zeitraum von der Bilanz-*Aufstellung* an gemessen wird, die insb bei gefährdeten Unt häufig mit deutlichem zeitlichen Abstand zum Bilanzstichtag erfolgt.

12 Entscheidend für die Prüfung der UntFortführung sind grds die **Verhältnisse am Abschlussstichtag.** Soweit allerdings nach dem Stichtag eintretende Umstände, die als solche nach den Verhältnissen am Stichtag auch nicht vorhersehbar waren (wertbegründende Ereignisse), zu einem Wegfall der Fortführungsannahme führen, ist dieser auf alle zu diesem Zeitpunkt noch nicht endgültig festgestellten JA zurückzubeziehen (vgl IDW RS HFA 17, Tz 25 iVm IDW PS 270, Tz 31, 48). Insofern liegt in diesem Fall eine begründete Ausnahme/Durchbrechung des Stichtagsprinzips gem Abs 1 Nr 3 iVm Abs 2 vor. Ausschlaggebend für diese Sichtweise ist, dass der Wegfall der Fortführungsannahme so tiefgreifend auf den handelsrechtlichen Abschluss wirkt, dass bei einer ausschließlichen Berichterstattung im Lagebericht die hieraus resultierenden Bilanzierungs- und Bewertungskonsequenzen für die Adressaten nicht ausreichend transparent werden und insofern ein JA, in dem die Bewertung noch unter going-concern erfolgt, obwohl die Voraussetzungen hierfür nicht mehr gegeben sind, bei den Adressaten zu Missverständnissen führen könnte (vgl *Förschle/Deubert* in Sonderbilanzen[4], T Anm 150) (so auch *ADS*[6] § 252 Anm 26, wonach auch eine auf Grund neuer Ereignisse sich abzeichnende Einstellung der UntTätigkeit zurückzubeziehen sein kann). Ungeachtet dessen, dass wertbegründende Ereignisse bei der Entscheidung, ob von einer UntFortführung ausgegangen werden kann, zu berücksichtigen sind, bedeutet dies nicht, dass ihre Auswirkungen selbst noch auf den vom Wegfall betroffenen Abschluss zurückzubeziehen sind. Diese sind nach allgemeinen Grundsätzen erst in lfd Rechnung zu berücksichtigen.

13 Bei prüfungspflichtigen Unt gehört die Anwendbarkeit der going-concern-Prämisse zum **Prüfungsgegenstand** (IDW PS 270, WPg 2010 Suppl 4, 1 ff). Im Zweifel hat das Unt die für seine Fortführung sprechenden Tatsachen darzulegen und ggf zu beweisen, da zu prüfen ist, ob das Unt zu Recht auf going-concern-Basis bilanziert hat.

2. Entgegenstehende Gegebenheiten

14 Eine weitere Schwierigkeit des going-concern liegt in der Frage, *unter welchen Voraussetzungen* der UntFortführung tatsächliche oder rechtliche Gegebenheiten entgegenstehen, die zu einer negativen Prognose führen. Probleme treten insb in den Fällen auf, in denen die UntLeitung trotz drohenden UntZusammenbruchs an der Fortführung der UntTätigkeit festhält und dabei von Kreditgebern unterstützt wird. Hier stellt sich die Frage, ob und inwieweit die Auffassung des bilanzierenden Kfm mit dem Erfordernis einer sachgerechten Bilanzierung im Einklang steht. In diesem Zusammenhang ist hinsichtlich der Beurteilung der Fortführung der UntTätigkeit anzumerken, dass die Vorgabe des Abs 1 Nr 2 grds nicht synonym mit den Voraussetzungen des § 19 InsO in seiner derzeit geltenden Form zu verstehen ist. Abs 1 Nr 2 bezieht sich zunächst ausschließlich auf die UntTätigkeit während die §§ 17ff InsO den Rechtsträger adressieren. Zwar wird nach hM im Zusammenhang des Abs 1 Nr 2 neben der Fortführung der UntTätigkeit auch der Fortbestand des Unt gefordert, eine Umstrukturierung oder Insolvenz des Rechtsträgers, sofern diese sich nicht auf die Tätigkeit auswirkt, hat jedoch keine Konsequenzen für Forderung des Abs 1 Nr 2. Somit überschneiden sich die handels- und insolvenzrechtlichen Regelungen, sind aber nicht deckungsgleich (*Kaiser* ZIP 2012, 2478 ff). Auch ist das Ergebnis einer, im fortgeschrittenen Krisenstadium zu erstellenden, insolvenzrechtlichen Fortbestehensprognose zwar in die handelsrechtliche Fortführungsprognose einzubeziehen, sie unterscheiden sich jedoch hinsichtlich ihrer Zielsetzungen. So dient die rein liquiditätsorientierte, insolvenzrechtliche Fortbestehensprognose der Feststellung der Gründe für eine Insolvenzeröffnung, während die handelsrechtliche Fortführungsprognose der Bestimmung des angemessenen Bewertungsrahmens und der angemessenen Bewertungsgrundsätze dient (vgl *Groß* WPg 2010, 120ff; s auch IDW Positionspapier FN-IDW 2012, 463).

Der Gesetzeswortlaut legt eine **objektivierende Auffassung** dahingehend nahe, dass nicht die subjektive Beurteilung des Bilanzierenden, sondern eine objektive Betrachtungsweise über Anwendung oder Nichtanwendung der going-concern-Prämisse entscheidet („tatsächliche oder rechtliche *Gegebenheiten*" – nicht „*Auffassungen*"). Dabei erfordert der Gesetzeswortlaut aber erst dann eine Bewertung unter Verzicht auf diese Prämisse, wenn tatsächliche oder rechtliche Gegebenheiten „entgegenstehen", dh diese Gegebenheiten müssen sich hinreichend konkretisiert haben; besteht nur die Möglichkeit ihres Eintritts zum Zeitpunkt der Bewertung, besteht noch keine Pflicht, von der going-concern-Prämisse abzuweichen. Das gilt auch bei Sanierungszusagen durch Kreditinstitute, andere Gläubiger oder Gester.

Wegen der weitreichenden nachteiligen Folgen des Wegfalls von going-concern (Anm 18 ff) müssen diese Gegebenheiten schwerwiegend sein; in Krisensituationen sind alle Argumente „für" oder „gegen" going-concern aufzuzeichnen und ausführlich zu begründen.

Der Fortführung der UntTätigkeit **entgegenstehende tatsächliche Gegebenheiten** sind vorrangig wirtschaftliche Schwierigkeiten, dh insb *Zahlungsunfähigkeit* und/oder *hälftiger Verlust des Kapitals*. Aber auch wenn diese Kriterien (noch) nicht eingetreten sind, kommen als Umstände, welche die Fortsetzung der UntTätigkeit *zweifelhaft* erscheinen lassen können, zB in Betracht: die Unfähigkeit zur Finanzierung neuer, bei KonkurrenzUnt entwickelter oder bereits vorhandener Herstellungsmethoden, die zur Erhaltung der Konkurrenzfähigkeit zwingend erforderlich sind, oder etwa eine zwischenzeitliche Einschränkung oder Untersagung der Produktion wegen umweltbelastender Emissionen bei wirtschaftlicher oder technischer Unfähigkeit zur Abhilfe.

Wann die Aufgabe der going-concern-Prämisse erforderlich ist oder wird, lässt sich mangels gesetzlicher Kennzahlen oder Grenzwerte als Indikatoren nicht eindeutig sagen. Es lassen sich zwar eine Reihe von Sachverhalten schildern, deren Vorliegen den Fortbestand eines Unt als gefährdet erscheinen lassen, doch lässt sich keine prüfbare Kausalbeziehung derart feststellen, dass bei bestimmten Sachverhalten von einer UntFortführung *nicht* mehr ausgegangen werden kann. Je konkreter die Anhaltspunkte dafür sind, dass Ereignisse die wirtschaftliche Unt-Entwicklung nachteilig beeinflussen können, desto detaillierter müssen die gesetzlichen Vertreter die Auswirkungen solcher Ereignisse auf die UntFortführung analysieren. Indikatoren für solche nachteiligen Ereignisse können nach IDW PS 270 ua folgende Umstände sein:

Finanzielle Umstände
- In der Vergangenheit eingetretene oder für die Zukunft erwartete negative Zahlungssalden aus der laufenden Geschäftstätigkeit
- Die Schulden übersteigen das Vermögen oder die kurzfristigen Schulden übersteigen das Umlaufvermögen
- Kredite zu festen Laufzeiten, die sich dem Fälligkeitsdatum nähern, ohne realistische Aussichten auf Verlängerung oder Rückzahlung
- übermäßige kurzfristige Finanzierung langfristiger Vermögenswerte
- Anzeichen für den Entzug finanzieller Unterstützung durch Lieferanten oder andere Gläubiger
- ungünstige finanzielle Schlüsselkennzahlen
- erhebliche Betriebsverluste oder erhebliche Wertminderungen bei betriebsnotwendigem Vermögen
- Ausschüttungsrückstände oder Aussetzen der Ausschüttung
- Unfähigkeit, Zahlungen an Gläubiger bei Fälligkeit zu leisten
- Unfähigkeit, Darlehenskonditionen einzuhalten
- Lieferantenkredite stehen nicht mehr zur Verfügung
- Unmöglichkeit, Finanzmittel für wichtige neue Produktentwicklungen oder andere wichtige Investitionen zu beschaffen
- Unfähigkeit, Kredite ohne Sicherheitenstellung von außen zu beschaffen
- Einsatz von Finanzinstrumenten außerhalb der gewöhnlichen Geschäftstätigkeit
- angespannte finanzielle Situation im Konzernverbund oder bei Unt des gleichen CashPools

Betriebliche Umstände
- Ausscheiden von Führungskräften in Schlüsselpositionen ohne adäquaten Ersatz
- Verlust eines Hauptabsatzmarkts, Verlust von Hauptlieferanten oder wesentlichen Kunden bzw Kündigung von bedeutenden Franchise-Verträgen
- gravierende Personalprobleme
- Engpässe bei der Beschaffung wichtiger Vorräte
- nicht ausreichend kontrollierter Einsatz von FinInst
- Verstöße gegen EKVorschriften oder andere gesetzliche Regelungen
- anhängige Gerichts- oder Aufsichtsverfahren gegen das Unt, die zu Ansprüchen führen können, die wahrscheinlich nicht erfüllbar sind
- Änderungen in der Gesetzgebung oder Regierungspolitik, von denen negative Folgen für das Unt erwartet werden.

Das Vorliegen vorstehender Indikatoren begründet allerdings für sich noch nicht die Abkehr von der Going-Concern-Annahme. Letztlich kann die Entscheidung über das Bestehen der Regelvermutung nur in einer **Prognoseentscheidung** unter Heranziehung aller für den Fortbestand des Unt relevanten Gegebenheiten und eingeleiteten Maßnahmen getroffen werden. Hierbei spielen die Realisierbarkeit der geplanten Maßnahmen sowie der Wille der gesetzlichen Vertreter zur Umsetzung der Maßnahmen eine zentrale Bedeutung (vgl auch IDW Positionspapier, FN-IDW 2012, 463). In Zweifelsfällen, zB bei nachhaltigen Jahresfehlbeträgen oder ständig steigenden Kreditaufnahmen, haben Kap-

Ges/KapCoGes im **Anhang** die weitere Anwendung der Fortführungsprämisse zu begründen, da der JA sonst *kein* den tatsächlichen Verhältnissen entspr Bild iSd § 264 Abs 2 S 1 vermittelt (aA *ADS*[6] § 264 Anm 118). Ferner sind Ausführungen im Lagebericht nach § 289 Abs 1 – insb S 4 – von Bedeutung. Die Prognose sowie ihr Ergebnis sind gem § 238 Abs 1 angemessen zu dokumentieren.

Der going-concern-Prämisse **entgegenstehende rechtliche Gegebenheiten** 16 sind zB Eröffnung des Insolvenzverfahrens, Tatbestandserfüllung von Gesetzes- oder Satzungsvorschriften, die die Liquidation zur Folge haben. Hinzukommen muss allerdings die tatsächliche Absicht der Liquidation, insb bei Ablauf der satzungsmäßigen GesDauer (*ADS*[6] § 252 Anm 30; s im Einzelnen *Scherrer* WPg 1996, 681; zur Frage, ob die going-concern-Prämisse für Unt gilt, die aus einem UntVertrag ausscheiden, s *Müller* in FS Kropff, 524). Auch die Eröffnung des Insolvenzverfahrens allein ohne die tatsächliche Absicht der Beendigung der Geschäftstätigkeit kann nicht als rechtliche Gegebenheit angesehen werden, da das Insolvenzverfahren häufig die Aufrechterhaltung der UntTätigkeit erleichtert. Als charakteristisch für der Fortführung der UntTätigkeit entgegenstehende rechtliche Gegebenheiten ist bspw die Einstellung des Geschäftsbetriebes anzusehen (vgl *Kaiser* ZIP 2012, 2485 ff).

3. Bewertung bei Fortführung der Unternehmenstätigkeit

Die allgemeinen Bewertungsvorschriften (insb §§ 252 bis 256a) sind anzuwen- 17 den, wenn von der Fortführung der UntTätigkeit ausgegangen werden kann. Da die **Fortführung** der vom HGB unterstellte Regelfall ist, **konkretisiert sich** dieser zB in folgenden Bewertungs- und Ansatzvorschriften:
– Die Bewertung der VG erfolgt auf der Basis der historischen AK/HK und nicht auf der Basis von Verkehrs- oder Liquidationswerten (§ 253 Abs 1). Bewertungsobergrenze bei UntFortführung sind infolge des Realisationsprinzips (Anm 43 ff) grds die AK/HK; Ausnahmen finden sich bspw in § 246 Abs 2 S 3 und im § 256a S 1.
– Der Verbleib langlebiger VG im Unt bis zum Ende ihrer voraussichtlichen Nutzungsdauer wird unterstellt. AK/HK-Aufwendungen werden iW mittels planmäßiger Abschreibungen periodisiert (§ 253 Abs 3 S 2).
– Die Posten des Umlaufvermögens sind unter Beachtung des Niederstwertprinzips (§ 253 Abs 4) zu bilanzieren.
– Für Verbindlichkeiten wird unterstellt, dass sie im Rahmen der zukünftigen Geschäftstätigkeit planmäßig erfüllt werden.
– Ansatz der Pensionsrückstellungen für noch verfallbare Alt-Anwartschaften gem Art 28 EGHGB sowie der Jubiläumsrückstellungen.
– Die mit einer UntLiquidation verbundenen spezifischen Verbindlichkeiten und Rückstellungen (zB auf Grund eines Sozialplans) werden nicht oder nur für vorgesehene, mit dem Betriebsrat abgestimmte Entlassungen bilanziert.

4. Bewertungsbesonderheiten bei Wegfall der going-concern-Prämisse

Gesetzlich nicht geregelt sind die Auswirkungen des Wegfalls der going- 18 concern-Prämisse auf die Bewertung. Die Frage ist, ob damit bereits zur Bilanzierung und Bewertung nach den Grundsätzen für die UntAbwicklung überzugehen ist oder ob und in welchem Umfang die allgemeinen Bewertungsgrundsätze weiter gelten; dazu auch *Sarx* ZfB Erg-Heft 1/87, 31, *ADS*[6] § 252 Anm 33 sowie *Förschle/Deubert* in Sonderbilanzen[4] T Anm 145 ff; *Förschle/Hoffmann* in Sonderbilanzen[4] P Anm 35; IDW RS HFA 17, FN-IDW 2011, 438 ff.

a) Bewertung bei geplanter Unternehmenseinstellung

19 Die freiwillige UntEinstellung erfolgt in der Regel auf Grund einer **förmlichen Entscheidung** der Geschäftsinhaber oder Gester (bei Ges Auflösungsbeschluss, zB nach § 131 Abs 1 Nr 2, § 262 Abs 1 Nr 2 AktG, § 60 Abs 1 Nr 2 GmbHG). Bei Beginn der Abwicklung/Liquidation ist von KapGes eine externe Abwicklungs-/LiquidationsEB als Grundlage für die Rechnungslegung der Abwicklungs-/Liquidationsperiode zu erstellen (§ 270 Abs 1 AktG, § 71 Abs 1 GmbHG; näheres hierzu *Förschle/Deubert* in Sonderbilanzen[4] T Anm 90ff). Auf die LiquidationsEB bei KapGes finden auf Grund des Verweises in § 270 Abs 2 S 2 AktG/§ 71 Abs 2 S 2 GmbHG die Vorschriften über den JA und somit die allgemeinen Bewertungsvorschriften entspr Anwendung. Eine Neubewertung aller Aktiva und Passiva findet nicht statt. An diesen Vorschriften wird sich auch die Liquidationsbilanzierung von Unt anderer Rechtsformen zu orientieren haben (*WPH*[13] II, H Anm 279; *ADS*[6] § 252 Anm 35; aA *Förschle/Deubert* in Sonderbilanzen[4] S Anm 135ff). VG des Anlagevermögens sind, soweit ihre Veräußerung innerhalb eines übersehbaren Zeitraums beabsichtigt ist oder sie nicht mehr dem Geschäftsbetrieb dienen, wie Umlaufvermögen zu bewerten (§ 270 Abs 2 S 3 AktG/§ 71 Abs 2 S 3 GmbHG, zu der Bewertung einzelner Posten IDW RS HFA 17, FN-IDW 2011, 438ff). Steuerrechtlich ergibt sich die gesonderte Behandlung der Abwicklungsperiode für KapGes aus § 11 KStG. In diesen Fällen ist die Bewertung der WG jedoch gesetzlich nicht geregelt. Näheres dazu *Förschle/Deubert* in Sonderbilanzen[4] T Anm 425ff.

b) Bewertung bei ungeplantem Wegfall der going-concern-Prämisse

20 Kann nach der mit Hilfe objektiver Maßstäbe getroffenen Prognose von der Fortführung des Unt *nicht* mehr ausgegangen werden, ist die Einstellung des Geschäftsbetriebs zu *erwarten*. Die Auswirkungen dieser Erwartung auf die Bewertungsregeln sind nicht gesetzlich geregelt. Die direkte Anwendung der Regeln für die UntAbwicklung ist ausgeschlossen, weil es noch an der dort notwendigen Sicherheit über die Einstellung der UntTätigkeit fehlt. Auch bzgl der Bewertung besteht zB ein Unterschied zwischen einem Unt, bei dem objektiv von der Fortsetzung der UntTätigkeit iSd Abs 1 Nr 2 nicht mehr ausgegangen werden kann, das jedoch um das Überleben kämpft, und einem Unt, dessen Inhaber die Abwicklung beschlossen haben. Eine generell gültige Regelung für dieses Problem gibt es nicht. Letztlich kann nur versucht werden, unter Berücksichtigung der **Umstände des Einzelfalls** eine sachgerechte Bewertung vorzunehmen. Tendenziell bedeutet das in umso größerem Maße den Übergang von den allgemeinen Bewertungsregeln hin zum Ansatz des Einzelveräußerungswerts der VG (unter Beachtung des Anschaffungswertprinzips), je sicherer und/oder näher das tatsächliche Ende der UntTätigkeit ist. Unabhängig von going-concern-Gesichtspunkten wird die Vornahme von Abschreibungen (zB auf Vorräte) in Betracht kommen oder neue Schätzungen der (Rest-)Nutzungsdauer für die Sachanlagen.

c) Wegfall des going-concern-Prinzips bei Betriebsteilen

21 Die Anwendbarkeit der going-concern-Prämisse ist auch bei Einzelbewertung der Aktiva und Passiva von Teilbetrieben zu prüfen (vgl *Haarmeyer* in Münch-Komm InsO[2] § 22 Anm 92). Hat die UntLeitung die Einstellung eines **selbstständigen Unternehmensteils** beschlossen, ist dies im Rahmen des einheitlichen JA zu berücksichtigen (ebenso *ADS*[6] § 252 Anm 36). Die Bewertung hängt dann jedoch davon ab, ob mit der Veräußerung dieses Teils im Ganzen – zB einem Werk bei produzierenden Unt, einem Gebäude bei HandelsUnt – gerechnet werden kann oder ob nur eine Verwertung in Teilen zu erwarten ist, zB Stilllegung und Verkauf der Maschinen eines Produktionszweigs, um einen anderen Produktionszweig in diesen Räumlichkeiten unterzubringen. Im ersten Fall sind die bisherigen Wertansätze fortzuführen, im zweiten Fall sind diese VG auf den ggf niedrigeren Einzelveräußerungswert abzuschreiben (weiter differenzierend *ADS*[6] § 252 Anm 36).

Ist die **Stilllegung eines Betriebsteils** dagegen objektiv – zB wegen nachhaltiger Unrentabilität – zwar zu erwarten, hat die UntLeitung jedoch einen entspr Beschluss noch nicht gefasst, sind die allgemeinen Bewertungsregeln zunächst beizubehalten.

III. Grundsatz der Einzelbewertung am Abschlussstichtag (Nr 3)

Gem Abs 1 Nr 3 sind die im JA ausgewiesenen VG und Schulden zum Abschlussstichtag *einzeln* zu bewerten. Dieser Grundsatz der Einzelbewertung (zu Ausnahmen s Anm 26) ergibt sich bereits aus § 240 und verlangt die gesonderte Bilanzierung und Bewertung der *einzelnen* VG und Schulden. Diese Einzelbewertung hat ihren Ursprung im Vorsichtsprinzip (zum Verhältnis im Einzelnen *Kupsch* in FS Forster, 341) und soll verhindern, dass Wertminderungen und -Erhöhungen saldiert werden. Der Grundsatz der Einzelbewertung gilt nach § 6 Abs 1 EStG auch für die **Steuerbilanz**. 22

Die Bewertung erfordert die **Abgrenzung der Einzelposten** gegeneinander und die Entscheidung darüber, ob ein VG **selbstständig** ist oder ob er zusammen mit anderen VG eine **Bewertungseinheit** im Sinne eines einheitlich zu bewertenden VG bildet (gemeint ist hier nicht die in § 254 als Ausnahme zur Einzelbewertung genannte Möglichkeit zur Zusammenfassung abschreibungsfähiger Grundgeschäfte mit FinInst). Der wirtschaftlich denkende Kfm wird die Einzelposten nach ihrem Nutzen im betrieblichen Funktionszusammenhang nach wirtschaftlicher Betrachtungsweise beurteilen. Der betriebliche **Nutzungs- und Funktionszusammenhang,** in den ein VG gestellt ist, kann daher als entscheidendes Kriterium für die Bestimmung der BewEinh genannt werden. Der gleiche VG kann je nach seiner Funktion selbstständig oder Teil einer größeren BewEinh sein. Bsp: Ein Transportband kann separat eingesetzt oder in eine größere maschinelle Anlage fest integriert sein, mit der zusammen es eine BewEinh bildet. 23

Bei abnutzbaren VG des **Anlagevermögens,** die Teil einer größeren BewEinh sind, kann die ausschließliche Abgrenzung nach dem einheitlichen Nutzungs- und Funktionszusammenhang dann zu einer Überbewertung der BewEinh führen, wenn die Abschreibungsdauer eines integrierten einzelnen VG erheblich unter der einheitlichen Nutzungsdauer der BewEinh liegt. In einem solchen Fall kann als zusätzliches Abgrenzungskriterium die Nutzungsdauer des einzelnen VG in Betracht kommen. 24

Auch bei tauschähnlichen oder anderen fest miteinander verknüpften **Leistungsbeziehungen** (zB Verkäufe mit Rückkaufverpflichtung, Sachdarlehen) kann es geboten sein, von einer einzigen BewEinh des Komplexes auszugehen (hierzu *Benne* WPg 1992, 245). Selbst bei korrespondierenden Vertragsbeziehungen mit mehreren Vertragspartnern kann nach Auffassung von *Benne* (DB 1991, 2601) die Bildung einer BewEinh in Betracht kommen, namentlich dann, wenn bestimmten Risiken sichere Rückgriffsansprüche ggü bestehen (dazu *Groh* DB 1986, 873; s auch *Kropp/Weisang* DB 1995, 2486).

Bei der Ermittlung von AK/HK sind uU **pauschal ermittelte Kosten** zu berücksichtigen, zB bei VG des Anlagevermögens die Kosten der Inbetriebnah- 25 me (§ 255 Abs 1) oder bei Erzeugnissen im Vorratsvermögen die zurechenbaren Gemeinkosten (§ 255 Abs 2 S 2). Das ist auch im Hinblick auf den Grundsatz der Einzelbewertung zulässig (ebenso ADS[6] § 252 Anm 50; ähnlich *Fülbier/ Kuschel/Selchert* in HdR[5] § 252 Anm 61; s aber BFH 19.7.1995 BStBl II 1996, 28, keine Verrechnung von AK mit Finanzierungsmitteln). Ebenso ist jeder **derivative Firmenwert** einzeln zu bewerten, auch wenn seine Angemessenheit nur durch eine kollektive Bewertung der Sachgesamtheit „Unternehmen" beurteilt werden kann.

26 Nach § 256 S 1 sind für bestimmte **Aktivposten** im JA **vereinfachte Bewertungsverfahren** zugelassen, und zwar zwei Verbrauchsfolgeverfahren für alle Vorräte und außerdem in S 2 durch Verweis auf bestimmte Inventurvorschriften auch Festwerte für Sachanlagen, Roh-, Hilfs- und Betriebsstoffe und die Gruppenbewertung für gleichartige und etwa gleichwertige Vorräte. Bei allen og Bewertungsvereinfachungen handelt es sich um zulässige Sammelbewertungen zwecks vereinfachter praktischer Handhabung (dazu § 240 Anm 71 ff, 130 ff). Diese Vereinfachungen sind **Spezialregelungen** zu Abs 1 Nr 3. Daneben gibt es zwei weitere Ausnahmen zum Einzelbewertungsgrundsatz: Zum einen sieht § 246 Abs 2 S 2 eine Zusammenfassung von VG, die ausschließlich der Erfüllung von Verbindlichkeiten dienen, mit diesen Verbindlichkeiten vor, sofern die VG dem Gläubigerzugriff entzogen sind und es sich bei den Verbindlichkeiten um ggü den Arbeitnehmern eingegangenen AVersVerpflichtungen oder ähnlichen langfristigen Verpflichtungen handelt. Zweck dieser Ausnahme ist die verbesserte Darstellung der VFE-Lage: Verbindlichkeiten, die durch für Zwecke der Abdeckung dieser Verbindlichkeiten gehaltene VG abgedeckt werden, stellen letztlich keine Belastung des Unt dar.

Daneben wurde in § 254 die handelsrechtliche Praxis zur Bildung von BewEinh gesetzlich verankert. § 254 ermöglicht unter Einschränkung des Vorsichts- und Imparitätsprinzips sowie des Einzelbewertungsgrundsatzes unter bestimmten Voraussetzungen einen Verzicht auf die Berücksichtigung nicht realisierter Verluste, soweit die aus dem verlustbringenden Grundgeschäft resultierenden Verluste durch geeignete FinInst neutralisiert werden.

Auf der **Passivseite** gibt es Ausnahmen vom Grundsatz der Einzelbewertung bei den Rückstellungen. ZB ist es zulässig, für Garantieverpflichtungen nach Erfahrungswerten der Vergangenheit entspr dem Gesamtvolumen der wahrscheinlichen Risiken eine Garantierückstellung zu bilden (s § 249 Anm 100 „Gewährleistung") sowie auch für Urlaubs-, Vorarbeits-Rückstellungen etc. Eine Herausschätzung eines mit an Sicherheit grenzender Wahrscheinlichkeit nicht mehr geltend gemachten Teils einer Gesamtverpflichtung ist zulässig (BFH 27.3.1996 BStBl II, 471) und üblich.

27 Die Bewertung der VG und Schulden ist **zum Abschlussstichtag** vorzunehmen. Die Wertansätze sind unabhängig vom Zeitpunkt der tatsächlichen Ermittlung *auf den* Schluss des Gj zu ermitteln. Der Grundsatz der Stichtagsbezogenheit ist ein wesentlicher und unverzichtbarer Grundsatz für die Rechnungslegung über eine durch das Gj bestimmte Rechnungsperiode. Die Bewertung auf den Schluss des Gj ist auch für die steuerrechtliche Gewinnermittlung maßgebend, § 6 Abs 1 iVm § 5 Abs 1 EStG. Stichtagsbezogene Bewertung bedeutet, dass alle positiven und negativen Umstände, die bis zum Ende des Bilanzstichtags eingetreten sind, auch bei späterem Bekanntwerden bei der Wertermittlung zu berücksichtigen sind (differenzierend ADS[6] § 252 Anm 44 für Ursachen negativer Art, die erst im neuen Gj eintreten – dazu bereits hier Anm 12 und Anm 37).

28 Ereignisse, die *nach* dem Stichtag eintreten sowie die Begriffe **wertaufhellende** und **wertbeeinflussende** Ereignisse werden bei Nr 4 (Anm 38) kommentiert, da

dort die „vorhersehbaren Risiken" angesprochen sind, auch wenn sie – systematisch gesehen – zum „Stichtagsprinzip" gehören.

IV. Grundsatz der Vorsicht (Nr 4)

1. Zum Stellenwert des Vorsichtsprinzips

In Abs 1 Nr 4 ist die Beachtung des Vorsichtsprinzips für die Bewertung angeordnet. Aus der Formulierung ist ersichtlich, dass das HGB das „namentlich" genannte **Imparitätsprinzip** (§ 252 Abs 1 Nr 4 1. Hs) und das **Realisationsprinzip** (§ 252 Abs 1 Nr 4 2. Hs) als Ausprägungen des Vorsichtsprinzips ansieht. Aus dem Imparitätsprinzip ergeben sich das Niederstwertprinzip und das Prinzip der Berücksichtigung drohender Verluste aus schwebenden Geschäften (Anm 41); aus dem Realisationsprinzip folgt das Prinzip der Bewertung höchstens zu AK/HK hierzu s § 253 Anm 1. Daneben gibt es weitere, nicht im HGB genannte Ausprägungen des Vorsichtsprinzips (hier Anm 50). 29

Das **Vorsichtsprinzip** gilt traditionell als GoB, der in allen Fragen der Bilanzierung und Bewertung zu beachten ist. Als Folge des Vorsichtsprinzips dürfen zB nur solche VG aktiviert werden, die sich konkretisiert, im Rechtsverkehr einen feststehenden Inhalt und im Handelsverkehr einen bestimmten Wert haben (dazu auch §§ 246, 248). Unter Durchbrechung dieses Grundsatzes dürfen nach § 248 Abs 2 S 1 selbst geschaffene immaterielle VG des Anlagevermögens aktiviert werden, soweit es sich nicht um Marken, Drucktitel, Verlagsrechte, Kundenliste oder vergleichbare immaterielle VG handelt. Grund für diese Durchbrechung ist das Bestreben einer weitergehenden Information des Abschlussinteressenten sowie eine verbesserte Vergleichbarkeit von Abschlüssen. Grds gilt das Vorsichtsprinzip über § 5 Abs 1 EStG auch für die **Steuerbilanz**. Jedoch wird seine **steuerrechtliche Geltung** durch die Steuergesetzgebung und die steuerrechtliche Rspr weitgehend eingeschränkt. Dies findet seinen Niederschlag zB in dem Verbot der Bildung von Rückstellungen für drohende Verluste aus schwebenden Geschäften nach § 5 Abs 4a EStG sowie der Einschränkung der Rückstellungsbildung in § 6 Abs 1 Nr 3a EStG und der Teilwertabschreibung in § 6 Abs 1 Nr 1 und 2 EStG und § 8b Abs 3 KStG. Andererseits ist die Steuergesetzgebung insofern vorsichtiger als das Handelsrecht, als auch weiterhin keine Buchgewinne, sondern nur tatsächlich realisierte Gewinne besteuert werden (Ausnahme: Berücksichtigung unrealisierter Erträge im Rahmen von BewE nach § 254, die nach § 5 Abs 1a S 2 EStG auch steuerrechtlich zu berücksichtigen sind). Dies zeigt sich bspw darin, dass die handelsrechtliche Aktivierung von selbst geschaffenen immateriellen VG des Anlagevermögens nach § 5 Abs 2 EStG steuerrechtlich unzulässig ist. 30

2. Zum Inhalt des Vorsichtsprinzips

Der **Inhalt** des Vorsichtsprinzips lässt sich abstrakt **nicht weiter präzisieren:** es sind alle wertbeeinflussenden Risiken und Chancen beim Wertansatz kritisch zu würdigen. Dadurch wird dem Bilanzierenden ein **Ermessensspielraum** eingeräumt. Die gebotene Objektivierung der Wertansätze wird durch eine Begrenzung des Ermessensspielraums auf eine Wertober- *und* eine Wertuntergrenze erreicht, die ein sachkundiger Dritter unter angemessener Beachtung der Chancen und Risiken nicht als willkürlich empfindet (vgl 7. Aufl Anm 32). 32

Die zentrale Frage des Vorsichtsprinzips ist die Findung der jeweiligen **Grenzwerte.** Für einige Posten gibt es unter Beachtung des Vorsichtsprinzips entwickelte gesetzliche Regelungen, zB für Vorräte (§ 253 Abs 4: strenges Niederstwertprinzip) oder anhand allgemeiner Erfahrungen entwickelte Regeln, zB die von der FinVerw 33 veröffentlichten AfA-Tabellen oder die Bewertung von Pensionsverpflichtungen nach der allgemeinen Lebenserwartung der Berechtigten, die sich aus statistischen Grundlagen ergibt. Wo solche Regeln nicht verfügbar oder im Einzelfall nicht anwendbar sind (zB bei Übergang von der Pauschalabwertung zur Einzelabwertung), bleibt nur die willkürfreie Schätzung.

Innerhalb des durch diese Grenzwerte gekennzeichneten Bewertungsrahmens sollte ein Betrag gewählt werden, der bei den Aktiva möglichst nahe am unteren, bei den Rückstellungen am oberen Grenzwert liegt, da hierdurch dem Vorsichtsprinzip weitestgehend entsprochen wird (ähnlich *ADS*[6] § 252 Anm 73; *Fülbier/Kuschel/Selchert* in HdR[5] § 252 Anm 77 ff).

3. Die in § 252 ausdrücklich genannten Ausprägungen des Vorsichtsprinzips

a) Imparitätsprinzip

34 Gem Abs 1 Nr 4 1. Hs sind vorhersehbare Risiken und Verluste, die in dem Gj oder einem früheren Gj entstanden sind, zu berücksichtigen, selbst wenn diese Umstände erst zwischen dem Bilanzstichtag und dem Tag der Aufstellung des JA bekannt geworden sind. Die gesetzlich bestimmte Antizipation vor dem Bilanzierungszeitpunkt bereits verursachter, aber noch nicht realisierter Risiken und Verluste entspricht dem (schon vor der gesetzlichen Normierung als GoB anerkannten) **Imparitätsprinzip**. Die Bezeichnung wird aus der **ungleichen Behandlung** unrealisierter Gewinne und Verluste abgeleitet (*ADS*[6] § 252 Anm 93 ziehen den Begriff „Verlustantizipationsprinzip" vor, dazu kritisch *Beisse* in FS Moxter, 19). Das Imparitätsprinzip schreibt die Vorwegnahme eines in einer späteren Rechnungsperiode eintretenden negativen Erfolgsbeitrags vor, der auf Dispositionen oder latenten Ereignissen der beendeten oder einer früheren Periode beruht. Für die Bilanzierung von Risiken und Verlusten ist der Zeitpunkt der Entstehung (spätestens des Bekanntwerdens) maßgebend.

35 Das Imparitätsprinzip ist eine besondere Ausprägung des allgemeinen Prinzips kfm Vorsicht. Dieses gebietet im Interesse der Kapitalerhaltung und des Gläubigerschutzes (*ADS*[6] § 252 Anm 75) die Berücksichtigung vorhersehbarer Risiken und Verluste, die zum Bilanzierungszeitpunkt verursacht, aber noch nicht eingetreten sind. Die entscheidende Formulierung in Nr 4 ist, dass es sich um **vorhersehbare Risiken und Verluste** handeln muss. Das sind Risiken und Verluste, mit deren Eintritt ernsthaft zu rechnen ist (*WPH*[14] I, E Anm 150; s auch BFH GrS 23.6.1997, DStR, 1442 f). Das gleiche gilt für Vorgänge, die zwar vor dem Bilanzstichtag eingetreten und bekannt sind, die sich aber auf die Bewertung erst in der Zeit danach auswirken. Sofern die Bewertung nach dem Börsen- oder Marktpreis zu erfolgen hat, ist eine spätere Wertentwicklung nicht zu berücksichtigen, wenn der Börsen- oder Marktpreis als ein objektiver Wert (und nicht als Zufallswert) diese Entwicklung bereits zum Ausdruck bringt. Andernfalls ist die künftige Entwicklung zu beachten und nach objektiven Kriterien der beizulegende Wert zu ermitteln (so auch *ADS*[6] § 252 Anm 41).

36 Neben den vorhersehbaren Risiken und Verlusten gibt es die **feststehenden** und die **nicht vorhersehbaren Risiken und Verluste**. Feststehende Risiken iS dieser Unterscheidung sind Sachverhalte, die am Bilanzstichtag objektiv die Entwicklung hin zu einem „endgültig" negativen Ergebnis für das Unt erwarten lassen, wie zB drohende Verluste aus schwebenden Geschäften gem § 249 Abs 1 (dazu § 249 Anm 52 ff; *Fülbier/Kuschel/Selchert* in HdR[5] § 252 Anm 82). Diese feststehenden Risiken bzw Verluste sind stets – unabhängig vom (ggf späteren) Zeitpunkt des Bekanntwerdens – zu berücksichtigen.

Darüber hinaus sind nach Nr 4 auch die vorhersehbaren Risiken und Verluste zu berücksichtigen, die **bis zur Bilanzaufstellung bekannt** werden, ihre **Ursache jedoch vor dem Bilanzstichtag** haben. Bis zur Bilanzaufstellung kann sich das vorhersehbare Risiko weiterhin als solches darstellen, während sich bei einem anderen Risiko der Verlust inzwischen realisiert hat. *Bsp:* Zwei Schuldner sind im Laufe des Gj in Schwierigkeiten geraten. Über das Vermögen des A wird Anfang Februar das Insolvenzverfahren eröffnet; bei B ist bis zur Bilanzaufstellung die Lage kritisch, doch besteht der Geschäftsbetrieb weiter. Auch wenn der Kfm in beiden Fällen nach dem Bilanzstichtag hiervon Kenntnis erhält, hat er beide Fälle, ggf mit anderer Gewichtung bei der Bewertung zu berücksichtigen. Obgleich Nr 4 nur die Erfassung von Risiken, die einen Einfluss auf die Bewertung haben können anspricht, kommt in der Regelung der Grundsatz zum Ausdruck, dass es bei der Sachverhaltserkenntnis letztlich auf die Erkenntnismöglichkeiten eines ordentlichen und gewissenhaften Kfm ankommt. Vor diesem Hintergrund ist nach der handelsrechtlichen hM eine Bilanz nur dann als fehlerhaft anzusehen, wenn der Bilanzansatz objektiv gegen Bilanzierungsvorschriften verstößt und der Kfm dies nach den im Zeitpunkt der Bilanzfeststellung bestehenden Erkenntnismöglichkeiten bei pflichtgemäßer und gewissenhafter Prüfung auch hätte erkennen können Dieser so genannte „normativ-subjektive" Fehlerbegriff bezieht sich handelsbilanzrechtlich nach zutreffender Ansicht nicht nur auf Tatumstände, sondern auch auf Rechtsfragen und rechtliche Erkenntnisse (vgl *Hennrichs* NZG 2013, 681). Dies erscheint auch sachgerecht; den handelnden Personen (Vorständen und Aufsichtsräten; Geschäftsführern; AP) ist kein haftungs- oder berufsrechtlicher Vorwurf zu machen, wenn sie sich bei einer unklaren Bilanzrechtsfrage auf Grund sorgfältiger Analyse und Würdigung der Rechtslage für eine vertretbare Rechtsauffassung entschieden haben, ein Gericht aber später dennoch anders urteilt. Dem ggü hat der GrS des BFH für Zwecke der StB mit Beschluss vom 31.1.2013 (GrS 1/10 BStBl II 2013 317) unter Aufgabe der Rspr des I. Senates zur Maßgeblichkeit der subjektiven Richtigkeit (BFH v. 5.6.2007, BStBl II 2007, 818) den sog „subjektiven Fehlerbegriff" bei der Anwendung von Rechtsfragen für die StB verabschiedet. Maßgebend für die steuerrechtliche Gewinnermittlung sei allein die „objektiv richtige Rechtslage". Danach wird auch durch eine spätere „bessere" Rechtserkenntnis eine auf einer früher vertretbaren oder vielleicht sogar herrschenden Rechtsauffassung beruhende Bilanz im steuerrechtlichen Sinne rückwirkend „fehlerhaft". Der GrS begründet dies mit den verfassungsrechtlichen Vorgaben für das Steuerrecht, namentlich mit dem Gleichheitssatz und dem Rechtsstaatsprinzip wonach Verwaltung und Gerichte verpflichtet sind, ihrer Entscheidung die objektiv richtige Rechtslage zugrunde zu legen. Das FA ist mithin unabhängig von der eingereichten Bilanz zu einer eigenständigen Gewinnermittlung nach Maßgabe der objektiv richtigen Rechtslage berechtigt und verpflichtet, so dass es in dem Fall, dass die vom Stpfl erstellte Bilanz objektiv falsch ist, diese fehlerhafte Bilanz nicht der Besteuerung zu Grunde legen darf, sondern die Werte entspr der objektiv richtigen Rechtslage abändern müsse (vgl BFH v 31.1.2013 GrS 1/10, BStBl II 2013, 317).

Hinsichtlich der nach dem Bilanzierungszeitpunkt eintretenden Ereignisse sind grds (Anm 12, 27) nur die sog wertaufhellenden Tatsachen, nicht aber die wertbeeinflussenden Tatsachen zu berücksichtigen (vgl auch IDW PS 203 nF, WPg 2009 Suppl 4, 14 ff).

Unter **wertaufhellenden** Tatsachen versteht man solche Ereignisse, die am Bilanzstichtag begründet waren (objektive Wertaufhellungskonzeption; vorzugswürdig *Moxter* BB 2003, 2561 unter Hinweis auf einschlägige Rspr; aA die Rspr, die die subjektive Wertaufhellungskonzeption vertritt und damit zusätzlich die Voraussehbarkeit der Ereignisse fordert; vgl *Küting/Kaiser* WPg 2000, 577 ff). Befindet sich ein Schuldner bereits am Bilanzstichtag in Schwierigkeiten, ist die spätere Insolvenzeröffnung eine wertaufhellende Tatsache und bereits bei der Bewertung zum Bilanzstichtag zu berücksichtigen. Ebenso müssen für Schadensersatzansprüche gegen den Schuldner bereits zum Bilanzstichtag Rückstellungen gebildet werden, wenn die Aufdeckung der zum Schadensersatz verpflichtenden Handlungen noch vor Bilanzerstellung geschah oder unmittelbar bevorsteht (BFH 2.10.1992 BStBl II 1993, 153; BFH 11.12.2001, DStRE 2002, 541). Zu den wertaufhellenden Tatsachen gehören sowohl negative als auch positive. Zeigt sich bis zur Bilanzaufstellung zB, dass Risiken in der zunächst vorgesehenen Größe nicht bestehen, ist diese Erkenntnis zu berücksichtigen (so auch *ADS*[6] § 252 Anm 42; *Pittroff/Siegel/Schmidt* in Beck HdR B 161 Anm 131; aA EuGH EGHE 03, 1: Die Rückzahlung eines Kredits stellt keine Tatsache dar, die eine rückwirkende Neubewertung einer Rückstellung erfordert, die sich auf diesen Kredit bezieht. Jedoch ist im JA der Wegfall des mit der Rückstellung erfassten Risikos zu erwähnen).

Unter **wertbeeinflussenden** Tatsachen versteht man dagegen Ereignisse nach dem Bilanzstichtag, die **keinen Rückschluss** auf die Verhältnisse an dem Bilanzstichtag zulassen; zB ein Schadensereignis (Feuer) oder ein Schiffsuntergang, beide infolge höherer Gewalt kurz *nach* dem Bilanzstichtag. In diesen Fällen handelt es sich um wertbeeinflussende Tatsachen, die bei der Bilanzierung außer Betracht bleiben müssen (*Fülbier/Kuschel/Selchert* in HdR[5] § 252 Anm 87). Allerdings dürfte bei Tatsachen, die sich wesentlich auf die VFE-Lage auswirken, zu fordern sein, dass Rücklagen zu bilden sind und hierüber bei KapGes/KapCoGes im Anhang zu berichten ist (so auch *ADS*[6] § 252 Anm 44). Für KapGes/KapCoGes sind gem § 289 Abs 2 Nr 1 Vorgänge von besonderer Bedeutung, die nach dem Schluss des Gj eingetreten sind, im Lagebericht darzustellen.

39 Hinsichtlich der zu berücksichtigenden wertaufhellenden Tatsachen ist unklar, bis zu welchem **Zeitpunkt** diese eingetreten sein müssen; denn die Bilanzaufstellung ist häufig ein Prozess, der sich über mehrere Wochen verteilt. Grds dürfte das Ende der Bilanzaufstellung maßgebend sein, jedoch kann notfalls die Fertigstellung der Unterlagen für eine Bilanzposten*gruppe* (zB Sachanlagen, Vorräte, Rückstellungen) entscheidend sein, wenn die danach eintretende wertaufhellende Tatsache nur einen unerheblichen Einfluss auf die VFE-Lage hat (ähnlich *ADS*[6] § 252 Anm 77). Im Falle von wesentlichen Risiken und Wertminderungen wird der Zeitraum der Berücksichtigung – entgegen dem Wortlaut – in Übereinstimmung mit erheblichen Teilen des Schrifttums auch über das Ende der Aufstellung hinaus auszudehnen sein (vgl *ADS*[6] § 252 Anm 78; *Kropff* WPg 2000, 1137 ff mwN; aA insb *Küting/Kaiser* WPg 2000, 577 ff).

40 Die dargestellten Grundsätze gelten seit langem auch für die **Steuerbilanz**. Der BFH verwendet ebenfalls das in Anm 38 dargestellte Begriffspaar (BFH 3.7.1991 BStBl II, 802). Bei Waren, deren Werte stark schwanken, akzeptiert die FinVerw uU auch Marktpreise bis zu 6 Wochen nach dem Bilanzstichtag (*WPH*[14] I, E Anm 304). Die Kritik von *Knobbe-Keuk*[9], 54, dass insb bei Schätzungsposten wie den Rückstellungen die praktische Handhabung beider Begriffe mangels (für alle Fälle geeigneter) klarer Grenzziehung erschwert ist, teilen wir. Sie trifft zB auch für die Bewertung stark modeabhängiger Lagerbestände zu.

41 Das **Imparitätsprinzip** hat außer in Abs 1 Nr 4 **Niederschlag** gefunden in **folgenden Regelungen:**
- § 249 Abs 1 S 1 (Rückstellungen für drohende Verluste aus schwebenden Geschäften), dazu § 249 Anm 52 ff
- § 253 Abs 3 S 3 (außerplanmäßige Abschreibungen bei VG des Anlagevermögens), § 253 Anm 300 ff
- § 253 Abs 4 (strenges Niederstwertprinzip für VG des Umlaufvermögens), § 253 Anm 507 ff.

Allgemeine Bewertungsgrundsätze 42–44 § 252

Das HGB trifft keine Regelung für die Ermittlung der Höhe der Antizipations- 42
beträge. Diese sind unter Beachtung des Vorsichtsprinzips in angemessener Weise
zu **schätzen** (s *Fülbier/Kuschel/Selchert* in HdR⁵ § 252 Anm 86; *WPH*¹⁴ I,
E Anm 150; auch *Müller* DB 1996, 691, die zwischen geplanten und überraschenden Verlusten unterscheidet). Eine konkrete Berechnung ist nur in Sonderfällen
möglich, zB bei Einkaufskontrakten für Rohstoffe oder Waren mit Börsenpreisen.

b) **Realisationsprinzip**

Das in Nr 4 Hs 2 kodifizierte Realisationsprinzip besagt, dass nur realisierte 43
Gewinne in der Bilanz ausgewiesen werden dürfen; am Bilanzstichtag noch nicht
realisierte Gewinne dürfen erst später berücksichtigt werden (*Fülbier/Kuschel/
Selchert* in HdR⁵ § 252 Anm 90; BFH 23.11.1995 BStBl II 1996, 194). Zu der
Frage, ob das Realisationsprinzip nur auf Erträge, nicht aber auch auf Aufwendungen Anwendung findet, BFH 27.6.2001, DStR 2001, 1384.

Die **Frage des Realisationszeitpunkts** tritt nicht bei den Bargeschäften des
täglichen Lebens auf, bei denen der Abschluss des Vertrags, das Erbringen der
Leistung und die Vereinnahmung des Erlöses zeitlich unmittelbar aufeinander
folgen. Bei Leistungsbeziehungen, deren Abwicklung sich dagegen über einen
längeren Zeitraum erstreckt, kann der Ertrag theoretisch in mehreren Zeitpunkten als realisiert angesehen werden: Der Zeitpunkt des Vertragsabschlusses liegt
idR zu früh, denn das Prinzip der Vorsicht verbietet es, einen Erlös bereits als
realisiert zu betrachten, solange das Unt seine Leistung noch nicht erbracht hat
und die damit verbundenen Aufwendungen nicht feststehen. *Ausnahmsweise* kann
der Erlös mit dem Abschluss des Vertrags als realisiert angesehen werden, wenn
der Leistungsgegenstand sich schon zuvor im Verfügungsbereich des Leistungsempfängers befunden hat und nur die rechtliche Zuordnung des Leistungsgegenstands noch geändert wird (*Bsp:* Verkauf einer Mietsache an den Mieter mit Gefahrübergang im Zeitpunkt des Vertragsabschlusses).

Der **Zeitpunkt der Leistungserbringung** wird zutreffend ganz überwiegend 44
als Zeitpunkt der Ertragsrealisation angesehen (*Fülbier/Kuschel/Selchert* in HdR⁵
§ 252 Anm 91; detailliert *ADS*⁶ § 252 Anm 82; hier § 247 Anm 75 ff). Diese Auffassung vertritt im Prinzip auch die steuerrechtliche Rspr (BFH 23.11.1995, BStBl II
1996, 195; 8.9.2005, BStBl II 2006, 26). Nach dieser „**completed-contract-
Methode"**, sind Umsatzerlöse bei Leistungsbeziehungen, deren Abwicklung sich
über einen längeren Zeitraum erstreckt und bei denen der Gesamtauftrag nicht in
Teilabnahmen unterteilt ist, grds erst ab dem Zeitpunkt der Übergabe des Gesamtwerks und der erfolgten Abnahme durch den Auftraggeber zu erfassen. Grund hierfür ist, dass die Vertragsmäßigkeit des hergestellten Werks erst durch die Abnahme
objektiviert wird. Bis zur Abnahme werden die der Leistungserstellung zuzurechnenden Herstellungskosten als unfertige Erzeugnisse im Vorratsvermögen aktiviert
(vgl *Küting/Lam* DStR 2012, 2349).

Soweit eine Aufteilung der Leistungsbeziehung in einzelne Teilabschnitte, die
jeweils für sich abgenommen werden, nicht möglich ist, wird im Schrifttum die
Zulässigkeit einer Teilgewinnrealisierung nach der **percentage-of-completion-
Methode,** die die Ertragsrealisation am Fertigungsfortschritt ausrichtet, diskutiert.
Die Mehrheit der Literatur argumentiert wohl mit dem Gesetzgeber (vgl BT-Drs
16/10067, 38) dahingehend, dass die Teilgewinnrealisierung auf Basis der percentage-of-completion-Methode hr unzulässig ist (vgl *Küting/Lam* aaO, 2349, *Fülbier/Kuschel/Selchert* in HdR⁵ § 252 Anm 105 f, *Ballwieser* in MünchKomm HGB²
§ 252 Rn 80). Nach Teilen der Literatur kann jedoch eine vorsichtige Teilgewinnrealisierung auf Basis der percentage-of-completion-Methode in Ausnahmefällen
iSv Abs 2 in Betracht kommen, wenn sich ein Auftrag über mehrere GS hinzieht
(zB langfristige Bauaufträge oder Aufträge über die Errichtung schlüsselfertiger

Fabriken oder Großanlagen), die langfristige Auftragsfertigung einen wesentlichen Teil der UntTätigkeit ausmacht und der Verzicht auf eine Teilgewinnrealisierung eine verzerrte Darstellung der VFE-Lage zur Folge hätte (*ADS*[6] § 252 Anm 86 ff; *WPH*[14] I, E Anm 317). Eine Teilgewinnrealisierung sollte in einem solchen Ausnahmefall auf Basis einer (ggf auch intern erstellten) Teilauftragsabrechnung und begrenzt auf den Betrag der angefallenen und ansonsten nicht aktivierbaren Aufwendungen vorgenommen werden können.

Problematisch kann die Bestimmung des Realisationszeitpunkts auch bei sog Mehrkomponentengeschäften sein. **Mehrkomponentengeschäfte** (s auch E-DRS 17.41 ff) liegen vor, wenn in einem einzigen Vertrag mehrere unterschiedliche Leistungen geregelt sind oder mehrere Einzelverträge aufgrund ihres engen wirtschaftlichen Zusammenhangs als ein Geschäft gelten. Ferner sind unter Mehrkomponentengeschäfte auch Finanzierungsvorgänge zu fassen, die explizit oder implizit vereinbart worden sind und in engem wirtschaftlichen Zusammenhang mit dem Verkauf von VG oder Dienstleistungen stehen. Bei diesen Geschäften ist trotz der einheitlichen Betrachtung eine Differenzierung hinsichtlich der Realisation der Einzelkomponenten vorzunehmen (vgl *Lüdenbach/Hoffmann* DStR 2006, 153). Hierzu ist der Gesamterlös aus dem Mehrkomponentengeschäft im Verhältnis der beizZW zueinander auf die Einzelkomponenten aufzuteilen und anschließend eine separate Realisierung dieser Einzelkomponenten zu prüfen. Sofern die einzelnen Komponenten unabhängig voneinander bezogen oder genutzt werden können und die Leistungserbringung bezüglich der noch ausstehenden Komponenten höchstwahrscheinlich ist, ist die Erlösrealisierung nicht alleine deshalb ausgeschlossen, weil der Anspruch auf Zahlung der ausgelieferten Komponente erst in Abhängigkeit von der Leistungserbringung der noch ausstehenden Komponente entsteht. Sollte der beizZW der Einzelkomponenten idS wider Erwarten nicht verlässlich aufteilbar sein, darf eine Ertragsrealisierung erst erfolgen, wenn alle Einzelleistungen erbracht wurden und nach allgemeinen Grundsätzen als realisiert gelten.

Mit der Lfg einer Sachleistung oder dem Abschluss einer Dienstleistung hat der Kfm regelmäßig die von ihm geschuldete Hauptleistung erbracht. Bei Lieferung ist die Gefahrtragung idR auf den Abnehmer übergegangen und der Kfm kann die Abrechnung erteilen. Damit werden anstelle der AK/HK die Forderung gegen den Abnehmer gebucht und der Ertrag vereinnahmt. Den bis zur endgültigen Abwicklung des Geschäfts verbleibenden Risiken – zB Gewährleistung, Zahlungsfähigkeit des Schuldners – kann auf andere Weise angemessen Rechnung getragen werden. Die Leistungserbringung als Zeitpunkt der Realisation lässt sich in vielen Fällen einfach feststellen. Bei Teilleistungen, im Kommissionsgeschäft, bei Werkleistungen, unterwegs befindlicher Ware etc ist es jedoch schwieriger, den Realisationszeitpunkt zu bestimmen. Auch hängt es von der Vertragsgestaltung ab, wann die Hauptleistung erbracht ist. Davon ist dann auszugehen, wenn der Kfm alles zur ordnungsmäßigen Vertragserfüllung seinerseits Erforderliche getan hat. In Fällen des Versendungskaufs genügt dafür wegen des damit verbundenen Gefahrübergangs beim Transport durch einen Dritten die Übergabe an den Spediteur, beim Transport durch eigene Transportmittel ist ggf (Lieferbedingungen) die Übergabe an den Empfänger erforderlich.

Neben diesen auf den jeweiligen Vertrag bezogenen Kriterien ist für eine Ertragsrealisierung jedoch auch stets die Gesamtheit der Verhältnisse zu würdigen (ausführlich dazu iZm *sale-and-buy-back*-**Gestaltungen** IDW ERS HFA 13, WPg 2007 Suppl I, 69 ff). Bei komplexen Gestaltungen kommt es nicht allein auf die formalrechtliche Ausgestaltung, sondern auf den wirtschaftlichen Gehalt der Vereinbarungen an. Deshalb ist unter der Berücksichtigung der in sachlichen, zeitlichen Zusammenhang geschlossenen Vereinbarungen zu prüfen, ob Chancen und Risiken dauerhaft auf den Erwerber übergegangen sind, wobei es für eine Gewinnrealisierung insb darauf ankommt, dass die für den betr VG relevanten Wertänderungsrisiken für einen wirtschaftlich ins Gewicht fallenden Zeitraum auf den Erwerber übergegangen sein müssen (s IDW ERS HFA 13, aaO, Tz 12 f; ausführlich s auch § 246 Anm 5 ff).

Zur Bestimmung des Bilanzierungszeitpunkts von nicht rückzahlbaren **öffent-** 45 **lichen Zuwendungen** beim Zuwendungsnehmer ist darauf abzustellen, ob ein Rechtsanspruch auf die Zuwendung besteht (vgl *Küting* DStR 1996, 276 ff). Besteht kein Rechtsanspruch ist die Zuwendung als Forderung zu aktivieren, wenn der Zuwendungsnehmer die sachlichen Voraussetzungen für die Gewährung am Bilanzstichtag erfüllt und die Zuwendung bis spätestens zum Zeitpunkt der Aufstellung des JA ohne Auszahlungsvorbehalt bewilligt ist. Besteht ein Rechtsanspruch, erfolgt die Aktivierung bereits, wenn das Unt am Bilanzstichtag die sachlichen Voraussetzungen erfüllt hat und zum Zeitpunkt der Bilanzaufstellung der erforderliche Antrag gestellt ist oder mit an Sicherheit grenzender Wahrscheinlichkeit gestellt werden wird (HFA 1/1984, WPg, 612). Zur Frage der Erfassung als Kürzung der AK oder Ertrag s § 255 Anm 115 ff.

Zur Teilgewinnrealisierung bei **langfristiger Fertigung** s § 255 Anm 457 ff. 46 Zum Realisationszeitpunkt von Ansprüchen aus Gewinnbeteiligungen an KapGes sowie aus **Gewinnanteilen** an PersGes s § 275 Anm 177 und *Fülbier/Kuschel/Selchert* in HdR[5] § 252 Anm 97 sowie EuGH 27.6.1996 DB, 1400 und BGH 12.1.1998, DStR, 383. Zur Realisation eines **negativen Geschäftswerts** beim Asset Deal vgl *Preißer/Preißer* DStR 2011, 133 ff).

Bei **Dauerschuldverhältnissen** mit längerem Erfüllungszeitraum werden die 47 Teilleistungen pro rata temporis der abgelaufenen Vertragsdauer realisiert, sofern jeweils alle Voraussetzungen erfüllt sind; dazu BFH 20.5.1992, BStBl II 1992, 904 sowie § 247 Anm 86 ff. Hinsichtlich der offenen Vertragszeit handelt es sich um einen schwebenden Vertrag. Dies gilt zB für **Miet-, Pacht- und Leasingverträge** nicht aber für Wechseldiskontgeschäfte (BFH 26.4.1995, BStBl II, 597). Hat der Verpflichtete Beträge für künftige Zeiträume bereits vereinnahmt, wie zB der Leasinggeber aus dem Verkauf zur Refinanzierung der Leasingforderungen, dürfen die Erträge aus dem Vertragsverhältnis nur pro rata temporis vereinnahmt werden. Bilanztechnisch ist dazu ein passiver RAP zu bilden, der über die verbleibende Vertragslaufzeit aufgelöst wird.

In der Praxis erfolgt die Ertragsrealisation oft mit der **Rechnungserteilung**, in- 48 dem die Rechnung die Buchung der Forderung gegen den Kunden auslöst. Dieses Verfahren ist dann nicht zu beanstanden, wenn die Rechnungserteilung an die Erbringung der Leistung anknüpft. Ist dies nicht der Fall, muss auf den materiell entscheidenden Zeitpunkt der Leistung abgestellt werden (§ 247 Anm 80 ff; so auch ADS[6] § 252 Anm 83). **Vorausrechnungen** ohne Erbringung der Leistung bis zum Bilanzstichtag dürfen bei den Forderungen nicht aktiviert werden, während umgekehrt schon voll erbrachte Leistungen, für die noch keine Rechnung erteilt wurde, unabhängig vom Zeitpunkt der Abrechnung als Forderung zu aktivieren sind.

Ein Sonderfall ist **die Realisation bei Tauschgeschäften**. Während **handels-** 49 **rechtlich** überwiegend ein Wahlrecht zwischen Realisation durch Aktivierung des erworbenen VG zu dem über dem Buchwert liegenden Verkehrswert (Zeitwert, gemeiner Wert) des getauschten VG und der Vermeidung der Realisation durch Fortführung des Buchwerts für zulässig gehalten wird (§ 255 Anm 39 ff), ist **ertragsteuerrechtlich** grds von der Realisation auszugehen. Hier gilt der gemeine Wert des hingegebenen WG als AK/HK des eingetauschten WG. Die Übertragung stiller Reserven auf das angeschaffte WG ist nicht zulässig (*HHR* § 6 EStG Anm 1487a). Zu den Ausnahmen (insb §§ 6b, 6c EStG, erzwungener Tausch,) vgl § 255 Anm 41.

Ein weiterer Realisationstatbestand ist – nach wohl überwiegender Auffassung (zu Einzelheiten s § 278 Exkurs 2 Anm 135 ff) – bei **Sachausschüttungen** gegeben.

Durch das BilMoG wurden unter dem Gesichtspunkt der verbesserten VFE-Lage verschiedene **Durchbrechungen** des Realisationsprinzips in das HGB eingeführt: § 246 Abs 2 S 2, 3 sieht eine Verrechnung von zu Zeitwerten bewerteten Aktiva, die der Erfüllung von AVersVerpflichtungen oder ähnlichen langfristigen Verpflichtungen dienen (vgl Rz 26), mit diesen Verbindlichkeiten vor. Ein sich ergebender Aktivüberhang ist zu aktivieren. § 248 Abs 2 S 1 regelt die Aktivierung selbst geschaffener immaterieller VG des Anlagevermögens (vgl Rz 30). Ferner wurde bei der nach § 256a zum Stichtagskurs vorzunehmenden FremdWähUm von VG und Verbindlichkeiten die Begrenzung auf die AK für solche Positionen aufgehoben, die am Abschlussstichtag eine Restlaufzeit von einem Jahr oder weniger aufweisen. Die nach § 253 Abs 2 vorzunehmende Abzinsung von Rückstellungen, die am Abschlussstichtag eine Restlaufzeit von mehr als einem Jahr aufweisen, steht grds im Einklang mit dem Realisationsprinzip, da lediglich in Höhe des vorsichtig ermittelten Barwerts der Rückstellung nicht durch zukünftige Erlöse kompensierte Aufwendungen vorliegen (vgl *Hommel/Berndt* BB 2009, 2193).

Während hinsichtlich der Aktivierung selbst erstellter immaterieller VG des Anlagevermögens und des Aktivüberhangs nach § 246 Abs 2 S 3 in § 268 Abs 8 eine Ausschüttungssperre zu bilden ist, gilt dies nicht für den Ertrag aus der Abzinsung von unverzinslichen Rückstellungen sowie aus der FremdWähUm.

4. Nicht ausdrücklich in § 252 genannte Ausprägungen des Vorsichtsprinzips

50 Durch den Gesetzeswortlaut „namentlich" kommt zum Ausdruck, dass es neben den in Nr 4 ausdrücklich genannten Ausprägungen des Imparitäts- und des Realisationsprinzips weitere, aus dem Vorsichtsprinzip abgeleitete Bilanzierungsgrundsätze gibt, insb:

a) **Verbot** der Bilanzierung von **Aufwendungen für die Gründung** des Unt, die Beschaffung des EK sowie der Aktivierung von Abschlusskosten, § 248. Diese Verbote gelten wegen des Maßgeblichkeitsgrundsatzes in § 5 Abs 1 EStG für die StB.

b) Für Finanzanlagen besteht ein **Wahlrecht** zur Vornahme von außerplanmäßigen Abschreibungen bei nicht dauernder Wertminderung, § 253 Abs. 3 S 4.

V. Aufwands- und Ertragsperiodisierung (Nr 5)

51 Mit Abs 1 Nr 5 wurde die periodengerechte Zuordnung der Aufwendungen und Erträge kodifiziert. Hiernach sind Aufwendungen und Erträge des Gj unabhängig von den entspr Zahlungen im JA zu berücksichtigen. Dieser Grundsatz betrifft EB als Zeitpunkt-Rechnung nur mittelbar, meistens in Form von RAP oder Rückstellungen.

Zahlungen iSd Vorschrift sind Veränderungen im Bestand liquider Mittel (Kasse und verfügbare Guthaben bei Kreditinstituten). **Aufwendungen/Erträge** sind Minderungen/Erhöhungen des UntVermögens im Zeitpunkt ihrer wirtschaftlichen Verursachung.

Beispiele für Periodenverschiebungen:
– *Ausgabe früher als Aufwand:* Investitionen im Sachanlagevermögen mit Zahlung bei Anschaffung, Periodisierung als Aufwand durch Jahresabschreibungen.
– *Ausgabe später als Aufwand:* Bildung von Rückstellungen für Aufwendungen im Gj sowie für erteilte Pensionszusagen.

Allgemeine Bewertungsgrundsätze 52–57 § 252

– *Einnahme früher als Ertrag:* Im Voraus erhaltene Mieten und Zinsen.
– *Einnahme später als Ertrag:* Kundenforderungen.

Kriterium für die Erfolgszurechnung ist der Zeitraum der wirtschaftlichen Verursachung, nicht die rechtliche Entstehung oder Abwicklung der Geschäftsvorfälle. Liegt also die wirtschaftliche Verursachung innerhalb des Gj oder – sofern noch nicht bilanziert – in einem früheren Gj, sind die entspr Aufwendungen und Erträge in dem vorliegenden JA zu berücksichtigen. 52

Der **Grundsatz der Periodenabgrenzung** ist – wie sich auch aus § 243 Abs 1 ableiten lässt – zwingend und unabhängig vom Jahresergebnis einzuhalten. Bilanztechnisch wird die periodengerechte Zuordnung durch die Aktivierung von Investitionen oder von Forderungen und durch die Passivierung von Schulden sowie durch RAP erreicht. 53

Die **Ausnahmen** iSv Abs 2 ergeben sich aus gesetzlich zugelassenen Wahlrechten, wie zB den Wahlrechten zur Rechnungsabgrenzung des Disagios gem § 250 Abs 3, zur Aktivierung selbst geschaffener immaterieller VG des Anlagevermögens gem § 248 Abs 2, zur Aktivierung latenter Steuern gem § 274 Abs 1 S 2 oder zur Passivierung unmittelbarer Verpflichtungen aus sog Altzusagen für AVersLeistungen sowie mittelbarer Zusagen aus AVersLeistungen nach Art 28 Abs 1 EGHGB. 54

VI. Grundsatz der Bewertungsstetigkeit (Nr 6)

Nach Abs 1 Nr 6 „sind" in den Folgejahren die auf den vorhergehenden JA angewandten Bewertungsmethoden beizubehalten. Die angestrebte Bewertungsstetigkeit soll die Vergleichbarkeit aufeinander folgender Abschlüsse verbessern (ebenso *Pittroff/Siegel/Schmidt* in Beck HdR B 161 Anm 64 ff) und ein zutreffendes Bild bei der Betrachtung mehrerer Perioden ermöglichen als im Falle wechselnder Bewertungsmethoden. Die Bewertungsstetigkeit wirkt willkürlichen Gewinn- oder Verlustverlagerungen durch einen Wechsel von Bewertungsmethoden entgegen. 55

Der Grundsatz der Bewertungsstetigkeit bedeutet die Einhaltung der gleichen Bewertungsmethoden von Jahr zu Jahr. Unter dem Begriff der **Bewertungsmethode** sind bestimmte, in ihrem Ablauf definierte Verfahren der Wertfindung zu verstehen (IDW RS HFA 38, FN-IDW 2011, 560 ff Rz 8 ff; s auch *DRS 13* Grundsatz der Stetigkeit und Berichtigung von Fehlern). Hiermit werden auch die unterschiedlichen Abschreibungsmethoden erfasst (ADS[6] § 252 Anm 105). Zu den Bewertungsmethoden gehören zB auch die Regeln über die Einbeziehung einzelner Kostenelemente in die HK (Einbeziehung oder Nicht-Einbeziehung von bestimmten Gemeinkosten) oder die Verfahren zur Ermittlung der einbezogenen Gemeinkosten. 56

Daher zählen ebenfalls die sog **Wertansatzwahlrechte** innerhalb der Bewertungsvorschriften zu den Bewertungsmethoden iSd § 252 Abs 1 Nr 6 (differenzierend *Fülbier/Kuschel/Selchert* in HdR[5] § 252 Anm 126).

Nach § 246 Abs 3 sind auch die **Ansatzmethoden** beizubehalten. Der Begriff der Ansatzmethode umfasst neben dem planvollen Vorgehen bei der Ausübung von expliziten Ansatzwahlrechten auch die Ausübung von Ermessensspielräumen von VG, Schulden, RAP und Sonderposten (IDW RS HFA 38, FN-IDW 2011, 560 ff Rz 7). Explizite Ansatzwahlrechte bestehen für das Disagio (§ 250 Abs 3), die Aktivierung selbst geschaffener immaterieller VG des Anlagevermögens (§ 248 Abs 2), die Aktivierung latenter Steuern (§ 274 Abs 1) und die Passivierung unmittelbarer Verpflichtungen aus sog Altzusagen für AVersLeistungen sowie mittelbarer Zusagen aus AVersLeistungen nach Art 28 Abs 1 EGHGB. Ermessensspielräume können zB bestehen bei der Abgrenzung von Forschungs- und Entwicklungskosten, der Einschätzung der Wahrscheinlichkeit der Inanspruchnahme aus bestimmten Verpflich- 57 tungen oder der Bilanzierung von Forderungen aus Lfg und Leistungen aus Mehrkomponentenverträgen (vgl IDW RS HFA 38, aaO Tz 7).

58 Der Grundsatz der Ansatz- und Bewertungsstetigkeit erstreckt sich auf **sämtliche zu bewertenden VG und Schulden** und somit auch auf die Neuzugänge des betr Gj, sofern diese art- und funktionsgleich sind (ebenso *Förschle/Kropp* ZfB 1986, 882; *ADS*[6] § 252 Anm 107). Im Hinblick auf die Ansatzwahlrechte der § 250 Abs 3, § 274 Abs 1, Art 28 Abs 1 und Art 67 Abs 1 EGHGB führt dies dazu, dass diese in sachlicher und zeitlicher Hinsicht jeweils stets einheitlich auszuüben sind. Das Wahlrecht zur Aktivierung selbst geschaffener immaterieller VG des Anlagevermögens (§ 248 Abs 2) ist differenziert im Hinblick auf solche immaterielle VG einheitlich auszuüben, die art- und funktionsgleich sind (vgl auch *Küting/Tesche* DStR 2009, 1493).

59 Die Annahme begründeter **Ausnahmefälle iSd Abs 2** hat sich zum einen an der Vergleichbarkeit einander folgender JA zu orientieren. Zum anderen ist aber auch zu berücksichtigen, dass sich der Kfm veränderten Verhältnissen durch die Wahl einer anderen Bewertungsmethode anpassen können muss, um hierdurch zu einem klaren und übersichtlichen JA (§ 243 Abs 2) zu gelangen (DRS 13.8) und außerdem bei KapGes/KapCoGes grds die Generalnorm des § 264 Abs 2 zu erfüllen.

60 Offensichtlich ist, dass unter die Ausnahmeregelung alle Fälle zu fassen sind, in denen gesetzliche Vorschriften eine Durchbrechung des Stetigkeitsprinzips zwingend erfordern, wie zB beim strengen Niederstwertprinzip oder dem Wertaufholungsgebot (glA *Müller J* BB 1987, 1636; *Kupsch* DB 1987, 1159).

61 Ferner kommen unter Berücksichtigung der Maßstäbe gem Anm 59 folgende, in der Literatur *weitgehend als unstreitig* angesehene Ausnahmefälle in Betracht (ebenso *ADS*[6] § 252 Anm 113; *Fülbier/Kuschel/Selchert* in HdR[5] § 252 Anm 150 ff): Änderung von Gesetzen und Rspr; Anpassung an die Ergebnisse einer steuerlichen Außenprüfung; Einleitung von Sanierungsmaßnahmen; Änderung der Konzernzugehörigkeit (nicht aber die Beendigung eines UntVertrags, s *Müller* in FS Kropff, 523); wesentliche Änderungen der Gester-Struktur; Änderung der UntKonzeption durch Wechsel des Managements (kritisch *Müller J* BB 1987, 1637; aA *Pittroff/Siegel/Schmidt* in Beck HdR B 161 Anm 78); wesentlich veränderte Einschätzung der Konjunktur und UntEntwicklung (ebenso *Schülen* BB 1994, 2313; aA *Fülbier/Kuschel/Selchert* in HdR[5] § 252 Anm 151); Übergang oder Verzicht auf vereinfachte Bewertungsverfahren; wesentliche technische Neuerungen; wesentliche Änderung des Beschäftigungsgrads; wesentliche Änderung der Finanz- und Kapitalstruktur; Einleitung von Sanierungsmaßnahmen (vgl auch *Küting/Tesche* aaO, 1496).

62 Über den Verweis in § 298 Abs 1 finden die Regelungen zur Ansatz- und Bewertungsstetigkeit auch Anwendung in der Konzernrechnungslegung (vgl hierzu im Detail *Küting/Tesche* aaO, 1497).

63 Aufgrund des in § 5 Abs 1 EStG festgelegten Maßgeblichkeitsprinzips gilt die **Bewertungsstetigkeit auch für die Steuerbilanz** (ebenso *Kupsch/Achtert* BB 1997, 1410). KapGes/KapCoGes haben Abweichungen von der Bewertungsstetigkeit gem § 284 Abs 2 Nr 3 im Anhang anzugeben.

C. Nicht in § 252 ausdrücklich genannte Bewertungsgrundsätze

I. Aus anderen Vorschriften ableitbare Grundsätze und der Vorrang der Einzelvorschriften

65 Allgemeine Bewertungsgrundsätze, wie zB das AK/HK-Prinzip, das Niederstwertprinzip, das Prinzip der Planmäßigkeit der Abschreibungen von der Abnut-

zung unterliegenden VG des Anlagevermögens, sind in den speziellen Einzelvorschriften der §§ 253 ff enthalten. Diese **Einzelvorschriften gehen** den allgemeinen Regeln in § 252 **vor.** Die in der Vergangenheit bestehende Vielfalt an Wertansatz-, Abwertungs- und Methodenwahlrechten wurde durch das BilMoG stark eingeschränkt (zur alten Rechtslage vgl die 6. Aufl).

Zur Beachtung des AK/HK-Prinzips und des Niederstwertprinzips bei Verbindlichkeiten s § 253 Anm 51 ff und für Rückstellungen § 253 Anm 151 ff. 66

II. Grundsatz der Methodenbestimmtheit

Der Wertansatz jedes einzelnen VG oder einer Schuld ist auf Grund einer bestimmten Bewertungsmethode zu ermitteln; diese Methode muss gem § 243 Abs 1 den GoB entsprechen. Führen alternativ zulässige Methoden zu unterschiedlichen Werten, ist es **unzulässig,** einen **Zwischenwert** anzusetzen (ebenso *ADS*[6] § 252 Anm 124; *Pittroff/Siegel/Schmidt* in Beck HdR B 161 Anm 42). Kap-Ges/KapCo-Ges haben im **Anhang** gem § 284 Abs 2 Nr 1, 3 Angaben über die angewandten Bewertungsmethoden und ggf zu Abweichungen von diesen Methoden zu machen. Beim späteren Wegfall von Abschreibungsgründen ist innerhalb einer bestimmten Methode zwingend eine **Wertaufholung** vorzunehmen (§ 253 Abs 5 S 1). 67

III. Grundsatz des Willkürverbots

Dieser im HGB nicht ausdrücklich aufgeführte Grundsatz, der – mit umgekehrter Blickrichtung – auch als Gebot der willkürfreien Bewertung bezeichnet werden kann, ergibt sich sowohl aus den GoB (§ 243 Abs 1) wie auch aus den allgemeinen Bewertungsregeln des Abs 1 Nr 4 und 6. Seine konkrete Bedeutung ist schwer zu definieren (ähnlich *ADS*[6] § 252 Anm 126). Diesem Grundsatz dürfte jedoch iW dann entsprochen werden, wenn die Bewertung frei von **sachfremden Erwägungen,** zB die Berücksichtigung von Auswirkungen auf die Ertragslage, auf die Kreditwürdigkeit oder auf den ausschüttungsfähigen Gewinn, erfolgt und der Erstellung eines klaren, übersichtlichen und den GoB entspr JA dient (*ADS*[6] § 252 Anm 126). 68

Dies bedeutet bei Bestehen mehrerer Bewertungsalternativen nicht, dass nur *eine* Alternative dem Willkürverbot entsprechen kann. Andererseits kann das Vorhandensein gesetzlicher Wahlrechte nicht so verstanden werden, dass zwischen ihnen willkürlich gewählt werden dürfte. In diesen Fällen ist dem Willkürverbot dann Genüge getan, wenn die Bewertungsentscheidung **nicht den Zielen** des JA **entgegensteht** (*ADS*[6] § 252 Anm 126). 69

IV. Grundsatz der Wesentlichkeit

Der Grundsatz besagt, dass bei der Bewertung alle Tatbestände zu berücksichtigen und ggf im Anhang anzugeben sind, die für die Adressaten des JA von Bedeutung sind, hingegen Sachverhalte von untergeordneter Bedeutung, die wegen ihrer Größenordnung keinen Einfluss auf das Jahresergebnis und die Rechnungslegung haben, vernachlässigt werden dürfen (*ADS*[6] § 252 Anm 127 mwN; s auch zum Grundsatz der Wesentlichkeit in der Abschlussprüfung IDW PS 250 Wesentlichkeit im Rahmen der JA-Prüfung WPg 2003, 944 ff (die aF galt für die Prüfung von Abschlüssen für Berichtszeiträume die bis zum 14.12.2012 begannen; IDW PS 250 nF, FN-IDW 2013, 4 ff gilt für die Prüfung von Abschlüssen 70 für Berichtszeiträume die am oder nach dem 15.12.2012 beginnen, sofern keine freiwillige vorzeitige Anwendung dieser Fassung erfolgt); zu Wesentlichkeitsüberlegungen bei der Prüfung von Konzernabschlüssen vgl *Ruhnke/Schmitz* IRZ 2011, 193).

71 Allgemein gültige **Schwellenwerte** für die konkrete Grenze zwischen wesentlich und unwesentlich können nicht festgelegt werden. In **Normalfällen** halten wir allerdings die in § 264 Anm 57 für den JA und in § 297 Anm 197 für den KA angegebenen Grenzwerte als ersten Anhaltspunkt für praktikabel (aA *ADS*[6] § 252 Anm 128).

D. Abweichungen nach Abs 2 von den Bewertungsgrundsätzen des Abs 1

I. Anwendungsbereich

72 Der Gesetzeswortlaut schließt keinen der in Abs 1 genannten Bewertungsgrundsätze von der Ausnahmeregelung des Abs 2 aus. Jedoch werden Ausnahmen von der Bilanzidentität (Abs 1 Nr 1, dazu Anm 78) und von der Periodisierung der Aufwendungen und Erträge (Abs 1 Nr 5) selten sein. Dagegen werden Abweichungen von den Bewertungsmethoden (Abs 1 Nr 6) bereits in § 284 Abs 2 Nr 3 als möglich angesehen. Der Grundsatz der Einzelbewertung (Abs 1 Nr 3) wird durch die Regeln in § 256 iVm § 240 Abs 3 und 4 zwar nicht verändert, aber für bestimmte, häufiger vorkommende Fälle ergänzt. Dagegen stellen § 240 Abs 2 S 2 und § 254 echte Durchbrechungen des Einzelbewertungsgrundsatzes dar (vgl auch Anm 26). Für die Grundsätze des Abs 1 Nr 4 (Vorsichtsprinzip, Realisationsprinzip) gibt es neben den durch die Gesetzesformulierung („namentlich") angedeuteten Ausnahmen in Sonderfällen (zB bei langfristiger Fertigung) echte Durchbrechungen (vgl Anm 30, 44 und 49); s dazu § 255 Anm 457 ff.

II. Zwingende Abweichungen auf Grund gesetzlicher Vorschriften

73 Zu den nach Abs 2 zugelassenen Abweichungen auf Grund begründeter Ausnahmefälle gehört zB insb für KapGes/KapCoGes der Fall, dass die bisher angewandte Methode die Forderung des § 264 Abs 2 nach Vermittlung eines den tatsächlichen Verhältnissen entspr Bilds der VFE-Lage nicht mehr erfüllt; ähnliches gilt, wenn nach § 264 Abs 3 und § 264a Abs 3 bestimmte Tochter-KapGes/KapCoGes nicht mehr den Bilanzierungsregeln für KapGes/KapCoGes unterliegen. In einem solchen Fall verlangt das HGB nicht die Einhaltung aller in Abs 1 aufgeführten Grundsätze, vielmehr gebietet die Generalnorm des § 264 Abs 2 oder § 264 Abs 3 eine partielle Methodenänderung (vgl hierzu § 264 Anm 48 ff). Des Weiteren sind hier Abweichungen zu nennen, die durch andere gesetzliche Bestimmungen vorgeschrieben sind. Dazu zählen neben dem Verbot, bestimmte Wertpapiere bei VersicherungsUnt als Anlagevermögen zu bewerten (§ 341b Abs 1 S 2, Abs 2) und den allgemeinen Bilanzierungsverboten des § 248 Abs 1 und Abs 2 S 2 auch die unter Anm 26, 30 und 49 dargestellten Abweichungen.

Das Verbot der Bewertung nach der going-concern-Prämisse (Abs 1 Nr 2), sobald von der gesetzlichen Regelunterstellung nicht mehr ausgegangen werden kann (Anm 15 ff), und das Wertaufholungsgebot in § 253 Abs 5 S 1 sind keine zwingenden Abweichungen, weil sich seit dem letzten Bilanzstichtag die tatsächlichen Verhältnisse geändert haben müssen.

III. Abweichungen auf Grund gesetzlicher Gestattung

Abweichungen von den in Abs 1 aufgeführten Grundsätzen sind auch möglich, wenn gesetzliche Vorschriften die Abweichungen zulassen; zB Bewertungsvereinfachungsverfahren (§ 240 Abs 3 u 4; zu den steuerrechtlich orientierten Normen §§ 247 Abs 3).

Wegen des Grundsatzes der **Bewertungsstetigkeit** in Abs 1 Nr 6 ist jedoch ein Wechsel der Bewertungsmethode nicht allein schon deshalb zulässig, weil das HGB hier ein Wahlrecht gewährt. Der Grundsatz der Bewertungsstetigkeit schränkt das Wahlrecht oft auf die erstmalige Ausübung ein mit der Folge, dass eine spätere Änderung nur in Ausnahmefällen zulässig ist; s dazu Anm 59. Dies betrifft Änderungen der Abschreibungsdauer wegen besserer Erkenntnis über die voraussichtliche Nutzungsdauer, ferner infolge einer Änderung der GoB oder der Rspr zu bestimmten Tatbeständen und Bewertungsmethoden. Den Unt muss die Anpassung an die als herrschend festgestellte Rechtslage jederzeit möglich sein (glA *ADS*[6] § 252 Anm 113 „1. Unterbrechungsfall").

Ein weiterer Abweichungsfall liegt bei den unmittelbaren **Pensions-Altzusagen** vor. Die planmäßige Zuführung für Anwartschaften seit 1987 kann nicht dazu führen, das gesetzliche Bilanzierungswahlrecht gem Art 28 Abs 1, Art 67 Abs 1 EGHGB langfristig auszuschließen (ähnlich *WPH*[14] I, E Anm 223; *ADS*[6] 252 Anm 110); der Forderung von *ADS*[6] auch bei solchen *Ansätzen* stetig zu verfahren, stimmen wir zu.

IV. Abweichungen aus sonstigen Gründen

Soweit sich die Notwendigkeit oder Zulässigkeit von Abweichungen nicht aus gesetzlichen Vorschriften ergibt, sind gem Abs 2 Abweichungen nur in begründeten Ausnahmefällen zulässig. Aus dem Ziel des HGB, die Transparenz und Vergleichbarkeit der JA zu verbessern, ist eine einschränkende Auslegung dieser Bestimmung geboten. Ein Ausnahmefall ist daher nur gegeben, wenn **gewichtige Gründe** dafür sprechen. Eine willkürliche Abweichung ist damit ausgeschlossen. Welche Sachverhalte die Zulässigkeit einer Abweichung begründen können, ist aus den Erl zu Abs 1 (insb Anm 8, 25, 45, 48, 54, 59 ff) sowie aus den Erl zu § 284 Abs 2 Nr 3 (dort Anm 140 ff) beispielhaft ersichtlich.

Ein Ausnahmefall, der eine Abweichung vom Grundsatz der Bewertungsstetigkeit rechtfertigt, ist auch anzunehmen beim **Übergang von der Einzel- zur Gruppenbewertung** nach § 240 Abs 4 und umgekehrt. Eine Abwägung des Grundsatzes der Bewertungsstetigkeit und des Rechts auf Anwendung des Vereinfachungsverfahrens bzw der Verzicht darauf erfordert die Einschränkung dieses Wahlrechts auf die erstmalige Ausübung (s Anm 57). Jeder weitere Wechsel, der zulässig ist, erfordert ebenso gewichtige Gründe wie eine Abweichung von den Grundsätzen des Abs 1 (zB andere technische Verhältnisse, andere Konzernzugehörigkeit).

Auch im Fall einer **Änderung im System der Kostenrechnung** ist eine Ausnahme gerechtfertigt, wenn damit eine andersartige Zurechnung von **Kostenbestandteilen** verbunden ist, die eine Bewertung nach bisherigen Methoden unmöglich macht oder unverhältnismäßig erschwert (vgl *Fülbier/Kuschel/Selchert* in HdR[5] § 252 Anm 153). Die Einhaltung der in Abs 1 aufgeführten Bewertungsgrundsätze darf nicht dazu führen, dass ein Unt an einer Systemänderung gehindert wird.

Ein weiterer Ausnahmefall wäre für KapGes/KapCoGes die Verschaffung eines verbesserten Einblicks in die VFE-Lage im Hinblick auf die **internationale**

Vergleichbarkeit. Wenn sich bspw herausstellt, dass die deutsche Bilanzierungspraxis zu einer einschränkenden Darstellung der VFE-Lage eines Unt im internationalen Vergleich führt, ist ein Abweichen vom Grundsatz der Bewertungsstetigkeit zugunsten der IFRS-Regeln (Anm 81 ff) zulässig. So mag eine Änderung des Kostenansatzes (Voll- oder Teilkosten) oder auch eine Veränderung der Nutzungsdauer (s dazu § 253 Anm 258 ff) geboten sein, um die internationale Vergleichbarkeit zu gewährleisten. Ein weiterer Grund für ein Übergehen vom Teil- zum Vollkostenansatz kann die Verlagerung der UntTätigkeit vom Handels- zum Produktionsbetrieb sein. Jedoch darf eine Verbesserung des handelsrechtlichen Ergebnisses *allein* kein Grund für ein Abgehen von den Bewertungsregeln des Abs 1 sein.

78 Ist der **Vorjahresabschluss nichtig** und ist die Nichtigkeit bei Aufstellung des Folgeabschlusses (noch) nicht geheilt (§ 256 Abs 6 AktG), liegt keine wirksame Schlussbilanz iSv Abs 1 Nr 1 vor. *Allein* aus diesem Sachverhalt sollte nicht „automatisch" die Nichtigkeit der Folgeabschlüsse hergeleitet werden; vielmehr liegt uE dann ein „begründeter Ausnahmefall" gem Abs 2 vor; Näheres dazu bei *Hense* WPg 1993, 716; *Kropff* in FS Budde, 341 ff.

79 Zu den **Angabepflichten im Anhang** in den Fällen der Anm 75 ff vgl § 284 Anm 170, 180 ff.

E. Rechtsfolgen einer Verletzung des § 252

80 Die **Grundsätze und Regeln** in § 252 sind weder durch Bußgelder noch durch Strafvorschriften sanktioniert, zumal sie in Abs 2 Ausnahmen zulassen. Die **Einzelvorschriften** zur Bewertung in den §§ 253 bis 256a sind – soweit zwingend – gem § 334 Abs 1 Nr 1b bußgeld-bewehrt. Ein Verstoß gegen die gesetzlichen Bewertungsgrundsätze kann bei KapGes ggf zur **Nichtigkeit** des JA führen (*Merkt* in Baumbach/Hopt[35] § 252 Anm 29). Schwere Verstöße können als Vergehen gem § 331 bestraft werden.

F. Abweichungen der IFRS

I. Identität der Wertansätze in Eröffnungs- und Schlussbilanz

81 Aus dem Framework .39 und IAS 8 (s Objective) wird deutlich, dass auch die IFRS grds der Bilanzidentität folgen. Mit der Prämisse *„must be able to compare the financial statements of an entity through time"* (Framework .39) wird sichergestellt, dass EB und zeitgleiche Schlussbilanz identisch bleiben.

II. Grundsatz der Unternehmensfortführung

82 Der going-concern-Grundsatz gilt auch nach IFRS (Framework 23, IAS 1.23 f). Er stellt eine der *„fundamental accounting assumptions"* (Grundannahmen der Rechnungslegung) dar. Gem IAS 1.26 haben die Geschäftsführer bei Prüfung der Frage, ob von going-concern auszugehen ist, einen **Zeitraum von mindestens 12 Monaten** *(foreseeable future)* ab Bilanzstichtag zugrunde zu legen.

III. Grundsatz der Einzelbewertung

83 Auch die IFRS sehen grds die Einzelbewertung vor (IAS 1.29). Für Gegenstände des Vorratsvermögens gilt grds der Einzelbewertungsgrundsatz, soweit

diese nicht austauschbar sind oder für bestimmte Projekte hergestellt wurden. Alle anderen Gegenstände des Vorratsvermögens können entweder nach dem Fifo-Verfahren oder nach der Durchschnittsmethode bewertet werden (IAS 2.23; 25 näheres vgl International Reporting Group, 21). Als eine Ausnahme zum Grundsatz der Einzelbewertung sieht IAS 39 im Rahmen des Hedge Accounting die Bildung von BewEinh vor (Näheres s *Pittroff/Siegel/Schmidt* in Beck HdR B 161 Anm 99; *Wawrzinek* in Beck IFRS[4] § 2 Rz 108f). Weitere Durchbrechungen des Einzelbewertungsprinzips finden sich in den Vorschriften des IAS 36 „Wertminderung von Vermögenswerten". Die hier beschriebene Vorgehensweise des Wertminderungstests, die in gewissen Fällen auf die Prüfung der kleinsten zahlungsmittelgenerierenden Einheit *(„cash-generating unit")* abstellt, der Test von gemeinschaftlich genutzten Vermögenswerten und derivativen GFW sowie die Vorgaben zu dessen Folgebewertung stellt eine Entfernung vom Einzelbewertungsprinzip dar. Des Weiteren zeigt sich eine Tendenz zur Gesamtbewertung bei den Vorgaben des IFRS 5.15 in Hinblick auf die Fair-Value Bewertung einer Veräußerungsgruppe. Darüber hinaus zeigt sich ein allgemeiner Trend zur Gesamtbewertung durch den in den IFRS dominierenden Bewertungsmaßstab des beizZW. (vgl *Küting/Cassel* DB 2012, 697 ff)

IV. Grundsatz der Vorsicht

Der Grundsatz der Vorsicht wurde im Rahmenkonzept aus dem Jahr 2010 als qualitative Anforderung an die Rechnungslegung nach IFRS ersatzlos gestrichen, da er nach Ansicht des IASB gegen den Grundsatz der Neutralität verstößt und somit zu einer verzerrten Darstellung der tatsächlichen wirtschaftlichen Lage des Unt führt. Allerdings enthält IAS 8.10(b)(iv) weiterhin ein dem handelsrechtlichen **Vorsichtsprinzip** entspr *„prudence"*-Gebot, wobei dieses eher Teil der bei der Bilanzierung zu beachtenden Sorgfalt, als ein Fundamentalgrundsatz ist. Als Bestandteil der Sorgfalt ist der Grundsatz der Vorsicht somit auch bei Anwendung anderer Standards nicht vollkommen außer Acht zu lassen. Die Grundsätze des handelsrechtlichen Realisations- und Imparitätsprinzips treten tendenziell zugunsten einer periodengerechten Zuordnung von Erträgen und Aufwendungen zurück (s zB IAS 18.29, 30). Danach sind **Gewinne** zu bilanzieren, sobald die Werterhöhung bei dem entspr VG zuverlässig angenommen werden kann. Die IAS stellen also statt der Realisierung eher die **Realisierbarkeit** in den Vordergrund. In einigen IFRS (zB IAS 37.53, IAS 38.81) sind allerdings Tendenzen zu erkennen, die dem Vorsichtsprinzip nahe kommen (vgl auch *Wawrzinek* in Beck IFRS[4] § 2 Rz 90 ff). **84**

V. Aufwands- und Ertragsperiodisierung

Gem Framework 22, IAS 1.25 gilt dieser handelsrechtliche Grundsatz auch nach den IFRS *(accrual basis)*. Er stellt eine der Grundannahmen der Rechnungslegung dar. **85**

VI. Bewertungsstetigkeit

Der Grundsatz der Bewertungsstetigkeit ist in IAS 1.27, 28 geregelt und durch IAS 8.13 *(consistency)* konkretisiert worden. Die Möglichkeiten, den Grundsatz zu **durchbrechen,** sind **eingeschränkter** als in Abs 2, es bedarf stets einer entspr Erl in den *notes* (vgl *Förschle/Holland/Kroner*[6] 26 ff; *Wawrzinek* in Beck IFRS[4] § 2 Rz 77, Driesch in Beck IFRS[4] § 44 Rz 38 ff). **86**

§ 253 Zugangs- und Folgebewertung

(1) ¹Vermögensgegenstände sind höchstens mit den Anschaffungs- oder Herstellungskosten, vermindert um die Abschreibungen nach den Absätzen 3 bis 5, anzusetzen. ²Verbindlichkeiten sind zu ihrem Erfüllungsbetrag und Rückstellungen in Höhe des nach vernünftiger kaufmännischer Beurteilung notwendigen Erfüllungsbetrages anzusetzen. ³Soweit sich die Höhe von Altersversorgungsverpflichtungen ausschließlich nach dem beizulegenden Zeitwert von Wertpapieren im Sinn des § 266 Abs. 2 A. III. 5 bestimmt, sind Rückstellungen hierfür zum beizulegenden Zeitwert dieser Wertpapiere anzusetzen, soweit er einen garantierten Mindestbetrag übersteigt. ⁴Nach § 246 Abs. 2 Satz 2 zu verrechnende Vermögensgegenstände sind mit ihrem beizulegenden Zeitwert zu bewerten. ⁵Kleinstkapitalgesellschaften (§ 267a) dürfen keine Bewertung zum beizulegenden Zeitwert nur vornehmen, wenn sie von keiner der in § 264 Absatz 1 Satz 5, § 266 Absatz 1 Satz 4, § 275 Absatz 5 und § 326 Absatz 2 vorgesehenen Erleichterungen Gebrauch machen. ⁶In diesem Fall erfolgt die Bewertung der Vermögensgegenstände nach Satz 1, auch soweit eine Verrechnung nach § 246 Absatz 2 Satz 2 vorgesehen ist.

(2) ¹Rückstellungen mit einer Restlaufzeit von mehr als einem Jahr sind mit dem ihrer Restlaufzeit entsprechenden durchschnittlichen Marktzinssatz der vergangenen sieben Geschäftsjahre abzuzinsen. ²Abweichend von Satz 1 dürfen Rückstellungen für Altersversorgungsverpflichtungen oder vergleichbare langfristig fällige Verpflichtungen pauschal mit dem durchschnittlichen Marktzinssatz abgezinst werden, der sich bei einer angenommenen Restlaufzeit von 15 Jahren ergibt. ³Die Sätze 1 und 2 gelten entsprechend für auf Rentenverpflichtungen beruhende Verbindlichkeiten, für die eine Gegenleistung nicht mehr zu erwarten ist. ⁴Der nach den Sätzen 1 und 2 anzuwendende Abzinsungszinssatz wird von der Deutschen Bundesbank nach Maßgabe einer Rechtsverordnung ermittelt und monatlich bekannt gegeben. ⁵In der Rechtsverordnung nach Satz 4, die nicht der Zustimmung des Bundesrates bedarf, bestimmt das Bundesministerium der Justiz im Benehmen mit der Deutschen Bundesbank das Nähere zur Ermittlung der Abzinsungszinssätze, insbesondere die Ermittlungsmethodik und deren Grundlagen, sowie die Form der Bekanntgabe.

(3) ¹Bei Vermögensgegenständen des Anlagevermögens, deren Nutzung zeitlich begrenzt ist, sind die Anschaffungs- oder die Herstellungskosten um planmäßige Abschreibungen zu vermindern. ²Der Plan muss die Anschaffungs- oder Herstellungskosten auf die Geschäftsjahre verteilen, in denen der Vermögensgegenstand voraussichtlich genutzt werden kann. ³Ohne Rücksicht darauf, ob ihre Nutzung zeitlich begrenzt ist, sind bei Vermögensgegenständen des Anlagevermögens bei voraussichtlich dauernder Wertminderung außerplanmäßige Abschreibungen vorzunehmen, um diese mit dem niedrigeren Wert anzusetzen, der ihnen am Abschlussstichtag beizulegen ist. ⁴Bei Finanzanlagen können außerplanmäßige Abschreibungen auch bei voraussichtlich nicht dauernder Wertminderung vorgenommen werden.

(4) ¹Bei Vermögensgegenständen des Umlaufvermögens sind Abschreibungen vorzunehmen, um diese mit einem niedrigeren Wert anzusetzen, der sich aus einem Börsen- oder Marktpreis am Abschlussstichtag ergibt. ²Ist ein Börsen- oder Marktpreis nicht festzustellen und übersteigen die Anschaffungs- oder Herstellungskosten den Wert, der den Vermögensgegenständen am Abschlussstichtag beizulegen ist, so ist auf diesen Wert abzuschreiben.

(5) ¹Ein niedrigerer Wertansatz nach Absatz 3 Satz 3 oder 4 und Absatz 4 darf nicht beibehalten werden, wenn die Gründe dafür nicht mehr bestehen. ²Ein niedrigerer Wertansatz eines entgeltlich erworbenen Geschäfts- oder Firmenwertes ist beizubehalten.

Zugangs- und Folgebewertung § 253

Übersicht

Grundsatzregelung (Abs 1)

Anm

A. Bewertung von Vermögensgegenständen – Allgemeines (Abs 1 S 1)
    I. Handelsrecht 1
    II. Steuerrecht 10, 11

B. Bewertung von Verbindlichkeiten (Abs 1 S 2)
    I. Ansatz des Erfüllungsbetrags
       1. Begriff des Erfüllungsbetrags 51–53
       2. Sachleistungsverpflichtungen 54–56
       3. Wertsicherungsklauseln 57–59
       4. Nicht marktübliche Verzinsung
          a) Überverzinslichkeit 60–62
          b) Unverzinslichkeit/Unterverzinslichkeit 63–67
          c) Steigende Verzinsung 68
       5. Fremdwährungsverbindlichkeiten 70
    II. Bewertung einzelner Verbindlichkeiten
       1. Anleihen 90–92
       2. Verbindlichkeiten gegenüber Kreditinstituten 93
       3. Erhaltene Anzahlung auf Bestellungen 94, 95
       4. Verbindlichkeiten aus Lieferungen und Leistungen ... 98
       5. Wechselverbindlichkeiten 100

C. Bewertung der Rückstellungen und Altersversorgungsverpflichtungen (Abs 1 S 2 und 3)
    I. Allgemeine Grundsätze
       1. Bewertung der Rückstellungen in Handels- und Steuerbilanz 151–153
       2. Vernünftige kaufmännische Beurteilung als Schätzmaßstab 154–157
       3. Künftige Preis- und Kostensteigerungen 158
       4. Bewertung von Sach- und Dienstleistungsverpflichtungen 159–161
       5. Bildung von Einzel- und Sammelrückstellungen 162, 163
       6. Ansammlungs- und Verteilungsrückstellungen 164, 165
    II. Rückstellungen für Altersversorgungsverpflichtungen, vergleichbare langfristig fällige Verpflichtungen 166
    III. Rückstellungen für drohende Verluste aus schwebenden Geschäften in der Handelsbilanz
       1. Schwebende Beschaffungsgeschäfte 167
       2. Schwebende Absatzgeschäfte
          a) Grundsatz 168
          b) Ansatz von Voll- oder Teilkosten 169, 172
       3. Berücksichtigung künftiger Kostensteigerungen 174
       4. Abzinsung der Drohverlustrückstellungen 175
       5. Währungsumrechnung 176
       6. Dauerschuldverhältnisse 177

D. Bewertung von Deckungsvermögen (Abs 1 S 4)
    I. Grundsatz 178
    II. Besonderheiten für Kleinstkapitalgesellschaften (Abs 1 S 5 und 6) 179

E. Abzinsung der Rückstellungen und Rentenverpflichtungen (Abs 2)
    I. Abzinsungsgebot von Rückstellungen mit einer Restlaufzeit von mehr als einem Jahr (Abs 2 S 1) 180b, 181

Schubert/Andrejewski/Roscher

§ 253 Jahresabschluß (Bewertungsvorschriften)

	Anm
II. Besonderheiten von Altersversorgungsverpflichtungen (Abs 2 S 2)	182
III. Bewertung von Rentenverpflichtungen (Abs 2 S 3)	183–186
IV. Abzinsungssatz (Abs 2 S 3–5)	188, 189
V. Abzinsung und latente Steuern	190

Abschreibungen bei Gegenständen des Anlagevermögens (Abs 3)

A. Allgemeines

I. Gegenstand, Zweck und Anwendungsbereich der Abschreibung	201–205
II. Vornahme und Ausweis	209, 210

B. Planmäßige Abschreibungen (Abs 3 S 1 und S 2)

I. Zeitlich begrenzte Nutzungsdauer (Abs 3 S 1)	212–216
II. Planmäßigkeit (Abs 3 S 1)	219, 220
III. Abschreibungsplan (Abs 3 S 2)	221
1. Anschaffungs- oder Herstellungskosten, Restwert	222, 223
2. Abschreibungsbeginn und voraussichtliche Nutzungsdauer	224–236
3. Abschreibungsmethoden	238–240
a) Lineare Abschreibung	241
b) Degressive Abschreibung	242–244
c) Leistungsabschreibung	245
d) Progressive Abschreibung	246
e) Kombinationsformen	247
4. Steuerrechtliche Besonderheiten	250, 251
a) § 7a EStG	252
b) § 7g EStG, Sonderabschreibung	253, 254
5. Änderungen des Abschreibungsplans	258
a) Berichtigungen	260–265
b) Sonstige Änderungen	270–273
IV. Sonderfälle	
a) Geringwertige Wirtschaftsgüter (GWG) und Festwert	275
b) Sonderregelungen Abschreibungsbeginn	276, 277
c) Komponentenansatz	278

C. Außerplanmäßige Abschreibungen bei voraussichtlich dauernder Wertminderung (Abs 3 S 3) 300

I. Vergleichsmaßstab und Begriff des „niedrigeren Werts" in der HB	306–310
II. Bewertungszeitpunkt	311
III. Voraussichtlich dauernde Wertminderung	312–316
IV. Vergleichsmaßstab „niedriger Teilwert" in der Steuerbilanz	317, 320
a) Teilwertgrenzen	322
b) Teilwertfiktionen	323–326
c) Teilwertvermutungen	327
aa) Erste Teilwertvermutung	328
bb) Zweite Teilwertvermutung	329–331
cc) Dritte Teilwertvermutung	332, 333
dd) Uneigentliche Teilwertvermutung	334
ee) Vierte Teilwertvermutung	335
ff) Fünfte Teilwertvermutung	336

	Anm
D. Außerplanmäßige Abschreibungen bei voraussichtlich nicht dauernder Wertminderung (Finanzanlagen) (Abs 3 S 4)	350–353
E. Einzelheiten	370, 371
I. Immaterielle Vermögensgegenstände	380
1. Selbst geschaffene gewerbliche Schutzrechte und ähnliche Rechte und Werte	381
2. Entgeltlich erworbene Konzessionen, gewerbliche Schutzrechte und ähnliche Rechte und Werte sowie Lizenzen an solchen Rechten und Werten	382–386
3. Geschäfts- oder Firmenwert	387
4. Geleistete Anzahlungen	388
II. Sachanlagen	389
1. Grundstücke, grundstücksgleiche Rechte	390–393
2. Bauten einschließlich der Bauten auf fremden Grundstücken	394, 395
a) Gebäude	396–409
b) Sonstige bauliche Maßnahmen	410, 411
3. Maschinen, Anlagen, Betriebs- und Geschäftsausstattung	
a) Maschinen, technische Anlagen	412–422
b) Andere Anlagen, Betriebs- und Geschäftsausstattung	423
aa) Gebäudeeinbauten	424–429
bb) Einrichtungsgegenstände, sonstige Gegenstände	430, 431
cc) VG von geringem Wert	434–444
4. Geleistete Anzahlungen und Anlagen im Bau	447–453
III. Finanzanlagen	460

Abschreibungen bei Vermögensgegenständen des Umlaufvermögens (Abs 4)

A. Allgemeines	501–505
B. Die Niederstwertvorschrift	
I. Allgemeines	506–509
II. Wertmaßstäbe	510–515
III. Beschaffungs- oder Absatzmarkt	516–520
IV. Einzelfragen zu der Vorratsbewertung	
1. Verlustfreie Bewertung bei Erzeugnissen, Leistungen und Waren – retrograde Bewertung	521–525
2. Wiederherstellungskosten bei Erzeugnissen und Leistungen	526–528
3. Gängigkeitsabschreibungen	529–531
V. Bedeutung des Niederstwertprinzips für die Steuerbilanz	532–535
VI. Die Ermittlungsgrundsätze für den niedrigeren Teilwert bei Vorräten	
1. Allgemeines	539–541
2. Roh-, Hilfs- und Betriebsstoffe	542, 543
3. Unfertige und fertige Erzeugnisse und Leistungen	544–549
4. Waren	550–552
5. Verlustprodukte	553
6. Gängigkeitsabschläge	554–557
VII. Anwendung der Niederstwertvorschrift auf Forderungen und sonstige Vermögensgegenstände	
1. Allgemeines	558, 559

§ 253 Jahresabschluß (Bewertungsvorschriften)

	Anm
2. Einzel- und Pauschalabwertungen bei Forderungen	
a) Allgemeines	567, 568
b) Einzelabwertungen	569–575
c) Pauschalabwertungen	
aa) Allgemeines	576–581
bb) Abgrenzung der wertmindernden Faktoren	582–584
cc) Zur Höhe der Pauschalabwertung	585–588
d) Weitere Maßstäbe	
aa) Kürzung der USt	589
bb) Berücksichtigung einer Debitorenversicherung	590, 591
3. Bewertung unverzinslicher und unterverzinslicher Forderungen	592–596
4. Bewertung von Forderungen gegen verbundene Unternehmen, Gesellschafter und gegen Unternehmen, mit denen ein Beteiligungsverhältnis besteht	597–603
5. Währungsposten	604
6. Optionen, Termingeschäfte	606
7. Sachwertforderungen	607, 608
VIII. Anwendung der Niederstwertvorschrift auf Wertpapiere	
1. Allgemeines	609–612
2. Steuerrechtlicher Teilwert	614
IX. Anwendung der Niederstwertvorschrift auf flüssige Mittel	620
X. Sonstige Hinweise	622

Wertaufholungsgebot (Abs 5)

A. Vorbemerkungen	630, 631
B. Das Wertaufholungsgebot	
I. Die Voraussetzungen des Wertaufholungsgebots	
1. Subjekt des Wertaufholungsgebots	632
2. Gegenstand der Wertaufholung	633
a) Ansatz mit einem niedrigeren Wert nach Abs 3 S 3 oder 4 oder Abs 4	635, 636
b) Wegfall der Gründe für den niedrigeren Wertansatz	637–639
c) Feststellung des Nichtbestehens der Gründe	640, 641
3. Übergangsvorschriften	642
a) Unternehmen außerhalb des Anwendungsbereichs von § 280 aF	643
b) Unternehmen im Anwendungsbereich von § 280 aF	644
c) Weitere Vorschriften zum Beibehaltungswahlrecht	645
II. Durchführung der Wertaufholung	
1. Zeitpunkt der Wertaufholung – objektive Betrachtungsweise	646, 647
2. Umfang der Wertaufholung	648
3. Zur buchmäßigen Behandlung	649–651
III. Wertaufholung und Bilanzberichtigung	652, 653
C. Abweichung von der Zuschreibung in Handels- und Steuerbilanz	654–658
D. Die Wertaufholungsrücklage bei AG und GmbH	
I. Funktion der Rücklage	661
II. Höhe der Rücklage	662

§ 253

	Anm
III. Bildung der Rücklage	663
IV. Auflösung der Rücklage	664
V. Steuerrechtliche Bedeutung der Rücklage	665
E. Rechtsfolgen bei Verletzung der Wertaufholungspflicht	667
F. Abweichungen der IFRS vom Wertaufholungsgebot ...	668
G. Wertaufholungsverbot bei Geschäfts- oder Firmenwert (Abs 5 S 2)	
I. Abschreibung des Geschäfts- oder Firmenwerts in der Handelsbilanz	671–674
II. Abschreibung des Geschäfts- oder Firmenwerts in der Steuerbilanz	675
III. Wertaufholungsverbot für den Geschäfts- oder Firmenwert	676
H. Rechtsfolgen einer Verletzung des § 253	685

Abweichungen der IFRS

A. Immaterielle Vermögenswerte	700
1. Erstbewertung	701
2. Folgebewertung (Neubewertungsmethode)	702, 703
3. Folgebewertung AK/HK Methode	704–707
4. Fehlende Nutzung und Abgang	708
B. Sachanlagevermögenswerte	709
I. Bewertung von Sachanlagevermögenswerten	
1. Erstbewertung	710
2. Folgebewertung Neubewertungsmethode	711
3. Folgebewertung AK/HK Methode	712–716
4. Fehlende Nutzung und Abgang	717
C. Finanzanlagen	721
1. Erstbewertung	722
2. Folgebewertung	723
D. Bewertung von Vermögenswerten des Umlaufvermögens (Abs 4)	
I. Vorratsvermögen	726
1. Erstbewertung	727
2. Folgebewertung	728, 729
II. Forderungen und sonstige Vermögensgegenstände	731
E. Bewertung von Verbindlichkeiten	741
I. Bewertung von Verbindlichkeiten	
1. Erstbewertung	742
2. Folgebewertung	743
F. Bewertung von Rückstellungen	745
I. Bewertung von Rückstellungen	
1. Erstbewertung	746
2. Folgebewertung	747
G. Wertaufholungsgebot (Abs. 5)	750

Exkurs: Bilanzberichtigung/Bilanzänderung

A. Vorbemerkung	800, 801

	Anm
B. Bilanzberichtigung	
I. Begriff	802–805
II. Berichtigung der Handelsbilanz	806–808
III. Berichtigung der Steuerbilanz	
1. Allgemeines	809
2. Bilanzberichtigung nach Rechtskraft der Veranlagung	
a) Grundsatz des Bilanzzusammenhangs	810–812
b) Durchbrechung des Grundsatzes des Bilanzzusammenhangs	813
c) Bilanzzusammenhang und Festsetzungsverjährung	814
3. Anpassung der Handelsbilanz an die Steuerbilanz	815–818
4. Erfassung von zusätzlichem Steueraufwand	820
C. Bilanzänderung	
I. Begriff	830, 831
II. Zulässigkeit nach Handelsrecht	835–837
III. Durchführung in der Handelsbilanz	840
IV. Zulässigkeit nach Steuerrecht	845
V. Konzernabschlüsse	846
D. Abweichungen der IFRS	850–853

Grundsatzregelung (Abs 1)

A. Bewertung von Vermögensgegenständen – Allgemeines (Abs 1 S 1)

Schrifttum: *Baetge* Die neuen Ansatz- und Bewertungsvorschriften, WPg 1987, 126; *Wagner/Schomaker* Die Abschreibung des Firmenwertes in Handels- und Steuerbilanz nach der Reform des Bilanzrechts, DB 1987, 1365; *Söffing* Der Stetigkeitsgrundsatz in steuerrechtlicher Sicht, DB 1987, 2598; *Zeitler* Der Firmenwert und verwandte immaterielle Wirtschaftsgüter in der Bilanz, DStR 1988, 304; *Körner/Weiken* Wirtschaftliches Eigentum nach § 5 Abs 1 Satz 1 EStG, BB 1992, 1033; *Büttner/Wenzel* Die Bewertung von Wirtschaftsgütern mit einem Festwert, DB 1992, 1893; *Sander* Abschreibung auf einen eingebrachten Praxiswert durch Sozietätsgründung im medizinischen Bereich, DStR 1993, 1888; *Herzig* Bilanzierung und Abschreibung von Filmrechten, WPg 1994, 601 u 656; *Moxter* Zur bilanzrechtlichen Behandlung von Mietereinbauten nach der neueren höchstrichterlichen Rechtsprechung, BB 1998, 259; *Kessler* Teilwertabschreibung und Wertaufholung in der Kreditwirtschaft nach dem Steuerentlastungsgesetz 1999 ff, DB 1999, 2577; *StFA* Stellungnahme zum Entwurf eines BMF-Schreibens zur Neuregelung der Teilwertabschreibung gem § 6 Abs 1 Nrn 1 und 2 EStG durch das Steuerentlastungsgesetz 1999/2000/2002; voraussichtlich dauernde Wertminderung; Wertaufholungsgebot; steuerliche Rücklage, IDW Schreiben v 25.1.2000, WPg 2000, 242; *Schoor* Abschreibung von Geschäfts- und Praxiswert, DStZ 2000, 667; *Glade* Teilwerte und außergewöhnliche Abschreibungen beim Umlaufvermögen in der Steuerbilanz und Auswirkungen auf die Handelsbilanz, DB 2000, 844; *Dietrich* Teilwertabschreibung, Wertaufholungsgebot und „voraussichtlich dauernde Wertminderung" im Spiegel des BMF-Schreibens vom 25.2.2000, DStR 2000, 1629; *Loitz/Winnacker* Die dauernde Wertminderung im Umlaufvermögen vor dem Hintergrund der handelsrechtlichen und steuerrechtlichen Bilanzierung, DB 2000, 2229; *Küting/Zwirner* Bilanzierung und Bewertung bei Film- und Medienunternehmen des Neuen Marktes, Finanzbetrieb 2001, 15; *Hommel* Neue Abschreibungsfristen in der Steuerbilanz – ein Beitrag zu mehr Steuergerechtigkeit?, BB 2001, 247; *Hoberg* Verlängerte

Afa-Zeiträume: Ein großes Problem?, DB 2001, 347; *Fischer/Wenzel* Wertaufholung nach handels-, steuerrechtlichen und internationalen Rechnungslegungsvorschriften, WPg 2001, 597; *Greinert* Nutzungsdauer einer Marke im Konzernabschluss, BB 2004, 483; *Assmann* Stichtagsprinzip und Wertaufhellung im Blickpunkt der Außenprüfung, StBP 2005, 1;*Küting* Die Abgrenzung von vorübergehenden und dauernden Wertminderungen im nicht-abnutzbaren Anlagevermögen (§ 253 Abs 2 Satz 3 HGB), DB 2005, 1121; *Wübbelsmann* Gedanken zur Diversifikation der Abschreibung einer Domain – Oder: Nachts sind alle Katzen grau, DStR 2005, 1659; *Groß/Georgius/Matheis* Aktuelles zur bilanziellen Behandlung von ERP-Systemen – Die Gretchenfrage nach Anschaffung oder Herstellung, DStR 2006, 339; *Niehues* Abschreibungen bei Mietereinbauten, DB 2006, 1234; *Küting* Gegenüberstellung der Bewertungskonzeption von beizulegendem Wert und Fair Value im Sachanlagevermögen, DB 2007, 1709; *Dziadkowski* Europäisierung des Maßgeblichkeitsprinzips?, IStR 2007, 361; *Böhlmann/Keller* Sofortabschreibung geringwertiger Wirtschaftsgüter nach der Unternehmensteuerreform 2008, BB 2007, 2732; *Köster* Niederstwerttest und Bewertungseinheiten beim Anlagevermögen im Entwurf des BilMoG, BB 2007, 2791; *Gailinger* Buchung geringwertiger Wirtschaftsgüter nach der Unternehmensteuerreform 2008, BBK 2007, Fach 13 5021; *Herzig* Modernisierung des Bilanzrechts und Besteuerung, DB 2008, S. 1; *Mujkanovic* Geringwertige Wirtschaftsgüter nach HGB und IFRS vor dem Hintergrund der Unternehmensteuerreform 2008 und des BilMoG-E, StuB 2008, S 25; *Rade/Kropp* Jahrgangsbezogener Sammelposten und Poolabschreibung des § 6 Abs 2a EStG – endgültiger Abschied von der Einheitsbilanz? WPg 2008, 13; *Castedello/Schmusch* Markenbewertung nach IDW S 5, WPg 2008, 350; *Oser/Roß/Wader/Drögemöller* Eckpunkte des RegE BilMoG, WPg 2008, 676; *Kirsch* Geplante Übergangsvorschriften zum Jahresabschluss nach dem Regierungsentwurf des BilMoG, DStR 2008, S 1202; *Herzig* Steuerliche Konsequenzen des Regierungsentwurfs zum BilMoG, DB 2008, 1339; *Dobler/Kurz* Aktivierungspflicht für immaterielle Vermögensgegenstände in der Entstehung nach dem RegE eines BilMoG, KoR 2008, 485; *Laubach/Kraus/Bornhofen* Zur Durchführung der HGB-Modernisierung durch das BilMoG: Die Bilanzierung selbst geschaffener immaterieller Vermögensgegenstände, DB 2009 Beilage 5 zu Heft 23, 19; *Dörfler/Adrian* Zur Umsetzung der HGB-Modernisierung durch das BilMoG: Steuerbilanzrechtliche Auswirkungen, DB 2009 Beilage 5 zu Heft 23, 58; *Husemann* Abschreibung eines Vermögensgegenstands entsprechend der Nutzungsdauer wesentlicher Komponenten, WPg 2010 Heft 10, 507.

Standards: IDW RS WFA 1 (Stand 24.4.2002): Berücksichtigung von strukturellem Leerstand bei zur Vermietung vorgesehenen Wohngebäuden; IDW RS HFA 11 (Stand 23.6.2010): Bilanzierung von Software beim Anwender; IDW RS HFA 6 (Stand 12.4.2007): Änderung von Jahres- und Konzernabschlüssen; HFA Stellungnahme zur Behandlung von GWG in der Handelsbilanz; HFA Stellungnahme zum Referentenentwurf eines Gesetzes zur Modernisierung des Bilanzrechts, IDW Schreiben v 4.1.2008, IDW-FN 2008, 9; IDW EPS 203 nF (Stand 9.9.2009): Ereignisse nach dem Abschlussstichtag; IDW RH HFA 1.015 (Stand 27.11.2009): Zulässigkeit degressiver Abschreibungen in der Handelsbilanz vor dem Hintergrund der jüngsten Rechtsänderungen; IDW RH HFA 1.016 (Stand 29.5.2009): Handelsrechtliche Zulässigkeit einer komponentenweisen planmäßigen Abschreibung von Sachanlagen.

I. Handelsrecht

VG sind höchstens mit den AK/HK (§ 255), vermindert um planmäßige und bei voraussichtlich dauernder Wertminderung (Abgrenzung vorübergehend zu dauernder Wertminderung s Anm 315 ff) zwingend vorzunehmende außerplanmäßige Abschreibungen anzusetzen. Ein Ansatz zu höheren Verkehrswerten oder Marktpreisen verstößt gegen das Verbot des Ausweises nicht realisierter Gewinne (ausgenommen Bewertung nach §§ 253 Abs 1 S 4, 256a, 340e Abs 3). Für **Finanzanlagen** besteht über die bei voraussichtlich dauernder Wertminderung zwingend vorzunehmenden außerplanmäßigen Abschreibungen hinaus ein Wahlrecht zur außerplanmäßigen Abschreibung bei voraussichtlich nicht dauernder Wertminderung. § 253 gilt für **alle Kaufleute**.

II. Steuerrecht

10 § 6 EStG unterscheidet zwischen (1) WG des Anlagevermögens, die der Abnutzung unterliegen (§ 6 Abs 1 Nr 1 EStG) und (2) anderen WG (Grund und Boden, Beteiligungen, Umlaufvermögen) (§ 6 Abs 1 Nr 2 EStG).

Die Bewertung erfolgt zu AK/HK bzw im Rahmen einer Einlage, Betriebseröffnung oder Neubewertung (Währungsreform 1948; Wiedervereinigung 1990) mit dem an deren Stelle tretenden Wert, vermindert um AfA (§ 7 EStG), erhöhte Absetzungen, Sonderabschreibungen und Abzüge nach § 6b EStG oä Abzüge (§ 6 Abs 1 Nr 1 S 1, Nr 2 S 1 EStG). Dies gilt auch für bereits in früheren Wj erworbene WG, selbst wenn diese zum vorhergehenden Stichtag mit dem Teilwert bewertet wurden (§ 6 Abs 1 Nr 1 S 4 1. Hs, Nr 2 S 3 EStG). Bei allen WG dürfen die AK/HK nicht überschritten werden (Ausnahme bilden Stpfl, die unter § 340 fallen, § 6 Abs 1 Nr 2b EStG). Den handelsbilanziellen planmäßigen Abschreibungen entsprechen steuerrechtlich die Absetzungen für Abnutzung (AfA) und Substanzverringerung (AfS) nach § 7 EStG, den außerplanmäßigen Abschreibungen entsprechen die Absetzung für außergewöhnliche technische oder wirtschaftliche Abnutzung (AfaA) nach § 7 Abs 1 S 7 EStG und die Teilwertabschreibung nach § 6 Abs 1 EStG.

11 Eine **Teilwertabschreibung** (s ausführl Anm 317 ff für das Anlagevermögen, Anm 533 ff für das Umlaufvermögen) ist nur bei einer zum Zeitpunkt der Bewertung (Wertaufhellung bei Bilanzerstellung ist zu beachten) vorliegenden **voraussichtlich dauernden Wertminderung** zulässig (Wahlrecht nach § 6 Abs 1 Nr 1 S 2, Nr 2 S 2 EStG; Abgrenzung vorübergehende zu dauernder Wertminderung s Anm 315).

Bei einer Erhöhung des Teilwerts kommt es faktisch zu einer **Zuschreibung** bzw bei Wegfall der dauerhaften Wertminderung zu einer **Wertaufholung** (s ausführl Anm 317 ff für das Anlagevermögen sowie Anm 533 ff für das Umlaufvermögen).

B. Bewertung von Verbindlichkeiten (Abs 1 S 2)

I. Ansatz des Erfüllungsbetrags

1. Begriff des Erfüllungsbetrags

51 Verbindlichkeiten sind nach § 253 Abs 1 S 2 *„mit ihrem Erfüllungsbetrag"* anzusetzen. Diese Bewertungsvorschrift gilt für alle Kfl. Der Begriff „Erfüllungsbetrag" weist bereits vom Wortlaut darauf hin, dass die Verbindlichkeiten nicht nur Geldleistungsverpflichtungen, sondern auch Sachleistungs- bzw Sachwertverpflichtungen umfassen. Erfüllungsbetrag ist der Betrag, der zur Erfüllung der Verpflichtung aufgebracht werden muss. Mit der Verwendung des Begriffes Erfüllungsbetrag wird außerdem festgelegt, dass in die Betrachtung unter Einschränkung des Stichtagsprinzips künftige Preis- und Kostensteigerungen einzubeziehen sind (BegrRegE BilMoG). Grds gilt das Einzelbewertungsprinzip, wobei eine Durchschnittsbewertung zulässig ist (s *Kropp/Weisang* DB 1995, 2485; § 246 Abs 4).

Steuerrechtlich entfaltet die Neufassung des § 253 Abs 1 S 2 keine Auswirkungen. Zum einen sieht § 6a EStG für die Bewertung von Pensionsrückstellungen besondere Vorschriften vor, zum anderen wird mit § 6 Abs 1 Nr 3a Buchstabe f EStG das Stichtagsprinzip ausdrücklich festgeschrieben (BR-Drucks 344/08, 111).

Für die **Steuerbilanz** schreibt § 6 Abs 1 Nr 3 S 1 EStG die sinngemäße Anwendung der Vorschriften des § 6 Abs 1 Nr 2 EStG vor, dh dass Verbindlichkeiten sinngemäß mit dem Nennwert oder ihrem höheren Teilwert anzusetzen sind (Wahlrecht, s *Kolusa* in Schmidt[32] § 6 Anm 451), falls eine dauerhafte Werterhöhung vorliegt. Im Gegensatz zu VG dürfte eine dauerhafte Werterhöhung zu Lasten des Kfm auf Grund der Rechtsnatur von Verbindlichkeiten auf konkrete Sachverhalte beschränkt sein (ebenso *Kulosa* in Schmidt[32] § 6 Anm 451; *Bachem*, DStR 1999, 773). In Frage kommen hierbei Einwirkungen, die außerhalb der der Verbindlichkeit zugrunde liegenden Vereinbarung mittelbar auf deren Wert einwirken (zB Fremdwährungsverbindlichkeiten s § 256a Anm 189, Überverzinslichkeit s Anm 60ff). Führt eine spätere gegenläufige Werterholung zu einer Verminderung des Teilwerts, ist dann nach dem Grundsatz der Wertaufholung der niedrigere Teilwert anzusetzen. Untergrenze ist allerdings wegen des Verbots des Ausweises nicht realisierter Gewinne der ursprüngliche Bilanzansatz (ebenso *Kulosa* in Schmidt[32] § 6 Anm 451). 52

Als **Anschaffungswert** einer Darlehensverpflichtung gilt deren **Nennwert**. Bei Sach- oder Dienstleistungsverpflichtungen ist dies der **Geldwert der Aufwendungen** (Vollkosten), die zur Bewirkung der Sach- oder Dienstleistung erforderlich sind. Der steuerrechtliche **Teilwert** einer Verbindlichkeit ist der Mehrbetrag, den der Erwerber des gesamten Betriebs zahlen würde, wenn die Verbindlichkeit nicht bestünde oder wenn er sie vom Verkäufer nicht zu übernehmen bräuchte. Bei Darlehensverbindlichkeiten kann sich ein über dem Nennwert liegender Teilwert zB ergeben, wenn eine besonders hoch verzinsliche Verbindlichkeit eingegangen wurde und das allgemeine Zinsniveau gesunken ist (Anm 61).

Sofern dem Unt für die Verbindlichkeit etwas zugeflossen ist, kommt es bei der Bewertung der Verbindlichkeit auf den **Verfügungsbetrag** idR nicht an. Der Erfüllungsbetrag kann jedoch insoweit nicht mit dem Nennbetrag gleichgesetzt werden, als im Nennbetrag *verdeckte Zinszahlungen* enthalten sind. Ist dies der Fall, darf nur die Kapitalschuld passiviert werden, deren Rückzahlungsbetrag dem abgezinsten Nennwert entspricht. Der Abzinsungsbetrag stellt eine nach den GoB nicht passivierungsfähige Zinsverpflichtung aus einem schwebenden Kreditgeschäft dar (hierzu Anm 64ff). 53

2. Sachleistungsverpflichtungen

Sachleistungsverpflichtungen sind bei der Einbuchung mit den voraussichtlich anfallenden Vollkosten zum Zeitpunkt der Entstehung zu bewerten, wenn die zur Erfüllung notwendigen VG noch beschafft werden müssen. In der Folgebewertung muss einen Anpassung erfolgen, sofern die Stichtagspreise gestiegen sind. Eine Minderung der Sachleistungsverpflichtung unter den Betrag der Ersteinbuchung ist unzulässig, da ein Verstoß gegen das Realisationsprinzip vorliegen würde (s IDW RS HFA 34 Tz 21; *WPH*[14] I, E Anm 592; *ADS*[6] § 253, Anm 120ff). Sind die zur Erfüllung erforderlichen VG bereits vorhanden, entspricht der Buchwert der Verbindlichkeit deren Buchwert (*kompensatorische Bewertung*, s IDW RS HFA 34 Tz 24; *ADS*[6] § 253, Anm 123). 54

Sachleistungsverpflichtungen umfassen Verpflichtungen des Unt zur Erbringung von Sach- oder Dienstleistungen. Zum Ansatz von Sachleistungsverpflichtungen kommt es auch beim **Tausch**, wenn die Gegenseite ihre Sachleistungsverpflichtung bereits erfüllt hat. Wird der Tausch erfolgsneutral behandelt, ist die eigene Sachleistungsverpflichtung und damit die AK des erworbenen VG mit dem Buchwert des hinzugebenden VG anzusetzen. Sieht man im Tausch dagegen einen Umsatzakt und Realisationstatbestand, ist zu beachten, dass jeder Vertragspartner seinen Gewinn dann realisieren muss, wenn er seine Sachleistungsverpflichtung erfüllt hat. Daher ist bei erfolgswirksamer Behandlung des Tausches die Sachleistungsverpflichtung mit dem Wert anzusetzen, mit dem der erlangte VG zu aktivieren ist, dh mit dessen Zeitwert. Zur Gewinnrealisierung beim Tausch s § 255 Anm 130 ff.

55 Bei der **Betriebsverpachtung** wird das Vorratsvermögen (Roh-, Hilfs- und Betriebsstoffe, Erzeugnisse, Waren) regelmäßig dem Pächter mit der Verpflichtung überlassen, bei Pachtende VG gleicher Art, Menge und Güte zurückzugeben **(Sachwertdarlehen).** Der Pächter hat das übernommene Vorratsvermögen (idR als wirtschaftlicher Eigentümer) mit den Wiederbeschaffungskosten im Zeitpunkt der Übernahme zu aktivieren und in gleicher Höhe seine Rückgabeverpflichtung zu passivieren. In der Folgezeit ist die Sachwertschuld korrespondierend mit dem Wert anzusetzen, welcher dem jeweiligen Aktivposten für die gleichartigen VG des Vorratsvermögens entspricht (BFH 5.5.1976, BStBl II, 717). Soweit die Rückgabeverpflichtung durch rückgabebereite VG gedeckt ist, sind dies deren Wiederbeschaffungskosten zum Zeitpunkt der Übernahme oder die AK/HK, wenn die hinzugebenden VG nach der Übernahme neu angeschafft oder -hergestellt wurden. Insoweit ergibt sich bei Veränderung der Wiederbeschaffungskosten keine Ergebnisauswirkung (*Weber-Grellet* in Schmidt[32] § 5 Anm 703). Erst wenn die vorhandenen Vorräte die Rückgabeverpflichtung nicht decken, ist die Sachwertschuld mit den aktuellen Wiederbeschaffungskosten der fehlenden VG anzusetzen, wodurch gestiegene Wiederbeschaffungskosten hier zu einer Aufwertung der Verbindlichkeiten führen. Im Falle gesunkener Wiederbeschaffungskosten ist die Verbindlichkeit abzuwerten. Untergrenze sind allerdings wegen des Verbots des Ausweises nicht realisierter Gewinne die ursprünglichen Wiederbeschaffungskosten (ebenso *ADS*[6] § 253 Anm 124; *Kulosa* in Schmidt[32] § 6 Anm 451).

56 Zur evtl **korrespondierenden Bilanzierung** bei der Betriebsaufspaltung *Wacker* in Schmidt[32] § 15 Anm 869f sowie zur Erläuterung der Bewertung von Sachwertdarlehen *Weber-Grellet* in Schmidt[32] § 5 Anm 703.

3. Wertsicherungsklauseln

57 Wertsicherungsklauseln werden häufig in Verträgen über langfristig zu erbringende Geldleistungen vereinbart, um den Geldgläubiger vor einer Entwertung seiner Forderung zu schützen. Als Bezugsgrößen werden zB der Index der Verbraucherpreise bei Leibrentenverpflichtungen und Preisklauseln bei Liefergeschäften verwendet.

58 **Vor Eintritt der Wertsicherungsbedingung** bleibt die Wertsicherung bei der Bewertung der Verbindlichkeit unberücksichtigt (*ADS*[6] § 253 Anm 129; BFH 31.1.1980, BStBl II, 491 betr Leibrentenverpflichtung; BFH 13.11.1975, BStBl II 1976, 145 f; *Kiesel/Reichl/Stobbe* in HHR § 6 EStG Anm 1178 mwN). Jedoch ist im Fall einer stufenweisen Anpassung der zu leistenden Zahlungen auf Grund einer indexbezogenen Wertsicherungsklausel (zB Erhöhung einer Zahlungsverpflichtung erst ab dem Zeitpunkt, wenn der betr Index seit Vertragsabschluss um einen bestimmten Prozentsatz gestiegen ist) insoweit eine *Rückstellung für ungewisse Verbindlichkeiten* zu bilden, als sich die Bezugsgröße bis zum Bilanzstichtag bereits teilweise geändert hat (*ADS*[6] § 253 Anm 133).

59 **Nach Eintritt der Wertsicherungsbedingung** und dadurch höheren zu leistenden Zahlungen ist die Verbindlichkeit mit dem erhöhten Erfüllungsbetrag anzusetzen. Die Aufwertung der Verbindlichkeit ist in dem Jahr, in dem die Bedingung eintritt, erfolgswirksam (BFH 31.1.1980, BStBl II, 491/494). Führt die Wertsicherungsklausel zu niedrigeren zu leistenden Zahlungen, darf der – ggf um Tilgungen verminderte – Ursprungsbetrag der Verbindlichkeit wegen des Verbotes des Ausweises nicht realisierter Gewinne nicht unterschritten werden (*ADS*[6]

§ 253 Anm 132). Beim Kauf auf Renten- oder Ratenbasis führt die Erhöhung der zu leistenden Zahlungen auf Grund einer Wertsicherungsklausel nicht zu einer Erhöhung der AK des VG.

4. Nicht marktübliche Verzinsung

a) Überverzinslichkeit

Überverzinsliche Verbindlichkeiten sind mit ihrem Erfüllungsbetrag, also zum Nominalwert anzusetzen. Die Zinsbelastungen sind über die GuV zu erfassen. **60**

Beruht die Überverzinslichkeit darauf, dass das **Marktzinsniveau gesunken** ist, ist zu überprüfen, ob in der **Handelsbilanz** eine Rückstellung für drohende Verluste aus schwebenden Geschäften zu bilden ist. Es ist zu beachten, dass in den Fällen, in denen der Beitrag der Gegenleistung zum Unternehmenserfolg nicht hinreichend objektiv ermittelt werden kann, die Bildung einer Drohverlustrückstellung nur bei vollends fehlender oder nicht nennenswerter Nutzungs- oder Verwertungsmöglichkeit der beschafften Leistung (Fehlmaßnahme) in Betracht kommt. Eine an den Wiederbeschaffungskosten orientierte Bewertung der Gegenleistung ist nicht sachgerecht, da hierbei nicht ausgeschlossen werde kann, das eine Drohverlustrückstellung entgegen der Zielsetzung auch zukünftig entgehende Gewinne berücksichtigt (IDW RS HFA 4 Tz 32).

In der **Steuerbilanz** sind Verbindlichkeiten sinngemäß zum Anschaffungswert oder mit dem höheren Teilwert anzusetzen, falls nachträglich eine dauerhafte Überverzinslichkeit eintritt bzw sich nachträglich dauerhaft erhöht (hierzu und zur späteren Wertaufholung Anm 52). Der Teilwert einer Verbindlichkeit entspricht deren Barwert. Der Erwerber des ganzen Betriebes würde den Barwert der Differenz zwischen den vereinbarten und den marktüblichen Zinsen kaufpreismindernd berücksichtigen, da er sie andernfalls durch eine normalverzinsliche Verbindlichkeit ersetzen würde, wenn er die Verbindlichkeit nicht übernehmen müsste. Eine auf Grund dauerhaft gesunkenen Marktzinsniveaus überverzinsliche Verbindlichkeit ist daher in der Steuerbilanz mit dem Barwert von Zins und Tilgung bei Diskontierung mit dem niedrigeren aktuellen Marktzinssatz anzusetzen. Auf die *Möglichkeit* einer vorzeitigen Tilgung kommt es dabei nicht an. BFH 20.11.1969, BStBl II 1970, 209, wonach ein bei Kreditaufnahme aktiviertes Damnum (Disagio) nicht wegen inzwischen verbesserter allgemeiner Kreditbedingungen auf einen niedrigeren Teilwert abgeschrieben werden darf, steht dem Ansatz der Verbindlichkeit mit einem höheren Teilwert wegen Überverzinslichkeit nicht entgegen, da der BFH die Teilwertabschreibung schon deshalb nicht zugelassen hat, weil RAP nicht zu bewerten seien und daher begrifflich keinen Teilwert haben (hierzu § 250 Anm 32). **61**

Die Überverzinslichkeit kann außer in einem gesunkenen Marktzinsniveau auch darin begründet sein, dass dem Schuldner ein **anderer Vorteil** gewährt wurde. Handelt es sich dabei um einen dauernden Vorteil während der Laufzeit des Kredits (zB niedrigere Bezugspreise für Bier iVm einem überverzinslichen Brauereikredit), entfällt insoweit eine Rückstellung. Ist dem Schuldner hingegen als „anderer Vorteil" eine Einnahme zugeflossen, muss diese über die Laufzeit der Verbindlichkeit passiv abgegrenzt werden. Besteht der Vorteil in der Minderung des Kaufpreises zu aktivierender VG, ist der Barwert der Mehrzinsen abzugrenzen (*ADS*[6] § 253 Anm 80). Der Barwert der Mehrzinsen gehört zu den AK der VG. **62**

b) Unverzinslichkeit/Unterverzinslichkeit

Un- und unterverzinsliche Verbindlichkeiten sind ebenfalls mit dem Erfüllungsbetrag anzusetzen. Eine **Abzinsung,** sei es durch Ansatz des niedrigeren **63**

Barwerts auf der Passivseite oder durch Aktivierung des Abzinsungsbetrags unter den RAP, ist auch für Verbindlichkeiten mit einer Laufzeit von mehr als einem Jahr (anders für Rückstellungen) **handelsrechtlich unzulässig.** Dies gilt uneingeschränkt für tatsächlich un- und unterverzinsliche Verbindlichkeiten (ebenso BFH 12.12.1990, BStBl II 1991, 479/483). Die Abzinsung würde hier eine Vorwegnahme künftiger Erträge (aus der Verwendung des zugeflossenen Betrags) bedeuten, die das Realisationsprinzip verbietet (ebenso BFH 30.11.2005 DB 2006, 871; *Schulze-Osterloh* BB 2003, 351).

In der **Steuerbilanz** sind unverzinsliche Verbindlichkeiten mit einer Laufzeit von wenigstens 12 Monaten, die nicht auf einer Anzahlung oder Vorausleistung beruhen, gem § 6 Abs 1 Nr 3 EStG mit einem **Zinssatz** von 5,5% abzuzinsen. Zahlreiche Bsp sind in BMF 26.5.2005 BStBl I 699 enthalten (Anmerkung von *Paus* FR 2005, 1195). Steht der Rückzahlungszeitpunkt nicht fest, ist zu schätzen. Gibt es für Schätzung keine Anhaltspunkte, lässt das BMF aus Vereinfachungsgründen eine Bewertung nach § 13 Abs 2 BewG zu (9,3-facher Jahreswert). Hängt die Rückzahlung vom Leben einer Person ab, kann die mittlere Lebenserwartung nach der Sterbetafel 1986/88 herangezogen werden (Anlage 1 zum BMF-Schreiben). Abzinsung von **Tilgungsdarlehen** mittels Vervielfältiger zum Jahreswert (Anm 9 des BMF-Schreibens iVm Anlage 4). Weitere Vereinfachung: Berechnung mit 360 Tagen pro Jahr, 30 Tagen pro Monat.

Formal un- oder unterverzinsliche Verbindlichkeiten können aber tatsächlich (höher) verzinslich sein, wenn **verdeckte Zinszahlungen** vorliegen. Verdeckte Zinszahlungen können zum einen in **anderen Nachteilen** bestehen, die mit der Verbindlichkeit verbunden sind, zB höherer Bezugspreis bei längerer Abnahmeverpflichtung. Es kann sich um Verwendungsauflagen handeln, die wirtschaftlich bewertbar sind, dh für die ein Kfm zu zahlen bereit wäre BMF BStBl I 1999, 818. *Günkel/Hörger/Thömmes* DStR 1999, 1874; *Hauber/Kiesel* BB 2000, 1511 zu Gester-Darlehen. Nachweise zu Rspr betr Bierbezugsverpflichtung, Einräumung Ankaufsrecht, Recht der Benutzung von FuE-Ergebnissen, Aufnahme Zeitschriften in Lesezirkel s *Kulosa* in Schmidt[32] § 6 Anm 298. OFD München 25.8.2000, WPg, 1132 zur fehlenden Zinslosigkeit sog **„Null-Prozent-Darlehen"** der öffentlichen Hand auf Grund Verwendungsauflagen. Soweit es sich dabei um einen konkreten, abgrenzbaren, laufzeitabhängigen Nachteil handelt, stellt sich die Abzinsungsfrage nicht (BMF 23.8.1999, DB, 1730; s auch *Strobl* in FS Döllerer, 622 ff). Auch bei geringfügigster Verzinsung nahe 0% gilt die Verpflichtung nicht als unverzinslich nach § 42 AO (BMF BStBl I 2005, 699 Tz 13; *van de Loo* DStR 2000, 509).

Ist während der Gesamtlaufzeit nur **zeitweise Verzinsung** vorgesehen, liegt gleichwohl insgesamt eine verzinsliche Verbindlichkeit vor. Nach BMF 26.5. 2005 DStR, 1005 Anm 17, 16 soll jedoch durch wirtschaftliche Betrachtung geprüft werden, ob insgesamt eine (dann wohl wirtschaftlich relevante) Gegenleistung für die Überlassung vorliegt, mit der Folge, dass bei geringer Gesamtverzinsung von Unverzinslichkeit auszugehen sein soll. Diese Ansicht ist mit dem Wortlaut des EStG nicht vereinbar.

Hängt die Verzinsung von einer **Bedingung** ab, so gilt die Verbindlichkeit bei einer aufschiebenden Bedingung erst mit Eintritt der Bedingung als verzinslich und ist daher bis dahin als unverzinslich zu behandeln. Bei auflösender Bedingung ist sie ab Bedingungseintritt unverzinslich. Ist die Bedingung das Erzielen von künftigen Einnahmen, Gewinnen oder ähnlichen Betriebsvermögensmehrungen, darf nach BMF 26.5.2005 DStR, 1005 Anm 43 für vor dem 1.6.2005 entstandene Verbindlichkeiten aus Vertrauensschutzgründen davon ausgegangen werden, dass die Bedingung eintreten wird (Folge: Die Verbindlichkeit gilt als zeitweise verzinslich und ist insgesamt nicht abzuzinsen).

Verdeckte Zinszahlungen können zum anderen **im Erfüllungsbetrag** enthal- 64
ten sein. Dies ist der Fall bei Verbindlichkeiten, deren Erfüllungsbetrag über dem
Ausgabebetrag liegt, soweit der Unterschiedsbetrag eine *laufzeit- und kapitalabhängige* Überlassungsvergütung darstellt. Nach hA ist die Verbindlichkeit mit dem
Nominalbetrag zu passivieren; der gesamte Unterschiedsbetrag darf **handelsrechtlich** nach § 250 Abs 3 als RAP aktiviert und über die Laufzeit abgeschrieben werden (dazu § 250 Anm 35 ff). Die aktive Abgrenzung des Unterschiedsbetrags kommt ergebniswirksam einer Abzinsung der Verbindlichkeit gleich.
Steuerbilanz: Abgrenzungspflicht (§ 250 Anm 22; BFH BStBl II 2000, 259).

Bei Nullkupon-Anleihen **(Zero-Bonds)** ist nur der Ausgabebetrag zuzüglich 65
aufgelaufener Zinsen zu passivieren (**Trennung von Kapital- und Zinsschuld;** dazu *ADS*[6] § 253 Anm 85 f; BMF 5.3.1987, BStBl I, 394; HFA 1/1986,
WPg, 248; *Kulosa* in Schmidt[32] § 6 Anm 448). Der jeweilige Abzinsungsbetrag
stellt eine nicht bilanzierungsfähige Verpflichtung aus dem schwebenden Kreditgeschäft dar (HFA 1986 aaO; *Strobl* in FS Döllerer, 618 f). Der Unterschiedsbetrag zwischen dem Nominalwert und dem jeweiligen Barwert entspricht den
noch nicht angefallenen Zinsen. Zero-Bonds werden im Falle vorzeitiger Rückzahlung (zB nach Ausübung eines in den Anleihebedingungen eingeräumten ao
Kündigungsrechts der Gläubiger) zum Barwert eingelöst. Der Erfüllungsbetrag
erstreckt sich nur auf das überlassene Kapital (Ausgabebetrag) und aufgelaufene
Zinsen.

Kapital- und Zinsschuld sind auch bei der Bewertung anderer Verbindlichkei- 66
ten, deren Erfüllungsbetrag verdeckte Zinsen enthält, zu trennen. Dies gilt insb
für **Anschaffungsgeschäfte,** bei denen der **Kaufpreis** nicht nur kurzfristig
formal zinslos gestundet wird. Soweit im Erfüllungsbetrag verdeckte künftige
Zinszahlungen enthalten sind, liegt eine nicht zu passivierende Zins-Verbindlichkeit im Rahmen eines schwebenden Kreditgeschäftes vor. Die verbleibende Kaufpreis-Verbindlichkeit ist mit dem Barwert einzubuchen. Die AK der
bezogenen VG bestehen in diesem Barwert. In den Folgejahren ist der Wertansatz der Verbindlichkeit (zu Lasten Zinsaufwand) um die aufgelaufenen Zinsen zu
erhöhen. Mangels vereinbartem Zins ist der Marktzins vergleichbarer Geschäfte
heranzuziehen. Der Verwendung eines Zinssatzes von 5,5% als allgemein üblich
kann jedoch aufgrund der aktuellen Zinsentwicklung nicht gefolgt werden (so
aber wohl *Kulosa* in Schmidt[32] § 6 Anm 454). Aus Vereinfachungsgründen kann
uE aber der von der Bundesbank bekannt gemachte durchschnittliche Marktzinssatz der vergangenen sieben Jahre iSd § 253 Abs 2 S 1 herangezogen werden.
Zur Darstellung der Bilanzauswirkungen bei Anschaffungsgeschäften s bei *Viskorf*
DB 2006, 1231. Die Annahme von im Zielpreis enthaltenen Zinsen ist offensichtlich zutreffend, wenn die Beteiligten einen Barpreis festgelegt haben oder
ein solcher anderweitig, zB aus einer Preisliste oder als Marktpreis, feststellbar ist.
Im Übrigen besteht nach hM eine widerlegbare Vermutung dafür, dass in einem
längerfristig gestundeten Kaufpreis verdeckt Zinsen enthalten sind. Die Vermutung ist widerlegt, wenn der Verkäufer im Hinblick auf den Abschluss anderer
Geschäfte auf eine Verzinsung verzichtet hat. Verdeckte Zinszahlungen können
jedenfalls nur dann angenommen werden, wenn die Beteiligten objektiv auch
ein Kreditgeschäft gewollt haben.

Dies gilt regelmäßig für Fälle des **Ratenkaufs.** Wenn die insgesamt zu zah- 67
lenden Raten über dem üblichen Barzahlungspreis liegen, sind verdeckte Zinszahlungen anzunehmen. Durch Trennung von Kapital- und Zinsschuld ist als
Erfüllungsbetrag der Barwert der noch zu zahlenden Raten zu passivieren
(Anm 66). Der Auffassung, dass es auch zulässig sein soll die Verbindlichkeit unabgezinst zu bilanzieren und stattdessen einen aktiven RAP zu bilden, kann im
Hinblick auf § 253 Abs 2 S 3 nicht zugestimmt werden (ebenso *Schulze-Osterloh*

BB 2003, 351 mit zuzustimmendem Hinweis darauf, dass das Aktivierungswahlrecht nach § 250 Abs 3 aufgrund der klaren Regelung auf das echte Damnum beschränkt ist; aA *ADS*[6] § 253 Anm 83). Im nominalen Erfüllungsbetrag verdeckt enthaltene Zinszahlungen gibt es bei Darlehen in Form eines Ausgabedisagio oder Rückzahlungsagio, bei Zero-Bonds und bei Anschaffungsgeschäften (Ziel-, Ratenkauf), wenn zudem ein Kreditgeschäft vorliegt.

c) Steigende Verzinsung

68 Kreditinstitute gehen verschiedentlich Verbindlichkeiten mit steigender Verzinsung ein (zB sog **Zuwachssparen**). In diesen Fällen liegt in Höhe der Differenz zwischen der Effektivverzinsung und den in den früheren Jahren gutgeschriebenen niedrigeren Nominalzinsen ein Erfüllungsrückstand beim Schuldner vor. Hierfür ist eine Verbindlichkeit zu passivieren, wenn der Gläubiger kein Kündigungsrecht hat und die Zinsschuld deshalb dem Grunde und der Höhe nach sicher ist. Ist die zwischenzeitliche Kündigung durch den Gläubiger zulässig, ist stattdessen eine Verbindlichkeitsrückstellung zu bilden (dazu *ADS*[6] § 253 Anm 89; zum selben Ergebnis würde die Bildung einer Verlustrückstellung wegen künftiger Überverzinslichkeit führen). Dagegen hat BFH 20.1.1993, BStBl II, 373 (vgl auch BFH 15.7.1998, DStR, 1463) für den Fall eines kündbaren Sparvertrags mit steigendem Zinssatz einen Erfüllungsrückstand verneint, ua mit der Begründung, dass die steigenden Zinsen Entgelt für die künftige Kapitalüberlassung seien (krit zurecht *Groh* StuW 1994, 94).

5. Fremdwährungsverbindlichkeiten

70 Siehe Kommentierung zu § 256a.

II. Bewertung einzelner Verbindlichkeiten

1. Anleihen

90 Anleihen sind mit dem Erfüllungsbetrag (= **Nominalbetrag**) zu passivieren. Ist der Erfüllungsbetrag einer Anleihe höher als der Ausgabebetrag, darf der Unterschiedsbetrag **(Disagio)** gem § 250 Abs 3 als RAP aktiviert werden. Steuerrechtlich besteht hingegen Aktivierungspflicht (vgl BFH 19.1.1978, BStBl II, 262). Zur Aktivierung und Verteilung des Disagio auf die Laufzeit sowie zur Behandlung von Geldbeschaffungskosten s § 250 Anm 35 ff, 43; s auch Anm 64. Zur Bilanzierung von **Zero-Bonds** s Anm 65. Liegt der Ausgabebetrag über dem Erfüllungsbetrag, muss die Differenz **(Agio)** in HB und StB durch einen passiven RAP entspr der Kapitalnutzung über die Laufzeit verteilt werden (§ 250 Anm 53 ff).

91 **Wandelschuldverschreibungen (Wandelanleihen** mit Umtauschrecht und **Optionsanleihen** mit Bezugsrecht gegen Zuzahlung auf Anteile der emittierenden oder einer anderen AG) sind ebenfalls zum Nominalbetrag zu passivieren, da vor Ausübung des Wandlungsrechts eine Geldverpflichtung besteht. Das gilt auch für eine **Pflichtwandelanleihe**, da es sich bei dieser bis zur Wandlung ebenfalls um ein FK-Verhältnis handelt (*Häuselmann* BB 2003, 1531). Jedoch ist das Aufgeld in die Kapitalrücklage einzustellen (§ 272 Abs 2 Nr 2, dazu § 272 Anm 183).

In Fällen von Optionsanleihen, die zu pari begeben werden, und mit einem unter dem Marktzins liegenden Nominalzins ausgestattet sind, ist der Ausgabebetrag in einen rechnerischen Ausgabebetrag, der einer gleich niedrig verzinslichen Anleihe ohne Optionsrecht entspricht, und ein Entgelt für die Optionsrechte aufzuteilen. Das anteilige Entgelt für die Optionsrechte wird nach § 272 Abs 2 Nr 2 in die Kapitalrücklage eingestellt. Der Unterschiedsbetrag zwischen dem Erfüllungsbetrag und dem rechnerischen Ausgabebetrag ist als Disagio zu behandeln. Zur (steuer-)bilanziellen Erfassung von Options-, Wandel-, Umtausch- und Aktienanleihen s *Häuselmann/Wagner* BB 2002, 2431. Allgemein zur Bilanzierung von aktienkursabhängigen Vergütungssystemen **(Stock Options)** § 272 Anm 500 ff; *Gelhausen/Hönsch* WPg 2001, 69; *Herzig/Lochmann* WPg 2001, 82; *Simons* WPg 2001, 90; *Ross/Pommerening* WPg 2001, 644.

Steuerrechtlich ist das Entgelt für das Optionsrecht keine Einlage, da nicht **92** von einem Gester geleistet wurde. Bis zur Ausübung des Optionsrechts ist eine Anzahlung als FK zu passivieren. Bei Ausübung der Option wird die Anzahlung zum steuerrechtlichen EK. Andernfalls erfolgt mit Ablauf der Optionsfrist eine Vereinnahmung als Betriebseinnahme (OFD München 22.8.2000 BB, 2628). Ist die Optionsanleihe darüber hinaus auch noch niedrig verzinslich, ist zusätzlich die Auswirkung der niedrigen Verzinsung durch Bildung eines aktiven RAP und dessen Auflösung über die Laufzeit der Anleihe zu verteilen (Rechenbeispiele in OFD München 22.8.2000 BB, 2628). Zur steuerrechtlichen Behandlung von Pflichtwandelanleihen s *Häuselmann* BB 2003, 1531.

2. Verbindlichkeiten gegenüber Kreditinstituten

Die Regeln über die Abgrenzung eines unter oder über dem Erfüllungsbetrag **93** liegenden Auszahlungsbetrags bei Anleihen (Anm 91) gelten auch für Darlehen von Kreditinstituten.

3. Erhaltene Anzahlungen auf Bestellungen

Der **Erfüllungsbetrag** erhaltener Anzahlungen ist der Betrag, der nach Ab- **94** rechnung der Lfg oder Leistung mit der Kundenforderung zu verrechnen ist, mithin der Betrag (Nennbetrag) der Anzahlung, der zugeflossen ist. Soweit der Wert der Lfg- oder Leistungsverpflichtung am Bilanzstichtag über dem Wert des Anspruchs auf die (volle) Gegenleistung liegt, ist nicht die erhaltene Anzahlung aufzuwerten, sondern es sind die entspr Erzeugnisse abzuschreiben bzw es ist eine Rückstellung für drohende Verluste aus schwebenden Geschäften in der HB zu bilden.

Zu in **Fremdwährung** erhaltene Anzahlungen s § 256a.

Sind **Anzahlungen verzinslich** und werden die Zinsen im Rahmen der **95** Auftragsabrechnung verrechnet, sind auch die aufgelaufenen Zinsen als erhaltene Anzahlungen zu passivieren. Bei der Auftragsabrechnung ergeben sich um die Zinsen erhöhte Umsatzerlöse (*ADS*[6] § 253 Anm 155; *Christiansen* StBP 1990, 183). Das Gleiche sollte regelmäßig gelten, wenn (längerfristige) Anzahlungen **unverzinslich** sind. Die Anzahlung als solche stellt ein Kreditgeschäft dar (dazu § 247 Anm 545). Es besteht eine widerlegbare Vermutung dafür, dass der vereinbarte Erlöswert faktisch um Zinsen auf die Anzahlungen gemindert ist. In diesem Fall sind die erhaltenen Anzahlungen ratierlich zu Lasten Zinsaufwand zu erhöhen und bei der Auftragsabrechnung entspr erhöhte Umsatzerlöse zu zeigen (dazu *Clemm* in FS L. Schmidt, 189 ff). Gegenstand dieser Abgrenzung sind Aufwendungen für verdeckt zu leistende Zinsen und nicht Vorteile (Zinserträge) aus der Anlage von Anzahlungen. Deshalb kommt es auch nicht darauf an, ob Anzahlungen noch nicht zur Auftragsdurchführung benötigt werden (aA *ADS*[6] § 253 Anm 156, die sich für eine Minderung der HK auftragsbezogener Vorräte bzw die Einbeziehung in die erhaltenen Anzahlungen aussprechen, und *Christiansen* StBP 1990, 183, der die Abgrenzung von Zinserträgen ablehnt). Die Vermutung der faktischen Verzinslichkeit ist zB widerlegt, wenn Zinsen auf die Anzahlungen bei der Preisfindung objektiv keinen Niederschlag gefunden haben (zur entspr Vermutung der Verzinslichkeit eines formal unverzinslichen Lieferantenkredits s Anm 66).

4. Verbindlichkeiten aus Lieferungen und Leistungen

98 Die Lieferantenverbindlichkeit ist grds mit dem Rechnungsbetrag einzubuchen. Die Inanspruchnahme von **Lieferantenskonti** bewirkt eine nachträgliche Minderung der AK der bezogenen VG (§ 255 Anm 63; BFH 27.2.1991, BStBl II, 456; dazu *Groh* BB 1991, 2334) und der Verbindlichkeit. Sofern von vornherein feststeht, dass unter Skontoabzug gezahlt wird, darf die Verbindlichkeit schon mit dem Nettobetrag eingebucht werden (*ADS*[6] § 253 Anm 159). Interpretiert man den Skonto als Zins, ist es folgerichtig, die Verbindlichkeit mit dem Barpreis anzusetzen und den nicht gezogenen Skonto pro rata temporis als Aufwand zu verrechnen. Aus Vereinfachungsgründen kann der volle Skontobetrag als Zinsaufwand verrechnet und passiviert werden (dazu *Rückle* in FS Moxter, 353).

5. Wechselverbindlichkeiten

100 Wechselverbindlichkeiten sind mit der Wechselsumme anzusetzen (*WPH*[14] I, F Anm 456; für langfristige Wechsel *Scholz* WPg 1973, 56: Barwert). Ein in der Wechselsumme enthaltener Diskont (Zins) darf in der HB gem § 250 Abs 3 wahlweise aktiv abgegrenzt oder als Aufwand verrechnet werden (*Hüttemann* in HdJ III/8 Anm 264: nur aktive Abgrenzung). Der Trennung von Kapital- und Zinsschuld, wenn im Erfüllungsbetrag verdeckte Zinsen enthalten sind (dazu Anm 64 ff), würde es entsprechen, die Wechselverbindlichkeit mit dem Barwert anzusetzen. In der StB muss idR aktiv abgegrenzt werden (*HHR* § 5 Anm 2000 „Wechseldiskont und -spesen"). Werden Zinsen **zusätzlich** zur Wechselsumme gezahlt, sind auf die Zeit nach dem Bilanzstichtag entfallende Zahlungen gem § 250 Abs 1 und § 5 Abs 4 S 1 Nr 1 EStG aktiv abzugrenzen (BFH 31.7.1967, BStBl II 1968, 7) und bis zum Bilanzstichtag entstandene, noch nicht fällige Zinsen als sonstige Verbindlichkeiten zu passivieren.

C. Bewertung der Rückstellungen und Altersversorgungsverpflichtungen (Abs 1 S 2 und 3)

I. Allgemeine Grundsätze

1. Bewertung der Rückstellungen in Handels- und Steuerbilanz

– *Zu einzelnen Rückstellungen s ABC in § 249 Anm 100.* –

151 Nach § 253 Abs 1 S 2 Hs 1 sind Rückstellungen „in Höhe des nach vernünftiger kaufmännischer Beurteilung notwendigen **Erfüllungsbetrags**" in der HB anzusetzen. Der Erfüllungsbetrag ist demnach für **Verbindlichkeitsrückstellungen** – ebenso wie für dem Grunde und der Höhe nach sichere Verbindlichkeiten – die maßgebliche Größe für die Rückstellungsbewertung. Es ist der Betrag, den der Schuldner im Erfüllungszeitpunkt der Verpflichtung – unter Berücksichtigung der im Zeitablauf erfolgenden Aufzinsung – voraussichtlich zur Erfüllung der (dem Grunde und/oder der Höhe nach) ungewissen Verpflichtung aufbringen muss (IDW RS HFA 35, Anm 15; § 253 Anm 51).

Rückstellungen mit einer Restlaufzeit von mehr als einem Jahr **sind** nach § 253 Abs 2 S 1 abzuzinsen. Für Zwecke einer den tatsächlichen Verhältnisses entspr Darstellung der VFE-Lage kann nicht unberücksichtigt bleiben, wenn die in den Rückstellungen gebundenen Finanzmittel investiert und daraus Erträge realisiert werden können (BegrRegE BilMoG, 116). Einzelheiten s Anm 180 ff.

Mit der Verwendung des Begriffs Erfüllungsbetrag wurde durch das BilMoG klargestellt, dass bei der Rückstellungsbewertung – unter Einschränkung des Stichtagsprinzips – künftige Kosten- und Preissteigerungen bei der Bewertung der Rückstellungen zu berücksichtigen sind, da diese zum voraussichtlichen Erfüllungszeitpunkt relevant sind (*Brösel/Mindermann* BilMoG, München 2009, 415). Einzelheiten s Anm 51.

Zur Abgrenzung der *Bewertung* von der Frage des *Ansatzes* bei Verbindlichkeitsrückstellung s § 249 Anm 35. Rückstellungen für drohende Verluste aus schwebenden Geschäften sind in Höhe des Verpflichtungsüberschusses (dazu § 249 Anm 51 ff) anzusetzen, wobei ein Ansatz in der StB gem § 5 Abs 4a EStG ausscheidet.

Da Rückstellungen in Höhe des nach vernünftiger kfm Beurteilung notwendigen Betrags anzusetzen sind, ist die vernünftige kfm Beurteilung der allein zulässige Schätzmaßstab. Der nach vernünftiger kfm Beurteilung notwendige Erfüllungsbetrag darf **weder über- noch unterschritten** werden. Für Verbindlichkeits- und für Drohverlustrückstellungen gilt das **Höchstwertprinzip**, dh gestiegene Erfüllungsbeträge bzw erhöhte Verpflichtungsüberschüsse verlangen eine Erhöhung des Wertansatzes (dazu *Ballwieser* in FS Forster, 62). Das Anschaffungswertprinzip gilt hingegen für Rückstellungen nicht. Der **Zugangswert** bildet abw vom Anschaffungswertprinzip nicht die Wertuntergrenze. Der Wertansatz ist zu verringern, wenn der Erfüllungsbetrag bzw der Verpflichtungsüberschuss nach vernünftiger kfm Beurteilung niedriger zu veranschlagen ist (glA ADS[6] § 253 Anm 180: Zu jedem Bilanzstichtag Beurteilung, ob und in welchem Umfang noch erforderlich; aA *Moxter* BB 1989, 947; *Küting/Kessler* DStR 1989, 660).

§ 6 Abs 1 Nr 3a EStG enthält Grundsätze **steuerbilanzieller** Rückstellungsbewertung (s dazu § 249 Anm 14). Die Norm ist nicht abschließend. So fallen etwa Rückstellungen für Geldleistungsverpflichtungen, deren Laufzeit am Bilanzstichtag weniger als 12 Monate beträgt, nicht unter das Abzinsungsgebot des § 6 Abs 1 Nr 3a Buchstabe e S 1 EStG. Soweit § 6 Abs 1 Nr 3a EStG nicht einschlägig ist, gelten gem § 5 Abs 1 S 1 EStG die handelsrechtlichen GoB. Im Beispielsfall würde eine Abzinsung (>12 Monate) der Rückstellung nur zulässig sein, wenn die zugrundeliegende Geldleistungsverpflichtung einen Zinsanteil enthält (§ 5 Abs 1 S 1 EStG). Das Maßgeblichkeitsprinzip ist für den Bereich der Rückstellungsbewertung durch § 6 Abs 1 Nr 3a EStG also nicht beseitigt, wohl aber eingeschränkt. Dass § 6 Abs 1 Nr 3a EStG auch für das Steuerbilanzrecht nicht abschließend ist, wie sich aus dem Wort „insbesondere" ergibt, beruht auf dem Umstand, dass bei der Bilanzierung von Rückstellungen in der StB auch die *Ansatz*-Regeln in § 5 EStG zu beachten sind (so ausdrücklich Gesetzesbegr StEntlG 1999/2000/2002 BT-Drs 14/443 S 51).

Aus dem Maßgeblichkeitsprinzip folgt, dass Rückstellungen in der StB gem § 253 Abs 1 S 2 mit dem Erfüllungsbetrag *anzusetzen* sind. § 6 Abs 1 Nr 3a EStG enthält insoweit als Vorschrift für die *Bewertung* keine Regelung. Für die Bewertung ist eine Bezugnahme auf § 6 Abs 1 Nr 3 S 1 EStG (Bewertung von Verbindlichkeiten) nicht möglich.

Übergangsregelung: Die Übergangsregelung des Art 67 Abs 1 S 2 EGHGB ermöglichte es, bei allen Rückstellungen **Auflösungen** zu vermeiden, soweit der Auflösungsbetrag spätestens bis zum 31.12.2024 wieder zugeführt werden müsste *(hypothetischer Zuführungsbetrag)*. Demnach bestand einmalig ein **Wahlrecht** zum Übergangszeitpunkt, allerdings hat die Ausübung des Wahlrechts zum Übergangszeitpunkt Auswirkungen auf die Bewertung der Rückstellungen in den Geschäftsjahren bis zum Ende des Übergangszeitraums (also 31.12.2024).

§ 253   154, 155   Jahresabschluß (Bewertungsvorschriften)

(a) Es war im Übergangszeitpunkt zulässig, auf eine Auflösung der Rückstellungen zu verzichten, die sich aus dem Saldo der Berücksichtigung zukünftiger Preis- und Kostensteigerungen und der Diskontierung ergibt, sofern davon auszugehen ist, dass bis zum Jahr 2024 wieder eine Zuführung erfolgen müsste (*Drinhausen/Ramsauer* DB Beilage 5 zu Heft 23, 51). Bei Ansammlungsrückstellungen umfasst der hypothetische Zuführungsbetrag neben den Effekten aus der Auflösung auch Effekte aus der regulären Ansammlung der Rückstellung (IDW RS HFA 28 Tz 36. Wird von dem Beibehaltungswahlrecht Gebrauch gemacht, ist der Betrag der Überdeckung jeweils im (Konzern-)Anhang gem Art 67 Abs 1 S 4 EGHGB anzugeben. Die (Konzern-)Anhangangabe ist jährlich an den Stand der Überdeckung anzupassen. Es ist außerdem zu jedem nachfolgenden Abschlussstichtag im Übergangszeitraum nach den Voraussetzungen des Art. 67 Abs. 1 S. 2 EGHGB gesondert zu prüfen, ob die Rückstellung weiterhin beibehalten werden darf oder aufzulösen ist (IDW RS HFA 28 Tz 37). Danach ist eine Auflösung der beibehaltenen Rückstellung erst möglich, wenn im Übergangszeitraum der maximal erforderliche Zuführungsbetrag nicht mehr den zum Übergangszeitpunkt beibehaltenen Überdeckungsbetrag bzw. dessen fortgeschriebenen Wert erreicht.

Ein Übergang auf den nach den Bewertungsvorschriften des BilMoG ermittelten Rückstellungsbetrags ist grundsätzlich erst möglich, wenn dieser den bilanzierten Rückstellungsbetrag übersteigt, spätestens aber zum 31.12.2024. Ein vorzeitiger Übergang auf den nach den Bewertungsvorschriften des BilMoG ermittelten Rückstellungsbetrag durch Auflösung der beibehaltenen Rückstellungen ist unter bestimmten Umständen möglich (s Art 67 Anm 12 EGHGB).

(b) Wurde von dem Beibehaltungswahlrecht kein Gebrauch gemacht und wurden die Rückstellungen aufgelöst, so waren die aus der Auflösung resultierenden Beträge gemäß Art 67 Abs 1 S 3 EGHGB unmittelbar in die Gewinnrücklage einzustellen.

Ergaben sich jedoch aus der Neuregelung **höhere Rückstellungsbeträge,** so war der erforderliche Zuführungsbetrag **sofort aufwandswirksam als** außerordentlicher Aufwand zu erfassen. Zu den Ausnahmen für die Pensionsrückstellungen s § 249 Anm 151 ff.

2. Vernünftige kaufmännische Beurteilung als Schätzmaßstab

154   Eine Schätzung muss sich am Maßstab des nach vernünftiger kfm Beurteilung Notwendigen orientieren. Sie entspricht dann vernünftiger kfm Beurteilung, wenn der einzelne Bilanzansatz innerhalb einer unter Berücksichtigung sämtlicher bei der Bilanzaufstellung vorhandener Informationen über die tatsächlichen Verhältnisse am Bilanzstichtag bestimmten **Bandbreite möglicher Inanspruchnahmen** (Wahrscheinlichkeitsverteilung) liegt (hierzu *ADS*[6] § 253 Anm 190). Die Bandbreite darf weder besonders pessimistisch noch besonders optimistisch erfolgen. Die vernünftige kfm Beurteilung verlangt also eine von subjektiven Risikoneigungen unbeeinflusste, alle Informationen verarbeitende Erstellung einer Wahrscheinlichkeitsverteilung. Im Rahmen dieser Bandbreite ist sodann der konkrete Wertansatz.

155   § 252 Abs 1 Nr 4 schreibt vor, dass **vorsichtig** zu bewerten ist. Dem wird entsprochen, wenn der Höhe nach ungewisse Verpflichtungen mit dem Betrag der höchsten Wahrscheinlichkeit und nicht mit dem günstigstenfalls zu erwartenden Betrag bewertet werden. Sind verschiedene Beträge mit der gleichen Wahrscheinlichkeit zu erwarten, ist der höchste dieser Beträge anzusetzen (ähnlich *ADS*[6] § 253 Anm 192).

Allein auf den Betrag mit der höchsten Wahrscheinlichkeit ist jedoch dann nicht abzustellen, wenn die einzelnen Wahrscheinlichkeiten innerhalb der Bandbreite der möglichen Inanspruchnahme (Anm 154) ausgehend vom Mittelwert der höchsten Wahrscheinlichkeit (wahrscheinlichste Inanspruchnahme) zu den Rändern der Bandbreite (geringst- bzw höchstmögliche Inanspruchnahme) *symmetrisch* abnehmen (Gaußsche Normalverteilung; zB wenn bei einer geschätzten Bandbreite des Aufwands von € 0–1000 der Mittelwert von € 500 zwar die höchste Wahrscheinlichkeit hat, jedoch die Wahrscheinlichkeit der Beträge von € 400 bzw € 600 nur unwesentlich geringer ist). In diesem Fall wäre der Ansatz des Mittelwerts zwar realistisch, aber nicht vorsichtig. Es handelt sich dabei um einen risikoneutralen Wert (ebenso zum Vorsichtsprinzip bei Beurteilung des Bestehens einer Verpflichtung *Moxter* DStR 2004, 1057 Tz 2.1.1.3). Das Außerachtlassen einer vorsichtigen Bewertung wird zB dann deutlich, wenn der Betrag mit der höchsten Wahrscheinlichkeit unterhalb des Mittelwerts liegt (zB wenn der Kfm bei einer geschätzten Bandbreite des Aufwands von € 0–1000 zwar eine Inanspruchnahme von € 400 als wahrscheinlichste Möglichkeit ansehen darf, er aber begründete Anzeichen dafür sieht, dass eine Inanspruchnahme zwischen € 500–700 durchaus realistisch ist). In solchen Fällen würde ein Ansatz des wahrscheinlichsten Betrags dem Prinzip der vorsichtigen Bewertung widersprechen. Bei der Ermittlung eines Betrags, der das Risiko angemessen berücksichtigt, ist daher nicht nur zu untersuchen, welcher Betrag die höchste Wahrscheinlichkeit hat. Es kommt vielmehr darauf an, ob die **Eintrittswahrscheinlichkeit** dieses Betrags **wesentlich höher** ist, als die Wahrscheinlichkeit anderer (größerer) realistischer Beträge. Ist dies nicht der Fall, dann ist aus dem Grundsatz der Vorsicht ein größerer Betrag zu ermitteln und anzusetzen.

Rückstellungen für Verpflichtungen, die dem Grunde nach ungewiss, der Höhe nach aber gewiss sind, sind regelmäßig mit dem vollen Betrag anzusetzen. Bei einer Mehrzahl solcher Verpflichtungen ist die Wahrscheinlichkeit, nur aus einem Teil der Verpflichtungen in Anspruch genommen zu werden, bei der Bewertung zu berücksichtigen (*WPH*[14] I, E Anm 140). Beispiel hierfür ist der Fluktuationsabschlag bei der Bewertung von Rückstellungen für Gratifikationen und Jubiläumszuwendungen (hierzu § 249 Anm 100).

Es verbleiben die Fälle, bei denen sich die *Höhe* der Verpflichtung überhaupt nicht realistisch abschätzen lässt. Dies kann dazu führen, dass
(1) der *maximale Betrag* der Inanspruchnahme zurückzustellen ist, und
(2) zusätzlich nach § 264 Abs 2 S 2 eine Anhangangabe erforderlich ist, da die trotz erheblicher Ungewissheit über die Höhe erfolgte Rückstellungsbildung die Vermittlung eines den tatsächlichen Verhältnissen entspr Bildes der VFE-Lage beeinträchtigt. Letzteres ist gegeben, wenn der Betrag der Rückstellung für die Gesamtaussage des JA nicht völlig unwesentlich ist.

Die Umschreibungen des Schätzmaßstabs „vernünftige kaufmännische Beurteilung" finden ihre natürliche Begrenzung in der tatsächlichen **Ungewissheit** von Prognosen. Subjektive Beurteilungen sind und bleiben daher unvermeidlich. Dies gilt auch in Bezug auf das **zeitliche Element** zwischen Bewertungszeitpunkt (Aufstellung des JA) und Inanspruchnahme. Auch wenn zum Aufstellungszeitpunkt nur eine grobe oder gar keine Schätzung des Rückstellungsbetrags möglich, jedoch absehbar ist, dass innerhalb eines überschaubaren Zeitraums eine wesentlich genauere Bewertung vorgenommen werden könnte, besteht gleichwohl keine Verpflichtung, die Aufstellung des JA zu verschieben. Insb darf in einem solchen Fall nicht die gesetzliche Aufstellungsfrist überschritten werden.

Es ist demgmäß sogar zulässig, den JA in unmittelbarer zeitlicher Nähe nach dem Bilanzstichtag aufzustellen, auch wenn dies einen größeren Umfang an Schätzungen mit mehr Ungewissheit mit sich bringt. Dies ist spätestens seit der vom Kapitalmarkt geforderten und von einer wachsenden Anzahl von Kapmarkt-Unt verfolgten Tendenz zu sog **Fast-Close-Abschlüssen** als üblich anzusehen.

Umso höher sind dann jedoch die Anforderungen an angewandte Schätzverfahren sowie die Prüfung der Notwendigkeit von erläuternden Anhangangaben nach § 264 Abs 2 S 2 anzusetzen. Zur Schätzung von Rückstellungen in Fast-Close-Abschlüssen (insb zu Rückstellungen für Gewährleistungen und Garantien) s *Hommel/Schulte* BB 2004, 1671. Zur Berücksichtigung von Umständen, die zwischen Bilanzstichtag und Aufstellung eintreten und eine bessere Beurteilung der am Bilanzstichtag bestehenden tatsächlichen Verhältnisse erlauben s § 252 Anm 38. Ergeben sich später nach Aufstellung, aber vor Feststellung des JA neue Erkenntnisse, müssen diese nach zutreffender Ansicht des BFH nicht berücksichtigt werden (s Anm 805).

157 Ungewissen Verbindlichkeiten können **Ersatzansprüche** gegen Dritte (zB aus einer Haftpflichtversicherung, aus gesamtschuldnerischer Haftung oder aus Deliktsrecht) gegenüberstehen. Hinsichtlich der bilanziellen Behandlung ist zu differenzieren zwischen der Nettobilanzierung, bei der der gegenläufige Anspruch den zu passivierenden Verpflichtungsbetrag mindert, sowie der Bruttobilanzierung:

Nettobilanzierung (s zum Kompensationsbereich auch § 249 Anm 65): Ungewisse Verbindlichkeiten sind nach § 253 Abs 1 S 2 grundsätzlich in vollem Umfang zu passivieren. Durchsetzbare und werthaltige Ersatz- oder Rückgriffsansprüche ggü Dritte sind bei der Bewertung der Rückstellung nur dann und nur insoweit rückstellungsmindernd zu berücksichtigen, als sie in verbindlicher Weise der Entstehung oder der Erfüllung der Verpflichtung nachfolgen. Eine Kompensation von Aufwendungen mit unrealisierten Ertragschancen, die nicht unmittelbar aus demselben Sachverhalt resultieren und deren Entstehen nicht nahezu sicher erscheint, ist danach bei Rückstellungen für ungewisse Verbindlichkeiten unzulässig (IDW RS HFA 34 Tz 30/31 und IDW RS HFA 4 Tz 19). Noch nicht aktivierbare Ersatzansprüche sind nur dann bei der Bewertung von Verbindlichkeitsrückstellungen zu berücksichtigen, wenn sie in einem unmittelbaren Zusammenhang mit der drohenden Inanspruchnahme stehen, in rechtlich verbindlicher Weise der Entstehung oder Erfüllung der Verbindlichkeit nachfolgen und vollwertig sind, weil sie vom Rückgriffsschuldner nicht bestritten werden und dessen Bonität nicht zweifelhaft ist (so BFH 17.2.1993, BStBl II, 440 mwN; BFH 3.8.1993, DB 1994, 1061). Hierin liegt kein Verstoß gegen das Realisationsprinzip, weil unter den genannten Voraussetzungen die Vermögensmehrung in Form des Ersatzanspruchs eine *zwangsläufige* Konsequenz der Vermögensminderung aus der zu passivierenden Verpflichtung darstellt (aA *Fürst/Angerer* WPg 1993, 427; *Bordewin* DB 1992, 1536).

Bruttobilanzierung: Ersatz- oder Rückgriffsansprüche ggü Dritten sind als VG auszuweisen, wenn sie am Abschlussstichtag anerkannt oder rechtskräftig festgestellt sind. Eine Saldierung mit den entsprechenden Verpflichtungen ist in diesem Fall unzulässig (s IDW RS HFA 34 Tz 33). Eine Berücksichtigung bei der Rückstellungsbewertung verstieße gegen das **Verrechnungsverbot** des § 246 Abs 2 S 1 (BFH 19.3.1975, BStBl II, 614 zum Regressanspruch gegen den Hauptschuldner im Falle einer drohenden Inanspruchnahme des Bürgen).

Für die **Steuerbilanz** schreibt § 6 Abs 1 Nr 3a Buchst c EStG vor, dass **künftige Vorteile**, die mit Erfüllung der Rückstellung zugrundeliegenden Verbindlichkeit *voraussichtlich* verbunden sein werden, bei der Bewertung wertmindernd zu berücksichtigen sind, soweit sie nicht als Forderung aktiviert werden müssen (s dazu *Kroschel/Löbl/Wellisch* DB 1998, 2390; *Weber-Grellet* DB 1998, 2436; krit *Glade* DB 1999, 404). Die bloße *Möglichkeit* des Eintritts künftiger wirtschaftlicher Vorteile iZm der Erfüllung der Verpflichtung reicht für eine wertmindernde Berücksichtigung der Vorteile im Rahmen der Rückstellungsbewertung allerdings nicht aus (s Gesetzesbegr StEntlG 1999/2000/2002 BT-Drs 14/443 S 52). So sind künftige Kippentgelte bspw nur dann zu berücksichtigen, wenn der Stpfl am Bilanzstichtag im Hinblick auf die Rekultivierungsverpflichtung mit Dritten Verkippungsverträge *bereits abgeschlossen* hat, s § 249 Anm 100.

3. Künftige Preis- und Kostensteigerungen

Der Verweis auf den **Erfüllungsbetrag** impliziert, dass erwartete künftige 158 Preis- und Kostensteigerungen zu berücksichtigen sind, da die Preis- und Kostenverhältnisse zum voraussichtlichen Erfüllungszeitpunkt die wirtschaftliche Belastung des Unt darstellen. Betroffen sind vor allem langfristige Verpflichtungen. Die Berücksichtigung von Preis- und Kostensteigerungen setzt *ausreichende objektive Hinweise* bzw *hinreichend sichere Erwartungen* für deren Eintritt voraus (BegrRegE BilMoG 112). Eine fundierte Trendfortschreibung ist aus Objektivierungsgründen nötig (*Theile/Stanke* DB 2008, 1758).

Die Berücksichtigung erwarteter, aber noch nicht eingetretener externer Ereignisse (wertbegründende Ereignisse), wie bspw unbekannte Technologien, Umweltauflagen oder Gesetzesänderungen, die noch nicht *quasi-sicher* sind, verbietet sich im Hinblick auf den Objektivierungsgedanken (*Brösel/Mindermann* BilMoG, München 2009, 415).

Die Bestimmung von Preis- und Kostensteigerungen kann auf folgenden Erwartungen basieren:

a) *Erfahrungswerte:* Bei der Ermittlung von vorhersehbaren Preis- und Kostensteigerungen sind primär unternehmens- und branchenspezifischen Daten zugrunde zu legen (IDW RS HFA 34 Tz 27). Dazu können betriebsintern gesammelte Informationen und Daten, branchenspezifische Informationen und Trendfortschreibungen (zB statistisch erfasste Preissteigerungsraten) verwendet werden, um der Anforderung an eine objektivierte Bewertung zu entsprechen (*Pannen* in Die Bilanzrechtsreform 2010/11, S 179f).

b) *Inflationserwartungen:* In den Fällen, in denen keine unternehmens- oder branchenspezifische Daten existieren und auch nicht mit vertretbarem Aufwand generiert oder beschafft werden können, kann sich die Schätzung künftiger Preisentwicklungen nach dem aktuellen Inflationsziel der Europäischen Zentralbank richten (IDW RS HFS 34 Tz 27).

c) *Eintrittswahrscheinlichkeiten:* Nicht alle denkbaren Kostensteigerungen sind zu berücksichtigen. Sie sind auf solche zu beschränken, die nach den Umständen am Abschlussstichtag auf begründeten Erwartungen und hinreichend objektiven Hinweisen beruhen (s IDW RS HFA 30 Tz 52), zB erwartete Kostenerhöhungen aus Tarifabschlüssen. Im Falle von Bandbreiten möglicher Erwartungen sollte in Anlehnung an IAS 37.40 auf die höchste Eintrittswahrscheinlichkeit abgestellt werden (ausführlich *Pannen* in Die Bilanzrechtsreform 2010/11, 180).

Bis zur Erfüllung erwartete Preis- bzw. Kostensenkungen sind bei der Rückstellungsbewertung nur zu berücksichtigen, wenn ihr Eintritt mit hoher Wahrscheinlichkeit zu erwarten ist. Aufgrund des Vorsichtsprinzips setzt die Berücksichtigung eines nachhaltigen niedrigeren Preis- bzw. Kostenniveaus das Vorliegen unternehmensexterner, hinreichend objektiver Hinweise voraus (IDW RS HFA 34 Tz 28).

Gemäß § 341e Abs 1 S 3 sind künftige Kosten- und Preissteigerungen bei **versicherungstechnischen Rückstellungen** nicht zu berücksichtigen; ebensowenig dürfen diese Rückstellungen abgezinst werden.

Steuerrechtlich dürfen Kosten- und Preissteierungen weiterhin nicht berücksichtigt werden (§ 6 Abs 1 Nr 3a EStG). Daraus folgt, dass handelsrechtlich bei einer Berücksichtigung von Preis- und Kostensteigerungen tendenziell höhere Rückstellungsbeträge als in der StB angesetzt werden. Dies kann zur Bildung von aktiven latenten Steuern führen; Einzelheiten s § 274 Anm 30 ff.

4. Bewertung von Sach- und Dienstleistungsverpflichtungen

159 Als Erfüllungsbetrag von Sach- oder Dienstleistungsverpflichtungen ist der im Erfüllungszeitpunkt voraussichtlich aufzuwendende Geldbetrag anzusetzen (nach der Regelung in § 6 Abs 1 Nr 3a Buchstabe b EStG sind Sach- oder Dienstleistungsverpflichtungen in diesem Sinne alle Verpflichtungen, die keine reinen Geldleistungsverpflichtungen sind, *Kulosa* in Schmidt EStG[32] § 6 Anm 447). Dies sind die **Vollkosten,** dh Einzelkosten und notwendige Gemeinkosten (*Küting/ Kessler* DStR 1989, 693; *Christiansen,* 51; § 255 Abs. 2). Der Ansatz der Vollkosten hat bei der Bewertung der Rückstellungen unabhängig davon zu erfolgen, ob entspr Aufwendungen im Rahmen der HK von VG nach § 255 Abs 2 aktivierungspflichtig oder -fähig sind (IDW RS HFA 34 Tz 21). Wie Sachleistungsverpflichtungen sind auch solche Verpflichtungen zu bewerten, die zwar in Geld zu erfüllen sind, deren Höhe sich jedoch von den Preisen bestimmter Güter oder Leistungen abhängt (Geldwertschulden).

160 Für die **Steuerbilanz** gilt nach § 6 Abs 1 Nr 3a Buchstabe b EStG, dass auf **Sachleistungsverpflichtungen** beruhende Rückstellungen mit den Einzelkosten und den *angemessenen* Teilen der notwendigen Gemeinkosten zu bewerten sind (s dazu *Günkel/Fenzel* DStR 1999, 659; *Kroschel/Löbl/Wellisch* DB 1998, 2390; *Weber-Grellet* DB 1998, 2436; krit IDW WPg 1999, 31; *Küting/Kessler* DStR 1998, 1944; *D. Schneider* DB 1999, 107; *Glade* DB 1999, 404).

Nach BFH 24.11.1983, BStBl II 1984, 301 dürfen in die Rückstellung für interne JA- und Betriebssteuererklärungskosten **Fixkosten** nicht einbezogen werden. Dem wird im Schrifttum zu Recht widersprochen (*Kupsch* DB 1989, 60; *Herzig* DB 1990, 1353). Diese Entscheidung bleibt im Übrigen auf die Rückstellungen für JA- und Betriebssteuererklärungskosten beschränkt (BFH 25.2.1986, BStBl II, 788).

161 Nach ständiger Rspr des BFH sollen künftige **Kostensteigerungen** nicht zu berücksichtigen sein (BFH 7.10.1982, BStBl II 1983, 104 zu langfristigen Garantieverpflichtungen; BFH 5.2.1987, BStBl II, 845 zu Jubiläumszuwendungen). Das Stichtagsprinzip und das Nominalwertprinzip würden die Bewertung von Verbindlichkeitsrückstellungen nach den Preisverhältnissen des Bilanzstichtags gebieten (BFH BStBl II 1992, 910). Dem kann nicht zugestimmt werden (ebenso *Schulze-Osterloh* BB 2003, 351; *Roser/Tesch/Seemann* FR 1999, 1345). Der Erfüllungsbetrag von Sach- oder Dienstleistungsverpflichtungen ist der Geldwert der erforderlichen Aufwendungen (Anm 158). Die Höhe der erforderlichen Aufwendungen hängt aber von den Preis- und Kostenverhältnissen im Zeitpunkt des Anfalls der Aufwendungen ab (*Clemm* BB 1991, 2117). Soweit Veränderungen der Höhe der Aufwendungen absehbar sind, beeinflussen diese den Erfüllungsbetrag. Das Stichtagsprinzip steht dem nicht entgegen. Als absehbar müssen etwa bevorstehende Lohnerhöhungen gelten, ohne dass ein entspr Tarifvertrag am Bilanzstichtag bereits abgeschlossen sein muss. Den Kostensteigerungen kann unter Verwendung einer erwarteten Inflationsrate Rechnung getragen werden. Zu den Besonderheiten bei der Bewertung von Sach- und Dienstleistungsverpflichtungen im Rahmen schwebender **Absatzgeschäfte** s Anm 168 ff.

5. Bildung von Einzel- und Sammelrückstellungen

162 Der Grundsatz der **Einzelbewertung** (§ 252 Abs 1 Nr 3) gebietet, jede Verpflichtung oder jeden drohenden Verlust einzeln zu erfassen und zu bewerten. Die Bewertung muss sich an den individuellen Merkmalen des einzelnen Verpflichtungstatbestands orientieren (IDW RS HFA 34 Tz 7). Die Funktion der Einzelbewertung, zu verhindern, dass etwa Rückstellungen unterlassen werden, weil an anderer Stelle genügend stille Reserven vorhanden sind, wird nicht dadurch beeinträchtigt, dass eine abgegrenzte Menge gleichartiger Sachverhalte *zusammen* bewertet wird. Daher ist es zulässig bei einer Vielzahl gleichartige oder annähernd gleichartiger ungewisser Verpflichtungen nach § 240 Abs 4 eine **Gruppenbewertung** unter der Annahme typisierter Bewertungsparameter vorzunehmen (IDW RS HFA 34 Tz 7, s § 240 Anm 138 ff). Vielfach erlaubt nur die **Sammel- bzw Pauschalbewertung** oder eine kombinierte Bildung von Einzel- und Sammelrückstellungen eine sinnvolle Anwendung des Schätzungsmaßstabs der vernünftigen kfm Beurteilung (dazu BFH 22.11.1988, BStBl II 1989, 359 zur Sammelbewertung bei Verbindlichkeiten). So können regelmäßig für das individuelle Produkt keine auf Erfahrungen gestützten Wahrscheinlichkeiten für einen etwaigen Gewährleistungsaufwand angegeben werden. Für eine Vielzahl gleichartiger verkaufter Produkte kann dagegen, insb unter Berücksichtigung von Erfahrungswerten, idR eine insoweit nachprüfbare Schätzung erfolgen (BFH 12.12.1990, BStBl II 1991, 483 zu „Abschlussgebühren" von Bausparkassen). Pauschale Garantierückstellungen sind nötig, wenn auf Grund der Erfahrungen in der Vergangenheit mit einer gewissen Wahrscheinlichkeit mit Inanspruchnahmen zu rechnen ist oder sich aus der branchenmäßigen Erfahrung und der individuellen Gestaltung des Betriebs die Wahrscheinlichkeit ergibt, Garantieleistungen erbringen zu müssen oder nach der Lebenserfahrung in dem betr Betriebszweig mit Inspruchnahmen gerechnet werden muss (BFH 30.6.1983, BStBl II 1984, 263; s auch § 249 Anm 100 „Gewährleistung").

Die Bildung von Sammel- bzw Pauschalrückstellungen verstößt nicht gegen den **europarechtlichen Einzelbewertungsgrundsatz** in Art 31 Abs 1 Buchstabe e der Vierten EG-Richtl (EUGH 14.9.1999, DB 2035). Um insb dem Vorsichtsprinzip zu genügen, kann es erforderlich sein, im Vorfeld der Anwendung des Einzelbewertungsgrundsatzes Bewertungsgruppen zu bilden.

Die Pflicht zu Pauschalrückstellungen ergibt sich für die **Steuerbilanz** ausdrücklich aus § 6 Abs 1 Nr 3a Buchstabe a EStG. Die Norm schreibt vor, dass bei der Bewertung von Rückstellungen für gleichartige Verpflichtungen auf der Grundlage der bei Abwicklung solcher Verpflichtungen in der Vergangenheit gemachten Erfahrungen die Wahrscheinlichkeit zu berücksichtigen ist, dass eine Inanspruchnahme nur zu einem Teil der Summe der Verpflichtungen erfolgt. § 6 Abs 1 Nr 3a Buchstabe a EStG hat iW klarstellende Bedeutung, denn die Abwicklungsergebnisse früherer Gj sind bereits handelsbilanziell bei der Bewertung zu berücksichtigen. Hierzu sowie zu der Notwendigkeit der teleologisch restriktiven Auslegung des Begriffs „gleichartige" Verpflichtungen *Kemper/Konold* DStR 2003, 1686.

Sammel- (oder Pauschal-)Rückstellungen sind auch für *Bürgschaftsverpflichtungen* und für das *Wechselobligo* anerkannt (§ 249 Anm 100). Sammelrückstellungen können außerdem für drohende Verluste aus schwebenden Geschäften gebildet werden, sofern es sich um eine Vielzahl von an sich ausgeglichenen Geschäften handelt, bei denen die Erfahrung gezeigt hat, dass ein bestimmter Anteil dieser Geschäfte Verluste bringen wird. Die Zulässigkeit von Sammelrückstellungen kann sich zB aus § 240 Abs 4 ergeben, der seinerseits den Ansatz von Schulden in einer Gruppe und mit dem gewogenen Durchschnittswert zulässt (zu Einzelheiten § 240 Anm 138–140).

6. Ansammlungs- und Verteilungsrückstellungen

Mit der Anschaffung, Herstellung oder bei Nutzungsbeginn von VG können bereits Verpflichtungen aufgrund der Nutzung von VG entstehen (bspw Rückbauverpflichtungen, Entsorgungsverpflichtungen oder Rekultivierungsverpflichtungen, s § 249 Anm 100). Diese Verpflichtungen sind entweder als Ansammlungsrückstellungen oder als Verteilungsrückstellungen zu klassifizieren (*Melcher/ David/Skrowonek* Rückstellungen in der Praxis, Weinheim 2013, 150). In den IFSR werden diese Begriffe nicht verwendet. Die IFRS teilen diese Verpflichtungen in sukzessiv verursachte Verpflichtungen sowie Entsorgungs-, Wiederherstellungs- und ähnliche Verpflichtungen ein (*ADS*[6] International, Absch 18, Anm 208, 210; IAS 16 und IFRIC 1).

(1) Verteilungsrückstellungen (oder sog *echte Ansammlungsrückstellungen*) sind Verpflichtungen, die rechtlich unmittelbar mit Verwirklichung des die Verpflichtung auslösenden Ereignisses in voller Höhe entstehen, deren wirtschaftliche Verursachung sich jedoch erst in der Zukunft über mehrere Perioden erstreckt (zB Verpflichtung zum Rückbau von Mietereinbauten am Ende des Mietvertrags). In diesen Fällen ist es nach IDW RS HFA 34 Tz 18 sachgerecht, eine Verteilung der Aufwendungen und eine damit korrespondierende Ansammlung des zurückgestellten Betrags vorzunehmen. Zulässig ist auch die notwendigen Aufwendungen bereits im Zeitpunkt des die Verpflichtung auslösenden Ereignisses in voller Höhe zurückzustellen (s auch *Melcher/David/Skrowonek* Rückstellungen in der Praxis, Weinheim 2013, 151). Der Zeitraum, die sog Verpflichtungsperiode, beginnt mit der Entstehung der rechtlichen Verpflichtung und endet mit der voraussichtlichen Fälligkeit bzw dem voraussichtlichen Erfüllungszeitpunkt. Jährlich ist jeweils der Teil des Erfüllungsbetrages zurückzustellen, der auf das zurückliegende Gj entfällt und bis zum Bilanzstichtag rechtlich oder wirtschaftlich verursacht war (*ADS*[6] § 253 Anm 209 ff).

Beispiel: So sind zB für die Verpflichtung, ein betrieblich genutztes Gebäude nach 10 Jahren abzureißen, wirtschaftlich gesehen diese Jahre in ihrer Gesamtheit ursächlich für das Entstehen der Verpflichtung (die Abbruchverpflichtung für das Gesamtgebäude entsteht jährlich zu einem Zehntel); vgl hierzu § 8 Abs 1 Nr 3 lit d S 1 EstG.

Der nominale Verpflichtungsbetrag darf über die festgelegte Veretilungsperiode nach einem pauschalierten Verfahren erfasst werden (ebenso *Melcher/David/ Skrowonek* Rückstellungen in der Praxis, Weinheim 2013, 151). Eine lineare Verteilung wird als sachgerecht angenommen. Liegen keine wirtschaftlichen Vorteile in der Zukunft mehr vor, muss die Rückstellung sofort in voller Höhe erfast werden (IDW RS HFA 34 Tz 19). Bei gleichmäßiger Verteilung der wirtschaftlichen Vorteile bestehen zwei Möglichkeiten für die aufwandswirksame Verteilung des Erfüllungsbetrags über die gesamte Verteilungsperiode (IDW RS HFA 34 Tz 19):

a) Beim *Barwertverfahren* wird zunächst der anteilige Nominalbetrag ermittelt, indem der gesamte voraussichtliche Nominalbetrag der Verpflichtung durch die Anzahl der Berichtsperioden dividiert wird. Der auf die jeweilige Berichtsperiode entfallende Aufwand entspricht dem anteiligen Nominalbetrag, der dann mit dem aktuellen restlaufzeitenadäquaten Zinssatz auf den Abschlussstichtag abzuzinsen ist. Damit ergibt sich ein im Zeitablauf steigender operativer Aufwand.

b) Beim *Gleichverteilungsverfahren* wird zu jedem Abschlussstichtag unter Anwendung das aktuellen maßgeblichen restlaufzeitenadäquaten Zinssatzes der Betrag ermittelt, der sich bei annuitätischer Verteilung des gesamten voraussichtlichen Nominalbetrags über die Verteilungsperiode ergibt. Die annuitätische Veretilung führt dazu, dass sich der Zuführungsaufwand (nahezu) gleichbleibend über die verteilungsperiode verteilt. Ggü dem Barwertverfahren liegt der Rückstellungsaufwand während der gesamten Verpflichtungsperiode aufgrund der höheren Zuführungsbeträge in den ersten Jahren über dem Wertansatz bei Anwendung des Barwertverfahrens; dementsprechend liegt der Aufzinsungsaufwand bei Gleichverteilungsverfahren über dem beim Barwertverfahren (vgl

Zugangs- und Folgebewertung 165 § 253

Melcher/David/Skrowonek Rückstellungen in der Praxis, Weinheim 2013, 153 mit Bsp).

Ist die wirtschaftliche Verursachung/der wirtschaftliche Vorteil nicht gleichmä- **165** ßig über die Zeit verteilt, ist die Verteilung der Aufwendungen entsprechend zu modifizieren (IDW RS HFA 34 Tz 19). Sofern sich die Verteilungsperiode verändert ist str wie bereits erfasste Rückstellungen zu behandeln sind. *Melcher/David/ Skrowonek* Rückstellungen in der Praxis, Weinheim 2013, 154 vertreten unter Hinweis auf § 249 Abs 2 S 2 die Auffassung, dass bei einer Verlängerung der Verteilungsperiode eine Auflösung nicht zulässig ist, da die Verpflichtung nur zu einem späteren Zeitpunkt erfüllt werden muss, der Rückstellungsgrund selbst jedoch nicht entfallen ist Dieser Auffassung ist zuzustimmen (aA *Oser* StuB 2012, 573).

(2) **Unechte Ansammlungsrückstellungen** sind Rückstellungen mit denen die Aufwendungen für am Bilanzstichtag feststehende Verpflichtungen auf die Wj verteilt werden, die wirtschaftlich für das Entstehen dieser Verpflichtung ursächlich sind (ein Bsp ist die Rekultivierung einer Kiesgrube). Die Verpflichtung erhöht sich in diesem Fall nicht nur wirtschaftlich, sondern tatsächlich in jedem Wj sukzessive. Im Bsp ist die wirtschaftliche Verursachung dabei in dem der Umfang erfolgt, wie der Abbau in der Vergangenheit erfolgte. Wirtschaftlich betrachtet werden bei der unechten Ansammlungsrückstellung die dafür notwendigen Aufwendungen den Erträgen gegenübergestellt, mit denen die Verpflichtung gedeckt werden muss.

Ansammlungs- und Verteilungsrückstellungen sind nach § 253 Abs 2 S 1 abzuzinsen; künftige Preis- und Kostensteigerungen bei der Ermittlung des notwendigen Erfüllungsbetrags zu berücksichtigen (IDW RS HFA 34 Tz 17). Zur steuerrechtlichen Regelung vgl § 6 Abs 3a lit d EStG (Einzelheiten s *Kulosa* in Schmidt[32] § 6 Anm 477; BMF 26.5.2005 BStBl I 2005, 699, Rz 24 bis 34).

Beispiel: Unt U pachtet ab 1. 1.x1 für 20 Jahre ein unbebautes Grundstück und errichtet eine betrieblich genutzte Lagerhalle. U hat sich verpflichtet, die Lagerhalle nach Ablauf des Pachtvertrages abzureißen. Die voraussichtlichen Abbruchkosten betragen zum Bilanzstichtag 31.12. x1 insgesamt 50 000 € und 51 000 € zum 31.12. x2.

Lösung: Für die Abrissverpflichtung hat U eine Rückstellung für ungewisse Verbindlichkeiten zu bilden. Da für das Entstehen der Verpflichtung im wirtschaftlichen Sinne der laufende Betrieb ursächlich ist (Nutzung der Lagerhalle), ist die Rückstellung zeitanteilig in gleichen Raten anzusammeln. In Erweiterung zu dieser Lösung wäre es auch denkbar, den über die gesamte Laufzeit zu erfassenden operativen Aufwand „annuitätisch" zu verteilen (Gleichverteilungsverfahren, s Anm 165)

Zum 31.12.x1 ist unter Berücksichtigung der Wertverhältnisse am Bilanzstichtag eine Rückstellung von $1/20$ 50 000 € = 2500 € anzusetzen, die abzuzinsen ist. Der Beginn der Erfüllung der Sachleistungsverpflichtung (Abbruch) ist voraussichtlich der 31.12.x20 (Ablauf des Pachtvertrages). Gemäß den Abzinsungszinssätzen der Deutschen Bundesbank (Stand 07/2013) beträgt der Zinssatz zum 31.12.x1 für eine Restlaufzeit von 19 Jahren 5,20%. Daraus errechnet sich ein Diskontierungsfaktor $\left(\frac{1}{1+z}\right)n$ *(Anm: z = Zins; n = Jahre)* von 0,3817. Die Rückstellung zum 31.12.x1 beträgt somit 2500 € x 0,3817 = 954 €.

Am 31.12.x2 sind unter Berücksichtigung des gestiegenen Erfüllungsbetrags zum 31.12.x2, einer Restlaufzeit von 18 Jahren und einem Abzinsungszinssatz Stand Dezember x2 von 5,08% anzusetzen: 51 000 € $\times$ $2/20$ x 0,4099 = 2090 €.

Ausweis im Rückstellungsspiegel (s Anm 189):

Art der Rückstellung	Vortrag zum 1. 1.	Umgliederung	Zuführung	Zinsanteil	Inanspruchnahme	Auflösung	Stand am 31.12.
Abbruchkosten	954	–	1086	50	–	–	2090

§ 253   166–168   Jahresabschluß (Bewertungsvorschriften)

Hinweis: Ermittlung des Zuführungsbetrags = Brutto-Zuführung iHv 2600 € abzgl Zinsanteil. Der Zinsaufwand ermittelt sich als Verzinsung des Anfangsbestands mit dem Rechnungszins zu Beginn der Periode (954*5,20% = 49,62) Nach IDW RS HFA Tz 12 kann unterstellt werden, dass eine Änderung des Abzinsungszinssatzes erst zum Ende der Periode eingetreten ist; entsprechendes gilt für Veränderungen des Verpflichtungsumfangs

II. Rückstellungen für Altersversorgungsverpflichtungen, vergleichbare langfristig fällige Verpflichtungen

166 Auf die Erläuterungen in § 249 Anm 195 ff wird verwiesen.

III. Rückstellungen für drohende Verluste aus schwebenden Geschäften in der Handelsbilanz

1. Schwebende Beschaffungsgeschäfte

167 Zu schwebenden Beschaffungsgeschäften betr *aktivierungspflichtige* VG s § 249 Anm 69 ff. Zu *nicht aktivierungsfähigen* Leistungen s § 249 Anm 73.

a) **Beschaffung bilanzierungsfähiger VG:** Drohverlustrückstellungen bei schwebenden Beschaffungsgeschäften stellen grds vorweggenommene außerplanmäßige Abschreiben auf die beschafften VG dar. Daher ist immer dann eine Drohverlustrückstellung zu bilden, wenn für den VG nach erfolgter Lfg voraussichtlich eine Pflicht zur außerplanmäßigen Abschreibung bestehen wird (IDW RS HFA 4 Tz 30). Die Grundsätze zur Maßgeblichkeit von Absatz- oder Beschaffungsmarkt bestimmen sich nach den allgemeine Grundsätzen; s § 253 Anm 516. Bei Lfg in das Umlaufvermögen besteht eine Pflicht zur Passivierung einer Drohverlustrückstellung, wenn der aus dem Börsen- oder Marktpreis abgeleitete Wert bzw der beizulegende Wert des VG unter dem Wert der Gegenleistung liegt. Bei VG des Anlagevermögens ist eine Drohverlustrückstellung aufgrund des gemilderten Niederstwertprinzips (§ 253 Abs 3 S 3; s § 253 Anm 315) nur dann zu bilden, wenn es sich um eine voraussichtlich dauernde Wertminderung handelt, bei nicht dauernder Wertminderung kommt eine Drohverlustrückstellung nicht in Betracht (IDW RS HFA 4 Tz 31).

b) **Beschaffung nicht bilanzierungsfähiger Leistungen:** Bsp sind Miet-, Pacht- oder Leasingverträge. Eine Drohverlustrückstellung ist in diesen Fällen zu bilden, wenn der Beitrag der Gegenleistung zum Unternehmenserfolg hinter dem Wert der vom Bilanzierenden zu erbringenden Leistung zurückbleibt. Kann der Erfolgsbeitrag nicht hinreichend objektiv ermittelt werden, kommt der Ansatz einer Drohverlustrückstellung nur bei fehlender oder nicht nennenswerter Nutzungs- oder Verwertungsmöglichkeit der beschafften Leistung in Betracht (Fehlmaßnahme). Eine Bewertung mit den Wiederbeschaffungskosten der Gegenleistung ist dagegen nicht sachgerecht, da nicht ausgeschlossen werden kann, dass damit nicht nur zukünftig drohende Verluste, sondern auch zukünftig entgehende Gewinne berücksichtigt werden (IDW RS HFA 4 Tz 32).

2. Schwebende Absatzgeschäfte

a) **Grundsatz**

168 Rückstellungen für drohende Verluste aus schwebenden Absatzgeschäften sind zu bilden, wenn und soweit der Wert der Lfg- oder Leistungsverpflichtung am

Bilanzstichtag über dem Wert des Anspruchs auf die Gegenleistung liegt (§ 249 Anm 74). Der Anspruch auf die **Gegenleistung** ist regelmäßig mit dem **Nennbetrag** zu bewerten, wenn eine Geldforderung besteht. Davon sind zu gewährende Skonti, Boni oder Rabatte abzuziehen. Bei Fremdwährungsansprüchen ist auf den Devisenkassamittelkurs (s § 256a Anm 120) am Bilanzstichtag abzustellen (zur Kompensation § 249 Anm 63). Besteht die Gegenleistung in einer Sach- oder Dienstleistung (etwa bei einem Tausch- oder Kompensationsgeschäft) sind die Grundsätze über die Bewertung von Lfg- und Leistungsansprüchen im Rahmen schwebender Beschaffungsgeschäfte entspr anzuwenden (§ 249 Anm 69 ff).

b) Ansatz von Voll- oder Teilkosten

Der Wert der **eigenen Verpflichtung** ist nach den Kosten der geschuldeten **169** Lfg oder Leistung zu bestimmen. Auszugehen ist von den auf das schwebende Geschäft entfallenden AK/HK. Da die HK nach § 255 Abs 2 S 2 verpflichtend zu **Vollkosten** anzusetzen sind (Einzelheiten s 340 ff), sind auch die noch voraussichtlich anfallenden HK für die Bildung von Verlustrückstellungen mit den Vollkosten anzusetzen. Ein Wahlrecht besteht nur noch für verbliebene Wahlbestandteile; s § 255 Anm 345. Als Vollkosten sind dabei die Einzel- und Gemeinkosten des Produktionsbereichs sowie eventuelle direkt zurechenbare Sondereinzelkosten des Vertriebs und sonstige, direkt zurechenbare Kosten (z. B. Lagerkosten), nicht jedoch allgemeine Verwaltungs- und Vertriebskosten zu verstehen (ausführlich IDW RS HFA 4 Tz 35).

Eine Bewertung zu Vollkosten ist auch dann vorzunehmen, wenn ein insge- **172** samt verlustbringendes schwebendes Absatzgeschäft mit positiven Deckungsbeiträgen zur Verbesserung der Kapazitätsauslastung abgeschlossen wird. Im Verlustrisiko sind demnach auch die anteiligen Fixkosten zu berücksichtigen (IDW RS HFA 4 Tz 36). Kosten der Unterbeschäftigung (Leerkosten) sind dagegen als Aufwand des jeweiligen Geschäftsjahres zu erfassen (IDW RS HFA 4 Tz 37).

3. Berücksichtigung künftiger Kostensteigerungen

Die Pflicht zur Bildung von Verlustrückstellungen ist eine Ausprägung des Im- **174** paritätsprinzips. Zur Erfassung der drohenden Verluste sind die *zukünftigen* Aufwendungen und Erträge einander gegenüberzustellen. Deshalb sind vorhersehbare **Kostensteigerungen** bei der Ermittlung der künftigen Aufwendungen zu berücksichtigen s auch § 253 Anm 158. Nach IDW RS HFA 4 Tz 38 f muss es sich hierbei um begründete Erwartungen, wie zB übliche Lohn- und Preissteigerungen handeln. Nicht einbezogen werden dürfen nach dem Bilanzstichtag eintretende wertbegründende Ereignisse wie zB Gesetzesänderungen oder Umweltauflagen. Gleichermaßen sind absehbare **Kostenminderungen** und zu erwartende **Mehrerlöse** (etwa auf Grund einer Preisgleitklausel) zu berücksichtigen.

Ein **Gewinnaufschlag** darf dagegen ebenso wie andere **kalkulatorische Kosten** in den Wert der eigenen Verpflichtung nicht eingerechnet werden, da insoweit kein Verpflichtungsüberschuss besteht (ADS[6] § 253 Anm 253; BFH 19.7.1983, BStBl II 1984, 56).

4. Abzinsung der Drohverlustrückstellungen

Die Drohverlustrückstellung unterliegt dem Abzinsungsgebot des § 253 Abs 2 **175** S 1 sofern diese eine Restlaufzeit von mehr als einem Jahr aufweisen (aA *Ekenda* Kölner Komm-HGB S 265). Es ist mit dem der Restlaufzeit entsprechenden durchschnittlichen Marktzinssatz der vergangenen Geschäftsjahre sieben Geschäftsjahre abzuzinsen.

§ 253   176–178   Jahresabschluß (Bewertungsvorschriften)

Bei der Zugangsbewertung erfolgt der erstmalige Ansatz einer Drohverlustrückstellung in Höhe des Erfüllungsbetrags, dh zum Barwert (Nettomethode). Für die Bewertung sind hierzu die dem schwebenden Geschäft zuzurechnenden ertrags- bzw. aufwandswirksamen Ein- und Auszahlungen auf den Abschlussstichtag abzuzinsen. Damit wird einem eventuell zeitlich unterschiedlichen Anfall der Ein- und Auszahlungen Rechnung getragen. Anstelle der Ein- und Auszahlungen können der Abzinsung auch die entsprechenden Erträge und Aufwendungen zugrunde gelegt werden, wenn zwischen den Ein- und Auszahlungszeitpunkten und den Zeitpunkten der entspr Ertrags- und Aufwandswirksamkeit keine wesentlichen Unterschiede bestehen (IDW RS HFA 4 Tz 41 ff).

Im Fall drohender Verluste aus **Derivaten** entspricht der Erfüllungsbetrag, der nach vernünftiger kfm Beurteilung notwendig ist, um den drohenden Verlust zu antizipieren, dem negativen beizulegenden Zeitwert iSd § 255 Abs. 4 S 1 oder 2 des betreffenden Derivats am Abschlussstichtag. Eine Abzinsung erübrigt sich damit, da im negativen beizulegenden Zeitwert die Abzinsung bereits berücksichtigt ist (IDW RS HFA 4 Tz 44).

Nach § 253 Abs 2 S 1 sind Rückstellungen mit einer Restlaufzeit von mehr als einem Jahr abzuzinsen (s hierzu Anm 180). Das bedeutet, dass die dem schwebenden Geschäft zuzurechnenden ertrags- bzw. aufwandswirksamen Ein- und Auszahlungen auf den Abschlussstichtag abzuzinsen sind. Anstelle der Ein- und Auszahlungen können der Abzinsung auch die entsprechenden Erträge und Aufwendungen zugrunde gelegt werden, wenn zwischen den Ein- und Auszahlungszeitpunkten und den Zeitpunkten der entsprechenden Ertrags- und Aufwandswirksamkeit keine wesentlichen Unterschiede bestehen (IDW RS HFA 4 Tz 41). Der erstmalige Ansatz einer Drohverlustrückstellung hat nach der Nettomethode in Höhe des Erfüllungsbetrags, d. h. zum Barwert, zu erfolgen (s auch IDW RS HFA 4 Tz 43).

5. Währungsumrechnung

176   Zu Ausführungen hierzu s § 256a Anm 30 ff.

6. Dauerschuldverhältnisse

177   Zur Bemessung von Rückstellungen für drohende Verluste aus Dauerschuldverhältnissen s § 249 Anm 76 ff; zur Abzinsung s Anm 188 ff.

D. Bewertung von Deckungsvermögen (Abs 1 S 4)

I. Grundsatz

178   Erfüllen VG die Voraussetzungen für eine Klassifizierung als Deckungsvermögen nach § 246 Abs 2 Satz 2 HS 1 erfolgt eine Bewertung der VG gem S 4 mit dem beizZW. Dieser bestimmt sich nach der Bewertungshierarchie des § 255 Abs 4 (vgl Anm 511 ff). Die hieraus resultierenden Erträge und Aufwendungen sind mit den Aufwendungen und Erträgen aus der Auf- bzw Abzinsung der AVers Verpflichtungen zu verrrechnen (vgl IDW RS HFA 30 Tz 85; *Wellisch/ Machill*, BB 2009, 1355). Falls der beizulegende Zeitwert der VG höher als die ursprünglichen AK/HK ist, besteht für KapGes eine Ausschüttungssperre gem § 268 Abs 8 S 3 in Höhe des die AK/HK übersteigenden Betrags abzgl korrespondierender passiver latenter Steuern (vgl IDW RS HFA 30 Tz 69).

Im Falle einer Entwidmung von bislang zum Deckungsvermögen gehörenden VG, sind diese wieder mit dem Buchwert anzusetzen, den sie zum Zeitpunkt der ursprünglichen Klassifizierung als Deckungsvermögen aufgewiesen haben. Bei abnutzbaren VG des Anlagevermögens erfolgt der Ansatz zu fortgeführten AK/HK, dh unter Berücksichtigung zwischenzeitlich, auf Grund der Bewertung zum beizZW, nicht vorgenommenen planmäßigen Abschreibungen (vgl IDW RS HFA 30 Tz 70). In beiden Fällen ist zu überprüfen, ob eine außerplanmäßige Abschreibung nach Abs 3 S 3 oder eine Zuschreibung nach Abs 5 S 1 vorgenommen werden muss. Durch die Bewertung mit dem ursprünglichen Buchwert oder die fortgeführten AK/HK entfällt auch eine ggf vorhandene Ausschüttungssperre und die aus der Bewertung mit dem beizZW resultierenden passiven latenten Steuern.

II. Besonderheiten für Kleinstkapitalgesellschaften (Abs 1 S 5 und 6)

Eine KleinsKapGes nach § 267a darf eine Bewertung von Deckungsvermögen für Alterversorgungsverpflichtungen zum beizulegende Zeitwert nicht vornehmen, wenn sie von einer der für sie vorgesehenen Erleichterungen – § 264 Abs 1 S 5 (Verzicht auf die Aufstellung eines Anhangs bei Aufnahme bestimmter Angaben unter die Bilanz), § 266 Abs 1 S 4 (verkürzte Darstellung der Bilanz), § 275 Abs 5 (verkürzte Darstellung der GuV) und § 326 Abs 2 (Offenlegung) – Gebrauch macht. In diesem Falle der Inanspruchnahme einer der Erleichterungen erfolgt eine Bewertung der VG nach § 253 Abs 1 S 5 zu fortgeführten AH/HK (Buchwert) auch soweit eine Verrechnung des Deckungsvermögens mit den Verpflichtungen nach § 246 Abs 2 S 2 erfolgt.

E. Abzinsung der Rückstellungen und Rentenverpflichtungen (Abs 2)

I. Abzinsungsgebot von Rückstellungen mit einer Restlaufzeit von mehr als einem Jahr (Abs 2 S 1)

Nach § 253 Abs 2 besteht in der HB eine **Abzinsungsverpflichtung** für Rückstellungen mit einer **Restlaufzeit von mehr als einem Jahr.**

§ 253 Abs 2 S 1 HGB regelt, dass Rückstellungen mit einer **Restlaufzeit von mehr als einem Jahr** verpflichtend abzuzinsen sind. Diese Verpflichtung gilt unabhängig davon, ob die Verpflichtung in Geld- oder Sachleistungen bzw in Euro oder Fremdwährung zu erbringen ist und einen Zinsanteil enthält (*Brösel/Mindermann* BilMoG, 416). Da bei Rückstellungen häufig ein Fälligkeitszeitpunkt nicht feststeht, ist auf den Zeitpunkt der voraussichtlichen Inanspruchnahme abzustellen (*PwC* BilMoG Komm, 186). Im Umkehrschluss bedeutet dies, dass kein explizites Abzinsungsverbot für Rückstellungen mit einer Restlaufzeit von bis zu einem Jahr besteht. Zudem wird ein Abzinsungswahlrecht gesehen, wenn eine ursprünglich langfristige Rückstellung bis zum Abschlussstichtag nur noch eine Restlaufzeit bis zur Inanspruchnahme von bis zu einem Jahr aufweist. Hierbei ist zu beachten, dass eine Abzinsung für die Rückstellungen nur unterbleiben darf, wenn auch ursprüngliche kurzfristige Rückstellungen nicht abgezinst werden.

§ 253 180

Bei sehr langfristigen Rückstellungen ist die Festlegung der zugrunde zu legenden Restlaufzeit eine Ermessensentscheidung des Bilanzierenden. Die zugrunde liegenden Annahmen müssen daher nach den allgemeinen Grundsätzen anhand ausreichender objektiver Hinweise bzw hinreichend sicherer Erwartungen gebildet werden.

Sowohl die **Bruttomethode** als auch die **Nettomethode** sind vertretbar. Das Gesetz schreibt keine der Methoden vor, so dass beide für vertretbar angesehen werden.

Bei der *Bruttomethode* erfolgt die erstmalige Erfassung bzw die Erfassung von Erhöhungen in Höhe des nominalen Verpflichtungsbetrags im operativen Aufwand. Anschließend wir die Rückstellung abgezinst. Der Unterschiedsbetrag zwischen nominalen Verpflichtungsbetrag und dem Barwert der Rückstellung wird rückstellungsmindernd im Finanzergebnis unter den Sonstigen Zinsen uä Erträgen ausgewiesen.

Bei der *Nettomethode* wird der abgezinste nominale verpflichrtungsbetrag insgesamt im operativen ergebnis erfasst. Somit wird in diesem Zeitpunkt kein Ertrag aus der Abzinsung im Finanzergebnis ausgewiesen.

Gegenüber der Bruttomethode ist allerdings der Netto-Methode den Vorzug zu geben, da sie zu einer besseren Darstellung der Gewinn- und Verlustrechnung führt und die wirtschaftlichen Verhältnisse sachgerechter abbildet. Im Rahmen der **Folgebewertung** der Rückstellungen sind zu jedem Bilanzstichtag die Rückstellungen neu zu bewerten. Neben veränderten Einschätzungen zu Erfüllungszeitpunkt und Erfüllungsbetrag (s Anm 151) ist auch der für die Aufzinsung maßgebliche Zinssatz in Abhängigkeit von der Restlaufzeit neu zu bestimmen. Aufgrund von Veränderungen am Kapitalmarkt kann es dazu kommen, dass eine Rückstellung trotz Aufzinsung in einer Folgeperiode einen ggü ihrem Zugangswert geringeren Betrag aufweist. In diesem Fall ist aufgrund der eindeutigen gesetzlichen Regelung ein ggü dem Zugangswert verminderte Stichtagswert einzubuchen. Darin liegt kein Verstoß gegen das Realisationsprinzip.

In der Literatur wird vereinzelt ausgeführt, dass die Restlaufzeit als Zeitraum definiert werden kann, in dem keine Zahlungspflicht besteht. Dies würde dazu führen, dass insbesondere Rückstellungen, bei denen eine (unwahrscheinliche) sofortige Inanspruchnahme möglich ist (zB Gewährleistungs-, aber auch Pensionsrückstellungen), nicht mehr abgezinst werden müssten. Vor dem Hintergrund der allgemein anerkannten Ansicht, dass die Restlaufzeit einer Rückstellung deren voraussichtliche bzw. erwartete Inanspruchnahme ist, erscheint diese Sichtweise nicht mit dem Gesetz vereinbar.

Ein praktisches Problem bildet die Bewertung von sog **Sammelrückstellungen** (etwa Garantierückstellungen). Bei der Bestimmung der Restlaufzeit und des Zinssatzes solcher Sammelrückstellungen können die Vereinfachungsmöglichkeiten nach § 240 Abs 4 (Gruppenbewertung) angewendet werden (ausführlich *Haas/David/Skowronek* KoR 2011, 488). Bei Vorliegen der Voraussetzungen zur Gruppenbewertung kann auf eine durchschnittliche Restlaufzeit als Grundlage für die Bestimmung des Zinssatzes und des Abzinsungszeitraums abgestellt werden und bei der Ermittlung des Barwerts einer Sammelrückstellung ein einheitlicher Zinssatz und ein einheitlicher Abzinsungszeitraum zur Anwendung kommen.

Die Ermittlung der durchschnittlichen Restlaufzeit erfolgt grds auf Basis der Barwerte: Es sind zunächst die Barwerte der einzelnen Teilperioden zu ermitteln. Anschließend wird aus den Barwerten eine durchschnittliche Restlaufzeit abgeleitet. Aus Vereinfachungsgründen kann bei der Durchschnittsbildung auch auf den Erfüllungsbetrag abgestellt werden (so auch *Haas/David/Skowronek* KoR 2011, 488).

Beispiel – *Garantierückstellung* (s auch *Haas/David/Skowronek* KoR 2011, 489)

Jahr des Umsatzes/ Jahr der voraussichtlichen Inanspruchnahme	20 × 1	20 × 2	20 × 3
2008	1000		
2009	1250	1250	
2010	1500	1500	1500
Insgesamt	**3750**	**2750**	**1500**

Ermittlung der durchschnittlichen Restlaufzeit	(3750*1 + 2750*2 + 1500*3)/8000 = 1,71875 (Jahre)
Ermittlung des Zinssatzes *(Annahme unterjährige durchschnittliche Restlaufzeit)*	(3,75% + (3,90% – 3,75%)) * 1,71875 = 4,00%
Barwert	Erfüllungsbetrag der Rückstellung (1 + Zinssatz) $^{\text{durchschnittlicher Abzinsungszeitraum}}$ Barwert = 8000/(1 + 0,04) ^{1,71875} = **7478**

Da die durchschnittliche Restlaufzeit bei mehr als einem Jahr liegt, ist die Rückstellung nach § 253 Abs 1 S 1 verpflichtend abzuzinsen.

Für Tilgungsrückstellungen, also Rückstellungen deren Inanspruchnahme zu unterschiedlichen Zeitpunkten anzunehmen ist (bspw Drohverlustrückstellungen), kann die oben dargestellte Vorgehensweise entspr angewendet werden (s *Haas/David/Skowronek* KoR 2011, 488).

Ausweis der **Erträge und Aufwendungen in der** GuV (s ausführlich *Haas/David/Skrowronek* KoR 2011, 490f: Die Zinseffekte aus der Auf- bzw. Abzinsung nach § 277 Abs 5 S 1 gesondert im Finanzergebnis zu erfassen. Von dieser Vorschrift sind allerdings nur die Beträge umfasst, die aus der Auf- bwz. Abzinsung von Rückstellungen entstehen. Eine Einbeziehung von Erträgen und Aufwendungen aus Zinseffekten anderer Bilanzposten erfolgt somit nicht. Bei Anwendung der *Bruttomethode* sind alle Effekte der Auf- und Abzinsung im Finanzergebnis auszuweisen, also auch Zinseffekte aus der Anpassung des Zinssatzes und der Restlaufzeit. Bei der *Nettomethode* dagegen können die Zinseffekte aus der Anpassung des Zinssatzes und der Restlaufzeit entweder im Finanzergebnis oder im operativen Ergebnis ausgewiesen werden (zum Ausweiswahlrecht s IDW RS HFA 30 Tz 87). Der nach § 277 Abs 5 S 1 geforderte gesonderte Ausweis kann entweder in Form eines „Davon-Vermerks" oder einer weiteren Untergliederung der GuV-Position erfolgen. Auch die Angabe im Anhang anstatt in der GuV sollte zulässig sein.

Für die **Steuerbilanz** enthält § 6 Abs 1 Nr 3a Buchst e S 1 EStG ein **generelles Abzinsungsgebot** für Rückstellungen, deren Laufzeit am Bilanzstichtag mindestens 12 Monate beträgt, die unverzinslich sind und nicht auf einer Anzahlung oder Vorausleistung beruhen. Es gilt ein Zinssatz von 5,5%. Die Ausnahmen des § 6 Abs 1 Nr 3 S 2 EStG gelten auch hier, dh keine Anwendung auf verzinsliche oder solche Verbindlichkeitsrückstellungen, die auf einer Anzahlung oder Vorausleistung beruhen. Für die Abzinsung von Rückstellungen für Sachleistungsverpflichtungen ist für die Bestimmung der Laufzeit der Zeitraum bis zum Erfüllungs*beginn* maßgebend (*Kulosa* in Schmidt[32] § 6 Anm 481). Zur Bestimmung dieses Zeitpunkts bei bergrechtlichen Verpflichtungen wie Rekultivierung BMF 9.12.1999, BStBl I 2000, 1127.

Zum Verfahren s *Kulosa* in Schmidt[32] § 6 Anm 481 mwN. Wenn die Laufzeit unbekannt ist, erfolgt eine Schätzung (*Kulosa* aaO). Bei Ansammlungsrückstellungen sind die einzelnen Raten abzuzinsen (BFH BStBl II 1998, 728; *Roser/Tesch/Seemann* FR 1999, 1345).

Nach IFRS ist die Abzinsung von Rückstellungen immer dann erforderlich, wenn der Zinseffekt wesentlich ist (IAS 37.45).

II. Besonderheiten von Altersversorgungsverpflichtungen (Abs 2 S 2)

182 Vgl ausführlich § 249 Anm 151 ff.

III. Bewertung von Rentenverpflichtungen (Abs 2 S 3)

183 Für auf Rentenverpflichtungen beruhende Verbindlichkeiten, für die eine Gegenleistung nicht mehr zu erwarten ist, sind nach Abs 2 S 3 die Abzinsungsregeln von Abs 2 S 1 und 2 entspr anzuwenden.

Eine Rente ist ein einheitlich nutzbares, selbstständiges Recht (Stammrecht), dessen Erträge aus regelmäßig wiederkehrenden gleichmäßigen Leistungen in Geld oder vertretbaren Sachen bestehen und das dem Berechtigten auf die idR nicht bekannte Lebenszeit eines Menschen (Leibrente) oder auf eine bestimmte Zeitdauer (Zeitrente) eingeräumt ist.

184 Der Wortlaut des § 253 Abs 2 S 3 lässt offen, ob unter „Verbindlichkeiten" auch sichere Rentenverbindlichkeiten fallen oder nur solche mit Rückstellungscharakter. In Verbindung mit den Sätzen 1 und 2 des § 253 Abs 2 kann indes davon ausgegangen werden, dass nur letztere gemeint sind. Folglich sind § 253 Abs. 2 Satz 1 und 2 nur bei der Bewertung von Rentenverpflichtungen mit Rückstellungscharakter zu befolgen. Bei solchen ist bei der Erst- und Folgebewertung, unabhängig vom vertraglich oder gesetzlich vorgesehen Zinssatz, der von der Bundesbank ermittelte, restlaufzeitensprechende Zinssatz heranzuziehen (s IDW RS HFA 34 Tz 34f).

185 Sichere Rentenverpflichtungen, für die eine **Gegenleistung nicht mehr** zu erwarten ist (zB Kaufpreisverrentungen; weitere Bsp s *ADS*[6] § 253 Anm 167), werden unter den **Verbindlichkeiten** ausgewiesen und zu jedem Bilanzstichtag mit ihrem **Barwert** angesetzt. Der Barwert ermittelt sich unter Zugrundelegung des laufzeitadäquaten verwendeten Marktzinssatzes, der von der Bundesbank bekanntgegeben wird. Falls eine **Wertsicherungsklausel** vereinbart ist, muss der Marktzinssatz auf den Realzinssatz (um Inflationsrate bereinigter Nominalzinssatz) reduziert werden, da „reale" Rentenzahlungen auch mit dem realen Zins zu diskontieren sind (BFH 20.11.1969, BStBl II 1970, 309, vgl Anm 57 ff).

Bei sicheren Rentenverbindlichkeiten, zB aus **Anschaffungsgeschäften** (Erwerb von VG gegen Zeitrente) bildet der Erfüllungsbetrag, der als Rentenbarwert im Erwerbszeitpunkt zu ermitteln ist, die AK des erworbenen VG. Grundsätzlich ist hier der vertraglich vereinbarte oder der sich aus Barverkaufspreis- und Zahlungskonditionen ergebende interne Zinssatz der Ermittlung des Erfüllungsbetrags zugrunde zu legen. Liegt kein vertraglich vereinbarter Zinssatz und kein Barkaufpreis vor, kann aus Vereinfachungsgründen auch der von der Bundesbank ermittelte, restlaufzeitensprechende Zinssatz herangezogen werden (s Anm 66f). Spätere Veränderungen des Marktzinssatzes und andere Erhöhungen der Rente (zB auf Grund einer Wertsicherungsklausel) berühren die AK nicht. Ebensowenig kommt es bei einer nachträglichen Rentenkürzung zu einer Minderung der AK. Mit der Erstverbuchung ist der Anschaffungsvorgang beendet.

Änderungen der Rentenleistungen auf Grund späterer Ereignisse sind allein dem Finanzierungsgeschäft zuzurechnen und berühren daher nur den Ansatz der Rentenverpflichtung. Daraus folgt andererseits, dass zB eine feste, von künftigen Ereignissen unabhängige Steigerung der Rentenleistung auf Grund entspr Vereinbarung (zB Staffelrente) im Erfüllungsbetrag der Rentenverpflichtung und in den AK des erworbenen VG zu berücksichtigen ist (dazu *Wohlgemuth* in HdJ Abt I/9 Anm 17).

Rentenverpflichtungen, für die der Kfm noch eine **gleichwertige Gegen-** **186** **leistung** erwarten kann, fallen nicht unter diese Vorschrift. Sie sind nach den Grundsätzen für schwebende Geschäfte zu behandeln und nicht zu passivieren Hauptanwendungsfall hierfür sind künftige Verpflichtungen aus Pensionszusagen für im Unt tätige Arbeitnehmer (s *ADS*[6] § 253 Anm 16; *WPH*[14] I, E Anm 589).

IV. Abzinsungssatz (Abs 2 S 3–5)

Die Abzinsung hat unter Berücksichtigung der individuellen Restlaufzeit **188** der jeweiligen Rückstellung mit dem **durchschnittlichen fristenkongruenten Marktzinssatz der vergangenen sieben Geschäftsjahre** zu erfolgen. Die Durchschnittsbildung soll nach der BegrRegE BilMoG, 117 zu einem Glättungseffekt führen, der Ertragsschwankungen beseitigt, die nicht durch die Geschäftstätigkeit der Unt verursacht sind.

Die von den Unt anzuwendende Abzinsungszinssätze werden von der Deutschen Bundesbank mit Inkrafttreten der RückAbszinV (s auch § 253 Abs 2 S 5), ermittelt und monatlich bekannt gegeben. Die Abzinsungssätze werden für ganzjährige Laufzeiten von einem bis 50 Jahre auf der Webseite www.bundesbank.de/statistik/statistik_zinsen.php#abzinsung veröffentlicht (zur Ermittlung und Bekanngabe der Zinssätze durch die Deutsche Bundesbank vgl *Stapf/Elgg*, BB 2009 S 2134).

Bei der Abzinsung ist nicht auf die ursprüngliche Laufzeit der Verpflichtung, sondern auf die voraussichtliche Restlaufzeit bis zur Inanspruchnahme abzustellen. Dies wird durch die Anforderungen der Abzinsung mit dem fristen- bzw laufzeitkongrueten Diskontierungszinssatz deutlich. Dies bedeutet, dass zu jedem Abschlussstichtag die voraussichtliche Restlaufzeit jeder Rückstellung (neu) einzuschätzen und bei der Auswahl des Diskontierungszinssatzes zu berücksichtigen ist (*PwC* BilMoG Komm 189).

Die Ermittlung der Restlaufzeit hat grds taggenau zu erfolgen. Jedoch bestehen in der praktischen Anwendung gerade in diesem Punkt bei langfristigen Rückstellungen erhebliche Schätzunsicherheiten. Der Bilanzierende hat insoweit einen Ermessensspielraum, dem er durch eine sachgerechte und objektiv nachprüfbare Einschätzung Rechnung zu tragen hat. Die Festlegung der Genauigkeit der Restlaufzeit auf Monate, Quartale oder Halbjahre kann im Einzelfall als sachgerecht angesehen werden. Da die Bundesbank nur ganzjährige Diskontierungszinssätze berechnet kann die Ermittlung des anzuwendende Diskontierungssatzes nach verschiedenen Vorgehensweisen erfolgen (IDW RS HFA 34 Tz 42):

(1) Ermittlung des zu verwendenden Zinssatzes durch **lineare Interpolation** ausgehend von den Zinssätzen für die nächstkürzere und nächstlängere ganzjährige Restlaufzeit.

(2) Durch Verwendung des Zinssatzes für die ganzjährige Restlaufzeit, die dem Erfüllungszeitpunkt der Verpflichtung am nächsten liegt, oder

(3) im Fall einer normalen Zinsstruktur Verwendung des für die nächstkürzere ganzjährige Restlaufzeit bekanntgegebenen Zinssatzes (IDW RS HFA 34 Tz 42; *Fink/Kunath* DB 2010, 2348; *Zülch/Hoffmann* StuB 2009 S 372 sowie *Haas/David/Skowronek* KoR 2011, 483ff mit Beispielen).

Falls besondere Umstände dazu führen, dass aus bestimmten Gründen der Jahresabschluss ein den tatsächlichen Verhältnissen entsprechendes Bild im Sinne des § 264 Abs 2 S 1 nicht vermittelt, sind nach § 264 Abs 2 S 2 zusätzliche Angaben in den Anhang aufzunehmen.

Da die Deutsche Bundesbank die restlaufzeitentsprechenden Zinssätze auf der Grundlage einer Null-Kupon-Euro-Zinsswapkurve ermittelt, kann es für Zwecke der Abzinsung von Verpflichtungen, die in einer Fremdwährung zu erfüllen sind, sachgerecht sein, einen **währungskongruenten Zinssatz** zu ermitteln (glA *PwC* BilMoG Komm 188). Aufgrund des eindeutigen Gesetzeswortlauts besteht hierzu jedoch keine Verpflichtung. Ein währungskongruenter Zinssatz ist als restlaufzeitentsprechender durchschnittlicher Marktzinssatz der vergangenen sieben Jahre zu bestimmen (IDW RS HFA 34 Tz 46). *Gelhausen/Frey/Kämpfer* folgend sollte im Hinblick auf die bessere Darstellung der VFE-Lage bei der Bewertung der Drohverlustrückstellungen aus Derivaten die Höhe des beizulegenden Zeitwerts der Kontrakte am Abschlussstichtag unter Verwendung individueller Zinssätze bestimmt werden (s *PwC* BilMoG Komm 186; IDW RS HFA 4 Tz 44).

Bei der Ermittlung des durchschnittlich währungskongruenten Marktzinssatz ist nicht auf die Bonität des verpflichteten Unt abzustellen. Wäre dies zulässig, könnte ein Unt bei sinkender Bonität die steigenden FK-Kosten aufgrund eines höheren Diskontierungsfaktors durch eine geringere Dotierung der Rückstellungen kompensieren (*Drinhausen/Ramsauer* DB Beilage 5 zu Heft 23, 52). Dies würde die Informationsfunktion des JA/KA unzulässig beeinträchtigen und wäre mit dem Vorsichts- und Höchstwertprinzip nicht zu vereinbaren (BegrRegE BilMoG, 118).

Die Referenzzinssätze der Bundesbank umfassen nur Restlaufzeiten bis zu 50 Jahren. Sollte in Ausnahmefällen die Verpflichtung diese Restlaufzeiten überschreiten, kann es als zulässig erachtet werden, der Abzinsung der Rückstellung die relevanten Bundesbankzinssätze auf Basis der 50-jährigen Laufzeit zugrunde zu legen (s *PwC* BilMoG Komm 190; IDW RS HFA 34 Tz 45).

189 Die **Erträge und Aufwendungen aus der Abzinsung** und der sich in den Folgejahren anschließenden Aufzinsung von Rückstellungen sind gemäß § 277 Abs 5 S 1 von KapGes/KapCoGes gesondert unter den Posten „*Sonstige Zinsen und ähnliche Erträge*" bzw „*Sonstige Zinsen und ähnliche Aufwendungen*" und somit innerhalb des Finanzergebnisses der GuV auszuweisen. Mit diesem Ausweis wird vermieden, dass das operative Ergebnis bei Zinsschwankungen durch die daraus resultierenden Auf- und Abzinsungen, beeinflusst wird. Der **gesonderte Ausweis** kann *(a)* durch einen „Davon-Vermerk" der betreffenden GuV-Posten, *(b)* durch Angabe der relevanten Erträge und Aufwendungen im Anhang oder *(c)* eine Untergliederung der betreffenden GuV-Posten, zB in einer Vorspalte, erfolgen.

Die BegrRegE BilMoG, 11 empfiehlt im Interesse einer hinreichenden Information der Abschlussadressaten, dass die Effekte aus der Auf- und Abzinsung in einem **Rückstellungsspiegel gesondert** abgebildet werden sollten, um deren Vermengung mit den Beträgen zu vermeiden, die sich aus den Zuführungen einer Auflösung oder einer Inanspruchnahme der Rückstellung ergeben. Es bietet sich an den Rückstellungsspiegel wie folgt auszuweisen:

Art der Rückstellung	Vortrag zum 1.1.	Umgliederung	Zuführung	Zinsanteil	Inanspruchnahme	Auflösung	Zinsanteil	Stand am 31.12.
…								
…								

V. Abzinsung und latente Steuern

Sofern sich Abweichungen in der HB vom nach § 6 Abs 1 Nr 3a EStG bei 190 der Abzinsung langfristiger Rückstellungen bei der steuerrechtlichen Bilanzierung zu berücksichtigenden Zinssatz (5,5%) ergeben, sind die Differenzen zwischen HB-Wert und StB-Wert in die Gesamtdifferenzbetrachtung für die Ermittlung latenter Steuern nach § 274 Abs 1 S 1 einzubeziehen.

Abschreibungen bei Gegenständen des Anlagevermögens (Abs 3)

A. Allgemeines

I. Gegenstand, Zweck und Anwendungsbereich der Abschreibung

Abs 1 sieht für **alle Kaufleute** als Wertobergrenze der VG des Anlagevermö- 201 gens die AK/HK vor, die im Falle der abnutzbaren VG um *planmäßige Abschreibungen* zu reduzieren sind. Ist der am Bilanzstichtag beizulegende Wert *voraussichtlich dauerhaft niedriger* (s Anm 315f), sind nach Abs 3 S 3 für das abnutzbare und für das nicht abnutzbare Anlagevermögen *außerplanmäßige Abschreibungen* vorzunehmen. Bei Finanzanlagen *dürfen* nach Abs 3 S 4 außerplanmäßige Abschreibungen auch bei *voraussichtlich nicht dauernder Wertminderung* vorgenommen werden.

Planmäßige Abschreibungen sind beim *abnutzbaren Anlagevermögen* nach 202 Abs 3 S 1 zwingend vorzunehmen. Sie sollen den für die Zukunft absehbaren planmäßigen Wertverzehr erfassen (*Brösel/Olbrich* in HdR[5] § 253 Anm 427), dienen in erster Linie jedoch der *periodengerechten Verteilung* der ursprünglichen AK/HK und damit mehr der korrekten Darstellung der Ertragslage als der Vermögenslage (*ADS*[6] § 253 Anm 358). Es muss auch dann planmäßig abgeschrieben werden, wenn der beizulegende Wert/Teilwert des Anlagegegenstands im betr Gj gestiegen oder konstant geblieben ist, eine Saldierung von Abnutzung und wirtschaftlichem Wertzuwachs ist ausgeschlossen (BFH 26.1.2001, BStBl II, 194).

Außerplanmäßige Abschreibungen nach Abs 3 S 3 dienen der Berück- 203 sichtigung von Wertverlusten beim *abnutzbaren* sowie *nicht abnutzbaren Anlagevermögen* zum Bilanzstichtag, soweit diese beim abnutzbaren Anlagevermögen nicht bereits durch planmäßige Abschreibungen erfasst wurden (*Brösel/Olbrich* in HdR[5] § 253 Anm 427).

Zu allein **steuerrechtlichen Abschreibungsvorschriften** s Anm 250ff. 204
Zu den Sonderfällen der Abschreibung s Anm 275ff, zur Abschreibung des 205 GFW s Anm 671ff.

II. Vornahme und Ausweis

Abschreibungen können im Rahmen der Stetigkeit sowohl in **direkter Form** 209 (durch aktivische Absetzungen von den AK/HK) als auch in **indirekter Form** (als passivische Wertberichtigung) vorgenommen werden (*WPH*[14] I, E Anm 400, *ADS*[6] § 253 Anm 352). Beide Formen entsprechen den GoB (§ 243 Abs 1) und sind als klar und übersichtlich iSd § 243 Abs 2 anzusehen.

§ 253 210–219 Jahresabschluß (Bewertungsvorschriften)

210 Für **KapGes/KapCoGes** und dem PublG unterliegende Ges ist nach § 268 Abs 2 bzw § 5 Abs 1 S 2 PublG iVm § 268 Abs 2 lediglich die direkte Form zulässig, wobei die Abschreibungen entweder in der Bilanz gesondert aufgeführt oder im Anhang angegeben werden müssen (dazu im Einzelnen § 268 Anm 10 ff).

B. Planmäßige Abschreibungen (Abs 3 S 1 und S 2)

I. Zeitlich begrenzte Nutzungsdauer (Abs 3 S 1)

212 Abs 3 S 1 betrifft ausschließlich die Bewertung solcher VG des Anlagevermögens, deren Nutzung zeitlich begrenzt ist. Nicht gemeint sind VG, die zwar nicht abnutzbar sind, deren Nutzung aber nur für eine bestimmte Zeit vorgesehen ist. Die zeitliche Begrenzung der Nutzung muss sich aus der Eigenart des VG unmittelbar ergeben (ebenso *ADS*[6] § 253 Anm 355).

213 Die **Nutzungsdauer von Vermögensgegenständen,** die der technischen oder wirtschaftlichen Abnutzung, dem Verbrauch oder der Ausbeutung unterliegen, ist stets begrenzt. Abnutzbar können auch **immaterielle Vermögensgegenstände** sein (Anm 382). Dies gilt selbst dann, wenn sie unbefristet (zB ein Gewinnungsrecht auf unbestimmte Dauer) oder unwiderruflich (zB Grunddienstbarkeit in Form eines Wegerechts) begründet sind, aber ein Ende ihrer Verwertbarkeit anzunehmen ist. Im Zweifel ist nach dem Grundsatz der Vorsicht gem § 252 Abs 1 Nr 4 von einer zeitlich begrenzten Nutzung auszugehen (*ADS*[6] § 253 Anm 356). Obligatorische, also rein auf schuldrechtlichem Vertrag beruhende Ansprüche und dingliche Rechte (etwa das **Wegerecht**) sind gleich zu beurteilen. Es kommt vor allem darauf an, ob ein Ende ihrer Nutzbarkeit absehbar ist. Insb bei Rechten ist zu berücksichtigen, dass sie auch dann der Abnutzung unterliegen, wenn sie zwar formal bestehen bleiben, sich aber wirtschaftlich entwerten (zB Patente und andere Schutzrechte). Gleiches gilt aufgrund wirtschaftlicher Entwertung für **Software.**

214 Abnutzbar sind alle beweglichen und unbeweglichen VG des **Sachanlagevermögens** mit Ausnahme der Grundstücke (Gegenausnahme: auszubeutende Grundstücke, *ADS*[6] § 253 Anm 357), der geleisteten Anzahlungen sowie der Anlagen im Bau und einiger seltener Sonderfälle (zB Antiquitäten, Kunstwerke, Sammlungs- und Anschauungsobjekte uä, soweit diese nicht in Gebrauch sind, BFH 26.1.2001, BStBl II, 194: AfA bei 300-jähriger benutzter Geige; weiterer Wertzuwachs durch Zunahme des Alters schadet nicht; Nutzungsdauerannahme 100 Jahre). Auch ein ständiger Ersatz der Verschleißteile ändert nichts an der Zuordnung zum abnutzbaren Anlagevermögen.

215 Nicht abnutzbar sind dagegen **Finanzanlagen** und **geleistete Anzahlungen** (*Brösel/Olbrich* in HdR[5] § 253 Anm 424 f).

Sind nur **Teile eines Vermögensgegenstands** zeitlich begrenzt, andere Teile zeitlich unbegrenzt zu nutzen und ist eine Trennung nicht möglich (zB bei einem Grundstück mit auszubeutenden **Bodenschätzen;** wenn trennbar s Anm 390), ist der VG einheitlich dem abnutzbaren Anlagevermögen zuzuordnen (ebenso *ADS*[6] § 253 Anm 356). Es ist dann bis auf den Wert abzuschreiben, der nach vollständiger Nutzung als Rest verbleibt.

216 **Sonderfälle** werden in Anm 275 ff zusammenhängend dargestellt.

II. Planmäßigkeit (Abs 3 S 1)

219 Die Wertansätze von VG des Anlagevermögens, deren **Nutzung zeitlich begrenzt** ist, sind zwingend durch planmäßige Abschreibungen zu mindern, Abs 3 S 1.

„Planmäßig" bedeutet *„im Voraus festgelegt"*. Der jährliche Abschreibungsbe- 220
trag ist spätestens bei Vornahme der ersten Abschreibung für die gesamte Nutzungsdauer zu bestimmen (*ADS*[6] § 253 Anm 362; *Brösel/Olbrich* in HdR[5] § 253 Anm 451). Dies geschieht durch die Festlegung der Abschreibungsmethode (Anm 238 ff), der Abschreibungsbasis sowie der geplanten Nutzungsdauer oder der voraussichtlichen Gesamtleistung (konkreter Abschreibungsbetrag im letzten Fall nur zum Gj-Ende ermittelbar, Anm 245).

„Planmäßig" heißt auch, dass an dem einmal aufgestellten Plan *grds festzuhalten* ist. **Änderungen** sind als Ausnahmen vom Grundsatz der Bewertungsstetigkeit nur in begründeten Ausnahmefällen zulässig (§ 252 Abs 1 Nr 6 und Abs 2; Anm 270 ff; wegen der **Korrektur** in anderen Fällen s Anm 260 ff; *ADS*[6] § 253 Anm 418 ff).

III. Abschreibungsplan (Abs 3 S 2)

Gem Abs 3 S 2 sind durch den **Abschreibungsplan** die AK/HK auf die 221
Gj zu verteilen, in denen der VG voraussichtlich genutzt werden kann. Entspr dem Grundsatz der **Einzelbewertung** (§ 252 Anm 22 ff) muss jeder einzelne VG einer schriftlichen Dokumentation des Abschreibungsplans zuordenbar sein (zu den Ausnahmen bei Festwertbildung § 240 Anm 71 ff und bei Gruppenbewertung § 240 Anm 130 ff), aber diese Dokumentation kann für gleich zu behandelnde VG gesammelt erfolgen. Der **Plan** kann sich auch aus allgemeinen **bilanzpolitischen Anweisungen** oder einer ständigen Übung ergeben (*ADS*[6] § 253 Anm 365), wenn sich daraus Nutzungsdauer und Abschreibungsmethode ableiten lassen. **Pauschale Abschreibungen** auf das Anlagevermögen insgesamt oder Teile hiervon sind unzulässig (*Brandis* in Blümich § 7 EStG Anm 93).

1. Anschaffungs- oder Herstellungskosten, Restwert

Die **Anschaffungs- oder Herstellungskosten** (§ 255 Abs 1 und Abs 2) des 222
zeitlich begrenzt nutzbaren Anlagevermögens sind die *Obergrenze* und zugleich grds die **Bemessungsgrundlage** des rechnerisch über die Nutzungsdauer zu verteilenden Betrags.

Bei Einlage aus dem Privatvermögen tritt steuerrechtlich an deren Stelle der Einlagewert (§ 6 Abs 1 Nr 5 S 1 EStG), der grds dem Teilwert entspricht; bei Einlage von zuvor zur Erzielung von Überschusseinkünften genutzten WG tritt der Einlagewert, der um bislang in Anspruch genommene Abschreibungen geminderte Einlagewert oder die fortgeführten AK/HK an deren Stelle (§ 7 Abs 1 S 5 EStG, vgl zu den Fallgruppen und Anwendungszeitraum ausführlich BMF 27.10.2010, BStBl I 1204).

Nach dem Wortlaut des Abs 3 S 2 scheint die Berücksichtigung eines **Rest-** 223
werts (Veräußerungs- oder Schrottwert) nach dem Ende der Nutzung ausgeschlossen, weil in diesem Falle nicht die *gesamten* AK/HK über die Nutzungsdauer verteilt wären. Ist jedoch mit ausreichender Sicherheit von einem **Verwertungserlös** von erheblicher Bedeutung (Veräußerungserlös/Schrottwert abzgl Ausbau-, Abbruch- und Veräußerungskosten) am Ende der Nutzungsdauer auszugehen, ist dieser grds zu berücksichtigen (*WPH*[14] I, E Anm 391, *ADS*[6] § 253 Anm 415). Der Wortlaut von Abs 3 S 2 ist in diesem Fall so auszulegen, dass auch die Verwertung eines abgenutzten VG als letzte Nutzungshandlung noch zur Nutzung zählt.

Steuerrechtlich wird ein *Schrottwert* nur dann zu berücksichtigen sein, wenn dieser sowohl im Vergleich zu den AK/HK als auch absolut *erheblich ins Gewicht fällt*, zB bei Gegenständen von hohem Gewicht oder aus wertvollem Material,

bspw bei Schiffen (BFH 2.12.1987, BStBl II 1988, 502, BFH 7.12.1967, BStBl II, 268).
Dies gilt nicht für *erwartete Verkaufserlöse* bei Veräußerung eines WG vor seiner völligen Abnutzung. Sie sind nicht in die Berechnung der Abschreibungsbeträge einzubeziehen (*Nolde* in HHR § 7 EStG Anm 156; *Brandis* in Blümich § 7 EStG Anm 247). Vielmehr sind die ungekürzten AK/HK ohne Berücksichtigung des voraussichtlichen Veräußerungszeitpunkts auf die normale betriebsgewöhnliche Nutzungsdauer zu verteilen (*Kulosa* in Schmidt^{32} § 7 Anm 72; *Nolde* in HHR § 7 EStG Anm 156).

2. Abschreibungsbeginn und voraussichtliche Nutzungsdauer

224   Die Abschreibung **beginnt** handels- und steuerrechtlich grds mit *Lieferung/Fertigstellung* des abnutzbaren VG (zur Abschreibung auf Anzahlungen oder Anlagen im Bau s Anm 447 ff). Die Fertigstellung ist erfolgt, wenn das hergestellte Anlagegut bestimmungsgemäß genutzt werden kann (*Nolde* in HHR § 7 EStG Anm 160; *Brandis* in Blümich § 7 EStG Anm 302 f; EStH 7.4 „Fertigstellung"); zur Bestimmung des Zeitpunktes der Lfg angeschaffter VG s § 255 Anm 31 f. Bei erworbenen immateriellen VG ist analog der Zeitpunkt der *Überlassung* maßgeblich.

Auf den Zeitpunkt der *tatsächlichen Ingebrauchnahme* kommt es nicht an (*Brösel/Olbrich* in HdR^5 § 253 Anm 460; BFH 1.2.2012, BStBl II 407 für Windkraftanlagen). Dies gilt auch dann, wenn der VG eindeutig auf Vorrat oder aus Vorsorge angeschafft worden ist und somit gegenwärtig (noch) nicht genutzt wird (*Kulosa* in Schmidt^{32} § 7 Anm 90). Auch hier unterliegt der VG idR der wirtschaftlichen Abnutzung (*Nolde* in HHR § 7 EStG Anm 160; *Brandis* in Blümich § 7 EStG Anm 303). Längere *Stillstandzeiten* vor der eigentlichen Nutzung können durch eine Abschreibungsmethode (Anm 238 ff) berücksichtigt werden, die den Schwerpunkt der Abschreibung nicht auf den Nutzungsbeginn legt; ggf ist die Nutzungsdauer anzupassen. Zu den Auswirkungen einer endgültigen Stilllegung s Anm 315.

225   **Steuerrechtlich** erfordert die Fertigstellung eines Gebäudes nicht, dass dies insgesamt fertiggestellt ist, es genügt, wenn ein Gebäudeteil (zB Ladengeschäft), der einem eigenständigen Nutzungs- und Funktionszusammenhang dienen soll, abgeschlossen erstellt und genutzt wird (EStH 7.4 „Fertigstellung"). Abschreibungsgrundlage sollen in diesem Fall die gesamten bisher angefallenen HK des Gebäudes sein (BFH 9.8.1989, BStBl II 1991, 132; EStH 7.3 „Fertigstellung"; Wahlrecht im Falle gemischter betrieblicher sowie privater Nutzung EStR 7.3 Abs 2). Handelsrechtlich kann dem nicht gefolgt werden. Vielmehr bilden hier lediglich die einer selbstständig bewertbaren Teilanlage (zB Ladengeschäft) zuordenbaren bisherigen Aufwendungen die Bemessungsbasis. Zu den **Vereinfachungsregeln** und **Sonderfällen** des Abschreibungsbeginns s Anm 276 f.

228   Scheidet ein noch nicht voll abgeschriebener VG im Laufe eines Gj aus, ist für ihn die Abschreibung bis zum Zeitpunkt des **Abgangs grundsätzlich zeitanteilig** zu verrechnen (EStR 7.4 Abs 8), wobei auf volle Monate aufgerundet werden darf (*Kulosa* in Schmidt^{32} § 7 Anm 92). Liegt beim Ausscheiden des Anlage-VG jedoch ein nur noch relativ unbedeutender Restbuchwert vor, ist es auch vertretbar, ihn in die Abschreibung einzubeziehen (ADS^6 § 253 Anm 443; WPH^{14} I, E Anm 392).

229   Die **Nutzungsdauer** wird durch das **„voraussichtliche"** Ende der Nutzung bestimmt. Dies ist durch eine Prognose vorsichtig iSd § 252 Abs 1 Nr 4 festzulegen, dh willkürlich darf weder eine zu kurze noch eine zu lange Nutzungsdauer unterstellt werden. Wurde gegen diese Beschränkungen des im Übrigen

sehr weiten **Prognosespielraums** verstoßen, ist der Abschreibungsplan im Jahr des Erkennens dieses Fehlers für die Zukunft zu berichtigen (Anm 260 f). Ist die Schätzung der Nutzungsdauer mit einem hohen Unsicherheitsfaktor behaftet, sind ungünstige Faktoren in Anlehnung an das Vorsichtsprinzip durch eine kürzere Nutzungsdauerschätzung stärker zu berücksichtigen (*ADS*^{6} § 253 Anm 378). Indirekt spielt auch die gewählte Abschreibungsmethode eine Rolle. Eine **Methode,** die den Schwerpunkt der Abschreibung nicht auf den Beginn der Nutzung legt, kann eine kürzer geschätzte Nutzungsdauer im Interesse vorsichtiger Bewertung erforderlich machen.

Die **Prognose** bezieht sich auf die theoretische Nutzungsmöglichkeit im **konkreten Betrieb,** also die **betriebsindividuelle Nutzungsdauer** bis zur vollständigen Abnutzung. Ein Wegfall der Nutzungsabsicht ist unberücksichtigt zu lassen, auch wenn beabsichtigt ist, einen Gegenstand bereits nach kurzer Zeit zu veräußern, obwohl er noch mehrere Jahre nutzbar wäre. Ist der Wertverlust zu Beginn der Nutzung höher als es dem **Zeitanteil** entspricht, kann dies bei der Wahl der Abschreibungsmethode berücksichtigt werden (s Anm 242).

Das Ende der Nutzung wird durch technische, wirtschaftliche oder rechtliche Gründe bestimmt:

Das **technische Nutzungsende** gibt die längst mögliche Nutzungsdauer vor, 230 in der ein Anlage-VG eine betrieblich nutzbare technische Leistung erbringt. Abnutzungsursachen, die letztlich zur Unbrauchbarkeit führen, können sein: Zeitverschleiß (zB Witterungseinflüsse), Substanzverringerung (zB bei Kiesgruben oder im Bergbau) und insb Abnutzung durch Gebrauch.

Wirtschaftliche oder rechtliche Gründe werden im Allgemeinen ein Ende der Nutzung zu einem früheren Zeitpunkt herbeiführen. Die rechtliche oder wirtschaftliche Nutzungsdauer hat daher Vorrang vor der technischen. Auch wenn keine konkreten Hinweise für eine Verkürzung der Nutzungsdauer aus wirtschaftlichen oder rechtlichen Gründen bestehen, entspricht es dem Vorsichtsgebot (§ 252 Abs 1 Nr 4), wegen dieser Risiken einen **Abschlag** von der technischen Nutzungsdauer vorzunehmen.

Für die steuerbilanzielle Abschreibung ist auf die technische Nutzungsdauer 231 abzustellen (mit Geltung für nach dem 31.12.2000 neu angeschaffte VG; zur Kritik s auch *Hommel* BB 2001, 247; zur wirtschaftlichen Auswirkung der für die StB verlängerten AfA-Zeiträume *Hoberg* DB 2001, 347). Grds sind diesbzgl die amtlichen **AfA-Tabellen** heranzuziehen (zur AfA-Tabelle für allgemein verwendbare Anlagegüter „AV" s BMF 15.12.2000, BStBl I 1532). Eine kürzere wirtschaftliche Nutzungsdauer darf jedoch zu Grunde gelegt werden, wenn diese anhand konkreter Umstände glaubhaft gemacht wird (BMF v 6.12. 2001, BStBl I, 850; *Kulosa* in Schmidt^{32} § 7 Anm 102, BFH 28.12.2008, BFH/NV 2009, 899).

Die allgemeinen AfA-Tabellen können daher nicht mehr generell für die Bestimmung der handelsbilanziell relevanten wirtschaftlichen Nutzungsdauer herangezogen werden. Im Einzelfall ist im Unt zu prüfen, ob die abw steuerrechtliche technische Nutzungsdauer wegen untergeordneter Bedeutung vernachlässigt werden kann, s auch § 252 Anm 70. Ist dies der Fall, kommt es zu einer **Abweichung** von HB und StB und folglich ggf zum Ansatz von latenten Steuern in der HB. Die frühere allgemeine AfA-Tabelle (BMF 18.4.1997, BStBl I 376) kann weiterhin zur Bestimmung der handelsbilanziell relevanten wirtschaftlichen Nutzungsdauer herangezogen werden, solange nicht aufgrund allgemeiner wirtschaftlicher oder technischer Einflüsse damit gerechnet werden muss, dass sich die wirtschaftliche Nutzungsdauer eines entspr VG verändert hat.

Technische Gründe, die zu einer **zusätzlichen Verkürzung der Nut-** 232 **zungsdauer** führen, können zB sein:

- **Mehrschichtbetrieb:** bei ganzjährigem Zweischichtbetrieb wird idR eine um 20 vH, bei ganzjährigem Drei- bzw Vierschichtbetrieb eine um $33^1/_3$ vH kürzere Nutzungsdauer unterstellt, was im Falle einer linearen Abschreibung einer Erhöhung des AfA-Satzes um 25 vH bzw um 50 vH gleichkommt. In einer Modifizierung der Vorbem zu der neuen allgemeinen AfA-Tabelle (Anm 231) lässt BMF 6.12.2001 WPg 2002, 46 dies jedoch nur bei linearer Abschreibung beweglicher WG zu.
- **Umweltbelastungen** (etwa Einsatz im Freien oder Einwirkung von Feuchtigkeit, Salzen, Dämpfen, Säuren);
- Erwerb in **gebrauchtem Zustand;**
- **andere Faktoren,** zB Einsatz unter erschwerten Bedingungen auf Baustellen.

Falls diese Umstände nicht in den steuerrechtlichen AfA-Tabellen berücksichtigt sind, ist eine **betriebsindividuelle Schätzung** erforderlich (BFH 19.5. 1976, BStBl II 1977, 60; s allgemeine Vorbem zu den AfA-Tabellen BMF 6.12.2001, WPg 2002, 46).

233 Aus **rechtlichen Gründen** kann sich eine zu berücksichtigende Verkürzung der Nutzungsdauer ergeben, wenn öffentlich-rechtliche oder privatrechtliche **Nutzungsbeschränkungen** voraussehbar sind, zB wenn eine öffentlich-rechtliche Betriebserlaubnis nur für beschränkte Zeit oder nur vorläufig erteilt und ihre Verlängerung ungewiss oder eine Enteignung zu befürchten ist. Gleiches gilt, wenn eine Anlage auf gemietetem Grund und Boden errichtet wurde und nicht mit der Verlängerung des Mietvertrags zu rechnen ist, so dass damit die Nutzung vor Ablauf der technischen Nutzungsdauer endet.

234 Aus **wirtschaftlichen Gründen** werden technische Anlagen häufig bereits vor dem Ende ihrer technischen Nutzungsdauer nicht mehr genutzt. Auch dies ist zu berücksichtigen. Gründe, die auf ein insoweit vorzeitiges Nutzungsende hindeuten, sind zB:
- **Beabsichtigte Produktionsumstellungen** wegen eines Modellwechsels. Hiervon sind, zB in der Automobilindustrie, sog **modell-** oder **typenbezogene** Werkzeuge und Vorrichtungen, aber auch bei den Zuliefererbetrieben die sog **kundenbezogenen** Werkzeuge und Vorrichtungen betroffen, soweit diese dem Anlagevermögen zuzurechnen sind (s auch § 247 Anm 352);
- **Absehbare oder vollzogene Entwicklungen** zu rationelleren und rentableren Fertigungsmethoden sowie zu Anlagen größerer Kapazität oder schnellerer Laufgeschwindigkeit;
- **Nachfrageverschiebungen** durch verändertes Konsumentenverhalten;
- **Nachfragerückgang** als Ausfluss eines gesunkenen Marktanteils (zB durch den Eintritt neuer Wettbewerber).

Zum Verhältnis von Abschreibungsplan und außerplanmäßiger Abschreibung vgl Anm 260 ff.

235 Eine **längere betriebliche Nutzungsdauer** als die branchenübliche oder eine in den steuerrechtlichen AfA-Tabellen genannte darf angenommen werden, wenn betriebsspezifische Erfahrungen oder Gründe für diese Annahme vorliegen. Gründe können zB der nichtständige Einsatz, die ungenügende Auslastung, die Anschaffung als Reserveteil, Benutzung durch besonders geschultes Personal, aber auch die Weiternutzung über das Ende der wirtschaftlichen Nutzungsdauer bis zu ihrem technischen Ende sein. Soweit die ggü den AfA-Tabellen längere Nutzungsdauer allerdings mit der lfd Instandhaltung begründet wird, müssen besondere Wartungsarbeiten (kurze Austausch- und Wartungsintervalle) durchgeführt werden, da die Nutzungsdauerschätzungen der steuerrechtlichen AfA-Tabellen die üblichen Instandhaltungsmaßnahmen einschließen.

236 Wenn ein VG aus **mehreren Bestandteilen** mit unterschiedlicher Nutzungsdauer besteht, richtet sich die Nutzungsdauer grds nach derjenigen des teuersten und/oder wichtigsten Bestandteils (*ADS*⁶ § 253 Anm 381). So werden **Spezialersatzteile** einer Maschine – unabhängig davon, ob sie bereits eingebaut sind – **einheitlich** mit dieser abgeschrieben. Ausnahmen von diesem Grundsatz gelten insb für selbstständig zu bewertende Gebäudebestandteile (s Anm 396 ff) sowie bei Anwendung des Komponentenansatzes, s Anm 278.

3. Abschreibungsmethoden

238 Abs 3 S 2 überlässt die Art der Abschreibungsmethode, also die Art der Verteilung der AK/HK über die Nutzungsdauer, dem Ermessen des Kfm. Im Grundsatz ist damit unter Beachtung der folgenden Einschränkungen jede nicht willkürliche Verteilung zulässig.

239 Eine **Verteilung** über die Gj bedeutet, dass in jedem Nutzungsjahr ein **Mindestbetrag** abzuschreiben ist. Ein **Aussetzen** der Abschreibung in einem Jahr – auch wegen vorausgegangener zu hoher Abschreibungen – ist unzulässig (*WPH*¹⁴ I, E Anm 394). In Betracht kommt ausnahmsweise eine **nachträgliche Änderung** des Abschreibungsplans (s Anm 258 ff). Notwendig ist eine regelmäßige, nicht aber eine gleichmäßige Verteilung. Die Verteilung ist unter Beachtung des **Vorsichtsprinzips** (§ 252 Abs 1 Nr 4) so zu wählen, dass außerplanmäßige Abschreibungen voraussichtlich vermieden werden können. Übervorsichtig hohe Abschreibungen sind willkürlich und entsprechen ebenfalls nicht den GoB. Es ist eine Abschreibungsmethode zu wählen, die den tatsächlichen Verlauf des Werteverzehrs abbildet und nicht in offenem Widerspruch zum Gebot der periodengerechten Aufwandsverteilung nach § 252 Abs 1 Nr 5 steht. So sind Abschreibungen nach Maßgabe des Unternehmensgewinns oder der Rentabilität einer Anlage unzulässig (*ADS*⁶ § 253 Anm 414; *Brösel/Olbrich* in HdR⁵ § 253 Anm 477).

240 In der Anwendung einer anderen Abschreibungsmethode für art- und funktionsgleiche **Neuzugänge** ist bei gleichem Entwertungsverlauf ein **Wechsel der Abschreibungsmethode** iSd § 252 Abs 1 Nr 6 zu sehen (§ 252 Anm 58). Dieser Wechsel darf allerdings nur in begründeten Ausnahmefällen erfolgen (hierzu und zu Gegenmeinungen § 252 Anm 58). Ein Wechsel der Abschreibungsmethode muss bei KapGes/KapCoGes nach § 284 Abs 2 Nr 3 im *Anhang* angegeben und begründet werden (s § 284 Anm 157; zum Wechsel der Abschreibungsmethode im einzelnen Anm 270 ff). In der Praxis entsprechen folgende Abschreibungsmethoden den **GoB**:

a) Lineare Abschreibung

241 Bei der linearen Abschreibung werden die AK/HK in jeweils gleichen Jahresbeträgen über die Nutzungsdauer verteilt. Soll ein Restwert (zB Schrottwert Anm 223) berücksichtigt werden, ist er rechnerisch vorweg von den AK/HK abzusetzen. Es wird also ein **kontinuierlicher Entwertungsverlauf** unterstellt, der in der Praxis selten vorkommt, unter Berücksichtigung der Wesentlichkeit jedoch häufig Anwendung findet. Insb bei technischen Anlagen im Bereich schnell fortschreitender Technologie erscheint die lineare Methode deshalb nur dann vertretbar, wenn das Risiko der wirtschaftlichen Überalterung bei der Schätzung der Nutzungsdauer verkürzend berücksichtigt wird.

b) Degressive Abschreibung

242 Degressive Abschreibung bedeutet, dass zu Beginn der Nutzungsdauer höhere Anteile der AK/HK verrechnet werden als gegen Ende der Nutzungsdauer. Die Abschreibungsbeträge sinken hierbei von Jahr zu Jahr. Hierdurch kann in Fällen eines gegenläufigen Verlaufs von Wertminderung und Reparaturaufwand eine gleichmäßige Verteilung der gesamten auf einen VG bezogenen Aufwendungen erreicht werden: Hohen Abschreibungen zu Beginn stehen verhältnismäßig geringe Reparaturaufwendungen ggü, die erfahrungsgemäß mit zunehmender Nutzungsdauer ansteigen, während die Abschreibungsbeträge fallen. Außerdem wird durch die anfangs hohen Abschreibungsbeträge das **Risiko wirtschaftlicher Entwertung** bereits im Abschreibungsplan berücksichtigt, was insb bei technischen Anlagen im Bereich schnell fortschreitender Technologie zutreffend scheint.

Zur Berechnung des jährlichen Abschreibungsbetrages haben sich unterschiedliche handelsrechtlich prinzipiell zulässige Verfahren entwickelt (**Steuerrechtlich** ist die degressive Abschreibung für ab dem 1.1.2011 angeschaffte oder hergestellte WG abgeschafft, nachdem sie im Rahmen des sog Konjunkturpakets begrenzt vom 1.1.2009 bis zum 31.12.2010 in Höhe von 25 vH zulässig war (zu Besonderheiten bei Gebäuden s Anm 405, zur früheren Regelung vgl 6. Aufl, zu den Auswirkungen auf die HB der Gj 2008 bis 2010 vgl IDW RH HFA 1.015).

243   Bei dem **geometrisch-degressiven** Verfahren zur Berechnung der jährlichen Abschreibungsbeträge (sog **Buchwertabschreibung**) wird – wie bei der linearen Abschreibung – mit einem gleich bleibenden Prozentsatz gerechnet, doch bezieht sich dieser Prozentsatz nur im ersten Jahr auf die AK/HK, während in den Folgejahren jeweils der **Restbuchwert** (AK/HK abzgl Abschreibungen der vorausgegangenen Jahre) als **Bemessungsgrundlage** der jährlichen Abschreibung dient. Entscheidend für den Abschreibungsverlauf ist die Festlegung des Abschreibungsprozentsatzes im ersten Jahr. Sie hat sich am voraussichtlichen Entwertungsverlauf zu orientieren.

Bei strikter Anwendung des geometrisch-degressiven Verfahrens verbleibt immer ein **Restbuchwert.** Dieser ist im letzten Jahr der zugrundegelegten Nutzungsdauer vollständig mit abzuschreiben (*Brandis* in Blümich § 7 EStG Anm 421; *Nolde* in HHR § 7 EStG Anm 290). Bei einer kurzen Nutzungsdauer führt dieses Verfahren allerdings zu idR nicht mehr vertretbaren hohen Restbuchwerten. Es wird deshalb üblicherweise in dem Jahr auf die **lineare Abschreibung übergegangen,** in dem die gleichmäßige Verteilung des Restbuchwerts auf die restliche Nutzungsdauer höhere Abschreibungsbeträge ergibt als die Fortführung der geometrisch-degressiven Methode. Im Übrigen ist es auch zulässig, den Restwert durch *fiktive Erhöhung* der Bemessungsgrundlage aus der Berechnung zu eliminieren (s nachfolgendes Beispiel). Die fiktiven AK sind daher im Wege einer mathematischen Näherung zu ermitteln.

Der **Vergleich** einer degressiven Abschreibung mit und ohne Restbuchwert mit der linearen Abschreibung zeigt sich an folgendem

Beispiel: AK 1000 €, Nutzungsdauer acht Jahre, degressiver Abschreibungssatz 20 vH:

	degressive AfA mit Restbuchwert €	degressive AfA ohne Restbuchwert €	AfA linear €
AK im 1. Jahr (fiktive AK)	1000	1000 (1201)	1000
Abschreibung im 1. Jahr	./. 200	./. 240	./. 125
Restbuchwert Ende 1. Jahr (fiktiver Restbuchwert)	800	760 (961)	875
Abschreibung im 2. Jahr	./. 160	./. 192	./. 125
Restbuchwert Ende 2. Jahr (fiktiver Restbuchwert)	640	568 (769)	750

	degressive AfA mit Restbuchwert €	degressive AfA ohne Restbuchwert €	AfA linear €
Abschreibung im 3. Jahr	./. 128	./. 154	./. 125
Restbuchwert Ende 3. Jahr (fiktiver Restbuchwert)	512	414 (615)	625
Abschreibung 4. Jahr	./. 102	./. 123	./. 125
Restbuchwert Ende 4. Jahr (fiktiver Restbuchwert)	410	291 (492)	500
Abschreibung im 5. Jahr	./. 82	./. 98	./. 125
Restbuchwert Ende 5. Jahr (fiktiver Restbuchwert)	328	193 (394)	375
Abschreibung im 6. Jahr	./. 66	./. 79	./. 125
Restbuchwert Ende 6. Jahr (fiktiver Restbuchwert)	262	114 (315)	250
Abschreibung im 7. Jahr	./. 52	./. 63	./. 125
Restbuchwert Ende 7. Jahr (fiktiver Restbuchwert)	210	51 (252)	125
Abschreibung im 8. Jahr	./. 42	./. 51	./. 125
Restbuchwert Ende 8. Jahr (Ende der Nutzungsdauer)	168	0	0

244 Bei dem sog **arithmetisch-degressiven** Abschreibungsverfahren und seiner wichtigsten Ausprägungsform, der **digitalen Abschreibung,** nehmen die jährlichen Abschreibungsbeträge kontinuierlich zum Ende der Nutzungsdauer hin um einen jeweils konstanten Betrag (den **Degressionsbetrag**) ab. Soll ein Restbuchwert verbleiben, ist er von den AK/HK zur Berechnung der Abschreibungsbeträge abzusetzen (Anm 223). Da steuerrechtlich generell nicht anerkannt, ist die Bedeutung dieser Abschreibungsart gering.

c) Leistungsabschreibung

245 Die Leistungsabschreibung ist zulässig, soweit sie wirtschaftlich begründet ist (steuerrechtlich nur für bewegliche WG, § 7 Abs 1 S 6 EStG). Wirtschaftliche Begründetheit ist idR bei schwankendem Wertverzehr des Anlageguts aufgrund seiner unterschiedlichen Beanspruchung in den einzelnen Nutzungsjahren der Fall. Die jährlichen Abschreibungsbeträge werden dann aufgrund der **konkreten Leistungsabgabe** berechnet. An die Stelle der geschätzten Nutzungsdauer tritt dabei die **voraussichtliche Gesamtleistung,** die sich zB in einer bestimmten Stück-, Kilometerzahl oder sonstigen Leistungseinheit ausdrücken lässt. Dieser Gesamtleistung werden die AK/HK gegenübergestellt und der **Aufwand pro Leistungseinheit** ermittelt. Der Abschreibungsbetrag eines Gj errechnet sich dann aus den jährlich in Anspruch genommenen Leistungseinheiten. Diese müssen nachweisbar sein. Dieses Abschreibungsverfahren ist üblich in der Automobil- und Reifenindustrie für Testfahrzeuge sowie bei Kfz von Reisenden mit hoher Kilometerleistung.

Steigt die Leistungsinanspruchnahme erst gegen Ende der Nutzung, besteht die Gefahr, dass es zu einer progressiven Abschreibung kommt (s Anm 246). In diesem Fall würde die allein an der technischen Abnutzung orientierte Leistungsabschreibung den wirtschaftlichen Entwertungsverlauf in Zeiten geringer Leistungsinanspruchnahme grds nicht ausreichend berücksichtigen. Die Leistungsabschreibung kann zur Vermeidung dieser Wirkung mit einem anderen **Abschreibungsverfahren kombiniert** werden (Anm 247). Es ist zB zulässig, den

Abschreibungsbetrag, der sich bei linearer Verteilung der AK/HK ergeben würde, als **Mindestbetrag** zu definieren (glA *ADS*[6] § 253 Anm 407 f).

d) Progressive Abschreibung

246 Bei der **progressiven Abschreibung** steigen die jährlichen Abschreibungsbeträge bis zum Ende der Nutzungsdauer an. Dies wird nur in wenigen **Ausnahmefällen** dem wirtschaftlichen Entwertungsverlauf eines VG entsprechen; andernfalls würde die Anwendung dieser Abschreibungsmethode dem Vorsichtsprinzip (§ 252 Abs 1 Nr 4) widersprechen (*ADS*[6] § 253 Anm 402).

Selbst bei einer langsam ansteigenden Nutzung, zB bei **Großkraftwerken**, deren Kapazitäten zunächst nicht optimal ausgelastet sind, wird eine progressive Abschreibung selten den wirtschaftlichen Gegebenheiten entsprechen, da im Wege der Abschreibung nicht nur die technische Abnutzung, sondern vor allem das Risiko der **wirtschaftlichen Überholung** berücksichtigt werden soll (Anm 234). Wegen dieser **Vorbehalte** wird die progressive Abschreibung **steuerrechtlich** nicht zugelassen.

e) Kombinationsformen

247 **Kombinationen** der zuvor beschriebenen Verfahren zur Berechnung der Abschreibung sind zulässig, solange sie **realitätsnah** sind. So kommt es häufig vor, dass zu Beginn der Nutzungsdauer die Abschreibung degressiv berechnet wird und ein Wechsel zur linearen Abschreibung erfolgt (Anm 241 ff). Ist dieser **Methodenwechsel** von Anfang an geplant, wird diese **Methodenkombination** als eigenständige Abschreibungsmethode angesehen (*WPH*[14] I, E Anm 393), ohne dass das Stetigkeitsgebot des § 252 Abs 1 Nr 6 verletzt wird (ebenso *Söffing* DB 1987, 2601). Wird der Entschluss zum Wechsel der Abschreibungsmethode nachträglich gefasst, liegt eine Änderung des Abschreibungsplans vor (Anm 270 ff). In beiden Fällen war der Übergang zur linear berechneten Abschreibung steuerrechtlich anerkannt (§ 7 Abs 3 S 1 und S 2 EStG); in der StB ist der Methodenwechsel nur noch relevant, soweit die degressive AfA zulässig war, s hierzu Anm 242.

4. Steuerrechtliche Besonderheiten

250 Neben der seit Veranlagungszeitraum 2009 möglichen, von der HB unabhängigen Ausübung steuerlicher Wahlrechte (§ 5 Abs 1 S 1 EStG) kann es auch aufgrund des steuerrechtlichen Bewertungsvorbehalts (§ 5 Abs 6 EStG) zu abw Wertansätzen **in der StB** kommen (s auch BMF 12.3.2010, BStBl I 2010, 239), die mit Wegfall der umgekehrten Maßgeblichkeit in der handelsrechtlichen Bilanzierung einer gesetzlichen Grundlage entbehren.

Ursachen für abw **niedrigere steuerbilanzielle Wertansätze** können ua in besonderen steuerrechtlichen Abschreibungsbestimmungen liegen, insb sog erhöhten Absetzungen und Sonderabschreibungen (§§ 7 a ff EStG). In beiden Fällen handelt es sich um Vorschriften, die aus meist bewertungsfremden, idR wirtschaftspolitischen Überlegungen für Zwecke der steuerrechtlichen Gewinnermittlung Abschreibungen von den AK/HK zulassen, die – auch bei grds zu beachtendem Prinzip vorsichtiger Bewertung – die Lagendarstellung im handelsrechtlichen JA einschränken würden.

251 Die Begriffe erhöhte Absetzungen und Sonderabschreibungen sind mangels gesetzlicher Definition nicht eindeutig bestimmt. **Formell** gibt die jeweilige Überschrift zu besonderen Abschreibungsbestimmungen wie etwa § 7d EStG, § 7g EStG oder die ausdrückliche Bezeichnung im Text einer Vorschrift einen

Hinweis. **Materiell** sind erhöhte Abschreibungen und Sonderabschreibungen nur solche, die über die sich für die StB gem § 7 EStG ergebenden Abschreibungen hinausgehend weitere Abschreibungen für Zwecke der steuerrechtlichen Gewinnermittlung zulassen.

Der **Unterschied** zwischen erhöhten Absetzungen und Sonderabschreibungen besteht allein in ihrem Verhältnis zu den Abschreibungsbestimmungen des § 7 EStG. Die Bezeichnung „**erhöhte Absetzung**" weist darauf hin, dass diese Abschreibung *an die Stelle* der sonst vorzunehmenden Abschreibung nach § 7 EStG tritt (§ 7a Abs 3 EStG), während die Bezeichnung „**Sonderabschreibung**" deutlich machen soll, dass diese Abschreibung *neben* der allgemeinen Abschreibung angesetzt werden darf, also **zusätzlich** zu den linear zu berechnenden Normalabschreibungen (§ 7a Abs 4 EStG).

a) § 7a EStG fasst einige, vornehmlich in der Verwaltungspraxis entwickelte **Grundsätze** für erhöhte Absetzungen und Sonderabschreibungen zusammen und bildet, systematisch gesehen, einen „Allgemeinen Teil".

§ 7a Abs 3 EStG stellt klar, dass auch bei Berechnung der Abschreibung nach den Bestimmungen über die erhöhte Abschreibung mind die linear berechnete AfA nach § 7 Abs 1 EStG (bei Gebäuden nach § 7 Abs 4 EStG) vorzunehmen ist.

§ 7a Abs 5 EStG schließt aus, dass mehrere Abschreibungsvergünstigungen für dieselben AK/HK in Anspruch genommen werden. Zulässig ist es dagegen, zB für die ursprünglichen AK erhöhte Absetzungen und für nachträgliche AK, soweit sie auf eigens begünstigte Anschaffungen entfallen, Sonderabschreibungen vorzunehmen (EStR 7a Abs 7).

Die Inanspruchnahme anderer Vergünstigungen (zB Investitionszulagen) **neben erhöhter AfA** oder Sonderabschreibungen ist ebenfalls zulässig (*Kulosa* in Schmidt[32] § 7a Anm 10).

Sind WG mehreren Beteiligten zuzurechnen und sind die Voraussetzungen für erhöhte Absetzungen oder Sonderabschreibungen nur bei einzelnen Beteiligten erfüllt, so dürfen sie nur anteilig für diese Beteiligten vorgenommen werden (§ 7a Abs 7). Sofern diese Vergünstigungen zB bei PersGes WG des Gesamthandsvermögens betreffen und nur für einzelne Mitunternehmer in Anspruch genommen werden (können), geschieht dies in einer (positiven oder negativen) Ergänzungsbilanz für den jeweils betroffenen Gester.

§ 7a Abs 8 S 1 EStG macht die Inanspruchnahme von erhöhten Absetzungen oder Sonderabschreibungen von einem **besonderen Verzeichnis** abhängig, aus dem sich der Tag der Anschaffung oder Herstellung, die betriebsgewöhnliche Nutzungsdauer, die AK/HK und die Höhe der jährlichen Normal-AfA, erhöhte Absetzungen und Sonderabschreibungen ergeben müssen. Dieser Nachweis entfällt, wenn die Angaben aus der Buchführung ersichtlich sind (§ 7a Abs 8 S 2 EStG).

§ 7a Abs 9 EStG bestimmt, dass die **AfA** eines WG nach Ende des Begünstigungszeitraums von Sonderabschreibungen bis zum Ende der Nutzungsdauer bei Gebäuden und selbstständigen Gebäudeteilen ausschließlich linear nach § 7 Abs 4 EStG, bei anderen WG nach dem Restbuchwert und der Restnutzungsdauer zu berechnen ist.

b) § 7g EStG, Sonderabschreibung

§ 7g Abs 5, 6 EStG ermöglicht bei kleinen und mittleren Betrieben Sonderabschreibungen von 20 vH der AK/HK unter folgenden Voraussetzungen:
– **Anschaffung** oder **Herstellung abnutzbarer (neuer und gebrauchter) beweglicher Wirtschaftsgüter des Anlagevermögens.** Immaterielle WG sind nicht begünstigt (*Kulosa* in Schmidt[32] § 7g EStG Anm 6);

§ 253 254–260   Jahresabschluß (Bewertungsvorschriften)

– **Kleiner** oder **mittlerer Betrieb;** Voraussetzungen (bezogen auf den Zeitpunkt des Erwerbs des WG): Betriebsvermögen eines Gewerbetreibenden bzw Selbständigen zum Schluss des vorausgehenden Wj höchstens € 235 000; bei Land- und Forstwirtschaft EW höchstens € 125 000; bei Gewinnermittlung nach § 4 Abs 3 EStG ein Gewinn von höchstens € 100 000;
– **Verbleiben** des begünstigten WG mind bis zum Ende des der Anschaffung oder Herstellung folgenden Wj zu (fast) ausschließlich eigenbetrieblichen Zwecken **in einer inländischen Betriebsstätte** des anschaffenden oder herstellenden Betriebs (Privatnutzung max 10 vH, BMF 8.5.2009, BStBl I, 633 Tz 46).

254   Erhöhte Absetzungen können darüber hinaus bei Gebäuden in Sanierungsgebieten und städtebaulichen Entwicklungsbereichen (§ 7h EStG) sowie bei Baudenkmalen (§ 7i EStG) in Anspruch genommen werden.

5. Änderungen des Abschreibungsplans

258   Verbindlich wird ein Abschreibungsplan mit Aufstellung der Bilanz, in der er erstmals berücksichtigt ist. Ab diesem Zeitpunkt ist zwischen notwendigen Änderungen (**Berichtigungen,** Anm 260 ff) und nur zulässigen Änderungen (**sonstige Änderungen,** Anm 270 ff) zu trennen. Unzulässig wäre zB eine willkürliche Planänderung oder ein zeitweises Aussetzen der planmäßigen Abschreibungen, selbst wenn dadurch ein weiteres Absinken des im Vergleich zum beizulegenden Wert zu niedrigen Restbuchwerts verhindert werden soll (s Anm 239).

a) Berichtigungen

260   Berichtigungen des Abschreibungsplans haben grds eine periodengerechte Verteilung der noch nicht abgeschriebenen AK/HK auf **zukünftige Zeiträume** unter Beachtung des Vorsichtsprinzips zum Ziel, die zukünftige außerplanmäßige Abschreibungen voraussichtlich nicht notwendig werden lässt (glA *Brösel/Olbrich* in HdR[5] § 253 Anm 541). Daneben können sie auch eine Berichtigung früherer Bilanzwerte zum Ziel haben, dazu Anm 263, 806 ff.

Berichtigungen können auf folgenden **Ursachen** beruhen:
– **Veränderungen der Bemessungsgrundlage.** Hierunter fallen **Erhöhungen** der Bemessungsgrundlage durch *Nachaktivierungen* (s § 268 Anm 45 f), *nachträgliche AK/HK* (s § 255 Anm 60, 110 ff, 375 ff) oder *Zuschreibungen* aufgrund des Wertaufholungsgebots nach Abs 5 sowie aufgrund des nachträglich bekannt werdenden ursprünglichen *Nichtvorliegens eines Abschreibungsgrunds* (zB steuerrechtliche Nichtanerkennung einer nach § 254 aF vorgenommenen Abschreibung). **Minderungen** der Bemessungsgrundlage können entstehen durch *nachträgliche Herabsetzungen der AK/HK* (s § 255 Anm 61 f) oder aufgrund *außerplanmäßiger Abschreibungen* nach Abs 3 S 3 vorliegen. Veränderungen in der Bemessungsgrundlage führen stets zu einer Änderung des Abschreibungsplans, da diesbzgl kein Ermessensspielraum besteht. Die Durchführung der Berichtigung erfolgt grds in der Weise, dass der Restbuchwert nach dem geänderten Abschreibungsplan auf die (ggf neu festgelegte) Restnutzungsdauer verteilt wird (*Brösel/Olbrich* in HdR[5] § 253 Anm 549 f).
– **Fehleinschätzungen der Nutzungsdauer** oder unzutreffende Verteilung der AK/HK aufgrund **unzutreffender Abschreibungsmethode.** Berichtigungen sind nur bei Abweichungen vorzunehmen, die *außerhalb* des ursprünglichen Beurteilungsspielraums liegen. Mit Ungenauigkeiten muss von vornherein gerechnet werden und der ursprüngliche Beurteilungsspielraum lässt sich zudem nur beschränkt im Nachhinein nachweisen. Eine Berichtigung hat sich deshalb idR auf **erhebliche Abweichungen** zu beschränken (glA *ADS*[6]

§ 253 Anm 422), zumal planmäßige Abschreibungen primär der periodengerechten Aufwandszuordnung und erst sekundär dem zutreffenden Vermögensausweis dienen. Liegen Abweichungen *innerhalb* der von vornherein mit zu berücksichtigenden Ungenauigkeiten (Beurteilungsspielraum), greift der Grundsatz der Bewertungsstetigkeit nach § 252 Abs 1 Nr 6. Aus Gründen der kfm Vorsicht ist die Fehlertoleranz nach „oben" erheblich geringer als nach „unten", dh eine **zukünftige Überbewertung** ist strenger zu beurteilen als eine **zukünftige Unterbewertung** (ebenso *Brösel/Olbrich* in HdR[5] § 253 Anm 544 f, enger *WPH*[14] I, E Anm 394: bei ursprünglich zu langer Nutzungsdauerschätzung muss in jedem Fall berichtigt werden). *ADS*[6] § 253 Anm 426 sehen eine Berichtigung aufgrund einer ursprünglich zu kurz geschätzten Nutzungsdauer nur in Ausnahmefällen und hier vor allem bei KapGes/KapCoGes aufgrund von § 264 Abs 2 geboten, ansonsten nur bei willkürlicher oder bewusst falscher Schätzung.

Steigende Wiederbeschaffungskosten müssen in der Beurteilung außer Betracht bleiben.

Die erstmalige zutreffende Bewertung als Folge einer **Berichtigung** ist keine „Änderung" der Bewertungsmethode. Auch KapGes und ihnen gleichgestellte Unt müssen hierüber keine Angaben im Anhang nach § 284 Abs 2 Nr 3 machen. Die Frage der Bewertungsstetigkeit (§ 252 Abs 1 Nr 6) stellt sich nicht (ebenso *Baetge* WPg 1987, 132; aA *Brösel/Olbrich* in HdR[5] § 253 Anm 534).

Wertkorrekturen zum Bilanzstichtag sind durch *außerplanmäßige Abschreibungen* nach Abs 3 S 3 oder durch *Zuschreibungen bei einem Wegfall von Abschreibungsgründen* nach Abs 5 S 1 zu berücksichtigen. Diese Korrekturen haben allerdings selbst eine notwendige Berichtigung des Abschreibungsplans zur Folge.

Bezieht sich die Berichtigung auf frühere Zeiträume (zB bei Nachaktivierungen aufgrund einer Bp), sind im Anlagenspiegel neben dem Restbuchwert auch die bisher vorgenommenen Abschreibungen zu korrigieren bzw die Abschreibungen zu ermitteln, die inzwischen vorzunehmen gewesen wären (Ausweis als Zu- oder Abgang s § 268 Anm 45, Anm 52).

Falls in der Vergangenheit **zu geringe Abschreibungen** aufgrund einer zu langen Nutzungsdauerschätzung oder einer dem tatsächlichen Nutzungsverlauf nicht entspr Abschreibungsmethodik vorgenommen wurden, kann nur mittels einer *außerplanmäßigen Abschreibung* auf einen niedrigeren Wert übergegangen werden, wenn dieser dem am Bilanzstichtag beizulegenden Wert nach Abs 3 S 3 entspricht. Ansonsten wird eine Minderung des Restbuchwerts auf den Wert, der sich ergeben hätte, wenn die neue Nutzungsdauer oder Methode von Anfang an angewendet worden wäre, vorbehaltlich gewichtiger Gründe iSd § 252 Abs 2 als nicht zulässig angesehen (glA *ADS*[6] § 253 Anm 424, s auch Anm 273).

Die **steuerrechtliche Gewinnermittlung** ist nicht an unzutreffende Wertansätze in den bisherigen HB gebunden. Steuerrechtlich besteht ein eingeschränkter **Korrekturzwang**. Danach ist die Berichtigung insoweit grds unzulässig, als die Veranlagung des betr Wj nicht mehr berichtigt werden kann. Dies bedeutet jedoch nicht, dass eine Berichtigung völlig unterbleibt. Die Berichtigung muss vielmehr **erfolgswirksam** in der Schlussbilanz des ersten Wj vorgenommen werden, dessen Veranlagung noch geändert werden kann (EStR 4.4 Abs 1 S 9). Die Veranlagungen etwaiger Folgejahre sind ebenfalls entspr zu berichtigen (s ausführlich Anm 809 ff).

Eine **Nachholung von AfA** im Wege der **Teilwertabschreibung** ist ausgeschlossen, soweit keine tatsächliche Wertminderung feststellbar ist. So können auch nachträgliche Gebäude-HK zu einer Verlängerung des steuerrechtlichen Abschreibungszeitraums führen, da die nachträglich angefallenen Aufwendungen erst ab Anfall mit dem für die bisherigen AK/HK geltenden Satz abzuschreiben

264 sind (BFH 20.1.1987, BStBl II, 491; hierzu auch *Kulosa* in Schmidt[32] § 7 Anm 83, 85). Zur Abschreibung nachträglicher AK/HK s Anm 276 aE.

264 Steuerrechtlich dürfen in der Vergangenheit **bewusst unterlassene AfA,** um unberechtigte Steuervorteile durch eine spätere Vornahme zu erlangen, nicht nachgeholt werden (EStH 7.4 „Unterlassene oder überhöhte AfA"). Die Berufung auf die unterlassene AfA wird in diesen Fällen steuerrechtlich als Verstoß gegen Treu und Glauben angesehen mit der Folge, dass der steuerrechtliche Buchwert um den Betrag der unterlassenen AfA **erfolgsneutral** gekürzt wird (s Anm 812).

Bei **versehentlich unterlassener Bilanzierung** eines WG des Betriebsvermögens hat im Wege der Bilanzberichtigung eine Aktivierung zu erfolgen. Dabei ist die AfA, die auf frühere Wj entfallen wäre, vom Einbuchungswert abzusetzen, so dass sich diese AfA im Ergebnis nicht ertragsmindernd auswirkt (BFH 24.10.2001, BStBl II 2002, 75).

265 **Die hM lässt Ausnahmen** vom steuerrechtlichen Nachholverbot für bewusst unterlassene Abschreibungen auch im Einzelfall nicht zu (auch nicht wenn dies während der Restnutzungsdauer in Form einer Teilwertabschreibung aufgrund eines dauerhaft niedrigeren Teilwerts erfolgt; vgl *Kulosa* in Schmidt[32] § 7 Anm 10).

b) Sonstige Änderungen

270 Sonstige Änderungen des Abschreibungsplans *für den selben VG* sind – im Gegensatz zur Berichtigung – nur hinsichtlich der **Abschreibungsmethode** denkbar, da allein bei der Festlegung der Abschreibungsmethode ein Wahlrecht besteht (s Anm 238; die Anwendung einer anderen Abschreibungsmethode für *neu angeschaffte, art- und funktionsgleiche VG* stellt einen Wechsel der Abschreibungsmethode dar, s Anm 240). Die **freiwillige Änderung** der Abschreibungsmethode geschieht ausschließlich aus **bilanzpolitischen Gründen,** da ein Wechsel, der seine Ursache in den tatsächlichen Verhältnissen hat, zu einem zwingenden Methodenwechsel, also einer Berichtigung führen würde.

KapGes/KapCoGes haben jede Änderung der Bewertungsmethode im Anhang anzugeben und zu begründen (§ 284 Abs 2 Nr 3, dazu § 284 Anm 157).

272 Der **Wechsel der handelsrechtlichen Abschreibungsmethode** ist aufgrund des Gebots zur planmäßigen Abschreibung grds ausgeschlossen, sofern der Wechsel nicht von vornherein festgelegt und in den Abschreibungsplan mit aufgenommen wurde (zum Übergang von der degressiven auf die lineare Abschreibung s Anm 247; zum Wechsel bei Neuzugängen s Anm 270). Nur in **begründeten Ausnahmefällen** iSd § 252 Abs 2 ist eine andere Abschreibungsmethode zulässig oder erforderlich (hierzu § 252 Anm 59 ff).

273 Änderungen der Abschreibungsmethoden wirken grds von Beginn des Gj der Änderung (*ADS*[6] § 253 Anm 420).

IV. Sonderfälle

a) Geringwertige Wirtschaftsgüter (GWG) und Festwert

275 Nachfolgend dargestellt ist die Rechtslage für nach dem 31.12.2009 angeschaffte WG (zu vor dem 1.1.2010 angeschafften GWG vgl 7. Aufl). Die Regelung führt im Ergebnis zu drei Gruppen von GWG, für die alternativ zur planmäßigen AfA über die Nutzungsdauer nach § 7 EStG in der **StB** folgende Wahlrechte bestehen:

1. WG mit AK/HK von netto maximal € 150 (sog geringwertige WG) können im Jahr der Anschaffung, Herstellung oder Einlage sofort als Betriebsaus-

gabe abgezogen werden (§ 6 Abs 2 S 1 EStG); es handelt sich um ein wirtschaftsgutbezogenes Wahlrecht.

2a. WG mit AK/HK von netto mehr als € 150 aber maximal € 410 können im Jahr der Anschaffung, Herstellung oder Einlage sofort als Betriebsausgabe abgezogen (§ 6 Abs 2 S 1 EStG) oder

2b. in einen wirtschaftsjahrbezogenen Sammelposten einbezogen werden (§ 6 Abs 2a S 1 EStG); dies setzt jedoch voraus, dass auch für WG mit Netto-AK/HK von mehr als € 410 bis maximal € 1000 ein Sammelposten gebildet wird (s 3.).

3. Bei WG mit Netto-AK/HK von mehr als € 410, maximal aber € 1000 ist bei Wahl der Sofortabschreibung iSd Alternative 2a die Regelabschreibung anzuwenden. Soll für WG mit Netto-AK/HK bis zu € 410 iSd Alternative 2b ein Sammelposten gebildet werden, sind auch die WG bis € 1000 zwingend in den wirtschaftsjahrbezogenen Sammelposten einzustellen. Dieser ist im Wj der Bildung sowie in den folgenden Wj jeweils linear um 20 vH aufwandswirksam abzuschreiben. Das vorzeitige Ausscheiden eines einzelnen WG aus dem Betriebsvermögen wirkt sich auf die Höhe des Sammelpostens nicht aus; ein zB bei vorzeitiger Veräußerung erzielter Erlös ist als Betriebseinnahme zu buchen. Vgl zu den einzelnen Gruppen, Anwendungsvorschriften und Aufzeichnungspflichten ausführlich BMF 30.9.2010, BStBl I, 755).

Nach Auffassung des HFA des IDW steht der Bildung eines **Sammelpostens für die Handelsbilanz** und der damit verbundenen Durchbrechung des Einzelbewertungsgrundsatzes unter dem Gesichtspunkt der *Wirtschaftlichkeit* grds nichts entgegen (so auch Begr RegE BilMoG, 38; aA *Mujkanovic* StuB 2008, 27 u *Rade/Kropp* WPg 2008, 22). Dies soll allerdings nur gelten, wenn der Sammelposten insgesamt von untergeordneter Bedeutung ist. Bei **Wesentlichkeit** des Sammelpostens sind ggf Anpassungen vorzunehmen. Soweit der Sammelposten für die HB übernommen wird, sind die betr VG am Ende des Gj, in dem der Sammelposten vollständig abgeschrieben wird, im Anlagenspiegel als Abgang zu erfassen (s a § 268 Anm 54).

Soweit handelsrechtlich eine Übernahme des Sammelpostens nicht zu beanstanden ist, hält das IDW auch eine Sofortabschreibung bzw sofortige aufwandswirksame Verrechnung für zulässig (IDW, FN 2007, Tz 506). Die Obergrenze für die handelsrechtliche Sofortabschreibung ist weiterhin nicht exakt festgelegt, in Anlehnung an die steuerrechtliche Neuregelung und als mit den GoB zu vereinbarende Obergrenze werden aber idR Beträge bis € 1000 angesehen (so auch *Böhlmann/Keller* BB 2007, 2734). Die Sofortabschreibung muss dabei nicht einheitlich auf alle in Frage kommenden VG angewandt werden; so ist es zB zulässig, größere Anschaffungen hiervon auszunehmen.

VG von **geringstem Wert** müssen handelsrechtlich nicht aktiviert werden und dürfen sofort als Aufwand behandelt werden. Die vom IDW bereits 1966 akzeptierte Wertgrenze von DM 100 (IDW HFA, WPg 1966, 328) kann bereits unter dem Gesichtspunkt der Inflation unbedenklich auf € 150 angehoben werden. Auf einen Ausweis im Anlagengitter kann in diesen Fällen ebenfalls verzichtet werden (vgl § 268 Anm 34).

Beide Vereinfachungsregeln sind **handelsrechtlich** nicht auf bewegliche Anlagegegenstände beschränkt, also auch auf immaterielle VG anwendbar (s aber Anm 382).

Handels- wie steuerrechtlich besteht **keine Aktivierungspflicht** für **bewegliche Anlagegüter,** deren betriebsgewöhnliche **Nutzungsdauer nicht über ein Jahr** hinausgeht (BFH 26.8.1993, BStBl II 1994, 232). Die AK/HK dieser WG können demnach analog zu den geringwertigen WG sofort als Aufwand (steuerrechtlich: Betriebsausgabe) behandelt werden (ebenso *Kulosa* in Schmidt[32] § 7 Anm 23; *Reiner/Haußer* in MünchKomm HGB² § 268 Anm 12).

Ein weiterer Sonderfall ist die Bildung und Fortschreibung eines **Festwerts** nach § 240 Abs 3 (zu den Voraussetzungen s § 240 Anm 80 ff). Sachlich liegt hierin keine Ausnahme vom Abschreibungsgebot des § 253 Abs 3, sondern nur eine **Vereinfachung,** nämlich die Annahme, dass der Betrag der jährlichen Neuzugänge abzgl evtl Abgänge den vorzunehmenden Abschreibungen auf die betr VG in etwa entspricht (EStH 6.8 „Festwert"; *ADS*⁶ § 240 Anm 73; ausführlich auch *Büttner/Wenzel* DB 1992, 1893).

b) Sonderregelungen Abschreibungsbeginn

276   Bei *beweglichen Anlagegütern* widerspricht es nicht den GoB, zur Vereinfachung die Abschreibung bei Zugängen im 1. Halbjahr zu Beginn des Gj und bei Zugängen des 2. Halbjahres zu Beginn des 2. Halbjahres beginnen zu lassen. Das gilt selbst dann, wenn der Zugangszeitpunkt im letzten Monat des jeweiligen Zeitraums liegt. Diese sog **Halbjahresregel** wird allerdings für die StB nicht anerkannt. Auch weitere Vereinfachungsregeln können ebenso zulässig sein, solange sie nicht gegen das Willkürverbot verstoßen (zB *ADS*⁶ § 253 Anm 441).

Die Regelung des § 7 Abs 1 S 4 EStG, wonach die Abschreibung **nach Monaten** (statt nach Tagen) zu berechnen ist, wobei der Monat der Lfg oder Fertigstellung als voller Monat gilt, war schon zuvor als Vereinfachungsregelung GoB.

Nachträgliche Anschaffungs- oder Herstellungskosten dürfen so berücksichtigt werden, als wären sie zu *Beginn des Wj angefallen* (EStR 7.4 Abs 9 S 3; *Brandis* in Blümich § 7 EStG Anm 286).

277   Steuerrechtlich kann es zulässig sein, die Abschreibung unabhängig vom tatsächlichen Zugangszeitpunkt am **Anfang des Gj** beginnen zu lassen. Ein Beispiel hierfür sind Abschreibungen nach § 7 Abs 5 EStG (seit 1994 eingeschränkt, s Anm 405 f), § 7c und § 7h EStG.

Soweit der Beginn der Abschreibung *fiktiv vorverlegt* wird, ist auch das **Ende der Nutzungsdauer** um den gleichen Zeitraum vorzuverlegen. Bei **Abgang** eines Anlage-VG vor Ablauf der geplanten Nutzungsdauer ist die Abschreibung bis zum Abgangszeitpunkt *zeitanteilig* vorzunehmen (s Anm 228).

c) Komponentenansatz

278   Soweit wesentliche physisch separierbare Komponenten eines VG einem regelmäßigen Austausch unterliegen, ist es unter dem **Komponentenansatz** nach IDW RH HFA 1.016 handelsrechtlich zulässig, deren planmäßige Abschreibungen innerhalb eines Abschreibungsplans gesondert zu ermitteln (vgl *Husemann*, WPg 2010, 507; aA *Herzig/Briesemeister/Joisten/Vossel*, WPg 2010, 561 mit Verweis auf Abschreibungseinheit des VG). Die Komponente muss gem IDW RH HFA 1.016 physisch separierbar sein, insofern scheidet eine Anwendung auf immaterielle VG oder Wartungskomponenten grds aus. Zur **Aufteilung** eines Gesamtkaufpreises vgl § 255 Anm 80 ff.

Mangels gesetzlicher Konkretisierung über die Ausgestaltung des Abschreibungsplans ist es zulässig die AK/HK, einen möglichen Restwert, die Nutzungsdauer (vgl Anm 229 ff) sowie die Abschreibungsmethode (vgl Anm 238) der Komponenten innerhalb diesem gesondert zu bestimmen, vgl *Husemann*, WPg 2010, 512 ff. Für *Herzig/Briesemeister/Joisten/Vossel*, WPg 2010, 561 geht dies jedoch über den Gesetzeswortlaut des § 253 Abs 3 S 1 hinaus, der auf die Nutzungsdauer des VG abstellt. Für die Bestimmung eines gesonderten Abschreibungsbeginns bleibt entspr der einheitlichen Nutzbarkeit des VG uE nach kein Raum. Die Nutzungsdauer der Komponente wird regelmäßig dem Austauschzyklus entsprechen. Die Art der Abschreibungsmethode liegt im Ermessen des Kfm, wird bei regelmäßigem Austausch jedoch grds durch die lineare Abschreibung am besten abgebildet. Da die Ausgestaltung des Abschreibungsplans in der Verantwortung der gesetzlichen Vertreter liegt, kann die Anwendung des Komponentenansatzes entspr IDW RH HFA 1.016 nur als faktisches Wahlrecht verstanden werden, dazu kritisch *Herzig/Briesemeister/Joisten/Vossel,* WPg 2010, 561.

IDW RH HFA 1.016 regelt nicht näher, wann eine Komponente in ‚Relation zum gesamten Sachanlagevermögensgegenstand' als **wesentlich** einzustufen ist. Bspw kann Wesentlichkeit in Anlehnung an das Kriterium der nachrangigen Bedeutung bei der Festwertbildung in Relation zur Bilanzsumme definiert werden, demnach sollte die Komponente mindestens 5 vH der gesamten AK/HK übersteigen.

Der **nachträgliche Übergang** auf den Komponentenansatz stellt eine Änderung des bestehenden Abschreibungsplans dar, der regelmäßig nur zulässig sein wird, soweit durch den bisherigen Plan eine Fehleinschätzung der Nutzungsdauer vorliegt, vgl Anm 260.

Ausgaben für den **Ersatz einer Komponente** sind gem IDW RH HFA 1.016 als nachträgliche AK/HK zu aktivieren, aA mangels Erweiterung der VG *Herzig/Briesemeister/Joisten/Vossel* WPg 2010, 561. Soweit nachträgliche AK/HK vorliegen ist die neue Nutzungsdauer der Komponente im Rahmen einer Berichtigung des Abschreibungsplans neu einzuschätzen, s Anm 260.

IDW RH HFA 1.016 sieht als Gegenstand des Niederstwerttests weiterhin den VG insgesamt und nicht einzelne Komponenten. Ungeregelt bleibt, inwieweit erwartete Ausgaben für den Ersatz einer Komponente bei der Beurteilung, ob eine dauerhafte Wertminderung vorliegt, zu berücksichtigen sind, sowie wie ermittelte Wertminderungen auf die Einzelkomponenten umzulegen sind, hierzu *Herzig/Briesemeister/Joisten/Vossel* WPg 2010, 561. Aufgrund der stichtagsbezogenen Bewertung (s Anm 313) sowie des allgemeinen Vorsichtsprinzips erscheint es angemessen, lediglich vor dem Stichtag getätigte Aufwendungen zu berücksichtigen. Die Zuordnung der Wertminderung hat analog zur Aufteilung der AK/HK wirtschaftlich vernünftig und nicht willkürlich zu erfolgen.

Steuerrechtlich ist die komponentenweise Abschreibung ausgeschlossen. Dies ergibt sich bereits aus dem steuerlichen Bewertungsvorbehalt des § 5 Abs 6 EStG: § 7 Abs 1 EStG stellt ausschließlich auf das WG im Ganzen ab (vgl ausführlich *Herzig/Briesemeister/Joisten/Vossel* WPg 2010, 561, *Hommel/Rößler* BB 2009, 2526, BFH 14.4.2011, BStBl II 696).

C. Außerplanmäßige Abschreibungen bei voraussichtlich dauernder Wertminderung (Abs 3 S 3)

Außerplanmäßige Abschreibungen sind unter bestimmten Voraussetzungen bei allen Anlage-VG geboten. Im Falle voraussichtlich dauernder Wertminderungen besteht gem § 253 Abs 3 S 3 **Abwertungspflicht**. Bei **Finanzanlagen** kann eine außerplanmäßige Abschreibung auch im Falle einer nur *vorübergehenden* Wertminderung in Betracht kommen (Abs 3 S 4).

KapGes/KapCoGes haben außerplanmäßige Abschreibungen in der GuV gesondert auszuweisen oder im Anhang anzugeben (§ 277 Abs 3 S 1).

Steuerrechtlich sind Teilwertabschreibungen stets nur bei voraussichtlich dauernder Wertminderung zulässig (Wahlrecht); s Anm 316.

I. Vergleichsmaßstab und Begriff des „niedrigeren Werts" in der HB

306 Vergleichsmaßstab für den niedrigeren beizulegenden Wert ist der **Buchwert** (AK/HK vermindert um die Abschreibungen der Vj), der im Falle des abnutzbaren Anlagevermögens um den **planmäßigen Abschreibungsbetrag** des lfd Gj **zu kürzen** ist. Erst danach ist die Frage einer außerplanmäßigen Abschreibung nach Abs 3 S 3 zu prüfen (zur Definition des niedrigeren **beizZW** s ausführl § 255 Anm 511 ff).

307 Die **Ermittlung** des „niedrigeren Werts" ist nicht gesetzlich geregelt. Allerdings kann die Rspr zur Teilwertermittlung als Anhaltspunkt für den handelsrechtlich anzusetzenden Wert angesehen werden (s Anm 317 ff; zum Vergleich mit dem Fair Value s *Küting* DB 2007, 1709).

Das Gesetz schreibt (wie auch bei der Bewertung durch planmäßige Abschreibungen) ein Wertfindungsverfahren nicht zwingend vor (*ADS*[6] § 253 Anm 454 f). Die Wertermittlung hat sich am Zweck der außerplanmäßigen Abschreibung (Anm 203), dem Gebot **vorsichtiger Bewertung** (§ 252 Abs 1 Nr 4) und dem Gebot zur **Einzelbewertung** (§ 252 Abs 1 Nr 3) zu orientieren. Unzulässig ist sowohl die Saldierung von Wertminderungen mit stillen Rücklagen im Wertansatz anderer VG (s auch *Winkeljohann* in HHR § 6 EStG Anm 565) als auch eine willkürliche Unterbewertung.

308 Die Bestimmung des **beizulegenden Werts** kann aus Käufer- oder Verkäufersicht unter Heranziehung entspr Hilfswerte erfolgen. Grds wird von einer Untfortführung (§ 252 Abs 1 Nr 2) ausgegangen und unterstellt, dass ein Gegenstand noch weiter genutzt wird. Es sind deshalb zunächst die Verhältnisse am **Beschaffungsmarkt** (Käufersicht) maßgebend.

Als Hilfswert wird der **Wiederbeschaffungswert** herangezogen. Bei abnutzbaren VG kann weiter zwischen dem **Wiederbeschaffungszeitwert** (VG gleichen Alters und Zustands) und dem **Wiederbeschaffungsneuwert abzgl planmäßiger Abschreibungen** unterschieden werden. Letzterer wird als Hilfsgröße verwendet, wenn ein Wiederbeschaffungszeitwert nicht zu ermitteln ist. Weist die zum Vergleich herangezogene Anlage wesentliche technische Verbesserungen auf, ist der Wiederbeschaffungsneuwert um einen angemessenen Betrag zu kürzen (*ADS*[6] § 253 Anm 458).

Ggf ist anstelle des Wiederbeschaffungswerts der **Reproduktionswert** Vergleichsmaßstab, zB wenn für VG kein Beschaffungsmarkt existiert.

Wird für den Anlage-VG ein **Börsen-** oder **Marktpreis** notiert, ist dieser heranzuziehen (*ADS*[6] § 253 Anm 459). Wird der Preis in *Fremdwährung* notiert, sind Kursveränderungen zu berücksichtigen (s § 256a Anm 61 ff).

Der beizulegende Wert muss auch die **Nebenkosten** und die Aufwendungen für die Herstellung der Betriebsbereitschaft nach § 255 Abs 1 enthalten. Eine außerplanmäßige Abschreibung dieser Aufwendungen ist nicht zulässig, solange nicht der Veräußerungswert angesetzt werden darf (Anm 309) oder wenn bei Wiederbeschaffung ähnliche Aufwendungen dem Grunde nach nicht anfallen würden. Ist zB für die spätere Anschaffung vorweg gegen Entgelt eine Kaufoption erworben worden und stellt sich bei oder nach dem Kauf heraus, dass nunmehr ohne Erwerb einer Option eine zeitnahe Wiederbeschaffung möglich wäre, ist der beizulegende Wert ohne Optionsentgelt zu ermitteln.

309 Der **Veräußerungswert** (bereits bekannter oder geschätzter Netto-Verkaufspreis abzgl Veräußerungskosten) ist beim Anlagevermögen nur im Ausnahmefall als Wertmaßstab von Bedeutung, da dieses dazu bestimmt ist, dauernd dem Geschäftsbetrieb zu dienen und von einer Untfortführung auszugehen ist, wenn dieser nicht tatsächliche oder rechtliche Gegebenheiten entgegenstehen (s § 252 Anm 9 ff). Der Veräußerungswert ist bei **Beendigung der Nutzung** vor dem Ende der planmäßigen Nutzungsdauer heranzuziehen, zB also für endgültig stillgelegte oder zum Verkauf bestimmte Anlagen (ebenso *ADS*[6] § 253 Anm 461; bei vorübergehender **Stilllegung** Anm 315). Die unternehmerische Entscheidung zum Verkauf oder zur Stilllegung muss bereits am Bilanzstichtag vorgelegen haben.

Der **Ertragswert** (Barwert aller zukünftigen Einnahmenüberschüsse, s zB **310** *WPH*[14] II, A Anm 143, 237) kommt insb dann als Bestimmungsgröße in Betracht, wenn sich für VG aus Käufersicht (Wiederbeschaffungswert, Börsen- oder Marktpreis) bzw aus Verkäufersicht (Veräußerungswert) kein Wert bestimmen lässt. Voraussetzung hierfür ist allerdings die Anwendbarkeit eines kapitalwertorientierten Verfahrens. In Frage kommen somit vor allem Bet, immaterielle VG (zB Patente, Lizenzen) und vermietete VG des Anlagevermögens.

II. Bewertungszeitpunkt

Nach **Abs 3 S 3** sind die Wertverhältnisse am **Abschlussstichtag** zugrunde **311** zu legen. Diese **stichtagsbezogene Bewertung** bedeutet, dass nach diesem Zeitpunkt liegende wertbeeinflussende Umstände außer Betracht zu lassen sind (*Weber/Grellet* in Schmidt[32] § 5 Anm 81), zu wertaufhellenden bzw wertbeeinflussenden Tatsachen vgl allg *Assmann* StBP 2005, 1 sowie § 252 Anm 38.

III. Voraussichtlich dauernde Wertminderung

Bei einer voraussichtlich **dauernden Wertminderung** besteht nach Abs 3 **312** S 3 für VG des Anlagevermögens eine Abwertungspflicht auf den niedrigeren beizulegenden Wert. Der Begriff „dauernd" bezeichnet einen gesetzlich nicht definierten Zeitraum (so Begr RegE BilMoG, 124). Der Begriff ist jedoch keinesfalls iSv „immerwährend" oder „endgültig" zu verstehen, vielmehr kann dieser je nach Art des zu bewertenden VG von unterschiedlicher Länge sein.

Steht nicht bereits **im Zeitpunkt der Erstellung** des JA aufgrund zwischenzeitlicher Werterholung fest, dass die Wertminderung nicht von Dauer war, ist nur bei eindeutigen Anhaltspunkten von einer nur vorübergehenden Natur der Wertminderung auszugehen. Es müssen konkrete Hinweise auf die voraussichtliche Werterhöhung bereits vorliegen; die Möglichkeit einer künftigen Werterhöhung allein reicht nicht aus. Auch der HFA des IDW fordert für bestimmte VG, hier zB Wohngebäude, das Vorliegen nachweisbarer Umstände, die eine Werterholung auf den Buchwert bei planmäßiger Abschreibung innerhalb eines Zeitraums von drei bis fünf Jahren erwarten lassen (IDW FN 2008, 12 u IDW RS WFA 1 Tz 11). Bei Zweifeln über den Zeitpunkt und Umfang einer künftigen Werterholung sollte von einer dauernden Wertminderung ausgegangen werden (s Anm 316 aE; IDW RS VFA 2 Tz 16).

Nach hM liegt eine dauernde Wertminderung für **VG die der planmäßigen** **313** **Abschreibung unterliegen** vor, wenn der Stichtagswert den Wert, der sich aus planmäßigen Abschreibungen ergibt, während eines erheblichen Teils der Restnutzungsdauer nicht erreichen wird, dh wenn der Stichtagswert voraussichtlich für mind die halbe Restnutzungsdauer oder die nächsten fünf Jahre unter dem planmäßigen Restbuchwert liegt (vgl mwN *Küting* DB 2005, 1121). Bei der Betrachtung von geleisteten Anzahlungen und Anlagen im Bau ist auf die Nutzungsdauer des fertigen Anlagegenstandes abzustellen, zur Berücksichtigung als außerplanmäßige Abschreibung oder als Drohverlustrückstellung s Anm 447, § 249 Anm 69.

Konjunkturschwankungen allein rechtfertigen idR noch keine außerplanmäßige Abschreibung (anders bei den technischen Anlagen einer Spinnerei wegen strukturell bedingten Absatzrückgängen BFH 19.10.1972, BStBl II 1973, 54). Spätestens wenn eine schlechte Ertragslage dazu führt, dass eine baldige Stilllegung von Betriebsteilen beabsichtigt oder notwendig wird, ist dies für die einzelnen VG differenzierend zu berücksichtigen. Werden Anlagen bereits vor dem geplanten Stilllegungszeitpunkt nicht mehr genutzt, ist auf den vorsichtig ermittelten Veräußerungswert (ggf Schrottwert, s Anm 223) abzuschreiben. Werden Anlagen nicht mehr voll genutzt, ist auf einen beizulegenden Wert abzuschreiben, der idR höher als der Schrottwert sein wird.

Im Gegensatz zu den Finanzanlagen wird es bei den VG des Sachanlagevermögens und bei immateriellen Anlagegegenständen nur selten vorkommen, dass eine Wertminderung nur „vorübergehend" ist, idR ist sie endgültig. So zB bei Wertminderung aufgrund besonderer Ereignisse (Beschädigung bzw Zerstörung durch Unfall; altlastenverseuchtes Grundstück, s Anm 391). Eine vorübergehende Wertminderung könnte allenfalls zB bei *vorübergehend* stillgelegten Anlagen oder auch Schiffen eintreten. In diesen Fällen führt die Stilllegung dann zu keiner endgültigen Wertminderung, wenn Anlagen oder Schiffe für eine spätere erneute Nutzung in Reserve gehalten werden und sie während der Stilllegungszeit einer geringeren technischen Abnutzung unterliegen. Es liegt aber eine endgültige Wertminderung vor, wenn durch die Stilllegung ein Wertverlust eintritt (zB durch Witterungseinwirkungen oder unterlassene Wartung) oder wenn die Wieder-Inbetriebnahme mit erheblichen Aufwendungen verbunden ist.

314 Bei **Finanzanlagen** für die ein Börsen- oder Marktpreis notiert wird, führen übliche **Kursschwankungen** allein nicht zu einer dauerhaften Wertminderung. Kursnotierungen sind festgestellte Preise und grds vom Wert zu unterscheiden. Die für Finanzanlagen jüngst ergangene BFH-Rspr (s Anm 316), welche auf den steuerrechtlichen Teilwert abstellt, ist daher auf die HB nicht übertragbar. Im Ergebnis so auch HFA (IDW FN 2012, S 321 f), der für handelsrechtliche Zwecke keine Veranlassung sieht, von den Aufgreifkriterien des IDW RS VFA 2 für das Vorliegen einer voraussichtlich dauernden Wertminderung abzurücken. Vielmehr ist für eine dauerhafte Wertminderung auf tatsächliche Substanzverluste oder verschlechterte Zukunftsaussichten abzustellen.

Für Indizien (vgl IDW RS VFA 2 Tz 19) für eine nicht dauerhafte Wertminderung s § 253 Anm 352.

So führen Schwankungen im risikofreien Marktzinssatz regelm nicht zu einer dauerhaften Wertminderung bei festverzinslichen Wertpapieren für die nachhaltige Halteabsicht besteht, anders Kursverluste aufgrund einer wesentlichen Bonitätsverschlechterung des Emittenten.

Die ersten drei Indizien sind analog auch auf Finanzanlagen anwendbar, für die kein Börsen- oder Marktpreis verfügbar ist. Für Bet ist in diesem Fall idR auf den Ertragswert abzustellen (IDW RS HFA 10 Tz 3). Beim Ertragswertverfahren sind entspr Überlegungen bereits bei der Beurteilung künftiger zufließender finanzieller Überschüsse zu machen. So sind Anlaufverluste ihrem Charakter nach nicht von Dauer. Bei AuslandsGes führt ein zeitweiliges Transferverbot nicht zu einer Abwertungspflicht. Wird ausnahmsweise auf den Substanzwert abgestellt, ist regelm von einer dauerhaften Wertminderung auszugehen.

Entspr dem Vorsichtsprinzip ist bei Vorliegen einer der beiden Aufgreifkriterien des VFA (IDW FN 2002, S 667) im Zweifel von einer dauerhaften Wertminderung auszugehen. Diese lauten:

– der Buchwert wurde in den letzten sechs Monaten vor dem Bilanzstichtag permanent um mehr als 20% unterschritten oder
– der Durchschnittswert der täglichen Börsen- oder Marktpreise der letzten zwölf Monate wurde um mehr als 10% unterschritten.

Wird bis zum Aufstellungszeitpunkt der Buchwert wieder erreicht oder überschritten liegt dagegen regelmäßig keine dauerhafte Wertminderung vor (IDW FN 2002, 667).

Für Wertpapiere, deren baldige Veräußerung geplant ist, sind strengere Maßstäbe anzusetzen.

In bestimmten Fällen kann die Differenz zwischen Buchwert und beizulegendem Wert aus einem dauerhaften und einem nicht dauerhaften Anteil bestehen. In diesem Fall besteht die Abwertungspflicht nur für den dauerhaften Anteil. Regelm wird jedoch dem Vorsichtsprinzip folgend eine Abschreibung auf den beizulegenden Wert am Stichtag geboten sein, soweit das Unt den nicht dauerhaften Anteil nicht der Grunde und der Höhe nach nachweisen kann. 315

Steuerrechtlich besteht bei einer zum Zeitpunkt der Bewertung (Wertaufhellung bei Bilanzerstellung ist zu beachten) vorliegenden **voraussichtlich dauernden Wertminderung** ein Abwertungswahlrecht. 316

Gem BMF v 25.2.2000, BStBl I, 372 (ausdrücklich bestätigt durch BFH 14.3.2006, BStBl II, 680) liegt eine voraussichtlich dauernde Wertminderung vor, wenn der Wert zum Bilanzstichtag mind für die halbe Restnutzungsdauer unter dem planmäßigen Restbuchwert liegt. Dies gilt auch dann, wenn nach dem Bilanzstichtag aber vor Bilanzaufstellung ein Veräußerungsverlust eingetreten ist, dh das WG seinen Buchwert nicht erlösen wird (BFH 9.9.2010, BFH/NV 2011, 423. Für die StB ist die Restnutzungsdauer nach BMF 25.2.2000, BStBl I, 372 Tz 6 bei abnutzbarem Anlagevermögen nach § 7 Abs 4, 5 EStG für Gebäude, ansonsten nach den amtlichen AfA-Tabellen zu bestimmen (Bsp nach BMF: AK € 100, Nutzungsdauer 10 Jahre, AfA linear € 10, Teilwert im Jahr 2 noch € 30; Wertminderung ist dauerhaft, da bei linearer AfA der Wert von € 30 erst nach weiteren 5 Jahren, und damit später als der Hälfte der restlichen Nutzungsdauer von 8 Jahren erreicht wird).

Bei WG des nicht abnutzbaren AV führt das BMF (aaO Tz 11) nur aus, dass für das Vorliegen einer voraussichtlich dauernden Wertminderung darauf abzustellen ist, ob die Gründe für eine niedrigere Bewertung voraussichtlich anhalten werden. Grundsätzlich soll von einer voraussichtlich dauernden Wertminderung auszugehen sein, wenn der Wert des WG die AK/HK während eines erheblichen Teils der voraussichtlichen Verweildauer im Unt nicht erreichen wird. Wertminderungen aus besonderem Anlass (z.B. Katastrophen oder technischer Fortschritt) sind regelmäßig von Dauer (BMF aaO Tz 4).

Für **börsennotierte Aktien**, die als Finanzanlage gehalten werden (Anlagevermögen; im Streitfall Aktien der Infineon AG), entschied der BFH mit seinem GrundsatzU v 26.9.2007, BStBl II 2009, 294, dass entgegen BMF 25.2.2000 von einer dauernden Wertminderung auszugehen ist, wenn der Börsenkurs am Bilanzstichtag unter die AK gesunken ist. Mit U v 21.9.2011 (BFH/NV 2012, 306) hat der BFH nunmehr weitere Konkretisierungen getroffen und auf zwischenzeitlich ergangene Verlautbarungen des BMF reagiert. UE lassen sich folgende Grundsätze ableiten:

1. Der am Bilanzstichtag vorhandene Börsenkurs ist voraussichtlich von Dauer, da er bereits die Erwartungen der Marktteilnehmer abbildet; Kursänderungen bis zum Bilanzerstellungszeitpunkt sind stets wertbegründend (offen noch BFH 26.9.2007, BStBl II 2009, 294) und für die Bewertung am Bilanzstichtag nicht zu berücksichtigen.

2. Die Auffassung in BMF 26.3.2009 u 5.7.2011, wonach eine voraussichtlich dauernde Wertminderung nur vorliegt, wenn der Börsenkurs zum aktuellen Bilanzstichtag um mehr als 40 vH bzw zum aktuellen und zum vorangegangenen Bilanzstichtag jeweils um mehr als 25 vH unter die AK gesunken ist, wird ausdrücklich abgelehnt. Grds rechtfertigt **jede** Minderung des Kurswerts einer Aktie – vorbehaltlich zu vernachlässigender Kursverluste in Höhe einer Bagatellgrenze von 5% – im Rahmen einer typisierenden Gesetzesauslegung die Annahme einer voraussichtlich dauernden Wertminderung. Dies gilt nicht, wenn konkrete und objektiv nachprüfbare Anhaltspunkte dafür vorliegen, dass der Börsenkurs nicht den tatsächlichen Anteilswert widerspiegelt (zB in Fällen eines sog Insiderhandels oder aufgrund äußerst geringer Handelsumsätze). Gleichermaßen hat der BFH (21.9.2011, BFH/NV 2012, 310) zur Teilwertabschreibung auf Investmentanteile entschieden, wenn das Vermögen des Investmentfonds überwiegend aus Aktien besteht, die an Börsen gehandelt werden.

Es bleibt abzuwarten, wie das BMF reagiert; das U wurde nicht im BStBl veröffentlich und ist damit für die FinVerw nicht über den entschiedenen Einzelfall hinaus anzuwenden.

Bei **festverzinslichen Wertpapieren,** die eine Forderung in Höhe des Nominalwerts der Forderung verbriefen, ist hingegen nach Ansicht von BFH (8.6.2011, BStBl II 2012, 716) und dem folgend BMF 10.9.2012 eine Teilwertabschreibung unter den Nennwert allein wegen gesunkener Kurse regelmäßig nicht zulässig, da in diesem Fall grds von der Rückzahlung des Nennbetrags ausgegangen werden kann. Etwas anderes könne jedoch gelten, wenn sich Bonitäts- oder Liquiditätsrisiken auf die Kurse auswirken, so zB OFD Rheinland 16.7.2012 für griechische Staatsanleihen.

Bei einer Erhöhung des Teilwerts kommt es faktisch zu einer **Zuschreibung** bzw bei Wegfall der dauerhaften Wertminderung zu einer **Wertaufholung.**

Die Erhöhung durch Zuschreibung stellt **kein steuerrechtliches Zuschreibungsgebot** dar (anders wohl Begr *Finanzausschuss des BT* zu § 6 Abs 1 Nr 1 S 4 EStG idF StEntlG 1999 ff, BT-Drs 14/443 und BMF 25.2.2000, BStBl I 372, Tz 34). Die Erhöhung des Ansatzes ist lediglich das rechnerische Ergebnis der Regelung in § 6 Abs 1 Nr 1 S 4 EStG: Da grds von den fortgeschriebenen AK/HK auszugehen ist, liegt der sich rechnerisch ergebenden Zuschreibung immer das auf **jeden Bilanzstichtag neu** und losgelöst von der HB auszuübende **steuerrechtliche Wahlrecht** der Teilwertabschreibung zugrunde. Der Verzicht auf die Vornahme einer Teilwertabschreibung führt damit in der StB grds ebenfalls zur Zuschreibung auf die (fortgeführten) AK/HK. Die Möglichkeit der jährlichen Wahlrechtsausübung eröffnet dem Stpfl abw von der HB Gestaltungsspielräume, die jedoch durch das Willkürverbot Grenzen gesetzt werden (BMF 12.3.2010; keine Begrenzung durch das Stetigkeitsgebot, so *Dietel* DB 2012, 483 mwN). So kann der Stpfl im Folgejahr zB bewusst auf den Nachweis des Fortbestehens der Gründe für die Teilwertabschreibung verzichten oder eine Teilwertabschreibung zunächst unterlassen und erst in späteren Jahren nachholen. BMF 12.3.2010 Tz 15 und Literatur (s *Dietel* DB 2012, 483 mwN) gehen wohl davon aus, dass insb bei alternierender Wahlrechtsausübung und Verzicht zu prüfen ist, ob eine willkürliche Gestaltung vorliegt. Allein eine zur HB zeitlich versetzte Vornahme der Teilwertabschreibung scheint aber auch vom BMF nicht als Willkür angesehen zu werden.

Neben der Zuschreibung auf die fortgeführten AK/HK bei Verzicht auf die Wahlrechtsausübung ließe sich auch eine Art Zwischenwertansatz herbeiführen. So ist es uE nicht zu beanstanden, wenn in einem Wj in der StB korrespondierend zur HB eine Teilwertabschreibung vorgenommen wird und im Folgejahr auf eine weitere Teilwertabschreibung in der StB auf den noch weiter gesunkenen Teilwert desselben WG verzichtet wird: nach dem Wortlaut von § 6 Abs 1 Nr 1 S 4 1. HS EStG ist eine Bewertung nach § 6 Abs 1 Nr 1 S 1 EStG, dh mit den (fortgeführten) AK/HK, nur dann zwingend, wenn der StPfl den niedrigeren Teilwert nicht nachweisen kann. Darüber hinausgehende Äußerungen der FinVerw gibt es hierzu bislang nicht (vgl hierzu auch § 274 Anm 147 ff).

Ist die **Wertminderung** nur noch **vorübergehend,** fällt die Zulässigkeit der Teilwertabschreibung gänzlich weg **(Wertaufholungsgebot).** Obergrenze bilden jeweils die fortgeschriebenen AK/HK bzw der entspr Wert bei Einlagen/Betriebseröffnung.

Für den Nachweis der Voraussetzungen soll der Stpfl die **Feststellungslast** tragen (§ 6 Abs 1 Nr 1 S 4 2. Hs EStG; Begr *Finanzausschuss des BT,* BT-Drs 14/443). Dies steht in Widerspruch zur handelsrechtlichen Auffassung, dass im Zweifel von einer dauernden Wertminderung auszugehen ist (glA *ADS*[6] § 253 Anm 476). Die Nachweisregelung in § 6 Abs 1 Nr 1 S 4 EStG stellt jedoch nur eine formellrechtliche Bestärkung der abgabenrechtlichen Mitwirkungspflicht des Stpfl dar. Zur Feststellungslast s auch *Kessler* DB 1999, 2580. Eine andere Beurteilung, als im Zweifel von einer dauernden Wertminderung auszugehen, ist weder mit dem **Vorsichtsprinzip** (§ 252 Abs 1 Nr 4) noch mit dem Gebot der periodengerechten Aufwandszuordnung (§ 252 Abs 1 Nr 5) vereinbar. Demggü fordert BMF 25.2.2000, BStBl I, 372 Tz 4, dass mehr Gründe für als gegen eine dauerhafte Wertminderung sprechen sollten. Dies würde bedeuten, dass bei **Zweifeln** von einer nur vorübergehenden Wertminderung auszugehen wäre. Dies widerspricht der Beurteilung eines sorgfältigen und gewissenhaften Kfm, auf die sich das BMF als Maßstab beruft.

IV. Vergleichsmaßstab „niedrigerer Teilwert" in der Steuerbilanz

Wegen der grds Entsprechung von außerplanmäßigen Abschreibungen und **Teilwertabschreibungen** führen die durch die Rspr entwickelten Regeln zur Ermittlung des Teilwerts oft zu ähnlichen Ergebnissen wie die handelsrechtlichen Regeln zur Ermittlung des **„niedrigeren beizulegenden Werts"** iSd § 253 Abs 3 S 3 (Anm 306 ff). Die Durchführung der Teilwertabschreibung ist auch in der StB nur bei dauerhafter Wertminderung zulässig. Zur Unterscheidung zwischen nicht dauernder und dauernder Wertminderung s Anm 315 f. Zu den Auswirkungen auf HB und StB s Anm 15. **317**

Teilwert ist nach der **gesetzlichen Definition** der Betrag, den ein Erwerber des ganzen Betriebs im Rahmen des Gesamtkaufpreises für das einzelne WG ansetzen würde; dabei ist davon auszugehen, dass der Erwerber den Betrieb fortführt (§ 6 Abs 1 Nr 1 S 3 EStG). Diese Bestimmung muss vor dem Hintergrund des auch für die **StB** geltenden **Prinzips der Einzelbewertung** gesehen werden. Auch der steuerrechtliche Teilwert ist somit nicht durch **Aufteilung des Unternehmenswerts** auf die einzelnen WG zu ermitteln; maßgebend ist vielmehr der **Substanzwert** der einzelnen WG, allerdings mit Blick auf den Gesamtwert des Unt (*Winkeljohann* in HHR § 6 EStG Anm 582). **320**

a) Teilwertgrenzen

Die **Wertobergrenze** bilden bei **abnutzbaren Wirtschaftsgütern** des Anlagevermögens die AK/HK vermindert um die AfA nach § 7 EStG (§ 6 Abs 1 Nr 1 S 1 EStG) und bei **nicht abnutzbaren Wirtschaftsgütern** sowie Bet (und Umlaufvermögen) die AK/HK (§ 6 Abs 1 Nr 2 S 1 EStG). **322**

Die **Wertuntergrenze** ist der losgelöst vom Unt zu erzielende **Einzelveräußerungswert** eines WG unterhalb seines Buchwerts (*Winkeljohann* in HHR § 6 EStG Anm 616; zur Ermittlung dieser Grenze s Anm 336).

b) Teilwertfiktionen

323 Die Ermittlung des **innerhalb dieser Grenzen** liegenden jeweiligen Teilwerts beruht auf einer **Schätzung** (*Kulosa* in Schmidt[32] § 6 Anm 232) unter (hypothetischer) Zugrundelegung folgender, auch „**Teilwertfiktionen**" genannter Bewertungsgrundsätze:
- Fiktion der Untfortführung,
- Fiktion des Erwerbs des ganzen Unt,
- Fiktion eines Gesamtkaufpreises.

324 Die **Annahme der Untfortführung** soll eine Bewertung mit dem Liquidationswert ausschließen und die Bewertung mit dem **betriebsspezifischen Wert** ermöglichen (*Winkeljohann* in HHR § 6 EStG Anm 581). Die Prämisse der Untfortführung gilt steuerrechtlich wie handelsrechtlich (§ 252 Abs 1 Nr 2) nur, solange mit der Untfortführung zu rechnen ist und somit nicht mehr, wenn sie unmöglich oder nicht mehr wahrscheinlich ist (§ 252 Anm 9 ff).

325 Die **Fiktion eines Unterwerbs** durch einen Dritten soll die Berücksichtigung persönlicher Umstände, Absichten, Fähigkeiten und Preisvorstellungen des konkreten Untinhabers vermeiden, zB:
- Nichtberücksichtigung der Abbruchsabsicht des Betriebsinhabers bei der Bewertung eines noch nutzbaren Gebäudes (BFH 7.12.1978, BStBl II 1979, 729);
- Pläne und Vorstellungen des Betriebsinhabers (BFH 17.1.1978, BStBl II, 335);
- persönliche, von der Marktlage abw Beurteilung des Teilwerts von Bet (BFH 7.11.1990, BStBl II 1991, 342);
- Fertigungskenntnisse bei galvanischen Bädern (Umlaufvermögen; BFH 31.1.1991, BStBl II, 627).

Auch unsinnige, unlautere oder strafbare Geschäftsmethoden des Kfm werden so aus der Bewertung eliminiert, da nicht unterstellt werden kann, dass auch ein Erwerber in gleicher Weise handeln würde (*Winkeljohann* in HHR § 6 EStG Anm 581). Ebenso ist bei der Bewertung nicht übertragbarer WG, die also an die Person des Kfm gebunden sind, nicht auf den mit Null anzusetzenden Wert für den (gedachten) Erwerber, sondern auf den objektiven Wert abzustellen (*Winkeljohann* in HHR § 6 EStG Anm 580).

326 Das Abstellen auf einen **gedachten Gesamtkaufpreis** ermöglicht in beschränktem Umfang die Berücksichtigung der Rentabilität des Betriebes bei der Bewertung von einzelnen VG (*Winkeljohann* in HHR § 6 EStG Anm 610; s auch Anm 310). IW geht es aber bei der Teilwertermittlung um die Schätzung des Substanzwerts (BFH 19.7.1995, BStBl II 1996, 28; ausführlich differenzierend *Ehmcke* in Blümich § 6 EStG Anm 547). Ist der VG für das Unt nicht nur auf Grund des möglichen Substanzverbrauchs werthaltig (zB Vorratsvermögen), sondern stellt der VG für das Unt eine eigenständige Ertragsquelle dar (zB Bet; Rechte mit regelmäßigen Zuflüssen wie Lizenzen), dürfte eher der Ertragswert heranzuziehen sein.

c) Teilwertvermutungen

327 Die sog Teilwertvermutungen dienen der **Schätzungserleichterung** der Teilwerte der einzelnen WG (*Winkeljohann* in HHR § 6 EStG Anm 586; *Kulosa* in Schmidt[32] § 6 Anm 241 f). Bei diesen Vermutungen handelt es sich um **allgemeine Erfahrungssätze,** die im Einzelfall **widerlegbar** sind (*Kulosa* in Schmidt[32] § 6 Anm 244), wobei allerdings den Stpfl die objektive **Feststellungs-**

last für die den Teilwert widerlegenden Tatsachen trifft (*Moxter*[6], 272). Es besteht ein **Schätzungsspielraum** (*Kulosa* in Schmidt[32] § 6 Anm 251). Eine eigene Schätzung des FA ist nur zulässig, wenn der Stpfl sich bei der **Teilwertschätzung** nicht innerhalb dieses Spielraumes bewegt hat.

aa) **Erste Teilwertvermutung.** Zunächst besteht eine Vermutung, dass die **328** **Anschaffungs- oder Herstellungskosten** im Zeitpunkt der Anschaffung oder Fertigstellung dem Teilwert entsprechen (BFH 27.7.1988, BStBl II 1989, 274; „**Vermutung der Gegenwertigkeit von Aufwendungen**"). Zur Bestimmung der AK/HK nach Handels- und Steuerrecht s die Erl zu § 255. Der Teilwert eines bei Betriebseröffnung eingelegten WG des Umlaufvermögens entspricht idR dem gemeinen Wert (BFH 10.7.1991, BStBl II, 840).

bb) **Zweite Teilwertvermutung.** Ein niedrigerer Wert kann sich aufgrund **329** der (zweiten) Teilwertvermutung ergeben, wonach ein Erwerber für WG, die weiter genutzt werden sollen, idR nur den **Wiederbeschaffungswert** oder **Reproduktionswert** bezahlt (BFH 13.4.1988, BStBl II, 892). Der über diesen Wert der Einzel-WG hinausgehende Mehrwert, den ein Erwerber für ein funktionsfähiges Unt bezahlt, ist nicht auf die einzelnen WG aufzuteilen, sondern entfällt auf den GFW (§ 246 Anm 82 f).

Bei **nicht abnutzbaren Vermögensgegenständen** wird vermutet, dass die **330** AK/HK auch zu den folgenden Abschlussstichtagen den **Wiederbeschaffungskosten** entsprechen und deswegen mit dem Teilwert identisch sind. Diese Vermutung kann durch den Nachweis widerlegt werden, dass es sich bereits bei der Anschaffung oder Herstellung um eine **Fehlmaßnahme** oder **Fehlkalkulation** handelte oder der Wert seitdem gesunken ist (s Anm 332, BFH 7.2.2002, BStBl II, 294). Es muss dargelegt werden, dass zwischen dem Anschaffungszeitpunkt und dem Bilanzstichtag wesentliche Umstände eingetreten sind, die dazu führten, dass die Wiederbeschaffungskosten *in nicht unerheblichem Umfang* unter den ursprünglichen AK/HK liegen (BFH 13.4.1988, BStBl II, 892). Die Vermutung gilt auch, wenn ein Teil der AK/HK **überhöhter Aufwand** ist, also ein Überpreis bezahlt wurde, für den **kein wirtschaftlicher Grund** bestand oder besteht (BFH 28.10.1976, BStBl II 1977, 73). Unerheblich ist, ob die Fehlmaßnahme unbewusst, bewusst oder „erzwungenermaßen" vorgenommen wurde oder die sonstigen Gründe für eine Wertminderung bereits bei der Anschaffung oder Herstellung erkennbar waren. Die Anforderungen an den **Nachweis einer Fehlmaßnahme** sind umso höher, je kürzer der zeitliche Abstand zwischen Anschaffung und Bewertungsstichtag ist (sa BFH 12.8.1998, BFH/NV 1999, 305). An den Nachweis einer Fehlmaßnahme sind jedoch keine überzogenen oder kleinlichen Anforderungen zu stellen, da die Vermutung einer **sachgerechten Maßnahme** angesichts der unsicheren Entscheidungsgrundlagen der Wirtschaft, insb in Bereichen schnell fortschreitender Technologien, nicht immer besonders stark ist.

Bei den **abnutzbaren Wirtschaftsgütern** wird diese Vermutung (welche die **331** Vermutung für den Ansatz der historischen AK/HK als Teilwert verdrängt) dahingehend modifiziert, dass der **Wiederbeschaffungswert** dem sich unter Berücksichtigung der planmäßigen AfA ergebenden **Restbuchwert** entspricht. Jedenfalls bei der Vermutung, dass der Teilwert nicht *unter* dem Buchwert liegt, ist von der höchstzulässigen Abschreibung (ohne erhöhte oder Sonderabschreibungen) auszugehen, da der Teilwert nicht von der subjektiven Entscheidung des Betriebsinhabers für eine bestimmte Abschreibungsmethode abhängig ist (s Anm 325). Die Vermutung, dass der Teilwert nicht *über* dem durch planmäßige Abschreibungen bei üblicher Nutzungsdauer ermittelten Buchwert liegt, soll hingegen nur bei linearen Abschreibungen gelten (so BFH 30.11.1988, BStBl II 1989, 183 zur Einheitsbewertung).

Die Vermutung kann durch den Nachweis unter den Buchwert gesunkener **tatsächlicher Wiederbeschaffungskosten** widerlegt werden. In diesem Falle ist der niedrigere Wiederbeschaffungswert als **Teilwert** anzusehen (BFH 27.7. 1988, BStBl II 1989, 274). Maßgeblich ist der Wiederbeschaffungs- oder Reproduktionswert eines WG bei weiterer **Verwendung** im konkreten Betrieb, also der **betriebsspezifische Wert** (*Winkeljohann* in HHR § 6 EStG Anm 604). Deswegen ist zB bei einer auf Dauer nicht voll ausgelasteten Maschine zu unterstellen, dass im Falle der Wiederbeschaffung eine ähnliche Maschine mit entspr geringerer **Kapazität** erworben werden würde. Der Erwerb der Maschine mit zu **großer Kapazität** stellt sich also im Nachhinein als Fehlinvestition heraus. Dabei ist die Teilwertabschreibung unabhängig von der Ertragslage des Unt zulässig (zu einer mit **schlechter Rentabilität** arbeitenden Anlage s Anm 333). Der Teilwert entspricht dann den Wiederbeschaffungskosten der (hypothetisch anzuschaffenden) **kleineren Maschine** gleicher Beschaffenheit (*Winkeljohann* in HHR § 6 EStG Anm 610 iVm 615). Er kann zur Vereinfachung auch durch einen **Abschlag** entspr dem **Ausnutzungsgrad** ermittelt werden. Gleiches gilt bei einem **übergroßen** oder **überreichlich** ausgestatteten Betriebsgebäude, wenn mit einer späteren betrieblichen Nutzung nicht zu rechnen ist und deswegen ein Erwerber den **Mehraufwand** nicht bezahlen würde. Weitere Beispiele für Fehlmaßnahmen sind der Kauf zu einem **Überpreis** während eines vorübergehenden Lieferengpasses, **Schnellbaukosten,** die sich nicht im Gebäudewert niederschlagen, aber gleichwohl zu den AK/HK gehören. Auch unvorhergesehene **Sonderbaukosten** etwa für **zusätzliche Grundierungsmaßnahmen** wegen ungünstiger Bodenverhältnisse können eine Fehlinvestition sein, wenn die Baumaßnahme bei rechtzeitiger Kenntnis nicht oder in anderer Weise hätte vorgenommen werden können. Ebenso können **sonstige betriebsspezifische Gründe** eine **Teilwertabschreibung** rechtfertigen, wie eine **ungünstige Verschachtelung** der Betriebsgebäude **(unorganischer Aufbau)** oder eine **schlechte Verkehrslage.**

332 **cc) Dritte Teilwertvermutung.** Aufgrund der jedenfalls kurze Zeit nach Anschaffung oder Herstellung bestehenden Vermutung für den wirtschaftlichen Sinn einer Maßnahme müssen besondere Gründe dargelegt werden, aus denen sich der Charakter einer Anschaffung oder Herstellung als **Fehlmaßnahme** ergibt (BFH 17.1.1978, BStBl II, 335 bei einem nur zu 60 vH genutzten Betriebsgebäude gegen die Annahme einer Fehlmaßnahme, wenn nicht weitere Gründe diese indizieren). Auch die Zahlung von **Überpreisen** ist nur dann eine Fehlmaßnahme, wenn ihr Grund entfallen ist. So lehnte der BFH (BFH 4.1.1962, BStBl III, 186) bei Erwerb eines betriebsnotwendigen Grundstücks zu einem Überpreis eine Teilwertabschreibung auf den Verkehrswert ab, weil auch für einen Betriebserwerber das Grundstück einen den Überpreis rechtfertigenden Wert haben würde.

333 Eine Teilwertabschreibung kann geboten sein, wenn auf einer Anlage ausschließlich **Verlustprodukte** produziert werden. Eine Abschreibung von Anlage-WG kann auch auf die **Unrentabilität** des Unt zurückzuführen sein, wenn bereits Maßnahmen zu einer baldigen Stilllegung getroffen sind.

334 **dd) Uneigentliche Teilwertvermutung.** Als uneigentliche (gesetzliche) Teilwertvermutung ist § 7 Abs 1 S 7 EStG zur AfaA anzusehen. Danach ist bei beweglichen, nicht degressiv abgeschriebenen WG (§ 7 Abs 2 S 5 EStG aF) und bei Gebäuden (§ 7 Abs 4 S 3 EStG, selbst wenn sie degressiv abgeschrieben werden, EStR 7.4 Abs 11) wegen außergewöhnlicher **technischer** oder **wirtschaftlicher Abnutzung** die Vornahme **zusätzlicher,** über die planmäßige Abschreibung hinausgehender Abschreibungen zulässig, ohne dass nachzuprüfen ist, ob der Teilwert gesunken ist. Ein **Sinken des Teilwerts** wird insoweit gesetzlich unwiderleglich vermutet. Wird der Besteuerung eine Bilanz zugrunde gelegt, ist bei Wegfall der Voraussetzungen eine Zuschreibung vorzunehmen.

ee) Vierte Teilwertvermutung. Grds besteht eine Vermutung, dass alle WG 335 eines Betriebes **betriebsnotwendig** sind und deswegen ein gedachter Erwerber den (uU modifizierten, Anm 331) Wiederbeschaffungswert ansetzen würde. Diese Vermutung basiert auf der Annahme, dass ein Betriebsinhaber nur betriebsnotwendige WG anschaffen oder herstellen wird, und auch ein gedachter Erwerber von den gleichen Erwägungen ausgehen und deswegen die vorhandenen WG als betriebsnotwendig ansehen wird. Die **Grenzlinie** zwischen betriebsnotwendigen und nicht betriebsnotwendigen WG ist häufig **unscharf**.

ff) Fünfte Teilwertvermutung. Gelingt der Nachweis **nicht betriebsnot-** 336 **wendiger** WG, besteht eine Teilwertvermutung für den **Veräußerungswert** als zutreffenden Teilwert. Dies gilt für abnutzbare wie für nichtabnutzbare WG in gleicher Weise. Dieser Veräußerungswert ist der **Einzelveräußerungspreis,** der bei einer Veräußerung ohne Rücksicht auf die Untzugehörigkeit erzielt werden könnte. Er kann je nach den Umständen auch dem **Materialwert** oder **Schrottwert** abzgl der Veräußerungskosten entsprechen. Ein negativer Teilwert ist nicht zulässig (*Winkeljohann* in HHR § 6 EStG Anm 616 mwN).

Im **Einzelfall** können sich nach der steuerrechtlichen Teilwertdefinition **höhere Wertansätze** ergeben als handelsrechtlich gerechtfertigt erscheint, zB wenn die FinVerw die Notwendigkeit von handelsrechtlichen Abschreibungen nicht anerkennt (zu hierdurch uU entstehenden Fragen einer Bildung aktiver latenter Steuern s § 274).

D. Außerplanmäßige Abschreibungen bei voraussichtlich nicht dauernder Wertminderung (Finanzanlagen) (Abs 3 S 4)

Für Finanzanlagen gewährt S 4 das Wahlrecht, außerplanmäßige Abschreibun- 350 gen auf den niedrigeren beizulegenden Wert am Abschlussstichtag auch vorzunehmen, wenn die Wertminderung voraussichtlich nicht von Dauer ist, oder den Buchwert beizubehalten **(gemildertes Niederstwertprinzip).** Das vom Gesetzgeber gewährte Wahlrecht unterliegt dem Stetigkeitsgebot nach § 252 Abs 1 Nr 6, so dass die gleichen Bewertungsmethoden von Jahr zu Jahr eingehalten werden sollen (s § 252 Anm 72ff bzgl den Voraussetzungen einer Durchbrechung des Stetigkeitsgebots). Die Ermittlungsgrundsätze für den niedrigeren beizulegenden Wert von nur vorübergehender Natur entsprechen denen für eine dauernde Wertminderung; s deshalb Anm 306ff. Maßgeblicher Zeitpunkt für die Bestimmung des niedrigeren beizulegenden Wertes ist jeweils der Abschlussstichtag (s dazu Anm 313f).

Tatbestandsmerkmal des Bewertungswahlrechts nach Abs 3 S 4 ist die nur vor- 351 übergehende Natur der Wertminderung; bei voraussichtlich dauernder Wertminderung besteht nach wie vor eine Abwertungspflicht nach Abs 3 S 3 (Anm 314). „Nicht dauernd" (so Begr RegE BilMoG, 124) ist ein gesetzlich nicht definierter Zeitraum. Er kann je nach Art der zu bewertenden Finanzanlage von unterschiedlicher Länge sein. Nach dem **Gebot vorsichtiger Bewertung** (§ 252 Abs 1 Nr 4) ist der Prognosezeitraum, beginnend mit dem Abschlussstichtag, möglichst kurz zu wählen.

Im Zeitpunkt der Abschlusserstellung kann eine zwischenzeitliche Werterholung, sofern diese als nachhaltig angesehen wird, auf die nur vorübergehende Natur der Wertminderung zum Abschlussstichtag hinweisen (s dazu Anm 315

§ 253 352–371 Jahresabschluß (Bewertungsvorschriften)

aE). Bei Zweifeln über den Zeitpunkt und Umfang einer künftigen Werterholung sollte von einer dauernden Wertminderung ausgegangen werden (s Anm 316 aE; IDW RS VFA 2 Tz 16). Liegen zu diesem Zeitpunkt konkrete Anhaltspunkte für eine alsbaldige dauernde Werterholung vor, ist die Wertminderung am Abschlussstichtag ebenfalls als vorübergehend zu betrachten, und der Buchwert darf beibehalten werden.

352 Bei **Wertpapieren des Anlagevermögens** können nach IDW RS VFA 2 Tz 19 mit Geltung für alle KfI (Ziff 1) Indizien für eine nicht dauernde Wertminderung sein:
– Höhe der Differenz zwischen Buchwert und Börsen- oder Marktpreis am Abschlussstichtag, je kleiner die Differenz, desto eher muss eine vorübergehende Wertminderung angenommen werden;
– bisherige Dauer einer bereits eingetretenen Wertminderung; liegt in den dem Abschlussstichtag vorausgehenden 6 Monaten der Zeitwert des Wertpapiers permanent bis zu 20% unter dem Buchwert kann nach IDW VFA (149. Sitzung) FN-IDW 2002, 667 die Wertminderung als vorübergehend angesehen werden; dasselbe gilt, wenn der Durchschnittswert des täglichen Zeitwertes in den letzten 12 Monaten bis zu 10% unter dem Buchwert liegt;
– schwach abweichender Kursverlauf des betr Wertpapiers von der allgemeinen Kursentwicklung;
– geringfügige Verschlechterung der Bonität (des Ratings) des Emittenten.

Von einer nicht dauerhaften Wertminderung ist aufgrund dieser Indizien nur auszugehen, wenn keine nachweisbaren Gründe für ein nachhaltiges Absinken des Marktpreises vorliegen Bei **BetGes** können zeitweilige Verluste, schlechte Ertragslage, Ertragsschwäche, Ergebnisverschlechterung, Konjunkturschwankungen in der Branche auf eine nur vorübergehende Wertminderung hindeuten. Anlaufverluste sind ihrem Charakter nach nicht von Dauer. Bei AuslandsGes führt ein zeitweiliges Transferverbot nicht zu einer Abwertungspflicht. Für unverzinsliche oder niedrig verzinsliche (im Vergleich zum Marktzins) **Ausleihungen** kann bei Schwankungen des Marktzinsniveaus eine nur vorübergehende Wertminderung vorliegen.

353 **Steuerrechtlich** ist Abs 3 S 4 ohne Relevanz, da § 6 Abs 1 Nr 2 S 2 EStG Abschreibungen nur bei voraussichtlich dauernder Wertminderung zulässt. Allerdings weicht das Steuerrecht bei der Beurteilung der Dauerhaftigkeit der Wertminderung in bestimmten Fällen vom Handelsrecht ab (s Anm 316).

E. Einzelheiten

370 Trotz der **grundsätzlichen Übereinstimmung von HB und StB** als Folge der subsidiären Maßgeblichkeit können sich, soweit steuerrechtlich eigene Wahlrechte existieren, in der **StB** von der HB abw Wertansätze und Abschreibungsbeträge ergeben (§ 5 Abs 1 S 1 EStG). Darüber hinaus ist dies auch aufgrund des steuerrechtlichen Bewertungsvorbehalts aus § 5 Abs 6 EStG möglich, der in bestimmten Bewertungsfragen die Anwendung eigener steuerrechtlicher Regelungen vorschreibt.

371 Neben der Rspr des BGH ist für die HB auch auf Rspr des BFH abzustellen, soweit dieser in steuerrechtlichen Streitfragen über handelsrechtliche Bilanzierung als **Vorfrage** zu entscheiden hatte. Die Stellungnahmen der **FinVerw** sind für die Verwaltung verbindlich, unterliegen jedoch der vollständigen Prüfung durch die Gerichte.

Entspr der (nur für KapGes aufgrund § 266 Abs 2 A sowie aufgrund von § 264a für KapCoGes unmittelbar vorgeschriebenen) **Gliederung des Anlage-**

vermögens in drei Hauptposten gelten für die Wertansätze der einzelnen VG des Anlagevermögens – unter Berücksichtigung der steuerrechtlichen Bestimmungen – iW folgende Grundsätze.

I. Immaterielle Vermögensgegenstände

Immaterielle Vermögensgegenstände des Anlagevermögens sind ausschließlich *unkörperliche Werte* (§ 247 Anm 372). Als unkörperliche Werte sind sie weder beweglich noch unbeweglich. Die Abgrenzung zu materiellen VG kann im Einzelfall schwierig sein, wenn immaterielle VG mit materiellen VG verknüpft sind, zB Bild- und Tonträger oder Software (§ 247 Anm 376; zu den Besonderheiten bei Mieterein- und -umbauten s Anm 428 f). 380
Immaterielle VG lassen sich in die folgenden vier Gruppen untergliedern:

1. Selbst geschaffene gewerbliche Schutzrechte und ähnliche Rechte und Werte

Zur Aktivierung vgl § 248 Anm 10 ff; zur Zugangsbewertung mit den HK vgl § 255 Anm 360. Die Folgebewertung selbst geschaffener immaterieller VG des Anlagevermögens richtet sich mangels spezifischer Regelungen nach den allgemeinen Grundsätzen des § 253 (s dazu Anm 382 ff). Für die **noch nicht zu einem VG erstarkten,** gem § 255 Abs 2a aktivierten Entwicklungskosten fehlen Vorschriften zur Folgebilanzierung. Planmäßige Abschreibungen sind stets **erst ab dem Zeitpunkt der Fertigstellung** des immateriellen VG vorzunehmen. Außerplanmäßige Abschreibungen sind uE bei voraussichtlich dauernder Wertminderung in analoger Anwendung des Abs 3 S 3 auch bei diesen *VG im Entstehen* zulässig bzw geboten (vgl im Ergebnis ähnlich *Dobler/Kurz* KoR 2008, 490; vgl hierzu auch die Behandlung von Anlagen im Bau, Anm 448 ff). 381
In der StB stellt sich mangels Aktivierungsmöglichkeit die Frage der Bewertung nicht (§ 5 Abs 2 EStG).

2. Entgeltlich erworbene Konzessionen, gewerbliche Schutzrechte und ähnliche Rechte und Werte sowie Lizenzen an solchen Rechten und Werten

Zum Begriff s § 247 Anm 375.
Planmäßig abzuschreiben sind alle immateriellen VG, deren Nutzungsdauer begrenzt ist (oder in der Terminologie des § 7 EStG, die abnutzbar sind). Je nach Art des Rechts sollte für die HB eine degressive AfA vorgenommen werden, da die Wertminderung in den ersten Jahren regelmäßig höher sein wird (ebenso *WPH*[14] I, E Anm 494). Steuerbilanziell ist ausschließlich die lineare Abschreibung zulässig. Zur steuerrechtlichen Behandlung von **Film- und Fernsehfonds** BMF 23.2.2001, WPg 2001, 413 Anm 38 f; keine degressive AfA, aber Teilwertabschreibung zulässig. **Zusätzliche Entwertungen** aufgrund **unerwarteter Umstände** sind durch außerplanmäßige Abschreibungen zu berücksichtigen (Anm 386). 382
Bei **Konzessionen, gewerblichen Schutzrechten** und **ähnlichen Rechten** und **Werten** sowie **Lizenzen** an solchen Rechten und Werten ist eine zeitlich begrenzte Nutzbarkeit regelmäßig der Fall, da für sie typisch ist, dass sie nur auf begrenzte Zeit bestehen oder eingeräumt werden. Die *betriebsgewöhnliche Nutzungsdauer* ist jedoch regelmäßig wesentlich kürzer. Dies gilt erst recht für ungeschützte Erfindungen (*Nolde* in HHR § 7 EStG Anm 600 „Patente"). Insb in Bereichen schnell fortschreitender Entwicklungen erscheint grds eine geschätzte Nutzungsdauer zwischen 3 und 5 Jahren, bei **Software** von 3 Jahren, meist sachgerecht (zur

§ 253   383–385   Jahresabschluß (Bewertungsvorschriften)

Bilanzierung von Software IDW RS HFA 11 Tz 36 WPg IDW FN 7/2010 Tz 304). ERP-Software (Enterprise Resource Planning) 5 Jahre s BMF 18.11. 2005, BStBl I, 1025 Rz 22, s auch *Groß/Georgius/Matheis,* DStR 2006, 339.

Die **Sammelpostenmethode** bzw Sofortabschreibung von GWG gem § 6 Abs 2, 2a EStG ist auf immaterielle WG nicht anwendbar, da diese als unkörperliche VG weder als beweglich noch unbeweglich gelten. Aufgrund **wirtschaftlicher Überholung** oder teilweisen Ablaufs der Schutzdauer kann im **Einzelfall** eine kürzere Nutzungsdauer zu unterstellen sein, zB weil die Produktion des geschützten VG nicht während der Gesamtdauer des Schutzrechts geplant ist oder auch weil voraussichtlich aus wirtschaftlichen Gründen eine volle Ausnutzung des Schutzrechtes nicht beabsichtigt ist (s Anm 234 zu den **sonstigen Faktoren,** die bei der Schätzung der Nutzungsdauer zu beachten sind).

383 Auch **dingliche Rechte** wie etwa **beschränkt persönliche Dienstbarkeiten** oder **Erbbaurechte** können abnutzbar sein. Soweit allerdings dingliche Rechte an einem Grundstück bestehen und ihre AK aktiviert wurden, sind sie nicht als immaterielle VG, sondern innerhalb der Sachanlagen als **grundstücksgleiche Rechte** (§ 247 Anm 457) abzuschreiben (Anm 392).

384 Ist bei **zeitlich begrenzten Rechten** mit immer neuen **Verlängerungen** auf unbegrenzte Zeit zu rechnen (ohne dass erneute AK/HK entstehen) oder ist aus anderen Gründen ein Nutzungsende nicht absehbar, sind sie als nichtabnutzbar anzusehen. Bsp für solche als „firmenwertähnlich" bezeichneten VG sind entgeltlich erworbene öffentlich-rechtliche **Verkehrskonzessionen (Güterverkehrs-, Taxi-** oder sonstige **Transportkonzessionen** BFH 4.12.1991, BStBl II 1992, 383; BFH 22.1.1992, BStBl II, 529) oder eine Internet Domain Adresse (differenzierend *Wübbelsmann* DStR 2005, 1659; sog Generic Internet Domain nicht abnutzbar gem BFH 19.10.2006, BStBl II 2007, 301). Für diese sog **firmenwertähnlichen WG** gilt wegen der tatsächlichen Nichtabnutzbarkeit weiterhin das Abschreibungsverbot (hierzu sowie zum Ansatz des niedrigeren Teilwerts im Einzelfall, insb bei Güterfernverkehrsgenehmigungen BMF 12.3.1996, BStBl I, 372). Für **Verlagswerte** dagegen ist als einem dem GFW (Anm 387) vergleichbaren WG § 7 Abs 1 S 3 EStG anwendbar (fiktive Nutzungsdauer von 15 Jahren). Die in § 246 Abs 1 S 4 enthaltene Beschränkung auf den anlässlich einer Untübernahme erworbenen GFW gilt nicht für die steuerrechtliche Abschreibungsvorschrift des § 7 Abs 1 S 3 EStG.

385 Nicht erforderlich ist, dass die zeitliche Begrenzung konkret bestimmt ist. Es genügt, dass von einer zeitlich begrenzten Nutzungsdauer allgemein ausgegangen werden muss. Als abnutzbar und damit abschreibungsfähig anerkannt sind zB **Abstandszahlungen** eines Mieters/Pächters an den Vormieter/Vorpächter für eine vorzeitige Räumung ohne Rücksicht darauf, ob der Miet-/Pachtvertrag selbst auf unbestimmte Zeit geschlossen ist (BFH 2.3.1970, BStBl II, 382), und aktivierte Aufwendungen für **schuldrechtliche** oder **dingliche Nutzungsrechte,** zB Wohnrechte aufgrund der §§ 31 ff WEG und Nießbrauchsrechte (s aber Anm 392 zu grundstücksgleichen Rechten und Ausbeuterechten). Auch Zuckerrübenlieferrechte sind als Rechte von unbestimmter, aber begrenzter Dauer abnutzbar (BFH 17.3.2010, BFH/NV 1531). Die Nutzungsdauer bestimmt sich in diesen Fällen nach der **Laufzeit** des Rechtes oder der im Vertrag bestimmten Zeit, die unter Berücksichtigung aller **Umstände des Einzelfalls** vorsichtig zu schätzen ist. Von einer **Verlängerung** der Laufzeit darf nur ausgegangen werden, wenn diese sehr wahrscheinlich ist. Ist ein Vertrag auf **unbestimmte Zeit** geschlossen oder das Nutzungsrecht auf unbestimmte Zeit begründet, ist die Nutzungsdauer ebenfalls durch vorsichtige Schätzung zu ermitteln. Hierbei bildet jedoch ein noch **überschaubarer Zeitraum** von 10 Jahren die Obergrenze, solange nicht anzunehmen ist, dass eine Nutzung über diesen Zeitraum hinaus möglich sein wird. Auch bei einem vertraglich länger als 10 Jahre bestehenden Recht ist idR wegen der wirtschaftlichen Entwertung eine Abschreibung in einem Zeitraum von 10 Jahren vorzunehmen.

Entgeltlich erworbene **Marken** können sowohl einer zeitlich *begrenzten als auch unbegrenzten Nutzung* unterliegen. Für diese Festlegung sowie – im Falle der zeitlichen Begrenzung – für die Festlegung der voraussichtlichen Nutzungsdauer sind unter Berücksichtigung des Grundsatzes der Vorsicht viele Faktoren in Betracht zu ziehen, so auch:
- die voraussichtliche **Nutzungsabsicht** der Marke **durch das Management** des Unt sowie die Abhängigkeit der Nutzungsdauer der Marke von der Nutzungsdauer anderer VG des Unt;
- der **typische Lebenszyklus** der Marke in Abhängigkeit der Kategorisierung der Marke in Unt-, Dach-, oder Produktmarke (*Hommel/Buhleier/Pauly*, BB 2007, 372; *Castedello/Schmusch*. WPg 2008, 355);
- die **Wettbewerbssituation** und **Markenrelevanz** in dem jeweiligen Marktsegment, in dem die Marke zum Einsatz kommt, und Änderungen in der **Gesamtnachfrage** nach den Produkten oder Dienstleistungen, die mit der Marke erzeugt werden (IDW S 5 Tz 71–73);
- der voraussichtliche Zeitraum, in dem **Gedächtnisinhalte** zu der Marke vorliegen, in dem folglich Abnehmer Assoziationen mit der Marke verbinden (*Greinert*, BB 2004, 484);
- der **Zeitraum der Beherrschung** der Marke und rechtliche oder ähnliche Beschränkungen hinsichtlich der Nutzung der Marke, wie bspw Bedingungen für das exklusive Nutzungsrecht an einer Marke (§ 4 Markengesetz).

Für **Steuerbilanzzwecke** gilt gem BMF 12.7.1999, BStBl I, 686, dass eine Marke unter wirtschaftlichen Gesichtspunkten nur zeitlich begrenzt genutzt werden kann und dadurch dem Grunde nach ein abnutzbares WG darstellt (vgl mit ausführlicher Begr auch *FG Düsseldorf* v 9.5.2000, EFG 1177). Als betriebsgewöhnliche Nutzungsdauer gilt in Anlehnung an § 7 Abs 1 S 3 EStG ein Zeitraum von 15 Jahren. Eine Ausnahme bilden Marken in schnelllebigen Marktsegmenten (Nutzungsdauer 3–5 Jahre; *Kulosa* in Schmidt[32] § 7 Anm 30, *FG Düsseldorf* v 9.5.2000, EFG 1177).

Außerplanmäßige Abschreibungen sind bei zeitlich begrenzt nutzbaren wie auch zeitlich unbegrenzt nutzbaren immateriellen VG nach Maßgabe des Abs 3 S 3 vorzunehmen, wenn ihr **beizulegender Wert** niedriger ist als der sich zum Abschlussstichtag ergebende Buchwert. Die Gründe für eine außerplanmäßige Abschreibung lassen sich nicht abschließend nennen. Zu denken ist an ein vorzeitiges Ende der weiteren Nutzung eines Rechtes, weil eine **Klage auf Unterlassung** einer weiteren Ausnutzung anhängig ist oder bereits eine Verurteilung zur Unterlassung vorliegt. Ein absehbares vorzeitiges Nutzungsende ist zB eine geplante **Produktionsum-** oder **-einstellung** (zu den weiteren Gründen Anm 233f). Soweit bei *Gewinnungsrechten* nicht mehr mit einer rentablen Förderung der Bodenschätze zu rechnen ist oder die **Bohrung nicht fündig** war, sind außerplanmäßige Abschreibungen vorzunehmen (bei Konzession für mehrere Bohrungen in einem Gebiet: anteilige Teilwertabschreibung). Bei Gewinnungsrechten kommen somit bereits während der Explorationsphase außerplanmäßige Abschreibungen in Betracht.

3. Geschäfts- oder Firmenwert

Zu den Vorschriften s § 246 Abs 1 S 4, § 253 Abs 3 u 5 S 2, § 285 Nr 13, § 301 Abs 3 S 1, § 309 Abs 1 sowie § 7 Abs 1 S 3 EStG;
Zu Abschreibung und Wertaufholungsverbot s ausführlich Anm 671ff.

4. Geleistete Anzahlungen

388 Unter **geleistete Anzahlungen** sind solche Zahlungen zu verstehen, die für den Erwerb eines immateriellen VG geleistet wurden (§ 247 Anm 545).
Eine **planmäßige Abschreibung** geleisteter Anzahlungen kommt regelmäßig nicht in Betracht. Wegen **außerplanmäßiger Abschreibungen** auf geleistete Anzahlungen s Anm 450.

II. Sachanlagen

389 Für verschiedene Sachanlagen wurden Nutzungsdauern in der amtlichen **AfA-Tabelle „AV"** definiert, zur Anwendung s Anm 231. Durch BMF 15.12. 2000, BStBl I 1532 wurden diese insoweit geändert, als die betriebsgewöhnlichen Nutzungsdauern durchschnittlich um ca 20 vH verlängert wurden. Für einen Vergleich zwischen alten und neuen Werten s 7. Auflage.
Sachanlagen lassen sich in die folgenden vier Gruppen untergliedern:

1. Grundstücke, grundstücksgleiche Rechte

390 **Grundstücke** unterliegen grds **keiner Abnutzung** und sind nicht planmäßig abzuschreiben. Zu beachten ist dabei, dass „Grundstück" nur der Grund und Boden, also ausschließlich etwaiger Grundstücksbestandteile (wie zB Zäune, Hof-Teerung etc) ist. Bei Grundstücken, die **planmäßig ausgebeutet** werden, zB Steinbrüche, Tongruben oder Bergbaugrundstücke, sind die AK auf das Grundstück selbst und auf die auszubeutenden Bodenschätze aufzuteilen (BFH 28.5.1979, BStBl II, 624). Zur Aufteilung eines **Gesamtkaufpreises** § 255 Anm 80ff. Nur der Anteil, der auf den **Bodenschatz** entfällt, ist planmäßig abzuschreiben (Anm 393).

391 **Außerplanmäßige Abschreibungen** sind hingegen auch bei Grundstücken nach Abs 3 S 3 vorzunehmen. Die Gründe hierfür können zB technischer Art sein, wenn infolge von Veränderungen in der Bodenbeschaffenheit der Wert voraussichtlich dauerhaft gemindert ist (zB Schlammboden nach Naturkatastrophe). Sie sind wirtschaftlicher Art, wenn der Grundstückswert aufgrund öffentlich-rechtlicher oder privatrechtlicher **Baubeschränkungen,** gesunkener Grundstückspreise (*Ehmke* in Blümich § 6 EStG Anm 792) oder Wegfall der Gründe, die für die Zahlung eines **Überpreises** ausschlaggebend waren, oder aber wegen Altlasten voraussichtlich dauerhaft gesunken ist. Eine steuerrechtliche Teilwertabschreibung setzt ebenfalls eine voraussichtlich dauernde Wertminderung voraus (Anm 315f). Nach BMF 25.2.2000, BStBl I, 372 Anm 12 zB bei Altlastverseuchung, wenn mit einer zeitnahen Beseitigung nicht zu rechnen ist (zur Frage einer Rückstellungsbildung in diesem Fall s § 249 Anm 100 „Altlastensanierung").

392 **Grundstücksgleiche Rechte,** zB **Erbbaurechte, Bergwerkseigentum,** sind – auch wenn es sich zivilrechtlich um **Grundstücksbestandteile** handelt (§ 96 BGB) – bilanzrechtlich als **selbstständige Vermögensgegenstände** anzusehen. Soweit sie aktiviert werden (§ 247 Anm 457) und ihre Nutzungsdauer begrenzt ist, sind sie planmäßig oder bei Vorliegen der Voraussetzungen außerplanmäßig abzuschreiben (s Anm 382ff).

393 Eine Besonderheit gilt für Rechte zur Ausbeute von **Bodenschätzen** (zB Mineral-, Lehm-, Sand-, Kiesabbaurechte; zu den Besonderheiten bei **Explorationskonzessionen** Anm 383). Sie sind unabhängig davon, ob sie zusammen mit dem Grundstück, auf oder unter dem sie sich befinden, erworben wurden, gesondert zu aktivieren und **planmäßig abzuschreiben** (keine Abschreibung falls Bodenschätze erst nach Erwerb des Grundstücks entdeckt werden, § 11d Abs 2 EStDV). Die Abschreibung kann wahlweise in gleichen Beträgen verteilt über die Nutzungsdauer oder nach dem jeweiligen **Grad der Ausbeute** als Leistungsabschreibung vorgenommen werden (§ 7 Abs 6 iVm Abs 1 S 6 EStG). Abschreibungsbeginn ist nicht bei Anschaffung, sondern erst mit Beginn des regelmäßigen Abbaus (Anm 383). Nach der Rspr (BFH 4.12.2006, BStBl II 2007, 508) hat die Einlage eines im Privatvermögen entdeckten Bodenschatzes in das Betriebsvermögen mit dem Teilwert zu erfolgen, wenn sich dieser bereits zu einem selbständigen WG konkretisiert hat; in Anwendung der Grundsätze zur Nutzungs- bzw Nutzungsrechtseinlage sind AfS jedoch steuerrechtlich nicht zulässig. Handelsrechtlich dagegen erfolgt die Einlage mit dem *Zeitwert,* von dem dann Abschreibungen vorzunehmen sind.

Außerplanmäßige Abschreibungen sind nach den allgemeinen Regeln vorzunehmen (Anm 300 ff).

2. Bauten einschließlich der Bauten auf fremden Grundstücken

Unter dem Posten „**Bauten**" werden **unbewegliche VG** erfasst. Zur Festle- 394 gung der planmäßigen Abschreibungen ist zwischen den verschiedenen Arten von Bauten zu unterscheiden und zu definieren, welche Bestandteile dieser Bauten dem unbeweglichen Vermögen und welche **Bestandteile** wegen ihrer eigenständigen Funktion zutreffender den technischen Anlagen und Maschinen zuzuordnen sind (steuerrechtlich: **Betriebsvorrichtungen**). Diese **Zuordnung** und damit auch die **Bewertung und Abschreibung** orientieren sich stark an der steuerrechtlichen Beurteilung.

Bauten sind zunächst **bauliche Einrichtungen,** die zum Aufenthalt von Menschen nicht nur vorübergehend geeignet, fest mit dem Boden verbunden und von einiger Beständigkeit und ausreichender Standfestigkeit sind (steuerrechtlich: **Gebäude;** zum Gebäudebegriff s auch § 247 Anm 456). Bauten sind, obwohl zivilrechtlich grds Grundstücksbestandteile, als selbstständige VG anzusehen (Anm 390).

Sonstige bauliche Maßnahmen, zB **Fabrikmauern, Parkplätze** (BFH 10.10.1990, BStBl II 1991, 59), **Außenanlagen, Straßen,** steuerrechtlich „**sonstige unbewegliche Wirtschaftsgüter"** sind ebenfalls als Bauten zu aktivieren, aber anders als Gebäude gesondert abzuschreiben (Anm 410 f).

Die **Abgrenzung** von Gebäuden zu sonstigen baulichen Maßnahmen richtet 395 sich im Zweifelsfall nach der Verkehrsauffassung. Zur steuerrechtlichen Sicht s gleich lautender LänderErl *FinVerw* 15.3.2006, BStBl I, 314. Eine **Autowaschhalle** ist ein Gebäude, wenn sich dort Bedienungspersonal aufhält und sie beheizt wird. Auch zB **Trockenschuppen** einer Ziegelei oder offene **Industrie**- oder **Markthallen** können Gebäude sein. Dagegen sind folgende Betriebsvorrichtung, aus dem nicht dauernden Aufenthalt von Menschen geeignet: kleine **Transformatorenhäuser,** Hochbehälter ohne Wohnteil sowie Kühlzellen (BFH 30.1.1991, BStBl II, 618).

Kein Gebäude mangels ausreichender Standfestigkeit sind zB **Kassenhäuschen** und **Traglufthallen.** Dagegen ist ein **Gewächshaus** ein Gebäude, obwohl Mittel des Produktionsvorgangs und damit einer technischen Apparatur vergleichbar (BFH 21.1.1988, BStBl II, 628). Die Gebäudeeigenschaft wird nicht dadurch ausgeschlossen, dass es sich um ein Bauwerk auf fremden Grund und Boden oder zivilrechtlich um einen **Scheinbestandteil** handelt, der nach einiger Zeit wieder entfernt werden soll. **Schwimmbecken** stellen bei Hotelbetrieben keine Betriebsvorrichtung dar (BFH 11.12.1991, BStBl II 1992, 278), sondern unselbstständige Gebäudeteile (*FinVerw* 15.3.2006, BStBl I, 314 Anm 3.6).

Zur Abgrenzung von Bauten ggü technischen Anlagen, anderen Anlagen (steuerrechtlich: Betriebsvorrichtungen) sowie Betriebs- und Geschäftsausstattung s außerdem Anm 414 ff.

a) Gebäude

396 Die **planmäßige Abschreibung** von Gebäuden erfolgt, soweit handelsrechtlich nicht der Komponentenansatz gewählt wird, nach dem **Grundsatz der Einheitlichkeit der Abschreibung** einschl der unselbstständigen Gebäudebestandteile (dazu EStR 4.2 Abs 5 EStR) als Einheit. Jedes Gebäude ist getrennt zu bewerten. Die Betriebsgebäude eines Unt bilden nicht deshalb, weil sie einheitlich dem Betriebszweck dienen, einen einheitlichen VG. Die Abgrenzung zwischen einem und mehreren Gebäuden kann allerdings im Einzelfall schwierig sein, wenn die Bauten miteinander verbunden sind. In diesem Fall sollten Gebäudeeinheiten nach der Zweckbestimmung, der Verkehrsanschauung oder anderen sachlichen Kriterien festgelegt werden (ähnlich *Stobbe* in HHR § 6 EStG Anm 635).

Ausnahmen vom Grundsatz der einheitlichen Abschreibung eines Gebäudes gelten für folgende Bestandteile:
– technische **Anlagen** (Anm 413 ff),
– **Scheinbestandteile** iSd § 95 BGB (hierzu Anm 425) oder
– im **wirtschaftlichen Eigentum** eines anderen als des Gebäudeeigentümers stehende Baulichkeiten (zB Mieterein- und -umbauten, Anm 428).

Diese **Bestandteile** sind als **selbstständige bewegliche Vermögensgegenstände** anzusehen und nach den für diese geltenden Regeln abzuschreiben (Anm 422). Die Zuordnung zu den beweglichen VG (*Stobbe* in HHR § 6 EStG Anm 630) geht der Zuordnung zu den Bauten vor.

397 Eine weitere Ausnahme von der Einheitlichkeit der Abschreibung besteht bei Gebäuden, bei denen **Teile unterschiedlich genutzt** werden, zB das Erdgeschoss als Ladengeschäft, der erste Stock als Mietwohnung und schließlich der zweite Stock als Privatwohnung. In diesen Fällen sind für Zwecke der Abschreibung die AK/HK des Gebäudes entspr der Anzahl der unterschiedlichen **Nutzungs- und Funktionszusammenhänge** (für mehrere eigene Betriebe s BFH 29.9.1994, BStBl II 1995, 72) und ihres Anteils an der Gesamtnutzung aufzuteilen und jeder Gebäudeteil als selbstständiges Gebäude nach den jeweils in Betracht kommenden Abschreibungssätzen (s Anm 389) abzuschreiben (EStR 4.2 Abs 3, 4, 5, 6; EStR 7.4 Abs 6 S 2).

Der **Grundsatz der Einheitlichkeit** der Abschreibung schließt es bei Gebäuden im Übrigen nicht schlechthin aus, dass Bestandteile gesondert aktiviert und abgeschrieben werden (BFH GrS 26.11.1973, BStBl II 1974, 132), wobei diese dann aber auch bei getrennter Bewertung unbewegliches Vermögen bleiben, also unverändert zum Posten Bauten gehören. Es ist dann zwischen den selbstständig abschreibungsfähigen Gebäudebestandteilen und der Abschreibung des übrigen Gebäudes zu trennen; zur Frage der Abschreibung bei einer teilweisen Fertigstellung eines Gebäudes s Anm 225.

398 **Voraussetzung für die selbstständige Bewertung** von Gebäudebestandteilen ist, dass sie **nicht** in einem einheitlichen **Nutzungs- und Funktionszusammenhang** mit dem übrigen Gebäude stehen (BFH 28.7.1993, BStBl II 1994, 164). Als selbstständig bewertbare, aber unselbstständige Gebäudeteile kommen insb solche Bestandteile in Betracht, die im Einzelfall wegen ihres Nutzungszusammenhangs mit einem Gebäude nicht als technische Anlagen, Maschinen, andere Anlagen (Betriebsvorrichtungen) anzusehen sind, zB **Rolltreppen, Fahrstuhl-, Heizungs-, Be-** und **Entlüftungs-, Klima-, Sprinkler-** und **Beleuchtungsanlagen** (zur Abgrenzung im Einzelfall Anm 414 ff).

Bei diesen Gebäudebestandteilen ist davon auszugehen, dass der einheitliche Nutzungs- und Funktionszusammenhang mit dem Gebäude der **Regelfall** und die selbstständige Bewertung der **Ausnahmefall** ist (zur Abgrenzung s EStR 4.2 Abs 3, 4, 5). Entscheidend für die ausnahmsweise selbstständige (Aktivierung und) Abschreibung ist, dass Bestandteile eine ggü der Nutzung des Gebäudes selbstständige Funktion haben. Das setzt voraus, dass sie klar von den übrigen Gebäudebestandteilen abgrenzbar sind, eine wesentlich geringere Nutzungsdauer als das Gebäude selbst haben und deshalb bei wirtschaftlicher Betrachtung als selbstständige WG anzusehen sind (BFH 17.10.1961, BStBl III 1962, 48: **Sammelheizungsanlage**; BFH 29.3.1965, BStBl III, 291: **Schaufenster-** und **Beleuchtungsanlage**; BFH 20.2.1975, BStBl II, 531: **Ladenumbau**). Bejaht generell für **Ladeneinbauten** (zu Mietern s Anm 428), **Gaststätteneinbauten**, **Schalterhallen** von Kreditinstituten sowie „ähnliche Einbauten", die einem Wandel des modischen Geschmacks unterliegen (EStR 4.2 Abs 3). Gilt selbst bei **Neubauten** (BFH 29.3.1965, BStBl III, 291 am Bsp einer Schaufensteranlage und der Beleuchtungsanlage des Schaufensters).

Aufgrund allein **steuerrechtlicher Abschreibungsbestimmungen** (also erhöhter Absetzungen oder Sonderabschreibungen) können zahlreiche Gebäudebestandteile ohne Prüfung ihrer Selbständigkeit als **selbstständig bewertbare Gebäudebestandteile** in der StB abgeschrieben werden (zB erhöhte Absetzung bei Baudenkmalen, § 7i EStG, s Anm 250 ff). 399

Sind **einzelne Gebäudebestandteile** nach diesen Kriterien selbstständig bewertungsfähig, ist ihre Nutzungsdauer stets kürzer als diejenige des Gebäudes, da es sich typischerweise um Bestandteile handelt, die einer schnelleren technischen und wirtschaftlichen Überholung aufgrund ständiger Weiterentwicklung und des sich ändernden Geschmacks ausgesetzt sind. Vertretbar ist oft eine Nutzungsdauer zwischen 5 und 10 Jahren. Die steuerrechtlichen AfA-Tabellen für bewegliche WG können ebenfalls einen Anhaltspunkt bei der Schätzung der Nutzungsdauer geben (zu den Auswirkungen der Änderung der allgemeinen AfA-Tabelle s Anm 231). 400

Außerplanmäßige Abschreibungen sind bei selbstständig zu bewertenden Gebäudebestandteilen nach den gleichen Regeln wie bei den beweglichen VG vorzunehmen. 401

Linear berechnete Abschreibungen sind als **Mindestabschreibung** auf Gebäude nach Maßgabe von § 7 Abs 4 EStG für die steuerrechtliche Gewinnermittlung *zwingend* vorzunehmen (so auch BFH 11.12.1987, BStBl II 1988, 335). Die nach dieser Vorschrift unterstellte Nutzungsdauer *kann* grds auch der handelsrechtlichen Abschreibung zugrunde gelegt werden. 402

Ist die **tatsächliche Nutzungsdauer** kürzer, kann diese sowohl handels- als auch steuerrechtlich (§ 7 Abs 4 S 2 EStG) angesetzt werden, wobei für die Berechnung der tatsächlichen Nutzungsdauer auch der Zeitraum nach Ausscheiden des WG aus dem Betrieb zu berücksichtigen ist (für Musterhäuser BFH 23.9.2008, BStBl II 2009, 986).

Genauso darf im **Einzelfall** die tatsächliche Nutzungsdauer die steuerrechtlich unterstellte Nutzungsdauer übersteigen. Insoweit ist es handelsrechtlich zulässig, der Abschreibung die tatsächlich längere Nutzungsdauer zugrunde zu legen (Anm 235). Die Folge hiervon ist, dass wegen der geringeren handelsrechtlichen Gebäudeabschreibungen die Buchwerte in der HB von denjenigen in der **StB** (Mindestabschreibung nach § 7 Abs 4 EStG) abweichen.

Die **steuerrechtlichen Gebäudeabschreibungs-Bestimmungen** werden nachfolgend dargestellt:

(1) **Wirtschaftsgebäude** (zB Fabrikgebäude oder sonstige gewerblich genutzte Räume), also Gebäude, die nicht Wohnzwecken dienen, werden gem § 7 403

Abs 4 S 1 Nr 1 EStG jährlich zwingend mit mind 4 vH der AK/HK abgeschrieben, wenn der Bauantrag nach dem 31.3.1985 gestellt wurde und die Herstellung vor dem 1.1.2001 begonnen wurde (durch Einreichung des Bauantrags vor dem 1.1.2001) bzw die Anschaffung vor dem 1.1.2001 erfolgte (§ 52 Abs 21b EStG). Liegt der Beginn der Herstellung bzw die Anschaffung nach dem 31.12. 2000, beträgt der AfA-Satz mind 3 vH. Zu **gemischter Nutzung** s Anm 397. Außerdem sind **außerplanmäßige Abschreibungen** wegen außergewöhnlicher Abnutzung bzw niedrigeren Teilwerts zulässig (Anm 409).

404 (2) **Sonstige Gebäude** sind jährlich mit mind 2 vH (bzw 2,5 vH, soweit sie vor dem 1.1.1925 fertiggestellt worden sind) der AK/HK abzuschreiben (§ 7 Abs 4 S 1 Nr 2 EStG). Die Absicht, ein noch genutztes Gebäude vor dem Ende der Nutzungsdauer abzubrechen, rechtfertigt nicht die Annahme einer kürzeren Nutzungsdauer (Anm 229 und EStH 7.4 „Nutzungsdauer"). Die Annahme einer **längeren Nutzungsdauer** als 50 (oder 40) Jahre wird nur in seltenen Ausnahmen in Betracht kommen. Steuerrechtlich ist eine längere tatsächliche Nutzungsdauer unerheblich (EStR 7.4 Abs 4 S 2). **Außergewöhnliche Abnutzung** und niedriger Teilwert können durch außerplanmäßige Abschreibungen berücksichtigt werden (§ 7 Abs 4 S 3 EStG). Eine außerplanmäßige Abschreibung allein unter Hinweis auf die nichtbetriebliche Nutzung bzw auf einen Bauantrag vor dem 1. April 1985 bei Wirtschaftsgebäuden ist allerdings ausgeschlossen (§ 7 Abs 4 S 4 EStG).

405 Die **degressive Abschreibung** der AK/HK eines Gebäudes ist **steuerrechtlich** nur in den **Grenzen** des § 7 Abs 5 EStG anerkannt (EStR 7.4 Abs 6 S 1). Ein **Wahlrecht** für lineare bzw degressive Abschreibung besteht für **Wohngebäude** und ihnen nach § 7 Abs 5a EStG gleichgestellte Objekte (*Kulosa* in Schmidt[32] § 7 Anm 160). Zur Zulässigkeit eines nachträglichen **Wechsels der Abschreibungsmethode** s Anm 270 (idR unzulässig, EStH 7.4 „Wechsel..."; *FG Niedersachsen* 2.8.2000, EFG 2001, 351). Die degressive Gebäudeabschreibung gem § 7 Abs 5 EStG stellt keine „erhöhte Abschreibung oder Sonderabschreibung" dar, die nur steuerrechtlich zulässig ist. Allein wegen der hohen Abschreibungsraten in den ersten Jahren eine nur steuerrechtlich mögliche „Sonder-"Abschreibung anzunehmen, die handelsrechtlich nicht vorgenommen werden darf, erscheint nicht angebracht, da auf den Einzelfall abzustellen ist. Entscheidend ist, ob der handelsrechtliche Schätzungsrahmen, insb im Hinblick auf die am Immobilienmarkt bestehenden Unsicherheiten, verlassen wird (*ADS*[6] § 254 Anm 33).

406 Die degressive AfA nach § 7 Abs 5 ist ein auslaufendes Recht; für Neubauten (Bauantrag/obligatorischer Vertrag ab VZ 2006) wird sie bereits nicht mehr gewährt (s *Kulosa* in Schmidt[32] § 7 Anm 160; zu den Abschreibungssätzen im Einzelnen s Vorauf Anm 344 und *Kulosa* in Schmidt[27] § 7 Anm 166 ff). Bei Anschaffung steht die Anwendung der degressiven Berechnungsmethode **steuerrechtlich** unter dem **Vorbehalt,** dass der bisherige Eigentümer (bzw Abschreibungsberechtigte) das betr Gebäude, Anzahlungen oder Teilherstellungskosten hierfür **weder degressiv abgeschrieben** noch **steuerrechtliche Sonder-** oder **erhöhte Absetzungen** in Anspruch genommen hat (§ 7 Abs 5 S 2 EStG).

407 Im **Jahr der Anschaffung/Herstellung** ist der volle Jahresbetrag abzusetzen (§ 7 Abs 5 S 3 EStG). Zur Berücksichtigung **nachträglicher Anschaffungs- oder Herstellungskosten** s Anm 276 und § 255 Anm 375. Sie können zu einer nachträglichen Verlängerung der Nutzungsdauer führen. Steuerrechtlich wird das für Gebäude-Abschreibungen grds angenommen, weil die nach § 7 Abs 4 S 1 oder Abs 5 EStG geltenden Sätze meist unverändert auf die erhöhten AK/HK angewandt werden (EStH 7.4 „AfA nach nachträglich Anschaffungs- oder Herstellungskosten" Beispiele 2, 3). Bei Abschreibung nach § 7 Abs 4 EStG sieht EStH 7.4 „Nachträgliche AK/HK" allerdings außerdem vor, dass der um die nachträglichen AK/HK erhöhte Restwert gleichmäßig auf die Restnutzungsdauer verteilt werden kann, wenn andernfalls die tatsächliche Nutzungsdauer nicht erreicht wird. Das gilt auch bei der Gebäudeabschreibung nach § 7 Abs 5 EStG. Werden Gebäude mit höheren als den Regelsätzen abgeschrieben (§ 7 Abs 4 S 2 EStG), bemisst sich die Abschreibung vom Jahr der Entstehung der nachträglichen AK/HK nach der Restnutzungsdauer.

Im **Jahr der Veräußerung** ist nur eine Abschreibung **pro rata temporis** bis 408 zum Veräußerungstag zulässig (EStR 7.4 Abs 8 S 1; Anm 228). Dies gilt auch dann, wenn ein Gebäude im Jahr der Anschaffung/Fertigstellung wieder veräußert wird. Vorstehendes ist für **Gebäudeteile** (Anm 397) entspr anzuwenden (§ 7 Abs 5a EStG).

Außerplanmäßige Abschreibungen können nach Abs 3 S 3 vorzunehmen 409 sein, wenn der beizulegende Wert (oder der steuerrechtliche Teilwert, Anm 386 ff und Anm 317 ff) niedriger als der Buchwert zum Bilanzstichtag ist. Die Gründe können in einer besonderen **technischen** oder **wirtschaftlichen Abnutzung** liegen (§ 7 Abs 1 S 6, Abs 4 S 3 EStG, hierzu Anm 334) oder auf Gründen beruhen, die nicht in unmittelbarem Zusammenhang mit dem Gebäude selbst stehen, zB Wertminderung wegen Umorganisation des Betriebsablaufs und dem sich daraus ergebenden **unorganischen Betriebsaufbau**. Auch in den AK/HK enthaltene Beträge sind abzuschreiben, wenn ihnen kein Gegenwert (mehr) gegenübersteht, zB bei teurer, aber **unzweckmäßiger Ausstattung**, bei **Schnellbaukosten**, bei Isolierungen (soweit wegen gesunkener Energiepreise unwirtschaftlich), bei einem Überpreis bei Anschaffung (etwa um einen Konkurrenten zu überbieten, dessen Ansiedlung verhindert werden sollte). Zu weiteren Gründen einer außerplanmäßigen Abschreibung s Anm 300 ff.

b) Sonstige bauliche Maßnahmen

Auch **sonstige bauliche Maßnahmen** sind als „Bauten", also bei den un- 410 beweglichen VG auszuweisen (Anm 394), wenn sie weder technische oder andere Anlage (Anm 413) noch Scheinbestandteil (und deswegen beweglicher VG) eines Grundstückes oder Gebäudes sind. In Betracht kommen zB **Außenanlagen**, **Einfriedungen**, *normale* **Bodenbefestigungen** (zu den *besonderen* Bodenbefestigungen Anm 419).

Die AK/HK dieser VG, die meist nicht dem Produktionsprozess dienen, sind 411 im Regelfall mit gleichen Jahresbeträgen **(linear)** über die knapp geschätzte Nutzungsdauer (Anm 229) zu verteilen. Diese Annahme legt auch § 7 Abs 1 S 1 und 2 EStG zugrunde, der für unbewegliche abnutzbare WG die Vornahme von AfA in **gleichen Jahresbeträgen** verteilt über die Nutzungsdauer vorschreibt.

3. Maschinen, Anlagen, Betriebs- und Geschäftsausstattung

a) Maschinen, technische Anlagen

Die Abschreibung von **Maschinen** (§ 247 Anm 480), die auch steuerrechtlich 412 zu den beweglichen WG gehören, erfolgt nach denselben Regeln wie die Abschreibung von Anlagen, Anm 422.

In § 266 wird zwischen **technischen** und **anderen Anlagen** unterschieden. 413 Die Unterscheidung soll bei Produktionsbetrieben dazu dienen, Anlagen des Produktionsprozesses von solchen zu unterscheiden, die nicht unmittelbar der Produktion dienen (§ 266 Anm 66).

Die **Zuordnung** zu den einzelnen Posten der Gliederung des JA ist im Übrigen für die **Bewertung ohne Bedeutung**. Deshalb wird nachfolgend nicht zwischen technischen und anderen Anlagen unterschieden.

Großanlagen, die aus einer Vielzahl von Einzel-VG bestehen, zB **Fertigungsstraßen, Abfüllanlagen,** sind wegen ihrer gemeinsamen und **einheitlichen Funktion** als ein VG abzuschreiben. Bei der Frage, welche Einzelteile als Bestandteil der Großanlage anzusehen sind, besteht ein weiter **Ermessensspielraum.** Dies ist auch steuerrechtlich anerkannt (BFH 3.3.1978, BStBl II, 412 am Beispiel einer **Abfüllanlage;** aber BFH 11.5.1978, BStBl II, 513 im Falle eines **Gasbetonwerks,** bei dem **Maschinen, Heizkessel, Gebäude** sowie **Formen** gesondert aktiviert und innerhalb der jeweiligen Nutzungsdauer abgeschrieben wurden).

Neben der Frage, welche **Einzelteile** als **Bestandteil** einer Großanlage anzusehen sind, kann bei in Gebäuden **eingebauten Anlagen** fraglich sein, ob es sich bei diesen Anlagen weiterhin um selbstständig zu bewertende, **bewegliche Vermögensgegenstände** handelt, oder ob sie durch ihren Einbau zu einem unselbstständigen **Gebäudebestandteil** geworden und zusammen mit diesem abzuschreiben sind.

414 Die **Abgrenzung** zwischen Anlagen und Gebäude- oder Grundstücksbestandteilen (Anm 398) erfolgt vor allem nach der **Funktion einer Anlage,** also nach wirtschaftlichen Kriterien.

Die **handelsrechtliche Zuordnung** der Anlagegüter zu den „technischen Anlagen" oder „anderen Anlagen" oder zu den „Bauten" orientiert sich an der steuerrechtlichen Rspr zur Abgrenzung von **Betriebsvorrichtungen** ggü unselbstständigen Gebäudebestandteilen. Diese Zuordnung erfolgt nach den Kriterien der festen Verbindung (Anm 415) sowie des Nutzungs- und Funktionszusammenhangs (Anm 416):

415 **Feste Verbindung.** Die feste Verbindung einer Anlage mit einem Gebäude ist an sich ein Indiz für einen zusammen mit dem Gebäude zu bewertenden Gebäudebestandteil. Dies gilt jedoch nur mit **Einschränkungen:**

„**Fest**" ist eine Verbindung nicht allein deshalb, weil VG einem Gebäude besonders angepasst wurden oder sie durch Zu- und Ableitungen mit dem Gebäude verbunden sind. Anders dagegen, wenn die eingebauten VG im ausgebauten Zustand nicht selbstständig verwendbar sind, etwa bei **Einbaumöbeln,** denen Seiten- oder Rückwände fehlen. Aber auch fest in das Gebäude eingebaute VG sind nicht notwendig Gebäudebestandteile, wenn sie nicht mit dem Gebäude in einem Nutzungs- und Funktionszusammenhang stehen.

416 **Nutzungs- und Funktionszusammenhang.** Stehen VG bei *wirtschaftlicher* Betrachtung nicht in einem solchen Zusammenhang mit dem Gebäude, sondern dienen sie anderen betrieblichen Zwecken, ist es bilanzrechtlich nicht ausgeschlossen, diese VG als selbstständige bewegliche WG abzuschreiben. Diese Sonderregeln gehen der zivilrechtlichen Beurteilung vor. Maßgeblich ist also auch hier die wirtschaftliche Betrachtungsweise (*Stobbe* in HHR § 6 EStG Anm 637 ff).

417 Die Rspr zu § 68 Abs 2 Nr 2 BewG, wonach Maschinen und sonstige Vorrichtungen aller Art, die zu einer Betriebsanlage gehören **(Betriebsvorrichtungen),** nicht in das Grundvermögen einzubeziehen sind, auch wenn sie (zivilrechtlich) wesentliche Bestandteile sind, ist grds auch auf die **ertragsteuerrechtliche Abgrenzung** zwischen beweglichen und unbeweglichen WG übertragbar (so auch EStR 7.1 Abs 3 und EStH 7.1 „Betriebsvorrichtungen"). Eine Bindung an die Entscheidungen zum Bewertungsrecht besteht allerdings nicht.

418 Insgesamt hat sich eine **umfangreiche Kasuistik** entwickelt (zur Abgrenzung Grundvermögen von Betriebsvorrichtung koordinierter Ländererlass zB *FinMin Baden-Württemberg* 15.3.2006, BStBl I, 314).

Die Einordnung eines WG nach Nutzungs- und Funktionszusammenhang als Betriebsvorrichtung orientiert sich daran, ob das WG gerade für Zwecke des in den Gebäuden ausgeübten Gewerbes verwendet wird, oder ob eine Verwendung auch dann möglich wäre, wenn in dem Gebäude ein anderes Gewerbe betrieben würde. Betriebsvorrichtungen sind deshalb nicht nur Maschinen und **maschinenähnliche Anlagen,** sondern auch solche Anlagen, die zwecks Ausübung des Gewerbes eine ähnliche Funktion wie Maschinen haben. Es kommt auf den **Einsatz- und Verwendungszweck** im konkreten Betrieb an. Es ist möglich, dass eine bestimmte Anlage in einem **Fabrikationsbetrieb** als Betriebsvorrichtung angesehen wird, in einem **Handelsbetrieb** dagegen als Gebäudebestandteil.

Betriebsvorrichtung nach BFH: Ungewöhnlich starke **Hofbefestigung;** **419** **Teststrecke** oder **Rollbahn; Klimaanlage** in einer Tabakfabrik bzw **Möbellager** (s Anm 421: Einbau in Möbelhaus); **Ladefläche, Parkplätze** (s aber BFH 10.10.1990, BStBl II 1991, 59 Qualifizierung befestigter PKW-Verladeplatz); **Fahrstuhl, Fahrstuhlschacht** für Lastenaufzug (soweit ohne statische Funktion); **vollautomatisches Hochregallager;** im Einzelfall **Sprinkleranlagen** und **Einbaumöbel,** selbst wenn Ausbau nur mit Substanzverlust möglich wäre (nicht aber eingepasste **Einbauküchen** in Hotelappartements: sonstige bewegliche VG, BFH 1.12.1970, BStBl II 1971, 162); **Schaufensteranlage** bei Möbel- und Dekorationsgeschäft in eigenen Räumen; **Silo** in dem Sägemehl gespeichert und in der Heizung verbrannt wird, kann Betriebsvorrichtung sein (zur Abgrenzung bei Silotürmen *FG Köln* 17.12.1996, EFG 1997, 1092); **Drainageanlagen; Einzelfundamente** für Maschinen.

Sonstige Ladeneinbauten sind im Einzelfall Betriebsvorrichtungen eines **420** Handelsbetriebs (zB bei besonders konstruierter **Einrichtung** eines Bekleidungsgeschäfts in Mieträumen). Unerheblich, ob Einrichtung zugleich als **Wand-** oder **Deckenverkleidung** dient, solange Funktion als **Ladenausgestaltung** im Vordergrund steht. Dagegen ist eine abgehängte, mit Beleuchtungsanlage versehene **Kassettendecke** im Büroraum keine Betriebsvorrichtung, sondern Gebäudebestandteil (BFH 8.10.1987, BStBl II 1988, 440). Allerdings lässt der BFH offen, ob für Kassettendecken in einem Warenhaus etwas anderes gelten kann.

Nicht ausreichend für die Qualifikation als Betriebsvorrichtung ist, dass eine **421** Anlage zu einem gewerblichen Betrieb gehört oder dass sie für die Ausübung des Gewerbebetriebes nützlich, notwendig oder vorgeschrieben ist, wenn sie ihrem Wesen nach in einem **Nutzungs- und Funktionszusammenhang mit dem Gebäude** steht. Der BFH sah deshalb eine **Sprinkleranlage** weder in einem Warenhaus, noch in einer Fabrik (jedoch unter Hinweis, dass es auf den jeweiligen Einzelfall ankommt) als Betriebsvorrichtung an. Ebenso lehnte der BFH die Anerkennung einer **Rolltreppe** in einem **Kaufhaus** als Betriebsvorrichtung ab. Auch eine **Be- und Entlüftungsanlage** in einem Möbelhaus ist nicht allein deshalb Betriebsvorrichtung, weil sie auch eine für die Möbellagerung günstige Luftbeschaffenheit erzeugt (ebenso FinMin NRW 6.3.1989, DB, 657 für derartige Anlagen in Tiefgaragen; anders bei Tabakfabriken und Möbellagern, Anm 419). Eine **zusätzlich** zur vorhandenen Heizung eingebaute **Gasheizungsanlage** und **Elektroinstallation** steht nicht notwendigerweise in unmittelbarer Beziehung zu dem in den Räumen ausgeübten Gewerbe und kann deshalb nicht als Betriebsvorrichtung anzusehen sein (auch im Falle der **Modernisierung** eines gemieteten Einzelhandelsgeschäfts). **Markisen** in Wohngebäuden sind unselbstständiger Gebäudebestandteil; jedoch nicht **Regenwasserauffanganlagen** und **Regenwasserhebeleitungen;** in Hotels gehören **Schwimmbäder** zum Gebäude (gleich lautender Erl *FinVerw* 15.3.2006, BStBl I, 314); ebenso sind auf Betonklötzen ruhende **Bürocontainer** Gebäude.

Die **Abschreibung von Anlagen** kann sowohl linear, degressiv (nur handels- **422** rechtlich) oder auch nach der Leistungsabgabe berechnet werden (zu den **unter-**

schiedlichen **Abschreibungsmethoden** Anm 238 ff). Bei der **Schätzung** der jeweiligen Nutzungsdauer, die idR zwischen fünf und zehn Jahren beträgt, können, wenn betriebliche Erfahrungswerte fehlen, die steuerrechtlichen **AfA-Tabellen** einen Anhaltspunkt geben (zur Auswirkung der Änderung der allgemeinen AfA-Tabelle s Anm 231).
Zur **außerplanmäßigen Abschreibung** von Anlagen s Anm 300 ff.

b) Andere Anlagen, Betriebs- und Geschäftsausstattung

423 Hierzu gehören solche VG, die weder mit einem Gebäude oder Grundstück fest verbunden, noch anderen Arten beweglicher VG, also den technischen Anlagen, Maschinen oder anderen Anlagen zuzuordnen sind. Wegen der Beurteilung von Gebäudeeinbauten s Anm 424.

424 **aa) Gebäudeeinbauten.** Zur Zuordnung zur Betriebs- und Geschäftsausstattung ist zum einen erforderlich, dass die Anlagen wegen ihres **Einbaus** in ein **Gebäude** und ihres Nutzungs- und Funktionszusammenhangs mit einem Gebäude nicht als technische oder andere Anlagen anzusehen sind.

425 Trotz des **festen Einbaus** und des Nutzungs- und Funktionszusammenhangs mit einem Gebäude sind diese „Anlagen" aber als **selbstständige bewegliche** VG anzusehen, wenn es sich um **Scheinbestandteile** iSd § 95 BGB handelt (EStH 7.1 „Scheinbestandteile").

Für die Qualifikation als Scheinbestandteil kommt es grds auf das bürgerliche Recht an (BFH 9.4.1997, BStBl II, 452). Entscheidend ist (bei Einbauten durch Mieter sowie Gebäudeeigentümer) nicht allein der **Wille des Einbauenden**, sondern auch die **tatsächliche Gestaltung,** aus der sich Anhaltspunkte für den nur vorübergehenden Einbau ergeben müssen (BFH 31.7.1997, BFH/NV 1998, 215). Die Vornahme einer Maßnahme durch einen Mieter, zB Einbau einer **Rolltreppe** statt der bisherigen Treppe (zur Abgrenzung zwischen technischen Anlagen und Gebäudebestandteilen s Anm 414 ff), ist nicht immer ein eindeutiger Hinweis darauf, dass der Einbau nur zu einem **vorübergehenden Zweck** erfolgt. Dies gilt selbst dann, wenn bei Beendigung der Mietzeit vom Vermieter die Beseitigung der Einbauten verlangt werden kann. Es kommt vielmehr auf die **Gesamtheit aller Umstände** an, zB kann die Art und Weise der Verbindung einen Hinweis auf ihre vorübergehende Natur geben. **Zusätzliche Anhaltspunkte** für einen nur vorübergehenden Einbau sind bei Mietereinbauten, dass die **Nutzungsdauer des Einbauteils** die Mietvertragsdauer übersteigt (ist sie kürzer s Anm 428). Maßgeblich ist allerdings nicht die vereinbarte, sondern die **voraussichtliche Mietdauer,** also unter Einschluss zu erwartender Verlängerungen des Mietvertrags, und dass die Teile auch nach ihrem Ausbau einen über dem Schrottwert liegenden Wert haben und nach **Art und Zweck der Verbindung** damit zu rechnen ist, dass die eingebauten Sachen später wieder entfernt werden. Bei Einbauten und Umbauten in gemieteten oder gepachteten Räumen kommt es häufiger vor, dass der Einbau nur zu einem vorübergehenden Zweck erfolgt (zu Mieterein- und -umbauten Anm 428). Dennoch lehnte BFH 9.8.1966, BStBl III 1967, 65 die Anerkennung von durch den Mieter eingebauten **Ladentüren, Schaufenstern,** einer **Heizungsanlage** und der **Elektroinstallation** sowohl als Betriebsvorrichtung als auch als Scheinbestandteil ab.

426 Bei **Einbauten in eigene Gebäude** ist davon auszugehen, dass diejenigen Bestandteile nur zu einem vorübergehenden Zweck eingefügt sind, die einem schnellen Wandel des modischen Geschmacks (s auch EStR 4.2 Abs 3) oder des technischen Fortschritts unterliegen (dann aber auch, wenn sie in einen Neubau eingefügt sind), solange sie nicht für den Gesamtbestand des Gebäudes wesentlich sind. Scheinbestandteile und damit selbstständige bewegliche VG können deshalb zB **Raumteiler, Fassaden, Passagen, nichttragende Wände, Ladeneinbau-**

ten, **Gaststätteneinbauten, Schalterhalleneinrichtungen** und auch **Schaufensteranlagen** sein (s Anm 398).

Sonstige Ein- und Umbauten sind diejenigen Einbauten, die weder Betriebsvorrichtungen noch Scheinbestandteile sind. Sie sind **Gebäudebestandteil** und deshalb unbewegliche WG und wie diese abzuschreiben (hierzu Anm 403 f). 427

Dies schließt jedoch ihre selbstständige (Aktivierung und) **Abschreibung als Gebäudebestandteil**, also als unbewegliches WG nicht aus, wenn diese Bestandteile im wirtschaftlichen Eigentum eines anderen als des Gebäudeeigentümers, zB eines Mieters oder Pächters stehen.

Mieterein- und -umbauten sind solche Baumaßnahmen, die der Mieter eines Gebäudes auf seine Rechnung an den gemieteten Gebäuden oder Gebäudeteilen vornimmt. Sie können vom Mieter aktiviert werden, wenn es sich ggü dem Gebäude um selbstständige WG handelt, die seinem Betriebsvermögen zuzurechnen sind und die Nutzung durch den Mieter zur Einkünfteerzielung sich erfahrungsgemäß über einen Zeitraum von mehr als einem Jahr erstreckt (BFH 15.10.1996, BStBl II 1997, 533; krit *Moxter* BB 1998, 259 und *Niehues* DB 2006, 1234). Zwischen Einbauten von Mietern und sonstigen Nutzungsberechtigten besteht **kein Unterschied** (BFH 31.10.1978, BStBl II 1979, 399 zu Einbauten eines Miteigentümers; BFH 31.10.1978, BStBl II 1979, 507 bei „schlichter Nutzungsüberlassung"). Sie sind vom Mieter als **bewegliche** WG zu aktivieren, wenn er sachenrechtlicher Eigentümer ist (Scheinbestandteile nach § 95 BGB) oder eine Betriebsvorrichtung des Mieters besteht (§ 68 Abs 2 Nr 2 BewG); als **unbewegliche** WG unter dem Gesichtspunkt des besonderen Nutzungs- und Funktionszusammenhangs oder des wirtschaftlichen Eigentums (BFH 11.6.1997, BStBl II, 774). 428

Soweit die **Nutzungsdauer** der Baumaßnahmen kürzer ist als die voraussichtliche Dauer des Mietvertrags oder der Mieter verpflichtet ist, die baulichen Veränderungen bei seinem Auszug zu beseitigen, beruht die Bilanzierung beim Mieter auf dessen wirtschaftlichem Eigentum (BFH 27.2.1991, BStBl II, 628). Ihm steht nämlich in diesen Fällen die **ausschließliche Gebrauchsbefugnis** zu. Das zivilrechtliche Eigentum des Vermieters ist insoweit für die Bilanzierung ohne Bedeutung. Gleiches gilt, wenn der Mieter bei Beendigung des Mietverhältnisses Anspruch auf eine Entschädigung in Höhe des Restwerts der Einbauten hat (BFH 28.7.1993, BStBl II 1994, 164). Der Mieter ist selbst dann zur selbstständigen Bilanzierung und Abschreibung berechtigt, wenn die Baumaßnahmen, hätte sie der Gebäudeeigentümer vorgenommen, nicht zur Entstehung selbstständig abzuschreibender Gebäudebestandteile geführt hätten (*BdF* 15.1.1976, BStBl I, 66 und Anm 394 ff).

Wären die Aufwendungen beim Eigentümer **Erhaltungsaufwand**, lässt sich keine Aktivierung beim Mieter begründen (BFH 21.2.1978, BStBl II, 345).

Ein **Sonderfall** liegt vor, wenn die Baumaßnahmen eines Mieters über die Mietvertragsdauer nutzbar sind und der Mieter bei Auszug lediglich einen **Anspruch auf Ersatz** seiner Aufwendungen in einem bestimmten Umfang hat, im Übrigen aber weder rechtlich noch wirtschaftlich Eigentümer der Ein- und Umbauten wird. In diesem Falle sind die Umbaumaßnahmen durch den Mieter „wie" **materielle WG** zu aktivieren und abzuschreiben, obwohl der Mieter durch seine Aufwendungen an sich keine VG, sondern nur einen **Nutzungsanspruch** während der Mietdauer erworben hat Die Aktivierung eines nur **immateriellen WG** aufgrund von Aufwendungen im Zusammenhang mit Ladenein- und -umbauten eines Mieters scheidet aus (§ 247 Anm 372 ff mwN; *Weber-Grellet* in Schmidt[32] § 5 Anm 270 „Mietereinbauten und -umbauten"; BMF 15.1.1976, BStBl I, 66; vgl auch *Körner/Weiken*, BB 1992, 1033; Bauten auf Grundstücken im (Mit-)Eigentum des Ehegatten gehen nicht automatisch in 429

§ 253   430–440   Jahresabschluß (Bewertungsvorschriften)

das wirtschaftliche Eigentum des Unternehmers über, möglich ist ein **Nutzungsrecht,** aber auch eine Schenkung s BFH 20.5.1988, BStBl II 1989, 269; BFH 17.3.1989, BStBl II 1990, 6 und 6.3.1991, BFH/NV, 525).

430 **bb) Einrichtungsgegenstände, sonstige Gegenstände.** In Betracht kommen *Geräte, Fahrzeuge, Ladentheken, Vorführstücke, Büro-* und *Lagereinrichtungen, transportable Zwischenwände, Teppiche, Telefonanlagen, Telefax, EDV-Hardware (PC, Laptop, etc), Kopierer,* § 247 Anm 500 f.

431 Für die Bewertung gelten keine Besonderheiten, daher Anm 212 ff zur planmäßigen Abschreibung und Anm 300 ff zur außerplanmäßigen Abschreibung.

434 **cc) VG von geringem Wert.** Bei VG von geringstem und geringem Wert (steuerrechtlich: GWG des Anlagevermögens) ist eine sofortige aufwandswirksame Verrechnung oder – zur **Vereinfachung** der planmäßigen Abschreibung – die **Sofortabschreibung** der AK/HK im **Jahre des Zugangs** bzw die Einstellung in einen Sammelposten entspr § 6 Abs 2, 2a EStG *handelsrechtlich* grds zulässig; zu steuerlichen Abschreibungsmöglichkeiten für GWG s Anm 275. Unerheblich ist, ob die VG neu oder gebraucht sind (*Kulosa* in Schmidt³² § 6 Anm 596) oder ob es sich um Maschinen, technische Anlagen, andere Anlagen oder Büro- und Geschäftsausstattung handelt.

435 In den **Anwendungsbereich** der (steuerrechtlichen) Vereinfachungsregel fallen nur **selbstständig nutzungsfähige VG** von geringem Wert, deren Nutzungsdauer begrenzt ist.

436 Die **zivilrechtliche Beurteilung** eines VG kann allenfalls einen **Anhaltspunkt** für eine selbstständige Bewertung geben. Letztlich entscheidend ist die wirtschaftliche Betrachtungsweise. Der Begriff *„selbstständige Nutzungsfähigkeit"* ist ein unbestimmtes Tatbestandsmerkmal und der Konkretisierung bedürftig (s hierzu *Kleinle/Dreixler* in HHR § 6 EStG Anm 1265 ff).

437 **Selbstständig aktivier- und bewertbar** sind nach bilanzrechtlichem Verständnis solche VG, die klar ggü anderen VG abgegrenzt sind und von selbstständigem Nutzen nach der konkreten Art der Verwendung im Unt sind. Maßgeblich ist also nur die **tatsächliche Verwendung** im Betrieb (BFH 15.3.1991, BStBl II, 682 und *Kleinle/Dreixler* in HHR § 6 EStG Anm 1265) und nicht die übliche Zweckbestimmung oder die **Verkehrsauffassung.**

438 Nach § 6 Abs 2 S 2 EStG ist ein WG einer selbstständigen Nutzung dann nicht fähig, wenn es nach seiner **betrieblichen Zweckbestimmung** nur zusammen mit anderen WG des Anlagevermögens genutzt werden kann und die in den Nutzungszusammenhang eingefügten WG technisch aufeinander abgestimmt sind. Dabei ist ein WG nicht allein deshalb als selbstständig anzusehen, weil es aus dem betrieblichen Nutzungszusammenhang wieder gelöst und in einen anderen betrieblichen Nutzungszusammenhang eingefügt werden kann (§ 6 Abs 2 S 3 EStG). Während diese Voraussetzungen bislang verhindern sollten, dass hochwertige WG als eine Summe von GWG ausgegeben, also Sacheinheiten zwecks Inanspruchnahme der Sofortabschreibung in einzelne Teile zerlegt werden, besteht mit Einführung der Sammelpostenmethode uU steuerbilanziell ein Anreiz, gerade diese Sacheinheiten zu bejahen, um AK/HK von mehr als € 1000 zu generieren und damit statt der pauschalierten Nutzungsdauer von 5 Jahren im Rahmen der Sammelpostenmethode eine ggf kürzere tatsächliche Nutzungsdauer in Anspruch nehmen zu können.

440 **Unselbstständig nutzbar** sind VG, die ausschließlich in (loser oder fester) Verbindung mit anderen gleich- oder verschiedenartigen VG verwendet werden, weil sie auf diese **integrierte Verwendung** technisch abgestimmt sind. Die Festigkeit der Verbindung ist allenfalls ein Hinweis auf die Unselbstständigkeit der Nutzbarkeit (BFH 15.3.1991, BStBl II, 682 und *Kulosa* in Schmidt³² § 6 Anm 597). Eine nur wirtschaftliche Abstimmung ist unschädlich. So ist zB bei genormten **Stahlregalteilen,** die auf Dauer zu einem Stahlregal oder anderen Vorrichtungen zusammengesetzt sind, nur hinsichtlich des Regals oder der Vorrichtung, nicht aber hinsichtlich jedes **Regalsegments** Selbstständigkeit gegeben (EStH 6.13 „ABC"). Dabei ist unerheblich, dass ein Auseinanderbau und eine andere Verwendung der Regalsegmente möglich ist, wenn nicht gerade der nur **vorübergehende Zusammenbau** der Zweck der Regalsegmente ist (zB bei Regalen, die auf Messen und Ausstellungen aufgebaut werden).

Erfolgt der **Zusammenbau nicht auf Dauer,** bedeutet dies nicht notwendig, dass Einzelteile oder -segmente selbstständig sind. Möglich ist vielmehr, dass sie **unselbstständiger Bestandteil eines Gesamtbestands** sind, es sich also um Sachgesamtheiten handelt. Allein dieser Gesamtbestand ist dann „ein" VG, der zu aktivieren und zu bewerten ist. Während etwa bei einem „Paar Schuhe" das Vorliegen einer Sachgesamtheit noch evident ist, kann die **Abgrenzung in der Praxis** unklar sein. Das gilt zB für die Einzelteile von sog **Kupplungsgerüsten,** also **Baugerüsten,** die jeweils vorübergehend und in unterschiedlicher Form auf Baustellen errichtet werden (EStH 6.13 ABC „Regale" selbständig nutzbar, „Regalteile" nicht) und für **Schalungsteile.** Bei diesen Gerüsten und Schalungsteilen besteht gerade der Zweck der Segmentkonstruktion darin, die ständig **variierende Zusammensetzung** zu ermöglichen. Anders als bei Regalelementen dient die Elementstruktur nicht nur der Erleichterung des Transports und der Anpassung an die Betriebsräume. Jedes einzelne Segment ist zu keiner anderen Verwendung geeignet als gerade zum Zusammenbau mit anderen Einzelteilen. Allein hierauf sind die Einzelteile technisch abgestimmt. Es handelt sich deshalb nicht um sofort abschreibbare GWG bzw GWG iSd § 6 Abs 2, 2a EStG. Gleiches gilt für **Kanaldielen,** die im Tiefbau zur Abstützung von Erdwänden verwendet werden. Sie sind nicht als Einzelteile, sondern als Bestandteile des Gesamtbestands anzusehen.

Zur **Bildung eines Festwerts** (unabhängig davon, ob es sich bei den Zugängen um selbstständig bewertbare VG handelt) für den Gesamtbestand an **Schalungs-** und **Gerüst-** und sonstigen **Ausrüstungsteilen** in der Bauindustrie s § 240 Anm 125.

Als **Sachgesamtheit** angesehen wurden in der Rspr zB **Neonbeleuchtungsanlagen** in Fabrikräumen und Werkstatthallen, **Hausanschlüsse, Wassermesser** (sobald sie sich im Leitungsnetz des Versorgungsunt oder im unmittelbaren Anschluss daran befinden), **Elektromotoren** zum Antrieb von Webstühlen, **Kühlkanäle,** die lose an ein Kühlgerät angeschlossen werden, **Rebstöcke** innerhalb einer Rebanlage (BFH 30.11.1978, BStBl II 1979, 281 mwN zur Abgrenzung zwischen Einzelpflanzen und einheitlichen Pflanzanlagen, wobei der BFH die Zuordnungsfrage zwischen beweglichen und unbeweglichen VG oder Betriebsvorrichtungen offen ließ), **Computerbestandteile** und **-zubehör** (mit Ausnahme sog Kombinationsgeräte, BFH 19.2.2004, BStBl II, 958), **Lithographien.**

Selbständig bewertbar sind VG, die nicht konstruktiv, technisch oder wirtschaftlich ausschließlich im Zusammenhang mit anderen VG verwendbar sind. Auf eine einheitliche Zweckbestimmung kommt es nicht an, solange kein einheitlicher Funktionszusammenhang besteht. Unerheblich ist, ob VG zueinander ästhetisch passen und deshalb „wie aus einem Guss" als Gesamtheit wirken. Es sollte kein zu **kleinlicher Maßstab** angewendet werden, da die Regel nur dann zu einer wirklichen Vereinfachung führt, wenn sie auch in Zweifelsfällen angewendet wird. Die eine selbstständige Bewertung ablehnenden BFH-Entscheidungen (Anm 442) sind deshalb restriktiv anzuwenden.

Als GWG anerkannt wurden **Flachpaletten** zur Lagerung von Waren (EStH 6.13 ABC „Paletten"), **Schriftenminima, Spinnkannen, Möbel, Textilien, Wäsche, Geschirr** (zur **Festwertbildung** im Hotelgewerbe § 240 Anm 125), **Flaschen, Getränkekästen,** einheitliche und genormte **Transport-**

kästen in einer Weberei, **Werkzeuge, Kleingeräte,** selbst wenn es sich um **Spezialwerkzeuge** (außer spezielle Anbauteile zu bestimmten Maschinen, die zusammen mit der Maschine abzuschreiben sind) handelt (zur Festwertbildung § 240 Anm 71 ff), **Einrichtungsgegenstände** eines Büros, einer Gaststätte oder eines Ladens (selbst wenn in einem einheitlichen Stil gehalten oder im Rahmen einer Neueinrichtung erworben, anders in dem **Ausnahmefall** besonders gestalteter Gaststättenstühle), **Bibliothek** eines RA, **Instrumentarium** eines Arztes (EStH 6.13 ABC).

4. Geleistete Anzahlungen und Anlagen im Bau

447 **Anzahlungen** sind **Vorausleistungen** auf erwartete künftige Vermögenszugänge. Sie sind jedoch nicht wie diese, sondern wie Forderungen zu bewerten, da nicht der Sachleistungsanspruch aktiviert ist (§ 247 Anm 70 ff).

Gem Abs 1 S 1 sind Anzahlungen höchstens mit den **AK,** also ihrem **Nennbetrag** anzusetzen. Bei Anzahlungen, die durch Eingehung einer Verbindlichkeit geleistet werden (zB durch **Wechselakzept**), bestimmt sich der Wertansatz für die Anzahlung nach dem zu passivierenden Betrag (zur Bewertung von Wechselverbindlichkeiten s Anm 100; zu **Fremdwährungsanzahlungen** Anm 451).

448 **Anlagen im Bau** sind höchstens mit den AK/HK anzusetzen (Abs 1 S 1).

449 Anzahlungen und Anlagen im Bau werden handelsrechtlich nicht **planmäßig abgeschrieben** (*ADS*[6] § 253 Anm 357)*,* da eine Aufwandsverrechnung vor Beginn der Nutzung durch planmäßige Abschreibung unzulässig ist.

450 **Außerplanmäßige Abschreibungen** sind gem Abs 3 S 3 sowohl bei Anzahlungen als auch bei Anlagen im Bau vorzunehmen, wenn die Voraussetzungen vorliegen. Steuerrechtlich besteht ein Wahlrecht zur Teilwertabschreibung.

Wurden Anzahlungen für VG geleistet, mit deren Zugang nicht mehr zu rechnen ist, ist eine Umgliederung der Anzahlung zum Posten „**sonstige Vermögensgegenstände**" vorzunehmen, soweit mit einer Rückzahlung zu rechnen ist (zur Berücksichtigung des Ausfallrisikos bei Insolvenz des Zahlungsempfängers vgl BFH 4.7.1990, BStBl II, 830; zur Abzinsung s Anm 452).

451 Zu in **Fremdwährung geleisteten Anzahlungen** s § 256a.

452 Eine **außerplanmäßige Abschreibung** wegen der **Unverzinslichkeit** einer Anzahlung ist unzulässig. Auch wenn geleistete Anzahlungen grds wie Forderungen zu bewerten sind, liegt ihre **Besonderheit** doch darin, dass sie nicht isoliert, sondern als Bestandteil eines schwebenden Geschäfts geleistet werden (§ 247 Anm 545). Der **(nominellen) Unverzinslichkeit** der Anzahlung entspricht idR ein verminderter Einstandspreis der angezahlten Lfg oder Leistung. Diese Beurteilung entspricht der BFH-Rspr zur Bewertung unverzinslicher Darlehensforderungen in Fällen, in denen der Darlehensnehmer eine anders geartete Gegenleistung an Stelle von Zinsen erbringt (BFH 24.1.1990, BStBl II, 639 bei Arbeitnehmerdarlehen). Bei einem unter dem vereinbarten Einstandspreis liegenden Materialwert der gestellten Lfg ist ggf eine Drohverlustrückstellung zu bilden (steuerrechtlich unzulässig).

453 **Unzulässig** sind schließlich **außerplanmäßige Abschreibungen** auf Anzahlungen wegen Wertminderung des zu erwerbenden VG. Zur Erfassung solcher Wertminderungen bei den Rückstellungen für drohende Verluste aus schwebenden Geschäften in der HB s § 249 Anm 63.

III. Finanzanlagen

460 **Finanzanlagen** (§ 247 Anm 356, 570, § 266 Anm 69 ff) sind nicht abnutzbar und deshalb **nicht planmäßig abzuschreiben.**

Zugangs- und Folgebewertung   501 § 253

Außerplanmäßige Abschreibungen auf den niedrigeren beizulegenden Wert (Abs 3 S 3) sind bei voraussichtlich dauernder Wertminderung vorzunehmen. Bei nur vorübergehender Wertminderung besteht ein **Abwertungswahlrecht** (Abs 3 S 4).

Wird von dem Wahlrecht kein Gebrauch gemacht, haben KapGes/KapCoGes nach § 285 Nr 18 (auch § 285 Anm 310 ff) im Anhang den Buchwert und den beizZW der Beteiligung sowie die Gründe für die Unterlassung der Abschreibung nach Abs 3 S 4 einschl der Anhaltspunkte, die darauf hindeuten, dass die Wertminderung voraussichtlich nicht von Dauer ist, anzugeben.

Eine Übernahme des niedrigeren Wertansatzes in die **Steuerbilanz** ist – unabhängig von der Rechtsform des Unt – **nur bei voraussichtlich dauernder Wertminderung** zulässig (§ 6 Abs 1 Nr 2 EStG).

Zur Wertaufholung nach erfolgter Abschreibung Anm 630 ff. Zur Ermittlung des Zeitwerts von Finanzanlagen s § 255 Anm 511 ff.

Abschreibungen bei Vermögensgegenständen des Umlaufvermögens (Abs 4)

Schrifttum: 1. Zu § 253 Abs 4 Allgemein und Vorräte: *BP-Kartei* OFD Düsseldorf, Köln, Münster Warenbewertung bei Apotheken, DB 1964, 1279; *OFD Frankfurt* Merkblatt für die körperliche Aufnahme der Lagerbestände im Sortimentsbuchhandel und ihre Bewertung in den Steuerbilanzen, Oktober 1975, DB 1976, 1458; *Söffing* Verlustprodukte, FR 1978, 240; *Groh* Wertabschläge im Warenlager, DB 1985, 1245; *Häuselmann* Die Bilanzierung von Optionen aus handelsrechtlicher Sicht DB 1987, 1745; *Knobbe-Keuk* Bilanz- und Unternehmenssteuerrecht, 9. Auflage, Köln 1993; *Kleinbach* Teilwertabschreibung wegen langer Lebensdauer – Ein BFH-Fehlurteil?, DB 1995, 601; *Troost/Troost* Berücksichtigng erhöhter Lagerkosten bei der retrograden Teilwertermittlung, DB 1996, 1097; *Fromm* Zur Bewertung von Warenvorräten in Handelsunternehmen BB 1996, 2453; *Seethaler* Gängigkeitsabschläge bei der Warenlagerbewertung im Handel BB 1997, 2575; IDW RS HFA 4 (Stand 29.11.2012) Zweifelsfragen zum Ansatz und zur Bewertung von Drohverlustrückstellungen; *Herzig/Teschke* Vorrang der Teilwertabschreibung vor der Drohverlustrückstellung, DB 2006, 576; *Förster/Schmidtmann* Steuerliche Gewinnermittlung nach dem BilMoG, StBP 2009, 1342.

2. Zu § 253 Abs 4 Forderungen: *Herrmann* Einzelwertberichtigung im Ratenkreditgeschäft mit Konsumenten aus handelsrechtlicher und steuerrechtlicher Sicht, WPg 1982, 329; *von Westphalen* Bilanzrechtliche Bewertung Hermes-gesicherter Auslandsforderungen, BB 1982, 711; *Clemm* Der Einfluss der Verzinslichkeit auf die Bewertung der Aktiva und Passiva, in: Raupach (Hrsg) Werte und Wertermittlung im Steuerrecht, Köln 1984, 219; *Ibert/Kuxdorf* Die Schätzung des Einzelwertberichtigungsbedarfs im Teilzahlungskreditgeschäft WPg 1985, 217; *Schobert* Wertberichtigungen auf Auslandsforderungen, insbesondere bei Kreditinstituten StBP 1986, 73; *Woerner* Die korrespondierende Bilanzierung von Wirtschaftsgütern bei der Betriebsaufspaltung – Zur Problematik einer wertenden Betrachtungsweise bei der Auslegung von Gesetzen, in FS Döllerer, 742; *Eisele/Knobloch* Offene Probleme bei der Bilanzierung von Finanzinnovationen DStR 1993, 577; *Jaudzims/Münch* 1%-Grenze bei Pauschalwertberichtigungen nach dem Betriebsprüfungsrationalisierungserlass, DB 1996, 2293; *Häuselmann/Wagner* Pensions- und Wertpapierleihegeschäfte unter dem Halbeinkünfteverfahren, FR 2003, 331; *Hoffmann* Zum Zeitpunkt der Aktivierung von Dividendenansprüchen bei Betriebsaufspaltung – Eine Entgegnung zur konzertierten Aktion von Oberfinanzdirektionen, DStR 1993, 558.

A. Allgemeines

In Abs 4 ist die Bewertung der VG des Umlaufvermögens zu einem unter den AK/HK liegenden Wert geregelt. Zur Abgrenzung des Umlaufvermögens s § 247 Anm 51 und 350.   **501**

502 Für die Bewertung der VG des Umlaufvermögens in der HB gelten im **Überblick** die nachfolgenden Regelungen. Die VG sind nach Abs 1 höchstens mit den AK/HK anzusetzen. Diese Ausgangswerte *müssen* um Abschreibungen nach Abs 4 vermindert werden.

503 Zu den **AK als Ausgangswert** und Obergrenze sind beim Umlaufvermögen Roh-, Hilfs- und Betriebsstoffe (Ausnahme: selbsterstellte Materialien), Waren und Wertpapiere und in sinngemäßer Anwendung geleistete Anzahlungen, Forderungen und sonstige VG sowie die Posten der flüssigen Mittel zu bewerten. Die Bewertung zu **HK als Ausgangswert** und Obergrenze gilt für unfertige Erzeugnisse und Leistungen, fertige Erzeugnisse sowie für selbsterstellte Sachwerte als sonstige VG.

504 Die Zwangsabschreibungen auf den niedrigeren beizulegenden Wert sind insb für Vorräte, Wertpapiere und Forderungen (im Einzelnen Anm 559) anzuwenden.

Zur Bedeutung des Niederstwertprinzips in der **Steuerbilanz** s Anm 532.

505 Zu **Zuschreibung** bzw **Wertaufholung** s Anm 630 ff.

B. Die Niederstwertvorschrift

I. Allgemeines

506 Das Niederstwertprinzip leitet sich aus dem **Imparitätsprinzip** ab, nach dem Verluste schon im Zeitpunkt ihrer Verursachung zu berücksichtigen sind. In den gesetzlichen Bestimmungen zur HB hat das Imparitätsprinzip in § 253 Abs 4 auch in der Passivierungspflicht für drohende Verluste aus schwebenden Geschäften nach § 249 Abs 1 S 1 seinen Niederschlag gefunden (Anm 167; zum Imparitätsprinzip s auch § 252 Anm 34). In der **Steuerbilanz** ist eine korrespondierende Abschreibung auf den niedrigeren Teilwert nicht zwingend, da die Teilwertabschreibung als eigenständiges steuerrechtliches Wahlrecht unabhängig von der HB unter Beachtung der stl Verzeichnispflicht (§ 5 Abs 1 S 2 EStG) ausgeübt werden darf (EStR 6.8 Abs 1 S 3 u 4; s dazu im einzelnen Anm 539 ff). Die Passivierung einer Drohverlustrückstellung ist in der StB nach § 5 Abs 4a EStG nicht zulässig.

507 Die Anwendung des **Niederstwertprinzips** beim Umlaufvermögen setzt den Einzelvergleich der Bewertung der VG des Umlaufvermögens zu AK/HK mit dem ggf niedrigeren beizulegenden Wert am Bilanzstichtag voraus. Die Niederstwertvorschrift bewirkt, dass bei Vorliegen der Voraussetzungen eines ggü den historischen AK/HK oder dem vorjährigen Buchwert niedrigeren beizulegenden Werts der VG mit diesem niedrigeren Wert angesetzt werden muss, dh auf den Wertansatz zu AK/HK bzw Vj-Buchwert muss in Höhe der Differenz eine **Abschreibung** vorgenommen werden. Die Anwendung der Niederstwertvorschrift schließt an die Beachtung des allgemeinen Bewertungsgrundsatzes des § 252 Abs 1 Nr 4 an, wonach im Rahmen einer vorsichtigen Bewertung auch alle **vorhersehbaren Risiken und Verluste** zu berücksichtigen sind, die bis zum Abschlussstichtag entstanden, aber erst zwischen dem Bilanzstichtag und dem Tag der Aufstellung des JA bekanntgeworden sind (**Wertaufhellungstheorie, § 252 Anm 38 ff**). Unabhängig davon ist nach hM das Niederstwertprinzip streng stichtagsbezogen (so auch *ADS*[6] § 253 Anm 485).

508 Der **niedrigere beizulegende Wert** stellt für die Bewertung der VG des Umlaufvermögens den maßgeblichen Wert dar; über diesen darf bis auf die Fälle des § 256a nicht hinausgegangen werden, andernfalls liegt eine Überbewertung vor (so auch *ADS*[6] § 253 Anm 484). Der niedrigere beizulegende Wert ist vom *beizulegenden Zeitwert* nach § 255 Abs 4 zu unterscheiden.

Werden für VG des Umlaufvermögens die AK nach der **Durchschnittsme-** 509 **thode** ermittelt (§ 255 Anm 209 ff), die **Festbewertung** (Roh-, Hilfs- und Betriebsstoffe, § 240 Anm 98), die Gruppenbewertung (§ 240 Anm 134) oder zulässige **Bewertungsvereinfachungsverfahren** (§ 256 Anm 56 ff) angewandt, ist ebenfalls das Niederstwertprinzip zu beachten.

II. Wertmaßstäbe

Die **Wertmaßstäbe** des Abs 4 S 1 und 2 sind der Wert, der sich aus einem 510 **Börsenpreis** oder **Marktpreis** ergibt, oder ersatzweise der Wert, der den **VG** am **Abschlussstichtag** beizulegen ist. Diese Wertmaßstäbe haben für die Bewertung einen unterschiedlichen Genauigkeitsgrad. Die Wertmaßstäbe sind nach der **aufgeführten Reihenfolge** zugrundezulegen, dh besteht ein Börsenpreis, ist stets dieser als Ausgangswert zugrundezulegen, andernfalls kommt zunächst ein ggf bestehender Marktpreis als Ausgangswert zur Anwendung. Nur wenn auch ein solcher nicht zu ermitteln ist, kommt der Wert nach Abs 4 S 2, also der beizulegende Wert, in Frage (glA *ADS*[6] § 253 Anm 482; *Brösel/Olbrich* in HdR[5] § 253 Anm 629; *Wohlgemuth* in Rechnungslegung § 253 Anm 325).

Der **Börsenkurs** bestimmt sich nach dem an einer Börse oder im Freiverkehr 511 festgestellten Kurs (Preis), wobei Umsätze stattgefunden haben müssen (*WPH*[14] I, E Anm 432). Zu Zufallskursen s Anm 514. Es kommen inländische und auch ausländische Börsen in Frage (*ADS*[6] § 253 Anm 504), vorzugsweise aber die Heimatbörse.

„**Marktpreis** ist derjenige Preis, der an einem Handelsplatz für Waren einer 512 bestimmten Gattung von durchschnittlicher Art und Güte zu einem bestimmten Zeitpunkt im Durchschnitt gewährt wurde" (*WPH*[14] I, E Anm 432; ebenso *ADS*[6] § 253 Anm 508).

Die **Ableitung** des niedrigeren Wertansatzes aus dem Börsenkurs oder Markt- 513 preis (§ 253 Abs 4 S 1) bedeutet, dass von dem ermittelten fiktiven Anschaffungs- oder Veräußerungspreis zum Bilanzstichtag (Anm 514) die üblichen Anschaffungsnebenkosten hinzuzurechnen oder die üblichen Minderungen zu kürzen sind.

Im Fall von **Zufallskursen** bzw **Zufallsmarktpreisen** wird in der HB da- 514 nach differenziert, ob der Kurs über dem Niveau kurz vor oder kurz nach dem Abschlussstichtag oder unter diesem Niveau liegt. Zieht man die UBegr in der jüngsten BFH-Rspr zum steuerrechtlichen Teilwert von Wertpapieren in Betracht (s hierzu Anm 533) ist es uE fraglich, inwiefern außer im Fall von Kursmanipulationen oder Intransparenz noch Zufallskurse vorliegen können. Sofern es dennoch zu Zufallskursen oder –marktpreisen kommt, gilt in der HB Folgendes: liegt der Kurs am Bilanzstichtag nicht unerheblich *über* dem allgemeinen Kursniveau, kann ein Abschlag auf diesen Kurs oder ein Durchschnittskurs in Frage kommen; jedenfalls darf der Zufallskurs idR nicht ohne weiteres zur Bestandsbewertung übernommen werden (so auch *ADS*[6] § 253 Anm 512; *Brösel/ Olbrich* in HdR[5] § 253 Anm 637). Liegt der Zufallskurs *unter* dem allgemeinen Kursniveau am Abschlussstichtag, ist dieser stets zu berücksichtigen (so auch *ADS*[6] § 253 Anm 512; *Brösel/Olbrich* in HdR[5] § 253 Anm 637).

Der **beizulegende Wert** am Abschlussstichtag stellt bei der Ableitung aus 515 dem Beschaffungsmarkt den **Wiederbeschaffungswert** und bei der Ableitung aus dem Absatzmarkt den **Verkaufswert** dar. Die Ermittlung dieses Werts bestimmt sich nach den GoB, die hierzu wie folgt umschrieben werden können:

§ 253 516–519   Jahresabschluß (Bewertungsvorschriften)

- Die fiktiven **Wiederbeschaffungskosten** umfassen auch angemessene Anschaffungsnebenkosten.
- Die fiktiven **Wiederherstellungskosten** sind auf der Grundlage der am Abschlussstichtag bestehenden Kostenverhältnisse zu ermitteln; Kostenermäßigungen und Kostenerhöhungen sind zu saldieren.
- Von den Wiederbeschaffungskosten/Wiederherstellungskosten sind, soweit erforderlich, **weitere Abwertungen** vorzunehmen, um die tatsächliche Verwendbarkeit zu berücksichtigen (zB Veralterung, geringer Lagerumschlag). Hierzu dürfen auch pauschale Abschläge angewandt werden, sog Gängigkeitsabschreibungen (s Anm 529).
- Der **Verkaufswert** ergibt sich aus den voraussichtlichen Erlösen abzgl der bis zum Verkauf noch anfallenden Aufwendungen (Erlösschmälerungen, Verpackungskosten, Ausgangsfrachten, sonstige Vertriebskosten, noch anfallende Verwaltungskosten und FK-Kosten); so auch *WPH*[14] I, E Anm 433; *ADS*[6] § 253 Anm 525 f. Bei den unfertigen Erzeugnissen/Leistungen kommen die noch anfallenden Produktionskosten hinzu. Die Kürzung eines fiktiven **Gewinnanteils** wird für die HB für nicht zulässig gehalten (anders für den steuerrechtlichen Teilwert; Anm 523).

III. Beschaffungs- oder Absatzmarkt

516 Wesentlich für die Bestimmung der in Frage kommenden **Werte** ist die Ableitung aus dem Beschaffungs- *und/oder* Absatzmarkt. Hierzu haben sich, bezogen auf das Umlaufvermögen, folgende Grundsätze herausgebildet (*ADS*[6] § 253 Anm 488; Brösel/Olbrich in HdR[5] § 253 Anm 638):
- Roh-, Hilfs- und Betriebsstoffe:
  Ableitung des beizulegenden Werts aus dem Beschaffungsmarkt
- Unfertige und fertige Erzeugnisse (Leistungen):
  Ableitung des beizulegenden Werts aus dem Absatzmarkt
- Handelswaren:
  Ableitung des beizulegenden Werts aus dem Beschaffungs- *und* Absatzmarkt
- Wertpapiere:
  Ableitung des beizulegenden Werts meistens aus dem Beschaffungsmarkt, seltener aus dem Absatzmarkt.

517 **Ausnahmen** gelten für unfertige und fertige Erzeugnisse, für die auch **Fremdbezug** möglich ist (Ableitung aus dem Beschaffungsmarkt), **Überbestände** an Roh-, Hilfs- und Betriebsstoffen (Ableitung aus dem Absatzmarkt) und Überbestände an unfertigen und fertigen Erzeugnissen (Ableitung sowohl aus dem Beschaffungs- als auch dem Absatzmarkt).

518 Die Wertmaßstäbe für den niedrigeren beizulegenden Wert sind bei Ableitung aus dem Beschaffungsmarkt die **Wiederbeschaffungskosten** (Wiederherstellungskosten) zzgl Nebenkosten und bei der Ableitung aus dem Absatzmarkt der **Verkaufspreis** abzgl der bis zum Verkauf noch anfallenden Kosten. Die Wertmaßstäbe des Abs 4 S 1 und 2 – abgeleiteter Börsenkurs, abgeleiteter Marktpreis, beizulegender Wert – beziehen sich somit auf Beschaffungsmarkt und/oder Absatzmarkt.

519 Insb bei Handelswaren gilt die sog **doppelte Maßgeblichkeit,** dh es wird jeweils der niedrigere Wert aus der Beurteilung nach dem Beschaffungs- bzw Absatzmarkt herangezogen (*WPH*[14] I, E Anm 430; *ADS*[6] § 253 Anm 514), allerdings wird auch die Auffassung vertreten, dass die beschaffungsseitige Wertfindung unterbleiben darf, wenn die zu bewertenden VG aus rechtlichen oder tatsächlichen Gründen mit an Sicherheit grenzender Wahrscheinlichkeit zu einem

Preis über den AK veräußert werden können (*WPH*[14] I, E Anm 435 mwN, sa Anm 622).

Auch in der **Steuerbilanz** setzt sich die Ableitung aus dem Verkaufswert (Anm 522) zunehmend durch, insb für Handelswaren (s auch *Hoffmann* in Littmann/Bitz/Pust § 6 Anm 442). Hier war früher generell auf den Beschaffungsmarkt, also den Reproduktionswert (Wiederbeschaffungs- oder Wiederherstellungskosten, Anm 540) abgestellt worden. 520

IV. Einzelfragen zu der Vorratsbewertung

1. Verlustfreie Bewertung bei Erzeugnissen, Leistungen und Waren – retrograde Bewertung

Die **retrograde Bewertung** gilt vor allem für unfertige Erzeugnisse/Leistungen, Fertigerzeugnisse und Waren. Es wird der Vergleichswert zu den AK/HK ermittelt (nicht zu verwechseln mit der retrograden Ermittlung der AK/HK, s § 255 Anm 211, die gelegentlich auch als „retrograde Bewertung" bezeichnet wird). Die Methode steht unter dem sog **Grundsatz der verlustfreien Bewertung** (ebenso *ADS*[6] § 253 Anm 495). Dieser Grundsatz wird dahingehend verstanden, dass beim Verkauf der zu bewertenden VG *nach* dem Abschlussstichtag kein Verlust mehr entstehen soll, die auf den voraussichtlichen Verkaufswert vorzunehmende Abwertung also als Verlust in der abgeschlossenen Periode antizipiert wird. Zu bestimmten Ausnahmefällen s Anm 622. 521

Dieser am Bilanzstichtag **beizulegende Wert** wird bei fertigen Erzeugnissen und Waren zum Zweck der verlustfreien Bewertung **retrograd** wie folgt ermittelt (vgl im Folgenden *ADS*[6] § 253 Anm 525; *Brösel/Olbrich* in HdR[5] § 253 Anm 641):

Verkaufserlös abzgl folgender noch anfallender anteiliger Kosten:
- Erlösschmälerungen
- Verpackungskosten und Ausgangsfrachten
- Allgemeine Vertriebskosten
- Verwaltungskosten
- Kapitalmarktkosten (für Lagerung bis zum Verkauf).

Verkaufserlös ist der voraussichtlich nach dem Bilanzstichtag zu erzielende Erlös. Dabei dürfen auch konkret zu erwartende Preissteigerungen (zB aufgrund von Preisgleitklauseln) berücksichtigt werden (dazu auch Anm 548). Zu den **Erlösschmälerungen** gehören Preisnachlässe wie zB Skonti, Mengenrabatte. Unter die **allgemeinen Vertriebskosten** fallen ua Provisionen und Lizenzgebühren, die beim Verkauf entstehen, und die Vertriebsgemeinkosten, spätere Montage- und Aufstellungskosten, Garantierisiken. **Verwaltungskosten** sind ua Kosten der Lagerhaltung und -verwaltung, Abrechnungskosten sowie Kosten für Zahlungseingang. Auch Zinsverluste in Form von FK-Kosten wegen voraussichtlich längerer Lagerung der Bestände sind einzubeziehen (*ADS*[6] § 253 Anm 526; *Brösel/Olbrich* in HdR[5] § 253 Anm 642). 522

Die zukünftigen Kosten sind nach der **Vollkostenmethode** bei Normalbeschäftigung zu ermitteln, also Einzelkosten u anteilige Gemeinkosten.

In der HB darf nach überwiegender Meinung in der Literatur ein **Gewinnzuschlag** bei der retrograden Bewertung nicht berücksichtigt werden (ebenso *ADS*[6] § 253 Anm 526; *Brösel/Olbrich* in HdR[5] § 253 Anm 644; *Wohlgemuth* in Rechnungslegung § 253 Anm 329). Würde dieser zusätzlich vom restlichen Verkaufserlös gekürzt, würde eine zusätzliche Verlustantizipation idS erfolgen, dass das abgewertete Erzeugnis oder die Ware im neuen Gj mit einer Gewinnrealisierung veräußert werden könnte. 523

Steuerrechtlich ist hingegen bei der retrograden Bewertung von Waren – und damit auch für Fertigerzeugnisse – für die Ermittlung des niedrigeren steuerrechtlichen Teilwerts auch ein Gewinnzuschlag zu kürzen (EStR 6.8 Abs 2 S 3). Der Grundgedanke ist dabei, dass im Rahmen des Teilwertgedankens der fiktive Erwerber von einem Gewinnzuschlag auf die abgewerteten WG ausgeht, der ihm zusteht. Es handelt sich bei der verlustfreien Bewertung in der HB und der Teilwertermittlung für die StB also um unterschiedliche Ausgangskonzeptionen.

524 Die verlustfreie Bewertung **unfertiger Erzeugnisse/Leistungen** erfordert zusätzlich zu den oben aufgeführten Kosten des Schemas in Anm 521 noch die Berücksichtigung der **zukünftigen** HK bis zum Ende der Fertigung. Dabei sind auch hier Einzelkosten und angemessene Teile der Gemeinkosten einzubeziehen.

Insb bei **langfristiger Fertigung** kann neben der Abschreibung wegen verlustfreier Bewertung auch eine (steuerrechtlich nicht zulässige, § 5 Abs 4a EStG) Rückstellung für drohende Verluste aus schwebenden Geschäften in Frage kommen, wenn sich bei Berücksichtigung der künftig noch anfallenden HK und sonstigen Kosten für den Auftrag keine Erlösdeckung ergibt. Eine solche Rückstellung kann auch bereits bei noch nicht begonnenen Aufträgen erforderlich sein. Zum Begriff der langfristigen Fertigung s § 255 Anm 457; zu dem besonderen Problem der Aktivierung von Sondereinzelkosten des Vertriebs § 255 Anm 454; zum Problem der Teilgewinnrealisierung bei langfristigen Aufträgen § 255 Anm 457.

In der Konkurrenz zwischen Niederstwertvorschrift und Drohverlustrückstellung ist in der Reihenfolge zuerst die Niederstwertvorschrift zu beachten (s auch IDW RS HFA 4). Die Abschreibung ist dabei hinsichtlich des gesamten Verlusts vorzunehmen, nicht nur anteilig bezogen auf den Fertigungsgrad (BFH 7.9.2005, BStBl II 2006, 298). Höchstgrenze der Abschreibung bilden die bis zum Abschlussstichtag bereits angefallenen und aktivierten HK. Eine Verlustrückstellung in der HB ist darüber hinaus bei schon begonnenen Aufträgen nur in Höhe des die aktivierten HK übersteigenden Verlusts zu bilden (dazu § 249 Anm 68; ausführlich auch *Herzig/Teschke* DB 2006, 576 ff). Zur Bewertung der Drohverlustrückstellung zu Voll- oder Teilkosten s Anm 169, zur Berücksichtigung künftiger Kostensteigerungen Anm 174 und zur Abzinsung Anm 180 f. In den Folgejahren ist vor Beendigung des Auftrags eine bisher gebildete Drohverlustrückstellung jeweils anteilig insoweit aufzulösen, als bei den nach Fertigungsfortschritt anwachsenden HK Abschreibungen nach Abs 4 S 2 vorgenommen werden müssen (so auch *ADS*[6] § 253 Anm 180).

Werden sog **Zwischenprodukte** sowohl selbst hergestellt als auch von Dritten bezogen, gilt als niedrigerer beizulegender Wert der Fremdbezugspreis, sofern die HK über den am Bilanzstichtag gültigen AK liegen (ebenso *ADS*[6] § 253 Anm 493).

525 Gehören die zu erwartenden Erlöse zu Produktgruppen, die zu unterschiedlichen Preisen angeboten werden (zB an Händler und Letztverbraucher, Inlandsmarkt und Exportmarkt), muss bei der verlustfreien Bewertung ein Mischpreis angesetzt werden. Für die StB wird von der Rspr Nachhaltigkeit von sinkenden Verkaufspreisen gefordert (dazu Anm 548). Bei sog **Verlustprodukten** mit geplanten Verlusten, also Produkten, die bewusst nicht kostendeckend vertrieben werden, zB aus marktpolitischen Gründen (komplette Angebotspalette auf bestimmten Sektoren), muss in der HB ebenfalls die verlustfreie Bewertung durchgeführt, also der bewusst in Kauf genommene Mindererlös angesetzt werden (aA BFH 29.4.1999, BStBl II, 681 zumindest dann, wenn das Unt Gewinne erzielt). Besteht jedoch eine sehr enge wirtschaftliche Verbindung zwischen dem Hauptprodukt und dem dieses ergänzende Nebenprodukt (Verlustprodukt), kann hierin in Ausnahmefällen ein einheitlich zu bewertendes Produkt gesehen werden. Diese Ausnahmefälle liegen zB vor, wenn das Hauptprodukt grds nur mit dem Nebenprodukt angeboten und verkauft wird, oder wenn Auftragsbestände über das Hauptprodukt iVm dem Verlustprodukt vorliegen. In der **Steuerbilanz** wird gefordert, dass für die Teilwertermittlung von geplanten Verlustprodukten eine Teilwertabschreibung zu unterbleiben hat (s Anm 553); dann kommt es in der StB, abgesehen von den Fällen, in denen ein einheitlich zu bewertendes Produkt angenommen wird, zu einem Wertansatz der über dem beizulegenden Wert der HB liegt.

2. Wiederherstellungskosten bei Erzeugnissen und Leistungen

Werden ausschließlich die **Wiederherstellungskosten** der fertigen oder unfertigen Erzeugnisse bzw Leistungen mit den historischen HK verglichen, kann eine erforderliche Abwertung über das Maß hinausgehen, das die Niederstwertvorschrift fordert, nämlich in den Fällen, in denen die Ableitung aus den Verkaufserlösen zu geringeren Abschreibungen oder keinen Abschreibungen auf die Bestände führt. Es ist davon auszugehen, dass auch nach HGB alternativ zu niedrigeren Wieder-HK oder niedrigerem retrograd ermitteltem Netto-Verkaufswert bewertet werden darf (also **doppeltes Maßgeblichkeitsprinzip**), wobei der niedrigere von beiden Werten gewählt werden darf (Anm 519), wenn dies „stetig" geschieht. Es besteht kein zwingender Anlass, auch gesunkene Wiederbeschaffungskosten zu berücksichtigen. 526

Bei **Überbeständen** müssen dagegen die Reproduktionskosten als Kontrollwert zum abgeleiteten Verkaufswert ermittelt und ggf als niedrigerer Wertansatz bilanziert werden (so auch ADS[6] § 253 Anm 496). 527

Bei Ermittlung der Wieder-HK ist von **Vollkosten** auszugehen, wenn die historischen HK nach der Vollkostenmethode ermittelt waren. Künftige Kostensteigerungen bleiben unberücksichtigt, da ihre Einbeziehung dem Stichtagsprinzip widerspricht. Zur Ermittlung der Wieder-HK in der StB s Anm 546. Die Bewertung muss den Vorschriften der §§ 253 Abs 1 S 1 und 255 Abs 2 entsprechen. 528

3. Gängigkeitsabschreibungen

In einigen Branchen hat die Praxis Verfahren von Gängigkeitsabschreibungen entwickelt, mit denen durch pauschale Abschläge auf die AK/HK großer Lagerbestände, insb bei Roh-, Hilfs- und Betriebsstoffen sowie Handelswaren, der niedrigere beizulegende Wert ermittelt wird. Mit diesen Abschlägen sollen insb **Risiken** bei der Bewertung berücksichtigt werden, die bei einer Vielzahl unterschiedlicher **Bestände** im Rahmen der Einzelbewertung sonst nicht für jeden einzelnen VG der Vorräte ermittelt werden können. Mit diesen Abschlägen werden idR auch die aus **Überbeständen** resultierenden Kosten berücksichtigt, zB Kosten der Lagerhaltung und -verwaltung, zukünftige Zinsverluste aus der Kapitalbindung oder auch Risiken technisch-wirtschaftlicher Art (Fehlerhaftigkeit, technische Veralterung der Bestände, Mode- oder Geschmackswandel, Bruch usw). Ausgangsgrundlage bildet idR die Lagerbewegung, also die Umschlagshäufigkeit der Bestände. 529

Gängigkeitsabschreibungen sind in der HB als **pauschales** Verfahren, das nicht gegen den Grundsatz der Einzelbewertung verstößt, bei einer entspr Vielzahl von Artikelgruppen für Handels- und Fertigungsbetriebe nach hM seit langem **anerkannt** (so auch ADS[6] § 253 Anm 518; Brösel/Olbrich in HdR[5] § 253 Anm 655). Diese Gängigkeitsabschreibungen werden auch in der StB zur Ermittlung des niedrigeren Teilwerts von der Methode her gebilligt (Anm 555).

530 In der Praxis werden folgende **Verfahren** angewandt: das Abgangsverfahren, das modifizierte Abgangsverfahren, das Zugangsverfahren und das Reichweitenverfahren. Beim **Abgangsverfahren** werden die Abschlagssätze nur nach den letzten Abgängen ermittelt. Das **modifizierte Abgangsverfahren** legt den relativen Abgang, zB im Verhältnis zum Stichtagsbestand, zugrunde. Das **Zugangsverfahren** stellt auf den Zeitpunkt/-raum der Zugänge ab. Beim **Reichweitenverfahren** wird der Lagerbestand zu den durchschnittlichen Lagerabgängen (sowohl aus den Vergangenheitsdaten als auch der Planung für die Zukunft abgeleitet) ins Verhältnis gesetzt. Das Reichweitenverfahren ist in der Praxis besonders verbreitet (glA *ADS*[6] § 253 Anm 518 mit Tabelle für schematische Gängigkeitsabschreibung).

Die für die StB anerkannten und bezogen auf das einzelne Unt praktizierten Verfahren dürfen idR auch für die HB zur Berücksichtigung des Niederstwertprinzips angewandt werden.

531 **Künftige Lagerkosten einschließlich Zinsverluste** dürfen in der HB berücksichtigt werden. Dementspr dürfen Gängigkeitsabschreibungen für diese Kosten vorgenommen werden. Für die **Steuerbilanz** wird der Ansatz künftiger Lagerkosten bei der Prüfung der Notwendigkeit von Teilwertabschreibungen von der Rspr auch zugelassen (BFH 24.2.1994, BStBl II, 514).

V. Bedeutung des Niederstwertprinzips für die Steuerbilanz

532 Die Bewertung des Umlaufvermögens in der StB erfolgt gem § 6 Abs 1 Nr 2 S 1 EStG mit den AK/HK. Statt dieser AK/HK darf nach § 6 Abs 1 Nr 2 S 2 EStG der **niedrigere Teilwert** (§ 6 Abs 1 Nr 1 S 3 EStG) angesetzt werden, wenn die Wertminderung voraussichtlich von Dauer ist. Die Abschreibung auf den niedrigeren Teilwert stellt ein eigenständiges steuerrechtliches Wahlrecht dar, so dass auch bei zwingender Abwertung in HB auf eine Teilwertabschreibung unter Beachtung der stl Verzeichnispflicht (§ 5 Abs 1 S 2 EStG) verzichtet werden darf (EStR 6.8. Abs 1 S 3 u 4).

533 Für WG des Umlaufvermögens ist nach BMF 25.2.2000, BStBl I, 372 Tz 23 von einer voraussichtlich dauerhaften Wertminderung auszugehen, wenn sie bis zum Zeitpunkt der Bilanzaufstellung oder dem früheren Verkaufs- bzw Verbrauchszeitpunkt anhält. Hierbei sollen Werterholungen zwischen Bilanzstichtag und Bilanzaufstellung in der Weise zu berücksichtigen sein, dass der in diesem Zeitraum liegende höchste Wert bei einer Teilwertabschreibung nicht unterschritten werden darf. Während die Wahl eines Zeitraums bis zur Bilanzerstellung bzw zum früheren Verkaufs-/Verbrauchszeitpunkt für die Beurteilung der Dauerhaftigkeit der Wertminderung im Allgemeinen noch nachvollziehbar erscheint, ist die Charakterisierung des Zeitraums als „Wertaufhellungszeitraum" abzulehnen. Es widerspricht dem Stichtagsprinzip, einen nach dem Stichtag vorliegenden **Höchstwert** anzusetzen, wenn ein **Stichtagswert** bekannt ist (s auch *Kulosa* in Schmidt[32] § 6 Anm 368). Der Teilwert nach § 6 Abs 1 Nr 1 S 3 EStG steht insb bei börsennotierten WG fest: Ein gedachter Erwerber des Unt würde für das einzelne WG exakt den Stichtagswert ansetzen; dieser Börsenkurs bildet nach mittlerweile gefestigter Rspr des BFH (siehe Anm 316) bereits sämtliche Erwartungen und Informationen der Marktteilnehmer ab, ist vor diesem Hintergrund in diesem Zeitpunkt als dauerhaft zu betrachten und somit zutreffender als Schätzwerte oder andere Stichtagskurse. Für die Vermischung der gesetzlichen Regelung zur Frage, *ob* dieser Teilwert in der Bilanz angesetzt werden darf, mit der Frage der *Höhe* des Teilwerts bietet das Gesetz keinen Raum. Vgl zu Wertpapieren im Detail Anm 614.

Zur **Zuschreibung** und **Wertaufholung** s Anm 630 ff. Zum handels- und steuerrechtlichen Begriff der AK und HK vgl § 255 Anm 20 bzw 340–359.

Der niedrigere **beizulegende Wert** nach § 253 Abs 4 S 1 und 2 und der **nied-** 534
rigere Teilwert nach § 6 Abs 1 Nr 2 EStG stimmen wegen unterschiedlicher Bewertungskonzeptionen (*Groh* DB 1985, 1245) nur bedingt überein. Der Teilwert isd § 6 Abs 1 Nr 1 S 3 EStG ist der Betrag, den ein gedachter Erwerber für das jeweils einzeln zu bewertende WG im Rahmen eines Gesamtkaufpreises bezahlen würde. Aus der **Einzelbewertung** folgt, dass die Aufteilung eines nach dem Ertragswertverfahren ermittelten fiktiven Gesamtkaufpreises nicht zulässig ist (maßgebend ist Substanzwert des einzelnen WG, *Kulosa* in Schmidt[32] § 6 Anm 234). Der beizulegende Wert der HB ist ein (isolierter) Wert des VG, für dessen Ermittlung der Grundsatz der Fortführung des Unt gilt (§ 252 Abs 1 Nr 2).

Der **Teilwert** wird bei **Vorräten** nach den Wiederbeschaffungs- oder Wie- 535
derherstellungskosten (Reproduktionswert), bei den fertigen Erzeugnissen oder Waren aber *auch* nach den voraussichtlichen Erlösen abzgl noch anfallender Kosten bestimmt.

VI. Die Ermittlungsgrundsätze für den niedrigeren Teilwert bei Vorräten

1. Allgemeines

Das Vorratsvermögen ist nach § 6 Abs 1 Nr 2 EStG zu AK/HK oder zum 539
niedrigeren Teilwert aufgrund einer voraussichtlich dauernden Wertminderung zu bewerten. **Wertermittlungsverfahren** sind: **Einzelbewertung** (§ 252 Abs 1 Nr 3, § 6 Abs 1 EStG), **Gruppenbewertung** (§ 240 Abs 4, EStR 6.8 Abs 4), **Durchschnittsbewertung** (§ 240 Abs 4; EStR 6.8 Abs 3 S 3), Bildung von **Festwerten** (§ 240 Abs 3, EStH 6.8) und von den Bewertungsvereinfachungsverfahren der HB (§ 256 S 1) die **Lifo-Bewertung** (§ 6 Abs 1 Nr 2a EStG, EStR 6.9). Die AK/HK und der Teilwert dürfen **progressiv** oder **retrograd** ermittelt werden (zur retrograden Ermittlung der AK/HK s § 255 Anm 211).

Der Teilwert darf bestimmt werden durch progressive oder retrograde Ermitt- 540
lung der **Wiederbeschaffungskosten** bei fremdbezogenen Vorräten (Roh-, Hilfs- und Betriebsstoffe, Waren), bzw **Wiederherstellungskosten** bei eigenen Erzeugnissen (unfertige, fertige Erzeugnisse, Leistungen) oder aus den **Verkaufswerten** (voraussichtliche Verkaufserlöse). Diese Alternativen berücksichtigen wie für die HB Beschaffungs- und Absatzmarkt. Es wird auch für die StB der Grundsatz, dass bei Vergleich der Wiederbeschaffungskosten/Wieder-HK und Ableitung aus den Verkaufswerten der *niedrigere* der beiden Werte als Teilwert anzusetzen ist, wenn er auf einer voraussichtlich dauernden Wertminderung beruht (*Kleinle/Dreixler* in HHR § 6 Anm 970; zur HB ebenso Anm 516).

Die **Wiederbeschaffungskosten umfassen** steuerrechtlich die Wieder- 541
beschaffungspreise und die Wiederbeschaffungsnebenkosten (ebenso *Kulosa* in Schmidt[32] § 6 Anm 254). Hierzu gehören angefallene innerbetriebliche Aufwendungen, wie zB Transportkosten, Verpackungs- und Abfüllkosten. Wie in der HB sind Minderungen der AK, wie zB Rabatte, Skonti bei der fiktiven Berechnung der Wiederbeschaffungskosten zu kürzen.

2. Roh-, Hilfs- und Betriebsstoffe

Für Roh-, Hilfs- und Betriebsstoffe leiten sich die **Wiederbeschaffungskos-** 542
ten aus den **Börsenpreisen** oder **Marktpreisen** des Beschaffungsmarkts zum Bilanzstichtag ab. Zu den Besonderheiten des Börsen- oder Marktpreises s *Kleinle/Dreixler* in HHR § 6 Anm 1008. Zur Ausschaltung von Zufallskursen aufgrund

außergewöhnlicher Umstände können Kurskorrekturen zum Stichtagskurs in Frage kommen, wenn die Börsen- oder Marktpreise vor oder nach dem Stichtag wesentlich niedriger sind als am Stichtag (dazu *Kleinle/Dreixler* in HHR § 6 Anm 1008) und voraussichtlich von Dauer sein werden.

543 Besteht kein Börsen- oder Marktpreis oder ist ein solcher nicht festzustellen, ist von fiktiven Einkaufspreisen auszugehen (Bilanzstichtag); hier dürfte eine weitgehende Parallele zum **beizulegenden Wert** nach § 253 Abs 4 S 2 bestehen. **Steuerrechtlich** wird hingegen ein voraussichtlich *nachhaltiges* Sinken der Wiederbeschaffungskosten gefordert, womit ein vorübergehendes Zurückgehen des Börsen- oder Marktpreises oder der fiktiven Einkaufspreise nicht zu einer Teilwertabschreibung berechtigt. Damit wird das strenge Stichtagsprinzip verlassen. Wesentlich für einen Rückgang der Wiederbeschaffungskosten kann ein Rückgang des allgemeinen Preisniveaus sein. Das Abstellen auf den Beschaffungsmarkt bei gesunkenen Wiederbeschaffungskosten verlangt steuerrechtlich nicht, dass auch die zu erwartenden Verkaufspreise der gleichen Roh-, Hilfs- oder Betriebsstoffe zurückgehen; eine Teilwertabschreibung darf bei niedrigeren Wiederbeschaffungskosten auch durchgeführt werden, wenn die WG zu unveränderten oder höheren Verkaufspreisen veräußert worden sind.

3. Unfertige und fertige Erzeugnisse und Leistungen

544 Die **Wiederherstellungskosten** (Reproduktionskosten) sind maßgebend bei den **unfertigen** und **fertigen Erzeugnissen und Leistungen, halbfertigen Arbeiten** aus Werkverträgen einschl halbfertige Bauten (letztere steuerrechtlich wohl als Forderung zu bilanzieren, s § 247 Anm 65). Die Wieder-HK als fiktive Reproduktionskosten umfassen alle „Aufwendungen, die bei dem Unt anfallen würden, um das Erzeugnis in der Fertigungsstufe, in der es sich am Bilanzstichtag befindet, durch dieses Unt zu reproduzieren" (*Kleinle/Dreixler* in HHR § 6 Anm 1009). Soweit Erzeugnisse gleicher Art und Qualität auch *kostengünstiger* von Dritten bezogen werden können, darf dieser Umstand nicht berücksichtigt werden; auch eine kostengünstigere Reproduktion wegen der Auswirkung von Rationalisierungsmaßnahmen bleibt außer Betracht. Die fiktive Reproduktion wird für den Bilanzstichtag unterstellt. Das Stichtagsprinzip bedeutet hier, dass die Bestandteile der HK nach den Verhältnissen am Bilanzstichtag angesetzt und bewertet werden. Wie in der HB (Anm 515) müssen sowohl nachhaltige Kostensteigerungen als auch nachhaltige Kostenminderungen, jedoch nicht zukünftige Kostenentwicklungen berücksichtigt werden. Ein auf den Bilanzstichtag abgestellter Preisrückgang bei verarbeiteten Rohstoffen kann nur dann einen niedrigeren Teilwert ergeben, wenn gleichzeitig auch mit einem Rückgang des Verkaufspreises des betr Fertigerzeugnisses zu rechnen ist und der Preisrückgang voraussichtlich von Dauer ist.

545 Nach der **retrograden** Methode ergeben sich die Wieder-HK bei den fertigen Erzeugnissen aus dem erwarteten Verkaufspreis abzgl der bis zur Veräußerung noch anfallenden Kosten und des Unternehmergewinns (zur HB Anm 522). Bei unfertigen Erzeugnissen wird hingegen idR eine Ermittlung der fiktiven Wieder-HK nach der progressiven Methode erforderlich sein; zur HB – verlustfreie Bewertung – s Anm 524.

546 Die Wieder-HK sind mit **Vollkosten** zu berechnen (so auch *Kulosa* in Schmidt[32] § 6 Anm 255). Abw von den steuerrechtlichen HK (§ 255 Anm 353 ff; EStR 6.3) sind diesen zusätzlich auch Bestandteile, für deren Ansatz in der StB *noch* (geänderte Verwaltungsauffassung, s EStR 6.3 Abs 1 idF EStÄR 2012, BStBl I 2013, 279, 296) ein Wahlrecht besteht (zB Sozialleistungen, Aufwendungen für AVers, Verwaltungsgemeinkosten), hinzuzurechnen. Außerdem sind auch innerbetriebliche Transportkosten, Verpackungen und sonstige bereits aufgewendete Vertriebskosten den Wieder-HK zuzurechnen. Kalkulatorische Kosten sind nicht anzusetzen (glA *Kulosa* in Schmidt[32] § 6 Anm 255; aA *Kleinle/Dreixler* in HHR § 6 Anm 1009). FK-Zinsen sind einzubeziehen, sofern diese nach § 255 und EStR 6.3 Abs 5 als HK gelten (vgl *Ehmcke* in Blümich, § 6 Anm 648; *Kleinle/Dreixler* in HHR § 6 Anm 1009).

Auch bei gesunkenen oder gestiegenen Wiederbeschaffungskosten kann steuerrechtlich eine **„verlustfreie Bewertung"** berechtigt oder geboten sein (vgl auch § 249 Anm 68). Es handelt sich um die Ableitung des niedrigeren Teilwerts bei nicht ausreichenden oder gesunkenen Verkaufserlösen, also um eine „Verkaufswertminderung". Diese setzt voraus, dass die voraussichtlichen Verkaufserlöse die **Selbstkosten** und einen durchschnittlichen **Unternehmergewinn** nicht decken (EStR 6.8 Abs 2 S 3). Eine verlustfreie Bewertung dieser Art kommt vor allem in Frage für unfertige Erzeugnisse, ebenso auch für unfertige Leistungen und Arbeiten (ebenso *Kleinle/Dreixler* in HHR § 6 Anm 1010). Beim retrograden Verfahren werden die tatsächlichen AK/HK um den negativen Wert aus den erwarteten Netto-Verkaufserlösen abzgl Selbstkosten und Gewinnaufschlag als Teilwertabschreibung gekürzt (s Schema bei *Kleinle/Dreixler* in HHR § 6 Anm 1010). Maßgeblich sind die nach den Verhältnissen am Bilanzstichtag voraussichtlich erzielbaren Verkaufspreise, sofern sie voraussichtlich von Dauer sind.

Unter Beachtung des Stichtagsprinzips werden die bis zur Bilanzaufstellung gewonnenen Erkenntnisse über die am Bilanzstichtag erwarteten voraussichtlichen **Verkaufserlöse** berücksichtigt. Von den Brutto-Erlösen sind die voraussichtlichen Erlösschmälerungen zu kürzen (= Netto-Verkaufserlöse), also Rabatte, Skonti, Boni; zur HB s Anm 515. Erhöhungen der Verkaufspreise, die am Bilanzstichtag zu erwarten sind, sind bei der Teilwertermittlung zu berücksichtigen (*Kleinle/Dreixler* in HHR § 6 Anm 1011). Auch für Senkungen der Verkaufspreise müssen die Erwartungen am Bilanzstichtag maßgebend sein. Zu Preisdifferenzierungen im Hinblick auf Abnehmer, Regionen usw s *Kleinle/Dreixler* in HHR § 6 Anm 1011.

Die zur retrograden Bewertung der eigenen Erzeugnisse von den zukünftigen Erlösen zu kürzenden **Selbstkosten** im steuerrechtlichen Sinn umfassen die bis zum Bewertungsstichtag bereits angefallenen Kosten (Aufwendungen) und die nach dem Bilanzstichtag bis zur Veräußerung noch anfallenden Kosten, also HK im Umfang nach EStR 6.3, Vertriebskosten und sonstige Kosten. Dabei ist von der **Vollkostenrechnung** auszugehen (glA *Kleinle/Dreixler* in HHR § 6 Anm 1012). Als Selbstkosten gelten danach Einzelkosten und Gemeinkosten einschl Fixkosten. Str ist die Einbeziehung von bereits angefallenen Kosten, die als lfd Aufwand ergebniswirksam geworden sind, und die Behandlung künftiger **Lagerkosten**. Gegen die Einbeziehung spricht die Wirkung einer doppelten Gewinnminderung (*Groh* DB 1985, 1247); hiergegen ist jedoch einzuwenden, dass damit überspitzte Anforderungen an die Teilwertermittlung gestellt werden, die dem Charakter des Schätzwerts nicht gerecht werden. *Kleinle/Dreixler* in HHR § 6 Anm 1012 sieht die Berücksichtigung der üblichen Lagerkosten durch die BFH-Rspr gedeckt. Zu den im Abzug str Lagerkosten rechnen insb folgende nach dem Bilanzstichtag entstehende Kosten: Lagerverwaltung, Lagerkontrolle, Schwund, Versicherung und Verzinsung (Zinsverlust). Kosten dieser Art können insb bei langer Lagerdauer ins Gewicht fallen.

4. Waren

Auch für Waren gilt, dass eine Teilwertabschreibung insoweit vorgenommen werden darf, als der voraussichtliche Veräußerungserlös die Selbstkosten der Waren zzgl eines durchschnittlichen Unternehmergewinns nicht deckt. Der BFH definiert dabei die Selbstkosten als AK der Ware zzgl eines Aufschlags für den auf die Waren entfallenden Anteil am betrieblichen Aufwand (s *Fromm* BB 1996, 2453). Retrograd kann der Teilwert durch Kürzung des erzielbaren Verkaufserlöses um den nach dem Bilanzstichtag noch anfallenden Teil des Rohgewinnaufschlags ermittelt werden (EStR 6.8 Abs 2 S 4). Der Rohgewinnaufschlag stellt die Differenz zwischen Erlösen und Wareneinsatz, bezogen auf den Wareneinsatz, dar.

551 Ebenso darf der **Rohgewinnaufschlag** aus der Division der auf die Waren entfallenden Aufwendungen (Kosten) bezogen auf den Wareneinsatz berechnet werden. Es sind dann im ersten Fall Rohgewinnaufschlag mit Reingewinnanteil und ohne einen solchen zu unterscheiden; bei der zweiten Berechnungsweise ergibt sich ein Zuschlag ohne Gewinnanteil. Unabhängig von der Berechnungsweise des Rohgewinnanteils enthält der Aufschlag als Kostenbestandteil auch künftige Lagerkosten ebenso wie bereits angefallene Aufwendungen. Zum Teilwert bei Warenbewertung s im Übrigen *Groh* DB 1985, 1247.

552 Bei der Berechnung der Höhe der notwendigen Teilwertabschreibung ist auch der durchschnittliche **Unternehmergewinn** zu berücksichtigen, also bei der retrograden Berechnung den Selbstkosten hinzuzurechnen oder im Rohgewinnaufschlag anzusetzen (EStR 6.8 Abs 2 S 5). Zum Gewinnbegriff und seiner Berechnung vgl im Einzelnen *Kleinle/Dreixler* in HHR § 6 Anm 1013, aber auch FG Baden-Württemberg vom 12.3.1991, EFG, 522, rkr), das abw vom BFH die Verkaufsspesen aus der Proportion zwischen den allg Betriebskosten zu den Umsatzerlösen (nicht zum Wareneinsatz) ermittelt. Zum Problem der Bewertung ohne Gewinnzuschlag in der HB s Anm 515. Zur Ableitung des Teilwerts auf Basis der Wiederbeschaffungskosten vgl auch Anm 542 f; eine Teilwertabschreibung aufgrund gesunkener Wiederbeschaffungskosten darf auch dann vorgenommen werden, wenn bei am Bilanzstichtag bereits zu festen unveränderten oder höheren Preisen verkauften Waren der Kaufvertrag von beiden Seiten noch nicht erfüllt ist.

5. Verlustprodukte

553 Ob bei sog Verlustprodukten, auch wenn sie als solche aus geschäftspolitischen Gründen bewusst in Kauf genommen werden, Teilwertabschreibungen zulässig sind, ist str. Verlustprodukte liegen vor, wenn das Erzeugnis/die Leistung nur unter den Selbstkosten veräußert werden kann (so ua *Söffing* FR 1978, 240), oder auch schon, wenn der Erlös nicht den durchschnittlichen Unternehmergewinn deckt (so *Kleinle/Dreixler* in HHR § 6 Anm 1014). Nach Auffassung GrS BFH 23.6.1997, BStBl II, 735 darf bei gewollten Verlustprodukten grds keine Teilwertabschreibung vorgenommen werden. Dies gilt gem BFH 29.4.1999 jedenfalls dann, wenn das Unt Gewinne erzielt (s EStH 6.7 Verlustprodukte). Gegen diese Auffassung ist vor allem einzuwenden, dass sie gegen den Grundsatz der Einzelbewertung und das Verbot des Ausweises nichtrealisierter Gewinne verstößt (so ua *Knobbe-Keuk* 178 mwN; nach einer „Zweitnutzen"-Zurechnung differenzierend *Kleinle/Dreixler* in HHR § 6 Anm 1014). Nach dem Verbot des Ausweises nichtrealisierter Gewinne ist die Teilwertabschreibung auf jeden Fall möglich wenn die Wertminderung voraussichtlich von Dauer ist.

6. Gängigkeitsabschläge

554 Bei zum Verbrauch bestimmten WG des Vorratsvermögens, deren niedrigere Wiederbeschaffungskosten idR nach den Preisen am Beschaffungsmarkt bestimmt werden, kann auch die **beschränkte Verwendbarkeit,** wenn sie voraussichtlich von Dauer ist, eine Teilwertabschreibung erforderlich machen. Hierunter werden insb Qualitätsminderungen (zB Rost, sonstige Schäden), beschränkte technische Verwendbarkeit aus anderen Gründen (zB geänderte Produktionsprogramme) oder beschränkte wirtschaftliche Verwendbarkeit (zB Überbestände, kostengünstigere Substitutionsstoffe), schließlich auch rechtliche Verwendungsbeschränkungen verstanden (ähnlich *Kleinle/Dreixler* in HHR § 6 Anm 1015). Diese Einschränkungen werden auch als mangelnde **„Gängigkeit"** bezeichnet, die in der Bewertung durch vereinfachte Verfahren mittels Gängigkeitsabschlägen berücksichtigt werden (zu den Gängigkeitsabschreibungen allgemein Anm 529). Str sind in diesem Zusammenhang pauschale Abschläge wegen langer Lagerdauer. Zur Bewertung in der HB in diesen Fällen s Anm 531, zu Verfahren der Ermittlung der Gängigkeitsabschreibungen s Anm 530.

Gängigkeitsabschläge werden auch in der **Steuerbilanz** bei voraussichtlich 555 dauernder Wertminderung in begrenztem Umfang für die Ermittlung des niedrigeren Teilwerts wegen gesunkener Wiederbeschaffungskosten oder gesunkener Verkaufserlöse anerkannt (*Kleinle/Dreixler* in HHR § 6 Anm 1016 mwN).

Die begrenzte Anwendung von Gängigkeitsabschlägen in der StB bezieht sich 556 vor allem auf die Erfassung und Berücksichtigung künftiger Lagerkosten und Zinsverluste. Nach BFH 13.10.1976, BStBl II 1977, 540 (Warenlager eines Juweliers) begründen lange Lagerdauer sowie Zinsverlust und Kosten der Lagerung usw in solchen Fällen allein noch keine Teilwertabschreibung. Nur wenn die lange Lagerdauer Ausdruck des Risikos einer schweren Verkäuflichkeit bildet, kann ein Grund für eine Teilwertabschreibung bestehen.

Gängigkeitsabschläge kommen in der StB vielmehr bei voraussichtlich dauernder Wertminderung dem Grunde nach in Frage zur Berücksichtigung schwerer Verkäuflichkeit und technisch-wirtschaftlicher Risiken (dazu im Einzelnen Anm 529). Nach BFH 24.2.1994, BStBl II, 514 sind im Kfz-Handel pauschale Teilwertabschläge auf die AK entspr der Einteilung von Kfz-Ersatzteilen in Gängigkeitsklassen – gestaffelt nach der Umschlagshäufigkeit – allein aufgrund langer Lagerdauer unzulässig (ebenso OFD Frankfurt 17.7.1997, BB, 1939); der Einzelnachweis niedrigerer Teilwerte bleibt vorbehalten. Kritisch hierzu *Kleinbach* DB 1995, 601; *Troost/Troost* DB 1996, 1097; *Seethaler* BB 1997, 2575.

Die FinVerw lässt die Berücksichtigung von **pauschalen Abwertungen** für 557 Überbestände, schwer verkäufliche Waren ua in folgenden Fällen zu: **Warenbewertung** bei Apotheken (BP-Kartei, DB 1964, 1279); **Musikalienhandel** (OFD Düsseldorf 17.3.1964, StEK § 6 Abs 1 Ziff 2 EStG Nr 17); **Sortimentsbuchhandel** (OFD Frankfurt, DB 1976, 1458); zur Bewertung im **Zwischenbuchhandel** vgl auch FG Hamburg 27.2.1980 (EFG 1980, 397, rkr), hier Abschreibung wegen langer Lagerdauer.

Zu Berechnung vgl *ADS*[6] § 253 Anm 518, *Kulosa* in Schmidt[32] § 6 Anm 260.

VII. Anwendung der Niederstwertvorschrift auf Forderungen und sonstige Vermögensgegenstände

1. Allgemeines

Das Niederstwertprinzip erfordert Abschreibungen auf den Wert der Forde- 558 rungen, der ihnen am Abschlussstichtag beizulegen ist (Abs 4 S 2). Zum Entstehen der Forderungen des Umlaufvermögens s § 247 Anm 75 ff; zu den AK bei Forderungen s § 255 Anm 250.

Die Niederstwertvorschrift ist auf sämtliche Forderungen und sonstige VG des 559 Umlaufvermögens anzuwenden, also auf Forderungen aus Lfg und Leistungen,

Forderungen gegen verbundene Unt, Forderungen gegen Unt, mit denen ein Betverhältnis besteht, und sonstige VG (Näheres § 266 Anm 112). Abschreibungen nach dem Niederstwertprinzip kommen auch in Frage für geleistete Anzahlungen, die als Posten der Vorräte (§ 266 Anm 109) oder unter den sonstigen VG (§ 247 Anm 122) ausgewiesen werden; die Notwendigkeit solcher Abschreibungen kann sich bei geleisteten Anzahlungen ergeben, wenn diese Forderungen zweifelhaft werden im Hinblick auf die Lieferfähigkeit des Empfängers der Anzahlung und seine Fähigkeit, die Anzahlung zurückzuzahlen (vgl steuerrechtlich a *Kleinle/Dreixler* in HHR § 6 Anm 929). Bei *teilweiser* Begleichung der abgeschriebenen Forderung ist der Tilgungsbetrag mit dem Buchwert der Forderung zu verrechnen (BFH 12.10.1995, BStBl 1996 II, 402).

Für die **Steuerbilanz** ist auf jeden Bilanzstichtag eine neue Feststellung, ob der Teilwert voraussichtlich von Dauer niedriger ist, vorzunehmen; eine Erhöhung des Teilwerts führt dann zu einer **Zuschreibung**. Bei Besserung der Vermögensverhältnisse des Schuldners dürfte darüber hinaus **keine voraussichtlich dauernde Wertminderung** mehr vorliegen, so dass eine Wertaufholung vorzunehmen ist. Zum Begriff der voraussichtlich dauernden Wertminderung für das Umlaufvermögen s Anm 533.

2. Einzel- und Pauschalabwertungen bei Forderungen

a) Allgemeines

567 Der Grundsatz der Einzelbewertung (§ 252 Anm 22) fordert die Erfassung der den Forderungen individuell anhaftenden Risiken und ggf der damit zusammenhängenden zukünftigen Aufwendungen (zB Beitreibungskosten). Zu den wertmindernden Faktoren bei Einzel- als auch Pauschalabwertungen s Anm 582. Der niedrigere beizulegende Wert wird durch die geschätzte Höhe des mit Wahrscheinlichkeit zufließenden Geldbetrags bestimmt (glA *ADS*[6] § 253 Anm 531).

568 Die den Forderungen anhaftenden Risiken werden buchhalterisch zweckmäßigerweise als Einzel- oder Pauschalabwertungen auf getrennten Konten gebucht, die beide in der HB unsichtbar aktivisch vom Forderungsbestand gekürzt werden. Die Bruttobeträge der Forderungen werden bei diesen Verfahren fortgeführt und nur ausgebucht, wenn sie *endgültig* uneinbringlich sind, was regelmäßig spätestens mit dem Eintritt der Verjährung der Fall ist. Mit der Pauschalabsetzung als Gegensatz zur Berechnung der Einzelabsetzung sollen, auch wenn sie nicht bestimmten Forderungen zugeordnet werden kann, die gleichen Risiken wie bei der Einzelabsetzung erfasst werden; die Pauschale soll die zuvor nicht einzeln abgewerteten Forderungen nur mit einem einheitlichen Prozentsatz abwerten.

Die für die HB nach § 252 Abs 1 Nr 4 zwingende Berücksichtigung sog wertaufhellender Tatsachen (§ 252 Anm 38) gilt auch für die StB. Werden Forderungen aus Vertragsverletzung, unerlaubter Handlung oder ungerechtfertigter Bereicherung bestritten, ist eine Aktivierung vor einer rechtskräftigen Entscheidung unzulässig (BFH 26.4.1989, BStBl II 1991, 213 und 17.9.2003, BFH/NV 2004, 182).

b) Einzelabwertungen

569 Sind dem Unt Umstände bekannt geworden, die den Schluss zulassen, dass bestimmte Forderungen mit einem über das allgemeine Kreditrisiko hinausgehenden Risiko behaftet sind, muss es diesen Risiken im Wege der Einzelabwertung Rechnung tragen. Es ist nicht zulässig, solche Forderungen lediglich in eine Pauschalabwertung einzubeziehen. Es muss also zunächst geprüft werden, ob Einzelabwertungen zu bilden sind.

Bei der **Bewertung** der einzelnen Forderungen sind nicht nur Umstände zu 570 berücksichtigen, die sich aus der Person des Schuldners (er will oder er kann nicht zahlen) oder aus der Eigenschaft der Forderung selbst ergeben, sondern alle Umstände, die den Forderungseingang **zweifelhaft** erscheinen lassen (zB bei Überfälligkeit). Dass für eine Forderung **Sicherheiten** bestehen, schließt eine Abwertung nicht grds aus (BFH 25.2.1986, NV 1986, 458). Bei der Schätzung des Ausfallrisikos sind jedoch etwa bestehende und verwertbare Sicherheiten und etwaige Rückgriffsmöglichkeiten zu berücksichtigen.

Dass ein Kunde trotz dem Unt bekannter Zahlungsschwierigkeiten **weiter be-** 571 **liefert** wird, macht die Bildung einer Abwertung nicht unzulässig (BFH 20.8.2003, BStBl II 2004, 941). Darin ist auch kein Indiz oder widerlegbare Vermutung für die Vollwertigkeit der Forderung zu sehen. Eine mit dem Kunden getroffene Vereinbarung, dass neue Lfg nur gegen die Bezahlung der alten Rechnungen in etwa derselben Höhe erfolgen, macht idR eine Abwertung auf die aus den neuen Lfg resultierenden Forderungen notwendig. Die Gewährung **längerer Zahlungsfristen** führt nicht zwangsläufig zu einer Erhöhung des Ausfallrisikos.

Auch Einzelabwertungen dürfen in der Weise ermittelt werden, dass Forde- 572 rungen, die nach Art und Umfang mit etwa gleichen Risiken behaftet sind, jeweils zu **Bewertungsgruppen** zusammengefasst werden (glA *ADS*[6] § 253 Anm 533; *Ibert/Kuxdorf* WPg 1985, 217). Dabei dürfen nicht nur Forderungen gegen denselben Schuldner zusammengefasst werden.

Abwertungen wegen **Länderrisiken** beziehen sich sowohl auf Währungsforde- 573 rungen als auch auf Forderungen in Euro. Die Risiken können in allgemeine und spezielle Länderrisiken eingeteilt werden; als spezielles Länderrisiko gilt dabei auch das Transferrisiko (*Schobert* StBp 1986, 73). Für beide Risikoarten kommen Einzel- oder Pauschalabwertungen in Frage; das materielle Problem ist der Schätzungsrahmen. BMF 29.7.1985, WPg 1986, 137 zu Abwertungen auf Auslandskredite weist darauf hin, dass steuerrechtlich generelle Leitlinien in Gestalt von Prozentsätzen nicht bestehen. In Einzelfällen werden Teilwertabschreibungen aufgrund von Länderrisiken akzeptiert (auch OFD Münster 23.1.1991, DStR 1991, 245).

Bei Forderungen, die teils ertragswirksam und teils durch Bildung eines 574 **passiven Rechnungsabgrenzungspostens** eingebucht wurden (dazu § 255 Anm 254), beschränkt sich die Abwertung auf den den passiven Abgrenzungsposten übersteigenden Teil der Forderung. Steht bei Forderungen aus einem Werkvertrag am Bilanzstichtag die Abrechnung noch aus, bewirkt dieser Umstand keinen niedrigeren Teilwert der Forderung (Grundsatz der Einzelbewertung); es ist eine entspr Rückstellung für die Abrechnungsverpflichtung zu bilden (EStH 5.7 (3), s auch § 249 Anm 100; BFH 25.2.1986, BStBl II, 788; FG Baden-Württemberg 13.1.1994, EFG, 698 rkr zu Abrechnungskosten bei VersorgungsUnt).

Eine betriebliche Forderung darf der Kfm soweit und solange nicht als wertlos 575 abschreiben, solange er eine **aufrechenbare betriebliche Verbindlichkeit** ggü dem Schuldner hat. Wird eine betriebliche Forderung dadurch wertlos, dass der Kfm eine betriebliche Verbindlichkeit ggü demselben Gläubiger mit einer *privaten* Forderung aufrechnet, darf dieser auf außerbetrieblichen Erwägungen beruhende Wertverlust den steuerrechtlichen Gewinn nicht berühren. Daraus ist im Umkehrschluss zu folgern, dass bei einer betrieblichen Forderung ein niedrigerer Teilwert nicht deshalb ausgeschlossen ist, weil der Kfm eine *private* Verbindlichkeit ggü dem Schuldner hat.

c) Pauschalabwertungen

aa) Allgemeines. Im Anschluss an das Verfahren der Einzelabwertung 576 (Anm 569) muss auch das Verfahren der Pauschalabwertung angewandt werden.

Es besteht idR darin, dass auf bestimmte Forderungsgruppen ein pauschaler Prozentsatz als Pauschalabwertung gekürzt wird (dazu auch *Brösel/Olbrich* in HdR[5] § 253 Anm 193). Zur Zulässigkeit dieses sog gemischten Verfahrens in der StB s *Ehmcke* in Blümich, § 6 Anm 922 u *Kulosa* in Schmidt[32] § 6 Anm 305.

577 Bestimmender Faktor für die Bemessung der Pauschalabwertung ist das **Ausfall- und Kreditrisiko.** Durch eine Pauschalabwertung sind ggf nach der Vornahme von Einzelabwertungen vorhandene, dem Unt aber noch nicht bekannte, jedoch mit einer gewissen Wahrscheinlichkeit noch auftretende Risiken zu berücksichtigen (hM zB *Kleinle/Dreixler* in HHR § 6 Anm 931). Nach Art der hiermit zu erfassenden Risiken ist die Bildung einer solchen Pauschalabwertung nicht von dem Nachweis abhängig, dass der Eingang *einzelner* Forderungen aufgrund bestimmter, am Abschlussstichtag vorliegender Tatsachen gefährdet ist.

578 Soweit das Unt, obwohl für die einzelnen Forderungen (noch) keine Risiken erkennbar sind, mit Forderungsausfällen oder mit erheblichen Zahlungsverzögerungen rechnet, **muss** eine Pauschalabwertung **gebildet werden** (ähnlich *Kleinle/Dreixler* in HHR § 6 Anm 931 und *Kulosa* in Schmidt[32] § 6 Anm 305). Von der Bildung einer Pauschalabwertung auf den nicht einzeln bewerteten Forderungsbestand darf nicht schon dann abgesehen werden, wenn Grund zu der Annahme besteht, dass keine Risiken bestehen, sondern nur, wenn *ausgeschlossen* werden kann, dass solche bestehen.

Auch der Ansatz einer Pauschalabwertung bedeutet steuerrechtlich die **Bewertung der Forderungen zum Teilwert.** Eine Pauschalabwertung ist allerdings keiner speziellen Forderung, sondern als Sammelbewertung (Anm 568) einer (Teil-)Gesamtheit von Forderungen zuzuordnen.

579 **Risiken,** die bereits im **Wege der Einzelabwertung** Berücksichtigung gefunden haben, dürfen nicht nochmals im Rahmen der Pauschalabwertung berücksichtigt werden. Nach der hM ist die Pauschalabwertung nur auf den um die *Brutto*beträge der einzeln abgewerteten Forderungen gekürzten Forderungsbestand anzuwenden.

580 Grds ist es **nicht** zulässig, **einzelne** Forderungen oder Arten von Forderungen von einer Pauschalabsetzung **auszuschließen.** Ebenso ist es nicht vertretbar, eine Pauschalabsetzung nicht vorzunehmen, weil nur eine geringe Zahl von Schuldnern vorliegt. Eine geringe Zahl von Schuldnern ist allerdings auch allein kein Grund, die Pauschalabwertung höher anzusetzen (*Kleinle/Dreixler* in HHR § 6 Anm 931).

581 In die Bestimmung der Höhe der Pauschalabwertung dürfen mittelbare wirtschaftliche **Folgen verspäteter Zahlungseingänge,** wie zB Notwendigkeit der Aufnahme eines zusätzlichen Bankkredits oder Nachteile aus nicht möglicher Skonto-Inanspruchnahme für Verbindlichkeiten, *nicht* einbezogen werden.

582 **bb) Abgrenzung der wertmindernden Faktoren.** Bei der Bemessung der Einzel- und der Pauschalabwertung sind zusätzlich zum Ausfallrisiko **zu berücksichtigen:** Kosten der Einziehung der Forderungen, dh sämtliche über die allgemeinen Aufwendungen für die Verwaltung der Forderungen hinausgehenden Kosten für Mahnungen, gerichtliche Verfolgung und Zwangsvollstreckung, noch zu erwartende Preisnachlässe, noch mögliche bzw zu erwartende Skontoabzüge sowie Zinsverluste aufgrund verspäteter Forderungseingänge.

583 Dagegen sind drohende Gewährleistungsverpflichtungen, voraussichtliche Boni sowie Inkasso- und sonstige Provisionen **durch Rückstellungen** zu erfassen (§ 249 Anm 100).

584 Bei der Bemessung der Abwertungen sind hingegen beim Schuldner **nicht zu berücksichtigen:**
– ein **allgemeines Konjunkturrisiko** im Sinne einer allgemeinen Ungewissheit der wirtschaftlichen Entwicklung und damit evtl der Forderungseingänge

(*Herrmann* WPg 1982, 329, 331). Ein *konkretes* Konjunkturrisiko idS, dass sich eine schlechte Konjunkturlage bereits auf die Verhältnisse der einzelnen Schuldner ausgewirkt hat, oder auch sog Länderrisiken sind dagegen zu berücksichtigen;
- ein **allgemeines Geschäftsrisiko** iSd allgemein mit dem Betrieb eines bestimmten Unt verbundenen Risikos;
- eine ggü anderen Branchen oder Unt **größere Konjunkturempfindlichkeit;**
- allgemeine Gründe der **Verschlechterung der Geschäftslage,** verstärkte Konkurrenz, einseitige Zusammensetzung des Kundenkreises;
- **künftige Ereignisse** wie Tod, Erwerbsunfähigkeit, Unfall, Arbeitslosigkeit des Schuldners, Naturkatastrophen;
- **mittelbare wirtschaftliche Folgen,** zB verspätete Zahlungseingänge, s Anm 581;
- **künftige Ereignisse,** die wegen der dem Geschäftsbetrieb eigentümlichen, mit ihm untrennbar verbundenen Risiken möglicherweise eintreten werden;
- **Entwicklungsmöglichkeiten im Wirtschaftsleben,** für die am Bilanzstichtag noch keine konkreten Ansätze zu erkennen sind.

cc) **Zur Höhe der Pauschalabwertung.** Der Betrag darf mit einem **geschätzten Prozentsatz** des zu bewertenden Forderungsbestands angesetzt werden (sog steuerrechtliche Nichtaufgriffsgrenze: 1% gem *Kleinle/Dreixler* in HHR, § 6 Anm 931 mit Verweis auf BMF 6.1.1995, nicht veröffentlicht; zur Berechnung *Jaudzims/Münch* DB 1996, 2293; für Kreditinstitute BMF 10.1.1994, BStBl I, 98). Werden Forderungen in erheblichem Umfang einzeln abgewertet, muss der Vomhundertsatz der Pauschalabsetzung entspr niedriger bemessen werden. 585

Die Pauschalabsetzung ist danach zu bemessen, wie ein sorgfältig die mutmaßliche Entwicklung der Verhältnisse beim Schuldner abschätzender Kfm die zweifelhaften Forderungen schätzt. Besteht ein **Schätzungsrahmen,** ist innerhalb dieses Rahmens die ungünstigste Prognose der Bemessung der Pauschalabwertung zugrundzulegen. Der Pauschalsatz sollte nach Inlands-, Auslands- sowie Wechselforderungen differenziert werden. 586

Bei der **Schätzung** des Abwertungsbedarfs ist in erster Linie die Beurteilung des Unt maßgebend. Sie muss *objektiv* durch die Gegebenheiten des Unt gestützt sein. 587

Soweit das Unt nicht konkrete Tatsachen für eine Schätzung – insb durch neue Prognosen – angeben kann, bieten die **Erfahrungen der Vergangenheit** einen Anhaltspunkt, solange sich die Verhältnisse nicht wesentlich ändern. So darf die Höhe der tatsächlichen Ausfälle der Vergangenheit berücksichtigt werden. Es ist nicht angängig, die Ausfälle der Vergangenheit mit dem Ausfallrisiko der Zukunft gleichzusetzen. Die Schätzung der Pauschalabwertung muss sich auf die künftige Entwicklung beziehen. Tendenzen wie etwa eine steigende oder sinkende Zahl von Insolvenzen sind also zu berücksichtigen. Für andere als die sich nach der Erfahrung der Vergangenheit ergebenden Pauschalsätze müssen überzeugende Gründe dargetan werden. 588

d) **Weitere Maßstäbe**

aa) **Kürzung der USt.** Die USt bleibt bei der Bemessung der Einzel- oder Pauschalabwertung außer Betracht (BFH 16.7.1981, BStBl II 1981, 766). 589

bb) **Berücksichtigung einer Debitorenversicherung.** Mit der Debitorenversicherung **(Delkredereversicherung)** ist das Unt für den versicherten Teil der Forderungen (zB Nominalbetrag bestimmter Forderungen abzgl Selbstbehalt) gegen das Ausfallrisiko versichert. Nach hM schließt das Bestehen einer Debitorenversicherung die Berücksichtigung von Ausfallrisiken beim Forderungsbestand 590 von vornherein insoweit aus, als ein Forderungsausfall durch die Versicherung gedeckt ist (so auch ADS[6] § 253 Anm 534; *Kulosa* in Schmidt[32] § 6 Anm 303). Forderungen mit Delkredereversicherung sind **grundsätzlich als vollwertig** auszuweisen. Eine Abwertung kommt danach nur für die Teilbeträge der Forderungen in Frage, die nicht durch die Versicherung gedeckt sind.

591 Auch **Export-Forderungen,** deren Ausfallrisiko zB durch **Hermes-Versicherung** gedeckt ist, soweit deren Voraussetzungen erfüllt sind, sind als gesichert anzusehen (aA *von Westphalen* BB 1982, 718).

3. Bewertung unverzinslicher und unterverzinslicher Forderungen

592 Unverzinsliche und unterverzinsliche Forderungen des Umlaufvermögens sind in der **Handelsbilanz** mit dem Barwert anzusetzen. Die Abzinsung erfolgt zB auf der Basis des landesüblichen Zinsfußes für festverzinsliche Wertpapiere mit entspr Restlaufzeit (glA ADS[6] § 253 Anm 532). In der Praxis wird aus Vereinfachungsgründen zT eine Restlaufzeit bis zu einem Jahr bei der Abzinsungsfrage unberücksichtigt gelassen (so *Clemm* 229 und 241; ADS[6] § 253 Anm 532).

593 Auch in der **Steuerbilanz** beeinflusst eine **Unverzinslichkeit** den Teilwert einer Forderung. Mit U v 24.10.2012, BStBl II 2013, 162 bestätigt der BFH einen niedrigeren Teilwert, allerdings verneint er die Dauerhaftigkeit der Wertminderung, so dass im Ergebnis eine Teilwertabschreibung negiert wurde. Eine Abzinsung kann auch bei Forderungen aus Lfg und Leistungen in Frage kommen, wenn vertragswidrig eine verspätete Zahlung erwartet wird und Verzugszinsen nicht zu entrichten sind. Zum Zinssatz bei der Abzinsung langfristiger Forderungen s *Kleinle/Dreixler* in HHR § 6 Anm 913, insb auch zu höheren Zinssätzen als den vom BFH und FinVerw vereinfachend herangezogenen 5,5 vH; zustimmend zur Anwendung des Marktzinses *Kulosa* in Schmidt[32] § 6 Anm 296. Zur Einbeziehung des Zinsausfalls in die Einzel- oder Pauschalabwertung auf Forderungen aus Lfg und Leistungen s Anm 582. Stehen der Unverzinslichkeit andere wirtschaftliche Vorteile unmittelbar ggü, können diese einem niedrigeren Teilwert wegen Zinslosigkeit entgegenstehen (BFH 9.7.1981, BStBl II, 734 betr Aufnahme von Zeitschriften in Lesemappen).

594 Bei **zinslosen Darlehen an Arbeitnehmer, Organmitglieder oder Handelsvertreter** stellt die Wirkung der Bindung an das Unt für sich gesehen handelsrechtlich noch keinen einer Abzinsung entgegenwirkenden Vorteil dar. In der StB soll grds der Nennwert der Forderung maßgeblich sein, da auch ein potentieller Betriebserwerber Arbeitnehmerdarlehen als Sozialleistungen erbringen würde (BFH 24.1.1990, BStBl II, 639; BFH 22.1.1991, BFH/NV 451).

595 **Unverzinsliche Wohnungsbaudarlehen** mit Belegungsrecht, zB für Arbeitnehmer des Unt, sind abzuzinsen (s 6. Aufl Anm 410); in Höhe des Abzinsungsbetrags ergeben sich jedoch AK für das selbständig zu aktivierende Belegungsrecht, das planmäßig abzuschreiben ist. Nach *Kleinle/Dreixler* in HHR § 6 Anm 913 sind das Belegungsrecht und der Zinsverlust zu saldieren.

596 **Niedrige Verzinslichkeit** (Unterverzinslichkeit) wird angenommen, wenn der tatsächliche Zinssatz den angemessenen Zinssatz nicht nur geringfügig in der Bandbreite eines als üblich angesehenen Durchschnittszinses unterschreitet (*Kleinle/Dreixler* in HHR § 6 Anm 914).

4. Bewertung von Forderungen gegen verbundene Unternehmen, Gesellschafter und gegen Unternehmen, mit denen ein Beteiligungsverhältnis besteht

597 Die Bewertung bestimmt sich handelsrechtlich nach den für die jeweilige Forderungsart gültigen Regeln. Insoweit bestehen keine Besonderheiten. Insb gilt auch das Niederstwertprinzip. Es gilt für diesen Forderungsbereich auch kein besonderes Gebot einer korrespondierenden Bilanzierung von Forderungen und Verbindlichkeiten beim Schuldner; zum Sonderfall der durch Betriebsaufspaltung verbundenen Unt s Anm 608.

Forderungen des Gesters einer **Kapitalgesellschaft** gegen die Ges und Forderungen einer KapGes gegen ihren Gester aufgrund schuldrechtlicher Beziehungen sind auch steuerrechtlich grds wie Forderungen zwischen Fremden zu bewerten; je nach den Umständen des Einzelfalls kann dabei eine erleichterte Durchsetzbarkeit der Forderung zu berücksichtigen sein.

Die Ansicht, für Forderungen an **Beteiligungsunternehmen** entfalle idR 598 ein Ausfallwagnis (vgl RV-Betriebsprüfungs-Kartei Teil I, Konto: Delkredere I.4.b) ist zu weitgehend (glA *Kleinle/Dreixler* in HHR § 6 Anm 936). Dagegen sind Forderungen an BetUnt oder an verbundene Unt *nicht* in die Pauschalabwertung einzubeziehen.

Steuerrechtlich kommen anzuerkennende Teilwertabschreibungen auf Forde- 599 rungen einer **Personengesellschaft** gegen einen Gester nur insoweit in Betracht, als die Forderungen als begründet anerkannt werden und die Wertminderung von Dauer ist (dazu § 247 Anm 160). Nach BFH 22.1.1981, BStBl II, 427 erscheint es nicht ausgeschlossen, dass auf eine Forderung eines Gesters gegen die PersGes aus Warenlieferungen eine Abwertung mit Auswirkung auf den StB-Gewinn des Mitunternehmers vorgenommen werden darf.

Ein **Einzelkaufmann,** der Gester einer PersGes ist und aufgrund einer als 601 Gester für die PersGes übernommenen Bürgschaft Zahlungen an ein Kreditinstitut leistet, darf den Zahlungen entspr Erstattungsansprüche gegen die PersGes in der Bilanz des EKfm nicht als wertberichtigungsfähige Forderungen ausweisen (OFD Münster 31.8.1990, BFH 18.6.1991, BFH/NV 1992, 229).

Ist die Gewährung eines **Darlehens** im Interesse eines Gesters *nicht betrieblich* 602 veranlasst, beeinflusst der spätere Verlust der Darlehensforderung das Betriebsergebnis nicht. Auf eine Darlehensforderung gegen eine andere PersGes darf keine Teilwertabschreibung vorgenommen werden, wenn das Darlehen im Hinblick auf die Bet eines Gesters an der anderen PersGes gewährt worden ist.

Wird die **Forderung** gegen einen ausgeschiedenen Gester einer Familien- 603 PersGes uneinbringlich, soll sie nach FG Niedersachsen 21.8.1968, EFG 1969, 67, rkr, nicht gewinnmindernd abgeschrieben werden dürfen, wenn die Gester es aus *familiären* Gründen unterlassen haben, Einziehungs- oder Sicherungsmaßnahmen zu treffen, zu einer Zeit, als es noch möglich war. Steuerrechtlich ist nach FG Baden-Württemberg 18.12.1992, DB 1993, 1323, rkr, keine Teilwertabschreibung auf die Aufwendungsersatzforderung der Komplementär-GmbH gegen die KG zulässig. Gleiches gilt für Währungsverluste aus Darlehen an ausländische PersGes (BFH 19.5.1993, BStBl II, 714). Vgl hierzu auch ausführlich *Wacker* in Schmidt[32] § 15 Anm 540 ff.

5. Währungsposten

S hierzu § 256a. 604

6. Optionen, Termingeschäfte

Zu **Optionen** und **Termingeschäften** s § 254 Anm 70 ff und § 247 606 Anm 124. *Prämien für Optionen* und ähnliche Rechte sind zu AK oder mit dem niedrigeren Börsenpreis, ersatzweise mit dem niedrigeren inneren Wert anzusetzen. Dient eine Option als Sicherungsgeschäft, darf sie mit dem Grundgeschäft eine BewEinh bilden (*Eisele/Knobloch* DStR 1993, 582; zu BewEinh s auch

§ 254). Ist die Ausübung nicht mehr beabsichtigt, ist sie voll abzuschreiben (*Häuselmann* DB 1987, 1747). Zur handelsrechtlichen Bilanzierung von Optionsgeschäften bei Instituten s auch IDW RS BFA 6.

Initial und variation margins im Rahmen von *Börsentermingeschäften* sind Nominalbeträge auf einem Sperrkonto und daher prinzipiell wie flüssige Mittel zu bewerten. Geleistete variation margins sind nicht erfolgswirksam zu behandeln, da sie nicht das Äquivalent des Verlusts darstellen, solange der Kontrakt noch nicht glattgestellt ist (so *Eisele/Knobloch* DStR 1993, 621). In Höhe der geleisteten variation margins ist aber handelsrechtlich eine Rückstellung für drohende Verluste aus schwebenden Geschäften zu bilden (steuerrechtlich nicht zulässig, § 5 Abs 4a EStG). Zur handelsrechtlichen Bilanzierung von Financial Futures und Forward Rate Agreements bei Instituten s auch IDW RS BFA 5. Zu weiteren Einzelheiten s § 254 Anm 100 ff.

7. Sachwertforderungen

607 Sachwertforderungen, die durch die Hingabe von VG begründet werden stellen einen Tausch dar. Zur handelsrechtlichen Behandlung vgl § 255 Anm 131 f. Nach § 6 Abs 6 S 1 EStG sind **Sachwertforderungen** steuerrechtlich grds mit dem Teilwert, dh unter Realisierung der stillen Reserven, anzusetzen, wenn nicht exakt die hingegebenen WG zurückgegeben werden (Leihe, Miete); Ausnahme sind nach hM sog Wertpapierdarlehen, vgl *Häuselmann/Wagner* FR 2003, 331; *Weber-Grellet* in Schmidt^{32} § 5 Anm 270, Bay LfSt 20.7.2010, StuB 674). Eine Teilwertabschreibung auf die Sachwertforderung ist nur bei voraussichtlich dauernder Wertminderung zulässig (Anm 15). Besteht ein Ausfallrisiko dergestalt, dass der Schuldner seine Rückgabepflicht nicht erfüllt, kommt eine Einzelabwertung in Frage (*Kleinle/Dreixler* in HHR § 6 Anm 943).

608 Bei einer **Betriebsaufspaltung** wird steuerrechtlich für Sachwertforderungen beim Besitz-Unt und entspr Sachwertverbindlichkeiten beim Betriebs-Unt übereinstimmende Bewertung gefordert (s ua BFH 26.6.1975, BStBl II, 700, einschränkend BFH 8.3.1989, BB, 1246; zweifelnd FG Baden-Württemberg 20.7.1992, EFG, 665; s aber OFD Düsseldorf 12.2.1992, FR, 181 und BFH 12.2.1992, BStBl II, 723). Bei einer solchen korrespondierenden Bilanzierung wird beim Besitz-Unt für die Sachwertforderung gegen das Anschaffungswertprinzip verstoßen und auch die Anwendung des Niederstwertprinzips unter Vorrang eines steuerrechtlichen Einheitsprinzips bei der Betriebsaufspaltung ausgeschlossen.

In der **Handelsbilanz** des Besitz-Unt verstößt eine solche Bilanzierung gegen das Realisationsprinzip nach § 252 Abs 1 Nr 4. Für die HB gilt kein Sonderrecht für die Bilanzierung gegenseitiger Forderungen und Verbindlichkeiten im Bereich von verbundenen Unt (s dazu Anm 598).

Für die **Steuerbilanz** stellt sich damit die Frage, ob die BFH-Rspr tatsächlich den Maßgeblichkeitsgrundsatz nach § 5 Abs 1 EStG aufheben kann, was uE zu verneinen ist. *Woerner* (in FS *Döllerer,* 741) kommt für die StB zu dem Ergebnis, dass bei den durch Betriebsaufspaltung verbundenen Unt die allgemeinen (handelsrechtlichen) Bilanzierungsgrundsätze gelten, dh keine korrespondierende Bilanzierung (im Grundsatz ebenso *Wacker* in Schmidt^{32} § 15 Anm 870; zum Zeitpunkt der Aktivierung von Dividendenansprüchen bei Betriebsaufspaltung s *Hoffmann* DStR 1993, 558). Zum „Einheitsprinzip" – so auch für die Bilanzierung – bedürfe es besonderer gesetzlicher Vorschriften. Diesem Ergebnis ist zuzustimmen.

VIII. Anwendung der Niederstwertvorschrift auf Wertpapiere

1. Allgemeines

Auch bei den **Wertpapieren** besteht nach § 255 Abs 1 S 2 eine Verpflichtung 609
zum Ansatz der Anschaffungsnebenkosten. Besteht am **Abschlussstichtag keine Verkaufsabsicht,** sind die Wertpapiere des Umlaufvermögens bei gesunkenem Börsenkurs mit diesem zzgl anteilig abgeschriebener Anschaffungsnebenkosten zu bewerten. Bei gesunkenem Börsenkurs entspricht der niedrigere Teilwert dem Betrag, bei dem die AK und Anschaffungsnebenkosten im gleichen Verhältnis zum niedrigeren Börsenkurs gemindert werden.

Besteht dagegen **am Abschlussstichtag** die **Absicht der Veräußerung,** 610
sind die Wertpapiere mit dem niedrigeren Börsenkurs – ohne anteilige Anschaffungsnebenkosten – und abzgl zu erwartender Verkaufsspesen zu bewerten (*WPH*[14] I, E Anm 575).

Zweifelhaft ist, ob auch ohne konkrete Verkaufsabsicht, ein Bewertungswahl- 611
recht für Wertpapiere dahingehend besteht, den niedrigeren Börsenkurs abzgl voraussichtlicher Verkaufsspesen anzusetzen. Hierin ist uE eine zu starke Ausweitung des Niederstwertprinzips zu sehen. Ein solches Bewertungswahlrecht würde es in zahlreichen Fällen auch ermöglichen, die vom HGB geforderte Aktivierungspflicht für die Anschaffungsnebenkosten mittelbar wieder aufzuheben, was uE unzulässig ist.

Nach dem Niederstwertprinzip zu bewerten sind auch im Umlaufvermögen 612
ausgewiesene **Anteile an verbundenen Unternehmen** (§ 266 Abs 2 B III 1). Soweit für diese Anteile kein Börsenkurs gegeben ist, bestimmt sich der nach § 253 Abs 4 S 2 am Bilanzstichtag beizulegende Wert nach dem inneren Wert der Anteile. Bei im Umlaufvermögen aktivierten Anteilen an einem herrschenden oder mit Mehrheit beteiligten Unt ist bei einer Abschreibung die entspr Rücklage (§ 266 Abs 3 A III 2, § 272 Abs 4) in gleicher Höhe aufzulösen. Diese Rücklage berechtigt jedoch nicht, von einer notwendigen Abschreibung auf die Anteile abzusehen.

2. Steuerrechtlicher Teilwert

Der Begriff des **Teilwerts** ist für Wertpapiere des Anlage- und des Umlauf- 614
vermögens gleich (Anm 300). Auch bzgl der Frage der Dauerhaftigkeit einer Kursminderung kann uE keine Unterscheidung mehr getroffen werden. Die seit dem sog Infineon-U (s Anm 316) ergangene BFH Rspr bekräftigt jeweils, dass eine voraussichtlich dauerhafte Wertminderung vorliegt, wenn der Börsenkurs am Bilanzstichtag gesunken ist (unter Beachtung einer Bagatellgrenze von 5%). In seiner jüngst ergangenen Rspr zu börsennotierten Anteilen im Anlagevermögen (BFH 21.9.2011, BFH/NV 2012, 310) stellt der BFH zudem ausdrücklich klar, dass Kursveränderungen im Zeitraum zwischen Bilanzstichtag und Bilanzerstellung stets wertbegründend seien und daher auf den Börsenkurs zum Bilanzstichtag abzustellen ist. Dies kann für Wertpapiere des Umlaufvermögens nur entspr gelten. Das BMF hat jedoch die Möglichkeit der Übernahme der Rpsr in die Tz 23 in Zusammenhang mit weiteren Anpassungen des BMF Schreibens v BMF 25.2.2000, BStBl I, 372 nicht wahrgenommen und das Urteil bislang nicht veröffentlicht. Die Konkretisierungen in BMF aaO Tz 23 sowie Tz 27 ff zielen nach wie vor ausschließlich auf Wertpapiere ab und stehen dieser Rspr entgegen.

Dies gilt jedoch nicht für festverzinsliche Wertpapiere des Umlaufvermögens. Nach der hierzu ergangenen BFH Rspr (U v 8.6.2011, BStBl 2012 II, 716) rechtfertigen Kursschwankungen, die sich aus den Änderungen des Marktzinses

§ 253   620–622   Jahresabschluß (Bewertungsvorschriften)

ergeben, nicht die Annahme einer dauerhaften Wertminderung, wenn das Wertpapier bei Fälligkeit zum Nennwert eingelöst wird; anderes gilt ggf wenn Bonitäts- und Liquiditätsrisiken bestehen, die sich auf den Stichtagskurs auswirken. Diese Rspr wirkt sich auf die Bsp in BMF 25.2.2000 Tz 24, 25 aus; mit BMF 10.12.2012 wurden diese daher als überholt erklärt und insofern die in diesem Fall engere Auslegung des BFH übernommen.

Für Wertpapiere in Fremdwährung s auch § 256a Anm 90ff, 140f.

Der Teilwert von **Investmentanteilen** ist, wenn sie für den Betrieb entbehrlich (iSv überflüssig) sind, der Rücknahmepreis, in den anderen Fällen der Ausgabepreis (§ 23 InvG).

Bei Veräußerungsabsicht von Wertpapieren sind auch steuerrechtlich die zu erwartenden **Veräußerungskosten** bei der Bewertung am Abschlussstichtag zu kürzen, wenn es sich um Wertpapiere handelt, die „überflüssig" iSd vorstehenden Ausführungen sind.

IX. Anwendung der Niederstwertvorschrift auf flüssige Mittel

620 Dem Niederstwertprinzip unterliegen auch **flüssige Mittel** (§ 266 Abs 2 B IV). Zu flüssigen Mitteln in fremder Währung vgl § 256a. **Schecks** sind wie Forderungen zu bewerten. So ist zB bei mangelnder Zahlungsfähigkeit des Schuldners handelsrechtlich zwingend eine Abschreibung auf den niedrigeren beizulegenden Wert vorzunehmen (vgl *Brösel/Olbrich* in HdR[5] § 253 Anm 221). Auch für **Bankguthaben** bei notleidenden Banken stellt sich die Frage eines Abwertungserfordernisses. Ein solches soll grds nicht vorliegen, soweit das Guthaben bei der Bank durch einen Einlagen-Sicherungs-Fonds oder eine Einlagen-Versicherung abgedeckt ist (vgl *Scheffler* in Beck HdR B 217 Anm 30).

X. Sonstige Hinweise

622 Da die Niederstwertvorschrift nach Abs 4 S 1 und 2 zwingend anzuwenden ist, stellt sie in Bezug auf die **Bewertungsstetigkeit** keinen Anwendungsfall des § 252 Abs 2 dar. Zum **Wertaufholungsgebot** Anm 630ff.

In bestimmten **Ausnahmefällen** dürfen die Zwangsabschreibungen nach Abs 4 S 1 und 2 unterbleiben. Dies gilt bei bestehenden Abnahmeverpflichtungen durch Dritte, bei denen die Preisvereinbarungen den Wertansatz decken und das Entstehen von Verlusten ausgeschlossen ist (sog „Deckungsgeschäfte"). Dies kommt insb in Frage für Rohstoffe, die für einen bestimmten Auftrag angeschafft worden sind (Auftragsmaterial), oder bei Handelswaren und Fertigerzeugnissen mit entspr Verkaufsvereinbarungen (ebenso ADS[6] § 253 Anm 538).

Bei **Bewertungseinheiten** sind für die Anwendung der Niederstwertvorschrift die Beschränkungen des § 254 zu beachten (s § 254 Anm 50ff); gem § 246 Abs 2 S 2 **zu verrechnende VG** sind mit dem beiz ZW (s § 255 Anm 511ff) zu bewerten.

Wertaufholungsgebot (Abs 5)

Schrifttum: *Groh* Steuerentlastungsgesetz 1999/2000/2002: Imparitätsprinzip und Teilwertabschreibung DB 1999, 983; *Herzig/Rieck* Bilanzsteuerliche Aspekte des Wertaufholungsgebotes im Steuerentlastungsgesetz WPg 1999, 305; *Küting/Harth* Die Übergangsregelungen des § 52 Abs 16 EStG und die Folgen für die HB DStR 2000, 214; *Loitz/Winnacker* Die dauernde Wertminderung im Umlaufvermögen vor dem Hintergrund der handelsrechtlichen und steuerlichen Bilanzierung DB 2000, 2229; *Lange* in MünchKomm HGB[2], § 280 Anm 19; *Niemann/Sradj/Wohlgemuth* Wertaufholung in Jahres- und Konzernabschluss nach Handels- und Steuerrecht, Rn 875–879c; *Küting* Die Wertaufholung in der Handels- und Steuerbilanz in FS Brönner, 227; *Kallmeyer* Umwandlungsgesetz, 5. Aufl, Köln 2013; *Dörfler/Adrian* Zum Referentenentwurf des Bilanzrechtsmodernisierungsgesetzes (BilMoG): Steuerliche Auswirkungen DB 2008, Beil 1, 44; *Petersen/Zwirner* Die deutsche Rechnungslegung und Prüfung im Umbruch – Veränderte Rahmenbedingungen durch die geplanten Reformen des Bilanzrechtsmodernisierungsgesetzes (BilMoG) gemäß dem Referentenentwurf vom 8.11.2007 Der Konzern 2008, Beil 1; *Göllert* Auswirkungen des Bilanzrechtsmodernisierungsgesetzes (BilMoG) auf die Bilanzpolitik DB 2008, 1165; *Ortmann-Babel/Bolik* Chancen und Grenzen der steuerbilanziellen Wahlrechtsausübung nach BilMoG BB 2010, 2101; *Dietel* Steuerliches Wahlrecht zur Teilwertabschreibung und Stetigkeitsgebot DB 2012, 483; *Happe* Die steuerliche (Teilwert-)Abschreibung auf Anteile im Betriebsvermögen Steuerrecht kuzgefaßt SteuK 2012, 351; *Cordes* Steuerliche Auswirkungen der Verschmelzung von Kapitalgesellschaften auf Anteilseignerebene – Aktuelle Rechtsprechung zu Wertaufholung und Veräußerungsgewinnbesteuerung bei früheren steuerwirksamen Teilwertabschreibungen auf die untergegangenen Anteile an der übertragenen Kapitalgesellschaft Der Konzern 2013, 273.

A. Vorbemerkungen

Das BilMoG sah in Art 1 Nr 29 vor, dass der Vierte Titel des Ersten Unterabschn des Zweiten Abschn des Dritten Buch des HGB aF aufgehoben wird. Damit wurde § 280 aF aufgehoben, der das Wertaufholungsgebot für KapGes und bestimmte PersGes kodifizierte. Das Wertaufholungsgebot für KapGes nach § 280 Abs 1 aF ist implizit in dem durch BilMoG neu gefassten § 253 Abs 5 enthalten. Die schon zuvor aufgrund des steuerrechtlichen Wertaufholungsgebots praktisch gegenstandslosen Regelungen der Abs 2 (Übernahme des steuerrechtlichen Wertansatzes in der HB) und 3 (Anhangangaben) des § 280 aF sind damit entfallen. Mit der Aufgabe der umgekehrten Maßgeblichkeit durch Neufassung des § 5 Abs 1 EStG (BR-Drs 344/08 Art 3 Nr 1) können steuerrechtliche Wahlrechte unabhängig von der handelsrechtlichen Bilanzierung ausgeübt werden, sofern ein besonderes, lfd Verzeichnis gemäß § 5 Abs 1 S 2 EStG geführt wird. Die Unabhängigkeit der steuerlichen Wahlrechtsausübung wurde von der FinVerw explizit bestätigt (BMF 12.3.2010, BStBl I, 239 Anm 16; vgl *Dietel* DB 2012, 483).

630

Abs 5 S 1 kodifiziert nun ein **allgemeines rechtsformunabhängiges Wertaufholungsgebot,** wie es im Steuerrecht nach § 6 Abs 1 Nr 1, 2 EStG ebenfalls besteht. Von der Wertaufholung ausgenommen bleibt lediglich der GFW (§ 253 Abs 5 S 2).

631

B. Das Wertaufholungsgebot

I. Die Voraussetzungen des Wertaufholungsgebots

1. Subjekt des Wertaufholungsgebots

Abs 5 S 1 statuiert eine einheitliche Regelung für alle bilanzierenden Unt (vgl *Petersen/Zwirner* Der Konzern 2008, Beil 1).

632

2. Gegenstand der Wertaufholung

Abs 5 S 1 enthält 2 Voraussetzungen, die kumulativ erfüllt sein müssen:
a) Ein VG muss mit einem niedrigeren Wert nach Abs 3 S 3 oder 4 oder Abs 4 angesetzt sein (Anm 635).

633

b) Die Gründe für diesen niedrigeren Wertansatz dürfen nicht mehr bestehen (Anm 637). Zudem trägt das Unt die Feststellungslast (Anm 641).

a) Ansatz mit einem niedrigeren Wert nach Abs 3 S 3 oder 4 oder Abs 4

Das Unt muss in einem früheren Gj

635 a) entweder bei VG des Anlagevermögens eine außerplanmäßige Abschreibung auf den niedrigeren beizulegenden Wert nach Abs 3 S 3,
b) bei Finanzanlagen des Anlagevermögens eine außerplanmäßige Abschreibung bei voraussichtlich nicht dauernder Wertminderung nach Abs 3 S 4
c) oder bei VG des Umlaufvermögens eine Abschreibung auf den niedrigeren Wert nach Abs 4 vorgenommen haben.

636 Das Wertaufholungsgebot gilt jedoch nicht für den entgeltlich erworbenen GFW gem Abs 5 S 2 (vgl *Arbeitskreis Bilanzrecht der Hochschullehrer Rechtswissenschaft* BB 2008, 156). Ferner gilt das Wertaufholungsgebot nur für VG und damit nicht für aktive latente Steuern und aktive RAP und auch nicht für Schulden; Nachaktivierungen (etwa im Rahmen der Anpassung der HB an die Ergebnisse einer steuerlichen Bp) stellen jedenfalls dann keine Wertaufholung dar, wenn es sich um die erstmalige Aktivierung von AK/HK handelt, deren Aktivierung im Jahr des Zugangs unterlassen wurde (*Küting/Zündorf* in HdR[5] § 253 Anm 726–728; ebenso *Böcking/Gros* in Beck HdR B 169 Anm 3).

Eine **überhöhte planmäßige Abschreibung** wird nicht von der Wertaufholungspflicht berührt. Hier wird eine Abkehr vom Abschreibungsplan für die Aussagefähigkeit des JA als beeinträchtigender empfunden als die Legung stiller Reserven durch Beibehaltung des niedrigeren Wertansatzes (vgl *Niemann/Sradj/Wohlgemuth* Jahres- und Konzernabschluss nach Handels- und Steuerrecht 2008, Anm 878). Des Weiteren gehören zu den Abschreibungen sonstiger Art, die nicht der Wertaufholungspflicht unterliegen, unrichtig vorgenommene Abschreibungen. Somit betrifft die Wertaufholungspflicht Abschreibungen, die in Übereinstimmung mit den einschlägigen Vorschriften erfolgt sind. Zuschreibungen in anderen Fällen, zB auch im Rahmen von Nachaktivierungen stellen keine Wertaufholung dar (vgl *Lange* in MünchKomm HGB[2], § 280 Anm 19 f).

b) Wegfall der Gründe für den niedrigeren Wertansatz

637 Abs 5 setzt ferner voraus, dass die Gründe **für einen niedrigeren Wertansatz** nicht mehr bestehen. Dies erfordert, dass sich der betr VG (bzw ein – zB infolge einer Verbrauchsfolgefiktion iSd § 256 – als mit ihm identisch geltender VG) nachweislich noch im Vermögen des Unt befindet (zur Wertaufholung von VG, die gem § 256 bewertet werden, vgl ADS[6] § 280 Anm 19; *Küting/Zündorf* in HdR[5] § 253 Anm 785) und dass die seinerzeit als wertmindernd berücksichtigten Umstände inzwischen fortgefallen sind (was nicht mit dem Fall identisch ist, dass von Anfang an keine die Abschreibung rechtfertigenden Gründe vorlagen). Ob die Abschreibungsgründe weggefallen sind, lässt sich relativ leicht beurteilen, wenn für die Abschreibung nur ein einziger Grund (zB das Sinken des Börsenkurses einer Aktie) maßgebend war. Deshalb lässt sich hier meistens auch problemlos feststellen, ob ein wertsteigerndes Ereignis (zB das Wiederansteigen des Börsenkurses) als ein Wegfall des Grundes für einen niedrigeren Wertansatz anzusehen ist.

In vielen Fällen beruht eine außerplanmäßige Abschreibung jedoch auf mehreren Umständen. Eine Darlehensforderung wurde zB erheblich abgeschrieben, weil der Schuldner zunehmend schleppender gezahlt hatte, sein Unt einer krisenbehafteten Branche angehört, er außerdem in einen bedeutenden Produkthaftungsfall verwickelt war und der Wert des als Sicherheit verpfändeten Grundstücks wesentlich unter dem Betrag der Forderung lag. In einem solchen Fall hat eine Wertaufholung nicht erst dann zu erfolgen, wenn sämtliche wertmindernden Umstände weggefallen sind, sondern es genügt, dass nur einige (oder gar nur einer) der Abschreibungsgründe nicht mehr bestehen, sofern sich dadurch bereits ein höherer Wert des VG (im Beispiel: der Forderung) ergibt (so auch *ADS*[6] § 280 Anm 13 ff).

Dies gilt, obwohl der Gesetzeswortlaut verlangt, dass „die" (dh alle) Gründe **638** für den niedrigeren Wertansatz nicht mehr bestehen. Denn nach dem Sinn und Zweck des Wertaufholungsgebots, die Vermögenslage iSd GoB zutreffend darzustellen, ist es unerheblich, warum es zur Wertaufholung gekommen ist. Entscheidend ist allein, dass dem abgeschriebenen VG bei einer Gesamtbetrachtung inzwischen wieder ein höherer Wert beizumessen ist. So muss es im Beispielsfall genügen, dass der Wert des verpfändeten Grundstücks (zB weil es jüngst zu Bauland erklärt worden ist) über den Forderungsbetrag hinaus angestiegen ist. Dass andere seinerzeitige Abschreibungsgründe als potenziell wertmindernde Umstände fortbestehen, spielt keine Rolle, wenn der Gesamtwert des VG hierdurch nicht mehr berührt wird.

Da die **Ursachen der Werterholung** für die Anwendung des Abs 5 S 1 ohne Bedeutung sind, kann auch eine allein auf der Geldentwertung beruhende, nur nominelle Werterholung die sachlichen Voraussetzungen dieser Vorschrift erfüllen (glA *ADS*[6] § 280 Anm 13; *Küting/Zündorf* in HdR[5] § 253 Anm 776). Es wäre in der Praxis meistens auch gar nicht möglich, reale Wertsteigerungen von den regelmäßig gleichzeitig eintretenden inflatorischen Nominalwertsteigerungen abzugrenzen. Das wird besonders deutlich, wenn VG des Umlaufvermögens gem Abs 4 auf den niedrigeren Börsen- oder Marktpreis abgeschrieben wurden und dieser Preis in einem späteren Gj seinen alten Stand wieder erreicht. Hier eine „Inflationskomponente" aus dem Zuschreibungsbetrag herauszunehmen, ist weder nach Abs 5 S 1 erforderlich noch zur Wahrung des AK-Prinzips notwendig.

Es ist nicht erforderlich, dass die Werterholung so umfangreich ist, dass der **639** vor der außerplanmäßigen Abschreibung vorhandene (ggf um zwischenzeitliche planmäßige Abschreibungen zu vermindernde) Buchwert wieder voll erreicht wird. Auch eine teilweise Werterholung erfüllt die Voraussetzungen des Abs 5 S 1 (glA *ADS*[6] § 280 Anm 16). Auch dem Sinn und Zweck des Abs 5 S 1, die Vermögenslage iSd GoB möglichst zutreffend darzustellen, dient die Berücksichtigung einer nur teilweisen Werterholung wesentlich besser, als mit der Wertzuschreibung bis zu einer vollen Werterholung zu warten (glA *ADS*[6] § 280 Anm 16 mwN).

c) Feststellung des Nichtbestehens der Gründe

Abs 5 S 1 fordert nicht bloß, dass sich in einem späteren Gj „herausstellt", dass **640** die Gründe für die außerplanmäßige Abschreibung nicht mehr bestehen, sondern knüpft die Wertaufholung allgemein an das „Nicht-Mehr-Bestehen" der Gründe für den niedrigeren Wertansatz. Inhaltlich ist hierin eine Verschärfung des Wertaufholungsgebots zu sehen (so Begr RegE BilMoG, BT-Drs 16/10067, Abschn B Art 1 Nr 10 zu § 253 Abs 5).

Dies bedeutet schon gar nicht, dass der Kfm warten darf, bis ihm zufällig zur **641** Kenntnis kommt, dass ein VG, bei dem früher zulässigerweise eine entspr außerplanmäßige Abschreibung vorgenommen worden ist, inzwischen wieder werthaltiger geworden ist. Es ist zu jedem Bilanzstichtag zu prüfen, ob bei VG der in

Betracht kommenden Art relevante Wertsteigerungen eingetreten sind. Die Intensität der diesbzgl jährlichen Prüfungshandlungen muss sich gleichwohl nach der Bedeutung des betr VG für das Unt und nach dem Umfang und der Wahrscheinlichkeit denkbarer Wertsteigerungen richten.

Die regelmäßige Prüfung darf aber bzgl solcher VG des Anlagevermögens unterbleiben, die auch ohne Berücksichtigung der außerplanmäßigen Abschreibung inzwischen infolge planmäßiger Abschreibung voll oder auf einen Erinnerungswert abgeschrieben wären. Das Unt hätte insoweit eine Schattenrechnung zu führen, aus der sich der Buchwert nach allein planmäßigen Abschreibungen ergibt.

3. Übergangsvorschriften

642 Für nach dem HGB aF zulässigerweise vorgenommene außerplanmäßige Abschreibungen stellt sich die Frage nach den Konsequenzen aus Abs 5. Die Folgen der Neuregelung für ein Unt richten sich danach, ob dieses Unt bislang in den Anwendungsbereich des § 280 aF fiel oder nicht.

a) Unternehmen außerhalb des Anwendungsbereichs von § 280 aF

643 Für diese Unt bestand bislang das Wertaufholungswahlrecht nach § 253 Abs 5 aF sowie die Öffnungsklausel des § 254 aF. Art 67 Abs 4 EGHGB eröffnet den Unt ein Wahlrecht, nach Inkrafttreten des BilMoG außerplanmäßige Abschreibungen, die nach dem HGB aF in früheren Gj vorgenommen wurden, beizubehalten oder rückgängig zu machen. Dieses Wahlrecht betrifft jedoch lediglich die außerplanmäßigen Abschreibungen im Voraus wegen Wertschwankungen des Umlaufvermögens (§ 253 Abs 3 S 3 aF) sowie Abschreibungen nach vernünftiger kaufmännischer Beurteilung (§ 253 Abs 4 aF).

Für außerplanmäßige Abschreibungen bei voraussichtlich nicht dauernder Wertminderung von VG des Anlagevermögens (§ 253 Abs 2 S 3 aF) ist keine Übergangsvorschrift vorgesehen. Hat ein Unt dieses Wahlrecht daher bislang zulässigerweise in Anspruch genommen, ist eine Wertaufholung in der BilMoG-EB geboten. Dies gilt jedoch nicht für VG des Finanzanlagevermögens, da hier Abs 3 S 4 weiterhin ein Wahlrecht für die Vornahme außerplanmäßiger Abschreibungen eröffnet; somit ergibt sich hier implizit ein Beibehaltungswahlrecht nach neuem Recht.

Rein steuerrechtlich motivierte Abschreibungen, die über § 254 aF Eingang in die handelsrechtliche Bilanzierung gefunden haben, werden ebenfalls von Art 67 Abs 4 EGHGB mit einem Beibehaltungswahlrecht begünstigt.

Wird von dem og Wahlrecht der Fortführung der Abschreibungen nach § 253 Abs 3 S 3, Abs 4 aF oder § 254 aF kein Gebrauch gemacht, sind nach Art 67 Abs 4 S 2 EGHGB die aus der Zuschreibung resultierenden Beträge erfolgsneutral unmittelbar in die Gewinnrücklagen einzustellen. Diese Möglichkeit der erfolgsneutralen Zuschreibung gilt jedoch nicht für die Rückgängigmachung zeitnah zum Inkrafttreten des BilMoG durchgeführter Abschreibungen (nach Art 67 Abs 4 S 2 EGHGB sind das solche Abschreibungen, die im letzten vor dem 1.1.2010 beginnenden Gj vorgenommen wurden). In diesem Falle kann lediglich eine erfolgswirksame Zuschreibung über die GuV erfolgen (IDW RS HFA 28, Tz 10).

b) Unternehmen im Anwendungsbereich von § 280 aF

644 Unt, die unter § 280 aF fielen, hatten Wahlrechte für die Vornahme außerplanmäßiger Abschreibungen bislang nur bei voraussichtlich nicht dauernder

Wertminderung von VG des Finanzanlagevermögens (§ 253 Abs 2 S 3 aF) und im Voraus von Wertschwankungen des Umlaufvermögens (§ 253 Abs 3 S 3 aF). Bei künftigen Werterholungen dieser VG galt bereits bisher das Wertaufholungsgebot. Das erstgenannte Wahlrecht für das Finanzanlagevermögen gilt in § 253 Abs 3 S 4 fort. Für die letztgenannten Abschreibungen gilt das Gleiche wie für die Unt, die nicht unter § 280 aF fielen: Nach Inkrafttreten des BilMoG sind solche Abschreibungen (im Voraus wegen Wertschwankungen des Umlaufvermögens) nicht mehr zulässig. Für Altfälle gilt auch hier die Übergangsvorschrift des Art 67 Abs 4 EGHGB (Beibehaltungswahlrecht, ansonsten Einstellung in die Gewinnrücklage). Das Beibehaltungswahlrecht bzw die im Falle von dessen Nichtausübung im Regelfall erfolgsneutral durchzuführende Zuschreibung (Anm 643) ist auch hier für Abschreibungen nach §§ 254, 279 Abs 2 aF anwendbar. Abgesehen von der Verschärfung der Feststellungslast für den Wegfall der Abschreibungsgründe (Anm 640 f), ergeben sich für diese Unt durch die Neuregelung keine weiteren Änderungen.

c) Weitere Vorschriften zum Beibehaltungswahlrecht

Wird vom Beibehaltungswahlrecht niedrigerer Wertansätze von VG zulässigerweise Gebrauch gemacht, finden solche Vorschriften weiterhin Anwendung, die bis zum Inkrafttreten des BilMoG für diese VG gegolten haben (Art 67 Abs 4 S 1 EGHGB), so zB entspr Angabepflichten nach § 285 S 1 Nr 5 aF (vgl IDW RS HFA 28, Tz 19). Die Möglichkeit, weitere Abschreibungen im Falle der Veränderung von Sachverhalten vorzunehmen, falls solche Sachverhalte früher einmal zu einer Abschreibung nach den im Rahmen des Beibehaltungswahlrechts genannten Vorschriften geführt haben, ist jedoch ausgeschlossen (IDW RS HFA 28, Tz 19).

Das Beibehaltungswahlrecht sowie das Wahlrecht zur erfolgsneutralen Zuschreibung greift nur für solche VG, die in einem Abschluss für das letzte vor dem 1.1.2010 beginnende Gj enthalten waren. Es kann somit nur einmal, nämlich im Abschluss für das erste nach dem 31.12.2009 beginnende Gj ausgeübt werden. In den Folgejahren gelten die allgemeinen Bilanzierungsgrundsätze unter Beachtung der Ansatz- und Bewertungsstetigkeit der §§ 246 Abs 3, 252 Abs 1 Nr 6 (IDW RS HFA 28, Tz 12).

Außerplanmäßige Abschreibungen auf immaterielle VG des Anlagevermögens und VG des Sachanlagevermögens im Falle einer voraussichtlich nur vorübergehenden Wertminderung dürfen nach Inkrafttreten des BilMoG infolge des Wegfalls von § 253 Abs 2 S 3, 253 Abs 5 aF nicht beibehalten werden und führen zu einer Zuschreibungspflicht. Mangels einer speziellen Übergangsregelung in Art 67 Abs 4 EGHGB ist die Zuschreibung in diesen Fällen stets erfolgswirksam durchzuführen.

II. Durchführung der Wertaufholung

1. Zeitpunkt der Wertaufholung – objektive Betrachtungsweise

Der Wortlaut des Abs 5 S 1 zeigt an, dass die Wertaufholungspflicht eintritt, wenn die Gründe für den niedrigeren Wertansatz nicht mehr bestehen. Der Wegfall der Gründe ist somit die gesetzliche Voraussetzung. Auf die subjektive Kenntnis des Wegfalls der Gründe kann es für die Verpflichtung zur Wertaufholung nicht ankommen (Anm 641). Dies ist auch für die Frage von Bedeutung, in welchem Gj eine gem Abs 5 S 1 gebotene Wertaufholung vorzunehmen ist. Es kommt auf den objektiven Zeitpunkt und nicht die subjektive Kenntnis der Werterholung an. Dies bedeutet insb, dass das Unt dann, wenn es von einer objektiv schon mehrere Jahre bestehenden Werterholung Kenntnis erhält, die Änderung bereits festgestellter JA früherer Gj mit allen Konsequenzen in Betracht ziehen muss. Wird jedoch die Kenntnis von einer im letzten Gj erfolgten Werterholung zwischen dem Ende dieses Gj und der Feststellung des diesbzl JA erlangt, ist sie in diesem JA noch zu berücksichtigen (wobei ggf eine Nachtragsprüfung nach § 316 Abs 3 zu erfolgen hat). Andernfalls wäre die Vermögenslage falsch dargestellt.

647 Die Wertaufholung ist in dem Gj geboten, in dem die Gründe für die frühere Wertminderung entfallen. Der Wegfall einiger oder eines einzigen Grundes reichen bereits aus, wenn dem VG in der Gesamtbetrachtung ein höherer Wert beizumessen ist. Die objektive Betrachtungsweise stellt an die Dokumentation des Fortbestehens der Gründe und der Wertminderung des VG strenge Anforderungen.

2. Umfang der Wertaufholung

648 Die auf Grund einer Werterholung vorzunehmende Zuschreibung ist kumulativ in zweifacher Weise begrenzt. Die erste Begrenzung ergibt sich aus der Höchstbewertung von VG zu fortgeführten AK bzw HK, wonach eine Zuschreibung maximal in Höhe des Betrags der seinerzeitigen außerplanmäßigen Abschreibung erfolgen darf. Dieser Höchstbetrag vermindert sich bei abnutzbaren VG des Anlagevermögens noch dadurch, dass von dem Betrag der außerplanmäßigen Abschreibung diejenigen planmäßigen Abschreibungen zu kürzen sind, die – hätte es keine außerplanmäßige Abschreibung gegeben – inzwischen auf der seinerzeitigen Abschreibungsbasis zusätzlich vorzunehmen gewesen wären (§ 253 Abs 1 S 1).

Die zweite absolute Höchstgrenze besteht darin, dass bei allen VG keinesfalls mehr zugeschrieben werden darf, als der eingetretenen Werterholung (dh der Differenz zwischen dem jetzigen beizulegenden Wert und dem jetzigen Buchwert des VG) entspricht. Es kann daher bei nur allmählicher Werterholung zu mehreren aufeinander folgenden Zuschreibungen kommen. Der sich bei Beachtung dieser Höchstgrenzen ergebende Betrag ist andererseits aber auch der Mindestbetrag der Zuschreibung. Eine Zuschreibung mit einem geringeren Betrag stellt daher grds eine Verletzung des Wertaufholungsgebots dar.

3. Zur buchmäßigen Behandlung

649 Die Wertaufholung hat in der Bilanz durch eine Zuschreibung zum Buchwert des betr VG zu erfolgen. Wurden steuerrechtliche Sonderabschreibungen gem § 281 Abs 1 S 1 aF durch Einstellung eines entspr Betrags in den Sonderposten mit Rücklageanteil vorgenommen, durfte eine Zuschreibung nur in Form einer Verminderung des Sonderpostens erfolgen. Aufgrund der Abschaffung des § 281 aF stellt sich diese Frage nur noch für Altfälle. Für die bisherigen Sonderposten existiert nach Art 67 Abs 3 EGHGB ein Beibehaltungswahlrecht, sofern sie im JA vor Inkrafttreten des BilMoG enthalten waren. Wird von dem Wahlrecht kein Gebrauch gemacht, sind die Auflösungsbeträge ebenfalls in die Gewinnrücklagen einzustellen.

650 Die Zuschreibung ist stets auch in der GuV auszuweisen, und zwar auch dann, wenn gleichzeitig eine Wertaufholungsrücklage (Anm 661 ff) gebildet wird. Grds sind Zuschreibungen unter den „sonstigen betrieblichen Erträgen" (§ 275 Abs 2 Nr 4 bzw Abs 3 Nr 6) zu erfassen (§ 275 Anm 98). Ausnahmen bestehen für Erzeugnisse (dann Berücksichtigung unter § 275 Abs 2 Nr 2 bzw Abs 3 idR unter Nr 2) sowie für Roh-, Hilfs- und Betriebsstoffe und Waren (dann Berücksichtigung unter § 275 Abs 2 Nr 5 lit a bzw Abs 3 idR unter Nr 2) (glA ADS[6] § 280 Anm 38). Insb bei Bet kann auch ein Ausweis unter den „außerordentlichen Erträgen" (§ 275 Abs 2 Nr 15 bzw Abs 3 Nr 14) in Frage kommen (glA

ADS[6] § 280 Anm 38). In Fällen, in denen die Übergangsvorschriften zum BilMoG kein Beibehaltungswahlrecht einräumen (Anm 643–645), sind die Erträge aus Zuschreibungen gesondert unter dem Posten „außerordentliche Erträge" anzugeben (Art 67 Abs 7 EGHGB).

Bei abnutzbaren VG des Anlagevermögens ist nach erfolgter Zuschreibung idR eine Änderung des Abschreibungsplans erforderlich (§ 253 Anm 258 ff). Bei voller Wertaufholung (die hier nur unter Abzug der planmäßigen Abschreibung von den außerplanmäßigen Abschreibungen erfolgen darf) kann der ursprüngliche Abschreibungsplan wieder verwendet werden. Bei nur teilweiser Wertaufholung ist ein neuer Abschreibungsplan aufzustellen. Die planmäßigen Abschreibungen im Jahr der Zuschreibung selbst sollten bereits von der durch die Zuschreibung erhöhten Wertbasis errechnet werden, da dies die Ertragslage des Unt zutreffend wiedergibt. Wird weiterhin der ursprüngliche Abschreibungsplan zugrunde gelegt, fällt der Zuschreibungsbetrag entspr höher aus, was die Aussagekraft des JA ebenfalls verbessert (glA *ADS*[6] § 280 Anm 32 ff).

III. Wertaufholung und Bilanzberichtigung

Das Wertaufholungsgebot des Abs 5 S 1 bezieht sich explizit auf die im Gesetz genannten Anwendungsfälle. Eine analoge Anwendung verbietet sich daher nicht nur für planmäßige Abschreibungen iSd Abs 3 S 1, sondern auch für fehlerhafte Abschreibungen aller Art. Denn Abs 5 S 1 dient nicht der Korrektur von Bilanzierungsfehlern früherer Gj, sondern er soll es ausschließlich ermöglichen, die – zunächst richtige – Bewertung an bestimmte spätere Wertveränderungen anzupassen. Eine Korrektur von Bilanzierungsfehlern hat deshalb ausschließlich gem den Regeln über die Änderung von JA zu erfolgen (glA *ADS*[6] § 280 Anm 22; *Böcking/Gros* in Beck HdR B 169 Anm 27, zu Einzelheiten vgl IDW RS HFA 6). Dies ist insb deshalb zu beachten, weil eine Bilanzberichtigung – im Gegensatz zu einer Wertaufholung – nicht zur Bildung einer (die Zuschreibung im Ergebnis wieder neutralisierenden) Wertaufholungsrücklage iS der §§ 58 Abs 2a AktG, 29 Abs 4 GmbHG (Anm 661 ff) berechtigt; glA *ADS*[6] § 280 Anm 22.

Die Abgrenzung zwischen einer Wertaufholung nach Abs 5 S 1 und einer Bilanzberichtigung ist aufgrund der objektiven Betrachtungsweise des Abs 5 S 1 (Wegfall der Gründe für den niedrigeren Wertansatz, Anm 637) einfach, da es nach Abs 5 lediglich auf den Wegfall der Gründe und nicht die subjektive Kenntnis ankommt.

Wird im JA keine Wertaufholung berücksichtigt, weil ein Unt von dem Wegfall der Gründe keine Kenntnis hatte, und wird dies erst in einem späteren Gj offenbar, kommt es zur Bilanzberichtigung: Entweder wird dieser Fehler an der Quelle berichtigt (im Gj des Wegfalls der Gründe), oder – etwa bei Unwesentlichkeit – in der Bilanz des späteren Gj. Die Berichtigung im späteren Gj kann per Definition keine Wertaufholung sein, denn diese ist nur im Erstjahr (des Wegfalls der Gründe) möglich. Sofern jedoch der Zeitpunkt des Wegfalls der Gründe nicht genau bestimmbar ist, und dies auch nicht nachweisbar ist, sollte eine Behandlung als Wertaufholung nicht beanstandet werden.

C. Abweichung von der Zuschreibung in Handels- und Steuerbilanz

Aus der Zuschreibungspflicht in der HB kann nicht ohne Weiteres gefolgert werden, dass sich diese unmittelbar auch für die StB ergibt. Denn während in der

HB durch Abs 5 S 1 der Wegfall der Abschreibungsgründe (Anm 637 ff) für die Wertaufholung maßgeblich ist, stellt die StB alleine auf den Anstieg des Teilwerts – aus welchen Gründen auch immer – ab (*Küting* in FS Brönner, 231; *Herzig/ Rieck* in WPg 1999, 311). Lediglich in den Fällen einer zuvor erfolgten AfaA gem § 7 Abs 1 S 7 EStG in der StB wird ein Wegfall der ursächlichen Gründe für die Zuschreibung gefordert. Zur Abgrenzung von AfaA und Teilwertabschreibung und insb der unterschiedlichen Nachweispflichten vgl *Herzig/Rieck* in WPg 1999, 313 sowie *Prinz* in DStR 2000, 668.

Daneben sieht § 6 Abs 1 Nr 1 S 4 EStG für die StB vor, dass der Stpfl einen niedrigeren Teilwert jedes Jahr erneut nachweisen muss, um der Zuschreibungspflicht zu entgehen (*Groh* in DB 1999, 983). In der HB hingegen genügt der Nachweis, dass die Gründe für die ursprüngliche außerplanmäßige Abschreibung noch bestehen gleichwohl ist faktisch eine Bewertung durchzuführen, da auch bei Fortbestehen der Wertminderungsgründe eine Wertaufholung nicht ausgeschlossen werden kann (Anm 637 ff).

Unterschiedliche Ansätze können sich ferner durch die verschiedenen Qualitäten der geforderten Wertminderungen in HB und StB (§ 253 Anm 11) und die unterschiedliche Wahlrechtsausübung aufgrund der materiellen Maßgeblichkeit (§ 5 Abs 1 S 1 EStG) ergeben. Zur dauernden Wertminderung im Umlaufvermögen vor dem Hintergrund der handelsrechtlichen und steuerlichen Bilanzierung *Loitz/Winnacker* in DB 2000, 2229 mwN. So genügt in der HB bei VG des Finanzanlagevermögens bereits eine nur vorübergehende Wertminderung für die Vornahme einer außerplanmäßigen Abschreibung gem Abs 3 S 4; in der entspr StB kommt die Teilwertabschreibung hingegen nur bei einer dauerhaften Wertminderung in Betracht. Gleiches gilt bei einer nur vorübergehenden Wertminderung von VG des Umlaufvermögens am Abschlussstichtag, die eine handelsrechtliche Abwertungspflicht gem Abs 4 und zugleich ein steuerrechtliches Abschreibungsverbot auslöst. Die Bagatellgrenze für Wertminderungen auf Aktien iHv 5% (BFH 21.9.2011, BFHE 235, 263) ist für Wertaufholungen nicht entspr anzuwenden (so auch *Happe* in SteuK 2012, 351).

655 Die unvollständige Maßgeblichkeit der handelsrechtlichen für die steuerrechtliche Zuschreibungspflicht wird insb dann deutlich, wenn die Gründe für eine am vorangegangenen Bilanzstichtag dauerhafte Wertminderung (bei VG des Finanzanlagevermögens oder VG des Umlaufvermögens) am folgenden Bilanzstichtag zwar vorhanden, aber nur noch von vorübergehender Natur sind: Der niedrigere Wert darf in der HB beibehalten werden (keine Anwendung des Abs 5 S 1) und in der StB besteht Zuschreibungspflicht (*Küting* in FS Brönner, 241). Das Auseinanderfallen von HB und StB – Durchbrechung des Maßgeblichkeitsgrundsatzes – ist insoweit vom Gesetzgeber gewollt (BR-Drs 344/08, 73). Bei Verzicht auf eine Teilwertabschreibung bei dauerhafter Wertminderung kann diese, im Gegensatz zur HB, in Folgeperioden nachgeholt werden. Dem steht im Falle der Ausübung steuerlicher Wahlrechte auch das Stetigkeitsgebot nicht entgegen (vgl *Dietel* in DB 2012, 485 mwN). Ferner sollte für den Stpfl ein faktisches Zuschreibungswahlrecht bestehen, wenn bei einer früher einmal vorgenommenen Teilwertabschreibung in späteren Jahren bewusst der Nachweis der Dauerhaftigkeit der Wertminderung unterlassen wird (glA *Ortmann-Babel/Bolik* in BB 2010, 2101). Bewusstes Alternieren von Teilwertabschreibung und Wertaufholung wird von der FinVerw jedoch kritisch gesehen (BMF 10.3.2010, BStBl I, 239 Rn 15).

656 Eine weitere Abweichung zwischen HB und StB ergibt sich aus der handelsrechtlichen Ausnahme der Wertaufholungspflicht für den entgeltlich erworbenen GFW nach Abs 5 S 2. Da das Steuerrecht den GFW nicht von der Wertaufholung befreit, ist hier neben den unterschiedlichen Abschreibungen für den GFW eine zusätzliche Abweichungsquelle gegeben (vgl *Dörfler/Adrian* in DB 2008, Beil 1, 47).

Gehen der Wertaufholung sowohl steuerwirksame als auch steuerunwirksame Abschreibungen auf den niedrigeren Teilwert voraus, ist gem BFH 19.8.2009, BStBl II 2010, 760 zunächst die letzte Teilwertabschreibung rückgängig zu machen (dh Wertaufholungen in der StB sind zunächst mit den nicht steuerwirksamen und erst danach mit den steuerwirksamen Teilwertabschreibungen zu verrechnen). Die Reihenfolge der Wertaufholung folgt damit dem „Last in – First out"-Prinzip. Nach BFH 19.8.2009, BStBl II 2010, 225 setzt eine Teilwertaufholung nicht voraus, dass zuvor einkommenswirksam abgeschrieben wurde. Die außerbilanzielle Hinzurechnung einer Teilwertabschreibung (zB eine verlustbedingte Teilwertabschreibung des Organträgers auf Darlehensforderungen ggü einer OrganGes vgl BFH 5.11.2009, BStBl II 2010, 646) ist mangels Ausweis in der StB nicht als Zuschreibung zu qualifizieren.

Auch im Anschluss an eine **Verschmelzung** werden sich regelmäßig weitere Abweichungen zwischen HB und StB ergeben: Während § 24 UmwG ein HBielles Bewertungswahlrecht beim übernehmenden Rechtsträger für die im Rahmen einer Verschmelzung übernommenen VG vorsieht, hat die übernehmende Körperschaft gem § 12 Abs 1 S 1 UmwStG die auf sie übergegangenen WG mit dem in der steuerlichen Schlussbilanz der übertragenden Körperschaft enthaltenen Wert zu übernehmen. Handelsrechtlich ist die Verschmelzung für den übernehmenden Rechtsträger als Erwerbsvorgang anzusehen (*Kallmeyer* Umwandlungsgesetz[5] § 24 Anm 7), damit werden mit der getroffenen Entscheidung die AK in der HB neu festgelegt (*Küting/Harth* in DStR 2000, 216). Die Zeitwerte der VG dürfen dabei nicht überschritten werden (IDW RS HFA 42, Tz 56). Da die übernehmende Ges steuerrechtlich im Wege der Gesamtrechtsnachfolge die historischen bzw fortgeführten AK/HK der übertragenden Ges übernimmt (§ 12 Abs 3 UmwStG), führt im Falle einer vorangegangenen Teilwertabschreibung eines WG bei der untergehenden Ges eine Werterholung des entspr WG bei der übernehmenden Ges zu einer steuerrechtlichen Zuschreibungspflicht, jedoch höchstens bis zum gemeinen Wert (sog „erweiterte Wertaufholung", vgl BMF 11.11.2011, BStBl I, 1314, Tz 04.05, 12.03). In der HB bilden die einmal gewählten Wertansätze hingegen die Obergrenze (*Küting/Harth* in DStR 2000, S 216), auch bei vorheriger außerplanmäßiger Abschreibung bei der übertragenden Ges (IDW RS HFA 42, Tz 64). Dies gilt nicht im Sonderfall der Verschmelzung von Körperschaften, an denen eine im Betriebsvermögen gehaltene Beteiligung vorliegt. Die AK-Fiktion des § 13 Abs 1 UmwStG führt dazu, dass die Bewertungsobergrenze durch die bei der Verschmelzung anzusetzenden AK der Bet gebildet wird (vgl BFH 11.7.2012, BFH/NV 2013, 18). Im Falle der Wertverknüpfung bei der übernehmenden PersGes (§ 4 Abs 1 S 1 UmwStG) können steuerliche Wahlrechte für übernommene Wertansätze in auf den Übertragungsstichtag folgenden Stichtagen unabhängig vom handelsrechtlichen Ansatz ausgeübt werden (BMF 11.11.2011, BStBl I, 1314 Tz 04.04). Die Führung laufender Verzeichnisse iSd § 5 Abs 1 S 2 EStG ist hierbei, wie auch für andere UmwVorgänge des UmwSteuerrechts, nicht erforderlich (vgl BMF 12.3.2010, BStBl I, 239 Tz 19). Für **Spaltungsfälle** sind die Ausführungen zu Verschmelzungen aufgrund des Verweises in § 125 UmwG grds entspr anzuwenden (s auch IDW RS HFA 43 Tz 5, 20). Bei Abweichungen zwischen der handelsrechtlichen und steuerlichen Bilanzierung ist die entspr Bildung latenter Steuern nach § 274 zu prüfen (IDW RS HFA 42, Tz 39).

D. Die Wertaufholungsrücklage bei AG und GmbH

I. Funktion der Rücklage

661 Gem den §§ 58 Abs 2a AktG, 29 Abs 4 GmbHG dürfen alle KapGes den EK-Anteil von Wertaufholungen in den Posten „andere Gewinnrücklagen" einstellen. Hierdurch soll den KapGes die Möglichkeit eingeräumt werden, die aus einer Wertaufholung resultierende Erhöhung des Jahresergebnisses als offene Rücklage im Unt zu halten. Die Bildung einer Wertaufholungsrücklage ist somit materiell als ein in der ausschließlichen Zuständigkeit von Vorstand und Aufsichtsrat liegender Akt der Gewinnverwendung anzusehen, der jedoch bereits bei der Bilanzaufstellung berücksichtigt werden darf (vgl *Hüffer*[10], § 58 Rn 20).

II. Höhe der Rücklage

662 Die Bildung einer Wertaufholungsrücklage darf maximal in Höhe des EK-Anteils der aus der Wertaufholung herrührenden Zuschreibungen erfolgen. Eine geringere Zuführung zur Rücklage ist jedoch zulässig. Der nicht ausgeschöpfte Teil der maximalen Zuführung darf aber in späteren Gj nicht nachgeholt werden (Anm 663). Der EK-Anteil der Zuschreibung ist grds gleich der Differenz zwischen dem Betrag der Zuschreibung und der durch sie verursachten effektiven Steuerbelastung. Der Berechnung ist der Thesaurierungssteuersatz zugrunde zu legen (glA *ADS*[6] § 58 AktG Anm 90; *Bayer* in MünchKomm[3] AktG § 58 Anm 74).

Bei einer Zuschreibung gem Abs 5 S 1, die nur in der HB erfolgt, braucht bei der Bemessung der Wertaufholungsrücklage kein Abzug für latente Ertragsteuern vorgenommen zu werden, da hier lediglich eine nur handelsrechtliche Abschreibung rückgängig gemacht wird, so dass diese Zuschreibung keinen Steueraufwand begründen kann; dies gilt jedoch nicht, sofern die allein handelsrechtliche Abschreibung zuvor zu einer aktiven latenten Steuer nach § 274 Abs 1 geführt hat.

III. Bildung der Rücklage

663 In zeitlicher Hinsicht darf die Wertaufholungsrücklage nur in demjenigen JA gebildet werden, in dem auch die Wertaufholung vorgenommen wird. Eine Nachholung in späteren Gj ist nicht zulässig (ebenso *Böcking/Gros* in Beck HdR B 169 Anm 36).

Buchtechnisch hat die Bildung der Rücklage – wie auch die Wertaufholung selbst (Anm 650) – über die GuV zu erfolgen, jedoch – weil materiell Gewinnverwendung – im Gegensatz zur Wertaufholung erst nach dem Jahresergebnis (Anm 661, § 275 Abs 4). Eine unmittelbare Buchung „Wertaufholung Vermögensgegenstand an andere Gewinnrücklagen" ist nicht zulässig (glA *ADS*[6] § 58 AktG Anm 107).

Die Bildung der Rücklage hat nicht zur Voraussetzung, dass ein ausreichend hoher Jahresüberschuss vorhanden ist, denn eine Bildung der Rücklage „aus dem Jahresüberschuss" wird – im Gegensatz zu § 58 Abs 1 und 2 AktG – nach dem Gesetzestext nicht verlangt und ist auch zur Erhaltung der gesetzlichen Rücklage und der Kapitalrücklage nicht erforderlich (*ADS*[6] § 58 AktG Anm 95ff, aA *Böcking/Gros* in Beck HdR B 169 Anm 37). Der Betrag der Wertaufholungsrücklage ist entweder gesondert in der Bilanz auszuweisen oder im Anhang anzugeben (§ 58 Abs 2a S 2 AktG, § 29 Abs 4 S 2 GmbHG, s § 284 Anm 57 ff).

IV. Auflösung der Rücklage

Die Wertaufholungsrücklage ist materiell kein Gegenposten zum Buchwert **664** des werterholten VG. Ihre Bildung ist vielmehr eine vom weiteren Schicksal dieses VG unabhängige, allein bilanzpolitisch zu verstehende Gewinnverwendungsmaßnahme. Die Rücklage braucht daher beim Abgang oder bei einem erneuten Wertverfall des betr VG nicht aufgelöst zu werden, und umgekehrt wird ihre Auflösung in keiner Weise durch den Verbleib dieses VG im Ges-Vermögen und durch seine Wertentwicklung behindert (ebenso *Böcking/Gros* in Beck HdR B 169 Anm 39). Die Auflösung einer Wertaufholungsrücklage richtet sich vielmehr ausschließlich nach den allgemeinen Regeln für die Auflösung des Bilanzpostens „andere Gewinnrücklagen" (§ 272 Anm 276).

V. Steuerrechtliche Bedeutung der Rücklage

Da die Bildung der Wertaufholungsrücklage ein Akt der Gewinnverwendung **665** und nicht der Gewinnermittlung ist (Anm 661), mindert sie das steuerrechtliche Einkommen nicht. Dementspr ist auch eine spätere Auflösung der Rücklage als solche ohne steuerrechtliche Bedeutung.

E. Rechtsfolgen bei Verletzung der Wertaufholungspflicht

Spezielle zivilrechtliche Rechtsfolgen einer Verletzung des Abs 5 S 1 sieht das **667** HGB nicht vor. Wird eine gebotene Wertaufholung unterlassen, liegt jedoch eine Unterbewertung vor. Bei KapGes und KapCoGes kann dies bei Wesentlichkeit und vorsätzlicher Begehung uU zur Nichtigkeit des JA führen. Die Nichtigkeit ergibt sich unmittelbar aus § 256 Abs 5 Nr 2 AktG, der aufgrund der BGH-Rspr auch für die GmbH gilt. In weniger schwerwiegenden Fällen kommt eine Einschränkung des BVm nach § 322 Abs 4 in Betracht. Bei einer AG/KGaA kann eine Verletzung des Abs 5 S 1 außerdem zu einer Sonderprüfung iSd § 258 AktG führen.

F. Abweichungen der IFRS vom Wertaufholungsgebot

Das Wertaufholungsgebot ist in den IFRS grds anzuwenden. Gem IAS 36 **668** (Wertminderung von Vermögenswerten) hat ein Unt an jedem Bilanzstichtag zu überprüfen, ob es Anhaltspunkte dafür gibt, dass eine früher vorgenommene Wertminderung nicht mehr besteht oder sich vermindert hat (IAS 36.110; IAS 2.33 bei Umlaufvermögen). Bei Sachanlagen ist eine jährliche Bewertung nur bei signifikant schwankenden Zeitwerten nötig (IAS 16.34, Anlagevermögen). Haben sich die Schätzungen, die bei der Ermittlung des erzielbaren Betrags zugrunde gelegt wurden, geändert, besteht eine Wertaufholungspflicht (sog reversal of impairment loss, IAS 36.114) bis zum erzielbaren Betrag (IAS 36.114), jedoch begrenzt durch die fortgeführten AK/HK (IAS 36.117). Die Neueinschätzung kann verschiedene Ursachen haben. Außer im Falle des Goodwill (IAS 36.124) enthalten die IFRS keine weiteren Ausnahmen von dieser Pflicht. Der Begriff der Wertaufholung wird in den IFRS weiter als im Handelsrecht gefasst, indem in gewissen Standards Werterhöhungen ohne vorherige Wertminderung berücksichtigt werden (zB Modell des beizZW, IAS 40 Als Finanzinvestition gehaltene Immobilien). Dies führt zur Durchbrechung des AK-Prinzips.

Das Verfahren bei Wertaufholungen (IAS 36.111) ist vergleichbar zu dem bei Wertminderungen (IAS 36.12). Es ist nicht ausreichend, sich auf unternehmensinterne Quellen zu verlassen, sondern es ist ein Mindestmaß an externen Quellen zu beachten. Nicht die Kenntnis einer Wertaufholung ist relevant, sondern das objektive Vorhandensein (vgl auch Wesentlichkeitskriterium, IAS 36.15). Ein in Folge einer Wertaufholung erhöhter Buchwert eines Vermögenswerts darf nicht den Buchwert übersteigen, der bestimmt worden wäre, wenn in den früheren Jahren kein Wertminderungsaufwand erfasst worden wäre. Amortisationen und Abschreibungen sind grds zu berücksichtigen (IAS 36.117). Eine Wertaufholung eines Vermögenswerts ist sofort im Ergebnis zu erfassen, sofern der Vermögenswert zum Neubewertungsbetrag nicht nach einem anderen Standard (zB Modell der Neubewertung, IAS 16 Sachanlagen) erfasst wird (IAS 36.119). Nach Erfassung einer Wertaufholung ist der Abschreibungs-/Amortisationsaufwand des Vermögenswerts für die künftigen Berichtsperioden anzupassen, um den berichtigten Buchwert (abzgl etwaigem Restbuchwert) systematisch auf seine Restnutzungsdauer zu verteilen (IAS 36.121). Eine Wertaufholung für eine cgu ist den Vermögenswerten der Einheit, bis auf den GFW, proportional zum Buchwert dieser Vermögenswerte zuzuordnen (IAS 36.122).

Sowohl bei einer Wertminderung als auch bei einer Wertaufholung sind umfassende Angaben im Anhang vorzunehmen (IAS 36.126–137).

G. Wertaufholungsverbot bei Geschäfts- oder Firmenwert (Abs 5 S 2)

Zur Rechtsnatur des GFW, zu den Voraussetzungen der Aktivierung und zur Ermittlung s § 246 Anm 82 f.

I. Abschreibung des Geschäfts- oder Firmenwerts in der Handelsbilanz

671 Der entgeltlich erworbene GFW *gilt* gem § 246 Abs 1 S 4 als **zeitlich begrenzt nutzbarer Vermögensgegenstand** (§ 246 Anm 82), der zwingend zu aktivieren und gem § 253 Abs 3 S 1–3 grds planmäßig bzw bei Vorliegen der Tatbestandsvoraussetzungen außerplanmäßig abzuschreiben ist. Auch das Steuerrecht geht nach hM davon aus, dass es sich beim GFW um ein WG handelt, Unterschiede zwischen HB und StB ergeben sich jedoch insb bei der Bestimmung der Nutzungsdauer.

Die Abschreibung erfolgt grds **planmäßig** (Anm 202, 220) gem Abs 3 S 1 u 2: es ist ein Abschreibungsplan aufzustellen (Anm 219 ff), der die AK (Anm 222 f) mittels einer Abschreibungsmethode (Anm 238 ff) auf die voraussichtliche Nutzungsdauer (Anm 224 ff) verteilt, wobei Methode und Nutzungsdauer dem erwarteten Entwertungsverlauf zu entsprechen haben. Zu Änderungen des Abschreibungsplans s Anm 258 ff. Abschreibungsbeginn ist im Zugangsjahr, bei unterjährigem Zugang ist der GFW zeitanteilig abzuschreiben.

Der planmäßigen Abschreibung ist grds die individuelle betriebliche Nutzungsdauer des GFW, wie sie sich im Zeitpunkt der Aktivierung voraussehen lässt, zugrunde zu legen (s Begr RegE BilMoG, 48).

672 Die voraussichtliche betriebliche **Nutzungsdauer** ist individuell unter Beachtung der rechtlichen, wirtschaftlichen und technischen Gegebenheiten des erworbenen Unt zu schätzen und unabhängig von der steuerrechtlichen Regelung zu beurteilen, eine typisierte Abschreibungsdauer ist für die HB nicht mehr vorgegeben (ebenso *WPH*[14] I, E Anm 503). Die Nutzungsdauer kann zwar entspr der steuerrechtlich festgelegten Nutzungsdauer bei 15 Jahren liegen, wenn dies im Rahmen einer vertretbaren Nutzungsdauerschätzung des Kfm liegt und ihr nicht besondere Umstände entgegenstehen, dies muss aber nachvollziehbar dargelegt werden, ein einfacher Verweis auf die steuerrechtlichen Vorschriften ist nicht ausreichend. Liegen Anhaltspunkte für eine kürzere Nutzungsdauer vor (zB bei kleineren, durch die Person des bisherigen Unternehmers wesentlich geprägten Unt), ist diese zugrunde zu legen (*ADS*[6] § 255 Anm 283; *Brösel/Olbrich* in HdR[5] § 253 Anm 520). **KapGes** haben gem § 285 Nr 13 im Anhang die Gründe für die Annahme einer betrieblichen Nutzungsdauer von mehr als fünf Jahren zu erläutern (s § 285 Anm 265).

Als **Faktoren für** eine **Nutzungsdauerschätzung** sind nach DRS 4.33 zB in Betracht zu ziehen:
– die Art und die voraussichtliche Bestandsdauer des erworbenen Unt einschl der gesetzlichen und vertraglichen Regelungen, die sich auf seine Lebensdauer auswirken,
– die Stabilität und die voraussichtliche Bestandsdauer der Branche des erworbenen Unt,
– der Lebenszyklus der Produkte des erworbenen Unt,
– die Auswirkungen von Veränderungen der Absatz- und Beschaffungsmärkte sowie der wirtschaftlichen Rahmenbedingungen auf das erworbene Unt,
– der Umfang von Erhaltungsaufwendungen, die erforderlich sind, um den erwarteten ökonomischen Nutzen des erworbenen Unt zu realisieren, sowie die Fähigkeit des Unt, diese Aufwendungen aufzubringen,
– die Laufzeit wichtiger Absatz- und Beschaffungsverträge des erworbenen Unt,
– die voraussichtliche Dauer der Tätigkeit von wichtigen Mitarbeitern oder Mitarbeitergruppen für das erworbene Unt,
– das erwartete Verhalten von (potentiellen) Wettbewerbern des erworbenen Unt sowie
– die voraussichtliche Dauer der Beherrschung des erworbenen Unt.

Bestehende Schätzungsunsicherheiten müssen im Hinblick auf das allgemeine Vorsichtsgebot (§ 252 Abs 1 Nr 4) eher zur Festlegung einer kürzeren Nutzungsdauer führen. Die im Schrifttum verschiedentlich genannten Höchstnutzungsdauern (zB *ADS*[6] § 309 Anm 22) sind letztlich willkürlich, bringen aber zum Ausdruck, dass an den Nachweis von langen, insb über 20 Jahre hinausgehenden Nutzungsdauern besonders hohe Anforderungen zu stellen sind.

Wenn der beizulegende Wert eines GFW an einem Stichtag aufgrund einer voraussichtlich dauernden Wertminderung unter dem Wertansatz liegt, der durch die planmäßige Abschreibung erreicht würde, ist eine **außerplanmäßige** Abschreibung gem Abs 3 S 3 auf den niedrigeren beizulegenden Wert vorzunehmen (Anm 300ff) und ggf die Restnutzungsdauer neu zu schätzen.

Gründe für eine ggü dem Abschreibungsplan außerplanmäßige Wertminderung des GFW können darin liegen, dass sich ein oder mehrere für die Bestimmung des Kaufpreises oder der Nutzungsdauer wesentliche Faktoren tatsächlich ungünstiger entwickelt haben, als es dem Abschreibungsplan zugrunde liegt, oder auch neue Erkenntnisse vorliegen; zB deutliche Verkürzung des Lebenszyklus erworbener Produktlinien durch technische oder rechtliche Veränderungen, unvorhergesehener Wegfall eines für den Erwerb maßgeblichen Umsatzes auf einem Teilmarkt, früheres Ausscheiden wichtiger Personen, wesentlicher Rückgang der Effizienz einer erworbenen Vertriebsorganisation.

KapGes/KapCoGes haben die außerplanmäßigen Abschreibungen gem § 277 Abs 3 S 1 gesondert auszuweisen oder im Anhang anzugeben. Zur Frage, ob eine steuerrechtliche Teilwertabschreibung in Betracht kommt s Anm 675.

674 Als **Abschreibungsmethode** kommen sowohl lineare und degressive Abschreibung als auch eine Kombinationsform in Betracht (für idR lineare Abschreibung *Busse von Colbe* in MünchKomm HGB² § 309 Anm 15). Bei der Wahl der Abschreibungsmethode ist der erwartete Verlauf des Werteverzehrs vorsichtig zu schätzen, wobei auf die geschäftswertbildenden Faktoren abzustellen ist, die zur Zahlung des Unterschiedsbetrags geführt haben. Je nach Berücksichtigung bei der Kaufpreisfindung und erwartetem Entwertungsverlauf von zB Personalstamm, Kundenkreis, ungeschütztem Know-how, Ruf des Unt oder erwarteten Synergien aus der Zusammenlegung ist eine lineare, degressive oder sogar vollständige Abschreibung noch im ersten JA geboten, von einer progressiven Abschreibung sollte aber angesichts der Unsicherheit künftiger Entwicklungen abgesehen werden (so auch *ADS*⁶ § 255 Anm 282).

II. Abschreibung des Geschäfts- oder Firmenwerts in der Steuerbilanz

675 Gem § 7 Abs 1 S 3 EStG ist der entgeltlich erworbene GFW (eines Gewerbebetriebs oder eines Betriebs der Land- und Forstwirtschaft) in einer gesetzlich festgelegten betriebsgewöhnlichen Nutzungsdauer von fünfzehn Jahren linear abzuschreiben.

Die steuerrechtlich **unwiderlegbar vermutete betriebsgewöhnliche Nutzungsdauer** von fünfzehn Jahren gilt auch dann, wenn im Einzelfall Erkenntnisse dafür vorliegen, dass die voraussichtliche Nutzungsdauer geringer (BMF 20.11.1986, BStBl I, 532) und in der HB eine kürzere betriebsgewöhnliche Nutzungsdauer anzusetzen ist (Anm 671 f).

Der Auffassung, eine **Teilwertabschreibung** eines erworbenen GFW sei nur zulässig, wenn dieser in seiner *Gesamtheit* (einschl seiner zwischenzeitlich angewachsenen originären Bestandteile) unter den gezahlten und aktivierten Betrag abgesunken ist (so *Kulosa* in Schmidt³² § 6 Anm 315 und BMF 20.11.1986, BStBl I, 532), ist mit der Aufgabe der Einheitstheorie und der vom Gesetzgeber gewollten Angleichung an handelsrechtliche Auffassungen (der an der steuerrechtlich früher nicht zugelassenen planmäßigen Abschreibung eines erworbenen GFW geübten Kritik wurde im Interesse einer Angleichung des Steuerrechts an handelsrechtliche Auffassungen Rechnung getragen) der Boden entzogen. Die Anerkennung eines *neben* den erworbenen GFW tretenden, vom Unt neu geschaffenen GFW lässt eine Saldierung im Rahmen der Teilwertbestimmung des erworbenen GFW nicht zu, weil damit gegen § 5 Abs 2 EStG verstoßen würde, welcher die Aktivierung eines selbstgeschaffenen GFW verbietet. Für die Voraussetzungen einer Teilwertabschreibung ist auf diejenigen Bestimmungsfaktoren im Zeitpunkt des Erwerbs abzustellen, welche den *erworbenen,* planmäßig abzuschreibenden GFW ausmachen. Insofern besteht *Übereinstimmung* zwischen der steuerrechtlichen Teilwertabschreibung und einer in der HB vorzunehmenden außerplanmäßigen Abschreibung des erworbenen GFW (im Ergebnis ebenso *Söffing* in FS Döllerer, 612; *Wagner/Schomaker* DB 1987, 1369; *Zeitler* DStR 1988, 304, 305; *Schoor* DStZ 2000, 667).

Kein GFW iSv §§ 6 Abs 1 Nr 2, 7 Abs 1 S 3 EStG ist der erworbene **Praxiswert** eines Freiberuflers, der auf dem persönlichen Vertrauensverhältnis des Praxisinhabers zu seiner Klientel beruht und sich mit dessen Ausscheiden schnell verflüchtigt. Der Praxiswert ist daher innerhalb einer Nutzungsdauer zwischen drei und fünf Jahren abzuschreiben (BFH 24.2.1994, BStBl II, 590; 28.5.1998, BStBl II, 775). Bleiben der oder die bisherigen Praxisinhaber bei einer Sozietätsgründung weiterhin tätig, ist der aufgedeckte **Sozietätspraxiswert** ebenfalls

in typisierender Betrachtungsweise innerhalb der doppelten Nutzungsdauer, dh zwischen sechs und zehn Jahren abzuschreiben (BFH 24.2.1994 aaO). Im Ergebnis ähnlich, dh für einzelfallbezogene Nutzungsdauerschätzung *Wacker* in Schmidt[32] § 18 Anm 202; *Sander* DStR 1993, 1893; ebenso nun auch die FinVerw (BMF 15.1.1995, BStBl I, 14).
Kein GFW sind auch die sog **geschäftswertähnlichen WG**. Diese sind nach den allgemeinen Grundsätzen des § 253 anzusetzen und zu bewerten (s hierzu § 247 Anm 411).

III. Wertaufholungsverbot für den Geschäfts- oder Firmenwert

In der **HB** ist der niedrigere Wertansatz eines entgeltlich erworbenen GFW gem § 253 Abs 5 S 2 beizubehalten. Dieses **Wertaufholungsverbot** beruht auf der Annahme, dass es nicht möglich ist zu unterscheiden, ob eine spätere Werterholung tatsächlich auf dem Wegfall der Gründe für die außerplanmäßige Abschreibung begründet ist oder aber auf der Schaffung von durch die Geschäfts- oder Betriebstätigkeit des *erwerbenden* Unt zusätzlichem GFW beruht; die Aktivierung dieses zusätzlichen originären Werts ist aber gem § 246 Abs 1 S 4 nicht zulässig.

676

Diese ausdrückliche Ablehnung der Einheitstheorie wirft uE die Frage auf, ob das **steuerrechtliche** Wertaufholungsgebot des § 6 Abs 1 Nr 1 S 4 EStG insoweit weiterhin vertretbar ist. UE ist *Herzig* zu folgen, der für eine Wertaufholung nach vorangegangener Teilwertabschreibung in Anwendung von § 248 Abs 2 iVm § 5 Abs 1 S 1 EStG bzw von § 5 Abs 2 EStG nur noch dann Raum sieht, wenn bei isolierter Beurteilung des derivativen GFW für diesen der Nachweis eines (weiterhin) niedrigeren Teilwerts nicht gelingt (vgl *Herzig* DB 2009, 976); glA im Ergebnis *Ortmann-Babel/Bolik/Gageur* (DStR 2009, 934), die das steuerrechtliche Wertaufholungsgebot insofern tatbestandlich ins Leere laufen sehen.

H. Rechtsfolgen einer Verletzung des § 253

Für eine Verletzung der Bewertungsvorschriften des § 253 sieht das HGB für Ekfl und reine PersGes keine speziellen zivilrechtlichen Sanktionen vor. Eine Verletzung kann als Insolvenztatbestand gem § 283b Abs 1 Nr 3a StGB bzw bei Überschuldung oder drohender bzw eingetretener Zahlungsunfähigkeit (Bankrott) gem § 283 Abs 1 Nr 7a StGB **strafrechtliche Konsequenzen** haben, wenn die Bilanz so aufgestellt wurde, dass die Übersicht über den Vermögensstand des Unt erschwert wird (**Freiheitsstrafe** bis zu 2 bzw 5 Jahren oder **Geldstrafe**). Bei **KapGes** (und nach § 335b bei **KapCoGes**) kann ggü vertretungsberechtigten Organen nach § 331 Nr 1 mit Freiheitsstrafe bis zu 3 Jahren oder Geldstrafe sanktioniert werden, wenn die Verhältnisse des Unt im JA unrichtig wiedergegeben wurden.

685

Ordnungswidrig handelt, wer als Mitglied des Geschäftsführungsorgans oder des AR einer KapGes/KapCoGes bei der Aufstellung oder Feststellung des JA den Vorschriften des § 253 Abs 1 S 1, 2, 3 oder 4, Abs 2 S 1, auch iVm S 2, Abs 3 S 1, 2 oder 3, Abs 4 oder 5 über die Bewertung zuwiderhandelt (§ 334 Abs 1 Nr 1b); der Täter kann mit einer **Geldbuße** bestraft werden.

Wird gegen die Niederstwertvorschrift des Abs 4 verstoßen, so kann bei der AG/KGaA **Nichtigkeit des JA** nach § 256 Abs 5 AktG wegen Überbewertung vorliegen. Bei einer GmbH ist § 256 Abs 5 AktG entspr anzuwenden (BGH 1.3.1982, BB 1982, 1527).

§ 253 700

Wer als gesetzlicher Vertreter eines dem PublG unterliegenden Unt oder EKfm als Inhaber oder dessen gesetzlicher Vertreter die Verhältnisse des Unt im JA unrichtig wiedergibt oder verschleiert, wird mit **Freiheitsstrafe** bis zu 3 Jahren oder mit **Geldstrafe** bestraft (§ 17 Abs 1 Nr 1 PublG). Außerdem stellt in diesen Fällen die Zuwiderhandlung gegen die Vorschriften des § 253 Abs 1 S 1, 2, 3 oder 4, Abs 2 S 1, auch iVm S 2, Abs 3 S 1, 2 oder 3, Abs 4 oder Abs 5 über die Bewertung bei der Aufstellung oder Feststellung des JA eine Ordnungswidrigkeit dar, die mit einer **Geldbuße** geahndet werden kann (§ 20 Abs 1 Nr 1b PublG).

Stellt der AP von KapGes/KapCoGes und anderen prüfungspflichtigen Unt (§ 6 Abs 1 und 2 PublG) fest, dass bei der Aufstellung des JA die gesetzlichen Vorschriften und die sie ergänzenden Bestimmungen des GesVertrags nicht beachtet wurden (§ 317 Abs 1 S 2), kann je nach Schwere des Verstoßes eine **Einschränkung** oder **Versagung** des **BVm** die Folge sein (§ 322 Abs 4).

Abweichungen der IFRS

Schrifttum: *Fischer/Wenzel* (Hrsg) Wertaufholung nach handels-, steuerrechtlichen und internationalen Rechnungslegungsvorschriften WPg 2001, 597; *Wagenhofer* (Hrsg) Internationale Rechnungslegungsstandards IAS/IFRS: Grundkonzepte/Bilanzierung, Bewertung, Angaben/Umstellung und Analyse, Wien/Frankfurt 2005; Beck'sches IFRS-Handbuch Kommentierung der IFRS/IAS, München 2006; *Lüdenbach/Hoffmann* (Hrsg.) IFRS Kommentar Das Standardwerk, Freiburg 2006.

Standards: IAS 2 Vorräte *(Inventories)* (2008); IAS 8 Bilanzierungs- und Bewertungsmethoden, Änderungen von Schätzungen und Fehler *(Accounting Policies; Changes in Accounting Estimates and Errors)* (2008); IAS 16 Sachanlagen *(Property, Plant and Equipment)* (2011); IAS 21 Auswirkungen von Änderungen der Wechselkurse *(The Effects of Changes in Foreign Exchange Rates)* (2010); IAS 23 Fremdkapitalkosten *(Borrowing Costs)* (2008); IAS 32 Finanzinstrumente: Darstellung *(Financial Instruments: Presentation)* (2011); IAS 36 Wertminderung von Vermögenswerten *(Impairment of Assets)* (2009); IAS 37 Rückstellungen, Eventualschulden und Eventualforderungen *(Provisions, Contingent Liabilities and Contingent Assets)* (2007); IAS 38 Immaterielle Vermögenswerte *(Intangible Assets)* (2009); IAS 39 Finanzinstrumente: Ansatz und Bewertung *(Financial Instruments: Recognition and Measurement)* (2011); IAS 40 Als Finanzinvestition gehaltene Immobilien *(Investment Property)* (2011).

A. Immaterielle Vermögenswerte

700 Die Vorschriften zur Bewertung und Abschreibung von immateriellen Vermögenswerten wird in IAS 38 behandelt. Zu den immateriellen Vermögenswerten gehören hiernach ausschließlich Vermögenswerte ohne körperliche Substanz. Für Vermögenswerte allgemein gilt, dass deren Nutzung durch das Unt beeinflusst werden kann und mit künftigen wirtschaftlichen Vorteilen für das Unt verbunden ist (IAS 38.8, Definitionskriterien). Ein durch ihre Nutzung erwirtschafteter künftiger Vorteil muss wahrscheinlich sein und er muss zuverlässig zugeordnet werden können (IAS 38.21, Ansatzkriterien). Zu den Besonderheiten bei Vorliegen eines Goodwills s § 309 Anm 38. Im Gegensatz zum Aktivierungswahlrecht des § 248 Abs 2 von selbst geschaffenen immateriellen VG müssen selbst erstellte immaterielle Vermögenswerte, sofern sie die Aktivierungs- und Definitionskriterien eines immateriellen Vermögenswerts erfüllen, aktiviert werden.

1. Erstbewertung

Die erstmalige Bewertung von immateriellen Vermögenswerten erfolgt zu AK/HK (IAS 38.24). AK variieren in Abhängigkeit von der Art des Erwerbs (s zu erlaubten Wertansätzen bei Einzelerwerb, Erwerb durch Tausch oder im Rahmen der Untübernahme § 255 Anm 570 ff), zu HK s § 248 Anm 63 ff, § 255 Anm 589. **701**

2. Folgebewertung (Neubewertungsmethode)

Für immaterielle Vermögenswerte sieht IAS 38.75 neben dem Ansatz zu AK/HK abzgl kumulierte Abschreibungen und Wertminderungen (IAS 38.72) die Möglichkeit einer **Neubewertung** vor, soweit der beizZW *(fair value)* zuverlässig bestimmt werden kann. Eine zuverlässige Ermittlung des *fair value* erfordert nach IAS 38.75 den Handel an einem aktiven Markt. Ein **aktiver Markt** besteht nach IFRS 13.A, wenn ausreichend Geschäftsvorfälle mit ausreichender Häufigkeit und Volumen auftreten, so dass fortwährend Preisinformationen zur Verfügung stehen. Er existiert daher nicht, wenn Kaufverträge auf Grund der Einzigartigkeit des immateriellen Vermögenswerts (zB Filmrechte, Patente) durch individuelle Vereinbarungen geschlossen werden, Kauftransaktionen nur selten durchgeführt werden oder eine repräsentative Preisfindung für den immateriellen Vermögenswert nicht stattfindet. Aus diesem Grund dürfte die Neubewertung eher in Ausnahmefällen zulässig sein (IAS 38.78). Soweit sie dennoch zur Anwendung kommt sind alle Vermögenswerte der selben Gruppe für die ein aktiver Markt besteht ebenfalls nach der Neubewertungsmethode zu bilanzieren. Zur Darstellung der entspr Buchungen s Anm 711. **702**

Die Vorgehensweise bei der außerplanmäßigen Abschreibung entspricht iW derjenigen beim Sachanlagevermögen (s Anm 711). **703**

3. Folgebewertung AK/HK Methode

IAS 38.88 unterscheidet zwischen immateriellen Vermögenswerten mit bestimmter und unbestimmter Nutzungsdauer. Die zur Ermittlung der planmäßigen Abschreibungsbeträge relevante Nutzungsdauer immaterieller Vermögenswerte ist ebenso wie nach Anm 229 in Abhängigkeit von rechtlichen, wirtschaftlichen und technischen Faktoren zu schätzen (IAS 38.97). Eine rein steuerrechtlich motivierte Abschreibungsdauer ist nicht zulässig, da sie nicht mit dem Grundsatz des *true and fair view* der IFRS-Rechnungslegung vereinbar wäre. Der Abschreibungsbeginn richtet sich nach dem Zeitpunkt der Betriebsbereitschaft (IAS 38.97). **704**

Vermögenswerte mit bestimmter Nutzungsdauer werden planmäßig abgeschrieben (IAS 38.89). Nach IAS 38.98 kann als **Abschreibungsmethode explizit** neben der linearen Methode auch die degressive und leistungsabhängige Methode angewandt werden, sofern sie den Verlauf des Nutzenzuflusses aus dem immateriellen Vermögenswert widerspiegelt. Kann der Entwertungsverlauf jedoch nicht zuverlässig bestimmt werden, ist die **lineare Abschreibungsmethode** zu verwenden (IAS 38.97). **705**

Für die Bestimmung der Abschreibungsbeträge ist ein möglicher **Restwert** grds **nicht anzusetzen,** außer wenn
– eine Verpflichtung eines Dritten besteht, den immateriellen Vermögenswert aE der Nutzungsdauer zu erwerben oder
– ein aktiver Markt für den immateriellen Vermögenswert existiert,
  • über diesen Markt der Restwert zuverlässig ermittelt werden kann und
  • es wahrscheinlich ist, dass dieser Markt aE der Nutzungsdauer noch existiert (IAS 38.100).

706 Für immaterielle Vermögenswerte mit unbestimmter Nutzungsdauer sowie für immaterielle Vermögenswerte, die noch nicht genutzt werden, ist eine jährliche Überprüfung des Buchwerts durch einen **Wertminderungstest** nach IAS 36 vorzunehmen (IAS 36.10(a)). Dagegen ist für immaterielle Vermögenswerte mit bestimmter Nutzungsdauer ein Wertminderungstest nur erforderlich, wenn hierfür Indikatoren vorliegen (IAS 36.9).
Zur Sonderregelung bei vorhandenem Goodwill s § 309 Anm 38.

707 Für **Zuschreibungen** bei immateriellen Vermögenswerten (außer Goodwill) gelten die gleichen Bestimmungen wie für Vermögenswerte des Sachanlagevermögens (s Anm 716). Zur Sonderregelung bei vorhandenem Goodwill s § 309 Anm 38.

4. Fehlende Nutzung und Abgang

708 Wird ein immaterieller Vermögenswert nicht mehr gebraucht, ist die planmäßige Abschreibung nicht auszusetzen, soweit noch ein Restbuchwert vorhanden ist (IAS 38.117). Dagegen werden immaterielle Vermögenswerte, die zur Veräußerung bestimmt sind (vgl IFRS 5.6), nicht weiter abgeschrieben (IFRS 5.25) und nach IFRS 5.15 mit dem niedrigeren Buchwert oder beizZW abzgl Veräußerungskosten bewertet. Es erfolgt ein separater Ausweis in der Bilanz.

Ein immaterieller Vermögenswert ist auszubuchen, sofern er abgeht (zB durch Verkauf, Schenkung) oder kein weiterer wirtschaftlicher Vorteil aus seiner Nutzung oder dem Verkauf erwartet wird (IAS 38.112). Unterschiede zwischen Nettoveräußerungserlös und Buchwert sind als Ertrag oder Aufwand erfolgswirksam zu erfassen (IAS 38.113).

B. Sachanlagevermögenswerte

709 Die Bewertung des Sachanlagevermögens ist in IAS 16 geregelt. Für **Immobilien** erfolgt eine Unterscheidung innerhalb des Anlagevermögens zwischen Immobilien, die für eigene Zwecke des Unt gehalten werden, und Immobilien, die als Finanzinvestitionen einzuordnen sind (IAS 40.7). Als **Finanzinvestition gehaltene Immobilien** werden in der Bilanz separat ausgewiesen.

I. Bewertung von Sachanlagevermögenswerten

1. Erstbewertung

710 Vermögenswerte des Sachanlagevermögens werden im Jahr des Zugangs mit ihren AK/HK bewertet (IAS 16.15). Nachträgliche Ausgaben, die wahrscheinlich nicht zu einem erhöhten Nutzen der Sachanlage führen (zB laufende Instandhaltungen, Wartungen, Reparaturen), sowie unwesentlicher Ersatz oder unwesentliche Erneuerungen sind als lfd Aufwand zu erfassen (IAS 16.12). Nach IAS 16.43f ist eine Aufteilung eines Vermögenswerts vorgeschrieben, wenn die Nutzungsdauern der Bestandteile unterschiedlich sind (Komponentenansatz). Aus diesem Grund sind zB bei Gebäuden Gebäudeteile, Einbauten und Außenanlagen gesondert zu erfassen, wenn wesentliche Unterschiede in den Nutzenverläufen bestehen und es sich um wesentliche Werte handelt. Dieser auf die Bestandteile eines Vermögenswerts ausgerichtete Ansatz wird ebenfalls auf Ausgaben für Großinspektionen oder Generalüberholungen angewendet (IAS 16.14). Die anfallenden Ausgaben für Generalüberholungen und Großinspektionen sind ggf gesondert zu aktivieren und über den Überholungs- oder Inspektionszeitraum abzuschreiben. Es muss sich dabei um wesentliche Ausgaben handeln; lfd Instandhaltungen und Reparaturen sind nicht aktivierungsfähig (IAS 16.12). Als **Finanzinvestition gehaltene Immobilien** werden bei der erstmaligen Einbuchung ebenfalls zu AK/HK bewertet (IAS 40.20). Weitere Unterschiede zwischen handelsrechtlichem Abschluss und Rechnungslegung nach IFRS sind auf Grund der unterschiedlichen Abgrenzung der AK/HK möglich (s § 255 Anm 570).

2. Folgebewertung Neubewertungsmethode

Die Neubewertungsmethode *("Revaluation Model")* sieht die Folgebewertung **711** zum beizZW *(fair value)* abzgl der seit dem Zeitpunkt der **Neubewertung** angefallenen kumulierten Abschreibungen vor (IAS 16.31). Der *fair value,* dh „der Preis, der in einem geordneten Geschäftsvorfall zwischen Marktteilnehmern am Bemessungsstichtag für den Verkauf eines Vermögenswerts gezahlt würde", kann über den AK/HK liegen.

Die Neubewertung ist in **regelmäßigen bei der Anschaffung festzulegenden Abständen** durchzuführen, um zu vermeiden, dass der Buchwert wesentlich von dem Wert abweicht, der sich bei einer Bewertung mit dem beizZW am Bilanzstichtag ergeben würde (IAS 16.34). IdR ist sie alle drei bis fünf Jahre ausreichend, lediglich bei bedeutenden Schwankungen des beizZW *(fair value)* muss sie jährlich durchgeführt werden. Grds sind alle Vermögenswerte, die einer ähnlichen Nutzung im Unt unterliegen gleichzeitig, aber **einzeln** neu zu bewerten (IAS 16.38). Separate Gruppen sind zB Grundstücke und Gebäude, Fahrzeuge, Maschinen und Büroausstattung (IAS 16.37). Eine **rollierende Neubewertung** ist zulässig, wenn sie in kurzer Zeit abgeschlossen werden kann und daher aktuell ist (IAS 16.38). Aufgrund fehlender Konkretisierung der zulässigen Zeitspanne entsteht für die Wahl einer Neubewertung auf rollierender Basis ein Ermessensspielraum.

Wird infolge der Neubewertung der Buchwert des Vermögenswerts erhöht, wird die Erhöhung gem IAS 16.39
- als Ertrag im Gewinn und Verlust erfasst, soweit sie eine frühere aufwandswirksam erfasste Abwertung (nicht Abschreibung) des gleichen Vermögenswerts rückgängig macht,
- ansonsten im sonstigen Ergebnis erfasst und in einem gesonderten EK-Posten, der **Neubewertungsrücklage** *(revaluation surplus),* ausgewiesen.

Im gegenteiligen Fall wird eine Verminderung des Buchwerts gem IAS 16.40
- im sonstigen Ergebnis erfasst und dabei die in der Vergangenheit gebildete Neubewertungsrücklage vermindernd,
- ansonsten als Aufwand im Gewinn oder Verlust erfasst.

Bezüglich Ermittlung der Abschreibung s Anm 712.

Als **Finanzinvestition gehaltene Immobilien** sind bei einer Bilanzierung nach der Neubewertungsmethode jährlich zum **beizZW** *(fair value)* zu bewerten. Gewinne und Verluste, die sich aus der Änderung der beizZW ergeben, sind vollständig erfolgswirksam zu erfassen (IAS 40.35). Damit entfällt die Notwendigkeit von planmäßigen und außerplanmäßigen Abschreibungen.

3. Folgebewertung AK/HK Methode

Bei Anwendung der AK/HK Methode *("cost model")* s analog Anm 705. Nach **712** IAS 16.6 ist der zu berücksichtigende Restwert anhand einer Bewertung eines ähnlichen Vermögenswerts vorzunehmen, der bereits das Ende der Nutzungsdauer erreicht hat. Der Abschreibungsbeginn richtet sich nach dem Zeitpunkt der **Betriebsbereitschaft** (IAS 16.55).

Die Abschreibungsbeträge sind anhand eines Abschreibungsplans zu Beginn der Nutzung zu berechnen. Die Schätzung der voraussichtlichen **Nutzungsdauer** basiert auf Erfahrungswerten des Unt mit vergleichbaren Vermögenswerten (IAS 16.57). Die voraussichtliche Nutzungsdauer ist regelmäßig auf **Anpassungsbedarf** zu überprüfen (IAS 16.51). Ist eine Modifikation der geschätzten Nutzungsdauer erforderlich, muss der Abschreibungsaufwand des lfd und der künftigen Gj angepasst werden (IAS 16.51 iVm IAS 8.36).

Auch die Abschreibungsmethode ist regelmäßig auf eine notwendige Anpassung zu überprüfen. Eine Änderung der gewählten Abschreibungsmethode ist nach IAS 16.61 iVm IAS 8.39 erläuterungs- aber nicht begründungspflichtig, da ein Wechsel der Abschreibungsmethode als Schätzungsänderung und nicht als Änderung der Bilanzierungs- und Bewertungsmethoden beurteilt wird. Ein Wechsel der Abschreibungsmethode verlangt wiederum eine Anpassung der gegenwärtigen und künftigen Abschreibungsbeträge.

713 **Sofortabschreibungen** von GWG bzw die Zusammenfassung von GWG zu einem Sammelposten wie sie nach § 6 Abs 2 bzw Abs 2a EStG zulässig sind, werden in IAS 16 nicht ausdrücklich berücksichtigt. Dennoch kann unter dem Grundsatz der Wesentlichkeit diese Abschreibungsmöglichkeit als IFRS konform betrachtet werden. Eine Orientierung an den, die steuerrechtlichen Werte übersteigenden, mit GoB zu vereinbarenden betraglichen Obergrenzen (Anm 275) halten wir für vertretbar.

Ein Festwertansatz entspr § 240 Abs 3 ist nach IAS 16 nicht zulässig.

714 Grds besteht die Notwendigkeit einer **außerplanmäßigen Abschreibung** *(impairment)*, wenn der **erzielbare Betrag** *(recoverable amount)* unter dem Buchwert *(carrying amount)* liegt (IAS 16.63 iVm IAS 36.8). Während auf Grund fehlender gesetzlicher Regelung im HGB hilfsweise der Wiederbeschaffungswert als beizulegender Wert für eine außerplanmäßige Abschreibung angesetzt werden darf (vgl Anm 300 ff), wird nach IAS 36.18 ff der erzielbare Betrag ausdrücklich als der höhere Wert aus beizZW abzgl Verkaufskosten und Barwert der aus der Nutzung des Vermögenswerts und durch dessen Abgang am Ende der Nutzungszeit resultierenden Zahlungsüberschüsse *(value in use)* definiert.

Zur Ermittlung des beizZW abzgl. Verkaufskosten ist der Marktpreis zugrunde zu legen, der um unmittelbar mit der Veräußerung verbundene Kosten zu korrigieren ist. Die Bestimmung des *„value in use"* verlangt eine auf vertretbaren Annahmen fundierte Schätzung der künftigen Zahlungsüberschüsse aus der Nutzung des Vermögenswerts und dessen Abgang aE der Nutzungszeit, welche mit einem **risikoadäquaten Zinssatz** diskontiert werden müssen (IAS 36.31). Der Diskontierungssatz soll Ausdruck der Zeitpräferenzrate und der mit der Nutzung des Gegenstands verbundenen spezifischen Risiken sein (IAS 36.55). Kann der spezifische Diskontierungssatz des Vermögenswerts nicht bestimmt werden, ist eine Orientierung an den durchschnittlich gewichteten Kapitalkosten, dem Zinssatz für Neukredite des Unternehmens und andere marktüblichen Fremdkapitalzinssätze zulässig (IAS 36.57,, IAS 36.A17).

Zur Bestimmung des erzielbaren Betrags ist eine Ermittlung beider Werte nicht immer erforderlich. Sobald entweder der beizZW abzgl. Verkaufskosten oder der *„value in use"* den Buchwert übersteigt, wird der Vermögenswert nicht außerplanmäßig abgeschrieben und die Bestimmung des anderen Werts entfällt (IAS 36.19).

715 Nach IAS 36.9 müssen Vermögenswerte die in den entsprechenden Anwendungsbereich des Standards fallen jährlich anhand von **Indikatoren** auf unvorhergesehene **Wertminderung** überprüft werden. Indikatoren für einen möglichen Wertverfall können zB eine drastische Verringerung des Marktwerts des Vermögenswerts, gestiegene Marktzinssätze und eingetretene oder erwartete Veränderungen des betrieblichen Umfelds sein (IAS 36.12). Darüber hinaus können sich auch aus unternehmensinternen Ursachen Hinweise auf eine Wertminderung ergeben (IAS 36.12). Hierzu zählen typischerweise substantielle Hinweise für eine Überalterung oder einen physischen Schaden sowie negative Abweichungen der tatsächlichen von den ursprünglich erwarteten Nutzenzuflüssen aus dem Vermögenswert. Nur bei Anhaltspunkten für einen Wertverlust ist der erzielbare Betrag zu schätzen und – falls erforderlich – unverzüglich auf den niedrigeren erzielbaren Betrag abzuschreiben (IAS 36.8; IAS 36.59).

Eine Differenzierung wie im HGB nach vorübergehender und dauerhafter Wertminderung (Abs 3 S 3) wird in IAS 36 nicht vorgenommen. Sobald der erzielbare Betrag den Buchwert unterschreitet, ist eine außerplanmäßige Abschreibung vorzunehmen. Liegen selbständige Zahlungsströme vor, ist der erzielbare Betrag grds einzeln zu ermitteln, ansonsten aggregiert für die nächsthöhere **Gruppe von Vermögenswerten** *(Cash-Generating-Unit)* (IAS 36.22).

Für eine Gruppe zusammengefasster Vermögenswerte ergibt sich nur dann die Notwendigkeit einer außerplanmäßigen Abschreibung, wenn der erzielbare Betrag die Summe der Buchwerte der zugehörigen Vermögenswerte unterschreitet (IAS 36.104). Zunächst ist ein dieser Gruppe evtl zugeordneter GFW abzuschreiben. Besteht darüber hinaus weiterer Abschreibungsbedarf, so ist der Buchwert jedes der zugeordneten Vermögenswerte proportional zur Gesamtverminderung des erzielbaren Betrags zu verringern.

Eine außerplanmäßige Abschreibung erfordert eine Anpassung der planmäßigen Abschreibungsbeträge in den Folgeperioden (IAS 36.63), um die systematische Verteilung des niedrigeren erzielbaren Betrags über die Restnutzungsdauer zu gewährleisten.

Grds besteht zu jedem Bilanzstichtag die Notwendigkeit zur Überprüfung der Voraussetzungen für eine **Wertzuschreibung.** Es ist zu prüfen, ob es Anhaltspunkte gibt, dass eine Wertminderung, die im früheren Gj zu einer außerplanmäßigen Abschreibung geführt hat, nicht mehr besteht oder sich vermindert hat (IAS 36.110). Liegen solche Anhaltspunkte vor, hat das Unt den erzielbaren Betrag des Vermögenswerts zu schätzen (IAS 36.110). Es entsteht jedoch nur dann eine **Zuschreibungspflicht,** wenn eine **Änderung der Schätzannahmen,** die zu der außerplanmäßigen Abschreibung führten, vorliegt (IAS 36.114). Anhaltspunkte können sein (Umkehrung der genannten Indikatoren): Erhöhung des Marktpreises, Verringerung der Diskontierungsrate oder künftig erwartete höhere Zahlungsüberschüsse aus der Nutzung des Vermögenswerts (IAS 36.111).

Eine Zuschreibung erfolgt ergebniswirksam und ist begrenzt auf die um planmäßige Abschreibungen fortgeführten AK/HK. Ebenso ist eine Anpassung der Abschreibungsbeträge in den Folgeperioden erforderlich (IAS 36.121).

4. Fehlende Nutzung und Abgang

Wird ein Vermögenswert nicht mehr gebraucht, ist die planmäßige Abschreibung nicht auszusetzen, soweit noch Restbuchwerte vorhanden sind (IAS 16.55). Dagegen werden Vermögenswerte, die zur Veräußerung bestimmt sind (vgl IFRS 5.6), nicht weiter abgeschrieben und nach IFRS 5.15 mit dem niedrigeren Buchwert oder beizZW abzgl Veräußerungskosten bewertet. Es erfolgt ein separater Ausweis in der Bilanz. Vermögenswerte sind dann auszubuchen, wenn sie abgehen (zB durch Verkauf, Schenkung) oder wenn kein künftiger wirtschaftlicher Vorteil von der weiteren Nutzung oder dem Verkauf zu erwarten ist (IAS 16.67). Hieraus resultierende Gewinne oder Verluste müssen in Höhe der Differenz zwischen Buchwert und Nettoveräußerungserlös erfolgswirksam in der GuV erfasst werden (IAS 16.71).

C. Finanzanlagen

721 Finanzanlagen sind finanzielle Vermögenswerte und werden vom Anwendungsbereich des IAS 32 und IAS 39 erfasst. Als Finanzanlagen gelten solche finanziellen Vermögenswerte, die mehr als zwölf Monate im Unt bleiben (IAS 1.66); somit ergeben sich keine Unterschiede zu HGB. Zur Bilanzierung und Bewertung von Bet und Anteilen an verbundenen Unt s § 271 Anm 8 ff.

1. Erstbewertung

722 Die Bewertung erfolgt beim erstmaligen Ansatz unabhängig von der Einordnung in die verschiedenen Kategorien mit dem beizZW, der regelmäßig dem Transaktionspreis und damit den AK entsprechen dürfte (vgl IAS 39.AG64). Transaktionskosten sind ebenso zu aktivieren (IAS 39.43), soweit die Finanzanlagen nicht der Kategorie at *fair value* through profit or loss oder zu Handelszwecken gehalten (held for trading) zugeordnet wird. Im Falle von Agien oder Disagien bestimmt der ausgereichte Betrag die AK. Der Unterschiedsbetrag ist unter Anwendung der **Effektivzinsmethode** über die Laufzeit zu verteilen (IAS 39.AG65). Stehen keine Markt- oder Transaktionspreise zur Verfügung, ergibt sich der beizZW aus dem Barwert der zu erwartenden Einzahlungen. Eine Abzinsung ist vorzunehmen, wenn bei Anwendung eines Marktzinses für vergleichbare Ausleihungen wesentliche Diskontierungseffekte entstehen (IAS 39. AG64).

2. Folgebewertung

723 Finanzanlagen, die in die Kategorie *at fair value through profit and loss* eingeordnet oder zu Handelszwecken gehalten werden *(held for trading)*, werden in der Folgebewertung mit dem beizZW angesetzt (IAS 39.46), wobei die Wertveränderungen erfolgswirksam erfasst werden (IAS 39.55 (a)). Finanzanlagen der Kategorie zur Veräußerung verfügbare finanzielle Vermögenswerte *(available for sale)* werden ebenfalls mit dem beizZW bewertet (sofern zuverlässig ermittelbar), wobei die Wertveränderungen im sonstigen Ergebnis erfasst werden soweit es sich nicht um Wertminderungen oder Fremdwährungsgewinne/-verluste handelt (IAS 39.55 (b)). Werden die Finanzanlagen der Kategorie Kredite und Forderungen *(loans and receivables)* oder bis zur Endfälligkeit gehaltene Finanzinvestitionen *(held to maturity)* zugeordnet, ist eine Folgebewertung unter Anwendung der Effektivzinsmethode vorgesehen (IAS 39.46). Finanzanlagen sind an jedem Bilanzstichtag an Hand objektiv nachprüfbarer Hinweise auf einen Abwertungsbedarf zu untersuchen (IAS 39.58 iVm IAS 39.63 ff).

D. Bewertung von Vermögenswerten des Umlaufvermögens (Abs 4)

I. Vorratsvermögen

726 Die Bilanzierung und Bewertung der Vorräte ist in IAS 2 geregelt.
Gemäß IAS 2.6 sind Vorräte Vermögenswerte,
– die zum Verkauf innerhalb des gewöhnlichen Geschäftsbetriebs bestimmt sind,
– die sich noch im Herstellungsprozess befinden, um im Rahmen des gewöhnlichen Geschäftsbetriebs verkauft zu werden, oder

– die in Form von Roh-, Hilfs- und Betriebsstoffen während des Produktionsprozesses oder bei Erbringung von Dienstleistungen verbraucht werden.

1. Erstbewertung

Im Rahmen der Erstbewertung ist das Vorratsvermögen zu den **AK/HK** anzusetzen (IAS 2.9). Dabei hat der Bilanzansatz der Vorräte alle AK/HK und anderen Kosten zu umfassen, die dafür angefallen sind, die Vermögenswerte des Vorratsvermögens in ihren derzeitigen Zustand und an ihren derzeitigen Ort zu bringen (IAS 2.10). Darunter fallen auch bestimmte FK-Kosten, die in unmittelbarem Zusammenhang mit der Anschaffung oder Herstellung stehen. (IAS 2.17 iVm IAS 23.8) (s § 255 Anm 345 und Anm 570 ff).

Die Verteilung der fixen Gemeinkosten zur Ermittlung der **produktionsbezogenen Vollkosten** hat auf Grundlage einer normalen Auslastung der Produktionskapazitäten zu erfolgen. Im Falle einer niedrigeren Auslastung werden nicht verrechenbare fixe Gemeinkosten in der Periode, in der sie angefallen sind, als Aufwand erfasst (IAS 2.13). Bei ungewöhnlich hoher Kapazitätsauslastung sind die bei Normalauslastung ermittelten fixen Gemeinkosten pro Produkteinheit herabzusetzen, da ansonsten mehr als die tatsächlich angefallenen Kosten aktiviert würden (IAS 2.13). Zur Vereinfachung der Kostenermittlung darf statt einer Istkostenrechnung bspw die Standardkostenmethode zur Anwendung kommen, sofern sich deren Ergebnisse den tatsächlichen HK annähern (IAS 2.21).

Vorräte sind grds einzeln zu bewerten (IAS 2.23). Vom Grundsatz der Einzelbewertung darf abgewichen werden, wenn es sich um eine große Anzahl von Vermögenswerten handelt und diese Vermögenswerte gewöhnlich untereinander austauschbar sind (IAS 2.24). Unter den genannten Voraussetzungen dürfen folgende Vereinfachungsverfahren zur Bestimmung der AK/HK verwendet werden: Das Fifo-Verfahren oder wahlweise die Methode des gewogenen Durchschnitts stellen die nach IFRS erlaubten Methoden dar (IAS 2.25). Bei der Methode des gewogenen Durchschnitts darf die Durchschnittspreisermittlung sowohl periodisch als auch gleitend erfolgen (IAS 2.27). Das **Lifo**-Verfahren ist als Vereinfachungsverfahren **nicht zulässig**. Unbenommen bleibt die Möglichkeit zur Abbildung der tatsächlichen Verbrauchsfolge, auch wenn diese dem Lifo-Verfahren ähnelt (IAS 2.BC19). In den Voraussetzungen zur Anwendung der Gruppenbewertungsverfahren sowie in der Anwendung selbst können Unterschiede zum HGB grds nicht festgestellt werden.

2. Folgebewertung

Liegt der **Nettoveräußerungswert** *(net realisable value)* am Bilanzstichtag unter den historischen AK/HK, ist zwingend auf diesen niedrigeren Wert abzuschreiben (IAS 2.9). Unter dem Nettoveräußerungswert versteht man den geschätzten Verkaufspreis im gewöhnlichen Geschäftsverkehr abzgl der geschätzten Kosten der Fertigstellung und der geschätzten notwendigen Verkaufskosten. Der Abzug einer üblichen Gewinnspanne ist nicht zulässig. Bei der Ermittlung des Nettoveräußerungswerts ist also ausschließlich der **Absatzmarkt** maßgeblich (retrograde Ermittlung) (IAS 2.6). Somit findet im Gegensatz zu HGB insb bei Roh-, Hilfs- und Betriebsstoffen der beschaffungsmarktorientierte Wertansatz keine Anwendung. Nach IFRS kommt es darauf an, ob das Erzeugnis, in das die zu bewertenden Roh-, Hilfs- und Betriebsstoffe eingehen werden, zu seinen vollen AK/HK verkauft werden kann (vgl IAS 2.32). Die Schätzungen des Nettoveräußerungswerts haben möglichst verlässlich zu erfolgen. Dabei sind nach dem Ende der Rechnungsperiode eingetretene Entwicklungen zu berücksichtigen, soweit sie wertaufhellenden Charakter haben (IAS 2.30).

Eine Abschreibung kann insb dann notwendig sein, wenn Gegenstände des Vorratsvermögens beschädigt oder auch teilweise bzw gänzlich unbrauchbar geworden sind, der Verkaufspreis gesunken ist oder die Fertigungs- oder Verkaufskosten gestiegen sind (IAS 2.28).

729 Der Wertansatz des gesamten Vorratsvermögens ist zu jedem Abschlussstichtag neu festzustellen. Stellt sich dabei heraus, dass die Gründe für eine zuvor vorgenommene Abschreibung nicht mehr vorliegen, ist die vorgenommene Abwertung zwingend rückgängig zu machen **(Zuschreibung)**. Dabei stellen die historischen AK/HK die Wertobergrenze dar (IAS 2.33).

II. Forderungen und sonstige Vermögensgegenstände

731 Für die Bilanzierung von Forderungen ist zwischen Forderungen auf vertraglicher Basis und Forderungen auf nicht vertraglicher Basis zu unterscheiden. Forderungen auf vertraglicher Basis sind **finanzielle Vermögenswerte** und werden vom Anwendungsbereich des IAS 32 und IAS 39 erfasst. Hierunter fallen Forderungen aus Lfg und Leistungen und sonstige Forderungen. Bei Forderungen ohne vertragliche Basis (zB Zuwendungen der öffentlichen Hand, Steuerforderungen) handelt es sich um sonstige Vermögenswerte, die nach allgemeinen Grundsätzen des Framework bzw aufgrund spezieller Standards zu bilanzieren sind (zB IAS 20 für Zuwendungen der öffentlichen Hand). Zu Erst- und Folgebewertung von Forderungen aus Lfg und Leistungen s Anm 722f.

Forderungen aus Lfg und Leistungen werden überwiegend in die Kategorie Kredite und Forderungen *(loans and receivables)* eingeordnet, soweit keine Veräußerungsabsicht besteht. Eine Abgrenzung zwischen Forderungen aus Lfg und Leistungen und sonstigen Forderungen nach der Haupttätigkeit des Unt – wie nach HGB – wird nicht vorgenommen.

Forderungen in **Fremdwährung** sind mit dem Stichtagskurs zu bewerten (IAS 21.23); Stichtagskurs ist der Kassakurs einer Währung am Abschlussstichtag (IAS 21.8). Die dabei entstehenden Kursgewinne und -verluste werden erfolgswirksam erfasst (vgl IAS 21.28).

E. Bewertung von Verbindlichkeiten

741 Nach IFRS gehören die **Verbindlichkeiten** zu den *„liabilities"*. Der Begriff *liability* ist in den IFRS weiter gefasst als der Begriff Verbindlichkeiten im HGB. Unter *liability* ist eine gegenwärtige Verpflichtung des Unt zu verstehen, die aus vergangenen Ereignissen erwachsen ist und deren Begleichung voraussichtlich zu einem Abfluss von ökonomischen Ressourcen aus dem Unt führen wird (IAS 37.10, F 49b). Zu bilanzieren ist eine *liability* nur, wenn ein Abfluss ökonomischer Ressourcen wahrscheinlich ist und die Höhe des betr Betrags zuverlässig bestimmt werden kann (IAS 37.14, F 91).

Schulden, die auf einer vertraglichen Basis beruhen und durch flüssige Mittel oder andere finanzielle Vermögenswerte beglichen werden, sind **finanzielle Verbindlichkeiten** (IAS 32.11) und werden von den Vorschriften des IAS 32 und IAS 39 erfasst. Nach IAS 39.9 wird eine **Kategorisierung** der finanziellen Verbindlichkeiten vorgenommen, wobei jedoch nur zwei Kategorien zu unterscheiden sind: *at fair value through profit and loss* und eine zweite Kategorie, die nicht eigens benannt ist. Verbindlichkeiten von Unt außerhalb des Finanzdienstleistungssektors werden insb in die zweite Kategorie eingeordnet.

Verbindlichkeiten, deren Realisation im Rahmen des gewöhnlichen Geschäftszyklus erwartet wird, zählen zu den kurzfristigen Verbindlichkeiten, auch wenn zwischen Bilanzstichtag und Realisation mehr als ein Jahr liegt (IAS 1.70). Verbindlichkeiten, die die Kriterien des IAS 32.11 nicht erfüllen, sind keine Fin Inst.

I. Bewertung von Verbindlichkeiten

1. Erstbewertung

Abw vom HGB werden finanzielle Verbindlichkeiten im Zeitpunkt der erstmaligen Erfassung nicht mit dem Erfüllungsbetrag erfasst, sondern mit dem beizZW der erhaltenen Gegenleistung (IAS 39.43 iVm IAS 39.AG64). Transaktionskosten sind zu berücksichtigen (IAS 39.43), soweit die finanzielle Verbindlichkeit nicht der Kategorie *at fair value through profit or loss* zugeordnet wird. In der IFRS-Rechnungslegung ist grds eine **Abzinsung** vorzunehmen: Unverzinsliche Verbindlichkeiten werden unter Verwendung marktüblicher Zinssätze mit dem Barwert angesetzt (IAS 39.64), sobald der Abzinsungseffekt wesentlich ist.

2. Folgebewertung

Die Folgebewertung finanzieller Verbindlichkeiten richtet sich nach deren Kategorisierung. Finanzielle Verbindlichkeiten, die in die zweite Kategorie einzuordnen sind, werden zu **fortgeführten AK** bewertet (IAS 39.47). Verbindlichkeiten der Kategorie *at fair value through profit and loss* werden zum **beizZW** angesetzt (IAS 39.47(a)). Verbindlichkeiten in Fremdwährung sind mit dem Stichtagskurs zu bewerten (IAS 21.23); Stichtagskurs ist der Kassakurs einer Währung am Abschlussstichtag (IAS 21.8). Dabei entstehende Kursgewinne und -verluste werden erfolgswirksam erfasst (IAS 21.28).

F. Bewertung von Rückstellungen

Für die Rückstellungsbewertung maßgebend ist IAS 37. IAS 37 gilt explizit nicht für Rückstellungen und andere Passivposten, die in eigenen IFRS geregelt werden. Zur Risikovermeidung durch Bildung von BewE (Hedge-Accounting) s § 254 Anm 130 ff; *Prahl/Naumann* HdJ II/10 Anm 295.

IAS 37.11 nimmt eine Abgrenzung zwischen **Rückstellungen** *(provisions)* und **sonstigen Schulden** *(other liabilities)*, wie zB **abgegrenzten Schulden** *(accruals)*, vor. Das wesentliche Unterscheidungsmerkmal ist die Unsicherheit über die Fälligkeit oder die Höhe der künftigen Zahlungsverpflichtung, die bei Rückstellungen höher ist. Abgegrenzte Schulden *(accruals)* sind Teil der sonstigen Schulden (zB Verpflichtungen iZm ausstehenden Urlaubsansprüchen der Arbeitnehmer, gesetzlichen JAP).

Eine Rückstellung ist dann zu passivieren, wenn eine **rechtliche** oder **faktische** Verpflichtung des Unt besteht, ein Mittelabfluss **wahrscheinlich** ist und eine **zuverlässige Schätzung** der Verpflichtung möglich ist (IAS 37.14). Der Ansatz von Rückstellungen beschränkt sich somit auf Außen- bzw Drittverpflichtungen, denen sich das Unt nicht entziehen kann. Aufwendungen zur Erfüllung von Entsorgungs-, Rekultivierungs- und ähnlichen Verpflichtungen nach IAS 37 werden als Rückstellung passiviert und im Unterschied zum HGB als Bestandteil der AK/HK der korrespondierenden Vermögenswerte behandelt (IAS 16.16(c)). Der Wahrscheinlichkeitsbegriff orientiert sich an der Einschätzung, ob für den Eintritt des Mittelabflusses mehr Gründe dafür als dagegen sprechen (IAS 37.23 f). Ansonsten weist das Unt eine Eventualschuld im Anhang aus, es sei denn, ein Abfluss ist eher unwahrscheinlich (IAS 37.16).

Neben IAS 37 sind besondere Rückstellungen in anderen Standards geregelt. Hierunter fallen zB IAS 19 Leistungen an Arbeitnehmer und IFRS 2 Anteilsbasierte Vergütung.

I. Bewertung von Rückstellungen

1. Erstbewertung

746 Die **Bewertung der Rückstellung** hat mit dem Betrag zu erfolgen, der nach bestmöglicher Schätzung *(best estimate)* erforderlich ist, um eine gegenwärtige Verpflichtung am Bilanzstichtag abzulösen (IAS 37.36). Die Höhe der für die Ablösung erforderlichen Mittel (IAS 37.37) ist vom Management zu schätzen, wobei Erfahrungswerte aus vergleichbaren Fällen zu berücksichtigen und ggf unabhängige Experten hinzuzuziehen sind (IAS 37.38). Bei einer einzelnen Verpflichtung ist vom jeweils wahrscheinlichsten Ergebnis auszugehen; in bestimmten Fällen erfolgt eine Anpassung an auch wahrscheinliche Werte (IAS 37.40). Bei Rückstellungen, die eine große Zahl möglicher Positionen enthält, ist auf das arithmetische Mittel der Bandbreite *(mid-point of the range)* abzustellen (IAS 37.39). Dem Unt ist damit ein nicht unerheblicher Ermessensspielraum gegeben. **Rückstellungen** sind nach IAS 37.45 mit dem Barwert der künftigen Ausgaben anzusetzen, sobald der Abzinsungseffekt wesentlich ist. Der verwendete Zinssatz wird entgegen HGB zum Stichtag ermittelt und hat aus Äquivalenzgründen die gleichen Risiken und Unsicherheiten wie die betr Rückstellung zu berücksichtigen (IAS 37.47). Insofern ist eine Abweichung zu den Sätzen gem Abs 2 S 4 wahrscheinlich.

Zu erwartende künftige Ereignisse, insb auch solche mit gegenläufiger Tendenz, die sich auf die Höhe des Mittelabflusses auswirken, sind bei der Bewertung zu berücksichtigen, sofern die Ereignisse mit ausreichender objektiver Sicherheit vorhergesagt werden können (IAS 37.48).

Rückstellungen sind grds brutto zu passivieren, auch wenn ein Erstattungsanspruch besteht (generelles Saldierungsverbot nach IAS 1.32). Als Aktivposten darf ein solcher nur dann bilanziert werden, wenn es so gut wie sicher ist, dass das Unt die Erstattung im Fall der eigenen Inanspruchnahme erhält (IAS 37.53). Lediglich für die Gesamtergebnisrechnung lässt IAS 37.54 zu, den Rückstellungsaufwand gemindert um den Erstattungsertrag (netto) auszuweisen.

2. Folgebewertung

747 In der Folgezeit sind Rückstellungen für diejenigen Verpflichtungen, für die sie gebildet wurden, zu verbrauchen bzw aufzulösen, wenn oder soweit es nicht mehr wahrscheinlich ist, dass zur Erfüllung der Verpflichtung ein Abfluss von Ressourcen zu erwarten ist (IAS 37.59).

G. Wertaufholungsgebot (Abs 5)

750 Das nach Änderungen der Wertaufholungsregeln im HGB eingeführte grundsätzliche Wertaufholungsgebot (Ausnahme: GFM: Wertaufholungsverbot) besteht nach IFRS ebenfalls. Wertaufholungen sind nicht auf den Wegfall des Grundes für die vorangegangenen Wertminderungen beschränkt; die IFRS fassen Wert-

aufholungen eher als Überprüfung vorangegangener Wertminderungen auf und führen eine jährlich wiederholte Bestimmung des erzielbaren Betrags durch). S zu immateriellen Vermögenswerten und Vermögenswerten des Sachanlagevermögens nach der Neubewertungsmethode Anm 702 und Anm 711 bzw nach der AK/HK Methode Anm 707 und Anm 716, zu Finanzinstrumenten Anm 723 und zu Vorräten Anm 729.

Exkurs: Bilanzberichtigung/Bilanzänderung

Schrifttum: *Hense* Rechtsfolgen nichtiger Jahresabschlüsse und Konsequenzen für Folgeabschlüsse, WPg 1993, 716; *Wuttke* Die subjektiv richtige Bilanz, FR 1993, 459; *Flies* Bilanzenzusammenhang und Änderung gem § 174 AO, DStZ 1997, 135; *Küting/Kaiser* Aufstellung oder Feststellung: Wann endet der Wertaufhellungszeitraum? Implikationen für die Anwendung des Wertaufhellungsprinzips bei Berichtigung, Änderung und Nichtigkeit des handelsrechtlichen Jahresabschlusses, WPg 2000, 577; *Hommel/Berndt* Wertaufhellung und funktionales Abschlußstichtagsprinzip, DStR 2000, 1745; *Forster* Der nach Feststellung der Nichtigkeit neu aufgestellte Jahresabschluß und sein Prüfer, FS Welf Müller 2001, 183; *Prinz* Die handels- und steuerrechtliche Änderung von Bilanzen – Gemeinsamkeiten und Unterschiede, aktuelle Entwicklungen, FS Welf Müller 2001, 687; *Breker/Kuhn* Änderung von Jahres- und Konzernabschlüssen – Eine Darstellung der Neuerungen aus der Überarbeitung von IDW RS HFA 6, WPg 2007, 770; *Herzig/Nitzschke* Bilanzberichtigung in den Fällen erstmaliger höchstrichterlicher Rechtsprechung, DB 2007, 304.

Standard: IDW RS HFA 6 (Stand 12.4.2007) Änderung von Jahres- und Konzernabschlüssen.

A. Vorbemerkung

Bilanzberichtigung wie auch Bilanzänderung sind **steuerrechtliche Begriffe** (§ 4 Abs 2 EStG; *Stapperfend* in HHR § 4 EStG Anm 309). **Handelsrechtlich** wird der Oberbegriff der *Änderung* des JA oder KA verwendet. Darunter ist jede Änderung von Form und Inhalt eines JA **nach Feststellung bzw Billigung** eines geprüften JA bzw gebilligten KA zu verstehen. Als Änderungen kommen Änderungen der einzelnen Bilanz- und GuV-Posten sowie der Angaben im Anhang einschl der verbalen Erläuterungen infrage, soweit es sich nicht nur um redaktionelle Änderungen handelt. Eine Änderung des Abschlusses liegt auch vor, wenn die zugrunde liegende Buchführung hinsichtlich einzelner VG und Schulden sowie RAP geändert wird, ohne dass sich daraus – zB weil sowohl positive als auch negative Änderungen innerhalb eines Bilanzpostens vorgenommen werden – Auswirkungen auf den Abschluss ergeben (Korrektur von Schreibfehlern, IDW RS HFA 6, Tz 2). Bis zur Feststellung bzw Billigung kann der aufgestellte JA im Rahmen der gesetzlichen Bestimmungen ohne Einschränkung geändert werden (IDW RS HFA 6, Tz 4). Ist eine formelle Feststellung des JA nicht erforderlich (so zB beim EKfm), so ist als maßgeblicher Zeitpunkt die Erlangung von Außenwirkung zu sehen (idR Unterzeichnung des JA durch den Kfm und Einreichung beim FA).

Im Einzelnen kann es sich sowohl um die Änderung fehlerhafter wie auch fehlerfreier Bilanzierung handeln, aber auch um die Änderung des Abschlusses aus anderen Gründen, zB Einstellung von Beträgen in Kapital- oder Gewinnrücklagen, die Entnahme von Beträgen aus diesen Rücklagen, die Änderung der Beteiligung von Gestern einer PersGes am Ges-Vermögen (BFH 11.2.1988, BStBl II, 825) oder den Wegfall einer passivierten Verbindlichkeit (BFH 3.6.1992, BFH/NV, 741).

§ 253 801–806 Jahresabschluß (Bewertungsvorschriften)

801 Die Änderung eines in den KA einbezogenen JA hat nicht zwingend die Änderung des **Konzernabschlusses** zur Folge, auch wenn sie mit Zustimmung des MU erfolgt ist. Ob die Änderung des JA im KA nachvollzogen werden muss, ist davon abhängig, ob die Änderung auch aus Konzernsicht unter Berücksichtigung der konzerneinheitlichen Bilanzierungs- und Bewertungsmethoden für die Darstellung der VFE-Lage des Konzerns wesentlich ist (IDW RS HFA 6, Tz 39).

B. Bilanzberichtigung

I. Begriff

802 **Steuerrechtlich** wird unter Bilanzberichtigung die Ersetzung eines **unrichtigen**, dh **unzulässigen Bilanzansatzes** durch einen zutreffenden verstanden (§ 4 Abs 2 S 1 EStG, ESt R 4.4, 121). Bilanzberichtigung ist auch die Berichtigung der GuV, weil sie stets den Ansatz des Kapitals betrifft.

803 Ob ein **Bilanzansatz fehlerhaft** ist, richtet sich zunächst danach, ob ein Verstoß gegen zwingende handelsrechtliche Vorschriften oder die GoB vorliegt (Grundsatz der Maßgeblichkeit der HB für die StB). Daneben kommt eine Bilanzberichtigung in Betracht, wenn zwar handelsrechtlich ein ordnungsmäßiger Bilanzansatz vorliegt, aber gegen zwingende Vorschriften des Einkommensteuerrechts verstoßen wird.

804 Ein fehlerhafter Bilanzansatz liegt nur vor, wenn er die bestehenden Verhältnisse unzutreffend wiedergibt, nicht aber wenn die Rechtsfolgen von dem abweichen, was sich der bilanzierende Kfm vorgestellt hat. Eine Bilanzberichtigung eröffnet deshalb steuerrechtlich nicht die Möglichkeit einer nachträglichen Sachverhaltsgestaltung. So dürfen zB die Rechtsfolgen einer vom Stpfl vorgenommenen Entnahme nicht durch Wiedereinbuchung des entnommenen WG im Wege einer Bilanzberichtigung ex tunc korrigiert werden.

805 Nach Auffassung des GrS (BFH-Beschluss vom 31.1.2013, GrS 1/10, Aufgabe des subjektiven Fehlerbegriffs) ist der **objektive Fehlerbegriff** hinsichtlich bilanzieller Rechtsfragen maßgebend. Den vom Steuerpflichtigen vertretenen Rechtsansichten kommt somit auch dann keine Bedeutung zu, wenn sie bei der Aufstellung der Bilanz vertretbar waren oder der damals herrschenden Auffassung entsprachen (Tz 62). Auf die objektive Rechtslage kommt gemäß GrS auch dann an, wenn die vom Steuerpflichtigen einem Bilanzansatz zugrunde gelegte Rechtsauffassung der seinerzeit von der Finanzverwaltung und/oder Rechtsprechung gebilligten Bilanzierungspraxis entsprach (Tz 66). Die Bindung des Finanzamts an einen objektiv unzutreffenden, aber im Zeitpunkt der Bilanzaufstellung subjektiv richtigen Bilanzansatz lasse sich weder aus § 5 Abs 1 Satz 1 EStG noch aus § 4 Abs 2 EStG ableiten. Die Finanzverwaltung und die Gerichte seien vielmehr aus verfassungsrechtlichen Gründen verpflichtet, ihrer Entscheidung die objektiv richtige Rechtslage zugrunde zu legen.

II. Berichtigung der Handelsbilanz

806 Nach **Bilanzfeststellung** ist eine Berichtigung von fehlerhaften Bilanzansätzen nur für den Fall zwingend, dass ohne Berichtigung nicht ein den tatsächlichen Verhältnissen entspr Bild der VFE-Lage vermittelt wird. Eine Berichtigung darf aber unterbleiben, wenn die Auswirkung des Fehlers auf die VFE-Lage zeitnah im lfd JA berücksichtigt werden kann; IDW RS HFA 6 Tz 15 (nichtig) und 21 (nicht nichtig). Hierzu sind bei KapGes/KapCoGes erläuternde Anhanganga-

ben erforderlich. Bei **Nichtigkeit** des JA ist eine Berichtigung bzw Änderung im Wortsinn nicht möglich. Nichtige JA müssen daher grds im Wege der **Rückwärtsberichtigung** durch wirksame ersetzt werden (IDW RS HFA 6 Tz 15). Ist der Rechtsmangel *durch Zeitablauf geheilt* und kann deswegen die Nichtigkeit nicht mehr geltend gemacht werden (§ 256 Abs 6 AktG), ist eine Ersetzung dieses JA durch einen fehlerfreien nicht mehr erforderlich. Es genügt in diesem Fall, wenn der Fehler in dem letzten noch offenen JA korrigiert wird. Die Korrektur und die Auswirkungen auf die Darstellung der VFE-Lage einschl der betragsmäßigen Auswirkungen auf die betroffenen Abschlussposten sind im Anhang angemessen zu erläutern (IDW RS HFA 6 Tz 15).

Im Falle *nicht geheilter* Nichtigkeit oder erfolgreicher **Anfechtung** wegen eines fehlerhaften Bilanzansatzes muss eine Rückwärtsberichtigung bis zur Fehlerquelle erfolgen. Allerdings kann nach IDW RS HFA 6 Tz 16 auch bei noch nicht eingetretener Heilung auf eine Berichtigung verzichtet werden, wenn es sich um einen *formalen Mangel* handelt, der in 6 Monaten verjährt.

Wenn *nach Ablauf der Frist* die Nichtigkeit des JA zwar nicht mehr geltend gemacht werden kann, ist die Neuaufstellung zwar nicht zwingend erforderlich, aber gleichwohl zumindest wie im Rahmen einer Änderung zulässig. Wird der betroffene JA nicht neu aufgestellt, hat die Fehlerkorrektur in lfd Rechnung zu erfolgen (s oben).

Bei der Berichtigung ist die **Gesetzeslage** für das betr Gj zu berücksichtigen, IDW RS HFA 6 Tz 30. Es sind für die Berichtigung dieselben Vorschriften wie für die Aufstellung des JA in seiner ursprünglichen Fassung anzuwenden (IDW RS HFA 6 Tz 30). Dies ist regelmäßig unproblematisch, da bei Gesetzesänderungen des HGB regelmäßig im EGHGB eine Anwendungsvorschrift erlassen wird, wonach sie frühestens für das zum Zeitpunkt des Inkrafttretens lfd Gj gilt. Würde jedoch eine solche Anwendungsvorschrift im Einzelfall nicht vorliegen, so dürfte zumindest bei einer über die Berichtigung des einzelnen Postens hinausgehenden Berücksichtigung aller Wertaufhellungen iSe Neuaufstellung des JA wie auch bei Neuaufstellung auf Grund von Nichtigkeit eine neue Rechtslage zu beachten sein.

Umfang der Berichtigung: Der JA darf sowohl bei Bilanzberichtigung (wie auch Bilanzänderung) grds unbeschränkt berichtigt werden. Neben der Fehlerberichtigung dürfen gleichzeitig Ansatz- und Bewertungswahlrechte neu ausgeübt werden. Es sind mindestens alle von der Änderung betroffenen Posten zu korrigieren (*Prinz* in FS W. Müller, 691). Hierzu dürfen aber keine zusammenfassenden Ausgleichs- oder Sammelposten gebildet werden (IDW RS HFA 6, Tz 28). Wertaufhellungen sind zu beachten. Für die Frage, ob auch *andere Posten* im Rahmen der Wertaufhellung geändert werden *müssen*, ist nach IDW RS HFA 6, Tz 29 zu unterscheiden: *(a)* Ist die Änderung ergebnisneutral, kann eine umfängliche Neuerstellung des JA trotz wertaufhellender Erkenntnis unterbleiben. *(b)* Führt die Berichtigung bzw Änderung jedoch zu einer *Erhöhung des Jahresüberschusses*, sind im Rahmen der Wertaufhellung alle bekannt gewordenen gegenläufigen Effekte zu berücksichtigen (Überprüfung aller Bilanzposten). Eine Begrenzung, dass die gegenläufigen Effekte betragsmäßig nur bis zur Saldierung der Auswirkung der Bilanzberichtigung zu erfolgen haben (wie zB bei Bilanzänderung im Steuerrecht nach § 4 Abs 2 S 2 EStG) ist dem Handelsrecht nicht bekannt, so dass der Jahresüberschuss insgesamt geringer werden kann. *Prinz* in FS W. Müller, 691 folgend sind auf den Berichtigungsumfang begrenzte Kompensationsmaßnahmen generell zulässig, so dass auch bei einer *Verminderung des Jahresüberschusses* gegenläufige Erhöhungsmaßnahmen zulässig sind.

Wegen des Grundsatzes der Bilanzverknüpfung nach § 252 Abs 1 Nr 1 müssen auch **alle folgenden Jahresabschlüsse** geändert werden, auch wenn diese bereits festgestellt sind (IDW RS HFA 6, Tz 27). Zur Frage der Nichtigkeit von Folgeabschlüssen s auch *Hense* WPg 1993, 716. Der berichtigte JA muss als solcher **gekennzeichnet** werden; über wesentliche Berichtigung ist im **Anhang** zu berichten (IDW RS HFA 6, Tz 30).

808 **Zuständig** für die Veranlassung einer Berichtigung eines festgestellten JA ist das für die Feststellung des JA zuständige Organ (Vorstand mit AR oder HV, GesV, EKfm). Die Berichtigung von Fehlern, soweit noch möglich, im lfd JA obliegt vor Feststellung dem für die Aufstellung zuständigen Organ (Vorstand, Geschäftsführer, phG, EKfm).

Ist der JA zu prüfen, so gelten für die Prüfung des berichtigten JA, für die Berichterstattung hierüber und für die Erteilung des BVm die Grundsätze über **Nachtragsprüfungen** (s § 316 Anm 25 ff). Die **Bestellung des ursprünglichen Abschlussprüfers** bleibt wirksam. Falls auf Grund eines nichtigen JA ein neuer, erstmals gültiger JA aufgestellt werden muss, hat der AP das Mandat aus wichtigem Grund nach § 318 Abs 6 sowie § 49 WPO zu kündigen, wenn er auf Grund seiner vorherigen Prüfung sowie der dabei gemachten Feststellungen befangen sein könnte. Das Unt kann die Bestellung demggü nach § 318 Abs 1 S 5 nicht mehr widerrufen, sondern müsste analog § 318 Abs 3 bei Gericht die Bestellung eines anderen AP auf Grund Besorgnis der Befangenheit beantragen (*Forster* in FS W. Müller, 183).

Es ist eine erneute **Feststellung** erforderlich. Eine erneute Beschlussfassung über die **Gewinnverwendung** ist nach IDW RS HFA 6, Tz 32 nicht nötig, wenn sich kein anderer Bilanzgewinn ergibt. Eine erneute **Offenlegung** hat nach § 325 Abs 1 S 3 zu erfolgen.

III. Berichtigung der Steuerbilanz

1. Allgemeines

809 Der Grundsatz der Gleichmäßigkeit der Besteuerung verlangt zwingend die **Beseitigung** der Fehlerhaftigkeit **bis zur Fehlerquelle** zurück. Er lässt auch keine Unterscheidung zwischen schwerwiegenden und geringfügigen Fehlern zu. Zuständig ist auch hier das für die Aufstellung des JA zuständige Organ (s Anm 808). Zwar kann nur der Steuerpflichtige selbst die Bilanz nach § 4 Abs 2 Satz 1 EStG berichtigen (BFH-Urteile vom 4.11.1999 IV R 70/98, BFHE 190, 404, BStBl II 2000, 129; vom 13.6.2006 I R 84/05, BFHE 214, 178, BStBl II 2007, 94, unter II.3.b bb). Indes ist die Abweichung von der Gewinnermittlung des Steuerpflichtigen im Rahmen der Steuerfestsetzung keine Bilanzberichtigung, sondern eine eigenständige Ermittlung der Besteuerungsgrundlagen durch das Finanzamt, der § 4 Abs 2 EStG nicht entgegensteht.

2. Bilanzberichtigung nach Rechtskraft der Veranlagung

a) Grundsatz des Bilanzzusammenhangs

810 Eine Bilanzberichtigung ist steuerrechtlich nur solange zulässig, wie die Fehlerhaftigkeit noch nach den Verfahrensvorschriften der AO geändert werden kann (ESt R 4.4, 121). Der Fehler darf gem § 4 Abs 2 S 1 Hs 2 EStG noch keiner anderen, nicht mehr änderbaren Steuerfeststsetzung zugrunde liegen; ausführlich Diskussion bei *Heinicke* in Schmidt[32] § 4 Anm 684. Anderenfalls scheidet eine Rückwärtsberichtigung bis zur Fehlerquelle aus Gründen der Rechtskraft grds aus. Die Rspr hat in solchen Fällen den Grundsatz des Bilanzzusammenhangs herausgearbeitet. Danach müssen die Wertansätze in der EB für den ersten

noch nicht rkr Veranlagungszeitraum mit den Werten der Schlussbilanz des vorhergehenden Veranlagungszeitraums übereinstimmen (Bilanzidentität; § 252 Abs 1 Nr 1). Ein fehlerhafter Bilanzansatz in der letzten nicht mehr berichtigungsfähigen Schlussbilanz wird dann **in der ersten noch offenen Veranlagung** auf Grund des Bestandsvergleichs (§ 4 Abs 1 EStG) zwischen fehlerhafter EB und fehlerfreier Schlussbilanz (grds) *ergebniswirksam* korrigiert. Vom Ergebnis her liegt insoweit eine Ausnahme vom Grundsatz der Abschnittsbesteuerung vor. Nach Auffassung BFH 16.5.1990, BStBl II, 1044 ist die richtige Besteuerung des einzelnen Geschäftsvorfalls ggü der periodengerechten Gewinnermittlung vorrangig. Eine Fehlerberichtigung in der ersten noch offen Schlussbilanz ist jedoch dann nicht geboten, wenn sich der Fehler im Zeitablauf von selbst aufhebt (zB im Fall zu hoher oder zu niedriger AfA).

Ausgeschlossen ist die erfolgswirksame Berichtigung bei fehlender Vjveranlagung, die wegen Ablauf der Festsetzungsfrist auch nicht mehr nachgeholt werden kann. Begründet wird dies mit dem **formellen Bilanzzusammenhang,** der eine ununterbrochene Kette von Veranlagungsbilanzen voraussetzt (BFH 28.1.1992, BStBl II, 881; im Grundsatz bestätigend, wenn auch im Urteilsfall ablehnend BFH 12.10.1993, BStBl II 1994, 174).

Im Fall einer ergebniswirksamen Nachholung einer Gewinnrealisierung sind auch **alle steuerrechtlichen Vergünstigungen** zu gewähren, sofern bis dahin noch die materiell-rechtlichen Voraussetzungen für diese Vergünstigung bestehen. 811

Der Grundsatz des Bilanzzusammenhangs **darf nicht zu einer Nachversteuerung** von durch Rechtsgeschäfte realisierten stillen Reserven führen. Denn dies würde eine gesetzlich nicht gedeckte Besteuerung eines fiktiven Sachverhalts, nämlich einer Entnahme im Berichtigungsjahr, bedeuten. Andererseits darf die Streichung des Buchwerts im Berichtigungsjahr nicht ergebniswirksam sein; deshalb hat die Herausnahme in der Anfangsbilanz (erfolgsneutrale Ausbuchung) zu erfolgen. Umgekehrt muss ein fälschlich nicht bilanziertes WG ggf zu Jahresbeginn erfolgsneutral eingebucht werden, unter ergebnismäßiger Erfassung der Aufwendungen und Erträge des lfd Gj. Da eine **Nachholung** in der Vergangenheit **unterlassener Abschreibungen** über den Bilanzzusammenhang **zulässig** ist, halten wir eine Einbuchung zum ursprünglichen Einlagewert und nicht etwa zu einem fortentwickelten Buchwert für geboten (aA wohl BFH 29.10.1991, BStBl II 1992, 516 und EStH 15). 812

Der Grundsatz des Bilanzzusammenhangs gilt auch für den Fall, dass ein EinzelUnt zu Buchwerten in eine PersGes eingebracht wird (BFH 8.12.1988, BStBl II 1989, 407).

b) Durchbrechung des Grundsatzes des Bilanzzusammenhangs

Eine ergebniswirksame Berichtigung im ersten noch berichtigungsfähigen Veranlagungszeitraum setzt voraus, dass die Fehlerhaftigkeit des Bilanzansatzes sich in der **Vergangenheit steuerrechtlich ausgewirkt** hat. Anderenfalls ist trotz Rechtskraft eine Rückwärtsberichtigung bis zur Fehlerquelle mit der praktischen Folge der Berichtigung der Anfangsbilanz und nicht der Schlussbilanz im ersten noch offenen Veranlagungsjahr vorzunehmen. So ist zB eine in der Vergangenheit nicht bilanzierte Anzahlung auf den Erwerb von Anlagevermögen in der Anfangsbilanz zu korrigieren, da es sich bei der geleisteten Anzahlung um einen **erfolgsneutralen Geschäftsvorfall** handelte. **Weitere Fälle fehlender** steuerrechtlicher **Auswirkungen:** Der geschuldete Steuerbetrag für den in Betracht kommenden Veranlagungszeitraum verändert sich nicht durch die Fehlerberichtigung, weil wegen bestehenden **Verlustvor- oder -rücktrags** die Steuer wei- 813 terhin Null Euro beträgt (die Minderung oder Erhöhung des Verlustvortrags ist unbeachtlich); ein fälschlich **nicht angesetztes Wirtschaftsgut unterliegt keiner Abnutzung;** eine Gewinnerhöhung wäre als bisher steuerfreier **Sanierungsgewinn** zu behandeln. Ebenso ist die Durchbrechung des Bilanzzusammenhang auch dann zulässig, wenn sich ein fehlerhafter Bilanzansatz auf der Aktivseite durch einen korrespondierenden Fehler auf der Passivseite ausgleicht. Fehlende steuerrechtliche Auswirkungen können auch auf verfahrensrechtlichen Gründen beruhen, so zB bei einer Veranlagung auf Grund einer Gewinnschätzung oder bei Nichtveranlagung.

c) Bilanzzusammenhang und Festsetzungsverjährung

814 Der Grundsatz, dass der periodengerechten Gewinnermittlung weniger Bedeutung zukommt als der richtigen Besteuerung des einzelnen Geschäftsvorfalls, muss uE seine Grenze finden, wenn für den Veranlagungszeitraum, in dem der Geschäftsvorfall stattgefunden hat, bereits Festsetzungsverjährung eingetreten ist (*Wuttke* FR 1993, 459; *Flies* DStR 1997, 135). Denn hier ist gem § 47 AO der Anspruch auf die zutreffende Besteuerung des Geschäftsvorfalls erloschen (*Heinicke* in Schmidt[32] § 4 Anm 689). Dieser Auffassung ist allerdings der BFH nicht gefolgt (*GrS* BFH 10.11.1997, BStBl II 1998, 83).

3. Anpassung der Handelsbilanz an die Steuerbilanz

815 Die Ergebnisse einer im Rahmen der Bp durchgeführten Berichtigung der StB führen idR nicht dazu, dass der nach handelsrechtlichen Grundsätzen aufgestellte JA anzupassen ist. Der handelsrechtliche JA ist nur dann zu korrigieren, wenn *auch ein handelsbilanzieller Fehler* vorliegt (**handelsbilanzielle Bilanzberichtigung;** Anm 806). Im Einzelfall darf dann möglicherweise eine Berücksichtigung im JA des lfd Gj erfolgen (dh wenn die Ergebnisse der Bp absehbar sind oder feststehen), auch wenn die steuerbilanzielle Berichtigung im betroffenen Wj erfolgt (IDW RS HFA 6, Tz 35).

816 Besonderheiten gelten dann, wenn die Auffassung der Bp von der hM oder der Rspr des BFH abweicht und der Kfm nicht gegen die Feststellungen der Bp vorgeht. In diesem Fall wird dem Kfm in der Praxis zugestanden, trotz *richtiger HB* gleichwohl eine handelsbilanzielle Anpassung vorzunehmen. Dieser Handhabung ist jedoch zumindest dann zu widersprechen, wenn die Bp auf Grund eines Nichtanwendungserlasses der FinVerw eine vom BFH vorgegebene bilanzielle Behandlung ablehnt. Für die HB gilt in diesem Fall die Rspr des BFH als für Bilanzierungsfragen zuständiges oberstes Gericht. Entspricht die HB dieser Rspr, liegt *kein Bilanzierungsfehler* vor (BFH 12.11.1992, BStBl II 1993, 392). In der Folge müssen HB und StB voneinander abweichen. Dies ist jedoch kein Problem des materiellen Bilanzrechts, sondern eine Folge des formellen Steuerrechts (der Kfm könnte eine Klärung durch die FG herbeiführen). Liegt eine Einheitsbilanz ohne steuerrechtliche Abweichungen vor, ist diese steuerbilanzielle Abweichung künftig zu dokumentieren.

817 Allerdings kann für die HB eine **Bilanzänderung** zulässig sein, wenn ein gewichtiger Grund vorliegt und die Änderung durch ein handelsbilanzielles Wahlrecht gedeckt ist, dh bereits bei Aufstellung so erfasst hätte werden dürfen. Ein gewichtiger Grund kann in der Vermeidung von steuerrechtlichen Mehrergebnissen liegen, die im Fall der Nichtanpassung drohen würden (IDW RS HFA 6, Tz 34). Falls die von der Bp vorgenommene Berichtigung nicht durch ein handelsbilanzielles Wahlrecht gedeckt ist, darf eine „Änderung" nicht erfolgen, auch wenn dadurch steuerrechtliche Mehrergebnisse entstehen.

Während eine Berücksichtigung im betroffenen Gj in den entspr Posten des JA **818** zu erfolgen hat, und eine Erfassung in Sammelposten nicht zulässig ist (Anm 807), ist es demggü bei Erfassung im lfd Gj aus Vereinfachungsgründen zulässig, die Auswirkungen in der GuV als periodenfremden Ertrag/Aufwand auszuweisen. Dies gilt nicht für eine Änderung des Steueraufwands, der stets unter Steuern vom Einkommen und vom Ertrag bzw sonstige Steuern zu zeigen ist. Der Steueraufwand kann dadurch auch negativ werden (IDW RS HFA 6, Tz 36).

4. Erfassung von zusätzlichem Steueraufwand

Für die HB s Anm 818. Nach OFD Münster 28.6.2000, BB, 2094 und OFD **820** Magdeburg 17.11.2000, DStR 2001, 170 sind Mehrsteuern in dem Wj, zu dem sie wirtschaftlich gehören, zu berücksichtigen. Es handelt sich dabei um eine Bilanzberichtigung nach § 4 Abs 2 S 1 EStG.

C. Bilanzänderung

I. Begriff

Eine Bilanzänderung iSd engeren steuerrechtlichen Terminologie ist die **Er-** **830** **setzung eines nicht fehlerhaften Bilanzansatzes durch einen anderen zulässigen** (s BFH X R 110/87 BStBl II 90, 195; zB in Ausübung von Bewertungswahlrechten). Ebensowenig wie Bilanzberichtigungen eröffnen Bilanzänderungen die Möglichkeit nachträglicher Sachverhaltsgestaltungen, Anm 804. Als Bilanzänderung gilt nicht die Ausübung verfahrensrechtlicher Wahlrechte (zB Antrag zur Buchwertfortführung nach § 20 Abs 2 UmwStG).

Eine Bilanzänderung liegt nicht vor, wenn sich einem Stpfl erst nach Einrei- **831** chung des JA die Möglichkeit eröffnet, erstmalig sein Wahlrecht auszuüben. Eine Bilanzänderung ist zulässig, wenn sie in einem engen zeitlichen und sachlichen Zusammenhang mit einer Bilanzberichtigung steht und soweit die Auswirkung der Bilanzberichtigung auf den Gewinn reicht. Ein enger zeitlicher und sachlicher Zusammenhang setzt voraus, dass sich beide Maßnahmen auf dieselbe Bilanz beziehen und die Bilanzänderung unverzüglich nach der Bilanzberichtigung vorgenommen wird (ESt R 4.4, 122).

II. Zulässigkeit nach Handelsrecht

Die Änderung fehlerfreier Bilanzansätze ist **nach Feststellung bzw Billi-** **835** **gung** des JA durch die zuständigen Organe ohne zeitliche Grenzen zulässig (IDW RS HFA 6, Tz 13). Sie darf jedoch **nicht willkürlich** erfolgen. Es müssen wichtige rechtliche, wirtschaftliche oder auch steuerrechtliche Gründe vorliegen (*ADS*[6] § 172 AktG Anm 34; IDW RS HFA 6, Tz 9). Erscheint eine Änderung des betr Bilanzansatzes in der Zukunft ausreichend, fehlt es an einem zwingenden Grund für eine frühere Änderung. Als **wichtige Gründe** kommen in Betracht: Neue Erkenntnisse über eingetretene hohe Verluste *nach Feststellung* des JA, die eine höhere Dotierung der Gewinnrücklagen unter Minderung der Ausschüttung sinnvoll erscheinen lassen; steuerrechtliche Gründe, wie zB nachträgliche Wahlrechtsausübung zur Kompensierung von Mehrgewinnen auf Grund einer steuerlichen Außenprüfung (Anm 817); Ausnutzung von steuerrechtlichen Verlustvor- oder -rückträgen; nachträgliche steuerrechtliche Wahlrechtsausübung; auch die durch Gerichtsentscheidung angeordnete Bilanzände-

§ 253   836–845   Jahresabschluß (Bewertungsvorschriften)

rung auf Grund einer stattgegebenen Klage eines Gester ist zumindest ein rechtlicher Grund, auch wenn der angefochtene Ausweis noch keine Nichtigkeit oder erhebliche Beeinträchtigung des Einblicks in die VFE-Lage und damit die Zulässigkeit einer *Berichtigung* nach sich zog.

836   Auch aus wichtigem Grund ist eine Änderung dann **unzulässig,** wenn hierdurch aufgrund eines ordnungsgemäßen Gewinnverwendungsbeschlusses **entstandene Gewinnbezugsrechte** der Gester beeinträchtigt würden, es sei denn, dass die Berechtigten auf ihre Rechte ganz oder in der erforderlichen Höhe verzichtet haben (IDW RS HFA 6, Tz 10; *ADS*[6] § 172 AktG Anm 63). Bei AG ist nach beschlossener Gewinnverwendung eine ergebnismindernde Bilanzänderung regelmäßig nur zulässig, wenn durch kompensatorische Maßnahmen (Verwendung des Gewinnvortrags, Auflösung von offenen Rücklagen, Änderungen der Ausnutzung von Bilanzierungs- und Bewertungsspielräumen) der an die Aktionäre auszuschüttende Betrag unverändert bleibt (*ADS*[6] § 172 AktG Anm 64). Bei GmbH ist eine Bilanzänderung mit gewinnmindernder Wirkung nach einer Ausschüttung dann zulässig, sofern alle Gester die bisher erhaltenen Gewinne ganz oder teilweise zurückgewähren. Bei PersGes kann eine solche Bilanzänderung auch dann vorgenommen werden, wenn zwar nicht alle Gester zustimmen, aber die zustimmungsbereiten Gester bereit sind, die Gewinnkürzung allein zu übernehmen.

837   Schuldrechtliche **Ansprüche Dritter,** die an Größen des JA anknüpfen (zB Tantiemen, Zinsen auf Genussscheine, Lizenzgebühren, Rückzahlungsansprüche aus Besserungsscheinen), stehen einer Bilanzänderung nicht entgegen. Für die Höhe der zu passivierenden Verbindlichkeit kommt es auf die zivilrechtliche Auslegung der Vereinbarung an. Können sie nicht geändert werden, bleiben sie in unveränderter Höhe bestehen. Die Auswirkung auf den Bilanzgewinn und damit die Gewinnansprüche der Gester sind zu beachten.

III. Durchführung in der Handelsbilanz

840   Durchführung wie bei Berichtigung eines fehlerhaften JA (Anm 806 bis 808).

IV. Zulässigkeit nach Steuerrecht

845   Nach dem Wegfall des Maßgeblichkeitsgrundsatzes setzt eine Bilanzänderung in der StB keine **entsprechende Änderung in der Handelsbilanz** voraus.
Nach § 4 Abs 2 S 2 EStG ist die nachträgliche Bilanzänderung nur zulässig, um eine durch vorhergehende Bilanzberichtigung resultierende Gewinnveränderung zu kompensieren. Die Bilanzänderung muss dabei in **engem sachlichem und zeitlichem Zusammenhang** mit der Bilanzberichtigung stehen. Nach BMF 18.5.2000, BStBl I, 587 setzt dies voraus, dass sich sowohl Berichtigung wie auch Änderung auf *dieselbe Bilanz* beziehen (sachlicher Zusammenhang). Innerhalb dieser Bilanz können hingegen verschiedene VG und Schulden betroffen sein. Nach BFH 25.3.2004 DB, 1345 fehlt es zB an einem sachlichen Zusammenhang, wenn der Stpfl die Bilanzänderung vornehmen will, um das Ergebnis von Feststellungen der Steuerfahndungsstelle auszugleichen. Die Bilanzänderung muss *unverzüglich* nach der Berichtigung erfolgen (zeitlicher Zusammenhang). Zur Interpretation des BMF s *Prinz* in FS W. Müller, 698. Eine Zustimmung des FA ist nicht erforderlich. Die steuerrechtliche Einschränkung der Bilanzänderung führt zu einer Durchbrechung der Maßgeblichkeit der HB für die Steuerbilanz.

V. Konzernabschlüsse

Für die Änderung eines **fehlerfreien HGB-Konzernabschlusses** gelten die- 846
selben Voraussetzungen wie für einen festgestellten JA: Eine Änderung kommt in
Betracht, wenn gewichtige rechtliche oder wirtschaftliche Gründe hierfür vorliegen. Steuerrechtliche Gründe kommen dann in Betracht, wenn die im KA ausgewiesene EK-Quote für die steuerrechtliche Abzugsfähigkeit von Zinsaufwendungen relevant sein kann (Zinsschranke iSv § 4h EStG bzw § 8a KStG);
s *Breker/Kuhn* WPg 2007, 775.

Ein gebilligter **fehlerhafter HGB-Konzernabschluss** ist grds zu ändern. Die
Rückwärtsänderung ist immer zulässig. In diesem Fall ist der Konzernabschluss
einer Nachtragsprüfung zu unterziehen, den zuständigen GesOrganen erneut zur
Billigung vorzulegen und offenzulegen (IDW RS HFA 6, Tz 42). Eine Korrektur im Wege der Rückwärtsänderung ist vorzunehmen, wenn durch den fehlerhaften KA kein den tatsächlichen Verhältnisses entspr Bild der VFE-Lage vermittelt wird. Gemäß IDW RS HFA 6 Tz 43 iVm Tz 21 kann grundsätzlich in
laufender Rechnung korrigiert werden. Eine Pflicht zur Rückwärtsberichtigung
besteht nur dann, wenn die VFE-Lage nicht den tatsächlichen Verhältnissen entsprechend dargestellt wird und eine zeitnahe, den gesetzlichen Anforderung entsprechende Informationsvermittlung nicht durch Korrektur im laufenden Abschluss erreicht werden kann.

Werden Fehler im Rahmen des **Enforcement** durch die DPR oder die BaFin
festgestellt, gelten die erläuterten Grundsätze entspr. Das Enforcement-Verfahren
begründet keine eigene Berichtigungspflicht, sondern lässt die allgemeinen handels- und gesrechtlichen Regelungen unberührt (*Breker/Kuhn* WPg 2007, 776).

Die Änderung eines **fehlerfreien** IFRS-Konzernabschlusses richtet sich nach
den den gleichen Grundsätzen wie für HGB-Konzernabschlüsse (IDW RS HFA
6 Tz 45/46 und 41 bis 44).

Ein **fehlerhafter IFRS-Konzernabschluss** kann im Wege der Rückwärtsänderung berichtigt werden, wenn durch den fehlerhaften IFRS-KA kein den
tatsächlichen Verhältnisses entspr Bild der VFE-Lage vermittelt wird. Ist eine
Rückwärtsänderung nicht erforderlich, sind wesentliche Fehler in dem die Feststellung des Fehlers folgenden KA retrospektiv durch Anpassung der Vergleichszahlen der Vorperiode zu korrigieren. Dadurch bleibt die Korrektur ergebnisneutral für die Berichtsperiode. Neben der Anpassung der Vjvergleichszahlen ist
die Fehlerkorrektur in den *notes* zu erläutern (IAS 8.49). Im Falle fehlerhafter
qualitativer Angaben erfolgt die Fehlerkorrektur nach IAS 8.49 ausschließlich
durch Darstellung und Richtigstellung der fehlerhaften Angaben in den *notes* der
Folgeperiode IDW RS HFA 6 Tz 48. Sofern ein Unt Posten im KA rückwirkend anpasst oder umgliedert, ist eine Bilanz zu Beginn der frühesten Vergleichsperiode in den KA aufzunehmen (IAS 1.10(f)). Für **IFRS-EA** nach § 325
Abs 2a HGB gelten diese Grundsätze entspr.

D. Abweichungen der IFRS

Schrifttum: *Hense* Rechtsfolgen nichtiger Jahresabschlüsse und Konsequenzen für Folgeabschlüsse, WPg 1993, 716; *Wuttke* Die subjektiv richtige Bilanz, FR 1993, 459; *Flies*
Bilanzenzusammenhang und Änderung gem § 174 AO, DStZ 1997, 135; *Küting/Kaiser*
Aufstellung oder Feststellung: Wann endet der Wertaufhellungszeitraum? Implikationen für
die Anwendung des Wertaufhellungsprinzips bei Berichtigung, Änderung und Nichtigkeit
des handelsrechtlichen Jahresabschlusses, WPg 2000, 577; *Hommel/Berndt* Wertaufhellung

und funktionales Abschlußstichtagsprinzip, DStR 2000, 1745; *Forster* Der nach Feststellung der Nichtigkeit neu aufgestellte Jahresabschluß und sein Prüfer, FS Welf Müller 2001, 183; *Prinz* Die handels- und steuerrechtliche Änderung von Bilanzen – Gemeinsamkeiten und Unterschiede, aktuelle Entwicklungen, FS Welf Müller 2001, 687; *Küting/Weber/Kessler/ Metz* Der Fehlerbegriff in IAS 8 als Maßstab zur Beurteilung einer regelkonformen Normanwendung, DB 2007, Beilage 7 zu Heft 45.

Standard: JAS 8 Rechnungslegungsmethoden, Änderung von rechnnungslegungsbezogenen Schätzungen und Fehlern *(Accounting Policies, Changes in Accounting Estimates and Errors).*

850 IAS 8 regelt ua die Korrektur **wesentlicher** Fehler im JA und KA; unwesentliche Fehler stellen keinen Fehler iSd IAS 8.5 dar. Wurden unwesentliche Fehler absichtlich begangen, ist ein derart beeinflusster Abschluss nicht IFRS-konform (IAS 8.41). Wie diese Fälle zu behandeln sind lässt IAS 8 offen. Da ein solcher Abschluss jedoch als nicht IFRS-konform gesehen wird, ist es naheliegend, die Korrekturvorschriften des IAS 8.42 auch für diese Fälle anzuwenden (*Driesch* in Beck'sches IFRS Handbuch § 45 Anm 44, *Küting/Weber/Kessler/Metz* DB 2007, 18).

Fehler gelten nach IAS 8.5 als wesentlich, wenn eine fehlende oder unrichtige Information die Aussagefähigkeit von JA eines oder mehrerer Vj derart beeinträchtigen, dass diese bezogen auf den Zeitpunkt ihrer Veröffentlichung nicht mehr als verlässlich angesehen werden können bzw wenn die Fehler einzeln oder insgesamt die auf der Basis des Abschlusses getroffenen wirtschaftlichen Entscheidungen der Adressaten beeinflussen könnten. Fehler resultieren aus einer Nicht- oder Fehlanwendung von *„verlässlichen Informationen"*, wenn diese Informationen entweder bis zum Zeitpunkt der Genehmigung zur Veröffentlichung des JA verfügbar waren oder aber hätten eingeholt und bei der Aufstellung berücksichtigt werden können. Wie auch nach *IDW RS HFA 6* führen spätere wertaufhellende Ereignisse somit nicht zu einem fehlerhaften JA. Abw zu den IAS ist jedoch eine Berichtigung des fehlerhaften Abschlusses nach deutschem Handelsrecht nur erforderlich, wenn durch einen fehlerhaften JA ein den tatsächlichen Verhältnissen nicht entsprechendes Bild der VFE-Lage vermittelt wird (IDW RS HFA 6 Anm 19). Das IDW macht somit eine Unterscheidung in wesentliche und weniger wesentliche Fehler und Unterlassungen, die in der Neufassung des IAS 8 (rev 2004) weggefallen ist, s ausführlich 253 Anm 800 ff.

851 Wesentliche Fehler (oder absichtlich herbeigeführte Fehler) sind nach IAS 8.42 **zwingend retrospektiv** ab den ersten zur Veröffentlichung freigegebenen Abschluss nach deren Entdeckung zu berichten. Für diesen Zweck sind im lfd Gj die Vj-Zahlen und der betroffenen Bilanzansätze, in denen der Fehler auftrat, anzupassen (sofern diese die betreffenden VG und Schuldem im lfd Gj noch vorhanden sind). Der aktuelle Abschluss wird folglich so dargestellt, als sei der Fehler in der Periode berichtet worden, in der er gemacht wurde. Der auf frühere (nicht in den Vergleichszahlen dargestellte) Perioden entfallende Berichtigungsbetrag wird **erfolgsneutral** mit den Gewinnrücklagen der EB des ersten dargestellten Vj verrechnet.

853 Bei einer Fehlerkorrektur werden nach IAS 8.49 zusätzliche Angaben im Anhang verlangt, insb zur Art des wesentlichen Fehlers in Vorperioden, die betroffenen Abschlussposten und zum gesamten Berichtigungsbetrag. Ggf sind die Gründe für die Nichtdurchführbarkeit der rückwirkenden Fehlerermittlung darzulegen. Zusätzlich zu der nach IAS 8 geforderten Erläuterung der Fehlerkorrektur verlangt IAS 1.39 die zusätzliche Darstellung der Eröffnungsbilanz der frühesten Vergleichsperiode. Diese ist dann darzustellen, wenn diese Eröffnungsbilanz durch die Fehlerkorrekturen wesentlich beeinflusst wird. IAS 8 sieht eine Kennzeichnung der korrigierten Vergleichsperiode nicht explizit vor. Eine solche Kennzeichnung erscheint allerdings geboten, um die Adressaten des JA darauf aufmerksam zu machen, das es sich bezogen auf die Vergleichsperiode um einen korrigierten Abschluss handelt.

§ 254 Bildung von Bewertungseinheiten

¹Werden Vermögensgegenstände, Schulden, schwebende Geschäfte oder mit hoher Wahrscheinlichkeit erwartete Transaktionen zum Ausgleich gegenläufiger Wertänderungen oder Zahlungsströme aus dem Eintritt vergleichbarer Risiken mit Finanzinstrumenten zusammengefasst (Bewertungseinheit), sind § 249 Abs. 1, § 252 Abs. 1 Nr. 3 und 4, § 253 Abs. 1 Satz 1 und § 256a in dem Umfang und für den Zeitraum nicht anzuwenden, in dem die gegenläufigen Wertänderungen oder Zahlungsströme sich ausgleichen. ²Als Finanzinstrumente im Sinn des Satzes 1 gelten auch Termingeschäfte über den Erwerb oder die Veräußerung von Waren.

Übersicht

	Anm
A. Einleitung	1–7
B. Grundgeschäfte	10–14
C. Sicherungsgeschäfte	20–29
D. Nachweis- und Dokumentationspflichten	40–43
E. Bilanzielle Behandlung	50–58
F. Rechtsfolgen einer Verletzung des § 254	59
G. Abweichungen der IFRS	60–64
H. Exkurs: Optionen, Termingeschäfte, Zinsswaps, Wertpapier-Leihgeschäfte	
Vorbemerkung	70
I. Bedingte Termingeschäfte	
1. Optionen	71–79
2. Zinsoptionen	80–83
3. Zinsbegrenzungsvereinbarungen	90–96
II. Unbedingte Termingeschäfte	100–104
III. Zinsswaps	110–114
IV. Wertpapier-Leihgeschäfte	120–123
V. Regelungen der IFRS zu Finanzinstrumenten	
1. IAS 39	130–135
2. IFRS 9	136–142

Schrifttum: *Krumnow ua* Rechnungslegung der Kreditinstitute, Kommentar zum deutschen Bilanzrecht unter Berücksichtigung von IAS/IFRS, 2. Aufl Stuttgart 2004; übriges Schrifttum bis einschl 2006 s 8. Aufl; *Pfitzer/Scharpf/Schaber* Voraussetzungen für die Bildung von Bewertungseinheiten und Plädoyer für die Anerkennung antizipativer Hedges – WPg 2007, 675 u 721; IDW RS HFA 22: Zur einheitlichen oder getrennten handelsrechtlichen Bilanzierung strukturierter Finanzinstrumente FN-IDW 2008, 455; *PricewaterhouseCoopers AG*[4] *(PwC)* (Hrsg) Derivative Finanzinstrumente in Industrieunternehmen, Frankfurt aM 2008; IDW RH HFA 1.005: Anhangangaben nach § 285 Satz 1 Nr. 18 und 19 HGB sowie Lageberichterstattung nach § 289 Abs 2 Nr 2 HGB in der Fassung des Bilanzrechtsreformgesetzes; *PricewaterhouseCoopers (PwC)* IFRS für Banken[5], Frankfurt a M

2012; IDW RS HFA 24: Einzelfragen zu den Angabepflichten des IFRS 7 zu Finanzinstrumenten WPg Suppl 1/2010, 26; IDW RS HFA 25: Einzelfragen zur Bilanzierung von Verträgen über den Kauf oder Verkauf von nicht-finanziellen Posten nach IAS 39 WPg Suppl 2/2009, 117; *Petersen/Zwirner* Die deutsche Rechnungslegung und Prüfung im Umbruch KoR 2008 Beilage 3; *Wiechens/Helke* Die Bilanzierung von Finanzinstrumenten nach dem Regierungsentwurf des BilMoG, DB 2008, 1333; *Herzig* Steuerliche Konsequenzen des Regierungsentwurfs zum BilMoG DB 2008, 1339; *Göllert* Auswirkungen des Bilanzrechtsmodernisierungsgesetzes (BilMoG) auf die Bilanzpolitik DB 2008, 1165; *Schmidt* Die BilMoG-Vorschläge zur Bilanzierung von Finanzinstrumenten KoR 2008, 1; *Bier/Lopatta* Die Bilanzierung strukturierter Produkte und eingebetteter Derivate im Kontext der IFRS KoR 5, 304; *Patek* Bewertungseinheiten nach dem Referentenentwurf des Bilanzrechtsmodernisierungsgesetzes KoR 2008, 364; *Rhiel/Veit* Auswirkungen des Gesetzes zur Modernisierung des Bilanzrechts (BilMoG) auf Pensionsverpflichtungen DB 2008, 1509; *Patek* Bewertungseinheiten nach dem Regierungsentwurf des Bilanzrechtsmodernisierungsgesetzes KoR 2008, 524; *Scharpf/Schaber* Bilanzierung von Bewertungseinheiten nach § 254 HGB-E (BilMoG) KoR 2008, 532; *Löw/Scharpf/Weigel*, Auswirkungen des Regierungsentwurfs zur Modernisierung des Bilanzrechts auf die Bilanzierung von Finanzinstrumenten WPg 2008, 1011; *Küting/Cassel* Bilanzierung von Bewertungseinheiten nach dem Entwurf des BilMoG KoR 2008, 769; *Scharpf* in *Küting* (ua) Das neue deutsche Bilanzrecht[2] – Handbuch zur Anwendung des Bilanzrechtsmodernisierungsgesetzes (BilMoG), Stuttgart 2009, Kap X. Finanzinstrumente (S 197 ff); *Helke/Wiechens/Klaus* Zur Umsetzung der HGB-Modernisierung durch das BilMoG: Die Bilanzierung von Finanzinstrumenten DB 2009 Beilage 5, 30; *Schmidt* Bewertungseinheiten nach dem BilMoG BB 2009, 882; *Küting/Pfitzer/Weber* Das neue deutsche Bilanzrecht, Handbuch zur Anwendung des Bilanzrechtsmodernisierungsgesetzes (BilMoG), 2. Aufl 2009; *Walterscheid/Klöcker* Hedge Accounting gemäß IAS 39: Treiber oder Hemmnis für ein ökonomisch sinnvolles Risikomanagement? IRZ 2009, 321; *Eckes/Weigel* Zusätzliche Möglichkeiten der Umkategorisierung von finanziellen Vermögenswerten IRZ 2009, 373; IDW RS HFA 24: Einzelfragen zu den Angabepflichten des IFRS 7 zu Finanzinstrumenten FN-IDW 2010, 7; *Goldschmidt/Meyding-Metzger/Weigel* Änderungen in der Rechnungslegung von Kreditinstituten nach dem Bilanzrechtsmodernisierungsgesetz – Teil I: Finanzinstrumente des Handelsbestands, Bilanzierung von Bewertungseinheiten IRZ 2010, 21; IDW RS HFA 26: Einzelfragen zur Umkategorisierung finanzieller Vermögenswerte gemäß den Änderungen von IAS 39 und IFRIC 9 FN-IDW 2010, 570; IDW RS HFA 30: Handelsrechtliche Bilanzierung von Altersversorgungsverpflichtungen WPg Suppl 4/2010, 54 u FN-IDW 2011, 545; *Kümpel/Pollmann* Mikro Hedge Accounting nach IFRS – Bilanzielle Darstellung des Fair Value und Cash Flow Hedge Accounting, IRZ 2010, 553; *Patek* Bilanzielle Implikationen der handelsrechtlichen Normierung von Bewertungseinheiten DB 2010, 1077; *Kopatschek/Struffert/Wolfgarten* Bilanzielle Abbildung von Bewertungseinheiten nach BilMoG Auslegungsfragen und Praxisbeispiele – Teil 1 u 2 KoR 2010, 272 u 328; *Bayerisches Landesamt für Steuern* Ertragsteuerliche Fragen bei Wertpapierdarlehensgeschäften (sog. Wertpapierleihe), Vfg v 20.7.2010 – S 2134.1.1–5/2 St32 DB 2010, 1672; IDW RS HFA 35: Handelsrechtliche Bilanzierung von Bewertungseinheiten FN-IDW 2011, 445; *Höfer* Sind rückgedeckte Versorgungszusagen handels- und steuerbilanziell eine Bewertungseinheit? DB 2010, 2076; *Märkl/Schaber* IFRS 9 Financial Instruments: Neue Vorschriften zur Kategorisierung und Bewertung von finanziellen Vermögenswerten KoR 2010, 65; *Hennrichs* Zur handelsrechtlichen Beurteilung von Bewertungseinheiten bei Auslandsbeteiligungen WPg 2010, 1185; *Lüdenbach/Freiberg* Handelsbilanzielle Bewertungseinheiten nach IDW ERS HFA 35 unter Berücksichtigung der steuerbilanziellen Konsequenzen BB 2010, 2683; BMF v 25.8.2010 Steuerliche Gewinnermittlung bei der Bildung von Bewertungseinheiten (§ 5 Abs. 1a S 2 EStG) – IV C 6 – S 2133/07/10001 StuB 2010, 715 = BeckVerw 242129; *Eckes/Flick/Sierleja* Kategorisierung und Bewertung von Finanzinstrumenten nach IFRS 9 bei Kreditinstituten WPg 2010, 627; *Herzig/Briesemeister/Schäperclaus* Von der Einheitsbilanz zur E-Bilanz DB 2011, 1; *Lüdenbach* Bilanzierung von Zinsbegrenzungsvereinbarungen (Caps) StuB 2011, 27; *Thierer* Handelsrechtliche Bilanzierung von Rückdeckungsversicherungen beim Arbeitgeber DB 2011, 189; OFD Rheinland Anwendung von Regelungen des steuerlichen Vorbehalts und spezialgesetzlicher Normen, Bildung von Bewertungseinheiten, Verfg v 11.3.2011 – S 2133 – 2011/0002 – St 141 DB 2010, 737 = BeckVerw 248 245; *Lüdenbach* Bilanzierung überverzinslicher Verbindlichkeiten StuB 2010, 875; *Glaser/Hachmeister* Pflicht oder Wahlrecht zur Bildung bilanzieller Bewertungseinheiten nach dem BilMoG BB 2011, 555; *Bieker* Die Bilanzierung von Euro-Bund-Futures nach HGB und IFRS – Teil 1: Grundlagen und Fallbeispiel zur bilanziellen Erfassung gem. BilMoG, Teil 2: Fallbeispiel zur Bilanzierung von Sicherungszusammenhängen und kritische Analyse KoR 2011, 167 und 218; IDW RS BFA 5: Handelsrechtliche Bilanzierung von Financial Futures und Forward Rate Agreemements bei Instituten FN-IDW 2011, 653; IDW RS BFA 6: Handelsrechtliche Bilanzierung von Optionsgeschäften bei Instituten FN-IDW 2011, 656; *Barz/Weigel* Abbildung von Sicherungsbeziehungen: Von IAS 39 über § 254 HGB zu IFRS 9 – eine Annäherung an das Risikomanagement für Kreditinstitute IRZ 2011, 227; *Lüdenbach/Freiberg* Kasuistik und Prinzip bei der Zugangsbewertung gesicherter Anschaffungsgeschäfte nach HGB DB 2011, 2213; *Drewes* Wie weit geht die Maßgeblichkeit der Handelsbilanz nach § 5 Absatz 1a Satz 2 EStG? DStR 2011, 1967; *Gaber* IDW ERS BFA 3: Verlustfreie Bewertung von zinsbezogenen Geschäften des Bankbuchs KoR 2012, 196; *Helios* Steuerbilanzielle Behandlung von Close-Out-Zahlungen bei vorzeitiger Aufhebung von Zinsswaps DB 2012, 2890; *Zwirner/Busch* Bilanzierung von Fremdwährungsverbindlichkeiten im Konzern – Bewertungseinheiten auf Basis von Ausschüttungen in Fremdwährung? DB 2012, 2641; OFD Frankfurt/M. Steuerliche Fragen im Zusammenhang mit Bewertungseinheiten iS von § 5 Abs. 1a EStG Vfg. v. 22.3.2012 82133 A-30 – St 210 DStR 2012, 1389; *Weigel* (ua) Handelsrechtliche Bilanzierung von Bewertungseinheiten bei Kreditinstituten (Teil 1 und 2) WPg 2012, 71 u 123; *FG Düsseldorf* 13.12.2011, 6K1209/09F DStR 2012, 1331); *Zwirner/Boecker* Bewertungseinheiten in Form antizipativer Hedges – Besonderheiten und Probleme BB 2012, 2935; *Bertram/Krakuhn/Schüz* Auswirkungen des IFRS 9 auf die externe Berichterstattung von Kreditinstituten IRZ 2012, 355; *Müller/Ergün* Bewertungseinheiten nach HGB – Kritische Würdigung der Offenlegungsanforderungen vor dem Hintergrund aktueller empirischer Erkenntnisse DStR 2012, 1401; *Bosse/Topper* Stabiles hedge accounting KoR 2013, 8 u 71; IDW BFA sfH 2013/03 Bilanzielle Konsequenzen aus EMIR nach HGB und IFRS – Berichterstattung über die 240. BFA-Sitzung am 20.2.2013; *Velte/Haaker* Bewertungseinheiten bei kompensatorischen Risikosicherungsbeziehungen in der Handels- und Steuerbilanz StuW 2013, 182; *Eckes/Gehrer/Schüz* Neuerungen in der Klassifizierung und Bewertung von Finanzinstrumenten durch ED/2012/4 und deren Auswirkungen auf Kreditinstitute IRZ 2013, 59; *Heise/Koelen/Dörschell* Bilanzielle Abbildung von Sicherungsbeziehungen nach IFRS bei Vorliegen einer Late Designation WPg 2013, 310; *Flick/Krakuhn/Theiss* Restrukturierung von Kreditvereinbarungen – Bilanzielle Folgen aus Phase 1 und 2 des IFRS 9, IRZ 2013, 37; *Berger/Struffert/Nagelschmitt* Begrenzte Änderungen an IFRS 9 zur Bilanzierung von Finanzinstrumenten – Vorschläge des IASB gemäß ED/2012/4 WPg 2013, 214; *Folk* Hedge Accounting im Wandel – Praxisrelevante Einblicke für Anwender von Fremdwährungsabsicherungen sowie Sicherungsgeschäften auf Makroebene (Macro Hedging) IRZ 2013, 233.

A. Einleitung

Die vor dem BilMoG unter § 254 aF geführten Vorschriften zur möglichen 1
Übernahme steuerrechtlicher Abschreibungen in den handelsrechtlichen JA (vgl hierzu 6. Aufl) wurden im Zuge des Wegfalls der umgekehrten Maßgeblichkeit durch das BilMoG aufgehoben; zu den **Übergangsvorschriften** vgl Art 66 Abs 5 und Art 67 Abs 4 EGHGB.

VG und Schulden sind grds **einzeln** und – mit Ausnahme der zum beizZW 2
zu bewertenden Posten (iSd § 253 Abs 1 S 4) – jeweils unter Beachtung des Realisations- bzw Imparitätsprinzips zu bewerten (§ 252 Abs 1 Nr 3 u 4). Werden die bestimmten Bilanzposten oder Transaktionen (Grundgeschäft) immanenten Risiken durch ein geeignetes Instrument (Sicherungsgeschäft) bewusst abgesichert und damit negative Wertentwicklungen des Grundgeschäfts wirtschaftlich kompensiert, führt die imparitätische Behandlung positiver und negativer Wertänderungen zu einer unangemessenen Darstellung der Vermögens- und Ertragslage.

Vor diesem Hintergrund wurde – trotz fehlender gesetzlicher Regelung – bereits bisher im Schrifttum die Einschränkung (oder großzügigere Auslegung) des Einzelbewertungsgrundsatzes und daraus folgend die Bildung von BewEinh in der HB unter bestimmten Voraussetzungen für zulässig angesehen (insb gestützt auf die Ausnahmeregelung in § 252 Abs 2; glA *ADS*[6] zu § 253 Tz 105; *WPH*[14] I, E Anm 54) – oder gar als geboten erachtet (so bspw *Arbeitskreis „Externe Unternehmensrechnung"* der *Schmalenbach-Gesellschaft* DB 1997, 638); vgl auch 6. Aufl, § 246 (Exkurs) Anm 153, 169, 181. Eine in der HB (zulässig) gebildete BewEinh war (und ist) auch steuerrechtlich gem § 5 Abs 1a EStG grds anzuerkennen (s Anm 6).

3 Im Rahmen des **BilMoG** wurde die Bildung von BewEinh gesetzlich ausdrücklich kodifiziert, um damit die bisherige Behandlung offiziell zu legitimieren; Änderungen der bisherigen Bilanzierungspraxis waren insofern lt Begr des RegE (RegE BilMoG, 124 u 127) nicht intendiert. An dieser Stelle ist allerdings anzumerken, dass mangels bisheriger gesetzlicher Regelung keine einheitliche Auffassung hinsichtlich der für die Bildung einer BewEinh notwendigen Voraussetzungen sowie deren praktische bilanzielle Umsetzung bestand (*WPH*[14] I, E Anm 54). Vor diesem Hintergrund geht die Neuregelung über eine bloße Klarstellung hinaus. Folglich sind auch – in Abhängigkeit der bisher vertretenen Auffassung – gewisse Änderungen ggü der bisherigen Praxis festzustellen.

4 Auf eine Einschränkung auf bestimmte **Arten von Bewertungseinheiten** bzw Sicherungsbeziehungen) hat der Gesetzgeber bewusst verzichtet, infolgedessen sind neben sog *Mikro-Hedges* auch sog *Portfolio*- sowie *Makro-Hedges* zulässig (RegE BilMoG, 126). Die Abgrenzung dieser Hedge-Arten ist mangels Legaldefinition allerdings nicht einheitlich (*Löw/Scharpf/Weigel* WPg 2008, 1017). Ein *Mikro-Hedge* liegt idealtypisch vor, wenn ein einzelnes Grundgeschäft (VG/Schuld oder Transaktion) mit einem einzelnen Sicherungsgeschäft abgesichert wird (RegE BilMoG, 126). Von einem *Portfolio-Hedge* wird gem RegBegr ausgegangen, wenn eine Zusammenfassung mehrerer Grund- oder Sicherungsgeschäfte erfolgt (RegE BilMoG, 126). Im Schrifttum wird hingegen diesbzgl differenziert. Danach wird nur dann von einem *Portfolio-Hedge* gesprochen, wenn mehrere gegenläufige Grundgeschäfte zusammengefasst werden und die aus dieser Gruppe resultierende Netto-Risikoposition durch ein (oder mehrere) Sicherungsgeschäft(e) gesichert wird (*Arbeitskreis „Externe Unternehmensrechnung"* der *Schmalenbach-Gesellschaft* DB 1997, 638). Erfolgt hingegen die Zusammenfassung mehrerer (gleichläufiger) Grund- oder Sicherungsgeschäfte zwecks Erreichen der Betragsidentität, wurde dies bisher zT noch unter Micro-Hedges subsumiert (so *WPH*[14] I, E Anm 54). Gleichermaßen ist der Begriff des *Makro-Hedges* nicht eindeutig definiert. Während nach der RegBegr dies bereits vorliegen soll, wenn die aus einer Gruppe von Grundgeschäften resultierende Netto-Risikoposition durch ein (oder mehrere) Sicherungsgeschäft(e) gesichert wird, wird im Schrifttum teilweise nur dann davon gesprochen, wenn die Netto-Risikoposition in Bezug auf ein spezifisches Risiko für eine Vielzahl nicht eindeutig bestimmter Grundgeschäfte abgesichert wird (vgl *Arbeitskreis „Externe Unternehmensrechnung"* der *Schmalenbach-Gesellschaft*, DB 1997, 638).

Für die bilanzielle Behandlung ist die vorstehende Unterscheidung der Hedge-Arten aufgrund uneingeschränkter Zulässigkeit ohne wesentlichen Belang; gewisse Bedeutung erlangt sie allerdings ggf iZm den geforderten Anhangangaben gem § 285 Nr 23 u 314 Abs 1 Nr 15 (vgl §§ 285 Anm 400ff, 314 Anm 118).

5 Strittig ist, ob es sich bei § 254, dh der Bildung von BewEinh um ein Wahlrecht handelt, oder eine verpflichtende Norm, die dies bei entspr praktiziertem RiskMa – sowie Erfüllung der zur Abbildung nach § 254 notwendigen Voraussetzungen – zwingend anzuwenden gilt. Dem Gesetzeswortlaut („werden VG (...) mit FinInst

zusammengefasst") sowie diversen Gesetzesmaterialien nach (vgl insb RegE BilMoG, 126, und Gegenäußerung der Bundesregierung zur Stellungnahme des Bundesrates zum Entwurf des BilMoG, BT-Drs 16/10 067 v 30.7.2008, Anl 4, 274) ist uE von einem (echten) **Wahlrecht** auszugehen, dh die Bildung von BewEinh wird unabhängig von der tatsächlichen Risikoabsicherung – in das Belieben des rechnungslegenden Unt gestellt (aA *Löw/Scharpf/Weigel* WPg 2008, 1016, *Scharpf* in Küting/Pfitzer/Weber[2], 202, und *Glaser/Hachmeister,* BB 2011, 555, die § 254 als Gebotsvorschrift ansehen; *Herzig/Briesemeister/Schäperclaus,* die ein etwaiges Wahlrecht (im Hinblick auf die steuerrechtliche Würdigung kritisch hinterfragen) sowie *Göllert,* DB 2008, 1167, die lediglich von einem faktischen Wahlrecht ausgehen; vgl auch *Deutsche Bundesbank* Monatsbericht September 2010, 58, die sich „aus bankaufsichtlicher Sicht (…) zumindest im Bereich der Bankbilanzierung" für eine zwingende Anknüpfung an das interne RiskMa ausspricht). Gewisse Einschränkungen können sich lediglich aufgrund des (nunmehr im Übrigen auch für den Ansatz geltenden) zeitlichen Stetigkeitsgebots (§ 246 Abs 3, § 252 Abs 1 Nr 6) ergeben; ein sachliches Stetigkeitsgebot, wonach das Wahlrecht einheitlich für sämtliche gleichartige Sicherungsbeziehungen anzuwenden wäre, besteht hingegen nicht. Gleichwohl dürfte die Bildung von BewEinh bei entspr praktizierter Risikoabsicherung und Erfüllung der zur Abbildung nach § 254 notwendigen Voraussetzungen zu empfehlen sein (glA IDW RS HFA 35 Tz 12). Wird dennoch für wesentliche offenkundige Sicherungsbeziehungen ohne wirtschaftlich nachvollziehbaren Grund von der Bildung einer BewEinh abgesehen und damit die Darstellung der Vermögens- oder/und Ertragslage beeinträchtigt, können allerdings entspr Erl im Anhang gem § 264 Abs 2 S 2 sowie im Lagebericht geboten sein. Die aus der Bildung einer BewEinh resultierenden Rechtsfolgen (Aufhebung bestimmter Bewertungsvorschriften) sind gleichwohl obligatorisch.

Handelsrechtlich gebildete BewEinh sind gem § 5 Abs 1a EStG (ungeachtet **6** der uU einschränkend wirkenden Formulierung „Absicherung finanzwirtschaftlicher Risiken", vgl *Prinz* DB 2010, 2073) grds auch **steuerrechtlich** maßgeblich (vgl hierzu ausführlich BMF 25.8.2010 StuB 2010, 715f = BeckVerw 242129; OFD Rheinland 11.3.2011 DB 2010, 737 = BeckVerw 248245, s auch § 274 Anm 211 ff). Dies gilt aufgrund der Ausnahmeregelung in § 5 Abs 4a S 2 EStG auch für Drohverlustrückstellungen, die zur Antizipation von aus BewEinh resultierenden Wertminderungsüberhängen dienen (vgl auch *Weber-Grellet* in Schmidt[32] § 5 Anm 70; *Herzig,* DB 2008, 1344; BMF 25.8.2010 StuB 2010, 716 = BeckVerw 242129; OFD Frankfurt/M. 22.3.2012 DtStR 2012, 1389). Dementgegen dürften uE mittels außerplanmäßiger Abschreibungen zu erfassende Wertminderungsüberhänge mangels einer entspr Ausnahmeregelung in § 6 Abs 1 EStG steuerrechtlich nicht geltend gemacht werden können, wenn die Wertminderung lediglich als vorübergehend einzustufen ist. *Patek* (KoR 2008, 370) lässt hingegen offen, ob § 5 Abs 1a oder § 5 Abs 6 EStG der Vorrang einzuräumen ist. *Weber-Grellet* (in Schmidt[32] § 5 Anm 70) spricht sich angesichts abw steuerrechtlicher Grundsätze allgemein für eine tendenziell enge Auslegung des § 5 Abs 1a EStG aus. Noch abzuwarten sein dürfte, wie steuerrechtlich zu verfahren ist, wenn das Grundgeschäft handels- und steuerrechtlich unterschiedlichen Bewertungsbasen (fortgeführte AK/HK vs beizZW) unterliegt (zB bei VG iZm AVersVerpflichtungen (§ 246 Abs 2); s auch Anm 11. Ungeachtet der grds Maßgeblichkeit weist die FinVerw auf eine strikte Trennung des Regelungsbereichs zu BewEinh einerseits und den (steuerrechtlichen) Vorschriften über die Gewinn- bzw Einkommensermittlung und die Verlustverrechnung andererseits, insb die § 3 Nr. 40, § 3c und § 15 Abs 4 EStG und § 8b KStG, hin (BMF 25.8.2010 StuB 2010, 716 = BeckVerw 242129; OFD Frankfurt/M. 22.3.2012

DtStR 2012, 1389). So sind bspw nach einem jüngeren (noch nicht rechtskräftigen) FG-U aus Absicherungsgeschäften vereinnahmte Optionsprämien von Stillhaltern bei Anteilskäufen und -verkäufen ungeachtet der Zusammenfassung der Geschäfte zu einer BewEinh nicht Teil des steuerfreien Veräußerungsgewinns iSd § 8b Abs 2 Satz 2 KStG (FG Düsseldorf 13.12.2011, 6 K 1209/09 F DStR 2012, 1331).

7 Zu BewEinh sind von KapGes (und KapCoGes) gem § 285 Nr 23 (vgl § 285 Anm 400ff) bzw 314 Abs 1 Nr 15 (vgl § 314 Anm 118) entspr **Angaben** zu machen; zudem besteht eine gewisse Beziehung zu den im **Lagebericht** gebotenen Erl zu den RiskMaZielen und -methoden (§ 289 Abs 2 Nr 2 bzw § 315 Abs 2 Nr 2).

B. Grundgeschäfte

10 Als (abzusicherndes) Grundgeschäft kommen zunächst **VG** und **Schulden** (worunter Verbindlichkeiten und Rückstellungen, nicht jedoch passive RAP zu subsumieren sind) in Betracht; eine Beschränkung auf FinInst besteht nicht. Hierbei ist in Anlehnung an § 246 Abs 1 uE davon auszugehen, dass es sich um zumindest dem Grunde nach bilanziell erfasste Posten handeln muss; die Absicherung von (bilanziell noch nicht erfassten) Eventual-VG oder Eventualverbindlichkeiten (zB Haftungsverhältnisse, § 251) fällt somit nicht darunter (zu schwebenden Geschäften s jedoch Anm 12). Eigene (dh selbst emittierte) EK-Instrumente können kein Grundgeschäft darstellen (wohl aber Kontrakte über die mögliche Ausgabe solcher, bspw im Rahmen aktienbasierter Vergütungszusagen; vgl *PwC* BilMoG Komm Kap H Anm 24, 35). Gleiches gilt für (originäre und derivative) **GFW** (zur Absicherung des allgemeinen UntRisikos s Anm 25). Welche Bewertungsbasis den jeweiligen VG oder Schulden zugrunde liegt, ist unbeachtlich. Insofern können auch zum beizZw zu bewertende VG (zB gem § 253 Abs 1 S 4) ein zu sicherndes Grundgeschäft darstellen.

11 Für bilanziell zwar zunächst erfasste, jedoch ausweistechnisch mit der entspr Schuld verrechnete **VG iZm Altersversorgungsverpflichtungen** (§ 246 Abs 2) ist § 254 anwendbar (dh wenn die betr VG abgesichert werden). Gleiches gilt hinsichtlich der aus der AVersVerpflichtung resultierenden Schuld, bspw bei wertpapiergebundenen AVersZusagen iSd § 253 Abs 1 S 3; darüber hinaus aber auch, wenn deren Absicherung durch VG iSd 246 Abs 2 erfolgt und diese entspr § 253 Abs 1 S 4 zum beizZW bewertet werden. Demnach dürften uE bspw auch durch verpfändete RDVers abgesicherte Pensionsverpflichtungen in den Anwendungsbereich des § 254 zu rechnen sein (*Thierer* DB 2011, 189; bereits nach bisherigem Recht als zulässig erachtend, für die neue Rechtslage hingegen offenlassend vgl *Rhiel/Veit* DB 2008, 1511; vgl auch *Rhiel* DB 2008, 195). Steuerrechtlich wird dies allerdings aufgrund divergierender Bewertungsvorschriften für RDVers einerseits und Pensionsverpflichtung (§ 6a EStG) für nicht zulässig erachtet (BMF 25.8.2010 StuB 2010, 716 = BeckVerw 242129; OFD Rheinland 11.3.2011 DB 2010, 737 = BeckVerw 248245; OFD Frankfurt/M. 22.3.2012 DtStR 2012, 1389).

12 Darüber hinaus kommen auch **schwebende Geschäfte** sowie mit hoher Wahrscheinlichkeit **erwartete Transaktionen** als Grundgeschäft in Betracht. Während im Falle eines *schwebenden Geschäfts* zum Abschlussstichtag bereits ein Rechtsgeschäft vorliegt (zB bereits kontrahiertes, jedoch noch nicht erfülltes Absatz- oder Beschaffungsgeschäft), genügt es auch, wenn der Abschluss eines Geschäfts zwar noch nicht erfolgt, jedoch geplant ist und entspr mit hoher Wahrscheinlichkeit erwartet wird. Mit letztgenanntem Fall werden somit auch die

bisher umstrittenen und nach hM abgelehnten (vgl 6. Aufl § 246 (Exkurs) Anm 153) – sog *antizipativen Hedges* anerkannt. Gleichwohl sind an solche geplanten Transaktionen angesichts des Erfordernisses „hohe Wahrscheinlichkeit" besondere Anforderungen zu stellen. Obgleich von der noch im RefE BilMoG verlangten „höchsten" Wahrscheinlichkeit Abstand genommen wurde, ist es, nicht zuletzt auch im Hinblick auf das Vorsichtsprinzip, erforderlich, dass der Abschluss des geplanten künftigen Rechtsgeschäfts in inhaltlicher sowie zeitlicher Hinsicht so gut wie sicher ist, insofern allenfalls außerhalb des Unt stehende und nicht hervorsehbare außergewöhnliche Umstände dem entgegenstehen können (vgl auch RegE BilMoG, 125). Zur Beurteilung der erforderlichen Prognosesicherheit kommt es auf die jeweiligen Gesamtumstände im Einzelfall an, wobei hierzu auch Ex-post-Analysen zu den in der Vergangenheit geplanten und tatsächlich kontrahierten Transaktionen gewisse Anhaltspunkte liefern können.

Nicht eindeutig geregelt ist, ob es für eine (effektive) Sicherung iSd Vorschrift **13** der Absicherung des Grundgeschäfts in seiner Gesamtheit bedarf, oder auch **partielle Absicherungen** zulässig sind. Obgleich der Gesetzeswortlaut eher für Erstgenanntes zu sprechen scheint, wird eine derart einschränkende Auslegung den Bedürfnissen der Praxis nicht gerecht. Insofern erscheint es zulässig – wie bereits bisher häufig praktiziert –, lediglich Teilvolumina (zB x% eines VG), bestimmte Zeiträume oder Teilrisiken des Grundgeschäfts (zB bzgl des risikolosen Zinssatzes oder bzgl Wechselkursänderungen unter/oberhalb eines bestimmten Niveaus innerhalb einer bestimmten Bandbreite) abzusichern, sofern die betr Teile einer isolierten Bewertung zugänglich sind.

Mögliche **Ausfallrisiken** stehen einer Klassifizierung als Grundgeschäft nicht **14** *a priori* entgegen. Im Falle akuter (partieller) Ausfallgefährdung ist die mangelnde Bonität sachgerecht zu berücksichtigen (glA *Scharpf* in Küting/Pfitzer/Weber[2], 208; *Petersen/Zwirner/Froschhammer* BilMoG, 425), bspw durch nur partielle Designierung des Grundgeschäfts als Teil der BewEinh. Andernfalls ist die Bildung einer BewEinh gänzlich zu unterlassen (so generell IDW RS HFA 35 Tz 30). Ist ein akutes Ausfallrisiko als solches Gegenstand des abzusichernden Risikos, steht dies der Designierung als Grundgeschäft freilich nicht entgegen.

C. Sicherungsgeschäfte

Als Sicherungsgeschäft sind lediglich **Finanzinstrumente** zur Absicherung **20** von Zins-, Währungs- und Ausfallrisiken oder gleichartiger Risiken zugelassen. Der erstmals mit dem BilReG in das Handelsrecht eingeführte und inzwischen an diversen Stellen verwendete Begriff des FinInst ist gesetzlich nicht definiert. Auch im Rahmen des BilMoG hat der Gesetzgeber „aufgrund der Vielfalt und ständigen Weiterentwicklung" (RegE BilMoG, 114) bewusst auf die Einführung einer Legaldefinition verzichtet. Insofern erscheint es legitim, sich bei der Auslegung dieses aus handelsrechtlicher Sicht unbestimmten Rechtsbegriffs an den Definitionen anderer Rechts- bzw Fachnormen zu orientieren (s bspw §§ 1 Abs 11, 1a Abs 3 KWG, § 2 Abs 2b WpHG, IAS 32.11), allerdings unter Berücksichtigung des Sinns und Zwecks der vorliegenden Vorschrift.

Es ist davon auszugehen, dass unter dem **Begriff Finanzinstrumente** sämtli- **21** che vertragliche Vereinbarungen zu subsumieren sind, die dem einen Vertragspartner einen Anspruch auf Zahlungsmittel (oder -äquivalente) gewähren und bei dem anderen Vertragspartner entweder eine Verpflichtung zur Hingabe von Zahlungsmitteln (oder -äquivalenten) auferlegen oder bei ihm zu einem EK-Instrument führen. Folglich fallen hierunter insb Forderungen und Verbindlichkeiten auf Geldleistungen (zB aus Ausleihungen oder Lfg und Leistungen),

Wertpapiere (inkl Anteile an verbundenen Unt und Beteiligungen), Geldmarktinstrumente (vgl hierzu § 2 Abs 1a WpHG), auf Barausgleich gerichtete (oder durch andere FinInst zu begleichende) Derivate und Rechte auf Zeichnung von Wertpapieren (s hierzu auch IDW RH HFA 1.005) sowie EK-Titel (zB eigene Aktien, WPH[14] I E Anm 452).

22 Bei **Derivaten** handelt es sich um erst in der Zukunft zu erfüllende Geschäfte, deren Wert aufgrund der gewählten vertraglichen Bedingungen bzw Konditionen auf Änderungen des Werts eines sog Basisobjekts (underlying) (zB Wertpapier- oder Rohstoffpreis, Zinssatz, Wechselkurs, Preis- oder Zinsindex, Bonität oder Kreditindex) reagiert; AK fallen hierfür typischerweise nicht oder nur in sehr geringem Umfang an. Als klassische Derivate gelten Forwards und Futures (unbedingte Termingeschäfte), Optionen (bedingte Termingeschäfte) sowie daraus zusammengesetzte Produkte (zB Swaps); s dazu Anm 70 ff.

23 Im Hinblick auf den Sinn und Zweck der Vorschrift dürften darüber hinaus auch **Finanz- oder Werthaltigkeitsgarantien** (zB Bürgschaften, Bankgarantien, Patronatserklärungen) sowie **Versicherungsverträge** als FinInst iSd Vorschrift und somit als Sicherungsinstrument in Betracht kommen (zum Begriff der Finanzgarantie nach IFRS vgl IAS 39.9 u *PwC* IFRS für Banken[5], 316 f). Zur Absicherung von AVersZusagen mittels RDVers s Anm 11.

24 **Waren(termin)kontrakte,** die auf den physischen Bezug oder die Lfg von Rohstoffen oder sonstigen nicht finanziellen Gütern gerichtet sind, sind trotz ihres derivativen Charakters nicht unter den Begriff des FinInst iSd S 1 zu subsumieren (vgl auch Ber Merz ua, 112). Etwas anderes gilt nur, wenn davon auszugehen ist, dass der Vertrag im Wege eines Spitzenausgleichs (net cash settlement) abgegolten wird (RegE BilMoG, 163), sei es bspw auf Basis eingeräumter Wahlrechte bzgl Art der Erfüllung oder praktischer Übung in der Vergangenheit. Gleichwohl hat sich der Gesetzgeber angesichts bestehender Absicherungsbedürfnisse der Praxis mit S 2 dazu entschlossen, auch solche Termingeschäfte in Anlehnung an die Definition des § 1 Abs 11 S 4 Nr 1 KWG mit zu erfassen. Als Termingeschäft gelten danach sämtliche als Kauf, Tausch oder anderweitig ausgestaltete Fest- oder Optionsgeschäfte, die zeitlich verzögert zu erfüllen sind und deren Wert sich mittel- oder unmittelbar von dem Preis oder Maß eines Basiswerts ableitet (s auch Anm 22).

25 Das FinInst klassifiziert (nur) dann als Sicherungsgeschäft, soweit mit ihm die in einem oder mehreren Grundgeschäften liegenden **Wertänderungs- oder Zahlungsstromänderungsrisiken** abgesichert, dh ausgeglichen, werden sollen. Diese können auf **Zins-, Währungs-, Ausfall- oder sonstigen vergleichbaren Risiken** beruhen. *Zinsrisiken* in Form von Zahlungsstromrisiken ergeben sich bspw bei variabel verzinslichen Darlehen, in Form von Marktwertrisiken bspw bei festverzinslichen Anleihen. Gleichermaßen können sich *Währungsrisiken* aus wechselkursbedingten Wertänderungen an vorhandenen auf fremde Währung lautende VG und Schulden (zB USD-Forderung) ergeben oder auf künftige Zahlungen in Fremdwährung erstrecken (zB in Fremdwährung zu leistende Zinsen). *Ausfallrisiken* beruhen auf der Gefahr künftiger idR bonitätsbedingter Verluste, aufgrund dessen der Vertragspartner seine ihm obliegenden Leistungspflichten nicht oder nur unvollständig nachkommt (s hierzu ausführlich DRS 20.11). Als sonstige vergleichbare Risiken dürften bspw weitere, nicht auf og Parametern beruhende *Preisänderungsrisiken* (zB Aktienkursrisiko, Waren-/Rohstoffpreisrisiko) sowie *Liquiditätsrisiken* (insb das Risiko, einer Zahlungsverpflichtung nicht fristgerecht nachkommen oder nicht ausreichend Liquidität zu bestimmten Konditionen beschaffen zu können; vgl hierzu DRS 20.11) in Betracht kommen (vgl auch RegE BilMoG, 158). Gleiches gilt für das Risiko, dass der Vertragspartner seine Leistung erst verspätet erfüllt *(Verzugsrisiko).*

Wie bereits unter Anm 13 ausgeführt, bedarf es nicht der Absicherung sämtli- 26
cher in einem Grundgeschäft liegenden Risiken, so dass auch lediglich ausgewählte **Teilrisiken** absicherbar sind. Die Grenze eines sicherungsfähigen Risikos dürfte uE erst dort zu ziehen sein, wo sich das betr Risiko einer hinreichenden Konkretisierung entzieht (zB im Falle des allgemeinen UntRisikos) (vgl Ber Merz ua, 112; im Ergebnis glA *Scharpf* in Küting/Pfitzer/Weber², 206). Dazu zählt insb auch dessen Quantifizierbarkeit, so dass auch sein Anteil an etwaigen Wertänderungen des Grundgeschäfts zuverlässig ermittelbar sein muss.

Die Bildung einer BewEinh setzt voraus, dass das Sicherungsgeschäft der 27
Kompensation des im Grundgeschäft bestehenden Risikos dienen soll **(Sicherungsabsicht);** diesbzgl gewinnt die Dokumentation des Sicherungszusammenhangs an Bedeutung. Zudem ist erforderlich, dass das Sicherungsgeschäft zur Risikokompensation dem Grunde und der Höhe nach **geeignet** ist. Dies setzt voraus, dass das Grund- und Sicherungsgeschäft einem oder mehreren **gleichartigen (gegenläufig wirkenden) Risikoarten** im og Sinn ausgesetzt sind (sog *Risikohomogenität*). (Der in S 1 verwendete Begriff „vergleichbar" ist eng auszulegen; vgl auch Ber Merz, 112, wonach von „demselben" Risiko gesprochen wird.) Dies gilt freilich nicht bzgl sämtlicher, sondern lediglich der zur Sicherung angedachten (Teil-)Risiken. Zudem dürfen keine Anzeichen dafür vorliegen, dass das Sicherungsgeschäft mangels ausreichender **Bonität** des Vertragskontrahenten ggf nicht werthaltig ist (nach *Pfitzer/Scharpf/Schaber,* WPg 2007, 680, darf allenfalls ein latentes Bonitätsrisiko verbleiben; nach IDW RS HFA 35 Tz 37, darf das Sicherungsgeschäft nicht akut ausfallgefährdet sein; ebenso *Scharpf* in Küting/ Pfitzer/Weber², 210, wonach andernfalls eine mangelnde Bonität ggf sachgerecht zu berücksichtigen oder gänzlich auf die Designation zu verzichten sei). Die durch Begebung einer Option eingegangene **Stillhalterposition** kommt als Sicherungsinstrument regelmäßig nicht in Betracht (glA *PwC* Derivative Finanzinstrumente⁴, Anm 629).

Fraglich erscheint, ob ein FinInst nur in seiner Gesamtheit oder auch **partiell** 28
als Sicherungsgeschäft designiert werden darf. UE spricht nichts dagegen, lediglich ein *Teilvolumen* (zB x% des FinInst) als Sicherungsgeschäft zu klassifizieren und den restlichen Teil nach allgemeinen Grundsätzen zu behandeln. Insofern kann die für die Effektivität regelmäßig notwendige *Betragsidentität* durch eine betragliche Aufteilung des Grund- oder Sicherungsgeschäfts erreicht werden. Dem entgegen dürfte die uU zur Erreichung der notwendigen *Fristenidentität* erforderliche Designation eines *zeitlichen Anteils* (zB x Monate der Gesamtlaufzeit des FinInst) nur in Betracht kommen, wenn entspr zeitliche Teilabrechnungen (zB bei einem Zinsswap) erfolgen (zur Zulässigkeit sog *Part-Time Hedges* vgl auch *Scharpf* in Küting/Pfitzer/Weber², 217). Die nicht als Sicherungsgeschäft designierten Teile des FinInst sind nach allgemeinen Grundsätzen (imparitätisch) zu behandeln.

Angesichts der Tatsache, dass sich vollständige (vollkommene) Risikokompen- 29
sationen in der Praxis häufig nicht erreichen lassen (zu den möglichen Ursachen vgl *PwC* Derivative Finanzinstrumente⁴, Anm 414), stellt sich die Frage, welcher Wirksamkeitsgrad **(Effektivitätsgrad)** zur Bildung einer BewEinh erforderlich ist. Während im RegE noch anlehnend an IAS 39 eine Kompensation innerhalb einer Bandbreite zwischen 80 und 120% (bzw 125%) gefordert war (RegE BilMoG, 127; zum vermutlich redaktionellen Versehen bei der Festlegung der betraglichen Obergrenze vgl *Scharpf* in Küting/Pfitzer/Weber², 202), wurde das Erfordernis einer Effektivitätsspanne vollständig gestrichen (Ber Merz ua, 112). Dies beruhte auf der Erkenntnis, dass auf etwaige Ineffektivitäten ohnehin die allg (Bilanzierungs- und) Bewertungsvorschriften („das Vorsichtsprinzip in all seinen Ausprägungen (AK-Prinzip, Realisationsprinzip, Imparitätsprinzip)") uneingeschränkt Anwendung finden (Ber Merz ua, 112). In praxi wird man uE

gleichwohl voraussetzen dürfen, dass zumindest der betraglich überwiegende Teil des abzusichernden Risikos tatsächlich kompensiert wird.

Die Messbarkeit des Effektivitätsgrads stellt insofern die zentrale Grundvoraussetzung für die Anwendung der Vorschrift dar. Ist die Feststellung der Wirksamkeit (Effektivtät) am Abschlussstichtag nicht möglich, muss entspr dem Vorsichtsprinzip davon ausgegangen werden, dass keine wirksame BewEinh besteht (Ber Merz, 112). Die Effektivitätsmessung hat stets auf Basis der gesicherten (gleichartigen) Risiken zu erfolgen (vgl auch Anm 27). Etwaige (zufällige) kompensatorische Effekte unterschiedlicher Risiken (sog *Überkreuzkompensation*) dürfen keine Berücksichtigung finden (Ber Merz, 112; so bereits *Pfitzer/Scharpf/Schaber*, WPg 2007, 680; *Scharpf* in Küting/Pfitzer/Weber[2], 207).

D. Nachweis- und Dokumentationspflichten

40 Die Bildung einer BewEinh setzt ua voraus, dass eine entspr **Sicherungsabsicht** besteht und davon ausgegangen werden kann, dass an dieser auch grds bis zur zeitlichen Erreichung des Zwecks, dh bis zum Eintritt (und damit Ausgleich) oder Wegfall des abgesicherten Risikos festgehalten wird *(Durchhalteabsicht und -wahrscheinlichkeit)*. Im Falle widersprüchlichen Verhaltens in der Vergangenheit, etwa mehrfacher vorzeitiger Abbruch der Sicherungsbeziehung ohne wirtschaftlich rationalen Grund, wird man an den Nachweis der Sicherungs- bzw Durchhalteabsicht besondere Anforderungen zu stellen haben (*Pfitzer/Scharpf/Schaber*, WPg 2007, 681; zur Durchhalteabsicht ausführlich auch *PwC* BilMoG Komm Kap H Anm 44 ff).

41 Die Entscheidung zur Absicherung kann sowohl unmittelbar bei Abschluss bzw Erwerb des als Sicherungsinstrument fungierenden Geschäfts als auch erst zu einem späteren Zeitpunkt getroffen werden. Unbeschadet der Tatsache, dass die Dokumentation als solche nicht zum Tatbestandsmerkmal zur Bildung von BewEinh erhoben wurde (Ber Merz ua, 112), erscheint es uE (neben der Erfüllung der allg Buchführungspflichten, §§ 238 f) insb für Nachweiszwecke iVm dem allg Willkürverbot (§ 243 Abs 1) notwendig, dass der designierte Sicherungszusammenhang, dh die wirtschaftliche Verknüpfung zwischen Grund- und Sicherungsgeschäft, zu dessen Beginn **hinreichend dokumentiert** wird. Obgleich der konkrete Dokumentationsumfang je nach Art der BewEinh bzw Sicherungsbeziehung unterschiedlich ausgestaltet sein kann, dürften uE im Regelfall folgende Inhalte zweckdienlich sein: Konkrete Identifizierung des Grund- und Sicherungsgeschäfts, die Art des abgesicherten Risikos, den erwarteten Grad der Wirksamkeit (Effektivitätsgrad) sowie die Beschreibung der hierbei zur Anwendung gelangende(n) Testmethode(n). Im Falle antizipativer Hedges wäre zudem Vertragsgegenstand, die wesentlichen bewertungs- bzw risikorelevanten Vertragsbedingungen sowie der Zeitpunkt des erwarteten Vertragsschlusses zu dokumentieren. Liegt bereits eine Dokumentation gem den Vorgaben des IAS 39 (bspw für Zwecke des nach IFRS zu erstellenden KA) vor, spricht uE nichts dagegen, diese grds auch für den handelsrechtlichen EA anzuerkennen (glA *Scharpf/Schaber* KoR 2008, 536).

42 Neben der Einschätzung der Sicherungseignung zu Beginn der Sicherungsbeziehung ist deren **Wirksamkeit (Effektivität)** auch im Zeitablauf über die Dauer der Sicherungsbeziehung mindestens zu jedem Abschlussstichtag, zu **überwachen**. Dies gilt sowohl rückblickend *(retrospektiv)* zwecks quantitativer Ermittlung der bilanziell zu berücksichtigenden Wertänderungen (vgl Anm 50 ff), als auch vorausschauend *(prospektiv)* zur Feststellung, ob die Voraussetzungen zur Bildung einer BewEinh weiterhin erfüllt sind (der noch in der RegBegr zum RegE enthaltene Hinweis auf mögliche – nicht konkretisierte – Ausnahmen (vgl RegE BilMoG, 127) wurde offenbar aufgegeben, schließlich heißt es im Ber Merz ua auf S 112: „Die Vorschrift intendiert, dass ein Unt zu jedem Bilanzstichtag positiv festzustellen hat, ob und in welchem Umfang sich die gegenläufigen Wertänderungen oder Zahlungsströme einer Bewertungseinheit am Bilanzstichtag und voraussichtlich in Zukunft ausgleichen. Weder § 254 HGB noch die allgemeinen handelsrechtlichen Bewertungsvorschriften bieten eine Grundlage, von der Ermittlung des Umfangs, in dem sich die gegenläufigen Wertänderungen oder Zahlungsströme einer Bewertungseinheit ausgleichen, abzusehen.") Ob zudem ein *retrospektiver* Effektivitätstest zur Ermittlung des Fortbestehens der Sicherungseignung und damit der Zulässigkeit der gebildeten BewEinh – analog IFRS (vgl IAS 39 BC136, IG F 4.2) – erforderlich ist, erscheint unklar. Angesichts dessen im Gegensatz zu IFRS keine konkreten Effektivitätsgrade vorgegeben sind, die erreicht werden müssen, und etwaige Ineffektivitäten ohnehin durch Anwendung der allg Bewertungsvorschriften bilanzielle Berücksichtigung finden, dürfte ein solcher Nachweis uE obsolet sein (im Ergebnis glA *WPH*[14] I, E Anm 460; *PwC* BilMoG Komm Kap H Anm 63; *Schmidt* BB 2009, 882; aA *Scharpf* in Küting/ Pfitzer/Weber[2], 216).

Mittels welchen **Verfahrens** die Effektivitätstests zu erfolgen haben, wird nicht **43** fest vorgegeben; vielmehr ist hierzu in Abhängigkeit von der Art der BewEinh bzw der eingesetzten Sicherungsinstrumente eine sachgerechte, hinreichend verlässliche Methode zu wählen (RegE BilMoG, 127) und diese dann – entspr der zu Sicherungsbeginn erfolgten Dokumentation – grds stetig anzuwenden (in begründeten Ausnahmefällen dürfte ein Wechsel, bspw von einer einfachen auf eine komplexere Methode zulässig sein, s *Scharpf* in Küting/Pfitzer/Weber[2], 201). In Einzelfällen kann es ausreichen, dass die Wirksamkeit bereits durch ein angemessenes und wirksames RMS nachgewiesen wird (so RegE BilMoG, 126; Ber Merz ua, 112). In der Praxis finden für den prospektiven Effektivitätstest häufig die sog Methode des *critical terms match* sowie *Sensitivitätsanalysen* Anwendung. Das einfachste Verfahren stellt die Methode des *critical terms match* dar, wonach von einer hohen Effektivität auszugehen ist, wenn alle bewertungsrelevanten Parameter von Grund- und Sicherungsgeschäft (zB Nominalbetrag, Laufzeit, Bonitätsrisiko) deckungsgleich sind; quantitative Berechnungen sind danach grds nicht erforderlich (vgl *PwC* IFRS für Banken[5], 638; IDW RS HFA 35 Tz 58 f). *Sensitivitätsanalysen* untersuchen die Empfindlichkeit von Grund- und Sicherungsgeschäft auf hypothetische Veränderungen bestimmter Parameter.

E. Bilanzielle Behandlung

Für gebildete BewEinh werden neben dem Einzelbewertungsgrundsatz (§ 252 **50** Abs 1 Nr 3) insb das Realisations- und Imparitätsprinzip (§ 252 Abs 1 Nr 4) eingeschränkt bzw außer Kraft gesetzt. Konkret davon betroffen sind insb das AK-Prinzip (als Ansatz-Obergrenze, § 253 Abs 1 S 1), die Vorschriften zur Erfassung außerplanmäßiger Abschreibungen (§ 253 Abs 1 S 1, Abs 3 u 4), die Bildung von Drohverlustrückstellungen (§ 249 Abs 1) und die Vorschriften zur Umrechnung von Fremdwährungsposten (§ 256a). Dies bedeutet allerdings nicht, dass die Anwendung der genannten Vorschriften auf die betr Geschäftsvorfälle gänzlich ausgeschlossen wäre. Die Norm verhindert lediglich deren (getrennte) Anwendung auf die einzelnen Komponenten, namentlich das Grundgeschäft einerseits und das Sicherungsgeschäft andererseits. Da durch die Verknüpfung zu einer BewEinh faktisch ein (neues) einheitliches Bilanzierungsobjekt entsteht, sind die genannten Vorschriften vielmehr auf die BewEinh als solches anzuwenden (vgl

Weigel ua WPg 2012, 123; IDW RS HFA 35 Tz 4). Die genannten Vorschriften sind gleichwohl nur in dem Umfang und für den Zeitraum nicht anzuwenden, in dem sich die aus der BewEinh ergebenden gegenläufigen Wertänderungen oder Zahlungsströme (soweit auf den abgesicherten Risiken beruhend, s Anm 29) ausgleichen (sog **effektiver Teil**). Soweit ein Ausgleich ausgeblieben ist (sog **ineffektiver Teil**), finden die allgemeinen Bilanzierungs- und Bewertungsvorschriften Anwendung. Dies führt uE dazu, dass im Fall einer nur teilweisen Kompensation des beim Grundgeschäft eingetretenen Verlusts durch das Sicherungsgeschäft die Deckungslücke – nach Maßgabe der jeweils einschlägigen Vorschriften – regelmäßig (verlustantizipierend) zu erfassen ist. Im umgekehrten Fall, dh bei einer Überkompensation des beim Grundgeschäft eingetretenen Verlusts bleibt die Differenz (Gewinn) gem Realisationsprinzip hingegen grds außer Ansatz. Im Rahmen der Ggüstellung der gesamten Wertänderung des Grundgeschäfts mit der des Sicherungsgeschäfts bedarf es letztlich eines **zweistufigen Vorgehens**, wonach zunächst eine analytische Separierung in diejenige Wertänderungsbeiträge, die sich aus dem abgesicherten Risiko ergeben und diejenigen aus den nicht abgesicherten Risiken, notwendig ist. Anschließend ist hinsichtlich des gesicherten Risikos die Effektivität bzw Ineffektivät zu ermitteln. Zur Verdeutlichung sei folgendes **Beispiel** (in Anlehnung an IDW RS HFA 35 Tz 67) genannt: Hat sich der beizZw eines Grundgeschäfts (in Form eines Aktivums; bisheriger Buchwert 100 GE) insgesamt um – 10 GE und der des zugehörigen Sicherungsgeschäfts (bisher bilanziell nicht erfasst) um insgesamt + 7 GE geändert, und entfällt davon auf die nicht abgesicherten Risiken ein Wertänderungsbeitrag von – 2 bzw + 0,5 GE, sind Letztere nach allgemeinen Vorschriften (und in Bilanz und GuV unsaldiert) zu erfassen. Unter Beachtung des Realisations- bzw Imparitätsprinzips ist demnach das Grundgeschäft zunächst um – 2 GE außerplanmäßig abzuschreiben, während die Wertsteigerung des Sicherungsgeschäfts unberücksichtigt bleibt. Aus den verbleibenden, dh auf das abgesicherte Risiko entfallenden Wertänderungsbeiträgen von – 8 bzw + 6,5 GE ist eine Ineffizienz von – 1,5 GE erkennbar, die ebenfalls erfolgswirksam zu erfassen ist; zur Frage deren Ausweises in Bilanz und GuV s Anm 53.

51 Aus dem Gesetzeswortlaut „in dem die gegenläufigen Wertänderungen oder Zahlungsströme sich ausgleichen" ist zu entnehmen, dass der tatsächliche Ausgleich idR **quantitativ zu belegen** ist (wohl glA *Löw/Scharpf/Weigel* WPg 2008, 1018. Hierzu bietet sich bspw die sog *Dollar-Offset-Methode* an, wonach eine explizite Berechnung (und anschließende Ggüstellung) der eingetretenen Veränderung des beizZW (Marktwerts) des Sicherungsgeschäfts einerseits und des Grundgeschäfts andererseits erfolgt (zu den unterschiedlichen Formen vgl *PwC* Derivative Finanzinstrumente[4], Anm 420). Der Verzicht auf eine explizite Berechnung dürfte nur dann in Betracht kommen, wenn anderweitig, bspw uU auf Basis der *Critical Terms Match*-Methode (vgl Anm 33; zu möglichen Ineffektivitäten trotz übereinstimmender Konditionen vgl *PwC* Derivative Finanzinstrumente[4], Anm 419), mit hinreichender Sicherheit davon ausgegangen werden kann, dass eine (nahezu) vollständige Kompensation erfolgt ist (zur Anwendbarkeit der (zwar uU nach US-GAAP (SFAS 133.68 ff), nicht jedoch nach IFRS zulässigen, vgl IAS 39.IG F.4.71) sog *Short-Cut-Methode* vgl *Löw/Scharpf/Weigel*, WPg 2008, 1018, *Wiechens/Helke* DB 2008, 1336, *PwC* BilMoG Komm Kap H Anm 65 f). Findet die Durchbuchungsmethode Anwendung (s nachfolgende Anm), ist eine quantitative Ermittlung systembedingt unverzichtbar.

52 Wie BewEinh bilanziell konkret abzubilden sind, hat der Gesetzgeber letzten Endes offen gelassen. Im Hinblick darauf, dass Sicherungsgeschäfte (negative) Risiken zu vermeiden bzw reduzieren beabsichtigen, erscheint es sachgerecht, etwaige aus dem Grundgeschäft eingetretene Wertminderungen oder drohende

Verluste mit gegenläufigen Effekten aus dem Sicherungsgeschäft außerbilanziell zu verrechnen und lediglich verbleibende negative Saldoüberhänge zu erfassen (sog **Methode der kompensatorischen Bewertung** (vgl zB *Patek,* KoR 2008, 367; *Scharpf* in Küting/Pfitzer/Weber[2], 218 ff); im Schrifttum zT auch als Einfrierungs- oder Festbewertungsmethode bezeichnet, vgl *Wiechens/Helke,* DB 2008, 1336; *Löw/Scharpf/Weigel* WPg 2008, 1018). Für das in Anm 50 genannte Bsp ergäbe sich danach – auf Basis des grds Vorrangs außerplanmäßiger Abschreibungen vor der Bildung von Drohverlustrückstellungen (IDW RS HFA 4 Tz 21) eine (zusätzliche) außerplanmäßige Abschreibung des Grundgeschäfts in Höhe der Ineffektivität von – 1,5 GE auf letztlich 96,5 GE; hinsichtlich des effektiv gesicherten Teils in Höhe von – 6,5 GE erfolgt keine Abwertung, vielmehr gilt der Buchwert des Grundgeschäfts insoweit als „eingefroren". Allerdings wird auch die Auffassung vertreten, wonach anstelle dieser (zusätzlichen) Abwertung eine Rückstellung für BewEinh zu bilden sei (so IDW RS HFA 35 Tz 68, 82). Die Methode der kompensatorischen Bewertung entspricht im Übrigen sowohl der bisher weitestgehend üblichen (glA *Küting/Cassel* KoR 2008, 769) als auch der ursprünglich (im RefE) einzig vorgesehenen Methode. Werden **Kreditrisiken** mittels Sicherheiten abgesichert, die keine FinInstr darstellen (und damit nicht den Anforderungen an ein Sicherungsgeschäft iSd Vorschrift genügen), dürfte gleichwohl idR eine vergleichbare, obgleich außerhalb der Anwendung des § 254 stehende, bereits bisher regelmäßig praktizierte Vorgehensweise zulässig sein, wonach die Sicherungsinstrumente nicht separat bilanziert, sondern bei der Ermittlung außerplanmäßiger Abschreibungen werterhöhend bzw bei drohenden Verlusten rückstellungsmindernd berücksichtigt werden (IDW RS HFA 35 Tz 8; IDW RS BFA 1 Tz 16 ff).

Alternativ wird es mangels expliziter Regelung, und wohl insb auch im Hinblick auf die Aufhebung des AK- und Realisationsprinzips, zT auch als zulässig angesehen, sämtliche Wertänderungen am Grund- als auch Sicherungsgeschäft bilanziell zu erfassen, mit der Konsequenz, dass der Sicherungseffekt in der GuV durch gegenläufige Aufwendungen und Erträge abgebildet wird – im Schrifttum zT als **Durchbuchungsmethode** bezeichnet – (vgl RegE BilMoG, 209; *Wiechens/Helke,* DB 2008, 1336; *Küting/Crasselt* KoR 2008, 772; *Petersen/Zwirner/Froschhammer,* BilMoG 429 ff; aA *Scharpf* in Küting/Pfitzer/Weber[2], 219; *Herzig* DB 2008, 1344; offenlassend *Patek,* KoR 2008, 529). Für das in Anm 50 genannte Bsp ergäbe sich danach eine (zusätzliche) außerplanmäßige Abschreibung des Grundgeschäfts um – 8 GE auf letztlich 90 GE unter gleichzeitiger Zuschreibung (ggf Erstansatz) des Sicherungsgeschäfts um + 6,5 GE. Wird hingegen der ineffektive Teil mittels Rückstellung erfasst (s Anm 52), erfolgt die Durchbuchung nur in Höhe des effektiven Teils (so IDW RS HFA 35 Tz 80), im vorliegenden Bsp also jeweils um –/+ 6,5 GE auf 91,5 GE bzw 6,5 GE. Ungeachtet der durch Anwendung dieser Methode erfolgenden bilanziellen (Brutto)Darstellung wird hinsichtlich der Ergebnisrechnung zT auch eine Buchung ohne Berührung der GuV als zulässig erachtet (IDW RS HFA 35 Tz 81; *Hennrichs* WPg 2010, 1188; *PwC* BilMoG Komm Anm 77). Im Hinblick darauf, dass es bei dieser Methode in einem größeren Umfang zu Abweichungen von den allgemein geltenden Bilanzierungs- und Bewertungsmethoden kommt, und darüber hinaus in bestimmten Konstellationen nicht anwendbar sein dürfte (s auch nachfolgende Anm), ist uE grds der Methode der kompensatorischen Bewertung der Vorzug zu geben (glA IDW RS HFA 35 Tz 76; aA *Schmidt* (BB 2009, 882), der in der Durchbuchungsmethode einen Informationsgewinn sieht). Etwas anderes gilt freilich für solche Fälle, in denen eine kompensatorische Bewertung mit anderen explizit anzuwendenden Bewertungsvorschriften inkompatibel ist (bspw bei der Absicherung von zum beizZW zu bewertenden VG). Zudem soll die Durchbuchungsmethode auch bei durch RDVers kongruent abgesicherten AVersZusagen, für die das Saldierungsgebot des § 246 Abs 2 nicht greift, angewendet werden (IDW RS HFA 30 Tz 74, 76; vgl auch *Thierer* DB 2011, 195)

54 Im Fall **antizipativer Hedges** ist das Grundgeschäft bilanziell noch nicht erfasst. Entspr erscheint es geboten, auch die (effektiv gesicherten) Wertänderungen des Sicherungsgeschäfts lediglich in einer Nebenbuchhaltung zu erfassen bzw fortzuschreiben (glA *Löw/Scharpf/Weigel* WPg 2008, 1018; *Helke/Wiechens/Klaus* DB 2009 Beil 5, 30; IDW RS HFA 35 Tz 92); bilanzwirksam werden insofern lediglich etwaige AK für das Sicherungsgeschäft. Bei Eintritt des Grundgeschäfts sind diese Wertänderungen sowie etwaige AK des Sicherungsgeschäfts zeitkongruent mit der erfolgswirksamen Erfassung des Grundgeschäfts ergebniswirksam zu buchen. Demgemäß ist bspw der Effekt aus der Absicherung eines Absatzgeschäfts grds im Zeitpunkt des Verkaufs bzw der Umsatzrealisierung erfolgswirksam zu erfassen, während der Effekt aus der Absicherung eines Erwerbsvorgangs hingegen zunächst bei der Ermittlung der AK des VG zu berücksichtigen ist und folglich erst bei Abschreibung oder Abgang des VG erfolgswirksam wird (s auch Anm 58).

Das Netto-(GuV-)Ergebnis bleibt von der Wahl der anzuwendenden Methode unberührt. Umso bemerkenswerter erscheint die seitens der FinVerw offenbar vertretene Auffassung, wonach steuerrechtlich nur die Einfrierungsmethode zulässig sei (*OFD Rheinland* 11.3.2011 DB 2010, 738 = BeckVerw 248245; gem BMF (BMF 25.8.2010 StuB 2010, 716) und OFD Frankfurt/M. 22.3.2012 (DtStR 2012, 1389) ist dieser der Vorrang einzuräumen).

55 Fraglich ist für den Fall von **Portfolio- oder Makrohedges,** welcher Position ein etwaiger negativer Saldoüberhang zuzuordnen ist. Mangels expliziter Regelung erscheint es uE zulässig, vereinfacht eine im Verhältnis zu den Buchwerten proportionale Zuordnung vorzunehmen. Nach Auffassung des IDW hingegen ist die Erfassung – wie bereits für Mikrohedges (Anm 52) – in einem einzigen Bilanzposten, und zwar als Rückstellung für BewEinh, vorzunehmen und unter den sonstigen Rückstellungen auszuweisen, insofern also auf eine Zuordnung gänzlich zu verzichten (IDW RS HFA 35 Tz 74; glA *Patek* KoR 2008, 370; *Scharpf/Schaber* KoR 2008, 539). Auch die FinVerw geht idR von der Bildung einer Rückstellung aus, welche von § 5 Abs 4a S 2 EStG erfasst und damit auch steuerrechtlich anzuerkennen ist (BMF 25.8.2010 StuB 2010, 716). In der GuV kommt mangels expliziter Regelung sowohl ein Ausweis unter sonstigen betrieblichen Aufwendungen als auch in dem Posten, in der auch die Wertänderung des Grundgeschäfts erfasst wird, in Betracht.

56 Wird eine BewEinh nicht bereits bei Entstehung des Grund- oder/und Sicherungsgeschäfts, sondern **erst zu einem späteren Zeitpunkt gebildet,** sind die bis dahin eingetretenen Wertänderungen nach allgemeinen Grundsätzen zu behandeln.

57 Liegen die Voraussetzungen zur Bildung einer BewEinh zu einem späteren Zeitpunkt nicht mehr vor, sei es bspw aufgrund eines zwischenzeitlich nur noch unzureichenden oder nicht messbaren Effektivitätsgrads, dem endgültigen Nichteintritt der ursprünglich erwarteten Transaktion bei antizipativen Hedges, oder in wirtschaftlich begründeten Ausnahmefällen der Wegfall der bisherigen Sicherungsabsicht (vgl RegE BilMoG, 127), ist die BewEinh **aufzulösen** und ab diesem Zeitpunkt eine Einzelbewertung des Grund- und Sicherungsgeschäfts nach den allgemeinen Vorschriften vorzunehmen. In diesem Fall ist zwecks zutreffender bilanzieller Abwicklung eine logische Sekunde vor Auflösung zu berechnen, inwieweit der Sicherungszusammenhang effektiv war (*Scharpf* in Küting/Pfitzer/Weber[2], 221).

Eine gesetzlich vorgeschriebene Novation eines Sicherungsinstruments zwecks Zwischenschaltung einer zentralen Clearingstelle (zB der Eurex Clearing) wie im

Fall von OTC-Derivaten (vgl EMIR-VO/EMIR-Ausführungsgesetz) berührt die Sicherungsabsicht nicht. Solange sich hierdurch auch die Sicherungseignung und -wirkung nicht verändert (oder zumindest nicht verschlechtert), ist von einem Fortbestand der BewEinh auszugehen (vgl auch IDW BFA sfH 2013/03).

Bei planmäßiger Beendigung des Sicherungszusammenhangs sind die effektiv **58** gesicherten Beträge zeitlich korrespondierend mit der erfolgswirksamen Erfassung des gesicherten Grundgeschäfts **ergebniswirksam** zu erfassen. Werden Grund- und Sicherungsgeschäft abgewickelt (zB eine Fremdwährungs-Forderung sowie das sie bisher sichernde Devisentermingeschäft), sind die hieraus resultierenden Ergebnisbeiträge nach allgemeinen Grundsätzen zu erfassen (so wohl auch BMF 25.8.2010 StuB 2010, 715 = BeckVerw 242129); alternativ erscheint hinsichtlich der effektiv gesicherten Ergebnisbeiträge auch eine Erfassung ohne Berührung der GuV denkbar (das IDW vertritt gegenwärtig nur letztgenannte Methode, vgl IDW RS HFA 35, Tz 86). Wird hingegen lediglich das Sicherungsgeschäft abgewickelt (oder glatt gestellt), gilt hierfür bei bisher angewendeter Durchbuchungsmethode og analog; wurde hingegen die Einfrierungsmethode angewendet, ist der auf die effektive Sicherung entfallende Ergebnisbeitrag zunächst erfolgsneutral mit dem Buchwert des Grundgeschäfts zu verrechnen. Bei unmittelbar nach Abwicklung des bisherigen Sicherungsinstruments geschlossenen bzw wirkenden Anschluss-Sicherungsgeschäften besteht der Sicherungszusammenhang faktisch fort, so dass stattdessen auch eine erfolgsneutrale Fortführung denkbar erscheint (*PwC* Bil-MoG Komm Kap H, Anm 142, *Hennrichs* WPg 2010, 1189f).

F. Rechtsfolgen einer Verletzung des § 254

Für eine Verletzung der Vorschriften des § 254 sieht das HGB keine speziellen **59** **zivilrechtlichen** Rechtsfolgen vor. Gleichwohl kann eine Verletzung, bspw in Form der Bildung von BewEinh trotz Fehlen der hierfür notwendigen Voraussetzungen oder Berücksichtigung überhöhter Beträge im Rahmen der Ermittlung verlustkompensierender Effekte, zu einer Überbewertung iSd § 256 Abs 5 AktG führen, die bei KapGes grds die Nichtigkeit des JA bedeutet (§ 264 Anm 56ff). Zudem kann bei prüfungspflichtigen Unt eine Einschränkung oder – bei erheblichem Umfang des Verstoßes – eine Versagung des BVm in Betracht kommen (§ 322 Abs 4).

Zu möglichen **straf- und bußgeldrechtlichen** Konsequenzen bei der Verletzung des § 254 (oder § 264 Abs 2, vgl Anm 5) s die Erl zu den §§ 331 und 334.

G. Abweichungen der IFRS

Schrifttum: s unter Schrifttum zu HGB.

Standards: IAS 39 Finanzinstrumente: Ansatz und Bewertung *(Financial Instruments: recognition and measurement)* (2013); IFRS 7 Finanzinstrumente: Angaben *(Financial Instruments: disclosures)* (2012); IFRS 9 Finanzinstrumente *(Financial Instruments)* (2012); ED/2012/4 *Classification and Measurement: Limited Amendments to IFRS 9* (2012); *Review Draft IFRS 9 Chapter 6 Hedge Accounting* (2012); ED/2013/3 *Financial Instruments: Expected Credit Losses* (2013).

Nach IAS 39 (zu den geplanten Änderungen s Anm 136ff) dürfen unter be- **60** stimmten Voraussetzungen Grund- und Sicherungsgeschäfte designiert werden, wobei als zu sichernde Grundgeschäfte vergleichbar mit HGB vorhandene Bestände, abgeschlossene Verträge und antizipierte (geplante) künftige Transaktionen in Betracht kommen. Insofern muss aus Sicht der berichterstattenden Einheit grds eine dritte Partei eingebunden sein; konzerninterne Transaktionen können im KA nur dann Grundgeschäft sein, wenn die Risiken nicht vollständig eliminiert werden, wie uU bei Währungsrisiken (IAS 39.80). Neben der Absicherung des gesamten Risikos ist grds auch die Absicherung von (identifizier- und bewertbaren) Teilrisiken, bei Grundgeschäften in Form von nicht finanziellen Posten allerdings beschränkt auf das Währungsrisiko, zulässig (IAS 39.81 ff; AG99 ff); gleichermaßen kann auch nur ein zeitlicher Anteil des Grundgeschäfts abgesichert werden (IAS 39.IG F.2.17). Das allgemeine UntRisiko darf nicht im Rahmen eines Hedging abgesichert werden (IAS 39.AG98).

61 Als Sicherungsgeschäfte kommen mit Ausnahme der Sicherung von Fremdwährungsrisiken – anders als nach HGB – grds nur *derivative* FinInst in Frage (IAS 39.72, 39.78 ff). Dabei kann ein Instrument beträglich in voller Höhe oder nur anteilig (prozentual) als Sicherungsgeschäft designiert werden; eine zeitlich anteilige Designierung ist hingegen untersagt (IAS 39.75). Inhaltlich ist grds das gesamte Instrument (oder ein beträglicher Anteil) als solches zu designieren; Ausnahmen sind nur bei Optionen (Beschränkung auf den inneren Wert) und Terminkontrakten (zB Trennung von Zinskomponente und Kassakurs) zulässig (IAS 39.74).

War Hedge-Accounting anfänglich nur in Form von **Mikro-Hedges** zulässig, sind nunmehr bei homogenem Risikoprofil auch **Makro-Hedges** sowie zur Absicherung von *Zins*risiken auch **Portfolio-Hedges** zugelassen (IAS 39.78, 39.81A, 39.83).

62 Der Standard unterscheidet zwischen Absicherungen des beizZW *(Fair Value-Hedge),* Absicherungen von Zahlungsströmen *(Cash Flow-Hedges)* sowie Absicherungen einer Nettoinvestition in einen ausländischen Geschäftsbetrieb (*Hedges of Net Investments in a Foreign Entity;* bspw die Bet und langfristige Darlehensforderung an bzw ggü einem ausländischen TU, s hierzu IAS 21 u IFRIC 16). Ziel eines *Fair Value-Hedges* ist der Ausgleich von Marktwertänderungen (zB Währungsterminkontrakte zur Sicherung bestehender Fremdwährungsposten). Ein *Cash Flow-Hedge* dient dem Ausgleich von Zahlungsstromänderungen, die sich aus in der Bilanz ausgewiesenen variabel verzinslichen Vermögenswerten bzw Verbindlichkeiten oder aus geplanten Transaktionen ergeben können (IAS 39.86).

63 Folgende **Bedingungen** müssen ua nach IAS 39.88 kumulativ erfüllt sein, um die Voraussetzungen für ein **Hedge-Accounting** zu erfüllen:
(1) Das mit dem Hedge verfolgte Ziel im Rahmen des RiskMa des betr Unt und der Sicherungszusammenhang müssen nachvollziehbar dokumentiert sein (detaillierte Beschreibung des Grundgeschäfts, des Sicherungsgeschäfts und der Sicherungsabsicht).
(2) Der Sicherungszusammenhang wird erwartungsgemäß als hoch wirksam eingestuft; dies gilt idR als erfüllt, wenn zu Beginn und während der gesamten Laufzeit ex ante von einer nahezu vollständigen Kompensation der aus dem Grund- und Sicherungsgeschäft resultierenden Wertänderungen auszugehen ist und sich ex post die *tatsächliche* Kompensation innerhalb einer Bandbreite von 80–125% bewegt (IAS 39.AG105b).
(3) Bei *Cash flow-Hedges* zur Absicherung geplanter (künftiger) Transaktionen müssen diese Transaktionen mit hoher Wahrscheinlichkeit stattfinden und diese ein Risiko bergen, das zu einer GuV-Wirkung führen würde.
(4) Die Wirksamkeit des Hedges ist verlässlich bestimmbar, dh sowohl das Grund- als auch das Sicherungsgeschäft können verlässlich bewertet werden.
(5) Das Sicherungsgeschäft wird lfd geprüft und zeitnah für die gesamte Berichtsperiode als hoch wirksam eingeschätzt.

Wenn diese Voraussetzungen nicht mehr erfüllt sind oder das zu Sicherungszwecken eingesetzte FinInst verfällt, veräußert, glattgestellt oder ausgeübt wird, besteht kein Sicherungszusammenhang mehr. Die für das Hedge-Accounting geltenden Regelungen sind dann nicht mehr anwendbar. Der Sicherungszusammenhang endet jedoch nicht, wenn *Anschlusssicherungsgeschäfte* getätigt werden (IAS 39.91a). Zudem ist anlässlich der Bestrebungen zur Regulierung des außerbörslichen Derivatehandels (EMIR-VO der EU/EMIR-Ausführungsgesetz) IAS 39 im Juni 2013 dahingehend geändert worden, dass eine gesetzlich oder regulatorisch vorgeschriebene Novation eines Sicherungsinstruments zwecks Zwischenschaltung einer zentralen Clearingstelle keine Auflösung einer Sicherungsbeziehung auslöst, sofern keine über die Novation hinausgehenden Änderungen an den Konditionen des Derivats erfolgen (IAS 39.91, 39.101; EU-Endorsement stand zum Redaktionsschluss noch aus).

Marktwertänderungen aus der Bewertung des *Sicherungsinstruments* werden bei **64** **Fair Value-Hedges** in der GuV (bzw im betr Teil der Gesamtergebnisrechnung) erfolgswirksam berücksichtigt. Die aus der Bewertung zum beizZW der *gesicherten Position* erzielten Bewertungsergebnisse (Anpassung des Buchwerts) werden insoweit erfolgswirksam in der GuV erfasst, als sie sich auf das gesicherte Risiko zurückführen lassen (IAS 39.89b). Gewinne oder Verluste, die aus der Fair Value-Bewertung von zur Sicherung künftiger Zahlungsströme eingesetzter FinInst **(Cash Flow-Hedges)** resultieren, werden insoweit GuV-neutral im sonstigen Ergebnis *(OCI)* erfasst, als ihnen gegenläufige Zahlungsstromänderungen aus der gesicherten Position ggüstehen (effektiver Teil des Hedges; IAS 39.95a). Frühestens bei Durchführung der geplanten Transaktion oder wenn mit der Durchführung nicht mehr zu rechnen ist, werden die bis zu diesem Zeitpunkt GuV-neutral behandelten Bewertungsergebnisse GuV-wirksam (vgl hierzu die differenzierten Vorschriften in IAS 39.97 ff). Bei Einsatz eines derivativen FinInst im Rahmen eines Cash Flow-Hedge sind die ineffektiven Teile des Hedge sofort GuV-wirksam auszuweisen (IAS 39.95b).

H. Exkurs: Optionen, Termingeschäfte, Zinsswaps, Wertpapier-Leihgeschäfte

Vorbemerkung: Nachfolgend werden die Charakteristika einiger klassischer **70** Finanzkontrakte und deren bilanzielle Behandlung dargestellt. Soweit der jeweilige Kontrakt als Sicherungsinstrument fungiert und folglich Teil einer BewEinh darstellt, liegt der Beschreibung der bilanziellen Behandlung die Anwendung der bisher überwiegend verbreiteten Methode der kompensatorischen Bewertung (Einfrierungsmethode; s Anm 52) zugrunde.

I. Bedingte Termingeschäfte

1. Optionen

Ein Optionskontrakt räumt das Recht ein, eine bestimmte Menge von Basis- **71** objekten (sog *underlyings*, zB Aktien, Fremdwährungsbeträge, Termingeschäfte, Indizes, Swaps) gegen die vereinbarte Zahlung (Basispreis) *bis* zu (Amerikanische Option) oder *an* einem bestimmten *Zeitpunkt* (Europäische Option) zu handeln. Die folgenden Ausführungen beziehen sich auf **börsennotierte Optionen,** bei denen im Gegensatz zu außerbörslich gehandelten *OTC-Optionen* Kontraktsumme, Basispreis, Laufzeit und Optionspreis standardisiert sind. OTC-Optionen sind entspr den einzelvertraglichen Ausgestaltungen zu beurteilen.

§ 254 72–76   Jahresabschluß (Bewertungsvorschriften)

72   Der **Käufer einer Kaufoption** (Call) aktiviert das erworbene Optionsrecht unter „sonstige Vermögensgegenstände" (bei verbrieften Optionsscheinen hingegen unter „sonstige Wertpapiere") (vgl auch IDW RS BFA 6 Tz 12) im Umlaufvermögen zu AK. Die AK der Option bestimmen sich nach allgemeinen Grundsätzen; in der Praxis werden allerdings etwaige **Transaktionskosten** statt einer Aktivierung iSv Anschaffungsnebenkosten meist unmittelbar als Provisionsaufwand gebucht (s *Krumnow* § 340e Anm 454). Bei noch ausstehender Prämienzahlung (so bspw beim Future-Style-Verfahren (Anm 81)) ist hierfür zugleich eine „sonstige Verbindlichkeit" auszuweisen. Die Folgebewertung des Optionsrechts erfolgt zu fortgeführten AK; sie orientiert sich bei börsengehandelten Optionen an deren Börsenpreis und erfolgt nach dem strengen Niederstwertprinzip. Die planmäßige Abschreibung des Optionsrechts ist dagegen unzulässig, da dieses einem planmäßig absehbaren und regelmäßigem Wertverzehr nicht unterliegt (*PwC Derivative Finanzinstrumente*[4], Anm 474). Verfällt die Option, muss der Buchwert des Optionsrechts ausgebucht werden (GuV: sonstige betriebliche Aufwendungen).

73   Dient das Optionsrecht der Absicherung von Bilanzposten oder schwebenden Geschäften (s Anm 70), wird eine ohne Sicherung andernfalls notwendige außerplanmäßige Abschreibung (bzw bei Passivposten Zuschreibungen) oder die Bildung einer Rückstellung für drohende Verluste auf den ineffektiven Teil der Sicherung (unter Berücksichtigung der auszubuchenden Optionsprämie) begrenzt.

74   Der **Verkäufer (Stillhalter) einer Kaufoption** hat die Optionsprämie unter den „sonstigen Verbindlichkeiten" zu passivieren (s auch § 249 Anm 100 „Optionsgeschäfte"). Abzulehnen ist die Bildung eines passiven RAP, der zeitanteilig über die Laufzeit ertragswirksam aufgelöst wird (glA *ADS*[6] § 246 Anm 373; *Niemeyer* BB 1990, 1026). Auch eine gewinnwirksame Vereinnahmung der Prämie bereits bei Abschluss des Optionsvertrags ist nicht zulässig, da der Vertrag so lange nicht erfüllt ist, wie der Käufer zur Ausübung berechtigt ist. Dies gilt gem BFH (18.12.2002 DB 2003, 855) auch steuerrechtlich; die FinVerw hat sich dem angeschlossen (*BFM* 12.1.2004 DB 2004, 159).

75   Hinsichtlich der Bemessung einer etwaigen Drohverlustrückstellung werden zwei Ansätze diskutiert: Nach der **Ausübungsmethode** ist eine Drohverlustrückstellung zu bilden, wenn am Bilanzstichtag der Marktpreis für das Basisobjekt den Basispreis übersteigt (innerer Wert der Option) und soweit diese Differenz größer ist als die passivierte Optionsprämie. Demggü ist nach der **Glattstellungsmethode** eine Drohverlustrückstellung zu bilden, soweit die für ein fiktives glattstellendes Gegengeschäft zu zahlende Prämie (Marktwert der Option) den Buchwert der passivierten Prämie übersteigt. Die Glattstellungsmethode ist nach hM vorzuziehen, da sie sowohl dem Vorsichtsprinzip als auch den wirtschaftlichen Gegebenheiten (ca 90% der Kontrakte werden glattgestellt) besser Rechnung trägt. Nach jüngerer Auslegung des IDW ergibt sich der zur Verlustantizipation notwendige (Erfüllungs)Betrag aus dem negativen beizZW iSd § 255 Abs 4 Satz 1 oder 2 abzgl einer passivierten Optionsprämie, was im Ergebnis weitgehend der Glattstellungsmethode entspricht (IDW RS HFA 4 Tz 44; (noch) weniger restriktiv formuliert IDW RS BFA 6 Tz 18; differenzierend hingegen *WPH*[14] I, E Anm 196, wonach die Drohverlustrückstellung *grundsätzlich* gem Ausübungsmethode zu bewerten sei, im Falle nicht zwingend physischer Erfüllung und möglicher vorzeitiger Glattstellung des Optionskontrakts allerdings die Anwendung der Glattstellungsmethode für zulässig erachtet wird).

76   Bei **Verfall** ist die Optionsprämie erfolgswirksam auszubuchen; gleiches gilt bei **Glattstellung,** sofern für beide Kontrakte ein Differenzausgleich *(net cash settlement)* vorgesehen ist. Eine Glattstellung kann „wirtschaftlich", dh durch Abschluss eines komplementären Gegengeschäfts, oder „rechtlich" (zB an der Eurex) durch Abschluss eines den ursprünglichen Kontrakt rechtlich aufhebenden Gegengeschäfts erfolgen. Der Ertrag aus der Auflösung darf mit dem Aufwand zur Glattstellung verrechnet und in der GuV saldiert ausgewiesen werden (s auch § 275 Anm 91, 210; *Krumnow* § 340e Anm 458). Auch *steuerrechtlich* wird bei Abschluss eines rechtlich aufhebenden Gegengeschäfts von einer Gewinnrealisierung ausgegangen (BFH 24.6.2003 DB, 1935). Wird hingegen ein auf physische Lfg des Basisobjekts *(physical settlement)* ausgerichteter Optionskontrakt wirtschaftlich glattgestellt, ist eine Gewinnrealisierung aufgrund des verbliebenen Erfüllungsrisikos grds zu verneinen; etwas anderes könnte allenfalls gelten, wenn die Basisobjekte bei Nichterfüllung des Vertragskontrahenten zur Erfüllung des Grundgeschäfts jederzeit anderweitig am Markt beschaffbar wären (bspw an Warenterminbörsen gehandelte Rohstoffe).

Die **Ausübung** erfolgt im Falle *nicht lieferbarer* Basisobjekte (zB DAX-Optionen) durch (sofort erfolgswirksam zu erfassenden) Barausgleich *(cash settlement)*. Bei Ausübung einer Option auf *lieferbare* Basisobjekte (zB Aktienoptionen) setzen sich die AK des Basisobjekts beim **Käufer einer Kaufoption** aus dem Basispreis und den „Erwerbsvorbereitungskosten", dh der Optionsprämie, zusammen. Übersteigen die AK dadurch die Kosten, die für eine Anschaffung des VG im Erwerbszeitpunkt ohne Kaufoption entstanden wären, ist dem durch außerplanmäßige Abschreibung Rechnung zu tragen (*Wohlgemuth* (mwN) in HdJ, Abt I/9, Anm 96; aA *ADS*[6] § 255 Anm 74, wonach sich in diesem Fall eine Einbeziehung der Optionsprämie in die AK mangels Werthaltigkeit verbiete). Beim **Verkäufer einer Kaufoption** ist die passivierte Optionsprämie dem Veräußerungserlös des abgehenden VG zuzuschlagen. Eine ggf gebildete Drohverlustrückstellung ist aufzulösen. **77**

Für die Bilanzierung beim **Käufer einer Verkaufsoption** (Put) gelten die Erl zur Kaufoption (Anm 72). Bei Ausübung mindert der Buchwert der Option den Verkaufserlös des Optionsgegenstands. Dient die Verkaufsoption der Absicherung eines vorhandenen Bestands und besteht entspr eine BewEinh (s Anm 70), wird eine ggf erforderliche außerplanmäßige Abschreibung des Basisobjekts durch den Basispreis abzgl der später auszubuchenden Optionsprämie begrenzt. Die nach früherem Recht noch präferierte Behandlung, wonach die Abschreibung des Basisobjekts (Grundgeschäfts) durch den Basispreis begrenzt wird und stattdessen die Option abzuschreiben ist (vgl 6. Aufl § 246 Anm 152), wird nicht mehr für zulässig erachtet. **78**

Der **Verkäufer einer Verkaufsoption** bilanziert nach den Grundsätzen, die für Kaufoptionen gelten (*Exkurs:* Zur Behandlung einer in Verbindung mit einem Warenverkauf gewährten (Rück-)Verkaufsoption s BFH 17.11.2010 BB 2011, 621 sowie BMF 12.10.2011 DStR 2011, 2000). Bei Ausübung der Verkaufsoption ggü dem Stillhalter verringert die Optionsprämie die AK des Optionsgegenstands. Dagegen mindert die Auflösung oder der Verbrauch einer ggf gebildeten Drohverlustrückstellung die AK nicht. Davon zu unterscheiden sind bei zu über dem Markt- oder Börsenpreis liegenden Anschaffungsvorgängen ggf notwendige außerplanmäßige Abschreibungen des Optionsgegenstands. **79**

2. Zinsoptionen

Durch eine Zinsoption, die in standardisierter Form oder auch individuell als sog OTC-Geschäft vereinbart werden kann, erwirbt der Käufer das Recht, einen Zinssatz oder ein zinstragendes FinInst zu einem bestimmten Zeitpunkt oder während eines festgelegten Zeitraums zu einem vorher vereinbarten Kurs an den Optionsverkäufer zu verkaufen (Put) oder von ihm zu kaufen (Call). **80**

An der Eurex und an der LIFFE werden (standardisierte) **Optionen auf den Bund-Future** gehandelt. Während der Optionslaufzeit hat der Käufer das Recht, vom Verkäufer zu verlangen, eine Kaufposition oder eine Verkaufsposition in dem Bund-Future-Kontrakt mit dem vereinbarten Basispreis einzunehmen. Dementspr ist der Verkäufer verpflichtet, am Börsentag nach Ausübung durch den Käufer ein entspr Termingeschäft abzuschließen (*Krumnow ua* § 340e Anm 427).

81 Die im Rahmen von Zinsoptionsgeschäften regelmäßig zu zahlende **Optionsprämie** ist nach den für Optionsrechte geltenden allgemeinen Grundsätzen zu behandeln (Anm 72). Die Optionsprämie wird bei dem für standardisierte Zinsoptionen angewendeten **Future-Style-Verfahren** nicht zu Vertragsbeginn, sondern erst bei Ausübung, Glattstellung oder Verfall gezahlt. Gewinne und Verluste, die sich aus dem aktuellen Optionspreis ergeben, werden auf einem für jeden Vertragspartner eingerichteten *Margin-Account* verrechnet. Bei Glattstellung muss lediglich der Differenzbetrag (Gewinn oder Verlust) zwischen *Margin-Account* und dem Aufwand aus Glattstellung ausgeglichen werden. Verfällt die Option oder wird sie ausnahmsweise tatsächlich ausgeübt, wird die ursprünglich zu Beginn des Geschäfts vereinbarte Prämie (netto) gezahlt, da der Saldo des *Margin-Accounts* mit der Prämie in Höhe des aktuellen Optionspreises verrechnet wird.

Wenngleich die Zahlung der Prämie hinausgeschoben wird, sollte nicht auf eine Buchung und eine Bilanzierung der Optionsprämie nach den allgemeinen für Optionsrechte geltenden Grundsätzen verzichtet werden (s Anm 72). Der Stillhalter aktiviert eine Forderung auf Zahlung der Optionsprämie und stellt dieser einen Passivposten ggü (s Anm 74).

82 Eine **tatsächliche Ausübung** von Zinsoptionen erfolgt in der Praxis nur **ausnahmsweise**. Normalerweise wird der Kontrakt glattgestellt oder durch den Austausch entspr Ausgleichszahlungen erfüllt. Glattstellung und Verfall führen zur sofortigen Ausbuchung (Optionsinhaber) bzw zur erfolgswirksamen Vereinnahmung (Stillhalter). Erfolgt jedoch eine *Ausübung* und ist Gegenstand des Optionsvertrags ein zu lieferndes Wertpapier, ergeben sich die gleichen bilanziellen Folgen wie bei Ausübung einer Aktienoption (Anm 77 f). Wird die Option auf ein Termingeschäft ausgeübt, bleibt die Optionsprämie zweckmäßigerweise als Aktiv- bzw Passivposten unverändert bilanziert. Erfolgt am Ende des Termingeschäfts eine Ausgleichszahlung, ist die Optionsprämie ebenso zu behandeln wie die Ausgleichszahlung (*Krumnow ua* § 340e Anm 435). Bei Erfüllung des Termingeschäfts durch Lfg des entspr Optionsgegenstands (zB Bundesanleihe), erhöht die bislang passivierte Optionsprämie die AK bzw mindert den Veräußerungserlös.

83 Die **Ermittlung einer Drohverlustrückstellung** für Zinsoptionsgeschäfte erfolgte bisher entweder auf Glattstellungsbasis oder auf Stillhalterbasis. Im ersten Fall ergibt sich die Rückstellung als Differenz zwischen dem Preis einer fiktiv abzuschließenden Zinsoption und dem Buchwert der passivierten Optionsprämie (s auch Anm 75). Bei der Stillhaltermethode soll die Rückstellungshöhe folgendermaßen berechnet werden: (aktueller Marktzinssatz abzgl Strike-Satz) bezogen auf den zugrunde liegenden Nominalbetrag abzgl Restprämie. Das IDW stellt auf den negativen beizZW der Option iSd § 255 Abs 4 S 1 oder 2 abzgl einer passivierten Optionsprämie ab, was im Ergebnis weitgehend der erstgenannten Methode entspricht (s hierzu Anm 75).

3. Zinsbegrenzungsvereinbarungen

90 Bei Zinsbegrenzungsvereinbarungen handelt es sich um Verträge, die Ausgleichszahlungen zwischen den Vertragspartnern für den Fall vorsehen, dass ein als

Referenzzinssatz festgelegter Marktzinssatz (zB EURIBOR oder LIBOR) eine bestimmte (Zins-)Grenze über- oder unterschreitet. Je nach dem, ob die (Zins-)Grenze nach oben, nach unten oder nach beiden Seiten begrenzt wird, spricht man von Caps, Floors oder Collars. IndustrieUnt dienen solche vereinbarten **Verzinsungsgrenzen** meist dazu, für einen bestimmten Kapitalbetrag, einen zu starken Ausschlag des Marktzinses nach oben, nach unten oder nach beiden Seiten abzusichern (s Anm 95 f). Bisweilen sind aber auch derlei Vereinbarungen zu Spekulationszwecken beobachtbar.

Gegenstand eines **Cap** ist die Vereinbarung einer Zinsobergrenze. Regelmäßig verpflichtet sich eine Bank am Ende der vereinbarten Zinsperioden *(Roll-over-Termin)*, dem Capkäufer die Differenz zwischen der festgelegten Zinsobergrenze *(strike rate)* und dem vereinbarten variablen Referenzzinssatz in Bezug auf eine vertraglich festgelegte Bemessungsgrundlage zu zahlen. Bleibt der Marktzins unter der fixierten Grenze, werden keine Ausgleichszahlungen fällig. **91**

Floors wirken demggü umgekehrt: der Aussteller deckt das Risiko eines Kreditgebers, dass der variable Referenzzinssatz eine bestimmte Grenze unterschreitet. Die Absicherung der Risiken einer Zinsänderung nach beiden Seiten, indem der Kauf eines Caps und der Verkauf eines Floors kombiniert werden, bezeichnet man als **Collar**. Hierbei ist der *Stillhalter* zur Zahlung verpflichtet, wenn der Referenzzinssatz die festgelegte Obergrenze überschreitet, andererseits hat er das Recht, vom Käufer eine Ausgleichszahlung zu verlangen, wenn der Referenzzinssatz die festgelegte Untergrenze unterschreitet. **92**

Wirtschaftlich betrachtet bestehen Caps, Floors und Collars aus einer **Serie von Zinsoptionen**. „Die Anzahl der **Teiloptionen** und deren individuelle Bezugsgröße (Länge des zugrunde liegenden Zinstermingeschäfts) bestimmen sich nach dem vereinbarten Referenzzinssatz und der Gesamtlaufzeit der Zinsbegrenzungsvereinbarung" *(Krumnow ua* § 340e Anm 437). **93**

Folglich werden für Caps, Floors oder Collars gezahlte Prämien wie bei anderen Optionen auch behandelt: der Käufer aktiviert die gezahlte Prämie unter „sonstige Vermögensgegenstände" im Umlaufvermögen (aA *Lüdenbach* StuB 2011, 27, der bei über einem Jahr liegenden Laufzeiten einen Ausweis unter den Finanzanlagen präferiert), während der Verkäufer eine „sonstige Verbindlichkeit" passiviert. **94**

Die einzelnen Teiloptionen verfallen im Zeitablauf, so dass das Risiko laufzeitbedingt abnimmt; die Auflösung der Prämie darf grds vereinfachungsbedingt linear erfolgen. Ist allerdings der beizulegende Wert unter den aktivierten (Rest-)Buchwert gesunken, hat der Käufer eine entspr außerplanmäßige Abschreibung vorzunehmen. Analog dazu kommt seitens des Verkäufers eine ratierliche Prämienvereinnahmung nur soweit in Betracht, wie das danach verbleibende Passivum das voraussichtlich verbleibende Risiko abdeckt; bei über dem Passivum liegenden Risiken ist zudem eine Drohverlustrückstellung zu bilden. Beim Käufer wird die Prämie regelmäßig zu Lasten des Zinsaufwands, beim Verkäufer zugunsten der Zinserträge gebucht. Handelt es sich ausnahmsweise um isolierte, dh nicht Absicherungszwecken dienende, Zinsbegrenzungsvereinbarungen, ist bei IndustrieUnt als Käufer hingegen der Ausweis unter den sonstigen betrieblichen Aufwendungen sachgerecht. Bei separater Einbuchung der einzelnen Teiloptionen (Caplets/Floorlets) und deren späterer Ausbuchung bei Ausübung oder Verfall wird allerdings eine *genauere* Verteilung (progressiver Aufwandsverlauf) der Gesamtprämie auf die Sicherungsperiode erreicht (so *PwC* Derivative Finanzinstrumente[4], Anm 566). Die laufzeitbezogene Auflösung legt es aber auch nahe, die erhaltene Prämie in einen passiven RAP einzustellen. Infolgedessen muss es als zulässig angesehen werden, die gezahlte Prämie als aktiven RAP zu erfassen.

95 Bei IndustrieUnt dienen Caps und Floors idR der **Absicherung** verzinslicher Bilanzposten. Wird entspr eine BewEinh gebildet und – wie häufig in der Praxis – eine Zinsbewertung der Bilanzposten unterlassen, insb mit dem Argument, eine andere Vorgehensweise würde idR zur Antizipation entgangener Gewinne führen –, wurden auch Caps und Floors bisher nicht bewertet und ggf auf den niedrigeren Bilanzstichtagswert abgeschrieben (differenzierend *PwC* Derivative Finanzinstrumente[4], Anm 577). Zur Frage, ob diese Methodik auch nach dem BilMoG noch als zulässig angesehen werden kann, hat sich im Schrifttum noch kein repräsentatives Meinungsbild ergeben (die Zulässigkeit uU als fraglich erklärend: *Löw/Scharpf/Weigel* WPg 2008, 1020; *Scharpf* in Küting/Pfitzer/Weber[2], 205 u 221; s hierzu auch *PwC* BilMoG Komm Kap V Anm 56 ff). Angesichts der Möglichkeit zur kompensatorischen Bewertung (s Anm 70) steht dem uE im Ergebnis nichts entgegen, sofern sichergestellt ist, dass aus dem mittels BewEinh faktisch neu geschaffenen Bilanzierungsobjekt insgesamt kein Verlust droht.

96 **Ausgleichszahlungen** dürfen, da die vertragliche Leistung bis zum Zeitpunkt des Settlements vollständig für den jeweiligen Teilkontrakt erbracht wurde, sofort erfolgswirksam erfasst werden. Allerdings wird es auch für zulässig gehalten, die aus den gekauften Caps bzw Floors resultierenden Ansprüche auf Ausgleichszahlungen bei Abrechnung zu Beginn der Referenzperiode (Settlement) als „sonstige Vermögensgegenstände" zu aktivieren. Bei bilanzpostenbezogenen Zinsbegrenzungsvereinbarungen können die Ausgleichszahlungen zeitanteilig zinsaufwandsmindernd (Cap) bzw zinsertragserhöhend (Floor) in der GuV erfasst werden (so *PwC* Derivative Finanzinstrumente[4], Anm 613).

II. Unbedingte Termingeschäfte

100 Bei einem unbedingten Termingeschäft handelt es sich um ein Kauf- bzw Verkaufsgeschäft mit hinausgeschobenem Erfüllungszeitpunkt. Termingeschäfte haben die Lfg bestimmter Vertragsgegenstände (Basisobjekte) zu einem festen zukünftigen Zeitpunkt gegen ein fest vereinbartes Entgelt zum Inhalt. Nach der Art des zugrunde liegenden Basisobjekts unterscheidet man zwischen Waren-, Devisen-, Zins-, Aktien- und Rentenmarktindex-Terminkontrakten.
Financial Futures stellen – anders als bspw (individuell vereinbarte) *Forward Rate Agreements* – *standardisierte* Verträge (Kontrakte) dar, die an den Terminbörsen (zB Eurex) gehandelt und täglich zu Marktwerten *(mark-to-market)* bewertet werden. Die Standardisierung bezieht sich auf eine bestimmte Anzahl von Kontrakten über festgelegte Kontraktgegenstände mit standardisierten Volumina (zB Treasury Bonds, Treasury Notes). Die Fälligkeitstermine sind idR quartalsweise festgelegt. Zu unterscheiden ist zwischen Financial Futures auf konkreter Basis (Währungs-Futures und Zins-Futures) und auf abstrakter Basis (Aktienindex-Futures).
Zu Vertragsbeginn verlangt die **Clearingstelle** als Kontrahent zwischen Käufer und Verkäufer eine Sicherheitsleistung in Form einer Einschusszahlung *(initial margin)*, deren Höhe idR von der Volatilität des Basisobjekts abhängt, und die grds bei Beendigung des Geschäfts zurückgewährt wird. Eine Angleichung des kontrahierten Preises an den aktuellen Marktpreis wird erreicht mittels Nachschusszahlungen *(variation margins),* die den Vertragspartnern börsentäglich gutgeschrieben oder belastet werden. Die Belieferung des Käufers eines Financial Futures wird durch die Clearingstelle veranlasst, doch erfolgt idR keine Lfg der Basiswerte *(physical settlement)* oder – bei physisch nicht lieferbaren Vertragsgegenständen – ein *cash settlement,* da die meisten Kontrakte vor Fälligkeit glattgestellt werden.

Bildung von Bewertungseinheiten 101–103 § 254

Gegenstand eines **Zinsfutures** (als Bsp für Financial Futures und als wichtiges **101** FinInst zur Absicherung gegen Zinsänderungsrisiken) sind an der Terminbörse gehandelte standardisierte Geld- oder Kapitalanlagen. In Deutschland bilden die Bund-Futures (langfristige Bundesanleihe mit einer Laufzeit von 8,5 bis 10 Jahren) und Bobl-Futures (mittelfristige Bundesschuldverschreibung mit einer Laufzeit von 3,5 bis 5 Jahren) die wichtigsten Formen von Zinsfutures.

Die *initial margin* ist wie andere Sicherungsleistungen beim Sicherungsgeber unter „sonstige Vermögensgegenstände" auszuweisen und muss wegen ihrer Unabhängigkeit vom aktuellen Kurs und mangels Bonitätsrisiken nicht bewertet werden. Auch *variation margins* stellen nach hM Sicherheitsleistungen, nicht aber Erfüllungsleistungen dar und sind dementspr als „sonstige Vermögensgegenstände" (Sicherungsgeber)/„sonstige Verbindlichkeiten" (Sicherungsnehmer) zu bilanzieren. Die sofortige GuV-wirksame Vereinnahmung von erhaltenen oder geleisteten *variation margins* wird für nicht zulässig erachtet.

Eine Aktivierung der von der Börse berechneten **Transaktionskosten** ist nicht zwingend – so kann bei geringfügigen Beträgen aus Praktikabilitätsgründen, aber auch, weil idR eine Erfüllung gar nicht stattfindet, eine sofortige Aufwandsbuchung in Betracht kommen.

Liegt der Bilanzstichtagskurs bei gekauften (verkauften) Futures unter (über) dem kontrahierten Kurs, ist eine Drohverlustrückstellung zu passivieren. Zulässig ist auch die Abschreibung der aktivierten *variation margins* (IDW RS BFA 5 Tz 15).

Bei **Glattstellung** von Financial Futures Kontrakten vor Fälligkeit sind die bis dahin erzielten Ergebnisbeiträge erfolgswirksam in der GuV zu erfassen.

Bei ausnahmsweiser physischer **Erfüllung** eines Financial Future Kontrakts umfassen die AK beim Käufer des Vertragsgegenstands neben dem kontrahierten Preis die bis zu diesem Zeitpunkt aufgelaufenen *variation margins* (s § 255 Anm 312; aA *ADS*[6] § 255 Anm 75: Marginzahlungen beeinflussen die Ermittlung der AK nicht). Der Veräußerungserlös des Verkäufers setzt sich zusammen aus Abrechnungsbetrag und *variation margins*.

Devisentermingeschäfte, als Bsp nicht börsenmäßig gehandelter Termin- **102** kontrakte, verpflichten zum Kauf (Verkauf) eines festgelegten Währungsbetrags an einem bestimmten Termin zu einem festgelegten Kurs. Der im Abschlusszeitpunkt geltende Devisenkassakurs wird je nach Zinsdifferenz um einen Abschlag (Deport/*discount*) oder einen Aufschlag (Report/*premium*) korrigiert. Im ersten Fall besteht hinsichtlich der Fremdwährung eine Abwertungserwartung mit einer damit verbundenen Überverzinslichkeit der ausländischen Währung, umgekehrt wird im zweiten Fall bei entspr Unterverzinslichkeit mit einer Aufwertung gerechnet.

Der Kurs- bzw Zinsabschlag mindert die Fremdwährungszinserträge bzw -aufwendungen und sollte daher in der GuV als Korrektur des Zinsergebnisses pro rata temporis verteilt werden (*PwC* Derivative Finanzinstrumente[4], Anm 434).

Von IndustrieUnt werden Devisentermingeschäfte in erster Linie zur **Kurs-** **103** **sicherung** von unverzinslichen (Forderungen/Verbindlichkeiten aus Lfg und Leistungen) und verzinslichen (Mittelausleihungen/-aufnahmen) Bilanzposten, aber auch von künftigen Fremdwährungs-Umsatzerlösen oder dem künftigen Bezug von Rohstoffen in Fremdwährung eingesetzt. Im Fall einer BewEinh darf aus Vereinfachungsgründen der gesamte Ertrag/Aufwand aus der Kurssicherung bei Einbuchung *kurzfristiger* (formal) *unverzinslicher* Forderungen/Verbindlichkeiten aus Lfg und Leistungen in der GuV als Korrektur der Umsatzerlöse bzw des Materialaufwands erfasst werden. Der Aufwand/Ertrag aus der Kurssicherung *kurzfristig verzinslicher* Aktiva oder Passiva ist in der GuV als Korrektur der jeweiligen Erträge (zB Zinserträge aus Festgeld-Anlagen) oder Aufwendungen (zB Zinsaufwendungen für Bankkredite) zu erfassen. *Längerfristige* unverzinsliche Forderungen/Verbindlichkeiten mit einer Laufzeit von mehr als zwölf Monaten sind grds zum Barwert einzubuchen und stellen insoweit verzinsliche Bilanzposten dar, die wie zinstragende Posten behandelt werden können (so PwC Derivative Finanzinstrumente[4], Anm 436).

Die **Aktivierung/Passivierung** kursgesicherter Forderungen/Verbindlichkeiten oder Mittelausleihungen/-aufnahmen erfolgt mit dem um den zeitanteiligen Abschlag oder Aufschlag korrigierten Anschaffungskurs. Dies bedeutet zB im Falle einer kursgesicherten *zinstragenden* Forderung mit einer Laufzeit von 1,5 Jahren, die am 1.1.X1 bei einem Kassakurs von € 0,83/USD begründet und durch einen USD-Terminverkauf per 30.6.X2 mit einem Kurs von 0,80 gesichert wurde, dass am Bilanzstichtag 31.12.X1 wie folgt bilanziert werden kann:
– die Forderung wird zu Lasten der Zinserträge auf 0,81 abgeschrieben,
– die Forderung wird bis zum 30.6. X2 mit € 0,83/USD ausgewiesen und in der Bilanz wird eine sonstige Verbindlichkeit in Höhe von € 0,02 zu Lasten der Zinserträge passiviert,
– der Anschaffungskurs der Forderung wird bei Einbuchung in den Sicherungskurs (€ 0,80/USD) und in die als „sonstiger Vermögensgegenstand" auszuweisende Swapprämie (€ 0,03/USD) gespalten. Bis zum Erfüllungszeitpunkt des Devisentermingeschäfts wird die Swapprämie pro rata temporis zu Lasten der Zinserträge aufgelöst (s *PwC* Derivative Finanzinstrumente[4], Anm 435).

104 Die ausnahmsweise **vorzeitige vertragliche Auflösung** eines Devisentermingeschäfts führt zur erfolgswirksamen Vereinnahmung der Ausgleichszahlung. Auch bei Glattstellung sollte der Erfolg sofort in voller Höhe erfolgswirksam in der GuV erfasst werden.

III. Zinsswaps

110 Das Grundprinzip des Zinsswaps ist der vertraglich geregelte Austausch von Zinszahlungen, die sich auf einen identischen (fiktiven) Kapitalbetrag beziehen und sich regelmäßig in der Art der Verzinsung (fest/variabel) unterscheiden. Die Vertragspartner können auf diese Weise Vorteile, die sie auf Grund besserer Zugangsmöglichkeiten zu den entspr Kreditmärkten besitzen, an den jeweils anderen Partner weitergeben. „Geswapt" werden kann grds jeder Zinssatz gegen einen anderen, wobei in der Praxis der Tausch einer variablen Zinsbasis gegen einen festen Zinssatz überwiegt (zB ein 6-Monats-Libor gegen einen 5-Jahres-Festzinssatz). Im Gegensatz zu Futures werden Swaps nicht an organisierten und zentralisierten Märkten gehandelt, jedoch existieren Musterverträge, die insoweit zu einer gewissen Standardisierung der einzelnen Verträge führen.

Unterschieden werden Festzins-Empfänger *(Receiver-)* und Festzins-Zahler *(Payer-)*Swaps. IdR werden Zinsswaps in Bezug auf Aktiva oder Passiva abgeschlossen *(Asset-* oder *Liability-Swap).* Handels-Swaps werden von **IndustrieUnt** selten abgeschlossen, zB wenn eine Konzernholding bankenähnliche Funktionen ausübt.

Durch den Zinsswap wird die Zinsausstattung von Bilanzposten modifiziert. Durch einen *Receiver-Swap (Liability-Swap)* wird zB eine begebene Festzins-Anleihe in eine variabel verzinsliche Anleihe transformiert; ein erworbenes festverzinsliches Wertpapier wird durch einen *Payer Swap (Asset-Swap)* zu einem variabel verzinslichen Wertpapier.

111 Zinsswapverträge betreffen beiderseitig noch nicht erfüllte Zinsverpflichtungen, die als **schwebende Geschäfte** grds nicht bilanziert und, sofern sie zur Absicherung bestimmter Bilanzposten dienen und mit diesen zu einer **Bewertungseinheit** zusammengefasst wurden, bislang auch grds nicht bewertet wurden (s *PwC* Derivative Finanzinstrumente[4], Anm 523); zur Frage der Zulässigkeit nach neuem Recht vgl Anm 95).

Bei auf festverzinsliche Anlagen bezogenen Zinsswaps (zB Transformation 112
eines festverzinslichen Wertpapiers in einen *Synthetic Floater*) waren bislang grds
weder zinsinduzierte Niederstwertabschreibungen auf die zugrunde liegenden
Aktiva noch Drohverlustrückstellungen für den Swap zu bilden. In ihrer Zinsausstattung durch den Swap modifizierte Passiva waren wie originäre Passiva zu bewerten (s *PwC* Derivative Finanzinstrumente[4], Anm 525). Entspr war – im Gegensatz *zu isolierten Zinsswaps* (s hierzu § 249 Anm 100 „Swapgeschäfte"; *ADS*[6]
§ 249 Anm 165) – selbst wenn durch das Swapgeschäft im Vergleich zum aktuellen Marktzinsniveau letztlich ein überverzinsliches Passivum entstanden ist, nur
dann von einer Rückstellungspflicht auszugehen, wenn hierdurch tatsächlich
Verluste drohen, dh nicht lediglich Gewinne (iSv Opportunitätskosten) entgehen
(vgl hierzu auch IDW RS HFA 4 Tz 32). Zur Frage der Zulässigkeit nach neuem Recht (BilMoG) vgl Anm 95.

Gezahlte oder erhaltene **Einmalzahlungen** *(Upfront Payments)* bei Abschluss 113
von Zinsswaps werden als „sonstige Vermögensgegenstände" bzw „sonstige Verbindlichkeiten" ausgewiesen und pro rata temporis als Zinsaufwand oder Zinsertrag
(Zinskorrektur) aufgelöst. Einmalzahlungen am Ende der Laufzeit von Zinsswaps
(Balloon Payments) werden während der Swap-Laufzeit ratierlich zu Gunsten/zu
Lasten des Zinsertrags/Zinsaufwands aus dem zugrunde liegenden Geschäft aufgebaut (s *PwC* Derivative Finanzinstrumente[4], Anm 528).

Die **Auflösung** von Zinsswaps vor Fälligkeit führt zur sofortigen erfolgswirk- 114
samen Erfassung des empfangenen oder gezahlten Barwerts. Dagegen wird bei
wirtschaftlicher **Glattstellung** der mit Abschluss des Gegengeschäfts realisierte
Erfolg nur zeitanteilig als Margendifferenz GuV-wirksam, dh eine sofortige Vereinnahmung des Barwerts der Margendifferenz ist ausgeschlossen.

IV. Wertpapier-Leihgeschäfte

Bei einem **Wertpapierdarlehensgeschäft** bzw Wertpapier-Leihgeschäft über- 120
eignet der Darlehensgeber dem Darlehensnehmer Wertpapiere (Anleihen oder
Aktien) aus seinem Bestand. Zivilrechtlich stellt dieser Vorgang ein Sachdarlehen
(§§ 607 ff BGB) dar. Während der Vertragslaufzeit tritt der Darlehensnehmer in
alle Rechte aus den Wertpapieren ein, mithin ist er berechtigt zum Weiterverleihen, zum Verkauf oder zur Verpfändung der Wertpapiere. Nach Ablauf der (idR
kurzfristigen) Laufzeit ist der Darlehensnehmer verpflichtet, Wertpapiere gleicher
Art und Menge zurück zu übereignen. Für die Leihe hat der Darlehensnehmer
eine (im Rahmen von organisierten Wertpapier-Leihsystemen, wie Clearstream
Banking AG oder Euroclear, idR pauschale) Darlehens- bzw Nutzungsgebühr zu
entrichten.

Der **Darlehens*geber*** bucht die Wertpapiere aus (aA IDW RS VFA 1, Tz 14: 121
wirtschaftliches Eigentum verbleibt beim Darlehensgeber; ebenso *Scharpf* in
Küting/Pfitzer/Weber[2], 201; kritisch hinterfragend, ob ggf Umkehr der bisher
hM geboten: *Krumnow* ua § 340b Anm 68ff) und weist stattdessen als Surrogat
eine Forderung auf Rückübertragung aus (so auch *Bayerisches Landesamt für Steuern*
Vfg v 20.7.2010 DB 2010, 1672; BMF 3.4.1990 DB, 863). Dieser Vorgang ist
nach hM erfolgsneutral; dies dürfte trotz § 6 Abs 6 EStG (Wegfall der Tauschgrundsätze) auch steuerrechtlich weiterhin gelten, schließlich scheitert ein Gewinnrealisierung am fehlenden Umsatz-(Verkaufs-)akt (s BMF 9.3.2000). Die
Sachdarlehensforderung ist entspr der Einordnung der verliehenen Wertpapiere
im Anlage- oder Umlaufvermögen als „sonstige Ausleihung" oder unter „sonstige Vermögensgegenstände" auszuweisen. Im Interesse der Klarheit kommt auch
ein gesonderter Ausweis („verliehene Wertpapiere") bei den Finanzanlagen oder

im Umlaufvermögen in Betracht. Die Bewertung erfolgt gem Niederstwertprinzip (§ 253 Abs 3 S 3, Abs 4) (bzw steuerrechtlich gem § 6 Abs 1 Nr 1 S 2 EStG) und folgt der (fiktiven) Bewertung der das Darlehen begründenden Wertpapierposition. Bonitätsgesichtspunkte spielen bei im Rahmen von Wertpapierleihsystemen (s oben) abgewickelten Geschäften keine Rolle, bei außerhalb dieser Systeme abgeschlossenen Geschäften ist allerdings die Bonität des Vertragspartners bei der Forderungsbewertung zu berücksichtigen.

122 Der **Darlehens***nehmer* erwirbt sowohl das rechtliche als auch das wirtschaftliche Eigentum an den geliehenen Wertpapieren und aktiviert daher die geliehenen Wertpapiere mit ihren Kurswerten. Die **Rückgabeverpflichtung** ist in gleicher Höhe zu passivieren. Ausgewiesen werden die Wertpapiere grds im Umlaufvermögen, die korrespondierende Verpflichtung ist als „Verbindlichkeit gegenüber Kreditinstituten" oder „sonstige Verbindlichkeit" einzuordnen. Die Bewertung erfolgt nach dem Höchstwertprinzip, dh die Verbindlichkeit muss ggf in Höhe der Differenz zwischen (höherem) Stichtagskurs (iSe Erfüllungsbetrags, § 253 Abs 1 S 2) und passivierter Rückgabeverpflichtung erhöht werden (steuerrechtlich allerdings nur, sofern dauerhaft, § 6 Abs 1 Nr 3 iVm § 6 Abs 1 Nr 2 S 2 EStG). Handelsrechtlich kommt auch die Bildung einer Rückstellung für drohende Verluste aus schwebenden Geschäften in Betracht (aA *Krumnow* ua § 340b Anm 83). Kurssteigerungen sind für die Bewertung jedoch dann ohne Bedeutung, wenn der Darlehensnehmer die Wertpapiere am Bilanzstichtag noch im Bestand hat, weil dann eine gegenseitige Kompensation erfolgt.

123 Zins- oder Dividendenerträge stehen dem Entleiher als wirtschaftlichem und rechtlichem Eigentümer zu. Neben dem zu entrichtenden „Darlehenszins" leistet der Entleiher ggf sog **Kompensationszahlungen** für Zins- oder Dividendenerträge. Vom Entleiher an das Clearinghaus zu entrichtende laufzeitabhängige Provisionen sind als sonstige Aufwendungen zu erfassen. Beim Verleiher liegen sonstige Erträge vor für vom Clearinghaus vergüteten Gutschriften.

V. Regelungen der IFRS zu Finanzinstrumenten

1. IAS 39

130 Die **erstmalige bilanzielle Erfassung** originärer und derivativer FinInst in Form von finanziellen Vermögenswerten oder finanziellen Verbindlichkeiten (iS der Begriffsdefinitionen in IAS 32/39) erfolgt grds im Zeitpunkt des Vertragsschlusses (Handelstag). Für *marktübliche* Erwerbe/Verkäufe (*regular way purchases/ sales,* bspw Kassageschäfte) finanzieller Vermögenswerte darf stattdessen die bilanzielle Erfassung des finanziellen Vermögenswerts bzw der finanziellen Schuld auf den Zeitpunkt der Erfüllung (Lfg) verschoben werden; handelt es sich um zum beizW (fair value) zu bilanzierende FinInst, sind allerdings etwaige zwischen Handels- und Erfüllungstag eintretende Zeitwertänderungen bilanziell zu erfassen (IAS 39.14 u 39.38 iVm 39.AG53 ff).

131 Zur Frage der **Ausbuchung** finanzieller *Vermögenswerte* bedarf es der schrittweisen Prüfung mehrerer Kriterien, die sich sowohl an der Chancen-/Risikenverteilung (sog *risks and rewards-approach*) als auch – wenngleich mit untergeordneter Bedeutung – an den Verfügungsrechten (sog *control-approach*) orientieren (IAS 39. 15 ff). Bzgl der fest vorgegebenen Schrittfolge enthält IAS 39.AG 36 einen entspr Entscheidungsbaum. Stark vereinfacht formuliert ist ein finanzieller Vermögenswert grds auszubuchen, wenn

a) die Rechte an den Cash-flow aus dem Vermögenswert erloschen sind (IAS 39. 17a) oder

b) das Unt die og Rechte an einen (konzern-)fremden Dritten übertragen oder sich zur unverzüglichen Weiterleitung der erhaltenen Cash-flow *(pass-through-arrangement)* verpflichtet hat (IAS 39.15, 39.18–19) und dabei gleichzeitig
– entweder auch die wesentlichen Chancen und Risiken übertragen (IAS 39.20a) oder
– zumindest nicht die wesentlichen Chancen und Risiken sowie das Verfügungsrecht zurückbehalten (IAS 39.20 b/c) hat.

Unter bestimmten Voraussetzungen kommt auch eine nur *partielle* Ausbuchung (s IAS 39.16) oder eine *partielle* Fortführung nach Maßgabe des Anteils, mit dem das Unt ggf noch an Wertänderungen des übertragenen Vermögenswerts partizipiert (sog *continuing involvement;* s IAS 39.20c iVm 39.30 ff) in Betracht. In diesem Fall ist neben dem verbleibenden Anteil am Vermögenswert ein korrespondierender Passivposten *(associated liability)* zu erfassen und so zu bewerten, dass der Nettobetrag beider Posten die beim Unt verbliebenen Ansprüche und Verpflichtungen widerspiegelt (zu Bsp s IDW RS HFA 9 Tz 142 ff).

Finanzielle *Verbindlichkeiten* werden mit Erlöschen (durch Begleichung, Stornierung oder Verfall) oder der Übertragung der Verpflichtung an einen Dritten ausgebucht (IAS 39.39).

Die **Zugangsbewertung** von FinInst erfolgt zu ihrem jeweiligen beizZW *(fair value),* der idR bei finanziellen Vermögenswerten dem beizZW des Hingegebenen, bei finanziellen Verbindlichkeiten dem beizZW des Empfangenen entspricht; Transaktionskosten sind – mit Ausnahme der erfolgswirksam zum beizZW bewerteten Posten – einzubeziehen (IAS 39.43, 39.AG64).

Auch die **Folgebewertung** finanzieller *Vermögenswerte* erfolgt grds zum beizZW, wobei hierbei Transaktionskosten, die bei Erwerb (iSv Wiederbeschaffungskosten) oder bei Veräußerung anfielen, unberücksichtigt bleiben (IAS 39.46, AG67). Hiervon ausgenommen und somit grds zu fortgeführten AK zu bewerten sind originäre Kredite und Forderungen, die auch nicht zu Handelszwecken gehalten werden, bis zur Endfälligkeit zu haltende Finanzinvestitionen *(Held-to-Maturity-Investments,* zB festverzinsliche Wertpapiere, Forderungen und Kredite, die das Unt bis zur Endfälligkeit zu halten beabsichtigt) sowie solche Finanzinvestitionen in *EK*-Instrumente, deren beizZW nicht zuverlässig ermittelt werden kann (IAS 39.47). Finanzielle *Verbindlichkeiten* werden grds zu fortgeführten AK bewertet; hiervon ausgenommen und stattdessen zwingend zum beizZW (soweit zuverlässig ermittelbar) zu bilanzieren sind insb Derivate mit negativem Marktwert und Handelspassiva (s IAS 39.47). Bei einer Bewertung zu fortgeführten AK erfolgt im Fall von (den Zugangswert mindernden) Disagien oder Transaktionskosten im Zeitablauf eine Zuschreibung auf den Rückzahlungsbetrag gem Effektivzinsmethode (IAS 39.46).

Ungeachtet obiger Ausführungen besteht allerdings unter bestimmten (restriktiven) Bedingungen die Möglichkeit, – mit Ausnahme von *EK*-Titeln, deren beizZW mangels eines aktiven Markts nicht verlässlich bewertbar ist – jeden beliebigen finanziellen Vermögenswert bzw jede beliebige finanzielle Verbindlichkeit erfolgswirksam zum beizZW zu bewerten (sog ***fair value option***). Die hierzu notwendige Zuordnung in die Kategorie „erfolgswirksam zum beizZW zu bewertende Vermögenswerte/Schulden" *(financial assets/liabilities at fair value through profit or loss)* setzt voraus, dass (a) durch die Einstufung bzw die daraus resultierende bilanzielle Behandlung andernfalls sich hätten ergebende Inkongruenzen bzgl Ansatz/Bewertung (sog *accounting mismatch)* verhindert oder zumindest verringert werden, oder (b) eine Gruppe finanzieller Vermögenswerte/Verbindlichkeiten gem RiskMa- oder Anlagestrategie gesteuert und ihre Wertentwicklung auf Grundlage des beizZW beurteilt wird und diese Informationen an Personen in Schlüsselfunktionen (iSd IAS 24) weitergereicht werden, und (c) die Kategori-

§ 254 133–135 Jahresabschluß (Bewertungsvorschriften)

sierung bereits im Zugangszeitpunkt des jeweiligen Postens vorgenommen wurde (IAS 39.47 iVm IAS 39.9).

Gewinne und **Verluste,** die als Handelsaktiva bzw/-passiva *(trading),* Derivate oder aufgrund freiwilliger Option als „zum beizZW zu bewertende Vermögenswerte/Schulden" kategorisiert aus der Bewertung zum beizZW resultieren, sind in der GuV (bzw im entspr Teil der Gesamtergebnisrechnung) erfolgswirksam als Erträge oder Aufwendungen zu erfassen (IAS 39.55a). Ergebnisse aus der Zeitwert-Bewertung anderer zur Veräußerung verfügbarer finanzieller Vermögenswerte *(available-for-sale)* sind zunächst außerhalb der GuV im sonstigen Ergebnis *(other comprehensive income)* zu erfassen (IAS 39.55b). Im letztgenannten Fall werden die erfassten Bewertungsergebnisse grds erst bei Veräußerung bzw Abgang des betr Vermögenswerts GuV-wirksam (IAS 39.55b).

133 Im Falle **(nachhaltiger) Wertminderungen** *(impairment)* oder Uneinbringlichkeit iSv IAS 39.58 ff, dh wenn der Buchwert höher ist als der voraussichtlich erzielbare Betrag (Barwert künftiger Cash-flows), hat jedoch die Abwertung generell aufwandswirksam zu erfolgen; etwaige bis zu diesem Zeitpunkt GuV-neutral im sonstigen Ergebnis erfasste Bewertungsergebnisse sind entspr GuV-wirksam aufzulösen (IAS 39.67). Eine Wertminderungsprüfung ist jedoch nur erforderlich, sobald hierzu substanzielle Hinweise – insb bei erheblichen finanziellen Schwierigkeiten des Schuldners sowie bei bedeutendem oder andauerndem Wertverfall – vorliegen (s IAS 39.59 ff).

Künftige Werterholungen sind grds durch entspr Zuschreibung des Buchwerts – begrenzt auf den ursprünglichen (bei zu AK zu bewertenden Vermögenswerten ggf fortgeführten) Betrag – zu berücksichtigen **(Wertaufholungsgebot).** Die Gegenbuchung erfolgt bei zu AK zu bewertenden Vermögenswerten sowie bei als *available-for-sale* kategorisierten *Schuld*titeln erfolgswirksam, bei als *available-for-sale* kategorisierten *EK-*Titeln hingegen GuV-neutral (IAS 39.65 ff) (im letztgenannten Fall gilt der einst nach Abwertung verbliebene Buchwert quasi als neue AK, so dass künftige Werterholungen nach den allgemeinen für diese Kategorie vorgesehenen Vorschriften zu behandeln sind; eine *echte* Wertaufholung (iS einer Rückgängigmachung einer außerplanmäßigen Abschreibung) liegt insofern eigentlich nicht vor).

134 Zur bilanziellen Behandlung bei Sicherungszusammenhängen **(Hedge-Accounting)** s Anm 60 ff.

135 IFRS 7 sieht umfangreiche Angaben im Anhang (Notes) vor, um den Abschlussadressaten die Bedeutung von FinInst für die Finanzlage und Ertragskraft und die daraus resultierenden Risiken für das Unt zu verdeutlichen. Dazu sind neben der Beschreibung der angewendeten Bilanzierungs- und Bewertungsmethoden (IAS 1.117, IFRS 7.21) insb Angaben zu machen zu:
– den Buchwerten und beizZW je Kategorie finanzieller Vermögenswerte bzw Verbindlichkeiten (IFRS 7.8, 7.25 ff)
– den Wertänderungen von erfolgswirksam zum beizZW bewerteten finanziellen Vermögenswerten (sowie deren maximales Ausfallrisiko) und Verbindlichkeiten (IFRS 7.9 ff)
– in der Gesamtergebnisrechnung erfassten Aufwands- und Ertrags- bzw Gewinn- und Verlustposten (IFRS 7.20)
– erfolgten Umgliederungen finanzieller Vermögenswerte und damit verbundener Wechsel von AK-basierter zu zeitwertbasierter Bewertung oder umgekehrt (IFRS 7.12)
– erfolgten Transfers finanzieller Vermögenswerte (IFRS 7.13).
– erfolgten bilanziellen Saldierungen sowie zu bestehenden Aufrechnungsvereinbarungen (ungeachtet dessen, ob eine Saldierung erfolgte) inkl etwaiger Sicherheiten (IFRS 7.13A ff)

Bildung von Bewertungseinheiten   136, 137   § 254

– finanziellen Vermögenswerten, die als Sicherheit gestellt wurden und Vermögenswerten, die als Sicherheit gehalten werden (IFRS 7.14 f)
– etwaigen Wertberichtigungskonten für Kreditausfälle (IFRS 7.16)
– kombinierten FinInst mit eingebetteten Derivaten (IFRS 7.17)
– Vertragsverletzungen bei Darlehensverbindlichkeiten (IFRS 7.18 f)
– der Bilanzierung von Sicherungsgeschäften (IFRS 7.22 ff)
– Art und Ausmaß der Risiken, die sich aus FinInst ergeben und denen das Unt ausgesetzt ist, in qualitativer und quantitativer Hinsicht. Hierzu zählen insb Angaben zum Kreditrisiko (inkl Angaben zu überfällig oder wertgeminderten finanziellen Vermögenswerten; Sicherheiten uä), zum Liquiditätsrisiko sowie Marktrisiko.

2. IFRS 9

Nach den Plänen des IASB werden die bisherigen Vorschriften des IAS 39 **136** phasenweise überarbeitet und durch die jeweiligen Neuregelungen in Gestalt des IFRS 9, Finanzinstrumente, abgelöst.

Als erste von insgesamt drei Phasen (Klassifizierung und Bewertung, Wert- **137** minderung, Sicherungsbeziehungen) wurde im November 2009 ein erster Teil des IFRS 9 veröffentlicht, dessen Änderungen sich zunächst auf eine neue Kategorisierung und damit verbundene Bewertung von **finanziellen Vermögenswerten** (Aktiva) beziehen. Danach entfallen die bisherigen Kategorien des IAS 39 (s Anm 132). Stattdessen wird für finanzielle Vermögenswerte grds eine (Folge)Bewertung zum beizZW vorgeschrieben (IFRS 9.4.4). Eine Folgebewertung zu fortgeführten AK kommt nur noch in Betracht, wenn es dem Geschäftsmodell des Unt entspricht, den betr finanziellen Vermögenswert zur Vereinnahmung der vertraglichen Zahlungsströme zu halten und sich Letztgenannte gem den Vertragsbedingungen ausschließlich auf Zins (definiert als Vergütung für den Zeitwert des Geldes und das Kreditrisiko) und Tilgung ausstehender Rückzahlungsbeträge erstrecken (IFRS 9.4.2 f; zur Konkretisierung dieses Kriteriums vgl auch ED/2012/4). Die Option, Vermögenswerte, die andernfalls zu fortgeführten AK bewertet würden, zum beizZW zu bewerten (sog *fair value option*), besteht nunmehr nur noch bei Vorliegen eines *accounting mismatch* (IFRS 9.4.5).

Effekte aus der Folgebewertung zum beizZW sind grds GuV-wirksam zu erfassen. Lediglich für EK-Instrumente besteht ein (im Zugangszeitpunkt unwiderruflich festzulegendes) Wahlrecht, Wertänderungen (inkl eines etwaigen Abgangsergebnisses) in der GuV oder im sonstigen Ergebnis (other comprehensive income) zu erfassen; hieraus resultierende Dividendenerträge sind ungeachtet der Wahlrechtsausübung stets in der GuV (bzw im entspr Teil der Gesamtergebnisrechnung) zu erfassen (IFRS 9.5.4.1 ff). Die Vorschriften des IAS 39 zur Berücksichtigung (nachhaltiger) **Wertminderungen** sind folglich nur noch für zu fortgeführten AK bewerteten finanziellen Vermögenswerten anwendbar.

Im Zuge des im November 2012 erschienenen Änderungsentwurfs ED/2012/4 ist zudem die Einführung einer weiteren Bewertungskategorie für sog qualifizierende Schuld-Instrumente vorgesehen, wonach diese zum beizZW zu bewerten und die Wertänderungen im sonstigen Ergebnis *(OCI)* zu erfassen wären (sog FVOCI-Kategorie); bei Abgang soll eine Umbuchung in die GuV erfolgen (sog Recycling). Voraussetzung hierfür wäre, dass die Zahlungsströme des Schuldtitels ausschließlich Tilgungs- und Zinszahlungen iSd sog Cashflow-Tests darstellen und das Instrument darüber hinaus im Rahmen eines Geschäftsmodells gehalten wird, das sowohl die Vereinnahmung dieser vertraglichen Cashflows als auch die Veräußerung dieser Schuldinstrumente beinhaltet (denkbar bspw bei zur Deckung von Versicherungsverträgen gehaltenen Schuldtiteln). Für die Erfassung

§ 254   138–140   Jahresabschluß (Bewertungsvorschriften)

von Wertminderungen sollen dieselben Kriterien wie für zu fortgeführten AK bewertete finanzielle Vermögenswerte gelten.

138 Im Oktober 2010 wurde IFRS 9 um Vorschriften zur Bilanzierung **finanzieller Verbindlichkeiten** erweitert. Dabei wurden mit Ausnahme der Regelungen für freiwillig zum beizZW bewertete finanzielle Verbindlichkeiten (sog *fair value option*) die bisherigen Vorschriften des IAS 39 übernommen. Demnach bestehen auch weiterhin die beiden Bewertungskategorien „erfolgswirksam zum beizZW bewertet" und „zu fortgeführten AK bewertet".

Die Kriterien für die freiwillige Designation einer finanziellen Verbindlichkeit als „erfolgswirksam zum beizulegenden Zeitwert bewertet" (sog *fair value option*) bleiben ebenfalls unverändert. Allerdings sind bei Anwendung dieser Option Änderungen des beizZW, soweit diese aus einer Veränderung des eigenen Kreditrisikos resultiert, nicht mehr – wie bisher – in der GuV, sondern im sonstigen Ergebnis *(other comprehensive income)* zu erfassen. Etwas anders gilt nur dann, falls dies in der GuV zu einer Bewertungsinkongruenz *(accounting mismatch)* führen würde (IFRS 9.5.7.7 f). Für alle anderen zwingend erfolgswirksam zum beizZW zu bewertenden finanziellen Passiva (zB Derivate) gilt weiterhin, dass die gesamte Wertänderung in der GuV zu erfassen ist.

139 Gleichzeitig wurden mit og Ergänzung des IFRS 9 auch die bisherigen Vorschriften zur **Ausbuchung von Finanzinstrumenten** des IAS 39, nachdem man ursprünglich angedachte Änderungen zunächst wieder verworfen hat, unverändert übernommen.

140 Darüber hinaus existiert seit März 2013 ein (überarbeiteter) *Entwurf* zur Änderung der bisherigen Vorschriften für **Wertminderungen** von zu fortgeführten AK bewerteten finanziellen Vermögenswerten *(Impairment)* (ED/2013/3; zum vorhergehenden Entwurf aus November 2009 (ED/2009/12) sowie dessen Ergänzung im Januar 2011 s Voraufl), wonach nicht – wie bisher – erst bereits eingetretene Verluste (sog *incurred-loss model*) zu einer Abwertung führen sollen. Vielmehr sollen nach der Neuregelung bereits im Zugangszeitpunkt zu erwartende künftige Verluste bei der Ersterfassung des finanziellen Vermögenswerts zu berücksichtigen sein (sog *expected-loss model*). Das Modell soll gleichermaßen für über das sonstige Ergebnis *(OCI)* zum beizZW bewertete finanzielle Vermögenswerte (zur geplanten Einführung dieser sog FVOCI-Kategorie s Anm 137), für Leasingforderungen sowie bestimmte Finanzgarantien gelten (ED/2013/3 Anm 2). Danach ist zwischen drei (Risiko-)Gruppen (bzw -Stufen) von finanziellen Vermögenswerten (sowie unwiderruflichen Kreditzusagen) zu differenzieren (sog *three bucket approach*). Die jeweilige Zuordnung bestimmt sowohl den Umfang der Risikovorsorge (Prognosezeitraum, innerhalb dessen mit Verlustereignissen zu rechnen ist) als auch die Ermittlung des Zinsertrags. Allen Gruppen gemein ist, dass der Wertminderungsbedarf unter Berücksichtigung der Eintrittswahrscheinlichkeit und des Zinseffekts zu ermitteln und sodann sofort aufwandswirksam zu erfassen ist. Grds gilt es diejenigen Ausfälle zu schätzen, die aufgrund von innerhalb der nächsten 12 Monate nach dem Abschlussstichtag erwarteten Ereignissen voraussichtlich ausgelöst werden (Gruppe 1). Ist seit Zugang eine wesentliche Bonitätsverschlechterung eingetreten (widerrufliche Vermutung bspw bei Überfälligkeiten von mehr als 30 Tagen) und besteht nicht nur ein geringes Ausfallrisiko (anders als bspw mit *„investment grade"* vergleichbaren Ratings) (ohne offensichtliche Anzeichen für ein Ausfallereignis) (Gruppe 2) oder bestehen offensichtliche Anzeichen für ein Ausfallereignis (Gruppe 3), ist auf die gesamten während der Laufzeit erwarteten Ausfälle abzustellen (ED/2013/3 Anm 5 ff). Für Forderungen aus Lfg und Leistungen, die eine Finanzierungsvereinbarung (iSd IAS 18 bzw künftig iSd geplanten Neuregelung zur Umsatzrealisierung, vgl ED/2011/6 Revenue from Contracts with Customers) beinhalten – dh zumeist langfristige bzw

Bewertungsmaßstäbe **§ 255**

erst nach mehr als 12 Monaten fällige Forderungen (IAS 18.13, ED/2011/6 Anm 58, 60) – sowie für Leasingforderungen soll aus Praktikabilitätserwägungen ein (jeweils stetig anzuwendendes) Wahlrecht zugestanden werden, wonach die Ausfallprognose anstelle og Vorgaben auch unmittelbar über die gesamte Laufzeit vorgenommen werden kann (ED/2013/3 Anm 12). Die Zinsberechnung erfolgt in den ersten beiden Gruppen auf Basis des Nominalbetrags, in der dritten Gruppe hingegen auf Basis des wertberichtigten Buchwerts (ED/2013/3 Anm 25).

Als Bestandteil der dritten Phase ist geplant, die Vorschriften zur bilanziellen Abbildung von Sicherungszusammenhängen **(Hedge Accounting)** an diversen Stellen zu modifizieren und dabei enger an das praktizierte RiskMa auszurichten. Nach dem ursprünglichen *Entwurf* (ED/2010/13) wurde im September 2012 ein *„Review Draft" („IFRS 9 Chapter 6 Hedge Accounting")* veröffentlicht. Zu den danach geplanten Änderungen (ausführlich hierzu *Barz/Flick/Maisborn* IRZ 2012, 473 und *Garz/Helke* WPg 2012, 1207) zählen ua die tendenzielle Erweiterung absicherbarer Grundgeschäfte und einzelner Risikokomponenten (bspw Aufhebung der bisherigen Einschränkung bzgl Absicherung von Teilrisiken bei nicht finanziellen Grundgeschäften, s Anm 60; Zulässigkeit der Absicherung bestimmter Nettopositionen sowie von EK-Instrumenten, deren Änderungen des beizZW im sonstigen Ergebnis *(OCI)* erfasst werden, die Erleichterung des Einsatzes von gekauften Optionen, Termingeschäften sowie nicht derivativen FinInst als Sicherungsinstrumente (ggf erfolgswirksame Erfassung des Zugangswerts verteilt über die Laufzeit der Sicherungsbeziehung), die Streichung des retrospektiven Effektivitätstests sowie der starren (prozentualen) Effektivitätsgrade (s Anm 63). 141

Die im ED/2010/13 ursprünglich angedachten Änderungen hinsichtlich der Abbildung von Sicherungszusammenhängen, namentlich die Erfassung der Wertänderungen des Grund- und Sicherungsgeschäfts eines *Fair Value-Hedges* analog der Behandlung von *Cash Flow-Hedges* GuV-neutral im Sonstigen Ergebnis *(OCI)* sowie die Wiederherausbuchung des davon entfallenden ineffektiven Teils in die GuV, wurden wieder verworfen. Im Fall eines *Cash Flow-Hedges* ist bei Zugang eines gesicherten *nicht-finanziellen* Vermögenswerts jedoch künftig eine zwingende Umbuchung der *Cash Flow-Hedge*-Rücklage in dessen Buchwert vorzunehmen; die bisherige alternative Möglichkeit zur Beibehaltung der Rücklage und Auflösung nach Maßgabe der Ergebniswirksamkeit (zB Abschreibung) des abgesicherten Vermögenswerts soll insofern gestrichen werden. Eine finale Fassung ist für das vierte Quartal 2013 zu erwarten. Zudem ist losgelöst von der Vervollständigung des IFRS 9 zu dynamischen Portfoliosicherungen (Makro-Hedging) ein gesondertes Projekt geplant (vgl *IASB* Update Mai 2012, 12); ein erstes Diskussionspapier ist für die zweite Jahreshälfte 2013 avisiert.

IFRS 9 in der og Fassung ist (soweit bereits final) verpflichtend für am bzw nach dem 1.1.2015 beginnende Gj (ursprünglich war bereits der 1.1.2013 vorgesehen) anzuwenden, wobei eine freiwillige vorzeitige Anwendung gestattet ist. Gleichwohl ist zu beachten, dass dessen **Anwendung** in einem befreienden KA iSd § 315a zum Redaktionsschluss mangels Anerkennung seitens der EU (sog *Endorsement*) **noch nicht möglich** ist. 142

§ 255 Bewertungsmaßstäbe

(1) [1]**Anschaffungskosten sind die Aufwendungen, die geleistet werden, um einen Vermögensgegenstand zu erwerben und ihn in einen betriebsbereiten Zustand zu versetzen, soweit sie dem Vermögensgegenstand einzeln zugeordnet werden können.** [2]**Zu den Anschaffungskosten gehören auch die Nebenkosten sowie die nachträglichen Anschaffungskosten.** [3]**Anschaffungspreisminderungen sind abzusetzen.**

§ 255 Jahresabschluß (Bewertungsvorschriften)

(2) ¹Herstellungskosten sind die Aufwendungen, die durch den Verbrauch von Gütern und die Inanspruchnahme von Diensten für die Herstellung eines Vermögensgegenstands, seine Erweiterung oder für eine über seinen ursprünglichen Zustand hinausgehende wesentliche Verbesserung entstehen. ²Dazu gehören die Materialkosten, die Fertigungskosten und die Sonderkosten der Fertigung sowie angemessene Teile der Materialgemeinkosten, der Fertigungsgemeinkosten und des Werteverzehrs des Anlagevermögens, soweit dieser durch die Fertigung veranlasst ist. ³Bei der Berechnung der Herstellungskosten dürfen angemessene Teile der Kosten der allgemeinen Verwaltung sowie angemessene Aufwendungen für soziale Einrichtungen des Betriebs, für freiwillige soziale Leistungen und für die betriebliche Altersversorgung einbezogen werden, soweit diese auf den Zeitraum der Herstellung entfallen. ⁴Forschungs- und Vertriebskosten dürfen nicht einbezogen werden.

(2a) ¹Herstellungskosten eines selbst geschaffenen immateriellen Vermögensgegenstands des Anlagevermögens sind die bei dessen Entwicklung anfallenden Aufwendungen nach Absatz 2. ²Entwicklung ist die Anwendung von Forschungsergebnissen oder von anderem Wissen für die Neuentwicklung von Gütern oder Verfahren oder die Weiterentwicklung von Gütern oder Verfahren mittels wesentlicher Änderungen. ³Forschung ist die eigenständige und planmäßige Suche nach neuen wissenschaftlichen oder technischen Erkenntnissen oder Erfahrungen allgemeiner Art, über deren technische Verwertbarkeit und wirtschaftliche Erfolgsaussichten grundsätzlich keine Aussagen gemacht werden können. ⁴Können Forschung und Entwicklung nicht verlässlich voneinander unterschieden werden, ist eine Aktivierung ausgeschlossen.

(3) ¹Zinsen für Fremdkapital gehören nicht zu den Herstellungskosten. ²Zinsen für Fremdkapital, das zur Finanzierung der Herstellung eines Vermögensgegenstands verwendet wird, dürfen angesetzt werden, soweit sie auf den Zeitraum der Herstellung entfallen; in diesem Falle gelten sie als Herstellungskosten des Vermögensgegenstands.

(4) ¹Der beizulegende Zeitwert entspricht dem Marktpreis. ²Soweit kein aktiver Markt besteht, anhand dessen sich der Marktpreis ermitteln lässt, ist der beizulegende Zeitwert mit Hilfe allgemein anerkannter Bewertungsmethoden zu bestimmen. ³Lässt sich der beizulegende Zeitwert weder nach Satz 1 noch nach Satz 2 ermitteln, sind die Anschaffungs- oder Herstellungskosten gemäß § 253 Abs. 4 fortzuführen. ⁴Der zuletzt nach Satz 1 oder 2 ermittelte beizulegende Zeitwert gilt als Anschaffungs- oder Herstellungskosten im Sinn des Satzes 3.

Übersicht

	Anm
A. Allgemeines	1, 2
B. Begriff und Umfang der Anschaffungskosten (Abs 1)	
I. Begriff der Anschaffungskosten (Abs 1 S 1)	
1. Definitionsmerkmale	20
a) Kosten des Erwerbs – Überführung aus fremder in eigene Verfügungsgewalt	21, 22
b) Kosten der Versetzung in betriebsbereiten Zustand	23–25
c) „Negative Anschaffungskosten"/Zahlungen des Veräußerers an den Erwerber	26
2. Anschaffungszeitpunkt und Anschaffungskostenzeitraum	
a) Anschaffungszeitpunkt	31, 32
b) Anschaffungskostenzeitraum	33, 34
3. Abgrenzung Anschaffung – Herstellung	35–38

	Anm
4. Anschaffungskosten beim Tausch	
a) Begriff und Anwendungsfälle	39
b) Handelsrecht	40
c) Steuerrecht	41
5. Anschaffungskosten bei Unternehmensumstrukturierungen/Umwandlungen	
a) Anschaffungskosten nach UmwG (Handelsrecht)	42
aa) Formwechsel	43
bb) Übertragende Umwandlung	44
cc) Anwachsung	45
b) Anschaffungskosten nach UmwStG (Steuerrecht)	
aa) Verschmelzung, Auf- und Abspaltung von Körperschaft auf Körperschaft (§§ 11–13, 15 UmwStG)	46
bb) Verschmelzung, Auf- und Abspaltung von Körperschaft auf Personengesellschaft oder natürliche Person (§§ 3–8, 16 UmwStG)	47
cc) Formwechsel	48
dd) Einbringungen von Betrieben, Teilbetrieben oder Mitunternehmeranteilen sowie Formwechsel von PersGes in KapGes	49
II. Umfang der Anschaffungskosten (Abs 1 S 1–3)	50
1. Anschaffungspreis	
a) Anschaffungspreis und Umsatzsteuer	51
b) Anschaffungspreis in ausländischer Währung	52–55
c) Anschaffung gegen Übernahme von Verbindlichkeiten oder anderweitigen Lasten	56
2. Anschaffungspreisänderungen	60
a) Anschaffungspreisminderungen	61–64
b) Anschaffungspreiserhöhungen	65, 66
3. Anschaffungsnebenkosten	70
a) Extern anfallende Nebenkosten	71, 72
b) Innerbetrieblich anfallende Nebenkosten	73
c) Anschaffungskosten/Nebenkosten bei Erwerb mit Hilfe von Kaufoptionen	74
4. Nachträgliche Anschaffungskosten	75–78
III. Aufteilung eines Gesamtkaufpreises auf mehrere Vermögensgegenstände	79
1. Vertraglich vereinbarte Aufteilung	80
2. Unaufgeteilter Gesamtkaufpreis	81–85
IV. Anschaffungskosten bei unentgeltlichem Erwerb	
1. Begriff und Anwendungsfälle	90
2. Un-/Teilentgeltlicher Erwerb bei Schenkung, Erbgang und Erbauseinandersetzung	
a) Schenkung, gemischte Schenkung, (teil-)entgeltlicher Erwerb	91–95
b) Erwerb durch Erbgang, Erbauseinandersetzung und Realteilung	96, 97
c) Anschaffungskosten nach Handelsrecht	99–102
d) Anschaffungskosten nach Steuerrecht	
aa) Erwerb eines Betriebs, Teilbetriebs oder Mitunternehmeranteils	103
bb) Erbauseinandersetzung, Realteilung	104, 105
cc) Vorweggenommene Erbfolge gegen Versorgungsleistungen	106
dd) Erwerb einzelner Wirtschaftsgüter	107
3. Abgespaltene Anschaffungskosten	108

§ 255   Jahresabschluß (Bewertungsvorschriften)

	Anm
C. Einzelfragen bei Anschaffungskosten	
I. Immaterielle Vermögensgegenstände des Anlagevermögens	109
II. Anschaffungskosten bei Zuschüssen und Subventionen	
1. Begriff und Anwendungsfälle	113, 114
2. Handelsrecht	115–119
3. Steuerrecht	120–125
III. Finanzanlagen	
1. Beteiligungen	141–143
a) Erwerb von Anteilen gegen Einlage	144–161
b) Nachträgliche Aufwendungen auf Anteile (verdeckte Einlagen)	162–167
aa) Unentgeltliche Zuwendungen eines VG durch den Gester an das BetUnt	163, 164
bb) Zinslose oder niedrig verzinzliche Darlehen	165
cc) Lieferungen zu unangemessenen Preisen	166
dd) Leistungen des Gesellschafters	167
c) Kapitalrückzahlungen	171
d) Kapitalherabsetzung durch Einziehung unentgeltlich zur Verfügung gestellter Aktien	172
2. Wertpapiere des Anlagevermögens	175–177
3. Ausleihungen	180
IV. Vorräte – Besonderheiten bei den Anschaffungsnebenkosten für Roh-, Hilfs- und Betriebsstoffe sowie Waren	
1. Allgemeines	201
2. Pauschalierung von extern anfallenden Nebenkosten	202
3. Nicht abziehbare Vorsteuern	203
4. Innerbetrieblich anfallende Nebenkosten	204–206
5. Nebenkosten bei länger lagernden Waren	207
6. Verfahren zur Ermittlung der Anschaffungskosten	208–213
V. Forderungen	
1. Anschaffungskosten bei bestehenden Forderungen	250
2. Anschaffungskosten bei originär entstehenden Forderungen	251
a) Gewinnrealisierende Forderungen	252, 253
b) Nicht gewinnrealisierende Forderungen	254
3. Anschaffungskosten bei un- oder minderverzinslichen Forderungen	
a) Bestehende Forderungen	255
b) Gewinnrealisierende Forderungen	256
c) Nicht gewinnrealisierende Forderungen	257
4. Sonderfragen	
a) Anschaffungskosten bei Fremdwährungsforderungen	258
b) Vinkulierungen	259
VI. Wertpapiere	300–312
VII. Flüssige Mittel	320–322
VIII. ABC der Anschaffungskosten	325
D. Begriff und Umfang der Herstellungskosten (Abs 2)	
I. Begriff der Herstellung	
1. Erscheinungsformen der Herstellung	330, 331
2. Wesen und Inhalt des Herstellungsvorgangs	332–334
3. Herstellungskosten – pagatorischer Kostenbegriff	335

Bewertungsmaßstäbe § 255

Anm

II. Umfang der Herstellungskosten
  1. Der Regelungsinhalt des Abs 2 S 2–4 340–345
  2. Die Herstellungskostenuntergrenze nach Handelsrecht (Abs 2 S 2) 346
    a) Begriff der Einzelkosten 347–352
    b) Gemeinkosten 353–356
  3. Die Herstellungskostenuntergrenze nach Steuerrecht (Abs 2 S 2 u S 3) 357
  4. Die Herstellungskostenobergrenze nach Handels- (Abs 2 S 3) und Steuerrecht (EStR (2008) 6.3) 358, 359
  5. Die Herstellungskostenobergrenze nach Steuerrecht EStÄR (2012) 360

E. **Einzelfragen bei Herstellungskosten**
  I. Immaterielle Vermögensgegenstände des Anlagevermögens 361
  II. Sachanlagen
    1. Zeitraum, Beginn und Ende der Herstellung (Abs 2 S 3)
      a) Beginn der Herstellung 362–366
      b) Ende der Herstellung, Fertigstellung, Zeitpunkt der Herstellung 367, 368
      c) Sonderfälle des Beginns der Herstellung bei Gebäuden
        aa) Vorbereitende Kosten, Planungskosten 370–372
        bb) Erwerb eines Gebäudes in Abbruchabsicht als Beginn der Herstellung/Anschaffung des Neu-Gebäudes nach Steuerrechtsprechung ... 373, 374
    2. Nachträgliche Herstellungskosten und Erhaltungsaufwand
      a) Begriff und Erscheinungsformen nachträglicher Herstellungskosten 375
      b) Vollverschleiß, Wiederherstellung 376, 377
      c) Wesensänderung 378, 379
      d) Erweiterung (Abs 2 S 1, 2. Halbsatz, 1. Alternative) 380, 381
      e) Wesentliche Verbesserung über den ursprünglichen Zustand hinaus (Abs 2 S 1, 2. Halbsatz, 2. Alternative) 382
        aa) Ursprünglicher Zustand 383, 384
        bb) Wesentliche Verbesserung 385–389
      f) Erhaltungsaufwand 390
      g) Komponentenansatz 391
      h) Zusammentreffen von Herstellungs- und Erhaltungsaufwand 392
    3. ABC der Herstellungskosten (Sachanlagen) 400
  III. Finanzanlagen 405
  IV. Vorräte
    1. Allgemeines 410–420
    2. Die Gruppe der Gemeinkosten
      a) Materialgemeinkosten 422
      b) Fertigungsgemeinkosten 423
      c) Sonderkosten der Fertigung 424–426
      d) Werteverzehr des Anlagevermögens 427–430
      e) Verwaltungskosten 431
      f) Aufwendungen für soziale Einrichtungen des Betriebs usw 434, 435

                                                                    Anm
    3. Das Prinzip der Angemessenheit und Notwendigkeit
        a) Allgemeines 436, 437
        b) Kosten der Unterbeschäftigung (Leerkosten) 438, 439
    4. Das Verbot der Aktivierung von Vertriebskosten und
       Forschungskosten (Abs 2 S 4)
        a) Vertriebskosten im Allgemeinen 442–453
        b) Sondereinzelkosten des Vertriebs bei langfristiger
            Fertigung 454–456
        c) Teilgewinnrealisierung bei langfristiger Fertigung 457–464
        d) Forschungskosten 465
    5. ABC der Herstellungskosten (Vorräte) 470
F. Forschungs- und Entwicklungskosten (Abs 2a)
    I. Allgemeines 480–484
    II. Begriff
        1. Forschung 485, 486
        2. Entwicklung 487–491
    III. Steuerrecht 492
G. Zinsen für Fremdkapital (Abs 3) 500
    I. Anschaffungskosten und Fremdkapitalzinsen 501
    II. Herstellungskosten und Fremdkapitalzinsen 502–510
H. Der beizulegende Zeitwert und seine Ermittlung (Abs 4)
    I. Allgemeines 511–513
    II. Die Ermittlung des beizulegenden Zeitwerts
        1. Marktpreis auf einem aktiven Markt (Abs 4 S 1) 514–517
        2. Fehlen eines aktiven Marktes (Abs 4 S 2) 518, 519
        3. Bewertung zu Anschaffungs- oder Herstellungskosten (Abs 4 S 3–4) 520–522
    III. Steuerrecht 523–526
I. Rechtsfolgen einer Verletzung des § 255 550
J. Abweichungen der IFRS
    I. Anschaffungskosten 570–574
    II. Anschaffungskosten in ausländischer Währung 577
    III. Bilanzierung von Zuwendungen der öffentlichen Hand 580, 581
    IV. Herstellungskosten 585–589
    V. Nachträgliche Herstellungskosten und Erhaltungsaufwand 590, 591
    VI. Forschungs- und Entwicklungsaufwendungen 593
    VII. Fremdkapitalkosten (Abs 3) 595
    VIII. Der beizulegende Zeitwert (Abs 4)
        1. Grundsatz 597
        2. Definition und Ermittlung 598
    IX. Teilgewinnrealisierung
        1. Grundsatz 600
        2. Verlässliche Schätzung 601
        3. Definitionen und Abrechnungseinheit 602, 603

Schrifttum: *Mathiak* Anschaffungs- und Herstellungskosten in: Raupach (Hrsg), Werte und Wertermittlung im Steuerrecht, Köln 1984; *Moxter* Bilanzrechtsprechung, Tübingen 1993; *Herzig/Söffing* Bilanzierung und Abschreibung von Fernsehrechten, WPg 1994, 601;

Klein Der Herstellungsbegriff in § 255 (2) S 1 des Handelsgesetzbuches und seine Prägung durch den Bundesfinanzhof bei Gebäuden FS *Moxter* 293; *Raupach* Das Steuerrecht als unerwünschte Rechtsquelle der Handelsbilanz, FS Moxter 103; *Schmid/Walter* Teilgewinnrealisierung bei langfristiger Fertigung in Handels- und Steuerbilanz, DB 1994, 2358; *Wassermeyer* Die Maßgeblichkeit der Handelsbilanz für die Steuerbilanz und die Umkehrung dieses Grundsatzes, DStJG 14 S 29 ff; *Mellwig* Herstellungskosten und Realisationsprinzip, FS Budde 397; *Baetge* Herstellungskosten: Vollaufwand versus Teilaufwand, FS Ludewig, 54; *Pezzer* Die Instandsetzung und Modernisierung von Gebäuden nach der jüngsten Rechtsprechung des BFH, DB 1996, 849; *Spindler* Zur Abgrenzung von Herstellungs- und Erhaltungsaufwand bei Instandsetzungs- und Modernisierungsmaßnahmen an Gebäuden, DStR 1996, 766; *Spindler* Zur steuerlichen Behandlung nachträglicher Erschließungskosten, DB 1996, 444; *Winter* Aktivierungsfähigkeit von Finanzderivaten, BB 1996, 2083; *Barth/Kneisel* Entgeltlich erworbene Warenzeichen in der Handels- und Steuerbilanz WPG 1997, 473; *Müller* Ertragsteuerliche Behandlung der Grunderwerbsteuer in Umstrukturierungsfällen DB 1997, 1433; *Siegel* Rückstellungen für Anschaffungs- oder Herstellungskosten in Ausnahmefällen, DB 1999, 857; *Kußmaul/Klein* Maßgeblichkeitsprinzip bei verdeckter Einlage und verdeckter Gewinnausschüttung?, DStR 2001, 189; *Schmidbauer* Die Bilanzierung und Bewertung immaterieller Vermögensgegenstände bzw. Vermögenswerte in der deutschen Rechnungslegung sowie nach IAS, DStR 2003, 2035; *Scharfenberg/Marquardt* Die Bilanzierung des Customizing von ERP-Software, DStR 2004, 195; *Klein/Völker-Lehmkuhl* Die Bilanzierung von Emissionsrechten nach den deutschen Grundsätzen ordnungsgemäßer Buchführung, DB 2004, 332; *Redeker/Scholze/Wielenberg* Handels- und steuerrechtliche Bilanzierung von Emissionsrechten, StuW 2007, 251; *Behrens* Ertragsteuerliche Behandlung nach § 1 Abs 2a oder Abs 3 angefallener Grunderwerbsteuer, DStR 2008, 338; Arbeitskreis „Immaterielle Werte im Rechnungswesen" der Schmalenbach-Gesellschaft für Betriebswirtschaft eV: Leitlinien zur Bilanzierung selbstgeschaffener immaterieller Vermögensgegenstände des Anlagevermögens nach dem Regierungsentwurf des BilMoG, DB 2008, 1813; *Hüttche* Bilanzierung selbst erstellter immaterieller Vermögensgegenstände des Anlagevermögens im Lichte des BilMoG, StuB 2008, 163; *Lengsfeld/Wielenberg* Zur Herstellungskostenuntergrenze nach dem Entwurf des BilMoG, WPg 2008, 321; *Meyering* Denkanstöße zu den Anschaffungskosten und ihre Ermittlung, StuW 2009, 42; *Laubach/Kraus/Bornhofen* Zur Durchführung der HGB-Modernisierung durch das BilMoG: Die Bilanzierung selbst geschaffener immaterieller Vermögensgegenstände, DB 2009 Beilage zu Heft 23, 19; *Künkele/Koss* in: Petersen/Zwirner: BilMoG, 433, München, 2009; *Küting* in: Küting/Pfitzer/Weber: Das neue deutsche Bilanzrecht, 159, 2. Aufl, Stuttgart, 2009; *Bode* Nachträgliche Anschaffungskosten beim Ausfall von Gesellschafterdarlehen nach MoMiG und Einführung der Abgeltungsteuer, DStR 2009, 1781; *Petersen/Zwirner/Künkele* Bilanzanalyse und Bilanzpolitik nach BilMoG, 2. Aufl, Herne, 2009; *Peter/Graser* Zu kurz gegriffen: Due Diligence-Kosten als Anschaffungsnebenkosten beim Beteiligungserwerb, DStR 2009, 2032; *Moran/Kinzel* in: Kneip/Jänisch: Tax Due Diligence, 2. Aufl, München 2010, 667; *Herzig/Briesemeister* Unterschiede zwischen Handels- und Steuerbilanz nach BilMoG – Unvermeidbare Abweichungen und Gestaltungsspielräume, WPg 2010, 63; *Küting/Ellmann* Die Herstellungskosten von selbst geschaffenen immateriellen Vermögensgegenständen des Anlagevermögens, DStR 2010, 1306; *Fey/Deubert* Bedingte Anschaffungskosten für Beteiligungen im handelsrechtlichen Abschluss des Erwerbers, BB 2012, 1461; *Gadek/Mörwald* Ertragsteuerliche Abzugsfähigkeit von GrESt in Fällen von § 1 Abs. 2a und 3 GrEStG, DB 2012, 2010; *Lüdenbach/Freiberg* Bilanzierungsprobleme beim Tausch und Tausch mit Baraufgabe, DB 2012, 2701.

A. Allgemeines

Abs 1, Abs 2 u Abs 2a definieren die Begriffe AK/HK als zentrale Wertmaßstäbe des Bilanzrechts. Sie bilden die **grundsätzliche Wertobergrenze** der Bewertung – Anschaffungswertprinzip – (§ 253 Anm 1) und sind die **Zugangswerte,** mit denen ein angeschaffter oder hergestellter VG erstmals bilanziert wird. Hiervon **ausgenommen** sind zB FinInst des Handelsbestands von Kredit- und Finanzdienstleistungsinstituten, das sog Planvermögen für Altersversorgungsverpflichtungen und vergleichbare langfristig fällige Verpflichtungen iSd § 246 Abs 2 S 2 sowie fondsgebundene AVersverpflichtungen iSd § 253 Abs 1 S 3. Für diese VG und Rückstellungen besteht der in Abs 4 definierte beizZW als dritter Bewertungsmaßstab bei der Zugangsbewertung. Die Bewertungsmaßstäbe AK/HK gelten ansonsten für alle VG des Anlage- und des Umlaufvermögens (§ 253 Anm 1).

2   Das HGB definiert zwar die AK, nicht aber den Begriff der **Anschaffung** selbst. Dieser wird vorausgesetzt (s Anm 20 ff). Demggü enthält Abs 2 neben der Bestimmung der HK auch eine Definition der **Herstellung** im bilanzrechtlichen Sinne. Während es für **Anschaffungskosten** grds nur *einen* Wertansatz gibt – Fixwertprinzip –, besteht im **HK**bereich ein **Bewertungswahlrecht**, das in Abs 2 S 3 geregelt ist. Besonderheiten bei HK selbst geschaffener immaterieller VG des AV regelt Abs 2a. Der Einbeziehung von Finanzierungskosten in die HK hat das Gesetz einen eigenen Absatz gewidmet (Abs 3), wohingegen spezielle Regeln für GFW in § 246 zu finden sind. Abs 4 definiert mit dem beizZW einen weiteren Bewertungsmaßstab neben den AK/HK, der insb bei der Bewertung bestimmter Finanzinstrumente Anwendung findet.

B. Begriff und Umfang der Anschaffungskosten (Abs 1)

I. Begriff der Anschaffungskosten (Abs 1 S 1)

1. Definitionsmerkmale

20 In Anlehnung an die zuvor insb im Steuerrecht gewonnene Auslegung **definiert** § 255 die AK wie folgt: „Anschaffungskosten sind die Aufwendungen, die geleistet werden, um einen Vermögensgegenstand zu erwerben" – Kosten des Erwerbs – „und ihn in betriebsbereiten Zustand zu versetzen" – Kosten der Herstellung der Betriebsbereitschaft. AK werden demnach durch den Wert des Geleisteten bestimmt, in diesem Sinne „Prinzip der Maßgeblichkeit der Gegenleistung" (*ADS*[6] § 255 Anm 5; *Wohlgemuth* HdJ I/9 Anm 2). Diese kann außer in der Bezahlung eines Barbetrages auch zB in der Hingabe einer unbaren Gegenleistung (Tausch; vgl Anm 39 ff) oder in der Erbringung einer Dienstleistung (tauschähnlicher Vorgang) oder in der Übernahme einer Verbindlichkeit oder anderweitigen Last bestehen.

Der **Begriff der Anschaffung** ist gesetzlich nicht definiert und wird nach dem Zweck der jeweils relevanten Vorschrift ausgelegt (BFH 25.6.2002, BStBl 2002 II, 756). Eine Anschaffung liegt jedenfalls vor bei entgeltlichem Erwerb eines bereits bestehenden VG, der aus fremder in die eigene wirtschaftliche Verfügungsmacht überführt wird. Ebenfalls bei Entstehung einer Forderung aus einem Umsatzakt (vgl Anm 252). Dieser Kernbereich des AK-Begriffs geht zurück auf den Beschluss des GrS des BFH 22.8.1966 (BStBl III, 672 betr die Anschaffung eines Grundstücks in Abgrenzung zu den zeitlich später für das angeschaffte Grundstück vorgenommenen Aufwendungen). Die Formulierung wurde auch für das Handelsrecht übernommen.

Der Anschaffungsvorgang führt grds zur **ergebnisneutralen Vermögensumschichtung** durch Hingabe einer Gegenleistung. Eine Gewinnrealisierung anlässlich einer Anschaffung ist regelmäßig ausgeschlossen (BFH 26.4.2006, DB 2006, 1531). Die Erfolgsneutralität der Anschaffung ist Ausfluss des Realisationsprinzips. Sie gilt auch für den Ausnahmefall, dass der Veräußerer eine Zahlung für den Erwerb an den Erwerber leistet (BFH aaO; zu diesen Fällen des negativen Kaufpreises siehe Anm 26. Eine Ausnahme besteht für gewinnrealisierende, auf

Grund eines Umsatzakts zugehende Forderungen (s hierzu Anm 252; *ADS*[6] § 255 Anm 6). Zum Tausch s Anm 39 ff.

Auch **überhöhte AK** sind grds zu aktivieren (auch: AK eines niedrigverzinslichen Darlehens = Nominalwert der Darlehensforderung). Ein Ansatz nur in Höhe „angemessener" AK ist auch nach der Rspr des BFH mit dem AKBegriff unvereinbar (BFH 8.10.1987, BStBl II, 853). Unbeschadet einer Aktivierung überhöhter AK ist im Rahmen der Folgebewertung eine Wertberichtigung auf einen ggfs. niedrigeren beizulegenden Wert oder niedrigeren Teilwert zu prüfen. Handelsrechtlich ist eine von vornherein niedrigere Bemessung der AK geboten, wenn VG konzernintern zu einem überhöhten Preis erworben werden und in Höhe des überhöhten Entgelts ein Rückgewähranspruch besteht (*WPH*[14] I § 255 Anm 337; für weitergehende Begrenzung der AK auf Zeitwert *ADS*[6] § 255 Anm 18 u 71).

a) Kosten des Erwerbs – Überführung aus fremder in eigene Verfügungsgewalt

AK sind Aufwendungen, die final, dh nach ihrer Zweckbestimmung, dem **21** Erwerb des VG dienen (einhellige Auffassung zB BFH 13.10.1983, BStBl II, 810; *Kulosa* in Schmidt[32] § 6 Anm 33; *Werndl* in Kirchhof/Söhn/Mellinghoff § 6 Anm B 25 mw.). Bei Anschaffungsnebenkosten reicht dagegen idR ein kausaler und/oder zeitlicher Zusammenhang mit der Anschaffung aus (vgl Anm 70).

Die Gesetzesformulierung „um zu erwerben" schließt es aus, Aufwendungen, **22** die nur **mittelbar** dem Zweck der Anschaffung dienen, als AK zu aktivieren. Dementspr sind Reise- und Besichtigungskosten auf der Suche nach einem zum Erwerb geeigneten Objekt keine AK des letztlich erworbenen Gegenstands (BFH 10.3.1981, BStBl II, 470; 15.4.1992 BStBl II, 819; aA BFH 24.2.1972 BStBl II 422). Gleiches gilt für durch Insolvenz des Zahlungsempfängers verlorene Anzahlungen; dies schon deswegen, weil die Anzahlung ein anderer VG ist als der schließlich angeschaffte (§ 247 Anm 545). Leistet der Käufer eine Anzahlung, die er durch eine Kreditaufnahme finanziert, sind die von ihm geschuldeten Finanzierungskosten Aufwand. Als AK scheiden **Finanzierungskosten** aus, weil sie nur mittelbar der Anschaffung dienen (s auch Anm 501; BFH 24.5.1968, BStBl II, 574; BMF 31.9.1990, BStBl I, 366 Tz 3.3.1. „Bauherren-Erlass"). Auch EKBeschaffungsprovisionen und sonstige Gebühren (Treuhandgebühren, Mietgarantien) bei einer Immobilien-KG sind in der HB Aufwand, selbst wenn steuerrechtlich auf der Ebene der Gester bei Gestaltungsmissbrauch (§ 42 AO) AK der Immobilie vorliegen können (so BFH 28.6.2001, BStBl II, 717, 719 betr EKVermittlungsprovisionen; 8.5.2001, BStBl II, 720 betr sonstige Gebühren, jeweils bei Immobilienfonds; BMF 20.10.2003, BStBl I, 546).

Aufwendungen, die nur **gelegentlich** des Erwerbs entstehen, sind Aufwand. Dementspr sind an Handelsvertreter gezahlte Vermittlungsprovisionen keine AK für den immateriellen VG „Belieferungsrecht" (BFH 3.8.1993, BStBl II 1994, 444, 447); Ebenso sind Aufwendungen für rechtliche und steuerrechtliche Beratung (Konzeptionskosten) nicht schon AK eines immateriellen VG. Anders kann es liegen, wenn ein bereits fertiges Anlagekonzept besteht und von einem Dritten erworben wird (BFH 10.12.1992, BStBl II 1993, 538, 542). Zu AK beim **Erwerb in Abbruchsabsicht** s Anm 373.

Die Aufwendungen müssen **objektiv** betrachtet dem Zweck der Anschaffung dienen; die Bezeichnung durch die Parteien ist ebenso unerheblich wie eine subjektive Zweckbestimmung (s Anm 24). So sind beim Hersteller entstandene und dem Käufer gesondert in Rechnung gestellte Finanzierungskosten AK des Erwerbers („gekaufte Finanzierung", BFH 14.11.1989, BStBl II 1990, 299, 304 betr gesondert in Rechnung gestellte Kosten der EK- und FK-Beschaffung beim Bauherrenmodell). Ebenso, wenn beim Erwerb eines Mitunternehmeranteils der Erwerber dem bisherigen Mitunternehmer die diesem als Finanzierungsschuldner entstandenen *Bauzeitzinsen* als (anteilige) AK des Gebäudes *mitvergütet* (steuerrechtlich ein in der Ergänzungsbilanz des Anteilserwerbers zu erfassender anteiliger Gebäudewert BFH 18.2.1993, BStBl II 1994, 224, 226).

b) Kosten der Versetzung in betriebsbereiten Zustand

23   Das HGB rechnet auch diejenigen Aufwendungen, die *nach* der Erlangung wirtschaftlicher Verfügungsgewalt entstehen, noch zu den AK, wenn sie dazu dienen, den erworbenen VG erstmals in **betriebsbereiten Zustand** zu versetzen, zB Aufwendungen für Fundamente, Aufstellung und Montage einer Maschine. Es handelt sich um Anschaffungsnebenkosten. Sie dürfen nur insoweit aktiviert werden, als sie dem angeschafften VG einzeln zugeordnet werden können. Bedeutung hat dies vor allem für innerbetrieblich anfallende Nebenkosten (Anm 73). Ein VG ist betriebsbereit, wenn er **entspr seiner Zweckbestimmung** genutzt werden kann (*ADS*[6] § 255 Anm 13).

24   Die Aktivierung von Aufwendungen setzt ebenso wie beim Erwerb auch bei der erstmaligen Versetzung in betriebsbereiten Zustand einen **finalen Zusammenhang voraus;** dh die Aufwendungen müssen zweckgerichtet auf das Herstellen des betriebsbereiten Zustands abzielen. Zu den AK zählen daher diejenigen Aufwendungen, die **erforderlich** sind, um einen VG *bestimmungsgemäß nutzen zu können* (BFH 12.9.2001, BB 2002, 1355, 1356; *Werndl* in Kirchhoff/Söhn/Mellinghoff § 6 Anm B 90). Die Zweckbestimmung erfolgt **durch den Erwerber.** Er bestimmt, in welcher Weise der erworbene VG genutzt werden soll (BFH aaO). Wird ein VG ab dem Erwerbszeitpunkt vom Erwerber genutzt, ist seine Zweckbestimmung hierdurch getroffen worden. Der VG ist betriebsbereit und kann nicht mehr in betriebsbereiten Zustand versetzt werden (BFH aaO betr den Erwerb eines vermieteten Wohngrundstücks bei Fortsetzung des Mietverhältnisses). Dem Erwerb nachfolgende Aufwendungen können dann nur nach den Grundsätzen nachträglicher HK (s Anm 375 ff) aktiviert werden.

25   Bei **gebraucht erworbenen Gegenständen** werden häufig nach dem Erwerb durch den Unternehmer noch weitere Aufwendungen am erworbenen VG vorgenommen, *bevor* er im Betrieb eingesetzt wird. Bei derartigen (anschaffungsnahen) Aufwendungen kann allein aus dem Umstand, dass sie vom Erwerber vor der Inbetriebnahme getätigt worden sind, noch nicht gefolgert werden, sie hätten die Herstellung der Betriebsbereitschaft bezweckt und seien deshalb ohne weiteres als AK zu aktivieren (so wohl *ADS*[6] § 255 Anm 14). Ist der erworbene VG zu dem vom Erwerber bestimmten Zweck **seiner Funktion** nach geeignet (zB ein fahrbereiter LKW, ein als Büro nutzbares Gebäude) und dienen die Aufwendungen lediglich der *Funktionserhaltung,* handelt es sich nicht um Aufwendungen zur Herstellung der Betriebsbereitschaft. Diese war vielmehr bereits im Zeitpunkt des Erwerbs gegeben. Insoweit geht der Begriff „Herstellen der Betriebsbereitschaft" als Teil der AK nicht über den Begriff der nachträglichen HK hinaus (glA BFH 12.9.2001, BB 2002, 1355 betr den Erwerb eines leer stehenden Gebäudes, an dem im Anschluss an den Erwerb Schönheitsreparaturen und Instandsetzungsarbeiten an iW noch funktionierenden Installationen vorgenommen werden). Wird ein gebraucht erworbener VG nach dem vom Erwerber bestimmten Zweck erst nach einer **Umrüstung** im Betrieb eingesetzt, sind die Umrüstungskosten Kosten der erstmaligen Inbetriebnahme und somit AK (BFH 14.10. 1985, HFR 1986, 123 betr Umrüstung eines im Ausland erworbenen Pontons). Bei einem **Wohngebäude** gehört zur Zweckbestimmung auch die Entscheidung, welchem **Standard** (sehr einfach, mittel, sehr anspruchsvoll) es entspr soll.

Baumaßnahmen, die das erworbene Gebäude vor seiner Inbetriebnahme durch den Erwerber auf einen höheren Standard bringen, machen es betriebsbereit. Sie sind AK iSv Abs 1 (BFH 12.9.2001, BB 2002, 1355). Entspr hat für ein erworbenes **Büro- oder Betriebsgebäude** zu gelten, das nach dem Erwerb, aber vor der Inbetriebnahme auf einen höheren Standard angehoben wird. Der AK-Begriff geht auch bei dieser Fallkonstellation nicht über den Begriff nachträglicher HK hinaus, bei dem eine wesentliche Verbesserung erst anzunehmen ist, wenn durch die Modernisierung ein Gebäude auf einen höheren Standard angehoben wird (s hierzu Anm 387).

Generell sind nach diesen Grundsätzen Aufwendungen, die bei einem seit längerer Zeit im Unt vorhandenen VG zu nachträglichen HK führen würden, als AK zur Herstellung der Betriebsbereitschaft zu aktivieren, wenn sie *nach* dem Erwerb, aber *vor* der erstmaligen Inbetriebnahme anfallen.

c) „Negative Anschaffungskosten"/Zahlungen des Veräußerers an den Erwerber

Leistet der Veräußerer eine Zuzahlung an den Erwerber für den Erwerb eines 26 WG, so sind in der StB keine „negativen AK" zu passivieren (BFH 26.4.2006, DStR 2006, 1313; BFH 20.4.1999, DStR 1999, 1024); gleiches gilt uE für die HB. Eine Passivierung negativer AK wäre vom Wortlaut des Abs 1 nicht gedeckt, der das Vorliegen von „Aufwendungen" voraussetzt. Der Grundsatz der Erfolgsneutralität des Anschaffungsvorgangs (s Anm 20) lässt aber auch keinen Ausweis eines „Anschaffungsgewinns" beim Erwerber zu. Wird ein WG zunächst gegen Entgelt angeschafft und kommt es nachträglich zu Rückzahlungen, sind diese als AK-Minderung höchstens bis zum Wert Null zu berücksichtigen (BFH 26.4. 2006, DStR 2006, 1313; *Kulosa* in Schmidt[32] § 6 EStG Anm 66). Bei Rückzahlungen über die ursprünglichen AK hinaus ist zur Herstellung der Erfolgsneutralität ggf ein negativer Firmenwert oder ein passiver AusglP anzusetzen (BFH 26.4.2006, DStR 2006, 1313). Dies gilt uE insb auch dann, wenn der Erwerber gar keinen Kaufpreis zahlt, sondern von vornherein eine Zahlung vom Veräußerer für die Übernahme des WG erhält.

2. Anschaffungszeitpunkt und Anschaffungskostenzeitraum

a) Anschaffungszeitpunkt

Zeitpunkt der Anschaffung ist der Zeitpunkt des **Erlangens wirtschaftli-** 31 **cher Verfügungsmacht** (s Anm 5 ff zu § 246 Abs 1 S 2; *Kulosa* in Schmidt[32] § 6 Anm 35; *Knop* in HdR[5] § 255 Anm 28; ADS[6] § 255 Anm 10; *Stobbe* in HHR § 6 Anm 264). Danach ist ein VG in dem Zeitpunkt angeschafft, in dem der Erwerber nach dem *Willen beider Vertragspartner* darüber wirtschaftlich verfügen kann. Das ist idR der Fall, wenn Eigenbesitz, Gefahr, Nutzen und Lasten auf den Erwerber übergehen (BFH 28.4.1977, BStBl II, 553 und seitdem stRspr, BFH 27.9.2001, HFR 2002, 290; BFH 4.6.2003, DStRE 2003, 1082, BFH 1.2.2012, DStR 2012, 841; s auch *Mattiak* 1984, 118). Zu diesem Zeitpunkt wechselt bilanziell die Zugehörigkeit eines VG. Er scheidet – ggf gewinnrealisierend – aus dem Vermögen des Veräußerers aus und geht in das Vermögen des Erwerbers über.

Geht die **Preisgefahr,** dh die Gefahr, den Kaufpreis zahlen zu müssen, bereits **vor** Erlangung des unmittelbaren oder mittelbaren Besitzes an dem gekauften VG über (zB beim Versendungskauf § 447 BGB), ist der VG gewinnrealisierend aus dem Vermögen des Verkäufers ausgeschieden und eine Kaufpreisforderung einzubuchen (§ 252 Anm 44). Es liegt auch auf Seiten des **Erwerbers** kein schwebendes Geschäft mehr vor. Mit der entstandenen Kaufpreisverbindlichkeit ist auch der VG einzubuchen (aA BFH 3.8.1988, BStBl II 1989, 21, auf den Übergang von unmittelbarem oder mittelbarem Besitz abstellend). Die bis zur Ablieferung des VG zivilrechtlich noch bestehende Verfügungsmöglichkeit des Verkäufers steht dem Übergang des wirtschaftlichen Eigentums nicht entgegen (so aber BFH aaO, 23), weil nach dem Willen beider Vertragsparteien die Zurechnung des VG wechselt und bei normalem Geschehensablauf der Versender von seiner Verfügungsmöglichkeit keinen vertragswidrigen Gebrauch machen wird (ebenso *Werndl* in Kirchhoff/Söhn/Mellinghoff § 6 Anm B 30).

32 Der Anschaffungszeitpunkt ist idR der Zeitpunkt, ab dem planmäßige Abschreibungen beginnen. Er ist ferner maßgebend, soweit es für die Bemessung der AK auf einen Zeitpunkt ankommt. So zB bei der **Umrechnung** einer als Gegenleistung für die Anschaffung eines VG entstehenden **Fremdwährungsverbindlichkeit** (Anm 52), der Bestimmung des **Barwerts** einer Renten- oder Ratenverpflichtung (§ 253 Anm 187) oder der **Aufteilung eines Gesamtkaufpreises** auf mehrere VG (Anm 81).

b) Anschaffungskostenzeitraum

33 AK können in zeitlicher Abfolge **vor oder nach dem Anschaffungszeitpunkt** und Abschreibungsbeginn **anfallen.** Der Anschaffungsvorgang und damit die Aktivierungspflicht zugehöriger Aufwendungen beginnt, wenn Handlungen vorgenommen werden, die darauf gerichtet sind, einen bestimmten VG zu erwerben. Die **Anschaffung ist abgeschlossen,** wenn der VG betriebsbereit ist. (Zu Anschaffung vor dem Zeitpunkt der Inbetriebnahme BFH 1.2.2012, DStR 2012, 841). Umgekehrt ist zB eine Maschine mit der Lieferung angeschafft; wird sie aber ggfs. erst nach Jahren erstmals montiert und damit in betriebsbereiten Zustand versetzt, liegen bei Montage noch AK vor (auch wenn zwischenzeitlich Abschreibungen vorgenommen wurden). Dies macht deutlich, dass für die Entstehung von AK zeitliche Nähe zu dem Erwerb nicht Voraussetzung ist. Gleiches gilt ohnehin für nachträgliche AK, die nach dem eindeutigen Wortlaut des Abs 1 S 2 noch zu den AK rechnen.

34 AK können auch bereits **vor dem Anschaffungszeitpunkt** anfallen, d.h. auch wenn der erworbene VG selbst noch nicht bilanziert werden kann (*ADS*[6] § 255 Anm 11). So sind zB beim Erwerb eines Grundstücks für den Abschluss des Kaufvertrags entstehende Notarkosten, Gebühren für die Eintragung einer Auflassungsvormerkung (Eigentumsübertragungsvormerkung) oder eine bereits mit dem Abschluss des Kaufvertrags entstehende GrESt oder zB auch Reise- und Begutachtungskosten bereits AK des später angeschafften VG und bei Vorliegen einer *Verbindlichkeit* als Anschaffungsnebenkosten zu aktivieren (also nicht zunächst aufwandswirksam zu buchen), vorausgesetzt, dass die Aufwendungen nach der Entscheidung, den jeweiligen VG erwerben zu wollen, angefallen sind und nicht lediglich der Vorbereitung einer später zu treffenden Entscheidung für den Erwerb eines VG dienen.

3. Abgrenzung Anschaffung – Herstellung

35 Ein VG ist entweder angeschafft oder hergestellt (*Wichmann* DStR 1987, 719). Während bei der Anschaffung grds ein schon bestehender VG erworben wird, wird bei der Herstellung ein noch nicht bestehender VG geschaffen. Mag die Abgrenzung im Einzelfall auch fließend sein (so *ADS*[6] § 255 Anm 127), kann sie wegen der unterschiedlichen Folgen (Anm 35) doch nicht offen bleiben.

Bedeutung hat die **Unterscheidung** zwischen Anschaffung und Herstellung bspw

– für den Umfang der zu aktivierenden Aufwendungen: Bei einer Anschaffung dürfen nur Einzelkosten aktiviert werden; zu den HK gehören auch Gemeinkosten (Anm 340);
– bei den HK sind Nebenkosten und nachträgliche Aufwendungen nur unter Einschränkungen einzubeziehen (BFH 17.10.2001, BStBl II, 349), während dies für die AK in § 255 Abs 1 S 2 explizit angeordnet wird.
– sofern es auf den Zeitpunkt der Anschaffung oder Herstellung ankommt; zB Beginn der planmäßigen Abschreibungen;
– bei immateriellen VG des Anlagevermögens für die Frage der Bilanzierung dem Grunde nach Pflicht bzw Wahlrecht, vgl Anm 360; § 248 Abs 2 S 1;
– für den nur bei HK möglichen Ansatz von FK-Zinsen (§ 255 Abs 3).

Wird ein gleichartiger VG einmal angeschafft und einmal hergestellt, rechtfertigt dies keine gleichartige Bewertung. Es sind auf jeden VG die für ihn geltenden Bewertungsregeln anzuwenden (Grundsatz der Einzelbewertung). Dies gilt auch, wenn vergleichbare immaterielle VG des Anlagevermögens einmal angeschafft und einmal hergestellt werden.

Anschaffung und nicht Herstellung liegt vor, wenn VG in Form von **Nutzungsrechten** (zB Erbbaurecht, Nießbrauch, obligatorische Nutzungsrechte, Lizenzen, Urheberrechte) **erstmals begründet** werden. Diese Rechte entstehen durch übereinstimmende Willenserklärungen der Parteien, wobei der Nutzungsberechtigte sein Nutzungsrecht aus dem umfassenderen Recht des Eigentümers oder aus einem Verzicht des bisherigen Berechtigten ableitet. Dies rechtfertigt es, abgeleiteten Erwerb und damit Anschaffung anzunehmen (*Werndl* in Kirchhoff/Söhn/Mellinghoff § 6 Anm B 36; BFH 26.8.1992, BStBl II, 977 betr Transferentschädigung für Spielerlaubnis als Lizenzspieler im Deutschen Fußballbund). Zum Erwerb von im Bau befindlichen Gebäuden s *Kulosa* in Schmidt[32] § 6 EStG Anm 34. **36**

Wenn der Herstellungsvorgang aus einer **Abfolge von Anschaffungsvorgängen** besteht, wie bei der Vergabe von Unteraufträgen an Subunternehmer durch einen Generalunternehmer, bei dem nur noch das Engineering oder die Kombination zur Gesamtleistung verbleibt, liegt Herstellung vor. Hersteller ist, wer das Risiko der Herstellung trägt und das Herstellungsgeschehen beherrscht (BFH 5.3.1992, BStBl II 1992, 725; Anm 334). **37**

Wird ein VG aus mehreren Gegenständen zusammengesetzt und montiert, ist zu entscheiden, ob der **Anschaffungsvorgang** oder **die Be- oder Verarbeitung** im Mittelpunkt steht. Werden mehrere Gegenstände verarbeitet, die gleichgewichtig, also nicht im Verhältnis von Haupt- und Nebensache zueinander stehen, führt dies zur Herstellung. Wird dagegen nur eine Endmontage unter Verwendung von Zubehör vorgenommen, ist der VG angeschafft.

Wird aus der Sicht eines Herstellers ein **unfertiges Vorprodukt** erworben und zu einem Endprodukt weiterverarbeitet, geht das angeschaffte Vorprodukt in die HK des Endprodukts ein. Der neue VG ist insgesamt hergestellt. Handelt es sich hierbei um einen immateriellen VG des Anlagevermögens, sind Aufwendungen ab dem Zeitpunkt, ab dem die Entstehung eines immateriellen VG bejaht werden kann, aktivierungsfähig (vgl § 248 Abs 2).

Bei **immateriellen Vermögensgegenständen** (zB Filmrechten, Fernsehproduktionen, Werbefilmen) ist die Abgrenzung zwischen AK und HK iW eine Frage der **zivilrechtlichen Vertragsgestaltung** (vgl *Schmidbauer* DStR 2003, 2035 ff). Man unterscheidet die echte von der unechten Auftragsproduktion. Bei der **echten Auftragsproduktion** stehen dem Auftragnehmer die originären Schutzrechte aus § 94 Abs 1 UrheberrechtsG zu; er ist der Hersteller. Der Auftraggeber (zB eine Fernsehanstalt) erwirbt derivativ vom Filmhersteller die Rechte im vertraglich vereinbarten Umfang (§ 94 Abs 2 Urheberrechtsgesetz). Der **38** echte Auftragsproduzent ist für den Erwerb der für das Filmwerk erforderlichen Nutzungs- und Leistungsschutzrechte von Künstlern, Verlegern und Autoren verantwortlich. Er ist auch im urheberrechtlichen Sinne Hersteller des Films, selbst wenn ihm vom Auftraggeber das Finanzierungsrisiko weitgehend abgenommen wird. Seiner Herstellereigenschaft steht auch nicht entgegen, dass er sich an bestimmte Vorgaben des Auftraggebers (zB Fernsehanstalt) hinsichtlich Titel, Produktionsstätte und Drehzeit zu halten hat. Bei **unechter Auftragsproduktion** trägt dagegen der Auftraggeber das gesamte Risiko der Filmherstellung. Er erteilt dem Produzenten umfassende Weisungen. Sämtliche Verträge zum Erwerb von Leistungsschutzrechten anderer werden im Namen und für Rechnung des Auftraggebers abgeschlossen; er ist Hersteller. Der Produzent wird auf Grund eines Geschäftsbesorgungsvertrags tätig; er ist Dienstleister. Nur der Auftraggeber ist Hersteller (vgl BFH 20.9.1995, BFHE 178, 434 betr eine Filmproduktion für eine Fernsehanstalt; *Depping* DB 1991, 2048; *Herzig/Söffing* WPg 1994, 601). Zur Herstellereigenschaft eines *Film- und Fernsehfonds*, vgl im Einzelnen BMF 23.2.2001, BStBl I, 175; BMF 5.8.2003, BStBl I, 406.

Im Fall von **Software** ist zu differenzieren: Wird *Standardsoftware* erworben, liegen HK und nicht AK vor, wenn das Programm so umfangreich modifiziert wird, dass von einer **Wesensänderung** auszugehen ist (IDW RS HFA 11, FN-IDW 2010, 304; *Scharfenberg/Marquardt* DStR 2004, 195). Bei *Individualsoftware* ist entscheidend, wer das **Herstellungsrisiko** des im Unt einzusetzenden VG trägt. Trägt es der Lieferant (Werkvertrag), liegen AK, trägt es der Erwerber (Dienstvertrag), liegen HK vor (vgl IDW aaO; *Baetge/Fey/Weber/Sommerhoff* in HdR[5] § 248 Anm 22).

4. Anschaffungskosten beim Tausch

a) Begriff und Anwendungsfälle

39 Bilanzrechtlich ist ein Tausch gegeben, wenn die vom Bilanzierenden für den Erwerb eines VG erbrachte Leistung (s Anm 20) nicht in einer Barzahlung, sondern in einer anderweitigen Leistung (z. B. in der Hingabe eines VG oder der Erbringung einer Dienstleistung) besteht. Sofern mindestens eine der Parteien zusätzlich zur Hingabe einer unbaren Leistung eine bare Leistung erbringt, spricht man von einem Tausch mit Baraufgabe. Derartigen Tauschvorgängen liegt ein schuldrechtliches **Leistungsaustauschverhältnis** zugrunde. Zu den AK bei gesrechtlichen Vorgängen der Sacheinlage oder Sachkapitalerhöhung, bei denen die Gegenleistung in neu zu schaffenden Ges-Rechten besteht, s Anm 144 ff; zu dem „umgekehrten Fall", in welchem als Gegenleistung für einen erhaltenen VG bestehende Beteiligungsrechte erlöschen s Anm 44 (übertragende Umw).

b) Handelsrecht

40 Für die handelsrechtliche Bilanzierung bedeutsam ist die Doppelnatur des Tauschs: Er beinhaltet sowohl ein Veräußerungsgeschäft als auch ein Anschaffungsgeschäft. Somit bemessen sich die AK des mittels Tausch erhaltenen VG grundsätzlich nach dem Zeitwert der hingegebenen Leistung. Sie können allerdings den Zeitwert des erhaltenen VG nicht übersteigen, da der realisierte Veräußerungserfolg den aus dem Zeitwert der erhaltenen Gegenleistung abgeleiteten Betrag nicht übersteigen darf (*ADS*[6] § 255 Anm 91). Dies liegt im Realisationsprinzip begründet, das für das im Tausch enthaltene Veräußerungsgeschäft einschlägig ist. Beim Tausch mit erhaltener Baraufgabe entsprechen die AK dem Zeitwert der hingegebenen Leistung abzüglich der erhaltenen Baraufgabe bzw. betragen ausnahmsweise, wenn die erhaltene Baraufgabe höher als der Zeitwert

der hingegebenen Leistung ist, Null. Vom Erwerber geleistete Baraufgaben erhöhen die AK.

Nach hM besteht ein **Wahlrecht** zur erfolgsneutralen Bilanzierung mit dem Buchwert des hingegebenen VG, soweit dieser den Zeitwert des erhaltenen VG nicht übersteigt (*ADS*[6] § 255 Anm 89f.; *Knop/Küting* in HdR[5] § 255 Anm 110; *Wassermeyer* 1984, 177). Nach aA besteht das Wahlrecht nur beim Tausch art- und funktionsgleicher VG des AnlV ohne wesentliche Baraufgabe (*Lüdenbach/Freiberg*, DB 2012, 2701).

Als eine dritte Möglichkeit der Bewertung wird man beim Tausch artgleicher VG ohne wesentliche Baraufgabe der Gegenseite den Ansatz des Buchwerts zzgl der durch den Tausch ausgelösten Ertragsteuerbelastung ansehen können, weil hierdurch nur die mit dem Tausch verbundene zusätzliche Steuerbelastung neutralisiert und so der Tausch ohne Belastung des Periodenergebnisses bilanziert wird (so auch *ADS*[6] § 255 Anm 92; *Knop/Küting* in HdR[5] § 255 Anm 113). Dies setzt jedoch voraus, dass die durch den Tausch ausgelösten Ertragsteuern aufwandswirksam geworden sind. Soweit infolge des Tauschs aktive latente Steuern angesetzt wurden, kommt ein Zwischenwertansatz mangels Steuerbelastung in der GuV nicht in Betracht.

c) Steuerrecht

Steuerrechtlich bemessen sich die AK des erworbenen WG nach dem gemeinen Wert (§ 9 Abs 2 BewG) des hingegebenen WG (§ 6 Abs 6 S 1 EStG), abzüglich einer ggfs. erhaltenen Baraufgabe bzw. zzgl einer ggfs. geleisteten Baraufgabe (*Kulosa*, in Schmidt[32] § 6 Anm 731; BFH 27.3.2007 – VIII R 28/04, BStBl II 2007, 699). Damit führt der Tausch grds zur **Gewinnrealisierung**.

Erbringt der Bilanzierende zum Erwerb des VG eine Dienstleistung, entsprechen die AK des erworbenen VG dem gemeinen Wert der erbrachten Dienstleistung, ggfs zzgl/abzgl Baraufgabe. Der gemeine Wert des hingegebenen WG ist auch beim Tausch wertungleicher WG maßgebend. Ist der gem Wert des *erhaltenen* VG ausnahmsweise höher als der gem Wert des hingegebenen VG, bestimmen sich die AK gem § 6 Abs 6 S 1 EStG gleichwohl nach dem gemeinen Wert des hingegebenen WG (ungeachtet eines wirtschaftlich betrachtet ggfs höheren Periodenerfolgs). Ist der gem Wert des *hingegebenen* VG ausnahmsweise höher als der gem Wert des erhaltenen VG, ist nach Bilanzierung der AK gemäß § 6 Abs 6 S 1 EStG mit dem gem Wert des hingegebenen VG, vor allem im Fall des Notverkaufs unter Wert (zu differenzieren vom Fall des übersteuerten Kaufs) eine Abschreibung auf den niedrigeren Teilwert zu prüfen.

Eine Ausnahme (lex specialis zu § 6 Abs 6 S 1 EStG s BMF 7.6.2001, BStBl I, 367) enthält § 6 Abs 5 S 3 EStG für die Übertragung eines WG aus einem Betriebsvermögen in eine **Mitunternehmerschaft** (insb PersGes) gegen Gewährung von GesRechten (offene Sacheinlage). Bei diesem *tauschähnlichen Vorgang* (BFH 19.10.1998, BStBl II 2000, 230 betr die Einbringung einer wesentlichen Beteiligung nach § 17 EStG; dem folgend BMF 29.3.2000, BStBl I, 463) sind unter den weiteren Voraussetzungen der Vorschrift zwingend die bisherigen Buchwerte des Einbringenden anzusetzen. Gleiches gilt für den umgekehrten Fall einer Übertragung aus einer Mitunternehmerschaft gegen *Minderung* der GesRechte einschl der *Realteilung* (§ 16 Abs 3 S 2 EStG) sowie der Übertragung zwischen mehreren Mitunternehmerschaften, an welchen der Gester als Mitunternehmer beteiligt ist (§ 6 Abs 5 S 3 Nr 1–3 EStG).

Teilentgeltliche Einlagen eines Mitunternehmers in eine Mitunternehmerschaft sind nach der FinVerw in einen entgeltlichen und einen unentgeltlichen Teil aufzuteilen (sog *Trennungstheorie*, vgl BMF 7.6.2001 aaO), während der BFH einen einheitlich unentgeltlichen Vorgang annimmt, solange das Entgelt den Buchwert nicht übersteigt (BFH 19. 9. 12, IV R 11/12). Werden Einbringungen nach Veräußerungsgrundsätzen wie unter fremden Dritten vorgenommen, ist § 6 Abs 5 EStG nicht einschlägig (BMF 7.6.2001 aaO). In diesen Fällen ist das Einzelwirtschaftsgut beim Erwerber gemäß § 6 Abs. 1 Nrn. 1 und 2 EStG mit den Anschaffungskosten anzusetzen; der Veräußerer erzielt in derselben Höhe einen Veräußerungserlös.

Soweit bei einem Tausch von AnlageVG gleichzeitig die Voraussetzungen des § 6b EStG vorliegen, darf ein Veräußerungsgewinn von den AK des erworbenen VG abgesetzt werden, sodass iE steuerrechtlich ein erfolgsneutraler Tausch möglich wird (s dazu § 247 Anm 604).

5. Anschaffungskosten bei Unternehmensumstrukturierungen/Umwandlungen

Abweichend von § 255 sind für Erwerbsvorgänge bei UntUmstrukturierungen nach UmwG die anzusetzenden AK gesondert geregelt.

a) Anschaffungskosten nach UmwG (Handelsrecht)

42 Das UmwG sieht die vier Umwandlungsformen Verschmelzung, Spaltung, Vermögensübertragung und Formwechsel vor (§ 1 UmwG). Die ersten drei Umwandlungsformen sind mit einer Übertragung von Vermögen von einem Rechtsträger auf einen anderen, dh auf Seiten des übernehmenden Rechtsträgers mit einer Anschaffung verbunden – **übertragende Umwandlung** –; im Gegensatz zum Formwechsel, bei welchem unter Wahrung der Identität des Rechtsträgers nur das Rechtskleid wechselt – **formwechselnde Umwandlung** – (vgl allgemein zur Umwandlung *Budde/Förschle/Winkeljohann*[4] Sonderbilanzen).

43 **aa) Formwechsel.** Der Formwechsel wird durch das Prinzip der Identität des Rechtsträgers, der Kontinuität seines Vermögens (wirtschaftliche Identität) und der Diskontinuität seiner Verfassung bestimmt (*Schmidt* ZIP 1995, 1385, 1387). Es **fehlt** an einer **Vermögensübertragung** und damit auch an einem zu AK führenden Erwerbsvorgang. Für die Erstellung einer „Schluss- oder Eröffnungsbilanz" des nur die Form wechselnden Rechtsträgers besteht kein Rechtsgrund (s im Einzelnen IDW RS HFA 41; für das Steuerrecht s Anm 48).

44 **bb) Übertragende Umwandlung.** § 24 UmwG eröffnet dem übernehmenden Rechtsträger das Wahlrecht zur Bewertung der übernommenen VG und Schulden mit seinen **tatsächlichen Anschaffungskosten** oder mit den **fortgeführten Buchwerten** des übertragenden Rechtsträgers (vgl IDW RS HFA 42 zur Verschmelzung u IDW RS HFA 43 zur Spaltung).

(1) Bilanzierung zu tatsächlichen Anschaffungskosten. Bewertet der übernehmende Rechtsträger das übernommene Vermögen gemäß § 24 UmwG (ggf iVm § 125 oder § 174f UmwG) mit seinen AK, wird der Vermögensübergang einem Anschaffungsvorgang gleichgestellt. Die AK werden dabei von der Art der Gegenleistung bestimmt. Die Art der Gegenleistung an die Anteilseigner des übertragenden Rechtsträgers bestimmt sich danach, ob es sich um eine übertragende Umw (dh iW Verschmelzung oder Spaltung) durch Aufnahme oder durch Neugründung handelt. Als Gegenleistung kommt bei einer Umw durch Neugründung insb die Ausgabe neuer Anteile in Betracht. Bei einer Verschmelzung durch Aufnahme kann die Gegenleistung darüber hinaus auch im Untergang bestehender Anteile am übertragenden Rechtsträger bestehen. Soweit von der aufnehmenden Ges neue Anteile gewährt werden oder Anteile der aufnehmenden Ges an der übertragenden Ges infolge der Umw untergehen, sind diese bei Bilanzierung zu tatsächlichen AK jeweils mit dem beizZW zu bewerten. Eine Bewertung des übergehenden Vermögens zum Nennwert von neu geschaffenen Anteilen bzw einem evtl vereinbarten höheren Ausgabebetrag kommt grds nicht in Betracht.

Wird eine Behandlung nach den tatsächlichen AK gewählt, sind über die bisherigen Buchwerte des übertragenden Rechtsträgers hinausgehende AK nach einem sachgerechten Verfahren auf die übergegangenen VG aufzuteilen. Soweit hierbei der beizZW der einzelnen VG abzgl Schulden überschritten wird, ist ein GFW als Residualgröße zu aktivieren (IDW RS HFA 42 Tz 58).

(2) **Bilanzierung bei Buchwertfortführung.** Statt der Bewertung mit den tatsächlichen AK kann der übernehmende Rechtsträger gem § 24 UmwG auch die Buchwerte des übertragenden Rechtsträgers fortführen. Die handelsrechtliche Fortführung der Buchwerte soll die zivilrechtlich gegebene Gesamtrechtsnachfolge (Eintritt der Übernehmerin in die Rechtsstellung der Übertragerin) widerspiegeln (vgl *Schulze-Osterloh* ZGR 1993, 425). Der übernehmende Rechtsträger ist an die Bilanzierungsentscheidungen der Übertragerin gebunden und kann ihm ggfs rechtsformabhängig zustehende Ansatz- und Bewertungswahlrechte im Zuge der Umw nicht neu ausüben (IDW RS HFA 42 Tz 60). Die Buchwerte in der Schlussbilanz der Übertragerin bilden mithin bei der Buchwertfortführung die AK iSv § 253 Abs 1 S 1 iVm § 255 Abs 1 HGB. Allerdings muss der übernehmende Rechtsträger nicht zwingend auch die Bewertungsmethoden des übertragenden Rechtsträgers fortführen. Er darf im Rahmen künftiger Jahresabschlüsse in Abweichung vom Stetigkeitsgebot nach § 252 Abs 1 Nr 6 Bewertungsspielräume an seine bisherige Bewertungsmethoden anpassen (IDW RS HFA 42 Tz 60). Verschmelzungskosten zählen bei Buchwertverknüpfung nicht zu den AK, sondern sind sofort aufwandswirksam zu erfassen (IDW RS HFA 42 Tz 60).

(3) **Ansatz eines erfolgsneutralen Zwischenwertes.** Als dritte Alternative neben Buchwertfortführung und Bewertung zu AK kommt der Ansatz eines erfolgsneutralen Zwischenwerts in Betracht (vgl hierzu IDW RS HFA 42 Tz 46). Dabei erfolgt eine höhere Bewertung nur insoweit, als dies erforderlich ist, um eventuelle aufgrund der Umwandlung entstehende Ertragsteuerbelastungen zu neutralisieren (vgl *ADS*[6] § 255 Anm 92). Die Wahl eines „beliebigen" Zwischenwerts ist somit nicht zulässig.

cc) **Anwachsung.** In Analogie zu § 24 UmwG kommt im Rahmen einer Anwachsung sowohl die Fortführung der Buchwerte der übergehenden VG und Schulden als auch die Bewertung zu tatsächlichen AK oder die Wahl eines erfolgsneutralen Zwischenwerts in Betracht (s Anm 44; vgl *ADS*[6] § 255 Anm 101).

b) **Anschaffungskosten nach UmwStG (Steuerrecht)**

Das UmwStG soll Umw unter Fortführung der Buchwerte ermöglichen, sofern das Besteuerungsrecht der BRD an den stillen Reserven sichergestellt ist. Die Steuerfolgen bei Umw unter Beteiligung von ausschließlich Körperschaften sind anders geregelt als bei Beteiligung von Körperschaften und PersGes.

aa) **Verschmelzung, Auf- und Abspaltung von Körperschaft auf Körperschaft (§§ 11–13, 15 UmwStG).** Bei Verschmelzung und Vermögensübertragungen (Vollübertragungen) durch und auf unbeschränkt steuerpflichtige Körperschaften hat die aufnehmende Körperschaft für die Bestimmung der AK zwingend den Wertansatz der übertragenden Körperschaft zu übernehmen (§§ 12 Abs 1, 4 Abs 1 UmwStG). Für diese sieht das Gesetz grds eine Bewertung der WG, einschließlich nicht entgeltlich erworbener oder selbst geschaffener immaterieller WG, mit ihrem gemeinen Wert vor (§ 11 Abs 1 UmwStG). Unter den Voraussetzungen des § 11 Abs 2 UmwStG besteht ein antragsgebundenes **Wahlrecht,** die WG mit den steuerrechtlichen Buchwerten oder – gewinnrealisierend – einem höheren Wert bis zum gemeinen Wert (Zwischenwert) anzusetzen. Ein Zwischenwertansatz kann in der StB, anders als in der HB, beliebig festgelegt werden, zB bis zur Höhe bestehender Verlustvorträge der übertragenden Körperschaft.

47 bb) **Verschmelzung, Auf- und Abspaltung von Körperschaft auf Personengesellschaft oder natürliche Person (§§ 3–8, 16 UmwStG).** Die übernehmende PersGes hat als AK des auf sie übergehenden Vermögens die Schlussbilanzwerte der übertragenden Körperschaft anzusetzen – zwingende Wertverknüpfung – § 4 Abs 1 UmwStG. In der steuerrechtlichen Schlussbilanz der Körperschaft sind die WG grds mit dem gemeinen Wert anzusetzen, allerdings besteht unter den gleichen Bedingungen wie bei einer Verschmelzung von Körperschaft auf Körperschaft ein **Wahlrecht** zum Ansatz von Buch- oder Zwischenwerten.

48 cc) **Formwechsel.** Bei der formwechselnden Umw einer **Kapitalgesellschaft in eine Personengesellschaft** folgt das Steuerrecht dem Handelsrecht nicht, weil die PersGes anders als die juristische Person steuerrechtlich kein eigenständiges Rechtssubjekt darstellt. Aus diesem Grunde werden steuerrechtlich eine Übertragung fingiert und die Besteuerungsgrundsätze der Verschmelzung einer KapGes auf eine PersGes zur Anwendung gebracht (Anm 47). Dies erfordert zugleich, dass unbeschadet des Fehlens eines handelsrechtlichen Anschaffungsvorgangs (Anm 43) allein für steuerrechtliche Zwecke eine „Schlussbilanz" der die Form wechselnden KapGes und eine entspr „Eröffnungsbilanz" für die PersGes zu erstellen ist. Zum Formwechsel einer PersGes in eine KapGes s Anm 49.

49 dd) **Einbringungen von Betrieben, Teilbetrieben oder Mitunternehmeranteilen sowie Formwechsel von PersGes in KapGes.** Wird ein Betrieb, Teilbetrieb oder Mitunternehmeranteil gegen Gewährung von GesRechten in eine KapGes oder PersGes eingebracht (insb auch in Form einer Spaltung/Ausgliederung nach § 123 Abs 3 UmwG), liegt bereits nach allgemeinen Grundsätzen ein tauschähnlicher Vorgang vor. Die übernehmende Ges hat die eingebrachten WG dementspr grds mit dem gemeinen Wert anzusetzen (§§ 20 Abs 2 S 1, 24 Abs 2 S 1 UmwStG). Unter bestimmten Voraussetzungen besteht jedoch ein antragsgebundenes Wahlrecht, die eingebrachten WG mit den auf Ebene der übertragenden Ges bestehenden steuerrechtlichen Buchwerten oder einem höheren Wert bis zum gemeinen Wert anzusetzen (§§ 20 Abs 2 S 2, 24 Abs 2 S 2 UmwStG). Ein entspr Wahlrecht gilt für den Fall eines **Anteilstauschs (Einbringung von Anteilen an einer Kapitalgesellschaft in eine andere Kapitalgesellschaft),** sofern die übernehmende Ges nach der Einbringung die Mehrheit der Stimmrechte an der erworbenen Ges hat; ansonsten sind die eingebrachten Anteile ebenfalls mit dem gemeinen Wert anzusetzen (§ 21 Abs 1 UmwSt). Der vom übernehmenden Rechtsträger gewählte Ansatz entscheidet grds über die Steuerfolgen auf Ebene des übertragenden Rechtsträgers (§§ 20 Abs 3, 21 Abs 2, 24 Abs 3 UmwStG).

Die AK der übernehmenden Ges erhöhen sich rückwirkend, soweit es beim Einbringenden nachträglich zur Versteuerung eines Einbringungsgewinns I (bei Einbringung von (Teil-)Betrieben oder Mitunternehmeranteilen; § 22 Abs 1 UmwStG) oder eines Einbringungsgewinns II (beim Anteilstausch; § 22 Abs 2 UmwStG) kommt. Auf Antrag werden in diesem Fall die Wertansätze der mit dem Betrieb, Teilbetrieb oder Mitunternehmeranteil eingebrachten WG (Einbringungsgewinn I) oder der eingebrachten Beteiligung (Einbringungsgewinn II) bei der übernehmenden Ges in Höhe des versteuerten Einbringungsgewinns erfolgsneutral erhöht, soweit nachgewiesen wird, dass die auf den Einbringungsgewinn entfallende Steuer nachweislich entrichtet wurde und die eingebrachten WG noch Betriebsvermögen der übernehmenden Ges sind oder zum gemeinen Wert übertragen wurden (§ 23 Abs 2 UmwStG). Im Fall eines Einbringungsgewinns I sind die nachträglichen AK der übernehmenden Ges wirtschaftsgutbezogen aufzuteilen. Hierbei sind die im Zeitpunkt der Einbringung in den eingebrachten WG gebundenen stillen Reserven, einschließlich eines originären GFW, nach einem einheitlichen Prozentsatz aufzulösen und die WG damit gleichmäßig aufzustocken.

Der **Formwechsel** einer **Personengesellschaft in eine Kapitalgesellschaft** ist steuerrechtlich wie eine Einbringung von WG durch die (steuerrechtlich betrachtet übertragende) PersGes in die (steuerrechtlich betrachtet übernehmende) KapGes zu behandeln (§ 25 UmwStG).

II. Umfang der Anschaffungskosten (Abs 1 S 1–3)

Zu den AK gehören der Anschaffungspreis, korrigiert um Anschaffungspreisänderungen, die Anschaffungsnebenkosten und die nachträglichen AK. Auch überhöhte AK sind idR AK (vgl Anm 20). Als AK kommen nur solche Aufwendungen in Betracht, die dem erworbenen VG *einzeln* zugeordnet werden können (vgl S 1 Hs 1). **50**

1. Anschaffungspreis

a) Anschaffungspreis und Umsatzsteuer

Ausgehend von dem Grundmodell des Kaufvertrags (§ 433 BGB), ist der Anschaffungspreis in erster Linie der Kaufpreis (der Rechnungsbetrag), jedoch abzgl einer vom Verkäufer in Rechnung gestellten **abziehbaren Vorsteuer** (s auch § 9b Abs 1 EStG). Diese begründet einen Anspruch ggü der FinVerw, der einen eigenen VG darstellt. Insoweit fehlt es an einem Anschaffungsaufwand des Erwerbers, da die USt idR nur durchlaufender Posten ist. Vss ist jedoch die Abziehbarkeit nach § 15 UStG. Soweit der Erwerber zum Vorsteuerabzug nicht berechtigt ist, gehört die in Rechnung gestellte Umsatzsteuer zu den AK. **51**

Eine nachträgliche Vorsteuerabzugsberichtigung nach § 15a UStG berührt die ursprünglichen AK nicht. Diese Vereinfachungsregelung ist für die StB gem § 9b Abs 2 EStG verpflichtend, für die HB optional anzuwenden, vgl IDW RH HFA 1.017 Tz 12. Sie ist nicht auf Fälle untergeordneter Bedeutung beschränkt, aber nur gültig für Vorsteuerkorrekturen nach § 15a UStG, nicht für anderweitige nachträgliche Korrekturen der VorSt (vgl Weber-Grellet in Schmidt[32], § 9b Anm 8).

b) Anschaffungspreis in ausländischer Währung

Wird ein VG mit Fremdwährung angeschafft, sind die AK für den in Euro zu bilanzierenden Anschaffungspreis umzurechnen (vgl allg zur WähUm § 256a; § 255 Anm 258; *Schmidbauer* DStR 2004, 699). Maßgebend ist der Umrechnungskurs zum Anschaffungszeitpunkt (nicht der Kurs zum Zeitpunkt des Zugangs der Rechnung). Die Umrechnung ist nach hM **Teil der Bewertung**. Die allgemeinen Bewertungsgrundsätze, wie das Realisations- und Vorsichtsprinzip und der Grundsatz der Einzelbewertung sind für die Anschaffung anzuwenden. **52**

Bei der Anschaffung gegen **Vorauszahlung** (Anzahlung) wird der für die Fremdwährung aufgewendete Betrag in Euro zunächst als Anzahlung gebucht und bei Zugang des VG erfolgsneutral als dessen Anschaffungspreis umgebucht **53** (glA *ADS*⁶ § 255 Anm 63; *Wlecke* S 225). Bei Anschaffung gegen **Barzahlung** Zug um Zug bestimmt grds der Euro-Betrag, der zur Bezahlung in Währung tatsächlich aufgewandt wurde, die AK (vgl *WPH*¹⁴ I, E Anm 332).

54 Wird zur Ausschaltung von Wechselkursänderungen der zur Bezahlung in Fremdwährung erforderliche Betrag im Voraus angeschafft oder auf den Termin des voraussichtlichen Zahlungstags gekauft, wird der Euro-Anschaffungspreis für den erworbenen VG durch das **Deckungsgeschäft (Währungskauf)** endgültig fixiert – **Kurssicherung.**

Wird die Kurssicherung vor dem Zahlungstermin **aufgegeben** und ein Kursergebnis aus der Währung realisiert, bestimmen sich die AK abweichend vom in Anm 52 genannten Grundsatz ausnahmsweise nach dem zum Zahlungszeitpunkt gültigen Stichtagskurs. Die hierin liegende Möglichkeit, den erfolgswirksamen Effekt aus dem Währungsgeschäft zu realisieren (s *Schlick* DStR 1993, 254, 257) ist das Ergebnis einer Sachverhaltsgestaltung. Ein Wahlrecht zur Bestimmung der AK bei Kurssicherung wird hierdurch nicht eröffnet. Bei bestimmungsgemäßer Verwendung der zur Kurssicherung erworbenen Währung werden die Euro-AK auch nicht etwa nach Tauschgrundsätzen durch den gemeinen Wert der Währung (Stichtagskurs) bei Anschaffung bestimmt (so *Gebhardt/Breker* DB 1991, 1530). Dies würde dem Zweck der durch die Kurssicherung hergestellten Bew-Einh widersprechen.

Erfolgt die Bezahlung aus allgemein **vorgehaltenen Währungsbeständen,** ist ebenfalls auf den Zahlungstag umzurechnen, und zwar mit dem Mittelkurs, da die Fremdwährung weder gekauft noch verkauft werden muss. In diesem Fall kann es je nach Euro-Buchwert des abgegangenen Fremdwährungsbetrags zu einem Kursgewinn oder -verlust kommen (*Wlecke* aaO; für ergebnisneutrale AK-Buchung zumindest bei Kursgewinnen wohl *Bezold* DB 1987, 2216).

55 Beim **Kauf auf Kredit** wird der Anschaffungspreis durch den Wechselkurs zum Zeitpunkt der Anschaffung bestimmt. Zu diesem Zeitpunkt ist nicht nur der angeschaffte VG, sondern auch die Kaufpreisverbindlichkeit zu erfassen. Da beides in Euro zu geschehen hat, wird der Anschaffungspreis durch die auf den Anschaffungszeitpunkt (Anm 32) umzurechnende Verbindlichkeit bestimmt (*Stobbe* in HHR § 6 Anm 286; nach *ADS*⁶ § 255 Anm 63 Zeitpunkt der Erstbuchung; vertretbar, wenn zeitnah gebucht). Die Auffassung, nach welcher der Zahlungstag für die Umrechnung maßgeblich sein soll (*von der Heyden/Körner* 104; *Surmann-Tietje* DB 1979, 126), ist abzulehnen. Sie verkennt, dass bereits eine Verbindlichkeit besteht und spätere Veränderungen des Wechselkurses sowie die Bezahlung die Verbindlichkeit und nicht mehr den erworbenen VG und seine AK betreffen (BFH 16.12.1977, BStBl II 1978, 233).

Zu den Voraussetzungen von **Kurssicherungen** im Rahmen der Bildung von BewEinh vgl § 254.

c) Anschaffung gegen Übernahme von Verbindlichkeiten oder anderweitigen Lasten

56 Wenn der Erwerber eines VG Verbindlichkeiten vom Veräußerer übernimmt oder als Gegenleistung für den Erwerb neu eingeht, gehören diese zu den AK des VG. Bei Eingehung einer Rentenverpflichtung oder dauernden Last geht deren (geschätzter) Barwert in die AK des erworbenen VG ein. Spätere Wertänderungen der Verbindlichkeiten oä Verpflichtungen haben keine Auswirkungen mehr auf die AK. Aufschiebend bedingte Verbindlichkeiten bzw – insoweit aber nur für steuerliche Zwecke – auch Verbindlichkeiten, die nur aus künftigen Einnahmen oder Gewinnen zu tilgen sind (§ 5 Abs 2a EStG) sind erst bei Eintritt der Bedingung bzw. Anfall entsprechender Einnahmen oder Gewinne zu passivieren und führen dementsprechend auch erst dann zu AK. Werden VG erworben, die mit dinglichen Nutzungsrechten belastet sind (zB Grunddienstbarkeit, Nießbrauch, Wohnrecht etc), wird von vornherein das um das Nutzungsrecht wertgeminderte Eigentum erworben und das Nutzungsrecht wird nicht AK-erhöhend berücksichtigt. Wird ein solches Nutzungsrecht später abgelöst, entstehen in Höhe des Ablösungsbetrages nachträgliche AK.

2. Anschaffungspreisänderungen

Nach dem Grundsatz der Ergebnisneutralität des Anschaffungsvorgangs und 60 dem Prinzip der Maßgeblichkeit der Gegenleistung (Anm 20) wirken sich Änderungen des ursprünglich vereinbarten Anschaffungspreises auch auf die zu bilanzierenden AK aus. Für die häufiger vorkommenden Anschaffungspreisminderungen ist dies klarstellend in Abs 1 S 3 erwähnt. Für Anschaffungspreiserhöhungen gilt nichts anderes. Der zeitliche Aspekt ist unerheblich. Selbst wenn die Änderung in großem zeitlichem Abstand erfolgt, liegen noch nachträgliche Anschaffungspreisänderungen vor (so auch BFH 6.2.1987, BStBl II, 423). Bei einer unter bestimmten Bedingungen vereinbarten Kaufpreisänderung erfolgt die Korrektur der AK erst bei Bedingungseintritt. Zum Ausweis von AK-Änderungen im Anlagengitter s § 268 Anm 37 und 52.

a) Anschaffungspreisminderungen

Die Minderung des geschuldeten Kaufpreises auf Grund von Schlechtlieferung 61 (§ 441 BGB) bildet den Grundfall der AK-Minderung; Gleiches gilt, wenn der ursprüngliche Kaufpreis im Prozesswege, durch Vergleich oder im Verhandlungswege zB wegen Mängel herabgesetzt wird (s *ADS*[6] § 255 Anm 54). Maßgebender Zeitpunkt ist der Eintritt der Minderung; dh kein Rückbezug auf den Zeitpunkt der Anschaffung (*Kulosa* in Schmidt[32] § 6 EStG Anm 57). Eine AK-Minderung kommt maximal bis zu einem Wert von Null in Betracht (s Anm 26).

Rabatte in Form eines Preisnachlasses mindern die AK. Ein Preisnachlass kann auch von dritter Seite erfolgen, sofern ein unmittelbarer wirtschaftlicher Zusammenhang mit der Anschaffung besteht, zB wenn ein die Anschaffung vermittelnder Vertreter dem Erwerber einen Teil seiner Vergütung überlässt (*ADS*[6] § 255 Anm 49; BFH 22.4.1988, BStBl II, 902). Entscheidend ist, dass der Minderungsvorgang mit dem Anschaffungsgeschäft dergestalt verbunden ist, dass der Zufluss von Gütern in Geld oder Geldeswert als Ermäßigung (Rückführung) von AK bewertet werden kann (BFH 26.2.2002, BStBl II, 796 in Abkehr von BFH 22.1.1992 DB 1992, 1066 ff; BFH 16.3.2004, BFH/NV, 1100). Die Rabattgewährung durch Hingabe von Freistücken führt zur AK-Minderung pro Stück.

Keine AK-Minderung liegt vor, wenn im Wege eines **Schadensersatzes** aus fehlerhafter Beratung angefallene GrESt ersetzt wird. Der zu AK führende Rechtsgrund wird durch den Schadensersatzanspruch nicht berührt (BFH 26.3.1992, BStBl II, 96).

Ein mengen- oder umsatzabhängiger **Bonus**, der idR nach Ablauf des Jahres 62 bei Erreichen eines bestimmten Jahresumsatzes oder -absatzes feststeht, darf nur insoweit noch anschaffungspreismindernd berücksichtigt werden, als sich die angeschafften VG, auf die sich der Bonus bezieht, nachweislich noch im Bestand befinden (*ADS*[6] § 255 Anm 50; *Wohlgemuth*, in HdJ I/9 § 255 Anm 55; HHR § 6 Anm 289, Stichwort „Boni"; aA *Knop/Küting* in HdR[5] § 255 Anm 62 sowie *Meyering*, StuW 2009, 42, die eine AK-Minderung mangels Einzelzuordenbarkeit der Boni ablehnen). Soweit der Bonus auf VG entfällt, die zum Bilanzstichtag nicht mehr vorhanden sind, ist die mit dem Verbrauch oder der Veräußerung verbundene Aufwandsbuchung anteilig zu vermindern (*Wohlgemuth,* in HdJ I/9 § 255 Anm 55).

63 **Skonti** (Barzahlungsrabatte) sind beim Kunden AK-Minderungen, nicht Zinsen (hM *ADS*[6] § 255 Anm 52; *WPH*[14] I, E Anm 325). Nach BFH (27.2.1991, BStBl II, 457) tritt die Minderung erst bei Inanspruchnahme des Skontos ein (so auch *Knop/Küting* in HdR[5] § 255 Anm 61). Dementspr soll ein am Bilanzstichtag vorhandener, aber noch nicht bezahlter VG grds mit dem Rechnungsbetrag und die Verbindlichkeit mit dem Erfüllungsbetrag anzusetzen sein (so ausdrücklich BFH 27.2.1991, BStBl II, 458; *Mathiak* DStR 1989, 663; *Stobbe* in HHR § 6 Anm 289, Stichwort „Skonti"). Da jedoch über die Inanspruchnahme des Skontos unmittelbar nach Waren- und Rechnungseingang entschieden wird, werden in der Praxis häufig von vornherein die geminderten AK gebucht. Dies ist selbst dann nicht zu beanstanden, wenn zwischen Wareneingang und Bezahlung ein Bilanzstichtag liegt. In diesem Fall ist zur Sicherstellung der Ergebnisneutralität des Anschaffungsvorgangs auch die Verbindlichkeit um den Skontobetrag gemindert auszuweisen. Dies ist berechtigt, wenn die Entscheidung zur Inanspruchnahme des den Rechnungsbetrag mindernden Skontos beim Schuldner sofort bei Lieferung fällt und damit auch die Verbindlichkeit nur in geringerer Höhe entsteht (*L. Schmidt* FR 1991, 299 unter Hinweis auf BFH 22.11.1988, BStBl II 1989, 359; generell für Einbuchung der um den Skontoabzug verminderten Verbindlichkeit *Paus* DStZ 1991, 502). Die erst bei Inanspruchnahme (Zahlung) erfolgende nachträgliche AK-Minderung setzt voraus, dass sich die gekauften VG noch im Bestand befinden, was bei Waren unter der Annahme der Lifo-Verbrauchsfolge problematisch sein kann (s BFH aaO, 459).

Soll ein möglicher Skontoabzug nicht in Anspruch genommen werden, bildet der Rechnungsbetrag die AK (*ADS*[6] § 255 Anm 52). Es wird jedoch auch für zulässig gehalten, bei nicht ausgenutztem Kundenskonto den um den möglichen Skontobetrag geminderten Anschaffungspreis anzusetzen und den Skontobetrag als Zinsaufwand für eine Kreditgewährung zu verrechnen (s § 275 Anm 209).

64 AK-Minderungen können sich auch aus Kaufpreisanpassungsklauseln in Unternehmenskaufverträgen ergeben (zB Steuerklauseln, Earn-Out-Klauseln). Der Beteiligungsansatz ist anzupassen, sobald die Entstehung des entsprechenden Rückforderungsanspruchs des Erwerbers so gut wie sicher ist (s *Fey/Deubert,* BB 2012, 1461).

b) Anschaffungspreiserhöhungen

65 **Nachträgliche Preiskorrekturen** nach oben erhöhen die AK mit Wirkung für die Zukunft, etwa Nachzahlungen auf Grund eines Urteils oder Schiedsspruchs; oder wenn nach den getroffenen Vereinbarungen der endgültige Kaufpreis von späteren Ereignissen abhängig gemacht wird, wie zB der Vermessung eines noch nicht parzellierten Grundstücks, Erreichen eines bestimmten zukünftigen Gewinns beim Unt- oder Anteilskauf (*FG Düsseldorf* DStRE 2003, 1094; *ADS*[6] § 255 Anm 46). Eine Preiserhöhung ist grds nicht auf den Zeitpunkt der Anschaffung zurückzubeziehen; die erhöhten Beträge sind vielmehr im Wj ihres Anfallens als weitere AK anzusetzen (*Kulosa* in Schmidt[32] § 6 EStG Anm 57) Keine Erhöhung des Anschaffungspreises liegt dagegen vor, wenn sich bei einem Erwerb auf Rentenbasis mit **Wertsicherungsklausel** die Rente später erhöht. Dies wirkt sich lediglich auf die Höhe der Rentenverpflichtung aus (§ 253 Anm 187; *ADS*[6] § 255 Anm 48).

66 AK-Erhöhungen aufgrund sog *Earn-Out*-Klauseln in Unternehmenskaufverträgen können ggf auch vor Ablauf der Earn-Out-Periode bereits zu berücksichtigen sein, wenn der Bedingungseintritt hinreichend wahrscheinlich ist und der Erhöhungsbetrag verlässlich geschätzt werden kann (*Fey/Deubert,* BB 2012, 1461).

3. Anschaffungsnebenkosten

Nach Abs 1 S 2 gehören ausdrücklich die Anschaffungsnebenkosten zu den **70** AK. Das sind alle Aufwendungen, die in unmittelbarem Zusammenhang mit dem Erwerb und der erstmaligen Versetzung des VG in betriebsbereiten Zustand stehen, jedoch nur, soweit es sich um *Einzelkosten* handelt (Abs 1 S 1 letzter Hs betrifft auch die Anschaffungsnebenkosten). Bedeutung hat das Verbot, in die AK Gemeinkosten einzubeziehen, vor allem bei innerbetrieblich anfallenden Nebenkosten. Ein kausaler Zusammenhang zwischen Nebenkosten und der Anschaffung (insbesondere zwangsläufige Entstehung der Aufwendungen infolge der Anschaffung) reicht idR, um ihre Qualifikation als Anschaffungsnebenkosten zu begründen (BFH 5.5.1983 IV R 18/80, BStBl. 1983 II, 559; abweichend jedoch BFH 20.4.2011, BStBl 2011 II, 761, s hierzu Anm 325 „GrESt").

a) Extern anfallende Nebenkosten

Hierzu rechnen vor allem (zB *ADS*[6] § 255 Anm 22; *WPH*[14] I, E Anm 322; **71** *Wohlgemuth* HdJ 1/9 Anm 23):
- **Kosten der Anlieferung,** wie Frachten, Rollgelder, Transportversicherung, Speditionskosten, Wiegegelder, Anfuhr- und Abladekosten; sie dürfen aus Vereinfachungsgründen pauschal ermittelt werden.
- **Steuern und öffentliche Abgaben,** wie Eingangszölle, öffentliche Abgaben, insb auf Grund und Boden, zB Anlieger- und Erschließungsbeiträge (s auch Anm 76), Notarkosten, Gerichtskosten im Grundstücksbereich; GrESt, sofern nicht nur fiktive Vorgänge besteuert werden (s Anm 72).
- **Kosten des Einkaufs** wie Provisionen, Courtage, Maklergebühren. Bei Kosten der Begutachtung und Besichtigung des Kaufgegenstands handelt es sich um AK, wenn sie **nach dem grundsätzlich gefassten Entschluss** zum Erwerb *dieses* VG angefallen sind (BFH 27.3.2007, BFH/NV, 1407); vor diesem Zeitpunkt angefallene Kosten sind Aufwand. Aufwendungen der Entscheidungsphase, dh Aufwendungen, um zu entscheiden, ob man diesen oder einen anderen VG erwerben will, genügen nicht dem Kriterium der Einzelzuordnung und gehen nicht wertbestimmend in den angeschafften VG ein (*ADS*[6] § 255 Anm 22). Der BFH (10.3.1981, BStBl II, 470) unterscheidet betr Reisekosten auf der Suche nach einem Objekt zwischen Fahrten zu den nicht erworbenen Objekten einerseits und zum schließlich erworbenen Objekt andererseits. Letztere sollen AK sein, „weil sie dem erworbenen Gebäude zugeordnet werden können".
- **Kosten der Lieferbereitschaft:** Bei einem GasversorgungsUnt gehört das im Jahresleistungspreis enthaltene Entgelt (als Kosten der Lieferbereitschaft) zu den AK der in einem Jahr bezogenen Gasmengen und damit auch anteilig zu den AK des Gasvorrats am Jahresende (BFH 13.4.1988, BStBl II, 892).

Anschaffungsnebenkosten setzen begriffsnotwendig einen **Anschaffungsvor- 72 gang** und darüber hinaus einen entgeltlichen zur Bilanzierung von AK führenden Erwerb voraus (aA zB *Kulosa* in Schmidt[32], § 6 Anm 53).

Fehlt es bereits an einem Anschaffungsvorgang (so bei formwechselnder Umw, Anm 43), sind damit in Zusammenhang stehende Aufwendungen (Notar-, Gerichtsgebühren, UmwKosten aller Art) Aufwand. Soweit **Grunderwerbsteuer** auf Vorgänge erhoben wird, die nicht zur Anschaffung eines Grundstücks im bilanzrechtlichen Sinne führen, scheidet eine Aktivierung als Anschaffungsnebenkosten des Grundstücks grds aus; so beim **Treuhanderwerb.** Die an den – rein zivilrechtlichen – Erwerbsvorgang anknüpfende GrESt bei Übertragungen vom Eigentümer als Treugeber auf den Treuhänder (s dazu gleich lautende Ländererlasse vom 25.5.1984 BStBl I, 378), ist Aufwand. Zur GrESt bei *fiktiven*

Grundstückserwerben (Anteilsvereinigung, Wechsel im GesterBestand von PersGes) s Anm 325 (Stichwort „Grunderwerbsteuer").

Anschaffungsnebenkosten können auch dann nicht vorliegen, wenn es am Erwerb eines aktivierungsfähigen VG fehlt; so bei der **erstmaligen** Begründung immaterieller VG in Form von Nutzungsrechten, Belieferungsrechten etc, die wegen des Grundsatzes der Nichtbilanzierung schwebender Verträge (s *Weber-Grellet* in Schmidt[32] § 5 Anm 76; BFH 15.12.1993, BFH/NV 1994, 543, 545) nicht bilanziert werden dürfen. Dementspr sind **Maklerprovisionen** für den Abschluss von Mietverträgen keine Anschaffungsnebenkosten des Mietrechts (BFH 19.6.1997, DB, 2154); ebenso Vermittlungsprovisionen für den Abschluss von Abonnementverträgen für die Begründung von Belieferungsrechten eines Buch- und Zeitschriftenverlags (BFH 3.8.1993, BStBl II 1994, 444); anders Maklerprovisionen für den Erwerb eines Erbbaurechts (BFH 4.6.1991, BStBl II 1992, 70, s Anm 325, Stichwort „Erbbaurecht").

b) Innerbetrieblich anfallende Nebenkosten

73 Wird ein erworbener Anlagegegenstand, zB eine Maschine, mit eigenem Personal im Unt selbst montiert, dürfen nur die bei der Montage angefallenen **Einzelkosten** als Anschaffungsnebenkosten aktiviert werden. Die Montage zur Herstellung der Betriebsbereitschaft schließt an den Beschaffungsvorgang an. Damit werden bei Anlagegegenständen auch solche Kosten noch zu den AK gerechnet, die nach Abschluss des Beschaffungsvorgangs anfallen und insoweit den HK ähneln. Gleichwohl dürfen diese Kosten nicht nach den für HK geltenden Grundsätzen aktiviert werden (*ADS*[6] § 255 Anm 27; *Knop/Küting* in HdR[5] § 255 Anm 36, sowie hier Anm 204). Etwas anderes gilt nur, wenn die innerbetrieblich anfallenden Kosten ein Ausmaß annehmen, das die Annahme einer Herstellung rechtfertigt, so dass der Begriff der Anschaffungsnebenkosten nicht mehr anzuwenden ist (dazu Anm 38).

c) Anschaffungskosten/Nebenkosten bei Erwerb mit Hilfe von Kaufoptionen

74 Aufwendungen für den Erwerb einer Kaufoption sind (zunächst) AK für einen immateriellen VG. Wird die Kaufoption ausgeübt, liegen AK nach Tauschgrundsätzen bzw Anschaffungsnebenkosten vor (Umbuchung des bilanzierten Optionswerts; *BFA* 2/1995 WPg, 682, 683; *ADS*[6] § 255 Anm 74, *Knop/Küting* HdR[5] § 255 Anm 121; ebenso BMF, BStBl I 2001, 987, Tz 15 für private Optionsgeschäfte). Hätte der VG auch ohne Option zum gleichen Preis erworben werden können, liegen gleichwohl AK vor (ebenso *Knop/Küting* aaO; *Wohlgemuth* in HdJ I/9 Anm 95). Dem niedrigeren Zeitwert ist durch eine außerplanmäßige Abschreibung Rechnung zu tragen (aA *ADS*[6] aaO, wonach die Aufwendungen für die Option von vornherein nicht in die AK miteinzubeziehen sind).

4. Nachträgliche Anschaffungskosten

75 Das HGB bestimmt ausdrücklich, dass zu den AK auch die **nachträglichen Anschaffungskosten** gehören (§ 255 Abs 1 S 2). Sie können auch noch viele Jahre nach der Anschaffung entstehen. Voraussetzung ist, dass die Aufwendungen in unmittelbarem wirtschaftlichem Zusammenhang mit der Anschaffung stehen, insb zwangsläufig im Gefolge der Anschaffung anfallen (BFH 17.10.2001, BFH/NV 2002, 700). Die AK ändern sich grds erst im Zeitpunkt des Entstehens der nachträglichen AK (keine Rückwirkung).

Hohe praktische Bedeutung kommt in diesem Zusammenhang bedingten (variablen) Kaufpreisen zu, die oft zu betragsmäßig hohen AK-Anpassungen führen können. Zu Anschaffungspreisänderungen aufgrund von Earn Out-Klauseln s Anm 64 und 66. **76**

Ferner entstehen nachträgliche AK häufig in Zshg mit **öffentlichen Abgaben** im Grundstücksbereich. Solche aus öffentlichem Recht geschuldeten Beiträge müssen die Benutzbarkeit des angeschafften Grundstücks erhöhen und seinen Wert steigern, um als nachträgliche AK qualifiziert werden zu können. Dementspr sind nachträgliche AK des Grund und Bodens **Erschließungsbeiträge** für Erstanlage einer Straße (BFH 18.9.1964, BStBl III 1965, 85; 3.7.97, BStBl II, 811); für den Erstanschluss an eine gemeindliche **Kanalisation** (BFH 27.9.91, BFH/NV 1992, 488) oder **Gas-** und **Stromversorgung** (BFH 14.3. 1989, BFH/NV, 633). Diese Aufwendungen müssen ferner ausschließlich grundstücksbezogen sein und dem Grundstück unabhängig von der Art seiner Nutzung werterhöhend zugute kommen (BFH 3.7.1997, aaO; BFH 23.2.1999, BFH/NV, 1079). **77**

Wird eine Sickergrube durch eine erstmalige Erschließungsmaßnahme ersetzt, liegt Erhaltungsaufwand vor (BFH 23.2.1999 aaO); ebenso, wenn eine Erschließungsmaßnahme durch eine andere ersetzt wird (öffentlicher Weg durch Ortsstraße, BFH 18.1.1995, BFH/NV, 570). Bei einer Zweiterschließung (Anbindung an eine weitere Straße) sind AK nur dann gegeben, wenn hierdurch eine weitere Bebaubarkeit des Grundstücks erreicht wird (*Spindler* DB 1996, 444 mwN). Zahlungen eines Grundstückseigentümers an seinen Nachbarn für eine Zufahrtsbaulast sind AK, wenn damit ein zweiter Zugang zum Grundstück eröffnet wird (BFH 20.7.2010, DStRE 2010, 1435). Anliegerbeiträge für die Schaffung einer verkehrsberuhigten Zone oder eines Fußgängerbereichs sind Aufwand (BFH 22.3.1994, BStBl II, 842). Beziehen sich die Aufwendungen auf eine besondere Art der Nutzung wie zB Beiträge zum Ausbau einer öffentlichen Straße wegen besonderer betrieblicher Beanspruchung (BFH 26.2.1980, BStBl II 1980, 687) sind, sofern die Entstehung eines immateriellen VG bejaht werden kann (vgl § 248 Abs 2), aktivierungsfähige HK eines immateriellen Anlagegegenstands, jedoch nicht AK eines Grundstücks (BFH 4.11.1986, BStBl II 1987, 333) gegeben.

Zu nachträglichen AK auf GWG in der StB s BMF 30.9.2010, DStR 2034 Tz 10: Erhöhung des Sammelpostens nach § 6 Abs 2a EStG in dem Wj, in dem die Aufwendungen entstehen.

Ergänzungsbeiträge, die von Eigentümern bereits an die Kanalisation angeschlossener Grundstücke erhoben werden, sind Erhaltungsaufwand und nicht nachträgliche AK des Grundstücks (BFH 4.11.1986, BStBl II 1987, 333; Sächs FG 25.6.2003, DStRE 2003, 1315). Sie dienen der technischen Verbesserung der Abwasserbeseitigung und ggf der Erhöhung der Kapazität der Kläranlage. Die Benutzbarkeit des Grundstücks erhöhen sie nicht. Allenfalls kann man von einer Modernisierung und Anpassung an den technischen Fortschritt sprechen. Insofern geht der Begriff nachträgliche AK nicht über den der nachträglichen HK (Anm 375 ff) hinaus. **78**

III. Aufteilung eines Gesamtkaufpreises auf mehrere Vermögensgegenstände

Werden mehrere VG zusammen erworben, ist jeder davon nach den Grundsätzen der **Einzelbewertung** mit *seinen* AK anzusetzen, die sich grds nach dem erklärten Willen der Vertragsparteien und der damit gegebenen Zweckrichtung **79** der Aufwendungen bestimmen (BFH 7.6.1984, BStBl II, 584; 7.11.1985, BB 1986, 434).

1. Vertraglich vereinbarte Aufteilung

80 Enthält der Kaufvertrag eine **Aufteilung des Kaufpreises** auf die einzelnen VG, ist dieser Aufteilung zu folgen, solange sie wirtschaftlich vernünftig und nicht willkürlich erscheint (zB BFH 31.1.1973, BStBl II, 391; ADS[6] § 255 Anm 105). Die Maßgeblichkeit vereinbarter Einzelpreise folgt aus dem Begriff der AK. Der Grundsatz der Einzelbewertung gilt auch bei **gemischt genutzten VG** und bei gemischten Schenkungen (BFH 1.4.2009, BFH/NV 2009, 1193). Die Einschränkung, nach welcher einer mit den objektiven Gegebenheiten nicht in Einklang zu bringenden Aufteilung nicht zu folgen ist, greift nur dann ein, wenn sich die Parteien scheinbar, aber nicht wirklich auf einen Kaufpreis für jeden einzelnen VG geeinigt haben und sich ihr Konsens in Wahrheit nur auf den Gesamtkaufpreis für alle VG erstreckt. Bei einem Scheingeschäft (§ 117 BGB) bilden die wirklich vereinbarten Preise die AK (*Meilicke* DB 1986, 2045).

2. Unaufgeteilter Gesamtkaufpreis

81 Häufig wird beim Erwerb mehrerer VG auch nur ein **unaufgeteilter Gesamtkaufpreis** vereinbart, insb beim **Erwerb bebauter Grundstücke** und beim **Erwerb ganzer Unt** (Kauf von Betrieben und Betriebsteilen). Nach dem Grundsatz der Einzelbewertung ist es erforderlich, den Gesamtanschaffungspreis in einem angemessenen Verhältnis auf die einzelnen VG aufzuteilen. Dabei besteht insb beim Erwerb ganzer Unt das Problem, sämtliche einzeln zu bewertenden VG festzustellen und die auf sie entfallenden AK zu bestimmen, wobei sich der GFW als Restgröße aus einem Gesamtkaufpreis abgeleitet ergibt (§ 246 Anm 82; § 247 Anm 405). Liegt nur ein Gesamtkaufpreis vor, ist nach dem Grundsatz, dass tatsächlich vereinbarte Kaufpreise die AK bilden, der vermutliche **Konsenspreis** für den einzelnen VG zu ermitteln. Dabei sind auch Umstände, welche bei der Kaufpreisfindung von den Parteien herangezogen worden sind, wie Sachverständigengutachten, Berechnungen uÄ mit heranzuziehen, um zu ermitteln, wie die Vertragsparteien den Kaufpreis „nach ernsthaften wirtschaftlichen Maßstäben aufgeteilt" und was sie für den einzelnen VG angesetzt hätten (zB BFH 28.3.1966, BStBl III, 456). Bei unterschiedlichen Wertvorstellungen der Parteien über anzusetzende Einzelpreise kann jedoch weder der subjektiven Einschätzung des Erwerbers (so *Winkeljohann* in HHR § 6 Anm 306) noch derjenigen des Veräußerers gefolgt werden. Zu ermitteln ist der voraussichtliche Konsenspreis je VG, nicht aber, was zB der Erwerber unter Einbeziehung der bei ihm gegebenen besonderen Möglichkeiten oder von ihm beabsichtigten Gestaltungen für den einzelnen VG zu zahlen bereit wäre.

82 So kann zB beim **Erwerb eines bebauten Grundstücks,** das der Erwerber in der Absicht erwirbt, an Stelle des erworbenen Gebäudes ein anderes zu errichten, der Kaufpreis nicht auf Basis der individuellen Planung des konkreten Erwerbs allein dem Grund und Boden zugeteilt werden (BFH 15.11.1978, BStBl II 1979, 299). Dementspr ist die Aufteilung eines Gesamtkaufpreises in erster Linie nach dem **Verhältnis der Zeitwerte (Verkehrswerte)** vorzunehmen (ADS[6] § 255 Anm 106).

83 **Steuerrechtlich** gilt das **Verhältnis der Teilwerte** zueinander (zB BFH 15.11.1978, BStBl II 1979, 299, FG *Düsseldorf* 2.5.2000, EFG 1177). Ein praktischer Unterschied besteht nicht, da sich die Teilwerte idR mit den Wiederbe-

schaffungskosten decken (BFH 16.12.1981, BStBl II 1982, 320 betr die Aufteilung eines Kaufpreises für ein bebautes Grundstück auf Grundstück und Gebäude).

Beim **Erwerb ganzer Unt** ist ein verbleibender Restkaufpreis einem entgeltlich erworbenen GFW zuzuordnen (§ 246 Abs 1 S 4, s auch § 246 Anm 82f). Dabei sind zunächst die auf den Erwerber übergegangenen, einzelnen bewertbaren materiellen und immateriellen VG sowie alle Schulden festzustellen. Hierbei sind sämtliche VG zu erfassen, unabhängig davon, ob sie in der Bilanz des Veräußerers angesetzt waren oder nicht und ob es sich um vom Veräußerer selbst geschaffene, dort bisher nicht bilanzierungsfähige immaterielle VG handelte. Dies gilt auch für sog geschäftswertähnliche immaterielle VG (§ 247 Anm 411). Bei den Schulden sind auch solche zu erfassen, die nicht passiviert wurden, zB Pensionsverpflichtungen (*ADS*[6] § 255 Anm 268). Sodann sind unter Beachtung des Vorsichtsprinzips die Zeitwerte der anzusetzenden VG, Schulden und Abgrenzungsposten zum Zeitpunkt der Übernahme zu ermitteln. Der Mehrbetrag des Kaufpreises über die Zeitwerte aller Aktivposten abzgl der Zeitwerte aller Schulden und Abgrenzungsposten ist der GFW (*ADS*[6] § 255 Anm 263; *Söffing* in FS Döllerer, 604). Zur Ablehnung **negativer Anschaffungskosten** s § 247 Anm 407 sowie bestätigend BFH 26.4.2006, BStBl II, 656.

Werden **mehrere Vermögensgegenstände** erworben, deren AK nach dem **85** Grundsatz der **Einzelbewertung** festgestellt werden müssen, wie zB beim Erwerb eines bebauten Grundstücks, sind zunächst die Verkehrswerte des Grund und Bodens und des Gebäudes getrennt zu ermitteln. Übersteigt der gezahlte Gesamtkaufpreis die summierten Verkehrswerte, ist der Unterschied im Verhältnis der Verkehrswerte aufzuteilen. Gleiches gilt, wenn der gezahlte Gesamtkaufpreis die Verkehrswerte unterschreitet. Eine Aufteilung nach der **Restwertmethode,** dh die Bestimmung der AK nur des einen VG (zB des Grund und Bodens) und die Ableitung der AK des anderen (zB des Gebäudes) durch Abzug vom Gesamtkaufpreis, ist nur in Ausnahmefällen bei Vorliegen besonderer Umstände zulässig (BFH 19.12.1972, BStBl II 1973, 295, 296). Generell ist dieses Verfahren jedoch abzulehnen, weil damit die AK nicht mehr dem Grundsatz der Einzelbewertung folgend für jeden VG gesondert festgestellt werden, und der gesamte Über- oder Unterpreis auf irgendeinen nicht einzeln bewerteten VG entfällt (*ADS*[6] § 255 Anm 107; *Knop/Küting* in HdR[5] § 255 Anm 24). Zur Aufteilung einheitlicher AK eines Mietwohngrundstücks nach dem Sach- oder Ertragswertverfahren *FG München* EFG 2000, 210, BFH 24.2.1999, BFH/NV 1201: Ertragswertverfahren für Geschäftsgrundstück.

IV. Anschaffungskosten bei unentgeltlichem Erwerb

1. Begriff und Anwendungsfälle

Unentgeltlicher Erwerb liegt vor bei einem Erwerbsvorgang **ohne Gegenleis- 90 tung** des Erwerbers. Das Prinzip der Bestimmung der AK nach der Gegenleistung ist daher für unentgeltliche Anschaffungen nicht ohne weiteres anwendbar.

Erwerbsvorgänge ohne Aufwendungen aus dem Vermögen des Erwerbers sind auch gegeben, wenn ein Gester seiner Ges einen VG ohne Gegenleistung überlässt (verdeckte Einlage), oder umgekehrt (vGA). Zu diesen Fallgruppen unentgeltlichen Erwerbs, die im Ges-Verhältnis begründet sind, s Anm 163. **Erwerbsvorgänge ohne Entgelt** aus dem Vermögen des Erwerbers liegen wirtschaftlich betrachtet weiterhin vor bei finanziellen Zuwendungen in Form von **Zuschüssen und Subventionen.** Zur Bestimmung der AK in diesen Fällen s Anm 113. Eine dritte Gruppe unentgeltlicher Anschaffung bilden schließlich die nachfolgend unter 2. behandelten Vorgänge (Anm 91, 96).

2. Un-/Teilentgeltlicher Erwerb bei Schenkung, Erbgang und Erbauseinandersetzung

a) Schenkung, gemischte Schenkung, (teil-)entgeltlicher Erwerb

91 Schenkungen führen zur **Vermögensmehrung ohne Gegenleistung**. Der (zivilrechtliche) Begriff der Schenkung verlangt neben dem objektiven Merkmal der Vermögensverschiebung den übereinstimmenden Willen der Parteien, dass die Vermögensverschiebung unentgeltlich, dh ohne Gegenleistung erfolgen soll (§ 516 Abs 1 BGB). Sind die beiderseitigen Leistungen nach kfm Überlegungen objektiv im Wert ausgeglichen, liegt unabhängig vom Willen der Parteien stets ein **entgeltlicher Erwerb** vor. Fehlt die objektive Gleichwertigkeit, wird entscheidend, ob die Parteien eine unentgeltliche Vermögensverschiebung auch gewollt haben. Ein entgeltlicher Anschaffungsvorgang und keine gemischte Schenkung ist gegeben, wenn zwar ein objektives Missverhältnis zwischen den beiderseitigen Leistungen besteht, den Parteien aber der übereinstimmende Wille fehlt, dass der überschießende Teil unentgeltlich gegeben wird (*Weidenkaff* in Palandt[70] § 516 Rn 13). Andernfalls ist von einer gemischten Schenkung auszugehen. Entscheidendes **Abgrenzungskriterium** zur gemischten Schenkung wird damit der **Wille der Parteien** und ihre Vorstellung vom Wert der beiderseitigen Leistungen (BFH 29.1.1992, BStBl II, 465). Ein objektives Missverhältnis kann wirtschaftliche Gründe haben (zB Notverkauf) oder aber auch nur auf unterschiedlichen subjektiven Einschätzungen der Parteien beruhen.

92 Auch ein **Preisnachlass** (Freundschaftskauf) begründet keine (gemischte) Schenkung (*Schulze zur Wiesche* FR 1984, 215; *Kremmer* DStR 1987, 364); ebenso liegt unbeschadet der schenkungsteuerrechtlichen Fiktion des § 7 Abs 7 ErbStG ein entgeltlicher Anschaffungsvorgang vor, wenn beim Ausscheiden aus einer PerGes stille Reserven auf Grund der sog **Buchwertklausel** auf die verbleibenden Gester übergehen (*Märkle* StbJb 1987/88, 314). Es bleibt in diesen Fällen bei einem entgeltlichen Anschaffungsgeschäft, das nur nach den Grundsätzen der Vermögensumschichtung (Anm 20) bilanziert werden darf. Dies gilt zumindest insoweit, als zivilrechtlich grds zulässige Buchwertklauseln (*Baumbach/Hopt*[32] § 138 HGB Anm 5e) auch zwischen einander Fremden vereinbart und durchgeführt werden. Kommt es im Einzelfall zum Abfindungsstreit, liegen bei erhöhter Abfindung nachträgliche AK vor.

93 Zivilrechtlich wird zwischen Schenkung unter **Auflage** und **gemischter Schenkung** unterschieden. Ungeachtet der zivilrechtlich unterschiedlichen Rechtsfolgen ist es für den bilanzrechtlichen AK-Begriff unerheblich, ob sich die mit dem Erwerb verbundene Gegenleistungsverpflichtung aus einem gegenseitigen Vertrag oder aus einer dem Erwerb beigefügten Auflage (§ 525 Abs 1 BGB) ergibt. In beiden Fällen liegen „Aufwendungen für den Erwerb" und damit AK vor (so unter Aufgabe der früheren Rspr nunmehr auch das Steuerrecht, s BFH 5.7.1990, BStBl II 847, 853). Eine gemischte oder Auflagenschenkung liegt auch vor bei Schenkung unter Nießbrauchsvorbehalt sowie bei Vermögensübertragungen gegen Leibrenten oder wiederkehrende Leistungen mit Versorgungscharakter sowie bei Vermögensübertragungen in vorweggenommener Erbfolge gegen Versorgungsleistungen (zur steuerrechtl Behandlung dieser Fälle s Anm 325 „Nießbrauch").

94 Ob die gemischte oder Auflagenschenkung nach der **Trennungstheorie** zu einem teils unentgeltlichen und teils entgeltlichen Anschaffungsgeschäft führt oder nach der **Einheitstheorie** zu einheitlichen AK, wird unterschiedlich beurteilt. Im Anschluss an den Beschluss des GrS zur Erbauseinandersetzung (BFH 5.7.1990, BStBl II, 847) gilt beim Erwerb einzelner VG die Trennungstheorie (so

schon bei der Übertragung von wesentlichen Anteilen nach § 17 EStG, BFH 17.7.1980, BStBl II 1981, 11); beim Erwerb eines Betriebs, Teilbetriebs oder Mitunternehmeranteils (Kommanditanteil) dagegen die Einheitstheorie (so bereits BFH 10.7.1986, BStBl II, 811; *Wacker* in Schmidt[32] § 16 Anm 39).

Bei Erwerbsvorgängen zwischen einander fremden Personen besteht im Allgemeinen keine Veranlassung zu einer unentgeltlichen Zuwendung und damit stets eine **Vermutung** für ein entgeltliches Anschaffungsgeschäft. Umgekehrt liegt es bei Geschäften zwischen einander nahe stehenden Personen. Hier besteht insb bei Übertragung von Betrieben gegen wiederkehrende Leistungen eine widerlegbare Vermutung dahin, dass der Versorgungsgedanke im Vordergrund steht (BMF 11.3.2010, DStR 2010, 545; BFH 20.1.1992, BStBl II, 465; BFH 3.6.1992, BStBl II 1993, 23; BFH 16.12.1997, DB 1998, 600, 601; zugleich zur Abgrenzung zwischen betrieblicher Veräußerungs- und privater Versorgungsrente). **95**

b) Erwerb durch Erbgang, Erbauseinandersetzung und Realteilung

Der **Erwerb durch Erbgang** erfolgt seinen zivilrechtlichen Grundlagen entspr unentgeltlich. Mit dem Tod des Erblassers geht sein Vermögen einschl seiner Verbindlichkeiten (Erbschaft) als Ganzes auf einen oder mehrere Erben über (§ 1922 Abs 1 BGB). Bei Erbenmehrheit wird der Nachlass gemeinschaftliches Vermögen – Gesamthandsvermögen – der Miterben (§ 2032 BGB). Zum vergleichbaren Fall der übertragenden Umwandlung s Anm 44. Da mit dem Erbfall der oder die Erben die wirtschaftliche Verfügungsmacht über den Nachlass erhalten, liegt bilanzrechtlich eine Anschaffung (Zugang) vor; es fehlt jedoch an AK iSd finalen AK-Begriffs (Anm 21). Die gesetzlich übergehenden Nachlassverbindlichkeiten (Erblasserschulden) sind ebenso wenig „für den Erwerb" aufgewendet wie die durch den Erbfall selbst verursachten Erbfallschulden (zB Pflichtteils- und Erbersatzansprüche; zu erfüllende Vermächtnisse). **96**

Dem Erwerb durch Erbgang schließt sich bei einer Erbenmehrheit idR die **Erbauseinandersetzung** als selbstständiges Rechtsgeschäft der Erben mit dem Ziel einer Realteilung des Nachlasses an. Bei diesem Vorgang erhält der Erbe anstelle seines bisherigen gesamthänderischen Anteils an der ungeteilten Erbengemeinschaft einzelne VG und Verbindlichkeiten nach Maßgabe der getroffenen Auseinandersetzungsvereinbarung. Bilanzrechtlich liegt hierin ein Tausch des unentgeltlich erworbenen Gesamthandsanteils gegen übernommenes Vermögen und Verbindlichkeiten, der nach Tauschgrundsätzen anzusetzen ist (grds Ansatz des Zeitwerts oder Buchwerts des hingegebenen VG; ausführlicher Anm 40). Übernimmt der Erbe im Rahmen der Auseinandersetzung der Erbengemeinschaft wertmäßig ein höheres Vermögen als es seinem Erbanteil entspricht, erwirbt er nicht mehr in Erfüllung seines aus der Hingabe des Gesamthandsanteils folgenden Auseinandersetzungsanspruchs. Die für den Mehrerwerb eingegangenen **Ausgleichsverpflichtungen** sind „Aufwendungen für den Erwerb" nach allgemeinen Grundsätzen des entgeltlichen Anschaffungsgeschäfts (Anm 20). Dies gilt auch, wenn zum Gesamthandsvermögen der Miterben gehörende Unt oder Betriebe durch *Realteilung* auf die oder einzelne Miterben aufgeteilt werden. Zur steuerrechtlichen Behandlung s Anm 104. **97**

c) Anschaffungskosten nach Handelsrecht

Die Bewertungsfrage nach den AK beim unentgeltlichen Erwerb setzt die vorrangige Feststellung eines bilanzierungsfähigen VG voraus. **99**

Bei gegebener Aktivierungsfähigkeit ist mit der hM von einem am Zweck der Zuwendung orientierten **Bewertungswahlrecht** auszugehen (*ADS*[6] § 255 Anm 84). Primär ist der gesetzlichen Vorstellung des erfolgsneutralen Anschaf- **100** fungsvorgangs (Anm 20) entspr ein Ansatz zu Null Euro geboten; bei der gemischten Schenkung (Anm 93) bezogen auf den unentgeltlichen Teil. Jedoch kann ein dem Anschaffenden bekannter Zweck der Zuwendung einen gewinnrealisierenden Ansatz rechtfertigen, wenn mit der Zuwendung die Verbesserung der Kapitalstruktur, der Finanzlage oder der Ertragslage (Wiederaufnahme von Dividendenzahlungen) bezweckt war (*ADS*[6] aaO). Die gleichen Grundsätze gelten für den unentgeltlichen Teil der gemischten Schenkung (*ADS*[6] § 255 Anm 86). Je nach Zuwendungszweck erfolgt der Ansatz ergebniswirksam (zB Verbesserung der Ertragslage) oder ergebnisneutral, wenn zB von Gestern zur Verbesserung der Kapitalstruktur in das EK geleistet wird (§ 272 Abs 2 Nr 4).

101 **Bewertungsobergrenze** ist der vorsichtig zu schätzende sonst übliche Anschaffungswert; dieser wird meist mit dem Wert identisch sein, welchen der Kfm für den VG auch sonst aufgewandt hätte. Kein Ansatz deswegen zB für ein empfangenes Werbegeschenk.

102 Beim Erwerb durch **Erbgang** sind entspr der zivilrechtlichen Wertung des Vorgangs (Gesamtrechtsnachfolge) die Buchwerte des Erblassers fortzuführen; mangels Aufwendungen des Erwerbers für den Erwerb liegen keine AK vor (Anm 96). Schließt sich bei einer Erbenmehrheit die **Auseinandersetzung** der ungeteilten Erbengemeinschaft durch Realteilung an, liegt ein Erwerb nach Tauschgrundsätzen vor (Anm 97).

d) Anschaffungskosten nach Steuerrecht

Steuerrechtlich bestehen in § 6 Abs 3 einerseits und § 6 Abs 4 und 5 EStG andererseits unterschiedliche Regelungen.

103 **aa) Erwerb eines Betriebs, Teilbetriebs oder Mitunternehmeranteils.** Wird ein Betrieb, Teilbetrieb oder Mitunternehmeranteil unentgeltlich durch Schenkung oder durch Erbfall (Anm 96) erworben, sind nach § 6 Abs 3 EStG die Buchwerte des Rechtsvorgängers anzusetzen. Gleiches gilt für die unentgeltliche Aufnahme einer natürlichen Person in ein bestehendes EinzelUnt so wie die unentgeltliche Übertragung eines Teils eines Mitunternehmeranteils. Diese Regelung ist iZm der Behandlung auf Seiten des Schenkers/Erblassers zu sehen, dessen stille Reserven anlässlich des Übergangs nicht versteuert werden sollen. Die als Konsequenz angeordnete Buchwertfortführung stellt sicher, dass die stillen Reserven der Besteuerung nicht entgehen (vgl Beiheft zu FN IDW 5/2004).

Geht ein Betrieb, Teilbetrieb oder Mitunternehmeranteil auf einen *Alleinerben* über, hat er nach § 6 Abs 3 EStG die Buchwerte fortzuführen. Dies gilt auch, wenn der Alleinerbe eine KapGes ist (BFH 24.3.1993, DB 1751). Wird ein Betrieb, Teilbetrieb oder Mitunternehmeranteil an *mehrere Erben* vererbt, ist die ungeteilte Erbengemeinschaft insoweit eine „geborene Mitunternehmerschaft" (*Wacker* in Schmidt[32] § 16 Anm 606), für die nach § 6 Abs 3 EStG die Buchwertfortführung gilt, wenn sie den Betrieb *ohne Auseinandersetzung* als PersGes (OHG, KG) fortsetzt.

104 **bb) Erbauseinandersetzung, Realteilung.** Bei Erbenmehrheit schließt sich dem Erbfall idR die **Auseinandersetzung** der ungeteilten Erbengemeinschaft an. Übernimmt ein Miterbe in Erfüllung seines Auseinandersetzungsanspruchs einzelne VG und Verbindlichkeiten im Wert seiner gesamthänderischen Mitbeteiligung, liegt steuerrechtlich kein Tausch gegen untergehende Beteiligung (s zum Handelsrecht Anm 97), sondern unentgeltlicher Erwerb vor. Dies wird damit begründet, dass die Gesamthand steuerrechtlich kein Rechtssubjekt bildet und die Auseinandersetzung im Wege der Naturalteilung von gesamthänderischem GesVermögen (§ 738 BGB) zivilrechtlich unmittelbar durch Übertragung einzelner VG auf die Gester erfolgt (BFH 5.7.1990, BStBl II, 837, 844). Aus diesem Grund ist auch weder ein Tausch von gesamthänderischem Eigentumsanteil der Miterben untereinander noch ein Anschaffungsgeschäft in Höhe der im Zuge der Auseinandersetzung übernommenen Nachlassverbindlichkeiten gegeben. Letztere bilden ebenso wie die VG unselbstständige Bestandteile des auseinanderzusetzenden Nachlasses. Bei vorzeitiger Erbauseinandersetzung kann eine Schuldübernahme hingegen AK begründen (BFH 19.12.2006, BFH/NV 2007, 1014).

Seit 2001 ist auch die ertragsteuerneutrale Realteilung durch Übertragung **105** einzelner WG wieder zugelassen, jedoch verknüpft mit der Behaltefrist des Übernehmers und der Körperschaftsklausel (§ 16 Abs 3 S 4 und 5 EStG). Zu Einzelheiten s § 247 Anm 853 ff. Die Vorschrift ist auch auf die Auseinandersetzung einer Erbengemeinschaft anzuwenden (EStH 16 Abs 4; BMF 14.3.2006, BStBl I 2006, 253 Tz 11).

cc) Vorweggenommene Erbfolge gegen Versorgungsleistungen. Wird **106** ein Betrieb, Teilbetrieb oder Mitunternehmeranteil in **vorweggenommener Erbfolge gegen Versorgungsleistungen** in Form einer Leibrente (§ 22 Nr 1 S 3a EStG) oder dauernder Last (§ 10 Abs 1 Nr 1a EStG) übernommen, liegt steuerrechtlich in Fortsetzung langjähriger gefestigter Rspr **unentgeltlicher Erwerb** vor mit der Folge der Buchwertfortführung (BFH GrS 15.7.1991, BStBl II 1992, 78; BdF 13.1.1993, BStBl I, 80 Tz 24 ff). Dies gilt ebenso für andere Vermögensübertragungen, die dem Typus des „Versorgungsvertrags"/ „Altenteilsvertrags" vergleichbar sind und *eine Vorwegnahme künftiger Erbregelungen* bei wirtschaftlicher Sicherung der übergebenden Generation bezwecken (zB BFH 24.7.1996, BStBl II 1997, 315), unter der weiteren Voraussetzung, dass eine ertragbringende Wirtschaftseinheit zur Weiterführung durch den Übernehmer überlassen wird. Hieran fehlt es bei Übertragung eines (noch) ertraglosen Grundstücks mit aufstehendem Rohbau (BFH 27.8.1997, BStBl II, 813). Eine Vermögensübergabe gegen Versorgungsleistungen findet idR unter Angehörigen statt; sie ist aber auch unter Fremden nicht ausgeschlossen. Kann der Erblasser nach dem Grundsatz der Testierfreiheit einen Fremden als Erben einsetzen, kann er auch sein Vermögen in vorweggenommener Erbfolge an einen Fremden gegen Zusage lebenslanger Versorgung übergeben (BFH 16.12.1997, DB 1998, 600, 601). In Umkehrung zur Vermutung bei Vermögensübergaben an Angehörige besteht hier jedoch eine widerlegbare Vermutung für ein ausgewogenes Anschaffungsgeschäft (s Anm 95).

Soweit der Übernehmer jedoch einmalige **Abstandszahlungen** an den Übertragenden oder **Gleichstellungsgelder** zu zahlen hat, sind auch steuerrechtliche AK gegeben. Gleiches gilt, wenn anlässlich der Betriebsübertragung auch **private Verbindlichkeiten** des Übergebers mit übernommen werden (BdF aaO; BFH 6.9.2006, BStBl II 2007, 265).

dd) Erwerb einzelner Wirtschaftsgüter. Wird ein einzelnes WG außer in **107** Fällen der Einlage nach § 4 Abs 1 S 5 oder § 6 Abs 5 S 3 EStG unentgeltlich erworben, gilt nach § 6 Abs 4 EStG sein gemeiner Wert als AK. Die Vorschrift erfasst *betrieblich veranlasste* Vermögensmehrungen, zB Sachgeschenk einer Brauerei. Für nicht entgeltlich erworbene immaterielle WG des Anlagevermögens besteht steuerrechtlich ein Aktivierungsverbot (§ 5 Abs 2 EStG), das als lex specialis vorgeht.

Wird ein WG **aus privaten Gründen** unentgeltlich erworben und dann Teil des Betriebsvermögens, folgt dem Erwerb stets auch eine Einlage, die nach § 6 Abs 1 Nr 5 EStG mit dem Teilwert anzusetzen ist. Das gilt auch für immaterielle WG, weil § 6 Abs 1 Nr 5 EStG ggü § 5 Abs 2 EStG Vorrang hat (BFH 20.8.1986, BStBl II 1987, 455).

Ein Erwerb aus **privatem** Anlass ist auch gegeben beim Erwerb durch Erbgang und Erbauseinandersetzung sowie bei einem Erwerb auf Grund eines Vermächtnisses oder bei Übertragungen in vorweggenommener Erbfolge. Beim Erwerb einzelner WG des Betriebsvermögens in vorweggenommener Erbfolge bilden neben Abstandszahlungen und Gleichstellungsgeldern auch mitübernommene betriebliche Verbindlichkeiten AK des Erwerbers; insoweit liegt nach der Trennungstheorie (Anm 94) ein teils entgeltliches und ein teils unentgeltliches Anschaffungsgeschäft vor (BMF 13.1.1993, BStBl I, 80 Tz 28, 34).

3. Abgespaltene Anschaffungskosten

108 Tritt ein neuer VG an die Stelle eines alten oder eines Teils hiervon, kann eine sog. Substanzabspaltung vorliegen (zB beim Erwerb neuer Aktien aufgrund von Bezugsrechten, vgl BFH 21.1.1999, BStBl II 1999, 638). In solchen Fällen sind auch die (ggfs anteiligen) AK vom bisherigen VG abzuspalten und dem neuen VG zuzuordnen. Zur Abspaltung von AK kommt es auch bei Grundstücksteilungen oder der Auf- und Abspaltung von Ges, soweit die Voraussetzungen für die Fortführung der Buchwerte vorliegen. Für weitere Anwendungsfälle s *Kulosa* in Schmidt[32], § 6 Anm 37.

C. Einzelfragen bei Anschaffungskosten

I. Immaterielle Vermögensgegenstände des Anlagevermögens

109 **Immaterielle VG des Anlagevermögens** sind mit Ausnahme der in § 248 Abs 2 genannten Posten grds bilanzierungsfähig, unabhängig, davon, ob sie entgeltlich erworben wurden. Somit erlangt die Abgrenzung zwischen Anschaffung und Herstellung iw Relevanz für die Ausübung des Wahlrechts gem § 248 Abs 2 und die Ermittlung von AK oder HK.

Immaterielle Vermögensgegenstände in Gestalt von **Nutzungsrechten** (zB Nießbrauch, Mietrecht), Verwendungs- und Gestattungsrechten (zB Gussformen, Spielerlaubnis zum Einsatz eines Lizenzspielers) sind nicht nur angeschafft, wenn sie als bereits bestehende Rechte erworben werden. Abgeleiteter Erwerb und damit Anschaffung ist auch gegeben, wenn diese Rechte erstmals begründet und aus dem umfasseneren Eigentumsrecht des Bestellers abgespalten bzw aus seiner zuvor bestehenden Rechtsposition (Spielerlaubnis) abgeleitet werden (Anm 36). **Urheberrechtlich geschützte immaterielle Werte** (zB Film- und Fernsehrechte, Software) sind entgeltlich erworben, wenn die Schutzrechte beim Auftragnehmer entstanden sind (zB Filmrechte) und dieser die entstandenen Rechte überträgt – *echte Auftragsproduktion*. Sie sind dagegen hergestellt bei *unechter* Auftragsproduktion (s Anm 38). Anlagevermögen ist gegeben, wenn die Rechte entweder unmittelbar im eigenen Unt eingesetzt (zB Software, Fernsehprogramme zur Ausstrahlung) oder an fremde Unt zu jeweils partieller Nutzung vergeben werden. Umlaufvermögen liegt erst dann vor, wenn der Hersteller seine urheberrechtlichen Schutzrechte Dritten *zur Gänze* und endgültig überlassen will und ihm keine wirtschaftlich sinnvollen Verwertungsmöglichkeiten mehr verbleiben (BFH 20.9.1995, BStBl II 1997, 320, 322). Unentgeltlich, dh ohne Gegenleistung erworbene immaterielle **Vermögensgegenstände** liegen einmal vor bei **Schenkungen** (Anm 91), aber auch bei den in der Praxis häufiger vorkommenden Fällen unentgeltlicher **Übertragungen auf gesellschaftsrechtlicher Grundlage** – steuerrechtlich verdeckte Einlage (§ 247 Anm 394).

II. Anschaffungskosten bei Zuschüssen und Subventionen

1. Begriff und Anwendungsfälle

Zuschüsse und Subventionen in Gestalt finanzieller Zuwendungen (Zahlungen) kommen in den **verschiedensten Formen** vor, zB als Zuwendungen der öffentlichen Hand oder als Zuwendungen von privater Seite mit unterschiedlichem wirtschaftlichem Hintergrund, auch Zuwendungen auf gesrechtlicher Grundlage (Zuführung von Ges-Kapital, hierzu Anm 164) und Zuwendungen, die sich als Gegenleistung im Rahmen eines vertraglichen Leistungsaustauschverhältnisses darstellen (Anm 119), sowie Zuwendungen, die ausschließlich im eigenen wirtschaftlichen Interesse des Zuwendenden gewährt werden. 113

Zuwendungen der **öffentlichen Hand** treten mit unterschiedlichen Bezeichnungen auf (zB Zuwendungen, Zuschüsse, Zulagen, Prämien, Beihilfen usw); sie haben ihre Rechtsgrundlage in allgemeingültigen Regelungen (Gesetz, Verwaltungsvorschriften, Richtl). 114

2. Handelsrecht

Soweit Zuwendungen nicht zu Investitionen (Anschaffungen oder Herstellungen), sondern zu Aufwendungen oder Erträgen gewährt werden (Aufwandszuschüsse, Ertragszuschüsse, s HFA 1/1984, WPg, 612; HFA 2/1996, WPg, 709) oder es sich um unbedingt rückzahlbare Zuwendungen (Verbindlichkeiten) handelt, kommt eine AK-Minderung nicht in Betracht. 115

Für **Zuwendungen der öffentlichen Hand,** die als finanzielle Zuwendungen zu einer **Investition** (Anschaffung, Herstellung) gewährt werden und deren rechtliche Zweckbindung sich in der Durchführung der Investition erschöpft (zur weiteren unterschiedlichen Ausgestaltung im Einzelnen s HFA 1/1984, WPg, 612) ist uE von einem **Wahlrecht** auszugehen. Sie dürfen entweder von den AK gekürzt oder sofort erfolgswirksam vereinnahmt werden. Dies entspricht kfm Übung (offen lassend, ob auf kfm Gewohnheitsrecht beruhend, BFH 29.4.1982, BStBl II, 591) und wird für die StB auch von der FinVerw anerkannt (R 6.5 Abs 2 EStR). Das Meinungsbild in der handelsrechtlichen Literatur ist indes uneinheitlich. Grds **für eine Kürzung** der AK/HK unter dem Gesichtspunkt der AK-Minderung nach Abs 1 S 3 sind ADS[6] § 255 Anm 56; ebenso, jedoch mehr unter dem Aspekt eines zutreffenden Erfolgsausweises *Tjaden* WPg 1985, 33, 35 sowie HFA 1/1984 WPg, 612, jedoch in engen Grenzen Ausnahmen zulassend; zustimmend für Zuschüsse *Hofbauer* im BoHdR[2] § 255 Anm 10; **gegen eine Kürzung** von den AK zB *Kupsch* WPg 1984, 369; *Ewertowsky* BB 1984, 1016; *Laicher* DStR 1993, 294; *Knop/Küting* in HdR[5] § 255 Anm 66. 116

Zahlreiche Versuche im Schrifttum, Bilanzierungskriterien aufzuzeigen, die bei öffentlichen Zuwendungen für jeden Einzelfall zu einer eindeutigen Bilanzierungsentscheidung führen, überzeugen nicht (s die Übersichten bei *Ewertowsky* BB 1984, 1016 ff und *Kupsch* DB 1979, 365 ff; beide mit dem Resümee, dass handelsrechtliche „Grundsätze ordnungsgemäßer Zuschussbilanzierung" nicht festgestellt werden können; ebenso *Förschle/Scheffels* DB 1993, 2393).

Ein Zwang zur Kürzung der AK unter dem Gesichtspunkt der **Anschaffungskostenminderung** (Abs 1 S 3, Anm 61 ff) besteht nicht. Mit dem Investitionszuschuss (oder -zulage) werden dem Unt Finanzierungsmittel zugeführt (HFA 1/1984, WPg, 612). Die Bestimmung der AK erfolgt aber grds losgelöst von der Herkunft der eingesetzten Finanzierungsmittel (*Kupsch* WPg 1984, 373; *Knop/Küting* in HdR[5] § 255 Anm 66; sowie Anm 22). Andererseits lässt sich jedoch auch **keine Pflicht zur sofortigen Gewinnrealisierung** begründen (so 117

Ewertowski BB 1984, 1016; *Kupsch* WPg 1984, 369; wohl auch *Laicher* DStR 1993, 294). Die Gewährung öffentlich-rechtlicher Zuschüsse erfordert regelmäßig, dass bestimmte gesetzliche oder in den Förderungsbedingungen festgelegte Voraussetzungen erfüllt werden (zB die Durchführung bestimmter Investitionen). Damit wird der *Geldmittelzufluss* aus der Sicht des Empfängers *objektbezogen*. Dies rechtfertigt das **Wahlrecht**, die AK um den Zuschuss zu kürzen (so auch mit eingehender Begr BFH 22.1.1992, DB 1993, 1066), wobei ein Zwang zur sofortigen Gewinnrealisierung aus der Vereinnahmung öffentlicher Finanzierungszuschüsse als mit dem am Vorsichtsprinzip ausgerichteten Gewinnrealisierungsgrundsatz des § 252 Abs 1 Nr 4 nicht vereinbar angesehen wird (BFH aaO S 1068). Durch die Absetzung von den AK bleibt gewährleistet, dass die für die Investition gewährten Finanzierungsmittel auch tatsächlich voll zu deren Finanzierung eingesetzt und nicht zu anderen Zwecken (zB für Steuerzahlungen bei stpfl Zuschüssen, Anm 121 oder für Gewinnausschüttungen) verwendet werden. Über die Ausübung des Bewertungswahlrechts ist im **Anhang** zu berichten (§ 284 Anm 106).

Anstelle einer unmittelbaren Absetzung von den AK ist es insb bei **umfangreichen Zuschussfinanzierungen** (zB Verkehrsbetrieben, Krankenhäusern) wegen des damit verbundenen verbesserten Einblicks in die VFE-Lage auch zulässig, die Zugänge in Höhe der ungekürzten AK aufzuführen und die Zuschüsse in einen **gesonderten Passivposten** iS von § 265 Abs 5 S 2 einzustellen (*ADS*[6] § 255 Anm 57; HFA 1/1984, WPg 612). Gegen die Bildung eines gesonderten Passivpostens in der HB, da ein solcher in der StB auch nicht zulässig ist *Groh* StuW 1994, 91. Aus der Postenbezeichnung muss die Art der in ihn eingestellten Zuschüsse ersichtlich sein. Der Sonderposten ist parallel zu den Abschreibungen aufzulösen.

118 Wird ein **Zuschuss von privater Seite** geleistet (vgl allg zur Bilanzierung privater Zuschüsse, HFA 2/1996) ist zu unterscheiden: Wird der Zuschuss mit einer bindenden, auch im Interesse des Zuwendenden liegenden Investitionszweckbestimmung gewährt, besteht ebenfalls das og Wahlrecht, die AK zu vermindern oder ihn erfolgswirksam zu erfassen. Ist der Zuschuss hingegen nach den Parteivereinbarungen derart in einen **Leistungsaustausch** einbezogen, dass er sich als Entgelt für eine zukünftige Leistung des Zuschussempfängers darstellt, ist der Zuschuss als Teil der Gegenleistung zu passivieren. Eine Kürzung der AK oder HK des Zuschussempfängers scheidet hier aus. Gleiches gilt für eine Versicherungsentschädigung (BFH 1.12.1992, BStBl II 1994, 12, 14).

119 Ein Zuschuss kann insb bei langfristigen Schuldverhältnissen **Entgelt für Gegenleistungen** sein. So ist ein verlorener Baukostenzuschuss des Mieters Entgelt für die Nutzungsüberlassung und auf die Laufzeit des Mietvertrags zu verteilen (BFH 28.10.1980, BStBl II 1981, 161). Zuschüsse eines Mieters zu den **Schnellbaukosten** des Vermieters sind als Nutzungsentgelt für die vorzeitig erreichte Nutzungszeit in diesem Zeitraum zu vereinnahmen. **Formkostenzuschüsse** (*Werkkostenzuschüsse*) des Kunden an den Lieferanten sind Zuschüsse mit Gegenleistungscharakter (zu den in der Praxis vorkommenden unterschiedlichen Gestaltungen s BFH 29.11.2000, DStR, 563). Wird eine Tilgung nach Maßgabe späterer Warenlieferungen vereinbart oder besteht die Verpflichtung, die Zuschüsse preismindernd bei der zukünftigen Preiskalkulation zu berücksichtigen, ist beim Empfänger eine Amortisationsverbindlichkeit oder eine Verbindlichkeitsrückstellung zu bilden (BFH 29.11.2000). Wird eine Amortisationsabrede getroffen und werden zukünftige Lfg zu einem Preis ohne Berücksichtigung von Formkosten vereinbart, liegen AK des Bestellers für ein Verwendungsrecht an den Formen vor, wenn der Lieferer sich verpflichtet, die Formen nur für Aufträge des Bestellers zu verwenden, es sei denn, die Formen sind oder werden Eigentum des Bestellers und sind von diesem abzuschreiben (BFH 1.6.1989, BStBl II, 830). Diese Grundsätze gelten auch bei **Zuschüssen nach öffentlichem Recht**, sofern das dem Zuschussempfänger auferlegte Verhalten wirtschaftlich eine in der Zukunft zu erbringende Gegenleistung ist; so bei Abfindungen nach dem **Mühlenstrukturgesetz** (BFH 22.7.1982, BStBl II, 655), bei Zuschüssen zur Besetzung von **Ausbildungsplätzen** (BFH 5.4.1984, BStBl II, 552) und bei der **Nichtvermarktungsprämie** für Milcherzeugnisse (BFH 17.9.1987, BStBl II 1988, 327).

3. Steuerrecht

Zuwendungen der öffentlichen Hand sind als betrieblich veranlasste Vermögensmehrungen grds steuerpflichtig (BFH 17.9.1987, BStBl II 1988, 324), wobei auch eine Kürzung von den AK/HK zur zeitlich verschobenen steuerrechtlichen Erfassung führt (BFH aaO S 325). Steuerfreiheit besteht nur bei ausdrücklicher gesetzlicher Regelung zB bei **Investitionszulagen**. Sie mindern nicht die steuerrechtlichen AK (§ 13 InvZulG 2010). 120

Für stpfl **Investitionszuschüsse** aus öffentlichen oder privaten Mitteln sieht EStR 6.5 Abs 2 ein **Wahlrecht** vor, sie entweder erfolgswirksam zu vereinnahmen oder von den AK oder HK zu kürzen (BMF 27.5.2003, BStBl I, 361 zu Baukostenzuschüssen bei EnergieversorgungsUnt; kritisch hierzu FN IDW 2004, 207). Ungeachtet der Zweifel an der Rechtsgrundlage eines solchen Wahlrechts (zB *Mathiak* StuW 1983, 73; *Prang* DB 1984, 583; *Nieland* DStZ 1986, 219; *Werndl* in Kirchhoff/Söhn/Mellinghoff § 6 Anm B 130) ist das steuerliche Wahlrecht von der Rspr bestätigt worden (BFH 22.1.1992, BStBl II, 488; 19.7.1995 BStBl II 1996, 28; eher für AK-Kürzung, jedoch iE offen lassend BFH 23.5.1995 BStBl II, 702, 703). Die handelsbilanziell zulässige Bildung eines gesonderten Passivpostens iSv § 265 Abs 5 S 2 ist jedenfalls steuerbilanziell als systemwidrig abzulehnen (BFH 22.1.1992, BStBl II, 488). Die Zuführung von Finanzierungsmitteln ist keine AK-Minderung; ein Zwang zur sofortigen ergebniswirksamen Vereinnahmung besteht nicht (Anm 117). Investitionszuschüsse idS liegen vor, wenn sie im Eigeninteresse des Gebers gewährt werden und die Wahrung dieses Eigeninteresses durch eine **rechtlich abgesicherte Zweckbindung** gestützt wird idS, dass die Leistung zurückgefordert werden kann, wenn der Empfänger nicht in bestimmter Weise mit ihr verfährt (BFH 29.4.1982, BStBl II, 591). Diese enge Verknüpfung des Finanzierungsprozesses mit dem Zweck der Anschaffung rechtfertigt das Wahlrecht. 121

Werden Investitionszuschüsse von AK abgesetzt, verringert sich die Abschreibungsbasis; dies kann nicht durch einen passivischen Ausweis (Anm 118) vermieden werden. Das Wahlrecht nach EStR 6.5 gilt nur für Zuschüsse im betrieblichen, nicht im privaten Bereich (BFH 26.1.1991, BStBl II 1992, 999; *OFD Düsseldorf* 13.1.1993, DB, 303). 122

Einen Sonderfall öffentlicher Zuschüsse bilden die Investitionszuschüsse nach dem **Krankenhausfinanzierungsgesetz** (KHG) vom 21.6.1972 (BGBl I 1972, 1009). Die Zweckbindung erschöpft sich nicht in der Durchführung der Investition. Nach dem sog dualen Finanzierungssystem des KHG sind die geförderten Krankenhäuser zugleich verpflichtet, Pflegeleistungen an die Krankenhausbenutzer zu einem nicht die Vollkosten deckenden Preis zu erbringen. Die durch den Zuschuss finanzierten Investitionen dürfen in den Pflegesatz nicht eingerechnet werden. 123

Die für entspr geförderte Krankenhäuser geltenden Buchführungsvorschriften sehen einen auf der Passivseite der Bilanz zu bildenden „Sonderposten für Fördermittel nach *KHG*" vor, der jeweils vermindert um die bis zum Bilanzstichtag angefallenen Abschreibungen auf den geförderten Anlagegegenstand auszuweisen ist, so dass im Ergebnis eine AfA-Verrechnung unterbleibt. Inhaltlich ist dies eine *passive Wertberichtigung* (so mit eingehender Begr BFH 26.11.1996, BStBl II 1997, 390 ff; offen lassend, ob auch ein Verzicht auf die Bildung des Sonderpostens und damit eine wahlweise Sofortversteuerung entspr EStR 6.5 Abs 2 zulässig wäre).

124 Kein Wahlrecht zur Kürzung der AK oder HK besteht bei **Zuschüssen mit Gegenleistungscharakter**, die als Zuschüsse von privater Seite, insb im Rahmen langfristiger Schuldverhältnisse auftreten, aber auch bei Zuschüssen aus öffentlichem Recht vorkommen. Die handelsrechtlichen Grundsätze (Anm 119) gelten auch steuerrechtlich.

125 Aufwands- und Ertragszuschüsse (s Anm 115) führen auch in der StB nicht zu einer AK-Minderung (BFH 5.4.1984, BStBl II, 552, BMF 2.9.1985 BStBl I, 568).

III. Finanzanlagen

Schrifttum: *Wassermeyer* Verdeckte Kapitalzuführung bei der Kapitalgesellschaft unter besonderer Berücksichtigung der unterschiedlichen Betrachtungsweise bei der Kapitalgesellschaft und der Gesellschafter und der Veränderung in der Krisensituation JbFSt 1988/1989, 325; *Döllerer* Verdeckte Gewinnausschüttungen und verdeckte Einlagen bei Kapitalgesellschaften, 2. Aufl, Heidelberg 1990; *Wassermeyer* Tausch und Einlage von Anteilen an Kapitalgesellschaften über die Grenze DB 1990, 855; *Groh* Eigenkapitalersatz in der Bilanz BB 1993, 1882; *Hoffmann* Die Beteiligung an Kapitalgesellschaften als Wirtschaftsgut sui generis FS Müller, 263; *Bürkle/Knebel* Bilanzierung von Beteiligungen an Personengesellschaften DStR 1998, 1067; *Schwarz* Zweifelsfragen bei der Einlage von Kapitalgesellschaften in Kapitalgesellschaften, insbesondere Wertaufholungsproblematik FR 2008, 548.

1. Beteiligungen

141 Soweit bestehende Anteile an Unt erworben werden, gelten für Begriff und Umfang der AK grds keine Besonderheiten. Als Anschaffungsnebenkosten (Anm 70 ff) kommen insb Beurkundungs- und Eintragungsgebühren, Kosten einer Gründungsprüfung, Druckkosten (Aktienurkunden) und Maklerprovision in Betracht (zur GrESt Anm 325). Zu Beratungs- und Gutachtenkosten s Anm 325 (Stichwort „Beratungskosten"). Ist ein bestimmbarer Teil des Kaufpreises vereinbarungsgemäß zur Abgeltung des Anspruchs des Verkäufers auf anteiligen Gewinn (§ 101 Nr 2 BGB) bestimmt, ist str, ob dieser zu den AK zählt. Nach BFH 21.5.1986, BStBl II, 815 liegen insoweit AK der Anteile vor, so dass die spätere Ausschüttung des Gewinns in vollem Umfang zu einer erfolgswirksamen Betriebseinnahme führt (zustimmend: *L. Schmidt* FR 1986, 465; *Mathiak* StuW 1987, 57). Nach IDW FN 12/1990, 552 und IDW FN 4/2000, 172 sind hingegen sämtliche Ausschüttungen von zum Erwerbszeitpunkt bereits vorhandenen Eigenkapitals als erfolgsneutrale Anschaffungskostenkürzung zu behandeln und eine erfolgswirksame Vereinnahmung der erworbenen, thesaurierten Gewinne dementsprechend zu verneinen (so auch *Hönle* BB 1993, 252; *Eder* DStR 1995, 1937).

Auch bei Erwerb bestehender Anteile an **PersGes** sind **handelsrechtlich** die hierfür aufgewendeten AK in der Bilanz des Gesters zu aktivieren. Der Anteil an einer PersGes stellt handelsrechtlich einen einheitlichen Vermögensgegenstand dar, der als Beteiligung iSd § 271 Abs 1 S 1 auszuweisen ist (vgl IDW RS HFA 18 nF Tz 2). **Steuerrechtlich** sind hingegen für den Wertansatz einer Beteiligung an einer PersGes (Mitunternehmerschaft) ausschließlich die bei der PersGes geführten Kapitalkonten (einschl des dort in Ergänzungsbilanzen ausgewiesenen Mehr- oder Minderkapitals) maßgebend (sog Spiegelbildmethode, vgl *Wacker* in Schmidt[32] § 15 Anm 690), da ein PersGes-Anteil steuerrechtlich kein bilanzierungsfähiges WG darstellt (BFH 30.10.2002, BStBl II 2003, 272; BFH 6.11.1985, BStBl II 1986, 333). Abweichungen zwischen dem vom Erwerber übernommenen EK-Anteil und den hierfür aufgewendeten AK sind deshalb bei der PersGes in einer Ergänzungsbilanz darzustellen (hierzu § 247 Anm 744 ff, insb Anm 749).

Zu den Besonderheiten beim Erwerb einer Beteiligung gegen tauschweise **142** Hingabe einer anderen Beteiligung s Anm 39 ff.

Es stellt sich die Frage, ob Aufwendungen zum Erwerb *neuer* Anteile im Wege **143** der **Einlage** anlässlich einer Neugründung bzw Kapitalerhöhung sowie Aufwendungen zur Erhöhung oder Wiederherstellung des Werts bereits vorhandener Anteile dem Grunde nach als AK angesehen werden können. Denn eine Anschaffung liegt regelmäßig nur dann vor, wenn ein bereits bestehender VG aus fremder in die eigene wirtschaftliche Verfügungsmacht überführt wird. Die durch Einlage erworbenen Anteile bzw Beteiligungen entstehen aber originär beim Gester. Nach Ansicht von *Groh* (Ist die verdeckte Einlage ein Tauschgeschäft?, DB 1997, 1683) soll dies jedoch kein Hindernis für die Annahme eines Anschaffungsvorgangs bilden, da auch in anderen Fällen (BFH BStBl II 1989, 830; BStBl II 1992, 977) Aufwendungen für die Erlangung eines neu begründeten Rechts AK des Rechtsinhabers seien. Dies überzeugt nicht, da in den genannten Vergleichsfällen (Bierlieferungsrecht, Spielerlaubnis) die vom BFH als angeschafft beurteilten Rechte ausschließlich von einem Dritten eingeräumt werden können. Demggü setzt die Gewährung von Anteilen anlässlich Gründung oder Kapitalerhöhung die eigene Mitwirkung des Gesters voraus. Vorzugswürdig erscheint daher uE die Auffassung, wonach der Erwerb von Anteilen anlässlich Gründung oder Kapitalerhöhung wie ein Herstellungsvorgang zu behandeln ist (*Hoffmann* in FS Müller, 631 ff mwN). In stRspr (so auch GrS 1/94 9.6.1997, DB 1997, 1693) geht allerdings der BFH von einer Anschaffung (tauschähnlicher Vorgang) aus. Praktische Auswirkungen haben diese unterschiedlichen Sichtweisen vorwiegend bei der Behandlung nachträglicher Aufwendungen auf bereits vorhandene Anteile (verdeckte Einlagen); hierzu Anm 162.

a) Erwerb von Anteilen gegen Einlage

Anlässlich der Gründung einer Ges entstehen auf Seiten des Gründungs- **144** Gesters Aufwendungen in erster Linie aus seiner gesvertraglichen Verpflichtung zur Erbringung von Einlagen in das GesVermögen. Diese sog **offenen Einlagen** sind im Gegensatz zu **verdeckten Einlagen** dadurch gekennzeichnet, dass sie zur Erlangung von Beteiligungsrechten (Anteilen) führen. Nach Maßgabe der jeweils einschlägigen gesetzlichen oder gesvertraglichen Regelungen können diese Einlagen in unterschiedlicher Form zu erbringen sein, zB durch Barzahlungen, Sachleistungen, Dienstleistungen (s aber Anm 156) oder Nutzungsüberlassungen (Anm 154 f, aber auch Anm 165). Dementspr stellen sich auch auf Seiten des Gesters die zur Erbringung der Einlage erforderlichen Aufwendungen verschieden dar. Bei Anteilen, auf welche die vereinbarten Einlagen noch nicht vollständig erbracht sind, dürfen der Zeichnungsbetrag oder der bedungene Betrag angesetzt werden, sofern die noch offene Einlageverpflichtung als Verbindlichkeit ausgewiesen wird (hM, zB *WPH*[14] I, E Anm 549; weitergehend Pflicht zum Bruttoausweis: *Knobbe-Keuk* 210; *Finanzministerium Nds* 30.1.1989 DB, 355; *Schulze-Osterloh* in Baumbach/Hueck GmbHG[18] § 42 Anm 286). Bei eingeforderten Einlagen ist Bruttoausweis geboten (vgl auch § 272 Abs 1 S 3 HS 2).

145 AK von GesAnteilen bzw Beteiligungen, welche durch **Bareinlage** erworben wurden, sind der Betrag der Einlage zzgl eventueller vom Gester getragener Nebenkosten.

146 Anteilen, welche durch **Sacheinlage** erworben werden, ist **handelsrechtlich** als AK wahlweise der Buchwert oder der Zeitwert des Einlageobjekts beizumessen (IDW RS HFA 18 nF Tz 9). Zusätzlich zum Buchwert dürfen auch die durch den Einbringungsvorgang verursachten Ertragsteuern aktiviert werden (*ADS*[6] § 253 Anm 44, § 255 Anm 90 ff; *Scheffler* in Beck HdR B 213 Anm 111), höchstens jedoch bis zur Höhe des Zeitwerts; der Ansatz eines anderen Zwischenwerts kommt nicht in Betracht (IDW RS HFA 18 nF Tz 9). Zur Behandlung in der **Steuerbilanz** s Anm 41.

153 Auch **immaterielle Vermögensgegenstände** können Gegenstand einer offenen Sacheinlage sein (*Kraft* in Kölner Komm-AktG[2] § 27 Anm 35; *Hueck/Fastrich* in Baumbach/Hueck GmbHG[19] § 5 Anm 26). Dies gilt auch nach Ansicht des BFH, und zwar gleichermaßen bei Einlagen in KapGes oder in PersGes (BFH 22.1.1980, BStBl II, 244; 24.3.1987, BStBl II, 705). Die erwähnten Entscheidungen lassen erkennen, dass es unerheblich ist, ob die eingebrachten immateriellen WG bereits aktiviert waren oder beim Einbringenden einem Aktivierungsverbot unterlagen. Da die Aktivierungsverbote (§ 248 Abs 2 S 2, § 5 Abs 2 EStG) ausschließlich den Bilanzansatz immaterieller VG/WG betreffen, erscheint es nicht nur steuerrechtlich, sondern auch handelsrechtlich zutreffend, diese Aktivierungsverbote nicht auf den Wertansatz von Beteiligungen auszudehnen, wenn diese gegen Einlage bisher nicht auszuweisender immaterieller VG/WG erworben wurden.

154 Die **Nutzung von Sachen und Rechten** kann einem anderen in dinglicher Form (zB Nießbrauch, beschränkt persönliche Dienstbarkeit, Erbbaurecht) oder in Gestalt eines obligatorischen Anspruchs (zB Leihe) gestattet werden. Sowohl dingliche als auch obligatorische Nutzungsrechte können Gegenstand einer Sacheinlage sein (*Hueck/Fastrich* in Baumbach/Hueck GmbHG[19] § 5 Anm 26; BFH 16.11.1977, BStBl II 1978, 386: Einlagefähigkeit sowohl bei KapGes als auch bei PersGes; BGH 15.5.2000, DStR, 1615: obligatorische Rechte aus Sponsorenverträgen zur Verwertung bekannter Namen und Logos sind einlagefähig). Der Zeitwert eines obligatorischen Nutzungsrechts errechnet sich aus dem für die Dauer des Rechts kapitalisierten Nutzungswert (vgl BGH 14.6.2004, Az II ZR 121/02).

155 Für die bilanzielle Behandlung der Einlage von Nutzungsrechten auf Seiten des einbringenden Gesters ist zu unterscheiden, ob der Gegenstand zum **eigenen Vermögen des Einbringenden** gehört, oder ob das Recht zur **Nutzung eines fremden Gegenstands** in das BetUnt eingebracht wurde.

Bezieht sich die Einlage von Nutzungsrechten auf eigenes Vermögen des Einbringenden, stellt sich zunächst die Frage, ob bei dem VG der Nutzung – soweit bisher als Aktivposten ausgewiesen – eine Abschreibung gemäß § 253 Abs 3 S 3 vorzunehmen ist. Hierfür kann im Einzelfall der Umstand sprechen, dass durch die Belastung mit dem Nutzungsrecht zugunsten des BetUnt der Wert des belastenden VG vermindert wird. Ggf dürfte zumindest der entspr Abschreibungsaufwand als AK der Beteiligung zu aktivieren sein. Darüber hinaus kommt eine Aktivierung von AK bis zur Höhe des (Bar-)Werts der überlassenen Nutzungen in Betracht. Andererseits wird man dem Umstand, dass die Beteiligung iSd Tauschtheorie eine Vorleistung im Rahmen eines längerfristigen Nutzungsverhältnisses darstellt, durch Ansatz eines passiven RAP Rechnung zu tragen haben (so auch *Weber-Grellet* in Schmidt[32] § 5 Anm 203).

Diese Bilanzierungsweise (Aktivierung des Nutzungswerts unter entspr Passivierung) bietet sich auch an, wenn die **Nutzung an einem fremden Gegenstand** eingebracht wird.

Dienstleistungen sind bei einer AG nicht als Sacheinlagen zugelassen (§ 27 **156**
Abs 2 AktG). Gleiches gilt nach hM auch bei GmbH (so *Ulmer* in Hachenburg
Großkomm AktG[8] § 5 Anm 42; *Scholz/Winter* in Scholz[10] § 5 Anm 49, 52; *Just*
NZG 2003, 161 ff; aA *Skibbe* GmbHR 1980, 73), soweit es sich um Dienstleistungen handelt, welche vom Gester selbst zu erbringen sind. Zweifelhaft ist, ob bei
einer GmbH Dienstleistungsansprüche ggü Nicht-Gestern einlagefähig sind (nach
hM abzulehnen: *Hueck/Fastrich* in Baumbach/Hueck GmbHG[19] § 5 Anm 27
mwN).

Dessen ungeachtet kommen Dienstleistungen (zB die Verpflichtung, Buchhal- **157**
tungsarbeiten für das BetUnt durchzuführen) als offene Einlagen insoweit in Betracht, als sie Gegenstand von Nebenleistungspflichten gemäß § 55 AktG bzw § 3
Abs 2 GmbHG sein dürfen (*Hueck/Fastrich* in Baumbach/Hueck GmbHG[19] § 5
Anm 24). Darüber hinaus sind Dienstleistungen als offene Einlagen bei PersGes
zulässig (so *Sudhoff* NJW 1964, 1249 ff; aA *Kulosa* in Schmidt[29] § 6 Anm 569).

Soweit hiernach Dienstleistungen zulässig als Einlagen vereinbart sind, hat der
Gester die so entstandene Verbindlichkeit – in Höhe des vereinbarten Einlagewerts – auszuweisen und als AK der Beteiligung zu aktivieren.

Handelsrechtlich wird bei der Ermittlung der AK keine Unterscheidung **158**
zwischen **Beteiligungen an KapGes** einerseits **und an PersGes** andererseits
getroffen (vgl Anm 141). Für die Bemessung der AK bei Erwerb von GesRechten durch Einbringung von VG gelten dieselben Grundsätze wie bei Einbringungen in KapGes.

Steuerrechtlich ergeben sich zwischen beiden Arten der Beteiligungen er- **159**
hebliche Abweichungen in der Beurteilung. Bei einer Einlage von WG in eine
PersGes erhöht sich das Kapitalkonto des Gesters und damit der Beteiligungsansatz (zur Spiegelbildmethode s Anm 141), wobei sich die Erhöhung danach richtet, wie der Einlagegegenstand bei der PersGes im Einzelfall zu bilanzieren ist.

Bei **Sacheinlagen in PersGes** sind – soweit es sich um einzelne WG handelt **160**
– nach § 6 Abs 5 S 1 u 3 EStG im Regelfall die Buchwerte anzusetzen, sofern
die Besteuerung der stillen Reserven sichergestellt ist. Einschränkungen (sofortiger oder nachträglicher Ansatz des Teilwerts) gelten in diesen Fällen, soweit sich
durch die Übertragung der Anteil eines KSt-pflichtigen Gesters an dem WG
unmittelbar oder mittelbar erhöht (§ 6 Abs 5 S 5 und 6 EStG), sowie bei Veräußerung des eingebrachten WG innerhalb einer Sperrfrist von drei Jahren (§ 6
Abs 5 S 4). Bedeutung haben diese steuerrechtlichen Bewertungsvorschriften
zunächst für die StB der aufnehmenden PerGes, über diese hinaus jedoch auch
für die StB des Gesters (Anm 141, 159).

Für bestimmte Formen gesrechtlicher **Umgestaltungen von Unt** sieht das **161**
UmwStG unter bestimmten Voraussetzungen die Möglichkeit vor, **neu erworbene Ges-Anteile anstelle des gemeinen Wertes mit dem Buchwert der
hingegebenen WG oder einem Zwischenwert** anzusetzen (s Anm 46 ff).
Der übernehmende Rechtsträger tritt dabei idR in die steuerliche Rechtsstellung
des übertragenden Rechtsträgers ein. Dies hat zur Folge, dass es beim übernehmenden Rechtsträger im Falle einer beim übertragenden Rechtsträger vorgenommenen Teilwertabschreibung grds zu einer stpfl Wertaufholung kommen
kann (vgl *Schwarz* FR 2008, 548).

b) Nachträgliche Aufwendungen auf Anteile (verdeckte Einlagen)

Mit dieser Fallgruppe sind Situationen angesprochen, in denen der Gester ei- **162**
ner KapGes oder PersGes dieser einen Vermögensvorteil zuwendet und dafür
keine oder eine gemessen am Fremdvergleich zu niedrige Vergütung erhält. Zum
Begriff der verdeckten Einlage s § 272 Anm 400 ff.

Die als verdeckte Einlagen in Frage kommenden Sachverhalte lassen sich in folgende **Gruppen** einteilen:

aa) Unentgeltliche Zuwendungen eines VG durch den Gester an das BetUnt (Anm 163, 164);
bb) Unentgeltliche Zuwendungen von Nutzungsvorteilen durch den Gester an das BetUnt (Anm 165);
cc) Lieferungen des Gesters an die Ges zu unangemessen niedrigen Preisen und Lieferungen der Ges an den Gester zu unangemessen hohen Preisen (Anm 166);
dd) Leistungen des Gesters, die keine Lieferungen sind, an die Ges zu unangemessen niedrigen Preisen oder Leistungen der Ges, die keine Lieferungen sind, an den Gester zu unangemessen hohen Preisen (Anm 167).

163 **aa) Unentgeltliche Zuwendungen eines VG durch den Gester an das BetUnt.** Für die **handelsrechtliche** Beurteilung ist ausschlaggebend, dass die mit der verdeckten Einlage eines VG verbundenen Aufwendungen einen bereits existierenden und dem Gester gehörenden VG (Beteiligung), nicht hingegen den Erwerb eines VG betreffen. Deshalb ist hier noch weniger als bei offenen Einlagen (Anm 143) die Annahme gerechtfertigt, es liege eine Anschaffung oder ein anschaffungsähnlicher Vorgang vor. Näher liegend ist vielmehr die Behandlung der verdeckten Einlagen nach den für die (nachträgliche) Herstellung bzw Erhaltung eines VG maßgebenden Kriterien, dh Aktivierung nur bei nachhaltiger Wertsteigerung der Beteiligung (so im Ergebnis auch *ADS*[6] § 253 Anm 45; *WPH*[14] I, E Anm 534; aA *Schulze-Osterloh* in FS Kropff, 607, 611 ff, und in Baumbach/Hueck GmbHG[18] § 42 Anm 286: weder Anschaffung noch Herstellung, sondern erfolgsneutrale Vermögensumschichtung).

Bei einer verdeckten Einlage liegt auf Seiten des Gesters eine Anschaffung nicht vor; damit kommt bei ihm eine Aktivierung von AK iSd Abs 1 S 1 nicht in Betracht. Auch nachträgliche AK iSd Abs 1 S 2 liegen nicht vor, weil die verdeckte Einlage weder dem Erwerb der Beteiligung dient noch dazu, diese in einen betriebsbereiten Zustand zu versetzen. Entgegen der insb von *Döllerer* (Verdeckte Gewinnausschüttungen ..., 218; hierauf Bezug nehmend *Groh* FR 1990, 528) vertretenen Ansicht ist auch nicht davon auszugehen, dass mit der Formulierung des Abs 1 S 2 die Auffassung des BFH (siehe dazu nachstehend Anm 164) und des BGH bestätigt wurde, wonach mit nachträglichen AK auch die verdeckte Einlage gemeint sei. Zumindest der BGH hat eine solche Auffassung nie geäußert. In seiner bislang einzigen einschlägigen Entscheidung vom 31.10.1978 (WPg 1979, 158) spricht er vielmehr nur von Aufwendungen, welche im Einzelfalle „beim Wertansatz für den Zugang an Beteiligungen nach § 152 Abs 1 S 2 AktG zu berücksichtigen oder aber als Zuschreibung auf diesen Zugang auszuweisen [seien]". Diese Verpflichtung bestehe aber vor allem dann nicht, wenn schon im Zeitpunkt der Aufwendungen feststeht, dass sich der Wert der Beteiligung dadurch nicht erhöht. Da zudem der BFH davon ausgeht, dass bei der steuerrechtlichen Behandlung verdeckter Einlagen der Maßgeblichkeitsgrundsatz nicht gelte (16.5.1990 BStBl II, 797; GrS 9.6.1997 DB, 1693), kommt der steuerrechtlichen Rspr für die handelsrechtliche Frage, ob Abs 1 S 2 auch verdeckte Einlagen betrifft, ohnehin keine Bedeutung zu. Dies gilt erst Recht, seit es mit Wirkung vom 1.1.1999 in § 6 Abs 6 S 2, 3 EStG eine gesonderte steuergesetzliche Regelung zur Bewertung bei verdeckten Einlagen gibt.

Nach der hier vertretenen Beurteilung nach Maßgabe der für Herstellungs- bzw Erhaltungsvorgänge geltenden Kriterien besteht handelsrechtlich nur insoweit Anlass zur Aktivierung, als die Beteiligung durch die verdeckte Einlage des Gesters über ihren bisherigen Zustand hinaus wesentlich verbessert wird (so auch

Kussmaul/Klein DStR 2001, 189, 191; *Meyer-Arndt* BB 1968, 410; *Fichtelmann* GmbHR 1988, 72, 76 f; *Scheffler* in Beck HdR B 213 Anm 118; *ADS*[6] § 253 HGB Anm 45; *Kraft/Kraft* BB 1992, 2465; *Keller* WPg 1994, 617; *WPH*[14] I Anm E 534). Dies ist nur insoweit der Fall, als sich der Verkehrswert der Beteiligung durch die Zuwendung über den bisherigen Verkehrswert hinaus erhöht.

Steuerrechtlich sind verdeckte Einlagen – soweit sie in der Bilanz des BetUnt als Vermögensmehrung in Erscheinung treten – gesrechtlichen Einlagen (dh offenen Einlagen gegen Gewährung von Ges-Rechten) gleichzusetzen und ebenso wie diese als (zusätzliche) AK der Beteiligung zu aktivieren (BFH 24.3.1987, BStBl II, 705; GrS 26.10.1987, BStBl II 1988, 348). Der BFH verwendet zwar iZm verdeckten Einlagen regelmäßig den Begriff nachträgliche AK; mit *Wassermeyer* (DB 1990, 855) ist dies jedoch nur iSv „ErsatzAK" (ähnlich *Groh* BB 1993, 1882: „Großzügigere Definition der nachträglichen AK" im Steuerrecht) zu verstehen, da bei der verdeckten Einlage keine Anschaffung ieS, sondern ein „neben Anschaffung und Herstellung stehender Tatbestand" gegeben sei (*Wassermeyer* JbFSt 1988/1989, 346). Die **AK der Beteiligung** erhöhen sich nach § 6 Abs 2 S 2 EStG grds um den *Teilwert* des verdeckt eingelegten WG. 164

Nach § 6 Abs 6 S 3 iVm Abs 1 Nr 5a EStG sind die AK aber maximal um die fortgeführten AK bzw HK des eingelegten WG zu erhöhen, wenn dieses innerhalb der letzten drei Jahre vor dem Zeitpunkt der Zuführung angeschafft oder hergestellt worden ist. Die vereinzelt in der Literatur vertretene Auffassung, dass dies nur dann gelten soll, wenn das verdeckt eingelegte WG zuvor aus dem Privatvermögen in das Betriebsvermögen des verdeckt Einlegenden gelangt ist, ist abzulehnen.

Auf Ebene des BetUnt, in welches das WG eingelegt wurde, liegt steuerrechtlich zwar kein Anschaffungsvorgang, aber ein der Anschaffung gleichgestellter Vorgang vor (vgl *Ehmcke* in Blümich, § 6 Anm 319). Damit kann es nicht mehr zu stpfl Wertaufholungen auf das eingebrachte WG kommen, die ihre Ursache in Wertminderungen vor der Einbringung haben (vgl *Schwarz,* FR 2008, 548).

bb) Weitere in der Praxis neben der Übertragung von VG bedeutsame Formen der unentgeltlichen Zuwendung an BetUnt bestehen in der Gewährung **zinsloser** oder **niedrig verzinslicher Darlehen** oder in der **Überlassung von Rechten, Gegenständen** oder **Informationen** (zB Know-How, Kundenkartei) zur **unentgeltlichen Nutzung.** Diesen Überlassungen ist gemein, dass der Gester der Ges keinen VG überlässt, sondern nur einen Nutzungsvorteil. 165

Aus handelsrechtlicher Sicht stellen die dem BetUnt überlassenen Nutzungen als solche keinen Aufwand dar, welcher einer Aktivierung beim Gester zugänglich sein könnte. Soweit jedoch beim Gester Aufwand entsteht, welcher der Nutzungsüberlassung und damit der Beteiligung zurechenbar ist (zB Refinanzierungskosten eines zinslosen Darlehens an das BetUnt), erscheint dieser Aufwand dem Grunde nach unter dem Gesichtspunkt nachträglicher HK auf Basis derselben Überlegung und mit denselben Einschränkungen wie bei der Überlassung eines VG aktivierungsfähig, dh insb soweit er eine Erhöhung des Verkehrswerts mit sich bringt.

Zur steuerrechtlichen Behandlung vertritt der BFH in stRspr den Standpunkt, dass in der unentgeltlichen Gewährung von Nutzungsvorteilen keine verdeckte Einlage zu sehen sei (so insb GrS 26.10.1987, BStBl II 1988, 348). Das BMF hat sich dieser Rspr angeschlossen (KStH 40 Nutzungsvorteile). Zur Begr seiner Ansicht führt der BFH insb an, niemand sei verpflichtet, aus seinem Vermögen Nutzungen zu ziehen, und Nutzungen, die jemand nicht ziehe, dürfen nicht als gezogen unterstellt werden.

cc) Verdeckte Einlagen auf Grund von **Lieferungen zu unangemessenen Preisen** kommen in Betracht, wenn der Gester einen VG zu überhöhtem Preis 166 von dem BetUnt erwirbt, aber auch dann, wenn er bei einer Lfg an das BetUnt einen zu geringen Preis berechnet. **Handelsrechtlich** soll in diesen Fällen nach Ansicht *Webers* (216 f) insoweit eine zusätzliche Aktivierung auf die Beteiligung geboten sein, als sich aus dem Geschäft ein negativer Erfolgsbeitrag für den Gester ergibt; hingegen hält *Weber* eine Aktivierung des tatsächlich oder möglicherweise entgangenen Gewinns nicht für zulässig (ebenso auch *Knobbe-Keuk,* 217; aA *Döllerer* BB 1986, 1857, 1862). Letzterem ist zuzustimmen. Es liegt in Höhe des negativen Erfolgsbeitrags, dh in Höhe der Differenz zwischen dem überhöhten Kaufpreis und dem angemessenen Wert des erworbenen VG bzw zwischen dem Buchwert des veräußerten VG und dem zu niedrigen Verkaufspreis ggf Aufwand vor: beim Erwerb zu unangemessen hohem Preis in Gestalt der erforderlichen Abschreibung bei dem erworbenen VG, beim Verkauf unter Buchwert ggf als Verlust aus dem Abgang eines VG. Dieser Aufwand erscheint grds aktivierungsfähig; nach der hier vertretenen Auffassung (Anm 405) kommt im Einzelfall eine Aktivierung aber nur in Betracht, wenn der fragliche Aufwand als Herstellungsaufwand für eine wesentliche Werterhöhung der Beteiligung zu beurteilen ist.

Steuerrechtlich wird in beiden Fällen die Differenz zwischen angemessenem und tatsächlich verrechnetem Preis als verdeckte Einlage angesehen, welche als AK der Beteiligung zu aktivieren ist; zugleich wird im erstgenannten Fall lediglich der angemessene Preis als AK des erworbenen WG anerkannt (so *Mathiak* DStR 1970, 366).

167 **dd) Leistungen des Gesellschafters** an die Ges, die nicht in der Übertragung von WG bestehen (insb Nutzungsüberlassung) gegen unangemessen niedrige Vergütung werden nach BFH 19.5.1982, BStBl II, 631, nicht als verdeckte Einlage gewertet, weil insoweit bilanzrechtlich keine Vermögensmehrung bei der Ges eintritt. Sie führen steuerrechtlich nicht zu einer Aktivierung von AK. **Leistungen der Gesellschaft** an den Gester gegen überhöhte Vergütung führen demggü steuerrechtlich zur Annahme einer verdeckten Einlage in Höhe der den angemessenen Betrag übersteigenden Vergütung. Insoweit kommt es steuerrechtlich auch zur Entstehung von AK.

c) Kapitalrückzahlungen

171 Wird Grund- oder Stammkapital infolge einer **Kapitalherabsetzung** (§ 58 GmbHG; §§ 222 ff AktG) zurückgezahlt, liegt handelsrechtlich eine Minderung der AK vor.

Werden **Kapital- oder Gewinnrücklagen** an die Anteilseigner ausgeschüttet, handelt es sich hierbei uE um erfolgsneutrale AK-Minderungen, wenn die zur Ausschüttung verwendeten Rücklagen bereits bei Erwerb der Beteiligung bestanden und daher im Kaufpreis abgegolten waren (glA HFA FN-IDW 1990, 552; FN-IDW 2000, 172; IDW RS HFA 18 Tz 26; vgl hierzu auch Anm 141). Dies gilt insbesondere dann, wenn Gewinnrücklagen, -vorträge oder Bilanzgewinne ausgeschüttet werden, die nachprüfbar zum Erwerbszeitpunkt bereits vorhanden waren und somit den inneren Wert der Beteiligung erhöht haben (vgl *WPH*[14] I, E Anm 541). Nach aA (*Müller* DB 2000, 533) handelt es sich nicht um AK-Minderungen. Hierfür spricht, dass ein eine AK-Minderung begründender Abgang (mengenmäßige Verminderung des AnlV) nicht ersichtlich ist, sofern nicht ein Vorgang auf gesellschaftsrechtlicher Ebene eine Minderung der Gesellschafterrechte bewirkt (so zB bei Kapitalherabsetzung oder Entstehung iVm Nicht-Ausübung oder Verkauf von Bezugsrechten, hierzu *ADS*[6] § 253 Anm 50) und dass eine Zuordnung des Ausschüttungsbetrages zu den verschiedenen EK-Quellen, aus denen er sich speisen kann (neben einer Ausschüttung aus der Kapitalrücklage zB Jahresüberschuss, Entnahmen aus Gewinnrücklagen, abzgl Einstellungen in Gewinnrücklagen, Bilanzgewinn/-verlust), rechtlich nicht vorgesehen und vielfach auch faktisch nicht möglich ist. Der Zuordnungsproblematik könnte uE ggfs durch (fiktive) Aufteilung der EK-Bestände nach den im Rückzahlungs-/Entnahmezeitpunkt bestehenden Wertverhältnissen begegnet werden (so für die Behandlung von Wertminderungen aufgrund von Abspaltungen im JA des Anteilsinhabers des übertragenden Rechtsträgers, vgl IDW RS HFA 43, Tz 33).

Steuerrechtlich liegen bei Rückzahlungen unabhängig von der Natur des rückgezahlten Eigenkapitals Beteiligungserträge vor, es sei denn das steuerliche Einlagekonto (§§ 27 ff KStG) wird verwendet. Wird ein in Fremdwährung geleisteter Einzahlungsbetrag später an den Gester zurückgezahlt und hat sich der – in EUR berechnete – Wert jenes Betrags inzwischen durch einen Kursverlust der fremden Währung vermindert, entsteht steuerrechtlich für den Gester kein sofort abziehbarer Aufwand (BFH 27.4.2000, BStBl II 2001, 168; vgl Anm 52 ff). Bei PersGes führen Kapitalrückzahlungen in der StB aufgrund der Spiegelbildmethode (Anm 141) stets zur Minderung der AK.

d) Kapitalherabsetzung durch Einziehung unentgeltlich zur Verfügung gestellter Aktien

Bei einer vereinfachten Kapitalherabsetzung durch Einziehung unentgeltlich zur Verfügung gestellter Aktien gehen die anteiligen Buchwerte der von den Aktionären zur Einziehung zur Verfügung gestellten Aktien mit Übergabe auf die den Aktionären verbleibenden Aktien anteilig über, soweit die Einziehung bei den verbleibenden Aktien zu einem Substanzzuwachs führt.

Sofern nicht sämtliche Aktionäre im Verhältnis ihrer Beteiligungen zur Kapitalherabsetzung beigetragen haben und somit die Einziehung zu einem unterschiedlichen Zuwachs bei den Aktionären führt, ist der auf die eingezogenen Aktien entfallende anteilige Buchwert bei den Aktionären, die die Aktien unentgeltlich zur Verfügung gestellt haben, ergebniswirksam auszubuchen (BFH 10.8. 2005, BStBl II 2006, 22).

2. Wertpapiere des Anlagevermögens

Für AK von Wertpapieren, welche **Mitgliedschaftsrechte** verbriefen (zB Aktien), gelten die Anm 141 ff entspr; zur Feststellung der AK mehrerer Wertpapiere derselben Art s Anm 302 ff.

Bei Wertpapieren, welche **Forderungsrechte** verbriefen, entsprechen die AK grds dem Ausgabe- bzw Kaufpreis zzgl Nebenkosten. Dies gilt auch dann, wenn eine Abweichung vom Nennbetrag (= Rückzahlungsbetrag) darauf beruht, dass der Nominalzinssatz über oder unter dem marktüblichen Zinsniveau liegt. So werden zB bei **Zero-Bonds** (hierzu Anm 311) die AK durch den Ausgabe- bzw Börsenkurs und nicht durch den idR höheren Nennwert bestimmt, weil anders als bei Darlehen oder diesen gleichstehenden Namensschuldverschreibungen (hierzu Anm 254) ein Verrechnungsvorgang (Auszahlung des Nominalbetrags/ Zinsvorauszahlung) nicht feststellbar ist. Entfällt jedoch ein Teil der AK für ein nominal unterverzinsliches Wertpapier auf die bis zum Erwerbszeitpunkt rechnerisch zu ermittelnden Zinsen, ist insoweit ein gesondert erworbener Zinsanspruch (sonstiger VG) auszuweisen (*Neyer* DB 1982, 976). Dies entspricht der Handhabung beim Erwerb lfd verzinslicher Wertpapiere, soweit dort **Stückzinsen** gesondert vergütet werden (Anm 307). Auch ohne Veräußerung von Zero-Bonds werden die zum Bilanzstichtag rechnerisch ermittelten Zinsen als realisiertes Entgelt für die bisherige Kapitalüberlassung angesehen, welches in Kapital

§ 255   177–202   Jahresabschluß (Bewertungsvorschriften)

umgewandelt und damit als nachträgliche AK der Bonds zu aktivieren sei (so BMF 5.3.1987, BStBl I, 394; HFA 1/1986 WPg, 248; *Bordewin* WPg 1986, 267; *Scheffler* in Beck HdR B 213 Anm 203; *Glanegger* in Schmidt[28] § 6 Anm 365).

177   Zu AK bei **Genussrechten** HFA 1/1994 „Zur Behandlung von Genussrechten im Jahresabschluss von Kapitalgesellschaften" (WPg, 419). Hiernach entsprechen die AK des Genussrechts idR dem Betrag der hierfür geleisteten Zahlung. Bei Erwerb des Genussrechts gegen Forderungsverzicht bestimmen sich die AK nach dem auf den Anschaffungszeitpunkt fortgeführten Buchwert der untergehenden Forderung. In Sanierungsfällen kann sich dieser Wert auf einen Erinnerungswert reduzieren. Ein Aufgeld für eine nach den Kapitalmarktverhältnissen besonders hohe Verzinsung gehört nicht zu den AK des Genussrechts; hierfür ist vielmehr ein RAP zu bilden.

Zur Bestimmung der AK von **Finanzinstrumenten** (insb call- und put-Optionen, caps, floors, collars) s *Eisele/Knobloch* DStR 1993, 577, 617; *Winter* BB 1996, 2083; *Prahl/Naumann* HdJ II/10; sowie hier Anm 511 ff und § 254 Anm 71 ff.

3. Ausleihungen

180   Zu den AK von Ausleihungen s Anm 250–259. Zinslosigkeit oder unzureichende Verzinsung einer Ausleihung beeinflussen nach Auffassung eines Teils des Schrifttums nicht deren AK (Anm 257), sondern deren beizulegenden Wert (vgl insb *Brösel/Olbrich* HdR[5] § 253 Tz 149 und 182). Nach aA sind die AK bereits bei Zugang auf den Barwert der Ausleihung zu begrenzen (*ADS*[6] § 255 Anm 81; *WPH*[4] I, § 255 Anm 571).

IV. Vorräte – Besonderheiten bei den Anschaffungsnebenkosten für Roh-, Hilfs- und Betriebsstoffe sowie Waren

1. Allgemeines

201   Der zur Abgrenzung der AK maßgebende Bereich der **Beschaffung** ist bei Roh-, Hilfs- und Betriebsstoffen – jeweils fremdbezogen – sowie Waren abgeschlossen, wenn die Materialien oder Waren an der ersten Lagerstelle des Unt eingelagert worden sind. Für die Anschaffungsnebenkosten sind die extern und innerbetrieblich anfallenden Einzelkosten zu berücksichtigen. Zu den externen Kosten s Anm 71. Bei der Zurechnung der innerbetrieblich anfallenden Nebenkosten gilt die unter Anm 73 dargestellte Beschränkung auf die Einzelkosten. Das **Aktivierungsverbot für Gemeinkosten** betrifft bei den Materialgemeinkosten die Kosten der Beschaffung und Einlagerung, die Kosten der Lagerung bis zum Abschlussstichtag und die Kosten des Lagerausgangs; Letztere fallen bei den tatsächlich später verarbeiteten Roh-, Hilfs- und Betriebsstoffen bereits in den Bereich der Herstellung.

2. Pauschalierung von extern anfallenden Nebenkosten

202   Im Hinblick auf die unter Anm 71 aufgeführten extern anfallenden Nebenkosten stellt bei **Waren, Roh-, Hilfs- und Betriebsstoffen** die **Pauschalierung von Einzelkosten** eine Besonderheit dar. Die Pauschalierung tritt an die Stelle der Einzelzurechnung und dient *nur* der Vereinfachung (ebenso *Wohlgemuth* HdJ Abt I/9 Anm 28; *ADS*[6] § 255 Anm 31; *Knop/Küting* in HdR[5] § 255 Anm 34). Es werden keine Gemeinkosten im Pauschalverfahren zugerechnet, sondern vom Anfall her typische Einzelkosten, die gesondert gesammelt werden, erfasst. Zur Pauschalierung geeignete externe Kosten sind insb Eingangsfrachten, Verpackungskosten und Kosten der Transportversicherung (*ADS*[6] § 255 aaO).

3. Nicht abziehbare Vorsteuern

Vgl Anm 51.

4. Innerbetrieblich anfallende Nebenkosten

Soweit individuell zurechenbar, sind **Einzelkosten** aus innerbetrieblichen Leistungen, die bis zur Beendigung des Beschaffungsvorgangs entstehen, als Nebenkosten zu aktivieren. Hierunter fallen insb innerbetriebliche Kosten für den **Transport** mit eigenen Arbeitskräften und Fahrzeugen bis zum Lagereingang; als Einzelkosten gelten hier Lohnkosten, Sozialabgaben und Kraftstoffverbrauch (*Wohlgemuth,* HdJ Abt I/9 Anm 32). **Nicht eingerechnet** werden dürfen damit verbundene Gemeinkosten, insb Hilfslöhne und Abschreibungen (*ADS*[6] § 255 Anm 27; *Knop/Küting* in HdR[5] § 255 Anm 36).

Zu den nicht ansatzfähigen (Anm 201) **Materialgemeinkosten** gehören die Kosten der Beschaffung und Einlagerung, die Kosten der Lagerung bis zum Abschlussstichtag und die Kosten beim Lagerausgang. Wegen mangelnder Zurechenbarkeit sind idR auch die Reisekosten der Einkaufsabteilung den Gemeinkosten zuzurechnen (so BFH 24.2.1972 aaO). Eine Pauschalierung von innerbetrieblich anfallenden Nebenkosten (vgl Anm 202 zu externen Nebenkosten) kommt in Betracht, soweit die Nebenkosten einem erworbenen Gegenstand direkt zugeordnet werden könnten, dies aus Wirtschaftlichkeitsgründen aber unterbleibt, die betreffenden Beträge nicht unwesentlich sind und keine Willkür vorliegt (vgl *Wohlgemuth* HdJ Abt I/9 Anm 33; *Knop/Küting,* HdR[5] § 255 Anm 34; **aA** *ADS*[6] § 255 Anm 32). Dies trägt auch dazu bei, dass das Prinzip der Erfolgsneutralität des Anschaffungsvorgangs möglichst gewahrt bleibt. Die Pauschalierung darf zu keinem wesentlich anderen Ergebnis führen, als es sich bei Einzelzurechnung ergeben würde (so auch Tiedchen, MünchKomm HGB § 255 Anm 26).

Für die **Steuerbilanz** ist bei der Beschaffung die Beschränkung auf die Einzelkosten stärker hervorgehoben. Bei der **Beförderung als innerbetriebliche Leistung** wird steuerrechtlich die Erfassung der Einzelkosten als Nebenkosten vorausgesetzt (BFH 24.2.1972, BStBl II, 422). Das BFH-U kommt allerdings zu dem Ergebnis, dass solche Aufwendungen der Beförderung bei den Nebenkosten für Erwerb von VG des Umlaufvermögens im Allgemeinen den Verwaltungsgemeinkosten zuzurechnen sind. So wurden steuerrechtlich auch bisher derartige innerbetriebliche Beförderungskosten nicht als aktivierungspflichtige Gemeinkosten betrachtet.

5. Nebenkosten bei länger lagernden Waren

Es ist in Sonderfällen zulässig, bei **länger lagernden Waren,** zB Holz, Wein, Chemieprodukten, der Anschaffung **nachfolgende Betriebs- und Verwaltungskosten** zu aktivieren. Der Grundgedanke dieser Aktivierung geht von einer besonderen Art des Produktionsprozesses aus, bei dem sich durch die Lagerung bestimmte Reifeprozesse vollziehen (so auch iE *ADS*[6] § 255 Anm 29). Die Handhabung setzt eine Wertsteigerung durch die Lagerung voraus; im Übrigen gilt der Grundsatz einer verlustfreien Bewertung am Bilanzstichtag (§ 253 Anm 521).

6. Verfahren zur Ermittlung der Anschaffungskosten

Anstelle der individuellen Ermittlung der AK nach dem Grundsatz der Einzelbewertung gelten für **Handels- und Steuerbilanz** folgende vereinfachte Bewertungsverfahren:

- Durchschnittsmethode.
- Bewertungsvereinfachungsverfahren (Verbrauchsfolgeverfahren, vgl § 256 Anm 1 ff).
- Gruppenbewertung (vgl § 240 Anm 130 ff).
- Festbewertung (vgl § 240 Anm 71 ff).
- Retrograde Ermittlung.
- Pauschalierung von Nebenkosten (Anm 202).

209 Bei der **Durchschnittsmethode** (Durchschnittsbewertung) werden vertretbare VG mit dem gewogenen Durchschnitt ihrer AK bewertet (zu Wertpapieren vgl Anm 303). Es handelt sich um eine Vereinfachung der Wertermittlung, nicht hingegen der mengenmäßigen Bestandsaufnahme.

210 Die **einfache** Durchschnittsbewertung fasst den mengenmäßigen Bestand zu Beginn der Periode mit den mengenmäßigen **Zugängen** einerseits und die Summe des Werts am Anfang und der tatsächlichen Einstandspreise während der Periode andererseits zusammen und ermittelt aus beiden Summen einen Durchschnittspreis (Beispiel § 240 Anm 139). Bei der **verfeinerten** Durchschnittsbewertung wird durch Fortschreibung der Mengen und Werte (Anfangsbestand und Zugänge) sowie lfd mengenmäßiger und bewerteter Verbrauchsermittlung während der Periode der jeweils neue Durchschnittspreis ermittelt (§ 240 Anm 139). Beide Verfahren unterscheiden sich dadurch, dass bei der verfeinerten Durchschnittsmethode zeitnahe AK berücksichtigt werden und damit die Bewertung des Verbrauchs und des Endbestands zu aktuelleren Werten erfolgt.

211 Die **retrograde Wertermittlung** errechnet die AK indirekt durch Abzug der sog **Bruttospanne** von den Verkaufspreisen. Dieses Bewertungsverfahren wird vor allem bei EinzelhandelsUnt angewandt, bei denen die Waren bereits beim Einkauf durch Aufschlag der Bruttospanne mit den Verkaufspreisen ausgezeichnet werden. Mit der retrograden Wertermittlung werden durch Rückrechnung, ggf unterteilt nach Warengruppen und nach Ausschaltung von zwischenzeitlich reduzierten Verkaufspreisen, auf dem Schätzwege die ursprünglichen durchschnittlichen AK einschl Nebenkosten berechnet.

212 Das Verfahren ist für **Handels- und Steuerbilanz** zulässig. Für die Steuerbilanz wurde es als Verkaufswertverfahren durch die Rspr bestätigt (zuletzt BFH 27.10.1983, BStBl II 1984, 35 betr Textileinzelhandel mwN; zur steuerrechtlichen Zulässigkeit vgl auch EStR 6.2 Stichwort Waren). Verkaufspreise und Abschläge sind im Inventar festzuhalten.

Das Verfahren ist zu unterscheiden von der retrograden Wertermittlung zur Ermittlung des niedrigeren beizulegenden Werts zur Beachtung des strengen **Niederstwertprinzips** (§ 253 Anm 521) am Bilanzstichtag; zu den retrograden Verfahren zur Ermittlung des niedrigeren Teilwerts beim Vorratsvermögen vgl § 253 Anm 547.

213 Über die gewählte Methode (Verfahren) zur Ermittlung der AK ist im Anhang nach § 284 zu berichten (dort Anm 116).

V. Forderungen

1. Anschaffungskosten bei bestehenden Forderungen

250 Beim Erwerb bestehender Forderungen durch Abtretung (§ 398 BGB) werden die AK nach den allgemeinen Kriterien des erfolgsneutralen Anschaffungsvorgangs (Anm 20) durch den Anschaffungspreis einschl etwaiger Anschaffungsnebenkosten bestimmt. Der BFH spricht in diesen Fällen von „AK im engeren Sinne" (23.4.1975 BStBl II, 875). Die gleichen Grundsätze beziehen sich auf den

Erwerb von Forderungen, die durch **Wertpapiere** verbrieft sind, wie zB für Inhaberschuldverschreibungen, Scheck- und Wechselforderungen. Für **Inhaberschuldverschreibungen** gelten diese Grundsätze auch beim Ersterwerb, da hier bereits ein Kaufvertrag über ein mit Abschluss des Genehmigungsverfahrens (§ 795 Abs 2 BGB) entstandenes Wertpapier zugrunde liegt. Dies gilt auch, wenn die Emission mit einem Disagio und niedriger Nominalzinsausstattung erfolgt. Die Aktivierung zum Nennwert bei Bildung eines passiven RAP scheitert an einem Verrechnungsvorgang (Anm 254). Bezahlte Stückzinsen sind AK einer zugleich miterworbenen Zinsforderung.

2. Anschaffungskosten bei originär entstehenden Forderungen

Erstmals entstehende Forderungen, zB aus Warenlieferungen, Leistungen oder Darlehenshingaben, sind angeschafft und nicht hergestellt, weil weder der punktuelle Vorgang der zivilrechtlichen Forderungsentstehung aus Kauf-, Werk- oder Darlehensvertrag noch die Warenlieferung, Leistung oder Darlehensauszahlung (Zeitpunkt der Erstbuchung) als Herstellungsprozess (Anm 332) gewertet werden kann (hM, zB *Kleine/Dreixler* in *HHR* § 6 Anm 909).

a) Gewinnrealisierende Forderungen

Bei Forderungen aus der Veräußerung von VG entspricht der **Nennbetrag** der Forderung den AK (hM, zB BFH 23.11.1967, BStBl II 1968, 176; *Hayn/Jutz/Zündorf* in Beck HdR, B 215 Anm 21). Das Anschaffungswertprinzip, welches den Anschaffungsvorgang als erfolgsneutrale Vermögensumschichtung versteht (Anm 20), wird in diesen Fällen durch das **Realisationsprinzip** verdrängt (zB *Groh* StuW 1975, 344; *Moxter* Bilanzrechtsprechung[6] § 12 I 1d). Zum Bilanzierungszeitpunkt gewinnrealisierender Forderungen s § 247 Anm 81 f. Der Nennbetrag der Forderungen bestimmt auch dann die AK, wenn die Forderung durch Ausübung eines Rücktrittsrechts des Käufers wieder beseitigt werden kann (BFH 25.1.1996, BStBl II 1997, 382). Bestehen bereits zum Zeitpunkt der Forderungsentstehung erhebliche Zweifel an der Einbringlichkeit der Forderung, beschränken sich die AK auf den einbringlichen Teil, da auch nur insoweit eine Gewinnrealisierung angenommen werden kann (so auch *WPH*[14] I, E Anm 571; aA *Leffson,* 209; *Groh* StuW 1975, 55). Für das Rücktrittsrisiko ist ggf eine Rückstellung (§ 249 Abs 1 S 1) zu bilden (BFH aaO) und bei ungewisser Erfüllung ggf eine Abschreibung auf den niedrigeren beizulegenden Wert oder Teilwert vorzunehmen.

Auch wenn bei Begründung von Waren- bzw Leistungsforderungen mit der Inanspruchnahme von **Skonto** durch den Abnehmer zu rechnen ist, bildet der Nennbetrag die AK. Dem Risiko der Inanspruchnahme von Skonti ist durch eine ggf pauschal zu ermittelnde Abwertung Rechnung zu tragen (§ 253 Anm 582).

b) Nicht gewinnrealisierende Forderungen

Bei Forderungen aus Darlehenshingaben werden den allgemeinen Grundsätzen entspr die AK durch die Aufwendungen für die Anschaffung festgelegt und zwar auch dann, wenn es sich um ein unterverzinsliches Darlehen handelt (Anm 257) oder ein Auszahlungsdisagio bei entspr niedrigerem Laufzeitzins vereinbart wird. In letzterem Fall bildet der **Nennbetrag** die AK. In Höhe des einbehaltenen Disagios ist ein passiver RAP zu bilden. Dies beruht auf vereinbarter Aufrechnung (BFH 21.5.1993, BStBl II 1994, 93). Mit Blick auf die BGH-Rspr zur anteiligen Disagio-Rückgewähr bei vorzeitiger Darlehensrückzahlung plädiert *Windmöller* (FS Forster, 695) für die Nettobilanzierung zum Auszahlungskurs und zeitanteiliger Zinszuschreibung.

Inhaberschuldverschreibungen werden auch beim Ersterwerb durch Kaufvertrag erworben. Der Kaufpreis bestimmt die AK; ein Verrechnungsvorgang entfällt (Anm 250). Wegen Sonderfragen Anm 258 (AK bei Fremdwährungs-Forderungen) sowie Anm 259 (Vinkulierung von Wertpapieren).

3. Anschaffungskosten bei un- oder minderverzinslichen Forderungen

a) Bestehende Forderungen

255 Wird eine bestehende Forderung erworben, schlägt sich idR die nicht ausreichende Verzinsung bereits unmittelbar in den AK nieder (zB Erwerb einer diskontierten Wechselforderung s auch BFH 26.4.1995, BStBl II, 594). Bei in festverzinslichen Wertpapieren verbrieften Forderungen führt die nicht marktgerechte Zinsausstattung ebenfalls zu unter dem Nennwert liegenden AK. Dies gilt nicht nur bei Marktzinsänderungen, sondern zB auch, wenn der niedrige Nominalzins eines gekauften Schuldscheindarlehens auf einem hohen Emissionsdisagio beruht u dieses anteilig im Kaufpreis mitvergütet wird (zB Emissionskurs 90; Kaufkurs 94). Ein Verrechnungsvorgang (Anm 254) findet beim Kauf nicht statt (BFH 21.5.1993, BStBl II 1994, 93). Unabhängig von dem Grundsatz, dass die Aufwendungen für den Erwerb als AK die Wertobergrenze bilden, stellt sich die Abzinsungsfrage bei jeder Folgebewertung (§ 253 Abs 3 oder 4).

Gemäß § 340e Abs 2 dürfen **Kreditinstitute** auch für nicht marktgerecht verzinste Forderungen abw von § 253 Abs 1 S 1 den Nennbetrag ansetzen, wenn die Forderungen der Vermögensanlage dienen und der Unterschiedsbetrag zwischen Nennbetrag und *AK* Zinscharakter hat. Wird von dem Wahlrecht zur Nennbetragsbilanzierung Gebrauch gemacht, ist der Unterschiedsbetrag zu den AK unter die passiven *RAP* aufzunehmen und planmäßig aufzulösen. Gleiches gilt für **VersicherungsUnt** (*VFA* 1/1983 idF 1992, WPg, 699 ff; § 341c Abs 2). Das Wahlrecht ist bei der Anschaffung bzw dann auszuüben, wenn erstmals die tatbestandsmäßigen Voraussetzungen der Nennwertbilanzierung geschaffen werden (s Anm 259; Vinkulierungen). Wird abw von den AK der Nennwert mit ratierlicher „Disagioauflösung" gewählt, gilt dies nach dem Maßgeblichkeitsgrundsatz des § 5 Abs 1 S 1 EStG auch für die StB. Ob in Durchbrechung des Maßgeblichkeitsprinzips in der StB ein Ansatz zum Nennwert mit planmäßiger Disagiobilanzierung auch dann zu erfolgen hat, wenn der Stpfl entspr § 255 zu den AK bilanziert, ist fraglich; offen lassend BFH 26.4.1995, BStBl II, 594, 596. UE kann der vom allgemeinen AK-Begriff des § 255 iVm § 6 EStG abw und nur bestimmten Unt ermöglichte Nennwertansatz für diese nicht zum Pflichtansatz in der StB werden, wenn sie entspr den allgemeinen GoB zu AK bilanzieren.

b) Gewinnrealisierende Forderungen

256 Bei originär gewinnrealisierend entstehenden Forderungen entspricht insb bei langfristiger unverzinslicher oder niedrig verzinslicher Stundung der Kaufpreisforderung der **Barwert** den AK. Ein Ansatz der Kaufpreisforderung mit dem Nennbetrag wäre eine Verletzung des Realisationsprinzips, weil dadurch zugleich auch ein noch nicht realisierter zukünftiger Zinsgewinn ausgewiesen würde. Es liegt ein gewinnrealisierender Veräußerungsvorgang zum Barverkaufspreis und zusätzlich eine Kreditgewährung in Höhe des Barverkaufspreises vor (*Clemm* 230; *Döllerer* JbFfSt 1976/77, 201, jedoch mit weiteren Bilanzierungskonsequenzen). Ein Umsatzerlös ist nur in Höhe des Barwerts der Forderung auszuweisen.

Die zeitanteilig entstehende Zinsforderung wird durch Aufzinsung des Barwerts der Kaufpreisforderung als Zinsertrag realisiert.

c) Nicht gewinnrealisierende Forderungen

Eine originär entstandene unverzinsliche oder unzureichend verzinste Darlehensforderung (zur Aufteilung eines Marktzinses in Emissions-Disagio und niedrigem Nominalzins s Anm 254) ist mit dem entspr Auszahlungsbetrag angeschafft (ebenso *Karrenbauer* in HdR[5] § 253 Anm 42 sowie BFH 23.4.1975, BStBl II, 875, wonach die Unverzinslichkeit den Teilwert, nicht aber die AK der Darlehensforderung betrifft; im Gegensatz zur Auffassung des BFH handelt es sich jedoch nicht um fiktive, sondern um durch die Auszahlung tatsächlich entstandene AK. Es erfolgt also keine Verlustrealisierung unmittelbar bei der Darlehenshingabe. Eine von der Bestimmung der AK zu unterscheidende Frage ist die der (späteren) Bewertung. Abweichend davon bildet bei gewinnrealisierenden un- oder minderverzinslichen Forderungen (Anm 256) der Barwert die AK (*WPH*[14] I, E Anm 571, *ADS*[6] § 253 Anm 54). 257

4. Sonderfragen

a) Anschaffungskosten bei Fremdwährungsforderungen

Da § 256a lediglich die Folgebewertung betrifft, fehlt eine gesetzliche Konkretisierung der Umrechnung für die Zugangsbewertung. Ausweislich Gesetzesbegr ist jedoch die verpflichtende Anwendung des Devisenkassamittelkurses im Rahmen der Folgebewertung nach § 256a auch im Zugangszeitpunkt vorzunehmen (vgl Gesetzentwurf der Bundesregierung, 136 f). 258

Werden die erwarteten Zahlungseingänge durch ein Devisentermingeschäft **kursgesichert** (Verkauf per Termin auf den Fälligkeitszeitpunkt) sind die Euro-AK der Forderung durch den Terminkurs fixiert. Dies gilt auch, wenn eine Forderung aus einem noch **schwebenden Geschäft** kursgesichert wird, weil dann zum Anschaffungszeitpunkt der Forderung die AK in Euro festliegen. Zu den Voraussetzungen einer Kurssicherung s Anm 55 aE.

Eine erst *nach* dem Anschaffungszeitpunkt einsetzende Kurssicherung betrifft dagegen die **Bewertung** der Forderung (§ 253 Abs 3 oder 4) und nicht mehr die AK. Zu der von der Bestimmung der AK zu trennenden Folgebewertung s § 256a.

b) Vinkulierungen

In der Praxis werden Inhaber-Wertpapiere in Namenspapiere umgewandelt („vinkuliert") oder es werden Wertpapiere des Bundes oder anderer Gebietskörperschaften in Namens-Schuldbuchforderungen umgewandelt; die entspr Schuldbuchgesetze sehen dies vor. 259

Bei einer derartigen Umwandlung bleibt die Identität des VG erhalten. Es ändert sich mit der Fungibilität die Zweckbestimmung von einer der Liquiditätssicherung („Umlaufvermögen") zu einer dauernd dem Geschäftsbetrieb dienenden Kapitalanlage („Anlagevermögen", § 247 Abs 2). Die Änderung der Zweckbestimmung ist kein Gewinnrealisierungstatbestand (so wohl auch *VFA* 1/1983 idF 1992 Ziff II. 10, WPg 1992, 699 ff); sie führt zur Umgliederung und zur Anwendung anderer Bewertungsvorschriften. Das für Umlaufvermögen geltende strenge Niederstwertprinzip (§ 253 Abs 4) wird durch das gemilderte Niederstwertprinzip (§ 253 Abs 3 S 4) abgelöst. Damit ändert sich auch der Rahmen für Zuschreibungen (*VFA* aaO). Zum Vinkulierungszeitpunkt dürfen Namensschuldverschreibungen nach den für VersicherungsUnt geltenden Vorschriften auch mit dem Nennbetrag angesetzt werden bei gleichzeitiger Aufnahme des Unterschiedsbetrags zu den AK unter die passiven RAP (Anm 255); jedoch abzgl eines dem abgelaufenen Zeitraum zuzuordnenden Unterschiedsbetrags bei planmäßiger Restauflösung (*Stuirbrink/Schuster* Beck'scher Versicherungsbilanz Kommentar § 341c Anm 7).

VI. Wertpapiere

300   Zum Begriff und zu den Arten der Wertpapiere vgl § 266 Anm 136. Nach der Bilanzgliederung werden Wertpapiere des Anlagevermögens und solche des Umlaufvermögens unterschieden (§ 266 Anm 80f und 135 ff). Die Wertpapiere sind bei beiden Vermögensgruppen mit den AK zu **bewerten,** soweit nicht niedrigere Wertansätze nach § 253 Abs 3 S 3 (§ 253 Anm 306 ff) oder nach § 253 Abs 4 (§ 253 Anm 609 ff) geboten sind oder nach § 253 Abs 3 S 4 (§ 253 Anm 350 ff) gewählt werden. Zu den Wertpapieren des Anlagevermögens vgl Anm 175–177.

301   Die **AK** der Wertpapiere ergeben sich aus dem Kaufpreis (Anschaffungspreis, Anm 51) und den Anschaffungsnebenkosten (Anm 70). Typische **Anschaffungsnebenkosten** sind bei Wertpapieren insb Bankspesen und Provisionen. Auch Erwerbskosten für den Kauf eines Bezugsrechts bei einer Kapitalerhöhung durch Zuzahlung gehören bei Aktien zu den AK der neuen Aktien (*Richter* in HHR § 6 EStG Anm 1109). **Anschaffungspreisminderungen** kommen vor allem für Übernahmeprovisionen, Bonifikationen und ähnliche Vergütungen in Frage. Zu den Besonderheiten der Bilanzierung von Sperrbonifikationen, die von den Emissionsinstituten an andere Kreditinstitute, KapitalanlageGes und an VersicherungsUnt gewährt werden, vgl *Schäfer* Grundsätze ordnungsmäßiger Bilanzierung für Forderungen, 2. Aufl Düsseldorf 1977, 62 ff.

302   Die AK der Wertpapiere können durch Einzel-, Durchschnitts-, Gruppenbewertung und Bewertungsvereinfachungsverfahren ermittelt werden. Die **Einzelbewertung** setzt voraus, dass die Wertpapiere in Eigenverwahrung gehalten werden oder in ein Streifbanddepot gegeben worden sind und der Identitätsnachweis an Hand von Wertpapiernummern geführt werden kann (Ländererlass 20.6.1968, BStBl I, 986). Bei der Einzelbewertung werden die Wertpapiere mit den tatsächlichen individuell zugeordneten AK bilanziert.

303   Bei Wertpapieren in Eigenverwahrung oder im Streifbanddepot wird für die HB auch die **Durchschnittsbewertung** für zulässig angesehen (vgl *ADS*[6] § 255 Anm 111 allgemein für VG des Anlagevermögens; zur StB *Richter* in HHR § 6 EStG Anm 1108). Wertpapiere, die sich im Girosammeldepot befinden (Regelfall), sind grds mit den durchschnittlichen AK sämtlicher Wertpapiere derselben Art zu bewerten. Die rechtliche Besonderheit der allgemein üblichen Sammelverwahrung besteht darin, dass der Hinterleger das Eigentum an den von ihm gelieferten Stücken verliert und dafür Miteigentum an den zum Sammelbestand des Verwahrers gehörenden Wertpapieren derselben Art erwirbt. Dies gilt insb für die fast ausschließlich gehandelten „stücklosen" Papiere, für die nur eine Sammelurkunde hinterlegt ist.

304   Die **Gruppenbewertung** kommt nach § 240 Abs 4 für gleichartige oder annähernd gleichwertige Wertpapiere in Frage (vgl § 240 Anm 130). Zum Verfahren der Gruppenbewertung vgl § 240 Anm 134.

305   Die **Bewertungsvereinfachungsverfahren** sind nach dem Wortlaut des § 256 nur für gleichartige VG des Vorratsvermögens anzuwenden. Nach der hier vertretenen Auffassung schließt diese Bestimmung jedoch nicht aus, Bewertungsvereinfachungsverfahren, Lifo- oder Fifo-Verfahren, auch bei Wertpapieren zur Anwendung zu bringen (s aber § 256 Anm 4; glA *ADS*[6] § 256 Anm 24). Dies

gilt jedoch nur für die Bewertung in der HB. Nach Auffassung des BFH (BFH 24.11.1993, BStBl II 1994, 591) werden diese Verfahren für die Bewertung von Wertpapieren, die sich im Girosammeldepot befinden, abgelehnt; insoweit erfolgt die Bewertung ausschließlich zu durchschnittlichen AK (so auch *Richter* in HHR § 6 EStG Anm 1107; OFD Magdeburg, Vfg v 15.5.2006, S 2244 – 63 – St 214, DStR 2006, 1282). Die generelle steuerrechtliche Anwendung des Lifo-Verfahrens nach § 6 Abs 1 Nr 2a EStG bezieht sich nur auf die Bewertung des Vorratsvermögens.

Eine nachträgliche **Minderung** der AK ergibt sich bei Aktien bei der Veräußerung von Bezugsrechten oder bei der Ausübung von Bezugsrechten (ADS[6] § 253 Anm 50, 51; *Richter* in HHR § 6 EStG Anm 1700 Stichwort „Bezugsrecht", BFH 19.12.2000, WPg 2001, 568; zur Behandlung von Bonusaktien vgl Anm 325 Stichwort „Bonusaktien"). Zum Ausweis als Abgang s § 268 Anm 65. **306**

Stückzinsen, die beim Erwerb von festverzinslichen Wertpapieren gesondert berechnet werden, sind nicht Bestandteil der AK, da der Anspruch durch Einlösung der Zinsscheine getilgt wird (WPH[14] I, F Anm 219). Es handelt sich dabei um AK der Zinsforderung. **307**

Wird bei einer Kapitalerhöhung durch Zuzahlung das **Bezugsrecht** der Alt-Aktionäre ausgeschlossen, wird die Bewertung der Alt-Aktien zu AK nicht unmittelbar berührt (ebenso *Richter* in HHR § 6 EStG Anm 1109 u 1700). Inwieweit hierdurch ein niedrigerer Wert am Abschlussstichtag oder niedrigerer Teilwert bewirkt wird, ist im Einzelfall zu beurteilen. **308**

Anteile aus einer **Kapitalerhöhung aus Gesellschaftsmitteln** sind beim Erwerber nicht als Zugang auszuweisen (§ 220 S 2 AktG, § 57o S 2 GmbHG), da die AK dieser Anteile sich aus einer Reduzierung der bisherigen AK der Alt-Anteile ableiten. Nach § 220 S 1 AktG, § 57o S 1 GmbHG gelten als AK der vor der Erhöhung des Grundkapitals erworbenen Aktien und der auf sie entfallenen neuen Aktien die Beträge, die sich für die einzelnen Aktien ergeben, wenn die AK der vor der Erhöhung des Grundkapitals erworbenen Aktien auf diese und auf die auf sie entfallenen neuen Aktien nach dem Verhältnis der Anteile am Grundkapital verteilt werden. Die bisherigen AK sind nach dem Verhältnis der Nennbeträge bzw der Stückaktien neu zu verteilen. Diese Aufteilung ist auch steuerrechtlich maßgebend.

Die AK von Wertpapieren in **Fremdwährung** sind nach dem Grundsatz der Einzelbewertung auf Grundlage der im Anschaffungszeitpunkt gültigen Wechselkurse zu berechnen (vgl Anm 258). Streckt sich der Anschaffungsvorgang über einen längeren Zeitraum und umfasst er dabei mehrere Zahlungen, so dass eine Einzelbewertung zu einem unverhältnismäßig hohem administrativen Aufwand führen würde, so kann uE auch eine Bewertung zum durchschnittlichen Wechselkurs des Anschaffungszeitraums erfolgen. **309**

Zur Bewertung und zum Ausweis von Wertpapieren und **Namensschuldverschreibungen** in den Bilanzen der VersicherungsUnt s Anm 255, 259. **310**

Zero-Bonds (Nullkupon-Anleihen) sind nach HFA 1/1986 (WPg 248) beim Erwerber „mit ihren AK zzgl der jeweils auf Grund der kapitalabhängigen Effektivzinsberechnung ermittelten Zinsforderung zu aktivieren"; spätere niedrigere Stichtagskurse sind nach der Niederstwertvorschrift zu beurteilen. Die Besonderheit dieser Anleihen besteht insb darin, dass vom Emittenten keine periodischen Zinszahlungen geleistet werden und der Rücknahmebetrag nach Ablauf der Laufzeit als Einlösungsbetrag die Zinsvergütung für die gesamte Laufzeit umfasst. Dies führt dazu, bei Zero-Bonds den Kaufpreis als Erwerbskosten für das Stammrecht anzusehen und alljährlich die (laufzeitabhängige) Aufzinsung zuzuschreiben und als Zinsertrag zu realisieren (ADS[6] § 275 Anm 155; s auch Anm 176). Gleiches gilt für die **Steuerbilanz** (s *Kulosa* in Schmidt[32] § 6 Anm 140). **311**

312 Wird ein Wertpapier **per Termin** gekauft (zB effektive Erfüllung eines Terminkontrakts – **Future**), bestimmen sich die AK nach dem bei Vertragsabschluss vereinbarten Terminkurs (*Bewertungseinheit* s auch Anm 54). Die Möglichkeit, den Terminkontrakt ergebniswirksam glattzustellen und den Terminkauf zu beenden, schließt diese Bewertung nicht aus (s auch Anm 54 und § 254). Die AK sind durch das Termingeschäft auch dann fixiert, wenn der Börsenkurs am Erfüllungstag den Terminkaufpreis unterschreitet (aA *ADS*[6] § 255 Anm 75: Zeitwert). Der Ansatz eines niedrigeren beizZW ist eine Frage der Folgebewertung (s auch Anm 74). Margin-Zahlungen sind AK-Erhöhungen oder -minderungen (s *Rabenhorst* DB 1994, 741 mwN zum Meinungsstand; aA *ADS*[6] aaO; s auch § 254 Anm 100).

VII. Flüssige Mittel

320 **Schecks** sind wie Forderungen zu bewerten. Für Schecks in **Fremdwährung** gelten die Bewertungsgrundsätze für Fremdwährungsforderungen (vgl Anm 258 u § 256a Anm 150). Die AK bestimmen sich nach dem Wechselkurs der ausländischen Währung im Zeitpunkt der Erstbuchung (Kassamittelkurs).

321 Beim **Kassenbestand** ist inländisches Bargeld mit dem Nennbetrag zu bewerten. Die AK von **Devisenbeständen** ergeben sich nach dem Zeitpunkt der Erstverbuchung und dem Kassamittelkurs der ausländischen Währung. Für Sortenbestände dürfen nach der hier vertretenen Auffassung die Verbrauchsfolgeverfahren nach § 256 angewendet werden (s aber § 256 Anm 4). Die **Bundesbankguthaben** sind mit dem Nennbetrag anzusetzen.

322 Die **Guthaben bei Kreditinstituten** sind wie Forderungen zu bewerten; bei inländischen Guthaben erfolgt der Ansatz idR zum Nominalbetrag. Fremdwährungsguthaben sind wiederum wie Fremdwährungsforderungen zu bewerten (vgl Anm 258, § 256a Anm 150 ff).

VIII. ABC der Anschaffungskosten

325 **Abbruchkosten** s Anm 373.

Abstandszahlungen an Mieter **für vorzeitige Räumung** sind AK eines immateriellen VG (vorzeitige Nutzungsmöglichkeit), nach BFH jedoch nur bei beabsichtigter weiterer Nutzung (BFH 2.3.1970, BStBl II, 382); Abstandszahlungen iZm dem Abbruch und der Errichtung eines neuen Gebäudes sollen HK des Neubaus sein (BFH 1.10.1975, BStBl II 1976, 184; BFH 9.2.1983, BStBl II, 451; *FG Hessen* v 29.9.1997, EFG 1998, 354); dies ist ebenso abzulehnen wie die Aktivierung von Abbruchkosten. Die erworbene vorzeitige Nutzungsmöglichkeit am Altgebäude geht mit dessen Abbruch unter (Abgang).

Agio, das im Rahmen einer Kapitalerhöhung gezahlt wird, ist AK des neu erworbenen Anteils und nicht nachträgliche AK auf die bereits bestehende Beteiligung (BFH 27.5.2009, BFH/NV 2010, 375).

Anschlussbeiträge s Anm 77.

Anzahlungen, die konkursbedingt ausfallen und damit ohne Gegenleistung bleiben, sind unter dem Gesichtspunkt der Abwertung auf Forderungen auszubuchen (BFH 4.7.1990, BStBl II, 830). Soweit den Anzahlungen bereits Herstellungsleistungen gegenüberstehen, liegen dagegen HK vor (BFH 31.3.1992, BStBl II, 806), die als Einzelkosten zu aktivieren (s Anm 334) bzw umzubuchen sind. Eine Umbuchung auf den schließlich hergestellten VG entfällt unbeschadet der Zweckrichtung und des Einzelkosten-Charakters der Aufwendungen (BFH

9.9.1980, BStBl II 1981, 118). Das gilt gleichermaßen für Gewinn- wie für Überschusseinkünfte (BFH 24.3.1987, BStBl II, 695; 4.7.1990, BStBl II, 834).
Ausländische Währung s Anm 52.
Ausgleichsverpflichtung bei Erbauseinandersetzung s Anm 97, 104.
Ausstrahlungsrechte, die einem Fernsehsender zeitlich begrenzt und für eine beschränkte Anzahl an Ausstrahlungsterminen eingeräumt werden, führen idR zur Entstehung eines immateriellen WG „Nutzungsrecht" (OFD Frankfurt 15.4.2005, DStR 2010, 338).
Beförderungskosten sind, falls Einzelkosten, Anschaffungsnebenkosten s Anm 71.
Befreiung von einer dinglichen Last. Zahlungen hierfür (zB Erbbaurecht, Nießbrauch, dingliches Wohnungsrecht) führen, wenn die Last passiviert war (Verbindlichkeit oder passiver RAP), zum Verbrauch des Passivpostens. Steuerrechtlich werden Vorbehalts- und Zuwendungsnießbrauch nicht als (teilweises) Entgelt für die Übertragung, sondern als Übertragung eines von vornherein um das Nutzungsrecht verminderten VG angesehen („dingliche Lasten"). Zahlungen zur Ablösung der dinglichen Last sind dann nachträgliche AK, weil damit die Beschränkung des Eigentums (§ 903 BGB) aufgehoben und erstmals die umfassende Verfügungsbefugnis erlangt wird (s BFH 21.7.1992, DB 1993, 307). Dies gilt unabhängig von der Entstehungsursache der dinglichen Last (BFH 21.7.1992, DB 1993, 307, 308; 15.12.1993, DB, 309; *Spindler* DB 1993, 297). Aufwendungen zur Ablösung eines Wohnungsrechts an einzelnen Räumen sind AK des Gebäudes (BFH aaO 308); Aufwendungen zur Ablösung eines Erbbaurechts sind AK des Grund und Bodens (BFH 21.12.1982, BStBl II 1983, 410).
Belieferungsrechte. Entgeltlich erworbene Rechte zur Belieferung mit Bier (BFH 26.2.1975, BStBl II 1976, 13), Zeitschriften (BFH 28.5.1998, BStBl II, 775; BFH 5.8.1970, BStBl II, 804) sind als immaterielle VG mit den AK zu aktivieren; nicht dagegen Aufwendungen für eine rechtlich nicht abgesicherte Belieferungsmöglichkeit, zB Fortsetzungssammelwerk eines Verlagsobjekts (BFH 14.3.1979, BStBl II, 470). Besteht das Entgelt in der Hingabe eines zinslosen Darlehens, ist eine nicht abgezinste Darlehensforderung und nicht das Belieferungsrecht (in Höhe des Zinsabschlags) zu bilanzieren (BFH 26.2.1975, BStBl II 1976, 13 betr Bierlieferungsrecht; BFH 9.7.1981, BStBl II, 734 betr Zeitschriftenbelieferungsrecht).
Beratungskosten, die im Vorfeld der Anschaffung eines VG (zB Beteiligung) anfallen, sind keine AK, sondern Aufwand, wenn Kosten der Entscheidungsphase und dem Beschaffungsvorgang vorgelagert sind (*ADS*[6] § 255 Anm 22; *Pöllath* INF 1983, 437). Die neuere Rspr nimmt AK bereits nach einer „grundsätzlich" gefassten Erwerbsentscheidung an (BFH 27.3.2007, BFH/NV, 1407 zu Kosten einer UntBewertung; BFH 28.10.2009, BStBl II, 469 zu Strategieentgelt eines Vermögensverwalters). Dieser Abgrenzungsmaßstab birgt naturgemäß Begriffsunschärfen und wurde in der Folgezeit vielfach missverstanden. So soll nach FG Köln 6.10.2010 (EFG 2011, 264) bereits nach Unterzeichnung eines rechtsunverbindlichen *Letter of Intent* eine grds gefasste Entscheidung für den Erwerb einer Beteiligung vorliegen und alle fortan anfallenden Beratungskosten, zB für eine *Due Diligence,* AK darstellen; dies ist unzutreffend, da ein Letter of Intent lediglich die Absicht, über einen Erwerb verhandeln zu wollen, aber noch keinerlei Entscheidung dokumentiert (vgl auch *Ditz/Tcherveniachki*, DB 2011, 2676). Kosten einer im Vorfeld eines Beteiligungserwerbs durchgeführten *Due Diligence* sind idR keine AK, da zu diesem Zeitpunkt noch keine (auch keine nur grds gefasste) Erwerbsentscheidung vorliegt (*Peter/Graser*, DStR 2009, 2032; *Moran/Kinzel* in Kneip/Jänisch[2] S. 673 Anm 676; *Hoffmann* in Littmann § 6 Anm 166). Eine Due Diligence dient idR der Aufklärung entscheidungsrelevan-

ter Umstände und Risiken und ist somit der Entscheidungsphase zuzuordnen. Wird hingegen nach getroffener Erwerbsentscheidung eine UntBewertung zur genauen Ermittlung des Kaufpreises oder für Bilanzierungszwecke vorgenommen, sind die hierfür anfallenden Beratungskosten idR AK.

Besichtigungskosten s Anm 71.

Bonus s Anm 62.

Bonusaktien, die Anlegern unter der Bedingung einer bestimmten Haltedauer zugesagt werden, führen nicht zur nachträglichen Minderung der AK, da der zugeflossene Vorteil der Erwerbssphäre und nicht ausschließlich der Vermögensebene zuzuordnen ist (BFH 7.12.2004, DStR 2005, 639).

Bürgschaften. Die Inanspruchnahme aus einer eigenkapitalersetzenden Bürgschaft für ein BetUnt kann zu nachträglichen AK der Beteiligung führen (BFH 6.7.1999, DStR 1999, 1897). Im Fall einer eigenkapitalersetzenden Bürgschaft für eine Ges, an der der Anteilseigner nur mittelbar beteiligt ist, kommen nachträgliche AK der wesentlichen unmittelbaren Beteiligung jedoch nicht in Betracht, da keine Veranlassung durch das GesVerhältnis mit der unmittelbaren BeteiligungsGes gegeben ist (BFH 4.3.2008, BFH/NV 2008, 1039). Zur veränderten Rechtslage nach Wegfall von § 32a GmbHG aF durch MoMiG und den damit einhergehenden Änderungen in Bezug auf eigenkapitalersetzende Darlehen vgl *Bode* DStR 2009, 1781.

Dingliche Lasten, die als Gegenleistung für eine Anschaffung übertragen oder begründet werden, führen zu AK in Höhe der zu passivierenden Verbindlichkeit. Steuerrechtlich werden dingliche Lasten (Nießbrauch, Grunddienstbarkeiten, unbegrenzte Dauerwohn- oder Nutzungsrechte) als den Wert des Grundstücks mindernde Lasten und nicht als Gegenleistung interpretiert (BFH 7.6.1994, BStBl II, 927).

Due Diligence s Beratungskosten.

Earn-Out-Klauseln s Tz 64, 66.

Emissionsrechte sind immaterielle VG des Umlaufvermögens (die Zertifikate verbleiben infolge der jährlichen Abrechnung idR nicht länger als ein Jahr im Unt) und sind in Höhe der AK auszuweisen (*Redeker/Schulze/Wielenberg* StuW 2007, 253 f). Bei unentgeltlichem Erwerb hat der Bilanzierende die Wahl zwischen zwei Möglichkeiten: Er darf die Emissionsrechte mit einem Erinnerungswert von Null oder unter Bildung eines gesonderten Passivpostens erfolgsneutral mit dem Zeitwert ansetzen (IDW RS HFA 15). In der Literatur wird als dritte Möglichkeit die erfolgswirksame Buchung zum Zeitwert diskutiert (vgl *Klein/Völker-Lehmkuhl* DB 2004, 332 ff). Dem steht jedoch das Realisationsprinzip entgegen (vgl *Redeker/Schulze/Wielenberg*, StuW 2007, 254). Steuerrechtlich ist der Auffassung des IDW zu folgen, dass bei unentgeltlicher Ausgabe eine sofortige Ertragsrealisierung im Anschaffungszeitpunkt unzulässig ist, dh grds AK von Null. Im Fall eines handelsrechtlichen Zeitwertansatzes bei gleichzeitiger Passivierung eines Sonderpostens sind beide Positionen zu saldieren (BMF 6.12.2005, BStBl I, 1047).

Erbauseinandersetzung s Anm 97, 104.

Erbbaurecht. Als ein dem materiellen Anlagevermögen zuzuordnendes grundstücksgleiches Recht (s § 247 Anm 457) ist das Erbbaurecht gleichwohl seinem wirtschaftlichen Leistungsinhalt nach ein Dauerschuldverhältnis, gerichtet auf Nutzungsüberlassung gegen Entgelt und bei periodisch in gleichem Erbbauzins nach den Grundsätzen der Nichtbilanzierung schwebender Verträge nicht zu bilanzieren; bei Vorleistungen des Erbbauberechtigten RAP (hM zB *Weber-Grellet* in Schmidt[32] § 5 Anm 270; *Stobbe* in HHR § 6 Anm 287; BFH 4.6.1991, BStBl II 1992, 70, 71; aA *Martin* DB 1982, 1977). Aufgrund einer selbstständigen Leistungsverpflichtung ggü Dritten zu zahlende einmalige Aufwendungen (GrESt, Notar- und Gerichtsgebühren) sind als Anschaffungsnebenkosten des Erbbaurechts zu aktivieren (hM zB *Mattiak* DStR 1992, 451, *Stobbe* in *HHR* aaO, BFH aaO; aA *Kaufmann* DB 1993, 290, schwebendes Nutzungsverhältnis ist keine Anschaffung). Die Übernahme von Erschließungsbeiträgen durch den Erbbauberechtigten ist als zusätzliches Nutzungsentgelt Teil des RAP (BFH 19.10.1993, BStBl II 1994, 109; BFH 14.9.1999, BFH/NV 2000, 558). Erwirbt der Erbbauberechtigte in Ausübung eines bei Bestellung des Erbbaurechts vereinbarten Ankaufsrechts das Erbbaugrundstück unter Anrechnung der übernommen Erschließungskosten auf den Kaufpreis, liegen insoweit AK des Grundstücks vor (BFH 23.11.1993, BStBl II 1994, 348). Wird ein bestehendes Erbbaurecht erworben oder als Sacheinlage in eine KapGes eingelegt, sind in Höhe eines gezahlten Kaufpreises oder des Verkehrswerts des eingelegten Erbbaurechts AK gegeben (hM *Mattiak* FS Döllerer, 406; *Geissen* JbFSt 1990/1991, 489; BFH 20.3.2002, BFH/NV 2002, 914).

Erbfolge vorweggenommene s Anm 93, 106.

Erbgang. Erwerb durch Erbgang s Anm 96 f, 104.

Ersatzbeschaffung. Zur Möglichkeit der Übertragung stiller Reserven eines ausgeschiedenen WG auf die AK oder HK eines ErsatzWG in der StB s EStR 6.6.

Erschließungskosten für Ersterschließung sind (nachträgliche) AK des Grund und Bodens; sonst Aufwand Anm 77.

Formwechsel eines Unt s Umwandlung.

Finanzierungskosten gehören nicht zu den AK; sie dürfen allenfalls in die HK einbezogen werden s Anm 500 ff.

Fußgängerstraße. Beiträge oder Zuschüsse eines Gewerbetreibenden zum Ausbau oder zur Errichtung einer Fußgängerzone, in der der Gewerbebetrieb liegt, sind idR nicht grundstücks-, sondern betriebsbezogen und deshalb Aufwand (BFH 12.4.1984, BStBl II, 489). Ob die Maßnahme zu einer Werterhöhung des Grundstücks geführt hat, ist nicht entscheidend (BFH 22.3.1994, BFHE 175, 31). Beiträge, die von Mietern oder Pächtern von Geschäftsräumen geleistet werden, sind HK eines immateriellen VG und damit Aufwand (BdF 18.3.1975 BB, 357). Handelsbilanziell besteht aber (anders als steuerbilanziell) ein Aktivierungswahlrecht, sofern das Vorliegen eines eigenständigen VG bejaht werden kann.

Gasanschlussbeiträge s Anm 77.

Geldbeschaffungskosten sind Aufwand s Stichwort Maklergebühren und Anm 502.

Gewinnbezugsrecht. Werden Anteile an einer KapGes während des Gj der KapGes entgeltlich erworben, ist der Kaufpreis nur AK des VG „Anteile"; eine gesonderte Aktivierung eines Teils des Kaufpreises als für einen VG „Gewinnbezugsrecht" ist selbst bei gegenteiliger Vereinbarung nicht zulässig (BFH 21.5.1986, BStBl II, 815).

Grunderwerbsteuer ist als Anschaffungsnebenkosten zu aktivieren, wenn ein (bebautes) Grundstück erworben wird (s Anm 34); GrESt bei treuhänderischem Erwerb ist Aufwand (s Anm 72).

Anders verhält es sich hinsichtlich der GrESt auf **fiktive Grundstückserwerbe:** nach § 1 Abs 2a und Abs 3 GrEStG:

GrESt, die bei unmittelbarer oder mittelbarer Erwerb oder sonstiger Vereinigung von mindestens 95% der Anteile einer Grundbesitz haltenden Ges in der Hand eines Erwerbers aufgrund von **§ 1 Abs. 3 GrEStG** anfällt, wird gem § 13 Nr 5 GrEStG vom Erwerber geschuldet. AK auf Ebene der Grundbesitz haltenden Ges kommen insoweit nicht in Betracht. Die GrESt ist jedoch auch auf Ebene des Erwerbers nicht als AK auf die erworbenen Anteile, sondern als sofort abzugsfähige BA zu behandeln, da der Grundstückserwerb lediglich auf einer GrEStlichen Fiktion beruht, ein innerer, finaler Zweckzusammenhang mit dem Anteilserwerb jedoch fehlt (vgl BFH 14.3.2011, I R 40/10; BFH 20.4.2011, I R 2/10; *OFD Rheinland* 23.1.2012 S 2174 – St 141). Dies gilt uE für HB und StB gleichermaßen.

Beim Wechsel im Gesellschafterbestand von Personengesellschaften wird eine fiktive Grundstücksübertragung auf eine neue PersGes besteuert (**§ 1 Abs 2a S 1 GrEStG**). Anders als in Fällen des § 1 Abs 3 GrEStG wird die Steuer hier von der Grundbesitz haltenden PersGes geschuldet (§ 13 Nr 6 GrEStG). AK auf Ebene des Anteilserwerbers scheiden aus, da dieser die GrESt nicht aufwendet. AK auf Ebene der PersGes können ebenfalls nicht vorliegen, da kein Anschaffungsvorgang im zivil- und bilanzrechtlichen Sinne gegeben ist (s Anm 72). In Fällen des § 1 Abs 2a GrEStG ist die GrESt somit ebenfalls stets aufwandswirksam zu erfassen (vgl *Gadek/Mörwald*, DB 2012, 2010; *Behrens*, DStR 2008, 338; *Müller* DB 1997, 1435; FG Münster 14.2.2013 2 K 2838/10; **aA** *OFD Rheinland* 23.1.2012 S 2174 – St 141, die – systematisch nicht überzeugend – von AK in der StB ausgehen, es sei denn in der Beteiligungskette sind KapGes zwischengeschaltet).

GrESt infolge einer **Grundstücksübertragung durch einen Gester auf eine PersGes,** wenn entspr der Rspr des BFH die Befreiungsvorschrift des § 5 GrEStG nicht greift (BFH 30.10.1996, BStBl II 1997, 87), ist AK. Hier findet zivilrechtlich wie handelsbilanziell ein entgeltlicher Grundstückserwerb durch die PersGes statt; ebenso bei der Anwachsung aller Anteile an einer PersGes (§ 738 BGB), die zivilrechtlich zu einer Grundstücksübertragung von der (erlöschenden) PersGes auf den verbleibenden Gester führt (s *Förschle/Kropp/Siemers* Sonderbilanzen[4], Anm c 106).

Die bei **übertragenden Umwandlungen** anfallende GrESt ist nach Ansicht von FinVerw und Rspr, gleichgültig ob vom übertragenden oder übernehmenden Rechtsträger getragen, AK (BMF 18.1.2010, DStR 2010, 169; BFH 15.10.1997, BStBl 1998 II, 168; BFH 17.9.2003 BFH/NV, 137; WPg 1998, 966). UE gilt dies jedoch nur dann, wenn Grundbesitz unmittelbar übergeht (§ 1 Abs 1 Nr 3 GrEStG); liegt GrESt nach Abs. 2a und 3 vor, handelt es sich auch in Umwandlungsfällen um Aufwand (vgl *Gadek/Mörwald*, DB 2012, 2010; zu Abs 3 auch BMF 11.11.2011, BStBl I 2011, 1314, Tz 04.34).

Investmentanteile s Wertpapiere Anm 175 u 300 ff.

Kanalanschlussbeiträge s Anm 77.

Kaufpreisrente *(Leibrente)* bildet AK in Höhe des zum Zeitpunkt der Anschaffung passivierten Barwerts (§ 253 Anm 183 ff, 187). Spätere Erhöhungen der Rente auf Grund einer Wertsicherungsklausel berühren die AK nicht (BFH 29.11.1983, BStBl II 1984, 109); Gleiches gilt für eine nachträgliche Rentenkürzung (BFH 5.2.1969, BStBl II, 334) und eine nachträgliche Änderung des durchschnittlichen Marktzinssatzes der Abzinsung (§ 253 Abs 2 S 3).

Lizenz, Know-How sind als immaterielle VG bei entgeltlicher Anschaffung mit ihren AK zu bilanzieren; bei lfd zu zahlenden Lizenzgebühren folgt die Bilanzierung den Grundsätzen schwebender Verträge; Einmalzahlungen sind als vorausgezahlte Nutzungsentgelte RAP (s § 247 Anm 392; aA und zwar für Aktivierung des Barwerts bei ausschließlichen (dinglichen) Lizenzen, *Clausen* DStZ/A 1976, 375); mangels entgeltlichen Erwerbs sind auch Anschaffungsnebenkosten (zB Maklergebühren) nicht aktivierungsfähig (s Anm 35 und Stichwort „Maklergebühren"). Wird dagegen für die Übertragung bestehender Lizenzen (schwebender Vertrag) ein Entgelt an einen Dritten gezahlt, liegen AK eines immateriellen VG vor (s § 247 Anm 392; ebenso *Weber-Grellet* in Schmidt[32] § 5 Anm 270 Stichwort „Lizenzen").

Maklergebühren sind grds Anschaffungsnebenkosten und zwar bei materiellen VG ebenso wie bei immateriellen, sofern bei letzteren ein zu AK führender entgeltlicher Erwerb vorliegt; dh nicht bei Begründung; wohl aber bei Erwerb eines **bestehenden** immateriellen VG (schwebender Vertrag). An Dritte gezahlte Gebühren für Kreditvermittlung (Vermittlung von Darlehensverträgen) sind als Geldbeschaffungskosten Aufwand (BFH 4.3.1976, BStBl II 1977, 380). Maklergebühren für die Vermittlung von Mietverträgen sind ebenso wie Vermittlungsgebühren für Darlehensverträge Aufwand (*Weber-Grellet* in Schmidt[32] § 5 Anm 270 Stichwort „Maklergebühren"; BFH 19.6.1997, DB, 2154 mwN).
Mietrecht, Pachtrecht. Als immaterielle VG bei Vorliegen von AK aktivierungspflichtig (s Lizenz, Know-How); Einmalzahlungen für die Nutzungsüberlassung auf bestimmte Zeit sind RAP; Zahlungen für den Eintritt in **bestehende Verträge** sind dagegen AK, so sind zB Abstandszahlungen eines Betriebserwerbers für den Eintritt in vorteilhafte Mietverträge AK eines Mietrechts (BFH 17.3.1977, BStBl II, 595). Der Eigentümer erlangt hierdurch die Möglichkeit, das Grundstück nicht erstmals (so bei Ablösung von dinglichen Rechten; s „Befreiung von einer dinglichen Last"), sondern anders zu nutzen (BFH 21.7.1992, DB 1993, 307 ff). Verlorene Zuschüsse des Mieters ohne periodenbezogene Leistungsverrechnung sind AK des obligatorischen Nutzungsrechts. Auf künftig zu zahlende Pacht anzurechnende Zahlungen sind als Vorauszahlungen aktiv abzugrenzen (BFH 11.10.1983, BStBl II 1984, 267; s auch „Erbbaurecht" sowie „AK bei Zuschüssen und Subventionen" Anm 119).
Mieterzuschüsse s Mietrecht, Pachtrecht.
Montagekosten sind Anschaffungsnebenkosten − allerdings nur, soweit es sich um Einzelkosten handelt (Anm 73).
Nießbrauch. Bei Nutzungsüberlassung für eine bestimmte Zeit: schwebender Vertrag mit der Folge der Nichtbilanzierung und bei Vorauszahlungen RAP (s Erbbaurecht, Mietrecht, Pachtrecht); *Einmalzahlungen* für lebenslanges Nutzungsrecht sind als RAP, oder „mangels bestimmter Zeit" als AK des Nießbrauchsrechts zu aktivieren (so *Mathiak* FS Döllerer, 408); für AK auch BdF 15.11.1984, BStBl I, 561. Wird ein Grundstück unter Nießbrauchsvorbehalt mit Anrechnung auf den Kaufpreis veräußert, ist das vorbehaltene Nießbrauchsrecht angeschafft; beim Grundstückserwerber liegen AK nur in Höhe des Barpreises vor. Die Nießbrauchslast stellt keine Verbindlichkeit dar; auch kein passiver RAP (BFH 17.11.2004, BFH/NV, 440). *Steuerrechtlich* wird beim Vorbehaltsnießbrauch überwiegend angenommen (zB *Döllerer* BB 1984, 2038; *Mathiak* FS Döllerer, 408), der Vorbehaltsnießbraucher behalte wirtschaftliches Eigentum. Der Erwerber erwirbt insoweit unentgeltlich ein um die Nießbrauchslast (§ 903 BGB) im Wert gemindertes Eigentum (zB BFH 10.4.1991, BStBl II, 791); bei späterer Ablösung sind nachträgliche AK gegeben (s Befreiung von einer dinglichen Last). Auch handelsrechtlich liegen nachträgliche AK vor, wenn der Betrag der Ablösung die passivierte Nießbrauchslast übersteigt.
Nutzungsrechte (obligatorische) s Ausstrahlungsrecht, Mietrecht, Pachtrecht.
Optionsrecht s Anm 74.
Pachtrecht s Mietrecht.
Provision s Maklergebühr.
Provisionsnachlässe an Fondanleger stellen Anschaffungspreisminderungen dar (BFH 26.2.2002, BStBl II, 796).
Prozesskosten teilen als Folgekosten das Schicksal der Aufwendungen, um die gestritten wird (BFH 1.12.1987, BStBl II 1988, 431; 21.7.1992, DB 1993, 307, 308).
Realteilung einer Gesamthandsgemeinschaft s Anm 97, 105.

Rentenkauf s Kaufpreisrente.
Rabatt s Anm 61.
Reisekosten s Besichtigungskosten.
Rückdeckungsversicherung s § 249 Anm 204 u 247f.
Schulden, die als Gegenleistung für die Anschaffung übernommen werden, sind mit dem passivierten Betrag (§ 253 Anm 51) AK.

Software gilt bei entgeltlichem Erwerb auch dann als angeschafft, wenn nicht die uneingeschränkte Verfügungsmöglichkeit, sondern nur ein nicht übertragbares und nicht ausschließliches Nutzungsrecht eingeräumt wird. AK sind auch Aufwendungen für das sog *Customizing*, soweit diese der Herstellung der Betriebsbereitschaft dienen; dazu zählen jedoch nicht Schulungsmaßnahmen für Administratoren und Anwender. Zur bilanziellen Behandlung von Software umfassend IDW RS HFA 11, FN-IDW 2010, 304.

Straßenbaubeiträge s Erschließungsbeiträge; Beiträge für eine betriebsbedingte erhöhte Mitbenutzung sind als HK eines immateriellen VG aktivierungsfähig (vgl § 248).
Stromanschlussbeiträge Anm 77.
Umsatzsteuer s Anm 51.
Umwandlung s Anm 42ff.
Wasseranschlussbeiträge s Anm 77.
Wettbewerbsverbot als Nebenabrede bei einer Geschäftsübernahme ist unselbstständiger Teil des GFW (BFH/NV 1989, 780); bei eigenständiger wirtschaftlicher Bedeutung und besonderer Entgeltvereinbarung sind AK eines immateriellen VG gegeben (zB BFH 11.3.2003, BFH/NV, 1161; BFH 21.8.1983, BStBl II, 289 betr Wettbewerbsverbot eines Veräußerers einer wesentlichen Beteiligung) und über die Laufzeit abzuschreiben. Die Verbindlichkeit des Verpflichteten ist korrespondierend über die Laufzeit aufzulösen (im privaten Bereich: sonstige Einkünfte BFH aaO).
Windkraftanlagen können bereits vor ihrer Inbetriebnahme zu aktivieren sein (vgl BFH 1.2.2012, DStR 2012, 841). Folgebewertung in der HB nach dem Mehrkomponentenansatz (vgl IDW RH HFA 1.016), in der StB Aufteilung in mehrere WG, aber einheitliche AfA (vgl BFH 14.4.2011, DStR 2011, 1024).
Zero-Bonds s Anm 176, 311.
Zinslose Darlehen als Gegenleistung für ein Belieferungsrecht s Belieferungsrechte.
Zinslose Kaufpreisstundung s § 253 Anm 66.
Zufahrtsbaulast s Anm 77.
Zuschuss zu den AK/HK s Anm 113.
Zwangsversteigerung. Grds ist der in der Versteigerung gezahlte Kaufpreis zzgl der Kosten der Zwangsvollstreckung für die Bestimmung der AK maßgebend. Erwirbt der Sicherungsnehmer im Rahmen der Zwangsvollstreckung den VG selbst, um einen Verlust der dinglich gesicherten Forderung abzuwenden, kann diesem Betrag der Ausfall der gesicherten Forderung insoweit hinzugerechnet werden, als mit einer anderweitigen Befriedigung der persönlichen Forderung nicht mehr zu rechnen ist (vgl *ADS*[6] § 255 Anm 76; BFH 11.11.1987, BStBl II 1988, 424). Der VG darf jedoch nicht mit einem über den Zeitwert hinausgehenden Betrag aktiviert werden.

D. Begriff und Umfang der Herstellungskosten (Abs 2)

I. Begriff der Herstellung

1. Erscheinungsformen der Herstellung

Die Herstellungstatbestände lassen sich in den Grundtatbestand ursprünglicher Herstellung und die bei VG des Anlagevermögens möglichen Tatbestände nachträglicher Herstellung unterteilen. Den für VG des Umlaufvermögens typischen, aber ebenso beim Anlagevermögen vorkommenden Grundtatbestand der Herstellung bildet die **Neuschaffung** eines bisher noch nicht bestehenden Gegenstands (Abs 2, 1. Hs). Ein Gebäude ist idS neu, wenn es *in bautechnischer Hinsicht* neu ist (*Klein* FS Moxter 282; BFH 31.3.1992, BStBl II, 808). Neben dem Grundtatbestand der Neuschaffung sind in Abs 2 S 1 weitere Herstellungstatbestände geregelt, die an bereits im Unt vorhandene (als Zugang im Anlagegitter erfasste) VG anknüpfen und deswegen auch als **nachträgliche HK** bezeichnet werden können. Dies ist der Fall, wenn sie den VG in der Funktion verändern (Wesensänderung), in der Substanz vermehren (Erweiterung) oder über seinen ursprünglichen Zustand hinaus wesentlich verbessern (s hierzu Anm 375 ff).

Die gesetzliche Regelung muss als **abschließend** verstanden werden. Von Herstellung im bilanzrechtlichen Sinne kann nur gesprochen werden, wenn einer der genannten Tatbestände erfüllt ist. Hierdurch wird zugleich die Abgrenzung zwischen aktivierungspflichtigem **Herstellungsaufwand** und nicht aktivierungsfähigem **Erhaltungsaufwand** vollzogen (s im Einzelnen Anm 375 ff). Zur Abgrenzung zwischen HK und AK s Anm 35.

330

331

2. Wesen und Inhalt des Herstellungsvorgangs

Der Herstellungsvorgang kann sich im eigenen Unt vollziehen – **Eigenherstellung;** er kann aber auch ohne Einsatz eigener Produktionsfaktoren durch fremde Unt erfolgen – **Fremdherstellung.** Der typische Anwendungsfall der Herstellung im eigenen Unt ist die **Produktion** der zum Verkauf bestimmten Erzeugnisse, dh von VG des Umlaufvermögens. Es vollzieht sich ein innerbetrieblicher Wertumschichtungsprozess. Roh-, Hilfs- und Betriebsstoffe werden durch den Einsatz von Betriebsmitteln und menschlicher Arbeitskraft in unfertige und fertige Erzeugnisse transformiert. Hierin liegt betriebswirtschaftlich bereits eine Leistung des Unt, selbst wenn die Verkaufsleistung noch aussteht. Von dieser Auffassung geht auch das HGB aus. Im Schema der GuV werden deswegen die über den Stand des Vj hinaus aktivierten HK als Teil der Gesamtleistung besonders ausgewiesen (§ 275 Abs 2 Nr 2). Dienstleistungen sind eingeschränkt produzierbar, solange ein zumindest in Maßen als Gegenstand zu begreifendes Produkt erzeugt wird (zB Fernsehsendung).

332

Da sich die innerbetriebliche Herstellungsleistung am Markt noch nicht als Umsatz realisiert hat, besteht generell die Gefahr des Ausweises nicht realisierter Gewinne. Deswegen hat der Gesetzgeber der Möglichkeit, selbst geschaffene Erzeugnisse zu aktivieren, Grenzen gesetzt. Die vom Gesetz vorgesehene Grenze verläuft wegen der bestehenden **Bewertungswahlrechte** hinsichtlich des Umfangs der in die HK einzubeziehenden Kostenbestandteile (vgl Anm 346, 358 f) jedoch verschieden. Das **Realisationsprinzip** als das Verbot des Ausweises nicht realisierter Gewinne ist bei Ausschöpfung der Bewertungsobergrenze, dh der höchstens anzusetzenden HK, noch nicht verletzt (so *Baetge* in FS Ludewig, 54 ff; aA *Mellwig* in FS Budde, 412, der die Einbeziehungswahlrechte von fixen (echten) Gemeinkosten als das Realisationsprinzip überschreitende Bewertungshilfen ansieht). Soweit ein zulässiger niedrigerer Wertansatz gewählt wird, ist die Pflicht der **Beibehaltung der gewählten Methode** (§ 252 Abs 1 Nr 6) angesprochen. In dieser vom Gesetz gewollten Begrenzung sollen Aufwendungen für die Herstellung von Erzeugnissen in der Bilanz als unfertige oder fertige Erzeugnisse aktiviert werden.

333 Bei der **Herstellung** von VG des Anlagevermögens **im eigenen Unternehmen** gelten die gleichen Grundsätze. Die hierin liegende Leistung wird ebenfalls in der GuV als andere aktivierte Eigenleistung gesondert ausgewiesen (§ 275 Abs 2 Nr 3). Gegenposten ist die Aktivierung bei den VG des Anlagevermögens.

334 Eine **Herstellung durch fremde Unternehmer** wird häufig bei VG des Anlagevermögens, insb bei Gebäuden, vorkommen, wenn der Wertumformungsprozess insgesamt von anderen Unt, durchgeführt wird. Bilanziell wird diese Fremdherstellung deswegen wie eine Anschaffung **grds** ohne Berührung der GuV als **Vermögensumschichtung** behandelt. Da alle von fremden Unt für die Herstellung des VG in Rechnung gestellten Aufwendungen dem herzustellenden Gegenstand unmittelbar zugerechnet werden können, fallen bei Fremdherstellung auch nur aktivierungspflichtige Kostenträger-Einzelkosten (Anm 347) iSv Abs 2 S 2 an. In diesem Fall bestimmt die vereinbarte Gegenleistung, der Werklohn, die HK (*Klein* in FS Moxter, 280). Die Abgrenzung zwischen Anschaffung und Herstellung ist danach vorzunehmen, wer das **wirtschaftliche Risiko** der Herstellung trägt: liegt es bei einem herzustellenden Gebäude beim Eigentümer, ist er „Bauherr"; anderenfalls Ersterwerber (§ 15 Abs 1 EStDV; BMF 31.8.1990, BStBl I, 366 „Bauherrn-Erlass"; zur Abgrenzung bei Software vgl IDW RS HFA 11; zur Abgrenzung bei Rechten vgl Anm 35 ff). Anschaffung kann nach den gleichen Kriterien auch vorliegen beim sog „Modernisierungs-Modell", wenn der Anleger auf Grund eines einheitlichen Vertragsbündels vom Projektanbieter zum Gesamtpreis ein saniertes und modernisiertes Gebäude erwirbt (BFH 4.2.1992, BStBl II, 883, 885; BFH 17.12.1996, BStBl II 1997, 348).

Soweit bei **Insolvenz** des Bauunternehmers bereits Herstellungsleistungen für den Auftraggeber erbracht sind, liegen dem erreichten Bautenstand entspr HK des Auftraggebers vor, die als Einzelkosten auch bei mangelhafter Leistung zu aktivieren sind (BFH 31.3.1992, BStBl II, 805); darüber hinaus geleistete verlorene Anzahlungen sind Aufwand.

Herstellung ist neben der „echten Auftragsproduktion" auch bei der **„unechten Auftragsproduktion"** gegeben, bei welcher der Auftragnehmer als Geschäftsbesorger einen VG im Namen und für Rechnung, dh auf Risiko des Auftraggebers herstellt (s auch Anm 37).

3. Herstellungskosten – pagatorischer Kostenbegriff

335 HK iSd HGB stellen Aufwendungen dar. Der in der Literatur wiederholt vorgebrachten Anregung (zB *Frank* BB 1967, 177 mwN), den Begriff HK durch Herstellungsaufwendungen zu ersetzen, ist der Gesetzgeber nicht gefolgt, offenbar deswegen, weil durch die gesetzliche Umschreibung „HK sind Aufwendungen" jegliches Missverständnis ohnehin ausgeschlossen ist. Dies sind Kosten, denen **Ausgaben** zugrunde liegen. Herstellungsaufwendungen einer PersGes liegen auch dann vor, wenn in steuerrechtlicher Wertung eine den Gewinn erhöhende Vorabvergütung angenommen wird (BFH 8.2.1996, DB 1997, 1380 betr Vergütungen an Gester für Bauaufsicht); anders bei eigener Arbeitsleistung eines EKfm – fiktiver Unternehmerlohn – in diesem Fall fehlt es an Aufwendungen (BFH 10.5.1995, BStBl II, 713).

II. Umfang der Herstellungskosten

1. Der Regelungsinhalt des Abs 2 S 2–4

Das Gesetz enthält in § 255 eine klare Aussage über die in die HK einzubeziehenden **Kostenbestandteile**. Es unterscheidet hierbei 3 Stufen: 340
- Abs 2 S 2 legt fest, dass zu den HK die Materialkosten, die Fertigungskosten und die Sonderkosten der Fertigung sowie angemessene Teile der Materialgemeinkosten, der Fertigungsgemeinkosten und des Werteverzehrs des Anlagevermögens, soweit dieser durch die Fertigung veranlasst ist, gehören (Anm 347 ff) – 1. Stufe;
- Abs 2 S 3 bestimmt, dass bei der Berechnung auch angemessene Teile der Kosten der allgemeinen Verwaltung sowie angemessene Aufwendungen für soziale Einrichtungen des Betriebs, für freiwillige soziale Leistungen und für die betriebliche AVers einbezogen werden dürfen, soweit diese auf den Zeitraum der Herstellung entfallen (Anm 358) – 2. Stufe;
- Abs 2 S 4 regelt schließlich, dass Forschungs- und Vertriebskosten nicht in die HK einbezogen werden dürfen (Anm 342) – 3. Stufe.

Die **erste Stufe,** die im Abs 2 S 2 umschreibt, welche Kosten zu den HK gehören, entsprach vor den Änderungen durch das BilMoG inhaltlich Art 35 Abs 3a der 4. EG-Richtl: „Zu den HK gehören neben den AK der Roh-, Hilfs- und Betriebsstoffe die dem einzelnen Erzeugnis unmittelbar zurechenbaren Kosten". Dies gilt grds auch nach dem BilMoG fort, da danach die Einzelkosten und die variablen Gemeinkosten zu den HK zählen. Damit wird für das deutsche Bilanzrecht in Übereinstimmung mit der Richtl der **handelsrechtliche Mindestumfang der HK,** die HK-Untergrenze, gesetzlich festgelegt. Ausweislich Gesetzesbegr wurde durch die Änderungen im Rahmen des BilMoG die handelsrechtliche HK-Untergrenze an die steuerrechtliche angeglichen (EStR (2008) 6.3). Die Vorschrift des EStÄR (2012) 6.3 Abs 1 u 3 würde zu einer Anhebung der steuerlichen HK-Untergrenze und somit zu einer Abweichung zwischen HB und Steuerbilanz führen (s dazu Anm 345). 341

Die **zweite** und **dritte Stufe** regeln die Kostenbestandteile, die **einbezogen** 342 **werden dürfen** (Stufe 2) und solche, die **nicht einbezogen werden dürfen** (Stufe 3). Diese Zweiteilung des HK-Begriffs steht in Übereinstimmung mit dem Steuerrecht. Zudem erfolgt lt Gesetzesbegr eine Annäherung des handelsrechtlichen HK-Begriffs an den produktionsbezogenen Vollkostenbegriff nach internationaler Rechnungslegung.

Der deutsche Gesetzgeber hat durch das BilMoG nicht den Wortlaut der 4. EG- 343 Richtl, aufgrund der es in der HB auch zulässig wäre, in Unterschreitung des HK-Begriffs nur die Einzelkosten anzusetzen, übernommen, sondern eine detailliertere Regelung der HK in Abs 2 und 3 unter Berücksichtigung der Bestimmungen von EStR (2008) 6.3 getroffen (*ADS*[6] § 255 Anm 129; BFH GrS 4.7.1990, BStBl II 830, 833), die jedoch nicht den Ansatz nur der Einzelkosten zulässt.

Handelsrechtlich sind, wie auch steuerrechtlich, mindestens **die Einzelkosten** 344 **und die variablen Gemeinkosten zu aktivieren (Stufe 1).**

Mit den in Abs 2 S 3 in die HK freiwillig einzubeziehenden Kostenbestandteilen der fixen Gemeinkosten hat der Gesetzgeber durch das BilMoG die für das Steuerrecht maßgeblichen HK absichern wollen, da die **steuerrechtlich ansetzbaren HK-Bestandteile (Stufe 2)** dadurch den handelsrechtlichen entsprachen. Sofern es zu einer verpflichtenden Anwendung der Regelungen nach EStÄR (2012) 6.3 kommt (s Anm 357), werden die HK-Untergrenzen in der HB und Steuerbilanz voneinander abweichen (s dazu Anm 345).

Die **3. Stufe** enthält schließlich ein handelsrechtliches **Einbeziehungsverbot.**

345 Abs 2 S 3 stellt klar, dass nur solche Aufwendungen zu den HK gehören, die auf den **Zeitraum der Herstellung** entfallen (hierzu Anm 362 ff). Abs 2 S 4 enthält ebenfalls das die VG des Umlaufvermögens betr Verbot der Einbeziehung von **Forschungs- und Vertriebskosten** (Anm 442). Für **Zuschüsse** iZm HK gelten die Erl in Anm 113 ff entspr.

Die folgende **Darstellung HGB/EStR/IFRS** stellt die handelsrechtlichen Ansatzpflichten, Ansatzwahlrechte und Ansatzverbote den steuerrechtlichen Vorschriften nach EStR (2008) 6.3, EStÄR 2012 6.3 sowie den Regelungen nach IAS 2.12 ggü:

	HGB	EStR (2008) 6.3	EStÄR (2012) 6.3	IAS 2.12
Materialeinzelkosten	Pflicht	Pflicht	Pflicht	Pflicht
Fertigungseinzelkosten	Pflicht	Pflicht	Pflicht	Pflicht
Sondereinzelkosten der Fertigung	Pflicht	Pflicht	Pflicht	Pflicht
Variable Materialgemeinkosten	Pflicht	Pflicht	Pflicht	Pflicht
Variable Fertigungsgemeinkosten	Pflicht	Pflicht	Pflicht	Pflicht
Durch Fertigung veranlasste planmäßige Abschreibung	Pflicht	Pflicht	Pflicht	Pflicht
Durch Fertigung veranlasste planmäßige Abschreibung auf aktivierte selbst geschaffene immaterielle VG des Anlagevermögens	Pflicht	Verbot	Verbot	Pflicht
Allgemeine herstellungsbezogene Verwaltungskosten	Wahlrecht	Wahlrecht	Pflicht	Pflicht
Allgemeine nicht herstellungsbezogene Verwaltungskosten	Wahlrecht	Wahlrecht	Pflicht	Verbot
Aufwendungen für soziale Einrichtungen des Betriebes	Wahlrecht	Wahlrecht	Pflicht	Verbot
Freiwillige soziale Leistungen und für die betriebliche AVers (herstellungsbezogen)	Wahlrecht	Wahlrecht	Pflicht	Pflicht

	HGB	EStR (2008) 6.3	EStÄR (2012) 6.3	IAS 2.12
Vertriebskosten	Verbot	Verbot	Verbot	Verbot
Forschungskosten	Verbot	Verbot	Verbot	Verbot
Entwicklungskosten	Wahlrecht bei selbst geschaffenen immateriellen VG des Anlagevermögens	Verbot bei selbst geschaffenen immateriellen VG des Anlagevermögens; Pflicht/Wahlrecht sobald HK	Verbot bei selbst geschaffenen immateriellen VG des Anlagevermögens; Pflicht/Wahlrecht sobald HK	VG soweit IAS 38.57 ff erfüllt, HK nach IAS 38.65 ff
Zinsen für FK	Wahlrecht	Wahlrecht	Wahlrecht	Einbeziehung gem IAS 23 FK-Kosten

2. Die Herstellungskostenuntergrenze nach Handelsrecht (Abs 2 S 2)

Neben den Materialkosten, Fertigungskosten und Sonderkosten der Fertigung, die dem Kostenträger direkt zurechenbar sind, umfasst die HK-Untergrenze auch angemessene Teile der Materialgemeinkosten, der Fertigungsgemeinkosten und des Werteverzehrs des Anlagevermögens, soweit dieser durch die Fertigung veranlasst ist. Die handelsrechtliche HK-Untergrenze beinhaltet somit Einzelkosten (Materialeinzelkosten, Fertigungseinzelkosten und Sondereinzelkosten der Fertigung; vgl *Künkele/Koss,* 435; *Küting* in Küting/Pfitzer/Weber, 169) sowie Gemeinkosten (Materialgemeinkosten, Fertigungsgemeinkosten und der Werteverzehr des Anlagevermögens, soweit durch die Fertigung veranlasst) und entspricht ausweislich Gesetzesbegr der steuerrechtlichen HK-Untergrenze (EStR (2008) 6.3). Zu dem derzeit noch nicht anzuwendenden EStÄR (2012) 6.3 s Anm 357.

a) Begriff der Einzelkosten

Einzelkosten iSd Gesetzes sind die dem Kostenträger (dem einzelnen VG) als Bezugsobjekt direkt zurechenbaren Kosten – **Kostenträger-Einzelkosten** (s auch Art 35 Abs 3a der 4. EG-Richtl: „die dem einzelnen Erzeugnis unmittelbar zurechenbaren Kosten"). Dies sind nur solche Kosten, deren Maßeinheiten nach Menge und Zeit (Material oder Lohn) dem einzelnen VG direkt zugerechnet werden können (so bereits BFH 31.7.1967, BStBl II 1968, 22, 23). Die Unmittelbarkeit der Zurechnung muss sich auf einen **eindeutigen quantitativen Zusammenhang** der für die Herstellung des VG eingesetzten Güter, Leistungen und Dienste beziehen; nicht aber auf die Bewertung. Sofern die Bewertung eines eingesetzten Produktionsfaktors bereits eine Schlüsselung erforderlich macht (zB Umrechnung von Fertigungslohn auf die zur Herstellung des VG unmittelbar verwendete Fertigungszeit) steht dies dem Einzelkostencharakter nicht entgegen (hM zB IDW RS HFA 31 Tz 14; *ADS*[6] § 255 Anm 138 mwN; *Mellwig* in FS Budde, 397, 410; ebenso BFH 21.10.1993, BStBl II 1994, 176, 177). Aufwendungen, die nur im Wege einer *Schlüsselung oder Umlage* dem hergestellten VG zugeordnet werden können (in der Kostenrechnung nur über Kostenstellen verteilbare Kosten im Gegensatz zu Kostenträger-Einzelkosten) sind dagegen **Gemeinkosten.** Aufwendungen, die zwar in der Kostenrechnung als Gemeinkosten behandelt werden, obgleich sie ihrer Natur nach dem hergestellten VG direkt zugerechnet werden könnten (sog **unechte Gemeinkosten**) sind Einzelkosten iSd Abs 2 S 2, weil nicht die tatsächlich praktizierte kostenrechnungsmäßige Zurechnung für den Einzelkostencharakter maßgeblich ist, sondern die *Möglichkeit* der direkten Zurechnung (IDW RS HFA 31 Tz 14; *ADS*[6] aaO). Damit werden jedoch noch nicht sämtliche beschäftigungsabhängigen (variablen) Gemeinkosten, sofern sie nur theoretisch dem einzelnen VG zugerechnet werden könnten, zu unechten Gemeinkosten/Einzelkosten. Die unmittelbare quantitative Erfassung muss noch *praktikabel und verhältnismäßig* sein, dh dem Gesichtspunkt der Wirtschaftlichkeit der Rechnungslegung entsprechen (*ADS*[6] § 255 Anm 137 mwN).

348 Keine Einzelkosten sind die Einzelkosten der **Deckungsbeitragsrechnung**, ein Teilkostenrechnungssystem, das zur Vermeidung jeglicher Kostenschlüsselung nur noch Einzelkosten kennt und sie dort verrechnet, wo sie erstmals einer bestimmten Bezugsgröße des Fertigungsprozesses direkt zugeordnet werden können (relative Einzelkosten).

349 Gleiches gilt für die bei der **Bezugsgrößen- oder Verrechnungssatzkalkulation** dem herzustellenden VG mittels Maschinen- oder Maschinengruppenstundensatz zugerechneten Kosten. Bei diesem Verfahren wird im Unterschied zur traditionellen Zuschlagkalkulation, bei der die Kostenträger-Einzelkosten (Fertigungsmaterial und Fertigungslohn) die Zuschlagsbasis für die Verrechnung von Gemeinkosten bilden, der Maschinenstundensatz einschl Abschreibung nach Maßgabe der zur Herstellung beanspruchten Maschinenzeit auf den Kostenträger verrechnet.

350 Auch **überhöht** angefallene Einzelkosten sind in ihrer tatsächlichen Höhe zu aktivieren (BFH 31.3.1992, BStBl II, 805 betr eine mangelhafte Bauleistung und Aufwendungen zur Beseitigung von Baumängeln vor Fertigstellung). Insoweit stehen Einzelkosten den AK gleich (s Anm 20).

351 Bei den **Material*einzel*kosten** wird das eingesetzte Material zu seinen AK einschl der Nebenkosten (Frachten, Zölle usw) abzgl AK-Minderungen (Rabatte, Skonti usw) bewertet. Soweit nicht auftragsbezogen angeschafft wird, bestehen zur Ermittlung der AK von Vorräten verschiedene Verfahren (s Anm 208). Die AK sind zunächst auch anzusetzen, wenn die Preise zum Zeitpunkt des Verbrauchs gefallen sind. Eine korrigierende Bewertung der Rohstoffe zum niedrigeren beizulegenden Wert (Marktpreis) findet nur zum Bilanzstichtag statt.

Wird Fertigungsmaterial aus Vj-Beständen verbraucht, ist es zum Buchwert anzusetzen (BFH 11.10.1960, BStBl III, 492). Dies gilt auch bei im Vj abgewerteten Beständen. Hierin kommt der allgemeine Grundsatz zum Ausdruck, dass ein in der Vorperiode verrechneter Aufwand im Folgejahr nicht anfällt und deswegen auch nicht als Teil des – erfolgsneutralen – Wertumformungsprozesses dieser Periode zu verrechnen ist. Da das Wertaufholungsgebot stichtagsbezogen ist, gilt es nicht für die unterjährige Bewertung von abgewerteten Fertigungsmaterial, das in einer Folgeperiode in den Herstellungsprozess eines anderen VG einfließt. Das Wertaufholungsgebot gilt auch nicht für den *neuen* VG, der durch den Herstellungsprozess entsteht. Sofern der Grund der Abwertung jedoch nicht mehr existiert, besteht ein Wahlrecht, die Materialien statt zu Buchwerten bis maximal zu ihren AK/HK aufgewertet zu verrechnen (so auch *ADS*[6] § 255 Anm 145).

352 Dem VG unmittelbar zurechenbare **Fertigungs*einzel*kosten** sind in erster Linie **Fertigungslöhne**. Zu den Löhnen rechnen die Bruttolöhne einschl Sonderzulagen, Leistungs- und Abschlussprämien sowie gesetzliche Sozialabgaben; ebenso die Lohnfortzahlung im Krankheitsfall, Mutterschaftsbezüge, Urlaubslohn, Zuschläge für Überstunden und Feiertagsarbeit. Zu den Einzelkosten gehören auch entspr Kosten für Werkmeister, Lohnbuchhalter und Techniker, soweit sich diese Kosten einzelnen Erzeugnissen zurechnen lassen. Die rechnerische

Trennung zwischen den als Einzel- bzw. Gemeinkosten erfassten Löhnen ist nach einheitlichen Aspekten stetig durchzuführen (vgl ADS⁶ § 255 Anm 147). Freiwillige Sozialabgaben und Aufwendungen für die betriebliche AVers gehören dagegen zu den fixen Fertigungsgemeinkosten (s Anm 434, 435).

b) Gemeinkosten

Im Rahmen der Kostenrechnung wird zwischen echten und unechten Gemeinkosten unterschieden (vgl *Lengsfeld/Wielenberg*, WPg 2008, 323): **353**
Unechte (variable) Gemeinkosten sind Kosten, die grds Einzelkosten sind, die jedoch unter dem Gesichtspunkt der Verhältnismäßigkeit und Wirtschaftlichkeit der Kostenrechnung nicht zu Einzelkosten werden (ebenso ADS⁶ § 255 Anm 137 mwN) und somit nicht als Einzelkosten erfasst werden. Bei den **echten Gemeinkosten** wird zwischen beschäftigungsunabhängigen Kosten (echte beschäftigungsunabhängige Gemeinkosten) und solchen Kosten unterschieden, die mit der Anzahl der Zwischen- und Endprodukte variabel sind, bei denen aber eine direkte Erfassung unmöglich ist (echte variable Gemeinkosten).

Lt Gesetzesbegr, mit Verweis auf Art 35 Abs 3 Bilanzrichtl, umfasst die Aktivierungspflicht neben den AK der Roh-, Hilfs- und Betriebsstoffe die dem einzelnen Erzeugnis **unmittelbar zurechenbaren Aufwendungen**, also solche Aufwendungen, die in Abhängigkeit von der Erzeugnismenge variieren. Die in S 2 genannten Materialgemeinkosten, Fertigungsgemeinkosten und der Werteverzehr des AV sind jedoch aus kostenrechnerischer Sicht nicht deckungsgleich mit variablen Gemeinkosten (vgl *Lengsfeld/Wielenberg*, WPg 2008, 327). Nach og Definition werden unechte Gemeinkosten unstr von der Neuregelung erfasst. Hinsichtlich echter variabler Gemeinkosten bedingt eine Einbeziehung in die Aktivierungspflicht eine eindeutige Erfassung und Zuordnung zu den betr Kostenträgern und setzt somit ein leistungsfähiges und detailliertes Kostenrechnungssystem voraus. Dadurch entsteht im Rahmen der Kostenrechnung Gestaltungsspielraum bei Einteilung des Betriebs in Kostenstellen und Auswahl der Bezugsgrößen. Je ungenauer die Differenzierung der Gemeinkosten erfolgt, desto niedriger ist die handelsrechtliche Untergrenze und desto höher sind somit die stillen Reserven. **354**

Von der Aktivierungspflicht wird ferner nur der **angemessene Teil** der Materialgemeinkosten, Fertigungsgemeinkosten und der Werteverzehr des AV erfasst. **355**
Angemessen bedeutet in diesem Zusammenhang, dass nur die tatsächlich angefallenen Kosten verrechnet werden dürfen und die Istkosten somit die Obergrenze darstellen (vgl *Küting* in Küting/Pfitzer/Weber, 171). Leerkosten (s Anm 438) dürfen nicht einbezogen werden (*Schildbach* Der handelsrechtliche Jahresabschluss, 2008, 181; zustimmend IDW RS HFA 31 Tz 16 ff; *Küting*, StuB 2008, 424; *Künkele/Koss*, 437). Das Angemessenheitsprinzip resultiert aus dem Vorsichtsprinzip und beinhaltet damit auch ein Willkürverbot. Die Zuordnung der Gemeinkosten muss daher nach vernünftiger kfm Beurteilung unter Anwendung betriebswirtschaftlich anerkannter Kalkulationsmethoden (Divisionskalkulation, Äquivalenzziffernrechnung, Zuschlagskalkulation) erfolgen (vgl *Künkele/Koss* 437). Zu den Begriffen Materialgemeinkosten, Fertigungsgemeinkosten und Werteverzehr des AV s Anm 422 ff.

Der **Werteverzehr des AV,** soweit der durch die Fertigung veranlasst ist, zählt im Rahmen der Kostenrechnung zu den fixen Fertigungsgemeinkosten, da die Kosten nach der wörtlichen Bedeutung durch die Fertigung veranlasst sind und als Abschreibung zudem unabhängig von der Ausbringungsmenge anfallen. Die explizite Nennung stellt daher vielmehr eine materielle und zeitliche Begrenzung dar, da nur solche Abschreibungen auf Anlagevermögen aktivierungspflichtig **356** sind, die bei der Fertigung der Erzeugnisse während der Herstellung eingesetzt wurden (ebenso *Künkele/Koss,* 437). Dh Abschreibungen auf Anlagevermögen, das zwar verfügbar wäre, allerdings in der tatsächlichen Herstellung nicht eingesetzt wurde, sind nicht aktivierungspflichtig. Da diese Abschreibungen eine Form von sog Leerkosten darstellen, die nicht aktivierungsfähig sind (vgl Anm 355), ist die Vorschrift von klarstellender Bedeutung. Nach EStR (2008) 6.3 Abs 3 S 1 u S 2 (bzw nach EStÄR (2012) 6.3 4 S 1 und S 2) kann für die Berechnung die lineare Abschreibung zu Grunde gelegt werden, selbst wenn für Zwecke der steuerrechtlichen Gewinnermittlung die degressive Abschreibung verwendet wird.

3. Die Herstellungskostenuntergrenze nach Steuerrecht (Abs 2 S 2 u S 3)

357 Im Rahmen des BilMoG ist die handelsrechtliche HK-Untergrenze an die steuerrechtliche HK-Untergrenze (EStR (2008) 6.3) angeglichen worden.

Die geänderten EStR (EStÄR 2012) wandeln das Einbeziehungswahlrecht von angemessenen Kosten der Verwaltung, für soziale Einrichtungen des Betriebs, für freiweillige soziale Leistungen und für die betriebliche Altersversorgung in eine Einbeziehungspflicht um (EStÄR (2012) 6.3 Abs 1). Die Aufwendungen, die nach Auffasung der FinVer zu den Verwaltungs- und Sozialgemeinkosten zählen, werden in EStÄR (2012) 6.3 Abs 3 nicht abschließend aufgezählt. In Fällen in denen die Vorschriften nach EStR 2008 und EStÄR 2012 voneinander abweichen, bestimmt EStÄR (2012) 6.3 Abs 9 eine Übergangsregelung. Demnach wird die Anwendung des EStR (2008) 6.3 Abs 4 (Einbeziehungswahlrecht) für solche WG nicht beanstandet, deren Herstellung vor Veröffentlichung der EStÄR 2012 im BStBl (28.3.2013) begonnen wurde.

Die Änderungen der HK-Untergrenzen wurden jedoch im BMF Schreiben vom 25. März 2013 erneut aufgeschoben. So wird es nicht beanstandet, wenn bis zur Verfizierung des mit der neuen Richtlinienauffassung verbundenen Erfüllungsaufwandes, spätestens jedoch bis zu einer Neufassung der EStR, noch die bisherige Auffasung gem EStR (2008) 6.3. Abs 4 befolgt wird (vgl BMF 25.3.2013).

4. Die Herstellungskostenobergrenze nach Handels- (Abs 2 S 3) und Steuerrecht (EStR (2008) 6.3)

358 Nach S 3 dürfen angemessene Teile der Kosten der allgemeinen Verwaltung sowie angemessene Aufwendungen für soziale Einrichtungen des Betriebs, für freiwillige soziale Leistungen und für die betriebliche Avers einbezogen werden, soweit diese auf den Zeitraum der Herstellung entfallen. Lt Gesetzesbegr besteht damit ein Aktivierungswahlrecht für Aufwendungen, die unabhängig von der Erzeugnismenge anfallen, die den Erzeugnissen nur mittelbar zugerechnet werden können und auf den Zeitraum der Herstellung entfallen. Die genannten Aufwendungen sollen zudem einen Gleichlauf mit dem steuerrechtlichen HK-Begriff gewährleisten. Mit dieser Annäherung wird regelmäßig die Abgrenzung latenter Steuern unterbleiben. Da die Ausnutzung der Wahlrechte auch für den steuerlichen Wertansatz maßgeblich ist, entfallen die Unterschiede zwischen HB- und Steuerbilanz (*Petersen/Zwirner/Künkele* 44, 45).

Aufwendungen dürfen nur berücksichtigt werden, soweit sie angemessen sind und auf den Zeitraum der Herstellung entfallen. Nach der Gesetzesbegr können die Begriffe **„angemessen"** und „notwendig" als gleichbedeutend interpretiert werden. Demzufolge ist im Rahmen der Angemessenheitsprüfung keine Prüfung hinsichtlich der Höhe sondern lediglich hinsichtlich des Herstellungsbezugs durchzuführen (vgl *Künkele/Koss* 438). Da eine direkte Zuordnung echter Gemeinkosten per definitionem nicht möglich ist, hat die Zuordnung mittels einer sachgerechten Schlüsselung im Rahmen der betriebswirtschaftlich anerkannten Verfahren zu erfolgen. Nicht angemessene Kosten, also Aufwendungen, die nicht in Bezug zur Herstellung stehen, bleiben unbeachtlich. Sie zählen handelsrechtlich nicht zu den HK.

Da Aufwendungen nur zu berücksichtigen sind, sofern sie auf den **Zeitraum** **der Herstellung** entfallen, erfährt das Wahlrecht nach S 3 neben der vorstehend beschriebenen sachlichen Einschränkung zudem eine zeitliche Restriktion. Letztere dürfte insb Unt betreffen, deren Produktion saisonal limitiert ist (ua landwirtschaftliche Betriebe, Hersteller von Wintersportausrüstung). Aufgrund des lt Gesetzesbegr intendierten Gleichlaufs der handelsrechtlichen mit den steuerrechtlichen Vorschriften (kritisch *Herzig/Briesemeister* WPg 2010, 73) wird zur Interpretation der in S 3 genannten Aufwendungen auf EStR (2008) 6.3 Abs 4 S 2 bis 5 sowie Anm 431 ff verwiesen.

Handels- und steuerrechtlich besteht ein **Einbeziehungswahlrecht** (Anm 345). Das steuerrechtliche Wahlrecht zur Einbeziehung dieser Kosten wird auch durch die FinVerw anerkannt (EStR (2008) 6.3 Abs 4) und wird in dieser Form jahrzehntelang praktiziert. Nach der Vorstellung des Gesetzgebers entspricht das Wahlrecht bestehenden GoB. Auch die steuerrechtliche Rspr erkennt grds ein kfm Wahlrecht zur Einbeziehung bestimmter Kostenbestandteile in die HK an.

Das in EStR (2008) 6.3 Abs 4 enthaltene Wahlrecht, bestimmte fixe Gemeinkosten nicht in die HK einzubeziehen, wird allerdings zT für unzulässig gehalten (*Mathiak* AK/HK, 133; *Seeger* StbJb 1987/88, 91 ff; *Schulze-Osterloh* StuW 1991, 289) mit der Begr, die Rspr des BFH (GrS 3.2.1969, BStBl II, 291) lasse handelsrechtliche Ansatz- und Bewertungswahlrechte steuerrechtlich nicht gelten. Das BFH-U v 21.10.1993, BStBl II 1994, 176 betr die steuerrechtliche Einbeziehungspflicht der Fertigungsgemeinkosten (Anm 344) lässt die Frage ausdrücklich unentschieden. Mit der hM ist das handels- und steuerrechtliche Einbeziehungswahlrecht der in Abs 2 S 3 angeführten fixen Kostenbestandteile nach wie vor anzuerkennen.

Die Beschränkung des Wahlrechts beruht auf sachlichen, dh qualitativen Unterschieden. Diese Kostenbestandteile sind anders als die variablen Fertigungsgemeinkosten nicht mehr – zumindest nicht mehr nur – durch den Fertigungsprozess, sondern durch das Unt veranlasst. Sie betreffen das Unt als Ganzes, nicht aber unmittelbar den Herstellungsbereich. Wegen des fehlenden (alleinigen) Veranlassungszusammenhangs mit der Herstellung ist eine Einbeziehung dieser Kosten in die HK in besonders hohem Maße mit Unsicherheiten behaftet (s hierzu *Moxter* BB 1988, 944). Die Herstellungsferne sowie die Ambivalenz dieser Kostenart erlauben keine einwandfreie, sondern allenfalls eine näherungsweise Zuordnung, die es im Wege der Vereinfachung und des Kompromisses rechtfertigt, von einem Wahlrecht auszugehen (*Moxter* Bilanzrechtsprechung S 169; *Weber-Grellet* DB 1994, 2408). Dieses in HB und StB gleichermaßen bestehende Wahlrecht ist nach dem Grundsatz der formellen **Maßgeblichkeit** (§ 5 Abs 1 S 1) für die StB nur maßgeblich, wenn auch in der HB von dem Bewertungswahlrecht Gebrauch gemacht wird. Die These eines in § 6 Abs 1 Nr 2 EStG bestehenden Bewertungsvorbehalts ist abzulehnen, weil es, wie die Differenzierung in Abs 2 zeigt, die HK iSe eindeutigen Bewertung nicht gibt. Mit dem BFH-U v 21.10.1993 (BStBl II 1994, 176) ist der Formulierung in § 6 Abs 1 Nr 2 EStG (mit „den" HK) auch nur zu entnehmen, dass die WG „grds", dh nicht stets mit ihren vollen HK, anzusetzen sind.

5. Die Herstellungskostenobergrenze nach Steuerrecht EStÄR (2012)

360 Die Änderungen zu der stl HK-Untergrenzen nach EStÄR (2012) 6.3 Abs 1 u 3 wurden vorerst bis auf weiteres verschoben (vgl dazu Anm 357). Nicht von der faktisch erfolgten Verschiebung der erstmaligen Anwendung der EStÄR durch die Nichtbeanstandungsregel (s Anm 357) betroffen ist EStÄR (2012) 6.3 Abs 5. Dieser besagt, dass aufgrund der geltenden Maßgeblichkeit der HB für die StB Fremdkapitalzinsen, sofern sie handelrechtlich berücksichtigt werden, auch in der StB in die HK einzubeziehen sind (vgl. BR Drucks. 681/12).

E. Einzelfragen bei Herstellungskosten

I. Immaterielle Vermögensgegenstände des Anlagevermögens

361 Selbst geschaffene immaterielle VG des Anlagevermögens sind, mit Ausnahme der in § 248 Abs 2 S 2 genannten VG, aktivierungsfähig. Damit spielt die Abgrenzungsfrage, ob eine (entgeltliche) Anschaffung oder eine Herstellung immaterieller Anlagewerte gegeben ist (s hierzu Anm 35, 39), idR keine Rolle mehr bei der Bilanzierungsfähigkeit. Immaterielles Anlagevermögen (zB EDV-Software s Anm 38, 109) ist auch dann noch selbst erstellt und nicht angeschafft, wenn in die Herstellung fremde Auftragnehmer eingeschaltet sind, das Risiko der Herstellung jedoch beim Besteller verbleibt wie bei *unechter Auftragsproduktion* (s Anm 37, 334; IDW RS HFA 11 Tz 12). Auch wenn sich mehrere Unt zur gemeinsamen Entwicklung von EDV-Software zusammenschließen, mit dem Recht, sie im Falle des Erfolgs jeweils im eigenen Unt einsetzen zu können, liegt Herstellung vor. Zu HK von selbst geschaffenen immateriellen VG des Anlagevermögens s Anm 480 ff.

II. Sachanlagen

1. Zeitraum, Beginn und Ende der Herstellung (Abs 2 S 3)

a) Beginn der Herstellung

362 Im Gegensatz zur zeitpunktbezogenen (Anm 30 ff) Anschaffung ist Herstellung ein zeitraumbezogener Wertumformungsprozess, der notwendigerweise einen Beginn und ein Ende hat. HK können frühestens mit Beginn der Herstellung anfallen. Der Herstellungsbeginn wird damit zum Kriterium für die Frage, ab wann Aufwendungen aktiviert werden müssen/dürfen. Zur Ausnahme bei langfristiger Fertigung s Anm 456.

Herstellung ist ein **finaler Begriff** (hM zB *Döllerer* BB 1966, 1408; *Mathiak* 1984, 97, 128; *Kulosa* in Schmidt[32] § 6 Anm 155; aA *Raupach* in FS Moxter, 120: veranlassungsorientiert). Der Einsatz von Produktionsverfahren bzw -faktoren erfolgt, um bestimmte Güter herzustellen. HK können deswegen frühestens anfallen ab dem Entschluss, einen VG herzustellen (*Mathiak* 1984, 129). Das bedeutet jedoch nicht, dass die Herstellung bereits mit der Betriebsbereitschaft beginnen würde. Erst mit dem Beginn des eigentlichen technischen Herstellungsvorgangs beginnt idR die Herstellung. In der Praxis lässt sich dieser Zeitpunkt auch durch den Anfall des ersten Fertigungslohns (Einzelkosten, Anm 352) bestimmen. Dies gilt insb auch für Dienstleistungen, bei denen erst mit dem ersten Fertigungslohn und nicht schon bei Auftragseingang die Herstellung beginnt. Ab diesem Zeitpunkt dürfen auch die zur Herstellung notwendigen auf den Zeitraum der Herstellung entfallenden Materialgemeinkosten (Kosten der Lagerhaltung des der Fertigung dienenden Materiallagers) verrechnet werden.

Die gelegentlich anzutreffende Meinung, **Kosten der Betriebsbereitschaft,** 363 dh Kosten, die aufgewendet werden müssen, um die Fertigung aufnehmen zu können, seien nur zunächst von einer Aktivierung ausgeschlossen, die Aktivierung könne aber nachgeholt werden, sobald mit der Herstellung begonnen worden sei (so *Mathiak* 1984, 129; wohl auch *Döllerer* JbFfSt 1976/77, 203), trifft nicht zu. Wird die Herstellung im Gj begonnen, dürfen die in der Vorperiode angefallenen Kosten der Betriebsbereitschaft (Zeitraumkosten, Gemeinkosten) nicht als HK aktiviert werden. Nach Abs 2 S 3 gehen nur diejenigen Kosten in die HK ein, die ab dem Beginn der Herstellung entstehen und damit „auf den Zeitraum der Herstellung entfallen" (s ADS[6] § 255 Anm 168; *Knop/Küting* in HdR[6] § 255 Anm 135, 136).

Herstellung beginnt erst, wenn ein unmittelbarer sachlicher Zusammenhang 364 einer Maßnahme zum herzustellenden VG festgestellt werden kann (BFH 23.11.1978, BStBl II 1979, 143 betr Abraumvorrat bei der Sandgewinnung). Dies ist regelmäßig bei **Beginn des technischen Herstellungsprozesses** gegeben oder auch bei **Vorbereitungsmaßnahmen,** die nach dem vorgesehenen betrieblichen Ablauf sachlich unmittelbar der Herstellung dieses VG dienen, wie auftragsgebundene Planungen, insb bei Gebäuden oder sonstiger langfristiger Fertigung/Leistung. Damit beginnt die Herstellung, wenn erstmals aktivierungspflichtige HK, dh dem VG unmittelbar zurechenbare *Kosten* iSv Abs 2 S 2 einschl auftragsgebundener Planungs- und Konstruktionskosten anfallen (RS HFA 31 Tz 7 ff. Vorbereitungshandlungen, die unmittelbar der Herstellung eines VG dienen). Sofern sich ein zu bewertender VG erst nach Aufstellung des JA konkretisiert, für den bereits Vorbereitungshandlungen vorgenommen wurden, kann der Herstellungszeitraum bereits vor dem Abschlussstichtag liegen. Somit dürfen die angefallenen Aufwendungen für Vorbereitungshandlungen unter engen Voraussetzungen nachaktiviert werden. (IDW RS HFA 31 Tz 8).

Einen anderen Weg zur Bestimmung des Beginns der Herstellung geht das 365 **Redaktionskosten-Urteil** (BFH 18.6.1975, BStBl II, 809) mit der Fragestellung, ob das bislang Hergestellte bereits teilweise mit dem Endprodukt identisch ist und sich ihm ggü lediglich als ein „Weniger" darstellt. Dies wurde im U-Fall für sog Redaktionskosten (Druckvorlagen) im Verhältnis zum Endprodukt „Zeitschrift" verneint (zur Kritik s zB *Uelner* StbJb 1976/77, 159). Auch bei einem „Prototyp" von in Serie herzustellenden VG liegen keine HK mangels direkt zurechenbarer Einzelkosten vor (zB Kraftfahrzeug s Anm 485); zu bestimmten „Auftragserlangungskosten" s Anm 419.

Einen extensiven Herstellungsbegriff legt der BFH im sog **Abbruchkosten-** 366 **Urteil** zugrunde (BFH 12.6.1978, BStBl II, 620), indem er den Beschaffungsvorgang (Erwerb) eines nutzungsfähigen Gebäudes in Abbruchabsicht zum Beginn der Herstellung/Anschaffung des später errichteten/angeschafften anderen Gebäudes erheben will. Dies ist mit dem Grundsatz der Einzelbewertung und dem HK-Begriff nicht vereinbar (hierzu im einzelnen Anm 373, 374).

Bei einer aus mehreren selbständigen Gebäuden bestehenden Wohnanlage wird für den Beginn der Herstellung des einzelnen Gebäudes auf das Ausheben der für alle Gebäude gemeinsamen Baugrube abgestellt, ohne dass es einer zusätzlichen, nur das einzelne Haus betr Baumaßnahme bedarf (BFH 4.6.2003, BFH NV 2003, 1322). Noch kein Beginn der Herstellung liegt bei **Anschaffung von Rohstoffen vor,** die erst zur Herstellung verwendet werden sollen (IDW RS HFA 31, 9), da noch nicht feststeht, wann und zur Herstellung welcher VG sie verbraucht werden.

b) Ende der Herstellung, Fertigstellung, Zeitpunkt der Herstellung

367 Die Herstellung endet mit der **Fertigstellung** des VG (auch § 9a EStDV). VG des Anlagevermögens sind fertiggestellt, wenn sie ihrer Bestimmung gemäß **nutzbar** sind, dh bei einem Gebäude, wenn die wesentlichen Bauarbeiten abgeschlossen sind und der Bau bereits für den Betrieb **genutzt werden kann** (BFH 20.2.1975, BStBl II, 510, 512). Ein Wohngebäude ist fertiggestellt, sobald es nach Abschluss der wesentlichen Bauarbeiten bewohnbar ist (BFH 23.1.1980, BStBl II, 365, 367). Dies schließt jedoch nicht aus, dass auch die Kosten der noch ausstehenden endgültigen Fertigstellung, wie zB Anbringung des Außenputzes, noch zu den HK rechnen (zB BFH 8.2.1957, BStBl III, 133; gleiches gilt für bereits bei der Herstellung des Gebäudes aufgetretene Baumängel, die nach Fertigstellung behoben werden, BFH 1.12.1987, BStBl II 1988, 431). Bei einem – bestimmungsgemäß – nicht in einem Zug, sondern in verschiedenen Bauabschnitten errichteten Gebäude ist jeder Bauabschnitt fertiggestellt, sobald dieser bestimmungsgemäß genutzt werden kann (BFH 15.9.1977, BStBl II, 887, 888). Die tatsächliche Benutzung (Inbetriebnahme) ist nicht erforderlich, jedoch ein starkes Indiz für die Fertigstellung.

368 Der vorgesehene **Verwendungszweck** entscheidet über den **Zeitpunkt der Fertigstellung.** Anschaulich lässt sich dies im Bereich der Vollblutzucht zeigen: So ist ein Zuchthengst bei der ersten Deckperiode, eine Stute zum Zeitpunkt des ersten Abfohlens und ein Rennpferd zum Zeitpunkt des ersten Renneinsatzes „fertiggestellt" (BFH 23.7.1981, BStBl II, 672; BFH 12.12.2002, BStBl II 2003, 322 zu Zuchtrindern).

Zeitlich nach endgültiger Fertigstellung anfallende Aufwendungen sind entweder nachträgliche HK (Anm 375) oder aber Erhaltungsaufwand. Wo es auf den Zeitraum der Herstellung ankommt, ist der Zeitpunkt der Fertigstellung entscheidend. Der Zeitpunkt der Fertigstellung ist von Bedeutung für den Bilanzausweis (Umbuchung von Anlagen im Bau auf den entspr Anlageposten), für den Beginn planmäßiger Abschreibungen sowie zum Teil für steuerrechtliche Sonderabschreibungen (zB § 6b EStG). Nach § 9a EStDV wird als Jahr der Herstellung das Jahr der Fertigstellung bestimmt.

c) Sonderfälle des Beginns der Herstellung bei Gebäuden

370 **aa) Vorbereitende Kosten, Planungskosten.** Auch dem sichtbaren Herstellungsvorgang vorausgehende Maßnahmen (soweit tatsächlich verwendbar und Einzelkosten s Anm 364) können bereits als Beginn der Herstellung gewertet werden. So gehören vorbereitende **Planungsaufwendungen** zu den HK des Gebäudes, wie etwa ein Architektenhonorar, die Gebühren für den Bauantrag oder die Kosten der statischen Berechnung (*ADS*[6] § 255 Anm 166). Auch Aufwendungen einer noch nicht abgeschlossenen Planung sind als Beginn der Investitionsphase (Anlagen im Bau) zu aktivieren (hM zB *Stobbe* in *HHR* § 6 Anm 648).

371 Auch wenn vor der Errichtung eines Gebäudes **Planänderungen** vorgenommen werden, weil technische, wirtschaftliche oder funktionale Probleme auftreten, die zuvor nicht überschaubar waren, rechnen die hierdurch entstandenen Aufwendungen zu den HK. Insoweit ist es zutreffend, die im Laufe des Planungsprozesses gewonnenen Erfahrungen (*Stendel* FR 1976, 512: Kosten der „Auslotung"; BFH 9.9.1980, BStBl II 1981, 418, 419 „Gewonnene Erfahrungen") in die HK einzubeziehen, und nicht nur die Aufwendungen des letzten tatsächlich verwirklichten Plans.

372 Wird jedoch die ursprüngliche Planung verworfen und sodann nach einem neuen Plan ein anderes Gebäude errichtet, wobei auf Erfahrungen aus der Vergangenheit zurückgegriffen wird – aus früher verwirklichten oder nicht verwirklichten Investitionen – werden hierdurch Aufwendungen erspart. **Ersparte Aufwendungen** führen jedoch nicht zu HK. Der BFH rechnet auch vergebliche Planungskosten eines nicht errichteten Gebäudes zu den HK eines später errichteten nach Zweck und Bauart völlig verschiedenen Gebäudes, sofern sie nur zB durch Gewinnung von Erfahrungen in irgendeiner Weise dem Zweitgebäude gedient haben (BFH 29.11.1983, BStBl II 1984, 303 betr geplantes Terrassenhaus und später errichtetes 3-Familienhaus; ähnlich BFH 8.4.1986, BFH/NV, 528; BFH 3.11.2005, BFH/NV 2006, 295). Dies ist mit dem Grundsatz der Einzelbewertung (§ 252 Abs 1 Nr 3) und dem HK-Begriff nicht vereinbar. Herstellung beginnt, wenn erstmals dem herzustellenden VG unmittelbar zurechenbare Kosten anfallen (Anm 362 ff). Vergebliche Planungskosten lassen sich als Einzelkosten nur dem geplanten, nicht errichteten Gebäude zurechnen. Unzutreffend auch BFH 30.8.1994, BFH/NV 1995, 381 betr Kosten für den Rücktritt vom Kauf eines Fertighauses als Planungskosten für Ausbau eines bestehenden Hauses (wie hier mit eingehender Begr *Stobbe* in HHR § 6 Anm 650; *Kulosa* in Schmidt[32] § 6 Anm 208).

bb) Erwerb eines Gebäudes in Abbruchabsicht als Beginn der Herstellung/Anschaffung des Neu-Gebäudes nach Steuerrechtsprechung. Nach einer auf den GrS (BFH 12.6.1978, BStBl II, 620) zurückgehenden Rspr kommt es für ein AfS beim Abbruch eines im Zeitpunkt des Erwerbs noch nicht verbrauchten Gebäudes darauf an, ob es ohne **Abbruchabsicht** mit dem Ziel der Nutzung im Betrieb oder schon mit einem weiterreichenden Ziel, nämlich der Herstellung eines neuen Objekts erworben wurde. Im letzteren Fall bestehe schon bei der Anschaffung ein unmittelbarer Zusammenhang der AK mit den später beabsichtigten Maßnahmen (BFH 20.4.1993, DB, 1450). Die Auffassung, im Hinblick auf ein „weiterreichendes Ziel" den mit dem Erwerb **zunächst** verfolgten Zweck der Nutzung im Betrieb zu überspielen, ist mit der Unmittelbarkeit des AK-Begriffs (Anm 22) nicht zu vereinbaren. Wird ein Gebäude erworben, um es zunächst und sei es auch nur vorübergehend in der erworbenen Form im Betrieb oder durch Vermietung zu nutzen, erfüllt es seine betriebliche Zweckbestimmung als Anlagevermögen (§ 247 Anm 354) und ist ab Erlangung wirtschaftlicher Verfügungsmacht (Zugangszeitpunkt Anm 31; ebenso für das Steuerrecht EStR 7.4 Abs 1) abzuschreiben. Wird **das Neugebäude angeschafft** (gegen Festpreis bei Herstellungsrisiko des Bauunternehmers s Anm 334), müssten die AK des Neugebäudes um die AK des Altgebäudes abzgl zwischenzeitlicher AfA erhöht werden, was auch unter dem rechtlichen Aspekt *vorweggenommener Anschaffungsnebenkosten* nicht zulässig ist, weil mit dem vernichteten Altgebäude ein **anderer Gegenstand** angeschafft und abgeschrieben wurde. Wird das **Neugebäude hergestellt,** gilt iE das Gleiche. Auch der Beginn der Herstellung erfordert einen unmittelbaren sachlichen Zusammenhang einer Maßnahme mit dem herzustellenden VG (Anm 362 ff). Nicht der Erwerb, sondern allenfalls der Abbruch des Altgebäudes steht in einem unmittelbaren sachlichen Zusammenhang mit der Errichtung des Neugebäudes (so BFH 6.12.1995, BStBl II 1996, 358, 359 unter Bezugnahme auf Abs 2 S 1). Der Restbuchwert des Altgebäudes geht entgegen BFH GrS 12.6.1978, BStBl II, 620, 625 nicht durch Wertumschichtung (Werteverzehr) nach den Grundsätzen der **Fertigungsgemeinkosten** in die HK des Neugebäudes ein, da es am **Zeitraumbezug** zur Herstellung (Anm 436) fehlt. Auch in Form von **Einzelkosten** (Materialkosten) findet sich der Restbuchwert nicht in den HK des Neugebäudes wieder, weil das **Altgebäude vernichtet** und auch nicht in seinen Teilen zur Neuherstellung verwendet wird. Mit den Kriterien des § 255 lässt sich die Aktivierung des Restbuchwerts des Altgebäudes als AK oder HK des Neugebäudes nicht vereinbaren (so wohl auch *Stobbe* in HHR § 6 Anm 688).

374 Die unterschiedliche Behandlung des Restbuchwerts und der Abbruchkosten eines Gebäudes, je nachdem, ob beim Erwerb des noch nutzbaren und auch tatsächlich genutzten Gebäudes schon eine weiterreichende Abbruchabsicht vermutet wird, ist schon immer auf Kritik gestoßen (s etwa *Knobbe-Keuk*[9], 156 f; *Karrenbauer* BB 1985, 2294). Abgesehen hiervon bleibt ein Abstellen auf das finale Moment einer Abbruchabsicht in seiner praktischen Anwendbarkeit unbefriedigend. Dies beruht darauf, dass die Absicht als „innere Tatsache" einem Beweis schwer zugänglich ist und allenfalls über Indizien nachgewiesen werden kann. Dies hat den BFH dazu veranlasst, als Indiz für eine vorhanden gewesene Abbruchabsicht einen Zeitraum von 3 Jahren nach dem Erwerb des Gebäudes festzusetzen. Ggü einem Erwerber, der innerhalb dieses Zeitraums nach Abschluss des obligatorischen Rechtsgeschäfts (BFH 6.2.1979, BStBl II, 509) den Abbruch vornimmt, gelten die Grundsätze des Anscheinbeweises. De facto relativiert das Zeitmoment damit erheblich die Maßgeblichkeit der Abbruchabsicht und stellt die Brauchbarkeit dieses Abgrenzungskriteriums in Frage.

Bei einem Erwerb des Gebäudes in **Umbauabsicht** mit anschließendem Totalabriss und Neubau innerhalb des 3-Jahreszeitraums sollen Abbruchkosten und Restbuchwert noch insoweit aktiviert werden, als sie auf Gebäudeteile entfallen, die auch beim geplanten Umbau hätten entfernt werden sollen (BFH 15.10.1996, BFHE 182, 41) mit der Begr, bei einem **anschaffungsnahen Umbau** hätten die Aufwendungen als nachträgliche HK aktiviert werden müssen, ohne die Möglichkeit einer AfS. Eine Abbruchabsicht ist auch dann gegeben, wenn der Erwerber im Falle der Undurchführbarkeit des geplanten Umbaus den Abbruch des Gebäudes billigend in Kauf genommen hätte (BFH 13.4.2010 NV).

Kosten für die Zwangsräumung sind, soweit sie eine zu bebauende Fläche betreffen, zu den HK des später errichteten Gebäudes zu rechnen, da diese Aufwendungen zwangsläufig iZm der Herstellung des Gebäudes anfallen (BFH 18.5. 2004, BStBl II 872).

2. Nachträgliche Herstellungskosten und Erhaltungsaufwand

a) Begriff und Erscheinungsformen nachträglicher Herstellungskosten

375 Neben dem Grundtatbestand der Herstellung eines bisher noch nicht existenten VG – **Ersthertellung** – kann Herstellung auch bei Wiederherstellung eines voll verschlissenen VG – **Zweithertellung** – sowie bei einer Änderung der betrieblichen Funktion – **Wesensänderung** – vorliegen. Diese durch die SteuerRspr entwickelten Tatbestände des Secundum oder Aliud (*Pougin* DB 1983, 244) können noch unter den Gesetzesbegriff „Herstellung eines VG" (Abs 2 S 1, 1. Hs) subsumiert werden, weil bei wirtschaftlicher Betrachtungsweise auch in diesen Fällen ein neuer VG entsteht. Darüber hinaus können HK nur noch anfallen bei einer **Erweiterung** oder bei einer über den ursprünglichen Zustand hinausgehenden **wesentlichen Verbesserung** (Abs 2 S 1, 2. Hs). Durch die umfassende Bestimmung der HK in Abs 2 S 1 ist zugleich die Abgrenzung zum Erhaltungsaufwand vollzogen. Alles, was nicht den HK-Begriff ausfüllt, ist nicht aktivierungsfähig und damit sofort abzugsfähiger Erhaltungsaufwand (so zB BFH 10.6.1992, BStBl II 1993, 41, 42; BFH 16.1.2007, BFH/NV, 1475; *Pezzer* DB 1996, 849; *Spindler* DStR 1996, 766).

b) Vollverschleiß, Wiederherstellung

376 Diese Herstellungsform ist der Ersthertellung wirtschaftlich vergleichbar. Wie bei dieser ein *„noch nicht"* existenter VG hergestellt wird, wird bei Wiederherstellung/Vollverschleiß ein *„nicht mehr"* existenter VG hergestellt. Dementspr setzt Herstellung den Vollverschleiß eines VG derart voraus, dass er zur **Gänze unbrauchbar** geworden ist und unter Verwendung von noch nutzbaren Teilen des bisherigen ein **neuer Vermögensgegenstand** entsteht (einhellige Meinung zB *Pezzer* DB 1996, 850; *Spindler* DStR 1996, 766; BFH 9.5.1995, BStBl II 1996, 633; BFH 13.10.1998, BStBl II 1999, 282; BFH 22.1.2003, BFH/NV 2003, 765). Unbrauchbar iSe „Vollverschleißes" ist ein Gebäude nur bei schweren Substanzschäden an den für die Nutzbarkeit als Bau und die Nutzungsdauer des Gebäudes bestimmenden Teilen wie zB *Fundamente, tragende Außen- und Innenwände, Geschossdecken, Dachkonstruktion* (BFH 14.5.2003, BFH/NV 2003, 1178; BMF 18.7.2003, BStBl I 386). Die grundlegende Sanierung genügt dagegen nicht (BFH 5.6.2003, BFH/NV 2003, 1402).

Diese Herstellungsform wird in Rspr und Schrifttum häufig, jedoch nicht einheitlich, als *Generalüberholung* gekennzeichnet. Da dies zur Verwirrung beigetragen hat und es sich nicht um einen Rechtsbegriff handelt (*Klein* in FS Moxter, 283), ist es zweckdienlich, den Begriff **Generalüberholung aufzugeben** (so BFH 9.5.1995 aaO, 636; *Pezzer* aaO, *Spindler* aaO). Die praktische Bedeutung dieser Herstellungsform ist gering. Zum einen wird sie nur bei Gebäuden vorkommen (Ausbau eines wegen Entkernung unbrauchbar gewordenen Gebäudes BFH 24.10.1990, BStBl II 1991, 60). Zum anderen wird bei einem genutzten Gebäude nicht bis zu seinem völligen Verschleiß gewartet; es wird vielmehr in allen seinen auch wesentlichen Teilen nach und nach erneuert, oder aber es wird ein Gebäude in entspr schlechtem Zustand erworben und anschließend grundlegend renoviert, was bereits zu den Herstellungstatbeständen des Abs 2 S 1 (Erweiterung oder wesentliche Verbesserung) führt.

Auch die **Wiederherstellung** eines untergegangen VG führt zur Herstellung eines zweiten neuen VG (zB BFH 12.2.1960, StRK EStG § 9 S 1 u 2 R 109). Anders als bei Vollverschleiß scheidet der untergegangene VG jedoch mit seinem Buchwert aus dem Vermögen des Kfm aus (Abgang, § 268 Anm 51). **377**

Bei **Teilzerstörung** (zB Brandschaden im Dachgeschoss eines Gebäudes und anschließender Wiedererstellung) liegen idR HK unter dem Gesichtspunkt der Erweiterung (Substanzmehrung) vor (s Anm 380 aE).

c) Wesensänderung

Wie beim Vollverschleiß (Anm 377) liegt Herstellung eines neuen VG vor, wenn im Vergleich zum bisherigen ein anderer VG entsteht. Dies ist der Fall, wenn sich die Funktion, dh die **Zweckbestimmung**, ändert (s *Pezzer* DB 1996, 850), so beim Umbau eines Ein- in ein Zweifamilienhaus (*FG Bremen* 11.6.1991, EFG 1992, 180 rkr), bei Umgestaltung eines Wohnhauses mit Großwohnungen zum Appartementhaus (BFH 2.8.1983, BStBl II, 728), einer Mühle zum Wohnhaus (BFH 31.3.1992, BStBl II, 808), einer Wohnung in ein Büro (BFH 5.2.2003, EFG 2003, 841), einer eigengenutzten Wohnung in zwei selbstständige vermietete Arztpraxen (*FG Baden-Württemberg* 10.9.2003, EFG 2003, 1683) oder dem Dachausbau, der in einem ggü dem bisherigen Wohnhaus unterschiedlichen Nutzungs- und Funktionszusammenhang steht (BFH 4.5.2004, BFH/NV 2004, 1397). **378**

Diese ebenfalls auf steuerrechtliche Rspr zurückgehende Form der Herstellung ist in den kodifizierten HK-Begriff des § 255 nicht eingegangen und wird auch in EStR 21.1 Abs 3 nicht mehr erwähnt. Dies mag darauf zurückzuführen sein, dass sich die Wesensänderung mit den kodifizierten Herstellungstatbeständen weitgehend überschneidet (ADS[6] § 255 Anm 124) und sich die Aktivierung entweder bereits unter dem Gesichtspunkt der Substanzmehrung oder einer wesentlichen Verbesserung ergibt. **379**

d) Erweiterung (Abs 2 S 1 2. Halbsatz, 1. Alternative)

380 Aktivierungspflichtiger Herstellungsaufwand ist auch gegeben, wenn ein bestehender VG erweitert wird. Die Erweiterung – **Substanzmehrung** – muss sich auf den VG als Ganzen (dh auf seine zweckbestimmte Nutzungsmöglichkeit) und nicht nur auf einzelne Teile beziehen. Erfolgt der nachträgliche Einbau bisher nicht vorhandener Teile zur Erhaltung der Funktionsfähigkeit im Rahmen einer Modernisierung, liegt Erhaltungsaufwand vor; so beim Einbau zusätzlicher Heizkörper im Rahmen einer Heizungsumstellung (BFH 24.7.1979, BStBl II 1980, 7); Einbau zusätzlicher Anschlüsse im Rahmen der Erneuerung der elektrischen Anlage; Anbringen einer zusätzlichen Fassadenverkleidung (BMF 16.12.1996, BStBl I, 1442 mwN). In enger Wortauslegung des Abs 2 S 1 führt jede auch **geringfügige Erweiterung** zu HK im Gegensatz zu Aufwendungen zur Verbesserung des VG, die nur aktiviert werden dürfen, wenn es sich um eine über den ursprünglichen Zustand hinausgehende wesentliche Verbesserung handelt (BFH 9.5.1995, BStBl II 1996, 638; *Pezzer* DB 1996, 850; *Spindler* DStR 1996, 767). Dementspr bilden Aufwendungen, die zu einer auch nur geringfügigen Erweiterung der Wohnfläche führen, schon für sich und isoliert betrachtet nachträgliche HK (s *Pezzer* aaO mwN). Hiermit in einem inneren bautechnischen Zusammenhang anfallender Erhaltungsaufwand ist dann in die Aktivierung mit einzubeziehen (s Anm 392). Zur Beurteilung einer Baumaßnahme ist dabei bei gemischt genutzten Gebäuden nicht auf das gesamte Gebäude, sondern nur auf den entspr Gebäudeteil abzustellen (BFH 25.9.2007, BStBl II 2008, 218).

Beispielsfälle einer substanzmehrenden Erweiterung sind im Gebäudebereich der Anbau oder die Aufstockung um ein weiteres Geschoss sowie der Ausbau des Dachgeschosses zur Schaffung zusätzlichen Wohnraums (BFH 19.6.1991, BStBl 1992 II, 73); Einziehen von tragenden Zwischendecken, wenn hierdurch **zusätzlicher Nutzraum** entsteht. Wird dagegen im Rahmen der Dacherneuerung einer Fabrikationshalle lediglich eine größere Raumhöhe geschaffen ohne Erweiterung der nutzbaren Fläche, liegt keine Erweiterung, sondern Erhaltungsaufwand vor (BFH 13.12.1984, BStBl II 1985, 394; BMF 16.12.1996, BStBl I, 1442). Eine Erweiterung ist auch gegeben bei Vergrößerung der Kapazität (BFH 10.6.1992, BStBl 1993, 41).

Eine zu HK führende Erweiterung liegt auch vor, wenn erstmals bisher nicht vorhandene Bestandteile mit **neuer Funktion** eingebaut werden; so der erstmalige Einbau einer **Markise** (BFH 29.8.1989, BStBl II 1990, 430) oder einer **Alarmanlage** (BFH 16.2.1993, BStBl II, 544). Wird ein Gegenstand **teilweise zerstört** und hierdurch in seiner Substanz vermindert und wird dem durch eine außerplanmäßige Abschreibung Rechnung getragen (§ 253 Abs 3 S 3), sind die Aufwendungen zur Wiederherstellung unter dem Gesichtspunkt der Erweiterung zu aktivieren (BFH 1.12.1992, BStBl II 1994, 12, 14 betr den Wiederaufbau eines durch Brandschaden zerstörten Dachgeschosses).

381 Auch Aufwendungen für die **Ablösung einer Verpflichtung zur Errichtung von Stellplätzen** bei bereits bestehenden Gebäuden (BFH 8.3.1984, BStBl II, 702) oder wegen (Nutzungs-)Änderung des Gebäudes (BFH 6.5.2003, BStBl II 710) zählen zu den HK, wenn die zur Änderung führende Baumaßnahme Herstellung iSv Abs 2 ist. Die nach den Bauordnungen der Länder bestehende Verpflichtung zur Errichtung von Stellplätzen knüpft zwar regelmäßig an die Baugenehmigung an. In diesem Fall liegen ursprüngliche HK vor, weil die Ablösung die Errichtung ersetzt. Knüpft die Verpflichtung an bereits bestehende Gebäude an, ersetzt die Ablösesumme die nachträgliche Errichtung von Stellplätzen.

e) Wesentliche Verbesserung über den ursprünglichen Zustand hinaus (Abs 2 S 1, 2. Halbsatz, 2. Alternative)

Der Herstellungstatbestand der wesentlichen Verbesserung des VG über seinen ursprünglichen Zustand hinaus kommt iW bei Gebäuden vor. Er hat wegen seines **mehrdeutigen Inhalts** zu Unsicherheiten in der praktischen Anwendung geführt, was insb die BFH-Rspr veranlasst hat, sich grundlegend mit aufgetretenen Zweifelsfragen auseinanderzusetzen (s ua BFH 9.5.1995, BStBl II 1996, 632 ff). Die Auslegung von handelsrechtlichen Bilanzierungsvorschriften durch den BFH war wie so oft erforderlich geworden, weil nach dem Grundsatz der materiellen Maßgeblichkeit der HB für die StB (§ 5 Abs 1 S 1 EStG, s Anm 359 aE) das Handelsrecht auch das Steuerrecht bindet und diese Bindung für die Abgrenzung zwischen sofort abzugsfähigem Erhaltungsaufwand zu aktivierungspflichtigen HK auch für Überschusseinkünfte gilt (GrS des BFH 4.7.1990, BStBl II, 830). Die Auslegungsunsicherheit bezieht sich zum einen auf die Gesetzesformulierung „*über seinen ursprünglichen Zustand hinaus*"; zum anderen ist sie durch den im Gesetz enthaltenen unbestimmten Rechtsbegriff „*wesentliche Verbesserung*" vorgegeben.

aa) **Ursprünglicher Zustand.** Da der kodifizierte Herstellungsbegriff nach der gesetzgeberischen Intention – über den Regelungsbereich der 4. EG-Richtl hinausgehend – die steuerneutrale Umsetzung der bisher durch das Steuerrecht geprägten Herstellungstatbestände gewährleisten soll, ist für seine Auslegung auch die bisherige steuerrechtliche Inhaltsbestimmung heranzuziehen. Nach der steuerrechtlichen Rspr waren nachträglich HK anzunehmen, wenn der VG – von der üblichen Modernisierung abgesehen – über seinen **bisherigen** Zustand deutlich verbessert wurde (s BFH 5.11.1985, BFH/NV 1986, 157; 13.9.1984, BStBl II 1985, 49). Dies kann nach der Wortauslegung der Zustand unmittelbar vor der Maßnahme sein (so zT die Auslegung durch die FinVerw); nach der grundlegenden Entscheidung des *GrS* vom 22.8.1966, BStBl III, 672 war mit der Formulierung jedoch der Zustand zum **Zeitpunkt des entgeltlichen Erwerbs** durch den StPfl gemeint (so auch die Auslegung von Abs 2 aF durch den BFH 11.8.1989, BStBl II 1990, 53; 30.7.1991, BStBl II 1992, 30 und hieran anschließend BFH 9.5.1995, BStBl II 1996, 632, 634; BFH 3.12.2002, BStBl II 2003, 590). Wenn auch vom Wortlaut der Vorschrift nicht gedeckt, erscheint es sinnvoll, angesichts der vom Gesetzgeber gewollten Fortführung steuerrechtlich geprägter Herstellungsbegriffe und unter Berücksichtigung des Umstands, dass es für Zwecke der Bilanzierung eines VG und der Fixierung der AK oder HK als Basis zukünftiger AfA auf den Zeitpunkt der erstmaligen Bilanzierung (Zugangszeitpunkt s Anm 31) ankommt, auf diesen Zeitpunkt abzustellen. Dies gilt jedoch nur, wenn zum Zugangszeitpunkt eine Bilanzierung zu marktbestätigten Erwerbspreisen bzw zu Verkehrswerten erfolgt, die sich **als neu fixierte Bemessungsgrundlage** des VG zum Zeitpunkt seiner erstmaligen Bilanzierung im Unt darstellen. Damit ist die Vergleichsgröße „ursprünglicher Zustand des VG" der Zustand bei seiner **erstmaligen Bilanzierung im Unt,** vorausgesetzt, es werden die **Verkehrswerte** bilanziert. Verändert sich dieser Zugangswert durch nachträgliche AK oder HK, oder wird er umgekehrt durch AfS verändert, bildet der entspr **fortgeführte Zugangswert** die Vergleichsgröße „ursprüngliche HK" (s BFH 9.5.1995, BStBl II 1996, 632, 634; *Pezzer* DB 1996, 852; BFH 16.7.1996, BStBl II, 649).

Wird ein VG zum Zeitpunkt seiner erstmaligen Bilanzierung im Unt dagegen *nicht* mit Verkehrswerten angesetzt zB bei Anschaffungen im Zuge übertragender Umw mit Buchwertfortführung (s Anm 44); bei unterbewerteten Sacheinlagen mit ihrem Ansatz zum Nennwert zzgl Agio der ausgegebenen GesRechte; bei erfolgsneutraler Bewertung des im Tauschwege angeschafften VG (s Anm 131) oder beim unentgeltlichen Erwerb, bleibt es dabei, dass auf den ursprünglichen Zustand des VG für die Frage einer wesentlichen Verbesserung zurückzugreifen ist.

Auch bei **anderen Gegenständen** des Anlagevermögens als Gebäuden (etwa Betriebsvorrichtungen, Maschinen und maschinellen Anlagen), bei denen wegen der kürzeren Nutzungsdauer der ursprüngliche Zustand des Gegenstands leichter feststellbar ist, verbleibt es bei der Wortauslegung (ebenso *Klein* in FS Moxter, 293).

385 **bb) Wesentliche Verbesserung.** Entspr dem eindeutigen Gesetzeswortlaut muss eine Verbesserung am VG **als Ganzem** herbeigeführt werden; darüber hinaus muss diese Verbesserung **wesentlich** sein. Eine Verbesserung nur von Teilen des VG (zB eines Gebäudes) führt nicht zu nachträglichen HK. Sie bildet regelmäßig Erhaltungsaufwand (zB BFH 19.7.1985, BFH/NV 1986, 24, 26; BFH 25.9.2007, BStBl II 2008, 218; abzugrenzen hiervon ist der Sachverhalt unterschiedlicher Nutzungsdauer bei Gebäudeteilen und deren Ersatz, vgl Anm 391). Insofern besteht ein Zusammenhang mit der ebenfalls auf den VG als Ganzen einheitlich zu verrechnenden planmäßigen Abschreibung (§ 253 Anm 215). So ist zB der VG Gebäude (zur Abgrenzung der Gegenstände Gebäude, Betriebsvorrichtung, Grund und Boden s § 247 Anm 459 ff) mit seinen HK/AK zu bewerten; der Betrag der planmäßigen Abschreibung ermittelt sich als Summe der Abschreibungsbeträge, die auf die über ihre individuelle Nutzungsdauer abgeschriebenen Komponenten entfallen (IDW RH HFA 1.016; WPg 2009, 707; vgl Anm 391). Keine wesentliche Verbesserung liegt vor bei einer werterhöhenden Modernisierung, die dem Gegenstand, zB einem Wohnhaus, den zeitgemäßen Wohnkomfort wiedergibt, den es ursprünglich besessen, aber durch den technischen Fortschritt und die Veränderung der Lebensgewohnheit verloren hatte. Solange die **bisherige Funktion** des VG **noch in vergleichbarer Weise** erfüllt und nur den Zeitumständen angepasst wird, liegt Erhaltungsaufwand vor (BFH 9.5.1995, BStBl II 1996, 632, 635 mwN).

386 Werden an einem VG (zB Gebäude) als Ganzem Instandsetzungs- und Modernisierungsarbeiten ausgeführt, dürfen sie nicht aktiviert werden, wenn sie das Gebäude entspr seinem ursprünglichen Stand in zeitgemäßer Form wieder herstellen. Derartige **substanzerhaltende Beststandserneuerungen** (s BFH 9.5.1995 aaO; BFH 13.10.1998, BStBl 1999, 282, 283; BFH 16.1.2007, BFH/NV, 1475) bewirken noch keine wesentliche Verbesserung. Dies gilt unabhängig von der Höhe der jeweils angefallenen Aufwendungen. In Ausfüllung des unbestimmten Rechtsbegriffs „wesentliche Verbesserung" ist eine Verbesserung erst dann wesentlich, wenn sie über die zeitgemäße Erneuerung hinaus den **Gebrauchswert** des VG im Ganzen **deutlich** erhöht. Dies ist in Anlehnung an die Umschreibung von *Knop/Küting* in HdR[5] § 255 Anm 345 danach zu beurteilen, ob für die Zukunft ein höheres **„Nutzungspotential"** geschaffen worden ist (BFH aaO). Mag die Bestimmung eines höheren Nutzungspotentials bei einer im Produktionsprozess eingesetzten Maschine anhand der technischen Leistungsfähigkeit noch leicht zu bestimmen sein, ist dies bei einem Gebäude schon schwieriger. Es muss eine maßgeblich höherwertige Nutzungsmöglichkeit feststellbar sein (BFH 13.10.1998 aaO). Nicht jede zur Erhöhung der Miete nach mietpreisrechtlichen Vorschriften berechtigende Modernisierungsmaßnahme reicht aus (*Pezzer* aaO S 854; BMF 16.12.1996 BStBl I, 1442, 1444). Bei **Wohngebäuden** ist eine wesentliche Verbesserung durch deutliche Erhöhung des Gebrauchswerts anzunehmen, wenn durch die Modernisierungsmaßnahmen das Gebäude von einem **sehr einfachen** auf einen **mittleren** oder von einem mittleren auf einen **sehr anspruchsvollen** Standard angehoben wird (BFH 12.9.2001, BB 2002, 1350; BFH 20.8.2002, BFH/NV 2003, 35; BFH 3.12.2002, BStBl II 2003, 590; BFH 5.3.2007, BFH/NV, 1124; *OFD Nürnberg*

9.8.2002, DStR 2002, 1813; BMF 18.7.2003, BStBl I 386; für Wohngebäude in der ehemaligen DDR vgl *Hessisches FG* 15.8.2002, EFG 2003, 520; für Betriebsgebäude vgl *FG Mecklenburg* 21.4.2004, 1 K 356/01). Der Gebrauchswert wird insb durch die Modernisierung derjenigen Einrichtungen erhöht, die ihn maßgeblich bestimmen. Dies sind vor allem die *Heizungs-, Sanitär-* und *Elektroinstallationen* sowie die *Fenster,* nicht dagegen *Türen, Zargen* oder *Fußböden* (BFH 22.1.2003, BFH/NV 2003, 766). Instandsetzungs- und Modernisierungsinstallationen, die für sich allein noch als Erhaltungsmaßnahmen zu beurteilen wären, können **in ihrer Gesamtheit** zu einer deutlichen Gebrauchswerterhöhung führen. Werden durch ein Bündel einer Baumaßnahme *mindestens drei* der vier maßgeblichen Bereiche betroffen, ist eine Standardanhebung und damit eine wesentliche Verbesserung gegeben (BFH aaO, 1353; zum Einbau eines neuen Bads vgl BFH 22.1.2003, BFH/NV 2003, 758). Ob eine wesentliche Verbesserung iSd Abs 2 vorliegt, ist iW nach den gleichen Maßstäben zu entscheiden, nach denen auch die Herstellung der Betriebsbereitschaft nach Abs 1 zu beurteilen ist (BFH 20.8.2002, BFH/NV 2003, 35). Diese Abgrenzungskriterien zur Bestimmung der Grenzlinie, ab welcher eine wesentliche Verbesserung iSd Abs 2 S 1 anzunehmen ist, hat der BFH zugleich mit der *Rechtsprechungsänderung zu den sog anschaffungsnahen HK* (s Anm 388) aufgestellt, offenbar mit der Zielrichtung, der FinVerw (andere) praktikable Anhaltspunkte zur Bestimmung aktivierungspflichtiger HK an die Hand zu geben.

Dem Gesetzeswortlaut „wesentliche Verbesserung" folgend ist die Aktivierung 387 auf seltene Ausnahmen beschränkt, in denen nach **objektiven Maßstäben** nachprüfbar, dh von der subjektiven Einschätzung des Unternehmers gelöst, eine Steigerung des „Nutzungspotentials" erreicht worden ist (*ADS*[6] § 255 Anm 125; BFH 22.1.2003, BStBl II, 596). Durch die strikte Anbindung an die kodifizierten Tatbestandsmerkmale des Abs 2 S 1 durch BFH und *FinVerw* hat sich im Gebäudebereich **auch für das Steuerrecht** die Grenze zwischen aktivierungspflichtigen HK und sofort abzugsfähigem Erhaltungsaufwand weiter zugunsten des Erhaltungsaufwands *verschoben* (*Spindler* aaO, 769). Eine wesentliche Verbesserung kann – insb bei Gebäuden – auch in einer *erheblichen Verlängerung der Nutzungsdauer aufgrund von Instandsetzungs- und Modernisierungsarbeiten begründet sein,* was gleichfalls auf nach objektiven Kriterien zu bestimmende seltene Ausnahmen begrenzt ist (BFH 9.5.1995 aaO; BMF 16.12.1996 aaO; *ADS*[6] aaO; aA *Knop/Küting* in HdR[5] § 255 Anm 350).

Die in Abs 2 S 1 erfolgte Inhaltsbestimmung der HK **verbietet es,** sog **an-** 388 **schaffungsnahe Aufwendungen** allein wegen ihrer Höhe oder ihrer zeitlichen Nähe zur Anschaffung **als HK zu behandeln.**

§ 6 Abs 1 Nr 1a EStG enthält eine **steuergesetzliche Regelung der an-** 389 **schaffungsnahen HK,** die die Schwellenwerte für den Zeitraum sowie die Kosten der Erhaltungsmaßnahmen genau bestimmt; die neue Regelung gilt auch für Gewinneinkünfte.

Im Vergleich zu Abs 2 enthält § 6 Abs 1 Nr 1a EStG unter Durchbrechung des Maßgeblichkeitsgrundsatzes eine besondere steuerrechtliche Bewertungsregel iSd § 5 Abs 6 EStG (glA *Wendt* EStB 2004, 329). Umgekehrt bleiben selbstverständlich Aufwendungen, die nach den allgemeinen Grundsätzen HK sind, auch bei Ablauf der 3-Jahresfrist bzw Unterschreitung der 15 vH-Grenze HK (*Kulosa* in Schmidt[32] § 6 Anm 161).

f) Erhaltungsaufwand

Durch die Definition aktivierungspflichtiger HK im HGB (Anm 375) werden 390 alle übrigen Aufwendungen zu sofort abzugsfähigem Erhaltungsaufwand (Ausnahme str s Anm 389). Lassen sich die idR auf tatsächlichem Gebiet liegenden Voraussetzungen der nach Abs 2 S 1, 2. Hs aktivierungspflichtigen nachträglichen HK nicht eindeutig feststellen, **ist im Zweifel Erhaltungsaufwand** anzunehmen (BFH 9.5.1995, BStBl II 1996, 632, 635; *Pezzer* DB 1996, 849; *Spindler* DStR 1996, 766). Auch wenn eine positive Begriffsbestimmung fehlt, kann Erhaltungsaufwand in Umkehrung der Begriffsmerkmale des aktivierungspflichtigen Herstellungsaufwands bestimmt werden. Erhaltungsaufwand liegt demnach insb dann vor, wenn Teile eines VG ersetzt oder modernisiert werden, ohne dabei die Funktion des VG zu ändern (zB BFH 13.9.1984, BStBl II 1985, 49; BFH 25.9.2007, BStBl II 2008, 218).

Der Annahme von Erhaltungsaufwand stehen nicht entgegen:
– eine Werterhöhung des VG oder der ersetzten Teile durch Verwendung höherwertigen, kostspieligeren Materials durch Anpassung an den technischen Fortschritt oder durch nachträglichen Einbau bisher nicht vorhandener Teile zur Erhaltung der Funktionsfähigkeit (BFH 7.12.1976, BStBl II 1977, 281; erheblicher Wertzuwachs bei aufwändiger Instandsetzung eines PKW, BFH 11.4.1986, BFH/NV, 524);
– ein die ursprünglichen HK übersteigender Aufwand (BFH 9.11.1976, BStBl II, 279, 280);
– die völlige planmäßige oder außerplanmäßige Abschreibung des VG (BFH 30.5.1974, BStBl II, 520);
– die objektiv noch gegebene technische Funktionsfähigkeit der erneuerten Anlage (BFH 7.12.1976, BStBl II 1977, 281).

g) Komponentenansatz

391 Der handelsrechtlich zulässige Komponentenansatz spielt bei der erstmaligen Ermittlung der Höhe der AK/HK grds keine Rolle, gleichwohl kann es sinnvoll sein, bei Zugang die AK/HK im Anlagenbuch innerhalb des einheitlichen VG des Sachanlagevermögens einzelnen wesentlichen Komponenten zuzuordnen (zB bei einem Gebäude in die Komponenten Dach und Gebäudesubstanz). Es handelt sich hierbei um eine rein gedankliche Zerlegung der AK/HK, da weiterhin das Konzept des einheitlichen Nutzungs- und Funktionszusammenhangs eines einheitlichen VG gilt. Bei Anwendung des Komponentenansatzes ist allerdings zu beachten, dass die Kosten für den Ersatz einer verbrauchten Teilkomponente des einheitlichen VG nicht Erhaltungsaufwand, sondern nachträglich zu aktivierende AK/HK darstellen; Großreparaturen sowie Inspektionen werden im Gegensatz zu IFRS mangels physischen Austausches nicht als eigene Komponente betrachtet (IDW RH HFA 1.016; kritisch *Herzig/Briesemeister* WPg 2010, 76). Der BFH hat erklärt, dass ein Komponentenansatz für die steuerliche Gewinnermittlung aufgrund des Konzepts des einheitlichen Nutzungs- und Funktionszusammenhangs nicht geeignet ist (BFH 14.4.2011, BStBl II 696). In diesem U wird unzutreffenderweise der Ansatz nach IAS 16 mit dem des IDW HFA 1.016 gleichgesetzt. Eine Qualifizierung des Ansatzes als GoB braucht nicht von Grund auf ausgeschlossen sein (*Weber-Grellet* BB 2012, 43; *Marx* StuB 2012, 294).

h) Zusammentreffen von Herstellungs- und Erhaltungsaufwand

392 Werden an einem Gebäude in engem räumlichem, zeitlichem und sachlichem Zusammenhang Arbeiten durchgeführt, die für sich betrachtet teils HK und teils Erhaltungsaufwand bilden, sind sie grds **getrennt** zu behandeln und die auf die einzelne Maßnahme entfallenden Aufwendungen ggf im Wege der Schätzung aufzuteilen (BFH 9.5.1995, BStBl II 1996, 632, 635; *Spindler* DStR 1996, 765, 768; BMF 18.7.2003, BStBl I 386). Etwas anderes gilt nur dann, wenn Erhaltungsaufwendungen mit zu HK führenden Maßnahmen in der Weise in einem sachlichen Zusammenhang stehen, dass sie **bautechnisch ineinander greifen,** dh die eine Baumaßnahme durch die andere bedingt ist (BFH 9.5.1995, BStBl II 1996, 632, 635; 16.7.1996, BStBl II, 649; BMF aaO). In diesem Fall sind die Aufwendungen einheitlich als HK zu beurteilen. Diese Konstellation kann insb bei Erweiterungsaufwendungen auftreten, die, wenn auch nur geringfügig, bereits zu HK führen (s Anm 380). Auch betragsmäßig überwiegende Erhaltungsaufwendungen sind dann in die HK mit einzubeziehen (*Spindler* aaO S 768; *Pezzer* DB 1996, 851 mwN). Aufwendungen, die in der Herstellungsphase eines Neubaus entstehen, können keine Erhaltungsaufwendungen sein (*FG Nürnberg* 4.6.2003, II-50/2002 rkr).

Für die Praxis wird die wiederum auf tatsächlichem Gebiet liegende Frage von Bedeutung sein, ob ein innerer bautechnischer Zusammenhang der einzelnen Erhaltungsmaßnahmen mit der Herstellungsmaßnahme besteht. Im **Zweifel** ist auch hier trennbarer Erhaltungsaufwand anzunehmen.

3. ABC der Herstellungskosten (Sachanlagen)

ABC der Herstellungskosten (Vorräte) s Anm 470

Abbruchkosten s Gebäudeabbruch.
Abgeschriebene Vermögensgegenstände. Aufwendungen hierfür Erhaltungsaufwand.
Abgrenzung. Herstellung, Anschaffung Anm 2, 35 ff.
Abstandszahlungen an Mieter Anm 325.
Alarmanlage nachträglicher Einbau Anm 380.
Angemessenheit der Kosten Anm 436.
Anzahlungen Anm 247 Anm 545 ff sowie hier Anm 325.
Ausbau Dachgeschoss. Nachträgliche HK Anm 378.
Austauschmotor. Erhaltungsaufwand Anm 390.
Bauzeitzinsen: Falls diese vorab nicht als Aufwendungen erfasst werden konnten, können sie als HK des Gebäudes aktiviert werden, sofern dieses vermietet wird (BFH 23.5.2012 BStBl 2012 II 674)
Beginn der Herstellung Anm 362.
Dacherneuerung Anm 380.
Eigenkapitalzinsen Anm 509.
Einstellplätze. Aufwendungen hierfür sowie Kosten für die Ablösung der Verpflichtung zu ihrer Errichtung sind (nachträgliche) HK des Gebäudes Anm 381.
Entkontaminierungsarbeiten. Aufwendungen, die zu einer wesentlichen Verbesserung führen, stellen nachträgliche HK des Grund und Bodens dar (*FG Niedersachsen* 12.4.2007, 10 K 415/00 rkr).
Ergänzungsbeiträge Kanalisation, Erhaltungsaufwand Anm 112.
Ersatzbeschaffung Anm 325.
Erschließungskosten Anm 325.
Erstattung. Ansprüche auf Erstattung von HK sind nicht gewinnerhöhend, sondern mindern die HK (*FG Hamburg* 15.12.2003, V-91/00 rkr).
Finanzierungskosten s Zinsen; Geldbeschaffungskosten sind keine HK.
Funktionsänderung Anm 378.
Gebäudeabbruch. Wird ein Gebäude abgebrochen, sind die Abbruchkosten und der Restbuchwert (Abgang) Aufwand, weil das Gebäude aus dem Vermögen des Kfm ausscheidet (so grds auch BFH 12.6.1978, BStBl II, 620): jedoch sollen der Restbuchwert und die Abbruchkosten HK des Neugebäudes darstellen, wenn beim Erwerb des Altgebäudes eine Abbruchabsicht festgestellt werden kann. Dies ist abzulehnen (s Anm 373). Wird ein Grundstück mit einem tech-

nisch und wirtschaftlich verbrauchten Gebäude erworben, liegen nur AK des Grundstücks vor. Die Abbruchkosten sind dann, gleichgültig wann sie anfallen, (nachträgliche) AK des Grundstücks.

Generalüberholung; Begriff aufgegeben s Anm 376.
Heizungsanlagenerneuerung. Erhaltungsaufwand Anm 380.
Immaterielles Anlagevermögen Anm 109.
Klimaanlage. Einbau stellt Erweiterung und somit nachträgliche HK dar (FG Nürnberg 15.11.2005, EFG 2006, 1573 rkr).
Ladeneinbauten HK einer technischen Anlage § 247 Anm 480.
Lastenaufzug. Da dem Betrieb und nicht dem Gebäude dienend, HK einer technischen Anlage § 247 Anm 480.
Mängelbeseitigung Die Rspr gestattet keine AfA nach § 7 Abs 1 S 7 bei während der Herstellungsphase aufgetretenen Mängeln und aktiviert die Reparaturkosten als HK (BFH 30.8.1994, BStBl II 1995, 306).
Mietereinbauten. HK eines materiellen VG; soweit dem Gebäude dienend, HK eines Gebäudes auf fremdem Grund und Boden vgl § 247 Anm 450; soweit dem Betrieb des Mieters dienend, technische Anlagen.
Modernisierung, übliche: Erhaltungsaufwand Anm 385.
Notwendigkeit der Kosten Anm 436.
Planungskosten: s Anm 370; vergebliche Anm 372.
Raumhöhe, Änderung ohne Erweiterung der Nutzfläche Anm 380.
Softwareumstellung s Anm 334, zur Bilanzierung von Software beim Anwender vgl IDW RS HFA 11.
Sprinkleranlagen. Da dem Gebäude dienend, GebäudeHK (§ 247 Anm 460).
Stellplätze Einstellplätze.
Substanzmehrung Anm 380.
Umbau Anm 378.
Vergebliche Kosten Anm 372.
Verbesserung, wesentliche Anm 385.
Werterhöhende Aufwendungen Anm 390.
Wesensänderung Anm 378.
Wiederherstellung bei Untergang und Teilzerstörung Anm 377.
Zinsen für Fremdkapital Anm 502.
Zuschüsse zu HK Anm 113 ff.

III. Finanzanlagen

405 Entgegen der bisher hM kommen Herstellungsvorgänge auch bei Finanzanlagen – namentlich bei sog **verdeckten Einlagen** in BetUnt (s im Einzelnen § 272 Anm 400 ff) – in Betracht. Hierzu Anm 141, 162 ff. Entscheidende Bedeutung gewinnt diese Betrachtungsweise bei der Beurteilung verdeckter Einlagen in KapGes (zB in Gestalt von **Forderungsverzichten** oder **Sanierungszuschüssen**). Da verdeckte Einlagen regelmäßig weder die Identität der bereits vorhandenen Beteiligung verändern und damit nicht zur Herstellung eines neuen VG führen, noch eine Erweiterung der BetRechte zur Folge haben, können sie nur dann HK sein, wenn sie die Bet über deren bisherigen Zustand hinaus wesentlich verbessern. Dies wiederum ist nur insoweit der Fall, als sich der Verkehrswert der Bet durch die verdeckte Einlage erhöht, was in den seltensten Fällen zutreffend sein wird (*Kessler/Kehl* Forderungsverzicht – Anschaffungskosten, Herstellungskosten, Erhaltungsaufwand? DB 2002, 2237 f). **Verdeckte Einlagen** erfüllen hiernach nur insoweit den HK-Begriff, als sie geeignet sind, den Ertragswert der Bet zu erhöhen. Soweit dies nicht der Fall ist, verbleibt nur die

Möglichkeit, die verdeckte Einlage als Erhaltungsaufwand zu behandeln (BFH 29.7.1997, BStBl II 1968, 652).

IV. Vorräte

Schrifttum zu Abs 2 S 3 (Herstellungskosten): *vom Kortzfleisch* Divisionskalkulation, HWR Sp 402–410; *Swoboda* Kostenrechnung, Systematik der HWP Sp 1067–1073; *Zahn* Kalkulation, HWR Sp 842–855; *Freidank* Bilanzierungsprobleme bei unterausgelasteten Kapazitäten im handels- und steuerrechtlichen Jahresabschluss oder Aktiengesellschaft, BB 1984, 29; *Mathiak* Anschaffungs- und Herstellungskosten, *Raupach* (Hrsg) Werte und Wertermittlung im Steuerrecht, Köln 1984, 97 ff; *Wohlgemuth* Die Herstellungskosten in der Handels- und Steuerbilanz HdJ Abs I/10; *Christiansen* Herstellungskosten bei nicht ausgenutzten Produktionskapazitäten, StBP 1986, 173; *Knop/Küting* in HdR § 255; *Selchert* Probleme der Unter- und Obergrenze von Herstellungskosten, BB 1986, 2298; *Schmeisser/Steinle* Sind die Lohnnebenkosten Bestandteil der handelsbilanziellen Wertuntergrenze der Herstellungskosten gemäß § 255 Abs 2 HGB?, DB 1987, 2317; *Küting/Haeger* Die Bedeutung des Maßgeblichkeitsprinzips für die Ermittlung der steuerbilanziellen Herstellungskosten, DStR 1988, 159; *Moxter* Aktivierungspflichtige Herstellungskosten in Handels- und Steuerbilanz, BB 1988, 937; *Küting* Aktuelle Probleme bei der Ermittlung der handelsrechtlichen Herstellungskosten, BB 1989, 587; *Schneeloch* Herstellungskosten in Handels- und Steuerbilanz, DB 1989, 255; *Reiniges* Steuerliche Herstellungskosten und neues Handelsrecht, in: Mellwig/Moxter/Ordelheide (Hrsg), Handelsbilanz und Steuerbilanz, Beiträge zum neuen Bilanzrecht, Band 2, Wiesbaden 1989, 73; *Kirsch* Ermittlung bilanzieller Herstellungskosten durch Anwendung der Prozeßkostenrechnung, WPg 1999, 281; *Beiser* Die Angemessenheit der Material- und Fertigungsgemeinkosten im Rahmen der Herstellungskosten, DB 2003, 2557.

Schrifttum zu Abs 2 S 4 (Vertriebskosten, Langfristfertigung): *Förschle* Bilanzierung sogenannter Sondereinzelkosten des Vertriebs aus handelsrechtlicher Sicht, ZfB-Erg Heft 1/1987, 85; *Weber* Die Einordnung von Sondereinzelkosten des Vertriebs bei langfristiger Auftragsfertigung nach neuem Recht, DB 1987, 393; *Schindlbeck* Bilanzierung und Prüfung bei langfristiger Fertigung, Frankfurt/Bern/New York/Paris 1988; *Sarx* Ausgewählte Einzelprobleme der Bilanzierung, in: Mellwig/Moxter/Ordelheide (Hrsg), Handelsbilanz und Steuerbilanz. Beiträge zum neuen Bilanzrecht, Band 2, Wiesbaden 1989, 127; *Leuschner* Gewinnrealisierung bei langfristiger Fertigung FS Budde, 374; *Backhaus* Gewinnrealisierung im Anlagengeschäft vor dem Hintergrund nationaler und internationaler Rechnungslegungsvorschriften FS Ludewig, 23; *Krawitz* Die bilanzielle Behandlung der langfristigen Auftragsfertigung und Reformüberlegungen unter Berücksichtigung internationaler Entwicklungen, DStR 1997; *Marx/Löffler* Bilanzierung der langfristigen Auftragsfertigung, Beck HdR B 700 (2000).

1. Allgemeines

Dem Abs 2 liegt im System – wie auch dem vom Gesetzgeber als Modell gewählten EStR 6.3 – das betriebswirtschaftliche Kalkulationsschema der **Zuschlagskalkulation** zugrunde. Dieses Verfahren unterscheidet zwischen Einzelkosten und Gemeinkosten. Einzelkosten sind solche, die dem Erzeugnis oder der Erzeugnisgruppe *unmittelbar* zugerechnet werden können; die **Gemeinkosten** werden den Kostenträgern über die Kostenstellenrechnung mittels Zuschlagssätzen *mittelbar* zugeordnet.

Das **Zuschlagsverfahren** umfasst hiernach Stoffkosten (Fertigungsmaterial und Materialgemeinkosten), Fertigungskosten (Fertigungslöhne, Fertigungsgemeinkosten sowie Sondereinzel- und Sondergemeinkosten der Fertigung), Entwicklungs-, Versuchs- und Konstruktionskosten sowie Verwaltungskosten. Aus der Addition ergeben sich die bilanziellen HK.

In Abs 2 werden die **Gemeinkosten** unterteilt in Materialgemeinkosten, Fertigungsgemeinkosten, Werteverzehr des Anlagevermögens und allgemeine Verwaltungskosten sowie Aufwendungen für soziale Einrichtungen des Betriebs, für freiwillige soziale Leistungen sowie für die betriebliche AVers. Bei den Einbeziehungswahlrechten in der HB kann das Wahlrecht unter Beachtung der Pflicht der Bewertungsstetigkeit jeweils für sich ausgeübt werden (*ADS*[6] § 255 Anm 250).

413 Für die Ermittlung der bilanziellen HK ist jedoch die Zuschlagskalkulation nicht bindend. Weitere mögliche Kalkulationsverfahren sind die **Divisions-Kalkulationen** und die **Kuppelkalkulationen**. Die Divisionskalkulationen werden unterschieden nach solchen ieS (einstufig, zweistufig und mehrstufig) und Äquivalenzziffernkalkulationen (einstufig, zweistufig und mehrstufig). Vgl im Einzelnen ABC Anm 470. Die Kuppelkalkulationen umfassen die Marktwertmethode, die Restwertmethode und die Kostenverteilungsmethode (im Einzelnen ABC Anm 470).

414 Die HK werden auf der Grundlage der untindividuellen Kostenrechnung und der Betriebsabrechnung ermittelt (ebenso *WPH*[14] I, E Anm 344). Die HK-Untergrenze nach Abs 2 S 2 setzt aber voraus, dass die aktivierungspflichtigen Einzelkosten und variablen Gemeinkosten erfasst und nachweisbar sind (s Anm 346; *ADS*[6] § 255 Anm 138, 139). In der Betriebswirtschaftslehre werden folgende **Kostenrechnungssysteme** unterschieden (*Swoboda* Sp 1067–1071):
– nach dem Zeitbezug: Istkostenrechnungs-, Normalkostenrechnungs- und Plankostenrechnungssysteme;
– nach dem Sachumfang: Vollkostenrechnungs- und Teilkostenrechnungssysteme;
– in Kombination: Ist-, Normal- oder Plankostenrechnung als Vollkosten- oder Teilkostenrechnung.

415 Die **Istkostenrechnung** verrechnet von den Kostenarten über die Kostenstellen bis zur Kostenträgerrechnung die tatsächlichen Kosten der Periode, dh Ist-Verbrauchsmengen bewertet zu Ist-Preisen (idR AK). Die **Normalkostenrechnung** verwendet Kosten, die sich als Durchschnitt der Istkosten vergangener Perioden ergeben, also Normalisierung der Kosten. Die **Plankostenrechnung** geht für das Mengen-(oder Zeit-)gerüst und die Wertansätze von geplanten Größen aus.

416 Bei der **Vollkostenrechnung** werden alle angefallenen Kosten auf die Kostenträger verrechnet. Zu den Arten der **Teilkostenrechnung** gehören die Grenzkostenrechnung und solche Systeme, bei denen der Block der Fixkosten differenziert aufgespalten wird; bei der Grenzkostenrechnung werden nur die variablen Kostenteile auf die Leistungen verrechnet und die Fixkosten en bloc in die Erfolgsrechnung übernommen.

417 Für die Ermittlung der bilanziellen HK eignet sich von diesen Kostenrechnungssystemen nach Zeitbezug besonders das **Istkostenverfahren** mit der Kombination der Vollkostenrechnung. Bereinigungen sind erforderlich bei Unterbeschäftigung (Anm 438 f). Die Verwendung einer **Normalkostenrechnung** zur Ermittlung der bilanziellen HK setzt voraus, dass der zugrunde gelegte Beschäftigungsgrad den realen Gegebenheiten entspricht (*ADS*[6] § 255 Anm 226 „nach vernünftiger kaufmännischer Überlegung"). Die Normalkosten dürfen aber nicht *unter* den tatsächlich angefallenen Kosten liegen (*ADS*[6] § 255 Anm 226). Unter gleichen Voraussetzungen kann auch die Plankostenrechnung für die Berechnung der HK in Frage kommen (hierzu *Wohlgemuth* in HdJ Abt I/10 Anm 134 ff). Zur Eignung der Prozesskostenrechnung zur Ermittlung der HK vgl *Kirsch* WPg 1999, 281.

418 Die **Vollkostenrechnung** entspricht den Voraussetzungen für die Ermittlung der HK. **Teilkostenrechnungen** sind nur bedingt verwendbar. An das jeweils angewandte Kalkulationsverfahren ist der Maßstab anzulegen, dass die aktivierungspflichtigen Bestandteile der HK eindeutig erfasst werden (glA *ADS*[6] § 255 Anm 140). Nach *WPH*[14] I, E Anm 344 rechnet eine entspr ausgebaute Abrechnung zu den Buchführungspflichten (§ 238 Abs 1).

Für die Abgrenzung bestimmter Kosten ist der **Beginn und Abschluss der** 419
Herstellung als Fertigungsprozess wesentlich. Die Herstellung eines VG beginnt, wenn erstmals Aufwendungen anfallen, die *unmittelbar* der Herstellung des VG dienen (s Anm 364). Hierzu steht auch das Redaktionskostenurteil (BFH 18.6.1975, BStBl II 809) nicht im Widerspruch (s Anm 365). Bei *Auftragsfertigung* beginnt die Herstellung mit Auftragserteilung; jedoch sind vor Auftragserteilung entstandene Aufwendungen zur *Auftragserlangung,* sofern sie unmittelbar dem erteilten Auftrag zugerechnet werden können und nicht Vertriebskosten darstellen (zB Planungen, Entwürfe, Reisekosten), als Sondereinzelkosten der Fertigung auf den Auftrag (nach) zu aktivieren (IDW RS HFA 31, Tz 8; *Knop/Küting*[6] § 255 Anm 194/195; *ADS*[6] § 255 Anm 213 mwN; s Anm 456). Nach EStR 6.3 Abs 7 brauchen die angefallenen Aufwendungen noch nicht ein „greifbares Wirtschaftsgut" ergeben haben.

Zur **Beendigung der Herstellung** ist für HB und StB str ob der Herstel- 420
lungsvorgang mit der Entstehung des VG oder mit seiner vollen Verkaufsfähigkeit beendet ist (IDW RS HFA 31, Tz 11 stellt auf die Möglichkeit der bestimmungsgemäßen Verwendung ab). Dies gilt in der Zuordnung insb für die Behandlung von Abfüllkosten, Transportkosten zu Auslieferungslagern, Verbrauchsteuern und Verpackungskosten; diese Aufwendungen können je nach der Abgrenzung noch HK oder Vertriebskosten sein (vgl auch Anm 445ff, 452, 453). Mit dem Übergang auf die Verkaufslager sind die dann anfallenden Lagerkosten Vertriebskosten.

2. Die Gruppe der Gemeinkosten

a) Materialgemeinkosten

Materialgemeinkosten sind die mit der Lagerung und Wartung des Materials 422
im Zusammenhang stehenden Kosten (ohne abziehbare Vorsteuer). Hierzu gehören im Einzelnen zB die Kosten der Lagerhaltung, des innerbetrieblichen Transports und der Prüfung des Fertigungsmaterials (ähnlich *ADS*[6] § 255 Anm 172; EStR 6.3 Abs 2). Gemeinkosten des Anschaffungsbereichs, die nicht als AK des Materials aktiviert werden dürfen (Anm 73), zB Kosten der Einkaufsabteilung und Warenannahme, werden nach EStR 6.3 Abs 4 den Kosten der allgemeinen Verwaltung zugeordnet (s Anm 431). Die Verrechnung erfolgt durch prozentuale Zuschläge auf das Fertigungsmaterial oder auf Stoffgruppen.

b) Fertigungsgemeinkosten

Fertigungsgemeinkosten sind die im Fertigungsbereich anfallenden Gemein- 423
kosten. Anders umschrieben fallen hierunter die Kosten der Fertigung, die nicht direkt als Kosten für Material und Fertigungslöhne oder als Sonderkosten verrechnet werden und nicht unter Verwaltungs- oder Vertriebskosten fallen (ähnlich auch *ADS*[6] § 255 Anm 174). Beispiele für Fertigungsgemeinkosten sind: Energiekosten (Brenn- und Treibstoffe, Dampf, Strom, Pressluft), Betriebsstoffe, Hilfsstoffe, Sachversicherungen für Anlagen der Fertigung, Instandhaltungsaufwendungen der Anlagen der Fertigung, Werkstattverwaltung, Lohnbüro, Arbeitsvorbereitung, Fertigungskontrolle, Grundsteuer (so auch *ADS*[6] § 255 Anm 176). Da die Abgrenzung zwischen Materialgemeinkosten und Fertigungsgemeinkosten im Einzelfall schwierig sein kann, führt die FinVerw als Beispiele nur mehrere Kostenstellen auf (EStR 6.3 Abs 2).

c) Sonderkosten der Fertigung

Hierunter fallen: 424
– Sondereinzelkosten der Fertigung und

– Entwicklungs-, Versuchs- und Konstruktionskosten (zu Auftragserlangungskosten s Anm 456).

Sondereinzelkosten der Fertigung sind vor allem die als Einzelkosten verrechenbaren Aufwendungen für Sonderbetriebsmittel (Modelle, Gesenke, Schablonen, Schnitte, Sonderwerkzeuge), Lizenzgebühren, soweit nicht Vertriebslizenzen. Aufwendungen dieser Art können auch variable Gemeinkosten darstellen, für die ebenfalls eine Einbeziehungpflicht besteht (*ADS*[6] § 255 Anm 149, 150; *Knop/Küting* in HdR[6] Anm 189 zur Differenzierung nach stück- oder auftragsbezogenen Kosten; kritisch *Schneeloch* DB 1989, 288).

425 Unter **Entwicklungs-, Versuchs- und Konstruktionskosten** fallen die entspr **auftragsgebundenen Kosten,** die im Rahmen eines erteilten Auftrags entstehen und schon deswegen Einzelkosten darstellen (so auch *ADS*[6] § 255 Anm 151; *Stobbe* in *HHR* § 6 Anm 463b).

426 **Entwicklungsarbeiten im Auftrag Dritter** sind, wenn noch nicht abgeliefert, am Bilanzstichtag als unfertige Leistungen mit den HK zu aktivieren (*ADS*[6] § 255 Anm 151), wobei die verlustfreie Bewertung zu beachten ist (vgl § 253 Anm 521 ff); Gleiches gilt für Dienstleistungen (zB Steuer- oder EDV-Beratung).

d) Werteverzehr des Anlagevermögens

427 Bei der Berechnung der HK müssen auch angemessene Teile des **Werteverzehrs** des **Anlagevermögens,** soweit er durch die Fertigung veranlasst ist, eingerechnet werden. Dies gilt auch für Abschreibungen auf selbst geschaffene immaterielle VG des Anlagevermögens, sofern diese durch die Fertigung veranlasst sind, wie bspw bei dem Rückgriff auf ein Patent im Rahmen der Fertigung (IDW RS HFA 31 Tz 22; *Zwirner/Boecker/Froschhammer* Ermittlung der Herstellungskosten nach IFRS und HGB – Eine Fallstudie unter Berücksichtigung steuerlicher Auswirkungen, KoR 2012, 93 ff.). Dabei darf der Werteverzehr – wie die anderen Gemeinkosten – nur insoweit berücksichtigt werden, als er auf den Zeitraum der Herstellung entfällt (Abs 2 S 3).

428 Die Bezeichnung **Werteverzehr** des Anlagevermögens ist in EStR 6.3 Abs 3 genauer bestimmt. Der Werteverzehr wird ausgedrückt durch die **planmäßigen Abschreibungen** nach § 253 Abs 3 S 1, steuerrechtlich durch die AfA nach § 7 Abs 1 und 2 EStG. **Außerplanmäßige Abschreibungen** (§ 253 Abs 3 S 3, vgl § 253 Anm 300 ff) gehören *nicht* zu den HK (IDW RS HFA 31 Tz 22). **Nicht zu den planmäßigen Abschreibungen gehören auch steuerrechtliche Sonderabschreibungen** und sonstige **erhöhte steuerrechtliche Absetzungen** (so auch *ADS*[6] § 255 Anm 191; *Knop/Küting* in HdR[5] § 255 Anm 249, 250).

Die planmäßigen Abschreibungen dürfen auf der Grundlage niedrigerer kalkulatorischer Abschreibungen eingerechnet werden, wenn die kalkulatorischen Abschreibungen auf der Grundlage der AK/HK (nicht von Wiederbeschaffungskosten), zB als lineare statt degressive Abschreibungen, verrechnet werden (ebenso *ADS*[6] § 255 Anm 184; IDW RS HFA 31 Tz 22: Ausgangsgrundlage sind die planmäßigen bilanziellen Abschreibungen).

429 Eine wesentliche Anhaltsgrundlage für die in die HK der HB einzubeziehenden Abschreibungsbeträge geben auch die Regelungen in EStR 6.3 Abs 3. Grds ist hiernach der Betrag anzusetzen, der in der **StB** bei der Bilanzierung des Anlagevermögens als **AfA** berücksichtigt ist. **Teilwertabschreibungen** auf das Anlagevermögen (§ 6 Abs 1 Nr 1 S 2 EStG) sind bei der Berechnung der HK nicht zu berücksichtigen.

430 Zu den nicht einzubeziehenden Abschreibungen als „**Leerkosten**" und bei „**Stillstand**" vgl Anm 438, 439.

e) Verwaltungskosten

Es ist zu unterscheiden zwischen der **Verwaltung der Fertigung** und der **allgemeinen Verwaltung**. Die Aufwendungen für die Fertigungsverwaltung rechnen zu den Fertigungsgemeinkosten. Für die allgemeinen Verwaltungskosten gilt das Einbeziehungswahlrecht nach Abs 2 S 3 (Anm 340) für die fixen Gemeinkosten. Zu den Aufwendungen der allgemeinen Verwaltung werden nach EStR 6.3 Abs 4 S 2 ua Aufwendungen für Geschäftsleitung, Einkauf und Wareneingang, Personalbüro, Nachrichtenwesen, Ausbildungswesen, Rechnungswesen, Feuerwehr und Werkschutz gerechnet. Für die Einbeziehung dieser Aufwendungen gilt das Prinzip der Angemessenheit (Anm 436, 437); ferner ist Voraussetzung, dass sie auf den Zeitraum der Herstellung entfallen (so auch ADS^6 § 255 Anm 156–159).

f) Aufwendungen für soziale Einrichtungen des Betriebs usw

Aufwendungen für soziale Einrichtungen des Betriebs, für freiwillige soziale Leistungen und für die betriebliche AVers brauchen – wie die allgemeinen Verwaltungskosten – nicht in die HK eingerechnet zu werden (Abs 2 S 3). Diese Vorschrift entspricht weitgehend EStR 6.3 Abs 4 S 3. Zu den Aufwendungen für **soziale Einrichtungen** gehören nach Auffassung der FinVerw (EStR 6.3 Abs 4 S 3) Aufwendungen für die Kantine (einschl Essenszuschüsse) und Freizeitgestaltung (zB Betriebsausflüge). Als **freiwillige soziale Leistungen** gelten insb Aufwendungen für Jubiläumszuwendungen, Weihnachtszuwendungen, Wohnungsbeihilfen und andere freiwillige Beihilfen (EStR 6.3 Abs 4 S 4). Aufwendungen für die **betriebliche AVers** umfassen DirektVers, Zuwendungen an P-Kassen, P-Fonds, U-Kassen und Zuweisungen zu den Pensionsrückstellungen (EStR 6.3 Abs 4 S 5). Auch die Aufwendungen für die **Beteiligung von Arbeitnehmern am Ergebnis** des Unt dürfen ausgenommen werden (ADS^6 § 255 Anm 195). Für das Einbeziehungswahlrecht gilt jeweils der Grundsatz der Angemessenheit und der zeitliche Bezug auf den Zeitraum der Herstellung (glA ADS^6 § 255 Anm 156–159).

Für soziale Aufwendungen, bei denen eine **Leistungspflicht** des Unt besteht, zB auf Grund eines Tarifvertrags oder eines Anstellungsvertrags, besteht hingegen Aktivierungspflicht im Rahmen der HK, soweit die Aufwendungen das in der Fertigung tätige Personal betreffen und als Einzelkosten den Fertigungslöhnen zuzurechnen sind. Ausgenommen hiervon sind die Aufwendungen für die betriebliche AVers (ADS^6 § 255 Anm 199; EStR 6.3 Abs 4 S 4).

3. Das Prinzip der Angemessenheit und Notwendigkeit

a) Allgemeines

Nach Abs 2 S 2 u 3 wird die pflicht- oder wahlweise Einbeziehung von variablen (Materialgemeinkosten, Fertigungsgemeinkosten, Werteverzehr des Anlagevermögens) bzw fixen (Verwaltungskosten, Kosten für soziale Einrichtungen des Betriebs, für freiwillige soziale Leistungen, für die betriebliche AVers) Gemeinkosten auf angemessene Teile beschränkt; außerdem dürfen diese Teile nur insoweit berücksichtigt werden, als sie durch die Fertigung veranlasst sind (variable Gemeinkosten) bzw auf den Zeitraum der Herstellung entfallen (fixe Gemeinkosten) (Anm 419).

Der **Grundsatz der Angemessenheit** ist als Hinweis auf die Klarheit der Einbeziehungsmöglichkeit in die Gemeinkosten und auf das Vorsichtsprinzip zu verstehen (ADS^6 § 255 Anm 156). Die Berücksichtigung des Zeitraums ergibt sich aus den betriebswirtschaftlichen Kostenrechnungsgrundsätzen und aus der Ermittlung der Gemeinkostenzuschläge (in der Praxis zT zeitlich verschoben). Hieraus abzuleiten ist auch die Aussonderung von ao oder neutralen Aufwendungen beim Ansatz der Kostenarten, aber auch von unangemessen hohen Kosten, zB bei offenbarer Unterbeschäftigung (ähnlich *ADS*[6] § 255 Anm 158; *Knop/Küting* in HdR[5] § 255 Anm 224 ff; *Beiser* DB 2003, 2557; s auch Anm 438, 439).

b) Kosten der Unterbeschäftigung (Leerkosten)

438 Insb bei den Fertigungsgemeinkosten und dem Werteverzehr des Anlagevermögens sind die Kosten einer **Unterbeschäftigung** (betriebswirtschaftlich Leerkosten) bei einer **dauerhaften** und **offenbaren** Unterauslastung der Kapazität zu eliminieren (*Schildbach*, Der handelsrechtliche Jahresabschluss, 2008, 181; zustimmend IDW RS HFA 31 Tz 21; *Küting*, StuB 2008, 424; *Künkele/Koss*, 437; *ADS*[6] § 255 Anm 162; *Freidank*, 29). Für die Abspaltung von **Leerkosten** bestehen jedoch verschiedene Abstufungen. Betreffen die Kosten Anlagen, die während des Gj nicht in der Fertigung eingesetzt waren und auch keine notwendigen Reserveanlagen darstellen, dürfte die Eliminierung unstreitig sein (glA *ADS*[6] § 255 Anm 162; *Döllerer*, 1407 ff; *Freidank*, 29). Handelt es sich um **kurzfristige** Beschäftigungsschwankungen bei genutzten Produktionsanlagen, sind die Mehrkosten zu berücksichtigen (*ADS*[6] § 255 Anm 162 – jeweils abgestellt auf die „Kosten einer normalen Beschäftigung").

Problematisch ist eine während des Gj anhaltende **ungenügende Kapazitätsauslastung,** dh die Frage der Eliminierung der damit zusammenhängenden Leerkosten. Es besteht auch hier die Notwendigkeit der Eliminierung (*Freidank*, 29). Die Gegenansicht ging davon aus, dass solche Leerkosten generell Bestandteil der Fertigungsgemeinkosten sind und das Regulativ über das strenge Niederstwertprinzip oder die steuerrechtliche Teilwertabschreibungen gegeben sei (zur StB *Mathiak*, 110). Nach dem Prinzip der **Angemessenheit und Notwendigkeit** ist die Berücksichtigung der nicht vollen Auslastung der Kapazität erforderlich (nach *ADS*[6] § 255 Anm 162 jedoch beschränkt auf die Abstufung einer „offenbaren Unterbeschäftigung"). Die Berechnung der Leerkosten bereitet in der Praxis allerdings Schwierigkeiten; als Normalkapazität muss die Optimalkapazität abzgl notwendiger Ausfallzeiten gelten (zur Erfassung und Verrechnung in der Kostenrechnung vgl *Betriebswirtschaftlicher und Finanzausschuss des Verbandes der Chemischen Industrie e V* Erfassung und Verrechnung von Kosten der Unterbeschäftigung DB 1977, 1810).

Ein brauchbarer, dh praktikabler Maßstab kann auch die Ableitung der Normalauslastung aus der Durchschnittsauslastung – zB eines Betriebsteils – in den letzten Perioden darstellen (so *Christiansen* StBP 1986, 173). Ebenso wird die Auffassung vertreten, dass wegen der praktischen Schwankungsbreiten eine Eliminierungspflicht nicht generell anzunehmen ist, wenn die erreichte Beschäftigung einen bestimmten Prozentsatz „der normalerweise erreichbaren Kapazität übersteigt" (*Knop/Küting* in HdR[5] § 255 Anm 299). Aufgrund der individuellen Umstände einzelner Unt sollte hier von Pauschalaussagen grds Abstand genommen werden.

439 Für die StB sind nach Auffassung der FinVerw die durch **teilweise Stilllegung** oder **mangelnde Aufträge** verursachten Mehrkosten *nicht* in die HK einzubeziehen (so EStR 6.3 Abs 6 S 1). Besteht jedoch eine mangelnde Ausnutzung der Anlagen, die sich nur aus der **Art der Produktion** ergibt, zB einer Zuckerfabrik mit typischer saisonaler Schwankung, dürfen die Leerkosten nicht eliminiert werden).

4. Das Verbot der Aktivierung von Vertriebskosten und Forschungskosten (Abs 2 S 4)

a) Vertriebskosten im Allgemeinen

Nach Abs 2 S 4 dürfen **Vertriebskosten** nicht in die HK einbezogen werden. **442**
Der Wortlaut des Abs 2 S 4 lässt in der Auslegung keine Beschränkung auf die Vertriebsgemeinkosten (Anm 449) zu (*ADS*[6] § 255 Anm 211). **Problematisch** bleibt die Behandlung der Sondereinzelkosten des Vertriebs bei **langfristiger** Fertigung (Anm 454–456). Mit dem Aktivierungsverbot ist im Übrigen auch die Aktivierung unter anderen Posten der Aktivseite der Bilanz ausgeschlossen; Steuerrechtlich müssen dagegen bestimmte Teile der Vertriebskosten weiterhin als RAP aktiviert werden (§ 5 Abs 5 S 2 EStG), mit der Folge latenter Steuern.

Die Vertriebskosten sind im HGB nicht definiert (*Busse von Colbe* HuRB, **443**
375–377). Im handelsrechtlichen Schrifttum und in der Praxis werden die Vertriebskosten kasuistisch behandelt. Die rein betriebswirtschaftliche Betrachtungsweise kann nur bedingt zur Abgrenzung der Kosten „**Bereich der Herstellung**" und „**Bereich des Vertriebs**" herangezogen werden. In Anlehnung an *Brand* (BB 1977, 888) können folgende dem **Vertriebsbereich** zuzurechnende Kosten zugrunde gelegt werden:

– **Typische Vertriebsstellen:**
 • Fertigungs-Endlager und Vertriebslager
 • Innerbetrieblicher Transport
 • Vertriebsabteilungen einschl besonderer Verkaufsbüros
 • Vertriebskolonnen
– **Typische *unmittelbare* Vertriebskosten:**
 • Werbeaufwand durch Inserate, Rundfunk- und Fernsehwerbung, Internet
 • Reklamefeldzüge und Reklamematerial
 • Marktuntersuchungen, die dem Vertrieb dienen
 • Aufwand für Ausstellungen und Messen
 • Verkäuferschulung
 • Reisekosten der Verkäufer
– **Typische Sondereinzelkosten des Vertriebs:**
 • Verpackung (Außenverpackung), Ausgangsfrachten, Transportversicherung
 • Verkaufsprovisionen für Verkaufsverträge
 • Sonderprovisionen an Dritte
 • Ausfuhr-Kreditversicherung (Hermes)
 • Sonstige Versicherungen für Delkredererisiko
 • Umsatzabhängige Lizenzgebühren
 • Kosten für Liefer- und Anzahlungsgarantien
 • Unternehmensexterne Abnahmekosten (zB TÜV-Gebühren)
 • Zölle und ausländische Kostensteuern
 • Konventionalstrafen
– **Sonderfälle** (mit Unterschied zur StB):
 • Verbrauchsteuern.

Die in den aufgeführten **typischen Vertriebsstellen** anfallenden Kosten sind **444** idR **Vertriebs*gemein*kosten**. Dasselbe gilt für die typischen **unmittelbaren** Vertriebskosten; bei diesen kommt als besonderes Merkmal hinzu, dass sie dem *zukünftigen* Absatz dienen. Die typischen **Sondereinzelkosten** können dagegen den Produkten unmittelbar zugerechnet werden (zu den typischen Vertriebskosten vgl auch *ADS*[6] § 255 Anm 216).

Eine Sonderstellung nehmen die Kosten für die **Verpackung** ein. Nach der **445** Unterscheidung zwischen **Innen- und Außenverpackung** werden die Kosten der Innenverpackung den HK zugerechnet. Es handelt sich um die Verpackung solcher Produkte, die durch die Verpackung erst verkaufsfähig werden, zB bestimmte Lebensmittel, Milch (s *ADS*[6] § 255 Anm 170).

446 Weiterhin können die Vertriebskosten nach ihrem **zeitlichen Anfall** im Hinblick auf den Zeitablauf der Herstellung unterschieden werden. Dabei können für die Sondereinzelkosten von besonderer Bedeutung sein die **Vorlaufkosten** zur Akquisition der Aufträge, etwa bei Sonderfertigung, zB Konstruktionszeichnungen (Anm 455). Zu der Behandlung der **Verbrauchsteuern** als Teil der HK vgl Anm 453.

448 Die **Steuerrechtsprechung** (Anm 451) hat das Verbot der Aktivierung als für jede Art von Vertriebskosten geltend ausgelegt und die Bestimmung in dieser engen Auslegung als allgemeine GoB aufgefasst. **Verschiedene Stellungnahmen** zum BiRiLiG haben eine Klarstellung dahin gehend gefordert, dass das Aktivierungsverbot für Vertriebskosten sich nur auf die Vertriebsgemeinkosten beziehen solle (vgl ua Gemeinsame Stellungnahme der WPK und des IDW zum Vorentwurf eines Bilanzrichtlinie-Gesetzes, WPg 1980, 501, 510).

449 Es muss davon ausgegangen werden, dass das Aktivierungsverbot die **Einzelkosten und** die **Gemeinkosten** des Vertriebs umschließt, da eine anderslautende Klarstellung im Gesetzgebungsverfahren zur Transformation der 4. EG-Richtl sowie im Rahmen des Gesetzgebungsverfahrens zum BilMoG nicht erfolgt ist (nahezu einhellige Auffassung zB IDW RS HFA 31 Tz 18; *Knop/Küting* in HdR[5] § 255 Anm 270; *ADS*[6] § 255 Anm 211 mwN).

450 Als **Ausnahmen** sind jedoch weiterhin folgende Fälle anzusehen: Bestände an Außenverpackung dürfen ggf als Hilfsstoffe aktiviert werden. Gutgeschriebene **Verkaufsprovisionen** für Verkaufsverträge dürfen ggf bis zur Ausführung der Verträge unter Anzahlungen auf Provisionen ausgewiesen werden (für die StB vgl BFH 4.8.1976, BStBl II, 675). Bei **langfristiger Fertigung** dürfen Teile der **Sondereinzelkosten des Vertriebs** im Rahmen einer Teilgewinnrealisierung aktiviert werden (Anm 463).

451 Für die **Steuerbilanz** wurde seit BFH 19.6.1973, BStBl II, 774 die Zusammenfassung von **Gemeinkosten** und **Sondereinzelkosten** zu einem einheitlich nicht differenzierbaren Begriff der Vertriebskosten als klargestellt angesehen.

452 Zur **Abgrenzung** zwischen **Herstellung** (Fertigung) und **Vertrieb** ist zu Einzelfällen eine sehr differenzierende steuerrechtliche Rspr ergangen. **Abfüllkosten** gehören zur Innenverpackung und damit zu den HK (BFH 26.2.1975, BStBl II 1976, 13). Die Kosten für die **Verpackung von Druckerzeugnissen** durch eine Banderoliermaschine gehören dagegen zu den Vertriebskosten der Druckerzeugnisse (BFH 3.3.1978, BStBl II, 413). Vgl auch BFH 28.8.1987, BStBl II, 789 (Cellophanumhüllung bei Tonbandkassetten sind Vertriebskosten) und BFH 20.5.1988, BStBl II, 961.

453 Bei einigen **Verbrauchsteuern** ist die Zuordnung zum **Herstellungsvorgang** strittig. Es handelt sich dabei um die Frage, ob diese Steuern als Teil der HK bei der Bewertung der unfertigen oder fertigen Erzeugnisse erfasst werden. Nach **handelsbilanzrechtlicher** Betrachtung werden zB die **Biersteuer** oder die **Mineralölabgaben** den **HK** zugerechnet. Für die Zuordnung zum Herstellungsbereich spricht, dass es sich um Aufwendungen handelt, die eine **andere Verkehrsfähigkeit** des VG bewirken. Bei der Biersteuer – und damit zB auch für die Mineralölsteuer – hatte das BFH-U vom 26.2.1975 (BStBl II, 13) eine Zuordnung außerhalb des Bereichs der Fertigung und des Vertriebs festgestellt. Daher dürfen Verbrauchsteuern wie **Biersteuer** oder **Mineralölsteuer** auch als **Teil der HK** aktiviert werden (so auch IDW RS HFA 31, Tz 29; *ADS*[6] § 255 Anm 153). Im Gegensatz zum Handelsrecht müssen im Steuerrecht als Aufwand berücksichtigte Zölle und Verbrauchssteuern weiterhin als RAP aktiviert werden (§ 5 Abs 5 S 2 Nr 1 EStG; EStR 5, 6 Abs 3).

b) Sondereinzelkosten des Vertriebs bei langfristiger Fertigung

Sondereinzelkosten des Vertriebs haben bei **langfristiger Fertigung** (Anm 457) besondere Bedeutung. Das Einbeziehungsverbot für Vertriebskosten kann hier die Darstellung der VFE-Lage wesentlich beeinträchtigen. 454

Da der Beginn der Herstellung vor dem Beginn der direkten Fertigung liegen kann (so auch *Wohlgemuth* in HuRB, 475), dürfen bestimmte Einzelkosten bereits mit Herstellungsbeginn aktiviert werden und damit einen **Vermögensgegenstand** entstehen lassen (vgl allgemein Anm 364; zum speziellen Problem: *Selchert* 2304, *Sarx* 131). Voraussetzung ist ua, dass diese Einzelkosten einem *Auftrag* unmittelbar zurechenbar sind, der am Bilanzstichtag erteilt war oder spätestens bis zur Abschlusserstellung erteilt wird; ebenso *Marx/Löffler* in Beck HdR B 700 Anm 43. 455

Einer besonders kritischen Abgrenzung bedürfen die **Kosten der Auftragserlangung** *(Akquisitionskosten),* die bis zur Auftragserteilung anfallen, also zB Reisekosten für Auftragsverhandlungen, Kosten für die Erstellung von Angeboten, Zahlung von Provisionen oder ähnlicher Leistungen für den Abschluss des Vertrags (dazu auch *Selchert,* 2304, 2305). Abgesehen von den Provisionen oder ähnlichen Leistungen können Teile der og Kosten als Einzelkosten Sonderkosten der Fertigung darstellen und sind dann in die Wertuntergrenze der HK einzubeziehen (s Anm 419; *ADS*[6] § 255 Anm 213: „nur in sehr eingeschränktem Umfang"; genereller: *Selchert,* 2304; *Förschle,* 102, *Sarx,* 131, *Backhaus* in FS Budde, 43; *Marx/Löffler* Beck HdR aaO Anm 41 Projektierungskosten, die nach Auftragserteilung zugleich der Fertigungsvorbereitung dienen). Provisionen und ähnliche Leistungen gehören grds zu den Vertriebskosten. Dies gilt auch für langfristige Fertigung. Aus dem Gesetzeswortlaut und der Entstehungsgeschichte von Abs 2 S 6 aF, der vor dem BilMoG das Einbeziehungsverbot für Vertriebskosten behandelte, ist abzuleiten, dass der Gesetzgeber in Kenntnis des bestehenden Problems generell die Vertriebskosten von einer Einbeziehung in die HK hat ausschließen wollen (hM zB IDW RS HFA 31 Tz 18; kritisch *Knop/Küting* in HdR[5] § 255 Anm 319; *ADS*[6] § 255 Anm 211 mwN; *Krawitz* DStR 1997, 889 *Leuschner* in FS *Budde,* 394). Eine aA kann auch nach der Verabschiedung des BilMoG nicht vertreten werden. 456

Kosten der Auftragsvorbereitung (zB Kosten für die Ausarbeitung von Plänen, Konstruktionszeichnungen, geologische Untersuchungen), die nach der Auftragserteilung anfallen, sind als Einzelkosten der Fertigung einrechnungspflichtige HK (*ADS*[6] § 255 Anm 214; *Selchert* BB 1986, 2304). Auch Teilbeträge von Provisionen oder ähnlichen Leistungen können hierzu gehören, wenn sie nachweisbar mit weiteren Leistungen des Empfängers bei der Auftragsdurchführung verbunden sind (vgl *Förschle* 104; *Sarx* 131).

Unter das **Einrechnungsverbot** für Vertriebskosten fallen bei langfristiger Fertigung somit aus dem Sammelbegriff „Sondereinzelkosten des Vertriebs" die nach der vorstehenden Aufgliederung verbleibenden Aufwendungen, die den bilanziellen Vertriebskosten zuzurechnen sind, auch wenn sie zeitlich vorgelagert vor dem Beginn der Herstellung, wie zB als allgemeine Provisionen, anfallen.

Haben diese verbleibenden Aufwendungen des Vertriebs bei langfristiger Fertigung einen wesentlichen Umfang, kann eine Angabepflicht im Anhang nach § 264 Abs 2 S 2 in Frage kommen (§ 264 Anm 48 ff insoweit unstrittig zB *Krawitz* DStR 1997, 887 mwN; Erfüllung der Informationsfunktion nach der sog Abkoppelungsthese s *Clemm* in FS Budde 138, 139). Es kann auch vertretbar sein, diese Vertriebskosten im Rahmen einer Teilgewinnrealisierung bei langfristiger Fertigung zu aktivieren (Anm 457 ff) und auch in früheren Perioden angefallene Aufwendungen zu „reaktivieren".

c) Teilgewinnrealisierung bei langfristiger Fertigung

457 Das Problem der **Teilgewinnrealisierung bei langfristiger Auftragsfertigung** hat nach wie vor, auch nach der Verabschiedung des BilMoG, im deutschen Bilanzrecht noch keine einheitliche Lösung gefunden (vgl BFH 24.1.2008, BStBl II, 428; *Stewing* Bilanzierung bei langfristiger Auftragsfertigung BB 1990, 100; *Krawitz* DStR 1997, 886), wenngleich auch insb die Auseinandersetzung mit den die IFRS beherrschenden Bilanzierungsgrundsätzen (s Anm 600 ff) zur weiteren Klärung beigetragen hat. Langfristige Auftragsfertigung ist ein Herstellungsprozess, der sich über mehrere Gj erstreckt, zB Bauten der Bauindustrie, Erstellung von Großanlagen, Errichtung von kompletten Werksanlagen, Bau von Kernkraftwerken. Das bilanzielle Problem bei langfristiger Fertigung liegt ua darin, dass ohne Teilgewinnrealisierung in den Gj der Fertigung, dh bis zur Fertigstellung, sich die Gewinnrealisierung und damit auch die Realisierung des Unterschiedsbetrags zwischen Selbstkosten und HK verzögert und erst im Jahr der Abnahme durch den Auftraggeber vollzieht; werden hingegen während der Perioden der Herstellung drohende Verluste erkennbar, sind nach dem Imparitätsprinzip Rückstellungen für drohende Verluste aus schwebenden Geschäften zu bilden (§ 249 Anm 52). Derartige Rückstellungen dürfen in gesetzlicher Durchbrechung der Maßgeblichkeit in der StB nicht gebildet werden (§ 5 Abs 4a EStG). Dies schließt jedoch nicht aus, bei der Bewertung der unfertigen Anlagen am Bilanzstichtag den dem Fertigungsgrad entspr Auftragsverlust zu berücksichtigen (vgl BFH 7.9.2005, BStBl 2006 II, 298; EStH 6.7). Im Hinblick auf die für KapGes/KapCoGes geltende **Generalklausel** des § 264 Abs 2 S 1 kann je nach dem Größenumfang der langfristigen Aufträge die Beachtung des Realisationsprinzips bewirken, dass ein den tatsächlichen Verhältnissen entspr Bild iSd Generalklausel nicht vermittelt wird und zusätzliche Angaben im **Anhang** erforderlich sind (s Anm 456 aE).

458 Das **Realisationsprinzip** fordert einen Umsatzvorgang und einen abgeschlossenen Übergang des Lfg- oder Leistungsobjekts an den Abnehmer (§ 252 Anm 43 ff); mit dem Umsatzvorgang erfolgt die Ertragsrealisierung. Werden die HK als Höchstgrenze jeweils unter Ausnutzung der **Wahlrechte** nach Abs 2 und Abs 3, also einschl fixer Gemeinkosten und Fremdkapitalzinsen (Anm 340 und 502 ff) ermittelt, liegt das bilanzielle Problem der Teilgewinnrealisierung bei langfristiger Fertigung in der Behandlung der Spanne zwischen den jeweils höchstmöglichen bilanziellen HK und den anteiligen Erlösen nach dem Fertigungsstand. Der Unterschiedsbetrag umfasst nicht aktivierungsfähige Verwaltungs- und Vertriebskosten sowie den Gewinnanteil ieS. Die Teilgewinnrealisierung **beginnt** mit dem Überschreiten der Bewertungsobergrenze der HK nach Abs 2 S 2–3 und ggf der Möglichkeit, Teile des Zinsaufwands zu aktivieren (Abs 3).

459 **Im Ergebnis nicht praktikabel erscheint** eine wahlweise Erhöhung der HK bis höchstens zu den am jeweiligen Bilanzstichtag erreichten *anteiligen Selbstkosten* unter Beachtung des Vorsichtsprinzips (§ 252 Abs 1 Nr 4). Siehe dazu im Einzelnen *Clemm* Grundprobleme der Gewinn- und Verlustrealisation bei langfristiger Auftragsfertigung und langfristiger Vermietung, *Ruppe* (Hrsg) Gewinnrealisierung im Steuerrecht, Köln 1981, 122; *Sarx,* 136. Dieser Ansatz von Zwischenwerten wird hier nur mit dem allgemeinen Vorsichtsprinzip begründet, nicht hingegen mit einer Abweichung von der bindenden Definition der HK nach Abs 2 (ablehnend *Marx/Löffler* Beck HdR B 700 Anm 44, kritisch *W. Müller* in FS Goerdeler, 408; ablehnend zum Ansatz von Zwischenwerten *Leffson* HdJ, Abt I/7 Anm 71).

460 Die Zulässigkeit der Teilgewinnrealisierung bleibt strittig. Es ist primär die Auslegungsfrage zu § 252 Abs 2, ob die Langfristfertigung einen **Ausnahmefall**

begründet, also eine Durchbrechung des Realisationsprinzips rechtfertigt (grds zustimmend *ADS*[6] § 252 Anm 86–88 unter bestimmten Voraussetzungen, die sämtlich erfüllt sein müssen; *WPH*[14] I, E Anm 317; *Wohlgemuth* Rechnungslegung[2] § 252 Anm 42, jedoch sehr restriktiv; *W. Müller* in FS Goerdeler, 408; „insb wenn ein Ausgleich durch ständig revolvierende Aufträge nicht erfolgt"; ablehnend *Marx/Löffler* in Beck HdR B 700 Anm 83). Die vorerwähnten zustimmenden Auffassungen gehen von der Zulässigkeit (Wahlrecht) zur Teilgewinnrealisierung aus, die im Übrigen auch Gewinnanteile ieS einschließt. Kritisch zum „Wahlrecht", jedoch im Ergebnis ein faktisches Wahlrecht annehmend *Füllbier/Kuschel/Selchert* in HdR[5] § 252 Anm 118.

Ein **Sonderfall** vorzeitiger Teilgewinnrealisierung einschl Gewinnanteil sind **461** nach Vertrag zulässige oder vereinbarte **Teilabrechnungen.** Diese setzen voraus, dass es sich um **endgültige** Teilabrechnungen handelt, die Vertragsgegenstände ihrer Art nach auch rechtlich und wirtschaftlich **übergehen** und in den Folgeperioden **keine Verluste** drohen (aA *Füllbier/Kuschel/Selchert* in HdR[5] § 252 Anm 107 ff; *Marx/Löffler* in Beck HdR B 700 Anm 56: volle Gewinnrealisierung bei Drohverlustrückstellung für nachfolgende Teillieferungen). Vereinbarte Teilabrechnungen, die die vorerwähnten Voraussetzungen erfüllen, stehen **nicht** im Gegensatz zum Realisationsprinzip (BFH 5.5.1976, BStBl II, 541).

Voraussetzung einer gewinnrealisierenden Teilabrechnung idS mit mehreren zeitlich gestaffelten Realisierungszeitpunkten ist das **Entstehen einer Forderung** mit verbindlicher Abnahme der Teilleistung und Gefahrenübergang. Diese Voraussetzungen müssen aus dem Vertrag eindeutig hervorgehen. Vereinbarte „pro-forma-Abrechnungen" einzelner Stufen reichen nicht. Da es dem Auftragnehmer idR nicht gelingen wird, das Gesamterfüllungsrisiko vertraglich auszuschließen, werden berechtigte Teilabrechnungen je nach Art der Lieferobjekte (so bei Industrieanlagen) in der Praxis zu *den selteneren Fällen* gehören (ebenso *Backhaus* in FS Budde, 24; *Krawitz* aaO, 890).

Der **Gesetzgeber des BilMoG** hat diese Diskussion gesehen und bewusst **462** von einer diesbzgl Änderung des Handelsrechts abgesehen (vgl Begr RegE (Allgemeiner Teil) 4. d). Eine sehr restriktive Anwendung auch begrenzter Lösungen (Ansatz von Selbstkosten) scheint demnach geboten.

Für die **StB** wird eine teilweise Gewinnrealisierung nur unter den Voraussetzungen endgültiger Teilabrechnung (s Anm 461) zugelassen (so BFH 18.12.1956, **463** BStBl 1957, 27, Brückenurteil; 5.5.1975, BStBl III 1976, 541 betr Abrechnungen bei Teilbauten; ebenso 8.12.1982, BStBl II 1983, 369 auf das Entstehen einer zivilrechtlichen Kaufpreisforderung abstellend; iE ebenso *Schmid/Walter* DB 1994, 2358 ff mwN; *Weber-Grellet* in Schmidt[32] § 5 Anm 270 Stichwort: langfristige Fertigung.

Zur Aktivierung von FK-Zinsen im Rahmen der Teilgewinnrealisierung s Anm 502 ff. Soweit in der HB über den StB-Ansatz hinaus Teilgewinne realisiert werden, sind passive latente Steuern (§ 274 Abs 1) zu bilden.

Die Pflicht der **Bewertungsstetigkeit** nach § 252 Abs 1 Nr 6 erfordert, dass **464** begonnene Teilgewinnrealisierungen je Auftrag bis zu seiner Beendigung fortgeführt werden. Dabei kann bei **neuen** langfristigen Aufträgen oder parallel laufenden anderen Aufträgen dieser Art von einer Teilgewinnrealisierung abgesehen werden. Das Wahlrecht wird **je Auftrag** ausgeübt (nach *ADS*[6] § 252 Anm 89 keine zukünftige Bindung aus dem Grundsatz der Bewertungsstetigkeit, aA *Wohlgemuth* in Rechnungslegung[2] § 252 Anm 44).

d) Forschungskosten

Vgl Anm 480 ff. **465**

5. ABC der Herstellungskosten (Vorräte)

ABC der Herstellungskosten (Sachanlagen) s Anm 400

470 **Abfälle.** Die Kosten der Beseitigung von Abfällen während der Herstellung gehören zu den Fertigungsgemeinkosten. Abfälle, die wieder verwendet werden, sind den Materialkosten oder den Materialgemeinkosten zuzurechnen.
Abfüllkosten. Abfüllkosten für Erzeugnisse, die ohne Abfüllung nicht verkaufsfähig sind, gehören zu den Fertigungsgemeinkosten oder den Sonderkosten der Fertigung (BFH 26.2.1975, BStBl II 1976, 13 zu den Abfüllkosten einer Brauerei; *Peiner* Zur Aktivierung der Verbrauchsteuern im Rahmen der HK, WPg 1976, 69; aA *Bachmayr* BB 1976, 561 und *Rudolph* Verbrauchsteuern. Abfüll- und Transportkosten auf Außenlager als Teil der HK, BB 1976, 877 mit Zurechnung zu den Vertriebskosten).
Abschreibungen s „Werteverzehr des Anlagevermögens".
Äquivalenzziffernrechnung s „Divisionskalkulation".
Absetzungen für Abnutzung s „Werteverzehr des Anlagevermögens".
Altersversorgung. Aufwendungen für die betriebliche AVers brauchen nach Abs 2 S 3 sinngemäß nicht in die HK eingerechnet zu werden; eine entspr Regelung gilt nach EStR 6.3 Abs 4 S 5 für die StB. Zu diesen Aufwendungen gehören DVers, Zuwendungen an P-Kassen, U-Kassen, P-Fonds und Zuweisungen zu Pensionsrückstellungen (Anm 434).
Annahme des Fertigungsmaterials. Diese Kosten gehören zum Bereich der Beschaffung; sie sind als Gemeinkosten und nicht als Anschaffungsnebenkosten zu berücksichtigen (Anm 201).
Aufräumungsarbeiten. Ergeben sich die Aufräumungsarbeiten durch den Herstellungsvorgang, sind die dadurch veranlassten Kosten den Fertigungsgemeinkosten zuzurechnen (so auch *HHR* § 6 Anm 1000), im Übrigen nicht berücksichtigungsfähige Verwaltungskosten oder Vertriebsgemeinkosten.
Ausbildung von Arbeitnehmern. Das Ausbildungswesen gehört zu der allgemeinen Verwaltung (s „Verwaltungskosten"). Dazu rechnen insb Arbeitslöhne für Auszubildende und Ausbilder; so auch die Auffassung der FinVerw (EStR 6.3 Abs 4 S 2). Ausnahmen sind Fertigungslöhne, die bestimmten Erzeugnissen direkt zugerechnet werden können, etwa bei einer Lehrwerkstatt (so auch *HHR* § 6 Anm 1000).
Auslösungen s „Reisekosten".
Beförderung s „Transportkosten".
Betriebsleitung. Diese Kosten gehören zu den Fertigungsgemeinkosten; so auch EStR 6.3 Abs 2 S 1 (Kostenstelle „Betriebsleitung").
Betriebsrat. Aufwendungen für den Betriebsrat rechnen zu den Kosten der allgemeinen Verwaltung (s „Verwaltungskosten"), ebenso EStR 6.3 Abs 2 S 2.
Betriebsstoffe. Sie werden unmittelbar oder mittelbar beim Herstellungsvorgang verbraucht (zB Schmier- und Reinigungsmittel, Säuren, Isoliermaterial, Brennstoffe; s „Energie"). Zum Begriff der Betriebsstoffe vgl auch § 247 Anm 61.
Biersteuer s „Verbrauchsteuern".
Divisionskalkulation. Anstelle der Zuschlagskalkulation werden bei Einprodukt-Betrieben (Einheitserzeugnissen) Divisionskalkulationen verwendet. Die **einfache** (einstufige) Divisionskalkulation ermittelt die Selbstkosten der Erzeugnisse durch Division der in der Periode angefallenen Gesamtkosten (Einzel- und Gemeinkosten, Verwaltungs- und Vertriebskosten), durch die in der gleichen Periode erzeugten Produkte. Zur Ermittlung der **bilanziellen HK** und Beachtung des **Verbots der Aktivierung von Vertriebskosten** können nur solche Divisionsrechnungen verwendet werden, bei denen die Gesamtkosten pro Periode zumindest getrennt nach den Kostenbereichen Herstellung, Verwaltung

Bewertungsmaßstäbe 470 § 255

und Vertrieb erfasst werden (Divisionsrechnung mit Kostenstellen). Bei der **Äquivalenzziffernrechnung,** die für der Art nach ähnliche Produkte in Frage kommt, wird durch Gewichtungs- oder Wertigkeitsziffern die Kostenverursachung der Herstellung der Produkte, zB Materialverbrauch, genauer erfasst. Mit den Äquivalenzziffern werden die produzierten Mengen auf eine normierte Einheitssorte umgerechnet. Wesentlich ist die Plausibilität der Äquivalenzziffern als Schlüssel (so auch *ADS*[6] § 255 Anm 240).

Einkauf. Der Einkauf wird idR zu der allgemeinen Verwaltung gerechnet. Die Kosten des Einkaufs gehören somit zu den allgemeinen Verwaltungskosten (s „Verwaltungskosten"), so auch EStR 6.3 Abs 4 S 5.

Einzelkosten. Zum Begriff der Einzelkosten nach § 255 Abs 2 S 2 s Anm 347, s auch „Zuschlagkalkulation".

Energie. Die Kosten für Brennstoffe, Treibstoffe, Dampf, Strom usw im Herstellungsvorgang gehören – wie Betriebsstoffe – zu den Fertigungsgemeinkosten. Teilbeträge der Kosten für Energie werden idR auch den Bereichen „Allgemeine Verwaltung" und „Vertrieb" als Gemeinkosten zuzurechnen sein.

Entwicklung s Anm 424 f, 480 ff.

Ergebnisbeteiligung s „Gewinnbeteiligung von Arbeitnehmern".

Erhaltungsaufwand. Erhaltungs-(Instandhaltungs-)aufwendungen sind, beschränkt auf Sachanlagen der Fertigung, Bestandteil der Fertigungsgemeinkosten.

Fertigungskosten s Anm 352.

Fertigungsmaterialannahme s „Annahme des Fertigungsmaterials".

Fertigungsmaterialprüfung s „Prüfung von Fertigungsmaterial".

Fertigungsvorbereitung s „Vorbereitung der Fertigung".

Fertigungsgemeinkosten s Anm 353 ff.

Finanzierungskosten. Zur Einbeziehung von Zinsen für FK in die HK (Abs 3) s Anm 502 ff.

Garantien. Garantien und die Zuweisungen zu den Garantierückstellungen gehören idR nicht zu den HK. Die Garantieverpflichtungen entstehen zeitlich *nach* der Auslieferung der Erzeugnisse oder als Teil der Erfüllung des Liefervertrags (so auch *Pieper,* 232; *HHR* § 6 Anm 1000); anders bei langfristiger Fertigung für bereits bei Auftragserlangung gegebene Vertragserfüllungs- und Anzahlungsgarantien. Aufwendungen für die den Garantien entspr kalkulatorischen Wagnisse gehören zu den Fertigungskosten.

Gemeinkosten s Anm 422; s auch „Zuschlagkalkulation", „Divisionskalkulation". Zum Begriff der „unechten" Gemeinkosten, die durch die angewandte Verfahrenstechnik entstehen können und tatsächlich als Einzelkosten zu verrechnen sind, s Anm 353.

Gewerbesteuer s „Steuern".

Gewinnbeteiligung von Arbeitnehmern. Vertragliche gewinnabhängige Tantiemen einzelner Arbeitnehmer des Fertigungsbereichs sind Bestandteil des „Rohgewinns" und daher nicht zu den HK zu rechnen. Bei nichtvertraglichen **Ergebnisbeteiligungen** von Arbeitnehmern des Herstellungsbereichs besteht auch steuerrechtlich ein Wahlrecht zur Einbeziehung in die HK (EStR 6.3 Abs 4 S 4). Nach BFH 5.8.1958, BStBl III, 392 sind Aufwendungen, die mit dem Gesamtergebnis des Betriebs zusammenhängen, nicht als HK zu erfassen. Sind solche Zusatzvergütungen jedoch wirtschaftlich den Akkordlöhnen der Fertigung ähnlich, sind sie Fertigungslohn.

Grundsteuer s „Steuern".

Hilfsstoffe. Hilfsstoffe (zB Nägel, Schrauben, Innenverpackung) werden unmittelbar für das Produkt verbraucht; zum Bilanzposten s § 247 Anm 61. Sie gehören zu den Fertigungsgemeinkosten, auch wenn sie in den Kalkulationen nur pauschal erfasst werden.

Klischees bei Verlagen. Nach BFH 21.1.1971, BStBl II, 304 rechnen Aufwendungen für Klischees zur Herstellung von Büchern zu den Fertigungsgemeinkosten der ersten Aufl, soweit die Wiederverwendung der Klischees für weitere Aufl ungewiss ist.
Kostenverteilungsmethode s „Kuppelproduktkalkulationen".
Kraftfahrzeugsteuer. Die KfzSt für Fahrzeuge, die unmittelbar dem Fertigungsbereich zuzurechnen sind, fällt unter die Fertigungsgemeinkosten.
Kuppelproduktkalkulationen. Die HK von Kuppelprodukten können idR nicht im Wege der Einzelbewertung ermittelt werden (*ADS*[6] § 255 Anm 244). Die betriebswirtschaftliche Kuppelproduktkalkulation verwendet als Hilfsrechnungen die **Marktwertmethode,** die **Restwertmethode,** die **Kostenverteilungsmethode** und auch für die Preispolitik alternativ das Rechnen mit „Päckchen-Deckungsbeiträgen" (vgl *Zahn* HWR Sp 850, 851). Bei der üblichen Marktwertmethode werden alle angefallenen Kosten nach Verkaufspreisen der erzeugten Produkte verteilt (sog Tragfähigkeitsprinzip). Das Verfahren unterstellt einen Zusammenhang zwischen Marktpreisen und Kosten, der oft nicht begründbar ist. Bei Kuppelproduktionen mit einem **Hauptprodukt** (zB Gas) und den zwangsläufig anfallenden Nebenprodukten (zB Koks, Teer und Benzol) kann die Restwertmethode angewandt werden; dann werden von den gesamten HK aller Kuppelprodukte die Verkaufserlöse der Nebenprodukte (ohne Anteil für Weiterverarbeitungs- und Vertriebskosten) abgesetzt. Der verbleibende Restwert umfasst die GesamtHK des Hauptprodukts, dessen Stückkosten durch Divisionsrechnung ermittelt werden. Entstehen bei der Kuppelproduktion **mehrere Hauptprodukte** (zB Gas *und* Koks) außer den Neben- und Abfallprodukten, kann das Verfahren der Kostenverteilungsmethode angewandt werden. Von den gesamten HK werden die Erlöse der Nebenprodukte abgezogen; die „Restkosten" der Hauptprodukte werden nach technischen Merkmalen (zB Heizwerte von Koks und Koksgas) verteilt. – Zur Bewertung bei Kuppelproduktion vgl auch *Wurl* Handelsrechtliche Bewertung unfertiger und fertiger Erzeugnisse bei Kuppelproduktion, WPg 1975, 101.
Lagerkosten. Lagerkosten für die Roh-, Hilfs- und Betriebsstoffe gehören zu den Materialgemeinkosten ab dem Zeitpunkt des Beginns der Herstellung (vgl *ADS*[6] § 255 Anm 167). Gehört die Lagerung dagegen zur Herstellung, wie zB bei Holz, Milcherzeugnissen, alkoholischen Getränken, handelt es sich um Fertigungsgemeinkosten, bei Rundholz ggf um Materialgemeinkosten (BFH 3.3.1978, BStBl II, 412). Lagerkosten für die fertigen Erzeugnisse sind nicht aktivierbare Vertriebskosten (*ADS*[6] § 255 Anm 170).
Langfristige Fertigung. Vgl Anm 457. S auch „Teilabrechnung" und „Teilgewinnrealisierung".
Leasingraten s „Miete".
Leerkosten vgl Anm 438 f.
Lizenzgebühren. Lizenzgebühren, die nach der vertraglichen Vereinbarung mit Lfg der Erzeugnisse entstehen (Umsatzlizenzen) sind als Vertriebskosten anzusehen (so auch *van der Velde* HK, 154). Werden sie hingegen für die Herstellung als solche entrichtet, sind sie Sonderkosten der Fertigung. Stücklizenzen, die an die mit dem lizenzierten Anlageaggregat produzierte Erzeugung gekoppelt sind, können – je nach Vertrag – Fertigungs- oder Vertriebskosten sein.
Lohnkosten. Fertigungslöhne sind Einzelkosten der Fertigung (Anm 352). Wie Fertigungslohn sind auch Gehälter für Werkmeister, Techniker und dgl, soweit diese Kosten den Erzeugnissen unmittelbar zurechenbar sind, zu behandeln (*ADS*[6] § 255 Anm 147; *Schneeloch* DB 1989, 285). Hilfslöhne gehören zu den Fertigungsgemeinkosten (zB für Lager- und Werkstattverwaltung, Lohnbüro, Arbeitsvorbereitung).

Bewertungsmaßstäbe 470 § 255

Lohnnebenkosten. Hierzu gehören insb Überstunden-/Feiertagszuschläge, gesetzliche Sozialabgaben, gesetzliche tarifliche Ausfallzeiten und gesetzliche/tarifliche Sozialaufwendungen (so auch *Schmeisser/Steinle* DB 1987, 2317 ff). Überstunden-/Feiertagszuschläge und gesetzliche Sozialabgaben (zB Arbeitgeberanteil zur Sozialversicherung) sind, soweit sie Fertigungslöhne betreffen, Einzelkosten und somit in die Wertuntergrenze der HK einzubeziehen (so auch *Schmeisser/Steinle* 2319; *Küting* BB 1989, 593; *Schneeloch* DB 1989, 287). Gesetzliche/tarifliche Ausfallzeiten und gesetzliche/tarifliche Sozialaufwendungen (zB Lohnausgleichszahlungen, Weihnachtsgeld) fallen ebenfalls unter die Fertigungslöhne (*ADS*[6] § 255 Anm 147; *Stobbe* in *HHR* § 6 Anm 463a; aA zu den bezahlten Ausfallzeiten *Schmeisser/Steinle* DB 1987, 2319; *Küting* BB 1989, 593; *Knop/Küting* in HdR[5] § 255 Anm 185). Freiwillige Sozialleistungen (so auch Anm 434) stellen nicht einbeziehungspflichtige Gemeinkosten dar.

Markt-/Restwertmethode s „Kuppelproduktkalkulation".
Materialkosten vgl Anm 351.
Materialgemeinkosten vgl Anm 422.
Miete. Mietaufwendungen oder Leasingraten für Anlagen, die der Produktion (Herstellung) dienen, sind HK (so auch *HHR* § 6 Anm 1000).
Mineralölabgaben s „Verbrauchsteuern".
Päckchen-Deckungsbeiträge s „Kuppelproduktkalkulation".
Provisionen. Umsatzabhängige oder andere beim Verkauf entstehende Provisionen sind Vertriebskosten. Unabhängig von dem Aktivierungsverbot für Vertriebskosten (Anm 442) sind gutgeschriebene Verkaufsprovisionen für abgeschlossene Verkaufsverträge ggf bis zur Ausführung der Verträge unter Anzahlung auf Provisionen auszuweisen (Anm 450). Einkaufsprovisionen sind Anschaffungsnebenkosten.
Prüfung von Fertigungsmaterial usw. Kosten, die durch die Prüfung von Fertigungsmaterial, Fertigungsprozess und Erzeugnissen verursacht werden, sind Fertigungsgemeinkosten, EStR 6.3 Abs 2 (Kostenstelle „Kontrolle der Fertigung").
Redaktionskosten. Kosten zur Herstellung von Druckvorlagen sind nach BFH 18.6.1975 (BStBl II, 809) *nicht* Bestandteil der HK. Zum Zeitpunkt des Beginns der Herstellung vgl Anm 419.
Reinigung von Fertigungsanlagen und Materiallager. Diese Kosten sind Fertigungsgemeinkosten.
Reisekosten und Auslösungen. Derartige Aufwendungen des für die Produktion und Montage (einschl Materialprüfung und -steuerung) tätigen Personals sind den Fertigungslöhnen bzw Fertigungsgemeinkosten zuzurechnen (einschl Fertigungsverwaltung). Reisekosten des in den Bereichen „Allgemeine Verwaltung" oder „Vertrieb" beschäftigten Personals sind Verwaltungskosten bzw Vertriebskosten (so auch *HHR* § 6 Anm 1000).
Restwertmethode s „Kuppelproduktkalkulation".
Sonderabschreibungen s „Wertverzehr des Anlagevermögens".
Sonderkosten der Fertigung vgl Anm 424 ff.
Sondereinzelkosten des Vertriebs vgl Anm 454 ff.
Soziale Aufwendungen vgl Anm 434, 435.
Steuern. Für die HB gilt folgende Abgrenzung: Gewinnabhängige Steuern gehören nicht zu den HK; nicht gewinnabhängige Steuern sind anteilig – dh soweit auf Produktionsanlagen entfallend – in die HK (Fertigungsgemeinkosten) einzubeziehen. Hiernach sind *keine* HK ESt, KSt und GewSt. Zu den HK gehören die ertragsunabhängigen Substanzsteuern wie zB **Grundsteuer**. Diese Steuern müssen anteilig auch den Verwaltungs- oder Vertriebskosten (Anlagen des Vertriebs) zugerechnet werden. Von den sonstigen Steuern gehört die USt zum Vertrieb; nicht abzugsfähige Vorsteuern rechnen zu den AK/HK der entspr VG

§ 255 470

(§ 9b Abs 1 EStG, vgl Anm 51). Weitere Steuern s „Verbrauchsteuern". Für die anteilige Einbeziehung der **Gewerbesteuer** in die HK wurde früher ein Wahlrecht angenommen (vgl BFH 5.8.1958, BStBl III 1958, 392). Mit Wirkung ab 2008 lehnt die FinVerw inzwischen eine Aktivierung mit der Begr ab, die GewSt sei steuerrechtlich nicht abziehbar (EStR 6.3 Abs 5 S 2). UE spricht für ein handels- und steuerbilanzielles Aktivierungsverbot hingegen, dass es sich bei der GewSt um eine iW gewinnabhängige Steuer handelt und diese daher außerhalb einer produktbezogenen Herstellung steht (vgl *Mathiak*, DStJG 7 (1984), 114; *Werndl* in Kirchhof/Söhn/Mellinghoff, § 6 Anm B 250).

Stillstandskosten. Hierunter werden die **fixen** Kosten verstanden, die während einer (teilweisen) Stilllegung von Produktionsanlagen entstehen, insb Abschreibungen und Instandhaltung. Diese Kosten gehören in HB und StB **nicht** zu den HK (Anm 439).

Teilgewinnrealisierung. Bei langfristiger Fertigung vgl Anm 457–460.

Teilabrechnungen. Bei langfristiger Fertigung vgl Anm 461.

Teilwertabschreibungen. Steuerrechtliche Teilwertabschreibungen gehören in der HB als „außerplanmäßige Abschreibungen" nicht zu den HK; dasselbe gilt für die StB, vgl EStR 6.3 Abs 3 S 5.

Transportkosten. Innerbetriebliche Transportkosten für das **Fertigungsmaterial** sind Fertigungsgemeinkosten. Die Beförderung von **Fertigerzeugnissen** in Auslieferungslager sind dem Vertriebsbereich zuzuordnen, str (so aber BFH 29.3.1976, BStBl II, 409). Die durch die Beförderung von Arbeitnehmern, die in der Produktion eingesetzt sind, verursachten Kosten sind Fertigungsgemeinkosten (so auch *HHR* § 6 Anm 1000).

Unfallverhütung, Unfallstation. Aufwendungen dafür, soweit bei Fertigungsstätten, sind Fertigungsgemeinkosten (ggf Materialgemeinkosten beim Lager für Rohstoffe und Zulieferteile), im Übrigen handelt es sich um Kosten für soziale Einrichtungen (*ADS*[6] § 255 Anm 197).

Unterbeschäftigung. Als Normalkapazität, deren Auslastung zu bestimmen ist, gilt die Optimalkapazität abzgl notwendiger Ausfallzeiten (s Anm 438). Die durch Unterbeschäftigung verursachten **Leerkosten** (s Anm 438) sind keine HK.

Verbandsbeiträge. Geleistete Beiträge nach Beendigung des Fertigungsvorgangs dürfen nicht als nachträgliche HK berücksichtigt werden (BFH 17.10. 2001, DStR 2002, 536).

Verbrauchsteuern. Dazu gehören insb Biersteuer, Branntweinabgaben, Kaffee-, Mineralöl-, Schaumwein- und Tabaksteuer. In der HB werden die Verbrauchsteuern idR den **HK** als Sonderkosten der Fertigung zugerechnet, da erst mit der Verbrauchsteuer ein verkaufsfähiges Erzeugnis entsteht (so auch *ADS*[6] § 255 Anm 153), sofern außerdem die Steuer bereits dann (und nicht erst bei Auslieferung) anfällt. Die Zuordnung ist im Hinblick auf das Ende des Herstellungsvorgangs **strittig**. Eine entspr Regelung enthält für die StB § 5 Abs 5 S 2 EStG, jedoch als Aktivierungswahlrecht (vgl EStR 5.6 Abs 3). Nach BFH 5.5.1983 (BStBl II, 559) gehört die Branntweinsteuer bei Erwerb von Branntwein durch einen Spirituosenhersteller und Weiterverarbeitung zu Fertigprodukten zu den AK des Branntweins und damit zu den HK der Fertigprodukte.

Veredelungsrechnung s „Divisionskalkulation".

Verkehrsteuern s „Steuern".

Verpackungskosten. Die Kosten der **Innenverpackung** werden den Fertigungsgemeinkosten zugerechnet. Es handelt sich um die Verpackung solcher Erzeugnisse, die durch die Verpackung erst verkaufsfähig werden, wie zB bestimmte Lebensmittel, Milch. Zur Rspr BFH 26.2.1975 (BStBl II 1976, 13) betr Innenverpackung wie Flaschen, Dosen, Milchtüten, Gläser, Folien; BFH 3.3. 1978 (BStBl II, 412) betr Flaschen, nicht aber die Abfüllanlage; BFH 21.1.1971

(BStBl II, 304) betr Schutzumschläge von Büchern. Die **Außenverpackung** (in Kisten, Kartons zum Transport) gehört zu den Vertriebsgemeinkosten.

Versicherungen. Sachversicherungen können (oft anteilig) den Materialbereich oder den Fertigungsbereich betreffen. Solche Aufwendungen gehören dann entweder zu den Materialgemeinkosten oder den Fertigungsgemeinkosten; so auch die FinVerw in EStR 6.3 Abs 2.

Vertriebskosten. Zum Begriff vgl Anm 443. Zum Aktivierungsverbot vgl Anm 449.

Verwaltungskosten. Kosten der **Fertigungsverwaltung** (zB Lohnbüro der Fertigung) werden zu den Fertigungsgemeinkosten gerechnet. Die Verwaltungskosten beziehen sich nach dieser Abgrenzung auf die **allgemeine Verwaltung**; vgl Anm 431 mit Beispielen.

Vorbereitung der Fertigung. Kosten der Vorbereitung der Fertigung sind Fertigungskosten (so auch *HHR* § 6 Anm 1000), und zwar entweder direkt zurechenbare Einzelkosten (zB Konstruktionszeichnungen); im Übrigen und im Zweifel Gemeinkosten.

Weihnachtszuwendungen. Sie gehören, soweit sie **freiwillig** gewährt werden, zu den freiwilligen sozialen Leistungen, für die nach Abs 2 S 3 ein Wahlrecht für die Einbeziehung in die HK besteht (Anm 434 f; vgl auch EStR 6.3 Abs 4 S 4).

Werteverzehr des Anlagevermögens. Zum Begriff vgl Anm 427. Dieser Werteverzehr umfasst für die HB nur **planmäßige Abschreibungen** nach § 253 Abs 2 S 1. Zum Begriff der planmäßigen Abschreibungen vgl auch § 253 Anm 219 ff. Zur **Bereinigung der Abschreibungen** in der HB vgl Anm 428 ff. Zu den in der **StB** mindestens einzuberechnenden AfA vgl Anm 429.

Zinsen. Zu den Zinsen für FK, die wahlweise in die HK einbezogen werden dürfen, vgl Anm 502 ff.

Zölle. S „Verbrauchsteuern".

Zuschlagkalkulation. Hier werden die Kostenarten zum Zweck der Verrechnung auf die Kostenträger (Erzeugnisse) in **Einzel-** und **Gemeinkosten** aufgeteilt. Einzelkosten sind die den Produkten oder Produktgruppen nach dem Verursachungsprinzip direkt zurechenbaren Kosten. Im Übrigen werden sie als Gemeinkosten mit Hilfe von **Zuschlagsätzen** verrechnet. Mit der Zuschlagkalkulation auf der Basis von Ist-, Normal- oder Plankosten werden die **HK** für die Bewertung der unfertigen und fertigen Erzeugnisse und Leistungen ermittelt. Es werden die einstufige differenzierende Zuschlagkalkulation und die mehrstufige Zuschlagkalkulation unterschieden (vgl hierzu *Reichmann* HWR Sp 1854–1870 mwN).

F. Forschungs- und Entwicklungskosten (Abs 2a)

I. Allgemeines

Der § 248 Abs 2 sieht ein Aktivierungswahlrecht für **selbst geschaffene immaterielle VG des Anlagevermögens** vor. Hierdurch soll die Vergleichbarkeit von nationalen und internationalen JA gefördert werden.

Bei dem Abs 2a handelt es sich nicht um eine Bewertungsnorm, sondern um Klarstellungen, die der Ermittlung der HK dienen. Dies wird dadurch verdeutlicht, dass nach S 1 die HK eines selbst geschaffenen immateriellen VG des Anlagevermögens die bei dessen Entwicklung anfallenden Aufwendungen nach Abs 2 sind. Für Zwecke der Bewertung der Entwicklungskosten ist daher grds auf die vorstehenden Ausführungen zu HK (vgl Anm 330 ff) zu verweisen.

482 Die Sätze 2 und 3 enthalten Definitionen der Begriffe Entwicklung und Forschung (vgl Anm 485 ff). Eine besondere Bedeutung kommt in diesem Zusammenhang dem Zeitpunkt des Übergangs von der Forschungsphase zur Entwicklungsphase zu (vgl dazu § 248 Abs 2).

483 S 4 verneint schließlich die Aktivierung der Entwicklungskosten, sofern eine verlässliche Differenzierung zwischen Entwicklungs- und Forschungskosten nicht möglich ist und schränkt damit den Anwendungsbereich von § 248 Abs 2 wieder ein.

484 Infolge des Aktivierungswahlrechts in § 248 Abs 2 und die mit der Aktivierung einhergehenden hohen Dokumentationspflichten wird für Unt, die sich für eine Aktivierung entscheiden und gleichzeitig die nötigen administrativen Pflichten erfüllen, eine Annäherung der nationalen an die internationale Rechnungslegung nach IFRS erreicht. Auf der anderen Seite führen das Wahlrecht und die hohen Dokumentationsanforderungen zu einer schwindenden Vergleichbarkeit der nationalen JA untereinander, da Unt zuerst entscheiden können, ob sie das Wahlrecht in Anspruch nehmen wollen und anschließend sicherstellen müssen, dass sie die administrativen Anforderungen erfüllen können (aA *Küting/Ellmann* DStR 2010, 1306).

II. Begriff

1. Forschung

485 Forschung ist die eigenständige und planmäßige Suche nach neuen wissenschaftlichen oder technischen Erkenntnissen, über deren technische Verwertbarkeit und wirtschaftliche Erfolgsaussichten keine Aussagen gemacht werden können. Ihre VGEigenschaft ist regelmäßig zumindest unsicher.

Bei nicht aktivierungsfähigen Forschungsaufwendungen fehlt es an einem konkreten Bezug zu verwertbaren Produkten, so dass kein Zusammenhang zwischen den Aufwendungen und dem späteren Absatz von Produkten hergestellt werden kann (vgl *Henckel/Ludwig/Lüdke* DB 2008, 197; *Künkel/Koss,* 443).

Nicht zu den HK gehören seit jeher Aufwendungen für die sog **Grundlagenforschung;** sie dürfen nicht aktiviert werden (*Stobbe* in *HHR* aaO). Bei der sog **Zweckforschung** wird zwischen Neu- und Weiterentwicklung von Erzeugnissen unterschieden. Aufwendungen für die **Neuentwicklung** von Erzeugnissen stehen idR noch in keinem konkreten Zusammenhang mit einem bestimmten zu bewertenden Erzeugnis und sind deswegen noch nicht aktivierungsfähig (ebenso *ADS*[6] § 255 Anm 151; *Stobbe* in *HHR* § 6 Anm 463b). Aufwendungen für die **Weiterentwicklung** von Erzeugnissen der lfd Fertigung können als Fertigungsgemeinkosten der produzierten Erzeugnisse anzusehen sein (*ADS*[6] aaO; *HHR* aaO; *Knop/Küting* in HdR[5] § 255 Anm 334, 339); Prototypen für geplante Serienerzeugnisse sind den Originalkopien von Tonträgern vergleichbar: wie bei diesen (s Anm 365) stehen auch bei den Prototypen nicht der körperliche Gegenstand, sondern die *schöpferische Leistung* (Entwicklungsleistung) im Vordergrund. Sie unterliegen als selbst geschaffene immaterielle Anlagegüter dem Aktivierungswahlrecht des § 248 Abs 2 (nach hM erfasst Letzteres die der Erstellung der Prototypen vorangehenden Entwürfe, Konstruktionszeichnungen, Arbeitsmodelle usw; nicht jedoch die unmittelbar für die Erstellung der Prototypen anfallenden Aufwendungen s *ADS*[6] § 255 Anm 152 mwN).

486 Das Verbot der Aktivierung von **Forschungskosten** in Abs 2 S 4 ist als Klarstellung zum Wahlrecht der Aktivierung von selbst erstellten immateriellen VG in § 248 Abs 2 zu sehen. Aufwendungen für die Grundlagenforschung oder die Neuentwicklung von Produkten oder Produktionsverfahren werden nicht als HK eingestuft, da es an der Objektivierbarkeit der in der Forschungsphase angefallenen Aufwendungen mangelt (*Küting/Ellman* DStR 2010, 1301).

2. Entwicklung

Anders als bei Forschungsaufwendungen handelt es sich bei **Entwicklungsaufwendungen,** um die Anwendung von Forschungsergebnissen oder von anderem Wissen für die Neuentwicklung von Gütern oder Verfahren mittels wesentlicher Änderungen. Die Begriffe „Güter" und „Verfahren" sind weit auszulegen und umfassen Materialien, Produkte, geschützte Rechte oder auch ungeschütztes Know-How oder Dienstleistungen bzw Produktions- und Herstellungsverfahren und entwickelte Systeme. Im Gegensatz zur Forschungsphase ist der entstehende VG in der Entwicklungsphase bereits konkretisierbar. Aufgrund eines hohen Neuigkeits- und Komplexitätsgrads besteht hinsichtlich des Ergebnisse jedoch auch während der Entwicklungsphase weiterhin eine gewisse Unsicherheit hinsichtlich des späteren Entwicklungserfolgs (vgl *Kuhn,* 100 f).

Die handelsrechtliche Definition stimmt sinngemäß mit der steuerrechtlichen Definition in § 51 Abs 1 Nr 2u bb und cc EStG und § 80d Abs 4 Nr 3 EStDV überein. Besagte Aufwendungen sind aktivierungsfähig, sobald mit hoher Wahrscheinlichkeit davon auszugehen ist, dass künftig ein VG entsteht (*Küting/ Ellmann* DStR 2010, 1300). Ohne Zweifel besteht hinsichtlich des Übergangs von der Forschungs- zur Entwicklungsphase bzw vom Übergang von nicht aktivierbaren Forschungs- zu aktivierbaren Entwicklungsaufwendungen eine Grauzone, die den Unt in der Praxis einen Gestaltungsspielraum eröffnet. Soll der Gesetzeszweck, eines kostengünstigen und den Kapitalmarktzugang fördernden Regelwerks allerdings erreicht werden, dürfen keine übersteigerten Anforderungen an die diesbzgl Objektivierungen gestellt werden.

Die Aktivierungspflicht beginnt bei sequenziellen Abläufen im Zeitpunkt des Übergangs vom systematischen Suchen zum Erproben und Testen der gewonnenen Erkenntnisse oder Fertigkeiten. Zur Bestimmung des Zeitpunkts, ab wann die Voraussetzungen für einen aktivierungsfähigen VG erfüllt sind vgl § 248 Abs 2 und § 247 Anm 376 ff. Da FuE in der Praxis sich häufig nicht in sequenziellen sondern alternierenden Prozessen vollziehen, dürfte dies hinsichtlich einer Aktivierung mit Problemen verbunden sein (vgl *Hüttche* StuB 2008, 165; *Küting/ Ellmann* DStR 2010, 1301). Da eine durch die handelsrechtlichen Vorschriften bedingte Umgestaltung alternierender in sequenzielle FuE-Prozesse unwahrscheinlich -wenn nicht unmöglich- sein dürfte, werden bei alternierenden Fällen noch höhere Anforderungen an das FuE-Controlling gestellt.

Bei **mehrjähriger Entwicklung,** bei der in früheren Jahren die Voraussetzungen für eine Aktivierung noch nicht erfüllt waren, führen die ursprünglich als Aufwand erfassten Entwicklungskosten nach hier vertretener Auffassung nicht zu HK des selbst geschaffenen imm VG. UE ergibt sich dies aus § 252 Abs 1 Nr 5. Einmal zu Recht als Aufwand und nicht aktivierungsfähig klassifizierte Aufwendungen einer Periode können nicht in späteren Perioden umklassifiziert werden, (*Laubach/Kraus/Bornhofen* DB 2008, Beilage zu Heft 23, Arbeitskreis „Immaterielle Werte im Rechnungswesen", DB 2008, 1818; *Küting/Ellmann* DStR 2010, 1304). Werden die Aktivierungsvoraussetzungen allerdings im Laufe eines Gj erfüllt, sind uE die seit Periodenbeginn angefallenen Entwicklungsaufwendungen aktivierbar, eine unterjährige Abgrenzung wäre weder praktikabel noch geboten. Ein Verstoß gegen das Kongruenzprinzip liegt dabei nicht vor (aA *Küting/Ellmann* DStR 2010, 1304).

§ 255 490–501   Jahresabschluß (Bewertungsvorschriften)

490   Neben der Erstellung von immateriellen VG in Eigenregie existiert in der Praxis auch die Vergabe von Entwicklungsaufträgen an Dritte. Dabei ist entscheidend, wer das Risiko des Scheiterns zu tragen hat. Wird ein Entwicklungsauftrag an Dritte vergeben und trägt dieser zugleich das Entwicklungsrisiko (etwa bei Vorliegen eines Werkvertrags), liegt bei erfolgreicher Entwicklung die **Anschaffung** eines (entgeltlich erworbenen) immateriellen VG vor (vgl Anm 109).

Trägt hingegen das Unt das Risiko (Dienstvertrag), liegt bei Dokumentation der für die Aktivierung notwendigen Voraussetzungen (s § 248 Anm 11ff) **Herstellung** eines selbst geschaffenen immateriellen VG des Anlagevermögens vor.

491   Eine wichtige Voraussetzung für die Abgrenzung der Kosten zwischen FuE-Phase ist ein leistungsfähiges FuE-Controlling (vgl Arbeitskreis Immaterielle Werte im Rechnungswesen, DB 2008, 1816). Bei der Ausgestaltung der Kostenrechnung ist eine spezifische Einteilung in Kostenstellen, eine Abgrenzung zwischen FuE innerhalb der Kostenstellen sowie eine projektbezogene Kostenträgerrechnung erforderlich (vgl *Seidel/Grieger/Muske* BB 2009, 1289). Zudem sollten, sofern Mitarbeiter Anwendungen in Eigenregie entwickeln (zB Softwareunt) diese grds zentral erfasst und hinsichtlich des aktuellen Entwicklungsstands regelmäßig aktualisiert werden (vgl *Hüttche* StuB 2008, 168).

III. Steuerrecht

492   In der **Steuerbilanz** gilt auch nach den Änderungen durch das BilMoG weiterhin das Aktivierungsverbot für selbst erstellte immaterielle VG des Anlagevermögens nach § 5 Abs 2 EStG. Steuerrechtlich stellen die angefallenen Kosten des selbst geschaffenen immateriellen VG Aufwand in der jeweiligen Periode dar. Abs 2a hat daher für die StB keine direkte Relevanz (indirekte Relevanz ggf im Bereich latenter Steuern, wenn entspr VG handelsrechtlich aktiviert werden).

G. Zinsen für Fremdkapital (Abs 3)

500   FKZinsen rechnen weder zu den AK noch gehören sie zu den HK. Die Anschaffung oder Herstellung eines VG ist ein von der Finanzierung unabhängiger Vorgang (*ADS*[6] § 255 Anm 201). Die Aktivierbarkeit ist ausdrücklich auf FKZinsen und auf den Zeitraum der Herstellung beschränkt (Anm 504ff).

I. Anschaffungskosten und Fremdkapitalzinsen

501   Für Anschaffungen gilt der Grundsatz der Nichteinbeziehung von FKZinsen, weil die Finanzierung nur mittelbar, nicht aber unmittelbar der Anschaffung dient (BFH 24.5.1968, BStBl II, 574) und ein nur zeitlicher Zusammenhang mit einer Anschaffung nicht ausreicht (s auch Anm 23). Jedoch können die Parteien durch entspr Gestaltung des Sachverhalts in gewissem Umfang Finanzierungskosten in die AK einbeziehen; zB wenn der Hersteller eines Gebäudes, anstatt eine Anzahlung zu verlangen, seine **Bauzeitzinsen** als Teil des Veräußerungspreises weiterberechnet (BFH 19.4.1977, BStBl II, 600; BFH 18.2.1993, BStBl II 1994, 224 betr die Erstattung anteiliger Bauzeitzinsen durch eintretende Kommanditisten) oder wenn sich bei der Veräußerung eines Gebäudes gegen Übernahme dinglicher Lasten der Veräußerer vom Erwerber die bei ihm entstandenen Disagiobeträge im Kaufpreis vergüten lässt (BFH 17.2.1981, BStBl II, 466).

Auch bei anderen Anschaffungsvorgängen sind Finanzierungskosten (wahlweise) aktivierbar, soweit sie dazu dienten, die Herstellung zu beschaffender Neuanlagen mit längerer Bauzeit durch Anzahlungen oder Vorauszahlungen zu finanzieren (so zB *ADS*[6] § 255 Anm 35; *WPH*[14] I, E Anm 250; aA *Mathiak* Anschaffungskosten und HK, 126 f; *Kulosa* in Schmidt[32] § 6 Anm 140 Finanzierungskosten). Wirtschaftlich ist es gleich, ob die Zinskosten beim Lieferanten anfallen und von diesem in einem höheren Verkaufspreis weitergegeben werden oder ob der Abnehmer (fremdfinanzierte) Anzahlungen leistet und dafür entspr weniger für die Anschaffung bezahlt. Der Bilanzierung darf aber kein anderer als der wirtschaftlich verwirklichte Sachverhalt zugrunde gelegt werden. Die für geleistete Anzahlungen aufgewendeten FKZinsen können deswegen als Anschaffungsnebenkosten angesehen werden (so *ADS*[6] aaO; aA *Kulosa* in Schmidt[32] aaO). Für eine Einbeziehungs*pflicht* von Fremdfinanzierungskosten in die AK nach Abs 1 spricht sich unter bestimmten, sehr eng gefassten Voraussetzungen *Knop/Küting* in HdR[5] § 255 Anm 40 aus.

II. Herstellungskosten und Fremdkapitalzinsen

Nach ausdrücklicher Gesetzesbestimmung gehören die Zinsen für FK auch nicht zu den HK (Abs 3 S 1). Gleichwohl *dürfen* sie angesetzt werden; geschieht dies, gelten sie als HK (Abs 3 S 2). Gesetzestechnisch werden damit Kosten, die keine HK sind, im Wege der Fiktion zu HK. Bei diesem möglichen Ansatz **fiktiver HK** geht es nicht um die Ausübung eines Bewertungswahlrechts iSv in die HK „einrechenbare Aufwendungen". Zinsen sind Aufwendungen für die Überlassung von **Finanzierungsmitteln;** nicht aber „Aufwendungen, die durch den Verbrauch von Gütern und die Inanspruchnahme von Diensten" (Abs 2) entstehen. Da es sich betriebswirtschaftlich wie nach eindeutiger Definition des Abs 3 nicht um HK handelt, geht es bei dem Ansatz von FKZinsen auch nicht um die Ausübung eines Bewertungswahlrechts, sondern um die Inanspruchnahme einer **Bewertungshilfe,** (Begr RegE, 88), die im Falle ihrer Inanspruchnahme von KapGes/KapCoGes im Anhang anzugeben ist (§ 284 Abs 2 Nr 5).

Die betriebswirtschaftliche Literatur wie auch die gesetzliche Begriffsbestimmung unterscheiden zwischen Aufwendungen für die **Finanzierung** und Herstellungsaufwendungen, die den Gesetzgeber im Hinblick auf die anschließende Behandlung dieser Aktivierungen (AfA) zu dem gesetzestechnischen Mittel der Fiktion von HK in Abs 3 veranlasste. Diese Unterscheidung sollte aus handelsrechtlicher Sicht unterbleiben und die Zinsaktivierung mit der wahlweisen Einbeziehungsmöglichkeit von Verwaltungskosten in die HK nach Abs 2 gleichgesetzt werden (*ADS*[6] § 255 Anm 210; *Knop/Küting* in HdR[5] § 255 Anm 307).

Die Inanspruchnahme der Bewertungshilfe ist an zwei einengende Voraussetzungen geknüpft. Das in Anspruch genommene FK muss **zur Herstellung eines VG verwendet** werden; ferner kommt eine Aktivierung nur insoweit in Frage, als die Zinsen **auf den Zeitraum der Herstellung entfallen.** Mit der ersten Voraussetzung („Fremdkapital, das zur Finanzierung der Herstellung eines VG verwendet wird") verlangt das HGB eine tatsächlich bestehende Verknüpfung zwischen der Beschaffung von Finanzierungsmitteln (FK) und deren Verwendung für die Herstellung, dh einen tatsächlich bestehenden Zusammenhang zwischen der Inanspruchnahme von FK und der Herstellung des VG.

Ein derartiger Zusammenhang besteht, wenn ein **Kreditvertrag** unter Bezugnahme auf den herzustellenden Gegenstand abgeschlossen, verlängert oder eine bestehende **Kreditlinie** nachweislich zur Finanzierung ausgenutzt wird und eine andernfalls mögliche Kreditrückführung unterbleibt (*ADS*[6] § 255 Anm 203). Erforderlich ist ein Zinsaufwand, der hätte vermieden werden können, wenn die Herstellung dieses VG unterblieben wäre. Wird ein derartiger Zusammenhang dargetan, ist der Kredit auch „zur Herstellung verwendet". Hilfsweise für den Ansatz von FK im Verhältnis der Kapitalstruktur des Unt, da im Zweifel jeder VG wie das GesamtUnt finanziert ist, sind *Selchert* DB 1985, 2415; *ADS*[6] § 255 Anm 204; *Knop* in HdR[5] § 255 Anm 313; Letzterer auch für die Annahme, das EK finanziere zunächst das Anlagevermögen. Für strenge Anforderungen an die Zurechenbarkeit IDW RS HFA 31 Tz 25.

506 Ein **tatsächlicher Zusammenhang** zwischen FKInanspruchnahme und der Herstellung eines VG ist auch dann noch gegeben, wenn ein VG des Anlagevermögens, etwa ein Baukran, zur Durchführung eines Bauauftrags auf Kredit angeschafft wird, der auch später noch zur Herstellung weiterer VG eingesetzt werden kann (*Selchert* DB 1985, 2414).

507 In der Praxis ist die Aktivierung von FKZinsen iW in Branchen mit langfristiger Auftragsfertigung bei hohem Einsatz von FK, wie zB Flugzeugbau- und LuftfahrtGes, Werften und SchifffahrtGes und Unt der Wohnungswirtschaft, von Bedeutung. In derartigen Fällen besteht oft auch ein unmittelbarer wirtschaftlicher Zusammenhang zwischen der Inanspruchnahme von Finanzierungsmitteln und der Herstellung der VG **(auftragsbezogene Finanzierung).** Gleiches gilt, wenn ein größeres Investitionsvorhaben, wie die Herstellung eines Verwaltungsgebäudes oder einer Fabrikhalle, mit FK finanziert wird. In Abs 3 wird darauf verzichtet, die Aktivierung von FKZinsen an die weitere Voraussetzung zu binden, dass sich die Herstellung über einen längeren Zeitraum erstreckt.

508 Die zweite einengende Voraussetzung der Bewertungshilfe besteht darin, dass nur die **auf den Zeitraum der Herstellung entfallenden Fremdkapitalzinsen** aktiviert werden dürfen. Hieraus wird zugleich abgeleitet, dass es sich um einen herzustellenden VG handelt. So soll die Aktivierung von FKZinsen zum Erwerb eines Grundstücks bei einem WohnungsbauUnt schon deswegen entfallen, weil das Grundstück bilanzrechtlich ein selbstständiger VG ist, der nicht in die HK des Gebäudes eingeht (BFH 13.11.1985, BFH/NV 1986, 331; aA IDW RS HFA 31 Tz 26; *Horlemann* BB 1986, 245 mit der Begr, betriebswirtschaftlich könnten auch diese Kreditkosten den zur Veräußerung bestimmten Wohnungen zugeordnet werden (Grund und Boden als notwendiger Bestandteil der herzustellenden und zu veräußernden Wohnungen). Finanzierungskosten, die iZm der Herstellung von zur Veräußerung bestimmten Eigentumswohnungen anfallen, dürfen längstens bis zu deren Fertigstellung aktiviert werden. Später anfallende FKZinsen rechnen zum Vertriebsbereich und scheiden für eine Aktivierung aus. Kosten der Kapitalbeschaffung (zB Bereitstellungszinsen) sind ebenfalls nicht aktivierbar (IDW RS HFA 31 Tz 27). Zum Zeitraum der Herstellung – Beginn und Ende der Herstellung – Anm 362 ff.

509 Eine Aktivierung von **Eigenkapitalzinsen** – kalkulatorischen Zinsen auf eingesetztes EK – kann schon mangels zugrunde liegender Ausgaben nicht in Betracht kommen.

510 Bisher wurde auch **steuerrechtlich** die Zulässigkeit anerkannt, wahlweise FKZinsen in die HK einzubeziehen unter der Voraussetzung, dass auch in der HB entspr verfahren wird (EStR 6.3 Abs 4 S 1 unter Bezug auf BFH 7.11.1989, BStBl II 1990, 460; aA, weil jegliches Wahlrecht in der StB ablehnend *Mathiak* 1984, 115). In EStR 6.3 Abs 4 werden die Bewertungswahlrechte nach Abs 2 S 3 u die Zinsaktivierung nach Abs 3 undifferenziert aneinandergereiht. In die HK einbezogene und aktivierte Bauzeitzinsen stellen keine Dauerschuldentgelte dar (BFH 30.4.2003, DStR 2003, 1435).

Die Inanspruchnahme der Bewertungshilfe in der HB führt genauso wie die Ausübung des Bewertungswahlrechts nach Abs 2 S 3 auch zum Ansatz in der StB. Das Maßgeblichkeitsprinzip gilt auch für diese fiktiven HK (*Weber-Grellet*

DB 1994, 2408; *Kulosa* in Schmidt[32] § 6 Anm 206; für das Handelsrecht Anm 502 f).

H. Der beizulegende Zeitwert und seine Ermittlung (Abs 4)

I. Allgemeines

Der Abs 4 definiert den **beizulegenden Zeitwert** als weiteren Bewertungs- 511
maßstab neben den AK/HK.

Danach sind dem Handelsbestand iSd KWG zugeordnete FinanzInst der vom 512
Anwendungsbereich erfassten Rechtsgebilde (Kredit- und Finanzdienstleistungs-Unt, die dem Anwendungsbereich des § 340 unterliegen) das Planvermögen für AVersVerpflichtungen und vergleichbare langfristige Verpflichtungen iSd § 246 Abs 2 S 2 sowie fondsgebundene AVersVerpflichtungen iSd § 253 Abs 1 S 3 mit dem beizZW (ggf abzgl eines Risikoabschlags, § 340e Abs 3) zu bewerten. Der Begriff „beizZW" ist bereits durch das BilReG durch Übersetzung des Begriffs „Fair Value" aus IAS 32.11 iZm den Anhangangaben zu derivativen FinInst in das HGB eingeführt worden (vgl 6. Aufl § 285 Anm 287 ff). Er unterscheidet sich vom beizulegenden Wert des § 253 Abs 4 (vgl Anm 515 bei § 253 zum niedrigeren beizulegenden Wert sowie zum Unterschied 6. Aufl § 285 Anm 287; *Küting* DB 2007, 1709; *Böcking* BB 2008, 266; *Gemeinhardt* StuB 2008, 460).

Der beizZW ist der **Börsenpreis** oder **Marktpreis**, der auf einem aktiven 513
Markt (vgl Anm 515) ermittelt wird. Er entspricht dem Betrag, zu dem zwischen sachverständigen, vertragswilligen und voneinander unabhängigen Kfl ein VG getauscht oder eine Verbindlichkeit beglichen werden könnte (IDW PS 314 Tz 15). IW entspricht er demnach dem Einzelveräußerungspreis des VG bzw der Schuld.

In der **Steuerbilanz** erfolgt der Ausweis gem § 6 Abs 1 Nr 2b EStG ebenfalls zum beizZW allerdings abzgl eines Risikoabschlags nach § 340e Abs 3 S 1 (vgl Anm 523 ff).

II. Die Ermittlung des beizulegenden Zeitwerts

1. Marktpreis auf einem aktiven Markt (Abs 4 S 1)

Der beizZW kann grds auf unterschiedliche Weise ermittelt werden. Dabei 514
besteht die Pflicht, die Bewertungsmethode beizubehalten (§ 252 Abs 1 Nr 6). Ziel ist eine möglichst marktnahe und damit objektivierte Bewertung.

S 1 bestimmt, dass der beizZW dem Marktpreis entspricht. Der Marktpreis 515
muss dabei ohne weiteres verlässlich feststellbar sein. Er ist auf einem **aktiven Markt** zu bestimmen. Das Merkmal der Verlässlichkeit trägt dabei dem GoB der vorsichtigen Bewertung Rechnung. Ein aktiver Markt ist anzunehmen, wenn der Marktpreis an einer Börse, von einem Händler, von einem Broker, von einer Branchengruppe, von einem Preisberechnungsservice oder von einer Aufsichtsbehörde leicht und regelmäßig erhältlich ist. Ein aktiver Markt ist darüber hinaus durch die Homogenität der gehandelten Produkte, die Möglichkeit jederzeit potenzielle Käufer und Verkäufer zu finden, sowie den öffentlichen Zugang zu Preisinformationen gekennzeichnet (*Schmiel/Breithecker* 2008, 152). Der Marktpreis muss darüber hinaus auf aktuellen und regelmäßig auftretenden Markttrans-

aktionen zwischen unabhängigen Dritten beruhen (vgl IDW RS BFA 2 Tz 39). Nur wenn diese Voraussetzungen kumulativ erfüllt sind, kann von einem auf einem aktiven Markt ermittelten Marktpreis gesprochen werden (vgl IDW RS BFA 2 Tz 39).

516 Öffentlich notierte Marktpreise sind dabei die bestmögliche Bestimmungsmethode für den beizZW. Bei einer öffentlichen Notierung ist die erforderliche Objektivität idR gegeben (*Böcking* BB 2008, 266).

517 Bei der Bestimmung des beizZW ist weiterhin zu beachten, dass nur der *notierte* Marktpreis maßgebend ist. Paketzu- oder -abschläge dürfen nicht vorgenommen werden.

2. Fehlen eines aktiven Marktes (Abs 4 S 2)

518 Für die Abgrenzung eines **aktiven Marktes** von einem nicht aktiven Markt enthält das Gesetz keine klare Definition. Ein aktiver Markt liegt vor, solange nicht von einer Marktstörung ausgegangen werden muss, weil bspw in einem engen Markt keine aktuellen Marktpreise verfügbar sind oder Zufallskurse vorliegen.

Indikatoren für das Vorliegen eines nicht (mehr) aktiven Markts können ein signifikanter Rückgang der Handelsvolumina im Verhältnis zu den historisch gehandelten Volumina, signifikante Preisschwankungen im Zeitablauf oder zwischen Marktteilnehmern, sowie keine laufende Verfügbarkeit von Preisen sein (IDW RS BFA 2 Tz 41). Werden bspw wegen einer geringen Anzahl umlaufender Aktien im Verhältnis zum Gesamtvolumen der emittierten Aktien regelmäßig nur kleine Volumina gehandelt, steht dies der Annahme von einem aktiven Markt nicht entgegen. Gleiches gilt für einen geringen free-float, solange regelmäßig eine Preisfindung stattfindet. Ein Preisverfall allein beeinträchtigt hingegen ausweislich Gesetzesbegr zu § 340e nicht die Handelbarkeit von FinInst.

519 Kann ein Marktpreis nach S 1 nicht bestimmt werden, kommen andere Bewertungsmethoden nach S 2 zum Einsatz. Der Einsatz von anderen Bewertungsmethoden dient der Annäherung des beizZW an den Marktpreis, wie er sich am Bewertungsstichtag zwischen unabhängigen Geschäftspartnern bei Vorliegen normaler Geschäftsbedingungen ergeben hätte. Als mögliches Bewertungsverfahren kann der Vergleich mit dem vereinbarten Marktpreis jüngerer vergleichbarer Geschäftsvorfälle zwischen sachverständigen, vertragswilligen und unabhängigen Geschäftspartnern herangezogen werden. In der Gesetzesbegr zum BilMoG heißt es weiter, dass anerkannte wirtschaftliche Bewertungsmethoden verwendet werden können. Was darunter zu verstehen ist, ist nicht weiter definiert. Für die Ermittlung des beizZW sind insb Discounted Cashflow Modelle zu verwenden, bei denen künftige Cashflows prognostiziert und auf ihren Gegenwartswert mit laufzeit- und risikoäquivalenten Zinssätzen diskontiert werden (*Helke/Wiechens/Klaus* DB 2009 Beilage zu Heft 29, 37). Bei der Ableitung des Diskontierungszinssatzes sind sind die Komponenten risikofreier Basiszins, Kreditrisiko- und Liquiditätsrisikoaufschlag zu berücksichtigen (vgl IDW RH HFA 1.014 Tz 32). Alternativ könnten Optionspreismodelle (Black-Scholes-Merton-Modell oder Binominalmodell) Anwendung finden. Als weitere Alternative für den Fall, dass ein Marktpreis zum Bilanzstichtag nicht feststellbar ist, kann ein aus den Marktwerten der einzelnen Bestandteile des FinInst abgeleiteter Zeitwert ermittelt werden, sofern dies möglich ist. Voraussetzung ist wiederum ein verlässlicher aktiver Markt für die einzelnen Bestandteile. Einzelne Bestandteile können sein: Referenzzinssatz, aktueller Zinssatz am Bilanzstichtag, Volatilität, Basispreis, Kassakurs am Bilanzstichtag. Diese Methode ist uE nur anzuwenden, wenn sie eine angemessene Annäherung an den beizZW gewährleistet.

3. Bewertung zu Anschaffungs- oder Herstellungskosten (Abs 4 S 3–4)

Eine Bewertung der betr FinInst zu AK/HK kommt nach S 3 nur dann in Betracht, wenn sich ein Marktpreis nicht verlässlich ermitteln lässt und auch die Ermittlung des beizZW durch Anwendung eines Bewertungsmodells nicht möglich ist. Davon soll auszugehen sein, wenn die angewandte Methode eine Bandbreite möglicher Werte zulässt, die Abweichung der Werte voneinander signifikant ist und eine Gewichtung der Werte nach Eintrittswahrscheinlichkeiten nicht möglich ist.

Dabei regelt S 3 den Fall, dass sich der beizZW eines verpflichtend zum beizZW zu bewertenden FinInst zu irgendeinem späteren Zeitpunkt nicht mehr ermitteln lässt, folglich die Bewertung nach S 1 oder S 2 nicht mehr möglich ist. Grundlage für eine dann nach § 253 Abs 4 vorzunehmende Folgebewertung zu AK/HK ist nach S 4 der letzte zuverlässig ermittelte beizZW. Dadurch ist das strenge Niederstwertprinzip, dem die zu Handelszwecken erworbenen FinInst im Umlaufvermögen ohne zwingende Zeitwertbilanzierung unterliegen würden, gewährleistet. Der letzte zuverlässig ermittelte beizZW wird dabei zu den maßgebenden AK/HK, die Ausgangspunkt für eine Folgebewertung nach § 253 Abs 4 sind. Bei einer ggf vorübergehenden Bewertung zu AK/HK handelt es sich lediglich um eine andere Form der Bewertung, nicht jedoch um eine Umklassifizierung aus dem Handelsbestand.

Ein zu Handelszwecken erworbenes FinInst kann nicht vorliegen, wenn sich der beizZW von vornherein nicht nach S 1 oder S 2 ermitteln lässt. Eine Bewertung zum beizZW ist in dieser Situation daher ausgeschlossen. Besteht eine solche Situation hat die Zugangsbewertung im Zugangszeitpunkt nach den allgemeinen Vorschriften zu fortgeführten AK/HK zu erfolgen.

III. Steuerrecht

Der beizZW, primär ein handelsrechtlicher Bewertungsmaßstab, hat steuerbilanziell (ausnahmsweise) Relevanz für FinInst des Handelsbestands von Kreditinstituten und Finanzdienstleistungsinstituten. In der StB sind WG des Umlaufvermögens gem § 6 Abs 1 Nr 2 EStG grds mit den AK oder HK zu bewerten. Ein höherer Ansatz ist grds nicht zulässig. Abw hiervon sind nach § 6 Abs 1 Nr 2b EStG in Einklang mit der HB nach § 340e Abs 3 FinInst des Handelsbestandes von Kreditinstituten und Finanzdienstleistungsinstituten zwingend mit dem beizZW abzl eines Risikoabschlags auszuweisen.

In Durchbrechung des Realisationsprinzips kann es insoweit steuerrechtlich zu einem Ansatz oberhalb der AK/HK kommen (vgl *Werndl* in Kirchhof/Söhn/ Mellinghoff § 6 Anm Ca 2). Umgekehrt ist der beizZW auch dann zu übernehmen, wenn dieser unter den AK oder HK liegt und eine Teilwertabschreibung nach § 6 Abs 1 Nr 2 S 2 EStG mangels dauerhafter Wertminderung nicht zulässig wäre. Der Gesetzgeber begründet diese Durchbrechungen der sonst anwendbaren Ober- bzw Untergrenzen mit praktischen Erwägungen, weil der Stpfl andernfalls gezwungen wäre, die AK der FinInst in der Buchführung gesondert und nur für steuerrechtliche Zwecke zu erfassen (vgl RegE BilMoG, 218; zur verfassungsrechtlichen Problematik s *Helios/Schlotter* DStR 2009, 547; *Kulosa* in Schmidt[32] § 6 EStG Anm 428). Die steuerrechtliche Regelung wird ausdrücklich auf *Kredit- und Finanzdienstleistungsinstitute* iSd § 340 beschränkt, nur dort stünden der potenziell durch Besteuerung unrealisierter Gewinne höheren Steuerbelastung entspr Ersparnisse aufgrund geringerer administrativer Kosten ggü (vgl RegE BilMoG, 219).

525 FinInst (zB Optionen, Futures, Swaps, Forwards und Warenkontrakte, vgl *Scharpf/Schaberg* DB 2008, 2552) sind nach § 6 Abs 1 Nr 2b EStG nur dann mit dem Zeitwert zu bewerten, wenn sie zu Handelszwecken erworben worden sind und nicht in einer BewEinh iSd § 5 Abs 1a S 2 EStG abgebildet werden. Ein Erwerb zu Handelszwecken liegt vor, wenn im Zugangszeitpunkt die Absicht besteht, aus kurzfristigen Preisschwankungen Gewinne zu erzielen (*Werndl* in Kirchhof/Söhn/Mellinghoff § 6 Anm Ca 8; *Helios/Schlotter* DStR 2009, 547) und setzt voraus, dass die FinInst auf einem aktiven Markt gehandelt werden. FinInst, die der Absicherung von Grundgeschäften dienen und mit diesen in einem Sicherungszusammenhang stehen und daher BewEinh iSd § 5 Abs 1a S 2 EStG bilden, sind vom Anwendungsbereich des § 6 Abs 1 Nr 2b EStG ausgeschlossen.

526 Soweit außerhalb des Anwendungsbereichs des § 6 Abs 1 Nr 2b EStG handelsrechtlich ein Ansatz mit dem beizZW erfolgt, kann es zu Bewertungsunterschieden zwischen HB und StB kommen, die zur Bildung latenter Steuern führen; zB bei Planvermögen für AVersVerpflichtungen und vergleichbaren langfristig fälligen Verpflichtungen iSd § 246 Abs 2 S 2 sowie bei fondsgebundenen AVersVerpflichtungen iSd § 253 Abs 1 S 3 (vgl *Künkele/Zwirner* DStR 2009, 1277 (1280)).

I. Rechtsfolgen einer Verletzung des § 255

550 Für eine Verletzung der Bewertungsvorschriften des § 255 sieht das HGB keine speziellen zivilrechtlichen Sanktionen vor. Eine Verletzung kann gemäß § 283b Abs 1 Nr 3a StGB strafrechtliche Konsequenzen haben (Freiheitsstrafen bis zu 2 Jahren), wenn das Unt die Zahlungen einstellt oder über sein Vermögen das Insolvenzverfahren eröffnet oder es mangels Masse abgelehnt wird.

Ordnungswidrig handelt, wer als Mitglied des Geschäftsführungsorgans oder des AR einer KapGes/KapCoGes bei der Aufstellung oder Feststellung des JA den Vorschriften über die Bewertung zuwiderhandelt (§ 334 Abs 1 Nr 1b; § 335b). Dies kann mit einer Geldbuße belegt werden. Wird gegen die Bewertungsvorschriften der § 252 bis § 256a verstoßen, kann bei der AG/KGaA **Nichtigkeit des JA** nach § 256 Abs 5 AktG wegen Überbewertung oder Unterbewertung vorliegen. Bei der GmbH ist § 256 Abs 5 AktG entspr anzuwenden (BGH 1.3.1982, BB, 1982, 1527).

Wer als gesetzlicher Vertreter eines dem PublG unterliegenden Unt oder bei einem dem PublG unterliegenden Ekfm als Inhaber oder dessen gesetzlicher Vertreter die Verhältnisse des Unt in der Bilanz unrichtig wiedergibt oder verschleiert, wird mit Freiheitsstrafe bis zu 3 Jahren oder mit Geldstrafe bestraft (§ 17 Abs 1 Nr 1 PublG). Außerdem stellt in diesen Fällen die Zuwiderhandlung gegen die Vorschriften der Bewertung des HGB bei der Aufstellung oder Feststellung des JA eine Ordnungswidrigkeit dar, die mit einer Geldbuße geahndet werden kann (§ 20 Abs 1 Nr 1b PublG).

Stellt der AP von KapGes/KapCoGes und anderen dem PublG unterliegenden Unt (§ 6 Abs 1 und 2 PublG) fest, dass bei der Aufstellung der Bilanz die gesetzlichen Vorschriften und die sie ergänzenden Bestimmungen des GesV nicht beachtet wurden (§ 317 Abs 1 S 2), kann je nach Schwere des Verstoßes eine Einschränkung oder Versagung des BVm die Folge sein (§ 322 Abs 4).

J. Abweichungen der IFRS

Schrifttum: *Kümpel* Bilanzierung und Bewertung des Vorratsvermögens nach IAS 2 (revised 2003), DB 2003, 2609; *Vater* Überarbeitung von IAS 23 „Fremdkapitalkosten" –

Konvergenz um der Konvergenz willen?, WPg 2006, 1337 ff; *Küting/Cassel* Anschaffungs- und Herstellungskosten nach HGB und IFRS, StuB 2011, 283 ff.

Standards: IAS 2 Vorräte *(Inventories)* (rev 2003); IAS 11 Fertigungsaufträge *(Construction Contracts)* (rev 1993); IAS 16 Sachanlagen *(Property, Plant and Equipment)* (rev 2012); IAS 20 Bilanzierung und Darstellung von Zuschüssen der öffentlichen Hand *(Accounting for Government Grants and Disclosure of Government Assistance)* (rev 2008); IAS 21 Auswirkungen von Wechselkursänderungen *(The Effect of Changes in Foreign Exchange Rates)* (rev 2008); IAS 23 Fremdkapitalkosten *(Borrowing Costs)* (rev 2008); IAS 38 Immaterielle Vermögenswerte *(Intangible Assets)* (rev 2009); IAS 39 Finanzinstrumente: Ansatz und Bewertung *(Financial Instruments: Recognition and Measurement)* (rev 2011); IFRS 13 Bemessung des beizulegenden Zeitwerts *(Fair Value Measurement)* (rev 2011).

I. Anschaffungskosten

Der Konzeption der IFRS entspr werden in den einzelnen Standards jeweils eine eigenständige Kategorie von Vermögenswerten definiert und sowohl die zugrunde liegenden Begriffe als auch die Bewertungsansätze erläutert. So wird die Bilanzierung und Bewertung des Vorratsvermögens in IAS 2, der Sachanlagen in IAS 16 und der immateriellen Vermögenswerte in IAS 38 geregelt. Das AK-Prinzip des HGB darf für Sachanlagen (IAS 16.31) und immaterielle Vermögenswerte (IAS 38.75), FinInst (IAS 39), für als Finanzinvestitionen gehaltene Immobilien (IAS 40.33), sowie für biologische Vermögenswerte und landwirtschaftliche Erzeugnisse (IAS 41.12) durch die Neubewertung zu einem höheren beizZW durchbrochen werden, unter der Voraussetzung, dass dieser verlässlich ermittelt werden kann. Sofern nicht eine vorangegangene Abwertung rückgängig gemacht wird, ist diese Buchwerterhöhung erfolgsneutral in der Neubewertungsrücklage zu erfassen (IAS 16.39 und IAS 38.85). Die Bewertung von Planvermögen zum beizZW nach IAS 19.113 ist mit der Abweichung vom AK-Prinzip nach § 253 Abs 1 S 4 vergleichbar.

Der **Umfang der AK** für immaterielle Vermögenswerte (IAS 38.27), Sachanlagen (IAS 16.16) und Vorräte (IAS 2.11) ist iW gleich. Sie beinhalten den Kaufpreis einschl Einfuhrzölle und nicht erstattungsfähige Steuern sowie abzgl aller Rabatte, Boni und Skonti und Anschaffungsnebenkosten. Ergibt sich aus der Anschaffung oder der Nutzung des Sachanlagevermögens eine Verpflichtung zu Abbruch oder Entsorgung bzw zu einer Sanierung des Standorts, für die eine Rückstellung zu bilden ist, sind die dafür zukünftig anfallenden geschätzten Kosten ebenfalls zu aktivieren (IAS 16.16 (c) und IAS 16.18). Dieser wesentliche Unterschied zum HGB bewirkt eine Erhöhung der AK im Vergleich zur HB. Die Erfassung des Aufwands erfolgt über die Nutzungsdauer des Vermögenswerts durch die höhere Abschreibung und den Zinsaufwand aus der jährlichen Erhöhung der Rückstellung, während in der HB der Aufwand durch die ratierliche Zuführung und die Aufzinsung der Rückstellung erfasst wird. Eine Bewertungsänderung der Rückstellung führt anders als im HGB zu einer nachträglichen Änderung der AK. Bestandteil der AK sind uU FK-Kosten nach IAS 23 (s Anm 595). Werden bei einem Kauf auf Ziel die üblichen Zahlungsfristen überschritten, sind die AK das Barpreis-Äquivalent, soweit die Zinsen nicht gem IAS 23 aktiviert werden müssen (IAS 16.23). Auch dies entspricht den Grundsätzen des HGB (s § 253 Anm 66 „zinslose Kaufpreisstundung"). Zuwendungen der öffentlichen Hand nach IAS 20 dürfen die AK mindern (s Anm 580). IAS 2.16, IAS 16.19 und IAS 38.29 enthalten Beispiele für nicht aktivierungsfähige Kosten.

Die IFRS regeln den **Tausch** von Sachanlagen (IAS 16.24–26) und immateriellen Vermögenswerten (IAS 38.45–47) identisch. Der erworbene Vermögenswert ist zum beizZW *(fair value)* anzusetzen. Dabei ist der *fair value* der hingegebenen oder erworbenen Vermögenswerte zu verwenden, je nachdem welcher verlässlicher bestimmt werden kann. Falls die Transaktion keinen wirtschaftlichen Gehalt hat oder weder der *fair value* des hingegebenen noch des erworbenen Vermögenswerts verlässlich bestimmt werden kann, gilt der Buchwert des hingegebenen als AK des erworbenen Vermögenswerts. Ein Wahlrecht wie im HGB (s Anm 131) besteht demnach nicht.

Für den **unentgeltlichen Erwerb** enthalten die IFRS keine Regelung. Aus dem Rahmenkonzept lässt sich jedoch ableiten, dass ein Ansatz zum beizZW in Frage kommt (F 89), sofern die Ansatzkriterien für einen Vermögenswert erfüllt sind.

573 Neben dem Grundsatz der Einzelbewertung können für Vorräte wie im HGB (Anm 208) auch **vereinfachte Verfahren** zur Bemessung der AK angewandt werden, wie die *pauschale Ermittlung* von Anschaffungsnebenkosten (Anm 202); ebenso die vor allem bei EinzelhandelsUnt zur Anwendung kommende (Anm 211) *retrograde Methode* (IAS 2.21). Von den Bewertungsvereinfachungsverfahren (§ 256) sieht IAS 2.25 für gleichartige Gegenstände des Vorratsvermögens die *Durchschnittsmethode* oder das *Fifo-Verfahren* vor, die auch nach HGB anerkannt werden (s § 256). Das *Lifo-Verfahren* ist nach IFRS nicht zulässig (IAS 2.IN13).

Einen Festwertansatz für Vermögenswerte von nachrangiger Bedeutung (§ 240 Abs 3) kennen die IFRS nicht. Nach dem Grundsatz der Wesentlichkeit kann jedoch auch dieses Bewertungsverfahren bei einer IFRS-Bilanzierung übernommen werden (ebenso *ADS Int* Abschn 9 Anm 98).

574 Besonderheiten der AK-Ermittlung ergeben sich insb im Rahmen von Finanzierungsleasing (IAS 17.20), im Rahmen von Sicherungsbeziehungen zur Absicherung von Cashflows (IAS 39.98 (b)), bei Erwerben mit aktienkursorientierter Vergütung (IFRS 2.10) und im Rahmen von UntZusammenschlüssen (IFRS 3).

II. Anschaffungskosten in ausländischer Währung

577 In IAS 21 sind *umfassend* die Auswirkungen von Wechselkursänderungen auf den JA und KA geregelt und damit auch die Erstbuchung von Geschäftsvorfällen. Es wird unterschieden zwischen der Umrechnung von Geschäftsvorfällen und Salden in ausländischer Währung, von ausländischen Abschlüssen für KonsZwecke sowie der Umrechnung von Abschlüssen in eine Berichtswährung, die von der funktionalen Währung abweicht (IAS 21.3). Beim Erwerb von Gütern und Dienstleistungen in fremder Währung wird der Wechselkurs am Tag der Transaktion für die Erstbuchung in der funktionalen Währung herangezogen (IAS 21.21). Als Transaktionstag ist dabei der Zeitpunkt des erstmaligen Ansatzes im IFRS-Abschluss anzusehen (zB Einbuchung der Verbindlichkeit). Für Passiva, mit Ausnahme des EK und der erhaltenen Anzahlungen, ist dabei der Euro-Geldkurs zu verwenden (s § 253 Anm 70). Aus Vereinfachungsgründen ist auch der Mittelkurs und, sofern der Wechselkurs keinen wesentlichen Schwankungen unterliegt, ein Wochen- oder Monatsdurchschnittskurs zulässig (IAS 21.22). Damit besteht iE hinsichtlich der Bestimmung der AK (Erstbuchung) *Übereinstimmung* zwischen HGB und den IFRS. Zu weiteren Ausführungen s § 256a Anm 60 ff.

III. Bilanzierung von Zuwendungen der öffentlichen Hand

580 In IAS 20 wird zwischen *objektbezogenen* Zuwendungen für Vermögenswerte und *ertragsbezogenen* Zuwendungen unterschieden (IAS 20.3). **Zuwendungen**

für **Vermögenswerte** sind Zuwendungen der öffentlichen Hand, die verknüpft sind mit der Hauptbedingung des Erwerbs oder der Herstellung langfristiger Vermögenswerte und ggf weiteren Nebenbedingungen (IAS 20.3). Dies entspricht den Investitionszulagen/Investitionszuschüssen.

Nach dem Grundsatz der **Periodenabgrenzung** *(accrual principle)* sind Zuwendungen der öffentlichen Hand planmäßig und sachgerecht im Verlauf der Perioden als Ertrag zu erfassen, die erforderlich sind, um sie mit den entspr Aufwendungen zu verrechnen. Eine sofortige erfolgswirksame Erfassung wäre nur zulässig, wenn für eine Periodisierung der Zuwendung keine andere Grundlage als die des Zuflusszeitpunkts verfügbar wäre (IAS 20.16), zB bei bedingungslosen Beihilfen zur finanziellen Unterstützung. Für die bilanzielle Behandlung sieht IAS 20.24 als gleichwertige Alternativen entweder die *passivische Abgrenzung* oder die *Absetzung vom Buchwert* des Vermögenswertes vor, wobei sich das Unt bei der Bilanzierung von Zuwendungen grds für eine Alternative entscheiden muss. Der passivische Ausweis ist im HGB bei umfangreicher Zuschussfinanzierung zulässig (Anm 118). Die angewandte Bilanzierungs- und Bewertungsmethode sowie Art und Umfang der empfangenen Zuwendungen und Beihilfen sind anzugeben. Zusätzlich sind unerfüllte Bedingungen und andere Erfolgsunsicherheiten bzgl der im Abschluss erfassten Zuwendungen anzugeben. Der im IAS 20.13 erwähnte „*capital approach*", also die erfolgsneutrale Erfassung im EK, ist nach HGB nicht zulässig. 581

IV. Herstellungskosten

Eine Umschreibung der Bewertungsgröße HK findet sich in IAS 2 (Vorräte). Der Anwendungsbereich des IAS 2 erstreckt sich nicht auf unfertige Erzeugnisse aus langfristigen Fertigungsaufträgen (IAS 11), FinInst (IAS 32, 39) und Ernteerzeugnisse aus biologischen Vermögenswerten (IAS 41). In IAS 16 (Sachanlagevermögen) wird für die Bemessung der HK auf IAS 2 Bezug genommen (IAS 16.22). Wie nach HGB, sind bei der Bestimmung der HK des Anlage- und Umlaufvermögens dieselben Grundsätze anzuwenden (s *Ballwieser* in Komm IAS 16 Anm 20). Unterschiedlich zum Vorratsvermögen ist nach IFRS jedoch die Behandlung von allgemeinen Verwaltungs- und sonstigen Gemeinkosten für selbst erstellte Vermögenswerte des Anlagevermögens geregelt (s Anm 586). Nach der Definition der HK in IAS 2.10 und 2.12–2.14 umfassen diese die **produktionsbezogenen Vollkosten.** So sind gem IAS 2.10 alle Kosten des Erwerbs und der Be- und Verarbeitung sowie sonstige Kosten in die AK/HK einzubeziehen, die angefallen sind, um die Vorräte an ihren derzeitigen Ort und in ihren derzeitigen Zustand zu versetzen. Dem vorrangigen Rechnungslegungsziel entspr (Informationsfunktion) sieht IAS 2 für die Bestimmung der HK insoweit grds **keine Wahlrechte** vor. Die HK umfassen – wie auch in § 255 – die **Einzelkosten und die Material- und Fertigungsgemeinkosten und den Werteverzehr des Anlagevermögens, soweit dieser durch die Fertigung veranlasst ist** (§ 255 Abs 2 S 2; zu den Unterschieden s Anm 345). 585

Zu den systematisch zurechenbaren fixen Produktionsgemeinkosten rechnen auch Kosten der **Betriebsleitung und Verwaltung,** jedoch nur soweit, als sie der HK-Definition entsprechen, dh dazu beitragen, „*den Vermögenswert an seinen derzeitigen Ort bzw in seinen derzeitigen Zustand zu versetzen*". Dies ergibt sich im Umkehrschluss aus IAS 2.16 (c), wonach Verwaltungsgemeinkosten, die diese Voraussetzung **nicht** erfüllen, als Aufwand verrechnet werden müssen. Demnach sind **Verwaltungskosten, die dem Produktionsbereich direkt zuordenbar** sind (so bei Anfall in den betr Bereichen), als Bestandteile der HK zu behandeln. 586

Allgemeine Verwaltungskosten (Kosten, die das Unt als Ganzes betreffen) sind hingegen für Vermögenswerte des *Vorratsvermögens* nur insoweit einzubeziehen, soweit sie dem Produktionsbereich zugeordnet werden können. Betreffen die Kosten andere Funktionsbereiche (zB Vertrieb), sind diese auszugrenzen. Dabei wird in Anlehnung an die Praxis in angelsächsischen Ländern (Großbritannien, USA) die Zurechnung entspr **dem jeweiligen Grad der Unterstützung der einzelnen Funktion** vorzunehmen sein (*Jacobs/Schmitt* in Komm IAS IAS 2 Anm 52 f). So wird zB für den Kostenstellenbereich Buchhaltung, JA-Erstellung, Finanzplanung zumindest *ein Teil* auch auf den Funktionsbereich Produktion entfallen. Die Schwierigkeiten, eine Schlüsselung rational zu begründen, die dazu führt, dass nach HGB auch mit Wirkung für die StB die Aktivierung derartiger Kostenbestandteile nicht oder allenfalls wahlweise erfolgt (s Anm 354), müssen überwunden werden (aA *Kümpel,* DB 2003, 2613, der eine Aufwandsverrechnung der allgemeinen Verwaltungskosten in vollem Umfang aus Wesentlichkeits- und Praktikabilitätsgründen einer Schlüsselung vorzieht). Die Bildung entspr Schlüssel ist eine unter Beachtung der Informationsfunktion auszuübende Ermessensentscheidung. Im Gegensatz hierzu sind allgemeine Verwaltungs- und sonstige Gemeinkosten bei der Ermittlung der HK von **selbsterstellten Vermögenswerten des Anlagevermögens** *vollständig* als Aufwand der Periode zu erfassen. Das IASB stellte klar, dass keine Aufteilung wie für das Vorratsvermögen zulässig ist (IASB-Update 11/2002).

Für Kosten des **sozialen Bereichs**, wie zB Kosten für die betriebliche AVers, soziale Einrichtungen, freiwillige soziale Leistungen, existieren keine gesonderten Vorschriften nach IFRS. Es sind hierfür die gleichen Grundsätze wie für die Verwaltungskosten (zB *Jacobs/Schmitt* aaO Anm 54) anzuwenden.

Was den Umfang der anzusetzenden **fertigungsbedingten fixen** Produktionsgemeinkosten betrifft, sind höchstens die Kosten anzusetzen, die bei einer **normalen Kapazitätsauslastung** der Produktionsanlagen anfallen (Durchschnittsauslastung über eine Anzahl von Perioden). Dabei kann das tatsächliche Produktionsniveau zugrunde gelegt werden, wenn es der Normalkapazität nahe kommt. In Perioden mit ungewöhnlich hohem Produktionsvolumen sind *maximal die entstandenen HK* anzusetzen (keine Bewertung über tatsächlich entstandene HK hinaus). Variable Produktionsgemeinkosten werden auf der Grundlage des tatsächlichen Einsatzes der Produktionsmittel zugerechnet (IAS 2.13).

587 Sind interne Entwicklungskosten nach IAS 38.57 aktiviert worden (s § 248 Anm 65 ff), sind die **Abschreibungen auf diese aktivierten immateriellen Vermögenswerte** in die HK der Vorräte einzubeziehen, soweit diese dem Kriterium der Produktionsbezogenheit entsprechen (IAS 38.99).

Fremdkapitalkosten, die die Voraussetzungen des IAS 23 erfüllen, müssen in die HK einbezogen werden (s Anm 595). Nicht zu den HK rechnen – wie nach Abs 2 S 4 – die **Forschungs- und Vertriebskosten** (IAS 2.16 (d)). Entwicklungskosten dürfen nach Abs 2a S 1 angesetzt werden, nach den IFRS besteht, sofern IAS 38.57 erfüllt ist, eine Aktivierungspflicht.

588 Im Ergebnis bestehen somit keine wesentlichen Unterschiede zwischen IFRS und Abs 2 für direkt zurechenbare Kosten. Nach Abs 2 S 3 wahlweise anzusetzenden Kosten sind nach IFRS zwingend anzusetzen. Während nach HGB für Kosten iSd Abs 2 S 3 ein Ansatzwahlrecht besteht, soweit sie auf den Zeitraum der Herstellung entfallen, sind diese Kosten nach IFRS *insoweit anzusetzen, wie sie der Produktion zuzurechnen* sind. Unterschiede können sich auch aus der Behandlung von FK-Kosten und aus Abschreibungen auf selbst erstellte immaterielle Vermögenswerte ergeben.

589 Die HK eines **selbst geschaffenen immateriellen Vermögenswerts des Anlagevermögens** entsprechen der Summe der Kosten, die ab dem Zeitpunkt angefallen sind, ab welchem sämtliche nach IAS 38 erforderlichen Ansatzkriterien erstmals erfüllt sind (IAS 38.57, 38.21–22). Zu den Ansatzkriterien s § 248 Anm 67. Die HK umfassen alle *direkt zurechenbaren Kosten,* um den immateriellen Vermögenswert zu entwickeln, herzustellen und auf seinen beabsichtigten Gebrauch vorzubereiten. Hierzu zählen gem IAS 38.66 Kosten für Materialien und Dienstleistungen, Personalkosten für Mitarbeiter, die direkt mit der Erstellung des Vermögenswerts beschäftigt sind, sowie Registrierungsgebühren eines Rechtsanspruchs und Abschreibungen auf Patente und Lizenzen, die zur Erstellung des Vermögenswerts genutzt werden. Bzgl der Behandlung von FK-Kosten verweist IAS 38.66 auf IAS 23. Ausgenommen von der Aktivierung sind nach IAS 38.67 Vertriebs- und Verwaltungsgemeinkosten sowie sonstige Gemeinkosten, die dem Vermögenswert nicht direkt zugerechnet werden können. Ferner sind eindeutig identifizierbare Ineffizienzen und anfängliche Betriebsverluste, die auftreten, bevor ein Vermögenswert seine geplante Ertragskraft erreicht hat, sowie Ausgaben für die Schulung von Mitarbeitern im Umgang mit dem Vermögenswert als Aufwand zu erfassen. Kosten, die in vorangegangenen Abschlüssen als Aufwand erfasst wurden, dürfen gem IAS 38.65 iVm 38.71 nicht nachaktiviert werden.

V. Nachträgliche Herstellungskosten und Erhaltungsaufwand

Durch die *Neufassung des IAS 16* im Rahmen des Improvement-Projekts wurde auch die Abgrenzung zwischen Erhaltungsaufwand und aktivierungspflichtigen nachträglichen HK neu geregelt. Die Abgrenzungsfrage konzentriert sich in der deutschen Bilanzierungspraxis hauptsächlich auf den Gebäudebereich und wird insb durch die Steuer-Rspr und IDW ERS HFA 1 geprägt (s Anm 375 ff). Im Gegensatz hierzu enthält die Neufassung des IAS 16 allgemeine Regeln für alle Arten von Sachanlagen.

Ausgaben für eine Sachanlage sind nach IAS 16.7 als nachträgliche HK zu aktivieren, wenn es wahrscheinlich ist, dass durch diese zukünftiger wirtschaftlicher Nutzen dem Unt zufließen wird und die HK zuverlässig bewertet werden können. Im Vergleich zum HGB ist diese allgemein gehaltene Regelung weniger restriktiv, da nach Abs 2 S 1 (s Anm 375 ff) Aufwendungen nur bei einer *Erweiterung* oder *wesentlichen Verbesserung* bzw bei *Wiederherstellung* nach Vollverschleiß oder *Wesensänderung* als HK zu aktivieren sind. Diese Voraussetzungen sind insb für Gebäude durch IDW ERS HFA 1 und die SteuerRspr näher spezifiziert worden.

IAS 16 stellte bei der Beurteilung, ob die nachträglichen Ausgaben zu einem erhöhten **Zufluss zukünftigen wirtschaftlichen Nutzens** aus der Sachanlage führen, auf einen Vergleich mit dem Stand bei der *(ursprünglichen) Herstellung* ab. Ebenso beurteilt Abs 2 S 1 eine wesentliche Verbesserung anhand des *ursprünglichen* Zustands. Nach IAS 16.10 ist maßgeblich, ob hierdurch ein im Vergleich zum Stand *unmittelbar vor Durchführung der Maßnahme* erhöhter Nutzen gegeben ist (glA *Scheinpflug* in Beck IFRS, § 5 Anm 85 f).

Sind **Teile einer Sachanlage** in regelmäßigen Abständen **auszutauschen,** sind nach IAS 16.13 die für die anfallenden Kosten zu aktivieren, wenn die Voraussetzungen des IAS 16.7 erfüllt sind. Die Buchwerte der ersetzten Teile sind abzuschreiben bzw auszubuchen (IAS 16.67 f). Unterschiedliche Nutzungsdauern von wesentlichen Teilen einer Sachanlage sind nach IAS 16.43 ff bereits bei der Bemessung der Abschreibung zu berücksichtigen und dementspr separat abzuschreiben **(Komponentenansatz).** Der einheitliche Vermögenswert (zB Flugzeug) wird für die Folgebewertung (Ersatzbeschaffung, Abschreibung und

Abgang) aufgeteilt (zB Rumpf und Triebwerke). Nach IDW HFA RH 1.016 kann bei VG, bei denen die jeweilige wirtschaftliche Nutzungsdauer kürzer ist als die des GesamtVG, separat abgeschrieben werden (Gebäude: Abschreibung des Dachs über eine Nutzungsdauer von 20 Jahren und des restlichen Gebäudes über 60 Jahre). Die separate Ausbuchung wird als Teilabgang erfasst; der Ersatz der Komponente stellt nachträgliche AK/HK dar. Gegenstand des Niederstwerttests bleibt auch im Falle einer komponentenweise Bestimmung der planmäßigen Abschreibung die Sachanlage insgesamt (ausführlich s Anm 385 f).

Sind die Aktivierungsvoraussetzungen des IAS 16.7 erfüllt, sind Kosten iZm **regelmäßigen größeren Wartungen** (Generalüberholungen, Großinspektionen) gem IAS 16.14 zu aktivieren und über den Zeitraum bis zur nächsten Überholung bzw Inspektion abzuschreiben (*Scheinpflug* aaO Anm 83 f). Evtl noch vorhandene Restbuchwerte aus vorhergehenden Wartungen sind auszubuchen. Dies hat unabhängig davon zu erfolgen, ob die Kosten für die vorhergehende Wartung iZm mit der Anschaffung bzw Herstellung der Sachanlage identifiziert worden sind. Falls nötig, können zur Bestimmung des implizit vorhandenen Restbuchwerts der Wartungskosten die geschätzten Kosten einer zukünftigen ähnlichen Wartung als Indiz verwendet werden (IAS 16.14). Nach HGB führen Generalüberholungen grds zu Erhaltungsaufwand.

VI. Forschungs- und Entwicklungsaufwendungen

593 Der Abs 2a enthält keine objektiven Kriterien für den Ansatz eines selbst erstellten immateriellen VG nach § 248 Abs 2, sondern grenzt die Forschungs- von der Entwicklungsphase ab. Demnach muss in der Entwicklungsphase eine Aussage über die technische und wirtschaftliche Verwertbarkeit gemacht werden. In der Praxis wird eine Orientierung an IAS 38.57 vorzunehmen sein. Es sind folgende Ansatzkriterien zu identifizieren: Der künftige Nutzenzufluss muss objektiv nachprüfbar dargelegt werden, die Einzelverwertbarkeit eines immateriellen VG muss hinlänglich sicher sein und die Werthaltigkeit muss sichergestellt werden. IAS 38.57 nennt Kriterien, die eine objektive Bewertung ermöglichen. Es empfiehlt sich diese Kriterien auch als Anhaltspunkte für eine Bilanzierung nach Abs 2a heranzuziehen (*Küting/Ellmann* DStR 2010, 1303).

VII. Fremdkapitalkosten (Abs 3)

595 Nach IAS 23 sind FK-Kosten, welche direkt dem Erwerb, dem Bau oder der Herstellung eines qualifizierten Vermögenswerts zuzuordnen sind, als Teil der AK oder HK dieses Vermögenswerts zu aktivieren (IAS 23.8). FK-Kosten, welche die oben dargestellten Kriterien nicht erfüllen, sind aufwandswirksam zu erfassen (IAS 23.8).

Ein **qualifizierter Vermögenswert** ist ein Vermögenswert, für den ein beträchtlicher Zeitraum erforderlich ist, um ihn in seinen beabsichtigten gebrauchs- oder verkaufsfähigen Zustand zu versetzen (IAS 23.5). Der Standard verzichtet auf eine Definition des beträchtlichen Zeitraums, so dass die Art bzw die Natur des Vermögenswerts zu berücksichtigen ist. Es besteht jedoch die widerlegbare Vermutung, dass bei einem Zeitraum von mehr als 12 Monaten die Voraussetzungen erfüllt sind (IDW RS HFA 37 Tz 4 f). Explizit ausgeschlossen sind dagegen Vermögenswerte, die über einen kurzen Zeitraum gefertigt werden oder bereits bei Erwerb in gebrauchs- oder verkaufsfertigem Zustand sind (IAS 23.7). Dies verdeutlicht, dass auch nach IFRS die Aktivierung von FK-Kosten nur bei

wertumformenden Herstellungsmaßnahmen zulässig ist. Derartige Maßnahmen können schon vor dem Beginn der physischen Herstellung liegen, zB Beschaffung von Genehmigungen, Erschließungsmaßnahmen unbebauter Grundstücke. Das bloße Halten eines Vermögenswerts *ohne zustandsverändernde Bearbeitung oder Entwicklung* kann nicht zur Aktivierung von FK-Kosten führen (IAS 23.19). Der **Aktivierungszeitraum** beginnt, sobald Ausgaben für den Vermögenswert selbst sowie FK-Kosten anfallen und mit den zustandsverändernden Arbeiten begonnen wird (IAS 23.17). Er endet, wenn iW die Maßnahmen abgeschlossen sind, um den Vermögenswert in gebrauchs- oder verkaufsbereiten Zustand zu versetzen (IAS 23.22).

Aktivierungspflichtig sind FK-Kosten, die vermieden worden wären, wenn die Ausgaben für den qualifizierten Vermögenswert nicht getätigt worden wären (IAS 23.10). Werden **speziell** für die Beschaffung eines qualifizierten Vermögenswerts Mittel aufgenommen, lassen sich die FK-Kosten ohne weiteres bestimmen. In **anderen Fällen** kann es schwierig sein, eine Zuordnung zwischen FK-Aufnahmen, die anderenfalls hätten vermieden werden können, und dem qualifizierten Vermögenswert vorzunehmen. Es bedarf einer Ermessensentscheidung (IAS 23.11). Werden die Fremdmittel dagegen allgemein aufgenommen, ist ein **Finanzierungskostensatz,** als gewogener Durchschnitt der FK-Kosten bezogen auf die Kredite, die während der Periode bestanden haben und nicht speziell für die Beschaffung eines qualifizierten Vermögenswerts aufgenommen worden sind, zu bestimmen (IAS 23.14). Dieser ist auf die Ausgaben für den qualifizierten Vermögenswert anzuwenden. Nach Abs 3 gelten FK-Zinsen dagegen nur als HK, sofern ein tatsächlicher Zusammenhang mit der Herstellung eines VG besteht (Anm 504).

Werden objektbezogene Kreditmittel aufgenommen und diese Mittel ganz oder teilweise vorübergehend nicht bestimmungsgemäß verwendet, sind die angefallenen FK-Kosten abzgl etwaiger Zinserträge derselben Periode zu bestimmen (IAS 23.12). Aktivierungsfähig ist nur dieser reduzierte Betrag. Angabepflichtig sind sowohl der Betrag der während der Berichtsperiode aktivierten FK-Kosten als auch der angewandte Finanzierungskostensatz (IAS 23.26).

VIII. Der beizulegende Zeitwert (Abs 4)

1. Grundsatz

Innerhalb der IFRS spielt die Bewertung zu dem beizZW eine dominierende Rolle. Die Bewertung zum beizZW wird von einzelnen Vorschriften verlangt oder erlaubt (wie zB IFRS 5, IAS 16, IAS 39, IAS 40).

2. Definition und Ermittlung

Gemäß IFRS 13.9 ist der beizZW *(fair value)* „der Preis, der im Zuge eines geordneten Geschäftsvorfalls unter Marktteilnehmern am Bemessungsstichtag beim Verkauf eines Vermögenswerts erzielt würde oder bei Übertragung einer Schuld zu zahlen wäre. Nach Abs 4 S 1 entspricht dies dem Marktpreis. Anders als im HGB wird nach IFRS 13.72 eine dreistufige Hierarchie zur Bestimmung des beizZW angenommen (sog. *„Fair-Value-*Hierarchie"). Es wird hierbei differenziert zwischen Inputfaktoren der Stufe 1, dh an einem aktiven Markt notierte Preise (IFRS 13.76 f) und Inputfaktoren der Stufe 2. Letztere sind andere als die in Stufe 1 genannten Marktpreisnotierungen, also bspw Preisnotierungen für ähnliche Vermögenswerte bzw Schulden oder Preisnotierungen für identische Vermögenswerte in nicht aktiven Märkten (IFRS 13.81 f). In der Stufe 3 werden

§ 255 600, 601 Jahresabschluß (Bewertungsvorschriften)

Inputfaktoren verwendet, die nicht öffentlich beobachtbar sind (IFRS 13.86). IE führt diese dreistufige Hierarchie zu der gleichen Ermittlungssystematik wie nach Abs 4 S 1: Gibt es einen **aktiven Markt**, ist der an diesem Markt ermittelte und veröffentlichte Wert der beizZW; gibt es **keinen aktiven Markt**, ist der beizZW anhand von anerkannten Bewertungstechniken zu ermitteln.

IX. Teilgewinnrealisierung

1. Grundsatz

600 In den IFRS findet sich der Grundsatz eines periodengerechten Erfolgsausweises in zeitlicher und sachlicher Hinsicht kodifiziert (vgl IASB F 37 und F 95). Für die Bilanzierung von **Fertigungsaufträgen** konkretisiert sich der Grundsatz in der in IAS 11 ausdrücklich definierten Zielsetzung: „Verteilung der Auftragserlöse und Auftragskosten auf Berichtsperioden, in denen die *Fertigungsleistung* erbracht wird." *(percentage of completion method)*.

Nach der in IAS 11.22 formulierten **Grundregel** hat eine Umsatzrealisierung (inkl des anteiligen Auftragsgewinns) nach dem Leistungsfortschritt *(stage of completion)* immer dann zu erfolgen, wenn eine *verlässliche Schätzung* des Ergebnisses des Fertigungsauftrags möglich ist. Fehlt es hieran, dürfen Auftragserlöse nur in Höhe der angefallenen **Auftragskosten** angesetzt werden, soweit diese wahrscheinlich einbringbar sind (IAS 11.32; s Anm 603).

2. Verlässliche Schätzung

601 Je nach Vertragstyp sind die tatbestandsmäßigen Voraussetzungen, auf welche sich die verlässliche Schätzung bezieht, unterschiedlich. Für *Festpreisverträge* ergeben sich die umfassenderen Anforderungen. Neben den gesamten Auftragserlösen müssen der Grad der erreichten Fertigstellung und die bis zur Fertigstellung des Auftrags noch anfallenden Kosten eindeutig bestimmt und verlässlich ermittelt werden können. Zudem müssen die bislang entstandenen Kosten eindeutig bestimmt sein, so dass ein Vergleich mit früheren Kostenschätzungen möglich ist (IAS 11.23). Bei *Kostenzuschlagsverträgen* (Selbstkostenerstattungspreisen) erübrigt sich die Feststellung des Fertigungsgrads, da die Erlöse auf Basis der vertragsgemäß abrechenbaren Kosten bestimmt werden können. Für beide Vertragsarten muss es jedoch wahrscheinlich sein, dass der wirtschaftliche Nutzen aus dem Vertrag dem Unt zufließt (IAS 11.23f).

Nach IAS 11.29 besteht eine *widerlegbare Vermutung,* dass ein Unt in der Lage ist, verlässliche Schätzungen vorzunehmen, wenn folgende Voraussetzungen vorliegen:
– ein Vertrag wurde abgeschlossen, der für jede Vertragspartei durchsetzbare Rechte und Pflichten begründet und die vom Auftragnehmer geschuldete Erfüllungsleistung nach Art und Bedingungen sowie die zu erbringende Gegenleistung festlegt und
– der Auftragnehmer über ein wirksames Budgetierungs- und Berichtssystem verfügt.

Die Schätzung der Auftragserlöse und Auftragskosten ist mit zunehmendem Leistungsfortschritt zu überprüfen und bei Bedarf anzupassen. Der Fertigstellungsgrad ist in jeder Berichtsperiode zu aktualisieren.

Aus der Notwendigkeit lfd Überprüfung der Schätzungen der Auftragsabwicklung ist zu schließen, dass eine **mitlaufende Auftragskalkulation** oder ein System vergleichbarer Aussagekraft unabdingbar ist (vgl IDW RS HFA 2 Tz 13).

3. Definitionen und Abrechnungseinheit

IAS 11.3 definiert den **Fertigungsauftrag** als einen Vertrag über die kundenspezifische Fertigung (Auftragsbezogenheit) einzelner Gegenstände oder einer Anzahl von Gegenständen, die entweder hinsichtlich ihrer Verwendung aufeinander abgestimmt oder voneinander abhängig sind. Auftragsbezogenheit liegt nicht vor, wenn zwar bestimmte Ausstattungsvarianten nach Kundenwunsch gestaltet werden, es sich ansonsten aber um eine Leistung in standardisierter Form handelt (vgl IDW RS HFA 2 Tz 1). Das für die Teilgewinnrealisierung nach deutschem Recht erforderliche *zeitliche Kriterium* einer sich über mehrere Gj erstreckenden Abwicklung (Anm 459) wird *nicht* vorausgesetzt. Wird ein Fertigungsauftrag allerdings innerhalb einer Berichtsperiode (zB ein Quartal oder ein Gj, falls keine Zwischenberichterstattung erforderlich ist) vollständig abgewickelt, hat die Anwendung von IAS 11 keine Auswirkungen. IAS 11.7–10 enthalten Grundsätze über die **Zusammenfassung** oder **Segmentierung** erteilter Aufträge zu Abrechnungseinheiten (Fertigungsauftrag iSv IAS 11). Dabei ist auf den wirtschaftlichen Gehalt der Geschäftsvorfälle und weniger auf die vertragliche Ausgestaltung abzustellen. 602

Die anzusetzenden **Auftragserlöse** werden in IAS 11.11–15 definiert. Sie sind zum beizZW der Gegenleistung anzusetzen.

Die **Auftragskosten** umfassen neben dem Auftrag *direkt* zurechenbaren Kosten sämtliche der Vertragserfüllung indirekt und allgemein zurechenbare Aufwendungen sowie Kosten, die dem Kunden vertragsgemäß gesondert in Rechnung gestellt werden können (IAS 11.16).

Die *direkten* Kosten entsprechen weitgehend den Einzelkosten des Abs 2 S 2 bezogen auf den gesamten Vertrag. Die *indirekt und allgemein* der Vertragserfüllung zurechenbaren Kosten umfassen neben Versicherungsprämien, Kosten der Konstruktion und technischen Unterstützung insb die Fertigungsgemeinkosten auf Basis normaler Kapazitätsauslastung. *FK-Kosten* dürfen nur dann eingerechnet werden, wenn die Voraussetzungen von IAS 23 erfüllt sind (IAS 11.18). Kosten der allgemeinen Verwaltung sowie FuE-Kosten rechnen nur dann zu den Auftragskosten, wenn ihre Erstattung nach den Vertragsbedingungen vereinbart wurde (IAS 11.19). Im Übrigen dürfen sie nicht berücksichtigt werden. Gleiches gilt für Vertriebsgemeinkosten (IAS 11.20), nicht jedoch Einzelkosten des Vertriebs (zB Provisionen zur Erlangung des Auftrags); sie sind auftragsbezogene Einzelkosten.

In **zeitlicher Hinsicht** sind alle ab Auftragserteilung angefallene Kosten anzusetzen; vorher anfallende Kosten zur Erlangung des konkreten Auftrags gehören zu den Auftragskosten, wenn sie einzeln identifiziert werden können und es wahrscheinlich ist, dass der Auftrag erteilt wird; werden derartige Kosten in der Periode ihres Anfallens als Aufwand erfasst, dürfen sie in einer späteren Periode **nicht** nachaktiviert werden (IAS 11.21).

Zur Ermittlung des am Bilanzstichtag erreichten **Fertigstellungsgrads** kommen je nach Vertragsart verschiedene Verfahren in Betracht; das Verhältnis der angefallenen zu den geschätzten Gesamtkosten (*cost-to-cost* Methode); die Begutachtung der erbrachten Leistung und die Vollendung physisch abgrenzbarer Teile des Vertragswerks (IAS 11.30). Im Einzelfall sind jedoch auch andere input- oder outputorientierte Verfahren zulässig (*ADS Int* Abschn 16 Anm 104). Es ist die geeignetste Methode zu wählen und beizubehalten. Wird die *cost-to-cost* Methode gewählt, ist insb darauf zu achten, dass Kosten, die (vorübergehend) keinen Leistungsfortschritt widerspiegeln (zB Anzahlungen an Subunternehmer und geliefertes, aber noch nicht verwertetes Material) nicht in die Ermittlung des Fertigstellungsgrads einbezogen werden (IAS 11.31).

§ 256 Jahresabschluß (Bewertungsvorschriften)

603 Kann das Ergebnis eines Fertigungsauftrags **nicht verlässlich geschätzt** werden, ist ein Erlös nur in Höhe der angefallenen **Auftragskosten** auszuweisen (IAS 11.32), soweit diese wahrscheinlich einbringbar sind. Diese Ertragsrealisierung entspricht einer auch in der Literatur vertretbaren Teilgewinnrealisierung (Anm 457 ff); ein Unterschied besteht lediglich im GuV-Ausweis; nach IAS 11 erfolgt in diesem Fall bereits ein Ausweis unter den Umsatzerlösen in Höhe der Auftragskosten. Bestehen die Unsicherheiten hinsichtlich einer verlässlichen Schätzung des Ergebnisses *nicht mehr*, sind die zu dem Fertigungsauftrag gehörigen Erträge und Aufwendungen wieder nach der Grundregel IAS 11.22 (Anm 600) zu erfassen (IAS 11.35).

Dem *Imparitätsprinzip* § 252 Abs 1 Nr 4 entspr verlangt auch IAS 11 den *sofortigen Verlustausweis* (Verlust aus schwebenden Verträgen), wenn es wahrscheinlich ist, dass die gesamten Auftragskosten die gesamten Auftragserlöse übersteigen werden (IAS 11.36 u 37), unabhängig vom Beginn der Herstellung oder einem erreichten Fertigstellungsgrad.

§ 256 Bewertungsvereinfachungsverfahren

¹ Soweit es den Grundsätzen ordnungsmäßiger Buchführung entspricht, kann für den Wertansatz gleichartiger Vermögensgegenstände des Vorratsvermögens unterstellt werden, daß die zuerst oder daß die zuletzt angeschafften oder hergestellten Vermögensgegenstände zuerst verbraucht oder veräußert worden sind.
² § 240 Abs. 3 und 4 ist auch auf den Jahresabschluß anwendbar.

Übersicht

	Anm
A. Überblick	1–5
B. Grundlagen	
I. Zielsetzung	8, 9
II. Allgemeines zu den Verfahren	12–18
III. Gruppenbildung und Gleichartigkeit	21–26
IV. Vereinbarkeit mit den Grundsätzen ordnungsmäßiger Buchführung	28–38
V. Bestimmtheit der zeitlichen Zugangs- und Abgangsfolge für Verfahren des S 1	41, 42
VI. Auswirkungen auf den Ausweis der Vermögens- und Ertragslage	45, 46
VII. Verfahren bei zu- bzw abnehmenden Beständen – Layerbildung	
1. Der Endbestand ist größer als der Anfangsbestand	49
2. Der Endbestand ist gleich dem Anfangsbestand	50
3. Der Endbestand ist kleiner als der Anfangsbestand	51
4. Gegenüberstellung von Gesamtbestand und Layer	53
C. Verfahren nach Satz 1 und ihre Zulässigkeit	56
I. Fifo-Verfahren	59
II. Lifo-Verfahren	62, 63
III. Indexverfahren	66–68
IV. Andere Verbrauchs- bzw Veräußerungsfolgeverfahren	71, 72
D. Verfahren nach Satz 2 gemäß § 240 Abs 3 und 4	78–82

	Anm
E. Steuerrechtliche Besonderheiten	
I. Bedeutung und Regelungszweck	83
II. Beschränkung auf das Lifo-Verfahren	
1. Rechtsgrundlagen und Anwendungsbereich	85–91
2. Anwendungsvoraussetzungen	
a) Voraussetzungen und Rechtsfolgen des Lifo-Verfahrens (§ 6 Abs 1 Nr 2a S 1 EStG)	
aa) Grundsätze ordnungsmäßiger Buchführung	94
bb) Gruppenbildung	96
cc) Methoden der Lifo-Bewertung	98
dd) Niedrigerer Teilwert	100
ee) Wertaufholungsgebot	101
b) Erstmaliger Übergang zum Lifo-Verfahren (§ 6 Abs 1 Nr 2a S 2 EStG)	102
c) Aufgabe des Lifo-Verfahrens (§ 6 Abs 1 Nr 2a S 3 EStG)	104
F. Abweichungen der IFRS	
I. Grundlagen	107–109
II. Zulässige Kostenzuordnungsverfahren	111, 112

Schrifttum: *Herzig/Gasper* Die Lifo-Methode in der Handels- und Steuerbilanz DB 1991, 557; 286; *Mayer-Wegelin* Die praktische Anwendung der Lifo-Verfahren nach § 256 HGB BB 1991, 2256; *Siegel* Grundsatzprobleme der Lifo-Methode und des Indexverfahrens DB 1991, 1941; *Bareis/Elschen/Siegel/Sigloch/Streim* Lifo, Jahresabschlussziele und Grundsätze ordnungsmäßiger Buchführung DB 1993, 1249 mit Replik *Herzig* DB 1993, 1252; *Hörtig/Uhlich* Vier Jahre Lifo: Wandel in der Gruppenstruktur DB 1994, 1045; *Siepe/Husemann/Borges* Das Index-Verfahren als Bewertungsvereinfachungsverfahren iSd § 256 HGB WPg 1994, 645; *Schneider/Siegel* Das Index-Lifo-Verfahren als „Fortentwicklung" von Grundsätzen ordnungsmäßiger Buchführung? WPg 1995, 261; *Siepe/Husemann/Borges* Ist das Index-Verfahren mit den Grundsätzen ordnungsmäßiger Buchführung vereinbar? WPg 1995, 365; *Gasper* Die Lifo-Bewertung, Düsseldorf 1996; *Hoffmann* Sachverhaltsgestaltungen zur Nutzung der built-in flexibility von Verbrauchsfolgeverfahren DStR 1996, 156; *Pelzer/Klein* Steuerbilanzpolitik: Bildung stiller Reserven durch Gestaltung des Lifo-Ausgangswerts DStR 1996, 774; *Trappmann* Bewertungsvereinfachungsverfahren für Grundstücke zulässig? DB 1996, 391; *Ammelung* Lifo-Verfahren: Voraussetzungen zur Gruppenbildung bei gleichartigen Wirtschaftsgütern BB 1998, 2357; *Köhler* Grundzüge der Lifo-Methode StBp 1999, 315; *Loitz/Winnacker* Die dauernde Wertminderung im Umlaufvermögen vor dem Hintergrund der handelsrechtlichen und steuerlichen Bilanzierung DB 2000, 2229; *Mayer-Wegelin* Die Lifo-Bewertung: Regelungszweck einerseits und Ausgestaltung andererseits DB 2001, 554; *Moxter* Lifo-Methode: Durch Vereinfachungszweck eingeschränkter Geltungsbereich in der Steuerbilanz? DB 2001, 157; *Kümpel* Bilanzierung und Bewertung des Vorratsvermögens nach IAS 2 (revised 2003), DB 2003, 2609; *Hildebrandt* Führt die Nutzung von elektronischer Datenverarbeitung zur Abschaffung der Lifo-Bewertung? DB 2011, 1999; *Hüttemann/Meinert* Die Lifo-Methode in Handels- und Steuerbilanz IFSt-Schrift 2013.

A. Überblick

§ 256 gestattet für die Bewertung von bestimmten VG im JA in Ergänzung zu den allgemeinen Bewertungsvorschriften des § 253 iVm § 252 Abs 1 Nr 3 die Anwendung von **Bewertungsvereinfachungsverfahren** (Verbrauchs- bzw Veräußerungsfolge gem S 1, Fest- und Gruppenbewertung gem S 2) und erleichtert somit die in der Praxis oft schwierige und aufwändige Ermittlung der AK/HK sowie den Wertansatz der einzelnen VG. S 1 ist auf gleichartige VG des Vor- 1 ratsvermögens anwendbar, während S 2 iVm § 240 Abs 3 und 4 auf VG des Sachanlagevermögens sowie Roh-, Hilfs- und Betriebsstoffe bzw gleichartige VG des Vorratsvermögens sowie andere gleichartige oder annähernd gleichwertige bewegliche VG und Schulden angewandt werden darf. Die Vorschrift gilt für alle Kfl und ist unabhängig von der Rechtsform und Größenordnung anwendbar.

2   Grds gilt auch für diese VG das Prinzip der **Einzelbewertung** gem § 252 Abs 1 Nr 3. Hierfür müssten die einzelnen VG aber konkretisierbar und mit den tatsächlichen AK/HK bewertbar sein; dies ist aber zB bei einer großen Zahl gleichartiger VG, die zu verschiedenen Preisen und Zeitpunkten eingekauft werden, bei Vermischung in der Lagerhaltung oder Weiterverarbeitung von unfertigen Erzeugnissen oft nicht oder nur mit sehr hohem Aufwand realisierbar (*Mayer-Wegelin* in HdR[5] § 256 Anm 11). Daher darf *in Abkehr von der Einzelbewertung* **eine bestimmte zeitliche Zugangs- und Abgangsfolge** (S 1) unterstellt oder eine **Fest- bzw Gruppenbewertung** (S 2) durchgeführt werden.

3   S 1 schreibt als einzige zulässige Verfahren Fifo (first in – first out, Anm 59) und Lifo (last in – first out, Anm 62) vor, soweit ihre Anwendung den **GoB** entspricht.

Steuerrechtlich anerkannt ist nur die Lifo-Methode, nicht hingegen das Fifo-Verfahren, was aber die Bewertung nach der tatsächlichen Verbrauchs- bzw Veräußerungsfolge nicht in Frage stellt (*WPH*[14] I, E Anm 476).

4   Das Verbrauchs- bzw Veräußerungsfolgeverfahren des S 1 darf für alle einzelnen oder zu Gruppen (Anm 21 ff) zusammengefassten gleichen oder **gleichartigen VG** des **Vorratsvermögens** angewendet werden, nicht aber für andere bewegliche VG einschl der Wertpapiere (hM, zB *Mayer-Wegelin* in HdR[5] § 256 Anm 35; ausführlich mwN *Gasper* 1996, 39 ff; aA *ADS*[6] § 256 Anm 24 f, die eine Anwendbarkeit auch für *andere gleiche VG* des Umlaufvermögens für zulässig halten, da § 256 nur die Einbeziehung *gleichartiger* VG für das Vorratsvermögen regeln sollte, eine Beschränkung auf das Vorratsvermögen aber nicht gewollt gewesen sei).

5   Gem S 2 sind die Verfahren der Fest- und der Gruppenbewertung auch für den JA zulässig. Dabei ist die Anwendung des **Festwerts** auf VG des Sachanlagevermögens sowie Roh-, Hilfs- und Betriebsstoffe, die regelmäßig ersetzt werden und deren Gesamtwert für das Unt von nachrangiger Bedeutung ist, begrenzt. Die **Gruppenbewertung** darf für gleichartige VG des Vorratsvermögens sowie andere gleichartige oder annähernd gleichwertige bewegliche VG sowie Schulden angewandt werden, wobei die zu einer Gruppe zusammengefassten VG bzw Schulden, mit dem gewogenen **Durchschnittswert** angesetzt werden. Zu weiteren Ausführungen wie Voraussetzungen und Wertansatz dieser Verfahren s § 240 Anm 71 ff.

Beide Verfahren sind auch steuerrechtlich anerkannt.

B. Grundlagen

I. Zielsetzung

8   Die Verfahren des § 256 sollen die Bewertung insb von Vorräten vereinfachen, die in der Praxis oft sehr aufwändig ist. Allerdings ist das tatsächliche Eintreten einer **Vereinfachung** nicht Voraussetzung für die Anwendung des § 256 und ein bestimmter Zweck der Vorschrift wird im Gesetzeswortlaut ebenfalls nicht genannt (*Mayer-Wegelin* in HdR[5] § 256 Anm 10).

Die Vereinfachung bei *Verbrauchs- bzw Veräußerungsfolgen* tritt ein, da nach der Bestimmung der Bestandsmenge mittels Inventur für die Wertfindung grds nur noch die **Erfassung der Zugänge** nach Menge und Wert erforderlich ist (Ausnahme ist das permanente Lifo-Verfahren, das auch eine Bewertung der Abgänge erfordert), wobei am Ende des Gj nicht alle Zugänge der Periode in die Wertfindung eingehen, sondern nur die gem der unterstellten Verbrauchs- bzw Veräußerungsfolge am Bilanzstichtag fiktiv noch vorhandenen.

Für die *Durchschnittsbewertung* ist ebenfalls nur die Erfassung der Zugänge nach Menge und Wert erforderlich, während die Bildung eines *Festwerts* nur alle drei Jahre erfolgen muss. Die Auswahl an Verfahren ermöglicht es außerdem, die Bewertung an die tatsächlichen Verhältnisse im Unt anzupassen (*Mayer-Wegelin* in HdR^5 § 256 Anm 13).

Bei der Regelung des § 256 standen der **Grundsatz der Wirtschaftlichkeit** 9 sowie die **Vereinfachung der Bewertung** im Vordergrund. Nebeneffekte sind, dass zB bei der Anwendung der Lifo-Methode bei steigenden Preisen stille Reserven gebildet und im Vergleich zur Durchschnittsbewertung ein geringerer Gewinn ausgewiesen wird, und die Methode so der **Substanzerhaltung** dienen kann (kritisch dazu *Bareis/Elschen/Siegel/Sigloch/Streim* DB 1993, 1249 ff; ausführlich zur Gestaltung *Hoffmann* DStR 1996, 156; *Pelzer/Klein* DStR 1996, 774).

II. Allgemeines zu den Verfahren

Voraussetzung für die Anwendung von Vereinfachungsverfahren ist eine **La-** 12 **gerbuchführung,** die idR nur die Zugänge an VG mengen- und wertmäßig erfasst (Ausnahme: Permanentes-Lifo Anm 62) und so eine Zuordnung der VG mit ihren Preisen zur unterstellten Verbrauchs- bzw Veräußerungsfolge bzw eine Berechnung des Festwerts oder des gewogenen Durchschnitts ermöglicht. IdR sollte dies bei EDV-gestützter Buchführung und elektronischen Warenwirtschaftssystemen ohne Schwierigkeiten möglich sein.

Bewertungsvereinfachungsverfahren und ihre Anwendung müssen den **GoB** 13 entsprechen (Anm 28 ff). So soll ausgeschlossen sein, dass ein Verfahren angewendet wird, das im Gegensatz zu den verfolgten Zielen der Rechnungslegung steht oder bei KapGes/KapCoGes den Einblick in die VFE-Lage des Unt beeinträchtigt. Hier ist nicht auf die Art der Vorräte abzustellen, sondern allein auf die Bewertungsvereinfachung; so ist zB eine Methode nicht zulässig, bei der die Wertansätze mengenmäßig nicht unterlegt und buchmäßig nicht zugeordnet werden können (*Mayer-Wegelin* in HdR^5 § 256 Anm 22).

Zulässige Perioden für die Anwendung der Bewertungsvereinfachungsverfah- 14 ren sind **Monat, Quartal, Halbjahr** oder das **Geschäftsjahr,** wobei beim Festwert idR alle drei Jahre eine körperliche Bestandsaufnahme durchzuführen ist. Die Verfahren dürfen **permanent** oder **periodisch** ausgestaltet werden. Bei der permanenten Bewertung wird der Bestand lfd fortgeschrieben und bewertet, während beim periodischen Verfahren nur jeweils der Bestandsmengen zum Anfang und am Ende der Periode miteinander verglichen und der jeweilige Endbestand bewertet wird. Aufgrund der relativ einfachen Handhabung sind die periodischen Verfahren in der Praxis gebräuchlicher.

Die Bewertungsvereinfachungsverfahren lassen die **Inventurvorschriften** 15 (§§ 240, 241) unberührt. Die *handelsrechtliche* Zulässigkeit der Verfahren ist unabhängig vom Inventurverfahren (nur für die *steuerrechtliche* Anerkennung des Lifo-Verfahrens ist der Bestandsnachweis durch Stichtagsinventur oder permanente Inventur Voraussetzung). Die Verfahren können eine Inventur nicht ersetzen, wobei das Inventar unter Anwendung des § 256 mit den vereinfacht ermittelten AK/HK *bewertet* werden darf, indem eine Verbrauchs- bzw Veräußerungsfolge unterstellt oder eine Fest- bzw Gruppenbewertung (dazu § 240 Anm 71 ff, 130 ff) durchgeführt wird. Dies ist zulässig, obwohl sich S 1 nicht auf das Inventar, sondern nur auf die Bewertung im JA bezieht (*ADS*[6] § 256 Anm 9), denn andernfalls müsste im Rahmen der Inventur nach anderen Regeln bewertet werden als bei Aufstellung des JA.

16 Für die Vereinfachungsverfahren des S 1 legt der Gesetzgeber mit der Formulierung „kann ... unterstellt werden" eine **Fiktion** zugrunde, dh die für die Bewertung unterstellte Verbrauchs- bzw Veräußerungsfolge kann, muss aber nicht mit der tatsächlichen übereinstimmen (s Anm 41). Entspr der unterstellten Fiktion ist die Anwendung dieser Verfahren auch bei **Bestandsschwankungen**, nicht aber bei **regelmäßiger** u **völliger Lagerräumung** zulässig, ebenso ist die Umschlagshäufigkeit kein Kriterium der Zulässigkeit, ein Mindestbestand oder eine gleich bleibende Bestandshöhe sind nicht erforderlich (glA *WPH*[14] I, E Anm 475; *ADS*[6] § 256 Anm 19: eine *regelmäßige* Räumung der Bestände schließe, im Gegensatz zu einer zufälligen Senkung des Bestands auch bis auf Null, die Anwendung einer dann denkunlogischen Verbrauchsfolge aus; dies sei zB möglich, wenn beim Perioden-Lifo zwei Stichtagsbestände verglichen werden; so auch *Mayer-Wegelin* in HdR[5] § 256 Anm 25).

17 Eine allgemeine Zulässigkeit der Anwendung von Verbrauchs- bzw Veräußerungsfolgeverfahren für **Materialbestandteile** in unfertigen oder fertigen Erzeugnissen scheint fraglich (so auch *ADS*[6] § 256 Anm 27), allerdings dürfen die Verfahren nach hM auf einzelne Materialbestandteile von fertigen und unfertigen VG angewandt werden, wenn das Material, zB ein Edelmetall, in der Buchführung erfasst wird, ohne nennenswerte Verluste und in Reinform zurückgewonnen werden kann und die Rückgewinnung (wie zB bei Kabelherstellern) auch üblich ist (*ADS*[6] § 256 Anm 26; *Mayer-Wegelin* in HdR[5] § 256 Anm 36); das Material darf dann zusammen mit noch nicht verarbeiteten Beständen desselben Materials bewertet werden. Für **Fertigungslohn-** und sonstige **Kostenbestandteile** ist die Zulässigkeit abzulehnen, da sich der Wortlaut auf VG bezieht (ähnlich *Herzig/Gasper* DB 1991, 565; aA *Mayer-Wegelin* in HdR[5] § 256 Anm 36, allerdings sei eine Aufteilung in einzelne Komponenten grds restriktiv zu sehen.

18 IdR wird der Einblick in die Vermögens- oder in die Ertragslage durch die Unterstellung von Verbrauchs- bzw Veräußerungsfolgen jeweils zu Lasten der anderen Lage verbessert (Anm 45). Sollte durch die Anwendung von Bewertungsvereinfachungsverfahren im JA von **KapGes/KapCoGes** ein den tatsächlichen Verhältnissen entspr Bild der VFE-Lage nicht vermittelt werden, bestehen Angabepflichten für den Anhang gem § 264 Abs 2 S 2 (Anm 54f).

III. Gruppenbildung und Gleichartigkeit

21 Die Bildung von Gruppen ist keine notwendige Voraussetzung für die Anwendung von Bewertungsvereinfachungsverfahren, grds ist eine Bewertungsvereinfachung auch für einen einzelnen Vorratsgegenstand anwendbar (zB Einzel-Lifo). Durch die **Gruppenbildung** wird aber eine wesentliche Vereinfachung erreicht. Hier dürfen je nach Verfahren gleiche bzw gleichartige VG des Vorratsvermögens oder andere gleichartige oder annähernd gleichwertige bewegliche VG mengenmäßig zusammengefasst und vereinfacht bewertet werden. Dadurch können außerdem Substitutionseffekte und Kompensationseffekte entstehen: einmal gebildete stille Reserven werden nicht aufgelöst, sondern auf ein Substitutionsgut übertragen, und Mindermengen eines VG können innerhalb einer Gruppe durch Mehrmengen eines anderen kompensiert werden, wodurch stille Reserven bewahrt werden können (*Hörtig/Puderbach* DB 1991, 980f).

Die Verbrauchs- bzw Veräußerungsfolgeverfahren des S 1 sind nicht nur für gleiche, sondern auch **gleichartige VG des Vorratsvermögens,** also Roh-, Hilfs-

und Betriebsstoffe, unfertige und fertige Erzeugnisse sowie Waren, anwendbar (zu den Voraussetzungen des S 2 siehe § 240 Anm 80 für Festwertverfahren und 135 ff zur Gruppenbewertung).

Gleichartigkeit ist gegeben bei der Zugehörigkeit zur gleichen Warengattung oder Gleichheit in der Verwendbarkeit, also Funktionsgleichheit (*Finanzausschuss Entw StRefG 1990,* BT-Drs 11/2536, 47). Gleichartigkeit erfordert keine Gleichheit der Abmessung, Farbe, Dimension, Norm, Herkunft, der Bauteile oder Typen. Unter Berücksichtigung der jeweiligen UntVerhältnisse bei Produktion und Vertrieb sind aber zB allgemein anerkannte und deutlich abgrenzbare Qualitätsstufen, Marktgängigkeit, Austauschbarkeit, die andere Funktion einer Luxusqualität im Vergleich zum Basisprodukt oder allgemein die Zugehörigkeit zu Produktgruppen Kriterien für die *Abgrenzung* (*Mayer-Wegelin* in HdR[5] § 256 Anm 31 ff, abzustellen sei auf kfm Gepflogenheiten und marktübliche Einteilungen in Produktklassen).

Um eine Vereinfachung zu erreichen, ist eine eher **weite Auslegung** der Gleichartigkeit zu fordern, und so erscheint eine großzügige typenübergreifende Zusammenfassung zB von Ersatzteilen zulässig, wodurch die Anzahl der Gruppen reduziert wird und wobei ein bestimmter Austausch aufgrund technischen Fortschritts oder Strukturänderungen der Gruppe unschädlich ist.

Annähernde **Preis- oder Kostengleichheit** ist nach der inzwischen hM als **22** ein Merkmal *gleichartiger* VG anzusehen, obgleich in § 240 Abs 4 iVm S 2 zwischen „gleichartig" und „annähernd gleichwertig" unterschieden wird und zum anderen sonst selbst gleiche VG mit unterschiedlichen Preisen nicht mehr zu einer Gruppe zusammengefasst werden dürften. Unklar ist jedoch, wie die annähernde Preisgleichheit im Einzelfall zu bestimmen ist. Die in der Lit genannten Prozentgrenzen von 5% bis 20% stellen Richtgrößen dar, die besser durch die Einhaltung gewisser Wertrelationen abzuleiten sind (vgl *Hüttemann/Meinert, IFSt-Schrift,* S 50, mit dem Bsp, dass bei geringwertigen VG auch größere Preisunterschiede als unwesentlich zu betrachten sind, wogegen bei hochwertigen VG die gleiche Preisschwankung problematisch ist).

Gleichwertigkeit iSe annähernden Preisgleichheit ist somit bei der Gruppen- **23** bildung zu beachten (aA *Mayer-Wegelin* in HdR[5] § 256 Anm 28 mwN, 29; glA *ADS*[6] § 256 Anm 22, da sich bei einer wertmäßig heterogenen Gruppe reale Vermögensveränderungen durch Strukturverschiebungen zwischen gering- und hochwertigen VG ergeben könnten; nur wenn diese nicht auftreten, unwesentlich seien oder berücksichtigt würden, wäre eine solche Gruppenbildung hinsichtlich der GoB zulässig; s auch *ADS*[6] § 240 Anm 127 f zum Spielraum von 20% bei Preisunterschieden). Ebenso dürfen verschiedenartige VG auch bei (annähernder) Gleichwertigkeit nicht zu einer Gruppe zusammengefasst werden (*Knop* in HdR[5] § 240 Anm 76; *Ammelung* BB 1998, 2361). Die Gleichwertigkeit kann auch als Indiz für die Abgrenzung zwischen gleichartigen und verschiedenartigen VG herangezogen werden, da Preisunterschiede auf unterschiedliche Eigenschaften oder Qualitäten und somit fehlende Gleichartigkeit hinweisen können (*ADS*[6] § 240 Anm 125; *Mayer-Wegelin* BB 1991, 2257).

Grds ist bei der **Gruppenbildung** auch der Grundsatz der **Wesentlichkeit** zu **24** beachten (*Hörtig/Uhlich* DB 1994, 1046; ausführlich zu Gruppenbildung und -wechsel), so dass mehrere kleine Gruppen auch bei fehlender Gleichartigkeit zusammengefasst oder kleine Gruppen mit nur unwesentlichem Wert einer nahestehenden Gruppe zugeordnet werden dürfen.

Die Frage, ob **gleichartige VG** auch nach **unterschiedlichen Verfahren 25 bewertet** werden dürfen, ist zum einen in Anbetracht des Stetigkeitsgebots und des Willkürverbots (Anm 34 u 36; so auch *Selchert* Uneinheitlichkeit bei der Bewertungseinheitlichkeit? DB 1995, 1577), zum anderen aber insb hinsichtlich der angestrebten Vereinfachung grds zu verneinen, da es unter Vereinfachungsgesichtspunkten geboten ist, möglichst alle gleichartigen VG in *einer* Gruppe zusammenzufassen.

26 Nicht anzuwenden sind die Bewertungsvereinfachungsverfahren auf im Kundenauftrag *individuell angefertigte Erzeugnisse,* da sie aufgrund ihrer spezifischen Eigenschaften idR nicht gleichartig sind, auf *unfertige Bauten* oder andere *nicht abgerechnete Leistungen* im Vorratsvermögen, die schon wegen des unterschiedlichen Fertigungsgrads nicht gleichartig oder aber zumindest nicht beweglich sind; unzulässig ist die Bewertung mit Vereinfachungsverfahren auch für *Immobilien,* da sie weder gleichartig (austauschbar) noch beweglich sind (aA *Trappmann* DB 1996, 392, wonach für Grundstücke, die im Vorratsvermögen ausgewiesen werden, eine Gruppenbewertung zulässig sei). Da hier die Voraussetzungen für eine Anwendung des § 256 nicht gegeben sind, ist einzeln zu bewerten. Zur für die Gruppenbewertung geforderten **annähernden Gleichwertigkeit** s § 240 Anm 137.

IV. Vereinbarkeit mit den Grundsätzen ordnungsmäßiger Buchführung

28 Die Anwendung der Bewertungsvereinfachungsverfahren hat den GoB und den Zielen des JA zu entsprechen, die **Vereinfachung** muss im Rahmen der Informations- und Ausschüttungsbemessungsfunktion **vertretbar** sein (ähnlich *Schneider/ Siegel* WPg 1995, 261, 265). Die Zulässigkeit eines Verfahrens ist nach den **handelsrechtlichen GoB,** nicht aber nach steuerrechtlichen Aspekten zu beurteilen (*Siepe/Husemann/Borges* WPg 1994, 645). Die geforderte Übereinstimmung soll Missbräuche verhindern und Berechnungsmethoden ausschließen, die den GoB widersprechen (*Mayer-Wegelin* in HdR[5] § 256 Anm 22). So ist ein Verfahren zB dann nicht GoB-konform, wenn es nicht der Vereinfachung dient, sondern gezielt zu niedrigen Wertansätzen führt; dass die unterstellte Verbrauchs- bzw Veräußerungsfolge praktisch niemals zutreffen kann, stellt aber die Zulässigkeit uE *nicht* in Frage (so auch *Herzig/Gasper* DB 1991, 565, die auch in einer mit dem betrieblichen Geschehensablauf völlig unvereinbaren Lifo-Fiktion keinen Verstoß gegen die GoB sehen; s dazu auch Anm 16, 41).

29 **KapGes/KapCoGes** haben gem § 264 Abs 2 ein den tatsächlichen Verhältnissen entspr Bild der VFE-Lage zu vermitteln, die Anwendung einer Bewertungsvereinfachung darf somit nicht zu einer *Verfälschung* der Lagedarstellung führen (zB durch einen unvertretbar niedrigeren Wertansatz als bei einer Einzelbewertung der zu der Gruppe zusammengefassten VG, so *Schneider/Siegel* WPg 1995, 265; aA *Siepe/Husemann/Borges* WPg 1995, 366, die die „verfahrensbedingte" Abweichungen für zulässig halten). Ein *beeinträchtigter* Einblick entweder in die Vermögens- oder in die Ertragslage bei der Anwendung von Verbrauchs- bzw Veräußerungsfolgeverfahren (Anm 45) ist allerdings systemimmanent und erfordert nur Anhangangaben gem § 284 Abs 2 Nr 4. Weitere Angaben nach § 264 Abs 2 S 2 können aber zB bei einer weitgehenden Auflösung der Bewertungsreserve (s Bildung von stillen Reserven bei Anwendung der Lifo-Methode Anm 62), die bedeutenden Einfluss auf die Beurteilung der Ertragslage nimmt, erforderlich sein.

Folgende GoB sind für die Anwendung von Bewertungsvereinfachungsverfahren insb von Bedeutung:

30 **Vollständigkeitsgebot (§ 246 Abs 1 S 1):** Gem der Vorschrift sind alle VG vollständig in die Bilanz aufzunehmen, soweit gesetzlich nichts anderes bestimmt ist (zB Festwert nach § 240 Abs 3); für die Wertfindung sind die jeweiligen Bewertungsvorschriften (insb §§ 252 ff) maßgeblich (s dazu § 246 Anm 2 f). Bewertungsvereinfachungsverfahren, die zu einem unvollständigen Mengengerüst führen, sind deshalb nicht zulässig (zB Dollar-Value-Methode, bei der die Wertansätze mengenmäßig nicht unterlegt sind und buchmäßig nicht zugeordnet werden können; *Mayer-Wegelin* in HdR[5] § 256 Anm 22).

Einzelbewertung (§ 252 Abs 1 Nr 3): Die Bewertungsvereinfachungsverfahren des § 256 für den JA, also die Verbrauchs- bzw Veräußerungsfolgeverfahren des S 1 und durch Verweis in S 2 auf § 240 Abs 3 und 4 auch die Fest- und Gruppenbewertung, sind **Spezialregelungen** zu § 252 Abs 1 Nr 3 (§ 252 Anm 26). Diese Ausnahmen vom Prinzip der Einzelbewertung sind unter dem Aspekt der Wesentlichkeit und Wirtschaftlichkeit zB für Massengüter, bei denen ein Identitätsnachweis kaum oder nur mit unverhältnismäßig (zeitlich und/oder kostenmäßig) hohem Aufwand erbracht werden kann, gerechtfertigt. 31

Die Verfahren sind aber auch für VG anwendbar, deren AK/HK identifiziert und zugeordnet werden könnten und die somit auch einzeln bewertbar wären (ähnlich *Mayer-Wegelin* DB 2001, 555). Zwar sieht der BFH die Anwendung einer Verbrauchsfolge als eine Durchbrechung der Einzelbewertung an, die nur *im Einzelfall* aus Gründen der Bewertungsvereinfachung gerechtfertigt sei und die typischerweise auf Sachverhalte zugeschnitten sei, bei denen die Ermittlung der AK/HK ausgeschlossen (zB bei Vermischung) oder mit unvertretbarem Aufwand (zB bei Massenartikeln) verbunden ist (zu den einzelnen Kritikpunkten hier an einer Lifo-Bewertung s BFH 20.6.2000 BStBl II 2001, 638; hingegen sieht der HFA in seiner 181. Sitzung, FN-IDW 2002, 220 in § 256 Methoden der „indirekten Einzelbewertung"). Nach dem Wortlaut des § 256 S 1 ist aber nur die Gleichartigkeit, nicht der unmögliche Identitätsnachweis der zu bewertenden VG gefordert, und die Vorschrift ist somit sowohl auf einzeln bewertbare VG als auch für eine Vielzahl gleichartiger VG zB bei Vermischung oder Massenartikeln anwendbar.

Vorsichtsprinzip (§ 252 Abs 1 Nr 4) – Niederstwertprinzip: Das Vorsichtsprinzip schränkt die Wahl des Bewertungsvereinfachungsverfahren grds nicht ein, greift dann aber, wenn im Anschluss an die Bewertung der obligatorische Niederstwerttest durchgeführt wird (*Mayer-Wegelin* in HdR[5] § 256 Anm 54). Denn auch bei der Anwendung von Bewertungsvereinfachungsverfahren ist § 253 Abs 4 anzuwenden und ggf ein **niedrigerer Wert** (Börsen- oder Marktpreis bzw beizulegender Wert) als die AK/HK anzusetzen. Andererseits besteht das Wertaufholungsgebot gem § 253 Abs 5 S 1. 32

Abschreibungen erfolgen für die gesamte **Gruppe**, wenn die VG einheitlich mit einem Durchschnittswert bewertet wurden und dieser Wert höher ist als der Niederstwert zum Bilanzstichtag. Bei der Anwendung von Verbrauchs- bzw Veräußerungsfolgen werden diejenigen VG abgewertet, die gemäß der Fiktion noch vorhanden sind und deren AK/HK über dem Niederstwert liegen. Zur Abwertung von Layern s Anm 53. Wurde die Bewertungsvereinfachung nur auf bestimmte **Materialbestandteile** des VG angewandt (Anm 17), kann sich für diese Teile im Abwertungsbedarf auch dann ergeben, wenn das Erzeugnis insgesamt noch verlustfrei bewertet ist. Auch für diese Gruppen gilt das Niederstwertgebot. Das Niederstwertprinzip greift erst *im Anschluss* an die Bewertung mittels Vereinfachungsverfahren und erst *nach* einer etwaigen Gruppenumbildung (*Hörtig/Uhlich* DB 1994, 1051, Niederstwertprinzip als generelles, die Bewertung nach § 256 überlagerndes Bewertungsprinzip). 33

Für **alle Unt** gilt das **Wertaufholungsgebot** gem § 253 Abs 5 S 1, dh eine Zuschreibung ist erforderlich, wenn die Gründe für die außerplanmäßige Abschreibung nicht mehr bestehen. Darüber hinaus ist steuerrechtlich nach Anwendung der Bewertungsvereinfachung nicht nur eine Teilwertabschreibung, sondern auch eine Wertaufholung zu prüfen, dh die zB durch Lifo gelegten stillen Reserven sind zwingend über eine Zuschreibung aufzulösen (*Loitz/Winnacker* DB 2000, 2233).

Grds sind für KapGes/KapCoGes bei Bewertungen nach dem Niederstwertprinzip und bei Abschreibungen die **Angabepflichten** nach § 284 zu beachten (*WPH*[14] I, E Anm 475).

34 **Bewertungsmethodenstetigkeit (§ 252 Abs 1 Nr 6):** Zwar sind nach dieser Bestimmung die im vorhergehenden JA angewandten Methoden beizubehalten, doch stellt der Wechsel hin zu Bewertungsvereinfachungsverfahren eine sachlich gerechtfertigte Abweichung von der bisherigen Bewertungsmethode (zB IDW RS HFA 15) dar. Insb der Wechsel zur Lifo-Methode stellt keinen Verstoß gegen das Stetigkeitsgebot dar. Nach der Wahl eines Verfahrens bzw dem Wechsel zu Lifo ist aber unter Beachtung des Stetigkeitsgebots ein Wechsel des Vereinfachungsverfahrens oder zB der Kriterien zur Gruppenbildung nur in begründeten Ausnahmefällen zulässig (*ADS*[6] § 256 Anm 20). Sachliche **Gründe,** wie zB Änderungen der rechtlichen Gegebenheiten (zB von Gesetz, Satzung oder Rspr) oder die Vermittlung eines besseren Einblicks in die VFE-Lage oder die Anpassung an konzerneinheitliche Bilanzierungsrichtl oder zur Verfolgung steuerlicher Ziele können einen Wechsel rechtfertigen, geänderte Substanzerhaltungsziele reichen dagegen nicht aus *(IDW RS HFA 38, Tz 11).*

Für **KapGes/KapCoGes** sind die Vorschriften des § 284 Abs 2 Nr 3 über Angabe und Begr des Wechsels zu beachten.

35 **Anschaffungskostenprinzip (§ 253 Abs 1 S 1):** Die um zwingende Abschreibungen verminderten AK/HK bilden die Wertobergrenze für die Bewertung von VG (s dazu § 253 Anm 1).

36 **Grundsatz der Methodenbestimmtheit:** Der Wertansatz eines VG ist nach einer bestimmten Bewertungsmethode zu ermitteln und der Ansatz eines Zwischenwerts ist nicht zulässig (s dazu § 252 Anm 67).

37 **Grundsatz des Willkürverbots:** Die Bewertung soll frei von sachfremden Erwägungen (zB Ertragslage, Kreditwürdigkeit, Gewinn) erfolgen und der Erstellung eines klaren, übersichtlichen und den GoB entspr JA dienen. Bei Bewertungswahlrechten soll die Bewertungsentscheidung den Zielen des JA nicht entgegenstehen (s dazu § 252 Anm 68f).

38 **Grundsatz der Wesentlichkeit:** Sachverhalte von untergeordneter Bedeutung, die wegen ihrer Größenordnung keinen Einfluss auf das Jahresergebnis und die Vermögensdarstellung haben, dürfen vernachlässigt werden (s dazu § 252 Anm 70f).

V. Bestimmtheit der zeitlichen Zugangs- und Abgangsfolge für Verfahren des S 1

41 Für die Verbrauchs- bzw Veräußerungsfolgeverfahren des S 1 legt der Gesetzgeber mit der Formulierung „kann ... unterstellt werden" eine **Fiktion** zugrunde, dh die für die Bewertung unterstellte Zugangs- bzw Abgangsfolge *kann, muss aber nicht* mit der tatsächlichen übereinstimmen (*Herzig/Gasper* DB 1991, 559 und DB 1992, 1302 mwN, da sonst in Branchen, die ihre Vorräte mehrmals im Jahr umschlagen, die Anwendung der Lifo-Methode nicht möglich sei und dies auch entspr steuerrechtliche Auswirkungen habe; vgl *ADS*[6] § 256 Anm 15 ff, die Verbrauchsfolge dürfe nicht völlig undenkbar sein wie zB in Einzelfällen die Unterstellung von Lifo für Saisonbetriebe, die nur zu bestimmten Zeiten anfallende Rohstoffe verarbeiten; ebenso *Mayer-Wegelin* in HdR[5] § 256 Anm 20ff, 25, Lifo sei zulässig, solange das Verfahren theoretisch möglich wäre, allerdings würden durch diese Auslegung ganze Branchen von der Lifo-Bewertung ausgeschlossen, was vom Gesetzgeber nicht gewollt gewesen sei).

42 Gem dieser Fiktion und dem Wortlaut des S 1 darf für die Bewertung unterstellt werden, „dass die zuerst oder dass die zuletzt angeschafften oder hergestell-

ten Vermögensgegenstände zuerst verbraucht oder veräußert worden sind". Somit wird für den **Zugang** auf eine bestimmte **zeitliche Folge** abgestellt. Das Fifo- und das Lifo-Verfahren werden in S 1 ausdrücklich genannt und die handelsrechtliche Zulässigkeit ist allgemein anerkannt (*ADS*[6] § 256 Anm 6); die Zulässigkeit von weiteren Verfahren mit einer **nicht zeitlich bestimmten Zugangsfolge** ist durch das BilMoG ausgeschlossen worden (Begr RegE BilMoG, 135).

VI. Auswirkungen auf den Ausweis der Vermögens- und Ertragslage

Die verschiedenen Bewertungsvereinfachungsverfahren haben bei sich ändernden Preisen jeweils **unterschiedliche Auswirkungen auf** die ausgewiesene **Vermögens- und Ertragslage** (s ausführlich Anm 59 ff). IdR wird der Einblick in die Vermögens- oder in die Ertragslage durch die Unterstellung von Verbrauchs- bzw Veräußerungsfolgen jeweils zu Lasten der anderen Lage verbessert. Diese Folgen sind systemimmanent und sprechen nicht für oder gegen die Wahl bzw Anwendung einer bestimmten Methode. Bei der langfristig orientierten Wahl der Methode hat die Vereinfachung im Vordergrund zu stehen, zu bilanzpolitischen Erwägungen s Anm 36 u 63, zur geforderten Übereinstimmung der Verbrauchs- bzw Veräußerungsfolge mit den tatsächlichen Gegebenheiten s Anm 16 u 41. 45

Für **KapGes/KapCoGes** (kleine Ges gem § 267 und KleinstGes/KleinstKap- 46 CoGes gem § 267a Abs 2 sind gem § 288 von der Angabepflicht des § 284 Abs 2 Nr 4 ausgenommen) bestehen zur besseren Beurteilung der Vermögens- und Ertragslage folgende **Angabepflichten** für den Anhang gem § 284 Abs 2:
– Angabe der angewandten Bilanzierungs- und Bewertungsmethoden (Nr 1),
– Angabe und Begr der Abweichungen von Bewertungsmethoden (Nr 3),
– Ausweis der Unterschiedsbeträge pauschal für die jeweilige Gruppe, wenn die Bewertung nach § 240 Abs 4, § 256 S 1 im Vergleich zu einer Bewertung zu Börsenkurs oder Marktpreis einen erheblichen Unterschied aufweist (Nr 4).

Die Angabe gem Nr 4 (s § 284 Anm 180 ff) erfordert stets eine **Vergleichsbewertung** aller vereinfacht bewerteten Vorratsposten auf Grundlage des Börsen- oder Marktwerts, um festzustellen, ob der Unterschied erheblich und die Angabe daher erforderlich ist (*WPH*[14] I, F Anm 739 ff zur geforderten Genauigkeit). Obwohl die Regelungen des § 284 für den KA nicht gelten (s § 298 Abs 1), können nach § 297 Abs 2 S 2 auch im **Konzernanhang** zusätzliche Angaben notwendig werden, wenn sich die Information nicht aus den Angaben nach § 313 Abs 1 Nr 1 und Nr 3 ergibt.

VII. Verfahren bei zu- bzw abnehmenden Beständen – Layerbildung

Bei der Anwendung von Verbrauchs- bzw Veräußerungsfolgeverfahren bzw der Gruppenbewertung sind am Ende einer Periode drei Konstellationen denkbar: der Endbestand einer zu bewertenden Gruppe von VG ist größer, gleich oder kleiner als der Anfangsbestand.

1. Der Endbestand ist größer als der Anfangsbestand

Der Endbestand ist in Höhe des Anfangsbestands mit dessen Bilanzansatz des 49 Vj unter Beachtung des Niederstwertprinzips zu übernehmen, für die **Bewer-**

tung des darüber hinausgehenden **Mehrbestands** sind verschiedene Ansätze denkbar:
- die tatsächlichen AK/HK der Zugänge, aus denen der Mehrbestand besteht in der Reihenfolge der Anschaffung bzw Herstellung;
- die AK/HK der ersten Zukäufe des Gj;
- die AK/HK der letzten Zukäufe des Gj;
- die durchschnittlichen gewogenen AK/HK der Zugänge des Gj bzw der betrachteten (kürzeren) Periode.

Anfangs- und Mehrbestand sind uE nach der gleichen Methode zu bewerten (so auch *Siegel* DB 1991, 1945), die einmal gewählte Methode unterliegt dann dem Grundsatz der Bewertungsmethodenstetigkeit. Eine ggf zulässige Änderung ist von KapGes/KapCoGes im Anhang zu erläutern (Anm 46). Zwar ist jede der Methoden handelsrechtlich zulässig, da sie einem bestimmten Prinzip folgt und willkürfrei ist. Weicht aber die Bewertung des Mehrbestands (die unterstellte Verbrauchs- bzw Veräußerungsfolge bzw die Durchschnittsbewertung) von der für die Gruppe zugrunde liegenden Bewertungsmethode ab, stellt dies eine **Vermischung von Verfahren** dar, die nach dem Stetigkeitsgebot, dem Gebot der Methodenbestimmtheit und dem Willkürverbot (s Anm 34 ff, s aber auch Anm 24 zur Wesentlichkeit) **abzulehnen** ist (so auch *Mayer-Wegelin* in HdR[5] § 256 Anm 49, die Vermischung von Fifo und Lifo sei systemwidrig; aA *ADS*[6] § 256 Anm 42, 45, die unterschiedliche Bewertung von Anfangs- und Mehrbestand werde durch den Wortlaut des § 256 nicht ausgeschlossen, die Bewertung des Mehrbestands müsse lediglich den Bewertungsgrundsätzen des § 256 entsprechen, auch weitere Methoden erschienen zulässig; auch *Köhler* StBp 1999, 319, ist für die Zulässigkeit einer vom Anfangsbestand völlig unabhängigen Bewertung des Mehrbestands).

Anfangs- und Mehrbestand werden anschließend für die Bewertung entweder zu einem neuen **Gesamtbestand** zusammengefasst oder aus dem Mehrbestand wird ein selbständiger **Layer,** dh eine gesonderte Teilmenge, die vom Anfangsbestand getrennt fortgeführt wird, gebildet (s Anm 53). Bei weiteren Bestandserhöhungen wird dann für jedes Gj ein neuer Layer gebildet.

Steuerrechtlich ist die Layerbildung ohne Beschränkungen anerkannt (s EStR 36a Abs 4 S 4 f), wobei für die Wertermittlung des Mehrbestands von den AK/HK der ersten Lagerzugänge des Wj oder den durchschnittlichen AK/HK aller Zugänge des Wj auszugehen ist.

2. Der Endbestand ist gleich dem Anfangsbestand

50 Hier ist unter Beachtung des Niederstwertprinzips (s Anm 32) und des Wertaufholungsgebots (s Anm 33) der Bilanzansatz des Vj zu übernehmen.

3. Der Endbestand ist kleiner als der Anfangsbestand

51 Wurde der Vj-Bestand nach Maßgabe einer Verbrauchs- bzw Veräußerungsfolge bewertet, wird den Abgängen der entspr Wert zugrunde gelegt, der Abbau entspricht weiterhin der unterstellten Fiktion. Wurde der Vj-Bestand mit einem Durchschnittswert bewertet, wird den Abgängen und dem Endbestand dieser Wert zugrunde gelegt; setzt sich der Bestand aus VG mit unterschiedlichen AK/HK zusammen, führt dies zur Auflösung stiller Reserven bei den VG mit niedrigeren AK/HK und der Abbau des Bestands zum Durchschnittswert entspricht nicht einer Verbrauchs- bzw Veräußerungsfolge (*Mayer-Wegelin* in HdR[5] § 256 Anm 53).

Besteht der Vj-Bestand aus Layern, werden diese entweder nach Maßgabe der Verbrauchs- bzw Veräußerungsfolgefiktion beginnend mit dem zuerst (Fifo) oder zuletzt (Lifo) gebildeten Layer nacheinander ausgebucht (*Kulosa* in Schmidt[32] § 6

Anm 419), wobei bei der Auflösung das angewandte Bewertungsvereinfachungsverfahren bei der Bildung des jeweiligen Layers zu beachten ist (zB tatsächliche Kosten in richtiger Reihenfolge oder Durchschnittskosten) oder die Layer werden bei Durchschnittsbewertung anteilig vermindert, wobei sich hier für die Bewertung des Endbestands (wohl aber für Abwertungen) kein Unterschied aus der Bildung von Gesamtbestand oder Layern ergibt (s Anm 53).

4. Gegenüberstellung von Gesamtbestand und Layer

Die Wahl zwischen Gesamtbestand oder Layerbildung hat iVm der Anwendung von Verbrauchs- bzw Veräußerungsfolgen oder der Durchschnittsbewertung unterschiedliche **Auswirkungen** auf die Bewertung von Bestandsminderungen sowie auf Abschreibungen nach dem Niederstwertprinzip (zu Bsprechnungen s *Herzig/Gasper* DB 1991, 561). Werden Anfangs- und Mehrbestand der betrachteten Gruppe zu einem **neuen Gesamtbestand** zusammengefasst und zum gewogenen Durchschnittswert fortgeführt (gem *Köhler* StBp 1999, 320, ein einfachste Verfahren mit vorteilhafter Handhabung späterer Bestandsminderungen oder Abwertungen gem § 253 Abs 4), können Bestandsminderungen und Abschreibungen in den Folgeperioden nicht mehr konsequent zugeordnet werden. Wird aber entweder der zusammengefasste Gesamtbestand entspr der Verbrauchs- bzw Veräußerungsfolge bewertet oder aus dem Mehrbestand ein **selbstständiger Layer,** dh eine gesonderte Teilmenge, die getrennt vom Anfangsbestand fortgeführt wird, gebildet, wobei jeder Bestand unterschiedlich bewertet bleibt, ist eine exakte Zuordnung möglich (ähnlich *Mayer-Wegelin* in HdR[5] § 256 Anm 51).

Wurde ein durchschnittlich bewerteter **Gesamtbestand** gebildet, wird ein **Bestandsabbau** in der Folgeperiode mit dem gewogenen Durchschnittswert bewertet und als Aufwand gebucht; dies ist bei Durchschnittsbewertung unproblematisch (allerdings wird die Periodenabgrenzung aufgehoben), liegt beim Bestandsabbau der Bewertung aber eine Verbrauchs- bzw Veräußerungsfolgefiktion zugrunde, entspricht die Auflösung zum Durchschnittswert nicht mehr einer Folge und ist wohl abzulehnen.

Wurden **Layer** gebildet, wird ein **Bestandsabbau** in der Folgeperiode entspr der Verbrauchs- bzw Veräußerungsfolgefiktion beginnend mit dem zuerst (Fifo) oder zuletzt (Lifo) gebildeten Layer zu den Ansatzwerten des betr Layers ausgebucht (*Kulosa* in Schmidt[32] § 6 Anm 419) bzw bei der Durchschnittsbewertung anteilig gekürzt.

Der **Niederstwert** wird bei einem durchschnittlich bewerteten **Gesamtbestand** mit dem Durchschnittswert verglichen und eine ggf notwendige Abwertung erfolgt dann für den gesamten Bestand. Bei einem Gesamtbestand, der entspr der Verbrauchs- bzw Veräußerungsfolgefiktion bewertet wurde, erfolgt die Abwertung für die VG, deren Ansatz über dem Niederstwert liegt.

Der **Niederstwert** wird bei **Layern** entspr der bei der Bildung des Layers angewandten Bewertungsvereinfachung (Anm 49) entweder mit jedem Bestand in einem Layer (bei Ansatz zu tatsächlichen Kosten) oder mit jedem Layer (bei Ansatz zum Durchschnittswert) verglichen und die höherwertigen Bestände bzw Layer werden abgewertet. Diese gesonderte Abschreibung ist eine zwangsläufige Folge der Layerbildung. Die Abschreibung mit der Begründung, der Durchschnittswert sei geringer und liege unter dem Niederstwert, zu unterlassen, würde einen Methodenwechsel (hin zur durchschnittlichen Bewertung des Gesamtbestands) bedeuten (*Mayer-Wegelin* in HdR[5] § 256 Anm 55; *ADS*[6] § 256 Anm 53). Ein solcher Wechsel ist jedoch nur in begründeten Ausnahmefällen zulässig (aA *Mayer-Wegelin* in HdR[5] § 256 Anm 56, ein Methodenwechsel von Layer-Bestand zu Durchschnittsmethode sei zulässig).

Beispiel:

		Bilanzansatz im Folgejahr bei Endbestand = 100	Niederstwerttest Annahme: Marktpreis = 11,– €
Anfangsbestand Mehrbestand Gesamtbestand	100 × 10,– € 30 × 12,– € 130 × 10,46 €	100 × 10,46 € = 1046,– €	keine Abwertung erforderlich, da 10,46 € < 11,– €
Layer (Anfangsbestand) Layer (Mehrbestand)	100 × 10,– € 30 × 12,– €	Fifo: 70 × 10,– € + 30 × 12,– € = 1060,– € Lifo: 100 × 10,– € = 1000,– €	Abschreibung des Layers bei Fifo erforderlich, da 12,– € > 11,– €

C. Verfahren nach Satz 1 und ihre Zulässigkeit

56 Die Bewertung der gem § 256 bestimmten VG darf mit einer **Einzelbewertung** gem § 252 oder einem **Bewertungsvereinfachungsverfahren** gem § 256, also anhand einer bestimmten zeitlichen Zugangs- und Abgangsfolge (S 1) sowie mit einer Fest- bzw Gruppenbewertung (S 2), erfolgen. Gem dem Grundsatz der sachlichen Stetigkeit sind art- und funktionsgleiche VG nach den gleichen Methoden zu bewerten. Gleichartige VG dürfen nur in Ausnahmefällen mit verschiedenen Vereinfachungsmethoden bewertet werden, wenn sachlich gerechtfertigte Gründe gegeben sind und ein Missbrauch ausgeschlossen ist (*ADS*[6] § 256 Anm 20; IDW RS HFA 38 Tz 4; aA *Mayer-Wegelin* in HdR[5] § 256 Anm 37; s auch Anm 49). Gem dem Grundsatz der **Bewertungsmethodenstetigkeit** ist eine gewählte Methode beizubehalten und ein Wechsel nur in begründeten Ausnahmefällen zulässig (Anm 34). Im Folgenden werden die Verbrauchs- bzw Veräußerungsfolgen des S 1 dargestellt, zu S 2 s Anm 78.

I. Fifo-Verfahren

59 Dem Fifo-Verfahren (first in – first out) liegt die Annahme zugrunde, dass zuerst angeschaffte oder hergestellte VG auch als erstes wieder verbraucht oder veräußert werden. Im Bestand verbleiben am Bilanzstichtag annahmegemäß die letzten Zugänge, die je nach Bestandshöhe mit den AK/HK des letzten, vorletzten usw Zugangs bewertet werden, Abgänge müssen nicht bewertet werden.

Beispiel:

	Menge	Preis €	Betrag €
Anfangsbestand	100	10,– €	1000,– €
Zugang Zugang Zugang	50 100 80	12,– € 14,– € 15,– €	
Endbestand Bsp 1	50	50 × 15,– €	750,– €
Endbestand Bsp 2	90	80 × 15,– € + 10 × 14,– €	1340,– €

Das Verfahren darf als permanentes oder periodisches Fifo gestaltet werden, wobei eine Periode einen Monat, ein Quartal, Halbjahr oder ein Gj umfassen darf (s Anm 14). Für das Verfahren ist eine lfd Aufzeichnung der Zugänge nach Menge und Preis erforderlich, und es entspricht zB bei Saisonartikeln oder verderblichen Waren oft der tatsächlichen Verbrauchs- bzw Veräußerungsfolge, während das Verfahren zB bei rechnergesteuerten Hochregallagern systemimmanent und in bestimmten Fällen wie zB für die pharmazeutische Industrie sogar gesetzlich vorgeschrieben ist (*Bäuerle* BB 1990, 1732).

Das in der Praxis dennoch wenig angewandte Fifo-Verfahren führt bei **steigenden Preisen** zu einer im Vergleich zum Vj ständig höheren Bewertung des Vorratsbestands, während die Aufwandsverrechnung zu den überholten, niedrigeren Preisen erfolgt und die auszuweisenden Gewinne eine dementspr Besteuerung nach sich ziehen. Bei **fallenden Preisen** würden **stille Reserven** gebildet, allerdings ist dann gem § 253 Abs 4 eine außerplanmäßige Abschreibung erforderlich, die auch bei schwankenden Preisen für Zugänge mit AK/HK oberhalb des Niederstwerts notwendig werden kann (*ADS*[6] § 256 Anm 30).

Das Fifo-Verfahren gewährt sowohl bei fallenden wie bei steigenden Preisen einen *verlässlichen Einblick* in die *Vermögenslage*, da die Vorratsbestände unter Beachtung des Niederstwertprinzips (Anm 32) mit den gegenwärtigen Preisen bewertet werden; der Einblick in die Ertragslage ist allerdings beeinträchtigt, da für den Waren- und Materialeinsatz die nicht mehr aktuellen Preise der zuerst angeschafften oder hergestellten VG zugrunde gelegt werden. Stimmt die unterstellte Verbrauchs- bzw Veräußerungsfolge nicht mit den tatsächlichen Verhältnissen überein, ist das Verfahren steuerrechtlich nicht anerkannt.

Bei Bestandsaufbau ist die Bildung eines Gesamtbestands oder von Layern möglich, s Anm 53 f. Zur ggf notwendigen Abwertung gem Niederstwertprinzip s Anm 32 und 53 f. Zu den bei KapGes/KapCoGes erforderlichen Angaben im Anhang s Anm 46.

II. Lifo-Verfahren

Das Lifo-Verfahren unterstellt, dass die zuletzt angeschafften oder hergestellten VG als erstes verbraucht oder veräußert werden und sich somit am Bilanzstichtag die ältesten Zugänge noch im Bestand befinden.

Beispiel – permanentes Lifo:

	Menge	Preis €	Betrag €
Anfangsbestand	100	10,– €	1000,– €
Zugang	50	12,– €	+ 600,– €
Abgang	80	50 × 12,– € + 30 × 10,– €	– 900,– €
Zugang	50	15,– €	+ 750,– €
Abgang	40	40 × 15,– €	– 600,– €
Endbestand	80	70 × 10,– € + 10 × 15,– €	850,– €

Die Methode erfordert eine ständige mengen- und wertmäßige Erfassung und Zuordnung der Zu- und *Abgänge* und ist somit sehr **aufwändig**; ein unterjähriger Bestandsabbau führt zur Auflösung der darin ggf liegenden Bewertungsreserven und zu einer dementspr Ergebnisverbesserung (*Gasper* 1996, 86 u 133).

Beispiel – periodisches Lifo:

	Menge	Preis €	Betrag €
Anfangsbestand	100	10,– €	1000,– €
Zugang	50	12,– €	
Zugang	100	13,– €	
Zugang	80	14,– €	

	Menge	Preis €	Betrag €
Endbestand Bsp 1	50	50 × 10,– €	500,– €
Endbestand Bsp 2	140	100 × 10,– € + 40 × 12,– € (Alternative Bewertung s Anm 49)	1480,– €

Hier wird der Endbestand nur zum Ende der Periode bewertet, eine lfd Aufzeichnung der Zugänge ist ausreichend, die Abgänge müssen nicht bewertet werden. Eine Periode muss nicht notwendig ein Gj umfassen, sondern kann auch einen Monat, ein Quartal oder Halbjahr umfassen. Ein Bestandsabbau, der in der Periode wieder ausgeglichen wird, hat anders als beim permanenten Lifo keinen Einfluss auf den Wertansatz.

Das Verfahren führt bei **steigenden Preisen** zur Bildung von stillen Reserven im Vorratsbestand, während die Aufwandsverrechnung zu aktuellen Preisen erfolgt. Bei **fallenden Preisen** ist eine Abschreibung gem § 253 Abs 4 erforderlich, die auch bei schwankenden Preisen für Zugänge mit AK/HK oberhalb des Niederstwerts notwendig werden kann (ADS^6 § 256 Anm 30).

Lifo gibt bei fallenden sowie steigenden Preisen einen *verlässlichen Einblick* in die *Ertragslage* und stellt die Vergleichbarkeit der Ergebnisse aufeinander folgender Gj sicher, da der Waren- und Materialeinsatz mit den Preisen der zuletzt angeschafften VG bewertet wird; allerdings kann bei einem Bestandsrückgang der Materialverbrauch weit unter dem aktuellen Marktpreis bewertet sein (ADS^6 § 256 Anm 32) und so stille Reserven realisiert werden. Dagegen wird der Einblick in die *Vermögenslage* beeinträchtigt, da hier bei steigenden Preisen eine Höherbewertung der Vorräte unterbleiben und stille Reserven gebildet werden können. Bei Anwendung der Lifo-Methode und fallenden Preisen werden im Vergleich zur Durchschnittsmethode geringere Abschreibungen vorgenommen (Vergleichsrechnungen Durchschnitts- zu Lifo-Bewertung s *Mayer-Wegelin* in HdR^5 § 256 Anm 63 ff), bei Bestandsreduzierungen werden stille Reserven aufgelöst und Gewinne realisiert.

63 Zur Diskussion, ob im Handelsrecht die Vermeidung von sog Scheingewinnen und die Substanzerhaltung als Zielsetzung oder gewollter Nebeneffekt der Lifo-Methode anzusehen ist, s ua *Mayer-Wegelin* DB 2001, 555; *ders* in HdR^5 § 256 Anm 18, 23 f; ADS^6 § 256 Anm 8 mwN und 14; *Herzig/Gasper* DB 1991, 558 f. Auch die Frage, ob Lifo als Subvention in Form von Steuervergünstigungen anzusehen sei, ist zweifelhaft (bejahend *Siegel* DB 1991, 1942). Zwar ist Lifo idR steuerrechtlich günstiger als die Einzelbewertung, Fifo oder das Durchschnittswertverfahren, doch nicht allein deshalb als Steuervergünstigung zu werten (*Herzig/Gasper* DB 1992, 1302; ausführlich *Schneider* StuW 1996, 146; *Claassen/Sprey* DB 1993, 497). Bei Bestandsaufbau ist die Bildung eines Gesamtbestands oder von Layern zulässig, s Anm 53 f. Zur uU notwendigen Abwertung gem Niederstwertprinzip s Anm 32 und 53 f. Zu den bei KapGes/KapCoGes erforderlichen Angaben im Anhang s Anm 46.

III. Indexverfahren

66 Die **Zulässigkeit** des Indexverfahrens, einer Sonderform des Lifo-Verfahrens, bei dem nicht Bestandsmengen sondern Werte (als Produkt von Menge und Preis) miteinander verglichen werden, ist in der Literatur **umstritten**. Ziel des steuerrechtlich nicht anerkannten Verfahrens ist es, die Wertveränderung einer Bestandsgruppe auf Preisänderungen einerseits und Vermögensänderung andererseits aufzuteilen (*Herzig/Gasper* DB 1991, 562). Angewandt auf Gruppen mit wertmäßig sehr heterogenen VG soll dieses Verfahren Strukturverschiebungen berücksichtigen, da sich zB ein Wertzuwachs nicht nur aus Preissteigerungen, sondern auch aus Verschiebungen hin zu einem größeren Anteil von VG mit einem höheren Preis ergibt. Das Indexverfahren soll eine umfassendere Bildung von Gruppen ermöglichen, da auch VG mit großen Preisunterschieden zusammengefasst werden können.

Verfahren: Aus Bestandsmenge und Preisen von VG einer Gruppe am Bilanzstichtag des Gj und des Vj werden der Anfangs- und Endbestand des Gj zu Vj-Preisen und der Endbestand des Gj zu Gj-Preisen berechnet. Daraus errechnet werden der Preisindex sowie Preis- und Mengenveränderungen. Anschließend können Layer, Lifo-Bilanzansatz und die daraus resultierende Lifo-Reserve berechnet werden. Die umfangreichen Berechnungen eignen sich wohl nur für eine periodische Gestaltung des Verfahrens. Zu Bsprechnungen siehe *Herzig/ Gasper* DB 1991, 562 f, *Gasper* 1996, 169 ff und *Siepe/Husemann/Borges* WPg 1994, 647 ff.

Das Indexverfahren erfordert eine etwas komplexere Lagerbuchführung, da im Vergleich zu Lifo weitere Berechnungen notwendig sind, trotzdem ist eine EDV-gestützte Durchführung des Verfahrens ohne Probleme möglich (*Herzig/Gasper* DB 1991, 564). Zu Vergleichsrechnungen zwischen Perioden-Lifo und Indexverfahren bei steigenden oder fallenden Preisen s ausführlich *Gasper* 1996, 190 ff. Der Einblick in die Vermögens- und Ertragslage beim Indexverfahren ist vergleichbar zum Lifo-Verfahren.

Die handelsrechtliche Zulässigkeit des Verfahrens ist uE abzulehnen, da § 256 auf Mengen, nicht aber auf Werteinheiten abstellt und der Wortlaut keine Rechtsgrundlage für Verfahren bietet, bei denen Bilanzansätze nicht mehr buchmäßig zugeordnet werden könnten (*Mayer-Wegelin* in HdR[5] § 256 Anm 22). Auch die Vereinbarkeit mit den **GoB** ist zu bezweifeln (*Mayer-Wegelin* in HdR[5] § 256 Anm 60 ff mwN; *Schneider/Siegel* WPg 1995, 266), darüber hinaus führt das Indexverfahren idR zu **niedrigeren Wertansätzen** als Lifo und somit zu möglichen stillen Reserven, die nicht mehr mit den Zielen des JA in Übereinstimmung stehen (*Siegel* DB 1991, 1947 f). Die beim Indexverfahren möglicherweise sehr weite Gruppenbildung ist anfällig für **Manipulationen** (*Siegel* DB 1991, 1946 ff; aA *Ammelung* BB 1998, 2359). Die Zerlegung von VG in die Bestandteile Menge und Preis und anschließende Zusammenfügung zu einer BewEinh macht eine **Bewertungsvereinfachung** durch Gruppenbildung überflüssig, da bei einer Lifo-Bewertung jeder Untergruppe die Strukturveränderungen automatisch berücksichtigt werden.

Weitere Aspekte des Verfahrens, die in der Literatur diskutiert werden: die **umfassendere Gruppenbildung** stelle im Vergleich zu Lifo auch aufgrund des Wegfalls ständiger Umgruppierungen eine **weitere Bewertungsvereinfachung** dar; das Verfahren diene der **Substanzerhaltung** (*Siepe/Husemann/Borges* WPg 1994, 646, die allerdings kein handelsrechtliches Kernziel und somit keine Argumentationsgrundlage darstelle); das **Anschaffungskostenprinzip** werde idR gewahrt; der **Niederstwerttest** sei für jeden einzelnen Layer (Anm 53) möglich; die **Lifo-Reserve** sei einfach zu ermitteln; das Verfahren knüpfe an eine bestimmte, nicht willkürlich zu beeinflussende Folge, stehe nicht im Widerspruch zu handelsrechtlichen Zielen und sei somit GoB-konform (*Siepe/Husemann/Borges* WPg 1994, 655; ADS[6] § 256 Anm 61 ff, ähnlich *Herzig/Gasper* DB 1991, 563).

Zur Layerbildung s Anm 49 und 53 f, zum Vergleich Layer bei Index- bzw Lifo-Verfahren s *Siepe/Husemann/Borges* WPg 1994, 650. Zur uU notwendigen Abwertung gem Niederstwertprinzip s Anm 32 und 53 f, für ein Bsp zur Berechnung s *Siepe/Husemann/Borges* WPg 1994, 651 f. Zu den bei KapGes/KapCoGes erforderlichen Angaben im Anhang s Anm 46.

IV. Andere Verbrauchs- bzw Veräußerungsfolgeverfahren

71 Andere Verbrauchs- bzw Veräußerungsfolgeverfahren mit einer **nicht zeitlich bestimmten Zugangsfolge** zB am Beschaffungspreis orientierte Verfahren werden durch den Wortlaut des S 1 nicht gedeckt. Für Gj, die ab 1.1.2010 beginnen, sind diese Verfahren nicht mehr zulässig. Wegen Einzelheiten hierzu verweisen wir auf die 7. Auflage an gleicher Stelle.

72 **Dollar-value-Methode, Retail-lifo-Methode und Gross-Profit-Methode:** Diese Verbrauchs- bzw Veräußerungsfolgeverfahren setzen die Gleichartigkeit von VG für die Gruppenbildung nicht voraus und sind daher **unvereinbar** mit § 256 (ADS[6] § 256 Anm 74; Mayer-Wegelin in HdR[5] § 256 Anm 61).

D. Verfahren nach Satz 2 gemäß § 240 Abs 3 und 4

78 Gem S 2 ist § 240 Abs 3 und 4, also die für das Inventar zulässigen Verfahren der **Fest-** und der **Gruppenbewertung,** auch auf den JA anwendbar und die Vereinfachungen dürfen in den JA übernommen werden, so dass keine neuerliche Bewertung erforderlich ist. Eine unterschiedliche Handhabung in Inventar und Bilanz wäre zwar vorstellbar und zulässig (ADS[6] § 256 Anm 80), in der Praxis jedoch wohl kaum relevant. Denkbar ist aber zB eine Lifo-Bewertung im JA bei gleichzeitiger Einzel- oder Durchschnittsbewertung im Inventar aufgrund von steuerrechtlichen Erwägungen. Diese Verfahren stellen gleichrangige Bewertungsvereinfachungsverfahren zu den Verbrauchs- bzw Veräußerungsfolgen des S 1 dar, haben allerdings andere Voraussetzungen bzgl der Gruppenbildung und der Anwendungsbereich umfasst weitere VG sowie Schulden.

79 § 240 regelt für die **Aufstellung des Inventars**
- in Abs 3 die **Festbewertung:** für VG des Sachanlagevermögens sowie Roh-, Hilfs- und Betriebsstoffe darf ein gleich bleibender Wert angesetzt werden, wenn sie regelmäßig ersetzt werden und ihr Gesamtwert für das Unt von nachrangiger Bedeutung ist sowie der Bestand in seiner Größe, seinem Wert und seiner Zusammensetzung nur geringen Veränderungen unterliegt (dazu § 240 Anm 71 ff);
- in Abs 4 die **Gruppenbewertung:** gleichartige VG des Vorratsvermögens sowie andere gleichartige oder annähernd gleichwertige bewegliche VG oder Schulden dürfen zusammengefasst und mit dem gewogenen Durchschnittswert angesetzt werden (dazu § 240 Anm 130 ff).

Zu den Berechnungsmethoden s § 240 Anm 98 ff, 138 f.

80 Für die Bildung eines **Festwerts** sieht das Gesetz eine körperliche Bestandsaufnahme vor, die idR alle drei Jahre zu erfolgen hat. Für notwendige Anpassungen des Festwerts ist eine mengen- und wertmäßige Erfassung der Zu- und Abgänge erforderlich. Zur Bewertung bei Mengen- oder Preisänderungen s § 240 Anm 104 ff. Auch für den Festwert gilt das Niederstwertprinzip (Anm 32), wobei nicht auf einzelne VG, sondern auf den Gesamtwert abzustellen ist. Zu den bei KapGes/KapCoGes erforderlichen Angaben im Anhang s Anm 46.

81 Bei der **Gruppenbewertung** darf für die **periodische Berechnung** des *einfachen gewogenen Durchschnitts* das Gj oder auch ein kürzerer Zeitraum (Halbjahr, Quartal oder Monat) herangezogen werden, wenn sich der Endbestand überwiegend nur aus diesen Zukäufen zusammensetzt. Ebenso kann eine **permanente Berechnung** mit jedem neuen Zukauf durchgeführt werden und somit ein *gleitender gewogener Durchschnitt* gebildet werden. Die Gruppenbewertung erfordert für den einfachen gewogenen Durchschnitt eine mengen- und wertmäßige Aufzeichnung der Zugänge, für den gleitenden gewogenen Durchschnitt müssen auch die Abgänge mengen- und wertmäßig erfasst werden.

Bei **steigenden Preisen** ist der betr Vorratsbestand von Jahr zu Jahr mit einem steigenden Durchschnittswert zu bewerten, wobei dieser Durchschnittswert geringer ist als der Marktwert zum Bilanzstichtag. Bei **fallenden Preisen** würden stille Reserven gebildet, allerdings ist gem § 253 Abs 4 ggf eine Abschreibung erforderlich, die auch bei schwankenden Preisen für Zugänge mit AK/HK oberhalb des Niederstwerts notwendig werden kann (ADS^6 § 256 Anm 30). 82

Bei Bestandsaufbau ist die Bildung eines Gesamtbestands oder von Layern zulässig, s Anm 53f. Zur uU notwendigen Abwertung gem Niederstwertprinzip s Anm 32 und 53f. Zu den bei KapGes/KapCoGes erforderlichen Angaben im Anhang s Anm 46.

E. Steuerrechtliche Besonderheiten

I. Bedeutung und Regelungszweck

Mit der steuerrechtlichen Zulässigkeit des Lifo-Verfahrens sollte eine **Angleichung von Handels- und Steuerbilanz** erreicht werden (*Mayer-Wegelin* DB 2001, 554 unter Hinweis auf Finanzausschuss BT-Drs 11/2536, 47; *Richter* in HHR § 6 EStG Anm 1122c unter Hinweis auf BT-Drs 11/2157, 140). Darüber hinaus wurde als Gesetzeszweck ausdrücklich die **Milderung der Besteuerung von Scheingewinnen** genannt (*Richter* in HHR § 6 EStG Anm 1122d; Finanzausschuss BT-Drs 11/2536, 47). Damit wird deutlich, dass eine Vermeidung der Besteuerung von Scheingewinnen nicht generell, sondern nur im Rahmen der handelsrechtlichen Zulässigkeit des Lifo-Verfahrens beabsichtigt worden war (*Siegel* DB 1991, 1948). Allerdings teilt der BFH die in der Literatur vertretene Ansicht, dass die Lifo-Methode der Vermeidung der Besteuerung von Scheingewinnen diene, nicht (BFH 20.6.2000 BStBl II 2001, 636). 83

II. Beschränkung auf das Lifo-Verfahren

1. Rechtsgrundlagen und Anwendungsbereich

Rechtsgrundlage für die Anwendung des Lifo-Verfahrens ist § 6 Abs 1 Nr 2a EStG. Danach dürfen Stpfl, die den Gewinn nach § 5 EStG ermitteln, „für den Wertansatz gleichartiger WG des Vorratsvermögens unterstellen, dass die zuletzt angeschafften oder hergestellten WG zuerst verbraucht oder veräußert worden sind, soweit dies den handelsrechtlichen Grundsätzen ordnungsmäßiger Buchführung entspricht". Für Stpfl, die den Gewinn nach § 4 Abs 1 EStG ermitteln, sollen die persönlichen Anwendungsvoraussetzungen über § 141 AO iVm §§ 240, 256 ebenso erfüllt sein (*Richter* in HHR § 6 EStG Anm 1122f; aA *Fischer* in Kirchhof EStG KompaktKomm[8] EStG § 6 Anm 117). 85

Andere Bewertungsverfahren mit *unterstellter* Verbrauchs- bzw Veräußerungsfolge als die Lifo-Methode sind steuerrechtlich unzulässig (EStR 6.9 Abs 1). Dennoch dürfen Vorratsbestände auch in der StB nach Maßgabe einer anderen Verbrauchs- bzw Veräußerungsfolge (Fifo-Verfahren) bewertet werden, wenn der Stpfl eine entspr *tatsächliche* Lagerbewegung nachweisen oder dies zumindest glaubhaft machen kann (*Mayer-Wegelin* in HdR[5] § 256 Anm 89).

Die Beachtung der handelsrechtlichen GoB bei Anwendung der Lifo-Methode bedeutet nicht, dass eine Wahl dafür nur dann in Betracht kommt, wenn eine 86

Übereinstimmung mit der tatsächlichen Verbrauchs- oder Veräußerungsfolge vorliegt; allerdings darf *keine völlige Unvereinbarkeit* mit dem betrieblichen Geschehensablauf bestehen (EStR 6.9 Abs 2 S 1 und 2). Andererseits entspricht eine Bewertung nach Lifo nicht den GoB, wenn Vorräte mit – absolut betrachtet – hohen AK bewertet werden sollen, die AK ohne weiteres identifiziert werden und den einzelnen VG angesichts deren individueller Merkmale ohne Schwierigkeiten zugeordnet werden können (EStR H 6.9; BFH 20.6.2000 BStBl II 2001, 638; s aber Anm 31).

87 Die Lifo-Methode darf auch bei der Bewertung der **Materialbestandteile** unfertiger oder fertiger Erzeugnisse angewendet werden; Voraussetzung ist allerdings, dass der Materialbestandteil dieser WG in der Buchführung erfasst wird und kein Widerspruch zu den handelsrechtlichen GoB besteht (EStR 6.9 Abs 2 S 4). Die Bildung erheblicher stiller Reserven durch die Anwendung der Lifo-Methode steht den im Rahmen des Lifo-Verfahrens zu beachtenden GoB nicht entgegen (BFH BStBl II 2001, 640).

88 Bei WG des Umlaufvermögens, die nicht zum Vorratsvermögen gehören, etwa **Wertpapiere** des Umlaufvermögens oder Devisenbestände, ist das Lifo-Verfahren steuerrechtlich unzulässig (*Kulosa* in Schmidt[32] § 6 EStG Anm 412, *Richter* in HHR § 6 EStG Anm 1123a). Grds kommt in der StB für nicht zum Vorratsvermögen gehörende WG des Umlaufvermögens nur die Durchschnittsbewertung in Betracht. Dieser Grundsatz greift insb für Wertpapiere im Sammeldepot (Gleichlautender *Ländererl* 20.6.1968 BStBl I, 986; BFH 24.11.1993, DB 1994, 509). Allerdings kann bei schwieriger Wertermittlung für nicht zum Vorratsvermögen zählende WG des Umlaufvermögens eine mittelbare Anwendung der Lifo-Methode in Betracht kommen, und zwar in Gestalt einer geeigneten Schätzgrundlage (*Kulosa* in Schmidt[32] § 6 EStG Anm 412). Andererseits wird auch die Meinung vertreten, dass bei der Veräußerung von im Betriebsvermögen gehaltenen Wertpapieren aus einem Sammeldepot eine entspr Anwendung der Lifo-Methode zulässig sei (*Herrmann* in Frotscher EStG § 6 EStG Anm 66 mit Verweis auf *Moxter*, Bilanzrechtsprechung[6], 174).

90 Durch die Änderung des § 5 Abs 1 EStG und die Aufgabe der umgekehrten Maßgeblichkeit ist es nicht mehr erforderlich, dass in der HB entspr verfahren wird. Es besteht nunmehr ein eigenständiges steuerrechtliches Wahlrecht, wobei die Anwendung der LIFO-Methode nach den GoB voraussetzt, dass die Ermittlung der individuellen AK/HK einen unvertretbaren Aufwand darstellt. (*Kulosa* in Schmidt[32] § 6 EStG Anm 416). Allerdings braucht die Lifo-Methode nicht auf das gesamte Vorratsvermögen angewendet zu werden (EStR 6.9 Abs 2 S 3).

91 Das **Maßgeblichkeitsprinzip** der HB für die StB iSd § 5 Abs 1 S 1 EStG wird durch § 5 Abs 6 EStG insoweit durchbrochen, als spezielle steuerrechtliche Vorschriften bestehen (*Heurung* in Erle/Sauter Einführung KStG Anm 82). Mithin kann sich auch bei Anwendung des Lifo-Verfahrens in der StB eine unterschiedliche Bewertung im Verhältnis zur HB ergeben, soweit bestimmte handelsrechtliche Ausgestaltungen der Lifo-Methode steuerrechtlich nicht anerkannt werden.

2. Anwendungsvoraussetzungen

a) Voraussetzungen und Rechtsfolgen des Lifo-Verfahrens (§ 6 Abs 1 Nr 2a S 1 EStG)

94 **aa) Grundsätze ordnungsmäßiger Buchführung.** Nach dem Wortlaut des § 6 Abs 1 Nr 2a S 1 EStG darf die Lifo-Methode nur bei einer **Konformität mit den GoB** angewendet werden (EStR 6.9 Abs 2 S 1). Da die vorbezeichnete

Forderung bereits im Handelsrecht gilt (§ 256 S 1), kann auf die dortige Auslegung zurückgegriffen werden (Anm 28 ff; *ADS*[6] § 256 Anm 14 ff; *Mayer-Wegelin* in HdR[5] § 256 Anm 21 ff). Die GoB-Entsprechung schließt auch das Stetigkeitsgebot iSd § 252 Abs 1 Nr 6 iVm Abs 2 ein (vgl Anm 34).

Die GoB-Entsprechung bedeutet nicht, dass die Lifo-Methode mit der **tatsächlichen Verbrauchs- oder Veräußerungsfolge** übereinstimmen muss (offengelassen in BFH VIII R 32/98 BStBl II 2001, 636); allerdings darf die unterstellte Verbrauchs- bzw Veräußerungsfolge nicht völlig unvereinbar mit dem betrieblichen Geschehensablauf sein, wie dies zB bei *leicht verderblichen Waren* der Fall sein könnte (EStR 6.9 Abs 2 S 2). So darf die Lifo-Methode auf *Fleischbestände* nicht angewendet werden (BMF 2.5.1997 BB, 1253). Hingegen ist bei *Tiefkühlfischbeständen* die Lifo-Methode nicht grds ausgeschlossen (*OFD* Hannover 7.11.2000 StuB 2001, 399). Nicht anwendbar soll die Lifo-Methode bei *Saisonbetrieben* sein, bei denen das Lager im Laufe des Gj regelmäßig völlig geleert wird (*Richter* in HHR § 6 EStG Anm 1123c). Das Wahlrecht zur Inanspruchnahme der Lifo-Methode ist typischerweise auf die Fälle zugeschnitten, in denen die Ermittlung der individuellen AK/HK der VG unmöglich (Vermischung von Flüssigvorräten) oder nicht wirtschaftlich (Massenartikel) ist (*Fischer* in Kirchhof EStG KompaktKomm[8] § 6 EStG Anm 118).

Nach Ansicht der FinVerw muss die Lifo-Methode nicht auf das gesamte Vorratsvermögen angewendet werden (EStR 6.9 Abs 2 S 3). Über das Vorratsvermögen hinaus darf die Lifo-Methode sogar bei der Bewertung der **Materialbestandteile** unfertiger oder fertiger Erzeugnisse angewendet werden; Voraussetzung ist jedoch, dass der Materialbestandteil dieser WG in der Buchführung getrennt erfasst wird und dies den handelsrechtlichen GoB entspricht (EStR 6.9 Abs 3 S 4). Bedeutung hat die Lifo-Methode damit insb in der *metallverarbeitenden Industrie*; gebräuchlich ist hier die sog Komponentenbewertung von fertigen oder unfertigen Erzeugnissen (*Fischer* in Kirchhof EStG KompaktKomm[8] § 6 EStG Anm 118). So darf etwa der gesamte Stichtagsbestand eines bestimmten NE-Metalls unter Verwendung der Lifo-Methode bewertet werden (BMF 2.6.1989 BStBl I, 179; *Kronenwett/Maisenbacher* FR 1987, 197). Gelegentlich erfolgt eine Beistellung bestimmter Metallmengen durch den Auftraggeber oder in Gestalt eines Sachdarlehens durch Dritte; auch in diesen Fällen ist eine Aussonderung der vorbezeichneten Metallmengen aus der Lifo-Methode nicht zwingend (aA *Kronenwett* FR 1995, 499).

bb) Gruppenbildung. Nach § 6 Abs 1 Nr 2a S 1 EStG darf die Lifo-Methode nur für *gleichartige* WG des Vorratsvermögens in Anspruch genommen werden. Dabei dürfen gleichartige WG zu Gruppen zusammengefasst werden (EStR 6.9 Abs 3 S 1). **Gleichartigkeit** ist nicht nur gegeben, wenn die WG identisch sind (Artgleichheit), sondern auch wenn die WG entweder nach den ihren Typ prägenden Eigenschaften (Gattungsgleichheit) oder nach ihrer Verwendungsform (Funktionsgleichheit) identisch sind (*Richter* in HHR § 6 EStG Anm 1123b). Nach Ansicht der FinVerw sind die kfm Gepflogenheiten, insb die marktübliche Einteilung in Produktklassen unter Beachtung der UntStruktur sowie die allgemeine Verkehrsanschauung bei der Beurteilung der Gleichartigkeit heranzuziehen (EStR 6.9 Abs 3 S 2). Mithin gelten grds die handelsrechtlichen Abgrenzungskriterien (zu Einzelheiten *Richter* in HHR § 6 EStG Anm 1123b; s auch Anm 21).

WG mit erheblichen **Qualitätsunterschieden** sind nach Auffassung der FinVerw nicht gleichartig (EStR 6.9 Abs 3 S 3). Bspw können in der Autoindustrie bestimmte PersonenKfz einer Klasse zwar als gleichartig einzustufen sein (*Hörtig/Uhlich* DB 1994, 1045; *Weber/Standke* BB 1993, 399; kritisch *FG Münster* 20.3.1998 EFG 1998, 1000), dennoch geht die FinanzRspr davon aus, dass ein KfzHändler für Zwecke der steuerrechtlichen Gewinnermittlung nicht berechtigt ist, seine im Bestand befindlichen verschiedenen Neu- oder Gebrauchtfahrzeuge auf der Grundlage der Lifo-Methode zu bewerten. Soweit für Vorräte mit – absolut betrachtet – hohen Erwerbsaufwendungen die AK ohne weiteres identifiziert und den einzelnen WG angesichts deren individueller Merkmale ohne Schwierigkeiten zugeordnet werden können, entspricht die Lifo-Methode nicht den handelsrechtlichen GoB (BFH 20.6.2000 BStBl II 2001, 636 ebenso Vorinstanz *FG Münster* 20.3.1998 EFG 1998, 999 mit Anm zum Begriff der Gleichartigkeit von *Ammelung* BB 1998, 2357).

Für bestimmte Branchen bestehen Sonderregelungen zur steuerrechtlichen Anwendung der Lifo-Methode bei Vorräten. Dies gilt für die *Tabakindustrie* (BMF 9.4.1992 DB 1992, 1103) und für die *Sekundärrohstoff- und Entsorgungswirtschaft* (OFD Münster Verf v 15.6.1992 BB 1992, 1388). Außerdem sind Besonderheiten in der *Textilindustrie* (*Jungkunz/Köbrich* DB 1989, 2291) sowie in der *chemischen Industrie* zu beachten (*Hörtig/Puderbach* DB 1991, 977).

Nach Ansicht der FinVerw sind erhebliche **Preisunterschiede** Anzeichen für Qualitätsunterschiede (EStR 6.9 Abs 3 S 4). Preisgleichheit stellt jedoch kein gesetzliches Tatbestandsmerkmal dar (*Fischer* in Kirchhof EStG KompaktKomm[8] § 6 EStG Anm 118) und bestimmt nicht zwingend die Gleichartigkeit (*Richter* in HHR § 6 EStG, Anm 1123b). Gleichwohl wird Preisgleichheit als Gruppenbildungskriterium verlangt, um Strukturverschiebungen zwischen WG mit Hoch- und Niedrigwertigkeit zu vermeiden (*Treptow/Weismüller* WPg 1991, 577; *Hörtig/Uhlich* DB 1994, 1045). Der Gesetzeszweck kann allerdings nur durch großzügige Auslegung bzw Bildung großer Gruppen erfüllt werden (*Kulosa* in Schmidt[32] § 6 EStG Anm 414). Denkbar sind etwa Kabel unterschiedlichen Querschnitts, Bleche unterschiedlicher Stärke, ältere und technisch weiterentwickelte Elektronikbauteile (*Fischer* in Kirchhof EStG KompaktKomm[8] § 6 EStG Anm 118).

98 cc) **Methoden der Lifo-Bewertung.** Wie im Handelsrecht darf nach Ansicht der FinVerw die Bewertung der maßgeblichen WG nach der Lifo-Methode sowohl durch **permanentes Lifo** als auch durch **Perioden-Lifo** erfolgen (EStR 6.9 Abs 4 S 1). Dabei setzt das permanente Lifo-Verfahren eine lfd mengen- und wertmäßige Erfassung aller Zu- und Abgänge voraus (EStR 6.9 Abs 4 S 2). Im Rahmen des permanenten Lifo-Verfahrens werden bei jeder Lageränderung neue Bestandswerte nach der unterstellten Verbrauchs- bzw Veräußerungsfolge ermittelt (*Richter* in HHR § 6 EStG Anm 1123h). Bei der periodenbezogenen Lifo-Bewertung wird hingegen der Bestand lediglich zum Ende des Wj bewertet (EStR 6.9 Abs 4 S 3). Bei Notwendigkeit von Zwischenabschlüssen kann als Periode auch das Quartal oder Halbjahr in Betracht kommen (*Richter* in HHR § 6 EStG Anm 1123h).

Bei Inanspruchnahme des periodenbezogenen Lifo-Verfahrens dürfen **Mehrbestände** mit dem Anfangsbestand zu einem neuen Gesamtbestand zusammengefasst oder als besondere Posten (Layer, s Anm 53f) ausgewiesen werden (EStR 6.9 Abs 4 S 4; zu Einzelheiten BMF 21.2.1992 DB, 554). Für Zwecke der Wertermittlung der Mehrbestände ist von den AK/HK der ersten Lagerzugänge des Wj oder von den durchschnittlichen AK/HK aller Zugänge des Wj auszugehen (EStR 6.9 Abs 4 S 5).

Nach Ansicht der FinVerw sind **Minderbestände** beginnend beim letzten Layer zu kürzen (EStR 6.9 Abs 4 S 6). Minderbestände sind mit den Preisen des Vj-Bestands zu bewerten. Bei fehlenden Layern ist der sich aus dem Anfangsbestand ergebende Stückpreis zugrunde zu legen (*ADS*[6] § 256 Anm 48). Mithin wird der Materialaufwand nicht zu aktuellen Preisen verrechnet (*Richter* in HHR § 6 EStG Anm 1123h).

100 dd) **Niedrigerer Teilwert.** Auch bei Inanspruchnahme des Lifo-Verfahrens ist das **Niederstwertprinzip** zu beachten (EStR 6.9 Abs 6 S 1). Somit kann bei fallenden Preisen eine Teilwertabschreibung geboten sein. Handelsrechtlich ist bei VG des Umlaufvermögens nach § 253 Abs 4 das strenge Niederstwertprinzip anzuwenden. Dagegen kommt eine Teilwertabschreibung iSd § 6 Abs 1 Nr 2 S 2 EStG nur bei einer voraussichtlich dauernden Wertminderung in Betracht (*Kulosa* in Schmidt[32] § 6 EStG Anm 419).

Hinsichtlich der Bemessung der Teilwertabschreibung ist der Teilwert der zu einer Gruppe zusammengefassten WG mit dem Wertansatz, der sich nach Anwendung des Lifo-Verfahrens ergibt, zu vergleichen (EStR 6.9 Abs 6 S 2). Hat der Stpfl jedoch gesonderte Layer (s Anm 53 f) gebildet, ist der Wertansatz des einzelnen Layers mit dem Teilwert zu vergleichen und ggf gesondert auf den niedrigeren Teilwert abzuschreiben (EStR 6.9 Abs 6 S 3; BMF 21.2.1992 DB, 554).

ee) Wertaufholungsgebot. Auch bei Inanspruchnahme der Lifo-Methode in der StB ist das **Wertaufholungsgebot** bis zur Höhe der fiktiven AK/HK zu beachten, sofern die tatbestandlichen Voraussetzungen einer dauernden Wertminderung nicht mehr erfüllt sind (*Loitz/Winnacker* DB 2000, 2233; *Kulosa* in Schmidt[32] § 6 EStG Anm 422). Die Prüfung, ob eine Aufwertungspflicht besteht, muss jährlich erfolgen (§ 6 Abs 1 Nr 2 S 3 EStG). **101**

b) Erstmaliger Übergang zum Lifo-Verfahren (§ 6 Abs 1 Nr 2a S 2 EStG)

Nach § 6 Abs 1 Nr 2a S 2 EStG gilt der maßgebliche Vorratsbestand steuerrechtlich mit seinem Bilanzansatz am Schluss des Vj als erster Zugang des neuen Wj. Der **Wert des ersten Zugangs** ergibt sich dabei typischerweise aus einem auf der Grundlage der Durchschnittsbewertung ermittelten Wert (*Richter* in HHR § 6 EStG, Anm 1123i). Es dürfen aber auch andere steuerrechtlich zulässige Abschläge von den AK/HK weitergeführt werden: etwa Teilwertabschreibungen (kritisch *Liepelt* StBp 1991, 162f) oder eine auf die Vorräte übertragene Ersatzbeschaffungsrücklage nach EStR 6.6. Andererseits sind evtl gebotene Zuschreibungen bis zu den (fiktiven) AK/HK bei der Ermittlung des Ausgangswerts für den steuerrechtlichen Lifo-Anfangsbestand zu berücksichtigen (*Kulosa* in Schmidt[32] § 6 EStG, Anm 422). **102**

Eine Übernahme des letzten Bilanzansatzes als ersten Zugangswert des neuen Wj ist nur dann zulässig, wenn die steuerrechtlichen Bewertungsgrundsätze des § 6 EStG beachtet worden sind (*Mayer-Wegelin* in *Herzig* 1990, 19), so dass uU eine vorherige **Bewertungsanpassung** vorzunehmen ist (zur steueroptimalen Gestaltung *Pelzer/Klein* DStR 1996, 774f). Es ist bislang nicht geklärt, ob mit der Übernahme des letzten Wertansatzes zugleich ein Anschaffungsvorgang fingiert wird; in diesem Fall würde der vorbezeichnete Wertansatz als AK/HK des ersten Zugangs zugleich die Wertobergrenze fixieren mit der Folge, dass eventuelle Zuschreibungen aufgrund des Wertaufholungsgebots nicht mehr zulässig wären. Somit könnte durch den Wechsel zur Lifo-Methode eine Wertaufholung im Übergangsjahr vermieden werden (*Hötzel/Pelzer* DStR 1998, 1867; aA *Diederich* DStR 1999, 583).

Der Wechsel zur Lifo-Methode mit Wirkung zum Beginn des Wj bedarf nicht der Zustimmung des FA (EStR 6.9 Abs 5 S 2). Die Zustimmung ist auch bei einem Übergang innerhalb des Lifo-Verfahrens (vom permanenten zum periodischen Lifo oder umgekehrt) nicht erforderlich. Da es sich bei der Inanspruchnahme der Lifo-Methode um ein steuerrechtliches Bewertungswahlrecht handelt, ist es gem § 5 Abs 1 S 2 EStG denkbar, dass in der HB weiterhin die Durchschnittsmethode und in der StB die Lifo-Methode angewandt wird mit der Folge der Bildung latenter Steuern in der HB. Andererseits ist bei einer handelsrechtlichen Bewertung der Vorräte nach Maßgabe der Lifo-Methode eine Übernahme dieser Werte in die StB zulässig, soweit dem keine steuerrechtlichen Besonderheiten ggüstehen. Während zB die Zulässigkeit des Indexverfahrens mittels Wertvergleichs auf der Grundlage von Basispreisen unter Eliminierung von Preissteigerungen handelsrechtlich umstritten ist, ist es steuerrechtlich nicht zulässig (*Fischer* in Kirchhof EStG KompaktKomm[8] § 6 EStG Anm 117). Im Übrigen ist der Grundsatz der Bewertungsstetigkeit zu beachten (EStR 6.9 Abs 5 S 3).

c) Aufgabe des Lifo-Verfahrens (§ 6 Abs 1 Nr 2a S 3 EStG)

104 Nach § 6 Abs 1 Nr 2a S 3 EStG darf von der Lifo-Methode in den folgenden Wj nur mit **Zustimmung des Finanzamts** abgewichen werden (EStR 6.9 Abs 5 S 1). Bei einem späteren Verzicht auf die Lifo-Methode erfolgt typischerweise eine Rückkehr zur Einzel- oder Durchschnittsbewertung. Dabei kann nur dann von einer Zustimmung der FinVerw ausgegangen werden, wenn nicht gegen die bereits handelsrechtlich zu beachtende Bewertungsstetigkeit iSd § 252 Abs 1 Nr 6 iVm Abs 2 verstoßen worden ist. Ist die ablehnende Entscheidung der FinVerw zum geplanten Verzicht des Stpfl auf die Lifo-Methode bereits rkr geworden und kommt es damit zu einer abw Bewertung der entspr WG des Vorratsvermögens, ist evtl eine Ermittlung latenter Steuern geboten (zu Einzelheiten *Heurung* AG 2000, 538 f). Im Übrigen kann das zuständige FA seine Ermessensentscheidung bereits vorab treffen; die Verweigerung ist eine sog Nebenentscheidung zum maßgeblichen Steuerbescheid (*Fischer* in Kirchhof EStG KompaktKomm[8] § 6 EStG Anm 119 mit Verweis auf BStBl II 1990, 195/6).

F. Abweichungen der IFRS

Standard: IAS 2 Vorräte *(Inventories) – (rev 2003).*

I. Grundlagen

107 IAS 2 sieht für Vermögenswerte des Vorratsvermögens (zum Anwendungsbereich IAS 2.2, 2.3, zum Begriff 2.6, 2.8) grds die **Einzelbewertung** vor (IAS 2.23), für bestimmte Vermögenswerte ist jedoch ein Zuordnungsverfahren zu wählen (IAS 2.25). Die Bewertung erfolgt zum niedrigeren Wert aus AK/HK und dem Nettoveräußerungswert (IAS 2.9).

So ist eine Einzelzuordnung der AK/HK ungeeignet, wenn es sich um eine **große Anzahl von untereinander austauschbaren Vorräten** handelt, da dann eine Auswahl der Vermögenswerte unter dem Gesichtspunkt der Ergebnisbeeinflussung stattfinden könnte (IAS 2.24). Daher sind Vorräte, die in großer Stückzahl vorhanden und austauschbar sind und nicht für spezielle Projekte hergestellt und ausgesondert wurden, nach dem **Fifo-Verfahren** oder der **Durchschnittsmethode** zu bewerten (IAS 2.25). Zur Vermeidung von Manipulationen sind diese Verfahren nach IFRS *zwingend* erforderlich (so auch *ADS Int* Abschn 15 Anm 62).

Eine große **Anzahl** als Voraussetzung (*Jacobs* in Komm IAS[2] 2.47) für die Anwendung eines Vereinfachungsverfahrens gilt teilweise bereits ab 10 Einheiten austauschbarer Vermögenswerte als erfüllt, andererseits sollte eine Beurteilung des Einzelfalls erfolgen (*ADS Int* Abschn 15 Anm 62). **Austauschbar** sind Vorräte, die art- und funktionsgleich sind, in derselben Region produziert oder vermarktet werden. Für spezielle Projekte hergestellte oder ausgesonderte Erzeugnisse, Waren und Leistungen sind wie nach HGB durch Einzelzuordnung der AK/HK zu bewerten (IAS 2.23). Zu weiteren Ausnahmen siehe IAS 2.2 und 2.3.

Für alle Vorräte, die von **ähnlicher Beschaffenheit** und **Verwendung** für das Unt sind, muss das **gleiche Zuordnungsverfahren** angewandt werden (IAS 2.25). Allerdings dürfen auch gleiche Vorräte je nach ihrer Verwendung in verschiedenen Geschäftssegmenten unterschiedlichen Verfahren zugeordnet werden; geografisch unterschiedliche Lagerorte oder abw Steuervorschriften rechtfertigen allein jedoch kein anderes Bewertungsverfahren (IAS 2.26). Die einmal gewählten Bewertungsverfahren müssen unter Beachtung des **Stetigkeitsgrundsatzes** (IAS 8.13) beibehalten werden. Eine Änderung darf nur erfolgen, wenn dies aufgrund eines Standards oder einer Interpretation erforderlich ist oder eine zuverlässigere Darstellung im JA vermittelt wird (IAS 8.14). Bei neuen oder wesentlich geänderten Produkten oder neuen Fertigungsverfahren darf dagegen das Bewertungswahlrecht neu ausgeübt werden (*Riese* in Beck IFRS³ § 8 Anm 17).

Sind die Vorräte nicht werthaltig, weil sie beschädigt, veraltet, ihr Verkaufspreis gesunken oder die Kosten der Fertigstellung gestiegen sind, muss eine **Abwertung** auf den niedrigeren **Nettoveräußerungswert** (gem Definition in IAS 2.6 geschätzter, im normalen Geschäftsgang erzielbarer Verkaufserlös abzgl der geschätzten Kosten bis zur Fertigstellung und der notwendigen Vertriebskosten) erfolgen (IAS 2.28), wobei wertaufhellende Erkenntnisse zu berücksichtigen sind (IAS 2.30). Dieser Grundsatz ist auch bei den zulässigen Bewertungsvereinfachungsverfahren anzuwenden. Auch nach IFRS gilt das strenge Niederstwertprinzip, wobei sich die Ermittlung des erforderlichen Abschreibungsbetrags am Absatzmarkt zu orientieren hat. Roh-, Hilfs- und Betriebsstoffe werden allerdings nur dann – mit den Wiederbeschaffungskosten als Bewertungsmaßstab – auf den Nettoveräußerungswert abgewertet, wenn ein Preisrückgang darauf hindeutet, dass die *Fertigerzeugnisse* nicht zu den HK oder darüber verkauft werden können (IAS 2.32), für unfertige Erzeugnisse gilt dies analog und auch bei Überbeständen ist auf die beabsichtigte Veräußerung abzustellen (*ADS Int* Abschn 15 Anm 120).

Der **Wertansatz** für die Vorräte ist **periodisch** zu **überprüfen**. Bestehen die Umstände, die zu einer Wertminderung geführt haben, in der Folgeperiode nicht mehr, muss die erfolgte Wertminderung rechtsformunabhängig rückgängig gemacht werden, also eine **Zuschreibung** bis zum niedrigeren Wert aus AK/HK bzw berichtigten Nettoveräußerungswert erfolgen.

II. Zulässige Kostenzuordnungsverfahren

Als Bewertungsvereinfachungs- bzw gem IFRS „Kostenzuordnungsverfahren" zugelassen sind explizit nur das Fifo-Verfahren und die Durchschnittsmethode (IAS 2.25), andere Verfahren sind nicht gestattet, die Aufzählung ist abschließend.

Das **Fifo**-Verfahren (Anm 59) unterstellt, dass die zuerst erworbenen bzw hergestellten Vorräte zuerst verkauft oder veräußert werden. Es ist davon auszugehen, dass auch dieses Verfahren sowohl periodisch als auch permanent angewendet werden darf (vgl Anm 59).

Bei der **Durchschnittskostenmethode** (Anm 78) werden die AK/HK als durchschnittlich gewichtete Kosten ähnlicher Vorräte zu Beginn der Periode und während der Periode gekaufter oder hergestellter Vermögenswerte ermittelt. Der Durchschnitt kann je nach den Gegebenheiten im Unt auf Basis der Berichtsperiode oder gleitend berechnet werden.

Das **Lifo**-Verfahren ist nicht zulässig. Nach dem Wortlaut von IAS ist die Bewertung mit einem **Festwert** nicht zulässig, aber unter Beachtung des Grundsatzes der Wesentlichkeit (F 29) – die mit einem Festwert bewerteten Vermögenswerte müssen auch nach HGB für das Unt von nachrangiger Bedeutung sein – darf der Festwert wohl beibehalten werden (*ADS Int* Abschn 9 Anm 98; *Jacobs* in Komm IAS Anm 47; *Kümpel* DB 2003, 2614f).

§ 256a Jahresabschluß (Bewertungsvorschriften)

112 Folgende **Angaben** sind im Abschluss ua zu machen (IAS 2.36):
- die angewandten Bilanzierungs- und Bewertungsmethoden einschl der Zuordnungsverfahren,
- der Betrag von Wertminderungen, die in der Berichtsperiode als Aufwand erfasst wurden,
- der Betrag von Wertaufholungen, die als Verminderung des Materialaufwands erfasst wurden,
- der Betrag, der als Sicherheit für Verbindlichkeiten dient
- die Umstände oder Ereignisse, die zu einer Wertaufholung geführt haben.

Anders als im HGB ist nach IAS 2 keine Angabe zum Vergleichswert nach § 284 Abs 2 Nr 4 erforderlich.

§ 256a Währungsumrechnung

[1] Auf fremde Währung lautende Vermögensgegenstände und Verbindlichkeiten sind zum Devisenkassamittelkurs am Abschlussstichtag umzurechnen. [2] Bei einer Restlaufzeit von einem Jahr oder weniger sind § 253 Abs. 1 Satz 1 und § 252 Abs. 1 Nr. 4 Halbsatz 2 nicht anzuwenden.

Übersicht

	Anm
A. Allgemeines	
I. Einleitung	1–4
II. Begriffsabgrenzungen	10–16
B. Grundsätze der Währungsumrechnung	
I. Umrechnung der auf fremde Währung lautenden Vermögensgegenstände und Verbindlichkeiten (S 1)	30–42
II. Besonderheiten bei einer Restlaufzeit von einem Jahr oder weniger (S 2)	50–54
C. Währungsumrechnung der einzelnen Bilanzposten	60
I. Vermögensgegenstände	
1. Grundsätze	
a) Zugangsbewertung	61, 62
b) Folgebewertung	65–68
2. Immaterielle Vermögensgegenstände des Anlagevermögens und Sachanlagen	
a) Zugangsbewertung	70–73
b) Folgebewertung	75–82
3. Finanzanlagen	90
a) Zugangsbewertung	91–97
b) Folgebewertung	100–108
4. Vorräte	
a) Zugangsbewertung	110–113
b) Folgebewertung	115–119
5. Forderungen und sonstige Vermögensgegenstände	
a) Zugangsbewertung	120–122
b) Folgebewertung	125–130
6. Wertpapiere des Umlaufvermögens	
a) Zugangsbewertung	140
b) Folgebewertung	145
7. Flüssige Mittel	150
a) Zugangsbewertung	151, 152
b) Folgebewertung	155, 156
II. Eigenkapital	158

	Anm
III. Schulden	
1. Rückstellungen	160–171
2. Verbindlichkeiten	180
a) Zugangsbewertung	181–184
b) Folgebewertung	185–189
IV. Rechnungsabgrenzungsposten	190
V. Latente Steuern	200, 201
VI. Haftungsverhältnisse	210
D. Währungsumrechnung in der GuV	
I. Grundsätze	220–222
II. Umrechnungsdifferenzen	230–238
E. Sonderfälle	
I. Ausländische Betriebsstätte	240–243
II. Bewertungseinheiten	250
III. Hochinflation	260
F. Angaben im Anhang und Lagebericht	270–277
G. Rechtsfolgen einer Verletzung des § 256a	280
H. Abweichungen der IFRS	
I. Allgemeines	290
II. Zugangsbewertung (erstmaliger Ansatz)	291
III. Folgebewertung (Bilanzierung in Folgeperioden)	292
IV. Umrechnungsdifferenzen	293

Schrifttum: *HFA* Geänderter Entwurf einer Verlautbarung zur Währungsumrechnung im Jahres- und Konzernabschluß, WPg 1986, 664; *Groh* Zur Bilanzierung von Fremdwährungsgeschäften, DB 1986, 869; *Gebhardt/Breker* Bilanzierung von Fremdwährungstransaktionen im handelsrechtlichen Einzelabschluss – unter Berücksichtigung von § 340h HGB, DB 1991, 1529 ff; *Arbeitskreis „Rechnungslegungsvorschriften der EG-Kommission"* der Gesellschaft für Finanzwirtschaft in der Unternehmensführung e. V. (GEFIU) Währungsumrechnung im Einzel- und Konzernabschluss – Stellungnahme zum Arbeitspapier des Accounting Advisory Forums der EG-Kommission vom Juli 1992, DB 1993, 745; *Scherrer* Währungsumrechnung im Einzelabschluss in Ballwieser/Coenenberg/v. Wysocki Handwörterbuch der Rechnungslegung und Prüfung (HdRP)[3], Stuttgart 2002, Sp 2626; *Schmidbauer* Die Fremdwährungsumrechnung nach deutschem Recht und nach den Regelungen des IASB, DStR 2004, 699; *Zimmermann* Die Behandlung von Fremdwährungsgeschäften und Fremdwährungsabschlüssen nach DRS 14 „Währungsumrechnung", StuB 2004, 766; *Küting* Die Abgrenzung von vorübergehenden und dauernden Wertminderungen in nicht-abnutzbaren Anlagevermögen, DB 2005, 1121; *Oechsle/Müller/Holzwarth* in Baetge ua Rechnungslegung nach IFRS[2], IAS 21 Auswirkungen von Änderungen der Wechselkurse; *Kleineidam* Währungsumrechnung in Federmann/Kußmaul/Müller Handbuch der Bilanzierung, Abschn 141, Freiburg/München 2007; *Wiechens/Helke* Zum Referentenentwurf des Bilanzrechts-Modernisierungsgesetzes (BilMoG): Bilanzielle Abbildung von Bewertungseinheiten, DB Beilage 1 2008, 26; *Schurbohm-Ebneth/Zoeger* Zum Referentenentwurf des Bilanzrechts-Modernisierungsgesetzes (BilMoG): Internationalisierung des handelsrechtlichen Konzernabschlusses, DB Beilage 1 2008, 40; *Hommel/Laas* Währungsumrechnung im Einzelabschluss – die Vorschläge des BilMoG-RegE, BB 2008, 1666; *Küting/Mojadadr* Währungsumrechnung im Einzel- und Konzernabschluss nach dem RegE zum BilMoG, DB 2008, 1869; *Lüdenbach/Hoffmann* Die wichtigsten Änderungen der HGB-Rechnungslegung durch das BilMoG, StuB 2009, 287; *Kessler* in Kessler/Leinen/Stickmann Umrechnung von Fremdwährungsgeschäften in Handbuch Bilanzrechtsmodernisierungsgesetz[2], Freiburg 2010, 415; *Küting/Pfirmann/Mojadadr* Einzelfragen der Umrechnung und Bewertung von Fremdwährungsgeschäften im Einzelabschluss nach § 256a HGB, StuB 2010, 411; *Zimmermann* Bilanzierung langfristiger Fremdwährungsausleihungen in Handels- und Steuerbilanz, BBK 2010, 516.

A. Allgemeines

I. Einleitung

1   Gemäß § 244 ist der JA in Euro aufzustellen (vgl § 244 Anm 5). Hieraus ergibt sich die Notwendigkeit der Umrechnung von VG und Schulden, Aufwendungen und Erträgen sowie sonstiger Angaben im JA, denen Beträge in ausländischer Währung zugrunde liegen. Dagegen kann, sofern eine ordnungsgemäße **Währungsbuchhaltung** vorliegt, auf eine Umrechnung in der laufenden Buchhaltung idR verzichtet werden, soweit es sich um kurzfristige VG und Schulden handelt (vgl ausführlich *Gebhardt/Breker* aaO 1530; *ADS*[6] § 244 Anm 4). Bzgl der Übernahme der Währungsbuchhaltung in die Buchführung in Euro s Anm 240 ff. Allgemein geht es bei der WähUm um das Problem, wann welcher Wechselkurs auf welchen Fremdwährungsbetrag anzuwenden ist, dh die Multiplikation eines Wechselkurses mit einem Fremdwährungsbetrag (vgl *Gebhardt/Breker* DB 1991, 1530). Es kann sich bei der WähUm um einen reinen Transformationsvorgang oder um einen Bewertungsvorgang handeln (vgl Anm 30 ff).

2   Gem § 256a S 1 sind **auf fremde Währung lautende VG und Verbindlichkeiten** am Abschlussstichtag grds zum Devisenkassamittelkurs umzurechnen.

Gem § 256a S 2 sind bei einer **Restlaufzeit von einem Jahr oder weniger** das Anschaffungskostenprinzip und das Realisationsprinzip nicht anzuwenden.

Das Prinzip der Einzelbewertung (§ 252 Abs 1 Nr 3) ist im Rahmen der WähUm grds zu beachten.

3   Die Regelungen des § 256a gelten nicht für **Rückstellungen**, **latente Steuern** und **Rechnungsabgrenzungsposten** (vgl Anm 39 f, BegrRegE BilMoG, 62).

Bei der Bildung von **Bewertungseinheiten** gelten die Regelungen des § 254 (vgl § 254 Anm 25 ff).

Die WähUm zum Zeitpunkt des erstmaligen handelsbilanziellen Ansatzes **(Zugangsbewertung)** ist nicht durch den Wortlaut des § 256a gedeckt, der lediglich die WähUm am Abschlussstichtag **(Folgebewertung)** regelt. Es ist für die Zugangsbewertung unverändert auf die GoB (insb das AK/HK-Prinzip) abzustellen.

Für **Kredit- und Finanzdienstleistungsinstitute** ist bei der WähUm § 340h sowie IDW RS BFA 4 „Besonderheiten der handelsrechtlichen Fremdwährungsumrechnung bei Instituten" zu beachten.

4   Für die **Steuerbilanz** sind die GoB zu beachten, sofern nicht steuerliche Regelungen entgegenstehen bzw im Rahmen der Ausübung eines steuerlichen Wahlrechts ein anderer Ansatz gewählt wird (§ 5 Abs 1 S 1 EStG; vgl BMF 12.3.2010 IV C 6 – S 2133/09/10001, BStBl I, 329). Einnahmen und Betriebsausgaben sind grds mit den Kurswerten umzurechnen, die im Zeitpunkt ihrer bilanzrechtlichen Entstehung gelten (vgl *Kulosa* in Schmidt[32] EStG § 6 Anm 22). Es bestehen keine Bedenken, Durchschnittskurse zu verwenden, wenn die Einnahmen und Ausgaben gleichmäßig über alle Monate eines Gj verteilt sind (BFH 13.9.1989, BStBl II 1997, 128, 129).

II. Begriffsabgrenzungen

10   Unter einem **Fremdwährungsgeschäft** wird ein Geschäftsvorfall verstanden, der die Erfüllung in einer Fremdwährung erfordert oder dessen Transaktionsvolumen in einer Fremdwährung angegeben ist.

Der **Wechselkurs** bezeichnet das Austauschverhältnis zweier Währungen zueinander. Wird für eine ausländische Währung der zu zahlende inländische Währungsbetrag angegeben, spricht man von „**Preisnotierung**" (zB 1 USD = X €), die umgekehrte Form des Austauschverhältnisses, bei der der Euro die Basiseinheit ist, nennt man „**Mengennotierung**" (zB 1 € = X USD). Seit der Einführung des Euro ist die Mengennotierung üblich. **11**

Der **Kassakurs** bezeichnet den Kurs, zu dem ein Devisengeschäft bei sofortiger Erfüllung abgewickelt wird. Der Kassakurs am Bilanzstichtag wird idR als **Stichtagskurs** bezeichnet. Der **historische Kurs** ist der Wechselkurs im Zeitpunkt der Ersterfassung eines Aktiv- oder Passivpostens (zB bei Anschaffung). **12**

Vom Kassakurs ist der **Terminkurs** zu unterscheiden, der bei einem späteren Erfüllungstermin zum Tragen kommt. Der Devisenterminkurs errechnet sich aus dem Kassakurs und der Zinsdifferenz zwischen Anlagen entspr Laufzeit in zwei Währungen.

Devisen bezeichnen auf ausländische Währungen lautende Kontoguthaben bei Kreditinstituten, Wechsel und Schecks. Auf ausländische Währungen lautende Banknoten und Münzen (Bargeld), welche – im Gegensatz zu den Devisen – nicht amtlich gehandelt werden, werden **Sorten** genannt (vgl *Gabler* Bank Lexikon[13], 339, 1180). **13**

Grds wird bei Wechselkursen zwischen **Geld-**, **Brief-** und **Mittelkurs** unterschieden. Der **Geldkurs** ist der Angebotskurs, zu dem Kreditinstitute Euro ankaufen und Devisen verkaufen, der **Briefkurs** ist der Nachfragekurs, zu dem die Kreditinstitute Euro verkaufen und Devisen ankaufen. Der **Mittelkurs** ist das arithmetische Mittel zwischen Geld- und Briefkurs (vgl *Langenbucher* in HdR, 292). Zur Ermittlung des **Devisenkassamittelkurses** dürfen die von der EZB veröffentlichten Referenzkurse oder die aus den im Interbankenmarkt quotierten Kursen abgeleiteten Mittelkurse verwendet werden (vgl IDW RS BFA 4, Tz 14). **14**

Der **Durchschnittskurs** ist ein periodischer Mittelwert von gültigen Wechselkursen in einer Periode, wobei eine Woche, ein Monat, ein Quartal, ein Halbjahr oder ein Gj als Periode, über die der Durchschnitt gebildet wird, in Frage kommen können.

Börsentäglich liegen für die wichtigsten Welthandelswährungen amtliche Devisenkurse bzw. Kurse im Freiverkehr vor.

Monetäre Posten bezeichnen VG und Schulden, welche einem Unt durch eine bestimmte Anzahl von Währungseinheiten vergütet werden bzw für welche es eine bestimmte Anzahl von Währungseinheiten bezahlen muss (s zur Unterscheidung in monetäre und nicht monetäre Posten Anm 292). Sämtliche Posten, die nicht mit einem Recht auf Erhalt oder Verpflichtung zur Bezahlung einer festen oder bestimmbaren Anzahl von Währungseinheiten ausgestattet sind, stellen folglich **nicht monetäre Posten** dar. Je nach zugrunde liegendem Sachverhalt können Finanzanlagen, sonstige VG, Rückstellungen und EK sowohl den monetären Posten als auch den nicht monetären Posten zugeordnet werden. Eindeutig monetär sind Ausleihungen und verzinsliche Wertpapiere, Forderungen, flüssige Mittel, latente Steuern und Verbindlichkeiten. Den nicht monetären Posten werden Sachanlagevermögen und immaterielle VG, Sachleistungs- und Sachwertverpflichtungen, bestimmte Finanzanlagen, geleistete und erhaltene Anzahlungen, Vorräte und RAP (Ausnahme: Disagio) zugeordnet. **15**

Eine **Umrechnungsdifferenz** ist der Unterschiedsbetrag aus der Umrechnung der gleichen Anzahl von Währungseinheiten in Euro zu unterschiedlichen Wechselkursen. Diese können sich zum Einen aufgrund verschiedener Umrechnungszeitpunkte (zB Stichtagskurs/historischer Kurs) oder aufgrund der Anwen- **16** dung verschiedener Kurse zum selben Zeitpunkt (zB Geldkurs/Briefkurs/Mittelkurs oder Stichtagskurs/Durchschnittskurs) ergeben.

B. Grundsätze der Währungsumrechnung

I. Umrechnung der auf fremde Währung lautenden Vermögensgegenstände und Verbindlichkeiten (S 1)

30 Aus der WähUm können sich zu drei Zeitpunkten Auswirkungen auf Bilanzansatz und Bewertung ergeben (vgl *Langenbucher* in HdR Anm 642):
1. Umrechnung einer Transaktion in Fremdwährung, wenn der Geschäftsvorfall stattfindet (**Zugangsbewertung**).
2. Bei der **Folgebewertung:** Änderungen des Buchwerts von VG und Schulden wegen Wechselkursänderungen zwischen dem Zeitpunkt des Geschäftsvorfalls und dem Bilanzstichtag oder zwischen zwei Bilanzstichtagen.
3. **Liquidierung** eines Fremdwährungspostens mit Realisierung eines Gewinns oder Verlusts, falls der Wechselkurs sich im Vergleich zum Zeitpunkt des Geschäftsvorfalls oder zum vorhergehenden Bilanzstichtag geändert hat.

31 Die WähUm bei der **Zugangsbewertung** ist grds ein erfolgsneutraler reiner **Transformationsvorgang**, in dem ein Fremdwährungsbetrag mit einem Wechselkurs zum Transaktionstag multipliziert bzw dividiert wird. Eine Bewertungsentscheidung ist lediglich bei der Auswahl des maßgeblichen Wechselkurses zu treffen. Die WähUm bei der **Folgebewertung** stellt dagegen einen **Bewertungsvorgang** dar, bei dem der jeweilige Wechselkurs des Abschlussstichtags zur Umrechnung und in einem weiteren Schritt als Vergleichsmaßstab herangezogen wird. Die allgemeinen handelsrechtlichen Bewertungsvorschriften setzen hierbei die Grenzen für die WähUm. Wertänderungen, die aus der WähUm resultieren, sind daher grds nach Maßgabe des Realisations-, Imparitäts- und AK/HK-Prinzip zu beurteilen (zu den Abweichungen der IFRS, insb für monetäre Posten, s Anm 292).

32 Der Regelungsbereich des § 256a erfasst nur VG (Posten des § 266 Abs 2 A und B) und Verbindlichkeiten (Posten des § 266 Abs 3 C), die **auf fremde Währung lauten** (zB Währungsforderungen und -verbindlichkeiten). VG und Verbindlichkeiten, denen Beträge zugrunde liegen, **die ursprünglich auf fremde Währung lauteten** (zB in Währung beschaffte Vorräte und VG des Anlagevermögens), sind uE nicht Gegenstand der Regelungen des § 256a (vgl den abw Regelungsbereich des § 284 Abs 2 Nr 2 „... Posten enthält, denen Beträge zugrunde liegen, die auf fremde Währung lauten oder ursprünglich auf fremde Währung lauteten", s § 284 Anm 135). Für diese Posten gelten weiterhin die allgemeinen GoB.

33 Bei auf fremde Währung lautenden VG und Verbindlichkeiten mit einer **Restlaufzeit von mehr als einem Jahr** sind im Umkehrschluss zu S 2 das Realisations- und Imparitätsprinzip (§ 252 Abs 1 Nr 4) und das AK-Prinzip (§ 253 Abs 1 S 1) zu beachten (vgl *Melcher/Schaier* Zur Umsetzung der HGB-Modernisierung durch das BilMoG: Einführung und Überblick, DB Beilage 5 2009, 6). Die Erfassung nicht realisierter Gewinne ist unzulässig (vgl *Stibi/Fuchs* Zur Umsetzung der HGB-Modernisierung durch das BilMoG: Konzeption des HGB – Auslegung und Interpretation der Grundsätze ordnungsmäßiger Buchführung unter dem Einfluss der IFRS? DB Beilage 5/2009, 9).

Gemäß Wortlaut regelt § 256a lediglich die **Folgebewertung**, dh die Umrechnung von auf fremde Währung lautenden VG und Verbindlichkeiten am Abschlussstichtag (s Anm 3). Die Umrechnung hat zwingend zum Devisenkassamittelkurs zu erfolgen. 34

Aus der verpflichtenden Anwendung des Devisenkassamittelkurses bei der Folgebewertung folgt uE jedoch nicht, dass auch für die Umrechnung im Zugangszeitpunkt der Devisenkassamittelkurs maßgeblich ist. Für die **Zugangsbewertung** sind vielmehr die allgemeinen GoB zu beachten, insb das AK/HK-Prinzip. Ebenso ist darauf abzustellen, dass die Zugangsbewertung grds ein erfolgsneutraler Vorgang ist.

Somit erfolgt die Zugangsbewertung von VG, deren AK/HK auf Fremdwährung lauten und der damit korrespondierenden Verbindlichkeiten grds mit dem **Geldkurs,** da zu ihrer Begleichung Euro in Fremdwährung getauscht werden müssen und daher Euro angeboten werden. Ebenso sind Fremdwährungsverbindlichkeiten umzurechnen, denen Aufwendungen ggüberstehen. Mit dem **Briefkurs** sind hingegen grds VG (insb Fremdwährungsforderungen und flüssige Mittel) umzurechen, die zukünftig zu einem Zufluss von Fremdwährungsbeträgen führen oder bereits geführt haben und daher Euro nachgefragt werden (vgl *Hommel/Laas* BB 2008, 1666 u 1669). Soweit die Auswirkung auf die Darstellung der VFE-Lage nicht wesentlich ist, ist auch die Zugangsbewertung zum **Mittelkurs** zulässig (vgl Begr RegE BilMoG, 62; *Küting/Pfirmann/Mojadadr* StuB 2010, 415 sowie *Schmidbauer* DStR 2004, 701). 35

Maßgeblich ist der **Devisenkassakurs** des Zeitpunkts, zu dem die VG und Schulden, nach Maßgabe der GoB anzusetzen sind. Die Umrechnung zum Devisenkassakurs zu einem von diesem Zeitpunkt **abw Buchungstag** ist zulässig, sofern die hieraus resultierenden Abweichungen nicht wesentlich sind. Soweit die Auswirkung auf die Darstellung der VFE-Lage nicht wesentlich ist, ist auch die Anwendung von Durchschnittskursen (zB einer Woche oder eines Monats für Transaktionen in der jeweiligen Fremdwährung während dieser Periode) zulässig (vgl Begr RegE BilMoG, 62). Praktischer Anwendungsfall dieser Vereinfachungsvorschrift dürfte insb die Einbuchung mit einem vorab fixierten monatlichen Kurs und die Anpassung an den USt-Umrechnungskurs im Folgemonat sein (vgl zu den Umrechnungsraten ausführlich *Schlick* Bewertung von Fremdwährungspositionen im handelsrechtlichen Jahresabschluss, DStR 1993, 255). 36

Bei der **Folgebewertung** werden im ersten Schritt VG und Verbindlichkeiten zum **Devisenkassamittelkurs** am Abschlussstichtag umgerechnet. Für VG und Verbindlichkeiten mit einer Restlaufzeit von mehr als einem Jahr ist in einem zweiten Schritt jedoch sicherzustellen, dass sich hieraus kein Verstoß gegen das Realisations- und das Imparitätsprinzip sowie das AK/HK-Prinzip ergibt. Dies erfolgt durch einen Vergleich der umgerechneten Fremdwährungsbeträge mit den (fortgeführten) historischen AK/HK im Rahmen eines Niederstwerttests bei VG bzw eines Höchstwerttests bei Verbindlichkeiten (vgl *Hommel/Laas* zum RegE BilMoG BB 2008, 1666f mwN). 37

Erfolgt die Zugangsbewertung als grds **erfolgsneutraler Vorgang** zum (realisierbaren) Geld- bzw Briefkurs und die Folgebewertung zum Abschlussstichtag zum Mittelkurs, ergeben sich aus der Umrechnung auch bei unveränderten Kursen und Wertverhältnissen zunächst am folgenden Abschlussstichtag und anschließend im Zeitpunkt der Liquidierung sich ausgleichende, gegenläufige Ergebniseffekte. Bei einer Zugangsbewertung zum Mittelkurs ergibt sich an dem folgenden Abschlussstichtag kein, zum Zeitpunkt der Liquidierung jedoch ebenfalls ein Ergebniseffekt. Dies ist an folgendem Beispiel dargestellt. 38

§ 256a 39–42

Beispiel: Anschaffung von Vorräten zu 1 000 000 USD, Zahlungsziel 14 Monate
Fall a) Zugangsbewertung zu (realisierbaren) AK zum Zugangszeitpunkt (Geldkurs)
Fall b) Zugangsbewertung zum Mittelkurs

		Kurs	EUR
Zugangsbewertung			
AK Vorräte/Verbindlichkeit: 1. 12. 20X0	a) Geld	1,3122	762079
	b) Mittel	1,3123	762021*
	Brief	1,3124	

* Streng genommen stellt eine Aktivierung zum Mittelkurs einen Verstoß gegen das AK-Prinzip dar, da die USD zum Mittelkurs nicht beschafft werden können. Dies wird jedoch als zulässig erachtet, soweit die Auswirkung auf die Darstellung der VFE-Lage nicht wesentlich ist.

Der Umrechnungskurs bei der Zugangsbewertung beeinflusst auch den Wert des bei Verbrauch der Vorräte anzusetzenden Materialaufwands.

Folgebewertung			
Verbindlichkeit: 31. 12. 20X0		Geld 1,3122	
	a, b)	Mittel 1,3123	762021
		Brief 1,3124	
Ergebniseffekt in 20X0:	a)		58*
	b)		0

* Streng genommen müsste dieser unrealisierte Gewinn bei einer Restlaufzeit von 13 Monaten am Abschlussstichtag aufgrund des Realisationsprinzips in einem zweiten Schritt wieder storniert werden.

Liquidierung			
Verbindlichkeit/Bank: 1. 2. 20X2	a, b)	Geld 1,3122	762079
		Mittel 1,3123	
		Brief 1,3124	
Ergebniseffekt in 20X2:	a)		– 58
	b)		– 58

Aufgrund der für die gängigen Währungen nur geringfügigen Spanne zwischen Geld-/Briefkurs und Mittelkurs sind die beschriebenen Ergebniseffekte idR vernachlässigbar.

39 **Rückstellungen** und **latente Steuern** sind zu jedem Abschlussstichtag neu zu bewerten bzw zu ermitteln und zum Devisenkassakurs am Stichtag umzurechnen – ohne Berücksichtigung der Restriktionen des Realisations-, Imparitäts- und AK-Prinzips (s Begr RegE BilMoG, 62).

40 **Rechnungsabgrenzungsposten** unterliegen am Stichtag keiner WähUm mehr, da Einnahmen bzw Ausgaben bereits zum Zeitpunkt des Ansatzes von der Fremdwährung in Euro getauscht wurden und sich Währungsschwankungen daher nicht mehr erfolgswirksam niederschlagen können (s Begr RegE BilMoG, 62). Ebenso ist bei in Fremdwährung **geleisteten und erhaltenen Anzahlungen** der Zahlungsmittelfluss bereits erfolgt, sodass diese grds keinem originären Wertänderungsrisiko mehr unterliegen (vgl Anm 71 zu immateriellen VG und Sachanlagen, Anm 110 zu Vorräten und Anm 180 ff zu Verbindlichkeiten).

41 § 256a S 1 gilt nach dem Maßgeblichkeitsprinzip grds auch für die **Steuerbilanz** (vgl *Günkel* Ubg 2008, 134).

42 Die WähUm auf Basis von § 256a betrifft darüber hinaus lediglich offene, nicht jedoch geschlossene Positionen. Bei Vorliegen von **Bewertungseinheiten** iSd § 254 ist § 256a nicht anzuwenden (vgl Anm 3). Sowohl die Frage, ob Bewertungseinheiten vorliegen, als auch die bilanzielle Behandlung der Auswirkung von Währungskursänderungen sind in diesem Fall für Grund- und Deckungsgeschäft nach § 254 zu beurteilen (vgl § 254 Anm 25 ff).

II. Besonderheiten bei einer Restlaufzeit von einem Jahr oder weniger (S 2)

Für auf fremde Währung lautende VG und Verbindlichkeiten mit einer **Restlaufzeit von einem Jahr oder weniger** sind die Restriktionen der §§ 252 Abs 1 Nr 4 Hs 2 (Realisationsprinzip) und 253 Abs 1 S 1 (AK-Prinzip) außer Acht zu lassen. Sie sind mit dem Devisenkassamittelkurs am Abschlussstichtag umzurechnen; ein Niederstwert- bzw Höchstwerttest entfällt. Somit kann es zum Ausweis von lediglich realisierbaren aber noch nicht realisierten Gewinnen kommen. Da hierfür keine Ausschüttungssperre nach § 268 Abs 8 vorgesehen ist, bewirkt dies, dass unrealisierte Erträge ausgeschüttet werden können. 50

Dies gilt nach hM nicht für die **Steuerbilanz,** da insoweit das AK-Prinzip die Bewertungsobergrenze (§ 6 Abs 1 Nr 1, 2 u 3 EStG) festlegt (vgl *Dörfler/Adrian* Zur Umsetzung der HGB-Modernisierung durch das BilMoG: Konzeption des HGB – Steuerbilanzrechtliche Auswirkungen DB Beilage 5 2009, 58). 51

VG und Verbindlichkeiten mit einer **ursprünglichen Restlaufzeit von mehr als einem Jahr** sind an dem Stichtag, an dem die Restlaufzeit ein Jahr unterschreitet, ergebniswirksam zum Devisenkassamittelkurs umzurechnen. 52

Kurzfristige Forderungen und Verbindlichkeiten werden verschiedentlich in einem besonderen **Valutenkontokorrent** ausschließlich in Fremdwährung geführt, ohne dass die Entstehungskurse festgehalten werden. Der Bestand des Valutenkontokorrents ist ergebniswirksam zum Devisenkassamittelkurs umzurechnen. 53

VG und Verbindlichkeiten, die **keine (vorab fixierte) Laufzeit** aufweisen (vgl *Hommel/Laas* zum RegE BilMoG BB 2008, 1668), sind uE, sofern es sich um auf fremde Währung lautende **monetäre VG** des Umlaufvermögens oder Verbindlichkeiten handelt, grds wie auf fremde Währung lautende VG und Verbindlichkeiten mit einer Restlaufzeit von einem Jahr oder weniger zu behandeln **(vertragliche Betrachtung).** Es kann jedoch zur Bestimmung der für die WähUm heranzuziehenden Restlaufzeit auch angezeigt sein, eine **wirtschaftliche Betrachtung** zugrunde zu legen (vgl auch Roß WPg 1/2012, 23). Dies gilt insb bei unbefristeten Darlehen zwischen KonzernGes, bei denen eine Tilgung nicht geplant ist. Hiernach würde für die WähUm eine Restlaufzeit von mehr als einem Jahr unterstellt und das Realisationsprinzip wäre zu beachten. Sofern es sich um auf fremde Währung lautende monetäre Posten des Finanzanlagevermögens oder ursprünglich in fremder Währung angeschaffte **nicht monetäre Posten** (zB immaterielle VG und Sachanlagen sowie Vorräte) handelt, gelten uE weiterhin die bestehenden GoB. 54

C. Währungsumrechnung der einzelnen Bilanzposten

Obwohl § 256a dem Wortlaut nach lediglich die Umrechnung von auf fremde Währung lautenden VG und Verbindlichkeiten (iW monetäre VG und Verbindlichkeiten) am Abschlussstichtag (Folgebewertung) regelt (vgl Anm 3), werden die Besonderheiten, die im Rahmen der WähUm bei den einzelnen Bilanzposten nach § 266 Abs 2 u 3 zu beachten sind, im Folgenden jeweils getrennt nach Zugangs- und Folgebewertung dargestellt. 60

Für die Bewertung von Bilanzposten, die auf fremde Währung lauten bzw ursprünglich auf fremde Währung lauteten, sind zunächst die allgemeinen Bewertungsvorschriften maßgeblich wie sie für Posten in inländischer Währung gelten. Dies gilt sowohl für die Ermittlung der AK/HK als auch für die Ermittlung von Zeitwerten oder Wiederbeschaffungskosten (vgl *Langenbucher* in HdR, Anm 672).

I. Vermögensgegenstände

1. Grundsätze

a) Zugangsbewertung

61 Die Zugangsbewertung von VG, deren AK/HK auf Fremdwährung lauten, erfolgt grds mit dem Geldkurs. Mit dem Briefkurs sind hingegen VG umzurechnen, die zukünftig zu einem Zufluss von Fremdwährungsbeträgen führen. Es wird jedoch idR nicht zu beanstanden sein, wenn der Mittelkurs angesetzt wird (vgl Anm 35).

62 Der Tag der Erstverbuchung ist gleichzusetzen mit dem Zeitpunkt der Verschaffung der **Verfügungsmacht,** dh dem Zeitpunkt, ab dem ein Erwerber über ein Gut wirtschaftlich verfügen kann (BFH 4.6.2003, BStBl II, 751, vgl auch *Knop/Küting* in HdR § 255 Anm 26; insb zu Zielkäufen *Kahle* in Bilanzrecht § 255 HGB Anm 66). Der auf ausländische Währung lautende Anschaffungspreis muss so umgerechnet werden, dass sich die Ausgaben für die Anschaffung in Euro und der umgerechnete Anschaffungswert entsprechen. Hierbei ergeben sich Unterschiede iZm dem **Zeitpunkt der Umrechnung** des Fremdwährungsbetrags abhängig davon, ob die Anschaffung gegen Vorauszahlung (Anzahlung) bzw Barzahlung (bei beiden werden die AK durch den tatsächlich in Euro gezahlten Betrag bestimmt) oder auf Ziel (die AK entsprechen dem Euro-Betrag zu dem die Fremdwährungs-Verbindlichkeit erfasst wird) erfolgt ist.

Darüber hinaus können sich Besonderheiten in den Fällen ergeben, in denen für den schwebenden Anschaffungsvorgang eine Bewertungseinheit iSd § 254 durch eine **Kurssicherung,** zB in Form eines Termingeschäfts oder durch Devisenbevorratung eingegangen wurde. Vgl hierzu im Einzelnen die Ausführungen in § 254 Anm 20 ff.

b) Folgebewertung

65 Bei der Folgebewertung von VG, die auf fremde Währung lauten, erfolgt die Umrechnung mit dem Devisenkassamittelkurs am Abschlussstichtag. Sofern es sich um Posten mit einer Restlaufzeit von mehr als einem Jahr handelt, wird anschließend ein **Niederstwerttest** durch den Vergleich der umgerechneten Fremdwährungsbeträge mit den (fortgeführten) historischen AK/HK durchgeführt (vgl auch *Karrenbauer/Döring/Buchholz* in HdR § 253 Anm 189). Hieraus ergeben sich ggf außerplanmäßige Abschreibungen nach § 253 Abs 3 S 3 oder 4 oder Abs 4. **Steuerrechtlich** darf (Wahlrecht) ein währungskursinduziert niedrigerer Teilwert angesetzt werden, sofern eine voraussichtlich dauernde Wertminderung vorliegt (§ 6 Abs 1 Nr 1 S 2 u Nr 2 S 2 EStG).

66 Bei VG, denen Beträge zugrunde liegen, die **ursprünglich auf fremde Rechnung lauteten,** ist für die Beurteilung, ob eine Wertminderung vorliegt, bei VG, für deren beizulegenden Wert ein ausländischer Absatzmarkt maßgeblich ist, der in Währung zu erzielende Preis grds mit dem Briefkurs, bei VG, für deren beizulegenden Wert ein ausländischer Beschaffungsmarkt maßgeblich ist, grds mit dem Geldkurs umzurechnen. Auch hier ist idR die Verwendung des Mittelkurses nicht zu beanstanden (vgl Anm 35).

67 Bei der Prüfung, ob gemäß § 253 Abs 5 S 1 nach einer (währungskursinduzierten) außerplanmäßigen Abschreibung (nach § 253 Abs 3 S 3 o 4 oder Abs 4) eine **Wertaufholung** vorzunehmen ist, weil die Gründe für den niedrigeren Wertansatz nicht mehr bestehen, sind Veränderungen des Wechselkurses und Veränderungen des Zeitwerts in Währung uE – entgegen des Wortlauts des

§ 253 Abs 1 S 1 – grds zusammen zu betrachten, da es sich um die Bewertung einheitlicher VG handelt. Es kann in Einzelfällen aufgrund des Vorsichtsprinzips auch zulässig sein, die Veränderungen des Wechselkurses und die Veränderungen des Zeitwerts in Währung getrennt zu betrachten; insb bei der Beurteilung, ob bei nicht monetären VG eine dauerhafte Wertaufholung vorliegt bzw wie weit die Wertaufholung reicht. Dies kann insb bei volatilen Währungen von Bedeutung sein (vgl *Langenbucher* in HdR, Anm 683 mit Bsp, der die WähUm als eigenständigen aber auch vollwertigen Bestandteil des Bewertungsprozesses versteht und daher für die Beurteilung einer Wertaufholung das AK-Prinzip sowohl beim Zeitwert in Währung als auch beim Umrechnungskurs jeweils eigenständig betrachtet, sowie das ausführliche Bsp hierzu in der 8. Auflage). Über die AK in Euro hinausgehende (wechselkursbedingte) Werterhöhungen stellen in jedem Fall unrealisierte Gewinne dar, die nicht vereinnahmt werden dürfen.

Auch **steuerrechtlich** gilt nach § 6 Abs 1 Nr 1 S 4 und Nr 2 S 3 EStG ein **68** Wertaufholungsgebot (vgl *Kulosa* in Schmidt[32] EStG Kommentar § 6 Anm 371), falls sich der Wert eines WG nach vorangegangener Teilwert-Abschreibung wieder erhöht hat. Dabei kommt es jedoch nicht darauf an, ob die konkreten Gründe für die Teilwert-Abschreibung weggefallen sind; es ist auch eine Erhöhung des Teilwerts aus anderen Gründen möglich (vgl BMF 25.2.2000 – IV C 2 – S 2171b – 14/00, BStBl I, 372).

2. Immaterielle Vermögensgegenstände des Anlagevermögens und Sachanlagen

a) Zugangsbewertung

Die AK/HK in Währung werden grds mit dem Devisenkassageldkurs umge- **70** rechnet. Dies gilt auch für einen im Rahmen eines asset deal bei Kaufpreis in Währung entstandenen **Geschäfts- oder Firmenwerts**. Es wird jedoch idR nicht zu beanstanden sein, wenn der Mittelkurs angesetzt wird (vgl Anm 35).

Wurden vor Verschaffung der Verfügungsmacht **Anzahlungen** in Währung **71** **geleistet**, ergibt sich zum einen die Frage, zu welchem Wechselkurs die geleisteten Anzahlungen in die AK eingehen, und zum anderen ggf die Frage der Bewertung der geleisteten Anzahlungen am Stichtag.

Grds werden **geleistete Anzahlungen** zum Geldkurs am Zahlungstag eingebucht und in gleicher Höhe **erfolgsneutral** den AK zugerechnet. Treten nach dem Zahlungsvorgang Wechselkursschwankungen auf, kann sich der Betrag der tatsächlichen AK, welcher für die zukünftige Gegenleistung aufgewendet wird, nicht mehr verändern (vgl *Kleineidam* in Handbuch der Bilanzierung 2007 (140. Erg-Lfg), Anm 47; *Wohlgemuth* in Rechnungslegung § 253 Anm 73; ADS 6 § 255 Anm 63). Im Fall eines bis zum Anschaffungszeitpunkt gestiegenen Euro würde der eingetretene Währungsverlust somit erst über die Abschreibung des VG realisiert. Daher wird in der Literatur auch die Meinung vertreten, dass vor dem Hintergrund des Vorsichtsprinzips nur der niedrigere Betrag zu aktivieren und damit der Währungsverlust im Zeitpunkt des Zugangs anzusetzen ist (vgl *Langenbucher* in HdR, Anm 706). Dies ist uE insb dann sachgerecht, wenn eine wesentliche und nachhaltige Steigerung des Eurokurses vorliegt (vgl Anm 79) und ein hoher Teil der AK angezahlt wurde. Insofern würde eine ggf erforderliche außerplanmäßige Abschreibung aufgrund einer dauerhaften Wertminderung am folgenden Abschlussstichtag antizipiert. Dieselben Überlegungen sind am Abschlussstichtag beim Posten **geleistete Anzahlungen** erforderlich.

Treten **Leistungsstörungen** bei der Erbringung der Gegenleistung auf, die zu **72** einer Rückforderung führen, werden geleistete Anzahlungen zu Geldforderungen im Umlaufvermögen; ihr Charakter ändert sich von einem nicht monetären zu einem monetären Posten. IdR wird es sich um kurzfristige Forderungen handeln, die wie Forderungen mit einer Laufzeit von weniger als einem Jahr ohne Berücksichtigung des Niederstwertprinzips zum Stichtagskurs umgerechnet werden.

73 Sollen VG des Sachanlagevermögens, die regelmäßig in ausländischer Währung beschafft werden, gem § 240 Abs 3 mit einem **Festwert** angesetzt werden, ergeben sich die folgenden Besonderheiten: Die Bewertung mit einem Festwert ist bei voraussichtlich stark schwankenden Devisenkursen nicht zulässig, da seine Anwendung an die Voraussetzung einer nur geringfügigen Wertschwankung geknüpft ist. Ist die Anwendung zulässig, wird der Festwert in Euro durch die Umrechnung der jeweiligen Anschaffungspreise der Festmenge grds mit den entspr Devisengeldkursen ermittelt.

b) Folgebewertung

75 Sachanlagen und immaterielle VG des Anlagevermögens sind nach § 253 Abs 3 S 3 nur bei voraussichtlich dauernder Wertminderung auf den niedrigeren beizulegenden Wert am Abschlussstichtag außerplanmäßig abzuschreiben (s hierzu im Einzelnen § 253 Anm 300 ff).

Im Rahmen eines Niederstwerttests wird der Zeitwert in ausländischer Währung umgerechnet zum Wechselkurs am Bilanzstichtag mit dem Buchwert verglichen. Der Zeitwert in ausländischer Währung richtet sich jeweils nach den Gegebenheiten auf dem Auslandsmarkt, der für eine Wiederbeschaffung oder Verwertung in Frage kommt. Im Regelfall ist von einer **Wiederbeschaffungsabsicht** (Umrechnung grds mit dem Geldkurs) auszugehen. Liegen die so ermittelten Wiederbeschaffungskosten **dauerhaft** unter dem Buchwert, ist eine entspr Abschreibung vorzunehmen.

76 Hierbei können die folgenden Fälle unterschieden werden, bei denen Wechselkursänderungen zu niedrigeren Wiederbeschaffungskosten führen (*Langenbucher* in HdR, Anm 707):

Ein **sowohl im Inland wie im Ausland beschaffbarer Gegenstand** des Anlagevermögens wurde ursprünglich zu den niedrigeren inländischen AK erworben. Auf Grund des zwischenzeitlichen Absinkens des Werts der ausländischen Währung ergeben sich zum Bilanzstichtag nach Umrechnung niedrigere Wiederbeschaffungskosten.

Die Euro-Wiederbeschaffungskosten eines **nur im Ausland erhältlichen** Anlagegegenstands oder im Ausland gelegenen, aber **im Inland bilanzierten Anlagegegenstands** (zB Grundstück) sind wegen des Wertverlusts der ausländischen Währung gesunken.

77 Besteht im Ausnahmefall die konkrete **Absicht,** einen Gegenstand des Sachanlagevermögens **ins Ausland zu verkaufen** und den Erlös in Fremdwährung zu erzielen, ist der erwartete Nettoverkaufserlös in Fremdwährung grds mit dem Briefkurs umzurechnen und mit dem Buchwert des betr Gegenstands zu vergleichen. Liegt der umgerechnete Verkaufserlös unter dem Buchwert, ist eine entspr Abschreibung vorzunehmen.

78 Wurden in ausländischer Währung beschaffte VG zulässigerweise mit einem **Festwert** bewertet und tritt in Folge wider Erwarten eine dauerhafte Aufwertung des Euro ein, ist der Festwert entspr ergebniswirksam nach unten anzupassen.

79 Schwierigkeiten ergeben sich bei der Einschätzung, ob es sich um ein nur **vorübergehendes oder dauerhaftes wechselkursbedingtes Absinken** der Wiederbeschaffungskosten handelt. Bei nur vorübergehender Wertminderung ist

bei Sachanlagen und immateriellen VG des Anlagevermögens keine außerplanmäßige Abschreibung zulässig. Eine voraussichtlich dauernde Wertminderung kann nur dann angenommen werden, wenn nicht die begründete Aussicht besteht, dass die Anhaltspunkte dafür innerhalb von zwölf Monaten wegfallen (vgl *Beys/Melcher* Zur Umsetzung der HGB-Modernisierung durch das BilMoG: Konzeption des HGB – Wesentliche Änderungen bei außerplanmäßigen Abschreibungen und Wertaufholungen, DB Beilage 5/2009, 25). Nach hM liegt eine dauernde Wertminderung vor, wenn der Stichtagswert den Wert, der sich aus planmäßigen Abschreibungen ergibt, während eines erheblichen Teils der Restnutzungsdauer nicht erreichen wird. Eine nur vorübergehende Wertminderung liegt vor, wenn die am Abschlussstichtag eingetretene Wertminderung voraussichtlich weniger als die halbe Restnutzungsdauer bestehen wird (§ 253 Anm 315 f mwN). Daher ist bei wechselkursbedingten Wertminderungen zunächst grds eine nur vorübergehende Wertminderung anzunehmen, es sei denn, es ist von einer nachhaltigen Abwertung der ausländischen Währung auszugehen (zB bei einer Währungsumstellung).

Steuerrechtlich ist von einer voraussichtlich dauernden Wertminderung auszugehen, wenn der Wert des WG zum Bilanzstichtag mind für die halbe Restnutzungsdauer unter dem planmäßigen Buchwert liegen wird (vgl BMF 25.2.2000 IV C 2 – S 2171b – 14/00, BStBl I, 372).

Bei der Folgebewertung der unter Ausübung des Wahlrechts des § 248 Abs 2 angesetzten selbstgeschaffenen immateriellen VG des Anlagevermögens, insb **aktivierte Entwicklungskosten,** ist neben der Ermittlung der Wiederbeschaffungskosten verstärkt auch auf die geplante Verwertung abzustellen. Erfolgt die Entwicklung zB ausschließlich oder überwiegend für einen Exportmarkt in Währung, können sich hieraus Wertminderungen ergeben, wenn die Fremdwährung dauerhaft an Wert verloren hat (vgl Anm 75).

Ergeben sich bedingt durch Währungskursveränderungen bei der Folgebewertung eines **Geschäfts- oder Firmenwerts** Anzeichen für das Vorliegen einer außerplanmäßigen Wertminderung vgl die Ausführungen zu nicht monetären Finanzanlagen Anm 105 ff sowie § 253 Anm 673. Dies gilt unabhängig davon, ob der Kaufpreis in Euro oder in Währung entrichtet wurde.

3. Finanzanlagen

Bei der Zugangs- und Folgebewertung im Finanzanlagevermögen gelten neben den für alle VG zutreffenden Ausführungen (Anm 61 ff) für die **nicht monetären** Posten (Beteiligungen und Wertpapiere, die keinen Anspruch auf einen bestimmten oder bestimmbaren Geldbetrag verbriefen) die Ausführungen zum Sachanlagevermögen grds entspr (Anm 70 ff), für die **monetären** Posten (Ausleihungen und verzinsliche Wertpapiere) kann grds auf die Ausführungen zu den Forderungen mit einer Restlaufzeit von mehr als einem Jahr verwiesen werden (Anm 120 ff).

a) Zugangsbewertung

Werden bestehende **Anteile an ausländischen KapGes** in Fremdwährung erworben, ergeben sich grds keine Besonderheiten. Maßgeblich für die Ermittlung der AK der Beteiligung ist der Zeitpunkt, in dem die ausländischen Anteile in den Verfügungsbereich des Erwerbers gelangen. Ist der Zahlungstermin erst später, bleiben die AK unverändert, weil Erwerb der Anteile und Bezahlung als zwei getrennte Geschäfte zu sehen sind. Dies gilt ebenfalls für zum Zeitpunkt des Erwerbs noch nicht eingezahlte, **eingeforderte Einlagen,** die bereits als AK der Beteiligung (Gegenbuchung Sonstige Verbindlichkeiten) erfasst werden (vgl

Kleineidam in Handbuch der Bilanzierung 2007 (140. Erg-Lfg), Anm 76 f). Werden zum Zeitpunkt des Erwerbs **noch nicht eingezahlte Einlagen** erst nach Erwerb der Anteile eingefordert (und eingezahlt), ist der Umrechnungskurs (Devisenkassageldkurs) zum Zeitpunkt der Einforderung maßgeblich.

92 Werden Anteile im Rahmen einer **Neugründung** oder einer **Kapitalerhöhung** gegen Bareinlage in Fremdwährung erworben, erfolgt die Umrechnung grds mit dem Devisengeldkurs des Zeitpunkts, an dem die Einzahlungsverpflichtung rechtlich entstanden ist, idR der Tag des Errichtungs- bzw Kapitalerhöhungsbeschlusses bzw ein späterer Zeitpunkt, sofern zusätzlich ein Einforderungsbeschluss erforderlich ist.

93 Keine Besonderheiten ergeben sich, falls Anteile gegen **Sacheinlagen** erworben werden, da hier der Euro-Wert der Einlage idR feststeht. Wird die Einlage durch Umw eines bereits vorher in Fremdwährung gegebenen Darlehens erbracht, kommt eine Umrechnung mit dem historischen Kurs in Betracht, sofern dies zu einem niedrigeren Wertansatz der Beteiligung führt und das Darlehen bereits mit UmwAbsicht gewährt wurde. Lag diese Absicht nicht vor, ist grds mit dem Devisenbriefkurs zum UmwZeitpunkt umzurechnen (vgl *Langenbucher* in HdR, Anm 723).

94 Zum Fall der **Rückzahlung** eines in Fremdwährung geleisteten Einzahlungsbetrags s § 255 Anm 171.

95 Beim Erwerb von **Anteilen an ausländischen PersGes** ergeben sich **handelsrechtlich** ggü den Ausführungen zum Erwerb von Anteilen an KapGes grds keine Abweichungen (vgl § 255 Anm 141 u 158).

Steuerrechtlich können sich Besonderheiten aus der WähUm bei Sachgründung einer ausländischen PersGes ergeben, wenn diese zu einer steuerlichen Entstrickung der stillen Reserven führt und zwischen dem Zeitpunkt der Entstehung der Einlageverpflichtung und dem Zeitpunkt ihrer Erfüllung Wechselkursänderungen eintreten. Ein so entstandener Währungsgewinn bzw -verlust ist in einer Ergänzungsbilanz des InlandsGesters bei der AuslandsGes zu erfassen (vgl hierzu die detaillierten Ausführungen bei *Kleineidam* in Handbuch der Bilanzierung 2010 (151. Erg-Lfg), Anm 56 ff).

96 Bei auf Fremdwährung lautenden **Nullkupon-Anleihen** sind die zum Stichtag rechnerisch ermittelten Zinsen als nachträgliche AK zu erfassen (vgl § 255 Anm 176). Je nach dem ob ein kontinuierlicher Zufluss der Zinsen oder ein Zufluss zum Jahresende unterstellt wird, kann die Umrechnung des Zinsbetrags grds mit dem Jahresdurchschnittsbriefkurs oder dem Stichtagsbriefkurs erfolgen (in Anlehnung an *Kleineidam* in Handbuch der Bilanzierung 2007 (140. Erg-Lfg), Anm 50).

97 Unabhängig von der Verwahrart sind **Wertpapiere des Anlagevermögens** mit der Summe der in ausländischer Währung geleisteten Zahlungen zum Wechselkurs des Anschaffungszeitpunkts zu bewerten. Dabei muss jedoch unterschieden werden, ob die Wertpapiere im Streifband- oder im Girosammeldepot verwahrt werden. Im **Streifbanddepot** kann der Anschaffungszeitpunkt und somit der Umrechnungskurs der einzelnen Stücke identifiziert werden. Im Gegensatz dazu ist bei **Girosammelverwahrung** eine bestimmte Reihenfolge zu unterstellen bzw eine Durchschnittsbildung vorzunehmen, da die Identifikation des einzelnen Stückes und damit des einzelnen Umrechnungskurses nicht mehr möglich ist (vgl dazu Anm 104). **Steuerrechtlich** ist bei Girosammelverwahrung grds eine Durchschnittsbewertung erforderlich (vgl § 255 Anm 305).

b) Folgebewertung

100 Für Finanzanlagen besteht gem § 253 Abs 3 S 3 u 4 bei voraussichtlich dauernder Wertminderung eine Verpflichtung, bei voraussichtlich nicht dauernder Wertmin-

derung ein Wahlrecht, eine außerplanmäßige Abschreibung auf den niedrigeren beizulegenden Wert vorzunehmen (s hierzu im Einzelnen § 253 Anm 350 ff).

Steuerrechtlich darf (Wahlrecht) eine Teilwertabschreibung nur bei voraussichtlich dauernder Wertminderung vorgenommen werden (§ 6 Abs 1 Nr 2 S 2 EStG). **101**

Die Wechselkursentwicklung ist einer der Wert bestimmenden Faktoren bei der Ermittlung des niedrigeren beizulegenden Werts. Zum Einen bestimmt sie bei **monetären** und **nicht monetären Posten** die Umrechnung des Zeitwerts in Währung in Euro entspr den GoB bzw den allgemeinen Regelungen des § 256a (vgl Anm 30 ff). Zum Anderen kann sie bei **nicht monetären Posten** auch bereits den Zeitwert in Währung beeinflussen. **102**

Bei einer zum Stichtag vorliegenden Wertminderung, die durch die Umrechnung in Euro bedingt ist, ist bei den monetären Finanzanlagen mit einer Restlaufzeit von mehr als einem Jahr bzw bei den nicht monetären Finanzanlagen eine Beurteilung erforderlich, ob es sich um eine voraussichtlich **dauernde Wertminderung** handelt oder ob die Wertminderung voraussichtlich nur vorübergehend ist. Dies eröffnet bei einer **voraussichtlich nicht dauernden Wertminderung** das Wahlrecht, eine Abschreibung zu unterlassen. **103**

Für diese Beurteilung kann auf die hM bzgl eines gesunken Börsenkurses zurückgegriffen werden. Von einer voraussichtlich dauernden Wertminderung ist im Zweifel auszugehen, wenn die wechselkursbedingte Wertminderung in den dem Abschlussstichtag vorangehenden sechs Monaten dazu führt, dass der Buchwert permanent um mehr als 20% oder in den letzten zwölf Monaten tagesdurchschnittlich um mehr als 10% unterschritten wird (vgl § 253 Anm 352).

Steuerrechtlich wird bei einer währungskursinduzierten Wertminderung in jedem Fall eine detaillierte Analyse vorzunehmen sein, ob es sich um eine voraussichtlich dauernde Wertminderung handelt, die eine Teilwertabschreibung ermöglicht (vgl hierzu ausführlich *Zimmermann* BBK 2010, 516). So ist nach den Grds des BFH-U vom 21.9.2011 (I R 89/10, BFH/NV 2012, S 306) bei börsennotierten Anteilen an einer KapGes, die als Finanzanlage gehalten werden, von einer voraussichtlich dauernden Wertminderung typisierend auszugehen, wenn der Kurs am Bilanzstichtag unter den Kurs im Zeitpunkt des Aktienerwerbs gesunken ist und die Kursdifferenz eine Bagatellgrenze von 5% überschreitet. Auf die Kursentwicklung nach dem Bilanzstichtag kommt es grundsätzlich nicht an, es sei denn, es liegen konkrete und objektiv nachprüfbare Anhaltspunkte dafür vor, dass der Börsenkurs nicht den tatsächlichen Anteilswert widerspiegelt (zB in Fällen eines sog Insiderhandels oder aufgrund äußerst geringer Handelsumsätze). Entsprechendes gilt für Teilwertabschreibungen auf Investmentanteile, wenn das Vermögen des Investmentfonds überwiegend aus börsennotierten Aktien besteht (BFH I R 7/11, BFH/NV 2012, S 310).

Der BFH weicht damit von der Auffassung der FinVerw ab, wonach bei börsennotierten Aktien von einer dauerhaften Wertminderung nur dann auszugehen ist, wenn der Börsenkurs am Bilanzstichtag um mehr als 40% oder am Bilanzstichtag und am vorangegangen Bilanzstichtag um jeweils mehr als 25% unter die AK gesunken ist (BMF 26.3.2009 IV C6 – S 2171-b/0, BStBl I, 514).

Bei **Wertpapieren des Anlagevermögens** erfolgt der Niederwerttest bzgl **104** des Bestands am Stichtag einschl der Beurteilung, ob eine dauerhafte Wertminderung durch die Abwertung der ausländischen Währung vorliegt, für im Streifbanddepot verwahrte Stücke einzeln (Vergleich der einzelnen Anschaffungskurse mit dem Stichtagskurs), für in Girosammelverwahrung gehaltenen Stücke für den Gesamtbestand (idR Vergleich Durchschnittskurs mit dem Stichtagskurs).

Bei der Folgebewertung von **Beteiligungen an ausländischen KapGes** ist **105** dem Niederstwerttest der innere Wert der Beteiligung zum Stichtag (Zeitwert) zugrundezulegen. Dieser ist dem beizulegenden Wert gleichzusetzen (vgl *Küting* DB 2005, 1123; *Wohlgemuth* in Ballwieser/Coenenberg/v. Wysocki HWRuP[3], Sp 249f). Er kann neben den Einflussfaktoren, die auch für die Bewertung von Beteiligungen an inländischen KapGes gelten (wie zB Entwicklungen auf dem Absatz- und Beschaffungsmarkt des Unt), auch durch die Veränderung der Währungsparitäten beeinflusst werden, insb wenn umfangreiche Ex- oder Importbeziehungen bestehen. Hierbei ist es unerheblich, ob der ursprüngliche Erwerb der Beteiligung in Euro oder ausländischer Währung erfolgte (vgl *Gebhardt/Breker* DB 1991, 1533).

Der innere Wert einer ausländischen Beteiligung leitet sich idR aus dem **Ertragswert** ab, welcher sich aus der Summe der künftigen Ertragsüberschüsse in Währung aus dem betriebsnotwendigen und nicht betriebsnotwendigen Vermögen, abgezinst mit einem fristadäquaten Basiszinssatz des betr Landes ggf unter Berücksichtigung eines Risikozuschlags und Wachstumsabschlags ergibt (vgl IDW RS HFA 10; alternativ kann auch die **Discounted Cash Flow Methode** angewandt werden). Der Ertragswert ist grds mit dem Briefkurs am Stichtag umzurechnen. Der Wechselkurs kann hierbei sowohl die Höhe der zukünftigen Ertragsüberschüsse, als auch den Diskontierungsfaktor beeinflussen. In besonderen Fällen kann auch auf den **Liquidationswert** abzustellen sein (vgl zu den Bewertungsverfahren *Moxter* 1983, 33ff; IDW S 1 idF 2008, Tz 5–7). Soll ein ausländisches BetUnt zerschlagen werden, bildet der Liquidationswert als Einzelveräußerungswert in Währung den Maßstab für die Bewertung. Eine Währungskursänderung wirkt sich in diesem Fall bei der Umrechnung des Liquidationserlöses grds mit dem Briefkurs am Stichtag aus.

106   Bei **Beteiligungen an ausländischen PersGes** entstehen am Bilanzstichtag dieselben Wechselkurseinflüsse wie bei der Bilanzierung von Beteiligungen an KapGes, da Anteile an einer PersonenhandelsGes **handelsrechtlich** wie Anteile an einer KapGes bewertet werden (vgl *Scheffler* in Beck HdR, B213, Anm 325).

Bei der **steuerrechtlichen** Gewinnermittlung bzgl der Beteiligung an einer ausländischen PersGes ergeben sich grds keine spezifischen Besonderheiten aus der WähUm. Insofern kann auf die Ausführung zu den einzelnen Bilanzposten verwiesen werden (s auch *Kleineidam* in Handbuch der Bilanzierung 2007 (140. Erg-Lfg), Anm 62 u 66). Beteiligungen an ausländischen PersGes sind idR wie ausländische Betriebsstätten zu behandeln (s zu ausländischen Betriebsstätten Anm 240ff). Ergeben sich aus Sicht der Ges Differenzen resultierend aus der Umrechnung der in Fremdwährung ausgewiesenen Bilanzposten, stehen diese im wirtschaftlichen Zusammenhang mit der ausländischen Betriebsstätte und sind dieser zuzurechnen. Die WähUm ist Bestandteil der Gewinnermittlung der Betriebsstätte. Das Betriebsstättenergebnis umfasst daher nicht nur die aus der Tätigkeit der ausländischen Betriebsstätte resultierende Vermögensmehrung/-minderung in Fremdwährung, sondern auch damit in Zusammenhang stehende wechselkursbedingte Wertverluste oder Wertsteigerungen (vgl *Looks* in Betriebsstättenbesteuerung 2011 Rz 973ff). Da bei Vorliegen eines DBA die Betriebsstätteneinkünfte idR dem deutschen Fiskus entzogen sind, wirken sich diese Währungsgewinne und -verluste somit steuerlich im Inland nicht aus (vgl BFH 16.2.1996, DStR 1996, 1195ff). Zur möglichen Berücksichtigung von finalen Währungskursverlusten bei der Rückführung von Dotationskapital aus EU-/EWR-Betriebsstätten siehe Anm 243.

107   **Erträge aus ausländischen Beteiligungen** sind grds mit dem Briefkurs des Zeitpunkts umzurechnen, an dem das Gewinnbezugsrecht entsteht. Bei KapGes entsteht der Anspruch regelmäßig mit dem Ausschüttungsbeschluss (Umrechnung mit dem Devisenbriefkurs am Tag des Ausschüttungsbeschlusses mit dem auch die entspr Forderung eingebucht wird), es sei denn, es ist im Einzelfall eine

phasengleiche Gewinnvereinnahmung zulässig (Umrechnung grds mit dem Devisenbriefkurs am Abschlussstichtag) (Anm 240 ff). Bei PersGes richtet sich die Entstehung nach ausländischem GesRecht und den gesvertraglichen Regelungen.

Besteht eine gesrechtliche Verpflichtung zur **Verlustübernahme bei ausländischen PersGes,** muss **handelsrechtlich** eine Verbindlichkeit in Höhe der zugewiesenen bzw eine Rückstellung in Höhe der erwarteten Ausgleichsverpflichtung, grds umgerechnet mit dem Geldkurs am Abschlussstichtag, passiviert werden (vgl *Kleineidam* in Handbuch der Bilanzierung 2007 (140. Erg-Lfg), Anm 64). 108

4. Vorräte

a) Zugangsbewertung

Zur Ermittlung der AK/HK vgl § 255 Anm 20 ff zu AK u Anm 330 ff zu HK. Fallen Kostenbestandteile in Währung an, ist zur Umrechnung grds der Devisengeldkurs zu dem Zeitpunkt heranzuziehen, zu dem die Verfügungsmacht erlangt wurde und die korrespondierende Verbindlichkeit in Fremdwährung entstanden ist (zB bei Löhnen/Gehältern oder Materialbezug). Insofern und bzgl der Grundproblematik bei der Behandlung von geleisteten **Anzahlungen** wird auf die Ausführungen zum Sachanlagevermögen verwiesen (Anm 71 ff). Wurden für die Anschaffung von Vorräten Anzahlungen geleistet und steigt der Euro bis zum Anschaffungszeitpunkt, wird der eingetretene Währungsverlust bei erfolgsneutraler Berücksichtigung der Anzahlungen im Anschaffungszeitpunkt erst über den Materialverbrauch bzw Wareneinsatz realisiert. Es wird jedoch nicht zu beanstanden sein, wenn nur der niedrigere Betrag aktiviert wird und damit der Währungsverlust bereits im Zeitpunkt der Anschaffung realisiert wird. Insofern wird lediglich eine ggf erforderliche Abschreibung nach dem strengen Niederstwertprinzip am folgenden Abschlussstichtag antizipiert. 110

Werden die AK mit Hilfe von **vereinfachenden Bewertungsverfahren** wie der Festbewertung (§ 240 Abs 3), der Gruppenbewertung (§ 240 Abs 4) oder der Verbrauchsfolgeverfahren (§ 256) ermittelt, sind dadurch gleichzeitig die anzuwendenden Umrechnungskurse determiniert; nämlich die Umrechnungskurse der gem den Bewertungsverfahren unterstellten einzelnen Anschaffungstage (vgl zu **Festbewertung** Anm 78). 111

Bei der **Gruppenbewertung** werden die den in die Durchschnittsbildung eingehenden Zugängen zugrundeliegenden Preise in Fremdwährung grds mit den Devisengeldkursen der entspr Zugangszeitpunkte umgerechnet.

Werden die **Verbrauchsfolgeverfahren** FIFO oder LIFO angewandt, sind analog die Preise der gem dem Verbrauchsfolgeverfahren in den Endbestand eingehende Zugänge grds mit den Devisengeldkursen der entspr Zugangszeitpunkte umzurechnen.

Werden die AK der Bestände unterjährig mit **Plan- oder Standardkosten** bewertet, denen am Anfang der Periode festgeschriebene Umrechnungskurse zugrunde liegen, sind die daraus resultierenden Abweichungen auf den eingetretenen Umrechnungskursen zusammen mit den übrigen Plan-Ist- oder Standard-Ist-Abweichungen am Stichtag zu berücksichtigen (vgl *Langenbucher* in HdR Anm 711). 112

Die in der Praxis aufgrund der Vielzahl der Beschaffungsvorgänge bei den Vorräten bzgl der WähUm anzutreffenden Vereinfachungen bei der Ermittlung der AK (im Rahmen der Inventur am Periodenende), wie die Umrechnung zum Wechselkurs des letzten Zugangs oder mit dem Stichtagskurs, sind grds nicht zulässig. Sie können aber insb iZm einer den allgemeinen Bewertungsgrundsät- 113 zen entspr Folgebewertung am Stichtag akzeptiert werden, sofern sie nicht zu wesentlich unzutreffenden AK führen.

b) Folgebewertung

115 Vorräte sind nach § 253 Abs 4 mit dem niedrigeren Börsen- oder Marktpreis bzw dem niedrigeren beizulegenden Wert am Abschlussstichtag zu bewerten (vgl hierzu im einzelnen § 253 Anm 539 ff). Bei der Folgebewertung von Vorräten ist zu unterscheiden, welcher **Markt** maßgeblich ist. Nach hM ist dies für **Roh-, Hilfs- und Betriebsstoffe** der **Beschaffungsmarkt,** für **unfertige und fertige Erzeugnisse,** Überbestände an Roh- Hilfs- und Betriebsstoffen sowie für **Waren,** die für den Verkauf auf einem bestimmten Markt vorgesehen sind, der entspr **Absatzmarkt.** Für Waren, die nicht für einen bestimmten Markt vorgesehen sind bzw bei der Ermittlung der Reproduktionskosten von fertigen und unfertigen Erzeugnissen, kann auch der Beschaffungsmarkt maßgeblich sein zur Unterscheidung vgl ADS[6] § 253 Anm 488).

116 Abhängig von dem zugrunde zu legenden Markt unterscheiden sich die bei der Ermittlung des niedrigeren Börsen- oder Marktpreises bzw beizulegenden Werts zu verwendenden Wechselkurse. Ist der **Beschaffungsmarkt** maßgeblich, erfolgt die Umrechnung des relevanten Preises in Währung grds zum Devisengeldkurs, ist der **Absatzmarkt** maßgeblich, grds zum Devisenbriefkurs. Darüber hinaus ist zu berücksichtigen, dass sich Preis- und Währungseffekte kompensieren oder auch verstärken können. Eine isolierte Betrachtung des Währungseffekts bei der Durchführung des Niederstwerttests ist idR nicht sachgerecht.

117 Wenn Vorräte, insb **Roh- Hilfs- und Betriebsstoffe** sowohl **im Inland als auch im Ausland beschaffbar** sind, ist es gemäß Imparitäts- und Vorsichtsprinzip sachgerecht, eine kursbedingte Abschreibung nicht nur auf den importierten Teil, sondern auf den gesamten betroffenen Bestand zu beziehen. Umgekehrt ist es ebenso sachgerecht, Abschreibungen auf niedrigere inländische Wiederbeschaffungskosten auch auf importierte Vorräte vorzunehmen, selbst wenn die Wiederbeschaffungskosten im Ausland aufgrund von Wechselkursentwicklungen nicht gesunken sind (vgl *Langenbucher* in HdR, Anm 713).

118 **Unfertige und fertige Erzeugnisse,** Waren oder Leistungen, die konkret für den **Absatz in ausländischer Währung** bestimmt sind (zB weil sie für einen ausländischen Markt spezifisch gestaltet sind oder weil die Geschäfte generell nur in einer bestimmten Fremdwährung abgewickelt werden), müssen nach den Verhältnissen des konkreten Absatzmarkts und der Kursentwicklung der betr Währung verlustfrei bewertet werden.

119 Können Vorräte **sowohl in inländischer als auch in ausländischer Währung veräußert** werden, ist es sachgerecht, bei einer Abwertung der ausländischen Währung nur die voraussichtlich gegen Währung zu veräußernden Vorräte auf den niedrigeren Erlös abzuschreiben. Ist es jedoch nicht auszuschließen, dass alle betroffenen Vorräte im Ausland veräußert werden oder die Aufteilung auf Inland und Ausland nicht verlässlich geschätzt werden kann, sind gemäß Imparitäts- und Vorsichtsprinzip alle Bestände nach den Wert- und Kursverhältnissen des ausländischen Absatzmarkts abzuschreiben (vgl *Langenbucher* in HdR, Anm 716 f).

5. Forderungen und sonstige Vermögensgegenstände

a) Zugangsbewertung

120 Für die Umrechnung einer Währungsforderung, die durch **Lieferung oder Leistung** entsteht, ist grds der Devisen-Briefkurs im Zeitpunkt der Lieferung bzw Leistung maßgebend, da davon auszugehen ist, dass die Devisen im Zeit-

punkt ihres Zuflusses verkauft und somit zum maßgeblichen Briefkurs in Euro umgetauscht werden. Bei Gewährung eines **Fremdwährungsdarlehens** sind die AK hingegen grds auf Basis des Devisen-Geldkurses umzurechnen, da davon auszugehen ist, dass die entspr Devisen gegen Euro beschafft werden müssen. Es wird idR nicht zu beanstanden sein, wenn die Umrechnung bei der Zugangsbewertung mit dem Devisenkassamittelkurs erfolgt (vgl Anm 35).

Bei **langfristigen unverzinslichen Währungsforderungen** ist der erforderlichen Abzinsung (vgl § 253 Anm 592) ein marktüblicher Zinssatz vergleichbarer Kapitalanlagen in Währung zugrunde zu legen. 121

Bei der Zugangsbewertung von auf fremde Währung lautenden **sonstigen Vermögensgegenständen** ist entspr zu verfahren. Hierzu gehören auch die als immaterielle VG unter den sonstigen VG auszuweisenden nicht verbrieften **Optionsrechte**, bei denen die Optionsprämie in Währung geleistet wurde. Optionsscheine mit AK in Währung werden entspr den Regelungen zu Wertpapieren des Anlagevermögens bzw Wertpapieren des Umlaufvermögens behandelt (vgl IDW RS BFA 6 Tz 12). 122

b) Folgebewertung

Forderungen sind gem § 253 Abs 4 grds nach dem strengen Niederstwertprinzip auf den niedrigeren beizulegenden Wert am Stichtag abzuschreiben (vgl § 253 Anm 558 ff). 125

Fremdwährungsforderungen mit einer Restlaufzeit von mehr als einem Jahr sind am Stichtag mit dem Devisenmittelkurs umzurechnen. Hierbei dürfen die AK nicht überschritten werden. Dies gilt auch für **Fremdwährungsdarlehen**, die bei der Zugangsbewertung mit dem Devisengeldkurs umgerechnet wurden. Es ergibt sich somit auch bei unverändertem Kursniveau ein geringfügiger Ergebniseffekt. 126

Kurzfristige Fremdwährungsforderungen mit einer Restlaufzeit von einem Jahr oder weniger sind ohne Beachtung der Restriktion des AK- und Realisationsprinzips zum Devisenkassamittelkurs des Abschlussstichtages umzurechnen. Hierbei dürfen explizit die historischen AK überschritten werden. Zur abw **steuerrechtlichen** Behandlung vgl Anm 51. 127

Ein gesunkener Wechselkurs am Bilanzstichtag bestimmt auch **steuerrechtlich** den niedrigeren Teilwert einer Währungsforderung. Sofern die Kursänderung als dauernd zu beurteilen ist, darf (Wahlrecht) eine Teilwertabschreibung vorgenommen werden (vgl zur Behandlung langfristiger und kurzfristiger Fremdwährungs-Verbindlichkeiten *Kulosa* in Schmidt[32], § 6 Anm 369). Im Umlaufvermögen kommt dem Zeitpunkt der Veräußerung/Realisierung oder Verwendung für die Bestimmung einer voraussichtlich dauernden Wertminderung eine besondere Bedeutung zu. Hält die Minderung bis zum Zeitpunkt der Bilanzaufstellung bzw bis zum vorangegangenen Zeitpunkt des Verkaufs oder Verbrauchs an, ist die Wertminderung als dauernd zu qualifizieren (vgl BMF 25.2.2000 IV C 2 – S 2171b – 14/00, BStBl I, 372). 128

Bei Fremdwährungsforderungen, die Bestandteil einer **Bewertungseinheit** nach § 254 sind, sind die Regelungen des § 256a zur Folgebewertung in dem Umfang und für den Zeitraum nicht anzuwenden, in dem sich die gegenläufigen Wertänderungen oder Zahlungsströme ausgleichen (s hierzu § 254 Anm 10 ff). 129

Bei der Folgebewertung von auf fremde Währung lautenden **sonstigen Vermögensgegenständen** ist entspr zu verfahren. Sollten ausnahmsweise nicht monetäre sonstige VG vorliegen, denen Beträge zugrunde liegen, die auf Währung lauteten, gelten die Regelungen zu nicht-monetären Finanzanlagen unter Berücksichtigung des strengen Niederstwertprinzips analog (vgl Anm 105 ff). 130

6. Wertpapiere des Umlaufvermögens

a) Zugangsbewertung

140 Bzgl der Zugangsbewertung von auf fremde Währung lautenden Wertpapieren des Umlaufvermögens kann auf die Ausführungen zu den Wertpapieren des Anlagevermögens verwiesen werden (Anm 97).

b) Folgebewertung

145 Bzgl der Folgebewertung von auf fremde Währung lautenden Wertpapieren des Umlaufvermögens kann grds auf die Ausführungen zu den kurzfristigen Forderungen (Anm 127) verwiesen werden. Für nicht monetäre Wertpapiere des Umlaufvermögens gelten uE die GoB, insb das strenge Niederstwertprinzip.

7. Flüssige Mittel

150 Flüssige Mittel in fremder Währung beinhalten neben Bankguthaben und Währungsschecks auch Sorten. **Sorten** fallen grds jedoch nicht unter die Regelungen des § 256a, da sie nur eine zu vernachlässigende Bedeutung haben (s Begr RegE BilMoG, 62).

a) Zugangsbewertung

151 Bei der Zugangsbewertung ist zu unterscheiden, ob die Zahlungsmittel gegen Hingabe von Euro oder im Rahmen der Erfüllung einer Zahlungsverpflichtung durch Dritte erworben wurden. Im ersten Fall ergeben sich die AK grds durch Umrechnung des Fremdwährungsbetrags mit dem Devisen- bzw Sortengeldkurs; im zweiten Fall grds mit dem Devisen- bzw Sortenbriefkurs (vgl *Kleineidam* in Handbuch der Bilanzierung 2007 (140. Erg-Lfg), Anm 105). Es wird jedoch idR nicht zu beanstanden sein, wenn der Mittelkurs angesetzt wird (vgl Anm 35).

152 Wie bei der Ermittlung der AK von Vorräten dürfen Durchschnittskurse gebildet bzw Verbrauchsfolgen unterstellt werden (vgl Anm 111).

b) Folgebewertung

155 Bei der Folgebewertung gilt das Niederstwertprinzip des § 253 Abs 4. Hierbei ist bei **Sortenbeständen** grds der Sortenbriefkurs maßgeblich. Es wird jedoch idR nicht zu beanstanden sein, wenn Sortenbestände ohne Beachtung des AK- und Realisationsprinzips mit dem Sortenmittelkurs am Abschlussstichtag umgerechnet werden (vgl Anm 35). **Devisenbestände** und Währungsschecks sind grds wie kurzfristige Währungsforderungen zu behandeln und mit dem Devisenkassamittelkurs am Stichtag umzurechnen, ohne das AK- und Realisationsprinzip zu berücksichtigen.

156 Entspr gilt für **Festgelder** mit einer Restlaufzeit von einem Jahr oder weniger. Festgelder mit einer Restlaufzeit von mehr als einem Jahr sind hingegen unter Berücksichtigung dieser Prinzipien mit dem Devisenkassamittelkurs am Stichtag umzurechnen. Unabhängig von der Restlaufzeit sind Festgelder unter den sonstigen VG oder sonstigen Ausleihungen auszuweisen, es sei denn, sie sind jederzeit kündbar (vgl § 266 Anm 156).

II. Eigenkapital

158 Grds ergeben sich beim EK keine Auswirkungen aus der WähUm, da die Posten des EK idR originär auf Euro lauten. Eine Ausnahme hiervon kann sich zB bei einer PersGes dann ergeben, wenn Pflichteinlagen der Gester in Fremdwährung zu erbringen sind. In diesem Fall sind bereits eingezahlte Einlagen mit dem historischen Kurs (Devisenkassabriefkurs) des Zeitpunkts der Fälligkeit der Einlage umzurechnen.

Die Umrechnung der nicht eingeforderten ausstehenden Pflichteinlagen ist jeweils zum Devisenkassamittelkurs am Abschlussstichtag vorzunehmen. Mit der ergebnisneutralen Erfassung von Wechselkursänderungen wird der EK-Charakter der nicht eingeforderten ausstehenden Einlagen vor den Forderungscharakter gestellt (vgl zum Mischcharakter § 272 Anm 35 f).

Unter den Forderungen ausgewiesene eingeforderte ausstehende Pflichteinlagen sind bzgl der WähUm wie Währungsforderungen zu behandeln (s Anm 120 ff), sofern sie fällig sind. Die korrespondierenden im EK ausgewiesenen Pflichteinlagen sind mit den historischen Kursen (Devisenkassabriefkurs) zum Zeitpunkt der Fälligkeit der Einlage zu bewerten; eine weitere wechselkursbedingte Anpassung erfolgt nicht mehr.

Sofern eingeforderte ausstehende Einlagen noch nicht fällig sind, erfolgt sowohl die Bewertung der eingeforderten Einlagen unter den Forderungen als auch der korrespondierenden EK-Position ergebnisneutral zum Devisenkassamittelkurs zum Abschlussstichtag.

III. Schulden

1. Rückstellungen

Rückstellungen sind gem § 253 Abs 1 S 2 in Höhe des nach vernünftiger kfm **160** Beurteilung notwendigen **Erfüllungsbetrags** anzusetzen und, sofern sie eine Laufzeit von mehr als einem Jahr haben, mit dem ihrer Laufzeit entspr durchschnittlichen Marktzinssatz der vergangenen sieben Gj **abzuzinsen** (§ 253 Abs 2 S 1). Die entspr Zinssätze werden von der Deutschen Bundesbank ermittelt und monatlich bekanntgegeben (vgl hierzu im Einzelnen § 253 Anm 188 ff).

Rückstellungen, denen Verpflichtungen in fremder Währung zugrunde liegen, **161** sind an jedem Abschlussstichtag neu zu bewerten bzw zu ermitteln und zum dann gültigen Devisenkassakurs umzurechnen (vgl BegrRegE BilMoG, 62). Ob grds der Geld- oder Briefkurs zugrunde zu legen ist, hängt von der Art der Rückstellung ab. Es wird jedoch idR nicht zu beanstanden sein, wenn der Mittelkurs angesetzt wird (vgl Anm 35). Eine Unterscheidung nach Zugangs- und Folgebewertung entfällt.

Da § 253 Abs 2 S 1 nicht zwischen Rückstellungen für Verpflichtungen un- **162** terscheidet, die in Euro oder fremder Währung zu erfüllen sind, gelten die durch die Deutsche Bundesbank ermittelten Abzinsungssätze grds auch für Rückstellungen für Verpflichtungen, die in fremder Währung zu erfüllen sind. Bei **langfristigen auf Währung lautenden Rückstellungen** kann die Abzinsung mit den von der Deutschen Bundesbank ermittelten Euro-Zinssätzen jedoch zu einer den tatsächlichen Verhältnissen nicht entspr Darstellung der VFE-Lage führen. In diesen Fällen sind Abzinsungszinssätze nach den Vorgaben des § 253 Abs 2 S 1 vom Unt selbst zu ermitteln oder von privaten Anbietern zu beziehen (vgl IDW RS HFA 34 Tz 46, BegrRegE BilMoG, 54). Es sind daher grds laufzeit- und währungskongruente (Durchschnitts-)Zinssätze der vergangenen sieben Jahre zu ermitteln und für die Abzinsung der Verpflichtungen, die in Fremdwährung zu erfüllen sind, zugrunde zu legen. Der so ermittelte Barwert in Währung ist mit dem Devisenkassakurs am Abschlussstichtag in Euro umzurechnen. Aus Vereinfachungsgründen ist es nicht zu beanstanden, wenn die Fremdwährungsbeträge zunächst mit den entspr Devisenterminkursen in Euro umgerechnet und anschließend mit den von der Deutschen Bundesbank ermittelten Euro-Zinssätzen abgezinst werden.

163 **Steuerrechtlich** sind langfristige, unverzinsliche Rückstellungen für Geld- und Sachleistungsverpflichtungen grds nach Umrechnung mit dem Geldkurs am Bilanzstichtag mit einem Zinssatz von 5,5% abzuzinsen (vgl *Dörfler/Adrian* Zur Umsetzung der HGB-Modernisierung durch das BilMoG: Steuerbilanzrechtliche Auswirkungen DB Beilage 5/2009, 60). Für die Abzinsung von Rückstellungen für Sachleistungsverpflichtungen ist der Zeitraum bis zum Beginn der Erfüllung maßgebend (§ 6 Abs 1 Nr 3a Buchst e S 2 EStG).

164 Liegen **Pensionsrückstellungen** Verpflichtungen in Währung zugrunde kann es für Zwecke der Abzinsung sachgerecht sein, einen währungskongruenten Abzinsungszinssatz zu verwenden (IDW RS HFA 30 Tz 66). Zur Vorgehensweise vgl Anm 162. Auf Währung lautende **Steuerrückstellungen** können sich im Rahmen einer ausländischen Betriebsstätte ergeben; s hierzu Anm 240 ff. Besonderheiten, die sich aus der WähUm bei **sonstigen Rückstellungen** ergeben können, werden im Folgenden dargestellt.

165 Für **ungewisse Verbindlichkeiten,** die in Fremdwährung zu erfüllen sind (zB für Gewährleistungen im Exportgeschäft oder für eine im Ausland begangene Patentverletzung), ist im ersten Schritt die Höhe der Verpflichtung in Fremdwährung zum Erfüllungszeitpunkt zu ermitteln. Hierbei gelten die gleichen Grundsätze wie für Rückstellungen, denen Verpflichtungen zugrunde liegen, die in Euro zu erfüllen sind (vgl § 249 Anm 24 ff). Anschließend ist der Währungsbetrag grds mit dem Devisenkassageldkurs des Abschlussstichtags in Euro umzurechnen. Bei Verpflichtungen, die voraussichtlich erst nach mehr als einem Jahr zu erfüllen sind, sind die Verpflichtungsbeträge zunächst abzuzinsen. Vgl bzgl des anzuwendenden Zinssatzes Anm 160 und 162.

166 Der Anspruch auf Gegenleistung im Rahmen eines schwebenden Absatzgeschäfts ist nach den Grundsätzen zu bewerten, die für Forderungen gelten. Daher sind auch Währungseinflüsse zu berücksichtigen. Aus **schwebenden Liefer- und Leistungsverpflichtungen** können währungskursbedingte Verluste drohen, wenn mit dem Abnehmer die Bezahlung in Fremdwährung vereinbart wurde und die Fremdwährung seit Vertragsschluss an Wert verloren hat, so dass die in Fremdwährung eingehenden Erlöse umgerechnet in Euro die (in Euro) anfallenden Kosten nicht mehr decken (vgl zu **Drohverlustrückstellungen** im einzelnen § 249 Anm 51 ff). Die Fremdwährungserlöse sind grds zum Devisenbriefkurs des Abschlussstichtags umzurechnen.

Drohverlustrückstellungen sind zu bilden, wenn mit dem Eintritt des Verlusts „ernsthaft zu rechnen ist", dh es müssen konkrete Anhaltspunkte vorliegen. Dabei sind positive und negative Erfolgsbeiträge aus dem schwebenden Geschäft grds miteinander zu verrechnen (vgl IDW RS HFA 4 Tz 25 ff). Somit sind zB Gewinnerwartungen mit negativen Währungseffekten bzw erwartete Verluste mit positiven Währungseffekten zu saldieren; je nach Stärke der einzelnen Effekte ist eine Drohverlustrückstellung bedingt durch die WähUm zu bilden/zu erhöhen bzw eine Bildung zu unterlassen oder der Rückstellungsbetrag entspr zu kürzen.

Bei langfristigen Verträgen mit Laufzeiten von über einem Jahr ist neben den bei den Kosten zu beachtenden Preissteigerungen aufgrund der Verpflichtung zur **Abzinsung** langfristiger Rückstellungen auch der zeitliche Anfall der Kosten und Erlöse zu berücksichtigen (vgl § 253 Anm 180 ff). Hierbei kann es erforderlich sein, für Zahlungsströme in Euro und Währung verschiedene währungskongruente Durchschnittszinssätze zur Abzinsung zu verwenden (vgl Anm 160 und 162). **Erhaltene Anzahlungen** gehen mit dem historischen Umrechnungskurs in die Ermittlung der Drohverlustrückstellung ein (vgl Anm 183).

Wurden die Zahlungsmittelzuflüsse in Währung im Rahmen der Bildung einer **Bewertungseinheit** nach § 254 gegen Währungskursschwankungen abgesichert, ist dies im Rahmen der Ermittlung der Drohverlustrückstellung zu berücksichtigen. Der Rückstellungsermittlung liegen in diesem Fall die zum Sicherungskurs umgerechneten Erlöse zugrunde.

Bei **Einkaufs- oder Abnahmeverpflichtungen in Fremdwährung** ist der 167 Kurs auf Kursschwankungen zwischen Zeitpunkt der Bestellung und Zeitpunkt der Lieferung zu untersuchen. Gewinnt die Fremdwährung in dieser Zeitspanne an Wert, erhöhen sich die Wiederbeschaffungskosten des VG in Euro, woraus eine Minderung der zukünftigen Gewinne resultieren kann. Dieser Sachverhalt allein ist jedoch nicht rückstellungsfähig. Für die Beurteilung, ob eine **Drohverlustrückstellung** zu bilden ist, ist die Leistungsverpflichtung grds mit dem Devisengeldkurs am Abschlussstichtag umzurechnen (vgl § 249 Anm 51 ff). **Geleistete Anzahlungen** gehen grds mit dem historischen Umrechnungskurs in diese Betrachtung ein; eine Verlustantizipation bei gestiegenem Euro ist jedoch nicht zu beanstanden (vgl Anm 71 und 110).

Bei schwebenden **Beschaffungsgeschäften über bilanzierungsfähige VG** 168 stellt die Drohverlustrückstellung grds eine vorweggenommene (außerplanmäßige) Abschreibung dieser VG dar. Daher ist für schwebende Beschaffungsgeschäfte über bilanzierungsfähige VG immer erst dann eine Drohverlustrückstellung zu passivieren, wenn für den VG am Abschlussstichtag bei bereits erfolgter Lieferung eine Pflicht zur (außerplanmäßigen) Abschreibung bestehen würde. Inwieweit für die Ermittlung des Abschreibungsbedarfs der Absatz- oder Beschaffungsmarkt im Inland oder im Ausland maßgebend ist, bestimmt sich nach den für die Bewertung der VG geltenden allgemeinen Grundsätzen (vgl IDW RS HFA 4 Tz 30). Insofern kann bzgl der Besonderheiten aus der WähUm grds auf die Ausführungen zu Vorräten (Anm 110 ff) und Sachanlagen (Anm 70 ff) verwiesen werden.

Im Fall **schwebender Beschaffungsgeschäfte über nicht bilanzierungs-** 169 **fähige Leistungen** (zB im Rahmen von Miet-, Pacht- oder Leasingverhältnissen) ist eine Drohverlustrückstellung dann zu bilden, wenn der Beitrag der Gegenleistung zum UntErfolg hinter dem Wert der vom Bilanzierenden zu erbringenden Leistung zurückbleibt (vgl IDW RS HFA 4 Tz 32). Auch hier können Effekte aus der WähUm zu einer Erhöhung bzw Verringerung einer Drohverlustrückstellung führen (vgl Anm 166).

Liegen einer Rückstellung für **Instandhaltung,** die innerhalb der ersten drei 170/171 Monate des folgenden Gj nachgeholt werden, oder für **Abraumbeseitigung** Kosten in Währung zugrunde, sind diese grds mit dem Devisengeldkurs am Abschlussstichtag in Euro umzurechnen. Die Verwendung von Terminkursen ist grds nicht zulässig. Bei langfristigen Rückstellungen für Abraumbeseitigung wird bzgl der erforderlichen Abzinsung auf Anm 160, 162 und ggf abgeschlossenen Währungssicherungen auf Anm 166 verwiesen.

2. Verbindlichkeiten

Verbindlichkeiten sind gem § 253 Abs 1 S 2 mit ihrem Erfüllungsbetrag anzu- 180 setzen (vgl § 253 Anm 51 ff).

a) Zugangsbewertung

Für die Umrechnung einer Währungsverbindlichkeit, die durch **Lieferung** 181 **oder Leistung** entsteht, ist grds der Devisenkassakurs im Zeitpunkt der Lfg oder Leistung maßgebend, da zu diesem Zeitpunkt die Verpflichtung zur Gegenleistung entsteht (vgl *Thiele/Kaling* in Bilanzrecht § 253 Anm 92). Die Umrechnung

§ 256a 182–186   Jahresabschluß (Bewertungsvorschriften)

mit dem Devisenterminkurs des voraussichtlichen Erfüllungszeitpunkts ist nicht zulässig, da der Erfüllungsbetrag im Zeitpunkt der Entstehung der Verbindlichkeit der Betrag ist, der zu diesem Zeitpunkt aufgewendet werden müsste, um die Verpflichtung zu begleichen (vgl ADS^6 § 253 Anm 95; *Wohlgemuth* in Rechnungslegung § 253 Anm 38). Dies gilt auch, wenn bereits vor Eingehen der Währungsverbindlichkeit ein Devisentermingeschäft abgeschlossen wird, sofern keine Bewertungseinheit iSd § 254 gebildet wurde.

Bei der Zugangsbewertung ist grds der Geldkurs zu verwenden, da zur Begleichung der Verpflichtung Devisen beschafft werden müssen. Sofern es sich um Anschaffungsgeschäfte handelt, bestimmt dieser Kurs grds auch die AK der bezogenen VG (vgl Anm 70 und Anm 110). Wird die Leistung über einen längeren Zeitraum erbracht, ist der Kurs des Tages relevant, an dem die Leistungserbringung vollständig abgeschlossen ist.

Steuerrechtlich ist zur Bewertung der Höhe der Rückzahlungsverpflichtung der Kurswert zum Zeitpunkt des Entstehens der Verbindlichkeit maßgeblich (vgl BMF 12.8.2002 IV A 6 – S 2175 – 7/02, BStBl I, 793).

182   Ein **Fremdwährungsdarlehen** ist im Zeitpunkt der Aufnahme des Darlehens grds mit dem Devisengeldkurs umzurechnen, da davon auszugehen ist, dass zur Erfüllung der Darlehensschuld am Fälligkeitstag Euro in Fremdwährung getauscht werden müssen. Dies gilt auch dann, wenn der in fremder Währung zugeflossene Betrag zum Devisenbriefkurs in Euro umgetauscht wurde. Auch **un- und unterverzinsliche** Währungsverbindlichkeiten sind mit dem so umgerechneten Erfüllungsbetrag zu passivieren.

183   **Erhaltene Anzahlungen** in Währung werden grds mit dem Devisenbriefkurs zu dem Zeitpunkt umgerechnet, in dem die entspr Geldbeträge zufließen. Dies gilt auch dann, wenn die zugeflossenen Fremdwährungsbeträge nicht in Euro umgetauscht, sondern auf einem Währungskonto gehalten werden. Währungskursveränderungen nach Abschluss des Zahlungsvorgangs betreffen in diesem Fall die Bewertung des Devisenbestands, aber nicht mehr die für die erhaltenen Anzahlungen zu erbringende Gegenleistung (vgl *Langenbucher* in HdR, Anm 701). In Höhe der Anzahlungen folgt nach dem eigentlichen Zahlungsvorgang nur noch ein Verrechnungsvorgang bei Leistungserbringung, idR mit den Forderungen aus Lfg und Leistungen, deren AK in Euro bereits durch die erhaltene Anzahlung determiniert sind. Diese Kurssicherungswirkung tritt zwangsläufig ein. Die erhaltene Anzahlung braucht hierbei nicht als Kurssicherungsinstrument bestimmt zu werden (vgl Anm 129). Eine Folgebewertung von erhaltenen Anzahlungen erübrigt sich somit.

184   Treten **Leistungsstörungen** auf bzw ist nicht mehr von einer Leistungserfüllung auszugehen, wandeln sich die erhaltenen Anzahlungen von einem nicht monetären Posten mit Verbindlichkeitencharakter teilweise oder vollständig in einen monetären Posten „kurzfristige Verbindlichkeiten" um und sind entspr im Rahmen der Folgebewertung ergebniswirksam zu behandeln.

Eine vom Stillhalter einer Option erhaltene **Optionsprämie** in Währung ist zum Devisenbriefkurs umzurechnen und unter den sonstigen Verbindlichkeiten zu passivieren (vgl IDW RS BFA 6 Tz 17).

b) Folgebewertung

185   Bei der Bewertung von Verbindlichkeiten mit dem Erfüllungsbetrag am Abschlussstichtag ist das Höchstwertprinzip (§ 252 Abs 1 Nr 4) zu berücksichtigen (vgl § 252 Anm 34 ff).

186   **Langfristige Fremdwährungsverbindlichkeiten** mit einer Restlaufzeit von mehr als einem Jahr sind am Abschlussstichtag mit dem Devisenkassamittelkurs umzurechnen. Hierbei darf aufgrund der Beachtung des Höchstwertprinzips der Bilanzansatz aus der Erstbewertung nicht unterschritten werden (vgl ua *Thiele/ Kahling* in Bilanzrecht, § 253 Anm 93; *Wohlgemuth* in Rechnungslegung § 253 Anm 40; *ADS*[6] § 253 Anm 97). Es besteht ein **Wertaufholungsgebot** bis zur Höhe der ursprünglichen Verbindlichkeit, wenn nach einer durch einen schwächeren Euro bedingten Erhöhung der Verbindlichkeit an einem vorangegangenen Abschlussstichtag am Abschlussstichtag der Eurowert der Verbindlichkeit aufgrund eines wieder stärkeren Euro gefallen ist.

Kurzfristige Verbindlichkeiten mit einer Restlaufzeit von einem Jahr oder weniger sind am Abschlussstichtag ohne Beachtung des Höchstwert- bzw Realisationsprinzips zum Devisenkassamittelkurs umzurechnen (vgl zur bisherigen Diskussion *Beck HdR* B 234 Anm 72 mwN; *ADS*[6] § 253 Anm 93f).

Bei einem **Tilgungsdarlehen** sind bzgl der Restlaufzeit grds zwei Sichtweisen möglich. Zum Einen kann es als Einheit angesehen und auf die Gesamtlaufzeit abgestellt werden. Zum Anderen können die Raten getrennt betrachtet werden. UE sollte ein Tilgungsdarlehen als Einheit angesehen werden. Es ist jedoch auch zulässig,, die Tilgungsraten einzeln mit ihren unterschiedlichen Restlaufzeiten nach den Regeln des § 256a zu bewerten (vgl *Küting/Pfirmann/Mojadadr* StuB 2010, 416).

Vgl Anm 54 zu Verbindlichkeiten, die **keine (vorab fixierte) Laufzeit** aufweisen.

Fremdwährungsverbindlichkeiten, die Bestandteil einer **Bewertungseinheit** nach § 254 sind, sind von den Regelungen des § 256a in dem Umfang und für den Zeitraum ausgenommen, in dem sich gegenläufige Wertänderungen oder Zahlungsströme ausgleichen.

Steuerrechtlich ist der Ansatz eines höheren Teilwerts bei nur vorübergehender Wertänderung verboten. Liegt eine voraussichtlich dauernde Erhöhung des Kurswerts vor, darf (Wahlrecht) der höhere Wert angesetzt werden (§ 6 Abs 1 Nr 3 S 1 HS 1 iVm Nr 2 S 2 EStG). Dabei muss mit einer nachhaltigen Erhöhung des Wechselkurses ggü dem Kurs bei Entstehen der Verbindlichkeit ernsthaft zu rechnen sein, dh es müssen mehr Gründe für als gegen die Nachhaltigkeit sprechen (vgl BMF 12.8.2002 IV A 6 – S 2175 – 7/02, BStBl I, 793; vgl auch BFH 23.4.2009 – IV R 62/06, BStBl II 2009, 778: keine Teilwerterhöhung bei langfristigen (10 Jahre) Fremdwährungsverbindlichkeiten, da davon auszugehen sei, dass sich Währungsschwankungen idR ausgleichen). Damit wird voraussichtlichen Mehrausgaben zur Tilgung der Fremdwährungsverbindlichkeit Rechnung getragen (vgl auch *Fischer* in Kirchhoff EStG Kompaktkommentar[8], § 6 Anm 150 sowie Anm 180ff). Übliche Wechselkursschwankungen auf den Devisenmärkten sind daher nicht zu berücksichtigen (BMF 12.8.2002 – IV A 6 – S 2175 – 7/02, BStBl I 2002, 793 unter Verweis auf BMF 25.2.2000 BStBl I 372). Bei Verbindlichkeiten des lfd Geschäftsverkehrs ist von dauerhafter Werterhöhung auszugehen, wenn bis zum Zeitpunkt der Aufstellung der HB oder dem vorangegangenen Tilgungs- und Entnahmezeitpunkt die Wechselkurserhöhung anhält (vgl BMF 12.8.2002 IV A 6 – S 2175 – 7/02, BStBl I, 793).

Ebenso besteht auch in der **StB** gem § 6 Abs 1 Nr 3 S 1 Hs 1 iVm Nr 2 S 3 EStG grds ein **Wertaufholungsgebot,** da der Steuerpfl an jedem Stichtag den höheren Teilwert der Verbindlichkeit nachweisen muss (vgl *Kulosa* in Schmidt[32] EStG § 6 Anm 441).

Bei der Folgebewertung einer **Stillhalterposition in Währung** besteht eine Rückstellungspflicht für drohende Verluste aus schwebenden Geschäften sofern der negative beiz ZW der Option höher ist als die unter den sonstigen Verbindlichkeiten passivierte Optionsprämie (vgl IDW RS HFA 4 Tz 44) und die Option nicht Bestandteil einer BewEinh nach § 254 ist.

IV. Rechnungsabgrenzungsposten

190 Bei RAP, denen Einnahmen bzw Ausgaben in Fremdwährung zugrunde liegen, ist allein die **Zugangsbewertung** relevant, da in diesem Zeitpunkt der Zahlungsvorgang abgewickelt wird. Maßgeblich ist somit der Devisenkurs zum Zahlungszeitpunkt. Danach eintretende Währungskursschwankungen können sich nicht mehr erfolgswirksam auswirken (vgl *Kessler*, 415). **Aktive RAP** sind mit dem Devisengeldkurs umzurechnen. **Passive RAP** sind mit dem Devisenbriefkurs umzurechnen. Es wird jedoch idR nicht zu beanstanden sein, wenn einheitlich der Mittelkurs angesetzt wird (vgl Anm 35). Werden aktive bzw passive RAP ausnahmsweise zurückgefordert, ist auf die Ausführungen zu den Leistungsstörungen bei geleisteten bzw erhaltenen Anzahlungen zu verweisen (vgl Anm 72 u Anm 184).

V. Latente Steuern

200 Besteht eine Differenz zwischen den nach handelsrechtlichen Vorschriften ermittelten Wertansätzen der VG, Schulden und RAP und deren nach steuerrechtlichen Vorschriften ermittelten Wertansätzen und baut sich diese Differenz in der Zukunft voraussichtlich ab, sind grds latente Steuern zu bilden (vgl hierzu im Einzelnen § 274 Anm 226 f). Ausgelöst durch die WähUm können solche Differenzen bspw in den nachfolgenden Fällen auftreten:
- Steuerrechtlich nicht zulässige Durchbrechung des AK-Prinzips bei VG und Verbindlichkeiten mit einer Restlaufzeit von einem Jahr oder weniger (vgl Anm 51 sowie *Kessler*, 429 und *Küting/Pfirmann/Mojadadr* StuB 2010, 417).
- Verzicht auf den Ansatz eines niedrigeren Teilwerts in der StB, sofern bei VG eine dauernde Wertminderung vorliegt (vgl Anm 65).
- Inanspruchnahme des handelsrechtlichen Abschreibungswahlrechts bei nicht dauernder Wertminderung im Finanzanlagevermögen; steuerrechtlich ist eine Teilwertabschreibung nur bei voraussichtlich dauernder Wertminderung zulässig (vgl Anm 101).
- Steuerrechtlich nicht zulässige Bewertung von Verbindlichkeiten nach dem Höchstwertprinzip, sofern es sich nicht um eine dauernde Werterhöhung handelt (vgl Anm 189 sowie *Küting/Pfirmann/Mojadadr* StuB 2010, 416).
- Verzicht auf den Ansatz eines höheren Teilwerts in der StB sofern bei Verbindlichkeiten eine dauernde Werterhöhung vorliegt (vgl Anm 189).
- Verwendung unterschiedlicher Zinssätze bei der Diskontierung von Rückstellungen (vgl Anm 160 ff).

Auf währungskursbedingte outside basis differences (s zur Definition § 308a Anm 100 ff) bzgl des Nettovermögens einer ausländischen Betriebsstätte sind trotz Fehlens einer expliziten Ausnahmeregelung für den JA (zur Ausnahmeregelung für den KA vgl § 306 Anm 29) keine latenten Steuern zu bilden (vgl DRS 18.28 iVm § 7).

201 Da latente Steuern weder VG noch Verbindlichkeiten sind, fallen sie nicht unter die Regelungen des § 256a, sondern sind jeweils mit dem Stichtagskurs (aktive/passive latente Steuern grds mit dem Brief-/Geldkurs) ohne Berücksichtigung des Realisations- oder Imparitätsprinzips umzurechnen (vgl *Lüdenbach/Hoffmann* StuB 2009, 301 Abs 88).

VI. Haftungsverhältnisse

210 Angaben außerhalb der Bilanz haben keine unmittelbaren Auswirkungen auf die Höhe des Ergebnisses. Somit müssen potenzielle Kursgewinne und -verluste bei **Eventualverbindlichkeiten** nicht imparitätisch behandelt werden. Angabepflichtige **Haftungsverhältnisse,** die in fremder Währung zu erfüllen sind, sind daher grds mit dem Geldkurs des jeweiligen Abschlussstichtags umzurechnen (vgl *ADS*[6], § 253 Anm 117). Es wird jedoch idR nicht zu beanstanden sein, wenn der Mittelkurs angesetzt wird (vgl Anm 35).

D. Währungsumrechnung in der GuV

I. Grundsätze

Aufwendungen und Erträge werden nur im Zeitpunkt ihrer **erstmaligen Erfassung** mit dem dann gültigen Devisenkassakurs oder mit dem Devisenkassakurs umgerechnet, der für die Umrechnung eines korrespondierenden Bilanzpostens heranzuziehen ist (BegrRegE BilMoG, 62). Eine Vorschrift zur Folgebewertung erübrigt sich. Aus Vereinfachungsgründen können auch Durchschnittskurse zulässig sein (vgl Anm 36). 220

Für Aufwendungen und Erträge in Fremdwährung wird bzgl Erfassungszeitpunkt und Umrechnungskurs auf die Ausführungen zu den Posten der Bilanz verwiesen (Anm 60 ff). **Aufwendungen,** denen Fremdwährungsverbindlichkeiten ggüstehen, werden grds mit dem Devisengeldkurs umgerechnet; **Erträge,** denen Fremdwährungsforderungen ggüstehen, werden grds mit dem Devisenbriefkurs umgerechnet. 221

Bei Lfg und Leistungen, die in Fremdwährung fakturiert werden, können bzgl der korrespondierenden **Umsatzerlöse** in Euro bspw die folgenden Fälle unterschieden werden (vgl *Scherrer* in HdRP[3] Sp 2629): 222
– der Zahlungseingang des Fremdwährungsbetrags erfolgt zum **Zeitpunkt der Lieferung oder Leistung;** die Umsatzerlöse entsprechen grds den mit dem Devisen- oder Sortenbriefkurs dieses Zeitpunkts umgerechneten Fremdwährungsbetrag,
– die Zahlung erfolgt als **Vorauszahlung** bzw teilweise als **Anzahlung** bevor die Lfg oder Leistung erbracht wurde; die Umsatzerlöse entsprechen in Höhe der Vorauszahlung/Anzahlung grds dem mit dem Devisenbriefkurs zum Zeitpunkt der Vorauszahlung/Anzahlung umgerechneten Fremdwährungsbetrag (vgl Anm 183),
– die Lfg/Leistung erfolgt (teilweise) **auf Ziel;** die Umsatzerlöse entsprechen dem mit dem Devisenbriefkurs zum Zeitpunkt der Lfg oder Leistung umgerechneten Fremdwährungsbetrag, zu dem auch die entspr (Rest-)Forderung aus Lfg und Leistung erfasst wird.

II. Umrechnungsdifferenzen

Im EA umfassen **Umrechnungsdifferenzen** Aufwendungen und Erträge aus Währungsdifferenzen, die sich ergeben, weil bestimmte Bilanzposten, die auf fremde Währung lauten, bei der **Folgebewertung** bzw bei der **Liquidierung** mit Wechselkursen umgerechnet werden, die höher oder niedriger sind als die der Zugangsbewertung bzw der Bewertung am vorausgehenden Stichtag zugrunde liegenden Wechselkurse. 230

Aufwendungen und Erträge aus der WähUm sind gem § 277 Abs 5 S 2 grds **gesondert** unter den GuV-Posten **sonstige betriebliche Erträge** bzw **sonstige betriebliche Aufwendungen** auszuweisen (vgl § 277 Anm 26), um dem Abschlussadressaten kenntlich zu machen, in welchem Umfang Aufwen- 231 dungen und Erträge durch die WähUm resultieren (vgl Ber Merz ua zum RegE BilMoG, 114). Die gesonderte Angabe kann auch im Anhang erfolgen (s Anm 271). Unter der Annahme, dass mit WähUm iSv § 277 Abs 5 S 2 die in § 256a geregelte WähUm gemeint ist, handelt es sich hierbei nur um die Aufwendungen und Erträgen, die durch die WähUm von VG und Verbindlichkeiten, die auf fremde Währung lauten, zum Zeitpunkt der Folgebewertung am Abschlussstichtag entstehen.

Da in § 277 Abs 5 S 2 ein expliziter Verweis auf § 256a fehlt, ist es uE sachgerecht, **sämtliche** Umrechnungsdifferenzen in die sonstigen betrieblichen Erträge/Aufwendungen einzubeziehen und gesondert auszuweisen. Es empfiehlt sich eine entspr Erl im Anhang, wobei ein Aufteilung des Gesamtbetrags in einen realisierten und unrealisierten Anteil uE nicht notwendig ist, jedoch bei wesentlichen unrealisierten Beträgen angezeigt sein kann; insb wenn diese aus der WähUm von Posten stammen, die in sehr volatilen Währungen denominieren.

Kleinstkapitalgesellschaften, die die GuV verkürzt darstellen, brauchen die zusätzlichen Erl zu Beträgen aus der WähUm nicht machen, da die Posten sonstige betriebliche Erträge bzw sonstige betriebliche Aufwendungen nicht ausgewiesen werden.

232 Für bestimmte Umrechnungsdifferenzen, insb solche, die bei der unterjährigen **Liquidierung** entstehen, ist uE auch ein Ausweis in anderen Posten der GuV zulässig; zB bei den **Umsatzerlösen** (Währungsdifferenzen bei erhaltenen Anzahlungen und Forderungen aus Lfg und Leistungen) oder bei den **Bestandsveränderungen/Materialaufwendungen** bzw bei den **Herstellungskosten** der zur Erzielung der Umsatzerlöse erbrachten Leistungen (Währungsdifferenzen bei geleisteten Anzahlungen und Vorräten), insb sofern hierdurch die Darstellung der entspr Posten der GuV nicht wesentlich beeinträchtigt wird. Sofern es sich um wesentliche Beträge handelt, sollte die für den Ausweis gewählte Methode im Anhang erläutert werden.

233 Bei währungskursbedingten Aufwendungen im Zusammenhang mit Posten, denen Beträge zugrunde liegen, die **ursprünglich auf Währung lauteten,** wie zB außerplanmäßigen Abschreibungen im Anlagevermögen und Umlaufvermögen, ist uE die folgende Vorgehensweise sachgerecht, insb um einen getrennten Ausweis von idR gleichzeitig vorliegenden währungskursbedingten Wertveränderungen und Basiswertveränderungen zu vermeiden.

234 **Währungskursbedingte Abschreibungen auf immaterielle VG des Anlagevermögens** und **Sachanlagen** sind uE bei Anwendung des Gesamtkostenverfahrens unter dem entspr Posten der GuV (§ 275 Abs 2 Nr 7a) auszuweisen (vgl 275 Anm 141). Bei Anwendung des Umsatzkostenverfahrens erfolgt der Ausweis in den HK des Umsatzes, soweit die Abschreibungen den Herstellungsprozess betreffen, unter den allgemeinen Verwaltungskosten bzw Vertriebskosten, falls sie diesen Bereichen zuordenbar sind (vgl § 275 Anm 285, 291), in allen anderen Fällen unter den sonstigen betrieblichen Aufwendungen.

235 **Währungskursbedingte Abschreibungen auf VG des Umlaufvermögens** (außer auf Wertpapiere des Umlaufvermögens) sind uE, soweit sie die in der KapGes üblichen Abschreibungen überschreiten, bei Anwendung des Gesamtkostenverfahrens unter dem entspr Posten in der GuV auszuweisen (§ 275 Abs 2 Nr 7b; vgl 275 Anm 148). Bei Anwendung des Umsatzkostenverfahrens erfolgt der Ausweis in den HK des Umsatzes soweit die Abschreibungen den Herstellungsprozess betreffen, sonst unter den sonstigen betrieblichen Aufwendungen (vgl § 275 Anm 274). Sofern sich wesentliche Abschreibungsbeträge ergeben, ist davon auszugehen, dass es sich um unübliche Abschreibungen handelt.

236 **Währungskursbedingte Abschreibungen** auf nicht monetäre **Finanzanlagen** und **Wertpapiere des Umlaufvermögens** sind unter dem entspr Posten in

der GuV auszuweisen (§ 275 Abs 2 Nr 12 bzw Abs 3 Nr 11). Es wird uE nicht zu beanstanden sein, wenn bei monetären Finanzanlagen und Wertpapieren des Umlaufvermögens Aufwendungen aus der WähUm und übrige Abschreibungen zusammengefasst unter diesen Posten ausgewiesen werden (vgl § 275 Anm 201).

Erträge aus währungskursbedingten **Wertaufholungen** sind unter den sonstigen betrieblichen Erträgen auszuweisen (vgl § 253 Anm 300 u § 275 Anm 91). 237

Ein Ausweis von währungskursbedingten Aufwendungen und Erträgen als **außerordentliche Aufwendungen oder Erträge** ist nicht zulässig (vgl § 275 Anm 223; glA *Küting/Pfirmann/Mojadadr* StuB 2010, 413). Ebenso handelt es sich bei währungskursbedingten Aufwendungen und Erträgen nicht um **periodenfremde Aufwendungen und Erträge** iSd § 277 Abs 4 S 3, da Wechselkursänderungen jeweils Vorgänge der laufenden Periode sind. 238

E. Sonderfälle

I. Ausländische Betriebsstätte

Eine ausländische Niederlassung ist Teil des inländischen Vermögens des Unt. Die handelsrechtliche Buchführungspflicht nach §§ 238 ff erstreckt sich daher auch auf ausländische Niederlassungen eines inländischen Unt. Hieraus ergibt sich jedoch keine Verpflichtung, die Geschäftsvorfälle der ausländischen Betriebsstätte einzeln und zeitgleich in die inländische Buchhaltung in Euro aufzunehmen. In der Praxis werden die Bücher der ausländischen Betriebsstätte zulässigerweise in ausländischer Währung geführt und im Rahmen der JA-Erstellung nach Umrechnung in Euro idR in verdichteter Form in die inländische Buchhaltung übernommen (§ 238 Anm 90 ff u § 239 Anm 2). 240

Auch **steuerrechtlich** ist, sofern eine Pflicht zu einer Betriebsstättenbuchführung nach dem Recht des Betriebsstättenstaats besteht, nach § 146 Abs 2 S 3 AO lediglich die Übernahme der Ergebnisse der Buchführung der ausländischen Betriebsstätte in die inländische Buchführung vorgeschrieben, soweit sie für die Besteuerung von Bedeutung sind. 241

Für die Umrechnung der Betriebsstättenbuchhaltung in Euro sind grds die allg Regelungen des § 256a zu beachten (Anm 30 ff u 50 ff). Daher sind grds alle VG und Schulden nach der Zeitbezugsmethode umzurechnen. 242

Es wird idR nicht zu beanstanden sein, wenn der Betriebsstättenabschluss (ggf nach deutschen handelsrechtlichen Vorschriften umbewertet und umgegliedert) analog den Vorschriften zur Kons eines TU (s zur WähUm insb § 308a Anm 30 ff) in den inländischen JA übernommen wird. Von den Vorschriften des § 308a abw sind sämtliche dabei entstehenden WähUm-Differenzen (einschließlich jener aus der Aufrechnung bzgl des Verrechnungskontos mit dem Stammhaus sowie bzgl des Periodenergebnisses der Betriebsstätte) erfolgswirksam in den sonstigen betrieblichen Erträgen oder sonstigen betrieblichen Aufwendungen zu erfassen. Somit wird annäherungsweise der Tatsache Rechnung getragen, dass die VG und Schulden der ausländischen Betriebsstätte direkt dem inländischen Unt zuzurechnen sind.

Steuerrechtlich sind Währungsgewinne oder -verluste, die sich aus Sicht des umrechnenden Unt ergeben, den ausländischen Einkünften zuzuordnen, da sie ohne Existenz und Tätigkeit der ausländischen Besteuerungsquelle nicht eingetreten wären (vgl Anm 106). Die ausländische Betriebsstätte ist somit Voraussetzung für das Entstehen von Aufwendungen und Erträgen, die aus Wechselkursänderungen resultieren (vgl BFH-Urteil I R 43/95 16.2.1996 in DStR 1996, 243

1195; BFH-Urteil I R 69/95 18.9.1996 in DStR 1997, 560). Daher sind Währungsverluste bzw -gewinne am Dotationskapital einer ausländischen Betriebsstätte steuerlich im Inland idR nicht zu berücksichtigen, sofern ein DBA besteht. Zu einer ggf möglichen Berücksichtigung von finalen Währungsverlusten aus der Rückführung von Dotationskapital anlässlich der Liquidation einer im EU-Ausland belegenen Betriebsstätte s BMF 23.11.2009 IV B5 – S 2118-a/07/10011, BStBl I 2009, 1332 u EuGH 28.2.2008 – C-293/06, BStBl II 2009, 976.

II. Bewertungseinheiten

250 Gem § 254 dürfen VG, Schulden, schwebende Geschäfte oder mit hoher Wahrscheinlichkeit vorgesehene Transaktionen mit FinInst zur Absicherung von Risiken zu **Bewertungseinheiten** zusammengefasst werden. Durch Bildung von BewEinh ist insb auch die **Absicherung von Währungsrisiken** möglich. Die Regelungen des § 256a sind daher in dem Umfang und für den Zeitraum, in dem sich gegenläufige Wertänderungen oder Zahlungsströme ausgleichen, nicht für auf Währung lautende VG und Verbindlichkeiten anzuwenden, die Bestandteil von BewEinh iSd § 254 sind. In diesem Fall ist § 256a nur auf die BewEinh insgesamt, nicht aber auf ihre Komponenten anzuwenden (IDW RS HFA 35 Tz 4).

III. Hochinflation

260 Ist in den JA eine ausländische Betriebsstätte einzubeziehen, die in einem Hochinflationsland liegt, kann die für Zwecke der Konzernrechnungsregelung entwickelte Hochinflationsrechnungslegung (vgl § 308a Anm 115 ff) analog angewandt werden.

F. Angaben im Anhang und Lagebericht

270 Im **Anhang** sind die **Grundlagen der Umrechnung von Fremdwährungen** in Euro anzugeben, soweit der JA Posten enthält, denen Beträge zugrunde liegen, die auf fremde Währung lauten oder ursprünglich auf fremde Währung lauteten (§ 284 Abs 2 Nr 2, s § 284 Anm 135 ff). Der Regelungsbereich ist somit erheblich weiter gefasst als der des § 256a, der lediglich auf fremde Währung lautende VG und Verbindlichkeiten betrifft (vgl Anm 32).

271 Außerplanmäßige Abschreibungen bei währungskursbedingten voraussichtlich dauernden Wertminderungen von VG des Anlagevermögens nach § 253 Abs 3 S 3 (vgl Anm 75 ff) und Abschreibungen auf Finanzanlagen bei Inanspruchnahme des Wahlrechts des § 253 Abs 3 S 4 bei währungskursbedingten voraussichtlich nicht dauernden Wertminderungen (vgl Anm 100) unterliegen – ggf zusammen mit anderen außerplanmäßigen Abschreibungen – der **Regelung des § 277 Abs 3** und sind gesondert in der GuV auszuweisen oder im Anhang anzugeben (vgl § 277 Anm 3 ff).

Die nach **§ 277 Abs 5 S 2** geforderte gesonderte Angabe der in den sonstigen betrieblichen Erträgen/Aufwendungen enthaltenen Beträge aus WähUm kann auch im Anhang erfolgen (vgl Anm 231 f u § 277 Anm 26).

272 Unterbleibt bei zu den Finanzanlagen gehörenden FinInst bei einer währungskursbedingten voraussichtlich nicht dauernden Wertminderung eine außerplanmäßige Abschreibung, sind die **Angaben des § 285 Nr 18** zu machen (vgl § 285 Anm 310 ff).

Enthält der Anhang **Zahlenangaben,** denen Fremdwährungsbeträge zugrunde liegen, sind für deren Umrechnung die Regelungen, die für die entspr Posten der Bilanz oder GuV gelten, analog anzuwenden. 273

Für die Umrechnung der nach § 285 Nr 3a anzugebenden **sonstigen finanziellen Verpflichtungen,** die in fremder Währung zu erfüllen sind, wird auf die Ausführungen zu Haftungsverhältnissen (Anm 210) verwiesen. 274

Bei der Umrechnung des nach § 285 Nr 11 anzugebenden **Eigenkapitals** und **Ergebnisses** des letzten Gj, für das ein JA der **Beteiligung** vorliegt, ist grds der Devisenbriefkurs des Abschluss-Stichtags zu verwenden; die Umrechnung zum Mittelkurs wird jedoch idR nicht zu beanstanden sein (vgl Anm 35). In Ausnahmefällen, wie zB bei einer Beteiligung in einem Hochinflationsland, kann es auch sachgerecht sein, historische Kurse zu verwenden. Es empfiehlt sich, die gewählte Umrechnungsmethode anzugeben. 275

Im **Lagebericht** sind gem § 289 Abs 1 S 1 u 2 der Geschäftsverlauf einschl des Geschäftsergebnisses und die Lage der KapGes darzustellen und zu analysieren. Hierbei wird idR auf die **gesamtwirtschaftlichen Rahmenbedingungen** einzugehen sein (s § 289 Anm 17ff). Hierzu zählt auch die **Entwicklung von Wechselkursen,** sofern diese für den Geschäftsverlauf einschl des Geschäftsergebnisses und die Lage von Bedeutung sind. Dies wird regelmäßig dann der Fall sein, wenn das Unt umfangreiche Export- oder Importbeziehungen zu Nicht-Euro Ländern hat, eine wesentliche Beteiligung in diesen Ländern hält oder in einem Markt tätig ist, in dem Geschäfte iW in Währung abgewickelt werden. 276

Nach § 289 Abs 1 S 4 ist im Lagebericht die voraussichtliche Entwicklung mit ihren **Chancen und Risiken** zu beurteilen und zu erläutern (§ 289 Anm 35ff). In diesem Zusammenhang wird die erwartete Währungskursentwicklung bei den og Unt einen maßgeblichen Einfluss haben und daher zu erläutern sein. 277

Darüber hinaus ist gem § 289 Abs 2 Nr 2 im Rahmen der Risikoberichterstattung über FinInst ua über Risikomanagementziele und -methoden einschl der Absicherungsmethoden sowie Preisänderungsrisiken und Risiken aus Zahlungsstromschwankungen einzugehen. Bei og Unt wird daher regelmäßig über **Währungsrisiken** aufgrund von Fremdwährungskursschwankungen und entspr Absicherungsstrategien zu berichten sein (s § 289 Anm 70ff).

G. Rechtsfolgen einer Verletzung des § 256a

Nach § 334 Abs 1 Nr 1 Buchst b)/§ 335b begeht derjenige eine Ordnungswidrigkeit, der als Mitglied des vertretungsberechtigten Organs oder des Aufsichtsrats einer KapGes/KapCoGes bei der Aufstellung oder Feststellung des JA einer Vorschrift des § 256a über die Bewertung zuwiderhandelt. Diese Ordnungswidrigkeit kann mit einer Geldbuße von bis zu fünfzigtausend Euro geahndet werden (s § 334 Anm 40ff). Gleiches gilt für Kreditinstitute (§ 340n Abs 1 Nr 2d) und für VersicherungsUnt (§ 341n Abs 1 Nr 2d). 280

H. Abweichungen der IFRS

Standards: IAS 21 Auswirkungen von Wechselkursänderungen *(The Effects of Changes in Foreign Exchange Rates)* (rev 2003)

I. Allgemeines

In IAS 21 werden die Auswirkungen von Wechselkursänderungen auf den EA und den KA geregelt. IAS 21 findet Anwendung bei der Umrechnung von Ge- 290 schäftsvorfällen und Salden in ausländischer Währung in die funktionale Währung des Unt (IAS 21.3 (a)) (s zur Definition der funktionalen Währung IAS 21.8), bei der Umrechnung von ausländischen Abschlüssen für KonsZwecke in die Berichtswährung des KA (IAS 21.3 (b)) sowie allgemein bei der Umrechnung von jeglichen Abschlüssen in eine Berichtswährung, die von der funktionalen Währung abweicht (IAS 21.3 (c)). S zusammenfassend zu Aufbau und Methodik des IAS 21: IAS 21.17–19. Für den EA sind insb die Regelungen des IAS 21 zum erstmaligen Ansatz von Geschäftsvorfällen (Zugangsbewertung, s IAS 21.20–22), zur Bilanzierung in Folgeperioden (Folgebewertung, s IAS 21.23–26) sowie zur Behandlung von Umrechnungsdifferenzen (IAS 21.27–34) zu beachten.

Zu den Regelungen des IAS 21 zum KA s § 308a Anm 125 ff. Zur WähUm in Hochinflationsländern ist ergänzend IAS 29 anzuwenden. S hierzu § 308a Anm 115 ff.

II. Zugangsbewertung (erstmaliger Ansatz)

291 IAS 21.21 regelt den erstmaligen Ansatz von Geschäftsvorfällen in der funktionalen Währung des JA. Beim Erwerb von Waren oder Dienstleistungen, der Aufnahme oder des Verleihens von Mitteln sowie des Erwerbs bzw der Veräußerung von VG oder des Eingehens bzw Begleichens von Verbindlichkeiten in sonstiger Weise (IAS 21.20 (a)–(c)) in fremder Währung ist die Fremdwährungstransaktion erstmalig in der funktionalen Währung anzusetzen, indem der Fremdwährungsbetrag mit dem am Tag des Geschäftsvorfalls gültigen Wechselkurs (Kassakurs) in die funktionale Währung umgerechnet wird (IAS 21.21). Tag des Geschäftsvorfalls ist dabei der Zeitpunkt, zu dem der Geschäftsvorfall nach den Regelungen der IFRS erstmalig ansetzbar ist. Aus Vereinfachungsgründen ist auch die Umrechnung mit Durchschnittskursen wie zB Wochen- oder Monatsdurchschnittskursen zulässig, sofern der Wechselkurs keinen wesentlichen Schwankungen unterliegt (IAS 21.22).

Damit besteht im Ergebnis hinsichtlich der Zugangsbewertung (erstmaligem Ansatz eines Geschäftsvorfalls) iW Übereinstimmung zwischen HGB und IFRS.

III. Folgebewertung (Bilanzierung in Folgeperioden)

292 Bei der Folgebewertung unterscheidet IAS 21 grds zwischen monetären und nicht monetären Posten. Monetäre Posten sind gem IAS 21.8 bereits im Besitz befindliche Währungseinheiten sowie VG und Schulden, für die das Unt zukünftig eine feste oder bestimmbare Anzahl von Währungseinheiten erhält oder bezahlt (vgl IAS 21.16 sowie Anm 15 zur ausführlichen Definition von monetären bzw nicht monetären Posten).

Monetäre Posten sind an jedem Bilanzstichtag zum Stichtagskurs umzurechnen (IAS 21.23(a)). Anders als im Handelsrecht (Ausnahme: VG und Schulden, die eine Restlaufzeit von einem Jahr oder weniger aufweisen; vgl Anm 50) gilt dabei keine Begrenzung nach oben auf die fortgeführten AK bzw nach unten auf den Erfüllungsbetrag. Dies gilt auch für Posten, die Bestandteil einer Nettoinvestition in einen ausländischen Geschäftsbetrieb sind (IAS 21.32, vgl § 308a Anm 159; s zur Definition einer Nettoinvestition in einen ausländischen Geschäftsbetrieb IAS 21.8, 21.15).

Bei **nicht monetären Posten** ist zu unterscheiden, ob sie zu historischen AK/HK oder zum beizZW in einer Fremdwährung zu bewerten sind. Für diese

Aufbewahrung von Unterlagen. Aufbewahrungsfristen § 257

Unterscheidung sind die Regelungen der für die Bewertung der einzelnen Posten einschlägigen IFRS maßgeblich (IAS 21.24).

Nicht monetäre Posten, die zu historischen AK/HK in einer Fremdwährung bewertet werden, sind zum Kurs am Tag des Geschäftsvorfalls umzurechnen (IAS 21.23(b)). Nicht monetäre Posten, die zu ihrem beizZW in einer Fremdwährung bewertet werden, sind zu dem Kurs umzurechnen, der am Tag der Ermittlung des beizZW gültig war (IAS 21.23(c)).

Sind gem den Regelungen der IFRS (zB IAS 2 „Vorräte" oder IAS 36 „Wertminderung von Vermögenswerten") bei nicht-monetären Posten Wertminderungstests durchzuführen, bezieht sich der Vergleich auf die AK/HK bzw ggf den Buchwert, die bzw der zum Wechselkurs am Tag der Ermittlung dieses Werts (dh zu historischen Kursen) umgerechnet wird (IAS 21.25 (a)) und dem Nettoveräußerungswert oder ggf dem erzielbaren Betrag, der zum Wechselkurs am Tag der Ermittlung dieses Werts (dh idR zum Stichtagskurs) umgerechnet wird (IAS 21.25 (b)).

IV. Umrechnungsdifferenzen

Umrechnungsdifferenzen aus der Begleichung bzw der Folgebewertung von **monetären Posten** sind in der Periode, in der sie eintreten, in der GuV zu erfassen (IAS 21.28). 293

Ergibt sich aus der Folgebewertung von **nicht monetären Posten** ein Gewinn oder Verlust, der in der GuV erfasst wird, ist der in dem Gewinn oder Verlust enthaltene Bestandteil, der aus der WähUm resultiert ebenfalls in der GuV zu erfassen. Ist der Gewinn oder Verlust aus der Folgebewertung nach den Regelungen anderer IFRS erfolgsneutral im sonstigen Ergebnis zu erfassen, gilt dies auch für den darin enthaltenen Bestandteil aus der WähUm (IAS 21.30).

Dritter Unterabschnitt. Aufbewahrung und Vorlage

§ 257 Aufbewahrung von Unterlagen. Aufbewahrungsfristen

(1) Jeder Kaufmann ist verpflichtet, die folgenden Unterlagen geordnet aufzubewahren:
1. Handelsbücher, Inventare, Eröffnungsbilanzen, Jahresabschlüsse, Einzelabschlüsse nach § 325 Abs. 2a, Lageberichte, Konzernabschlüsse, Konzernlageberichte sowie die zu ihrem Verständnis erforderlichen Arbeitsanweisungen und sonstigen Organisationsunterlagen,
2. die empfangenen Handelsbriefe,
3. Wiedergaben der abgesandten Handelsbriefe,
4. Belege für Buchungen in den von ihm nach § 238 Abs. 1 zu führenden Büchern (Buchungsbelege).

(2) Handelsbriefe sind nur Schriftstücke, die ein Handelsgeschäft betreffen.

(3) [1]Mit Ausnahme der Eröffnungsbilanzen und Abschlüsse können die in Absatz 1 aufgeführten Unterlagen auch als Wiedergabe auf einem Bildträger oder auf anderen Datenträgern aufbewahrt werden, wenn dies den Grundsätzen ordnungsmäßiger Buchführung entspricht und sichergestellt ist, daß die Wiedergabe oder die Daten
1. mit den empfangenen Handelsbriefen und den Buchungsbelegen bildlich und mit den anderen Unterlagen inhaltlich übereinstimmen, wenn sie lesbar gemacht werden,

2. während der Dauer der Aufbewahrungsfrist verfügbar sind und jederzeit innerhalb angemessener Frist lesbar gemacht werden können.
²Sind Unterlagen auf Grund des § 239 Abs. 4 Satz 1 auf Datenträgern hergestellt worden, können statt des Datenträgers die Daten auch ausgedruckt aufbewahrt werden; die ausgedruckten Unterlagen können auch nach Satz 1 aufbewahrt werden.

(4) Die in Absatz 1 Nr. 1 und 4 aufgeführten Unterlagen sind zehn Jahre, die sonstigen in Absatz 1 aufgeführten Unterlagen sechs Jahre aufzubewahren.

(5) Die Aufbewahrungsfrist beginnt mit dem Schluß des Kalenderjahrs, in dem die letzte Eintragung in das Handelsbuch gemacht, das Inventar aufgestellt, die Eröffnungsbilanz oder der Jahresabschluß festgestellt, der Einzelabschluss nach § 325 Abs. 2a oder der Konzernabschluß aufgestellt, der Handelsbrief empfangen oder abgesandt worden oder der Buchungsbeleg entstanden ist.

Übersicht

	Anm
A. Die handels- und steuerrechtlichen Aufbewahrungspflichten	1–5
B. Die aufzubewahrenden Unterlagen (Abs 1 und 2), Aufbewahrungsort	10–18
C. Wiedergabe auf Bild-/Datenträgern (Abs 3)	20–23
D. Aufbewahrungsfristen (Abs 4 und 5)	25–27
E. Längere Aufbewahrung nach Liquidationsende usw	30, 31
F. Rechtsfolgen einer Verletzung des § 257	35

Schrifttum: *AWV-Schrift* Nr 09 440 Gesetzliche Anforderungen an Aufbewahrungsverfahren und Speichermedien, Eschborn 1989; *AWV-Schrift*[8] Nr 09 155 Aufbewahrungspflichten und -fristen nach Handels- und Steuerrecht, Berlin 2002; *Zepf* Ordnungsmäßige Archivierung WPg 1999, 569; IDW RS FAIT 1 Grundsätze ordnungsmäßiger Buchführung bei Einsatz von Informationstechnologie WPg 2002, 1157; IDW RS FAIT 2 Grundsätze ordnungsmäßiger Buchführung bei Einsatz von Electronic Commerce WPg 2003, 1258; IDW RS FAIT 3 Grundsätze ordnungsmäßiger Buchführung beim Einsatz elektronischer Archivierungsverfahren WPg 2006, 1465; *Pulte* Steuer- und handelsrechtliche Aufbewahrungspflichten NWB 2008, 2541.

A. Die handels- und steuerrechtlichen Aufbewahrungspflichten

1 § 257 bezieht sich hauptsächlich auf JA, IFRS-EA, Lagebericht, auf KA und Konzern-Lagebericht, aber auch auf EB und Abschlüsse in Rumpf-Gj sowie auf Bilanzen bei Kapitalerhöhungen, Umw und Auseinandersetzungen (zB § 209 Abs 2 AktG, § 17 Abs 2 UmwG). Die Aufbewahrungen nach dem Ende von Abwicklungen sind gesondert geregelt (zB § 273 AktG, § 74 GmbHG, dazu Anm 30).

Die **Aufbewahrungsvorschriften nach HGB** sind iZm den Buchführungs- und Aufzeichnungspflichten nach § 238 zu sehen (s § 238 Anm 95 ff); ihnen kommt insb Dokumentations- und Beweissicherungsfunktion zu, zB bei Prüfungen und Rechtsstreitigkeiten; zum Beweiswert s *Baumbach/Hopt*[35], § 257 Rn 4). Für die mit der Aufbewahrung verbundenen Aufwendungen sind Rückstellungen zu bilden (§ 249 Anm 100).

§ 257 gilt unter Beachtung der §§ 241a, 242 Abs 4 für alle Kfl – zum Kfm-Begriff s § 238 Anm 6 bis 33 – sowie für alle Körperschaften, die ohne Kfl zu sein, Bücher nach den Regeln des HGB führen müssen und keine anderen Aufbewahrungsvorschriften zu befolgen haben. Die Aufbewahrungsdauer für Arbeitspapiere des **Abschlussprüfers** ist iW in den AAB des IDW geregelt, sie beträgt grds 10 Jahre.

Die **Verantwortung** für die Beachtung der Aufbewahrungspflichten trägt der Kfm selbst, bei OHG alle Gester, bei KG und KGaA der phG, bei KapGes die gesetzlichen Vertreter. Dies gilt auch im Falle einer Buchführung außer Haus (s IDW RS FAIT 1, Tz 18 iVm 114). Aufbewahrungs- und Buchführungspflichten beginnen mit dem Beginn und enden mit der Beendigung der Kfm-Eigenschaft. Die Aufbewahrungspflicht überdauert den Tod des Kfm ebenso wie die Insolvenz (hierzu näher *ADS*[6] § 257 Anm 11 bis 13), die Auflösung und Veräußerung des Handelsgeschäfts. Zum Übergang der Aufbewahrungspflicht auf die Person des Erwerbers s *ADS*[6] § 257 Anm 14. In allen Fällen der **Gesamtrechtsnachfolge** (insb Verschmelzung, Aufspaltung, Vermögensübernahmen) hat der neue Rechtsträger die – verbleibenden – Aufbewahrungspflichten zu erfüllen. Dagegen bleibt bei Formwechsel oder stiller Liquidation der bisherige Rechtsträger bestehen und ist weiterhin aufbewahrungspflichtig.

Auch **Ekfl** nach § 241a fallen in den Anwendungsbereich des § 257. Die Vorschrift enthält aber keine Regelung zur Aufbewahrung ihrer Rechnungslegungsunterlagen. Erstellen sie eine Einnahmen-Überschuss-Rechnung, sind für diese sowie die dazu gehörenden Aufzeichnungen und Unterlagen daher zumindest die steuerlichen Regelungen gem AO zu beachten. Insb vor dem Hintergrund der in den §§ 258 bis 261 geregelten Fälle empfiehlt sich allerdings insoweit die analoge Anwendung der Vorschriften über Aufbewahrungsfristen gem § 257 für JA und Handelsbücher (s *Philipps* Rechnungslegung nach BilMoG 41 f).

Abs 1 fordert eine **geordnete Aufbewahrung** der aufgeführten Unterlagen. Welches Ordnungskriterium (Zeitfolge, Alphabet, Sachgebiet, Nummerierung) verwendet wird, ist nach Zweckmäßigkeit zu entscheiden. Dabei ist davon auszugehen, dass der Zugriff auf bestimmte Unterlagen in angemessener Zeit möglich sein muss. 2

Der Kreis der nach **steuerrechtlichen Vorschriften** Aufbewahrungspflichtigen geht über denjenigen des § 257 hinaus, er umfasst gem §§ 140 f AO insb die nach außersteuerrechtlichen Vorschriften Buchführungs- und Aufzeichnungspflichtigen (Anm 4) sowie ggf die nicht in das HR eingetragenen Kann-Kfl. 3

Die **steuerrechtlichen Aufbewahrungsfristen** sind in § 147 AO geregelt. Der Umfang der aufzubewahrenden Unterlagen ist größer als nach Handelsrecht, insb deshalb, weil für das Steuerrecht die sog **außersteuerrechtlichen** Buchführungs- und **Aufzeichnungsvorschriften**, die auch für die Besteuerung von Bedeutung sind, nutzbar gemacht werden; Beispiele hierzu enthalten § 34 WpHG für WertpapierdienstleistungsUnt, §§ 10–13 MaBV für Makler, Bauträger und Baubetreuer und § 13 des Heimgesetzes für Träger von Alten-, Altenwohn- und Pflegeheimen (dazu auch *Tipke/Kruse* § 140 Anm 11 bis 74). Zu den in § 147 AO genannten „sonstigen Unterlagen" werden PrüfBer, HR- und Grundbuchauszüge, Preislisten etc gerechnet (*Isele* in HdR[5] § 257 Anm 59). Zu den Handelsbriefen s Anm 15 f. 4

Die **Aufbewahrungsfristen** für die wichtigsten Unterlagen zeigt die **Übersicht** in Anm 27. Diese Übersicht gilt sowohl für die HB als auch für die StB. Zu weiteren Einzelheiten s *AWV-Schrift* Nr 09155, *Pulte* NWB, 2543, Veldkamp in Haufe HGB[3] G 257 Anm 29. Besondere Vorschriften bestehen zB für Preisunterlagen bei öffentlichen Aufträgen (§ 9 Abs 1 Verordnung PR Nr 30/53 über die Preise bei öffentlichen Aufträgen). Danach sind die Nachweise über das Zustandekommen der Preise von Auftragnehmern mind 5 Jahre aufzubewahren. 5

B. Die aufzubewahrenden Unterlagen
(Abs 1 und 2), Aufbewahrungsort

10 Zu den **Handelsbüchern** gehören auch Nebenbücher wie Kassenbücher und Lagerbücher, Wechsel- und Scheckunterlagen, Lohnbuchführung, außerdem die Kontenfunktion übernehmende Belege einer Offenen-Posten-Buchhaltung im Kontokorrent sowie ggf die Betriebsabrechnung (s auch ADS^6 § 257 Anm 16f). Ferner sind die auf Grund der **Konzernrechnungslegungspflicht** erforderlichen *Unterlagen* (dazu ADS^6 § 257 Anm 28 f) vom jeweiligen MU aufzubewahren; s auch Anm 13.

11 **Jahres-, Konzern- und Einzelabschlüsse gem § 325 Abs 2a** sind in der gesetzlich vorgeschriebenen, nach § 245 vom Kfm unterzeichneten und (bei prüfungspflichtigen Unt) mit dem Testat versehenen Form, also stets im *Original* aufzubewahren. Das gilt auch für EB.

Unter der **Eröffnungsbilanz** ist nur die gem § 242 Abs 1 zu Beginn des Handelsgewerbes bzw zu Beginn der Buchführungspflicht aufzustellende EB zu verstehen.

12 Zu den **Inventurunterlagen** rechnen insb Aufnahmelisten und Verzeichnisse (wie Anlagenverzeichnis, Saldenlisten für Kreditoren und Debitoren). Sog Zwischenträger (zB Inventurschmierzettel oder vergleichbare Aufzeichnungen) sind (nur) bis zur Erfüllung ihrer Funktion aufzubewahren (so auch ADS^6 § 257 Anm 20).

13 Ausdrücklich genannt sind in Abs 1 Nr 1 ferner die zum Verständnis erforderlichen **Arbeitsanweisungen und sonstigen Organisationsunterlagen.** Hierzu zählen zB Kontenpläne und -register, bei EDV-Anwendungen die Verfahrensdokumentation (s § 239 Anm 27 bis 43 sowie IDW RS FAIT 1, Tz 62 ff) einschl Unterlagen zur Systemeinrichtung und Benutzeranträge und auch Unterlagen zum Risikofrüherkennungssystem (s § 238 Anm 115). Zu nennen sind hier auch die zur Ableitung des KA erforderlichen Aufzeichnungen.

14 **Buchungsbelege** können Eigen- oder Fremdbelege sein. Es kann sich zB bei autonom gebildeten Buchungen um Datenverarbeitungsprotokolle oder -listen handeln. Eingabemedien ohne Belegfunktion können vernichtet werden. Zu Erleichterungen für Registerkassenstreifen, Kassenzettel, Bons usw s H 5.2 EStH „Aufbewahrungspflichten".

15 **Handelsbriefe** sind Schriftstücke, welche die Vorbereitung, den Abschluss und die Durchführung eines Handelsgeschäfts betreffen (Abs 2). Dazu gehören zB Offerte, Annahme und Mängelrüge. Die **empfangenen** Handelsbriefe sind nach Abs 1 Nr 2 und die Kopien der **abgesandten** Handelsbriefe nach Abs 1 Nr 3 aufbewahrungspflichtig. Soweit telefonisch abgegebene oder empfangene rechtsgeschäftliche Erklärungen Rechtswirkungen erzeugen, ohne dass eine schriftliche Bestätigung erfolgt, sind über geführte Telefongespräche gefertigte Notizen aufbewahrungspflichtig (ADS^6 § 257 Anm 34). Dies dürfte auch für **Telefaxeingänge** oder -ausgänge gelten. Zwar wird bestritten, dass diese materiell-rechtlich bestehende Schriftform-Erfordernisse erfüllen; Telefaxerklärungen werden aber von Gerichten und Behörden als wirksam anerkannt (BGH 2.10.1991 WM, 2080; BVerfG 1.8.1996 BB, 2482). Das Sendeprotokoll gilt jedoch nur bedingt als Beweis für den tatsächlichen Zugang des Faxes (BGH 7.12.1994 BB 1995, 221 sowie BGH 13.6.1996 DB, 1972). Im Wege der Datenfernübertragung (**EDI, E-Mail, Internet** etc) – ggf unter Beachtung des Signaturgesetzes (BGBl I 2001, 876) – übermittelte Nachrichten und Dokumente sind ebenfalls aufbewahrungspflichtig, ein bestimmtes Aufbewahrungsformat wird nicht vorgeschrieben (so ADS^6 § 257 Anm 34, 58 und 63). Bzgl EDI s IDW RS FAIT 2, Tz 47 ff.

Nach § **147 AO** sind neben den Handelsbriefen auch die **Geschäftsbriefe** 16
(Korrespondenz zwischen Nicht-Kfl) und sonstige Geschäftsunterlagen aufzubewahren, soweit sie für die Besteuerung von Bedeutung sind.

Selbst bei weiter Auslegung der in § 257 aufgeführten Begriffe verbleiben **un-** 17
geregelte Zweifelsfälle. So ist zB fraglich, ob und ggf wie lange PrüfBer und
Vorstands-/AR-Protokolle aufbewahrungspflichtig sind. Auf Grund ihrer Bedeutung für das Verständnis der Geschäftsvorfälle und/oder des JA vergangener Jahre
liegt eine Aufbewahrung von 10 Jahren nahe (so auch ADS^6 § 257 Anm 43 ff).
Eine analoge Behandlung erscheint auch für die nicht explizit in § 257 genannten, gemäß § 325 offenlegungspflichtigen Unterlagen sinnvoll.

Halbjahresfinanzberichten und **Quartalsfinanzberichten** (§§ 37w und
37x WpHG) kommt diese Bedeutung nicht zwingend zu. Halbjahresfinanzberichte müssen der Öffentlichkeit aber für mind fünf Jahre im UntReg zugänglich
sein (§ 24 Wertpapierhandelsanzeige- und Insiderverzeichnisverordnung). Eine
entspr lange Aufbewahrung scheint sachgerecht.

Der **Ort der Aufbewahrung** der Unterlagen ist – abgesehen von der Auf- 18
bewahrung nach dem Liquidationsende (Anm 1, 30) – handelsrechtlich nicht
geregelt. Sie müssen wegen § 238 Abs 1 S 2 jedoch innerhalb einer angemessenen Zeit verfügbar sein (§ 238 Anm 132 ff mwN). Im übrigen werden aufbewahrungspflichtige Kfl idR zugleich die steuerrechtlichen Vorschriften zu beachten
haben. Danach sind die Bücher und die sonst erforderlichen Aufzeichnungen
grds im Inland zu führen und aufzubewahren (§ 146 Abs 2 S 1 AO). Allerdings
ist eine Aufbewahrung elektronischer Bücher und sonstiger erforderlicher elektronischer Aufzeichnungen unter den Voraussetzungen des § 146 Abs 2a AO im
Ausland erlaubt; im Übrigen gelten die Regelungen gem § 146 Abs 2 S 2 und 3
sowie § 148 AO. Speicherung in der „Cloud", als besondere Form der Auslagerung, kann damit nur bei Standortkenntnis vereinbar sein.

C. Wiedergabe auf Bild-/Datenträgern (Abs 3)

Inventare, Handelsbriefe, Handelsbücher, Buchungsbelege, Lageberichte und 20
Konzern-Lageberichte (nicht aber EB, JA, IFRS-EA und KA, Anm 11) dürfen
auch auf Bildträgern oder anderen Datenträgern aufbewahrt werden. Sie müssen
dann während der Dauer der Aufbewahrungsfrist verfügbar sein und jederzeit
innerhalb angemessener Frist lesbar gemacht werden können. Das setzt insb sichere und dauerhafte Datenspeicherung voraus (s § 239 Anm 27 ff). Elektronisch
erstellte Unterlagen dürfen nach Abs 3 S 2 auch als Ausdruck oder Ausdruck mit
anschließender Speicherung auf Bildträgern oder anderen Datenträgern aufbewahrt werden (dazu ADS^6 § 257 Anm 65).

Bildträger sind insb die verschiedenen Formen des Mikrofilms (s ADS^6 § 257
Anm 54; in der Praxis rückläufig). Zu den **anderen Datenträgern** iSd Abs 3
zählen zB Magnetband, Festplatten, CD-ROM/WORM, NAS-Speicher sowie
Dokumenten-Management-Systeme. Auch bei ihrer Nutzung müssen die GoB
bzw die noch geltenden GoBS eingehalten werden. Der Begriffsinhalt des Datenträgers ist so gefasst, dass er für neuere technische Entwicklungen offen ist
(ADS^6 § 257 Anm 61 f mwN).

Für empfangene Handelsbriefe und Buchungsbelege wird bei Wiedergabe
bildliche Übereinstimmung verlangt (Abs 3 S 1 Nr 1). Diese Forderung dient
dem Zweck, die Urheberschaft von auf diesen Unterlagen angebrachten Sicht-,
Kontroll- und Bearbeitungsvermerken sowie deren Inhalt feststellen zu können.
So sind zB mit Dienststempelabdrucken versehene Ausfuhrbelege stets im Original aufzubewahren (s OFD Koblenz v 7.5.2007, NWB 27/2007, 2263). Und

allein mittels Aufbewahrung von Archivierungs-CD, die anhand der Daten von Lieferanten erstellt wurden, erfüllen belieferte Kunden ihre Aufbewahrungspflichten nicht (s OFD Frankfurt am Main v 24.5.2002, DStR 2002, 1094). Bei den übrigen Unterlagen genügt die **inhaltliche Übereinstimmung**, dh die Wiedergaben müssen vollständig und inhaltlich richtig sein. Vollständigkeit ist zB bei empfangenen Handelsbriefen nur gegeben, wenn auch die mitübersandten Allgemeinen Geschäftsbedingungen reproduziert werden; glA *ADS*[6] § 257 Anm 58 Abs 6. Bei abgesandten Handelsbriefen dürfte jedoch ein Verweis – ggf unter genauer Bezeichnung der Fassung – auf die eigenen Geschäftsbedingungen genügen (so auch *ADS*[6] § 257 Anm 58 Abs 6 mwN).

Für die Wiedergabe von Bildträgern hat der AWV „Mikrofilm-Grundsätze" formuliert, auf deren Fassung auch der BdF Bezug nimmt (BdF-Schreiben 1.2.1984 BStBl I, 155). Die Grundsätze beziehen sich auf die Verfahrensbeschreibung, das Ordnungsprinzip, die Verfahrens- und Filmkontrollen, die Aufbewahrung und Wiedergabe sowie die Vernichtung des verfilmten Schriftguts. Zur farblichen Übereinstimmung mit dem Original s IDW RS FAIT 3, Tz 41 und *ADS*[6] § 257 Anm 58 Abs 4. Auch Dokumenten-Management-Systeme müssen grds die Anforderungen bei Mikroverfilmungen und nach IDW RS FAIT 3 erfüllen, insb ist zudem die eineindeutige Indexierung zu verlangen.

21 Bei den **Mikroverfilmungen** (analoge optische Archivierung) kann es sich um bildliche und/oder inhaltliche Aufzeichnungen handeln (letztere zB als sog COM-Verfahren). Bildliche und/oder inhaltliche Übereinstimmung kann auch mittels elektronischer oder digital optischer Archivierung erreicht werden (s IDW RS FAIT 1, Tz 69 f). Für die Beurteilung der handelsrechtlichen Zulässigkeit dieser Verfahren ist die Unterscheidung zwischen Brutto- und Netto-Imaging relevant. Vom Netto-Imaging ist im Fall von nichtstandardisiertem Schriftgut beim heutigen Stand der Technik abzuraten (s *Zepf* WPg 1999, 572; *AWV-Schrift* Nr 09 155, 28 f; IDW RS FAIT 1, Tz 72). Die **Verpflichtung zur Wiedergabe** nach § 261 stellt das notwendige Korrelat zur Zulässigkeit der Datenspeicherung nach Abs 3 dar. Obwohl mikroverfilmt, sollten **Urkunden**, Wertpapiere, Fahrzeugscheine und ähnliche Dokumente nicht vernichtet werden. Zum Begriff der Urkunde § 258 Anm 4. Zu den Voraussetzungen für die Vernichtung von Originaldokumenten s IDW RS FAIT 3, Tz 81 f.

22 **Neuere Entwicklungen** bei Archivierungsverfahren sind regelmäßig der EDV zuzuordnen und nach den GoB bzw den noch geltenden GoBS (hierzu § 239 Anm 27 ff) zu beurteilen. S dazu allgemein IDW RS FAIT 3.

23 Für **steuerrechtliche Zwecke** müssen originär digitale Unterlagen (zB elektronische Rechnungen und im DV-System erzeugte Daten) auf maschinell verwertbaren Datenträgern aufbewahrt werden; eine Aufbewahrung im COM-Verfahren reicht insoweit nicht (Einzelheiten s *BMF*-Schreiben 16.7.2001 BStBl I, 417). Zur Konkretisierung für digitale Unterlagen bei Bargeschäften s *BMF*-Schreiben v. 26.11.2010 BStBl I 2010, 1342.

Genehmigung oder vorab Anerkennung des Archivierungssystems durch Fin-Verw ist nicht vorgesehen (s OFD Düsseldorf v 22.2.2002 DB 2002, 610 f).

Im Original in Papierform erstellte und später durch Scannen digitalisierte Rechnungen sind im Rahmen von Außenprüfungen über das Computersystem per Bildschirm lesbar zu machen (BFH 26.9.2007 DStR, 2156). Für nach dem 30.6.2011 ausgeführte Umsätze, sind Papier- und elektronische Rechnungen gleichgestellt. Über den gesamten Aufbewahrungszeitraum ist Echtheit der Herkunft, Unversehrtheit des Inhalts und Lesbarkeit zu gewährleisten (§ 14 Abs 1 S 2 UStG). Sicherstellung und Nachweis ist neben Übermittlung mit elektronischer Signatur oder EDI durch innerbetriebliche Kontrollverfahren möglich (§ 14 Abs 1 S 6 und 3 UStG). Anforderungen dazu konkretisieren UStAE 2010

14.4 Abs 4–6, BMF-Schreiben 2.7.2012 BStBl I 2012, 726. Verletzung der Aufbewahrungspflichten (§ 14b UStG) schließt den VorSt-Abzug nicht aus, Berechtigung dazu ist aber nachzuweisen (UStAE 2010 14b.1 Abs 10). Dazu eignen sich alle verfahrensrechtlich zulässigen Mittel (UStAE 2010 15.11 Abs 1 S 3 mwN).

D. Aufbewahrungsfristen (Abs 4 und 5)

Handelsbücher, Inventare, JA, IFRS-EA, Lagebericht, EB, KA, Konzernlagebericht und zugehörige Arbeitsanweisungen und Organisationsunterlagen – einschl EDV-Verfahrensdokumentationen und deren Verständnis dienende Unterlagen – sowie Buchungsbelege sind **zehn Jahre**, Handelsbriefe **sechs Jahre** aufzubewahren; Entspr gilt für Bild- und Datenträger. Die Aufbewahrungsfrist **beginnt** nach Abs 5 idR mit dem auf die **letzte** Eintragung in den Büchern/im EDV-gestützten Rechnungslegungssystem, die Erstellung des Inventars, die Versendung/den Erhalt von Handelsbriefen oder die Feststellung des JA und der EB *folgenden* **Schluss** des **Kalenderjahrs**. Es kommt also nicht auf das – ggf abweichende – Gj an. Bei EkfI, OHG und GbR ergibt sich die Feststellung der EB konkludent durch Unterzeichnung (s *Förschle/Kropp* in Sonderbilanzen[4] B Anm 141 sowie *Förschle/Kropp/Siemers* in Sonderbilanzen[4] C Anm 143), bei KapGes sowie analog bei KG und KGaA spätestens konkludent mit der Feststellung des ersten nachfolgenden JA (s dazu *Förschle/Kropp/Schellhorn* in Sonderbilanzen[4] D Anm 253 sowie *Förschle/Kropp/Siemers* aaO C Anm 143, 145).

Die Anpassung der HB an die Ergebnisse einer steuerlichen **Betriebsprüfung** erfolgt im Allgemeinen im lfd Gj und berührt die Aufbewahrungsfrist nicht. Werden jedoch in Vj festgestellte HB geändert, sind alle die Änderungen betr Unterlagen (Buchungsbelege, Handelsbücher, JA usw) entspr Abs 4 und 5 aufzubewahren; die Fristen beginnen mit der nunmehr letzten Eintragung; weitergehend *ADS*[6] § 257 Anm 71 mwN; Neubeginn der Frist für alle – nicht nur die geänderten – Handelsbücher.

Für die **Aufbewahrung nach Steuerrecht** gelten nach der AO grds die **gleichen Fristen**, sofern nicht in anderen Gesetzen kürzere Fristen zugelassen sind. Jedoch läuft die Aufbewahrungsfrist nicht ab, soweit und solange die Unterlagen für Steuern von Bedeutung sind, für welche die Festsetzungsfrist noch nicht abgelaufen ist (§ 147 Abs 3 AO); Ablaufhemmungstatbestände insoweit regelt § 171 AO.

Aufbewahrungsfristen für einzelne Unterlagen

	Aufbewahrungsfrist in Jahren		Aufbewahrungsfrist in Jahren
Abhängigkeitsberichte	10	BAB mit Belegen (soweit Unterlagen zur Inventurbewertung)	10
Anhang	10	Bankauszüge	10
Anlagezu- und -abgangsmeldungen	10	Baubücher	10
Anlagevermögenskarteien und -bücher	10	Beitragsabrechnungen zu Sozialversicherungen	6
Arbeits- und Organisationsabläufe (EDV)	10	Belege, Beleglisten, Belegzusammenstellungen, Sammelbelege (soweit Buchungsunterlagen)	10
Auftrags- und Bestellunterlagen	6	Benutzeranträge (EDV)	10
Ausfuhrunterlagen	6	Beteiligungsunterlagen	6
Ausfuhrvergütungsanträge, -bescheide, -nachweise und sonstige Unterlagen	6	Betriebskrankenkasse (Buchungs- und Abrechnungsunterlagen)	10

Bewertungsunterlagen	6	Kassenbücher und -blätter	10
Bilanzen, Anhänge	10	Kommissionslisten	6
Buchungsanweisungen	10	Konsignationslager-Unterlagen	
Buchungsbelege	10	(soweit Buchungsunterlagen)	10
Buchungsprotokoll (EDV)	10	Konsolidierungs-Unterlagen	10
		Konten	10
Datenträger, soweit Grundbuch- oder Kontenfunktion	10	Kontenplan/-register	10
soweit Buchungsbeleg	6	Kontokorrentbücher und -konten	10
Darlehensunterlagen	6	Kontroll-Journal (EDV)	10
Dauerauftragsunterlagen	6	Konzernabschlüsse einschl der zu	
Depotauszüge, -bestätigungen (soweit nicht Inventare)	6	ihrer Ableitung erforderlichen Unterlagen (zB HB II), Konzernlageberichte	10
Depotbücher	10	Kostenträgerrechnungen	10
Devisenunterlagen, allgemeine	6	Kreditunterlagen	6
EDV-Journal	10	Lageberichte	10
Einfuhrunterlagen	6	Lieferscheine	6
Einheitswertbescheide	6	Lizenzabrechnungen und -unterlagen	6
Einzelabschlüsse nach § 325 Abs 2a	10	Lohnbelege	10
Erklärung zur Unternehmensführung nach § 289a	10	Lohnkonten	10
Eröffnungsbilanzen	10	Lohnlisten	10
Fahrtberichte, -bücher (soweit Werkverkehrsunterlagen)	6	Mahnvorgänge	6
Fahrtenbücher (der Güterkraftverkehrsunternehmen)	5	Nebenbücher	10
Frachtunterlagen	6	OP-Liste (EDV)	10
Gebäude- und Grundstücksunterlagen (Bauakten, Bauplan, Genehmigungen)	6	Patente und Unterlagen	6
		Portokassenbücher	10
		Postbankauszüge	10
Gebäude- und Grundstücksunterlagen (soweit Inventare)	10	Preislisten (soweit Bewertungsunterlagen)	6
Gebrauchsmusterunterlagen	6	Provisionsabrechnungen mit Unterlagen	10
Gehaltslisten und -konten	10		
Grundbücher	10	Prüfungsberichte des Abschlussprüfers	10
Güterkraftverkehr (Beförderungspapiere, Vermittlungsgeschäfte)	5	Quittungen (soweit Buchungsbelege)	10
Güterkraftverkehr (Fahrtenbücher)	10	Rechnungen	10
GuV	10	Rechtsstreitfälle mit allen Unterlagen	6
Halbjahresfinanzbericht	5	Reisekostenabrechnungen	10
Handelsregister- und Grundbuchauszüge (Bilanzunterlagen)	6	Repräsentationsaufwand (Unterlagen)	10
Handels- und Geschäftsbriefe	6	Saldenbestätigungen	6
Hauptbücher (Hauptbuchkonten)	10	Saldenlisten am Schluss des Gj	10
Hauptversammlungen, Protokolle über HV des eigenen Unt	10	während des Gj	*)
Hilfsbücher (soweit Buchungsunterlagen)	10	Schadenunterlagen	6
		Scheckbelege (soweit Buchungsunterlagen)	10
Inventare und Inventarnachweise	10	Schecks	6
Inventurreinschriften	10	Schuldtitel	6
Jahresabschlusslisten und -bogen	10	Steuerunterlagen	10
Journale	10	Überstundenlisten (soweit Lohnbelege)	10
Kapitalerhöhungsbilanz	10		
Kassenbelege	10		

Aufbewahrung von Unterlagen. Aufbewahrungsfristen 30–35 § 257

Verfahrensdokumentation (EDV)	10	Warenzeichenunterlagen	6
Versandunterlagen (soweit Buchungsunterlagen)	6	Wechsel, soweit Buchungsbelege wegen Wechselsteuer	10
Verträge, Vertragsunterlagen (soweit handels- und steuerrechtlich bedeutsam)	6	Werkstattabrechnungen (soweit Buchungsunterlagen)	10
		Zahlungsanweisungen	6
Warenabgangsscheine	6	Zahlungs- und Vollstreckungsbefehle	6
Warenausgangsbücher	10		
Wareneingangsbücher	10	Zinsrechnungen	6
Wareneingangsscheine	6	Zollbelege	6

*) Keine, jedoch innerbetrieblich möglich.

E. Längere Aufbewahrung nach Liquidationsende usw

Das AktG (§ 273 Abs 2) und das GmbHG (§ 74 Abs 2) schreiben vor, dass **30** nach Löschung der KapGes im HR „die Bücher und Schriften der Gesellschaft" **für 10 Jahre** in Verwahrung zu geben sind; bei AG/KGaA bestimmt das Registergericht den „sicheren Ort"; für GmbH gilt der GesVertrag, notfalls beschließt das Registergericht. Der Fristlauf beginnt mit dem auf die Hinterlegung folgenden Tag (§ 187 Abs 1 BGB). Hieraus folgt, dass für KapGes ab diesem Zeitpunkt die Regeln in Abs 4, 5 durch die genannten Bestimmungen im AktG/GmbHG ersetzt werden. Auf die ausführliche Darstellung bei *Förschle/Deubert* in Sonderbilanzen[4] T Anm 295 ff wird verwiesen.

Für PersGes gilt § 157 Abs 2: „Die Bücher und Papiere der aufgelösten Gesellschaft" werden einem Gester oder Dritten „in Verwahrung gegeben"; notfalls **31** bestimmt das Registergericht den Verwahrer. *ADS*[6] § 257 Anm 12 schließen aus dem Fehlen einer weiteren Frist im HGB, dass es für PersGes bei den Regeln in Abs 4, 5 bleibt. Dies würde dann auch für EkfI gelten, wenn sie den letzten ihrer Betriebe einstellen. Bei Betriebsveräußerungen kann jedoch Gesamtrechtsnachfolge eintreten (hier Anm 1).

F. Rechtsfolgen einer Verletzung des § 257

Das **Handelsrecht** kennt **keine** Zwangsmaßnahmen zur Sicherung der Aufbewahrungspflicht; glA *ADS*[6] § 257 Anm 78. Diese ist jedoch Bestandteil einer **35** ordnungsmäßigen Buchführung. Bei gravierenden Verstößen wird die AP daher zu erwägen haben, ob Konsequenzen für den BVm zu ziehen sind (ebenso *WPH*[14] I, Q Anm 463). Die Vorlage von Handelsbüchern ist allerdings auch von Bedeutung für die Beweisführung im Rechtsstreit (§ 258), bei Auseinandersetzungen (§ 260) sowie bei Wirtschafts- und Insolvenzstraftaten (§§ 283 ff StGB).

Im **Steuerrecht** hat ein Verstoß gegen die Aufbewahrungspflichten, der zugleich ein Verstoß gegen Buchführungs- und Aufzeichnungspflichten ist, uU die **Schätzung** der Besteuerungsgrundlagen nach § 162 AO zur Folge. Im Einzelfall kann die Verletzung der Aufbewahrungspflicht als **Steuerhinterziehung** oder fahrlässige **Steuerverkürzung** strafbar oder ordnungswidrig sein (*Tipke/Kruse* § 147 Anm 64a).

Die **Vernichtung,** Beschädigung oder das Beiseiteschaffen von Handelsbüchern **vor Ablauf** der Aufbewahrungspflicht kann nach §§ 283 Abs 1 Nr 6 und 283b Abs 1 Nr 2 StGB strafbar sein. Außerdem kommt Strafbarkeit wegen Urkundenunterdrückung (§ 274 Abs 1 Nr 1 StGB) bei Vorlagepflicht des Kfm im

Prozess in Betracht (*Cramer* in Schönke/Schröder[28] Strafgesetzbuch: Kommentar, München 2010 § 274 Anm 6 ff).

§ 258 Vorlegung im Rechtsstreit

(1) **Im Laufe eines Rechtsstreits kann das Gericht auf Antrag oder von Amts wegen die Vorlegung der Handelsbücher einer Partei anordnen.**

(2) **Die Vorschriften der Zivilprozeßordnung über die Verpflichtung des Prozeßgegners zur Vorlegung von Urkunden bleiben unberührt.**

Übersicht

	Anm
A. Allgemeines	1
B. Anordnung des Gerichts zur Vorlegung von Handelsbüchern (Abs 1)	2
C. Vorschriften der ZPO zur Vorlegung von Urkunden (Abs 2)	3–6
D. Steuerrechtliche Vorschriften	7

Schrifttum: *Baumbach/Lauterbach/Albers/Hartmann*[71] Zivilprozessordnung, München 2013.

A. Allgemeines

1 Abs 1 bildet eine selbstständige Rechtsgrundlage zur Vorlegung von Handelsbüchern in Zivil- und Arbeitsgerichtsprozessen (auch Schiedsverfahren), mit der ihre Heranziehung zu Beweiszwecken erleichtert werden soll (wegen der Vorlage von Unterlagen auf Bild- oder Datenträgern s § 261). Ergänzend wird in Abs 2 auf die ZPO Bezug genommen. Urkunden sind im Original bei Gericht vorzulegen. Im Strafprozess gilt § 258 nicht; glA *ADS*[6] § 258 Anm 2.

B. Anordnung des Gerichts zur Vorlegung von Handelsbüchern (Abs 1)

2 Diese Regelung gilt im Falle eines schwebenden zivilen Rechtsstreits: Das zuständige Gericht kann auf Antrag oder von Amts wegen die Vorlage anordnen. Ob die Parteien ihre Behauptungen durch Vorlage eigener oder gegnerischer Handelsbücher iSv § 257 Abs 1 Nr 1 beweisen wollen und welche Partei die Beweislast trägt, ist dabei unerheblich. Voraussetzung ist die Überzeugung des Gerichts, dass die Vorlage zur Aufklärung vorgetragener Sachverhalte dienen kann (glA *ADS*[6] § 258 Anm 7).

Soweit es im Rechtsstreit auf den Inhalt von Handelsbüchern Dritter ankommt, können diese nicht zur Vorlage verpflichtet, sondern lediglich als Zeugen über den fraglichen Inhalt vernommen werden (so *Weber* in HdR[5] § 258 Anm 5). Der Rechtsstreit braucht sich **nicht** auf **Handelssachen** zu beziehen; es kann sich vielmehr **auch** um **sonstige Zivil-Parteienprozesse** handeln. Die gerichtliche Anordnung kann gem Abs 1 allerdings nur eigene oder gegnerische **Handelsbücher** betreffen, also zB nicht Inventuren, Bilanz und Handelskorrespondenz. Die Vorlage von Handelsbüchern darf infolge § 259 nicht zur allgemeinen Ausforschung einer Partei, sondern nur so weit angeordnet werden, wie dies zur Verifizierung **bestimmter strittiger Angaben** erforderlich ist (glA

*ADS*⁶ § 258 Anm 7 u § 259 Anm 1); der jeweilige Streitpunkt ist in der gerichtlichen Vorlegungsanordnung anzugeben.

Das **Gericht** hat bei seinen Anordnungen das berechtigte Interesse des Kfm an der Geheimhaltung zu beachten. Eine Vorlage scheidet aus, wenn die Handelsbücher nach Ablauf der Aufbewahrungsfrist (§ 257 Abs 4) tatsächlich vernichtet wurden. Eine Vernichtung sollte bei Relevanz für ein schwebendes Verfahren unterbleiben (BayOLG 1.4.1993 DB, 1028). Leistet die zur Vorlage verpflichtete Partei der gerichtlichen Anordnung **keine Folge,** können die dem Antrag zugrundeliegenden Auszüge und Behauptungen gem § 427 ZPO als richtig angesehen werden.

C. Vorschriften der ZPO zur Vorlegung von Urkunden (Abs 2)

Die in Abs 2 angesprochenen Vorschriften finden sich in §§ 415 ff ZPO. Sie beziehen sich auf **alle Urkunden,** auf die im Rechtsstreit Bezug genommen wird, dh nicht nur auf Handelsbücher. **3**

Urkunde iSd ZPO ist die schriftliche Verkörperung eines Gedankens. Unerheblich ist, in welchen Schrift- oder Druckzeichen die Urkunde abgefasst ist, worauf sie geschrieben oder gedruckt wurde, ob sie unterschrieben ist, welche Bedeutung sie hat und welchem Zweck sie dient. Auch Fotokopien, Computerausdrucke und ähnliche technische Aufzeichnungen können Urkunden sein, nicht aber Computerspeicher (*Baumbach/Lauterbach/Albers/Hartmann*⁷¹ Übersicht vor § 415 ZPO Anm 5 ff). Das Gericht wird jedoch zunächst die Vorlage der *Originale* von Urkunden verlangen, glA *ADS*⁶ § 258 Anm 13. **4**

§ 423 ZPO verlangt die Vorlage solcher Urkunden, auf die der Gegner im Zivil-Prozess zur Beweisführung Bezug genommen hat. § 422 ZPO sieht vor, dass der **Gegner zur Vorlage** der Urkunde **verpflichtet** ist, wenn der Beweisführer nach bürgerlichem Recht die Herausgabe oder Vorlage verlangen kann. **5**

Für die **Vorlegung** von Urkunden sind insb die Vorschriften der §§ 809 und 810 BGB maßgebend. § 809 BGB regelt die Besichtigung einer Sache, um sich Gewissheit über die darauf bezogenen Ansprüche zu schaffen. § 810 BGB regelt die Fälle, in denen bzgl des die Vorlegung Verlangenden
– eine Urkunde im Interesse des Verlangenden errichtet wurde, wie dies zB bei der Gütergemeinschaft zutreffen kann;
– Rechtsverhältnisse beurkundet wurden. Hier können Bürgschafts-, Ges-, Organverhältnisse (Vorstand, AR) in Betracht kommen. Die Interessen des Antragstellers sind ggf auch hier (Anm 2) gegen berechtigte Interessen an der Geheimhaltung abzuwägen; zur Geheimhaltung s *ADS*⁶ § 259 Anm 1.
– Verhandlungen über ein Rechtsgeschäft geführt wurden, über die Korrespondenzen und Aufzeichnungen Aufschluss geben können.

Die Verpflichtung zur Vorlage kann sich auch aus § 87c Abs 4 (Handelsvertreter) sowie aus den Einsichts- oder Kontrollrechten eines Gesters (zB nach §§ 118 Abs 1, 166 Abs 1, § 51a Abs 1 GmbHG) ergeben. § 258 ist auch im Spruchstellenverfahren gem § 306 AktG anwendbar (BayOLG 1.4.1993 DB, 1027 ff). Bei Nichtvorlage gilt § 427 ZPO (Anm 2).

Die **Herausgabe** von Urkunden gründet sich auf besondere Rechtsverhältnisse, zB Eigentum, Abtretung, Kauf, Auftrag. Bzgl der **Beweiskraft** der vorgelegten Handelsbücher gilt § 286 ZPO. *Ordnungsgemäß* geführte Bücher begründen für den Nachweis der Existenz eines Vorgangs eine erhebliche Wahrscheinlichkeit der Richtigkeit. **6**

D. Steuerrechtliche Vorschriften

7 Auch das Steuerrecht kennt eine Pflicht zur Vorlegung von Urkunden. Sie **besteht** ggü der Finanzbehörde und umfasst Bücher, Aufzeichnungen, Geschäftspapiere und andere Urkunden. Diesbzgl **Regelungen** finden sich in § 97 AO sowie in § 60 EStDV. Die Vorlagepflicht ggü den FG folgt aus § 76 Abs 1 S 3 FGO.

§ 259 Auszug bei Vorlegung im Rechtsstreit

[1] Werden in einem Rechtsstreit Handelsbücher vorgelegt, so ist von ihrem Inhalt, soweit er den Streitpunkt betrifft, unter Zuziehung der Parteien Einsicht zu nehmen und geeignetenfalls ein Auszug zu fertigen. [2] Der übrige Inhalt der Bücher ist dem Gericht insoweit offenzulegen, als es zur Prüfung ihrer ordnungsmäßigen Führung notwendig ist.

Übersicht

	Anm
A. Überblick über die Vorschrift	1
B. Einsichtnahme (S 1)	2
C. Offenlegung (S 2)	3
D. Einblick auf Grund besonderer Rechtsverhältnisse	4
E. Beweisaufnahme	5

A. Überblick über die Vorschrift

1 § 259 regelt die Modalitäten der Erstellung und der Vorlegung eines **Auszugs** im Rechtsstreit **(Zivilrechtsstreit)**, betr jedoch nicht nur die vom Gericht oder von Amts wegen angeordnete Vorlegung. Besondere, unberührt bleibende Einsichtsrechte sind bei PersGes in §§ 118 und 166 (Gester einer OHG sowie KG), § 233 (stille Gester), § 51a GmbHG (Gester einer GmbH) geregelt. Wegen der Vorlegung im Rechtsstreit s § 258 und wegen der Vorlegung von Unterlagen auf Bild- oder Datenträgern § 261.

B. Einsichtnahme (S 1)

2 Der Einblick **beschränkt** sich **auf** die für den Rechtsstreit **relevanten Sachverhalte,** die vom Beweisführer daher möglichst genau zu bezeichnen sind, so dass sie von dem Kfm aufgefunden (festgestellt) und dem Gericht vorgelegt werden können. Das Einblicksrecht darf nicht zu einer umfassenden Ausforschung führen; s § 258 Anm 2. Die Einsicht ist stets durch das Gericht, ggf mit Hilfe eines geeigneten Sachverständigen, unter Zuziehung beider Parteien zu nehmen (glA *ADS*[6] § 259 Anm 4, 6; *Hüffer* in Großkomm HGB[4] § 259 Anm 4ff).

C. Offenlegung (S 2)

3 Die in S 2 angesprochene „Offenlegung" des übrigen Inhalts der Bücher dient lediglich der Feststellung der Ordnungsmäßigkeit *durch das Gericht* oder eines von ihm beauftragten Sachverständigen; sie begründet **kein Einsichtsrecht oder Prüfungsrecht** der Partei (Datenschutz). Das in S 2 gebrauchte Wort „Offenlegung" ist gerichtsintern gemeint, nicht iSv § 325.

D. Einblick auf Grund besonderer Rechtsverhältnisse

Ein **weiterer Einblick** ergibt sich ggf auf Grund **besonderer Vereinbarungen,** zB für einen ausgeschiedenen Gester oder bei vereinbarter Gewinnbeteiligung. 4

E. Beweisaufnahme

Die Beweisaufnahme erfolgt gem § 355 ZPO vor dem **Prozessgericht,** ggf nach § 434 ZPO vor einem Mitglied des Prozessgerichts oder einem anderen Gericht. **Steuerrechtlich** gelten die zu § 258 Anm 7 genannten Vorschriften, ggf auch die BPO (externe Betriebsprüfung). 5

§ 260 Vorlegung bei Auseinandersetzungen

Bei Vermögensauseinandersetzungen, insbesondere in Erbschafts-, Gütergemeinschafts- und Gesellschaftsteilungssachen, kann das Gericht die Vorlegung der Handelsbücher zur Kenntnisnahme von ihrem ganzen Inhalt anordnen.

Übersicht

	Anm
A. Die Vorlegung nach § 260	1, 2
B. Ermessen des Gerichts und Verweis auf Steuerrecht	3

A. Die Vorlegung nach § 260

§ 260 trifft eine **Ausnahmeregelung** für Vermögensauseinandersetzungen, bei denen ein Kfm involviert ist. Die in § 260 aufgeführten Fälle der Erbschafts-, Gütergemeinschafts- und GesTeilungssachen stellen lediglich („insbesondere") eine beispielhafte, keine abschließende Aufzählung dar; näher *Hüffer* in Großkomm HGB[4] § 260 Anm 3. Betroffen sein können eine PersGes oder das Eigentum sämtlicher Anteile einer PersGes. Bei geringeren Bet kommen die §§ 118, 166, 233, § 51a GmbHG zur Anwendung (§ 259); glA *ADS*[6] § 260 Anm 2. 1

Die Ausnahmen bestehen darin, dass bei den Vermögensauseinandersetzungen die Auswertung entgegen der Beschränkung in § 258 auch **außerhalb eines Rechtsstreits** in Betracht kommt (in Verfahren der freiwilligen Gerichtsbarkeit, zB gem §§ 86 ff FGG bei Nachlassauseinandersetzung, gem § 99 FGG bei Auseinandersetzung einer Gütergemeinschaft); so auch *Weber* in HdR[5] § 260 Anm 2, *ADS*[6] § 260 Anm 4, aA *Hüffer* in Großkomm HGB[4] § 260 Anm 2 (Ableitung aus § 12 FGG). Die Vorlegung nach § 260 bezieht sich wie § 258 (dort Anm 2) nur auf die **Handelsbücher,** nicht aber auf andere Unterlagen. Ggü § 259 beschränkt sich die Vorlegung nicht auf die einen Streitpunkt betr Stellen, sondern bezieht sich auf den **ganzen Inhalt** der Handelsbücher, da bei Vermögensauseinandersetzungen idR die gesamten Vermögensverhältnisse relevant sind. Wegen der Vorlage von Unterlagen auf Bild- oder Datenträgern s § 261. 2

B. Ermessen des Gerichts und Verweis auf Steuerrecht

3 Die Vorlegung ist in das Ermessen des Gerichts gestellt, kann also **von Amts wegen** auch ohne Antrag eines Beteiligten angeordnet werden. Zur Vorlegung im **Steuerrecht** s § 258 Anm 7.

§ 261 Vorlegung von Unterlagen auf Bild- oder Datenträgern

> Wer aufzubewahrende Unterlagen nur in der Form einer Wiedergabe auf einem Bildträger oder auf anderen Datenträgern vorlegen kann, ist verpflichtet, auf seine Kosten diejenigen Hilfsmittel zur Verfügung zu stellen, die erforderlich sind, um die Unterlagen lesbar zu machen; soweit erforderlich, hat er die Unterlagen auf seine Kosten auszudrucken oder ohne Hilfsmittel lesbare Reproduktionen beizubringen.

Übersicht

	Anm
A. Hauptanwendungsgebiet	1
B. Die Vorlegung nach § 261	2
C. Weitergehende Bedeutung der Vorschrift	3
D. Steuerrechtliche Vorschriften	4

A. Hauptanwendungsgebiet

1 Das Hauptanwendungsgebiet ist für **Bildträger** die Mikroverfilmung (dazu § 257 Anm 20) und für **Datenträger** die Erfassung der Unterlagen (Handelsbücher, Belege usw) auf Speichermedien (zB Magnetband, Festplatte, CD-ROM/WORM, NAS-Speicher und auch Dokumenten-Management-Systeme).

B. Die Vorlegung nach § 261

2 Dem Kfm ist gestattet, Kopien der **abgesandten Handelsbriefe** auf einem Schrift-, Bild- oder Datenträger zurückzubehalten (§ 238 Abs 2) und die **Handelsbücher** und sonstigen Aufzeichnungen **auf Datenträgern** zu führen (§ 239 Abs 4) und aufzubewahren (§ 257 Abs 3). In Anbetracht dieser Erleichterungen hat der Kfm andererseits die sachlichen und personellen Hilfsmittel zur Verfügung zu stellen und die **Kosten** zu tragen, um die Unterlagen lesbar zu machen bzw ausdruck- oder lesbar zu reproduzieren. Damit wird eine Mitwirkungspflicht des Kfm bei Verwendung fortschrittlicher Speichermedien konstituiert. Die Kostenregelung für die Herausgabe von Unterlagen im Rahmen **strafrechtlicher** Ermittlungsverfahren gegen Dritte, zB durch Kreditinstitute, ist str (s *ADS*[6] § 261 Anm 7 ff mwN).

Die Frage der Überprüfung der bildlichen bzw inhaltlichen Übereinstimmung von Reproduktion und Original ist nicht ausdrücklich geregelt. Dennoch lassen sich diesbzgl Anforderungen aus den GoB, den noch geltenden GoBS (§ 239 Anm 43) und bzgl der Mikroverfilmungen auch aus den sog „Mikrofilm-Grundsätzen" der *AWV* (§ 257 Anm 20) ableiten; glA auch *ADS*[6] § 261 Anm 5 mwN.

Der technische Fortschritt führt regelmäßig zur Entwicklung **neuer Speichermedien**. Auf diese ist die Vorschrift des § 261 ebenfalls stets anzuwenden.

Es ist jedoch erforderlich, die jeweils älteren Speichermedien mind bis zum jeweiligen Ende der Aufbewahrungsfristen bereitzuhalten.

C. Weitergehende Bedeutung der Vorschrift

Die hier geregelte **Vorlegung** beschränkt sich nicht auf Rechtsstreitigkeiten (§§ 258, 259) oder Auseinandersetzungen (§ 260), sondern bezieht sich auch auf die Vorlegung **außerhalb** eines **Gerichtsverfahrens**. Für Strafverfahren findet § 261 indessen keine Anwendung. 3

D. Steuerrechtliche Vorschriften

Entspr steuerrechtliche Regelungen enthalten die §§ 147 Abs 5 und 97 Abs 3 AO und § 85 FGO. Das FA kann Erleichterungen auf Antrag des Stpfl nach § 148 AO gewähren. 4

Vierter Unterabschnitt. Landesrecht

§ 262 *(aufgehoben)*

§ 263 Vorbehalt landesrechtlicher Vorschriften

Unberührt bleiben bei Unternehmen ohne eigene Rechtspersönlichkeit einer Gemeinde, eines Gemeindeverbands oder eines Zweckverbands landesrechtliche Vorschriften, die von den Vorschriften dieses Abschnitts abweichen.

Übersicht

	Anm
A. Die landesrechtlichen Vorschriften	1, 2
B. Grundstruktur der Rechnungs- und Rechenschaftslegung	3–5
C. Steuerrechtliche Vorschriften	6
D. Abweichungen der IFRS	7

A. Die landesrechtlichen Vorschriften

Die Vorschrift räumt bei Unt ohne Rechtspersönlichkeit den einschlägigen landesrechtlichen Vorschriften ggf den Vorrang vor §§ 238 bis 262 ein. Eine entspr Bestimmung enthält auch § 3 Abs 2 Nr 1a PublG. Rechtlich selbstständige oder unselbstständige Unt des Bunds und der Länder werden, unabhängig von ihrer Rechtsform, von der Befreiung des § 263 nicht erfasst (dazu § 53 HGrG, § 65 BHO und *ADS*[6] § 263 Anm 3 ff; hier ist nach allgemeinen Regeln die Kfm-Eigenschaft festzustellen). 1

Das **Hauptanwendungsgebiet** liegt bei den **kommunalen Eigenbetrieben** sowie bei den Brutto- und Netto-Regiebetrieben (näheres in *ADS*[6] § 263 Anm 6), aber auch bei den wirtschaftlichen Unt ohne eigene Rechtspersönlichkeit von **Landesverbänden, Wohlfahrts- oder Umlandverbänden.** Ggü **Regiebetrieben** besteht bei Eigenbetrieben eine weitgehende organisatorische und finanzielle Verselbstständigung.

2 Das **Eigenbetriebsrecht** fällt nach dem GG (Art 30) in die Gesetzgebungskompetenz der Länder. Davon haben – mit Ausnahme von Hamburg – alle Bundesländer Gebrauch gemacht und Eigenbetriebsgesetze oder -verordnungen erlassen (s dazu *WPH*[14] I, L Anm 4).

B. Grundstruktur der Rechnungs- und Rechenschaftslegung

3 Die Regelungen des Eigenbetriebsrechts der einzelnen Länder lassen für Versorgungs- und Verkehrsbetriebe folgende Grundstruktur erkennen (s zB §§ 15 ff EigBGes des Landes Hessen sowie *WPH*[14] I, L Anm 8 ff): Die Eigenbetriebe haben einen Wirtschaftsplan, Erfolgsplan, Vermögensplan sowie einen Stellenplan aufzustellen. Die **Rechnung** (= Buchführung) ist grds nach den Regeln der kfm doppelten Buchführung zu führen. Der JA, bestehend aus Bilanz, GuV (nach dem Gesamtkostenverfahren) und Anhang, ist innerhalb von 3 Monaten (ggf nach der Satzung innerhalb von 6 Monaten) und nach allgemeinen handelsrechtlichen Grundsätzen (§§ 238 ff, 264 ff) unter Verwendung vorgeschriebener Formblätter aufzustellen (bei Versorgungsbetrieben mit Angaben zur Verbrauchsablesung und zu empfangenen Ertragszuschüssen).

Die Rechnungslegung ist um einen – nach Betriebszweigen untergliederten – **Anlagennachweis** und eine ebenso untergliederte Erfolgsübersicht zu ergänzen. Außerdem ist ein Lagebericht mit über § 289 hinausgehenden Angaben zu Grundstücken, Anlagen, Bauvorhaben, EK, Umsatzerlösen und Personalaufwand aufzustellen.

4 Die derzeit geltenden **Prüfungsvorschriften** sind im *WPH*[14] I, L Anm 4 genannt. Sie sind ebenfalls durch Landesrecht geregelt und sehen – wie in § 53 HGrG – eine Prüfung der Ordnungsmäßigkeit der Geschäftsführung und der bedeutsamen wirtschaftlichen Verhältnisse vor (s dazu *WPH*[14] I, L Anm 56 f, 66 ff, IDW PS 720 WPg 2006, 1452; *Philipps* Finanzkrise, Managementpflichten und Wirtschaftsprüfung, Wiesbaden 2009).

5 Auch **Krankenhäuser** können als Eigenbetriebe geführt werden. Sie müssen die Krankenhaus-Buchführungs-VO (s dazu *WPH*[14] I, Q Anm 1069 ff sowie § 330 Anm 20) beachten, die gleichfalls Formblätter vorsieht. Zu Zweifelsfragen äußert sich der KHFA des IDW (s zB IDW RS KHFA 1 FN-IDW 2011, 237 ff). Die Prüfungsvorschriften sind in den Krankenhaus-Gesetzen der Länder geregelt (s zB *WPH*[14] I, D Anm 13, Q Anm 1072).

C. Steuerrechtliche Vorschriften

6 Auch bei Unt ohne eigene Rechtspersönlichkeit sind für die wesentlichen Steuern die Vorschriften der AO maßgebend (§ 1 AO). Wirtschaftsbetriebe unterliegen der KSt und der GewSt (§§ 1 Abs 1 Nr 6 KStG, 2 Abs 1 GewStDV).

D. Abweichungen der IFRS

7 Die IFRS enthalten keine analoge Vorschrift. Auf Basis der IFRS erarbeitet das International Public Sector Accounting Standards Board (IPSASB) der International Federation of Accountants (IFAC) international einheitliche Bilanzierungsstandards für den öffentlichen Sektor (International Public Sector Accounting Standards, IPSAS). Diese sollen indes originär von Gebietskörperschaften und nicht von deren Unt ohne eigene Rechtspersönlichkeit angewendet werden.

Zweiter Abschnitt. Ergänzende Vorschriften für Kapitalgesellschaften (Aktiengesellschaften, Kommanditgesellschaften auf Aktien und Gesellschaften mit beschränkter Haftung) sowie bestimmte Personenhandelsgesellschaften

Erster Unterabschnitt. Jahresabschluß der Kapitalgesellschaft und Lagebericht

Erster Titel. Allgemeine Vorschriften

§ 264 Pflicht zur Aufstellung

(1) ¹Die gesetzlichen Vertreter einer Kapitalgesellschaft haben den Jahresabschluß (§ 242) um einen Anhang zu erweitern, der mit der Bilanz und der Gewinn- und Verlustrechnung eine Einheit bildet, sowie einen Lagebericht aufzustellen. ²Die gesetzlichen Vertreter einer kapitalmarktorientierten Kapitalgesellschaft, die nicht zur Aufstellung eines Konzernabschlusses verpflichtet ist, haben den Jahresabschluss um eine Kapitalflussrechnung und einen Eigenkapitalspiegel zu erweitern, die mit der Bilanz, Gewinn- und Verlustrechnung und dem Anhang eine Einheit bilden; sie können den Jahresabschluss um eine Segmentberichterstattung erweitern. ³Der Jahresabschluß und der Lagebericht sind von den gesetzlichen Vertretern in den ersten drei Monaten des Geschäftsjahrs für das vergangene Geschäftsjahr aufzustellen. ⁴Kleine Kapitalgesellschaften (§ 267 Abs. 1) brauchen den Lagebericht nicht aufzustellen; sie dürfen den Jahresabschluß auch später aufstellen, wenn dies einem ordnungsgemäßen Geschäftsgang entspricht, jedoch innerhalb der ersten sechs Monate des Geschäftsjahres. ⁵Kleinstkapitalgesellschaften (§ 267a) brauchen den Jahresabschluss nicht um einen Anhang zu erweitern, wenn sie
1. die in den §§ 251 und 268 Absatz 7 genannten Angaben,
2. die in § 285 Nummer 9 Buchstabe c genannten Angaben und
3. im Falle einer Aktiengesellschaft oder Kommanditgesellschaft auf Aktien die in § 160 Absatz 1 Satz 1 Nummer 2 des Aktiengesetzes genannten Angaben

unter der Bilanz angeben.

(2) ¹Der Jahresabschluß der Kapitalgesellschaft hat unter Beachtung der Grundsätze ordnungsmäßiger Buchführung ein den tatsächlichen Verhältnissen entsprechendes Bild der Vermögens-, Finanz- und Ertragslage der Kapitalgesellschaft zu vermitteln. ²Führen besondere Umstände dazu, daß der Jahresabschluß ein den tatsächlichen Verhältnissen entsprechendes Bild im Sinne des Satzes 1 nicht vermittelt, so sind im Anhang zusätzliche Angaben zu machen.

[Fassung: MicroBilG]

³Macht eine Kleinstkapitalgesellschaft von der Erleichterung nach Absatz 1 Satz 5 Gebrauch, sind nach Satz 2 erforderliche zusätzliche Angaben unter der Bilanz zu machen. ⁴Es wird vermutet, dass ein unter Berücksichtigung der Erleichterungen für Kleinstkapitalgesellschaften aufgestellter Jah-

[Fassung: Gesetz zur Änderung des Handelsrechts]

³Die gesetzlichen Vertreter einer Kapitalgesellschaft, die Inlandsemittent im Sinne des § 2 Abs. 7 des Wertpapierhandelsgesetzes und keine Kapitalgesellschaft im Sinne des § 327a ist, haben bei der Unterzeichnung schriftlich zu versichern, dass nach bestem Wissen der Jahresabschluss ein den tat-

resabschluss den Erfordernissen des Satzes 1 entspricht. ⁵Die gesetzlichen Vertreter einer Kapitalgesellschaft, die Inlandsemittent im Sinne des § 2 Abs. 7 des Wertpapierhandelsgesetzes und keine Kapitalgesellschaft im Sinne des § 327a ist, haben bei der Unterzeichnung schriftlich zu versichern, dass nach bestem Wissen der Jahresabschluss ein den tatsächlichen Verhältnissen entsprechendes Bild im Sinne des Satzes 1 vermittelt oder der Anhang Angaben nach Satz 2 enthält.

sächlichen Verhältnissen entsprechendes Bild im Sinne des Satzes 1 vermittelt oder der Anhang Angaben nach Satz 2 enthält. ⁴Macht eine Kleinstkapitalgesellschaft von der Erleichterung nach Absatz 1 Satz 5 Gebrauch, sind nach Satz 2 erforderliche zusätzliche Angaben unter der Bilanz zu machen. ⁵Es wird vermutet, dass ein unter Berücksichtigung der Erleichterungen für Kleinstkapitalgesellschaften aufgestellter Jahresabschluss den Erfordernissen des Satzes 1 entspricht.

(3) Eine Kapitalgesellschaft, die in den Konzernabschluss eines Mutterunternehmens mit Sitz in einem Mitgliedstaat der Europäischen Union oder einem anderen Vertragsstaat des Abkommens über den Europäischen Wirtschaftsraum einbezogen ist, braucht die Vorschriften dieses Unterabschnitts und des Dritten und Vierten Unterabschnitts dieses Abschnitts nicht anzuwenden, wenn

1. alle Gesellschafter des Tochterunternehmens der Befreiung für das jeweilige Geschäftsjahr zugestimmt haben und der Beschluß nach § 325 offengelegt worden ist,
2. das Mutterunternehmen zur Verlustübernahme nach § 302 des Aktiengesetzes oder nach dem für das Mutterunternehmen maßgeblichen Recht verpflichtet ist oder eine solche Verpflichtung freiwillig übernommen hat und diese Erklärung nach § 325 offengelegt worden ist,
3. die Kapitalgesellschaft in den Konzernabschluss einbezogen worden ist und
4. die Befreiung des Tochterunternehmens
   a) im Anhang des von dem Mutterunternehmen aufgestellten und nach § 325 durch Einreichung beim Betreiber des Bundesanzeigers offen gelegten Konzernabschlusses angegeben und
   b) zusätzlich im Bundesanzeiger für das Tochterunternehmen unter Bezugnahme auf diese Vorschrift und unter Angabe des Mutterunternehmens mitgeteilt worden ist.

(4) Absatz 3 ist auf Kapitalgesellschaften, die Tochterunternehmen eines nach § 11 des Publizitätsgesetzes zur Aufstellung eines Konzernabschlusses verpflichteten Mutterunternehmens sind, entsprechend anzuwenden, soweit in diesem Konzernabschluss von dem Wahlrecht des § 13 Abs. 3 Satz 1 des Publizitätsgesetzes nicht Gebrauch gemacht worden ist.

Übersicht

	Anm
A. Vorbemerkungen zum Zweiten Abschnitt	1, 2
B. Der erweiterte Jahresabschluss der Kapitalgesellschaften (Abs 1)	
I. Bestandteile (S 1 und 2)	5–7
II. Bildung einer Einheit	8, 9
III. Lagebericht	10
IV. Aufstellung von Jahresabschluss und Lagebericht	
1. Die zur Aufstellung verpflichteten Personen	11, 12
2. Aufstellung und Unterzeichnung	13–16
3. Zeitliche Anforderungen (S 3 und 4)	17–19
V. Rechtsfolgen einer Verletzung des Abs 1	20

Pflicht zur Aufstellung § 264

Anm

C. Grundsätzliche Überlegungen zu Abs 2 S 1
   I. Entstehungsgeschichte des Abs 2 S 1 21
   II. Einfluss des Prinzips des true and fair view auf die Auslegung des Abs 2 S 1 24
   III. Verhältnis des Abs 2 S 1 zu den Einzelvorschriften 25–31
   IV. Beachtung der GoB und Reihenfolge der Rechtsanwendung 32–34

D. Vermittlung eines den tatsächlichen Verhältnissen entsprechenden Bilds der Vermögens-, Finanz- und Ertragslage (Abs 2)
   I. Aufgaben und Adressaten des Jahresabschlusses 35, 36
   II. Vermögens-, Finanz- und Ertragslage 37, 38
   III. Ermittlung der maßgebenden tatsächlichen Verhältnisse 39, 40
   IV. Vermittlung eines entsprechenden Bilds
     1. Anzuwendender Beurteilungsmaßstab 41–43
     2. Behandlung „gesetzlicher Zwangsreserven" 44, 45
   V. Angabepflicht bei Diskrepanz zwischen dem Jahresabschluss und den tatsächlichen Verhältnissen
     1. Erfordernis einer relevanten Diskrepanz 48, 49
     2. Beispiele relevanter Diskrepanzen 50–53
     3. Art der zusätzlichen Angaben 54, 55
   VI. Rechtsfolgen einer Verletzung des Abs 2 S 1 und 2 56–60

E. Kleinstkapitalgesellschaften
   I. Verzicht auf den Anhang (Abs 1 S 5) 61
   II. Erfordernis zusätzlicher Angaben (Abs 2 S 3 und 4 idF MicroBilG) 62, 63

F. Bilanzeid (Abs 2 S 5 idF MicroBilG)
   I. Hintergrund 65–67
   II. Anwendungsbereich 68–82
   III. Rechtsfolgen einer Verletzung des Abs 2 S 3 83

G. Erleichterungen für einbezogene Kapitalgesellschaften
   I. Grundlagen 101, 102
   II. Umfang der Erleichterungen 105–110
   III. Voraussetzungen gem Abs 3 115
     1. Mutter-Tochterverhältnis 116–117
     2. Zustimmung der Gesellschafter zur Befreiung (Nr 1) 120–127
     3. Verpflichtung zur Verlustübernahme (Nr 2) 130–136
     4. Einbeziehung in den Konzernabschluss (Nr 3) 140–145
     5. Angabe der Befreiung im Konzernanhang (Nr 4 lit a)) 150–154
     6. Mitteilung der Befreiung im Bundesanzeiger (Nr 4 lit b)) 158–160
   IV. Zusätzliche Voraussetzungen gem Abs 4 165–169
   V. Jahresabschlussprüfung 170–173
   VI. Rechtsfolgen einer Verletzung der Abs 3 und 4 175

H. Steuerrechtliche Bedeutung 180, 181

I. Publizitätsgesetz 190–193

Anm

J. Abweichungen des IFRS
  I. Vorbemerkungen zum Anwendungsumfang 200, 201
  II. Umfang des Jahresabschlusses (Abs 1)
     1. Bestandteile 205–211
     2. Lagebericht 212
  III. Generalnorm (Abs 2) 215, 216
  IV. Folgen einer Nichtbefolgung von IFRS 220–222

Schrifttum: *Budde/Förschle* Das Verhältnis des „True and Fair View" zu den Grundsätzen ordnungsmäßiger Buchführung und zu den Einzelrechnungslegungsvorschriften in Mellwig/Moxter/Ordelheide, Einzelabschluss und Konzernabschluss, Bd 1 Wiesbaden 1988, 27; *Clemm* Bilanzpolitik und Ehrlichkeits-(„true and fair view"-)Gebot WPg 1989, 357; *Beine* Scheinkonflikte mit dem True and Fair View WPg 1995, 467; *Hoffmann* Jahresabschlusspolitik und die Generalnorm des § 264 Abs. 2 HGB DB 1996, 1821; *de Weerth* Bilanzrecht und Europarecht RIW 1996, 763; *Weber-Grellet* Bilanzrecht im Lichte, Bilanzsteuerrecht im Schatten des EuGH DB 1996, 2089; *Budde/Steuber* Rechnungslegung im Spannungsfeld zwischen Gläubigerschutz und Information der Gesellschafter AG 1996, 542; *Großfeld* Internationales Bilanzrecht/Internationale Rechnungslegung AG 1997, 433; *Müller* Der Europäische Gerichtshof und die Grundsätze ordnungsmäßiger Buchführung in Herzig, Europäisierung des Bilanzrechts, Köln 1997, 87; *Weber-Grellet* Europäisierung des deutschen Bilanzrechts in Herzig, Europäisierung des Bilanzrechts, Köln 1997, 95; *Hommelhof/Schwab* Gesellschaftliche Selbststeuerung im Bilanzrecht – Standard Setting Bodies und staatliche Regulierungsverantwortung nach deutschem Recht BFuP 1998, 38; *Klinke* Europäisches Unternehmensrecht und EuGH ZGR 1998, 212; *Kessler* Das Vorabentscheidungsersuchen des FG Hamburg vom 22. April 1999 in Sachen Bilanzierung von Kreditrisiken: Paradebeispiel für eine misslungenen Vorlagebeschluss IStR 2000, 531; *Schellhorn* Die Bildung von Rückstellungen für ungewisse Verbindlichkeiten nach dem Urteil des BFH vom 27. Juni 2001 im Kontext der Europäisierung und Internationalisierung der Rechnungslegung BFuP 2003, 306; *Scheffler* Europäisierung des Bilanzsteuerrechts StuB 2004, 776 *Hennrichs* Zur normativen Reichweite der IFRS – Zugleich Anmerkungen zu den Urteilen des EuGH und des FG Hamburg in der Rechtssache „BIAO" NZG 2005, 783; *Hönsch* Der Bilanzeid – Versicherungen zur Ordnungsmäßigkeit der Rechnungslegung ZCG 2006, 117; *Bosse* Wesentliche Neuregelungen ab 2007 aufgrund des Transparenzrichtlinie-Umsetzungsgesetzes für Börsennotierte Unternehmen DB 2007, 39; *Fleischer* Der deutsche „Bilanzeid" nach § 264 Abs. 2 Satz 3 HGB ZIP 2007, 97; *Hahn* Der Bilanzeid – Neue Rechtsfigur im deutschen Kapitalmarktrecht IRZ 2007, 375; *Hutter/Kaulamo* Transparenzrichtlinie-Umsetzungsgesetz: Änderungen der Regelpublizität und das neue Veröffentlichungsregime für Kapitalmarktinformationen NJW 2007, 550; *Küting/Weber/Keßler/Metz* Der Fehlerbegriff in IAS 8 als Maßstab zur regelkonformen Normanwendung DB 2007 Beil. 7; *Hamann* Der Bilanzmeineid nach § 331 Nr. 3a HGB Der Konzern 2008, 145; *Baetge/Solmecke* Würdigung des BilMoG aus Perspektive der handelsrechtlichen Jahresabschluss-Zwecke S:R 2009, 124; *Hennrichs* BilMoG – Verhältnis zu IFRS und Gläubigerschutz S:R 2009, 127; *Hennrichs* Die Bedeutung der IFRS für die Auslegung und Anwendung des (Konzern-) Bilanzrechts nach dem BilMoG Der Konzern 2009, 532; *Moxter* IFRS als Auslegungshilfe für handelsrechtliche GoB? WPg 2009, 7; *Schellhorn* Der Bilanzeid nach § 264 Abs. 2 Satz 3 HGB – Anwendungsfragen und Bedeutung DB 2009, 2363; *Stibi/Fuchs* Zur Umsetzung der HGB-Modernisierung durch das BilMoG: Konzeption des HGB – Auslegung und Interpretation der GoB unter Einfluss der IFRS? DB 2009 Beil 5, 9; *Haller/Groß* Der MicroBilG-RefE – Neue Regeln für die Rechnungslegung kleiner Kapitalgesellschaften, DB 2012, 2109; *Hoffmann* Der deregulierte Jahresabschluss der Kleinstkapitalgesellschaft, StuB 2012, 729; *Küting/Eichenlaub* Verabschiedung des MicroBilG – Der „vereinfachte" Jahresabschluss für Kleinstkapitalgesellschaften, DStR 2012, 2615; *Schellhorn* Anmerkungen zum Kleinstkapitalgesellschaften-Bilanzrechtsänderungsgesetz DB 2012, 2295; *Zwirner/Petersen/König* Relevanz des § 264 Abs. 1 Satz 2 HGB und seine Konsequenzen für den Jahresabschluss, DB 2012, 61; *Fey/Deubert/Lewe/Roland* Erleichterungen nach dem MicroBilG – Einzelfragen zur Anwendung der neuen Vorschriften, BB 2013, 107; *Müller/Kreipl* Rechnungslegungserleichterungen für Kleinstkapitalgesellschaften und Tochterunternehmen ausländischer Konzernmütter durch das MicroBilG DB 2013, 73.

A. Vorbemerkungen zum Zweiten Abschnitt

Der Zweite Abschn gilt ausschließlich für KapGes iS dieser Überschrift, dh **1** nur für AG, KGaA und GmbH deutschen Rechts. Eine **analoge Anwendung** dieses Abschn auf andere Personen kommt daher prinzipiell nur dann in Betracht, wenn dies ausdrücklich gesetzlich angeordnet ist (glA *ADS*[6] § 264 Anm 6). Die Vorschriften des Ersten bis Fünften Unterabschn des Zweiten Abschn sind gem § 264a auch auf **KapCoGes** anzuwenden. Der Zweite Abschn gilt zB nicht für inländische Zweigniederlassungen von KapGes ausländischen Rechts. Eine analoge Anwendung des Zweiten Abschn oder einzelner seiner Bestimmungen schreiben jedoch ua § 5 PublG für bestimmte GroßUnt, § 340a für bestimmte Kreditinstitute, § 341a für bestimmte VersicherungsUnt und § 336 für eG vor. Auch eine **freiwillige Anwendung** des Zweiten Abschn ist zulässig, sofern keine branchenbedingten Beschränkungen (wie zB gem § 340a Abs 2) bestehen.

Für die genannten KapGes/KapCoGes deutschen Rechts enthält der Zweite **2** Abschn **ergänzende Vorschriften,** die von diesen KapGes/KapCoGes zusätzlich zu den Normen des Ersten Abschn zu beachten sind. Soweit der Erste und der Zweite Abschn des Dritten Buchs des HGB unterschiedliche Regelungen treffen, gelten für KapGes/KapCoGes jedoch ausschließlich die **spezielleren** Vorschriften des Zweiten Abschn (Anm 33). Unter den Voraussetzungen des Abs 3 und des Abs 4 des § 264 (s dazu Anm 101 ff) entfällt die Verpflichtung zur Anwendung des Zweiten Abschn allerdings, so dass dann im JA der KapGes nur die Normen des Ersten Abschn beachtet zu werden brauchen. Ähnliches gilt für bestimmte KapCoGes gem § 264b (s Erl zu § 264b).

B. Der erweiterte Jahresabschluss der Kapitalgesellschaften (Abs 1)

I. Bestandteile (S 1 und 2)

Nach § 242 müssen auch KapGes/KapCoGes zum Zwecke des JA eine **Bi- 5 lanz** und **eine GuV** aufstellen. Abs 1 S 1 bestimmt, dass der JA von KapGes/ KapCoGes (mit Ausnahme von **Kleinstkapitalgesellschaften** s Anm 61) um einen **Anhang** zu erweitern ist. Der JA von KapGes/KapCoGes hat damit insgesamt drei unverzichtbare Bestandteile, nämlich die Bilanz, die GuV und den Anhang. Durch das BilMoG wurde Abs 1 um einen S 2 ergänzt. Danach ist der JA einer **kapmarktorientierten KapGes,** die nicht zur Aufstellung eines KA verpflichtet ist, um eine **KFR** und einen **EK-Spiegel** sowie freiwillig noch um eine **SegBerE** (zu diesen Bestandteilen Erl zu § 297) zu erweitern (s *Zwirner/ Petersen/König* DB 2012, 61 ff). Damit soll die Informationsversorgung der Kapitalmarktteilnehmer verbessert und die Informationslücken im Vergleich zum KA geschlossen werden (Begr. RegEnt BT-Drs 16/10067, 138). Allerdings wird ein kapmarktUnt, das keinen KA aufzustellen braucht (etwa mangels TU), eher selten sein.

Dass der Anhang bei KapGes/KapCoGes eigenständiger und gleichwertiger **6** Bestandteil des JA ist, hebt die **große Bedeutung** hervor, die der Gesetzgeber dem Anhang beimisst. Da die im Anhang zu gebenden Erl grds in die für die Bilanz und die GuV bestehende Publizität einbezogen werden, konnte der Gesetzgeber ohne Informationsverlust Angaben in den Anhang übernehmen, die sonst in der Bilanz oder in der GuV zu machen wären; diese Teile des JA werden somit durch den Anhang entlastet.

7 **Freiwillige Zusatzteile** (wie zB eine KFR oder ein Fünf-Jahres-Rückblick) werden als solche nicht zu eigenständigen Bestandteilen des JA iSd HGB, dürfen aber uU in den Anhang integriert werden. Hinsichtlich der Zulässigkeit derartiger Zusatzteile und sonstiger freiwilliger Zusatzangaben im Anhang s die Erl zu § 284.

II. Bildung einer Einheit

8 Die drei gesetzlichen Bestandteile des JA einer KapGes/KapCoGes (s aber zu den Bestandteilen des JA einer kapmarkt KapGes Anm 5 sowie KleinstKapGes Anm 61) bilden gemäß Abs 1 S 1 eine Einheit. Dies bedeutet, dass ein JA iSd Gesetzes noch nicht vorliegt, solange auch nur einer der drei Bestandteile fehlt. Dementspr ist eine Verpflichtung zur Aufstellung, zur Prüfung, zur Unterzeichnung, zur Feststellung oder zur Offenlegung des JA nur und erst dann **erfüllt,** wenn die betr Handlung bzgl **aller** seiner **Bestandteile** erfolgt ist. Außerdem ergibt sich aus der Bildung einer Einheit, dass der AP sein Testat nur zum JA im Ganzen (und nicht etwa zu dessen einzelnen Bestandteilen) erteilen darf, dass eine Unterzeichnung des JA durch die gesetzlichen Vertreter der KapGes/ KapCoGes nur einheitlich iS ihrer Verantwortlichkeit für sämtliche Bestandteile des JA erfolgen kann und dass die drei Bestandteile des JA gleichzeitig und gemeinsam (dh in unmittelbarem räumlichen Zusammenhang miteinander) offenzulegen sind.

9 Die Bildung einer Einheit bedeutet aber auch noch etwas anderes: Nur „der Jahresabschluss" (also nur die aus seinen drei Bestandteilen gebildete Gesamtheit) muss in den tatsächlichen Verhältnissen entspr Bild iSd Abs 2 S 1 vermitteln. Es wird daher hingenommen, dass **einzelne Bestandteile** desselben (nämlich insb die Bilanz oder die GuV) für sich genommen die tatsächlichen Verhältnisse (zB infolge einer bestimmten Ausübung von Wahlrechten) **nicht immer exakt widerspiegeln,** sofern die notwendigen zusätzlichen Informationen in einem anderen Teil des JA – nämlich insb im Anhang – gegeben werden (s Abs 2 S 2). Die Möglichkeit, im Anhang klarstellende Angaben zu machen, entbindet jedoch nicht von der Verpflichtung, die Einzelvorschriften zur Bilanz und zur GuV stets zu beachten (Anm 52).

III. Lagebericht

10 Nach Abs 1 S 1 müssen KapGes/KapCoGes (die nicht kleine Ges iSd § 267 Abs 1 sind – Abs 1 S 4 – und auch nicht nach Abs 3, 4 befreit sind) zusätzlich zum erweiterten JA einen Lagebericht aufstellen. Der Lagebericht gehört nicht zu den Bestandteilen des JA, sondern steht eigenständig neben dem JA. Zum Lagebericht s die Erl zu § 289.

IV. Aufstellung von Jahresabschluss und Lagebericht

1. Die zur Aufstellung verpflichteten Personen

11 Nach Abs 1 S 1 sind der JA und der Lagebericht von den *gesetzlichen Vertretern* der KapGes/KapCoGes aufzustellen. Grds sind dies bei einer AG die Vorstandsmitglieder, bei einer SE mit **dualistischen** System die Vorstandsmitglieder bzw mit **monistischem** System (nur) die geschäftsführenden Direktoren; bei einer

KGaA die phG und bei einer GmbH die Geschäftsführer. Bei KapCoGes sind dies gem § 264a Abs 2 die Mitglieder des vertretungsberechtigten Organs der vertretungsberechtigten Ges (idR die Geschäftsführer der Komplementär-GmbH, s Erl zu § 264a Abs 2). Im Liquidationsstadium sind es die Abwickler bzw Liquidatoren (s §§ 269, 270 AktG und 70, 71 GmbHG; ausführlich dazu *Förschle/ Deubert* in Sonderbilanzen[4] T Anm 35 ff). In der Insolvenz hat der Insolvenzverwalter die Pflicht zur Aufstellung zu erfüllen (§ 155 Abs 1 InsO). AR-Mitglieder, Generalbevollmächtigte, Prokuristen, sonstige rechtsgeschäftlich oder satzungsmäßig bestellte Vertreter gehören dagegen nicht zu den gesetzlichen Vertretern iSd § 264.

Die **Aufstellung** hat durch „die" gesetzlichen Vertreter zu erfolgen. Die Verpflichtung trifft somit *sämtliche* Mitglieder des zur gesetzlichen Vertretung berufenen Organs. Eine abw Regelung in der Satzung oder im GesVertrag ist nicht zulässig (glA *ADS*[6] § 264 Anm 20). Jedoch braucht die Aufstellung nicht durch sämtliche gesetzlichen Vertreter höchstpersönlich zu erfolgen. Eine interne Geschäftsverteilung, wonach die Aufstellung von JA und Lagebericht nur von einem bestimmten Mitglied des betr Organs durchgeführt wird, ist deshalb zulässig (und üblich). Sie entbindet die übrigen Organmitglieder jedoch nicht von ihrer Verantwortlichkeit ggü den Gestern und im Außenverhältnis. Die Entscheidungen über den Inhalt von JA und Lagebericht sind von den Organmitgliedern einstimmig zu treffen, soweit nicht durch die Satzung, den GesVertrag oder zB eine Geschäftsordnung etwas anderes bestimmt ist (*ADS*[6] § 264 Anm 21). 12

2. Aufstellung und Unterzeichnung

Bzgl der für die Aufstellung des JA erforderlichen Handlungen s §§ 242 ff sowie die Erl dazu. 13

Die **Unterzeichnung** des JA hat bei KapGes/KapCoGes durch *sämtliche* gesetzlichen Vertreter, die im Zeitpunkt der Unterzeichnung des JA dieses Amt innehaben, eigenhändig zu erfolgen (§ 245). 14

Zu weiteren Einzelheiten der Unterzeichnung s Erl zu § 245 insb Anm 1–3. 15

Der **Lagebericht** braucht nach bislang hM nicht unterzeichnet zu werden (*ADS*[6] § 245 Anm 3; *Ellerich/Swart* in HdR[5] § 245 Anm 7; *Ballwieser* in MünchKomm HGB[3] § 245 Anm 4; *Hennrichs* in Bilanzrecht § 245 Anm 22; *Hüffer* in Großkomm Bilanzrecht § 245 Anm 4; *Kirsch* in Rechnungslegung § 245 Anm 21; *Reiner* in MünchKomm HGB[3] § 264 Anm 17; *Wiedmann* in Ebenroth/ Boujong/Joost/Strohn[2] § 245 Anm 3; aA *Strieder* DB 1998, 1679; *Walz* in Heymann[2] § 245 Anm 3, 4). Wegen der zunehmenden Bedeutung des Lageberichts (zuletzt durch BilReG und BilMoG) sind an dieser Meinung aber mehr als berechtigte Zweifel angebracht (*Schulze-Osterloh* in Baumbach/Hueck[18] § 41 Anm 74 (Regelungslücke, die wegen Bedeutung des Lageberichts iSe Unterzeichnungspflicht zu schließen ist)). Die Unterzeichnung mit Datumsangabe, die von der des JA ggf abweichen kann, ist unabhängig von dem Vorliegen einer Unterzeichnungspflicht jedoch sinnvoll, um den Zeitpunkt der Beendigung der Aufstellung (und damit das zeitliche Ende der Informationserfassung) festzuhalten und zur Dokumentation, dass die gesetzlichen Vertreter die Verantwortung für den Lagebericht übernehmen. 16

3. Zeitliche Anforderungen (S 3 und 4)

Der JA und der Lagebericht sind von allen KapGes/KapCoGes, die **nicht kleine Gesellschaften** iSd § 267 Abs 1 sind, gem Abs 1 S 3 in den ersten drei Monaten des folgenden Gj aufzustellen. Bei **kleinen KapGes/KapCoGes** iSd § 267 Abs 1 verlängert sich diese Frist für den JA (den Lagebericht brauchen sie 17 nicht aufzustellen, Anm 10) gem Abs 1 S 4, 2. Hs auf bis zu sechs Monate, wenn dies einem ordnungsgemäßen Geschäftsgang entspricht. Letzteres bedeutet, dass die Beendigung der Abschlussarbeiten nicht willkürlich bis zum Ende des 6. Monats aufgeschoben werden darf, wenn eine frühere Aufstellung ohne Schwierigkeiten möglich ist. Dabei ist insb zu beachten, dass sich in Krisensituationen im Hinblick auf die §§ 283 Abs 1 Nr 7b und 283b Abs 1 Nr 3b StGB und die diesbezgl Rspr (*BVerfG* 15.3.1978 DB, 1393) die Verpflichtung ergeben kann, den JA „vordringlich" (dh bereits „alsbald nach dem Ende des Geschäftsjahres") aufzustellen. Für mittelgroße und große KapGes/KapCoGes hat dieser Aspekt angesichts der ohnehin kürzeren Fristbestimmung des Abs 1 S 2 und des umfangreicheren Bearbeitungsvolumens derartiger Ges idR keine praktische Bedeutung.

Die Fristen des Abs 1 sind **zwingend** und können nicht durch Bestimmungen der Satzung oder des GesVertrags verlängert werden. Die Satzung einer kleinen KapGes (und wohl auch KapCoGes) ist deshalb unwirksam, soweit sie die Frist für die Aufstellung des JA allgemein auf den Ablauf des sechsten Monats des folgenden Gj festlegt (BayOLG 5.3.1987 BB, 869). Eine satzungsmäßige Verkürzung der Frist ist zulässig (ebenso *Baetge/Commandeur* in HdR[5] § 264 Anm 5; aA *ADS*[6] 264 Anm 33), hat aber nur gesinterne Bedeutung.

18 Besondere Fristenregelungen für die Aufstellung von JA und Lagebericht bestehen ua für **Kreditinstitute** (§ 26 KWG) und für **Versicherungsunternehmen** (§ 341a Abs 1, 2. Hs).

19 Die **zeitlichen Anforderungen** bzgl der Aufstellung sind nur dann erfüllt, wenn der JA und der Lagebericht zum Ende der betr Frist so weit fertiggestellt sind, dass diese Unterlagen entspr dem jeweiligen gesetzlichen Ablaufplan bei prüfungspflichtigen KapGes/KapCoGes an den AP (§ 320) und bei anderen KapGes an den AR (§ 170 Abs 1 S 1 AktG) bzw an die Gester (§ 42a Abs 1 S 1 GmbHG) übergeben werden können. Eine spätere Änderung oder Ergänzung auf Grund neuer Erkenntnisse (dazu *ADS*[6] § 264 Anm 31 f) steht der Wahrung der Fristen des Abs 1 nicht entgegen.

V. Rechtsfolgen einer Verletzung des Abs 1

20 Eine Verletzung des § 264 Abs 1 (dh eine nicht rechtzeitige Aufstellung des vollständigen JA und des Lageberichts) ist mit **keinen speziellen Sanktionen** bedroht. Ist über die Frist der Aufstellung hinaus auch die Offenlegungsfrist überschritten, kann gem § 335 Abs 1 ein Ordnungsgeld gegen die Mitglieder des vertretungsberechtigten Organs festgelegt werden. (s Erl zu § 335). Außerdem kommen die allgemeinen zivilrechtlichen Rechtsfolgen einer jeden **schuldhaften Pflichtverletzung** seitens der gesetzlichen Vertreter in Betracht (s hierzu insb die §§ 84 Abs 3 und 93 Abs 2 AktG sowie die §§ 30 und 43 Abs 2 GmbH).

C. Grundsätzliche Überlegungen zu Abs 2 S 1

I. Entstehungsgeschichte des Abs 2 S 1

21 Abs 2 S 1, der die Vermittlung eines den tatsächlichen Verhältnissen entspr Bilds der VFE-Lage der KapGes/KapCoGes vorschreibt, wird vielfach als die *zentrale Vorschrift des BiRiLiG* bezeichnet. Er – bzw der ihm zugrunde liegende Art 2 der 4. EG-Richtl – beruht entstehungsgeschichtlich auf einem Kompromiss zwischen den deutschen Vorstellungen, die von dem Wortlaut des § 149 AktG aF geprägt waren, und den englischen Wünschen, die auf eine Verankerung des Prinzips des true and fair view in der 4. EG-Richtl zielten (Nachweise bei ADS⁶ § 264 Anm 50; dazu und zum Begriff des true and fair view s auch Streim in BoHdR² § 264 Anm 10–16).

II. Einfluss des Prinzips des true and fair view auf die Auslegung des Abs 2 S 1

Trotz der Entstehungsgeschichte des Abs 2 S 1 hatte das *englische* Prinzip des true and fair view *keine konkrete* Bedeutung für die Auslegung dieser Vorschrift. Denn hierbei sind primär die *deutschen* Grundsätze über die Auslegung von Gesetzen zugrunde zu legen. Danach steht der Gesetzeswortlaut im Vordergrund, und die Entstehungsgeschichte einer Norm kommt nur insoweit als Auslegungskriterium in Betracht, als sich aus dem Gesetzeswortlaut, aus dem Sinnzusammenhang der Norm, aus dem Gesetzeszweck und aus dem – im Gesetzestext hinreichend zum Ausdruck gekommen – Willen des Gesetzgebers keine ausreichende Antwort ergibt (so schon *BVerfG* 21.5.1952 Bd 1, 312; 17.5.1960 Bd 11, 130).

Wichtiger als die Vergangenheitsbetrachtung ist jedoch, dass faktisch zu berücksichtigen ist, dass der EuGH die letzte Entscheidung bzgl der Auslegung der EG-Richtl zur Rechnungslegung hat und dass diese ein entscheidender Maßstab für die Auslegung der deutschen Rechnungslegungsvorschriften sind. Denn gem dem zu unterstellenden Willen des deutschen Gesetzgebers sollen bzw müssen letztere natürlich „richtlinienkonform" sein. Deshalb wird das deutsche Bilanzrecht in zunehmendem Maße über EuGH-Entscheidungen (wie zB das „Tomberger-Urteil" zur phasengleichen Dividendenvereinnahmung vom 27.6.1996 bzw vom 10.7.1997 DB 1996, 1400 bzw 1997, 1513; vgl BGH 12.1.1998 DB, 567) von „europäischem Gedankengut" beeinflusst werden (s auch Anm 30f), was quasi „durch die Hintertür" zu einer Annäherung von deutschen und angelsächsischen Vorstellungen über die Vermittlung des Bilds der VFE-Lage durch die Rechnungslegung führen dürfte. Zur diesbezüglichen Funktion und Kompetenz des EuGH *de Weerth* RIW 1996, 763; *Weber-Grellet* DB 1996, 2089.

III. Verhältnis des Abs 2 S 1 zu den Einzelvorschriften

Hinsichtlich der Generalnorm und den Einzelnormen stellt sich die Frage, ob die Generalnorm den Einzelnormen (Primärfunktion) oder umgekehrt die Einzelnorm der Generalnorm vorgeht (Subsidiärfunktion). Der Wortlaut des Abs 2 S 1 gibt zur Frage der **Primär- oder Subsidiärfunktion** allerdings nichts Entscheidendes her. Denn aus der Einfügung, dass die Vermittlung eines den tatsächlichen Verhältnissen entspr Bilds „unter Beachtung" der GoB zu erfolgen habe, ist nicht zu entnehmen, ob die Vermittlung eines tatsächlichen Bilds oder die Beachtung der GoB vorrangig ist. Auch der Sinnzusammenhang der Vorschrift und ihre Stellung im Gesetz lassen keine eindeutige Antwort zu.

Gegen eine **Primärfunktion** spricht formal die Existenz des Abs 2 S 2. Denn wenn Abs 2 S 1 allen anderen Rechnungslegungsvorschriften vorginge und diese im Wege einer rechtsgestaltenden Auslegung in seinem Sinne umformen würde, wäre es logischerweise nicht möglich, einen JA in gesetzmäßiger Weise aufzustellen, der nicht von vornherein ein den tatsächlichen Verhältnissen entspr Bild vermittelt. Es wäre folglich kein Fall denkbar, in dem dieses Bild erst durch (gem Abs 2 S 2 erfolgende) zusätzliche Angaben im Anhang herbeigeführt werden kann. Im Fall einer Primärfunktion der Generalnorm wäre Abs 2 S 2 somit nicht nur überflüssig, sondern sogar sinnlos.

26 **Argumente für** eine **Subsidiärfunktion** können sich auch aus dem Sinn und Zweck des BiRiLiG ergeben. Denn dieses ist – trotz seiner Verursachung durch eine verbindliche EG-Richtl – ein *deutsches* Gesetz. Es ist daher verfassungskonform und iSd deutschen Rechtssystems auszulegen. Unter diesem Blickwinkel der bisherigen deutschen Auffassung ist zu berücksichtigen, dass auf Grund des Verfassungsauftrages des Art 20 Abs 3 GG bei jeder Gesetzgebung die Grundsätze der Normenklarheit (iSv Rechtssicherheit und Vorhersehbarkeit) und der Justiziabilität zu beachten sind. Sinn und Zweck des BiRiLiG ist es aber, die Normen der 4. EG-Richtl in deutsches Recht zu transformieren. Um die Verfassungskonformität zu gewährleisten, muss es diesem Sinn und Zweck immanent sein, die Transformation in einer Weise zu erreichen, welche die Normenklarheit und Justiziabilität iSd deutschen Rechtssystems sicherstellt. Letzteres ließe sich durch eine übergeordnete Generalnorm von der Art und der Tragweite des angelsächsischen Prinzips des true and fair view kaum erreichen.

27 Der deutsche Gesetzgeber hat auch auf die ausdrückliche Übernahme von Art 2 Abs 5 der 4. EG-Richtl (wonach von Einzelvorschriften abzuweichen ist, wenn bei ihrer Beachtung kein den tatsächlichen Verhältnissen entspr Bild vermittelt würde) verzichtet, um die Anwendung der gesetzlichen Einzelvorschriften nicht in Frage zu stellen (*Begr RegE BiRiLiG*, 77). Zur Zulässigkeit dieses Verzichts s *ADS*[6] § 264 Anm 49 mwN.

28 Die angenommene Subsidiarität der Generalnorm gilt auch bzgl derjenigen gesetzlichen Einzelvorschriften, die **Wahlrechte** eröffnen. Das Unt ist bei der Ausübung eines Wahlrechts somit grds nicht verpflichtet, von den zur Wahl stehenden Möglichkeiten ausschließlich diejenige auszuwählen, welche die tatsächlichen Verhältnisse am besten widerspiegelt (*Beisse* in FS Döllerer, 42; *ADS*[6] § 264 Anm 107; eine starke Einschränkung von Wahlrechten befürwortet *Claussen*, 89). Denn es kann nicht ernsthaft angenommen werden, dass der Gesetzgeber einerseits nach Gesetzeswortlaut und Gesetzeszweck eindeutige Wahlmöglichkeiten – wie sie zB in den vor BilMoG geltenden und nunmehr entfallen §§ 254 S 1 (iVm 279 Abs 2), 268 Abs 1, 269 S 1, 274 Abs 2 S 1 und 280 Abs 2 enthalten waren – zwar in das HGB eingefügt hatte, andererseits aber zugleich gewollt hat, dass das Unt in den betr Fällen stets denjenigen Wert bzw diejenige Darstellung „wählen" *muss,* der bzw die im konkreten Fall den objektiv besten Einblick vermittelt. Letzteres würde – insb auch im Hinblick auf die Strafandrohungen der §§ 331 ff und eine evtl Nichtigkeit des JA (s Anm 56ff) – zu einer unerträglichen Rechtsunsicherheit führen. Dabei ist aber zu beachten, dass nicht alle Einzelvorschriften, in denen die Worte „dürfen" oder „können" oder ähnliche Formulierungen vorkommen, dadurch automatisch Wahlrechte eröffnen. Es ist vielmehr bei jeder derartigen Norm durch Auslegung abstrakt (dh losgelöst vom Einzelfall der Anwendung) zu ermitteln, wie sie zu verstehen ist und ob sie nach dem Willen des Gesetzgebers tatsächlich eine echte Wahlmöglichkeit schaffen soll. Bei dieser Auslegung ist Abs 2 S 1 maßgeblich zu berücksichtigen (auch *Baetge/Commandeur* in HdR[5] § 264 Anm 34ff).

29 Eine **Begrenzung der Wahlmöglichkeiten** ergibt sich aber dadurch, dass eine *missbräuchliche* Ausübung der Wahlrechte unzulässig ist (s Anm 34) und dass das Gebot der Ausweis- und Bewertungsstetigkeit zu beachten ist (s *Budde/Förschle* in Moxter/Mellwig/Ordelheide, 35). Eine einmal getroffene Wahl entfaltet daher Bindungswirkungen für die nachfolgenden JA (dazu § 252 Anm 55 ff). Sie ist im Anhang anzugeben (s insb § 284 Abs 2 Nr 1).

Das **Verbot einer missbräuchlichen Ausübung der Wahlrechte** bedeutet insb, dass die Wahl *willkürfrei* zu treffen ist (*Claussen*, 91). Eine willkürliche Wahlrechtsausübung läge vor, wenn die Wahl entscheidend von Erwägungen bestimmt wäre, die in Bezug auf die Zwecke der Rechnungslegung als sachfremd bezeichnet werden müssten (glA *Baetge/Commandeur* in HdR[5] § 264 Anm 36 aE). Dabei ist uE zu berücksichtigen, dass der vom Gesetz mit den Wahlrechten eröffnete Ermessensspielraum automatisch durch die Funktionen des JA (Anm 35) begrenzt wird. Da diese Funktionen teilweise gegenläufig sind und eine eindeutige Rangfolge der Funktionen nicht besteht, ist es dem Bilanzierenden allerdings möglich, einer bestimmten Funktion mehr Gewicht beizulegen. Eine derartige Gewichtung der Funktionen muss sich aber durch die Umstände des betr Einzelfalls sinnvoll begründen lassen. Die Vermutung einer ermessensfehlerfreien Wahlrechtsausübung ist insb dann gegeben, wenn mit der Art der Wahl eine Steueroptimierung bezweckt wird, dh wenn steuerrechtlich begründete Wahlrechte iSe Steuerersparnis ausgeübt werden, wenngleich dies durch den Wegfall der umgekehrten Maßgeblichkeit nunmehr kaum Bedeutung hat.

30 Die angenommene Subsidiärfunktion des Abs 2 S 1 hat aber eine *besondere Qualität*, da diese Norm im Falle eines Konflikts mit einer eindeutigen – dh nicht auslegungsbedürftigen – Einzelvorschrift **nicht** etwa **ersatzlos und damit endgültig hinter die betreffende Einzelvorschrift** zurücktritt, sondern bewirkt, dass in derartigen Fällen im Anhang zusätzliche Informationen zu geben sind (§ 264 Abs 2 S 2 sowie Anm 48 ff). Sie tritt damit quasi nur vorläufig (nämlich nur bzgl der Bilanz und/oder der GuV) hinter die widerstreitende eindeutige Einzelvorschrift zurück, um dann aber die Gesamtaussage des JA (iSd aus seinen drei gesetzlichen Bestandteilen gebildeten Einheit) mittels der im Anhang zu gebenden zusätzlichen Informationen im Ergebnis doch entscheidend zu bestimmen. Durch dieses Erfordernis zusätzlicher Angaben im Anhang wird sichergestellt, dass jeder in gesetzmäßiger Weise aufgestellte JA *insgesamt* die Generalnorm erfüllt. Materiell wird somit das von der 4. EG-Richtl geforderte Resultat vollinhaltlich verwirklicht, obwohl deren Art 2 Abs 5 nicht in das deutsche Recht übernommen worden ist (dazu Anm 27).

Außerdem spielt Abs 2 S 1 als eine **Normierung** des **gesetzgeberischen Willens,** der hinter allen für KapGes/KapCoGes geltenden Rechnungslegungsvorschriften steht, sowohl bei der Auslegung der Einzelvorschriften als auch bei der Ausfüllung von Gesetzeslücken eine wesentliche Rolle. Es geht daher zu weit, Abs 2 S 1 „vor allem als Generalnorm für den Anhang" (so *ADS*[6] § 264 Anm 104; ähnlich *Beisse* in FS Döllerer, 43) zu sehen. Die sog Abkoppelungsthese (Abs 2 ist nur für den Anhang relevant; vgl *Moxter* in FS Budde, 419; *Beisse* in FS Moxter, 3, 6) ist mit der Bedeutung der Vorschrift spätestens seit dem Tomberger-Urteil (s Anm 24) unvereinbar (*Merkt* in Baumbach/Hopt[35] § 264 Anm 9; s auch *Herrmann* in Heymann[2] § 264 Anm 8; *Beater* in MünchKomm HGB[1] § 264 Anm 18, 19; *Reiner* in MünchKomm HGB[3] § 264 Anm 57).

31 Zusammenfassend lässt sich feststellen, dass Abs 2 S 1 nach bisheriger noch hM *keine vorrangige Generalnorm* ist, welche die für die Rechnungslegung von KapGes/KapCoGes geltenden Einzelvorschriften im Konfliktfall aus deren Regelungsbereich verdrängt. Er hat vielmehr die Aufgabe, Lücken zu schließen und Zweifelsfragen zu klären, welche die Einzelvorschriften offen lassen (ähnlich *ADS*[6] Anm 45 ff). Er ist damit – als die allgemeinere Norm – ggü den Einzelvorschriften – als den spezielleren Normen – subsidiär (glA *Baetge/Commandeur* in HdR[5] § 264 Anm 10 und 32). Allerdings mehren sich seit dem „Tomberger-Urteil" (Anm 24) mit guten Gründen die Stimmen, die darauf hindeuten, dass diese Interpretation nicht richtlinienkonform ist, sondern Abs 2 S 1 eine vorrangige Norm darstellt (*Weber-Grellet* 1997, 99; auch *Müller*, 90; *Beater* in MünchKomm HGB[1] § 264 Anm 18, 19; Klinke ZGR 1998, 231; *Luttermann* in MünchKomm AktG[2] § 245 Anm 88). Praktische Auswirkungen dürfte dies aber nicht haben.

Auch in dem neueren bilanzrechtlichen Urteil („BIAO") des *EuGH* (EuGH 7.1.2003, IStR, 95 ff), das im Übrigen einen Fall einer Nicht-KapGes mit bilanz-

§ 264 32 Jahresabschluß der KapGes (Allgemeine Vorschriften)

*steuer*rechtlichem Hintergrund betraf, betont der EuGH erneut die fundamentale Bedeutung des true-and-fair-view-Grundsatzes. Außerdem hält der EuGH in Ermangelung entspr Detailregelungen der 4. EG-Richtl auch die Heranziehung der detaillierteren IFRS-Regelungen zur Auslegung der EG-Richtl auf der Ebene des nationalen Rechts für zulässig (vgl *Schellhorn* BFuP 2003, 316 ff (mit dem Beispiel, dass wegen der Unbestimmtheit der Generalnorm bei Rückstellungsbildung die Detailregelungen der IFRS herangezogen werden, da auch diese Abbildungsregeln einen true and fair view geben sollen); *Scheffler* StuB 2004, 776 ff; kritsch zur Anwendung der IFRS *Kessler* IStR 2000, 535 ff; restriktiv zur Reichweite der IFRS nach „BIAO" *Hennrichs* NZG 2005, 784 ff).

Durch die **teilweise Annäherung** des **HGB** durch das BilMoG an die **IFRS** stellt sich in diesem Zusammenhang die Frage, ob die IFRS ggf als Konkretisierung eines den tatsächlichen Verhältnissen entspr Bilds zur Auslegung des HGB (Anm 31) heranzuziehen sind (ablehnend *Moxter* WPg 2009, 7 ff). Dies ist unzweifelhaft gegeben, bei dem (einen) Fall (vgl *Hennrichs* Der Konzern 2009, 537 f; s. a. *Hennrichs* S:R 2009, 128 f), bei dem der Gesetzgeber (oder Richtliniengeber) direkt den Anschluss an die IFRS sucht, wie bei der Definition der nahestehenden Unt und Personen, die sich richtliniengemäß nach IAS 24 (s Erl zu § 285 Nr 21) richtet. Nicht gegeben ist dies hingegen in den Fällen, in denen der Gesetzgeber sich bewußt gegen bestimmte IFRS-Regeln entschieden hat. Dies ist ausweislich der Begr zum RegE BilMoG hinsichtlich der Gewinnrealisierung bei (langfristiger) Auftragsfertigung (IAS 11) oder durch Beibehaltung des VG- und Verbindlichkeitsbegriffs und -inhalts bei bestimmten Vermögenswert- und Schuldansätzen bei der Kaufpreisallokation gegeben. Damit ist die Residualgröße Goodwill nach IFRS und HGB nicht zwingend übereinstimmend. Auch der „Impairment Only Ansatz" wurde zugunsten der Beibehaltung der planmäßigen Abschreibung nicht übernommen. Dann gibt es noch den Bereich, bei dem eine Annäherung an die IFRS gewollt ist bzw bei dem die IFRS als Vorbild dienen. Ein Bsp für die gewollte Annäherung ist bei der geänderten KA-Aufstellungspflicht nach § 290 zu finden, die sich des IAS 27 und des SIC 12 bedient (s Erl zu § 290) oder die Neukonzeption der latenten Steuern (§§ 274, 306) sowie die Aktivierung von Entwicklungskosten (§ 248 Abs. 2, § 255 Abs. 2a) insb mit der Frage des Aktivierungszeitpunkts von Entwicklungskosten (IAS 38 hier insb Par 57). Hier ist eine Orientierung bei der Auslegung nicht nur zulässig, sondern auch geboten (vgl auch *Reiner* in MünchKomm HGB[3] § 264 Anm 67). Schließlich gibt es noch einen Bereich, der vom Gesetzgeber weder bewusst übernommen noch bewusst nicht übernommen worden ist. Hier zu nennen ist zB die Frage der handelsrechtlichen Zulässigkeit der Abschreibung nach dem Komponentenansatz gem IAS 16 (dazu zT bejahend IDW RH HFA 1.016 (IDW-FN 2009 S 362 f)) oder die Frage der Aktivierung von Rückbauverpflichtungen als Teil der AK/HK und ggf Leasingbilanzierung. Hier bilden die IFRS eine wichtige Erkenntnisquelle für die Auslegung, die zwar nicht zwingend, aber doch sehr naheliegend ist (s *Hennrichs* Der Konzern 2009, 537 f; *Hennrichs* S:R 2009, 128 f; *Stibi/Fuchs* DB 2009 Beil 5, insb 15).

IV. Beachtung der GoB und Reihenfolge der Rechtsanwendung

32   Die in Abs 2 S 1 enthaltenen Worte „unter Beachtung der Grundsätze ordnungsmäßiger Buchführung" verweisen nicht etwa nur auf die **nicht kodifizierten Prinzipien der Rechnungslegung,** sondern zugleich auch auf die gesetzlichen Rechnungslegungsvorschriften. Denn auch diese sind „für ihren Geltungsbereich Grundsätze ordnungsmäßiger Buchführung" (*Begr RegE BiRi-*

LiG, 76). Sie verdrängen deshalb insoweit auch sonstige (nämlich nicht kodifizierte) GoB, sofern sich zu diesen ein Konflikt ergibt. Damit ist das durch Abs 2 S 1 angestrebte Bild letztlich unter Beachtung der einschlägigen gesetzlichen Einzelvorschriften sowie hilfsweise der sonstigen – nicht kodifizierten – GoB (dazu § 243 Anm 11 f) zu vermitteln.

Da das gesetzte Recht den (sonstigen) GoB und speziellere Vorschriften den allgemeineren vorgehen und da die Generalnorm des Abs 2 S 1 idS nach noch hM nur subsidiären Charakter hat, ergibt sich für die Aufstellung des JA von KapGes/KapCoGes insgesamt folgende grds **Reihenfolge der Rechtsanwendung:** 33
1. Spezialnormen für bestimmte Geschäftszweige (zB Formblattverordnung für Kreditinstitute);
2. Spezialnormen für bestimmte Rechtsformen (zB §§ 150 ff AktG);
3. §§ 264 bis 288 (mit Ausnahme des Abs 2);
4. §§ 242 bis 256a;
5. nicht kodifizierte GoB (als spezielle Konkretisierungen der Generalnorm);
6. die Generalnorm des Abs 2 S 1 (ggf in Form der Angabepflicht gem S 2 sowie interpretiert iSd Art 2 der 4. EG-Richtl) ggf unter Heranziehung von IFRS-Regeln (Anm 31).

Zum Verhältnis zwischen der Generalnorm und den nicht kodifizierten GoB *Budde/Förschle* in Moxter/Mellwig/Ordelheide, 36.

Die Generalnorm des Abs 2 S 1 ist aber auch bei der **Auslegung** aller Einzelvorschriften als der direkte Ausdruck des gesetzgeberischen Willens, der hinter allen Rechnungslegungsvorschriften für KapGes/KapCoGes steht, heranzuziehen (Anm 30). Außerdem ist sie zur **Verhinderung einer missbräuchlichen Anwendung** von Einzelvorschriften anzuwenden (Anm 29). Bzgl der Annahme eines Missbrauchs ist allerdings Zurückhaltung geboten, da der Konflikt idR gem Abs 2 S 2 durch zusätzliche Angaben im Anhang zu lösen ist und auch gelöst werden kann (Anm 48 ff). 34

D. Vermittlung eines den tatsächlichen Verhältnissen entsprechenden Bilds der Vermögens-, Finanz- und Ertragslage (Abs 2)

I. Aufgaben und Adressaten des Jahresabschlusses

Der JA der KapGes/KapCoGes gem HGB folgt **keiner bestimmten Bilanzauffassung,** sondern enthält Komponenten sowohl der neostatischen als auch der neodynamischen Bilanztheorien, ohne dass insgesamt gesehen der einen oder der anderen Auffassung Vorrang eingeräumt worden ist. Zu den grundlegenden **Aufgaben des Jahresabschlusses** gehören die Rechenschafts-, die Gewinnermittlungs-, die Ausschüttungsbemessungs-, die Gläubigerschutz- und die Informationsfunktion. Hierbei ist der Informations- und der Rechenschaftsfunktion durch das in Abs 2 enthaltene Erfordernis, ein den tatsächlichen Verhältnissen entspr Bild der VFE-Lage zu vermitteln, großes Gewicht gegeben. Die **Gläubigerschutzfunktion** steht jedoch – auch nach BilMoG (Kapitalerhaltungszweck „leicht geschwächt" *Baetge/Solmecke* S:R 2009, 124) – **im Vordergrund** (kritisch *Budde/Steuber* AG 1996, 542). Insgesamt versucht das HGB, einen Kompromiss zwischen den vielfältigen Funktionen des JA zu erreichen. 35

Als **Adressaten** des JA (dazu zB *Clemm* WPg 1989, 359) sind in erster Linie die Gester und die Gläubiger anzusehen, daneben aber auch zuständige staatliche Ver- 36 waltungen (insb die FinVerw und die Aufsichtsbehörden), die Arbeitnehmer und deren Organisationen, Geschäftsfreunde und die interessierte Öffentlichkeit (allgemeiner *Begr RegE zum BiRiLiG*, 63, wo die Rechnungslegungsvorschriften als „Schutzvorschriften im Interesse der Gesellschafter sowie Dritter" bezeichnet werden). Das Interesse dieser Adressaten bzgl des JA kann sehr unterschiedlich sein.

II. Vermögens-, Finanz- und Ertragslage

37   Gegenstand der durch den JA einer KapGes/KapCoGes zu gebenden Darstellung sind die Vermögenslage, die Finanzlage und die Ertragslage des Unt (s ausführlich zu den einzelnen Lagen *ADS*[6] § 264 Anm 60–85; *Baetge/Commandeur* in HdR[5] § 264 Anm 13–28; *Streim* in BoHdR[2] § 264 Anm 31–49).

Eine Darstellung der **Vermögenslage** soll darüber informieren, wie „reich" oder „arm" das Unt ist, dh wie groß der Saldo zwischen den ihm gehörenden Vermögensposten und seinen Schulden im weitesten Sinne ist. Die richtige Ermittlung der Vermögenslage hängt sowohl von der vollständigen Erfassung aller VG, Schulden und RAP des Unt als auch von einer zutreffenden Bewertung ab. Das zentrale Instrument zur Darstellung der Vermögenslage ist die – stichtagsbezogene – Bilanz. Daneben kommt aber auch dem Anhang eine wichtige Funktion zu, da er wesentliche zusätzliche Angaben insb zur Bilanzierung und Bewertung der in der Bilanz ausgewiesenen Posten enthält.

Eine Darstellung der **Finanzlage** (dazu *SABI 3/1986* WPg, 670) soll über die Herkunft und die Verwendung der im Unt eingesetzten Mittel sowie über deren Fristigkeiten Auskunft geben. Sie soll besagen, wie liquide das Unt ist und ob bzw in welchem Maße es seinen Verpflichtungen in der überschaubaren Zukunft voraussichtlich nachkommen kann. Das wichtigste Instrument zur Darstellung der Finanzlage ist wiederum die Bilanz nebst den diesbzgl ergänzenden Angaben im Anhang. Doch auch die GuV kann für die Beurteilung der – notwendigerweise dynamisch zu sehenden – Finanzlage bedeutsam sein, da sie idR Rückschlüsse auf die bevorstehenden zeitablaufbedingten Veränderungen der Bilanzposten zulässt.

Eine Darstellung der **Ertragslage** soll darüber informieren, in welchem Umfang und aus welchen Gründen sich das Reinvermögen (EK) des Unt innerhalb eines bestimmten Zeitraums unter Berücksichtigung von Anschaffungen, Einlagen, Entnahmen verändert hat. Das zentrale Instrument zur Darstellung der Ertragslage ist die – zeitraumbezogene – GuV. Daneben enthält aber auch der Anhang regelmäßig zahlreiche Angaben, die für die Beurteilung der Ertragslage wichtig sind.

Zur Frage, inwieweit der JA iSd HGB die ihm hiernach obliegenden Informationsaufgaben überhaupt zu erfüllen vermag, s aber Anm 44 f.

38   Ein allgemein gültiges **Rangverhältnis** hinsichtlich ihrer Bedeutung gibt es zwischen der VFE-Lage nicht (glA *Baetge/Commandeur* in HdR[5] § 264 Anm 14; *ADS*[6] § 264 Anm 60). Je nach der Branche des Unt, seiner augenblicklichen wirtschaftlichen Situation oder auch der individuellen Blickrichtung des Adressaten kann mal der einen und mal der anderen Lage größeres Gewicht zukommen. In der Regel dürfte allerdings die Ertragslage im Vordergrund des Interesses stehen, da sich aus ihr am meisten Rückschlüsse auf die künftige Entwicklung des Unt ableiten lassen. In zweiter Linie wird im Allgemeinen die Finanzlage interessieren, da eine schlechte Finanzlage die Fortführung des Unt – vor allem bei Zahlungsstockungen – besonders schnell in Frage stellen kann.

Hieraus kann aber **nicht** etwa gefolgert werden, dass bei der Aufstellung des JA je nach den Verhältnissen des Einzelfalls die Darstellung der einen oder der anderen der drei „Lagen" vernachlässigt werden dürfe. Denn aus Abs 2 S 1, der die *drei Lagen gleichrangig* nebeneinander stellt, ergibt sich, dass das Bild aller drei Lagen gleichermaßen in einer den tatsächlichen Verhältnissen entspr Weise (und damit vollständig) zu vermitteln ist. Soweit es dabei (zB anlässlich der Ausübung von Bewertungswahlrechten) zu **Konflikten** kommt, müssen – und können – diese durch geeignete Angaben im Anhang gelöst werden (Abs 2 S 2). Eine anzuerkennende Notwendigkeit, die Darstellung einer Lage zugunsten der beiden anderen zu vernachlässigen, ist daher nicht ersichtlich.

III. Ermittlung der maßgebenden tatsächlichen Verhältnisse

Um ein den tatsächlichen Verhältnissen entspr Bild der VFE-Lage des Unt vermitteln zu können, sind zunächst die diesbzgl „tatsächlichen Verhältnisse" des Unt zu *ermitteln*. Dies ist vermutlich die bei weitem schwierigste Aufgabe, die § 264 den Unt (und ihren AP) stellt. Denn das Unt soll grds hinsichtlich *aller seiner ökonomischen Belange* erfasst werden, die für die Beurteilung der VFE-Lage von Bedeutung sind (s aber Anm 45). Hieraus ergibt sich das Problem, wie der den JA Erstellende (und wie erst recht der AP) in den Besitz ausreichender Informationen bzgl aller im vorliegenden Rahmen relevanten Belange des Unt kommen kann. Die üblichen Buchführungsunterlagen sind dafür prinzipiell nicht ausreichend, da das HGB – zu Recht – davon ausgeht, dass deren den GoB entspr Verarbeitung im JA in vielen Fällen noch kein den tatsächlichen Verhältnissen entspr Bild herbeiführt. Es sind daher auch das nicht (oder noch nicht) zu konkreten Geschäftsvorfällen führende wirtschaftliche Gebaren des Unt (und der in seinem Namen Handelnden) sowie äußere Einflüsse aller Art zu berücksichtigen, die aus dem wirtschaftlichen Umfeld im weitesten Sinne auf das Unt einwirken. 39

Dabei ist zu beachten, dass bei der Frage, welche tatsächlichen Verhältnisse für den JA relevant sind, ein **objektiver Maßstab** anzuwenden ist (Anm 42). Hiernach muss sich die Intensität der Ermittlungsbemühungen richten. **Allgemeingültige Lösungshinweise** für die Ermittlung der relevanten tatsächlichen Verhältnisse lassen sich **nicht** geben. Es kommt vielmehr stets auf den konkreten Einzelfall an, in dem letztlich nur eine umfassende Kenntnis des betr Unt in allen seinen Belangen und seinen Verknüpfungen zur Umwelt hilft. Zur Umwelt gehören nicht nur andere Unt, sondern auch der Staat in allen seinen Erscheinungsformen, die Gewerkschaften, das Konsumverhalten der Bevölkerung, politische und ökonomische Entwicklungen im In- und Ausland und vieles mehr. 40

IV. Vermittlung eines entsprechenden Bilds

1. Anzuwendender Beurteilungsmaßstab

Das **Gesetz** gibt **keine** näheren **Anweisungen** bzgl der zur Vermittlung eines den tatsächlichen Verhältnissen entspr Bilds der VFE-Lage vorzunehmenden Gewichtung und Wertung des zur Verfügung stehenden Tatsachenmaterials. Jede Darstellung erfordert aber eine Entscheidung darüber, von welchem Standpunkt aus bzw für welche Adressaten sie zu erfolgen hat. Denn eine absolute Richtigkeit gibt es hinsichtlich der hier in Frage stehenden ökonomischen Probleme nicht. Mangels näherer Hinweise im Gesetz ist eine Beurteilung anzuwenden, die im Hinblick auf sämtliche in Betracht kommenden Adressaten des JA (Anm 36) möglichst *ausgewogen* und damit insgesamt *„fair"* ist. Dies bedeutet aber, dass vor allem der vom JA (einschl des Anhangs) vermittelte **Gesamtein-** 41

druck vom Zustand und den Entwicklungstendenzen des Unt zutreffend sein muss (glA *ADS*[6] § 264 Anm 100).

42 Dabei ist ein *objektiver Maßstab* anzulegen. Eine nur subjektive Richtigkeit des JA genügt grds nicht, zumal die einschlägigen Nichtigkeitsvorschriften bei Überbewertungen kein Verschulden voraussetzen (Anm 57).

43 In der **Praxis** wird diese **Problematik** allerdings regelmäßig dadurch **entschärft,** dass dann, wenn der JA in Übereinstimmung mit den (kodifizierten und nicht kodifizierten) GoB erstellt wurde, quasi ein **Beweis des ersten Anscheins** dafür spricht, dass er auch ein den tatsächlichen Verhältnissen entspr Bild vermittelt. Es müssen „besondere Umstände" iSd Abs 2 S 2 (dazu Anm 48 ff) vorliegen, um diesen Beweis des ersten Anscheins aufzuheben (ähnlich die Protokollerklärung anlässlich der EG-Ratstagung vom 25.7.1978 zu Art 2 Abs 4 der 4. EG-Richtl, wonach „es normalerweise ausreicht, die Richtlinie anzuwenden, damit das gewünschte den tatsächlichen Verhältnissen entsprechende Bild entsteht").

2. Behandlung „gesetzlicher Zwangsreserven"

44 Aufgrund des gesetzlichen Aktivierungsverbots bzw -wahlrechts für bestimmte immaterielle VG des Anlagevermögens (§ 248) sowie der gesetzlichen Bewertungsgrenzen, nach denen idR Aktivwerte nicht höher als mit ihren AK oder HK (bzw dem ggf nach Vornahme zwingender Mindestabschreibungen verbleibenden Restwert) und Verbindlichkeiten nicht niedriger als mit ihrem Erfüllungsbetrag angesetzt werden dürfen (§ 253 Abs 1), bilden sich zwangsläufig in vielen Fällen stille Reserven **(„gesetzliche Zwangsreserven")** im Vergleich zum beizZW. Die in der Bilanz ausgewiesenen Werte entsprechen dann nicht mehr den tatsächlichen Verhältnissen, und auch die Ertragslage ist objektiv nicht richtig dargestellt, wenn sie durch eine nicht offengelegte Bildung oder Auflösung derartiger stiller Reserven beeinflusst wird. Da der deutsche Gesetzgeber aber Normen – von § 54 RechVersV abgesehen – über die Aufdeckung stiller Reserven nicht geschaffen hat, kann nicht angenommen werden, dass er Angaben über stille Reserven gewollt hat (glA *ADS*[6] § 264 Anm 93 f).

45 Dies hat zur Folge, dass das Postulat des Abs 2 S 1, ein den tatsächlichen Verhältnissen entspr Bild der VFE-Lage zu vermitteln, **nur eingeschränkt** erfüllt zu werden braucht, soweit es die genannten gesetzlichen Zwangsreserven betrifft. Denn unter den „tatsächlichen Verhältnissen" iS dieser Vorschrift sind nicht die absolut bestehenden tatsächlichen Verhältnisse, sondern nur die dem Bestimmungen des HGB **relevanten tatsächlichen Verhältnisse** zu verstehen. Hierzu gehören die nicht aktivierungsfähigen VG und die nicht passivierungspflichtigen Schulden und die jenseits der absoluten Bewertungsobergrenzen liegenden Wertreserven auf Grund der Konventionen des deutschen Rechts der Rechnungslegung aus den genannten Gründen aber *nicht*.

V. Angabepflicht bei Diskrepanz zwischen dem Jahresabschluss und den tatsächlichen Verhältnissen

1. Erfordernis einer relevanten Diskrepanz

48 Abs 2 S 2 schreibt zusätzliche Angaben im Anhang für den Fall vor, dass der JA auf Grund besonderer Umstände ein den tatsächlichen Verhältnissen entspr Bild der VFE-Lage des Unt *nicht* vermittelt. Dies ist gegeben, wenn der JA trotz Anwendung der gesetzlichen Vorschriften ohne zusätzliche Angaben im Anhang nicht diejenige Aussagekraft erreichen würde, die „ein ordentlicher Kaufmann" von einem gesetzmäßigen JA eines durchschnittlichen Unt, für das die gleichen Rechnungslegungsvorschriften gelten, erwartet. Ein derart abstrakter Maßstab ist allerdings wenig praktikabel. Einen konkreteren gibt es aber nicht.

Aus dem Erfordernis „besonderer Umstände" ist hierbei zu folgern, dass die Diskrepanz zwischen dem Ergebnis der Anwendung der Einzelvorschriften und den (iSd Anm 45 relevanten) tatsächlichen Verhältnissen *erheblich* sein muss, und zwar erheblich für die Gesamteinschätzung der VFE-Lage des Unt. Eine nur **unerhebliche Abweichung** von dem gedachten abstrakten Leitbild ist dagegen **„system-immanent"** und deshalb hinzunehmen. Dies gilt umso mehr, als es sich bei dieser Frage immer um einen JA handelt (bzw handeln sollte), der ansonsten voll den gesetzlichen Einzelvorschriften und den GoB entspricht. 49

2. Beispiele relevanter Diskrepanzen

Angesichts der in zahlreichen Einzelvorschriften ohnehin enthaltenen Verpflichtung, im Anhang bestimmte Angaben zu machen, sind **praktische Fälle**, in denen auch bei Erfüllung aller dieser Angabepflichten noch eine Diskrepanz zwischen dem JA und den relevanten tatsächlichen Verhältnissen besteht, relativ **selten**. Es kommt hinzu, dass Hinweise auf Umstände, welche die Ertragsaussichten künftiger Gj erheblich beeinflussen, nicht in den Anhang, sondern in den Lagebericht gehören. Dazu zählen zB das Auslaufen eines wichtigen selbstgeschaffenen Patents und die Insolvenz wichtiger Zulieferer oder Kunden. 50

Gem Abs 2 S 2 im Anhang zu erläutern wäre jedoch, wenn das Jahresergebnis zulässigerweise durch ungewöhnliche bilanzpolitische Maßnahmen (zB ein Sale-and-lease-back-Verfahren allein zum Zwecke der „Bilanzkosmetik"), durch Scheingewinne oder durch aperiodische Gewinnrealisierungen (zB bei langfristiger Fertigung) in so erheblichem Ausmaß beeinflusst ist, dass ohne zusätzliche Angaben ein falsches Bild der Ertragslage entstünde (*ADS*[6] § 264 Anm 117, 119, 122; *WPH*[14] I, F Anm 1059f). Andere Bsp sind kumulierte Auswirkungen des Realisations-, Imparitäts- und Vorsichtsprinzips und wenn Entwicklungstendenzen verborgen oder gar umgekehrt werden, etwa durch verstärkte Bildung bzw Auflösung stiller Reserven (*ADS*[6] § 264 Anm 99, 121, 123). Erl sind ebenfalls notwendig, wenn aufgrund des Kriteriums der wirtschaftlichen Verursachung nicht die volle Verpflichtung bei der Rückstellungsbemessung zurückgestellt wird (s dazu etwa *Matschke/Schellhorn* Gibt es einen neuen Verbindlichkeitsbegriff?, in FS Sieben, insb 454) und Anhangangaben zum Differenzbetrag etwa aufgrund einer Sachleistungsverpflichtung nicht gem § 285 Nr 3a zu erfolgen brauchen. Wird bei KapCoGes der (Gewerbe-)Steueraufwand wesentlich (positiv oder negativ) durch Sonder- oder Ergänzungsbilanzen beeinflusst, sind hier wegen des Einflusses auf die Ertragslage ebenfalls zusätzliche Anhangangaben erforderlich (s auch *Rose* in FS Moxter, 1107). Es sind jedoch nicht nur negative, sondern ebenso auch positive Umstände angabepflichtig, wenn andernfalls das durch den JA zu vermittelnde Bild (zB wegen hinausgeschobener Gewinnrealisierung bei langfristiger Fertigung oder aber wegen alleiniger Berichterstattung über nicht bilanzierungsfähige Risiken/Verpflichtungen nach § 285 Nr 3a ohne gleichzeitige Nennung vorhandener Chancen) insgesamt stark verfälscht würde.

Kein Anwendungsfall des Abs 2 S 2 liegt bzw lag dagegen vor, wenn aus steuerrechtlichen Gründen *zulässigerweise* (§§ 254 aF, 280 Abs 2 aF – durch BilMoG aufgehoben) von den handelsrechtlichen Vorschriften abgewichen wird bzw wurde. Denn hier ergibt bzw ergab sich die Pflicht zu entspr Angaben im Anhang grds bereits aus § 285 S 1 Nr 5 (durch BilMoG aufgehoben). Kein Anwendungsfall des § 264 Abs 2 S 2 liegt dann vor, wenn aus der Bilanz nicht er- 51 sichtliche stille Reserven der in Anm 44 genannten Art („gesetzliche Zwangsreserven") vorhanden sind (Anm 45).

52 Wird aus steuerrechtlichen oder anderen Gründen *unzulässigerweise* von den handelsrechtlichen Vorschriften **abgewichen** (zB weil eine handelsrechtlich notwendige Rückstellung – etwa für „Drohverluste" – steuerrechtlich nicht anerkannt wird), ist ebenfalls grds kein Fall des Abs 2 S 2 gegeben (sondern eine auch durch zusätzliche Angaben im Anhang nicht zu heilende Fehlerhaftigkeit des JA). Denn die Anwendung dieser Vorschrift setzt unausgesprochen voraus, dass alle Einzelvorschriften zur Rechnungslegung und die sonstigen GoB beachtet worden sind. Die Möglichkeit, im Anhang klarstellende Angaben zu machen, erlaubt es daher nicht etwa, die gesetzlichen Einzelvorschriften und die sonstigen GoB zu missachten. Insb berechtigt die Zugehörigkeit des Anhangs zum JA nicht dazu, Posten, die in der Bilanz oder in der GuV anzusetzen sind, nur im Anhang darzustellen. Zu Ausnahmen s aber § 265 Abs 7 (dort Anm 17).

53 Nur wenn es – zB bei **sich wandelnder Rechtsprechung** oder bei **neuen Bilanzierungsproblemen** (wie zB im Falle eines abgegoltenen negativen GFW) – **objektiv zweifelhaft** ist, ob ein Ansatz in der Bilanz bzw in der GuV erfolgen muss oder aber ein Wahlrecht (oder gar ein Ansatzverbot) besteht, ist es zulässig, sich auf Angaben im Anhang zu beschränken. Diese sind in derartigen Fällen andererseits aber auch unerlässlich (aA *Merkt* in Baumbach/Hopt[35] § 264 Anm 20).

3. Art der zusätzlichen Angaben

54 Liegen die Voraussetzungen des Abs 2 S 2 vor, müssen im Anhang „zusätzliche Angaben" gemacht werden. Hierfür genügt es nicht, lediglich darauf hinzuweisen, dass der JA in bestimmten Punkten oder insgesamt kein den tatsächlichen Verhältnissen entspr Bild vermittelt. Es sind vielmehr **alle** diejenigen **Informationen** zu geben, die zur Vermittlung des von Abs 2 S 1 geforderten Bilds **notwendig** sind.

55 Welche Angaben im Einzelnen zu machen sind, hängt ganz von den **Umständen** des **betreffenden Falls** ab (s die Bsp bei *Schulze-Osterloh* in Baumbach/Hueck GmbHG[18] § 42 Anm 38 mwN). Allgemein gilt gem § 243 Abs 2 lediglich, dass sich die verbalen Ausführungen auf das Wesentliche beschränken und in ihrer Formulierung präzise sein müssen. Entspr gilt auch für Zahlenangaben, die zur Quantifizierung der verbalen Aussagen idR erforderlich sind. Alle Angaben im Anhang unterliegen außerdem den Anforderungen des Abs 2 S 1.

VI. Rechtsfolgen einer Verletzung des Abs 2 S 1 und 2

56 Eine Verletzung der Generalklausel des Abs 2 S 1 ist als solche mit keinen speziellen **zivilrechtlichen Sanktionen** bedroht. Sie führt aber bei einer AG, einer KGaA und – in analoger Anwendung des § 256 Abs 5 AktG – auch bei einer GmbH dann zur **Nichtigkeit** des gesamten JA (und damit je nach Einfluss auf die Gesamtaussage der Rechnungslegung – s *WPH*[114] I, Q Anm 528 – zur Einschränkung oder Versagung des BVm), wenn die Verletzung in einer (weder Vorsatz noch Fahrlässigkeit erfordernden) Überbewertung oder in einer vorsätzlichen Unterbewertung iSd § 256 Abs 5 AktG (dh in einem Verstoß gegen die betr Einzelvorschriften zur Bewertung) besteht.

57 Angesichts der Schwere der Nichtigkeitsfolge darf man hierbei allerdings *nicht* bereits *jede geringfügige* Über- oder Unterbewertung als ausreichend erachten. Die Abweichung von der gesetzlichen Norm muss vielmehr *wesentlich* sein (ähnlich LG Düsseldorf 26.2.1988 AG 1989, 140 rkr: „nicht unbedeutend"; BGH 12.1.1998

DB, 569: „ihrem Umfang nach nicht bedeutungslos") sein. Im Allgemeinen werden **Abweichungen** dann als **wesentlich** bezeichnet werden können, wenn dadurch insgesamt (evtl durch mehrere Bewertungsfehler zusammen) (dem folgend etwa *Küting/Weber/Keßler/Metz* DB 2007 Beil 7, 10 (für IFRS); LG München 12.4.2007 DB 2007, 2308).

a) der Jahresüberschuss bzw -fehlbetrag um mind 10% (bzw das Vorsteuerergebnis 5%) oder
b) die Bilanzsumme um mind 5% verändert wird oder
c) für die Beurteilung des Unt oder seiner Organe besonders wichtige sonstige Einzelposten des JA um mind 10% verändert werden oder
d) eine Überschreitung gesrechtlich relevanter Grenzen (zB betr die Größenklasseneinteilung der Unt, Verlust von 50% des Grundkapitals iSv § 92 AktG oder Überschuldung) vereitelt wird.

Es können aber auch andere Kriterien oder auch andere Grenzwerte relevant sein. Denn letztlich ist die Entscheidung über die Wesentlichkeit eines Bewertungsfehlers unter Berücksichtigung aller Umstände des Einzelfalls zu treffen. Die zur „materiality" entwickelten anglo-amerikanischen Grundsätze (s zB *Arens/Loebbecke* Auditing[8], New Jersey 2000, 249 ff) können dabei hilfreich sein; zur Wesentlichkeit im Rahmen der JAP s § 317 Anm 103 ff.

Außerdem kann eine Verletzung der Generalklausel eine **Nichtigkeit des Jahresabschlusses** gem § 256 Abs 1 Nr 1 AktG begründen (glA *ADS*[6] § 264 Anm 137 ff). Denn Abs 2 S 1 ist eine Vorschrift, die wesentlich auch im Interesse der Gläubiger und im öffentlichen Interesse geschaffen worden ist (Anm 36).

Bei einer sonstigen (dh nicht zur Nichtigkeit führenden) Verletzung des Abs 2 kommt eine **Einschränkung oder Versagung** (je nach Einfluss auf die Gesamtaussage des JA) **des Bestätigungsvermerks** in Betracht (§ 322 Abs 4). Außerdem kann eine Verletzung der Generalklausel bei einer AG zu einer **Sonderprüfung** iSd § 258 AktG führen. Für die handelnden Personen können sich persönliche **Regresspflichten** insb aus § 823 Abs 2 BGB ergeben, da Abs 2 S 1 als Schutzgesetz iS dieser Vorschrift anzusehen ist (glA *Luttermann* in MünchKomm AktG[2] § 245 Anm 214; aA *ADS*[6] § 264 Anm 141; s auch *Reiner* in MünchKomm HGB[3] § 264 Anm 92 f). Denn für die Annahme eines Schutzgesetzes genügt es, dass die Norm auch die Interessen des Einzelnen schützen soll, selbst wenn sie in erster Linie die Interessen der Allgemeinheit im Auge hat (BGH 11.7.1988 DB, 1890). Abs 2 S 1 bezweckt aber ua den Schutz jedes einzelnen Gesters (Anm 36).

Wegen möglicher **strafrechtlicher Folgen** einer Verletzung der Generalklausel s die Erl zu den §§ 331 und 334.

E. Kleinstkapitalgesellschaften

I. Verzicht auf den Anhang (Abs 1 S 5)

Der durch das MicroBilG eingefügte Abs 1 S 5 regelt, dass sog **KleinstKap-Ges** (zur Definition s § 267a) den JA nicht um einen Anhang erweitern brauchen, wenn bestimmte Angaben unter der Bilanz ausgewiesen werden und keine Bewertung zum beizZW des Deckungsvermögens von AVersV vorgenommen wird (§ 253 Abs 1 S 5). Dabei handelt es sich um Angaben zu Haftungsverhältnissen (§§ 251 und 268 Abs 7), zu Vorschüssen und Krediten an Organmitglieder und zu eingegangenen Haftungsverhältnissen zugunsten dieser Personen (§ 285 Nr 9c) sowie im Fall von AG und KGaA zu eigenen Aktien (§ 160 Abs 1 S 1

§ 264 62, 63   Jahresabschluß der KapGes (Allgemeine Vorschriften)

Nr 2 AktG; s zu weiteren Angaben auch SfH HFA IDW-FN 2013, 360). Freiwillig kann natürlich sehr wohl ein Anhang auch bei diesen Unt aufgestellt werden.

II. Erfordernis zusätzlicher Angaben
(Abs. 2 S 3 und 4 idF MicroBilG)

62   Zur Beseititung eines Redaktionsversehens (s BT-Drs 17/13221, 9) wurde Abs 2 S 5 durch das **Gesetz zur Änderung des Handelsgesetzbuchs** aufgehoben und wortgleich als Abs 2 S 3 eingefügt, womit aus Abs 2 S 3 und 4 idF MicroBilG Abs 2 S 4 und 5 wurde. Inhaltliche Änderungen sind damit nicht verbunden.

Die Frage, die sich bei Verzicht auf den Anhang stellt, ist, ob ein JA praktisch ohne Anhang(angaben) überhaupt der Generalnorm des § 264 Abs 2 S 1 entspr und ein den tatsächlichen Verhältnissen entspr Bild der VFE-Lage (true and fair view) vermitteln kann (dazu ausführlich *Schellhorn* DB 2012, 2296 ff). Das ist „mehr als zweifelhaft" (*Schellhorn* DB 2012, 2298; dies aufnehmend *Küting/ Eichenlaub* DStR 2012, 2618; s auch *Haller/Groß* DB 2012, 2413). Zwar gibt es schon seit langem den Grundsatz der größenabhängigen Informationsabstufung, der sich in den verschiedenen größenabhängigen Erleichterungen im HGB widerspiegelt. Aber bereits bei kleinen KapGes ist der Einblick in die VFE-Lage wegen der größenabhängigen Erleichterungen „erschwert" (*ADS*[6] § 284 Anm 72 aE). Und bezogen auf den true and fair view ist dies keine Funktion, die durch den Nullpunkt geht. Wohl um der Gefahr allzu großen Nachdenkens, ob eine KleinstKapGes überhaupt den Anforderungen des true and fair views gerecht werden kann, zu entgehen und dem „Kleinstbilanzierenden" (vorläufige) Sicherheit zu geben, enthält der neue § 264 Abs 2 S 4 eine für das Bilanzrecht wenig geeignete (s. *Hommelhoff/Schwab* BFuP 1998, 42) Gesetzesvermutung, die ähnlich auch in der Micro-Richtlinie enthalten ist, nämlich dass ein solcher JA einem true and fair view entspricht. Allerdings – entgegen der Micro-Richtlinie und insoweit nicht richtlinienkonform – ist aber auch bei KleinstKapGes § 264 Abs 2 S 2 anzuwenden, wonach dann zusätzliche Angaben im Anhang – hier unter der Bilanz – zu machen sind, wenn der JA nicht einen true and fair view vermittelt.

63   Blendet man einmal die Bedenken, ob ein solcher Abschluss überhaupt einem true and fair view entsprechen kann (s Anm 61) aus (so wohl *Fey/Deubert/Lewe/ Roland* BB 2013, 107 ff; *Müller/Kreipl* DB 2013, 74), bleibt die Frage, in welchen Fällen zusätzliche Angaben erforderlich sind. In der Gesetzesbegr werden als Bsp angeführt die Altzusagen bei Pensionsverpflichtungen nach Art 28 EGHGB (RegE MicroBilG S 21) oder nicht näher spezifizierte „Sonderfälle" bei Bilanz und GuV (RegE MicroBilG S 22 f), wenn die verkürzte Gliederung bzw die kumulierte Darstellung kein zutreffendes Bild der VFE-Lage vermittelt. In der Literatur wird, um die gewollten Erleichterungen für KleinstKapGes nicht zu konterkarieren, die Toleranzgrenze für das Erfordernis zusätzlicher Angaben eher hoch gesehen („... wird diese Vermutungsregel selten zu widerlegen sein." *Hoffmann* StuB 2012, 729; dem folgend *Kirsch* in Rechnungslegung § 264 Anm 175.5; „... Zusatzangaben ... nur in Ausnahmefällen erforderlich, wenn die VFE-Lage einer Ges ohne eine solche Angabe grob irreführend dargestellt würde." *Fey/ Deubert/Lewe/Roland* BB 2013, 107). Genannt werden etwa das Vorliegen von in Relation zum Gesamtbetrag des Umlaufvermögens bzw der Verbindlichkeiten hohen Forderungen und Verbindlichkeiten bzgl Gester (*Hoffmann* StuB 2012, 730; nicht hingegen die Angabe gem. § 42 Abs 3 GmbHG als solche *Fey/Deubert/Lewe/ Roland* BB 2013, 109, so wohl aber *Kirsch* in Rechnungslegung § 264 Anm 60.4

(3)) oder einem im Verhältnis zum operativen Ergebnis betragsmäßig sehr hohen ao Ergebnis (*Fey/Deubert/Lewe/Roland* BB 2013, 108).

F. Bilanzeid (Abs 2 S 5 idF MicroBilG)

I. Hintergrund

Zur Beseitigung eines Redaktionsversehens (s BT-Drs 17/13221, 9) wurde Abs 2 S 5 durch das **Gesetz zur Änderung des Handelsgesetzbuchs** aufgehoben und wortgleich als Abs 2 S 3 eingefügt. Inhaltliche Änderungen sind damit nicht verbunden.

Abs 2 S 5 wurde durch das TUG eingeführt und setzt Art 4 Abs 2 lit c der sog Transparenzrichtl um. Diese hat den Zweck, durch „rechtzeitige Bekanntgabe zuverlässiger und umfassender Informationen" über Wertpapieremittenten „das Vertrauen der Anleger zu sichern" (Erwägungsgründe 1 und 41 der Transparenzrichtl). Die Transparenzrichtl ist als Reaktion auf die europäischen Bilanzskandale zu sehen, wobei mittels des Bilanzeids das verlorene Anlegervertrauen wiedergewonnen werden soll (*Ballwieser* in Bilanzrecht § 264 Anm 121.2; „kriseninduzierter Legislativakt" *Fleischer* ZIP 2007, 104).

Zusätzlich zur Unterzeichnungspflicht nach § 245 verpflichtet S 5 die gesetzlichen Vertreter einer KapGes, die Inlandsemittent iSv § 2 Abs 7 WpHG ist, schriftlich zu versichern, dass nach bestem Wissen – verkürzt ausgedrückt – der JA ein den tatsächlichen Verhältnissen entspr Bild vermittelt. Diese Versicherung wird, auch wenn der Begriff zumindest missverständlich ist, gemeinhin als **Bilanzeid** bezeichnet (dazu *Reiner* in MünchKomm HGB³ § 264 Anm 95.) Eine parallele Vorschrift gibt es für den KA in § 297 Abs 2 S 3 sowie entspr Verpflichtungen bezogen auf den Lagebericht und Konzernlagebericht in §§ 289 Abs 1 S 5 und 315 Abs 1 S 6 (s Erl dazu). Damit wird die Regelungsdichte des KapmarktUntRechts ein weiteres Mal erhöht (*Fleischer* ZIP 2007, 100). Vorbild für die gem § 331 Nr 3a strafbewehrte Vorschrift ist Sec 302 des US-amerikanischen **Sarbanes-Oxley-Act** (kurz SOA oder SOX, vgl dazu *Fleischer* ZIP 2007, 98 f) (BT-Drs 16/2498 S 55). Die nach SOX weitergehende Pflicht, die insb in SEC 404 enthalten ist und von Unt verlangt, ein IKS der Finanzberichterstattung einzurichten und zu betreiben, um wesentliche Fehler in der Finanzberichterstattung durch wirksame Kontrollen aufzudecken oder zu verhindern (etwa *Menzies* Sarbanes-Oxley und Corporate Compliance 2006 15 ff), wurde vom europäischen und deutschen Gesetzgeber indes nicht übernommen. § 289 Abs 5 steht dem nicht entgegen (vgl aber *Schellhorn* DB 2009, 2365 „Hintertür, durch die Euro-SOX kommt, ist wohl geöffnet").

Da bereits nach geltenden Recht die gesetzlichen Vertreter nach § 245 wegen ihrer Sorgfaltspflichten nur JA unterzeichnen, die sie für ordnungsgemäß halten und unrichtige JA nach § 331 bislang auch schon strafbewehrt sind, ist die rechtliche Bedeutung des Bilanzeids eher gering (*Ballwieser* in Bilanzrecht § 264 Anm 121.6; *Reiner* in MünchKomm HGB³ § 264 Anm 98). Der Gesetzgeber setzt wohl auch eher auf die „Appell- und Warnfunktion" (dazu *Fleischer* ZIP 2007, 105) des Bilanzeids und eine damit erhoffte Bewusstseinsschärfung und höhere Sorgfalt.

II. Anwendungsbereich

Verpflichtet zur Abgabe eines Bilanzeids sind nur die gesetzlichen Vertreter von KapGes, die **Inlandsemittenten** iSv § 2 Abs 7 WpHG sind. Inlandsemittenten sind danach solche Emittenten, für die Deutschland der Herkunftsstaat ist, es sei denn Wertpapiere dieser Emittenten sind nur in einem anderen EU-Mitgliedsstaat oder EWR-Staat zugelassen und die Emittenten unterliegen dort der Transparenzrichtl (§ 2 Abs 7 Nr 1 WpHG). Emittenten, für die nicht Deutschland, sondern ein anderer EU- oder EWR-Staat der Herkunftsstaat ist, sind dann Inlandsemittenten, wenn deren Wertpapiere aber nur im Inland zum Handel an einem organisierten Markt zugelassen sind (§ 2 Abs 7 Nr 2 WpHG).

Emittenten sind nach Art 2 Abs 1 lit d der Transparenzrichtl juristische Personen des privaten oder öffentlichen Rechts einschl eines Staates, deren Wertpapiere zum Handel an einem geregelten Markt zugelassen sind. Der „geregelte Markt" wiederum iSd Finanzmarktrichtl entspricht dem „organisierten Markt" iSd § 2 Abs 5 WpHG (*Fuchs* in WpHG § 2 Anm 142). Die Voraussetzung für einen organisierten Markt erfüllt in Deutschland der regulierte Markt iSv §§ 32 ff BörsG (früher amtlicher Markt und geregelter Markt), nicht dagegen der Freiverkehr (§ 48 BörsG) und damit auch nicht der sog Entry Standard der Frankfurter Wertpapierbörse, der auch zum Freiverkehr gehört (*Fuchs* in WpHG § 2 Anm 149).

69 **Ausgenommen** von der Verpflichtung zur Abgabe eines Bilanzeids sind **Kapitalgesellschaften iSd § 327a,** (emittieren keine Aktien, sondern nur Schuldtitel mit Mindeststückelung T€ 50) (s Erl zu § 327a).

70 Die Versicherung ist von den **gesetzlichen Vertretern** der KapGes abzugeben. Mangels eigener Definition entspricht der Begriff demjenigen des § 264 Abs 1 S 1 (s Anm 11 f; *Reiner* in MünchKomm HGB³ § 264 Anm 102). Anders als nach SOA trifft die Verpflichtung hier nicht nur den CEO und CFO, sondern entspr dem deutschen gesrechtlichen Grundsatz der Gesamtverantwortung **sämtliche Mitglieder** (etwa *Ballwieser* in Bilanzrecht § 264 Anm 121.3; *Fleischer* ZIP 2007, 100; *Reiner* in MünchKomm HGB³ § 264 Anm 102).

71 Wie bei § 245 ist die Abgabe der schriftlichen Versicherung eine **höchstpersönliche Pflicht,** die nicht durch einen Vertreter oder faksimilierte Unterschrift erfüllt werden kann (*Reiner* in MünchKomm HGB³ § 264 Anm 102; *Fleischer* ZIP 2007, 102; *Merkt* in Baumbach/Hopt³⁵ § 264 Anm 24).

72 Die Abgabe hat **schriftlich** zu erfolgen, dh eine nach § 126 Abs 1 BGB eigenhändige Namensunterschrift aufzuweisen (*Fleischer* ZIP 2007, 102).

73 Die Versicherung ist **nach bestem Wissen** abzugeben. Dieser Wissensvorbehalt ist erst am Ende des Gesetzgebungsprozesses mit aufgenommen worden, nicht zuletzt, weil auch die Transparenzrichtl nur dieses Maß fordert. Damit soll zum Ausdruck gebracht werden, dass „nur vorsätzliches und nicht auch fahrlässiges Handeln" (BT-Drs 16/3644 vom 29.11.2006, 80) bei der Abgabe der Versicherung rechtliche Folgen auslöst. Bedingter Vorsatz reicht aber aus (*Fleischer* ZIP 2007, 102). Allerdings dürfen sich die Verpflichteten nicht bloß „auf vorhandenes Wissen zurückziehen" (BT-Drs 16/3644 vom 29.11.2006, 80). Ein bewusstes „unwissend" Halten seitens der Verpflichteten ist von der Formulierung ebensowenig gedeckt wie „blindes Vertrauen" in die von anderen erstellen Unterlagen und Zahlen oder wie bei einem konkreten Anlass an der Richtigkeit des JA zu zweifeln und die Versicherung dennoch abzugeben (*Fleischer* ZIP 2007, 101). Vielmehr wird von den Erklärenden im Mindestmaß ein **Informationsbeschaffungspflicht** und **Informationssorgfalt** zu verlangen sein (*Fleischer* ZIP 2007, 101; *Reiner* in MünchKomm HGB³ § 264 Anm 109: Erklärende müssen sich „nach besten Kräften im Rahmen des Zumutbaren um einen optimalen Wissensstand bemühen"). Eine Pflicht für die Erklärenden, „ein möglichst vollständiges Wissen hinsichtlich der vorgeschriebenen Rechnungslegungsangaben zu erhalten" (BT-Drs 16/3644 vom 29.11.2006, 80), dürfte aber dann zu weit gehend sein, wenn diese Pflicht über ihre bislang auch bereits bestehenden ge-

setzlichen Überwachungs- und Sorgfaltspflichten (§§ 91 Abs 2, 92, 93 Abs 1 AktG) hinausgeht (ähnlich *Fleischer* ZIP 2007, 101, *Hamann* Der Konzern 2008, 149, *Reiner* in MünchKomm HGB³ § 264 Anm 110).

Zu der Frage der möglichen freistellenden Wirkung von Versicherungen **74** (**sub-certifications** oder **mirror certificates**) nach US-amerikanischen Vorbild, die wiederum von für das Rechnungswesen verantwortlichen Mitarbeitern eingeholt werden (so die Empfehlung bei *Fleischer* ZIP 2007, 101) vgl *Hutter/ Kaulamo* NJW 2007, 553; *Reiner* in MünchKomm HGB³ § 264 Anm 110; jeweils die freistellende Wirkung bezweifelnd.

Die schriftliche Versicherung hat „**bei der Unterzeichnung**" zu erfolgen. **75** Zwar lässt die Gesetzesformulierung offen, welches Dokument mit „bei der Unterzeichnung" gemeint ist. Gemeint sein kann aber nur der JA (*Reiner* in MünchKomm HGB³ § 264 Anm 105). Damit ist eine „zeitliche" und eine „räumliche" Dimension verbunden.

Die „**zeitliche**" **Dimension** beinhaltet die Frage, ob die Versicherung sich auf **76** den **aufgestellten** oder den **festgestellten** JA bezieht. Da hier bei der Unterzeichnung nach Abs 2 S 3 zu Recht eine Nähe zu § 245 gesehen wird, gehen die Vertreter der Meinung, dass nach § 245 der **festgestellte** JA zu unterzeichnen ist, auch hinsichtlich des Bilanzeids davon aus, dass dieser sich auf den festgestellten JA bezieht (so *Fleischer* ZIP 2007, 102; *Merkt* in Baumbach/Hopt³⁵ § 264 Anm 24; *Reiner* in MünchKomm HGB³ § 264 Anm 104). Wie zu § 245 Anm 3 wird hier die Meinung vertreten, dass sich die Unterzeichnungspflicht des Bilanzeids auf den **endgültigen** JA bezieht, wenn also keine Änderungen mehr bei der Feststellung erfolgen, auf den **aufgestellten** JA. Dies entspricht auch der in der Praxis üblichen Handhabung, für die Unterzeichnung nach § 245 ein Datum in zeitlicher Nähe zur Beendigung der APr zu wählen. Allerdings ist es nicht zu beanstanden, wenn der Bilanzeid sich auf den festgestellten JA bezieht (so auch *Hönsch* ZCG 2006, 118; aA und zwar den Bilanzeid **nur** auf den **aufgestellten** JA zulassend mit der Begr, dass „der Bilanzeid nur für bezüglich des von den gesetzlichen Vertretern selbst aufgestellten Abschlusses zu leisten" ist und „vom Vorstand nur verlangt werden kann, einen Bilanzeid für die von ihm selbst abgegebenen Informationen zu leisten" *Hahn* IRZ 2007, 378; ähnlich *Bosse* DB 2007, 45; *DAV-Handelsrechtsausschuss* NZG 2006, 658; *Fuchs* in WpHG Vor §§ 37v bis 37z Anm 14). Für den nach § 37w Abs 2 Nr 3 WpHG auf den Halbjahresbericht abzugebenden Bilanzeid kommt sowieso keine Feststellung in Frage.

Die „**räumliche**" **Dimension** beinhaltet die Frage, **an welcher Stelle** die **77** Unterzeichnung erfolgen soll. Aus der Formulierung des Abs 2 S 5 kann zunächst einmal entnommen werden, dass die Versicherung **kein Bestandteil des JA** ist (aA wohl *Reiner* in MünchKomm HGB³ § 264 Anm 96 („Pflichtbestandteil" des JA). Damit **unterliegt** die Versicherung auch **nicht** der **Prüfungspflicht** nach §§ 316 ff. Da der Bilanzeid nicht Anhangbestandteil ist, wären zwei Unterzeichnungen erforderlich. Eine nach § 245 und ein gesondert abzugebender Bilanzeid mit entspr Unterzeichnungen. Dies deckt sich auch dem Verständnis des WpHG. Nach § 37v Abs 1 WpHG ist der Jahresfinanzbericht der Öffentlichkeit zur Verfügung zu stellen. Dieser hat gem § 37v Abs 2 WpHG mind den aufgestellten und geprüften JA, den Lagebericht *und* die Erklärung nach Abs 2 S 3 – also den Bilanzeid – (und § 289 Abs 1 S 5) zu enthalten. Auch der HFA des IDW sieht den Bilanzeid als separaten Bestandteil an, so dass eine Aufnahme in den Anhang nicht in Betracht komme, sondern der Bilanzeid vielmehr auf einem separaten Blatt abgegeben und unterschrieben werden sollte (sfH 2007/16 HFA vom 27.11.2007 zum WpHG).

Vor dem Hintergrund, dass auch mit der Unterzeichnung nach § 245 der Un- **78** terzeichnende die Verantwortung für die Vollständigkeit und Richtigkeit des unterschriebenen Abschlusses (vgl § 245 Anm 1) übernimmt, und die Versicherung nach Abs 2 S 5 letztlich dieselbe Bedeutung hat, machen zwei Unterzeichnungen aber wenig Sinn. Üblicherweise wird der JA nach § 245 am Ende des Anhangs unterschrieben (vgl § 245 Anm 1). Es liegt daher nahe, den Bilanzeid im **unmittelbaren Anschluss an den Anhang** zu platzieren, so dass dadurch auch die Verantwortung für alle Teile des JA dokumentiert wird. Es erscheint für diesen Fall sachgerecht und auch zulässig, dass die gesetzlichen Vertreter nur einmal unterzeichnen, die Unterschrift unter dem Bilanzeid mithin die Unterzeichnung nach § 245 substituiert (im Ergebnis ebenso *Hahn* IRZ 2007, 377; *Hönsch* ZCG 2006, 118; *Reiner* in MünchKomm HGB³ § 264 Anm 105 – diese aber weitergehend den Bilanzeid am Ende des Anhangs – also als dessen Bestandteil – platzierend).

79 Wird der **Anhang** des JA des MU mit dem Konzernanhang gem § 298 Abs 3 **zusammengefasst**, empfiehlt es sich, auch die Versicherungen nach Abs 2 S 5 und § 297 Abs 2 S 3 zusammenzufassen, wenn JA und KA nach denselben Rechnungslegungsgrundsätzen aufgestellt wurden. Dann ist eine einmalige Unterzeichnung ausreichend.

80 Eine **zusätzliche Versicherung zur Ordnungsmäßigkeit des Lageberichts** wird in § 289 Abs 1 S 5 verlangt. Hier stellt sich die Frage, ob diese nicht mit dem Bilanzeid nach Abs 2 S 5 zusammengefasst werden darf. Da sich die beiden Versicherungen bezogen auf das den Adressaten zu vermittelnde Bild ergänzen, bietet es sich an, **beide Versicherungen zusammenzufassen** zumal auch Art 4 Abs 2 lit c der Transparenzrichtl von *einer* Erklärung ausgeht (ebenso *Reiner* in MünchKomm HGB³ § 264 Anm 105; *Hahn* IRZ 2007, 377 (dieser sieht gar eine Verpflichtung zu einer einheitlichen Erklärung).

81 Zum **möglichen Wortlaut** eines zusammengefassten Bilanzeids siehe DRS 16 Tz 56 (bzgl eines Konzernzwischenberichts) und die Veröffentlichung des DSR am 12.12.2007 über eine Empfehlung zur Formulierung des Bilanzeids für den KA.

82 Da der Bilanzeid kein Bestandteil des JA ist (Anm 77), stellt sich die Frage, ob er **offen zu legen** ist. In § 325 wurde dahingehend keine Vorschrift aufgenommen, so dass zunächst formal davon nicht auszugehen ist (aA *Hönsch* ZCG 2006, 119). Allerdings besteht nach § 37v WpHG die Verpflichtung, den Jahresfinanzbericht und damit auch den Bilanzeid der Öffentlichkeit zur Verfügung zu stellen, wenn das Unt nicht nach den handelsrechtlichen Vorschriften zur Offenlegung der Unterlagen verpflichtet ist. Da die Offenlegung für den Gesetzeszweck ua der „Appell- und Warnfunktion" (Anm 67) notwendig ist, eine Veröffentlichung ansonsten über das WpHG erzwungen würde und nicht zuletzt um die gewünschte Substitutionswirkung der Unterzeichnung nach § 245 (Anm 78) zu gewährleisten, ist von einer faktischen handelsrechtlichen Offenlegungspflicht auszugehen (im Ergebnis ebenso *Hönsch* ZCG 2006, 119).

III. Rechtsfolgen einer Verletzung des Abs 2 S 3

83 Ebenfalls durch das TUG wurde § 331 Nr 3a in das HGB aufgenommen, der die Verletzung der Norm („... eine Versicherung nicht richtig abgibt") **strafrechtlich** sanktioniert (s Erl zu § 331). **Zivilrechtlich** machen sich die gesetzlichen Vertreter, die einen unrichtigen oder gar keinen Bilanzeid abgeben wegen des damit verbundenen Verstoßes gegen ihre Sorgfaltspflichten für den hierdurch ggf entstandenen Schaden ggü der Ges schadenersatzpflichtig (*Reiner* in MünchKomm HGB³ § 264 Anm 117). Wegen der zivilrechtlichen Haftung ggü Gesellschaftern, Gläubigern und Dritten kann auf die Ausführungen zu einer Verletzung

Abs 1 und Abs 2 verwiesen werden (vgl Anm 20, 59) (vgl auch *Hahn* IRZ 2007, 379; *Reiner* in MünchKomm HGB³ § 264 Anm 118).

G. Erleichterungen für einbezogene Kapitalgesellschaften

Schrifttum: *Dörner/Wirth* Die Befreiung von Tochter-Kapitalgesellschaften nach § 264 Abs 3 HGB idF des KapAEG hinsichtlich Inhalt, Prüfung und Offenlegung des Jahresabschlusses DB 1998, 1525 ff; *Arbeitskreis Externe Unternehmensrechnung der Schmalenbach-Gesellschaft* (AK-Schmalenbach) Interpretation des mit dem Kapitalaufnahmeerleichterungsgesetz (KapAEG) neu in das HGB aufgenommenen § 264 Abs 3 HGB DB 1999, 493 ff; *Giese/Rabenhorst/Schindler* Erleichterungen bei Rechnungslegung, Prüfung und Offenlegung von Konzerngesellschaften BB 2001, 511 ff; *Kraft* Die Mitwirkung der Gesellschafter bei der Befreiung nach § 264 Abs 3 HGB in FS W. Müller, 463 ff; *Kuntze-Kaufhold,* Verschärfung der Jahresabschlusspublizität und Prüfungswegfall bei Einbeziehung in den Konzernabschluss eines gebietsfremden Mutterunternehmens BB 2006, 428 ff; *Deilmann* EHUG: Neuregelung der Jahresabschlusspublizität und mögliche Befreiung nach § 264 Abs 3 HGB BB 2006, 2347 ff; *Dißars* Voraussetzungen und Folgen der Aufstellung eines befreienden Konzernabschlusses nach § 264 Abs 3 HGB INF 2007, 356 ff; *Schellhorn* Offenlegung des Konzernabschlusses der Personenhandelsgesellschaft nach dem Publizitätsgesetz DB 2008, 1700 ff; *Schellhorn* Ausgewählte Fragen zur Rechnungslegung und Publizität in FS Matschke, 253 ff; *Tromp/Nagler/Gehrke* Die Möglichkeit der Befreiung von der Offenlegung von Jahresabschlüssen nach § 264 Abs 3 HGB bei (un-)mittelbarer Konzernmutter im EU-EWR-Ausland? GmbHR 2009, 641 ff; LG Bonn v 30.9.2009 (30 T 848/09) BB 2010, 1208 ff; LG Bonn v 22.12.2009 (39 T 358/09) ZIP 2010, 675 f = NZG 2010, 277; LG Bonn v 6.5.2010 (36 T 837/09) Der Konzern 2010, 434 ff; *Gelhausen/Deubert/Klöcker* Zweckgesellschaften nach BilMoG: Mehrheit der Risiken und Chancen als Zurechnungskriterium DB 2010, 2005 ff; *Kaya* Befreiende Wirkung des Konzernabschlusses einer ausländischen Komplementärgesellschaft KoR 2010, 578 ff; LG Bonn v 8.12.2010 (31 T 652/10) Der Konzern 2011, 126 ff; *Reinke* Bilanzierungspflichten für Energieversorgungsunternehmen nach § 10 Abs. 1 EnWG – Ein Beitrag zu Rechtsnatur und Reichweite der Verweisung DStR 2011, 1286; *Scholz* Zusammenspiel der Befreiungsvorschriften der §§ 264 Abs. 3 und 264b HGB in mehrstufigen Konzernen BB 2012, 107 ff; IDW RS HFA 42 Auswirkungen einer Verschmelzung auf den handelsrechtlichen Jahresabschluss FN-IDW 2012, 701 ff; *Fey/Deubert/Lewe/Roland* Erleichterungen nach dem MicroBilG – Einzelfragen zur Anwendung der neuen Vorschriften BB 2013, 107 ff; LG Bonn v 12.11.2012 (12 T 169/11) DStR 2013, 265 ff; IDW ERS ÖFA 2 nF Rechnungslegung nach § 6b Energiewirtschaftsgesetz FN-IDW 2013, 132 ff; *Theile* Wo Licht ist, ist auch Schatten – zur (verunglückten?) Erweiterung der Befreiungsmöglichkeiten für Tochterunternehmen durch MicroBilG DB 2013, 469 f; IDW PH 9.200.1 Pflichten des Abschlussprüfers des Tochterunternehmens und des Konzernabschlussprüfers im Zusammenhang mit § 264 Abs 3 FN-IDW 2013, 402 ff; *Haller/Löffelmann/Schlechter* Befreiung von der Offenlegung des Jahresabschlusses nach den §§ 264 Abs 3 und 264b HGB DB 2013, 1917 ff; *Kußmaul/Huwer/Palm* Die Modifikation des § 264 Abs 3 HGB StuB 2013, 559 ff; *Jorde/Schröder/Tenhaak* Befreiung von Offenlegungspflichten von Konzerntöchtern im Lichte des Publizitätsgesetzes BB 2013, 2219 ff.

I. Grundlagen

KapGes, die als TU in den KA eines MU mit Sitz in der EU oder einem EWR-Staat einbezogen werden, dürfen gem Abs 3 bzw Abs 4 unter bestimmten Voraussetzungen (Anm 115 ff) Erleichterungen hinsichtlich der Aufstellung, Prüfung und Offenlegung ihres JA sowie ggf des Lageberichts dergestalt in Anspruch nehmen, dass sie bzgl ihres JA im Ergebnis lediglich diejenigen Regeln beachten müssen, die für alle KfI gelten (§§ 238–256a). Die Beachtung der handelsrechtlichen Konzernrechnungslegungsvorschriften (§§ 290 ff) wird dagegen – im Unterschied zur Regelung des § 5 Abs 6 PublG (dazu § 264b Anm 71) – bei Vorliegen der Befreiungsvoraussetzungen nicht aufgehoben. Durch die Vorschriften werden diesen KapGes **erhebliche Publizitätserleichterungen** eröffnet. Damit dies nicht zu Lasten der (schutzwürdigen) Vermögens- und Informationsinteressen etwaiger (Minderheits-)Gester sowie der Gläubiger der KapGes geht, setzt die Inanspruchnahme der Erleichterungen insb eine **Haftungsübernahme** des **Mutterunternehmens** für Verluste des TU sowie die Publizität des (befreienden) KA voraus (*Kraft* in FS W. Müller, 464).

102 Abs 3 geht auf Art 5 des **KapAEG** (BGBl I 1998, 707) zurück und dient der Transformation von Art 57 der 4. EG-Richtl. **Abs 4,** durch den der Anwendungsbereich des Abs 3 auf KapGes, deren MU zur Aufstellung eines KA nach den Bestimmungen des PublG verpflichtet sind, ausgeweitet wird, wurde durch das **KapCoRiLiG** (BGBl I 2000, 154 ff) eingefügt (s dazu Anm 165 ff). Danach ergaben sich inhaltliche Änderungen in Abs 3 mit der Einführung des BAnz als zentraler Internetplattform für die Offenlegung durch das **EHUG** (BGBl I 2006, 2553). Durch das **MicroBilG** (BGBl 2012, 2751) schließlich wurde der Anwendungsbereich das Abs 3 dahingehend erweitert, dass der befreiende KA nicht länger nur von einem inländischen, sondern künftig (Gj, die nach dem 31.12.2012 beginnen; vgl Art 70 Abs 2 S 1 EGHGB) auch von einem MU mit Sitz in der EU bzw einem EWR-Staat aufgestellt werden darf (*Fey* ua BB 2012, 106).

Wegen der vergleichbaren Regelungen für KapCoGes (§ 264b) sowie dem PublG unterliegenden Unt (§ 5 Abs 6 PublG) s § 264b Anm 10 ff, 70 ff.

II. Umfang der Erleichterungen

105 Vorbehaltlich entgegenstehender ges-vertraglicher Sonderregelungen entfallen bei Vorliegen der Voraussetzungen gem Abs 3 (dazu Anm 115 ff) die Verpflichtung zur:
– Aufstellung eines **Anhangs** (§§ 284–288) bzw bei KleinstKapGes zusätzlich die Angabepflichten nach § 264 Abs 1 S 5, dh der JA besteht nur aus Bilanz und GuV,
– Aufstellung eines **Lageberichts** (§ 289),
– Beachtung der ergänzenden **Ansatz-** sowie **Gliederungs- und Ausweisvorschriften** für KapGes (§§ 264–278; zur Beachtung der Ausschüttungssperre nach § 268 Abs 8 s Anm 110),
– **Prüfung** (§§ 316–323) und **Offenlegung** (§§ 325–329) des JA und Lageberichts.

Wird auf die Aufstellung eines Anhangs verzichtet, erstreckt sich die Befreiung auch auf **rechtsformspezifische Angabepflichten,** wie sie sich zB aus § 160 AktG ergeben. Unter den Voraussetzungen des Abs 3 wird in der weitaus überwiegenden Zahl der Fälle von der Offenlegung und damit von sämtlichen Informationspflichten ggü der Öffentlichkeit abgesehen. Eine rein interne Angabepflicht ggü den Gestern würde insofern keinen Sinn haben. Sonstige, rechtsformbezogene Angabe- und Offenlegungspflichten, zB Abgabe der Erklärung zum CorpGov-Kodex nach § 161 AktG, bleiben davon aber unberührt. **Wahlpflichtangaben** (s § 284 Anm 56) sind bei Verzicht auf die Aufstellung eines Anhangs in der Bilanz oder in der GuV zu machen, sofern nicht auch hierauf verzichtet wird (glA *WPH*[14] I, F Anm 30). Werden nur einzelne Anhangangaben, zB die Organbezüge, unterlassen, sollte dies, ebenso wie bei der Inanspruchnahme von sonstigen Schutzklauseln, zur Klarheit und Übersichtlichkeit der Darstellung im Anhang angegeben werden.

Die KapGes bzw deren gesetzliche Vertreter sind grds **frei in** ihrer **Entschei- 106 dung** darüber, ob sie nur einzelne oder alle Erleichterungen in Anspruch nehmen (hM zB *ADS*[6] (ErgBd) § 264 Anm 4; *WPH*[14] I, F Anm 32 mwN; *Giese/ Rabenhorst/Schindler* BB 2001, 511). Im Übrigen besteht, auch wenn ein Zustimmungsbeschluss nach Nr 1 (Anm 120 ff) vorliegt, keine Pflicht zur Inanspruchnahme (inhaltlicher) Erleichterungen nach Abs 3. Insofern besteht formal ein Unterschied zur Regelung des § 264b für KapCoGes, die wegen der absolut formulierten Befreiungsregelung bei Vorliegen der Voraussetzungen immer, dh ohne besonderes Zutun der Gester oder der Organe der KapGes, zu einer vollumfänglichen Befreiung führt. Es wird jedoch auch dort ein Wahlrecht bzgl des Umfangs der Befreiungsinanspruchnahme angenommen (dazu § 264b Anm 11 mwN).

Die Entscheidungsfreiheit bzgl des Umfangs der Inanspruchnahme der Befreiungen kann allerdings aufgrund von **satzungs-** bzw **gesellschaftsvertraglichen Vereinbarungen** oder im Rahmen des gem Nr 1 erforderlichen Zustimmungsbeschlusses der Gester (Anm 121) eingeschränkt werden; zB, weil zum Schutz von Minderheiten vereinbart ist, dass – unabhängig von der Größe der KapGes – eine Prüfung des JA stattfinden muss oder ein Lagebericht aufgestellt wird. Derartige Einschränkungen des Begünstigungsumfangs sind bis zur ihrer rechtswirksamen Beseitigung zu beachten (glA *Dörner/Wirth* DB 1998, 1530). Etwas Anderes dürfte nur dann gelten, wenn im Zustimmungsbeschluss der Gester für das betr Gj ausdrücklich erklärt wird, dass auf die Beachtung der fraglichen Regelung verzichtet werden darf (weitergehend *Giese/Rabenhorst/Schindler* BB 2001, 512: wonach bereits die grds Zustimmung der Gester zur Inanspruchnahme der Befreiung genügt, um eine punktuelle Satzungsdurchbrechung anzunehmen). Eine nachträgliche Erweiterung einer zuvor beschlossenen Beschränkung der Inanspruchnahme des Begünstigungsumfangs ist jedoch ausgeschlossen, wenn der Gegenstand der nachträglichen Erweiterung zu diesem Zeitpunkt bereits verwirklicht wurde, zB die Prüfung des JA schon abgeschlossen wurde. Die Gester müssen die nachträgliche Erweiterung des zuvor eingeschränkten Erleichterungsumfangs grds einstimmig beschließen. Einschränkungen des Begünstigungsumfangs, die nur mit Mehrheit beschlossen wurden, können auch durch einen Mehrheitsbeschluss wieder aufgehoben werden (*WPH*[14] I, F Anm 32).

Einschränkungen bzgl der Inanspruchnahme der Erleichterungen gelten für **107 Kreditinstitute** und **Versicherungsunternehmen,** die aus aufsichtsrechtlichen Gründen bei Vorliegen der Befreiungsvoraussetzungen lediglich auf die Offenlegung ihrer JA verzichten dürfen (§ 340a Abs 2 S 4; § 341a Abs 2 S 4). Gleiches gilt wegen § 65 Abs 1 Nr 4 BHO bzw entspr Regelungen in den LHO, wenn **Gebietskörperschaften** an KapGes beteiligt sind (*WPH*[14] I, F Anm 34). Mangels Verweis in § 336 Abs 2 auf Abs 3 dürfen **eG** von den Erleichterungen keinen Gebrauch machen (*Baetge/Commandeur/Hippel* in HdR[5] § 264 Anm 53).

Nach § 6b Abs 1 S 1 EnWG (BGBl I 2005, 1970 ff) sind **Energieversorgungsunternehmen** (EVU) unabhängig von ihrer Rechtsform verpflichtet, einen JA nach den für KapGes geltenden Vorschriften des HGB aufzustellen, prüfen zu lassen und offen zu legen (IDW ERS ÖFA 2 nF, Tz 11). Die spezialgesetzlichen Regelungen des EnWG zur Rechnungslegung von EVU gehen den allgemeinen handelsrechtlichen Regelungen vor, dh die Inanspruchnahme von Erleichterungen nach Abs 3 bzw Abs 4 ist für diese Unt für den JA ausgeschlossen (glA *WPH*[14] I, F Anm 35; IDW ERS ÖFA 2 nF, Tz 12; zu europarechtlichen Bedenken s *Reinke* DStR 2011, 1289 f). Dies entspr auch dem Sinn und Zweck der Spezialregelung, nämlich den Adressaten mehr Informationen über diesen Kreis von Unt zur Verfügung zu stellen. Für den Lagebericht kann dagegen von der Befreiungsmöglichkeit nach Abs 1 S 4 Gebrauch gemacht werden.

Kapitalmarktorientierte Kapitalgesellschaften dürfen von den Erleichterungen des Abs 3 keinen Gebrauch machen, auch wenn hier eine Einschränkung der Inanspruchnahme nach dem Vorbild des § 291 Abs 3 Nr 1 fehlt. Dies ergibt sich aus § 37v Abs 1 S 1 iVm Abs 2 WpHG, der der Befreiung nach Abs 3 insofern vorgeht. Danach sind Inlandsemittenten verpflichtet, in ihrem Jahresfinanzbericht den geprüften JA und Lagebericht der Öffentlichkeit zur Verfügung zu stellen (glA *Reiner* in MünchKomm HGB³ § 264 Anm 120).

108 Einschränkungen bzgl der Inanspruchnahme der Erleichterungen ergeben sich schließlich auch in den Fällen, in denen die JA bzw deren Bilanzen als **Sonderbilanzen** zur Vorbereitung gesellschaftsrechtlicher Veränderungen oder sonstiger Maßnahmen verwendet werden sollen.

Soll die Jahresbilanz als Beschlussgrundlage für eine **Kapitalerhöhung aus Gesellschaftsmitteln** gem §§ 57c bis 57o GmbHG bzw §§ 207 bis 200 AktG dienen, darf auf eine Prüfung derselben nicht verzichtet werden, weil hier zwecks Dokumentation und Kontrolle der Kapitalaufbringung eine *spezifische gesetzliche Prüfungspflicht* (§ 57e Abs 1 GmbHG, § 209 Abs 1 AktG) besteht (ausführlich s *Förschle/Kropp* in Sonderbilanzen[4] E Anm 121 ff), die insofern den allgemeinen handelsrechtlichen Vorschriften vorgeht. Die Inanspruchnahme von Bilanzierungserleichterungen bei der Aufstellung steht dem Sinn und Zweck dieser Sonderbilanz jedoch nicht entgegen und ist deshalb zulässig. Für eine auf einen besonderen, vom regulären Bilanzstichtag abw Stichtag erstellte Kapitalerhöhungs-Sonderbilanz (s *Förschle/Kropp* in Sonderbilanzen[4] E Anm 23) dürfen die Erleichterungen dagegen nicht in Anspruch genommen werden, weil es zu diesem Zeitpunkt an einer Einbeziehung in einen KA (Nr 3) mangelt (glA WPH[14] I, F Anm 33).

Sofern die Jahresbilanz als **Schlussbilanz bei Umwandlungsvorgängen** verwendet werden soll, darf lediglich auf deren Offenlegung im BAnz verzichtet werden. Auch hier geht die, durch die spezialgesetzliche Regelung in § 17 Abs 2 S 2 UmwG angeordnete, entspr Beachtung der Vorschriften über die Bilanz und deren Prüfung (s IDW RS HFA 42, Tz 13) den allgemeinen handelsrechtlichen Vorschriften vor (aA *Budde/Zervas* in Sonderbilanzen[4] H Anm 79, 132; *Reiner* in MünchKomm HGB³ § 264 Anm 121). Sofern Schlussbilanzen übertragender Rechtsträger auf vom JA-Stichtag abw Stichtage aufgestellt werden, sind die Befreiungsvoraussetzungen nach Nr 3 und uU auch nach Nr 2 nicht erfüllt und kommt deshalb die Inanspruchnahme von Erleichterungen nicht in Betracht.

109 Der Effekt der durch Abs 3 bzw Abs 4 eröffneten Erleichterungsmöglichkeiten für den JA wird jedoch indirekt dadurch aufgehoben, dass die JA der KapGes in den KA des MU einbezogen werden müssen. Voraussetzung dafür ist wiederum, dass Ansatz, Bewertung und Ausweis den für das MU geltenden Vorschriften entsprechen. Davon abw Wahlrechtsausübungen müssen im Wege der Aufstellung einer sog **„Handelsbilanz II"** zurückgenommen werden, so dass sich die Erleichterungen im Ergebnis auf den JA beschränken. Außerdem müssen die TU dem MU – soweit dies für die Erstellung von Konzernanhang und -lagebericht erforderlich ist – ergänzende Information bereitstellen.

Sofern bei mittelgroßen und großen KapGes von der Möglichkeit zur Befreiung von der Pflicht zur Prüfung des JA Gebrauch gemacht wird, ist schließlich zu berücksichtigen, dass für diese ungeprüften JA dann im Rahmen der Einbeziehung in den KA eine gesonderte Prüfungspflicht durch den AP des KA besteht, für inländische KA ergibt sich dies aus § 317 Abs 3 (s dort Anm 36). Im Ergebnis entfällt damit nicht die Prüfung des JA, sondern lediglich die Wahl und Beauftragung des AP, die Erstellung eines Prüfungsberichts sowie die Erteilung eines BVm für den JA der KapGes. Außerdem braucht der JA nicht offengelegt zu werden.

Bei Vorliegen sämtlicher Befreiungsvoraussetzungen (Anm 115 ff) darf die 110 Tochter-KapGes nach dem Wortlaut des Abs 3 grds auch auf die Anwendung des § 268 Abs 8 zur **Ausschüttungssperre** verzichten (s dort Anm 140 ff). Sofern sich die Verlustübernahmepflicht nach Nr 2 (Anm 130 ff) aus einem Gewinnabführungsvertrag ergibt, haben die Tochter-KapGes jedoch die Abführungssperre nach § 268 Abs 8 iVm § 301 S 1 AktG (ggf analog) zu beachten. Ergibt sich die Verlustübernahmeverpflichtung des MU aufgrund eines Beherrschungsvertrags oder einer freiwilligen erklärten Verlustübernahme (s dazu Anm 133), ist § 301 AktG nicht anwendbar. Die Beachtung des § 268 Abs 8 ist in diesen Fällen aber dennoch geboten, weil es sich hierbei um eine gesellschaftsrechtliche Kapitalerhaltungs- und nicht nur um eine Rechnungslegungsvorschrift handelt (glA WPH^{14} I, F Anm 31; PwC BilMoG Komm N Anm 7 f).

III. Voraussetzungen gem Abs 3

Die Erleichterungen des Abs 3 dürfen nur in Anspruch genommen werden, 115 wenn sämtliche **Voraussetzungen** dieser Norm **kumulativ erfüllt** sind, wobei bei *mehrstufigen Konzernverhältnissen* zusätzlich zu beachten ist, dass sich die Verlustübernahmepflicht (Nr 2) sowie die Einbeziehungspflicht (Nr 3) jeweils auf das gleiche MU beziehen müssen (dazu Anm 135).

1. Mutter-Tochterverhältnis

Voraussetzung für eine Befreiung gem Abs 3 ist zunächst, die **Einbeziehung** 116 der KapGes in den KA eines MU beliebiger Rechtsform mit Sitz in einem Mitgliedstaat der EU oder einem EWR-Vertragsstaat. In einen KA werden sowohl das MU als auch die TU einbezogen (vgl zB § 294 Abs 1). Der Wortlaut könnte somit dafür sprechen, dass eine inländische KapGes, die einen KA und Konzernlagebericht gem §§ 290 ff aufstellt, prüfen lässt und offen legt, selbst für ihren JA von den Erleichterungen nach Abs 3 Gebrauch machen darf, wie dies zB bei KapCoGes im Anwendungsbereich des § 264b der Fall ist (s dort Anm 33).

Zu den Befreiungsvoraussetzungen nach Abs 3 gehört nach Nr 2 jedoch die Verlustübernahme durch das MU, das den KA aufstellt. Ein MU kann jedoch für seine eigenen Verluste keine Verlustübernahme erklären, sondern immer nur für die eines dritten (Tochter-)Unt. Eine Verlustübernahme setzt somit ein Unterordnungsverhältnis, dh ein **Mutter-/Tochterverhältnis** voraus. Daraus folgt, dass die Erleichterungen des Abs 3 nur von TU in Anspruch genommen werden dürfen. Dies ergibt sich im Übrigen auch aus dem klaren Wortlaut der Voraussetzungen Nr 1 (s Anm 120 ff) und Nr 4 (Anm 150 ff; glA *Haller/Löffelmann/Schlechter* DB 2013, 1918; *Kußmaul/Huwer/Palm* StuB 2013, 563).

Grundvoraussetzung für die Inanspruchnahme der Erleichterungen gem Abs 3 117 ist die Einbeziehung der KapGes in einen befreienden KA. Es spielt deshalb auch keine Rolle, ob der KA des MU aufgrund einer expliziten **gesetzlichen Verpflichtung oder freiwillig** erstellt wird (so bereits bisher hM WPH^{14} I, F Anm 40).

2. Zustimmung der Gesellschafter zur Befreiung (Nr 1)

Weiter setzt eine Inanspruchnahme von Erleichterungen gem Nr 1 voraus, 120 dass **alle Gesellschafter** der KapGes der Befreiung für das jeweilige Gj zugestimmt haben. Hintergrund für dieses Zustimmungserfordernis ist der **Schutz** der **Informations-** sowie insb der **Gewinnbezugsrechte** der Gester, die durch die Befreiungsmöglichkeiten uU eine erhebliche Einschränkung erfahren können

§ 264   121–123   Jahresabschluß der KapGes (Allgemeine Vorschriften)

(*ADS*[6] (ErgBd) § 264 Anm 30; *Kraft* in FS W. Müller, 466; *Hüttemann* in Großkomm HGB[4] § 264 Anm 64).

121   Die **Zustimmung** hat grds durch einen, entspr den für die jeweilige Rechtsform maßgeblichen gesetzlichen Bestimmungen und der sie ergänzenden gesellschaftsvertraglichen Regelungen zustande gekommen, dh idR in einer GesV gefassten, **Beschluss** der Gester zu erfolgen. Sofern nach Satzung bzw Vertrag eine Beschlussfassung im schriftlichen Verfahren oder in anderer Weise ohne Abhaltung einer GesV zulässig ist, genügt auch eine derartige vereinfachte Beschlussfassung. Eine Delegation der Zuständigkeit für die Zustimmungserklärung an ein (anderes) Organ der KapGes (insb den AR, Beirat) ist nicht zulässig (*Kraft* in FS W. Müller, 467). Neben einem förmlichen Beschluss reicht es aber auch aus, wenn die Gester ihre Zustimmung *auf andere Weise* (eindeutig) ggü der KapGes erklärt haben und dies entspr dokumentiert wird (glA *ADS*[6] (ErgBd) § 264 Anm 43; aA *Müller* in Haufe HGB[3] § 264 Anm. 90: Zustimmung nur durch Gester-Beschluss zulässig).

An den *Inhalt* des Zustimmungsbeschlusses stellt das Gesetz keine Anforderungen, dh es genügt, wenn die Gester der Inanspruchnahme von Erleichterungen an sich zustimmen. In diesem Fall steht es zunächst im Ermessen der gesetzlichen Vertreter der KapGes, ob und in welchem Umfang von den Befreiungsmöglichkeiten Gebrauch gemacht wird. Die endgültige Entscheidung hierüber erfolgt dann erst im Rahmen der Feststellung des JA durch die Gester, wofür idR ein Mehrheitsbeschluss ausreicht. Wird der Umfang der Erleichterungsinanspruchnahme nach Abs 3 dagegen durch den Zustimmungsbeschluss eingeschränkt, sind die gesetzlichen Vertreter – bis zu einer Aufhebung der Beschränkung (s Anm 106) – bei der Aufstellung des JA daran gebunden (*ADS*[6] (ErgBd) § 264 Anm 41; *Kraft* in FS W. Müller, 470 f).

122   Nach dem eindeutigen Wortlaut der Nr 1 müssen „… **alle Gesellschafter** …" zustimmen, dh eine Inanspruchnahme von Erleichterungen ist ausgeschlossen, wenn auch nur ein einziger Gester nicht an der betr Beschlussfassung teilgenommen, sich der Stimme enthalten oder mit „nein" gestimmt hat. Insb für Publikums-Ges ist die Inanspruchnahme der Erleichterungen des Abs 3 damit praktisch so gut wie ausgeschlossen.

Eine Zustimmung aller Gester liegt auch dann vor, wenn Gester, die in der GesV abwesend waren oder sich der Stimme enthalten bzw mit „nein" gestimmt hatten, ihre Zustimmung später noch fristgerecht (Anm 125) erteilen. Einer erneuten Beschlussfassung aller Gester bedarf es in diesen Fällen nicht, weil diejenigen Gester, die ihre Zustimmung ursprünglich bereits erteilt hatten, hieran gebunden sind, dh einzelne Gester dürfen ihre Zustimmung nicht einseitig widerrufen. Dieses Recht steht den Gestern nur gemeinschaftlich zu, dh die einmal (einstimmig) erteilte Zustimmung kann durch einen entspr Mehrheitsbeschluss der Gester aufgehoben werden (hM *ADS*[6] (ErgBd) § 264 Anm 34 f; ausführlich dazu *Kraft* in FS W. Müller, 469 f).

123   Kommt es im Verlauf des Gj bzw spätestens bis zum Zeitpunkt der Feststellung des JA zu einem **Gesellschafterwechsel,** ist der neue Gester an die bis zu seinem Eintritt vom Veräußerer erteilte Zustimmung zur Inanspruchnahme der Befreiungen gebunden (glA *ADS*[6] (ErgBd) § 264 Anm 37 f). Nach aA (*Kraft* in FS W. Müller, 474 f; *Hoffmann/Lüdenbach*[4] § 264 Anm 45) gilt dies nur bei einem Erwerb nach Ende des Gj, weil sich das Zustimmungsrecht mit Ablauf des Gj verbraucht. Bei einem Erwerb im Verlauf des Gj soll der Erwerber dagegen an ein entspr Votum seines Vorgängers ebensowenig gebunden sein, wie an einen von diesem im Voraus gefassten Gewinnverwendungsbeschluss. Bis zu den Änderungen durch das BilMoG konnte durch die Anwendung der für alle Kfl geltenden, besonderen Bewertungsvorschriften, insb die Vornahme von Ermessensab-

schreibungen nach § 253 Abs 4 aF (dazu 6. Aufl Anm 641 ff), indirekt der Gewinnanspruch der neuen Mit-Gester verkürzt werden. Diese Gewinnkürzungen waren rückgängig zu machen, wenn der neue Gester im Folgejahr seine Zustimmung zur Inanspruchnahme der Befreiung verweigerte. Nach den Änderungen durch das BilMoG ist durch die Anwendung der Vorschriften für alle Kfl eine Ergebnisbeeinflussung ausgeschlossen. Angesichts dessen besteht uE keine Veranlassung dafür, danach zu differenzieren, wann ein Gester-Wechsel stattgefunden hat, sondern der **Erwerber** der Anteile ist **immer an** die zuvor **vom Veräußerer erteilte Zustimmung** zur Inanspruchnahme der Befreiungen **gebunden.**

Unzweifelhaft ist jedoch, dass der Erwerber – auch bei einem Eintritt nach Ende des Gj – seine Zustimmung zur Inanspruchnahme der Erleichterungen auch dann nachträglich erteilen kann, wenn der Verkäufer diese verweigert hatte (dazu *Kraft* in FS W. Müller, 477).

Sofern es bis zum Ende des Gj durch eine **Kapitalerhöhung** zu einer Erweiterung des Gester-Kreises kommt, muss die Zustimmung dieser neuen Gester zur Inanspruchnahme der Erleichterungen auch dann eingeholt werden, wenn alle Alt-Gester zuvor bereits zugestimmt haben. Bei einer Kapitalerhöhung nach dem Ende des Gj aber vor Feststellung des JA, für den von den Erleichterungen Gebrauch gemacht werden soll, ist die Zustimmung der neuen Gester nicht geboten, weil sie nicht am Ergebnis des abgelaufenen Gj teilnehmen (*ADS*[6] (ErgBd) § 264 Anm 39; aA *Kraft* in FS W. Müller, 478, die fehlende Teilhabe am Jahresergebnis schließt die Berechtigung zur Zustimmung nicht aus).

Die Zustimmung muss „… **für das jeweilige Geschäftsjahr** …" erteilt werden. Damit ist zum Einen gemeint, dass die Zustimmung immer nur für ein Gj erteilt werden kann und folglich Vorratsbeschlüsse für mehrere Gj daher – ebenso wie inhaltlich dem Zustimmungsbeschluss entspr Regelungen in Satzung oder GesVertrag – nicht zulässig sind. Zum Anderen bedeutet dies, dass sich die Zustimmung nur auf dasjenige Gj beziehen kann, dessen JA noch nicht erstellt wurde (Vj) bzw dessen JA als nächstes zu erstellen ist (lfd JA). Der Zustimmungsbeschluss kann somit schon vor Ablauf des betr Gj (Regelfall), jedoch auch noch danach, nicht aber vor dessen Beginn, gefasst werden (hM zB *Kraft* in FS W. Müller, 471 ff mwN).

Eine konkrete **Frist für die Beschlussfassung** ist nicht bestimmt. Ungeachtet dessen sollte der Zustimmungsbeschluss so frühzeitig wie möglich, jeweils noch im lfd Gj, zB iZm der Feststellung des Vj-Abschlusses, gefasst werden. Auch eine Beschlussfassung nach Ablauf des Gj ist grds zulässig. Ist dies beabsichtigt, ist jedoch zu beachten, dass das zur Aufstellung des JA und ggf Lageberichts verpflichtete Organ, solange kein Beschluss vorliegt, die notwendigen Vorkehrungen treffen muss, damit es die ihm obliegenden Verpflichtungen fristgerecht, dh innerhalb der normalen Aufstellungsfrist von drei Monaten, erfüllen kann. Dazu gehört dann zB auch, dass – soweit kein AP von den Gestern gewählt wurde – ggf Vorkehrungen gem § 318 Abs 4 zur Bestellung eines AP getroffen werden (zum Verfahren s dort Anm 26 ff). Der späteste zulässige Zeitpunkt, bis zu dem die Zustimmung vorliegen muss, ist – sofern von inhaltlichen Erleichterungen Gebrauch gemacht werden soll – die Feststellung des JA. Bezieht sich die Befreiung dagegen nur auf die Offenlegung des JA, ist es nach hM (zB *Giese/ Rabenhorst/Schindler* BB 2001, 512 mwN) ausreichend, wenn die Zustimmung bis zum Ende der Offenlegungsfrist erteilt wird.

Der Zustimmungsbeschluss ist nach § 325 **offen zu legen.** Eine Unterscheidung zwischen BAnz-Publizität für große KapGes und der HR-Publizität für mittelgroße und kleine KapGes besteht aufgrund der durch das EHUG geänderten Offenlegungsvorschriften nicht mehr. Daher haben alle KapGes den Zustimmungsbeschluss nach § 325 Abs 1 S 1 beim Betreiber des **Bundesanzeigers** in elektronischer Form einzureichen. Der Beschluss ist unmittelbar nach seiner Einreichung nach § 325 Abs 2 im BAnz bekanntzumachen (*Deilmann* BB 2006, 2350). *Zuständig* dafür sind die gesetzlichen Vertreter der die Befreiung in Anspruch nehmenden KapGes.

Der Gesetzeswortlaut spricht dabei grds dafür, den Befreiungsbeschluss im *Wortlaut* offenzulegen. Sofern die Zustimmung durch isolierte Erklärungen der Gester zustande gekommen ist (dazu Anm 121), reicht es aber auch aus, wenn die Tatsache, dass alle Gester der Inanspruchnahme der Befreiungsmöglichkeiten nach Abs 3 für ein genau zu bezeichnendes Gj zugestimmt haben, offengelegt wird (glA *ADS*[6] (ErgBd) § 264 Anm 43).

127 Die Offenlegung sollte grds **unverzüglich** nach dem Vorliegen der Zustimmung, *spätestens* aber bis zum Ablauf der zwölfmonatigen Offenlegungsfrist für den JA erfolgen (glA *Dörner/Wirth* DB 1998, 1528). Soweit dagegen bei der Aufstellung des JA von inhaltlichen Erleichterungen Gebrauch gemacht werden soll (Anm 105), muss, weil die Offenlegung Teil der Befreiungsvoraussetzungen ist, diese spätestens bis zur Feststellung des JA erfolgt sein (ebenso *ADS*[6] (ErgBd) § 264 Anm 45). Hierfür reicht es aus, wenn die Veröffentlichung des Zustimmungsbeschlusses im BAnz rechtzeitig von den gesetzlichen Vertretern veranlasst wurde. Verzögerungen bei der Offenlegung, die ihre Ursache in den betrieblichen Abläufen beim Betreiber des BAnz haben, hat die KapGes nicht zu vertreten, weil sie nicht in ihrer Einfluss- und Risikosphäre liegen. Etwas Anderes gilt jedoch dann, wenn die eingereichten Unterlagen unvollständig oder fehlerhaft sind und sich die Offenlegung deshalb verzögert (ebenso *WPH*[14] I, F Anm 51). Soll der JA, in dem von den Erleichterungen nach Abs 3 Gebrauch gemacht wird, geprüft werden, muss die Offenlegung bzw zumindest die Einreichung der Unterlagen beim Betreiber des BAnz spätestens bis zum Testatsdatum erfolgt sein, weil sonst – mangels Vorliegen der Befreiungsvoraussetzungen – kein uneingeschränkter BVm erteilt werden kann (dazu Anm 171 sowie IDW PH 9.200.1, Tz 5, 11 ff).

Die **Versäumung** der Offenlegung des Zustimmungsbeschlusses innerhalb der Zwölfmonatsfrist **führt** – bezogen auf die Inanspruchnahme von Erleichterungen nach Abs 3 – **zu keinem Rechtsverlust,** dh hat nicht zur Folge, dass die Befreiung nicht mehr in Anspruch genommen werden darf. Eine rechtswirksame Befreiung liegt erst dann vor, wenn alle Voraussetzungen des Abs 3 erfüllt sind.

3. Verpflichtung zur Verlustübernahme (Nr 2)

130 Die nach Nr 2 erforderliche Verpflichtung des MU zur **Verlustübernahme nach § 302 AktG** besteht *kraft Gesetzes* dann, wenn zwischen dem MU und einer KapGes in der Rechtsform der AG ein Beherrschungs- oder ein Gewinnabführungsvertrag iSd § 291 Abs 1 S 1 AktG besteht (ausführlich zur Verlustübernahme für die AG: *Hüffer*[10] § 302 Anm 10 ff). *Kraft Vertrags* liegt eine solche Verpflichtung aber auch bei Beherrschungs- und/oder Gewinnabführungsverträgen mit TU in der Rechtsform der GmbH vor, weil eine Verlustübernahme durch Verweis auf § 302 AktG in seiner jeweils gültigen Fassung nach § 17 S 2 Nr 2 KStG Voraussetzung für die Anerkennung einer körperschaftsteuerlichen Organschaft ist und deshalb im Vertrag entspr vereinbart wird (ausführlich dazu § 271 Anm 130 ff). Die Eingliederungshaftung sowie die gesamtschuldnerische Haftung der Haupt-Ges für die eingegliederte Ges bei Vorliegen einer gesetzlichen *Eingliederung* sind der gesetzlichen Verlustübernahmepflicht nach § 302 AktG ebenfalls gleichwertig (ausführlich dazu *Giese/Rabenhorst/Schindler* BB 2001, 514 f; *ADS*[6] (ErgBd) § 264 Anm 51).

Wird der befreiende KA von einem MU mit Sitz in der EU oder einem EWR-Vertragsstaat aufgestellt, ist § 302 AktG nicht anwendbar, so dass sich die Verlustübernahme nach dem **für das Mutterunternehmen maßgeblichen Recht** richtet, dies wurde im Zuge der Änderungen durch das MicroBilG entsprechend klargestellt. Auch wenn ausländisches Konzernrecht maßgeblich ist, muss der Inhalt der Verlustübernahmeverpflichtung derjenigen nach § 302 AktG entspr, dh auf den Ausgleich eines sonst entstehenden Jahresfehlbetrags gerichtet sein (s auch Anm 133).

Der UntVertrag, aus dem sich die Verpflichtung zur Verlustübernahme ergibt, muss wirksam abgeschlossen sein. Fraglich ist, zu welchem *Zeitpunkt* und für welchen *Zeitraum* er wirksam sein muss, damit die Erleichterungen in Anspruch genommen werden können. Aus Sinn und Zweck des Abs 3 ergibt sich, dass sich die potentiellen Gläubiger statt auf den entfallenden JA auf den KA iVm der Verlustübernahmeverpflichtung verlassen können müssen. Hieraus folgt, dass die Verlustübernahmeverpflichtung dasjenige Gj betreffen muss, das auf das Gj folgt, für dessen JA erstmals von den Erleichterungen Gebrauch gemacht wird (glA *ADS*[6] (ErgBd) § 264 HGB Anm 56; *WPH*[14] I, F Anm 47; *Baetge/Commandeur/Hippel* in HdR[5] § 264 Anm 68; *Ischebeck* in Beck HdR B 110 Anm 29; *Jorde/Schröder/Tenhaak* BB 2013, 2221; aA *Nesselrode* in Petersen/Zwirner/Brösel § 264 Anm 44; *Deilmann* BB 2006, 2350). Da die Verlustübernahmeverpflichtung nach § 302 AktG nur dann besteht, wenn der UntVertrag im HR eingetragen worden ist, muss dessen Eintragung spätestens bis zum Ablauf der Offenlegungsfrist bzw soweit auch inhaltliche Erleichterungen in Anspruch genommen werden, im Zeitpunkt der Feststellung (Anm 125) erfolgt sein (glA *ADS*[6] (ErgBd) § 264 HGB Anm 58). Alternativ kann das MU in dieser Konstellation auch eine einmalige Verlustübernahme für den Fall erklären, dass es nicht zur Eintragung des UntVertrags kommt (glA *Baetge/Commandeur/Hippel* in HdR[5] § 264 Anm 68).

Wenn also zB ein EAV im März 20X2 mit Rückwirkung auf den 1.1.20X2 abgeschlossen wird, greifen die Befreiungen für den JA zum 31.12.20X1, sofern der EAV innerhalb der zwölfmonatigen Offenlegungsfrist bzgl dieses JA in das HR eingetragen worden ist. Eine Rückbeziehung der Verlustübernahmepflicht auf das Gj, für dessen JA die Erleichterungen in Anspruch genommen werden sollen (hier auf den 1.1.20X1), ist nicht erforderlich (*Dörner/Wirth* DB 1998, 1528).

Der EAV muss mind bis zum Ende desjenigen Gj abgeschlossen sein, in dem für den Vj-JA von den Befreiungen Gebrauch gemacht wird (glA *WPH*[14] I, F Anm 47). Eine *vorzeitige Beendigung* des *Vertrags* durch Verschmelzung des TU auf den anderen Vertragsteil, hat keinen Einfluss auf die Befreiung, weil dann dessen Vermögen unmittelbar als Haftungsmasse zur Verfügung steht (glA *ADS*[6] (ErgBd) § 264 Anm 60). IZm einer unterjährigen Beendigung von EAV bildet die abhängige Ges häufig ein förmliches Rumpf-Gj, auf dessen Ende dann eine Aufhebung des EAV vereinbart wird. In dieser Konstellation ist die Voraussetzung nach Abs 3 Nr 2 für das dem Rumpf-Gj vorangehende Gj, nicht aber für den Rumpf-JA selbst erfüllt.

Endet der EAV durch Kündigung aus wichtigem Grund während des Gj, ist ein bis zum Tag der Beendigung entstandener Verlust noch vom anderen Vertragsteil auszugleichen (hM zB *Hüffer*[10] § 302 Anm 13). Die Beendigung des EAV (Grund und Zeitpunkt) ist nach § 298 AktG unverzüglich zur Eintragung ins HR anzumelden, dh die (ggf potenziellen) Adressaten des JA der die Befreiung in Anspruch nehmenden KapGes werden zeitnah über die Beendigung des EAV informiert und können dann entscheiden, ob sie auch nach Wegfall der Verlustübernahmeverpflichtung durch das MU mit dem TU in neue Geschäftsbeziehungen treten oder bestehende fortführen wollen. Angesichts dessen bleibt die Befreiung des TU für das letzte Gj vor der Vertragsbeendigung wirksam.

132 Fraglich ist, ob auch das Bestehen der gesetzlichen Verlustübernahmeverpflichtung aus § 302 AktG oder nach dem für das MU maßgeblichen Recht „... nach § 325 offengelegt ..." werden muss. Der Wortlaut („... die Erklärung ...") spricht dafür, dass sich die **Offenlegungspflicht** nur auf eine *freiwillige* Verlustübernahmeerklärung bezieht. Im Übrigen ergibt sich das Bestehen des Unt-Vertrags und damit automatisch auch die Verpflichtung zur Verlustübernahme gem § 302 AktG bereits aus dem HR, so dass den Informationsinteressen der Öffentlichkeit bei einer Befreiung durch ein inländisches MU auch ohne gesonderte Offenlegung der Verpflichtung ausreichend Rechnung getragen ist. Dies gilt auch für UntVerträge mit einer GmbH, da das Bestehen des Vertrags – als einer materiell satzungsändernden Maßnahme – auch in diesem Fall gem § 54 Abs 3 GmbHG im HR eingetragen sein muss (wie hier *ADS*[6] (ErgBd) § 264 Anm 61; *WPH*[14] I, F Anm 48: eine zusätzliche Bekanntmachung der Verlustübernahmeverpflichtung im BAnz dürfte sich aus Vorsichtsgründen empfehlen).

Eine gesonderte Offenlegung der Verlustübernahmeverpflichtung ist uE aber dann geboten, wenn die Verlustübernahme für das die Befreiungen nach Abs 3 in Anspruch nehmende (untere) TU bei **mehrstufigen Konzernverhältnissen** durch eine geschlossene Kette von Beherrschungs- und/oder Gewinnabführungsverträgen gewährleistet wird. Abgesehen davon, dass die Zugehörigkeit eines Unt zu einem übergeordneten Konzernverbund nicht ohne weiteres als bekannt vorausgesetzt werden kann, ließe sich in diesen Fällen sonst die Verpflichtung zur Verlustübernahme durch das den KA aufstellende (obere) MU – auch bei einer isolierten Publizität des einzelnen UntVertrags – für die Öffentlichkeit auf kaum zumutbare Art und Weise, nämlich nur durch Einsicht in das UntReg sämtlicher Unt dieser Kette überprüfen.

Die gleichen Überlegungen gelten auch dann, wenn sich die Verlustübernahmeverpflichtung nach dem für ein **ausländisches Mutterunternehmen** maßgeblichen Recht richtet. Selbst wenn in diesen Fällen die Verlustübernahmeverpflichtung in einer dem deutschen Recht vergleichbaren Weise im Ausland mitgeteilt werden muss, wird dadurch allein noch keine ausreichende Information der inländischen Adressaten über das Vorliegen dieser zentralen Befreiungsvoraussetzung gewährleistet. Ebenso wie einer freiwilligen Verlustübernahme sollte uE das Bestehen der Verlustübernahmeverpflichtung im BAnz mitgeteilt werden.

133 Alternativ zur gesetzlichen **Verlustübernahmeverpflichtung** kann die Voraussetzung der Nr 2 auch dadurch erfüllt werden, dass das MU „... eine solche Verpflichtung **freiwillig übernommen** hat ...". Mit dieser Formulierung dürften nicht primär UntVerträge zwischen GmbH gemeint sein, weil hierbei die Verlustausgleichspflicht zum regelmäßigen Vertragsinhalt gehört bzw in analoger Anwendung des § 302 AktG kraft Vertrags entsteht (s Anm 130). Gemeint sind vielmehr Fälle, in denen sich das MU außerhalb eines UntVertrags zur isolierten Verlustübernahme für bestimmte Gj der KapGes ggü dieser verpflichtet. Derartige Verträge können ohne Einhaltung der besonderen Wirksamkeitsvoraussetzungen für UntVerträge abgeschlossen werden (s *Hüffer*[10] § 291 Anm 28). Auch hier muss der Vertrag vor Inanspruchnahme der Erleichterungen wirksam geworden sein.

Der **Inhalt** der freiwilligen Verlustübernahmeverpflichtung muss derjenigen aus § 302 AktG entsprechen. Daher muss sie sich auf den Ausgleich eines ohne die Verpflichtung entstehenden Jahresfehlbetrags beziehen und einen entspr Zahlungsanspruch der KapGes begründen (glA *ADS*[6] (ErgBd) § 264 Anm 53, 55). Die Vereinbarung einer Anrechnung von Entnahmen aus Rücklagen würde dabei aber jedenfalls dann einer Anwendung des Abs 3 entgegenstehen, wenn sich die Verlustübernahme nur auf ein einziges Gj bezieht, da die betr Beträge hier – abw von § 302 Abs 1 zweiter Hs AktG – nicht „… während der Vertragsdauer in die Rücklagen eingestellt worden …" sein können. In einer derartigen Konstellation wäre es aber zulässig, wenn die Gester – unter Beachtung der gesetzlichen und ges-vertraglichen Bestimmungen – gesondert eine Ausschüttung aus verfügbaren EK-Teilen des die Befreiung in Anspruch nehmenden TU beschließen würden. In diesem Fall könnten die Aufwendungen aus Verlustübernahmen dann auf Ebene des MU ganz oder teilweise durch entspr BetErträge kompensiert werden.

Die Erklärung über die freiwillige Verlustübernahme muss nach § 325 **offengelegt** werden. Dies bedeutet – wie bei der Offenlegung des Gester-Beschlusses (s Anm 126) – die Einreichung und Bekanntmachung im BAnz. Bzgl des Zeitpunkts der Offenlegung gilt Anm 127 entspr. Die Wiedergabe des Wortlauts der Erklärung ist nicht geboten; erforderlich und ausreichend ist vielmehr eine sinngemäße Wiedergabe der maßgeblichen Regelungen (hM *ADS*[6] (ErgBd) § 264 Anm 61). Dh neben der Nennung der Firma des zur Verlustübernahme verpflichteten Unt, ist insb der **Zeitraum** (Gj) anzugeben, der hiervon umfasst wird. Erstreckt sich die freiwillige Verlustübernahme auf mehrere Gj, muss sie jährlich offengelegt werden, weil mangels Registerpublizität keine sicheren Informationen über ihren Fortbestand gegeben sind.

Wird die freiwillige Verlustübernahme aus wichtigem Grund während des Gj beendet, ist ein bis zum Tag der **Beendigung** entstandener Verlust noch auszugleichen. Ebenso wie bei einer unterjährigen Beendigung eines EAV (s Anm 131) müssen die Adressaten des JA der befreiten KapGes unverzüglich hierüber informiert werden. Grund und Zeitpunkt der vorzeitigen Beendigung der Verlustübernahmeerklärung sind daher, so wie die ursprüngliche Erklärung, nach § 325 offenzulegen. Eine Abrechnung der Verlustübernahmeverpflichtung auf den Zeitpunkt ihrer vorzeitigen Beendigung ist jedoch dann nicht erforderlich, wenn sie noch während des Gj durch eine aus Sicht der Gläubiger der Tochter-KapGes gleichwertige Haftungsübernahme (zB Schuldmitübernahme im Außenverhältnis; s auch Anm 134) ersetzt wird, sich also lediglich der „Durchführungsweg" ändert.

Sinn und Zweck der Verlustübernahmepflicht nach Nr 2 ist, dass der KA, den die Gläubiger der die Befreiung in Anspruch nehmenden KapGes statt deren JA erhalten, dasjenige Reinvermögen ausweist, das auch zur Deckung der Verbindlichkeiten des zu befreienden TU zur Verfügung steht (*ADS*[6] (ErgBd) § 264 HGB Anm 47). Auch wenn das Gesetz ausdrücklich nur die Verlustübernahme (= Ausgleichspflicht für entstehende Jahresfehlbeträge) nennt, sind auch sonstige vertragliche oder gesetzliche (Haftungs-)Verhältnisse dem gleichwertig (*ADS*[6] (ErgBd) § 264 HGB Anm 51). Als **gleichwertig** wird insb die **gesamtschuldnerische Haftung** angesehen (*ADS*[6] (ErgBd) § 264 HGB Anm 54 mwN; *Dörner/Wirth* DB 1998, 1528). Hierzu gehört die Eingliederungshaftung (§ 321 AktG) sowie die gesamtschuldnerische Haftung der HauptGes (§ 322 AktG) für die eingegliederte Ges bei Vorliegen einer gesetzlichen Eingliederung (dazu *AK-Schmalenbach* DB 1999, 495 f; *Giese/Rabenhorst/Schindler* BB 2001, 514 f). Gleiches gilt aber für auch die gesamtschuldnerische Haftung der Gester einer OHG gem § 128 sowie des phG einer KG gem § 128 iVm § 161 Abs 2; dies kann insb in mehrstufigen Konzernverhältnissen relevant sein.

Sowohl bei gesetzlicher als auch bei freiwilliger Verlustübernahme dürfen die Erleichterungen nur dann in Anspruch genommen werden, wenn das den befreienden KA aufstellende MU zugleich auch das zur Verlustübernahme verpflichtete Unt ist. Bei **mehrstufigen Konzernen** genügt es daher nicht, wenn ein MU unterer Stufe, das wegen der Befreiung des § 291 selbst keinen KA aufstellt, die Verlustübernahme erklärt hat, diese Einstandspflicht – mangels entspr Erklärung – aber nicht auf das MU oberer Stufe, das den KA gem § 290 erstellt, durchschlägt. Andererseits muss die Verlustübernahme durch das MU oberer Stufe nicht unmittelbar erfolgen. Es genügt vielmehr, wenn das den KA aufstellende MU durch eine geschlossene Kette von Verlustübernahmen (mittelbar) zur Verlustübernahme ggü der die Befreiung gem Abs 3 in Anspruch nehmenden KapGes verpflichtet ist (hM zB *WPH*[14] I, F Anm 50; *ADS*[6] (ErgBd) § 264 Anm 48; *Giese/Rabenhorst/Schindler* BB 2001, 514; aA *Dörner/Wirth* DB 1998, 1529). Ist in einem mehrstufigen Konzern (MU, TU, EnkelUnt) eine KapCoGes als TU zwischengeschaltet, ist eine durchgängige Kette von Verlust-/Haftungsübernahmen aus Sicht einer nachgeordneten KapGes (EnkelUnt), mit Verlustübernahme durch die KapCoGes, nur dann gegeben, wenn deren phG zugleich das MU ist, das den befreienden KA aufstellt. Die Haftung eines Dritten, der nicht als MU den befreienden KA aufstellt, genügt den Anforderungen der Nr 2 nicht (so aber *Scholz* BB 2012, 110; *Hoffmann/Lüdenbach*[4] 264 Anm 54).

136 Möglich ist auch, dass sich eine **(isolierte) Verlustübernahme auf** einer **Zwischenstufe** nur auf Verluste erstreckt, die dort aufgrund einer ggü einem TU bestehenden Verlustübernahmeverpflichtung entstehen. Dies wäre zB der Fall, wenn im Wege einer Erfüllungsübernahme (§ 329 BGB) mit einem TU vereinbart wird, dass das MU die Verlustübernahmeverpflichtung übernimmt, die beim TU aus einem Beherrschungs- oder Gewinnabführungsvertrag mit einem EnkelUnt (des MU) resultiert. In dieser Konstellation wäre aus Sicht des untersten (Enkel-)Unt eine geschlossene Kette von Verlustübernahmen gegeben, jedoch nicht aus Sicht des TU. Dies wäre auch dann der Fall, wenn das MU dem TU nur den Teil eines von ihm zu tragenden Verlusts des EnkelUnt ausgleicht, den das TU nicht aus seinem eigenen Ergebnis decken kann.

4. Einbeziehung in den Konzernabschluss (Nr 3)

140 Die Inanspruchnahme der Erleichterungen setzt gem Nr 3 ferner voraus, dass die KapGes **tatsächlich** in den befreienden KA des MU **einbezogen** worden ist, was sich seit den Änderungen durch das MicroBilG so bereits unmittelbar aus der Einleitung des Abs 3 ergibt. Die in Nr 3 geregelte Voraussetzung hätte damit entfallen können. Im Zuge der Änderungen durch das MicroBilG wurde der Hinweis, dass die KapGes als **„Tochterunternehmen"** einbezogen werden muss, in der Nr 3 gestrichen. Materielle Auswirkungen ergeben sich daraus jedoch nicht, weil aus den übrigen Tatbestandsvoraussetzung des Abs 3 ergibt (s auch Anm 116), dass die die Befreiung in Anspruch nehmende KapGes nach den Vorschriften über die **Vollkonsolidierung** (zB §§ 300 ff) in den befreienden KA einbezogen wird. Eine VollKons setzt die Übernahme der VG und Schulden und der damit korrespondierenden Erträge und Aufwendungen in den KA voraus und liegt daher auch dann vor, wenn das TU nach IFRS 5 in einen IFRS-KA (s dazu 142) einbezogen wird. Die Inanspruchnahme von Erleichterungen nach Abs 3 ggf iVm Abs 4 kann in diesem Fall uU aber dennoch ausgeschlossen sein, weil die Verlustübernahmepflicht iSd Nr 2 sich nicht (mehr) auf das gesamte folgende Gj bezieht (zur unterjährigen Beendigung der Verlustübernahme s Anm 131),

Insofern besteht ein Unterschied zur vergleichbaren Regelung für KapCoGes gem § 264b Nr 1 (s dort Anm 33), nach der lediglich die Einbeziehung in einen KA gefordert wird, was nicht notwendigerweise ein Unterordnungsverhältnis (Mutter-Tochterverhältnis) voraussetzt, weil auch das MU nach § 294 Abs 1 selbst in den KA einbezogen wird. Der Gesamtzusammenhang des Abs 3 indes ist eindeutig und lässt eine erweiternde Auslegung im vorstehenden Sinn nicht zu.

Erfolgt die Einbeziehung der KapGes in den KA im Wege der QuoKons oder durch die Equity-Kons ist die Voraussetzung der Nr 3 dagegen nicht erfüllt, weil es in diesen Fällen an der Qualifizierung dieser Unt als TU fehlt (ebenso *ADS*[6] (ErgBd) § 264 Anm 70; *Giese/Rabenhorst/Schindler* BB 2001, 513).

Nicht ausdrücklich geregelt ist der Fall, dass die Einbeziehung auf Grund eines **141 Konsolidierungswahlrechts** zB gem § 296 unterbleibt. Da der Gesetzgeber jedoch an anderer Stelle (zB in § 291 Abs 2 Nr 1: „... unbeschadet des § 296 einbezogen ...") für vergleichbare Fälle ausdrücklich geregelt hat, dass die Befreiung auch dann gelten soll, wenn es wegen eines Wahlrechts nicht zu einer Einbeziehung gekommen ist, ist aus dem Fehlen einer entspr Formulierung in Nr 3 zu schließen, dass der Gesetzgeber hier eine tatsächliche Einbeziehung verlangt (glA *ADS*[6] (ErgBd) § 264 Anm 71; *Dörner/Wirth* DB 1998, 1529; *AK-Schmalenbach* DB 1999, 494).

Der befreiende KA musste bisher, dh letztmals für Gj, die vor dem 1.1.2013 **142** beginnen (Art 70 Abs 2 S 2 EGHGB), nach den deutschen handelsrechtlichen Konzernrechnungslegungsvorschriften (§§ 290 ff) aufgestellt werden. Die durch das MicroBilG geänderte Fassung des Abs 3 stellt demggü keine **inhaltlichen Anforderungen** an den befreienden KA, dies obwohl Art 57 lit e) der 4. EG-Richtl, auf den die Befreiungsregelung zurückgeht, vorsieht, dass der befreiende KA nach der Richtl 83/349/EWG (7. EG-Richtl) aufgestellt sein muss. Gleiches gilt im Übrigen nach Art 57a Abs 2 lit b 4. EG-Richtl auch für die Befreiung von KapCoGes und wird für diese Unt in § 264b Nr 2 ausdrücklich als Befreiungsvoraussetzung genannt (s § 264b Anm 40). Die Auslegung anhand der zugrunde liegenden EG-Richtl lässt somit nur den Schluss zu, dass der befreiende KA nach dem für das MU maßgeblichen, in **Einklang mit der 7. EG-Richtl** stehenden Recht aufgestellt werden muss (s dazu auch § 264b Anm 42 ff; aA *Theile* DB 2013, 470: Schließung der Regelungslücke durch Auslegung zweifelhaft).

Der JA, für den die Erleichterungen nach Abs 3 in Anspruch genommen werden **143** sollen, und der KA, in den die Einbeziehung erfolgt, beziehen sich in der überwiegenden Zahl der Fälle auf das gleiche Gj. Die Voraussetzung der Nr 3 ist dabei auch dann erfüllt, wenn das Mutter-Tochterverhältnis erst im Verlauf des Gj entstanden ist und folglich die Erträge und Aufwendungen des zu befreienden TU erst ab diesem Zeitpunkt im (befreienden) KA des MU enthalten sind.

Die Voraussetzungen der Nr 3 sind in **zeitlicher Hinsicht** aber auch dann erfüllt, wenn die KapGes zB nach § 299 Abs 2 S 2 auf der Grundlage eines bis zu drei Monate zurückliegenden JA in den KA einbezogen wird, weil die zeitliche Verzögerung bei der Zurverfügungstellung der an die Stelle des JA tretenden Finanzinformationen aus Sicht der Adressaten in dieser Konstellation nicht wesentlich später erfolgt. Wird die KapGes dagegen auf Grund eines auf den KA-Stichtag aufgestellten Zwischenabschlusses einbezogen, ist auf den letzten KA abzustellen, dh zB: Ist der Stichtag des JA der 30.6.20X2, muss die KapGes in den KA zum 31.12.20X1 einbezogen sein. Eine beabsichtigte Einbeziehung in einen KA zu einem künftigen Stichtag (im Beispiel: 31. 12. 20X2) reicht nicht aus (glA *ADS*[6] (ErgBd) § 264 Anm 68). Wird ein TU mit einem vom Konzern-Gj (31.12.) abw Gj (30.4./1.5.) kurz vor Ende seines Gj erworben und bildet das TU anschließend ein Rumpf-Gj zwecks Angleichung an das Konzern-Gj, wird die Voraussetzung der Nr 3 durch die Einbeziehung in den KA zum 31.12. für den regulären und den Rumpf-JA erfüllt.

Die Voraussetzung der Nr 3 ist in einer Vergangenheitsform *(„einbezogen wor-* **144** *den ist")* formuliert. Bei wörtlicher Auslegung würde dies bedeuten, dass der befreiende KA des MU bereits innerhalb der 3-Monats-Frist des Abs 1 S 2 aufgestellt, geprüft und offengelegt sein muss, damit das TU die Erleichterungen bei

Aufstellung seines JA in Anspruch nehmen darf. Dies dürfte praktisch aber so gut wie ausgeschlossen sein. Vor diesem Hintergrund ist der Wortlaut der Nr 3 korrigierend iSv *„einbezogen wird"* zu interpretieren (glA *ADS*[6] (ErgBd) § 264 Anm 69). Dh die Einbeziehung in den KA (Nr 3) und die Offenlegung der Konzernrechnungslegungsunterlagen im BAnz (Nr 4 lit a)) muss zeitlich *nicht* vor der Anwendung der Befreiung des Abs 3 liegen, sondern darf dieser – unter Wahrung der Fristen des § 325 – nachfolgen.

145 Nicht ausdrücklich geregelt ist auch, ob der KA durch einen AP **geprüft sein muss.** Die Prüfungspflicht ergibt sich jedoch mittelbar aus dem Wortlaut des Art 57 lit g) der 4. EG-Richtl, der auch die Offenlegung des Prüfungsergebnisses als Befreiungsvoraussetzung nennt. Wegen Konsequenzen aus Einschränkungen oder Versagungen des hierzu erteilten BVm für das Vorliegen der Befreiungsvoraussetzungen s § 264b Anm 46.

5. Angabe der Befreiung im Konzernanhang (Nr 4 lit a))

150 Die **Tatsache** der Inanspruchnahme **der Befreiung** muss für jedes Jahr, in dem von den Befreiungen Gebrauch gemacht wird, im Anhang des von dem MU aufgestellten KA angegeben werden (Nr 4 lit a)). In welchem Ausmaß (Anm 105 f) die namentlich *(Firma, Sitz)* zu bezeichnende KapGes von den Erleichterungen Gebrauch gemacht hat, braucht nicht angegeben zu werden (hM zB *ADS*[6] (ErgBd) § 264 Anm 72; *WPH*[14] I, F Anm 54; *Giese/Rabenhorst/ Schindler* BB 2001, 513). **Zuständig** für die Angabe sind die gesetzlichen Vertreter des MU, in deren Verantwortung die Aufstellung (Vollständigkeit) des Konzernanhangs liegt.

151 An welcher Stelle des Konzernanhangs die Angabe nach Nr 4 lit a) zu erfolgen hat, ist nicht geregelt. Sie darf zB zusammen mit denjenigen zu den in den KA als TU einbezogenen Unt (§ 313 Abs 2 Nr 1) kombiniert werden, sei es durch Einfügung einer entspr Zwischenüberschrift („Unternehmen, die von der Befreiung gemäß § 264 Abs 3 oder Abs 4 Gebrauch machen") oder eines Fußnotenverweises (wegen des Wortlauts s auch § 264b Anm 51).

152 Nach Nr 4 lit a) muss der befreiende **Konzernabschluss** des MU durch **Einreichung** beim Betreiber des **elektronischen Bundesanzeigers** offengelegt werden. Handelt es sich bei dem befreienden KA um einen inländischen Pflichtabschluss, dessen Offenlegung sich ohnehin nach § 325 richtet, hat Nr 4 lit a) nur klarstellende Bedeutung, dergestalt, dass eine rechtswirksame Befreiung der KapGes erst vorliegt, wenn das MU seinen Offenlegungspflichten nachgekommen ist. Dies ist der Fall, wenn das MU den KA beim Betreiber des BAnz eingereicht hat (§ 325 Abs 4 S 2). Auf den Zeitpunkt, ab dem die Informationen den Adressaten (elektronisch) zugänglich sind, kommt es insoweit nicht an. Für **Form und Inhalt** der Unterlagen bei Offenlegung gilt **§ 328** (s dort Anm 6 ff), weshalb bei einer unzulässigen Kürzung oder Veränderung der einzureichenden Unterlagen die Voraussetzungen für eine Befreiung nicht erfüllt sind.

153 Gleiches muss gelten, auch wenn keine unmittelbare Offenlegungspflicht nach § 325 besteht, wenn der befreiende KA von einem EU/EWR-MU oder freiwillig von einem inländischen MU aufgestellt wird (glA *Fey* ua BB 2013, 111). Nach bisherigen Recht wurde dies durch Einreichung des befreienden KA zum HR des TU nach Nr 5 aF gewährleistet (6. Aufl Anm 110 f). Aufgrund der Änderungen durch das EHUG muss der befreiende KA den Adressaten nunmehr auf **elektronischem Weg** zugänglich sein (ausführlich dazu s § 264b Anm 55 f). Dies kann dadurch erreicht werden, dass das MU den KA freiwillig im BAnz veröffentlicht oder das TU den KA auf Verlangen des MU in die Mitteilung nach Nr 4 lit b) aufnimmt (Anm 158 ff). Eine Zurverfügungstellung des KA auf der Internetseite des MU bzw bei EU/EWR-MU eine Auslandsveröffentlichung allein reicht uE nicht aus, weil der BAnz im Inland die zentrale Plattform für die Offenlegung von Finanzinformationen bildet (glA IDW PH 9.200.1, Tz 14; *Haller/Löffelmann/Schlechter* DB 2013, 1920; zu Abweichungen bei KapCoGes s § 264b Anm 57).

Wird für das die Befreiung in Anspruch nehmende TU die *Schutzklausel* gem **154** § 313 Abs 3 in Anspruch genommen, weil dem MU oder einem seiner TU bei vernünftiger kfm Beurteilung erhebliche Nachteile aus dem Bekanntwerden der UntVerbindung entstehen können (§ 313 Anm 219), darf auch die Angabe nach Nr 4 lit a) entfallen (§ 264b Anm 59; glA *WPH*[14] I, F Anm 54; aA LG Bonn Der Konzern 2010, 435: Angabe nach Nr 4 lit a) tritt nicht hinter § 313 Abs 3 zurück). Die Verpflichtung, die Befreiung der KapGes nach Nr 4 lit b) unter Angabe des MU im BAnz mitzuteilen, bleibt davon aber unberührt.

6. Mitteilung der Befreiung im Bundesanzeiger (Nr 4 lit b))

Die Inanspruchnahme der Erleichterungen setzt schließlich nach Nr 4 lit b) **158** voraus, dass die **Befreiung** der KapGes unter Angabe des MU, das den befreienden KA aufstellt, im BAnz **mitgeteilt** wurde. Durch die Mitteilung soll den Adressaten des von der Inanspruchnahme der Erleichterungen betroffenen JA das Auffinden des als Ersatz für den JA dienenden KA des MU erleichtert werden.

Der **Inhalt der Mitteilung** umfasst zunächst die Angabe der Befreiung der **159** KapGes, wobei ausdrücklich auf die Befreiungsvorschrift (§ 264 Abs 3 ggf iVm Abs 4) Bezug zu nehmen ist. In welchem Umfang von den Befreiungsmöglichkeiten Gebrauch gemacht werden soll, ist nicht Gegenstand der Mitteilung. Ferner muss das MU, das den befreienden KA erstellt, eindeutig bezeichnet werden, damit über das UntReg der von ihm veröffentlichte KA aufgefunden werden kann. Hierzu ist die Nennung von Firma und Sitz des MU erforderlich. Die Angabe des Gj, für das von der Erleichterung Gebrauch gemacht wird, ist nicht erforderlich, weil sich dies bereits aus dem Beschluss nach Nr 1 ergibt (Anm 126; zu Besonderheiten bei KapCoGes s § 264b Anm 61).

Handelt es sich bei dem befreienden KA um den KA eines **EU-/EWR-Mutterunternehmen oder** um einen **freiwilligen inländischen Konzernabschluss** (zur Zulässigkeit s Anm 117), der freiwillig vom MU im BAnz veröffentlicht wird (s Anm 153), muss hierauf in der Mitteilung nach Nr 4 lit b) hingewiesen werden, damit ein elektronischer Zugriff der Adressaten des JA des TU auf diesen KA sichergestellt ist. Da es sich um eine Mitteilung der KapGes handelt, sind deren **gesetzliche Vertreter hierfür zuständig** (*Baetge/Commandeur/Hippel* in HdR[5] § 264 Anm 76). Die Mitteilung darf jedoch auch vom MU veröffentlicht werden, wenn sichergestellt ist, dass sie unter Eingabe der Firma der zu befreienden KapGes als Suchergebnis im BAnz ausgegeben wird (so LG Bonn ZIP 2010, 675).

Wegen der Erweiterung der Mitteilung um die Angaben nach **§ 291** Abs 2 Nr 3 zwecks zusätzlicher **Befreiung** der KapGes von der **Konzernrechnungslegung** s § 264b Anm 93 (aA *Claussen* in Kölner-Komm-HGB § 264 Anm 84: Kumulation der Erleichterungen aus §§ 291 und 264 Abs 3 ist nicht vorgesehen).

Eine **Frist,** innerhalb derer die Mitteilung im BAnz erfolgt sein muss, wird in **160** der Nr 4 lit b) nicht bestimmt. Verzichtet die KapGes auf die Offenlegung ihres JA reicht es aus, wenn die Bekanntmachung spätestens bis zum Ende der Offenlegungsfrist für den JA, dh innerhalb von zwölf Monaten nach Ablauf des Gj erfolgt (§ 325 Abs 3 iVm Abs 2 S 2; zu Überschreitungen dieser Frist s Anm 127). Sollen inhaltliche Erleichterungen (Verzicht auf Anhang und/oder

Lagebericht) in Anspruch genommen werden, sollten diese von der KapGes selbst zu erfüllenden Voraussetzung spätestens bei Aufstellung des JA gegeben sein (s Anm 125).

IV. Zusätzliche Voraussetzungen gem Abs 4

165 KapGes, die TU eines gem § 11 PublG zur Aufstellung eines KA verpflichteten MU sind, dürfen nach Abs 4 ebenfalls von den Befreiungsmöglichkeiten des Abs 3 Gebrauch machen. Diese Ausweitung des Kreises der Tochter-KapGes, die bei Aufstellung, Prüfung und Offenlegung ihres JA und ggf Lageberichts von Erleichterungen Gebrauch machen dürfen, geht ursprünglich auf das KapCoRiLiG zurück (s Anm 102). Nach dem Wegfall der Einschränkung des Anwendungsbereichs des Abs 3 aF auf MU iSv § 290 durch das MicroBilG werden die in Abs 4 genannten TU bereits unmittelbar durch Abs 3 erfasst (so auch *Theile* DB 2013, 470; *Haller/Löffelmann/Schlechter* DB 2013, 1919). Abs 4 konnte jedoch nicht aufgehoben werden, weil er für die Tochter-KapGes zusätzliche Befreiungsvoraussetzungen formuliert, wenn der befreiende KA von einem inländischen MU gem §§ 11 ff PublG aufgestellt wird. Neben dem Vorliegen sämtlicher Voraussetzungen nach Abs 3 Nrn 1 bis 4 (Anm 115 ff) ist danach zusätzlich erforderlich, dass in dem befreienden KA gem §§ 11 ff PublG **das Wahlrecht des § 13 Abs 3 S 1 PublG nicht in Anspruch genommen wird.** Dh im befreienden PublG-KA müssen die Gesamtbezüge etc für aktive und ehemalige Organmitglieder des MU und für deren Hinterbliebene nach § 314 Abs 1 Nr 6 iVm § 13 Abs 2 S 1 PublG angegeben werden. Die Inanspruchnahme der Schutzklausel nach § 286 Abs 4 analog (s dazu § 314 Anm 52) bleibt davon unberührt.

166 Nach dem Wortlaut des Abs 4 („... nach § 11 PublG zur Aufstellung eines Konzernabschlusses *verpflichtet* ...") sind die Erleichterungen des Abs 3 nicht anwendbar, wenn ein KA freiwillig gem §§ 11 ff PublG aufgestellt wird, zB weil das MU die in § 11 Abs 1 Nr 1–3 PublG genannten Größenkriterien nicht überschreitet. Eine Einschränkung ergibt sich dadurch aber nicht, weil die in Rede stehenden Tochter-KapGes bereits von Abs 3 erfasst werden (s Anm 165), der allein auf deren Einbeziehung in den befreienden KA abstellt (s Anm 140 ff), unabhängig davon, ob dieser freiwillig oder aufgrund einer gesetzlichen Pflicht aufgestellt wird (s Anm 118). Sofern die sonstigen Voraussetzungen des Abs 3 erfüllt sind, berechtigt deshalb auch ein **freiwilliger (geprüfter) Konzernabschluss gemäß §§ 11 ff PublG** die TU-KapGes zur Inanspruchnahme der Befreiungsmöglichkeiten gem Abs 4 iVm Abs 3.

167 Soll der KA gem §§ 11 ff PublG die TU-KapGes zugleich nach § 291 von der ihr ggf obliegenden Verpflichtung zur **Aufstellung** eines **Teil-Konzernabschlusses** gem §§ 290 ff **befreien,** muss er nach § 291 Abs 2 Nr 2 mit den Anforderungen der 7. EG-Richtl im Einklang stehen und nach dem maßgeblichen Recht des MU aufgestellt sein. Zum Einklang mit der 7. EG-Richtl wird klarstellend in § 13 Abs 3 S 3 PublG ausgeführt, dass von dem Wahlrecht nach § 13 Abs 3 S 1 PublG (Anm 165) kein Gebrauch gemacht werden darf und darüber hinaus die Regelung des § 5 Abs 5 PublG (insb Aufstellung der Konzern-GuV nach den für das MU geltenden Bestimmungen) auch *nicht* angewendet werden darf.

168 Ein KA nach PublG besteht grds aus der Konzernbilanz, Konzern-GuV, dem Konzernanhang, der KFR und dem EK-Spiegel (§ 13 Abs 2 S 1 PublG iVm § 297 Abs 1 S 1). Eine Einschränkung gilt für **Personengesellschaften** oder EKfl, die zur Konzernrechnungslegung nach dem PublG verpflichtet sind. Bei diesen braucht der KA **eine Kapitalflussrechnung** und **einen Eigenkapitalspiegel** nicht zu umfassen (§ 13 Abs 3 S 2 2. Hs PublG).

Fraglich könnte sein, ob der KA in diesem Fall dennoch befreiende Wirkung iSv § 291 hat. Wie oben (Anm 167) dargestellt, hat ein nach PublG aufgestellter KA befreiende Wirkung für nachgeordnete Teilkonzerne von Tochter-KapGes oder denen gleichgestellten KapCoGes nur, wenn der befreiende KA den (strengeren) Konzernrechnungslegungsvorschriften der §§ 294 bis 314 genügt. Der Verweis in § 13 Abs 3 S 3 PublG bezieht sich allerdings ausdrücklich nur auf den ersten Hs des § 13 Abs 3 S 2 (= Nichtanwendung des § 5 Abs 5 PublG) und nicht auf den zweiten Hs, in dem die Aufstellung einer KFR sowie eines EK-Spiegels für den PublG-KA von PersGes und EKfI suspendiert wird.

Die Verpflichtung zur Ergänzung des KA um eine KFR und einen EK-Spiegel ergibt sich nicht unmittelbar aus der 7. EG-Richtl, sondern beruht auf der Ausübung des Mitgliedsstaatenwahlrechts in Art 16 Abs 6 der 7. EG-Richtl durch den deutschen Gesetzgeber. Danach können die Mitgliedsstaaten vorschreiben, dass in einem KA neben den Angaben, die aufgrund der 7. EG-Richtl erforderlich sind, weitere Angaben (hier: KFR und EK-Spiegel) gemacht werden. Wie oben dargestellt, kommt es für das Vorliegen der Voraussetzungen nach § 291 Abs 2 Nr 2 darauf an, dass (1) der befreiende KA nach dem für das aufstellende MU maßgeblichen Recht aufgestellt ist und (2) im Einklang mit der 7. EG-Richtl steht. Ein KA eines MU in einem anderen EU-Mitgliedsstaat, der die 7. EG-Richtl in nationales Recht umgesetzt hat, erfüllt diese Voraussetzung generell. Ohne Bedeutung ist dabei, ob die Umsetzung der 7. EG-Richtl für den Sitzstaat des betr MU in gleicher Weise wie durch den deutschen Gesetzgeber erfolgt ist. Maßgeblich ist allein, dass der KA unter Beachtung des Rechts des jeweiligen Sitzstaats des übergeordneten MU aufgestellt ist und mit der 7. EG-Richtl im Einklang steht. Die unterschiedliche Umsetzung der 7. EG-Richtl aufgrund einer abw Ausübung der Mitgliedsstaatenwahlrechte der 7. EG-Richtl (hier: Wahlrecht in Art 16 Abs 6 der 7. EG-Richtl) steht der Befreiung nicht entgegen (so *Claussen/Scherrer* in Kölner Komm-HGB § 291 Anm 66). Damit ein nach § 11 PublG aufgestellter KA im **Einklang mit der 7. EG-Richtl** steht, kommt es somit nicht darauf an, dass er mit der Umsetzung der 7. EG-Richtl durch den deutschen Gesetzgeber vollumfänglich, dh insb unter Berücksichtigung der Ausübung aller Mitgliedsstaatenwahlrechte, im Einklang steht. Weil die Verpflichtung zur Aufstellung einer KFR und eines EK-Spiegels „deutsches Sonderrecht" für den KA von KapGes ist, ist der Einklang mit der 7. EG-Richtl auch dann gegeben, wenn diese Bestandteile nicht zu einem (befreienden) übergeordneten KA gehören, vorausgesetzt, dass das **Recht des Mutterunternehmens** diese KA-Bestandteile nicht kennt. Gerade dies ist für KA von PersGes nach den §§ 11 ff PublG der Fall. Nach § 13 Abs 3 S 2 PublG braucht weder eine KFR noch ein EK-Spiegel aufgestellt zu werden.

Vor diesem Hintergrund ist uE ein **PublG-Konzernabschluss einer Personengesellschaft** oder eines EKfm – das Vorliegen der übrigen Voraussetzungen (§ 291 HGB bzw § 13 Abs 3 PublG) unterstellt – auch ohne KFR und EK-Spiegel **befreiend** iSv § 291 (so wohl auch *WPH*[14] I, O Anm 53; *Schellhorn* in FS Matschke, 258 f).

V. Jahresabschlussprüfung

Wird trotz Vorliegen der Befreiungsvoraussetzungen gem Abs 3 bzw Abs 4 ein Prüfungsauftrag erteilt, ist – sofern die Wahl und Beauftragung des AP nach § 318 erfolgt ist und auch nicht *ausdrücklich* nur eine freiwillige Prüfung vereinbart wird – grds davon auszugehen, dass das TU die Prüfungsbefreiung für den JA nicht in Anspruch nimmt und es sich mithin um eine **Pflichtprüfung** gem §§ 316 ff handelt (hM zB *ADS*[6] (ErgBd) § 264 Anm 75; IDW PH 9.200.1, Tz 4). Dieser Grundsatz gilt auch dann, wenn das TU gleichzeitig andere (inhaltliche) Erleichterungen gem Abs 3 bzw Abs 4 (Anm 105 ff) in Anspruch nimmt.

171 Soweit eine Beurteilung der Befreiungsvoraussetzungen nach den Verhältnissen bis zur Beendigung der APr möglich ist (IDW PH 9.200.1, Tz 5), hat der **Abschlussprüfer** grds auch die Rechtmäßigkeit der Inanspruchnahme der Erleichterungen gem Abs 3 bzw Abs 4 zu beurteilen. Wegen der vom **Konzernabschlussprüfer** vorzunehmenden Prüfungshandlungen s § 264 b Anm 80.

Weil ein Teil der Erleichterungsvoraussetzungen, namentlich die Voraussetzungen gem Abs 3 Nrn 3 und 4, aufgrund der zeitlichen Abfolge regelmäßig erst nach der Bildung des Prüfungsurteils erfüllt werden können, ist eine **abschließende Beurteilung sämtlicher Voraussetzungen** des Abs 3 bzw Abs 4 **nicht Gegenstand der Abschlussprüfung** des Gj (glA *ADS*[6] (ErgBd) § 264 Anm 78). Dies setzt allerdings voraus, dass keine Anhaltspunkte dafür bestehen, dass diese Voraussetzungen voraussichtlich nicht erfüllt werden (IDW PH 9.200.1, Tz 7). Im Rahmen der APr ist vielmehr nur zu beurteilen, ob sich die in Anspruch genommenen Erleichterungen inhaltlich in den Grenzen des Abs 3 bzw Abs 4 halten.

Ist dies der Fall, kann zu dem JA ein uneingeschränkter BVm erteilt werden; insb bedarf es insoweit auch keiner aufschiebenden Bedingung (Vorbehalt) zum BVm (hM zB *Dörner/Wirth* DB 1998, 1530; *Giese/Rabenhorst/Schindler* BB 2001, 518). Im **Bestätigungsvermerk** muss jedoch darauf hingewiesen werden, dass das Vorliegen der Befreiungsvoraussetzungen nach Abs 3 bzw Abs 4 nicht abschließend beurteilt werden konnte. Hierfür kommt folgender **hinweisender Zusatz** in Betracht:

„Im Zeitpunkt der Beendigung unserer Prüfung konnte nicht abschließend beurteilt werden, ob die Befreiung des § 264 Abs 3 HGB *[ggf: § 264 Abs 3 iVm Abs 4 HGB bzw § 264 b HGB]* zu Recht in Anspruch genommen worden ist, weil die Voraussetzungen der Nr 3 (Einbeziehung in den KA des MU) und Nr 4 lit a) (Angabe der Befreiung im Anhang des vom MU aufgestellten, geprüften und offengelegten KA) ihrer Art nach erst zu einem späteren Zeitpunkt erfüllt werden können."

Soweit die formalen Voraussetzungen bei Prüfungsende bereits erfüllt waren, zB die Befreiung unter Angabe des MU bereits nach Nr 4 lit b) im BAnz mitgeteilt wurde, sollten sie in die Prüfung einbezogen werden; der hinweisende Zusatz hat sich dann nur auf die nicht geprüften Voraussetzungen zu beschränken.

172 Darüber hinaus können in Abhängigkeit vom Umfang, in dem von den Erleichterungen nach Abs 3 bzw Abs 4 Gebrauch gemacht wird, zusätzliche Anpassungen des BVm erforderlich werden. Hierfür gelten dann die allgemeinen Grundsätze (dazu § 322 Anm 41 ff, 57 ff; IDW PS 400, Tz 41 ff).

Wird bspw auf die Anwendung der (sämtlichen) ergänzenden Vorschriften für KapGes verzichtet, ist im einleitenden Abschnitt des BVm hierauf hinzuweisen (glA *Giese/Rabenhorst/Schindler* BB 2001, 518). Ferner sind Anpassungen im beschreibenden Abschn erforderlich. Hierfür kommt folgender Wortlaut in Betracht:

„... Die Buchführung und die Aufstellung des Jahresabschlusses, *die unter Inanspruchnahme der Erleichterungen des § 264 Abs 3 HGB nach den deutschen handelsrechtlichen Vorschriften des ersten Abschnitts des dritten Buchs des HGB erfolgt ist,* liegen in der Verantwortung des Vorstands/der Geschäftsführer der Gesellschaft. ...

„... Danach ist die Prüfung so zu planen und durchzuführen, dass Unrichtigkeiten und Verstöße, die sich auf *die Darstellung des Jahresabschlusses* wesentlich auswirken, mit hinreichender Sicherheit erkannt werden. ..."

Im Prüfungsergebnis entfällt dann außerdem die Aussage zur Vermittlung eines den tatsächlichen Verhältnissen entspr Bilds der VFE-Lage. Etwas Anderes gilt hier nur dann, wenn der JA um die für die Vermittlung eines den tatsächlichen Verhältnissen entspr Bilds erforderlichen Angaben ergänzt wird (glA IDW PH 9.200.1, Tz 10; *ADS*[6] (ErgBd) § 264 Anm 79). Zu diesen Angaben gehören zumindest die angewandten Bilanzierungs- und Bewertungsmethoden sowie andere für den Einzelfall bedeutsame Sachverhalte (dazu *ADS*[6] § 322 Anm 149, 157). Das Prüfungsergebnis kann dann wie folgt lauten:

„... Nach unserer Überzeugung vermittelt der Jahresabschluss unter Beachtung der Grundsätze ordnungsmäßiger Buchführung ein den tatsächlichen Verhältnissen entsprechendes Bild der Vermögens-, Finanz- und Ertragslage der Gesellschaft; hierbei sind ergänzend die Erläuterungen zu den Bilanzierungs- und Bewertungsmethoden sowie deren Auswirkungen auf die Vermögens-, Finanz- und Ertragslage der Gesellschaft zu berücksichtigen, die in einer Ergänzung zum Jahresabschluss dargestellt sind. ..."

Der AP hat sich die spätere Erfüllung der bei Erteilung des BVm noch ausstehenden Befreiungsvoraussetzungen nachweisen zu lassen (IDW PH 9.200.1, Tz 7) bzw wird bei Auftragsannahme zumindest vereinbaren, dass der AP sofort unterrichtet wird, wenn die Befreiungsvoraussetzungen nicht mehr erfüllt werden können. Wird dem AP danach bekannt, dass die noch ausstehenden **Voraussetzungen nicht eingetreten** sind, hat er uU den BVm zu widerrufen (zu den Voraussetzungen § 322 Anm 170ff; IDW PS 400, Tz 111ff), sofern die gesetzlichen Vertreter nicht bereit sind, die notwendigen Schritte zur Änderung des geprüften Abschlusses sowie zur Information derjenigen zu unternehmen, die von dem geprüften Abschluss Kenntnis erlangt haben (so IDW PH 9.200.1, Tz 13). IdR wird der AP aber vor einem Widerruf des BVm – auch mit Rücksicht auf seine Treuepflicht – zunächst nochmals versuchen, auf die Erfüllung der sonstigen Voraussetzungen hinzuwirken.

VI. Rechtsfolgen einer Verletzung der Abs 3 und 4

Da es sich bei Abs 3 bzw Abs 4 um eine Befreiungsvorschrift handelt, die KapGes unter bestimmten Voraussetzungen (Anm 116ff) Erleichterungen bzgl Inhalt, Prüfung und Offenlegung ihrer JA (Anm 105) eröffnet, ohne eigenständige Pflichten zu begründen, ist ein Verstoß gegen diese Vorschrift nicht möglich. Liegen nicht sämtliche Voraussetzungen für die Befreiung gem Abs 3 bzw Abs 4 vor, ergeben sich die Rechtsfolgen für die KapGes aus den §§ 334ff. Schließlich können sich auch bei Vorliegen der Befreiungsvoraussetzungen gem Abs 3 bzw Abs 4 Sanktionen für die KapGes dann ergeben, wenn sie gegen die auch weiterhin von ihr zu beachtenden Bestimmungen der §§ 238 bis 261, dh gegen die für alle Kfl geltenden Buchführungs- und JA-Pflichten, verstößt.

H. Steuerrechtliche Bedeutung

KapGes sind gem Abs 1 S 1 grds verpflichtet, ihren JA um einen **Anhang** zu erweitern. KleinstKapGes brauchen nach Abs 1 S 5 keinen Anhang zu erstellen, wenn sie bestimmte Angaben (s dazu Anm 62) unter der Bilanz machen. Große und mittelgroße KapGes müssen zusätzlich zum JA einen **Lagebericht** erstellen (Abs 1 S 4). Kapmarkt KapGes, die nicht zur Aufstellung eines KA verpflichtet sind, haben den JA um eine KFR und einen EK-Spiegel zu ergänzen und können freiwillig noch einen SegBer erstellen (Abs 1 S 2). Dies ist für steuerrechtliche Zwecke insofern von Bedeutung, als diese Unterlagen **und** – sofern eine JAP stattgefunden hat – auch der **Prüfungsbericht** gem § 60 Abs 3 EStDV der **Steuererklärung beizufügen** sind. Dadurch wird sichergestellt, dass die dem Verständnis von Bilanz und GuV dienenden Erl, Darstellungen und Begr im Anhang, die zusätzlichen Informationen allgemeiner Art im Lagebericht sowie die im PrüfBer getroffenen Feststellungen auch der FinVerw zur Kenntnis gelangen.

181 Macht die KapGes bei Vorliegen der Voraussetzungen von den Erleichterungen gem Abs 3 bzw Abs 4 Gebrauch und verzichtet auf die Aufstellung eines Anhangs, ggf eines Lageberichts sowie ggf auf eine JAP, entfällt die Verpflichtung gem § 60 Abs 3 EStDV. Abgesehen davon haben Abs 3 bzw Abs 4 keine steuerrechtliche Bedeutung. Insb kann im Rahmen einer Inanspruchnahme von Erleichterungen nach Abs 3 bzw 4 die steuerrechtliche Bemessungsgrundlage der KapGes nicht beeinflusst werden. In seltenen Fällen kann es auf Grund der Beachtung der Generalnorm (Abs 2 S 1) zu abw Ansätzen oder Bewertungen in der HB kommen, die dann auch für die StB maßgeblich sind (dazu § 243 Anm 111 f).

I. Publizitätsgesetz

190 Nach § 3 Abs 1 PublG haben Unt, die die Größenkriterien des § 1 PublG erfüllen, grds einen JA, bestehend aus Bilanz und GuV, gem § 242 aufzustellen (§ 5 Abs 1 S 1 PublG). Mit Ausnahme der in der Rechtsform einer „reinen" PersGes sowie des EKfm geführten Unt, soweit sie nicht kapitalmarktorientiert iSv § 264d sind (§ 5 Abs 2a PublG), ist dieser JA – ebenso wie bei KapGes (Anm 5 ff) – um einen Anhang zu erweitern und zusätzlich ein Lagebericht aufzustellen (§ 5 Abs 2 S 1 PublG). Wegen der Möglichkeit des § 5 Abs 6 PublG zur Befreiung von der Rechnungslegung nach dem PublG bei Einbeziehung in einen KA s Erl zu § 264b Anm 70 ff.

191 Zur Aufstellung des JA und ggf des Lageberichts sind jeweils sämtliche **gesetzlichen Vertreter** des Unt verpflichtet (§ 5 Abs 1 S 1 PublG). Es sind dies die Mitglieder des kraft Gesetzes zur allgemeinen Vertretung des Unt berufenen Organs, also insb der EKfm selbst, bei einer OHG die nicht durch GesVertrag von der Vertretung ausgeschlossenen Gester und bei einer KG die nicht durch GesVertrag von der Vertretung ausgeschlossenen Komplementäre (ausführlich ADS^6 § 5 PublG Anm 5 ff).

192 Die **Frist zur Aufstellung** des JA beträgt bei Unt, die dem PublG unterliegen, drei Monate ab dem Bilanzstichtag (§ 5 Abs 1 S 1 PublG). Diese Frist kann durch GesVertrag oder Satzung weder verkürzt noch verlängert werden (ADS^6 § 5 PublG Anm 10 ff).

193 Die **Generalnorm** gem **Abs 2 S 1**, wonach der JA ein den tatsächlichen Verhältnissen entspr Bild der VFE-Lage zu vermitteln hat, **gilt** für die nach dem PublG aufzustellenden JA **nicht** (glA ADS^6 § 264 Anm 7 ff). Es verbleibt somit bei den Aufstellungsgrundsätzen für alle Kfl gem § 243 Abs 1 und 2, dh der JA ist nach den GoB aufzustellen und er muss klar und übersichtlich sein (zu Einzelheiten s § 243 Anm 31 ff, 51 ff).

J. Abweichungen der IFRS

Schrifttum: *Baetge/Lienau* Änderungen der Berufsaufsicht der Wirtschaftsprüfer, DB 2004, 2277; *Scheffler* Was der DPR aufgefallen ist: Die vernachlässigte Kapitalflussrechnung DB 2007, 2045; *Meyer* Aktuelle Entwicklungen des Enforcements in Deutschland, IRZ

2010, 153; *Ernst* Wesentliche Erkenntnisse aus dem Tätigkeitsbereich der Deutschen Prüfstelle für Rechnungslegung für das Jahr 2011 – Invensivierung der präventiven Maßnahmen zur Reduktion der Fehlerquote –, Der Konzern 2012, 107; *Ernst* IFRS-Finanzberichterstattung: Defizite aus der Perspektive einer Enforcement-Einrichtung, Kreditwesen 2012, 18; *DPR* Tätigkeitsberichte 2005 bis 2012 [abrufbar unter http://www.frep.info/presse/taetigkeitsberichte.php]; *Haaker/Freibier* Pro & Contra – Brachenspezifische IFRS?, PiR 2013, 90.

Standards: Rahmenkonzept für die Rechnungslegung (*The Conceptual Framework for Financial Reporting*) (issued September 2010); IAS I Darstellung des Abschlusses (*Presentation of Financial Statements*) (amend May 2010).

I. Vorbemerkung zum Anwendungsumfang

Abw von den handelsrechtlichen Bestimmungen ist die Anwendung der IFRS grds weder rechtsform- noch größenabhängig. Soweit die einzelnen Standards und Interpretationen nicht selbst ihren Anwendungsbereich zB rechtsform-, größen-, branchenabhängig oder sachverhaltsbezogen einschränken (s zB IFRS 8 *Operating Segments* hinsichtlich eines Publizitätskriteriums, IAS 41 *Agriculture* hinsichtlich eines Branchenkriteriums oder IFRIC 12 *Service Concession Arrangements*, die ausdrücklich nicht die Rechnungslegung der öffentlichen Hand als Konzessionsgeber zum Gegenstand hat), gelten sie grds sowohl für den JA als auch den KA aller Unt (Ausnahmen zB IAS 27 (2011) *Separate Financial Statements* hinsichtlich seiner ausschließlichen Anwendung auf den EA sowie IFRS 10 *Consolidated Financial Statements* analog für den KA, s *Haaker/Freiberg*, 90).

Werden die IFRS auch von Unt angewendet, deren UntAktivitäten grds nicht marktwirtschaftlich ausgerichtet sind (zB non-profit-Unt, wie Vereine, Stiftungen oder karitative Einrichtungen sowie öffentliche Haushalte) ist deren Rechnungslegungszweck durch die Wahl angemessener Darstellungsformate Rechnung zu tragen (s IAS 1.5).

II. Umfang des Jahresabschlusses (Abs 1)

1. Bestandteile

Ein IFRS-Abschluss *(financial statements)* besteht grds – unabhängig von der Rechtsform – aus einer auf den Abschlussstichtag aufgestellten **Bilanz** bzw **Vermögensübersicht** *(Statement of financial position)*, einer **Gesamtergebnisrechnung** *(Statement of profit or loss and other comprehensive income)*, die ausschließlich solche Veränderungen des EK enthält, die nicht auf Geschäftsvorfälle mit Gestern zurückzuführen sind, einer **Eigenkapitalveränderungsrechnung,** die die Gesamtveränderung des EK enthält *(Statement of changes in equity)*, einer **Kapitalflussrechnung** *(Statement of cash flows)* sowie einem dem Anhang vergleichbaren **Erläuterungsteil** *(notes)*, der ua die Beschreibung der angewandten Bilanzierungs- und Bewertungsmethoden sowie weitere ergänzende Erl und Darstellungen, wie etwa die SegBerE enthält (Preface to IFRSs. 11; IAS 1.10 (a)–(e)). Hat das Unt im laufenden Gj, zB aufgrund der Anwendung eines neuen Standards oder einer Interpretation, seine Bilanzierung und/oder Bewertung retrospektiv geändert, hat ein Restatement zu erfolgen oder wurde eine neue Zuordnung von Geschäftsvorfällen zu Abschlussposten getroffen, ist der Abschluss zusätzlich grds um eine **Eröffnungsbilanz bzw (Eröffnungs-)Vermögensübersicht** (sog „3. Bilanz") für das am weitesten zurückliegende im Abschluss abgebildete Vj zu ergänzen (IAS 1.10 (f), 40A). Die Bezeichnung der einzelnen Abschlussbestandteile ist für die Aufsteller nicht bindend (IAS 1.10; BC21). Aus Gründen der Vergleichbarkeit erscheint es hingegen naheliegend und empfehlenswert, an den bisherigen Bezeichnungen festzuhalten und von der Wahl unternehmensspezifischer Bezeichnungen abzusehen. Andernfalls wäre zu erwägen, sich an Bezeichnungen zu orientieren, die von den Unt der jeweiligen Peergroup verwendet werden oder sich aus Empfehlungen von Unt-Verbänden ergeben. Eine Überfrachtung des IFRS-Abschlusses hingegen, die die Gefahr birgt, die Abschlussadressaten zu verwirren oder von entscheidungsrelevanten Informationen abzulenken, ist unzulässig.

206 Die **Gesamtergebnisrechnung** enthält sowohl Geschäftsvorfälle, die erfolgswirksam verrechnet werden (iSd handelsrechtlichen GuV), als auch Geschäftsvorfälle, die – im handelsrechtlichen Sinne – erfolgsneutral, dh direkt mit dem EK verrechnet werden. Letztere werden als Other comprehensive income bezeichnet. Hierzu gehören insb die Effekte aus der Neubewertung materieller und immaterieller Vermögenswerte, Währungsdifferenzen aus der Umrechnung von Abschlüssen von TU, versicherungsmathematische Gewinne und Verluste iZm der Bewertung von Pensionsansprüchen oder Gewinne und Verluste aus der Bewertung von Wertpapieren mit deren beizZW (IAS 1.7).

IAS 1 gibt den Unt ein Wahlrecht bzgl der Darstellung der Gesamtergebnisrechnung. So kann das Unt die Gesamtergebnisrechnung unter Berücksichtigung bestimmter Gliederungsaspekte in zwei separate Bestandteile aufteilen. Alternativ hat das Unt die Möglichkeit, sämtliche EK-Veränderungen außerhalb der Gester-Ebene in einem einzigen Statement of profit or loss and other comprehensive income darzustellen (IAS 1.10A; vgl § 275 Anm 331 ff).

207 EK-Veränderungen, die ausschließlich die GesterEbene berühren (typischerweise Einlage- oder Entnahmevorgänge, aber auch die Dividendenzahlungen an die Anteilseigner) sind in der **Eigenkapitalveränderungsrechnung** darzustellen.

208 Die **Kapitalflussrechnung** ist – im Gegensatz zum Einzelabschluss nach HGB – zwingender Bestandteil eines jeden IFRS-Abschlusses (IAS 7.1; IAS 1.10(d)) (zum KA s § 297 Anm 50 ff, 230 ff).

209 Die **Segmentberichterstattung** iSd IFRS 8 gehört zu den weiteren ergänzenden Erl *(supplementary information* bzw *explanatory notes)* (vgl § 297 Anm 150 ff, 250 ff).

210 Aus Gründen der Vergleichbarkeit sind zu allen publizierten Informationen, seien sie numerisch oder deskriptiv, **Vj-Angaben** erforderlich (F QC20; IAS 1.38 f; IAS 8). Kann dieser Anforderung nicht entsprochen werden, da zB bestimmte Informationen in der Vergangenheit nicht erhoben wurden, ist dieser Umstand offen zu legen (IAS 1.42 f; IAS 8; hierzu näher § 265 Anm 5 f).

211 Daneben ist es jedem Unt freigestellt, über die Aufstellung des IFRS-Abschlusses hinaus, seine Berichterstattung freiwillig iSe verbesserten Information zu erweitern zB durch Ergänzung um eine Umweltberichterstattung (IAS 1.14; zum Lagebericht siehe Anm 212). Der IASB unterstellt grds, dass solche Berichte und **Zusatzinformationen** außerhalb des IFRS-Abschlusses veröffentlicht werden und insofern nicht zum IFRS-Abschluss gehören. Werden sie ausdrücklich als zum IFRS-Abschluss gehörend gekennzeichnet, sind die IFRS auch für diese zu beachten, dh zB dass die in Framework und den IFRS niedergelegten Grundsätze gelten oder das veröffentlichte Zahlenmaterial nach den IFRS ermittelt bzw bewertet sein muss.

2. Lagebericht

212 IAS 1.13 weist lediglich darauf hin, dass Unt ihre Rechenschaftslegung teilweise durch eine eigenständige Finanzberichterstattung *(financial review)* ergänzen, ein Erfordernis hierzu ergibt sich aus den IFRS nicht. Sollte das Unt einen Lagebericht veröffentlichen, ist dieser nicht Bestandteil des IFRS-Abschlusses.

III. Generalnorm (Abs 2)

Die Anwendung der IFRS (und der SIC bzw IFRIC) gewährleistet eine getreue Darstellung der VFE-Lage. IVm IAS 1.19 wird der Grundsatz der *fair presentation* (IAS 1.15; bzw im angelsächsischen: *true and fair view*) – vergleichbar dem S 2 der Generalnorm – zum (allerdings sehr restriktiven) *overriding principle* erhoben. 215

IAS 1.19 gestattet dem IFRS-Anwender in Ausnahmefällen, von den Einzelregelungen der IFRS abzuweichen, wenn nur so eine *fair presentation* sichergestellt werden kann. Dieser sanktionierte „*true and fair override*" dürfte für die Praxis jedoch eine nur unbedeutende Rolle spielen und möglicherweise nur für „neue", bisher nicht oder nicht eindeutig geregelte Bilanzierungsfragen Relevanz haben. Dies vor allem deshalb, weil mit der Abkehr von Einzelregelungen eine Vielzahl von detaillierten Offenlegungspflichten einhergehen, die den Abweichungstatbestand als unternehmensspezifischen Sonderfall exponieren und insoweit eine kritische Diskussion seitens der Abschlussadressaten, einschl der Analysten, gewährleisten. Darüber hinaus ist auch damit zu rechnen, dass sich der IASB selbst vorbehält, solche „Vorkommnisse" zu beurteilen oder die privatrechtlich organisierte Deutsche Prüfstelle für Rechnungslegung eV (DPR) im Rahmen des deutschen Enforcement-Systems solche Abweichungen zum Anlass nimmt, den IFRS-Abschluss einer anlassbezogenen Überprüfung zu unterziehen. Im Rahmen einer Stichprobenprüfung dürften solche Abweichungstatbestände generell von der DPR kritisch hinterfragt werden (vgl § 342b Anm 13 ff). 216

IV. Folgen einer Nichtbefolgung von IFRS

Ein JA darf nur dann als mit den IFRS im Einklang stehend bezeichnet (und „testiert") werden, wenn das gesamte Regelwerk, dh die bestehenden Einzelvorschriften einschl der dazu verabschiedeten SIC bzw IFRIC angewendet wurden. Auf die Anwendung der IFRS ist ausdrücklich hinzuweisen (IAS 1.16). 220

Die Nichtbefolgung der IFRS-Regeln kann nicht durch eine entspr Offenlegung der abw angewandten Bilanzierungs- und/oder Bewertungsmethoden geheilt werden (F 4.37; IAS 1.18). In diesen Fällen ist das Testat entspr zu ergänzen, einzuschränken oder in schwerwiegenden Fällen zu versagen. 221

Ferner wird die Einhaltung der IFRS in erster Instanz durch die DPR überprüft und Verstöße geahndet (*Scheffler*, 2045). Eine gezielte Überprüfung aufgrund konkreter Anhaltspunkte für Verstöße, auf Veranlassung der BaFin oder im Rahmen von Stichproben wird bei Unt vorgenommen, die einen testierten IFRS-KA zu veröffentlichen haben (vgl *Baetge/Lienau*, 2278). In ihrer bisherigen Tätigkeit hat die DPR bis Ende 2012 rund 850 JA und KA sowie Halbjahresabschlüsse in- und ausländischer Unt einer Überprüfung unterzogen und in diesem Zeitraum 192 Fehlerfeststellungen getroffen, die im BAnz zu veröffentlichen waren (zu Maßnahmen iRd Präventivfunktion der DPR vgl *Ernst* 107 ff). 222

§ 264a Anwendung auf bestimmte offene Handelsgesellschaften und Kommanditgesellschaften

(1) Die Vorschriften des Ersten bis Fünften Unterabschnitts des Zweiten Abschnitts sind auch anzuwenden auf offene Handelsgesellschaften und Kommanditgesellschaften, bei denen nicht wenigstens ein persönlich haftender Gesellschafter
1. eine natürliche Person oder

§ 264a Jahresabschluß der KapGes (Allgemeine Vorschriften)

2. eine offene Handelsgesellschaft, Kommanditgesellschaft oder andere Personengesellschaft mit einer natürlichen Person als persönlich haftendem Gesellschafter

ist oder sich die Verbindung von Gesellschaften in dieser Art fortsetzt.

(2) In den Vorschriften dieses Abschnitts gelten als gesetzliche Vertreter einer offenen Handelsgesellschaft und Kommanditgesellschaft nach Absatz 1 die Mitglieder des vertretungsberechtigten Organs der vertretungsberechtigten Gesellschaften.

Übersicht

	Anm
A. Grundlagen	1–3
B. Anwendungsbereich (Abs 1)	
I. Überblick	10–12
II. Personenhandelsgesellschaften (OHG, KG)	15–18
III. Persönlich haftende Gesellschafter	20–30
IV. Mittelbare Haftung bei mehrstöckigen Gesellschaften	35–40
V. Rechtsfolgen des § 264a	45–51
C. Gesetzliche Vertreter (Abs 2)	55–59
D. Rechtsfolgen einer Verletzung des § 264a	65

Schrifttum zu §§ 264a–c und Art 48 EGHGB: *Winkeljohann/Schindhelm* Das KapCoRiLiG: ein Praxisleitfaden zum Kapitalgesellschaften- und Co-Richtlinie-Gesetz, Herne 2000; *Herrmann* Zur Rechnungslegung der GmbH & Co KG im Rahmen des KapCoRiLiG WPg 2001, 271; *Schiedermair/Maul* Bilanzierungs-, Prüfungs- und Offenlegungspflichten von haftungsbeschränkten & Co-Gesellschaften nach Inkrafttreten des Kapitalgesellschaften- und Co-Richtlinien-Gesetzes FS W. Müller, 502; *Keller* Befreiender Konzernabschluss und das Publizitätsgesetz nach Umsetzung des KapCoRiLiG StuB 2001, 212; *Kraft* Die Mitwirkung der Gesellschafter bei der Befreiung nach § 264 Abs. 3 HGB FS W. Müller, 463; *Grüter/Mitsch* Beitritt einer natürlichen Person als persönlich haftender Gesellschafter einer GmbH & Co KG, Teil I und II Inf 2001, 142 und 174; *Schulze-Osterloh* Befreiung der Kapitalgesellschaft & Co von der Rechnungslegungspflicht für Kapitalgesellschaften durch Einbeziehung in den „Konzernabschluß" ihres persönlich haftenden Gesellschafters BB 2002, 1307; *Waßmer* Die GmbH & Stroh KG als Publizitäts-Vermeidungsmodell GmbHR 2002, 412; *Küting/Weber/Pilhofer* Zur Frage der Einbeziehung einer GmbH & Co. KG in den Konzernabschluss eines übergeordneten Mutterunternehmens im Rahmen der Abgrenzung des Konsolidierungskreises WPg 2003, 793; *Graf von Kanitz* Rechnungslegung bei Personenhandelsgesellschaften – Anmerkungen zu IDW RS HFA 7 – WPg 2003, 324; *Kiesel/Grimm* Die Offenlegungsverpflichtung bei Kapitalgesellschaften & Co nach dem Beschluss des EuGH vom 23.9.2004 DStR 2004, 2210; *Vater* EuGH bestätigt Offenlegungspflicht für GmbH & Co KG KoR 2005, 130; *Giedinghagen* Rückwirkende Befreiung von den Offenlegungspflichten iS der §§ 264a, 325 ff HGB? NZG 2007, 933; *Grashoff* Die geplante Offenlegung von Jahres- und Konzernabschlüssen nach Einführung des digitalen Unternehmensregisters ab 2007 DB 2006, 513; *Kußmaul/Richter/Ruiner* Die Sitztheorie hat endgültig ausgedient! DB 2008, 451; *Kindler* Licht und Schatten im Referentenentwurf des Bundesjustizministeriums vom 7.1.2008 Status:Recht 2/2008, 68; *Graf von Kanitz* Rückwirkende Befreiung von Personenhandelsgesellschaften iS des § 264a Abs 1 HGB von den erweiterten Rechnungslegungspflichten bei Eintritt einer natürlichen Person als Vollhafter? Anmerkungen zum Beschluss des LG Osnabrück vom 1.7.2005 WPg 2008, 1059; *Koch/Eickmann* Gründungs- oder Sitztheorie? Eine „never ending story"? AG 2009, 73; *Lieder/Kliebisch* Nichts Neues im Internationalen Gesellschaftsrecht: Anwendbarkeit der Sitztheorie auf Gesellschaften aus Drittstaaten BB 2009, 338; *Buchheim* Die Publizität der Kapitalgesellschaften & Co. nach dem EHUG DB 2010, 1133; *Grashoff* zum Beschluss des LG Bonn v 13.11.2009 – 30 T 1279/09: Beitritt einer natürlichen Person als persönlich haftender Gesellschafter einer Personengesellschaft nach Festsetzung eines Ordnungsgeldes BB 2010, 306; IDW RS HFA 7: IDW Stellungnahme zur Rechnungslegung: Handelsrechtliche Rechnungslegung bei Personenhandelsgesellschaften FN IDW 2012, 189; *Roth* Das Ende der Briefkastengründung? – Vale contra Centros ZIP 2012, 1744.

A. Grundlagen

Die §§ 264a–c wurden auf Grund der verpflichtenden Transformation der sog **1** GmbH & Co-Richtlinie im Rahmen des **KapCoRiLiG** (24.2.2000 BGBl I, 154) in deutsches Recht eingefügt.

Hiernach werden die für KapGes geltenden Vorschriften zwecks Gleichbe- **2** handlung auch auf solche PersGes ausgedehnt, deren Haftungsstrukturen mangels einer vollhaftenden natürlichen Person denen von KapGes vergleichbar sind (nachfolgend KapCoGes). Dies entspricht der Devise, dass eine Ausweitung der Rechnungslegungsvorschriften sowie die Publizität einen Ausgleich für die **Haftungsbeschränkung** darstellt (Begr RegE, BT-Drucks 14/1806, 18). Zur Anwendung gelangen somit die Vorschriften zur Erstellung von JA bzw KA sowie Lageberichten (§§ 264 ff), zur Prüfung (§ 316 ff), zur Publizität (§§ 325 ff), zur VOErmächtigung für Formblätter und andere Vorschriften (§ 330) sowie die Sanktionsvorschriften bei Verstoß gegen Offenlegungspflichten (§§ 331 ff), soweit diese nicht durch die im Rahmen des MicroBilG eingeführten Erleichterungsvorschriften für KleinstKapGes iSd § 267a eingeschränkt werden.

Auf Grund der sich aus der Rechtsform der PersGes ergebenden bilanz- und gesellschaftsrechtlichen Besonderheiten enthält § 264c zudem **explizite Sondervorschriften**.

§ 264b enthält eine **Befreiungsvorschrift,** wonach in Fällen, in denen die KapCoGes in einen dieser Vorschrift entspr befreienden KA einbezogen wird, für ihren JA von der Anwendung der §§ 264a–c befreit ist.

§§ 264a–c sind verpflichtend auf Abschlüsse und Lageberichte für Gj anzu- **3** wenden, die nach dem **31. Dezember 1999** begannen (Art 48 Abs 1 Satz 1 EGHGB). Für die erstmalige Anwendung bestehen gem Art 48 EGHGB gewisse Erleichterungen, die uE auch solche Unt beanspruchen können, bei denen die Erfüllung der Tatbestandsmerkmale des § 264a und folglich die entspr Bilanzierungsänderung erst zu einem späteren als dem og Zeitpunkt eintritt – bspw PersGes, die durch Änderung der Gester-Zusammensetzung erstmals zu KapCoGes werden.

B. Anwendungsbereich (Abs 1)

I. Überblick

Die Anwendung der Vorschriften für KapGes (§§ 264 ff) sowie der §§ 264b–c **10** erstreckt sich auf OHG (§§ 105 ff) und KG (§§ 161 ff), „bei denen nicht wenigstens ein phG
1. eine natürliche Person oder
2. eine offene Handelsgesellschaft, Kommanditgesellschaft oder andere Personengesellschaft mit einer natürlichen Person als persönlich haftendem Gesellschafter ist oder sich die Verbindung von Gesellschaften in dieser Art fortsetzt".

Der Anwendungsbereich ist insofern zum einen begrenzt auf Ges in der **11** Rechtsform der OHG oder KG **(Personenhandelsgesellschaften).** Zum anderen werden letztlich nur solche gesrechtlichen Konstruktionen erfasst, bei denen weder unmittelbar noch mittelbar (dh über eine oder mehrere zwischengeschaltete Ges) eine natürliche Person die Vollhaftung für die betr OHG bzw KG übernimmt. Betroffen sind somit diejenigen Ges, bei denen ausschließlich KapGes (Regelfall), möglicherweise aber auch bspw Stiftungen und eG (so *Baumbach/Hopt*[35] § 264a Anm 1) oder wirtschaftliche Vereine als Vollhafter fungieren (KapCoGes, ggf auch Stiftung & Co, eG & Co).

12 Eine **mittelbare Vollhaftung** einer natürlichen Person liegt vor, wenn zwischen die betr OHG bzw KG und die natürliche Person eine (oder mehrere) Ges in der Rechtsform einer OHG, KG oder sonstigen PersGes geschaltet ist (sind), so dass letztlich haftungsrechtlich ein Durchgriff auf den phG der ZwischenGes erfolgt.

II. Personenhandelsgesellschaften (OHG, KG)

15 Als **offene Handelsgesellschaft** (OHG) gilt eine Ges, deren Zweck auf den Betrieb eines Handelsgewerbes unter gemeinschaftlicher Firma gerichtet ist und bei keinem ihrer Gester die Haftung ggü den GesGläubigern beschränkt ist (§ 105 Abs 1). Als Handelsgewerbe gilt dabei jeder Gewerbebetrieb, es sei denn, dass das Unt einen nach Art oder Umfang in kfm Weise eingerichteten Geschäftsbetrieb nicht erfordert (§ 1 Abs 2).

16 Darüber hinaus gilt eine Ges auch dann als OHG, wenn sich ihre Geschäftstätigkeit auf die Verwaltung eigenen Vermögens beschränkt oder ein in kfm Weise eingerichteter Geschäftsbetrieb nicht erforderlich ist, jedoch ihre Firma ins HR eingetragen ist (§ 105 Abs 2).

17 Als **Kommanditgesellschaft** (KG) gilt eine Ges, deren Zweck auf den Betrieb eines Handelsgewerbes unter gemeinschaftlicher Firma gerichtet ist und bei einigen ihrer Gester (Kommanditisten) die Haftung ggü den GesGläubigern auf den Betrag einer bestimmten Vermögenseinlage beschränkt ist, während bei den übrigen Gestern (Komplementäre) keine Haftungsbeschränkung besteht (§ 161 Abs 1). Hinsichtlich der sonstigen Kriterien für die Qualifizierung als KG gilt § 105 Abs 2 analog (§ 161 Abs 2).

18 Eine Qualifizierung als OHG bzw KG setzte nach bisher hM voraus, dass die Ges ihren Verwaltungssitz in Deutschland hat, wobei hierbei der Sitz der tatsächlichen Verwaltung, nicht etwa ein ggf davon abw im GesVertrag festgelegter Sitz maßgebend ist **(Sitztheorie).** Im Hinblick auf die diversen *EuGH*-U zugunsten der **Gründungstheorie** (Centros, Überseering usw) wird man an dieser Auffassung allerdings – zumindest ggü EU-Staaten – nicht weiterhin festhalten können (s hierzu *Baumbach/Hopt*[35] Einl v § 105 Rn 29). Zur jüngeren BGH-Rspr betr die Behandlung von außerhalb der EU und des EWR stammenden Staaten vgl auch BGH Beschl v 8.10.2009 – IX ZR 227/06 AG 2010, 79 sowie *Koch/Eickmann* AG 2009, 73 und *Lieder/Kliebisch* BB 2009, 338. Zur diesbzgl ursprünglich geplanten, gegenwärtig aber nicht weiterverfolgten Änderung des deutschen GesRechts im Rahmen des Gesetzes zum Internationalen Privatrecht der Ges, Vereine und juristischen Personen zugunsten der Gründungstheorie vgl *Kußmaul* ua DB 2008, 451; *Kindler* Status:Recht 2/2008, 68.

III. Persönlich haftende Gesellschafter

20 Der Gesetzgeber stellt grds darauf ab, ob (mind) eine natürliche Person unbegrenzt mit ihrem Privatvermögen für etwaige Verpflichtungen der Ges haftet. Insofern erfordert die Stellung als phG eine mit einer unbeschränkten Haftungsübernahme ausgestalteten **rechtswirksamen Beteiligung** an der Ges. Die Beteiligung muss sowohl auf Namen als auch auf Rechnung der natürlichen Person gehalten werden; eine treuhänderische Verwaltung genügt indes nicht (glA *ADS*[6] (ErgBd) § 264a Anm 31).

Die **Haftungsübernahme** tritt ein, wenn der Eintritt des phG in das HR 21 eingetragen wird oder – durch analoge Anwendung von § 123 – die Geschäfte der Ges mit dessen Zustimmung und für seine Rechnung fortgesetzt werden (vgl *Baumbach/Hopt*[35] § 123 Rdnr 4); im letztgenannten Fall kommt es auf die HR-Eintragung aufgrund ihres lediglich deklaratorischen Charakters nicht an (so IDW RS HFA 7 Tz 5).

Der Nachweis, ob am Abschlussstichtag (mind) eine natürliche Person phG 22 war, kann grds durch entspr Einsichtnahme in das HR festgestellt werden.

Für deutsche Staatsangehörige setzt ein rechtlich wirksamer Beitritt in die Ges 23 grds die unbeschränkte Geschäftsfähigkeit (Vollendung des 18. Lebensjahrs) voraus (§ 2 BGB); im Falle einer beschränkten Geschäftsfähigkeit (Vollendung des 7. Lebensjahrs; § 106 BGB) bedarf es neben der Zustimmung des gesetzlichen Vertreters (§ 107 BGB) auch der Genehmigung des Vormundschaftsgerichts (§ 1643 Abs 1 BGB mit Verweis auf § 1822 BGB). Für ausländische Staatsangehörige gilt das jeweilige ausländische Recht.

Eine über die Funktion als phG hinausgehende Befugnis oder Tätigkeit in der 24 Ges ist nicht erforderlich (glA *Winkeljohann/Schindhelm*, 263); zur gesvertraglich möglichen Einschränkung der nach dem gesetzlichen Leitbild vorgesehenen Rechtsstellung des phG s *Grüter/Mitsch* Inf 2001, 143 ff.

In diesem Zusammenhang könnte es fraglich sein, ob auch durch entspr 25 **schuldrechtliche Vereinbarungen** (zB Bürgschaft, Verlustübernahmeerklärung oä) mit einer dritten natürlichen Person eine Befreiung von § 264a erreicht werden kann. Dies dürfte sowohl im Hinblick auf den Gesetzeswortlaut als auch die Tatsache, dass sich die das Außenverhältnis betr gesellschafts- und registerrechtlichen Schutzvorschriften zunächst auf die im HR eingetragenen phG beziehen, zu verneinen sein (glA *ADS*[6] (ErgBd) § 264a Anm 33).

Gleichermaßen ist fraglich, ob im umgekehrten Fall, in dem zwar eine als phG 26 fungierende natürliche Person existiert, diese jedoch seitens eines anderen (ggf nur begrenzt haftenden) Gesters oder Dritten von ihrer **Haftung freigestellt** wird, nicht unter den Anwendungsbereich von § 264a fällt. Dies dürfte uE solange zu verneinen sein, wie diese Freistellung das Fortbestehen der rechtlichen Haftung des Gesters im Außenverhältnis nicht berührt (kritisch *ADS*[6] (ErgBd) § 264a Anm 30).

Der Gesetzgeber fordert hinsichtlich der Haftungsverpflichtung lediglich ihren 27 rechtlichen Bestand, nicht jedoch auch deren Werthaltigkeit. Insofern sind die **wirtschaftlichen Verhältnisse** der natürlichen Person für ihre Funktion als Vollhafter grds ohne Belang (glA *Herrmann* WPg 2001, 273; *Winkeljohann/Schindhelm*, 7 und 265; *ADS*[6] (ErgBd) § 264a Anm 29; im Ergebnis auch *Schiedermair/Maul* in FS W. Müller, 520 ff). Etwas anderes dürfte lediglich bei offenkundig sittenwidrigen (Umgehungs-)Tatbeständen gelten, wie insb die Aufnahme eines objektiv vermögenslosen und erwerbsunfähigen Vollhafters (vgl hierzu *WPH*[14] I, F Anm 23).

Die **Nationalität** sowie der **Wohnsitz** der als phG fungierenden natürlichen 28 Person sind grds unmaßgeblich.

Nicht explizit geregelt ist die Frage, zu welchem **Zeitpunkt** bzw über welche 29 Zeitdauer die Stellung als phG für eine Befreiung des § 264a vorliegen muss. Im Hinblick darauf, dass die generelle gesetzliche Verpflichtung zur Erstellung von JA bzw KA an den Ablauf des Gj knüpft, wonach eine Dokumentation der bis bzw am Abschlussstichtag herrschenden Verhältnisse zu erfolgen hat, dürfte es ausreichend sein, wenn das **Gesellschafterverhältnis** zumindest **am Abschlussstichtag** vorliegt. Ein unmittelbares Ausscheiden des Vollhafters nach dem Abschlussstichtag ist im Hinblick auf die geltenden Nachhaftungsvorschriften (§§ 130, 160 ff) nicht schädlich (glA IDW RS HFA 7 Tz 5; *Thiele/Sickmann* in Bilanzrecht § 264a Anm 51 ff; aA *ADS*[6] (ErgBd) § 264a Anm 36, die die Vollhafterfunktion zumindest bis zu dem Zeitpunkt als notwendig erachten, an dem die Ges ihre Rechnungslegungspflichten (Aufstellung des JA, ggf Prüfung und Offenlegung) erfüllt hat). Tritt ein phG erst nach dem Abschlussstichtag in die Ges ein, vermag dieser Vorgang die zum Abschlussstichtag herrschende Rechtslage – und damit den Eintritt der aus den §§ 264a–c resultierenden Rechtsfolgen – formal nicht zu ändern (wohl glA *Thiele/Sickmann* in Bilanzrecht § 264a Anm 52). Gleichwohl wird inzwischen die Auffassung vertreten, ein nach dem Abschlussstichtag erfolgter Eintritt eines phG entfalte aufgrund der Haftungsübernahme auch für vor seinem Eintritt entstandene Verbindlichkeiten (§§ 130 Abs 1, 161 Abs 2) und somit des Wegfalls des Haftungsprivilegs eine auf vergangene Gj *rückwirkende* Befreiung (so LG Osnabrück Beschl v 1.7.2005 GmbHR 2005, 1619; zustimmend *Giedinghagen* NZG 2007, 934; *Reiner* in MünchKomm HGB[2] § 264a Anm 7 sowie *Graf von Kanitz* WPg 2008, 1059). Nach Ansicht des IDW entfalle in einem solchen Fall die Pflicht der ergänzenden Vorschriften *ex nunc;* im beispielhaften Fall einer noch nicht erfolgten Offenlegung des vorangehenden JA entfiele die Offenlegungspflicht insofern zwar nicht rückwirkend, jedoch auch ex nunc mit Wirkung für den vorangehenden JA, so dass dessen Offenlegung nicht nachgeholt werden müsse (vgl IDW RS HFA 7 Tz 4). Folgt man dieser Auffassung, vermag letztendlich auch ein nach dem Abschlussstichtag erfolgter Ein- und Austritt eines phG die Offenlegungspflichten – unter der in Anm 27 gemachten Einschränkung – zu vermeiden. Die Wirksamkeit eines festgesetzten Ordnungsgelds kann ein erst nach Ablauf der festgesetzten Nachfrist erfolgter Eintritt eines phG allerdings nicht verhindern (vgl *Grashoff* zum Beschluss des LG Bonn v 13.11.2009 BB 2010, 306).

30 Gleichermaßen wird für nach dem Abschlussstichtag erfolgte **Formwechsel** von ehemals prüfungs- und offenlegungspflichtigen Rechtsformen, also bspw auch von einer KapCoGes in eine PersGes, die Auffassung vertreten, dass hierdurch etwaige bis zur Eintragung des Formwechsels noch nicht erfüllte Prüfungs- und Offenlegungspflichten für den früheren JA ex nunc wegfallen (vgl IDW RS HFA 41 Tz 25).

IV. Mittelbare Haftung bei mehrstöckigen Gesellschaften

35 Für die Befreiung des § 264a kommt es darauf an, dass (mind) eine natürliche Person unbegrenzt mit ihrem Privatvermögen für Verpflichtungen der Ges haftet. Dabei ist es unerheblich, ob sich die Haftung unmittelbar, dh auf Grund einer direkten Beteiligung an der betr Ges, oder mittelbar, dh indirekt über die Bet an einer (oder mehreren) zwischengeschalteten Ges ergibt.

36 Eine solche **Durchgriffshaftung** über eine (oder mehrere) ZwischenGes setzt zunächst voraus, dass die jeweilige ZwischenGes in der Rechtsform der OHG bzw KG oder einer anderen PersGes geführt wird.

37 Darüber hinaus ist es erforderlich, dass diese ZwischenGes phG der betr OHG bzw KG ist und der phG der ZwischenGes wiederum entweder eine natürliche Person oder eine weitere ZwischenGes ist, deren phG eine natürliche Person ist. Letztlich ist es somit für eine Befreiung von § 264a erforderlich, dass sämtliche ZwischenGes phG der darunterliegenden (Zwischen-)Ges sind und der phG der spätestens am Ende dieser BetKette stehenden ZwischenGes eine natürliche Person ist. Insofern genügt es bspw, wenn bei einer mehrstöckigen Ges erst auf der

dritten Stufe eine als phG fungierende natürliche Person steht. Eine Interpretation von § 264a dahingehend, dass auf jeder GesEbene eine natürliche Person als phG stehen muss, dürfte dem Sinn und Zweck der Regelung zuwiderlaufen.

Die Qualifizierung als OHG oder KG bestimmt sich nach deutschem Ges- 38 Recht (vgl Anm 11 ff).

Neben PersGes lässt der Gesetzgeber aber auch **„andere Personengesell-** 39 **schaften"** als ZwischenGes zu. Als Rechtsformen wären zunächst bspw die GbR oder PartGes in Betracht zu ziehen. Ob eine (Außen)GbR Gester einer PersGes sein kann, wird inzwischen sowohl für die Stellung als Teilhafter (Kommanditist) (vgl BGH v 16.7.2001 BB 2001, 2338) als auch die Stellung als phG für zulässig erklärt (s hierzu ausführlich *Baumbach/Hopt*[35] § 105 Rn 28, § 162 Rn 2). Darüber hinaus dürften aber auch ausländische Rechtsformen zulässig sein, sofern deren Rechtscharakter einer PersGes iS des deutschen GesRechts vergleichbar ist. Entspr dem Sinn und Zweck der Vorschrift wird dabei insb darauf abzustellen sein, ob diese Rechtsform noch einen haftungsrechtlichen Durchgriff auf die als phG fungierende natürliche Person gewährleistet.

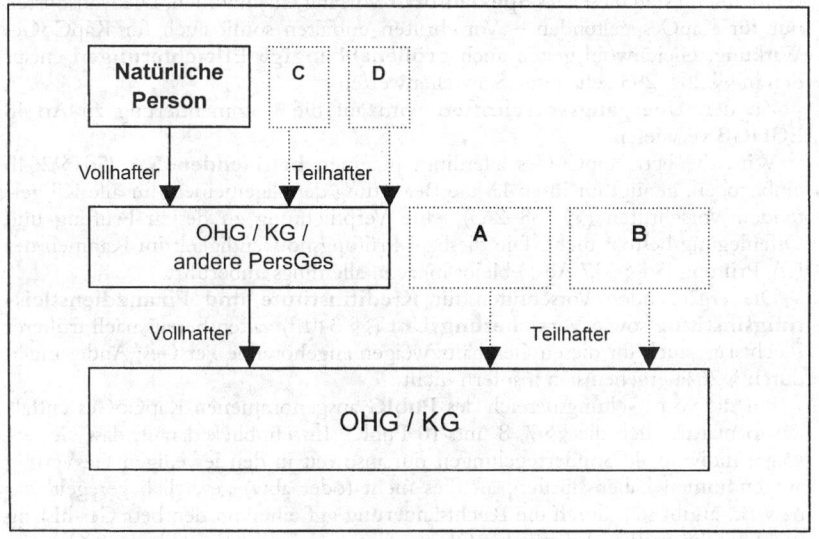

Beispiel einer doppelstöckigen Gesellschaft

Eine ZwischenGes in der Rechtsform einer KapGes (oder anderen juristischen 40 Person) verhindert einen haftungsrechtlichen Durchgriff und ist insofern für eine Befreiung von § 264a schädlich; dies gilt auch für eine **KGaA**, selbst wenn deren Komplementär eine natürliche Person ist (*Begr RegE*, BT-Drucks 14/1806, 18).

V. Rechtsfolgen des § 264a

Die Erfüllung der Anwendungsvoraussetzungen des § 264a führt zu der Ver- 45 pflichtung, neben den allgemeinen, für alle handelsrechtlich buchführungspflichtigen Kfl geltenden Vorschriften die folgenden – ansonsten handelsrechtlich nur für KapGes verpflichtenden – Vorschriften zu beachten, soweit diese nicht durch die Erleichterungsvorschriften für KleinstKapGes iSd § 267a eingeschränkt werden:

§ 264a 46–55   Jahresabschluß der KapGes (Allgemeine Vorschriften)

- §§ 264 bis 289 JA der KapGes und Lagebericht (Erster Unterabschnitt)
- §§ 290 bis 315a KA und Konzernlagebericht (Zweiter Unterabschnitt)
- §§ 316 bis 324 Prüfung (Dritter Unterabschnitt)
- §§ 325 bis 329 Offenlegung/Prüfung durch den Betreiber des eBAnz (Vierter Unterabschnitt). Die Offenlegungspflicht auch ohne schutzbedürftiges Interesse der Einsichtnehmenden bejahend: EuGH-Beschluss v 23.9.2004 ZIP 2004, V (s hierzu auch *Vater* KoR 2005, 130)
- § 330 Verordnungsermächtigung für Formblätter und andere Vorschriften (Fünfter Unterabschnitt)
- §§ 331 bis 335a Straf- und Bußgeldvorschriften. Zwangsgelder (Sechster Unterabschnitt)

Die Anwendbarkeit der Straf- und Bußgeld-, Zwangs- und Ordnungsgeldvorschriften für OHG und KG iSd § 264a Abs 1 regelt § 335b.

46 Darüber hinaus entfalten die Vorschriften des **§ 264c** Geltung, die den sich durch die Rechtsform der PersGes ergebenden Besonderheiten Rechnung tragen. Im Falle etwaiger Konflikte mit den übrigen Vorschriften des Ersten bis Fünften Unterabschn sind diesen als **Spezialnorm** Vorrang einzuräumen. Die – ansonsten nur für KapGes geltenden – Vorschriften entfalten somit auch für KapCoGes Wirkung. Gleichwohl gelten auch **größenabhängige Erleichterungen** entspr den in §§ 267, 293 genannten Schwellenwerten.

48 Zu den **Übergangsvorschriften** wird auf die Kommentierung zu Art 48 EGHGB verwiesen.

49 Wird die betr KapCoGes allerdings in einen **befreienden KA** iSd § 264b einbezogen, genügt für ihren JA die Beachtung der allgemeinen, für alle Kfl geltenden Vorschriften (§§ 238–263); eine Verpflichtung zu dessen Prüfung und Offenlegung besteht nicht. Die diesbzgl Prüfungsnotwendigkeit im Rahmen der KA-Prüfung iSd § 317 Abs 3 bleibt hiervon allerdings unberührt.

50 Die ergänzenden Vorschriften für **Kreditinstitute und Finanzdienstleistungsinstitute** sowie **VersicherungsUnt** (§§ 340 ff) galten bereits nach früherer Rechtslage auch für diesen Geschäftszweigen angehörende PersGes; Änderungen durch § 264a ergeben sich insofern nicht.

51 Für die vom Geltungsbereich des **PublG** ausgenommenen KapCoGes entfallen formal ua auch die §§ 7, 8 und 10 PublG. Im Hinblick darauf, dass Ges etwaige individuelle Sonderregelungen nur insoweit in den jeweiligen GesVertrag aufgenommen haben dürften, als dies nicht (oder abw) gesetzlich geregelt war bzw ist, ergibt sich durch die Rechtsänderung ggf eine von den betr Ges bislang nicht absehbare Regelungslücke. Ob aus diesen Gründen für diejenigen Ges, die mangels abw gesvertraglicher Sonderregelungen nach früherer Rechtslage zur Anwendung der betr publizitätsrechtlichen Vorschriften verpflichtet waren, diese Verpflichtung auch weiterhin iSe analogen Anwendung anzunehmen ist, ist offen (befürwortend *ADS*[6] (ErgBd) § 264a Anm 52 ff).

C. Gesetzliche Vertreter (Abs 2)

55 Der durch § 264a normierte Verweis auf die – ursprünglich nur für KapGes konzipierten – Vorschriften (§§ 264 ff) machte eine Klarstellung dahingehend erforderlich, welche Personen oder Gremien einer PersGes die Funktion des gesetzlichen Vertreters der KapCoGes übernehmen und somit für die Erfüllung der handelsrechtlichen Pflichten zuständig und verantwortlich sind. Betroffen hiervon sind insb die Pflichten zur
- Aufstellung des JA und Lageberichts (§ 264 Abs 1),
- Aufstellung des KA und Konzernlageberichts (§ 290 Abs 1),

Befreiung von der JA-Aufstellungspflicht § 264a

- Beauftragung des AP (§ 318),
- Vorlage des Abschlusses und Lageberichts sowie zur Erteilung von Auskünften ggü dem AP (§ 320) und zur
- Offenlegung (§§ 325 ff).

Nach Abs 2 gelten als gesetzliche Vertreter einer KapCoGes die Mitglieder des vertretungsberechtigten Organs der vertretungsberechtigten Ges. 56

Die Vorschrift beschränkt sich auf den Fall, dass es sich bei dem Vertretungsberechtigten der betr KapCoGes um eine (oder mehrere) Ges handelt. Dies ist insofern systemgerecht, als dass die Fälle, in denen eine natürliche Person für die betr KapCoGes iSe phG vertretungsberechtigt ist, ohnehin nicht unter den Anwendungsbereich des § 264a fallen. 57

Als **vertretungsberechtigte Ges** gelten insofern sämtliche Ges, die als Gester einer OHG bzw Komplementär einer KG gem GesVertrag zur Geschäftsführung berechtigt (und folglich auch verpflichtet) sind. Die **Mitglieder des vertretungsberechtigten Organs** sind die gesetzlichen Vertreter der betr KapCoGes iSd Vorschrift; dabei handelt es sich im Falle einer AG um den Vorstand, bei einer GmbH um den/die Geschäftsführer. 58

Wird die betr KapCoGes von mehreren vertretungsberechtigten Ges geführt, gelten sämtliche Mitglieder der jeweiligen vertretungsberechtigten Organe als ihr gesetzlicher Vertreter. 59

D. Rechtsfolgen einer Verletzung des § 264a

Die Nichtbeachtung der §§ 264a–c führt durch entspr Verweis in § 335b zur Anwendung der §§ 331 bis 335 (**Straf- und Bußgeldvorschriften. Zwangsgelder**). 65

§ 264b Befreiung von der Pflicht zur Aufstellung eines Jahresabschlusses nach den für Kapitalgesellschaften geltenden Vorschriften

Eine Personenhandelsgesellschaft im Sinne des § 264a Abs. 1 ist von der Verpflichtung befreit, einen Jahresabschluss und einen Lagebericht nach den Vorschriften dieses Abschnitts aufzustellen, prüfen zu lassen und offen zu legen, wenn
1. sie in den Konzernabschluss eines Mutterunternehmens mit Sitz in einem Mitgliedstaat der Europäischen Union oder einem anderen Vertragsstaat des Abkommens über den Europäischen Wirtschaftsraum oder in den Konzernabschluss eines anderen Unternehmens, das persönlich haftender Gesellschafter dieser Personenhandelsgesellschaft ist, einbezogen ist;
2. der Konzernabschluss sowie der Konzernlagebericht im Einklang mit der Richtlinie 83/349/EWG des Rates vom 13. Juni 1983 auf Grund von Artikel 54 Abs. 3 Buchstabe g des Vertrages über den konsolidierten Abschluss (ABl. EG Nr. L 193 S. 1) und der Richtlinie 84/253/EWG des Rates vom 10. April 1984 über die Zulassung der mit der Pflichtprüfung der Rechnungslegungsunterlagen beauftragten Personen (ABl. EG Nr. L 126 S. 20) in ihren jeweils geltenden Fassungen nach dem für das den Konzernabschluss aufstellende Unternehmen maßgeblichen Recht aufgestellt, von einem zugelassenen Abschlussprüfer geprüft und offen gelegt worden ist und
3. die Befreiung der Personenhandelsgesellschaft
    a) im Anhang des von dem Mutterunternehmen aufgestellten und nach § 325 durch Einreichung beim Betreiber des Bundesanzeigers offen gelegten Konzernabschlusses angegeben und

b) zusätzlich im Bundesanzeiger für die Personenhandelsgesellschaft unter Bezugnahme auf diese Vorschrift und unter Angabe des Mutterunternehmens mitgeteilt worden ist.

Übersicht

	Anm
A. Grundlagen	1–5
B. Befreiungsumfang	10–16
C. Voraussetzungen	
I. Einbeziehung in einen befreienden Konzernabschluss (Nr 1)	
1. Befreiender Konzernabschluss eines Mutterunternehmens	20–23
2. Befreiender Konzernabschluss eines persönlich haftenden Gesellschafters	24–32
3. Erfordernis der Vollkonsolidierung	33–36
II. Inhaltliche Anforderungen an einen befreienden Konzernabschluss (Nr 2)	40–47
III. Angabe der Befreiung im Konzernanhang (Nr 3 lit a))	50–59
IV. Mitteilung der Befreiung im Bundesanzeiger (Nr 3 lit b))	60–63
D. Publizitätsgesetz	70–75
E. Prüfung	80–83
F. Besonderheiten für befreiende Konzernabschlüsse oberer Mutterunternehmen	90–94
G. Rechtsfolgen einer Verletzung des § 264b	100

Schrifttum: Siehe zu § 264 Abs 3 und zu § 264a.

A. Grundlagen

1 Gem § 264b sind **Personenhandelsgesellschaften iSv § 264a** (KapCoGes), dh solche PersGes (OHG oder KG), bei denen nicht wenigstens eine natürliche Person als phG beteiligt ist (zum Anwendungsbereich s § 264a Anm 10 ff), unter bestimmten Voraussetzungen von der ihnen obliegenden Verpflichtung zur Beachtung der für KapGes geltenden ergänzenden Vorschriften (§§ 264 ff) bezüglich Inhalt, Prüfung und Offenlegung von JA und Lagebericht befreit. Die Beachtung der Vorschriften zur Konzernrechnungslegung (§§ 290 ff) wird – im Unterschied zu der Regelung des § 5 Abs 6 PublG (Anm 71) – durch eine Befreiung gem § 264b nicht suspendiert.

2 Die Regelung wurde durch das KapCoRiLiG (BGBl I 2000, 154 ff) eingefügt und dient der Transformation des Art 57a Abs 2 S 1 lit b der 4. EG-Richtl, der seinerseits auf die Änderungen der Bilanzrichtl durch die sog GmbH & Co-Richtl (Richtl 90/605/EWG) zurückgeht. **Rechtssystematisch** entspricht § 264b grds der durch das KapAEG (BGBl I 1998, 707 ff) eingefügten **Befreiungsmöglichkeiten** für KapGes in **§ 264 Abs 3,** wobei aber die Befreiungsvoraussetzungen weniger restriktiv sind.

Befreiung von der JA-Aufstellungspflicht   3–5 § 264b

Die Regelung für KapCoGes geht aber insofern weiter, als der befreiende KA 3
für Zwecke des § 264b nicht notwendigerweise von einem direkten oder indirekten MU aufgestellt werden muss, sondern auch von einem phG, der nicht MU ist, aufgestellt werden kann (Anm 24). Auch wurden die einschränkenden Voraussetzungen des § 264 Abs 3 Nr 1 (Gester-Zustimmung) und Nr 2 (Verlustübernahme) nicht für erforderlich gehalten (RegE KapCoRiLiG BT-Drs 14/1806, 19).

Auf die Aufnahme der **Zustimmung aller Gesellschafter** der KapCoGes als Befreiungsvoraussetzung konnte bei § 264b **verzichtet** werden, weil den Gestern der PersGes im Vergleich zur KapGes mit Rücksicht auf die *bisherige Rspr* des BGH (U vom 29.3.1996 DB, 926 ff) ohnehin umfangreichere Rechte in Bezug auf den JA zustanden (dazu § 247 Anm 195; *WPH*[14] I, F Anm 59). Danach mussten Bilanzierungsentscheidungen, wie zB die Vornahme von Ermessensabschreibungen gem § 253 Abs 4 aF, die indirekt die Ergebnisverwendung beeinflussen, gemeinschaftlich von allen Gestern (phG und Kommanditisten) getroffen werden **(Grundlagengeschäfte).** Kam es in dem von den phG – aufgrund des Vorliegens der Befreiung nach § 264b – nur nach den Vorschriften für alle Kfl aufgestellten JA der KapCoGes durch derartige Bilanzierungsentscheidungen zu einem erheblichen Eingriff in die Gewinnbezugsrechte der übrigen Gester, konnten diese ihre Zustimmung zur Feststellung des JA verweigern und eine Änderung desselben herbeiführen. Insofern konnte bei KapCoGes auf zusätzliche Regelungen (Zustimmung aller Gester) zum Schutz der Individualinteressen der Gester verzichtet werden (*ADS*[6] (ErgBd) § 264b HGB Anm 6; *Giese/Rabenhorst/Schindler* BB 2001, 516; *Keller* StuB 2001, 214).

Nach *neuerer Rspr* des BGH (U vom 15.1.2007 GmbHR, 437 ff) ist die Feststellung des JA kein Grundlagengeschäft (mehr), das der Zustimmung aller Gester bedarf, sondern kann diese mit einfacher Mehrheit beschlossen werden. Die damit verbundene Einschränkung von Minderheitenrechten könnte dafür sprechen, dass die Einholung der Zustimmung aller Gester vor Inanspruchnahme von Erleichterungen analog § 264 Abs 3 Nr 1 auch bei KapCoGes grds erforderlich ist. Aufgrund des Wegfalls der Möglichkeit zur Vornahme von Ermessensabschreibungen nach § 253 Abs 4 aF im Rahmen des BilMoG, kann die Inanspruchnahme der Befreiungsvorschrift des § 264b bei KapCoGes aber nicht mehr dazu benutzt werden, die Gewinnbezugsrechte von MinderheitsGestern zu beschneiden, insofern besteht uE auch vor dem Hintergrund der neueren BGH-Rspr keine Notwendigkeit zur Änderung des § 264b.

Schließlich besteht auch für Unt iSd § 3 Abs 1 PublG, dh insb OHG und KG, 4
bei denen natürliche Personen mit ihrem Vermögen haften, aufgrund des im Zuge des KapCoRiLiG eingefügten **§ 5 Abs 6 PublG** die Möglichkeit einer Befreiung von den Rechnungslegungsvorschriften des PublG. Im Vergleich zur Befreiung gem § 264b sind die **Anforderungen** für eine Befreiung nach § 5 Abs 6 PublG allerdings **strenger,** nachdem – neben der Einbeziehung in den (befreienden) KA eines MU – auch die entspr geltenden Voraussetzungen des § 264 Abs 3 erfüllt sein müssen (s dort Anm 115 ff). Für diesen Kreis von Unt ist somit sowohl eine Gester-Zustimmung als auch eine Verlustübernahme seitens des MU für eine Befreiung von den besonderen Anforderungen des PublG erforderlich. Eine hiervon abw Auslegung, dh ein Abstellen auf die Befreiungsvoraussetzungen gem § 264b (so *Bitter/Grashoff* DB 2000, 2287 f, die insofern von einem „Redaktionsversehen" ausgehen; denen folgend *Keller* StuB 2001, 213), ist mit Rücksicht auf den eindeutigen Wortlaut des § 5 Abs 6 PublG nicht zulässig (glA IDW-AK PersGes FN-IDW 2000, 609).

Zuletzt wurden die Voraussetzungen für die Inanspruchnahme von Erleichte- 5
rungen nach § 264b im Zuge der durch das **EHUG** geänderten Offenlegungsvorschriften von Rechnungslegungsunterlagen angepasst.

B. Befreiungsumfang

10 Das Vorliegen der Voraussetzungen gem der Nrn 1–3 befreit die KapCoGes größenunabhängig im Einzelnen von ihrer Verpflichtung zur:
- Anwendung der ergänzenden **Ansatz-, Gliederungs- und Ausweisvorschriften für Kapitalgesellschaften** (§§ 264–278);
- Aufstellung eines **Anhangs** (§§ 284–288);
- Aufstellung eines **Lageberichts** (§ 289);
- **Prüfung** (§§ 316–323) und **Offenlegung** (§§ 325–329) des JA und Lageberichts.

11 Die absolut formulierte Befreiungsregelung in § 264b („… ist von der Verpflichtung befreit …") spricht zwar dafür, dass es bei Vorliegen der kumulativ zu erfüllenden Voraussetzungen automatisch, insb ohne ein weiteres Zutun der Gester der KapCoGes bzw der Organe der KapCoGes, zu einer vollumfänglichen Befreiung von den Pflichten nach § 264a kommt und für die KapCoGes allein die Pflicht zur Aufstellung eines JA nach den Vorschriften für alle Kfl (§§ 242–256a) sowie unter den Voraussetzungen des § 290 ggf auch die Verpflichtung zur Aufstellung eines KA verbleibt (Anm 90). Dies stünde dann aber im Widerspruch zur korrespondierenden Regelung in § 264 Abs 3, die allgemein als Wahlrecht aufgefasst wird. Dh die KapGes kann – sofern die Befreiungsvoraussetzungen im Einzelnen erfüllt sind – **frei** darüber **entscheiden,** in welchem **Umfang** sie **Erleichterungen** in Anspruch nimmt (dazu § 264 Anm 106; ADS[6] (ErgBd) § 264 HGB Anm 4; WPH[14] I, F Anm 32). Nach Sinn und Zweck kann in den Fällen des § 264b nichts Anderes gelten, nachdem dieser rechtssystematisch der Möglichkeit nach § 264 Abs 3 entspr (glA ADS[6] (ErgBd) § 264b HGB Anm 7; *Ischebeck/Nissen-Schmidt* in HdR[5] § 264b Anm 3; *Reiner* in MünchKomm HGB[3] §§ 264a–c Anm 10).

12 Tatsächlich kommen die durch § 264b gewährten Begünstigungen der KapCoGes aber nur stark eingeschränkt zu Gute, weil deren Inanspruchnahme insb davon abhängt, dass die KapCoGes in einen befreienden und im Einklang mit der 7. EG-Richtl stehenden KA einbezogen wird. Dies wiederum setzt voraus, dass der einzubeziehende JA der KapCoGes nach den konzerneinheitlichen Ansatz-, Bewertungs-, Gliederungs- und Ausweisvorschriften aufgestellt ist, die – im Hinblick auf das Einklangserfordernis gem Nr 2 – regelmäßig den für KapGes geltenden Vorschriften entsprechen werden (Anm 42). Soweit der nach den Vorschriften für alle Kfl aufgestellte JA der KapCoGes hiervon abweicht, muss dies in einer sog HB II rückgängig gemacht werden (WPH[14] I, F Anm 36). Darüber hinaus müssen die KapCoGes zusätzliche Informationen, soweit diese für die Aufstellung des Konzernanhangs und -lageberichts benötigt werden, bereitstellen. Schließlich ist zu berücksichtigen, dass bei mittelgroßen und großen KapCoGes an die Stelle der Pflichtprüfung des JA eine gesonderte Prüfungspflicht gem § 317 Abs 3 iVm Abs 1 im Rahmen ihrer Einbeziehung in den KA tritt (§ 264 Anm 109). Im Ergebnis entfällt damit nicht die Prüfung des JA, sondern lediglich die Wahl und Auftragserteilung an den AP, die Erstellung eines PrüfBer sowie die Erteilung eines BVm zum JA der KapCoGes (WPH[14] I, F Anm 37; *AK-Schmalenbach* DB 1999, 493).

13 Das **Vorliegen** der **Befreiungsvoraussetzungen** gem § 264b Nr 1–3 und das damit verbundene Entfallen der Pflicht zur Aufstellung, Prüfung und Offenlegung eines JA und Lageberichts nach den für KapGes geltenden Vorschriften ist grds von den **gesetzlichen Vertretern** der KapCoGes iSv § 264a Abs 2, dh idR den Geschäftsführern der Komplementär-GmbH, zu **beurteilen.**

14 Sofern Regelungen im **Gesellschaftsvertrag** oder der Satzung die teilweise oder vollständige Beachtung der ergänzenden Vorschriften für KapGes vorschreiben, ist – ebenso wie für KapGes (§ 264 Anm 106) – eine Inanspruchnahme der genannten Erleichterungen – trotz des Vorliegens der Befreiungsvoraussetzungen – ausgeschlossen.

Besonderheiten gelten im Übrigen für KapCoGes, die **Kreditinstitute** und **Versicherungsunternehmen** sind. Für diese wird die Befreiung nach § 264b aus aufsichtsrechtlichen Gründen gem § 340a Abs 2 S 4 bzw § 341a Abs 2 S 4 ausdrücklich dahingehend eingeschränkt, dass diese bei Vorliegen der Voraussetzungen nur die Vorschriften über die Offenlegung nicht anzuwenden brauchen. 15

Wegen der Inanspruchnahme der Erleichterungen durch **Energieversorgungsunternehmen** s § 264 Anm 107 und für **Sonderbilanzen** s § 264 Anm 108. 16

C. Voraussetzungen

I. Einbeziehung in einen befreienden Konzernabschluss (Nr 1)

1. Befreiender Konzernabschluss eines Mutterunternehmens

Voraussetzung für die Befreiung gem § 264b ist zunächst die Einbeziehung der KapCoGes in den KA eines MU (1. Alternative). Hierfür ist es zum einen ausreichend, wenn die zu befreiende KapCoGes selbst das MU ist, das diesen befreienden KA aufstellt (dazu Anm 33). Zum anderen genügt es, wenn zwischen dem den KA aufstellenden Unt *beliebiger Rechtsform* und der KapCoGes ein **Mutter-Tochterverhältnis** besteht. Ein Mutter-Tochterverhältnis setzt nach § 290 Abs 1 voraus, dass ein anderes Unt (MU) die Möglichkeit hat, unmittelbar oder mittelbar einen beherrschenden Einfluss auf die Geschäfts- und Finanzpolitik der KapCoGes (TU) auszuüben (ausführlich § 290 Anm 20 ff). 20

Darüber hinaus werden keine zusätzlichen Anforderungen an das Verhältnis von MU und KapCoGes-TU gestellt, insb ist *keine persönliche Haftung seitens des MU* im Verhältnis zur KapCoGes *erforderlich*, weil sich das Tatbestandsmerkmal „... das persönlich haftender Gesellschafter der Personenhandelsgesellschaft ist ..." nur auf die 2. Alternative der Nr 1 (anderes Unt; Anm 24) bezieht (glA *ADS*[6] (ErgBd) § 264b HGB Anm 13, IDW-AK PersGes FN-IDW 2000, 609 unter Verweis auf RegE KapCoRiLiG BT-Drs 14/1806, 19, wonach auch der KA eines indirekten MU, das nicht phG ist, die KapCoGes befreien kann; aA *Strobel* DB 2000, 56). Zur Frage, ob bei den typischen GmbH & Co-Gestaltungen der phG als MU zu qualifizieren ist s Anm 26 ff. 21

Der befreiende KA kann entweder von MU mit **Sitz im Inland** oder in einem **Mitgliedstaat der EU oder einem EWR-Vertragsstaat** (Island, Liechtenstein und Norwegen) aufgestellt werden. Lediglich KA von MU im sonstigen Ausland (Drittland) scheiden mit Rücksicht auf die abschließende Aufzählung in der Nr 1 für eine Befreiung von KapCoGes von ihren Pflichten nach § 264a aus. Etwas anderes gilt nur dann, wenn das MU mit Sitz im Drittland zugleich unmittelbarer phG der KapCoGes ist, weil nach der 2. Alternative der Nr 1 der Sitzstaat unerheblich ist (s Anm 24). 22

Für Zwecke des § 264b kommt es ausschließlich darauf an, dass die KapCoGes in einen tatsächlich aufgestellten KA des MU einbezogen wird, weshalb sowohl ein aufgrund gesetzlicher Verpflichtung als auch ein **freiwillig aufgestellter Konzernabschluss** des MU die Befreiungsvoraussetzung der Nr 1 erfüllt (*Salgert* WPK-Mitt 2000, 87; *ADS*[6] (ErgBd) § 264b HGB Anm 14; *Bitter/Grashoff* DB 2000, 836; *Schulze-Osterloh* BB 2002, 1308; *Reiner* in MünchKomm HGB[3] §§ 264a–c Anm 12). 23

2. Befreiender Konzernabschluss eines persönlich haftenden Gesellschafters

24 Neben einem MU kann der befreiende KA aber auch von einem anderen Unt, das phG der KapCoGes ist, aufgestellt werden (2. Alternative). Ausweislich der Begr zum RegE KapCoRiLiG (BT-Drs 14/1806, 19) soll auf diese Weise Komplementär-Ges, die **nicht Mutterunternehmen** der KapCoGes sind, ein Wahlrecht zur Aufstellung eines befreienden KA eingeräumt werden. Auch ist eine originäre Konzernrechnungslegungspflicht seitens des phG, dh ein Mutter-Tochterverhältnis des phG zu einem fremden dritten Unt, nicht für die Aufstellung eines befreienden KA durch den phG erforderlich, nachdem die 7. EG-Richtl die Aufstellung von KA durch solche Unt, die nicht zum Kreis der verpflichteten Unt gehören, nicht explizit ausschließt (so RegE KapCoRiLiG BT-Drs 14/1806, 19). Dh es reicht aus, wenn die KapCoGes in einen *freiwilligen konsolidierten Abschluss* **(Gruppenabschluss)** des phG einbezogen wird, sofern dieser den inhaltlichen Anforderungen der Nr 2 (Anm 41 ff) entspricht (glA *ADS*[6] (ErgBd) § 264b HGB Anm 17).

Für diesen konsolidierten Abschluss kommt es im Übrigen auch nicht darauf an, in welcher **Rechtsform** der phG sein Unt betreibt (glA *WPH*[14] I, F Anm 61). Weil sich die Beschränkung des Sitzes nur auf die 1. Alternative der Nr 1, dh den von MU aufgestellten befreienden KA (Anm 20) bezieht, ist der **Sitzstaat** des phG ebenfalls **unerheblich** und kann somit auch in einem Drittland, dh außerhalb der EU bzw des EWR liegen (*ADS*[6] (ErgBd) § 264b HGB Anm 18; *Theile* GmbHR 2000, 220).

Fraglich ist, zu welchem **Zeitpunkt** der phG diesen Status erlangt haben muss, damit der KA befreiende Wirkung entfalten kann. Die gesetzliche Verpflichtung zur Erstellung eines JA knüpft an den Ablauf eines (Rumpf-)Gj an, was dafür spricht, dass (spätestens) zu diesem Zeitpunkt auch der Status eines phG erlangt sein muss. Tritt der phG erst danach ein, vermag dieser Vorgang die zum JA-Stichtag herrschende Rechtslage formal nicht zu ändern. Gleichwohl wird für Zwecke des § 264a die Auffassung vertreten, dass der Eintritt eines phG in eine OHG oder KG aufgrund der Haftungsübernahme auch für vor seinen Eintritt entstandene Verbindlichkeiten (§§ 130 Abs 1, 161 Abs 2) und des damit verbundenen rückwirkenden Wegfalls des Haftungsprivilegs der KapCoGes, auf vergangene Gj zurück wirkt (s § 264a Anm 29). Folgt man dieser Auffassung, reicht es auch noch aus, wenn phG nach dem JA-Stichtag in die KapCoGes eintritt, sofern diese in den KA des phG einbezogen wird (s dazu Anm 36).

25 Eine Einschränkung ggü dem von MU aufgestellten befreienden KA ergibt sich jedoch mit Rücksicht auf den ausdrücklichen Wortlaut der Nr 1 insofern, als die Stellung als phG immer eine **unmittelbare Beziehung** zur KapCoGes erfordert („... anderes Unternehmen, das persönlich haftender Gesellschafter *dieser* Personenhandelsgesellschaft ist ..."). Dh es werden nur einstufige BetVerhältnisse erfasst, während für die Befeiung nach der 1. Alternative der Nr 1 auch die Einbeziehung in den KA eines übergeordneten, dh nur mittelbar an der KapCoGes beteiligten, MU ausreicht (*ADS*[6] (ErgBd) § 264b HGB Anm 19).

26 Die Einfügung der 2. Alternative der Nr 1 macht deutlich, dass die Stellung als phG einer KapCoGes nach der Auffassung des Gesetzgebers allein nicht notwendigerweise zur Begründung eines **Mutter-Tochterverhältnisses** zwischen diesen Unt ausreicht (Anm 20) und damit zu einer Konzernrechnungslegungspflicht seitens des phG (idR Komplementär-KapGes der KapCoGes) führt.

27 Bei einer typischen, nach dem gesetzlichen Normalstatut (§§ 166 ff) organisierten KapCoGes, kann die **Komplementär**-KapGes (phG) als deren **alleinige Geschäftsführerin** und Vertreterin (§ 114 Abs 1 iVm § 161 Abs 2, § 164) einen beherrschenden Einfluss auf die Geschäfts- und Finanzpolitik ausüben. Dies spricht dafür, dass in dieser klassischen KapCoGes-Gestaltung der phG MU iSv § 290 Abs 1 S 1 der KapCoGes ist (RegE KapCoRiLiG BT-Drs 14/1806, 22; sowie zum bisherigen Recht ADS[6] § 290 HGB Anm 119ff; WPH[13] I, M Anm 33). Die Möglichkeit der Komplementär-KapGes (phG) einen beherrschenden Einfluss auszuüben und damit das Vorliegen eines Mutter-Tochterverhältnisses ist aber dann ausgeschlossen, wenn die Anteile an der Komplementär-KapGes auf die KapCoGes übertragen werden, dh eine sog *Einheitsgesellschaft* entsteht, weil die Beherrschungsrechte des Komplementärs dann der KapCoGes nach § 290 Abs 3 S 1 zustehen. Entspr gilt, wenn die Geschäftsführungsbefugnisse und Weisungsrechte mittels ges-vertraglicher Vereinbarungen auf die Kommanditisten verlagert werden und dadurch die Komplementär-KapGes im Innenverhältnis zum weisungsgebundenen Vertreter degradiert wird (IDW RS HFA 7, Tz 64).

Davon unabhängig kann bei klassischen KapCoGes-Gestaltungen das Mutter-Tochterverhältnis zwischen Komplementär-KapGes (phG) und KapCoGes auch auf das Vorliegen des Organbestellungsrechts nach § 290 Abs 2 Nr 2, gestützt werden. Hintergrund dafür ist, dass – zumindest soweit die KapCoGes nach dem gesetzlichen Normalstatut organisiert ist – die Stellung der Komplementär-KapGes (phG) als Leitungsorgan der KapCoGes einem **Organbestellungsrecht** iSv § 290 Abs 2 Nr 2 gleichgesetzt werden kann bzw – da dieses Recht kraft Gesetzes begründet wird – sogar darüber hinaus geht (s auch DRS 19.30). Der Komplementär ist darüber hinaus allein zur Geschäftsführung befugt (§ 114 iVm § 161 Abs 2, § 164) und kann so als Organ, vorbehaltlich abw ges-vertraglicher Regelungen (s Anm 27), die Geschäfts- und Finanzpolitik bestimmen. Eine Gester-Stellung liegt – auch wenn keine Kapitalbeteiligung der Komplementär-KapGes (phG) besteht – ebenfalls vor (mwN ADS[6] § 290 HGB Anm 119ff; IDW RS HFA 7, Tz 67; DRS 19.31; kritisch: *von Kanitz* WPg 2003, 343). 28

Die bisherigen Betrachtungen lassen ein **wirtschaftliches Eigeninteresse** der Komplementär-KapGes (phG) bei der Beurteilung, ob sie als MU der KapCoGes qualifiziert, unberücksichtigt. Beherrschung ist kein Selbstzweck, sondern ein beherrschender Einfluss liegt nur dann vor, wenn derjenige, der die Möglichkeit einer Abstimmung der Geschäftspolitik sowie von grds Fragen der Geschäftsführung hat (Budgethoheit), daraus direkt oder indirekt auch Nutzen ziehen kann, dh ihm ökonomische Vorteile erwachsen, weil die „Beherrschungsrechte" andernfalls dem Inhaber nach § 290 Abs 3 S 2 „weggerechnet" werden (Ber Merz ua, 117; *Gelhausen/Deubert/Klöcker* DB 2010, 2005 f; DRS 19.63). 29

Wenn die **Komplementär**-KapGes (phG) am **Kapital nicht** oder nur geringfügig **beteiligt** ist, fließen ihr wirtschaftliche Vorteile weder in Form von Ausschüttungen zu, noch kommen sie ihr indirekt über eine Steigerung des UntWerts der KapCoGes zugute. Das primäre Interesse der Komplementär-KapGes (phG) richtet sich vielmehr auf den Erhalt einer Geschäftsführungs-/Haftungsvergütung. Darüber hinaus erschließen sich der Komplementär-KapGes (phG) aus ihrer Geschäftsführungstätigkeit bei der KapCoGes – mangels eigener Teilnahme am wirtschaftlichen Geschäftsverkehr – idR auch keine sonstigen, den wirtschaftlichen Gester-Interessen vergleichbare, Vorteile (sonstige Synergieeffekte). Sofern außerdem die Kapitalbeteiligung des Kommanditisten ausreichend groß ist und dadurch gleichzeitig das Risiko einer Haftungsinanspruchnahme des Komplementärs (phG) so gut wie ausgeschlossen ist, sind die der Komplementär-KapGes (phG) zustehenden **Rechte** (Anm 27 f) mangels eigenen wirtschaftlichen Interesses gem § 290 Abs 3 S 1 dem **Kommanditisten zuzurechnen,** so dass dieser – Unt-Eigenschaft vorausgesetzt – als MU der KapCoGes qualifiziert (iE so auch *Küting/Weber/Pilhofer* WPg 2003, 796 und 798; dazu auch ADS[6] § 290 30

§ 264b 31–33   Jahresabschluß der KapGes (Allgemeine Vorschriften)

HGB Anm 139). Spiegelbildlich dazu werden die „Beherrschungsrechte" dem phG nach § 290 Abs 3 S 2 weggerechnet. Eine Wegrechnung erfolgt bei fehlendem wirtschaftlichen Eigeninteresse des Komplementärs außerdem auch dann, wenn er die Rechte nicht nur für eine Partei, sondern für mehrere Personen inne hat (DRS 19.63 iVm 19.67; *Gelhausen/Deubert/Klöcker* DB 2010, 2006 f).

31 Wann ein wirtschaftliches (Eigen-)Interesse der Komplementär-KapGes (phG) als ausreichend anzusehen ist, hängt davon ab, ob es sich bei der KapCoGes um eine ZweckGes handelt, die ein eng begrenztes und genau definiertes Ziel verfolgt (s § 290 Anm 65 ff) oder nicht.

Im Hinblick auf § 290 Abs 2 Nr 4, der darauf abstellt, ob das MU die Mehrheit der Chancen und insb Risiken aus der Tätigkeit einer Tochter-ZweckGes trägt (§ 290 Anm 65 ff; *PwC BilMoG Komm*, Q Anm 66 ff; DRS 19.50 ff), wird in derartigen ZweckGes-Gestaltungen künftig auch bei der Frage, ob die Komplementär-KapGes (phG) ein ausreichendes wirtschaftliches Eigeninteresse hat, auf die **Mehrheit der Chancen und Risiken** abzustellen sein. Ist dies nicht der Fall, sind deren Geschäftsführungs- und ggf Stimmrechte nach § 290 Abs 2 Nr 4 demjenigen zuzurechnen, der die überwiegenden Chancen und Risiken inne hat (s dazu *Gelhausen/Deubert/Klöcker* DB 2010, 2009).

Bei „Nicht-ZweckGes" werden Beherrschungsrechte dem formalrechtlichen Inhaber dagegen nicht bereits dann weggerechnet, wenn ein anderer, zB aufgrund sonstiger schuldrechtlicher Vereinbarungen, die Mehrheit der Risiken und Chancen inne hat. Die „Schwelle" für eine abw Zurechnung von Beherrschungsrechten ist in diesen Fällen höher anzusetzen (so *Gelhausen/Deubert/Klöcker* DB 2010, 2009; glA DRS 19.63: keine Zurechnung beim wirtschaftlich Berechtigten, wenn der formal(rechtlich) Berechtigte wirtschaftlich ins Gewicht fallende Eigeninteressen hat). Ebenso wie bisher, wird man bei Nicht-ZweckGes ein (wirtschaftlich) ins Gewicht fallendes Eigeninteresse des formal Berechtigten ab einer Kapital- oder Ergebnisbeteiligung von mind 5% annehmen können (dazu *Gelhausen/Henneberger* HdJ V I/1 Anm 289 ff).

32 Vor diesem Hintergrund handelt es sich somit bei den typischen KapCoGes-Gestaltungen, bei denen die **Komplementär**-KapGes (phG) **am Vermögen** nicht oder nur **geringfügig beteiligt** ist sowie auch sonst kein ausreichendes wirtschaftliches Eigeninteresse (Anm 31) hat und infolgedessen kein Mutter-Tochterverhältnis iSv § 290 vorliegt, um einen **Anwendungsfall** der **2. Alternative** der Nr 1, Einbeziehung in den KA eines anderen Nicht-MU, das phG der KapCoGes ist (so auch *ADS*[6] (ErgBd) § 264b HGB Anm 16).

3. Erfordernis der Vollkonsolidierung

33 Um die Voraussetzungen der Nr 1 zu erfüllen, muss die KapCoGes schließlich tatsächlich in den befreienden KA des MU oder des phG **einbezogen** sein. Nach § 294 Abs 1 sind in den KA das MU und alle TU ohne Rücksicht auf ihren Sitz einzubeziehen. Die Bedingung der Einbeziehung in den befreienden KA ist somit **sowohl** dann erfüllt, wenn die KapCoGes selbst das den KA gem § 290 ff aufstellende **Mutterunternehmen** ist, **als auch** dann, wenn die KapCoGes als **Tochterunternehmen** gem §§ 300 ff voll konsolidiert wird (glA *ADS*[6] (ErgBd) § 264 b HGB Anm 13, 21; *Pawelzik/Theile* DStR 2000, 2146 f; *WPH*[14] I, F Anm 62; *Ischebeck/Nissen-Schmidt* in HdR[5] § 264b Anm 8; IDW RS HFA 7, Tz 8; *Reiner* in MünchKomm HGB[3] §§ 264a–c Anm 11; jetzt auch LG Bonn BB 2010, 1209; aA *Thiele/Sickmann* in Bilanzrecht § 264b Anm 32). Art 57a Abs 2 lit b der 4. EG-Richtl steht dieser Auslegung im Übrigen ebenfalls nicht entgegen, denn dort wird lediglich statuiert, dass „… die betroffene Gesellschaft … in den konsolidierten Abschluss einer größeren Gesamtheit von Unternehmen einbezogen wird", dass die Einbeziehung auf Basis eines Unterordnungsverhältnisses, dh als TU, erfolgen muss, ist der Vorschrift nicht zu entnehmen. Wird das **Mutter-Tochterverhältnis** zur KapCoGes **unterjährig begründet** und werden deshalb deren Erträge und Aufwendungen nicht vollständig, sondern erst ab diesem Zeitpunkt gem § 300 Abs 2 in den befreienden KA einbezogen (dazu § 300 Anm 44 ff), steht dies der Inanspruchnahme der Befreiung nach § 264b nicht entgegen (*von Kanitz* WPg 2003, 327). Entscheidend ist, dass die VG und Schulden der KapCoGes im befreienden KA enthalten sind. Eine befreiende Einbeziehung iSd Nr 1 ist deshalb nicht mehr gegeben, wenn die VG und Schulden der KapCoGes bis zum Konzernbilanzstichtag endkonsolidiert wurden (§ 301 Anm 300 ff).

Unterbleibt eine VollKons als TU weil eines der **Einbeziehungswahlrechte** 34 des § 296 ausgeübt wird bzw entspr ausländische Vorschriften in Anspruch genommen werden, ist die Voraussetzung nach Nr 1 nicht erfüllt (glA *ADS*[6] (ErgBd) § 264b HGB Anm 22). Diese Auslegung ist deshalb geboten, weil ein klarstellender Hinweis, dass eine Anwendung der vorgenannten Regelungen für den Befreiungstatbestand unschädlich ist – so wie dies in vergleichbaren Fällen, zB in § 291 Abs 2 Nr 1 („... unbeschadet des § 296 einbezogen ..."), ausdrücklich erfolgt – in der Nr 1 fehlt.

Ebenfalls **nicht ausreichend** zur Erfüllung der Befreiungsvoraussetzungen 35 nach Nr 1 ist es, wenn die KapCoGes als GemUnt gem § 310 im Wege der **Quotenkonsolidierung** in den KA einbezogen wird, weil das den KA aufstellende Unt im Verhältnis zum GemUnt nicht den Status MU hat, sondern nur als Geser- oder Partner-Unt qualifiziert. Entspr gilt im Verhältnis zu assozUnt iSv § 311, die im KA nach der **Equity-Methode** (§ 312) bewertet werden und zwar auch dann, wenn es sich hierbei um ein gem § 296 nicht vollkons TU handelt (glA *ADS*[6] (ErgBd) § 264b HGB Anm 21; IDW RS HFA 7, Tz 8; aA Einbeziehung im Wege der QuoKons reicht für eine Befreiung aus IDW-AK PersGes FN-IDW 2000, 609 sowie *Bitter/Grashoff* DB 2000, 836, die darüber hinaus auch eine Equity-Kons für ausreichend halten).

Fraglich ist, ob sich eine andere Beurteilung ergibt, wenn der **persönlich** 36 **haftende Gesellschafter** der KapCoGes den befreienden KA aufstellt. Wie in den Materialien zum KapCoRiLiG (RegE KapCoRiLiG BT-Drs 14/1806, 19) ausdrücklich hervorgehoben wird, soll die 2. Alternative der Nr 1 den Komplementär-Ges gerade dann, wenn sie nicht als MU der zu befreienden KapCoGes qualifizieren, die Aufstellung eines iSv § 264 b befreienden KA ermöglichen. Weil das Vorliegen eines Mutter-Tochterverhältnisses nicht erforderlich ist, könnte daraus geschlossen werden, dass die Einbeziehung in den KA des phG – soweit dieser nicht MU ist (dazu Anm 24) – nicht nach den Regeln über die VollKons (§§ 300 ff) erfolgen muss. In diesem Zusammenhang ist jedoch zu beachten, dass zB in den Fällen der typischen KapCoGes, dh wenn der phG nicht am Kapital der KapCoGes beteiligt ist, eine quotale Einbeziehung (§ 310) oder eine Kons *at-equity* (§ 312) ausgeschlossen ist, weil bei Anwendung dieser KonsMethoden mangels Kapitalbeteiligung keine Abschlussposten in den KA übernommen werden, dh eine Einbeziehung von vornherein nicht vorliegen kann. Eine Einbeziehung kann in dieser Konstellation ausschließlich nach den Vorschriften über die **Vollkonsolidierung** mit Minderheitenausweis (§ 307) erfolgen. Wenn aber bereits für diesen extremen Fall (*keine* Bet des phG am Kapital) eine Einbeziehung in den KA des phG, der nicht MU der KapCoGes ist, nach den Vorschriften über die VollKons erfolgen muss, kann uE in den Fällen einer geringfügigen Bet des phG an der KapCoGes nichts Anderes gelten.

Mangels Mutter-Tochterverhältnis zu dem den KA aufstellenden phG ist die Regelung des § 300 Abs 2 nicht anwendbar. Daher sind die VG und Schulden sowie die damit korrespondierenden Erträge und Aufwendungen der KapCoGes, auch wenn die phG-Stellung erst unterjährig begründet wurde, stets vollständig, dh ab dem Beginn des Gj in den KA einzubeziehen (glA *von Kanitz* WPg 2003, 328).

II. Inhaltliche Anforderungen an einen befreienden Konzernabschluss (Nr 2)

40 Die in Nr 2 an den befreienden KA iSd § 264b gestellten inhaltlichen Anforderungen entsprechen denen, die an den KA eines übergeordneten MU nach § 291 Abs 2 S 1 Nr 2 gestellt werden, damit dieser ein nachgeordnetes Teil-Konzern-MU von der Verpflichtung zur Aufstellung eines KA und Konzernlageberichts gem §§ 290 ff befreit (ebenso *WPH*[14] I, F Anm 63; ausführlich zu diesen Anforderungen § 291 Anm 21 ff).

41 Der für Zwecke des § 264b befreiend wirkende KA und Konzernlagebericht muss zunächst nach dem für das den KA aufstellende Unt **maßgeblichen Recht,** dh dem jeweiligen Landesrecht dem das MU oder der phG unterliegt, aufgestellt sein und im Einklang mit der Richtl 83/349/EWG (7. EG-Richtl) stehen.

42 Das **Einklangserfordernis** ist automatisch erfüllt, wenn der KA nach den deutschen handelsrechtlichen Vorschriften (§§ 290 ff) aufgestellt wird (aA *Schulze-Osterloh* BB 2002, 1310, sofern der KA von einem phG, der nicht MU ist, aufgestellt wird). Wird der befreiende KA gem §§ 11 ff PublG aufgestellt, zB weil eine „echte" PersGes Kommanditist der KapCoGes ist und unmittelbar oder mittelbar einen beherrschenden Einfluss auf deren Geschäfts- und Finanzpolitik ausüben kann, zB weil der Komplementär im Innenverhältnis aufgrund einer ges-vertraglichen Regelung zum weisungsgebundenen Vertreter degradiert wurde (Anm 27), gilt dies entspr, sofern in diesem KA – analog zur Regelung in § 264 Abs 4 – vom Wahlrecht gem § 13 Abs 3 S 1 PublG (Nichtanwendung des § 314 Abs 1 Nr 6 (Angaben zu Organbezügen)) kein Gebrauch gemacht worden ist. Die Anwendung von § 13 Abs 3 S 2 PublG, wonach § 5 Abs 5 PublG auch für den KA gilt, ist damit im befreienden KA iSv § 264b – anders als für Zwecke einer Befreiung gem § 291 (Anm 94) – *nicht* ausgeschlossen. Danach darf die (Konzern-)GuV nach den für das Unt geltenden Vorschriften, dh den Vorschriften für alle Kfl, aufgestellt werden bzw – sofern die GuV-Gliederung gem § 275 angewandt wird – dürfen die von der PersGes gezahlten Steuern (GewSt) unter den sonstigen Aufwendungen ausgewiesen werden.

43 Das Einklangserfordernis ist – sofern die 7. EG-Richtl in nationales Recht umgesetzt wurde – immer auch für KA, die nach dem Recht eines anderen Mitgliedstaats der EU oder eines Vertragsstaats des EWR aufgestellt werden, erfüllt (*WPH*[14] I, F Anm 63). Übrigenfalls sowie in den Fällen, in denen der KA von einem phG mit Sitz außerhalb der EU bzw des EWR (zur Zulässigkeit Anm 24) aufgestellt wurde, ist eine gesonderte Einklangsprüfung erforderlich.

44 Im Rahmen der **Einklangsprüfung** kommt es nicht auf den Wortlaut jedes einzelnen Rechtssatzes der EG-Richtl an, sondern es sind alle einschlägigen Regeln insgesamt zu betrachten, wobei es entscheidend ist, dass der nach den betr nationalen Vorschriften aufgestellte KA den Zweck der Richtl erfüllt, dh ein tatsächlichen Verhältnissen entspr Bild der VFE-Lage des Konzerns vermittelt. Im Übrigen bezieht sich das Einklangserfordernis nicht auf die in Deutschland übliche Auslegung der EG-Richtl, sondern auf die Umsetzung und deren anerkannte Anwendung in allen EU-Mitgliedstaaten. Bei der Beurteilung des Einklangs sind deshalb auch solche Bilanzierungsregeln heranzuziehen, die in anderen europäischen Ländern als mit den EG-Richtl im Einklang stehend angewandt werden, auch wenn diese gegen die deutschen handelsrechtlichen Vorschriften verstoßen (s dazu – ungeachtet seiner zwischenzeitlichen Aufhebung durch das DRSC – *DRS* 1 Befreiender Konzernabschluss nach § 292a HGB, Beil zum BAnz v 22.7.2000, 11 ff dort Tz 17 ff).

Als befreiende KA iSd § 264b kommen grds auch nach international aner- **45** kannten Rechnungslegungsstandards (insb IFRS und ggf US-GAAP) aufgestellte KA in Betracht, wenn das für das MU oder den phG *maßgebliche Recht* es gebietet bzw zumindest gestattet, dass solch ein **internationaler Konzernabschluss** an die Stelle eines sonst nach den nationalen Rechnungslegungsvorschriften zu erstellenden KA tritt (sog Öffnungsklausel) und dieser im *Einklang* mit den EG-Richtl steht.

Für MU oder phG mit Sitz im Inland, die nicht ohnehin bereits nach Art 4 der EU-VO zur Konzernrechnungslegung nach IRFS verpflichtet sind (dazu § 315a Anm 3 f), enthält § 315a Abs 3 eine entspr Öffnungsklausel, dh auch ein gem § 315a nach **IFRS** aufgestellter KA erfüllt die Voraussetzungen der Nr 2 (IDW RS HFA 7, Tz 9; *WPH*[14] I, F Anm 63).

Der befreiende KA und Konzernlagebericht müssen außerdem von einem iSd **46** Richtl 84/253/EWG (8. EG-Richtl) zugelassenen AP geprüft worden sein. Die **Prüfung** ist Teil der Befreiungsvoraussetzung nach Nr 2 und muss daher auch bei einem freiwillig erstellten KA erfolgen (*ADS*[6] (ErgBd) § 246b HGB Anm 28).

Bei KA von phG mit Sitz außerhalb der EU bzw EWR muss der (lokale) AP – analog zur Regelung in § 292 Abs 3 iVm § 2 Abs 1 S 1 Nr 3 KonBefrV – zumindest eine den Anforderungen der 8. EG-Richtl gleichwertige Befähigung (glA *WPH*[14] I, M Anm 125) haben und der KA in einer den Anforderungen des HGB entspr Weise, dh insb unter Beachtung der §§ 316, 317, 319, 320 und 322, geprüft worden sein (glA *WPH*[14] I, F Anm 64).

Die Prüfung des (befreienden) KA und Konzernlageberichts muss nicht mit einem uneingeschränkten BVm abgeschlossen werden. *Einschränkungen* des BVm oder dessen *Versagung* stehen der Erfüllung der Voraussetzung nach Nr 2 jedoch entgegen, wenn sie sich auf das Einklangserfordernis beziehen (§ 291 Anm 25 mwN; *Ischebeck/Nissen-Schmidt* in HdR[5] § 264b Anm 20).

Der befreiende KA und Konzernlagebericht müssen schließlich nach den je- **47** weiligen landesrechtlichen Vorschriften **offengelegt** werden (wegen fehlender Offenlegung s Anm 54 f).

III. Angabe der Befreiung im Konzernanhang (Nr 3 lit a))

Weiter muss die Befreiung der KapCoGes von der Verpflichtung zur Aufstel- **50** lung eines JA nach den für KapGes geltenden Vorschriften nach Nr 3 lit a) im Anhang des vom **Mutterunternehmen** aufgestellten KA angegeben werden. Im Rahmen der Anpassungen durch das EHUG wurde der neugefasste Wortlaut des § 264 Abs 3 Nr 4 lit a) wortgleich in Nr 3 lit a) übernommen (BT-Drs 16/960, 48). Dabei wurde übersehen, dass in den Fällen des § 264b ein befreiender KA auch von einem **persönlich haftenden Gesellschafter,** der nicht MU ist (Anm 24), aufgestellt werden kann. Auch ohne ausdrückliche Erwähnung, ist uE die Angabe der Befreiung auch im letztgenannten Fall in den Konzernanhang aufzunehmen.

Angabepflichtig ist die **Tatsache der Befreiung** nach § 264b unter Angabe **51** des Namens und Sitzes der KapCoGes, nicht jedoch in welchem Umfang von Erleichterungen Gebrauch gemacht wird (glA *WPH*[14] I, F Anm 54, 69). Es empfiehlt sich, die Angabe nach Nr 3 lit a) mit den Angaben gem § 313 Abs 2 Nr 1 zu den in den KA einbezogenen Unt zu verbinden, zB in Form einer Fußnote. Hierfür kommt zB folgender Wortlaut in Betracht:

„Die X-GmbH & CoKG, A-Stadt, ist gemäß § 264b HGB von ihrer Verpflichtung befreit, einen handelsrechtlichen Jahresabschluss und einen Lagebericht nach den für Kapitalgesellschaften geltenden Vorschriften aufzustellen, prüfen zu lassen und offenzulegen".

52 Inhaltlich stellt die Angabe der Befreiung im Konzernanhang eine **Erklärung der KapCoGes** dar, die vom MU in den KA übernommen wird. Damit sollen die Adressaten des JA der KapCoGes über deren Befreiung informiert werden (so IDW PH 9.200.1, Tz 14b). Dadurch wird im Ergebnis lediglich die Information bestätigt, die die KapCoGes den Adressaten ihres JA bereits nach Nr 3 lit b) im BAnz mitgeteilt hat (dazu Anm 60f). Trotz der damit verbundenen Doppelangabe konnte nicht auf die Angabe im Konzernanhang nach Nr 3 lit a) verzichtet werden, weil die Vorschrift unmittelbar auf Art 57a Abs 2 S 2 der 4. EG-Richtl zurückgeht, dh bei der Umsetzung der dort eröffneten Befreiungsmöglichkeit in nationales Recht, zwingend zu übernehmen war. Die Angabe im Konzernanhang ist ausdrücklich als Pflicht des den KA aufstellenden MU bzw phG formuliert, dh sie kann nur von ihm selbst erfüllt werden.

53 Nach Nr 3 lit a) muss der KA des MU, in dessen Anhang die Befreiung der KapCoGes angegeben ist, nach § 325 durch Einreichung beim Betreiber des BAnz offengelegt werden. Nach dem Wortlaut richtet sich die **Offenlegung** des für Zwecke des § 264b befreienden KA damit nach dem dafür maßgeblichen **Recht des Konzernabschlusserstellers.** Weil der KA aber aus Sicht der Adressaten an die Stelle des „entfallenden" JA tritt, hätte aus systematischer Sicht eigentlich auf die für diesen geltenden Offenlegungsvorschriften abgestellt werden müssen, wie dies zB für die Befreiung von der Konzernrechnungslegungspflicht in § 291 Abs 1 S 1 ausdrücklich bestimmt wird. Folge davon wäre, dass die Einreichung beim BAnz in allen Fällen erforderlich und damit ebenso wie für Zwecke der Befreiung nach § 291 eine materielle Befreiungsvoraussetzung wäre. Dies ist jedoch nach dem eindeutigen Wortlaut der Nr 3 lit a) nicht der Fall.

54 Soweit es sich um ein **inländisches,** zur Aufstellung eines KA verpflichtetes **Mutterunternehmen** handelt, ist dessen Offenlegung im BAnz ohnehin nach § 325 vorgeschrieben. Dh es ergibt insofern aus Nr 3 lit a) keine zusätzliche Verpflichtung, sondern wird dadurch lediglich klargestellt, dass die Befreiungswirkung erst eintreten kann, wenn der KA offen gelegt wurde (glA *Reiner* in MünchKomm HGB³ §§ 264a–c Anm 14).

55 Fraglich ist aber, wie zu verfahren ist, wenn für den befreienden KA **keine Einreichung** zum BAnz gesetzlich **vorgeschrieben** ist, wie dies bei einem freiwilligen KA eines deutschen MU, dem KA eines MU mit Sitz in einem anderen EU-Mitgliedsstaat bzw einem EWR-Vertragsstaat sowie dem KA eines phG, der kein MU ist, der Fall ist (zur Eignung als befreiende KA s Anm 22f bzw 24f).

Entscheidend für die Befreiung ist, dass den **Adressaten** des JA der KapCoGes der **befreiende Konzernabschluss zugänglich** gemacht wird.

Bislang wurde dies durch Nr 3 aF gewährleistet, wonach das den KA aufstellende MU bzw der phG diesen zusammen mit weiteren Unterlagen zum HR am Sitz der die Befreiung in Anspruch nehmenden KapCoGes einzureichen, dh **physisch**[6] offen zu legen hatte. Dies galt nach hM (6. Aufl Anm 52; ADS⁶ (ErgBd) § 264b HGB Anm 30; *Theile* GmbHR 2000, 218) auch für den Fall, dass eine Offenlegung des befreienden KA entfiel, zB weil ein freiwilliger KA aufgestellt wurde oder das maßgebliche Recht bei ausländischen KA eine Offenlegung nicht vorsah. Die Einreichungspflicht nach Nr 3 aF ging dabei über die

Anforderungen hinaus, die die 4. EG-Richtl an die Befreiung von KapCoGes stellt. Sie wurde aber bei Einfügung des § 264b im Zuge des KapCoRiLiG im Interesse der Einheitlichkeit des nationalen Rechts ausdrücklich für erforderlich gehalten (s Begr RegE KapCoRiLiG BR-Drs 459/99, 35). Die Aufhebung dieser zusätzlichen Einreichungspflicht nach Nr 3 aF durch die KapCoGes anlässlich der Umstellung auf die elektronische Offenlegung wurde mit der erleichterten Verfügbarkeit dieser Unterlagen durch die elektronische Offenlegung begründet (BT-Drs 60/960, 48).

Aufgrund der Änderungen durch das EHUG ist der befreiende KA den Adressaten **nunmehr,** um den Anforderungen des Nr 3 lit a) zu genügen, in **elektronischer Form** zugänglich zu machen. Dazu ist es möglich, dass der befreiende KA freiwillig vom MU im BAnz veröffentlicht wird. Insb bei MU aus anderen EU-/EWR-Staaten wird dies häufig ohnehin erfolgen, weil die KapCoGes durch den übergeordneten KA zugleich gem § 291 bzw § 292 iVm §§ 1 bis 3 KonBefrV von ihrer Konzernrechnungslegungspflicht befreit werden soll (s dazu auch Anm 90 ff). Ebenso wie nach bisherigem Recht kann die formal dem MU obliegende Pflicht, sofern keine Offenlegungspflicht nach § 325 besteht, von der KapCoGes erfüllt werden (6. Aufl Anm 50; glA *WPH*[13] I, F Anm 60). Die KapCoGes kann den KA aber auch gemeinsam mit der Hinweisbekanntmachung nach Nr 3 lit b) (dazu s Anm 61) veröffentlichen.

Mangels einer ausdrücklichen Regelung, dass der für Zwecke des § 264b befreiende KA nach den für den entfallenden JA maßgeblichen Vorschriften und damit nach § 325 ebenfalls im (deutschen) BAnz offen zu legen ist, muss die **Offenlegung** auch **nicht zwingend im Inland** erfolgen. Dies betrifft insb die KA von MU in einem anderen EU-Land bzw EWR-Vertragsstaat, vorausgesetzt, die KapCoGes soll nicht zugleich nach § 291 bzw § 292 iVm §§ 1–3 KonBefrV befreit werden. Für Zwecke der Nr 3 lit a) ist auch in diesen Fällen allein **entscheidend,** dass der befreiende KA den deutschen Adressaten auf elektronischen Weg zugänglich ist. Ob diese **elektronische Verfügbarkeit** in Umsetzung der gleichen europarechtlichen Bestimmungen, auf die auch das EHUG zurückgeht (BT-Drs 16/960, 34 f; dazu *Kaya* KoR 2010, 581 f), durch die jeweiligen nationalen Offenlegungsvorschriften vorgeschrieben wird oder das MU die Unterlagen auf seiner Internetseite den Adressaten zugänglich macht, ist dabei unerheblich. Eine entspr Klarstellung, dass es für den Zweck der Nr 3 lit a) ausreicht, „... *wenn der Konzernabschluss ... nach den für das Mutterunternehmen geltenden Vorschriften offengelegt und elektronisch zugänglich ist ...* " war auch im RefE MicroBilG enthalten, wurde aber ohne erkennbaren Grund nicht in den endgültigen RegE MicroBilG übernommen.

Das LG Bonn (Der Konzern 2011, 126 f) und dem folgend das **Bundesamt für Justiz verlangt** demggü eine **Offenlegung** des befreienden KA **im elektronischen Bundesanzeiger** auch dann, wenn das ausländische MU diese Unterlagen bereits an ihrem Sitz im Ausland offengelegt hat. Das LG Bonn stützt seine aA zum Einen auf Art 57 lit g) 4. EG-Richtl, wonach der befreiende KA *für das TU offen zu legen* ist und zum Anderen auf den Wortlaut der Nr 3a aF. Dabei wird übersehen, dass für die Befreiung von KapCoGes Art 57a 4. EG-Richtl einschlägig ist. Dessen Abs 2 lit b) lässt es bei der Befreiung durch Einbeziehung in den KA eines MU ausreichen, wenn der KA vom MU, dh in dessen Sitzstaat, offengelegt wurde. Eine Offenlegung für das TU in dessen Sitzstaat wird ausdrücklich nicht verlangt. Im Übrigen ist zu berücksichtigen, dass bereits Nr 3a aF über die 4. EG-Richtl hinausgehende Anforderungen an die Befreiung einer KapCoGes gestellt hat (Anm 55), deren Beibehaltung uE ohne Klarstellung durch den Gesetzgeber angesichts der mit dem EHUG vollzogenen grundlegenden Änderung des Offenlegungssystems nicht in Betracht kommt.

Bis zur Klärung der Frage, ob das LG Bonn mit seiner Auslegung der Nr 3a uU Gemeinschaftsrecht verletzt, müssen MU mit Sitz in der EU bzw einem EWR-Vertragsstaat, wenn sie die Festsetzung eines Ordnungsgelds (§ 335 Abs 1; s dort Anm 20 ff) vermeiden wollen, jedoch bis auf Weiteres ihren KA und Konzernlagebericht zusätzlich auch im BAnz veröffentlichen, damit die inländische KapCoGes von den Erleichterungen des § 264b Gebrauch machen darf.

58 Während nach Nr 3 aF – zum Zweck der Anpassung an § 291 Abs 1 S 1 (so BT-Drs 14/2353, 46) – die Unterlagen in deutscher Sprache einzureichen waren (6. Aufl Anm 53), fehlt in den durch das EHUG geänderten Vorschriften eine entspr Bestimmung. Für den befreienden KA von MU mit Sitz im EU- oder EWR-Ausland bzw von ausländischen phG ist daher nach dem eindeutigen Wortlaut der Vorschrift eine **Übersetzung** nicht mehr erforderlich (ebenso IDW PH 9.200.1, Tz 14a).

Nach aA (LG Bonn Der Konzern 2011, 128) soll mit dem Wegfall der Klausel „in deutscher Sprache" durch das EHUG keine inhaltliche Änderung erfolgen, weshalb eine Übersetzung ins Deutsche weiterhin erforderlich sein soll (iE so auch *Weller* in Haufe HGB[32] § 264b Anm 29: deutsche Sprache analog zur Regelung in § 291 Abs 1 S 1). Das Erfordernis der Offenlegung des befreienden KA in der Landessprache der zu befreienden Tochter-KapCoGes ergibt sich nicht aus der 4. EG-Richtl. Nachdem schon eine Offenlegung des befreienden KA eines EU-/EWR-MU im Inland nicht erforderlich ist (s Anm 57), gilt dies erst recht auch für dessen Übersetzung. Die Fortgeltung der Regelung „in deutscher Sprache" ist uE nach Wegfall der Rechtsgrundlage im Zuge des EHUG ohne ein entspr Votum des Gesetzgebers nicht möglich. Zur Vermeidung der Festsetzung eines Ordnungsgelds werden die ausländischen MU bzw die zu befreienden KapCoGes jedoch auch hier bis auf weiteres eine Übersetzung des KA und Konzernlagebericht in die deutsche Sprache vornehmen müssen (s Anm 57).

Eine **Umrechnung** von in Fremdwährung aufgestellten KA ist – ebenso wie bisher (*ADS*[6] (ErgBd) § 264 HGB Anm 74) – **nicht erforderlich** (aA *Thiele/ Sickmann* in Bilanzrecht § 264b Anm 64).

59 Fraglich ist schließlich, ob die **Schutzklausel** des § 313 Abs 3, wonach die Angaben zum KonsKreis und zum Konzernanteilsbesitz gem § 313 Abs 2 Nr 1–4 unterbleiben können, wenn dem MU oder einem seiner TU bei vernünftiger kfm Beurteilung daraus erhebliche Nachteile entstehen können (ausführlich § 313 Anm 219 f), auch auf die Angabe nach Nr 3 lit a) ausgedehnt werden kann. Die Angabe erfordert die *namentliche Bezeichnung (Firma, Sitz)* der KapCoGes (*ADS*[6] (ErgBd) § 264b HGB Anm 34), wodurch eine gleichzeitige Inanspruchnahme der Schutzklausel, für diese Ges zwecklos würde. Deshalb ist es uE zulässig, bei Vorliegen der Voraussetzungen des § 313 Abs 3, dh wenn erhebliche Nachteile für eines der KonzernUnt durch das Bekanntwerden der UntVerbindung zu befürchten sind, die Schutzklausel auch auf die Angaben nach Nr 3 lit a) auszudehnen, ohne dass dadurch die Befreiung nach § 264b entfällt (aA LG Bonn Der Konzern 2010, 435: Angabe nach Nr 3a tritt nicht hinter § 313 Abs 3 zurück). Allerdings ist in diesem Zusammenhang zu beachten, dass die KapCoGes in der mitteilung ihrer Befreiung im BAnz nach Nr 3 lit b) das MU, das den befreienden KA aufstellt, anzugeben hat (dazu Anm 60 ff). Dh eine „Offenlegung" der Beziehungen der KapCoGes zum Konzern des MU lässt sich letztlich nicht vermeiden.

IV. Mitteilung der Befreiung im Bundesanzeiger (Nr 3 lit b)

60 Zu den Befreiungsvoraussetzungen gehört schließlich, dass die **Befreiung** der KapCoGes unter Angabe des MU **im Bundesanzeiger mitgeteilt** wird (Nr 3

lit b)). Sinn und Zweck dieser Vorschrift ist, den Adressaten das Auffinden der Rechnungslegungsunterlagen, die an die Stelle des JA der KapCoGes treten, zu ermöglichen. Aus diesem Grund ist die Mitteilung, auch wenn sie nach dem Wortlaut der Vorschrift nur zu erfolgen hat, wenn der befreiende KA von einem MU der KapCoGes aufgestellt wird, auch dann geboten, wenn der KA von einem phG, der nicht MU ist (s Anm 24), aufgestellt wird.
Zuständig für die Mitteilung sind die **gesetzlichen Vertreter** der KapCoGes (§ 264a Abs 2; s dort Anm 56ff). Die Mitteilung darf aber auch vom MU oder dem phG veröffentlicht werden, wenn sichergestellt ist, dass sie unter Eingabe der Firma der zu befreienden KapCoGes als Suchergebnis im BAnz ausgegeben wird (LG Bonn ZIP 2010, 675).

Die KapCoGes hat in ihrer Mitteilung im BAnz zunächst die **Tatsache** der **61 Befreiung** anzugeben **und** dabei **ausdrücklich** auch die Befreiungsvorschrift des § **264b** zu **nennen**. In welchem Umfang von Befreiungen Gebrauch gemacht werden soll, ist nicht angabepflichtig. Damit das Auffinden des MU bzw phG im UntReg und damit der elektronische Zugriff auf den befreienden KA (Anm 56f) sichergestellt ist, ist das **Mutterunternehmen** bzw der phG in der Mitteilung eindeutig zu bezeichnen (**Nennung** der vollständigen **Firma und Sitz**). Obwohl sich dies nicht unmittelbar aus dem Wortlaut der Nr 3 lit b) ergibt, wird – soweit ersichtlich – in der Verwaltungspraxis (BAJ) die Angabe des **Geschäftsjahrs,** für das von der Befreiung Gebrauch gemacht wird, für erforderlich gehalten. Dafür spricht, dass bei KapCoGes, anders als bei KapGes, bei denen der Zustimmungsbeschluss der Gester nach § 264 Abs 3 Nr 1 (s dort Anm 125f) offen zu legen ist, die Adressaten nicht informiert werden, für welches Gj von der Befreiung Gebrauch gemacht werden soll, wodurch diesen sonst uU das Auffinden des befreienden KA erschwert wird. Zur Erweiterung der Mitteilung um die Angaben nach § 291 Abs 2 Nr 3 s Anm 93.

Sofern der befreiende KA vom MU bzw phG freiwillig im BAnz offengelegt **62** wird (Anm 56) und dann nicht im UntReg verfügbar ist, muss hierauf in der Mitteilung nach Nr 3 lit b) hingewiesen werden. Ist ein elektronischer Zugriff auf den befreienden KA eines EU-/EWR-MU bzw eines ausländischen phG nicht über den BAnz, sondern nur eine vergleichbare **ausländische Internetplattform** oder die Homepage des MU möglich (zu Zulässigkeit s Anm 57f), müssen diese Fundorte in der Mitteilung ebenfalls eindeutig bezeichnet werden.

Fraglich ist, bis zu welchem **Zeitpunkt** die Mitteilung nach Nr 3 lit b erfolgt **63** sein muss. Soll lediglich von der Offenlegung des JA der KapCoGes abgesehen werden, reicht es aus, wenn die Mitteilung innerhalb der Offenlegungsfrist für den JA gem § 325 Abs 1 S 1 (zwölf Monate nach Ablauf des Gj) erfolgt. Befreit sich die KapCoGes durch ihren eigenen KA (dazu Anm 33), sollte die Mitteilung der Offenlegung des befreienden KA zeitlich unmittelbar nachfolgen.

Sollen dagegen auch inhaltliche Erleichterungen in Anspruch genommen werden, dh zB auf die Aufstellung von Anhang und/oder Lagebericht verzichtet werden, sollte die Mitteilung, da es sich um eine von der KapCoGes selbst zu erfüllende Voraussetzung handelt, bei Aufstellung des JA zumindest beim BAnz veranlasst sein (s auch § 264 Anm 127).

D. Publizitätsgesetz

Nach § 5 Abs 6 PublG sind Unt iSv § 3 Abs 1 PublG **von der Beachtung 70 der besonderen Vorschriften des PublG befreit,** dh sie müssen ebenfalls nur einen JA (Bilanz und GuV) nach den Vorschriften für alle Kfl §§ 242ff aufstellen, wenn sie

– in den KA eines MU iSd § 11 PublG bzw § 290 einbezogen (Anm 73) sind und
– im Übrigen die entspr geltenden Voraussetzungen des § 264 Abs 3 erfüllt (dazu Anm 74 f) sind.

71 Bei Vorliegen der einzelnen Voraussetzungen *sind* die Unt „... von den Anforderungen dieses Gesetzes befreit ...", dh es entfällt sowohl die Beachtung der besonderen Vorschriften für den JA und Lagebericht (§ 5 Abs 1–5 PublG), dessen Prüfung durch den AP (§ 6 PublG) und den AR (§ 7 PublG), seine Feststellung (§ 8 PublG) sowie Offenlegung (§ 9 PublG) als auch – soweit es sich um die MU von Teilkonzernen handelt – die Konzernrechnungslegungspflicht gem §§ 11 ff PublG (glA *ADS*[6] (ErgBd) § 5 PublG Anm 12 ff). Insofern geht der **Befreiungsumfang** nach § 5 Abs 6 über denjenigen der § 264 Abs 3 und 4 für KapGes bzw des § 264b für KapCoGes hinaus, der die Verpflichtung zur Konzernrechnungslegung unberührt lässt (Anm 1).

72 Nachdem PersGes iSd § 264a vom **Geltungsbereich** des PublG ausgenommen sind (§ 3 Abs 1 Nr 1 PublG), erstreckt sich die Befreiungsmöglichkeit des § 5 Abs 6 PublG somit zunächst auf alle **OHG und KG**, deren phG entweder eine natürliche Person oder aber eine weitere PersGes oder sonstige PersGes (zB GbR) mit einer natürlichen Person als phG ist. Zum Kreis der durch § 5 Abs 6 PublG begünstigten Unt gehören formal außerdem auch **Einzelkaufleute, Vereine** mit wirtschaftlichem Geschäftsbetrieb sowie rechtsfähige **Stiftungen** und **Körperschaften oder Anstalten des öffentlichen Rechts**, (§ 3 Abs 1 Nr 3–5 PublG).

Allerdings dürfte es für die zuletzt genannten Unt regelmäßig an der Einbeziehung in den KA eines MU fehlen (*WPH*[14] I, H Anm 31, 37). Hintergrund dafür ist, dass es für Zwecke des § 5 Abs 6 PublG – im Unterschied zu § 264b (Anm 33) – nicht ausreicht, wenn das zu befreiende Unt selbst als MU einen KA aufstellt (so *ADS*[6] (ErgBd) § 5 PublG Anm 10 f), weil es nicht nur auf die Einbeziehung (hier des MU) in den KA eines MU ankommt, sondern außerdem die entspr geltenden Voraussetzungen des § 264 Abs 3 zu beachten sind, namentlich eine Verlustübernahme seitens des MU erforderlich ist (§ 264 Abs 3 Nr 2). Eine Verlustübernahme durch das den befreienden KA aufstellenden MU ggü sich selbst ist indes ausgeschlossen, weil das Vermögen des MU bereits für dessen eigene Verbindlichkeiten haftet (glA *ADS*[6] § 5 PublG Anm 26; *Ischebeck* Beck HdR B 110 Anm 65).

73 Der befreiende KA iSd § 5 Abs 6 PublG kann ausschließlich von *inländischen* **Mutterunternehmen** aufgestellt werden, weil nur diese gem § 11 PublG bzw § 290 zur Konzernrechnungslegung verpflichtet sind (im Einzelnen zu den Voraussetzungen: § 290 Anm 20 ff, 100 ff). Anders als für Tochter-KapGes (s § 264 Anm 116) wurde der Kreis der MU, deren KA Unt iSv § 3 Abs 1 PublG von der Beachtung der besonderen Vorschriften des PublG befreien können, durch das MicroBilG nicht auf EU-MU erweitert (s *Fey* ua BB 2012, 110).

74 Neben der Einbeziehung in den befreienden KA eines MU müssen die **entsprechend geltenden Voraussetzungen** gem § 264 Abs 3 erfüllt sein (dazu auch § 264 Anm 116 ff), dh:

1. Alle Gester, dh phG und ggf Kommanditisten, des Unt müssen der Befreiung für das jeweilige Gj zugestimmt haben und dieser Beschluss muss nach § 9 Abs 1 PublG iVm § 325 offengelegt worden sein (§ 264 Anm 120 ff).
2. Das MU muss zur Verlustübernahme nach § 302 AktG verpflichtet sein oder eine solche Verpflichtung freiwillig übernommen haben. Die Erklärung hierüber muss ebenfalls nach § 9 Abs 1 PublG iVm § 325 offengelegt worden sein (§ 264 Anm 130 ff).

3. Die Befreiung des Unt muss im Anhang des befreienden KA angegeben sein (§ 264 Anm 150 ff).
4. Die Befreiung des Unt muss in dessen BAnz unter Angabe des MU mitgeteilt worden sein (§ 264 Anm 158 ff).

Für das Vorliegen einer Verlustübernahmeverpflichtung seitens des MU (§ 264 **75** Abs 3 Nr 2 iVm § 5 Abs 6 PublG) reicht dessen gesetzliche Haftung als phG der betr OHG, KG (§ 128, § 161 Abs 2) aus, weil der Bestand der Ges durch die Haftung ggü den Gläubigern der PersGes im Ergebnis in gleichwertiger Weise wie bei einem Ausgleich von sonst entstehenden Jahresfehlbeträgen geschützt ist (hM § 264 Anm 134; *ADS*[6] (ErgBd) § 5 PublG Anm 24 f; *WPH*[14] I, H Anm 41). Dafür spricht im Übrigen auch, dass nach dem Wortlaut von Art 57 lit c 4. EG-Richtl, auf den die Regelung in § 264 Abs 3 Nr 2 zurückgeht, das Einstehen des MU für die von dem zu befreienden Unt eingegangenen Verbindlichkeiten und kein Verlustausgleich erforderlich ist. Somit ist die Abgabe einer besonderen Verlustübernahmeerklärung für Zwecke des § 5 Abs 6 PublG nur in den Fällen erforderlich, in denen das den befreienden KA aufstellende MU nicht zugleich phG ist (*WPH*[14] I, H Anm 43).

E. Prüfung

Der **Konzernabschlussprüfer** hat festzustellen, ob für alle KapCoGes, die **80** unter Hinweis auf ihre Befreiung gem § 264b von der Aufstellung eines JA etc nach den für KapGes geltenden Vorschriften Gebrauch gemacht haben, auch die hierfür erforderliche Angabe im Konzernanhang (dazu Anm 50 ff) enthalten ist. Eine inhaltliche Überprüfung, ob sämtliche Befreiungsvoraussetzungen erfüllt werden oder nicht, ist jedoch nicht geboten, weil die Ordnungsmäßigkeit des KA hiervon nicht beeinträchtigt wird (so IDW PH 9.200.1, Tz 15; *ADS*[6] (ErgBd) § 264b HGB Anm 81).

Sofern der KonzernAP jedoch positive Erkenntnisse darüber hat, dass die Voraussetzungen für eine Befreiung nach § 264b nicht gegeben sind, weil die betr KapCoGes nicht im Wege der VollKons gem §§ 300 ff in den (befreienden) KA einbezogen ist (dazu Anm 33 ff), hat er darüber im Konzernprüfungsbericht separat im Anschluss an das Prüfungsergebnis zu berichten und den BVm wegen der falschen Anhangangabe einzuschränken (IDW PS 400, Tz 54 f; aA *Giese/Rabenhorst/Schindler* BB 2001, 517: Hinweis im Anschluss an das Prüfungsurteil im BVm).

Besonderheiten für den **Bestätigungsvermerk** ergeben sich dann, wenn der **81** für Zwecke des § 264b befreiende konsolidierte Abschluss von einem phG, der nicht MU der KapCoGes ist, aufgestellt wird. Hierbei ist grds danach zu unterscheiden, ob der phG im Übrigen im Verhältnis zu einem dritten Unt als MU qualifiziert, dh grds konzernrechnungslegungspflichtig ist, oder nicht.

Im ersten Fall ist zu beachten, dass der KonsKreis des KA bei der Einbezie- **82** hung eines Nicht-TU (hier der KapCoGes) nicht den gesetzlichen Vorschriften, zB § 290 iVm § 294 Abs 1, entspricht, was – Wesentlichkeit vorausgesetzt – zu einer **Einschränkung** des BVm führt. Außerdem ist zu beachten, dass der KA aufgrund der in ihn übernommenen VG und Schulden sowie der damit korrespondierenden Erträge und Aufwendungen eines Nicht-TU (KapCoGes) idR kein den tatsächlichen Verhältnissen entspr Bild der VFE-Lage des Konzerns vermittelt und insofern ebenfalls eine Einschränkung des BVm uU sogar dessen Versagung geboten ist.

§ 264b 83–92   Jahresabschluß der KapGes (Allgemeine Vorschriften)

Für den BVm kommt folgender Wortlaut in Betracht:

„Meine/Unsere Prüfung hat mit Ausnahme der folgenden Einschränkung zu keinen Einwendungen geführt: In den Konzernabschluss wurden auch Personenhandelsgesellschaften iSd § 264a HGB einbezogen, die nach § 290 HGB kein Tochterunternehmen der Gesellschaft sind. Als Folge hiervon ist in der Konzernbilanz insbesondere der Ausweis der Sachanlagen um ..., der Forderungen um ... sowie der Schulden um ... und in der Konzern-Gewinn- und Verlustrechnung insbesondere der Ausweis der Umsatzerlöse um ... sowie des Materialaufwands um ..., des Personalaufwands um ... und der Abschreibungen um ... zu hoch.

Mit dieser Einschränkung vermittelt der Konzernabschluss ...".

Die Einschränkung des BVm zum KA steht dessen befreiender Wirkung für Zwecke des § 264b nicht entgegen (Anm 46).

83 Im zweiten Fall, wenn der phG entweder kein MU ist oder zwar als MU qualifiziert, aber wegen Unterschreitens der Größenkriterien des § 293 oder nach § 290 Abs 5 von der Pflicht zur Aufstellung eines KA und Konzernlageberichts befreit ist, handelt es sich bei dem vom phG aufgestellten konsolidierten Abschluss um einen **freiwilligen Gruppenabschluss** (ausführlich dazu *Förschle/Almeling* Sonderbilanzen[4] F Anm 1ff, 29ff). Eine Einschränkung des BVm bzgl der fehlerhaften Abgrenzung des KonsKreises ist in diesem Fall nicht geboten, sofern die Einbeziehung der Nicht-TU (KapCoGes) im Wege der VollKons im Anhang des Gruppenabschlusses erläutert wird.

Wegen Besonderheiten bei einer freiwilligen Prüfung von JA der gem § 264b befreiten KapCoGes s § 264 Anm 170ff sowie *ADS*[6] (ErgBd) § 264 HGB Anm 75ff.

F. Besonderheiten für befreiende Konzernabschlüsse oberer Mutterunternehmen

90 Unabhängig vom Vorliegen der Befreiungsvoraussetzungen nach § 264b ist eine KapCoGes, die MU iSv § 290 ist, zur Aufstellung eines KA und Konzernlageberichts verpflichtet. Diese Pflicht entfällt, wenn der Konzern der KapCoGes die in § 293 genannten Größenkriterien unterschreitet oder die Voraussetzungen des § 290 Abs 5 (nur TU, für die ein Einbeziehungswahlrecht nach § 296 besteht) vorliegen. Ist dies nicht der Fall braucht die KapCoGes keinen KA und Konzernlagebericht aufzustellen, wenn sie gem § 291 bzw § 292 iVm §§ 1–3 KonBefrV in den befreienden KA eines oberen MU einbezogen wird.

91 Ein iSd §§ 291, 292 befreiender KA kann nur von einem (übergeordneten) MU der KapCoGes aufgestellt werden. Damit ist ein **vom persönlich haftenden Gesellschafter**, der *nicht* MU der KapCoGes ist (Anm 24), für Zwecke des § 264b **aufgestellter Konzernabschluss** und Konzernlagebericht **nicht geeignet**, um die KapCoGes-MU gem §§ 291, 292 von seiner originären Konzernrechnungslegungspflicht zu befreien. Umgekehrt kann die KA und Konzernlagebericht eines MU mit Sitz in einem Drittstaat, dh außerhalb der EU bzw des EWR, das KapCoGes-MU zwar grds von der Aufstellung eines KA befreien (§ 292 iVm §§ 1–3 KonBefrV), ist andererseits aber ungeeignet für eine Befreiung nach § 264b (Anm 22).

92 Zu den Voraussetzungen für eine Befreiung von der Pflicht zur Aufstellung eines (Teil-)KA durch den KA eines oberen MU gehört nach § 291 Abs 2 Nr 3 lit a–c, dass folgende **Angaben im Anhang des Jahresabschlusses** des zu befreienden Teilkonzern-MU (KapCoGes) enthalten sind:
– Name und Sitz des MU, das den befreienden KA und Konzernlagebericht aufstellt,
– Hinweis auf die Befreiung von der Verpflichtung, einen KA und Konzernlagebericht aufzustellen und

– Erl der im befreienden KA vom deutschen Recht abw angewandten Bilanzierungs-, Bewertungs- und KonsMethoden.

Wenn die gem § 264b befreite KapCoGes auf die Offenlegung ihres JA verzichtet, können die Voraussetzungen gem § 291 Abs 2 Nr 3 lit a–c nicht erfüllt werden, womit eine Inanspruchnahme der Befreiungsmöglichkeit nach § 291 ausgeschlossen wäre, dh das Teil-Konzern-MU (KapCoGes) müsste einen KA und Konzernlagebericht gem §§ 290ff aufstellen.

Mit Rücksicht auf den Sinn und Zweck der Angabevorschrift, nämlich die Adressaten des entfallenden KA über die Befreiung zu unterrichten (§ 291 Anm 28), erscheint es uE jedoch auch ausreichend, wenn die KapCoGes die **Mitteilung** der **Befreiung** nach **Nr 3 lit b)** im BAnz um den Hinweis auf die Inanspruchnahme des § 291 **ergänzt**. Damit werden dann automatisch auch die Angaben nach § 291 Abs 2 Nr 3 lit a) und b) erfüllt. Wenn die Bilanzierungs-, Bewertungs- und KonsMethoden im befreienden KA vom deutschen Recht abweichen, sind zusätzlich Angaben nach § 291 Abs 2 Nr 3 lit c) aufzunehmen. Letztgenanntes gilt nicht, wenn der befreiende KA nach IFRS aufgestellt wird, weil die IFRS nach ihrer Bekanntmachung in deutscher Sprache im EU-Amtsblatt (Art 3 Abs 4 EU-VO) dem deutschen Recht gleich stehen. Daneben besteht uE die Möglichkeit, die zur Rede stehenden Angaben in den Konzernanhang des isv § 264b befreienden KA des MU aufzunehmen und dort mit der Angabe gem Nr 3 lit a) zu verbinden. Die Angabe von Name und Sitz des MU, das den befreienden KA und Konzernlagebericht aufstellt, ist dann allerdings nicht erforderlich. 93

Ein gem § 291 befreiender KA darf auch von einem MU iSd § 11 PublG aufgestellt werden. In diesem Zusammenhang ist zu beachten, dass ein gem §§ 13ff PublG aufgestellter KA für Zwecke des § 264b bereits dann befreiende Wirkung hat, wenn in ihm das Wahlrecht gem § 13 Abs 3 S 1 PublG nicht in Anspruch genommen wurde (Anm 42). Im Unterschied dazu ist eine Befreiung iSd § 291 nur dann gegeben, wenn zusätzlich auch auf die Anwendung von § 13 Abs 3 S 2 PublG, wonach § 5 Abs 5 PublG auch für den KA gilt, verzichtet wird (§ 13 Abs 3 S 3), nachdem das zu befreiende TU, dh das KapCoGes-MU, diese Erleichterungen für seinen KA nicht in Anspruch nehmen dürfte (glA *Winkeljohann/Schindhelm*, 270 f). 94

G. Rechtsfolgen einer Verletzung des § 264b

Ein direkter Verstoß gegen § 264b ist nicht möglich, da die Vorschrift die KapCoGes lediglich von den ihr gem § 264a obliegenden Pflichten befreit, ohne eigenständige Verpflichtungen zu begründen. Rechtsfolgen (Geldbuße bis € 50000) können sich aber dann ergeben, wenn die gesetzlichen Vertreter der KapCoGes bei Vorliegen der Befreiung gem § 264b bei der Aufstellung des JA den in § 334 Abs 1 Nr 1 lit a) und lit b) iVm § 335b genannten Vorschriften zuwiderhandeln. Sind nicht sämtliche Voraussetzungen für eine Befreiung gem § 264b gegeben, bleibt die Aufstellungspflicht nach § 264a bestehen. Wegen der hier geltenden Sanktionen (§ 264a Anm 65). 100

§ 264c Besondere Bestimmungen für offene Handelsgesellschaften und Kommanditgesellschaften im Sinne des § 264a

(1) ¹Ausleihungen, Forderungen und Verbindlichkeiten gegenüber Gesellschaftern sind in der Regel als solche jeweils gesondert auszuweisen oder im Anhang anzugeben. ²Werden sie unter anderen Posten ausgewiesen, so muss diese Eigenschaft vermerkt werden.

§ 264c Jahresabschluß der KapGes (Allgemeine Vorschriften)

(2) ¹§ 266 Abs. 3 Buchstabe A ist mit der Maßgabe anzuwenden, dass als Eigenkapital die folgenden Posten gesondert auszuweisen sind:
I. Kapitalanteile
II. Rücklagen
III. Gewinnvortrag/Verlustvortrag
IV. Jahresüberschuss/Jahresfehlbetrag.

²Anstelle des Postens „Gezeichnetes Kapital" sind die Kapitalanteile der persönlich haftenden Gesellschafter auszuweisen; sie dürfen auch zusammengefasst ausgewiesen werden. ³Der auf den Kapitalanteil eines persönlich haftenden Gesellschafters für das Geschäftsjahr entfallende Verlust ist von dem Kapitalanteil abzuschreiben. ⁴Soweit der Verlust den Kapitalanteil übersteigt, ist er auf der Aktivseite unter der Bezeichnung „Einzahlungsverpflichtungen persönlich haftender Gesellschafter" unter den Forderungen gesondert auszuweisen, soweit eine Zahlungsverpflichtung besteht. ⁵Besteht keine Zahlungsverpflichtung, so ist der Betrag als „Nicht durch Vermögenseinlagen gedeckter Verlustanteil persönlich haftender Gesellschafter" zu bezeichnen und gemäß § 268 Abs. 3 auszuweisen. ⁶Die Sätze 2 bis 5 sind auf die Einlagen von Kommanditisten entsprechend anzuwenden, wobei diese insgesamt gesondert gegenüber den Kapitalanteilen der persönlich haftenden Gesellschafter auszuweisen sind. ⁷Eine Forderung darf jedoch nur ausgewiesen werden, soweit eine Einzahlungsverpflichtung besteht; dasselbe gilt, wenn ein Kommanditist Gewinnanteile entnimmt, während sein Kapitalanteil durch Verlust unter den Betrag der geleisteten Einlage herabgemindert ist, oder soweit durch die Entnahme der Kapitalanteil unter den bezeichneten Betrag herabgemindert wird. ⁸Als Rücklagen sind nur solche Beträge auszuweisen, die auf Grund einer gesellschaftsrechtlichen Vereinbarung gebildet worden sind. ⁹Im Anhang ist der Betrag der im Handelsregister gemäß § 172 Abs. 1 eingetragenen Einlagen anzugeben, soweit diese nicht geleistet sind.

(3) ¹Das sonstige Vermögen der Gesellschafter (Privatvermögen) darf nicht in die Bilanz und die auf das Privatvermögen entfallenden Aufwendungen und Erträge dürfen nicht in die Gewinn- und Verlustrechnung aufgenommen werden. ²In der Gewinn- und Verlustrechnung darf jedoch nach dem Posten „Jahresüberschuss/Jahresfehlbetrag" ein dem Steuersatz der Komplementärgesellschaft entsprechender Steueraufwand der Gesellschafter offen abgesetzt oder hinzugerechnet werden.

(4) ¹Anteile an Komplementärgesellschaften sind in der Bilanz auf der Aktivseite unter den Posten A.III.1 oder A.III.3 auszuweisen. ²§ 272 Abs. 4 ist mit der Maßgabe anzuwenden, dass für diese Anteile in Höhe des aktivierten Betrags nach dem Posten „Eigenkapital" ein Sonderposten unter der Bezeichnung „Ausgleichsposten für aktivierte eigene Anteile" zu bilden ist.

(5) ¹Macht die Gesellschaft von einem Wahlrecht nach § 266 Absatz 1 Satz 3 oder Satz 4 Gebrauch, richtet sich die Gliederung der verkürzten Bilanz nach der Ausübung dieses Wahlrechts. ²Die Ermittlung der Bilanzposten nach den vorstehenden Absätzen bleibt unberührt.

Übersicht

	Anm
A. Anwendungsbereich	1
B. Ausweis von Ansprüchen und Verbindlichkeiten gegenüber Gesellschaftern (Abs 1)	5–12
C. Ausweis des Eigenkapitals (Abs 2)	
I. Allgemeines	15, 16

	Anm
II. Ausweis einbezahlter Eigenkapitalteile	
1. Kapitalanteile der persönlich haftenden Gesellschafter	20–26
2. Kapitalanteile der Kommanditisten	30–36
III. Gewinn- und Verlusterfassung	
1. Für die persönlich haftenden Gesellschafter	40–44
2. Für die Kommanditisten	50–53
IV. Anhangangabe zur nicht geleisteten Hafteinlage	60, 61
V. Eigenkapitalausweis im Konzernabschluss	65–67
D. Privatvermögen, fiktiver Steueraufwand (Abs 3)	70–75
E. Anteile an Komplementärgesellschaften (Abs 4)	80–89
F. Verkürzte Bilanz (Abs 5)	90, 91
G. Publizitätsgesetz	95
H. Exkurs: Übergang der Rechnungslegung von Vorschriften für Personenhandelsgesellschaften zu Vorschriften für Kapitalgesellschaften oder bestimmten Personenhandelsgesellschaften	
I. Verbliebener Anwendungsbereich der Abs 4–6	100
II. Wertbeibehaltungswahlrecht für Anlage- und Umlaufvermögen (Abs 2 und 3)	105–108
III. Stetigkeit und Vorjahreszahlen im Übergangsjahr (Abs 4)	129–132
IV. Erleichterung für den Anlagespiegel (Abs 5)	140–144
V. Fehlbetragsangabe für Pensionsrückstellungen (Abs 6)	150–152
VI. Anwendung auf Konzernabschlüsse	160–164

Schrifttum: Siehe § 264a.

A. Anwendungsbereich

Die rechtsformspezifische Vorschrift des § 264c ist von OHG und KG zu beachten, die durch § 264a zur Rechnungslegung nach den Regeln für bestimmte PersGes verpflichtet sind (s dazu § 264a). **1**

Bis auf die Regelungen in Abs 4 dürfte es sich bei den Regelungen um GoB für PersGes handeln, so dass ihre Beachtung auch durch PersGes mit einer natürlichen Person als phG geboten ist. Dies gilt insb für die Regelungen zum Ausweis des EK nach Abs 2 und die Abgrenzung zum Privatvermögen und den entspr Aufwendungen in Abs 3. Die Regelungen in Abs 4 zur Bildung eines Sonderpostens beim Erwerb von Anteilen an der KomplementärGes brauchen von PersGes außerhalb des Anwendungsbereichs des § 264a dagegen nicht beachtet zu werden. Abs 5 regelt Erleichterungen für kleinste und kleine PersGes.

B. Ausweis von Ansprüchen und Verbindlichkeiten gegenüber Gesellschaftern (Abs 1)

Die Regelung entspricht sinngleich der Regelung nach § 42 Abs 3 GmbHG zum gesonderten Ausweis von Ansprüchen und Verbindlichkeiten ggü Gestern der GmbH und bezweckt die Verhältnisse zwischen der Ges und ihren Gestern für die Adressaten des JA transparent zu machen. Sie gilt sowohl für die Ansprüche und Verbindlichkeiten ggü phG (Komplementären) als auch ggü haftungsbeschränkten Gestern (Kommanditisten). Die Höhe der Bet spielt dabei keine Rol- **5** le. Die Verpflichtung zum gesonderten Ausweis besteht auch dann, wenn der Gester nicht am Kapital und Ergebnis der Ges beteiligt ist (wie häufig die typische Komplementär-GmbH).

6   Die Vorschrift ist insofern formal auszulegen, als sie nur Ansprüche oder Verbindlichkeiten ggü Gestern im formalrechtlichen Sinn erfasst. Ansprüche oder Verbindlichkeiten ggü herrschenden Gestern von Gestern der Ges (mittelbare Gester) fallen nicht unter diese Regelung. Hier kann ggf der Sonderausweis ggü „verbundenen Unternehmen" oder „Unternehmen mit denen ein Beteiligungsverhältnis besteht" einschlägig sein.

7   Wird ein Ges-Anteil treuhänderisch gehalten, dürfte es aber dem Sinn der Regelung entsprechen, nicht nur die Forderungen und Verbindlichkeiten ggü dem treuhänderischen Gester, sondern auch solche ggü dem Treugeber in den Sonderausweis einzubeziehen (ebenso ADS[6] § 42 GmbHG Anm 41).

8   **Stille Gesellschafter** sind als solche nicht Gester der Ges. Dies gilt auch, wenn der stille Gester einem Kommanditisten vergleichbare Rechte oder sogar noch weitergehende Mitwirkungsrechte innehat. Zu einem gesonderten Ausweis iSd Vorschrift kann es daher nur kommen, wenn der stille Gester zugleich auch Gester (Komplementär oder Kommanditist) der Ges ist (ebenso ADS[6] § 42 GmbHG, Anm 37).

9   Das Gesetz gestattet für die Kenntlichmachung der Forderungen und Verbindlichkeiten ggü Gestern zwei verschiedene Methoden. Die eine Methode besteht darin, gesonderte Posten in der Bilanz auszuweisen: Ausleihungen an Gester, Forderungen gegen Gester bzw Verbindlichkeiten ggü Gestern. Durch einen davon-Vermerk ist zudem jeweils kenntlich zu machen, welche Beträge Gester betreffen, die als verbundenes Unt oder als Unt, mit denen ein BetVerhältnis besteht, zu qualifizieren sind. Die Qualifizierung als verbundenes Unt geht dabei der Qualifizierung als Unt, mit dem ein BetVerhältnis besteht, vor.

10 Die andere zulässige Methode besteht darin, im Anhang die Beträge der Ausleihungen, Forderungen und Verbindlichkeiten ggü Gestern anzugeben. In der Bilanz muss dann allerdings bei jedem Posten, der Ausleihungen, Forderungen oder Verbindlichkeiten ggü Gestern enthält, ein entspr davon-Vermerk gemacht werden. Statt eines davon-Vermerks in der Bilanz ist es auch zulässig, bei der Erl des jeweiligen Bilanzpostens im Anhang anzugeben, inwieweit der Posten Ausleihungen, Forderungen bzw Verbindlichkeiten ggü Gestern enthält oder im Rahmen der Anhangangabe zur Höhe der Ausleihungen, Forderungen bzw Verbindlichkeiten ggü Gestern zu vermerken, in welchen Bilanzposten welche Beträge enthalten sind.

11 Bei beiden Methoden ist zu beachten, dass der Sonderausweis für die Forderung auf eingeforderte Einlagen nach § 272 Abs 1 S 3, sowie die „Einzahlungsverpflichtungen persönlich haftender Gesellschafter/von Kommanditisten" nach § 264c Abs 2 S 4 davon nicht berührt werden. Diese Sonderausweise gehen der Regelung in Abs 1 vor.

12 Die Pflicht zur Kennzeichnung der Ausleihungen, Forderungen und Verbindlichkeiten ggü Gestern entfällt für kleine bzw kleinste OHG und KG iSd § 267 Abs 1 bzw § 267a (s Anm 90, 91).

C. Ausweis des Eigenkapitals (Abs 2)

I. Allgemeines

15 Die Vorschrift regelt die Gliederung des EK für OHG und für KG und substituiert insoweit die Gliederungsregelung des § 266 Abs 3. Für den EK-Ausweis

sind des Weiteren die Regelung zur Aufstellung der Bilanz unter Berücksichtigung der teilweisen oder vollständigen Ergebnisverwendung (§ 268 Abs 1), die Regelungen zum Ausweis noch ausstehender Einlagen nach § 272 Abs 1 sinngemäß, sowie die Regelungen des Ges-Vertrags zu beachten. Enthält der Ges-Vertrag keine oder nicht abschließende Regelungen sind für die OHG die Regelungen in §§ 120–122 zur Gewinnverteilung und Entnahme und für KG die entspr Regelungen in §§ 167–169 sowie § 172 Abs 4 zu beachten.

Für die Abgrenzung zwischen EK und FK bei OHG und KG gelten die dazu **16** entwickelten Regeln unverändert (s dazu § 247 Anm 160; zur EK-Problematik bei PersGes nach IFRS s § 247 Anm 165).

II. Ausweis einbezahlter Eigenkapitalteile

1. Kapitalanteile der persönlich haftenden Gesellschafter

Bei der OHG und für die Komplementäre der KG ist die **bedungene Ein-** **20** **lage** im Kapitalanteil auszuweisen. Soweit die bedungene Einlage noch nicht eingezahlt ist, gilt die Regelung des § 272 Abs 1 S 2 und 3 entspr. Danach ist die **ausstehende Einlage,** soweit sie auch noch nicht eingefordert ist, offen auf der Passivseite von den Kapitalanteilen abzusetzen. Die eingeforderten, aber noch nicht eingezahlten Einlagen sind unter den Forderungen gesondert auszuweisen (ebenso *WPH*[14] I, F Anm 350). Bei KapGes wird verlangt, dass der nach der offenen Absetzung verbleibende Betrag als *„Eingefordertes Kapital"* zu bezeichnen ist. Da der Kapitalanteil aber auch Gewinn- und Verlustanteile umfassen kann (s Anm 40), ist es sachgerecht, den Posten als *„Kapitalanteil abzüglich nicht eingeforderter bedungener Einlage"* oä zu bezeichnen (glA *Thiele/Sickmann* in Bilanzrecht § 264c Anm 37).

Die Kapitalanteile der einzelnen Gester der OHG oder bei mehreren Kom- **21** plementären einer KG dürfen gesondert oder zusammengefasst ausgewiesen werden. Negative Kapitalanteile (s dazu Anm 26, 43) dürfen jedoch nicht mit positiven Kapitalanteilen zusammengefasst werden (ebenso IDW RS HFA 7, Tz 44 allerdings nur für unter § 264a fallende PersGes; ebenso *WPH*[14] I, F Anm 353; *ADS*[6] (ErgB) § 264c Anm 22; aA *Bitter/Grasshoff* DB 2000, 835; *Hoffmann* DStR 2000, 841).

Ist in einer OHG zwischen den Gestern vereinbart, dass neben einem Festka- **22** pitalkonto, das die Anteilsverhältnisse der Gester untereinander widerspiegeln soll, weitere Einzahlungen ins EK zu leisten sind, ist es je nach Vereinbarung im Ges-Vertrag zulässig, dass diese zusätzlichen Einzahlungen in der externen Rechnungslegung in die Kapitalanteile einbezogen werden oder aber als Rücklage ausgewiesen werden (zur Verrechnung von Verlusten mit Rücklagen s Anm 42). Eine solche Konstellation könnte bspw auftreten, wenn ein **neuer Gesellschafter in eine bestehende OHG eintritt** und auf Grund vorhandener stiller Reserven und/oder eines GFW seine Einlage höher vereinbart wird, als dem Kapitalkonto entspricht, das für ihn in der Ges eingerichtet wird. Je nach Vereinbarung zwischen den Gestern könnte der übersteigende Betrag der Einlage als Rücklage ausgewiesen werden oder direkt beteiligungsproportional den Kapitalanteilen aller Gester zugeschrieben werden (glA *Thiele/Sickmann* in Bilanzrecht § 264c Anm 55). Für externe Bilanzadressaten ist die Differenzierung zwischen Kapitalanteil und Rücklage allerdings ohne besondere Aussagekraft, da ohne Kenntnis des Ges-Vertrags daraus keine Schlüsse, etwa über die zwischen den Gestern vereinbarte Entnahmefähigkeit, gezogen werden können.

Wird ein **ausscheidender Gesellschafter** auf Grund stiller Reserven und/ **23** oder eines GFW aus der Ges heraus mit einem Betrag abgefunden, der höher ist, als es seinem Kapitalanteil entspricht, dürfen in Höhe des übersteigenden Betrags anteilige stille Reserven in den VG zugeschrieben und ggf ein GFW aktiviert werden (nach IDW RS HFA 7, Tz 59 soll dafür eine Pflicht bestehen). Wird diese Möglichkeit nicht genutzt, ist der Unterschiedsbetrag mit den Kapitalanteilen der verbleibenden Gester oder mit ggf ausgewiesenen Rücklagen zu verrechnen. Eine Berührung der GuV ist nicht erforderlich, da bei OHG, anders als bei KapGes, selbst negative Kapitalanteile auch ohne dass Verluste eingetreten sind, zB durch Entnahme, möglich sind (zur entspr Frage bei Kommanditisten s Anm 35).

24 Tätigt ein phG **Entnahmen,** wodurch sein Kapitalanteil unter die (bisherige) bedungene Einlage absinkt, ist für die Bilanzierung zu differenzieren. Handelt es sich um eine **unzulässige** Entnahme, entsteht eine Forderung der Ges ggü dem Gester, die als eingeforderte Einlage auszuweisen ist. Handelt es sich um eine **zulässige** Entnahme (s zum Entnahmerecht nach § 122 auch Anm 44) und vereinbaren die Gester, dass die bedungene Einlage herabgesetzt sein soll, reduziert die Entnahme den Kapitalanteil des Gesters. Soll die bedungene Einlage nicht als herabgesetzt gelten, ist der entspr Betrag wie eine ausstehende Einlage zu behandeln. Der Betrag ist, soweit er nicht eingefordert ist, nach § 272 Abs 1 S 3 offen von den Kapitalanteilen abzusetzen. Soweit er eingefordert ist, ist er als eingeforderte Einlage gesondert unter den Forderungen ggü Gestern auszuweisen.

25 Erzielt die OHG Kapitalerträge, bei denen der Schuldner der Kapitalerträge verpflichtet ist, KapESt einzubehalten, hat die OHG den Gesamtbetrag (Auszahlungsbetrag zzgl vom Auszahler abgeführter KapESt) als Ertrag in der GuV auszuweisen, der Anspruch gegen das Finanzamt auf Erstattung der KapESt gilt als von den Gestern entnommen (ebenso IDW RS HFA 7, Tz 31). Je nach Vereinbarung der Gester, ob diese Entnahme die bedungene Einlage mindern soll oder nicht, ist entspr Anm 24 zu verfahren.

26 Wird ein Kapitalanteil durch ges-vertraglich **zulässige** Entnahmen, die nicht zur Entstehung einer Forderung ggü dem Gester führen, negativ, ist er als letzter Posten der Aktivseite gesondert auszuweisen. Der Posten könnte die Bezeichnung „*Nicht durch Vermögenseinlagen gedeckte Entnahmen persönlich haftender Gesellschafter*" erhalten. Wenn sowohl auf Grund von Entnahmen als auch auf Grund von Verlusten negative Kapitalanteile vorhanden sind, dürfen diese auch zusammengefasst als „*Nicht durch Vermögenseinlagen gedeckte Verlustanteile und Entnahmen persönlich haftender Gesellschafter*" ausgewiesen werden (ebenso *Ischebeck/Nissen-Schmidt* in HdR[5] § 264c Anm 15; aA IDW RS HFA 7, Tz 52, der einen getrennten Ausweis verlangt).

2. Kapitalanteile der Kommanditisten

30 Bei der KG sind die Kapitalanteile der Kommanditisten gesondert von den Kapitalanteilen der Komplementäre auszuweisen (zu den Kapitalanteilen der Komplementäre siehe Anm 20–26). Die Definition für das gezeichnete Kapital in § 272 Abs 1 S 1, wonach das gezeichnete Kapital der Betrag ist, auf den die Haftung der Gester für die Verbindlichkeiten der Ges ggü den Gläubigern beschränkt ist, ließe es nahe liegend erscheinen, dass als Kapitalanteil der Kommanditisten die Hafteinlage gem §§ 171 Abs 1, 172 Abs 1 auszuweisen ist. Der Wortlaut der Regelung verweist jedoch für den Ausweis der Kapitalanteile der Kommanditisten auf die Regelung für die phG. Dies und die nach Abs 2 S 9 verlangte Anhangangabe über die Differenz zwischen geleisteter Einlage und Hafteinlage nach § 171 Abs 1 (siehe dazu Anm 60) machen deutlich, dass im Kapitalanteil der Kommanditisten die bedungene Einlage (Pflichteinlage) auszuweisen ist (so auch explizit Begr RegE KapCoRiLiG in IDW (Hrsg) Textausgabe KapCoRiLiG, 62; ebenso *WPH*[14] I, F Anm 348; *ADS*[6] (ErgBd) § 264c Anm 16).

Soweit die bedungene Einlage noch nicht eingezahlt ist, gilt die Regelung des   31
§ 272 Abs 1 S 3 entspr (s Anm 20).

Auch bei den Kommanditisten können neben einem Festkapitalkonto, das die   32
Anteilsverhältnisse der Gester untereinander widerspiegeln soll, weitere Einzahlungen vereinbart sein. Je nach den Vereinbarungen im Ges-Vertrag können diese weiteren Einzahlungen als Teil der Kapitalanteile oder aber als Rücklagen ausgewiesen werden. Wenn die Hafteinlage nach § 172 Abs 1 dem vereinbarten Festkapitalkonto entspricht, hat ein Ausweis einer darüber hinaus gehenden bedungenen Einlage innerhalb des Kapitalanteils uE nicht zur Folge, dass diese Bilanzierung als handelsübliche Kundmachung einer höheren Hafteinlage iSd § 172 Abs 2 mit der Folge gedeutet werden könnte, dass sich Gläubiger auf die höhere Einlage berufen könnten und damit auch der übersteigende Betrag zB den Mechanismen des Wiederauflebens der persönlichen Haftung nach § 172 Abs 4 unterliegt. Der Ausweis als Rücklage hindert nicht daran, dass die Beträge im Innenverhältnis der Gester zueinander einzelnen Gestern zugeordnet sind.

Tritt ein neuer Gester in eine bestehende KG ein und zahlt dieser auf Grund   33
stiller Reserven und/oder eines GFW eine Einlage, die den Betrag des auf ihn entfallenden Kapitalkontos übersteigt, besteht je nach Vereinbarung die Möglichkeit, den übersteigenden Betrag entweder beteiligungsproportional den Kapitalanteilen aller Gester zuzuschreiben oder den Betrag in eine Rücklage einzustellen.

Während für die Kapitalanteile explizit geregelt ist, dass diese getrennt für   34
Komplementäre und Kommanditisten auszuweisen sind, ist dies für die Rücklagen nicht vorgeschrieben. Soweit es sich um Rücklagen aus Einlagen handelt, sollte jedoch ebenfalls zwischen den auf die Kommanditisten und die Komplementäre entfallenden Rücklagen differenziert werden.

Wird bei einer KG ein ausscheidender Gester aus der Ges heraus mit einem   35
Betrag abgefunden, der sein Kapitalkonto übersteigt, gelten die Ausführungen zur OHG entspr (s Anm 23). Für die Kommanditisten stellt sich dabei für den Fall, dass der übersteigende Betrag nicht aktiviert, sondern den Kapitalkonten der verbliebenen Gester belastet wird, die Frage, ob diese Minderung ihres Kapitalkontos als eine die Haftung ggf wieder aufleben lassende Entnahme oder lediglich vergleichbar einem Verlustanteil zu werten ist, der lediglich bis zur Wiederauffüllung der bedungenen Einlage eine Gewinnentnahme ohne Wiederaufleben der Haftung hindert.

Bzgl von Entnahmen der Kommanditisten, durch die ihr Kapitalanteil unter   36
die bisher bedungene Einlage absinkt, gelten die Ausführungen zu den Komplementären entspr (s Anm 24–26). Die Auswirkungen derartiger Entnahmen im Verhältnis zur ins HR eingetragenen Hafteinlage sind im Rahmen der Angabe zur verbliebenen persönlichen Haftung der Kommanditisten nach Abs 2 S 9 zu beachten (s Anm 60).

III. Gewinn- und Verlusterfassung

1. Für die persönlich haftenden Gesellschafter

In § 264c Abs 2 S 1 wird für den Ausweis des EK eine Aufgliederung in Kapi-   40
talanteile, Rücklagen, Ergebnisvortrag und Jahresergebnis vorgeschrieben. Der Begriff der Kapitalanteile wird auch in den §§ 120–122 für die OHG verwendet, so dass mit den nach S 1 auszuweisenden Kapitalanteilen die Kapitalanteile gem dieser Vorschriften gemeint sein dürften (ebenso *Hempe* DB 2000, 1293). Nach § 120 Abs 2 ist der einem Gester zukommende Gewinn seinem Kapitalanteil

zuzuschreiben; der auf einen Gester entfallende Verlust ist vom Kapitalanteil abzuschreiben. Diese Regelung findet sich nur bzgl des Verlusts explizit in S 3 wieder. Zumindest der nach S 1 grds vorgesehene Ausweis eines Jahresfehlbetrags oder eines Verlustvortrags ist nach S 3 demnach nicht zulässig (ebenso *WPH*[14] I, F Anm 137f). Aber auch der Ausweis eines Jahresüberschusses, Gewinnvortrags und Rücklagen ist nicht möglich, wenn der in der Bilanz ausgewiesene Kapitalanteil dem Kapitalanteil nach § 120 entsprechen soll. Besteht keine abw Regelung im Ges-Vertrag (s Anm 41), wird das EK einer OHG nur aus dem Posten Kapitalanteile bestehen. Das entspricht einer Bilanzierung nach vollständiger Ergebnisverwendung iSd § 268 Abs 1 (ebenso IDW RS HFA 7, Tz 47; *WPH*[14] I, F Anm 138). Möchte die OHG – wie eine KapGes – die von den Gestern eingezahlten EK-Teile ggü den durch Verluste verminderten oder durch Gewinnthesaurierung erhöhten Teilen der Kapitalanteile kenntlich machen, darf sie dies, indem sie den Posten Kapitalanteile entspr untergliedert. Dies darf in einer Vorspalte der Bilanz oder in einer Erl der Kapitalanteile im Anhang erfolgen. Eine Verpflichtung dazu besteht aber nicht.

41 Nur wenn der Ges-Vertrag von den §§ 120ff abw Regelungen enthält, ist ein Ausweis von Jahresüberschuss, Ergebnisvortrag oder Rücklagen zulässig. Das ist etwa der Fall, wenn der Ges-Vertrag bestimmt, dass über die Verwendung eines Jahresüberschusses in einer GesV Beschluss zu fassen ist und für diese Beschlussfassung mehrere Alternativen (Ausschüttung, Zuweisung zu den Kapitalanteilen, Zuweisung zu einer Rücklage oder Vortrag auf neue Rechnung) bestehen (ebenso *Ischebeck/Nissen-Schmidt* in HdR[5] § 264c Anm 25; *Graf von Kanitz* WPg 2003, 334). Haben während des Gj Entnahmen stattgefunden (zB auf Grund von erzielten, der KapESt unterliegenden Kapitalerträgen der PersGes, s Anm 25) und regelt der GesVertrag, dass die Kapitalkonten aus dem Jahresergebnis in Höhe dieser Entnahmen wieder aufzufüllen sind, wäre, statt eines Jahresüberschusses, ein entspr verminderter Bilanzgewinn auszuweisen, denn nur noch über dessen Verwendung könnte beschlossen werden.

42 Für Verluste ist unabhängig von ges-vertraglichen Regelungen explizit vorgeschrieben, dass sie von den Kapitalanteilen abzuschreiben sind. Werden gesamthänderisch gebundene Rücklagen ausgewiesen, sind Verluste, jedoch zuerst von diesen abzuschreiben, es sei denn, dies widerspräche dem ges-vertraglichen Zweck der Rücklage (ebenso IDW RS HFA 7, Tz 51).

43 Übersteigen die Verluste, die einem Gester zuzurechnen sind, seinen Kapitalanteil, ist entspr § 268 Abs 3 ein Posten am Ende der Aktivseite der Bilanz mit der Bezeichnung *„Nicht durch Vermögenseinlagen gedeckter Verlustanteil persönlich haftender Gesellschafter"* auszuweisen. Nur soweit eine Verpflichtung des Gesters besteht, das negative Kapitalkonto durch eine Einzahlung auszugleichen, ist eine Forderung gesondert als *„Einzahlungsverpflichtungen persönlich haftender Gesellschafter"* auszuweisen. Eine solche Verpflichtung bedürfte jedoch einer gesonderten ges-vertraglichen Regelung und besteht keinesfalls nur deshalb, weil der Gester für die Schulden der Ges persönlich haftet.

44 Bei OHG hat der Gester nach § 122, vorbehaltlich einer abw Regelung im Ges-Vertrag, ein **Entnahmerecht** für 4% seines Kapitalanteils (unabhängig davon, ob ein Gewinn entstanden ist oder nicht) und auf den darüber hinaus auf ihn entfallenden Gewinnanteil. Obwohl der Gester ohne Gester-Beschluss über die Entnahme entscheiden darf, stellt auch dieser entnahmefähige Betrag bis zur Entnahme EK der Ges dar, denn der Betrag bleibt bis dahin Teil des Kapitalanteils des Gesters. Der Betrag bleibt ggü allen Gläubigern der Ges nachrangig. Allenfalls im Innenverhältnis der Gester untereinander mag der nicht entnommene entnehmbare Betrag im Liquidationsfall einen Vorrang vor den anderen Kapitalanteilen haben.

2. Für die Kommanditisten

Für die Erfassung der Gewinne und Verluste, die auf die Kommanditisten entfallen, gelten die Ausführungen zu den phG (Anm 40–43) entspr. Nach § 167 werden auch für den Kommanditisten die Verluste am Kapitalanteil abgeschrieben und Gewinne dem Kapitalanteil zugeschrieben. Für die Gewinnanteile gilt allerdings, dass sie nur solange dem Kapitalanteil gutgeschrieben werden, solange dieser noch nicht den Betrag der bedungenen Einlage erreicht hat. Auf übersteigende Gewinnanteile hat der Kommanditist nach § 169 Abs 1 einen Entnahmeanspruch. Entspr entsteht insoweit zum Ende des Gj eine **Verbindlichkeit** der Ges. Ohne abw Regelung im Ges-Vertrag ist somit auch bei der KG nur eine EK-Darstellung nach vollständiger Ergebnisverwendung iSd § 168 Abs 1 zulässig (ebenso *ADS*[6] (ErgBd) § 264c Anm 24).

Nur wenn der Ges-Vertrag die Gewinnverteilung von einem Gester-Beschluss abhängig macht und dabei mehrere Alternativen bestehen (Ausschüttung, Zuweisung zu Ergebnisvortrag oder Rücklagen), ist eine Bilanzierung des EK unter Ausweis eines Jahresüberschusses oder Bilanzgewinns in der Bilanz zulässig.

Sind auf Grund von Verlusten oder durch Entnahmen (s dazu Anm 26, 36) **Kapitalanteile** von Kommanditisten **negativ**, ist ein Posten „*Nicht durch Vermögenseinlagen gedeckte Verlustanteile/Entnahmen von Kommanditisten*" als letzter Posten auf der Aktivseite auszuweisen. Ein saldierter Ausweis mit eventuell bestehenden positiven Kapitalanteilen anderer Kommanditisten und phG ist nicht zulässig (ebenso *ADS*[6] (ErgBd) § 264c Anm 22). Besteht gleichzeitig auch ein entspr Aktivposten für Komplementäre, müssen beide Posten gesondert ausgewiesen werden.

Bilanziert eine KG Sachverhalte, die bei KapGes gem § 268 Abs 8 zu einer Ausschüttungssperre führen würden, lebt die Haftung der Kommanditisten bei Entnahmen wieder auf, soweit ihr danach verbleibender Kapitalanteil (bilanziell) nur durch derartige Sachverhalte gedeckt ist (§ 172 Abs 4 S 3).

IV. Anhangangabe zur nicht geleisteten Hafteinlage

Mit der Anhangangabe nach § 264c Abs 2 S 9 wird der Betrag offengelegt, mit dem die Kommanditisten noch persönlich für die Schulden der KG haften. Die Angabe kommt dann in Betracht, wenn die bedungene Einlage der Kommanditisten niedriger als die Hafteinlage vereinbart ist. Des Weiteren ist sie geboten, wenn die bedungenen Einlagen noch nicht (vollständig) erbracht sind und die erbrachten Einlagen noch nicht der Hafteinlage entsprechen. In diesem Fall umfasst die Anhangangabe ggf einen Teilbetrag eines bilanzierten Aktivums, wenn die ausstehenden Einlagen als eingeforderte Einlagen unter den Forderungen (§ 272 Abs 1 S 3) ausgewiesen sind (glA *Hüttemann* in Großkomm HGB[4] § 264c Anm 17; *Thiele/Sickmann* in Bilanzrecht § 264c Anm 62; *Reiner* in MünchKomm HGB[3] § 264c Anm 24 aA *WPH*[14] I, F Anm 351: hier wird sich dafür ausgesprochen, den bereits als EK ausgewiesenen Teil nicht in die Anhangangabe einzubeziehen; so auch *ADS*[6] (ErgBd) § 264c Anm 17; *Ischebeck/Nissen-Schmidt* in HdR[5] § 264c Anm 20). Die Anhangangabe soll erkennbar machen, in welchem Umfang der angegebene „*verbliebene persönliche Haftbetrag*" bereits aktiviert bzw als EK ausgewiesen ist (*Graf von Kanitz* WPg 2003, 341 schlägt bspw vor: „Über die aus der Bilanz ersichtlichen ausstehenden Pflichteinlagen von x € hinaus sind Hafteinlagen der Kommanditisten in Höhe von y € noch nicht geleistet."). Schließlich kann eine Angabe dadurch notwendig werden, dass Kommanditisten Entnahmen tätigen, durch die ihre geleistete Einlage unter die Hafteinlage absinkt (s dazu bspw Anm 53).

61 Maßgeblich für die Angabe ist die am Bilanzstichtag im HR eingetragene Hafteinlage. Wird die eingetragene Hafteinlage herabgesetzt, ist die Angabe auf der Grundlage der herabgesetzten Hafteinlage vorzunehmen, wenn diese am Bilanzstichtag in das HR eingetragen ist. Dass ggü Alt-Gläubigern der Ges, deren Ansprüche vor der Eintragung der Herabsetzung der Hafteinlage begründet worden sind, gem § 174 noch die höhere Hafteinlage gilt und somit ggf ein höherer Betrag der verbliebenen persönlichen Haftung der Kommanditisten besteht, als es sich in Bezug auf die herabgesetzte Hafteinlage ergibt, ist nicht angabepflichtig (glA *Thiele/Sickmann* in Bilanzrecht § 264c Anm 63).

V. Eigenkapitalausweis im Konzernabschluss

65 Die Regelung des § 264c Abs 2 gilt uE auch für den KA einer unter § 264a fallenden OHG oder KG. Zwar verweist § 298 Abs 1 (im KA anzuwendende Vorschriften) nicht auf § 264c, doch gehört der § 266 zu den Vorschriften, auf die verwiesen wird. Nach § 264c Abs 2 ist § 266 Abs 3 von KapCoGes mit den dort genannten Abweichungen anzuwenden. Diese Anweisung wirkt uE auch auf den KA (im Ergebnis ebenso *Herrmann* WPg 2001, 281; DRS 7.9).

66 Im (gesetzlichen) Regelfall gilt für die Kapitalanteile der phG im JA, dass Verluste und Gewinne unmittelbar den Kapitalanteilen zu- oder abzuschreiben sind; für die Kommanditisten gilt abw, dass Gewinnanteile unmittelbar zu Verbindlichkeiten der Ges werden, soweit ihre Zuschreibung zum Kapitalanteil zu einem Betrag über der bedungenen Einlage führen würde. Fraglich ist, wie im KA das vom JA abw Ergebnis auszuweisen ist.

67 Die Zuweisung von Gewinnen und Verlusten zu den Kapitalanteilen und ggf zu Verbindlichkeiten (Kommanditisten) beruht auf den für die Ges geltenden ges-vertraglichen Regelungen. UE kommt eine fiktive Zuweisung des Ergebnisses des KA zu den Kapitalanteilen und zu den Verbindlichkeiten nicht in Betracht. Die Kapitalanteile der Gester sind im KA in gleicher Höhe auszuweisen, wie sie auch im JA des MU ausgewiesen werden. Weist der KA ein höheres EK aus als es der Summe der Kapitalanteile im JA des MU entspricht, wird der Differenzbetrag als Gewinnrücklage im KA ausgewiesen. Ist das Konzern-EK auf Grund niedrigerer Konzernergebnisse niedriger als die Summe der Kapitalanteile des MU, muss ein passiver AusglPo im Konzern-EK ausgewiesen werden. Die Bezeichnung dieses Posten könnte bspw „*Ausgleichsposten für gegenüber dem Mutterunternehmen niedrigere Konzernergebnisse*" lauten (ähnlich *Graf von Kanitz* WPg 2003, 344). Die Bezeichnung als „Verlustvortrag" könnte irreführend sein, da der AusglPo nicht auf Verlusten im Konzern beruhen muss, sondern auch auf niedrigere Gewinne zurückzuführen sein kann.

D. Privatvermögen, fiktiver Steueraufwand (Abs 3)

70 Die Regelung in Abs 3 stellt klar, dass als Vermögen der Ges nur das im wirtschaftlichen Eigentum der Ges stehende Vermögen auszuweisen ist. Das Privatvermögen der Gester gehört nicht zum Vermögen der Ges. Das gilt auch für Bestandteile des Privatvermögens des Gesters, die steuerrechtlich als notwendiges Betriebsvermögen einzustufen sind (s hierzu § 246 Anm 58 ff).

71 Entspr sind Erträge und Aufwendungen, die aus dem Privatvermögen der Gester resultieren, ebenfalls nicht bei der Ges zu erfassen. Dies gilt insb auch für die E+E-Steuern (KSt oder ESt), die die Gester auf ihre steuerrechtlichen Gewinne aus der OHG oder KG schulden. Die OHG oder KG ist nur bzgl der GewESt Steuersubjekt und hat daher nur diese als Ertragsteueraufwand zu erfassen.

Um KapCoGes jedoch die Möglichkeit zu eröffnen, ihren Jahresüberschuss 72
mit dem Jahresüberschuss einer KapGes, die als Steueraufwand auch die KSt-
Belastung auszuweisen hat, im Hinblick auf die Steuerbelastung vergleichbar zu
machen, gestattet Abs 3 S 2 nach dem Jahresüberschuss einen dem Steuersatz der
KomplementärGes entspr Steueraufwand der Gester offen abzusetzen oder hinzuzurechnen (*Begr des RegE* in IDW (Hrsg) Textausgabe KapCoRiLiG, 64).

Die Regelung lässt offen, was unter dem Steuersatz der KomplementärGes zu 73
verstehen ist. Fraglich ist, welcher Steuersatz maßgeblich ist, wenn es mehrere
KomplementärGes gibt (OHG), wenn die KomplementärGes eine ausländische
Ges ist oder wenn auch die KomplementärGes ihrerseits GewESt zahlt. Dem
Sinn und Zweck der Regelung nach dürfte völlig unabhängig davon, wer Komplementär ist, der jeweils geltende deutsche KSt-Satz ggf nebst deutschen Ergän-
zungsabgaben (zZt SolZ) gemeint sein, denn nur dieser Steuersatz macht die
OHG oder KG insoweit einer deutschen KapGes vergleichbar. Im Anhang ist
der gewählte Satz anzugeben (*WPH*[14] I, F Anm 612).

Die Regelung enthält auch keine explizite Aussage zur Bemessungsgrundla- 74
ge, auf die der Steuersatz anzuwenden ist. Aus dem Sinn der Regelung heraus
dürfte dies der Betrag sein, der der KSt unterlegen hätte, wenn die OHG oder
KG eine KapGes wäre. Bei der Ermittlung der Bemessungsgrundlage werden
grobe Schätzungen genügen, da es sich ohnehin nur um einen fiktiven Steueraufwand handelt (glA *Ischebeck/Nissen-Schmidt* in HdR[5] § 264c Anm 32; *Thiele/
Sickmann* in Bilanzrecht § 264c Anm 74.1; *Reiner* in MünchKomm HGB[3] § 264c
Anm 29).

Der ermittelte fiktive Steueraufwand ist in einem gesonderten Posten nach 75
dem Jahresüberschuss auszuweisen. Die Bezeichnung des Postens muss erkennen
lassen, dass es sich um einen fiktiven Betrag handelt. Als mögliche Bezeichnung
kommt bspw *„Fiktive Körperschaftsteuerbelastung"* in Betracht. Der sich nach Abzug des Postens ergebende verbleibende Jahresüberschuss könnte als *„Jahresüberschuss nach fiktiver Körperschaftsteuerbelastung"* bezeichnet werden.

E. Anteile an Komplementärgesellschaften (Abs 4)

In Abs 4 S 1 wird geregelt, dass die Anteile, die die OHG oder KG an ihren 80
phG hält, je nach Höhe der Bet, entweder unter den Anteilen an verbundenen
Unt oder unter den Bet im Anlagevermögen auszuweisen sind. Aus der RegBegr
zu dieser Regelung (nicht aus dem Wortlaut des Gesetzes) ergibt sich, dass ein
gesonderter Ausweis verlangt wird (RegBegr in IDW (Hrsg) Textausgabe Kap-
CoRiLiG, 64). Dies darf durch Untergliederung des Postens, durch Davon-
Vermerk oder durch Erl des Postens im Anhang geschehen.

In Höhe der aktivierten Bet an den phG muss die KapCoGes gem Abs 4 S 2 81
nach dem Posten „Eigenkapital" einen Sonderposten mit der Bezeichnung
„Ausgleichsposten für aktivierte eigene Anteile" bilden.

Für die **Bildung** und **Auflösung** dieses Sonderpostens wird auf die Regelung 82
in § 272 Abs 4 verwiesen. Danach ist der Sonderposten bereits bei Aufstellung
der Bilanz zu bilden. Bei KapGes stehen dafür nach § 272 Abs 4 die frei verfügbaren Rücklagen, der Ergebnisvortrag und der Jahresüberschuss zur Verfügung.
Reichen diese Posten nicht aus, muss nach hM ein Bilanzverlust ausgewiesen
werden (s § 272 Anm 302f). Das EK von OHG oder KG besteht jedoch häufig
nur aus den Kapitalanteilen (s Anm 40, 50). Der Sonderposten kann daher in
diesen Fällen nur zu Lasten der Kapitalanteile gebildet werden. Fraglich ist dabei,
wessen Kapitalanteil damit belastet werden soll und welche Folgen sich daraus für
den betroffenen Gester ergeben.

83 Nach der RegBegr sollte durch den Sonderposten eine **Kapitalaufblähung** vermieden werden, die dadurch zustande kommt, dass die OHG oder KG die Einlage ihres Komplementärs bei sich letztlich selbst finanziert (RegBegr in IDW (Hrsg) Textausgabe KapCoRiLiG, 64). Vor diesem Hintergrund ist es nicht verständlich, weshalb die Regelung nicht auch für den Fall einer Bet an einem Kommanditisten gilt, denn auch hierdurch entsteht ggf eine Kapitalaufblähung. UE ist die Regelung daher auch auf Bet an Kommanditisten anzuwenden, soweit die Bet tatsächlich zu einer Kapitalaufblähung führt. Entspr gelten die folgenden Ausführungen auch für Bet der KG an einem Kommanditisten der KG (ebenso *Ischebeck/Nissen-Schmidt* in HdR[5] § 264c Anm 38).

84 Wenn der BetBuchwert an der KomplementärGes tatsächlich nur der anteiligen Einlage der KomplementärGes in die OHG oder KG entspricht, erscheint es nahe liegend, den Sonderposten zu Lasten des Kapitalanteils des Gesters zu bilden, an dem die OHG oder KG die Anteile hält (ebenso *WPH*[14] I, F Anm 427; *Ischebeck/Nissen-Schmidt* in HdR[5] § 264c Anm 35). Dadurch wird dieser Kapitalanteil um die durch die OHG oder KG selbst geleistete Einlage gekürzt und somit der „aufgeblähte" Kapitalanteil korrigiert. Die anderen Gester werden von der Bildung des Sonderpostens nicht tangiert (aA IDW RS HFA 7, Tz 16 der wohl davon ausgeht, dass der Sonderposten anteilig zu Lasten aller Kapitalanteile zu bilden ist).

85 Wenn die KomplementärGes im Erwerbszeitpunkt durch die KapCoGes **nur die Anteile an dieser besitzt,** also ansonsten kein (wesentliches) Vermögen hat, ist der Vorgang eine mittelbare Abfindung des Gesters aus der Ges heraus. Entspr liegt es nahe, den Sonderposten zu Lasten des (anteiligen) Kapitalanteils der KomplementärGes zu bilden. Übersteigen die AK der Anteile an der KomplementärGes den (anteiligen) Kapitalanteil, ist der restliche Sonderposten zu Lasten der Kapitalanteile aller verbleibenden Gester zu bilden. Auch im Falle der unmittelbaren Abfindung des Gesters wird zunächst dessen Kapitalanteil ausgebucht und ggf die übersteigende Abfindung (für stille Reserven und GFW) an den verbleibenden Kapitalanteilen gekürzt (s Anm 23). Soweit die Kürzung die Kapitalanteile der Kommanditisten betrifft und diese dadurch unter den Betrag der Hafteinlage sinken, ist damit insoweit zumindest eine Hinderung der Gewinnentnahme ohne Wiederaufleben der persönlichen Haftung verbunden (s Anm 35).

86 Soweit die KomplementärGes neben den Anteilen an der OHG oder KG **weiteres (wesentliches) Vermögen besitzt,** also die Anteile an der KomplementärGes nicht nur „mittelbare eigene Anteile" darstellen, entspricht es (soweit die Anteile sonstiges Vermögen der KomplementärGes repräsentieren) nicht mehr den in der Regierungsbegr angegebenen Sinn, den Sonderposten zu bilden. Der Wortlaut nimmt allerdings keine entspr Differenzierung vor und erfasst dadurch auch Fälle, die nach dem Sinn der Regelung nicht zu erfassen wären.

87 Zumindest in dem eindeutigen Fall, dass die KomplementärGes **keine Einlage in die OHG oder KG geleistet hat** und auch nicht am Ergebnis der OHG oder KG beteiligt ist, kann uE entgegen dem Wortlaut der Regelung auf die Bildung des Sonderpostens verzichtet werden (ebenso *Ischebeck/Nissen-Schmidt* in HdR[5] § 264c Anm 37; *Reiner* in MünchKomm HGB[3] § 264c Anm 34). Wenn dennoch der Sonderposten im Hinblick auf den Wortlaut gebildet wird, ist er gegen den Kapitalanteil der KomplementärGes, der dadurch in Höhe des Sonderpostens negativ wird und dementspr gesondert am Ende der Aktivseite der Bilanz auszuweisen ist, zu bilden (Zulässigkeit der Bildung zu Lasten eines negativen Kapitalanteils befürwortend *ADS*[6] (ErgBd) § 264c Anm 30). Dadurch wird zumindest verhindert, dass die anderen Gester in ihren Rechten durch die Bildung des (überflüssigen) Sonderpostens beeinträchtigt werden.

88 Werden die Anteile an der KomplementärGes **mittelbar über eine abhängige Gesellschaft** der OHG oder KG gehalten, stellt sich die Frage, ob für die Anteile an der die Anteile an der KomplementärGes haltenden Ges ebenfalls ein Sonderposten zu bilden ist. Nach dem Wortlaut der Regelung ist dies nicht gefordert. Soweit jedoch die Anteile an der Bet tatsächlich mittelbar einen Anteil an einem der Kapitalanteile der OHG oder KG darstellen, ist der Sonderposten entspr zu bilden (ebenso *Reiner* in MünchKomm HGB³ § 264c Anm 33; aA IDW RS HFA 7, Tz 17, danach soll die abhängige Ges den Sonderposten bilden).

89 Gehen die Anteile an der KomplementärGes ab, ist der Sonderposten zugunsten der Kapitalanteile, zu deren Lasten er gebildet wurde, aufzulösen. Dies gilt auch, wenn die Anteile abgeschrieben werden müssen. Im Falle einer nachfolgenden Zuschreibung auf die Anteile ist der Sonderposten wieder zu Lasten der Kapitalanteile aufzustocken.

F. Verkürzte Bilanz (Abs 5)

90 KleinstKapCoGes iSd § 267a brauchen nach § 266 Abs 1 Satz 4 nur die in § 266 Abs 2 und 3 mit Buchstaben bezeichneten Posten in die Bilanz aufzunehmen. Abs 5 regelt, dass KleinstKapCoGes, die von diesem Recht Gebrauch machen, grds auf den gesonderten Ausweis von Forderungen und Verbindlichkeiten ggü Gestern (Abs 1), auf die Aufgliederung des EK und dabei insb auch von dem gesonderten Ausweis der Kapitalanteile der Komplementäre und Kommanditisten (Abs 2) und den gesonderten Ausweis für Anteile an der KomplementärGes absehen können. Die Sonderposten für negative Kapitalkonten zusammengefasst für Komplementäre und Kommanditisten („Nicht durch Vermögenseinlagen gedeckter Verlustanteil von Gestern": Abs 2 S 5) und – weil nicht Unterposten des EK – der „Ausgleichsposten für aktivierte eigene Anteile" (Abs 4 S 2) sind auch in einer verkürzten Bilanz gesondert auszuweisen. Lediglich für den (seltenen) Fall, dass das Unterlassen der gesonderten Ausweise nach Abs 1, 2 oder 4 dazu führt, dass der JA iSd § 264 Abs 2 S 2 kein den tatsächlichen Verhältnissen entspr Bild von der VFE-Lage der Ges vermittelt, muss dies durch Angaben unter der Bilanz geheilt werden.

91 Kleine KapCoGes iSd § 267 Abs 1 brauchen nach § 266 Abs 1 S 3 nur die in § 266 Abs 2 und 3 mit Buchstaben und römischen Ziffern bezeichneten Posten in die Bilanz aufzunehmen. Auch für diesen Fall regelt Abs 5, die Zulässigkeit des Unterlassens der gesonderten Ausweise nach Abs 1, 2 und 4. Es gelten die Ausführungen in Anm 90 entspr. Für das EK ist allerdings die Untergliederung nach Abs 2 S 1 (zusammengefasst für Komplementäre und Kommanditisten) beizubehalten.

G. Publizitätsgesetz

95 In § 5 Abs 1 PublG (anzuwendende Vorschriften) wird nicht auf § 264c sondern auf §§ 266 und 272 verwiesen. Daher dürften die Vorschriften des § 264c für OHG oder KG, die eine natürliche Person als phG haben (reine PersGes) und unter das PublG fallen, nicht verpflichtend sein. Was die **Gliederung des Eigenkapitals** angeht (hier verweist § 5 Abs 1 PublG auf § 266), liegt es allerdings nahe, die Regelungen des § 264c Abs 2 als GoB zu verstehen und für alle

OHG und KG anzuwenden (s Anm 1). Bei der Offenlegung (nicht bei der Aufstellung) des JA darf die reine PersGes gem § 9 Abs 3 PublG das EK in einem Posten „Eigenkapital" zusammenfassen. Eine entspr Erleichterung ist in § 15 PublG für die Offenlegung des KA nicht vorgesehen. Da die Zusammenfassung des EK jedoch dem Schutz der Gester der reinen PersGes dient, ist die Erleichterung für die Offenlegung analog auch auf den KA anzuwenden, wobei allerdings konzernspezifische EK-Posten, wie etwa der AusglPo für Anteile anderer Gester oder erfolgsneutral erfasste Unterschiedsbeträge aus der Währungsumrechnung auch bei der Offenlegung gesondert auszuweisen sind (ebenso *ADS*[6] (ErgBd) § 15 PublG Anm 14 f).

H. Exkurs: Übergang der Rechnungslegung von Vorschriften für Personenhandelsgesellschaften zu Vorschriften für Kapitalgesellschaften oder bestimmten Personenhandelsgesellschaften

Art. 48 EGHGB [Anwendungsregelung]

(1) (...)

(2) (...)

(3) (...)

(4) [1] Ändern sich bei der erstmaligen Anwendung der durch die Artikel 1 und 5 des Kapitalgesellschaften- und Co-Richtlinie-Gesetzes geänderten Vorschriften auf eine Personenhandelsgesellschaft im Sinne des § 264a des Handelsgesetzbuchs die bisherige Form der Darstellung oder die bisher angewandten Bewertungsmethoden, so sind § 252 Abs. 1 Nr. 6, § 265 Abs. 1, § 284 Abs. 2 Nr. 3 des Handelsgesetzbuchs bei der erstmaligen Aufstellung eines Jahresabschlusses nach den geänderten Vorschriften nicht anzuwenden. [2] Außerdem brauchen die Vorjahreszahlen bei der erstmaligen Anwendung nicht angegeben zu werden.

(5) [1] Sind bei der erstmaligen Anwendung des § 268 Abs. 2 des Handelsgesetzbuchs über die Darstellung der Entwicklung des Anlagevermögens die Anschaffungs- oder Herstellungskosten eines Vermögensgegenstandes des Anlagevermögens nicht ohne unverhältnismäßige Kosten oder Verzögerungen feststellbar, so dürfen die Buchwerte dieser Vermögensgegenstände aus dem Jahresabschluss des vorhergehenden Geschäftsjahrs als ursprüngliche Anschaffungs- oder Herstellungskosten übernommen und fortgeführt werden. [2] Satz 1 darf entsprechend auf die Darstellung des Postens „Aufwendungen für die Ingangsetzung und Erweiterung des Geschäftsbetriebs" angewendet werden. [3] Die Anwendung der Sätze 1 und 2 ist im Anhang anzugeben. [4] Die Sätze 1 und 2 sind nicht anzuwenden, soweit aus Gründen des Steuerrechts die Anschaffungs- oder Herstellungskosten ermittelt werden müssen.

(6) Personenhandelsgesellschaften im Sinne des § 264a des Handelsgesetzbuchs haben bei Anwendung des Artikels 28 Abs. 1 die in Artikel 28 Abs. 2 vorgeschriebenen Angaben erstmals für das nach dem 31. Dezember 1999 beginnende Geschäftsjahr zu machen.

I. Verbliebener Anwendungsbereich der Abs 4–6

Die Regelungen des Abs 4–6 betreffen nach ihrem Wortlaut den Übergang für die Bilanzierung von PersGes zu KapCoGes zum Zeitpunkt der Einführung der Regeln für KapCoGes in das HGB (Gj 2000 bzw bei abw Gj 2000/2001). Sie sind uE analog auch zu späteren Zeitpunkten anwendbar, wenn eine reine

PersGes, zB durch Gester-Wechsel, erstmals sachlich in den Anwendungsbereich des § 264a fällt oder, zB durch Formwechsel, zu einer KapGes wird (im Ergebnis ebenso *HFA 1/1996* für den vergleichbaren Fall des Formwechsels von PersGes in KapGes). Sie sind dagegen nicht anzuwenden, wenn eine KapGes durch Formwechsel zu einer KapCoGes wird, denn dadurch ändern sich für die Ges – abgesehen von der Darstellung des EK – die anzuwendenden Bilanzierungsvorschriften nicht.

II. Wertbeibehaltungswahlrecht für Anlage- und Umlaufvermögen (Abs 2 und 3)

Für Übergänge vor Geltung des BilMoG gestatteten diese Regelungen OHG und KG iSd § 264a nach §§ 252–256 (aF) zulässige Wertansätze für das Anlage- und Umlaufvermögen, die am Ende des letzten Gj vor dem Übergang auf die für KapCoGes geltenden Bewertungsvorschriften bilanziert waren (Übergangsstichtag), beizubehalten, auch wenn diese nach den für KapGes geltenden Bewertungsvorschriften an einem künftigen Bilanzstichtag (nicht nur dem ersten Bilanzstichtag nach Übergang auf die für KapCoGes geltenden Vorschriften) zu niedrig sind (s für Übergänge vor Geltung des BilMoG die Kommentierung zu Art 48 EGHGB in der 6. Aufl). 105

Durch das **BilMoG**, das für Gj, die nach dem 31.12.2009 beginnen, erstmals verpflichtend anzuwenden ist, sind alle Unterschiede in Ansatz und Bewertung zwischen PersGes und KapGes bzw KapCoGes beseitigt worden, indem die Vorschriften für die (reinen) PersGes an die Vorschriften für die KapGes angeglichen wurden. Für die für (reine) PersGes nach dem alten Recht zulässigen Unterbewertungen ggü dem nach BilMoG (und dem altem Recht für KapGes) geltenden Regelungen gelten die Übergangsregelungen nach Art 67 Abs 4 EGHGB (s dort). Hat eine (reine) PersGes diese Übergangsregelungen in Anspruch genommen, gelten sie fort, auch wenn die Ges später zur KapCoGes oder KapGes wird. 106

Das Beibehaltungswahlrecht nach Art 67 Abs 4 EGHGB ist eine **Bewertungsmethode** iSd § 284 Abs 2 Nr 1. Wird von dem Wahlrecht Gebrauch gemacht, ist dies in jedem Anhang anzugeben, solange betroffene VG noch vorhanden sind und die Differenz zur regulären Bewertung nicht unwesentlich ist. Wird das Wahlrecht nicht generell angewandt, sondern nur bei Teilen der betroffenen VG, muss der Umfang der Anwendung verdeutlicht werden. 107

Die einzige Änderung in der Bilanzierung zwischen einer (reinen) PerGes und einer KapCoGes oder KapGes kann sich aus der Bilanzierung **latenter Steuern** nach § 274 ergeben. Die sich ggf neu ergebenden latenten Steuerposten sind erfolgswirksam zu erfassen (ebenso IDW RS HFA 41, Tz 29 im Falle des Formwechsels). Kleine KapGes oder KapCoGes iSd § 267 Abs 1 sind nach § 274a Nr. 5 von der Bilanzierung latenter Steuern nach § 274 befreit. Diese dürfen insoweit weiterhin wie (reine) PersGes bilanzieren. 108

III. Stetigkeit und Vorjahreszahlen im Übergangsjahr (Abs 4)

Zur analogen Anwendung der Regelung auf den Fall, dass eine PersGes, zB durch Gester-Wechsel, erstmals in den sachlichen Anwendungsbereich des § 264a fällt, siehe Anm 100. 129

Das Gebot der Bewertungsstetigkeit nach § 252 Abs 1 Nr 6, die entspr Angabepflichten für den Fall einer Änderung von Bilanzierungs- und Bewertungsmethoden nach § 284 Abs 2 Nr 3, das Gebot der Darstellungsstetigkeit nebst Anga- 130

§ 264c   131–141   Jahresabschluß der KapGes (Allgemeine Vorschriften)

bepflichten für den Fall der Durchbrechung der Darstellungsstetigkeit nach § 265 Abs 1 und die Verpflichtung zur Angabe von Vj-Zahlen nach § 265 Abs 2 sind für den ersten JA einer KapCoGes nach dem Recht für KapCoGes suspendiert. Die praktische Bedeutung der Erleichterung im Bereich der Stetigkeit ist allerdings nach Inkrafttreten des BilMoG gering, da beim Übergang von der Bilanzierung einer reinen PersGes zur Bilanzierung einer KapCoGes (bzw KapGes) keine wesentlichen Ansatz und Bewertungsänderungen mehr eintreten (s Anm 105–108) und das neue Recht nur noch (wesentliche) Wahlrechte in Bereichen kennt (Ansatz selbstgeschaffener immaterieller VG des Anlagevermögens und aktive latente Steuern), die ohnehin mit umfangreichen Angaben im Anhang verbunden sind und daher nicht „diskret" vorgenommen werden können.

131   Die Zulässigkeit auf die Angabe von **Vorjahreszahlen** im Übergangsjahr zu verzichten, ist im Hinblick auf die Prüfungs-, aber vor allem die Offenlegungspflicht der Abschlüsse von Bedeutung. Es wird dadurch erreicht, dass es nicht mittelbar über die Verpflichtung zur Angabe von Vj-Zahlen zu einer Offenlegungspflicht für Zahlen zu einem Gj vor erstmaliger Geltung der Regelungen für KapCoGes für die Ges kommt.

132   Gibt die KapCoGes im Übergangsjahr freiwillig Vj-Zahlen an, muss für den Fall, dass diese nicht mit den Zahlen des lfd Gj vergleichbar sind, dies nach § 265 Abs 2 im Anhang angegeben und erläutert werden. Wenn die Vergleichbarkeit der Beträge durch vorgenommene Bewertungsänderungen beeinträchtigt ist, muss darauf hingewiesen werden. Sollte die Beeinträchtigung des JA durch die fehlende Vergleichbarkeit der Beträge so erheblich sein, dass er kein den tatsächlichen Verhältnissen entspr Bild der VFE-Lage mehr vermittelt, sind nach § 264 Abs 2 S 2 zusätzliche Angaben im Anhang erforderlich.

IV. Erleichterung für den Anlagespiegel (Abs 5)

140   Zur analogen Anwendung der Regelung auf den Fall, dass eine PersGes, zB durch Gester-Wechsel, erstmals in den sachlichen Anwendungsbereich des § 264a fällt, siehe Anm 100. Die Regelung darf auch analog angewendet werden, wenn eine nach § 267 Abs 1 *kleine* KapGes oder KapCoGes *mittelgroß* oder *groß* wird und erstmals einen Anlagespiegel aufstellt. Bisher hat man im Fall der KapGes die analoge Anwendung von Art 24 Abs 6 EGHGB befürwortet (vgl *ADS*[6] § 274a, Anm 7). Art 48 Abs 5 EGHGB ist wortgleich zu Art 24 Abs 6 EGHGB, enthält jedoch einen zusätzlichen S 4, der die Anwendung der Regelung untersagt, wenn die AK/HK aus Gründen des Steuerrechts ermittelt werden müssen. Diese Einschränkung wird bei analoger Anwendung der Regelung nicht nur für KapCoGes, sondern auch für KapGes gelten.

141   Die von § 264a erfassten OHG und KG (ausgenommen jene, die bereits bisher nach § 5 PublG zur Anwendung von § 268 Abs 2 verpflichtet waren) sind beim Übergang auf die Regelungen für KapCoGes erstmals verpflichtet, einen Anlagespiegel nach § 268 Abs 2 zu erstellen, es sei denn, sie sind als kleine Ges nach § 274a Nr 1 davon befreit. Für den Anlagespiegel ist es erforderlich, für den gesamten Bestand des Anlagevermögens (einschl bereits vollständig abgeschriebener, aber noch nicht abgegangener Anlagen), die historischen AK/HK und die zwischenzeitlich vorgenommenen Abschreibungen zu ermitteln. Die Regelung des Abs 5 gestattet für die KapCoGes, die erstmals einen derartigen Anlagespiegel aufzustellen haben, für den Fall, dass bei einem VG die Ermittlung der AK/HK mit unverhältnismäßig hohen Kosten oder Verzögerungen verbunden ist, als AK den Buchwert dieses VG aus dem letzten JA vor der erstmaligen Anwendung des § 268 Abs 2 zu verwenden.

Die Anwendung dieser Erleichterung wird in Abs 5 S 4 eingeschränkt. Von 142
der Regelung darf kein Gebrauch gemacht werden, soweit die AK/HK aus
Gründen des Steuerrechts ermittelt werden müssen. Im Hinblick auf das steuerrechtliche Wertaufholungsgebot müssen für jeden (steuerrechtlich) noch nicht
planmäßig auf Null abgeschriebenen VG, die AK/HK (abzgl planmäßiger Abschreibung) vorgehalten werden. Dadurch ist der Anwendungsbereich der Regelung im Grunde auf Anlagevermögen beschränkt, das (steuerrechtlich) bereits
vollständig planmäßig abgeschrieben ist.

Wird von der Erleichterung zunächst Gebrauch gemacht, zu einem späteren 143
Zeitpunkt aber die zutreffenden Zugangswerte ermittelt, dürfen diese nachträglich im Anlagespiegel erfasst werden. Diese nachträglichen Erhöhungen der Zugangswerte und kumulierten Abschreibungen dürfen ohne Berührung der Bewegungsspalten des Anlagespiegels in die Bestandsspalten übernommen werden.
Die Ursache und Höhe dieser Veränderungen im Anlagespiegel sind im Anhang
zu erläutern (§ 284 Abs 2 Nr 3).

Über die Inanspruchnahme der Erleichterung ist im Anhang zu berichten. 144
Obwohl die Auswirkungen dieser Erleichterung den Anlagespiegel so lange berühren, solange das betroffene Anlagevermögen nicht abgegangen ist, genügt im
Hinblick auf den ohnehin geringen Informationswert der Angabe, wenn darüber
im Jahr der erstmaligen Aufstellung des Anlagespiegels berichtet wird (im Ergebnis ebenso *ADS*[6] (ErgBd) Art 48 EGHGB Anm 70).

V. Fehlbetragsangabe für Pensionsrückstellungen (Abs 6)

Zur analogen Anwendung der Regelung auf den Fall, dass eine PersGes, zB 150
durch Gester-Wechsel, erstmals in den sachlichen Anwendungsbereich des
§ 264a fällt, siehe Anm 100.

Wenn OHG oder KG, die erstmals von § 264a erfasst sind, bisher von dem 151
Wahlrecht nach Art 28 Abs 1 EGHGB Gebrauch gemacht haben, für unmittelbare Pensionsverpflichtungen, die vor dem 1.1.1987 begründet wurden, oder für
mittelbare Pensionsverpflichtungen keine Rückstellungen anzusetzen, und dieses
Wahlrecht weiter in Anspruch nehmen, müssen sie nach Abs 6 die entspr Fehlbetragsangabe nach Art 28 Abs 2 EGHGB in den Anhang bzw in den Konzernanhang aufnehmen. Gleiches gilt für die Fehlbetragsangaben nach Art 67 Abs 2
EGHGB (s auch § 249 Anm 260 ff).

Soweit die KapCoGes bisher das Wahlrecht nicht in Anspruch genommen und 152
die entspr Rückstellungen angesetzt hat, ist sie auch anlässlich des Übergangs auf
die Regelungen für KapCoGes nicht berechtigt, nachträglich das Wahlrecht in
Anspruch zu nehmen, denn Rückstellungen dürfen nach § 249 Abs 2 S 2 nur
aufgelöst werden, wenn der Grund dafür entfallen ist.

VI. Anwendung auf Konzernabschlüsse

Zur analogen Anwendung der Regelung auf den Fall, dass eine PersGes, zB 160
durch Gester-Wechsel erstmals in den sachlichen Anwendungsbereich des § 264a
fällt, siehe Anm 100.

Wertansätze einer KapGes oder KapCoGes, die auf den **Wertbeibehaltungs-** 161
wahlrechten nach Art 67 Abs 4 EGHGB beruhen, dürfen auch in deren KA
übernommen werden (ausgenommen die rein steuerlich induzierten Unterbewertungen). Art 67 EGHGB (und auch Art 24 EGHGB) ist eine für die Rechtsform eines in den KA einbezogenen Unt mit Sitz im Geltungsbereich des HGB
geltende Vorschrift iSd § 298 Abs 1.

§ 264d 1 Jahresabschluß der KapGes (Allgemeine Vorschriften)

162 Außerdem sind die Beibehaltungswahlrechte nach Art 67 Abs 4 EGHGB auf den JA des MU anwendbare Bewertungsmethoden isd § 308 Abs 1 (s § 308 Anm 4). Nach § 308 Abs 1 könnte dies grds auch bedeuten, dass diese Beibehaltungswahlrechte im KA der KapCoGes auch auf Wertansätze von VG aus TU in der Rechtsform von KapGes angewandt werden darf. Dies setzt jedoch entweder voraus, dass es zuvor einen KA der OHG oder KG gegeben hat, oder dass die zu übernehmenden VG mit den Buchwerten aus dem JA des TU in den KA zu übernehmen sind (also keine Umbewertungen im Konzern etwa auf Grund aufgedeckter Reserven oder auf Grund einer Zwischenergebniseliminierung bestehen). Nur in diesen Fällen ist als beizubehaltender Wert entweder der letzte Konzernbuchwert in „alter Rechnung" oder ein Wert aus dem letzten JA des TU, der für die Bewertung im KA relevant ist, am Übergangsstichtag vorhanden.

163 Die Regelungen zur **Stetigkeit** und zu den **Vorjahreszahlen** (Abs 4) und zu den Erleichterungen für den **Anlagespiegel** (Abs 5) sind für die Rechtsform der in den KA einbezogenen Unt mit Sitz im Geltungsbereich des HGB geltende Vorschriften isd § 298 Abs 1 und dürfen daher entspr im KA angewandt werden. Insb die Regelungen zur Stetigkeit und zu den Vj-Zahlen (Abs 4) spielen dabei nur dann eine Rolle, wenn die KapCoGes beim Übergang auf die Regeln für KapCoGes nicht erstmals einen (Pflicht-)KA aufstellt. Fraglich ist dabei, ob bei einer Durchbrechung der Bewertungsstetigkeit im KA die Anhangangaben zur Erl der Gründe und der Auswirkungen auf die VFE-Lage des Konzerns nach § 313 Abs 1 Nr 3 entfallen dürfen, wie dies für den JA durch Abs 4 mit Bezug auf § 284 Abs 2 Nr 3 geregelt ist. UE ist die Regelung analog auf den KA anzuwenden. Es wäre kaum verständlich, dass im JA über die Auswirkungen von Bewertungsänderungen nicht berichtet werden muss, während dies im KA zu erfolgen hätte.

164 Die Regelung nach Abs 6 zur **Angabe der Fehlbeträge für Pensionsrückstellungen** nach Art 28 Abs 2 EGHGB gilt auch für den KA einer KapCoGes, denn in Art 28 Abs 2 EGHGB wird der KA explizit genannt. Gleiches gilt für die Fehlbetragsangaben nach Art 67 Abs 2 EGHGB.

§ 264d Kapitalmarktorientierte Kapitalgesellschaft

Eine Kapitalgesellschaft ist kapitalmarktorientiert, wenn sie einen organisierten Markt im Sinn des § 2 Abs. 5 des Wertpapierhandelsgesetzes durch von ihr ausgegebene Wertpapiere im Sinn des § 2 Abs. 1 Satz 1 des Wertpapierhandelsgesetzes in Anspruch nimmt oder die Zulassung solcher Wertpapiere zum Handel an einem organisierten Markt beantragt hat.

Übersicht

	Anm
A. Anwendungsbereich	1
B. Organisierter Markt	2
C. Wertpapiere	3
D. Zu beachtende Vorschriften	4
E. Verwandte Begriffe	5–9

A. Anwendungsbereich

1 Die Regelung betrifft KapGes (AG, GmbH, KGaA, SE) und die ihnen gleichgestellten PersGes nach § 264a (KapCoGes), wenn Wertpapiere (Anm 3) des betr Unt zum Handel in einem organisierten Markt (Anm 2) zugelassen sind oder ein

entspr Zulassungsantrag gestellt ist. Wertpapiere, die von einem TU des betr Unt ausgegeben worden sind, machen das MU selbst nicht zu einem kapmarktUnt iSd § 264d (ebenso *WPH*[14] I, F Anm 27; *PwC* BilMoG Komm, K Anm 54), obwohl einige Regelungen in dieser Konstellation auch auf den KA des MU „abfärben" (s Anm 4 Regelungen zum KA).

Fraglich ist, ob die Regelung streng stichtagsbezogen zu verstehen ist. Der Sinn der Regelung liegt darin, für kapmarktUnt höhere Anforderungen an die Informationspflichten des Unt im Hinblick auf die (konkret beabsichtigte) Nutzung des organisierten Kapitalmarkts zu stellen. Für den Eintritt in die Regelung legt die Vorverlegung durch die Einbeziehung des Zeitpunkts der Antragstellung in das Merkmal kapmarktUnt nahe, dass die Regelung insoweit stichtagsbezogen zu verstehen ist, da zwischen Antragstellung und Zulassung idR nur ein kurzer Zeitraum liegt. Ist daher der Antrag auf Zulassung von Wertpapieren zu einem organisierten Markt (kurz) vor dem Bilanzstichtag gestellt, ist die Ges für die an diesem Bilanzstichtag endende Berichtsperiode ein kapmarktUnt iSd § 264d. Wird der Antrag erst (kurz) nach dem Bilanzstichtag (in der Erstellungsphase des JA/KA) gestellt, würde der Sinn der Regelung durchaus dafür sprechen, dass auch diese Ges bereits den Regeln für kapmarktUnt unterliegt. Im Hinblick auf die umfangreichen Informationspflichten, denen Unt im Rahmen des Zulassungsverfahrens zum organisierten Kapitalmarkt ohnehin unterliegen (Prospekt), erscheint es nicht notwendig, die Informationspflichten, die sich aus dem Merkmal des § 264d ergeben, weiter als es dem Gesetzeswortlaut entspricht, vorzuverlegen. Die Ges unterliegt daher für den vergangenen Berichtszeitraum noch nicht den Regelungen für kapmarktUnt. Scheidet eine Ges während eines Gj aus dem Kreis der kapmarktUnt aus (zB durch Tilgung der bisher am organisierten Markt gehandelten Schuldtitel oder durch sog *Delisting*), brauchen die ergänzenden Bestimmungen für kapmarktUnt bereits für dieses Gj nicht mehr angewandt werden. Die Berichterstattung durch JA/KA und Lagebericht, ist zwar eine Berichterstattung über die vergangene Periode, in der die Ges noch zeitweise kapmarktUnt war, doch liegt die Bedeutung dieser Berichterstattung für den Kapitalmarkt iW darin, den Adressaten Informationsgrundlagen für die Beurteilung der Zukunftsaussichten der Ges zu liefern. Daher genügt nach dem Ausscheiden des Unt aus dem organisierten Kapitalmarkt auch wieder die Berichterstattung, wie sie das Gesetz für nicht kapmarktUnt als ausreichend ansieht. Dies spricht auch dafür, dass eine Ges, die kurz nach dem Bilanzstichtag (im Erstellungszeitraum des JA/KA) aus dem Kreis der kapmarktUnt ausscheidet, für den abgelaufenen Berichtszeitraum bereits nicht mehr die ergänzenden Bestimmungen für kapmarktUnt beachten muss.

PersGes, EKfl oder eG, auch wenn sie einen organisierten Kapitalmarkt mit Schuldverschreibungen in Anspruch nehmen, sind von der Definition nicht erfasst. Allerdings verweisen Regelungen im PublG und GenG (sinngemäß) auf diese Regelung.

B. Organisierter Markt

Ein **organisierter Markt** im Sinn des § 2 Abs 5 WpHG „ist ein im Inland, in einem anderen Mitgliedstaat der EU oder einem anderen Vertragsstaat des EWR (Norwegen, Liechtenstein, Island) betriebenes oder verwaltetes, durch staatliche Stellen genehmigtes, geregeltes und überwachtes mulilaterales System, das die Interessen einer Vielzahl von Personen am Kauf und Verkauf von dort zum Handel zugelassenen Finanzinstrumenten innerhalb des Systems und nach festgelegten Bestimmungen in einer Weise zusammenbringt oder das Zusammenbringen fördert, die zu einem Vertrag über den Kauf dieser Finanzinstrumente führt."

§ 264d 3, 4   Jahresabschluß der KapGes (Allgemeine Vorschriften)

An den deutschen Wertpapierbörsen erfüllen diese Kriterien das Marktsegment des regulierten Markts der Börsen in Frankfurt (General Standard, Prime Standard), Berlin, Düsseldorf, Hamburg, Hannover, München, Stuttgart und die Terminbörse Eurex, nicht hingegen der Freiverkehr (Börse Frankfurt: Entry Standard). Zu den organisierten Kapitalmärkten zählen auch die übrigen geregelten Märkte iSd EU-Wertpapierdienstleistungsrichtl (2004/39/EG). Die Europäische Kommission veröffentlicht jährlich im Amtsblatt der EU ein Verzeichnis aller geregelten Märkte iSd der Richtl 2004/39/EG (http://ec.europa.eu/internal_market/securities/isd/mifid_de.htm).

Ein Unt, das nur einen (organisierten) Kapitalmarkt außerhalb des EU/EWR-Raums (zB US-Börsen, Schweiz, Japan) in Anspruch nimmt, ist nicht kapitalmarktorientiert iSd Regelung (ebenso *Ellerich* in HdR[5] § 264d Anm 8; *WPH*[14] I, F Anm 25; *PwC* BilMoG Komm, K Anm 41).

C. Wertpapiere

3   **Wertpapiere** im Sinn des § 2 Abs 1 Satz 1 des WpHG „sind, auch wenn keine Urkunden über sie ausgestellt sind, alle Gattungen von übertragbaren Wertpapieren mit Ausnahme von Zahlungsinstrumenten, die ihrer Art nach auf den Finanzmärkten handelbar sind, insbesondere
1. Aktien,
2. andere Anteile an in- und ausländischen juristischen Personen, Personengesellschaften und sonstigen Unternehmen, soweit sie Aktien vergleichbar sind, sowie Zertifikate, die Aktien vertreten,
3. Schuldtitel
    a) insbesondere Genussscheine und Inhaberschuldverschreibungen und Orderschuldverschreibungen sowie Zertifikate, die Schuldtitel vertreten,
    b) sonstige Wertpapiere, die zum Erwerb oder zur Veräußerung von Wertpapieren nach den Nr 1 und 2 berechtigen oder zu einer Barzahlung führen, die in Abhängigkeit von Wertpapieren, Währungen, Zinssätzen oder anderen Erträgen, von Waren, Indices oder Messgrößen bestimmt wird."

D. Zu beachtende Vorschriften

4   Die **betroffenen „264d Gesellschaften"** haben folgende Regelungen ergänzend zu beachten:
- **JA und Lagebericht:**
  - § 264 Abs 1 S 2: Falls kein KA aufzustellen ist, muss der JA um eine KFR und einen EK-Spiegel erweitert werden.
  - § 267 Abs 3 S 2: Sie gilt stets als große KapGes. Somit sind ihr alle größenabhängigen Erleichterungen verwehrt.
  - § 286 Abs 3 S 3: Angaben zu Bet dürfen nicht wegen eines dadurch entstehenden erheblichen Nachteils unterbleiben.
  - § 289 Abs 5: Ergänzung des Lageberichts um Beschreibung wesentlicher Merkmale des internen Kontroll- und Risikomanagementsystems im Hinblick auf den Rechnungslegungsprozess.
  - § 325 Abs 4: Frist für Offenlegung des JA etc nur 4 Monate (ausgenommen sind Ges, die nur Schuldtitel mit großer Stückelung ausgegeben haben; § 327a).
  - § 5 Abs 2a PublG: kapitalmarktorientierte Nicht-KapGes haben den JA um einen Anhang zu ergänzen.

Kapitalmarktorientierte Kapitalgesellschaft 5 § 264d

- **KA und Konzernlagebericht:**
  - § 290 Abs 1 S 2: Aufstellungsfrist für KA und Konzernlagebericht beträgt nur 4 Monate (ausgenommen sind Ges, die nur Schuldtitel mit großer Stückelung ausgegeben haben; § 327a).
  - § 291 Abs 3 Nr 1: Sie können die Befreiung von der Aufstellung eines KA durch ein übergeordnetes MU nicht in Anspruch nehmen. Hat das zu befreiende MU die Zulassung nur beantragt, fällt es noch nicht unter die Beschränkung.
  - § 293 Abs 5: Keine größenabhängige Befreiung von der Pflicht zur Aufstellung eines KA. Dies gilt auch, wenn nur ein einzubeziehendes TU des MU kapitalmarktorientiert ist.
  - § 313 Abs 3 S 3: Angaben zu Bet dürfen nicht wegen eines dadurch entstehenden erheblichen Nachteils unterbleiben. Dies gilt auch, wenn nur ein TU des MU kapitalmarktorientiert ist.
  - § 315 Abs 2 Nr 5: Ergänzung des Konzernlageberichts um Beschreibung wesentlicher Merkmale des internen Kontroll- und Risikomanagementsystems im Hinblick auf den Rechnungslegungsprozess. Dies gilt auch, wenn nur ein einzubeziehendes TU des MU kapitalmarktorientiert ist.
  - § 315a: Aufstellung des KA nach IFRS; hat die Ges am Abschlussstichtag *nur* die Zulassung zum Handel an einem *ausländischen* Markt beantragt, ist sie noch nicht verpflichtet, den KA nach IFRS zu erstellen.
  - § 13 Abs 1 S 2 PublG: verkürzte Aufstellungsfrist für KA für bestimmte kapitalmarktorientierte MU.
  - § 13 Abs 3 S 2 PublG: bei Kapitalmarktorientierung ist der KA um eine KFR und einen EK-Spiegel zu ergänzen.
- **Sonstige Bestimmungen:**
  - § 319a Abs 1: Es gelten besondere Ausschlussgründe für AP.
  - § 324: Verpflichtung zur Einrichtung eines Prüfungsausschusses.
  - § 340k Abs 5: Verpflichtung zur Einrichtung eines Prüfungsausschusses bei kapitalmarktorientierten Kreditinstituten, auch wenn nicht KapGes.
  - § 341k Abs 4: entspr Regelung bei VersicherungsUnt.
  - § 342b Abs 2: unterliegen der Prüfung durch die DPR. Allerdings nur bei Zulassung zum Handel am reguliertem Markt an *inländischer* Börse.
  - § 100 Abs 5 AktG: Mind ein unabhängiges Mitglied des AR muss über Sachverstand auf den Gebieten Rechnungslegung oder Abschlussprüfung verfügen.
  - § 107 Abs 4 AktG: Richtet der AR einen Prüfungsausschuss ein, muss mind ein unabhängiges Mitglied über Sachverstand auf den Gebieten Rechnungslegung oder Abschlussprüfung verfügen.
  - § 124 Abs 3 S 2 AktG: Vorschlag des AR zur Wahl des AP muss sich auf Empfehlung des Prüfungsausschusses stützen.
  - § 36 Abs 4 GenG: wie § 100 Abs 5 AktG.
  - § 38 Abs 1a GenG: wie § 107 Abs 4 AktG.

E. Verwandte Begriffe

Neben dem Begriff „kapitalmarktorientierte Kapitalgesellschaft" werden im 5 Gesetz an verschiedener Stelle die „verwandten" Begriffe „börsennotierte AG" (Anm 6) und „börsennotierte Kapitalgesellschaft" (Anm 7) benutzt. Daneben gibt es den „Inlandsemittent" (Anm 8) und „die AG/KGaA/SE die einen organisierten Kapitalmarkt durch Aktien in Anspruch nimmt" (Anm 9).

§ 265 Jahresabschluß der KapGes (Allgemeine Vorschriften)

6   Eine **„börsennotierte AG"** ist nach § 3 Abs 2 AktG, eine AG, „deren Aktien zu einem Markt zugelassen sind, der von staatlich anerkannten Stellen geregelt und überwacht wird, regelmäßig stattfindet und für das Publikum mittelbar oder unmittelbar zugänglich ist." Eine AG, die nur Schuldtitel an einem regulierten Markt ausgegeben hat, ist daher nicht „börsennotiert", wohl aber „kapitalmarktorientiert", wenn dies an einer Börse im EU/EWR-Raum geschehen ist. Eine AG, die Aktien nur an einer überwachten Börse außerhalb des EU/EWR-Raums ausgegeben hat, ist „börsennotiert" aber nicht „kapitalmarktorientiert" iSd § 264d. Die Regelung gilt auch für SE und KGaA (ebenso *Ellerich* in HdR[5] § 264d Anm 11).

Börsennotierte AG/SE haben folgende Regelungen ergänzend zu beachten:
- § 285 Nr 9/ § 314 Abs 1 Nr 6: Die Angaben zu den Vorstandsbezügen sind zu individualisieren. Daneben bestehen erweiterte Angabepflichten.
- § 285 Nr 16/ § 314 Abs 1 Nr 8: Angabe dass die nach § 161 AktG verlangte Erklärung zur Einhaltung des Corporate Governance Kodex abgegeben wurde und wo sie veröffentlicht wurde. Im KA gilt dies für jedes in den KA einbezogene börsennotierte Unt.
- § 289 Abs 2 Nr 5/ § 315 Abs 2 Nr. 4: Darstellung der Grundzüge des Vergütungssystems für die Vorstände im Lagebericht/Konzernlagebericht
- § 289a: Erklärung zur Unternehmensführung. Diese Erklärung haben auch AG abzugeben, „die ausschließlich andere Wertpapiere als Aktien zum Handel an einem organisierten Markt iSd § 2 Abs 5 WpHG ausgegeben haben *und* deren ausgegebene Aktien auf eigene Veranlassung über ein mulitlaterales Handelssystem iSd § 2 Abs 3 Satz 1 Nr 8 WpHG (zB im Freiverkehr; Entrystandard) gehandelt werden.
- § 317 Abs 4: APr um Prüfung des nach § 91 Abs 2 AktG einzurichtenden Überwachungssystems erweitert.

7   **Börsennotierte Kapitalgesellschaften** haben folgende Regelungen ergänzend zu beachten:
- § 285 Nr 10: ergänzende Angaben zu den AR-Mandaten der Organmitglieder
- § 285 Nr 11/ § 313 Abs 2 Nr 4: erweiterte Angabepflichten zu Bet an großen KapGes ab 5% Stimmrechtsanteil. Im KA sind die Angaben auch zu machen, soweit die Bet nur von einem börsennotierten TU gehalten wird.

8   KapGes, die **Inlandsemittent** iSd § 2 Abs 7 WpHG (s hierzu § 264 Anm 66) und keine KapGes iSd § 327a sind (Ges, die regulierten Kapitalmarkt nur mit Schuldtiteln in großer Stückelung in Anspruch nehmen, sind ausgenommen), müssen ergänzend die Regelung nach § 264 Abs 2 S 3/ § 297 Abs 2 S 4 („Bilanzeid") und nach § 289 Abs 1 S 5/ § 315 Abs 1 S 6 („Lageberichtseid") beachten.

9   AG und KGaA (und SE), **die einen organisierten Markt iSd § 2 Abs 7 WpÜG** (deckungsgleich zum organisierten Markt nach § 2 Abs 5 WpHG) **durch von ihnen ausgegebene stimmberechtigte Aktien in Anspruch nehmen**, müssen den Lagebericht nach § 289 Abs 4/ § 315 Abs 4 um verschiedene Angaben zu den bestehenden Aktiengattungen, zu den BetVerhältnissen an der Ges etc, ergänzen.

§ 265 Allgemeine Grundsätze für die Gliederung

(1) [1]Die Form der Darstellung, insbesondere die Gliederung der aufeinanderfolgenden Bilanzen und Gewinn- und Verlustrechnungen, ist beizubehalten, soweit nicht in Ausnahmefällen wegen besonderer Umstände Abweichungen erforderlich sind. [2]Die Abweichungen sind im Anhang anzugeben und zu begründen.

(2) [1]In der Bilanz sowie in der Gewinn- und Verlustrechnung ist zu jedem Posten der entsprechende Betrag des vorhergehenden Geschäftsjahrs anzugeben.

² Sind die Beträge nicht vergleichbar, so ist dies im Anhang anzugeben und zu erläutern. ³ Wird der Vorjahresbetrag angepaßt, so ist auch dies im Anhang anzugeben und zu erläutern.

(3) ¹ Fällt ein Vermögensgegenstand oder eine Schuld unter mehrere Posten der Bilanz, so ist die Mitzugehörigkeit zu anderen Posten bei dem Posten, unter dem der Ausweis erfolgt ist, zu vermerken oder im Anhang anzugeben, wenn dies zur Aufstellung eines klaren und übersichtlichen Jahresabschlusses erforderlich ist.

(4) ¹ Sind mehrere Geschäftszweige vorhanden und bedingt dies die Gliederung des Jahresabschlusses nach verschiedenen Gliederungsvorschriften, so ist der Jahresabschluß nach der für den Geschäftszweig vorgeschriebenen Gliederung aufzustellen und nach der für die anderen Geschäftszweige vorgeschriebenen Gliederung zu ergänzen. ² Die Ergänzung ist im Anhang anzugeben und zu begründen.

(5) ¹ Eine weitere Untergliederung der Posten ist zulässig; dabei ist jedoch die vorgeschriebene Gliederung zu beachten. ² Neue Posten dürfen hinzugefügt werden, wenn ihr Inhalt nicht von einem vorgeschriebenen Posten gedeckt wird.

(6) Gliederung und Bezeichnung der mit arabischen Zahlen versehenen Posten der Bilanz und der Gewinn- und Verlustrechnung sind zu ändern, wenn dies wegen Besonderheiten der Kapitalgesellschaft zur Aufstellung eines klaren und übersichtlichen Jahresabschlusses erforderlich ist.

(7) Die mit arabischen Zahlen versehenen Posten der Bilanz und der Gewinn- und Verlustrechnung können, wenn nicht besondere Formblätter vorgeschrieben sind, zusammengefaßt ausgewiesen werden, wenn

1. sie einen Betrag enthalten, der für die Vermittlung eines den tatsächlichen Verhältnissen entsprechenden Bildes im Sinne des § 264 Abs. 2 nicht erheblich ist, oder
2. dadurch die Klarheit der Darstellung vergrößert wird; in diesem Falle müssen die zusammengefaßten Posten jedoch im Anhang gesondert ausgewiesen werden.

(8) Ein Posten der Bilanz oder der Gewinn- und Verlustrechnung, der keinen Betrag ausweist, braucht nicht aufgeführt zu werden, es sei denn, daß im vorhergehenden Geschäftsjahr unter diesem Posten ein Betrag ausgewiesen wurde.

Übersicht

	Anm
A. Allgemeines	1
B. Grundsatz der formellen Stetigkeit der Jahresabschlüsse einschließlich Lagebericht (Abs 1)	2–4
C. Angabe der Vorjahresbeträge (Abs 2)	5, 6
D. Mehrfache Zuordnung eines Vermögensgegenstandes oder einer Schuld (Abs 3)	7–10
E. Gliederung bei mehreren Geschäftszweigen (Abs 4)	11–13
F. Weitere Untergliederung und neue Posten (Abs 5)	14, 15
G. Abweichende Gliederung und Bezeichnung (Abs 6)	16
H. Zusammenfassung mehrerer Posten (Abs 7)	17
I. Ausweis von Leerposten (Abs 8)	18
J. Geltung für Kaufleute, die nicht Kapitalgesellschaften/KapCoGes sind	19
K. Rechtsfolgen einer Verletzung des § 265	20–22
L. Abweichungen der IFRS	23

§ 265 1, 2 Jahresabschluß der KapGes (Allgemeine Vorschriften)

Schrifttum: *Gessler* in FS Goerdeler, 127 ff; IDW PS 318 Prüfung von Vergleichsangaben über Vorjahre WPg 2001, 909; IDW RS HFA 39, FN-IDW 2012, 31 f; IDW RS HFA 44, FN-IDW 2012, 32 ff; s auch das Schrifttum zu § 266 Abs 1.

A. Allgemeines

1 § 265 enthält **allgemeine Grundsätze für die Gliederung** von JA der KapGes/KapCoGes. Zu beachten ist, dass der Grundsatz der Stetigkeit des Abs 1 für die Form der Darstellung und **analog** insb Abs 8 der Verzicht auf „Fehlanzeigen" auch für den **Anhang** (ebenso *Castan* in Beck HdR B 141 Anm 39) und den **Lagebericht** gelten; s hierzu die Erl zu §§ 284, 289.

Mangels einer gesetzlichen Verpflichtung, überhaupt eine StB aufzustellen, kommt handelsrechtlichen Gliederungsvorschriften für die **Steuerbilanz** keine Wirkung zu.

B. Grundsatz der formellen Stetigkeit der Jahresabschlüsse einschließlich Lagebericht (Abs 1)

2 Die Vorschrift des Abs 1 S 1, „die Form der Darstellung, insbesondere die Gliederung der aufeinanderfolgenden Bilanzen und Gewinn- und Verlustrechnungen" beizubehalten, soll dem Bilanzleser den **Vergleich der Jahresabschlüsse** (und ggf auch mit einer **Eröffnungsbilanz**) im Zeitablauf (innerbetrieblicher Vergleich) erleichtern, und zwar auch hinsichtlich der Veränderungen der VFE-Lage und der Ansatzmethoden (§ 246 Abs 3). Dazu wird zusätzlich zur Stetigkeit der Bewertungsmethoden (§ 252 Abs 1 Nr 6) und der Ansatzmethoden (§ 246 Abs 3) die formelle Stetigkeit gesetzlich vorgeschrieben. Demselben Zweck dient auch die Vorschrift des Abs 8 über den Ausweis von **Leerposten**, s Anm 18. Darüber hinaus erleichtern einheitliche und stetig angewandte Gliederungsvorschriften auch den Vergleich mit JA anderer Unt, wodurch eine Einschätzung der Lage des Unt im Verhältnis zu seinen Wettbewerbern vorgenommen werden kann (zwischenbetrieblicher Vergleich, vgl *Reiner/Haußer* in MünchKomm HGB[3] § 265 Anm 2).

Der Anwendungsbereich des Stetigkeitsgebots wird vom HGB mit dem Oberbegriff „Form der Darstellung" definiert und nur beispielhaft durch „Gliederung der aufeinanderfolgenden Bilanzen und Gewinn- und Verlustrechnungen" konkretisiert. Der Oberbegriff umfasst damit auch Bezeichnung, Inhalt und Reihenfolge der Einzelposten und Bildung von Zwischensummen sowie die Aufteilung der Darstellung zwischen Bilanz oder Erfolgsrechnung und Anhang. Für den Anhang betrifft die Stetigkeit dessen Strukturierung, nicht aber die Einzeldarstellung im Anhang selbst (so auch grds ADS[6] § 265 Anm 3 und 13, weitergehend *Hütten/Lorson* in HdR[5] § 265 Anm 10). Darüber hinaus gilt das Stetigkeitsgebot auch für die Erstellung der KFR, des EK-Spiegels sowie ggf der SegBerE durch Ges iSd § 264d. Bei der Definition des Anwendungsbereichs ist weiterhin zu beachten, dass Abs 1 nur dann einen eigenständigen Regelungsbereich hat, wenn eine Regelung bestimmter Sachverhalte fehlt oder zB Ausweiswahlrechte bestehen.

Dagegen sind die Gliederungsvorschriften der §§ 266, 268 und 275, 277 gesetzlicher Ausdruck des Stetigkeitsgebots, so dass die formelle Stetigkeit der Bilanz und GuV von KapGes/KapCoGes generell gewahrt ist, wenn die gesetzlichen Gliederungsschemata angewandt und andere Sonderposten (zB nach § 42 Abs 2 GmbHG) fortgeführt werden. Da diese Vorschriften den gesetzlichen

Maßstab für *Klarheit* und *Übersichtlichkeit* des JA bilden, sind die durch § 265 geforderten Abweichungen (Abs 4 und 6) und die zugelassenen Abweichungen (Abs 5, 7 und 8) jeweils eng auszulegen.

Die Form der Darstellung muss **geändert** werden, „soweit in Ausnahmefällen wegen besonderer Umstände Abweichungen erforderlich sind". Dann ist die Abweichung in der Darstellungsform zwingend, da nur **erforderliche** Abweichungen in Betracht kommen. **Besondere Umstände** können sowohl aus der bisherigen Form der Darstellung als auch aus sonstigen Entwicklungen im Bereich der KapGes/KapCoGes herrühren. **Beispiele:** Die Beibehaltung der bisherigen Darstellung führt dazu, dass der JA nicht mehr klar und übersichtlich ist (§ 243 Abs 2) oder der Anforderung des § 264 Abs 2 S 1 nicht genügt. Oder: Ein neuer Haupt-Gester wünscht eine Darstellung, die der in seinem Unt angepasst ist (zB den Wechsel vom Gesamtkosten- zum Umsatzkosten-Verfahren der GuV). Oder: durch Ausgliederung des operativen Geschäfts entsteht eine geschäftsleitende Holding. Die **Aufnahme neuer,** bisher nicht vorhandener **Gliederungsposten** oder der getrennte Ausweis bisher zusammengefasster Posten ist **keine Durchbrechung** der formellen Stetigkeit des Abs 1. 3

Eine Änderung der Darstellungsform ist auch dann zulässig, wenn dadurch die Klarheit und Übersichtlichkeit der Darstellung (§ 243 Abs 2) vergrößert wird (s auch DRS 13.22 iVm .8c). Änderungen sind zulässig, wenn die Schwellenwerte nach § 267 unterschritten und damit verbundene Erleichterungen in Anspruch genommen werden; sie sind gesetzlich vorgeschrieben, wenn durch Überschreiten von Schwellenwerten bisher in Anspruch genommene Erleichterungen wegfallen.

Die Pflicht zur **Angabe der Abweichungen im Anhang** (Abs 1 S 2) wird durch eine Bezeichnung der abw ausgewiesenen Bilanzposten zusammen mit hinreichenden **Begründungen** erfüllt. Letztere müssen erkennen lassen, weshalb es erforderlich war, von der bisherigen untbezogenen Darstellungsform der gesetzlichen Gliederungen abzuweichen. Bei einer jetzt für klarer gehaltenen Darstellung ist anzugeben, worin die Verbesserung zu sehen ist; eine pauschale Begr durch Wiedergabe des Gesetzeswortlauts genügt nicht. Nicht gefordert ist die Angabe von Beträgen. Grds sind bei jeder notwendigen (Anm 3) Abweichung vom letzten JA oder einer EB Angabe und Begr im Anhang erforderlich. Jedoch dürfte bei unwesentlichen Abweichungen hierauf verzichtet werden können, da dann auch ohne Erl die Vergleichbarkeit nicht beeinträchtigt ist (ebenso *Hütten/Lorson* in HdR[5] § 265 Anm 25). 4

C. Angabe der Vorjahresbeträge (Abs 2)

Die Angabe der Vj-Beträge soll dem Leser der **Bilanz** und der **GuV** den Vergleich mit den Vj-Angaben erleichtern (ähnlich *Castan* in Beck HdR B 141 Anm 41). Vergleichbar sind auch die Zahlen einer EB mit der folgenden Jahresbilanz, weshalb es sachgerecht erscheint, am Ende des ersten (Rumpf-)Gj nach Gründung die Werte der EB als Vj-Zahlen anzugeben. Die Angabepflicht führt dazu, dass die Vj-Zahlen Bestandteil des JA werden und somit Gegenstand der JAP nach §§ 316ff sind (vgl IDW PS 318, Tz 2). Sie besteht für jeden Posten der Bilanz und GuV, also auch für gesetzlich geforderte oder freiwillige Vermerke sowie für zusätzliche Untergliederungen (so auch IDW RS HFA 39, Tz 1 und *Hütten/Lorson* in HdR[5] § 265 Anm 30; dagegen Angabepflicht nur für im Gliederungsschema vorgeschriebene „davon"-Vermerke: WPH[14] I, F Anm 86). Daher besteht auch bei der Zusammenfassung von Posten und ihrem gesonderten Ausweis im Anhang gem Abs 7 Nr 2 die Pflicht zur Angabe der Vj-Beträge im An- 5 hang (ebenso *ADS*[6] § 265 Anm 28). Zur Rundung der Vj-Beträge wird auf § 243 Anm 64 verwiesen. Maßgebend ist der festgestellte, notfalls – soweit die Feststellung noch nicht erfolgt ist – der aufgestellte Vj-Abschluss (IDW RS HFA 39, Tz 3).

Für den Fall, dass der ausschließlich zahlenmäßige Vergleich eines Postens mit der Vj-Angabe zu einem nicht den tatsächlichen Verhältnissen entspr Bild über die Entwicklung dieses Postens führen würde, sieht das HGB **zwei Wege** vor:

Die in **Satz 2** erwähnte Möglichkeit lässt es genügen, wenn im Anhang auf die Ausweisänderung hingewiesen und erläutert wird, dass und weshalb die Beträge nicht vergleichbar sind, wobei Zahlenangaben nicht gefordert werden. Dies kann zB der Fall sein, wenn sich die tatsächlichen oder rechtlichen Verhältnisse von VG oder Schulden geändert haben und der Ausweis an anderer Stelle erfolgt. *Beispiel:* Verbindlichkeiten ggü Kreditinstituten sind weggefallen, da ein verbundenes Unt diese Schulden übernommen hat und dafür jetzt Verbindlichkeiten ggü verbundene Unt ausgewiesen werden.

Die andere in **Satz 3** normierte Möglichkeit geht von einer Anpassung der Vj-Beträge aus. Jedoch ist zusätzlich ebenfalls eine Angabe und eine **Erläuterung** im Anhang erforderlich, dh insb die Angabe der Gründe für die abw Darstellung.

6 Nach IDW RS HFA 39, Tz 11 besteht bei einem unterschiedlichen Vergleichszeitraum (Rumpfgeschäftsjahr) keine Möglichkeit einer Anpassung nach Abs 2 S 3. Gleichwohl können freiwillig und – entspr gekennzeichnet – neben der Angabe nach Abs 2 zusätzlich angepasste Vergleichszahlen in den JA aufgenommen werden.

Während Rechtsformänderungen die Vergleichbarkeit nicht beeinträchtigen, können UmwVorgänge die Vergleichbarkeit beeinträchtigen. IDW RS HFA 39, Tz 7 f führt hier Vermögenszugänge durch Verschmelzung oder Spaltung bei der aufnehmenden Ges, Vermögensabgänge durch Spaltung bei der übertragenden Ges sowie den Fall des Zugangs ganzer Unt oder Unt-Teile im Rahmen einer KapErhöhung gegen Sacheinlage oder im Wege eines UntKaufs an. Im Hinblick auf die Herstellung der Vergleichbarkeit durch Anhangangaben verweist IDW RS HFA 39, Tz 12 auf IDW RS HFA 44. Hiernach könne die Vergleichbarkeit insb durch die sog Drei-Spalten-Form hergestellt werden, wonach neben den Vj-Zahlen und den Zahlen des aktuellen Gj auch die angepassten Vj-Zahlen angegeben werden. Bei Letzteren sollten sich zB aus der Aufrechnung gegenseitiger Forderungen und Verbindlichkeiten ergebende offensichtliche Aufrechnungseffekte berücksichtigt werden.

D. Mehrfache Zuordnung eines Vermögensgegenstandes oder einer Schuld (Abs 3)

7 Der Grundsatz der **Bilanzklarheit** (§ 243 Abs 2) verlangt den Ausweis der VG und Schulden bei demjenigen Posten der gesetzlichen Gliederungs-Schemata – ggf unternehmensindividuell angepasst (Abs 4, 5 und 6) –, zu dem der einzelne VG bzw die Schuld dem Charakter nach überwiegend gehört. Zur weiteren Verbesserung der Klarheit und Übersichtlichkeit des JA sieht Abs 3 **Satz 1** für bestimmte Fälle eine zusätzliche Vermerk- bzw Angabepflicht vor, wobei ein Wahlrecht zwischen einem **Davon-Vermerk** in der Bilanz oder gleichberechtigt einer **Angabe im Anhang** besteht (ebenso *Hütten/Lorson* in HdR[5] § 265 Anm 51). Auch dieses Wahlrecht unterliegt dem Stetigkeitsgrundsatz des Abs 1; so erfordert zB ein Wechsel vom Bilanzvermerk zur Anhangangabe einen besonderen Grund.

Allgemeine Grundsätze für die Gliederung 8–11 § 265

VG und Schulden lassen sich häufiger mehreren Posten zuordnen. Die Verpflichtung aus Abs 3 S 1 hängt davon ab, ob die Zuordnung zu einem bestimmten Bilanzposten der Bilanzklarheit dient. Erfolgt der Ausweis unter mehreren Posten, ist eine Verpflichtung aus Abs 3 S 1 gegeben, sofern ein mehrfach zuordenbarer VG oder Schuldposten für das Volumen der betr Bilanzposten nicht unerheblich ist. Maßstab ist das materielle Gewicht der entspr Teilbeträge zum Gesamtbetrag jedes der betr Bilanzposten. Ein solcher Fall liegt zB vor, wenn ein FertigungsUnt die gleichen Zwischen-Erzeugnisse einerseits selbst herstellt und andererseits auch bezieht (Kakao-Butter in der Schokoladenindustrie, Einzelteile zur Computer-Herstellung usw) oder aber auch, wenn eine Verbindlichkeit ggü Kreditinstituten durch Hingabe von Wechseln unterlegt ist. 8

Forderungen und Verbindlichkeiten gegen **verbundene Unternehmen** dürfen uE in dem jeweiligen sachbezogenen Bilanzposten (zB Forderungen aus Lfg und Leistungen) ausgewiesen werden, wenn in einem Davon-Vermerk auf die Mitzugehörigkeit zum Posten „Forderungen gegen verbundene Unternehmen" unter Angabe des entspr Teilbetrags hingewiesen wird. Ein sachbezogener Bilanzausweis mit Davon-Vermerk ist uE auch für Forderungen oder Verbindlichkeiten gegen **Beteiligungsunternehmen** zulässig. In der Praxis werden diese Posten jedoch oft nicht aufgegliedert; auch der Inhalt beider Posten (Lieferverkehr, Darlehen ua) wird nur zT im Anhang verbal umschrieben.

Bei einer **GmbH/KapCoGes** ist dieses Ausweis-Wahlrecht für Ausleihungen, Forderungen und Verbindlichkeiten ggü **Gesellschaftern** gem § 264c Abs 1 bzw § 42 Abs 3 GmbHG insofern eingeschränkt, als regelmäßig ein gesonderter Ausweis oder eine Angabe im Anhang erforderlich ist. Für den Ausnahmefall (Ausweis unter einem anderen Posten mit entspr Vermerk) ist im Anhang wegen der Worte „in der Regel" in § 42 Abs 3 GmbHG ein besonderer Grund zu nennen. Im Übrigen wird bei der Erl derjenigen Bilanzposten, deren sachbezogener Inhalt typischerweise auch anderen Bilanzposten zugeordnet werden kann, zugleich die Abgrenzung zu anderen Bilanzposten dargestellt (zB Wertpapiere des Anlagevermögens).

Nach seinem Wortlaut erstreckt sich Abs 3 S 1 im Gegensatz zu allen übrigen Bestimmungen dieses Paragraphen nur auf die **Bilanz** und nicht auch auf die GuV. Trotzdem gibt es ähnliche Fragen des Mitzugehörigkeitsausweises auch in der GuV, insb zwischen Umsatzerlösen und sonstigen betrieblichen Erträgen sowie zwischen Material- oder Personalaufwendungen einerseits und sonstigen betrieblichen Aufwendungen andererseits. Diesbzgl wird auf § 275 Anm 15 ff, verwiesen. In Fällen von erheblicher Auswirkung des Mitzugehörigkeitsausweises bestimmter Teilbeträge zu den Einzelposten der Bilanz oder der GuV muss im **Anhang** der tatsächliche Inhalt der entspr Posten erläutert werden; das gilt auch für den Inhalt der Posten Forderungen/Verbindlichkeiten gegen verbundene Unt und gegen BetUnt (s Anm 8). 9

Eigene Anteile sind zwingend auf der Passivseite vom „Gezeichneten Kapital" abzusetzen (Vj Ausweis ist entspr anzupassen). Ein Ausweis im Umlaufvermögen ist nicht zulässig. Zum Ausweis und zum Umfang s § 272 Anm 130 ff. 10

E. Gliederung bei mehreren Geschäftszweigen (Abs 4)

Abs 4 bezieht sich auf den Fall, dass ein Unt in **mehreren Geschäftszweigen** tätig ist und deshalb dem Grunde nach verschiedene Gliederungen, die an die einzelnen Geschäftszweige anknüpfen, anzuwenden wären. Gliederungsvorschriften iSd Abs 4 sind die gesetzlichen Gliederungen, dh die für alle KapGes/ KapCoGes geltenden Vorschriften der §§ 266, 268 und 275, 277 mit den ergän- 11 zenden Vorschriften der §§ 152 und 158 AktG, § 42 GmbHG sowie die für einzelne Branchen durch RVO vorgeschriebenen Formblätter (Kreditinstitute, VersicherungsUnt, WohnungsUnt sowie Krankenhäuser ua). Die Ermächtigung zum Erlass von RVO, die für KapGes und andere Rechtsformen Formblätter vorschreiben, findet sich nur in § 330. Zur Abgrenzung von Abs 4 zu § 330 s dort Anm 14 f. Durch Landesrecht sind Gliederungen für Versorgungsbetriebe und zT für Verkehrsbetriebe vorgeschrieben (§ 263 Anm 1 ff).

12 Das Vorhandensein mehrerer Geschäftszweige bedingt die Gliederung nach unterschiedlichen Gliederungsvorschriften dann, wenn für mind einen Geschäftszweig andere als die allgemeinen Gliederungsvorschriften des HGB gebräuchlich sind oder wenn neben einem Formblatt-Gliederungsschema das allgemeine Gliederungsschema für den zweiten Geschäftszweig anzuwenden wäre und die Zusammenfassung in einem Gliederungsschema der Anforderung des § 243 Abs 2 (Klarheit) nicht genügt. Im letzten Fall sollte der JA nach der Gliederung des Formblatts erstellt und um die Posten ergänzt werden, die zur Darstellung des anderen Geschäftszweigs erforderlich sind; Abs 4 lässt jedoch auch ein umgekehrtes Vorgehen zu, da das Wort „Geschäftszweig" nicht auf Formblatt-Branchen beschränkt ist (ähnlich § 330 Anm 12 ff). Die ergänzenden Angaben für den anderen Geschäftszweig sind uE auch dann erforderlich, wenn durch die zusätzlichen Posten Klarheit und Übersichtlichkeit des JA beeinträchtigt werden. Denn Ergänzungen nach Abs 4 dürfen nicht zu Lasten der vom HGB zwingend vorgesehenen Information gehen.

Sind bei der Gliederung des JA **mehrere Industrie-Gliederungen** (Abs 6) zu beachten, lässt Abs 4 die Wahl, welchem Geschäftszweig das Haupt-Gliederungsschema entnommen wird, solange die Gliederung nach der einen oder der anderen Vorschrift den Anforderungen an den JA in gleicher Weise gerecht wird. Überwiegt jedoch ein Geschäftszweig über die übrigen Bereiche, ist idR das Gliederungsschema des Hauptgeschäfts als Maßstab anzusehen (so auch *ADS*[6] § 265 Anm 49). Die fehlerhafte Wahl des Hauptschemas führt bei AG gem § 256 Abs 4 AktG aber nur dann zur Nichtigkeit des JA, wenn seine Klarheit und Übersichtlichkeit dadurch **wesentlich** beeinträchtigt sind. Aufgrund der analogen Anwendung des § 256 Abs 4 AktG gilt dies auch für die GmbH (*ADS*[6] § 265 Anm 98; *Gessler* in FS Goerdeler, 140).

13 Die **Angabe- und Begründungspflicht** aus Abs 4 S 2 **im Anhang** wird erfüllt durch die Nennung der miteinander kombinierten Gliederungsschemata sowie der hierdurch bedingten **Ergänzungen** des JA; die **Begründung** sollte sich darauf erstrecken, **warum welches Schema** als Hauptschema gewählt wurde.

F. Weitere Untergliederung und neue Posten (Abs 5)

14 Um den KapGes/KapCoGes zu ermöglichen, durch den JA weitergehende Informationen – als gesetzlich im HGB oder in Formblättern gefordert – zu geben oder um den JA den individuellen Verhältnissen anzupassen, sieht Abs 5 zwei Möglichkeiten vor: Die weitere Untergliederung und die Hinzufügung neuer Posten.

Die **Untergliederung** unter Beachtung der vorgeschriebenen Gliederung umfasst die **Aufgliederung** eines Postens in seine wesentlichen Bestandteile, die **Ausgliederung** einzelner Bestandteile und den **Davon-Vermerk**. Diese Untergliederung ist zweifach begrenzt:

Die Anordnung, dass die vorgeschriebene Gliederung auch bei weiterer Untergliederung einzuhalten ist, soll **verhindern**, dass die vorgeschriebene Gliederung durch weitere Untergliederungen **umgangen** wird. Eine weitere Untergliederung kommt nur in Betracht, wenn das gesetzliche Gliederungsschema selbst keine weiteren Untergliederungen fordert (so auch *ADS*[6] § 265 Anm 60; *Hütten/Lorson* in HdR[5] § 265 Anm 71). Eine zweite Grenze für die Zulässigkeit weiterer Untergliederungen ist die **Klarheit und Übersichtlichkeit** der Bilanz und GuV gem § 243 Abs 2, die zB durch zu viele Untergliederungen unerheblicher Posten beeinträchtigt werden kann. Eine Pflicht zu weiterer Untergliederung besteht aber dann, wenn nur auf diese Weise ein ausreichender Einblick in die VFE-Lage gegeben werden kann (ebenso *ADS*[6] § 265 Anm 53).

Die Zulässigkeit weiterer Untergliederungen erlaubt auch in der Bilanz und der GuV zusätzliche **Davon-Vermerke** bei solchen Posten, bei denen dies im HGB oder in Formblättern nicht vorgesehen ist. Zulässig ist ein solcher Vermerk grds bei jedem einzelnen Posten; im Hinblick auf die erwähnte Klarheit des JA sollte von dieser Möglichkeit jedoch nur dann Gebrauch gemacht werden, wenn dadurch der Einblick in die VFE-Lage verbessert wird. Dies kann zB der Fall sein, wenn bei den sonstigen **Ausleihungen** erhaltene **Sicherheiten** und deren Höhe angegeben werden.

Die **Hinzufügung neuer Posten** zum gesetzlichen Gliederungsschema ist 15 erforderlich, wenn VG oder Schulden, Aufwendungen oder Erträge inhaltlich von gesetzlich vorgesehenen Posten nicht erfasst werden; dies ist bei allen, also nicht nur bei den mit arabischen Zahlen versehenen Posten möglich (so auch *ADS*[6] § 265 Anm 65). Üblich ist zB der gesonderte Ausweis für Schiffe, Flugzeuge, Tankstellenanlagen, Bergwerksgerechtsame, Abraumvorrat, Filmvermögen, selbstgeschaffene immaterielle VG des Anlagevermögens im Entstehen, bei LeasingUnt der gesonderte Ausweis des Leasing-Vermögens und – bei Finanzierung des Leasing-Vermögens durch Verkauf der zukünftigen Leasing-Forderungen – eines passiven RAP „Noch zu erbringende Nutzungsüberlassung". Auch Genussscheine und Gester-Darlehen sollten stets gesondert ausgewiesen werden, statt sie als „Sonstige" zu bilanzieren. Mögliche weitere Bsp für neue Posten sind der Ausweis von Aufwendungen und Erträgen aus Verlustübernahmen und von erhaltenen oder abgeführten Gewinnen nach § 277 Abs 3 S 2 (vgl *Reiner/Haußer* in MünchKomm HGB[3] § 265 Anm 17) sowie der Ansatz eines passiven AusglPo für einen negativen derivativen GFW beim UntKauf, wenn der Verkäufer dem erwerbenden Unt eine Zuzahlung leistet („negativer Kaufpreis") (vgl *Möhrle*, Ökonomische Interpretation und bilanzielle Behandlung eines negativen derivativen Geschäftswertes, DStR 1999, 1419). Allerdings setzt der Grundsatz der Übersichtlichkeit Grenzen (*Castan* in Beck HdR B 141 Anm 16). Eine Erl im Anhang muss uE daher gegeben werden.

Eine **Pflicht** zur Einordnung neuer Posten ist auch dann gegeben, wenn nur so ein sachgerechter Einblick in die VFE-Lage möglich ist, zB bei absolut und relativ wesentlichen Beträgen, wenn deren Ausweis unter einem Posten des gesetzlichen Gliederungsschemas inhaltlich nicht zutreffend wäre (zB nicht abgerechnete Aufträge – statt Vorräte – bei DienstleistungsUnt).

G. Abweichende Gliederung und Bezeichnung (Abs 6)

Die gesetzlichen Schemata der §§ 266 und 275 sind auf Industrie- und Han- 16 delsUnt ausgerichtet. Bei Unt mit branchenspezifischen Besonderheiten sind sie aber nicht geeignet, die Forderung nach Klarheit und Übersichtlichkeit des JA zu erfüllen. Der Anwendungsbereich des Abs 6 ist – auch im Hinblick auf dem Abs 6 vorgehende (weil nicht auf Posten mit arabischen Zahlen beschränkte) Vorschriften über die Gliederung des JA nach Formblättern (Abs 4, Anm 11) –

§ 265 17 Jahresabschluß der KapGes (Allgemeine Vorschriften)

auf wenige Wirtschaftsbereiche beschränkt. IW kommen Änderungen für Unt der Bauindustrie, Reedereien, MineralölGes, Bergbaubetriebe, Brauereien und Dienstleistungsbetriebe in Betracht. Zu Versorgungsbetrieben s Anm 11 und § 263 Anm 1 ff.

Abs 6 schreibt **zwingend eine begrenzte Abweichung** von den gesetzlichen Schemata vor, um die Gliederung den Besonderheiten der Branche anzupassen. Vor der Abweichung ist stets zu prüfen, ob nicht bereits die gesetzliche Gliederung trotz der Besonderheiten die Forderung nach Klarheit und Übersichtlichkeit erfüllt.

Die nach Abs 6 ausschließlich für die mit arabischen Zahlen versehenen Bilanzposten zulässigen Änderungen können entweder die Gliederung oder die Postenbezeichnung betreffen. Letztere sind häufiger; es kann zB eine gesetzliche Postenbezeichnung durch einen engeren Unterbegriff ersetzt oder eine mehrgliedrige Postenbezeichnung auf den gegebenen Sachverhalt reduziert werden (zB „Biervorräte" statt Halb- und Fertigerzeugnisse, ähnlich *ADS*[6] § 265 Anm 73). Auch die Verkürzung ist eine Änderung der Postenbezeichnung und damit unter den Voraussetzungen des Abs 6 zwingend. Die Änderung der Postenbezeichnung kann auch als Ergänzung vorgenommen werden (zB sonstige Wertpapiere des Umlaufvermögens: a. börsengängige, b. sonstige). In der GuV nach § 275 gibt es nur „mit arabischen Zahlen versehene Posten" (s § 275 Abs 2, 3).

Kurzbezeichnungen von Bilanz- und Erfolgsposten sind uE unter den vorstehenden Voraussetzungen zulässig (differenzierend *ADS*[6] § 265 Anm 79 ff).

H. Zusammenfassung mehrerer Posten (Abs 7)

17   Abs 7 lässt unter zwei alternativen Voraussetzungen die **Zusammenfassung** der mit **arabischen Zahlen** versehenen Posten der Bilanz und der GuV zu. In der **Bilanz** dürfen aber nur Einzelbeträge innerhalb jeder der durch römische Ziffern überschriebenen Bilanzgruppen oder Zusatzposten (s §§ 266, 268) zusammengefasst werden. Eine Zusammenfassung iSd Abs 7 erfordert, dass ein auszuweisender Posten **vollständig an anderer Stelle mitausgewiesen** wird. Dies folgt aus der Formulierung, dass **„Posten" zusammengefasst ausgewiesen werden können** und dem Zweck der Vorschrift, den Ausweis von Bagatellbeträgen zu vermeiden.

Beispiele für eine Zusammenfassung wegen Geringfügigkeit: Auf der Aktivseite A II 2 oder 3, B I 3 mit eigentlich jeweils in Nr 4 auszuweisenden Anzahlungen auf VG dieser Posten; auf der Passivseite Zusammenfassungen innerhalb der Gruppe Verbindlichkeiten.

In der **GuV** beziehen sich diese Wahlrechte auch auf die mit kleinen Buchstaben versehenen Posten, da es sich bei diesen um eine Untergliederung der arabischen Zahlen handelt (ebenso: *Hütten/Lorson* in HdR[5] § 265 Anm 110; *ADS*[6] § 265 Anm 86, 90). Nicht geregelt ist, zu welchen Postengruppen die mit arabischen Zahlen versehenen Posten zusammengefasst werden können: Sinnvoll ist uE nur eine Zusammenfassung zu Teil-Summen (so auch *ADS*[6] § 265 Anm 86). Näheres hierzu § 275 Anm 18.

Die **Zusammenfassung wegen Geringfügigkeit** nach Nr 1 entspricht dem Gebot der Wesentlichkeit des JA. Die Straffung der Bilanz und der GuV durch Zusammenfassung unerheblicher Posten mit anderen Posten verbessert die Übersichtlichkeit ohne die Aussagekraft zu beeinträchtigen. Die Grenze der Zusammenfassung wegen Geringfügigkeit ergibt sich aus der Verweisung auf § 264 Abs 2 (dort Anm 41 ff; vgl im Einzelnen *Hütten/Lorson* in HdR[5] § 265 Anm 116).

Die **Zusammenfassung zur Vergrößerung der Klarheit** nach Nr 2 entspricht gleichfalls einem praktischen Bedürfnis. Den KapGes/KapCoGes soll es ermöglicht werden, die Bilanz und die GuV zugunsten besserer Aussagen bei bestimmten Einzelposten zusammenzufassen. Diese Zusammenfassung muss zu einer größeren Klarheit der Darstellung in Bilanz und GuV selbst führen. Die zusammengefassten Posten müssen jedoch im **Anhang** entspr den Gliederungsschemata der §§ 266, 268 oder 275, 277 jeweils gesondert dargestellt werden. Dabei sind jeweils Vj-Beträge anzugeben; außerdem ist der Stetigkeitsgrundsatz zu beachten, um die Gleichwertigkeit mit dem sonst vorgeschriebenen Ausweis in der Bilanz oder GuV zu erhalten.

Als eines von vielen möglichen **Beispielen** sei die Zusammenfassung kleinerer Ausleihungen in der Bilanz einer KapGes/KapCoGes erwähnt: Hier sollten diese Ausleihungen nicht nochmals nach Ausleihungen an verbundene Unt, an BetGes und an sonstige (Aktivposten A III 2, 4, 6) aufgespalten werden, sondern die Aufgliederung der gesamten Ausleihungen sollte lediglich im Anlagegitter oder im Anhang dargestellt werden.

Bei der Beurteilung der Zulässigkeit einer Zusammenfassung von Posten in Bilanz und GuV brauchen **keine strengen Maßstäbe** angelegt zu werden, weil durch die Angaben im Anhang, die in gleicher Weise wie Bilanz und GuV offenzulegen ist, ein Informationsverlust nicht eintritt. Die Übernahme von Einzelangaben in den Anhang darf jedoch nicht dazu führen, gesetzlich vorgeschriebene (zB Abs 4) oder notwendige (zB Abs 6) Einfügungen neuer Posten nicht in die Bilanz oder die GuV selbst aufzunehmen.

Die zulässige Zusammenfassung von Bilanzposten (oder Erfolgsposten) bedeutet aber **nicht,** dass zB die Bilanzgliederung einer großen KapGes generell auf das **Mindest-Bilanzschema** einer kleinen KapGes reduziert werden darf; denn dieses Gliederungsschema geht gem § 266 Abs 1 S 2 als Spezialnorm dem Abs 7 Nr 2 vor. In der Praxis ist jedoch auch eine weitgehende Zusammenfassung anzutreffen.

I. Ausweis von Leerposten (Abs 8)

Auf den Ausweis von Leerposten wird dann verzichtet, wenn auch im Vj-Abschluss unter diesem Posten kein Betrag ausgewiesen wurde. Diese Vorschrift dient der Klarheit der Darstellung gem § 243 Abs 1 und gilt analog auch für den Anhang (Anm 1). Handelt es sich bei der Vj-Zahl um einen unwesentlichen Betrag und könnte dieser gem Abs 7 Nr 1 mit anderen Posten zusammengefasst werden, darf auf den Leerposten unter Anpassung der Vj-Zahl verzichtet werden (ebenso *ADS*[6] § 265 Anm 95; *Hütten/Lorson* in HdR[5] § 265 Anm 129).

Nicht ausdrücklich genannt sind in Abs 8 die Davon-Vermerke. Da es sich bei diesen stets um einen Teil eines Bilanz-Postens oder eines GuV-Postens handelt, kann auch bei ihnen eine Fehlanzeige entfallen.

J. Geltung für Kaufleute, die nicht Kapitalgesellschaften/KapCoGes sind

§ 265 gilt auch für **alle** unter das PublG fallende Unt, ebenso wie §§ 266, 268 und 275 mit 277 (§ 5 Abs 1 PublG); außerdem für eG (§ 336 Abs. 2 S 1 Hs 1) und mit Einschränkungen für Kreditinstitute (§ 340a Abs 1, Abs 2 S 1) und VersicherungsUnt (§ 341a Abs 1, Abs 2 S 1). Für FormblattUnt können sich aus der VO gem § 330 weitere Einschränkungen ergeben. **Entfällt** jedoch wie bei publizitätspflichtigen Ekfl oder reinen PersGes der **Anhang** (§ 5 Abs 2 S 1 PublG),

§ 266

darf zB Abs 7 Nr 2 nicht angewandt werden (Anm 17). Änderungen in der Darstellung (Abs 1, Abs 2) sind dann zB in der Bilanz selbst zu vermerken. Hingegen entfällt uE die Anhangangabe bei Kombinationen mit FormblattUnt (Abs 4). Die allgemeinen Grundsätze für die Gliederung sind jedoch nicht unmittelbar auf den JA aller übrigen Kfl anzuwenden, die nicht KapGes/KapCoGes sind. Dies ergibt sich aus der Stellung des § 265 im zweiten Abschn des Dritten Buchs des HGB, der die ergänzenden Vorschriften für KapGes/KapCoGes enthält. Der größte Teil dieser Kfl sind Ekfl oder reine PersGes. Ebenfalls nicht unmittelbar vom zweiten Abschn gebunden sind zB auch inländische Zweigniederlassungen ausländischer Industrie-KapGes. Die allgemeinen Grundsätze des § 265 sind hier – mit Ausnahme des Grundsatzes der Darstellungsstetigkeit aus Abs 1 – jedoch nur eingeschränkt über § 243 Abs 2 zu beachten, weil die Gliederungsgrundsätze des § 265 Abs 2 bis 8 nur teilweise zu den GoB zählen. **Nicht publizitätspflichtige** Kfl, die nicht KapGes/KapCoGes sind, haben daher nur § 243 zu berücksichtigen. Zur Gliederung des JA dieser Kfl außerdem § 247 Anm 4 ff und 620 ff.

K. Rechtsfolgen einer Verletzung des § 265

20 Als **Vergehen** kann ein Verstoß gegen die allgemeinen Grundsätze des § 265 durch ein Mitglied eines vertretungsberechtigten Organs oder des AR einer Kap/KapCoGes oder eines publizitätspflichtigen Unt mit Geldstrafe belegt werden, wenn dadurch die Verhältnisse im JA unrichtig wiedergegeben oder verschleiert werden. Das würde uE eine weitgehende Missachtung der Gliederungsschemen in §§ 266 und 275 voraussetzen; s § 331 Abs 1 Nr 1, § 17 Nr 1 PublG.

21 Als **Ordnungswidrigkeit** sanktioniert ist jedoch ausdrücklich ein Zuwiderhandeln gegen Abs 2, 3, 4 oder 6 bei der Aufstellung oder Feststellung des JA durch ein Mitglied des vertretungsberechtigten Organs oder des AR einer KapGes/KapCoGes oder eines publizitätspflichtigen Unt durch § 334 Abs 1 Nr 1c, 335b oder § 20 Abs 1 Nr 1d PublG.

22 Bei AG, KGaA (und GmbH) führt ein Verstoß gegen § 265 zur Nichtigkeit des JA gem § 256 Abs 4 AktG, wenn seine Klarheit und Übersichtlichkeit dadurch **wesentlich** beeinträchtigt sind. Auch dies kann bei § 265 nur in schwerwiegenden Ausnahmefällen angenommen werden.

L. Abweichungen der IFRS

23 Die IFRS sehen keine dem Handelsrecht vergleichbaren, derart detaillierten Gliederungsvorschriften vor. IAS 1 Presentation of Finacial Statements enthält grundlegende Vorschriften für die Darstellung von Abschlüssen, Anwendungsleitlinien für deren Struktur und Mindestanforderungen an deren Inhalt. Zu den Vorschriften zur Mindestgliederung nach IFRS s § 266 Anm 280 ff (zur Bilanz) und § 275 Anm 330 ff (zur GuV).

Zweiter Titel. Bilanz

§ 266 Gliederung der Bilanz

(1) ¹Die Bilanz ist in Kontoform aufzustellen. ²Dabei haben große und mittelgroße Kapitalgesellschaften (§ 267 Abs. 3, 2) auf der Aktivseite die in Absatz 2 und auf der Passivseite die in Absatz 3 bezeichneten Posten gesondert und in der vorgeschriebenen Reihenfolge auszuweisen. ³Kleine Kapitalgesellschaften (§ 267 Abs. 1) brauchen nur eine verkürzte Bilanz aufzustellen, in die

nur die in den Absätzen 2 und 3 mit Buchstaben und römischen Zahlen bezeichneten Posten gesondert und in der vorgeschriebenen Reihenfolge aufgenommen werden. ⁴Kleinstkapitalgesellschaften (§ 267a) brauchen nur eine verkürzte Bilanz aufzustellen, in die nur die in den Absätzen 2 und 3 mit Buchstaben bezeichneten Posten gesondert und in der vorgeschriebenen Reihenfolge aufgenommen werden.

(2) Aktivseite

A. Anlagevermögen:
    I. Immaterielle Vermögensgegenstände:
        1. Selbst geschaffene gewerbliche Schutzrechte und ähnliche Rechte und Werte;
        2. entgeltlich erworbene Konzessionen, gewerbliche Schutzrechte und ähnliche Rechte und Werte sowie Lizenzen an solchen Rechten und Werten;
        3. Geschäfts- oder Firmenwert;
        4. geleistete Anzahlungen;
    II. Sachanlagen:
        1. Grundstücke, grundstücksgleiche Rechte und Bauten einschließlich der Bauten auf fremden Grundstücken;
        2. technische Anlagen und Maschinen;
        3. andere Anlagen, Betriebs- und Geschäftsausstattung;
        4. geleistete Anzahlungen und Anlagen im Bau;
    III. Finanzanlagen:
        1. Anteile an verbundenen Unternehmen;
        2. Ausleihungen an verbundene Unternehmen;
        3. Beteiligungen;
        4. Ausleihungen an Unternehmen, mit denen ein Beteiligungsverhältnis besteht;
        5. Wertpapiere des Anlagevermögens;
        6. sonstige Ausleihungen.

B. Umlaufvermögen:
    I. Vorräte:
        1. Roh-, Hilfs- und Betriebsstoffe;
        2. unfertige Erzeugnisse, unfertige Leistungen;
        3. fertige Erzeugnisse und Waren;
        4. geleistete Anzahlungen;
    II. Forderungen und sonstige Vermögensgegenstände:
        1. Forderungen aus Lieferungen und Leistungen;
        2. Forderungen gegen verbundene Unternehmen;
        3. Forderungen gegen Unternehmen, mit denen ein Beteiligungsverhältnis besteht;
        4. sonstige Vermögensgegenstände;
    III. Wertpapiere:
        1. Anteile an verbundenen Unternehmen;
        2. sonstige Wertpapiere;
    IV. Kassenbestand, Bundesbankguthaben, Guthaben bei Kreditinstituten und Schecks.

C. Rechnungsabgrenzungsposten.

D. Aktive latente Steuern.

E. Aktiver Unterschiedsbetrag aus der Vermögensverrechnung.

(3) Passivseite

A. Eigenkapital:
    I. Gezeichnetes Kapital;
    II. Kapitalrücklage;

§ 266

III. Gewinnrücklagen:
1. gesetzliche Rücklage;
2. Rücklage für Anteile an einem herrschenden oder mehrheitlich beteiligten Unternehmen;
3. satzungsmäßige Rücklagen;
4. andere Gewinnrücklagen;

IV. Gewinnvortrag/Verlustvortrag;

V. Jahresüberschuß/Jahresfehlbetrag.

B. Rückstellungen:
1. Rückstellungen für Pensionen und ähnliche Verpflichtungen;
2. Steuerrückstellungen;
3. sonstige Rückstellungen.

C. Verbindlichkeiten:
1. Anleihen, davon konvertibel;
2. Verbindlichkeiten gegenüber Kreditinstituten;
3. erhaltene Anzahlungen auf Bestellungen;
4. Verbindlichkeiten aus Lieferungen und Leistungen;
5. Verbindlichkeiten aus der Annahme gezogener Wechsel und der Ausstellung eigener Wechsel;
6. Verbindlichkeiten gegenüber verbundenen Unternehmen;
7. Verbindlichkeiten gegenüber Unternehmen, mit denen ein Beteiligungsverhältnis besteht;
8. sonstige Verbindlichkeiten,
   davon aus Steuern,
   davon im Rahmen der sozialen Sicherheit.

D. Rechnungsabgrenzungsposten.

E. Passive latente Steuern.

Übersicht

Bilanzformate für Kapitalgesellschaften (Abs 1)

	Anm
A. Überblick über die Vorschrift	1–3
B. Gliederung der Bilanz (Abs 1 S 1)	5–7
C. Große und mittelgroße Kapitalgesellschaften sowie Personenhandelsgesellschaften iSd § 264a	
I. Bilanzschema für die Aufstellung (Abs 1 S 2)	8–13
II. Freiwillige Anwendung des Bilanzschemas für andere Kaufleute	15, 16
III. Erleichterungen für Zwecke der Offenlegung für mittelgroße Kapitalgesellschaften	18
D. Kleine Kapitalgesellschaften und Kleinstkapitalgesellschaften (Abs 1 S 3 u 4)	
I. Aufstellung	20–22
II. Offenlegung	25, 26
E. Publizitätsgesetz	30
F. Steuerrechtliche Bedeutung des § 266	35
Vor A. Anlagevermögen	
I. Ingangsetzungs- und Erweiterungskosten	50

Gliederung der Bilanz § 266

Anm

A. Anlagevermögen
  I. Immaterielle Vermögensgegenstände
   1. Selbst geschaffene gewerbliche Schutzrechte und ähnliche Rechte und Werte 59
   2. Entgeltlich erworbene Konzessionen, gewerbliche Schutzrechte und ähnliche Rechte und Werte sowie Lizenzen an solchen Rechten und Werten 60
   3. Geschäfts- oder Firmenwert 61, 62
   4. Geleistete Anzahlungen 64
  II. Sachanlagen
   1. Grundstücke, grundstücksgleiche Rechte und Bauten einschließlich der Bauten auf fremden Grundstücken ... 65
   2. Technische Anlagen und Maschinen 66
   3. Andere Anlagen, Betriebs- und Geschäftsausstattung 67
   4. Geleistete Anzahlungen und Anlagen im Bau 68
  III. Finanzanlagen 69, 70
   1. Anteile an verbundenen Unternehmen 72–76
   2. Ausleihungen an verbundene Unternehmen 77
   3. Beteiligungen 78
   4. Ausleihungen an Unternehmen, mit denen ein Beteiligungsverhältnis besteht 79
   5. Wertpapiere des Anlagevermögens 80, 81
   6. Sonstige Ausleihungen 82

B. Umlaufvermögen
  I. Vorräte
   1. Roh-, Hilfs- und Betriebsstoffe 90–92
   2. Unfertige Erzeugnisse, unfertige Leistungen 93–103
   3. Fertige Erzeugnisse und Waren 104–108
   4. Geleistete Anzahlungen 109–111
  II. Forderungen und sonstige Vermögensgegenstände
   1. Forderungen aus Lieferungen und Leistungen 112–117
   2. Forderungen gegen verbundene Unternehmen 118–121
   3. Forderungen gegen Unternehmen, mit denen ein Beteiligungsverhältnis besteht 122
   4. Sonderposten bei den Forderungen 123–126
   5. Sonstige Vermögensgegenstände 128–130
  III. Wertpapiere
   1. Anteile an verbundenen Unternehmen 135–137
   2. Sonstige Wertpapiere 142–145
  IV. Kassenbestand, Bundesbankguthaben, Guthaben bei Kreditinstituten und Schecks 150–158

C. Aktive Rechnungsabgrenzungsposten 160

D. Aktive latente Steuern 161

E. Aktiver Unterschiedsbetrag aus der Vermögensverrechnung 162

Nach E. Sonderposten auf der Aktivseite 163–167

Passivseite (Abs 3)

A. Eigenkapital
  I. Gezeichnetes Kapital 170–175
  II. Kapitalrücklage 176

	Anm
III. Gewinnrücklagen	
1. Gesetzliche Rücklage	177
2. Rücklage für Anteile	178
3. Satzungsmäßige Rücklagen	179
4. Andere Gewinnrücklagen	180
IV. Gewinnvortrag/Verlustvortrag	181
V. Jahresüberschuss/Jahresfehlbetrag	182
VI. Bilanzgewinn/Bilanzverlust	183
VII. Passive Sonderposten nach dem DMBilG 1990	184
VIII. Ausgleichsposten für aktivierte eigene Anteile nach § 264c Abs 4 S 2	185

Nach A. Eigenkapitalähnliche Posten

I. Einlagen zur Kapitalerhöhung	190
II. Genussscheinkapital	191
III. Einlagen stiller Gesellschafter	192
IV. Gesellschafterdarlehen	193

B. Rückstellungen 200–205

C. Verbindlichkeiten

I. Die Gliederung der Verbindlichkeiten nach Größenklassen	210, 211
II. Zusammensetzung der Verbindlichkeiten	
1. Anleihen	212–220
2. Verbindlichkeiten gegenüber Kreditinstituten	221, 222
3. Erhaltene Anzahlungen auf Bestellungen	223–227
4. Verbindlichkeiten aus Lieferungen und Leistungen	228–231
5. Verbindlichkeiten aus der Annahme gezogener Wechsel und der Ausstellung eigener Wechsel	240–242
6. Verbindlichkeiten gegenüber verbundenen Unternehmen	244
7. Verbindlichkeiten gegenüber Unternehmen, mit denen ein Beteiligungsverhältnis besteht	245
8. Sonstige Verbindlichkeiten	246, 247
III. Vermerk- und Erläuterungspflichten	
1. Konvertible Anleihen	248
2. Restlaufzeiten	249
3. Steuerverbindlichkeiten und Verbindlichkeiten im Rahmen der sozialen Sicherheit	250–252
4. Rechtlich noch nicht entstandene Verbindlichkeiten	253
5. Verbindlichkeiten gegenüber Gesellschaftern	254, 255
6. Sicherheiten	258

D. Passive Rechnungsabgrenzungsposten 260, 261

E. Passive latente Steuern 262

F. Haftungsverhältnisse 263

G. Rechtsfolgen einer Verletzung des § 266 265

H. Abweichungen der IFRS

I. Allgemein	280
II. Gliederung der Vermögenswerte	
1. Die Unterscheidung in kurzfristige *(current)* und langfristige *(non-current)* Vermögenswerte	281
2. Die Definition von „*current asset*" und „*non-current asset*"	282

	Anm
3. Die weitere Untergliederung der kurz- und langfristigen Vermögenswerte	283
4. Begriffsbestimmungen der Untergliederungspunkte von *current/non-current assets*	284
III. Gliederung der Schulden	
1. Die Unterscheidung in kurzfristige *(current)* und langfristige *(non-current)* Schulden	285
2. Die Definition von „*current liability*" und „*non-current liability*"	286
3. Die weitere Untergliederung der kurz- und langfristigen Schulden	287
IV. Gliederung des Eigenkapitals	288

Exkurs: Bilanzformate der E-Bilanz

I. Rechtsgrundlagen und Zielsetzung	300–303
II. Erstanwendungszeitpunkt der E-Bilanz	
1. Gesetzliche Regelung	304–306
2. Nichtbeanstandungsregelungen	307–311
III. Persönlicher Anwendungsbereich	
1. Gewinnermittlung durch Bilanzierung	312, 313
2. Ausnahmen	314–316
IV. Sachlicher Anwendungsbereich	
1. Bilanz, Gewinn- und Verlustrechnung, Überleitungsrechnung	317–322
2. Besonderer sachlicher Anwendungsbereich	323
3. Zusätzlich einzureichende Unterlagen gem § 60 Abs 3 EStDV	324
4. Berichtsbestandteile gemäß BMF-Schreiben	325–331
V. Steuer-Taxonomie (Gliederungsschema)	
1. Taxonomiearten	332–334
2. Kennzeichnungen der Taxonomie	335
3. Mindestumfang	336–340

Bilanzformate für Kapitalgesellschaften (Abs 1)

Schrifttum: *Knop* Die Gliederungs-Konzeption des Bilanz-Richtlinie-Gesetzes, DB 1984, 569; *Weirich/Zimmermann* Aufstellung und Offenlegung des Jahresabschlusses kleiner Aktiengesellschaften, AG 1986, 265; *Budde/Forster* D-Mark-Bilanzgesetz, München 1991. Ferner Schrifttum *zu* § 267; *von Kanitz* Rechnungslegung bei Personenhandelsgesellschaften, WPg 2003, 324.

A. Überblick über die Vorschrift

Für alle KapGes ist ausschließlich die Gliederung in **Kontoform** vorgeschrieben (Abs 1 S 1). Kleine KapGes (§ 267 Abs 1) und KleinstKapGes (§ 267a) brauchen nur eine **verkürzte Bilanz** aufzustellen. 1

Das Gliederungsschema mit seinen Größenklassen gilt auch für **Genossenschaften** (§ 336 Abs 2 S 1); für das EK durch § 337 ergänzt. Das ungekürzte Schema haben ferner **dem PublG unterfallende Unternehmen** (Anm 30) anzuwenden sowie alle Unt, die **Konzernabschlüsse** aufstellen müssen oder dies freiwillig tun; § 298 Abs 1 und 2 erlauben Einschränkungen. Das auf Indust- 2 rie- und HandelsUnt ausgerichtete Schema gilt nur subsidiär für die Bilanz von Unt (aller Rechtsformen), die **Formblätter** gem § 330 zu beachten haben oder für die gem § 265 Abs 4 mehrere gesetzliche Gliederungsvorschriften bestehen; dazu § 265 Anm 11 ff und § 330 Anm 14, 15.

Das Gliederungsschema erstreckt sich samt Größenklassen auch auf **PersGes iSd § 264a,** falls keine Befreiungsgründe gem § 264b vorliegen; für die rechtsformspezifische EK-Gliederung wird es durch § 264c Abs 2 S 1 ergänzt.

3   § 266 gilt namentlich für die Bilanzaufstellung im Rahmen des JA. Das Schema hat jedoch auch Bedeutung (*ADS*[6] § 266 Anm 14 „eignet sich grundsätzlich") für **andere Bilanzen,** die nicht JA sind, wie insb
– EB (§ 242 Abs 1, entspr Anwendung der JA-Vorschriften),
– Abwicklungsbilanz (§ 270 Abs 2 AktG; § 71 Abs 2 GmbHG),
– Halbjahresbilanz (§ 37w Abs 1 WpHG) und Quartalsbilanz (§ 37x Abs 3 WpHG),
– die einer Kapitalerhöhung aus GesMitteln zugrunde gelegte Bilanz (§ 209 Abs 2 AktG; § 57f GmbHG),
– Verschmelzungs-Bilanz (§ 17 Abs 2 UmwG), Spaltungs-Bilanz (§ 125 UmwG), Vermögensübertragungs-Bilanz (§ 176 UmwG),
– Vermögens-Bilanz anlässlich eines Formwechsels (§ 192 Abs 2 UmwG); glA *ADS*[6] § 266 Anm 17.
– **§ 266 gilt nicht** für Tochter-KapGes, die alle Voraussetzungen des § 264 Abs 3 erfüllen, § 264 Anm 101 ff; s aber hier Anm 15 und nicht für Tochter-KapCoGes, die alle Voraussetzungen des § 264b erfüllen, § 264b Anm 10.

B. Gliederung der Bilanz (Abs 1 S 1)

5   Die Bilanz ist in **Kontoform** aufzustellen (Abs 1 S 1). Eine Gliederung in **Staffelform ist nicht zulässig;** das nationale Wahlrecht der 4. EG-Richtl wurde nicht ausgeübt. Das Gliederungsschema konkretisiert die Generalnorm des § 264 Abs 2 S 1 (ebenso *ADS*[6] § 266 Anm 2).

Die Gliederungsvorschriften sind grds zwingend. **Abweichungen** vom Gliederungsschema der Abs 2 u 3 sind nur in gesetzlich geregelten Fällen zulässig oder vorgeschrieben (s Anm 6, 10, 11). Die **Verletzung** der Gliederungsvorschriften wird **sanktioniert** (Anm 265).

Die Posten des gesetzlichen Bilanzschemas sind **getrennt auszuweisen**. Mit Ausnahme der in § 265 Abs 7 genannten Gründe ist es verboten, einzelne Posten zusammenzuziehen, unabhängig davon, ob eine Zusammenfassung eindeutig aus der Bezeichnung des Bilanzpostens erkennbar wäre. Die Posten sind ferner in der **vorgeschriebenen Reihenfolge** unter ihrer gesetzlichen Bezeichnung mit dem auf sie entfallenden Betrag anzugeben (Abs 1 S 2). Siehe dazu auch § 243 Anm 54 bis 65.

Das HGB lässt zwar offen, ob Aktiva (Abs 2) und Passiva (Abs 3) **gegenüberzustellen** sind – so die übliche Praxis bei der Aufstellung in Kontoform – es ist aber auch als zulässig anzusehen, die Passiva als Aneinanderreihung unterhalb der Aktiva aufzuführen; glA *ADS*[6] § 266 Anm 1.

6   Das Gliederungsschema ist eine **Mindestnorm** (Anm 20) für die **Vorlage** der Bilanz an die Gester. Es kann durch Satzung oder GesVertrag erweitert, aber nicht eingeschränkt werden. Für die **Offenlegung** der Bilanz im eBAnz gelten gem §§ 326 u 327 größenabhängige Erleichterungen; hierzu Anm 18, 25 f.

7   Zum Bilanzschema gehören auch die **Vermerke** in Vorspalten zur Bilanz gem §§ 266 Abs 2 und 3, 268 Abs 2, 4 und 5, die Vermerke unterhalb der Bilanz gem §§ 251, 268 Abs 7 (§ 268 Anm 120) und die Vermerke im Anhang gem § 285

Nrn 1 und 2. Für AG/KGaA schreiben §§ 152 und 286 AktG, für GmbH § 42 GmbHG und für KapCoGes § 264c weitere Vermerke in der Bilanz vor (Anm 12). Ausführlich hierzu die Anm zu den entspr Vorschriften in § 272 sowie die Auflistung bei ADS⁶ § 266 Anm 5.

C. Große und mittelgroße Kapitalgesellschaften sowie Personenhandelsgesellschaften iSd § 264 a

I. Bilanzschema für die Aufstellung (Abs 1 S 2)

Mittelgroße bzw große KapGes und KapCoGes (§ 267 Abs 2 u 3) haben für die Aufstellung der Bilanz die **Normalgliederung mit allen** in Abs 2 und Abs 3 **bezeichneten Posten** zugrunde zu legen. Das ungekürzte Schema gilt auch für kleine AG/KGaA, sofern sie kapmarktUnt iSv § 264d sind. 8

Das Bilanzschema ist zur Erleichterung von Periodenvergleichen **stetig anzuwenden** (§ 265 Abs 1 und dort Anm 2 ff). Nach ADS⁶ § 266 Anm 2 soll das Gliederungsschema auch Betriebsvergleiche erleichtern, welche angesichts nicht unwesentlicher Abweichungen in der Auslegung mehrerer Einzelvorschriften und ihres Verhältnisses zueinander problematisch erscheinen. 9

Abweichungen von der Normalgliederung gem Abs 1 S 2 sind lt HGB geboten oder zulässig: 10
- gem § 264c Abs 2 S 1: abw EK-Gliederung bei PersGes iSd § 264a
- gem § 265; s dort Anm 11 bis 18;
Abs 4: Kombination mehrerer gesetzlicher Gliederungen bei divergierenden Geschäftszweigen;
Abs 5: Untergliederungen gesetzlicher Posten; Hinzufügen neuer Posten;
Abs 6: Bezeichnungsänderungen zwecks größerer Klarheit der Darstellung;
Abs 7: Zusammenfassung gesetzlicher Posten;
Abs 8: Wegfall von Leerposten, falls auch für das Vj kein Ausweis;
- durch **Einzelvorschriften** im HGB, AktG oder GmbHG (Einzelheiten hier in Anm 11 bis 13);
- durch **Übernahme** von Einzelposten **in den Anhang** gem § 265 Abs 7 Nr 2; soweit gesetzlich zugelassen auch für Vorspalten- und Bilanzvermerke;
- nach **Landesrecht;** hierzu § 263 und dort Anm 3.

Viele **Großunternehmen** fassen die mit arabischen Zahlen bezeichneten Posten in der Bilanz zusammen und gliedern sie gem § 265 Abs 7 im Anhang auf, um die Übersichtlichkeit der Bilanz ua in Geschäftsberichten zu erhöhen.

Zusätzliche Posten im Gliederungsschema (ausführlich hierzu *Dusemond/ Heusinger-Lange/Knop* in HdR⁵ § 266 Anm 7) sind vorgesehen durch: 11
- § 268 Änderung von EK-Posten gem Abs 1; Anlagengitter für große und mittelgroße Ges gem Abs 2, Nicht durch EK gedeckter Fehlbetrag gem Abs 3;
- § 272 Abs 1 und Abs 1a: Ausweisregeln für ausstehende Einlagen auf das gezeichnete Kapital und für eigene Anteile; Definition der Kapitalrücklage, der Gewinnrücklagen und der Rücklage für Anteile an herrschenden oder mit Mehrheit beteiligten Unt gem Abs 2 bis 4;

Großunternehmen gliedern auch diese Posten teils nur im Anhang auf und gruppieren sie in der Bilanz in die zuständigen Hauptposten ein (Anm 10).

Sondervorschriften im **AktG** regeln die Pflichtangaben in Bilanz oder Anhang zum gezeichneten Kapital, zum bedingten Kapital und zu Vermerken für Mehrstimmrechts-Aktien (§ 152 Abs 1). Die Entwicklung der Kapitalrücklage und sämtlicher einzelnen Gewinnrücklagen sind gem § 152 Abs 2 und 3 (s § 284 12

Anm 71, 72 ff) entweder in der Bilanz oder im Anhang darzustellen; hierzu bestehen Sondervorschriften bei Kapitalherabsetzungen gem § 240 (s auch § 284 Anm 48). Die EK-Darstellung bei **KGaA** ist in § **286** Abs 2 AktG normiert.

13   Das **GmbHG** enthält in § 42 Abs 2 Ausweisvorschriften für eingeforderte Nachschüsse sowie in Abs 3 die Vermerkpflicht in Bilanz oder Anhang für Ausleihungen, Forderungen und Verbindlichkeiten gegen Geter (s § 284 Anm 58 f); das können auch MU und damit verbundene Unt sein. Für **PersGes iSd** § **264a** regelt § 264c Abs 2 S 1 die EK-Darstellung; § 264c Abs 1 normiert die gesonderte Ausweispflicht bzw Anhangangabe für Ausleihungen, Forderungen und Verbindlichkeiten ggü Gestern sowie deren Vermerkpflicht bei Ausweis in anderen Posten.

II. Freiwillige Anwendung des Bilanzschemas für andere Kaufleute

15   Alle Kfl und reine PersGes, die nicht gesetzlich verpflichtet sind, die Gliederungsvorschriften des § 266 oder Formblattvorschriften einzuhalten, dürfen freiwillig die Bestimmungen des § 266 und die in Anm 10 bis 13 erwähnten zusätzlichen Einzelvorschriften anwenden. Dies kommt insb für nach § 264 Abs 3 befreite TU-KapGes bzw nach § 264b befreite TU-KapCoGes infrage, da sie idR für den KA ihres MU ihre Bilanz nach § 266 vorlegen müssen. Die Anwendung von konzerneinheitlichen Konten- und Bilanzschemata und von EDV-Programmen in den Unt oder durch Datenverarbeitungs-Zentren führt dazu, dass das Schema des § 266 häufig auch von Nicht-KapGes und reinen PersGes verwendet wird (§ 247 Anm 5 und ähnlich ADS[6] § 266 Anm 12).

Aus dem GoB-Grundsatz der **Klarheit** und **Übersichtlichkeit** ergibt sich aber, dass die Postenbezeichnungen der Abs 2 und 3 in den Bilanzen anderer Unt nicht in einem von § 266 abw Sinn verwendet werden dürfen. Im PublG (Anm 30) gelten Abs 2, 3 „sinngemäß".

16   **Holding-Gesellschaften** sind idR kleine KapGes oder „andere Kfl". Fallen sie nicht unter § 267 Abs 3 S 2 („kapitalmarktorientiert"), gilt nur für ihren KA das große Schema; Holding-Ges von Kreditinstituten oder VersicherungsUnt gelten stets als große KapGes (s für den KA lex specialis § 340i Abs 3 bzw § 341 Abs 2: Grds Anwendung der Formblätter nach RechKredV bzw RechVersV). Bei einer **Zusammenfassung** des Anhangs und des Lageberichts dieser Holding-Ges mit dem Konzernanhang (§ 298 Abs 3) und Konzernlagebericht (§ 315 Abs 3) empfiehlt es sich jedoch, freiwillig bereits bei der Vorlage an die Gester die Gliederungsnormen für große KapGes anzuwenden – zumal für Zwecke des KA ohnehin die weitergehende Aufgliederung benötigt wird; s hierzu § 298 Anm 2 ff.

III. Erleichterungen für Zwecke der Offenlegung für mittelgroße Kapitalgesellschaften

18   Auch mittelgroße KapGes und KapCoGes müssen bei der Bilanzaufstellung und der **Vorlage der Bilanz an die Aktionäre bzw Gesellschafter** das große Bilanzschema (Abs 2 und 3) zugrunde legen. Lediglich bei der Offenlegung dürfen sie sich darauf beschränken, eine **verkürzte Bilanz** iSd Abs 1 S 3 zum eBAnz einzureichen, wobei jedoch dann im Anhang einzelne Posten gesondert zu nennen sind (§ 327 Nr 1 S 2). Die betr Einzelposten dürfen jedoch auch in der offenzulegenden Bilanz zusätzlich und gesondert angegeben werden (mittelgroßes Bilanzschema). Aufgrund dieser zusätzlichen Angabepflichten bei mittel-

großen KapGes ist der Informationsgehalt der Bilanz von großen und mittelgroßen KapGes nicht wesentlich verschieden. **Abweichungen** bestehen zB bei der Detaillierung der immateriellen VG, der Gliederungstiefe des Vorratsvermögens, der Forderungen und sonstigen VG sowie der Aufgliederung des EK, der Rückstellungen und einiger Verbindlichkeiten.

D. Kleine Kapitalgesellschaften und Kleinstkapitalgesellschaften (Abs 1 S 3 u 4)

I. Aufstellung

Kleine KapGes und KapCoGes (§ 267 Abs 1) haben ein Wahlrecht in Abweichung von Abs 1 S 2 eine **verkürzte Bilanz** aufzustellen, die nur die in Abs 2 und 3 mit Buchstaben und römischen Zahlen bezeichneten Posten umfasst (Abs 1 S 3). Auch nach BilMoG soll für diese Unt ein „Übersoll nach außen" vermieden werden. **20**

Für KleinstKapGes (§ 267a) besteht ein Wahlrecht zu einer noch weiter verkürzten Bilanz; in die Bilanz brauchen nur die mit Buchstaben bezeichneten Posten aufgenommen zu werden.

Die **Erleichterungen** des Abs 1 S 3 u S 4 können in der Praxis **für die kleine AG, die Kleinst-AG** und **kleine KGaA** aber **ohne Bedeutung** sein, da jeder Aktionär nach § 131 Abs 1 S 3 AktG verlangen kann, dass ihm in der HV der JA, somit auch die Bilanz, in der nicht-verkürzten Form vorgelegt wird. Vorsorglich ist deshalb die Aufstellung einer nach dem großen Bilanzschema (Abs 2 und 3) gegliederten Bilanz zu empfehlen.

Das entspr individuelle Auskunfts- und Einsichtsrecht des GmbH-Gesters nach § 51a GmbHG geht zwar einerseits mit seinem Büchereinsichtsrecht weiter als § 131 Abs 1 S 3 AktG, umfasst aber andererseits vom Wortlaut her nicht die Vorlage einer nach Abs 2 und 3 gegliederten Bilanz; jedoch sind bei den häufiger vorkommenden **kleinen GmbH** dem AktG entspr Regelungen im GesVertrag wegen des Feststellungsrechts der Gester sinnvoll (ähnlich *ADS*[6] 266 Anm 19). Die weitergehenden gesetzlichen (Mittelstands-)Erleichterungen gem § 274a fallen nicht unter die Rechte gem § 131 Abs 1 S 3 AktG; dazu § 274a Anm 1.

Die formell nur auf Abs 2 und Abs 3 bezogenen Erleichterungen sind für die in Anm 10 ff genannten **weiteren Ausweisvorschriften** zur Bilanz **eng auszulegen**, da Abs 1 S 3 u S 4 Ausnahmevorschriften darstellen. Hierbei ist auch zu bedenken, dass die Generalnorm des § 264 Abs 2 S 1 gilt und die allgemeinen Vorschriften zur Bilanz in § 265 beachtet werden müssen. **21**

Allgemein kann jedoch festgestellt werden, dass die **Einzelvorschriften** in § 268 zur Bilanz – mit Ausnahme des Anlagengitters – sowie die weiteren Einzelvorschriften gem Anm 10 ff bei kleinen KapGes ggf **auch** auf die mit Buchstaben oder römischen Zahlen bezeichneten Posten **anzuwenden** sind. Das betrifft insb die Restlaufzeit-Vermerke gem § 268 Abs 4 und 5. § 268 Abs 5 betrifft auch KleinstKapGes. Soweit jedoch durch Einzelvorschriften (Anm 11 bis 13) zusätzliche Hauptposten eingefügt werden (zB § 274 Abs 1 S 2 aktive latente Steuern und § 246 Abs 2 S 2 aktiver Unterschiedsbetrag aus der Vermögensverrechnung), sind auch kleine KapGes und KleinstKapGes zum **Sonderausweis** verpflichtet. Welche Verkürzungen oder Verdichtungen kleine KapGes und KleinstKapGes in Bilanz oder Anhang vornehmen dürfen, wird in den jeweiligen Einzelvorschriften zur Bilanz behandelt.

Nach § 265 Abs 3 ist die **Mitzugehörigkeit** zu anderen Posten in der Bilanz zu vermerken oder im Anhang anzugeben. Die für KapGes/KapCoGes wesent- **22** lichen Angaben von Ausleihungen, Forderungen oder Verbindlichkeiten an **verbundene Unternehmen,** an Unt mit denen ein **Betverhältnis** besteht, oder ggü **GmbH-Gesellschaftern** (§ 42 Abs 3 GmbHG), sind in der Normalgliederung jeweils nur als mit arabischen Ziffern versehene Unterposten enthalten. Wegen der Bedeutung eines Beteiligungsverhältnisses oder sogar einer (Konzern-)Verbundenheit für den externen Bilanzleser dürfen uE aber auch bei kleinen KapGes/KapCoGes diese Angaben nicht entfallen. Diese Auffassung stützen wir auch darauf, dass für die Anteilsliste gem § 285 Nr 11/11a keine Aufstellungs-Erleichterungen vorgesehen sind. Das Gleiche gilt für **KapCoGes,** da ebenfalls ein gesonderter Ausweis oder eine Anhangangabe von Ausleihungen, Forderungen und Verbindlichkeiten ggü Gestern gem § 264c Abs 1 S 1 oder nach § 264c Abs 1 S 2 ein Mitzugehörigkeitsvermerk verlangt wird.

II. Offenlegung

25   Die kleine KapGes und die ihr gleichgestellten Unt brauchen nur die verkürzte Bilanz und die zu dieser Bilanz gehörenden Anhangangaben (hierzu § 326 Anm 9 ff) beim eBAnz einzureichen (§ 326 S 1 und 2). Bei dieser „eingeschränkten Offenlegung" dürfen, wie sich aus § 328 Abs 1 Nr 1 ergibt, Aufstellungserleichterungen nachgeholt werden; ebenso § 328 Anm 7.
Freiwillig darf auch alternativ wie folgt verfahren werden:
a) Aufstellung nach dem großen Bilanzschema des § 266 (Anm 8 ff) und Offenlegung der Bilanz nach dem kleinen Bilanzschema (Anm 20 Abs 1) oder
b) Aufstellung nach dem großen Bilanzschema und Offenlegung nach dem mittelgroßen Bilanzschema (Anm 18).
Bei KleinstKapGes ist es nach Wortlaut des neu eingefügten § 326 Abs 2 ausreichend, wenn die Bilanz durch einen Hinterlegungsauftrag an den Betreiber des eBAnz dauerhaft hinterlegt wird (vgl § 326 Anm 40 ff).

26   Zur **Zusammenfassung** von Anhang und Lagebericht eines kleinen MU und des Konzern s Anm 16. In solchen Fällen gelten die jeweils kürzeren **Fristen** für Aufstellung und Offenlegung (ebenso *Weirich/Zimmermann,* 267). Praktisch bedeutet das sowohl für das kleine MU als auch ggf für kleine TU die Verkürzung der längeren Fristen für kleine KapGes.

E. Publizitätsgesetz

30   Unt, die nach PublG zur Rechnungslegung verpflichtet sind, haben ihre Bilanz nach dem großen Bilanzschema **entsprechend § 266 Abs 2 und Abs 3** aufzustellen (§ 5 Abs 1 S 2 PublG). Dies gilt sinngemäß auch für die Aufstellung einer Konzernbilanz (§ 13 Abs 2 PublG iVm § 298 Abs 1).
Die Größen-Merkmale des § 1 PublG liegen jedoch mit mindestens mehr als
65 Mio Euro Bilanzsumme
130 Mio Euro Umsatzerlöse in 12 Monaten und/oder
5000 Arbeitnehmern im Durchschnitt von 12 Monaten
wesentlich über den Untergrenzen der großen KapGes gem § 267 Abs 3. Auch für das PublG genügt das Überschreiten von zwei Merkmalen. Die Pflichten nach PublG beginnen oder enden allerdings erst jeweils im dritten Jahr des Überschreitens oder Unterschreitens (§ 2 Abs 1 PublG). Werden diese Grenzwerte nicht erreicht, besteht für alle in § 3 Abs 1 PublG genannten Unt keine Pflicht, das Bilanzschema des § 266 anzuwenden.

F. Steuerrechtliche Bedeutung des § 266

KapGes, die den Gewinn nach § 5 Abs 1 EStG ermitteln, müssen den Grundsatz der Maßgeblichkeit der HB für die StB beachten; dazu § 243 Anm 111 ff. Dieser **Maßgeblichkeitsgrundsatz** erstreckt sich jedoch nur auf die Ansatzwahlrechte und die Bewertung; die Maßgeblichkeit wurde zwar immer stärker eingeschränkt, ist aber als Grundlage der steuerrechtlichen Gewinnermittlung beibehalten worden. **35**

Infolgedessen ist das Bilanzschema des § 266 (Ausweis, Reihenfolge und Bezeichnung der einzelnen Bilanzposten) an sich steuerrechtlich ohne Belang. Abweichungen zwischen HB und StB müssen daher *nicht* in die jeweiligen Posten des Bilanzschemas eingeordnet sein, sondern werden (auch zur Erleichterung der Überleitung zwischen beiden Bilanzen) oft einzeln nach Ausweis der Aktivposten und Passivposten der HB in der StB gesondert aufgeführt.

Vor A. Anlagevermögen

I. Ingangsetzungs- und Erweiterungskosten

Soweit gem § 269 aF „Aufwendungen für die Ingangsetzung und Erweiterung des Geschäftsbetriebs" gem Art 67 Abs 5 S 1 EGHGB fortgeführt werden, sind diese Aufwendungen unter dieser jeweiligen Bezeichnung vor dem Anlagevermögen gesondert auszuweisen. Das gilt auch für kleine KapGes/KapCoGes. Zum Ansatz und zur Abschreibung der aktivierten Aufwendungen vgl Aufl 6 Anm 53. **50**

A. Anlagevermögen

I. Immaterielle Vermögensgegenstände

1. Selbst geschaffene gewerbliche Schutzrechte und ähnliche Rechte und Werte

Nach § 248 Abs 2 besteht ein **Aktivierungswahlrecht** für selbst erstellte immaterielle VG des Anlagevermögens. Zu den Aktivierungsvoraussetzungen und zum Aktivierungszeitpunkt vgl § 247 Anm 375 ff. Ein Aktivierungsverbot besteht für selbst geschaffene Marken, Drucktitel, Verlagsrechte, Kundenlisten oder vergleichbare immaterielle VG des Anlagevermögens auf Grund der fehlenden selbstständigen Bewertbarkeit dieser Güter (§ 248 Abs 2 S 2). **59**

2. Entgeltlich erworbene Konzessionen, gewerbliche Schutzrechte und ähnliche Rechte und Werte sowie Lizenzen an solchen Rechten und Werten

Nach § 246 Abs 1 (Vollständigkeitsgrundsatz) besteht wie im Steuerrecht (in Anlehnung an BFH GrS 3.2.1969, BStBl II, 291) **Aktivierungspflicht** für sämtliche entgeltlich erworbene immaterielle VG. **60**

Der Posten ist inhaltlich weit gefasst. Neben **rechtlich abgesicherten Positionen** wie Konzessionen und Schutzrechten (zB befristete behördliche Genehmigungen zur Ausübung eines bestimmten Gewerbes, Patente, Lizenzen, und

§ 266 61–66 Bilanz

Urheber-, Verlagsrechte, Warenzeichen, Marken), umfasst er **ähnliche Rechte,** zB Nutzungs-, Vertriebs- und Belieferungsrechte, Wettbewerbsverbote, EDV-Software sowie Optionsrechte zum Aktien- oder Beteiligungserwerb. Mit **ähnlichen Werten** werden auch nur faktische Positionen von wirtschaftlichem Wert erfasst, wie zB ungeschützte Erfindungen, Know-how, Kundenkarteien und Archive (s ADS^6 § 266 Anm 28). Zu weiteren Einzelheiten s § 247 Anm 375 ff.

3. Geschäfts- oder Firmenwert

61 Der *derivative* GFW ist hier gesondert auszuweisen (Aktivierungspflicht gem § 246 Abs 1 S 4). Zum Begriff und den Voraussetzungen für die Aktivierung vgl § 247 Anm 405 ff.

62 Kommt es im Rahmen des § 24 UmwG zu einer Aufstockung der übergehenden VG beim übernehmenden Rechtsträger bis hin zur Aktivierung eines GFW als Restgröße, handelt es sich um einen unmittelbaren Anwendungsfall von § 246 Abs 1 S 4, wobei die Gegenleistung für die Übernahme des Unt im Buchwert der untergehenden und/oder der neu auszugebenden Ges-Rechte besteht (im Ergebnis ebenso ADS^6 § 266 Anm 30).

4. Geleistete Anzahlungen

64 Das Gliederungsschema des § 266 sieht den gesonderten Ausweis von geleisteten Anzahlungen für *entgeltlich erworbene* immaterielle VG vor. Eine Anzahlung ist gegeben bei einer Vorauszahlung auf den Kaufpreis, dh wenn vor der Verschaffung des (wirtschaftlichen) Eigentums am immateriellen VG bereits Zahlungen erfolgten. Vorauszahlungen für Leistungen von Dritten im Rahmen der Entwicklung von *selbst geschaffenen* immateriellen VG des Anlagevermögens sind unter Nr 1 auszuweisen, soweit vom Aktivierungswahlrecht Gebrauch gemacht wird. Vorauszahlungen auf **wiederkehrende Entgelte** für die Nutzung eines im Vermögen eines Dritten verbleibenden Anlageguts (für Nutzungsüberlassung auf Zeit) sind keine Anzahlungen, sondern ggf aktive RAP (s auch § 247 Anm 392; ADS^6 § 266 Anm 31).

II. Sachanlagen

1. Grundstücke, grundstücksgleiche Rechte und Bauten einschließlich der Bauten auf fremden Grundstücken

65 In diesem Posten werden vier Posten zusammengefasst. Ein gesonderter Ausweis von bebauten und unbebauten Grundstücken und grundstücksgleichen Rechten sowie die Unterscheidung von Geschäfts-, Fabrik- und anderen Bauten ggü Wohnbauten und Bauten auf fremden Grundstücken ist nicht vorgeschrieben. Vgl aber § 265 Anm 14 zur freiwilligen weiteren Untergliederung. Wegen der hier auszuweisenden VG s § 247 Anm 450 ff. Zur Abgrenzung von Gebäuden und technischen Anlagen, anderen Anlagen und Betriebsvorrichtungen s § 247 Anm 461 und § 253 Anm 394 ff.

2. Technische Anlagen und Maschinen

66 Der Begriff der technischen Anlagen umschreibt die der Produktion unmittelbar dienenden Anlagen (ADS^6 § 266 Anm 49) wie zB Lagerbehälter, Rohrleitungen oder Apparate der chemischen Industrie und außerdem die sog Betriebsvorrichtungen. Einzelheiten bei § 247 Anm 480 ff. Zur Abgrenzung von Gebäuden § 247 Anm 461 und § 253 Anm 414 ff.

3. Andere Anlagen, Betriebs- und Geschäftsausstattung

Gemeint sind hier Anlagen, die anders als die technischen Anlagen nicht unmittelbar der Produktion dienen. Es handelt sich um einen Sammelposten für alle Sachanlagen, die nicht unter den vorhergehenden Unterposten erfasst werden (*ADS*[6] § 266 Anm 55). Zum Inhalt dieses Postens § 247 Anm 500f und zur Abgrenzung ggü Gebäuden § 247 Anm 461 und § 253 Anm 420ff. 67

4. Geleistete Anzahlungen und Anlagen im Bau

Unter diesem Posten sind Anzahlungen (zum Begriff s § 247 Anm 545ff) auf Sachanlagen (§ 266 Abs 2 A II Ziff 1–3, Anm 65–67) auszuweisen sowie Anlagen im Bau. Zum Posteninhalt s § 247 Anm 546 und 561. 68

III. Finanzanlagen

Zum Begriff des Anlagevermögens im Hinblick auf Finanzanlagen § 247 Anm 356f. Von den immateriellen VG und den Sachanlagen unterscheiden sich Finanzanlagen insb dadurch, dass mit dem darin investierten Kapital nicht im eigenen Unt, sondern in fremden Unt gearbeitet wird, und sie keiner Abnutzung unterliegen. Das Gliederungsschema des § 266 sieht folgende **Untergliederung der Finanzanlagen** vor: 69
– Anteile an verbundenen Unt,
– Ausleihungen an verbundene Unt,
– Beteiligungen,
– Ausleihungen an Unt, mit denen ein Beteiligungsverhältnis besteht,
– Wertpapiere des Anlagevermögens,
– sonstige Ausleihungen.

Bei **GmbH** ist darüber hinaus § 42 Abs 3 GmbHG zu beachten, wonach **Ausleihungen an unmittelbare Gesellschafter** idR als solche gesondert auszuweisen oder im Anhang anzugeben sind; bei Ausweis unter einem anderen Posten ist der (Teil-)Posten durch einen Vermerk kenntlich zu machen (hierzu Anm 126). Entspr gilt für KapCoGes (§ 264c Abs 1). 70

Kleinstkapitalgesellschaften (§ 267a) wurde durch das MicroBilG mit Abs 1 S 4 zur Vereinfachung der Bilanzaufstellung eingeräumt, Finanzanlagen nicht mehr separat, sondern unter dem Oberbegriff Anlagevermögen (Abs 2 A) auszuweisen.

1. Anteile an verbundenen Unternehmen

Der Begriff der verbundenen Unt ist in § 271 Abs 2 definiert. Nur die dort gegebene Definition (§ 271 Anm 33ff), nicht hingegen diejenige des § 15 AktG ist für Bilanz-Zwecke anzuwenden. Zum Anteilsbegriff § 271 Anm 13. Hauptinhalt dieses Postens sind Anteile an TU. 72

Anteile an verbundenen Unternehmen sind in Abs 2 zum Ausweis im Umlaufvermögen (B III 1) vorgesehen, wenn sie *nicht* dazu bestimmt sind, dauernd dem Geschäftsbetrieb zu dienen (dazu § 247 Anm 350ff). Im Bereich des Anlagevermögens sind die an verbundenen Unt bestehenden Anteile stets als solche auszuweisen; dies gilt auch dann, wenn sie (wie Aktien) in Wertpapieren verbrieft sind.

Bei Aktien einer **herrschenden** oder mit **Mehrheit beteiligten** AG ist zu berücksichtigen, dass diese von dem TU nur unter den Beschränkungen des § 71d AktG erworben werden dürfen und jederzeit auf Verlangen der herrschenden Ges auf diese zu übertragen sind. Es erscheint daher (von Sonderfällen abge- 73 sehen) ausgeschlossen, dass Aktien einer herrschenden oder mit Mehrheit beteiligten AG auf Dauer dem Geschäftsbetrieb des TU dienen können. Im Regelfall liegen deshalb die Voraussetzungen des Anlagevermögens (hierzu § 271 Anm 20 ff) nicht vor, so dass ein Ausweis dieser Aktien im Umlaufvermögen als Anteile an verbundenen Unt (B III 1) oder als sonstige Wertpapiere (B III 2) zu erfolgen hat (vgl Begr B. RegE BilMoG zu Art 1 Nr 23 Abs 4). Nur wenn die Annahme gerechtfertigt ist, dass die herrschende AG *auf Dauer* von ihrem Erwerbsrecht keinen Gebrauch machen wird (und auch kein Veräußerungsgebot nach § 71c iVm § 71d S 4 AktG besteht), können Aktien einer herrschenden oder mit Mehrheit beteiligten AG Anlagevermögen sein. Sie sind dann bei der fast immer vorliegenden Verbundenheit iSv § 271 Abs 2 als Anteile an verbundenen Unt, andernfalls als Beteiligung (A III 3) oder als Wertpapiere des Anlagevermögens (A III 5) auszuweisen (*ADS*[6] § 266 Anm 74).

74 **Aktien von Schwestergesellschaften** unterliegen hingegen vorgenannten Beschränkungen des § 71d AktG nicht, sodass ihr Ausweis unter den allgemeinen Voraussetzungen des § 247 Abs 2 als Anlagevermögen, sonst als Umlaufvermögen zu erfolgen hat.

75 **Anteile** an einer **herrschenden** oder mit **Mehrheit beteiligten GmbH** unterliegen grds nicht den Beschränkungen des § 71d AktG (wohl aber den Erwerbsbeschränkungen des § 33 Abs 2 GmbHG, *Hueck/Fastrich* in Baumbach-Hueck[20] § 33 GmbHG Anm 21, *Lutter/Hommelhoff*[18] § 33 Anm 21 ff). Ihr Ausweis hat im Anlagevermögen zu erfolgen, wenn sie dauernd dem Geschäftsbetrieb dienen sollen. Handelt es sich weder um eine Beteiligung (§ 271 Abs 1) noch um ein verbundenes Unt (§ 271 Abs 2), sind diese Anteile trotz fehlender Wertpapier-Eigenschaft vorzugsweise bei den Wertpapieren des Anlagevermögens auszuweisen. Gehören die Anteile zum Umlaufvermögen, kommt ein Ausweis als sonstige VG oder als Anteile an verbundenen Unt in Betracht (Anm 128 ff und Anm 135 ff). Bei **KapCoGes** sind Anteile an KomplementärGes bei den Anteilen an verbundenen Unt oder bei den Beteiligungen auszuweisen (§ 264c Abs 4 S 1).

76 Für Anteile an herrschenden oder mit Mehrheit beteiligten Unt (sowohl AG als auch GmbH) sind (ebenso wie für Anteile an KomplementärGes einer KapCoGes) Rücklagen nach § 272 Abs 4 zu bilden; hierzu § 272 Anm 300 ff.

2. Ausleihungen an verbundene Unternehmen

77 Unter **Ausleihungen** werden ausschließlich Forderungen verstanden, welche gegen Hingabe von Kapital erworben wurden. Eine Ausleihung kann allerdings auch dadurch entstehen, dass eine andere Forderung im Wege der Novation in eine Darlehens- und damit in eine Kapitalforderung umgewandelt wird. Auch partiarische Darlehen sowie stille Beteiligungen, soweit diese am Verlust nicht teilnehmen, (hierzu § 271 Anm 15) zählen zu den Ausleihungen. Kapitalforderungen, die als Anlagevermögen zu beurteilen sind (hierzu § 247 Anm 357), werden stets als Ausleihungen ausgewiesen. Davon abzugrenzen sind langfr Forderungen aus Lfg und Leistungen, die keine Ausleihungen darstellen. Soweit der Schuldner ein verbundenes Unt iSv § 271 Abs 2 ist, müssen die Kapitalforderungen als Ausleihungen an verbundene Unt ausgewiesen werden.

3. Beteiligungen

78 Als Beteiligungen sind Anteile an anderen Unt auszuweisen, wenn die Voraussetzungen des § 271 Abs 1 (dort Anm 8 ff), nicht jedoch die Verbundenheitsmerkmale des § 271 Abs 2 (dort Anm 33 ff) erfüllt sind. Anders als im KA (§ 311) ist im JA ein Sonderausweis von Beteiligungen an assoz Unt nicht gebo-

Gliederung der Bilanz 79, 80 § 266

ten, aber zulässig (§ 265 Abs 5 S 1). Der Frage, ob eine Beteiligung auf Grund eines wirksamen oder aber eines nichtigen bzw schwebend unwirksamen Anschaffungsgeschäfts erworben wurde, kommt für deren Ausweis keine Bedeutung zu, sofern dem Grunde nach die Aktivierungsfähigkeit zu bejahen ist. Für den Ausweis geleisteter Anzahlungen auf Beteiligungen sieht das Gesetz keine ausdrückliche Regelung vor; hier erscheint das Hinzufügen eines neuen Postens (A III7) angezeigt (§ 265 Abs 5 S 2); *ADS*[6] § 266 Anm 94 hält auch Ausweis unter den sonstigen VG für zulässig.

Ausleihungen (Schuldscheine, Darlehen) oder andere Forderungen an ein BetUnt sind nicht bei den Beteiligungen, sondern als „Ausleihungen an Unt, mit denen ein Beteiligungsverhältnis besteht" (Anm 79) – bzw im Umlaufvermögen bei „Forderungen gegen Unt, mit denen ein Beteiligungsverhältnis besteht" (Anm 122) – auszuweisen; dies gilt auch für Forderungen an PersGes. Auch, wenn eine Ausleihung oder Forderung insolvenzrechtlich als (eigen)kapitalersetzend zu beurteilen ist, ist sie als Ausleihung bzw Forderung und nicht als Beteiligung auszuweisen (BFH 6.11.2003, DStR 2004, 593).

4. Ausleihungen an Unternehmen, mit denen ein Beteiligungsverhältnis besteht

Ausleihungen (Anm 77, 82) an Unt, mit denen ein Beteiligungsverhältnis besteht, können sowohl beim beteiligten Unt als auch bei einem BetUnt vorkommen. Ob ein Beteiligungsverhältnis vorliegt, bestimmt sich nach § 271 Abs 1 (§ 271 Anm 8 ff). Liegen zugleich auch die Voraussetzungen des § 271 Abs 2 vor, hat der Ausweis unter Ausleihungen an verbundene Unt Vorrang. Im JA ist ein Sonderausweis von Ausleihungen an assoz Unt nicht geboten, aber zulässig (§ 265 Abs 5 S 1).

5. Wertpapiere des Anlagevermögens

Als Wertpapiere des Anlagevermögens kommen **Inhaber- und Orderpapiere** in Betracht, welche nach Art und Ausstattung übertragbar und im Bedarfsfall verwertbar sind. Gesetzliche oder vertragliche Einschränkungen der Fungibilität sind insoweit ohne Belang; in solchen Fällen können Angaben im Anhang geboten sein (ebenso *ADS*[6] § 266 Anm 87). Um als Finanzanlagen ausgewiesen zu werden, müssen die Papiere jedoch der **längerfristigen Kapitalanlage** dienen. Dies ist idR nicht der Fall bei Wertpapieren, die dem Zahlungsverkehr (zB Banknoten, Schecks), der kurzfristigen Finanzierung (zB Wechsel, Euro-Notes, Commercial Papers) oder der Abwicklung des Warenverkehrs (zB Konnossemente, Ladescheine, Lagerscheine, Transportversicherungspolicen) dienen, wohl aber denkbar bei den sog **Kapitalmarktpapieren** (vgl § 2 Abs 1 WpHG), zB:
– Aktien,
– Pfandbriefe,
– Kommunalobligationen,
– Industrie- bzw Bankobligationen, Asset-backed Securities,
– Investmentanteile,
– Anteile an offenen Immobilienfonds,
– Genussscheine,
– Wandelschuldverschreibungen,
– Optionsscheine,
– Gewinnschuldverschreibungen,
– *Certificates of Deposit.*

Darüber hinaus dürfen auch die im Wertpapiergeschäft der Banken den Effekten gleichgestellten und sammelverwahrungsfähigen **Wertrechte,** namentlich

Bundesschatzbriefe, Finanzierungsschätze, Bundesobligationen und -anleihen trotz fehlender Wertpapiereigenschaft als Wertpapiere des Anlagevermögens ausgewiesen werden.

81 Da **GmbH-Geschäftsanteile** nicht verbrieft sind, dürfen sie auch dann, wenn sie ausnahmsweise nicht Beteiligungen oder Anteile an verbundenen Unt darstellen, nicht unter den Wertpapieren ausgewiesen werden. Hierfür kommen – wie auch für Mitgliedschaften in eG – ein den Finanzanlagen hinzuzufügender Unterposten (§ 265 Abs 5) oder der Ausweis unter „Sonstige Ausleihungen" (A III 6) in Betracht (so auch *WPH*[14] I, F Anm 270; *ADS*[6] § 266 Anm 93). Im zweiten Fall ist jedoch die Postenbezeichnung entspr anzupassen (§ 265 Abs 6).

Nicht um Wertpapiere handelt es sich bei den sog. qualifizierten **Legitimationspapieren** (§ 808 BGB, zB **Sparbücher**) und bei Beweisurkunden (zB Schuldscheine oder Schuldanerkenntnisse), deren Übertragung zum Übergang der in ihnen bezeichneten Rechte nicht genügt. Hier kommt es für den Ausweis (idR unter sonstigen Ausleihungen) auf die Art der in der Urkunde versprochenen Leistung an.

6. Sonstige Ausleihungen

82 Ausleihungen an nicht verbundene und auch nicht in einem Beteiligungsverhältnis stehende Unt sowie Ausleihungen an sonstige Schuldner sind bei vereinbarter Langfristigkeit (vgl § 247 Anm 357) als **sonstige Ausleihungen** auszuweisen, soweit sie nicht in Wertpapieren verbrieft sind. Hierzu können auch Vorauszahlungen auf Grund längerfristiger Miet- oder Pachtverträge sowie Organkredite (§§ 89, 115, 286 Abs 2 S 4 AktG, § 43a S 1 GmbHG) gehören (*ADS*[6] § 266 Anm 89); ferner Genussrechte, wenn sie nicht oder in Form von Namenspapieren verbrieft sind (HFA 1/1994 Abschn 3.1.).

B. Umlaufvermögen

I. Vorräte

1. Roh-, Hilfs- und Betriebsstoffe

90 **Rohstoffe** gehen bei ProduktionsUnt als Hauptbestandteile und **Hilfsstoffe** (zB Schrauben) als Bestandteile von untergeordneter Bedeutung in die Fertigung ein. **Betriebsstoffe** dienen als Verbrauchsgüter nicht nur der Fertigung, sondern auch den übrigen betrieblichen Bereichen. Selbsterstellte Roh-, Hilfs- und Betriebsstoffe sind nicht hier, sondern unter Unfertige Erzeugnisse auszuweisen.

Rohstoffe können auch Fertigerzeugnisse vorgelagerter Produktionsstufen sein, die vom bilanzierenden Unt zur weiteren Be- und Verarbeitung erworben wurden (zB Stahl beim Maschinenbau, Zement, Kalk und Gips in der Bauwirtschaft). Das gilt auch für Produkte, die nur noch in Erzeugnisse eingebaut werden sollen (in fertigen Erzeugnissen nachweisbare „Einbauteile" der Zulieferindustrie wie zB Getriebe, Reifen, Pumpen, Batterien, Ventile, Elektro-Motoren; *ADS*[6] § 266 Anm 103 u *WPH*[14] I, F Anm 273).

91 Zu den **Hilfs- und Betriebsstoffen** gehören auch Bestände an Verpackungsmitteln; bei Fertigungsbetrieben fallen hierunter insb solche **Verpackungsmittel,** durch die die Erzeugnisse verkaufsfähig gemacht werden, zB Flaschen und ähnliche Behälter, die Hilfsstoffe darstellen (*ADS*[6] § 266 Anm 104). **Betriebsstoffe** sind auch (noch nicht ausgegebenes) Büromaterial, Werbemittel, Heizungsmaterial, Treibstoffe für Transportmittel und Vorräte der Werksküchen

(*ADS*⁶ § 266 Anm 105). Ferner fallen unter Betriebsstoffe **Reparaturmaterialien** und **Ersatzteile** für Maschinen usw, die dem Umlaufvermögen zugerechnet werden. Neuerdings auch Emissionsrechte, die im Produktionsprozess des Unt verwendet werden und wie Verbrauchsgüter zu behandeln sind (IDW RS HFA 15, Tz 5 ff). In § 275 Anm 115 gibt es weitere Bspe. Zur Abgrenzung der Zuordnung von Werkzeugen, Ersatzteilen und Reparaturmaterialien für eigengenutzte Sachanlagen zum Anlage- oder Umlaufvermögen s § 247 Anm 352.

Roh-, Hilfs- und Betriebsstoffe **unterscheiden** sich von den unfertigen und **92** fertigen Erzeugnissen dadurch, dass sie fremdbezogen und am Bilanzstichtag noch nicht be- oder verarbeitet sind; sie sind im Unterschied zu Waren auch nicht dazu bestimmt, ohne Be- oder Verarbeitung veräußert zu werden. Dennoch können in der Praxis Abgrenzungsfragen entstehen (hierzu Anm 98 f u *WPH*¹⁴ I, F Anm 272).

2. Unfertige Erzeugnisse, unfertige Leistungen

Bei **unfertigen Erzeugnissen** sind im Unterschied zu Roh-, Hilfs- und Betriebsstoffen sowie Waren am Bilanzstichtag HK, insb Fertigungslöhne, aber auch **93** Materialkosten für die eingesetzten Rohstoffe angefallen. Sie sind aber – anders als fertige Erzeugnisse – noch nicht in dem Zustand, in dem sie verkauft werden sollen. Daher gehören auch Erzeugnisse, die diesen Zustand nur noch durch Lagerung (zB biologischer Reifeprozess) erreichen, zu den unfertigen Erzeugnissen (so auch *Dusemond/Heusinger-Lange/Knop* im HdR⁵ § 266 Anm 73 und *ADS*⁶ § 266 Anm 107 mit den Bsp von Holz, Wein, Spirituosen und Käse). Ist in den unfertigen Erzeugnissen *nur ein* Produkt enthalten, darf die Postenbezeichnung auch zB „Wein" lauten. Zu den unfertigen Leistungen s Anm 100 ff.

Abfälle, die in der Produktion entstanden sind, können unfertige Erzeugnisse sein, wenn sie anderweitig in der Fertigung (zB als Beimischung) verwendet werden; sie sind fertige Erzeugnisse, wenn sie als Abfälle/Schrott verkauft werden (*ADS*⁶ § 266 Anm 108).

In Fällen der **Veredelung** werden die dem Veredeler zur Verfügung gestellten **94** Rohstoffe beim Auftraggeber aktiviert. Der Veredeler weist unfertige Leistungen aus oder unfertige Erzeugnisse, wenn er bei der Veredelung auch selbst beschafftes Material in wesentlichem Umfang eingesetzt hat. Etwas anderes gilt nur, wenn dem Veredeler das wirtschaftliche Eigentum an dem zu bearbeitenden Material zugerechnet wird (weil er statt des erhaltenen Materials auch eigenes verwendet oder verwenden darf und das beigestellte mit dem eigenen Material vermischt ist); dann aktiviert der Veredeler das Material als Rohstoff oder bei den unfertigen Erzeugnissen und passiviert eine Lieferverpflichtung in gleicher Höhe. Entspr aktiviert der Auftraggeber statt des Materials eine Forderung in Höhe des Herausgabeanspruchs (hierzu *Schmidt/Labrenz* in Beck HdR B 214 Anm 16).

Auch **immaterielle Vermögensgegenstände** können zu den unfertigen **95** (oder fertigen) Erzeugnissen gehören. Dabei kommen zB zur Veräußerung bestimmte EDV-Software und Patente in Betracht. Dasselbe gilt für Filme, die in echter Auftragsproduktion hergestellt wurden (BFH 20.9.1995, BStBl 1997 II, 320).

Auch **unfertige Bauten** bei BauUnt oder unfertige (Spezial-)maschinen gehören zu den unfertigen Erzeugnissen (nähere Einzelheiten s § 247 Anm 65 und **96** *ADS*⁶ § 266 Anm 109).

Wenngleich die **Abgrenzung der einzelnen Arten** des Vorratsvermögens **98** zunächst eindeutig erscheint, kann es in der Praxis zu erheblichen Abgrenzungsfragen kommen. So können zB bestimmte VG sowohl als Rohstoffe in die Produktion eingehen oder aber auch ohne Be- oder Verarbeitung verkauft werden (dann Waren). Erzeugnisse können sowohl fertiggestellt, aber auch in unfertigem Zustand verkauft werden (dann dennoch fertige Erzeugnisse). Schließlich können sich auch die Bestände an verkaufsbereiten Erzeugnissen aus (selbst hergestellten) fertigen Erzeugnissen und aus hinzugekaufter Ware zusammensetzen (hierzu *Schmidt/Labrenz* in Beck HdR B 214 Anm 8 und *Dusemond/Heusinger-Lange/Knop* in HdR[5] § 266 Anm 74). Das Problem besteht darin, dass es bei gleichen VG schwierig sein kann, die Herkunft zu identifizieren (als selbst hergestellt oder als hinzugekauft). In manchen Fällen dürfte es nahezu unmöglich sein, bereits bei der Inventur (bei gleicher Artikelnummer) Erkenntnisse darüber zu haben, welche VG als Rohstoffe oder unfertige Erzeugnisse weiterverarbeitet und welche ohne (weitere) Be- oder Verarbeitung (als Ware oder als fertige Erzeugnisse) verkauft werden.

99 Es muss daher zulässig sein, solche Vorräte nur unter einem der in Frage kommenden Posten auszuweisen, wobei der Posten vorzuziehen ist, der am weitesten von der Umsatzrealisierung entfernt ist (*Dusemond/Heusinger-Lange/Knop* in HdR[5] § 266 Anm 65 präferieren den Ausweis unter jeweils eigenständigen Posten, wenn die zusammen auszuweisenden VG von erheblicher Bedeutung sind). Auch die Zusammenfassung zu einem Posten mit eigener Bezeichnung, zB unfertige und fertige Erzeugnisse als „Erzeugnisse" kann in Betracht kommen (s ADS[6] § 266 Anm 100). Derartige Lösungen müssen sich aber auf Fälle beschränken, in denen es für den Ausweis unter den vorgesehenen Posten keine Anhaltspunkte gibt (s auch ADS[6] § 266 Anm 100), die Zuordnung also nur willkürlich erfolgen könnte; solche Fälle lassen sich weder nach § 265 Abs 5 (Hinzufügen *neuer* Posten) noch nach § 265 Abs 7 Nr 2 (Zusammenfassung erfordert Anhangangabe) lösen. Bei einer Zusammenfassung ist eine entspr Anhangangabe erforderlich und das Stetigkeitsgebot zu beachten (§ 265 Anm 2, s auch *Dusemond/ Heusinger-Lange/Knop* in HdR[5] § 266 Anm 65).

100 Die Postenbezeichnung schließt **unfertige Leistungen** ein, die grds zusammen mit den unfertigen Erzeugnissen ausgewiesen werden (s ADS[6] § 266 Anm 98 und 109; aA *Dusemond/Heusinger-Lange/Knop* in HdR[5] § 266 Anm 72, die eine Anpassung der Formulierung zur Kennzeichnung des Posteninhalts sowie einen getrennten Ausweis unfertiger Leistungen und unfertiger Erzeugnisse fordern). Zu den unfertigen Leistungen gehören die in Ausführung befindlichen Aufträge von DienstleistungsUnt (zB BeratungsUnt) wie auch die von BauUnt auf fremdem Grund und Boden errichteten unfertigen Bauten (dazu auch § 247 Anm 64 ff).

103 Bei BauUnt und DienstleistungsUnt kann eine **abweichende Postenbezeichnung** zur Klarstellung geboten sein (§ 265 Anm 16). Für BauUnt kommen zB „in Ausführung befindliche Bauaufträge" oder „unfertige Bauten und Leistungen" in Betracht. DienstleistungsUnt dürfen ihre unfertigen Leistungen etwa mit „in Ausführung befindliche Aufträge" oder „unfertige Arbeiten" bezeichnen (weitere Einzelheiten s § 247 Anm 65 f).

3. Fertige Erzeugnisse und Waren

104 **Fertige Erzeugnisse** sind selbst hergestellte, verkaufsfertige VG. Zu den fertigen Erzeugnissen gehören auch selbst erzeugte **Ersatzteile** für Verkaufsprodukte. Bspw sind eigenerstellte **Geschenkartikel** den fertigen Erzeugnissen und fremdbezogene Geschenkartikel den Betriebsstoffen oder Waren zuzurechnen.

105 **Leihemballagen** (Transportkisten, Paletten, leere Flaschen, Behälter, etc) gehören idR zum Anlagevermögen. Haben die Abnehmer die Wahl zwischen Kauf und Rückgabe, dürfen selbst hergestellte VG dieser Art als fertige Erzeugnisse oder als Waren (wenn fremdbezogen) ausgewiesen werden (glA WPH[14] I, F

Anm 275 und *Schmidt/Labrenz* in Beck HdR B 214 Anm 9). Bei Pfandberechnung treten an die Stelle der Erfassung unter den Vorräten die entspr Forderungen; zu diesen sind idR Rückstellungen zu bilden.

Waren sind angeschaffte Gegenstände, die ohne oder nur nach geringfügiger 106
Be- oder Verarbeitung verkauft werden sollen (hM, zB *Dusemond/Heusinger-Lange/Knop* in HdR[5] § 266 Anm 74). Unterwegs befindliche Waren (bereits erworben, aber noch nicht geliefert) sind ab dem Zeitpunkt des Gefahrenübergangs (§§ 446, 447 BGB) beim Erwerber bilanziell zu erfassen. VG, die nicht zur planmäßigen Handelstätigkeit des Unt gehören (zB zu verwertendes Sicherungsgut), sind nicht als Waren, sondern als sonstige VG auszuweisen (ebenso *ADS*[6] § 266 Anm 114). Ob letzteres auch für Waren gilt, die im Rahmen von **Kompensationsgeschäften** erworben wurden (so *ADS*[6] § 266 Anm 114), erscheint zweifelhaft, wenn der Erwerb und die Verwertung derartiger Waren regelmäßig erfolgt; sie sollten dann als Waren unter den Vorräten bilanziert werden.

Zur Abgrenzung ggü anderen Arten von Vorräten s Anm 98f und ggü Forderungen § 247 Anm 80ff.

Fertige und abgenommene Leistungen sind als Forderungen auszuweisen, 107
auch wenn sie noch nicht abgerechnet sind (ebenso *ADS*[6] § 266 Anm 118; aA
Dusemond/Heusinger-Lange/Knop in HdR[5] § 266 Anm 77, die für den Fall noch nicht abgerechneter Dienstleistungen auch den Ausweis als Vorratsvermögen für zulässig halten und hierfür einen gesonderten Posten empfehlen).

Noch **nicht** iSv § 640 BGB **abgenommene Leistungen** sind nicht fertig- 108
gestellt, weil erst nach Abnahme damit gerechnet werden kann, dass der Besteller keine Nachbesserungen verlangt. Sie dürfen schon deswegen nicht als „fertige Erzeugnisse und Waren" ausgewiesen werden (so auch *Matschke* aaO § 266 Anm 92 mit dem Vorschlag einer entspr Anpassung der Postenbezeichnung). Als „abgenommen" gelten auch Leistungen, wenn der Abnahme nur noch geringfügige Nacharbeiten entgegenstehen oder wenn der Abnehmer in Verzug gesetzt worden ist.

4. Geleistete Anzahlungen

Bei diesem Posten muss es sich um Anzahlungen auf Lfg von VG des **Vor-** 109
ratsvermögens handeln. Hierzu gehören auch die an Unterlieferanten weitergeleiteten erhaltenen Anzahlungen auf Vorräte ohne gesonderten Ausweis. Im Übrigen entspricht der Begriff den geleisteten Anzahlungen auf Sachanlagen; hierzu § 247 Anm 545ff.

Geleistete Anzahlungen, die nicht das Vorratsvermögen betreffen, sind nach 110
§ 266 nur gesondert auszuweisen, soweit es sich um Anzahlungen auf immaterielle VG (Anm 64) oder Anzahlungen auf Sachanlagen (Anm 68) handelt. Für geleistete Anzahlungen auf **nicht aktivierungsfähige Vermögensgegenstände** oder auf Dienstleistungen, zB Beratungsleistungen, ist hingegen kein gesonderter Bilanzausweis vorgesehen; solche Anzahlungen sind daher unter den **sonstigen Vermögensgegenständen** zu erfassen (dazu auch § 247 Anm 122), soweit es sich nicht um Forderungen gegen verbundene oder gegen Unt, mit denen ein Betverhältnis besteht, handelt.

Erhaltene Anzahlungen auf Bestellungen von VG des Vorratsvermögens 111
(s auch Anm 225) dürfen nach § 268 Abs 5 S 2 **wahlweise** als Verbindlichkeiten ausgewiesen oder auf der Aktivseite offen von dem Posten „Vorräte" abgesetzt werden (*WPH*[14] I, F Anm 277ff). Dies verstößt nicht gegen das Saldierungsverbot des § 246 Abs 2. Eine Saldierung mit geleisteten Anzahlungen ist jedoch nach § 246 Abs 2 unzulässig. Das gilt auch, wenn es sich um weiterzuleitende Zahlungseingänge handelt.

II. Forderungen und sonstige Vermögensgegenstände

1. Forderungen aus Lieferungen und Leistungen

112 Zum **Begriff** der Forderungen aus Lfg und Leistungen § 247 Anm 75 ff; zum Zeitpunkt ihrer Realisierung (Bilanzierung) und zum Abgang von Forderungen § 247 Anm 80 ff und Anm 110 ff.

113 Als Forderungen aus Lfg und Leistungen sind die Forderungen aus Verträgen auszuweisen, die die **Haupttätigkeit** des Unt betreffen (*ADS*[6] § 266 Anm 120); solche Forderungen entsprechen den Geschäftsvorfällen, die in der GuV unter **Umsatzerlöse** (dazu § 275 Anm 47 ff) auszuweisen sind.

Forderungen aus Umsatzgeschäften, die *nicht* die gewöhnliche Geschäftstätigkeit des Unt betreffen, oder Forderungen, denen kein Umsatzgeschäft zugrunde liegt, dürfen hier nicht ausgewiesen werden. Dazu gehören zB Miet- oder Pachtforderungen eines IndustrieUnt (aA *Poullie* in HdJ Abt II/6 Anm 103, der einen Ausweis bei den Forderungen für zulässig erachtet), Forderungen aus dem Verkauf von Anlagevermögen und von VG des Umlaufvermögens außer Vorratsvermögen oder Darlehens- oder Schadensersatzforderungen (*Dusemond/Heusinger-Lange/Knop* in HdR[5] § 266 Anm 83).

Auch Forderungen aus bargeldlosen Umsatzgeschäften gegen ein Kreditkarten-Unt (oder auch Online-Zahlungsdienstleister), die durch Unterzeichnung des Belastungsbelegs seitens des Kreditkarteninhabers entstehen und **gestundete Forderungen** aus Lfg und Leistungen (ggf Vermerkpflicht nach § 268 Abs 4 S 1) sind weiter hier auszuweisen; erst wenn die Forderung in ein **Darlehen** mit Tilgung und Verzinsung **umgewandelt** wird, erfolgt ab diesem Zeitpunkt ein Ausweis unter den sonstigen Ausleihungen (Anm 82) oder unter den sonstigen VG (§ 247 Anm 120). Zur Bewertung der Forderungen, insb im Hinblick auf Preisnachlässe, Rabatte und Bonusgewährung § 253 Anm 569 ff für Einzelabwertungen und Anm 576 ff für Pauschalabwertungen sowie *WPH*[14] I, E Anm 571.

114 Bei **Energie- und Wasserversorgungsunternehmen** ist es zulässig, den abgegrenzten Verbrauch zwischen Ablese- und Bilanzstichtag auch dann unter den Forderungen aus Lfg und Leistungen auszuweisen, wenn die **Abrechnung** noch aussteht; hierauf ist im Anhang hinzuweisen; hierzu IDW PH 9.314.1.

115 **Besitzwechsel** sind unter den zugrunde liegenden Forderungen, zB Forderungen aus Lfg und Leistungen, auszuweisen. Sie gehören nicht zu den flüssigen Mitteln.

117 Auf Lfg und Leistungen beruhende Forderungen gegen **verbundene Unternehmen** oder gegen Unt, mit denen ein **Beteiligungsverhältnis** besteht, dürfen hier nicht ausgewiesen werden (glA *WPH*[14] I, F Anm 284, Ausweis unter Forderungen gegen verbundene Unt). Das gleiche gilt für Forderungen an die **Gester einer GmbH oder KapCoGes** s Anm 126. Ggf kann ein Vermerk der Mitzugehörigkeit nach § 265 Abs 3 S 1 zum Posten Lfg und Leistungen der Klarstellung dienen. Dies kann entweder in der Bilanz oder im Anhang erfolgen.

2. Forderungen gegen verbundene Unternehmen

118 Zum **Begriff der verbundenen Unternehmen** § 271 Anm 33 ff. **Verbundenheit** besteht zu allen MU, aber auch zu *deren* TU, zB auch zu SchwesterUnt. **Ausleihungen** an verbundene Unt sind unter Finanzanlagen auszuweisen (Anm 77). Unter den **Forderungen** gegen verbundene Unt im Umlaufvermögen sind daher stets alle übrigen Forderungen zu erfassen, also insb solche aus Lfg und Leistungen, aus dem sonstigen Verrechnungs- und Finanzverkehr sowie aus Beterträgen und Untverträgen (§§ 291, 292 AktG). Für den Ausweis als Forderung gegen verbundene Unt kommt es nur darauf an, dass der Schuldner am Bilanzstichtag ein verbundenes Unt ist und nicht, dass auch bei Entstehung der Forderung Verbundenheit bestanden hat (s *ADS*[6] § 266 Anm 129).

Forderungen an verbundene Unt – abgesehen von Ausleihungen – dürfen nicht **119** unter **anderen Posten** ausgewiesen werden (aA *Pouille* HdJ Abt II/6 Anm 109; hM für den vorrangigen Ausweis als Forderungen gegen verbundene Unt *ADS*[6] § 266 Anm 124; *Dusemond/Heusinger-Lange/Knop* in HdR[5] § 266 Anm 85).

Werden Forderungen gegen verbundene Unt sachbezogen zB unter Forderungen aus Lfg und Leistungen oder Guthaben bei Kreditinstituten ausgewiesen, ist auf ihre **Mitzugehörigkeit** zu dem Posten „Forderungen gegen verbundene Unt" durch einen Davon-Vermerk mit Angabe des entspr Teilbetrags hinzuweisen. Entspr schreibt § 265 Abs 3 S 1 den Vermerk der Mitzugehörigkeit zu den betr sachbezogenen Posten vor, wenn die Forderungen gegen verbundene Unt als solche ausgewiesen werden. In diesem Fall wird allerdings die Vermerk- oder Angabepflicht in der Praxis oft nicht beachtet.

Enthalten bei **GmbH** und **KapCoGes** die Forderungen gegen verbundene Unt auch **Forderungen an Gester,** sind diese Forderungen zusätzlich zu vermerken.

Nach der rechtlichen Betrachtungsweise entsteht der Anspruch auf **Beteili-** **120** **gungserträge** und damit die Aktivierungspflicht mit dem Gewinnverwendungsbeschluss der UnterGes (TU). Nach den Entscheidungen des EUGH (27.6.1996 WPg, 524f) und des BGH (12.1.1998 DB, 567ff) *muss* die Dividende bei der OberGes *phasengleich* bilanziert werden, wenn die folgenden Voraussetzungen erfüllt sind: das MU ist zu 100% an einer GmbH/AG beteiligt; die Tochter-GmbH/AG ist abhängiges Konzern-Unt iSv §§ 17 Abs 2, 18 Abs 1 S 3 AktG; die GesV der abhängigen Tochter-GmbH bzw die Verwaltung der AG ggf die HV haben die Feststellung des JA und die Gewinnverwendung für das abgelaufene Gj beschlossen, bevor die Prüfung des JA des MU beendet ist; MU und TU haben ein übereinstimmendes Gj und der JA des TU vermittelt ein den tatsächlichen Verhältnissen entspr Bild der VFE-Lage. Faktisch kann die zeitliche Abfolge jedoch gestaltet werden, um eine phasengleiche Gewinnvereinnahmung entweder zu erreichen oder zu vermeiden.

Bei einer Mehrheitsbeteiligung unter 100% ist ebenfalls von einer Bilanzierungspflicht auszugehen, wenn das Gj des TU nicht nach dem des MU endet und vor Abschluss der Prüfung beim MU der JA des TU festgestellt worden ist und das herrschende MU allein in der Lage ist, den entspr Gewinnverwendungsbeschluss durchzusetzen (s auch § 275 Anm 177; Auflistung bei *Borchert/Budde* in HdR[5] § 275 Anm 79). Nach der wirtschaftlichen Betrachtungsweise besteht in anderen Fällen nach BGH 3.11.1975 (WPg 1976, 80) weiterhin **Aktivierungswahlrecht** (zB JA des TU ist festgestellt vor Beendigung der JAP beim MU und Vorliegen eines entspr Gewinnverwendungsvorschlags beim TU).

Für die **Steuerbilanz** gilt nach dem Beschluss des Großen Senats des BFH vom **121** 7.8.2000 (DStR, 1682ff), dass bei Vorliegen der vom EUGH/BGH aufgestellten Voraussetzungen, eine phasengleiche Bilanzierung von Gewinnansprüchen zwischen KapGes nicht mehr zulässig ist bzw laut BFH nur noch in äußerst seltenen Ausnahmefällen (s § 275 Anm 177). Hinsichtlich der Aktivierbarkeit stellt der BFH ausschließlich auf den Gewinnverwendungsbeschluss ab. Datiert der vom TU gefasste Beschluss nach dem Stichtag des JA des MU, ist eine phasengleiche Bilanzierung grds ausgeschlossen. Die vom BFH zur Begr dieser RsprÄnderung vorgebrachten Argumente (ua Qualifizierung des handelsrechtlichen Wahlrechts als steuerrechtlich unbeachtliche Bilanzierungshilfe; Interpretation des Wertaufhellungsprinzips; DStR 2000, 1686f) vermögen jedoch nicht zu überzeugen. IE führt dies zu einer Durchbrechung des Maßgeblichkeitsgrundsatzes nach § 5 Abs 1

EStG und infolge einer nunmehr abw Rspr oberster Gerichte zu einem Verstoß gegen die Einheitlichkeit der Rechtsordnung (*Henze* DB 2003, 2162).

3. Forderungen gegen Unternehmen, mit denen ein Beteiligungsverhältnis besteht

122 Der **Begriff der Beteiligung** ist in § 271 Abs 1 umschrieben (hierzu § 271 Anm 8 ff). Die Forderungen an Unt, mit denen ein Betverhältnis besteht, umfassen nicht nur die Forderungen gegen ein Unt, an dem eine Bet gehalten wird, sondern auch im Umkehrverhältnis Forderungen gegen Gester, die eine Bet halten (*WPH*[14] F Anm 284). Es muss aber ein unmittelbares Betverhältnis bestehen (*ADS*[6] § 266 Anm 132). Handelt es sich bei den Unt um verbundene Unt, hat der Ausweis als Forderung gegen verbundene Unt Vorrang.

Längerfristige **Ausleihungen** an Unt, mit denen ein Beteiligungsverhältnis besteht, sind unter den Finanzanlagen auszuweisen (Anm 79), ebenso die Beteiligung als solche (Anm 78).

Für **Inhalt und Abgrenzung** der hier auszuweisenden Forderungen gelten die Ausführungen zu den Forderungen gegen verbundene Unt ebenso wie für die erforderlichen Davon-Vermerke entspr (Anm 118 ff). Es ist nicht zulässig, Forderungen gegen Unt, mit denen ein Betverhältnis besteht, sachbezogen unter **anderen** Posten mit entspr Davon-Vermerken auszuweisen (näheres Anm 119).

Enthalten bei **GmbH** und **KapCoGes** die Forderungen gegen Unt, mit denen ein Betverhältnis besteht, auch **Forderungen an Gester,** sind diese Forderungen zusätzlich zu vermerken.

4. Sonderposten bei den Forderungen

123 **Eingeforderte, noch nicht eingezahlte ausstehende Einlagen:** Werden nach der durch das BilMoG geänderten Ausweisregel (Pflicht zum Nettoausweis) gem § 272 Abs 1 S 3 die nicht eingeforderten ausstehenden Einlagen auf der Passivseite offen vom **gezeichneten Kapital** abgesetzt und verbleibt ein Betrag „**Eingefordertes Kapital**", ist nach § 272 Abs 1 S 3 Hs 2 der eingeforderte, aber noch nicht eingezahlte Betrag unter den Forderungen *gesondert* auszuweisen und entspr zu bezeichnen (Anm 171 und § 272 Anm 15).

124 **Einzahlungsverpflichtungen persönlich haftender Gesellschafter (KGaA und KapCoGes):** Übersteigt der auf den Kapitalanteil eines phG entfallende Verlust den Kapitalanteil, ist nach § 286 Abs 2 S 3 AktG der den Kapitalanteil übersteigende Betrag auf der Aktivseite unter der Bezeichnung „**Einzahlungsverpflichtungen persönlich haftender Gesellschafter**" unter den Forderungen gesondert auszuweisen. Dieser Ausweis setzt voraus, dass in dieser Höhe eine Zahlungsverpflichtung des Komplementärs vorliegt (§ 286 Abs 2 S 3 AktG). Gleiches gilt für KapCoGes gem § 264c Abs 1. Bestehen solche Forderungen gegen **mehrere Komplementäre,** darf nicht zusammengefasster Ausweis erfolgen (§ 272 Anm 331). Gleiches gilt für KapCoGes gem § 264c Abs 2 S 4. Die Forderungen werden zweckmäßigerweise vor den sonstigen VG ausgewiesen.

Zu dem aktiven **Korrekturposten bei der KGaA** „Nicht durch Vermögenseinlagen gedeckter Verlustanteil persönlich haftender Gesellschafter" s § 268 Anm 84 und für phG/Kommanditisten bei KapCoGes gem § 264c Abs 2 S 5 und 6s dort Anm 26 bzw 36.

126 **Ausleihungen und Forderungen gegen GmbH-Gester/Ausleihungen und Forderungen gegen Gester von KapCoGes:** Nach § 42 Abs 3 GmbHG sind Ausleihungen und Forderungen – ebenso wie Verbindlichkeiten – gegen Gester als solche jeweils **gesondert** auszuweisen oder im **Anhang** (s § 284 Anm 58 f) anzugeben, das Gleiche für KapCoGes (§ 264c Abs 1). Werden diese

Forderungen nicht gesondert, sondern unter **anderen Posten** ausgewiesen, ist ein entspr **Vermerk** bei diesen Posten erforderlich. Gem § 42 Abs 3 GmbHG bzw § 264c Abs 1 wird der Ausweis als Sonderposten bevorzugt („... sind in der Regel ..."). **„Eingeforderte Nachschüsse"**, die von den Gestern der GmbH noch nicht geleistet wurden, sind nach § 42 Abs 2 S 2 GmbHG unter § 266 Abs 2 B II gesondert auszuweisen (§ 272 Anm 215 ff u WPH^{14} I, F Anm 292). Die Restlaufzeit ist nach § 268 Abs 4 S 1 zu vermerken.

5. Sonstige Vermögensgegenstände

Zum **Inhalt** und zur **Abgrenzung** dieses Sammelpostens von Ansprüchen unterschiedlichster Art s § 247 Anm 120 ff u WPH^{14} I, F Anm 293. Hier werden auch Forderungen aus Gehaltsvorschüssen u Kreditgewährung nach **§§ 89 (Vorstand, Prokuristen) und 115 AktG (Aufsichtsrat)** ausgewiesen, sofern es sich nicht um sonstige Ausleihungen handelt. Das gleiche gilt für Forderungen an Geschäftsführer einer GmbH (§ 43a GmbHG) und bei KapCoGes an die Geschäftsführer der Komplementär-GmbH. Zu den hierzu erforderlichen Angaben im Anhang § 285 Anm 210 ff. Für Kredite gem § 89 AktG an phG von KGaA (einschl Ehegatten, Lebenspartner, minderjährige Kinder und auf fremde Rechnung handelnde Dritte) ist außerdem ein **Davon-Vermerk** bei dem entspr Bilanzposten vorgeschrieben (§ 286 Abs 2 S 4 AktG). Wegen des Ausweises von Forderungen an **Gester einer GmbH und KapCoGes** s Anm 126. Zum Ausweis von Forderungen gegen verbundene Unt Anm 118 ff und zu Forderungen gegen Unt, mit denen ein Betverhältnis besteht, Anm 122. 128

Zu den sonstigen VG gehören auch Anteile an Unt, die Umlaufvermögen, aber nicht Anteile an verbundenen Unt (B. III. 1) oder sonstige Wertpapiere (B. III. 3) sind. Hierunter können (ausnahmsweise) zum Umlaufvermögen zählende **GmbH-Anteile** und auch Anteile an Joint Ventures in Form der GbR fallen (WPH^{14} I, F Anm 293). Wegen der Ausnahme für GmbH-Anteile an einem herrschenden oder mit Mehrheit beteiligten Unt s Anm 136.

Genossenschaftsanteile sind idR zum Anlagevermögen zu rechnende Bet; sie dürfen aber dort nicht ausgewiesen werden, weil § 271 Abs 1 S 5 dem Ausweis als Bet entgegensteht. Zum Ausweis als Anlagevermögen Anm 81. Gehören sie zum Umlaufvermögen, sind sie hier auszuweisen. 129

Nach § 268 Abs 4 S 2 sind bei den sonstigen VG Beträge zB aus abgegrenzten Zins- oder Dividendenansprüchen, die erst **nach dem Abschlussstichtag rechtlich entstehen,** soweit sie größeren Umfang haben, im **Anhang** zu erläutern (vgl § 268 Anm 93 ff, WPH^{14} I, F Anm 294). Ebenso ist bei Beträgen mit Restlaufzeiten von einem Jahr die entspr Davon-Vermerkpflicht nach § 268 Abs 4 S 1 zu beachten. Wegen des Ausweises von sonstigen VG, die aus Finanzierungs-, Options- und Termingeschäften resultieren, wird auf die Erl in § 254 Anm 70 ff verwiesen. 130

III. Wertpapiere

1. Anteile an verbundenen Unternehmen

Zum **Begriff** der Anteile an verbundenen Unt § 271 Anm 33 ff und zum Kreis der verbundenen Unt hier Anm 118. Hier sind zur Veräußerung bestimmte Anteile auszuweisen, die das Unt **zusätzlich zu den die Verbundenheit begründenden** und im Anlagevermögen ausgewiesenen **Anteilen** an einem verbundenen Unt hält (*Scheffler* in Beck HdR B 216 Anm 65). Es kann sich auch um Aktien einer **herrschenden oder mit Mehrheit beteiligten Ges** handeln, 135 die das Unt in Übereinstimmung oder unter Missachtung der Beschränkungen nach § 71d AktG erworben hat. Auch hier müssen sowohl die Merkmale des Umlaufvermögens (§ 247 Anm 350 ff) als auch die der Verbundenheit iSv § 271 Abs 2 gegeben sein (dazu auch Anm 72 ff).

Am eigenen Unt bestehende **Vorratsaktien,** die das Unt (uU auf Veranlassung eines anderen verbundenen Unt) zur Vorbereitung einer Verschmelzung, des Abschlusses eines UntVertrags (§§ 291 ff AktG) oder einer Eingliederung (§§ 319 ff AktG) erworben hat (*Dusemond/Heusinger-Lange/Knop* in HdR[5] § 266 Anm 91) sind als eigene Aktien nach § 272 Abs 1a zu behandeln.

136 **Nicht** durch Wertpapiere **verbriefte Anteile** an einem herrschenden oder mit Mehrheit beteiligten Unt (zB GmbH) sollten (unter den Voraussetzungen des Umlaufvermögens und der Verbundenheit) hier ausgewiesen werden. Dies widerspricht zwar der Postenbezeichnung „B. III. Wertpapiere", trägt aber dem Charakter solcher Anteile im Verhältnis zu anderen Ausweismöglichkeiten im Umlaufvermögen (sonstige VG und sonstige Wertpapiere) weitgehend Rechnung (iE ebenso *Scheffler* in Beck HdR B 216 Anm 66 und *ADS*[6] § 266 Anm 138, letztere mit der zutreffenden Forderung, in wesentlichen Fällen auf die Einbeziehung solcher Anteile im Anhang hinzuweisen).

137 Die Rücklage nach § 272 Abs 4 S 1 für Anteile an einem herrschenden oder mit Mehrheit beteiligten Unt ist auch zu bilden, wenn die **Anteile im Umlaufvermögen** ausgewiesen werden.

Eigene Aktien bzw Anteile sind nicht im Umlaufvermögen unter Wertpapieren auszuweisen, sondern nach § 272 Abs 1a offen vom Gezeichneten Kapital abzusetzen.

2. Sonstige Wertpapiere

142 Zum **Begriff** der Wertpapiere Anm 80 f. Die Voraussetzungen der Zuordnung von Wertpapieren zum Anlage- oder Umlaufvermögen sind unter § 247 Anm 356 ff behandelt. **Nicht verbriefte Anteile** sind, soweit nicht Anlagevermögen, unter den sonstigen VG (Anm 128) auszuweisen. Handelt es sich um Anteile an verbundenen Unt, sind sie unter den entspr Posten unter den Wertpapieren zu zeigen.

143 Zu der Zuordnung von **Wechseln** vgl § 247 Anm 126 (Ausweis als Wertpapiere, wenn Geldanlage) und hier Anm 115 sowie *WPH*[14] I, F Anm 297. Als Wertpapiere sind auch **Schatzwechsel** des Bunds, der Länder und der Sondervermögen des Bunds auszuweisen, soweit sie nicht als Daueranlagen zu den Wertpapieren des Anlagevermögens gehören; ebenso vergleichbare, Titel wie **Euronotes** und **Certificates of Deposit.**

144 Als sonstige Wertpapiere sind auch **Aktien an einer herrschenden oder mit Mehrheit beteiligten Ges** auszuweisen, wenn diese Aktien zum Umlaufvermögen gehören und die AG ausnahmsweise nicht verbundenes Unt iSv § 271 Abs 2 ist (dazu auch Anm 73 und 75).

145 Abgetrennte **Zins- und Dividendenscheine** dürfen unter den Wertpapieren des Umlaufvermögens erfasst oder unter den sonstigen VG ausgewiesen werden (ebenso *ADS*[6] § 266 Anm 145). Zu einem Vermerk bei beschränkter Veräußerbarkeit von Wertpapieren § 247 Anm 128.

IV. Kassenbestand, Bundesbankguthaben, Guthaben bei Kreditinstituten und Schecks

150 Statt dieser gesetzlich vorgeschriebenen Postenbezeichnung wird in der Praxis häufig die **Bezeichnung „flüssige Mittel"** verwendet. Obwohl der Posten

grds nicht aufzugliedern ist (Ausnahme Anm 156), entsteht durch diese Handhabung kein Informationsverlust. Sie wird zwar nur auf Praktikabilitätserwägungen gestützt, jedoch sind gegen die abw Postenbezeichnung keine Einwendungen zu erheben.

Zum **Kassenbestand** gehören alle Euro-Noten und Sorten sowie die in- und ausländischen Münzen. Zu erfassen sind auch Bestände in Nebenkassen und in Automaten befindliche Münzen (aA *Scheffler* in Beck HdR B 217 Anm 16, der Rückgabegeld in Automaten zu den AK des Fertigwarenbestands zuschlägt). 151

Als flüssige Mittel (Kassenbestand) werden nach hM auch **Wertzeichen** wie Postwertzeichen und ähnliche Werte wie die noch verfügbaren Frankiermöglichkeiten einschlägiger Geräte beurteilt (§ 247 Anm 131). 152

Kurrente **Edelmetallmünzen** gehören zwar grds zum Kassenbestand; für Unt, die mit solchen Münzen handeln (oder sie herstellen), gelten jedoch Besonderheiten. Hier sind sie als fertige Erzeugnisse und Waren oder (bei Kreditinstituten) als sonstige VG auszuweisen. Auszahlungen, die durch in der Kasse befindliche **Quittungen** belegt sind, vermindern in jedem Fall den Kassenbestand und sind als Forderungen oder Aufwand (zB Frachten) einzuordnen. 153

Die Erwähnung von **Bundesbankguthaben** in der Postenbezeichnung ist überflüssig, weil der ebenfalls in der Postenbezeichnung enthaltene Begriff der **Guthaben bei Kreditinstituten** so weit auszulegen ist, dass auch die Bundesbankguthaben erfasst werden. Hierunter fallen nämlich nicht nur Guthaben bei Kreditinstituten iSv § 1 KWG, sondern auch bei vergleichbaren ausländischen Banken, Sparkassen und Zentralbanken (hM, zB *Scheffler* in Beck HdR B 217 Anm 20). Die Guthaben können auf Euro oder auf Fremdwährung lauten. Sie sind um gezogene Schecks zu kürzen, auch wenn noch keine Belastung erfolgt ist (vgl *Dobler/Maul* in HdJ Abt II/7 Anm 125). 154

Bankguthaben sind auch **Akkreditivdeckungskonten.** Diese sind jedoch nicht frei verfügbar, weil sie der Deckung von Zahlungsverpflichtungen aus schwebenden Beschaffungsgeschäften dienen. Deshalb wird vorgeschlagen, diese Guthaben gesondert auszuweisen (so *ADS*[6] § 266 Anm 151). Für einen gesonderten Ausweis oder einen Vermerk im Anhang kommen auch **gesperrte** und bei Eintritt eines bestimmten Ereignisses freiwerdende **Guthaben** in Betracht, zB wenn ein Kunde Vorauszahlungen geleistet hat, über die erst bei Lfg der bestellten VG verfügt werden darf (ebenso *ADS*[6] aaO). Ist jedoch ein Konto durch die Bankenaufsicht eingefroren, ein (ausländisches) Konto aus politischen Gründen gesperrt oder kann über ein Währungskonto mangels **Konvertierbarkeit** nicht verfügt werden, ist das Guthaben unter den sonstigen VG auszuweisen (hM, zB *ADS*[6] § 266 Anm 152 und *Dobler/Maul* in HdJ Abt II/7 Anm 129). 155

Zu den flüssigen Mitteln gehören auch kurzfristige **Festgelder,** wenn sie fortlaufend verlängert oder jederzeit (gegen Zinsbelastung) vorzeitig freigegeben werden können. **Bausparkassenguthaben** sind zwar zweckgebundene Kapitalanlagen, gehören aber zu den Guthaben bei KI (zB, glA *WPH*[14] I, F Anm 299) Nicht disponible Guthaben sind als sonstige VG, meistens als sonstige Ausleihungen im Anlagevermögen auszuweisen (zB *Dobler/Maul* in HdJ Abt II/7 Anm 128 für Bauspargtuhaben, nicht aber für Termingelder; wie hier bei Termineinlagen *Dusemond/Heusinger-Lange/Knop* in HdR[5] § 266 Anm 101. Bauspargtuhaben sind als Bankguthaben auszuweisen nach *ADS*[6] § 266 Anm 154; für den gesonderten Ausweis nicht disponibler Termineinlagen oder für einen Hinweis im Anhang: *ADS*[6] § 266 Anm 150 und *WPH*[14] I, F Anm 299). 156

Ist das Kreditinstitut ein verbundenes Unt oder ein Unt, zu dem ein Betverhältnis besteht, ist die **Mitzugehörigkeit** der flüssigen Mittel zu den Forderungen gegen diese Unt nach § 265 Abs 3 zu vermerken. Das Gleiche gilt, wenn das Kreditinstitut (Mit-)Gester einer GmbH/KapCoGes ist *(WPH*[14] I, F Anm 301).

157 Unzulässig ist es, einen **nicht in Anspruch genommenen Kredit** als Bankguthaben (und gleichzeitig als Verbindlichkeit) auszuweisen, da ein schwebendes Geschäft vorliegt (*WPH*[14] I, F Anm 300). Für Bankguthaben und -verbindlichkeiten gilt das **Saldierungsverbot** (§ 246 Abs 2). Forderungen und Verbindlichkeiten ggü demselben Kreditinstitut (auch ggü mehreren Filialen) sind jedoch zu saldieren, wenn sie sich aufrechenbar ggüberstehen (§ 387 BGB), dh insb, wenn für Forderung und Verbindlichkeit die gleiche Frist gilt (*ADS*[6] § 266 Anm 153).

158 Zu den **Schecks** gehören alle Arten von Bar- und Verrechnungsschecks – auch Postbankschecks und Reiseschecks –, über die das Unt für eigene Rechnung verfügen kann. Diese Voraussetzung ist bei **vordatierten Schecks,** die nach Art 28 Abs 2 SchG am Tag der Vorlage fällig werden, erfüllt. Dem Aussteller oder Einreicher **zurückgesandte** sowie die mit **Protestvermerk** versehene Schecks gehören nicht zu den flüssigen Mitteln; stattdessen sind die entspr Forderungen zu bilanzieren.

Ist der Aussteller ein verbundenes Unt, ein Unt, mit dem ein Betverhältnis besteht, oder ein Gester ist die **Mitzugehörigkeit** zu diesen Forderungen zu vermerken (§ 265 Abs 3; § 264c Abs 1; § 42 Abs 3 GmbHG).

C. Aktive Rechnungsabgrenzungsposten

160 Zu den RAP s § 250 Anm 1 ff.

D. Aktive latente Steuern

161 Als aktive latente Steuern dürfen entweder der aktive Überhang aus der Saldierung aller aktiven mit allen passiven latenten Steuern oder alle aktiven latenten Steuern brutto (ohne Verrechnung mit den passiven latenten Steuern) ausgewiesen werden. Im Einzelnen s § 274 Anm 75 f.

E. Aktiver Unterschiedsbetrag aus der Vermögensverrechnung

162 Ein Ausweis unter diesem Posten kommt bei Anwendung des § 246 Abs 2 S 2 Hs 1 dann in Frage, wenn der beizZW (§ 255 Abs 4) des Planvermögens (VG, die dem Zugriff aller übrigen Gläubiger entzogen sind und ausschließlich der Erfüllung von Schulden aus AVersverpflichtungen oder vergleichbaren langfristig fälligen Verpflichtungen dienen) den Betrag der zu verrechnenden Schulden übersteigt. Der übersteigende Betrag stellt im handelsrechtlichen Sinne keinen VG, sondern einen Verrechnungsposten dar, der nach § 268 Abs 8 ausschüttungsgesperrt ist. Im Einzelnen s § 246 Anm 120 ff u *WPH*[14] I, F Anm 305.

Nach E. Sonderposten auf der Aktivseite

163 Die folgenden Sonderposten werden in anderem Zusammenhang erläutert, und zwar:

	Fundstellen	
Ausstehende Einlagen auf	§ 266 Anm 50	164
das gezeichnete Kapital	§ 272 Anm 30 ff	
davon eingeforderte Beträge	§ 272 Anm 331	
die Hafteinlage von phG bei KGaA	§ 272 Anm 36	
die Hafteinlage von phG/Kommanditisten bei KapCoGes	§ 264c Anm 20	
Forderungen an GmbH-Gesellschafter	§ 266 Anm 126	165
Eingeforderte Nachschüsse (GmbH)	§ 272 Anm 215 ff	
Einzahlungsverpflichtungen	§ 266 Anm 124	
von phG bei **KGaA**	§ 272 Anm 331	
Nicht durch Eigenkapital gedeckter Fehlbetrag	§ 268 Anm 75 ff	
dto Verlustausgleich von phG bei KGaA	§ 268 Anm 84	
Nicht durch Vermögenseinlagen gedeckter Verlustanteil		
phG	§ 264c Anm 26	
Kommanditisten bei KapCoGes	§ 264c Anm 52	
Ehemaliger Verschmelzungs-Mehrwert § 266 Anm 62		166

Für Einzelheiten zu den aktiven Sonderposten gem DMBilG s *Budde/Forster* 167 D-Markbilanzgesetz, München 1991/ErgBd 1992.

Passivseite (Abs 3)

A. Eigenkapital

I. Gezeichnetes Kapital

Als gezeichnetes Kapital gem § 272 Abs 1 S 1 sind bei AG, SE und KG aA das 170 Grundkapital (§§ 152 Abs 1 S 1, 286 Abs 2 S 1 AktG) und bei GmbH sowie UG (haftungsbeschränkt) das Stammkapital (§ 42 Abs 1 GmbHG) auszuweisen. Zum Begriff s § 272 Anm 10. Bei KapCoGes sind anstelle des Gezeichneten Kapitals die Kapitalanteile der phG und Kommanditisten getrennt darzustellen (§ 264c Abs § 2 und 6).

Für **Ausstehende Einlagen** gem § 272 Abs 1 S 3 auf das gezeichnete Kapital 171 ist nur noch der Nettoausweis zulässig. **Nicht eingeforderte ausstehende Einlagen** auf das gezeichnete Kapital sind auf der Passivseite offen von dem Posten „Gezeichnetes Kapital" abzusetzen (§ 272 Abs 1 S 3). Näheres dort Anm 36. Ggf bereits eingefordertes Kapital ist gem § 272 Abs 1 S 3 Hs 2 in der Hauptspalte der Passivseite darzustellen. Ebenfalls **offen abzusetzen** sind ggf Kapitalherabsetzungen, dazu dort Anm 75 ff. Wegen ausstehender Hafteinlagen bei KapCoGes und der rechtsformspezifischen Besonderheiten s § 264c Abs 2 S 9 (gesonderte Anhangangabe für nicht geleistete Einlagen). Eigene Anteile sind nach § 272 Abs 1a S 1 offen vom gezeichneten Kapital abzusetzen.

Beim **Grundkapital der AG/KGaA** als gezeichnetem Kapital sind in der 172 Bilanz *gesondert* anzugeben oder zu vermerken:
– Bestehen **verschiedene Aktiengattungen,** ist der auf die jeweilige Aktiengattung entfallende Betrag des Grundkapitals gesondert anzugeben (§ 152 Abs 1 S 2 AktG); ergänzende Angaben sind im Anhang zu machen (dazu § 284 Anm 74).

– Bestanden bis zum grds Erlöschenszeitpunkt am 1. Juni 2003 noch ältere **Mehrstimmrechtsaktien**, sind beim gezeichneten Kapital die Gesamtstimmenzahl der Mehrstimmrechtsaktien und die der übrigen Aktien zu vermerken § 152 Abs 1 S 4 AktG).

– **Bedingtes Kapital** (§ 192 Abs 1 AktG) ist nach § 152 Abs 1 S 3 AktG mit dem Nennbetrag zu vermerken. Weitere Einzelheiten s § 272 Anm 25 f. Im Anhang sind Angaben erforderlich (dazu § 272 Anm 66 und § 284 Anm 74).

– Über ein **genehmigtes Kapital** (§§ 202–206 AktG) sind nur im Anhang Angaben zu machen; dazu § 272 Anm 70 und § 284 Anm 43.

173   Angabe- oder Vermerkpflichten zum gezeichneten Kapital bestehen für **GmbH** nicht, ebenso wenig für bedingtes und genehmigtes Kapital. Dies gilt auch bei etwaigen Mehrstimmrechten.

Bei **KapCoGes** sind die Kapitalanteile der phG und der Kommanditisten getrennt auszuweisen.

174   Der Ausweis des **gezeichneten Kapitals** in der Bilanz bestimmt sich idR nach der **Höhe** der am Bilanzstichtag maßgebenden **Eintragung im Handelsregister,** dazu im Einzelnen § 272 Anm 25.

175   Sind für eine Kapitalerhöhung, die am Bilanzstichtag noch nicht in das HR eingetragen ist, bereits Bar- oder Sacheinlagen geleistet, ist nach dem EK ein Sonderposten „Zur Durchführung der beschlossenen Kapitalerhöhung geleistete Einlagen" auszuweisen (ausführlich dazu ADS[6] § 272 Anm 19) s hier Anm 190. Näheres unter § 272 Anm 51.

II. Kapitalrücklage

176   **Der Begriff** und die inhaltlichen Bestandteile der Kapitalrücklage sind in § 272 Abs 2 und in § 272 Abs 1b S 3 umschrieben (hierzu § 272 Anm 160). Nach § 152 Abs 2 **AktG** sind zu der Kapitalrücklage in der Bilanz oder im Anhang mind der Betrag, der während des Gj eingestellt wurde, und der Betrag der Entnahme für das Gj gesondert anzugeben (s auch § 284 Anm 71). Eine entspr Vorschrift fehlt im **GmbHG.** Bei **KapCoGes** werden Einzahlungen auf die Kapitalkonten den Kapitalanteilen der Geser zugeschrieben oder als Rücklage ausgewiesen s § 264c Anm 22 je nach den Bestimmungen des GesVertrags.

III. Gewinnrücklagen

1. Gesetzliche Rücklage

177   Die Verpflichtung zur Bildung einer gesetzlichen Rücklage besteht nur für AG und KGaA (§ 150 Abs 1 AktG). Zu den Einstellungen in die gesetzliche Rücklage und den Entnahmemöglichkeiten s § 272 Anm 235 ff.

2. Rücklage für Anteile

178   Zu Rücklage für Anteile an einem herrschenden oder mit Mehrheit beteiligten Unternehmen siehe § 272 Anm 300 ff und § 264c Anm 80 ff.

3. Satzungsmäßige Rücklagen

179   Siehe § 272 Anm 250 f.

4. Andere Gewinnrücklagen

180   Siehe § 272 Anm 255 ff.

Rücklagen bei **KapCoGes** dürfen gem § 264c Abs 2 S 8 nur aufgrund einer gesrechtlichen Vereinbarung gebildet werden und sind infolge fehlender Kapitalerhaltungsvorschriften nur als Gewinnrücklagen denkbar (*ADS*[6] § 264c Anm 26).

Der Begriff der „**frei verfügbaren Rücklagen**" isv § 272 1a, 1b, Abs 4, § 268 Abs 8 umfasst neben den Gewinnrücklagen auch frei verwendbare Kapitalrücklagen.

IV. Gewinnvortrag/Verlustvortrag

Die **Höhe** des **Gewinnvortrags** ergibt sich bei **AG/KGaA/GmbH** als Restgröße aus der Gewinnverwendung gem Beschluss der HV oder GesV über die Verwendung des Bilanzgewinns des *Vorjahrs* (§ 174 Abs 2 Nr 4 AktG, § 29 Abs 2 GmbHG).

Ein Sonderfall des Gewinnvortrags kann sich bei Umstellung des Gj einer AG dadurch ergeben, dass *vor* dem Gewinnverwendungsbeschluss durch die HV – Feststellung durch Vorstand/AR unterstellt – ein Abschluss für das anschließende Rumpf-Gj aufzustellen ist. In der Praxis wird dann meistens in derselben HV die Gewinnverwendung für das volle und für das **RumpfGj** (jeweils gesondert) beschlossen. In solchen Fällen kann der Bilanzgewinn des vollen Gj nur als Gewinnvortrag in der Bilanz und in der GuV (§ 158 Abs 1 S 1 AktG) des nachfolgenden Rumpf-Gj ausgewiesen werden. Zu diesem Vortrag muss in der Bilanz durch Klammerzusatz (zB „vorläufig" oder „noch nicht beschlossen") darauf hingewiesen werden, dass die Beschlussfassung noch aussteht. Ausführungen hierzu sind in den Anhang für beide Abschlüsse aufzunehmen. Zur Feststellung des JA und zur Beschlussfassung der HV über die Gewinnverwendung s Vor § 325 Anm 70 ff.

Im Falle der **GmbH**, bei der idR die GesV den JA feststellt (§ 46 Nr 1 GmbHG; s Vor § 325 Anm 130 ff), ergibt sich grds keine andere Beurteilung.

Der **Verlustvortrag** stellt den Bilanzverlust des Vj dar. Die Frage, ob ein Verlustvortrag aus wesentlich höheren Kapital- oder Gewinnrücklagen gedeckt werden *muss* (oder nur *darf*), ist uE allein von den Beschlüssen der Gester abhängig. Auch § 150 Abs 3, 4 AktG („dürfen nur") *zwingt* nicht, einen Verlustvortrag durch Rücklagenauflösung zu decken. Bei **KapCoGes** gilt § 264c Abs 2 S 1 III (s dort Anm 42 f).

V. Jahresüberschuss/Jahresfehlbetrag

Der **Jahresüberschuss** und der **Jahresfehlbetrag** werden in der GuV ausgewiesen (§ 275 Abs 2 Nr 20 bzw Abs 3 Nr 19). Der gemeinsame Oberbegriff ist Jahresergebnis (vgl § 268 Abs 1 S 1). Nach § 158 Abs 1 AktG ist bei **AG/KGaA** die GuV *nach* dem Posten „Jahresüberschuss/Jahresfehlbetrag" um die Posten „Gewinnvortrag/Verlustvortrag aus dem Vorjahr", „Entnahmen aus der Kapitalrücklage", „Entnahmen aus Gewinnrücklagen" (mit weiterer Unterteilung) und „Einstellungen in Gewinnrücklagen" (ebenfalls unterteilt) zu ergänzen, so dass dann der „**Bilanzgewinn/Bilanzverlust**" ausgewiesen wird. Diese Angaben (Gewinnverwendungsrechnung) dürfen auch im Anhang gemacht werden (s auch § 284 Anm 73). Für **GmbH** besteht keine entspr Vorschrift; s aber das *Wahlrecht* gem § 275 Abs 4 und dort Anm 310 ff. Bei **KapCoGes** erfolgt idR eine unmittelbare Zu-/Abschreibung der Gewinn- oder Verlustanteile auf die Kapitalkonten der Gester mit der Folge, dass in der Bilanz das Jahresergebnis aufgrund der Darstellung nach vollständiger Ergebnisverwendung nicht ersichtlich ist.

VI. Bilanzgewinn/Bilanzverlust

183 Zur **Ableitung** des Postens „Bilanzgewinn/Bilanzverlust" s Anm 182. Wird die Bilanz bei teilweiser Verwendung des Jahresergebnisses aufgestellt, tritt nach § 268 Abs 1 S 2 an die Stelle der Posten „Jahresüberschuss/Jahresfehlbetrag" und „Gewinnvortrag/Verlustvortrag" der Posten **„Bilanzgewinn/Bilanzverlust"**. Dabei ist ein Gewinn- oder Verlustvortrag aus dem Vj in der Bilanz oder im Anhang gesondert anzugeben (§ 268 Abs 1 S 2 und dort Anm 4 ff).

VII. Passive Sonderposten nach dem DMBilG 1990

184 Wir verweisen an dieser Stelle auf die Kommentierung in der 7. Aufl.

VIII. Ausgleichsposten für aktivierte eigene Anteile nach § 264c Abs 4 S 2

185 Für die in den Finanzanlagen als Anteile an verbundenen Unt oder als Beteiligungen auszuweisenden Anteile an KomplementärGes ist in Höhe des aktivierten Betrags ein eigener Sonderposten aufzunehmen. Bildung und Auflösung des Sonderpostens erfolgen nach § 272 Abs 4 (s auch § 264c Anm 80 ff).

Nach A. Eigenkapitalähnliche Posten

I. Einlagen zur Kapitalerhöhung

190 Dieser Posten betrifft geleistete Einlagen von Gestern, die in Erwartung von weiteren Mitgliedschaftsrechten geleistet werden. Bis zur Eintragung der Kapitalerhöhung im HR begründen sie Gläubigerrechte, durch die Nähe zum EK ist ein gesonderter Posten jedoch sachgerecht. Diese Beurteilung verändert sich auch nicht bei Eintragung der Kapitalerhöhung bis zur Bilanzaufstellung (dazu § 272 Anm 51 und hier Anm 175). *ADS*[6] machen den Ausweis im EK, nach dem EK oder – selten – als Schuldposten noch vom Sachstand gegen Ende der Aufstellung des JA abhängig (aaO § 272 Anm 19).

Zahlungen von Gestern zur Stärkung der Rücklagen – also nicht zwecks Erhöhung des gezeichneten Kapitals – fließen in die **Kapitalrücklage** (Näheres § 272 Anm 195).

II. Genussscheinkapital

191 An KapGes überlassene Genussschein-Gelder beruhen auf schuldrechtlichen Verträgen. Sie gehören daher zu den Verbindlichkeiten, obwohl das Schema des § 266 Abs 3 C keinen Posten dafür vorsieht.

Liegt eine ausreichende Haftungsqualität des überlassenen Kapitals vor, sind Zahlungen von Gestern oder Dritten für Genussscheine oder Genussrechte bei Erfüllung bestimmter Voraussetzungen innerhalb des EK oder als dessen letzter Posten gesondert aufzuführen (*WPH*[14] I, F Anm 356).

Voraussetzungen für die Behandlung von Genussrechten oder Genussscheinen als bilanzielles EK sind nach HFA 1/1994, Abschnitt 2.1.1, kumulativ:

- Die Vergütung für die Kapitalüberlassung ist erfolgsabhängig,
- Das Genussscheinkapital nimmt an Bilanzverlusten (nach Aufzehrung der Rücklagen) wie das gezeichnete Kapital teil (Nachrangigkeit),
- Im Insolvenzfall entsteht ein Rückzahlungsanspruch für das Genussscheinkapital erst nach Befriedigung aller anderen Gläubiger (glA *HFA* 1/1994 WPg, 419 und § 247 Anm 228) und
- das Genussscheinkapital muss der Ges für einen längeren Zeitraum (zB mind 5 Jahre und zwei Jahre Mindestkündigungsfrist) überlassen werden – lt *HFA* 1/1994 lediglich „längerfristig" ohne spezifische Vorgabe eines Zeitraums.

Auch die Regelungen im KWG und VAG sehen zum Genussscheinkapital mehrjährige unwiderrufliche Kündigungsfristen vor, innerhalb derer lediglich die Umw in haftendes Kapital zulässig ist.

Ein **Agio** bei der Ausgabe von Genussscheinen mit EK-Charakter ist gesondert zu bilanzieren, aus Gründen der Klarheit vorzugsweise beim EK-Sonderposten Genussscheinkapital oder aber als Davon-Vermerk bei der Kapitalrücklage.

Ein **Disagio** ist vom Nennbetrag des Genussscheinkapitals zu kürzen, diesem aber während der Mindestlaufzeit ratierlich zu Lasten eines gesonderten Aufwandspostens zuzuschreiben; glA *WPH*[14] I, F Anm 357, *ADS*[6] § 266 Anm 197 und *HFA* 1/1994, Abschnitt 2.1.4.2.

Groh lehnt aus steuerrechtlicher Sicht die Einordnung von Genussrechtskapital in das EK und die Auffassung von *HFA* 1/1994 ab (*Groh* Genussrechtskapital und Maßgeblichkeitsgrundsatz, BB 1995, 559).

Ausführlich wird das Genussschein-(Genussrechts-)Kapital in § 247 Anm 227 ff behandelt. S außerdem *Emmerich/Naumann* Zur Behandlung von Genussrechten in den JA von KapGes WPg 1994.

III. Einlagen stiller Gesellschafter

Angesichts der weitgehend dispositiven Regelungen in §§ 230 ff sind Einlagen stiller Gester oft FK und damit als „sonstige Verbindlichkeiten" zu bilanzieren, jedenfalls wenn die Verträge sich nach dem Konzept des HGB ausrichten. Je nach Bedeutung der stillen Einlage kann auch ein gesonderter Ausweis in einem eigenen Posten in den Verbindlichkeiten geboten sein (s § 265 Abs 5) oder ggf der vorrangige Ausweis unter den Verbindlichkeiten ggü verbundenen Unt oder Unt, mit denen ein Betverhältnis besteht.

Entsprechen jedoch die Vereinbarungen mit stillen Gestern den vorstehend dargestellten Kriterien für Genussscheine (Genussrechte), sind sie uE dann *gesondert* unmittelbar *nach* dem EK oder nach dem gezeichneten Kapital auszuweisen, wenn auch die Rückzahlung nur durch Kündigung des Unt möglich und sonst nur bei Liquidation oder Insolvenz – nachrangig – zulässig ist. Ähnlich § 247 Anm 233 f. Auch das KWG (§ 10 Abs 5) lässt dann die Behandlung wie EK zu – sogar wenn die stille Einlage nur längerfristig, aber für mindestens fünf Jahre zur Verfügung steht.

IV. Gesellschafterdarlehen

Mit Inkrafttreten des MoMiG wurde die Unterscheidung zwischen kapitalersetzenden und normalen Gesterdarlehen aufgegeben und die Regelung der Gesterdarlehen in die InsO verlagert (s § 19 Abs 2 und § 39 Abs 1 Nr 5, Abs 4, Abs 5).

B. Rückstellungen

200 Große und mittelgroße Kapitalgesellschaften und KapCoGes (§ 267 Abs 2, 3) haben die **folgenden Rückstellungsposten** gesondert und in der angegebenen Reihenfolge auszuweisen:
(1) Rückstellungen für Pensionen und ähnliche Verpflichtungen,
(2) Steuerrückstellungen,
(3) Sonstige Rückstellungen.
Zum Ausweis der Rückstellungen für Pensionen und ähnliche Verpflichtungen s § 249 Anm 151 ff.

201 Die **Steuerrückstellungen** umfassen alle ungewissen Steuerschulden der KapGes/KapCoGes. Zum steuerrechtlichen Schuldverhältnis gehören auch Haftungsschulden (§§ 37 Abs 1, 69 ff AO). Daher sind unter den Steuerrückstellungen zB auch ungewisse Lohnsteuerhaftungsschulden auszuweisen (glA *Matschke* in BoHdR § 266 Anm 159; aA *ADS*[6] § 266 Anm 206). Ungewissheit besteht bis zur Festsetzung der Steuer. Danach erfolgt, ggf unter Berücksichtigung eines Differenzbetrags, eine Umgliederung in die sonstigen Verbindlichkeiten mit dem Vermerk „Davon aus Steuern" (dazu Anm 250 f). Als Steuerrückstellungen sind außerdem zu erwartende Nachzahlungen auf Grund steuerrechtlicher Bp auszuweisen (*ADS*[6] § 266 Anm 207; *WPH*[14] I, E Anm 205). Verbindlichkeiten führende Gewissheit auch vor der Änderung der Steuerbescheide ein, wenn die Nachforderungen von der KapGes/KapCoGes anerkannt wurden oder ein (Muster-)Prozess rkr zum Nachteil des Stpfl entschieden ist. Bei der USt steht die Steueranmeldung einer Festsetzung unter dem Vorbehalt der Nachprüfung gleich (§ 168 AO). Daher ist eine nach Abzug der Vorsteuerbeträge verbleibende USt-Schuld von vornherein unter den sonstigen Verbindlichkeiten auszuweisen. Gleiches gilt für nicht lfd veranlagte Steuern, wenn keine Zweifel über Grund und Höhe der Steuerschuld bestehen (zB GrESt). Nebenleistungen zu ungewissen Steuerschulden (Verspätungs- oder Säumniszuschläge) sind unter den sonstigen Rückstellungen auszuweisen bzw wenn sie der Höhge und dem grund nach feststehen unter den sonstigen Verbindlichkeiten (*WPH*[14] I, F Anm 440).

Mit der Neufassung des § 266 HGB durch das BilMoG sind passive latente Steuern künftig nicht mehr hier, sondern nunmehr innerhalb gesonderter Posten in der Bilanz auszuweisen; s § 266 Anm 260. Für KleinstKapGes/KleinsKapCoGes und kleine KapGes/KapCoGes s aber § 274a Anm 6.

203 Eine **weitere Untergliederung** ist zulässig (§ 265 Abs 5). Zu einer abw geschäftszweigbedingten Gliederung s § 265 Anm 11 ff. Zur Zulässigkeit der Postenzusammenfassung s § 265 Anm 17.

204 Von **großen** und **mittelgroßen KapGes/KapCoGes** sind Rückstellungen, die unter dem Posten „sonstige Rückstellungen" nicht gesondert ausgewiesen werden, im **Anhang** zu erläutern, wenn sie einen nicht unerheblichen Umfang haben (§ 285 Nr 12); dazu § 285 Anm 260.

205 **Kleine und KleinstKapGes/KapCoGes** (§ 266 Abs. 1 S 2 und 3, § 267 Abs 1) brauchen nur eine verkürzte Bilanz aufzustellen, in der der Posten „Rückstellungen" nicht aufgegliedert werden müssen (§ 266 Abs 1 S 3).

C. Verbindlichkeiten

I. Die Gliederung der Verbindlichkeiten nach Größenklassen

210 **Große** und **mittelgroße KapGes/KapCoGes** haben die in Abs 3 Buchstabe C bezeichneten Posten gem Abs 1 S 2 gesondert und in der vorgeschriebenen

Reihenfolge auszuweisen. Kleine und KleinstKapGes/KapCoGes brauchen nach Abs 1 S 3 und 4 in einer verkürzten Bilanz nur den Posten „Verbindlichkeiten" auszuweisen. Zur Gliederung der Verbindlichkeiten bei EKfl und reinen PersGes § 247 Anm 240 f.

Große und mittelgroße KapGes/KapCoGes dürfen die in § 266 Abs 3 Buchstabe C bezeichneten Posten zusammengefasst ausweisen, wenn sie entweder einen für die Vermittlung eines den tatsächlichen Verhältnissen entspr Bildes der VFE-Lage iSd § 264 Abs 2 nicht erheblichen Betrag enthalten oder dadurch die Klarheit der Darstellung vergrößert wird. Im zweiten Fall müssen die zusammengefassten Posten jedoch im Anhang gesondert ausgewiesen werden (§ 265 Abs 7, dazu § 265 Anm 17). **211**

II. Zusammensetzung der Verbindlichkeiten

1. Anleihen

Anleihen sind langfristige, am öffentlichen Kapitalmarkt aufgenommene Verbindlichkeiten. Hierunter fallen nach deutschem Recht (für im Ausland begebene Anleihen gilt entspr): **212**

(1) Schuldverschreibungen (Obligationen),
(2) Wandelschuldverschreibungen,
(3) Optionsschuldverschreibungen,
(4) Gewinnschuldverschreibungen,
(5) Genussscheine, sofern das Genussrechtskapital Fremdkapital darstellt.

Schuldverschreibungen sind verbriefte Anleihen. **Wandelschuldverschreibungen** sind mit einem Umtauschrecht und **Optionsschuldverschreibungen** mit einem Bezugsrecht auf Aktien einer AG ausgestattet (§ 221 AktG). Zu den Angaben über Wandel- und Optionsschuldverschreibungen im Anhang der AG und KGaA gem § 160 Abs 1 Nr 5 AktG s § 284 Anm 44. **Gewinnschuldverschreibungen** gewähren neben einem festen Zins eine Gewinnbeteiligung. **213**

Genussscheine sind als Wertpapier verbriefte Genussrechte. Zum Begriff Genussrecht s § 247 Anm 227. **214**

Zu der Frage, wann bei Genussrechten, die wegen der Überlassung von Kapital begründet wurden, EK oder FK vorliegt, s § 247 Anm 228. **215**

Sofern das gegen Genussscheine beschaffte Kapital als FK zu qualifizieren ist, liegt eine Anleihe iSv § 266 Abs 3 vor. Da FK darstellendes Genussrechtskapital regelmäßig als EK-Surrogat anzusehen ist, ist dem gesonderten Ausweis gem § 265 Abs 5 S 2 in einen neuen Posten unter „C. Verbindlichkeiten" etwa mit der Bezeichnung „Genussscheinkapital" der Vorzug zu geben. Alternativ kann auch eine Untergliederung des Postens „Anleihen" nach § 265 Abs 5 S 1 oder ein „Davon-Vermerk" beim Posten „Anleihen" gewählt werden (hierzu IDW HFA 1/1994 Tz 2.1.3). Zur Berichterstattung über Genussrechte im Anhang von AG und KGaA gem § 160 Abs 1 Nr 6 AktG s § 284 Anm 45. **216**

Zur Passivierung der Ausschüttungsverpflichtung aus Genussrechten s § 247 Anm 229. **217**

Von der KapGes/KapCoGes **zurückgekaufte** oder anderweitig zurückerworbene **Anleihestücke** sind vom Anleihebetrag abzusetzen, wenn ein Wiederverkehrbringen (zB infolge Vernichtung oder Entwertung) endgültig ausgeschlossen ist. Noch nicht endgültig aus dem Verkehr gezogene Anleihestücke sind dagegen unter den Wertpapieren des Anlage- oder Umlaufvermögens auszuweisen (ebenso *ADS*[6] § 266 Anm 219). **219**

220 **Schuldscheindarlehen** werden nicht am Kapitalmarkt aufgenommen und gehören daher nicht zu den Anleihen, sondern zu den sonstigen Verbindlichkeiten (Anm 246) oder den Verbindlichkeiten ggü Kreditinstituten (Anm 221).

2. Verbindlichkeiten gegenüber Kreditinstituten

221 Hierunter fallen sämtliche Verbindlichkeiten ggü inländischen Banken und Sparkassen sowie vergleichbaren ausländischen Kreditinstituten. Maßgebend ist die Definition der Kreditinstitute in § 1 Abs 1 KWG. Auch Bausparkassen sind Kreditinstitute (§ 1 Bausparkassengesetz). Unter den Verbindlichkeiten ggü Kreditinstituten sind auch an diese zu leistende Zinsen einschl der sog antizipativen Zinsabgrenzung auszuweisen.

222 Durch Solawechsel unterlegte und zusätzlich durch Forderungsabtretung gesicherte Kredite sind vom Kreditnehmer als Verbindlichkeiten ggü Kreditinstituten zu bilanzieren, wenn nicht ein gesonderter Ausweis vorgezogen wird (*ADS*[6] § 266 Anm 232 halten auch den Ausweis als Wechselverbindlichkeiten für zulässig). Die Mitzugehörigkeit zu den Wechselverbindlichkeiten ist zu vermerken (zB „Davon gegen Hingabe von Wechseln") oder im Anhang anzugeben, wenn dies zur Aufstellung eines klaren und übersichtlichen JA erforderlich ist (§ 265 Abs 3).

3. Erhaltene Anzahlungen auf Bestellungen

223 Erhaltene Anzahlungen sind Vorleistungen auf eine dem anderen Vertragsteil zu erbringende Lfg oder Leistung, dh Vorleistungen im Rahmen eines schwebenden Geschäfts. Zur näheren Erl des Begriffs der Anzahlungen s § 247 Anm 545 ff.

224 Dem Zusatz „auf Bestellungen" kann nicht entnommen werden, dass erhaltene Anzahlungen nur dann vorliegen, wenn der Vertrag bürgerlich-rechtlich zustande gekommen ist (wie hier *ADS*[6] § 266 Anm 223; aA *Hüttemann* in HdJ Abt III/8 Anm 98). Sofern jedoch weder ein Vorvertrag abgeschlossen ist, noch ein bindendes Vertragsangebot abgegeben wurde, mit dessen Annahme ernsthaft zu rechnen ist, liegt noch kein schwebendes Geschäft vor (§ 249 Anm 52), so dass keine erhaltene Anzahlung, sondern eine sonstige Verbindlichkeit auszuweisen ist. Der Zusatz „auf Bestellungen" ist so zu verstehen, dass hier nur Anzahlungen auszuweisen sind, die sich auf den Umsatzerlösen entspr Lfg und Leistungen beziehen (*ADS*[6] § 266 Anm 223). Andere erhaltene Anzahlungen sind unter den sonstigen Verbindlichkeiten auszuweisen.

225 Eine Saldierung mit Vorräten, die für den Auftrag, für den die Anzahlung geleistet wurde, angeschafft oder hergestellt wurden, ist nicht zulässig, da hier das Saldierungsverbot (§ 246 Abs 2) eingreift. Nach § 268 Abs 5 S 2 dürfen aber Anzahlungen auf Vorräte von dem Posten „Vorräte" **offen abgesetzt** werden. Für die Zulässigkeit der offenen Absetzung ist nicht zu fordern, dass unter den Vorräten dem einzelnen Auftrag, für den die Anzahlung erhalten wurde, zurechenbare Bestände ausgewiesen werden (*ADS*[6] § 266 Anm 99 mwN). Durch die offene Absetzung darf lediglich die Darstellung der VFE-Lage nicht beeinträchtigt, sowie die Summe der Aktivposten B I 1 bis 4 nicht negativ werden (*WPH*[14] I, F Anm 279). Sofern für einen bestimmten Auftrag erhaltene Anzahlungen an Unterlieferanten (Subunternehmer) weitergeleitet wurden, dürfen die erhaltenen Anzahlungen ebenfalls von dem die geleisteten Anzahlungen umfassenden Posten „Vorräte" offen abgesetzt werden.

226 **Umsatzsteuer** auf erhaltene Anzahlungen (§ 13 Abs 1 Nr 1a UStG) ist wie die erhaltene Anzahlung selbst erfolgsneutral zu behandeln. Nachdem § 250 Abs 1 S 2 durch das BilMoG aufgehoben wurde (s § 250 Anm 1) ist künftig der Ausweis nur noch nach der **Nettomethode** zulässig. Die erhaltenen Anzahlungen werden netto, dh ohne USt-Anteil ausgewiesen. Die Umsatzsteuer wird wie beim Umsatzgeschäft bis zu ihrer Abführung unter den sonstigen Verbindlichkeiten passiviert.

Wenn die Lfg oder Leistung erbracht und die Forderung eingebucht ist, wird die erhaltene Anzahlung mit der Forderung verrechnet. Erhaltene Anzahlungen sind in sonstige Verbindlichkeiten umzugliedern, wenn zB auf Grund von Leistungsstörungen mit der Rückforderung zu rechnen ist. 227

Bis zum Bilanzstichtag entstandene **Zinsverbindlichkeiten** für ausnahmsweise verzinsliche erhaltene Anzahlungen stellen sonstige Verbindlichkeiten dar (dazu Anm 246).

4. Verbindlichkeiten aus Lieferungen und Leistungen

Unter diesem Posten sind sämtliche Verpflichtungen aus vom Vertragspartner **bereits erfüllten Umsatzgeschäften** auszuweisen, bei denen die eigene Gegenleistung noch aussteht. Umsatzgeschäfte sind Kauf- und Werkverträge, Dienstleistungsverträge, Miet- und Pachtverträge (einschl Leasing-Verträge) und ähnliche Verträge. Somit sind zB auch Provisionsverbindlichkeiten hier auszuweisen. Keine Verpflichtungen aus Umsatzgeschäften sind etwa Schadenersatz-, Darlehens- und Gewinnverbindlichkeiten. 228

Forderungen an Lieferanten (zB auf Grund von Überzahlungen, Gutschriften) dürfen nicht mit den Verbindlichkeiten aus Lfg und Leistungen saldiert werden (§ 246 Abs 2). Sie sind als sog **debitorische Kreditoren** unter den sonstigen VG auszuweisen. 229

Verbindlichkeiten aus Lfg und Leistungen behalten ihren Charakter auch bei **langfristiger Stundung.** Dies gilt auch dann, wenn die Stundung über das ursprünglich vereinbarte Zahlungsziel hinausgeht (*ADS*[6] § 266 Anm 228; aA *Hüttemann* HdJ Abt III/8 Anm 113: Ausweis unter sonstige Verbindlichkeiten). Ein Ausweiswechsel erfolgt nur bei Novation (§ 247 Anm 235). 230

Die Verbindlichkeiten ggü Lieferanten umfassen auch die in Rechnung gestellte **Vorsteuer.** Die Verbindlichkeiten sind weiterhin auch dann brutto auszuweisen, wenn eine Rechnung noch nicht vorliegt oder USt zu Unrecht nicht in Rechnung gestellt wurde. In diesen Fällen sind die noch nicht abziehbaren Vorsteuerbeträge unter den sonstigen VG zu erfassen. 231

5. Verbindlichkeiten aus der Annahme gezogener Wechsel und der Ausstellung eigener Wechsel

Beim **Warenwechsel** zieht der Lieferant einen Wechsel auf den Abnehmer in Höhe des gewöhnlich auf drei Monate gestundeten Rechnungsbetrages, den dieser annimmt und damit verspricht, bei Verfall zu zahlen. Durch die Hingabe des Wechsels erlischt die ursprüngliche Verbindlichkeit (zB Kaufpreisschuld) nicht, § 364 Abs 2 BGB. Die Wechselverbindlichkeit tritt vielmehr rechtlich selbstständig neben die ursprüngliche Verbindlichkeit. Durch die Hereinnahme des Wechsels verpflichtet sich der Gläubiger, *zuerst* aus dem Wechsel Befriedigung zu suchen. Erst wenn die Befriedigung aus dem Wechsel misslingt, darf der Gläubiger auf die ursprüngliche Forderung zurückgreifen. Daher ist nicht mehr die ursprüngliche Verbindlichkeit, sondern die Wechselverbindlichkeit auszuweisen. 240

Beim **Finanzwechsel** gibt der Akzeptant sein Akzept nicht, um selbst Kredit (zB in Form der Stundung einer Kaufpreisschuld) zu erhalten, sondern um dem Auftraggeber Kredit zu verschaffen **(Bankakzept, Gefälligkeitsakzept).** Der Geschäftspartner kann den Wechsel zum Ausgleich eigener Schulden in Zahlung geben, diskontieren lassen oder bis zum Verfalltag aufbewahren und dann zur 241

Einlösung vorlegen. Der Akzeptant hat eine echte Wechselverbindlichkeit, die als solche auszuweisen ist (*ADS*[6] § 266 Anm 229). Der Ausgleichsanspruch gegen den Auftraggeber (Rembours- oder Schadensersatzanspruch) ist unter den sonstigen VG zu aktivieren.

242 Unter einem **Kautions-, Sicherungs- oder Depotwechsel** versteht man einen Wechsel (Akzept oder Solawechsel), den der Schuldner einem Gläubiger nur zur Sicherheit gibt. Der Gläubiger darf sich aus dem Wechsel *erst* befriedigen, wenn die gesicherte Forderung fällig geworden ist und er nicht anderweitig befriedigt wird. Eine Wechselverbindlichkeit ist hier *erst dann* anzusetzen, wenn der Sicherungsfall eingetreten ist und der Gläubiger den Wechsel in Umlauf bringen darf, zB wenn der Akzeptant mit einer Lieferverpflichtung in Verzug geraten ist und dadurch eine durch Hinterlegung des Wechsels gesicherte Vertragsstrafe fällig geworden ist oder der Akzeptant mit einer passivierten Verbindlichkeit in Zahlungsverzug geraten ist und der Gläubiger deshalb den Wechsel in Umlauf bringen darf. In diesem Fall ist nicht mehr die zugrunde liegende Verbindlichkeit, sondern die Wechselverbindlichkeit auszuweisen.

Zum Ausweis von durch Solawechsel unterlegten Krediten s Anm 222.

6. Verbindlichkeiten gegenüber verbundenen Unternehmen

244 Zum Begriff „verbundene Unt" s § 271 Anm 33 ff. Bei den Verbindlichkeiten ggü verbundenen Unt handelt es sich der Sache nach meist um Verbindlichkeiten der Posten C 3 bis 5 und 8. Der Ausweis sollte unter dem Posten C 6 erfolgen. Die Vorrangigkeit des Postens C 6 ergibt sich aus dem Gliederungsschema (dazu *ADS*[6] § 265 Anm 44). Sofern Verbindlichkeiten ggü verbundenen Unt ausnahmsweise unter den anderen Posten ausgewiesen werden, ist bei wesentlichen Beträgen die Mitzugehörigkeit zum Posten C 6 zu vermerken oder im Anhang anzugeben (§ 265 Abs 3 S 1). Zu ausstehenden Einlagen s Anm 246.

7. Verbindlichkeiten gegenüber Unternehmen, mit denen ein Beteiligungsverhältnis besteht

245 Zum Beteiligungsbegriff s § 271 Anm 8 ff. Ein Beteiligungsverhältnis iSd Gliederungsschemas besteht sowohl ggü Unt, an denen eine Beteiligung gehalten wird, als auch ggü Unt, die eine Beteiligung an der bilanzierenden KapGes/KapCoGes halten. Im Übrigen gelten die Ausführungen in Anm 122 entspr. Zu ausstehenden Einlagen s Anm 246.

8. Sonstige Verbindlichkeiten

246 Die sonstigen Verbindlichkeiten sind ein Auffangposten für die nicht unter einem vorhergehenden Posten gesondert auszuweisenden Verbindlichkeiten. Wenn, wie dies für große und mittelgroße KapGes/KapCoGes Pflicht ist, die in Anm 212 bis 245 aufgeführten Verbindlichkeiten gesondert ausgewiesen werden, gehören zu den sonstigen Verbindlichkeiten insbesondere:
– Steuerverbindlichkeiten der KapGes/KapCoGes (zB KSt, USt, GewESt),
– einbehaltene und noch abzuführende Steuern (zB LSt, KapESt),
– rückständige Löhne, Gehälter, Tantiemen, Gratifikationen, Auslagenerstattungen,
– einbehaltene und noch abzuführende sowie von der KapGes/KapCoGes selbst zu tragende Sozialabgaben, Versicherungsprämien,
– Verbindlichkeiten aus Zusagen im Rahmen der betrieblichen Altersversorgung ggü Arbeitnehmern und Pensionären (zB Renten an gewerbliche Arbeitnehmer, Angestelltenpensionen) sowie ggü betrieblichen Unterstützungseinrichtun-

gen (zB Unterstützungskassen), die keine verbundenen Unt sind, einschließlich Darlehen von Unterstützungseinrichtungen,
– Beiträge an den Pensionssicherungsverein VVaG (PSVaG),
– antizipative Zinsabgrenzungen auf Verbindlichkeiten (außer Bankschulden) sowie nicht abgehobene Dividenden,
– Verbindlichkeiten ggü Kunden („**kreditorische Debitoren**"),
– Schuldscheindarlehen und andere Darlehensverbindlichkeiten (sofern nicht ggü Kreditinstituten),
– Einlagen stiller Gester, die FK darstellen (dazu § 247 Anm 233 f), sofern nicht nach § 265 Abs 5 S 2 ein neuer Posten (etwa „Einlagen stiller Gester") unter den Verbindlichkeiten gewählt wird,
– antizipativ abgegrenzte Miet- und Pachtzinsen,
– AR- und Beiratsvergütungen,
– erhaltene Optionsprämien (dazu § 249 Anm 100 „Optionsgeschäfte"),
– gesellschaftsrechtl Einlageverpflichtungen, sobald die Einlage eingefordert wurde, soweit sie nicht unter „Verbindlichkeiten ggü verbundenen Unt" oder „Verbindlichkeiten ggü Unt, mit denen ein Beteiligungsverhältnis besteht" fallen,
– nicht rückzahlbare Zuschüsse zur Deckung zukünftiger Aufwendungen, sofern nicht als passive RAP auszuweisen (dazu HFA 1/1984 Tz 2.12, WPg, 614).

Sofern hier aufgezählte Verpflichtungen bei Bilanzaufstellung noch nicht exakt quantifizierbar sind, hat ihr Ausweis unter den Rückstellungen zu erfolgen. 247

III. Vermerk- und Erläuterungspflichten

1. Konvertible Anleihen

Bei den von großen und mittelgroßen KapGes gesondert auszuweisenden Anleihen ist der Betrag der konvertiblen Anleihen zu vermerken (§ 266 Abs 3 Buchstabe C Nr 1). Dabei handelt es sich um Anleihen, bei denen den Gläubigern ein Umtausch- oder Bezugsrecht auf Anteile einer AG oder KGaA zusteht, insb um Wandelschuldverschreibungen gem § 221 Abs 1 AktG. 248

2. Restlaufzeiten

S § 268 Anm 101. 249

3. Steuerverbindlichkeiten und Verbindlichkeiten im Rahmen der sozialen Sicherheit

Große und **mittelgroße KapGes/KapCoGes** müssen in der Bilanz die in den sonstigen Verbindlichkeiten enthaltenen Steuerverbindlichkeiten und Verbindlichkeiten im Rahmen der sozialen Sicherheit jeweils gesondert vermerken (§ 266 Abs 3 Buchstabe C Nr 8). 250

Steuerverbindlichkeiten sind Steuerschulden der KapGes/KapCoGes (zB KSt, GewESt, USt, Zölle) sowie einbehaltene und noch abzuführende Steuern (zB LSt, KapESt). 251

Verbindlichkeiten im Rahmen der sozialen Sicherheit sind im Wesentlichen von den Arbeitnehmern einbehaltene und noch abzuführende sowie von der KapGes/KapCoGes selbst zu tragende Sozialabgaben und Versicherungsprämien (zB Beiträge zur Renten-, Kranken-, Pflege- und Arbeitslosenversicherung, Berufsgenossenschafts- und Knappschaftsbeiträge), Verbindlichkeiten aus Zusagen im Rahmen der betrieblichen Altersversorgung (mit Ausnahme der Direktzusage einer Pensionsverpflichtung, für die eine Pensionsrückstellung zu 252 bilden ist) sowie ggü betrieblichen Unterstützungseinrichtungen (zB Unterstützungskassen), die keine verbundenen Unt sind und Beiträge an den PSVaG. Weitere können hinzukommen, wie etwa Verpflichtungen aus einem Sozialplan, aus der Übernahme von Arzt-, Kur- oder Krankenhauskosten, Unterstützungszusagen oder Altersteilzeitverpflichtungen (dazu § 249 Anm 100).

4. Rechtlich noch nicht entstandene Verbindlichkeiten

253 S § 268 Anm 107 ff. KeinstKapGes und kleine KapGes/KapCoGes sind nach § 274a Nr 3 von der Angabe rechtlich noch nicht entstandener Verbindlichkeiten im Anhang befreit.

5. Verbindlichkeiten gegenüber Gesellschaftern

254 Nach § 264c Abs 1 (KapCoGes) und § 42 Abs 3 GmbHG (GmbH) sind Verbindlichkeiten ggü Gestern idR als solche gesondert auszuweisen oder im Anhang anzugeben (s § 284 Anm 58 f). Der Betrag mit einer Restlaufzeit bis zu einem Jahr ist stets zu vermerken (§ 268 Abs 5 S 1, vgl § 268 Anm 101). Werden diese Verbindlichkeiten unter anderen Posten ausgewiesen, muss die Mitzugehörigkeit zu den Verbindlichkeiten ggü Gestern vermerkt werden.

255 **Gesellschafterdarlehen mit Rangrücktrittsvereinbarung** und **kapitalersetzende Gesellschafterdarlehen** sind als Verbindlichkeiten auszuweisen (dazu § 247 Anm 231 f) und fallen daher unter die Verbindlichkeiten ggü Gestern iSv § 42 Abs 3 GmbHG bzw § 264c Abs 1. Die Frage, ob **kapitalersetzende (Gesellschafter-)Darlehen** iSd § 39 Abs 1 Nr 5 InsO in der Bilanz (etwa in Form eines Davon-Vermerks) oder mit einer Angabe im Anhang als solche kenntlich zu machen sind, war bisher umstritten (s *Büteröwe* in Henssler/Strohn, GesR, GmbHG § 42 Anm 23). Da der Kapitalsatzes für die VFE-Lage der KapGes/KapCoGes eine wesentliche Bedeutung hat und sich durch die grundlegende Neuregelung des Eigenkapitalsatzes in der InsO die Voraussetzungen des Kapitalsatzes im Einzelfall vereinfacht haben, ist aufgrund § 264 Abs 2 S 2 die Kennzeichnung kapitalersetzender Darlehen durch einen „Davon Vermerk" oder im Anhang entspr. anzugeben. Gleiches gilt für Darlehen mit einer **Rangrücktrittsvereinbarung** (§ 247 Anm 232) (*Bordt* in HdJ Abt III/1 (1990), Anm 233; *Fleck* GmbHR 1989, 318).

6. Sicherheiten

258 S § 285 Anm 9 ff.

D. Passive Rechnungsabgrenzungsposten

260 In die passive Rechnungsabgrenzung kann auch ein **Unterschiedsbetrag** eingestellt werden, der sich aus einem höheren Rückzahlungsbetrag von Ausleihungen ggü dem Auszahlungsbetrag ergibt. IdR wird dabei die **Forderung** mit dem Nominalbetrag bewertet und der Unterschied zum niedrigeren Auszahlungsbetrag passiv abgegrenzt (s § 255 Anm 250 zu den AK bei Forderungen). Das betrifft hauptsächlich Hypothekenbanken und Versicherungs-Unt.

261 Ein **gesonderter Ausweis** dieses Disagios ist *nicht* vorgesehen. Der gesonderte Ausweis ist zu empfehlen bei wesentlichen Beträgen, insb wenn diese höher sind als die üblichen passiven RAP; ersatzweise kommt auch eine entsprechende Angabe im Anhang in Frage.

E. Passive latente Steuern

Als passive latente Steuern dürfen entweder der passive Überhang aus der Saldierung aller aktiven und passiven latenten Steuern oder alle passiven latenten Steuern brutto (ohne Verrechnung mit den aktiven latenten Steuern) ausgewiesen werden. Im Einzelnen s § 274 Anm 75.

F. Haftungsverhältnisse

Wegen des Vermerks von Haftungsverhältnissen unter der Bilanz s die Erl zu § 251 u § 268 Anm 120 ff.

G. Rechtsfolgen einer Verletzung des § 266

Als Vergehen könnte ein Verstoß gegen die Gliederungsvorschriften des § 266 durch ein Mitglied eines vertretungsberechtigten Organs oder des AR einer KapGes/KapCoGes oder eines publizitätspflichtigen Unt mit Geldstrafe bestraft werden, wenn dadurch die Verhältnisse im JA unrichtig wiedergegeben oder verschleiert werden. Das würde uE eine weitgehende Missachtung der Gliederungsvorschriften zur Bilanz voraussetzen; s § 331 Abs 1 Nr 1, § 17 Nr 1 PublG.

Ein Zuwiderhandeln gegen § 266 bei der Aufstellung oder Feststellung des JA durch ein Mitglied eines vertretungsberechtigten Organs oder des AR einer KapGes/KapCoGes oder eines publizitätspflichtigen Unt ist jedoch ausdrücklich als Ordnungswidrigkeit sanktioniert; s § 334 Abs 1 Nr 1c, § 335b oder § 20 Abs 1 Nr 1d PublG.

Bei AG, KGaA (und GmbH) führt ein Verstoß gegen § 266 nur dann zur Nichtigkeit des JA gem § 256 Abs 4 AktG, wenn seine Klarheit und Übersichtlichkeit dadurch wesentlich beeinträchtigt sind. Dies kann bei § 266 nur in schwerwiegenden Ausnahmefällen angenommen werden.

H. Abweichungen der IFRS

Schrifttum: *Haller/Eierle* Accounting Standards for Small and Medium-sized Entities – erste Weichenstellungen durch das IASB BB 2004, 1838; *Lüdenbach/Hoffmann* Verbindliches Gliederungsschema für die IFRS-Bilanz KoR 2004, 89; *Pellens/Fülbier/Gassen* Internationale Rechnungslegung, Stuttgart 2004; *Zülch/Fischer/Erdmann* Neuerungen in der Darstellung eines IFRS-Abschlusses gem. IAS 1 „Presentation of Financial Statements" (revised 2007) WPg 2007, 963 ff.;

Standard: IAS 1 Darstellung des Abschlusses *(Presentation of Financial Statements)* (rev 2007).

I. Allgemein

Wenn ein IFRS-Abschluss erstellt wird sind die IFRS für Unt aller Rechtsformen und Größenklassen anzuwenden (zustimmend *ADS Int* Abschnitt 7 Anm 8). Daher wird in den folgenden Ausführungen zu den IFRS nicht wie in den Ausführungen zum HGB zwischen Unt unterschiedlicher Rechtsform oder Größe differenziert. Am 9.7.2009 wurden vom IASB die IFRS für kleine und mittlere Unt veröffentlicht *(IFRS for small and medium – sized entities)*. Der IFRS für kleine und mittlere Unt ist eigenständig im Verhältnis zu den „Full IFRS".

Der IAS 1, welcher für Jahresabschlüsse, die zum oder nach dem 1. Januar 2009 beginnen (IAS 1.139), anzuwenden ist, bringt einige Neuerungen in der Darstellung eines IFRS-Abschlusses. Es werden neue Begrifflichkeiten für die Abschlusselemente eingeführt, um eine Angleichung an das IASB-Rahmenkonzept *(Framework)* herzustellen. Statt der Bezeichnung „*Balance Sheet*" sieht IAS 1.10 (a) und (f) die Begriffe „*Statement of Financial Position as at the End/Beginning of the Period*" vor, wobei IAS 1.10 darauf hinweist, dass die vorgegebene Nomenklatur nicht verpflichtend anzuwenden ist. Diese ist vielmehr als eine Art Richtschnur zu betrachten. Es muss allerdings, auch bei individueller Bezeichnung, klar erkennbar sein, um welchen Abschlussbestandteil es sich handelt.

Aufgrund der Vorschriften des IAS 1.10 (a) iVm IAS 1.10 (f) ist es für das bilanzierende Unt verpflichtend, zwei Bilanzen aufzustellen, und zwar zum Beginn und zum Ende der Berichtsperiode. Unter Berücksichtigung von IAS 1.38 ist bei Vorliegen bestimmter Voraussetzungen noch eine zusätzliche Vergleichsperiode anzugeben, so dass in Summe drei Bilanzstichtage zu zeigen sind, und zwar eine Bilanz zum Ende der Berichtsperiode, eine Bilanz zum Ende der Vorperiode, welche der Bilanz zu Beginn der Berichtsperiode entspricht, sowie eine Bilanz zum Beginn der Vorperiode. Diese Verpflichtung trifft das Unt dann, wenn entweder eine Bilanzierungsmethode retrospektiv angewendet wurde, die Korrektur eines Bilanzpostens retrospektiv vorzunehmen war oder zum Stichtag ein Bilanzposten reklassifiziert werden musste (IAS 1.39).

Für den Begriff der „Reklassifizierung" finden sich weitere Konkretisierungen in den IAS 1.41–42 und 45. Weicht das berichtende Unt von seiner bisherigen Darstellung ab, so sind gem. IAS 1.41–42 die Vj-Beträge anzupassen und Erl zwingend vorzunehmen. Hier wird folglich die Pflicht ausgelöst, Informationen über eine dritte Vergleichsperiode offenzulegen.

II. Gliederung der Vermögenswerte

1. Die Unterscheidung in kurzfristige *(current)* und langfristige *(non-current)* Vermögenswerte

281 Während das HGB die Einteilung der VG in Anlage- und Umlaufvermögen vorschreibt, erfordern die IFRS eine fristigkeitsspezifische Einteilung der Vermögenswerte in die beiden Kategorien „*current und non-current assets*" (zur Definition der Begriffe vgl Anm 282). Alternative Bezeichnungen dürfen verwendet werden, sofern deren Bedeutung klar verständlich ist (IAS 1.67). Gemäß IAS 1 sind in der Bilanz die *current* und *non-current assets* getrennt voneinander auszuweisen (IAS 1.60). Von dieser Einteilung darf nur abgewichen werden, wenn eine Gliederung nach dem Grad der Liquidität verlässliche und entscheidungsnützlichere Informationen liefert. Ist dies der Fall, sind alle Bilanzposten nach Liquiditätsgesichtspunkten (auf- oder absteigend) zu gliedern. Gemäß IAS 1.64 ist auch eine Vermischung der *current/non-current* bzw liquiditätsorientierten Gliederung von Vermögenswerten innerhalb der Bilanz zulässig, sofern die dadurch entstehende Information zuverlässig und entscheidungsnützlicher ist. Dies kann bspw bei Unt mit verschiedenen Geschäftsaktivitäten der Fall sein (IAS 1.64).

Unabhängig davon, welche Methode der Darstellung anzuwenden ist, fordert IAS 1.61 gesonderte fristigkeitsspezifische Angaben: vom Unt ist für jeden Bilanzposten der Betrag in der Bilanz oder den Notes anzugeben, von dem erwartet wird, dass er nach mehr als zwölf Monaten realisiert wird, sofern ein solcher Betrag darin enthalten ist.

2. Die Definition von „current asset" und „non-current asset"

Ein Vermögenswert ist unter den *current assets* auszuweisen, wenn er eines der folgenden Kriterien erfüllt (IAS 1.66):
- seine Realisation wird innerhalb des normalen Geschäftszyklus des Unt erwartet oder er wird zum Verkauf oder Verbrauch innerhalb dieses Zeitraums gehalten;
- er wird in erster Linie zu Handelszwecken gehalten;
- seine Realisation wird innerhalb von zwölf Monaten nach dem Bilanzstichtag erwartet;
- es handelt sich um Zahlungsmittel oder Zahlungsmitteläquivalente iSv IAS 7, es sei denn, sie sind nicht frei handelbar oder sind zur Begleichung einer Schuld außerhalb eines Zeitraums von 12 Monaten nach dem Bilanzstichtag bestimmt.

Unter dem normalen Geschäftszyklus ist der Zeitraum zwischen dem Erwerb von Vermögenswerten, die in den Geschäftsprozess eingehen, und deren Realisation in Zahlungsmitteln oder Zahlungsmitteläquivalenten zu verstehen (zustimmend *ADS Int* Abschnitt 7 Anm 88). Ist der normale Geschäftszyklus nicht eindeutig bestimmbar, wird seine Dauer mit zwölf Monaten angenommen (IAS 1.68).

Latente Steueransprüche *(deferred tax assets)* dürfen gemäß IAS 1.56 nicht als *current assets* ausgewiesen werden.

Sämtliche Vermögenswerte, die als nicht *current* eingestuft werden, sind nach IAS 1.66 als *non-current assets* auszuweisen.

3. Die weitere Untergliederung der kurz- und langfristigen Vermögenswerte

Innerhalb der *current/non-current assets* sind weitere Untergliederungen vorzunehmen. IAS 1.54 gibt Mindestangaben für die Bilanz vor, ohne hierfür eine bestimmte Reihenfolge oder Formate festzulegen (IAS 1.57).

Die Mindestgliederung für das Vermögen umfasst (IAS 1.54):
- Sachanlagen *(property, plant and equipment)*
- als Finanzinvestition gehaltene Immobilien *(investment property* iSv IAS 40.5)
- Immaterielle Vermögenswerte *(intangible assets)*
- Finanzanlagen *(financial assets)*, außer Beteiligungen, die nach der Equity-Methode bewertet werden, Forderungen aus Lfg und Leistungen, sonstigen Vermögenswerten und flüssigen Mitteln
- Bet, die nach der Equity-Methode bewertet werden (vgl. § 312 Anm 100 ff)
- lebende Pflanzen und Tiere *(biological assets* iSv IAS 41.5)
- Vorräte *(inventories)*
- Forderungen aus Lfg und Leistungen und sonstige Vermögenswerte *(trade and other receivables)*
- flüssige Mittel *(cash and cash equivalents)*
- aktuelle und latente Steueransprüche *(current and deferred tax assets* iSv IAS 12).

Ferner ist die Summe der Vermögenswerte, die iSv IFRS 5 zum Verkauf bestimmt sind, in der Bilanz anzugeben (IAS 1.54 (j)).

Hinzu kommen weitere Posten, Überschriften und Zwischensummen in der Bilanz, sofern diese für das Verständnis der Vermögens- und Finanzlage eines Unt wichtig sind (IAS 1.55). Die Entscheidung, ob zusätzliche Posten gesondert ausgewiesen werden, basiert gem IAS 1.58 auf einer Einschätzung der Art und Liquidität der Vermögenswerte sowie ihrer Funktion innerhalb des Unt. Vermögenswerte, die sich nach Art oder Funktion unterscheiden, unterliegen manchmal unterschiedlichen Bewertungsgrundlagen. Bspw dürfen bestimmte Gruppen von Sachanlagen zu fortgeführten AK/HK oder nach IAS 16.31 mit einem Neubewertungsbetrag angesetzt werden. Die Anwendung unterschiedlicher Bewertungsgrundlagen für verschiedene Gruppen von Vermögenswerten lässt im Umkehrschluss vermuten, dass sie sich in ihrer Art und Funktion unterscheiden und sie deshalb als gesonderte Posten auszuweisen sind (IAS 1.59).

Bei der weiteren Untergliederung der *current/non-current assets* ist insb die Art der Geschäftstätigkeit des Unt zu berücksichtigen, zB für die Gliederung der Bilanzen von Kreditinstituten (*„financial institutions"*) gibt (IAS 1.57 (b)). Sofern andere IFRS dies vorschreiben, sind die Vermögenswerte entweder in der Bilanz oder in den Notes weiter zu untergliedern (IAS 1.78, 79).

4. Begriffsbestimmungen der Untergliederungspunkte von *current/non-current assets*

284 Als Gliederungsvorschrift enthält IAS 1 keine Begriffsbestimmung der Posten. Diese werden vorausgesetzt und sind idR den einschlägigen postenbezogenen Standards zu entnehmen, die neben Bewertungsfragen regelmäßig auch eine Definition der verwendeten Begriffe enthalten.

IAS 16.6 definiert die **Sachanlagen** als materielle Vermögenswerte, die ein Unt für Zwecke der Herstellung oder der Lfg von Gütern und Dienstleistungen, zur Vermietung an Dritte oder für Verwaltungszwecke besitzt und die erwartungsgemäß länger als eine Periode genutzt werden. Diese Definition deckt sich mit Ausnahme der geleisteten Anzahlungen und der grundstücksgleichen Rechte mit § 247 Abs 2 und § 266 Abs 2 A. II.

Gemäß IAS 1.78(a) sind die Sachanlagen in Übereinstimmung mit IAS 16 in verschiedene Klassen einzuteilen. Eine Klasse setzt sich dabei aus Vermögenswerten zusammen, die sich in ihrer Beschaffenheit und ihrer Verwendung im Unt ähneln. In IAS 16.37 werden beispielhaft die folgenden möglichen Klassen genannt:

– Grundstücke *(land)*
– Bebaute Grundstücke *(land and buildings)*
– technische Anlagen und Maschinen *(machinery)*
– Schiffe *(ships)*
– Flugzeuge *(aircraft)*
– Fuhrpark *(motor vehicles)*
– Betriebs- und Geschäftsausstattung *(furniture and fixtures)*
– Betriebs- und Geschäftseinrichtung *(office equipment)*.

Investment property wird in IAS 40.5 definiert als Grundstücke, Gebäude oder Gebäudeteile, die vom Eigentümer oder vom Finanzierungsleasingnehmer gehalten werden, um Mieteinnahmen und/oder Wertsteigerungen zu generieren. *Investment property* dient nicht der Produktion von Waren, der Bereitstellung von Dienstleistungen und darf auch nicht für Verwaltungszwecke genutzt werden. Ferner ist *investment property* nicht dazu bestimmt, im Rahmen der gewöhnlichen Geschäftstätigkeit verkauft zu werden.

IAS 38.8 definiert einen **immateriellen Vermögenswert** als einen identifizierbaren nichtmonetären unkörperlichen Vermögenswert. Ein immaterieller Vermögenswert ist dann anzusetzen, wenn ein zukünftiger Nutzenzufluss wahrscheinlich ist und die AK/HK zuverlässig bemessen werden können (IAS 38.21). Trotz der Angleichung durch das BilMoG ist der Umfang der nach IFRS aktivierbaren Vermögenswerte weitergehend als der nach HGB. Unter den Voraussetzungen gem IAS 38.51 ff sind auch selbst geschaffene immaterielle Vermögenswerte zu aktivieren. Ausnahmen hierzu werden in IAS 38.63 (zB selbst geschaffene Marken, Kundenlisten, etc) aufgeführt.

Als **Finanzanlagen** (*current* bzw *non-current financial assets*) sind solche finanziellen Vermögenswerte auszuweisen, die den Kriterien eines *current* bzw *non-current* (vgl hierzu Anm 282) *assets* entsprechen. Hierzu gehören die entspr Teile von Ausleihungen, Darlehen und Forderungen.

Abweichungen im Vergleich zum HGB ergeben sich auch daraus, dass IFRS einen gesonderten Ausweis von Anteilen an assozUnt verlangen; insoweit sind die spezifischen Kriterien von IAS 28 zu beachten, welche insb hinsichtlich der Einflussnahme auf das BetUnt (IFRS: Möglichkeit maßgeblichen Einflusses ausreichend; HGB: tatsächliche Einflussnahme erforderlich) und hinsichtlich der Widerlegbarkeit der Assoziierungs- bzw Betvermutung vom HGB abweichen.

Biological assets werden definiert als lebende Tiere und Pflanzen (IAS 41.5). Der Ansatz eines *biological assets* setzt voraus, dass das Unt über den Vermögenswert Kontrolle ausübt, es wahrscheinlich ist, dass dem Unt auf Grund des Vermögenswerts zukünftige wirtschaftliche Vorteile *(economic benefits)* zufließen und dass der *fair value* bzw die AK/HK zuverlässig bestimmt werden können (IAS 41.10). *Biological assets* sind in Gruppen einzuteilen, deren Zusammensetzung nach IAS 41.41 näher zu beschreiben ist. Innerhalb der Gruppen sollen die *biological assets* nach ihrem Reifegrad *(mature* oder *immature*; zu den Unterscheidungskriterien vgl IAS 41.45) untergliedert werden (IAS 41.43).

Die Aufgliederung des **Vorratsvermögens** nach IAS 2.37 bzw IAS 1.78 (c) entspricht annähernd den Vorschriften des HGB. Vorgeschlagen wird der separate Ausweis von Handelswaren *(merchandise)*, Hilfs- und Betriebsstoffen *(production supplies)*, Rohstoffen *(materials)*, unfertigen Erzeugnissen und Leistungen *(work in progress)* und fertigen Erzeugnissen *(finished goods)*.

Die **Forderungen aus Lieferung und Leistungen** und **Sonstigen Vermögenswerte** sollen gemäß IAS 1.78 (b) nach Forderungen gegen Dritte *(trade customers)*, gegen verbundene Unt *(related parties)* sowie nach RAP/Anzahlungen *(prepayments)* und sonstigen Forderungen *(other amounts)* untergliedert werden. Diese Aufteilungen dürfen entweder in der Bilanz oder in den *Notes* erfolgen (IAS 1.77). Forderungen, die innerhalb des normalen Geschäftszyklus fällig sind, dürfen selbst dann als *current assets* ausgewiesen werden, wenn sie nicht innerhalb von zwölf Monaten nach dem Bilanzstichtag fällig sind (IAS 1.68).

Für **Wertpapiere** des HGB-Umlaufvermögens ist bei den IFRS kein eigener Bilanzposten vorgesehen. Sie werden entweder unter *trade* und *other receivables* oder unter *cash and cash equivalents* ausgewiesen. Ein Wertpapier ist ein *cash equivalent*, wenn es innerhalb von drei Monaten nach Ausgabe fällig wird (IAS 7.7). Daneben unterscheidet IAS 39.9 zwischen zu Handelszwecken gehaltenen Wertpapieren *(held for trading financial assets)*, bis zur Endfälligkeit zu haltende Wertpapiere *(held-to-maturity financial assets)* und zur Veräußerung verfügbaren Wertpapieren *(available-for-sale financial assets)*. Wertpapiere, die länger als zwölf Monate gehalten werden, sind als *non-current assets* zu bilanzieren. Die Unterscheidung nach Anteilen an verbundenen Unt oder Dritten darf entweder in der Bilanz oder in den *Notes* gemacht werden.

Rechnungsabgrenzungsposten iSd HGB dürfen nach IAS 1.28 nur dann aktiviert werden, wenn sie die im Rahmenkonzept festgelegten Kriterien eines *assets* erfüllen. Ist dies der Fall, werden die RAP *(prepayments)* unter den Forderungen und sonstigen Vermögenswerten *(receivables)* ausgewiesen (IAS 1.78 (b)).

Aktiver Unterschiedsbetrag aus der Vermögensverrechnung (§ 253 Abs 1 S 2 iVm § 246 Abs 2 S 2) ergibt sich als Ausweis der aktivischen Differenz zwischen den Altersvorsorgeverpflichtungen mit zu ihrer Deckung geführten Vermögensgegenständen (§ 266 Abs 2 E). Eine Aktivierung des Vermögenswerts nach IAS 19.58 (b) ist begrenzt auf den Barwert des Nutzens, den das Unternehmen aus der Überdotierung des Fonds hat, sei es durch Beitragsrückerstattung oder durch geringere künftige Beitragszahlungen, zuzüglich der noch nicht amortisierten versicherungsmathematischen Verluste und nachzuverrechnenden Dienstzeitaufwendungen.

III. Gliederung der Schulden

1. Die Unterscheidung in kurzfristige *(current)* und langfristige *(non-current)* Schulden

285 Rückstellungen, Verbindlichkeiten und RAP (iSd HGB), die die Kriterien einer Schuld *(liability)* nach den IFRS erfüllen, sind gem IAS 1.60 im JA fristigkeitsspezifisch getrennt nach *current* und *non-current liabilities* darzustellen. Von dieser Einteilung darf nur abgewichen werden, wenn eine Gliederung nach dem Grad der Liquidität verlässliche und entscheidungsnützlichere Informationen liefert. Ist dies der Fall, sind alle Bilanzposten nach Liquiditätsgesichtspunkten (auf- oder absteigend) zu gliedern. Gemäß IAS 1.64 (rev 2007) ist eine Vermischung der *current/non-current* bzw liquiditätsorientierten Gliederung von Schulden innerhalb der Bilanz zulässig, sofern die dadurch entstehende Information zuverlässig und entscheidungsnützlicher ist. Dies kann beispielsweise bei Unt mit verschiedenen Geschäftsaktivitäten der Fall sein (IAS 1.64).

Unabhängig davon, welche Methode der Darstellung zutreffender ist, fordert IAS 1.61 gesonderte fristigkeitsspezifische Angaben: vom Unt ist für jeden Schuldposten der Betrag anzugeben, von dem erwartet wird, dass er nach mehr als zwölf Monaten erfüllt wird, sofern ein solcher Betrag darin enthalten ist.

2. Die Definition von „*current liability*" und „*non-current liability*"

286 Eine *liability* ist als *current* einzustufen, wenn sie eines der folgenden Kriterien erfüllt (IAS 1.69):
- es wird erwartet, dass sie innerhalb des gewöhnlichen Verlaufs des Geschäftszyklus des Unt getilgt wird;
- sie wird überwiegend zu Handelszwecken gehalten;
- ihre Tilgung ist innerhalb von zwölf Monaten nach dem Bilanzstichtag fällig;
- das Unt hat kein uneingeschränktes Recht, die Tilgung der Schuld um mindestens zwölf Monate, gerechnet ab dem Bilanzstichtag, zu verschieben.

Alle anderen Schulden sind als *non-current* einzustufen.

Der für die Kategorisierung der Schuld zu bestimmende normale Geschäftszyklus entspricht nach IAS 1.70 dem normalen Geschäftszyklus, der auch für die Klassifizierung der Vermögenswerte zu Grunde gelegt wurde (vgl hierzu Anm 282).

Einige Schuldarten sind Teil des kurzfristigen und im normalen Geschäftszyklus des Unt gebrauchten Betriebskapitals *(working capital)*. Hierzu zählen zB Verbindlichkeiten aus Lfg und Leistungen *(trade payables)*, bestimmte Rückstellungen für personalbezogene Aufwendungen *(accruals for employee costs)* und andere betriebliche Aufwendungen *(accruals for other operating costs)*. Diese werden selbst dann als current klassifiziert, wenn sie später als zwölf Monate nach dem Bilanzstichtag fällig werden (IAS 1.70).

Ferner gibt es kurzfristige Schulden, die nicht im Rahmen des normalen Geschäftszyklus beglichen werden, aber deren Tilgung innerhalb von zwölf Monaten nach dem Bilanzstichtag fällig ist oder die überwiegend zu Handelszwecken gehalten werden. Als Beispiele nennt IAS 1.71 Finanzschulden *(financial liabilities)*, die iSv IAS 39 als „zu Handelszwecken gehalten" klassifiziert werden, sowie Kontokorrentkredite, die kurzfristigen Bestandteile von *non-current financial liabili-*

ties, Dividendenverbindlichkeiten, Ertragsteuern und andere Verbindlichkeiten, die nicht aus Lfg und Leistungen resultieren.

Finanzschulden, die der langfristigen Finanzierung des Umlaufvermögens dienen (dh nicht Teil des *working capitals* sind) und deren Tilgung nicht innerhalb von zwölf Monaten nach dem Bilanzstichtag fällig ist, werden als *non-current* eingestuft (1.71 rev 2007).

Finanzschulden, die innerhalb von zwölf Monaten nach dem Bilanzstichtag fällig werden, sind selbst dann als *current* zu klassifizieren, wenn (IAS 1.72):
– die ursprüngliche Laufzeit einen Zeitraum von mehr als zwölf Monaten umfasst und
– nach dem Bilanzstichtag und bevor der Abschluss zur Veröffentlichung freigegeben wird, eine langfristige Umschuldungs- oder Refinanzierungsvereinbarung abgeschlossen wird.

Unabhängig von der Fälligkeit werden Schulden als *non-current* eingestuft, wenn ein Unt die Möglichkeit und die Absicht hat, in einem bestehenden Kreditverhältnis die Rückzahlung auf einen Zeitpunkt später als zwölf Monate nach dem Bilanzstichtag zu verschieben. Liegt die Refinanzierung bzw Zahlungsverschiebung nicht im Ermessen des Unt, wird die Schuld als *current* eingestuft (IAS 1.73).

Verletzt das Unt zum oder vor dem Bilanzstichtag bestimmte Darlehensbedingungen, wodurch die Rückzahlungsverpflichtung sofort eintritt *(liability becomes payable on demand),* wird die Schuld grds als *current* klassifiziert (IAS 1.74). Die Schuld darf nur dann weiterhin als *non-current* ausgewiesen werden, wenn der Kreditgeber bereits am Bilanzstichtag einer Schonfrist zugestimmt hat, die später als zwölf Monate nach dem Bilanzstichtag endet (IAS 1.75).

Latente Steuerschulden *(deferred tax liabilities)* dürfen nach IAS 1.56 nicht als *current liabilities* ausgewiesen werden.

3. Die weitere Untergliederung der kurz- und langfristigen Schulden

Innerhalb der oben dargestellten Gliederung der Schulden in *current/non-current liabilities* gibt IAS 1.54 Mindestangaben für die Bilanz vor, ohne hierfür eine bestimmte Reihenfolge oder Formate festzulegen (IAS 1.57 rev 2007). Demnach sind in der Bilanz mindestens die Verbindlichkeiten aus Lfg und Leistungen und sonstige Verbindlichkeiten *(trade and other payables),* die verzinslichen Schulden *(financial liabilities),* Rückstellungen *(provisions)* und aktuelle sowie latente Steuerschulden iSv IAS 12 *(liabilities for current tax and deferred tax liabilities)* separat auszuweisen.

Rückstellungen iSd § 249 *(provisions)* dürfen nach den IFRS nur dann passiviert werden, wenn sie die Kriterien einer *liability* erfüllen (vgl *Hebestreit/ Schrimpf-Dörges* in Beck³ IFRS § 13 Anm 8). Ist dies der Fall, sind sie nach IAS 1.60 in der Bilanz grundsätzlich in *current* und *non-current liabilities* zu untergliedern. Zusätzlich sind nach IAS 1.78(d) entweder in der Bilanz oder in den Notes die personalbezogenen Rückstellungen *(employee benefits)* getrennt von den übrigen Rückstellungen *(other items)* auszuweisen. Ferner ist die Summe der Schulden anzugeben, die Geschäftseinheiten zuzurechnen sind, welche iSv IFRS 5 als zum Verkauf bestimmt anzusehen sind.

Hinzu kommen weitere Posten, Überschriften und Zwischensummen in der Bilanz, sofern diese für ein Verständnis der Vermögens- und Finanzlage eines Unt wesentlich sind (IAS 1.55). Die Entscheidung, ob zusätzliche Posten gesondert ausgewiesen werden, ist gem IAS 1.58(c) auf Basis der Beträge, der Art und der Fälligkeit der Schulden zu beurteilen.

Bei der weiteren Untergliederung der Schulden ist insb die Art der Geschäftstätigkeit des Unt zu berücksichtigen, zBfür die Gliederung der Bilanzen von Banken (IAS 1.57(b)). Sofern andere IFRS dies vorschreiben, sind die Schulden entweder in der Bilanz oder in den Notes weiter zu untergliedern (IAS 1.78).

Rechnungsabgrenzungsposten im Sinne des § 250 dürfen nach IAS 1.28 nur dann passiviert werden, wenn sie die im Rahmenkonzept festgelegten Kriterien einer *liability* erfüllen. Ist dies der Fall, werden sie je nach Fristigkeit unter den *current* bzw *non-current liabilities* gezeigt.

IV. Gliederung des Eigenkapitals

288 Das EK ist nach IAS 1.78 (e) aufzugliedern in eingezahltes Kapital *(paid-in capital)*, Aktienagio *(share premium)* und Rücklagen *(reserves)*. Die Untergliederung darf entweder in der Bilanz oder in den Notes erfolgen. Zusätzlich ist entweder in der Bilanz oder in den Notes für jede Klasse von Anteilen anzugeben (IAS 79 (a)):
– Anzahl der genehmigten Anteile
– Anzahl der ausgegebenen und voll eingezahlten Anteile und die Anzahl der ausgegebenen und nicht voll eingezahlten Anteile
– Nennwert der Anteile bzw Hinweis, dass die Anteile keinen Nennwert besitzen
– Überleitungsrechnung der Anzahl der sich im Umlauf befindenden Anteile am Anfang und am Ende der Periode
– Rechte, Vorzugsrechte und Beschränkungen, die auf die jeweilige Anteilsklasse zutreffen, einschließlich Beschränkungen betr Dividendenausschüttung und Kapitalrückzahlung
– Anteile am Unt, die vom Unt selbst, von TU oder von assozUnt gehalten werden
– Anteile, die für eine Ausgabe auf Grund von Optionen und Verkaufsverträgen vorgehalten werden, unter Angabe der Modalitäten und Beträge.

Ferner sind entweder in der Bilanz oder in den Notes die Rücklagen nach Art und Zweck zu beschreiben (IAS 1.79(b)).

Minderheitsanteile *(non-controlling interest)* sind nach IAS 1.54(q) innerhalb des in der Bilanz dargestellten EK zu zeigen. Ebenfalls in der Bilanz darzustellen sind gemäß IAS 1.54(r) das gezeichnete Kapital und die Rücklagen, die den Eigentümern des MU zuzurechnen sind.

Für Ges, die kein gezeichnetes Kapital aufweisen *(entity without share capital* zB PersGes), verlangt IAS 1.80 die Angabe von gleichwertigen Informationen. Dabei sind für jede Klasse von Anteilsrechten anzugeben:
– Bewegungen während der Periode
– Rechte, Vorzugsrechte und Beschränkungen, die für die jeweilige Klasse von Anteilsrechten zutreffen.

Exkurs: Bilanzformate der E-Bilanz

Schrifttum: *Melchior* Das Steuerbürokratieabbaugesetz, DStR 2008, 2441; *Bergan/Martin* DStR 2010, Die elektronische Bilanz, 1755; *Fischer/Kalina-Kerschbaum* Anmerkungen zum Entwurf des BMF-Schreibens zur E-Bilanz, DStR 2010, 2114; *Heinsen/Adrian* E-Bilanz – Grundlegende Fragen zum Anwendungsbereich DStR 2010, 2591; *Herzig/Briesemeister/ Schäperclaus* Entwurf des BMF-Schreibens vom 31.8.2010, DB 2010, Beilage 5, 1; *Nunnenkamp/Paffenholz* Der Einfluss von XBRL auf Rechnungslegung und Prüfung, WPg 2010, 1142; *Richter/Kruczynski/Kurz* E-Bilanz: Mindestumfang der steuerlichen Deklaration nach der geplanten Taxonomie, BB 2010, 2489; *Fuhrmann* Die E-Bilanz läuft aus dem Ruder,

Gliederung der Bilanz   300, 301   § 266

DB Standpunkte 36/2011, 59; *Geberth/Burlein* E-Bilanz – Das Einführungsschreiben, die Taxonomie und der FAQ sind veröffentlicht, DStR 2011, 2013; *Heinsen/Adrian* Anmerkungen zum aktualisierten BMF-Entwurfschreiben zur E-Bilanz, DStR 2011, 1438; *Herzig/Briesemeister* Problemfelder der E-Bilanz, DB Standpunkte 36/2011, 57; *Herzig/Briesemeister/Schäperclaus* Von der Einheitsbilanz zur E-Bilanz, DB 2011, 1; *Herzig/Briesemeister/Schäperclaus* E-Bilanz – Konkretisierung, Erleichterungen, verbleibende Problembereiche, DB 2011, 1651; *Richter/Kruczynski/Kurz* E-Bilanz Überarbeiteter BMF-Entwurf des Anwendungsschreibens vom 1.7.2011, BB 2011, 1964; *Rust/Hülshoff/Kolbe* E-Bilanz: Anforderungen der Finanzverwaltung an den Datensatz nach § 5b EStG, BB 2011, 747; *Schiffers* E-Bilanz – schlichte Verfahrensvorschrift vor dem Hintergrund des Risikomanagements im Steuervollzug und des Tax-Accounting, Stbg 2011, 7; *Viskorf/Haag* Bericht zum 6. Münchner Unternehmenssteuerforum, DStR Beihefter 48/2011, 102; *Herzig/Briesemeister/Schäperclaus* E-Bilanz: Finale Fassung des BMF-Schreibens und der Steuertaxonomie 2012, DB 2011, 2509; *KPMG* E-Bilanz, Köln 2012; *Ley* E-Bilanz – Ein Überblick unter Berücksichtigung der Besonderheiten bei Personengesellschaften, KÖSDI 2012, 17889; *BMF* E-Bilanz-Handbuch 2012, abrufbar unter www.bundesfinanzministerium.de; FAQ zur E-Bilanz, Stand: September 2012, abrufbar unter www.esteuer.de.

I. Rechtsgrundlagen und Zielsetzung

Die gesetzliche Grundlage für die E-Bilanz wurde mit § 5b EStG bereits Ende 2008 durch das **Steuerbürokratieabbaugesetz** geschaffen (BGBl I 2008, 2850). Im Kern regelt § 5b EStG, dass Bilanz sowie GuV für steuerliche Zwecke elektronisch an das FA einzureichen sind (sog E-Bilanz). Die vormals geltende Abgabe in Papierform gem § 60 Abs 1 u 2 EStDV ist – größtenteils (s Anm 316 u 323) – entfallen. Die E-Bilanz ist dabei nur ein Bestandteil einer umfassenden Umstellung von papierbasierter Kommunikation zwischen Stpfl und FA hin zur elektronischen Übermittlung, die sich auch auf Steuererklärungen und nicht nur auf „ergänzende Unterlagen" wie Bilanz und GuV erstreckt. Ab dem Veranlagungs- bzw. Erhebungszeitraum 2011 sind zahlreiche Erklärungen, wie zB die KSt-Erklärung (§ 31 Abs 1a KStG) oder die Erklärung zur Festsetzung des Steuermessbetrags (§ 14a GewStG) elektronisch einzureichen (zum Überblick vgl *Melchior* DStR 2008, 2441). Die grundlegenden Ziele der E-Bilanz liegen in einer Vereinfachung des Besteuerungsverfahrens, dem Bürokratieabbau und einer damit verbundenen Kostenreduktion (vgl BR-Drs 547/08, 2 u 3). Die Umstellung soll gemäß GesetzesBegr dazu führen, dass die Unt ihre steuerrechtlichen Pflichten „schnell, kostensparend und sicher" erfüllen können (BR-Drs 547/08, 25).   **300**

Die Besonderheit an der E-Bilanz ist, dass mit der E-Bilanz erstmals ein steuerrechtliches Gliederungsschema für die Bilanz und GuV vorgegeben wird (sog **Steuer-Taxonomie**). Bisher gab es eine derartige Standardisierung nicht (zum Übermittlungsformat XBRL und dessen Einfluss auf Rechnungslegung und Prüfung vgl *Nunnenkamp/Paffenholz* WPg 2010, 1142). Somit erschöpft sich die E-Bilanz nicht in einer rein technischen Umstellung. Nachdem zunächst aufeinanderfolgend zwei Entwürfe der Steuer-Taxonomie bereitgestellt worden waren, veröffentlichte die FinVerw mit dem BMF-Schreiben vom 14.9.2011 die Steuer-Taxonomie in der Version 5.0. Mit dem BMF-Schreiben vom 6.5.2012 wurde die Veröffentlichung der Version 5.1 bekanntgegeben. Die Version 5.2 (anzuwenden für Wirtschaftsjahre, die nach dem 31.12.2013 beginnen) wurde mit dem BMF-Schreiben vom 27.6.2013 veröffentlicht. Schreiben und Steuer-Taxonomie(n) sind unter www.esteuer.de abrufbar. In ihrem Detaillierungsgrad und Umfang geht die Steuer-Taxonomie deutlich über die handelsrechtlichen Vorgaben des § 266 und der §§ 275, 277 hinaus. Dies ist auch die zentrale Kritik an der E-Bilanz (vgl zB *Fischer/Kalina-Kerschbaum* DStR 2010, 2116). Aufgrund   **301** des hohen Detaillierungsgrads der Steuer-Taxonomie werden bilanzierende Unt vielfach gezwungen sein, ihre Finanzbuchhaltung und IT-Systeme anzupassen, um den steuerrechtlichen Anforderungen zu genügen. Der erforderliche Mehraufwand für Unt konterkariert nach Ansicht des Wirtschaftsausschusses die ursprüngliche Gesetzesintention (vgl BR-Drs 722/1/10, 2; ebenso *Nationaler Normenkontrollrat* 2010, 1 f).

302 Die Rechtsgrundlage für die Taxonomie ist umstritten. Gesetzliche Erwähnung findet die „Taxonomie" als solche nicht. Die Berichtsbestandteile iSd § 5b EStG sind „nach amtlich vorgeschriebenem Datensatz" zu übermitteln. Amtlich vorgeschriebener Datensatz bedeutet, dass die FinVerw – ähnlich zu sonstigen steuerlichen Formularen – im Rahmen der gesetzlichen Vorschriften festlegt, welche Daten zu übermitteln sind (*Heinsen/Adrian* DStR 2010, 2591; *Bergan/ Martin* DStR 2010, 1757). Zudem ist das BMF nach § 51 Abs 4 Nr 1b EStG ermächtigt, im Einvernehmen mit den obersten Finanzbehörden der Länder den Mindestumfang der nach § 5b EStG elektronisch zu übermittelnden Bilanz und GuV zu bestimmen (zum Mindestumfang s Anm 337). Die Steuer-Taxonomie stellt uE den „amtlich vorgeschriebenen Datensatz" dar, mit dem das BMF seiner Ermächtigung folgt. Da der Mindestumfang der Steuer-Taxonomie über die handelsrechtlichen Vorschriften hinausgeht, ist streitig, ob das BMF seine Ermächtigungsgrundlage überschreitet (vgl KPMG 2012, Rn 1.7-1.10; *Richter/ Kruczynski* HdR-E 2012, Rn 514).

303 Grundsätzlich wird eine Modernisierung und Effizienzsteigerung des Besteuerungsverfahrens angestrebt, indem papierbasierte Verfahrensabläufe durch elektronische Abläufe ersetzt werden; Ziel ist der Aufbau einer **E-Taxation-Wertschöpfungskette** (vgl BMF 2012, 19). Für die FinVerw bieten sich mit der Einführung der E-Bilanz neue Möglichkeiten (vgl *Herzig/Briesemeister/Schäperclaus* DB 2010, Beilage 5, 7). Diese reichen von **Verprobungen** der E-Bilanz mit Steuererklärungen (bspw für die Quellensteuer) bis zu umfassenden **Datenauswertungen**, zB durch Vergleiche mit Unt der gleichen Branche in Form von Zeitreihen- oder Jahresvergleichen. Dadurch können Auffälligkeiten oder Abweichungen vom Durchschnitt bereits im Veranlagungsverfahren erkannt und in der Folge Bp-Ressourcen gezielter dort eingesetzt werden, wo die Finanzbehörde steuerliche Mehrergebnisse erwartet (vgl auch *Herzig/Briesemeister* DB Standpunkte 36/2010, 58). Die Gliederungstiefe der Steuer-Taxonomie ist diesen Bestrebungen der Finanzverwaltung geschuldet (vgl *Richter/Kruczynski* HdR-E 2012, Rn 554). Letztere werden mit Hinweis auf den „gläsernen Steuerbürger" kritisiert (vgl *Gosch/Kirchhof* 2012, Rn 1; aA *Meurer* DB Standpunkte 36/2010, 64).

II. Erstanwendungszeitpunkt der E-Bilanz

1. Gesetzliche Regelung

304 Nach § 52 Abs 15a EStG ist die E-Bilanz erstmals für Wj, die nach dem 31.12.2010 beginnen, einzureichen. Allerdings wird das BMF nach § 51 Abs 4 Nr 1c EStG ermächtigt, durch RVO mit Zustimmung des Bundesrats den **Erstanwendungszeitpunkt** der E-Bilanz zu verschieben, wenn bis zum 31.12.2010 erkennbar ist, dass die technischen oder organisatorischen Voraussetzungen für eine Umsetzung der E-Bilanz nicht ausreichen. Von dieser Möglichkeit wurde Ende 2010 Gebrauch gemacht, indem per VO die Erstanwendung um ein Jahr verschoben wurde. Gemäß § 1 AnwZpvV (Anwendungszeitpunktverschiebungsverordnung, BGBl I 2010, 2135) sind die Bilanz und die GuV nunmehr erstmals für Wj, die nach dem 31.12.2011 beginnen, elektronisch zu übermitteln.

Die Verschiebung wurde für ein **Pilotprojekt** genutzt (s BMF-Schreiben 305 v 26.1.2011). Den teilnehmenden Unt wurde eine Teststeuernummer gegeben. Auf Basis der Entwurftaxonomie sollten die Teilnehmer die Daten aus der Bilanz und GuV für das Wj 2010 und/oder Teilzeiträume 2011 erfassen, in die E-Bilanz übertragen und elektronisch – zu Testzwecken – an das FA übermitteln. Zudem bestand die Möglichkeit, der FinVerw die Erfahrungen bei der Erfassung der E-Bilanzdaten und der anschließenden Übermittlung mitzuteilen.

Das BMF hat in Abstimmung mit den Ländern das Entwurfschreiben zur 306 E-Bilanz vom 31.8.2010 überarbeitet und am 1.7.2011 nochmals als Entwurf veröffentlicht (zum aktualisierten Entwurf vgl *Heinsen/Adrian* DStR 2011, 1438; *Herzig/Briesemeister/Schäperclaus* DB 2011, 1651). Die Veröffentlichung eines zweiten Entwurfschreibens ist auf die sehr deutliche Kritik am ersten Entwurf zurückzuführen. Das finale BMF-Schreiben wurde mit wenigen Änderungen am 28.9.2011 veröffentlicht. Parallel wurde mit Schreiben vom 14.9.2011 die endgültige Steuer-Taxonomie in Version 5.0 veröffentlicht. Die Steuer-Taxonomie liegt nunmehr gem BMF-Schreiben vom 5.6.2012 bzw. 27.6.2013 in Version 5.1 bzw. 5.2 (letztere gilt erstmals für Wirtschaftsjahre, die nach dem 31.12.2013 beginnen) vor und ist unter www.esteuer.de abrufbar.

2. Nichtbeanstandungsregelungen

Das BMF-Schreiben vom 28.9.2011 (nachfolgend BMF 28.9.2011) sieht eine 307 allgemeine Nichtbeanstandungsregelung für 2012 sowie weitere spezielle Nichtbeanstandungsregelungen und zeitliche Übergangsregelungen vor. Eine Verschiebung der E-Bilanz ist damit jedoch nicht erfolgt. Es gilt insoweit der gesetzliche Erstanwendungszeitpunkt.

Gemäß **allgemeiner Nichtbeanstandungsregelung** soll nicht beanstandet 308 werden, wenn die Bilanz sowie die GuV für das erste Wj, das nach dem 31.12.2011 beginnt (bei kalendergleichem Wj: Wj 2012; ansonsten Wj 2012/2013, wenn nicht das erste Jahr das Rumpf-Wj ist) noch nicht gemäß § 5b EStG nach amtlich vorgeschriebenem Datensatz durch Datenfernübertragung übermittelt werden (vgl BMF 28.9.2011, Rn 27). Das BMF-Schreiben versetzt die FinVerw in die Lage, entgegen der gesetzlichen Verpflichtung nach § 5b EStG, eine nicht erfolgte Einreichung der E-Bilanz für das Erstjahr nicht zu beanstanden. Der Wortlaut des BMF-Schreibens enthält kein Antragserfordernis oder zusätzliche Voraussetzungen für die Inanspruchnahme der geplanten Nichtbeanstandungsregelung. Sofern die Nichtbeanstandungsregelung für das Erstjahr in Anspruch genommen wird, sind die Bilanz und GuV im bisherigen Umfang in Papierform einzureichen Für Wj, die nach dem 31.12.2012 beginnen, ist eine Übermittlungspflicht gem § 5b EStG nur im Wege der sog Härtefallregelung vermeidbar (s Anm 313).

Zur Vermeidung unbilliger Härten soll gemäß BMF-Schreiben für eine 309 **Übergangszeit** nicht beanstandet werden, wenn in bestimmten Fällen die Gewinnermittlungsunterlagen gem § 5b EStG erstmals für Wj, die nach dem 31.12.2014 beginnen, übermittelt wird (vgl BMF 28.9.2011, Rn 7). Für die Zwischenzeit ist eine Übertragung in Papierform im bisherigen Umgang gestattet. Betroffen sind folgende Fälle des **„besonderen sachlichen Anwendungsbereichs"** (s auch Anm 324):
– Betriebsstätten (sowohl ausländische Betriebsstätten inländischer Unt als auch inländische Betriebstätten ausländischer Unt);
– steuerbefreite Körperschaften, wobei sich die Befreiung nur auf einen Teil der Einkünfte erstreckt (partielle Steuerpflicht) und von der Körperschaft eine Bilanz und GuV aufzustellen ist;
– juristische Personen des öffentlichen Rechts mit Betrieben gewerblicher Art.

310 Bei Vorliegen eines inländischen Unt mit ausländischer Betriebstätte kann – wie die FinVerw klargestellt hat (vgl BMF 28.9.2011, Rn 7) – eine papiergebundene Übertragung von Bilanz und GuV nur insoweit erfolgen, als diese Rechenwerke auf die ausländische Betriebstätte entfallen. Bilanz und GuV – soweit sie sich auf das inländische Unt ohne die ausländische Betriebstätte beziehen – unterliegen einer elektronischen Übermittlungspflicht gem § 5b EStG (unter Beachtung der allgemeinen Nichtbeanstandungsregelung sowie der Härtefallregelung).

311 Weitere **Nichtbeanstandungs- und Ausnahmeregelungen:**
– Nach dem BMF-Schreiben soll für Wj, die *vor* dem 1.1.2015 enden, nicht beanstandet werden, wenn **Sonder- und Ergänzungsbilanzen** in dem Freitextfeld „Sonder- und Ergänzungsbilanzen" im Berichtsbestandteil „Steuerliche Modifikationen" (s Anm 328) übermittelt werden (vgl BMF 28.9.2011, Rn 22). Dabei ist die Steuer-Taxonomie (s Anm 333) nicht zu beachten (vgl KPMG 2012, Rn 2.10).
– Eine Ausnahmeregelung sieht das BMF-Schreiben für den Berichtsbestandteil „**Kapitalkontenentwicklung** bei PersGes und andere Mitunternehmerschaften" (s Anm 329) vor. Danach sollen die Mussfelder (zum Begriff s Anm 336) dieses Berichtsbestandteils erst für Wj, die nach dem 31.12.2014 beginnen, verpflichtend zu übermitteln sein (vgl BMF 28.9.2011, Rn 20f). Während dieser Übergangszeit sind die nach Gestergruppen zusammengefassten Mussfelder der Kapitalkontenentwicklung in der Bilanz zu befüllen. Bei der genannten Ausnahmeregelung besteht die Besonderheit, dass keine Formulierung als Nichtbeanstandungsregelung erfolgt.

III. Persönlicher Anwendungsbereich

1. Gewinnermittlung durch Bilanzierung

312 Eine Pflicht zur Übermittlung von Bilanz und GuV nach § 5b Abs 1 EStG besteht, wenn der Gewinn nach Betriebsvermögensvergleich gem § 4 Abs 1 EStG oder § 5 EStG oder nach der Tonnage gem § 5a EStG ermittelt wird. Damit sind Stpfl von der E-Bilanz betroffen, die ihren Gewinn durch Bilanzierung ermitteln. Folgende Fälle sind zu unterscheiden:
– § 5 EStG: Bei Gewerbetreibenden, die aufgrund gesetzlicher Vorschriften verpflichtet sind, Bücher zu führen und regelmäßig Abschlüsse zu machen, gilt § 5 EStG. § 140 AO regelt, dass außersteuerliche Buchführungspflichten, insb nach dem HGB, eine entspr steuerrechtliche Verpflichtung auslösen. Somit besteht die Verpflichtung, eine E-Bilanz einzureichen (gem BMF, BStBl I 2011, 350, Tz 5 können auch ausländische Rechtsnormen eine Buchführungspflicht nach § 140 AO begründen, daran zweifelnd BFH, BStBl II 1990, 175). § 5 Abs 1 EStG erfasst auch Stpfl, die freiwillig Bücher führen und regelmäßig Abschlüsse machen, so dass dem Wortlaut des § 5b EStG nach auch in diesen Fällen Bilanz und GuV zu übermitteln sind (so auch BMF 28.9.2011, Rn 1).
– § 4 Abs 1 EStG: Zur Gewinnermittlung nach § 4 Abs 1 EStG sind gewerbliche Unt und Land- und Forstwirte verpflichtet, die nicht der Buchführungspflicht nach § 140 AO unterliegen, aber bestimmte Größenkriterien des § 141 AO überschreiten und von der Finanzbehörde auf ihre Buchführungsverpflichtung hingewiesen wurden. Die Größenkriterien für Gewerbebetriebe bestehen in einem Umsatz von mehr als 500 000 € im Kalenderjahr und einem Gewinn von mehr als 50 000 € im Wj. Die Überschreitung einer Grenze ist ausrei-

chend, um die Buchführungspflicht zu begründen. Es besteht lediglich die Pflicht zur Aufstellung einer StB. Mangels eines Verweises in § 141 Abs 1 S 2 AO auf § 242 Abs 2 HGB ist eine einfache Buchführung – ohne GuV – ausreichend (vgl *Drüen* T/K 2012, Rn 26 u 35). Die Buchführungspflicht einer PersGes nach § 141 AO umfasst auch das Sonderbetriebsvermögen der Gester; die Gester selbst sind insoweit nicht buchführungspflichtig.

– § 5a EStG: Die Gewinnermittlung bei Handelsschiffen im internationalen Verkehr regelt § 5a EStG (sog Tonnagebesteuerung). Die Tonnagebesteuerung kann der Stpfl an Stelle einer Gewinnermittlung nach § 4 Abs 1 EStG oder § 5 Abs 1 EStG wählen.

Die Verpflichtung gem § 5b EStG gilt sowohl für unbeschränkt als auch beschränkt Stpfl. **Beschränkt Stpfl** sind betroffen, wenn im Inland eine Betriebsstätte unterhalten wird oder der beschränkt Stpfl über einen ständigen Vertreter im Inland verfügt, eines der Größenkriterien des § 141 AO überschritten wird und auf die Buchführungspflicht von der FinVerw hingewiesen wurde. Bei einer eingetragenen Zweigniederlassung besteht für beschränkt Stpfl bereits handelsrechtlich eine Buchführungspflicht (§ 13d HGB iVm § 140 AO). Zudem können beschränkt Stpfl ohne inländische Betriebsstätte ebenfalls der Verpflichtung unterliegen, eine E-Bilanz einzureichen. Dies kann zB ausländische Körperschaften mit inländischem Grundbesitz betreffen (§ 49 Abs 1 Nr 2f EStG iVm § 141 AO).

2. Ausnahmen

Die Verpflichtung des § 5b EStG gilt unabhängig von der Rechtsform und der Größenklasse des bilanzierenden Unt. Es gibt weder für kleine Unt noch für anschlussgeprüfte Ges eine Ausnahme. Nach § 5b Abs 2 EStG kann die Finanzbehörde jedoch zur Vermeidung unbilliger Härten auf die elektronische Übermittlung verzichten (BMF-Schreiben, 19.1.2010, BStBl I 2010, 47; sog **Härtefallregelung**). Dafür ist ein Antrag des Stpfl notwendig. Der Verzicht auf die Einreichung der E-Bilanz ist eine Ermessensentscheidung der Finanzbehörde. Gem § 5b Abs 2 S 2 EStG ist § 150 Abs 8 AO anzuwenden. Dieser konkretisiert, dass einem Antrag zu entsprechen ist, wenn die Abgabe einer E-Bilanz für den Stpfl **wirtschaftlich oder persönlich unzumutbar** ist. Gem dem **Regelbeispiel** in § 150 Abs 8 S 2 AO liegt eine wirtschaftliche oder persönliche Unzumutbarkeit vor, wenn die Schaffung der technischen Voraussetzungen nur mit einem nicht unerheblichen finanziellen Aufwand möglich wäre oder der Stpfl nach seinen individuellen Kenntnissen und Fähigkeiten nicht oder nur eingeschränkt in der Lage ist, die Möglichkeiten der Datenfernübertragung zu nutzen (vgl *Richter/Kruczynski* HdR-E⁵ 2012, Rn 507).

Bei Inanspruchnahme der Härtefallregelung gem § 5b Abs 2 EStG, besteht die Pflicht zur papiergebundenen Abgabe von Bilanz und GuV gem § 60 Abs 1 u 2 EStDV (s Anm 323). Unklar ist, ob die Antragstellung gem § 5b Abs 2 EStG konkludent mit der papiergebundenen Abgabe der Gewinnermittlungsunterlagen erfolgen kann (bejahend: BT-Drs 16/10940, 10; bejahend für die Anfangsphase: FAQ zur E-Bilanz, Stand: September 2012, 18).

Stpfl, die ihren Gewinn mittels **Einnahmen-Überschussrechnung** gem § 4 Abs 3 EStG ermitteln, sind nicht von der Vorschrift des § 5b EStG betroffen. Sie unterliegen hingegen der Regelung des § 60 Abs 4 EStDV, wonach die Einnahmen-Überschussrechnung elektronisch an das FA zu übermitteln ist. Die elektronische Übermittlung erfolgt gem § 84 Abs 3d EStG erstmals für Wj, die nach dem 31.12.2010 beginnen. Hierzu steht dem Stpfl ein elektronisches Formular im ELSTER-Portal zum Abruf bereit.

IV. Sachlicher Anwendungsbereich

1. Bilanz, Gewinn- und Verlustrechnung, Überleitungsrechnung

317 Nach § 5b Abs 1 S 1 EStG sind der Inhalt der Bilanz und der GuV nach amtlich vorgeschriebenem Datensatz elektronisch zu übermitteln. Bei einer Gewinnermittlung nach § 5 Abs. 1 EStG sind somit eine HB und eine (handelsrechtliche) GuV elektronisch einzureichen. Enthält die HB Ansätze oder Beträge, die den steuerrechtlichen Vorschriften nicht entsprechen, hat der Stpfl das Wahlrecht, entweder eine steuerliche **Überleitungsrechnung** nach § 5b Abs 1 S 2 EStG oder eine **StB** nach § 5b Abs 1 S 3 EStG zu übermitteln. Zweifelsfragen bestehen insb beim Wahlrecht des Stpfl zwischen Einreichung einer steuerlichen Überleitungsrechnung und einer StB (vgl *Heinsen/Adrian* DStR 2010, 2593). Der Begriff „Steuerbilanz" ist in § 60 Abs 2 S 2 EStDV enthalten. Wenn auch § 5b EStG dem § 60 EStDV nachempfunden wurde, ist trotzdem auf den Klammerzusatz „(Steuerbilanz)" in § 5b Abs 1 S 3 EStG verzichtet worden. Also enthält § 5b EStG keine Definition des Begriffs „Steuerbilanz" (als eine den steuerlichen Vorschriften entspr Bilanz). Allerdings enthält das BMF-Schreiben in Rn 11 eine Definition der „Steuerbilanz" als eine auf den handelsrechtlichen GoB beruhende Bilanz, deren Ansätze ohne weitere Zusätze und Anmerkungen den steuerlichen Vorschriften entsprechen.

318 Bei Einreichung einer **StB** nach § 5b Abs 1 S 3 EStG ist umstritten, ob zusätzlich eine GuV zu übermitteln ist. Gemäß dem BMF-Schreiben scheint zumindest klar zu sein, dass nach Verwaltungsauffassung keine steuerrechtliche GuV einzureichen ist (*Heinsen/Adrian* DStR 2011, 1439). Die diesbzgl Verlautbarung des Frage-Antwort-Katalogs (vgl FAQ zur E-Bilanz, Stand September 2012, 17) ist uE nicht so zu verstehen, dass eine steuerrechtliche GuV zwingend zu übermitteln ist (s aber *Herzig/Briesemeister/Schäperclaus* DB 2011, 2510). Verneint man die Pflicht zur Aufstellung einer steuerrechtlichen GuV, bleibt fraglich, ob die handelsrechtliche GuV einzureichen ist (befürwortend *Heinsen/Adrian* DStR 2010, 2593; *Herzig/Briesemeister/Schäperclaus* DB 2010, Beilage 5, 1; ablehnend *Schiffers* Stbg 2011, 9). Auf Basis des Gesetzeswortlauts ist diese Auslegung, dass eine handelsrechliche GuV einzureichen ist, uE möglich und im Vergleich zur Alternative (Einreichung einer HB, handelsrechtlichen GuV und steuerlichen Überleitungsrechnung) auch sachgerecht, da somit in beiden Fällen eine (handelsrechtliche) GuV zu übermitteln ist.

319 Sofern die Pflicht zur Übermittlung einer handelsrechtlichen GuV bejaht wird, ist ferner fraglich, ob der Stpfl, der eine steuerrechtliche GuV „gebucht" hat, diese alternativ übermitteln kann oder ob er sie in eine handelsrechtliche GuV überleiten muss. Mit Blick auf die Gesetzesintention sollte ein Wahlrecht bestehen (vgl auch *Heinsen/Adrian,* DStR 2010, 2593).

320 Das Bestehen einer Pflicht zur elektronischen Übermittlung einer freiwillig erstellten GuV ist **streitig** (vgl *Herzig/Briesemeister/Schäperclaus* 2010, 6; *Heinsen/Adrian* 2010, 2592; *Bergan/Martin* 2010, 1756; *Richter/Kruczynski* HdR-E 2012, Rn 534). Wenn eine GuV, bspw bei einfacher Buchführung gem 141 AO, nicht zwingend aufzustellen ist, kann § 5b EStG als Verfahrensvorschrift uE nicht die Pflicht zur Aufstellung selbiger begründen (vgl auch FAQ zur E-Bilanz, Stand: September 2012, 6).

321 Die Alternative zur StB besteht in der elektronischen Übermittlung einer **Überleitungsrechnung,** der HB und handelsrechtliche GuV beizufügen sind. Nach dem Wortlaut des § 5b Abs 1 S 2 EStG ist nur eine Überleitung der Bilanz auf steuerbilanzielle Werte, nicht aber eine Überleitung der GuV erforderlich. Nach Ansicht der FinVerw sind auch die Positionen der GuV überzuleiten (vgl

BMF 28.9.2011, Rn 24). Gleiches ergibt sich nach dem Frage-Antwort-Katalog des Bayerischen Landesamts für Steuern. Allerdings ist dem Frage-Antwort-Katalog zu entnehmen, dass bei fehlender Zuordnungsmöglichkeit von erfolgswirksamen Abweichungen zu einzelnen Taxonomie-Positionen die Gewinnänderung in einer Sammelposition aufgeführt werden darf. Ferner werde es von der FinVerw nicht beanstandet, wenn sämtliche erfolgswirksamen Umgliederungen und Wertanpassungen in diesem Sammelposten aufgenommen werden (vgl FAQ zur E-Bilanz, Stand September 2012, 16). Ferner hat der Stpfl ein faktisches Wahlrecht, die Gliederungsanforderungen der Taxonomie bereits in der HB (und ggf der handelsrechtlichen GuV) oder erst im Wege der Überleitungsrechnung zu erfüllen (vgl FAQ zur E-Bilanz, Stand September 2012, 16; KPMG 2012, Rn 2.19 f).

Bei Inanspruchnahme der Härtefallregelung gem § 5b Abs 2 EStG besteht die Pflicht zur papiergebundenen Abgabe von Bilanz und GuV gem § 60 Abs 1 u 2 EStDV. Sofern die allgemeine Nichtbeanstandungsregelung in Anspruch genommen wird, ist eine papierbasierte Übermittlung in bisherigem Umfang ausreichend, wie aus dem BMF-Schreiben hervorgeht.

2. Besonderer sachlicher Anwendungsbereich

Das BMF-Schreiben definiert folgende Fälle als „besonderen sachlichen Anwendungsbereich" der E-Bilanz (vgl BMF 28.9.2011, Rn 2 bis 6):
– **Betriebsstätten:** Inländische Unt mit ausländischen Betriebsstätten haben gemäß BMF-Schreiben für das „Unt als Ganzes" eine Bilanz und eine GuV abzugeben (s auch BFH, BStBl II 1997, 128). Hingegen ist der sachliche Anwendungsbereich der E-Bilanz bei ausländischen Unt mit inländischen Betriebsstätten, die ihren Gewinn durch Bilanzierung ermitteln, auf die Bilanz und GuV der inländischen Betriebsstätte als unselbständigen Teil des Unt beschränkt.
– **Steuerbefreite Körperschaften:** § 5b EStG findet auf Körperschaften, die persönlich von der KSt befreit sind, keine Anwendung. Eine E-Bilanz ist jedoch einzureichen, wenn sich die Steuerbefreiung nur auf einen Teil der Einkünfte erstreckt und von der Körperschaft eine Bilanz und GuV aufzustellen ist.
– Juristische Personen des öffentlichen Rechts mit **Betrieben gewerblicher Art:** Eine E-Bilanz ist für Betriebe gewerblicher Art einzureichen, sofern für diese eine Bilanz und eine GuV aufzustellen ist.

3. Zusätzlich einzureichende Unterlagen gem § 60 Abs 3 EStDV

Der Steuererklärung sind gem § 60 Abs 3 EStDV **weitere Unterlagen** beizufügen, allerdings grds in Papierform. Dabei handelt es sich – soweit vorhanden – um den Anhang, den Lagebericht, den PrüfBer und das besondere Verzeichnis nach § 5a Abs 4 EStG. Nach Ansicht der FinVerw besteht die Möglichkeit einer freiwilligen elektronischen Übermittlung dieser Unterlagen (vgl BMF 28.9.2011, Rn 25; s Anm 332).

4. Berichtsbestandteile gemäß BMF-Schreiben

§ 5b EStG erfasst ausschließlich die **„laufenden" Bilanzen** zur Gewinnermittlung nach § 5 Abs 1, § 4 Abs 1 und § 5a EStG sowie die **EB**. Damit sind nur diese Bilanzen von der gesetzlichen Verpflichtung zur elektronischen Einreichung nach § 5b EStG betroffen. Das BMF-Schreiben verdeutlicht hingegen, dass nach Verwaltungsauffassung jedwede nach steuerrechtlichen Vorschriften zu erstellende Bilanz der Verpflichtung zur elektronischen Übertragung nach § 5b EStG unterliegt. Aufgelistet werden Bilanzen anlässlich einer Betriebsveräußerung, Betriebsaufgabe, Änderung der Gewinnermittlungsart, in UmwFällen aufzustellende Bilanzen, Zwischenbilanzen aufgrund eines GesterWechsels sowie Liquidationsbilanzen nach § 11 KStG (zur Kritik vgl *Heinsen/Adrian* DStR 2011, 1438; KPMG 2012, Rn 2.10 f).

326 Bei den einzureichenden Berichtsbestandteilen ist zwischen einem **Stammdaten-Modul ("GCD-Modul")** und einem **JA-Modul ("GAAP-Modul")** zu unterscheiden. Das GCD-Modul umfasst (nach Stand der Taxonomie 5.1) insgesamt 544 Zeilen, wovon insgesamt 56 verpflichtend auszufüllende Felder sind (sog Mussfelder). Im GCD-Modul werden vom Stpfl Angaben zu folgenden Bereichen abgefragt:

– Dokumentinformationen (zB Erstellungsdatum, Dokumentersteller, Steuerberater).

– Informationen zum Bericht (zB Berichtsbestandteile, Bilanzart, Bilanzierungsstandard (HGB, HGB Einheitsbilanz, deutsches Steuerrecht), GuV-Format, Taxonomie-Schema, Berichtsperiode).

– Informationen zum Unt (zB Name des Unt, Rechtsform, Sitz, Größenklasse, MU, Gester/Mitunternehmer, Organschaft, Jahr der letzten Bp).

327 Das GAAP-Modul ist ein Datenschema zur Abfrage von JA-Daten für steuerliche Zwecke. Das GAAP-Modul setzt sich aus mehreren Bestandteilen zusammen. Folgende Berichtsbestandteile sind gemäß BMF-Schreiben verpflichtend zu übermitteln (vgl BMF 28.9.2011, Anlage zu Rn 11):

– Bilanz,

– GuV (nach Gesamt- oder Umsatzkostenverfahren),

– Ergebnisverwendung (sofern in der Bilanz ein Bilanzgewinn ausgewiesen wird),

– Kapitalkontenentwicklung (für PersGes und andere Mitunternehmerschaften),

– Steuerliche Gewinnermittlung (für Personenunt, Betriebe gewerblicher Art und wirtschaftliche Geschäftsbetriebe),

– Steuerliche Modifikationen (insb Umgliederung, Überleitungsrechnung),

– Detailinformationen zu Positionen (Kontensalden zu einer Position).

328 Der Berichtsbestandteil zur **Kapitalkontenentwicklung** bei PersGes und anderen Mitunternehmerschaften ist – nach Ende der Übergangszeit (s Anm 312) – zwingend zu übermitteln und lagert entspr Pflichtangaben im EK der Bilanz. Ferner sind **Sonder- und Ergänzungsbilanzen** – nach der Übergangszeit (s Anm 312) – zwingend in gesonderten Datensätzen zu übermitteln (vgl BMF 28.9.2011, Rn 22). „Gesonderter Datensatz" bedeutet eine gesonderte Übermittlung unabhängig von der der Gesamthandsbilanz – mit eigenem GCD- und GAAP-Modul. Im GCD-Modul erfolgt unter der Position „Bilanzart steuerlich" eine Auswahl als „Sonderbilanz" oder „Ergänzungsbilanz" (vgl FAQ zur E-Bilanz, Stand: September 2012, 9).

329 Diese nach Verwaltungsauffassung verpflichtend einzureichenden Berichtsbestandteile gehen über die gesetzliche Anforderung des § 5b EStG hinaus, der ausschließlich Bilanz, GuV und Überleitungsrechnung erwähnt (zur Kritik vgl zB *Ley* KÖSDI 2012, 17 894 u 17 899 f; *Richter/Kruczynski/Kurz* BB 2010, 2490). Es kann sich uE insofern nur um freiwillig zu übermittelnde Bestandteile handeln (vgl auch *Heinsen/Adrian* DStR 2011, 2733; KPMG 2012, Rn 2.9).

330 Das GAAP-Modul ermöglicht die (freiwillige) elektronische Übermittlung von weiteren Berichtsbestandteilen:

– Haftungsverhältnisse

– EK-Spiegel,

– KFR,

– Anhang (inkl Anlagespiegel und diversen Feldern zur Aufnahme von textlichen Informationen),
– Lagebericht,
– Bericht des AR, Beschlüsse und zugehörige Erklärungen.

IdR verlangt die FinVerw den **Anlagespiegel**, für den (unabhängig von dessen Ausweis gem § 268 Abs 2) keine elektronische Übermittlungspflicht besteht (vgl *Richter/Kruczynski* HdR-E 2012, Rn 541). Der StPfl kann freiwillig eine elektronische Übermittlung in dem eigenen Berichtsbestandteil „Anhang" vornehmen. In diesem Fall ist es ausreichend, die GuV-Position „Abschreibungen auf immaterielle Vermögensgegenstände des Anlagevermögens und Sachanlagen" werthaltig und alle darunter befindlichen Positionen „leer" (sog NIL-Wert) zu übermitteln (vgl BMF 28.9.2011, Rn 23). Bleibt eine elektronische Übermittlung des Anlagespiegels aus, ist – sofern von der FinVerw verlangt – eine papiergebundene Übermittlung gem § 60 Abs 3 EStDV notwendig. Ferner sind die og GuV-Position sowie sämtliche sich darunter befindenden Mussfelder zwingend werthaltig zu übermitteln (vgl *Richter/Kruczynski* HdR-E 2012, Rn 541).

V. Steuer-Taxonomie (Gliederungsschema)

1. Taxonomiearten

Die Berichtsbestandteile iSd § 5b EStG sind „nach amtlich vorgeschriebenem Datensatz" zu übermitteln. Als amtlich vorgeschriebener Datensatz werden die Datenschemata der Taxonomien von der FinVerw veröffentlicht (ein Abruf ist unter www.esteuer.de möglich). Die Taxonomie ist ein **Datenschema** für JA-Daten (vgl BMF 28.9.2011, Rn 9): Mittels Taxonomie werden verschiedene Positionen definiert, aus denen eine Bilanz und GuV bestehen kann, und entspr ihrer Beziehung zueinander geordnet. Die Positionen der Taxonomie sind fest vorgegeben; individuelle Erweiterungen sind nicht zulässig. Da der Detaillierungsgrad der Steuer-Taxonomie sehr hoch ist und bis auf Kontenebene reicht, ist die Steuer-Taxonomie ähnlich einem Kontenrahmen. Die Steuer-Taxonomie basiert auf der HGB-Taxonomie und damit auf dem Gliederungsschema des § 266 für die Bilanz und des § 275 für die GuV. Im Hinblick auf das bestehende Wahlrecht des Bilanzierenden zwischen Umsatzkostenverfahren und Gesamtkostenverfahren (s aber § 285 Nr 8) wäre es uE nicht sachgerecht, wenn für Zwecke des § 5b EStG eine GuV unter Anwendung beider Verfahren zwingend zu übermitteln wäre. Hierbei ist zu beachten, dass die FinVerw auch die Übermittlung der Mussfelder des nicht angewendeten Verfahrens verlangt; allerdings können die Positionen „leer" (NIL-Wert) übermittelt werden (vgl *Richter/Kruczynski* HdR-E 2012, Rn 514).

Im Grundsatz erfolgt die Übermittlung der Inhalte von Bilanz und GuV nach der Kerntaxonomie. Die **Kerntaxonomie** gilt für alle Rechtsformen, wobei im jeweiligen Einzelfall nur die Positionen auszufüllen sind, zu denen auch tatsächlich Geschäftsvorfälle vorliegen (BMF 28.9.2011, Rn 10).

Neben der Kerntaxonomie gibt es Branchentaxonomien für bestimmte Wirtschaftszweige. Unt dieser Wirtschaftszweige haben kein Wahlrecht zur Übermittlung der Kerntaxonomie (vgl BMF 28.9.2012, Rn 10). Unter den Begriff „Branchentaxonomie" fallen einerseits „Spezialtaxonomien" und andererseits „Ergänzungstaxonomien". Als **Spezialtaxonomien** sind die sog **Bankentaxonomie** für Unt, die nach der RechKredV bilanzieren, und die sog **Versicherungstaxonomie** für Unt, die nach der RechVersV bilanzieren, vorgesehen. Es handelt sich dabei um jeweils eigene Taxonomien für VersicherungsUnt und Kreditinstitute. **Ergänzungstaxonomien** sind für die Bereiche Land- und Forstwirtschaft, Krankenhäuser, Pflegeeinrichtungen, VerkehrsUnt, WohnungsUnt und kommunale Eigenbetriebe vorgesehen. Die Ergänzungstaxonomien beinhalten im Vergleich zur Kerntaxonomie vereinzelt zusätzliche Positionen, um den Besonderheiten der jeweiligen Branche Rechnung zu tragen. Ferner sind in den Branchentaxonomien auch einzelne Positionsersetzungen im Vergleich zur Kerntaxonomie vorhanden.

2. Kennzeichnungen der Taxonomie

335   Die Steuer-Taxonomie ist iSe „Baumstruktur" aufgebaut, dh den einzelnen Positionen ist eine bestimmte Hierachieebene zugeordnet. Zudem sind die einzelnen Positionen der Taxonomie mit unterschiedlichen Kennzeichnungen versehen. Die Kennzeichnungen verdeutlichen in erster Linie, welche Positionen verpflichtend zu übermitteln sind und wie die einzelnen Positionen sich zueinander verhalten (zB eine rechnerische Verknüpfung zwischen den Positionen). Der einzureichende Datensatz muss den **Rechenregeln,** wie etwa der rechnerischen Verknüpfung von Taxonomie-Positionen genügen. Andernfalls wird der Datensatz zurückgewiesen und gilt als nicht übermittelt (vgl BMF 28.9.2011, Anlage zu Rn 11). Folgende Kennzeichnungen sind zu unterscheiden:
- **Mussfeld:** Die als „Mussfeld" gekennzeichneten Positionen sind zwingend zu befüllen; bei Einreichung der E-Bilanz wird überprüft, ob formal alle Mussfelder im übermittelten Datensatz enthalten sind (vgl BMF 28.9.2011, Rn 16). Allerdings müssen die Mussfelder nicht zwingend mit konkreten Werten belegt sein, um den formalen Ansprüchen zu genügen (zB wenn kein entspr Sachverhalt zu dem Mussfeld vorliegt). Als „Wert" gilt auch ein Leerwert bzw NIL-Wert (Not In List).
- **Mussfeld, Kontennachweis erwünscht:** Der Unterschied zum „einfachen" Mussfeld ist, dass bei „Mussfeld, Kontennachweis erwünscht" ein Auszug aus der Summen/Saldenliste vom Stpfl mitgeliefert werden soll. Dieser Kontennachweis ist jedoch freiwillig. Ein freiwilliger Kontennachweis soll auch für andere Taxonomiepositionen möglich sein.
- **Summenmussfeld:** Das Summenmussfeld ist eine Oberposition, die über rechnerisch verknüpften Mussfeldern (und/oder Summenmussfeldern) steht. Ist eine Taxonomie-Position zwingend zu befüllen (Mussfeld) und geht der Wert dieses Mussfelds in die Oberposition ein, ist gem BMF-Schreiben auch diese Oberposition zwingend mit einem Wert zu übermitteln (vgl BMF 28.9.2011, Rn 14). Summenmussfelder sind somit ebenfalls zwingend zu übermitteln – ggf mit einem NIL-Wert.
- **Rechnerisch notwendige Positionen:** Positionen, die sich auf der gleichen Ebene wie rechnerisch verknüpfte Mussfelder befinden, sind als „Rechnerisch notwendig, soweit vorhanden" gekennzeichnet (BMF 28.9.2011, Rn 14). Diese Positionen sind zwingend zu übermitteln, wenn ansonsten die Summe der Einzelpositionen nicht dem Wert der Oberposition entsprechen würde (vgl BMF 28.9.2011, Rn 14). Sie werden auch als **„Quasi-Mussfelder"** bezeichnet (vgl *Heinsen/Adrian* DStR 2011, 1441; KPMG 2012, Rn 3.16).
- **Unzulässige Positionen:** Positionen mit der Kennzeichnung „für den handelsrechtlichen Einzelabschluss unzulässig" dürfen nicht in dem übermittelnden Datensatz enthalten sein. Positionen, die als „steuerlich unzulässig" gekennzeichnet sind, müssen im Rahmen der Umgliederung bzw Überleitung aufgelöst werden (BMF 28.9.2011, Rn 13).
- **Auffangpositionen:** In der Steuer-Taxonomie sind Auffangpositionen vorgesehen, um Eingriffe in das Buchungsverhalten zu vermeiden, aber dennoch einen möglichst hohen Standardisierungsgrad zu erreichen (BMF 28.9.2011,

Rn 19). Problematisch ist, dass Auffangpositionen nicht eindeutig gekennzeichnet sind. Das BMF-Schreiben weist auf die Positionsbezeichnung „nicht zuordenbar" hin; zudem qualifizieren Positionen mit Positionsbezeichnung „ohne Zuordnung" als Auffangpositionen. Wird eine Auffangposition genutzt, können die zugehörigen Mussfelder ohne Wert (sog NIL-Wert) zu übermittelt werden. Nicht zu verwechseln sind Auffangpositionen mit „übrige/sonstige"-Positionen. Dabei handelt es sich um Positionen, die zwingend zu befüllen sind, wenn ein Sachverhalt einem Summenmussfeld zuzuordnen ist, er allerdings nicht durch die konkret bezeichneten Positionen auf der untergeordneten Ebene abgedeckt wird. Darüber hinaus existieren Mischpositionen, die sowohl Auffangpositionen als auch gleichzeitig „übrige/sonstige"-Positionen sind (vgl KPMG 2012, Rn 3.21-3.23).

– **Davon-Positionen:** Ist eine Position nicht rechnerisch zu der jeweiligen Oberposition verknüpft, liegt eine sog „davon-Position" vor. Erkennbar sind diese Positionen durch die Bezeichnung „davon" in der Positionsbeschreibung (vgl BMF 28.9.2011, Anlage zu Rn 11). Viele der „davon-Positionen" sind nicht als Mussfelder ausgestaltet und sind folglich nicht zwingend zu übermitteln.
– Ferner existieren Positionen ohne Kennzeichnungen. Sie sind grds nicht zwingend zu übermitteln, weswegen sie als **„kann"-Felder** bezeichnet werden können. Sie tragen dem Umstand Rechnung, dass die FinVerw eine hohe Standardisierung anstrebt und individuelle Erweiterungen der Taxonomie nicht gestattet sind (vgl KPMG 2012, Rn 3.8).

3. Mindestumfang

Der Mindestumfang stellt die nach § 5b EStG iVm § 51 Abs 4 Nr 1b EStG **336** verpflichtend zu übermittelnden Positionen der E-Bilanz dar. Diese Positionen sind nach Ansicht der FinVerw die Mussfelder (mit und ohne erwünschtem Kontennachweis) (vgl BMF 28.9.2011, Rn 15–19). Dennoch bestehen beim Mindestumfang Zweifelsfragen. Da Summenmussfelder und rechnerisch notwendige Positionen zwingend zu übermitteln sind, zählen sie uE ebenfalls zum Mindestumfang. Ferner ist unklar, unter welchen Voraussetzungen Auffangpositionen genutzt werden dürfen. Dies ist entscheidend für die Frage, ob bzw inwieweit aufgrund des Mindestumfangs der E-Bilanz ein Eingriff in die handelsrechtliche Buchführung notwendig ist, um den Anforderungen der Taxonomie zu genügen.

Die verpflichtend zu übermittelnden Mussfelder können einen **notwendigen** **337** **Eingriff in die Buchhaltung** (zB durch Anlegen von neuen Konten) auslösen. Um einen Eingriff in die Buchhaltung zu vermeiden und gleichzeitig die rechnerische Richtigkeit der Taxonomie zu wahren, existieren an ausgesuchten Stellen der Taxonomie Auffangpositionen, die anstelle von Mussfeldern befüllt werden können. Gemäß BMF-Schreiben dürfen Auffangpositionen zur Sicherstellung der rechnerischen Richtigkeit angesprochen werden, wenn der Stpfl die durch Mussfelder vorgegebene Differenzierung nicht aus der Buchhaltung „ableiten kann" (BMF 28.9.2011, Rn 19). Korrespondierend dazu werden Mussfelder mit einem NIL-Wert belegt (vgl BMF 28.9.2011, Rn 16). Dem Frage-Antwort-Katalog des Bayerischen Landesamts für Steuern ist zu entnehmen, dass eine Auffangposition nicht genutzt werden darf, wenn eine in der Taxonomie vorgegebene Differenzierung durch Mussfelder in den Buchungskonten abgebildet wird. Insofern besteht kein Wahlrecht zur Nutzung von Auffangpositionen (vgl FAQ zur E-Bilanz, Stand: September 2012, 11). Unklar ist, ob von einem „nicht ableiten können" bereits dann ausgegangen werden darf, wenn kein entspr Konto in der Buchführung des Stpfl vorhanden ist. Gem dem Frage-Antwort-Katalog

§ 267

erfasst „Ableitbarkeit" die Buchführung als Ganzes – Hauptbuch, Nebenbücher oder die manuelle Auswertung von Buchungsschlüsseln. Es soll jedoch ausreichen, wenn die Ableitung der Werte aus dem Hauptbuch erfolgt, wobei das individuelle Buchungsverhalten des Unt maßgeblich sein soll (vgl FAQ zur E-Bilanz, Stand: September 2012, 11). Das bedeutet, eine Auffangposition kann stets genutzt werden, wenn die Werte nicht aus den im Unt geführten Kontensalden des Hauptbuchs ermittelt werden können. Fraglich ist allerdings der Geltungszeitraum dieser Interpretation des Wortes „Ableitbarkeit". Im vorhergehenden Frage-Antwort-Katalog war noch die Rede davon, dass die Beschränkung auf eine „Ableitbarkeit aus dem Hauptbuch" nur für die Anfangsphase gelte (vgl FAQ zur E-Bilanz, Stand: Juni 2012, 10 f). Ein solcher Hinweis ist im aktuellen Frage-Antwort-Katalog allerdings nicht mehr enthalten.

338 Nach Sinn und Zweck der Auffangpositionen ergibt es sich, dass der Stpfl immer dann zur Befüllung von Mussfeldern gezwungen sein wird – dies erfordert ggf die Einrichtung von neuen Konten –, wenn eine Auffangposition nicht vorhanden ist. Jedoch werden noch weitere Verfahrensweise diskutiert, um Eingriffe in das Buchungsverhalten zu vermeiden. Eine Möglichkeit könnte darin bestehen, dass sämtliche Mussfelder – unter Abwesenheit einer Auffangposition auf derselben Ebene – mit dem NIL-Wert belegt werden, während der aggregierte Wert auf Ebene des übergeordneten Summenmussfeldes übermittelt wird (vgl *Viskorf/Haag* DStR Beihefter 48/2011, 106; *Richter/Kruczynski/Kurz* BB 2011, 1964). Diese Möglichkeit besteht nicht, soweit mind eines der Mussfelder aus den Kontensalden des Hauptbuchs ermittelt werden kann (vgl KPMG 2012, Rn 3.18). Folgt man diesem Ansatz, akzeptiert man, die Rechenlogik der Taxonomie insoweit zu verletzen, wonach sich der Wert eines Summenmussfelds automatisch als Summe der darunter liegenden Positionen ergibt und das Summenmussfeld insofern nicht direkt angesprochen werden sollte. Unklar ist, ob es sich bei der genannten Verfahrensweise nur um eine auf die Anfangsphase befristete Übergangsregelung handeln soll. Dafür spricht, dass selbst für Auffangpositionen eine mittelfristige Löschung für möglich gehalten wird (vgl FAQ zur E-Bilanz, Stand: September 2012, 11; KPMG 2012, Rn 3.20).

339 Eine weitere Möglichkeit könnte darin gesehen werden, eine verpflichtend zu übermittelnde Position (Mussfeld 1) mit einem NIL-Wert und stattdessen eine andere verpflichtende Position (Mussfeld 2) derselben Hierarchieebene mit einem entspr höheren Wert zu übermitteln. Zumindest enthält das vom BMF herausgegebene E-Book dazu ein Beispiel (vgl BMF 2012, 14 f): Danach sei es nicht zu beanstanden, wenn der gesamte Wareneinkauf unter die Position „Aufwendungen für bezogene Waren" (Summenmussfeld) ausgewiesen werden, obwohl die Taxonomie – ohne Auffangposition – eine verpflichtende Trennung zwischen „Aufwendungen für Roh-, Hilfs- und Betriebsstoffe" und „Aufwendungen für bezogene Waren" vorsieht. Diese Vorgehensweise ist uE kritisch zu sehen. Eine eindeutige Lösung wäre die Schaffung einer neuen Auffangposition.

340 Unklar ist bislang, ob die Nutzung von Auffangpositionen auch für rechnerisch notwendige Positionen gilt. UE sollte diese Möglichkeit – entgegen dem Wortlaut des BMF-Schreibens (vgl BMF 28.9.2011, Rn 19) – zu bejahen sein, um rechnerisch notwendige Positionen nicht strenger als Mussfelder zu behandeln.

§ 267 Umschreibung der Größenklassen

(1) **Kleine Kapitalgesellschaften sind solche, die mindestens zwei der drei nachstehenden Merkmale nicht überschreiten:**

1. **4 840 000 Euro Bilanzsumme nach Abzug eines auf der Aktivseite ausgewiesenen Fehlbetrags (§ 268 Abs. 3).**

2. 9 680 000 Euro Umsatzerlöse in den zwölf Monaten vor dem Abschlußstichtag.
3. Im Jahresdurchschnitt fünfzig Arbeitnehmer.

(2) Mittelgroße Kapitalgesellschaften sind solche, die mindestens zwei der drei in Absatz 1 bezeichneten Merkmale überschreiten und jeweils mindestens zwei der drei nachstehenden Merkmale nicht überschreiten:
1. 19 250 000 Euro Bilanzsumme nach Abzug eines auf der Aktivseite ausgewiesenen Fehlbetrags (§ 268 Abs. 3).
2. 38 500 000 Euro Umsatzerlöse in den zwölf Monaten vor dem Abschlußstichtag.
3. Im Jahresdurchschnitt zweihundertfünfzig Arbeitnehmer.

(3) [1]Große Kapitalgesellschaften sind solche, die mindestens zwei der drei in Absatz 2 bezeichneten Merkmale überschreiten. [2]Eine Kapitalgesellschaft im Sinn des § 264d gilt stets als große.

(4) [1]Die Rechtsfolgen der Merkmale nach den Absätzen 1 bis 3 Satz 1 treten nur ein, wenn sie an den Abschlußstichtagen von zwei aufeinanderfolgenden Geschäftsjahren über- oder unterschritten werden. [2]Im Falle der Umwandlung oder Neugründung treten die Rechtsfolgen schon ein, wenn die Voraussetzungen des Absatzes 1, 2 oder 3 am ersten Abschlußstichtag nach der Umwandlung oder Neugründung vorliegen.

(5) Als durchschnittliche Zahl der Arbeitnehmer gilt der vierte Teil der Summe aus den Zahlen der jeweils am 31. März, 30. Juni, 30. September und 31. Dezember beschäftigten Arbeitnehmer einschließlich der im Ausland beschäftigten Arbeitnehmer, jedoch ohne die zu ihrer Berufsausbildung Beschäftigten.

(6) Informations- und Auskunftsrechte der Arbeitnehmervertretungen nach anderen Gesetzen bleiben unberührt.

Übersicht

	Anm
A. Allgemeines	1
B. Die Größenklassen	
I. Kleine Kapitalgesellschaften (Abs 1)	2
II. Mittelgroße Kapitalgesellschaften (Abs 2)	3
III. Große Kapitalgesellschaften (Abs 3)	4
IV. Zur Bedeutung der Schwellenwerte	5
C. Die Größenmerkmale	
I. Bilanzsumme	6
II. Umsatzerlöse	7, 8
III. Zahl der Arbeitnehmer (Abs 5)	9–13
D. Die zeitlichen Voraussetzungen der Klassifizierung	
I. Die grundsätzliche Regelung (Abs 4 S 1)	14–20
II. Besonderheiten bei Neugründung und Umwandlung (Abs 4 S 2)	21–29
E. Informationsrechte der Arbeitnehmervertretungen (Abs 6)	30
F. Rechtsfolgen einer Verletzung des § 267	31
G. Zur steuerrechtlichen Bedeutung des § 267	32
H. Publizitätsgesetz	33
I. Abweichungen der IFRS	34

§ 267 1–3 Bilanz

Schrifttum: *Schellhorn* Ausgewählte Fragen zur Rechnungslegung und Publizität, in: *Hering/Klingelhöfer/Koch* Unternehmungswert und Rechnungswesen, Festschrift für Manfred Jürgen Matschke, Wiesbaden 2008, 253; *ders* Zur Anwendung der erhöhten Schwellenwerte des § 267 HGB in der Fassung des BilMoG und weiteren Anwendungsfragen des § 267 HGB, DStR 2009, 2696; *Theile* Prüfung der Größenkriterien von Kapitalgesellschaften, StuB 2013, 411.

A. Allgemeines

1   Die Abs 1 bis 3 definieren die Größenklassen der KapGes, die insb für die größenabhängigen Erleichterungen maßgebend sind, die hinsichtlich der Bilanz (§§ 266 Abs 1 S 3, 274a), der GuV (§ 276), des Anhangs (§ 288), des Lageberichts (Befreiung, § 264 Abs 1 S 4), der JAP (§ 316 Abs 1) und der Offenlegung (s §§ 325 ff) gewährt werden. Für den KA gilt § 293 bzw § 264b.

Die derzeitigen Schwellenwerte für die Bilanzsumme und die Umsatzerlöse (Anm 2–4) beruhen auf den Anhebungen durch das BilMoG. Zur zeitlichen Anwendung vgl Anm 1 in der 7. Aufl.

§ 267 ist auch auf eG (§ 336 Abs 2 S 1) und KapCoGes (§ 264a) anzuwenden. Für Kreditinstitute gelten Sondervorschriften (§ 340a Abs 2), ebenso für VersicherungsUnt (§ 341a Abs 2), UntBetGes (§ 8 UBGG), InvestmentGes – also die KapitalanlageGes und die InvAG – (§ 19d InvG). Die Regelungen für kleine KapGes iSv Abs 1 gelten auch für KleinstKapGes iSv § 267a.

B. Die Größenklassen

I. Kleine Kapitalgesellschaften (Abs 1)

2   Eine Klassifizierung als kleine KapGes/KapCoGes iSd Abs 1 erfordert, dass die Ges an bestimmten Stichtagen (s Anm 14 ff) **kumulativ** folgende beiden Bedingungen erfüllt:
1. Sie **überschreitet** mind zwei der drei nachfolgenden Schwellenwerte **nicht:**
   – Bilanzsumme (dazu Anm 6): € 4 840 000;
   – Umsatzerlöse (dazu Anm 7 f): € 9 680 000;
   – durchschnittliche Arbeitnehmerzahl (dazu Anm 9 ff): 50.
2. Sie **gilt nicht** gem Abs 3 S 2 **als große Kapitalgesellschaft.**

II. Mittelgroße Kapitalgesellschaften (Abs 2)

3   Eine Klassifizierung als mittelgroße KapGes/KapCoGes iSd Abs 2 erfordert, dass die Ges an bestimmten Stichtagen (s Anm 14 ff) **kumulativ** folgende drei Bedingungen erfüllt:
1. Sie **überschreitet** mind zwei der drei nachfolgenden Schwellenwerte:
   – Bilanzsumme: € 4 840 000;
   – Umsatzerlöse: € 9 680 000;
   – durchschnittliche Arbeitnehmerzahl: 50.
2. Sie **überschreitet** mind zwei der drei nachfolgenden Schwellenwerte **nicht:**
   – Bilanzsumme: € 19 250 000;
   – Umsatzerlöse: € 38 500 000;
   – durchschnittliche Arbeitnehmerzahl: 250.
3. Sie **gilt nicht** gem Abs 3 S 2 **als große Kapitalgesellschaft.**

Es ist jedoch nicht erforderlich, dass mind zwei der drei Größenmerkmale innerhalb der genannten Schwellenwerte liegen. Eine mittelgroße KapGes/KapCoGes kann daher auch dann gegeben sein, wenn nur ein Größenmerkmal innerhalb der genannten Schwellenwerte liegt und ein anderes Größenmerkmal die Schwellenwerte überschreitet (Beispiel: Bilanzsumme: 10 000 000, Umsatzerlöse: € 40 000 000, Zahl der im Jahresdurchschnitt beschäftigten Arbeitnehmer: 40).

III. Große Kapitalgesellschaften (Abs 3)

Eine Klassifizierung als große KapGes/KapCoGes iSd Abs 3 S 1 erfordert, dass **4** die Ges an bestimmten Stichtagen (s Anm 14 ff) **alternativ** eine der folgenden beiden Bedingungen erfüllt:
1. Sie **überschreitet** mind zwei der drei nachfolgenden Schwellenwerte:
   - Bilanzsumme: € 19 250 000;
   - Umsatzerlöse: € 38 500 000;
   - durchschnittliche Arbeitnehmerzahl: 250.
2. Sie **gilt** gem Abs 3 S 2 **als große Kapitalgesellschaft** in den Fällen des § 264d. Unabhängig von den tatsächlichen Größenmerkmalen der Ges gilt ein KapmarktUnt dann als groß, wenn es einen organisierten Markt (§ 2 Abs 5 WpHG) durch von der Ges ausgegebene Wertpapiere (§ 2 Abs 1 S 1 WpHG: Aktien; Zertifikate, die Aktien vertreten; Schuldverschreibungen; Genussscheine; Optionsscheine und mit Aktien bzw Schuldverschreibungen vergleichbare Wertpapiere) in Anspruch nimmt, wobei der Antrag auf Zulassung zum Handel reicht. Es besteht keine Beschränkung auf eine Börse in der EU. Der organisierte Markt ist in Deutschland der Regulierte Markt (§§ 32 ff BörsG). Nicht zu einem organisierten Markt iSd WpHG zählt der Freiverkehr (§ 48 BörsG). Endet die Notierung der Wertpapiere an einem organisierten Markt, ist die Ges bereits am nächsten Abschlussstichtag gem Abs 1–3 iVm Abs 4 S 1 einzuordnen (*Reiner* MünchKomm HGB[3] § 267 Anm 21). Zu Einzelfragen beim Listing und Delisting *Schellhorn* in FS Matschke, 253; *ders* in Rechnungslegung § 267 Anm 35.5 f.

IV. Zur Bedeutung der Schwellenwerte

Die einzelnen Schwellenwerte einer Schwelle (= Grenze einer Größenklasse) **5** sind **ranggleich**. Es ist somit unerheblich, welche der Schwellenwerte einer Schwelle überschritten werden. Allein das Überschreiten bzw Nicht-Überschreiten eines bestimmten Schwellenwerts ist entscheidend. Auf das Ausmaß des Über- oder Unterschreitens des Schwellenwerts kommt es nicht an. Eine nur geringfügige Überschreitung zweier Schwellenwerte einer Schwelle kann daher nicht etwa durch ein erhebliches Unterschreiten des dritten Schwellenwerts „ausgeglichen" werden. Der Grundsatz der Wesentlichkeit greift hier nicht.
Wird ein Schwellenwert **genau erreicht,** liegt noch kein Überschreiten vor. Ein Überschreiten nur eines Schwellenwerts einer Schwelle ist stets bedeutungslos. Es ist gleichfalls unerheblich, ob nur zwei oder aber alle drei Schwellenwerte einer Schwelle überschritten werden.

C. Die Größenmerkmale

I. Bilanzsumme

Die maßgebliche Bilanzsumme iSd in den Anm 2–4 genannten Größenmerk- **6** male ist die Summe der **Aktivseite** der gem den §§ 264 ff auf den betr Abschlussstichtag aufgestellten Bilanz, vermindert um einen ggf auf der Aktivseite ausgewiesenen Fehlbetrag iSd § 268 Abs 3. Zu vermindern ist die Bilanzsumme einer KapCoGes um den gem § 264c Abs 2 S 5 auszuweisenden Betrag. Gleiches gilt bei der KGaA für einen nicht durch Vermögenseinlagen gedeckten Verlustanteil der phG iSv 286 Abs 2 S 3 Hs 2 AktG, sofern keine Verpflichtung besteht, einen den Kapitalanteil übersteigenden Verlustanteil auszugleichen. Im Falle einer Verlustausgleichsverpflichtung stellt der nach § 286 Abs 2 S 3 Hs 1 AktG auszuweisende Betrag (Einzahlungsverpflichtung phG) keinen Korrekturposten dar. Bilanzvermerke (Angaben „unter dem Strich") sind nicht zu berücksichtigen.

Eine zulässige Ausübung von Wahlrechten darf für die Ermittlung der Bilanzsumme iSd § 267 nicht korrigiert werden.

II. Umsatzerlöse

7 Die maßgeblichen Umsatzerlöse iSd Größenmerkmale sind ihrer Art nach die **Umsatzerlöse iSd § 277 Abs 1,** dh die Erlöse aus dem Verkauf und der Vermietung oder Verpachtung von für die gewöhnliche Geschäftstätigkeit der KapGes/KapCoGes typischen Erzeugnissen und Waren sowie aus für die gewöhnliche Geschäftstätigkeit der Ges typischen Dienstleistungen nach Abzug von Erlösschmälerungen und der USt (nicht jedoch der Verbrauchsteuern). Das Größenmerkmal Umsatzerlöse umfasst also nur diejenigen Umsätze, die eine betriebstypische Leistung an Dritte darstellen. Maßgeblich ist hierbei das tatsächliche Erscheinungsbild des betr Unt. Nicht betriebstypische Nebengeschäfte und Innenumsätze sind zu eliminieren. Zu den vielfältigen Abgrenzungsfragen s § 275 Anm 54.

Erlöse, die in der GuV der KapGes/KapCoGes nicht als Umsatzerlöse iSd § 277 Abs 1 auszuweisen sind, dürfen bei der Ermittlung des Größenmerkmals Umsatzerlöse nicht berücksichtigt werden. Daher sind zB die Erträge einer **Holdinggesellschaft** aus Beteiligungen oder aus Wertpapieren des Finanzanlagevermögens sowie sonstige Zinsen und ähnliche Erträge im Rahmen des § 267 ohne Bedeutung, obwohl sie typische Erträge einer Holdinggesellschaft sind.

8 Für die Größenkriterien können aber nicht immer die in der GuV ausgewiesenen Umsatzerlöse verwendet werden. Denn im Rahmen des § 267 sind stets die Umsatzerlöse der letzten **zwölf Monate** vor dem maßgebenden Abschlussstichtag zugrunde zu legen. Im Fall eines **Rumpf-Gj** sind daher die Umsätze der entspr letzten Monate des vorangegangenen Gj der KapGes/KapCoGes mit heranzuziehen. Diese Vj-Monate werden dadurch bei der Ermittlung der Größenmerkmale für zwei verschiedene Bilanzstichtage (dh doppelt) berücksichtigt.

Die betr Monatsumsätze des Vj sind grds mit den effektiven Monatszahlen anzusetzen, was idR anhand der monatlichen USt-Voranmeldungen ohne Schwierigkeiten möglich ist. Eine Ermittlung durch Proportionalisierung des gesamten VjUmsatzes darf nur erfolgen, wenn eine Einzelermittlung der Monatsumsätze ausnahmsweise nicht möglich ist und auch die betr Quartalsumsätze nicht für eine Proportionalisierung zur Verfügung stehen (*Knop* in HdR[5] § 267 Anm 13).

Eine Kompensation der bei einem Rumpf-Gj fehlenden Monate durch eine **Hochrechnung** der Umsätze der vorhandenen Monate ist nach hM **nicht zulässig.** Dies gilt auch bei Neugründungen, die mit einem Rumpf-Gj beginnen; hier ist nur der effektive Umsatz des Rumpf-Gj zu berücksichtigen (*Knop* in HdR[5] § 267 Anm 29; aA *ADS*[6] § 267 Anm 19). S aber Anm 23 zur VorGes.

III. Zahl der Arbeitnehmer (Abs 5)

9 Der **Begriff des Arbeitnehmers** iSd Größenmerkmale bestimmt sich nach den allgemeinen Grundsätzen des Arbeitsrechts (*ADS*[6] § 267 Anm 13; *Schellhorn*

Umschreibung der Größenklassen 10–12 § 267

in Rechnungslegung § 267 Anm 23). Arbeitnehmer ist danach jede natürliche Person, die auf Grund eines privatrechtlichen Vertrags einem anderen zur Leistung fremdbestimmter Arbeit in persönlicher Abhängigkeit verpflichtet ist (*BAG* 8.6.1967, DB, 1374). Auf die Rechtswirksamkeit des Vertrags kommt es nicht an, solange er tatsächlich durchgeführt wird (*BAG* 25.4.1963, DB, 933). Die begrifflichen Bestimmungen anderer Gesetze (zB § 5 ArbGG; § 1 LStDV) sind nicht maßgebend, können aber hilfsweise herangezogen werden. Auslandstätigkeit beeinflusst die Arbeitnehmereigenschaft nicht (Abs 5). Gleichfalls ist die Staatsangehörigkeit eines Arbeitnehmers ohne Bedeutung.

Arbeitnehmer iSd Größenmerkmale **sind auch:** Heimarbeiter; Schwerbehinderte; wegen Mutterschaftskarenz Abwesende; in einem Probearbeitsverhältnis Befindliche; unselbständige Handelsvertreter (Reisende); wegen Wehrübungen kurzfristig abwesende Arbeitnehmer; Teilzeitbeschäftigte, auch wenn ihre Tätigkeit nur geringfügig ist; Aushilfskräfte. **10**

Keine Arbeitnehmer iSd Größenmerkmale sind dagegen zB: **11**
- gesetzliche Vertreter der KapGes (Vorstandsmitglieder, phG einer KGaA, soweit sie nicht durch GesVertrag von der Vertretung ausgeschlossen sind, Geschäftsführer) – differenzierter *Reiner* MünchKomm HGB³ § 267 Anm 8;
- Mitglieder eines ges-rechtlichen Aufsichtsorgans (AR, Verwaltungsrat, Beirat sofern mit Aufsichts- und nicht bloß Beratungsfunktion), sofern es sich nicht um Arbeitnehmervertreter handelt;
- mitarbeitende Familienangehörige eines Gesters, sofern mit diesen Personen kein Arbeitsvertrag abgeschlossen wurde;
- Personen, die nicht in den Betrieb eingeordnet sind, zB weil sie ihre Arbeitszeit selbst bestimmen können (wie zB vertraglich verpflichtete Rechtsanwälte, andere Freiberufler oder Künstler);
- Leiharbeitnehmer iSd AÜG, soweit sie arbeitsrechtlich keine Arbeitnehmer der KapGes/KapCoGes sind (sie sind idR Arbeitnehmer des Verleihers – ob BAG 13.3.2013, DB 2013, 27 zu § 9 BetrVG hieran im Arbeitsrecht generell etwas ändert, bleibt abzuwarten);
- die im Rahmen eines öffentlich-rechtlichen Verhältnisses Tätigen, zB Beamte;
- freiwillig Wehrdienstleistende und Zivildienstleistende (vgl *Reiner* MünchKomm HGB³ § 267 Anm 8);
- zur Arbeitsleistung zugewiesene Strafgefangene;
- Personen, deren Beschäftigung auf einem anderen privatrechtlichen Verhältnis als einem Dienstvertrag (nämlich zB auf einem Werkvertrag oder einem Ges-Vertrag) beruht;
- auf Grund einer Vorruhestands- oder Altersfreizeitregelung ausgeschiedene Arbeitnehmer, bei denen die Hauptpflichten aus dem Arbeitsverhältnis ruhen;
- die zu ihrer Berufsausbildung Beschäftigten (Abs 5), also Auszubildende iSd Berufsbildungs-Gesetzes, Anlernlinge, Umschüler, Volontäre und Praktikanten;
- Arbeitnehmer in Elternzeit, da das Arbeitsverhältnis ruht (BAG 15.2. 94, AP BetrAVG § 1 Gleichberechtigung Nr. 12).

Für die Größeneinteilung der KapGes/KapCoGes ist der **Jahresdurchschnitt** **12** der bei ihr beschäftigten Arbeitnehmer maßgeblich. Er ist nach Abs 5 gleich dem vierten Teil der Summe aus den Zahlen der jeweils am 31. März, 30. Juni, 30. September und 31. Dezember des betr Gj beschäftigten Arbeitnehmer. Wie lange die Beschäftigung vor dem jeweiligen Quartalsende schon bestanden hat und wie lange sie nach dem Quartalsende noch fortdauert, ist unerheblich. Entscheidend sind vielmehr allein die arbeitsrechtlichen Verhältnisse an dem letzten Arbeitstag des Quartals. Einzubeziehen in die jeweilige Quartalszahl sind daher auch noch diejenigen Arbeitnehmer, deren Arbeitsverhältnis am letzten Arbeitstag des betr Quartals endet.

Teilzeitbeschäftigte sind voll und nicht etwa nur pro rata temporis ihrer vereinbarten durchschnittlichen täglichen Arbeitszeit zu erfassen. Ebenso sind außerplanmäßige, ihrer Art nach vorübergehende Leistungsunterbrechungen bzw -verkürzungen, wie sie zB durch Krankheit oder sonstige Fehlzeiten des Arbeitnehmers, durch Streiks oder durch Kurzarbeit verursacht werden, bei der Ermittlung der relevanten Arbeitnehmerzahl nicht mindernd zu berücksichtigen (glA *Schellhorn* in Rechnungslegung § 267 Anm 29).

13 Bei **Rumpf-Gj** sind die fehlenden entspr Quartalszahlen des vorangegangenen Gj der KapGes/KapCoGes mit heranzuziehen. Ist das erste Gj ein Rumpf-Gj, sind lediglich dessen Quartalszahlen für die Durchschnittsberechnung zu berücksichtigen; der „Jahresdurchschnitt" wird dabei durch das arithmetische Mittel dieser Quartalszahlen gebildet (*Knop* in HdR[5] § 267 Anm 16; *ADS*[6] § 267 Anm 15). Fällt in das erste Rumpf-Gj kein Quartalsende, ist die Arbeitnehmerzahl am Bilanzstichtag maßgebend (*ADS*[6] aaO).

D. Die zeitlichen Voraussetzungen der Klassifizierung

I. Die grundsätzliche Regelung (Abs 4 S 1)

14 Nach Abs 4 S 1 setzt eine Klassifizierung einer KapGes (oder eG bzw KapCoGes, Anm 1) als kleine, mittelgroße oder große Ges voraus, dass die für die jeweilige Klassifizierung maßgebenden **Schwellenwerte** nicht nur einmalig, sondern an den Abschlussstichtagen von **zwei aufeinander folgenden Geschäftsjahren** über- oder unterschritten werden. Das gilt auch für KapCoGes (vgl *Schellhorn* in Rechnungslegung § 267 Anm 52.2). Rumpf-Gj zählen als volle Gj (s aber Anm 8 und 13 wegen der Berechnung der Umsatzerlöse und der Arbeitnehmerzahl bei Rumpf-Gj).

Eine KapGes/KapCoGes ist daher nur dann als kleine, mittelgroße oder große Ges zu behandeln, wenn sie die erforderlichen Merkmale auch schon am Bilanzstichtag des vorangegangenen Gj aufgewiesen hat. Die jeweiligen Größenmerkmale müssen dabei sowohl am Abschlussstichtag als auch an dem vorangegangenen Bilanzstichtag gem § 267 ermittelt worden sein. Es ist jedoch nicht notwendig, dass es an beiden Stichtagen dieselben Schwellenwerte sind, die überschritten bzw nicht überschritten werden. So ist eine KapGes/KapCoGes zB auch dann als große Ges zu klassifizieren, wenn am Abschlussstichtag nur die Schwellenwerte Bilanzsumme und Umsatzerlöse und am vorhergegangenen Abschlussstichtag nur die Schwellenwerte Bilanzsumme und Arbeitnehmerzahl überschritten worden sind.

Ein **erstmaliges** oder **einmaliges Überschreiten** bzw Nicht-Mehr-Überschreiten der Schwellenwerte ist daher grds **unbeachtlich**. So verliert eine kleine KapGes/KapCoGes diesen Status nicht, wenn sich zB infolge einer nur vorübergehenden Geschäftsausweitung ihre Bilanzsumme und ihre Umsatzerlöse in einem Jahr über die in Anm 2 genannten Schwellenwerte hinaus ausweiten, aber im folgenden Jahr diese Schwellenwerte nicht überschreiten. S hierzu die Tabelle zu Anm 20.

15 Schwierigkeiten bei der Klassifizierung ergeben sich allerdings dann, wenn sich eine KapGes/KapCoGes **in ständigem Wechsel** zwischen zwei oder gar allen drei Größenklassen hin- und herbewegt. In derartigen Fällen sind folgende Regeln zu beachten:

16 a) Hat eine Ges in **zwei aufeinander folgenden** Gj die **Merkmale derselben Größenklasse** aufgewiesen, ist sie dieser Größenklasse zuzuordnen. Die in

Umschreibung der Größenklassen 17–20 § 267

früheren Gj gegebenen Merkmale spielen in dieser Fallgruppe für die jetzige und für die zukünftige Klassifizierung keine Rolle mehr.

b) Weist eine Ges, die in einem bestimmten Jahr (zB im Jahr 1) eindeutig **17** (zB als mittelgroße KapGes) klassifiziert worden ist, in den **jeweils übernächsten** Gj (im Beispiel also in den Jahren 3, 5, 7 usw) stets die **Merkmale derselben Größenklasse** auf (im Beispiel also diejenigen einer mittelgroßen Ges), ist sie auch in den dazwischen liegenden Jahren (im Beispiel also in den Jahren 2, 4, 6 usw) stets unverändert (im Beispiel also als mittelgroße Ges) zu klassifizieren. Es ist hierbei völlig unerheblich, welche Merkmale sie in den dazwischen liegenden Jahren aufweist, da in diesen Jahren jeweils nur ein einmaliges (und damit unbeachtliches) Über- oder Unterschreiten der betr Schwellenwerte vorliegt.

c) Weist eine Ges in **drei aufeinander folgenden** Gj in auf- oder absteigen- **18** der Reihenfolge nacheinander die **Merkmale aller drei Größenklassen** auf (also zB im Jahr 1 die der kleinen, im Jahr 2 die der mittelgroßen und im Jahr 3 die der großen KapGes), ist sie am Ende des dritten Gj als mittelgroße Ges zu klassifizieren. Denn eine Klassifizierung als kleine Ges kommt im Beispiel deshalb nicht mehr in Betracht, weil im Jahr 2 und im Jahr 3 die Schwellenwerte zur mittelgroßen Ges überschritten worden sind. Eine Klassifizierung als große Ges ist im Beispiel aber ebenfalls nicht zulässig, weil die Schwellenwerte zur großen Ges im Jahr 3 erstmalig überschritten worden sind. Es bleibt daher nur eine Klassifizierung als mittelgroße Ges, obwohl die Ges möglicherweise niemals in zwei aufeinander folgenden Gj die Merkmale einer mittelgroßen Ges aufgewiesen hat.

d) Die größten Schwierigkeiten bei der Klassifizierung bestehen dann, wenn **19** sich die **Merkmale der großen und der kleinen Ges** in zwei aufeinander folgenden Gj – egal in welcher Reihenfolge – **unmittelbar ablösen** und im Jahr davor die Merkmale der mittelgroßen Ges gegeben waren (Beispiel: Im Jahr 4 liegen die Merkmale der mittelgroßen, im Jahr 5 die der kleinen und im Jahr 6 die der großen Ges vor). Hier hängt die Klassifizierung des letzten Jahres (im Beispiel: des Jahres 6) von derjenigen Klassifizierung ab, die sich auf Grund der Merkmale noch früherer Jahre (im Beispiel: der Jahre 1–3) für das vorletzte Jahr (im Beispiel: das Jahr 5) bzw für das drittletzte Jahr (im Beispiel: das Jahr 4) ergab. Die in derartigen Fällen vorzunehmende jeweilige konkrete Klassifizierung ist aus der tabellarischen Übersicht in Anm 20 zu ersehen (s dort insb die lfd Nrn 8–13 und 40–45).

In der nachfolgenden **tabellarischen Übersicht** sind die wichtigsten in Be- **20** tracht kommenden **Fallkombinationen** zusammengestellt. Dabei wurde unterstellt, dass die KapGes/KapCoGes im Jahr 1 gegründet worden ist und dass ihre Klassifizierung zum Ende des 6. Gj ermittelt werden soll. Die Gliederung der Fälle wurde daher aus der Sicht des 6. Jahrs (also zurückblickend) vorgenommen.

Laufende Nr	Isolierte Beurteilung am jeweiligen Jahresende						Klassifizierung im 6. Jahr gem § 267 Abs 4
	1. Jahr	2. Jahr	3. Jahr	4. Jahr	5. Jahr	6. Jahr	
1	..	..	..	..	K	K	K
2	..	..	K	K	..	K	K
3	K	K	..	K	..	K	K
4	..	..	..	M	M	K	M
5	..	M	M	..	M	K	M
6	M	..	M	..	M	K	M
7	..	..	..	G	M	K	M
8	..	K	M	G	K	M
9	..	..	M	M	G	K	M

§ 267   21   Bilanz

Laufende Nr	Isolierte Beurteilung am jeweiligen Jahresende						Klassifizierung im 6. Jahr gem § 267 Abs 4
	1. Jahr	2. Jahr	3. Jahr	4. Jahr	5. Jahr	6. Jahr	
10	K	M	G	M	G	K	M
11	M	K	G	M	G	K	M
12	G	..	G	..	G	K	G
13	..	G	G	..	G	K	G
14	..	..	..	G	G	K	G
15	..	..	..	..	M	M	M
16	..	..	M	M	..	M	M
17	M	M	..	M	..	M	M
18	..	..	..	K	K	M	K
19	..	K	K	..	K	M	K
20	K	..	K	..	K	M	K
21	G	M	K	M	K	M	M
22	M	G	K	M	K	M	M
23	..	..	G	M	K	M	M
24	G	M	K	G	K	M	M
25	M	G	K	G	K	M	M
26	..	..	M	G	K	M	M
27	..	..	G	G	K	M	M
28	..	..	K	K	G	M	M
29	..	..	M	K	G	M	M
30	M	K	G	K	G	M	M
31	K	M	G	K	G	M	M
32	..	..	K	M	G	M	M
33	G	..	G	..	G	M	G
34	..	G	G	..	G	M	G
35	..	..	..	G	G	M	G
36	..	..	..	..	G	G	G
37	..	..	G	G	..	G	G
38	G	G	..	G	..	G	G
39	..	..	..	K	K	G	K
40	K	..	K	..	K	G	K
41	..	K	K	..	K	G	K
42	G	M	K	M	K	G	M
43	M	G	K	M	K	G	M
44	..	..	M	M	K	G	M
45	..	..	G	M	K	G	M
46	..	..	..	K	M	G	M
47	..	..	..	M	M	G	M
48	..	M	M	..	M	G	M
49	M	..	M	..	M	G	M

Die in der Tabelle in Anm 20 verwendeten Symbole bedeuten:
K = klein,
M = mittelgroß,
G = groß,
.. = die Größenmerkmale des betr Jahrs sind für die Klassifizierung zum Ende des 6. Jahrs unerheblich (hier kann also jedes der 3 anderen Symbole eingesetzt werden, ohne das Ergebnis zu beeinflussen).

II. Besonderheiten bei Neugründung und Umwandlung (Abs 4 S 2)

21 In Fällen der Neugründung oder einer Umw iSd UmwG treten die Rechtsfolgen des Vorliegens der Größenklassenmerkmale gem Abs 4 S 2 bereits dann ein, wenn die betr Merkmale **am ersten Abschlussstichtag** nach der Umw oder Neugründung gegeben sind. Es bedarf hier nicht des Vorliegens dieser Merkmale an zwei aufeinander folgenden Bilanzstichtagen. Vielmehr ergibt sich die Klassifizierung in den genannten Fällen (einmalig) allein aus den Größenmerkmalen, die am ersten Bilanzstichtag nach dem rechtlichen Wirksamwerden der ges-rechtlichen Maßnahme gegeben sind. (Für die darauf folgenden Bilanzstichtage ist dann wieder die Regelung des Abs 4 S 1 zu beachten; s Anm 14 ff).

Die Größenmerkmale von Unt, aus denen die Ges durch Neugründung oder Umw hervorgegangen ist, haben somit grds keinerlei Bedeutung für die Klassifizierung der zu beurteilenden Ges. Aber auch die bisherigen Größenmerkmale und die bisherige Klassifizierung einer fortbestehenden Ges, die ein anderes Unt mittels einer Verschmelzung oder einer Spaltung zur Aufnahme in sich integriert hat, verlieren grds jede Relevanz für die nach der Umw vorzunehmende Klassifizierung (aA *Bethmann* Zur Prüfungspflicht einer kleinen Kapitalgesellschaft nach erfolgter Verschmelzung DB 1992, 797). Hiervon ist die Frage zu trennen, ob für die Ermittlung der **neuen** Größenmerkmale auch vor der Umw liegende Zeiträume zu berücksichtigen sein können (dazu Anm 27 f). 22

Eine **Neugründung** einer Ges iSd Abs 4 S 2 kann sowohl eine Bargründung als auch eine Sachgründung (zB auch durch Sacheinlage des vollständigen Betriebs einer anderen Ges) sein. Es muss sich nicht immer um eine Gründung im Rechtssinne handeln; auch eine nur wirtschaftliche Wiederbelebung (zB einer ruhenden Ges nach einem sog „Mantelkauf") stellt eine wirtschaftliche Neugründung iSd Abs 4 dar. 23

Eine Neugründung ist erst vollzogen, wenn die neu errichtete Ges im HR eingetragen ist. Das erste (Rumpf-)Gj beginnt daher – streng genommen – auch erst zu diesem Zeitpunkt. Wenn eine KapGes ihren Geschäftsbetrieb aber als sog **Vorgesellschaft** bereits vor diesem Zeitpunkt aufgenommen hat, ist die vor der HR-Eintragung liegende Zeit der Geschäftstätigkeit bei der Berechnung der maßgeblichen Umsatzerlöse und der Zahl der durchschnittlich beschäftigten Arbeitnehmer zu berücksichtigen, wenn das erste (Rumpf-)Gj weniger als 12 Monate hat (Anm 8 und 13). Denn die Registereintragung ist aus der Sicht der KapGes ein willkürliches Ereignis ohne betriebliche Relevanz, das sie nicht beeinflussen kann. Dem Gesetzeszweck entspr ist es daher nicht Startpunkt für die Einordnung einer Ges in eine Größenklasse (*ADS*[6] § 267 Anm 19). Gleiches gilt bei KapCoGes, die ihren Geschäftsbetrieb vor der Eintragung im HR aufgenommen haben (§ 123 Abs 2, § 161 Abs 2).

Eine **Umwandlung** iSd Abs 4 S 2 kann eine Verschmelzung iSd § 2 UmwG, eine Spaltung iSd § 123 UmwG, eine Vermögensübertragung iSd §§ 180 ff UmwG oder ein Formwechsel iSd § 190 UmwG sein, da der Wortlaut des Abs 4 S 2 keinerlei Einschränkungen bzgl der Art der Umw enthält. Stets muss es aber – entspr dem persönlichen Geltungsbereich des § 267 (§ 264 Anm 1 und hier Anm 1) – eine KapGes oder eine KapCoGes sein, die entweder durch die betr Umw entsteht oder aber die aufnehmende Ges ist. Abs 4 S 2 gilt auch für den übertragenden Rechtsträger, wenn er nach einer Umw fortbesteht (bspw bei einer Abspaltung oder Ausgliederung). Hätte der Gesetzgeber eine unterschiedliche Behandlung von übertragendem und aufnehmendem Rechtsträger gewollt, bedürfte es einer ausdrücklichen Regelung wie bspw in § 2 Abs 1 S 2 PublG (vgl *ADS*[6] § 2 PublG Anm 19). 25

Es überrascht, dass Formwechsel einer KapGes in eine andere KapGes iSd §§ 238 bis 250 UmwG nicht ausgenommen worden sind. Denn bei dieser Art der Umw wird weder die rechtliche Identität der juristischen Person berührt, noch entsteht hier – im Gegensatz zum Formwechsel zB einer Körperschaft des öffentlichen Rechts in eine AG gem § 301 UmwG – erstmals eine den §§ 264 ff 26 unterworfene KapGes. Auch aus wirtschaftlicher Sicht wird keine neue, vergrößerte Einheit geschaffen, da das Vermögen, der Umsatz und die Zahl der Arbeitnehmer bei einem Formwechsel in keiner Weise verändert werden. Die Anwendung des Abs 4 S 2 auf derartige Umw ergibt daher wenig Sinn. Andererseits sind aber auch keine zwingenden Gründe ersichtlich, die Anwendung dieser Vorschrift auf formwechselnde Umw einer KapGes in eine andere entgegen dem Gesetzeswortlaut mittels einschränkender Auslegung der Norm auszuschließen.

27 Vielfach ist es zulässig und üblich, eine Umw mit schuldrechtlicher und steuerrechtlicher **Rückwirkung** zu beschließen (s zB §§ 5 Abs 1 Nr 6 UmwG, 2 Abs 1 UmwStG). Dabei wird der dem Umw-Stichtag folgende Tag in der Praxis regelmäßig bereits als Beginn des ersten Gj der neu entstandenen KapGes/KapCoGes (bzw als Zeitpunkt der Integration der übertragenden in die aufnehmende Ges) behandelt (und zwar insb bzgl der Rechnungslegung), obwohl die Umw rechtlich erst mit der Eintragung im HR wirksam ist. In derartigen Fällen ist der so gewählte Beginn des betr Gj (bzw der unterstellte Integrationszeitpunkt) konsequenterweise auch für die Ermittlung der Größenmerkmale Umsatzerlöse und Arbeitnehmerzahl zugrunde zu legen, zumal der Tag der HR-Eintragung auch hier ein willkürliches Datum ohne betriebliche Relevanz ist (Anm 23 aE; ADS[6] § 267 Anm 21).

28 Fällt bei einer Umw zur Aufnahme der gewählte Stichtag der Maßnahme *nicht* mit einem Gj-Ende der aufnehmenden KapGes/KapCoGes zusammen, sind die Daten des übertragenden Rechtsträgers für die Größeneinstufung der aufnehmenden Ges heranzuziehen (*Förschle/Kropp/Schellhorn* in Sonderbilanzen[4] D Anm 110; ADS[6] § 267 Anm 22). Dies folgt im Wesentlichen aus der Gesamtrechtsnachfolge im Rahmen von Umw, die nicht vollständig greift, wenn sie nicht auch in diesem tatsächlichen Bereich anzuwenden ist. Insgesamt wird damit der wirtschaftlichen Betrachtungsweise gefolgt (ADS[6] § 267 Anm 21), die mit Sinn und Zweck des § 267 leicht zu vereinbaren ist und zu angemessenen Ergebnissen kommt. Entspr gilt, wenn am Stichtag einer Umw zur Neugründung oder zur Aufnahme ein **Rumpf-Gj** der neuen bzw der aufnehmenden Ges **beginnt**. Auch hier sind für die an einem vollen Kj fehlenden Zeiträume die entspr Zahlen des übertragenden Unt heranzuziehen.

29 Abs 4 S 2 gilt aus vergleichbaren Gründen auch für schlichte **Anwachsungen** wie zB infolge des Austritts des letzten Kommanditisten aus einer GmbH & Co KG.

E. Informationsrechte der Arbeitnehmervertretungen (Abs 6)

30 Gem Abs 6 bleiben die nach anderen Gesetzen (wie zB nach § 108 Abs 5 BetrVG) bestehenden Informations- und Auskunftsrechte der Arbeitnehmervertretungen (dh insb der Betriebsräte, der Wirtschaftsausschüsse iSd § 106 BetrVG und der Arbeitnehmervertreter im AR) von den Rechtsfolgen, die sich aus der Größenklasseneinteilung iSd § 267 ergeben, **unberührt**. Die für kleine und für mittelgroße KapGes/KapCoGes geltenden Erleichterungen für die Offenlegung (§§ 325 ff) beeinträchtigen die nach dem Betriebsverfassungsrecht bestehenden Rechte der Arbeitnehmer auf Erl des JA nicht. Nicht offenzulegende Teile des JA (wie zB die GuV einer kleinen KapGes/KapCoGes, § 326) sind daher den zuständigen Arbeitnehmervertretungen dennoch in dem betriebsverfassungsrechtlich gebotenen Ausmaß vorzulegen.

F. Rechtsfolgen einer Verletzung des § 267

Da § 267 praktisch nur Definitionen enthält, ist eine Verletzung dieser Vorschrift selbst nicht möglich. 31

G. Zur steuerrechtlichen Bedeutung des § 267

Die Größenklasseneinteilung des § 267 hat keine steuerrechtliche Bedeutung. Sofern das HGB einer kleinen oder mittleren KapGes Erleichterungen bei der Aufstellung der Bilanz oder der GuV gewährt, ist zu beachten, dass Stpfl unabhängig von ihrer Größe gem § 5b Abs 1 EStG für nach dem 31.12.2010 (bzw nach dem 31.12.2012 – vgl *Weber-Grellet* in Schmidt[32] § 5b Anm 7) beginnende Wj Bilanz und GuV dem FA in elektronischer Form zu übermitteln haben. Dabei orientiert sich die Taxonomie an dem Format einer großen KapGes und geht weit über die Gliederungen der §§ 266, 275 hinaus (*Weber-Gellert* in Schmidt[32] § 5b Anm 1). 32

H. Publizitätsgesetz

§ 1 Abs 1 PublG enthält eine eigene Größenklasseneinteilung mit Schwellenwerten von € 65 Millionen Bilanzsumme, € 130 Millionen Umsatzerlösen und einer Arbeitnehmerzahl von 5000 (s § 293 Anm 40ff). Außerdem gibt § 1 Abs 2 PublG zum Teil abw Regelungen zur Bestimmung der Größenmerkmale. Aufgrund dieser Spezialregelungen ist § 267 nicht auf Unt anwendbar, die dem PublG unterliegen (§ 5 PublG). 33

I. Abweichungen der IFRS

Im Juli 2009 hat der International Accounting Standards Board (IASB) die speziell für kleine und mittelgroße Unt konzipierten „International Financial Reporting Standards for Small- and Medium-sized Entities" (IFRS for SMEs) veröffentlicht. Diese stellen ein eigenständiges Regelwerk für Unt dar, die nicht öffentlich rechenschaftspflichtig sind, die also nicht kapitalmarktorientiert sind und nicht treuhänderisch Vermögen verwalten. Die IFRS for SMEs entfalten noch keine unmittelbare Rechtswirkung. Über ihre Anwendung entscheiden die nationalen Gesetzgeber (vgl *Korth* Untersuchung der EU-Kommission zur Anwendung der IFRS for SMEs, DStR 2010, 1687). Sie können jedoch freiwillig neben nationalem Recht angewendet werden (zu ihrer Bewertung durch mittelständische Unt in Deutschland vgl *Hane/Müller* Rechnungslegung mittelständischer Unternehmen HGB vs. Full-IFRS und IFRS für KMU – Ergebnisse einer Umfrage, IZR 2011, 245). 34

§ 267a Kleinstkapitalgesellschaften

(1) [1]**Kleinstkapitalgesellschaften sind kleine Kapitalgesellschaften, die mindestens zwei der drei nachstehenden Merkmale nicht überschreiten:**
1. **350 000 Euro Bilanzsumme nach Abzug eines auf der Aktivseite ausgewiesenen Fehlbetrags (§ 268 Absatz 3);**

§ 267a 1, 2 Bilanz

2. 700 000 Euro Umsatzerlöse in den zwölf Monaten vor dem Abschlussstichtag;
3. im Jahresdurchschnitt zehn Arbeitnehmer.

²Die Bilanzsumme setzt sich aus den Posten zusammen, die in den Buchstaben A bis E des § 266 Absatz 2 aufgeführt sind, wobei bei Ausübung des in § 274a Nummer 5 geregelten Wahlrechts der betreffende Buchstabe nicht berücksichtigt wird. ³§ 267 Absatz 4 bis 6 gilt entsprechend.

(2) Die in diesem Gesetz für kleine Kapitalgesellschaften (§ 267 Absatz 1) vorgesehenen besonderen Regelungen gelten für Kleinstkapitalgesellschaften entsprechend, soweit nichts anderes geregelt ist.

Übersicht

	Anm
A. Allgemeines	1
B. Anwendbarkeit	2
C. Schwellenwerte	3, 4
D. Rechtsfolgen	5–12
E. Steuerrechtliche Bedeutung	13
F. Abweichungen der IFRS	14

Schrifttum: *Hoffmann* Der deregulierte Jahresabschluss der Kleinstkapitalgesellschaft, StuB 2012, 729 ff; *Küting/Eichenlaub* Verabschiedung des MicoBilG – Der „vereinfachte" Jahresabschluss für Kleinstkapitalgesellschaften, DStR 2012, 2615 ff; *Fey/Deubert/Lewe/Roland* Erleichterungen nach dem MicroBilG – Einzelfragen zur Anwendung der neuen Vorschriften, BB 2013, 107 ff; *Theile* Erleichterungen bei der Bilanzierung durch das MicoBilG, BBK 2013, 107 ff.

A. Allgemeines

1 § 267a nimmt die UntKategorie „KleinstKapGes" in das HGB auf. Art 1a Abs 1 EU-Richtl 2012/6/EU des Europäischen Parlaments und des Rats vom 14.3.2012 zur Änderung der Richtlinie 78/660/EWG des Rats (ABl EU L 81, 3 ff) wird dadurch umgesetzt (BT-Drs 17/11 292). § 267a definiert die Ges, die durch das MicroBilG von den umfassenden Rechnungslegungsvorgaben des HGB entlastet werden sollen. Neben den Erleichterungen für kleine KapGes iSv § 267 Abs 1 (§ 267a Abs 2) gelten für KleinstKapGes Vereinfachungen bei der Bilanz, der GuV, des Anhangs sowie der Offenlegung (Anm 7 ff; *Küting/Eichenlaub* DStR 2012, 2615 f).

B. Anwendbarkeit

2 § 267a gilt für KapGes und gem § 264a Abs 1 auch für die KapCoGes (*Fey ua* BB 2013, 107; *Küting/Eichenlaub* DStR 2012, 2616 f). Gen (§ 336 Abs 2 S 3), Kreditinstitute (§ 340a Abs 1), Versicherungen (§ 341a Abs 1) und kapmarktUnt können keine KleinstKapGes sein bzw die Erleichterungen für KleinstKapGes nicht in Anspruch nehmen. Gleiches gilt für UntBetGes (§ 8 UBGG), InvestmentGes – also die KapitalanlageGes und die InvAG – (§ 19d InvG), vgl BT-Drs 17/11292; *Theile* BBK 2013, 112. Erleichterungen, die das MicroBilG für KleinstKapGes vorsieht, sollten trotz § 241a auch für Ekfl und reine PersGes gelten (*Fey ua* BB 2013, 110). Denn für sie können keine strengeren Anforderungen als für KapGes gefordert werden.

Zeitlich gilt § 267a gem Art 70 Abs 1 EGHGB für Gj, deren Abschlussstichtag nach dem 30.12.2012 liegt (bei kalenderjahrgleichem Gj somit bereits für den JA zum 31.12.2012).

C. Schwellenwerte

Eine Klassifizierung als KleinstKapGes erfordert, dass die Ges mind zwei der drei nachfolgenden Schwellenwerte **nicht überschreitet** bzw nur eines der nachfolgenden Merkmale überschreitet:
- Bilanzsumme: € 350 000;
- Umsatzerlöse: € 700 000;
- durchschnittliche Arbeitnehmerzahl: 10.

Für die **Bilanzsumme** sind (wegen § 274a Nr 5 freiwillige) aktive latente Steuern außer Betracht zu lassen, Abs 1 S 2 (BT-Drs 17/11 292). Ein auf der Aktivseite ausgewiesener Fehlbetrag iSv § 268 Abs 3 ist abzuziehen. Im Übrigen gilt Anm 6 zu § 267. Auch für die Bestimmung der **Umsatzerlöse** und der Zahl der **Arbeitnehmer** kann auf die Anm 7 f (Umsatzerlöse) und 9 ff (Arbeitnehmer, Abs 1 S 3, § 267 Abs 5) in § 267 verwiesen werden.

Gem §§ 267 Abs 4, 267a Abs 1 S 3 dürfen an den Abschlussstichtagen von **zwei aufeinander folgenden Gj** zwei der Schwellenwerte nicht bzw nur eine Schwelle überschritten werden. Dabei sind die Schwellenwerte wie bei § 267 gleichrangig (vgl dort Anm 5). Auch hier ist es nicht notwendig, dass es an beiden Stichtagen dieselben Schwellenwerte sind, die überschritten bzw nicht überschritten werden. Rumpf-Gj zählen als volle Gj (s aber § 267 Anm 8 und 13 wegen der Berechnung der Umsatzerlöse und der Arbeitnehmerzahl bei Rumpf-Gj).

Bei **Neugründungen** und **Umwandlungen** gilt über Abs 1 S 3 § 267 Abs 4 S 2. Zu den Einzelheiten vgl § 267 Anm 21 ff.

D. Rechtsfolgen

Eine KleinstKapGes kann die auf sie anwendbaren Erleichterungen einzeln anwenden und hat ein **Wahlrecht,** von welchen sie Gebrauch macht, sog cherry-picking (*Theile* BBK 2013, 113; *Hoffmann* StuB 2012, 729; *Küting/Einchenlaub* DStR 2012, 2615). Bei der Ausübung des Wahlrechts ist der Grundsatz der Stetigkeit zu berücksichtigen (*Küting/Eichenlaub* DStR 2012, 2615).

Vorbehaltlich entgegenstehender Regelungen zählen zu den Erleichterungen für die KleinstKapGes über Abs 2 zunächst diejenigen, die für kleine KapGes vorgesehen sind (vgl *Fey ua* DB 2013, 107; *Zwirner/Froschhammer* „Reform" der Rechnungslegung für Kleinstkapitalgesellschaften ohne deregulierende Auswirkungen für die Praxis?, StuB 2013, 83, 84; *Küting/Eichenlaub* DStR 2012, 2615 f). Dies ergibt sich bereits aus § 267 Abs 1 und wird über Abs 2 klargestellt (BT-Drs 17/1192). Zudem bestehen Entlastungen aufgrund besonderer Vorschriften, insb:

Gem § 266 Abs 1 S 4 brauchen KleinstKapGes lediglich eine vereinfachte **Bilanz** aufzustellen. Sie kann sich auf die in § 266 Abs 2 und 3 mit Buchstaben bezeichneten Posten beschränken. Sofern nach dem BilMoG erforderlich, ist die Passivseite um einen „Sonderposten mit Rücklageanteil" zu erweitern (*Theile* BBK 2013, 113). Gem § 268 Abs 3 ist bei negativem EK auf der Aktivseite ein „nicht durch EK gedeckter Fehlbetrag" auszuweisen. Sofern für KleinstKapGes relevant, kann gem § 274a Nr 5 der Ausweis latenter Steuern entfallen. Die KapCoGes kann zudem gem § 264c Abs 5 S 1 auf den Ausweis der Posten in § 264c Abs 1–4 verzichten. Nach der Gesetzesbegr wurde diese Erleichterung eingeführt, da sie auch für kleine KapGes gelte (BT-Drs 17/11292). Daher wird eine KleinstKapGes auch auf einen Ausweis gem § 42 Abs 3 GmbHG verzichten können, wenn zur ordnungsgemäßen Darstellung materieller Finanzbeziehungen mit den Gesern eine Angabe unter der Bilanz erfolgt (*Theile* BBK 2013, 114; *Fey ua* BB 2013, 109; *Hoffmann* StuB 2012, 730). Zu weiteren Wahlpflichtangaben (§ 265 Abs 3 S 1, § 268 Abs 2 S 2 Hs 2, § 58 Abs 2a AktG, § 29 Abs 4 S 2 GmbHG vgl *Fey ua* aaO). Bei der AG und der KGaA gilt gem § 152 Abs 4 AktG zudem eine Erleichterung bei den Angabepflichten zum EK.

8 Für eine vereinfachte **GuV** gilt § 275 Abs 5 und bei der AG / KGaA zudem § 158 Abs 3 AktG. Gem § 276 S 3 dürfen Umsatzerlöse, sonstige Erträge und Materialaufwand nicht zu „Rohergebnis" zusammengefasst werden. Zudem kann nicht auf eine Erl des ao Ergebnisses iSv § 277 Abs 4 S 1 durch Angaben unter der Bilanz verzichtet werden, wenn dies verglichen mit dem operativen Ergebnis materiell und daher notwendig ist, um eine irreführende Darstellung der Ertragslage zu vermeiden (bspw *Fey ua* BB 2013, 108; *Theile* BBK 2013, 115).

9 Die KleinstKapGes kann gem § 264 Abs 1 S 5 auf die Aufstellung eines **Anhangs** verzichten (§ 160 Abs 3 AktG bei der AG/KGaA). Haftungsverhältnisse iSv §§ 251, 268 Abs 7 und Vorschüsse sowie Kredite iSv § 285 Nr 9 lit c sind n § 264 Abs 1 S 5 Nr 1 und 2 unter der Bilanz anzugeben. Gleiches gilt bei AG und KGaA gem § 264 Abs 1 S 5 Nr 3 für eigene Aktien.

Führen die in Anm 7 und 8 dargestellten Vereinfachungen zu einem JA, der ansonsten kein den tatsächlichen Verhältnisses entspr Bild der VFE-Lage (§ 264 Abs 2 S 1) der KleinstKapGes vermitteln würde, sind gem § 264 Abs 2 S 2, 3 zusätzliche **Angaben unter der Bilanz** zu machen („true and fair view" – *Fey ua* BB 2013, 107; auch bei *Theile* BBK 2013, 115; *Hoffmann* StuB 2012, 729). Dies gilt auch für die Wahlpflichtangaben in Anm 7. Falls bei KleinstKapGes relevant, muss bei Pensionsverpflichtungen aus Altzusagen der gesetzlichen Wertung des Art 28 Abs 2 EGHGB folgend eine Angabe unter der Bilanz gemacht werden (BT-Drs 17/11292; *Fey ua* DB 2013, 108; *Theile* BBK 2013, 116). Nur wenn durch zusätzliche Angaben unter der Bilanz der JA die tatsächlichen Verhältnisse der VFE-Lage darstellt, greift die Vermutung des Gesetzgebers in § 264 Abs 2 S 4.

10 KleinstKapGes können gem § 326 Abs 2 wählen, ob sie ihren **Offenlegungspflichten** nach § 325 durch eine Veröffentlichung des JA (Einreichung und Bekanntmachung) oder durch Hinterlegung der Bilanz in elektronischer Form beim Betreiber des BAnz erfüllen. Bei der Hinterlegung muss mitgeteilt werden, dass die in Abs 1 genannten Voraussetzungen erfüllt sind. Wegen Anm 5 steht der KleinstKapGes das Wahlrecht des § 326 Abs 2 auch zu, wenn sie von anderen Erleichterungen keinen Gebrauch gemacht hat.

Entgegen dem Wortlaut des § 326 Abs 2 sind auch Vermerke unter der Bilanz (Anm 9) zu hinterlegen. Zwar verlangt § 326 Abs 2 nur die Offenlegung der Bilanz und Vermerke unter der Bilanz sind eben nicht Teil der Bilanz, sondern erfolgen außerhalb der Bilanz (vgl *Küting/Eichenlaub* DStR 2012, 2619 mwN). Die Angaben unter der Bilanz sind aber insb dann notwendig, wenn dies für die zutreffende Darstellung der tatsächlichen Verhältnisse notwendig ist. Daher sollten sie auch von der Hinterlegungspflicht umfasst sein (*Hoffmann* StuB 2012, 730; *Theile* BBK 2013, 116; *Fey ua* BB 2013, 108; aA: *Küting/Eichenlaub* DStR 2012, 2619 mwN). Sofern eine KleinstKapGes zwar einen Anhang erstellt, jedoch infolge der Inanspruchnahme der Erleichterungen nach § 326 Abs 2 nicht offen- bzw hinterlegt, wird von den bei Verzicht auf die Erstellung eines Anhangs erforderlichen zusätzlichen Angaben unter der Bilanz (§ 264 Abs 1 S 5, Abs 2 S 3) nicht abgesehen werden dürfen (IDW, Berichterstattung über die 232. HFA-Sitzung, FN-IDW 2013, 360).

Gem § 253 Abs 1 S 5 können die Erleichterungen für die Bilanz (Anm 7), die GuV (Anm 8), den Anhang (Anm 9) und die Offenlegung (Anm 11) nur geltend gemacht werden, wenn auf eine Bewertung zum **beizulegenden Zeitwert verzichtet** wird (Einzelheiten in § 253 Anm 179; *Küting/Eichenlaub* DStR 2012, 2619). 11

Durch den Verweis in Abs 1 S 3 auf § 267 Abs 6 bleiben die **Informationsrechte der Arbeitnehmer** unberührt, sofern sie auf eine KleinstKapGes anzuwenden sind (vgl § 267 Anm 30). 12

E. Steuerrechtliche Bedeutung

§ 267a hat keine steuerlichen Auswirkungen. Er nimmt keinen Einfluss auf die steuerliche Gewinnermittlung und die nach den steuerrechtlichen Vorschriften bestehenden Aufzeichnungs- und Übermittlungspflichten (BT-Drs 17/11292). 13

Größenunabhängig haben Steuerpflichtige gem § 5b Abs 1 EStG für nach dem 31.12.10 (bzw nach dem 31.12.12 – vgl *Weber-Grellet* in Schmidt[32] § 5b Anm 7) beginnende Wj Bilanz und GuV dem FA in elektronischer Form zu übermitteln. Dabei orientiert sich die Taxonomie an dem Format einer großen KapGes und geht weit über die Gliederungen der §§ 266, 275 HGB hinaus (*Weber-Gellert* in Schmidt[32] § 5b Anm 1). Dies gilt auch für KleinstKapGes. In der Praxis wird die KleinstKapGes daher eine umfangreiche Bilanz und GuV für die steuerliche Gewinnermittlung erstellen, um dann ein Bilanztorso iSv Anm 7 zu veröffentlichen. Trotzdem wird von einer faktischen „umgekehrten Maßgeblichkeit" der StB für die handelsrechtliche Bilanzierung gesprochen (*Hoffmann* StuB 2012, 730).

F. Abweichungen der IFRS

Die IFRS geben einem Unt keine Möglichkeit, auf ihre Anwendung zu verzichten. Sie sind auf Unt ausgerichtet, die sich über Wertpapiere am Kapitalmarkt finanzieren. Die Standards verfolgen das Ziel, Aktionäre, potenzielle Investoren und andere am Unt Interessierte mit Informationen zu versorgen, die für sie nützlich sind (*Bohl* in Beck IFRS § 2 Anm 5 ff). Ein Wahlrecht, die IFRS nicht anzuwenden, würde dem Schutzgedanken der IFRS widersprechen. Zur Bedeutung der IFRS für Small- and Medium-sized Enterprises (SMEs) vgl § 267 Anm 34. 14

§ 268 Vorschriften zu einzelnen Posten der Bilanz. Bilanzvermerke

(1) [1]Die Bilanz darf auch unter Berücksichtigung der vollständigen oder teilweisen Verwendung des Jahresergebnisses aufgestellt werden. [2]Wird die Bilanz unter Berücksichtigung der teilweisen Verwendung des Jahresergebnisses aufgestellt, so tritt an die Stelle der Posten „Jahresüberschuß/Jahresfehlbetrag" und „Gewinnvortrag/Verlustvortrag" der Posten „Bilanzgewinn/Bilanzverlust"; ein vorhandener Gewinn- oder Verlustvortrag ist in den Posten „Bilanzgewinn/Bilanzverlust" einzubeziehen und in der Bilanz oder im Anhang gesondert anzugeben.

§ 268

(2) ¹In der Bilanz oder im Anhang ist die Entwicklung der einzelnen Posten des Anlagevermögens darzustellen. ²Dabei sind, ausgehend von den gesamten Anschaffungs- und Herstellungskosten, die Zugänge, Abgänge, Umbuchungen und Zuschreibungen des Geschäftsjahrs sowie die Abschreibungen in ihrer gesamten Höhe gesondert aufzuführen. ³Die Abschreibungen des Geschäftsjahrs sind entweder in der Bilanz bei dem betreffenden Posten zu vermerken oder im Anhang in einer der Gliederung des Anlagevermögens entsprechenden Aufgliederung anzugeben.

(3) Ist das Eigenkapital durch Verluste aufgebraucht und ergibt sich ein Überschuß der Passivposten über die Aktivposten, so ist dieser Betrag am Schluß der Bilanz auf der Aktivseite gesondert unter der Bezeichnung „Nicht durch Eigenkapital gedeckter Fehlbetrag" auszuweisen.

(4) ¹Der Betrag der Forderungen mit einer Restlaufzeit von mehr als einem Jahr ist bei jedem gesondert ausgewiesenen Posten zu vermerken. ²Werden unter dem Posten „sonstige Vermögensgegenstände" Beträge für Vermögensgegenstände ausgewiesen, die erst nach dem Abschlußstichtag rechtlich entstehen, so müssen Beträge, die einen größeren Umfang haben, im Anhang erläutert werden.

(5) ¹Der Betrag der Verbindlichkeiten mit einer Restlaufzeit bis zu einem Jahr ist bei jedem gesondert ausgewiesenen Posten zu vermerken. ²Erhaltene Anzahlungen auf Bestellungen sind, soweit Anzahlungen auf Vorräte nicht von dem Posten „Vorräte" offen abgesetzt werden, unter den Verbindlichkeiten gesondert auszuweisen. ³Sind unter dem Posten „Verbindlichkeiten" Beträge für Verbindlichkeiten ausgewiesen, die erst nach dem Abschlußstichtag rechtlich entstehen, so müssen Beträge, die einen größeren Umfang haben, im Anhang erläutert werden.

(6) Ein nach § 250 Abs. 3 in den Rechnungsabgrenzungsposten auf der Aktivseite aufgenommener Unterschiedsbetrag ist in der Bilanz gesondert auszuweisen oder im Anhang anzugeben.

(7) Die in § 251 bezeichneten Haftungsverhältnisse sind jeweils gesondert unter der Bilanz oder im Anhang unter Angabe der gewährten Pfandrechte und sonstigen Sicherheiten anzugeben; bestehen solche Verpflichtungen gegenüber verbundenen Unternehmen, so sind sie gesondert anzugeben.

(8) ¹Werden selbst geschaffene immaterielle Vermögensgegenstände des Anlagevermögens in der Bilanz ausgewiesen, so dürfen Gewinne nur ausgeschüttet werden, wenn die nach der Ausschüttung verbleibenden frei verfügbaren Rücklagen zuzüglich eines Gewinnvortrags und abzüglich eines Verlustvortrags mindestens den insgesamt angesetzten Beträgen abzüglich der hierfür gebildeten passiven latenten Steuern entsprechen. ²Werden aktive latente Steuern in der Bilanz ausgewiesen, ist Satz 1 auf den Betrag anzuwenden, um den die aktiven latenten Steuern die passiven latenten Steuern übersteigen. ³Bei Vermögensgegenständen im Sinn des § 246 Abs. 2 Satz 2 ist Satz 1 auf den Betrag abzüglich der hierfür gebildeten passiven latenten Steuern anzuwenden, der die Anschaffungskosten übersteigt.

Übersicht
Bilanzvermerke

	Anm
A. Bilanzaufstellung nach Ergebnisverwendung (Abs 1)	
I. Grundlagen	1–3
II. Anwendungsbereich	
1. Teilweise Ergebnisverwendung	4–7
2. Vollständige Ergebnisverwendung	8

Vorschriften zu einzelnen Posten der Bilanz. Bilanzvermerke § 268

Anm

B. Entwicklung des Anlagevermögens (Abs 2)
- I. Anlagengitter nach Bruttoprinzip 10–20
- II. Ingangsetzungs- und Erweiterungsaufwendungen 21
- III. Immaterielle Vermögensgegenstände
  - 1. Zugänge 22, 23
  - 2. Abgänge 25–28
- IV. Sachanlagen
  - 1. Zugänge 30–40
  - 2. Zuschreibungen 45, 46
  - 3. Umbuchungen 50
  - 4. Abgänge 51–54
  - 5. Abschreibungen 55
- V. Finanzanlagen 60
  - 1. Zugänge und Zuschreibungen 61–64
  - 2. Abgänge 65
  - 3. Abschreibungen 66

C. Nicht durch Eigenkapital gedeckter Fehlbetrag (Abs 3)
- I. Allgemeines 75–78
- II. Beispiele 80–84

D. Vermerk und Angaben zu Forderungen (Abs 4)
- I. Vermerk der Restlaufzeit bei Forderungen (S 1) 90–92
- II. Angaben zu antizipativen Forderungen (S 2) 93–95

E. Vorschriften zu Verbindlichkeiten (Abs 5)
- I. Vermerk der Beträge mit einer Restlaufzeit bis zu einem Jahr (S 1) 101–105
- II. Gesonderter Ausweis der erhaltenen Anzahlungen auf Bestellungen (S 2) 106
- III. Erläuterung rechtlich noch nicht entstandener Verbindlichkeiten (S 3) 107, 108

F. Ausweis oder Angabe des Unterschiedsbetrags (Abs 6)
- I. Allgemeines 110
- II. Gesonderter Ausweis in der Bilanz 111, 112
- III. Nur Angabe im Anhang 113

G. Ausweis oder Angabe von Haftungsverhältnissen (Abs 7)
- I. Allgemeines 120
- II. Angabe unter der Bilanz oder im Anhang 121
- III. Gesonderter Ausweis 123–125
- IV. Angabe der gewährten Pfandrechte und sonstigen Sicherheiten 126
- V. Verpflichtungen gegenüber verbundenen Unternehmen . 127, 128
- VI. Verpflichtungen gegenüber Gesellschaftern 129, 130

H. Die Ausschüttungssperre (Abs 8) 140–146

I. Rechtsfolgen einer Verletzung des § 268 .... 150, 151

J. Abweichungen der IFRS
- I. Bilanzaufstellung nach Ergebnisverwendung (Abs 1) 160
- II. Entwicklung des Anlagevermögens (Abs 2) 161, 162
- III. Nicht durch Eigenkapital gedeckter Fehlbetrag (Abs 3) 163
- IV. Vermerke und Angaben zu Forderungen (Abs 4) 164

	Anm
V. Vorschriften zu Verbindlichkeiten (Abs 5)	
1. Vermerk der Beträge mit einer Restlaufzeit bis zu einem Jahr (S 1)	165
2. Gesonderter Ausweis der erhaltenen Anzahlungen (S 2)	166
3. Erläuterung rechtlich noch nicht entstandener Verbindlichkeiten (S 3)	167
VI. Ausweis oder Angabe des Unterschiedsbetrags (Abs 6)	168
VII. Ausweis und Angabe von Haftungsverhältnissen (Abs 7)	169
VIII. Ausschüttungssperre (Abs 8)	170

Bilanzvermerke

A. Bilanzaufstellung nach Ergebnisverwendung (Abs 1)

Schrifttum: *von Kanitz* Rechnungslegung bei Personenhandelsgesellschaften – Anmerkungen zu IDW RS HFA 7, WPg 2003, 324.

Standard: IDW RS HFA 7 (Stand: 6.2.2012) Handelsrechtliche Rechnungslegung bei Personenhandelsgesellschaften.

I. Grundlagen

1   Abs 1 gibt KapGes, KapCoGes und publizitätspflichtigen Unt (§ 5 Abs 1 S 1 PublG) ein **Wahlrecht,** die *Bilanz* unter Berücksichtigung der vollständigen oder teilweisen Verwendung des Jahresergebnisses aufzustellen. Die Vorschrift wird ergänzt durch § 270 Abs 2, durch die die Organzuständigkeit geregelt ist.

Die Bilanz darf grds aufgestellt werden
– **vor** Verwendung des Jahresergebnisses
– **nach teilweiser** Verwendung des Jahresergebnisses (Anm 4) oder
– **nach vollständiger** Verwendung des Jahresergebnisses (Anm 8).

Ggf bestehende Vorschriften zur Darstellung der (teilweisen) Ergebnisverwendung in der GuV bleiben davon unberührt.

Abs 1 erweitert das nach § 266 Abs 3 Buchstabe A bzw § 264c Abs 2 anzuwendende Grundschema für die EK-Gliederung von KapGes und KapCoGes. Während danach die EK-Posten mit dem Posten „Jahresüberschuss/-fehlbetrag" – somit **vor Ergebnisverwendung** – enden, tritt gem Abs 1 bei Berücksichtigung der vollständigen oder teilweisen Ergebnisverwendung an die Stelle der zwei Posten „Jahresüberschuss/Jahresfehlbetrag" und „Gewinn-/Verlustvortrag" der Posten „Bilanzgewinn/Bilanzverlust" (*Knop/Zander*) in HdR[5] § 268 Anm 34.

2   Das HGB erläutert den **Begriff Ergebnisverwendung** iSv Abs 1 nicht. Es bedarf deshalb einer Definition, welche Maßnahmen der Organe bei der Bilanzaufstellung nach geltenden gesetzlichen oder satzungsmäßigen Vorgaben (Verpflichtungen, Ermächtigungen) **Ergebnisverwendung** iSd Vorschrift darstellen oder andererseits dem Bereich der **Ergebnisermittlung** zuzurechnen sind. Maßnahmen der Ergebnisverwendung sind grds die **Ausschüttung** des Gewinns an die Anteilseigner (ggf auch in Form von Vorabausschüttungen, s aber Anm 7), die Einstellung in und Auflösung von **Gewinnrücklagen,** die Auflösung der **Kapitalrücklage** sowie der idR aus diesen Maßnahmen resultierende **Gewinnvortrag.**

Daraus folgt, dass entspr der Systematik des Gesetzes immer dann eine Ergebnisverwendung iSd Rechnungslegung vorliegt, wenn Maßnahmen getroffen wer-

Vorschriften zu einzelnen Posten der Bilanz. Bilanzvermerke   3, 4   § 268

den, die die Entwicklung vom Jahresüberschuss/-fehlbetrag zum Bilanzgewinn/ -verlust berühren (ebenso *ADS*[6] § 268 Anm 15). Auch die Auflösung von Kapital- oder Gewinnrücklagen zum Ausgleich eines Jahresfehlbetrags oder (soweit zulässig) zur Ausschüttung gehören demnach zur Ergebnisverwendung; ebenso der Vortrag eines Jahresfehlbetrags auf neue Rechnung (weiterführend *ADS*[6] § 268 Anm 15, die darauf hinweisen, dass vorstehende Auslegung aus den §§ 158 Abs 1 AktG, 275 Abs 4 hergeleitet werden kann). Nicht zur Ergebnisverwendung gehört die Ergebnisübernahme auf Grund eines EAV oder entspr Regelungen in Satzung oder GesVertrag. Derartige Ansprüche oder Verpflichtungen sind Aufwand oder Ertrag (§ 277 Abs 3 S 2 und dort Anm 6 ff).

Dass eine Entscheidung in der HV über den bereits ausgewiesenen Bilanzgewinn **nach Feststellung** des JA keine Ergebnisverwendung iSd Abs 1 sein kann, ergibt sich aus Vorstehendem und aus § 174 Abs 3 AktG. Eine beabsichtigte, aber noch nicht beschlossene Ergebnisverwendung darf bei *Aufstellung* der Bilanz iSe Ergebnisverwendung nicht berücksichtigt werden (so auch *ADS*[6] § 268 Anm 15 aE). Sämtliche **ergebnisabhängigen Aufwendungen** (Tantiemen, Verpflichtungen aus Genuss- oder Besserungsscheinen sowie Mezzanine-Finanzierungen, partiarischen Darlehen oder stillen Bet, ebenso bestimmte Steuern) gehören in die entspr Aufwandsposten, also zum Bereich der Ergebnisermittlung, da sich der entspr Anspruch aus einem Schuldverhältnis mit der Ges und nicht aus dem Ges-Verhältnis ergibt (ebenso *ADS*[6] § 268 Anm 16).

Die Berücksichtigung der Ergebnisverwendung *darf* gem § 275 Abs 4 auch in der **3** **GuV** durch eine entspr Erweiterung der Gliederung erfolgen. Insoweit darf dort die Entwicklung vom „Jahresüberschuss" zum „Bilanzgewinn" dargestellt werden. Eine solche Verfahrensweise ist jedoch zB für GmbH nicht zwingend vorgeschrieben, erscheint aus Gründen der Klarheit jedoch sachgerecht (s § 275 Anm 310 ff).

Bei **AG** ist allerdings § 158 Abs 1 AktG zu beachten, der zwingend festlegt, dass Maßnahmen der Ergebnisverwendung in der **GuV** oder im **Anhang** darzustellen sind (s auch § 284 Anm 73).

Gleichartige Angaben sind *freiwillig* bei allen Ges zulässig und aus Gründen der Klarheit idR geboten. Wegen der Besonderheiten bei **KapCoGes** s Anm 5. Ist die Geschäftsführung einer **GmbH** zB zur Rücklagendotierung **ermächtigt**, darf in der Bilanz ein entspr geminderter Bilanzgewinn ausgewiesen werden. Eine korrespondierende Ausweispflicht in der GuV ergibt sich nicht; diese darf mit dem „Jahresüberschuss" enden. Es empfiehlt sich jedoch ein Hinweis im Anhang (so auch *ADS*[6] § 268 Anm 14). Bei Einstellung eines Teils des Jahresüberschusses in die Gewinnrücklagen sind bei AG/KGaA aber Zahlenangaben in der Bilanz oder im Anhang gem § 152 Abs 3 Nr 2 AktG erforderlich.

Die gesetzliche oder satzungsmäßige *Ermächtigung* zur Rücklagenbildung oder -auflösung bei AG, eine entspr gesvertragliche Ermächtigung an die Geschäftsführung oder ein entspr Beschluss der Gester bei GmbH beseitigen das Wahlrecht gem Abs 1 nicht; andererseits schließen gesetzliche, satzungsmäßige oder durch Gester-Beschluss für den Zeitpunkt der Aufstellung *zwingend* festgelegte Ergebnisverwendungsmaßnahmen das **Wahlrecht** gem Abs 1 grds **aus** (dazu § 270 sowie hier Anm 6, 7).

II. Anwendungsbereich

1. Teilweise Ergebnisverwendung

Bei Aufstellung der Bilanz mit **teilweiser Verwendung** des Jahresergebnisses **4** werden gem Abs 1 im EK-Ausweis der Bilanz die Posten „Jahresüberschuss/ Jahresfehlbetrag" sowie „Gewinnvortrag/Verlustvortrag" durch den Posten „**Bi-**

lanzgewinn/Bilanzverlust" ersetzt. Hinsichtlich des Ausweises für den Fall, dass das EK durch Verluste aufgebraucht ist s Anm 75 ff.

Eine teilweise Ergebnisverwendung im Rahmen der Bilanzaufstellung kann auf Grund gesetzlicher oder satzungsmäßiger Regelungen, die zwingend oder lediglich ermächtigend sein können, zustande kommen. So können zB Regelungen über die Einstellung in Gewinnrücklagen bestehen, die nur einen Teil des Jahresergebnisses erfassen. Gesetzliche Vorschriften, die eine teilweise Verwendung vorsehen oder vorschreiben, sind zB § 58 Abs 2, 2a, § 150 Abs 1 bis 4 AktG und § 29 Abs 4 GmbHG.

5 Bei **GmbH** bestehen keine zwingenden gesetzlichen Vorschriften für die Ergebnisverwendung. Verpflichtungen oder Ermächtigungen können sich jedoch aus dem GesVertrag oder einem entspr Gester-Beschluss ergeben, der alle Gester und die Geschäftsführung bindet. Die Gester einer GmbH haben grds Anspruch auf den Jahresüberschuss zzgl Gewinnvortrag und abzgl Verlustvortrag. Wird die Bilanz in Übereinstimmung mit dem GesVertrag unter Berücksichtigung der teilweisen Ergebnisverwendung aufgestellt oder werden Rücklagen aufgelöst, haben die Gester gem § 29 Abs 1 S 2 GmbHG Anspruch auf den Bilanzgewinn; s dazu auch § 270 Anm 15 ff und Vor § 325 Anm 121 ff. Soweit es sich um eine gesrechtliche Verpflichtung zur Rücklagenbildung oder -auflösung handelt, ist das Wahlrecht gem Abs 1 aufgehoben.

Nach hM (*Knop/Zander* in HdR[5] § 268 Anm 33; *ADS*[6] § 268 Anm 21) ist die Bilanz **zwingend** unter Berücksichtigung der teilweisen Ergebnisverwendung aufzustellen, wenn Gesetz, GesVertrag oder ein Gester-Beschluss (ggf vor Bilanzaufstellung, Anm 4) **bindend** die Einstellung in (oder Auflösung von) Gewinnrücklagen vorschreiben.

Satzungsmäßige oder gesvertragliche **Ermächtigungen** berühren zwar das Wahlrecht nach Abs 1 nicht, doch ist anzustreben, aus Gründen der Klarheit entspr Rücklagenbildungen bereits in der aufgestellten Bilanz zu berücksichtigen.

Das **Wahlrecht** nach Abs 1 ist immer dann **ausgeübt,** wenn Einstellungen in gesetzliche oder satzungsmäßige Rücklagen vorzunehmen *sind*. Alle weiteren Rücklagenbildungen (zB durch Ermächtigungsregelungen) sind ebenfalls schon bei Bilanzaufstellung zu berücksichtigen. Zwar ergibt sich dies nicht eindeutig aus § 270 Abs 2. Jedoch wird die Regelung in § 270 Abs 2 erst dann sinnvoll, wenn sie so ausgelegt wird, dass bei zwingender Berücksichtigung einzelner Gewinnverwendungsmaßnahmen alle anderen Maßnahmen ebenfalls schon bei Bilanzaufstellung zu berücksichtigen sind (näher dazu *ADS*[6] § 268 Anm 30; *Knop/Zander* in HdR[5] § 270 Anm 8 ff).

Bei **PersGes** iSd § 264a sind gem § 264c Abs 2 S 3 und 6 sowie §§ 120 Abs 2 iVm 161 Abs 2, 167 Abs 1, die auf die phG und Kommanditisten entfallenden Gewinne oder Verluste den jeweiligen Kapitalanteilen zuzuschreiben. Als Ergebnis resultiert eine Aufstellung der Bilanz unter vollständiger Verwendung des Jahresergebnisses unter Nicht-Anwendung des EK-Gliederungsschemas in § 264c Abs 2 (*ADS*[6] § 264c Anm 23 ff; IDW RS HFA 7 Tz 36, 37). Es bietet sich jedoch an bei PersGes iSd § 264a die Verwendung des Jahresergebnisses in Fortführung der GuV oder im Anhang darzustellen (IDW RS HFA 7 Tz 56). Eine Bilanzaufstellung mit teilweiser Verwendung des Jahresergebnisses kommt deshalb nur in Betracht, wenn die Gewinnverwendung gemäß GesVertrag eines Gester-Beschlusses bedarf, der zum Zeitpunkt der Bilanzaufstellung noch nicht erfolgt ist oder wenn bestimmt wird, dass ein Teil des Gewinns unverwendet bleibt oder vorgetragen wird.

6 Ein Wahlrecht ist uE in jedem Fall ausgeschlossen, wenn bei **AG** eine gesetzliche Rücklage gem §§ 150 Abs 2, 300 AktG zu bilden ist. Bei zwingenden *Satzungs*bestimmungen ist § 58 Abs 2 S 1 AktG zu beachten.

Bei der **Rücklagenbildung für Anteile an einem herrschenden Unt** oder **mit Mehrheit beteiligten Unt** gem § 272 Abs 4 bzw § 264c Abs 4 besteht eine Pflicht zur Berücksichtigung bereits bei Bilanzaufstellung, gleichgültig, ob die Rücklage aus frei verfügbaren Teilen der Kapital- bzw Gewinnrücklagen oder dem Jahresüberschuss gebildet wird. Wird diese Rücklage nicht durch Rücklagen-Umgliederung innerhalb der Bilanz, sondern aus dem Jahresergebnis gebildet, sind alle weiteren Rücklagenbildungen oder Rücklagenauflösungen bei Bilanzaufstellung zwingend zu berücksichtigen (*ADS*[6] § 268 Anm 22, 30 analog früherer Rücklagenbildung für eigene Anteile).

Die Rücklagenbewegungen nach § 58 Abs 2a AktG, § 29 Abs 4 GmbHG (EK-Anteil für Wertaufholungen bei VG des Anlage- und Umlaufvermögens) sind ebenfalls Maßnahmen der Ergebnisverwendung. Sie sind daher *nach* dem Jahresüberschuss/-fehlbetrag zu verrechnen. In der Bilanz sind die Beträge gesondert auszuweisen, wenn sie nicht im Anhang angegeben werden (s auch § 284 Anm 70). Es ergibt sich aus Überschrift und Systematik des § 58 AktG, dass sie im Jahr der Bildung bei der Bilanzaufstellung zu berücksichtigen sind (vgl § 58 Abs 3 AktG „weitere Beträge"). Zum Ausweis des EK bei teilweiser Gewinnverwendung s die Beispiele bei *ADS*[6] § 268 Anm 27. Soll das Wahlrecht zur teilweisen Ergebnisverwendung in der Bilanz hinsichtlich verschiedener Verwendungszwecke unterschiedlich ausgeübt werden – was die Gesetze nicht ausdrücklich ausschließen –, sollten klarstellende Erl im Anhang erfolgen.

Vorabausschüttungen bei **AG** stellen keine Ergebnisverwendung dar (*Lutter* **7** in Kölner Komm[3] § 59 Anm 10 ff; ebenso *ADS*[6] § 268 Anm 24). Bei **GmbH** entfällt das Wahlrecht in Abs 1 dann, wenn die Vorabausschüttung zum Bilanzstichtag bereits vollzogen wurde, so dass die Bilanz zwingend unter Berücksichtigung dieser teilweisen Ergebnisverwendung aufgestellt werden muss. Bei Beschlussfassung einer **GmbH** im vorhergehenden Gj und Ausschüttung nach dem Bilanzstichtag entsteht eine zu passivierende Verbindlichkeit in Höhe der Vorabausschüttung und die Bilanz ist zwingend unter Berücksichtigung der teilweisen Gewinnverwendung aufzustellen (so *ADS*[6] § 268 Anm 25, glA MünchKomm HGB, § 268 Anm 7, 8).

2. Vollständige Ergebnisverwendung

Eine Bilanzaufstellung unter Berücksichtigung der vollständigen Ergebnisver- **8** wendung kommt in Betracht, wenn im Rahmen der Ergebnisverwendung weder ein Bilanzgewinn noch ein Bilanzverlust verbleibt. Gründe dafür können im Rahmen der Ergebnisermittlung Gewinnabführungen, Erträge aus Verlustausgleich oder als Maßnahmen der Ergebnisverwendung der Ausgleich eines Jahresfehlbetrags durch Auflösung von Rücklagen, die Deckung eines Verlustvortrags durch einen Jahresüberschuss sowie satzungsmäßige Ermächtigungen zur Einstellung in Gewinnrücklagen sein (*Knop/Zander* in HdR[5] § 268 Anm 33).

Bei **GmbH** besteht die Möglichkeit, bereits *vor* Aufstellung und Feststellung des JA über die Gewinnverwendung Beschluss zu fassen, so dass auf der Grundlage dieser Beschlussfassung das gesamte Jahresergebnis als verwendet *gilt* (dazu § 278 Anm 12 u 13). Wie bei der Vorabausschüttung (Anm 7) darf bei der Aufstellung des JA eine entspr Verbindlichkeit ggü den Gestern ausgewiesen oder die Bilanz ohne Berücksichtigung dieser Ergebnisverwendung aufgestellt werden. Der Ausweis ist im Einzelnen nicht geregelt; im Anhang sind deshalb nähere Erl erforderlich.

Voraussetzung für die Aufstellung der Bilanz unter Berücksichtigung der vollständigen Ergebnisverwendung ist stets, dass spätestens bei Aufstellung der Bilanz eine **endgültige** Ergebnisverwendung beschlossen ist; das ergibt sich aus entspr

Gester-Beschlüssen, satzungsmäßigen/gesvertraglich bindenden Vorgaben oder Verpflichtungen für das den JA feststellende Organ. Insb bei erwarteten Jahresfehlbeträgen wird zuweilen vorher über ihre Deckung entschieden. Vorab-Verfügungen über einen Jahresüberschuss kommen zB bei LebensversicherungsUnt vor.

Führen entspr satzungsmäßige oder gesvertragliche *Verpflichtungen* (zB bei Vorab-Beschlüssen) bereits für die Bilanzaufstellung zu einer endgültigen Ergebnisverwendung, gilt das gesetzliche Wahlrecht des Abs 1 nicht mehr. Die Bilanz ist dann unter vollständiger Ergebnisverwendung aufzustellen (glA ADS^6 § 268 Anm 31). Liegt aber lediglich eine *Ermächtigung* der Gester über eine (vorgesehene) Gewinnausschüttung vor – ohne entspr Vorgabe für die Bilanzaufstellung – verbleibt es bei dem Wahlrecht nach Abs 1.

Ergibt sich im Rahmen der Bilanzaufstellung unter vollständiger Gewinnverwendung ein auf das nächste Gj vorzutragender Restgewinn, ist dieser als Bilanzgewinn auszuweisen. Nicht zulässig ist ein Ausweis als „Gewinnvortrag/Verlustvortrag", da sich dieser ausschließlich auf das Vj bezieht (ebenso ADS^6 § 268 Anm 31). IdR wird aus Gründen der Klarheit eine entspr Erl im Anhang erforderlich sein.

Bei Gegenüberstellung der **Vorjahreszahlen** ist die Ergebnisverwendung nach den vorstehenden Kriterien zu behandeln, und zwar nach den Beschlüssen, die am jeweiligen Bilanzstichtag vorgelegen haben. Eine Umgliederung der Vj-Zahlen wegen der im Gj für das Vj gefassten Beschlüsse ist daher nicht zulässig (vgl ADS^6 § 268 Anm 36).

Bei **PersGes** iSd § 264a ist die Bilanzaufstellung unter vollständiger Verwendung des Jahresergebnisses der gesetzlich vorgesehene Regelfall. Einzelheiten hierzu s Anm 5.

B. Entwicklung des Anlagevermögens (Abs 2)

Schrifttum: *Hennrichs* Immaterielle Vermögensgegenstände nach dem Entwurf des Bilanzrechtsmodernisierungsgesetzes (BilMoG) DB 2008, 537; *Ortmann-Babel/Bolik* Lösungen für Praxisprobleme mit dem Sammelposten für geringwertige Wirtschaftsgüter, BB 2008, 1217; *Theile* Der neue Jahresabschluss nach HGB, DStR 2009 Beihefter zu Heft 18, 21; *Stibi/Fuchs* Konzeption des HGB – Auslegung und Interpretation der Grundsätze ordnungsmäßiger Buchführung unter dem Einfluss der IFRS?, DB 2009 Beilage 5, 9; *Laubach/Kraus/Bornhofen* Die Bilanzierung selbst geschaffener immaterieller Vermögensgegenstände, DB 2009 Beilage 5, 19.

I. Anlagengitter nach Bruttoprinzip

10 „Ausgehend von den gesamten **Anschaffungs- oder Herstellungskosten**" ist die Entwicklung der einzelnen Posten des Anlagevermögens hin zu den Buchwerten der Jahresbilanz in horizontaler Gliederung darzustellen (sog **direkte Bruttomethode;** s ADS^6 § 268 Anm 39). Diese Entwicklung der einzelnen Posten des Anlagevermögens – **Anlagengitter,** auch Anlagenspiegel genannt – ist entweder in der **Bilanz** oder im **Anhang** darzustellen (Abs 2 S 1).

Dies gilt auch für KapCoGes und für dem PublG unterliegende Unt (§ 5 Abs 1 PublG) und für eG (§ 336 Anm 14 ff).

11 Kleine KapGes/KapCoGes und KleinstKapGes sind von der Erstellung eines Anlagengitters befreit (§ 274a Nr 1). Für **Kreditinstitute** u **Versicherungsunternehmen** gelten an Stelle von § 268 Abs 2 die Sondervorschriften der §§ 340a, 341a.

Die Angabe der historischen AK/HK des dem Unt dienenden gesamten Anlagevermögens soll zu einem besseren Einblick in die Vermögenslage führen, weil die Bruttowerte zumindest tendenziell eine Aussage über die Altersstruktur des Anlagevermögens ermöglichen. Dies wird allerdings dadurch wieder eingeschränkt, dass bisher (für Gj, die vor dem 1.1.2010 beginnen) unter den kumuliert zu zeigenden Abschreibungen nicht nur die betrieblich erforderlichen, sondern auch steuerrechtliche Sonderabschreibungen verrechnet und beibehalten werden konnten (Anm 55).

Korrespondierend zu den gesamten (historischen) AK/HK sind auch die gesamten **(kumulierten) Abschreibungen** in das Anlagegitter aufzunehmen. Außer den kumulierten Abschreibungen sind auch die **Geschäftsjahresabschreibungen** entweder in der Bilanz bei dem betr Posten zu vermerken oder im Anhang in einer der jeweiligen Gliederung des Anlagevermögens entspr Aufgliederung anzugeben (Abs 2 S 3). 12

Die übrigen vorgeschriebenen Spalten des Anlagengitters (Zugänge, Umbuchungen, Abgänge und Zuschreibungen) sind **auf das Geschäftsjahr bezogen** aufzuführen. Unter Berücksichtigung der zusätzlich angabepflichtigen Gj-Abschreibungen (Abs 2 S 3) und der in der Bilanz vorgeschriebenen Angabe des Vj-Buchwerts (§ 265 Abs 2) ergibt sich eine **neunspaltige Darstellung** (so auch ADS⁶ § 268 Anm 45): 13

(1) Anschaffungs- oder Herstellungskosten (kumuliert)	(2) Zugänge + (Geschäftsjahr)	(3) Umbuchungen +/./. (Geschäftsjahr)
(4) Zuschreibungen + (Geschäftsjahr)	(5) Abgänge ./. (Geschäftsjahr)	(6) Abschreibungen ./. (kumuliert)
(7) Stand 31. 12. (Buchwert)	(8) Stand Vorjahr (Buchwert)	(9) Abschreibungen des Geschäftsjahrs (Geschäftsjahr)

Dieses Anlagengitter lässt sich um die Spalte 9 verkürzen, wenn die Gj-Abschreibungen bei den Gesamtabschreibungen (Spalte 6) vermerkt werden (s aber Anm 16). Es besteht auch die Möglichkeit, anstelle der Angabe der Gj-Abschreibungen in Spalte 9 freiwillig eine Entwicklung der Abschreibungen in Form eines „Abschreibungsspiegels" darzustellen (s Anm 17).

Die **Reihenfolge** der einzelnen Spalten ist gesetzlich nicht festgelegt. In der Praxis ist es üblich, zunächst die Zunahme und anschließend die Verminderung des Anlagevermögens zu zeigen. Denkbar ist auch, zunächst die mengenmäßigen und dann die wertmäßigen Veränderungen zu zeigen (ADS⁶ § 268 Anm 43). Auch die **Anzahl** der zu bildenden Spalten schreibt das Gesetz nicht vor. Bei entspr Kennzeichnung dürfen zB Umbuchungen je nach Vorzeichen in der Abgangs- oder Zugangsspalte gezeigt oder Zuschreibungen in der Zugangsspalte 14 mit aufgenommen werden. Erforderlich ist jedoch eine getrennte vertikale Addition, damit die Summe jeder Kategorie („gesondert aufzuführen") unmittelbar abgelesen werden kann (*ADS*[6] § 268 Anm 46).

15 Da der Vortrag des Anlagengitters (Spalte 1) die historischen AK/HK enthält, müssen sowohl die **Zugänge** (Spalte 2) als auch die **Abgänge** (Spalte 5) zu ihren **historischen Bruttowerten** (AK/HK) gezeigt werden. Dies folgt aus dem System des Anlagengitters nach dem Bruttoprinzip, welches die Darstellung der mengenmäßigen Entwicklung des Anlagevermögens zu Bruttowerten verlangt und die Zu- und Abschreibungen als Abschreibungen des am Bilanzstichtag zu Bruttowerten ausgewiesenen Vermögens versteht. Aus diesem Grund sind mit dem Abgang auch die in Vj verrechneten Abschreibungen aus den kumulierten Abschreibungen zu eliminieren. Anteilige in der GuV des Gj verrechnete Abschreibungen auf abgegangene Anlagewerte sind ebenfalls nicht in den (kumulierten) Abschreibungen des Anlagengitters enthalten (s *ADS*[6] § 268 Anm 56; *Lorson* in HdR[5] § 268 Anm 109).

16 Bei den **Abschreibungen des Geschäftsjahrs** handelt es sich um die **in der GuV verrechneten Abschreibungen** des Gj (hM und Bilanzierungspraxis; so zB *WPH*[14] I, F Anm 99; *ADS*[6] § 268 Anm 68; *Lorson* in HdR[5] § 268 Anm 116; *Richter* in HdJ Abt II/1 Anm 134; *Nordmeyer* in Beck HdR B 212 Anm 101; aA *Küting/Haeger/Zündorf*, BB 1985, 1952).

17 In der Praxis wird häufig von der Möglichkeit Gebrauch gemacht, die Entwicklung der einzelnen Posten im **Anhang** zu zeigen. Dabei werden meist die Entwicklung der (Brutto-) AK/HK und der Abschreibungen in zwei getrennten „Spiegeln" dargestellt (*ADS*[6] § 268 Anm 66; *Nordmeyer* in BeckHdR B 212 Anm 61). Die Bilanz enthält dann nur die Netto-Buchwerte. Ein **Abschreibungsspiegel** darf aber auch dann in den Anhang aufgenommen werden, wenn die Entwicklung der AK/HK in der Bilanz gezeigt wird. Soweit derartige Angaben in der Bilanz und/oder dem Anhang mehr als die 9 Spalten des Bsp von Anm 13 zeigen, sind es freiwillige Angaben (die allerdings sonst erforderliche Erl, s Anm 15 und Anm 20 ersetzen können).

Das folgende **Beispiel** erläutert die Spalten eines ausführlichen Abschreibungsgitters:

(1) Kumulierte Abschreibungen (Vortrag zu Beginn des Gj)	(2) Zugänge + (Abschreibungen des Gj lt GuV)	(3) Zuschreibungen + (Wertaufholungen des Gj)
(4) Umbuchungen +/./. (Abschreibungen auf Umbuchungen des Gj)	(5) Abgänge ./. (Kum Abschreibungen auf Abgänge des Gj)	(6) Kumulierte Abschreibungen (Stand am Ende des Gj)

In diesem Beispiel werden die Zuschreibungen des Gj (soweit es sich um Wertaufholungen handelt) in einer eigenen Spalte als Kürzung der kumulierten Abschreibungen gezeigt (s hierzu Anm 18 und 19), einschl der Zuschreibungen auf VG, die im Gj abgegangen sind.

18 Die **Zuschreibungen** (zum Begriff s Anm 45 ff) sind nicht kumulativ, sondern nur für das Gj in das Anlagengitter gem Anm 13 aufzunehmen.

Zuschreibungen **auf im Geschäftsjahr abgegangene VG** können in einem Anlagengitter der in Anm 13 dargestellten Form nicht gezeigt werden. Da sich beim Abgang von VG die Netto-Buchwerte um den Saldo von Brutto-AK/HK und kumulierten Abschreibungen vermindern, würden im Anlagengitter gezeigte Zuschreibungen auf diese VG dazu führen, dass die rechnerische Entwicklung der Netto-Buchwerte aus den AK/HK zu Beginn des Gj (Queraddition) nicht möglich ist. In solchen Fällen stimmen die in der GuV verrechneten (meist in den sonstigen betrieblichen Erträgen enthaltenen, § 275 Anm 98) Zuschreibungen nur mit den Angaben in der Bilanz (oder im Anhang) überein, wenn entweder ein gesonderter Spiegel der Brutto-AK/HK erstellt wird, das Anlagengitter um eine die kumulierten Abschreibungen korrigierende Spalte erweitert wird (s *ADS*[6] Anm 268 Anm 62 zu ähnlich gelagerten Behandlung von Zuschreibungen in Vj), ein Zuschreibungsgitter erstellt wird (s Anm 20) oder die Zuschreibungen als Korrektur der Abschreibungen in einem Abschreibungsgitter gezeigt werden (s Anm 17 Spalte 4 „Verminderung wegen Zuschreibungen").

Bei der rechnerischen horizontalen Entwicklung des Anlagengitters (s Anm 13) erhöhen Zuschreibungen zwar die Netto-Buchwerte am Jahresende, fraglich ist aber, wie sie sich im **Anlagengitter des Folgejahrs** auswirken, wenn in diesem die Zuschreibungen der Vj nicht gezeigt werden und dennoch die rechnerische Entwicklung von den (Brutto-)AK/HK bis zu den Netto-Buchwerten möglich sein soll.

Bei **Wertaufholungen** wird vorgeschlagen, die im Gj gezeigten Zuschreibungen im Folgejahr von den kumulierten Abschreibungen abzusetzen (hM zB *ADS*[6] § 268 Anm 62). Bei **Nachaktivierungen** muss differenziert werden. Vertritt man wie hier (Anm 46) die Auffassung, dass erfolgswirksame Nachaktivierungen (zB Anpassung an die Bp bei Herstellungsaufwand, der zunächst als Erhaltungsaufwand behandelt wurde) **Zuschreibungen** sind, werden im Folgejahr die AK/HK zu Beginn des Gj erhöht. Diese lassen sich dann nicht aus dem Anlagengitter des Vj errechnen. Die Kürzung der kumulierten Abschreibungen des Vj scheidet aus, weil die erfolgswirksame Zuschreibung keine Korrektur früherer Abschreibungen ist (*ADS*[6] § 268 Anm 55).

Folgt man jedoch der (hier abgelehnten) Auffassung, derartige erfolgswirksame Nachaktivierungen seien als **Zugang** zu behandeln (s Anm 45 aE), ergeben sich die AK/HK zu Beginn des Folgejahrs auch rechnerisch aus dem Anlagenspiegel des Zugangsjahrs. Die AK/HK erhöhen sich um den Brutto-Wert der zunächst nicht erfolgten Aktivierung; inzwischen zu berücksichtigende Abschreibungen erhöhen die kumulierten Abschreibungen. In der GuV wird jedoch nur die Erhöhung des Netto-Buchwerts verrechnet (s § 275 Anm 98; aA *Nordmeyer* in BeckHdR B 212 Anm 73, der die erfolgswirksame Nachaktivierung – als Zugang – auch in der GuV brutto verrechnen will, und zwar die Erhöhung der (Brutto-)AK/HK als sonstige betriebliche Erträge und die Erhöhung der kumulierten Abschreibungen als außerplanmäßige Abschreibungen).

Die Beschränkung auf Zuschreibungen des Gj (Anm 18 und 19) kann zur Folge haben, dass wesentliche Informationen nicht aus dem JA ersichtlich sind. In **Fällen von Bedeutung** sind daher der Ausweis von Zuschreibungen im Anlagengitter sowie die Korrekturen von AK/HK und von kumulierten Abschreibungen im **Anhang** zu erläutern (so auch *ADS*[6] § 268 Anm 55).

Zur besseren Darstellung der Zuschreibungen ist es auch zulässig, freiwillig einen **Zuschreibungsspiegel** (Zuschreibungsgitter) in den Anhang aufzunehmen. Hier werden in der Spalte „Zugänge" die Zuschreibungen des Gj und in der Spalte „Abgänge" die Zuschreibungen auf abgegangene Anlagewerte ausgewiesen (*ADS*[6] § 268 Anm 63).

Zusätzliche Informationen können ferner durch eine freiwillige **Erweiterung des Anlagengitters** mit einer Spalte „kumulierte Zuschreibungen" (als Gegenposten der kumulierten Abschreibungen, ADS^6 § 268 aaO) gegeben werden.
Auch in einem **Abschreibungsgitter** können Zuschreibungen als Gegenposten der kumulierten Abschreibungen gezeigt werden (s das Beispiel in Anm 17). Damit werden die kumulierten Abschreibungen entspr dem Charakter von Wertaufholungen bereits im Jahr der Zuschreibung angepasst. Ein Abschreibungsgitter kann jedoch nicht die Zuschreibungen enthalten, die im Folgejahr den AK/HK hinzuzurechnen sind.

II. Ingangsetzungs- und Erweiterungsaufwendungen

21 Sofern nach Art 67 Abs 5 S 1 EGHGB die „**Aufwendungen für die Ingangsetzung und Erweiterung des Geschäftsbetriebs**" fortgeführt werden, ist Abs 2 S 1 aF weiterhin für die Aktivierung vor dem Anlagevermögen anzuwenden. Sie sind in jedem folgenden Gj zu mindestens einem Viertel durch Abschreibungen zu tilgen (§ 282 aF). Nach vollständiger Abschreibung ist der Abgang zu zeigen.

III. Immaterielle Vermögensgegenstände

1. Zugänge

22 Der Aktivierungszeitpunkt (die mengenmäßige Ausweitung des Anlagevermögens) von **selbst geschaffenen immateriellen VG** des Anlagevermögens ist bei Ausübung des Aktivierungswahlrechts gegeben, wenn Entwicklungskosten angefallen sind (vgl § 247 Anm 375 zu den weiterhin bestehenden Aktivierungsverboten gem § 248 Abs 2 S 2 und § 255 Anm 485 ff zur Abgrenzung von Forschungsaufwendungen) und die zukünftige VG-Eigenschaft bejaht werden kann. Letzteres setzt eine Zukunftprognose (mit hinreichender Dokumentation) des Unt voraus, aus der sich ergibt, dass mit hoher Wahrscheinlichkeit ein immaterieller VG des Anlagevermögens zur Entstehung gelangt (RegE BilMoG S 60).
Als mögliche Erkenntnisquelle für die Abgrenzung von FuEkosten bzw für die Beurteilung der VG-Eigenschaft bieten sich die Objektivierungskriterien des IAS 38.57 an (*Theile* DStR 2009 Beihefter S 29; zu den IFRS als Erkenntnisquelle vgl *Hennrichs* DB 2008, 538; *Stibi/Fuchs* DB 2009 Beilage 5, 12). Eine automatische Orientierung an diesen Kriterien ist jedoch aufgrund der mangelnden Übereinstimmung der Konzepte „asset" und „VG" nicht geboten (*Laubach/Kraus/Bornhofen* DB 2009 Beilage 5, 19). Es ist vielmehr auf den Einzelfall abzustellen.
Nachträgliche HK bei Erweiterungen bzw wesentlichen Verbesserungen iSv § 255 Abs 2 S 1 eines (aktivierten) selbst geschaffenen immateriellen VG sind ebenfalls zu aktivieren und als Zugang zu zeigen.
Der Zeitpunkt des Zugangs von **entgeltlich erworbenen immateriellen VG** des Anlagevermögens bestimmt sich nach der Erlangung der tatsächlichen Verfügungsgewalt, dh der Auswertungsmöglichkeit (ebenso ADS^6 § 268 Anm 74; *Lorson* in HdR[5] § 268 Anm 131). Wie auch bei den übrigen Anlagegütern (Anm 30) ist der Zugangszeitpunkt nicht primär nach formalrechtlichen, sondern nach wirtschaftlichen Gesichtspunkten zu bestimmen (vgl § 246 Abs 1 S 2).
Bei entgeltlich erworbenen immateriellen Werten, die mit körperlichen Sachen verbunden sind (zB Ton-, Film- oder Datenträger) oder solchen, deren Nutzung körperliche Sachen als Zubehör erfordern (zB Modelle, Pläne, Beschreibungen,

EDV-Programme) wird die Auswertungsmöglichkeit erst dann eintreten können, wenn die körperlichen VG übergeben worden sind. Das Gleiche gilt bei Nutzungsrechten an Sachen (zB Mietrecht, Wohn- und Belegungsrecht, Nießbrauch); Zugangszeitpunkt ist der Zeitpunkt der Übergabe bzw Einweisung in den körperlichen VG (s ADS[6] § 268 aaO; Lorson in HdR[5] § 268 Anm 131). Bei den übrigen entgeltlich erworbenen immateriellen Werten, die nicht mit körperlichen Sachen verbunden sind (Rechte, Rechtspositionen sowie Nutzungsrechte hieran) entscheidet über den Zugang der Zeitpunkt des Wirksamwerdens der rechtlichen Übertragung der Auswertungsbefugnis. Ist nach den idR vorliegenden schriftlichen Vereinbarungen für das Wirksamwerden ein nach Vertragsabschluss liegender Zeitpunkt bestimmt, ist dieser maßgebend.

Beim Zugang des erworbenen **Geschäfts- oder Firmenwerts**, der nach 23 § 266 Abs 2 A I 3 als „Unterschiedsbetrag" gem § 246 Abs 1 S 4 gesondert unter den immateriellen VG auszuweisen ist, kommt es auf den Zeitpunkt der Übernahme der VG (abzgl der Schulden) des Unt an (s § 246 Anm 22ff und § 255 Anm 31ff), für dessen Erwerb ein Entgelt gezahlt wurde oder zu zahlen ist.

2. Abgänge

Sie sind zu AK zu erfassen. Abgang als die **mengenmäßige Verminderung** 25 des Anlagevermögens (zB ADS[6] § 268 Anm 56) tritt bei immateriellen Anlagewerten durch Veräußerung, Untergang oder mit Erlöschen ihres Werts ein, weil ein für das Unt endgültig wertloser VG diesem nicht mehr als Anlagevermögen dienen kann (s auch Anm 51). Ein Abgang durch **Veräußerung** als die Kehrseite des Zugangs ist bei Übertragung der Auswertungsmöglichkeit auf den Erwerber anzunehmen (s Anm 21). **Untergang** des erworbenen VG kann entweder durch rechtliche Disposition (Verzicht, Vertrag über die vorzeitige Aufhebung des Rechts oder der rechtsähnlichen Position) oder durch faktische Ereignisse eintreten, so wenn durch eine neue patentierte Erfindung aus dem selbst geschaffenen immateriellen VG kein weiterer Nutzen zu erwarten ist (und der immaterielle Wert damit seine VG-Eigenschaft verliert) bzw der erworbene Patentschutz obsolet wird oder wenn – etwa auf Grund schlechter Ertragslage des erworbenen Unt – dessen **GFW** nicht mehr vorhanden ist. Dies gilt auch, wenn eine formale Rechtsposition bestehenbleibt (zB Patenteintragung und Schutzfrist), aber wirtschaftlich nicht mehr genutzt werden kann, weil diese allein dem Unt nicht mehr dienen kann (ebenso Lorson in HdR[5] § 268 Anm 132).

Ein **Abgang durch Werterschöpfung** tritt bei zeitlich befristet zur Verfügung 26 stehenden immateriellen Werten (zB Konzessionen mit zeitlicher Befristung, Lizenzen) im Zweifel mit Ablauf der Befristung, meist aber wesentlich früher ein. Das gilt auch für zeitlich unbefristet zur Verfügung stehende immaterielle VG; sie verflüchtigen sich nach einem annähernd bestimmbaren Zeitraum, der idR der planmäßigen Abschreibungsdauer entspricht. Sie scheiden deswegen **regelmäßig zum Zeitpunkt der Vollabschreibung** aus dem Vermögen aus. Dabei hat außer Betracht zu bleiben, dass ein erworbener GFW durch einen funktionsgleichen, selbst geschaffenen nichtbilanzierungsfähigen Wert nach und nach ersetzt werden kann.

Mit **Vollabschreibung** des immateriellen VG ist im Zweifel Abgang anzu- 27 nehmen (ebenso ADS[6] § 268 HGB Anm 75; Lorson in HdR[5] § 268 Anm 133). Etwas anderes gilt nur, wenn der immaterielle Anlagegegenstand **nachweislich** noch einen objektiven Wert verkörpert, der durch weitere Nutzung dem Unt dient oder durch eine Veräußerung realisiert werden kann.

Nach Abgang/Vollabschreibung (Anm 25–27) sind aus dem **Anlagegitter** so- 28 wohl die Bruttowerte der VG als auch der Betrag der Vollabschreibung zu entfernen.

IV. Sachanlagen

1. Zugänge

30 Zugang bedeutet die **mengenmäßige Ausweitung** (zB *ADS*[6] § 268 Anm 50) des Anlagevermögens, die bei angeschafften körperlichen VG (Sachen) im Zugangszeitpunkt (Anschaffungszeitpunkt s § 255 Anm 31) eintritt. Dies ist der Zeitpunkt, zu dem nach dem Willen der Vertragsparteien der Erwerber über den VG **wirtschaftlich verfügen** kann, auch wenn der zivilrechtliche Eigentumsübergang noch aussteht. Änderung wirtschaftlichen Eigentums und damit Zugang einer (gekauften) Sache tritt idR ein, wenn Eigenbesitz, Gefahr, Nutzen und Lasten auf den Erwerber übergehen (BFH 28.7.1977, BStBl II, 553 u seitdem ständige Rspr zB BFH 25.1.1996, BStBl II 1997, 382, 383). Dies entspricht dem Anschaffungszeitpunkt (s § 255 Anm 31).

31 Auch **Grundstücke** und **grundstücksgleiche Rechte** sind angeschafft, wenn der Erwerber *wirtschaftlich* über sie verfügen kann und der Eintragung keine Hindernisse mehr im Wege stehen. Letzteres beruht auf der beim Grundstückserwerb bestehenden rechtlichen Besonderheit, dass nicht schon mit dinglicher Einigung (Auflassung, Auflassungsvormerkung) und Besitzübergang, sondern erst mit der Grundbucheintragung das Eigentum übergeht. Der Zugang ist auch hier erfolgt, wenn der Erwerber das wirtschaftliche Eigentum (s Anm 30 u § 246 Anm 5 ff) erlangt hat.

32 Zugang verlangt ein **rechtswirksames Grundgeschäft** (Kaufvertrag), das die erlangte **Verfügungsgewalt** absichert. Sind sich die Verhandlungspartner über den Übergang eines Grundstücks zwar einig, ist aber ein Kaufvertrag noch nicht abgeschlossen, darf noch kein Grundstückszugang gezeigt werden. Das Gleiche gilt, wenn lediglich ein – sei es formnichtiger oder auch formgültiger – **Vorvertrag (Anwärtervertrag)** abgeschlossen worden ist (so BFH 5.5.1976, BStBl II, 541); zum Ausnahmefall eines jederzeit heilbaren Formmangels s BFH 29.11.1973, BStBl II 1974, 202 betr Gewinnrealisierung aus dem Verkauf schlüsselfertiger Reihenhäuser).

33 Zugang verlangt **tatsächliche Sachherrschaft** (Besitz-, Lasten- und Nutzungsübertragung). Eine vertraglich (schuldrechtlich) vereinbarte Rückbeziehung begründet idR keinen Zugang mit Rückwirkung; zu den Ausnahmen bei Anschaffungsvorgängen nach dem UmwG s Anm 39.

34 Anlage-VG mit **Anschaffungskosten** bis **zu** € 60 (geringwertige WG) dürfen kfm Übung entspr aus Vereinfachungsgründen (hM zB *WPH*[14] I, F Anm 91) ohne Aufnahme in das Anlagengitter (weder Zu- noch Abgang) sofort als Aufwand verrechnet werden. Vor dem Hintergrund der Anhebung der steuerlichen Wertgrenzen kann uE auch auf den Ausweis von VG mit AK bis zu € 150 im Anlagengitter grds verzichtet werden (glA *Ortmann-Babel/Bolik* BB 2008, 1221). Zur Behandlung der in den Zugang aufzunehmenden GWG s Anm 54.

35 Hergestellte Gebäude, Maschinen und Anlagen sind mit der **Fertigstellung** als Zugang zu zeigen (und zuvor als Anlagen im Bau). Sie sind fertiggestellt, sobald sie bestimmungsgemäß genutzt werden können (zum Zeitpunkt der Fertigstellung § 255 Anm 367).

36 Auch **Umgliederungen aus dem Umlauf- in das Anlagevermögen** können als **Zugang** verstanden werden (ebenso umgekehrt Umgliederungen aus dem Anlage- in das Umlaufvermögen als Abgang), wenn man der Auffassung ist, die Darstellung im Anlagengitter bezwecke allein die Entwicklung des dem Unt gewidmeten Anlagevermögens (formelle Bedeutung). Stellt man jedoch darauf ab, mit den Zu- und Abgängen solle eine Vorstellung von der Investitions- und Desinvestitionstätigkeit des Unt im Gj vermittelt werden (materielle Bedeutung), ist ein Ausweis solcher Widmungsänderungen unter den **Umbuchungen** vorzuziehen. Beide Methoden sind vertretbar (so *ADS*[6] § 268 Anm 51).

Bei Aufnahme in die Umbuchungsspalte ergibt sich ein erklärungsbedürftiger positiver oder negativer Saldo, der im Interesse der Bilanzklarheit durch einen entspr **Vermerk** „Davon Übertragung in das (aus dem) Umlaufvermögen" zu kennzeichnen ist. Entspr Erl im Anhang können geboten sein, wenn *wesentliche* Umgliederungen zwischen Anlage- und Umlaufvermögen als Zu- oder Abgang gezeigt werden. Bei Umgliederungen in das Anlagevermögen sind die AK/HK grds als Bruttowerte und die bisherigen Abschreibungen als solche im Anlagengitter zu zeigen. Nur in Ausnahmefällen kommt eine Umgliederung des Nettowerts in Betracht (Anm 10 ff).

Nachträgliche Anschaffungskosten (§ 255 Anm 65) sind im Entstehungsjahr als Zugang zu zeigen, auch wenn damit eine mengenmäßige Ausweitung des Anlagevermögens nicht verbunden ist. Ein Ausweis als (ergebniswirksame) Zuschreibung scheidet aus, weil nachträgliche AK die GuV zu keinem Zeitpunkt berühren (ebenso *Lorson* in HdR[5] § 268 Anm 78 ff; im Ergebnis auch *ADS*[6] § 268 Anm 53). Gleiches gilt für nachträglich anfallende Anschaffungs*neben*kosten.

Bei **nachträglichen Herstellungskosten**, wie zB bei Wiederherstellung, Erweiterung und wesentlicher Verbesserung (§ 255 Anm 375) liegen Ausweitungen des Anlagevermögens und damit Zugänge vor (ebenso *ADS*[6] § 268 Anm 54; *Matschke* in Rechnungslegung § 268 Anm 34). Wegen **Nachaktivierungen** iZm steuerrechtlichen Außenprüfungen s Anm 46.

Ein für VG des Sachanlagevermögens gebildeter **Festwert** (§ 240 Abs 3) wird **über mehrere Bilanzstichtage hinweg** in unveränderter Höhe fortgeführt. Damit entfallen Veränderungen in der horizontalen Entwicklung des Anlagevermögens, solange der Festwert beibehalten wird.

Da der Festwert im Rahmen der Inventur eine besondere Form der AK/HK darstellt, ist es auch gerechtfertigt, im Anlagengitter diesen Wert als Bruttoanschaffungswert anzusetzen (s *ADS*[6] § 268 Anm 78; aA *Richter* in HdJ II/1 Anm 309; *Lorson* in HdR[5] § 268 Anm 150; für Ansatz der ursprünglichen tatsächlichen AK und Erfassung der Abschläge als Abschreibung *Nordmeyer* in Beck HdR B 212 Anm 108). Solange der Festwert beibehalten wird, sind Aufwendungen zur Erhaltung und **Ergänzung** der im Festwert zusammengefassten VG Aufwand des jeweiligen Gj. Kommt es zur **Anpassung** des Festwerts anlässlich einer idR alle drei Jahre durchzuführenden Bestandsaufnahme (§ 240 Abs 3 S 3), sind **Erhöhungen** des Festwertansatzes **Zugang** dieses Gj, soweit die Erhöhung auf Gj-Zugängen beruht; im Übrigen handelt es sich um eine **Zuschreibung,** da in vergangenen Perioden verrechnete Aufwendungen aktiviert werden (*ADS*[6] § 268 Anm 78; *Lorson* in HdR[5] § 268 Anm 151). Aus Vereinfachungsgründen muss es jedoch auch zulässig sein, die Erhöhung des Festwertes voll als Zugang (und sonstiger betrieblicher Ertrag iSv § 275 Abs 2 Nr 4) zu behandeln (ebenso *Lorson* aaO und ohne Einschränkung *Nordmeyer* aaO Anm 110). Entspr gilt bei Verminderungen des Festwertansatzes. Die steuerrechtliche Fortschreibungsgrenze von 10% (BMF 8.3.1993, BStBl I, 276; EStR H 6.8) kann auch für die HB gelten.

Bei übertragenden Umw **(Verschmelzung, Spaltung)** nach UmwG wird abw von allgemeinen Grundsätzen (Erlangung tatsächlicher wirtschaftlicher Verfügungsbefugnis s Anm 22, 33) der Zugangszeitpunkt für Zwecke des JA durch den **Verschmelzungsstichtag** bestimmt. Dies beruht auf dem Zusammenwirken der Vorschriften §§ 5 Abs 1 Nr 6, 17 Abs 2 und 24 UmwG, wodurch letztlich aus Praktikabilitätsgründen ein nahtloser Anschluss an die Rechenschaftslegung des übertragenden Rechtsträgers ermöglicht werden soll. Nach § 5 Abs 1 Nr 6 UmwG ist im Verschmelzungsvertrag der *Zeitpunkt* festzulegen, *ab welchem*

Handlungen des übertragenden Rechtsträgers als für Rechnung des Übernehmenden vorgenommen gelten *(Verschmelzungsstichtag)*. Hiermit in unmittelbarem Zusammenhang steht die der Anmeldung der Verschmelzung zum HR durch den übertragenden Rechtsträger beizufügende **Schlussbilanz,** die auf einen höchstens 8 Monate zurückliegenden Zeitpunkt aufgestellt sein muss (§ 17 Abs 2 UmwG). Wird zB die Jahresbilanz zum 31.12.13 – 24.00 Uhr – als Schlussbilanz zugrunde gelegt, ist der Verschmelzungsstichtag der 1.1.14 – 0.00 Uhr – (s IDW RS HFA 42 Tz 11). Beim übernehmenden Rechtsträger wird der Zugang aus Verschmelzung als erster Geschäftsvorfall des neuen Jahrs eingebucht. Bei Buchwertfortführung nach § 24 UmwG (s § 255 Anm 44) werden die Schlussbilanz-Werte des übertragenden Rechtsträgers als AK beim übernehmenden Rechtsträger angesetzt, auch wenn die Eintragung der Verschmelzung im HR und damit der zivilrechtliche Vermögens- und Schuldenübergang erst zu einem späteren Zeitpunkt erfolgen. Die so ermittelten AK sind als Zugangswerte im Anlagegitter auszuweisen (s IDW RS HFA 42 Tz 64).

40 **Steuerrechtlich** gilt das Vermögen *mit Ablauf* des Stichtags der Bilanz, die dem Vermögensübergang zugrunde liegt, als übergegangen (steuerrechtlicher Übertragungsstichtag; § 2 Abs 1 UmwStG). Dies ist die zum HR einzureichende Schlussbilanz nach § 17 Abs 2 UmwG (s BMF vom 11.11.2011, BStBl I, 1314ff Tz. 2.03), so dass steuerrechtlich der Vermögensübergang im Beispiel in Anm 39 bereits am 31.12.13 – 24.00 – Uhr erfolgt.

2. Zuschreibungen

45 Zuschreibungen sind **Wertzuschreibungen** des im Mengengerüst unveränderten Anlagevermögens. Wegen der Behandlung im Anlagegitter s Anm 17ff. Da nach § 253 die AK/HK nicht überschritten werden dürfen, ist die Zuschreibung materiell auf die **Aufhebung früherer Abschreibungen** begrenzt. Zuschreibungen können sich aus dem **Wertaufholungsgebot** (§ 253 Abs 5 S 1) ergeben sowie zur **Anpassung der Handels- an die Steuerbilanz** als Folge einer steuerrechtlichen Bp (s hierzu IDW RS HFA 6 Tz 33ff) vorgenommen werden.

Ein den handelsrechtlichen Wertansatz übersteigender steuerrechtlicher Wert eines VG im Anschluss an eine Außenprüfung kann entweder auf einer Abschreibungskorrektur beruhen (materiell Zuschreibung); er kann seine Ursache aber auch darin haben, dass in früheren Jahren angefallene, in der HB bisher nicht aktivierte AK/HK **nachaktiviert** werden (materiell Zugang). Da es sich bei solchen Anpassungen jedoch nicht um einen Gj-Zugang handelt und im steuerrechtlichen Wertansatz zum Zuschreibungszeitpunkt fast immer bereits Abschreibungen verrechnet sind, ist es berechtigt, auch in diesen Fall den Nettowert nach zwischenzeitlicher Abschreibung als Zuschreibung zu zeigen (ebenso *ADS*[6] § 268 Anm 55; aA Zugang *Lorson* in HdR[5] § 268 Anm 81; *WPH*[14] I, F Anm 96).

46 Für einen Ausweis als Zuschreibung spricht auch, dass ein früheren Gj zu hoch ausgewiesener Aufwand korrigiert und ein Zuschreibungsertrag ausgewiesen wird. Eine Differenzierung danach, ob in der HB bisher eine teilweise oder noch keine Aktivierung eines VG stattgefunden hat (so *ADS*[6] § 268 Anm 55 aE), ist nicht berechtigt. Soweit es sich bei derartigen Nachaktivierungen nicht um die Korrektur von in Vj zu hoch vorgenommenen Abschreibungen, sondern um die nachträgliche Aktivierung von Aufwand (zB Erhaltungsaufwand) handelt, sind diese Zuschreibungen zu Beginn des nächsten Gj nicht mit den kumulierten Abschreibungen zu verrechnen (dazu Anm 19), sondern den AK/HK hinzuzurechnen (glA *ADS*[6] § 268 Anm 55).

Regelmäßig betreffen derartige Zuschreibungen ein früheres Gj, weil die HB erst später an die StB angepasst wird. In solchen Fällen sind zu Beginn des nächsten Gj die Bruttobeträge den AK/HK hinzuzurechnen und die auf die abgelaufenen Gj entfallenden Abschreibungen den kumulierten Abschreibungen am Ende des Gj hinzuzurechnen.

3. Umbuchungen

Umbuchungen sind weder Mengen- noch Wertänderungen; sie sind nur **Ausweisänderungen** (ebenso *ADS*[6] § 268 Anm 59). Sie ergeben sich regelmäßig vom Posten „Geleistete Anzahlungen und Anlagen im Bau" (§ 266 Abs 2 A II Nr 4) auf die entspr Einzelposten der (fertigen) Sachanlagen. Darüber hinaus sind sie innerhalb der Sachanlagen selten. Sofern auf den umgebuchten Anlage-VG bereits Abschreibungen verrechnet waren, sind Bruttowerte und bisherige Abschreibungen umzubuchen (*ADS*[6] § 268 aaO). Zum möglichen Ausweis von Umgliederungen unter den Umbuchungen s Anm 36. **50**

Bei mehrjähriger Herstellung sollten die im Jahr der Fertigstellung anfallenden HK direkt als Zugang bei den betr Posten gezeigt werden (so auch *ADS*[6] § 268 Anm 79). Es ist jedoch auch zulässig, diesen Zugang zunächst bei „Anlagen im Bau" zu zeigen und die gesamten HK im Jahr der Fertigstellung umzubuchen (*Lorson* in HdR[5] § 268 Anm 159).

4. Abgänge

Abgang ist das Gegenteil des Zugangs und bedeutet **mengenmäßige Verminderung** des Anlagevermögens (glA *ADS*[6] § 268 Anm 56), also Veräußerung, Ausbau oder Vernichtung (zB Brand, Zerstörung, Verschrottung). VG, die zwar noch körperlich vorhanden, für das Unt aber ohne Nutzen sind, sind als abgegangen zu behandeln. Im Anlagengitter sind die **Bruttowerte** des Anlagevermögens zu zeigen. **Wertlose Gegenstände,** die tatsächlich nicht mehr genutzt werden (auch nicht als Reserve-VG) oder alsbald veräußert werden sollen, sind nicht mehr dazu bestimmt, dauernd dem Geschäftsbetrieb zu dienen und deswegen als **Abgang** zu behandeln (*Lorson* in HdR[5] § 268 Anm 85). Ist die Zeitspanne zwischen dem Bilanzstichtag und der voraussichtlichen Veräußerung gering, dürfen sie vereinfachend solange noch im Anlagevermögen bleiben (§ 247 Anm 350ff). **51**

Nachträgliche Anschaffungskostenminderungen (s § 255 Anm 61) sind im Jahr ihrer Entstehung als Abgang und nicht als Abschreibung auszuweisen (s Anm 37 zu nachträglichen AK-Erhöhungen). **52**

Ein Wechsel der Vermögensart, dh eine **Umgliederung vom Anlage- in das Umlaufvermögen,** darf entweder als Abgang oder als Umbuchung gezeigt werden (Anm 36). **53**

Geringwertige Wirtschaftsgüter des Anlagevermögens iSv § 6 Abs 2 EStG mit AK bis zu € 410 dürfen im Zugangsjahr voll abgeschrieben werden. Abw davon können gem § 6 Abs 2a EStG GWG mit AK ab € 150 bis zu € 1000 in einen wirtschaftsjahrbezogenen Sammelposten aktiviert und linear über eine Nutzungsdauer von 5 Jahren abgeschrieben werden. Die Sofortabschreibung der GWG (bis € 410) ist eine dem GoB entspr **handelsrechtliche** Vereinfachungsregel (§ 253 Anm 275). Auch die Bildung eines Sammelpostens in der HB und die einheitliche Abschreibung über eine Nutzungsdauer von 5 Jahren ist grds zulässig, sofern die aktivierten GWG insgesamt von untergeordneter Bedeutung sind (IDW FN 2007, 506). **54**

Im Hinblick auf die gesetzlich vorgeschriebene Bruttomethode (Anm 10) wird für die GWG **im Jahr der vollständigen Abschreibung** grds auch der **Abgang**

unterstellt (Abgangsfiktion), um den Vereinfachungsregelungen der GWG gerecht zu werden (*ADS*[6] § 268 Anm 75, *Lorson* in HdR[5] § 268 Anm 141 ff, IDW FN 2007, 506).

Sofern jedoch die dem Unt dienenden GWG im Verhältnis zu den übrigen Anlagegegenständen wesentlich sind (zB bei Brauereien, Hotels), kann es aus sachlichen Gründen geboten sein, anstelle des buchmäßigen Sofortabgangs eine **andere,** den gegebenen Verhältnissen besser gerecht werdende **Abgangsfiktion** zu verwenden, zB einen Abgang jeweils im 5. Jahr zu unterstellen. In diesem Fall sind im Vortrag jeweils die AK/HK der letzten 4 Jahre zu zeigen und neben den Zugängen die Bruttowerte des ältesten Jahres als Abgang aus den kumulierten Abschreibungen darzustellen; es dürfen auch revolvierend die Zugänge der jeweils letzten fünf Gj in den Beständen zu AK und in gleicher Höhe in den kumulierten Abschreibungen belassen werden.

5. Abschreibungen

55   Als Abschreibungen sind die betrieblich bedingten Abschreibungen nach § 253 auszuweisen; vgl Anm 16. Soweit in den Vj nur steuerrechtlich zulässige Abschreibungen gem § 254 aF vorgenommen (und die niedrigeren Wertansätze der VG beibehalten) wurden, sind diese unter den kumulierten Abschreibungen fortzuführen.

V. Finanzanlagen

60   Die Verpflichtung zur Darstellung der Entwicklung des Anlagevermögens und die hierfür geltenden Grundsätze (Anm 10–55) beziehen sich auch auf die Finanzanlagen. Besondere Fragen ergeben sich hierbei hinsichtlich der in den Spalten Zugänge, Zuschreibungen, Abgänge sowie Abschreibungen darzustellenden Vorgänge.

1. Zugänge und Zuschreibungen

61   Als **Zugänge** sind grds nur Bestandserhöhungen bei den Finanzanlagen aufzuführen, welche auf einer Anschaffung (§ 255 Anm 141 ff) oder auf einer Umgliederung aus dem Umlaufvermögen beruhen. Im letztgenannten Fall ist eine erl-bedürftige Darstellung in der Umbuchungsspalte zulässig (Anm 36). Im Übrigen sind als Zugänge insb aufzuführen die AK der erworbenen Finanzanlagen sowie nachträgliche AK bei vorhandenen Finanzanlagen. **Nicht als Zugänge** zu erfassen sind **Gratisanteile** auf Grund einer Kapitalerhöhung aus Gesellschaftsmitteln, soweit diese nach den Bestimmungen der §§ 207 ff AktG bzw § 57c GmbHG durchgeführt wurde (§ 57o S 2 GmbHG; *ADS*[6] § 268 Anm 82). Aber auch Anteile, welche abw von diesen Bestimmungen (zB von einer ausländischen Ges) auf Grund einer Umwandlung von Gewinnvorträgen oder Jahresüberschüssen in Nennkapital ausgegeben wurden (zB als Stock-Dividenden), stellen keinen Zugang dar, weil hierfür keine AK aufgewendet wurden (aA BFH 5.4.1978, BStBl II, 414 sowie FinVerw – BMF 25.10.2004, BStBl I, 1034, Anm 23: Doppelmaßnahme). Zugänge sind jedoch Anteile, welche dem Gester nach dessen Wahl **an Stelle einer Dividende** zugeteilt wurden (so auch *Beater* in Münch-Komm HGB[2] § 268 Anm 14, BFH 14.2.2006, BStBl II, 520).

62   Bei Anteilen, welche im Rahmen einer **Kapitalerhöhung gegen Zuzahlung** gezeichnet werden, sind als Zugang der Ausgabebetrag und die AK hinzuerworbener Bezugsrechte auszuweisen. Auch der Wert der bei den vorhandenen Altanteilen abgehenden Bezugsrechte (Anm 65) kann als Zugang bei den neuen

Anteilen aufgefasst werden. Auf den Ausweis dieses Zugangs (und des entspr Abgangs bei den Altanteilen) kann verzichtet werden (so auch ADS^6 § 268 Anm 81).

Der dem Gester einer **PersGes** zustehende **Gewinnanteil** darf nach IDW RS **63** HFA 18 idR nicht unmittelbar als Beteiligungszugang behandelt werden. Ein Beteiligungszugang sei jedoch dann zu buchen,
– wenn die bilanzierte Gester-Forderung auf den Gewinnanteil wieder in das gesamthänderisch gebundene Ges-Vermögen eingelegt wird oder – bei vollhaftenden Gestern – als durch Zeitablauf eingelegt gilt (IDW RS HFA 18 Tz 18);
– oder wenn ein Gewinnanteil, über den der Gester noch kein individuelles Verfügungsrecht hatte, durch Beschlussfassung zur Einlageerhöhung verwendet wird (IDW RS HFA 18 Tz 24).

Zinslose oder **niedrig verzinsliche Ausleihungen** sind mit ihrem Barwert **64** als Zugang anzusetzen (§ 255 Anm 180, § 257; ADS^6 § 268 Anm 84; aA – Auszahlungsbetrag –: *Scheffler* in Beck HdR B 213 Anm 481 ff). Der Ausweis des Differenzbetrags zwischen Auszahlungsbetrag und Barwert erfolgt unter den sonstigen betrieblichen Aufwendungen, oder die Differenz ist eine mit der Darlehenshingabe verbundene Gegenleistung des Darlehensnehmers, die als bilanzierungsfähiger Vermögensgegenstand gesondert zu aktivieren und über die Nutzungsdauer – hier die Laufzeit des Darlehens – abzuschreiben ist. Eine solche Aktivierung ist aber nur zulässig, wenn sich der Vorteil als Gegenleistung der Zinslosigkeit oder der niedrigeren Verzinsung des Darlehens in einem konkret greifbaren und abgrenzbaren und damit bilanzierungsfähigen Vermögensgegenstand niederschlägt, der Gegenstand des Rechtsverkehrs sein kann. Erworbene bestehende Forderungen sind unabhängig von ihrem Nominalbetrag mit den AK unter den Zugängen zu zeigen (s § 255 Anm 255).

Erhöhungen des Barwerts (zB auf Grund einer Laufzeitverkürzung oder Verminderung des Marktzinsniveaus nach vorangegangener Abschreibung) sind in der **Zuschreibungsspalte** zu zeigen und in den sonstigen betrieblichen Erträgen zu erfassen. Bei **Zero-Bonds, die mit ihren AK als Zugang zu zeigen sind,** erfolgt die Darstellung der als realisiert geltenden Zinsen (§ 255 Anm 176) in der Zugangsspalte (IDW HFA 1/1986).

2. Abgänge

Bei den Abgängen sind **Bestandsminderungen** der Finanzanlagen aufzuführen, **65** welche nicht ausschließlich auf einer Wertminderung beruhen, dh Minderungen auf Grund einer **Übertragung** auf Dritte oder auf Grund rechtlichen Erlöschens (zB infolge **Tilgung** von Ausleihungen; Verrechnung – langfristiger – Vorauszahlungen mit den vereinbarten Jahresmieten, **Kapitalherabsetzungen** oder **Liquidation** eines BetUnt). Zu den Abgängen gehören auch Wertminderungen vorhandener Anteile, welche sich durch die **Verwertung von Bezugsrechten** iZm einer Kapitalerhöhung bei einer BeteiligungsGes ergeben (*WPH*[14] *I,* E Anm 543). Ein Abgang wird in der Praxis nicht angenommen, wenn das Bezugsrecht durch Erwerb junger Anteile selbst ausgeübt wird (Anm 62). Der als Abgang zu berücksichtigende Wert veräußerter Bezugsrechte ist anhand der sog **Gesamtwertmethode** zu berechnen (BFH 6.12.1968, BStBl II 1969, 105; 21.1.1999, BStBl II, 638; 22.5.2003, BStBl II 712; *Scheffler* in Beck HdR B 213 Anm 289; ADS^6 § 253 Anm 50; *WPH*[14] *I,* E Anm 543). Hiernach ist als Abgang derjenige Teil des Kurswerts des Bezugsrechts zu erfassen, welcher dem Verhältnis des Buchwerts der alten Anteile zu deren Kurswert vor Kapitalerhöhung entspricht. Der Kurswert des Bezugsrechts ist hierfür entweder entspr Börsennotierungen zu entnehmen oder bei deren Fehlen rechnerisch zu ermitteln.

3. Abschreibungen

66 Art, Umfang und Zeitpunkt von Abschreibungen auf Finanzanlagen bestimmen sich nach § 253 Abs 3. Auch Verluste einer PersGes rechtfertigen beim Gester eine Abschreibung nur nach Maßgabe dieser Bestimmungen (IDW RS HFA 18 Tz 31).

C. Nicht durch Eigenkapital gedeckter Fehlbetrag (Abs 3)

I. Allgemeines

75 Der nach Abs 3 von KapGes aller Größenklassen ggf gesondert auszuweisende Aktivposten „**Nicht durch Eigenkapital gedeckter Fehlbetrag**" stellt einen rechnerischen Gegenposten zum bilanziellen EK dar. Denn nach der Grundkonzeption des § 266 Abs 3 sind sämtliche Posten des EK auf der Passivseite als „A. Eigenkapital" in entspr Untergliederung vollständig auszuweisen (§ 266 Anm 170 ff, *ADS*[6] § 268 Anm 95). Daher bleiben das gezeichnete Kapital und andere EK-Posten wie Kapitalrücklage, Gewinnrücklagen, Gewinnvortrag/Verlustvortrag und Jahresüberschuss/Jahresfehlbetrag auch dann bestehen und sind gesondert auszuweisen, wenn durch Kürzung eines Verlustvortrags und/oder Jahresfehlbetrags bzw eines Bilanzverlusts (hierzu Anm 4) das EK „aufgebraucht" wird (ebenso *ADS*[6] § 268 Anm 86, 95). Übersteigt ein Jahresfehlbetrag, ein Verlustvortrag oder ein Bilanzverlust die Summe der übrigen EK-Posten, tritt an die Stelle eines Minuspostens bei der EK-Gliederung der Aktivposten „Nicht durch Eigenkapital gedeckter Fehlbetrag". Damit soll der Ausweis eines Negativpostens auf der Passivseite – unter „Eigenkapital" – vermieden werden. Der Fehlbetrag ist nach Abs 3 „am Schluss der Bilanz", also als letzter Posten der Aktivseite auszuweisen.

Bei **PersGes iSd § 264a** ergibt sich für den Fall, dass für die phG und Kommanditisten keine Zahlungsverpflichtung besteht, gem § 264c Abs 2 S 5 und 6 (s § 264c Anm 43, 52; IDW RS HFA 7 Tz 50) ein entspr Posten „Nicht durch Vermögenseinlagen gedeckter Verlustanteil der phG/der Kommanditisten". Der Ausweis dieses Sonderpostens erfolgt analog Abs 3. Zu den weiteren Spezialvorschriften für KapCoGes s § 264c Anm 15 ff

76 Der Fehlbetrag nach Abs 3 drückt eine **buchmäßige Überschuldung** des Unt aus. Inwieweit dann auch eine Überschuldung iSd § 19 InsO besteht, bedarf jeweils besonderer Untersuchungen und anderer Wertansätze. Durch Beschluss des BT vom 9.11.2012 zur Entfristung des Überschuldungsbegriffs wird im Falle einer positiven Fortbestehensprognose auch nach dem 31.12.2013 eine Überschuldung ausgeschlossen. Zur Ermittlung der Überschuldung iSd Insolvenzrechts s *Förschle/Hoffmann* in Sonderbilanzen[4], P Anm 70 ff und *WPH*[14] I, V Anm 33 ff mwN.

77 Eine gesetzliche Verpflichtung zur **Erläuterung des Fehlbetrags im Anhang** besteht zwar nicht; sie ist jedoch vor dem Hintergrund der allgemeinen Grundsätze und der Existenzgefährdung, insb zur Abgrenzung zwischen buchmäßiger und insolvenzrechtlicher Überschuldung (so auch *Knop/Zander* in HdR[5] § 268 Anm 195; *ADS*[6] § 268 Anm 89) angebracht. S *OLG Frankfurt* (NZG 2004, 1157 ff) zu den subjektiven Voraussetzungen der Pflichtverletzung des Vorstands aus § 92 II, III AktG aF.

78 Abs 3 gilt sinngemäß für publizitätspflichtige PersGes und für die KGaA (dazu § 272 Anm 331).

II. Beispiele

Beispiel Nr 1: 80
Die EK-Posten umfassen bei einer GmbH nur das Stammkapital mit Euro 500 000 und einen Jahresfehlbetrag des letzten Geschäftsjahrs von Euro 600 000. Ausweis in der Bilanz:

		Euro
Aktivseite (letzter Aktivposten)		
Nicht durch Eigenkapital gedeckter Fehlbetrag		100 000

	Euro	Euro
Passivseite		
A. Eigenkapital:		
I. Gezeichnetes Kapital		500 000
II. Jahresfehlbetrag	600 000	
davon nicht gedeckt	100 000	./. 500 000
Buchmäßiges Eigenkapital		–,–

Beispiel Nr 2: 81
Wie Beispiel 1, es bestehen jedoch nicht aufgelöste satzungsmäßige Rücklagen in Höhe von 50 000 Euro.

Ausweis in der Bilanz:

	Euro
Aktivseite (letzter Aktivposten)	
Nicht durch Eigenkapital gedeckter Fehlbetrag	50 000

	Euro	Euro
Passivseite		
A. Eigenkapital:		
I. Gezeichnetes Kapital		500 000
II. Gewinnrücklagen		
Satzungsmäßige Rücklagen		50 000
III. Jahresfehlbetrag	600 000	
davon nicht gedeckt	50 000	./. 550 000
Buchmäßiges Eigenkapital		–,–

Die Beispiele und Abs 3 setzen voraus, dass ein Teilbetrag des Jahresfehlbetrags die Summe der EK-Posten übersteigt.

§ 272 Abs 1 S 3 schreibt die zwingende Anwendung der Nettomethode vor. 82 Folglich ist die Höhe des auf der Aktivseite auszuweisenden Postens „Nicht durch Eigenkapital gedeckter Fehlbetrag" durch **nicht eingeforderte Einlagen** auf das gezeichnete Kapital nicht mehr beeinflussbar. Die durch das BilMoG eingeführte Verrechnungspflicht führt zu einer einheitlichen bilanziellen Darstellung zwischen den Unt und damit einer Verbesserung der Klarheit beim Ausweis. Bestehen in den Beispielen Nr 1 und 2 zusätzlich nicht eingeforderte Einlagen mit zB 100 000 Euro, die vom gezeichneten Kapital gekürzt werden, erhöht sich der aktivisch anzusetzende Fehlbetrag um jeweils 100 000 Euro, weil das bilanzielle EK dann um diesen Betrag vermindert ausgewiesen wird.

Bei Absetzung der nicht eingeforderten Einlagen vom gezeichneten Kapital ist die Bruttodarstellung aller EK-Posten auf der Passivseite der Bilanz (Anm 75, 80 f) zwingend.

Die Höhe des Fehlbetrags wird durch Bestände von **Anteilen an einem** 83 **herrschenden Unt** oder mit **Mehrheit beteiligten Unt** *nicht* berührt, da deren jeweilige Bilanzwerte stets durch eine entspr Rücklage für derartige Anteile (§ 272 Abs 4, dort Anm 300 ff) voll kompensiert sein müssen. Bei Beständen an **eigenen Anteilen** und der Verbuchung entspr Erwerbs- bzw Veräußerungsvorgänge ergibt sich eine Beeinflussung der Höhe des Fehlbetrags, da die Abbildung eigener Anteile (§ 272 Abs 1a u 1b) den Bruttoausweis des EK verändert.

Wird *durch Verluste* der Kapitalanteil eines phG von **KGaA** negativ, lautet der 84 Fehlbetrag hierfür „Nicht durch Vermögenseinlagen gedeckter Verlustanteil persönlich haftender Gesellschafter", § 286 Abs 2 S 3 Hs 2 AktG, *ADS*[6] § 266 Anm 177.

Entfallen die Verlustanteile auf **mehrere** phG von KGaA, dürfen mehrere Posten dieser Art zusammengefasst werden. Bei positiven und negativen Kapitalkonten mehrerer phG ist eine Saldierung *nicht* zulässig (§ 272 Anm 331). Der Sonderposten setzt voraus, dass **keine Einzahlungsverpflichtung** des phG von KGaA besteht. Ein Anspruch auf Einzahlung ist unter den Forderungen oder vor den sonstigen VG zu erfassen (§ 272 Anm 331, ebenso ADS⁶ § 266 Anm 171).

D. Vermerk und Angaben zu Forderungen (Abs 4)

I. Vermerk der Restlaufzeit bei Forderungen (S 1)

90 Abs 4 S 1 regelt für KapGes/KapCoGes und dem PublG unterliegende Unt die **Vermerkpflicht** von Forderungen mit einer Restlaufzeit von mehr als einem Jahr. Durch diesen Bilanzvermerk soll der Einblick in die Liquiditäts- und Finanzlage verbessert werden. Dem Anlagevermögen zuzuordnende Forderungen fallen dagegen nicht unter die Vermerkpflicht (*ADS*⁶ § 268 Anm 96).

91 Bei den Forderungen ist der Betrag mit einer Restlaufzeit von mehr als einem Jahr zu vermerken („davon mit einer Restlaufzeit von mehr als einem Jahr: „Euro"). Die Vermerkpflicht gilt für folgende **Unterposten:** Forderungen aus Lfg und Leistungen, Forderungen gegen verbundene Unt und Forderungen gegen Unt, mit denen ein Beteiligungsverhältnis besteht, sowie sonstige VG, soweit dieser Posten sonstige Forderungen umfasst. Der Vermerk ist auch bei den in anderen Vorschriften des HGB, AktG oder des GmbHG geregelten Sonderposten vorzunehmen (ebenso § 266 Anm 123). Bei Ausübung des Wahlrechts nach § 265 Abs 7 Nr 2 (Aufgliederung der Hauptposten nur im Anhang), sind auch die in der Bilanz zusammengefassten Posten gesondert im Anhang auszuweisen (s *ADS*⁶ § 268 Anm 103).

Werden bei **kleinen KapGes/KapCoGes** nach § 266 Abs 1 S 3 „Forderungen und sonstige Vermögensgegenstände" (§ 266 Abs 2 B II) ohne Unterteilung ausgewiesen, ist nur der Gesamtbetrag aller Forderungen mit Restlaufzeiten über einem Jahr zu vermerken (glA *ADS*⁶ § 268 Anm 100). Bei KleinstKapGes/ KapCoGes entfällt der gesonderte Ausweis nach § 268 Abs 4, da Forderungen nicht separat ausgewiesen werden, sondern lediglich der Posten „Umlaufvermögen" (glA *Theile* BBK 2013, 114).

92 Die Restlaufzeit bestimmt sich aus dem Zeitraum zwischen dem Bilanzstichtag und dem erwarteten Eingang der Forderung. Diese Schätzung ist immer dann maßgeblich, wenn zB wegen Zahlungsschwierigkeiten des Schuldners nicht mit einem Zahlungseingang zum vertraglich vereinbarten Termin zu rechnen ist (ebenso *ADS*⁶ § 268 Anm 101; *WPH*¹⁴ I, F Anm 283 mit dem Hinweis auf die Maßgeblichkeit des tatsächlich erwarteten Eingangs der Forderung). Die Restlaufzeiten sind an jedem Bilanzstichtag neu zu beurteilen (*ADS*⁶ § 268 Anm 101). Bei **Ratenzahlungen** umfasst der Vermerk nur den Teil der Raten (Tilgungsanteil), die nach 12 Monaten geleistet werden (*ADS*⁶ § 268 Anm 101). Der Vermerk richtet sich nach dem anteiligen **Bilanzwert** der entspr Einzelforderung, nicht nach den Nennwerten. Einzel- oder Pauschalabwertungen sind somit auch bei diesem Vermerk (ggf anteilig) zu kürzen (*ADS*⁶ § 268 Anm 102).

II. Angaben zu antizipativen Forderungen (S 2)

93 Nach § 268 Abs 4 S 2 sind die unter dem Posten **„sonstige Vermögensgegenstände"** ausgewiesenen größeren Beträge, die erst nach dem Abschlussstich-

tag *rechtlich entstehen*, im Anhang von mittelgroßen und großen KapGes/KapCoGes (vgl § 274a Anm 3) zu erläutern.

IdR handelt es sich bei antizipativen Posten um am Abschlussstichtag entstandene, noch nicht fällige Forderungen, die aber von der Erl-Pflicht *nicht betroffen* sind. Hierzu gehören zB bis zum Bilanzstichtag entstandene Zinserträge, Ansprüche aus Miet- oder Pachtverträgen auf anteiligen Miet- oder Pachtzins, anteilige Ansprüche aus Versorgungsverträgen (Strom, Gas, Wasser, Fernwärme); für Einbeziehung auch solcher antizipativer Forderungen ADS^6 § 268 Anm 106. UE kann dahinstehen, ob es sich um ein Dauerschuldverhältnis oder einen Sukzessivlieferungsvertrag handelt; in jedem Fall ist in Höhe der bis zum Bilanzstichtag erbrachten **Versorgungsleistung** auch eine Forderung rechtlich entstanden, deren Fälligkeit bis zum Ablesetermin der Messgeräte hinausgeschoben ist.

Antizipative Forderungen, die zum Abschlussstichtag rechtlich noch nicht entstanden sind und daher bei größerem Umfang im Anhang erläutert werden müssen, sind selten. Sie sind auch nur dann erlpflichtig, wenn sie zutreffend als sonstige VG ausgewiesen werden (und nicht zB als Forderungen gegen verbundene Unt; so zB ADS^6 § 268 Anm 105). Hierunter fallen **Steuererstattungsansprüche**, die bei bestimmten Steuerarten (KSt, GewSt) erst mit Ablauf des Kj entstehen, obwohl die Bemessungsgrundlage schon bei Ablauf eines davor endenden abw Wj verwirklicht ist. Die Höhe des Anspruchs steht hier außerdem erst nach Abgabe der Steuererklärung fest. Entspr gilt für Vorsteueransprüche, für die noch keine Rechnungen vorliegen (BFH 12.5.1993 BStBl II, 786) und Investitionszulagen. Vermerkpflichtig sind auch zu erwartende **Umsatzprämien ohne Rechtsanspruch** („faktische Forderungen"). Ferner fallen hierunter (ggf mit Vermerk der Mitzugehörigkeit) als sonstige VG aktivierte **Dividendenansprüche**, für die der Ausschüttungsbeschluss am Bilanzstichtag noch aussteht. Derartige Ansprüche werden allerdings idR unter den Forderungen gegen verbundene Unt ausgewiesen.

E. Vorschriften zu Verbindlichkeiten (Abs 5)

I. Vermerk der Beträge mit einer Restlaufzeit bis zu einem Jahr (S 1)

Nach Abs 5 S 1 ist der Betrag der Verbindlichkeiten mit einer **Restlaufzeit bis zu einem Jahr** bei jedem gesondert ausgewiesenen Posten zu vermerken. Die Vorschrift dient der Vermittlung eines Bildes der Finanz-(Liquiditäts-)Lage der KapGes/KapCoGes (§ 264 Abs 2 S 1). Eine entspr Vorschrift besteht für Forderungen mit einer Restlaufzeit von mehr als einem Jahr, s Anm 90 ff. Erhaltene Anzahlungen fallen nicht unter die Angabepflicht, da diese nicht zu Auszahlungen führen. Fassen kleine KapGes/KapCoGes und KleinstKapGes iSd § 267a die Verbindlichkeiten zu einem Sammelposten zusammen (§ 266 Abs 1 S 3), bezieht sich die Angabepflicht auf diesen Sammelposten.

Der Restlaufzeitvermerk in der Bilanz wird ergänzt durch die Angabe des Gesamtbetrags der Verbindlichkeiten mit einer **Restlaufzeit von mehr als fünf Jahren** im Anhang gem § 285 Nr 1a (dazu § 285 Anm 5 f). Mittelgroße und große KapGes/KapCoGes müssen diesen Gesamtbetrag zudem für jeden davon betroffenen Posten der Verbindlichkeiten nach dem vorgeschriebenen Gliederungsschema im Anhang aufgliedern (§ 285 Nr 2, § 288 S 1; dazu § 285 Anm 16 f).

Für die Beurteilung der Liquiditätslage des Unt ist entscheidend, wann die aufgenommenen Mittel endgültig zurückgezahlt werden müssen. Das gilt auch für sog. **Roll-over-Kredite.** Unerheblich dafür ist, über welchen Zeitraum der Kreditnehmer jeweils einen Kredit in Anspruch nehmen will. Daher kommt es für die Bestimmung der Restlaufzeit der am Bilanzstichtag beanspruchten Kreditmittel auf die Gesamtlaufzeit des Roll-over-Kredits an. Entspr gilt für **Revolving Underwriting Facilities (RUF's)** und **Note-Issuance Facilities (NIF's),** die beide eine Mittelbeschaffung innerhalb eines Kreditrahmens über die revolvierende (sich wiederholende) Platzierung von Euronotes ermöglichen. Voraussetzung für die Anerkennung eines späteren Fälligkeitstermins als den Fälligkeitstermin der aktuellen Mittelaufnahme ist aber generell, dass es zur anschließenden Mittelaufnahme keiner weiteren Vereinbarung (zB Prolongation) mehr bedarf. Für Kreditinstitute und VersicherungsUnt (§§ 340a, 341a) ist Abs 5 S 1 *nicht* anwendbar.

104 Der Vermerk der Restlaufzeiten bis zu einem Jahr gem Abs 5 S 1 und die Angabe der Restlaufzeiten von mehr als fünf Jahren gemäß § 285 Nr 2 können alternativ auch tabellarisch in einem **Verbindlichkeitenspiegel** zusammengefasst werden, der regelmäßig im Anhang gezeigt wird (dazu § 285 Anm 18). Wenn bei einem Unterposten der Verbindlichkeiten (zB Verbindlichkeiten aus Lfg und Leistungen, Wechselverbindlichkeiten, sonstige Verbindlichkeiten) der jeweilige gesamte Bilanzbetrag *innerhalb eines Jahres* fällig wird, genügt ein Vorspalten-Vermerk etwa folgenden Inhalts: „sämtlich bis Ende 20.. fällig" oder „alle bis Ende Juni 20.. fällig".

105 Auf die Erl zum Restlaufzeitvermerk bei den Forderungen – dort aber nur für Einzelposten mit (Teil-)Fälligkeiten *über einem Jahr* (Anm 91) – in Anm 92 und die Ausführungen in § 285 Anm 6 zu einzelnen Ermittlungsfragen wird verwiesen.

II. Gesonderter Ausweis der erhaltenen Anzahlungen auf Bestellungen (S 2)

106 Für erhaltene Anzahlungen besteht das Wahlrecht, sie gesondert unter den Verbindlichkeiten auszuweisen oder offen von den Vorräten abzusetzen (§ 266 Anm 225). KleinstKapGEs/KleinstKapCoGes und kleine KapGes/KapCoGes dürfen erhaltene Anzahlungen mit den übrigen Posten iSv § 266 Abs 3 C 1 bis 8 zusammenfassen (§ 266 Abs 1 S 3). Sofern sie die erhaltenen Anzahlungen von den Vorräten absetzen, muss dies stets „offen" geschehen (*ADS*[6] § 268 Anm 115). S 2 ist *nicht* auf Kreditinstitute und VersicherungsUnt anwendbar.

III. Erläuterung rechtlich noch nicht entstandener Verbindlichkeiten (S 3)

107 Nach Abs 5 S 3 sind innerhalb der Bilanzgruppe „Verbindlichkeiten" ausgewiesene Beträge für erst nach dem Abschlussstichtag rechtlich entstehende Verbindlichkeiten im Anhang zu erläutern, sofern sie einen größeren Umfang haben. Laut *Begr RegE* (BT-Drs 10/317, 79) sind damit die antizipativen passiven RAP gemeint. Für solche Posten enthält die 4. EG-Richtl in Art 21 das Mitgliedstaatenwahlrecht, den Ausweis von „Aufwendungen vor dem Abschlussstichtag, welche erst nach diesem Tag zu Ausgaben führen", als passive RAP oder unter den Verbindlichkeiten mit Erl im Anhang vorzusehen.

108 Antizipative passive RAP iSv Art 21 der 4. EG-Richtl sind regelmäßig rechtlich entstandene Schulden, die nur noch nicht fällig sind. Antizipative passive RAP fallen also regelmäßig nicht unter die Erläuterungspflicht nach Abs 5 S 3 (*Hüttemann* in HdJ Abt III/8 Anm 214; *ADS*[6] § 268 Anm 118). In Frage kommt

etwa eine nicht auf Vertrag beruhende Verlustübernahme, wenn ein faktischer Übernahmezwang gegeben ist (zu nur faktischen Verbindlichkeiten s § 247 Anm 204) und der Betrag des zu übernehmenden Verlustes feststeht.
Zur Abgrenzung zu den Patronatserklärungen vgl IDW RH 1.013.

F. Ausweis oder Angabe des Unterschiedsbetrags (Abs 6)

I. Allgemeines

Nach Abs 6 ist ein in den aktiven RAP aufgenommenes **Disagio** gem § 250 Abs 3 in der Bilanz gesondert auszuweisen oder im Anhang anzugeben. Die Vorschrift gilt auch für eG (§ 336 Abs 2) und für dem PublG unterliegende Unt (§ 5 Abs 1 PublG). Bei Kreditinstituten und VersicherungsUnt gelten gleichartige, ausführlich formulierte Regelungen (§ 340e Abs 2, § 341c Abs 2). Kleine KapGes/KapCoGes sind in § 274a Nr 4 von dieser Vorschrift befreit; analog gilt dies auch für KleinstKapGes/KleinsKapCoGes gem § 267a Abs 2.

II. Gesonderter Ausweis in der Bilanz

Als Postenbezeichnung kommen „Disagio", „Damnum" oder „Unterschiedsbetrag nach § 250 Abs 3 HGB" in Betracht (ebenso *ADS*[5] § 268 Anm 122 und *Hayn* in HdR[5] § 268 Anm 220). Der gesonderte Ausweis darf durch einen Davon-Vermerk zu den aktiven RAP oder durch deren Aufgliederung (auch in der Vorspalte) erfolgen (so zB auch *ADS*[6] § 268 Anm 121; *WPH*[14] I, F Anm 302; *Hayn* in HdR[5] § 268 Anm 220).

Wählt ein Unt den gesonderten Ausweis in der Bilanz, sind Angaben im **Anhang** über die Ausübung des Ansatzwahlrechts im Erstjahr nicht erforderlich (§ 284 Anm 89). Werden in einem der Folgejahre bei wesentlichen Beträgen freiwillige außerplanmäßige Abschreibungen vorgenommen (§ 250 Anm 50), sind hierüber im Anhang Angaben zu machen, da es sich um eine Änderung der Bilanzierungsmethode handelt.

Werden Unterschiedsbeträge für **mehrere Verbindlichkeiten** aktiv abgegrenzt, dürfen sie in der Bilanz zusammengefasst gesondert ausgewiesen werden (hM, vgl *ADS*[6] § 268 Anm 123). Für dem PublG unterliegende Unt ist der gesonderte Ausweis des Disagios in der Bilanz nicht zwingend, soweit ein Anhang aufgestellt werden muss. Wird jedoch ein Anhang nicht aufgestellt, ist der gesonderte Ausweis des Unterschiedsbetrags für dem PublG unterliegende Unt obligatorisch (folgt aus § 5 Abs 2 PublG iVm § 284 Abs 1).

III. Nur Angabe im Anhang

Wird für aktive Disagiobeträge die Angabe im **Anhang** gewählt, ist dort die Höhe des abgegrenzten Unterschiedsbetrags mit Hinweis auf § 250 Abs 3 anzugeben (§ 284 Anm 89) und in den Folgejahren zu wiederholen. Weiterhin ist im Erstjahr der Abgrenzung auf die Ausübung des Ansatzwahlrechts hinzuweisen, wenn es sich hierbei um eine Änderung der Bilanzierungsmethode handelt (hierzu § 246 Anm 85f und § 284 Anm 143ff). Die Angaben sind auch vorzunehmen, wenn im Erstjahr nur ein Teilbetrag des Unterschiedsbetrags aktiviert wird. Ferner ist über außerplanmäßige Abschreibungen in den Folgejahren zu berichten (Anm 111).

G. Ausweis oder Angabe von Haftungsverhältnissen (Abs 7)

Schrifttum: S § 251.

I. Allgemeines

120 Abs 7 verlangt bei KapGes/KapCoGes, dass die in § 251 bezeichneten Haftungsverhältnisse unter der Bilanz oder im Anhang unter Angabe der gewährten Pfandrechte und sonstigen Sicherheiten jeweils gesondert anzugeben sind. Auch von dem **PublG** unterliegenden **Unt** (§ 3 Abs 1 PublG) ist die Vorschrift sinngemäß anzuwenden (§ 5 Abs 1 S 2 PublG). Für dem PublG unterliegende EKfl und reine PersGes gilt das Wahlrecht für den JA, die Haftungsverhältnisse auch im Anhang angeben zu können, nicht, da sie gem § 5 Abs 2 S 1 PublG keinen Anhang zum JA aufzustellen haben; sie müssen die Haftungsverhältnisse nach § 251 daher unter der Bilanz vermerken. Für die übrigen dem Publ unterliegenden Unt gilt Abs 7 uneingeschränkt sowie für Kreditinstitute (§ 340a) und VersicherungsUnt (§ 341a).

Die Vorschrift wird ergänzt um die Pflicht, die Gründe der Einschätzung des Risikos der Inanspruchnahme aus diesen Haftungsverhältnissen im Anhang anzugeben (§ 285 Nr 27; s dort Anm 456 f).

II. Angabe unter der Bilanz oder im Anhang

121 Es besteht ein Ausweiswahlrecht; dabei ist Stetigkeit zu wahren (Anm 124). Bzgl des Vermerks unter der Bilanz s § 251 Anm 7 und im Anhang s § 284 Anm 56.

III. Gesonderter Ausweis

123 Abs 7 verlangt die Angabe der vier Haftungsverhältnisse des § 251 „jeweils gesondert". Für jede der folgenden Gruppen der Haftungsverhältnisse ist der Betrag einzeln anzugeben. Es ist hierbei die Reihenfolge des Gesetzes einzuhalten (glA *G. Fey*, 205):
– Verbindlichkeiten aus der Begebung und Übertragung von Wechseln,
– Verbindlichkeiten aus Bürgschaften, Wechsel- und Scheckbürgschaften,
– Verbindlichkeiten aus Gewährleistungsverträgen,
– Haftungsverhältnisse aus der Bestellung von Sicherheiten für fremde Verbindlichkeiten.

Nach dem Wortlaut des HGB gilt die Pflicht zur gesonderten Angabe der einzelnen Haftungsverhältnisse auch für **kleine Kapitalgesellschaften/KapCoGes sowie für KleinstKapGes/KleinstKapCoGes.** Im Hinblick darauf, dass kleine KapGes/KapCoGes ihre Verbindlichkeiten nicht nach Maßgabe des § 266 Abs 3 C 1 bis 8 aufgliedern müssen (§ 266 Abs 1 S 3), wird man von ihnen eine Anwendung des Abs 7 nicht fordern können (*ADS*[6] § 268 Anm 125; *Dyck/Prokein* in HdR[5] § 268 Anm 250; aA *Wiehn* in: Beck HdR B 250 Amm 26). KleinstKapGes/KleinstKapCoGes müssen ebenfalls ihre Verbindlichkeiten nicht nach Maßgabe des § 266 Abs 3 C 1 bis C 8 aufgliedern (§ 266 Abs 1 S 4 HGB). KleinstKapGes/KleinstKapCoGes (§ 267a Abs 1) können zudem auf die Aufstellung eines Anhangs verzichten, sofern die Angaben zu den Haftungsverhältnissen unter der Bilanz vorgenommen werden (§ 264 Abs 1 S 5 Nr 1 HGB).

Die allgemeinen Grundsätze des § 265 für die Gliederung der Bilanz sind grds 124
auch auf den Vermerk (die Darstellung) der Haftungsverhältnisse der Kap-
Ges/KapCoGes anzuwenden, unabhängig davon, ob die Angaben unter der Bilanz oder im Anhang gemacht werden.

Für die Haftungsverhältnisse kommen insb **folgende Vorschriften** in Frage:
- **Formelle Stetigkeit** (§ 265 Abs 1 Anm 2),
- Vermerk einer evtl **Mitzugehörigkeit** zu einem anderen Haftungsverhältnis
 (zB ein Haftungsverhältnis aus der Bestellung von Sicherheiten für fremde
 Verbindlichkeiten ist zusätzlich durch eine Bürgschaft gesichert; § 265 Abs 3
 S 1 Anm 7 f),
- **Weitere Untergliederung** der Haftungsverhältnisse (§ 265 Abs 5 S 1 Anm 14),
- **Hinzufügung neuer Posten,** wenn ihr Inhalt nicht von einem vorgeschrie-
 benen Posten gedeckt wird (§ 265 Abs 5 S 2 Anm 15),
- **Anpassung der Bezeichnung** der Posten der Haftungsverhältnisse an die
 Besonderheiten der KapGes/KapCoGes (§ 265 Abs 6 Anm 16),
- **Zusammenfassung von Haftungsverhältnissen,** wenn sie einen Betrag
 enthalten, der für die Vermittlung eines den tatsächlichen Verhältnissen entspr
 Bilds nicht erheblich ist (§ 265 Abs 7 Nr 1 Anm 17),
- Weglassen von **Leerposten** (§ 265 Abs 8 Anm 18).

Werden die Haftungsverhältnisse unter der Bilanz vermerkt, sind nach § 265
Abs 2 die entspr VjZahlen anzugeben. Obwohl VjZahlen im Anhang nicht angegeben zu werden brauchen (§ 284 Anm 21), ist dies beim Vermerk der Haftungsverhältnisse zu fordern (IDW RS HFA 39 Tz 1; aA *Marx/Dallmann* in: Bilanzrecht § 268 106; für zweckmäßig haltend *ADS*[6] § 268 Anm 128), um die
Veränderungen des Haftungsvolumens, das die Vorstufe zur Passivierung darstellt,
zu zeigen, unabhängig von dem Ort der Darstellung (Bilanzvermerk oder Anhang).

Nach § 285 Nr 9c (dort Anm 215) müssen KapGes/KapCoGes Haftungsver- 125
hältnisse angeben, die diese zugunsten der Mitglieder des Geschäftsführungsorgans, eines AR, eines Beirats oder einer ähnlichen Einrichtung eingegangen sind.
Diese Angaben sind im Anhang zu machen, obgleich sie bereits im Vermerk
nach Abs 7 enthalten sind. Die **Doppelangabe** der in Betracht kommenden
Haftungsverhältnisse ist zwingend, da eine Kürzung der Beträge gemäß Abs 7
nicht zulässig ist und § 285 Nr 9c die Berichterstattung ausdrücklich fordert. Die
Berichterstattungspflicht kann dadurch erfüllt werden, dass
a) bei den entspr Posten der Haftungsverhältnisse durch einen **Davon-Vermerk**
 auf die Haftung zugunsten von Mitgliedern dieser Organe hingewiesen wird
 oder
b) ein Zusatz „ohne die bei den Organbezügen gesondert genannten Haftungsverhältnisse" hinzugefügt wird.

IV. Angabe der gewährten Pfandrechte und sonstigen Sicherheiten

Abs 7 schreibt vor, dass die Haftungsverhältnisse unter Angabe der gewährten 126
Pfandrechte und sonstigen Sicherheiten anzugeben sind. Bezugsgröße für die
Angabepflicht sind zwar alle Haftungsverhältnisse des § 251. In Frage kommen
praktisch jedoch nur die Haftungsverhältnisse aus der Bestellung von **Sicherheiten für fremde Verbindlichkeiten** (§ 251 Anm 45). Die anderen angabepflichtigen Haftungsverhältnisse können keine Gewährung von Pfandrechten und
sonstigen Sicherheiten enthalten, wohl aber im Falle von doppelten Haftungsverhältnissen, die dann entspr mit einem „Davon-Vermerk" anzugeben sind
(Anm 125).

Die Art der Angabe besteht in einem betragsmäßigen Vermerk des einzelnen Pfandrechts oder der einzelnen Sicherheit bei den Haftungsverhältnissen aus der Bestellung von Sicherheiten für fremde Verbindlichkeiten (*ADS*[6] § 268 Anm 126). Eine Aufteilung des Betrags der anzugebenden Haftungsverhältnisse nach den einzelnen Sicherheiten ist vom HGB nicht gefordert, aber als weitergehende Untergliederung zulässig. Ist kein Pfandrecht oder keine sonstige Sicherheit gewährt worden, ist ein Negativvermerk nicht erforderlich.

Folgende Sicherheiten kommen für die Angabepflicht in Frage:
- **Grundpfandrechte** (Hypotheken, Grund- und Rentenschulden, Schiffshypotheken, Reallasten),
- **Pfandrechte an beweglichen Sachen,**
- **Pfandrechte an Rechten** (Forderungen, Ausleihungen, Wertpapieren, GesterRechten, Urheber- und Patentrechten, Bankguthaben),
- **Sicherungsübereignung** (Warenlager, bewegliche Sachanlagen),
- **Sicherungsabtretung** von Forderungen und Rechten,
- **Eigentumsvorbehalt.**

Der Umfang der Angabepflicht ist nach dem Gesetzeswortlaut zwar nicht eingeschränkt. Für die Angabe- und Vermerkpflichten der Haftungsverhältnisse gilt jedoch der Grundsatz, dass bei Betriebs-, Branchen- und Verkehrsüblichkeit eine Einbeziehung in die Angabe regelmäßig entfallen kann. Danach sind zB **Eigentumsvorbehalte** oder Pflichten auf Grund Allgemeiner Geschäftsbedingungen (hierzu § 251 Anm 5) nicht anzugeben, da jeder Kfm mit ihnen rechnet.

Der Angabepflicht wird genügt, wenn zu den Haftungsverhältnissen in einem **Davon-Vermerk** die Art der Pfandrechte und Sicherheiten und der Betrag angegeben werden.

V. Verpflichtungen gegenüber verbundenen Unternehmen

127 Bestehen Haftungsverhältnisse ggü verbundenen Unt iSd § 271 Abs 2, sind diese gesondert anzugeben. Danach sind jeweils bei den vier Gruppen von Haftungsverhältnissen (Anm 123) die Haftungsverhältnisse, die ggü verbundenen Unt bestehen, unter Angabe des Betrags bei *jeder* Gruppe gesondert anzugeben. Außerdem ist die Angabe etwaiger Sicherheiten (die hier allerdings oft fehlen dürften) bei jedem Haftungsverhältnis ggü verbundenen Unt erforderlich (*Dyck/Prokein* in HdR[5] § 268 Anm 250; *Wiehn* in Beck HdR B 250 Anm 182). Diese Vorschrift gilt auch für dem PublG unterliegende Unt (§ 5 Abs 1 PublG, vgl Anm 120).

Nach dem Wortlaut des HGB gilt die Pflicht zur gesonderten Angabe der einzelnen Haftungsverhältnisse ggü verbundenen Unt auch für **kleine Kapitalgesellschaften/KapCoGes sowie für KleinstKapGes/KleinstKapCoGes.** Im Hinblick darauf, dass kleine KapGes/KapCoGes ihre Verbindlichkeiten ggü verbundenen Unt unter den Verbindlichkeiten nicht gesondert ausweisen müssen (§ 266 Abs 1 S 3), wird man von ihnen eine Anwendung des Abs 7 nicht verlangen können (*ADS*[6] § 268 Anm 125; *Dyck/Prokein* in HdR[5] § 268 Anm 250). Gleiches gilt für KleinstKapGes/KleinstKapCoGes (vgl § 266 Abs 1 S 4 HGB; s Anm 123).

Von den ggü verbundenen Unt bestehenden Haftungsverhältnissen sind die *zugunsten* von verbundenen Unt eingegangenen Haftungsverhältnisse zu unterscheiden. Letztere sind nach dem Wortlaut des HGB nicht angabepflichtig (ebenso *G. Fey,* 212). Zu einer freiwilligen Angabe dieser Haftungsverhältnisse s § 251 Anm 13.

Wo die Haftungsverhältnisse ggü verbundenen Unt gesondert **anzugeben sind,** sagt das HGB nicht. Das bestehende Wahlrecht der KapGes/KapCoGes, die Haftungsverhältnisse unter der Bilanz oder im Anhang anzugeben, ist auch auf diese Angabepflicht anzuwenden. Die Verpflichtungen ggü verbundenen Unt dürfen demnach bei den Hauptverpflichtungen unter der Bilanz oder im Anhang ausgewiesen werden. Es ist auch zulässig, sie im Anhang anzugeben, wenn die Hauptverpflichtungen unter der Bilanz vermerkt sind, da das Gesetz nicht verlangt, sie bei den Haftungsverhältnissen anzugeben (§ 265 Abs 7; glA G. Fey, 216). Ein solches Auseinanderfallen ist in der Praxis unüblich.

Die **Form der Darstellung** der gesonderten Angabe ist nicht geregelt. Zulässig ist zB folgende Darstellung: 128
Verbindlichkeiten aus Bürgschaften, Wechsel- und Scheckbürgschaften davon ggü verbundenen Unt.

Oder es darf eine additive Darstellung gewählt werden, zB:
Verbindlichkeiten aus Bürgschaften, Wechsel- und Scheckbürgschaften:
ggü verbundenen Unt
davon durch Sicherungsübereignung gesichert
ggü Dritten
davon durch Grundschulden gesichert

Auch bei den Verpflichtungen ggü verbundenen Unt sind in jedem Fall die **Vorjahreszahlen** anzugeben (Anm 124).

VI. Verpflichtungen gegenüber Gesellschaftern

KapCoGes haben gem § 264c Abs 1 ua ihre Verbindlichkeiten ggü Gestern 129
als solche jeweils gesondert auszuweisen oder im Anhang anzugeben. Diese Vorschrift ist auch auf die Haftungsverhältnisse des § 251 anzuwenden, da der Anwendungsbereich des § 251 Verbindlichkeiten umfasst; das Gleiche gilt für **GmbH** gem § 42 Abs 3 GmbHG (wie hier G. Fey, 230). Die für die Darstellung der Verpflichtungen ggü verbundenen Unt entwickelten Grundsätze (Anm 127) gelten entspr.

Ein verbundenes Unt ist oft auch (unmittelbarer) Gester. In diesen Fällen 130
kommt es zu einem Mitzugehörigkeitsvermerk (s auch § 284 Anm 59).

H. Die Ausschüttungssperre (Abs 8)

Schrifttum: *Funnemann/Graf Kerssenbrock* Ausschüttungssperren im BilMoG-RegE, BB 2008, 2674; *Küting/Pfitzer/Weber* Das neue deutsche Bilanzrecht, Stuttgart 2009; *Wendholt/Wesemann* Bilanzierung von latenten Steuern im Einzel- und Konzernabschluss DB Beilage Nr 5 2009, 69; *Melcher/Murer* Bilanzierung von latenten Steuern bei Organschaften nach dem BilMoG im Fall von Steuerumlageverträgen DB 2011, 2329; *Althoff* Ausschüttungssperre für Steuerlatenzen auch ohne Aktivierung latenter Steuern? DStR 2012, 868.

Abs 8 sieht eine Ausschüttungssperre vor, sofern einer der folgenden VG bzw 140
Sonderposten aktviert ist:
– selbst geschaffene immaterielle VG des Anlagevermögens (§ 248 Abs 2),
– aktive latente Steuern (§ 274 Abs 1 S 2),
– VG iSd § 246 Abs 2 S 2 zum beizZW gem § 253 Abs 1 S 4.

Gewinne dürfen nur insoweit ausgeschüttet werden, als nach der Ausschüttung **frei verfügbare Rücklagen** – zzgl eines Gewinn- und abzgl eines Verlustvortrags – in einer Höhe übrig bleiben, der mind dem jeweils insgesamt aktivierten Betrag abzgl der der hierfür gebildeten passiven latenten Steuern entspricht. Im Fall der Aktivierung von aktiven latenten Steuern (S 2) ist die maximale Ausschüttungssperre auf den Betrag begrenzt, um den der Ausweis der aktiven latenten Steuern den Ausweis der passiven latenten Steuern übersteigt. Das grundsätzliche Berechnungsschema zur Ermittlung des maximalen Ausschüttungsbetrages gliedert sich wie folgt:

	Jahresüberschuss (·/·Jahresfehlbetrag)
+	Gewinnvortrag (·/· Verlustvortrag)
+	Frei verfügbare Rücklagen
·/·	Einstellungen in die gesetzlichen Rücklage
·/·	Einstellungen in die satzungsmäßigen Rücklagen
=	Maximal ausschüttbarer Betrag vor § 268 Abs 8
·/·	Aktivierte selbst geschaffene immaterielle VG des Anlagevermögens ·/· darauf gebildete passive latente Steuern
·/·	Aktivierter Unterschiedsbetrag zwischen beizZW und AK/HK von VG iSd § 246 Abs 2 S 2 ·/· darauf gebildete passive latente Steuern
·/·	Aktivsaldo latenter Steuern (ohne Berücksichtigung der passiven latenten Steuern aus Zeilen 7 und 8)
=	Maximal ausschüttbarer Betrag unter Berücksichtigung des § 268 Abs 8

Die Ausschüttungssperre dient in erster Linie dem **Gläubigerschutz**, da og Aktiva eine gewisse Unsicherheit anhaftet und sie nur schwer objektivierbar sind, die eine Ausschüttung nicht rechtfertigt (RegE BilMoG, 64). Sie soll bewirken, dass keine höheren Gewinnausschüttungen als diejenigen zulässig sind, die auch ohne die Aktivierung og VG/Sonderposten möglich gewesen wäre.

IZm der Ausschüttungssperre besteht die **zusätzliche Anhangangabe** gem § 285 Nr 28 (s dort Anm 460 ff). Danach ist der Gesamtbetrag der ausschüttungsgesperrten Beträge, untergliedert nach den in § 268 Abs 8 genannten Posten, im Anhang anzugeben. Durch die Angabe soll es dem Abschlussadressaten erleichtert werden, nachzuvollziehen, ob die Ausschüttungssperre beachtet worden ist (RegE BilMoG, 64).

141 Die Ausschüttungssperre soll nach der Regbegr – entgegen § 264a – **ausschließlich für KapGes** gelten. Begründet wird dies mit den fehlenden praktischen Konsequenzen einer Ausschüttungssperre bei EkfI und phG von PerGes auf Grund ihrer unbeschränkten Haftung bzw der des Fehlens strenger Entnahmegrenzen bei Kommanditisten (RegE BilMoG, 64, 46). Für die Kommanditisten einer KG (einschließlich KapCoGes) beschränkt der geänderte § 172 Abs 4 die Entnahmemöglichkeiten der Ges insoweit, als es durch die Entnahme von ausschüttungsgesperrten Beträgen gem § 268 Abs 8 zum Wiederaufleben ihrer persönlichen Haftung kommen kann (vgl IDW RS HFA 7 Tz 38 f).

142 Der Begriff „frei verfügbare Rücklagen" umfasst sowohl **Gewinn- als auch Kapitalrücklagen** (RegE BilMoG, 64). Dementspr sind Gewinnrücklagen, deren Ausschüttung weder gesetzliche noch gesvertragliche Vorschriften entgegenstehen, sowie die frei verfügbare Kapitalrücklage nach § 272 Abs 2 Nr 4 bei der Ermittlung des maximalen Ausschüttungsbetrags zu berücksichtigen. Bei Ges in der Rechtsform der GmbH gilt dies auch für Kapitalrücklagen nach § 272 Abs 2 Nr 1–3 (§ 272 Anm 206). Andererseits hat ein nach § 268 Abs 8 ausschüttungsgesperrter Betrag keine Auswirkungen auf verpflichtend zu dotierende Rücklagen (*Marx/Dallmann* in Bilanzrecht § 268 Anm 114).

143 Um eine Doppelerfassung zu vermeiden, sind bei der Ermittlung der ausschüttungsgesperrten Beträge bei selbst geschaffenen immateriellen VG des Anlagevermögens sowie bei den zum beizZW bilanzierten VG iSd § 246 Abs 2 S 2

Vorschriften zu einzelnen Posten der Bilanz. Bilanzvermerke   144–146   § 268

von den aktivierten Beträgen jeweils die darauf gebildeten **passiven latenten Steuern** abzuziehen. Bei Ausübung des Aktivierungswahlrechts von aktiven latenten Steuern unterliegt nur der Betrag der Ausschütungsperre, um den die aktiven latenten Steuern die passiven latenten Steuern übersteigen, unabhängig davon, ob der Ausweis brutto oder netto erfolgt (*Ber Merz ua* 113). Dabei kann es zu einer Doppelberücksichtigung von passiven latenten Steuern kommen, wenn einerseits ein Aktivsaldo der latenten Steuern (aktive latente Steuern > passive latente Steuern) besteht und anderseits passive latente Steuern für bspw selbst geschaffene immaterielle VG des Anlagevermögens angesetzt werden. Letztere werden bei der Ermittlung der ausschüttungsgesperrten Beträge für beide Sachverhalte berücksichtigt. Werden bspw aktive latente Steuern (für Verlustvorträge) von 50 GE und selbst geschaffene immaterielle VG des Anlagevermögens von 100 GE aktiviert, ergibt sich bei einem Steuersatz von 30% und bei isolierter Ermittlung eine maximale Ausschüttungsprerre von 120 GE (50+70). Da jedoch die für die selbst geschaffene immaterielle VG gebildeten passiven latenten Steuern bei der Berechnung des Aktivsaldos der latenten Steuern zu berücksichtigen sind (50–30) ergibt sich lediglich eine maximale Ausschüttungsprerre von 90 GE (20+70). Diese Vorgehensweise widerspricht jedoch dem beabsichtigten Gläubigerschutz. Dementspr dürfen uE die auf selbst geschaffenen immateriellen VG des Anlagevermögens sowie bei den zu zum beizZW bilanzierten VG iSd § 246 Abs 2 S 2 gebildeten passiven latenten Steuern bei der Ermittlung des Aktivsaldos von latenten Steuern nicht nochmals berücksichtigt werden (glA *Küting/Seel* in *Küting/Pfitzer/Weber*, Stuttgart 2009, 522; *Wendholt/Wesemann* DB Beilage 5 2009, 69). Dadurch kann sich eine Ausschüttungssperre für aktive latente Steuern uU auch dann ergeben, wenn bilanziell ein Passivsaldo von latenten Steuern besteht oder ein Aktivsaldo latenter Steuern nicht aktiviert wird (*Althoff* DStR 2012, 868).

Die Ausschüttungssperre greift infolge der Neufassung von § 301 S 1 AktG auch bei **Ergebnisabführungsverträgen**. Die nach § 268 Abs 8 ausschüttungsgesperrten Beträge sind ausdrücklich von der Gewinnabführung ausgenommen, soweit nicht frei verfügbare Rücklagen (zzgl eines Gewinn- und abzgl eines Verlustvortrags aus vororganschaftlicher Zeit) bestehen. **144**

Offen ist in diesem Zusammenhang das Zusammenwirken von Abführungssperre und (passiven) latenten Steuern, da die Abführungssperre bei der Organgesellschaft zu berücksichtigen ist, während die passive latente Steuer nach hA grundsätzlich beim Organträger zu bilden ist. Nach der formellen Auslegung des § 301 S 1 AktG iVm § 268 Abs 8 würde bei der Organgesellschaft der gesamte Ergebnisbeitrag, der sich aus der Aktivierung selbst geschaffener immaterieller VG des Anlagevermögens sowie aus den zum beizZW bilanzierten VG iSd § 246 Abs 2 S 2 ergibt, einer Abführungssperre unterliegen, die nicht durch die beim Organträger hierfür berücksichtigten passiven latenten Steuern gemindert wird (sog. Bruttobetrachtung). Da dies jedoch zu einer übermäßigen Begrenzung des Ausschüttungsvolumens beim Organträger führt, wird die Auffassung vertreten, die beim Organträger zu bildende latente Steuer bereits bei der Ermittlung der Abführungssperre in der Sphäre der Organgesellschaft zu berücksichtigen (sog. Nettobetrachtung). Da es für die steuerliche Anerkennung einer Organschaft darauf ankommt, dass der handelsrechtlich korrekte Gewinn abgeführt wird, hat das IDW das BMF aufgefordert, sich zu dieser Frage zu äußern und bis zur Klärung sowohl die Brutto- als auch die Nettomethode als zutreffende Durchführung eines EAV anzuerkennen (FN-IDW 2011, 351). **145**

Umlagen für laufende und latente Steuern aufgrund eines (zivilrechtlichen) Umlagevertrages zwischen dem Organträger und der Organgesellschaft wirken sich nicht auf die Höhe der Abführungssperre nach § 268 Abs 8 bei der Organ- **146** gesellschaft aus, da Forderungen bzw Verbindlichkeiten aus Steuerumlagen bei der Organgesellschaft nicht den Tatbestand von latenten Steuern iSv § 274 erfüllen (*Melcher/Murer* DB 2011, 2331 mit Beispielen; vgl auch § 274 Anm 2).

I. Rechtsfolgen einer Verletzung des § 268

150 Die Verletzung der Vorschriften des § 268 ist auf unterschiedliche Weise sanktioniert. Wer als Mitglied des Geschäftsführungsorgans oder des AR vorsätzlich oder leichtfertig die Verhältnisse der KapGes/KapCoGes in der Bilanz oder im Anhang unrichtig wiedergibt oder verschleiert, wird mit Freiheitsstrafe oder mit Geldstrafe bestraft (§ 331 Nr 1). Außerdem stellt die vorsätzliche oder leichtfertige Zuwiderhandlung gegen Abs 2, 7 eine Ordnungswidrigkeit dar, die mit einer Geldbuße geahndet werden kann (§ 334 Abs 1 Nr 1c). Stellt der AP fest, dass bei der Aufstellung des JA die gesetzlichen Vorschriften und die sie ergänzenden Bestimmungen des GesVertrags (Satzung) nicht beachtet wurden (§ 317 Abs. 1 S 2), kann je nach Schwere des Verstoßes eine Einschränkung des BV die Folge sein (§ 322 Abs 4).

151 Ein Verstoß gegen Abs 8 macht den betreffenden Gewinnausschüttungsbeschluss in vollem Umfang nichtig (§§ 134 BGB und 241 Nr 3 AktG), denn Abs 8 ist eine überwiegend zum Schutz der Gläubiger erlassene Vorschrift. Für die verantwortlichen Personen können sich zudem persönliche Regresspflichten (insb aus § 823 Abs 2 BGB) ergeben.

J. Abweichungen der IFRS

Standards: IAS 1 Darstellung des Abschlusses (*Presentation of Financial Statements,* amend 2012); IAS 10 Ereignisse nach der Berichtsperiode (*Events after the Reporting Period);* IAS 11 Fertigungsaufträge *(Construction contracts);* IAS 16 Sachanlagen *(Property, plant and equipment);* IAS 37 Rückstellungen, Eventualverbindlichkeiten und Eventualforderungen *(Provisions, contingent liabilities and contintent assets).*

I. Bilanzaufstellung nach Ergebnisverwendung (Abs 1)

160 Eine analoge Vorschrift zu § 268 Abs 1 kennen IFRS nicht. Bei der Bilanzerstellung dürfen Beschlüsse, die nach dem Bilanzstichtag getroffen werden, nicht berücksichtigt werden (IAS 10.10).

II. Entwicklung des Anlagevermögens (Abs 2)

161 Während das HGB für große und mittelgroße KapGes/KapCoGes eine zwingende Postengliederung vorsieht (s § 266 Anm 8) und hieran anknüpfend in Abs 2 auch die Darstellung der **Entwicklung** der einzelnen Posten des Anlagevermögens **zwingend** vorschreibt – **Anlagengitter** –, finden sich Angabepflichten zu den Sachanlagen in IAS 16. Nach IAS 16.73 ist für jede gebildete Gruppe (Posten) des **Sachanlagevermögens** ua gesondert anzugeben
– der Bruttobuchwert und die kumulierten Abschreibungen zu Beginn und Ende der Periode (IAS 16.73d)
– eine Überleitung des Buchwerts von Anfang bis Ende der Periode mit Ausweis der Zugänge, Abgänge, Erwerbe durch Untzusammenschlüsse, Verminderung des Buchwerts durch außerplanmäßige Abschreibungen, Zuschreibungen, Abschreibungen sowie schließlich sonstige Bewegungen (IAS 16.73e).

Die Angabe des Bruttobuchwerts und der kumulierten Abschreibungen entspricht den in Abs 2 geforderten Angaben (Anm 13) ebenso wie die Überleitung der Buchwerte von der Anfangs- zur Schlussbilanz mit jeweils auf die Periode bezogenem Ausweis von Zugängen und Abgängen. Auch die Zu- und Abschreibungen des Gj sind anzugeben, wobei IFRS eine Trennung von außerplanmäßiger und planmäßiger Abschreibung vorsieht. Die sonstigen Bewegungen betreffen Umbuchungen.

Die in IAS 16.73e vorgesehene Überleitung des Buchwerts von der Anfangs- zur Schlussbilanz entspricht einem Anlagespiegel nach der direkten Nettomethode. Da jedoch auch das Anlagegitter nach Abs 2 letztlich die nach IFRS vorgesehenen Angaben enthält, darf für einen IFRS-Abschluss auch diese Form gewählt werden.

Wird nach IFRS die Neubewertung zu Marktwerten gewählt (IAS 16.31; § 255 Anm 570), sind postenbezogen auch die Veränderungen aus der Neubewertung anzugeben.

Für **andere langfristige Vermögenswerte**, wie GFW oder immaterielle Anlagenwerte verlangt IFRS 3.62 B 67 bzw IAS 38.118 kein dem Abs 2 entspr Anlagengitter. Für Finanzanlagen ist dies nicht erforderlich (s § 266 Anm 1 ff, 59 ff).

III. Nicht durch Eigenkapital gedeckter Fehlbetrag (Abs 3)

Die Bestimmungen zu Ausweis und zur Gliederung des EK sind in IAS 1.54r iVm IAS 106 ff dargestellt. Sie enthalten keine Sonderregelungen für den Fall, dass das EK negativ ist. Dem zu Folge ist ein negatives EK mit entspr Vorzeichen auf der Passivseite auszuweisen.

IV. Vermerke und Angaben zu Forderungen (Abs 4)

Eine Angabe der Forderungen mit einer Restlaufzeit von mehr als einem Jahr entfällt grds, da gemäß IAS 1.60 ein Unt kurzfristige und langfristige Vermögenswerte als getrennte Gliederungsgruppen in der Bilanz darzustellen hat. Sofern ein Vermögensposten Beträge zusammenfasst, von denen erwartet wird, dass sie (a) innerhalb eines Zeitraums von 12 Monaten nach dem Bilanzstichtag und (b) außerhalb eines Zeitraums von 12 Monaten nach dem Bilanzstichtag realisiert werden, ist der Betrag anzugeben, von dem erwartet wird, dass er nach mehr als 12 Monaten realisiert wird (IAS 1.61). Antizipative Forderungen sind nach IFRS nicht vermerkpflichtig.

V. Vorschriften zu Verbindlichkeiten (Abs 5)

1. Vermerk der Beträge mit einer Restlaufzeit bis zu einem Jahr (S 1)

Eine Angabe der Verbindlichkeiten mit einer Restlaufzeit von mehr als einem Jahr entfällt grds, da gemäß IAS 1.60 ein Unt kurzfristige und langfristige Schulden als getrennte Gliederungsgruppen in der Bilanz darzustellen hat. Sofern ein Schuldposten Beträge zusammenfasst, von denen erwartet wird, dass sie (a) innerhalb eines Zeitraums von 12 Monaten nach dem Bilanzstichtag und (b) außerhalb eines Zeitraums von 12 Monaten nach dem Bilanzstichtag erfüllt werden, ist der Betrag anzugeben, von dem erwartet wird, dass er nach mehr als 12 Monaten erfüllt wird (IAS 1.61).

§§ 269, 270 Bilanz

2. Gesonderter Ausweis der erhaltenen Anzahlungen (S 2)

166 Gem IAS 1.32 dürfen Vermögenswerte und Schulden nicht miteinander saldiert werden und somit erhaltene Anzahlungen nicht von den Vorräten abgesetzt werden. Sofern ein Unt jedoch Fertigungsaufträge gem IAS 11 als Forderungen ausweist, ist es berechtigt, erhaltene Anzahlungen nicht offen abzusetzen, sondern zu saldieren (IAS 1.33). Der Betrag der erhaltenen Anzahlungen ist anzugeben (IAS 11.40b).

3. Erläuterung rechtlich noch nicht entstandener Verbindlichkeiten (S 3)

167 Antizipative Verbindlichkeiten sind nach IFRS nicht vermerkpflichtig.

VI. Ausweis oder Angabe des Unterschiedsbetrags (Abs 6)

168 Ein Unterschiedsbetrag iSv § 250 Abs 3 darf gem IFRS aktivisch nicht ausgewiesen werden, da Verbindlichkeiten mit dem beizZW (IAS 39.43) zu bewerten sind; dieser entspricht der erhaltenen Gegenleistung nach Abzug der Transaktionskosten.

VII. Ausweis und Angabe von Haftungsverhältnissen (Abs 7)

169 Nach IAS 37.86 ff sind *contingent liabilities* (die entspr Haftungsverhältnisse des § 251) stets gesondert im Anhang anzugeben (s § 251 Anm 60).

VIII. Ausschüttungssperre (Abs 8)

170 Aufgrund der Anknüpfung der Ausschüttungsbemessung an den handelsrechtlichen Jahresabschluss existieren gem IFRS keine entspr Ausschüttungssperren.

§ 269 Aufwendungen für die Ingangsetzung und Erweiterung des Geschäftsbetriebs

1 **Anmerkung:** § 269 aufgehoben durch BilMoG v 25. Mai 2009, BGBl I S 1102. Zu den Erläuterungen hierzu s 6. Auflage.

§ 270 Bildung bestimmter Posten

(1) **Einstellungen in die Kapitalrücklage und deren Auflösung sind bereits bei der Aufstellung der Bilanz vorzunehmen.**

(2) **Wird die Bilanz unter Berücksichtigung der vollständigen oder teilweisen Verwendung des Jahresergebnisses aufgestellt, so sind Entnahmen aus Gewinnrücklagen sowie Einstellungen in Gewinnrücklagen, die nach Gesetz, Gesellschaftsvertrag oder Satzung vorzunehmen sind oder auf Grund solcher Vorschriften beschlossen worden sind, bereits bei der Aufstellung der Bilanz zu berücksichtigen.**

Übersicht

	Anm
A. Regelungszweck, Inhalt	1–6
B. Einstellungen und Auflösungen bei der Kapitalrücklage (Abs 1)	7–14
C. Einstellungen in und Entnahmen aus Gewinnrücklagen (Abs 2)	15–19

	Anm
D. Publizitätsgesetz	20, 21
E. Besonderheiten bei der Steuerbilanz	22
F. Rechtsfolgen einer Verletzung des § 270	23

Schrifttum: *Dieterlein/Haun* Gewinnmindernde Rücklagen nach den Übergangsregelungen des Steuerentlastungsgesetzes 1999/2000/2002 BB 1999, 2020; *Freidank* Eigenkapital und Ergebnisverwendung der GmbH und der AG StB 2000, 44 (I), 84 (II), 128 (III); *Gelhausen/Heinz* Verwendung der Rücklagen nach §§ 17 Abs 4, 27 Abs 2 DMBilG nach neuem Recht DB 1994, 2245; IDW RS HFA 7 Handelsrechtliche Rechnungslegung bei Personenhandelsgesellschaften FN-IDW 3/2012, 189; IDW RS HFA 28 Übergangsregelungen des Bilanzrechtsmodernisierungsgesetzes FN-IDW 10/2010, 451. S auch das Schrifttum zu § 272 und zu § 268 Abs 1.

A. Regelungszweck, Inhalt

§ 270 dient dem Zweck, den **Zeitpunkt** der Bildung und Auflösung bestimmter EK-Posten festzulegen. Gleichzeitig wird geregelt, dass die Bildung und Auflösung dieser Passivposten in den Zuständigkeitsbereich der/des den JA aufstellenden Person(en)/Organs fällt. Die entspr Regelungen sind in Abs 1 für die Kapital- und in Abs 2 für die Gewinnrücklagen enthalten. **1**

Durch die Regelung des Abs 1 liegt die (vorläufige) **Zuständigkeit** (*Reiner* in MünchKomm HGB[3] § 270 Anm 1) für Einstellungen in oder Auflösungen aus einer Kapitalrücklage allein bei der Geschäftsführung von KapGes/KapCoGes. Wegen des Mitwirkungsrechts von AR oder der GesV bzw ggf HV bei der *Feststellung* des JA finden hier in der Praxis jedoch stets Abstimmungen zwischen der Geschäftsführung und dem Feststellungsorgan statt. Hinsichtlich des **Zeitpunkts** bestimmt Abs 1, dass Einstellungen in die Kapitalrücklage oder deren Auflösung bereits bei *Aufstellung* der Bilanz vorzunehmen sind. Unter der Aufstellung der Bilanz ist das **technische Anfertigen** der Bilanz zu verstehen (so *Reiner* in MünchKomm HGB[3], § 264 Anm 17. Der JA und somit die Bilanz wird im Rahmen der Feststellung in der vorliegenden Form **gebilligt**. Ein festgestellter JA kann grds nicht mehr geändert werden (so *Knop* in HdR[5] § 270 Anm 3). Werden die Einstellungen oder Entnahmen bei prüfungspflichtigen JA jedoch erst im Rahmen der Feststellung des JA vorgenommen, ist eine **Nachtragsprüfung** (§ 316 Abs 3 S 1 iVm Abs 1 S 2) erforderlich (so *Knop* in HdR[5] § 270 Anm 31). **2**

Soweit **Einstellungen** und **Auflösungen durch Gesetz** oder **Gesellschaftsvertrag** (Satzung) festgelegt wurden, sind diese bereits bei der **Aufstellung** des JA durch das dafür zuständige Organ (Vorstand der AG, phG der KGaA, Geschäftsführung der GmbH, phG der KapCoGes) vorzunehmen. Verwendungsvorschriften für die Kapitalrücklage bei der **GmbH** sind nach dem Vorbild von § 150 Abs 3 und 4 AktG im GesVertrag zulässig und namentlich zugunsten von MinderheitsGestern erwünscht. Vor dem Bilanzstichtag gefasste GesterBeschlüsse (zB zur Deckung eines erwarteten Jahresfehlbetrags) sind gleichfalls bereits bei Bilanzerstellung zu beachten. **3**

Der betriebswirtschaftliche Begriff „**Auflösung**" bezieht sich sowohl auf die in der Verlängerungsrechnung der GuV darzustellenden, auf den Bilanzgewinn oder Bilanzverlust sich auswirkenden, also **ergebniswirksamen** Entnahmen (zB bei Verwendung zum Ausgleich eines Jahresfehlbetrags) wie auch auf **ergebnisneutrale** Entnahmen (zB Umsetzungen in der Bilanz bei Kapitalerhöhung aus GesMitteln). Entnahmen iSd § 158 Abs 1 Nr 2 AktG betreffen somit nur die ergebniswirksamen Entnahmen, welche erst nach dem Posten Jahresüberschuss/ Jahresfehlbetrag in der GuV darzustellen sind. Eine **Gewinnverwendungsrechnung** (ausgehend vom Bilanzgewinn; gem §§ 170 Abs 2 und 174 Abs 2 AktG) ist jedoch auch bei **GmbH** und bei **KapCoGes** (IDW RS HFA 7, Tz 50) sachgerecht.

4   Für die Kapitalrücklage enthält Abs 1 eine **Sonderregelung** zu § 268 Abs 1. Diese Rücklage muss bei Aufstellung des JA gebildet oder gem § 150 AktG aufgelöst werden. Ein Wahlrecht, dies erst im Rahmen der Gewinnverwendung vorzunehmen, besteht grds nicht. Die *Bildung* einer Kapitalrücklage ist fast immer erfolgsneutral (s Anm 7). GmbH und KapCoGes müssen keine gesetzliche Rücklage bilden.

5   Zur **Anwendung** auf JA nach dem PublG s Anm 20f. Die Regeln in § 270 gelten auch für eG (§ 336 Abs 2), für Kredit- und Finanzdienstleistungsinstitute (§ 340a Abs 1) sowie für VersicherungsUnt und Pensionsfonds (§ 341a Abs 1).

6   Zu § 270 Abs 1 S 2 aF und BilMoG-Übergangsvorschriften s 7. Auflage Anm 6.

B. Einstellungen und Auflösungen bei der Kapitalrücklage (Abs 1)

7   Die Kapitalrücklage wird im Unterschied zu den Gewinnrücklagen grds nicht durch Zuführungen **aus dem erwirtschafteten Ergebnis** gespeist, sondern **durch Zuführungen von außen** (vgl § 272 Abs 2; § 42 Abs 2 S 3 GmbHG; ebenso *Knop* in HdR[5] § 270 Anm 10). Die nachstehenden Regeln im HGB, AktG und GmbHG sind zwingend und abschließend.

Welche Beträge in die Kapitalrücklage **einzustellen** sind, bestimmen § 272 Abs 1b und Abs 2 für den Normalfall. Sondervorschriften enthalten für die **AG** § 229 AktG (vereinfachte Kapitalherabsetzung) und § 237 Abs 5 AktG (Einziehung von Aktien ohne Entgelt). Diese Vorschriften sind bei § 272 unter Anm 95f, 160ff erläutert. Einen Sonderfall (zu hoch angenommene Verluste bei vereinfachter Kapitalherabsetzung) regelt § 232 AktG. Gem § 240 S 1 AktG ist der aus der Kapitalherabsetzung gewonnene Betrag als „Ertrag aus der Kapitalherabsetzung" in der GuV nach dem Posten „Entnahmen aus Gewinnrücklagen" separat auszuweisen. Die Einstellung in die Kapitalrücklage ist entspr bereits bei Aufstellung des JA zu berücksichtigen. Dabei sind nur solche Einstellungen vorzunehmen, die zum Bilanzstichtag als realisiert anzusehen sind (so *Knop* in HdR[5] § 270 Anm 16).

Für **GmbH** bestehen Sondervorschriften in den §§ 26ff und 42 Abs 2 GmbHG hinsichtlich der Nachschüsse. Hierzu und zum Abandonrecht der Gester in diesem Zusammenhang s § 272 Anm 215ff sowie *Heymann* in Beck HdR B 231 Anm 99. Auch für die GmbH ist die vereinfachte Kapitalherabsetzung zugelassen (§§ 58a, 58b GmbHG); dazu § 272 Anm 80ff, 207.

8   Ob **Sanierungszuschüsse** von Anteilseignern bei AG oder GmbH zur Stärkung des EK oder zur sofortigen Verlustdeckung (als Ertrag) verwendet werden sollen, hängt von der Zweckbestimmung der den Zuschuss gewährenden Gester ab; s dazu § 272 Anm 195.

9   **Einstellungen** in die Kapitalrücklage sind bei Erhalt des Gegenwerts (oft flüssige Mittel) in der Buchführung als Zugang zur Kapitalrücklage zu erfassen und bei **AG/KGaA** in der Bilanz oder dem Anhang anzugeben (§ 152 Abs 2 AktG); das gilt auch für in der HB zu erfassende verdeckte Einlagen (§ 272 Anm 401).

Für **GmbH** ist diese Angabe nicht erforderlich, aber zulässig. Eine erfolgswirksame Buchung der Mittel-Zugänge als Ertrag und ihre Zuführung zur Rücklage als Aufwand oder Ergebnisverwendung ist nicht zugelassen (dies folgt aus § 275 Abs 4, so auch *ADS*[6] § 270 Anm 4); ausgenommen sind die in § 232 AktG oder § 58c GmbHG geregelten Fälle.

Nach § 272 Abs 1b S 3 sind Mehrbeträge, die bei einem **Wiederverkauf** von **eigenen Anteilen** über deren ursprünglichen Erwerbspreis hinaus erzielt werden, in die Kapitalrücklage nach § 272 Abs 2 Nr 1 einzustellen (s dort Anm 170 ff).

Bei **Verschmelzungen** werden nach dem Verschmelzungsstichtag getätigte Zuzahlungen in die Kapitalrücklage des übertragenden Rechtsträgers beim übernehmenden Rechtsträger erfasst (IDW RS HFA 42, Tz 19). Die **Abspaltung** eines negativen Vermögenssaldos ist beim übertragenden Rechtsträger in die Kapitalrücklage nach § 272 Abs 2 Nr 4 einzustellen (IDW RS HFA 43, Tz 19).

Entnahmen aus der Kapitalrücklage sind – abgesehen vom Sonderfall der Kapitalerhöhung aus GesMitteln (Anm 13) – als Ergebnisverwendung anzusehen (s § 268 Anm 2; vgl auch § 158 AktG; glA *Wiedmann* in Ebenroth/Boujong/Joost/Strohn[2] § 270 Anm 2). Wurden Beträge aus der Kapitalrücklage entnommen, ist die Bilanz zwingend unter Berücksichtigung der vollständigen oder teilweisen Verwendung des Jahresergebnisses aufzustellen (s § 268 Anm 5).

Die Entnahmen aus der Kapitalrücklage sind gem § 275 Abs 4 und § 158 Abs 1 S 1 Nr 2 AktG in der Ergebnisverwendungsrechnung, nach § 158 Abs 1 AktG bei AG/KGaA entweder in der GuV nach dem Posten „Jahresüberschuss/ Jahresfehlbetrag" oder im Anhang darzustellen (§ 158 Abs 1 S 2 AktG). Außerdem ist der für das Gj aus der Kapitalrücklage entnommene Betrag zu dem Posten „Kapitalrücklage" in der Bilanz oder im Anhang gesondert anzugeben (§ 152 Abs 2 Nr 2 AktG). Zur Darstellung der Kapitalrücklage im KA s § 297 Anm 105 sowie DRS 7 Konzerneigenkapital und Konzerngesamtergebnis.

Bei **AG** darf eine Kapitalrücklage nur im Rahmen des § 150 Abs 3 oder 4 AktG zum Ausgleich eines Jahresfehlbetrags oder eines Verlustvortrags aus dem Vj **aufgelöst** werden[6]. Dies gilt allerdings nicht für sonstige Zuzahlungen der Gester in das EK gem § 272 Abs 2 Nr 4. Oberhalb des Mindestbetrags gemäß § 150 Abs 3 AktG dürfen die Kapitalrücklage und die gesetzliche Rücklage auch zur Kapitalerhöhung aus GesMitteln gem §§ 207 bis 220 AktG herangezogen werden; dazu § 272 Anm 55 ff.

Für **GmbH** bestehen, abgesehen von Sonderregelungen im GesVertrag, idR keine Beschränkungen der Auflösung einer Kapitalrücklage; diese kann – sollte aber nicht – bereits im Jahr ihrer Zuführung wieder zur Gewinnausschüttung im Rahmen von Abs 2 verwendet werden; s dazu hier Anm 13 sowie § 272 Anm 206. Die Darstellung in der Gewinnverwendungsrechnung ist hier ausnahmsweise nicht verpflichtend, wenn die jederzeitige Möglichkeit unterjähriger Entnahmen aus der Kapitalrücklage durch Beschluss der GesV gegeben ist (*Müller/Kreipl* in Haufe HGB[3] § 270 Anm 14). Ferner kann auch eine in organschaftlicher Zeit gebildete und aufgelöste Kapitalrücklage an die Gester ausgeschüttet werden; sie unterliegt nicht der Gewinnabführung (BFH 8.8.2001, BStBl II 2003, 923). Eine Verwendung der Kapitalrücklage zur Kapitalerhöhung aus GesMitteln ist bei GmbH in den §§ 55 bis 57a GmbHG geregelt; vgl hierzu § 272 Anm 55 ff. Zur Behandlung **rückzahlbarer Nachschüsse** gem § 30 GmbHG s § 272 Anm 215 ff sowie *Heymann* in Beck HdR B 231 Anm 100, 131.

Im Sonderfall der **Kapitalerhöhung aus Gesellschaftsmitteln** (zB durch Entnahmen aus dem gem § 150 Abs 4 AktG freien Teil der Kapitalrücklage) sind gem § 57i Abs 4 GmbHG (oder §§ 208 Abs 1, 210 AktG (AG)) eintragungspflichtige Änderungen des GesVertrags infolge dieser Kapitalerhöhung erforderlich (vgl das Formerfordernis gem § 53 Abs 2 GmbHG). Bei einer derartigen erfolgsneutralen Umw liegt keine Auflösung iSd Abs 1 vor (glA *ADS*[6] § 270 Anm 7 sowie *Wiedmann* in Ebenroth/Boujong/Joost/Strohn[2] § 270 Anm 2). Die

Kapitalerhöhung aus GesMitteln wird deshalb stets nur als Umbuchung gezeigt, ohne die GuV zu berühren (glA *Heymann* in Beck HdR B 231 Anm 75, 134).

14 **Umbuchungen** (Übertragungen innerhalb der Rücklagen) werden in § 270 nicht ausdrücklich erwähnt. Zuweilen ergeben sie sich zwangsläufig, insb wenn die gesetzlich notwendige Rücklage für Anteile am herrschenden oder mit Mehrheit beteiligten Unt (§ 272 Abs 4; s dort Anm 300 ff) aus dem nicht durch § 150 Abs 3, 4 AktG gesperrten Spitzenbetrag einer Kapitalrücklage (oder aus frei verfügbaren Gewinnrücklagen) gebildet werden muss. Für KapCoGes, die die besonderen Vorschriften des § 264c zu beachten haben, ist eine Aufteilung der Rücklagen in Kapital- und Gewinnrücklagen nicht vorgeschrieben (IDW RS HFA 7, Tz 44).

Die Sperrwirkung des § 268 Abs 8 ist zu beachten.

C. Einstellungen in und Entnahmen aus Gewinnrücklagen (Abs 2)

15 In die Gewinnrücklagen werden nur diejenigen Beträge eingestellt, die im Gj oder in vorangegangenen Gj erwirtschaftet wurden. Ihre Bildung mindert den an die Gester ausschüttungsfähigen Gewinn. Deshalb besteht für die **Einstellung** in diese Gewinnrücklagen (anders als bei den Entnahmen) eine **Limitierung,** die auch aus dem Gesetzeswortlaut („die nach Gesetz, GesVertrag oder Satzung vorzunehmen sind") hervorgeht; ebenso *Knop* in HdR[5] § 270 Anm 8f.

Die **nach dem Gesetz vorzunehmenden** Einstellungen betreffen die
– Rücklage für Anteile an einem herrschenden oder einem mit Mehrheit beteiligten Unt (vgl § 272 Abs 4);
– Gesetzliche Rücklage bei AG (vgl §§ 150 Abs 2, 300 AktG).

Auch für **freiwillige** Einstellungen in oder Auflösungen von Gewinnrücklagen gilt Abs 2. Denn § 58 Abs 2 und 2a **AktG** gewähren der Geschäftsleitung als Aufstellungsorgan zusammen mit dem jeweiligen Feststellungsorgan (AR oder GesV/HV) ein **Dispositionsrecht** (oft 50% des Jahresüberschusses). Denn durch solche Einstellungen oder Auflösungen wird gleichfalls das Ausschüttungsvolumen an die Anteilseigner beeinflusst. Auf dieses Dispositionsrecht beziehen sich die Worte in Abs 2 („aufgrund solcher Vorschriften **beschlossen** worden sind").

Bei **GmbH** richtet sich dieses Dispositionsrecht der Aufstellungs- und Feststellungsorgane nach § 29 Abs 2 bis 4 GmbHG. Auch der Inhalt dieser Vorschriften ist im Abschn Vor § 325 unter Anm 121 ff, 130 f näher erläutert.

Die Einstellungswahlrechte gem § 29 Abs 2 GmbHG bzw § 58 Abs 3 AktG basieren auf entspr GesterBeschlüssen. Diese werden jedoch erst nach der formellen Feststellung des JA im Rahmen des Gewinnverwendungsbeschlusses gefasst, wenn der Aufstellungsprozess bereits abgeschlossen ist, so dass eine Berücksichtigung der Einstellungen in die Rücklagen in der Bilanz nicht zu erfolgen hat. Die beschlossene Einstellung kann erst im Rahmen der Bilanz für das Folgejahr nachvollzogen werden (so *Knop* in HdR[5] § 270 Anm 22).

16 Sinn des Abs 2 ist es festzulegen, dass bei **zwingenden Einstellungen** in die Gewinnrücklagen (insb nach §§ 150 Abs 2 und 300 AktG) diese wiederum zwingend bereits bei Aufstellung des JA und damit unter Berücksichtigung einer zumindest teilweisen Gewinnverwendung vorgenommen werden. Insoweit schließt Abs 2 das Wahlrecht nach § 268 Abs 1 aus, wenn entweder Gewinnverwendungen bei Aufstellung der Bilanz zwingend berücksichtigt werden müssen oder wenn im Rahmen **zulässiger Dotierungen** (s Anm 15) das Wahlrecht des § 268 Abs 1 ausgeübt wurde (ebenso ADS[6] § 270 Anm 9f).

17 Soweit die **Auflösung** von Gewinnrücklagen **gesetzlich festgelegt** ist, muss das bereits bei der Bilanzerstellung beachtet werden; es bleibt kein Entschei-

dungsspielraum für Geschäftsführung oder Gester. Dann sind auch alle anderen Maßnahmen der Ergebnisverwendung, die vorher beschlossen und wirksam sind, bereits bei der Bilanzaufstellung vorzunehmen (Anm 16).

Das Gleiche gilt auch für Einstellungen in oder Entnahmen aus Gewinnrücklagen, sofern zwingende **Vorschriften im Gesellschaftsvertrag** oder in der Satzung bestehen; bei KapGes gelten solche Bestimmungen, sobald und solange sie im HR eingetragen sind. Im Übrigen entscheiden die Gester bzw die HV. Zu weiteren Einzelheiten, auch zu EAV, s § 272 Anm 265 ff, 285 ff.

Die Kapitalerhöhung aus GesMitteln mittels Umwandlung von Gewinnrücklagen in gezeichnetes Kapital ist analog zu den Kapitalrücklagen als erfolgsneutrale Umbuchung im EK vorzunehmen (*Müller/Kreipl* in Haufe HGB³ § 270 Anm 20).

Eine **Rücklage für eigene Anteile** darf nach Art 66 Abs 5 EGHGB nicht mehr ausgewiesen werden. Der Nennbetrag bzw der rechnerische Wert der eigenen Anteile ist gem § 272 Abs 1a in der Vorspalte offen vom gezeichneten Kapital abzusetzen (s § 272 Anm 131 ff; zur Behandlung vorhandener eigener Anteile bei Erstanwendung s IDW RS HFA 28, Tz 50). Der passivische Ausweis gilt jedoch nicht für **Anteile am herrschenden** oder einem mit Mehrheit beteiligten **Unt** für die nach § 272 Abs 4 bei Aufstellung der Bilanz eine Rücklage aus vorhandenen frei verfügbaren Gewinn- und Kapitalrücklagen zu bilden ist (ausführlich dazu § 272 Anm 300 ff).

KapCoGes haben für Anteile an ihren KomplementärGes in Höhe des aktivierten Betrags einen Sonderposten mit der Bezeichnung „Ausgleichsposten für aktivierte eigene Anteile" zu bilden; dazu § 264c Anm 80 ff.

Zur Möglichkeit, die Bilanz von KapGes/KapCoGes gem § 268 Abs 1 **nach vollständiger oder teilweiser Gewinnverwendung** aufzustellen s § 268 Anm 4 ff. Einstellungen oder Entnahmen gem § 270 sind jedoch bereits bei Aufstellung des JA zu berücksichtigen. **18**

Zur Behandlung von **Sonderrücklagen der DMEB** s 7. Auflage Anm 19 sowie *Gelhausen/Heinz* in DB 1994, 2245. **19**

Zu Offenlegungserleichterungen bei GmbH mit natürlichen Personen als Gester s § 325 Anm 21. Die Sperrwirkung des § 268 Abs 8 ist zu beachten.

D. Publizitätsgesetz

Die in § 270 geregelten Sachverhalte betreffen nach der Stellung im HGB nur KapGes/KapCoGes. Gem § 5 Abs 1 PublG ist § 270 aber **sinngemäß** anzuwenden. **20**

Bei EkfI wird allgemein das EK als **Gesamtposten** in der Bilanz ausgewiesen (§ 247 Anm 155). Bei *reinen* PersGes dürfen gem § 9 Abs 3 PublG bei der *Offenlegung* die Kapitalanteile der Gester, die Rücklagen, ein Gewinnvortrag und ein Gewinn unter Abzug der nicht durch Vermögenseinlagen gedeckten Verlustanteile von Gestern, eines Verlustvortrags und eines Verlusts in einem Posten „Eigenkapital" ausgewiesen werden. Einstellungen und Auflösungen etwaiger Rücklagen vollziehen sich somit in der offengelegten Bilanz unsichtbar. Zur Abgrenzung von EK und FK bei PersGes s IDW RS HFA 7, Tz 13 ff. **21**

E. Besonderheiten bei der Steuerbilanz

Das in den Abschnitten B bis D Dargestellte gilt grds auch für die StB der KapGes/KapCoGes. Zu Besonderheiten bei **verdeckten Einlagen** und bei **22**

§ 271

Sacheinlagen s § 272 Anm 400 ff. Verdeckte Einlagen werden regelmäßig erst dann in die HB übernommen, wenn sie – zB aufgrund einer steuerrechtlichen Außenprüfung – erkannt werden und ihre Übernahme in die HB gewollt ist, dazu *WPH*[14] I, F Anm 370. Aus wichtigem Grund kann auch eine Berücksichtigung verdeckter Einlagen durch Änderung festgestellter JA in Betracht kommen; s dazu § 253 Anm 835 f.

Wegen der abw **steuerrechtlichen Zurechnung** des **Leistungsverkehrs** zwischen Gestern und PersGes s § 247 Anm 800 ff.

F. Rechtsfolgen einer Verletzung des § 270

23 Straf- und Bußgeldvorschriften sowie die Bestimmungen über Zwangsgelder gem §§ 331 bis 335b HGB, 17 bis 21 PublG enthalten keine Sanktionen für die Nicht-Einhaltung von § 270. Denn es wird nur die Kompetenz-Verteilung und (damit zusammenhängend) der Zeitpunkt der Bildung oder Auflösung von Rücklagen und Sonderposten geregelt. Zur evtl **Nichtigkeit** des JA nach § 256 Abs 1 Nr 4 AktG – analog für die GmbH – s § 272 Anm 390 sowie *Knop* in HdR[5] § 270 Anm 30.

§ 271 Beteiligungen. Verbundene Unternehmen

(1) [1]Beteiligungen sind Anteile an anderen Unternehmen, die bestimmt sind, dem eigenen Geschäftsbetrieb durch Herstellung einer dauernden Verbindung zu jenen Unternehmen zu dienen. [2]Dabei ist es unerheblich, ob die Anteile in Wertpapieren verbrieft sind oder nicht. [3]Als Beteiligung gelten im Zweifel Anteile an einer Kapitalgesellschaft, die insgesamt den fünften Teil des Nennkapitals dieser Gesellschaft überschreiten. [4]Auf die Berechnung ist § 16 Abs. 2 und 4 des Aktiengesetzes entsprechend anzuwenden. [5]Die Mitgliedschaft in einer eingetragenen Genossenschaft gilt nicht als Beteiligung im Sinne dieses Buches.

(2) Verbundene Unternehmen im Sinne dieses Buches sind solche Unternehmen, die als Mutter- oder Tochterunternehmen (§ 290) in den Konzernabschluß eines Mutterunternehmens nach den Vorschriften über die Vollkonsolidierung einzubeziehen sind, das als oberstes Mutterunternehmen den am weitestgehenden Konzernabschluß nach dem Zweiten Unterabschnitt aufzustellen hat, auch wenn die Aufstellung unterbleibt, oder das einen befreienden Konzernabschluß nach § 291 oder nach einer nach § 292 erlassenen Rechtsverordnung aufstellt oder aufstellen könnte; Tochterunternehmen, die nach § 296 nicht einbezogen werden, sind ebenfalls verbundene Unternehmen.

Übersicht

	Anm
A. Allgemeines	1–3
B. Beteiligungen (Abs 1)	
I. Anwendungsbereich des Begriffs „Beteiligungen"	4
II. Bedeutung der Abgrenzung von Beteiligungen gegenüber sonstigen Anteilen	5–7
III. Beteiligungsdefinition (S 1, 2 und 5)	8
1. Unternehmen	9–12
2. Anteile	13–15
3. Zweckbestimmung	16–23
IV. Beteiligungsvermutung (S 3 und 4)	24–28

Beteiligungen. Verbundene Unternehmen 1 § 271

Anm

C. **Verbundene Unternehmen (Abs 2)**
  I. Anwendungsbereich des Begriffs „verbundene Unternehmen" 30
  II. Bedeutung der Abgrenzung von verbundenen gegenüber nicht verbundenen Unternehmen 31, 32
  III. Definition der verbundenen Unternehmen 33
   1. Am Wortlaut orientierte Interpretation des Abs 2 34
   2. Abweichende Anwendung des Abs 2 35

D. **Rechtsfolgen einer Verletzung des § 271** 40

E. **Abweichungen der IFRS**
  I. Allgemeines 45
  II. Beteiligungen (Abs 1) 46
  III. Verbundene Unternehmen (Abs 2) 48

F. **Exkurs: Verbundene Unternehmen im Steuerrecht (Organschaft)**
  I. Allgemeines 100–103
  II. Die Organschaft im Körperschaftsteuerrecht
   1. Voraussetzungen der Organschaft im Körperschaftsteuerrecht
    a) Der Organträger 104–107
    b) Die Organgesellschaft 108
    c) Die Eingliederung 109–129
    d) Der Gewinnabführungsvertrag (EAV) 130–136
   2. Steuerrechtliche Folgen
    a) Einkommenszurechnung 137–139
    b) Einkommensermittlung 140–152
     aa) Organeinkommen 141, 142
     bb) Organträgereinkommen 143–152
  III. Organschaft im Gewerbesteuerrecht
   1. Allgemeines 153, 154
   2. Die Ermittlung des Gewerbeertrags 155
   3. Negative Gewerbeerträge 156–158

Schrifttum: *Kropff* „Verbundene Unternehmen" im Aktiengesetz und im Bilanzrichtlinien-Gesetz DB 1986, 364; *Ulmer* Begriffsvielfalt im Recht der verbundenen Unternehmen als Folge des Bilanzrichtlinien-Gesetzes – Eine systematische Analyse – FS Goerdeler, 623; *HFA 1/1993* Zur Bilanzierung von Joint Ventures WPg, 441; *Früh/Klar* Joint Ventures – Bilanzielle Behandlung und Berichterstattung WPg 1993, 493; *Nordmeyer* Die Einbeziehung von Joint Ventures in den Konzernabschluß WPg 1994, 301; *HFA 1/1994* Zur Behandlung von Genussrechten im Jahresabschluss von Kapitalgesellschaften WPg, 419; *Kropff* Wie lange noch: Verbundene Unternehmen im Bilanzrecht, FS Ulmer Berlin 2003, 847; *Petersen/Zwirner* Unternehmensbegriff, Unternehmenseigenschaft und Unternehmensformen DB 2008, 481; *Küting/Seel* Neukonzeption des Mutter-Tochter-Verhältnisses nach HGB – Auswirkungen des BilMoG auf die handelsrechtliche Bilanzierung BB 2010, 1464.

A. Allgemeines

Für **Beteiligungen** sieht das Schema des § 266 für große und mittelgroße 1 KapGes/KapCoGes einen gesonderten Ausweis vor. Außerdem verwendet das HGB den Beteiligungsbegriff in einer Reihe weiterer Bestimmungen (Anm 4). Die entspr gesetzliche Definition des Beteiligungsbegriffs ergibt sich aus Abs 1

S 1 u 2. Hiernach sind Beteiligungen verbriefte oder nicht verbriefte Anteile an anderen Unt, die bestimmt sind, dem eigenen Geschäftsbetrieb durch Herstellung einer dauernden Verbindung zu dienen. Darüber hinaus enthält Abs 1 S 3 u 4 eine – widerlegbare – gesetzliche Vermutung, wonach unter bestimmten Voraussetzungen ungeachtet der Definitionsmerkmale des S 1 vom Vorliegen einer Beteiligung auszugehen ist.

2   Der Begriff der **verbundenen Unternehmen** ist in § 15 AktG dahingehend definiert, dass er die im Verhältnis zueinander in Mehrheitsbesitz stehenden und mit Mehrheit beteiligten Unt (§ 16 AktG), abhängige und herrschende Unt (§ 17 AktG), Konzern-Unt (§ 18 AktG), wechselseitig beteiligte Unt (§ 19 AktG) sowie Vertragsteile eines Unt-Vertrags (§§ 291, 292 AktG) umfasst. Durch Abs 2 sind in Transformation des Art 41 der 7. EG-Richtl ausschließlich für den Bereich des Dritten Buchs des HGB (§§ 238–339) verbundene Unt eigenständig und abw von § 15 AktG definiert, so dass derselbe Ausdruck je nach Anwendungsbereich unterschiedliche Begriffsinhalte aufweist. So richtet sich zB der Begriff des verbundenen Unt für Zwecke des Berichts an den AR über Beziehungen zu verbundenen Unt (§ 90 Abs 3 AktG) und des Abhängigkeitsberichts (§ 312 AktG) nach § 15 AktG, während es sich bei den einschlägigen Bilanzposten – auch einer AG – (zB Anteile an verbundenen Unt oder Verbindlichkeiten ggü verbundenen Unt) um verbundene Unt iSv Abs 2 handeln muss. Während vor dem BilMoG keine wesentlichen Konstellationen eines differenzierten Verbundtatbestandes zwischen HGB und AktG existierten, ist durch die Neukonzeption des § 290 der Kreis der MU-TU-Verhältnisse nach § 271 Abs 2 um die Zweckges weiter gezogen (vgl *Küting/Seel* BB 2010, 1464).

3   Die Verbundenheit von Unt iSd Abs 2 kennzeichnet somit nicht etwa generell eine besonders qualifizierte Art des Beteiligungsverhältnisses wie zB bei faktischer Beherrschungsmöglichkeit. Eine andere Beurteilung ist allerdings dann geboten, wenn es um die konkurrierende Anwendung beider Kennzeichnungen von Unt-Beziehungen geht, dh in den zahlreichen Fällen, in welchen die Beziehung zweier Unt zueinander sowohl die Kriterien der Beteiligung nach Abs 1 als auch diejenigen der Verbundenheit nach Abs 2 erfüllt. Hier erweist sich die Verbundenheit als **spezielle Erscheinungsform der Beteiligung.** Dementspr sehen bspw die GuV-Gliederungsschemata des § 275 Abs 2 und 3 in den Posten 9 bzw 8 vor, dass bei den Erträgen aus Beteiligungen die darin enthaltenen Erträge aus verbundenen Unt gesondert zu vermerken sind. Das Bilanzgliederungsschema des § 266 Abs 2 und 3 bringt dies weniger deutlich dadurch zum Ausdruck, dass die die verbundenen Unt betreffenden Unterposten jeweils gesondert vor denjenigen auszuweisen sind, welche auf Beteiligungsverhältnisse Bezug nehmen. Dabei ist zu beachten, dass durch den Wegfall des Beteiligungserfordernisses nach § 290 verbundene Unt vorliegen können, die aber nicht zugleich solche sind, mit denen ein Beteiligungsverhältnis besteht.

B. Beteiligungen (Abs 1)

I. Anwendungsbereich des Begriffs „Beteiligungen"

4   Der in Abs 1 definierte Begriff „Beteiligung" findet Verwendung in folgenden Bestimmungen des Dritten Buchs des HGB:
§ 266 Abs 2 A III 3 und 4, B II 3 und Abs 3 C 7 (Bilanzgliederung),
§ 275 Abs 2 Nr 9 (GuV – Gesamtkostenverfahren),
§ 275 Abs 3 Nr 8 (GuV – Umsatzkostenverfahren),
§ 285 Nr 11 Hs 4 (Zusatzangaben börsennotierter KapGes),

§ 289 Abs 4 Nr 3,
§ 306 S 4,
§ 311 Abs 1 und 2 (assoz Unt),
§ 312 Abs 1, 3 und 4 (Wertansatz von Beteiligungen an assoz Unt),
§ 313 Abs 2 Nr 4 S 2 (Zusatzangaben im Konzernanhang),
§ 315 Abs 4 Nr 3,
§ 319 Abs 3 Nr 1,
§ 327 Nr 1 A III 3 und 4, B II 3 und C 7 (größenabhängige Erleichterungen bei der Offenlegung),
§ 340a Abs 4 Nr 2,
§ 340c Abs 2,
§ 340e Abs 1 S 1 und 3,
§ 341b Abs 1 S 2.

Durch Verweisungen nimmt auch das PublG auf Abs 1 Bezug (§ 5 Abs 1 PublG – sinngemäße Anwendung des § 271 – und § 5 Abs 5 Nr 2 PublG – offenlegungspflichtige GuV-Angaben bei reinen PersGes und Ekfl –). Der Begriff gilt ferner für Kreditinstitute und VersicherungsUnt auch dann, wenn sie nicht in der Rechtsform einer KapGes organisiert sind (§§ 340a Abs 1, 340e Abs 1 S 1 und 3, 341 Abs 1, 341b Abs 1 S 2). Darüber hinaus kann der Beteiligungsbegriff des Abs 1 für alle Kfl Bedeutung haben, sofern hier ein gesonderter Ausweis im Rahmen einer freiwilligen Anwendung des § 266 Abs 2 erfolgt (hierzu § 247 Anm 8, 570).

II. Bedeutung der Abgrenzung von Beteiligungen gegenüber sonstigen Anteilen

Zunächst bedeutet der Beteiligungscharakter von Anteilen an anderen Unt, **5** dass diese Anteile **Anlagevermögen** darstellen und in der Bilanz als **Finanzanlagen** auszuweisen sind; bei großen und mittelgroßen KapGes/KapCoGes ist für Beteiligungen ein gesonderter Unterposten der Finanzanlagen vorgesehen (§ 266 Abs 2 A III 3). Demzufolge unterliegen sie den für VG des Anlagevermögens geltenden Regeln bezüglich Abschreibungen (§ 253 Abs 3) und Entwicklungsdarstellung in der Bilanz oder im Anhang (§ 268 Abs 2). Weiter folgt aus der Zuordnung von Anteilen zu den Beteiligungen, dass Ausleihungen an das betr Unt, Forderungen gegen dieses sowie ihm ggü bestehende Verbindlichkeiten bei großen und mittelgroßen KapGes/KapCoGes unter den entspr Unterposten der Bilanz gesondert auszuweisen sind (§ 266 Abs 2 A III 4, B II 3 bzw Abs 3 C 7); umgekehrt hat auch ein BetUnt, sofern es eine große oder mittelgroße KapGes/KapCoGes ist, Ausleihungen, Forderungen und Verbindlichkeiten an bzw ggü den beteiligten Unt unter den erwähnten Unterposten auszuweisen. In diesem Zusammenhang ist von Bedeutung, dass auch die von einem abhängigen Unt gehaltenen Anteile an einem dritten Unt ein Beteiligungsverhältnis iSd genannten Bestimmungen vermitteln können (Anm 26). Für Erträge aus Beteiligungen sind in der GuV – auch bei kleinen KapGes/KapCoGes (arg ex § 276) – gesonderte Posten vorgeschrieben (§ 275 Abs 2 Nr 9 bzw Abs 3 Nr 8).

An anderen Unt bestehende Anteile, welche nicht die Beteiligungskriterien **6** erfüllen und auch nicht zum Anlagevermögen gehören, stellen **Umlaufvermögen** dar; für ihren Bilanzausweis kommen die Posten „Sonstige Vermögensgegenstände" (§ 266 Abs 2 B II 4) bzw „Sonstige Wertpapiere" (§ 266 Abs 2 B III 2) in Betracht.

Sofern es sich bei einem **Beteiligungsunternehmen zugleich** auch um ein **7** **verbundenes Unternehmen** iSd Abs 2 handelt, sind bei großen und mittelgroßen KapGes/KapCoGes die entspr Anteile unter dem gesonderten Unterposten „Anteile an verbundenen Unternehmen" (§ 266 Abs 2 A III 1) auszuweisen. Ebenso haben bei Ausleihungen, Forderungen und Verbindlichkeiten ggü einem BetUnt, welches die Voraussetzungen des Abs 2 erfüllt, die Unterposten „Ausleihungen an verbundene Unternehmen", „Forderungen gegen verbundene Unternehmen" bzw „Verbindlichkeiten gegenüber verbundenen Unternehmen" Vorrang.

III. Beteiligungsdefinition (S 1, 2 und 5)

8 Die in Abs 1 S 1 formulierte Beteiligungsdefinition weist **objektive und subjektive Merkmale** auf. In objektiver Hinsicht beschränkt sich die Definition darauf, dass es sich bei Beteiligungen um **Anteile an anderen Unternehmen** handeln muss. Subjektiv, dh aus der Sicht des Anteilseigners, wird eine bestimmte **Zweckbestimmung** vorausgesetzt, welche darauf gerichtet sein muss, dass die betr Anteile **dem eigenen Geschäftsbetrieb durch Herstellung einer dauernden Verbindung dienen**. Auf eine bestimmte Anteilsquote kommt es dabei nicht an (anders die Vermutung bei mehr als 20%-iger Beteiligung in Abs 1 S 3; hierzu Anm 24 ff).

1. Unternehmen

9 Mit Ausnahme von eigenen Anteilen kommen grds jegliche Anteile an einem in- oder ausländischen **Unternehmen** als Beteiligungen in Betracht. Insb ist nach der Legaldefinition in S 1 die Rechtsform des anderen Unt ohne Bedeutung für die Beurteilung, ob eine Beteiligung vorliegt. Beteiligungen können hiernach bestehen an Unt, welche betrieben werden von
- KapGes (AG, KGaA, GmbH, SE),
- sonstigen juristischen Personen (zB Stiftung, bergrechtliche Gewerkschaft, Körperschaft des öffentlichen Rechts, Anstalt des öffentlichen Rechts),
- PersGes (zB OHG, KG, GbR, EWIV),
- Einzelkaufleute,
- Unt ausländischer Rechtsformen.

10 Eine Ausnahmeregelung zur Begriffsbestimmung des Abs 1 S 1 besteht nach Abs 1 S 5, wonach die Mitgliedschaft in einer eG nicht als Beteiligung gilt (zum Ausweis vgl § 266 Anm 129).

11 Wesentlich ist, dass überhaupt ein **Unternehmen** vorliegt. Allerdings enthält das HGB keine Definition des Unt, so dass insoweit auf die in Literatur und Praxis verwendeten Unt-Begriffe Bezug zu nehmen ist (hierzu *Petersen/Zwirner* DB 2008, 481). Hiernach stellen zumindest Gewerbebetriebe, welche gem §§ 1 oder 2 als Handelsgewerbe gelten, Unt dar. Ebenso liegt bei Eintragung im HR (§§ 5 und 6) unabhängig von der im Einzelfall ausgeübten Tätigkeit stets ein Unt vor (so auch *ADS*[6] § 271 Anm 11 unter dem Gesichtspunkt der Buchführungspflicht). Darüber hinaus werden aber auch alle nicht den Gewerbebegriff des HGB oder der GewO erfüllenden Wirtschaftseinheiten als Unt angesehen, wenn sie eigenständige Interessen kfm oder gewerblicher Art mittels einer nach außen in Erscheinung tretenden Organisation verfolgen (vgl *Kropff* in MünchKomm AktG[2] § 271 HGB Anm 13, s bzgl ausländischer Unt *WPH*[14] I, T Anm 347), zB land- und forstwirtschaftliche Betriebe, Arge oder freiberufliche Praxen. Nicht als Unt gilt demggü die lediglich vermögensverwaltende Tätigkeit (aA *Scherrer* in Kölner Komm-HGB § 271 Anm 14).

12 Problematisch sind in diesem Zusammenhang insb die in verschiedensten Varianten auftretenden **GbR**. Diese sind jedenfalls dann nicht als Unt einzustufen, wenn sie lediglich ideelle Zwecke verfolgen. Hingegen können sie dann Unt darstellen, wenn ihre Zwecke wirtschaftlicher Natur sind. Als Objekt einer Beteiligung kommen aber auch solche GbR nur dann in Frage, wenn ein Gesamthandsvermögen besteht, da andernfalls eine kapitalmäßige Beteiligung nicht denkbar ist. Außerdem muss eine GbR, um Unt zu sein, als solche im wirtschaftlichen Verkehr in Erscheinung treten. Teilnahme am wirtschaftlichen Verkehr kann auch gegeben sein, wenn die GbR Aufgaben der Konzernleitung wahrnimmt. **Bruchteilsgemeinschaften** (zB Gemeinschaft von Grundstücks-Miteigentümern) verfügen als solche nicht über eine nach außen in Erscheinung tretende Organisation und sind deshalb regelmäßig nicht als Unt anzusehen.

Zur Behandlung von Mitgliedschaften in **Joint Ventures** *HFA 1/1993* Soweit das Joint Venture als KapGes oder als PersGes ausgestaltet ist, steht seine Unt-Eigenschaft außer Frage. Demggü sind Joint Ventures in der Form von Bruchteilsgemeinschaften grds nicht als Unt anzusehen. Eine differenzierende Beurteilung ist bei Joint Ventures in der Rechtsform der GbR geboten. Nach *HFA 1/1993* liegt bei diesen Unt-Eigenschaft vor, wenn das Vermögen des Joint Venture ganz oder teilweise gesamthänderisch gebunden ist, erwerbswirtschaftliche – nicht nur vermögensverwaltende – Interessen verfolgt werden, das Joint Venture mittels einer Organisation nach außen in Erscheinung tritt und Rechtsbeziehungen zu Dritten oder zu den Partner-Unt unterhält. Unerheblich sind die Dauer und die Anzahl der vom Joint Venture abzuwickelnden Projekte. **Investmentfonds** unterliegen als Sondervermögen der Verwaltung durch Kapitalanlageges. Die Fonds sind deshalb als Sondervermögen nur Objekte und nicht Subjekte gewerblicher Betätigung und damit keine Unt. Anteilscheine (§ 33 InvG) weisen somit das objektive Beteiligungsmerkmal (Anm 8) nicht auf; sie sind daher als Wertpapiere des Anlagevermögens (vgl § 266 Anm 80) bzw als sonstige Wertpapiere (§ 266 Abs 2 B III 2) auszuweisen. Von einer InvAG (§ 97 InvG) ausgegebene Unternehmens- und Anlageaktien verbriefen hingegen Unternehmensanteile und erfüllen deshalb die objektive Beteiligungsvoraussetzung.

2. Anteile

Anteile an einem anderen Unt müssen, wie Abs 1 S 2 klarstellt, nicht in Wertpapieren verbrieft sein. **GmbH-Geschäftsanteile** kommen deshalb als Beteiligungen ebenso in Betracht wie **Aktien**, darüber hinaus aber auch **alle anderen Anteilsrechte,** welche wirtschaftlich eine Teilhabe am Vermögen eines anderen Unt zum Gegenstand haben, zB die Anteile von phG oder von Kommandisten an PersGes (OHG, KG; hierzu IDW RS HFA 18 Tz 2 ff), aber auch Gesamthandsanteile bei GbR (zB Joint Ventures) sowie atypisch stille Beteiligungen (zu Letzteren Anm 15). In jedem Fall setzt die Annahme von Anteilen voraus, dass dem anderen Unt Kapital mit der Maßgabe überlassen oder verbindlich zugesagt worden ist, dieses ohne betragsmäßig festgelegte Rückzahlungsverpflichtung verwenden zu dürfen. Hierdurch unterscheiden sich Anteile an einem anderen Unt insb von **Forderungen,** welchen auf Seiten des Kapitalempfängers konkrete Rückerstattungsverpflichtungen gegenüberstehen. 13

Soweit **phG** einer PersGes an deren Kapital nicht beteiligt und zur Erbringung von Einlagen auch nicht verpflichtet sind, verfügen sie nicht über Anteile iSd Abs 1 und *insoweit* nicht über eine Beteiligung. Haftungsrechtlich unterliegen sie aber idR mit ihrem eigenen Vermögen einem gleichen Risiko wie die kapitalmäßig beteiligten Geseter mit ihren Einlagen; zudem ist ihr Haftungsrisiko betragsmäßig unbeschränkt. Unter diesem Gesichtspunkt ist trotz fehlender Anteile die Beziehung zu der Ges als Beteiligungsverhältnis zu werten (ebenso *ADS*[6] § 271 Anm 8, *Matschke/Schellhorn* in BoHdR[2] § 271 Anm 13). Im Übrigen be- 14 steht unter den Voraussetzungen des § 285 Nr 3a die Pflicht zur Angabe der finanziellen Verpflichtungen (IDW RS HFA 18 Tz 8). Aus einer unbeschränkten Haftung des phG kann sich ferner eine passivierungspflichtige Verbindlichkeit oder Angabepflichten nach §§ 251, 268 Abs. 7, 285 Nr 27 ergeben sofern eine hinreichende Konkretisierung des Haftungsrisikos vorliegt (IDW RS HFA 18 Tz 35 ff). Nach § 285 Nr 11a sind im Anhang auch Name, Sitz und Rechtsform der PersGes anzugeben.

15 **Stille Beteiligungen** (§§ 230 ff) sind idR keine Beteiligungen iSd Abs 1. Soweit auf Grund GesVertrag (§ 231 Abs 2) der stille Gester an einem Verlust des anderen Unt nicht teilnimmt, bleibt ihm grds sein Anspruch auf Rückgewähr der Einlage betragsmäßig erhalten; seine Stellung gleicht somit mehr der eines Forderungsgläubigers als der eines Anteilseigners. Aber auch dann, wenn der stille Gester entspr dem gesetzlichen Regelfall Verluste des anderen Unt mitzutragen hat, ist seine Einlage nicht ohne weiteres als Unt-Anteil zu werten. Hinzukommen müssen vielmehr Kontroll- und Mitspracherechte, welche die Stellung des stillen Gesters an diejenige eines Kommanditisten annähern (*ADS*[6] § 271 Anm 7; *Matschke/Schellhorn* in BoHdR[2] § 271 Anm 15; und *Kropff* in MünchKomm AktG[2] § 271 HGB Anm 19 mit zutreffendem Hinweis darauf, dass § 236 nicht anwendbar sein sollte; vgl auch § 247 Anm 233 f).

Genussrechte (bei Verbriefung: Genussscheine) begründen idR keine mitgliedschaftsrechtliche Stellung und vermitteln deshalb keinen Anteil am Unt, sondern lediglich Gläubigerrechte (zu Ausnahmen vgl. § 247 Anm 228). Ihr Ausweis als Beteiligung ist daher idR nicht zulässig (so auch *HFA 1/1994* Abschn 3.1, aA *Scherrer* in Kölner Komm-HGB § 271 Anm 11).

3. Zweckbestimmung

16 Anteile an anderen Unt sind nur dann Beteiligungen, wenn sie dazu bestimmt sind, dem eigenen Geschäftsbetrieb durch Herstellung einer dauernden Verbindung zu den anderen Unt zu dienen. Es genügt hiernach nicht, dass die Anteile in irgendeiner Weise dem eigenen Geschäftsbetrieb dienen; erforderlich ist vielmehr, dass dieser Zweck in bestimmter Weise, nämlich durch **Herstellung einer dauernden Verbindung** zum anderen Unt herbeigeführt werden soll. Diese dauernde Verbindung muss **mit Hilfe der Anteile** angestrebt werden und deshalb über die bereits zur Herstellung der Anteile selbst erforderliche Kapitalüberlassung hinausgehen. Ausschließlich zur Kapitalanlage dienende Anteile an anderen Unt erfüllen somit idR nicht den Beteiligungsbegriff (ebenso *ADS*[6] § 271 Anm 17; *Matschke/Schellhorn* in BoHdR[2] § 271 Anm 22; aA *Bieg* in HdR[5] § 271 Anm 14 ff). Anderes gilt nur dann, wenn die Kapitalanlage als solche (zB bei Vermögsverwaltungs-Ges) wesentlicher Bestandteil des Unt-Gegenstands des Anteilseigners ist (so auch *Kropff* in MünchKomm AktG[2] § 271 HGB Anm 26).

17 Andererseits fordert das HGB keine Verbindung, welche eine **Einflussnahme auf die Geschäftsführung** des anderen Unt ermöglicht (so auch *ADS*[6] § 271 Anm 18; *Scheffler* in Beck HdR B 213 Anm 231. Wenngleich daher die Absicht, mittels der Anteile die Geschäftsführung des anderen Unt beeinflussen zu können, regelmäßig für das Vorliegen einer Beteiligung spricht, können doch auch andere Formen einer angestrebten Dauerverbindung ausreichen. Hierfür kommen zB in Betracht (dazu auch *ADS*[6] § 271 Anm 19):
– längerfristige Lfg- oder Leistungsbeziehungen,
– Kooperation von Unt-Bereichen (zB Forschung, Entwicklung, Einkauf, Produktion, Vertrieb),
– gemeinsame Personalschulung,

– Personalaustausch,
– Finanzierungsvereinbarung.

Maßgebend ist aber in jedem Fall, dass die Anteile als Mittel zur Herstellung **18** der verbindenden Beziehung Verwendung finden sollen. Es genügt deshalb zur Annahme einer Beteiligung nicht, wenn bei Vorliegen einer ohnehin bestehenden Verbindung zum anderen Unt Anteile an diesem lediglich zur Kapitalanlage erworben worden sind. Entspr der für den HK-Begriff geltenden Legaldefinition des § 255 Abs 2 S 1 wird vielmehr eine durch die Anteile herbeizuführende Erweiterung oder über den ursprünglichen Zustand hinausgehende wesentliche Verbesserung der dauernden Verbindung beabsichtigt sein müssen. Eine Beteiligung liegt hiernach nicht schon dann vor, wenn – unabhängig von der Höhe der Anteilsquote – offensichtlich kein nennenswerter Einfluss zB auf bestehende oder angestrebte Lieferbeziehungen durch die Anteile vermittelt wird.

Die angestrebte Dauerverbindung muss nicht unmittelbar zwischen dem eige- **19** nen Geschäftsbetrieb und dem anderen Unt bestehen (*ADS*[6] § 271 Anm 19); es genügt vielmehr auch eine **mittelbare Verbindung** (zB zwischen Konzern-Unt), sofern diese bestimmungsgemäß dem eigenen Geschäftsbetrieb zu dienen vermag. Eine Beteiligung ist hingegen nicht anzunehmen, wenn der Anteilsbesitz zwar dem eigenen Geschäftsbetrieb dient, ohne jedoch hierfür bestimmt zu sein (glA *ADS*[6] § 271 Anm 20). Dies kann ausnahmsweise – etwa bei Banken – dann der Fall sein, wenn konkrete Umstände darauf schließen lassen, dass die Anteile ausschließlich oder weitaus überwiegend im Interesse Dritter (zB des anderen Unt) oder aus volkswirtschaftlichen Erwägungen gehalten werden (Einzelheiten bei *Spieth* Ausgewählte Fragen zur Jahresabschlussprüfung von Kreditinstituten, in Bankbilanzierung und Bankprüfung, Wiesbaden 1988).

Eine **Einschränkung** des Kreises der als Beteiligungen zu wertenden Anteile **20** ergibt sich dadurch, dass sie als **Anlagevermögen** (hierzu § 247 Anm 350 ff) „dauernd dem Geschäftsbetrieb ... dienen" müssen. Hierbei und bei dem in Abs 1 S 1 genannten Merkmal „durch Herstellung einer ... Verbindung" kommt es (wie auch nach § 247 Abs 2) darauf an, dass die Anteile zu den genannten Zwecken „bestimmt sind", dh beim Bilanzierenden muss eine entspr **Absicht** bestehen. Die Anwendung dieses Kriteriums auf Anteilsrechte macht es jedoch erforderlich, die besonderen Eigenschaften dieser VG zu berücksichtigen. Dies gilt insb für die Frage, wieweit für die Beurteilung der Dauerhaftigkeit des Verbleibs der Anteile der Wille des Bilanzierenden einerseits und objektive Umstände andererseits maßgebend sind. Hierbei wird man davon auszugehen haben, dass der Zweckbestimmung seitens des Bilanzierenden entscheidendes Gewicht zukommt. Dies kann allerdings nur dann gelten, wenn diese subjektive Zwecksetzung unter Berücksichtigung der rechtlichen, wirtschaftlichen und tatsächlichen Umstände plausibel erscheint (ähnlich *ADS*[6] § 271 Anm 20; *Matschke/Schellhorn* in BoHdR[2] § 271 Anm 25 ff), zB bei Branchenverwandtschaft.

Insb bei **unverbrieften Anteilen** (zB Anteile an PersGes, GmbH-Geschäfts- **21** anteile) ist eine Veräußerung vielfach durch Zustimmungserfordernisse erschwert; im Übrigen besteht für derartige Anteile regelmäßig kein Markt, so dass auch unter diesem Gesichtspunkt eine kurzfristige Veräußerungsabsicht im allgemeinen nicht zu verwirklichen ist. Im Normalfall haben deshalb unverbriefte Anteile stets – und zwar unabhängig vom Anteilsumfang – Anlagecharakter. Dies gilt insb auch bei Anteilen an Joint Venture – GbR, wenn diese auf unbestimmte Dauer vereinbart oder auf die wiederholte Abwicklung von Projekten angelegt sind (so *HFA 1/1993* zu 3.1.(3)). Eine andere Beurteilung kommt dann in Betracht, wenn nach den konkreten Umständen des Einzelfalls bereits bei Erwerb der unverbrieften Anteile die objektiv realisierbare Absicht bestand, diese kurzfristig weiter zu veräußern, wie dies insb bei Anteilen an Publikums-PersGes der Fall sein kann (so auch *ADS*[6] § 271 Anm 23).

Anteile an PersGes werden meist nicht nur als Anlagevermögen zu beurteilen sein, sondern auch die in Abs 1 zusätzlich geforderte Verbindung zum eigenen Geschäftsbetrieb vermitteln. Anteile an PersGes können aber – wie zB ausschließlich der Kapitalanlage dienende Anteile an einem geschlossenen Immobilienfonds – Anlagevermögen sein, ohne den Beteiligungsbegriff zu erfüllen (so wohl auch *ADS*[6] § 271 Anm 17).

22 Bei **verbrieften Anteilen,** insb bei börsengängigen Aktien, kann grds von kurzfristiger Veräußerbarkeit ausgegangen werden. Trotzdem sprechen auch hier vielfach objektive Umstände gegen eine Absicht der kurzfristigen Veräußerung. Unabhängig von der gesetzlichen Vermutung des Abs 1 S 3 (über 20% Anteilsbesitz, Anm 24 ff) gilt dies insb dann, wenn die fraglichen Anteile auf Grund ihres Umfangs nach Gesetz oder GesVertrag Sonderrechte (zB Sperrminoritäten) vermitteln und deshalb nur als Paket sinnvoll veräußerbar erscheinen. Ähnliches gilt, wenn zwischen dem Anteilseigner und dem anderen Unt betriebsnotwendige Leistungsbeziehungen bestehen, welche bei einer Anteilsveräußerung gefährdet wären. Erst recht erscheint eine kurzfristige Veräußerung unwahrscheinlich, wenn sich der Anteilseigner für das andere Unt verbürgt oder in anderer Weise (zB durch Patronatserklärung) eine Haftung für dieses übernommen hat. Unter den genannten Umständen müssen deshalb auch verbriefte Anteile als Beteiligungen behandelt werden.

23 Bestehen keine Zweifel an der kurzfristigen Veräußerbarkeit von Anteilen, so bleibt die **Absicht des Bilanzierenden** maßgebend, die Anteile längerfristig zu halten (Folge: Anlagevermögen) bzw kurzfristig zu veräußern (Folge: Umlaufvermögen). Zur Zuordnung von Anteilen an herrschenden oder mit Mehrheit beteiligten Unternehmen § 266 Anm 73, 75.

IV. Beteiligungsvermutung (S 3 und 4)

24 Nach Abs 1 S 3 gelten **im Zweifel** Anteile an einer KapGes als Beteiligung, wenn ihre Nennbeträge insgesamt den fünften Teil des Nennkapitals dieser Ges überschreiten.

25 Da die beteiligungsbegründende Zweckbestimmung nicht darauf gerichtet sein muss, auf die Geschäftsführung des anderen Unt Einfluss zu nehmen (Anm 17), genügt es zur Widerlegung der Vermutung nicht, lediglich eine beabsichtigte Einflussnahme auf die Geschäftsführung auszuschließen. Hierzu muss vielmehr auch ausgeschlossen sein, dass die Anteile zur Herstellung einer *sonstigen* **dauernden Verbindung zum anderen Unternehmen** Verwendung finden sollen. Dabei wiederum reicht es aus, wenn wenigstens eines dieser Merkmale (Herstellung, Verbindung, Dauer) ausgeschlossen wird (aA *Bieg* in HdR § 271 Anm 55, der den Nachweis einer kurzfristig realisierbaren Veräußerungsabsicht verlangt; wie hier auch *Matschke/Schellhorn* in BoHdR[2] § 271 Anm 43). Auch im umgekehrten Fall eines Kapitalanteils von weniger als den fünften Teil des Nennkapital kann bei Erfüllung der Merkmale ein Beteiligungsbesitz gegeben sein (vgl *WPH*[14] I, F Anm 258).

Trotz bestehender oder zu erwartender Dauerverbindung zu dem anderen Unt kann deshalb die Vermutung als **widerlegt** angesehen werden, wenn im konkreten Fall die Anteile nicht geeignet erscheinen, diese oder andere Dauerverbindungen herbeizuführen, zu erweitern oder wesentlich zu verbessern. Dies ist zB dann denkbar, wenn bestehende Geschäftsbeziehungen für beide Unt von untergeordneter Bedeutung sind (zB Stromlieferungen eines Versorgungs-Unt an ein

Dienstleistungs-Unt, das Anteile am Versorgungs-Unt hält). Andererseits können bei Vorliegen einer durch die Anteile geförderten Verbindung zur Widerlegung der Vermutung Umstände ausreichen, welche es ausgeschlossen erscheinen lassen, dass die Verbindung eine dauernde ist (zB einmalige Veräußerung eines Grundstücks oder auch eines Unt-Teils an das andere Unt).

Sachlich knüpft die Vermutungsregel an die **Anteilsquote**, bezogen auf das Nennkapital der KapGes, an. Für die Vermutungswirkung ist es ausreichend, wenn der **fünfte Teil des Nennkapitals** überschritten ist. In Abs 1 S 4 wird hierzu ergänzend angeordnet, dass für die Berechnung der Anteilsquote § 16 Abs 2 und 4 AktG entspr anzuwenden ist. Das gilt hier auch für GmbH. Aus der entspr Anwendung des **§ 16 Abs 2 AktG** folgt, dass für die Ermittlung der vermutungsbegründenden Anteilsquote das Nennkapital der KapGes um den Nennbetrag der von dieser selbst gehaltenen eigenen Anteile zu vermindern ist; ebenso sind Anteile abzuziehen, welche einem anderen für Rechnung der KapGes gehören. 26

Entspr § 16 Abs 4 AktG sind auf Seiten des beteiligten Unt die ihm selbst gehörenden Anteile, aber auch solche Anteile zu berücksichtigen, welche einem von ihm abhängigen Unt (§ 17 AktG) gehören. Von besonderer Bedeutung ist in diesem Zusammenhang, dass nach § 17 Abs 2 AktG von einem in Mehrheitsbesitz stehenden Unt (auch GmbH) vermutet wird, es sei von dem an ihm mit Mehrheit beteiligten Unt abhängig. Sofern diese Abhängigkeitsvermutung nicht widerlegt wird, sind daher die von einem in Mehrheitsbesitz stehenden Unt gehaltenen Anteile an einem dritten Unt bei Anwendung der Beteiligungsvermutung dem mit Mehrheit beteiligten Unt zuzurechnen. Unabhängig von der Höhe der Beteiligung an dem vermittelnden Unt sind dabei die von diesem gehaltenen Anteile in vollem Umfang zuzurechnen (§ 285 Anm 234). Außerdem sind infolge der entspr Anwendung des § 16 Abs 4 AktG auch diejenigen Anteile in die vermutungsbegründende Anteilsquote einzubeziehen, welche einem anderen für Rechnung des beteiligten Unt selbst oder eines von diesem abhängigen Unt gehören. Schließlich sind bei einem Unt eines EKfm auch die in dessen sonstigem Vermögen gehaltenen Anteile in die Quotenberechnung aufzunehmen.

Soweit es nur durch die entspr Anwendung des § 16 Abs 2 und 4 AktG zur Vermutung einer Beteiligung kommt, hat dies für große und mittelgroße KapGes/KapCoGes insb **Folgen beim bilanziellen Ausweis** von Schuldverhältnissen zwischen dem als beteiligt geltenden Unt und der BeteiligungsGes, da jeweils diejenigen Unterposten der Bilanzgliederung (§ 266) zu verwenden sind, welche „Unternehmen, mit denen ein Beteiligungsverhältnis besteht" betreffen (oder es kommt ein Mitzugehörigkeitsvermerk nach § 265 Abs 3 in Betracht). 27

Zum gesonderten Ausweis von Ausleihungen, Forderungen und Verbindlichkeiten gegenüber Gestern von GmbH (**§ 42 Abs 3 GmbHG**) und von KapCoGes (**§ 264c Abs 1**) sowie zur Konkurrenz dieser Ausweisregelung mit den Bestimmungen des HGB vgl § 284 Anm 58f. 28

C. Verbundene Unternehmen (Abs 2)

I. Anwendungsbereich des Begriffs „verbundene Unternehmen"

Der in Abs 2 definierte Begriff „verbundene Unternehmen" wird in folgenden Bestimmungen des Dritten Buchs des HGB verwendet:
§ 266 Abs 2 A III 1 und 2, B II 2, B III 1 und Abs 3 C 6 (Gliederung der Bilanz), 30

§ 268 Abs 7 (gesonderte Angabe bei Haftungsverhältnissen),
§ 275 Abs 2 Nr 9, 10, 11 und 13 (GuV – Gesamtkostenverfahren),
§ 275 Abs 3 Nr 8, 9, 10 und 12 (GuV – Umsatzkostenverfahren),
§ 285 Nr 3a (Pflichtangaben im Anhang),
§ 319 Abs 3 Nr 1 und 2, Abs 4 (AP – Ausschlussgründe),
§ 323 Abs 1 (Schadenersatzpflicht des AP),
§ 327 Nr 1 A III 1, A III 2, B II 2, B III 1 und C 6 (größenabhängige Erleichterungen bei der Offenlegung),
§ 331 Nr 4 (Strafvorschriften),
§ 340c Abs 2 S 1,
§ 340e Abs 1 S 1 und 3 (Bewertung bei Kreditinstituten),
§ 341b Abs 1 S 2 (Bewertung bei Versicherungsunternehmen) und
§ 342c Abs 1 (Verschwiegenheitspflicht der DPR).

Durch Verweisung ordnet auch das PublG in § 5 Abs 1 die sinngemäße Anwendung des Abs 2 für seinen Geltungsbereich an.

II. Bedeutung der Abgrenzung von verbundenen gegenüber nicht verbundenen Unternehmen

31 Das für große und mittelgroße KapGes/KapCoGes geltende **Bilanzgliederungsschema** des § 266 Abs 2 und 3 sieht für Beziehungen zu verbundenen Unt gesonderte Ausweise bei den Finanzanlagen (Anteile und Ausleihungen), bei den Forderungen, bei den Wertpapieren des Umlaufvermögens und bei den Verbindlichkeiten vor. Soweit mittelgroße KapGes/KapCoGes von dem Wahlrecht des § 327 Nr 1 S 1 Gebrauch machen, ihre Bilanz in verkürzter Form zum eBAnz einzureichen, sind sie zu entspr Angaben in der Bilanz oder im **Anhang** verpflichtet (§ 327 Nr 1 S 2). Verpflichtungen aus **Haftungsverhältnissen** iSd § 251 ggü verbundenen Unt sind **unter der Bilanz** oder im **Anhang** gesondert anzugeben (§ 268 Abs 7). Kleine KapGes/KapCoGes brauchen diese Bestimmungen nicht anzuwenden (§ 266 Abs 1 S 3; arg ex § 327; § 268 Anm 123). Durch den neu durch das MircoBilG hinzugekommenen S 4 gilt gleiches für KleinstKapGes.

In der **GuV** – auch bei kleinen KapGes/KapCoGes (arg ex § 276) und KleinstKapGes – sind bei den Erträgen aus Beteiligungen, bei den Erträgen aus anderen Wertpapieren und Ausleihungen des Finanzanlagevermögens, bei den sonstigen Zinsen und ähnlichen Erträgen sowie bei den Zinsen und ähnlichen Aufwendungen jeweils **Vermerke** über die darin enthaltenen Erträge aus oder Aufwendungen an verbundene Unt anzubringen (§ 275 Abs 2 Nr 9, 10, 11 und 13 bzw Abs 3 Nr 8, 9, 10 und 12). Schließlich verlangt § 285 Nr 3a die gesonderte Angabe der weder in noch unter der Bilanz anzugebenden **finanziellen Verpflichtungen** ggü verbundenen Unt im **Anhang**. Dies gilt nicht für kleine KapGes/KapCoGes (§ 288 Abs 1) und entsprechend auch nicht für KleinstKapGes.

32 Der Begriff der verbundenen Unt dient somit dem **Zweck**, im JA die wirtschaftlichen Beziehungen zwischen den so gekennzeichneten Unt transparenter zu machen. Hierfür wiederum besteht deshalb ein Bedürfnis, weil die betr TU grds wirtschaftlich unselbstständig sind und die VFE-Lage verbundener Unt durch konzerninterne Umstände beeinflusst sein kann (ebenso ADS[6] § 271 Anm 34). Die in Abs 2 enthaltene Definition verbundener Unt ist zudem auch maßgebend für das Verbundenheitskriterium in den Tatbeständen der §§ 319 Abs 3 (Unabhängigkeit des AP; BGH 3.9.2004, DB 1605) und 323 Abs 1 S 3 (Haftung des AP).

III. Definition der verbundenen Unternehmen

Zur begrifflichen Abgrenzung der verbundenen Unt nimmt Abs 2 auf §§ 290 ff **33** Bezug und bezeichnet iW diejenigen Unt als verbunden, welche als **MU oder TU** nach den Vorschriften über die **Voll-Kons** (§§ 300 bis 307) in einen KA einzubeziehen sind. Darüber hinaus umfasst der Kreis der verbundenen Unt aber auch diejenigen TU, welche nach § 296 in den KA nicht einbezogen werden müssen. Ergänzend ist anzumerken, dass nach Meinung des HFA alle konsolidierungspflichtigen Einheiten, dh auch sonstige juristische Personen des Privatrechts und unselbständiges Sondervermögen des Privatrechts (ausgenommen Spezial-Sondervermögen gem § 2 Abs 3 InvG) als Ausprägungsformen von Zweckges, die keine Unteigenschaft besitzen, gem §§ 271 Abs 2, 290 Abs 2 Nr 4 S 2 als verbundene Unternehmen zu behandeln sind (vgl IDW FN 2/2011 S 122 f). Jüngste Änderung durch das Gesetz zur Umsetzung der Richtlinie 2011/61/EU über die Verwaltung alternativer Investmentfonds vom 21. Mai 2013 mit Wirkung für nach dem 21. Juli 2013 beginnende Geschäftsjahre.

1. Am Wortlaut orientierte Interpretation des Abs 2

Nach dem Wortlaut des Abs 2 und der dort in Bezug genommenen Regelungen der §§ 290 ff liegt in vielen typischen Fällen enger Beziehungen zwischen **34** Unt keine Verbundenheit vor. Dies gilt zB (zu Einzelheiten vgl 5. Aufl § 271 Anm 33 ff, 60) in folgenden Fällen:
- Das Unt gehört zu einem Konzern, für den wegen Unterschreitens der Größenmerkmale des § 293 ein KA nicht aufzustellen ist.
- Das Unt (KapGes/KapCoGes) gehört zu einem Konzern, für den ein KA von einem MU aufzustellen ist, das nicht die Rechtsform einer KapGes/KapCoGes aufweist.
- Die KA-Pflicht besteht ausschließlich nach ausländischem Recht.
- Das Unt selbst hat nicht die Rechtsform einer KapGes/KapCoGes.

2. Abweichende Anwendung des Abs 2

Die aus dem Wortlaut des Abs 2 resultierenden Einschränkungen (Anm 34) **35** sind im Hinblick auf die Transparenzfunktion (Anm 32) des Begriffs „Verbundene Unternehmen" weder zweckmäßig noch systematisch verständlich. In der Literatur ist deshalb schon seit Einführung der Bestimmung die Ansicht verbreitet, es komme für die Verbundenheit von Unt entgegen dem Wortlaut des Abs 2 nicht darauf an, ob KA-Pflicht nach dem Zweiten Unterabschn bestehe. Dabei stützt man sich iW darauf, dass die durch Abs 2 transformierten Vorschriften des Art 41 der 7. EG-Richtl ausschließlich auf die in Art 1 der 7. EG-Richtl umschriebenen Beziehungen zwischen MU und TU, nicht aber zusätzlich auf eine KA-Pflicht abstellen. Da der deutsche Gesetzgeber zweifellos seiner Verpflichtung habe nachkommen wollen, ein inhaltlich den EG-Richtl entspr nationales Recht zu schaffen, müsse Art 41 der 7. EG-Richtl zur Auslegung des Abs 2 herangezogen werden (*Kropff* DB 1986, 366, und FS Ulmer, 863; *Ulmer* FS Goerdeler, 633; *ADS*[6] § 271 Anm 56 ff). Auch den aus dem Wortlaut des § 290 resultierenden Einschränkungen hinsichtlich des Kreises der als verbunden anzusehenden MU und TU traten Teile der Literatur mit erweiternden Interpretationen entgegen. Die JA-Praxis geht von einem erweiterten Kreis verbundener Unt aus. Allein das Vorliegen eines MU-TU Verhältnis ist dabei entscheidend. Verbundene Unternehmen sind demnach unabhängig von ihrer Rechtsform und ihrem Sitz neben dem obersten MU solche Unt bzw sonstige konsolidierungs-

§ 271   40–45   Bilanz

pflichtige Einheiten, auf die das oberste MU beherrschenden Einfluss nach § 290 ausüben kann. Die Kriterien des beherrschenden Einflusses sind in den §§ 290 Abs 2 Nr 1 bis 4 kodifiziert. Dabei erstreckt sich der Kreis der verbundenen Unternehmen auf das oberste MU, da auch TU von TU vom obersten MU beherrscht werden. Alle mit demselben übergeordneten Unt verbundenen Unt sind auch untereinander verbundene Unt (s auch *ADS*[6] § 271 Anm 63).

Da eine am Wortlaut orientierte Auslegung der Definition verbundener Unt zu betriebswirtschaftlich unbefriedigenden Ergebnissen führt, die nicht mit dem Zweck der Vorschrift iSe erweiterten Transparenz finanzieller Verflechtungen zwischen verbundenen Unt zu vereinbaren sind, ist eine Erweiterung des Kreises der verbundenen Unt (unter Berücksichtigung der 7. EG-Richtlinie) über den Wortlaut des § 271 Abs 2 HGB geboten (s *ADS*[6] § 271 Anm 47 ff; *Kropff*, DB 1986, 366). Zu beachten ist indessen, dass sich dieser erweiterte Begriff der Verbundenheit ausschließlich im Bereich der Rechnungslegung durchgesetzt hat. Soweit in §§ 319, 323 Verbundenheit vorausgesetzt wird, bleibt uE der Wortlaut des Abs 2 und der Bezugsregelungen der §§ 290 ff maßgebend, da der Normzweck iSe erweiterten Transparenz über die wirtschaftliche Beziehungen zwischen verbundenen Unt dadurch nicht berührt wird.

D. Rechtsfolgen einer Verletzung des § 271

40 Als reine Definitionsvorschrift ist § 271 nicht unmittelbar verletzbar und deshalb bspw in der Bußgeldbestimmung des § 334 (vgl dort Anm 18) nicht aufgeführt. Eine unzutreffende Anwendung von Abs 1 oder 2 kann jedoch zu Verstößen gegen Bestimmungen (Anm 4, 30) führen, die ihrerseits auf die Begriffe „Beteiligung" bzw „verbundenes Unt" Bezug nehmen, und damit mittelbar Folgen in Gestalt der Nichtigkeit des JA (§ 256 AktG), einer Einschränkung oder Versagung des BVm (§ 322 Abs 4), einer Freiheits- oder Geldstrafe (§ 331) oder eines Bußgelds (§ 334) nach sich ziehen.

E. Abweichungen der IFRS

Schrifttum: *Zülch/Burghardt* ED 10 „Consolidated Financial Statements": Entwurf zur Abbildung von Tochter- und Zweckgesellschaften, PIR 2009, 80; *Erchinger/Melcher* IFRS-Konzernrechnungslegung – Neuerungen nach IFRS 10, DB 2011, 1229, *Küting/Mojadadr* Das neue Control-Konzept nach IFRS 10, KoR 2011, 273; *Küting/Seel* Die Abgrenzung und Bilanzierung von joint arrangements nach IFRS 11, KoR 2011, 342.

Standards: IAS 27 Konzern- und separate Abschlüsse *(Consolidated and separate financial statements)* (rev 2008); IAS 28 Anteile an assoziierten Unternehmen *(Investments in associates)* (rev 2003); IAS 31 Anteile an Joint Ventures *(Interests In Joint Ventures)* (rev 2003); IAS 32 Finanzinstrumente: Ausweis *(Financial Instruments: Presentation)* (rev 2003); IAS 39 Finanzinstrumente: Ansatz und Bewertung *(Financial Instruments: Recognition and Measurement)* (rev 2004); IFRS 10 Konzernabschlüsse *(Consolidated Financial Statements)* (rev 2012); IFRS 11 Gemeinsame Vereinbarungen *(Joint Arrangements)* (rev 2013); IFRS 12 Angaben zu Beteiligungen an anderen Unternehmen *(Disclosure of Interests in Other Entities)* (rev 2012).

I. Allgemeines

45 UntAnteile stellen finanzielle Vermögenswerte iSv IAS 39.8 iVm 32.11 dar. Für Anteile an verbundenen und assozUnt sowie an Joint Ventures bestehen eigenständige Regelungen in IAS 27, 28 und 31, die überwiegend Vorschriften

zum KA enthalten. Daneben finden sich aber auch Regelungen für den JA: So sind Anteile an verbundenen, assoz oder GemUnt im JA entweder zu AK oder nach den Vorschriften von IAS 39 zu bewerten, soweit sie nicht nach IFRS 5 als zur Veräußerung gehalten klassifiziert werden (IAS 27.38, IAS 28.35, IAS 31.46). Die Anwendung der Equity-Methode im JA ist nicht zulässig. In diesem Zusammenhang ist zu beachten, dass für Geschäftsjahre (für IFRS Anwender in der EU), die am oder nach dem 1.1.2014 beginnen, eine verpflichtende Anwendung von IFRS 10, IFRS 11 und IFRS 12 notwendig wird. Diese hat das IASB am 12. Mai 2011 veröffentlicht, Dies hat zur Konsequenz, dass IAS 28 geändert und an die neuen Standards IFRS 10, 11 und 12 angepasst worden ist. Aufgrund dieser Anpassung enthält der überarbeitete IAS 27 (rev 2011) ausschließlich die Vorschriften zum IFRS-Einzelabschluss.

II. Beteiligungen (Abs 1)

Der Begriff der Beteiligung wird in den IFRS nicht explizit definiert. Aus der Systematik des IFRS 10, 11, IAS 28 und 39 kann aber zwischen einfachen Beteiligungen, Beteiligungen, auf die ein maßgeblicher Einfluss ausgeübt wird, und Beteiligungen an Joint Ventures unterschieden werden. Die Regelungen des Abs 1 hinsichtlich des Haltens von Anteilen an einem anderen Unt stimmen mit den IFRS überein. So verlangt IAS 28 für die Definition eines assozUnt zwar nicht ausdrücklich, dass eine Beteiligung in einem mit Abs 1 vergleichbaren Sinn vorliegen muss. Der Begriff „*investment*" stellt indes klar (IAS 28.5), dass ein assozUnt iSv IAS 28 nur bei einer Beteiligungsbeziehung vorliegen kann.

Eine einfache Beteiligung wird bei einem Stimmenanteil von weniger als 20% vermutet, diese ist nach IAS 39 zu behandeln (IAS 39.2 iVm IAS 28.5). IAS 39 regelt die Bilanzierung und Bewertung von finanziellen Vermögenswerten. Diese können grds sowohl langfristigen als auch kurzfristigen UntZwecken dienen. Die Dauer der Zugehörigkeit regelt lediglich den Bilanzausweis, eine begriffliche Unterscheidung wie im HGB ergibt sich hieraus für die IFRS nicht.

Bei Beteiligungen von mehr als 20%, aber weniger als 50% wird ein maßgeblicher Einfluss vermutet (IAS 28.5); diese sind als assozUnt nach IAS 28 zu bilanzieren. Der Begriff maßgeblicher Einfluss beschreibt die *Möglichkeit*, an den finanz- und geschäftspolitischen Entscheidungsprozessen teilzuhaben, ohne diese Entscheidungsprozesse beherrschen zu können (IAS 28.3). Bei Vorliegen von wenigstens einem der nachfolgenden Kriterien kann regelmäßig auf das Bestehen eines maßgeblichen Einflusses geschlossen werden (vgl IAS 28.6):
- die Zugehörigkeit zu einem Leitungs- oder Aufsichtsorgan;
- die Beteiligung an den Entscheidungsprozessen;
- wesentliche Geschäftsbeziehungen;
- Entsendung/Austausch von Führungskräften;
- technologische Abhängigkeit.

Hinsichtlich der Dauerhaftigkeit der Beteiligungsabsicht bestehen begriffliche Unterschiede: Nach handelsrechtlichen Vorschriften liegt gem. Abs. 1 bei nicht dauerhafter Beteiligungsabsicht kein assozUnt vor. Im Gegensatz dazu kann nach IAS 28.3 auch bei bestehender Weiterveräußerungsabsicht ein assozUnt vorliegen.

Daneben gibt es Beteiligungen an Joint Ventures. Während unter IAS 31 Joint Ventures als Oberbegriff fungiert, stellt die Bezeichnung unter IFRS 11 eine von zwei Ausprägungsformen von Joint Arrangements dar. Durch die Ablösung von IAS 31 durch IFRS 11 ergeben sich grundlegende terminologische und konzeptionelle Unterschiede bei der Klassifizierung von Joint Ventures, die sich im Einzelfall wesentlich auf die Darstellung der VFE-Lage auswirken können (vgl ausführlich *Küting/Seel*, KoR 2011, 344).

III. Verbundene Unternehmen (Abs 2)

48 Durch IFRS 10 wird ein einheitlicher und neu definierter Beherrschungsbegriff geschaffen (s zur Definition *Böckem/Stibi/Zoeger*, KoR, 401 f; *Küting/Mojadadr* KoR 2011, 274). Anstelle der Begründung der Einbeziehungspflicht über zwei unterschiedliche Konzepte in Form des *Risk and Reward-Approach* und dem *Control-Approach* in IAS 27/SIC 12 wird nun ausschließlich das *Control*-Kriterium zur Begründung einer Einbeziehungspflicht herangezogen. Demnach wird Beherrschung durch einen Investor dann angenommen, wenn er

a) Entscheidungsgewalt über die relevanten Prozesse hat (*Power*-Kriterium),
b) einen Anspruch auf variable Rückflüsse besitzt oder diesen ausgesetzt ist, und
c) seine Entscheidungsgewalt zur Beeinflussung der Rückflüsse einsetzen kann.

Das alleinige Abstellen auf eine Stimmrechtsmehrheit ist für die Beurteilung einer möglichen Beherrschung nicht ausreichend. Eine Stimmrechtsmehrheit begründet dann eine Entscheidungsgewalt, wenn es eine Beeinflussung der unternehmerisch relevanten Aktivitäten ermöglicht (vgl IFRS 10.B35 (a)). Doch auch bei Nicht-Vorliegen einer Stimmrechtsmehrheit kann in Folge von nachhaltigen Präsenzmehrheiten und potentiellen Stimmrechten eine Entscheidungsgewalt über die relevanten Prozesse vorliegen (de-facto Control). Im Gegensatz zu IAS 27 werden potentielle Stimmrechte bei der Ermittlung einer Stimmrechtsmehrheit iSd § 290 Abs 2 Nr 1 nicht berücksichtigt. Auf der Grundlage einer wirtschaftlichen Betrachtungsweise können potentielle Stimmrechte nach handelsrechtlichen Vorschriften jedoch ein Indikator für eine Beherrschungsmöglichkeit sein (so auch DRS 19.76). Sind Stimmrechte für die Beeinflussung der relevanten Aktiviäten nicht entscheidend, wie zB bei Zweckgesellschaften, wird das „Risiko-Chancen" Kriterium als Indikator benutzt, welches aber nicht die alleinige Grundlage für die Zurechnung darstellt. So sind Entscheidungen und Vereinbarungen, besondere Beziehungen wie technologische und finanzielle Abhängigkeiten als auch die Proportionalität zwischen Stimmrechten und Rückflüssen von Bedeutung. Der Begriff der Beherrschung in IFRS 10 ist somit umfassender als der nach IAS 27 und damit auch umfassender als nach HGB, da die Bestimmung der Finanz- und Geschäftspolitik, lediglich **ein** von drei kumulativ zu beurteilenden Kriterien darstellt (s *Böckem/Stibi/ZoeEger*, KoR 2011, 402f).

F. Exkurs: Verbundene Unternehmen im Steuerrecht (Organschaft)

I. Allgemeines

100 Unter Organschaft versteht man im Steuerrecht eine besonders enge Verflechtung einer oder mehrerer KapGes (OrganGesen) mit ihrem TrägerUnt (Organträger – auch als PersGes, Anm 104).

101 Das KStG fordert für die **körperschaftsteuerliche** Organschaft (neben dem Abschluss eines EAV, s Anm 130 ff) die **finanzielle Eingliederung** des Organs (Mehrheit der Stimmrechte), § 14 Abs 1 Nr 1 KStG. Für die gewerbesteuerliche Organschaft gelten die **gleichen Voraussetzungen** wie für die körperschaftsteuerliche Organschaft (Anm 153 ff). Die **umsatzsteuerliche** Organschaft setzt die finanzielle, wirtschaftliche und organisatorische Eingliederung voraus; ein EAV ist hier nicht erforderlich.

Zu den Gesetzesänderungen der vergangenen Jahre s Aufl 7, § 271, Anm 101. Aktuell wurden einzelne Regelungen zur Organschaft durch das **Gesetz zur Änderung und Vereinfachung der Unternehmensbesteuerung und des steuerlichen Reisekostenrechts (kleine Organschaftsreform)** vereinfacht und an aktuelle Rspr angepasst (BGBl I 2013, 285). Im Einzelnen haben sich folgende Änderungen ergeben:

– Der Organträger muss weder Sitz noch Ort der Geschäftsleitung im Inland haben. Die Bet an der OrganGes muss aber einer inländischen Betriebsstätte des Organträgers zuzuordnen sein (§ 14 Abs 1 S 1 Nr 2 KStG). Dies gilt ab VZ 2012.
– Für die OrganGes entfällt der doppelte Inlandbezug. Die Geschäftsleitung im Inland bei einem Sitz in der EU/EWR ist ausreichend (§ 14 Asb 1 S 1 KStG, § 17 S 1 KStG). Anzuwenden ist die Neuregelung in allen noch offenen Fällen.
– Der EAV gilt unter bestimmten Voraussetzungen auch dann als durchgeführt, wenn der abgeführte Gewinn (bzw. übernommene Verlust) auf einem JA mit fehlerhaften Bilanzansätzen beruht (§ 14 Abs 1 S 1 Nr 3 S 4 u 5 KStG). Anzuwenden ist die Neuregelung in allen noch offenen Fällen.
– In Fällen, in denen die OrganGes nicht eine AG, KGaA oder SE ist (also insb die GmbH als OrganGes) muss im EAV „eine Verlustübernahme durch Verweis auf die Vorschriften des § 302 des Aktiengesetzes in seiner jeweils gültigen Fassung vereinbart" sein (§ 17 S 2 Nr 2 KStG). Die Regelung gilt für nach dem Tag des Inkrafttreten des Gesetzes (Tag des Inkrafttretens: 26.2.2013) neu abgeschlossene und geänderte EAV. Für Alt-EAV gibt es eine Übergangsregelung.
– Nach § 14 Abs 1 S 1 Nr 5 KStG bleiben negative Einkünfte des Organträger oder der OrganGes bei inländischen Besteuerung unberücksichtigt, soweit sie im Rahmen der Besteuerung des Organträgers, der OrganGes oder einer anderen Person berücksichtigt werden. Die Neuregelung soll in allen noch offenen Fällen anzuwenden sein.
– In § 14 Abs 5 KStG wird erstmals die gesonderte und einheitliche Feststellung, insb des von der OrganGes zuzurechnenden Einkommens, geregelt. Der Feststellungsbescheid ist künftig Grundlagenbescheid für den KSt-Bescheid des Organträgers und der OrganGes. Die Neuregelung gilt für Feststellungszeiträume, die nach dem 31.12.2013 beginnen.

Die **Rechtsfolge der Organschaft** besteht darin, dass das Einkommen (mit Ausnahme der Ausgleichszahlungen, § 16 KStG) sowie der Gewerbeertrag der OrganGes dem Organträger zugerechnet werden (§ 14 Abs 1 S 1 KStG; für die GewSt wird dies dadurch erreicht, dass die OrganGes als Betriebsstätte des Organträgers fingiert wird, § 2 Abs 2 S 2 GewStG). Durch diese Zurechnung verliert die OrganGes körperschaftsteuerrechtlich ihre Selbstständigkeit als Steuersubjekt. Anders ist es für die GewSt und USt. Während aber Gewerbeertrag dennoch für OrganGes und Organträger jeweils getrennt ermittelt werden (danach erst werden die Ergebnisse der OrganGes dem Organträger zugerechnet), erfolgt die Ermittlung der Besteuerungsgrundlagen und die Festsetzung der USt nur für den Organkreis (wegen Besonderheiten für die GewSt Anm 155).

Im Rahmen des Teileinkünfteverfahrens (bis 31.12.2008 Halbeinkünfteverfahren) zielt die körperschaftsteuerliche Organschaft neben dem innerkonzernlichen Verlustausgleich auch auf die **Vermeidung finanzierungsbedingter Abzugsbeschränkungen** (§ 3c EStG, § 8b Abs 5 KStG; zur Mindestbesteuerung und zu Finanzierungsaufwendungen s *Heurung/Wehrheim/Adrian* Vorteilhaftigkeitsanalyse der ertragsteuerlichen Organschaft vor dem Hintergrund der Gesetzesänderungen zum 1.1.2004, StuB 2004, 200 ff) ab. Im Rahmen der Zinsschranke (§ 4h EStG) gelten Organträger und OrganGes als ein Betrieb (§ 15 Abs 1 Satz 1 Nr 3 KStG). Bei der OrganGes ist § 4h EStG nicht anzuwenden; allerdings sind die Zinsaufwendungen und -erträge der OrganGes bei der Zinsschrankenberechnung des Organträgers zu berücksichtigen.

II. Die Organschaft im Körperschaftsteuerrecht

1. Voraussetzungen der Organschaft im Körperschaftsteuerrecht

a) Der Organträger

104 Nach § 14 Abs 1 S 1 KStG kann jedes gewerbliche Unt Organträger sein. § 14 Abs 1 Nr 2 S 1 KStG ergänzt diese Aussage dahin, dass der Organträger eine natürliche Person oder eine nicht steuerbefreite Körperschaft, Personenvereinigung oder Vermögensmasse sein kann. Auf den Ort der, Geschäftsleitung und den Sitz kommt es nicht an. Auch auf die Ansässigkeit der Gester kommt es nicht an. § 14 Abs 1 Nr 2 S 2 KStG erweitert den Kreis der möglichen Organträger um PersGes mit inländischer Geschäftsleitung, wenn die PersGes eine originär gewerbliche Tätigkeit iSd § 15 Abs 1 Nr 1 EStG ausübt. Eine gewerblich geprägte PersGes (§ 15 Abs 3 Nr 2 EStG) kann somit nicht Organträger sein. Gem Auffassung der FinVerw darf die eigene gewerbliche Tätigkeit der Organträger-PersGes nicht nur geringfügig sein, um die Voraussetzungen des § 14 Abs 1 Nr 2 S 2 KStG zu erfüllen (BMF-Schreiben, BStBl. I 2005, 1038, Rn 17, kritisch dazu *Rautenstrauch/Adrian* DB 2005, 1018 mwN, s zur Problematik beim Übergang zur derzeitigen Rechtslage *Gosch*[2] § 14 KStG, Anm 80f).

105 Ob ein **gewerbliches Unt** vorliegt, ist nach den Kriterien des § 2 GewStG zu bestimmen (BMF 26.8.2003, BStBl I S 437). Das Kriterium „gewerblich" ist in folgenden Fällen, in denen Organträger eine natürliche Person oder eine PersGes ist, problematisch:
- Bei **Holdinggesellschaften,** die nicht Gewerbebetrieb kraft Rechtsreform sind, ist nach wie vor zwischen vermögensverwaltenden und geschäftsleitenden HoldingGes zu differenzieren. Bei einer **geschäftsleitenden Holding,** die mind eine OrganGes in äußerlich erkennbarer Form zusammen mit ihrem eigenen gewerblichen Unt einheitlich leitet oder (ohne über ein eigenes gewerbliches Unt zu verfügen) mind zwei OrganGes einheitlich leitet, wurde die Gewerblichkeit ihrer Tätigkeit bereits bislang anerkannt (s *Gosch*[2] § 14 KStG, Anm 110ff). Im Falle der **vermögensverwaltenden Holding** ohne sonstige gewerbliche Tätigkeit wird die Gewerblichkeit unabhängig davon, wie viele Ges verwaltet werden, verneint.
- **Zwischenholdinggesellschaften,** die mit der unmittelbaren Geschäftsleitung betraut sind, können der eigentlichen HoldingGes nachgeschaltet sein. Die Tätigkeit der Holding beschränkt sich dann darauf, die Geschäfte der Zwischenholding, aber mittelbar oder sogar unmittelbar auch diejenigen der von der Zwischenholding gehaltenen Unt, zu leiten. Auch hier gilt das zu den HoldingGes Gesagte entspr.
- **Besitz-(personen-)gesellschaften,** deren Tätigkeit sich im Rahmen einer „echten" oder „unechten" Betriebsaufspaltung darauf beschränkt, Produktionsanlagen an das BetriebsUnt zu vermieten oder zu verpachten, wird die gewerbliche Tätigkeit iSd § 15 Abs 1 Nr 1 EStG der BetriebsGes zugerechnet (BMF-Schreiben, BStBl I 2005, 1038, Rn 16).
- Bei einer **umgekehrten Betriebsaufspaltung,** dh wenn BesitzUnt eine KapGes und das BetriebsUnt eine PersGes ist, kann das originär gewerblich tätige BetriebsUnt Organträger sein (*Streck*[7] § 14 Anm 30).
- **Innengesellschaften** (GbR) sind wegen der typischen Nichtteilnahme am allgemeinen Wirtschaftsverkehr nicht gewerblich tätig und scheiden deshalb als Organträger aus (*Döllerer* DStR 1985, 301). Sog Mehrmütterorganschaften sind nicht mehr möglich.
- **Liquidationsgesellschaften** verfolgen keine gewerbliche Tätigkeit mehr, da sie am allgemeinen Wirtschaftsverkehr nicht mehr werbend, sondern nur noch zur Abwicklung der Ges teilnehmen. Sie können daher nicht Organträger sein (*FG Hamburg* 25.1.1989 EFG, 428; vom BFH mit U 27.6.1990, BStBl II, 992, eingeschränkt bestätigt für den Fall, dass der Organträger keiner Tätigkeit mehr nachgeht, die von der OrganGes gefördert wird).

106 **Ausländische gewerbliche Unternehmen** mit Sitz und Geschäftsleitung im Ausland können Organträger sein. Auf einen inländischen Sitz oder Ort der Geschäftsleitung kommt es ab VZ 2012 nicht mehr an. Einen notwendigen Inlandsbezug gibt es jedoch, da die Bet an der Organgesellschaft (oder bei mittelbarer Organschaft an der vermittelnden Ges) ununterbrochen während der gesamten Dauer der Organschaft in einer inländischen Betriebsstätte im Sinne des § 12 AO zuzuordnen sein muss. Diesbezüglich enthält § 14 Abs. 1 Satz 1 Nr 2 S 7 KStG eine weitere Beschränkung. Danach müssen die dieser Betriebsstätte zuzurechnenden Einkünfte sowohl nach innerstaatlichem Recht als auch nach evtl anzuwendenden DBA der inländischen Besteuerung unterliegen. Dies bedeutet aber nicht, dass auch alle dieser Betriebsstätte zuzurechnenden Einkünfte steuerpflichtig sein müssen (vgl *Dötsch/Pung* DB 2013, 307)

Der Organträger darf **nicht steuerbefreit** iSd § 5 KStG sein, § 14 Abs 1 Nr 2 S 1 KStG. Die sachliche Befreiung einzelner Einkünfte ist unschädlich (*HHR* § 14 KStG Anm 155). Umgekehrt können sogar Ausnahmen von der subjektiven Steuerbefreiung, zB wenn eine gemeinnützige Körperschaft einen wirtschaftlichen Geschäftsbetrieb unterhält, die Eignung als Organträger begründen, wenn das Organschaftsverhältnis diesem stpfl Bereich zuzurechnen ist und deshalb das Einkommen der OrganGes der KSt nicht entzogen wird (*Müller/ Stöcker*[7], Die Organschaft, 56). **107**

b) Die Organgesellschaft

OrganGes kann nach § 14 Abs 1 S 1 KStG eine **AG, SE** und **KGaA** und unter den Voraussetzungen des § 17 KStG andere KapGes, insb eine **GmbH,** jeweils mit Geschäftsleitung im Inland, sein (*Erle/Sauter* § 14 KStG Anm 21). Der Sitz muss nicht zwingend in Deutschland sein, sondern darf auch in einem anderen EU-Staat oder einem EWR-Staat belegen sein. **108**

Auch **Vorgesellschaften** von KapGes, zB bei einer GmbH-Gründung die Ges in der Zeit zwischen Abschluss des GesVertrags und Eintragung im HR, können OrganGes sein, sofern es zur Entstehung der in Gründung befindlichen KapGes kommt. Für diese Gleichstellung mit der späteren KapGes spricht, dass bereits die VorGes eine körperschaftliche Struktur hat. In der steuerrechtlichen Literatur ist die Qualifikation der VorGes einer KapGes als KSt-Subjekt daher nahezu unstreitig (*HHR* § 1 KStG Anm 69 und § 17 KStG Anm 16). Die Vor-GmbH ist als eine andere KapGes iSd § 17 KStG anzusehen (*Streck*[7] § 17 Anm 5). Eine **Vorgründungsgesellschaft,** dh eine Ges nach Beschluss der Gester zur Ges-Gründung aber vor Beurkundung der Satzung, kann hingegen nicht OrganGes sein, da die Rechte und Pflichten der VorgründungsGes – anders als bei der **Vorgesellschaft** – nicht automatisch auf die spätere KapGes übergehen (BFH 8.11.1989, BStBl II 1990, 91). Eine ins HR eingetragene **Zweigniederlassung** kann nicht OrganGes sein, ebenso wenig **Personengesellschaften,** selbst nicht in der Form einer KapCoGes. Eine gewerbliche Tätigkeit der OrganGes ist nicht erforderlich.

c) Die Eingliederung

Die **finanzielle Eingliederung** ist (neben dem Gewinnabführungsvertrag) die einzige verbliebene Voraussetzung für die körperschaft- und gewerbesteuerliche Organschaft. Der Organträger muss an der OrganGes vom Beginn ihres Wj an ununterbrochen in einem solchen Maße beteiligt sein, dass ihm die Mehrheit der Stimmrechte aus den Anteilen an der OrganGes zusteht. Eine mittelbare Bet genügt (Anm 112). Zur erforderlichen Zurechnung zu einer inländischen Betriebsstätte siehe Anm 106. **109**

Ob dem Organträger die Mehrheit der Stimmrechte „zusteht", ist nach der für das Stimmrecht maßgeblichen **wirtschaftlichen Betrachtungsweise** zu **110** beurteilen (KStR 57 S 1). Die wirtschaftliche Zuordnung der Stimmrechte kann bspw in folgenden Fallgruppen unklar sein:

- Bei **Nießbrauchsbestellung** an Ges-Anteilen ist zivilrechtlich nicht ohne weiteres klar, ob die Stimmrechte dem Nießbraucher zustehen. Eine Zurechnung setzt daher eine klare Vereinbarung über die Stimmrechte zugunsten des Nießbrauchers voraus (*Streck*[7] § 14 Anm 43). Der Nießbrauchsbelastete scheidet als Organträger ohnehin aus, da er auf Grund der Nießbrauchsbelastung keinen EAV zu seinen Gunsten abschließen kann.
- Die **Sicherungsübereignung** lässt wirtschaftlich die Eigentumslage unberührt. Dies ist vor allem dann der Fall, wenn sich der Sicherungsgeber und Organträger die Stimmrechte vorbehält. Gleiches gilt für die **Verpfändung** oder **Pfändung** (*Streck*[7] § 14 Anm 43).
- Bei **Pensionsgeschäften** hängt die wirtschaftliche Zurechnung der Anteile von der Ausgestaltung des Pensionsvertrags im Einzelfall ab (BFH GrS 29.11.1982, BStBl II 1983, 272). Es sollte deshalb eine eindeutige Abrede über die Ausübung der Stimmrechte getroffen sein.
- Ein **schuldrechtlicher Anspruch** auf Übertragung von Anteilen mit Stimmrechten genügt jedoch nicht, um wirtschaftliches Eigentum zu begründen (BFH 25.9.1968, BStBl II 1969, 18).

111 Die dem Organträger zuzurechnenden Anteile müssen die **Mehrheit der Stimmrechte** gewähren. Auch wenn für einzelne Entscheidungen eine größere Stimmenzahl nötig ist, genügt grds die einfache Mehrheit der Stimmen. Schreibt die Satzung (der GesVertrag) jedoch generell eine höhere Mehrheit vor, kann von Mehrheit der Stimmen iSd § 14 Abs 1 Nr 1 S 1 KStG nur die Rede sein, wenn sich aus der Bet diese höhere Mehrheit an Stimmen ergibt (*Streck*[7] § 14 Anm 42; BFH 22.11.2001, BStBl II 2002, 167). Die Bet am Kapital ist nicht notwendig identisch mit dem Anteil der sich hieraus ergebenden Stimmen. Divergenzen können sich zB auf Grund von Mehrfachstimmrechten, stimmrechtslosen Anteilen oder eigenen Anteilen ergeben. Die Stimmrechte des Organträgers müssen aus den ihm zuzurechnenden Anteilen herrühren; maßgeblich für die Zurechnung ist § 39 Abs 2 Nr 1 AO. Die Bet eines MinderheitsGesters kann dem MehrheitsGester nur bei **wirksamer Stimmrechtsbindung** zugerechnet werden (BFH 22.11.2001, BStBl II 2002, 167).

Die Stimmrechtsmehrheit soll sicherstellen, dass der Organträger bei der Organ-Ges seinen Willen bei Beschlussfassungen durchsetzen kann. Eine vertragliche Vereinbarung, dass die Stimmrechtsmehrheit nicht ausgeübt wird (Entherrschungsvertrag) steht somit dem Zweck der finanziellen Eingliederung entgegen. Es genügt zudem nicht, wenn die Durchsetzung des Willens des Organträgers nur auf Grund faktischer Machtverhältnisse zu bejahen ist, da das „Gesamtbild der Verhältnisse" bei der Beurteilung der finanziellen Eingliederung keine Rolle spielt. Mehrheit der Stimmen meint somit „bestimmende Mehrheit" (*HHR* § 14 Anm 111).

112 Gem § 14 Abs 1 Nr 1 KStG ist die **Addition von unmittelbaren und mittelbaren Beteiligungen** zulässig, jedenfalls sofern eine Mehrheit der Stimmrechte an der vermittelnden Ges besteht.

Beispiel: M ist an T zu 50 + x vH, T an E zu 65 vH und M an E zu 35 vH beteiligt. Finanzielle Eingliederung von E in M ist auch zu bejahen, wenn M an T zu 75 vH, T an E zu 20 vH und M an E zu 49 vH beteiligt ist. Addition der unmittelbaren und mittelbaren Bet führt zu MehrheitsBet an E.

Erforderlich ist nicht, dass die unterste Ges einer BetKette an der OrganGes mehrheitlich beteiligt ist. Auch muss der Organträger durchgerechnet nicht mehr mehrheitlich an der OrganGes beteiligt sein.

113 Auch wenn das „übersprungene Zwischenglied" einer BetKette eine PersGes oder eine ausländische KapGes ist, also eine Ges, zu der kein Organschaftsverhältnis begründet werden kann, ist eine **mittelbare Beteiligung** möglich (BFH 2.11.1977, BStBl II 1978, 74).

Die Voraussetzung der finanziellen Eingliederung gem § 14 Abs 1 Nr 2 S 3 KStG muss im Verhältnis zur **PersGes** selbst erfüllt sein. Die Anteile an der OrganGes müssen daher Gesamthandsvermögen bei der PersGes sein; Sonderbetriebsvermögen der Ges ist nicht ausreichend; GesterWechsel haben keine Auswirkungen auf die finanzielle Eingliederung (*Erle/Sauter*[3] § 14 KStG Anm 109).

Zur Addition von Bet im Fall der mit Wirkung zum VZ 2003 abgeschafften **Mehrmütterorganschaft** siehe Anm 116 der 5. Auflage.

Ist Organträger des gewerblichen Unt iSd § 14 Abs 1 S 1 KStG eine **natürliche Person,** gelten für die Frage der finanziellen Eingliederung grds die gleichen Regeln wie bei einer PersGes. Maßgeblich ist allein, ob sie Betriebsvermögen sind. Genauso kann auch ein beschränkt stpfl EKfm Organträger sein, wenn die Anforderungen im Zusammenhang mit der inländischen Betriebsstätte erfüllt sind.

Die zeitlichen Eingliederungsvoraussetzungen. Die Eingliederungsmerkmale müssen vom Beginn des (Rumpf-)Wj der OrganGes an bis zu dessen Ende ununterbrochen vorliegen (KStR 59 Abs 1). Schuldrechtlich rückwirkende Verträge können die Eingliederungsvoraussetzungen nicht im Nachhinein schaffen.

Von erheblicher praktischer Bedeutung ist die Frage, ab wann ein Organschaftsverhältnis erstmalig bei Ausgliederung eines Teilbetriebs zur Einbringung in eine im Zuge der Ausgliederung neu gegründete Tochter-(Organ-)Ges begründet werden kann (§§ 123ff UmwG). Mit Urtv 28.7.2010 hat der BFH entschieden, dass eine finanzielle Eingliederung bei Ausgliederung eines Teilbetriebs auf eine neu gegründete KapGes aufgrund der Fußstapfentheorie gegeben sein kann (BFH 28.7.2010, DStRE, 1338). Nach Auffassung der FinVerw (BMF 11.11.2011, BStBl I, 1314, Org 13) kann im Zuge einer Einbringung nach § 20 UmwStG eine Organschaft zwischen dem übertragenden Rechtsträger (Einbringender) und dem übernehmenden Rechtsträger grds mit Ablauf des steuerlichen Übertragungsstichtags begründet werden. Dem übertragenden Rechtsträger muss das eingebrachte Vermögen jedoch zum Einbringungszeitpunkt (steuerlicher Übertragungsstichtag) auch steuerlich zuzurechnen gewesen sein.

Bei **Veräußerung der Beteiligung** zum Ende des (ggf zuvor umgestellten) Wj der OrganGes und einem damit verbundenen Wechsel der OrganGes zu einem anderen Organträger im folgenden Wj können die zeitlichen Eingliederungsvoraussetzungen sowohl beim Veräußerer als auch beim Erwerber erfüllt werden (KStR 59 Abs 2).

Eine auch nur **kurzfristige Unterbrechung** der Eingliederung ist schädlich, weil § 14 Abs 1 S 1 Nr 1 S 1 KStG die ununterbrochene Bet fordert. **Keine Unterbrechung** der Eingliederungsvoraussetzungen folgt aus einem Wechsel von unmittelbarer zu mittelbarer Bet − oder umgekehrt −, wenn nur die Voraussetzungen der finanziellen Eingliederung insgesamt während des ganzen Wj bestanden haben.

Geht das Vermögen des Organträgers durch **Verschmelzung** oder **Umwandlung** auf ein anderes gewerbliches Unt über, tritt Gesamtrechtsnachfolge auch hinsichtlich der Organschaft ein (*Erle/Sauter*[3] § 14 KStG Anm 681). Diese besteht dann zur Übernehmerin fort und zwar ggf auch mit Rückwirkung auf den Stichtag der Umw (BMF 11.11.2011, BStBl I, 1314, Org 01). Eine zeitanteilige Aufteilung erfolgt also nicht. Ob diese Vorgänge nach dem UmwStG begünstigt sind, ist unerheblich (differenzierend und bei Einzeleinbringung aA *Müller/Stöcker*[7], Die Organschaft, 184, 436). Rechte und Pflichten aus EAV **gehen** auf den übernehmenden Rechtsträger **über** (hM; *Schmitt/Hörtnagl/Stratz* UmwG[5], § 20 Anm 58).

Ist die OrganGes von der UmwMaßnahme betroffen, kommt es auf eine wertende Betrachtung des Einzelfalls an; in Betracht kommen automatische Beendigung (so wohl die hM) als auch ein ao Kündigungsrecht (*Schmitt/Hörtnagl/Stratz* aaO; Anm 57); Einzelheiten sind unklar.

Im Falle des Übergangs des Organträger-Unt durch **Erbfolge** gilt nichts anderes, wenn der Erbe das Unt fortführt. Gleiches soll auch bei Rechtsnachfolge auf Grund **Schenkung** gelten (*Müller/Stöcker*[7], 185, 440).

129 Ist **Organträger eine Personengesellschaft** und sind die Eingliederungsvoraussetzungen zu dieser selbst erfüllt, bleibt ein GesterWechsel ohne jede Auswirkung.

d) Der Gewinnabführungsvertrag (EAV)

130 Ist **OrganGes eine AG, SE oder KGaA,** muss es sich bei einem steuerrechtlich anzuerkennenden EAV um einen **Unternehmensvertrag** iSd § 291 Abs 1 AktG handeln (§ 14 Abs 1 S 1 KStG). Ein Betriebsführungsvertrag iSd § 291 Abs 1 S 2 AktG steht insoweit einem EAV gleich. In beiden Fällen verpflichtet der Vertrag jedoch nicht nur zur **Gewinnabführung,** sondern grds zugleich den Berechtigten zur **Verlustübernahme** (§ 302 AktG). Verträge iSd § 291 Abs 1 AktG werden erst mit Eintragung im **Handelsregister** wirksam (§ 294 Abs 2 AktG), bei eingegliederten Ges (§ 319 AktG) genügt die Schriftform, § 324 Abs 2 AktG. Zu Beginn des EAV bestehende Rücklagen (vorvertragliche Rücklagen) dürfen nicht aufgelöst und an den Organträger abgeführt werden (§§ 301, 302 Abs 1 AktG). Zur Frage, ob Kapitalrücklagen, die in organschaftlicher Zeit gebildet wurden, unter die Abführungspflicht fallen, s BFH 8.8.2001, GmbHR 2002, 274 mit Anm *Breuninger/Krüger*.

In diesem Urt hat der BFH das **„Leg-ein-Hol-zurück"**-Verfahren zur Mobilisierung von KSt-Guthaben auch im Organkreis anerkannt und seine Entscheidung mit dem Wortlaut des § 301 S 2 AktG begründet, wonach Kapitalrücklagen iSd § 272 Abs 2 Nr 4, die während der Organschaft gebildet wurden, nicht unter den Begriff „andere Gewinnrücklagen" fallen und deshalb dem nach §§ 17 S 1, 14 Abs 1 S 1 KStG iVm 301 S 1 AktG abzuführenden Gewinn nicht hinzuzurechnen sind, sondern nur als **Gewinn ausgeschüttet** werden können (siehe dazu BMF 27.11.2003, BStBl II, 924). Konsequenz hieraus ist, dass eine während der Organschaft gebildete Kapitalrücklage auch nicht zum Ausgleich eines sonst entstehenden Jahresfehlbetrags verwendet werden darf, sondern die Verlustausgleichspflicht des Organträgers in voller Höhe fortbestehen lässt. Deshalb sollte bei Zuzahlungen in die OrganGes geprüft werden, ob diese nicht ertragswirksam erfolgen sollten, um sie dann in eine Gewinnrücklage einzustellen. Dies hält die Option offen, den Betrag später zum Verlustausgleich zu nutzen oder an den Organträger abzuführen. Im Übrigen gelten auch vorvertragliche Kapitalrücklagen nicht als „andere Gewinnrücklagen" und dürfen deshalb weder abgeführt noch zum Ausgleich eines sonst entstehenden Jahresfehlbetrags verwendet werden.

131 Für den **Gewinnabführungsvertrag einer GmbH** hat der BGH (24.10. 1988, NJW 1989, 295) entschieden, dass zu seiner Wirksamkeit beide GesV zustimmen müssen und dass der notariell zu beurkundende Zustimmungsbeschluss der beherrschten Ges sowie Art und Abschluss des Vertrags im HR dieser Ges einzutragen sind. Nach dem Beschluss des BGH vom 30.1.1992 muss dem Zustimmungsbeschluss der GesV der herrschenden Ges der Unt-Vertrag als Anlage beigefügt werden; Zustimmungsbeschluss und Unt-Vertrag sind bei der Anmeldung zum HR mit einzureichen. Wird ein mangels Eintragung im HR nichtiger EAV von den beteiligten Ges tatsächlich durchgeführt, ist er nach den Grundsätzen über die fehlerhafte Ges als wirksam zu behandeln (BGH 5.11.2001, DB 2002, 87). Der EAV endet erst, wenn sich einer der Vertragspartner auf die Nichtigkeit beruft, stets aber nur mit Wirkung für die Zukunft. Eine rückwirkende Aufhebung ist auch für die GmbH unzulässig, § 296 Abs 1 S 2 AktG. **Handelsrechtlich unwirksame** Verträge werden auch **steuerrechtlich nicht anerkannt** (BFH 8.8.2001, DB 2002, 408). Für Fälle des § 17 KStG ist steuerrechtlich darüber hinaus zu beachten, dass der EAV insb auch Bestimmungen zur Übernahme des Verlusts der OrganGes enthält. Die Bestimmungen müssen den Vorschriften des § 302 AktG entsprechen und dabei ausdrücklich auf § 302 AktG in seiner Gesamtheit verweisen (BMF 19.10.2010, DStR, 2193). Wegen der außerdem erforderlichen Zustimmung der Gester der OrganGes und dem Ausschluss der Abführung vorvertraglicher Rücklagen vgl KStR 66 Abs 3 u 4.

Zu den steuerrechtlichen Anforderungen gehört, dass der EAV auf **mindestens fünf Jahre** abgeschlossen und während dieser Zeit auch tatsächlich durchgeführt wird (§ 14 Abs 1 Nr 3 S 1 KStG). Die Gewinnabführungsverpflichtung muss sich auf den **ganzen Gewinn (oder Verlust)** erstrecken. Teil-EAV und Verträge über Gewinngemeinschaften (§ 292 Nr 1 AktG) werden steuerrechtlich nicht anerkannt.

Die 5 Jahre sind Zeitjahre, so dass ein **Rumpf-Wj** nicht als volles Jahr zählt (BFH 12.1.2011, BStBl II, 727). Es genügt nicht, wenn der Vertrag ohne ausdrückliche Vereinbarung nur tatsächlich über die vorgenannte Laufzeit hinweg praktiziert wird. Auch Formulierungen wie „bis auf Weiteres" oder „auf bestimmte Zeit" führen zur steuerrechtlichen Nichtanerkennung. Für Verlängerungen nach Ablauf der ersten fünf Jahre genügen auch kürzere Vertragslaufzeiten oder automatische Verlängerungsklauseln im Falle der Nichtkündigung.

Die körperschaftsteuerliche Organschaft wird frühestens im Wj der Eintragung des EAV ins HR anerkannt (§ 14 Abs 1 S 2 KStG).

Folgende Maßnahmen sind für die steuerrechtliche Anerkennung der Durchführung des Gewinnabführungsvertrags **unschädlich:**

- Auflösung und Abführung **nachvertraglicher Gewinnrücklagen** iSd § 272 Abs 3, § 301 S 2 AktG (*Frotscher/Maas*, § 14 Anm 422).
- Bildung und Auflösung von **Rücklagen für Anteile an einem herrschenden oder mit Mehrheit beteiligten Unternehmen** iSd § 272 Abs 4.
- Bildung und Auflösung von **Rücklagen für eigene Anteile** (gem BilMoG entfallen).
- Auflösung von vertraglichen und vorvertraglichen **Sonderposten mit Rücklageanteil** iSd § 273 (gem BilMoG entfallen).
- Zuführungen zu **Sonderposten mit Rücklageanteil** (KStR 60 Abs 5 Nr 3 S 4), (gem BilMoG entfallen).
- **Ausschüttung vorvertraglicher,** versteuerter (thesaurierter) **Gewinne** (KStR 60 Abs 4 S 4). Es besteht kein Ausschüttungszwang (*HHR* § 14 KStG Anm 75).
- Auflösung und Abführung der **vorvertraglichen „stillen Reserven"**, da stille Rücklagen keine Gewinnrücklagen sind; mit demselben Argument die
- **Bildung stiller Rücklagen** (KStR 60 Abs 5 Nr 3 S 4).
- **Verdeckte Gewinnausschüttungen** an den Organträger sind als vorweggenommene Gewinnabführung anzusehen, KStR 61 Abs 4 S 1. Dies gilt auch dann, wenn Organträger eine PersGes ist. Zur Vermeidung einer Doppelbelastung sind vGA aus dem Einkommen auszuscheiden (KStR 62 Abs 2).
- **Ausgleichszahlungen** iSd § 16 KStG dürfen zu Lasten des handelsrechtlich abzuführenden Gewinns geleistet werden (KStR 65 Abs 2, zu Ausgleichszahlungen s auch Anm 142).
- VGA an **außenstehende Gester** sind als verdeckte Ausgleichszahlungen anzusehen (KStR 61 Abs 4 S 4).
- Verwendung **vorvertraglicher Rücklagen** zur Bildung der gesetzlichen (Gewinn-)Rücklage oder für eine Umw in Nennkapital.
- Zuführung zu den **gesetzlichen Rücklagen;** § 14 Abs 1 Nr 4 KStG schränkt nur die Bildung freier Rücklagen ein (*HHR* § 14 KStG Anm 239). Einstellungen in die Gewinn-

rücklagen aufgrund der Übergangsvorschriften nach Art 67 Abs 3 EGHGB sind für die Durchführung des EAV ebenfalls unschädlich (BMF 14.1.2010, BStBl I, 65).
- Ebenso ist es zulässig (und handelsrechtlich nach § 301 S 1 AktG geboten), dass ein bei Beginn der Organschaft **vorhandener Verlustvortrag** die erste(n) Gewinnabführung(en) an den Organträger mindert (KStR 60 Abs 5 Nr 1). § 15 S 1 Nr 1 KStG schließt die steuerrechtliche Berücksichtigung eines derartigen Verlustvortrags allerdings aus, da § 10d EStG bei der OrganGes während des Bestehens der Organschaft nicht anwendbar ist.
- **Ständige Verluste** der OrganGes gefährden die Anerkennung der Durchführung eines EAV nicht (KStR 60 Abs 5 Nr 4). Zulässig ist es auch, Verluste durch Auflösung von nach Beginn des EAV gebildeten (Gewinn-)Rücklagen auszugleichen.

Nach § 14 Abs 1 Nr 3 S 4 KStG gilt der EAV auch dann als durchgeführt, „wenn der abgeführte Gewinn oder der ausgeglichene Verlust auf einem JA beruht, der fehlerhafte Bilanzansätze enthält, sofern

a) der JA wirksam festgestellt ist,
b) die Fehlerhaftigkeit bei Erstellung des JA unter Anwendung der Sorgfalt eines ordentlichen Kfmnicht hätte erkannt werden müssen und
c) ein von der FinVerw beanstandeter Fehler spätestens in dem nächsten nach dem Zeitpunkt der Beanstandung des Fehlers aufzustellenden JA der Organges und des Organträgers korrigiert und das Ergebnis entspr abgeführt oder ausgeglichen wird, soweit es sich um einen Fehler handelt, der in der HB zu korrigieren ist".

Die Voraussetzung des Buchstabens b) („Nicht-Erkennen-Müssen") gilt als erfüllt bei Vorliegen eines uneingeschränkten BVm nach § 322 Abs 3 HGB zum JA, zu einem KA, in den der handelsrechtliche JA einbezogen worden ist, oder über die freiwillige Prüfung des JA oder der Bescheinigung eines StB oder WP über die Erstellung eines JAes mit umfassenden Beurteilungen (§ 14 Abs 1 Satz 1 Nr 3 Satz 5 KStG). Die Neuregelung ist rückwirkend in allen noch nicht bestandskräftig veranlagten Fällen anzuwenden (§ 34 Abs 9 Nr 7 KStG).

Mit der Neuregelung sind zahlreiche Zweifelsfragen verbunden (vgl nur *Lenz/ Adrian/Handwerker*, BB 2012, 2852; *Rödder*, Ubg 2012, 720; *Schneider/Sommer*, GmbHR 2013, 24; *Dötsch/Pung*, DB 2013, 309). Zu den wesentlichsten Zweifelsfragen:

- Bilanzansatz: Der Begriff des Bilanzansatzes sollte weit auszulegen sein. Die Gesetzes-Begr führt aus, dass zu einem fehlerhaften Bilanzansatz auch die Bilanzierung der Abführungsverpflichtung zählt: „zu einem fehlerhaften Bilanzansatz der Abführungsverpflichtung kommt [es] […], wenn ein Jahresüberschuss ohne vorherigen Ausgleich vororganschaftlicher Verluste abgeführt wird."(BT-Drucks 17/11 217, 10).
- Beanstandung durch die FinVerw: Nach dem Wortlaut ist eine Beanstandung durch die FinVerw notwendig. Ohne Beanstandung besteht somit kein Korrekturzwang; die Möglichkeit sollte aber auf Basis und unter den weiteren Voraussetzungen des § 14 Abs 1 S 1 Nr 3 S 4 KStG gewährt werden.
- Korrekturpflicht in der HB: Die Korrektur eines von der FinVerw beanstandeten Fehlers muss nur erfolgen, wenn der Fehler auch in der HB zu korrigieren ist. Damit soll ausgeschlossen werden, dass HB ausschließlich aus Gründen der steuerlichen Organschaft geändert werden müssen (so BT-Drucks. 17/11 217, S 9). In der HB ist nach Bilanzfeststellung eine Fehlerkorrektur vorzunehmen, wenn ansonsten ein unzutreffendes Bild der VFE-Lage des Unternehmens vermittelt wird (vgl § 253, Anm 806). Nach dem Wortlaut sollte dies auf jeder Ebene (OrganGes und Organträger) geprüft werden (Lenz/Adrian/Handwerker, BB 2012, 2853; ablehnend Dötsch/Pung, DB 2013, 310).
- Sorgfaltsanforderungen: Ein Bilanzierungsfehler kann nur dann korrigiert werden, wenn „die Fehlerhaftigkeit bei Erstellung des JAes unter Anwendung der Sorgfalt eines ordentlichen Kfm nicht hätte erkannt werden müssen" (§ 14 Abs. 1 Satz 1 Nr 3 Satz 4 lit. b KStG). Zum Nachweis der erfüllten Sorgfaltspflicht bestehen mehrere Möglichkeiten (§ 14 Abs 1 Satz 1 Nr 3 Sätze 4 und 5 KStG), wie zB der uneingeschränkter BVm nach § 322 Abs. 3 HGB zum JAoder der uneingeschränkter BVm nach § 322 Abs 3 HGB zu einem KA, in den der handelsrechtliche JA einbezogen

wurde. Auch der uneingeschränkter BVm nach § 322 Abs 3 HGB über eine freiwillige Prüfung wird akzeptiert. Ebenso die Bescheinigung eines StB oder WP über die Erstellung des JA mit umfassenden Beurteilungen. Auch ein anderer Nachweis darüber, dass die Sorgfalt eines ordentlichen Kfm eingehalten wurde und die Fehlerhaftigkeit daher nicht hätte erkannt werden müssen, sollte in Betracht kommen. Ein uneingeschränkter BVm zu einem IFRS oder EU-GAAP KA sollte als Sorgfaltsnachweis hingegen nicht ausreichend sein.

Die Durchführung des EAV wird hingegen **steuerrechtlich nicht anerkannt** bei: 135

- **Nichtübernahme von** (ggf nicht nach § 302 Abs 1 AktG ausgeglichenen) **Verlusten.** Eine Geldzahlung ist nicht zwingend erforderlich. ZB ist auch eine Aufrechnung zulässig und wirksam (BGH 10.7.2006, NJW, 3279), ebenso wie die Umw der Verlustausgleichsverpflichtung in ein Darlehen (**Novation**).
- Unzulässig ist die **Nichtabführung von Gewinn** oder ein teilweiser Verzicht oder Vergleich.
- **Freie vorvertragliche Rücklagen und Gewinnvorträge** dürfen nicht abgeführt werden. Hier gilt das handelsrechtliche Verbot (§§ 301, 302 Abs 1 AktG), das wegen § 17 S 2 Nr 1 KStG für alle KapGes anzuwenden ist. Eine Ausschüttung dieser Rücklagen ist allerdings zulässig (KStR 60 Abs 4 S 4; vgl Anm 134). Gleiches gilt für vororganschaftliche gesetzliche Rücklagen, die durch Überdotierung ausschüttungsfähig werden können (*Frotscher/Maas* § 14 Anm 418 f).
- Es ist auch nicht zulässig, **vorvertragliche Rücklagen** und Gewinnvorträge ganz oder teilweise zum Ausgleich eines vom Organträger zu übernehmenden Verlusts zu verwenden (KStR 60 Abs 4 S 2).
- **Zuführungen zu den Gewinnrücklagen** (außer gesetzlichen Rücklagen) sind nur in dem durch § 14 Abs 1 Nr 4 KStG beschränkten Umfang zulässig (und dies auch nur, wenn der Wortlaut des EAV nicht die Bildung freier Rücklagen ausschließt). Nach § 14 Abs 1 Nr 4 KStG ist die Bildung von Gewinnrücklagen bei der OrganGes nur insoweit zulässig, als dies bei vernünftiger kfm Beurteilung wirtschaftlich begründet ist (zB auch für eine geplante Betriebsverlegung, Werkserneuerung, Kapazitätserweiterung, KStR 60 Abs 5 Nr 3).
- **Vorzeitige Beendigung der Vertragsdurchführung.** Wird der Vertrag – wenn auch nur in einem der fünf Jahre der Mindestdauer – nicht durchgeführt, sind grds die §§ 14 bis 19 KStG nicht anzuwenden und rückwirkend alle Steuerfestsetzungen, soweit bestandskräftig, gem § 175 Abs 1 S 1 Nr 2 AO zu ändern, und die OrganGes nach den allgemeinen Regeln zu veranlagen (KStR 60 Abs 8). Ist der EAV für länger als 5 Jahre abgeschlossen und wurde er bereits 5 Jahre durchgeführt, bleibt er für diese Jahre steuerrechtlich wirksam (KStR 60 Abs 7). Wird der EAV während der Mindestlaufzeit aus wichtigem Grund (dazu KStR 60 Abs 6 S 2) gekündigt, einvernehmlich aufgehoben oder sonst beendet oder – nach Verlängerung – in einem späteren Jahr nicht durchgeführt, entfällt die Einkommenszurechnung nur für das Jahr, in das das Ereignis fällt und die Folgejahre. Es ist zulässig und meist zweckmäßig, bei Beendigung des EAV ein Rumpf-Wj zu bilden.

Bei **verunglückter Organschaft,** dh in Fällen, in denen ein EAV abge- 136 schlossen und durchgeführt worden ist, aber die übrigen Voraussetzungen für die Anerkennung der Organschaft nicht erfüllt sind, liegt in Höhe der Gewinnabführungen eine vGA vor. Hierbei kann der vollzogene EAV nicht in einen gesellschaftsrechtlichen Beschluss über die Gewinnverwendung umgedeutet werden. Eine Verlustübernahme ist bei verunglückter Organschaft als verdeckte Einlage zu beurteilen, die beim Organträger zu nachträglichen AK der Bet an der OrganGes führt (BFH 16.5.1992, BStBl II, 797).

Die Gewinnabführungsverpflichtung erstreckt sich nicht auf den **Gewinn während des Abwicklungszeitraums** einer aufgelösten OrganGes (auch, wenn ein förmlicher Auflösungsbeschluss nicht gefasst wurde, KStR (1995) 56 Abs 2). Derartige Gewinne sind sind von der OrganGes zu versteuern (vgl KStR (1995) 56 Abs 1).

2. Steuerrechtliche Folgen
a) Einkommenszurechnung

137 Bei Organschaft mit EAV ist das Einkommen der OrganGes vorbehaltlich § 16 KStG (Ausgleichszahlungen an Minderheitsgester der OrganGes) dem Organträger zuzurechnen, § 14 Abs 1 S 1 KStG.

138 Obwohl die **Zurechnung beim Organträger** steuerrechtlich außerhalb der Bilanz erfolgen soll, geschieht dies **in der Praxis meist innerhalb der Bilanz**. In diesen Fällen werden nur die nichtabziehbaren Ausgaben und die steuerfreien Einnahmen, die in der StB der OrganGes wie abziehbare Ausgaben und stpfl Einnahmen behandelt werden, außerhalb der Bilanz bei der Einkommensermittlung der OrganGes berücksichtigt. Im Übrigen wird die Gewinn- oder Verlustübernahme laut HB in die StB übernommen und werden die steuerrechtlichen Abweichungen als sog **AusglPo** in die StB des Organträgers eingestellt. Nach § 14 Abs 4 KStG sind für Mehr- und Minderabführungen, die ihre Ursache in organschaftlicher Zeit haben, in der StB des Organträgers ein besonderer AusglPo in Höhe des Betrags zu bilden, der dem Verhältnis der Bet des Organträgers am Nennkapital der OrganGes entspricht.

Die AusglPo sind aus wirtschaftlicher Sicht als Korrekturposten des BetBuchwerts zu verstehen (BFH 29.8.2012, BStBl II 2012, 555). In der Folge müsste der AusglPo wie AK zu behandeln sein. Ob dies tatsächlich so ist, ist umstritten (vgl zum Streitstand *Dötsch* § 14 Rn 485 ff). Der Gesetzeswortlaut des § 14 Abs 4 KStG spricht eher für die unsystematische isolierte Auflösung. Die AusglPo verändern sich in gleichem Maße wie die kumulierten Abweichungen zwischen HB und StB der OrganGes und deren nachvertragliche Rücklagen. Bei Veräußerung von Anteilen der OrganGes entfallen beim Organträger die AusglPo entspr dem Abgang der Bet und sind gemäß § 14 Abs 4 KStG erfolgswirksam aufzulösen; § 3 Nr. 40 EStG iVm § 3c Abs 2 EStG und § 8b KStG sind anzuwenden.

Die steuerrechtliche Behandlung der Mehr- und Minderabführungen ist in § 27 Abs 6 KStG für die **OrganGes** geregelt.

Danach erhöhen Minderabführungen bzw mindern Mehrabführungen das **steuerliche Einlagenkonto** einer OrganGes, wenn sie ihre Ursache in der organschaftlichen Zeit haben, zB liegt Minderabführung bei Einstellung aus dem Jahresüberschuss in die Rücklagen vor; Auflösung führt zu Mehrabführung (das Einlagekonto kann durch Mehrabführungen auch negativ werden, § 27 Abs 1 S 4 KStG). Für Wj der OrganGes, die nach dem 31.12.2003 enden, ist § 14 Abs 3 KStG anzuwenden, der im Kern dem Regelungsinhalt von KStR (1995) 59 Abs 4 S 3 ff entspricht (*Hohenlohe/Heurung/Oblau* RIW 2004, 836): vororganschaftliche Mehrabführungen der OrganGes gelten, entgegen BFH (18.12.2002, NZG 2003, 398), als Gewinnausschüttungen an den Organträger; vororganschaftliche Minderabführungen sind hingegen als Einlage des Organträgers in die OrganGes zu behandeln.

139 Soweit der **Organträger eine Personengesellschaft** ist, ist das Organeinkommen der PersGes zuzurechnen und dann auf die Gester zu verteilen. Das Einkommen der OrganGes ist somit dem steuerbilanziellen Gewinn des Organträgers, nicht dem Einkommen außerbilanziell zuzurechnen, damit das zugerechnete Einkommen in den Gewerbeertrag der PersGes eingeht (*Gosch*[2] § 14 KStG, Anm 505); die Betriebsvermögensmehrung/-minderung aufgrund des EAV wird zur Vermeidung einer Doppelbelastung eliminiert.

b) Einkommensermittlung

140 Es ist zwischen dem **Organeinkommen** (einschl der Ausgleichszahlungen), dem **Organträgereinkommen** und dem **Gesamteinkommen** zu trennen.

Letzteres ergibt sich als Summe aus dem zugerechneten Einkommen der Organ-Ges und dem Einkommen des Organträgers und wird durch den Organträger versteuert (sog „Nettomethode"; zu den Ausnahmen s Anm 142). Die Steuerart (KSt oder ESt) bestimmt sich nach der Rechtsform des Organträgers.

aa) Organeinkommen. Die OrganGes bleibt selbstständiges Steuersubjekt **141** (Anm 102) und ihr Einkommen wird unabhängig von demjenigen des Organträgers ermittelt. Dies bedeutet:

- **Steuerumlagen** des Organträgers auf die OrganGes betr Steuern, für die aber wegen umsatzsteuerlicher oder gewerbesteuerlicher Organschaft der Organträger Steuerschuldner ist, dürfen das Einkommen der OrganGes mindern, soweit es sich um *abziehbare Steuern* handelt (zur gewerbesteuerlichen Organschaft Anm 153 ff). Derartige Umlagen sind ohnehin ohne Einfluss auf das Gesamteinkommen von OrganGes und Organträger. Auswirkungen ergeben sich zB auf die Bemessungsgrundlage des Spendenabzugs (*Erle/Sauter*[3] § 14 KStG Anm 256).
- Gewinne aus der **Auflösung** vertraglicher oder vorvertraglicher **stiller Reserven** oder der Auflösung von **Sonderposten mit Rücklageanteil** (gem BilMoG entfallen) gehören zu dem nach § 14 KStG zuzurechnenden Einkommen (Anm 134).
- **Bei der Ermittlung des zuzurechnenden Einkommens ist die Freistellungsregelung für Veräußerungsgewinne** nach § 16 Abs 4 EStG zu berücksichtigen, KStR (1995) 57 Abs 2. Die Vergünstigung des § 16 Abs 1 Nr 2 iVm § 34 EStG (iVm § 3 Nr 40 lit b) EStG) steht allerdings dem Organträger auch in der Rechtsform einer PersGes nicht zu (BFH 14.4.1992, BStBl II, 817). Der Spendenabzug ist bei der OrganGes und der OrganträgerGes jeweils getrennt durchzuführen. Nicht ausgenutzte Höchstbeträge dürfen nicht übertragen werden (*Erle/Sauter*[2] § 14 KStG Anm 246). Zu den Auswirkungen der **Ausgleichszahlungen** iSd § 16 KStG s Anm 142.
- **Steuerrechtliche Wahlrechte** können von der OrganGes unabhängig vom Organträger ausgeübt werden.
- **§ 6b EStG** ist ohne Einschränkung anwendbar. Die maßgebenden Rechtspositionen dürfen nicht auf den Organträger übertragen werden, da nur das Einkommen, nicht aber die steuerliche Rechtsstellung der OrganGes dem Organträger zugerechnet wird.

Besonderheiten bei der Einkommensermittlung der OrganGes ergeben **142** sich aus §§ 15, 16 KStG:

- § 15 S 1 Nr 1 KStG schließt den **Verlustabzug iSd § 10d EStG** bei der Ermittlung des Einkommens der OrganGes mit Beginn der Organschaft aus. Ein Verlustrücktrag in vorvertragliche Zeit ist ebenso ausgeschlossen wie ein Rücktrag nachorganschaftlicher Verluste in die organschaftliche Zeit (*Streck*[7] § 15 Anm 11). Vom Organträger übernommene Verluste dürfen von diesem jedoch nach § 10d EStG selbst in vororganschaftlichen Jahren abgezogen werden.
- Nach § 15 Nr 2 KStG sind § 8b Abs 1 bis 6 KStG sowie § 4 Abs 7 UmwStG auf Ebene der OrganGes nicht anzuwenden. Zudem versagt § 15 S 2 KStG der OrganGes die Anwendung von DBA-Regeln, die Gewinnanteile von ausländischen Ges steuerfrei stellen. Im zuzurechnenden Einkommen ist die Steuerfreiheit der Bezüge bzw Abzugsverbote der Aufwendungen somit nicht berücksichtigt (s *Heurung/Wehrheim/Adrian* BB 2004, 465). Die Anwendungen von § 8b KStG, § 4 Abs 7 UmwStG, §§ 3 Nr 40 und 3c Abs 2 EStG erfolgt erst auf Ebene des Organträgers nach Maßgabe der dortigen Verhältnisse (**„Bruttomethode"**).

Damit gilt:
- Ist der Organträger eine KapGes, sind Dividenden und Veräußerungsgewinne aus in- und ausländischen Anteilen an KapGes im Ergebnis zu 95% steuerfrei (§ 8b Abs 3 und 5 KStG).
- Ist der Organträger eine natürliche Person, greift das Halb- bzw. Teileinkünfteverfahren, § 3 Nr 40 EStG. Entspr gilt der hälftige bzw 60%ige Betriebsausgabenabzug des § 3c Abs 2 EStG, ohne Unterscheidung in Einnahmen aus in- oder ausländischen Bet.
- Ist der Organträger eine PersGes, sind die Steuerbefreiungen der § 3 Nr 40 EStG bzw § 8b KStG bei der Ermittlung des Gewinns der Gester der PersGes insoweit anzuwenden, als die Einnahmen auf entspr privilegierte Gester entfallen.

– § 15 Nr 3 KStG sieht vor, dass der Organträger und die OrganGes einen Betrieb iSd Zinsschranke bilden; auf Ebene der OrganGes kommt die Zinsschranke nicht zur Anwendung. Die Freigrenze steht dem gesamten Organkreis nur einmal zur Verfügung (Netto-Zinsaufwendungen von weniger als 3 Mio Euro). Ob § 8a KStG für den Organbetrieb anzuwenden ist, richtet sich uE nach der Rechtsform des Organträgers. Vororganschaftliche Zinsvorträge sind uE nicht nach § 15 Nr 1 KStG einzufrieren, sondern während der Organschaft als laufender Zinsaufwand zu behandeln (aA BMF 4.7.2008, BStBl I 2008, 718). Das steuerliche EBITDA als Grundlage des 30%-Abzugs des § 4h Abs 1 S 1 EStG setzt keine umfassende Kons voraus (§ 15 Nr 3 S 3 KStG); eine Konsist gesetzlich nur beim EK-Quotenvergleich des § 4h Abs. 2c) EStG vorgesehen.

– **Ausgleichszahlungen** (§ 16 KStG), dh Zahlungen an außenstehende Gester zum Ausgleich für den Wegfall des Gewinnbezugsrechts, sind handelsrechtlich Aufwand, werden aber steuerrechtlich wie Gewinnausschüttungen der OrganGes behandelt und sind von der OrganGes zu versteuern (*HHR* § 16 Anm 28). § 16 KStG wurde im StSenkG an den Wegfall des Anrechnungsverfahrens angepasst. Dadurch soll auch künftig sichergestellt werden, dass Ausgleichszahlungen trotz körperschaftsteuerlicher Ergebnisabführung stets durch die OrganGes zu versteuern sind. Die ab dem VZ 2008 geltende $^{20}/_{17}$-Hinzurechnung der geleisteten Ausgleichszahlung leitet sich aus dem von 25% auf 15% reduzierten KSt-Satz ab.

Die Ausgleichszahlungen sind unabhängig davon, ob sie vom Organträger oder der OrganGes geleistet werden, in jedem Fall durch die OrganGes zu versteuern. Dies gilt auch dann, wenn das Einkommen der OrganGes negativ ist (*Erle/Sauter*[3] § 16 KStG Anm 80). Der Aufwand für die Ausgleichszahlungen (einschl Steueraufwand), die von der OrganGes selbst geleistet wurden, mindert auch steuerrechtlich den abzuführenden Gewinn bzw erhöht einen zu übernehmenden Verlust, da es sonst zu einer nochmaligen Besteuerung beim Organträger käme (KStR 65 Abs 2 S 1, 2).

143 **bb) Organträgereinkommen.** Zuzurechnendes Einkommen ist das um die Auswirkungen des EAV bereinigte Einkommen der OrganGes. Ebenso wie bei der OrganGes soll das Einkommen des Organträgers ohne die Auswirkungen des EAV berechnet werden und die Korrektur außerhalb der Bilanz erfolgen (KStR 61 Abs 1). Die in Anm 138 geschilderte Handhabung in der Praxis führt zum gleichen Ergebnis. Gewinne und Verluste aus der Veräußerung der OrganBet bleiben außer Ansatz, § 8b Abs 2, 3 KStG, soweit nicht in der Vergangenheit eine steuerwirksame Teilwertabschreibung vorgenommen wurde, wenn der Organträger eine KapGes ist. Ab VZ 2004 besteht im Ergebnis eine 95%ige Steuerfreistellung (§ 8b Abs 3 S 1 KStG). Ist der Organträger Einkommensteuersubjekt, gilt das Halb- bzw Teileinkünfteverfahren, §§ 3 Nr 40, 3c Abs 2 EStG.

144 Das Einkommen der OrganGes ist dem Organträger für das Kj **zuzurechnen,** in dem es bei der OrganGes entstanden ist. Handelsrechtlich bezieht der Organträger die Gewinnabführung in dem Wj, in dem das Wj der OrganGes endet. Enden die Wj von OrganGes und Organträger gleichzeitig, gilt die Gewinnabführung noch als im abgelaufenen Wj bezogen. Wegen des nunmehr grds Verbots der phasengleichen Dividendenvereinnahmung (BFH GrS 7.8.2000, BStBl II, 632; s BMF 1.11.2000, BStBl I, 1510) gewinnt die Organschaft dadurch zusätzliche Bedeutung im Rahmen der Steuerplanung. Eine Abweichung zwischen handelsrechtlicher und steuerrechtlicher Zurechnung tritt ein, wenn das Gj der OrganGes mit dem Kj übereinstimmt, das Gj des Organträgers jedoch vom Kj abweicht. In diesem Fall erfolgt die Zurechnung des Organ-Einkommens stets im Gj vor dem Gj, in dem das Gj des Organträgers endet. Im Gj des handelsrechtlichen Zuflusses erfolgt dann bei der Einkommensermittlung des Organträgers eine Abrechnung (bei Gewinnübernahme) oder eine Zurechnung (bei Verlustübernahme) außerhalb der Bilanz.

146 **Steuerermäßigungen,** wie zB die Anrechnung ausländischer Steuern nach § 26 Abs 1 KStG, und Steuerbefreiungen wirken sich bereits auf die Höhe der festzusetzenden Steuer aus, während **Steuerabzüge** (zB § 19 KStG) zu einer Reduzierung der festgesetzten Steuer, ggf auch zu Erstattungsforderungen führen.

Sind bei der OrganGes die Voraussetzungen für Steuerermäßigungen oder -abzüge gegeben, ist deren Nutzung hier mangels eigenem Einkommen nicht möglich. Bei Steuerermäßigungen und -abzügen ermöglicht § 19 KStG grds, die Steuervorteile auf den Organträger zu übertragen. Die Steuervergünstigungen und -abzüge sind auch dann an den Organträger weiterzuleiten, wenn die OrganGes eigenes zu versteuerndes Einkommen aufgrund von Ausgleichszahlungen hat (s *Erle/Sauter*[3] § 19 KStG Anm 24). Im Grundsatz dürfen jedoch nur solche Steuervorteile auf den Organträger weitergeleitet werden, deren Tatbestand der Organträger auch selbst hätte erfüllen können.

§ 19 Abs 1 KStG betr die Überleitung auf einen **Organträger,** welcher der KSt unterliegt. Danach dürfen insb folgende **Tarifvorschriften,** die eine Ermäßigung der KSt vorsehen, an den Organträger weitergegeben werden: 147

– Anrechnung ausländischer Steuer nach § 26 Abs 1 KStG,
– Steueranrechnung nach § 12 AStG,
– Steueranrechnung nach § 34c EStG.

Ist die Steuerermäßigung auf einen bestimmten Höchstbetrag begrenzt, richtet sich dieser nach den steuerrechtlichen Verhältnissen beim Organträger. Ein solcher Höchstbetrag darf dann insgesamt nur einmal durch den Organträger geltend gemacht werden. Die Steuerermäßigungen gehen ins Leere, wenn der Organträger kein zu versteuerndes Einkommen hat. Auf das Einkommen der OrganGes kommt es hingegen nicht an (*Streck*[7] § 19 Anm 6).

§ 19 **Abs 2** KStG regelt die Überleitung auf einen der **Einkommensteuer unterliegenden Organträger.** Hiernach gilt § 19 Abs 1 KStG entspr, soweit gleichartige Tarifvorschriften mit Wirkung für die ESt gelten. 148

§ 19 Abs 3 KStG ergänzt § 19 Abs 2 KStG, wenn **Organträger eine Personengesellschaft** ist, soweit deren Gester unbeschränkt stpfl sind, und ordnet an, dass die Steuerermäßigungen im Verhältnis des zugerechneten Organeinkommens auf die Gester zu verteilen sind. 149

Für **beschränkt steuerpflichtige Gesellschafter** gelten § 19 Abs 1 bis 3 KStG entspr, soweit die vorstehenden Tarifvorschriften bei diesen anwendbar sind. 150

§ 19 Abs 4 KStG lässt die Weitergabe der Steuerermäßigungen an **ausländische Organträger** iSd § 18 KStG (Anm 106) zu, soweit die Tarifvorschriften bei beschränkt Stpfl anwendbar sind. 151

Nach § 19 Abs 5 KStG erfolgt die **Anrechnung von Steuerabzugsbeträgen,** zB von einbehaltener KapESt, auf die Steuerschuld des Organträgers. Ist Organträger eine PersGes, erfolgt die Anrechnung anteilig bei den Gestern entspr dem Anteil der zugerechneten Organeinkünfte (Anm 149). Soweit keine Steuer zur Anrechnung zur Verfügung steht, werden die Abzugsbeträge erstattet. Beim SolZ bezieht sich die Minderung nach § 3 Abs 1 Nr 1 SolZG auf die KSt/ESt des Organträgers. 152

III. Organschaft im Gewerbesteuerrecht

1. Allgemeines

Eine gewerbesteuerliche Organschaft wird nur dann anerkannt, wenn auch ein körperschaftsteuerliches Organschaftsverhältnis iSd §§ 14ff KStG vorliegt. Die wirtschaftliche und organisatorische Eingliederung sind keine Voraussetzungen, allerdings ist der Abschluss eines EAV zwingend. 153

Die OrganGes wird als **Betriebsstätte des Organträgers** angesehen, § 2 Abs 2 S 2 GewStG. Dennoch erfolgt die Gewerbeertragsermittlung nach §§ 7ff 154

GewStG für OrganGes und Organträger jeweils getrennt und erst die Ergebnisse werden – unter Berücksichtigung einiger Besonderheiten (Anm 155) – beim Organträger zusammengerechnet (GewStR 41 Abs 1 S 4). Die gewerbesteuerliche Organschaft bietet primär – wie die körperschaftsteuerliche Organschaft – den Vorteil des **Verlustausgleichs im Konzern**. Da der Steuermessbetrag nach der Lohnsumme zerlegt wird, § 29 Abs 1 GewStG, können sich bei Betriebsstätten bzw OrganGes in **verschiedenen Gemeinden** durch **unterschiedliche Hebesätze** auch materielle Auswirkungen ergeben. Im Übrigen unterbleiben grds Hinzurechnungen bei der OrganGes oder beim Organträger, soweit sich die in Betracht kommenden Beträge bereits gewerbesteuerrechtlich bei der jeweils anderen Ges ausgewirkt haben (Anm 155; GewStR 41 Abs 1 S 5).

2. Die Ermittlung des Gewerbeertrags

155   Die Addition der Gewerbeerträge darf nicht zu einer Doppelbe- oder -entlastung führen. Der ertragsteuerliche Gewinn ist auch nach den Modifikationen der §§ 7 ff GewStG nicht unbedingt maßgeblich. Im Einzelnen:

– **Dividendenausschüttungen** – wie auch vGA – der OrganGes dürfen den Gewerbeertrag des Organträgers nicht erhöhen, soweit der zur Ausschüttung kommende Ertrag bereits beim Organträger im Wege der Zurechnung infolge der gewerbesteuerlichen Organschaft berücksichtigt ist. Dies wird auf Grund der Betg infolge der finanziellen Eingliederung nach Maßgabe der Kürzung nach § 9 Nr 2a GewStG (Schachtelprivileg) vermieden.

– **Gewinn aus der Veräußerung** einer OrganBet fällt ab VZ 2002 unter das Halb- bzw. Teileinkünfteverfahren (§ 3 Nr 40 S 1 lit a), b), EStG) bzw unter die Freistellung nach § 8b Abs 2 KStG; dies gilt gem § 7 S 1 GewStG auch für die OrganGes.

– Zur Auswirkung der „**Bruttomethode**" gem § 15 Nr 2 KStG (Anm 142) auf die GewSt, s BMF 26.8.2003, BStBl I, 437; *Linklaters Oppenhoff & Rädler* aaO, 49 ff; *Heurung/Möbus* BB 2003, 770 f.

– **Mieten und Zinsen** sind insoweit nicht nach § 8 GewStG hinzuzurechnen, als sie sich bereits in einem der beiden Gewerbeerträge ausgewirkt haben (GewStR 41 Abs 1).

– Gemäß dem Grundsatz der getrennten Ermittlung des Gewerbeertrags für OrganGes und Organträger steht einer erweiterten Kürzung nach § 9 Nr 1 S 2 GewStG beim Organträger im Falle der Verwaltung von Grundbesitz eine schädliche Tätigkeit der OrganGes (und umgekehrt) nicht entgegen. Die erweiterte Kürzung ist allerdings zu versagen, wenn es sich bei dem Grundstücksunternehmen um eine OrganGes handelt, die alle ihre Grundstücke an eine andere OrganGes desselben Organkreises vermietet (BFH, X R 4/10, BStBl II 2011 887).

– Gewerbeertrag der OrganGes wird durch den **Organträger versteuert**. Die aufgrund des EAV abgeführten Gewinne erhöhen den StB-G des Organträgers, der Grundlage für die Ermittlung des Gewerbeertrags ist. Um eine Doppelerfassung zu vermeiden, ist die Gewinnerhöhung aufgrund des EAV abzurechnen (s *Müller/Stöcker*[7], Die Organschaft, 1000). Der BGH hat mit U 22.10.1992, GmbHR 1993, 92 entschieden, dass zwischen Organträger und OrganGes gesamtschuldnerische Haftung für die GewSt besteht.

3. Negative Gewerbeerträge

156   Für **vororganschaftliche Verluste** der OrganGes besteht ein gewerbesteuerliches Abzugsverbot. § 10a S 3 GewStG versagt die Minderung des Gewerbeertrags um Verluste, die sich „vor dem rechtswirksamen Abschluss" des EAV ergeben haben. Die von § 10a S 3 GewStG erfassten Verluste unterliegen einem Einschlusseffekt; die Verluste können erst nach Beendigung der Organschaft steuermindernd genutzt werden.

157   Verluste der OrganGes, die während der Organschaft entstehen, können keinen Verlust iSd § 10a GewStG für die OrganGes begründen, da negative Ge-

Eigenkapital § 272

werbeerträge während der Organschaft allein beim Organträger entstehen können.

Nachorganschaftliche Verluste der OrganGes sind für eine Zurechnung beim Organträger ohne Bedeutung, weil § 10a GewStG keinen Verlustrücktrag vorsieht. 158

§ 272 Eigenkapital

(1) ¹Gezeichnetes Kapital ist das Kapital, auf das die Haftung der Gesellschafter für die Verbindlichkeiten der Kapitalgesellschaft gegenüber den Gläubigern beschränkt ist. ²Es ist mit dem Nennbetrag anzusetzen. ³Die nicht eingeforderten ausstehenden Einlagen auf das gezeichnete Kapital sind von dem Posten „Gezeichnetes Kapital" offen abzusetzen; der verbleibende Betrag ist als Posten „Eingefordertes Kapital" in der Hauptspalte der Passivseite auszuweisen; der eingeforderte, aber noch nicht eingezahlte Betrag ist unter den Forderungen gesondert auszuweisen und entsprechend zu bezeichnen.

(1a) ¹Der Nennbetrag oder, falls ein solcher nicht vorhanden ist, der rechnerische Wert von erworbenen eigenen Anteilen ist in der Vorspalte offen von dem Posten „Gezeichnetes Kapital" abzusetzen. ²Der Unterschiedsbetrag zwischen dem Nennbetrag oder dem rechnerischen Wert und den Anschaffungskosten der eigenen Anteile ist mit den frei verfügbaren Rücklagen zu verrechnen. ³Aufwendungen, die Anschaffungsnebenkosten sind, sind Aufwand des Geschäftsjahrs.

(1b) ¹Nach der Veräußerung der eigenen Anteile entfällt der Ausweis nach Absatz 1a Satz 1. ²Ein den Nennbetrag oder den rechnerischen Wert übersteigender Differenzbetrag aus dem Veräußerungserlös ist bis zur Höhe des mit den frei verfügbaren Rücklagen verrechneten Betrages in die jeweiligen Rücklagen einzustellen. ³Ein darüber hinausgehender Differenzbetrag ist in die Kapitalrücklage gemäß Absatz 2 Nr. 1 einzustellen. ⁴Die Nebenkosten der Veräußerung sind Aufwand des Geschäftsjahrs.

(2) Als Kapitalrücklage sind auszuweisen
1. der Betrag, der bei der Ausgabe von Anteilen einschließlich von Bezugsanteilen über den Nennbetrag oder, falls ein Nennbetrag nicht vorhanden ist, über den rechnerischen Wert hinaus erzielt wird;
2. der Betrag, der bei der Ausgabe von Schuldverschreibungen für Wandlungsrechte und Optionsrechte zum Erwerb von Anteilen erzielt wird;
3. der Betrag von Zuzahlungen, die Gesellschafter gegen Gewährung eines Vorzugs für ihre Anteile leisten;
4. der Betrag von anderen Zuzahlungen, die Gesellschafter in das Eigenkapital leisten.

(3) ¹Als Gewinnrücklagen dürfen nur Beträge ausgewiesen werden, die im Geschäftsjahr oder in einem früheren Geschäftsjahr aus dem Ergebnis gebildet worden sind. ²Dazu gehören aus dem Ergebnis zu bildende gesetzliche oder auf Gesellschaftsvertrag oder Satzung beruhende Rücklagen und andere Gewinnrücklagen.

(4) ¹Für Anteile an einem herrschenden oder mit Mehrheit beteiligten Unternehmen ist eine Rücklage zu bilden. ²In die Rücklage ist ein Betrag einzustellen, der dem auf der Aktivseite der Bilanz für die Anteile an dem herrschenden oder mit Mehrheit beteiligten Unternehmen angesetzten Betrag entspricht. ³Die Rücklage, die bereits bei der Aufstellung der Bilanz zu bilden ist, darf aus vorhandenen frei verfügbaren Rücklagen gebildet werden. ⁴Die Rücklage ist aufzulösen, soweit die Anteile an dem herrschenden oder mit Mehrheit beteiligten Unternehmen veräußert, ausgegeben oder eingezogen werden oder auf der Aktivseite ein niedrigerer Betrag angesetzt wird.

§ 272 Bilanz

Übersicht

	Anm
A. Anwendungsbereich, Ergänzungsposten	1
B. Mindestgliederung, korrespondierende Aktivposten	5, 6
C. Gezeichnetes Kapital, ausstehende Einlagen (Abs 1) und eigene Anteile (Abs 1a und 1b)	
I. Gezeichnetes Kapital	
1. Begriff, Abgrenzungen	10
2. Einzelfragen zum Ausweis	
a) Aktiengesellschaft (AG)	15, 16
b) Gesellschaft mit beschränkter Haftung (GmbH)	20
c) Maßgeblichkeit der Handelsregistereintragung	25
II. Ausstehende Einlagen auf das gezeichnete Kapital	
1. Rechtslage	30, 31
2. Ausweis und Bewertung	35, 36
III. Steuerrechtliche Besonderheiten bei Einlagen	40–42
IV. Veränderungen beim gezeichneten Kapital	
1. Kapitalerhöhung	
a) Kapitalerhöhung gegen Einlagen	50, 51
b) Kapitalerhöhung aus Gesellschaftsmitteln	55–58
c) Bedingte Kapitalerhöhung (AG/KGaA)	65, 66
d) Genehmigtes Kapital	70
2. Kapitalherabsetzung	
a) Ordentliche Kapitalherabsetzung	75, 76
b) Vereinfachte Kapitalherabsetzung	80–86
c) Kapitalherabsetzung durch Einziehung von Anteilen	95, 96
d) Ausweis der Kapitalherabsetzung in der GuV	100–104
3. Steuerrechtliche Besonderheiten (Kapitalveränderungen)	
a) Kapitalerhöhung	110–115
b) Kapitalherabsetzung	120, 121
V. Erwerb und Veräußerung eigener Anteile (Abs 1a, 1b)	
1. Erwerb eigener Anteile (Abs 1a)	130–137
2. Veräußerung eigener Anteile (Abs 1b)	140–149
3. Steuerrechtliche Besonderheiten	150
D. Kapitalrücklage (Abs 2)	
I. Inhalt	160
II. Einstellungen	165
1. Kapitalrücklage aus Ausgabe von Anteilen (Abs 2 Nr 1)	170–177
2. Kapitalrücklage aus Ausgabe von Wandlungs-/Optionsrechten (Abs 2 Nr 2)	180–184
3. Kapitalrücklage aus Zuzahlung für Vorzüge (Abs 2 Nr 3)	190
4. Kapitalrücklage aus anderen Zuzahlungen (Abs 2 Nr 4)	195–198
5. Andere Kapitalrücklagen; Zeitpunkt der Bilanzierung	200, 201
III. Entnahmen	205–207
IV. Kapitalrücklage aus Nachschusspflicht (GmbH)	215–218
V. Steuerrechtliche Besonderheiten	220–223
E. Gewinnrücklagen (Abs 3)	
I. Merkmale	230
II. Arten	
1. Gesetzliche Rücklage (AG/KGaA und UG (haftungsbeschränkt))	235–243

Eigenkapital § 272

	Anm
2. Satzungsmäßige Rücklagen	250, 251
3. Andere Gewinnrücklagen	255–259
III. Einstellungen	265–267
IV. Entnahmen, Angabepflichten	275–278
V. Besonderheiten bei Unternehmensverträgen	285–288

F. **Rücklage für Anteile an einem herrschenden oder mit Mehrheit beteiligten Unternehmen (Abs 4)**
  I. Zweck, Veränderungen ... 300–307
  II. Steuerrechtliche Besonderheiten ... 315

G. **Besonderheiten des Eigenkapitals der KGaA**
  I. Rechtsverhältnisse, Jahresabschluss ... 320–323
  II. Gezeichnetes Kapital und ausstehende Einlagen, Kapitalveränderungen ... 325
  III. Ausweis der Kapitalanteile der persönlich haftenden Geschäftsinhaber ... 330, 331
  IV. Kapitalrücklage ... 335
  V. Gewinnrücklagen ... 340–342

H. **Eigenkapital-Änderungen durch Umwandlungen**
  I. Grundsätze, Begriffe ... 350
  II. Formwechsel ... 355–358
  III. Verschmelzungen auf eine Kapitalgesellschaft
    1. Ohne Kapitalerhöhung ... 360
    2. Mit Kapitalerhöhung ... 365
  IV. Spaltungen von Kapitalgesellschaften
    1. Aufspaltung ... 370
    2. Abspaltung ... 375
    3. Ausgliederung ... 380
  V. Ergänzende Hinweise ... 385, 386

I. **Rechtsfolgen einer Verletzung des § 272** ... 390–392

J. **Exkurs 1: Verdeckte Einlagen**
  I. Begriff ... 400
  II. Einlagefähige Vermögensgegenstände
    1. Handelsrecht ... 401, 402
    2. Steuerrecht ... 403
    3. Gesellschaftsrecht ... 404
  III. Erfassung und Bewertung einer verdeckten Einlage beim Empfänger
    1. Handelsrecht ... 405
    2. Steuerrecht ... 406
  IV. Erfassung und Bewertung einer verdeckten Einlage beim bilanzierenden Gesellschafter ... 407
    1. Handelsrecht ... 407
    2. Steuerrecht ... 407a
  V. Vorteilsausgleich
    1. Handelsrecht ... 408
    2. Steuerrecht ... 409
  VI. Rückgewähr verdeckter Einlagen
    1. Auswirkungen bei der Kapitalgesellschaft
      a) Handelsrecht ... 410
      b) Steuerrecht ... 411–414

	Anm
2. Auswirkungen beim bilanzierenden Gesellschafter	
a) Handelsrecht	415
b) Steuerrecht	416
VII. Verdeckte Einlage und Sanierung	
1. Handelsrecht	417
2. Steuerrecht	418
VIII. Verdeckte Einlage und körperschaftsteuerrechtliche Organschaft	419
IX. Verhältnis zu § 1 AStG	420

K. Abweichungen der IFRS

I. Allgemeines	450–452
II. Bestandteile des Eigenkapitals	455
1. Gezeichnetes Kapital	456
a) Noch nicht eingezahltes Kapital	457
b) Vorzugsaktien	458, 459
2. Kapitalrücklage	460–467
3. Gewinnrücklagen *(retained earnings)*	470–480
4. Andere Rücklagen *(other reserves)*	484
a) Fremdwährungsrücklage	485, 486
b) Neubewertungsrücklage	487–490
c) Afs-Rücklage	491, 492
5. Eigene Aktien	493–496

L. Exkurs 2: Aktienoptionspläne ... 500

I. Aktienoptionspläne mit Erfüllung aus bedingtem Kapital	501–506
II. Aktienoptionspläne mit Barausgleich *(stock appreciation rights)*	510–513
III. Aktionoptionspläne mit Erfüllung aus zurückzuerwerbenden Aktien	515
IV. Aktienoptionspläne mit Wahlrecht zwischen Erfüllung in Aktien und Barausgleich	520–522

Schrifttum: Eigenkapital iSv § 272: *Loos* Steuerrechtliche und handelsrechtliche Einstufung von Aufgeld und Unterverzinslichkeit bei Optionsanleihen, BB 1988, 369; *Küting/Kessler* Die Problematik der „anderen Zuzahlungen" gem § 272 Abs 2 Nr 4 HGB, BB 1989, 25; *HFA 2/1994* Zum Ausweis des Genussschein-Kapitals, WPg, 419 ff; *Küting/Kessler* Eigenkapitalähnliche Mittel in der Handelsbilanz und im Überschuldungsstatus, BB 1994, 2103; *Elke* Vorausgezahlte Stammeinlagen – ein Fall fehlerhafter Kapitalaufbringung in der GmbH?, ZGR 1995, 426; *Karollus* Voreinzahlungen auf künftige Kapitalerhöhungen, DStR 1995, 1065; *Maser/Sommer* Die Neufassung der sanierenden Kapitalherabsetzung bei der GmbH, GmbHR 1996, 22; *Sethe* Die Besonderheiten der Rechnungslegung bei der KGaA, DB 1998, 1044; *Klingberg* Der Aktienrückkauf nach dem KonTraG aus bilanzieller und steuerlicher Sicht, BB 1998, 1575; *Thiel* Bilanzielle und steuerliche Behandlung eigener Aktien nach der Neuregelung des Aktienerwerbs durch das KonTraG, DB 1998, 1583; *Häuselmann* Wandelanleihen in der Handels- und Steuerbilanz des Emittenten, BB 2000, 139; *Baldorfer* Forderungsverzicht als Kapitalrücklage gemäß § 272 Abs 2 Nr 4 HGB, DStR 2003, 852; *Gelhausen/Rimmelspacher* Wandel- und Optionsanleihen in den handelsrechtlichen Jahresabschlüssen des Emittenten und des Inhabers AG 2006, 729; *Gelhausen* Bilanzierung zur Einziehung erworbener eigener Aktien und Kapitalschutz, FS Baetge 2007, 192; *Haberstock* Rückzahlungen an Gesellschafter aus freier Kapitalrücklage NGZ 2008, 220: *Kropff* Nettoausweis des gezeichneten Kapitals und Kapitalschutz, ZIP 2009, 1137; *Lanfermann/Röhricht* § 268 Abs 8 HGB als neue Generalnorm für außerbilanzielle Ausschüttungssperren DStR 2009, 1216; *Gelhausen/Althoff* Die Bilanzierung ausschüttungs- und abführungsgesperrter Beträge im handelsrechtlichen Jahresabschluss nach dem BilMoG WPg 2009, 584/629; *Kühnberger* Eigenkapitalausweis und Kompetenzregeln für die AG bei der Kapitalaufbringung und -erhaltung nach BilMoG BB

2011, 1387; IDW RS HFA 41 Auswirkungen eines Formwechsels auf den handelsrechtlichen Jahresabschluss FN-IDW 2012, 539; IDW RS HFA 42 Auswirkungen einer Verschmelzung auf den handelsrechtlichen Jahresabschluss FN-IDW 2012, 701; IDW RS HFA 43 Auswirkungen einer Spaltung auf den handelsrechtlichen Jahresabschluss FN-IDW 2012, 714; *Kessler/Suchan* Kapitalschutz bei Erwerb eigner Anteile nach BilMoG, FS Hommelhoff 2012, 509; *Oser/Kropp* Eigene Anteile in Gesellschafts-, Bilanz- und Steuerrecht, Der Konzern 2012, 185.

A. Anwendungsbereich, Ergänzungsposten

§ 272 bezieht sich unmittelbar und ausschließlich auf die entspr EK-Posten bei 1
AG, SE, KGaA, GmbH und UG *(haftungsbeschränkt)*. Formal gelten sie auch für KapCoGes iSv § 264a, jedoch kommen die Regelungen wegen der grds Unterschiede zwischen dem EK von PersGes und KapGes praktisch nicht zur Anwendung (s § 264c Anm 15 ff). Wegen (eingeschränkter) sinngemäßer Anwendung des § 272 nach § 5 Abs 1 PublG s § 264c Anm 95. Für *Genossenschaften* (eG) enthält § 337 Sondervorschriften und zwar in Abs 1 zum gezeichneten Kapital und in Abs 2 zu den Rücklagen: dazu § 337 Anm 2 ff und Anm 7 ff.

Soweit **Genussscheinkapital** bilanzielles EK darstellt, ist es in der Gliederung des EK als besonderer Posten zB nach dem gezeichneten Kapital oder nach den Gewinnrücklagen auszuweisen (näher § 266 Anm 191). Der Ausweis als EK setzt voraus, dass das Genussrecht durch eine Einlage begründet worden ist, die nur aus dem Liquidationserlös zu tilgen und im Insolvenzfall verloren ist; dazu ausführlich HFA 1/1994 WPg, 419. Zur Zuordnung des Genussscheinkapitals zum EK oder zum FK s § 247 Anm 227 ff.

Ein weiterer, in § 272 nicht geregelter Ergänzungsposten sind die **Einzahlungen für Kapitalerhöhungen**, da diese erst nach Eintragung der Kapitalerhöhung im HR zum gezeichneten Kapital gehören (Näheres in Anm 51).

Abgrenzungs- und Zuordnungsfragen, die sich aus den einzelnen **Arten von Umwandlungen** auf KapGes nach dem UmwG ergeben, werden unter Anm 350 ff dargestellt.

Die EK-Darstellung bei **Kreditinstituten** und **VersicherungsUnt** ist in enger Anlehnung an § 272 durch die jeweiligen Formblätter vorgeschrieben.

B. Mindestgliederung, korrespondierende Aktivposten

Von den Einzelposten des EK, die in der Bilanz nach § 266 Abs 3 A auszuweisen sind (§ 266 Anm 170 ff), werden in § 272 das gezeichnete Kapital mit dem Ausweis der ausstehenden Einlagen, die Kapitalrücklage, die Gewinnrücklagen und die Rücklage für Anteile an einem herrschenden oder mehrheitlich beteiligten Unt inhaltlich umschrieben. Eine Vorschrift zum Kapitalausweis ist bei KGaA ergänzend in § 286 Abs 2 AktG enthalten. 5

Kleine KapGes müssen die Gliederung des § 266 Abs 3 A wie große KapGes einhalten, da sie alle mit Buchstaben oder römischen Zahlen bezeichneten Posten getrennt darzustellen haben; lediglich die einzelnen Gewinnrücklagen dürfen zusammengefasst werden. Letzteres ist uE aber für gesetzliche Gewinnrücklagen (wie die gesetzliche Rücklage von AG und KGaA) nicht zu empfehlen. KleinstKapGes dürfen das gesamte EK in einem Posten zeigen.

Tochter-KapGes, die alle Voraussetzungen des § **264 Abs 3** erfüllen (dort Anm 115 ff) brauchen *an sich* § 272 nicht zu beachten. Nach § 247 Abs 1 müssen sie jedoch das gezeichnete Kapital, ausstehende Einlagen darauf, die Kapitalrücklage und die Gewinnrücklagen getrennt bilanzieren – andernfalls ist die dort geforderte „hinreichende Aufgliederung" nicht erfüllt, es sei denn, es handelt sich um eine KleinstKapGes, die ihr EK in einem Posten zeigen darf. Im Übrigen dürften die Regelungen des § 272 als GoB für alle KapGes anzusehen sein.

Ges, die einen KA erstellen, haben die Bewegungen der EK-Posten nach § 297 Abs 1 S 1 im KA in einem EK-Spiegel darzustellen (hierzu § 297 Anm 100 ff und DRS 7). Eine vergleichbare Regelung für den JA besteht nach § 264 Abs 1 S 2 nur für kapitalmarktorientierte KapGes (und KapCoGes), die nicht zur Aufstellung eines KA verpflichtet sind.

6 Auf der **Aktivseite** der Bilanz sind folgende mit dem EK korrespondierende Posten *jeweils gesondert* auszuweisen:

Umlaufvermögen:
– Unter Forderungen und sonstige VG
  • Eingeforderte **ausstehende Einlagen** auf das gezeichnete Kapital (Anm 36)
  • **Eingeforderte Nachschüsse** (nur GmbH betr, Anm 215)
– Unter Wertpapiere
  • Anteile an einem herrschenden oder mit Mehrheit beteiligten Unt (Anm 300)

Letzter Bilanzposten (nach Posten E Aktiver Betrag aus der Vermögensverrechnung):
• **Nicht durch Eigenkapital gedeckter Fehlbetrag** (§ 268 Anm 75 ff).
– Bei **KGaA** kommen in Bezug auf die *negativen Kapitalkonten* der persönlich haftenden Gester (phG) hinzu:
Umlaufvermögen:
– Unter Forderungen und sonstige VG:
  • **Einzahlungsverpflichtungen persönlich haftender Gester** (Anm 331)

Ggf ferner (nach Posten E Aktiver Betrag aus der Vermögensverrechnung):
• **Nicht durch Vermögenseinlagen gedeckter Verlustanteil persönlich haftender Gester** (Anm 331).

Auf der **Passivseite** der Bilanz sind folgende EK-Posten gesondert zu zeigen:
– **Gezeichnetes Kapital,** ggf Eingefordertes Kapital (Anm 35), *ggf offene* Absetzung aufgrund erworbener eigener Anteile (Anm 130)
– **Kapitalrücklage** (Anm 160 ff)
– **Gewinnrücklagen,** wie folgt zu untergliedern
  1. gesetzliche Rücklage (Anm 235 ff)
  2. Rücklage für Anteile an einem herrschenden oder mehrheitlich beteiligten Unt (Anm 300 ff)
  3. satzungsmäßige Rücklagen (Anm 250 f)
  4. andere Gewinnrücklagen (Anm 255 ff)
– **Gewinnvortrag/Verlustvortrag** (dazu § 268 Anm 1 ff)
– **Jahresüberschuss/Jahresfehlbetrag** (ebenfalls § 268 Anm 1 ff) *oder* anstelle der beiden letzten Posten
– **Bilanzgewinn/Bilanzverlust,** falls die Bilanz unter (teilweiser) Ergebnisverwendung erstellt wurde; näheres in § 268 Anm 1 ff.

Bei der **KGaA** sind zusätzlich die **Kapitalkonten** der phG nach dem gezeichneten Kapital gesondert auszuweisen (Anm 330).

Ergänzende Regelungen im **AktG** oder **GmbHG** werden in den nachstehenden Erl behandelt. Für die Erl der fortgeltenden EK-Posten und zugehörigen Aktivposten des **DMBilG** verweisen wir auf die 4. Aufl § 272 Anm 150 ff.

C. Gezeichnetes Kapital, ausstehende Einlagen (Abs 1) und eigene Anteile (Abs 1a und 1b)

I. Gezeichnetes Kapital

1. Begriff, Abgrenzungen

Als gezeichnetes Kapital sind bei AG, SE und KGaA das **Grundkapital** 10 (§ 152 Abs 1 S 1 AktG) und bei GmbH das **Stammkapital** (§ 42 Abs 1 GmbHG) in der Bilanz darzustellen. Wenn **ausstehende Einlagen** bestehen, sind die nicht eingeforderten Einlagen durch offene Absetzung vom gezeichneten Kapital zu kürzen mit der Wirkung, dass nur das „**Eingeforderte Kapital**" in der Hauptspalte des EK gezeigt wird (Abs 1 S 3, dazu Anm 35). Das gezeichnete Kapital ist mit seinem Nennbetrag/rechnerischen Wert anzusetzen. Mehr- oder Mindererlöse ggü dem Nennbetrag/rechnerischen Wert aus Ausgabe- oder Rückzahlungsvorgängen von Anteilen sind stets in den anderen EK-Posten abzubilden.

Bei **AG** gilt der besondere Grundsatz der **Erhaltung des Grundkapitals**. An die Aktionäre dürfen die Einlagen, dh das Grundkapital und ein in die Kapitalrücklage eingestelltes Agio, nicht zurückgewährt werden (§ 57 Abs 1 S 1 AktG), da vor Auflösung der AG/KGaA nur der Bilanzgewinn verteilt werden darf (§ 57 Abs 3 AktG).

Auch das **GmbHG** sichert die **Erhaltung des Stammkapitals** durch ein Rückzahlungsverbot (§ 30 Abs 1 GmbHG, Erstattungspflicht gem § 31 GmbHG).

Nicht zum gezeichneten Kapital gehören die Kapitalanteile der phG bei KGaA, deren Kapitalanteile gem § 286 Abs 2 S 1 AktG nach dem Posten „Gezeichnetes Kapital" gesondert auszuweisen sind (Anm 330f).

2. Einzelfragen zum Ausweis

a) Aktiengesellschaft (AG)

Das **Grundkapital** der AG ist in Aktien zerlegt (§ 1 Abs 2 AktG); sein 15 Nennbetrag muss, ebenso wie ggf der Nennbetrag der Aktien, auf Euro lauten (§ 6 AktG). Der Mindestnennbetrag des Grundkapitals beträgt 50 000 Euro (§ 7 AktG), der Mindestnennbetrag der Aktien ist 1 Euro (§ 8 Abs 2 S 1 AktG). Der Nennbetrag des Grundkapitals kann nur durch einen Beschluss über eine Kapitalerhöhung (§§ 182–220 AktG) oder über eine Kapitalherabsetzung (§§ 222– 240 AktG) mit anschließender Eintragung in das HR **geändert** werden.

Nennwertlose Stückaktien sind zulässig, jedoch nur anstelle, nicht neben Nennbetrags-Aktien (§ 8 Abs 1 AktG). § 8 Abs 3 und 4 AktG bestimmt, dass alle Stückaktien am Grundkapital in gleichem Umfang beteiligt sind; der Anteil am Grundkapital bestimmt sich hier nicht nach dem Verhältnis der Aktien-Nennbeträge, sondern nach der Zahl der Stückaktien zum Grundkapital (sog „**rechnerischer Wert**", BT-Drs 13/9573, 12). Jedoch darf gem § 8 Abs 3 S 3 AktG der auf die einzelne Stückaktie entfallende anteilige Betrag des Grundkapitals 1 Euro nicht unterschreiten.

Auf der Passivseite der Bilanz muss das im HR am Bilanzstichtag eingetragene Grundkapital jeweils in voller Höhe ausgewiesen werden (§ 152 Abs 1 S 1 AktG, hier Anm 25 ff). Ggf ist eine Kapitalrückzahlung durch Erwerb eigener Aktien *offen* abzusetzen (Anm 130) oder es sind noch nicht eingeforderte ausstehende Einlagen ebenfalls *offen* abzusetzen (Anm 45).

Sind durch Bilanzverluste sämtliche Rücklagen und außerdem mehr als die Hälfte des gezeichneten Kapitals verbraucht, bestehen Informationspflichten an die Anteilseigner gem § 92 Abs 1 AktG. Ergibt sich bilanziell ein „Nicht durch EK gedeckter Fehlbetrag" gem § 268 Abs 3, muss geprüft werden, ob zu *Verkehrswerten* eine Überschuldung und damit ein Insolvenzgrund vorliegt; dann bestehen Anzeigepflichten an das Amtsgericht. Näheres bei *Förschle/Hoffmann* in Sonderbilanzen[4], P Anm 60 ff.

16 Für das Grundkapital als **gezeichnetes Kapital** bestehen folgende **Vermerk- oder Angabepflichten** in der Bilanz:
- Bestehen **mehrere Aktiengattungen,** ist der Anteil der Aktien jeder Gattung am Grundkapital gesondert anzugeben (§ 152 Abs 1 S 2 AktG, zu den ergänzenden Angaben im Anhang (§ 160 Abs 1 Nr 3 AktG) s § 284 Anm 74.
- Bei vor 1966 ausgegebenen und noch bestehenden **Mehrstimmrechtsaktien** sind beim gezeichneten Kapital die Gesamtstimmenzahl dieser Mehrstimmrechtsaktien und die der übrigen Aktien zu vermerken (§ 152 Abs 1 S 4 AktG).
- **Bedingtes Kapital** ist mit dem Nennbetrag zu vermerken (§ 152 Abs 1 S 3 AktG); dazu Anm 66).

Über das **genehmigte Kapital** (§§ 202–206 AktG) sind im Anhang Angaben zu machen (§ 160 Abs 1 Nr 4 AktG).

AG, SE und KGaA, die einen organisierten Markt iSd § 2 Abs 7 WpÜG (geregelte Märkte im EU/EWR-Raum) durch von ihnen ausgegebene stimmberechtigte Aktien in Anspruch nehmen, haben ergänzend im Lagebericht/Konzernlagebericht Angaben nach § 289 Abs 4/§ 315 Abs 4 zu machen.

b) Gesellschaft mit beschränkter Haftung (GmbH)

20 Das **Stammkapital** der GmbH ist in Stammeinlagen zerlegt (§ 5 Abs 1 und 3 GmbHG); der Nennbetrag des Stammkapitals wie der Stammeinlagen muss auf Euro lauten (§ 5 Abs 1 GmbHG), der Mindestbetrag des Stammkapitals beträgt 25 000 Euro; der Mindestbetrag der Stammeinlagen ist 1 Euro (§ 5 Abs 2 GmbHG). Ist der Betrag des Stammkapitals bei Gründung der Ges geringer als 25 000 Euro muss die Ges in der Firma den Bestandteil UG (haftungsbeschränkt) führen (statt GmbH; § 5a Abs 1 GmbHG). Auch der Nennbetrag des Stammkapitals kann nur durch einen Kapitalerhöhungsbeschluss §§ 55–57o GmbHG) oder einen Kapitalherabsetzungsbeschluss (§§ 58, 58 a–58 f GmbHG) mit Eintragung in das HR **geändert** werden. Nach § 5 Abs 3 S 2 GmbHG muss der Gesamtbetrag der Stammeinlagen bei der Gründung und bei einer Kapitalerhöhung mit dem Stammkapital übereinstimmen. Nach einer Einziehung (Amortisation) von Geschäftsanteilen nach § 34 GmbHG ändert sich ohne wirksame Kapitalherabsetzung nicht der Nennbetrag des Stammkapitals. Es vergrößern sich zB die verbleibenden Geschäftsanteile im Verhältnis zueinander oder es wird ein neuer Geschäftsanteil gebildet; durch einen Aufstockungsbeschluss (*ohne* Satzungsänderung) können die Nennwerte dem unveränderten Stammkapital angeglichen werden. *Fastrich* in Baumbach/Hueck GmbHG[20] § 34 Anm 20 f zeigen den derzeitigen, zT streitigen Meinungsstand. Zur Kapitalerhaltung bestimmt § 30 Abs 1 GmbHG, dass das dafür erforderliche Vermögen der GmbH nicht an die Gester ausgezahlt werden darf. Mit diesem Auszahlungsverbot wird schwächer als bei AG nur das zur Erhaltung des Stammkapitals erforderliche Vermögen gebunden (dazu *Fastrich* in Baumbach/Hueck GmbHG[20] § 30 Anm 1).

Besondere **Angabe- oder Vermerkpflichten** im Rahmen der Bilanzierung des gezeichneten Kapitals bestehen für **GmbH** grds nicht, damit auch nicht bei etwaigen Mehrstimmrechten.

Sind durch Bilanzverluste sämtliche Rücklagen und außerdem mehr als 50% des Stammkapitals aufgezehrt, bestehen Informationspflichten an die Gester, § 49 Abs 3 GmbHG.

c) Maßgeblichkeit der Handelsregistereintragung

Der Ausweis des gezeichneten Kapitals bestimmt sich idR nach der Höhe des am Bilanzstichtag geltenden **Handelsregistereintrags** des Grund- oder Stammkapitals. Die Festsetzung des Grund- oder Stammkapitals ist Bestandteil der Satzung bzw des GesVertrags. Ebenso wie bei Gründung einer KapGes wirkt auch bei den meisten Kapitalveränderungen (Kapitalerhöhung oder Kapitalherabsetzung) die Eintragung im HR konstitutiv. Für den Bilanzierungsgrundsatz der Maßgeblichkeit der HR-Eintragung ist dann entscheidend, dass die rechtliche Wirksamkeit der Kapitalveränderung von der Eintragung abhängt (Anm 15).

Abweichend hiervon darf die vereinfachte Kapitalherabsetzung nach § 234 Abs 1 AktG oder § 58e Abs 1 GmbHG, ggf iVm einer gleichzeitigen Kapitalerhöhung (§ 235 Abs 1 AktG oder § 58f Abs 1 GmbHG), *vor* Wirksamkeit der Eintragung rückwirkend im vorherigen JA ausgewiesen werden. Außerdem ist die bedingte Kapitalerhöhung gem § 200 AktG *vor* Eintragung bereits mit Ausgabe der Bezugsaktien wirksam und als solche zu bilanzieren. Die Kapitalherabsetzung durch Einziehung von Aktien ist, wenn die Einziehung der Eintragung des Beschlusses nachfolgt, erst mit der Einziehung wirksam (§ 238 S 1 AktG). Für GmbH gelten strengere Regeln gem § 34 GmbHG.

In der folgenden Übersicht sind für die einzelnen Kapitalmaßnahmen der Zeitpunkt ihrer rechtlichen Wirksamkeit sowie – bei Abweichung – der Zeitpunkt ihrer bilanziellen Erfassung zusammengestellt:

Kapitalerhöhung gegen Einlagen (Bar- oder Sacheinlagen; Anm 50)
Eintragung der *Durchführung* der Kapitalerhöhung in das HR (§ 189 AktG; § 54 Abs 3 GmbHG).

Kapitalerhöhung aus Gesellschaftsmitteln (Anm 55)
Eintragung des Beschlusses über die Erhöhung des Grund- oder Stammkapitals in das HR (§ 211 Abs 1 AktG, § 57i Abs 4 GmbHG).

Bedingte Kapitalerhöhung (nur AG, KGaA; Anm 65)
Ausgabe der Bezugsaktien (§ 200 AktG). Für die konstitutive Wirkung ist **nicht** die Eintragung der Anmeldung des Ausgabebeschlusses (§§ 195 Abs 1 AktG) und auch nicht die nach dem Ende eines jeden Gj erfolgende Eintragung der während des Gj ausgegebenen Bezugsaktien (§ 201 AktG), sondern der tatsächliche Akt der Ausgabe von Bezugsaktien während des Gj (§ 200 AktG) maßgebend.

Genehmigtes Kapital (Anm 70)
Eintragung der Durchführung der Kapitalerhöhung in das HR (§ 203 Abs 1 iVm § 189 AktG; § 55a GmbHG).

Ordentliche Kapitalherabsetzung (Anm 75)
Eintragung des Beschlusses über die Kapitalherabsetzung in das HR (§ 224 AktG, §§ 54 Abs 3, 58 Abs 1 GmbHG). Bei GmbH ist die Anmeldung und Eintragung der Änderung des GesVertrags in das HR erst nach Gläubigeraufruf, Sperrjahr usw (§ 58 GmbHG) zulässig.

Vereinfachte Kapitalherabsetzung (Anm 80)
a) Die Kapitalherabsetzung ohne und mit Rückbeziehung wird mit der Eintragung im HR wirksam (§ 229 Abs 3 iVm § 224 AktG, § 58a Abs 3 iVm § 54 Abs 3 GmbHG). Die Bilanzierung der Kapitalherabsetzung darf wahlweise auf die vorangehende Bilanz zurückbezogen werden (§ 234 Abs 1 AktG, § 58e GmbHG und hier Anm 82).

b) In Verbindung mit einer rückwirkenden Kapitalherabsetzung kann nach § 235 Abs 1 AktG oder § 58f Abs 1 GmbHG eine dann ebenfalls bilanziell rückwirkende Kapitalerhöhung beschlossen werden. Sie wird mit deren Durchführung wirksam (§§ 235 Abs 2 AktG, 58f Abs 2 GmbHG).

Kapitalherabsetzung durch Einziehung von Anteilen
a) **AG, KGaA** (Anm 95)
– Die Kapitalherabsetzung wird mit Eintragung des Beschlusses in das HR bei vorangegangener Einziehung wirksam oder bei nachfolgender Einziehung mit Einziehung der Aktien (§ 238 S 1 AktG).
– Bei durch die Satzung angeordneter Einziehung ohne notwendige Beschlussfassung durch die HV ist das Grundkapital mit der Zwangseinziehung nach vorheriger Vernichtung der Rechte aus diesen Aktien herabgesetzt (§ 238 S 2 und 3 AktG).

b) **GmbH** (Anm 96)
Die Einziehung nach § 34 GmbHG selbst berührt die Höhe des Stammkapitals nicht. Für die Kapitalherabsetzung bedarf es eines gesonderten Beschlusses der GesV. Sie vollzieht sich abhängig vom Beschluss nach den Grundsätzen der ordentlichen oder vereinfachten Kapitalherabsetzung.

II. Ausstehende Einlagen auf das gezeichnete Kapital

1. Rechtslage

30   Bei **Bareinlage** muss das gezeichnete Kapital nur teilweise vor Eintragung aufgebracht werden: Sofern die nicht voll eingezahlten Anteile auf den Namen des Inhabers lauten (§ 10 Abs 2 AktG) und in das Aktienbuch der **AG/KGaA** eingetragen werden (§ 67 Abs 1 AktG), ist nach § 36a Abs 1 AktG die Einforderung eines Viertels des geringsten Ausgabebetrags (Anm 15) je Aktie zzgl des *vollen* Agios ausreichend. Bei **GmbH** muss nach § 7 Abs 2 S 1 GmbHG auf jede übernommene Stammeinlage ein Viertel eingezahlt sein, insgesamt aber mind „die Hälfte des Mindest-Stammkapitals gemäß § 5 Abs 1" GmbHG, also 12 500 *Euro*. Die bei **Bareinlage** nicht eingezahlten Beträge werden als „Ausstehende Einlagen auf das gezeichnete Kapital" bilanziert.

Sacheinlagen sind nach dem Wortlaut der § 36a Abs 2 S 1 AktG, § 7 Abs 3 GmbHG bis zur Eintragung **vollständig** zu leisten, so dass hier keine ausstehenden Einlagen auftreten können. UE kann § 36a Abs 2 AktG als Schutzvorschrift nur so sinnvoll ausgelegt werden, dass die Sacheinlage stets vor Anmeldung bzw vor Eintragung auf die AG/KGaA übertragen werden muss.

Auch bei GmbH ist bei Sacheinlagen, insb bei Einräumung schuldrechtlicher Ansprüche zur Sicherung der realen Kapitalaufbringung, jeweils die Einlagefähigkeit und deren Beschränkungen zu beachten; dazu grds *Fastrich* in Baumbach/Hueck GmbHG[20] § 5 Anm 14ff mit Bsp ab Anm 25.

Ausstehende Einlagen auf Agio-Beträge können bei **AG/KGaA** nicht entstehen, da § 36a AktG stets die Einzahlung des vollen Agios fordert. Zur Ausnahme im Fall der Rückbeziehung einer Kapitalerhöhung nach § 235 AktG s Anm 83.

Bei **GmbH** fehlt eine gesetzliche Regelung, so dass Festsetzungen im GesVertrag erforderlich sind. Agio-Beträge sind dann Nebenleistungen iSv § 3 Abs 2 GmbHG; Näheres bei *Fastrich* in Baumbach/Hueck GmbHG[20] § 5 Anm 11, § 3 Anm 32ff mwN. Alle ausstehenden Agiobeträge sind nach hM als gesonderter Posten unter den Forderungen auszuweisen und entspr zu bezeichnen, da es sich *nicht* um ausstehende *Einlagen auf das gezeichnete Kapital* handelt (*ADS*[6] § 272

Anm 107 mwN). Der Ausweis nach § 272 Abs 1 für noch nicht eingeforderte *Einlagen* ist uE für ausstehende Agio-Beträge nicht anzuwenden.

Die **ausstehenden Einlagen** (Grundkapital) werden **fällig**, wenn sie der *Vorstand* (die phG) nach § 63 Abs 1 AktG einfordert; dann sind sie auch zu verzinsen. Bei GmbH werden Einzahlungen auf die **Stammeinlagen** von den *Gestern* eingefordert (§ 46 Nr 2 GmbHG); sie sind gem § 20 GmbHG grds (GesVertrag!) ebenfalls ab Fälligkeit zu verzinsen. Die Verzinsung ausstehender **Agio-Beträge** muss im GesVertrag vereinbart werden; § 20 GmbHG gilt hierfür nicht. 31

2. Ausweis und Bewertung

Die **ausstehenden Einlagen auf das gezeichnete Kapital** stellen eine latente Forderung der KapGes an die Gester dar, die von der KapGes eingefordert werden kann, unter bestimmten Umständen (zB (drohende) Insolvenz) eingefordert werden muss. Bis zur Einforderung ist diese Forderung aber rechtlich noch nicht voll entstanden. Nach Abs 1 S 3 sind **noch nicht eingeforderte ausstehende Einlagen** auf der Passivseite vom Posten „Gezeichnetes Kapital" *offen* abzusetzen, was zu einem Nettoausweis des „eingeforderten Kapitals" führt. Diese Rechtslage gilt für Gj, die nach dem 31.12.2009 beginnen. Zu dem Ausweiswahlrecht, das für Gj vor diesem Zeitpunkt bestand, s die 6. Aufl § 272 Anm 14. 35

Im Hinblick auf die maximal zulässige Ausschüttung an Gester wird man bei GmbH (Kapitalerhaltung nach § 30 GmbHG) die noch nicht eingeforderten ausstehenden Einlagen außerbilanziell zum Vermögen hinzurechnen dürfen, soweit die Einlagen einbringlich sind. Bei AG/SE wird man das bilanziell gezeigte für Ausschüttungen verfügbare Vermögen um den Betrag nicht einbringlicher Teile der noch nicht eingeforderten ausstehenden Einlagen außerbilanziell zu kürzen haben (ebenso *Reiner* in MünchKomm HGB[3] § 272 Anm 10–11).

Da **eingeforderte ausstehende Einlagen** Forderungscharakter haben, müssen sie auf der Aktivseite unter den Forderungen gesondert ausgewiesen und entspr bezeichnet werden (§ 272 Abs 1 S 3). Sie können dann ggf auch als Unterposten der Forderungen an verbundene bzw BetUnt oder (bei GmbH) gegen Gester gezeigt werden (*WPH*[14] I, F Anm 287). 36

Eingeforderte ausstehende Einlagen müssen hinsichtlich ihrer **Werthaltigkeit** geprüft und unter Berücksichtigung der Zahlungsfähigkeit des Gesters bzw des Ersatzverpflichteten (§§ 65 AktG, 22, 24 GmbHG) und der Möglichkeit des Ausschlusses säumiger Aktionäre (§ 64 AktG) oder Gester (§ 21 GmbHG) bewertet werden (ausführlich *ADS*[6] § 272 Anm 66ff).

Ist die Einbringlichkeit **noch nicht eingeforderter ausstehender Einlagen** gefährdet, hat dies bilanziell keine Konsequenzen. Allerdings wird man eine entspr Angabe im Anhang verlangen müssen (ebenso *Reiner* in MünchKomm HGB[3] § 272 Anm 20).

III. Steuerrechtliche Besonderheiten bei Einlagen

Die von den Gestern **geleisteten Einlagen** auf das gezeichnete Kapital sind als ges-rechtliche Einlagen Vermögensmehrungen, **die nicht** unter den **steuerrechtlichen Einkommensbegriff** (§ 8 Abs 1 KStG iVm § 4 Abs 1 S 1 EStG) fallen. Aus dem Bereich des gezeichneten Kapitals gehören hierzu die Leistungen auf den Nennbetrag des Grundkapitals oder Stammkapitals und auch auf das Aufgeld; dies gilt für Gründung (Bar- und Sachgründung) einschl Nachgründung ebenso wie für Kapitalerhöhung gegen Einlagen (Bar- und Sacheinlagen). Die über den Nennbetrag erzielten Beträge werden auf einem steuerrechtlichen Einlagenkonto ausgewiesen (§ 27 Abs 1 KStG). 40

41 **Ausstehende Einlagen** auf das Grund- oder Stammkapital sind in der StB als Forderungen der KapGes auszuweisen, unabhängig davon, ob sie eingefordert sind oder nicht. Nach Handelsrecht besteht eine Verpflichtung zur **Verzinsung** von *eingeforderten* Bareinlagen, wenn sie nicht rechtzeitig eingezahlt werden (§ 63 Abs 2 AktG, § 20 GmbHG, Anm 31). Die Verzinsungspflicht gilt dagegen nicht bei der rückständigen Leistung von Sacheinlagen (*Fastrich* in Baumbach/Hueck GmbHG[20] § 20 GmbHG Anm 2 mwN: nur Verzugsschaden nach BGB).

42 Die **Nichtverzinsung** ausstehender Stammeinlagen, die *noch nicht eingefordert* sind, stellt keine vGA dar (BFH 14.8.1985, BStBl II 1986, 86). Unterlässt die KapGes die Einforderung des noch ausstehenden Grund- oder Stammkapitals, obwohl ein Geldbedarf besteht, liegt darin auch dann keine vGA, wenn sie für die Kreditaufnahme Zinsen aufwendet (BFH 29.5.1968, BStBl II 1969, 11, GmbH betr). Den Gründen dieses Urteils ist zu entnehmen, dass der BFH die handelsrechtliche Regelung, nach der die Verzinslichkeit ausstehender Einlagen erst mit ihrer Einforderung beginnt, auch steuerrechtlich anerkennt.

IV. Veränderungen beim gezeichneten Kapital

1. Kapitalerhöhung

a) Kapitalerhöhung gegen Einlagen

50 Für AG und KGaA ist die Kapitalerhöhung gegen Einlagen in den §§ 182 bis 191 AktG geregelt und oft an die Voraussetzung gebunden, dass keine ausstehenden Einlagen auf das Grundkapital mehr erlangt werden können (§ 182 Abs 4 AktG, ausgenommen VersicherungsUnt). Die Kapitalerhöhung gegen Einlagen der GmbH regeln die §§ 55 bis 57b GmbHG.

Die Kapitalerhöhung kann gegen Bar- oder Sacheinlagen erfolgen (zur Einlagefähigkeit von VG § 247 Anm 172), wobei bei Sacheinlagen zur Sicherstellung ihrer Werthaltigkeit Formvorschriften bestehen und die Erstellung eines Sachgründungsberichts (§§ 32 AktG, 5 Abs 4 S 2 GmbHG) vorgeschrieben ist (§ 183 iVm §§ 33 ff AktG, § 56 iVm § 9 GmbHG).

Eine **verdeckte Sacheinlage** liegt vor, wenn eine Kapitalerhöhung formal als Bar-Kapitalerhöhung vorgenommen wird, aber bei wirtschaftlicher Betrachtung zB durch (zeitnahen) Kauf eines VG vom Inferenten tatsächlich eine Sacheinlage erfolgt. Nach § 27 Abs 3 AktG, § 19 Abs 4 GmbHG befreit die Sacheinlage den Gester nicht von seiner Einlageverpflichtung. Allerdings wird der Wert der Sacheinlage zum Zeitpunkt der Eintragung der Kapitalerhöhung bzw ggf zum späteren Zeitpunkt der Überlassung der Sacheinlage auf die Geldeinlageverpflichtung angerechnet, so dass der Gester nur noch den ggf bestehenden Differenzbetrag schuldet. Die Beweislast für die Werthaltigkeit der Sacheinlage trägt jedoch der Gester. Für den Fall, dass der Wert der tatsächlich gewährten Sacheinlage nicht ausreicht, muss die KapGes daher einen Anspruch auf die weiterhin **ausstehende** (restliche) **(Bar-)Einlage** aktivieren und bewerten.

Die Kapitalerhöhung wird erst mit der Eintragung der Durchführung der Erhöhung des Grundkapitals in das HR **wirksam** (§ 189 AktG, § 54 Abs 3 GmbHG).

51 Nach der Beschlussfassung über die Kapitalerhöhung liegt, solange weder die Einlage geleistet (selbst wenn sie eingefordert wurde) noch die (Durchführung der) Kapitalerhöhung in das HR eingetragen wurde, ein schwebendes Geschäft vor, das nicht bilanziert wird. Liegt in diesem Zeitraum ein Bilanzstichtag, ist über die schwebende Kapitalerhöhung lediglich im Anhang zu berichten (ebenso *Thiele* in Bilanzrecht § 272 Anm 27).

Geleistete Einlagen sind bis zur Eintragung der (Durchführung der) Kapitalerhöhung – vergleichbar erhaltenen Anzahlungen – Schulden der Ges und noch kein EK. Dies betrifft die gesamte Einlageleistung, umfasst also ggf auch den Betrag des bereits gezahlten Agios. Wegen der dennoch vorhandenen „Eigenkapitalnähe" dieser Schuld, die sich bei planmäßigem Verlauf der Kapitalerhöhung in EK (gezeichnetes Kapital und ggf Kapitalrücklage) wandeln wird, erscheint ein gesonderter Posten direkt *nach* dem EK mit der Bezeichnung „**Zur Durchführung der beschlossenen Kapitalerhöhung geleistete Einlagen**" sachgerecht (*ADS*[6] § 272 Anm 19; *Küting/Reuter* in HdR[5] § 272 Anm 12). Dies gilt auch, wenn nach dem Bilanzstichtag aber bis zur Bilanzaufstellung die Eintragung erfolgt. Zum Bilanzstichtag bestand eine Schuld. Die Wandlung in EK ist ein Ereignis nach dem Stichtag, über das im Anhang berichtet werden sollte (ebenso *Küting/Reuter* in HdR[5] § 272 Anm 13; *Thiele* in Bilanzrecht § 272 Anm 29; *Heymann* in Beck HdR B231 Anm 69; *Singhof* in HdJ Abt III/2 Anm 86; aA *ADS*[6] § 272 Anm 19 wonach unter diesen Umständen der Sonderposten bereits innerhalb des EK gezeigt werden darf; ebenso *Reiner* in MünchKomm HGB[3] § 272 Anm 46).

Erklären die Übernehmer/Zeichner der Anteile/Aktien, dass der eingezahlte Betrag auch im Falle der endgültigen Nicht-Eintragung der Kapitalerhöhung zur Stärkung des EK bei der Ges verbleiben soll, darf der Sonderposten bereits vor dem Zeitpunkt der Eintragung der Durchführung der Kapitalerhöhung innerhalb des EK ausgewiesen werden (ebenso *ADS*[6] § 272 Anm 19). Der Sonderposten bemisst sich nach der Höhe der tatsächlichen Gesamteinlagen, dh der Posten bezieht uE auch ein gezahltes **Agio** ein, das ebenfalls erst mit Eintragung der Kapitalerhöhung in der Kapitalrücklage ausgewiesen werden darf (glA *ADS*[6] § 272 Anm 93).

Werden bei AG/KGaA die vor Anmeldung der *Durchführung* der Kapitalerhöhung eingeforderten Bareinlagen von Aktionären in Fremdwährung oder mittels Scheck erbracht, ist wirksam geleistet nur der Betrag in Euro, der als Gutschrift auf einem Konto der KapGes oder des Vorstands im Inland (Kreditinstitut) zur freien Verfügung eingezahlt wurde (§ 54 Abs 3 AktG). Ausländische Zahlungsmittel stellen somit noch keine rechtlich wirksame Leistung der eingeforderten Bareinlagen dar (glA *Hüffer*[10] § 54 AktG Anm 13ff). Entspr gilt für GmbH (*Fastrich* in Baumbach/Hueck GmbHG[20] § 7 Anm 9 mwN). Kursverluste dürfen nicht der AG oder GmbH belastet werden.

b) Kapitalerhöhung aus Gesellschaftsmitteln

Die Kapitalerhöhung aus GesMitteln vollzieht sich durch **Umwandlung** der **55** Kapitalrücklage oder von Gewinnrücklagen in Grund- oder Stammkapital. Diese Kapitalerhöhung ist für AG und KGaA in §§ 207 bis 220 AktG und für GmbH in §§ 57c bis 57o GmbHG geregelt. Die Kapitalerhöhung aus Ges-Mitteln wird mit Eintragung des Beschlusses über die Erhöhung in das HR wirksam (§ 211 AktG, §§ 57i Abs 4 iVm 54 Abs 3 GmbHG). In der Bilanz wird der Vorgang der Kapitalerhöhung aus GesMitteln durch eine Umgliederung von Kapitalrücklage und/oder Gewinnrücklagen auf das Grund- oder Stammkapital durchgeführt, die jedoch nur bei AG/KGaA und dort bei den Rücklagen offen dargestellt werden muss (§ 152 Abs 2, 3 AktG). Bei Ges, die einen KA aufstellen, und bei kapitalmarktorientierten Ges, die keinen KA aufstellen, ist der Vorgang gem § 297 Abs 1 (§ 264 Abs 1 S 2) im KA (EA) zudem im EK-Spiegel darzustellen (zum EK-Spiegel DRS 7 und § 297 Anm 100ff).

Umwandlungsfähig sind Kapital- und Gewinnrücklagen (§ 208 AktG, **56** § 57d Abs 1 GmbHG). Bei AG und KGaA dürfen die Kapitalrücklage nach Abs 2 Nr 1–3 und die gesetzliche Rücklage – sowie deren Zuführungen – nur insoweit in Grundkapital umgewandelt werden, als sie zusammen den zehnten

Teil oder den in der Satzung bestimmten höheren Teil des bisherigen Grundkapitals übersteigen (§ 208 Abs 1 S 2 AktG). Da für GmbH grds keine gesetzliche Rücklage besteht, darf die Kapitalrücklage hier unbeschränkt in Stammkapital umgewandelt werden, so auch die Kapitalrücklage aus einer Nachschusspflicht (Anm 217). Bei UG (haftungsbeschränkt) darf auch die gesetzliche Rücklage umgewandelt werden (§ 5a Abs 3 GmbHG). Auch Zuführungen zu den Gewinnrücklagen, die im letzten Beschluss über die Verwendung des Jahresüberschusses oder des Bilanzgewinns als solche bezeichnet sind, sind umwandlungsfähig (§ 208 Abs 1 S 1 AktG; § 57d Abs 1 GmbHG).

57 Wird in der Bilanz, die der Beschlussfassung zugrunde gelegt wird, ein **Verlust** einschl eines **Verlustvortrags** ausgewiesen, dürfen bis zu deren Höhe die Kapitalrücklage und die Gewinnrücklagen – ohne gesetzliche Rücklage – nicht umgewandelt werden. Umwandlungsfähig ist also nur der **positive Saldo** der in Frage stehenden Rücklagen nach Kürzung eines Verlusts und eines Verlustvortrags (§ 208 Abs 2 S 1 AktG, § 57d Abs 2 GmbHG). **Zweckgebundene** Gewinnrücklagen und deren Zuführungen, also Rücklagen, die für einen bestimmten Zweck gebildet wurden, sind nur umwandlungsfähig, soweit dies mit der Zweckbestimmung vereinbar ist (§ 208 Abs 2 S 2 AktG, § 57d Abs 3 GmbHG), ggf kann eine Aufhebung der Zweckbestimmung vor dem Kapitalerhöhungsbeschluss vorgenommen werden. So sind insb Rücklagen wegen eigener Anteile (s Anm 134) oder für Anteile an herrschenden Unt nur insoweit umwandlungsfähig, als sich die entspr offene Absetzung vom gezeichneten Kapital/Aktivposten ermäßigt haben. Gewinnrücklagen, die aufgrund der Regelung in § 268 Abs 8 ausschüttungsgesperrt sind, sind uE nicht umwandlungsfähig, da deren Umwandlung in gezeichnetes Kapital, einer Kapitalaufbringung mit nicht vollwertigen VG bedeuten würde (ebenso *Förschle/Kropp* in Sonderbilanzen[4] E Anm 81; *Heymann* in Beck HdR B 231 Anm 78).

58 Allgemeine Voraussetzung für die Umwandlungsfähigkeit der Kapitalrücklage und der erwähnten Gewinnrücklagen ist der Ausweis in der der **Beschlussfassung** zu Grunde gelegten Bilanz; hinzu kommt noch die **Zuführung** zu Gewinnrücklagen auf Grund der letzten Beschlussfassung (§ 208 Abs 1 S 1 AktG; § 57d Abs 1 GmbHG). Die für die Beschlussfassung notwendige Bilanz kann eine **Jahresbilanz** oder eine **Zwischenbilanz** sein; jedoch dürfen deren **Stichtage** höchstens acht Monate vor Anmeldung des Beschlusses zur Eintragung in das HR liegen (§ 209 Abs 1 und 2 AktG, §§ 57e Abs 1, 57f Abs 1 S 2 GmbHG). Die zugrunde gelegte **Jahresbilanz** muss bei allen – auch kleinen – KapGes *geprüft*, mit einem uneingeschränkten **Bestätigungsvermerk** versehen und **festgestellt** sein (§ 209 Abs 1 AktG); auch eine zugrunde gelegte **Zwischenbilanz** muss geprüft und mit uneingeschränktem BVm versehen sein (§ 209 Abs 3 AktG). Die gleichen Voraussetzungen gelten für **GmbH** (§§ 57e Abs 1, 57f Abs 2 S 2 GmbHG).

Eine Kapitalerhöhung aus GesMitteln und eine Kapitalerhöhung gegen Bareinlagen mit *getrennten* Gester-Beschlüssen dürfen zeitlich miteinander verbunden werden (dazu im Einzelnen *Börner* DB 1988, 1254; OLG Düsseldorf, 25.10.1985 zu GmbH: Verbindung in einem einheitlichen Beschluss BB 1986, 1732).

Die Kapitalerhöhung mittels des **„Schütt-aus-/Hol-zurück-Verfahrens"** ist nach BGH 26.5.1997 (DB, 1610) nicht mehr nach den Grundsätzen einer verdeckten Sacheinlage – also als Doppelmaßnahme – zu behandeln. Vielmehr sind die Voraussetzungen ihrer Eintragung in das HR an den Regeln für die Kapitalerhöhung aus GesMitteln auszurichten (Änderung der Rspr).

c) Bedingte Kapitalerhöhung (AG/KGaA)

65 Beschließt die HV eine Erhöhung des Grundkapitals, die nur soweit durchgeführt werden soll, wie von einem Umtausch- oder Bezugsrecht Gebrauch ge-

Eigenkapital 66, 70 § 272

macht wird, das die Ges auf die neuen Aktien (Bezugsaktien) einräumt, handelt es sich um eine bedingte Kapitalerhöhung (§ 192 Abs 1 AktG). Sie soll nur für **bestimmte,** in § 192 Abs 2 AktG genannte **Zwecke,** zB Aktien für Mitarbeiter oder Vorstand *(stock options),* beschlossen werden, dazu hier Anm 500 ff. Der Nennbetrag des bedingten Kapitals ist auf die Hälfte des bis dahin eingetragenen Grundkapitals beschränkt (§ 192 Abs 3 AktG). Eine bedingte Kapitalerhöhung mit **Sacheinlagen** ist in § 194 AktG geregelt.

Die Bezugsaktien dürfen erst ausgegeben werden, wenn der **Beschluss** über die bedingte Kapitalerhöhung in das HR *eingetragen* ist (§ 197 S 1 AktG); vorher ausgegebene Bezugsaktien sind nichtig (§ 197 S 3 AktG). Mit Ausgabe der Bezugsaktien ist das Grundkapital erhöht (§ 200 AktG). Der Umfang der in jedem Gj ausgegebenen Bezugsaktien (Nennbetrag oder Stückzahl) ist gesondert zum HR anzumelden (§ 201 Abs 1 AktG), Anm 66. Diese spätere Eintragung des erhöhten Grundkapitals ist ausnahmsweise nur deklaratorisch.

Für die **Bilanzierung der bedingten Kapitalerhöhung** gilt folgendes: **66**
- Nach **Beschlussfassung** der HV (Anm 65) ist der Nennbetrag des bedingten Kapitals beim gezeichneten Kapital in der Bilanz zu **vermerken** (§ 152 Abs 1 S 3 AktG).
- Nach Eintragung des Beschlusses **und** Ausgabe von Bezugsaktien erhöht sich das **gezeichnete Kapital** um den Nennbetrag oder bei Stückaktien um den rechnerischen Wert der *ausgegebenen* Aktien. Insoweit ist gleichzeitig der Betrag des Vermerks des Nennbetrags des bedingten Kapitals zu kürzen (*ADS*[6] § 272 Anm 25).
- Im **Anhang** sind Angaben über Aktien, die aus einer bedingten Kapitalerhöhung im Gj gezeichnet wurden, gesondert zu machen (§ 160 Abs 1 Nr 3 AktG); hierzu gehören ua Angaben zum Nennbetrag und zur Stückzahl (dazu auch § 284 Anm 74).
- **Bezugsaktien** gegen Wandelschuldverschreibungen dürfen nur ausgegeben werden, wenn der Unterschied zwischen dem Ausgabebetrag der zum Umtausch eingereichten Schuldverschreibungen und dem höheren Nennbetrag (Ausgabebetrag bei Stückaktien) der Bezugsaktien aus einer anderen Gewinnrücklage, soweit sie für diesen Zweck verwandt werden darf, oder durch Zuzahlung des Umtauschberechtigten gedeckt ist (§ 199 Abs 2 AktG); das entfällt, wenn die Wandelschuldverschreibungen bereits mit ausreichendem Aufgeld ausgegeben wurden. Eine Zuzahlung ist in die Kapitalrücklage einzustellen. Deckung durch nicht gebundene andere Gewinnrücklagen als Alternative bedeutet Entnahme des Differenzbetrags aus diesen Rücklagen zugunsten des gezeichneten Kapitals (Anm 180, *Hüffer*[10] § 199 Anm 12f).

Für **GmbH** besteht keine Möglichkeit einer bedingten Kapitalerhöhung, da im GmbHG eine entspr Regelung fehlt.

d) Genehmigtes Kapital

Hier besteht eine satzungsmäßige Ermächtigung, für die Dauer von höchstens **70** fünf Jahren nach Eintragung der Satzungsänderung ins HR das Grundkapital/ Stammkapital bis zu einem bestimmten Nennbetrag durch Ausgabe neuer Aktien/ Geschäftsanteile gegen Bar- oder Sacheinlagen zu erhöhen (§ 202 Abs 1 und 2, § 205 AktG; § 55a GmbHG). Der Nennbetrag des genehmigten Kapitals darf die Hälfte des Grundkapitals/Stammkapitals, das im Zeitpunkt der Ermächtigung vorhanden ist, nicht übersteigen (§ 202 Abs 3 AktG; § 55a GmbHG). Dadurch erhält der Vorstand/die Geschäftsführung die Möglichkeit, künftig nach Maßgabe des tatsächlichen Kapitalbedarfs der AG/KGaA bzw GmbH und anhand aktueller Kapitalmarkt-Situationen das Grundkapital/Stammkapital zu erhöhen. Dabei darf gem §§ 203 Abs 1 S 1 iVm 186 Abs 3 S 4 AktG bei AG/SE/KGaA teilweise das Bezugsrecht der Alt-Aktionäre ausgeschlossen werden.

§ 160 Abs 1 Nr 4 AktG verpflichtet zur Angabe des Nennbetrags des genehmigten Kapitals und des Inhalts des Ermächtigungsbeschlusses im Anhang (§ 284 Anm 43). Erhöht ist das Grundkapital erst durch Ausgabe der neuen Aktien und Eintragung der Durchführung der Kapitalerhöhung im HR (§§ 203 Abs 1 iVm 189 AktG). Sind die Einlagen am Bilanzstichtag geleistet und fehlt die Eintragung in das HR, gilt Anm 51 entspr.

Das genehmigte Kapital darf auch zur Gewinnbeteiligung der Arbeitnehmer der AG/KGaA verwendet werden (§§ 202 Abs 4, 204 Abs 3 AktG). Dabei dürfen unter bestimmten Voraussetzungen nach § 204 Abs 3 AktG die neuen Aktien unentgeltlich an die Arbeitnehmer abgegeben werden, wenn die auf sie zu leistende Einlage aus dem Teil des Jahresüberschusses gedeckt wird, den Vorstand und Aufsichtsrat in andere Gewinnrücklagen einstellen dürfen. In der Überleitungsrechnung vom Jahresüberschuss zum Bilanzgewinn ist dann ein entspr gesonderter Verwendungsposten, in der Bilanz ein entspr Sonderposten im EK auszuweisen (*ADS*[6] § 272 Anm 29). Die entspr Zunahme des gezeichneten Kapitals darf erst ausgewiesen werden, wenn die Kapitalerhöhung in das HR eingetragen ist. Dies geschieht jedoch erst im Folgejahr, denn der Anmeldung ist der entspr JA beizufügen.

2. Kapitalherabsetzung

a) Ordentliche Kapitalherabsetzung

75 Für **AG und KGaA** ist die ordentliche Kapitalherabsetzung in §§ 222 bis 228 AktG geregelt. Das Grundkapital kann durch **Herabsetzung** des Nennbetrags oder zwecks Einhaltung des Mindest-Nennbetrags oder geringsten Ausgabebetrags (Anm 15) der Aktien, auch durch **Zusammenlegung** von Nennwert- oder Stückaktien vermindert werden (§ 222 Abs 4 AktG). Eine Kapitalherabsetzung unter den Mindestnennbetrag nach § 7 AktG von 50 000 Euro ist nur zulässig, wenn gleichzeitig eine Barkapitalerhöhung beschlossen wird, durch die dieser Mindestbetrag wieder erreicht wird (§ 228 Abs 1 AktG). Im Beschluss über die ordentliche Kapitalherabsetzung ist deren Zweck festzulegen, insb, ob sie der Rückzahlung von Teilen des Grundkapitals an die Aktionäre dienen soll (§ 222 Abs 3 AktG). Aus dieser Möglichkeit folgt, dass die ordentliche Kapitalherabsetzung nur unter Beachtung der Gläubigerschutzvorschriften des § 225 AktG (Sicherheitsleistungen, Sperrfrist für Auszahlungen) durchgeführt werden darf.

Die Kapitalherabsetzung wird mit Eintragung des entspr **Beschlusses** in das HR **wirksam** (§ 224 AktG) – nicht erst mit der Eintragung der Durchführung der Herabsetzung, die ebenfalls zum HR anzumelden ist (§ 227 Abs 1 AktG). Entspr ist bereits zu diesem Zeitpunkt der Betrag des gezeichneten Kapitals in der Bilanz zu reduzieren. Soweit eine Rückzahlung an die Aktionäre vorgesehen ist, ist eine Verbindlichkeit zu buchen. Diese ist aber „gesperrt" (*Hüffer*[10] § 224 AktG Anm 7) und wird erst nach Gläubiger-Befriedigung fällig. Zeitgleich zum HR-Eintrag aktiviert der bilanzierende Aktionär eine entspr Forderung, die ebenfalls später fällig wird. Zum Ausweis der Kapitalherabsetzung in der GuV s Anm 100.

76 Das **GmbHG** regelt die ordentliche Kapitalherabsetzung in § 58 GmbHG. Die Gläubiger schützt das **Sperrjahr;** es beginnt mit dem Tag, an welchem die **Aufforderung an die Gläubiger,** sich bei der GmbH zu melden und ggf Sicherheiten zu fordern, in den öffentlichen Blättern des § 30 Abs 2 GmbHG zum

dritten Mal bekannt gegeben wurde. Erst nach Ablauf des Sperrjahrs darf der Herabsetzungsbeschluss zur **Eintragung** in das HR angemeldet werden (§ 58 Abs 1 Nr 3 GmbHG). Bei der Kapitalherabsetzung darf der Mindestbetrag des Stammkapitals nach § 5 Abs 1 GmbHG (Anm 20) nicht unterschritten werden (§ 58 Abs 2 S 1 GmbHG). Die Kapitalherabsetzung wird mit der Eintragung im HR **wirksam** (§ 54 Abs 3 GmbHG). Dieser Zeitpunkt ist maßgeblich für den Ausweis des herabgesetzten Stammkapitals in der Bilanz. Soweit eine Rückzahlung an die Gester vorgesehen ist, ist eine entspr Verbindlichkeit zu buchen. Soweit eine Rückzahlung nicht vorgesehen ist, sollte der Betrag in die Kapitalrücklage eingestellt werden, wenn er nicht unmittelbar zum Ausgleich eines Bilanzverlusts verwendet wird. Wurden bereits vor Eintragung der Kapitalherabsetzung Zahlungen an die *Gesellschafter* geleistet, besteht ein zu aktivierender Rückzahlungsanspruch der GmbH (§ 31 GmbHG).

b) Vereinfachte Kapitalherabsetzung

Die Zulässigkeit der vereinfachten Kapitalherabsetzung besteht für AG/KGaA (§§ 229 bis 236 AktG) und für GmbH (§§ 58a bis 58f GmbHG). Die vereinfachte Kapitalherabsetzung dient der Buchsanierung (Ausgleich von Bilanzverlusten im Rahmen des § 229 Abs 2 AktG oder § 58a Abs 2 GmbHG, Anm 81) und stellt iVm einer Kapitalerhöhung gegen Bareinlagen die Vorstufe für eine Gesamtsanierung dar. Diesem Sanierungszweck dient auch die Zulässigkeit der Rückbeziehung beider Maßnahmen (Kapitalschnitt) auf den letzten JA (Anm 82). Zur vereinfachten Kapitalherabsetzung ausführlich *Förschle/Heinz* in Sonderbilanzen[4] Q Anm 101 ff.

Eine **vereinfachte Kapitalherabsetzung** nach diesen Vorschriften ist nur in einer Höhe zulässig, soweit die daraus gewonnenen Beträge nur für folgende **Zwecke** genutzt werden können:
a) Deckung eines (nach Auflösung bestimmter noch vorhandener Rücklagen verbleibenden) Verlusts,
b) begrenzte Einstellung von Beträgen in die Kapitalrücklage, bis diese zusammen mit der gesetzlichen Rücklage maximal 10% des herabgesetzten gezeichneten Kapitals beträgt (§§ 229 Abs 1, 231 AktG, § 58b Abs 1 und 2 GmbHG).

Die Kapitalherabsetzung in vereinfachter Form ist des weiteren nur **zulässig,** nachdem *vorweg* der Teilbetrag einer gesetzlichen Rücklage (bei GmbH der Gewinnrücklagen) und der Kapitalrücklage, um den dies zusammen über zehn vH des nach der Herabsetzung verbleibenden gezeichneten Kapitals hinausgehen, sowie die freien und zweckgebundenen Rücklagen und ggf ein Gewinnvortrag aufgelöst worden sind (§ 229 Abs 2 AktG; § 58a Abs 2 GmbHG).

Die aus der Kapitalherabsetzung und den ggf notwendigen Auflösungen von Rücklagen und Gewinnvortrag gewonnenen Beträge dürfen, wenn der Beschluss dies vorsieht, in begrenztem Umfang in die Kapitalrücklage eingestellt werden. Der übersteigende Betrag muss für die Verlustdeckung verwendet werden (§ 230 S 2 AktG; § 58b Abs 1 und 2 GmbHG). Soweit Letzteres nicht möglich ist, weil die am ersten Bilanzstichtag nach Beschlussfassung tatsächlich angefallenen Verluste geringer sind, als bei der Beschlussfassung angenommen wurde, ist auch dieser Teil der gewonnenen Beträge ohne Begrenzung in die Kapitalrücklage einzustellen. Auch wenn sich in einem der zwei folgenden Gj ergibt, dass Wertminderungen oder sonstige Verluste tatsächlich nicht eingetreten waren (und daher zB entspr Erträge aus Zuschreibungen oder der Auflösung von Rückstellungen anfallen), müssen entspr Beträge in die Kapitalrücklage eingestellt werden (§ 232 AktG; § 58c GmbHG). Zum Ausweis der vereinfachten Kapitalherabsetzung in der Verlängerung der GuV s Anm 100.

Diese aus der vereinfachten Kapitalherabsetzung resultierende Kapitalrücklage (Rücklage gem Beschluss und Rücklage wegen zu hoch angenommener Verluste) unterliegt bei AG der Verwendungsrestriktion nach § 150 AktG. Bei GmbH darf diese Kapitalrücklage ebenfalls für 5 Jahre nach Beschlussfassung über die vereinfachte Kapitalherabsetzung nur zur Verlustdeckung und zur Kapitalerhöhung aus GesMitteln verwandt werden (§§ 58b Abs 3, 58c S 2 GmbHG; zum Ausweis der Rücklage s Anm 165).

Nach einer vereinfachten Kapitalherabsetzung dürfen (bei GmbH bis zum Ablauf des 5. Jahrs nach der Beschlussfassung über die vereinfachte Kapitalherabsetzung) Gewinne nur ausgeschüttet werden, wenn die Kapitalrücklage und die gesetzliche Rücklage (bei GmbH Gewinnrücklage) zusammen wieder mind den Betrag von 10% des herabgesetzten gezeichneten Kapitals betragen (§ 233 Abs 1 S 1 AktG, § 58d Abs 1 GmbHG). Gewinnausschüttungen von mehr als 4% des herabgesetzten gezeichneten Kapitals sind außerdem für die ersten zwei Gj nach Beschlussfassung nur zulässig, soweit der Gläubigerschutz beachtet wurde (§ 233 Abs 2 AktG, § 58d Abs 2 GmbHG).

Die vereinfachte Kapitalherabsetzung darf mit einer gleichzeitigen **Kapitalerhöhung** gegen Bareinlagen verbunden werden (§ 235 Abs 1 AktG; § 58f GmbHG; Anm 83 ff).

82 Im Interesse einer rechtzeitigen bilanziellen Sanierung darf die vereinfachte Kapitalherabsetzung gem § 234 AktG bzw § 58e GmbHG auf den JA des letzten, vor Beschlussfassung einer Kapitalherabsetzung abgelaufenen Gj **zurückbezogen** werden. Hier darf im JA bereits so ausgewiesen werden, als ob die Kapitalherabsetzung vor dem Bilanzstichtag wirksam durchgeführt worden wäre, obwohl auch die rückwirkende vereinfachte Kapitalherabsetzung erst mit der späteren Eintragung in das HR wirksam wird (§ 229 Abs 3 iVm § 224 AktG, § 58a Abs 5 iVm § 54 Abs 3 GmbHG). Werden die Beschlüsse nicht innerhalb von drei Monaten – abgesehen von Fristhemmnissen – eingetragen, sind sie nichtig (§ 234 Abs 3 AktG, § 58e Abs 3 GmbHG). Der JA muss dann entspr geändert, dh ohne die Kapitalherabsetzung aufgestellt werden.

Die Möglichkeit der Rückwirkung der vereinfachten Kapitalherabsetzung auf den letzten JA bedeutet die Rückbeziehung der Durchführung der Kapitalherabsetzung einschl Auflösungen von Rücklagen, Einstellungen in die Kapitalrücklage und entspr Verlängerung der GuV gem § 240 AktG (Anm 100).

83 Wird gleichzeitig mit der Kapitalherabsetzung eine **Kapitalerhöhung** gegen Bareinlagen beschlossen, darf auch diese unter bestimmten Voraussetzungen in dem letzten JA als vollzogen bilanziert werden (§ 235 Abs 1 AktG, § 58f Abs 1 GmbHG); diese Erleichterung gilt nicht für eine Kapitalerhöhung mit Sacheinlagen. Die Rückbeziehung bedeutet hier also, dass das gezeichnete Kapital in der Höhe **nach Kapitalherabsetzung und gleichzeitiger Kapitalerhöhung** ausgewiesen werden darf (ausführlich zur rückwirkenden Kapitalerhöhung *Förschle/ Heinz* in Sonderbilanzen[4], Q Anm 173 ff).

Auch die Rückbeziehung der Kapitalerhöhung bewirkt für die Bilanz wiederum, dass so verfahren werden darf, als wäre diese am zurückliegenden Bilanzstichtag bereits durchgeführt. Das gezeichnete Kapital und ggf die Kapitalrücklage werden bereits in der Höhe ausgewiesen, wie sie sich nach der Eintragung der Durchführung der Kapitalerhöhung ergeben. Da am Bilanzstichtag die Einlage noch nicht geleistet ist, ist in Höhe des ausstehenden gezeichneten Kapitals eine Forderung aus ausstehender Einlage auf das gezeichnete Kapital zu aktivieren. Die Einlage gilt als eingefordert. Der Betrag des noch nicht geleisteten Agios ist ebenfalls (uE gesondert) unter den Forderungen auszuweisen (*ADS*[6] § 272 Anm 105).

84 Wird von der Rückbeziehung beider Maßnahmen (Anm 83) Gebrauch gemacht, muss auch die Kapitalerhöhung und bei AG/KGaA ihre Durchführung

innerhalb von drei Monaten – abgesehen von Fristhemmnissen – in das HR eingetragen worden sein, andernfalls sind die Beschlüsse nichtig (§ 235 Abs 2 AktG, § 58 f Abs 2 GmbHG). Der JA muss dann entspr geändert werden.

Bei einer Kombination von vereinfachter Kapitalherabsetzung und Bar- 85 Kapitalerhöhung darf die bilanzierende KapGes zwischen folgenden **Gestaltungsmöglichkeiten** wählen (so *Zöllner/Haas* in Baumbach/Hueck GmbHG[20] § 58 f Anm 3):
– keine Rückbeziehung beider Maßnahmen,
– nur Rückbeziehung der Auswirkungen der vereinfachten Kapitalherabsetzung,
– Rückbeziehung beider Maßnahmen.
Ausgeschlossen ist hingegen, die Rückbeziehung *nur* für die Kapitalerhöhung zu wählen.

Die Rückbeziehung der vereinfachten Kapitalherabsetzung setzt im Übrigen 86 voraus, dass der letzte JA durch die **Hauptversammlung/Gesellschafterversammlung** festgestellt wird; der Feststellungsbeschluss soll mit dem Beschluss über die Kapitalherabsetzung verbunden werden (§ 234 Abs 2 AktG, § 58e Abs 2 GmbHG). Die Feststellung hat bei mittelgroßen und großen KapGes zur Voraussetzung, dass der JA durch AP geprüft worden ist (zum Testat bei Rückbeziehung s § 322 Anm 181). Auch die Rückbeziehung der Kapitalerhöhung, die iVm der Kapitalherabsetzung zu beschließen ist, setzt die Feststellung des JA voraus (arg ex § 235 Abs 1 S 1 AktG oder § 58 f Abs 1 S 1 GmbHG). Werden die Beschlüsse über die vereinfachte Kapitalherabsetzung und die Kapitalerhöhung durch Fristablauf **nichtig** (Anm 82, 84), bezieht sich die Nichtigkeit auch auf den Beschluss der Feststellung der diese Kapitalmaßnahmen enthaltenden JA durch die HV/GesV; ebenso bedarf der dann zu berichtigende und prüfungspflichtige JA einer Nachtragsprüfung (§ 316 Abs 3).

c) Kapitalherabsetzung durch Einziehung von Anteilen

Die Voraussetzungen der zwangsweisen Einziehung von **Aktien** oder die Ein- 95 ziehung nach Erwerb der Aktien ergeben sich aus § 237 AktG. Die Kapitalherabsetzung kann hier in zwei Formen durchgeführt werden:
– Die Einziehung erfolgt gegen Zahlung eines **Entgelts** an die abgebenden Aktionäre. In diesem Fall gelten die Vorschriften über die ordentliche Kapitalherabsetzung und damit auch der Gläubigerschutz vor Zahlungen an die Aktionäre (§ 237 Abs 2, § 225 Abs 2 AktG).
– Die Aktien, auf die der Ausgabebetrag voll geleistet sein muss, werden der AG/KGaA **unentgeltlich** zur Verfügung gestellt, **oder** die Aktien werden **zu Lasten** des Bilanzgewinns oder einer anderen Gewinnrücklage, soweit sie zu diesem Zweck verwandt werden darf, eingezogen (§ 237 Abs 3 AktG). In beiden Fällen ist in die **Kapitalrücklage** ein Betrag einzustellen, der dem auf die eingezogenen Aktien entfallenden (Teil-)Betrag des Grundkapitals entspricht (§ 237 Abs 5 AktG). Ausführlicher hierzu *Förschle/Heinz* in Sonderbilanzen[4], Q Anm 90 ff.

Mit Eintragung des Einziehungsbeschlusses oder, wenn die Einziehung nachfolgt, mit der Einziehungshandlung ist das Grundkapital herabgesetzt. Bedarf es für die Einziehung keines HV-Beschlusses (satzungsmäßig angeordnete Zwangseinziehung), ist die Herabsetzung bewirkt, wenn die Einziehung durch eine auf die Vernichtung der Rechte gezielte Handlung der AG vollzogen ist (§ 238 AktG). Die Einziehungsentscheidung des Vorstands ist diese Handlung (*Hüffer*[10] § 237 Anm 41; *Förschle/Heinz* in Sonderbilanzen[4] Q Anm 93). Die **Durchführung** der Einziehung bedarf auch als Zwangseinziehung der Eintragung in das HR (§ 239 Abs 1 AktG). Zum Ausweis der Kapitalherabsetzung durch Einziehung in der Verlängerung der GuV s Anm 101 ff. Zum Fall der Einziehung von Anteilen ohne Kapitalherabsetzung nach § 237 Abs 3 Nr 3 AktG s Anm 103.

96 Für **GmbH** ist die Kapitalherabsetzung durch Einziehung von Anteilen gesetzlich nicht geregelt; Vereinbarungen im GesVertrag zur Einziehung von *Geschäftsanteilen* sind zulässig (§ 34 GmbHG). Grds sind Einziehung und Kapitalherabsetzung hier **als getrennte Vorgänge** zu beurteilen (*Fastrich* in Baumbach/ Hueck GmbHG[20] § 34 Anm 20).

Die Einziehung eines Geschäftsanteils bewirkt keine Veränderung der Höhe des Stammkapitals, es erhöht sich lediglich der Nennbetrag der verbleibenden Geschäftsanteile (hierzu Anm 20). Die Kapitalherabsetzung kann anschließend durch gesonderten Beschluss erfolgen.

d) Ausweis der Kapitalherabsetzung in der GuV

100 Der aus der Kapitalherabsetzung gewonnene Betrag ist in der GuV in der Überleitung vom Jahresüberschuss zum Bilanzgewinn (Ergebnisverwendungsrechnung) als **„Ertrag aus der Kapitalherabsetzung"** nach dem Posten „Entnahmen aus Gewinnrücklagen" gesondert aufzuführen (§ 240 S 1 AktG). Diese Ausweisvorschrift betrifft jede Form der Kapitalherabsetzung (zB nach §§ 222, 237 AktG; so auch *ADS*[6] § 240 AktG Anm 1, 5 ff) nicht nur die vereinfachte Kapitalherabsetzung (§ 229 AktG, § 58a GmbHG).

Ist bei der ordentlichen Kapitalherabsetzung eine Kapitalrückzahlung an die Aktionäre vorgesehen, ist als Gegenposten zu der entstehenden Verbindlichkeit (Anm 75) in der Ergebnisverwendungsrechnung ein gesonderter Posten, etwa mit der Bezeichnung „Aufwand aus Kapitalrückzahlung" auszuweisen (ebenso *Thiele* in Bilanzrecht § 272 Anm 45).

Bei der vereinfachten Kapitalherabsetzung sind Einstellungen in die **Kapitalrücklage** nach § 229 Abs 1 AktG (Kapitalrücklage aus Herabsetzung), § 232 AktG (Kapitalrücklage wegen überschätzter Verluste) in der Ergebnisverwendungsrechnung als „Einstellung in die Kapitalrücklage nach den Vorschriften über die vereinfachte Kapitalherabsetzung" gesondert auszuweisen (§ 240 S 2 AktG). Ferner ist im **Anhang** (s § 284 Anm 48) nach § 240 S 3 AktG zu erläutern, ob und in welcher Höhe die aus der Kapitalherabsetzung und aus der Auflösung von Kapital- und Gewinnrücklagen gewonnenen Beträge verwandt werden
– zum Ausgleich von Wertminderungen,
– zur Deckung von sonstigen Verlusten oder
– zur Einstellung in die Kapitalrücklage.

Bei *KGaA* beschränkt sich die Kapitalherabsetzung nach dem AktG auf das Grundkapital der Kommanditaktionäre. Für die Kapitalanteile der phG verbleibt es bei den Regeln der §§ 286 Abs 2, 288 AktG (Anm 320) und dem ergänzenden Inhalt der Satzung.

101 Bei der Bilanzierung der **Einziehung** von Aktien nach den Regeln der **ordentlichen Kapitalherabsetzung** (§ 237 Abs 2 AktG) ist bei Erwerb und Einziehung wie folgt zu bilanzieren: Der Erwerb der eigenen Anteile ist nach den Regeln des Abs 1a zu bilanzieren (s Anm 130 ff). Bei Vollzug der Einziehung ist die Herabsetzung des gezeichneten Kapitals durch einen entspr verringerten Ausweis dieses Postens darzustellen. Damit entfällt die beim Erwerb ausgewiesene offene Absetzung des Nennbetrags/rechnerischen Werts der eigenen Aktien vom gezeichneten Kapital und die korrespondierende „Rücklage wegen eigener Anteile" (s Anm 134). Der entspr Gegenposten ist der „Ertrag aus Kapitalherabsetzung" nach § 240 AktG, der in die Ergebnisverwendungsrechnung aufzunehmen ist.

Bei der Bilanzierung bei **vereinfachter Einziehung** (§ 237 Abs 3 AktG) ergibt sich ggü dem obigen Vorgehen (Anm 101) kein Unterschied, wenn die Einziehung mit einer Kapitalherabsetzung verbunden ist. Es ist lediglich die Regelung nach § 237 Abs 5 AktG zusätzlich zu beachten, wonach in die Kapitalrücklage ein Betrag einzustellen ist, der dem auf die eingezogenen Aktien entfallenden Grundkapital gleichkommt. Die Gegenbuchung erfolgt bei dem Posten „Einstellung in die Kapitalrücklage nach § 237 Abs 5 AktG", der ein Posten in der Ergebnisverwendungsrechnung ist (vgl *ADS*[6] § 158 AktG Anm 27; *Hüffer*[10] § 240 Anm 5). Der Betrag gehört zu den gebundenen Kapitalrücklagen nach § 272 Abs 2 Nr 1–3 (*Förschle/Heinz* in Sonderbilanzen[4] Q Anm 94).

Betrifft die Einziehung Aktien, die bisher als eigene Anteile gehalten waren, gelten die Ausführungen entspr, denn dieser Vorgang gilt als vereinfachte Einziehung (vgl *Lutter* in Kölner Komm AktG[2] § 237 Anm 106).

Beispiel: Eine AG erwirbt zum Zweck der vereinfachten Einziehung 100 eigene Anteile mit einem Nennbetrag/rechnerischen Wert von 100 zu einem Preis von 400 zu Lasten der freien Rücklagen. Die Anschaffungsnebenkosten betragen 1. Es ergeben sich folgende Ergebnisverwendungsrechnungen, wenn Erwerb (s dazu Anm 135) und Einziehung in aufeinanderfolgenden Gj bzw im gleichen Gj erfolgen:

	Periode des Erwerbs	Periode der Einziehung	Periode des Erwerbs und der Einziehung
Jahresergebnis	– 1	×	– 1
Ertrag aus offener Absetzung des Nennbetrags eigener Anteile	100		
Aufwand aus Wegfall der offenen Absetzung des Nennbetrags eigener Anteile		– 100	
Einstellung in die Rücklage wegen eigener Anteile	– 100		
Auflösung der Rücklage wegen eigener Anteile		100	
Einstellung in Kapitalrücklage nach § 237 Abs 5 AktG		– 100	– 100
Auflösung Gewinnrücklage	400		400
Ertrag aus Kapitalherabsetzung		100	100
Aufwand aus Erwerb eigener Anteile	– 400		– 400
Bilanzgewinn	– 1	×	– 1

Bildet man den Erwerb der Anteile nicht in der Ergebnisverwendungsrechnung ab, würde in der Periode der Einziehung nur der Ertrag aus der Kapitalherabsetzung und die Einstellung in die Kapitalrücklage nach § 237 Abs 5 AktG gezeigt werden. Die anderen Rücklagenbewegungen müssten in anderer geeigneter Form im Anhang erläutert werden.

In § 237 Abs 3 Nr 3 AktG ist geregelt, dass im Fall von **Stückaktien** eine vereinfachte Einziehung auch erfolgen darf, wenn der Einziehungsbeschluss der HV bestimmt, dass sich durch die Einziehung der Anteil der übrigen Aktien am Grundkapital gemäß § 8 Abs 3 AktG erhöht, also insofern keine Kapitalherabsetzung stattfindet. Obwohl der Wortlaut dies nicht verlangt, ist wohl davon auszugehen, dass dies in vereinfachter Form nur geschehen darf, wenn eine entgeltliche Einziehung zu Lasten des (im letzten JA ausgewiesenen) Bilanzgewinns oder freier anderer Gewinnrücklagen erfolgt (§ 237 Abs 3 Nr 2 AktG).

Durch die Zunahme des anteiligen Grundkapitals, das auf die verbleibenden Aktien entfällt, entfällt auf die eingezogenen Aktien kein Betrag des Grundkapitals und daher ist auch kein Betrag der Kapitalrücklage zuzuführen. Der Fall des § 237 Abs 3 Nr 3 AktG ist daher von der entspr Regelung des § 237 Abs 5 AktG ausgenommen.

104 Für **GmbH** gibt es keine vergleichbaren Vorschriften für den Ausweis des Ertrags aus einer Kapitalherabsetzung in der GuV bzw der Ergebnisverwendungsrechnung; § 275 Abs 4 sollte daher analog zu § 240 AktG erweiternd auch auf Erträge aus dem Stammkapital erstreckt werden (ebenso *Singhof* in HdJ Abt III/2 Anm 98). Eine Pflichtangabe im Anhang ist nicht vorgeschrieben. Es ist zu empfehlen, im Anhang der GmbH freiwillig Angaben zu machen, wie sie für AG vorgeschrieben sind.

3. Steuerrechtliche Besonderheiten (Kapitalveränderungen)

a) Kapitalerhöhung

110 Ges-rechtliche **Einlagen für Kapitalerhöhungen** fallen nicht unter den steuerrechtlichen Einkommensbegriff (§ 8 Abs 1 KStG iVm § 4 Abs 1 S 1 EStG). Dasselbe gilt für die Leistung eines vereinbarten Aufgelds (zum Begriff s Anm 170).

111 Sind die Einlagen bis zum Bilanzstichtag geleistet, aber die Kapitalerhöhung noch nicht in das HR eingetragen, wird der Passivposten „**Zur Durchführung der beschlossenen Kapitalerhöhung geleistete Einlagen**" (Anm 51) auch in die StB übernommen: Dabei ist die Frage, ob es sich hierbei in der StB um bilanzielles EK iSv § 27 ff KStG handelt, nicht von Bedeutung. Nach BFH vom 2.10.1981 (BStBl II 1982, 13) sind diese Einzahlungen noch Schuldposten.

112 Die **Kapitalerhöhung aus Gesellschaftsmitteln** hat für die KapGes keine steuerrechtlichen Auswirkungen. Sie führt lediglich zur Umschichtung zwischen den verschiedenen steuerbilanziellen EK-Posten. Zuerst gilt der Bestand des steuerrechtlichen Einlagenkontos nach § 27 KStG als umgewandelt. Reicht dieses nicht aus, gelten auch sonstige Rücklagen als umgewandelt. Dieser aus sonstigen Rücklagen resultierende Teil des Nennkapitals ist gesondert festzustellen (Sonderausweis nach § 28 Abs 1 KStG). Wenn nachfolgend positive Beträge auf dem steuerrechtlichen Einlagenkonto entstehen, gelten diese als in Nennkapital umgewandelt und der Sonderausweis einerseits und das steuerrechtliche Einlagenkonto entspr vermindert (§ 28 Abs 3 KStG).

113 Für die **bedingte Kapitalerhöhung** nach §§ 192 bis 201 AktG gelten, sobald sie *durchgeführt* wird, hinsichtlich des Einlagecharakters keine Besonderheiten. Beim **Umtausch von Wandelschuldverschreibungen** stellen Ausgabe der Schuldverschreibungen und der spätere Umtausch in Aktien aus der bedingten Kapitalerhöhung keinen einheitlichen Vorgang dar (BFH 21.2.1973, BStBl II, 460).

114 Für die *Durchführung* der Ermächtigung aus dem **genehmigten Kapital** nach §§ 202 bis 206 AktG/§ 55a GmbHG gelten hinsichtlich der steuerrechtlichen Behandlung als Einlagen ebenfalls keine Besonderheiten.

115 Die **Kosten der Ausgabe von Geschäftsanteilen** sind bei allen KapGes als **Betriebsausgaben** abzugsfähig. Dieser Betriebsausgabenabzug gilt bei der Gründung von KapGes und für Kapitalerhöhungen. Zu den **abzugsfähigen Ausgabekosten** gehören etwaige Steuern bei Gründung oder Kapitalerhöhung, Kosten der Herstellung der Aktien, Notariats- und Gerichtskosten, Provisionen an Kreditinstitute und andere Mitwirkende, Prüfungskosten iVm der Gründungsprüfung einschl Sachgründungen und Sachkapitalerhöhung, Kosten der

Börseneinführung von Aktien unter bestimmten Voraussetzungen, Kosten für Veröffentlichungen im BAnz (im Einzelnen § 248 Anm 5, *Heinicke* in Schmidt[32] § 4 Anm 520 „Anlaufkosten", „Finanzierungskosten" mwN). **Nicht** zu den Ausgabekosten rechnet die **Grunderwerbsteuer** beim Übergang von Grundstücken im Rahmen von Sachgründungen oder Sachkapitalerhöhungen; diese Steuer ist aktivierungspflichtig. Die iVm der Ausgabe von **Wandelschuldverschreibungen** entstehenden Kosten sind Betriebsausgaben für die Beschaffung von FK (BFH vom 21.2.1973, BStBl II, 460).

b) Kapitalherabsetzung

Die ges-rechtlich wirksame Kapitalherabsetzung mit **Rückzahlung** an die Gester (**effektive Kapitalherabsetzung**) stellt bei der KapGes stets einen gewinnneutralen Vorgang im Vermögensbereich dar (BFH BStBl II 1993, 369).

Wenn vor der Kapitalherabsetzung eine Kapitalerhöhung aus GesMitteln stattgefunden hatte, und dabei der Betrag des steuerrechtlichen Einlagenkontos für die Umwandlung nicht ausreichte, also auch sonstige steuerrechtliche Rücklagen umgewandelt wurden (Sonderausweis nach § 28 Abs 1 KStG, Anm 112), und dieser im Zeitpunkt der Kapitalherabsetzung (teilweise) noch vorhanden ist, gilt die Kapitalherabsetzung zuerst als aus dem (verbliebenen) Sonderausweis vorgenommen. Die Rückzahlung an die Gester gilt insoweit als Gewinnausschüttung (§ 28 Abs 2 KStG).

Erfolgt die Kapitalherabsetzung – ordentliche oder vereinfachte – **ohne Rückzahlung** an die Gester (§§ 222 Abs 3, 229, 237 AktG, §§ 58, 58a GmbHG, sog **nominelle Kapitalherabsetzung**), unterliegt der Buchgewinn bei der KapGes nicht der KSt (§ 8 Abs 1 KStG iVm § 4 Abs 1 S 1 EStG); die Herabsetzungsbeträge werden dem steuerrechtlichen Einlagenkonto gutgeschrieben, es sei denn, die Beträge haben einen Sonderausweis nach § 28 Abs 1 KStG gemindert (s Anm 120).

Die Kapitalherabsetzung darf bei der KapGes auch steuerrechtlich zum Ausgleich von Wertminderungen oder zur Deckung sonstiger Verluste (Beseitigung einer Unterbilanz) oder zur Einstellung in Rücklagen erfolgen, jeweils bezogen auf den Verwendungszweck für die HB. Erfolgt die Kapitalherabsetzung zur Beseitigung ausstehender Einlagen (§ 225 Abs 2 S 2 AktG § 58 Abs 2 S 2 GmbHG), handelt es sich bei der KapGes ebenfalls um einen steuerneutralen Vorgang.

V. Erwerb und Veräußerung eigener Anteile (Abs 1a und 1b)

1. Erwerb eigener Anteile (Abs 1a)

Die Bilanzierung eigener Anteile ist für Gj, die nach dem 31.12.2009 beginnen, neu geregelt worden (zur Bilanzierung für Gj vor diesem Zeitpunkt siehe 6. Aufl § 272 Anm 9ff und 117ff). Die neue Vorschrift ist auch für Altbestände eigener Anteile auf den 1. Tag des Gj anzuwenden, für das die neue Bilanzierung angewendet wird.

Der Erwerb eigener Anteile (auch der unentgeltliche Erwerb) ist unabhängig davon, zu welchem Zweck der Erwerb erfolgt, und unabhängig von der Rechtsform der KapGes, wie folgt zu bilanzieren: Der Nennbetrag bzw der rechnerische Wert der erworbenen eigenen Anteile ist in einer Vorspalte offen vom gezeichneten Kapital abzusetzen. Der vom gezeichneten Kapital abzusetzende Vorspaltenposten könnte als „Nennbeträge/rechnerischer Wert eigener Anteile" bezeichnet werden. Der verbleibende Betrag in der Hauptspalte könnte als „Ausgegebenes Kapital" bezeichnet werden (ebenso *Heymann* in Beck HdR B 231 Anm 64; *WPH*[14] I, F Anm 320; *Reiner* in MünchKomm HGB[3] § 272 Anm 27).

Die Differenz zwischen dem vom gezeichneten Kapital abzusetzenden Betrag und dem reinen Kaufpreis der eigenen Anteile (dh ohne Anschaffungsnebenkosten) ist mit frei verfügbaren Rücklagen zu verrechnen. Ist der Kaufpreis niedriger als der vom gezeichneten Kapital abzusetzende Betrag, erhöhen sich die frei verfügbaren Rücklagen entspr (glA *Heymann* in Beck HdR B 231 Anm 64); ist der Kaufpreis höher, vermindern sie sich.

132 **Anschaffungsnebenkosten** für die eigenen Anteile sind in jedem Fall als Aufwand in der GuV zu erfassen.

133 Zur Verrechnung eines höheren Kaufpreises dürfen nur **frei verfügbare Rücklagen** verwendet werden. Satzungsmäßige Rücklagen dürfen nicht verwendet werden, es sei denn, dies entspräche dem satzungsmäßigen Zweck. Die gesetzliche Rücklage bei AG und bei UG (haftungsbeschränkt) und die Kapitalrücklage nach Abs 2 Nr 1–3 bei AG dürfen nicht zur Verrechnung herangezogen werden, denn die gesetzlich normierten Verwendungszwecke (Verlustdeckung, ggf Kapitalerhöhung aus Ges-Mitteln) umfassen nicht die Deckung einer Vermögensminderung durch eine Kapitalrückzahlung. Die frei verwendbare Kapitalrücklage nach Abs 2 Nr 4 darf hingegen auch bei AG in die Verrechnung einbezogen werden, es sei denn, es bestünde eine dem entgegenstehende Satzungsbestimmung (ebenso *ADS*[6] ErgBd § 272 Anm 18). Bei GmbH gilt dies für die gesamte Kapitalrücklage.

Sind ansonsten frei verfügbare Rücklagen aufgrund der Regelung in § 268 Abs 8 ausschüttungsgesperrt, ist der Erwerb eigener Anteile nach § 71 Abs 2 S 2 AktG/§ 33 Abs 2 S 1 GmbHG nicht zulässig, soweit er nur durch eine derartig gesperrte Rücklage gedeckt ist. Erfolgt der Erwerb dennoch, darf die Verrechnung des übersteigenden Kaufpreises auch gegen die gesperrte, ansonsten aber frei verfügbare Rücklage erfolgen, da hierdurch die Sperrwirkung des § 268 Abs 8 nicht beeinträchtigt wird (*WPH*[14] I, F Anm 325).

Reichen die frei verfügbaren Rücklagen für die Abdeckung des übersteigenden Kaufpreises nicht aus, mindert der übersteigende Betrag des Kaufpreises das Bilanzergebnis. Soweit ein Bilanzverlust oder ein Verlustvortrag auf dem Erwerb eigener Anteile beruht, darf er nicht durch Entnahmen aus der gesetzlichen Rücklage oder Kapitalrücklage nach Abs 2 Nr 1–3 gedeckt werden, denn dies würde mittelbar zur einer unzulässigen Verrechnung des Kaufpreises mit gesperrten Rücklagen führen (aA *Reiner* in MünchKomm HGB[3] § 272 Anm 29).

134 Bei **AG, SE und KGaA** stellt sich die Frage, ob mit der Neuregelung der Bilanzierung für eigene Anteile eine Reduzierung des Kapitalschutzes ggü der Rechtslage, die die Bildung einer Rücklage für eigene Anteile in Höhe des Bilanzansatzes verlangte, gewollt war. Ohne ergänzende Auslegung führt die neue Regelung in Höhe des vom gezeichneten Kapital aufgrund eigener Anteile abgesetzten Betrags zu einem ggü der bisherigen Rechtslage erhöhten Betrag, der potentiell für Ausschüttungen zur Verfügung steht.

Nach § 237 Abs 3 AktG ist eine (entgeltliche) Einziehung von Aktien ohne Beachtung der bei der ordentlichen Kapitalherabsetzung geltenden Gläubigerschutzregeln – ein Vorgang der wirtschaftlich dem Erwerb eigener Aktien entspricht – nur zulässig, wenn sie (vollständig) zu Lasten des Bilanzgewinns oder anderer frei verfügbarer Rücklagen erfolgt. Der bei der Einziehung entstehende Ertrag aus der Kapitalherabsetzung muss nach § 237 Abs 5 AktG durch eine Einstellung in eine (nicht frei verfügbare) Kapitalrücklage ausgeglichen werden (s Anm 95, 102). Die Regelung in § 71 Abs 2 S 2 AktG, wonach für die Zulässigkeit des Erwerbs eigener Aktien verlangt wird, dass im Erwerbszeitpunkt freie Rücklagen in Höhe des Gesamtkaufpreises der eigenen Anteile vorhanden sind, ergäbe kaum Sinn, wenn unmittelbar nach dem Erwerb der eigenen Anteile der Teil der nach § 71 Abs 2 S 2 AktG fiktiv gebildeten Rücklage für eigene Anteile für Ausschüttungen zur Verfügung stünde, der nicht durch Verrechnung des den

Nennbetrag/rechnerischen Wert der eigenen Anteile übersteigenden Kaufpreises verbraucht wird. Auch die Regierungsbegr zur Neuregelung der Bilanzierung eigener Anteile vermittelt den Eindruck, dass mit der Neuregelung nicht beabsichtigt ist, den Kapitalschutz herabzusetzen (s Begr RegE, BT-Drucks 16/10 067 Abschnitt zu § 272 Abs 1a vorletzter Absatz und Abschnitt zu § 71 AktG). Vor diesem Hintergrund ist es uE geboten, analog zu § 237 Abs 5 AktG und iSd bisherigen Rücklage für eigene Anteile in Höhe des aufgrund eigener Anteile offen vom gezeichneten Kapital abgesetzten Betrags eine gesonderte Rücklage zu bilden (streitig: glA *Heymann* in Beck HdR B 231 Anm 64; aA *Reiner* in MünchKomm HGB³ § 272 Anm 34–36, der zwar die Notwendigkeit einer Ausschüttungssperre bejaht, dies aber in Anlehnung an § 268 Abs 8 außerbilanziell umgesetzt sehen will; *Kessler/Suchan* in FS Hommelhoff 2012, 523 f ebenfalls außerbilanzielle Lösung mit entspr Anhangangabe präferierend; *Kropff* ZIP 2009, 1141, der die Aufweichung des Kapitalschutzes ggü der vorherigen Rechtslage als gegeben annimmt und nur im Falle eines unter-Pari-Erwerbs abw vom Wortlaut der Regelung verlangt, die Differenz zum Nennbetrag in eine gebundene Rücklage einzustellen und gleiches für den Fall fordert, dass im Zeitablauf der Wert der eigenen Anteile unter den Nennbetrag sinkt; *Gelhausen* in FS Baetge 2007, 211, der eine Pflicht zu einer derartigen Rücklagenbildung verneint, solange der Gesetzgeber die Regelungslücke nicht schließt). Die Rücklage kann innerhalb der Kapital- oder Gewinnrücklagen gezeigt werden. Die Bezeichnung könnte „Rücklage wegen eigener Anteile" lauten. Diese Rücklage darf (wie die Rücklage für Anteile an einem herrschenden oder mit Mehrheit beteiligten Unt) nur unter Verwendung frei verfügbarer Rücklagen oder ggf zu Lasten des Bilanzergebnisses gebildet werden und darf nur aufgelöst werden, soweit der Vorspaltenabzug vom gezeichneten Kapital wegen eigener Anteile entfällt. Selbst eine Verwendung zur Deckung von Verlusten ist unzulässig.

Fraglich ist bei AG, SE, KGaA auch, ob und wie sich der Erwerb eigener Anteile in der **Ergebnisverwendungsrechnung** (Überleitung vom Jahresüberschuss zum Bilanzgewinn) niederschlägt. Denkbar wäre, einen „Ertrag aus der offenen Absetzung vom gezeichneten Kapital" in Höhe des Nennbetrags/rechnerischen Werts der erworbenen eigenen Anteile und dies kompensierend eine Einstellung in die „Rücklage wegen eigener Anteile" und eine Auflösung der Gewinnrücklagen/freien Kapitalrücklagen in Höhe des Gesamtkaufpreises der eigenen Anteile (ohne Anschaffungsnebenkosten; zu verrechnender Teil der AK der eigenen Anteile zzgl Umbuchung in die Rücklage wegen eigener Anteile) und kompensierend einen „Aufwand aus Erwerb eigener Aktien" auszuweisen. Zwingend ist dies jedoch nicht (ähnlich *ADS*⁶ ErgBd § 272 Anm 15 f). Werden die Rücklagenveränderungen, die sich aus dem Erwerb eigener Anteile ergeben, nicht in der Ergebnisverwendungsrechnung oder einem EK-Spiegel dargestellt, müssen sie in anderer Form in geeigneter Weise im Anhang (bspw iZm den nach § 160 Abs 1 Nr 2 AktG geforderten Angaben zu Erwerb und Veräußerung eigener Anteile bzw im Rahmen der Angaben zur Entwicklung der Rücklagen nach § 152 Abs 2 und 3 AktG) erläutert werden.

Beispiel: Eine AG erwirbt 100 eigene Anteile mit einem Nennbetrag/rechnerischen Wert von 100 zu einem Preis von 80. Die Anschaffungsnebenkosten betragen 1.

Bilanz vor dem Erwerb

Aktiva	50 000	gez Kapital	10 000
		Kapitalrücklage	5 000
		Gewinnrücklage	15 000
		Schulden	20 000

Bilanz nach dem Erwerb

Aktiva	49 919	gez Kapital		10 000
		./. Nennbetrag eigener Anteile		100
		Ausgegebenes Kapital		9 900
		Kapitalrücklage		5 000
		Rücklage wegen eigener Anteile		100
		Gewinnrücklage		14 920
		Jahresergebnis		– 1
		Schulden		20 000

Die Veränderung der Gewinnrücklage (– 80) setzt sich aus der Zunahme der Gewinnrücklage um 20 aufgrund der Verrechnung der Differenz zwischen Nennbetrag/rechnerischen Wert der eigenen Anteile (100) und deren Kaufpreis (80) einerseits und der Abnahme aufgrund der Umbuchung von 100 in die Rücklage wegen eigener Anteile zusammen.

Wenn man den Vorgang in der Ergebnisverwendungsrechnung abbildet (Bsp mit nachfolgender Einziehung der Anteile in Anm 102), ergäbe sich folgendes:

Jahresergebnis	– 1
Auflösung Gewinnrücklage wegen Erwerb eigener Anteile	80
Ertrag aus offener Absetzung des Nennbetrags eigener Anteile	100
Einstellung in Rücklage wegen eigener Anteile	– 100
Aufwand aus Erwerb eigener Anteile	– 80
Bilanzgewinn	– 1

136 Bei **GmbH** und UG (haftungsbegrenzt) ist über § 30 GmbHG sichergestellt, dass an die Gester nur Auszahlungen erfolgen dürfen, soweit danach (buchmäßig) noch Vermögen in Höhe des (in das HR eingetragenen) Stammkapitals in der Ges verbleibt. Wenn in der Bilanz aufgrund des Erwerbs eigener Anteile Beträge vom gezeichneten Kapital offen abgesetzt sind, bezieht sich die Schutzvorschrift nicht auf den geminderten Betrag (das „ausgegebene Kapital"), sondern weiterhin auf das (volle) gezeichnete Kapital (Stammkapital). Auch hier ist es empfehlenswert, bilanziell die eingetretene Sperrung von Rücklagen durch die Bildung einer „Rücklage wegen eigener Anteile" in Höhe des offen vom gezeichneten Kapital abgesetzten Betrags ersichtlich zu machen. Eine gesetzliche Verpflichtung hierzu besteht jedoch nicht.

137 Fraglich ist, ob die Minderung des EK erst bei Vollzug des Erwerbs eigener Anteile eintritt, oder bereits bei Abschluss des Verpflichtungsgeschäfts (Kauf eigener Anteile auf Termin). Bei Gewinnverwendungsbeschluss tritt die Minderung des EK (und Umbuchung in Verbindlichkeit) bereits bei Beschlussfassung ein. Dies spricht dafür, bei einem Kauf eigener Anteile auf Termin entspr vorzugehen. Bei Abschluss des Verpflichtungsgeschäfts werden die freien Rücklagen um den vereinbarten Kaufpreis reduziert und eine entspr Verbindlichkeit erfasst. Die Absetzung vom gezeichneten Kapital und die entspr Bildung der Rücklage wegen eigener Anteile sollte dagegen erst bei Vollzug des Anteilserwerbs vorgenommen werden, da die Anteile bis dahin noch rechtlich ausstehend (zB stimmberechtigt) sind. Die gleiche Vorgehensweise ergibt sich, wenn das Unt eine Stillhalterposition in einer Put-Option auf eigene Anteile eingeht. Bei Abschluss des Verpflichtungsgeschäfts ist eine Verbindlichkeit in Höhe des vereinbarten Kaufpreises für die Anteile zu erfassen. Die freien Rücklagen mindern sich allerdings nur um den Saldo aus vereinbartem Kaufpreis und erhaltener Optionsprämie. Verfällt die Option nehmen die freien Rücklagen wieder zu, die Verbindlichkeit entfällt und es entsteht ein über die GuV zu erfassender Ertrag in Höhe der Optionsprämie.

Folgt man dieser Ansicht nicht und behandelt den Terminkauf als schwebendes Geschäft, muss jedoch am Bilanzstichtag für den Fall, dass der Wert der eigenen Anteile unter den vereinbarten Kaufpreis gesunken ist, für die Differenz eine Rückstellung gebildet werden. Dies darf gegen die freien Rücklagen erfolgen.

Auflösung und Verbrauch dieser Rückstellung erfolgt ebenfalls gegen die freien Rücklagen. Dies stellt sicher, dass das Ausschüttungspotential der Ges nicht höher ist, als es sich nach der Regelung vor Geltung des BilMoG ergeben hat. Im Falle der Stillhalterposition für eine Put-Option auf eigene Anteile muss in Höhe der erhaltenen Optionsprämie bis zur Ausübung/Verfall der Option eine Verbindlichkeit angesetzt werden. Nimmt die Verbindlichkeit im Zeitablauf aufgrund eines sinkenden Werts der eigenen Anteile zu, darf diese Zunahme gegen die freien Rücklagen erfasst werden. Bei Ausübung der Option wird die verbliebene Verbindlichkeit mit den freien Rücklagen verrechnet. Bei Verfall der Option wird die Verbindlichkeit bis zur Höhe der erhaltenen Optionsprämie als Ertrag ausgebucht, ein ggf übersteigender Betrag wird mit den freien Rücklagen verrechnet, so dass diese wieder ihren ursprünglichen Stand erreichen.

2. Veräußerung eigener Anteile (Abs 1b)

Die Bilanzierung eigener Anteile ist für Gj, die nach dem 31.12.2009 beginnen, neu geregelt worden (zur Bilanzierung für Gj vor diesem Zeitpunkt siehe 6. Aufl § 272 Anm 9 ff und 117 ff). Die neue Vorschrift ist auch für Altbestände eigener Anteile, anzuwenden, wenn deren Veräußerung in einem Gj stattfindet, dass nach dem 31.12.2009 beginnt.

Werden erworbene eigene Anteile (auch unentgeltlich erworbene Anteile) wieder veräußert, ist wie folgt zu bilanzieren: In Höhe des Nennbetrags/rechnerischen Werts der wieder veräußerten eigenen Anteile ist die offene Absetzung vom gezeichneten Kapital zu kürzen. Auch die „Rücklage wegen eigener Anteile" (s Anm 134) ist entspr zu reduzieren und der Betrag in die Rücklage zurückzusetzen, aus der er ursprünglich entnommen wurde. Übersteigt der Verkaufserlös für die eigenen Anteile deren Nennbetrag/rechnerischen Wert ist bis zur Höhe des ursprünglich bei Erwerb der eigenen Anteile mit den freien Rücklagen verrechneten Betrags die entspr Rücklage wieder zu erhöhen. Diese Umkehr gilt auch, wenn die Verrechnung bei Erwerb mangels freier Rücklagen gegen das Bilanzergebnis erfolgte. Dann ist bei Veräußerung das Bilanzergebnis entspr zu erhöhen. Dies entspricht dem Sinn der „Umkehr-Regel" grds die EK-Struktur vor dem Erwerb wieder herzustellen (aA *Reiner* in MünchKomm HGB[3] § 272 Anm 39, der diesen Betrag entspr dem Wortlaut der Regelung bereits der Kapitalrücklage zuordnet). Ist der Verkaufserlös höher als der ursprüngliche Kaufpreis der eigenen Anteile, ist der übersteigende Betrag in die (bei AG, SE und KGaA verwendungsbeschränkte) Kapitalrücklage gem Abs 2 Nr 1 einzustellen. Diese Regelung gilt auch, wenn der Erwerb und die Veräußerung der eigenen Anteile im gleichen Gj erfolgt (ebenso *PwC* BilMoG Komm, L Anm 53).

Die **Nebenkosten** der Veräußerung sind Aufwand des Gj. Dies gilt auch für ggf auf die Veräußerung anfallende Ertragsteuern.

Insgesamt bleibt der Vorgang bis auf ggf anfallende Nebenkosten somit erfolgsneutral.

Kapitalerhöhungsvorgänge finden keinen Niederschlag in der **Ergebnisverwendungsrechnung.** Dies spricht dafür, auch den Verkauf eigener Anteile dort nicht abzubilden. Allerdings spricht dagegen, dass durch den Vorgang Rücklagen (idR Gewinnrücklagen) verändert werden, die normalerweise bei Kapitalerhöhungsvorgängen nicht berührt werden und deren Veränderung normalerweise in der Ergebnisverwendungsrechnung abgebildet werden. Werden die Rücklagenveränderungen, die sich aus dem Verkauf eigener Anteile ergeben, nicht in der Ergebnisverwendungsrechnung oder einem EK-Spiegel dargestellt, müssen sie in anderer Form in geeigneter Weise im Anhang (bspw iZm den nach § 160 Abs 1 Nr 2 AktG geforderten Angaben zu Erwerb und Veräußerung eigener Anteile bzw im Rahmen der Angaben zur Entwicklung der Rücklagen nach § 152 Abs 2 und 3 AktG) erläutert werden.

144 Das Gesetz gibt keine (explizite) Antwort auf die Frage, wie zu verfahren ist, wenn der Verkaufserlös für die eigenen Anteile geringer als deren Nennbetrag/ rechnerischer Wert ist. UE ist die im Gesetz vorgeschriebene Vorgehensweise wie folgt zu verallgemeinern: Bei einem Verkauf eigener Anteile ist im 1. Schritt die offene Absetzung und die Verrechnung mit freien Rücklagen, die zum Erwerbszeitpunkt der eigenen Anteile vorzunehmen war, rückgängig zu machen. Im 2. Schritt ist im Falle eines Mehrerlöses ggü den ursprünglichen AK der eigenen Anteile der Mehrerlös in die Kapitalrücklage nach Abs 2 Nr 1 einzustellen, ein Mindererlös ggü den ursprünglichen AK der eigenen Anteile ist mit den freien Rücklagen zu verrechnen (aA *Reiner* in MünchKomm HGB[3] § 272 Anm 40, der sich ohne Differenzierung, ob der Verkaufspreis der Anteile über oder unter den ursprünglichen AK liegt, für eine Verrechung der negativen Differenz mit den freien Rücklagen oder – präferierend – für die Erfassung als Verlust in der GuV ausspricht).

Beispiel: Aufbauend auf dem Bsp aus Anm 135: Die AG verkauft 50 eigene Anteile mit einem Nennbetrag/rechnerischen Wert von 50 zu einem Preis von a) 45 (Erlös über dem ursprünglichen Kaufpreis von 40) bzw b) 35 (Erlös unter dem ursprünglichen Kaufpreis von 40). Die Veräußerungsnebenkosten betragen 1.

Bilanz vor der Veräußerung		
Aktiva 49 919	gez Kapital	10 000
	./. Nennbetrag eigener Anteile	100
	Ausgegebenes Kapital	9 900
	Kapitalrücklage	5 000
	Rücklage wegen eigener Anteile	100
	Gewinnrücklage	14 920
	Bilanzergebnis	− 1
	Schulden	20 000
Bilanz nach der Veräußerung (Fall a)		
Aktiva 49 963	gez Kapital	10 000
	./. Nennbetrag eigener Anteile	50
	Ausgegebenes Kapital	9 950
	Kapitalrücklage	5 005
	Rücklage wegen eigener Anteile	50
	Gewinnrücklage	14 960
	Bilanzergebnis	− 2
	Schulden	20 000

Die Veränderung der Gewinnrücklage (+40) setzt sich aus der Abnahme der Gewinnrücklage um 10 aufgrund der Rücknahme der ursprünglichen Verrechnung der Differenz zwischen Nennbetrag/rechnerischen Wert der eigenen Anteile (50) und deren Kaufpreis (40) einerseits und der Zunahme aufgrund der Umbuchung von 50 aus der Rücklage wegen eigener Anteile zusammen. Die Zunahme der Kapitalrücklage beruht auf der Differenz zwischen dem Veräußerungserlös für die eigenen Anteile von 45 und dem ursprünglichen Kaufpreis von 40.

Bilanz nach der Veräußerung (Fall b)		
Aktiva 49 953	gez Kapital	10 000
	./. Nennbetrag eigener Anteile	50
	Ausgegebenes Kapital	9 950
	Kapitalrücklage	5 000
	Rücklage wegen eigener Anteile	50
	Gewinnrücklage	14 955
	Bilanzergebnis	− 2
	Schulden	20 000

Eigenkapital 145–148 § 272

Die Veränderung der Gewinnrücklage (+ 35) setzt sich aus der Abnahme der Gewinnrücklage um 10 aufgrund der Rücknahme der ursprünglichen Verrechnung der Differenz zwischen Nennbetrag/rechnerischen Wert der eigenen Anteile (50) und deren Kaufpreis (40) einerseits und der Zunahme aufgrund der Umbuchung von 50 aus der Rücklage wegen eigener Anteile zusammen. Hinzu kommt die Verrechnung des Mindererlöses ggü den ursprünglichen AK der eigenen Anteile (35–40 = –5) mit den Gewinnrücklagen.

Wenn man den Vorgang in der Ergebnisverwendungsrechnung abbildet, ergäbe sich folgendes Bild (falls er nicht in die Erwerbsperiode der Anteile fällt):

	Fall a)	Fall b)
Jahresergebnis	– 1	– 1
Aufwand aus Wegfall der offenen Absetzung des Nennbetrags eigener Anteile	– 50	– 50
Auflösung der Rücklage wegen eigener Anteile	50	50
Erlös aus Verkauf eigener Anteile	45	35
Einstellung in Kapitalrücklage aus Verkauf eigener Anteile	– 5	
Einstellung in Gewinnrücklage aus Verkauf eigener Anteile	– 40	– 35
Bilanzgewinn	– 1	– 1

Werden eigene Aktien aus einem Erwerbsvorgang in **mehreren Veräußerungsvorgängen** wieder veräußert, und liegt der Veräußerungserlös einmal über und ein anderesmal unter den ursprünglichen AK der eigenen Anteile, ist obiges Verfahren auf jeden einzelnen Veräußerungsvorgang anzuwenden. Die Zuführung zur Kapitalrücklage aus der Veräußerung über den ursprünglichen AK darf nicht unterbleiben oder reduziert werden, um die Verrechnung mit den freien Rücklagen aus dem Veräußerungsverlust aus dem anderen Veräußerungsvorgang zu reduzieren. 145

Setzt sich der Bestand eigener Anteile aus **mehreren Erwerbsvorgängen** zu unterschiedlichen AK zusammen, und wird ein Teil des Bestands veräußert, sind die AK des veräußerten Bestands aus den durchschnittlichen AK des Bestands zu ermitteln, der zum Veräußerungszeitpunkt bestand, und obiges Verfahren entspr anzuwenden (glA *Heymann* in Beck HdR B 231 Anm 65). Etwas anderes könnte nur gelten, wenn eine Veräußerung mit einem konkreten Erwerbsvorgang wirtschaftlich verbunden wäre. Bei dem beschriebenen Vorgehen bei sukzessivem Abverkauf eigener Anteile (Anm 145) wird gedanklich jedem eigenen Anteil ein bestimmter Betrag des mit den freien Rücklagen verrechneten Betrags zugeordnet. Die Regelung des Abs 1b kann indes auch so verstanden werden, dass eine derartige Zuordnung nicht vorzunehmen ist, sondern bei jedem sukzessiven Abverkauf zunächst stets der volle über den Betrag des anteiligen gezeichneten Kapitals hinausgehende Verkaufserlös vollständig zur Wiederauffüllung der zuvor verrechneten Rücklagen zu verwenden ist. Erst wenn schließlich der Gesamterlös aus den sukzessiven Verkäufen den Betrag des anteiligen gezeichneten Kapitals und des Betrages der verrechneten Rücklagen übersteigt, kommt es zur Dotierung der Kapitalrücklage (so *Oser/Kropp* Der Konzern 2012, 190f). 146

War beim Erwerb der eigenen Anteile die Verrechnung der Differenz zwischen Nennbetrag und Kaufpreis **teilweise mit Kapital- und Gewinnrücklagen** erfolgt, und ist der Veräußerungserlös der eigenen Anteile geringer als die ursprünglichen AK, sollte die Rückgängigmachung der Verrechnung uE vorrangig an der Kapitalrücklage erfolgen, da die „Ausgabe von Anteilen" eigentlich vorrangig diese Rücklagenkategorie betrifft und nur „hilfsweise" die Gewinnrücklagen. Aber auch eine quotale Rückgängigmachung erscheint zulässig (hierfür: *PwC* BilMoG Komm, L Anm 46). 147

Besteht der Erlös für die eigenen Anteile nicht in Geld, sondern in Sachen stellt sich die Frage, mit welchen AK der zugegangene Sachwert zu bewerten ist. Die Regelung des Abs 1b rückt den Vorgang wirtschaftlich in die Nähe einer 148

(Sach-)Kapitalerhöhung gegen Ausgabe neuer Anteile, auch wenn im Unterschied zur „normalen" Kapitalerhöhung nicht das volle Agio, sondern nur der Mehrbetrag ggü den ursprünglichen AK der eigenen Anteile in die Kapitalrücklage nach Abs 2 Nr 1 einzustellen ist. Konzeptionell ist es deshalb sachgerecht, den Zeitwert der erworbenen Sache als AK anzusetzen (so auch WPH^{14} I, F Anm 328; PwC BilMoG Komm, L Anm 40). Andererseits ist zu berücksichtigen, dass nach hM (s zB IDW RS HFA 42, Tz 43) bei ordentlichen Kapitalerhöhungen auch eine Unterbewertung von Sacheinlagen zulässig ist. Zwar fehlt bei der Wiederausgabe der eigenen Anteile das für eine Unterbewertung erforderliche Votum der Gester in Form des Kapitalerhöhungsbeschlusses, es erscheint uE aber nicht ausgeschlossen, stattdessen auf die historischen AK der wieder ausgegebenen eigenen Anteile abzustellen und diese als AK der erworbenen Sache anzusetzen, vorausgesetzt sie werden durch den Zeitwert des Erlangten gedeckt.

149 Verkauft das Unt eigene Anteile auf Termin, ist die Zunahme des EK erst bei Vollzug des Verkaufs zu erfassen. Wenn das Unt die verkauften eigenen Anteile nicht im Bestand hat, und steigt der Preis für die Anteile über den vereinbarten Verkaufspreis der Anteile, muss in Höhe der Differenz eine Rückstellung gebildet werden. Dies darf gegen die freien Rücklagen erfolgen. Auflösung und Verbrauch dieser Rückstellung erfolgt ebenfalls gegen die freien Rücklagen. Die Rücklagenbildung nimmt die durch den An- und Verkauf der eigenen Anteile entstehende Minderung der freien Rücklagen vorweg und stellt sicher, dass das Ausschüttungspotential der Ges nicht höher ist, als vor Gültigkeit des BilMoG.

Geht das Unt eine Stillhalterposition in einer Call-Option auf eigene Anteile ein, ist die erhalten Optionsprämie, nach Abs 2 Nr 2 in die Kapitalrücklage einzustellen (s Anm 184). Wenn das Unt die entspr eigenen Anteile nicht im Bestand hat, ist im Falle eines den vereinbarten Ausübungspreis übersteigenden Preises der Anteile für die Differenz eine Rückstellung zu bilden. Bildung, Verbrauch und Auflösung dieser Rückstellung darf gegen die freien Rücklagen erfolgen.

3. Steuerrechtliche Besonderheiten

150 Die Bilanzierung eigener Anteile ist für Gj, die nach dem 31.12.2009 beginnen, neu geregelt worden (zur Bilanzierung für Gj vor diesem Zeitpunkt s 6. Aufl § 272 Anm 9 ff und 117 ff). Die handelsrechtliche Bilanzierung des Erwerbs eigener Anteile als Kapitalrückzahlung bzw der Veräußerung derartiger Anteile als Kapitalerhöhung ist ab diesem Zeitpunkt auch steuerrechtlich maßgeblich (so der Meinungsstand; s hierzu § 274 Anm 219 und zB: *Dörfler/Adrian* DB 2009, Beilage 5, 63; *Ortmann-Babel/Bolik/Gageur* DStR 2009, 937; s auch § 274 Anm 19).

D. Kapitalrücklage (Abs 2)

I. Inhalt

160 Die Kapitalrücklage umfasst hauptsächlich solche Kapitalbeträge, die der Kap-Ges von außen zugeführt werden und nicht aus dem erwirtschafteten Ergebnis gebildet werden (Ausnahme §§ 229 ff AktG oder §§ 58a ff GmbHG, Anm 165). Es handelt sich um (1) das Agio bei Ausgabe von Anteilen einschl von Bezugsanteilen, Anm 165 bis 173, (2) das Agio bei der Ausgabe von Schuldverschreibungen für Wandlungsrechte und Optionsrechte, Anm 180, (3) Zuzahlungen der Gester gegen Gewährung eines Vorzugs für ihre Anteile, Anm 190 und (4) andere Zuzahlungen der Gester in das EK, Anm 195. Abs 2 gilt – sofern rechtlich

zulässig – auch für GmbH, insb für die Sachverhalte (1) und (4). Bei GmbH gehören auch Nachschüsse zu der Kapitalrücklage (Anm 215 ff).

II. Einstellungen

Einzustellen sind die in Anm 160 aufgeführten vier Agio- oder agioähnlichen **165** und sonstige Zuzahlungen der Gester „in das Eigenkapital". Der bei Veräußerung erworbener eigener Anteile (ab Gj, die nach dem 31.12.2009 beginnen) über die ursprünglichen AK erzielte Veräußerungserlös ist nach Abs 1b in die Kapitalrücklage einzustellen (Anm 140f). Weiterhin sind nach §§ 229, 230, 232 AktG oder §§ 58a ff GmbHG bei der vereinfachten Kapitalherabsetzung gewonnene Beträge in die Kapitalrücklage einzustellen (Anm 80f). Zur Kapitalrücklage gehört ferner die „Sonderrücklage" für bedingtes Kapital nach einer Kapitalerhöhung aus GesMitteln (§ 218 S 2 AktG, Anm 200) und die Kapitalrücklage aus vereinfachter Einziehung von Aktien nach § 237 Abs 5 AktG. Auch die „Rücklage wegen eigener Anteile", die uE in Höhe des offen vom gezeichneten Kapital abgesetzten Nennbetrags/rechnerischen Werts erworbener eigener Anteile zu bilden ist, darf in den Kapitalrücklagen (alternativ auch in den Gewinnrücklagen) ausgewiesen werden (zur Erl s Anm 134).

Ein **gesonderter Ausweis** oder eine Aufgliederung im Anhang für unterschiedliche Teilbeträge der Kapitalrücklage ist insb zu empfehlen, soweit die Teilbeträge unterschiedlichen Verwendungsrestriktionen unterliegen:
Bei **AG/SE/KGaA** betrifft das
– die Beträge nach Abs 2 Nr 1 bis 3 (Verwendung nur zum Verlustausgleich und ggf zur Kapitalerhöhung aus GesMitteln nach § 150 AktG) von dem Betrag gem Nr 4 (in der Verwendung frei); ebenso *ADS*[6] § 272 Anm 86, *WPH*[14] I, F Anm 362
– die Sonderrücklage gem § 218 AktG (Anm 200), die für die Umbuchung in das gezeichnete Kapital reserviert ist, wenn von einem Wandlungs- oder Optionsrecht Gebrauch gemacht wird (*ADS*[6] § 272 Anm 88)
– die Kapitalrücklage aus der vereinfachten Kapitalherabsetzung nach § 229 Abs 1 AktG (Einstellung aus der Herabsetzung) oder § 232 AktG (Einstellung wegen zu hoch angenommener Verluste) (Anm 80f): Sonderausweis oder Zusammenfassung mit den Beträgen nach Abs 2 Nr 1 bis 3, da diese Beträge den gleichen Verwendungsrestriktionen unterliegen (*ADS*[6] § 272 Anm 87, *WPH*[14] I, F Anm 363)
– die Kapitalrücklage aus der vereinfachten Einziehung von Aktien nach § 237 Abs 5 AktG (Anm 95, 102): Sonderausweis oder Zusammenfassung mit den Beträgen nach Abs 2 Nr 1 bis 3, da diese Beträge den gleichen Verwendungsrestriktionen unterliegen.
– die Kapitalrücklage „wegen eigener Anteile" (Anm 134): Sonderausweis, da sie nur aufgelöst werden darf, soweit die offene Absetzung des Nennbetrags/rechnerischen Werts erworbener eigener Anteile vom gezeichneten Kapital entfällt. Auch eine Verwendung zur Verlustdeckung ist nicht zulässig.
Bei **GmbH** betrifft das
– den gesonderten Ausweis der Kapitalrücklagen aus vereinfachter Kapitalherabsetzung (§ 58b Abs 2 GmbHG Einstellung aus Herabsetzung; § 58c GmbH Einstellung bei zu hoch angenommenen Verlusten), solange gem § 58b Abs 3 GmbHG (5 Jahre nach Beschluss der vereinfachten Kapitalherabsetzung) nur für Verlustausgleich oder Kapitalerhöhung aus GesMitteln verwendbar (*Zöllner/Haas* in Baumbach/Hueck GmbHG[20] § 58b Anm 8)
– die Kapitalrücklage „wegen eigener Anteile" (Anm 134): Sonderausweis; s bei AG.

– den voraussichtlich realisierbaren Betrag aus Nachschüssen der GmbH-Gester gem gesetzlichem Gebot des § 42 Abs 2 S 3 GmbHG als Kapitalrücklage.

1. Kapitalrücklage aus Ausgabe von Anteilen (Abs 2 Nr 1)

170 Das **Aufgeld** aus der Ausgabe von Anteilen umfasst bei **AG/KGaA** *vereinbarte* Agiobeträge aus der Ausgabe von Aktien bei Gründung oder Kapitalerhöhung (Bar- und Sacheinlagen), bei mittelbarem Bezugsrecht, bei Verschmelzung, bei Vorratsaktien und beim Umtausch von Wandelschuldverschreibungen (oder von Optionsanleihen) in Aktien (glA ADS^6 § 272 Anm 90 bis 107).

Für **GmbH** kommen hiervon in Frage: Agio aus der Übernahme von Stammeinlagen bei Gründung und bei Kapitalerhöhung (Bar- und Sacheinlagen), Agio bei Verschmelzung. Nicht gesetzlich geregelt sind hingegen Agio bei mittelbarem Bezugsrecht, Agio bei Vorratsgeschäftsanteilen und Agio beim Umtausch von Wandelschuldverschreibungen in Geschäftsanteile.

Aufgeld (Agio) ist der Betrag, der bei Ausgabe von Anteilen einschl von Bezugsanteilen über den Nennbetrag hinaus *erzielt* wird.

Bei **Stückaktien** ist deren *rechnerischer Wert* maßgebend. Für Nennbetragsaktien und für Stückaktien beträgt der Mindestausgabebetrag 1 Euro (§ 9 Abs 1 AktG). Während Nennbetragsaktien auf 1 Euro oder ein Mehrfaches davon lauten müssen (§ 8 Abs 2 AktG), bestehen für Stückaktien im Wert von mehr als 1 Euro „keine Betragsstufen" (Begr RegE BTDrs 13/9573, 11). „Rechnerischer Wert" einer Stückaktie ist ihr prozentuales Verhältnis zum Grundkapital; er muss für alle Stückaktien einer AG/KGaA gleich sein (§ 8 Abs 3 S 1 AktG).

Beispiel: Die Erstausstattung/Kapitalerhöhung einer AG betrage 10 Mio € Grundkapital, eingeteilt in 2 Mio Stückaktien. Der rechnerische Wert je Stückaktie ist 5 €. Der Ausgabepreis für **je 10 Stückaktien** wird auf 125 € festgesetzt. Vom Gesamtbetrag der Emission = 25 Mio € entfallen 10 Mio € auf das gezeichnete Kapital und 15 Mio € auf das in die Kapitalrücklage einzustellende Agio.

171 **Bezugsanteile** sind, nur bei AG/KGaA, die Bezugsaktien nach § 192 AktG zB für Arbeitnehmer oder Vorstand (oft mit Zuzahlung der Berechtigten nach § 199 Abs 2 AktG). Allgemeine Zuschüsse eines Gesters von KapGes, so zB auch Erlass von Forderungen oder Zuschüsse in Geld oder Sachwerten, stellen kein Aufgeld dar (näher Anm 195).

172 **Kosten der Ausgabe von Anteilen** dürfen nicht von dem einzustellenden Agio-Betrag gekürzt werden; hM, zB WPH^{14} I, F Anm 364, ADS^6 § 272 Anm 93. Die Ausgabekosten entstehen bei Gründung einer KapGes und bei Kapitalerhöhung (zum Begriff und Inhalt Anm 115). Das Abzugsverbot der Ausgabekosten folgt aus dem Wortlaut des Abs 2 Nr 1 auch für GmbH, da Abs 2 Nr 1 für alle KapGes anzuwenden ist; sonst Nichtigkeit des JA (Anm 390). Zur steuerrechtlichen Abzugsfähigkeit der Ausgabekosten s Anm 115. In der HB sind die Ausgabekosten als Aufwand zu behandeln, ebenso etwaige Verzugszinsen oder Vertragsstrafen gem § 63 AktG oder § 20 GmbHG als Ertrag; hierzu § 275 Anm 171 ff (glA ADS^6 § 272 Anm 94). Zum Aktivierungsverbot von Gründungskosten s § 248 Anm 1 ff.

173 Das **Agio bei mittelbarem Bezugsrecht** entsteht bei Übernahme der Aktien aus einer Kapitalerhöhung durch ein Bankenkonsortium mit der Maßgabe, diese den Aktionären zum Bezug anzubieten (§ 186 Abs 5 AktG), ausführlich ADS^6 § 272 Anm 96 ff.

Das **Agio bei Vorratsaktien** betrifft die Übernahme von Aktien für Rechnung der AG/KGaA (selten); glA ADS^6 § 272 Anm 101 ff.

174 Das **Agio bei Sacheinlagen** ergibt sich aus ihrer Bewertung. Sie müssen bei satzungsmäßig vereinbartem Agio *und* entspr hohem Zeitwert so bewertet wer-

den, dass der Nennbetrag der Aktien (GmbH-Anteile) bzw Ausgabebetrag der Stückaktien und der Agio-Betrag dargestellt werden. Falls der Zeitwert des eingelegten VG den Wertansatz (Nennbetrag oder rechnerischer Wert der Anteile zzgl des in die Kapitalrücklage einzustellenden Agios) übersteigt, entsteht insoweit ein „stilles Aufgeld", dessen Bilanzierung als Kapitalrücklage strittig ist. Nach wohl noch hM ist die Unterbewertung von Sacheinlagen durch die Abfassung entspr Kapitalerhöhungsbeschlüsse zulässig (IDW RS HFA 42, Tz 42 f; *ADS*[6] § 272 Anm 95). Es gibt aber schon lange auch die Auffassung, dass Sacheinlagen zu ihrem Zeitwert anzusetzen seien, eine Unterbewertung nicht zulässig sei (dazu *Förschle/Kropp/Schellhorn* in Sonderbilanzen[4], D Anm 197 f). Nach DRS 4.13 bemessen sich die AK eines erworbenen Unt im Falle des Erwerbs im Rahmen einer Kapitalerhöhung mit Sacheinlage nach dem Zeitwert der dafür hingegebenen Anteile. Ob sich hieraus auch im Hinblick auf die international übliche Bewertung von Sacheinlagen zum Zeitwert ein entspr GoB auch für HGB entwickeln wird, bleibt abzuwarten.

Das **Agio bei Verschmelzung mit Kapitalerhöhung** richtet sich bei Bilanzierung der Verschmelzung zu *AK nach allgemeinen Grundsätzen* nach den Regeln für das Agio bei Sacheinlage. Bei Verschmelzung mit *Buchwertfortführung* ist ein den Ausgabebetrag (Nennbetrag zzgl vereinbartes Agio) der Anteile übersteigender Betrag des übernommenen Vermögens ebenfalls in die Kapitalrücklage einzustellen. Ist das übernommene Vermögen zu Buchwerten geringer als der Ausgabebetrag der Anteile (zu Zeitwerten erreicht es den Ausgabebetrag), ist trotzdem die Kapitalrücklage entspr dem vereinbarten Agio zu dotieren. Der entstehende Buchverlust ist in der GuV zu erfassen (s Anm 365; dazu auch *Förschle/Hoffmann* in Sonderbilanzen[4], K Anm 44, 90 f; IDW RS HFA 42, Tz 70).

Vor Handelsregister-Eintragung einer Kapitalerhöhung gezahlte Agio-Beträge dürfen noch nicht als Kapitalrücklage ausgewiesen werden. Sie sind im Sonderposten „Zur Durchführung der beschlossenen Kapitalerhöhung geleistete Einlagen" auszuweisen (s Anm 51).

Nach Handelsregister-Eintragung der Kapitalerhöhung ist die Kapitalrücklage um das vereinbarte Agio zu erhöhen, auch wenn dieses noch nicht eingezahlt sein sollte. Es ist dann eine entspr Forderung zu aktivieren (Anm 30). Entspr ist auch bei rückwirkender Bilanzierung einer Kapitalerhöhung vor HR-Eintragung nach § 235 Abs 1 AktG/§ 58 f GmbHG zu verfahren (s Anm 83).

Wegen des **Agios** bei der Veräußerung erworbener **eigener Anteile** s Anm 140 f.

2. Kapitalrücklage aus Ausgabe von Wandlungs-/Optionsrechten (Abs 2 Nr 2)

Der Betrag, der bei **Ausgabe von Schuldverschreibungen** für Wandlungsrechte oder Optionsrechte erzielt wird und in die Kapitalrücklage einzustellen ist, ist die Differenz zwischen dem Ausgabebetrag der Schuldverschreibung mit Wandlungs-/Optionsrecht und dem (geschätzten) Ausgabebetrag/Marktpreis der gleichen Schuldverschreibung ohne Wandlungs-/Optionsrecht. Ausgabekosten dürfen auch hier nicht gekürzt werden (hM, zB *ADS*[6] § 272 Anm 113 aE).

Oftmals werden zB **Optionsanleihen** zu pari begeben und im Hinblick auf die mitbegebenen Optionsrechte mit einem niedrigeren als marktüblichen Nominalzins ausgestattet. Der Anleihegläubiger gewährt dem Schuldner neben dem Darlehensbetrag ein Entgelt (in Form der Unterverzinslichkeit) für das Recht zum Aktienbezug, ausführlich *ADS*[6] § 272 Anm 118 ff. Der auf die Optionsrechte geleistete Betrag ist wegen seines Charakters als mitgliedschaftsrechtlich bedingte Vermögensmehrung der Kapitalrücklage gem Abs 2 Nr 2 zuzuführen.

Bei Ermittlung des in die Kapitalrücklage einzustellenden Betrags entsteht ein Schätzproblem. So können für den *Bewertungszeitpunkt* unterschiedliche Bezugszeitpunkte in Betracht kommen, zB die Entscheidung über die Konditionen der Optionsanleihen oder die Veröffentlichung des Angebots der Optionsanleihe. Die Berechnung kann gleichfalls nach mehreren Methoden erfolgen. Insb können laufende Zinszahlungen und der Rückzahlungsbetrag der Optionsanleihe mit dem frist- und risikoadäquaten Marktzinssatz *abgezinst* werden, um so den Ausgabekurs der Schuldverschreibung ohne Wandlungs-/Optionsrecht zu berechnen; in Frage kommt auch die Aufteilung des Ausgabebetrags mit Hilfe *effektiver Marktpreise*, wobei es allerdings problematisch ist, ein passendes Vergleichsobjekt (gleiche Konditionen im Detail, aber auch gleiche Risikoklasse) zu finden (s ähnliche Überlegungen bei *ADS*[6] § 272 Anm 123).

Der Betrag muss der AG/KGaA als solcher zugeflossen („erzielt") sein. Ausreichend dürfte es insoweit jedoch sein, dass zB in einem Vertrag zwischen der die Anleihe begebenden AG/KGaA und der übernehmenden Bank die Anleihekonditionen festgelegt werden. Mit einer solchen Abrede ist eine hinreichende Konkretisierung erreicht, die im Hinblick auf die mit einer Verletzung des § 272 verbundenen Sanktionen (Anm 390 ff) auch erforderlich ist. Im Übrigen ist insoweit eine Vereinbarung zwischen der Emittentin und ihrer (zumeist ausländischen) Finanzierungs-TochterGes denkbar, die dann Maßstab der Zuführung ist (glA *ADS*[6] § 272 Anm 127 f).

181 Der Unterschied zwischen der zum *Erfüllungs*betrag zu passivierenden Anleihe und dem Ausgabeentgelt für die reine Anleihe hat Zinscharakter und darf dementspr als **Disagio** aktiviert werden (§ 250 Abs 3 S 1). Bei Nichtausübung des Wahlrechts ist der Unterschied zwischen Ausgabeentgelt und Erfüllungsbetrag Aufwand (s hierzu das Zahlenbeispiel bei *ADS*[6] § 272 Anm 124 f; aA *Reiner* in *MünchKomm HGB*[3] § 272 Anm 81, der von einer Pflicht zur Aktivierung eines derartigen laufzeitabhängigen Disagios ausgeht). In diesem Fall sind zusätzliche Angaben im Anhang notwendig, da sonst kein den tatsächlichen Verhältnissen entspr Bild der Vermögenslage vermittelt werden kann (so *Küting/Reuter* in HdR[5] § 272 Anm 87). Ein aktiviertes Disagio ist über den Zeitraum bis zur frühesten Möglichkeit für den Gläubiger, die Rückzahlung zu verlangen, abzuschreiben; der hieraus resultierende Aufwand entspricht zusammen mit der anfallenden Zinsbelastung einer marktüblichen Verzinsung (so auch *ADS*[6] § 272 Anm 126). Ein vorzeitiges Wandlungsrecht, ohne dass zugleich auch ein Rückzahlungsanspruch besteht, verkürzt den Zeitraum der planmäßigen Abschreibung des Disagios hingegen nicht. AA *Küting/Reuter* in HdR[5] § 272 Anm 90, wonach schon bei der Ermittlung des auf die Schuld entfallenden Anteils am Emissionserlös nur auf die Frist zwischen Emissionszeitpunkt und frühest möglichem Wandlungszeitpunkt abzustellen sei. Dies ist jedoch uE nicht zutreffend. Für die Ermittlung des auf die reine Schuld entfallenden Erlösanteils kommt es allein auf den frühest möglichen Zeitpunkt an, zu dem der Gläubiger die Rückzahlung verlangen kann. Die vorzeitige Wandlungsmöglichkeit hat keinen Einfluss auf den Wert der Schuldkomponente. Sie bedeutet lediglich, dass der aus der späteren Wandlung resultierende Erlös für die Ges nicht zu jedem Wandlungszeitpunkt identisch ist, sondern im Zeitablauf zunimmt (ursprünglich vom Gläubiger eingezahlter Betrag für die reine Schuldkomponente zzgl im Zeitablauf „verdiente" Differenz zum höheren Rückzahlungsbetrag).

Die aus der Ausgabe von Wandlungs-/Optionsrechten erzielten Beträge verbleiben in der Kapitalrücklage nach Abs 2 Nr 2 unabhängig davon, ob die Wandlungs-/Optionsrechte ausgeübt werden oder nicht (ebenso *ADS*[6] § 272 Anm 129).

182 Werden Wandelschuldverschreibungen oder Optionsanleihen (§ 221 AktG) **in Bezugsaktien umgetauscht,** kann durch Zuzahlung des Umtauschberechtigten *nochmals* ein diese Aktien betr Aufgeld anfallen, das nach Abs 2 **Nr 1** in die Kapitalrücklage einzustellen ist, soweit die Zuzahlung nicht der Erbringung des anteiligen Grundkapitalbetrags der zu gewährenden Anteile, wie im Falle der Zuzahlung nach § 199 Abs 2 S 1 AktG, dient (Anm 170). Im Falle von Wandelschuldverschreibungen ist auch die Differenz zwischen dem höheren Buchwert der bei Wandlung erlöschenden Verbindlichkeit (abzgl eines ggf noch nicht abgeschriebenen Restbetrags eines aktivierten Disagios zu dieser Anleihe) und dem Nennbetrag bzw rechnerischen Wert der dafür gewährten neuen Aktien in die Kapitalrücklage nach Abs 2 Nr 1 einzustellen. Gestattet die Wandelschuldverschreibung eine Wandlung vor Fälligkeit der Schuldverschreibung, aber keine vorzeitige Rückzahlung, erzielt die Ges für die Ausgabe der neuen Anteile nur einen Erlös in Höhe des Erfüllungsbetrags der Schuldverschreibung abzgl des im Wandlungszeitpunkt noch nicht amortisierten Disagios (aA *Häuselmann* BB 2000, 145, wonach der Restbetrag des Disagios als Aufwand zu erfassen sei). Wurde das Disagio nicht aktiviert, sondern sofort als Aufwand erfasst, entsteht im Wandlungszeitpunkt ein entspr in der GuV zu erfassender Ertrag, der den zuvor überhöht erfassten Aufwand kompensiert (ebenso *Mock* in Kölner Komm-HGB § 272 Anm 154).

In die Kapitalrücklage nach Abs 2 **Nr 2** ist auch das bei Ausgabe von **Wandel- und Optionsgenussscheinen** für die Wandlungs- und Optionsrechte zum Erwerb von Anteilen erzielte Entgelt einzustellen. Dafür ist der Gesamtausgabebetrag gleichfalls aufzuspalten in den Ausgabebetrag für die Genussrechte und für die Wandlungs- und Optionsrechte (*HFA* 1/1994, WPg, 419).

Ein Agio, das der Genussrechtsemittent bei der Ausgabe von **Genussrechten** mit EK-Charakter zu einem über dem Nennwert liegenden Kurs erzielt, erfüllt zwar nicht die (gesetzlichen) Voraussetzungen einer Kapitalrücklage, da es sich jedoch um eine EK-Zuführung von außen handelt, wird ein Ausweis als Kapitalrücklage für zulässig gehalten. In diesem Fall hat ein Davon-Vermerk oder eine weitere Untergliederung der Kapitalrücklage zu erfolgen. Vorzuziehen ist aber ein Ausweis des Agios beim Posten „Genussrechtskapital" im EK (*HFA* 1/1994, WPg, 421; zum Genussrechtskapital auch § 266 Anm 191).

Erzielt die Ges aus der Ausgabe von „nackten" Optionsrechten zum Bezug eigener Anteile (ohne Kopplung an die Ausgabe von Schuldtiteln oder Genussrechten) ein Entgelt, ist auch dieses in die Kapitalrücklage nach Abs 2 Nr 2 einzustellen. Zur Frage, ob bei der Gewährung von **Aktienoptionen an Mitarbeiter**, die aus bedingtem Kapital bedient werden sollen, bilanzrechtlich ein in der Kapitalrücklage zu erfassendes Entgelt seitens der Ges erzielt wird, s Anm 500 ff.

3. Kapitalrücklage aus Zuzahlung für Vorzüge (Abs 2 Nr 3)

Der Betrag der **Zuzahlungen,** die Gester gegen Gewährung eines (gesrechtlichen) **Vorzugs für ihre Anteile** leisten oder vereinbaren, ist nach Abs 2 Nr 3 ebenfalls in die Kapitalrücklage einzustellen. Zuzahlungen sind Barzahlungen oder Sachleistungen. Mit ihrer Einstellung in die Kapitalrücklage soll verhindert werden, dass sie als Bestandteil des Jahresüberschusses zur Verteilung kommen. Bei der Vorzugsgewährung muss es sich nicht um mitgliedschaftsrechtliche Vorzüge iSv § 11 S 1 AktG (Vorzugsaktien) oder § 29 Abs 3 S 2 GmbHG (Gewinn-Voraus) handeln; es genügt vielmehr jeder ges-rechtliche Vorteil (so *ADS*[6] § 272 Anm 130 mit Beispielen).

4. Kapitalrücklage aus anderen Zuzahlungen (Abs 2 Nr 4)

In die Kapitalrücklage sind nach Abs 2 **Nr 4** andere Zuzahlungen der Gester „**in das Eigenkapital**" einzustellen. Hierunter sind **freiwillige Leistungen** zu verstehen, die Gester *ohne* Gewährung von Vorzügen seitens der

KapGes (Anm 190) erbringen, wie zB Zuschüsse als Bar- oder Sachleistungen, auch Erlass von Forderungen (ähnlich *ADS*[6] § 272 Anm 132 f mwN). Wenn der Gester die Einstellung seiner freiwilligen sonstigen Leistung in das EK *gewollt* hat, ist sie in der Kapitalrücklage zu erfassen. Beabsichtigt der Gester mit der Leistung an die Ges den Ausgleich von Verlusten oder einen Ertragszuschuss, darf diese Leistung direkt in der GuV als ao Ertrag (§ 275 Anm 215 ff) erfasst werden. Bleibt die Zwecksetzung des Gesters offen, ist die Zuzahlung im Zweifel als Kapitalrücklage zu erfassen (ebenso *ADS*[6] § 272 Anm 137; aA *HFA* 2/1996 Abschn 22, WPg, 713, wonach es einer ausdrücklichen Erklärung des Gesters bedarf). Auch Beträge, die der KapGes im sog „Schütt-aus-hol-zurück-Verfahren" ohne Kapitalerhöhung, aber für das EK bestimmt zufließen, sind als Kapitalrücklage nach Abs 2 Nr 4 auszuweisen (ebenso *ADS*[6] § 272 Anm 132, *Küting/Kessler* BB 1989, 36).

196 Wird im Rahmen eines **down-stream-mergers** (Verschmelzung des MU auf TU) buchmäßig ein positives Reinvermögen übernommen, ist diese Vermögensmehrung als sonstige Zuzahlung der Gester in der Kapitalrücklage des TU zu erfassen (s Anm 360).

197 Bei einem **Forderungserlass** kann der Gester, auch wenn ein **Besserungsschein** vereinbart ist, die Zuzahlung in die Kapitalrücklage bestimmen. Wird der Besserungsschein später werthaltig, ist die entspr Verbindlichkeit jedoch erfolgswirksam einzubuchen. Ggf darf parallel dazu die Kapitalrücklage zur Erhöhung des Bilanzgewinns aufgelöst werden. Eine direkte Umbuchung von der Kapitalrücklage in Verbindlichkeiten ist uE hingegen nicht zulässig (so aber *Küting/Kessler* in HdR[5] § 272 Anm 225).

198 Auch wenn sich ein Gester vertraglich verpflichtet, zB einen Geldbetrag zu einem bestimmten zukünftigen Zeitpunkt als Zuzahlung in das EK der Ges zu zahlen, ist bereits bei Entstehen dieser Forderung in Höhe des Werts dieser Forderung (insb unter Berücksichtigung der Bonität des Gesters) die Kapitalrücklage erhöht (ebenso *Mock* in Kölner Komm-HGB § 272 Anm 162, 168; *ADS*[6] § 272 Anm 135). Der Ges ist in Form der **Forderung gegen den Gester** ein bilanzierungsfähiger VG zugewendet worden. Dies genügt für die Erfassung einer Kapitalrücklage aus sonstigen Zuzahlungen. Die strengeren Regeln für die Aufbringung des Grund-/Stammkapitals gelten hier nicht.

5. Andere Kapitalrücklagen; Zeitpunkt der Bilanzierung

200 Besteht bereits ein **bedingtes Kapital** (§§ 192 ff AktG, Anm 65 f) und folgt eine Kapitalerhöhung aus GesMitteln, sind die Rechte der Gläubiger zum Umtausch ihrer Wandelschuldverschreibungen in Aktien zu sichern. Dazu dient die gesondert auszuweisende (Anm 165) **Sonderrücklage** gem § 218 AktG, die den Unterschied zwischen dem bisherigen und dem durch die Kapitalerhöhung aus GesMitteln (im gleichen Verhältnis) erhöhten bedingten Kapital deckt – sofern dazu die vereinbarten Zuzahlungen der Umtausch-Berechtigten nicht ausreichen. Ausführlich dargestellt sind die damit zusammenhängenden Fragen bei *Förschle/Kropp* in Sonderbilanzen[4], E Anm 63 ff, s dazu auch *ADS*[6] § 272 Anm 88. Die Sonderrücklage gem § 218 AktG ist aus den in Nennkapital umzuwandelnden Rücklagen anlässlich der Kapitalerhöhung aus GesMitteln zu decken (ebenso *ADS*[6] § 272 Anm 88 mwN).

Zu den Kapitalrücklagen aus **vereinfachter Kapitalherabsetzung** s Anm 80 f und aus **vereinfachter Einziehung** von Aktien s Anm 95, 102. Zur Kapitalrücklage wegen eigener Aktien s Anm 134.

201 Da die nach Abs 2 Nr 1 bis 4 in die Kapitalrücklage einzustellenden Beträge einlageähnlichen Charakter haben, erfolgt die **Einstellung** bei allen KapGes ohne Berührung der Überleitung vom Jahresüberschuss zum Bilanzgewinn (Ergebnisverwendungsrechnung). Eine Ausnahme sind die „Einstellungen in die Kapitalrücklage nach den Vorschriften über die vereinfachte Kapitalherabsetzung", die nach § 240 S 2 AktG in der Ergebnisverwendungsrechnung auszuweisen sind (s Anm 100). Für GmbH sollte mangels Regelung in Fällen der vereinfachten Kapitalherabsetzung nach §§ 58a–f GmbHG ebenso verfahren werden (Anm 104). Eine weitere Ausnahme gilt für Einstellungen nach § 237 Abs 5 AktG bei vereinfachter Einziehung von Aktien. Diese Einstellung erfolgt ebenfalls im Rahmen der Ergebnisverwendungsrechnung und gleicht den Ertrag aus der Kapitalherabsetzung aus (s Anm 102). Ebenfalls eine Ausnahme in dieser Hinsicht stellt ggf die Kapitalrücklage wegen eigener Anteile dar (Anm 135). Alle Einstellungen in die Kapitalrücklage sind nach § 270 Abs 1 S 1 bereits bei Aufstellung der Bilanz vorzunehmen (§ 270 Anm 7 ff).

III. Entnahmen

Die **Verwendungsmöglichkeit** der Kapitalrücklage ist für **AG/KGaA** in 205 § 150 AktG geregelt. Für **GmbH** besteht keine gesetzliche Vorschrift zur Verwendung mit Ausnahme der vereinfachten Kapitalherabsetzung (Anm 206) oder der Kapitalrücklage für Nachschusspflicht (Anm 215 ff). Die beschränkte Verwendungsmöglichkeit nach § 150 Abs 3 und 4 AktG bezieht sich auf die gesetzliche Rücklage und die Kapitalrücklage iS von Abs 2 Nr 1 bis 3 gemeinsam, wobei unterschieden wird, ob beide Rücklagen *zusammen* den zehnten oder den in der Satzung bestimmten höheren Teil des Grundkapitals nicht überschreiten oder ob sie diese Grenze überschreiten (Näheres Anm 239).

Die nach Abs 2 Nr 4 in die Kapitalrücklage eingestellten Beträge dürfen dagegen jederzeit aufgelöst werden (*ADS* § 272 Anm 137).

Entnahmen aus der Kapitalrücklage (und aus der gesetzlichen Rücklage) sind 206 nach § 158 Abs 1 AktG oder § 275 Abs 4 im Anschluss an den Posten „Jahresüberschuss/Jahresfehlbetrag" gesondert auszuweisen (§ 275 Anm 311), die Angaben dürfen auch im Anhang gemacht werden (§ 158 Abs 1 S 2 AktG; § 284 Anm 73).

Bei **GmbH** darf die Kapitalrücklage, die nicht anlässlich einer vereinfachten Kapitalherabsetzung *gebildet* wird bzw die nicht die Nachschusspflicht (Anm 215 ff) betrifft, jederzeit nach freiem Ermessen im Rahmen der Organzuständigkeit nach dem GesVertrag aufgelöst werden.

Nach einer **vereinfachten Kapitalherabsetzung** bei GmbH (Anm 81) unterliegen
– die hierbei gem § 58b Abs 2 oder 58c GmbHG gebildete Kapitalrücklage *für fünf Geschäftsjahre* **Entnahmebeschränkungen** ähnlich § 150 Abs 4 AktG (§§ 58b Abs 3, 58c S 2 GmbHG),
– bestehende Kapital- (und Gewinn-)Rücklagen bis zu 10% des neuen Stammkapitals ebenfalls *für fünf Geschäftsjahre* einer **Ausschüttungssperre** (§ 58d Abs 1 GmbHG).
Zum Ausweis s Anm 165.

Die Auflösung der Kapitalrücklage – soweit bei **AG/KGaA** zulässig 207 (Anm 239) – ist nach § 270 Abs 1 S 1 bereits bei Aufstellung der Bilanz vorzunehmen. Ergänzend hierzu sind nach § 152 Abs 2 AktG zu dem Posten „Kapitalrücklage" in der Bilanz *oder* im Anhang der Betrag, der während des Gj eingestellt wurde, und der Betrag, der für das Gj entnommen wird, gesondert **anzugeben** (s § 284 Anm 71). Dadurch wird die Veränderung der Kapitalrücklage im abgelaufenen Gj offengelegt.

Eine solche Offenlegung der Veränderungen in Bilanz oder Anhang ist für **GmbH** an sich nicht vorgeschrieben. Da die Bewegung der Kapitalrücklage auch nicht unmittelbar über den Gewinnverteilungsvorschlag oder -beschluss nachvollzogen werden kann, ist aber zu empfehlen, die Veränderungen der Kapitalrücklage freiwillig in der Bilanz oder im Anhang darzustellen.

Zur Obergrenze der Kapitalrücklage bei der Dotierungspflicht der gesetzlichen Rücklage im Rahmen von Gewinnabführungsverträgen s Anm 287.

IV. Kapitalrücklage aus Nachschusspflicht (GmbH)

215   Nach § 42 Abs 2 GmbHG sind von den Gestern eingeforderte Nachschüsse in der Bilanz unter den Forderungen mit der Bezeichnung **„Eingeforderte Nachschüsse"** gesondert auszuweisen. In diesem Fall ist unter der Kapitalrücklage ein der bewerteten Forderung entspr Betrag ebenfalls gesondert auszuweisen (Anm 165). ADS[6] halten auch einen Davon-Vermerk für zulässig, § 272 Anm 89 und § 42 GmbHG Anm 22. Voraussetzungen der Aktivierung der Forderung sind die in einer GesV beschlossenen Einforderungen und kein Abandonrecht der Gester nach § 27 GmbHG; ferner muss in Höhe des Wertansatzes der Forderung mit Zahlung gerechnet werden können. Diese Forderungen richten sich an die Gester und sind daher zusätzlich als solche zu bezeichnen oder im Anhang anzugeben (§ 42 Abs 3 GmbHG; s § 284 Anm 58). Der in gleicher Höhe unter den Kapitalrücklagen anzusetzende Sonderposten sollte als **„Nachschuss-Kapital"** bezeichnet werden. Bei der Offenlegung müssen auch kleine und mittelgroße GmbH einerseits alle Forderungen an Gester und andererseits das Nachschusskapital gesondert darstellen (glA *ADS*[6] § 326 Anm 26).

216   Die **Nachschusspflicht** bestimmt sich nach dem GesVertrag (§ 26 GmbHG). Sie kann als unbeschränkte Nachschusspflicht (§ 27 GmbHG) und als beschränkte Nachschusspflicht (§ 28 GmbHG) ausgestaltet sein. Bei unbeschränkter Nachschusspflicht besteht das durch den GesVertrag nicht zu beseitigende Recht des Gesters, sich von der Zahlung des eingeforderten Nachschusses zu befreien, indem er innerhalb eines Monats nach Aufforderung zur Einzahlung des Nachschusses seinen Geschäftsanteil der GmbH zur Befriedigung zur Verfügung stellt (§ 27 Abs 1 S 1 GmbHG). Leistet der Gester die Einzahlung nicht und macht er auch nicht von dem Recht der Zurverfügungstellung (Abandonrecht) Gebrauch, kann die GmbH erklären, dass sie den Geschäftsanteil als zur Verfügung gestellt betrachtet (§ 27 Abs 1 S 2 GmbHG; dazu auch *Förschle/Heinz* in Sonderbilanzen[4], Q Anm 123 ff). Dieses Preisgaberecht des Gesters darf im GesVertrag dahingehend beschränkt werden, dass die eingeforderten Nachschüsse einen bestimmten Betrag überschreiten (§ 27 Abs 4 GmbHG).

217   Haben die Gester die Nachschüsse gezahlt, muss das Nachschusskapital soweit nicht sofort verwendet, wegen der dafür weiter bestehenden Verfügungsbeschränkungen uE als gesonderter Posten im EK fortgeführt werden. Die Auffassung zB von *Küting/Reuter* in HdR[5] § 272 Anm 129, dass nach Einzahlung des Nachschusses durch die Gester das Nachschusskapital als „andere Zuzahlungen" gem § 272 Abs 2 Nr 4 zu behandeln und dorthin umzugliedern sei, teilen wir nicht; ablehnend auch *ADS*[6] § 42 GmbHG Anm 25 mwN; *Haas* in Baumbach/Hueck GmbHG[20] § 42 Anm 10. Entnahmen aus dem Nachschusskapital *müssen* vorgenommen werden, wenn eine Verrechnung mit Verlusten erfolgt oder das Nachschusskapital als umwandlungsfähige Rücklage iVm einer Kapitalerhöhung aus GesMitteln verwendet wird (hierzu *ADS*[6] § 42 GmbHG Anm 26).

Es *dürfen* eingezahlte Nachschüsse, soweit sie nicht (mehr) zur Deckung eines Verlusts am voll eingezahlten Stammkapital notwendig sind, zurückgezahlt werden. Das ist öffentlich bekanntzumachen und drei Monate abzuwarten (§ 30 Abs 2 S 2 GmbHG).

Für die Einstellung in das Nachschusskapital und für dessen Auflösung zur Verlustdeckung gilt § 270 Abs 1 S 1 (dort Anm 10). **218**

V. Steuerrechtliche Besonderheiten

Die in die Kapitalrücklage einzustellenden Beträge stellen bei KapGes auch **220** steuerrechtlich ges-rechtliche Einlagen dar, sofern sie von Gestern geleistet werden. Dies gilt für das Ausgabe-Agio bei Anteilen (Abs 2 Nr 1, Anm 170), für sonstige Zuzahlungen der Gester (Abs 2 Nr 3 und 4, Anm 190 und 195) und für die Leistung von Nachschüssen von GmbH-Gestern (Anm 215). Bei anderen freiwilligen Zuzahlungen der Gester (Anm 195) ist der Einlagecharakter steuerrechtlich unabhängig davon, ob sie handelsrechtlich in die Kapitalrücklage einzustellen sind oder als lfd Ertrag vereinnahmt werden. Alle diese Beträge werden auf dem steuerrechtlichen Einlagenkonto (§ 27 Abs 1 KStG) erfasst. Bei Zuzahlungen in Form eines Erlasses von Verbindlichkeiten ist aber steuerrechtlich eine Einlage nur in Höhe des werthaltigen Teils der Verbindlichkeit gegeben. Der übersteigende Betrag der erlöschenden Verbindlichkeit führt steuerrechtlich zu einem Ertrag (*Kulosa* in Schmidt[32] § 6 EStG Anm 757).

Auch die Beträge, die bei Ausgabe von Schuldverschreibungen für Wandlungs- und Optionsrechte zum Erwerb von Anteilen erzielt werden und die nach Abs 2 Nr 2 in die Kapitalrücklage einzustellen sind (Anm 180), werden **steuerrechtlich** als **Einlage** behandelt, da sie auf einem mitgliedschaftsrechtlichen Vermögensaustausch beruhen.

Einlagecharakter hat uE bei Optionsanleihen auch das Ausgabeaufgeld bei **221** marktüblichem Zinssatz, bei einem Aufgeld in Form eines Zinsverzichts (Gestaltung ohne marktüblichen Zinssatz, Anm 180) und bei Begebung der Optionsanleihe durch ein TU (Optionsrecht auf Aktien des MU, Anm 180) mit Weitergabe des Aufgelds an diese (dazu auch *Döllerer* AG 1986, 240 ff; *Koch/Vogel* BB Beilage 1/1986, 7 ff). Werden die Wandlungsrechte/Optionsrechte nicht ausgeübt, ist streitig, ob die dafür erzielten Beträge steuerrechtlich – entgegen der handelsrechtlichen Handhabung (s Anm 181 aE) – nachträglich als Ertrag erfasst werden müssen (*Weber-Grellet* in Schmidt[32] § 5 Anm 270 „Anleihen" und § 253 Anm 93 zum str Meinungsstand).

Die **Sonderrücklage** gem § 218 AktG (Anm 200) stammt nicht aus Einlagen, sondern aus einer Umgliederung von für Kapitalerhöhung aus GesMitteln verwendungsfähigen Rücklagen innerhalb des EK. Der bisherige steuerrechtliche Status dieser Rücklagen bleibt unverändert.

Für das Agio bei der Ausgabe von Anteilen (Abs 2 Nr 1, Anm 170f) kann sich **222** die Besonderheit ergeben, dass in der **Steuerbilanz** ein **höheres Agio** ausgewiesen wird als in der HB. Dieser Fall kann eintreten, wenn in der StB für Sacheinlagen höhere Werte angesetzt sind als in der HB. Ein solches höheres steuerrechtliches Agio hat ebenfalls für die Gewinnermittlung Einlagecharakter.

Grds ist jedoch davon auszugehen, dass sich der Begriff des Agios nach Handelsrecht bestimmt. Ausführungen zum Begriff des Ausgabeaufgelds enthält BFH 12.12.1982 (BStBl II 1983, 339).

Werden in der HB Kapitalrücklagen *aufgelöst* (Anm 205 ff), ist bei der **steuer- 223 rechtlichen Gewinnermittlung** eine entspr Kürzung vorzunehmen, da die Auflösung das steuerliche Gewinn- oder Verlustergebnis nicht berührt, und sie *nach* dem Jahresergebnis auszuweisen sind (Anm 206 Abs 1).

Werden bei GmbH von den Gestern geleistete **Nachschüsse** ganz oder teilweise zurückgezahlt, stellt dies handelsrechtlich eine Kapitalrückzahlung dar.

Steuerrechtlich gilt jedoch die Verwendungsreihenfolge nach § 27 Abs 1 S 3 KStG. Eine **Umgliederung** von Rücklagen ändert deren steuerrechtlichen Status nicht (s dazu zB Anm 221 Abs 2).

E. Gewinnrücklagen (Abs 3)

I. Merkmale

230 Das wesentliche Merkmal – und damit auch die Abgrenzung zur Kapitalrücklage – ist die Bildung (Herkunft) aus dem **Jahresüberschuss** (vgl Abs 3 S 1). Die Gewinnrücklagen umfassen die gesetzliche Rücklage (Anm 235 ff), die satzungsmäßigen Rücklagen (Anm 250 f), andere Rücklagen (Anm 255 ff), die Wertaufholungsrücklage (Anm 258 f) und die Rücklage für Anteile an einem herrschenden oder mit Mehrheit beteiligten Unt (Anm 300 ff; vgl Abs 3 Satz 2 iVm § 266 Abs 3 A III). Auch die Rücklage wegen eigener Anteile darf uE gesondert unter den Gewinnrücklagen ausgewiesen werden (Anm 134).

II. Arten

1. Gesetzliche Rücklage (AG/KGaA und UG (haftungsbeschränkt))

235 Eine **Verpflichtung** zur Bildung einer gesetzlichen Rücklage besteht nur für AG und KGaA (allgemein § 150 Abs 1 und 2, Sonderfall § 300 AktG) und bei UG (haftungsbeschränkt) (§ 5a Abs 3 GmbHG; s Anm 242). Die gesetzliche Rücklage ist als Zuführung aus dem Jahresüberschuss oder durch Gewinnverwendungsbeschluss der HV zu bilden. Auf eingegliederte AG sind die Vorschriften über Bildung und Verwendung einer gesetzlichen Rücklage nicht anzuwenden (§ 324 Abs 1 AktG).

236 § 150 AktG, der dem Schutz der Gläubiger dient, hat zwingenden Charakter; dies gilt auch für die gesetzlichen Entnahmemöglichkeiten (Anm 239 ff). Wird die Vorschrift nicht beachtet, ist **Nichtigkeit** des JA nach § 256 Abs 1 Nr 4 AktG gegeben. Das gilt auch, wenn von Vorstand und AR mehr als 5 vH der Bezugsgröße eingestellt werden (zur Nichtigkeit näher Anm 390).

237 In die gesetzliche Rücklage sind nach § 150 Abs 2 AktG **5 vH des** um einen Verlustvortrag aus dem Vj gekürzten **Jahresüberschusses einzustellen,** bis die gesetzliche und die Kapitalrücklage (Abs 2 Nr 1 bis 3, Anm 160, 165 Abs 1) *zusammen* den zehnten oder den in der Satzung bestimmten höheren Teil des Grundkapitals erreichen.
Der als **Berechnungsgrundlage** maßgebende Jahresüberschuss ergibt sich aus dem Gliederungsschema des § 275. Der zu kürzende **Verlustvortrag** aus dem Vj stammt aus der Aufgliederung des EK in der Bilanz (§ 266 Anm 181 bis 183, s auch § 268 Anm 3). Ein **Gewinnvortrag** ist nicht Bestandteil der Berechnungsgrundlage (so auch WPH[14] I, F Anm 380). Das für die **Obergrenze** maßgebende Grundkapital ist das im EK der Bilanz ausgewiesene gezeichnete Kapital; es entspricht regelmäßig der HR-Eintragung am Bilanzstichtag (Näheres in Anm 25, 51). Eine bedingte oder genehmigte Kapitalerhöhung bleibt bis zur Aktienausgabe und Einzahlung des Mindestbetrags unberücksichtigt. Werden ausstehende Einlagen nach Abs 1 S 3 oder die Nennbeträge/rechnerischen Werte erworbener eigener Aktien nach Abs 1a offen vom gezeichneten Kapital abgesetzt, verringert dies die Bemessungsgrundlage für die Obergrenze der gesetzlichen Rücklage nicht.
Aufrundungen der Zuweisung halten wir auf volle T-€ für zulässig.

Über die Zuführung von 5 vH des Jahresüberschusses – abzgl Verlustvortrag – **238**
ggf nach Aufrundung **hinausgehende Zuweisungen** aus dem Jahresüberschuss
dürfen gem § 58 Abs 3 S 1 AktG nur von der HV und in den Grenzen des § 254
Abs 1 AktG im Rahmen des Gewinnverwendungsbeschlusses vorgenommen
werden (hierzu ADS^6 § 150 AktG Anm 43 ff).

Beim Bestehen von UntVerträgen ergeben sich für das TU die Zuführungen
zur gesetzlichen Rücklage aus § 300 AktG (Gewinnabführungsvertrag); dazu
Anm 287; sie sehen eine *schnellere* Ansammlung vor.

Für die **Verwendung** (Entnahmen) der Rücklage sind für den Normalfall **239**
gem § 150 AktG zwei Varianten zu unterscheiden:
- die gesetzliche Rücklage und die Kapitalrücklage (Abs 2 Nr 1 bis 3) lt Jahresbilanz zusammen übersteigen *nicht* den zehnten oder den in der Satzung bestimmten höheren Teil des Grundkapitals *(Variante 1);*
- die gesetzliche Rücklage und die Kapitalrücklage zusammen übersteigen in der Jahresbilanz den zehnten oder den in der Satzung bestimmten höheren Teil des Grundkapitals *(Variante 2).*

Bei **Variante 1** (§ 150 Abs 3 AktG) darf die gesetzliche Rücklage nur zum **240**
Ausgleich eines Jahresfehlbetrags und eines **Verlustvortrags** aus dem Vj
aufgelöst werden. Zum Ausgleich eines Jahresfehlbetrags ist außerdem Voraussetzung, dass dieser nicht durch einen Gewinnvortrag aus dem Vj und *nicht durch
Auflösung von anderen Gewinnrücklagen* ausgeglichen werden kann (ausführlich
ADS^6 § 150 AktG Anm 52 ff). Letztere müssen daher vorweg aufgelöst werden.
Der Begriff des Jahresfehlbetrags bestimmt sich nach § 275 (GuV-Schema). Zum
Begriff der anderen Gewinnrücklagen s Anm 255. Die Höhe des Verlustvortrags
folgt aus dem entspr Posten in der EK-Gliederung der Bilanz (Anm 237).

Bei **Variante 2** (§ 150 Abs 4 AktG) darf der 10% (oder höher lt Satzung) des **241**
Grundkapitals *übersteigende* Betrag wie in Variante 1, aber auch zur Kapitalerhöhung aus GesMitteln nach den §§ 207 bis 220 AktG verwendet werden. Im Gegensatz zu Variante 1 entfällt für den übersteigenden Betrag (Spitzenbetrag) zwar
die Voraussetzung der vorherigen Auflösung aller anderen Gewinnrücklagen,
jedoch dürfen hier nicht gleichzeitig (Teile der) Gewinnrücklagen zur Gewinnausschüttung aufgelöst werden (§ 150 Abs 4 S 2 AktG).

Namentlich **börsennotierte AG oder KGaA** erzielen durch Aktienverkäufe
erhebliche Agio-Beträge (Anm 170f), die häufig ein Mehrfaches der Aktien-Nennbeträge ausmachen; die daraus resultierende Kapitalrücklage bleibt zusammen mit der gesetzlichen Rücklage oft *langfristig erhalten,* wenn nicht die Agio-Beträge zur Kapitalerhöhung aus GesMitteln herangezogen werden. Sonst dürfen
diese Beträge nur zur Deckung von Bilanzverlusten verwendet werden. Andere
Entnahmen, insb zu Ausschüttungen, sind nicht zugelassen.

UG (haftungsbeschränkt), deren Stammkapital niedriger als 25 T€ ist (§ 5a **242**
Abs 5 GmbHG), müssen nach § 5a Abs 3 GmbHG eine gesetzliche Rücklage
bilden, in die 25% des um einen Verlustvortrag des Vj geminderten Jahresüberschusses einzustellen ist. Die Rücklage darf zur Kapitalerhöhung aus Ges-Mitteln
nach § 57c GmbHG verwendet werden. Ansonsten darf sie nur zur Verlustdeckung (Jahresfehlbetrag, Verlustvortrag) genutzt werden, soweit er nicht durch
einen Gewinnvortrag bzw einen Jahresüberschuss gedeckt ist. Das Vorhandensein
einer Gewinnrücklage oder deren Auflösung zwecks Ausschüttung steht der
Verwendung dieser gesetzlichen Rücklage nicht entgegen. Steigt das Stammkapital der UG (haftungsbeschränkt) über 25 T€ an, wandelt sich eine ggf noch vorhandene gesetzliche Rücklage in eine frei verfügbare Gewinnrücklage.

Die **Sonderrücklagen** nach den §§ 27 oder 36 DMBilG **aus der Wäh- 243
rungsumstellung** 1990 (gilt für AG und GmbH in den **neuen Bundesländern**) dienen nur der Verlustdeckung – abgesehen von dem Fall, dass sie im

Verwendungszeitpunkt das *gesamte* Sach- und Finanzanlagevermögen überdecken (dazu 4. Aufl § 272 Anm 153). Für *spätere* Einstellungen in die gesetzliche oder die Kapitalrücklage gelten die allgemeinen Regeln (bei AG Sperren gem Anm 239 bis 241, bei GmbH freie Verfügbarkeit).

2. Satzungsmäßige Rücklagen

250 Es handelt sich um *Gewinnrücklagen*, die auf GesVertrag bzw Satzung beruhen, also nach *zwingenden* Bestimmungen in diesen Statuten gebildet werden *müssen* (hM, zB ADS^6 § 272 Anm 151, 156; *Küting/Reuter* in HdR[5] § 272 Anm 158). Daher sind satzungsmäßige Rücklagen *nicht* solche Rücklagen, die bei **AG/ KGaA** auf Grund einer Ermächtigung in der Satzung (zB § 58 Abs 2 S 2 AktG für Vorstand und AR) gebildet werden *dürfen*. Satzungsmäßige Rücklagen sind bei *AG/KGaA* auch nicht solche, die bei Feststellung des JA durch die HV nach § 58 Abs 1 AktG in der Satzung ihre Grundlage haben; hier handelt es sich gem dem Wortlaut von § 58 Abs 1 S 2 AktG um andere Gewinnrücklagen – so auch ADS^6 § 272 Anm 153 und hier Vor § 325 Anm 47.

Bei **GmbH** kann der GesVertrag die Bildung von Gewinnrücklagen zwingend vorschreiben; hierdurch wird die Geschäftsführung oder die Gester-Versammlung bei Feststellung des JA – als Regelfall der Organzuständigkeit bei GmbH – gebunden. Die bindende Verpflichtung führt zu „satzungsmäßigen Rücklagen" (so auch ADS^6 § 272 Anm 156). Der GesVertrag kann aber auch nur die Rücklagenbildung *zulassen* und damit der Gester-Versammlung die Ermächtigung zu einem entspr Gewinnverwendungsbeschluss geben; dann gilt § 29 Abs 1 und 2 GmbHG (hierzu Vor § 325 Anm 121 ff). Einstellungen in die Gewinnrücklagen aufgrund einer derartigen Ermächtigung führen zu „anderen Gewinnrücklagen".

251 Die **Zweckbestimmung** von satzungsmäßigen Rücklagen kann verschiedener Art sein; es kann aber auch eine Bindung an einen bestimmten Zweck fehlen. Zweckgebundene Rücklagen sind zB die Substanzerhaltungsrücklage, Werkerneuerungsrücklage, Rücklage für Rationalisierungsarbeiten oder die Rücklage für Währungsrisiken. Von der Größenordnung nicht unerhebliche einzelne zweckgebundene Rücklagen sollten insb bei großen KapGes gesondert in einem Davon-Vermerk oder besser im Anhang genannt werden (ähnlich *Küting/ Reuter* in HdR[5] § 272 Anm 166).

Die (zwingende) **Bildung** oder **Zweckbindung** von Rücklagen gem GesVertrag oder Satzung darf später **aufgehoben** werden. Das setzt einen entspr *vorherigen* Beschluss zur Aufhebung oder Änderung der entspr Bestimmung des Statuts voraus, das die dafür erforderlichen dort bereits vorgesehenen – notfalls gesetzlichen – Mehrheiten erfordert. Das kann ggf unmittelbar vor Feststellung des JA durch das gleiche Organ geschehen; bis zur Eintragung des Beschlusses im HR ist – nur bei satzungsmäßen Rücklagen – aber die Feststellung des JA uE unwirksam.

Werden steuerbefreite **Unterstützungskassen** iSv § 5 Abs 1 Nr 3 KStG als GmbH geführt, ist der das Stammkapital übersteigende Mehrbetrag des Kassenvermögens uE den satzungsmäßigen Rücklagen zuzuordnen. Die satzungsmäßige Bindung dieser Rücklagen ergibt sich aus der Zwecksetzung solcher GmbH, Betriebsangehörigen des TrägerUnt lfd Leistungen (Alters-, Invaliditätsrenten, ggf mit Witwen- und Waisenversorgung sowie Sterbegeld) und Leistungen von Fall zu Fall, jeweils ohne Rechtsanspruch der Leistungsempfänger, zu gewähren. Daher kommt hierfür ein Ausweis als Schuldposten nicht in Betracht (Näheres zur U-Kasse § 249 Anm 206 und *HFA 2/1988*, WPg 403).

3. Andere Gewinnrücklagen

Zu den anderen Gewinnrücklagen gehören alle **übrigen (sog „freien")** **Gewinnrücklagen,** soweit sie weder gesetzliche Rücklagen, satzungsmäßige Rücklagen noch Rücklage für Anteile an einem herrschenden oder mit Mehrheit beteiligten Unt (Anm 300) darstellen. Hier sind somit insb einzustellen Rücklagenzuweisungen, die auf Grund einer **Ermächtigung** in der Satzung (zB § 58 Abs 2 S 2 AktG) oder durch die HV gem § 58 Abs 1 S 2 AktG vorgenommen werden. Für KGaA (HV und phG) ist str, ob § 58 Abs 1 oder Abs 2 anwendbar sind: ADS^6 § 286 AktG Anm 65 ff. Ebenso können sich die Einstellungen unmittelbar aus dem Gewinnverwendungsbeschluss der HV oder GesV ergeben (§ 58 Abs 3 AktG, § 29 Abs 1 und 2 GmbHG, Anm 265 ff).

Wenn bei **AG** Vorstand und AR den JA feststellen (Normalfall), dürfen sie einen Teil des Jahresüberschusses, höchstens jedoch die Hälfte, in freie Rücklagen einstellen (§ 58 Abs 2 AktG). Die Satzung kann Vorstand und AR zur Einstellung eines höheren Betrags als der Hälfte des Jahresüberschusses ermächtigen, also auch zu 100% (BGH 1.3.1971, BB 367); hierfür gelten nach § 58 Abs 2 S 3 AktG Begrenzungen im Verhältnis zum Grundkapital.

Für **GmbH** gelten die Regeln in § 29 GmbHG: Sofern gesetzliche Vorschriften nicht vorgehen, ist der GesVertrag oder ein Gester-Beschluss maßgebend. Die Mehrheit könnte jede Ausschüttung verhindern, jedoch besteht nach der Rspr ein gewisser Minderheitenschutz (str, näheres bei *Fastrich* in Baumbach/Hueck GmbHG[20] § 29 Anm 29 ff).

§ 58 Abs 2a AktG sieht bei **AG/KGaA** eine Ermächtigung für Vorstand (bzw phG bei KGaA) und AR zur Einstellung des **Eigenkapitalanteils** in andere Gewinnrücklagen vor a) von **Wertaufholungen** bei VG des Anlage- und Umlaufvermögens (§ 253 Abs 5) und b) des EK-Anteils von bei der steuerrechtlichen Gewinnermittlung gebildeten Passivposten, die nicht im Sonderposten mit Rücklageanteil ausgewiesen werden dürfen. Da dieser Sonderposten handelsrechtlich nicht mehr gebildet werden darf, fallen alle Sachverhalte für die bisher der Sonderposten gebildet werden durfte, unter diese Regelung (zB Rücklagen nach § 6b EStG). S dazu 6. Aufl § 247 Anm 601 ff, § 274 Anm 21.

Zum **Ausweis** solcher Rücklagen bestimmt § 58 Abs 2a AktG, dass sie entweder in der Bilanz gesondert (Vermerk oder eigener Unterposten) auszuweisen oder im Anhang anzugeben sind. Bei Beschränkung auf die Angabe im Anhang sind diese Rücklagen in die anderen Gewinnrücklagen einzubeziehen.

Bei **GmbH** dürfen die Geschäftsführer die EK-Anteile aus dem in Anm 258 erwähnten Wertaufholungsgebot und ggf eines steuerrechtlichen Passivpostens mit Zustimmung des AR oder der Gester in andere Gewinnrücklagen einstellen (§ 29 Abs 4 S 1 GmbHG). Dieser Rücklagenbetrag ist wie bei AG gesondert auszuweisen oder im Anhang anzugeben (§ 29 Abs 4 S 2 GmbHG und Vor § 325 Anm 121 ff, 130 ff).

III. Einstellungen

Für die **gesetzliche Rücklage** der AG/KGaA und UG (haftungsbeschränkt) sind Einstellungen in Höhe der Normalzuweisung (Anm 237) zwingend bereits bei Aufstellung des JA vorzunehmen (§ 270 Anm 3 f). Auch für die Einstellungen in **satzungsmäßige Rücklagen** gilt § 270 Abs 2.

Die übliche **Feststellung** des JA durch **Vorstand und Aufsichtsrat** bedingt bei AG, dass Einstellungen in die **anderen Gewinnrücklagen** im Rahmen der gesetzlichen oder satzungsmäßigen Ermächtigung (§ 58 Abs 2 AktG) stets bei der Aufstellung des JA vorzunehmen sind (§ 270 Abs 2). Weitere Zuweisungen zu

§ 272 267–277   Bilanz

den Gewinnrücklagen, die von der HV im Rahmen der Gewinnverwendung beschlossen werden (§ 58 Abs 3 AktG), sind erst in der folgenden Bilanz unter den Rücklagen auszuweisen (§ 174 Abs 3 AktG). Bei Aufstellung der Bilanz ist auch, soweit in Frage kommend, der EK-Anteil von nicht in der HB ausweisfähigen Sonderposten auszuweisen (Anm 258); die Organzuständigkeit ergibt sich aus § 58 Abs 2a AktG. Bei **Feststellung** des JA **durch die Hauptversammlung** kann der Gewinnverwendungsbeschluss zur Einstellung von Beträgen in die anderen Gewinnrücklagen erst im nächsten JA berücksichtigt werden (hierzu Vor § 325 Anm 97). Bei **KGaA** sollte die Satzung die Einstellungen regeln (*ADS*[6] § 286 AktG Anm 68 f).

267   Bei **GmbH** obliegt die Feststellung des JA grds der GesV (§ 46 Nr 1 GmbHG). Der GesVertrag kann eine andere Zuständigkeit regeln (§ 45 Abs 2 GmbHG). Nach § 29 Abs 2 GmbHG dürfen die Gester im Beschluss über die Gewinnverwendung, wenn der GesVertrag nichts anderes bestimmt, Beträge in Gewinnrücklagen einstellen oder als Gewinn vortragen. Werden Einstellungen in Gewinnrücklagen durch die GesV bei Feststellung des JA beschlossen, *können* die Einstellungen noch in dem der Beschlussfassung zugrunde liegenden JA berücksichtigt werden (so *WPH*[14] I, F Anm 408, aber str). *ADS*[6] § 268 Anm 31 Abs 2 lässt für GmbH den Gewinnverwendungsbeschluss vor Feststellung des JA zu oder die Verbindung von Feststellung des JA und Gewinnverwendung in einem Beschluss (dazu *ADS*[6] § 42a GmbHG Anm 32).

IV. Entnahmen, Angabepflichten

275   Zulässige **Entnahmen** aus der **gesetzlichen Rücklage** der **AG/KGaA und UG (haftungsbeschränkt)** (Anm 239 ff) werden bei Aufstellung des JA vorgenommen (§ 270 Abs 2). Dasselbe gilt für **satzungsmäßige Rücklagen** bei AG/KGaA und GmbH, wenn der Verwendungszweck der Rücklage entspr eindeutig bestimmt ist (Anm 251).

Für Entnahmen aus **anderen Gewinnrücklagen** (Anm 255 ff) liegt bei AG/KGaA die Organzuständigkeit im Regelfall bei Vorstand (phG) und AR. Bei Feststellung des JA (AG) dürfen sie hier über Entnahmen nach freiem Ermessen entscheiden (glA *ADS*[6] § 58 AktG Anm 142 ff) – es sei denn, dass über die Rücklagen-Verwendung satzungsmäßige oder durch HV-Beschluss bei der Bildung oder später (Anm 251) geschaffene Bindungen bestehen. Bei freier Entscheidungsmöglichkeit werden die Gewinnrücklagen in der vorgesehenen Höhe bei Aufstellung des JA aufgelöst; das gilt auch für satzungsmäßige Rücklagen, die nicht (mehr) zweckgebunden sind (glA *ADS*[6] § 58 AktG Anm 144). Auch bei Feststellung durch die HV (insb bei KGaA) dürfen solche Entnahmen aus „freien" Gewinnrücklagen im JA noch als Auflösung behandelt werden.

Über die Auflösung von Gewinnrücklagen entscheidet bei **GmbH** die Gester-Versammlung, sofern der GesVertrag keine andere Regelung enthält. Die Entnahmen dürfen bereits im JA berücksichtigt werden (Anm 267).

276   Die Auflösung der **sog Wertaufholungsrücklage** (§ 58 Abs 2a AktG, § 29 Abs 4 GmbHG) ist nicht an die Entwicklung der für ihre Bildung maßgebenden Aktiv- oder Passivposten gebunden (Anm 258). Für sie gelten die allgemeinen Regeln für die anderen Gewinnrücklagen oder etwaige Bestimmungen in GesVertrag oder der Satzung (so auch *ADS*[6] § 272 Anm 158).

277   Bei **AG/KGaA** sind zu den einzelnen Arten (Posten) der Gewinnrücklagen in der Bilanz oder im Anhang gem § 152 Abs 3 AktG die Einstellung aus dem Bilanzgewinn des Vj durch die HV, die Einstellungen aus dem Jahresüberschuss des Gj und die Entnahmen für das Gj, aber auch alle anderen Veränderungen (zB

Umgliederungen, Entnahmen zur Kapitalerhöhung aus GesMitteln) jeweils **gesondert anzugeben** (s auch § 284 Anm 72).

Diese Angaben über die Veränderungen der Gewinnrücklagen brauchen bei **GmbH** nicht gemacht zu werden, da eine entspr Vorschrift (Pflicht) nicht besteht. Es empfiehlt sich aber auch hier, freiwillig entspr Angaben in der Bilanz oder im Anhang zu machen.

Die für die **vereinfachte Kapitalherabsetzung** in § 240 AktG geforderten Ausweise und Angaben (dazu Anm 100 aE) gelten auch für in diesem Zusammenhang aufgelöste Gewinnrücklagen.

Zur Änderung der Gewinnrücklagen wegen des **Erwerbs/Veräußerung eigener Anteile** s Anm 130/140 f. 278

V. Besonderheiten bei Unternehmensverträgen

Nach § 301 AktG ist der Höchstbetrag der Ergebnisabführung einer **AG/** 285 **KGaA** als OrganGes bei einem **Gewinnabführungsvertrag** beschränkt auf den ohne die Ergebnisabführung entstehenden Jahresüberschuss, vermindert um die in Anm 287 genannten Beträge einschl des Betrags, der nach § 300 AktG in die gesetzliche Rücklage einzustellen ist. Die Abführung darf nur insoweit vorgenommen werden, als danach frei verfügbare Rücklagen in Höhe der nach § 268 Abs 8 ausschüttungsgesperrten Beträge verbleiben. Es spielt nach dem Wortlaut der Regelung dabei keine Rolle, ob die frei verfügbaren Rücklagen während der Vertragslaufzeit gebildet wurden oder vororganschaftlich sind. Auch wenn die sperrenden Sachverhalte während der Dauer des Gewinnabführungsvertrags begründet oder erhöht wurden, müssen die anzurechnenden frei verfügbaren Rücklagen nicht während der Vertragslaufzeit gebildet worden sein. Es dürfen auch vororganschaftliche frei verfügbare Rücklagen angerechnet werden (s hierzu *Gelhausen/Althoff* WPg 2009, 631). Beträge, die *während der Dauer des Gewinnabführungsvertrags* in andere Gewinnrücklagen eingestellt worden sind, dürfen diesen Rücklagen entnommen und (unter Beachtung der Sperre nach § 268 Abs 8) als Gewinn abgeführt werden (§ 301 S 2 AktG). **Vororganschaftliche** Gewinnrücklagen dürfen dagegen *nur im Rahmen einer Ausschüttung* (R60 Abs 4 S 4 KStR) an den Organträger ausgeschüttet werden. Auch eine Verlustübernahme darf nicht durch Auflösung vorvertraglicher anderer Gewinnrücklagen (freier Rücklagen) vermindert werden (§ 302 Abs 1 AktG). Diese Abführungssperre gilt hingegen nicht nach Eingliederung einer AG (§ 324 Abs 2 S 3 AktG).

Bei **GmbH** als OrganGes sind im Hinblick auf die steuerrechtliche Anerken- 286 nung des Gewinnabführungsvertrags die aktienrechtlichen Regelungen für die Abführungssperre ohne Pflicht zur Bildung einer gesetzlichen Rücklage sinngemäß anzuwenden (§ 17 KStG). Zur Bildung von Gewinnrücklagen einschl gesetzlicher Rücklage während des Bestehens des Gewinnabführungsvertrags unter Berücksichtigung der steuerrechtlichen Regelung in §§ 14 Nr 5, 17 KStG und zu Fragen der Organschaft im Steuerrecht s auch § 271 Anm 134 f.

Im Rahmen der aktienrechtlichen Bestimmungen für **Unternehmensverträ-** 287 **ge** (hier Beherrschungs-, Gewinnabführungs- und Teilgewinnabführungsverträge, §§ 291 Abs 1 S 1; 292 Abs 1 Nr 2 AktG) regelt § 300 die schnellere Dotierungspflicht für die *gesetzliche Rücklage* bei der durch den Vertrag verpflichteten **AG/KGaA** (OrganGes). Rechnerische Ausgangsgröße ist der *fiktive Jahresüberschuss vor* Kürzung einer Gewinnabführung und *nach* Kürzung eines (vororganschaftlichen) Verlustvortrags. Die absolute Obergrenze der gesetzlichen Rücklage mit Kapitalrücklage von 10 vH des Grundkapitals oder eines höheren satzungsmäßigen Teils entspricht § 150 Abs 2 AktG. Nach dem jeweiligen Vertragstyp ist

die Zuweisung zur gesetzlichen Rücklage (teilweise abw von § 150 Abs 2 AktG) wie folgt vorzunehmen:
- **Gewinnabführungsvertrag:** Aus dem fiktiven Jahresüberschuss (s oben) ist der Betrag zuzuweisen, der erforderlich ist, um die gesetzliche Rücklage „unter Hinzurechnung einer Kapitalrücklage" innerhalb der *ersten fünf Jahre* nach Vertragsbeginn gleichmäßig auf den zehnten oder satzungsmäßigen höheren Teil des Grundkapitals aufzufüllen (§ 300 Nr 1 AktG). Eine entspr Dotierungsverpflichtung besteht auch nach einer Kapitalerhöhung, aber mit neuem Beginn für den Erhöhungsbetrag (glA *ADS*[6] § 272 Anm 162). Die *Mindestzuweisung* beträgt 5% der fiktiven Bemessungsgrundlage.
- **Teilgewinnabführungsvertrag:** Der Zuweisungsbetrag beträgt nach den Regeln des § 150 Abs 2 AktG 5% aus dem fiktiven Jahresüberschuss *vor* Kürzung der Abführung (§ 300 Nr 2 AktG), ebenso *ADS*[6] § 300 AktG Anm 43.
- **Beherrschungsvertrag:**
  a) *ohne* Gewinnabführungsverpflichtung: gleichmäßige Auffüllung auf den zehnten oder satzungsmäßig höheren Teil des Grundkapitals innerhalb der ersten fünf Jahre nach Vertragsbeginn unabhängig vom Vorliegen eines Jahresüberschusses (§ 300 Nr 3 AktG – erste Alternative). Die *Mindestzuweisung* beträgt 5% der Bemessungsgrundlage nach § 150 Abs 2 AktG.
  b) *mit* Teilgewinnabführungsverpflichtung: Zuweisung ebenfalls wie im Fall ohne Gewinnabführungsverpflichtung. Die Mindestzuweisung beträgt 5% der fiktiven Bemessungsgrundlage nach § 300 Nr 2 AktG (§ 300 Nr 3 AktG – zweite Alternative).

Die Auslegung der Regelung ist in zwei Punkten strittig. Für den Fall ohne Gewinnabführungsverpflichtung wird auch die Ansicht vertreten, die Regelung verlange eine Dotierung nur aus einem Jahresüberschuss (*Godin/Wilhelmi* AktG § 300 Anm 5; *Koppensteiner* in Kölner Komm AktG[3] § 300 Anm 20; wie hier *ADS*[6] § 300 AktG Anm 52 f; *Altmeppen* in MünchKomm AktG[3] § 300 Anm 29 ff; *Hüffer*[10] § 300 Anm 13).
Für den Fall mit Teilgewinnabführung wird der Wortlaut der Regelung auch so gelesen, dass bei Beherrschungsvertrag mit Teilgewinnabführungsverpflichtung nur eine Zuweisungspflicht wie bei einem Teilgewinnabführungsvertrag bestehe (so *ADS*[6] § 300 AktG Anm 55; *Altmeppen* in MünchKomm AktG[3] § 300 Anm 36 ff; wie hier *Koppensteiner* in Kölner Komm AktG[3] § 300 Anm 19; *Hüffer*[10] § 300 Anm 15). Es ist jedoch uE nicht ersichtlich, warum bei einem Beherrschungsvertrag mit Teilgewinnabführung eine schwächere Dotierungspflicht bestehen sollte als bei einem Beherrschungsvertrag ohne Gewinnabführungsverpflichtung. Für den Fall der Kombination von Beherrschungs- und Gewinnabführungsvertrag richtet sich die Dotierungspflicht allerdings allein nach der Regelung zum Gewinnabführungsvertrag, ist also schwächer als im Fall des reinen Beherrschungsvertrags (ebenso *ADS*[6] § 300 AktG Anm 48).
Reicht in einem oder mehreren Jahren des 5-Jahreszeitraums der erzielte (fiktive) Jahres-(Roh-)Überschuss zu einer Dotierung in Höhe des § 300 Nr 1 AktG nicht aus, sind diese uE – nach Möglichkeit – innerhalb des Fünfjahres-Zeitraums zusätzlich nachzuholen. Falls die Auffüllung des gesetzlichen Reservefonds nicht innerhalb des 5-Jahreszeitraums gelingt, ist die restliche Dotierung in voller Höhe aus dem nächsten (fiktiven) Jahresüberschuss vorzunehmen (ähnlich *ADS*[6] § 300 AktG Anm 24 f;).

288 Für die Obergrenze der Dotierung kann sich eine *Zweifelsfrage* aus dem Wortlaut in § 300 Nr 1 AktG („unter Hinzurechnung einer Kapitalrücklage") insoweit ergeben, als nach § 150 Abs 2 AktG eine Zusammenrechnung nur mit der Kapitalrücklage *nach* § 272 Abs 2 *Nr 1 bis 3* erfolgt. Es ist kein Grund erkennbar, dass die Obergrenze der Dotierungspflicht nach § 300 Nr 1 AktG (ggf Nr 3) von § 150 Abs 2 AktG abweichen sollte, vielmehr sind nur die Bestandteile nach § 272 Abs 2 Nr **1 bis 3** gemeint (hM, zB *ADS*[6] § 272 Anm 161 und § 300 AktG Anm 34). Einstellungen nach § 272 Abs 2 Nr 4 bleiben daher uE in allen Fällen des § 300 AktG außer Betracht.

Für **GmbH** gilt Anm 287 nicht, da sie keine gesetzliche Rücklage bilden müssen. Es sind aber wegen § 17 KStG das Verbot der *Abführung* – nicht aber der *Ausschüttung* – vororganschaftlicher Rücklagen und die Heranziehung von in der Organschaftszeit gebildeten Gewinnrücklagen zur Verlustdeckung zu beachten; hierzu *ADS*[6] § 272 Anm 170. Des weiteren sind die sich aus § 268 Abs 8 abgeleiteten Sperren auch bei der Gewinnabführung zu beachten.

F. Rücklage für Anteile an einem herrschenden oder mit Mehrheit beteiligten Unternehmen (Abs 4)

I. Zweck, Veränderungen

Abs 4 regelt für alle KapGes Bildung und Höhe der Rücklage für Anteile an einem herrschenden oder mit Mehrheit beteiligten Unt. Für die Definition der Begriffe „herrschend" und „mit Mehrheit beteiligt" gelten die §§ 16, 17 AktG.

Der Zweck dieser Rücklage ist eine **Ausschüttungssperre**. Es soll sichergestellt werden, dass der Erwerb dieser Anteile nicht zur (mittelbaren) Rückzahlung von Grund- oder Stammkapital oder solcher offener Rücklagen führt, für die satzungsmäßige Bindungen bzw Zweckbestimmungen gelten. Die Bildung dieser Rücklage dient dem Gläubiger- und dem Aktionärs- bzw Gesterschutz.

Die Bildung der Rücklage mindert das Bilanzergebnis der Erwerbsperiode der Anteile. Sie darf aber auch **aus frei verfügbaren Rücklagen gebildet** werden. Soweit dies geschieht, darf dies auch bei AG/KGaA durch eine Umbuchung zwischen den jeweiligen Rücklagen innerhalb der Bilanz vorgenommen werden (ebenso *Küting/Reuter* in HdR[5] § 272 Anm 147). Nur ein nicht durch Umbuchung abgedeckter Restbetrag ist dann über die Überleitungsrechnung vom Jahresüberschuss zum Bilanzgewinn zu bilden (§ 158 Abs 1 AktG/§ 275 Abs 4).

Nicht zulässig ist die Bildung aus Beträgen aus satzungsmäßigen oder zweckgebundenen anderen Gewinnrücklagen, weil diese nicht „frei verfügbar" sind. Bei AG/KGaA ebenfalls nicht zulässig ist die Bildung aus Kapitalrücklage nach Abs 2 Nr 1–3. Eine Bildung aus Kapitalrücklage nach Abs 2 Nr 4 ist dagegen zulässig, da diese Kapitalrücklage, wenn nicht satzungsmäßige Beschränkungen bestehen, wie eine freie Gewinnrücklage verfügbar ist (ebenso *ADS*[6] § 272 Anm 191; *Küting/Reuter* in HdR[5] § 272 Anm 148). Aus diesem Grunde ist bei GmbH idR die Bildung aus der gesamten Kapitalrücklage zulässig. Nur die Verwendung der Kapitalrücklage nach einer vereinfachten Kapitalherabsetzung (Anm 206) oder aus Nachschusskapital (Anm 215 ff) ist bei GmbH nicht zulässig – solange die Beträge gesetzlich gebunden sind. Ansonsten frei verfügbare Rücklagen, die aber aufgrund der Regelung in § 268 Abs 8 ausschüttungsgesperrt sind, dürfen für die Bildung der Rücklage verwendet werden, da hierdurch die Sperrwirkung des § 268 Abs 8 nicht beeinträchtigt wird (ebenso *Gelhausen/ Althoff* WPg 2009, 589).

Werden zulässigerweise Kapitalrücklagen für die Bildung der Rücklage für Anteile an einem herrschenden oder mit Mehrheit beteiligten Unt umgewidmet, sollte dies im Anhang erläutert werden, da diese Rücklage nach der gesetzlichen Gliederung unter den Gewinnrücklagen steht und somit der unzutreffende Eindruck entsteht, sie sei aus (früheren) Ergebnissen gebildet worden.

303 Der **Zeitpunkt** der Bildung ist der JA für das Gj, in dem die Anteile zugegangen sind. Die Einstellung ist bereits bei Aufstellung der Bilanz vorzunehmen (Abs 4 S 3). Stehen keine frei verfügbaren (= nicht zweckgebundenen) Rücklagen zur Verfügung, muss infolge der Zuführung ggf ein Bilanzverlust ausgewiesen werden (hM zB *WPH*[14] I, F Anm 391, *ADS*[6] § 272 Anm 197f; s auch Anm 306). Soweit ein Bilanzverlust oder Verlustvortrag auf der Bildung der Rücklage für Anteile an einem herrschenden oder mit Mehrheit beteiligten Unt beruht, dürfen zu dessen Deckung keine Beträge der gesetzlichen Rücklage oder Kapitalrücklage nach Abs 2 Nr 1–3 verwendet werden, da sonst diese Rücklage unzulässigerweise doch mittelbar aus gesperrten Rücklagen gebildet wäre (ebenso *Kühnberger* BB 2011, 1389). Strittig ist, ob es eine Verpflichtung gibt, diese Rücklage vorrangig aus frei verfügbaren Rücklagen zu bilden, bevor die Bildung das Bilanzergebnis mindert (befürwortend: *Küting/Reuter* in HdR[5] § 272 Anm 151). Dem Gesetzeswortlaut ist eine derartige Priorität jedoch nicht zu entnehmen (ebenso *ADS*[6] § 272 Anm 189).

304 Die Berichterstattungspflicht für AG/KGaA im **Anhang** zum Erwerb eigener Aktien ist in § 160 Abs 1 Nr 2 AktG geregelt; Näheres § 284 Anm 42. Für GmbH sind Pflichtangaben zu „herrschenden" Anteilen im Anhang nicht vorgeschrieben, aber zwecks Angabe ihrer Art und der Gründe anzuraten.

305 Die **Höhe** der Rücklage bestimmt sich ausschließlich nach dem Bilanzansatz der betroffenen Anteile auf der Aktivseite der Bilanz (Abs 4 S 1). Werden die Anteile im Zugangsjahr am Bilanzstichtag zu AK bewertet, *ist* somit eine Rücklage in dieser Höhe zu bilden. Erfolgte der Zugang der Anteile hingegen unentgeltlich und werden sie daher ohne Bilanzwert angesetzt, entfällt die Rücklagenbildung (wie hier *ADS*[6] § 272 Anm 189; *Küting/Reuter* in HdR[5] § 272 Anm 139). Gleiches gilt mangels Aktivposten, wenn die Ges nicht wirtschaftlicher Eigentümer der Anteile ist (sondern zB das herrschende Unt).

306 Wird die Rücklage im Zugangsjahr nicht oder nicht in voller Höhe gebildet oder später vorzeitig aufgelöst, ist der **Jahresabschluss nichtig** (§ 256 Abs 1 Nr 4 AktG), für GmbH s Anm 391. Diese Rücklage ist auch deswegen im Zugangsjahr der Anteile zwingend zu bilden; so auch *ADS*[6] § 272 Anm 196ff.

307 Die Rücklage *ist* insoweit **aufzulösen,** als Anteile eines herrschenden oder mit Mehrheit beteiligten Unt veräußert werden. Werden die Anteile gem § 253 Abs 3 oder 4 (Wertminderung, niedriger beizulegender Wert) abgewertet, ist in Höhe der Abwertung die Rücklage aufzulösen, bei Wertaufholungen gem § 253 Abs 5 S 1 wieder zu dotieren. Liegt einer der aufgezählten Auflösungsgründe vor, muss die Rücklage aufgelöst werden, da der Grund für die Ausschüttungssperre weggefallen ist (so auch *ADS*[6] § 272 Anm 201f).

Die Auflösung der Rücklage sollte uE entspr ihrer Bildung vorgenommen werden. Wurde die Rücklage über die Ergebnisverwendungsrechnung zu Lasten des Bilanzergebnisses gebildet, erfolgt auch die Auflösung über die Ergebnisverwendungsrechnung zugunsten des Bilanzergebnisses. Ansonsten dürfen die Beträge ohne Berührung der Überleitungsrechnung in diejenigen Rücklagen zurückgeführt werden, aus denen bei Bildung entnommen wurden. Dabei empfiehlt sich ein entspr Vermerk, glA *Küting/Reuter* in HdR[5] § 272 Anm 157. *ADS*[6] § 272 Anm 203 sehen auch bei erfolgsneutraler Rücklagenbildung die Pflicht, *alle* Auflösungsbeträge über die GuV zu führen – analog zum Ausweis bei Aktien-Einziehung gem §§ 237, 240 AktG. Auch bei GmbH liegt die Auflösungskompetenz bei der Geschäftsführung anlässlich der Aufstellung des JA.

II. Steuerrechtliche Besonderheiten

Die Zweckbindung der Rücklage für „herrschende" Anteile berührt die steuerrechtliche Gewinnermittlung nicht. Diese Rücklage ist, *wenn* sie zu Lasten des Jahresüberschusses gebildet wird, steuerrechtlich wie eine Gewinnrücklage zu behandeln. Wird sie aus vorhandenen Gewinnrücklagen oder aus dem Gewinnvortrag lt HB gebildet, stellt sich der Vorgang in der StB als Umgliederung von Rücklagen dar, die deren steuerrechtlichen Status nicht berührt. **315**

G. Besonderheiten des Eigenkapitals der KGaA

I. Rechtsverhältnisse, Jahresabschluss

Die Mischform der KGaA, die neben den Kommanditaktionären mind einen phG voraussetzt (§ 278 Abs 1 AktG) und damit zwingend für das Rechtsverhältnis der phG untereinander und zur Gesamtheit der Kommanditaktionäre sowie zu Dritten die Anwendung der Vorschriften des HGB über die KG einbezieht (§ 278 Abs 2 AktG), weist einige **Besonderheiten** auf. **320**

Der JA ist durch die phG aufzustellen (§ 283 Nr 9 AktG), deren Rechtsstellung über die eines Vorstands einer AG hinausgeht. Die phG („Geschäftsinhaber") nehmen anstelle des Vorstands auch dessen Aufgaben wahr, § 282 AktG. Der BGH entschied am 24.2.1997 (DB, 1219ff) die lange strittige Frage, dass (alleinige) phG auch juristische Personen sein dürfen – das muss aber auch in der Firma zum Ausdruck kommen (zB GmbH & Co KGaA). Die phG können zugleich auch Kommanditaktionäre sein (so auch §§ 280 Abs 2 S 2, 285 Abs 1 S 1 AktG und *Perlitt* in MünchKomm AktG[3] § 280 Anm 14).

Für die KGaA gelten, soweit nicht Sondervorschriften in den §§ 278 bis 290 AktG enthalten sind, die Vorschriften des Ersten Buchs über die AG sinngemäß (§ 278 Abs 3 AktG). Im Dritten und Vierten Buch des AktG wird jeweils ausgeführt, welche Vorschriften für KGaA gelten. Vermögenseinlagen der phG sind „Kapitalanteile", die nicht zum Grundkapital gehören. Die Leistung von Vermögenseinlagen ist nicht zwingend; werden sie vereinbart, müssen sie nach Höhe und Art in der Satzung festgesetzt werden, wenn sie nicht auf das Grundkapital geleistet werden (§ 281 Abs 2 AktG). Auf den Kapitalanteil der phG entfallende Verlustanteile müssen von dem Kapitalanteil abgeschrieben werden (§ 286 Abs 2 S 2 AktG). Bei negativem Kapitalkonto besteht eine Entnahmesperre für spätere Gewinnanteile in bestimmtem Umfang (§ 288 Abs 1 AktG); nicht hierunter fallen vom Gewinn unabhängige und angemessene Tätigkeitsvergütungen (§ 288 Abs 3 AktG).

Die **Feststellung des Jahresabschlusses** obliegt zwingend der HV; der Beschluss bedarf der Zustimmung aller phG (§ 286 Abs 1 AktG). Der im JA ausgewiesene Bilanzgewinn steht ausschließlich im Verfügungsbereich der Kommanditaktionäre, da die Gewinnanteile der phG vorab als Aufwand gebucht werden (§ 286 Abs 3 AktG, Anm 323). **321**

Die **Vergütungen an die Komplementäre** (phG) können in Tantiemen (als vom Jahresüberschuss abhängige Vergütungen), Festbezügen, wie zB Gehalt, und Gewinnanteilen (als Haftungsvergütung) bestehen. Die Festsetzung von Gewinnanteilen erfolgt zeitlich vorgeschaltet in *internen* Rechnungen, wobei in der älteren Literatur auch die Meinung vertreten wird, dass dabei die nach §§ 161 Abs 2, 120 maßgebenden Grundsätzen zugrunde zu legen sind (dazu *Hüffer*[10] § 288 Anm 1, 2). *Hüffer* lehnt zutreffend für die Ermittlung dieser Vergütungen **322** das Bilanzrecht der KG (§ 278 Abs 2 AktG) ab und fordert auch hierfür das strengere Bilanzrecht der KapGes gem § 278 Abs 3 AktG. Das KG-Recht gilt also nur für die Gewinnverteilung.

323 In der externen GuV braucht der auf die phG entfallende **Gewinn- oder Verlustanteil** nicht gesondert ausgewiesen zu werden; ferner brauchen (uE sollen) in die Angaben im Anhang nach § 285 Nr 9 Buchstabe a und b alle auf die Kapitalanteile der phG entfallenden Gewinnanteile *nicht* einbezogen zu werden, sondern nur Tätigkeitsvergütungen, Abfindungen usw (§ 286 Abs 4 AktG; so auch *Hüffer*[10] § 286 Anm 7). In der GuV sind daher die Gewinnanteile als Aufwendungen und Verlustanteile als Erträge zu erfassen (§ 275 Abs 2 Nr 8 oder Nr 4; Abs 3 Nr 7 oder Nr 6).

II. Gezeichnetes Kapital und ausstehende Einlagen, Kapitalveränderungen

325 **Gezeichnetes Kapital** ist wie bei AG das (Kommandit-)Grundkapital (§ 286 Abs 2 AktG). Für die **ausstehenden Einlagen** auf das gezeichnete Kapital gelten die Erl unter Anm 30 ff. Inwieweit bei KGaA daneben ausstehende Einlagen auf **die Kapitalanteile der Geschäftsinhaber** auszuweisen sind, bestimmt sich nach den allgemeinen Grundsätzen für den Kapitalausweis bei PersGes (dazu § 264c Anm 20). Für die Kapitalveränderungen beim gezeichneten Kapital der KGaA gelten die Vorschriften der §§ 179 bis 240 AktG entspr (Anm 25 ff, 50 bis 103 und steuerrechtlich Anm 110 bis 121). Erwirbt und veräußert die KGaA eigene Kommanditaktien gelten Abs 1a und 1b, s Anm 130 ff bzw 140 ff. Erwirbt die KGaA den Kapitalanteil eines phG, bestimmt sich die bilanzielle Behandlung nach den Regeln für PersGes (s § 264c Anm 23).

III. Ausweis der Kapitalanteile der persönlich haftenden Geschäftsinhaber

330 Die Kapitalanteile der phG sind gem § 286 Abs 2 S 1 AktG in der Bilanz *nach* dem Posten „Gezeichnetes Kapital" gesondert auszuweisen. Die Gliederung des EK in der HB (§ 266 Abs 3 A) erweitert sich also bei KGaA, soweit solche Kapitalanteile in der Satzung vereinbart sind, um diesen Posten. Dabei dürfen die Kapitalanteile sämtlicher phG zusammengefasst (glA *Perlitt* in MünchKomm AktG[3] § 286 Anm 83), aber nicht positive und negative Kapitalanteile saldiert werden (*Hüffer*[10] § 286 Anm 3 mwN).

331 Soweit der Verlust den Kapitalanteil übersteigt, ist der Mehrbetrag auf der **Aktivseite** unter der Bezeichnung „Einzahlungsverpflichtungen persönlich haftender Gesellschafter" auszuweisen (§ 286 Abs 2 S 3 AktG). Das setzt voraus, dass eine Zahlungsverpflichtung seitens des jeweiligen phG besteht. Der Posten ist dann unter den Forderungen oder vor den sonstigen VG (§ 266 Abs 2 B II nach Nr 1 oder vor Nr 4) gesondert auszuweisen (glA *Hüffer*[10] § 286 Anm 4). Entfallen die Einzahlungsverpflichtungen auf mehrere phG, dürfen diese Forderungen zusammengefasst werden. Der Umstand, dass die phG für die Schulden der KGaA persönlich haften, begründet allein jedoch keine Zahlungsverpflichtung der phG.

Bestehen *keine* Einzahlungsverpflichtungen, ist der Mehrbetrag als „Nicht durch Vermögenseinlagen gedeckter Verlustanteil persönlich haftender Gesellschafter" zu bezeichnen und auf der Aktivseite der Bilanz gem § 268 Abs 3 HGB iVm § 286 Abs 2 S 3 AktG gesondert als letzter Posten aufzuführen (zum Ausweis und Inhalt § 268 Anm 75). Auch hier sind mehrere Posten dieser Art zu einem Posten zusammenzufassen. Bei positiven und negativen Kapitalkonten mehrerer phG ist eine **Saldierung nicht zulässig** (ebenso *Perlitt* in Münch-Komm AktG[3] § 286 Anm 89).

Der **weitere aktive Sonderposten** „nicht durch Eigenkapital gedeckter Fehlbetrag" (§ 268 Abs 3) bezieht sich bei KGaA nur auf das (übrige) EK der Kommanditaktionäre *ohne* Einbeziehung ggf ebenfalls negativer Kapitalanteile der hier in Abs 2 genannten phG.

IV. Kapitalrücklage

Einstellungen und Entnahmen bei der Kapitalrücklage sind *auch* bei KGaA nach § 270 Abs 1 bei Aufstellung der Bilanz durch die phG vorzunehmen. Die Organzuständigkeit der HV der KGaA für die Feststellung des JA schränkt diese Zuständigkeit der phG nicht ein (§ 283 Nr 9 AktG). Zum Begriff und Umfang der Kapitalrücklage s Anm 160.

335

V. Gewinnrücklagen

Bei der **gesetzlichen Rücklage** (§ 150 AktG) müssen Einstellungen und Entnahmen ebenfalls bereits bei Aufstellung des JA gebucht werden. Für die Begrenzung und die Verwendung gilt § 150 AktG (Anm 235 bis 241). Für die Kapitalanteile der phG ist keine anteilige gesetzliche Rücklage zu dotieren (ebenso *Perlitt* in MünchKomm AktG[3] § 286 Anm 8).

340

Für Bildung und Auflösung **der „anderen Gewinnrücklagen"** liegt die Organzuständigkeit nur bei HV und phG (§ 286 Abs 1 AktG). Enthält die Satzung keine *Verpflichtung* (Anm 250) für die HV, nach § 58 Abs 1 AktG bestimmte Beträge aus dem Jahresüberschuss vor Feststellung des JA in die Gewinnrücklagen einzustellen, dürfen die Einstellungen nur im Rahmen des Beschlusses über die Gewinnverwendung vorgenommen werden (zur Problematik der Anwendung von § 58 Abs 1 und Abs 2 AktG auch *ADS*[6] § 286 AktG Anm 65 ff). Ohne Satzungsverpflichtung dürfen Zuweisungen zu den Gewinnrücklagen nicht schon bei Aufstellung des JA gebucht werden. Die Zuweisungen im Rahmen des Gewinnverwendungsbeschlusses sind wie bei AG im Folgejahr einzustellen (Anm 266).

341

Satzungsmäßige Rücklagen können sich bei KGaA gleichfalls nur durch eine verpflichtende Bestimmung in der Satzung nach § 58 Abs 1, ggf Abs 2 AktG ergeben; ausführlich zu § 58 AktG *ADS*[6] § 58 AktG Anm 69 ff.

Die **Rücklage für Anteile an einem herrschenden oder mit Mehrheit beteiligten Unternehmen** nach § 272 Abs 4 (Anm 300 ff) muss auch bei KGaA auf Grund gesetzlicher Verpflichtung zu ihrer Bildung bereits bei Aufstellung des JA dotiert werden. Für Auflösungen gilt auch für KGaA Anm 307.

342

H. Eigenkapital-Änderungen durch Umwandlungen

I. Grundsätze, Begriffe

Soweit das UmwG – dort insb § 24 – für die HB mehrere Wertansätze für VG zulässt (außer Buchwert auch Zeit- oder Verkehrswerte), wird die Höhe des Agios beeinflusst. Das UmwStG kann (– namentlich für Sacheinlagen –) in der StB zu einem höheren Agio führen (ähnlich wie in Anm 222). Als Reinvermö-

350

gen wird im Folgenden der Saldo aus den jeweiligen Wertansätzen für VG und andererseits für Rückstellungen und Verbindlichkeiten, jeweils zuzüglich der RAP bezeichnet.

Der Ausdruck „**erfolgswirksam**" bedeutet im Folgenden, dass sich Vorgänge als Ertrag oder Aufwand auf das *Jahresergebnis* auswirken. Erfolgs*un*wirksam sind Ansätze, die entweder nur Bilanz-Posten betreffen, oder die in der GuV nach dem Jahresergebnis als Rücklagen- oder als Nennkapital-Veränderungen dargestellt werden (§§ 158 Abs 1 AktG, 275 Abs 4 HGB). Die nachstehend erläuterten Umw und insb auch deren steuerrechtliche Auswirkungen sind wesentlich ausführlicher im Ergänzungsband „Sonderbilanzen[4]" dargestellt.

II. Formwechsel

355   Unabhängig von der alten und zugelassenen neuen Rechtsform bleibt die Idendität des Unt (Rechtsträger) bestehen, §§ 190, 202 UmwG. Da keine Vermögensübertragung stattfindet, *müssen* die Buchwerte des bisherigen Rechtsträgers fortgeführt werden (IDW RS HFA 41, Tz 5). Daher dürfen auch keine gesonderten HB aufgestellt werden. Es sind aber ggf die Vorschriften zum Mindest-Nennkapital einzuhalten.

356   Beim Formwechsel einer **KapGes** in eine andere **KapGes** bleibt das Nennkapital unverändert (§ 247 Abs 1 UmwG), das gilt nach IDW RS HFA 41, Tz 10 auch für die Rücklagen; für die gesetzliche Rücklage gilt das AktG, falls der neue Rechtsträger eine AG/KGaA ist. Das betrifft die im Umw-Zeitpunkt vorhandenen Kapitalrücklagen nach Abs 2 Nr 1–3. Es ist allerdings nicht vorgeschrieben, dass ein Teil der Gewinnrücklagen der ehemaligen GmbH nach dem Formwechsel in die AG der gesetzlichen Gewinnrücklage zuzuordnen ist. Erst für den ersten JA nach dem Formwechsel in eine AG ist die Dotierung der gesetzlichen Rücklage nach § 150 Abs 2 AktG zu beachten. Wird beim Formwechsel von GmbH in AG zur Einhaltung des Mindestgrundkapitals der AG eine Kapitalerhöhung notwendig, sind entweder Rücklagen in Nennkapital umzuwandeln oder Gester-Einlagen zu leisten (IDW RS HFA 41 Tz 11).

357   Wird eine **PersGes** in eine **KapGes** umgewandelt, muss das gezeichnete Kapital der KapGes durch das Reinvermögen zu Zeitwerten der PersGes gedeckt sein, § 220 Abs 1 UmwG. Mit dieser Begrenzung und unter Beachtung der Mindestkapitalanforderungen für die entspr Rechtsform sind die Gester in der Festlegung des Betrags des Grund-/Stammkapitals frei. Eine Bindung zB an die bisherigen Hafteinlagen der Kommanditisten der PersGes besteht nicht (ausführlich *Förschle/Hoffmann* in Sonderbilanzen[4] L Anm 45 ff).

Ist das Reinvermögen zu Buchwerten größer als das gezeichnete Kapital der KapGes, ist der Mehrbetrag Agio gem Abs 2 Nr 1, soweit er sich aus bedungenen Einlagen der PerGes ergibt (aA IDW RS HFA 41, Tz 8, wonach die Zuordnung vollständig zur Kapitalrücklage nach Abs 2 Nr 4 erfolgen darf). Ergibt sich der Mehrbetrag aus darüber hinausgehenden Einlagen in die PersGes, handelt es sich um Kapitalrücklagen nach Abs 2 Nr 4. Sollte der Mehrbetrag teilweise aus nach dem GesVertrag gesamthänderisch *gebundenen* Gewinnrücklagen der PersGes stammen, entstehen insoweit Gewinnrücklagen. Wird das gezeichnete Kapital der KapGes durch die zwingende Buchwert-Fortführung nicht erreicht, ist der Fehlbetrag ähnlich einem Verlustvortrag zu behandeln (ausführlich IDW RS HFA 41, Tz 9; *Förschle/Hoffmann* in Sonderbilanzen[4] L Anm 53).

358   Erst mit der HR-Eintragung der Umw einer **KapGes** in eine **PersGes** (dazu IDW RS HFA 41, Tz 14) entfallen die Regeln des § 272. Die Aufteilung des EK der PersGes richtet sich nach deren GesVertrag. Gewinnrücklagen der KapGes

dürfen dabei als gesamthänderisch gebundene Gewinnrücklagen in der PersGes ausgewiesen werden. Sie dürfen aber auch direkt in die Kapitalkonten der Gester einbezogen werden. Der GesVertrag einer KG ist nicht an das EK der KapGes gebunden, die Gester sind also in der Einlagen-Festsetzung frei (§ 234 Nr 2 UmwG). Für OHG-Gester sind Einlagen nicht vorgeschrieben. IDW RS HFA 41, Tz 34 weist außerdem darauf hin, dass Steuerschulden der KapGes in der PersGes bis zur Tilgung oder Wegfall fortzuführen sind. Das EK der PersGes ist in § 264c Anm 15 ff kommentiert.

III. Verschmelzungen auf eine Kapitalgesellschaft

1. Ohne Kapitalerhöhung

Hält der Aufnehmende alle Anteile des Übertragenden, ist eine **Kapitalerhöhung** beim Aufnehmenden weder erforderlich noch zulässig (für GmbH § 54 Abs 1, 2, für AG § 68 Abs 1, 2 UmwG). Im Fall der Verschmelzung eines TU auf das MU dürfen als Gesamt-AK für das übernommene Reinvermögen des TU nach den *allgemeinen Grundsätzen* entweder der Buchwert oder der Zeitwert **der untergehenden Anteile des Tochterunternehmens** gewählt werden (Tauschgrundsätze). Beim Ansatz des übernommenen Reinvermögens in der Summe zu Zeitwerten der untergehenden Anteile ergibt sich ein Gewinn, wenn dieser Zeitwert höher als der Buchwert der untergehenden Anteile ist. Wird das Reinvermögen zu Buchwerten des übertragenden Rechtsträgers gem § 24 UmwG übernommen, ergibt sich aus der Differenz zwischen den übernommenen Buchwerten und dem abgehenden Buchwert der untergehenden Anteile ein Gewinn oder ein Verlust, die erfolgswirksam zu erfassen sind (s IDW RS HFA 42, Tz 72).

Im Fall der Verschmelzung des MU auf das TU **(down-stream merger)** erhalten die Gester des MU die Anteile des MU am TU; sie sind dann am TU statt am MU beteiligt. Als AK des aufnehmenden TU nach allg Grundsätzen dürfen die übergehenden Aktiva des untergehenden MU in Höhe des Zeitwerts ihrer übergehenden Schulden bemessen werden (wenn dadurch der Zeitwert der Aktiva nicht überschritten wird) oder es dürfen Aktiva und Schulden zu Zeitwerten angesetzt werden. Zulässig ist nach § 24 UmwG auch eine Fortführung der Buchwerte des MU durch das TU. Setzt das TU das vom MU übernommene Reinvermögen per saldo mit einem positiven Wert an, ist diese Vermögensmehrung als sonstige Zuzahlung der Gester (die Gester des MU, die jetzt die Gester des TU sind, haben Vermögen in das TU eingezahlt) in die Kapitalrücklage einzustellen. Da diese Zuzahlung nicht mit einer Kapitalerhöhung beim TU verbunden ist, handelt es sich nicht um eine Kapitalrücklage nach Abs 2 Nr 1, sondern nach Nr 4 (IDW RS HFA 42, Tz 47 f u 75). Fraglich ist, wie zu verfahren ist, wenn das übernommene Reinvermögen per saldo mit einem negativen Buchwert angesetzt wird. Ist tatsächlich der Zeitwert des übernommenen Reinvermögens negativ, liegt eine **Entnahme** durch die Gester vor. Bei einer GmbH ist diese Entnahme soweit **zulässig,** als dadurch das Buchvermögen der GmbH (nach Abzug ggf angesetzter Bilanzierungshilfen iSd Regelung des § 268 Abs 8) nicht unter den Betrag des Stammkapitals sinkt. Bei AG dürfte die Entnahme eine unzulässige Einlagenrückgewähr nach § 57 Abs 1 AktG darstellen. Soweit der negative Wertansatz des übernommenen Vermögens eine zulässige Entnahme darstellt, erscheint auch eine Bilanzierung als Entnahme zulässig. Dies bedeutet, dass der negative Saldo ohne Berührung der GuV mit den freien Rücklagen der übernehmenden Ges verrechnet wird. Im Falle einer **unzulässigen Entnahme** ist, soweit dies nicht zur Entstehung einer Ausgleichsforderung gegen den Gester führte, oder falls die per saldo negative Bewertung des Reinvermögens nur auf der Buchwertübernahme nach § 24 UmwG beruht (tatsächlich keine Entnahme vorliegt, weil der Saldo des Reinvermögens zu Zeitwerten mindestens ausgeglichen ist), die Differenz als Aufwand erfolgswirksam zu erfassen (aA IDW RS HFA 42, Tz 49 und 74, wonach eine Entnahmebilanzierung undifferenziert für zulässig angesehen wird). Soweit durch die Erfassung als Aufwand im Falle einer unzulässigen Entnahme ein Verlust entsteht oder erhöht wird, darf dieser Verlust bei AG nicht durch Entnahme aus der gesetzlichen Rücklage oder der Kapitalrücklage ausgeglichen werden.

2. Mit Kapitalerhöhung

365 Hält der Aufnehmende weniger als 100% der Anteile und erwirbt er den von Fremden gehaltenen Anteil am Vermögen des übertragenden Rechtsträgers durch Hingabe neuer Anteile aus einer Kapitalerhöhung, stellt sich der Vermögensübergang vom bisherigen Rechtsträger auf ihn insoweit als Sacheinlage dar (§§ 55, 69 UmwG). Die Kapitalerhöhungsvorschriften des GmbHG und des AktG sind für diese Umw vereinfacht.

Wird das übertragene **Reinvermögen,** soweit es durch Ausgabe neuer Anteile erworben wird, im Rahmen der **allg Bewertungsregeln für Sacheinlagen** zum Ausgabepreis der neuen Anteile bewertet und ist dieser **höher** als die Anteils-Nennwerte (der rechnerische Wert der ausgegebenen Stückaktien), ist das festgesetzte bzw sich im Auslegungswege entspr ergebende Agio in die Kapitalrücklage gem Abs 2 Nr 1 einzustellen (s Anm 177; ADS[6] § 272 Anm 45 Abs 1 und IDW RS HFA 42, Tz 43). Nach IDW RS HFA 42, Tz 37 müssen bei Übernahmebewertung nach allgemeinen Grundsätzen Pensionsverpflichtungen des übertragenden Rechtsträgers vollständig passiviert werden, auch wenn der übertragende Rechtsträger aufgrund Art 28 Abs 1 EGHGB darauf verzichten durfte oder nach Art 67 Abs 1 EGHGB eine zulässige Unterbewertung vornehmen durfte.

Bei **Buchwert-Fortführung** (§ 24 UmwG) ist der Aufnehmende an die Schlussbilanz des Übertragenden gebunden. Das gilt auch für die zuvor genannten Pensionsverpflichtungen. Es entfällt auch eine Aktivierung der vom bisherigen Rechtsträger nicht aktivierten selbst geschaffenen immateriellen VG des Anlagevermögens sowie die Aktivierung von Verschmelzungskosten als Anschaffungsnebenkosten (IDW RS HFA 42, Tz 60 und 62).

Ist der Ausgabebetrag der **Anteile höher als das übergehende Reinvermögen zu Buchwerten,** ist der Verschmelzungsverlust Aufwand; weder der Ansatz eines GFW noch Rücklagenkürzungen sind im Rahmen der Buchwertfortführung zulässig (s Anm 177; IDW RS HFA 42, Tz 70).

In **Mischfällen** (nur teilweise Kapitalerhöhung, sonst Untergang der Alt-Anteile) ist aufzuteilen: Ein positiver Unterschiedsbetrag wird in Höhe der bisherigen Bet-Quote erfolgswirksam, im übrigen Agio. Der negative Unterschiedsbetrag ist Verschmelzungsverlust und damit Aufwand (ausführlich dazu *Förschle/Hoffmann* in Sonderbilanzen[4] K Anm 65 f, 100).

IV. Spaltungen von Kapitalgesellschaften

1. Aufspaltung

370 Der Übertragende wird ohne Abwicklung aufgelöst, § 123 Abs 1 UmwG. Sein Reinvermögen geht nach Spaltplan oder Spaltvertrag auf mehrere (neue) Rechtsträger über; dafür erhalten die Gester des Übertragenden Anteile an den Übernehmenden. Wenn der Aufnehmende eine Kapitalerhöhung vornimmt,

sind die Grundsätze gem Anm 365 anzuwenden. Wird vom Aufnehmenden keine Kapitalerhöhung durchgeführt, zB beim MU, sind die Regeln der Anm 360 Abs 1 maßgebend (*ADS*[6] § 272 Anm 50). In beiden Fällen ist sowohl die Fortführung der Buchwerte des aufgelösten Rechtsträgers als auch der Ansatz von AK nach allgemeinen Grundsätzen zulässig.

2. Abspaltung

Hier gibt der Übertragende Teile seines Reinvermögens an einen oder mehrere Aufnehmende ab, bleibt aber mit dem Restvermögen bestehen (§§ 123 Abs 2 UmwG). Die Gester des Übertragenden erhalten Anteile an den aufnehmenden Rechtsträgern. Die *Aufnehmenden* verfahren wie bei der Aufspaltung nach Verschmelzungsregeln (Anm 370, *ADS*[6] § 272 Anm 51). 375

Wurden zu Buchwerten mehr Schulden als VG abgespalten, ist der abgespaltene „Schulden-Überhang" beim *übertragenden Rechtsträger* als Gester-Leistung gem Abs 2 Nr 4 erfolgsneutral der Kapitalrücklage zuzuführen, sofern nicht die Gester ausdrücklich einen Ertragszuschuss erklären (IDW RS HFA 43, Tz 19).

Wurden zu Buchwerten mehr VG als Schulden abgespalten, wird die Abspaltung das EK des Übertragenden zu Buchwerten mindern. Diese Vermögensminderung ist erfolgsneutral in der Überleitungsrechnung vom Jahresüberschuss zum Bilanzgewinn als „Vermögensminderung durch Abspaltung" auszuweisen. Zur Deckung dieses EK-Abgangs stehen zunächst Kapital- und Gewinnrücklagen, dabei bei AG die gesetzliche Rücklage unbeschränkt, zur Verfügung – jedoch keine Pflichtrücklagen lt Satzung/GesVertrag und auch nicht die Rücklage wegen eigener Anteile (s Anm 134) und die Rücklage für Anteile an einem herrschenden oder mit Mehrheit beteiligten Unt. Ist die EK-Minderung höher, darf der verbleibende Unterschied durch vereinfachte Kapitalherabsetzung gedeckt werden, §§ 139 oder 145 UmwG. Bei allen KapGes ist die Rücklagen-Auflösung und ggf der Ertrag aus der Kapitalherabsetzung in der GuV nach dem Jahresergebnis darzustellen (IDW RS HFA 43, Tz 17f). AG müssen ferner die Bewegung der einzelnen Kapital- und Gewinnrücklagen gem § 152 AktG in der Bilanz oder im Anhang zeigen (s § 284 Anm 72).

3. Ausgliederung

Hier tauscht der übertragende Rechtsträger einen oder mehrere Teile seines Reinvermögens gem § 123 Abs 3 UmwG – oft Teilbetriebe – gegen Anteile an dem/den Übernehmenden. Im Regelfall hat dieser Tausch keine Auswirkung auf das EK des Übertragenden. Werden die erhaltenen Anteile aber nicht zu Buchwerten des hingegebenen Reinvermögens bilanziert, sondern zu Zeitwerten des hingegebenen Reinvermögens angesetzt, hat der Übertragende erfolgswirksame Erträge. Bei dem/den Übernehmenden ist idR eine Kapitalerhöhung mittels Sacheinlagen und bei AG auch deren Prüfung gem § 183 AktG notwendig. 380

V. Ergänzende Hinweise

Bei Verschmelzungen und allen Arten der Spaltung können Übernehmende auch **neu gegründete Gesellschaften** sein (zB §§ 36ff, 56ff, 123 Abs 4 UmwG). Die bisherige **Firma** darf bei Verschmelzung und bei Formwechsel nach Maßgabe von §§ 18, 200 UmwG **fortgeführt** werden; bei Spaltungen gilt 385 das nicht, § 125 UmwG. Alle Umw-Verträge müssen **notariell beurkundet** werden; §§ 6, 125, 193 Abs 3 UmwG.

Für die **Gründungsprüfung** und das **Mindestkapital** gelten die Vorschriften der aufnehmenden Ges; bei GmbH muss auf Verlangen eines Gesters gem § 48 iVm §§ 9 bis 12 oder 138, 197 UmwG geprüft werden. Nimmt eine AG auf, muss geprüft werden, §§ 60, 144 oder 220 UmwG.

Die **Stichtage** für Verschmelzung und für alle Spaltungen (§§ 5 Abs 1 Nr 6, 126 Abs 1 Nr 6 UmwG) dürfen mit Rückwirkung vereinbart werden, regelmäßig auf den Bilanzstichtag der übertragenden Ges – ab diesem Zeitpunkt gelten dann die Geschäfte des Übertragenden für Rechnung der Aufnehmenden geführt. Wird (auch) ein künftiger Stichtag für die Vermögensübergänge vereinbart, geschieht das im Hinblick auf etwaige Verzögerungen bei den HR-Eintragungen. Für Formwechsel sind solche Vereinbarungen nicht zulässig.

Zur **Handelsregister-Anmeldung** ist bei Verschmelzung die übernehmende Ges befugt (§ 52 Abs 2 UmwG). Bei Spaltungen sind diese Anmeldungen von den übertragenden und den übernehmenden Ges zu bewirken; §§ 129, 137 und ggf 140, 146 UmwG. Der Formwechsel wird beim bisherigen HR angemeldet (§ 198 UmwG).

Die **HR-Eintragung** wird bei Verschmelzung zunächst bei der übertragenden Ges und danach bei den übernehmenden Ges durchgeführt (§§ 19, ggf 53 oder 56 UmwG), bei Spaltungen umgekehrt: zunächst übernehmende, dann übertragende Ges, §§ 130, 137, ggf auch 140, 146 UmwG. Bei Formwechsel ist das HR für die neue Rechtsform zuständig, § 201 UmwG. Die **Wirkungen** der Verschmelzung oder des Formwechsels treten mit Eintragung bei den neuen Ges, bei Spaltungen bei der bisherigen Ges ein; die Einzelheiten dieser Rechtsfolgen sind aus den §§ 20, 202 oder 131 UmwG zu entnehmen.

386 Regelungen zur **Abfindung** ausscheidender Gester enthalten die §§ 29 ff UmwG für Verschmelzung, Aufspaltung und Abspaltung; für Ausgliederungen gelten diese Vorschriften nicht. Für Abfindungen anlässlich von Formwechseln s §§ 207 ff UmwG.

Der **Gläubigerschutz** wird zentral durch §§ 22 f UmwG gewahrt, auf die in den §§ 204 und 133 UmwG verwiesen wird. Für Spaltungen enthalten §§ 133 f UmwG zusätzliche Bestimmungen.

Schadenersatz-Ansprüche sind in erster Linie an die bisherige Verwaltung zu richten, §§ 25 ff UmwG – ergänzt durch §§ 70 f (Verschmelzung, Spaltungen) oder 205 f UmwG (Formwechsel). Die Nachhaftung von phG für 5 Jahre ergibt sich aus den §§ 45 (Verschmelzung, Spaltungen) oder 224 (Formwechsel) UmwG – bei Spaltungen sind in § 133 zusätzlich zu §§ 25 ff UmwG auch Haftungen der „beteiligten" Rechtsträger vorgesehen.

I. Rechtsfolgen einer Verletzung des § 272

390 **AG/KGaA:** Wird das **gezeichnete Kapital** – ggf einschl der offenen Absetzungen – in der Bilanz nicht zutreffend angesetzt, verstößt ein festgestellter JA gegen § 256 Abs 5 AktG; die Bilanzierung von Kapitalerhöhung, Kapitalherabsetzung für das *Nennkapital* oder für Einzahlungen auf das gezeichnete Kapital könnte (auch) unter § 256 Abs 4 AktG – Gliederungsverstoß – fallen. Beide Vorschriften verdrängen § 256 Abs 1 Nr 1 AktG (hM, so *ADS*[6] § 256 AktG Anm 7 mwN, *WPH*[14] I, U Anm 188; aA *Zöllner* in Kölner Komm AktG § 256 AktG Anm 14: Abs 4 und 5 seien zu § 256 Abs 1 Nr 1 AktG nur klarstellend und einschränkend). Der Verstoß bewirkt **Nichtigkeit** des JA. Die Nichtigkeit des § 256 Abs 4 AktG ist für KGaA auch bei Verstoß gegen den Ausweis der

Kapitalanteile der phG nach § 286 Abs 2 AktG gegeben (glA *ADS*[6] § 256 AktG Anm 35).

Liegt bei *Einstellungen* von Beträgen in **Kapital- oder Gewinnrücklagen** oder bei *Entnahmen* von Beträgen aus diesen Rücklagen ein Verstoß gegen die einzelnen Normen im HGB oder AktG vor, fällt der Verstoß unter die Spezialnorm des § 256 Abs 1 Nr 4 AktG (Gläubigerschutz); das gilt auch für Rücklagen-Veränderungen anlässlich von Kapitalmaßnahmen, ebenso *ADS*[6] 256 AktG Anm 33 und *Hüffer*[10] § 256 Anm 15.

Wird zB die Rücklage für Anteile an einem herrschenden oder mit Mehrheit beteiligten Unt nicht oder nicht ausreichend *gebildet* (§ 272 Abs 4), ist Nichtigkeit der JA nach § 256 Abs 1 Nr 4 AktG gegeben (so auch *ADS*[6] § 272 Anm 211; dazu LG Mainz DB 1990, 2363). *Einstellungen* in offene Rücklagen, die von der HV im Rahmen des Gewinnverwendungsbeschlusses (§ 58 AktG) vorgenommen werden, fallen ebenfalls unter § 256 Abs 1 Nr 4 AktG; glA *ADS*[6] § 256 AktG Anm 33.

Werden Kapital- oder Gewinnrücklagen hinsichtlich der *Aufgliederung und Entwicklung* (§ 266 mit Angabepflichten nach § 152 Abs 2 und 3 AktG) nicht richtig *ausgewiesen*, ist das jedoch als ein Verstoß gegen Gliederungsvorschriften nach § 256 Abs 4 AktG zu beurteilen. Hier muss nach dem Wortlaut außerdem ein *wesentlicher Verstoß* gegen den Grundsatz der Klarheit und Übersichtlichkeit vorliegen, was von der Höhe der nicht offengelegten Beträge abhängt, zB fehlende Aufgliederung des EK bei kleinen KapGes.

GmbH: Das Problem der analogen Anwendung des § 256 Abs 1 und Abs 4 AktG wurde bisher in der Literatur nicht einheitlich beantwortet (dazu *ADS*[6] § 256 AktG Anm 96 ff, *Haas* in Baumbach/Hueck GmbHG[20] § 42a Anm 25 ff); sie ist jedoch für die JA-Vorschriften (§ 256 Abs 4 und 5 AktG) praktisch geboten (*ADS*[6] § 256 AktG Anm 101).

Die analoge Anwendung des § 256 Abs 5 AktG wird für den fehlerhaften Ausweis des **gezeichneten Kapitals** wie bei AG zu beurteilen sein; im Übrigen schreibt § 42 Abs 1 GmbHG ausdrücklich den Ausweis des Stammkapitals vor (*ADS*[6] § 256 AktG Anm 101).

Bei den **Rücklagen** (§ 256 Abs 1 Nr 4 AktG) liegt ein Verstoß bei Feststellung des JA durch die GesV gegen die Gesetze vor, wenn bei Einstellungen in die Kapitalrücklage § 272 Abs 2 oder § 42 Abs 2 GmbHG (Nachschüsse) nicht beachtet wurden (nicht bei Auflösungen der Kapitalrücklage geltend, soweit jetzt nicht eingeschränkt, Anm 207).

Bei den Rücklagen mit Gläubigerschutz-Charakter, zB der Rücklage für Anteile an einem herrschenden oder mit Mehrheit beteiligten Unt, sind Zuführungen (Berichtigungen) und Auflösungen nur nach Maßgabe des HGB zulässig (glA *ADS*[6] § 272 Anm 211). *Haas* in Baumbach/Hueck GmbHG[20] § 42 a Anm 28 beschränkt die Nichtigkeit für Rücklagen von GmbH „soweit die gesetzliche Regelung reicht"; im Übrigen sei Anfechtbarkeit gegeben, da letztere für den JA gem § 257 Abs 1 S 2 AktG nur für AG/KGaA ausgeschlossen ist.

Bei allen übrigen Gewinnrücklagen der GmbH bewirken Verstöße gegen die Regeln des § 29 GmbHG und ihrer Ausformungen im GesVertrag daher keine Nichtigkeit, sondern nur deren Anfechtbarkeit. Hinzu treten ggf Schadenersatzansprüche benachteiligter Gester.

Abgesehen von den zivilrechtlichen Nichtigkeits- oder Anfechtungs-Folgen fällt ein Verstoß gegen § 272 unter die **Bußgeldvorschriften.** Hiernach handelt ordnungswidrig, wer als Mitglied des vertretungsberechtigten Organs oder des AR einer KapGes bei der Aufstellung oder Feststellung des JA ua dem § 272 zuwiderhandelt (§ 334 Abs 1 Nr 1c), bei Kreditinstituten aller Rechtsformen § 340n Abs 1 Nr 1c) und bei VersicherungsUnt § 341n Abs 1 Nr 1c).

J. Exkurs 1: Verdeckte Einlagen

Schrifttum: *Marx* Verdeckte Einlagen als Problemfälle der Rechnungslegung und Besteuerung FR 1995, 453; *W. D. Hoffmann* Der Verzicht des Gesellschafters auf Forderungen gegen die Kapitalgesellschaft DStR 1995, 77; *Groh* Ist die verdeckte Einlage ein Tauschgeschäft? – Anmerkungen zum BFH-Beschluss vom 9.6.1997 GrS 1/94 DB 1997, 1683; *Weber-Grellet* Die verdeckte Einlage DB 1998, 1532; *Kußmaul/Klein* Maßgeblichkeitsprinzip verdeckter Einlage und verdeckter Gewinnausschüttung? DStR 2001, 189; *Sosnitza* Die Einlagefähigkeit von Domain-Namen bei der Gesellschaftsgründung GmbHR 2002, 821; *Hoffmann* Steuerpflicht der Ausschüttung aus dem Einlagekonto GmbH-StB 2003, 210; *Kallmeyer* Kapitalaufbringung und Kapitalerhaltung nach dem MoMiG: Änderungen für die GmbH-Beratungspraxis, DB 2007, 2755; *Schwedhelm/Olbing/Binnewies* Aktuelles zum Jahreswechsel 2010/2011 rund um die GmbH, GmbHR 2010, 1248, *Gosch*[2] KStG Kommentar, 2. Aufl., München 2009; *Wicke* GmbHG Kommentar, 2. Aufl., München 2008; *Lippross* Basiskommentar Steuerrecht, Köln 2013.

I. Begriff

400 Es handelt sich um einen durch das Steuerrecht entwickelten Begriff. Die Steuer-Rspr (zB BFH 9.3.1983, BStBl II, 744; BFH 26.10.1987, BStBl II 1988, 348; BFH 12.12.2000, BStBl 2001 II, 234) versteht unter einer verdeckten Einlage **Zuwendungen** eines einlagefähigen Vermögensvorteils **seitens eines Anteilseigners** oder einer ihm nahestehenden Person **an seine Kapitalgesellschaft ohne wertadäquate Gegenleistung**, die ihre Ursache im GesVerhältnis hat (BFH 14.7.2009, BFH/NV 2010, 397; GrS 9.6.1997, BStBl II 1998, 307), die somit ein Nicht-Gester bei Anwendung der Sorgfalt eines ordentlichen Kfm der Ges nicht einräumen würde (dazu grundlegend *Kußmaul/Klein* in DStR 2001, 189 und *Streck*[7] § 8 Rz 80ff). Zweck der Begriffsbildung der verdeckten Einlage ist die zutreffende Abgrenzung zwischen Ges und Gester und damit die zutreffende Gewinnermittlung; eine verdeckte Einlage kann dennoch auch bei einer PersGes gegeben sein (BFH 9.9.2010, BFH/NV 2011, 768). Im Gegensatz zur vGA wird die verdeckte Einlage als rechtmäßiges Gestaltungsinstrument angesehen (*Weber-Grellet* in DB 1998, 1532).

Handelsrechtlich gibt es den Begriff der Zuzahlungen, die Gester in das EK der KapGes leisten (§ 272 Abs 2 Nr 4). Diese Zuzahlungen können auch durch Übertragung von Sachwerten erfolgen. Nicht jede verdeckte Einlage stellt eine solche Zuzahlung dar.

Für die steuerrechtliche Einordnung als verdeckte Einlage ist das wirtschaftlich gewollte Ergebnis relevant. Veräußert zB ein GmbH-Gester einen WG im Gegenzug für eine geplante Darlehensgewährung an seine GmbH, führt die Nichtdurchführung der Darlehensvereinbarung zu einer verdeckten Einlage in seine GmbH (BFH 20.5.2010, BStBl II, 1104).

Keine verdeckten Einlagen sind **Gesellschafterdarlehen**, selbst wenn mit einer Rangrücktrittsklausel versehen. Derartige Darlehen stellen für die KapGes eine Verbindlichkeit dar und haben nur bzgl der Gläubigerhaftung, aber nicht in jeder Hinsicht EK-Qualität, solange nicht auf sie verzichtet wird (BFH 16.5.2001, BStBl II 2002, 436).

Ebenfalls keine verdeckte Einlage ist ein im Rahmen einer Kapitalerhöhung für den Erwerb eines GmbH-Anteils gezahltes Aufgeld (Agio), denn dieses ist ausschließlich als Teil der Gegenleistung für die Gewährung der Neuanteile zu sehen (BFH 27.5.2009, BFHE 226, 500).

Mit Rücksicht auf das Ges-Verhältnis gewährte Leistungen zwischen Gester und KapGes stellen **keine Schenkung an die selbst KapGes** dar (*Streck*[7] § 8

Rz 1040 „Schenkung"; *Troll* ErbStG § 7 Anm 182. Das KStG behandelt Zuwendungen eines Gester an seine KapGes, die zivilrechtlich als Schenkung anzusehen sind, **als Einlagen.** Dies gilt selbst für freigebige Zuwendungen auf Grund letztwilliger Verfügung (BFH 24.3.1993 BStBl II, 799). Die Tatsache, dass weitere Gester vorhanden sind, die ihrerseits keine Einlagen machen, steht der Annahme der verdeckten Einlage nicht entgegen (BFH 18.7.1985, BStBl II, 635). Derartige Einlagen können jedoch gleichzeitig Schenkungen der Gester untereinander darstellen (BFH 9.12.2009, BStBl II 2010, 566; BFH 15.10.1995, BStBl II 1996, 160; *Oberste Finanzbehörden der Länder,* gleichlautender Erlass betr Schenkungen unter Beteiligung von KapGes, 14.3.2012, BStBl I, 331). Die verdeckte Einlage muss nicht durch den Gester selbst, sondern kann auch **mittelbar** durch ihm nahestehende Personen erbracht werden, wenn in der Leistung gleichzeitig eine Zuwendung an den Gester zu sehen ist (GrS 9.6.1997, BStBl II 1998, 307; BFH 12.12.2000, BStBl II 2001, 234; BFH 16.6.2004, BStBl II 2005, 378). **Disquotale verdeckte Einlagen** in eine KapGes sind beim leistenden Gester betproportional als nachträgliche AK der Bet zu erfassen; Einlageanteile der an der KapGes zudem beteiligten, ihm nahe stehenden Personen werden durch Berücksichtigung als Drittaufwand des Einlegenden Teil derer nachträglichen AK (*FG Niedersachsen* 12.7.2012, EFG 2012, 1927) aA *Christ* in ZEV 2011, 63 f).

Anders als bei der vGA (dazu § 278 Anm 101 ff) erfüllt nach der Steuer-Rspr nicht jede Art der Vorteilsgewährung den Tatbestand der verdeckten Einlage. Bloße Gewinnerhöhungen als Folge einer Vorteilszuwendung reichen nicht aus; vielmehr verlangt die Rspr eine **unmittelbare Vermögensmehrung** dergestalt, dass wegen Neuzugangs oder Verbesserung eines WG ein Aktivposten angesetzt oder erhöht werden muss bzw ein Passivposten ganz oder teilweise wegfällt (Verzicht, Teilverzicht auf eine Forderung). Danach genügen zB die **Überlassung von Gegenständen zur Nutzung** oder die Erbringung einer **Dienstleistung** ohne oder gegen verbilligtes Entgelt nicht, da sie nur mittelbar (geringere Kosten der KapGes) über die Gewinnerhöhung oder Verlustminderung zu einer Vermögensmehrung führen (so zB GrS 26.10.1987, BStBl II 1988, 348; BFH 14.3.1989, BStBl II, 633).

II. Einlagefähige Vermögensgegenstände

1. Handelsrecht

Als verdeckte Einlage kommen uE zunächst alle VG in Betracht, die Gegenstand einer gesrechtlichen **Bar-** oder **Sacheinlage** sein können. 401

Zu den einlagefähigen VG gehören *Sachen* (bewegliche wie unbewegliche) und *Rechte*. Einlagefähige *Rechte* sind zB Forderungen (auch Forderungen gegen die KapGes selbst) und andere dingliche Rechte (Erbbaurechte etc) wie auch sonstige absolute Rechte (Patente etc) einschließlich Teilrechten daran (zB Lizenzrechte an einem Patent). Die Rechte brauchen nicht bereits zu bestehen, sondern sie können auch zu Einlagezwecken neu begründet werden (*Kölner Komm-AktG*[3] § 27 Anm 49; Großkomm GmbHG § 5 Anm 46; *Fastrich* in Baumbach/Hueck GmbHG[20] § 5 Anm 23 ff; *Hüffer*[10] § 183 Anm 2). Als Gegenstand einer verdeckten Sacheinlage kommt auch die **Überlassung von Knowhow** in Betracht (*Kölner Komm-AktG*[3] § 27 Anm 64, *Kölner Komm-AktG*[3] § 183 Anm 13). Allerdings muss es sich um eine fassbare Vermögensposition handeln, dh sie muss Zugriffsobjekt für die Gläubiger der KapGes sein können (Großkomm GmbHG § 5 Anm 33; *Kölner Komm-AktG*[3] § 27 Anm 49–66, *Kölner Komm-AktG*[3] § 183 Anm 9–16; *Hüffer*[10] § 27 Anm 16, 19, § 183 Anm 2). Die Eignung als Zugriffsobjekt für Gläubiger wird teilweise nicht als notwendig erachtet, sofern die Ges über den Gegenstand frei verfügen kann und dieser für Gläubigerinteressen nutzbar gemacht werden kann (*Fastrich* in Baumbach/Hueck GmbHG[20] § 5 Anm 23).

402 Ob auch **Nutzungsüberlassungen** und die Erbringung kostenloser Dienstleistungen einlagefähig sind, war str. Aufgrund des § 27 Abs 2 AktG können nach hM *Dienstleistungen* des Erbringenden oder Ansprüche auf Dienstleistungen Dritter nicht Gegenstand von Sacheinlagen sein. Daher wird auch bei der GmbH die Verpflichtung des Gester zur eigenen Dienstleistung ebenso wie ein Anspruch auf Dienstleistung ggü Dritten nicht als einlagefähig angesehen (*Fastrich* in Baumbach/Hueck GmbHG[20] § 5 Anm 24 und 27 mwN, der den Anspruch auf Dienstleistung ggü Dritten jedenfalls als str ansieht; *Kölner Komm-AktG*[3] § 27 Anm 66). Auch ein **obligatorisches Nutzungsrecht** gegen den Gester wird als nicht sacheinlagefähig angesehen. Nutzungsrechte des Gester ggü Dritten, sofern sie eine gesicherte Rechtsposition darstellen (selbst wenn unentgeltlich erworben), sind einlagefähig (*Hüffer*[10] § 27 Anm 19 mwN, *Hueck/Fastrich* in Baumbach/Hueck GmbHG[19] § 5 Anm 25 f). Auch der *Domain-Name* eines Unt soll Gegenstand einer Sach- und damit auch verdeckten Einlage sein können (vgl *Sosnitza* in GmbHR 2002, 821; *Fastrich* in Baumbach/Hueck GmbHG[20] § 5 Anm 26).

Ein **GFW** ist nicht isoliert einlagefähig, sondern nur iZm der Übertragung eines Handelsgeschäfts (*Winter* in Scholz[11] § 5 Anm 49; Großkomm GmbHG § 5 Anm 56; *Fastrich* in Baumbach/Hueck GmbHG[20] § 5 Anm 26; *Hüffer*[10] § 27 Anm 14, 17).

2. Steuerrecht

403 Der GrS (26.10.1987, BStBl II 1988, 348, Anm 201 aE) verlangt als **Voraussetzung** einer verdeckten Einlage den Ansatz oder die Erhöhung **eines Aktiv-** bzw den Fortfall oder die **Verminderung eines Passivpostens**. Als **Aktivposten** kommen grds auch immaterielle Rechte in Betracht. Der Erfassung eines verdeckt eingelegten GFW – regelmäßig nur iZm der Übertragung eines Betriebs oder Teilbetriebs – steht dabei auch § 5 Abs 2 EStG nicht entgegen (BFH 20.8.1986, BStBl II 1987, 455); die stillen Reserven sind dabei aufzudecken und führen zu entspr Besteuerung beim Gester (BFH 24.3.1987, BStBl II, 705).

Dennoch hält er GrS aaO weiterhin daran fest, dass die unentgeltliche Zuführung von **Nutzungen** bzw von Dienstleistungen nicht einlagefähig sei, selbst wenn sie dinglich gesichert sind. Dies begründet er ergebnisbezogen damit, dass der Ansatz des Nutzungswertes als Einlage dazu führen würde, „dass der auf der Nutzung beruhende und im Betrieb erwirtschaftete Gewinn der Besteuerung entzogen wird, obwohl selbst im Privatvermögen gezogene Nutzungen regelmäßig zu Einkünften aus Kapitalvermögen oder aus Vermietung und Verpachtung führen und der Besteuerung unterliegen."

Auch insoweit, als der Gester **eigene Aufwendungen für eine Nutzungs- überlassung** tätigt, liegt **keine Einlage vor** (GrS aaO Abschn C I Nr 3 lit d).

Bei ausländischen Bet führt die Zuführung von WG nur dann zu einer verdeckten Einlage, wenn auch nach ausländischem GesRecht EK entsteht (BFH 30.5.1990, BStBl II 1990, 875).

3. Gesellschaftsrecht

404 Nach der Legaldefinition des § 19 Abs 4 GmbHG handelt es sich bei einer verdeckten Sacheinlage um eine Geldeinlage eines Gesters, die bei wirtschaftlicher Betrachtung und aufgrund einer im Zusammenhang mit der Übernahme der Geldeinlage getroffenen Abrede vollständig oder teilweise als Sacheinlage zu bewerten ist.

Die Erfüllung der Einlageschuld durch den Gester kann auch durch eine verdeckte Sacheinlage mittels Anrechnung auf die Einlagepflicht erfolgen (§ 19 Abs 4 S 3 GmbHG). Hierbei ist der Wert des VG zum Zeitpunkt der Gründungsanmeldung bzw dem später gelegenen Zeitpunkt der Überlassung an die Ges anzusetzen (so *Wicke GmbHG*[2] § 19 Anm 26).

Entspricht der Wert des VG nicht dem Betrag der übernommenen Stammeinlage, liegt eine Teilerfüllung vor und der Gester hat gem § 9 Abs 1 GmbHG in Höhe des Fehlbetrages eine Einlage in Geld zu leisten. Entspricht dagegen der Wert der verdeckten Sacheinlage dem Betrag der übernommenen Einlage, ist die Einlagepflicht des Gesellschafters als vollständig erfüllt anzusehen (§ 19 Abs 4 S 2 GmbHG). Für verdeckte gemischte Einlagen ist im Falle einer GmbH der Betrag, der über den Nominalwert der Bareinlage hinaus entrichtet wurde, vom Wert des einzulegenden VG abzuziehen (BGH 22.3.2010, BGHZ 185, 44; *Wicke GmbHG*[2], § 19 Anm 26a). Die Rechtsfolgen einer verdeckten Sacheinlage werden auf eine Differenzenhaftung beschränkt (*Kallmeyer in* DB 2007, 2756).

III. Erfassung und Bewertung einer verdeckten Einlage beim Empfänger

1. Handelsrecht

Das Vollständigkeitsgebot nach § 246 verlangt die Erfassung sämtlicher VG, also auch solcher Aktiva, die ohne oder für eine zu geringe Gegenleistung von einem Gester auf die KapGes übertragen werden.

Bei Einlagen, die auf Grund gesrechtlicher Verpflichtungen geleistet werden, ist die Bewertung im AktG oder GmbHG nicht ausdrücklich geregelt. Der Wert der Sacheinlage muss **mindestens** dem Nennbetrag der hierauf zu gewährenden Ges-Rechte entsprechen. Anderenfalls liegt eine Überbewertung der Sacheinlage und damit eine verbotene Unterpariemission vor (§ 9 AktG, § 9 GmbHG). Übersteigt der Wert der Sacheinlage den Nennbetrag (ggf zzgl eines gesrechtlich festgelegten Mehrwerts) der zu gewährenden Ges-Rechte, ist der **Wert der Sacheinlage** maßgeblich, den die Beteiligten festsetzen (so *Fastrich* in Baumbach/Hueck GmbHG[20] § 5 Anm 33 mwN; aA *Hüffer*[10] § 27 Anm 20: ggf Buchwert-Fortführung).

Bei Erwerb von VG, die nicht auf Grund gesrechtlicher Verpflichtungen geleistet werden, richtet sich der Ansatz nach den effektiven **Anschaffungskosten** (§§ 253, 255), was bei Unentgeltlichkeit des Erwerbs bzw bei zu geringen AK zu einem Ansatz von Null bzw in Höhe der effektiven Gegenleistung und bei einer Veräußerung des VG zu einem betrieblichen Ertrag führt. Unter Berufung auf die GoB wird es jedoch nach hM für *zulässig* erachtet, die unentgeltlich erworbenen VG stattdessen mit den Kosten zu aktivieren, die die KapGes bei entgeltlichem Erwerb für sie aufgewandt hätte **(Verkehrswert)**, sog „fiktive Anschaffungskosten" (*ADS*[6] § 255 Anm 97; *Röhricht* in Großkomm AktG[4] § 27 Anm 88 f). Ein Ansatz zum Verkehrswert hat nach § 272 Abs 2 Nr 4 auf der Passivseite eine Einstellung des Differenzbetrags in die Kapitalrücklage zur Folge. Nur „gewollte" Leistungen sind in das EK einzustellen, so dass eine Aktivierung zu einem über den AK liegenden Betrag nur in Betracht kommt, wenn der Gester diesen Willen auch kundgetan und darüber hinaus den Betrag beziffert hat (ebenso *Groh* in DB 1997, 1686 mwN).

2. Steuerrecht

Der Ansatz eingelegter WG (offen oder verdeckt) geschieht unter Aufgabe des Maßgeblichkeitsgrundsatzes auf Grund steuerrechtlicher Sonderbestimmungen zum Teilwert: § 6 Abs 1 Nr 5 EStG iVm § 8 Abs 1 KStG (BFH 26.10.1987, BStBl II 1988, 348; GrS 9.6.1997, BStBl II 1998, 307). Dies gilt auch beim Forderungsverzicht eines Gester oder einer diesem im steuerlichen Sinne nahe stehenden Person (zur Definition der nahestehenden Person im Handelsrecht vgl § 285 Nr 21) iSd § 1 Abs 2 AStG mit dem Teilwert im Zeitpunkt des Verzichts (so GrS 9.6.1997, aaO); sind mehrere Forderungen Gegenstand des Verzichts, ist jede Forderung einzeln zu bewerten (vgl FG Münster 15.6.2011, EFG 2011, 2194); die Zinsforderungen sind vom zugrunde liegenden Darlehen getrennt zu betrachten Der Verzicht auf eine wertlose Forderung führt also in Höhe des Nominalbetrags zu einem steuerpflichtigen Ertrag – weil hier der Teilwert der Einlage „Null" ist. Zum Verzicht eines GesGeschäftsführers auf seine (ggf künftig noch zu erdienende) Pensionsanwartschaft als verdeckte Einlage klarstellend BMF 14.8.2012, BStBl I, 874. Von der Bewertung mit dem Teilwert kann bei KapGes in den Fällen des § 20 UmwStG abgewichen werden.

Die Einschränkungen der Buchstaben a) und b) in § 6 Abs 1 Nr 5 EStG, wonach die Einlagen bei innerhalb der letzten 3 Jahre vor dem Zeitpunkt der Einlage erworbenen WG höchstens mit den AK oder HK anzusetzen sind, gelten nach BFH (GrS 9.6.1997, aaO sowie 11.2.1998, BStBl II, 691) auch für KapGes, aber nur, wenn die Einlage aus dem Privatvermögen stammt (gem Wortlaut und Teleologie des § 6 Abs 1 Nr 5 S 1 lit b, vgl BFH 11.2.1998, aaO; BMF 2.11.1998, BStBl I, 1227; dazu auch: BFH 4.3.2009, BStBl II 2012, 341). Die verdeckte Einlage wesentlicher Bet steht einer Veräußerung gleich (§ 17 Abs 1 S 2 EStG) und ist mit dem gemeinen Wert bei der KapGes anzusetzen (BMF 2.11.1998, aaO; BFH 11.2.1998, aaO). Ebenfalls kann eine Wertverschiebung zwischen Gester einer GmbH im Rahmen einer nicht verhältniswahrenden Verschmelzung zu einer verdeckten Einlage in die dadurch wertmäßig begünstigte KapGes führen (BFH 9.11.2010, BStBl II 2011, 799). § 6 Abs 6 S 2 EStG ergänzt dies um die verdeckte Einlage in eine im Betriebsvermögen gehaltene Bet an einer KapGes. Wird die verdeckte Einlage hingegen aus dem Privatvermögen getätigt, sind die WG in das Betriebsvermögen einzulegen und erst im Anschluss in die KapGes (so auch Hiby in Lippross, EStG § 6 Anm 468). Hierdurch erhöhen sich die AK der Bet an der KapGes um den TW der WG. Eine nicht in das Stammkapital fließende Einlage ist in das steuerliche Einlagekonto (§ 27 KStG) einzustellen.

IV. Erfassung und Bewertung einer verdeckten Einlage beim bilanzierenden Gesellschafter

1. Handelsrecht

407 S § 255 Anm 144 ff.

2. Steuerrecht

407a S § 255 Anm 162 ff.

V. Vorteilsausgleich

1. Handelsrecht

408 Nach § 311 AktG (für die GmbH gilt keine entspr gesetzliche Regelung) darf ein herrschendes Unt, wenn kein Beherrschungsvertrag besteht, seinen Einfluss nicht dazu benutzen, eine abhängige AG oder KGaA zu veranlassen, ein für sie **nachteiliges Rechtsgeschäft** vorzunehmen oder Maßnahmen zu ihrem Nachteil zu treffen. Von einer Schadenersatzpflicht des herrschenden Unt wird abgesehen, sofern bis zum Ende des Gj ein **Nachteilsausgleich** stattfindet. Der Nachteilsausgleich stellt keine Zuzahlung des Gester nach § 272 Abs 2 Nr 4 dar, er ist wie die vorangegangene Zuwendung der KapGes ergebniswirksam. Ein solcher Nachteilsausgleich ist auch im GmbH-Konzernrecht geboten (*Zöllner* in Baumbach/Hueck GmbHG[20] Anhang I Anm 79). Hier werden jedoch insofern strengere Maßstäbe angelegt, als der Ausgleich nicht bis zum Ende des Gj hinausgeschoben werden darf, sondern sofort bei Einflussnahme erfolgen muss (*Emmerich* in Scholz[10] Anhang KonzRecht Anm 75). Der Schadensausgleich ist hier grds durch Rückgängigmachung des Eingriffs zu leisten (*Zöllner* in Baumbach/Hueck GmbHG[20] Anhang I Anm 79).

2. Steuerrecht

Unter **Vorteilsausgleich** wird die Saldierung von vorteilhaften mit nachteiligen Geschäften verstanden, wobei nur auf schuldrechtlicher Grundlage erbrachte Vermögensvorteile betrachtet werden (BFH 8.6.1977, BStBl II, 704; BFH 27.7.2010, BFH/NV, 2119). Vor- und nachteiliges Geschäft werden gesondert bilanziert (zB Unter-Preis-Verkauf einer Ware einerseits und Zuzahlung auf der anderen Seite). Soweit sich vor- und nachteilige Geschäfte ausgleichen, liegt steuerrechtlich weder eine vGA noch eine verdeckte Einlage vor (BFH 10.3.1993, BStBl II, 635). Als Kompensation einer vGA kommen uE nicht nur verdeckte Einlagen, sondern auch nicht einlagefähige unentgeltliche Nutzungsüberlassungen in Betracht, weil die KapGes auch in diesen Fällen tatsächlich keinen Vorteil gewährt. 409

Anerkennung des Vorteilsausgleichs: Leistung und Gegenleistung aus einem **gegenseitigen Vertrag** sind immer zu verrechnen. Das gleiche gilt für Leistungen und Gegenleistungen aus Rechtsgeschäften, die so eng zusammenhängen, dass sie wirtschaftlich als **einheitliches Geschäft** anzusehen sind. Mangelt es an der Gegenseitigkeit oder der Einheitlichkeit des Geschäfts, bedarf es zwischen KapGes und Gester einer im Voraus getroffenen klaren und eindeutigen **Vereinbarung** (BFH 8.6.1977, aaO; BFH 10.3.1993, aaO), derzufolge ein Nachteil wegen des an anderer Stelle gewährten Vorteils in Kauf genommen wird. Nach neuer Rspr dürfte ständige Übung zur Verknüpfung ausreichen (glA *Streck*[7] § 8 Rz 247 ff mwN).

Die FinVerw erkennt auch einen Vorteilsausgleich an, wenn nicht im Voraus, aber spätestens **zum Ende des Wirtschaftsjahres bestimmt** ist, wann und durch welche Vorteile die Nachteile ausgeglichen werden. Darüber hinaus müssen die Nachteile innerhalb der drei folgenden Wj tatsächlich ausgeglichen oder aktiviert sein (Verwaltungsgrundsätze, BStBl I 1983, 218 Tz 2.3.3). Diese Auslegung ist zu eng und wird durch die Rspr nicht gestützt (*Katterbe* in DB 1983, 368).

Die Begriffe des handelsrechtlichen Nachteilsausgleichs und des steuerrechtlichen Vorteilsausgleichs decken sich damit nur teilweise.

VI. Rückgewähr verdeckter Einlagen

1. Auswirkungen bei der Kapitalgesellschaft

a) Handelsrecht

Werden Einlagen nicht gesrechtlicher Art ergebniswirksam erfasst (Anm 405 Abs 3), unterliegt umgekehrt ihre **Rückgewähr** den gesetzlichen Bestimmungen 410 über die Verwendung des Bilanzgewinns. Erfolgt auch die Rückgewähr der Einlage in verdeckter Form, besteht handelsrechtlich **kein Zwang zur Realisierung stiller Reserven**. Jedoch sind auf diesen Vorgang die gesetzlichen Bestimmungen anzuwenden, die der Erhaltung des Vermögens der KapGes dienen (§§ 57 AktG, 30 f GmbHG).

b) Steuerrecht

411 Die **Rückgewähr** einer verdeckten Einlage kann im Wege einer **offenen Gewinnausschüttung** oder aber in verdeckter Form erfolgen. Die **verdeckte Einlagenrückgewähr** ist eine Vorteilsgewährung iSe vGA (BFH 17.10.1984, BStBl II 1985, 69). Im 18-jährigen Übergangszeitraum des körperschaftssteuerrechtlichen Systemwechsels lösen allein die offene Gewinnausschüttung sowie die Vorabausschüttung eine **Minderung der Körperschaftssteuer** nach § 37 KStG aus. Eine **Körperschaftssteuererhöhung** nach § 38 KStG stellt sich hingegen auch bei vGA ein, für die das Alt-EK_{02} nach der in § 38 Abs 1 S 4 KStG festgelegten Verwendungsfiktion als verwendet gilt.

412 Mit der getrennten Erfassung der verdeckten Einlage und ihrer Rückgewähr geht die Steuerneutralität des Gesamtvorgangs verloren. Zwar wird die Einlage im steuerlichen Einlagenkonto gem § 27 KStG (*BMF* 4.6.2003, BStBl I, 366) erfasst, die Rückgewähr erfolgt jedoch wegen der gesetzlich vorgeschriebenen **Ausschüttungsfolge** der §§ 27 Abs 1 S 3, 38 Abs 1 S 4 KStG wie folgt: Zunächst aus Alt-Rücklagen (Konsequenz: KSt-Minderung gem § 37 KStG, sofern KSt-Guthaben vorhanden), dann aus Alt-EK_{02} (definitive KSt-Zusatzbelastung) und dann erst aus dem durch die Einlage begründeten steuerlichen Einlagenkonto (§ 27 KStG, keine Minderung oder Erhöhung der KSt, keine KapESt).

Diese Rechtsfolgen können insb dann für Gester und KapGes sehr nachteilig sein, wenn die Rückgewähr an einen ausländischen Gester (zB auf Grund von Beanstandungen ausländischer Steuerverwaltungen) der KapESt unterliegt (BFH 13.11.1985, BStBl II 1986, 193). Der Weg der schlichten Ergebnisberichtigung nach § 1 AStG wäre sachgerecht.

413 Bei der Rückgewähr verdeckter Einlagen liegt uE auch steuerrechtlich weder eine Einlage noch eine Ausschüttung vor, wenn die Einlage erst gar nicht in das Vermögen der KapGes übergegangen ist, weil von Anfang an ein (zunächst nicht bekannter) **Anspruch auf Rückgewähr** bestand. Nach Ansicht des BFH reicht jedoch ein dinglicher Rückgewähranspruch nicht aus, weil erst weitere Umstände hinzukommen müssten, damit sich der Rückgewähranspruch wirtschaftlich manifestiere, nämlich durch Kenntniserlangen des Anspruchsberechtigten und Kundgabe seines Willens, die Rückgewähr zu verlangen (BFH 23.5.1984, BStBl II, 723). Deshalb behandelt der BFH auch in diesem Fall die verdeckte Einlage und deren Rückgewähr als zwei getrennte, nicht miteinander saldierbare Vorgänge (BFH 4.7.1984, BStBl II, 842); eine ex-tunc-Wirkung würde danach mit dem steuerrechtlichen Grundsatz kollidieren, dass der Gester seine Rechtsbeziehungen zur KapGes von vornherein klar und eindeutig zu gestalten habe und dass Unklarheiten steuerrechtlich zu Lasten der KapGes bzw des Gester gehen. Keine vGA liegt aber vor, wenn die Rückgewähr auf Grund eines Besserungsscheins erfolgt (BFH 3.12.1996, BFH/NV 1997, 265).

414 Auch die Wirkung von **Steuer- und Satzungsklauseln** ist in diesem Zusammenhang aufgrund der Rückwirkungsproblematik umstritten (§ 278 Anm 127 ff, ggf vGA). FinVerw und BFH stehen auf dem Standpunkt, dass eine solche Klausel der steuerrechtlichen Annahme eines Doppelvorgangs (vGA mit nachfolgender verdeckter Einlage) nicht entgegenstehe (*BMF* 6.8.1981, BStBl I, 599; BFH 25.5.1999, BStBl II 2001, 226; BFH 29.8.2000, BStBl II 2001, 173).

2. Auswirkungen beim bilanzierenden Gesellschafter

a) Handelsrecht

Die Rückgewähr einer als Ertrag ausgewiesenen verdeckten Einlage im Wege der offenen Gewinnausschüttung ist untrennbarer Bestandteil der Dividende und damit normaler BetErtrag. Eine dadurch bewirkte Wertminderung der Bet des Gester ist durch eine außerplanmäßige Abschreibung zu berücksichtigen. Sie dürfte aber wegen der Vielzahl wertbildender Faktoren die Ausnahme sein, auch wenn die verdeckte Einlage zuvor zu einer Erhöhung des BetWerts geführt hat (dazu § 255 Anm 144 ff, 162 ff).

Eine Rückgewähr in verdeckter Form unterliegt den gleichen Grundsätzen wie die verdeckte Einlage selbst. UE darf wegen des AK-Prinzips nicht über den tatsächlichen Rückerwerbspreis hinausgegangen werden. Der Tauschgedanke (§ 255 Anm 39 ff) scheidet aus, da auf keine Ges-Rechte verzichtet wird.

b) Steuerrecht

Die unmittelbaren Rechtsfolgen einer Einlagenrückgewähr beim Gester richten sich danach, ob nach der in Anm 412 dargestellten Verwendungsreihenfolge das steuerliche Einlagekonto gem § 27 KStG für eine Ausschüttung als verwendet gilt. Sämtliche Ausschüttungen, für die das steuerliche Einlagekonto nicht als verwendet gilt, führen zu grds steuerpflichtigen Einkünften beim Gester. Ist der Gester jedoch eine KapGes, bleibt die Ausschüttung bei diesem nach § 8b Abs 1 iVm Abs 5 KStG im Ergebnis zu 95% steuerfrei (Steuerfreistellung nach § 8b Abs 1 KStG; Fiktion nichtabzugsfähiger Betriebsausgaben nach § 8b Abs 5 KStG in Höhe von 5%). Natürliche Personen, die ihre Anteile an einer KapGes im Betriebsvermögen halten, versteuern die Ausschüttung lediglich zu 60% (§ 3 Nr 40 EStG), natürliche Personen mit Anteilen im Privatvermögen unterliegen mit ihren Ausschüttungen der Abgeltungsteuer (§§ 20 Abs 1 Nr 1, 32d Abs 1 EStG). Ausschüttungen aus dem steuerlichen Einlagekonto stellen gem § 20 Abs 1 Nr 1 S 3 EStG steuerrechtlich keine Einkünfte dar, sondern Kapitalrückzahlungen. Sofern der BetBuchwert entspr zu mindern ist (BFH 16.3.1994, BStBl II, 527), stellen diese Ausschüttungen keine steuerbare Vermögensmehrung dar (BFH 28.10.2009, BStBl II 2011, 898). Diese Ausschüttungen führen bzgl des BetBuchwerts zu einer Abweichung zwischen HB und StB. Die Minderung des steuerlichen BetBuchwerts beruht nicht auf einer einkommensmindernden Abschreibung, sondern nach BFH vom 16.3.1994 (aaO) darauf, dass es sich bei der Dividende um eine nicht steuerbare Einnahme handelt, deren Nichtsteuerbarkeit dadurch vollzogen wird, dass der BetBuchwert in der StB um den Dividendenbetrag gemindert wird. Eine Anpassung an die StB durch außerplanmäßige Abschreibungen wegen Wertminderung der Bet ist denkbar. Übersteigt die Ausschüttung aus dem steuerlichen Einlagekonto den BetBuchwert, behandelt die FinVerw den übersteigenden Betrag als stpfl Betriebseinnahme (BMF 28.4.2003, BStBl I, 292; so auch BFH 16.3.1994, aaO; kritisch dazu *Hoffmann* GmbH-StB 2003, 210 sowie *Schwedhelm/Olbing/Binnewies* GmbHR 2010, 1248).

VII. Verdeckte Einlage und Sanierung

1. Handelsrecht

Die Sanierung unterscheidet sich begrifflich von der verdeckten Einlage dadurch, dass der Gester dabei wie ein **fremder Dritter** gehandelt hat, dh auch ohne gesrechtliche Beziehungen den Vorteil zugewendet hätte, um sonst drohenden größeren Schaden abzuwenden.

Diese begriffliche Abgrenzung wurde durch das Steuerrecht geschaffen (*Streck*[7] § 8 Rz 117). Sie hat auch handelsrechtlich Relevanz: zu Sanierungszwecken gegebene Zuschüsse oder Forderungsverzichte führen anders als Zahlungen in das EK iSv § 272 Abs 2 Nr 4 zu **außerordentlichen Erträgen**, weil der Gester hier wie ein fremder Dritter handelt (§ 275 Anm 215 ff).

Nicht selten ist die Sanierungsleistung an eine Rückgewährverpflichtung für den Fall künftiger Gewinne oder eines Liquidationsüberschusses geknüpft **(Besserungsschein)**. Die Tatsache des Besserungsscheins ändert nichts daran, dass der Sanierungsvorteil uneingeschränkt in das Vermögen der KapGes übergegangen ist, also die Passivierung einer Verbindlichkeit für die Zwischenzeit entfällt (zur Angabepflicht im Anhang gem § 160 Abs 1 Nr 6 AktG, § 284 Anm 45 und § 285 Anm 78).

2. Steuerrecht

418 Sanierung und verdeckte Einlage sind zu unterscheiden. Handelt der Gester wie ein fremder Dritter, führt der **Sanierungsbeitrag** zu steuerpflichtigen Erträgen. Spätere Rückzahlungen auf Grund eines Besserungsscheins mindern das Einkommen, da sie iZm steuerpflichtigen Sanierungsgewinnen stehen.

Für den BFH (30.4.1968, BStBl II, 720) ist es ein Indiz gesrechtlichen und nicht betrieblichen Handelns, wenn nur der Gester und nicht auch fremde Kapitalgeber wesentliche Sanierungsbeiträge leisten. Handelt der Gester nicht wie ein fremder Dritter (zB weil er alleine Beiträge leistet oder sein Beitrag erheblich höher als der der Fremden ist), liegt eine verdeckte Einlage vor, die im steuerlichen Einlagekonto auszuweisen ist.

Bei Bedienung des Besserungsscheins nach vorheriger verdeckter Einlage liegt keine vGA vor. Der Abgang des EK erfolgt unmittelbar beim steuerlichen Einlagekonto, nicht nach der gesetzlichen Ausschüttungsfolge (BFH 30.5.1990, BStBl II 1991, 588; BMF 2.12.2003, BStBl I, 648). Führt der Forderungsverzicht zu einem steuerpflichtigen Ertrag, muss das Wiederaufleben der Forderung steuerlich abzugsfähig sein. Hat ein GesterWechsel nach dem Forderungsverzicht stattgefunden, will die FinVerw die Regelungen zum schädlichen Gester-Wechsel auf die vom Besserungsschein verkörperten späteren Aufwendungen angewendet wissen (vgl *BMF* 2.12.2003, aaO zur Anwendbarkeit von § 8 Abs 4 KStG aF). Der BFH hat dieser Auffassung in Ermangelung einer gesetzlichen Grundlage jedoch eine Absage erteilt (BFH 12.7.2012 I R 23/11, DStR 2012, 2058).

VIII. Verdeckte Einlage und körperschaftsteuerrechtliche Organschaft

419 Die Organschaft nach KStG (hierzu ausführlich § 271 Anm 104 ff) hebt *nicht* die steuerrechtliche Selbständigkeit der Einzelnen zum Organkreis gehörenden Ges auf (BFH 1.8.1984, BStBl II 1985, 18). Entspr führen auch in Organschaftsfällen verdeckte Einlagen zur Aktivierung auf dem BetKonto und Einlagen von Sachwerten zur **Auflösung stiller Reserven beim Gesellschafter** und zur Einstellung in das steuerliche Einlagekonto bei der KapGes. Auch die **Verlustübernahme** durch den Organträger auf Grund eines EAV stellt an sich eine verdeckte Einlage dar. Sie darf jedoch nicht auf dem BetKonto aktiviert werden. Die verdeckte Einlage der Bet an der OrganGes steht der Veräußerung gleich (§ 14 Abs 4 S 5 KStG).

Eigenkapital 420, 450 § 272

Eine während der Geltung des EAV zulässigerweise (§ 14 Abs 1 Nr 4 KStG) bei der OrganGes gebildete Gewinnrücklage ist, obwohl aus eigenem Vermögen stammend, kraft Gesetzes (§ 27 Abs 6 KStG) dem steuerlichen Einlagekonto des Organträgers zuzuordnen, dh der in die Rücklage eingestellte Betrag gilt als an den Organträger abgeführt und wiedereingelegt. Dementspr bildet der Organträger zusätzlich zum BetBuchwert in der StB einkommensneutral einen aktiven AusglPo iHd Teils der versteuerten Rücklagen, der seiner BetQuote am Nennkapital der OrganGes entspricht (R 63 Abs 1 KStR). Dadurch erhöht sich das Betriebsvermögen des Organträgers in der StB (*BMF* 10.1.1981, BStBl I, 44). Ein für vororganschaftlich bedingte Minderabführungen gebildeter AusglPo ist nach § 14 Abs 3 S 2 KStG einer (verdeckten) Einlage gleichgestellt.

IX. Verhältnis zu § 1 AStG

Diese Vorschrift schreibt eine **Gewinnkorrektur** vor, wenn ein Stpfl aus Geschäftsbeziehungen mit einer ihm nahe stehenden Person i.S. § 1 Abs 2 AStG seine Einkünfte dadurch mindert, dass er im Rahmen solcher Geschäftsbeziehungen zum Ausland Bedingungen vereinbart, die voneinander unabhängige Dritte unter entspr Verhältnissen nicht vereinbart hätten. **420**

Die Grundsätze zur verdeckten Einlage und § 1 AStG sind nicht deckungsgleich. § 1 AStG erfasst nur Vorteilszuführungen ins Ausland, nicht auch Zuführungen aus dem Ausland ins Inland. Nach Auffassung der FinVerw geht die verdeckte Einlage § 1 AStG (Verwaltungsgrundsätze, BStBl I 1983, 218 Tz 1.1.3.; Verwaltungsgrundsätze-Verfahren, BStBl I 2005, 570 Tz 5.3.3) vor. Damit konzentriert sich der Anwendungsbereich des AStG bei ausländischen Tochter-KapGes auf **nicht oder nur teilweise entgeltliche Nutzungsüberlassungen** und **Dienstleistungen** (*Woerner* in BB 1983, 849; BFH 19.5.1982, BStBl II, 631; BFH 24.5.1984, BStBl II, 747).

Beim Vorteilsausgleich nach § 1 AStG sind im Gegensatz zum Ausgleich von vGA und verdeckten Einlagen auch **Vorteile und Nachteile** aus mehreren Rechtsgeschäften saldierbar. Man spricht von einem **erweiterten Vorteilsausgleich** nach § 1 AStG (*Brezing* Verrechnungsentgelte und Umlagen zwischen Kapitalgesellschaften und ihren Gestern im Steuerrecht, Köln 1975, 104, 135 f).

K. Abweichungen der IFRS

Schrifttum: Arbeitskreis *„Externe Unternehmensrechnung"* der Schmalenbach-Gesellschaft Behandlung „eigener Aktien" nach deutschem Recht und US_GAAP unter besonderer Berücksichtigung der Änderungen des KonTraG, DB 1998, 1673; *Petersen/Zwirner* IAS 32 (rev 2008 – Endlich (mehr) Eigenkapital nach IFRS?, DStR 2008, 1060); *Heintges/Kroner/Urbanczik* IFRIC 17 „Distribution of Non-cash Assets to Owners" KoR 2009, 494; *Schmidt/Reinholdt* Eigene Aktien nach IFRS, IRZ 2009, 53; IDW RS HFA 45 Einzelfragen zur Darstellung von Finanzinstrumenten nach IAS 32, FN-IDW 5/2011, 326; *Bardens/Klockmann/Tamm* Kosten eines Börsengangs im IFRS-Abschluss, IRZ 2011, 297.

Standards: Rahmenkonzept für die Rechnungslegung *(The Conceptual Framework for Financial Reporting)* (2010); IAS 1 Darstellung des Abschlusses *(Presentation of Financial Statements)* (amend May 2010).

I. Allgemeines

Was nach den IFRS als EK gilt, bestimmt sich rein nach der wirtschaftlichen **450** Betrachtungsweise, nicht hingegen nach der rechtlichen Eingruppierung. F 4.4(c)

Förschle/Kroner 1101

definiert das EK eines Unt als Residualanspruch der Anteilseigner am Nettovermögen (s auch IAS 32.11 zur Definition von *equity instruments*). Die Definition gilt grds rechtsformunabhängig (F 4.23). Nach IAS 32.16 ff handelt es sich grds nur dann um EK, wenn das Unt – der Emittent – keine bedingte oder unbedingte Verpflichtung zur Lfg von Zahlungsmitteln oder anderen Vermögenswerten hat. Mit Einfügung der Regelungen IAS 32.16 A-F qualifizieren FinInst, die dem Halter ein „Rückgaberecht" ggü dem Emittenten gewähren *(puttable instrument)* dennoch als EK, wenn sie bestimmte Bedingungen, wie zB Nachrangigkeit, erfüllen. Als Folge dieser Vorschriften ist es nunmehr auch PersGes möglich, in deren IFRS-Abschluss EK auszuweisen (vgl *Petersen/Zwirner*, 1061; zum Ausweis von EK bei Genossenschaften vgl § 337 Anm 14).

Das EK ist neben den Vermögenswerten und Schulden das dritte Hauptelement der Bilanz *(Statement of financial position)* (F 4.2). In F 4.3 iVm F 4.20 wird klargestellt, dass eine entscheidungsorientierte Darstellung die Aufteilung dieser Hauptelemente in sachgerechte Untergruppen bedingt. IVm IAS 1.77 werden diese „Mindestanforderungen" an eine Gliederung verbindlicher Rechnungslegungsgrundsatz und sind Ausdruck des *true and fair view* bzw der *fair presentation* (**„Grundsatz der angemessenen Darstellung"**). Die notwendige Untergliederung ist jedoch nicht zwangsläufig in der Bilanz vorzunehmen; sie darf gleichwertig auch im Anhang *(notes)* erfolgen.

451 IAS 1.79 enthält demggü eine Fülle von nicht zwangsläufig gliederungsrelevanten Offenlegungserfordernissen das EK betr, denen ebenfalls entweder in der Bilanz, der EK-Veränderungsrechnung *(Statement of changes in equity)* oder im Anhang nachzukommen ist. Zu veröffentlichen ist zB die Zahl der Aktien/Anteilsrechte, die das genehmigte *(authorised)* Kapital repräsentieren, der Nennwert der einzelnen Aktiengattungen oder die Tatsache, dass die Aktien/Anteilsrechte keinen Nennwert haben.

452 Im Unterschied zum HGB, welches für kapmarkt KapGes gem § 264 Abs 1 S 2 nur dann einen „Eigenkapitalspiegel" verlangt, wenn kein KA aufzustellen ist, verlangen die IFRS die Aufstellung einer EK-Veränderungsrechnung generell als eigenständige Abschlusskomponente auch für den JA (vgl IAS 1.106 iVm 10 (c) sowie *ADS Int* Abschn 22).

II. Bestandteile des Eigenkapitals

455 Eine verbindliche Darstellung und Beschreibung des EK und seiner einzelnen Bestandteile innerhalb der Bilanz existiert unter IFRS nicht. IAS 1.78 (e) zählt beispielhaft Untergruppen auf, die im Einzelfall für eine weitere Aufgliederung des EK in Frage kommen. Diese entsprechen jedoch vornehmlich dem Wesen der KapGes. Soweit es die Darstellung des EK anderer Rechtsformen betrifft, kann mitunter den nationalen, insb gesrechtlichen Vorschriften Rechnung getragen werden (vgl *ADS Int* Abschn 22, Anm 26). Darüber hinaus sind die besonderen Ausweisvorschriften der einzelnen Standards (vgl zB IFRS 10.22) bzgl des Ausweises des Anteils der MinderheitsGester *(non-controlling interests)* am Konzern-EK) oder Interpretationen zu beachten.

1. Gezeichnetes Kapital

456 Den unterschiedlichen nationalen Rahmenbedingungen Rechnung tragend, ist nach IFRS die Emission nennwertloser Aktien/Anteilsrechte vorgesehen (Schlussfolgerung aus Formulierung in IAS 1.79 (a) (iii)). Das gezeichnete Kapital *(issued share capital)* kann sich demzufolge aus Aktien/Anteilsrechten mit oder ohne Nennwert *(par value*; § 8 AktG) sowie aus Vorzugsaktien zusammensetzen.

Eigenkapital § 272

a) Noch nicht eingezahltes Kapital

Ein Ausweis bisher nicht eingeforderter **ausstehender Einlagen** auf das gezeichnete Kapital *(capital not yet paid in)* hat als finanzieller Vermögenswert auf der Aktivseite zu erfolgen. Mit der Übernahme von Aktien bei der Gründung, mit der Annahme der Zeichnung durch die Ges bei einer Kapitalerhöhung oder mit Erwerb einer nicht volleingezahlten Aktie entsteht die Pflicht des Gesters zur Einlage und damit eine Forderung aus Sicht der Ges. Die Ges hat Anspruch auf Zahlung in Geld. Mit der Einforderung wird eine bereits existierende Forderung fällig gestellt. IAS 1.79 (a) (ii) fordert lediglich eine stückzahlenmäßige Angabe sowohl der emittierten Aktien, bei denen der „Ausgabebetrag" (nicht das darauf entfallende Grundkapital) bereits vollständig eingezahlt ist, als auch der emittierten Aktien, bei denen dies noch nicht erfüllt ist. Die Vorschriften des Abs 1 über das gezeichnete Kapital sind demzufolge detaillierter, was aber auf die spezifisch deutschen Belange zurückzuführen ist. **457**

b) Vorzugsaktien

Vorzugsaktien *(preferred shares)* gehören als Anteilsrechte nicht zwangsläufig zum EK des Unt. Abhängig von den verbrieften Rechten können sie auch unter den Schulden *(liabilities)* auszuweisen sein. **458**

Gem IAS 32.18 (a) iVm IAS 32 AG 25 sind **„rückzahlbare" Vorzugsaktien** *(redeemable preferred shares)*, bei denen der Inhaber zu einem festgelegten oder frei bestimmbaren Zeitpunkt von dem Emittenten die Herausgabe von finanziellen Vermögenswerten (idR Geldzahlung) fordern kann, den Schulden/Verpflichtungen zuzuordnen. Gleiches gilt, wenn die Option auf Herausgabe vom Eintritt eines zukünftigen Ereignisses abhängt und der Eintritt dieses Ereignisses zum Bilanzstichtag absehbar bzw sehr wahrscheinlich *(highly likely)* ist. Ein Ausweis unter den Schulden ist ferner dann vorgeschrieben, wenn zwar keine vertragliche Verpflichtung zur Herausgabe besteht oder der Inhaber eine entspr Option hat, die zukünftig zu zahlenden Vorzugsdividenden aber eine solche Höhe annehmen werden, dass aus wirtschaftlichen Erwägungen für den Emittenten keine andere Möglichkeit als die Ablösung der besonderen Anteilsrechte verbleibt. **459**

2. Kapitalrücklage

Dem IFRS-Verständnis entspr wären unter diesen Posten Rücklagen zu fassen, die niemals Ergebnisbestandteil waren *(capital reserves)* und die ausschließlich auf Geschäftsvorfälle auf Ebene der Gester zurückzuführen sind (zB typischerweise Einlage- und Entnahmevorgänge). Allerdings ist zu berücksichtigen, dass international eine solche Rücklagenart uU nicht üblich ist und insoweit Geschäftsvorfälle auf Ebene der Gester ebenfalls unter den Gewinnrücklagen *(retained earnings;* vgl Anm 470 ff) ausgewiesen werden. **460**

Aktienaufgelder kommen grds nach den IFRS als gesonderter Posten des EK in Frage (IAS 1.78 (e)). **461**

Unter die *capital reserves* fallen auch die Beträge der anderen Zuzahlungen iSv Abs 2 Nr 4 sowie die in das EK geleisteten Beträge zur Erlangung von Vorzügen (Abs 2 Nr 3). **462**

Für die **Ausgabe neuer Aktien** regelt IAS 32.35, dass Transaktionskosten, die einer EK-Transaktion direkt zurechenbar sind und die ohne die EK-Transaktion vermieden worden wären, vom EK abzuziehen sind. Der Abzug (nach Ertragsteuern) gilt nur für Transaktionskosten, die iZm der Schaffung neuen Kapitals anfallen (häufig eine einen Börsengang (IPO) vorbereitende Kapitalerhöhung), nicht hingegen für die Notierung bereits bestehenden Aktienkapitals *(secondary offering)*. Bei einem zeitlichen Zusammentreffen der Platzierung bereits **463** bestehender sowie neuer Aktien, sind die Transaktionskosten in einem angemessenen Verhältnis aufzuteilen (IAS 32.38).

464 Zu den vom EK abzugsfähigen Transaktionskosten zählen zB Druckkosten für Aktienurkunden, Bankprovisionen, die Kosten zur Erstellung des Börsenprospekts oder der Einholung eines Comfort-Letter (zu weiteren Beispielen s *Bardens/Klockmann/Tamm* 298 f). Ausgaben für Werbung oder Roadshows iVm dem Börsengang, dh Maßnahmen, die eher der allgemeinen Steigerung des Bekanntheitsgrads des Unt dienen, unterliegen hingegen einem Abzugsverbot.

465 In dem Maße, wie vorstehend beschriebene Transaktionskosten unter IFRS mit dem EK verrechnet werden, während sie für die steuerrechtliche Gewinnermittlung abzugsfähige Betriebsausgaben darstellen, sind daraus resultierende Steuereffekte gem IAS 32.35/IAS 12.61A gleichfalls im EK zu berücksichtigen.

466 Für „echte" Wandelschuldverschreibungen (**Wandelanleihen;** *warrants*) schreibt IAS 32 eine Aufteilung in Rückzahlungsverpflichtung und Umwandlungsrecht *(call option)* vor. Das Wandlungsrecht ist EK-Bestandteil (vgl IAS 32.29). Die beispielhafte Ermittlung der Aufteilung des dem Unt zugeflossenen Betrags in EK und Schulden in IAS 32 IE34–IE36 unterstellt eine Unterverzinslichkeit der Anleihe. Dh der Inhaber der Wandelanleihe erhält als Ausgleich für die nicht marktgerechte Verzinsung die Chance, den Rückzahlungsanspruch in Anteilsrechte des Anleiheemittenten zu wandeln und damit selbst Anteilseigner zu werden. Die Vorgehensweise gem IAS 32 ist insoweit eindeutig, als der Vorgang streng erfolgsneutral zu behandeln ist (vgl IAS 32.31). Er führt aber auf der anderen Seite zu einem Ansatz der Verbindlichkeit unter dem Rückzahlungsbetrag. Nach HGB verbietet sich ein Ansatz der Verbindlichkeit unter ihrem Erfüllungsbetrag (bei Geldleistungsverpflichtungen ist dies der Rückzahlungsbetrag) nach § 253 Abs 1 S 2. In der handelsrechtlichen Literatur wird deshalb für unterverzinsliche Wandelanleihen der Nichtansatz bzw Ansatz eines Disagios vorgeschlagen (vgl *ADS*[6] § 272 Anm 124 ff). Die sofortige Aufwandsverrechnung des Unterschiedsbetrags aus Rückzahlungsbetrag und Barwert in Folge des Nichtansatzes eines Disagios widerspricht der Feststellung in IAS 32.31, der Vorgang sei erfolgsneutral. Der Ansatz eines Disagios in Ausübung des Wahlrechts nach § 250 Abs 3 erscheint hingegen nicht IFRS-konform, obwohl die Aufwandsverrechnung aus der Auflösung des Disagios (Zinsaufwand) nach HGB in den Folgejahren zur gleichen Ergebnisbelastung führen kann, wie die Aufzinsung der Verbindlichkeit nach IFRS.

467 Erwirbt das Unt Güter und/oder Dienstleistungen gegen Hingabe eigener Aktien oder gewährt das Unt seinen Mitarbeitern Aktien für deren Arbeitsleistung, wird der beizZW der empfangenen Leistungen gem IFRS 2.10 ff ebenfalls unter diesem Posten ausgewiesen (vgl hierzu ausführlich Anm 500 ff).

3. Gewinnrücklagen *(retained earnings)*

470 Diese Rücklagenart wird als *revenue reserves* bezeichnet, da ihre Dotierung aus den Gj-Ergebnissen erfolgt. Die Gj-Ergebnisse bestehen sowohl aus erfolgswirksam verrechneten Geschäftsvorfällen *((Konzern-)Periodenergebnis bzw profit or loss for the year)* wie auch – abw zu HGB – „erfolgsneutral" verrechneten Geschäftsvorfällen außerhalb der GesterEbene *(Sonstiges (Konzern-)Periodenergebnis bzw other comprehensive income)*. Vgl zu den hier verwendeten Begrifflichkeiten § 275 Anm 332 ff.

471 Der Posten Gewinnrücklagen *(retained earnings)* setzt sich grds aus den **thesaurierten Vorjahresergebnissen** *(accumulated profits/losses)* sowie dem **(Konzern-)Periodenergebnis** der GuV zusammen; gedanklich repräsentiert er insoweit das Ausschüttungspotential des Unt (s jedoch Anm 474).

Eigenkapital 472–477 § 272

Aus dem Umstand, dass neue Standards oder Interpretationen grds retrospektiv **472** anzuwenden sind – die neuen Vorschriften sind mit ihrer erstmaligen Anwendung im Abschluss so darzustellen, als wären sie bereits in der Vergangenheit in gleicher Weise angewendet worden –, ergibt sich regelmäßig ein Anpassungsbedarf in der EB des (ersten) im Abschluss dargestellten Vergleichsjahrs (vgl zB IAS 8.19 (b) sowie § 275 Anm 376). Gleiches gilt für die Berichtigung von fehlerhaften Vj-Abschlüssen (vgl IAS 8.42 (b) sowie § 275 Anm 382). Soweit sich die Anpassungen auf erfolgswirksame Geschäftsvorfälle beziehen, sind diese gegen die Gewinnrücklagen vorzunehmen (s beispielhafte Darstellung in Anm 477). IFRS 1 unterstellt iZm der erstmaligen Aufstellung eines IFRS-Abschlusses gleichfalls eine Anpassung der Gewinnrücklagen, soweit die Anpassung nicht vorzugsweise gegen eine andere EK-Komponente vorzunehmen ist.

Nach den IFRS ist das Gj-Ergebnis Teil der *retained earnings*. Die IFRS kennen **473** **keine Gewinnverwendungsrechnung** in Fortführung der GuV iSd § 158 AktG, um den zur Ausschüttung vorgeschlagenen (Bilanz-)Gewinn (bzw Bilanzverlust) zu ermitteln. In der EK-Veränderungsrechnung oder im Anhang ist die im Gj insgesamt und pro Aktie ausgeschüttete Dividende zu nennen (IAS 1.107). Soweit am Bilanzstichtag noch kein Beschluss über eine Gewinnverwendung gefasst ist, stellt die zur Ausschüttung vorgeschlagene Dividende keine passivierungsfähige Verbindlichkeit des Unt dar (IAS 10.12).

Nicht den IFRS entspricht ferner die deutsche Praxis der **Überleitung** des **474** Konzern-Ergebnisses auf den Bilanzgewinn des MU, da diese Größe nur unzulänglich Auskunft über den Konzernerfolg gibt. Des Weiteren beruht die Höhe des Bilanzgewinns ausschließlich auf landesrechtlichen (deutschen) Rechnungslegungs- und Steuerrechtsvorschriften. Es fehlt dieser Ergebnisgröße jeder Bezug zu den IFRS. Das Gj-Ergebnis, sowohl der einzelnen Konzern-Unt als auch des Konzerns, muss aber gerade unter vollständiger Anwendung der IFRS ermittelt werden.

Soweit ein **TU** Vorzugsaktien ausgegeben hat und das MU weder Anteilseig- **475** nerin dieser Vorzüge ist, noch ihr die **Dividendenzahlungen** daraus zustehen, hat das MU seinen Anteil am Ergebnis des TU um die **Ansprüche Dritter** aus den Vorzugsaktien zu kürzen. Diese Ergebniskorrektur hat unabhängig davon zu erfolgen, ob die Ansprüche auf die Vorzugsdividenden bereits entstanden sind oder nicht (IFRS 10.B95). Eine analoge Vorgehensweise ergibt sich iZm **assoziierten Unt** (IAS 28.37).

Für die Rechnungslegung nach den IFRS ist die steuerrechtliche Gewinner- **476** mittlung weitestgehend unmaßgeblich (Ausnahme: Bilanzierung latenter Ertragsteuern). Das Gj-Ergebnis ist ausschließlich nach den Vorschriften der IFRS zu ermitteln.

Die Entwicklung der Gewinnrücklagen – wie sie zB innerhalb der EK-Verän- **477** derungsrechnung erfolgen könnte – lässt sich an nachfolgendem vereinfachtem Schema beispielhaft zeigen:
Gewinnrücklagen zum 1. Januar 2013
Korrektur eines Fehlers (nach Ertragsteuern iHv X Mio Euro)
Auswirkung der Änderung von Bilanzierungs- und Bewertungsmethoden
  (nach Ertragsteuern iHv X Mio Euro)
Erstmalige Anwendung von IFRS YZ (nach Ertragsteuern iHv X Mio Euro)
(korrigierte) Gewinnrücklagen zum 1. Januar 2013
(korrigierter) Jahresüberschuss/-fehlbetrag
(Dividendenzahlungen/Verbindlichkeiten aus noch nicht gezahlten Dividenden
  auf ...)
– ordentliche Aktien
– Vorzugsaktien

Einstellung aus/(Zuführung zu) anderen Rücklagen
Zuführung/(Entnahme) auf Grund Erwerb/Verkauf eigener Aktien
Gewinnrücklagen zum 31. Dezember 2013
Jahresüberschuss/-fehlbetrag
(Dividendenzahlungen/Verbindlichkeiten aus noch nicht gezahlten Dividenden auf ...)
– ordentliche Aktien
– Vorzugsaktien
Einstellung aus/(Zuführung zu) anderen Rücklagen
Zuführung/(Entnahme) auf Grund Erwerb/Verkauf eigener Aktien
Gewinnrücklagen zum 31. Dezember 2014

478   Als *legal and statutory reserves* wird ua der Teil des EK bezeichnet (F 4.21), der sich aus einem Gesetz ableitet (zB **gesetzliche Rücklage** nach § 150 AktG oder (Sonder-)Rücklagen nach dem **D-Markbilanzgesetz** und auch nach IAS 32 dem EK zuzuordnen ist; vgl Anm 450) oder auf vertraglichen Bestimmungen beruht (zB **statutarische Rücklagen**). Die Zuführung zu solchen Rücklagen kann sich auch auf Grund steuerrechtlicher Bestimmungen ergeben *(tax reserves)*. Bei steuerrechtlich bedingten Rücklagen ist jedoch zu beachten, dass diese nicht darauf basieren, steuer- und handelsrechtlich abw Wertansätze auf Grund unterschiedlicher Bewertungsmethoden auszugleichen.

479   Eine Zuführung zu den *legal and statutory reserves* ergibt sich als Minderung der Gewinnrücklagen und umgekehrt.

480   Verglichen mit dem Gliederungsschema des § 266 Abs 3 entsprechen die *revenue reserves* den EK-Posten „gesetzliche Rücklage" (A. III.1.), „satzungsmäßige Rücklage" (A. III.3.) und „andere Gewinnrücklagen" (A. III.4.).

4. Andere Rücklagen *(other reserves)*

484   Zu den anderen Rücklagen *(other reserves)* zählen nach der hier vorgenommenen Gliederung die Komponenten des Sonstigen (Konzern-)Periodenergebnisses *(other comprehensive income)* gem Definition IAS 1.7, dh die Bestandteile des (Konzern-)Gesamtergebnisses, die im Zeitpunkt der Ersterfassung gänzlich aus „erfolgsneutral" verrechneten Geschäftsvorfällen stammen. Hierzu gehören insb die im Folgenden behandelte Fremdwährungsrücklage (IAS 21; s Anm 485 ff), Neubewertungsrücklage (IAS 16, IAS 38; s Anm 487 ff) sowie Afs-Rücklage (IAS 39; s Anm 491 ff), aber auch bspw die Hedge-Rücklage (IAS 39) oder die Rücklage aus der Neubewertung von Leistungen der BetrAV *(defined benefit plans;* IAS 19).

a) Fremdwährungsrücklage

485   Nach dem Konzept der Funktionalwährung werden Umrechnungsdifferenzen *(translation adjustments)* aus der Umrechnung von Abschlüssen „wirtschaftlich selbständiger" TU mit abw Landeswährung erfolgsneutral verrechnet. Die jährliche Veränderung ist Teil des *other comprehensive income*. Während ihrer Konzernzugehörigkeit ist der Posten innerhalb der EK-Veränderungsrechnung separat auszuweisen (IAS 21.45). Gem IAS 21.32, .37 iVm .48 wird dieser Posten grds solange im Konzern-EK fortgeführt, bis das TU aus dem KonsKreis ausscheidet, dh die Reduzierung der Beteiligungsquote zum Verlust der Beherrschung *(loss of control)* führt. Zu diesem Zeitpunkt ist der gesamte Posten erfolgswirksam aufzulösen, dh im Rahmen eines sog „recycling" erfolgt eine Anpassungsbuchung aus dem Sonstigen (Konzern-)Perioden-)Ergebnis *(other comprehensive income)* der (Konzern-)Gesamtergebnisrechnung in das (Konzern-)Periodenergebnis der GuV *(Statement of profit or loss)* (IAS 21.48; vgl § 275 Anm 367). Damit werden die

Erträge und/oder Aufwendungen aus WähUm ein zweites Mal – nunmehr erfolgswirksam – verrechnet. Zu einem derart vollständigen „recycling" kommt es auch in den Fällen von im EK gebuchten Umrechnungsdifferenzen, wenn eine Reduzierung der Beteiligungsquote zum Verlust der gemeinschaftlichen Beherrschung (IAS 21.48A iVm IAS 31) oder des maßgeblichen Einflusses (IAS 21.48A iVm IAS 28) führt. Maßgeblich ist jeweils der eintretende Statuswechsel (zB Übergang von Beherrschung auf maßgebliche Einflussnahme bei Reduzierung der Beteiligungsquote von zB 80% auf 25%). Handelt es sich lediglich um eine Reduzierung der Beteiligungsquote, ohne dass die Mutter-/Tochter-Beziehung aufgegeben wird, erfolgt eine entspr anteilige Umgliederung der Umrechnungsdifferenz in den Posten der MinderheitsGester (*non-controlling interests;* IAS 21.48C).

Eine Ausnahme regelt IAS 21.45. Danach sind im JA ausgewiesene Währungsgewinne/-verluste aus konzerninternen Leistungsbeziehungen (zB Darlehensgewährungen) im KA nicht zu eliminieren; sie gelten auch aus Konzernsicht als realisiert. Dies gilt nur dann nicht, wenn eine Rückzahlung zeitlich nicht bestimmbar ist und die Transaktion einem sog Net Investment gleichkommt (vgl IAS 21.33).

In der Regel resultieren aus solchen Umrechnungsdifferenzen *temporary diffe-* **486** *rences.* Gem IAS 12.61A sind die anteiligen Ertragsteuern direkt bei diesem Posten zu kürzen *(deferred tax liability)* bzw hinzuzurechnen *(deferred tax asset).* Der Posten wird demzufolge nach Ertragsteuern ausgewiesen *(net of tax).*

b) Neubewertungsrücklage

Die IFRS gewähren für das Anlagevermögen die Möglichkeit einer Neube- **487** wertung (IAS 16.31; IAS 38.75, IAS 40.33). Soweit ein Unt von dieser Möglichkeit Gebrauch macht, sind die Aufwertungsbeträge (Differenz zwischen Marktwert/beizZw und Buchwert) iZm der Neubewertung von Sachanlagen – die nicht als Investment Property klassifiziert sind – sowie immateriellen Vermögenswerten in eine Neubewertungsrücklage *(revaluation surplus)* einzustellen (vgl IAS 16.39, IAS 38.85; für als Finanzinvestitionen gehaltene Immobilien *(Investment Property)* gelten Besonderheiten, vgl IAS 40.35). Die Einstellungen in diese Rücklage erfolgen „erfolgsneutral". Dies gilt auch für die Auflösung, die sich als Umbuchung in die *retained earnings* darstellt (IAS 16.41, IAS 38.87); zu einem wie in Anm 485 beschriebenen „recycling" kommt es insoweit nicht.

Soweit diese Aufwertungsbeträge zu *temporary differences* führen, sind die an- **488** teiligen (lfd und latenten) Ertragsteuern zu berücksichtigen (IAS 16.42 iVm IAS 12.61A). Die Neubewertungsrücklage ergibt sich somit nach Ertragsteuern *(net of tax).*

Unt, die in einem hochinflationären Umfeld operieren, dürfen – idR auf- **489** grund besonderer landesrechtlicher Vorschriften – eine „inflationsbereinigte" (indexierte) Rechnungslegung anwenden. In diesen Fällen wird die Aufwertung der nicht-monetären Bilanzposten meist in einer Neubewertungsrücklage erfasst. Vgl auch IAS 29 zur Rechnungslegung in Hochinflationsländern.

Der Inhalt der Neubewertungsrücklage unterscheidet sich grundlegend von **490** der Rücklage, die nach **§ 58 Abs 2a AktG** oder **§ 29 Abs 4 GmbHG** gebildet werden darf **(Sonderrücklage).** Die Sonderrücklage ist auf Wertaufholungen zurückzuführen; nicht jedoch auf Neubewertungen. Die Wertaufholung/Zuschreibung hat zwingend erfolgswirksam zu erfolgen, dh der EK-Anteil der Wertaufholung ist unter besonderer Bezeichnung in die Gewinnrücklagen einzustellen (vgl im Detail *ADS*[6] § 58 AktG Anm 89 ff). Die Neubewertungsrücklage nach IFRS wird hingegen „erfolgsneutral" gebildet.

c) Afs-Rücklage

491 Anwendungsfall für diese Rücklage ist die (fortgesetzte) Bewertung von zur Veräußerung verfügbaren Wertpapieren *(available-for-sale financial assets)* mit deren beizZW (vgl IAS 39.55 (b)). Die erfolgsneutrale Fortschreibung während der Halteperiode erfolgt im *other comprehensive income*. Beim Verkauf kommt es zu einem „recycling" (vgl Anm 485).

Mit Anwendung des **IFRS 9** wird es eine solche Vermögensklasse nicht mehr geben. Von den nach IFRS 9 zum beizZW zu bewertenden Vermögenswerten können Wertschwankungen nur noch bei bestimmten EK-Instrumenten (zB nicht zu Handelszwecken gehaltene Aktien oder GmbH-Anteile) im Sonstigen (Konzern-)Periodenergebnis berücksichtigt werden. Die in der Afs-Rücklage erfassten Beträge werden in der Folge, auch bei einem Abgang des Vermögenswerts, nicht mehr „recycelt" (s zu IFRS 9 § 254 Anm 136 ff).

492 Der Bewertungsvorgang stellt keine „klassische" Neubewertung dar, da die Anpassung an den aktuellen Marktpreis *(fair value)* zu jedem Bilanzstichtag (dh auch für unterjährige Abschlüsse) und nicht, wie beim Anlagevermögen oder den immateriellen Vermögenswerten, erst bei wesentlichen Wertentwicklungen zu erfolgen hat (vgl ua IAS 16.31, IAS 38.75).

5. Eigene Aktien

493 Erwirbt ein Unt eigene Aktien bzw Anteilsrechte *(treasury shares)* zum Zwecke der Kapitalherabsetzung oder zum späteren Wiederverkauf oder der Wiederausgabe zB iZm der Gewährung von Aktienoptionen, ist der Erwerbspreis gem IAS 32.33 vom EK abzusetzen. Eigene Aktien stellen iSd IFRS keinen aktivierungsfähigen Vermögenswert dar (vgl IAS 32 AG36).

494 Der Abzugsbetrag ist gem IAS 32.34 entweder direkt in der Bilanz oder alternativ im Anhang offenzulegen. Die IFRS enthalten hingegen keine Regelungen darüber, in welcher Weise der Abzugsbetrag innerhalb des EK darzustellen ist. Für die Verrechnung des Abzugsbetrags innerhalb der einzelnen EK-Posten bestehen uE nachfolgende drei Möglichkeiten:
(1) Der (Rück-)Kaufpreis wird in einer Summe vom EK abgesetzt (sog *cost method*) (zu einzelnen Fallgestaltungen bei Rückkauf und Wiederausgabe vgl IDW RS HFA 45, Tz 42 f).
(2) Entspr der Behandlung bei (Erst-)Emission wird der (Rück-)Kaufpreis den einzelnen EK-Kategorien zugeordnet (sog *par value method*). Dh ein ehemals in die Kapitalrücklage eingestelltes Agio wird beim Rückkauf an dieser gekürzt. Liegt der (Rück-)Kaufpreis über dem ehemaligen Ausgabekurs, wäre der überschießende Betrag bei den Gewinnrücklagen zu kürzen (vgl *AK „externe Unternehmensrechnung" der Schmalenbach-Gesellschaft* 1998, 1673).
(3) Der Nennbetrag wird, wie bei der *par value method,* vom gezeichneten Kapital abgesetzt. Die Zuordnung des Differenzbetrags zwischen Ausgabepreis und (Rück-)Kaufpreis zu den anderen EK-Kategorien ist dem Unt freigestellt. Welcher EK-Kategorie welcher Teil des (Rück-)Kaufpreises zugeordnet wird, ist in der Bilanz oder im Anhang offen zu legen.
Für eine einmal gewählte Methode besteht in den Folgejahren Methodenstetigkeit.

495 Unabhängig von dem Zweck des Erwerbs und der späteren Verwendung, bleibt ein solcher Vorgang generell ergebnisneutral. Der Verkauf der eigenen Aktien darf folglich nicht das laufende Ergebnis ent- oder belasten, sondern wird als Änderung des Konzern-EK behandelt. UE sollte der Ausweis des Verkaufs innerhalb des EK in gleicher Weise wie der Rückkauf erfolgen.

Eigenkapital 496 § 272

In IAS 32.22 wird klargestellt, dass die AK einer Kaufoption *(purchased call)* auf **496** eine feste Anzahl eigener Aktien im Austausch gegen Zahlungsmittel oder andere finanzielle Vermögenswerte keinen aktivierungsfähigen Vermögenswert darstellen, sondern im Erwerbszeitpunkt beim EK (im Allgemeinen von der Kapitalrücklage) zu subtrahieren sind. Umgekehrt führt der Verkauf einer Verkaufsoption *(written put)* zu einer EK-Mehrung in Höhe des Verkaufserlöses, wenn das Unt lediglich dazu verpflichtet wird/ist, einen festen Anspruch des Vertragspartners ausschließlich mit einer festen Anzahl eigener Aktien zu erfüllen. Kann die Erfüllung der Verpflichtung in Ausübung eines Wahlrechts oder aufgrund vertraglicher Vereinbarung dagegen auch in Geld oder anderen finanziellen Aktiva erfolgen, handelt es sich um eine bilanzierungspflichtige Verpflichtung (vgl IAS 32.19, .26), die nach IAS 39 zu bilanzieren bzw bewerten ist.

L. Exkurs 2: Aktienoptionspläne

Schrifttum: *Rammert* Die Bilanzierung von Aktienoptionen für Manager – Überlegungen zur Anwendung von US-GAAP im handelsrechtlichen Jahresabschluss WPg 1998, 766; *Herzig* Steuerliche und bilanzielle Probleme bei Stock Options und Stock Appreciation Rights DB 1999, 1; *IDW* Bilanzierung von Aktienoptionsplänen und ähnlichen Entlohnungsformen WPg 2000, 1079; *Siddiqui* Einfaches Modell zur Bewertung von Aktienoptionen mit Ausübungshürden BB 2000, 296; *Schruff* Zur Bilanzierung von Stock Options nach HGB – Übernahme internationaler Rechnungslegungsgrundsätze in FS W. Müller 2001, 219; *Gelhausen/Hönsch* Bilanzierung aktienkursabhängiger Entlohnungsformen WPg 2001, 69; *Herzig/Lochmann* Bilanzierung von Aktienoptionsplänen und ähnlichen Entlohnungsformen – Stellungnahme zum Positionspapier des DRS C WPg 2001, 82; *Simons* Erfolgsneutrale oder erfolgswirksame Buchung von Aktienoptionsprogrammen? – Eine gegenüberstellende Bewertung anhand eines Beispiels WPg 2001, 90; *IDW* Bilanzierung von Aktienoptionsplänen und ähnlichen Entlohnungsformen (E-DRS 11) WPg 2001, 1342; *Vater* Das „Passauer Modell" zur bilanziellen Abbildung von Stock Options im handelsrechtlichen Jahresabschluss (Teil I, II) BuW 2001, 441, 488; *Fischer* Zulässigkeit und Grenzen des Betriebsausgabenabzugs der inländischen Tochtergesellschaft bei der Umsetzung internationaler Stock Option-Pläne in Deutschland DB 2001, 1003; *Eschbach* Anmerkungen zum DRS C-Positionspapier „Bilanzierung von Aktienoptionen und ähnlichen Entlohnungsformen" DB 2001, 1373; *Ackermann/Strnad* Betriebsausgabenabzug des Arbeitgebers bei Stock Options DStR 2001, 477; *Adam-Müller/Wangler* Das Positionspapier der Arbeitsgruppe Stock Options des Deutschen Standardisierungsrates: Implikationen für Bilanzierung und Besteuerung KoR 2001, 1; *Siegel* Bilanzierung von Aktienoptionen und der Charakter eigener Aktien in FS Loitlsberger, Berlin 2001, 345; *Siegel* E-DRS 11: Ersparter (fiktiver) Aufwand als tatsächlicher Aufwand? BB 2001, 1995; *DVFA-Methodenkommission* Info 8/2000 – Zum Ergebnis nach DVFA: Behandlung von Stock Options und Wandelschuldverschreibungen im Ergebnis nach DVFA/SG FB 2001, 394; *Bernhardt* Stock Options – Modalitäten der Besteuerung, Bewertung und Offenlegung im internationalen Kontext FB 2001, 427; *Knoll* Zweck, Bewertung und Verbuchung von Stock Options StuB 2001, 1116; *Lange* Rückstellungen für Stock Options in Handels- und Steuerbilanz StuW 2001, 137; *Kußmaul/Weißmann* Zur handelsrechtlichen Bilanzierung von Stock Options – Aktuelle Überlegungen (Teil I, II) StB 2001, 382, 418; *Herzig/Lochmann* Steuerbilanz und Betriebsausgabenabzug von Stock Options WPg 2002, 325; *Lange* Bilanzierung von Stock Options – Kritische Anmerkungen zu ausgewählten Aspekten von E-DRS 11 WPg 2002, 354; *Roß/Pommerening* Angabepflichten zu Aktienoptionsplänen im Anhang und Lagebericht – Bestandsaufnahme und Regierungsentwurf des TransPuG WPg 2002, 371; *Eschbach* Stock Option-Programme und das Steuersenkungsgesetz FB 2002, 376; *Crasselt* Bewertung indexierter Mitarbeiter-Aktienoptionen im Binomialmodell KoR 2005, 444; *Rode* Besteuerung und Bilanzierung von Stock Options DStZ 2005, 404; *Harms* Aktienoptionen: Grundlagen, Besteuerung und Bilanzierung Saarbrücken 2006; *Walter* Bilanzierung von Aktienoptionsplänen in Handels- und Steuerbilanz – einheitliche Behandlung unabhängig von der Art der Unterlegung DStR 2006, 1101;

Müller/Reinke Ausweis und Bewertung von aktienbasierten Vergütungen nach IFRS 2: Empirische Analyse der Anwendung im DAX, MDAX und SDAX IRZ 2008, 359; *Kessler/Leinen/See* Zeitraum der Aufwandperiodisierung bei anteilsbasierten Vergütungsmodellen mit Barausgleich PiR 2009, 129; *Blecher* Die Bilanzierung von Aktienoptionsprogrammen aus Sicht der Messperspektive ZfbF 2009, 603.

Standards: IFRS 2 Anteilsbasierte Vergütung *(Share-based Payment).*

500 Die Bilanzierung von Aktienoptionsplänen für Mitarbeiter und Organmitglieder ist im HGB nicht explizit geregelt. IFRS 2 enthält für Gj ab 2005 verpflichtend anzuwendende Regeln für *„share based payments"*. Hier wird umfassend die Behandlung des Erwerbs von Waren und Dienstleistungen (auch Arbeitsleistungen durch Arbeitnehmer) gegen die Hingabe von EK-Instrumenten (zB eigene Aktien oder Optionen auf eigene Aktien) oder gegen Barzahlungen, deren Höhe auf dem Wertverlauf von EK-Instrumenten des Unt basieren (zB *stock appreciation rights),* geregelt. Ausgenommen von den Regelungen des IFRS 2 sind allerdings insb Unt-Erwerbe gegen die Ausgabe von EK-Instrumenten. Im Folgenden wird nur die Bilanzierung verschiedener *„share based payments"* für Mitarbeiter und Organmitglieder nach HGB und die ggf abweichende Regelung nach IFRS dargestellt.

I. Aktienoptionspläne mit Erfüllung aus bedingtem Kapital

501 Bei Aktienoptionsplänen an Mitarbeiter (im folgenden stets einschl Organmitglieder), die aus einer Kapitalerhöhung bedient werden (aus bedingtem Kapital nach §§ 192ff AktG), ist nach HGB unstrittig, dass bei Ausübung der Optionen durch den Mitarbeiter, der vom Mitarbeiter zu zahlende Ausübungspreis bis zur Höhe des Nennwerts (bzw rechnerischen Werts) der ausgegebenen Aktien dem gezeichneten Kapital und der übersteigende Betrag der Kapitalrücklage nach Abs 2 Nr 1 gutzuschreiben ist (E-DRS 11.19). Dies gilt auch nach IFRS.

502 Ungeklärt und strittig ist jedoch zur geltenden Rechtslage nach HGB, ob bei der Gewährung von Aktienoptionen an Mitarbeiter, die aus bedingtem Kapital bedient werden sollen, bilanzrechtlich ein in der Kapitalrücklage nach Abs 2 Nr 2 zu erfassendes Entgelt seitens der Ges erzielt wird.

503 Es wird die Meinung vertreten und dies entsprach im Ergebnis wohl auch der bisher vorherrschenden Bilanzierungspraxis, dass für diese Optionen bilanzrechtlich kein Entgelt erzielt wird und somit weder die Kapitalrücklage nach Abs 2 Nr 2 zu dotieren, noch ein Aufwand zu erfassen sei (so bspw auch BFH 25.8.2010 DStR 2010, 2453; *WPH*[14] I, F Anm 166: diese Handhabung ist im Hinblick auf den streitigen Meinungsstand weiterhin vertretbar). Es handele sich ausschließlich um einen Vorgang auf Gester-Ebene; die Ges sei nicht belastet (so zB *Reiner* in MünchKomm HGB[3] § 272 Anm 95). Zum anderen wird § 27 Abs 2 AktG angeführt, wonach die Verpflichtung zu Dienstleistungen nicht Gegenstand einer Sacheinlage und entspr auch nicht Entgelt für die Gewährung von Optionsrechten sein können (vgl *Hüttemann* in Großkomm HGB[4] § 272 Anm 50; *Herzig* DB 1999, 7; *Rammert* WPg 1998, 773). Für dieses Bilanzierungsergebnis könnte man auch anführen, dass eine Unterbewertung von Sacheinlagen nach bisher hM im HGB zulässig ist (Anm 174). Gegen diese Auffassung spricht, dass die strengen Regeln für die Kapitalaufbringung (keine noch ausstehenden Dienstleistungsverpflichtungen als Einlage) nicht zwingend analog auch auf die Erlöse aus Wandlungsrechten anwendbar sind. Des Weiteren ist zu beachten, dass die Wandlungsrechte erst ausgeübt werden dürfen (es also zu einer Kapitalaufbringung im engeren Sinn kommen kann), wenn keine ausstehenden

Dienstleistungsverpflichtungen mehr bestehen, sondern bereits Ansprüche aus erbrachten Diensten (vgl *Gelhausen/Hönsch* WPg 2001, 78). Entspr wird die Kapitalrücklage nach E-DRS 11.15 auch erst im Hinblick auf tatsächlich bereits erbrachte Arbeitsleistung dotiert.

Eine weitere Meinung besagt, dass die Optionen selbst nicht das für die Arbeitsleistung gewährte Entgelt sind, sondern letztlich der innere Wert der Option im Ausübungszeitpunkt das Entgelt für die Arbeitsleistung ist. Entspr sei auch in dieser Höhe letztlich Personalaufwand zu erfassen. Gegenposten ist eine Rückstellung. Bei Ausübung der Option ist die dann bestehende Schuld zusammen mit dem Ausgabepreis der Aktien in gezeichnetes Kapital und Kapitalrücklage nach Abs 2 Nr 1 umzubuchen. Einen Erlös für das Optionsrecht erzielt die Ges nach dieser Auffassung bilanzrechtlich nicht. UE sollten Aktienoptionen, die gegen zu erbringende Arbeitsleistung ausgegeben werden, im Hinblick auf die Wertentwicklung der Optionen nach Ausgabe grds nicht anders behandelt werden als gegen Geld ausgegebene Aktienoptionen.

Nach unserer Auffassung (so insb auch E-DRS 11.7), bedeutet die Gewährung eines derartigen Optionsrechts, dass für vergangene bzw typischerweise für zukünftig zu erbringende Arbeitsleistung ein um den Gesamtwert der Option (innerer Wert + Zeitwert) im Zusagezeitpunkt erhöhtes Arbeitsentgelt vereinbart ist. Mit der Erbringung der Arbeitsleistung, für die das erhöhte Entgelt vereinbart ist, erzielt die Ges das Entgelt für die Optionsrechte. Im ersten Fall (Option wird für bereits erbrachte Arbeitsleistung gewährt) ist die Kapitalrücklage sofort in voller Höhe zu dotieren, Gegenposten ist der Personalaufwand. Im zweiten Fall (Option wird für noch zu erbringende Arbeitsleistung gewährt) ist die Kapitalrücklage ratierlich über den Zeitraum, in dem die Mitarbeiter die Arbeitsleistung (Entgelt) erbringen, aufzubauen. Gegenposten ist auch hier der Personalaufwand. Dies entspricht grds auch der Regelung nach IFRS 2 (und SFAS 123 revised 2004).

Insgesamt zeichnet sich auch für das HGB eine Entwicklung zur Aufwandserfassung in Höhe des Werts der Optionen zum Zeitpunkt der Gewährung ab, die – trotz einiger offener Fragen im Detail – im Grundsatz den Regelungen nach IFRS entspricht.

Innerhalb der vertretenen Bilanzierungsweise verbleiben allerdings eine Reihe problematischer Punkte, die von E-DRS 11 nicht angesprochen werden. Insb stellt sich die Frage nach dem Gesamtwert der Optionen im Zeitpunkt der Gewährung. Für die Bewertung „normaler" Optionen auf Aktien gibt es Bewertungsmodelle (zB Black-Schoeles, Binomialmodell). In diese Modelle fließen auch Schätzgrößen ein, wie etwa die erwartete Dividendenrendite der Aktie und die erwartete Volatilität. Hierdurch ergibt sich ein gewisser Ermessensspielraum für den Bilanzierenden. Normalerweise geht in die Bewertung auch die vertragliche Laufzeit des Optionsrechts ein. Da Mitarbeiteroptionen idR nicht handelbar sind, ist nach IFRS 2.B16ff stattdessen die Laufzeit bis zur erwarteten Optionsausübung in das Bewertungsmodell aufzunehmen. Dem wird man sich für HGB anschließen können. Nach IFRS 2.19–22 werden nur kursorientierte Ausübungshürden (Ausübung wird von Erreichen eines bestimmten Kurses oder davon abhängig gemacht, dass sich die eigene Aktie im Verhältnis zu einem Vergleichsindex in bestimmter Weise entwickelt) in den Gesamtwert der Option einbezogen. Andere Ausübungshürden, insb das Verbleiben im Unt oder bspw das Erreichen von Marktanteilen, Umsatzzuwächsen, Gewinnzuwächsen, Kostenersparnissen etc, werden dagegen nicht in die Bewertung der Option einbezogen. Stattdessen werden der Personalaufwand und die Dotierung der Rücklage storniert, wenn Optionen wegen Verfehlens dieser Hürden verfallen. E-DRS 11.17 sieht explizit für den Fall, dass Optionen aufgrund vorzeitigen Ausscheidens des Mitarbeiters verfallen, vor, dass die bis dahin in der Kapitalrücklage angesammelten Beträge dort verbleiben und lediglich (mangels weiterer Arbeitsleistung) keine weitere Zuführung mehr stattfindet. Auch wenn Optionen wegen Nicht-Erreichens anderer Erfolgshürden verfallen, dürfte dementspr keine Stornierung der angesammelten Kapitalrücklage und entspr des Personalaufwands stattfinden. Dies verlangt jedoch, dass diese Hürden ebenfalls in die Bewertung der Optionen einbezogen werden. Die Erfolgshürden wirken grds wertmindernd im Vergleich zu einer Option ohne derartige Ausübungsrestriktionen. Man wird hier eine Wahrscheinlichkeit schätzen müssen, mit der die Hürden erreicht/nicht erreicht werden. Dies bedeutet einen weiteren Ermessensspielraum in der Bewertung. Die Verbleibenshürde hat zwei Seiten. Zum einen ist der Mitarbeiter nicht verpflichtet, die einzelnen Raten des Optionspreises zu entrichten. Im Lichte der späteren Wertentwicklung der Option kann er (theoretisch) entscheiden, dass er unter Aufgabe der Anwartschaft die noch ausstehenden Kaufpreisraten nicht leistet. Dieser Aspekt wirkt werterhöhend. Andererseits besteht die Gefahr, dass er aus sonstigen (zB familiären) Gründen einen Teil seines Entgelts für bereits erbrachte Arbeit verliert. Dieser Aspekt wirkt wertmindernd. ED 2, der abw vom gültigen IFRS 2 auch die Verbleibenshürde in die Bewertung der Optionen einbezieht, hat dafür ebenfalls die Schätzung einer Wahrscheinlichkeit für das Verbleiben/Nicht-Verbleiben als eine Möglichkeit der Berücksichtigung gesehen.

Zu erwägen wäre aber stattdessen, auch für HGB der internationalen Übung (IFRS/US-GAAP) zu folgen, und diese Faktoren nicht in die Bewertung der Optionen einzubeziehen und entspr bei Nicht-Erreichen dieser Ausübungshürden eine Stornierung der Zuführung zur Kapitalrücklage und des entspr Personalaufwands vorzusehen. Das ist zwar konzeptionell nicht stimmig, erscheint aber im Hinblick darauf, dass es wohl keine anerkannten Bewertungsmethoden für derartige Restriktionen gibt, akzeptabel, um den Ermessensspielraum der Bilanzierenden bei der Bewertung der Optionen einzuschränken.

II. Aktienoptionspläne mit Barausgleich
(stock appreciation rights)

510   Werden Mitarbeitern als Gegenleistung für ihre Arbeitsleistung Zusagen auf Aktienoptionen gemacht, die vom Unt nur durch entspr Barzahlungen in Höhe des inneren Werts der Optionen am Ausübungstag erfüllt werden *(stock appreciation rights)*, bemisst sich der Aufwand daraus sowohl nach HGB als auch nach IFRS letztlich nach der tatsächlich geleisteten Zahlung.

511   Sind die *stock appreciation rights* sofort nach Gewährung unverfallbar, gelten sie als für bereits erbrachte Arbeitsleistung gewährt. Es ist dann in Höhe des Gesamtwerts dieser Rechte (innerer Wert + Zeitwert) sofort erfolgswirksam eine Rückstellung anzusetzen. Zu jedem Bilanzstichtag ist die Rückstellung an den dann geltenden Gesamtwert anzupassen (E-DRS 11.33; IFRS 2.30). Für HGB darf jedoch uE die Rückstellung vor Erfüllung oder Verfall der *stock appreciation rights* nicht unter dem ursprünglichen Zugangswert angesetzt werden. Wie auch für andere Stillhaltergeschäfte gilt hier uE, dass die Prämie (hier die empfangene Arbeitsleistung gemessen am Gesamtwert der Option im Zeitpunkt der Gewährung) erst bei Erfüllung oder Verfall der Option erfolgswirksam vereinnahmt werden darf.

512   Werden die *stock appreciation rights* erst unverfallbar, wenn der Mitarbeiter noch einen bestimmten Zeitraum im Unt verbleibt, gelten die Rechte als für zukünftig zu erbringende Arbeitsleistung gewährt. Bis zur Unverfallbarkeit ist dann nach

E-DRS 11.33 die Rückstellung an jedem Bilanzstichtag nur anteilig im Verhältnis der abgelaufenen Wartezeit zur Gesamtwartezeit anzusetzen. Nach Eintritt der Unverfallbarkeit ist die Rückstellung vollständig anzusetzen. Bemessungsgrundlage ist auch hier immer der aktuelle Gesamtwert der Option am jeweiligen Bilanzstichtag. Dies entspricht der Regelung nach IFRS 2.33. Für HGB ist uE aber ein anderes Vorgehen sachgerecht. In Höhe des Gesamtwerts der Optionsrechte im Zeitpunkt der Gewährung ist die Rückstellung zeitanteilig über die Wartezeit aufzubauen. Dieser Teil entspricht der erhaltenen Prämie für das Eingehen der Stillhalterposition. Da die Prämie erst sukzessive im Zeitablauf durch die empfangene Arbeitsleistung vereinnahmt wird, ist auch die Rückstellung entspr sukzessive aufzubauen. Steigt der Gesamtwert der Option an einem Bilanzstichtag über den Gesamtwert der Option im Zeitpunkt der Gewährung, ist der übersteigende Betrag stets (also auch während der Wartezeit) vollständig zu passivieren. Dieser Teil der Verpflichtung ist nicht Ausfluss der noch zu erwartenden Arbeitsleistung, sondern des Bestehens einer Stillhalterverpflichtung, auf deren rechtliche Vollentstehung (Ablauf der Wartezeit) das Unt keinen Einfluss hat. Sinkt der Wert der *stock appreciation rights* unter den Gesamtwert im Zeitpunkt der Gewährung, darf uE die Rückstellung nicht vermindert werden. Dieser Teil der Rückstellung darf – wie bei anderen Stillhaltergeschäften nach HGB – erst bei Erfüllung oder Verfall der Rechte ausgebucht werden.

Beispiel: Ein Unt gewährt seinen Mitarbeitern *stock appreciation rights* mit einem Gesamtwert im Zeitpunkt der Gewährung von 3000 GE. Die Wartezeit beträgt 3 Jahre. Am ersten Bilanzstichtag beträgt der Gesamtwert der Rechte 2700 GE, am zweiten Bilanzstichtag 4500 und am dritten Bilanzstichtag 6000 GE.
Nach E-DRS 11.33 und IFRS 2.33 beträgt die Rückstellung für die Verpflichtungen des Unt aus diesen Rechten am ersten Bilanzstichtag ($1/3 \times 2700 =$) 900 GE, am zweiten Bilanzstichtag ($2/3 \times 4500 =$) 3000 GE und am dritten Bilanzstichtag ($3/3 \times 6000 =$) 6000 GE.
UE beträgt die Rückstellung nach HGB zum ersten Bilanzstichtag ($1/3 \times 3000 =$) 1000 GE, zum zweiten Bilanzstichtag ($2/3 \times 3000 + (4500 - 3000) =$) 3500 GE und zum dritten Bilanzstichtag ($3/3 \times 3000 + (6000 - 3000) =$) 6000 GE. Dass der Zeitwert der Rechte am ersten Bilanzstichtag unter den Zeitwert zum Zeitpunkt der Gewährung gefallen war, ist uE bei der Bewertung der Rückstellung nicht zu berücksichtigen.

Es ist uE auch akzeptabel, wenn in obigem Bsp nur jeweils 1000 GE in den drei Perioden, in denen die Mitarbeiter die Arbeitsleistung erbringen, als Personalaufwand ausgewiesen werden. Die darüber hinausgehenden Aufwendungen in den Perioden 2 und 3 resultieren aus einer (nicht geschlossenen) Stillhalterposition und dürfen als sonstiger betrieblicher Aufwand ausgewiesen werden.

Schließt das Unt ein **Gegengeschäft** zu seinen Verpflichtungen aus den *stock appreciation rights* ab (zB durch den Kauf einer entspr Kaufoption auf eigene Anteile mit Barausgleich), darf es die beiden Geschäfte im **HGB**-Abschluss gem § 254 zu einer Bewertungseinheit zusammenfassen. Eine Erhöhung der Rückstellung aus der Stillhalterposition darf insoweit unterbleiben, als sie durch eine entspr stille Reserve im Gegengeschäft gedeckt ist. Umgekehrt darf eine Abschreibung auf das Recht aus dem Gegengeschäft unterbleiben, soweit die Rückstellung aus der Stillhalterposition eine stille Reserve aufweist, wobei diese Reserve in der Wartezeit, in der die Rückstellung nur anteilig angesetzt ist, uE auf den vollen Betrag hochgerechnet werden darf, denn im Zeitablauf wird die Rückstellung ungeachtet des Umstands, dass die Verpflichtung zwischenzeitlich einen niedrigeren Wert hat, auf den vollen Betrag des Zeitwerts im Zeitpunkt der Gewährung aufgestockt.

Nach **IFRS** gibt es ein derartiges „*hedge accounting*" nicht. Beide Geschäfte werden grds zum Zeitwert bilanziert und die Veränderungen berühren die GuV.

Lediglich in der Wartezeit ergibt sich eine Asymmetrie, weil die Rückstellung für die Verpflichtung aus dem *stock appreciation right* nur anteilig angesetzt wird. UE kann der nicht bilanzierte Teil der Schuld aus dem *stock appreciation right* während der Wartezeit als „*highly probable forecast transaction*" im Rahmen eines *cash flow hedges* nach IAS 39.86b) als *hedged item* designiert werden, wenn die entspr Dokumentation und die notwendige Effektivität nach IAS 39.88 nachgewiesen werden kann. Dabei muss es „*highly probable*" sein, dass die ausstehende Arbeitsleistung erbracht wird und es somit zur Bilanzierung der Schuld aus dem *stock appreciation right* kommen wird. Andere Erfolgshürden des *stock appreciation rights* haben nachteiligen Einfluss auf die Effektivität des *Hedges*, wenn das Gegengeschäft nicht vergleichbare Beschränkungen hat.

Eine Behandlung des nicht bilanzierten Teil der Schuld als „*unrecognised firm commitment*" im Rahmen eines *fair value hedge* nach IAS 39.86a), könnte daran scheitern, dass es sich insofern nicht um ein *firm commitment* handelt, als der Mitarbeiter nicht verpflichtet ist, die Arbeitsleistung zu erbringen, und somit kein *binding agreement* vorliegen könnte (IAS 39.9 Definition *firm commitment*), obwohl das Unt jedenfalls einseitig gebunden ist.

Nach IFRS muss allerdings insgesamt beachtet werden, dass die gegenläufigen GuV-Wirkungen oder gar ein „*hedge accounting*" nur zulässig sind, wenn das Gegengeschäft kein „*equity instrument*" ist. Dazu genügt es aber, wenn bspw die gegenläufige Kaufoption auf eigene Anteile auch ein Wahlrecht zum Barausgleich enthält (IAS 32.26). Der Erwerb eigener Anteile zB ist hingegen nach IFRS und für Gj, die nach dem 31.12.2009 beginnen auch nach HGB im bilanziellen Sinne kein Ausgleich, da der Erwerb/Verkauf dieser „*equity instruments*" direkt als Reduktion/Erhöhung des EK erfasst wird, also Wertänderungen dieser Anteile zu keinem Zeitpunkt die GuV berühren (§ 272 Abs 1 a–b; IAS 32.33).

III. Aktienoptionspläne mit Erfüllung aus zurückzuerwerbenden Aktien

515   Aktienoptionen, die nicht aus einer Kapitalerhöhung, sondern aus zu erwerbenden Aktien bedient werden sollen, sind nach den Grundsätzen zu behandeln, die für Aktienoptionspläne gelten, die aus bedingtem Kapital bedient werden sollen (s Anm 505). Dies entspricht der Regelung nach **IFRS**. Über den Erdienungszeitraum ist Personalaufwand iHd Werts der Option im Zeitpunkt der Gewährung der Option und eine entspr Kapitalrücklage zu erfassen. Der Ankauf/die Abgabe der eigenen Anteile wird direkt als Minderung/Erhöhung des EK erfasst und berührt die GuV nicht (§ 272 Abs 1 a–b; IAS 32.33). Dies gilt auch, wenn Ankauf und Abgabe der eigenen Anteile im Kontext eines „*share based payment*" steht (IFRS 2.BC333). Im Unterschied zu einem Aktienoptionsplan, der aus bedingtem Kapital bedient werden kann, stellt der Aktienoptionsplan, der aus zurückzuerwerbenden Aktien bedient werden soll, eine latente Auszahlungsverpflichtung für das Unt dar, soweit es nicht bereits eigene Anteile hält, mit denen die Verpflichtung erfüllt werden kann. Ist der Marktpreis der Aktien am Bilanzstichtag höher als der Ausübungspreis der Option, muss das Unt iHd Differenz eine Rückstellung bilden, soweit es nicht bereits eigene Anteile hält, mit denen es den Aktienoptionsplan bedienen kann. Die Bildung der Rückstellung erfolgt allerdings nicht zu Lasten des Jahresergebnisses, sondern erfolgt direkt zu Lasten der frei verfügbaren Rücklagen, die sich bei An- und Verkauf der eigenen Anteile aufgrund des Mindererlöses zwischen An- und Verkauf vermindern würden. Wird diese Rückstellung später verbraucht oder aufgelöst, erfolgt dies dann ebenfalls direkt zugunsten der Rücklagen, die bei der Bil-

dung gekürzt worden sind. Ist die Option schon im Zeitpunkt der Gewährung an die Mitarbeiter im Geld, ist für diesen Teil der Differenz zwischen Marktpreis am Stichtag und Ausübungspreis der Option die entspr Rückstellung ratierlich über den Zeitraum der Erdienung anzusammeln.

Sichert das Unt die Unsicherheit über die Höhe des Zahlungsmittelabflusses aus dem Erwerb eigener Anteile durch den Erwerb einer Kaufoption auf eigene Anteile ab, darf für die Bildung der Rückstellung aus dem Aktienoptionsplan der Ausübungspreis der Kaufoption zzgl Restbuchwert der Option (AK der eigenen Aktien aus der Kaufoption nach den Wertverhältnissen zum Stichtag), statt des (höheren) Marktwerts der Aktien am Stichtag herangezogen werden. Unter IFRS bleibt diese Transaktion GuV-neutral, wenn auch diese Kaufoption auf eigene Anteile ein EK-Instrument ist. Dazu darf sie nach IAS 32.26 kein Wahlrecht enthalten, das es entweder dem Unt (Halter) oder dem Stillhalter gestattet, die Erfüllung der Option zB durch Barausgleich statt durch Lieferung der Aktien gegen den vereinbarten Geldbetrag vorzunehmen. Unter HGB ist eine derartige Kaufoption immer ein VG. Dies hat zur Folge, dass eine Wertminderung der Option erfolgswirksam zu erfassen ist.

IV. Aktienoptionspläne mit Wahlrecht zwischen Erfüllung in Aktien und Barausgleich

Gewähren die Aktienoptionen dem Unt oder dem Mitarbeiter ein Wahlrecht **520** zwischen dem Bezug der Aktien und einem entspr Barausgleich, ist nach E-DRS 11.36f in jedem Fall eine Rückstellung anzusetzen. Die Bewertung dieser Rückstellung soll sich danach richten, welche Form der Erfüllung für wahrscheinlich gehalten wird. Wird die Bedienung mit neuen Aktien aus einer bedingten Kapitalerhöhung für wahrscheinlich gehalten, ist über die vereinbarte Wartezeit zeitanteilig eine Rückstellung in Höhe des Gesamtwerts der Optionen im Zeitpunkt der Gewährung aufzubauen. Wird dagegen ein Barausgleich für wahrscheinlich erachtet, ist die Rückstellung entspr den Regeln für stock appreciation rights (s Anm 512) aufzubauen. Werden die Aktienoptionen später tatsächlich mit neuen Aktien aus einer bedingten Kapitalerhöhung erfüllt, wird die Rückstellung in die Kapitalrücklage umgebucht. Dabei muss die Rückstellung zuvor ggf erfolgswirksam auf den Betrag erhöht/vermindert werden, der dem Gesamtwert der Optionen im Zeitpunkt der Gewährung entsprach. E-DRS 11 enthält keine Aussage dazu, wie zu verfahren ist, wenn die Optionen zB wegen Nicht-Erfüllung der Verbleibensvoraussetzungen verfallen oder zwar unverfallbar geworden sind, aber wegen ungünstiger Kursentwicklung von den Mitarbeitern nicht ausgeübt werden.

UE sollte man sich auch für die Bilanzierung nach **HGB** grds an der IFRS- **521** Lösung (Anm 522) orientieren. Liegt das Wahlrecht beim Mitarbeiter, hat das Unt eine Schuld und hat dafür eine Rückstellung nach den Grundsätzen für *stock appreciation rights* zu bilden. Im Erfüllungszeitpunkt ist die Rückstellung mit ihrem Gesamtwert anzusetzen (vor dem Erfüllungszeitpunkt war sie uE mindest mit dem Gesamtwert zum Zeitpunkt der Gewährung anzusetzen, s Anm 512). Wird letztlich tatsächlich mit neuen Aktien aus bedingtem Kapital erfüllt, ist die Rückstellung in voller Höhe in das EK (gezeichnete Kapital und Kapitalrücklage) umzubuchen.

Liegt das Wahlrecht beim Unt und kann das Unt die Optionen mit neuen Aktien aus bedingtem Kapital bedienen, wäre es konsequent, entspr zu bilanzieren (Erfassung einer entspr Kapitalrücklage über die Wartezeit). Würde dann später tatsächlich ein Barausgleich vorgenommen, ändert dies nichts an der bis dahin

§§ 273, 274

gebildeten Kapitalrücklage; in Höhe des Barausgleichs entstünde dann ein Aufwand. Es liegt der Rückkauf eines EK-Instruments vor. Da es jedoch für das Unt keinen Wert hat, weil es nicht wieder ausgegeben werden kann, führt dies zu Aufwand. Diese konsequente Sichtweise führt beim Barausgleich zu einer „unnötigen Härte". Daher erscheint es vertretbar, dem Vorschlag des E-DRS 11.36 ff insoweit zu folgen, zunächst statt der Kapitalrücklage eine Rückstellung zu bilden. Verfallen die Optionen oder werden bei Ausübung neue Aktien aus einer bedingten Kapitalerhöhung geliefert, ist die Rückstellung in die Kapitalrücklage (bzw das gezeichnete Kapital) umzugliedern. Wird der Barausgleich vorgenommen, wird die Rückstellung entspr verbraucht. Wird sie nicht vollständig verbraucht, ist der Restbetrag in die Kapitalrücklage umzugliedern.

522 Nach **IFRS** 2.34–43 ist zu unterscheiden: Hat der Mitarbeiter das Wahlrecht, liegt ein *„compound financial instrument"* vor, das grds aus einer FK- und einer EK-Komponente besteht. Es ist entspr zu zerlegen. Dies bedeutet, dass der Zeitwert der EK-Komponente im Zeitpunkt der Gewährung nach den Regeln für EK-Instrumente (s Anm 505) zu behandeln ist. Der Wert dieser Komponente im Zeitpunkt der Gewährung ergibt sich aus der Differenz zwischen dem Wert der Option, wenn diese nur Barausgleich vorsehen würde und dem Wert der Option, wenn diese nur Aktienlieferung kennen würde (IFRS 2.37). Der EK-Komponente ist daher nur ein Wert zuzuordnen, wenn es nach den Bedingungen des Instruments Umstände gibt, in denen der Barausgleich weniger Wert ist als die Erfüllung mit Aktien. Dies wäre bspw der Fall, wenn der Barausgleich auf einen Höchstbetrag beschränkt wäre. Die FK-Komponente der Option (Wert der Option, als ob nur Barausgleich möglich wäre) ist nach den Regeln für stock appreciation rights zu behandeln. Am Erfüllungszeitpunkt ist sie auf den Gesamtwert der Option zu diesem Zeitpunkt zu bewerten. Werden dann tatsächlich Aktien ausgegeben, ist die gesamte Rückstellung in das EK umzubuchen (IFRS 2.39). Wird ein Barausgleich vorgenommen, berührt dies ggf aus der EK-Komponente direkt im EK erfasste Positionen nicht.

Hat nur das Unt das Wahlrecht, sind die Optionen grds wie EK-Instrumente zu behandeln (s Anm 505). Wird tatsächlich dann ein Barausgleich vorgenommen, ist dies erfolgsneutral als Rückkauf eines EK-Instruments zu behandeln (IFRS 2. 43). Nur wenn das Wahlrecht, die Optionen durch die Bedienung mit Aktien zu erfüllen, keine wirtschaftliche Substanz hat (zB weil das Unt nicht berechtigt ist, Aktien an die Mitarbeiter auszugeben) oder das Unt eine Praxis in der Vergangenheit oder eine erklärte Politik hat, den Barausgleich vorzunehmen oder generell auf Wunsch der Mitarbeiter den Barausgleich vornimmt, sind die Optionen wie *stock appreciation rights* zu bilanzieren (IFRS 2.41; s Anm 512).

§ 273 Sonderposten mit Rücklageanteil

1 **Anmerkung:** § 273 aufgehoben durch BilMoG v 25. Mai 2009, BGBl I S 1102.

§ 274 Latente Steuern

(1) [1] Bestehen zwischen den handelsrechtlichen Wertansätzen von Vermögensgegenständen, Schulden und Rechnungsabgrenzungsposten und ihren steuerlichen Wertansätzen Differenzen, die sich in späteren Geschäftsjahren voraussichtlich abbauen, so ist eine sich daraus insgesamt ergebende Steuerbelastung als passive latente Steuern (§ 266 Abs. 3 E.) in der Bilanz anzusetzen. [2] Eine sich daraus insgesamt ergebende Steuerentlastung kann als aktive latente Steuern

Latente Steuern § 274

(§ 266 Abs. 2 D.) in der Bilanz angesetzt werden. ³Die sich ergebende Steuerbe- und die sich ergebende Steuerentlastung können auch unverrechnet angesetzt werden. ⁴Steuerliche Verlustvorträge sind bei der Berechnung aktiver latenter Steuern in Höhe der innerhalb der nächsten fünf Jahre zu erwartenden Verlustverrechnung zu berücksichtigen.

(2) ¹Die Beträge der sich ergebenden Steuerbe- und -entlastung sind mit den unternehmensindividuellen Steuersätzen im Zeitpunkt des Abbaus der Differenzen zu bewerten und nicht abzuzinsen. ²Die ausgewiesenen Posten sind aufzulösen, sobald die Steuerbe- oder -entlastung eintritt oder mit ihr nicht mehr zu rechnen ist. ³Der Aufwand oder Ertrag aus der Veränderung bilanzierter latenter Steuern ist in der Gewinn- und Verlustrechnung gesondert unter dem Posten „Steuern vom Einkommen und vom Ertrag" auszuweisen.

Übersicht

	Anm
A. Konzept der Ermittlung latenter Steuern	
I. Allgemeines	1, 2
II. Grundsatzfragen	
1. Ziele der Bilanzierung latenter Steuern	4
2. Temporary und timing concept	5–9
3. Erfolgsneutral entstandene Differenzen	10–12
4. Permanente und quasi-permanente Differenzen	13
5. Aktivierungs- und Saldierungswahlrecht (Abs 1 S 2 und 3)	14, 15
6. Steuerliche Verlustvorträge (Abs 1 S 4)	16
7. Ausschüttungs- und Abführungssperre	17
B. Einzelheiten	
I. Passive latente Steuern (Abs 1 S 1)	20
1. Verursachung durch unterschiedliche Bilanzierung/Bewertung auf der Passivseite der Bilanz	21
2. Verursachung durch unterschiedliche Bilanzierung/Bewertung auf der Aktivseite der Bilanz	25–27
II. Aktive latente Steuern (Abs 1 S 1 und 4)	30
1. Verursachung durch unterschiedliche Bilanzierung/Bewertung auf der Aktivseite der Bilanz	31–33
2. Verursachung durch unterschiedliche Bilanzierung/Bewertung auf der Passivseite der Bilanz	35–39
3. Latente Steuern auf Verlustvorträge (Abs 1 S 4)	40–45
4. Latente Steuern auf Zinsvorträge	50–52
III. Berechnung der latenten Steuern (Abs 2)	
1. Ansatz- und Berechnungsmethode	55–58
2. Bewertung und Prognose	
a) Steuersatz (Abs 2 S 1)	60–63
b) Abzinsungsverbot (Abs 2 S 1)	64
c) Jährliche Überprüfung der Steuerabgrenzung	65
d) Besonderheiten in Verlustjahren	66–68
IV. Latente Steuern bei Organschaftsverhältnissen	70–72
V. Latente Steuern bei Personengesellschaften und ihren Gesellschaftern	73, 74
VI. Ausweis (Abs 1 S 2 und 3; Abs 2 S 3)	75, 76
VII. Anhangangaben	80
VIII. Geltungsbereich	85, 86
C. Rechtsfolgen einer Verletzung des § 274	95

	Anm
D. Abweichungen der IFRS	
I. Vorbemerkung	100
II. Konzept und Methodik der Ermittlung latenter Steuern	101
III. Ansatz	102–109
IV. Bewertung	110–112
V. Ausweis und Anhangangaben	115, 116
E. Exkurs: Überleitung von der Handelsbilanz zur Steuerbilanz	
A. Die Maßgeblichkeit der Handelsbilanz für die Steuerbilanz	
I. Materielle Maßgeblichkeit	121–123
II. Steuerrechtlicher Wahlrechtsvorbehalt	125–127
B. Ausübung steuerlicher Wahlrechte in der Steuerbilanz	
I. Reichweite und Voraussetzungen der unabhängigen Wahlrechtsausübung	144–146
II. GoB-fremde steuerliche Wahlrechte	
1. Teilwertabschreibungen	147–152
2. Wahlrechte des § 6b EStG	153–156
3. Wahlrechte des § 7g EStG	157–161
4. Rücklage für Ersatzbeschaffung nach EStR 6.6	162, 163
5. Erhöhte AfA nach §§ 7c, d, h, i, k EStG	164, 165
6. Pensionsrückstellungen	166–168
7. Umwandlungen	169–171
III. Übereinstimmende Wahlrechte	
1. Abschreibungsmethoden	172–177
2. Herstellungskosten	178–180
3. Zuschüsse	181–183
C. Übersicht über weitere Ansatz- und Bewertungsunterschiede zwischen Handels- und Steuerbilanz	
I. Selbst geschaffene immaterielle Vermögensgegenstände des Anlagevermögens	191, 192
II. Derivativer Geschäfts- oder Firmenwert	193–195
III. Technische und wirtschaftliche Nutzungsdauer	196–199
IV. Außerplanmäßige Abschreibungen	200–202
V. Begriff und Umfang der Herstellungskosten	203–206
VI. Bewertung von Planvermögen und Saldierung mit Altersversorgungsverpflichtungen	207–210
VII. Bewertungseinheiten	211–215
VIII. Ansatz von Dividendenforderungen	216
IX. Rechnungsabgrenzungsposten	217
X. Eigene Anteile	218, 219
XI. Latente Steuern	220, 221
XII. Ansatz von Drohverlustrückstellungen	222
XIII. Bewertung von Rückstellungen	223, 224
XIV. Bewertung von Verbindlichkeiten	225
XV. Währungsumrechnung	226, 227
XVI. Bewertung der Finanzinstrumente des Handelsbestands zum beizulegenden Zeitwert	228, 229
XVII. Bewertungsvereinfachungsverfahren	230

Latente Steuern § 274

Anm

D. Aufstellung der Steuerbilanz
  I. Gesetzliche Grundlagen
    1. §§ 140, 141 AO, 241a HGB 231–233
    2. § 60 Abs 2 EStDV 234
    3. § 5 Abs 1 S 2 und 3 EStG 235–238
    4. § 5b EStG 239–242
  II. Methodisches Vorgehen
    1. Ableitung des zu versteuernden Einkommens aus der Handelsbilanz 243, 244
    2. Eigenständige Steuerbilanzbuchhaltung 245–248
    3. Konsequenzen für die Ermittlung latenter Steueransprüche und Steuerverpflichtungen 249, 250

Schrifttum: *Ordelheide* Aktivische latente Steuern bei Verlustvorträgen im Einzel- und Konzernabschluss – HGB, SFAS und IAS – in: FS Havermann, 601; *Arbeitskreis Externe Unternehmensrechnung der Schmalenbach-Gesellschaft für Betriebswirtschaft e. V.* Einfluss ausgewählter steuerrechtlicher Änderungen auf die handelsrechtliche Bilanzierung, DB 2000, 681; *Dötsch/Pung* Die Neuregelungen bei der Körperschaftsteuer und der Gewerbesteuer durch das Steuergesetzgebungspaket vom Dezember 2003, DB 2004, 151; *Küting/Gattung* Abgrenzung latenter Steuern auf timing and temporary differences, StuB 2005, 241; *Freiberg* Tarifeffekte bei der Steuerlatenzberechnung nach IFRS, PiR 2006, 176; *Kirsch* Auswirkung der Unternehmensteuerreform 2008 auf die Bilanzierung und Bewertung latenter Steuern nach IAS 12, DStR 2007, 1268; *Dahlke* Steuerpositionen im Zwischenabschluss nach IAS 34 – Auswirkungen der Unternehmensteuerreform 2008, BB 2007, 1831; *Loitz* Bilanzierung latenter Steueransprüche für Vorträge noch nicht genutzter steuerlicher Verluste nach IFRS, WPg 2007, 778; *Dörfler/Adrian* Zum Referentenentwurf des Bilanzrechtsmodernisierungsgesetzes (BilMoG): Steuerliche Auswirkungen, DB Beilage 1/2008, 44; *Loitz/Neukamm* Der Zinsvortrag und die Bilanzierung von latenten Steueransprüchen, WPg 2008, 196; *Brähler/Brune/Heerdt* Die Auswirkungen der Zinsschranke auf die Aktivierung latenter Steuern, KoR 2008, 289; *Bösser/Pilhofer* Aktive latente Steuern auf Verlustvorträge – Relevanz der US-amerikanischen „Rules-based"-Rechnungslegung für die „Principles-based"-IFRS-Rechnungslegung?, KoR 2008, 296; *Herzig* Steuerliche Konsequenzen des Regierungsentwurfs zum BilMoG 2008, 1339; *Loitz* Latente Steuern nach dem Bilanzrechtsmodernisierungsgesetz (BilMoG) – Nachbesserungen als Verbesserungen?, DB 2008, 1389; *Mujkanovic* Geringwertige Wirtschaftsgüter nach HGB und IFRS vor dem Hintergrund der Unternehmensteuerreform 2008 und des BilMoG-E, StuB 2008, 25; *Oser/Roß/Wader/Drögemüller* Eckpunkte des Regierungsentwurfs zum Bilanzrechtsmodernisierungsgesetz (BilMoG), WPg 2008, 675; *Küting/Seel* Latente Steuern, in: Das neue deutsche Bilanzrecht[2], Stuttgart 2009, 499; *Dahlke* Bilanzierung latenter Steuern bei Organschaften nach dem BilMoG, BB 2009, 878; *Loitz* Latente Steuern nach dem Bilanzrechtsmodernisierungsgesetz (BilMoG) – ein Wahlrecht als Mogelpackung?, DB 2009, 913; *Küting/Seel* Die Ungereimtheiten der Regelungen zu latenten Steuern im neuen Bilanzrecht, DB 2009, 922; *Herzig/Vossel* Paradigmenwechsel bei latenten Steuern nach dem BilMoG, BB 2009, 1174; *Dörfler/Adrian* Zur Umsetzung der HGB-Modernisierung durch das BilMoG: Steuerbilanzrechtliche Auswirkungen, DB Beilage 5/2009, 58; *Wendholt/Wesemann* Zur Umsetzung der HGB-Modernisierung durch das BilMoG: Bilanzierung von latenten Steuern im Einzel- und Konzernabschluss, DB Beilage 5/2009, 64; *Schmitz* Steuerliche Auswirkungen handelsrechtlicher Bewertungseinheiten, DB 2009, 1620; *Kühne/Melcher/Wesemann* Latente Steuern nach BilMoG – Grundlagen und Zweifelsfragen, WPg 2009, 1005 ff, 1057; *Herzig* Auswirkungen des Zusammenspiels von Zins- und Verlustvorträgen auf die Bilanzierung latenter Steuern im Einzelabschluss, DStR 2009, 2615; *Herzig/Briesemeister* Unterschiede zwischen Handels- und Steuerbilanz nach BilMoG – Unvermeidbare Abweichungen und Gestaltungsspielräume, WPg 2010, 63; *Herzig/Liekenbrock/Vossel* Grundkonzept zur Bilanzierung von latenten Steuern im Organkreis nach dem BilMoG, Ubg 2010, 85; *Herzig/Liekenbrock* Zum EBITDA-Vortrag der Zinsschranke, DB 2010, 690; *Kastrup/Middendorf* Latente Steuern bei Personengesellschaften im handelsrechtlichen Jahresabschluss nach BilMoG, BB 2010, 815; *Scheffler* Beurteilung des BMF-Schreibens zu den Auswirkungen des BilMoG für die steuerliche Gewinnermittlung, StuB 2010, 295; *Bolik/Linzbach* Verluste und Zinsschranke in der Bilanzierung latenter Steuern, DStR 2010, 1587; *Lüdenbach/Freiberg* Beitrag von DRS 18 zur Klärung strittiger Fragen der Steuerlatenzierung, BB 2010, 1971; *Herzig* Tax Accounting zwischen BilMoG und E-Bilanz, DStR 2010, 1900; *Loitz* DRS 18 – Bilanzierung latenter Steuern nach dem Bilanzrechtsmodernisierungsgesetz, DB 2010, 2177; *Zimmert* Latente Steuern nach BilMoG – Gesetzeslücke bei Inanspruchnahme des § 7g EStG, DStR 2010, 826; *Malisius/Hagen/Lenz* Abgrenzung latenter Steuern nach HGB bei Investitionen institutioneller Investoren in Investmentfonds Ubg 2010, 439; *Prystawik* Latente Steuern nach BilMoG und IFRS – Besonderheiten bei Pensionsrückstellungen und Investmentfonds DB 2010, 345; *Meyer/Ruberg* Bekanntgabe von DRS 18 Latente Steuern – Partielle Aufhebung der Begrenzung des Prognosehorizonts bei Verlustvorträgen, DStR 2010, 2094; *Lenz/Dörfler/Adrian* Änderung bei der Zinsschranke durch das Wachstumsbeschleunigungsgesetz, Ubg 2010, 1; *Simlacher* Bilanzierung von latenten Steuern im Zusammenhang mit Verschmelzungen im handelsrechtlichen Abschluss, DStR 2011, 1868; *Schindler* Bilanzierung von latenten Steuern bei Umlageverträgen im Rahmen von Organschaftsverhältnissen nach dem BilMoG, BFuP 2011, 329 ff, *Melcher/Möller* Ebenen der Gesamtdifferenzenbetrachtung im Rahmen der Bilanzierung latenter Steuern, KoR 2011, 548; *Weidmann* Nur steuerlich zulässige Rücklagen und außerbilanzielle Korrekturen im Konzept der latenten Steuern nach § 274 Abs. 1 HGB, DStR 2011, 2108; *Ruhberg* Werthaltigkeitsnachweis aktiver latenter Steuern auf Verlustvorträge an Hand von Passivlatenzen – Besonderheiten bei der Mindestbesteuerung, Ubg 2011, 204; *Meyer* Sanierungsbedingte Umstrukturierungen: Ein Anwendungsfall für die Ausbuchung passiver latenter Steuern aufgrund künftiger Verluste?, BB 2011, 2539; *Melcher/Murer* Bilanzierung von latenten Steuern bei Organgesellschaften nach dem BilMoG im Fall von Steuerumlageverträgen, DB 2011, 2329; *Ley* Latente Steuern im Einzelabschluss von gewerblichen Personengesellschaften und ihren bilanzierenden Gesellschaftern, KÖSDI 2011, 17425; *Kirsch/Hoffmann/Siegl* Diskussion der Bilanzierung latenter Steuern nach § 249 Abs. 1 Satz 1 HGB, DStR 2012, 1290; *Zwirner/Künkele* Latente Steuern im Zusammenhang mit § 15a EStG – Anwendungsfälle, Praxisbeispiele und IDW RS HFA 18, DStR 2012, 814.

A. Konzept der Ermittlung latenter Steuern

I. Allgemeines

1 Mit Verabschiedung des BilMoG im Jahr 2009 hat sich die Bilanzierung latenter Steuern im JA deutlich gewandelt. Zum einen wurde die Zielsetzung der besseren Vergleichbarkeit mit nach IFRS erstellten Abschlüssen durch die Implementierung einer bilanzorientierten Abgrenzungskonzeption und das Gebot, steuerliche Verlustvorträge bei der Berechnung aktiver latenter Steuern zu berücksichtigen, umgesetzt. Zum anderen kommt es aufgrund des Wegfalls der umgekehrten Maßgeblichkeit häufiger zu Unterschieden zwischen den Wertansätzen in HB und StB und damit zur Begründung latenter Steuern. Anders als im Gesetzgebungsverfahren zunächst vorgesehen, verzichtete der Gesetzgeber allerdings auf ein Aktivierungsgebot für einen Überhang an aktiven latenten Steuern. Stattdessen sieht Abs 1 S 2 ein Aktivierungswahlrecht für den aktivischen Überhang vor, dessen Ausübung nach § 246 Abs 3 dem Stetigkeitsgebot unterliegt.

2 Auslegungshilfe in Zweifelsfragen der Bilanzierung latenter Steuern bietet der im Jahr 2010 verabschiedete DRS 18. Auch wenn sich DRS 18 grds auf die Bilanzierung latenter Steuern im KA bezieht, wird die entspr Anwendung der Regelungen im JA empfohlen (DRS 18.7). Da ein erheblicher Teil der latenten Steuern im KA aus den JA der einbezogenen Unt stammen, behandelt DRS 18 wesentliche Aspekte, die für den JA von Relevanz sind. Zur grdsen Problematik der Bindungswirkung der DRS s § 342 Anm 9, 15. Detailfragen zur Bilanzie-

rung latenter Steuern bei NichtKapGes sowie zur Passivierung latenter Steuern außerhalb des Anwendungsbereichs von § 274, die in DRS 18 nicht geregelt werden, werden vom HFA des IDW in IDW RS HFA 7 nF sowie RS HFA 18 thematisiert.

II. Grundsatzfragen

1. Ziele der Bilanzierung latenter Steuern

Die Bilanzierung latenter Steuern dient zum einen der periodengerechten Erfolgsermittlung und zum anderen dem zutreffenden Ausweis der Vermögenslage. Zur Ermittlung eines „**richtigen**" **Periodenerfolgs** gehört demzufolge die Berücksichtigung des „**richtigen**" Steueraufwands. „Richtig" idS ist grds der mit dem handelsrechtlichen Ergebnis korrespondierende und nicht der nach steuerrechtlichen Vorschriften berechnete sog tatsächliche Steueraufwand. Dieser Steueraufwand wird durch Bildung von latenten Steuern korrigiert, die ihrerseits dazu beitragen sollen, einen **zutreffenden Einblick in die Vermögenslage** der Ges zu vermitteln. Bspw führen unterschiedliche Wertansätze von VG nach HGB und Steuerrecht im Rahmen der künftigen Nutzung zu unterschiedlichen steuerrechtlichen Be- oder Entlastungen. Wird zB ein VG in der HB schneller abgeschrieben als in der StB, reflektiert die zu berücksichtigende aktive latente Steuer eine künftige Steuerentlastung, vorausgesetzt es liegen in den künftigen Jahren in Höhe der höheren steuerrechtlichen Abschreibungen zu versteuernde Einkünfte vor. Dem VG kommt bei gegebenem Wertansatz in der HB je nach steuerrechtlichem Abschreibungspotenzial wirtschaftlich ein höherer oder niedriger Wert zu. Nach HGB werden VG und Schulden in der Bilanz aber grds nicht „net-of-tax", sondern vor E+E-Steuern bilanziert. Den handelsrechtlichen Wertansätzen der VG und Schulden werden die mit diesen Wertansätzen verbundenen steuerrechtlichen Be- und Entlastungen durch korrespondierende aktive und passive latente Steuern ggügestellt.

Aktive latente Steuern erfüllen insb aufgrund der nicht gegebenen selbstständigen Verkehrsfähigkeit nicht die handelsrechtlichen Kriterien eines VG (§ 247 Anm 13). Dennoch stellt die zukünftige steuerrechtliche Entlastung einen wirtschaftlichen Vorteil dar, der in Anlehnung an den asset-Begriff der IFRS als Vermögenswert einzustufen ist. Nach Verabschiedung des BilMoG sind aktive latente Steuern explizit als „Sonderposten eigener Art" aufzufassen (*Kühne/Melcher/ Wesemann* WPg 2009, 1008).

Passive latente Steuern weisen nach dem durch das BilMoG implementierten *temporary concept* (s hierzu Anm 5 f) und insb durch die Einbeziehung auch quasipermanenter Differenzen (s Anm 13) in die Ermittlung latenter Steuern nicht zwingend den Charakter von Rückstellungen auf. Eine für die Bildung einer Rückstellung gem § 249 Abs 1 S 1 notwendige rechtliche oder faktische Verpflichtung liegt bspw nicht vor, wenn sich der Kfm der Steuerzahlung durch Bestimmung des Veräußerungszeitpunkts von VG selbst einseitig entziehen kann (so auch *Kirsch/Hoffmann/Siegl* DStR 2012, 1294). Folglich sind passive latente Steuern – ebenso wie aktive latente Steuern – als „Sonderposten eigener Art" anzusehen und auszuweisen.

2. Temporary und timing concept

Sowohl die internationalen Standards IAS 12 und AS C 740 als auch § 274 beruhen auf dem bilanzorientierten *temporary concept*. Nach diesem sind grds alle nicht dauerhaften Bilanzierungs- und Bewertungsdifferenzen zwischen handelsrechtlichen und steuerlichen Wertansätzen in die Ermittlung latenter Steuern einzubeziehen,. Jedem handelsrechtlichen VG, RAP und Schuldposten wird der nach den maßgeblichen steuerrechtlichen Vorschriften zu bestimmende Wertansatz (Steuerwert) ggü gestellt. Weicht der Wertansatz in der HB von dem Steuerwert ab und lösen sich die Unterschiede im Zeitablauf durch Veräußerung, Ge- oder Verbrauch eines VG, die Abgeltung eines Schuldpostens bzw spätestens durch Liquidation steuerbe- oder entlastend auf, sind grds latente Steuern zu bilden. Ist der handelsrechtliche Wertansatz eines VG (Schuldpostens) höher (niedriger) als der steuerliche, ist auf diese sog **zu versteuernde zeitliche Differenz** *(taxable temporary difference)* ein passiver Posten für künftige Steuerbelastungen zu bilden. Ist umgekehrt der handelsrechtliche Wertansatz eines VG (Schuldpostens) niedriger (höher) als der Steuerwert, ist auf diese sog **abzugsfähige zeitliche Differenz** *(deductible temporary difference)* ein aktiver Posten für künftige Steuerentlastungen zu bilden. Wertansatzdifferenzen sind grds auf Bewertungs-und Ansatzunterschiede in HB und StB zurückzuführen (zu den möglichen Ursachen der Differenzen vgl Anm 20 ff sowie Anm 121 ff). In die Ermittlung der steuerlichen Wertansätze sind außerbilanziell vorgenommene Hinzurechnungen oder Abzüge einzubeziehen (DRS 18.37; *Herzig/Vossel* BB 2009, 1175; im Wege einer rechtsfortbildenen anlogen Anwendung auch *Weidmann* DStR 2011, 2108 ff, aA *Lüdenbach* BB 2010, 1972). Dabei kann es sich bspw um Investitionsabzugsbeträge nach § 7g EStG handeln, die sich nicht unmittelbar in der StB niederschlagen (*Kühne/Melcher/Wesemann* WPg 2009, 1010; *Zimmert* DStR 2010, 826 ff).

6   Es handelt sich bei den *temporary differences* um Unterschiede zwischen den handelsrechtlichen und steuerlichen Wertansätzen, die sich zu einem späteren Zeitpunkt ausgleichen und dann zu einer steuerlichen Be- oder Entlastung führen. Dabei spielt es grds keine Rolle, ob diese Unterschiede ergebniswirksam entstanden sind oder nicht. Daher sind nach dem *temporary concept* und diesem folgend nach Abs 2 S 3 grds sämtliche Unterschiede im Wertansatz in die Ermittlung latenter Steuern im Zeitpunkt ihrer Entstehung und ihrer Auflösung **ergebniswirksam** einzubeziehen (zu den Sonderfällen vgl Anm 10 ff).

7   Bis zur Verabschiedung des BilMoG ging § 274 von einem Konzept aus, das in der Literatur als *timing concept* bezeichnet wird und den früheren internationalen Standards zu Grunde lag. Zu vergleichen sind hierbei die Jahresergebnisse nach Handels- und nach Steuerrecht. Unterscheiden sie sich wegen *zeitlicher* Bilanzierungs- und Bewertungsunterschiede, ist der Steueraufwand entspr zu korrigieren: Ist das HB-Ergebnis vor Ertragsteuern höher (niedriger) als das Ergebnis lt steuerrechtlicher Gewinnermittlung, ist der Steueraufwand entspr zu erhöhen (vermindern) und ein Passivposten (Aktivposten) für künftige Steuerbe- und -entlastungen auszuweisen.

8   Nach dem *timing concept* sollen nur diejenigen Bilanzierungs- und Bewertungsunterschiede zwischen HB und StB in die Steuerabgrenzung einbezogen werden, die sich sowohl bei ihrer Entstehung als auch bei ihrer Umkehrung in der GuV niederschlagen. Erfolgsneutral entstandene Vorgänge werden nicht berücksichtigt, da sie im Entstehungszeitpunkt nicht zu einer Differenz zwischen dem stpfl Einkommen und dem Ergebnis lt HB führen (*Küting/Gattung* StuB 2005, 242 f). Gleiches galt nach hM zu § 274 aF für Ergebnisunterschiede, mit deren Umkehrung nicht (sog permanente Abweichungen) oder nicht in absehbarer Zeit (sog quasi-permanente Abweichungen) zu rechnen ist.

9   Die **wesentlichen Unterschiede** zwischen *temporary concept* und *timing concept* betreffen somit zum einen die erfolgsneutral entstandenen Bilanzierungs- und Bewertungsunterschiede und zum anderen die quasi-permanenten Differenzen.

3. Erfolgsneutral entstandene Differenzen

Erfolgsneutral entstandene Differenzen sind im deutschen Bilanzrecht insb im Rahmen des KA von Bedeutung (§ 306 Anm 11). Im EA können solche Differenzen vor allem iZm der erfolgsneutralen Einbuchung von Anschaffungsvorgängen wie asset deals, Sacheinlagen oder Verschmelzungen, Anwachsungen oder Spaltungen entstehen, dh bei Transaktionen mit Gestern oder dem Erwerb von Sachgesamtheiten. In diesen Fällen erscheint es sachgerecht, die latenten Steuern – entgegen ihrer nach Abs 2 S 3 grds erfolgswirksam vorzunehmenden Erfassung – ebenfalls erfolgsneutral im GFW (Sachgesamtheiten) bzw im EK (Gester-Transaktionen) zu erfassen (DRS 18.51; IDW RS HFA 42 Tz 39; *Wendholt/Wesemann* DB Beilage 5/2009, 72). 10

Beispiele: 11

– Bei einem *asset deal* sind auf Ansatz- und Bewertungsunterschiede in HB und StB (zu den möglichen Unterschieden vgl Anm 20 ff) latente Steuern zu ermitteln und mit der Residualgröße (GFW) zu verrechnen. Fraglich ist, ob auf die daraus resultierende Differenz zwischen dem GFW in HB und StB ebenfalls eine latente Steuer zu erfassen ist. DRS 18.25 räumt diesbezüglich ein Wahlrecht ein, das auf den folgenden Überlegungen basiert: Anders als § 306 S 3 enthält § 274 kein Verbot latente Steuern auf einen verbleibenden Unterschiedsbetrag zu berücksichtigen. Da der GFW gem § 246 Abs 1 S 4 per Fiktion zum begrenzt nutzbaren VG erhoben wurde, wären nach dem Wortlaut des Abs 1 S 1 auch Differenzen aus dem unterschiedlichen Wertansatz des GFW mit in die Ermittlung latenter Steuern einzubeziehen. Wird dieser Auslegung gefolgt, ist die entspr latente Steuer mit Hilfe eines Iterationsverfahrens bzw mittels einer In-sich-Rechnung zu bestimmen *(Latente Steuer auf temporäre GFW-Differenz = „Temporäre GFW-Differenz ohne latente Steuern" × Steuersatz/(1 – Steuersatz))*. Dies ist erforderlich, da die gebildete latente Steuer sich wiederum auf den Unterschiedsbetrag auswirkt und umgekehrt (*Küting/Seel* DB 2009, 923). Gegen die Bildung einer latenten Steuer auf den unterschiedlichen Wertansatz des GFW in HB und StB im Zeitpunkt seiner erstmaligen Erfassung wird die vermeintliche Komplexität der Berechnung und die vom Gesetzgeber wohl nicht beabsichtigte unterschiedliche Behandlung des GFW in EA und KA angeführt. Begründen lässt sich der Verzicht auf die Bildung latenter Steuern auf den GFW in EA mit einer Interpretation des § 246 Abs 1 S 4 als lex specialis. Diese Norm geht den allgemeinen Bewertungsvorschriften vor und definiert den GFW als Residualgröße, deren Wert dann festgelegt ist, wenn Ansatz und Bewertung aller im Rahmen des asset deal übernommenen VG und Schulden abgeschlossen sind. Dem Wortlaut des § 246 Abs 1 S 4 kann nicht entnommen werden, dass die Zugangsbewertung der Residualgröße unter Berücksichtigung von latenten Steuern auf sie selbst zu erfolgen hat *(Kühne/Melcher/Wesemann* WPg 2009, 1060 f). Auf Bewertungsunterschiede aus der Folgebewertung (außerplanmäßige Abschreibung, unterschiedliche Abschreibungsdauer) des GFW sind dagegen zwingend latente Steuern zu bilden (Anm 31).

– Nach § 20 Abs 2 S 2 UmwStG dürfen bei Einbringung bestimmter *Sacheinlagen* gegen Anteile an einer KapGes die bisherigen Buchwerte von der übernehmenden KapGes steuerrechtlich selbst dann fortgeführt werden, wenn nach handelsrechtlichen Vorschriften ein höherer Wert anzusetzen ist. Dazu kann es kommen, wenn es eine handelsrechtlich unzulässige Ausgabe der neuen Ges-Anteile unter dem Nennwert zu vermeiden gilt. Als Folge der verpflichtenden Anwendung des temporary concept ist auf derartige Sachverhalte ein passiver Abgrenzungsposten zu bilden (Anm 169 ff). Dadurch wird das Reinvermögen vermindert, so dass eine weitere Aufdeckung stiller Reserven maximal bis zur Höhe des Zeitwerts erforderlich wird, falls die Anteile ansonsten unter ihrem Nennwert ausgegeben würden. Der Wert der aufzudeckenden stillen Reserven ermittelt sich in einem solchen Fall durch analoge Anwendung der oben genannten Formel.

– Die Abbildung einer *Verschmelzung* kann beim übernehmenden Rechtsträger nach dem allgemeinem AK-Prinzip (§§ 253 Abs 1, 255 Abs 1) oder zu Buchwerten (§ 24 UmwG) erfolgen. Im ersten Fall sind beim übertragenden Rechtsträger bilanzierte latente Steuern nicht zu übernehmen, sondern erst nach Prüfung der Ansatzvoraussetzungen erfolgsneutral neu zu bilden (IDW RS HFA 42 Tz 39). Sofern aus der Verteilung der AK ein GFW entsteht, gelten die Ausführungen zum asset-deal entspr (IDW RS HFA 42 Tz 59). Bei Anwendung der Buchwertverknüpfung sind beim übertragenden Rechtsträger bilanzierte latente Steuern zu übernehmen, soweit nach den steuerlichen Verhältnissen des übernehmenden Rechtsträgers auch nach der Verschmelzung die Ansatz- und Bewertungsvoraussetzung (zB anzuwendender Steuersatz) für die Bilanzierung vorliegen (IDW RS HFA 42 Tz 61; aA *Simlacher* DStR 2011, 1872). Dagegen sind beim übernehmenden Rechtsträger alle Sachverhalte, die nicht unmittelbar iZm dem übertragenem Vermögen stehen, wie neue Einschätzung der Werthaltigkeit aktiver latenter Steuern oder Wegfall eines Wertunterschiedes im BetAnsatz entspr Abs 2 S 3 erfolgswirksam zu erfassen (*Simlacher* DStR 2011, 1871).

12   Neben Anschaffungsvorgängen können sich erfolgsneutral entstandene Differenzen im EA bspw aufgrund von steuerfreien **Investitionszulagen** ergeben. Diese werden in der HB entweder als Minderung der AK oder in einem gesonderten Passivposten, bei der steuerrechtlichen Gewinnermittlung hingegen unmittelbar als steuerfreier Ertrag erfasst (§ 255 Anm 115 ff, 120). Dem handelsrechtlichen Wertansatz steht somit kein entspr Wertansatz in der StB ggü, so dass eine aktive latente Steuer anzusetzen ist. Denn anders als nach IAS 12.24 (Anm 104) besteht nach § 274 in diesem Fall keine explizite Ausnahmeregel (Ber *Merz* ua, 87). Im Schrifttum wird diskutiert, ob die betr aktive latente Steuer erfolgsneutral oder nach Abs 2 S 3 erfolgswirksam zu erfassen ist. Als Argument für eine erfolgsneutrale Verrechnung mit den Gewinnrücklagen wird vorgebracht, dass dadurch die Erfolgsneutralität des Anschaffungsvorgangs gewahrt und der Steueraufwand im Jahr der Gewährung der Investitionszulage in einer unverzerrten Relation zum handelsrechtlichen Ergebnis belassen werde. Gegen diese Auffassung spricht indes, dass die Steuerlatenz nicht aus einem Anschaffungsvorgang, sondern vielmehr aus der Gewährung der Investitionszulage resultiert. Mit dieser ist ein Steuervorteil in Form einer künftigen Steuerminderung verbunden, dessen sofortige steuerfreie Vereinnahmung für Zwecke der Besteuerung die Ursache für die künftige Steuerentlastung bezogen auf das handelsrechtliche Ergebnis ist. Folglich erscheint die erfolgswirksame Erfassung des gewährten Steuervorteils sachgerecht und in Übereinstimmung mit HFA 1/1984 2.a), wonach nicht rückzahlbare Zuwendungen Dritter nicht als EK eingeordnet werden dürfen (*Kühne/Melcher/Wesemann* WPg 2009, 1009; ähnlich *Loitz* DB 2009, 915; aA *Küting/Seel* DB 2009, 922f). Im Übrigen sind nach § 272 Abs 3 nur solche Beträge als Gewinnrücklage auszuweisen, die im Gj oder in einem früheren Gj aus dem Ergebnis gebildet worden sind. Im Ergebnis ist bei Differenzen aus steuerfreien Investitionszulagen nicht von der allgemeinen Vorgehensweise nach Abs 2 S 3 abzuweichen, dh die latente Steuer ist bei Entstehung erfolgswirksam zu erfassen und in den folgenden Jahren auch erfolgswirksam aufzulösen.

4. Permanente und quasi-permanente Differenzen

13   Permanente Differenzen (zB steuerfreie Erträge und nicht abziehbare Betriebsausgaben) sind nicht in die Berechnung latenter Steuern einzubeziehen (Anm 56). Daher sind auf Unterschiede im Wertansatz, die auch bei einem späteren Abbau nicht zu einer Steuerbelastung oder -entlastung führen, nach Abs 1 S 1 und DRS 18.9 keine latenten Steuern zu berücksichtigen.

Quasi-permanent sind solche Differenzen, die sich infolge unternehmerischer Disposition umkehren, zB steuerrechtlich nicht anerkannte Abschreibungen auf nicht zum Verkauf bestimmten Grund und Boden. In der Gesetzesbegr zum BilMoG wurde klargestellt, dass quasi-permanente Differenzen der internationalen Praxis und dem *temporary concept* folgend in die Ermittlung latenter Steuern nach § 274 einzubeziehen sind.

5. Aktivierungs- und Saldierungswahlrecht (Abs 1 S 2 und 3)

Abs 1 S 1 und 2 geht für Zwecke des Bilanzausweises von einer Gesamtdifferenzenbetrachtung aus und definiert den Inhalt *eines* Bilanzpostens. Der Ermittlung des Bilanzpostens latente Steuern liegen steuerjurisdiktionsbezogene Einzelsachverhalte zu Grunde (ausführlich Anm 20 ff), die isoliert gesehen je eine aktive oder passive latente Steuer erforderlich machen würden. Dazu ist eine jährliche Analyse der einzelnen Unterschiede zwischen den handelsrechtlichen und steuerrechtlichen Wertansätzen vorzunehmen (Anm 55 ff). Dabei sind auch ökonomische Vorteile aus Verlustvorträgen und ähnlichen Sachverhalten zu berücksichtigen (Anm 40 ff). In der Bilanz ist nach Abs 1 S 1 und 2 lediglich die „Abgrenzungsspitze" aus den gesamten Steuerbe- und -entlastungseffekten anzusetzen. Ein aus der sich insgesamt ergebenden Steuerbelastung resultierender Überhang an passiven latenten Steuern ist nach Abs 1 S 1 zwingend in der Bilanz anzusetzen (Anm 65). Dagegen sieht Abs 1 S 2 für eine aktive Abgrenzungsspitze ein **Aktivierungswahlrecht** vor, welches als Ansatzwahlrecht nach § 246 Abs 3 stetig auszuüben ist. Gegenstand des Aktivierungswahlrechts ist nach dem Wortlaut des Gesetzes (Abs 1 S 2) eine sich insgesamt ergebende Steuerentlastung und somit der Überhang an aktiven latenten Steuern. Die Aktivierung lediglich eines Teilbetrags der sich insgesamt ergebenden Steuerentlastung kommt nicht in Betracht (DRS 18.15; *Wendholt/Wesemann* DB Beilage 5/2009, 67).

Der Gesetzeswortlaut lässt offen, auf welcher Ebene die Abgrenzungsspitze zu ermitteln ist. In Betracht kommt eine steuerjurisdiktions- oder unternehmensbezogene Vorgehensweise (vgl *Melcher/Möller* KoR 2011, 548 ff). Die gewählte Ermittlungsmethode ist nach dem Grundsatz der sachlichen und zeitlichen Stetigkeit auszuüben (s RS HFA 38 Tz 4). Bei der Berechnung auf Ebene der Steuerjurisdiktion wird unmittelbar sichergestellt, dass lediglich als werthaltig eingestufte aktive latente Steuern bei der Gesamtdifferenzenbetrachtung angesetzt werden. Da der Ausgleich von passiven latenten Steuern aus einer Steuerjurisdiktion mit nicht werthaltigen aktiven latenten Steuern aus einer anderen Steuerjurisdiktion unzulässig ist, muss dagegen bei der Ermittlung der Abgrenzungsspitze auf Ebene des GesamtUnt die Werthaltigkeit der einbezogenen aktiven latenten Steuern zusätzlich gegeben sein. So hat ein Unt mit Betriebsstätten in unterschiedlichen Steuerjurisdiktionen bei Aktivierung von latenten Steuern bspw zu beachten, dass ggü derselben Steuerbehörde entweder in ausreichender Höhe zu versteuernde zeitliche Differenzen bestehen, die sich in den entspr Gj voraussichtlich auflösen werden oder dass mit hinreichender Wahrscheinlichkeit ausreichend hohe stpfl Gewinne anfallen.

Zur Bestimmung der Werthaltigkeit bedarf es individueller Wahrscheinlichkeitsüberlegungen, die unter Beachtung des Vorsichtsprinzips anzustellen sind (DRS 18.17; *Wendholt/Wesemann* DB Beilage 5/2009, 67). Voraussetzung für den Ansatz eines Überhangs an aktiven latenten Steuern ist, dass aufbauend auf einer aus der Untplanung abgeleiteten differenzierten steuerlichen Planungsrechnung mit hinreichender Wahrscheinlichkeit künftige stpfl Einkünfte erwartet werden (Anm 65 ff).

Alternativ zum verrechneten Ausweis dürfen aktive und passive latente Steuern nach Abs 1 S 3 auch unverrechnet ausgewiesen werden. Auch beim unverrechneten Ausweis erstreckt sich das Aktivierungswahlrecht lediglich auf den Überhang der aktiven über die passiven latenten Steuern und nicht auf den unsaldierten Betrag der aktiven latenten Steuern (*Küting/Seel* DB 2009, 924; *Herzig/Vossel* BB 2009, 1177). Das **Saldierungswahlrecht** ist als Ausweiswahlrecht nach § 265 Abs 1 stetig auszuüben. Entscheidet sich der Bilanzierende nach S 2 für einen unverrechneten Ausweis, erscheint die teilweise Verrechnung im Interesse einer verbesserten Informationsversorgung der Abschlussadressaten sinnvoll, wenn eine Aufrechnungslage im Sinne des DRS 18.40 vorliegt. Dies setzt die Aufrechnungsmöglichkeit von Verbindlichkeiten mit Erstattungsansprüchen hinsichtlich solcher Ertragsteuern voraus, auf die sich die jeweiligen latenten Steuern beziehen (s § 306 Anm 37).

Die Erreichung des Ziels der Bilanzierung latenter Steuern, die „richtige" Steuerbelastung auszuweisen und zu einem besseren Einblick in die Vermögenslage beizutragen, wird somit vom tatsächlichen Ansatz der aktiven sowie dem unsaldierten Ausweis der latenten Steuern abhängig gemacht. Nur teilweise kompensiert wird dies durch die Verpflichtung nach § 285 Nr 29 zumindest von großen KapGes im Anhang darüber zu berichten, auf welchen Differenzen oder steuerlichen Verlustvorträgen die latenten Steuern beruhen (weiterführend Anm 80).

Selbst wenn der Bilanzierende die Wahlrechte iSe besseren Informationsversorgung der Abschlussadressaten ausübt, können diese der Bilanz keine Informationen über die Fristigkeiten der latenten Steuern entnehmen. Freiwillige Anhangangaben oder Davon-Vermerke in der Bilanz, bspw für nicht aus der Bilanz ersichtliche, kurzfristige latente Steuerverpflichtungen, würden daher zu einem besseren Bild der VFE-Lage der Ges beitragen.

6. Steuerliche Verlustvorträge (Abs 1 S 4)

16 Nach Abs 1 S 4 sind steuerliche Verlustvorträge bei der Berechnung aktiver latenter Steuern zu berücksichtigen, sofern sie innerhalb der nächsten fünf Jahre mit dem für diese Jahre erwarteten stpfl Einkommen verrechnet werden können (s ausführlich Anm 40 ff). Die Bildung und spätere Auflösung einer aktiven latenten Steuer auf steuerliche Verlustvorträge trägt ebenso wie die auf zeitliche Abweichungen zu einem iSd Steuerlatenz „richtigen" Steuerausweis und damit einer zutreffenden Periodenabgrenzung bei. Des Weiteren wird durch den Ansatz der aktiven latenten Steuer auch die Vermögenslage des Unt besser den tatsächlichen Verhältnissen entspr dargestellt, wenn man zum Vermögen nicht nur die VG zählt, sondern auch die sonstigen Werte, hier den ökonomischen Wert eines steuerlichen Verlustvortrags, in Form von latenten künftigen Steuerentlastungen (zum Ansatz aktiver latenter Steuern auf steuerliche Verlustvorträge nach § 274 idF vor BilMoG vgl 8. Auflage § 274 Anm 16).

7. Ausschüttungs- und Abführungssperre

17 Das HGB trägt dem Gläubigerschutz Rechnung, indem es beim Ansatz **aktiver latenter Steuern** eine ausdrückliche **Ausschüttungs-** (§ 268 Abs 8 S 2) bzw Abführungssperre (§ 301 S 1 AktG) vorschreibt (§ 268 Anm 140 ff). Die geforderte Abführungs- bzw Ausschüttungssperre bezieht sich auf den in der Bilanz nach der Gesamtdifferenzenbetrachtung (Anm 14) angesetzten Überhang an aktiven latenten Steuern. Greift neben der Ausschüttungssperre für aktive latente Steuer eine weitere für selbst geschaffene immaterielle VG oder für VG iSd § 246 Abs 2 S 2 („Deckungsvermögen" zur Erfüllung von Schulden aus AVers-Verpflichtungen), ist bei der Berechnung des gesamten ausschüttungsgesperrten Betrags eine doppelte Berücksichtigung passiver latenter Steuern auf diese VG zu vermeiden (vgl ausführlich § 268 Anm 146). Zu den Besonderheiten bei der Ermittlung der Abführungssperre bei Organges iZm selbst geschaffenen immateriellen VG und/oder VG iSd § 246 Abs 2 S 2 sowie zu den Auswirkungen von Steuerumlageverträgen s § 268 Anm 146.

B. Einzelheiten

I. Passive latente Steuern (Abs 1 S 1)

Die **Notwendigkeit zur Berücksichtigung passiver latenter Steuern** kann 20
im JA auf Grund folgender Sachverhalte entstehen:
- Schuldposten werden nur in der StB angesetzt oder höher bewertet als in der HB;
- VG werden nur in der HB angesetzt oder höher bewertet als in der StB.

1. Verursachung durch unterschiedliche Bilanzierung/ Bewertung auf der Passivseite der Bilanz

Beispiele: 21
- Für die handelsrechtliche Ermittlung der **Pensionsrückstellungen** können ua das versicherungsmathematische Teilwertverfahren und das aus IAS 19 stammende Anwartschaftsbarwertverfahren *(projected unit credit method)* zur Anwendung kommen. Steuerrechtlich ist gem § 6a Abs 3 EStG indes nur das Teilwertverfahren zulässig. Während handelsrechtlich künftige Gehalts- und Rentensteigerungen zu berücksichtigen sind, ist dies steuerrechtlich nach § 6a Abs 3 S 2 Nr 1 S 4 EStG nicht zulässig. In der StB sind Pensionsrückstellungen mit einem Zinssatz von 6% zu diskontieren (§ 6a Abs 3 S 3 EStG). In der HB ergibt sich der Abzinsungssatz gem § 253 Abs 2 S 1 grds als laufzeitkongruenter durchschnittlicher Marktzinssatz der vergangenen sieben Gj (§ 253 Anm 188). Alternativ darf nach § 253 Abs 2 S 2 mit dem durchschnittlichen Marktzinssatz abgezinst werden, der bei einer angenommenen Laufzeit von 15 Jahren gilt. Entspr ergibt sich die Notwendigkeit zur Bildung einer passiven (aktiven) latenten Steuer, wenn die in der HB angesetzte Pensionsrückstellung geringer (höher) ist als der in der StB angesetzte Wert (s auch Anm 166 ff). Ferner ergibt sich iZm Pensionsrückstellungen eine Abweichung zwischen StB und HB, wenn das Unt **Deckungsvermögen** vorhält, welches dem Gläubigerzugriff entzogen ist und ausschließlich der Erfüllung von Schulden aus AVersVerpflichtungen dient. Diesbzgl sind in HB und StB abw Bewertungsmaßstäbe anzuwenden. Handelsrechtlich sind die VG des Deckungsvermögens nach § 253 Abs 1 S 4 mit ihrem beizuZW zu bewerten. Steuerrechtlich sind sie dagegen zu fortgeführten AK/HK anzusetzen (§ 6 Abs 1 Nr 1, 2 EStG). Nach § 246 Abs 2 sind die VG des Deckungsvermögens zudem verpflichtend mit den Schulden aus Pensionsverpflichtungen zu verrechnen (Anm 207 ff). Steuerrechtlich greift indes das allgemeine Saldierungsverbot des § 5 Abs 1a S 1 EStG.
- In der StB gilt für **sonstige Rückstellungen,** deren Laufzeit am Bilanzstichtag zwölf oder mehr Monate beträgt, allgemein ein Abzinsungsgebot mit einem Zinssatz von 5,5% (§ 6 Abs 1 Nr 3a lit e EStG). In der HB sind Rückstellungen nach § 253 Abs 2 S 1 dagegen unter Berücksichtigung der Laufzeit der zugrunde liegenden Verpflichtung mit dem durchschnittlichen Marktzinssatz der vergangenen sieben Gj abzuzinsen. Sofern der in der HB verwendete Abzinsungssatz höher ist als der in der StB verwendete Zinssatz und somit der in der HB angesetzte Erfüllungsbetrag niedriger wäre als in der StB ist die Bildung passiver latenter Steuern durch die Maßgeblichkeit des niedrigeren handelsrechtlichen Rückstellungsbetrags für die steuerliche Wertermittlung ausgeschlossen (R 6.11 Abs 3 S 1 EStÄR; OFD Münster 13.7.2012, DStR 2012, S 1606). Dagegen ist eine passive latente Steuer zu bilden, wenn gem R 6.11 Abs 3 S 2 EStÄR eine gewinnmindernde Rücklage für Gewinne, die sich aus der erstmaligen BilMoG-Anwendung durch die Auflösung von Rückstellungen ergeben, passiviert wird.
- Nach § 4d Abs 2 S 2 EStG ist die Bildung einer Rückstellung für **Zuwendungen eines TrägerUnt an eine Unterstützungskasse** noch für das abgelaufene Wj mit gewinnmindernder Wirkung zulässig, sofern die Zuwendung innerhalb eines Monats nach Aufstellung oder Feststellung der Bilanz des TrägerUnt für den Schluss eines Wj geleistet wird. Handelsrechtlich darf in diesem Fall keine Rückstellung angesetzt werden (ausf § 249 Anm 252).

– § 6b EStG erlaubt bei Veräußerung bestimmter WG des Anlagevermögens die **Übertragung stiller Reserven auf bestimme Reinvestitionsgüter**. Dadurch wird die Besteuerung von Veräußerungsgewinnen vorläufig verhindert. Grds wird dies im Wege einer Direktübertragung, dh einer Reinvestition im Jahr der Veräußerung erreicht. Findet im Jahr der Veräußerung keine direkte Übertragung der stillen Reserven statt, kann eine den steuerlichen Gewinn mindernde Rücklage gebildet werden. Handelsrechtlich darf eine solche Rücklage nicht gebildet werden. Dadurch enthält die StB im Vergleich zur HB einen zusätzlichen Passivposten, was die Berücksichtigung einer passiven Steuerlatenz in der HB erfordert. Zu einer passiven latenten Steuer kommt es auch im Fall einer Direktübertragung der stillen Reserven (s Anm 25).
– Nach R 6.6 EStR darf in der StB eine sog **Rücklage für Ersatzbeschaffung** gebildet werden. Diese steuerrechtliche Subventionsnorm ist einschlägig für WG des Anlage- oder Umlaufvermögens, die infolge höherer Gewalt oder zur Vermeidung eines behördlichen Eingriffs gegen Entschädigung aus dem Betriebsvermögen ausscheiden. Die StB enthält aufgrund dieser handelsrechtlich nicht ansetzbaren Rücklage im Vergleich zur HB einen zusätzlichen Posten, für den eine passive latente Steuer zu bilden ist.
– Wird vom Beibehaltungswahlrecht des Art 67 Abs 3 S 1 EGHGB hinsichtlich des **Sonderpostens mit Rücklageanteil** Gebrauch gemacht, liegt keine temporäre Differenz zwischen den Wertansätzen in HB und StB vor und es kommt nicht zur Bildung passiver latenter Steuern.

2. Verursachung durch unterschiedliche Bilanzierung/Bewertung auf der Aktivseite der Bilanz

25 Beispiele:
– Kommt es iZm § 6b EStG bzw R 6.6 EStR **zur Übertragung stiller Reserven auf Ersatzwirtschaftsgüter** (s Anm 21), werden diese in der StB niedriger angesetzt als in der HB. Folglich ergibt sich die Notwendigkeit zur Bildung passiver latenter Steuern.
– Werden innerhalb der Übergangsfrist gemäß BMF-Schreiben vom 25.3.2013 das handelsrechtliche und steuerliche Wahlrecht nach § 255 Abs 2 S 3 sowie R 6.3 Abs 4 EStR 2008 aufgrund des Wegfalls der umgekehrten Maßgeblichkeit autonom voneinander ausgeübt, können die für einen selbst geschaffenen VG **angesetzten HK** in der StB niedriger sein (§ 5 Abs 1 S 1 EStG) und zur Bildung einer passiven latenten Steuer führen.
– Zu **höheren Wertansätzen von VG des Anlagevermögens in der HB** können steuerrechtliche Abschreibungen führen, die handelsrechtlich nicht in gleicher Höhe vorgenommen werden dürfen. Ein Beispiel ist § 7 Abs 4 S 1 Nr 1 EStG, der für **Wirtschaftsgebäude** unabhängig von den HB-Wertansätzen eine jährliche AfA in Höhe von 3 vH vorsieht. Sofern der handelsrechtliche Abschreibungsplan eine geringere AfA vorsieht, entsteht eine zu versteuernde zeitliche Differenz und damit eine passive latente Steuer. Daneben führen erhöhte steuerliche Abschreibungen nach §§ 7c, d, h, i, k EStG zu Bewertungsunterschieden.
– Gem § 248 Abs 2 ergibt sich für die HB ein Wahlrecht zur Aktivierung **selbst geschaffener immaterieller VG des Anlagevermögens**. Da steuerrechtlich eine Aktivierung gem § 5 Abs 2 EStG ausscheidet, ist eine passive latente Steuer zu berücksichtigen, sofern selbst geschaffene immaterielle VG des Anlagevermögens in der HB angesetzt werden.
– Ein Folgeproblem der Aktivierung selbst geschaffener immaterieller VG des Anlagevermögens ist die Notwendigkeit zur Bildung latenter Steuern auf Wertansätze anderer Aktiva, deren HK durch die Fertigung veranlasste **Abschreibungen auf selbst geschaffene immaterielle VG des AV** enthalten. Diese sind in der HB in die HK auch materieller VG einzubeziehen, aufgrund des generellen Aktivierungsverbots jedoch nicht in der StB.
– Die Bewertung von Vorräten nach der Fifo-Methode in der HB (§ 256), die bei steigender Preisentwicklung zu höheren Vorratswerten führt als nach dem steuerrechtlich gebotenen Durchschnittsverfahren bzw der Lifo-Methode, kann ebenfalls eine passive latente Steuer erforderlich machen.

26 Die Folgebewertung von **Fremdwährungsforderungen (-verbindlichkeiten)** mit einer Restlaufzeit von unter einem Jahr, welche gem § 256a unter

Nicht-Berücksichtigung des Realisations- und des AK-Prinzips zu Zeitwerten (Devisenkassamittelkurs) zu bewerten sind, erfordert die Bildung einer passiven latenten Steuer, da steuerrechtlich nach § 6 Abs 1 Nr 1, 2 EStG das AK-Prinzip als Bewertungsobergrenze gilt (*Dörfler/Adrian* DB Beilage 5/2009, 62).

Sofern der handelsrechtliche Buchwert **der Beteiligung an KapGes** den steuerlichen Wertansatz übersteigt, reduziert der pauschale Betriebsausgabenabzug nach § 8b Abs 3 KStG die Steuerfreiheit auf 95% (*Dötsch/Pung* DB 2004, 153f). Daher ist auf 5% des Bewertungsunterschieds eine passive latente Steuer zu bilden. Ausnahmen bestehen für sog Altfälle (steuerwirksame Teilwertabschreibungen vor dem Jahr 2002), für sog einbringungsgeborene Anteile nach dem UmwStG oder nach § 8b Abs 7, 8 KStG für Kreditinstitute und VersicherungsUnt. **27**

Dagegen ist im umgekehrten Fall (zB durch den Verzicht auf eine Teilwertabschreibung bei dauernder Wertminderung nach § 6 Abs 1 Nr 1 S 2, Nr 2 S 2 EStG vgl Anm31) mangels zukünftiger Steuerentlastung nach § 8b KStG keine aktive latente Steuer zu bilden. Ausnahmen bestehen auch hier für evtl Altfälle und für Kreditinstitute und VersicherungsUnt nach § 8b Abs 7, 8 KStG.

Der Ansatz von **Forderungen aus Dividendenansprüchen** kann zu einen höheren Ansatz in der HB führen, da unter bestimmten Voraussetzungen handelsrechtlich eine Aktivierungspflicht, steuerlich aber grds ein Aktivierungsverbot besteht (vgl Anm 216). Gem § 8b Abs 5 KStG ist eine entspr Differenz iHv 5% mit latenter Steuer zu belegen.

Zu den Besonderheiten auf **Ebene eines Personengesellschafters in der Rechtsform einer KapGes** vgl Anm 73f.

II. Aktive latente Steuern (Abs 1 S 1 und 4)

Die Notwendigkeit zur Berücksichtigung aktiver latenter Steuern kann im JA auf Grund folgender Sachverhalte entstehen: **30**
– VG werden nur in der StB angesetzt oder höher bewertet als in der HB;
– Schuldposten werden nur in der HB angesetzt oder höher bewertet als in der StB.

1. Verursachung durch unterschiedliche Bilanzierung/ Bewertung auf der Aktivseite der Bilanz

Beispiele: **31**
– Aktive latente Steuern können aus einer ggü den steuerrechtlichen Vorschriften kürzeren handelsrechtlichen **Abschreibungsdauer des Geschäfts- oder Firmenwerts** resultieren. Steuerrechtlich ist der GFW nach § 7 Abs 1 S 3 EStG über 15 Jahre linear abzuschreiben. Im Vergleich dazu gibt das HGB für den GFW keine konkrete Abschreibungsdauer vor, allerdings erscheint eine über 15 Jahre hinausgehende Nutzungsdauer sachlich kaum begründbar (§ 253 Anm 671ff). Beträgt die handelsrechtliche Abschreibungsdauer im Ausnahmefall mehr als 15 Jahre, ist umgekehrt eine passive latente Steuer zu bilden. Umstritten ist, ob latente Steuern auf eine unterschiedliche Erstbewertung des GFW in HB und StB durch eine In-sich-Rechnung zu berücksichtigen sind (Anm 11).
– Bei beweglichen VG des Anlagevermögens kann der in HB und StB angesetzte Wert in Abhängigkeit von der gewählten Abschreibungsmethode differieren. Dabei wird eine aktive latente Steuer verursacht, wenn bewegliche VG des Anlagevermögens in der HB degressiv abgeschrieben werden, da eine degressive Abschreibung für nach dem 1. Januar 2011 angeschaffte oder hergestellte VG steuerrechtlich nicht mehr zulässig ist.
– Ursache für eine aktive latente Steuer sind **außerplanmäßige Abschreibungen des Anlagevermögens** nach § 253 Abs 3 S 3, die nach steuerrechtlichen Vorschriften nicht oder nicht in dieser Höhe vorgenommen werden und daher zu höheren Wertansätzen in

der StB führen. VG des Anlagevermögens sind in der HB bei einer voraussichtlich dauernden Wertminderung auf den ihnen am Abschlussstichtag beizulegenden Wert abzuschreiben. In der StB wird dagegen auf den steuerlichen Teilwert abgestellt. Soweit dieser auf Dauer unter den fortgeführten AK/HK liegt, *kann* nach § 6 Abs 1 Nr 1 S 2, Nr 2 S 2 EStG der niedrigere Teilwert angesetzt werden. Bei zum Anlagevermögen gehörenden Finanzanlagen können in der HB auch bei voraussichtlich nicht dauernder Wertminderung Abschreibungen auf den beizulegenden Wert vorgenommen werden (§ 253 Abs 3 S 4). Dem Wortlaut des § 6 Abs 1 Nr 1 S 2 EStG folgend besteht steuerrechtlich bei voraussichtlich nicht dauernder Wertminderung ein generelles Abschreibungsverbot.

– Eine aktive latente Steuer ist ferner zu berücksichtigen, wenn abw von der StB **geringwertige bewegliche abnutzbare VG des Anlagevermögens** in der HB über eine kürzere Abschreibungsdauer als die nach § 6 Abs 2a EStG standardisierten fünf Jahre abgeschrieben werden oder vorzeitige Abgänge vorliegen (ausführlich *Mujkanovic* StuB 2008, 28 f).

– Ferner kann es zu aktiven latenten Steuern kommen, wenn **Forderungen** in der HB mit einem höheren Zinssatz abgezinst werden als in der StB.

– Auch handelsrechtliche **Abschreibungen des Umlaufvermögens,** die steuerrechtlich nicht nachvollzogen werden, erfordern die Berücksichtigung latenter Steuern. Während VG des Umlaufvermögens handelsrechtlich auch bei voraussichtlich nicht dauerhafter Wertminderung zwingend abzuschreiben sind (§ 253 Abs 4 S 1), besteht steuerrechtlich nur bei voraussichtlich dauernder Wertminderung ein Wahlrecht, die WG auf den niedrigeren Teilwert abzuschreiben (§ 6 Abs 1 Nr 2 S 2 EStG).

– Der steuerrechtlich maßgebliche Teilwert umfasst im Vergleich zum beizulegenden Wert spezielle steuerliche Wertkomponenten, die dazu führen können, dass der in der StB anzusetzende Teilwert dessen handelsrechtlichen Vergleichswert übersteigt (§ 6 Abs 1 Nr 1 S 3 EStG; *Scheffler* StuB 2010, 299). Ist der Teilwert höher als der handelsrechtliche Wert, ist eine aktive Steuerlatenz zu berücksichtigen.

– Diskutiert wird, ob dem in § 253 Abs 5 S 2 handelsrechtlich kodifizierten **Wertaufholungsverbot für den GFW** eine steuerrechtlich abw Regelung ggübersteht, aus welcher sich eine Verpflichtung zur Abgrenzung aktiver latenter Steuern ergeben kann. Steuerrechtlich ist nach § 6 Abs 1 Nr 1 S 4 EStG grds eine Wertaufholung auf ein WG vorzunehmen, wenn ein niedrigerer Teilwert nicht mehr nachgewiesen werden kann. Umstritten ist aber, ob diese Regelung auch auf den GFW anzuwenden ist, da einer Wertaufholung das Aktivierungsverbot für selbst geschaffene immaterielle WG des Anlagevermögens gem § 5 Abs 2 EStG entgegenstünde (*Herzig* DB 2008, 1344; *Dörfler/ Adrian* DB Beilage 5/2009, 61; Anm 193 ff). Wenn steuerrechtlich eine Wertaufholung vorgenommen wird, ist handelsrechtlich eine aktive latente Steuer zu berücksichtigen.

– Da für das handelsrechtliche Wahlrecht nach § 255 Abs 2 S 3 nach R 6.3 Abs 1 EStÄR 2012 eine Ansatzpflicht besteht, können die für einen selbst geschaffenen VG **angesetzten HK** in HB und StB abweichen. Wird in der HB vom Wahlrecht kein Gebrauch gemacht, führt dies zu höheren steuerlichen HK und damit zu einer aktiven latenten Steuer (hinsichtlich Auswirkungen der Übergangsfrist nach BMF-Schreiben vom 25. März 2013 siehe Anm 25).

– Als RAP ansetzbare **Disagiobeträge,** die handelsrechtlich sofort als Aufwand behandelt werden dürfen (Wahlrecht des § 250 Abs 3), die aber in der StB zu aktivieren und über den Zinsbindungszeitraum planmäßig abzuschreiben sind, sind ebenfalls Grund für eine aktive latente Steuer.

– Durch die Abschaffung des Wahlrechts zur Aktivierung von **Rechnungsabgrenzungsposten auf Zölle und Verbrauchsteuern sowie USt** (§ 250 Abs 1 S 2 aF) resultiert grds eine aktive latente Steuer, da für diese Fälle gem § 5 Abs 5 S 2 Nr 1 EStG steuerrechtlich eine Aktivierungspflicht besteht (*Dörfler/Adrian* DB Beilage 5/2009, 60). Da Zölle und Verbrauchsteuern jedoch handelsrechtlich als AK/HK zu aktivieren sind, dürfte sich hieraus bei Gesamtbetrachtung keine Differenz zwischen HB und StB ergeben.

– Beim **Tausch von abnutzbaren Anlagegegenständen** kommt es zu einer zeitlichen Differenz, wenn vom handelsrechtlichen Wahlrecht der erfolgsneutralen Behandlung (§ 255 Anm 40) Gebrauch gemacht wird, da steuerrechtlich grds eine Gewinnrealisierung erfolgen muss (§ 6 Abs 6 EStG). Zu beachten ist in diesem Zusammenhang die

Anwendbarkeit des § 6b EStG, da der Tausch von WG steuerrechtlich eine Veräußerung darstellt (R 6b.1 Abs 1 S 3 EStR). Ausnahmen von diesem Grundsatz bestehen für Umw nach dem UmwStG, Übertragungen von EinzelWG nach § 6 Abs 5 EStG sowie für die Realteilung iSd § 16 Abs 3 EStG.

Sog ausschüttungsgleiche Erträge aus Investmentfonds werden in der StB 32 in einem steuerlichen Ausgleichsposten erfasst. Mangels Bilanzierung in der HB ergeben sich grds in voller Höhe aktive latente Steuern (*Malisius/Hagen/Lenz* UbG 2010, 445 f). Sofern ein **besitzzeitanteiliger Aktiengewinn** vom Fonds ermittelt wird, ist grds § 8b KStG zu berücksichtigen (vgl auch Anm 27). Daher wird die temporäre Differenz iHv 100% des negativen Aktiengewinns reduziert und grds iHv 95% des positiven Aktiengewinns erhöht. Gleiches gilt, wenn es zur Veräußerung des Anteils oder zu einer nur handelsrechtlichen Teilwertabschreibung bzw Wertaufholung kommt (*Malisius/Hagen/Lenz* UbG 2010, 447 f, iZm Planvermögen *Prystawik* DB 2010, 349).

Das steuerliche Wahlrecht nach EStR 6.5 Abs 2 S 1 und 2 für **steuerpflichtige** 33 **Zuschüsse** kann unabhängig vom handelsrechtlichem Wahlrecht ausgeübt werden (vgl § 255 Anm 115 ff). Entspr Wertdifferenzen sind mit latenter Steuer zu belegen.

2. Verursachung durch unterschiedliche Bilanzierung/ Bewertung auf der Passivseite der Bilanz

Beispiele: 35
- Unterschiedliche Bewertung von **Pensionsrückstellungen** (§ 6a EStG; Anm 21; § 249 Anm 151 ff).
- Bei der Passivierung von **Rückstellungen** ist nach § 253 Abs 1 S 2 auf den nach vernünftiger kfm Beurteilung notwendigen Erfüllungsbetrag abzustellen. Dabei sind auch zukünftige Preis- und Kostensteigerungen zu berücksichtigen, wenn ausreichend objektive Hinweise darauf schließen lassen, dass diese Preis- und Kostensteigerungen eintreten werden. Für die StB ist dagegen nach Maßgabe des § 6 Abs 1 Nr 3a lit f EStG das steuerrechtliche Stichtagsprinzip zu beachten. Demnach dürfen Preis- und Kostensteigerungen bei der Rückstellungsbewertung nicht berücksichtigt werden. Sofern etwaige Preis- und Kostensteigerungen in die Bewertung des Erfüllungsbetrags eingehen, ist die handelsrechtliche Schuld höher als der steuerrechtlich ansetzbare Betrag (*Herzig/Briesemeister* WPg 2010, 68).
- Nach Art 28 Abs 1 S 1 EGHGB besteht für unmittelbare **Pensionsverpflichtungen**, bei denen der Pensionsanspruch vor dem 1. Januar 1987 erworben wurde (sog Altzusagen), ein handelsrechtliches Passivierungswahlrecht. Steuerrechtlich besteht gemäß § 6a EStG ebenfalls ein Passivierungswahlrecht. Aufgrund des Wegfalls der umgekehrten Maßgeblichkeit ist es nunmehr möglich, das Passivierungswahlrecht in HB und StB unabhängig voneinander auszuüben. Dabei sind aktive (passive) Steuerlatenzen zu berücksichtigen, wenn der Betrag der in der HB passivierten Altzusagen höher (niedriger) ist als die in der StB angesetzte Schuld (*Herzig/Briesemeister* WPg 2010, 72 f).
- Liegt bei einer U-Kasse eine **Deckungslücke** (Kassenfehlbetrag) vor, handelt es sich um eine **mittelbare Verpflichtung**, für die nach Art 28 Abs 1 S 2 EGHGB handelsrechtlich ein Passivierungswahlrecht besteht. Steuerrechtlich besteht ein Passivierungsverbot (*ADS*[6] § 249 Anm 105, 109).
- Bei den **sonstigen Rückstellungen**, ergibt sich die Notwendigkeit zur Bildung aktiver Steuerlatenzen, wenn der in der HB verwendete Abzinsungssatz niedriger ist als der in der StB verwendete Zinssatz und der in der HB angesetzte Erfüllungsbetrag höher ist als der in der StB (vgl auch Anm 22).
- Das in § 5 Abs 4a S 1 EStG kodifizierte Verbot der Bildung von Rückstellungen für **drohende Verluste aus schwebenden Geschäften** führt zu einer aktiven Steuerabgrenzung, da handelsrechtlich eine Passivierungspflicht besteht. Ausgenommen von dem steuerrechtlichen Rückstellungsverbot für Drohverlustrückstellungen sind nach § 5 Abs 4a S 2 EStG Verpflichtungsüberhänge aus BewEinh.
- **Rückstellungen für Verpflichtungen zur Rekultivierung oder Entsorgung,** für deren wirtschaftliche Entstehung der laufende Betrieb ursächlich ist, sind nach § 6 Abs 1

Nr. 3 a lit d S 1 EStG zeitanteilig anzusammeln, während in der HB die Rückstellung entspr dem Produktionsprozess zugeführt wird.
- In der HB erfolgt die Bewertung von **Rückstellungen für Sachleistungsverpflichtungen** mit Vollkosten (§ 253 Anm 159 f), in der StB mit den Einzelkosten und angemessenen Anteilen der notwendigen Gemeinkosten (§ 6 Abs 1 Nr 3 a lit b EStG).
- Unterschiedliche Bewertung von **Urlaubsrückstellungen** (§ 249 Anm 100). Abweichungen können sich zB aus dem Umfang der einzubeziehenden Gehaltsbestandteile oder aus der Zahl der Arbeitstage ergeben, die der Bewertung zu Grunde liegt.
- Für **Jubiläumsaufwendungen** sind in der HB Rückstellungen zu bilden, sofern die Leistungen rechtsverbindlich zugesagt wurden. Steuerrechtlich ist eine Passivierung nur in eingeschränktem Umfang zulässig (§ 5 Abs 4 EStG; § 249 Anm 100).
- **Rückstellungen wegen Verletzung fremder Schutzrechte,** die nach § 249 Abs 1 ungewisse Verbindlichkeiten darstellen und demnach zu passivieren sind, sind in der StB nach § 5 Abs 3 EStG erst dann zu bilden, wenn der Rechtsinhaber Ansprüche wegen der Rechtsverletzung geltend gemacht hat oder mit einer Inanspruchnahme wegen der Rechtsverletzung ernsthaft zu rechnen ist.
- Die Rückstellungsbildung für künftige **Ausgleichsansprüche von Handelsvertretern** ist lediglich in der HB zulässig. Steuerrechtlich gilt vor Beendigung des Vertretervertrags ein Rückstellungsverbot (§ 249 Anm 100).
- **Verbindlichkeiten** sind handelsrechtlich nach § 253 Abs 1 S 2 unabhängig von ihrer (Rest-)Laufzeit und Verzinslichkeit zu ihrem Erfüllungsbetrag anzusetzen. Steuerrechtlich ist ebenfalls der Erfüllungsbetrag zu passivieren. Indes ist dieser bei unverzinslichen Verbindlichkeiten mit einer Restlaufzeit von mehr als einem Jahr mit einem Zinssatz von 5,5% abzuzinsen (§ 6 Abs 1 Nr 3 EStG). Entspr sind aktive Steuerlatenzen zu bilden.
- Steuerrechtlich besteht ein Passivierungsverbot für **radioaktive Verwertungsverpflichtungen** bei Nichtvorliegen bestimmter Tatbestandsmerkmale (§ 5 Abs 4b S 2 EStG), während in der HB eine Passivierungspflicht besteht (§ 249 Anm 100).
- In der StB sind **steuerfreie Investitionszulagen** nicht zu berücksichtigen. In der HB sind sie entweder als gesonderter Passivposten oder als Minderung der AK zu erfassen (Anm 12).

37 Rückstellungen für **nicht abziehbare Aufwendungen,** zB die Hälfte der ARVergütung, bleiben bei der Bilanzierung latenter Steuern außer Betracht, da diese zu permanenten Differenzen führen. Gleiches gilt für vom Entleiher geleistete Entgelte im Rahmen einer **Wertpapierleihe.** Diese sind steuerrechtlich nicht abzugsfähig (§ 8b Abs 10 KStG).

38 Bei Kreditinstituten sind auf **Sonderposten für allgemeine Bankrisiken** iSd § 340g aufgrund ihres EK-Charakters keine latenten Steuern zu bilden.

39 Sofern nach § 249 die Voraussetzungen für die Bildung einer Rückstellung für zu erwartende tatsächliche Steuernachforderungen auf Grund **einer steuerlichen Betriebsprüfungen** vorliegen (vgl § 249 Anm 100 „Betriebsprüfungsrisiko"), kann dies Auswirkungen auf die Bilanzierung latenter Steuern haben.
- Sofern das zurückgestellte BpRisiko auf einem Sachverhalt beruht, der die Entstehung oder Veränderung einer temporären Differenz bewirkt (zu den möglichen Unterschieden vgl Anm 21 ff), ist für die zukünftige steuerliche Entlastung zusätzlich eine aktive latente Steuer zu bilden und eine bestehende passive latente im Ergebnis entspr aufzulösen. Folglich ist das zurückgestellte „temporäre BpRisiko" grds durch eine Anpassung des steuerlichen Wertansatzes bei der Ermittlung der zu berücksichtigenden Ansatz-und Bewertungsunterschiede zu kompensieren.
- Dagegen besteht keine Auswirkung auf die Bilanzierung latenter Steuern, sofern das zurückgestellte BpRisiko einen Sachverhalt abdeckt, der in Zukunft keine zusätzliche Umkehrwirkung entfaltet. Das „permanente BpRisiko" kann sich zB aus dem Abzug von steuerfreien Erträgen, verdeckten Gewinnausschüttungen, Verrechnungspreisen oder auch aus dem Steuerstatus des Unt ergeben.

3. Latente Steuern auf Verlustvorträge (Abs 1 S 4)

Nach Abs 1 S 4 sind steuerliche Verlustvorträge bei der Berechnung aktiver latenter Steuern zu berücksichtigen, sofern sie innerhalb der nächsten fünf Jahre mit dem für diese Jahre erwarteten stpfl Einkommen verrechnet werden können. Solange Verlustvorträge steuerlich weiterhin nutzbar sind, kommt es nicht darauf an, wann die Verlustvorträge entstanden sind. Über den Gesetzeswortlaut hinausgehend sind Verlustvorträge, für die eine Verrechnung erst nach dem Fünfjahreszeitraum erwartet wird, nach hM zu berücksichtigen, wenn sich ansonsten insgesamt ein Überhang der passiven über die aktiven latenten Steuern ergeben würde (Anm 45). **40**

Dem Vorsichtsprinzip wird durch die Abführungs- (§ 301 S 1 AktG) bzw **Ausschüttungssperre** (§ 268 Abs 8), vor allem aber durch den erforderlichen Nachweis der Realisierbarkeit der latenten Steuerentlastungen Genüge getan. Das Unt hat hierfür eine aus der UntPlanung abgeleitete detaillierte **Steuerplanung** zu erstellen. Da die Prognosesicherheit mit steigendem Planungshorizont grds abnimmt, wird der Zeitraum, in dem die Verlustvorträge zu realisieren sind, durch Abs 1 S 4 auf fünf Jahre begrenzt (DRS 18.18). **42**

An die Verlässlichkeit der Planungsrechnung sind hohe Anforderungen zu stellen. Die Höhe der Wertberichtigungen auf zuvor aktivierte latente Steuern auf Verlustvorträge und die Bandbreite der Soll-Ist-Abweichungen geschätzter Ergebnisse können als ein Indiz für die Planungsqualität des Unt herangezogen werden. Ferner sollten die Planungsprämissen für die Steuerrechnung konsistent mit anderen Planungsrechnungen des Unt sein, die bspw im Rahmen einer Werthaltigkeitsprüfung von VG des Anlagevermögens zur Anwendung kommen (ähnlich *Bösser/Pilhofer* KoR 2008, 302). Problematisch erscheint die Berücksichtigung von Verlustvorträgen insb dann, wenn das Unt über eine Historie von negativen Ergebnissen verfügt (*Küting/Seel* Latente Steuern, 509). Ist die Ursache für den Verlustvortrag dagegen eindeutig zu identifizieren und ist sie nicht wiederkehrender Natur, sollte dieser Sondereffekt bei der Wahrscheinlichkeitsbeurteilung entspr berücksichtigt werden (so auch *Bösser/Pilhofer* KoR 2008, 300).

Bei der Ermittlung des zukünftigen stpfl Einkommens sind neben den Umkehrwirkungen aus temporären Differenzen auch die Wechselwirkungen von Verlust-, Zins-und Ergebnisvorträgen (Anm 51f) zu berücksichtigen. Daneben können auch **Steuergestaltungsmöglichkeiten** in die steuerliche Planungsrechnung einbezogen werden (DRS 18.17, 23). Um dabei dem Vorsichtsprinzip Genüge zu tun, sollten auf Basis einer substantiierten Dokumentation zum Bilanzstichtag jedoch nur solche Gestaltungsmöglichkeiten einbezogen werden, die entweder bereits umgesetzt sind bzw deren kurzfristige und erfolgreiche Umsetzung hochwahrscheinlich ist (s auch *Loitz* WPg 2008, 785). **43**

Zusätzlich muss bei der Einschätzung der **Nutzbarkeit** des Verlustvortrags die eingeschränkte Verrechenbarkeit durch die sog Mindestbesteuerung nach § 8 Abs 1 KStG iVm § 10d Abs 2 bzw nach § 10a S 1 und S 2 GewStG, das Risiko eines möglichen Untergangs des Verlustvortrags nach § 8c KStG oder § 10a S 10 GewStG sowie eine bei der Bewertung von BpRisiken berücksichtigte Verrechnung des Verlustvortrags beachtet werden.

Der für die Berücksichtigung latenter Steuern auf Verlustvorträge einschlägige **Fünfjahreszeitraum** sollte grds auch dann zu Grunde gelegt werden, wenn sich die bisherige UntPlanung auf einen kürzeren Zeitraum erstreckt. In einem solchen Fall erscheint es sachgerecht, die Planung mittels plausibler Extrapolation unter Beachtung des Stetigkeitsgebots auf den Fünfjahreszeitraum zu erweitern (DRS 18.19; *Kühne/Melcher/Wesemann* WPg 2009, 1058). Dabei ist aufgrund der mit zunehmendem Planungshorzont abnehmenden Prognosesicherheit das Vor- **44** sichtsprinzip zu beachten. Im Einzelfall kann es daher unter Berücksichtigung der unternehmensindividuellen und branchentypischen Gegebenheiten sowie der Solidität des zugrunde liegenden Datenmaterials auch sachgerecht erscheinen, den Prognosezeitraum kürzer zu fassen (ähnlich *Küting/Seel* Latente Steuern, 509).

45 Nach § 274 sind aktive latente Steuern auf **Verlustvorträge** und auf **temporäre Differenzen** zu aggregieren (Anm 14). Mit der Verabschiedung des DRS 18 sind für berücksichtigungsfähige steuerliche Verlustvorträge unabhängig von ihrem Realisationszeitpunkt bis zur Höhe einer ansonsten bestehenden passiven Abgrenzungsspitze aus temporären Differenzen entgegen dem Gesetzeswortlaut aktive latente Steuern anzusetzen (DRS 18.21 f; *Wendholt/Wesemann* DB Beilage 5/2009, 70; aA *Lüdenbach/Freiberg* BB 2010, 1974). Somit wird der Ausweis einer steuerlichen Belastung, die zumindest in dieser Höhe nicht eintreten wird, vermieden.

Bei der Ermittlung der berücksichtigungsfähigen steuerlichen Verlustvorträge sind steuerjurisdiktionsspezifische Besonderheiten wie die sog Mindestbesteuerung zu berücksichtigen. Daher ist es zwingend erforderlich, die passive Abgrenzungsspitze aus temporären Differenzen um die Auswirkungen der sog Mindestbesteuerung zu kürzen und zwar unabhängig davon, wann die zu versteuernden temporären Differenzen zu einer Erhöhung des steuerpflichtigen Einkommens oder der Reduzierung eines steuerlichen Verlustvortrags führen.

Die Gefahr einer zu positiven Darstellung der Vermögenslage besteht nicht, da sich die steuerlichen Be- und Entlastungen aus zu versteuernden temporären Differenzen und zu berücksichtigenden bestehenden steuerlichen Verlustvorträgen korrespondierend auswirken oder nicht auswirken werden (ausführlich *Kühne/Melcher/Wesemann*WPg 2009, 1057 f).

Eine weitergehende Aktivierung des noch verbleibenden Verlustvortrags kann nur mit einer detaillierten Steuerplanung (Anm 42 f) unter Berücksichtigung des gesetzlich vorgeschriebenen Fünfjahreszeitraums erfolgen (*Meyer/Ruberg* DStR 2010, 2099; im Ergebnis auch *Ruhberg* Ubg 2011, 208 f).

4. Latente Steuern auf Zinsvorträge

50 Nach DRS 18.20 sind die für Verlustvorträge geltenden Regelungen auch für Zinsvorträge anzuwenden. Voraussetzung ist somit, dass eine hinreichend hohe Wahrscheinlichkeit ihrer Realisierung innerhalb der nächsten fünf Jahre besteht (RegE BilMoG, 146; bzgl der Begrenzung des Prognosezeitraums für die Verwertbarkeit der Zinsvorträge s Anm 40 ff). Im Ergebnis wird auf die vergleichbare steuerliche Wirkungsweise zwischen Zins- und Verlustvorträgen abgestellt (so auch *Brähler/Brune/Heerdt* KoR 2008, 289; *Kirsch* DStR 2007, 1268; aA *Dahlke* BB 2007, 1837; *Loitz/Neukamm* WPg 2008, 198).

51 Die Abzugsfähigkeit von Zinsaufwendungen für die Ermittlung des KSt-lichen Einkommens sowie für die Ermittlung des Gewerbeertrags ist eingeschränkt (sog **Zinsschranke** gem § 8a KStG iVm § 4h EStG). Über die Zinserträge hinausgehende Zinsaufwendungen sind nur in Höhe von 30% des steuerlichen Ergebnisses vor Zinsen, Steuern und Abschreibungen (sog steuerliches EBITDA) einkommensmindernd zu berücksichtigen, sofern das Unt nicht bestimmte Ausnahmeregelungen in Anspruch nehmen kann. Zinsaufwendungen, die nicht abgezogen werden dürfen, sind in die folgenden Wj zeitlich unbegrenzt vorzutragen (Zinsvortrag).

Da auch Zinsvorträge einen ökonomischen Vorteil für das Unt darstellen, durch den die künftige steuerliche Bemessungsgrundlage gemindert wird, ist auch hier zu prüfen, ob eine Nutzung des Vortrags innerhalb des Fünfjahreszeitraums wahrscheinlich ist (vgl Anm 42 ff). Um dem Vorsichtsprinzip Genüge zu tun, sind an den Nachweis der Realisierbarkeit des Zinsvortrags hohe Anforderungen zu stellen. Dies erfordert eine eigenständige detaillierte Prognose insb hinsichtlich der Entwicklung des Zinsergebnisses sowie des sog steuerlichen EBITDAs, mit Hinblick auf die etwaige Inanspruchnahme der sog Escape-Klausel auch der Konzern- und Finanzierungsstruktur insgesamt (weiterführend *Loitz/Neukamm* WPg 2008, 200 ff). Zu berücksichtigen ist ferner das Zusammenspiel von Zins- und Verlustvortrag: Da die Nutzung eines Zinsvortrags einen steuerlichen Verlustvortrag generieren oder erhöhen kann, ist bei der Steuerprognose zunächst eine Inanspruchnahme des Zinsvortrags zu planen, bevor die Höhe der verbleibenden Verlustvorträge berechnet wird (*Loitz/Neukamm* WPg 2008, 199; *Brähler/Brune/Heerdt* KoR 2008, 294; *Herzig* DStR 2009, 2616 f). Bei geplanten Umstrukturierungen ist insb das Risiko zu berücksichtigen, ob der Zinsvortrag nach § 8c KStG iVm § 8a KStG vollständig bzw anteilig untergeht. Zu Besonderheiten bei der Bewertung der latenten Steuern vgl Anm 61.

Gemäß § 4h Abs 1 S 3 EStG ist es zulässig, nicht genutzte Teile des verrechenbaren steuerlichen EBITDA in Folgeperioden vorzutragen. Ein solcher **Ergebnisvortrag,** der ungenutzt nach fünf Wj verfällt, ist nur zulässig, sofern keine der Ausnahmeregelungen des § 4h Abs 2 EStG zu einem unbeschränkten Zinsausgabenabzug führt. Da der Ergebnisvortrag keinen selbständigen ökonomischen Vorteil darstellt bzw die Nutzung des potentiell wirtschaftlichen Vorteils erheblichen Prognoseunsicherheiten unterliegt, lehnt die hM es ab, auf den Ergebnisvortrag aktive latente Steuern zu berücksichtigen (*Bolik/Linzbach* DStR 2010, 1589 f, *Lenz/Dörfler/Adrian* Ubg 2010, 1, 5, im Ergebnis auch *Herzig/Liekenbrock* DB 2010, 694). 52

Allerdings sind bei der Werthaltigkeitsanalyse der aktiven latenten Steuern auf Verlust- und Zinsvorträge mögliche Auswirkungen eines festgestellten Ergebnisvortrags zu beachten (*Bolik/Linzbach* DStR 2010, 1590 f, *Herzig/Liekenbrock* DB 2010, 694 f).

III. Berechnung der latenten Steuern (Abs 2)

1. Ansatz- und Berechnungsmethode

Die durch § 274 vorgeschriebene Methode zur Ermittlung latenter Steuern basiert auf einem Vergleich der handelsrechtlichen Wertansätzen mit den steuerlichen Wertansätzen *(temporary concept)*. Bei den steuerlichen Wertansätzen sind außerbilanzielle Hinzurechnungen und Kürzungen etwa iZm Investitionsabzugsbeträgen nach § 7g EStG (DRS 18.37; Anm 5) aber auch die zukünftige Steuerentlastung durch zurückgestellte „temporäre BpRisiken" (Anm 39) zu berücksichtigen. 55

Die Unterschiede zwischen den Wertansätzen sind vollständig zu erfassen. Eine „überschlägige Ermittlung" der latenten Steuern mit dem Ziel der Nichtaktivierung eines Überhangs aktiver latenter Steuern ist nicht ausreichend (*Kühne/Melcher/Wesemann* WPg 2009, 1013 f). Vorgeschlagen wird die Erfassung der zeitlichen Abweichungen in einem **Differenzenspiegel** (bereits *ADS*[6] § 274 Anm 45 zu § 274 aF). Dadurch kann sichergestellt werden, dass die latenten Steuern im richtigen Zeitpunkt und bei Änderungen des Steuersatzes in der richtigen Höhe aufgelöst bzw erhöht werden. Bei dieser Vergleichsrechnung sind die sog permanenten Abweichungen auszuklammern. Bei **permanenten Abweichungen** gleichen sich die Unterschiede zwischen den handelsrechtlichen und steuerlichen Wertansätzen auch in späteren Gj nicht aus. Zu den permanenten Differenzen ieS zählen zB die steuerlichen Korrekturen des handelsrechtlichen Ergebnisses um die steuerlich nicht abziehbaren Aufwendungen und dafür gebildete Rückstellungen sowie 56 um die steuerfreien Erträge. Gleiches gilt auch für gewerbesteuerliche Hinzurechnungen und Kürzungen. Letztere bleiben, mangels Auswirkung auf die Bilanz, im bilanzorientierten Abgrenzungskonzept ohnehin unberücksichtigt.

Auf Ebene der PersGes sind **Ergänzungsbilanzen** nach DRS 18.39 mit in die Berechnung der Differenzen zwischen HB und StB einzubeziehen. Sonderbilanzen bleiben dagegen unberücksichtigt (vgl Anm 73 f).

57 Aus dem Wortlaut des § 274 lässt sich folgendes **Berechnungsschema** ableiten:

	VG bzw Schuldposten lt HB
+/−	WG bzw Schuldposten lt StB unter Berücksichtigung außerbilanzieller Hinzurechnungen und Kürzungen sowie „temporäre BpRisiken"
=	Ansatz- und Bewertungsdifferenzen zwischen HB und StB
+/−	permanente Differenzen (sofern sie zu einem Unterschied zwischen HB und StB geführt haben)
=	abzugsfähige bzw zu versteuernde zeitliche Differenzen
×	Steuersatz (Anm 60 ff)
=	aktive bzw passive latente Steuern auf Ansatz- und Bewertungsdifferenzen
+/−	aktive latente Steuern auf Verlustvorträge sowie Zinsvorträge (Anm 40 ff)
=	rechnerische aktive bzw passive latente Steuern (vorläufiger Betrag)
+/−	Folgen der prognostischen Beurteilung (Anm 65 ff)
=	**Aktive oder passive latente Steuern**

58 Aufbauend auf dem Berechnungsschema ist der in der Bilanz auszuweisende Betrag an latenten Steuern festzusetzen. Dabei steht dem Bilanzierenden offen, die sich ergebenden Steuerbe- und entlastungseffekte verrechnet oder unverrechnet in der Bilanz auszuweisen, wobei nach Abs 1 ein Ansatzgebot (Ansatzwahlrecht) für einen passiven (aktiven) Saldo an latenten Steuern besteht (Anm 14).

2. Bewertung und Prognose

a) Steuersatz (Abs 2 S 1)

60 Grds werden zwei aus der angloamerikanischen Bilanzierungspraxis stammende Methoden zur Ermittlung latenter Steuern unterschieden, die deferred method und die liability method (ADS[6] § 274 Anm 14 ff). Beide Methoden streben eine zutreffende Periodisierung des Steueraufwands an. Während die **deferred method** den zutreffenden Steuerausweis für das betr Gj – also die GuV – in den Vordergrund stellt, versucht die **liability method** der richtigen zeitlichen Zuordnung Rechnung zu tragen und damit einen zutreffenden Vermögens- und Schuldenausweis zu erreichen. Bei der deferred method wird daher mit aktuellen Steuersätzen der Periode der Ergebnisabweichung gerechnet und auf eine Anpassung der latenten Steuern bei Steuersatzänderungen verzichtet. Bei Anwendung der liability method hingegen wird mit den Steuersätzen gerechnet, die im späteren Gj der Umkehrung der zeitlichen Bewertungsunterschiede gültig sein werden, vorausgesetzt, die künftigen Steuersätze sind bereits bekannt. Dementspr sind bei Steuersatzänderungen die kumulierten zeitlichen Ergebnisunterschiede zu untersuchen und Anpassungen der latenten Steuern vorzunehmen.

61 Die Bildung latenter Steuern gem § 274 entspricht grds den Zielen der liability method, denn das HGB sieht eine Steuerlatenz in Höhe der voraussichtlichen Steuerbelastung oder -entlastung künftiger Gj vor. Die latenten Steuern sind

unter Zugrundelegung des im Zeitpunkt der Umkehrung der Differenz gültigen untindividuellen Steuersatzes zu ermitteln (Abs 2 S 1). Dazu bedarf es genauer Kenntnisse über beschlossene Steuersatzänderungen für die Zeiträume, in denen sich die zeitlichen Ansatz- und Bewertungsunterschiede erwartungsgemäß umkehren bzw Verlustvorträge genutzt werden.

Zu entscheiden ist ferner, welche *Hebesätze* für die Berücksichtigung der GewSt anzuwenden sind. Grds sind die jeweils gültigen individuellen GewSt-Sätze anzuwenden. Aus Verhältnismäßigkeits- und Wesentlichkeitsgesichtspunkten können analog zu DRS 18.41 f im KA ausnahmsweise gewogene durchschnittliche Hebesätze verwendet werden (§ 306 Anm 32).

Bei einem Unt mit *Betriebsstätten* in unterschiedlichen Steuerjurisdiktionen dürfen nach DRS 18.42 vereinheitlichte Steuersätze angewendet werden, wenn sich im Vergleich zu den individuellen Steuersätzen keine wesentlichen Abweichungen ergeben.

Beim *Zinsvortrag* ist für die Bewertung der aktiven latenten Steuern der anzuwendende Steuersatz bei der GewSt um die generelle 25%ige Hinzurechnung von Zinsaufwendungen gem § 8 Abs Nr 1 GewStG zu reduzieren (*Dahlke* BB 2007, 1837). Alternativ kann auch die Bemessungsgrundlage des anzusetzenden Zinsvortrages entspr gekürzt werden.

Auf Ebene der *PersGes* ist bei der Ermittlung latenter Steuern grds nur die **62** GewSt zu berücksichtigen, da bei ihr durch die Umkehr temporärer Differenzen nur für gewerbesteuerliche Zwecke eine zukünftige Steuerbe- oder -entlastung gem § 5 Abs 1 S 3 GewStG entstehen kann (vgl Anm 73 f).

Der bei der Berechnung der latenten Steuern zugrunde zu legende Steuersatz **63** muss nicht bereits gültig sein (DRS 18.46); ein Beschluss über eine Steuersatzänderung durch die maßgebende Körperschaft reicht aus, in Deutschland die Zustimmung des BRats zu dem Gesetzgebungsvorhaben (DRS 18.48; *Kühne/Melcher/ Wesemann* WPg 2009, 2010; *Freiberg* PiR 2006, 177).

b) Abzinsungsverbot (Abs 2 S 1)

Gem Abs 2 S 1 dürfen latente Steuern nicht abgezinst werden. **64**

c) Jährliche Überprüfung der Steuerabgrenzung

§ 274 stellt auf die voraussichtliche Steuerbelastung oder -entlastung nachfol- **65** gender Gj ab. An die Berechnung der sich aus den Ansatz- und Bewertungsunterschieden ergebenden Korrektur der tatsächlichen Steuerbelastung (Anm 55 ff) hat sich daher eine **Prognose** der steuerlichen Ergebnisse in den nachfolgenden Gj anzuschließen. Dabei ist das Vorsichtsprinzip zu beachten. Daher ist ein sich insgesamt ergebender Überhang an passive latenten Steuern grds anzusetzen, da die Belastungswirkung passiver latenter Steuern im Regelfall unterstellt wird. Sofern in besonderen Einzelfällen wie bei nicht gewinnorientierten Infrastrukturbetrieben eine zukünftige Steuerbelastung dauerhaft ausscheidet, ist der Nichtansatz passiver latenter Steuern geboten (*Kühne/Melcher/Wesemann* WPg 2009, 2011, weitergehend *Meyer* BB 2011, 2541 ff). Dagegen ist eine sich insgesamt ergebende Steuerentlastung und somit ein Überhang an aktiven latenten Steuern nur werthaltig und anzusetzen, wenn mit hinreichender Wahrscheinlichkeit in Zukunft ausreichend stpfl Einkommen für die Realisierung der Steuerentlastungen erwirtschaftet wird. Bei der durchzuführenden Prognose sind die Umkehrwirkungen aus temporären Differenzen sowie alle sonstigen positiven und negativen Einflussfaktoren zu berücksichtigen (*Kühne/Melcher/Wesemann* WPg 2009, 2011). An den Nachweis einer hinreichend hohen Wahrscheinlichkeit sind insb dann hohe Anforderungen zu stellen, wenn das Unt eine „Verlusthistorie" hat;

also in der Vergangenheit nicht über ausreichend hohe stpfl Gewinne verfügte. Je länger der Zeitraum bis zum voraussichtlichen Ausgleich ist, umso vorsichtiger sind die latenten Steuern zu bewerten. Zu Verlustvorträgen vgl Anm 40 ff. Im Rahmen der Bewertung angewendete Steuersätze sowie die der Prognose zugrundeliegenden Annahmen sind zu jedem Bilanzstichtag neu zu überprüfen. Die Auswirkungen aus Steuersatzänderungen oder einer veränderten Einschätzung der Werthaltigkeit sind erfolgswirksam zu erfassen.

d) Besonderheiten in Verlustjahren

66 Die Bildung latenter Steuern in Verlustjahren unterscheidet sich grds nicht von der Vorgehensweise in Gewinnjahren, allerdings kann es im Rahmen der Bewertung und Prognose zu Anpassungen der ermittelten Beträge kommen.

67 Sofern ein **Verlustrücktrag** bei KapG durchgeführt wird, entsteht im laufenden Verlustjahr ein tatsächlicher Erstattungsanspruch von Ertragsteuern, der als Forderung ggü der FinVerw auszuweisen ist. Eine aktive latente Steuer auf den zurückgetragenen Verlust scheidet dann folglich aus.

68 Bei der Ermittlung latenter Steuern auf temporäre Differenzen hat der Verlustrücktrag keine unmittelbare Auswirkung, da die Wertansätze in HB und StB durch den Verlustrücktrag nicht direkt betroffen sind. Sofern zB eine planmäßige Auflösung einer abzugsfähigen temporären Differenz im lfd Gj einen steuerlich rücktragsfähigen Verlust begründet oder erhöht, realisiert sich die im Vj als aktive latente Steuer ausgewiesene zukünftige Steuerentlastung durch den Verlustrücktrag in Form eines tatsächlichen Erstattungsanspruches (*Spanheimer/Simlacher* in HdR[5] § 274 Anm 36).

IV. Latente Steuern bei Organschaftsverhältnissen

70 Soweit **Organschaftsverhältnisse** bestehen, sind latente Steuern nach wie vor nach der formalen Betrachtungsweise zu bilanzieren (*Schindler* BFuP 2011, 331 mwN). Demnach erfolgt die Bilanzierung latenter Steuern auf temporäre Differenzen der OrganGes für die Zeit der Wirksamkeit der Organschaft ausschließlich auf Ebene des Organträgers (DRS 18.32). Technisch kann dies in der Weise erreicht werden, dass zunächst ungeachtet des bestehenden Organschaftsverhältnisses die latenten Steuern nach § 274 isoliert für die einzelnen OrganGes ermittelt werden. Der sich ergebende Saldo ist der rechnerischen Steuerlatenz des Organträgers hinzuzurechnen oder kürzt diese.

Die formale Betrachtungsweise führt auch dazu, dass bei **Begründung** einer Organschaft latente Steuern auf Ebene der OrganGes erfolgswirksam auszubuchen und beim Organträger nach Prüfung der Ansatzvoraussetzungen erfolgswirksam zu bilden sind (*Herzig/Liekenbrock/Vossel* Ubg 2010, 87). Ergebnisunterschiede können sich hier zB durch unterschiedliche Steuersätze, die Beschränkung der Nutzbarkeit von vororganschaftlichen Verlusten nach § 15 Abs 1 KStG sowie abw Ausübung des Ansatzwahlrechts ergeben.

Bei zu erwartender **Beendigung** der Organschaft, also bereits vor der tatsächlichen Beendigung, besteht dagegen auch auf Ebene der OrganGes die Notwendigkeit der Bildung latenter Steuern (*Herzig/Liekenbrock/Vossel* Ubg 2010, 89). In diesem Fall sind sowohl auf Ebene der OrganGes als auch auf des Organträgers anteilig latente Steuern zu bilden. Bei der OrganGes sind latente Steuern für die erwarteten Steuerbe- oder -entlastungen in den Perioden nach Auflösung der Organschaft zu bilden (DRS 18.34; *Kühne/Melcher/Wesemann* WPg 2009, 1059). Entspr ist beim Organträger lediglich der Zeitraum bis zur Beendigung der Organschaft zu berücksichtigen. Die jeweilige Bildung bzw Auflösung der latenten Steuern hat erfolgswirksam zu erfolgen (*Schindler* BFuP 2011, 333).

Unterscheiden sich der handelsrechtliche Buchwert der Beteiligung des Organträgers an der OrganGes und der entspr steuerrechtliche Wertansatz einschl organschaftlicher AusglPo, sind auf diesen Unterschied latente Steuern zu berücksichtigen, soweit der Gewinn bzw Verlust aus einer späteren Veräußerung der OrganGes steuerlich wirksam wird (*Dahlke* BB 2009, 879). Dabei unterliegen bei einer KapGes als Organträger lediglich 5% des betr Gewinns einer Besteuerung (Anm 27). **71**

Besteht ein **Steuerumlagevertrag** zwischen Organträger und OrganGes, welcher latente Steueraufwendungen und -erträge explizit mit einbezieht, sind noch nicht ausgeglichene Weiterbelastungen der latenten Steuern im Abschluss der OrganGes als Forderungen gegen bzw Verbindlichkeiten ggü verbundenen Unt und nicht als latente Steuern auszuweisen (*Dahlke* BB 2009, 879; *Melcher/Murer* DB 2011, 2330). **72**

Bei Vorliegen eines Steuerumlagevertrags ohne Berücksichtigung latenter Steueraufwendungen und -erträge besteht nach DRS 18.35 ein Wahlrecht, latente Steuern auf Ebene der OrganGes anzusetzen (s ausführlich *Schindler* BFuP 2011, 337; *Melcher/Murer* DB 2011, 2330; kritisch dazu *Herzig* DStR 2010, 1906 f).

V. Latente Steuern bei Personengesellschaften und ihren Gesellschaftern

Auf **Ebene der PersGes** ist auf Unterschiede zwischen handelsrechtlichen und steuerlichen Wertansätzen ausschließlich eine **latente Gewerbesteuer** zu bilanzieren (vgl Anm 62; IDW RS HFA 7 Tz 19). Bei der Ermittlung des Steuerbetrags sind die Wertansätze in **Ergänzungsbilanzen** im Gegensatz zu den Posten in **Sonderbilanzen** zu berücksichtigen (IDW RS HFA 7 Tz 20, DRS 18.39). Die erstmalige Erfassung oder Veränderung von Ergänzungsbilanzen führt bei der Anschaffung eines PersGesAnteils grds zur erfolgswirksamen Bildung latenter Steuern, bei Einbringungen nach § 24 UmwStG und § 6 Abs 5 S 3 EStG zur erfolgsneutralen Erfassung latenter Steuern. (IDW RS HFA 7 Tz 21 f; *Ley* KÖSDI 2011, 17432 f und 17437; differenzierend beim entgeltlichen Mitunternehmerwechsel *Kastrup/Middendorf* BB 2010, 817 f). **73**

Auf **Ebene eines PersonenGesters in der Rechtsform einer KapGes** sind bestehende Differenzen zwischen dem sog Spiegelbild des steuerlichen Kapitalkontos (steuerlicher Buchwert der Bet) und den korrespondierenden handelsrechtlichen Buchwerten für die Bet und das steuerliche Sonderbetriebsvermögen mit **latenter Körperschaftsteuer** abzugrenzen, da sie spätestens bei Beendigung des BetVerhältnisses beim Gester zu eine Steuerbe- oder Steuerentlastung führen (*Ley* KÖSDI 2011, 17433 und 17437). **74**

Zum **Anschaffungszeitpunkt** ergeben sich in der Regel keine Differenzen zwischen dem handelsrechtlichen und steuerlichen Wertansatz der Bet an einer PersGes (*Ley* KÖSDI 2011, 17438).

Da in der HB die AK Obergrenze für die Bewertung von Anteilen an PersGes sind, kann eine handelsrechtliche **phasenverschobene Gewinnvereinnahmung** sowie die **Auflösung einer negativen Ergänzungsbilanz** zu einem höheren steuerlichen Wertansatz und somit zu aktiven latenten Steuern führen (IDW RS HFA 18 Tz 45; *Kastrup/Middendorf* BB 2010, 819).

Dagegen sind passive latente Steuern zu bilden, wenn durch **die unmittelbare Verrechnung von entstandenen steuerlichen Verlusten** sowie durch **die**

Auflösung von positiven Ergänzungsbilanzen der steuerliche Wertansatz niedriger ist (IDW RS HFA 18 Tz 46, 44). Sofern die Differenz zwischen handelsrechtlichem und steuerlichem Wertansatz der Bet auf **verrechenbaren Verlusten iSd § 15a Abs 4 S 1 EStG** beruht, ist allerdings keine latente Steuer zu bilanzieren (IDW RS HFA 18 Tz 47; ausführlich *Zwirner/Künkele* DStR 2012, 814 ff).

VI. Ausweis (Abs 1 S 2 und 3; Abs 2 S 3)

75   Entspr ihrer Klassifizierung als „Sonderposten eigener Art" (s Anm 4) sind *passive* Steuerlatenzen gem § 266 Abs 3 Buchstabe E unter der Bezeichnung „Passive latente Steuern" nach den RAP gesondert auszuweisen. Gleiches gilt für *aktive* Steuerlatenzen, die gem § 266 Abs 2 Buchstabe D unter der Bezeichnung „Aktive latente Steuern" gesondert nach den aktiven RAP auszuweisen sind. Im Interesse einer besseren Information der Abschlussadressaten wird dem Bilanzierenden auch explizit die Möglichkeit des unverrechneten Ausweises der aktiven und passiven latenten Steuern eröffnet (s Anm 14 f).

76   Der Aufwand oder Ertrag iZm der Bildung (Auflösung) passiver (aktiver) latenter Steuern ist in der **Gewinn- und Verlustrechnung** gesondert unter dem Posten „Steuern vom Einkommen und vom Ertrag" auszuweisen (Abs 2 S 3 und § 275 Anm 244 f). Nach DRS 18.60 kann der gesonderte Ausweis in Form eines Unterpostens, einer Vorspaltenangabe oder durch einen Davon-Vermerk erfolgen.

VII. Anhangangaben

80   Gem § 285 Nr 29 ist im Anhang zu erläutern, auf welchen Differenzen oder Verlustvorträgen die latenten Steuern beruhen und mit welchen Steuersätzen die Bewertung erfolgt ist. Die Anhangangaben sind auch dann zu machen, wenn unter Ausübung des Saldierungswahlrechts auf den Ansatz von latenten Steuern verzichtet worden ist. Über den Saldierungsbereich hinausgehende latente Steuern, die zu einem Überhang aktiver latenter Steuern führen würden, aber in Ausübung des Wahlrechts nicht aktiviert werden, bedürfen keiner Erläuterung. (aA DRS 18.64; *Loitz* DB 2010, 2185; *Herzig/Vossel* BB 2009, 1178; weiterführend s § 285 Anm 470–474). Kleine KapGes sind nach § 288 Abs 1, mittelgroße nach § 288 Abs 2 S 2 von der Angabepflicht befreit.

VIII. Geltungsbereich

85   § 274 gilt für KapGes und iVm § 264a auch für KapCoGes grds unmittelbar. Des Weiteren ist für Kfl, die nach dem PublG Rechnung zu legen haben, § 274 sinngem anzuwenden (§ 5 Abs 1 S 2 PublG). Hieraus wird gefolgert, dass auch für alle übrigen Unt die Grundsätze des § 274 sinngem angewendet werden dürfen (*Spanheimer/Simlacher* in HdR[5] § 274 Anm 5). Dies setzt nicht voraus, dass gleichzeitig sämtliche anderen für KapGes geltenden Vorschriften angewandt werden müssen.

86   **Kleine KapGes** sind gem § 274a Nr 5 von der Anwendung des § 274 **befreit**, wobei eine freiwillige Anwendung des § 274 zulässig ist (§ 274a Anm 6, 7).

C. Rechtsfolgen einer Verletzung des § 274

Eine Verletzung des § 274 kann gem § 283b Abs 1 Nr 3a StGB strafrechtliche 95 Konsequenzen haben, wenn ein Unt – unabhängig von der Rechtsform – die Zahlungen einstellt oder über sein Vermögen das Insolvenzverfahren eröffnet oder dieses mangels Masse abgelehnt wird.

Das HGB sieht bei Verletzungen des § 274 für KapGes/KapCoGes in § 331 Freiheitsstrafe bis zu drei Jahren oder Geldstrafe vor, wenn ein Mitglied des Geschäftsführungsorgans oder des AR einer KapGes/KapCoGes im JA die Verhältnisse der KapGes/KapCoGes unrichtig wiedergibt oder verschleiert. Nach der Bußgeldvorschrift des § 334 Abs 1 Nr 1c handelt derjenige ordnungswidrig, der bei Aufstellung des JA einer KapGes/KapCoGes den Vorschriften des § 274 zuwider handelt. Weiterhin hat der AP einer KapGes/KapCoGes bei der Feststellung, dass im JA die gesetzlichen Vorschriften oder die sie ergänzenden Bestimmungen des Ges-Vertrags oder der Satzung nicht beachtet wurden (§ 317 Abs 1 S 2), uU den BVm einzuschränken oder zu versagen (§ 322 Abs 4).

Für dem PublG unterliegende Unt sind darüber hinaus dessen Vorschriften zu beachten. Gem § 17 Abs 1 Nr 1 PublG wird mit Freiheitsstrafe bis zu drei Jahren oder mit Geldstrafe bestraft, wer als gesetzlicher Vertreter (§ 4 Abs 1 S 1 PublG) eines Unt oder beim Ekfm als Inhaber oder dessen gesetzlicher Vertreter die Verhältnisse des Unt im JA unrichtig wiedergibt oder verschleiert. Nach § 20 Abs 1 Nr 1d PublG handelt ordnungswidrig, wer als gesetzlicher Vertreter (§ 4 Abs 1 S 1 PublG) eines Unt oder beim Ekfm als Inhaber oder dessen gesetzlicher Vertretung, einer Vorschrift des § 274 zuwider handelt.

D. Abweichungen der IFRS

Schrifttum: *Heurung* Latente Steuerabgrenzung im Konzernabschluss im Vergleich zwischen HGB, IAS und US-GAAP, AG 2000, 538; *Wotschofsky/Heller* Latente Steuern im Konzernabschluss, IStR 2002, 819; *Coenenberg/Blaum/Burkhardt* IAS 12 Ertragsteuern (Income Taxes), in Baetge ua (Hrsg) Rechnungslegung nach IFRS², Stuttgart 2003; *Kirsch* Steuerliche Berichterstattung im Jahresabschluss nach IAS/IFRS, DStR 2003, 703; *Küting/Wirth* Latente Steuern und Kapitalkonsolidierung nach IAS/IFRS, BB 2003, 627; *Loitz* Latente Steuern und steuerliche Überleitungsrechnung – Unterschiede zwischen IAS/IFRS und US-GAAP, WPg 2004, 1177; *Freiberg* Tarifeffekte bei der Steuerlatenzberechnung nach IFRS, PiR 2006, 176; *Lienau/Zülch* Geplante Änderungen des IAS 12 (Income Taxes) im Rahmen des Short Term Convergence Project, PiR 2006, 265 f; *Berger* Was der DPR aufgefallen ist: Ermessensspielraum und die Bilanzierung von latenten Steuern auf Verlustvorträge, DB 2006, 2473; *Küting/Zwirner* Abgrenzung latenter Steuern nach IFRS in der Bilanzierungspraxis in Deutschland: Dominanz der steuerlichen Verlustvorträge, WPg 2007, 555; *Kirsch* Auswirkung der Unternehmensteuerreform 2008 auf die Bilanzierung und Bewertung latenter Steuern nach IAS 12, DStR 2007, 1268; *Dahlke* Steuerpositionen im Zwischenabschluss nach IAS 34 – Auswirkungen der Unternehmensteuerreform 2008, BB 2007, 1831; *Loitz/Neukamm* Der Zinsvortrag und die Bilanzierung von latenten Steueransprüchen, WPg 2008, 196; *Brähler/Brune/Heerdt* Die Auswirkungen der Zinsschranke auf die Aktivierung latenter Steuern, KoR 2008, 289; *Bösser/Pilhofer* Aktive latente Steuern auf Verlustvorträge – Relevanz der US-amerikanischen „Rules-based"-Rechnungslegung für die „Principles-based"-IFRS-Rechnungslegung?, KoR 2008, 296; *Loitz* Latente Steuern nach dem Bilanzrechtsmodernisierungsgesetz (BilMoG) – ein Wahlrecht als Mogelpackung?, DB 2009, 913; *Simlacher/Schurbohm-Ebneth* Die geplanten Änderungen zur Bilanzierung von Ertragsteuern in IFRS-Abschlüssen, KoR 2009, 389; *Senger/Brune/Hoehne* Steuerunsicherheiten in der internationalen Rechnungslegung – Status quo und künftige Entwicklungen, WPg 2010,

673; *Melcher/Möller* Ebenen der Gesamtdifferenzenbetrachtung im Rahmen der Bilanzierung latenter Steuern, KoR 2011, 548.

Standards: IAS 12 Latente Steuern *(Income Taxes)* (rev 2012).

I. Vorbemerkung

100 IAS 12 regelt die Bilanzierung von Ertragsteuern und damit verbunden auch die Bilanzierung latenter Steuern. Der Standard warGegenstand der Konvergenzbemühungen von IASB und FASB. Der vom IASB im März 2009 vorgelegte **Standardentwurf „Income Tax"** wurde mittlerweile zurückgezogen und das Projekt vorerst zurückgestellt.(vgl hierzu 8. Auflage Anm 100).

Die nachfolgenden Ausführungen basieren auf der Fassung des **IAS 12**, der die Anpassungen aufgrund sämtlicher bis zum 31. Dezember 2012 veröffentlichter IFRS enthält.

II. Konzept und Methodik der Ermittlung latenter Steuern

101 Ebenso wie der durch das BilMoG neu gefasste § 274 orientiert sich IAS 12 an dem aus AS C 740 übernommenen *temporary concept* (IAS 12.15). Das temporary concept ist bilanzorientiert und bezieht demnach grds jede Bilanzierungs- oder Bewertungsdifferenz zwischen handelsrechtlichen und steuerlichen Wertansätzen in die Ermittlung latenter Steuern ein, insb auch erfolgsneutral entstandene Differenzen sowie quasi-permanente Differenzen (Anm 7 ff). Die Erfassung latenter Steuern erfolgt analog der Erfassung des zugrundeliegenden Sachverhalts: Erfolgswirksame Sachverhalte resultieren in einer erfolgswirksamen Erfassung latenter Steuern, während bei erfolgsneutralen Sachverhalten auch die latenten Steuern erfolgsneutral erfasst werden (IAS 12.58). Als Abgrenzungsmethode ist wie nach § 274 die *liability method* anzuwenden (IAS 12.47).

III. Ansatz

102 Im IFRS-Abschluss besteht sowohl für latente Steuern auf abzugsfähige zeitliche Differenzen als auch für latente Steuern auf zu versteuernde zeitliche Differenzen sowie auf steuerliche Verlustvorträge und Steuergutschriften ein **generelles Ansatzgebot** (IAS 12.15, 12.24 und 12.34), ungeachtet dessen, ob es sich um aktive oder passive latente Steuern handelt. Aufgrund des nach § 274 Abs 1 S 2 bestehenden Ansatzwahlrechts hinsichtlich des Überhangs der aktiven über die passiven latenten Steuern besteht somit ein Unterschied zwischen IAS 12 und § 274.

103 Fraglich ist, ob auch solche Differenzen, die ausschließlich die GuV und nicht die Bilanz berühren, trotz des bilanzorientierten *temporary concepts* in die Bilanzierung latenter Steuern nach IAS 12 einzubeziehen sind. In praxi stellt sich diese Frage insb für zeitliche Differenzen aufgrund der **Zinsschranke** (Anm 50 ff). Eine Steuerabgrenzung auf die Auswirkungen der Zinsschranke entspricht eher dem den IFRS fremden *timing concept*. Gleichwohl ist bei hinreichender Nutzungswahrscheinlichkeit des Zinsvortrags eine Bildung aktiver latenter Steuern im IFRS-Abschluss analog zur Bildung aktiver latenter Steuern auf Verlustvorträge vorzunehmen, da sowohl Verlust- als auch Zinsvorträge einen ökonomischen Vorteil für das Unt darstellen, durch den die künftige steuerrechtliche Bemessungsgrundlage gemindert wird (ebenso zB *Kirsch* DStR 2007, 1268; *Brähler/Brune/Heerdt* KoR 2008, 289; aA *Loitz/Neukamm* WPg 2008, 198, die einen generellen Analogieschluss aufgrund der Tatsache, dass für die Nutzung des Zinsvortrags in künftigen Perioden nicht nur die Bedingung des ausreichenden künftigen steuerlichen Ergebnisses, sondern weitere Bedingungen erfüllt sein müssen, ablehnen). Eine Behandlung als *tax credit* isv IAS 12.34 scheidet aus, da die Geltendmachung des Zinsvortrags nicht zwingend zu einer Gutschrift durch die FinVerw, sondern lediglich zur Veränderung der steuerrechtlichen Bemessungsgrundlage führt (so auch *Loitz/Neukamm* WPg 2008, 198; *Brähler/Brune/Heerdt* KoR 2008, 292). Eine Bildung aktiver latenter Steuern auf Zinsvorträge kann aber mit der Vorschrift des IAS 12.9 begründet werden. Danach sind auch dann aktive latente Steuern zu bilden, wenn Sachverhalte einen Steuerwert haben, sie jedoch in der Bilanz nicht als Vermögenswert oder Schuld anzusetzen sind (*Loitz/Neukamm* WPg 2008, 198).

Eine **Ausnahme vom Aktivierungsgebot** ergibt sich nach IAS 12.24 für **104** abzugsfähige zeitliche Differenzen aus dem erstmaligen Ansatz eines Vermögenswerts oder Schuldpostens, sofern der Geschäftsvorfall weder das handelsrechtliche noch das zu versteuernde Ergebnis beeinflusst und es sich dabei nicht um einen UntZusammenschluss („business combination") handelt. Als Beispiel für eine solche Ausnahme können steuerfreie **Investitionszulagen** genannt werden, die nicht zum Ansatz latenter Steuern führen dürfen (*Wotschofsky/Heller* IStR 2002, 819 f). Nach IAS 20.24 können Investitionszulagen beim erstmaligen Ansatz *(initial recognition)* eines Vermögenswerts von dessen AK abgezogen werden. Ertragsteuerrechtlich darf eine Investitionszulage weder zu Einkünften noch zu einer Minderung der AK/HK führen (§ 9 InvZulG 1999; § 8 InvZulG 2005; § 12 InvZulG 2007; § 255 Anm 120 f). Hierdurch entsteht eine temporäre Differenz zur StB, wobei weder das IFRS-Ergebnis noch das Steuerergebnis beeinflusst werden (*Loitz* WPg 2004, 1185). Im HGB existiert keine dem IAS 12.24 vergleichbare explizite Regel. Klarstellend weist der Rechtsausschuss des Bundestages in seiner Beschlussempfehlung und seinem Bericht zum Entwurf des BilMoG (Ber *Merz* ua, 87) darauf hin, dass nach HGB – anders als nach IAS 12 – in diesem Fall keine Ausnahme für die Bilanzierung latenter Steuern besteht (zur Bilanzierung nach HGB Anm 12). Insofern unterscheiden sich die latenten Steuern nach IFRS und HGB.

Aktive latente Steuern auf abzugsfähige zeitliche Differenzen aus Anteilen an einem TU, einem assozUnt oder einem GemUnt dürfen gem IAS 12.44 nur dann angesetzt werden, sofern wahrscheinlich ist, dass sich die temporären Differenzen in absehbarer Zukunft wieder umkehren werden und voraussichtlich künftig ein zu versteuerndes Ergebnis vorhanden sein wird, mit dem die abzugsfähige zeitliche Differenz verrechnet werden kann (s ausführlich *Schulz-Danso* in Beck IFRS³, § 25 Anm 47 ff). Eine explizite diesbzgl Regelung existiert im Handelsrecht nicht.

Eine **Ausnahme vom Passivierungsgebot** ergibt sich nach IAS 12.15 im Fall **105** zu versteuernder zeitlicher Differenzen aus der erstmaligen Erfassung eines **Goodwill**, der nicht steuerwirksam abgeschrieben werden darf, und aus der Ersterfassung eines Vermögenswerts oder Schuldpostens, der bei der erstmaligen Erfassung weder das handelsrechtliche noch das zu versteuernde Ergebnis berührt. Handelt es sich bei Letzterem allerdings um einen UntZusammenschluss, gilt gem IAS 12.15 (b) die og Ausnahme nicht, dh ergebnisneutral entstandene abzugsfähige Differenzen im Rahmen der Abbildung eines UntZusammenschlusses sind in die Ermittlung latenter Steuern einzubeziehen. Im Vergleich dazu enthält das HGB keine derartigen Spezialregeln hinsichtlich latenter Steuern iZm der Ersterfassung von VG und Schulden (Anm 10 ff sowie *Loitz* DB 2009, 915).

Entsteht im Rahmen eines *asset deal* zunächst ein steuerwirksamer Goodwill und in gleicher Höhe ein IFRS-Goowill und werden bspw zusätzlich Pensionsrückstellungen nach IAS 19 höher als nach § 6a EStG ausgewiesen, ist auf diese abzugsfähige zeitliche Differenz eine aktive latente Steuer zu bilden. Diese unterschiedliche Bilanzierung und Bewertung von Vermögenswerten und Schulden in HB und StB führt zu einer „Gegenbuchung" im Goodwill, der somit für die weitere bilanzielle Behandlung aufzuspalten ist in einen Teil, der nicht steuerwirksam abgeschrieben werden darf und auf den (auch künftig) keine latenten Steuern gebildet werden, und einen Teil, der steuerrechtlich abzugsfähig ist und der der Steuerabgrenzung in den Folgeperioden unterliegt. Eine solche Abgrenzung wird regelmäßig erforderlich, da der Goodwill nach IFRS 3 iVm IAS 36 nicht planmäßig abgeschrieben wird.

Wegen der jährlichen Werthaltigkeitsprüfung des Goodwill (IAS 36.90) können darüber hinaus in zwei Fällen zu berücksichtigende temporäre Differenzen entstehen. Erstens, wenn das Goodwill-Impairment nach IFRS geringer oder höher ausfällt als die nach Steuerrecht vorzunehmende planmäßige Abschreibung (IAS 12.21B). Zweitens, wenn die über den Wert des Goodwill hinausgehende Abschreibung eine Abstockung der Vermögenswerte bedingt, die der jeweiligen zahlungsmittelgenerierenden Einheit zugeordnet ist und steuerrechtlich keine entspr Abschreibung erfolgt (IAS 36.104; *Küting/Wirth* BB 2003, 627 f).

Ein Passivierungsverbot ergibt sich des Weiteren aus IAS 12.15 iVm 12.39 für latente Steuern auf zu versteuernde temporäre Differenzen aus Anteilen an einem TU, einem assozUnt oder einem GemUnt, sofern der Gester den Zeitpunkt des Ausgleichs der Differenz steuern kann und der Ausgleich in absehbarer Zeit unwahrscheinlich ist (§ 306 Anm 47; s ausführlich *Schulz-Danso* in Beck IFRS[3], § 25 Anm 94 ff). Eine explizite diesbzgl Regelung existiert im Handelsrecht nicht.

106 Die **Aktivierung latenter Steuern** wird nach IAS 12.24 von der Wahrscheinlichkeit eines wirtschaftlichen Nutzens in der Form verminderter Steuerzahlungen abhängig gemacht und ist daher nur insoweit zulässig, als es wahrscheinlich ist, dass in den entspr Gj ausreichende zu versteuernde Ergebnisse erzielt werden, gegen welche die abzugsfähigen latenten Steuern verwendet werden den können. Grds ist es also unbeachtlich, ob das zu versteuernde Ergebnis aus sich umkehrenden zu versteuernden zeitlichen Differenzen (IAS 12.28) besteht oder aus künftigen Gewinnen (IAS 12.29).

107 Dieselben Ansatzvoraussetzungen gelten grds für aktive latente Steuern auf steuerliche Verlustvorträge (IAS 12.34). Allerdings kann bereits die Tatsache eines bestehenden Verlustvortrags Zweifel an zukünftigen Gewinnen entstehen lassen (IAS 12.35). Bei einer Historie von Verlusten dürfen latente Steueransprüche aus ungenutzten Verlustvorträgen nur in dem Maße bilanziert werden, als das Unt wahrscheinlich über ausreichendes zu versteuerndes Ergebnis verfügen wird, gegen das die ungenutzten steuerlichen Verluste verwendet werden können (IAS 12.35). In diesem Fall sind deshalb besonders hohe Anforderungen an die Zuverlässigkeit der Steuerplanung der Unt zu stellen (*Heurung* AG 2000, 547; *Schulz-Danso* in Beck IFRS[3], § 25 Anm 73). Anders als nach HGB ist der Ansatz aber nicht auf einen Verlustverrechnungszeitraum von grds fünf Jahren begrenzt (IAS 12.34 ff).

108 Generell sind bei der Beurteilung der Wahrscheinlichkeit, ob künftig ausreichendes zu versteuerndes Ergebnis zur Verfügung stehen wird, die in IAS 12.36 aufgelisteten Faktoren zu berücksichtigen. Darunter fallen zB Steuergestaltungsmöglichkeiten oder die Ursachen für die Verlustvorträge. Ist die Ursache für den Verlustvortrag eindeutig zu identifizieren und ist sie nicht wiederkehrender Natur, sollte dieser Sondereffekt bei der Wahrscheinlichkeitsbeurteilung entspr berücksichtigt werden (so auch *Bösser/Pilhofer* KoR 2008, 300).

109 Im Rahmen des „Short-term Convergence Project", in dem ua eine Angleichung des Wahrscheinlichkeitsbegriffes zwischen IFRS und US-GAAP angestrebt wurde, hat das IASB klargestellt, dass auch ohne Änderung des IAS 12 eine Schwelle von 50% als ausreichend anzusehen ist (ebenso *Schulz-Danso* in Beck IFRS[3], § 25 Anm 79; *Lienau/Zülch* PiR 2006, 265; *Berger* DB 2006, 2474; *Küting/ Zwirner* WPg 2007, 556; *Bösser/Pilhofer* KoR 2008, 300).

IV. Bewertung

Basierend auf dem Grundgedanken der liability method wird grds wie nach § 274 der im voraussichtlichen Umkehrzeitpunkt gültige Steuersatz auf der Basis der zum Bilanzstichtag geltenden bzw angekündigten Steuergesetzgebung herangezogen (IAS 12.47 ff). Bei gespaltenem Steuersatz ist der Thesaurierungssteuersatz maßgeblich (IAS 12.52A). 110

Der Buchwert der latenten Steuern ist zu jedem Bilanzstichtag sowohl dem Grunde als auch der Höhe nach zu überprüfen (IAS 12.56). Dabei sind Gesetzesänderungen zB der Steuersätze ebenso zu berücksichtigen, wie Änderungen der Ertragslage und unternehmenspolitische Einflüsse. So können bspw die Voraussetzungen für die Nichtaktivierung von aktiven latenten Steuern entfallen, mit der Folge, dass die Aktivierung nachzuholen ist. Die Korrekturen im Rahmen der Anpassung sind grds erfolgswirksam vorzunehmen, es sei denn die ursprüngliche Erfassung erfolgte erfolgsneutral (IAS 12.60 iVm IAS 12.63; s weiterführend *Freiberg* PiR 2006, 176 ff). 111

Nach IAS 12.53 kommt eine **Abzinsung** der latenten Steuern nicht in Betracht. 112

V. Ausweis und Anhangangaben

Der Ausweis latenter Steuern erfolgt nach IAS 12 gem dem Konzept der Einzelbetrachtung in Form eines **Bruttoausweises** und getrennt von tatsächlichen Steuern. Eine Saldierung von aktiven und passiven latenten Steuern ist nach IAS 12.74 – anders als nach § 274 – nur dann zwingend vorzunehmen, wenn eine steuerliche Aufrechnungslage vorliegt (*Melcher/Möller* KoR 2011, 550 und 552). Latente Steuern dürfen nicht als kurzfristige Vermögenswerte oder Schulden ausgewiesen werden, sofern das Unt in seiner Bilanz zwischen kurzfristigen und langfristigen Vermögenswerten unterscheidet (IAS 1.66 bzw IAS 1.69). Dies gilt auch dann, wenn sich die Differenzen innerhalb des nächsten Gj umkehren (*Schulz-Danso* in Beck IFRS[3], § 25 Anm 181). 115

IAS 12 sieht umfangreiche **Angabe- und Offenlegungspflichten** vor, nach denen alle wesentlichen Bestandteile sowie entspr Hintergrundinformationen zu den gebildeten latenten Steuern (einschl einer Überleitungsrechnung vom erwarteten zum tatsächlichen Steueraufwand) darzustellen sind (IAS 12.79 ff). 116

E. Exkurs: Überleitung von der Handelsbilanz zur Steuerbilanz

Schrifttum: *Herzig/Briesemeister* Das Ende der Einheitsbilanz – Abweichungen zwischen Handels- und Steuerbilanz nach BilMoG-RegE –, DB 2009, 1; *Herzig/Briesemeister* Steuerliche Problembereiche des BilMoG-RegE, Ubg 2009, 157; *Dörfler/Adrian* Steuerbilanzpolitik nach BilMoG, Ubg 2009, 385; *Spengel* Bilanzrechtsmodernisierung – Zukunft der Steuerbilanz, FR 2009, 101; *Meurer* Der Maßgeblichkeitsgrundsatz im BilMoG, FR 2009, 117; *Herzig/Briesemeister* Steuerliche Konsequenzen des BilMoG – Deregulierung und Maßgeblichkeit, DB 2009, 926; *Herzig/Briesemeister* Steuerliche Konsequenzen der Bilanzrechtsmodernisierung für Ansatz und Bewertung, DB 2009, 976; *Theile* Der neue Jahresabschluss nach dem BilMoG, DStR 2009, Beihefter zu Heft 18, 21; *Ortmann-Babel/ Bolik/Gageur* Ausgewählte steuerliche Chancen und Risiken des BilMoG, DStR 2009, 934; *Petersen/Zwirner* BilMoG, München 2009; *Schruff/Melcher* Umsetzung der HGB-Modernisierung, DB 2009, Beilage 5, 1; *Künkele/Zwirner* BilMoG: Handelsrechtliche Reform mit steuerlichen Konsequenzen?, DStR 2009, 1277; *Werth* Aufhebung der umgekehrten Maßgeblichkeit durch das BilMoG – Alle Klarheiten beseitigt?, DStZ 2009, 508; *Hüttche* Modernisierte Bilanzpolitik: Weichenstellungen mit Blick auf das BilMoG, BB 2009, 1346; *Kirsch* Bilanzpolitik im Jahresabschluss nach den Vorschriften des Bilanzrechtsmodernisierungsgesetz, BRZ 2009, 254; *Kirsch* Positionierung des HGB-Jahresabschlusses nach dem Bilanzrechtsmodernisierungsgesetz im Verhältnis zur Steuerbilanz, Stbg 2009, 320; *Schenke/ Risse* Das Maßgeblichkeitsprinzip nach dem Bilanzrechtsmodernisierungsgesetz, DB 2009, 1957; *Strahl* Steuerliche Bezüge des Bilanzrechtsmodernisierungsgesetzes, KÖSDI 2009, 16 642; *Hennrichs* Neufassung der Maßgeblichkeit gemäß § 5 Abs 1 EStG nach dem BilMoG, Ubg 2009, 533; *Briese/Suermann* Sonderposten mit Rücklageanteil und steuerliche Abschreibungen im handelsrechtlichen Jahresabschluss nach BilMoG, DB 2010, 121; *Dettmeier* Das Schicksal des Sonderpostens mit Rücklagenanteil und steuerrechtlicher Abschreibungen nach dem BilMoG, DB 2009, 2124; *Weber-Grellet* Das BMF und die Maßgeblichkeit, DB 2010, 2402; *Herzig/Briesemeister* Reichweite und Folgen des Wahlrechtsvorbehalts § 5 Abs. 1 EStG, DB 2010, 917; BMF-Schreiben betr Maßgeblichkeit der handelsrechtlichen Grundsätze ordnungsmäßiger Buchführung für die steuerliche Gewinnermittlung v 12.3.2010, BStBl I 2010, 239 mit Erg v 22.6.2010, BStBl I 2010, 597; BMF-Schreiben betr Elektronische Übermittlung von Bilanzen sowie Gewinn- und Verlustrechnungen/Anwendungsschreiben zur Veröffentlichung der Taxonomie v 28.9.2011, BStBl I 2011, 855; *Velte* (Un-)Maßgeblichkeit der handelsrechtlichen Herstellungskosten für die steuerliche Gewinnermittlung, StBP 2011, 65; *Herzig/Briesemeister/Schäperclaus* Von der Einheitsbilanz zur E-Bilanz, DB 2011, 1; *Rust/Hülshoff/Kolbe* E-Bilanz: Anforderungen der Finanzverwaltung an den Datensatz nach § 5b EStG, BB 2011, 747; *Spingler/Dietter* Die Neuregelungen beim steuerlichen Herstellungskostenbegriff im Rahmen der Einkommensteueränderungsrichtlinie (EStÄR) 2012; *Buchholz* Die Reichweite der Maßgeblichkeit handelsrechtlicher Bilanzwerte bei Bewertung von Rückstellungen in der Steuerbilanz, Ubg 2012, 777.

A. Die Maßgeblichkeit der Handelsbilanz für die Steuerbilanz

I. Materielle Maßgeblichkeit

121 Nach § 5 Abs 1 S 1 Hs 1 EStG haben Gewerbetreibende, die aufgrund gesetzlicher Vorschriften verpflichtet sind, Bücher zu führen und Abschlüsse zu erstellen, für den Schluss des Wj grds das Betriebsvermögen anzusetzen, das nach den handelsrechtlichen GoB auszuweisen ist („**materielle** Maßgeblichkeit"). Maßgeblich sind die „abstrakten" GoB, nicht jedoch die in der HB ausgewiesenen Bilanz- bzw Wertansätze (BFH 13.2.2008, BStBl II 2008, 673; vgl *Weber-Grellet* in: Schmidt EStG[32] § 5 Anm 26; *Buciek* in Blümich § 5 EStG Anm 180). Allerdings wird die Maßgeblichkeit durch zwingende steuerrechtliche Ansatz- und Bewertungsvorschriften in §§ 5, 6, 6a und 7 EStG **durchbrochen**. Ferner erfährt die Maßgeblichkeit eine Durchbrechung, wenn steuerrechtliche Prinzipien oder unterschiedliche Zielsetzungen des Handels- und Steuerrechts eine abw Bilanzierung erfordern (vgl zB *Buciek* in Blümich § 5 EStG Anm 165 f). So hat die Rspr den Grundsatz aufgestellt, dass handelsrechtliche Aktivierungswahlrechte zu steuerrechtlichen Aktivierungsgeboten und handelsrechtliche Passivierungswahlrechte zu Passivierungsverboten in der StB führen, sofern keine abw gesetzliche Regelung existiert (BFH 3.2.1969, BStBl II 1969, 291).

122 Die tatsächliche Ausübung von handelsrechtlichen Bewertungswahlrechten ist nach § 5 Abs 1 S 1 Hs 1 EStG auch für die StB maßgeblich, sofern diesen keine steuerrechtlichen Normen entgegenstehen („**formelle** Maßgeblichkeit", vgl zB *Buciek* in Blümich § 5 EStG Anm 201; *Bode* in Kirchhof EStG[12] § 4 Anm 130; BMF 12.3.2010, BStBl I 2010, 239, Tz 5 aA wohl *Herzig/Briesemeister* DB 2010,

923). Dies gilt aufgrund der „**subsidiären** Maßgeblichkeit" (vgl Anm 125) allerdings nur, soweit keine (eigenständigen) steuerrechtlichen Wahrechte bestehen (vgl BMF 12.3.2010, BStBl I 2010, 239, Tz 5f). Fraglich ist in diesem Zusammenhang indes, ob handelsrechtliche Wahlrechte nicht grds auch steuerrechtliche Wahlrechte darstellen (dies uE zutreffend bejahend zB *Herzig/Briesemeister* DB 2010, 923; aA BMF 12.3.2010, BStBl I 2010, 239, Tz 6f, das exemplarisch Wahlrechte zur Bewertungsvereinfachung gem § 240 Abs 3 u 4 iVm § 256 S 2 und zur Einbeziehung von FK-Zinsen in die HK nach § 255 Abs 3 S 2 als Wahlrechte, die keine eigenständigen steuerrechtlichen Wahlrechte seien, anführt). Sollte dies der Fall sein, läuft die formelle Maßgeblichkeit derzeit leer.

Daneben gilt die Maßgeblichkeit, wenn spezielle steuerrechtliche Regelungen **123** wie § 5 Abs 1a S 2 EStG („**konkrete** Maßgeblichkeit" für BewEinh – vgl zB *Weber-Grellet* in Schmidt EStG[32] § 5 Anm 26; *Hick* in HHR EStG § 5 Anm 1645) diese vorschreiben.

II. Steuerrechtlicher Wahlrechtsvorbehalt

Die Maßgeblichkeit der HB besteht iSe „**subsidiären Maßgeblichkeit**" (vgl **125** *Herzig/Briesemeister* DB 2009, 2;). Denn aufgrund des eindeutigen Gesetzeswortlauts in § 5 Abs 1 S 1 Hs 2 EStG „*es sei denn, im Rahmen der Ausübung eines steuerlichen Wahlrechts wird oder wurde ein anderer Ansatz gewählt"*, der nicht zwischen steuerrechtlichen Wahlrechten, die gleichsam auch handelsrechtlich bestehen (**GoB-konforme Wahlrechte**) und Wahlrechten, denen handelsrechtlich zwingende Ansatz- oder Bewertungsvorschriften ggüstehen (**GoB-inkonforme Wahlrechte**), differenziert, können nunmehr *alle steuerrechtlichen Wahlrechte unabhängig von der HB* ausgeübt werden (vgl zB *Dörfler/Adrian* Ubg 2009, 387; *Herzig/ Briesemeister* DB 2009, 930; *Werth* DStZ 2009, 509; BMF 12.3.2010, BStBl I 2010, 239, Tz 18; *Weber-Grellet* DB 2010, 2403; aA zB Begr RegE BilMoG, 217; BReg, BT-Drs 16/10067, 124; *Förster/Schmidtmann* BB 2009, 1343; *Schenke/ Risse* BB 2009, 1958f, die § 5 Abs 1 S 1 Hs 2 EStG im Wege der Auslegung nach dem gesetzgeberischen Willen nur für GoB-inkonforme Wahlrechte anwendbar halten; so auch *Hennrichs* Ubg 2009, 535ff).

Die Folge daraus ist, dass nicht nur zwingende steuerrechtliche Ansatz- und **126** Bewertungsabweichungen die Möglichkeit der Aufstellung einer sog Einheitsbilanz (vgl *ADS*[6] Vorb §§ 252–256 Anm 2) einschränken, sondern sich durch unterschiedliche Wahlrechtsausübungen auch Gestaltungsspielräume für eine eigenständige *Steuerbilanzpolitik* ergeben (vgl zB *Weber-Grellet* in Schmidt EStG[32] § 5 Anm 60; *Dörfler/Adrian* Ubg 2009, 385 f; *Hüttche* BB 2009, 1346f; *Kirsch* BRZ 2009, 254f; *Ortmann-Babel/Bolik/Gageur* DStR 2009, 934f).

Die Ausübung steuerrechtlicher Bilanzierungswahlrechte, die zu von der HB **127** abw Wertansätzen führen, ist jedoch an die Erfüllung der in § 5 Abs 1 S 2 u 3 EStG geforderten **Aufzeichnungspflichten** geknüpft (vgl Anm 235f).

B. Ausübung steuerlicher Wahlrechte in der Steuerbilanz

I. Reichweite und Voraussetzungen der unabhängigen Wahlrechtsausübung

§ 5 Abs 1 S 1 EStG regelt die **subsidiäre Maßgeblichkeit,** nach der steuer- **144** rechtlich das Betriebsvermögen anzusetzen ist, das nach den handelsrechtlichen GoB auszuweisen ist, es sei denn, im Rahmen der Ausübung eines steuerlichen

Wahlrechts wird oder wurde ein anderer Ansatz gewählt. Die Ausübung steuerlicher Wahlrechte ist damit unabhängig von der HB möglich.

145 Der Gesetzeswortlaut stellt allgemein auf **steuerliche Wahlrechte** ab und beschränkt die subsidiäre Maßgeblichkeit nicht auf bestimmte steuerliche Wahlrechte (*Dörfler/Adrian* Ubg 2009, 387; *Herzig* DB 2008, 1340; *Rautenstrauch* FR 2008, 114; *Theile/Hartmann* DStR 2008, 2033; aA *Förster/Schmidtmann* BB 2009, 1341, die eine unabhängige steuerliche Wahlrechtsausübung nur für nicht GoB-konforme Wahlrechte vertreten). Damit ist die unabhängige Wahlrechtsausübung sowohl bei GoB-fremden (zB § 6b EStG) wie auch bei GoB-konformen Wahlrechten (zB der Umfang der HK, aA BMF, BStBl I 2010, 239 Tz 6, 8) möglich), ausführlich Anm 122 f. Bei der Ausübung steuerlicher Wahlrechte muss das handelsrechtliche Stetigkeitsgebot des § 252 Abs 1 Nr 6 nicht beachtet werden. Nach § 5 Abs 1 S 1 EStG sind GoB für die StB nur zu beachten, soweit nicht ein steuerliches Wahlrecht ausgeübt wird oder wurde. GoB, die einer steuerlichen Wahlrechtsausübung entgegenstehen, sind daher insoweit nicht anzuwenden.

146 Tatbestandliche Voraussetzung für die steuerliche Wahlrechtsausübung sind Dokumentationserfordnisse, die zu erfüllen sind. Nach § 5 Abs 1 S 2 EStG sind WG, die nicht mit dem handelsrechtlichen Wert in der steuerlichen Gewinnermittlung ausgewiesen werden, in besondere, lfd **zu führende Verzeichnisse** aufzunehmen. In den Verzeichnissen sind nach § 5 Abs 1 S 3 EStG der Tag der Anschaffung oder Herstellung, die AK/HK, die Vorschrift des ausgeübten steuerlichen Wahlrechts und die vorgenommenen Abschreibungen nachzuweisen (ausführlich s Anm 235 f).

II. GoB-fremde steuerliche Wahlrechte

1. Teilwertabschreibungen

147 Für Abschreibungen auf den niedrigeren Teilwert besteht bei voraussichtlich dauernder Wertminderung ein **steuerliches Wahlrecht** („kann"), das nach Einführung der subsidiären Maßgeblichkeit (§ 5 Abs 1 S 1 EStG) unabhängig von der HB, auch unabhängig von der nach § 253 Abs 3 S 3 HGB bestehenden Abschreibungspflicht, ausgeübt werden kann (s BMF BStBl I 2010, 239 Tz 15; *Dörfler/Adrian* Ubg 2009, 390; *Herzig/Briesemeister* DB 2009, 976; *Ortmann-Babel/Bolik/Gageur* DStR 2009, 935; aA *Richter* GmbHR 2010, 508). Das Wahlrecht der Teilwertabschreibung gilt für abnutzbare und nicht abnutzbare WG (§ 6 Abs 1 Nr 1 S 2, Nr 2 S 2 EStG) sowie korrespondierend für Teilwertzuschreibungen auf Verbindlichkeiten (§ 6 Abs 1 Nr 3 EStG). Bei einer nicht dauerhaften Wertminderung darf keine Teilwertabschreibung vorgenommen werden.

148 Die BReg vertritt entgegen der hM die Ansicht, dass aufgrund der Maßgeblichkeit der HB (handelsrechtliches Niederstwertprinzip) für die StB steuerrechtlich eine Teilwertabschreibung verpflichtend vorzunehmen sei (vgl BT-Drs 16/10067, 124). Insoweit bestehe kein steuerliches Wahlrecht. Der Gesetzeswortlaut des § 6 Abs 1 Nr 1 S 2 EStG ist hingegen eindeutig als Wahlrecht zur Teilwertabschreibung formuliert: „Ist der Teilwert auf Grund einer voraussichtlich dauernden Wertminderung niedriger, so *kann* dieser angesetzt werden". Die FinVerw ist im BMF-Schreiben der hM gefolgt und erkennt ein Wahlrecht an (BMF BStBl I 2010, 239 Tz 15). Insoweit ist die Vornahme einer außerplanmäßigen Abschreibung in der HB nicht zwingend in der StB durch eine Teilwertabschreibung nachzuvollziehen. Der StPfl kann auch auf die Teilwertabschreibung verzichten. Die steuerliche Wahl besteht somit darin, die Teilwertabschreibung vorzunehmen oder auf diese zu verzichten. Insoweit besteht nicht die Möglichkeit, einen Zwischenwert anzusetzen, indem im Wj der Wertminderung nur ein Teilbetrag abgeschrieben wird (s auch *Herzig/Briesemeister* DB 2010, 918; *Niemeyer/Froitzheim* DStR 2011, 540; aA *Ehmcke* in Blümich, EStG, § 6, Rz. 561c; *Winkeljohann* in: Hermann/Heuer/Raupach, EStG, § 6, Rz. 571; Kulosa in Schmidt, EStG[32] § 6 Anm 361 ff). Bei konsequenter Anwendung der Teilwertabschreibung als steuerliches Wahlrecht ohne Beachtung des Stetigkeitsgebots (s Anm 145) könnte im folgenden Fall eine Art Zwischenwert entstehen (s auch *Hoffmann* DB 12/2010): Zunächst wird im Einklang mit der HB eine Teilwertabschreibung vorgenommen, der Teilwert sinkt in einer Folgeperiode weiter, aber in dieser Periode wird auf eine weitere Teilwertabschreibung verzichtet. Argument gegen eine Wertaufholung auf die ursprünglichen AK/HK (ausgelöst durch den Verzicht auf die weitere Teilwertabschreibung) könnte sein, dass nach § 6 Abs 1 Satz 4 EStG nur dann eine Wertaufholung vorschreibt, wenn der StPfl nicht nachweisen kann, dass ein niedrigerer Teilwert angesetzt werden kann. Im Ergebnis würde steuerlich eine Art Zwischenwert ausgewiesen, da weder eine Bewertung zum Teilwert noch eine Bewertung mit den fortgeführten planmäßigen AK/HK erfolgt. Die FinVerw hat sich zu dieser Zweifelsfrage noch nicht explizit geäußert. Allerdings geht aus dem BMF-Schreiben hervor, dass ein ständiger Wechsel zwischen Zu- und Abschreibung bei dauerhaft niedrigem Teilwert nicht akzeptiert werden soll. Insofern sollte nach Verwaltungsauffassung eine Zuschreibung auf die ursprünglichen AK/HK nicht verpflichtend vorzunehmen sein.

Bei Ausübung steuerlicher Wahlrechte müssen die **Dokumentationsanforderungen** des § 5 Abs 1 S 2 und 3 EStG als tatbestandliche Voraussetzung für die Wahlrechtsausübung erfüllt werden. Nach strenger Wortlautauslegung sind die Dokumentationspflichten weder bei Vornahme noch bei Verzicht auf die Teilwertabschreibung zu beachten (s *Dörfler/Adrian* Ubg 2009, 390; iE ebenso *Hoffmann* StuB 2009, 516), da das steuerliche Wahlrecht gerade in der Abschreibung besteht. Bei Verzicht auf die Teilwertabschreibung wird damit kein steuerliches Wahlrecht ausgeübt. Bei Ausübung des Wahlrechts dürfte aufgrund des handelsrechtlichen Niederstwertprinzips eine Übereinstimmung mit der HB vorliegen, womit es an der Grundvoraussetzung für das steuerrechtliche Verzeichnis in Form einer Abweichung zwischen HB und StB fehlt. Dieses Ergebnis entspricht gleichwohl nicht dem Sinn und Zweck des Verzeichnisses, Abweichungen zwischen HB und StB zu dokumentieren.

Das Wahlrecht zur Teilwertabschreibung kann **steuerbilanzpolitisch** genutzt werden (dazu *Dörfler/Adrian* Ubg 2009, 390 f). Der Verzicht auf eine Teilwertabschreibung kann sinnvoll sein, wenn durch die Teilwertabschreibung ein Verlust entsteht oder sich erhöht, der im Verlustjahr und in den Folgejahren nicht oder nur begrenzt genutzt werden kann. Eine eingeschränkte Verlustnutzung kann zB durch die Restriktionen der Mindestbesteuerung (§ 10d Abs 2 EStG) drohen. Zudem kann ein Verlust aufgrund von Anteilsübertragungen oder Umstrukturierungen nach § 8c KStG oder nach anderen steuerrechtlichen Normen wie § 4 Abs 2 S 2 UmwStG oder § 12 Abs 3 UmwStG (anteilig) untergehen. Unveränderte Wertverhältnisse vorausgesetzt, kann die Teilwertabschreibung in Folgejahren nachgeholt werden.

Ein **Verzicht auf die Teilwertabschreibung** kann auch insb bei Anteilen an Körperschaften vorteilhaft sein. Während Teilwertabschreibungen auf Anteile an Körperschaften bei der Ermittlung des Einkommens nach § 8b Abs 3 S 3 KStG nicht zu berücksichtigen sind, unterliegen spätere Wertaufholungsgewinne zu 5% der Besteuerung. Diese Besteuerung kann durch Verzicht auf die Teilwertabschreibung vermieden werden. Zudem ergibt sich auch keine Reihenfolgenproblematik, wenn in Vj eine steuerwirksame Teilwertabschreibung vorgenommen wurde (vgl *Zieren/Adrian* DB 2006, 299). Der BFH hat mit U v 19.8.2009 (I R 2/09) entgegen der Verwaltungsauffassung entschieden, dass Wertaufholungen vorrangig mit steuerlich nicht wirksamen Teilwertabschreibungen zu verrechnen sind; das Urt wurde im BStBl veröffentlicht (BStBl II 2010, 760) und ist damit über den entschiedenen Einzelfall anzuwenden.

152 Ein Verzicht auf eine nach § 8b Abs 3 S 4 KStG nicht abzugsfähige Teilwertabschreibung kann auch bei Darlehensgewährungen eines wesentlich beteiligten Anteilseigners sinnvoll sein, da zB eine (Doppel-)Besteuerung droht, wenn die Forderung mit Gewinn veräußert wird. Entspr Besteuerungsfolgen, die durch Verzicht auf die Teilwertabschreibung vermieden werden können, drohen bei weiteren Sachverhalten, die von § 8b Abs 3 S 3ff KStG erfasst werden (zB Rechtshandlungen, die einer Darlehensgewährung wirtschaftlich vergleichbar sind). Nach § 8b Abs 3 S 8 KStG sind lediglich Wertaufholungsgewinne steuerfrei, soweit eine nicht abzugsfähige Teilwertabschreibung vorausging. Gem BMF soll die gestalterische Nutzung des steuerlichen Wahlrechts zu Teilwertabschreibung jedoch Grenzen haben: Hat der StPfl in einem Wj eine Teilwertabschreibung vorgenommen und verzichtet er in einem darauf folgenden Jahr auf den Nachweis der dauernden Wertminderung, zB zur Nutzung von steuerlichen Verlusten, soll zu prüfen sein, ob eine willkürliche Gestaltung vorliegt. In welchen Fällen diese Voraussetzungen vorliegen sollen, ist unklar. Für den umgekehrten Fall, dh zunächst wird auf eine Teilwertabschreibung verzichtet und in einem Folgejahr wird die Teilwertabschreibung vorgenommen, enthält das BMF-Schreiben keine Restriktionen. Für eine sachgerechte Unterscheidung dieser Fälle ist kein Grund erkennbar. Zudem ist der Ausübung von Wahlrechten immanent, dass der StPfl die Wahlrechte für ihn vorteilhaft ausübt (s *Ortmann-Babel/Bolik* BB 2010, 2102). Da bei der Ausübung von steuerlichen Wahlrechten das handelsrechtliche Stetigkeitsgebot nicht zu beachten ist (s Anm 145), sind beide Varianten der Wahlrechtsausübung anzuerkennen. Bemerkenswert ist zudem, dass eine vom BRat iRd Jahressteuergesetzes 2010 vorgeschlagene Änderung zur Einschränkung des Wahlrechts der Teilwertabschreibung vom Gesetzgeber nicht umgesetzt wurde (*Ortmann-Babel/Bolik* BB 2010, 2102).

2. Wahlrechte des § 6b EStG

153 Die Wahlrechte des § 6b EStG zur steuerneutralen Übertragung von stillen Reserven können unabhängig von der HB ausgeübt werden (s BMF, BStBl I 2010, 239 Tz 14). Tatbestandliche Voraussetzung der steuerlichen Wahlrechtsausübung ist das Führen eines Verzeichnisses nach § 5 Abs 1 S 2 und 3 EStG.

154 § 6b Abs 1 EStG eröffnet dem StPfl bei der Veräußerung bestimmter WG (insb Grund und Boden sowie Gebäude) das steuerliche Wahlrecht, die stillen Reserven auf entspr WG, die im Jahr der Veräußerung oder im vorangegangenen Wj angeschafft oder hergestellt worden sind, steuerneutral zu übertragen. Handelsrechtlich wird der Gewinn aus der Veräußerung ausgewiesen und erhöht ceteris paribus das Jahresergebnis. Eine erfolgsneutrale Übertragung von stillen Reserven entspr § 6b EStG ist in der HB nicht zulässig.

155 Beispiel (s auch *Dörfler/Adrian* Ubg 2009, 388): Im Jahr 01 veräußert die M-GmbH ein Grundstück mit einem Buchwert von 1 Mio € zum Preis von 2 Mio €. Im selben Jahr erwirbt die M-GmbH ein neues Grundstück zum Preis von 3 Mio €.

Handelsrechtlich wird ein Veräußerungsgewinn von 1 Mio € ausgewiesen. Das neue Grundstück ist in der HB mit den AK von 3 Mio € zu aktivieren. Steuerbilanziell kann der StPfl das Wahlrecht des § 6b Abs 1 EStG zur Übertragung der stillen Reserven (1 Mio €) auf das neue Grundstück in Anspruch nehmen. Dazu müssen die Dokumentationspflichten erfüllt werden (Inhalt des Verzeichnisses:

Tag der Anschaffung, AK, Vorschrift des ausgeübten Wahlrechts und vorgenommene Abschreibungen). AK sind 3 Mio €; daran ändert die Übertragung der stillen Reserven und der damit verbundene steuerbilanzielle Ausweis des Grundstücks mit 2 Mio € nichts. Alternativ sollte als Angabe im Verzeichnis aber auch der Wert von 2 Mio, dh reduziert um die Übertragung der stillen Reserven, von der FinVerw akzeptiert werden.

Steht zur sofortigen Übertragung der stillen Reserven kein **Ersatzwirtschaftsgut** zur Verfügung, kann eine den steuerlichen Gewinn mindernde Rücklage nach § 6b Abs 3 EStG gebildet werden. Eine entspr Vorgehensweise in der HB ist nach der subsidiären Maßgeblichkeit keine Voraussetzung mehr. **156**

Die Dokumentationsvorschriften sind erst bei Übertragung der Rücklage auf ein Ersatzwirtschaftsgut zu beachten. Bei Bildung der steuerlichen Rücklage ist das Verzeichnis uE noch nicht zu führen (zum Buchnachweis nach § 6b Abs 4 Nr 5 EStG s Anm 236). Nach § 5 Abs 1 S 2 EStG müssen „Wirtschaftsgüter", die nicht mit dem handelsrechtlichen Wert in der steuerlichen Gewinnermittlung ausgewiesen werden, in besondere, lfd zu führende Verzeichnisse aufgenommen werden. Bei einer § 6b-Rücklage handelt es sich nicht um ein WG (*Wied* in Blümich, § 4 EStG Anm 262). Zudem lässt sich für eine § 6b-Rücklage weder der Tag der Anschaffung oder Herstellung noch die Höhe der AK/HK oder vorgenommene Abschreibungen feststellen. Gem BMF (BStBl I 2010, 239, Tz 22) ist für die Bildung von steuerlichen Rücklagen eine Aufnahme in das besondere, lfd zu führende Verzeichnis nicht erforderlich, wenn die Rücklage in der StB abgebildet wird (siehe auch EStÄR 2012 R 6b.2 Abs 2). Bei Übertragung der Rücklage in einem folgenden Wj auf die AK/HK eines WG, ist das WG mit den erforderlichen Angaben in das besondere, lfd zu führende Verzeichnis aufzunehmen. Soweit sich diese Angaben aus der Buchführung iSd § 6b Abs 4 EStG ergeben, ist diese Dokumentation nach Auffassung der FinVerw ausreichend.

3. Wahlrechte des § 7g EStG

§ 7g EStG gewährt kleinen und mittleren Betrieben (zur Definition s *Kulosa* in Schmidt EStG[32] § 7g Anm 7 ff) im Rahmen der Anschaffung oder Herstellung von abnutzbaren beweglichen WG des Anlagevermögens **Investitionsabzugsbeträge und Sonderabschreibungen**, die als (steuerliche) Wahlrechte ausgestaltet sind. Entspr Regelungen sieht das HGB nicht vor. Die Wahlrechte des § 7g EStG können unabhängig von der HB ausgeübt werden. Eigenheiten ergeben sich hinsichtlich der besonderen, lfd zu führenden Verzeichnisse. **157**

Nach § 7g Abs 1 EStG darf der StPfl für die künftige Anschaffung oder Herstellung bis zu 40% der voraussichtlichen AK/HK gewinnmindernd abziehen (sog Investitionsabzugsbetrag). Der Investitionsabzugsbetrag wird nicht innerhalb der StB ausgewiesen, sondern stellt eine **außerbilanzielle Korrektur** dar. Demzufolge fehlt es auch an der WG-Eigenschaft, die für eine verpflichtende Dokumentation nach § 5 Abs 1 S 2 und 3 EStG notwendig ist. Dem Sinn und Zweck des Verzeichnisses, die Ausübung steuerlicher Wahlrechte zu dokumentieren, entspricht dies nicht. Bis auf die Angabe der Vorschrift des ausgeübten Wahlrechts (§ 7g Abs 1 EStG) kann der weitere gesetzlich geforderte Inhalt des Verzeichnisses, wie Tag der Anschaffung/Herstellung, AK/HK, und vorgenommene Abschreibungen für den Investitionsabzugsbetrag aber auch nicht angegeben werden. **158**

Im Wj der Anschaffung oder Herstellung des begünstigten WG ist ein Betrag von 40% der tatsächlichen AK/HK, maximal jedoch der geltend gemachte Investitionsabzugsbetrag **dem steuerlichen Gewinn hinzuzurechnen** (§ 7g Abs 2 S 1 EStG). Auch insoweit handelt es sich um eine außerbilanzielle Korrektur, die **159** nach dem Gesetzeswortlaut des § 5 Abs 1 S 2, 3 EStG nicht im Verzeichnis zu berücksichtigen ist.

160 Der StPfl hat im Wj der Anschaffung oder Herstellung des begünstigten WG das steuerliche Wahlrecht, die AK/HK des WG um bis zu 40% zu mindern, höchstens jedoch um den Hinzurechnungsbetrag nach § 7g Abs 2 S 1 EStG. Diese Minderung ist innerhalb der StB vorzunehmen. Die Dokumentationspflichten sind für die Ausübung des Wahlrechts zu beachten (Tag der Anschaffung/Herstellung, AK/HK, Vorschrift des ausgeübten Wahlrechts (§ 7g Abs 2 S 2 EStG) und vorgenommene Abschreibungen). Bei den AK/HK sollte von der FinVerw, entspr zu § 6b EStG, sowohl der nicht geminderte als auch der geminderte Betrag anerkannt werden. Werden die AK/HK ohne Abzug angegeben, sollte der Abzug nach § 7g Abs 2 S 2 unter den Abschreibungen dokumentiert werden. Hinweise zu § 7g EStG enthält das BMF-Schreiben v 12.3.2010 nicht.

161 Sonderabschreibungen nach **§ 7g Abs 5 EStG** dürfen bis zu insgesamt 20% der AK/HK im Jahr der Anschaffung oder Herstellung und in den vier folgenden Wj in Anspruch genommen werden. Zur Ausübung des steuerlichen Wahlrechts ist es notwendig, das Verzeichnis zu führen und damit die entspr Sonderabschreibungen zu dokumentieren (§ 5 Abs 1 S 2 und 3 EStG).

4. Rücklage für Ersatzbeschaffung nach EStR 6.6

162 Die Gewinnverwirklichung durch Aufdeckung stiller Reserven kann in bestimmten Fällen der Ersatzbeschaffung nach EStR 6.6 vermieden werden. EStR 6.6 ist kein gesetzliches Wahlrecht, ist aber als **steuerliches Wahlrecht** iSd § 5 Abs 1 S 1 Hs 2 EStG anzuerkennen (s auch BMF, BStBl I 2010, 239, Tz 12 mit dem Hinweis, dass sich steuerliche Wahlrechte aus dem Gesetz oder aus Verwaltungsvorschriften, wie Richtl oder BMF-Schreiben, ergeben können). Demzufolge müssen für die Ausübung des Wahlrechts die Dokumentationsvoraussetzungen des § 5 Abs 1 S 2 und 3 EStG beachtet werden.

163 Voraussetzungen für die steuerneutrale Übertragung stiller Reserven nach EStR 6.6 sind, dass ein WG infolge höherer Gewalt oder zur Vermeidung eines behördlichen Eingriffs gegen Entschädigung aus dem Betriebsvermögen ausscheidet und innerhalb einer bestimmten Frist ein Ersatz-WG angeschafft oder hergestellt wird. Die Voraussetzung des EStR 6.6 Abs 1 Nr 3, dass in der HB entspr verfahren wird, gilt nach dem subsidiären Maßgeblichkeitsprinzip nicht mehr. Eine entspr Änderung beinhalten die EStÄR 2012 in EStR 6.6 Abs 1 Nr 3. Entspr zu § 6b EStG ist bei EStR 6.6 zwischen einer sofortigen Übertragung der stillen Reserven auf ein Ersatz-WG und der Bildung einer Rücklage mit späterer Übertragung auf ein Ersatz-WG zu unterscheiden. Hinsichtlich der Auswirkungen auf das Verzeichnis s Anm 236.

5. Erhöhte AfA nach §§ 7c, d, h, i, k EStG

164 Die steuerlichen Wahlrechte zur erhöhten AfA nach §§ 7c, d, h, i, k EStG (zB erhöhte AfA bei Gebäuden in Sanierungsgebieten und städtebaulichen Entwicklungsbereichen sowie erhöhte AfA bei Baudenkmalen) können unabhängig von der HB ausgeübt werden. Die erhöhte AfA tritt an die Stelle der planmäßigen AfA.

165 Die steuerliche Wahlrechtsausübung bedingt, dass die WG, die aufgrund der erhöhten AfA nicht mit dem handelsrechtlich maßgebenden Wert in der steuerlichen Gewinnermittlung ausgewiesen werden, in besondere, lfd zu führende Verzeichnisse aufgenommen werden. In den Verzeichnissen sind der Tag der Anschaffung oder Herstellung des WG, die AK/HK, die Vorschrift des ausgeübten Wahlrechts (zB § 7i EStG für erhöhte Absetzungen bei Baudenkmalen) und die vorgenommenen Abschreibungen anzugeben.

6. Pensionsrückstellungen

Mit § 6a EStG besteht dem Wortlaut nach ein eigenständiges steuerliches Passivierungswahlrecht, das nach dem subsidiären Maßgeblichkeitsprinzip unabhängig von der HB ausgeübt werden kann (glA *Dörfler/Adrian* DB 2009 Beil 5, 58; *Herzig* BetrAV 2009, 293, 295 u *Rhiel/Veit* PiR 2009, 167; aA BMF, BStBl I 2010, 239, Tz 9 ff). Handelsrechtlich sind Pensionsrückstellungen für Neuzusagen verpflichtend zu bilden. Nach dem Maßgeblichkeitsprinzip bestand bisher unter den Voraussetzungen des § 6a Abs 1 und 2 EStG eine steuerrechtliche Passivierungspflicht (s auch BFH 13.2.2008, BStBl II 2008, S 673; EStR 6a Abs 1 S 2). Durch das subsidiäre Maßgeblichkeitsprinzip und dem damit verbundenen Vorrang der Ausübung steuerlicher Wahlrechte, lebt dem Wortlaut nach das **Wahlrecht des § 6a EStG** somit wieder auf (s *Dörfler/Adrian* Ubg 2009, 391). Nach Auffassung der FinVerw gilt das Passivierungsgebot des § 249 für unmittelbare Pensionszusagen auch für die steuerliche Gewinnermittlung (BStBl I 2010, 239, Tz 9). Die bilanzsteuerlichen Vorschriften des § 6a EStG schränken jedoch die Maßgeblichkeit des handelsrechtlichen Passivierungsgebots derart ein, dass Pensionsrückstellungen steuerlich nur anzusetzen sind, wenn die Voraussetzungen des § 6a Abs 1 und 2 EStG (zB das Schriftformerfordernis) erfüllt sind. Insoweit erkennt die FinVerw § 6a EStG nicht als eigenständiges steuerliches Wahlrecht an. Dem ist entgegenzuhalten, dass der Wortlaut des § 6a EStG („darf eine Rückstellung") eindeutig ein Wahlrecht des StPfl normiert. Bemerkenswert ist, dass auch nach Auffassung der FinVerw das subsidiäre Maßgeblichkeitsprinzip nicht vollständig unberücksichtigt bleiben soll. Gem BMF-Schreiben v 12.3.2010 soll der handelsrechtliche Wert der Pensionsrückstellung nicht mehr die steuerliche Bewertungsobergrenze darstellen. Diese Bewertungsobergrenze wurde bislang mit dem Maßgeblichkeitsprinzip des § 5 Abs 1 S 1 EStG aF begründet (R 6a Abs 20 S 2 bis 4 EStR). Zumindest für Bewertungszwecke besteht auch nach Verwaltungsauffassung keine Maßgeblichkeit der HB für die steuerliche Gewinnermittlung mehr. Für sog Altzusagen (laufende Pensionen und Anwartschaften auf Pensionen, die vor dem 1.1.1987 rechtsverbindlich zugesagt worden sind) gilt nach Art 28 EGHGB sowohl handels- als auch steuerrechtlich ein Passivierungswahlrecht (BMF, BStBl I 2010, 239, Tz 11).

Bei steuerlicher Wahlrechtsausübung, dh Passivierung der Pensionsrückstellung, wird der StB-Wert idR vom HB-Wert abweichen (s dazu Anm 223). Eine zusätzliche Dokumentation des ausgeübten Wahlrechts nach § 5 Abs 1 S 2, 3 EStG ist uE nicht sachgerecht, da eine Übernahme des handelsrechtlichen Wertansatzes nicht in Betracht kommt.

Der steuerbilanzpolitische Spielraum bei Pensionsrückstellungen wird durch das **Nachholverbot** begrenzt, so dass sich die restriktive Auffassung der FinVerw im Regelfall nicht negativ auswirken wird. Das Nachholverbot ist aus bilanzpolitischer Sicht bei Verzicht auf die Wahlrechtsausübung, dh einem Verzicht auf die (teilweise) Zuführung zur einzelnen Pensionsverpflichtung (s § 249 Anm 191 ff), zu beachten. Nach § 6a Abs 4 S 1 EStG darf eine Pensionsrückstellung in einem Wj höchstens um den Unterschied zwischen dem Teilwert der Pensionsverpflichtung am Schluss des Wj und am Schluss des vorangegangenen Wj erhöht werden. Damit ist im Unterschied zur Teilwertabschreibung eine Nachholung im folgenden Wj grds nicht zulässig.

7. Umwandlungen

Der übertragende Rechtsträger hat bei Umw unter bestimmten Voraussetzungen das steuerliche Wahlrecht, das übergehende Vermögen zum Buchwert oder einem Zwischenwert an Stelle des gemeinen Werts anzusetzen. Die umwandlungssteuerlichen Wahlrechte (§§ 3 Abs 2, 11 Abs 2, 15 Abs 1 UmwStG) sind unabhängig von der HB ausübbar.

170 Einer Dokumentation in besonderen, lfd zu führenden Verzeichnissen nach § 5 Abs 1 S 2, 3 EStG als Voraussetzung für die Wahlrechtsausübung bedarf es nicht (so auch BMF, BStBl I 2010, 239, Tz 19). Steuerrechtlich besteht das Wahlrecht auf Ebene des übertragenden Rechtsträgers. Handelsrechtlich hat der *übernehmende* Rechtsträger nach § 24 UmwG das Wahlrecht, die Buchwerte des übertragenden Rechtsträgers fortzuführen oder die AK auf die übernommenen VG zu verteilen. Aus diesen sich kreuzenden Wahlrechten hat die FinVerw in der Vergangenheit eine „phasenverschobene Wertaufholung" für die StB abgeleitet. An dem der Umw folgenden Abschlussstichtag sollte in der StB des Übernehmers eine Wertaufholungsverpflichtung bestehen, soweit in der HB höhere Werte angesetzt wurden. Obwohl diese Auffassung bereits nach altem UmwSt-Recht fragwürdig war und mit Einführung des SEStEG als beendet galt (vgl BR-Drs 542/06, 55), wurde weiterhin in der FinVerw eine nachgelagerte Maßgeblichkeit diskutiert (s zB *Teiche* DStR 2008, 1757). Diese Diskussion sollte spätestens mit Einführung der subsidiären Maßgeblichkeit durch das BilMoG beendet sein, da § 5 Abs 1 S 1 EStG nunmehr explizit regelt, dass die GoB nicht für die StB gelten, soweit ein steuerliches Wahlrecht ausgeübt wird oder wurde. Durch das „wurde" wird klargestellt, dass es auch keine nachgelagerte Maßgeblichkeit gibt. Nunmehr hat auch die FinVerw den Grundsatz der phasenverschobenen Maßgeblichkeit aufgegeben (BStBl I 2011, 1314, Tz 04.04). Der Übernehmer kann somit ein steuerliches Wahlrecht an dem der Umw folgenden Abschlussstichtag unabhängig von der Handelsbilanz ausüben.

171 Bei Ausübung des steuerlichen Wahlrechts sollte eine Dokumentation in besonderen, lfd zu führenden Verzeichnissen nach § 5 Abs 1 S 2, 3 EStG nicht notwendig sein, da die FinVerw aufgrund des notwendigen gesonderten Antrags zur Wahlrechtsausübung bereits über die entspr Informationen verfügt (s *Dörfler/Adrian* Ubg 2009, 392; BMF, BStBl I 2010, 239, Tz 19). Die Ausübung des steuerlichen Wahlrechts in der Schlussbilanz des übertragenden Rechtsträgers setzt einen gesonderten Antrag voraus, der spätestens bis zur erstmaligen Abgabe der steuerlichen Schlussbilanz bei dem für die Besteuerung des übertragenden Rechtsträgers zuständigen FA zu stellen ist (s §§ 3 Abs 2 S 1, 11 Abs 2 S 1, 15 Abs 1 S 1 UmwStG). Entspr gilt bei der Wahlrechtsausübung bei Einbringungen nach §§ 20 Abs 2, 24 Abs 2 UmwStG und dem Anteilstausch nach § 21 Abs 1 UmwStG, bei denen die Wahlrechtsausübung durch den übernehmenden Rechtsträger erfolgt. Das BMF-Schreiben vom 12.3.2010 verweist nur auf UmwVorgänge, nicht auf Einbringungsvorgänge. Ein sachgerechter Grund für eine Differenzierung hinsichtlich einer möglichen Verzeichnispflicht ist uE nicht erkennbar. Eine Klarstellung durch die FinVerw wäre wünschenswert, da bei strenger Auslegung fehlende Angaben im Verzeichnis Auswirkungen auf die Zulässigkeit der Wahlrechtsausübung hätten.

III. Übereinstimmende Wahlrechte

1. Abschreibungsmethoden

172 Die **Wahl** der Abschreibungsmethode kann für die StB auf Grundlage der subsidiären Maßgeblichkeit unabhängig von der HB getroffen werden (BMF, BStBl I 2010, 239, Tz 18). Da die subsidiäre Maßgeblichkeit nicht auf bestimmte steuerliche Wahlrechte beschränkt ist, können auch übereinstimmende Wahlrechte, dh steuerliche Wahlrechte, denen ein entspr handelsrechtliches Wahlrecht gegenübersteht, unabhängig von der HB ausgeübt werden. Somit kann zB in der

StB die lineare AfA, in der HB eine degressive Abschreibung oder umgekehrt gewählt werden.

Wird eine von der HB abw Abschreibungsmethode in der StB gewählt, ist das 173 betroffene WG in ein besonderes, lfd zu führendes Verzeichnis aufzunehmen (§ 5 Abs 1 S 1, 2 EStG). In den Verzeichnissen sind der Tag der Anschaffung, die AK, die Vorschrift des ausgeübten Wahlrechts und die vorgenommenen Abschreibungen nachzuweisen.

Handelsrechtlich liegt die Wahl der Abschreibungsmethode grds im Ermessen 174 des Kfm (s § 253 Anm 238 ff; zur Zulässigkeit degressiver Abschreibung s IDW RH HFA 1.015, 358). Steuerrechtlich sind nur bestimmte Abschreibungsmethoden zulässig.

Für abnutzbare WG sieht § 7 Abs 1 EStG die Anwendung der **linearen AfA** 175 vor. Alternativ kommt bei beweglichen WG des Anlagevermögens die **degressive AfA** in Betracht, die durch das Konjunkturpaket I zeitlich begrenzt wieder eingeführt wurde (BGBl I 2008, 2896). Danach dürfen bewegliche WG des Anlagevermögens, die nach dem 31. Dezember 2008 und vor dem 1. Januar 2011 angeschafft oder hergestellt worden sind, degressiv abgeschrieben werden. Die degressive AfA darf höchstens das Zweieinhalbfache der linearen AfA betragen und 25% nicht übersteigen. Die Leistungsabschreibung wird steuerrechtlich bei beweglichen WG des Anlagevermögens anerkannt, bei denen sie wirtschaftlich begründet ist (§ 7 Abs 1 S 6 EStG).

Die **AfA für Gebäude** ist gesondert geregelt. Für neu hergestellte oder ange- 176 schaffte Gebäude kommt nur noch die lineare AfA in Betracht (§ 7 Abs 4 EStG). Der AfA-Satz ist abhängig von der Nutzung: Gebäude des Betriebsvermögens, die nicht Wohnzwecken dienen, dürfen jährlich mit 3%, ansonsten mit 2% abgeschrieben werden.

In der StB ist nicht nur eine freie Methodenwahl im Rahmen der steuerge- 177 setzlichen Vorgaben möglich, sondern auch ein Wechsel von der degressiven auf die lineare AfA ohne entspr Wechsel in der HB. Abhängig von der Restnutzungsdauer kann ein Wechsel aus steuerlicher Sicht vorteilhaft sein, um den Abschreibungsbetrag im Wj zu maximieren. Ein Wechsel kann auch in einer früheren Phase der Nutzungsdauer aus steuerlicher Sicht sinnvoll sein, um lfd Verluste zu verringern und insoweit künftiges Abschreibungspotenzial zu sichern (s *Dörfler/ Adrian* Ubg 2009, 393).

Steuerliche Wahlrechte hinsichtlich Abschreibungsmethoden bestehen auch für **GWG** (s dazu BMF BStBl I 2010, 755). Die steuerbilanzielle Behandlung von GWG wurde durch das Wachstumsbeschleunigungsgesetz v 22.12.2009, BGBl I 2009, 3950 neu geregelt (s auch § 253 Anm 275. § 284 Anm 107). Dabei bestehen für abnutzbare bewegliche WG des AV, die einer selbstständigen Nutzung fähig sind, folgende Wahlrechte bzw Ausnahmen vom Grundsatz, dass die AfA nach Maßgabe der §§ 7 ff EStG unter Berücksichtigung der jeweiligen Nutzungsdauer eines WG zu ermitteln ist:

- **AK/HK bis 150 €:** Wahlrecht zum sofortigen Abzug als Betriebsausgaben (§ 6 Abs 2 EStG). Das Wahlrecht kann für jedes WG individuell in Anspruch genommen werden (wirtschaftsgutbezogenes Wahlrecht). Mit Ausnahme der buchmäßigen Erfassung bestehen keine weiteren Aufzeichnungspflichten (BMF BStBl I 2010, 755, Tz 3).
- **Bei AK/HK von mehr als 150 €**, aber nicht mehr als 410 € bestehen zwei Wahlrechte. Die Aufwendungen können nach § 6 Abs 2 EStG im maßgebenden Wj in voller Höhe als Betriebsausgabe abgezogen werden. In diesem Fall ist das WG unter Angabe des Tags der Anschaffung, Herstellung oder Einlage sowie der AK/HK oder des Einlagewerts in ein besonderes, lfd zu führendes Verzeichnis aufzunehmen (§ 6 Abs 2 S 4, 5 EStG). Das Verzeichnis braucht

nicht geführt zu werden, wenn diese Angaben aus der Buchführung ersichtlich sind. Soweit die nach § 5 Abs 1 S 3 EStG geforderten Angaben in dem GWG-Verzeichnis enthalten sind oder diese Angaben im Anlageverzeichnis ergänzt werden, braucht kein gesondertes Verzeichnis nach § 5 Abs 1 S 2 EStG geführt zu werden (BMF, BStBl I 2010, 239, Tz 20). Als zweites Wahlrecht bzw alternativ zur Behandlung als sofortige Betriebsausgabe kommt die Erfassung in einem Sammelposten nach § 6 Abs. 2a EStG in Betracht. Dieses Wahlrecht kann jedoch nur einheitlich für alle WG des Wj mit AK/HK von mehr als 150 € bis 1000 € in Anspruch genommen werden (wirtschaftsjahrbezogenes Wahlrecht).

– **AK/HK von mehr als 410 €**, aber nicht mehr als 1000 €: Wahlrecht nach § 6 Abs. 2a EStG (Erfassung in einem Sammelposten). Dieses Wahlrecht kann nur einheitlich für alle WG des Wj mit AK/HK von mehr als 150 € bis 1000 € in Anspruch genommen werden (wirtschaftsjahrbezogenes Wahlrecht). Somit können AK/HK von mehr als 150 € bis 410 € nicht als Betriebsausgaben nach § 6 Abs 2 EStG abgezogen werden, sofern in dem maßgebenden Wj das Wahlrecht zur Bildung eines Sammelpostens in Anspruch genommen wird.

2. Herstellungskosten

178 Bei HK ist uE fraglich, ob mangels einer gesetzlichen Kodifizierung im EStG steuerlich ein *eigenständiges* Wahlrechte iSd § 5 Abs 1 S 1 Hs 2 EStG besteht, das unabhängig von der HB ausgeübt werden kann, oder ob die Wahlrechtsausübung in der HB auch für die StB (formell) maßgeblich ist (vgl zB *Herzig/Briesemeister* DB 2009, 677; *Dörfler/Adrian* Ubg 2009, 393, die sich jeweils für ein eigenständiges steuerliches Wahlrecht aussprechen, aA HHR § 6 Anm 455, die von einem Einbeziehungswahlrecht ausgehen, das jedoch in der HB ausgeübt wird; *Ehmcke* in Blümich EStG § 6 Anm 494, *Kulosa* in Schmidt EStG[32] § 6 Anm 199; die sich entgegen der hM für eine *Einbeziehungspflicht* in der StB aussprechen). Mit dem BilMoG wollte der Gesetzgeber, wie der Gesetzesbegr zu entnehmen ist, die handelsrechtlichen HK an die steuerlichen HK angleichen (s BT-Drs 16/10067, 36). Insoweit wird EStR 6.3 als eigenständiger steuerlicher HK-Begriff vom Gesetzgeber anerkannt. Damit könnten die Wahlrechte der EStR auch als eigene steuerliche Wahlrechte iSd § 5 Abs 1 S 1 Hs 2 EStG qualifiziert werden (*Dörfler/Adrian* Ubg 2009, 393; *Herzig/Briesemeister* DB 2009, 976; aA *Rammert/Thies* WPg 2009, 43 f). Auch gem BMF-Schreiben v 12.3.2010 können sich steuerliche Wahlrechte nicht nur aus dem Gesetz, sondern auch aus Verwaltungsvorschriften, wie Richtli oder BMF-Schreiben, ergeben (BStBl I 2010, 239, Tz 12).

179 In der HB sind entspr zu EStR 6.3 sowohl Einzelkosten als auch variable fertigungsbezogene Gemeinkosten verpflichtend in die HK einzubeziehen (s ausführlich § 255 Anm 340 ff). Wahlbestandteile sind angemessene Teile der Kosten für die **allgemeine Verwaltung**, angemessene Aufwendungen für **soziale Einrichtungen** des Betriebs, für **freiwillige soziale Leistungen und** für die **betriebliche Altersversorgung**, soweit die vorgenannten Aufwendungen auf den Herstellungszeitraum entfallen. Bei der steuerlichen Gewinnermittlung sind gem BMF-Schreiben v 12.3.2010 mit Hinweis auf § 6 Abs 1 Nr 2 S 1 EStG alle Aufwendungen anzusetzen, die ihrer Art nach HK sind, wozu nach Auffassung der FinVew auch die Kosten iSd § 255 Abs 2 S 3 HGB gehören (BStBl I 2010, 239, Tz 8). Insoweit vertritt die FinVew, dass Kosten iSd § 255 Abs 2 S 3 HGB verpflichtend und unabhängig von der handelsrechtlichen Wahlrechtsausübung bei den steuerlichen HK zu berücksichtigen sind (zur Kritik *Freidank/Velte* StuW 2010, 189, die einen redaktionellen Fehler vermuten; *Richter* GmbHR 2010, 507; *Günkel/Teschke* Ubg 2010, 401). Die EStR 2008 standen dieser Auffassung noch entgegen (EStR 6.3. Abs 4). Die geänderte Verwaltungsauffassung (steuerliche Pflicht zum Einbezug in die HK unabhängig von der HB) ist mittlerweile in der EStÄR 2012 berücksichtigt worden. Vor dem Hintergrund der Änderung der Verwaltungsauffassung ist in EStR 6.3 Abs. 9 eine Übergangsregelung vorgesehen. Hiernach wird die weitere Anwendung der bisherigen Richtlinienauffassung (Einbeziehungswahlrecht unter Beachtung des Maßgeblichkeitsprinzips) für Wirtschaftsgüter nicht beanstandet, mit deren Herstellung vor dem Tag der Veröffentlichung der EStÄR 2012 im BStBl begonnen wurde. Ab diesem Zeitpunkt müssten allgemeine Verwaltungskosten und Aufwendungen für soziale Einrichtungen des Betriebs, für freiwillige soziale Leistungen und für die betriebliche Avers verpflichtend bei den steuerlichen HK berücksichtigt werden. Allerdings gibt es ein weiteres BMF-Schreiben vom 25.3.2013 (BStBl I 2013, 296), nach dem die bisherige Richtlinienauffassung anwendbar ist bis zur Verifizierung des mit der geänderten EStÄR 2012 verbundenen Erfüllungsaufwands, spätestens aber bis zu einer künftigen Neufassung der EStR. **Zinsen für FK,** das zur Herstellung eines VG aufgenommen wurde, dürfen ebenfalls in die HK einbezogen werden, soweit die Zinsen auf den Herstellungszeitraum entfallen. Für Zinsen gilt gem BMF-Schreiben v 12.3.2010 das materielle Maßgeblichkeitsprinzip des § 5 Abs 1 S 1 Hs 1 EStG (BStBl I 2010, 239, Tz 6). Insofern wird das Wahlrecht zum Einbezug von Zinsen von der FinVerw nicht als eigenständiges steuerliches Wahlrecht anerkannt.

Die Möglichkeit der Wahlrechtsausübung kann steuerbilanzpolitisch genutzt werden. ZB kann das Wahlrecht zur Aktivierung von Zinsen in Anspruch genommen werden, um die Nichtabzugsfähigkeit von Zinsaufwendungen im Rahmen der Zinsschranke nach § 4h EStG iVm § 8a KStG zu vermeiden. Soweit Zinsen als HK aktiviert werden, führt weder die spätere Abschreibung des WG noch dessen Ausbuchung zu Zinsaufwendungen iSd Zinsschranke (BMF 4.7.2008, BStBl I 2008, 718, Tz 20).

3. Zuschüsse

Für (stpfl) Investitionszuschüsse besteht in EStR 6.5 Abs 2 S 1 und 2 ein steuerliches Wahlrecht, die Zuschüsse von den AK/HK zu kürzen oder erfolgswirksam zu vereinnahmen. Das steuerliche Wahlrecht für Zuschüsse kann unabhängig von der HB ausgeübt werden. Handelsrechtlich besteht ein entspr Wahlrecht (IDW HFA 2/1996 idF 2010; s auch § 255 Anm 115 ff).

Aus Vorsichtsgründen sollte eine abw Behandlung des Zuschusses in HB und StB stets im Verzeichnis dokumentiert werden. Die Dokumentationsvorschriften des § 5 Abs 1 S 2, 3 EStG sind nur zu erfüllen, wenn ein steuerliches Wahlrecht ausgeübt wurde und dadurch WG nicht mit dem handelsrechtlich maßgebenden Wert in der steuerlichen Gewinnermittlung ausgewiesen werden. Bzgl Zuschüssen ist unklar, in welchem Fall ein steuerliches Wahlrecht ausgeübt wurde, da die BFH-Rspr uneinheitlich ist (s auch *Dörfler/Adrian* Ubg 2009, 394). Teilweise wird die Auffassung vertreten, dass die Grundregel in der Minderung der AK/HK bestehe und die sofortige Erfassung des Zuschusses als Betriebseinnahme das Wahlrecht darstelle (so BFH 14.7.1988, BStBl II 1989, 189). Andererseits findet sich auch die Auffassung, dass die Erfassung als Betriebseinnahme die Grundregel und die AK/HK-Minderung das Wahlrecht sei (so BFH 22.1.1992, BStBl II 1992, 488). Aus dem BMF-Schreiben vom 12.3.2010 kann geschlossen werden, dass nach Auffassung der FinVerw die Erfassung als Betriebseinnahme die Grundregel darstellt (BStBl I 2010, 239, Tz 23). Demzufolge würde in diesem Fall die Aufzeichnungspflicht entfallen. Bei erfolgsneutraler Behandlung der Zuschüsse ist hingegen die gesonderte Aufzeichnung nach § 5 Abs 1 S 2 EStG erforderlich

– vorausgesetzt in der HB werden die Zuschüsse erfolgswirksam vereinnahmt. Hingegen enthält der Entwurf EStÄR 2012 in R 6.5 Abs 2 S 4 den allgemeinen Hinweis (unabhängig von der konkreten Bilanzierung), dass bei Abweichungen von der Handelsbilanz, die entsprechenden Anlagegüter in das besondere, laufend zu führende Verzeichnis aufzunehmen sei.

183 Die von der HB unabhängige Wahlrechtsausübung kann steuerbilanzpolitisch genutzt werden. In Gewinnjahren wird regelmäßig eine Minderung der AK/HK von Vorteil sein. In Verlustjahren bietet sich idR eine Erfassung als Betriebseinnahme an, um damit zukünftiges Abschreibungspotenzial zu sichern.

C. Übersicht über weitere Ansatz- und Bewertungsunterschiede zwischen Handels- und Steuerbilanz

I. Selbst geschaffene immaterielle Vermögensgegenstände des Anlagevermögens

191 § 248 Abs 2 regelt ein **Wahlrecht** zur Aufnahme von selbst geschaffenen immateriellen VG (vgl § 248 Anm 11) des Anlagevermögens in die HB (Zur Abgrenzung selbst geschaffener von erworbenen VG vgl § 248 Anm 13). Weiterhin mit einem Aktivierungsverbot belegt sind jedoch Aufwendungen für selbst erstellte Marken, Drucktitel, Verlagsrechte, Kundenlisten oder vergleichbare immaterielle VG des Anlagevermögens sowie Forschungskosten (§ 255 Abs 2 S 4). Zur Bewertung s § 255 Anm 480 ff. Wird das Aktivierungswahlrecht ausgeübt, besteht nach § 268 Abs 8, § 301 S 1 AktG eine Ausschüttungs- und Abführungssperre.

192 In der StB ist die Aktivierung immaterieller WG gem § 5 Abs 2 EStG nur zulässig, wenn sie *entgeltlich* erworben wurden (vgl § 248 Anm 35 f). Wird das Aktivierungswahlrecht in der HB ausgeübt, resultiert daraus eine vorübergehende Abweichung zwischen HB und StB, die in der HB grds den Ansatz bzw die Erhöhung passiver *latenter Steuern* zur Folge hat (vgl Anm 20 ff).

II. Derivativer Geschäfts- oder Firmenwert

193 Gem § 246 Abs 1 S 4 gilt der entgeltlich erworbene GFW *als aktivierungspflichtiger und zeitlich begrenzt nutzbarer VG*, der in der Folgezeit gem § 253 planmäßig abzuschreiben ist. Zu aktivieren ist *„der Unterschiedsbetrag, um den die für die Übernahme eines Unternehmens bewirkte Gegenleistung den Wert der einzelnen Vermögensgegenstände des Unternehmens abzüglich der Schulden im Zeitpunkt der Übernahme übersteigt"* (§ 246 Abs 1 S 4). Steuerrechtlich handelt es sich um ein gem § 5 Abs 2 EStG zu aktivierendes *immaterielles WG* (vgl *Weber-Grellet* in Schmidt EStG[32] § 5 Anm 222). Damit besteht sowohl handelsrechtlich als auch steuerrechtlich eine **Ansatzpflicht** für den entgeltlich erworbenen GFW.

194 Das HGB gibt keine konkrete **Nutzungsdauer** vor. Sie ist *individuell* unter Beachtung der Gegebenheiten des erworbenen Unt zu schätzen (vgl § 253 Anm 672 f). Wird eine Nutzungsdauer von mehr als fünf Jahren zugrunde gelegt, ist dies im Anhang zu begründen (§ 285 Nr 13). Der alleinige Verweis auf die steuerrechtlich vorgeschriebene Nutzungsdauer ist nicht ausreichend (vgl § 253 Anm 672). Steuerrechtlich gilt dagegen nach § 7 Abs 1 S 3 EStG eine unwiderlegbar vermutete betriebsgewöhnliche Nutzungsdauer von fünfzehn Jahren.

195 Temporäre Unterschiede zwischen HB und StB hinsichtlich der Höhe des zu aktivierenden GFW und daraus resultierende unterschiedliche jährliche Abschreibungsbeträge können sich infolge von UmwVorgängen ergeben, da es sich beim GFW in HB und StB jeweils um eine *Residualgröße* handelt. Wird bspw ein (Teil-)Betrieb im Zuge einer (offenen) Sacheinlage gegen Ausgabe von neuen Anteilen erworben und die erhaltenen VG und Schulden bzw WG in der HB mit dem Zeitwert und in der StB nach § 20 Abs 2 S 2 UmwStG mit einem Zwischenwert angesetzt, ist der Betrag des in der HB zu aktivierenden GFW höher als in der StB. Im Fall des sog *asset deals* (vgl § 246 Anm 82) können sich im Zeitpunkt der Aktivierung indes keine Abweichungen ergeben. Dies liegt daran, dass es bei den übergehenden VG u Schulden bzw WG keine Ansatz oder Bewertungsunterschiede zwischen HB und StB im Erwerbszeitpunkt geben kann, da Anschaffungsvorgänge grds erfolgsneutral sind (BFH 14.12.2011, DStR 2012, 452; BMF 24.6.2011, BStBl. I, 627, Tz 3).

Bei einer voraussichtlich **dauerhaften Wertminderung** ist der GFW nach § 253 Abs 3 S 3 zwingend auf den niedrigeren beizulegenden Wert abzuschreiben. Dieser Wert ist beizubehalten, auch wenn die Gründe für die außerplanmäßige Abschreibung später entfallen (Abs 5 S 2). In der StB besteht bei einer dauerhaften Wertminderung die Möglichkeit, auf die Vornahme einer Teilwertabschreibung zu verzichten, da es sich nach hM um ein steuerrechtliches *Abschreibungswahlrecht* handelt (vgl Anm 147f). Erhöht sich der Teilwert des GFW nach einer vorangegangenen Teilwertabschreibung in einem späteren Wj, gleichgültig aus welchen Gründen, soll auf konzeptioneller Grundlage der *Einheitstheorie*, nach der der GFW als einheitliches WG bei der Teilwertermittlung nicht in einen originären und in einen derivativen Teil separiert werden kann (vgl *Kulosa* in Schmidt EStG[32] § 6 Anm 313; aA zB *Neufang/Otto* DStR 2012, 226; *Stobbe* in HHR § 6 Anm 726 „Einheitstheorie" mwN; s auch § 253 Anm 675), gem § 6 Abs 1 Nr 1 S 4 EStG eine **Wertaufholung** vorzunehmen sein (str, vgl *Kulosa* in Schmidt EStG[32] § 6 Anm 313; *Oser/Roß/Wader/Drögemüller* WPg 2008, 677; zutreffend aA *Herzig/Briesemeister* DB 2009, 928; *Ortmann-Babel/Bolik/Gageur* DStR 2009, 936; s auch § 253 Anm 676).

Eine unterschiedliche Bewertung des GFW in HB und StB kann zur Bildung *latenter Steuern* führen (s § 274 Anm 11).

III. Technische und wirtschaftliche Nutzungsdauer

Den planmäßigen Abschreibungen nach § 253 Abs 3 S 1 ist idR die voraussichtliche *wirtschaftliche* Nutzungsdauer zugrunde zu legen (vgl § 253 Anm 230). Diese muss vom Bilanzierenden durch eine vorsichtige Prognose unter Berücksichtigung der individuellen betrieblichen Verhältnisse festgelegt werden (vgl § 253 Anm 229). Bei der Festlegung der Nutzungsdauer besteht *kein Wahlrecht* (vgl *Meinel* DStR 2011, 1727; *Briese/Suermann* DB 2010, 127; aA *Künkele/Zwirner* DStR 2010, 2264). Es besteht jedoch stets ein gewisser Ermessensspielraum, der in HB und StB nur *einheitlich* ausgeübt werden darf (zB *Brandis* in Blümich EStG § 7 Anm 327). Die zuletzt 2001 aktualisierten allgemeinen **AfA-Tabellen** (BMF 15.12.2000, BStBl I, 1532) stellen auf die idR längere *technische* Nutzungsdauer ab und können daher nicht mehr generell für die Bestimmung der handelsbilanziell relevanten Nutzungsdauer herangezogen werden (vgl § 253 Anm 231).

In der StB ist grds auf die *technische* Nutzungsdauer gem den amtlichen AfA-Tabellen abzustellen. Ist die wirtschaftliche Nutzungsdauer kürzer als die technische, kann sich der Stpfl grds auf die wirtschaftliche Nutzungsdauer berufen. Dies muss jedoch anhand der konkreten Umstände des Einzelfalls glaubhaft gemacht werden (vgl § 253 Anm 231; *Kulosa* in Schmidt EStG[32] § 7 Anm 102; BMF 6.12.2001, BStBl I, 850). Liegt die in der HB unterstellte Nutzungsdauer, wie es bei langlebigen VG gelegentlich der Fall ist, erheblich über der in den AfA-Tabellen vorgegebenen Nutzungsdauer, dürfte diese auch in der StB zugrunde zu legen sein, denn die AfA-Tabellen sind nicht anzuwenden, wenn sie (bereits für den Regelfall) zu einer unzutreffenden Besteuerung führen (vgl zB BFH 14.4.2011, BStBl II, 696 mwN; BFH 14.4.2011, BStBl II, 709 mwN; *Kulosa* in Schmidt EStG[32] § 7 Anm 105; im Ergebnis auch *Waldhoff* in KSM EStG § 7 Anm B 298a).

198 Während handelsrechtlich die Nutzungsdauer bei **Gebäuden** nach vernünftigem kfm Ermessen festzulegen ist, bestimmt § 7 Abs 4 EStG *typisierende Nutzungsdauern,* die kürzer oder länger als die in der HB zu Grunde zu legende Nutzungsdauer sein können. Im Einzelfall kann auch hier gem Abs 4 S 2 EStG eine kürzere tatsächliche Nutzungsdauer zugrunde gelegt werden. Eine geplante Veräußerung des Gebäudes rechtfertigt dies allein jedoch nicht (BFH 29.4.2009, BStBl II, 899). Zur Nutzungsdauer eines entgeltlich erworbenen GFW s Anm 194.

GWG, für die in der StB gem § 6 Abs 2a S 1 EStG ein **Sammelposten,** der nach S 2 über fünf Wj gleichmäßig aufzulösen ist, gebildet wird, sind nach Auffassung des IDW (vgl IDW-FN 2007, 506) in der HB ggf über eine kürzere Nutzungsdauer abzuschreiben, wenn der Sammelposten wesentlich ist (zB im Hotelgewerbe oder der Getränkeindustrie) und die tatsächliche Nutzungsdauer kürzer ist.

199 Ist die in der HB maßgebliche Nutzungsdauer kürzer (länger) als die für die AfA in der StB zugrundegelegte Nutzungsdauer, kommt es zu einer temporären Abweichung zwischen HB und StB, aus der grds aktive (passive) *latente Steuern* resultieren.

IV. Außerplanmäßige Abschreibungen

200 VG des **Anlagevermögens** sind gem § 253 Abs 3 S 3 bei einer voraussichtlich *dauernden* Wertminderung außerplanmäßig auf den niedrigeren beizulegenden Wert abzuschreiben. Bei **Finanzanlagen** besteht lt S 4 ein *Wahlrecht,* eine außerplanmäßige Abschreibung auch bei einer voraussichtlich nicht dauernden Wertminderung vorzunehmen. In der StB besteht nach § 6 Abs 1 Nr 1 S 2, Nr 2 S 2 EStG nur bei einer voraussichtlich *dauernden* Wertminderung die Möglichkeit bzw ein *Wahlrecht* zur *Teilwertabschreibung,* das unabhängig von der HB ausgeübt werden kann (vgl Anm 147 f). IdR entspricht der beizulegende Wert dem Teilwert. Ein Auseinanderfallen ist aber in Einzelfällen möglich (vgl zB BFH 29.4.1999, BStBl II, 681).

201 In der HB ist von einer **dauernden Wertminderung** bei abnutzbaren VG des Anlagevermögens auszugehen, wenn der beizulegende Wert zum Zeitpunkt der Wertminderung voraussichtlich während der halben Restnutzungsdauer unter dem planmäßigen Restbuchwert liegt (vgl § 253 Anm 313). Ein Zeitraum von fünf Jahren bildet jedoch – auch beim nichtabnutzbaren Anlagevermögen – die Obergrenze des Prognosezeitraums (vgl § 253 Anm 313). In Zweifelsfällen ist aus Gründen der kfm Vorsicht (§ 252 Abs 1 Nr 4) von einer dauerhaften Wertminderung auszugehen (vgl § 253 Anm 312).

Im Rahmen der steuerrechtlichen Gewinnermittlung müssen im Zweifel mehr Gründe für als gegen eine dauernde Wertminderung sprechen. Die Regel, dass von einer voraussichtlich dauerhaften Wertminderung auszugehen ist, wenn der Wert zum Bilanzstichtag mind für die halbe planmäßige Restnutzungsdauer unter dem planmäßigen Restbuchwert liegt, gilt hingegen auch für die StB (BFH 29.4.2009, BStBl II, 899; BMF 25.2.2000, BStBl. I, 372, Tz 6). Eine Beschränkung des Prognosezeitraums auf fünf Jahre besteht allerdings grds nicht; dieser richtet sich nach der Eigenart des WG (BFH 14.3.2006, BStBl II,

680; kritisch zB *Kulosa* in Schmidt EStG³² § 6 Anm 366 mwN). So ist zB bei **börsennotierten Aktien** grds von einer voraussichtlich dauernden Wertminderung gemäß § 6 Abs 1 Nr 2 S 2 EStG auszugehen, wenn der Börsenwert zum Bilanzstichtag unter denjenigen im Zeitpunkt des Erwerbs gesunken ist und der Kursverlust die Bagatellgrenze von 5% des Kurswerts bei Erwerb überschreitet (BFH 21.9.2011, BFH/NV 2012, 306). Auf die Kursentwicklung im Zeitraum zwischen dem Stichtag und der Bilanzaufstellung kommt es nicht an.

Für VG des **Umlaufvermögens** gilt nach § 253 Abs 4 das *strenge Niederstwertprinzip* (vgl § 253 Anm 501 f). Danach sind die VG am Bilanzstichtag zwingend auf den niedrigeren Börsen- oder Marktpreis, ersatzweise auf den niedrigeren beizulegenden Wert außerplanmäßig abzuschreiben. Steuerrechtlich besteht gem § 6 Abs 1 Nr 2 S 2 EStG bei einer *voraussichtlich dauernden* Wertminderung ein *Wahlrecht* zum Ansatz des niedrigeren Teilwerts. Ist die Wertminderung voraussichtlich nicht dauerhaft, besteht ein *Abschreibungsverbot*. Nach Verwaltungsauffassung muss eine dauerhafte Wertminderung bis zur Bilanzaufstellung oder dem vorangegangenen Zeitpunkt der Verwertung anhalten (vgl BMF 25.2.2000, BStBl I, 372, Tz 23; *Kulosa* in Schmidt EStG³² § 6 Anm 368). Ein Abschreibungsverbot wegen Marktzinsschwankungen auf einen Betrag unterhalb des Nennwerts besteht nach der Rspr bei Wertminderungen von festverzinslichen Wertpapieren, wenn der Gläubiger damit rechnet, dass am Ende der Laufzeit eine Einlösung zum Nominalwert erfolgt (BFH v 8.6.2011; BStBl II 2012, 716).

Sofern der Buchwert in der StB den Wert lt HB übersteigt (unterschreitet) dürfen (müssen) aktive (passive) *latente Steuern* angesetzt werden. Soweit Bewertungsdifferenzen iZm außerplanmäßigen Abschreibungen auf **Anteile** an **KapGes** entfallen, sind bei der Berechnung der latenten Steuern die Steuerbefreiungen gem §§ 3 Nr 40, 3c Abs 2 EStG, § 8b KStG und die dort geregelten Ausnahmen zu beachten.

Die Regelungen in § 253 Abs 3 und 4 gelten nicht für **Finanzinstrumente des Handelsbestands** von Kreditinstituten. Diese sind in HB und StB gem § 340e Abs 3, § 6 Abs 1 Nr 2b EStG mit dem *beizZW* abzgl eines Risikoabschlags zu bewerten (vgl Anm 228 f).

V. Begriff und Umfang der Herstellungskosten

Nach § 255 Abs 2 S 1 sind HK „*die Aufwendungen, die durch den Verbrauch von Gütern und Inanspruchnahme von Diensten für die Herstellung eines VG, seine Erweiterung oder für eine über seinen ursprünglichen Zustand hinausgehende wesentliche Verbesserung entstehen*". Gem S 2 umfasst die handelsrechtliche **Wertuntergrenze** der HK neben den Material- und Fertigung*seinzelkosten* auch angemessene Teile der notwendigen Material- und Fertigung*sgemeinkosten* sowie den *Werteverzehr* des Anlagevermögens, soweit er durch die Fertigung veranlasst ist (vgl § 255 Anm 340 f). Dies entspricht der steuerrechtlichen Wertuntergrenze nach EStR 6.3 Abs 1 und 4 aF (2008). Enthalten die in der HB vorgenommenen Abschreibungen auch solche auf gem § 248 Abs 2 S 1 aktivierte **Entwicklungskosten**, sind sie ebenfalls einzubeziehen (vgl PwC BilMoG Komm J Anm 43). Steuerrechtlich sind diese Abschreibungen wegen des gem § 5 Abs 2 EStG bestehenden Aktivierungsverbots nicht zu berücksichtigen.

Für (angemessene) Kosten der **allgemeinen Verwaltung** und Aufwendungen für **soziale Einrichtungen** des Betriebs, für freiwillige **soziale Leistungen** und für die **betriebliche AVers**, soweit sie auf den Zeitraum der Herstellung entfallen, besteht handelsrechtlich gem S 3 ein *Einbeziehungswahlrecht*. Steuerrechtlich gilt nach Auffassung des BMF eine *Einbeziehungspflicht* (EStR 6.3 Abs 1). Diese Ansicht ist abzulehnen (glA zB *Spingler/Dietter* Ubg 2013, 201 ff; *Korn* KÖSDI 2013, 18 263 mwN; *Herzig/Briesemeister* DB 2010, 921; aA *Hörhammer/Rosenbaum* StuB 2013, 253 f; *Ehmcke* in Blümich EStG § 6 Anm 494 wohl auch *Kulosa* in Schmidt EStG³² § 6 Anm 199, der die Verwaltungsauffassung zumindest für vertretbar hält). UE ist das bisher in EStR 6.3 Abs 4 aF (2008) gewährte Einbeziehungswahlrecht sachgerecht. Denn bei diesen Kosten fehlt es idR an einem engen sachlichen Zusammenhang zu den HK, da sie (auch) das Unt als Ganzes betreffen (vgl § 255 Anm 359; *Weber-Grellet* DB 1994, 2407 f „Kompromisswahlrecht"). Darüber hinaus hängt die Zurechenbarkeit und die Abgrenzung von nicht aktivierungsfähigen Vertriebsgemeinkosten vom Detailierungsgrad der Kostenrechnung und dem Ermessen des Unt ab (vgl *Velte* StBP 2011, 67; *Spingler/Dietter* Ubg 2013, 203 f). Bis auf Weiteres wird es von der FinVerw allerdings nicht beanstandet, wenn in der StB nach EStR 6.3 Abs 4 S 1 aF (2008) *übereinstimmend mit der Vorgehensweise in der HB,* auf die Einbeziehung *verzichtet* wird (BMF 25.3.2013, BStBl I 2013, 296). Ob hier – wie vom BMF vertreten – eine formelle Maßgeblichkeit (vgl Anm 122) oder ein eigenständiges steuerrechtliches Wahlrecht iSd § 5 Abs 1 S 1 Hs 2 EStG besteht, ist str (vgl ausführlich Anm 178).

205 Gem § 255 Abs 3 S 2 dürfen fertigungsveranlasste **FK-Zinsen** (zB sog **Bauzeitzinsen**) als *fiktive* HK wahlweise einbezogen werden. Obgleich es sich hier nach hM um eine *Bewertungshilfe* (vgl zB § 255 Anm 502) handelt, wird die optionale Einbeziehung auch für steuerrechtliche Zwecke von der FinVerw für zulässig gehalten (R 6.3 Abs 5 EStR; kritisch *Kulosa* in Schmidt EStG³² § 6 Anm 206; *Ortmann-Babel/Bolik/Schönefeldt* NWB 2013, 1387). Auch hier ist fraglich, ob die Einbeziehung dieser Zinsen in die steuerrechtlichen HK voraussetzt, dass auch in der HB in gleicher Weise verfahren wird oder ob sie ein eigenständiges steuerrechtliches Wahlrecht darstellt (vgl zB *Herzig/Briesemeister* DB 2010, 923, die sich für ein eigenständiges steuerrechtliches Wahlrecht aussprechen; aA BMF 12.3.2010, BStBl I 2010, 239, Tz 5).

206 Die Einbeziehung von **Forschungs-** und **Vertriebskosten** ist nach Handels- und Steuerrecht verboten (§ 255 Abs 3 S 4, § 5 Abs 1 S 1 EStG). Nach § 6 Abs 1 Nr 1 lit a EStG bei Gebäuden als HK geltende sog „**anschaffungsnahe Herstellungskosten**" sind in der HB nach den allgemeinen Grundsätzen ebenfalls nicht zu berücksichtigen.

Werden die HK in der HB höher (niedriger) angesetzt als in der StB, führt dies grds zu einer passiven (aktiven) *latenten* Steuerabgrenzung.

VI. Bewertung von Planvermögen und Saldierung mit Altersversorgungsverpflichtungen

207 § 246 Abs 2 S 2 Hs 1 regelt als Ausnahme vom Verrechnungsverbot, dass VG, die dem Zugriff aller übrigen Gläubiger entzogen sind und ausschließlich der Erfüllung von Schulden aus AVersVerpflichtungen oder vergleichbaren langfristig fälligen Verpflichtungen dienen, mit diesen Schulden zu verrechnen sind (s § 249 Anm 205). Zugehörige Aufwendungen und Erträge aus der Abzinsung und aus dem zu verrechnenden Vermögen sind auch zu saldieren (§ 246 Abs 2 S 2 Hs 2). Die nach § 246 Abs 2 S 2 zu verrechnenden VG sind mit ihrem beizZW zu bewerten (§ 253 Abs 1 S 4). Übersteigt der beizZW der VG den Betrag der Schulden, ist der übersteigende Betrag unter einem gesonderten Posten zu aktivieren (§ 246 Abs 2 S 3). Dieser Posten ist kein VG, sondern ein Verrechnungsposten (Bericht des Rechtsausschusses, BT-Drs 16/12 407, 110; *Ernst/Seidler* BB 2009, 766).

Steuerrechtlich hat das Verrechnungsgebot des § 246 Abs 2 S 2 Hs 1 keine **208**
Auswirkungen, da nach § 5 Abs 1a S 1 EStG steuerrechtlich Posten der Aktivseite nicht mit Posten der Passivseite verrechnet werden dürfen (s *Herzig/Briesemeister* Ubg 2009, 165). Zur zeitlichen Anwendung des § 5 Abs. 1a S 1 EStG s Voraufl, § 274 Anm 208.

Das Saldierungsgebot für Aufwendungen und Erträge nach § 246 Abs 2 S 2 **209**
Hs 2 ist steuerrechtlich ebenfalls nicht anzuwenden (so auch *Dörfler/Adrian* DB 2009 Beilage 5, 59). Die handelsrechtliche Saldierung ist vor dem Hintergrund eines verbesserten Ausweises der Vermögenslage aufgenommen worden. Dahinter steht der Gedanke, dass Vermögen, das der Haftungsmasse entzogen ist, auch nicht in der Bilanz ausgewiesen werden muss (vgl BT-Drs 16/10067, 35). Steuerbilanziell ist weder eine Verrechnung von Aktiv- und Passivposten (§ 5 Abs 1a S 1 EStG) noch ein Zeitwertbewertung vorgesehen. Insofern sind die zugrunde liegenden Erträge und Aufwendungen steuerrechtlich, trotz fehlendem expliziten Verrechnungsverbots, nicht zu saldieren. Ein materieller Unterschied ergibt sich insoweit zwischen HB und StB nicht, da es sich nur um eine Ausweisfrage handelt.

Der handelsrechtliche Verrechnungsposten des § 246 Abs 2 S 3 wird in der **210**
StB nicht ausgewiesen, da steuerrechtlich Aktivposten nicht mit Passivposten verrechnet werden dürfen und insoweit auch nicht der Verrechnungsposten entsteht. Insofern werden in der StB die Pensionsverpflichtung und das Planvermögen brutto ausgewiesen. Ferner fehlt die WG-Eigenschaft des Verrechnungspostens für einen Ansatz in der StB.

VII. Bewertungseinheiten

§ 254 sieht die Zusammenfassung von Grund- und Sicherungsgeschäften zum **211**
Ausgleich gegenläufiger Wertentwicklungen in einer BewEinh vor. Soweit sich gegenläufige Wertentwicklungen oder Zahlungsströme ausgleichen, sind der Grundsatz der Einzelbewertung und das Realisationsprinzip aufgehoben (vgl § 254 Anm 50). Es handelt sich handelsrechtlich nach Ansicht des IDW um ein *faktisches Wahlrecht* (vgl IDW RS HFA 35 Anm 12; § 254 Anm 5 „(echtes) Wahlrecht"; *Herzig/Briesemeister* Ubg 2009, 159; BReg, BT-Drs 16/10067, 122; zur aA vgl § 254 Anm 5). Die bilanzielle Darstellung ist sowohl nach der „Durchbuchungs-" bzw „Bruttomethode" als auch nach der „Einfrierungs-" bzw „Nettomethode" erlaubt (vgl ausführlich *PwC* BilMoG Komm H Anm 98; *Lüdenbach/Freiberg* BB 2010, 2686f).

Nach § 5 Abs 1 S 1 Hs 1 und Abs 1a S 2 EStG sind die handelsrechtlichen **212**
Rechnungslegung gebildete BewEinh für die steuerrechtliche Gewinnermittlung maßgeblich („*konkrete Maßgeblichkeit*" vgl *Weber-Grellet* in Schmidt EStG³² § 5 Anm 26; *Hick* in HHR EStG § 5 Anm 1645). Da § 5 Abs 1a S 2 EStG nur die „Absicherung *finanzwirtschaftlicher* Risiken" nennt, wird in der Literatur diskutiert, ob für BewEinh in HB und StB ein unterschiedlicher Anwendungsbereich besteht (zur Diskussion s zB *Herzig/Briesemeister* Ubg 2009, 158). UE ist der Auffassung zu folgen, dass in der HB gebildete BewEinh steuerrechtlich grds nachzuvollziehen sind, da der Begriff „finanzwirtschaftliches Risiko" nicht nur Risiken aus Geld- und Kapitalmarkttransaktionen, sondern zB auch Warenpreisrisiken umfasst (glA *Herzig/Briesemeister* Ubg 2009, 158; *Schiffers* in Korn EStG § 5 Anm 452f; im Ergebnis auch *Zwirner/Böcker* BB 2012, 2938; *Meurer* FR 2009, 119; *Künkele/Zwirner* DStR 2009, 1280; *Frotscher* in Frotscher EStG § 5 Anm 144a3; OFD Münster 14.9.2012, BB 2012, 2749; *Krumm* in Blümich EStG § 5 Anm 232 unter Hinweis auf § 252 Abs 2; nunmehr offenlassend *Meurer* BB 2010, 821; s auch § 254 Anm 6; nach aA soll dies jedoch nicht für Preisrisiken bei körperlichen VG oder Han-

delsportfolios gelten: *Weber-Grellet* in Schmidt EStG³² § 5 Anm 70; *Hahne* StuB 2007, 21; *Hick* in HHR EStG § 5 Anm 1645). Auch der Gesetzgeber ging ganz offensichtlich von einem Gleichklang der Regelungen aus (RefE, 119; Begr RegE BilMoG, 124, 127). Somit sollten sich insoweit *keine Unterschiede* zwischen HB und StB und demzufolge *keine latenten Steuern* ergeben.

213 Nach Auffassung des IDW sind **Verpflichtungsüberhänge** als Folge einer teilweisen Unwirksamkeit der Sicherungsbeziehung, unabhängig davon, ob der Verlust aus einem micro, macro oder portfolio hedge herrührt, technisch als *Rückstellung* auszuweisen (vgl IDW RS HFA 35 Anm 82).

214 Nach § 5 Abs 4a S 2 EStG gilt das Passivierungsverbot für Drohverlustrückstellungen für Ergebnisse aus nach § 5 Abs 1a S 2 EStG gebildete BewEinh, dh für die og Verpflichtungsüberhänge, nicht (vgl BMF 25.8.2010, DB 2010, 2024; *Buciek* in Blümich EStG § 5 Anm 885; *Hick* in HHR EStG § 5 Anm 1647; Anm 222). Es ist jedoch fraglich, ob Verpflichtungsüberhänge aus BewEinh, soweit diese Wertminderungen von gesicherten aktivierten VG enthalten, auch in der StB in voller Höhe nach § 5 Abs 4a S 2 EStG zu passivieren sind oder ob der Verpflichtungsüberhang, soweit er auf nicht dauerhafte Wertminderungen entfällt, gem § 5 Abs 6 iVm § 6 Abs 1 Nr 1 S 2 bzw Nr 2 S 2 EStG nicht zu berücksichtigen ist (vgl ausführlich *Herzig/Briesemeister* Ubg 2009, 161f; *Herzig/Briesemeister* DB 2009, 980f; *Patek* KoR 2008, 370; s auch § 254 Anm 6). Nach Auffassung der FinVerw ist der Verlustüberhang in voller Höhe zu passivieren, da keine konkrete Zuordnung möglich ist (vgl BMF 25.8.2010, DB 2010, 2024 bzw OFD Rheinland 11.3.2011, DB 2011, 737).

215 Zur **ertragssteuerrechtlichen** Behandlung von in BewEinh zusammengefassten Grund- und Sicherungsgeschäften bei Bildung, Beibehaltung und Beendigung vgl zB *Hahne* StuB 2008, 181f; *Herzig/Briesemeister* Ubg 2009, 162; *Micksch/Mattern* DB 2010, 579f; *Helios/Niedrig* DStR 2012, 1303f; BMF 25.8.2010, DB 2010, 2024; OFD Rheinland 11.3.2011, DB 2011, 737; BFH 6.3.2013, DStR 2013, 1122; *Schnitger* DStR 2013, 1773.

VIII. Ansatz von Dividendenforderungen

216 Eine Abweichung von HB und StB kann sich bei der **phasengleichen** Bilanzierung von (zu erwartenden) Dividendenansprüchen ergeben. Während handelsrechtlich unter gewissen Voraussetzungen eine Aktivierungspflicht vorliegt (BGH 12.1.1998 BB 1998, 567), besteht steuerrechtlich, abgesehen von besonderen Ausnahmefällen, generell ein *Aktivierungsverbot* (BFH GrS 7.8.2000, BB 2000, 2247; zur Kritik s *Weber-Grellet* in Schmidt EStG³² § 5 Anm 270 „Dividendenansprüche").

IX. Rechnungsabgrenzungsposten

217 In der StB sind als Aufwand berücksichtigte Zölle und Verbrauchsteuern, soweit sie auf am Abschlussstichtag auszuweisende WG des Vorratsvermögens entfallen, nach § 5 Abs 5 S 2 Nr 1 EStG verpflichtend als RAP zu aktivieren. Ebenfalls auf der Aktivseite der StB ist als Aufwand berücksichtigte Umsatzsteuer auf am Abschlussstichtag auszuweisende Anzahlungen anzusetzen (§ 5 Abs 5 S 2 Nr 2 EStG). Die Wahlrechte zur Aktivierung von RAP auf Zölle und Verbrauchsteuern sowie USt in der HB sind durch das BilMoG weggefallen (§ 250 Abs 1 S 2 aF). Zur handelsrechtlichen Behandlung s § 250 Anm 1ff. Weitere Abweichungen entstehen durch Disagiobeträge, die handelsrechtlich sofort als Aufwand behandelt werden (Wahlrecht des § 250 Abs 3), aber in der StB zu aktivieren und planmäßig abzuschreiben sind.

X. Eigene Anteile

Eigene Anteile sind nach § 272 Abs 1a S 1, unabhängig vom Erwerbszweck **218** (Einziehung bzw Wiederveräußerung), mit ihrem Nennbetrag bzw rechnerischen Betrag offen vom gezeichneten Kapital abzusetzen. Die darüber hinausgehenden AK sind erfolgsneutral mit frei verfügbaren Rücklagen zu verrechnen (Abs 1a S 2; vgl § 272 Anm 130 ff). Bei der Veräußerung eigener Anteile ist die Reduzierung des Nennkapitals und, soweit der Erlös den Nennwert übersteigt, die Verminderung der freien Rücklagen wieder rückgängig zu machen (Abs 1b S 1 und 2; vgl § 272 Anm 140 ff). Ein darüber hinausgehender Veräußerungserlös wird gem Abs 1b S 3 als Agio in die Kapitalrücklage (Abs 2 Nr 1) eingestellt. *Anschaffungsneben-* und *Veräußerungskosten* mindern gem Abs 1a S 3 bzw Abs 1b S 4 den Gewinn des Gj. Ein in der GuV auszuweisender Veräußerungsgewinn oder -verlust entsteht daher nicht (vgl § 272 Anm 142), es sei denn der Veräußerungspreis liegt unter dem Nennwert bzw rechnerischen Wert (vgl *PwC* BilMoG Komm L Anm 45). Nach der Begr RegE BilMoG, 40 f sollte die Bilanzierung eigener Anteile vereinfacht werden. Daher schreiben Abs 1a und 1b die bilanzielle Abbildung des Erwerbs eigener Anteile und deren Veräußerung entspr ihres *wirtschaftlichen* Gehalts als Auskehrung freier Rücklagen bzw Kapitalerhöhung vor.

Abs 1a ist uE eine Spezialvorschrift, die das *Vollständigkeits- u Saldierungsverbot* gem § 246 Abs 1 S 1, Abs 2 S 2 für eigene Anteile *aufhebt und somit wie § 266 Abs 2 B. III Nr 2 HGB aF insoweit nicht nur eine Ausweisvorschrift darstellt, sondern auch eine materielle Regelung in Bezug auf den Ansatz enthält* (glA *Schmidtmann* StuW 2010, 292 unter Verweis auf BFH 6.12.1995, BStBll II 1998, 78; aA *Dötsch* in Dötsch/Pung/Möhlenbrock, KStG, § 8b Anm 69a).

In der steuerrechtlichen Gewinnermittlung sind eigene Anteile mangels einer **219** abw Regelung im EStG aufgrund der Maßgeblichkeit nach der derzeit hM nicht als Aktivposten anzusetzen, so dass hinsichtlich der Behandlung des Erwerbs und der Veräußerung in HB und StB ein *Gleichklang* bestehen dürfte (vgl zB *Förster/Schmidtmann* BB 2009, 1344; *Ortmann-Babel/Bolik/Gageur* DStR 2009, 937; *Blumenberg/Rossner* GmbHR 2008, 1082; *Herzig/Briesemeister* WPg 2010, 74; *Früchtl/Fischer* DStZ 2009, 114; *Ditz/Tcherveniachki* Ubg 2010, 877; *Bruckmeier/Zwirner/Künkele* DStR 2010, 1642; im Ergebnis auch *Lechner/Haisch* Ubg 2010, 693; aA *Pfirmann/Schäfer* in Küting/Pfitzner/Weber, 135; *Dötsch* in Dötsch/Pung/Möhlenbrock KStG, § 8b Anm 69a; wohl auch *Weber-Grellet* in Schmidt EStG[32] § 5 Anm 270 „Eigene Anteile"). *Latente Steuern* ergeben sich aus dem Erwerb eigener Anteile daher insoweit nicht. Ob die FinVerw die Auffassung der derzeit hM zur steuerrechtlichen Behandlung eigener Anteile und der Anschaffungsnebenkosten übernimmt, bleibt abzuwarten (zum bisherigen Recht vgl BMF 2. 12. 98, BStBl I, 1509, aufgehoben durch BMF 10.8.2010, BStBl I 2010, 659).

Die derzeit wegen § 272 Abs 1a S 1 iVm § 5 Abs 1 S 1 Hs 1 EStG nicht gegebene konkrete Bilanzierungsfähigkeit (vgl *Schmidtmann* StuW 2010, 292) ändert uE jedoch nichts daran, dass es sich bei eigenen Anteilen, die nicht zur Einziehung bestimmt sind, weiterhin um VG bzw WG handelt *(abstrakte Bilanzierungsfähigkeit).* Denn sie existieren weiterhin und sind selbständig bewertbar bzw verkehrsfähig; auch haben sie einen realisierbaren Wert (vgl BFH 6.12.1995, BStBl II 1998, 781; *Schmidtmann* StuW 2010, 292 mwN; *Dötsch* in Dötsch/Pung/Möhlenbrock KStG § 8b Anm 69a, *Breuninger/Müller* GmbHR 2011, 13; *Blumenberg/Rossner* GmbHR 2008, 1081; aA *Herzig/Briesemeister* DB 2008, 1342).

Zur ertragsteuerrechtlichen Behandlung beim **Gesellschafter** und den möglichen Auswirkungen auf das **steuerliche Einlagekonto** der KapGes vgl zB

Schmidtmann StuW 2010, 286f; Ditz/Tcherveniachki Ubg 2010, 877f; Lechner/ Haisch Ubg 2010, 695f; Breuninger/Müller GmbHR 2011, 14f.

XI. Latente Steuern

220 Latente Steuern sind „Sonderposten eigener Art" der HB (vgl Anm 4, 75), die in der **StB nicht auszuweisen** sind. Ein Ausweis scheitert bereits an der fehlenden Eigenschaft als WG. Ein Ausweis in der StB ist aber auch mit dem Sinn und Zweck latenter Steuern, aus zeitlich begrenzten Abweichungen zwischen handels- und steuerrechtlichem Wert künftige Steuerbe- und -entlastungen in der HB zu zeigen und somit einen besseren Einblick in die Vermögens- und Ertragslage zu gewähren, nicht vereinbar. Formell besteht zwar ein Unterschied zwischen HB und StB. Es sind jedoch keine latenten Steuern auf latente Steuern zu bilden. 2009, 1011).

221 Bei Gesellschaften, die nicht in den Anwendungsbereich des § 274 fallen, kommt in bestimmten Fällen statt passiver latenter Steuern die Passivierung einer Rückstellung in Betracht (vgl BT-Drs 16/10067, 68; IDW RS HFA 7, Tz 24ff; s auch Verlautbarung der Bundessteuerberaterkammer). Dabei wird für die StB vertreten, dass solche Rückstellungen auch steuerbilanziell anzusetzen sind, aber der daraus resultierende Aufwand unter das Abzugsverbot des § 10 N 2 KStG bzw § 4 Abs 5b EStG fällt (s Verlautbarung der Bundessteuerberaterkammer, Tz 12; Briese in Beck HdR, B 235, Tz 18 ff, insb Tz 30 ff). Da es sich jedoch auch in diesen Fällen um latente Steuern, resultierend aus Abweichungen zwischen HB und StB, handelt, sollte nach Sinn und Zweck ein Ansatz in der StB ausscheiden.

XII. Ansatz von Drohverlustrückstellungen

222 Rückstellungen für drohende Verluste aus schwebenden Geschäften sind in der HB nach § 249 Abs 1 S 1 verpflichtend zu passivieren (s § 249 Anm 51ff). Zur Abgrenzung von der Verbindlichkeitsrückstellung und Abschreibungen s § 249 Anm 67ff. Steuerbilanziell gilt nach § 5 Abs 4a S 1 EStG ein grds Verbot der Passivierung einer Drohverlustrückstellung. Dieses Verbot gilt jedoch nicht für Ergebnisse der in der HB zur Absicherung finanzwirtschaftlicher Risiken gebildeten BewEinh, die entspr in der StB abzubilden sind (§ 5 Abs 4a S 2 EStG). Zu dem Erwerb von Drohverlustrückstellung in der StB vgl *Prinz/Adrian* StuB 2011, 171; BFH BStBl II 2011, 566; BMF, BStBl. I 2011, 627. Aus dem grds steuerrechtlichen Verbot des Ansatzes von Drohverlustrückstellungen resultiert eine zeitlich begrenzte Abweichung zwischen handelsrechtlichem und steuerrechtlichem Wertansatz (vgl Anm 36).

XIII. Bewertung von Rückstellungen

223 Rückstellungen sind nach § 253 Abs 1 S 2 in Höhe des nach vernünftiger kfm Beurteilung notwendigen **„Erfüllungsbetrags"** anzusetzen, womit auch künftige Preis- und Kostensteigerungen bei der Rückstellungsbewertung zu berücksichtigen sind (ausführlich zum Erfüllungsbetrag s § 253 Anm 51ff). Steuerbilanziell dürfen bei Rückstellungen aus Pensionsverpflichtungen künftige Gehalts- und Rentensteigerungen nach § 6a Abs 3 S 2 Nr 1 S 4 EStG nicht einbezogen werden. Für andere Rückstellungen ist in § 6 Abs 1 Nr 3a lit f EStG ein allgemeines steuerliches **Stichtagsprinzip** kodifiziert, wonach für die steuerbilanzielle Bewertung von Rückstellungen die Wertverhältnisse am Bilanzstichtag maßgebend sind und damit künftige Preis- und Kostensteigerungen nicht berücksichtigt werden dürfen.

224 Rückstellungen sind in der HB nach § 253 Abs 2 **abzuzinsen** (s § 253 Anm 180 ff). Für Rückstellungen mit einer Restlaufzeit von mehr als einem Jahr ist der ihrer Restlaufzeit entspr durchschnittliche Marktzinssatz der vergangenen sieben Gj anzuwenden (§ 253 Abs 2 S 1). Davon abw dürfen Rückstellungen für AVersVerpflichtungen und vergleichbare langfristig fällige Verpflichtungen pauschal mit dem durchschnittlichen Marktzinssatz bei einer angenommenen Restlaufzeit von 15 Jahren abgezinst werden (§ 253 Abs 2 S 2). Eine Ausnahme von der Abzinsungsmethode gilt für wertpapiergebundene Zusagen, bei denen die Rückstellungen zum beizZW der Wertpapiere anzusetzen ist (s § 249 Anm 204). Im Vergleich zum steuerlichen Wertansatz ergeben sich Abweichungen: Für Rückstellungen mit einer Restlaufzeit von mind 12 Monaten sieht § 6 Abs 1 Nr 3a Buchst e EStG einen Abzinsungssatz von 5,5% vor. Die Bewertung der Pensionsrückstellungen ist gesondert in § 6a EStG geregelt, wobei zur Ermittlung des Teilwerts ein Abzinsungssatz von 6% vorgegeben wird.

Die Finanzverwaltung vertritt in R 6.11 Abs 3 EStR und in einer Verfügung der OFD Münster/Rheinland vom 13.7.2012 die Auffassung, dass nach dem Maßgeblichkeitsprinzip der handelsrechtliche Rückstellungswert die Bewertungsobergrenze für den die steuerliche Bewertung darstelle (BB 2012, 2174). Tragend für diese Auffassung ist die Gesetzesbegründung zum StEntlG 1999/2000/2002 (BT-Drs 14/443, 23). Bestätigend für die Rechtslage vor BilMoG siehe BFH, Urteil v 11.10.2012 – I R 66/11 (s *Adrian* WPg 2013, 436). Aber erst nach dem BilMoG kommt es vermehrt zu Konstellationen, insbesondere bei Sachleistungsverpflichtungen, in denen der handelsrechtliche Wert niedriger ist als der steuerbilanzielle Wertansatz. In der Literatur wird die Auffassung der Finanzverwaltung zu Recht ganz überwiegend abgelehnt (vgl *Buchholz* Ubg 2012, 777; *Prinz/Hütig* StuB 2012, 799; *Briesemeister/Joisten/Vossel* FR 2013, 164; aA *Meurer* BB 2012, 2807). Nach den EStR darf für den Gewinn, der sich aus der erstmaligen BilMoG-Anwendung durch die Auflösung von Rückstellungen ergibt, die bereits in dem vor dem 1. Januar 2010 endenden Wirtschaftsjahr passiviert wurden, jeweils in Höhe von vierzehn Fünfzehntel eine gewinnmindernde Rücklage passiviert werden. Die Rücklage ist in den folgenden 14 Wirtschaftsjahren jeweils mit mindestens einem Fünfzehntel gewinnerhöhend aufzulösen (Auflösungszeitraum, R 6.11 Abs 3 S 2 EStÄ).

XIV. Bewertung von Verbindlichkeiten

225 Steuerrechtlich sind Verbindlichkeiten mit einem Zinssatz von 5,5% abzuzinsen (§ 6 Abs 3 Nr 3 EStG). Davon ausgenommen sind Verbindlichkeiten, deren Laufzeit am Bilanzstichtag weniger als 12 Monate beträgt und Verbindlichkeiten, die verzinslich sind oder auf einer Anzahlung oder Vorauszahlung beruhen. Handelsrechtlich ist keine generelle Abzinsungspflicht vorgesehen; Verbindlichkeiten sind mit ihrem Erfüllungsbetrag anzusetzen (s § 253 Anm 51 ff).

XV. Währungsumrechnung

226 § 256a S 1 schreibt die Umrechnung zum Devisenkassamittelkurs am Abschlussstichtag vor; insofern wird die Folgebewertung geregelt. § 256a gilt nicht, soweit Spezialregelungen, zB § 254 zu BewEinh, dem entgegen stehen (s § 256a

Anm 3). Bei einer Restlaufzeit von einem Jahr oder weniger sind nach § 256a S 2 das AK-Prinzip (§ 253 Abs 1 S 1) und das Realisationsprinzip (§ 252 Abs 1 Nr 4 Hs 2) nicht anzuwenden.

227 Das EStG enthält keine gesonderte Regelung zur WähUm. Insoweit gilt grds das Maßgeblichkeitsprinzip (*Günkel* Ubg 2008, 134). Allerdings kann es zu Abweichungen kommen. Eine Teilwertabschreibung auf den niedrigeren Devisenkassamittelkurs ist steuerrechtlich unabhängig von der Restlaufzeit nur zulässig, wenn eine dauernde Wertminderung vorliegt. Für die StB ist auch die Sonderregelung des § 256a S 2 für VG und Verbindlichkeiten mit einer Restlaufzeit von einem Jahr oder weniger nicht anzuwenden, da insoweit das AK-Prinzip als Bewertungsobergrenze (§ 6 Abs 1 Nr 1, 2 EStG) entgegen steht. Somit kann es steuerrechtlich nicht zum Ausweis von realisierbaren, aber noch nicht realisierten Gewinnen kommen.

XVI. Bewertung der Finanzinstrumente des Handelsbestands zum beizulegenden Zeitwert

228 FinInst des Handelsbestands von Kreditinstituten sind gem § 340e Abs 3 mit dem beiz ZW abzgl eines Risikoabschlags zu bewerten. Als Puffer für die aus der Zeitwertbewertung des Handelsbestands resultierenden Wertänderungsrisiken ist ein Sonderposten zu bilden, dem in jedem Gj ein Betrag, der mindestens 10% der Nettoerträge des Handelsbestands entspricht, zuzuführen ist. Der Posten darf nur zum Ausgleich von Nettoaufwendungen, oder soweit der Posten 50% des Durchschnitts der letzten fünf jährlichen Nettoerträge des Handelsbestands übersteigt, aufgelöst werden.

229 Gem § 6 Abs 1 Nr 2b EStG haben StPfl, die in den Anwendungsbereich des § 340 fallen, zu Handelszwecken erworbene FinInst, die nicht in einer BewEinh abgebildet werden, mit dem beiz ZW abzgl eines Risikoabschlags (§ 340e Abs. 3) zu bewerten. § 6 Abs 1 Nr 2 S 2 EStG (Wahlrecht zur Teilwertabschreibung bei dauernder Wertminderung) ist nicht anzuwenden. Der handelsrechtliche Sonderposten nach § 340g ist in der StB nicht zu bilden (*Wiedmann* in Ebenroth/Boujong/Joost/Strohn[2] § 340g Anm 7). Ein Gewinn aus der Erstanwendung darf für steuerliche Zwecke über zwei Jahre verteilt werden: Für die Hälfte des Gewinns aus der erstmaligen Anwendung von § 6 Abs 1 Nr 2b EStG darf eine gewinnmindernde Rücklage gebildet werden, die im folgenden Wj gewinnerhöhend aufzulösen ist.

XVII. Bewertungsvereinfachungsverfahren

230 Nach § 256 S 1 kann es für den Wertansatz gleichartiger VG des Vorratsvermögens unterstellt werden, dass die zuerst (Fifo) oder dass die zuletzt (Lifo) angeschafften oder hergestellten VG zuerst verbraucht oder veräußert werden. Steuerrechtlich besteht dieses Wahlrecht gem § 6 Abs 1 Nr 2a EStG nur für das Lifo-Verfahren. Die Anwendung des Verbrauchfolgeverfahrens in der StB setzt nicht voraus, dass die VG in der HB unter Verwendung von Bewertungsvereinfachungsverfahren bewertet werden (BMF, BStBl I 2010, 239, Tz 17). Somit kann zB eine Einzelbewertung in der HB erfolgen, aber dennoch in der StB nach dem Lifo-Verfahren bewertet werden. Bei einer Abweichung von der Handelsbilanz müssen die Wirtschaftsgüter in besondere, laufend zu führende Verzeichnisse aufgenommen werden (§ 5 Abs 1 Satz 2 EStG).

D. Aufstellung der Steuerbilanz

I. Gesetzliche Grundlagen

1. §§ 140, 141 AO, 241a HGB

§ 5 Abs 1 S 1 EStG, der über § 8 Abs 1 KStG auch für KapGes gilt, verweist **231** für die Buchführungs- und Bilanzierungspflicht allgemein auf gesetzliche Vorschriften und die handelsrechtlichen GoB. Steuerrechtliche Buchführungs- und Bilanzierungspflichten sind in §§ 140, 141 AO normiert.

Nach § 140 AO sind außersteuerrechtliche Regelungen über die Führung **232** von Büchern und Aufzeichnungen, die für die Besteuerung von Bedeutung sind, auch für die Besteuerung zu erfüllen. Insoweit ist die handelsrechtliche Buchführungspflicht nach §§ 238 ff auch für Zwecke der Besteuerung zu beachten.

In § 141 AO ist eine eigenständige steuerrechtliche Buchführungspflicht für be- **233** stimmte Gewerbetreibende und Land- und Forstwirte normiert. § 141 AO ist nur anzuwenden, wenn sich die Buchführungspflicht nicht bereits aus § 140 AO ergibt. Die Buchführungspflicht tritt nach Mitteilung durch das FA ein. Voraussetzung der Mitteilung ist bei Gewerbetreibenden, dass die Umsätze 500 000 Euro und der Gewinn aus Gewerbebetrieb 50 000 Euro übersteigen. § 141 AO ist nicht vollständig deckungsgleich zu § 241a, der eine Befreiung von der Buchführungspflicht für Ekfl regelt, vgl § 241a Anm 1 ff. § 241a stellt auf den Jahresüberschuss ab, während § 141 AO auf den Gewinn aus Gewerbebetrieb abstellt. Dieser ist aber eine Größe nach Hinzurechnung nicht abziehbarer Betriebsausgaben und dem Abzug steuerfreier Erträge. § 141 AO bezieht sich für die Bemessung der Umsätze und des Gewinns aus Gewerbebetrieb auf das Kj, während sich § 241a auf das Gj bezieht (glA *Dörfler/Adrian* DB 2009, Beilage 5, 63, *Herzig/Briesemeister* DB 2009, 927; wohl aA *Künkele/Zwirner* DStR 2009, 1277). In Randbereichen kann es daher bei Ekfl zu einer handelsrechtlichen Befreiung von der Buchführungspflicht kommen, die steuerrechtlich nicht gilt. § 141 AO verweist für die Buchführungspflicht wieder auf die handelsrechtlichen Regelungen der §§ 238 ff.

2. § 60 Abs 2 EStDV

Wenn der steuerrechtliche Gewinn durch Betriebsvermögensvergleich nach **234** §§ 4 Abs 1, 5 EStG ermittelt wird, ist der Steuererklärung eine Abschrift der Bilanz beizufügen. Stimmen einzelne Wertansätze in der Bilanz nicht mit den steuerrechtlichen Vorschriften überein, sind die Ansätze oder Beträge durch Zusätze oder Anm an die steuerrechtlichen Vorschriften anzupassen (§ 60 Abs 2 S 1 EStDV). Nach S 2 kann ein StPfl alternativ eine StB beifügen. Technisch erfolgt die Überleitung der HB auf die StB zukünftig über die sog E-Bilanz nach § 5b EStG, vgl Anm 239.

3. § 5 Abs 1 S 2 und 3 EStG

Nach § 5 Abs 1 S 2 u 3 EStG ist Voraussetzung für die Ausübung steuerrecht- **235** licher Wahlrechte, dass die WG in besondere, **laufend zu führende Verzeichnisse** aufgenommen werden, die Bestandteil der Buchführung sind (BMF 12.3.2010 Tz 19). In dem Verzeichnis sind der Tag der Anschaffung oder Herstellung, die AK oder HK, die Vorschrift des ausgeübten Wahlrechts und die vorgenommenen Abschreibungen nachzuweisen. Dieses Verzeichnis ergänzt § 60 Abs 2 EStDV, da über die Anpassungen an steuerrechtliche Vorschriften hinausgehende Informationen aufgenommen werden müssen. Es ist auch zu erstellen, wenn eine StB erstellt wird. Eine besondere Form ist für das Verzeichnis nicht vorgeschrieben (BMF 12.3.2010 Tz 20). Die Angaben nach § 5 Abs 1 S 3 EStG dürfen auch in dem Anlagenverzeichnis oder dem Verzeichnis für GWG nach § 6 Abs 2 S 4 EStG enthalten sein, so dass kein einheitliches Verzeichnis vorliegen und keine Doppelerfassung erfolgen muss. Gleiches muss uE auch für eine unterschiedliche Wahlrechtsausübung im Vorratsvermögen, zB Anwendung eines unterschiedlichen Verbrauchsfolgeverfahrens, gelten, so dass auch hier auf die zur Ermittlung der Bilanzwerte verwendeten Unterlagen zurückgegriffen werden kann.

236 Steuerrechtliche Rücklagen sind nicht in das besondere Verzeichnis aufzunehmen, wenn die **Rücklage in der StB** gebildet wird (vgl BMF 12.3.2010, Tz 22, Anm 156). Entspr ist die Aufnahme in die Überleitung nach § 60 Abs 2 EStDV, § 5b Abs 1 S 2 EStG ausreichend. Dadurch soll die Voraussetzung für die Inanspruchnahme einer § 6b EStG-Rücklage, dass nach § 6b Abs 4 Nr 5 EStG die Bildung und Auflösung der Rücklage in der Buchführung nachzuvollziehen ist, erfüllt werden. Gleiches gilt auch für die Rücklage für Ersatzbeschaffung wie in R 6.6 Abs 4 S 7 EStR klargestellt. Erst bei Übertragung der Rücklage auf die AK oder HK eines neuen WG handelt es sich um Ausübung eines steuerrechtlichen Wahlrechts, die in das laufende Verzeichnis oder das Anlageverzeichnis aufzunehmen ist. Für Einnahmen-Überschuss-Rechner besteht dagegen bei Inanspruchnahme der §§ 6c Abs 2 iVm 6b Abs 3 EStG eine Verzeichnispflicht.

237 Nach dem Wortlaut der Vorschrift des § 5 Abs 1 S 1 Hs 1 EStG „... es sei denn, im Rahmen der Ausübung eines steuerlichen Wahlrechts wird oder **wurde** ein anderer Ansatz gewählt" gilt der Vorbehalt der Wahlrechtsausübung nicht nur im Jahr der Ausübung, sondern auch in Folgejahren (vgl *Dörfler/Adrian* Ubg 2009, 387). Wird das Verzeichnis nicht oder nicht vollständig geführt, ist der Gewinn so zu ermitteln, als wäre das Wahlrecht nicht ausgeübt worden (vgl BMF 12.3.2010, Tz 21). Allerdings sind die materiellen Konsequenzen eines Unterlassens fraglich. Mit Verweis auf § 6 Abs 1 Nr 1 S 4 EStG geht der BFH in den Folgejahren nach einer Sonderabschreibung, einer erhöhten Absetzung und Abzügen nach § 6b EStG von einem Zuschreibungsverbot aus (vgl *BFH* vom 4.6.2008, I R 84/07, DB 2008, 2112). Danach wäre nur im Jahr der Ausübung des steuerrechtlichen Abschreibungswahlrechts die Verzeichnisführung notwendig. Etwas anderes gilt bei steuerrechtlichen Rücklagen vor Übertragung, da insoweit jedes Jahr das Wahlrecht ausgeübt wird, die Rücklage aufzulösen oder beizubehalten.

238 Zu der Verzeichnispflicht bei Umstellung auf das BilMoG s 7. Aufl § 274 Tz 238f.

4. § 5b EStG

239 Durch das Steuerbürokratieabbaugesetz (BGBl 2008 I, 2850) wurde § 5b EStG in das EStG eingefügt. Danach haben Unt, die ihren Gewinn nach § 4 Abs 1, § 5 oder § 5a EStG ermitteln, die Bilanz sowie die GuV nach amtlich vorgeschriebenem Datensatz (**E-Bilanz**) durch Datenfernübertragung an die Finanzbehörden zu übermitteln. Diese Verpflichtung ergänzt die Verpflichtung zur elektronischen Übertragung der Feststellungserklärung und der betrieblichen Steuererklärungen (vgl § 181 Abs 2a AO, § 25 Abs 4 S 1 EStG, § 31 Abs 1a S 1 KStG, § 14a S 1 GewStG). Die Pflicht zur elektronischen Übertragung gilt auch für Überleitungsbeträge von der HB zur StB zur Anpassung an die steuerrechtlichen Vorschriften. StPfl können auch eine StB erstellen und diese nach amtlich vorgeschriebenem Datensatz übermitteln.

240 § 5b EStG ist eine **Verfahrensvorschrift,** obwohl sie im Gesetz unter den Gewinnermittlungsvorschriften steht. Damit werden durch § 5b EStG weder

Buchführungspflichten noch materiell-rechtliche Auswirkungen auf die Gewinnermittlung begründet (vgl *Herzig/Briesemeister/Schäperclaus* DB 2011, S 4; *Hofmeister* in Blümich § 5b EStG Anm 1, 15). Nach § 51 Abs 4 Nr 1b EStG ist die FinVerw ermächtigt, den Mindestumfang der zu übermittelnden Bilanz und GuV zu bestimmen. Auf Basis dieser Ermächtigung veröffentlicht die FinVerw die Kerntaxonomie als auf XBRL basierendes Datenschema, in der bestimmte Felder als Mussfelder gekennzeichnet sind. Können **Mussfelder** nicht befüllt werden, ist das Feld ohne Wert als technischer NIL-Wert zu übermitteln. Allerdings sollen Eingriffe in das Buchungsverhalten und in die Kontenpläne der Bilanzierer vermieden werden, so dass in der Taxonomie **Auffangfelder** enthalten sind, die benutzt werden können, wenn Mussfelder nicht aus der ordnungsmäßigen Buchhaltung abzuleiten sind (vgl BMF v 28.9.2011, Tz 19). Anzumerken ist allerdings, dass die Übermittlung der E-Bilanz durch Zwangsgeld erzwungen werden kann, dieses aber nicht für die Übermittlung der Mussfelder mit korrekten Werten gilt (vgl *Rust/Hülshoff/Kolbe* BB 2011, 751).

Nach den bisherigen und bereits verabschiedeten Regelungen besteht keine gesetzliche Verpflichtung zur Erstellung einer eigenständigen StB. Vielmehr ist gesetzgeberisch eine Überleitungsrechnung von der HB zur StB die Regel. Durch die Ausweitung der zwingenden Abweichungen zwischen Handels- und Steuerrecht durch das BilMoG und die steuerrechtlichen Wahlrechtsmöglichkeiten werden die Überleitungsposten signifikant zunehmen. Aus Gründen der Übersichtlichkeit und Nachvollziehbarkeit sowie zur Erfüllung der Anforderungen der E-Bilanz ist in der Praxis eine verstärkte Tendenz zur Erstellung einer StB zu erwarten.

Die Übertragung der E-Bilanz an die FinVerw erfolgt unter Verwendung des **Elster Rich Client** (ERiC). Dieses ist *keine Eingabemaske,* sondern eine Schnittstelle zur Plausibilisierung und Validierung der angelieferten Daten (vgl *Rust/Hülshoff/Kolbe* BB 2011, 751). Dabei wird elektronisch geprüft, ob alle Mussfelder übermittelt werden (vgl BMF 28.9.2011, Tz 16). Im Umkehrschluss folgt daraus, dass die Daten, die die Unt mit der E-Bilanz übertragen, bereits den vorgesehenen XBRL-Instanzen zugeordnet sein müssen. Damit ist die XBRL-Zuordnung in die Berechtigungskonzepte zur Kontenänderung in den Unt mit aufzunehmen.

II. Methodisches Vorgehen

1. Ableitung des zu versteuernden Einkommens aus der Handelsbilanz

In der Praxis wurde bisher oft eine Gegenüberstellung der steuerrechtlichen und handelsrechtlichen Buchwerte mittels Tabellenkalkulation vorgenommen und die Differenz mit der Vj-Differenz verglichen. Dadurch werden sowohl **Vermögensunterschiede** als auch **Ergebnisunterschiede** zwischen HB und StB ermittelt. Der Ergebnisunterschied geht als Anpassungsbetrag nach § 5b Abs 1 S 2 EStG, § 60 Abs 2 EStDV in die Steuererklärung ein.

Die Summe aus handelsrechtlichem Jahresüberschuss und dem Ergebnisunterschied ergibt das Steuerbilanzergebnis.

Im nächsten Schritt sind **außerbilanzielle Korrekturen** für nicht abziehbare Betriebsausgaben, zB Ertragsteuern, bestimmte Bewirtungsaufwendungen, Geschenke, nicht abziehbare Zinsen nach Anwendung der Zinsschranke hinzuzurechnen und steuerfreie Erträge, zB Investitionszulagen, 95% der Gewinne aus der Veräußerung von Anteilen an KapGes abzuziehen.

2. Eigenständige Steuerbilanzbuchhaltung

245 Die StB kann einmal durch eine selbständige Buchhaltung erstellt werden. Dabei wird eine Parallelbuchhaltung installiert, so dass alle Geschäftsvorfälle zeitgleich nach Handels- und Steuerrecht unter Berücksichtigung der geltenden Normen und ausgeübten Wahlrechte gebucht werden. Möglich ist auch, ausgehend von der gebuchten HB, Anpassungen an die steuerrechtlichen Bewertungsvorschriften und Wahlrechte in einem separaten Kontenkreis zu buchen.

Insb wenn viele Abweichungen durch zwingende steuerrechtliche Ansatz- und Bewertungsvorschriften und abw ausgeübte Wahlrechte bestehen, ist eine eigenständige StB in einem integrierten System (**integrierte Steuerbuchführung**) empfehlenswert. Damit kann sichergestellt werden, dass Abweichungen vollständig erfasst werden und Ansatz und Bewertung auf den richtigen Ansatz- und Bewertungsgrundlagen beruhen. Je mehr Abweichungen vorliegen, die sich über mehrere Perioden verteilen (**Dauersachverhalte** im Anlagevermögen) oder je umfangreicher die umzurechnenden Sachverhalte sind (**Massensachverhalte** bei der WähUm, Anm 227, oder bei abw Verbrauchsfolgeverfahren, Anm 230), umso größer ist der Nutzen durch Verwendung einer ERP-Software für die Ermittlung steuerrechtlicher Werte.

246 Es besteht nur eine steuerrechtliche Ausweisvorschrift mit § 5 Abs 1a S 1 EStG, die ein steuerrechtliches Saldierungsverbot normiert.

247 Auch bei Aufstellung einer StB sind außerbilanzielle Korrekturen für nicht abziehbare Betriebsausgaben und steuerfreie Erträge in der Steuererklärung vorzunehmen. Wenn die erforderlichen Informationen für das gesonderte Verzeichnis nach § 5 Abs 1 S 3 EStG aus der Buchhaltung hervorgehen, ist die Führung des Verzeichnisses entbehrlich.

248 IZm der Einführung der E-Bilanz bietet es sich an, den Prozess der Erstellung der StB und der Steuererklärung im Unt **medienbruchfrei** zu organisieren, dh einmal erfasste Informationen nicht erneut händisch zu erfassen. Für die StB kann dieses durch die integrierte Steuerbuchführung erfolgen, während für die Steuerberechnung die Daten aus der Buchhaltung automatisch in die verwendeten Steuerberechnungsprogramme eingelesen werden können. Dadurch kann ggf auch der Erstellungsprozess der Steuerklärungen beschleunigt werden. Eine automatische Übernahme der Daten in die Steuerberechnung und -erklärung ist nur insoweit möglich, als diese Daten unmittelbar aus der Buchführung hervorgehen und nicht noch weitere steuerliche Berechnungen und Unterlagen erforderlich sind.

3. Konsequenzen für die Ermittlung latenter Steueransprüche und Steuerverpflichtungen

249 Durch die Notwendigkeit, latente Steuern mittels **Bilanzenvergleich** zu berechnen (§ 274 Abs 1 S 1), ist die StB zeitgleich mit der HB aufzustellen. Außerbilanzielle Korrekturen sind im Bilanzenvergleich nicht zu berücksichtigen. Um den Bilanzenvergleich im Rahmen der zeitlichen Restriktionen des JA-Erstellungsprozesses zu gewährleisten, ist eine verstärkte Automatisierung der Erstellung der StB sinnvoll. Eine fehlerhaft zu geringe Berechnung eines passiven Überhangs latenter Steuern hat Auswirkungen auf den handelsrechtlichen Jahresüberschuss und kann bei Vollausschüttung ggf Auswirkungen auf die Geschäftsführer-Haftung haben.

250 Voraussetzung für die Bilanzierung latenter Steuern ist die **Ermittlung von Vermögensunterschieden** zwischen HB und StB. Diese können mit Hilfe von Tabellenkalkulationsprogrammen ermittelt werden. Ergänzt werden muss die

Betrachtung um die steuerrechtliche Würdigung der Differenz, zB 95%ige Steuerfreiheit von Veräußerungsgewinnen aus Anteilen an KapGes, soweit nicht steuerrechtliche Sonderregelungen zB für einbringungsgeborene Anteile gelten. Je nach Umfang der Abweichungen kann eine manuelle Erstellung mit Tabellenkalkulationsprogrammen aufwändig und fehleranfällig sein. Hier können sich system- oder internetbasierte Programme anbieten, die HB und StB durch Übernahme aus dem Buchhaltungssystem vergleichen, einen automatischen Jahreswechsel, eine Festlegung temporärer und permanenter Differenzen und insb auch die Fortschreibung bestehender Differenzen ermöglichen. Voraussetzung ist eine korrekte Zuordnung von Posten der HB zu den Posten der StB (sog Mapping, vgl *Loitz* DB 2009, 920). IZm der Einführung der E-Bilanz, vgl Anm 248, kann auch ein medienbruchfreier **Prozess zur Ermittlung latenter Steuern** im JA aufgesetzt werden, in dem auf die E-Bilanz für die steuerrechtlichen Wertansätze zurückgegriffen und diese den handelsbilanziellen Wertansätzen ggü gestellt wird.

§ 274a Größenabhängige Erleichterungen

Kleine Kapitalgesellschaften sind von der Anwendung der folgenden Vorschriften befreit:
1. **§ 268 Abs. 2 über die Aufstellung eines Anlagengitters,**
2. **§ 268 Abs. 4 Satz 2 über die Pflicht zur Erläuterung bestimmter Forderungen im Anhang,**
3. **§ 268 Abs. 5 Satz 3 über die Erläuterung bestimmter Verbindlichkeiten im Anhang,**
4. **§ 268 Abs. 6 über den Rechnungsabgrenzungsposten nach § 250 Abs. 3,**
5. **§ 274 über die Abgrenzung latenter Steuern.**

Schrifttum: *Schulze-Osterloh* Ausgewählte Änderungen des Jahresabschlusses nach dem Referentenentwurf eines Bilanzrechtsmodernisierungsgesetzes, DStR 2008, 63; *Wendholt/ Wesemann* Zur Umsetzung der HGB-Modernisierung durch das BilMoG: Bilanzierung von latenten Steuern im Einzel- und Konzernabschluss, DB 2009, Beilage zu Heft 23, 64; *Oser/Roß/Wader/Drögemüller* Änderungen des Bilanzrechts durch das Bilanzrechtsmodernisierungsgesetz (BilMoG), WPg 2009, 573; *Kühne/Melcher/Wesemann* Latente Steuern nach BilMoG – Grundlagen und Zweifelsfragen WPg 2009; 1005; *Petersen* Anwendungsfragen der Steuerabgrenzung im Jahresabschluss, WPg 2011, 255; *Müller* Rückstellungen für passive Steuerlatenzen gemäß § 249 Abs 1 Satz 1 HGB, DStR 2011, 1046. S auch das Schrifttum zu den in Bezug genommenen Vorschriften; *Müller/Kreipl* Passive latente Steuern und kleine Kapitalgesellschaften, DB 2011, 1701; *Küting/Eichenlaub* Verabschiedung des MicroBilG – Der „vereinfachte" Jahresabschluss für Kleinstkapitalgesellschaften, DStR 2012, 2615 ff; *Fey/Deubert/Lewe/Roland* Erleichterungen nach dem MicroBilG – Einzelfragen zur Anwendung der neuen Vorschriften, BB 2013, 107 ff.

Standards: IDW RS HFA 7 (Stand: 6.2.2012) Handelsrechtliche Rechnungslegung bei Personenhandelsgesellschaften.

Übersicht

	Anm
A. Allgemeines	1
B. Die Erleichterungen im Einzelnen	
I. Anlagengitter (Nr 1)	2
II. Erläuterungen rechtlich noch nicht entstandener Forderungen (Nr 2)	3
III. Erläuterungen rechtlich noch nicht entstandener Verbindlichkeiten (Nr 3)	4

	Anm
IV. Ausweis oder Angabe des Unterschiedsbetrags nach § 250 Abs 3 (Nr 4)	5
V. Anwendung der Vorschriften über die Abgrenzung latenter Steuern nach § 274 (Nr 5)	6, 7

A. Allgemeines

1 Diese Vorschrift regelt neben weiteren Vorschriften Erleichterungen für die **kleine KapGes/KapCoGes** (§ 267 Abs 1) bei der Aufstellung ihres JA. Es handelt sich um Befreiungen von gesonderten Ausweisen in der Bilanz oder entspr Erl im Anhang. Ferner werden diese Ges von der Anwendung der Vorschriften über die Steuerabgrenzung befreit. § 274a ergänzt und erweitert die größenabhängigen Erleichterungen für kleine KapGes/KapCoGes gem §§ 264 Abs 1 S 4, 266 Abs 1 S 3, 276, 288 Abs 1.

Kleine KapGes/KapCoGes haben das Wahlrecht, von den Erleichterungen Gebrauch zu machen; das gilt für jede einzelne Vorschrift. Werden gem § 274a Angaben gem Anm 2 ff weggelassen, ist **Ausweis-Stetigkeit bzw in Bezug auf die Abgrenzung latenter Steuern auch Ansatz-Stetigkeit** zu wahren (§§ 246 Abs 2, 265 Abs 1), solange die KapGes/KapCoGes die Grenzwerte gem § 267 Abs 1 nicht überschreitet. Kleine AG können die Erleichterungen des § 274a auch bei dem gem § 131 Abs 1 S 3 AktG zur Vorlage in der HV vorgesehenen JA in Anspruch nehmen, solange diese aktienrechtliche Vorschrift nicht angepasst wird. Die Erleichterungen gem § 274a gelten auch für die Vj-Vergleichszahlen gem § 265 Abs 2. Die Erleichterungen entfallen, sobald eine KapGes/KapCoGes iSv § 267 als mittelgroß oder groß einzustufen ist – einschl der Vj-Vergleichszahlen.

KleinstKapGes/KleinstKapCoGes sind Teil der Gruppe der kleinen KapGes/KapCoGes und können damit auch die Erleichterungen des § 274a in Anpruch nehmen (vgl Ausführungen bei § 267a; *Küting/Eichenlaub* DStR 2012, 2615; *Fey/Deubert/Lewe/Roland* BB 2013, 108).

Kreditinstitute und VersicherungsUnt dürfen § 274a nicht anwenden, da sie stets wie große KapGes bilanzieren müssen (§§ 340a Abs 1, 341a Abs 1), das gilt auch für Unt, die unter das PublG fallen. Gleiches gilt auch für UntBetGesellschaften iSv § 1a UBGG in der Rechtsform der KapGes (§ 8 Abs 1 S 1 UBGG) und Kapitalanlagegesellschaften iSv § 6 InvG (§ 19d InvG iVm § 340a Abs 2)

B. Die Erleichterungen im Einzelnen

I. Anlagengitter (Nr 1)

2 Die nach § 268 Abs 2 (dort Anm 10 ff) für die Bilanz oder den Anhang vorgeschriebene Darstellung des Anlagengitters nach dem Bruttoprinzip brauchen kleine KapGes/KapCoGes nicht zu geben. Da zum Anlagengitter die Angabe der Abschreibungen des Gj gehören, dürfen kleine KapGes/KapCoGes auch diese Angabe weglassen (wie hier *Dyck/Prokein* in HdR[5] § 274a Anm 2). Wird eine kleine KapGes/KapCoGes mittelgroß oder groß (Anm 1), ist das Anlagengitter wieder zu erstellen; allerdings dürfen dabei in entspr Anwendung von Art 24 Abs 6 EGHGB (für KapGes) und Art 48 Abs 5 EGHGB (für KapCoGes) die Buchwerte dieser VG aus dem JA des vorhergehenden Gj als ursprüngliche AK/HK übernommen werden, sofern die Ermittlung der AK/HK nicht ohne unverhältnismäßige Kosten oder Verzögerungen möglich ist. Von der Regelung darf jedoch kein Gebrauch gemacht werden, soweit die AK/HK aus Gründen des Steuerrechts ermittelt werden müssen.

II. Erläuterungen rechtlich noch nicht entstandener Forderungen (Nr 2)

In § 268 Abs 4 S 2 ist vorgeschrieben, dass Forderungen, die rechtlich erst nach dem Abschlussstichtag entstehen, einen größeren Umfang haben und unter den „sonstigen Vermögensgegenständen" ausgewiesen werden, im Anhang zu erläutern sind (dort Anm 95). Kleine KapGes/KapCoGes sind von dieser ErlPflicht befreit, unabhängig vom Umfang dieses Postens. 3

III. Erläuterungen rechtlich noch nicht entstandener Verbindlichkeiten (Nr 3)

Gemäß § 268 Abs 5 S 3 (dort Anm 107) sind innerhalb der Bilanzgruppe „Verbindlichkeiten" ausgewiesene Beträge für erst nach dem Abschlussstichtag rechtlich entstehende Verbindlichkeiten im Anhang zu erläutern, sofern sie einen größeren Umfang haben. Von dieser – seltenen – ErlPflicht sind kleine KapGes/ KapCoGes ebenfalls befreit, unabhängig vom Umfang dieses Postens. 4

IV. Ausweis oder Angabe des Unterschiedsbetrags nach § 250 Abs 3 (Nr 4)

Der nach § 268 Abs 6 (dort Anm 110) für ein aktiviertes Disagio vorgeschriebene gesonderte Ausweis in der Bilanz oder die Angabe im Anhang entfällt für kleine KapGes/KapCoGes. Damit ist seine Behandlung gemäß § 250 Abs 3 wie beim Ekfm und bei reinen PersGes zulässig. 5

V. Anwendung der Vorschriften über die Abgrenzung latenter Steuern nach § 274 (Nr 5)

Wird diese Befreiungsvorschrift in Anspruch genommen, braucht die kleine Ges keine latenten Steuern nach § 274 zu ermitteln, und es entfällt damit auch ein entspr Ausweis eines aktiven Saldos latenter Steuern unter § 266 Abs 2 D oder eines passiven Saldos latenter Steuern unter § 266 Abs 3 E. Ferner entfallen die Erl nach § 285 Nr 29 (dort Anm 479). 6
Gleichwohl befreit die Vorschrift kleine KapGes/KapCoGes nicht von der Ermittlung solcher passiver latenter Steuern, die gleichzeitig die Tatbestandsvoraussetzungen für den Ansatz einer Rückstellung für ungewisse Verbindlichkeiten gem § 249 Abs 1 S 1 erfüllen (Begr RegE BilMoG, 150; bereits zum RefE BilMoG *Schulze-Osterloh* DStR 2008, 68; IDW RS HFA 7 Tz 26; *WPH*[4] I, E Anm 281; aA *Müller* DStR 2011, 1049). Das ist immer dann der Fall, wenn die wirtschaftliche oder rechtliche Verursachung im abgelaufenen Gj künftig zur Entrichtung von Steuern führen wird. Solche passiven latenten Steuern sind dem-

entspr gesondert unter den Rückstellungen oder – soweit ausgewiesen – unter den Steuerrückstellungen mit Davon-Vermerk (*WPH*[14] I, E Anm 286; IDW RS HFA 7 Tz 28) auszuweisen (§ 266 Abs 3 B. 2) und grundsätzlich nach § 274 Abs 2 S 1 (wie hier *Dyck/Prokein* in HdR[5] § 274a Anm 6; *Petersen* WPg 2011, 259; IDW RS HFA 7 Tz 27) zu bewerten. Gleichwohl ist es nicht zu beanstanden, wenn eine Abzinsung der Rückstellungen iS des Rechtsgedankens des § 274 Abs 2 S 1 unterbleibt (IDW RS HFA 7 Tz 27). Die Verursachung im abgelaufenen Gj ist zumindest für quasi-permanente Differenzen (s § 274 Anm 13) nicht gegeben (Begr RegE BilMoG, 148; *Petersen* WPg 2011, 259; IDW RS HFA 7 Tz 26).

7   Eine Steuerrückstellung nach § 249 Abs 1 ist immer dann zu bilden, wenn der Besteuerungstatbestand in der HB verwirklicht ist. Das ist zB bei den Voraussetzungen für eine Rücklage nach § 6b EStG (Gewinn aus der Veräußerung bestimmter Anlagegüter) oder nach EStR 35 für Ersatzbeschaffung der Fall; nach Wegfall der umgekehrten Maßgeblichkeit durch das BilMoG dürfen diese Rücklagen nur in der StB gebildet werden. Sie erfüllen damit zwar den Tatbestand des § 274 Abs 1 S 1 gleichzeitig aber auch den Besteuerungstatbestand durch die Realisierung eines Gewinns in der HB, für den die Steuerzahlungen nach abw steuerrechtlichen Vorschriften in die Zukunft verlagert werden. Bei der späteren Übertragung der Rücklagen auf entspr Anlagegüter, die nur in der StB zu erfolgen hat, gilt nichts anderes. Verfügt die kleine Ges gleichzeitig über Differenzposten und/oder Verlustvorträge, die zwangsläufig in absehbarer Zeit zu einer Steuerentlastung führen (aktive latente Steuern), die den Rückstellungsbetrag im Rahmen der Gesamtdifferenzenbetrachtung des § 274 Abs 1 mindern, ausgleichen oder übersteigen, sind diese rückstellungsmindernd zu berücksichtigen (*Wendholt/Wesemann* DB 2009, Beilage zu Heft 23, 72; *Oser/Roß/Wader/Drögemüller* WPg 2009, 581; IDW RS HFA 7 Tz 27). Passivierungspflichtig ist in diesem Zusammenhang nur ein Passivüberhang; ein Aktivüberhang ist nur bei Anwendung des § 274 als Sonderposten eigener Art aktivierungsfähig, da ihm die VG-Eigenschaft fehlt (vgl *Kühne/Melcher/Wesemann* WPg 2009, 1061). Die Anwendung der Nr 5 ist deshalb in jedem Einzelfall auf ihre Ergebnisfolgen zu untersuchen. Der Gesetzeszweck der Bilanzierungserleichterung ist damit nicht vollständig erreicht.

Dritter Titel. Gewinn- und Verlustrechnung

§ 275 Gliederung

(1) [1]Die Gewinn- und Verlustrechnung ist in Staffelform nach dem Gesamtkostenverfahren oder dem Umsatzkostenverfahren aufzustellen. [2]Dabei sind die in Absatz 2 oder 3 bezeichneten Posten in der angegebenen Reihenfolge gesondert auszuweisen.

(2) Bei Anwendung des Gesamtkostenverfahrens sind auszuweisen:
1. Umsatzerlöse
2. Erhöhung oder Verminderung des Bestands an fertigen und unfertigen Erzeugnissen
3. andere aktivierte Eigenleistungen
4. sonstige betriebliche Erträge
5. Materialaufwand:
    a) Aufwendungen für Roh-, Hilfs- und Betriebsstoffe und für bezogene Waren

Gliederung § 275

b) Aufwendungen für bezogene Leistungen
6. Personalaufwand:
   a) Löhne und Gehälter
   b) soziale Abgaben und Aufwendungen für Altersversorgung und für Unterstützung,
   davon für Altersversorgung
7. Abschreibungen:
   a) auf immaterielle Vermögensgegenstände des Anlagevermögens und Sachanlagen
   b) auf Vermögensgegenstände des Umlaufvermögens, soweit diese die in der Kapitalgesellschaft üblichen Abschreibungen überschreiten
8. sonstige betriebliche Aufwendungen
9. Erträge aus Beteiligungen,
   davon aus verbundenen Unternehmen
10. Erträge aus anderen Wertpapieren und Ausleihungen des Finanzanlagevermögens,
    davon aus verbundenen Unternehmen
11. sonstige Zinsen und ähnliche Erträge,
    davon aus verbundenen Unternehmen
12. Abschreibungen auf Finanzanlagen und auf Wertpapiere des Umlaufvermögens
13. Zinsen und ähnliche Aufwendungen,
    davon an verbundene Unternehmen
14. Ergebnis der gewöhnlichen Geschäftstätigkeit
15. außerordentliche Erträge
16. außerordentliche Aufwendungen
17. außerordentliches Ergebnis
18. Steuern vom Einkommen und vom Ertrag
19. sonstige Steuern
20. Jahresüberschuß/Jahresfehlbetrag.

(3) Bei Anwendung des Umsatzkostenverfahrens sind auszuweisen:

1. Umsatzerlöse
2. Herstellungskosten der zur Erzielung der Umsatzerlöse erbrachten Leistungen
3. Bruttoergebnis vom Umsatz
4. Vertriebskosten
5. allgemeine Verwaltungskosten
6. sonstige betriebliche Erträge
7. sonstige betriebliche Aufwendungen
8. Erträge aus Beteiligungen,
   davon aus verbundenen Unternehmen
9. Erträge aus anderen Wertpapieren und Ausleihungen des Finanzanlagevermögens,
   davon aus verbundenen Unternehmen
10. sonstige Zinsen und ähnliche Erträge,
    davon aus verbundenen Unternehmen
11. Abschreibungen auf Finanzanlagen und auf Wertpapiere des Umlaufvermögens
12. Zinsen und ähnliche Aufwendungen,
    davon an verbundene Unternehmen
13. Ergebnis der gewöhnlichen Geschäftstätigkeit
14. außerordentliche Erträge
15. außerordentliche Aufwendungen
16. außerordentliches Ergebnis
17. Steuern vom Einkommen und vom Ertrag

§ 275

18. sonstige Steuern
19. Jahresüberschuß/Jahresfehlbetrag.

(4) Veränderungen der Kapital- und Gewinnrücklagen dürfen in der Gewinn- und Verlustrechnung erst nach dem Posten „Jahresüberschuß/Jahresfehlbetrag" ausgewiesen werden.

(5) Kleinstkapitalgesellschaften (§ 267a) können anstelle der Staffelungen nach den Absätzen 2 und 3 die Gewinn- und Verlustrechnung wie folgt darstellen:
1. Umsatzerlöse,
2. sonstige Erträge,
3. Materialaufwand,
4. Personalaufwand,
5. Abschreibungen,
6. sonstige Aufwendungen,
7. Steuern,
8. Jahresüberschuss/Jahresfehlbetrag.

Übersicht

	Anm
A. Vorbemerkung	1, 2
B. Inhalt und Form der Gewinn- und Verlustrechnung	
I. Inhalt der Gewinn- und Verlustrechnung	7–10
II. Gliederung der Gewinn- und Verlustrechnung	
1. Gewinn- und Verlustrechnung in Staffelform	11
2. Gebot einer Mindestgliederung	13
3. Zulässigkeit einer weitergehenden oder abweichenden Gliederung	15–23
III. Gesamtkosten- und Umsatzkostenverfahren (Abs 1)	26–38
IV. Möglichkeiten einer Erfolgsspaltung	40–44
C. Inhalt der einzelnen Posten der Gewinn- und Verlustrechnung	
I. Gesamtkostenverfahren (Abs 2)	
1. Umsatzerlöse (Nr 1)	
a) Allgemeines	45, 46
b) Begriff der Umsatzerlöse (§ 277 Abs 1)	47–53
c) Abgrenzung der Umsatzerlöse in Einzelfällen	54, 55
d) Besonderheiten bei Arbeitsgemeinschaften	56–58
e) Abzug von Erlösschmälerungen	62–68
2. Erhöhung oder Verminderung des Bestands an fertigen und unfertigen Erzeugnissen (Nr 2 und § 277 Abs 2)	75–79
3. Andere aktivierte Eigenleistungen (Nr 3)	80–82
4. Sonstige betriebliche Erträge (Nr 4)	90–112
5. Materialaufwand (Nr 5)	115–123
6. Personalaufwand (Nr 6)	125–138
7. Abschreibungen (Nr 7)	140–150
8. Sonstige betriebliche Aufwendungen (Nr 8)	155–173
9. Erträge aus Beteiligungen, davon aus verbundenen Unternehmen (Nr 9/Nr 8)	175–180
10. Erträge aus anderen Wertpapieren und Ausleihungen des Finanzanlagevermögens, davon aus verbundenen Unternehmen (Nr 10/Nr 9)	185–188
11. Sonstige Zinsen und ähnliche Erträge, davon aus verbundenen Unternehmen (Nr 11/Nr 10)	190–194

	Anm
12. Abschreibungen auf Finanzanlagen und Wertpapiere des Umlaufvermögens (Nr 12/Nr 11)	200–203
13. Zinsen und ähnliche Aufwendungen, davon an verbundene Unternehmen (Nr 13/Nr 12)	204–211
14. Ergebnis der gewöhnlichen Geschäftstätigkeit (Nr 14/Nr 13)	213, 214
15. Außerordentliche Erträge und Aufwendungen (Nr 15/Nr 14 und Nr 16/Nr 15; § 277 Abs 4)	
a) Allgemeines	215
b) Allgemeine Definition des außerordentlichen Charakters gemäß § 277 Abs 4	217–221
c) Beispiele	222, 223
d) Erläuterungspflicht im Anhang	224–227
16. Außerordentliches Ergebnis (Nr 17/Nr 16)	230
17. Steuern (Nr 18/Nr 17 und Nr 19/Nr 18)	
a) Begriff	235–237
b) Steuern vom Einkommen und vom Ertrag (Nr 18/Nr 17)	238–245
c) Sonstige Steuern (Nr 19/Nr 18)	246–249
d) Saldierter Steuerausweis	253, 254
e) Steuerausweis bei Organschaft	255–260
18. Jahresüberschuss/Jahresfehlbetrag (Nr 20/Nr 19)	261–263
II. Umsatzkostenverfahren (Abs 3)	265
1. Herstellungskosten der zur Erzielung der Umsatzerlöse erbrachten Leistungen (Nr 2)	266–268
a) Gleicher Umfang der Herstellungskosten	269
b) Abweichender Umfang der Herstellungskosten	270, 271
c) Posteninhalt	273–277
2. Bruttoergebnis vom Umsatz (Nr 3)	280
3. Vertriebskosten (Nr 4)	281–286
4. Allgemeine Verwaltungskosten (Nr 5)	290–292
5. Sonstige betriebliche Erträge (Nr 6)	300–302
6. Sonstige betriebliche Aufwendungen (Nr 7)	305–307
7. Zinsen und ähnliche Aufwendungen (Nr 12)	308
8. Sonstige Steuern (Nr 18)	309

D. Ausweis der Veränderungen der Kapital- und Gewinnrücklagen (Abs 4)

I. Grundlagen	310–312
II. Rücklagenveränderung bei Organschaft mit Ergebnisabführungsvertrag	
1. Einstellung in Gewinnrücklagen	313
2. Entnahmen aus Gewinnrücklagen	314–316

E. Vereinfachungen für Kleinstkapitalgesellschaften (Abs 5) 317–320

F. Publizitätsgesetz 324–326

G. Rechtsfolgen einer Verletzung des § 275 327–329

H. Abweichungen der IFRS

I. Anforderungen an die Darstellung der Ertragslage nach IFRS	330–334
II. Ermittlung des (Konzern-)Periodenergebnisses nach dem Gesamtkosten- oder Umsatzkostenverfahren *(Statement of profit or loss)*	
1. Umsatzerlöse *(Revenues)*	335, 336

§ 275 Gewinn- und Verlustrechnung

	Anm
2. Die zur Erstellung der betrieblichen Leistung angefallenen Aufwendungen und Erträge *(Cost of sales / Changes in inventories and work in progress)*	337–340
3. Sonstige betriebliche Erträge und sonstige betriebliche Aufwendungen *(Other operating income / Other operating expenses)*	341
4. Sonstige Gewinne und sonstige Verluste *(Gains / Losses)*	342–344
5. Materialaufwand, Personalaufwand und Abschreibungen nach dem Gesamtkostenverfahren sowie Funktionskosten nach dem Umsatzkostenverfahren	345, 346
6. Betriebsergebnis *(Operating income)*	347
7. Finanzierungsaufwendungen / Finanzierungserträge (netto) *(Finance costs / Finance income)*	348–350
8. Ergebnisse von im KA nach der Equity-Methode einbezogenen Beteiligungen *(Share of profit / loss of associates)*	351
9. Außerordentliches Ergebnis	352
10. Steuern vom Einkommen und vom Ertrag *(Income tax expenses)*	353, 354
11. Ergebnis aus fortgesetzter Geschäftstätigkeit *(Profit / loss from continuing operations)*	355
12. Ergebnis aus aufgegebenen Geschäftsbereichen *(Profit / loss from discontinued operations)*	356–361
13. (Konzern-)Periodenergebnis *(Profit / loss)*	362
14. Beispielhafte Darstellung einer Konzern-GuV nach dem Umsatzkostenverfahren *(Statement of profit or loss with classification by function)*	363
III. Ermittlung des sonstigen (Konzern-)Periodenergebnisses *(Other comprehensive income)*	365
1. Sonstige Ergebniskomponenten *(Items of other comprehensive income)*	366
2. Umklassifizierungen *(Reclassification adjustments)*	367–369
3. Ertragsteuern *(Tax expenses)*	370
4. Beispielhafte Darstellung einer (Konzern-)Gesamtergebnisrechnung *(Statement of comprehensive income)*	371
IV. Änderung von Bilanzierungs- und Bewertungsmethoden, Änderung von Bilanzierungs- und Bewertungsannahmen, Korrektur von Bilanzierungs- und Bewertungsfehlern	375–383
V. Gewinn je Aktie *(Earnings per Share)*	
1. Allgemeines	385
2. Ermittlung der EPS	386–390
3. Konzeptionelle Unterschiede zur EPS nach DVFA/SG	391

Schrifttum: *Selchert* Herstellungskosten im Umsatzkostenverfahren DB 1986, 2397; *Baetge/Stibi* Die Gewinn- und Verlustrechnung, I. Grundlagen und Gesamtkostenverfahren BuW 1992, 273; *Baetge/Herrmann* Die Gewinn- und Verlustrechnung, II. Umsatzkostenverfahren und Verfahrensvergleich BuW 1992, 373; *Rogler* Vermittelt das Umsatzkostenverfahren ein besseres Bild der Ertragslage als das Gesamtkostenverfahren? DB 1992, 749; *Rogler* Herstellungskosten beim Umsatzkostenverfahren BB 1992, 1459; *HFA 1/1994* Zur Behandlung von Genussrechten im Jahresabschluss von Kapitalgesellschaften WPg 1994, 419 (Ergänzung WPg 1998, 891); *Marx* „Außerordentliche Erträge" und „außerordentliche Aufwendungen" iS der §§ 275 Abs 2 Nr 15 und 16, 227 Abs 4 HGB WPg 1995, 476; *HFA 2/1996* Zur Bilanzierung privater Zuschüsse WPg 1996, 709; *Weismüller/Kürten* Bilanzielle Behandlung von Zinsen aus Pensionsverpflichtungen in der Praxis WPg 1996,

721; *Küting* Die handelsbilanzielle Erfolgsspaltungs-Konzeption auf dem Prüfstand WPg 1997, 693; *Neumann* Gesamtkosten- versus Umsatzkostenverfahren bei der Aufstellung der Gewinn- und Verlustrechnung BuW 1997, 681; *Fischer* Zur Diskussion um das Umsatzkostenverfahren: Grundsatzfragen und praktische Umsetzung in FS Baetge, 333; *Schruff* Zum Ausweis des Zinsanteils bei der Zuführung zur Pensionsrückstellung in FS Baetge, 401; *Brakensiek/Hütten* Gliederung von Bilanz und GuV in einem befreienden Konzernabschluss BB 1999, 1108; *Müller* Ausschüttungen aus der Kapitalrücklage: Beteiligungsabgang oder Ertrag aus Beteiligung? DB 2000, 533; *Streim* Die Vermittlung von entscheidungsnützlichen Informationen durch Bilanz und GuV – Ein nicht lösbares Versprechen der internationalen Standardsetter BFuP 2000, 111; *Lind/Faulmann* Die Bilanzierung von Eigenkapitalbeschaffungskosten nach IAS, US-GAAP und HGB DB 2001, 601; *Rödder/Simon* Folgen der Änderung der gewerbesteuerlichen Organschaftsvoraussetzungen für die steuerrechtliche Beurteilung von Steuerumlagen im Konzern DB 2002, 496; *Groh* Verluste in der stillen Gesellschaft DB 2004, 668; *Küting/Kessler/Gattung* Die Gewinn- und Verlustrechnung nach HGB und IFRS KoR 2005, 15; *Coenenberg/Deffner/Schultze* Erfolgsspaltung im Rahmen der erfolgswirtschaftlichen Analyse von IFRS-Abschlüssen KoR 2005, 435; *dieselben* Konzeption der Gewinn- und Verlustrechnung nach HGB und IFRS StuB 2006, 651; *Walter* Bilanzierung von Aktienoptionsplänen in handels- und Steuerbilanz: einheitliche Behandlung unabhängig von der Art der Unterlegung DStR 2006, 1101; *Hasenburg/Dräxler* Die geplanten Änderungen zur Darstellung von IFRS-Abschlüssen KoR 2006, 289; *Ernsting* Auswirkungen des SEStEG auf die Bilanzierung von Körperschaftsteuerguthaben in Jahresabschlüssen nach HGB und IFRS DB 2007, 180; IDW RS HFA 6 Änderung von Jahres- und Konzernabschlüssen FN-IDW 2007, 265; *Dahlke* Bilanzierung latenter Steuern bei Organschaften nach dem BilMoG BB 2009, 878; IDW RS HFA 28 Übergangsregelungen des Bilanzrechtsmodernisierungsgesetzes FN-IDW 2009, 642; IDW RS HFA 21 Besonderheiten der Rechnungslegung Spenden sammelnder Organisationen FN-IDW 2010, 201; IDW RH HFA 1.017 Einzelfragen zur Behandlung der Umsatzsteuer im handelsrechtlichen Jahresabschluss, FN-IDW 2011, 564; IDW RS HFA 30 Handelsrechtliche Bilanzierung von Altersversorgungsverpflichtungen FN-IDW 2011, 545; IDW RS HFA 35 Handelsrechtliche Bilanzierung von Bewertungseinheiten FN-IDW 2011, 445; *Schindler* Bilanzierung von latenten Steuern bei Umlageverträgen im Rahmen von Organschaftsverhältnissen nach dem BilMoG BFuP 2011, 329; *Zwirner/Künkele/Froschhammer* Angaben zur Fremdwährungsumrechnung nach BilMoG BB 2011, 1323; IDW RS HFA 38 Ansatz- und Bewertungsstetigkeit im handelsrechtlichen Jahresabschluss FN-IDW 2011, 560; IDW RS HFA 18 Bilanzierung von Anteilen an Personenhandelsgesellschaften im handelsrechtlichen Jahresabschluss, FN-IDW 2012, 24; IDW RS HFA 7 Handelsrechtliche Rechnungslegung bei Personenhandelsgesellschaften FN-IDW 2012, 189; IDW RS HFA 42 Auswirkungen einer Verschmelzung auf den handelsrechtlichen Jahresabschluss FN-IDW 2012, 701; IDW RS HFA 34 Einzelfragen zur handelsrechtlichen Bilanzierung von Verbindlichkeitsrückstellungen FN-IDW 2013, 53; IDW RS HFA 3 Handelsrechtliche Bilanzierung von Verpflichtungen aus Altersteilzeitregelungen FN-IDW 2013, 309; *Fey/Deubert/Lewe/Roland* Erleichterungen nach dem MicroBilG – Einzelfragen zur Anwendung der neuen Vorschriften, BB 2013, 107; *Bömelburg/Rägle/Gahm* Aufwendungen für Zeitarbeitskräfte in der GuV – betriebswirtschaftliche Analyse einer nicht mehr zeitgemäßen Systematik DB 2013, 765.

A. Vorbemerkung

§ 264 Abs 1 definiert den JA von KapGes und KapCoGes (vgl zur Abgrenzung § 264a Anm 10 ff) als Einheit, bestehend aus Bilanz, GuV und Anhang. Damit wird eine beabsichtigte Gleichrangigkeit der einzelnen Bestandteile des JA für die Erfüllung der gesetzlichen Rechnungslegungsziele zum Ausdruck gebracht. **1**

Die Gliederungsschemata des § 275 folgen in der Postenvorgabe den Gliederungen nach Art 23 und 25 der 4. EG-Richtl, wobei die Postenbezeichnungen zT geringfügig geändert wurden. Die GuV ist zwingend in Staffelform (Anm 11) aufzustellen. Die Gliederung kann nach dem Gesamtkostenverfahren (Anm 45 ff) oder nach dem Umsatzkostenverfahren (Anm 265 ff) vorgenommen werden. **2**

B. Inhalt und Form der Gewinn- und Verlustrechnung

I. Inhalt der Gewinn- und Verlustrechnung

7 Die GuV hat die Funktion, die Entstehung des Jahresergebnisses *(Gewinnermittlungsfunktion)* aus den einzelnen Erfolgsquellen zu zeigen, um einen Einblick in die Ertragslage des Unt zu ermöglichen *(Informationsfunktion)*. Sie ermittelt das Ergebnis des abgelaufenen Gj durch Gegenüberstellung der Aufwendungen und Erträge des Gj (§ 242 Abs 2). Zur Abgrenzung und zum Inhalt der Begriffe Aufwendungen und Erträge § 247 Anm 610 ff.

8 In der GuV sind sämtliche Aufwendungen und Erträge grds vollständig *(Vollständigkeitsgebot)* und unsaldiert *(Verrechnungsverbot)* auszuweisen (§ 246 Abs 1 S 1, Abs 2 S 1), soweit das HGB nichts anderes bestimmt. Auf den Zeitpunkt der Zahlung kommt es nicht an (§ 252 Abs 1 Nr 5). Bei Anwendung des Umsatzkostenverfahrens werden zulässigerweise nicht sämtliche im Gj angefallenen Aufwendungen und Erträge in der GuV ausgewiesen. Eine **Ausnahme vom Vollständigkeitsgebot** in der GuV besteht auch im Falle des zusätzlichen Aufwands im Rahmen des Gewinnverwendungsbeschlusses (§ 174 Abs 2 AktG); s Anm 312. Handelt ein Unt auf fremde Rechnung, wird die GuV hierdurch mit Ausnahme von Provisionserträgen oä nicht berührt (zum Vermittlungs- und Kommissionsgeschäft s Anm 55; vgl ADS[6] § 246 Anm 298, 300).

9 Für den Bereich der GuV ergeben sich **Ausnahmen vom Verrechnungsverbot** aufgrund
- gesetzlicher Vorschriften (§ 246 Abs 2 S 2. Hs, § 277 Abs 1),
- von Erleichterungen (§ 276 S 1: kleine und mittelgroße Ges dürfen die Posten Abs 2 Nr 1 bis 5 oder Abs 3 Nr 1 bis 3, 6 zum Rohergebnis zusammenfassen),
- des Sinns und Zwecks (insb Zusammenfassung der Steueraufwendungen mit -erstattungen (Anm 254), Erfassung des Saldos von Bestandsveränderungen (Anm 78), Zusammenfassung von Aufwendungen und Erträgen aus dem Abgang einer Sachgesamtheit (Anm 95)).

10 Der Geltungsbereich der §§ 275 bis 277 erstreckt sich auf AG, KGaA, GmbH, SE und KapCoGes mit (Register-)Sitz im Inland. Ausnahmen bestehen für diejenigen KapGes/KapCoGes, für die gem § 330 besondere **Formblätter** vorgeschrieben sind und für die § 276 nicht gilt. So haben bspw **Kreditinstitute** gem § 340a Abs 2 anstelle von § 275 die durch Rechtsverordnung erlassenen Formblätter und andere Vorschriften anzuwenden. Gleiches gilt für **Versicherungsunternehmen** (§ 341a Abs 2). Daneben gilt § 277 Abs 1, 2, 3 S 1 nicht für Kreditinstitute; für VersicherungsUnt sind die Abs 1 und 2 des § 277 nicht anzuwenden.

Genossenschaften haben gem § 336 die §§ 275 bis 277 auf den JA entspr anzuwenden; für § 277 Abs 3 S 1 besteht ein Wahlrecht.

Zum Anwendungsbereich der §§ 275 bis 277 für **EkfI** und *reine* **PersGes**, dh PersGes, die nicht unter § 264a fallen, s § 247 Anm 600 ff sowie für Unt, die dem PublG unterliegen, Anm 324.

II. Gliederung der Gewinn- und Verlustrechnung

1. Gewinn- und Verlustrechnung in Staffelform

11 Für die GuV gelten die allgemeinen Gliederungsgrundsätze des § 265 Abs 1, 2, 4 bis 8. Abs 1 schreibt für die GuV-Gliederung von KapGes/KapCoGes zwingend die **Staffelform** vor. Die Staffelform steht unter dem grds Vorbehalt, dass

Besonderheiten der KapGes/KapCoGes keine abw Gliederung bedingen. In Ausnahmefällen könnte daher möglicherweise auch eine Gliederung in **Kontoform** gerechtfertigt oder gar erforderlich sein, zB bei Formblättern gem § 330.

2. Gebot einer Mindestgliederung

Die Notwendigkeit einer Mindestgliederung der GuV ergibt sich bereits aus der Generalnorm für den JA (§ 264 Abs 2). Abs 1 stellt daher für KapGes/KapCoGes lediglich klar, dass die einzelnen GuV-Posten gesondert und in der angegebenen Reihenfolge auszuweisen sind. Die Gliederungsschemata der Abs 2 und 3 sind als Mindestgliederungen grds von allen großen KapGes/KapCoGes anzuwenden. Nur wenn andere Gliederungen vorgeschrieben sind (gem § 330, zB für Kreditinstitute, VersicherungsUnt) oder wenn Erleichterungen bestehen (§ 276), darf hiervon abgewichen werden. 13

3. Zulässigkeit einer weitergehenden oder abweichenden Gliederung

Das gesetzliche Gliederungsschema ist in erster Linie auf Produktions- und HandelsUnt abgestellt und kann deshalb den Besonderheiten anderer Geschäftszweige in vielen Fällen nicht in ausreichendem Maße Rechnung tragen (Anm 16). Die **Gliederung und Bezeichnung** der mit arabischen Zahlen versehenen Posten der GuV sind zu **ändern**, „wenn dies wegen Besonderheiten der Kapitalgesellschaft zur Aufstellung eines klaren und übersichtlichen Jahresabschlusses erforderlich ist" (§ 265 Abs 6). Damit bleibt die Grundstruktur – das Gerüst – der GuV verbindlich, während die Aufteilung im Einzelnen (Bezeichnung der Posten und Reihenfolge innerhalb der Grundstruktur) individuellen Charakter aufweisen kann. Die GuV ist somit uU an spezifische Besonderheiten **des bilanzierenden Unternehmens** anzupassen. Hierdurch soll eine untspezifische Aussage im JA sichergestellt werden, die in der Freiheit der Darstellung der entspr Posten nur von dem Gebot der Klarheit und Übersichtlichkeit (§ 243 Abs 2) und der Stetigkeit (§ 265 Abs 1 S 1) beschränkt wird. Die gewählte Darstellung muss zumindest gleichwertig sein oder sogar einen besseren Einblick gewähren. Sie braucht dazu jedoch nicht unbedingt umfassender und ausführlicher zu sein. 15

Eine **abweichende Untergliederung** der GuV nach § 265 Abs 6 wird in erster Linie für solche Unt in Frage kommen, die nicht Produktions- und HandelsUnt sind, also bspw für HoldingGes oder für Unt aus dem Dienstleistungsbereich (§ 265 Anm 16). Demggü müssen für Produktions- und HandelsUnt besondere Gründe vorliegen, die das betr Unt von dem Grundtyp solcher Unt unterscheiden, so dass eine Abweichung von dem Normalschema gerechtfertigt erscheint. Durch die Vorgabe des GuV-Gliederungsschemas in Abs 2 oder 3 und den Ergänzungen in § 277 Abs 3–5 hat der Gesetzgeber zum Ausdruck gebracht, welche besonderen Anforderungen er an die Aussagefähigkeit der GuV von KapGes/KapCoGes stellt. Im Vordergrund steht dabei die Hervorhebung des Ergebnisses der gewöhnlichen Geschäftstätigkeit und die Abgrenzung ggü dem ao Ergebnis sowie der gesonderte Ausweis der Steuern. Hieran hat sich auch eine abw GuV-Gliederung zu orientieren, wenn sie der gesetzlichen Zielsetzung entsprechen soll. Näheres in den Erl zu § 265 Abs 5 bis 7. Ist ein Unt in mehreren Geschäftszweigen tätig, für die verschiedene Gliederungsvorschriften gelten, ist die gewählte GuV-Gliederung um die für andere Geschäftszweige vorgeschriebene Gliederung zu ergänzen (§ 265 Abs 4). Wegen Angaben im Anhang s § 265 Anm 13. 16

Eine **weitergehende Gliederung** ist den KapGes/KapCoGes jedoch nach § 265 Abs 5 gestattet (§ 265 Anm 14), wenn dadurch die Klarheit und Übersichtlichkeit und der geforderte Einblick in die VFE-Lage verbessert oder zu- 17 mindest nicht beeinträchtigt wird. Aus Gründen der Klarheit und Übersichtlichkeit kann es geboten sein, gewünschte **zusätzliche Aufgliederungen** nicht in der GuV, sondern im Anhang vorzunehmen.

18 § 265 Abs 7 Nr 1 räumt überdies KapGes/KapCoGes die Möglichkeit ein, **einzelne Posten** des Gliederungsschemas (mit arabischen Zahlen) **zusammenzufassen,** wenn die Beträge für das den tatsächlichen Verhältnissen entspr Bild der UntLage (§ 264 Abs 2) nicht erheblich sind (zur Wesentlichkeit s auch *Ossadnik* WPg 1993, 622 f; ferner *Ossadnik* WPg 1995, 33 ff). Daneben ist die Zusammenfassung einzelner Posten gem § 265 Abs 7 Nr 2 zulässig, wenn hierdurch die Klarheit der Darstellung vergrößert wird; in diesem Fall müssen die zusammengefassten Posten im Anhang gesondert ausgewiesen werden. Die Zusammenfassungen dürfen dann nicht in Anspruch genommen werden, wenn besondere Formblätter für die Gliederung der GuV vorgeschrieben sind und diese Zusammenfassungen weder vorschreiben noch zulassen.

19 Abs 1 schreibt einen gesonderten Ausweis der GuV-Posten „in der angegebenen **Reihenfolge**" ausdrücklich vor. Nur wenn diese Reihenfolge die Klarheit und Übersichtlichkeit des JA beeinträchtigt, ist eine Änderung nach § 265 Abs 6 vorzunehmen (Anm 16).

20 Die Anordnung der zu bildenden **Zwischensummen** muss bei allen Unt von einer ggf abw Gliederung, Postenbezeichnung oder -reihenfolge unberührt bleiben, denn die Aufteilung des Periodenerfolgs in ein Ergebnis aus der gewöhnlichen Geschäftstätigkeit, in ein ao Ergebnis und die Steuern wird durch untspezifische Besonderheiten grds nicht beeinflusst. Besonderheiten einer KapGes/KapCoGes können nicht als Begr für die Weglassung der geforderten Zwischensummen angegeben werden.

21 Gliederungsposten, die keinen Betrag ausweisen **(Leerposten),** brauchen nicht aufgeführt zu werden. Dies gilt jedoch nicht, wenn unter diesem Posten im Vj ein Betrag ausgewiesen wurde (§ 265 Abs 8), da für alle Posten der Bilanz und der GuV einer KapGes/KapCoGes die Angabe der Vj-Zahlen zwingend vorgeschrieben ist.

22 Mitunter können die gesetzlichen Postenbezeichnungen aus Vereinfachungsgründen durch **Kurzbezeichnungen** ersetzt werden. Dagegen sind grds keine Einwendungen zu erheben, wenn durch die Wahl der Kurzbezeichnung der vom Gesetzgeber beabsichtigte Inhalt nicht verändert wird. Somit ist es zB zulässig, den Posten Nr 7a des Gliederungsschemas des Gesamtkostenverfahrens kurz mit „Abschreibungen auf Sachanlagen" zu bezeichnen, wenn darunter – auch im Vj – nur Abschreibungen auf Sachanlagen ausgewiesen werden. Voraussetzung ist jedoch, dass andere unter Posten Nr 7a auszuweisende Abschreibungen nicht angefallen sind. Die Kurzbezeichnung des Postens enthält dann die zusätzliche Information, dass andere Abschreibungen fehlen; sie dient damit der Verbesserung der Darstellung. Im Hinblick auf den Grundsatz der Klarheit wäre in diesem Fall sogar eine Kurzbezeichnung geboten; gefordert werden kann sie aber nicht, denn das Gliederungsschema geht als Spezialvorschrift dem Grundsatz der Klarheit vor. Das Gleiche gilt für alle übrigen Postenbezeichnungen, die mehrere Sachverhalte umfassen (zB Posten Nrn 10 und 12 Gesamtkostenverfahren bzw Nrn 9 und 11 Umsatzkostenverfahren; zB „Erträge aus anderen Wertpapieren", „Abschreibungen auf Finanzanlagen").

23 Für KapGes/KapCoGes ergibt sich aus § 265 Abs 1 die Verpflichtung, die Form der Darstellung der GuV beizubehalten, soweit nicht in **Ausnahmefällen** (Anm 26) wegen besonderer Umstände Abweichungen erforderlich sind. Dieses (formale) **Stetigkeitsprinzip** der Gliederung und des Ausweises der Posten der GuV, das die bessere Vergleichbarkeit der GuV bezweckt, gilt auch für die einmal getroffene Wahl zwischen Gesamtkosten- und Umsatzkostenverfahren.

III. Gesamtkosten- und Umsatzkostenverfahren (Abs 1)

Bei der Entscheidung zwischen Umsatz- und Gesamtkostenverfahren ist zu beachten, dass infolge des Grundsatzes der **Stetigkeit** (§ 265 Abs 1 S 1) eine Abweichung von dem gewählten Gliederungsschema nur in sachlich begründeten Ausnahmefällen zulässig ist (s IDW RS HFA 38, Tz 1, 15). Solche Ausnahmefälle liegen insb dann vor, wenn durch die Umstellung des Verfahrens ein den tatsächlichen Verhältnissen besser entspr Bild der Ertragslage vermittelt wird, weil sich zB die Geschäftätigkeit des Unt wesentlich geändert hat oder eine Verschmelzung oder andere Umw (§ 1 UmwG) stattgefunden haben. Ebenso gerechtfertigt ist die Abweichung vom bisherigen Verfahren, wenn sich die Konzernzugehörigkeit ändert und die Umstellung infolgedessen zur Anpassung an konzerneinheitliche BilanzierungsRichtl erfolgt. Der Wechsel im Gliederungsschema ist im Anhang anzugeben und zu begründen (§ 265 Abs 1 S 2). Die Vj-Beträge sind anzupassen, damit die Vergleichbarkeit hergestellt ist (§ 265 Abs 2). 26

Nach dem für beide Verfahren einheitlich definierten Begriff „Umsatzerlöse" weichen insb die folgenden Posten voneinander ab (zu weiteren Unterschieden im Einzelfall s Anm 31 sowie *WPH*[14] I, F Anm 653): 27

Gesamtkostenverfahren	Umsatzkostenverfahren
(1. Umsatzerlöse)	(1. Umsatzerlöse)
2. Erhöhung oder Verminderung des Bestands an fertigen und unfertigen Erzeugnissen	2. Herstellungskosten der zur Erzielung der Umsatzerlöse erbrachten Leistungen
3. andere aktivierte Eigenleistungen	3. Bruttoergebnis vom Umsatz
4. sonstige betriebliche Erträge	4. Vertriebskosten
5. Materialaufwand: a) Aufwendungen für Roh-, Hilfs- und Betriebsstoffe und für bezogene Waren b) Aufwendungen für bezogene Leistungen	5. allgemeine Verwaltungskosten
6. Personalaufwand: a) Löhne und Gehälter b) soziale Abgaben und Aufwendungen für Altersversorgung und für Unterstützung, davon für Altersversorgung	6. sonstige betriebliche Erträge
7. Abschreibungen: a) auf immaterielle VG des Anlagevermögens und Sachanlagen b) auf VG des Umlaufvermögens, soweit diese die in der KapGes/KapCoGes üblichen Abschreibungen überschreiten	7. sonstige betriebliche Aufwendungen
8. sonstige betriebliche Aufwendungen	

Das Ergebnis der gewöhnlichen Geschäftätigkeit kann über die Wahl des einen oder des anderen Verfahrens nur wenig (Anm 31) und das Jahresergebnis gar nicht beeinflusst werden. Bei beiden Verfahren sollen innerhalb der jeweils gewählten Abgrenzung möglichst homogene Aufwands- und Ertragskomponenten ausgewiesen werden. Sowohl das Umsatzkosten- als auch das Gesamtkostenver- 28 fahren zeigen die Ergebnisbeiträge aus gewöhnlicher und ggf der ao Geschäftstätigkeit getrennt und in (fast) gleicher Höhe.

29 **Beide Verfahren unterscheiden** sich in ihren **Bezugsgrößen** beim betrieblichen Ergebnis. Im Rahmen des Gesamtkostenverfahrens werden die Erträge an die Aufwendungen der in der Rechnungsperiode produzierten Mengen angepasst (durch den Ausweis der Bestandsveränderung und der aktivierten Eigenleistungen), während beim Umsatzkostenverfahren die Aufwendungen an den Umsatz (Ertrag) angepasst werden (durch den Ausweis der HK der verkauften Erzeugnisse statt der in der Periode angefallenen HK). Das Gesamtkostenverfahren zeigt die gesamte betriebliche Leistung der Periode, während sich das Umsatzkostenverfahren auf die durch den Umsatzakt am Markt realisierte Leistung beschränkt. Deshalb sind die Posten Nrn 2 und 3 des Gesamtkostenverfahrens (die Bestandsveränderung und die anderen aktivierten Eigenleistungen) im Umsatzkostenverfahren nicht auszuweisen.

30 Die Summe der Posten Nrn 1 bis 4 umfasst im **Gesamtkostenverfahren** die Gesamtleistung (aus der gewöhnlichen Geschäftstätigkeit) mit der Einschränkung, dass der Posten „sonstige betriebliche Erträge" auch Erträge enthalten kann, die nicht zur Gesamtleistung gehören. Diesem Betrag werden die gesamten in der Rechnungsperiode angefallenen Aufwendungen nach Arten gegliedert ggügestellt. Nur so ist es möglich, die Aufwandsarten in der Periode, in der sie durch die gesamte erbrachte Betriebsleistung entstehen, möglichst vollständig auszuweisen. Das ist der primäre Zweck, der mit dem Aufwandsausweis im Gesamtkostenverfahren verfolgt wird. Bei der Gliederung nach Aufwandsarten wird erkennbar, welche Produktionsfaktoren den Aufwand verursacht haben. Dabei unterscheidet diese so charakterisierte **Produktionserfolgsrechnung** nicht danach, ob diese Aufwendungen auf die in der Berichtsperiode umgesetzten Produkte (angesetzt zu Erlösen), auf Lagerbestandserhöhungen oder auf aktivierte Eigenleistungen (jeweils angesetzt zu HK) entfallen. Die Aufwands- und Ertragsperiodisierung wird durch den GuV-Ausweis nicht beeinflusst. Deshalb wird der Aufwandsausweis durch die in der Bilanz aktivierten Leistungen korrigiert.

31 Demggü werden im **Umsatzkostenverfahren** den Umsatzerlösen – neben den zeitlich abzugrenzenden Aufwendungen – die für die verkauften Leistungen entstandenen HK ggügestellt. Wenn in einer vorangegangenen Periode hergestellte Erzeugnisse verkauft werden, enthalten die zur Erzielung der Umsatzerlöse ausgewiesenen HK daher auch die auf diese Produkte entfallenden HK, die bereits in den Vorperioden angefallen sind. Die Aufwendungen werden vorrangig den betrieblichen Bereichen Herstellung, Vertrieb und allgemeine Verwaltung (Posten Nrn 2, 4 und 5) zugeordnet. Nur die Aufwendungen, die nicht diesen Funktionsbereichen zugerechnet werden können, sind in den übrigen – wie beim Gesamtkostenverfahren – nach Aufwandsarten gegliederten GuV-Posten auszuweisen. Beim Umsatzkostenverfahren geht die Gliederung nach den betrieblichen Funktionsbereichen (Sekundärprinzip) dem Ausweis nach der Artengliederung (Primärprinzip) vor. Deswegen können auch bei gleich bezeichneten Aufwandsarten inhaltliche Abweichungen ggü dem Gesamtkostenverfahren auftreten. Werden aktivierungsfähige Steuern und Zinsen in die HK einbezogen (Anm 308, 309), stimmen beide Verfahren noch nicht im Ergebnis der gewöhnlichen Geschäftstätigkeit, sondern erst im Jahresüberschuss oder -fehlbetrag überein. In der funktionalen Gliederung drückt sich die anders gelagerte Zielsetzung des Umsatzkostenverfahrens aus, nämlich aufzuzeigen, wofür im Unt die Kosten entstanden sind.

Wird das Umsatzkostenverfahren angewendet, sind im **Anhang** der Material- und der Personalaufwand des Gj – von kleinen KapGes/KapCoGes nur der Personalaufwand – zusätzlich anzugeben (§ 285 Nr 8). Die Bestandsveränderung der fertigen und unfertigen Erzeugnisse kann man der Bilanz nur entnehmen, wenn keine Waren unter den Vorräten und keine Abwertungen unter dem Posten Nr 7b ausgewiesen werden; über die Abschreibungen des Gj im Anlagevermögen gibt das Anlagengitter oder die entspr Angabe im Anhang Auskunft.

Im Gegensatz zum Gesamtkostenverfahren kann die GuV nach dem Umsatzkostenverfahren nicht direkt aus der Finanzbuchhaltung abgeleitet werden. Die Aufwendungen sind weitgehend auf die betrieblichen Funktionsbereiche Herstellung, Vertrieb und allgemeine Verwaltung aufzuteilen. Nicht aufwandsgleiche Kostenarten sind herauszurechnen. Eine Betriebsabrechnung ist aber nicht zwingend erforderlich für das Umsatzkostenverfahren. Sie bleibt eine Hilfsrechnung, auf der das Unt aufbauen kann, wenn sie den Grundsätzen des Umsatzkostenverfahrens entspricht. 32

Die **Ermittlung der HK** für die Bilanz stellt aufgrund der Einbeziehungspflicht bestimmter auf den Fertigungsbereich entfallender Gemeinkostenbestandteile gem § 255 Abs 2 S 2 ähnliche Anforderungen. Die kalkulatorischen Kosten sind jeweils aus den HK herauszurechnen. Für die Ermittlung der HK der GuV dürfte es auch zulässig sein, die Gemeinkosten mit Hilfe von (glaubwürdig geschätzten) globalen Zurechnungsschlüsseln und Zu- und Abschlägen zu ermitteln. 33

Im Folgenden werden die wichtigsten Vorteile des Gesamtkosten- und des Umsatzkostenverfahrens dargestellt, wobei jeweils die Vorteile der einen Methode als Nachteile der anderen angesehen werden können. 34

Vorteile des Gesamtkostenverfahrens
– Es zeigt die Gesamtleistung einer Rechnungsperiode (wenn auch mit Einschränkungen, weil Bestandsveränderungen und andere aktivierte Eigenleistungen nur mit (Teil-)HK angesetzt werden).
– Es werden die Entwicklung des Materialaufwands, der Abschreibungen und des Personalaufwands bezogen auf die Gesamtleistung des Unt im Vergleich zum Vj erkennbar.
– Die Periodenbezogenheit als Abgrenzungskriterium von Aufwendungen und Erträgen kommt besser zum Ausdruck.
– Es ist bei langfristiger Fertigung, zB Schiffs-, Brücken- oder Großanlagen-Bauten aussagefähiger, da hierbei die jährliche Gesamtleistung (allerdings grds ohne Gewinnrealisierung; s § 255 Anm 457 ff) gezeigt wird.
– Es ist für Unt ohne weitreichende Funktionsgliederung oder mit nur wenigen Kostenträgern deutlich überlegen.
– Es gibt keine Zurechnungsprobleme der betrieblichen Aufwendungen nach Funktionsbereichen.
– Die Gliederung nach Aufwandsarten erfordert idR keine Betriebsabrechnung; allerdings ist meist eine Betriebsabrechnung zur Bewertung der Bestände an unfertigen und fertigen Erzeugnissen erforderlich.

Vorteile des Umsatzkostenverfahrens
– Es zeigt die Beziehung zwischen Aufwendungen und Verkaufsleistung des Unt. 35
– Die Gliederung entspricht besser dem Kalkulationsschema des Unt, da die Entstehung des Aufwands nach Funktionsbereichen gezeigt wird.
– Es ist insb für Industriebetriebe mit vorwiegender Serienfertigung sowie für Handelsbetriebe geeignet.
– Es ermöglicht eher eine internationale Vergleichbarkeit der Ergebnisrechnung. Allerdings ist zu berücksichtigen, dass die Vergleichbarkeit entscheidend davon abhängt, welche Kostenrechnungssysteme und individuellen Zurechnungsme-

thoden der originären Aufwandsarten verwendet werden – wobei gewisse Abweichungen nicht zu vermeiden sind.

Gleichwertigkeit beider Verfahren

36 Es kann festgestellt werden, dass keine überzeugenden Gründe für die Überlegenheit des einen oder anderen Verfahrens angeführt werden können und dafür, dass eines der beiden Verfahren seinen spezifischen Informationszweck besser erfüllt als das andere. ADS^6 (§ 275 Anm 34) halten eher das Umsatzkostenverfahren für aussagekräftiger, weil bei dessen Anwendung zusätzliche Angaben im Anhang erforderlich sind (§ 285 Nr 8). Die Entscheidung für oder gegen das eine oder andere Verfahren hängt von verschiedenen Faktoren ab, wie zB internes Rechnungswesen, Adressatenkreis, internationale Verbundenheit (ebenso ADS^6 § 275 Anm 35). So empfiehlt bspw IDW RS HFA 21, Tz 15 im Hinblick auf die Informationsbedürfnisse der Spender die Anwendung des Umsatzkostenverfahrens bei Spenden sammelnden Organisationen.

37 Selbst beim Vergleich von JA großer KapGes/KapCoGes dürfte es ohne organisatorische Vorkehrungen kaum möglich sein, eine GuV nach dem Umsatzkostenverfahren in eine GuV nach dem Gesamtkostenverfahren (oder umgekehrt) überzuleiten. Eine ganze Reihe von notwendigen Informationen fehlt. Diese werden auch nicht im Anhang gegeben.

38 Umso bedeutender ist, dass Gliederung und Ausweis in aufeinander folgenden GuV **beizubehalten** sind; § 265 Abs 1 S 1. Abweichungen von diesem Grundsatz dürfen nur in Ausnahmefällen erfolgen (s IDW RS HFA 38, Tz 1, 15) und müssen im Anhang angegeben und begründet werden (§§ 265 Abs 1 S 2, 284 Abs 2 Nr 3).

IV. Möglichkeiten einer Erfolgsspaltung

40 Nach den Gliederungsschemata ist der Jahresüberschuss/-fehlbetrag in die Erfolgskomponenten bzw Zwischensummen „Ergebnis der gewöhnlichen Geschäftstätigkeit" (Posten Nrn 14 bzw 13) und „außerordentliches Ergebnis" (Posten Nrn 17 und 16) sowie die Steuern (Posten Nrn 18, 19 oder Nrn 17, 18) aufzuspalten. Dabei setzt sich das Ergebnis der gewöhnlichen Geschäftstätigkeit bei einer Erfolgsspaltung nach betriebswirtschaftlichen Gesichtspunkten aus dem Betriebsergebnis und dem Finanzergebnis zusammen. Sind Aufwendungen und Erträge im ao Ergebnis auszuweisen, werden Informationen hinsichtlich der vorliegenden Aufwands- bzw Ertragsarten grds durch die Erl nach § 277 Abs 4 S 2 bereitgestellt. Der Ausweis unter den Steuern geht dem Ausweis im ao Ergebnis vor (Anm 253).

41 Zur Kritik hinsichtlich der Eignung einer nach den Gliederungsschemata des § 275 aufgestellten GuV für Zwecke der Bilanzanalyse s Voraufl.

42 Sieht man das Ziel der Erfolgsspaltung darin, „das nachhaltig erzielbare Ergebnis aus der eigentlichen UntTätigkeit zu ermitteln", müssen Ergebniskomponenten, die einmalig, dh nicht regelmäßig, auftreten bzw Geschäftsvorfälle, die nicht zum gewöhnlichen Geschäftsbetrieb des jeweiligen Unt gehören (*Küting* WPg 1997, 699), aus dem ordentlichen Ergebnis ausgesondert werden. Zu jenen Komponenten, von denen regelmäßig nicht vermutet werden kann, dass sie in folgenden Gj in gleicher oder ähnlicher Weise anfallen, gehören zB Liquidations- und Bewertungserfolge (ebenso *Küting* WPg 1997, 700). Aus diesem Grund wird von Teilen der Literatur vorgeschlagen, die ansonsten unter den sonstigen betrieblichen Erträgen (Posten Nrn 4 bzw 6) auszuweisenden Erträge aus dem Abgang von VG des Anlage- und Umlaufvermögens und Erträge aus der Auflösung von Rückstellungen – wenn wesentlich – im Anhang zu erläutern, da beide Er-

tragskategorien idR zum außergewöhnlichen Ergebnis einer Erfolgsspaltung nach betriebswirtschaftlichen Gesichtspunkten gehören (so *Küting* WPg 1997, 702). Insofern trägt zumindest der gesonderte Ausweis von Erträgen und Aufwendungen aus der WähUm gem § 277 Abs 5 S 2 zu einer zusätzlichen betriebswirtschaftlichen Erfolgsspaltung bei.

In der Praxis werden zT Kennzahlen (zB EBIT, EBITDA), die auch für die Steuerung des Unt bzw des Konzerns von Bedeutung sind, in der GuV als Zwischensumme ausgewiesen. Gegen diese Handhabung sind dann keine Einwendungen zu erheben, wenn dadurch der Informationsgehalt der in den Gliederungen der Abs 2 u 3 vorgesehenen Zwischensummen (insb Ergebnis der gewöhnlichen Geschäftstätigkeit) nicht verringert bzw verfälscht wird. 43

Zu den Besonderheiten und der unterschiedlichen Vorgehensweise bei der Erfolgsspaltung bei einem **IFRS-Abschluss** vgl *Küting/Kessler/Gattung* KoR 2005, 15 und *Coenenberg/Deffner/Schultze* KoR 2005, 435. 44

C. Inhalt der einzelnen Posten der Gewinn- und Verlustrechnung

I. Gesamtkostenverfahren (Abs 2)

Bei unserer Bezeichnung der Postennummern beziehen sich die ersten Angaben auf die Gliederung der GuV nach dem Gesamtkostenverfahren, während ab Posten 9 die zweiten Nrn die Stellung des betr Postens im Rahmen des Umsatzkostenverfahrens zeigen.

1. Umsatzerlöse (Nr 1)

a) Allgemeines

Der Inhalt des Postens Umsatzerlöse ist im Gesamt- und Umsatzkostenverfahren identisch (*ADS*[6] § 277 Anm 4; *Isele/Paffrath* in HdR[5] § 277 Anm 40). Die Umsatzerlöse sind die Ausgangsgröße für die GuV nach der **Staffelform** und zugleich sowohl als absolute Zahl als auch in Beziehung zu anderen Posten eine der wichtigsten Kennziffern. Von Bedeutung ist die Bestimmung der Umsatzerlöse im Hinblick auf die Größenklassen gem §§ 241a, 267, 293 und §§ 1, 11 PublG. Der Vergleich mit den in Vj erzielten Umsatzerlösen lässt überdies einen Rückschluss auf die Entwicklung des Unt zu (interner Vergleich, Zeitvergleich). Durch einen Vergleich mit den Umsatzerlösen anderer Unt derselben Branche wird die Stellung des Unt im Verhältnis zu seinen Konkurrenten sichtbar (externer Vergleich, Betriebsvergleich), sofern dieser Posten auch dort nach annähernd gleichen Kriterien ermittelt wird. Da die Umsatzerlöse zwar von Auslieferungs-Dispositionen und Preisverhandlungen abhängig, aber idR von Bewertungsänderungen unabhängig sind, bieten sie einen einigermaßen sicheren Ausgangspunkt für den internen und ggf für einen externen Vergleich sowie für die Ermittlung der Ertragslage des Unt. Bei Störungen der Vergleichbarkeit (zB bei Vorliegen eines Rumpf-Gj) oder bei einem zu günstigen oder zu ungünstigen Bild von der Ertragslage (zB bei Unt mit langfristiger Fertigung; s § 255 Anm 457) ist darüber im Anhang zu berichten (§ 265 Abs 2 bzw § 264 Abs 2 S 2). 45

Die **Abgrenzung** der Umsatzerlöse von den sonstigen betrieblichen Erträgen kann im Einzelfall umstritten sein (dazu Anm 54 und 90ff). Im Hinblick auf die in § 265 Abs 1 geforderte Darstellungsstetigkeit ist in Zweifelsfällen und unter sonst gleichen Bedingungen eine einmal gewählte, zulässige Zuordnung im Interesse der Vergleichbarkeit beizubehalten. Wird in Fällen von Belang jedoch die

Ausweisart geändert, ist die Abweichung im Anhang anzugeben und zu begründen (§ 265 Abs 1).

46 **Kleine und mittelgroße KapGes/KapCoGes** dürfen nach § 276 S 1 die Posten Umsatzerlöse, Bestandsveränderungen an fertigen und unfertigen Erzeugnissen, andere aktivierte Eigenleistungen, sonstige betriebliche Erträge und Materialaufwand zu dem Posten „Rohergebnis" zusammenfassen. Nach § 131 Abs 1 AktG kann jedoch jeder Aktionär verlangen, dass ihm in der HV der JA in der Form vorgelegt wird, die er ohne Anwendung der Erleichterung hätte. Entspr Informationsrechte stehen nach § 51a Abs 1 GmbHG auf Verlangen idR auch jedem Gester einer GmbH zu. Man wird davon ausgehen können, dass diese grundlegenden internen Informationsrechte auch allen Gestern einer KapCoGes (s §§ 118/166) zustehen.

b) Begriff der Umsatzerlöse (§ 277 Abs 1)

47 Der Begriff der Umsatzerlöse ist in § 277 Abs 1 definiert. Die iW von Art 28 der 4. EG-Richtl vorgegebene Definition wurde mit geringfügigen sprachlichen Abweichungen übernommen, so dass von einer inhaltlichen Übereinstimmung mit dieser Richtl ausgegangen werden kann.

Erlösschmälerungen in Form von Preisnachlässen und zurückgewährten Entgelten sind von den Umsatzerlösen abzusetzen.

48 Für die Zuordnung zu den Umsatzerlösen ist allein entscheidend, ob die Umsätze im Rahmen der für die **gewöhnliche Geschäftstätigkeit** eines Unt **typischen Leistungsangebote** ausgeführt werden. Dem Umsatzbegriff für Zwecke der Rechnungslegung liegt demnach nicht die umfassende Umsatzdefinition des UStRecht zugrunde, das sämtliche entgeltlichen Lfg oder Leistungen, gleichgültig auf welche Weise sie erbracht werden und worauf sie sich beziehen, zu den Umsätzen rechnet. Umsatzerlöse iSd § 277 Abs 1 sind demggü nur bei solchen Lfg und Leistungen gegeben, die das Unt im Rahmen seiner üblichen Geschäftstätigkeiten erbringt und bei denen es aufgrund seiner tatsächlichen Absatz- bzw Dienstleistungsangebote regelmäßig als Mitbewerber am Markt auftritt (zu Besonderheiten bei zentral erbrachten Dienstleistungen im Konzern s Anm 52). Es muss sich um planmäßig erbrachte Leistungen, nicht um Gelegenheitsgeschäfte handeln. Umsatzerlöse liegen demnach nicht vor, wenn Vorräte im Rahmen des Verkaufs eines Unt oder eines Betriebsteils übertragen werden. Im Gegensatz dazu ist jedoch von Umsatzerlösen auszugehen, wenn im Rahmen von **Kompensationsgeschäften** erhaltene Waren und Erzeugnisse veräußert werden.

49 Welche Erlöse im Einzelnen zu den Umsatzerlösen zählen, richtet sich nicht allein nach den Vertriebsangeboten, sondern vielmehr nach den tatsächlichen Verhältnissen im Unt. In Betracht kommt hierbei die Produkt- bzw Dienstleistungspalette, die ein Unt nicht nur gelegentlich seinen Marktpartnern anbietet. Dabei ist der Rahmen der Produktion und der Dienstleistung sehr weit zu spannen. Eine allgemein gültige, für alle Branchen gleichermaßen geltende Klassifizierung kann es nicht geben. Der Gegenstand des Unt lt Satzung oder GesVertrag kann für die Abgrenzung *hilfreich*, allerdings *nicht entscheidend* sein. Erlöse, die für ein Unt Umsatzerlöse darstellen, können für ein anderes Unt als sonstige betriebliche Erträge (Posten Nrn 4 bzw 6) zu qualifizieren sein.

Eine genaue Abgrenzung der Umsatzerlöse **von den sonstigen betrieblichen Erträgen** ist von Bedeutung, weil die Erfüllung bestimmter abgestufter Rechnungslegungspflichten von den Größenmerkmalen des § 267 Abs 1 bis 3, ua den Umsatzerlösen, abhängig ist. Allgemein gilt aber:

50 In **Handelsunternehmen** werden zB die Verkäufe von Waren, mit denen das Unt üblicherweise am Markt konkurriert, als Umsatzerlöse ausgewiesen. Andere

Umsätze, wie zB der Verkauf von Grundstücken oder die Vermietung von Gebäuden, sind idR unter den sonstigen betrieblichen Erträgen auszuweisen – es sei denn, dies ist der Hauptzweck des Unt.

Bei **Produktionsunternehmen** sind alle Umsätze von Erzeugnissen und Handelsumsätze, die mit der gewöhnlichen Geschäftstätigkeit zusammenhängen und für diese typisch sind, als Umsatzerlöse zu erfassen. Ferner gehören hierher auch Erlöse aus dem Verkauf von Zwischenprodukten und Halbfabrikaten, die das Unt teils veräußert, teils weiterverarbeitet, sowie von Verpackungserlösen oder von Nebenprodukten, wenn das Unt damit regelmäßig am Markt auftritt. Erlöse aus dem Verkauf von Anlagegegenständen, Mieterträge aus Werkswohnungen oder aus der gelegentlichen Überlassung von Verwaltungseinrichtungen sowie Kantinenerlöse hängen dagegen auch hier (Anm 50) nicht mit der gewöhnlichen Geschäftstätigkeit zusammen und sind auch nicht typisch für diese, so dass die genannten Erlöse *nicht* unter den Umsatzerlösen ausgewiesen werden dürfen. **51**

Auch bei **Dienstleistungsunternehmen** gehören nur die Erlöse aus der gewöhnlichen Geschäftstätigkeit zu den Umsatzerlösen. Dabei ist außerdem zu beachten, dass zT weitergehende branchenspezifische Gliederungsvorschriften bestehen (Formblätter gem § 330 zB für Kreditinstitute, VersicherungsUnt), die eigens zu dem Zweck erlassen wurden, den geschäftsspezifischen Besonderheiten dieser Unt Rechnung zu tragen. Die Postenbezeichnungen der Formblätter treten in diesen speziellen Fällen an die Stelle der Umsatzerlöse. **52**

Erlöse aus Dienstleistungen, die ein Unt normalerweise *nicht* am – zumindest konzerninternen – Markt anbietet, sind unter den sonstigen betrieblichen Erträgen zu erfassen. Leistungen, die dagegen direkt an *Mutterunternehmen* oder *Konzernunternehmen* erbracht werden sind regelmäßig als *Umsatzerlöse* auszuweisen, wenn die og (Anm 48 ff) Voraussetzungen vorliegen, da das Unt damit faktisch auch in Konkurrenz zu externen Marktteilnehmern tritt. Der Ausweis als Umsatzerlöse ist daher insb für Erlöse aus der Erbringung von Dienstleistungen durch **spezialisierte Konzernunternehmen** zB in den Bereichen Personalwesen, Finanzwesen oder Bereitstellung und Verwaltung von Geschäftsgebäuden geboten (Anm 54). Davon zu trennen sind diejenigen Tätigkeiten, die ein KonzernUnt allein in seiner Eigenschaft als Gester ausführt. Erzielt ein Unt infolge seiner Stellung als phG bspw Erlöse aus einer Haftungsvergütung sowie aus dem Ersatz von Auslagen (Personalkosten und sonstige Nebenkosten wie zB PKW-Gestellung) iZm der Führung der Geschäfte einer OHG oder KG (§§ 125, 164), handelt es sich nach dieser Sichtweise nicht um Erlöse aus Leistungen, die das Unt am (konzerninternen) Markt anbietet und damit nicht um Umsatzerlöse iSd § 277 Abs 1. Vielmehr liegen unter den sonstigen betrieblichen Erträgen auszuweisende Kostenerstattungen vor (Anm 53). Dies gilt selbst dann, wenn das betr Unt über keine (weitere) Geschäftstätigkeit verfügt und damit im Ergebnis keinerlei Umsatzerlöse ausweist.

Als sonstige betriebliche Erträge anzusehen sind idR Kostenerstattungen für **Nebenleistungen** und **Umlagen**, sofern diese nicht als „betriebstypisch" (dann Umsatzerlöse, glA *ADS*⁶ § 277 Anm 14) anzusehen sind (zum Auslagenersatz iZm der Stellung als phG s Anm 52). In Zweifelsfällen sollte zur Abgrenzung auch festgestellt werden, ob die jeweiligen Einstandskosten in das Rohergebnis einfließen oder nicht. **53**

Nach *HFA 2/1996* Abschn 2111 und 212 sind auch erfolgswirksam gewordene Teile von Zuschüssen mit Gegenleistungsverpflichtung (**Investitionszuschüsse** sowie **Aufwands- und Ertragszuschüsse**) beim Zuschussempfänger nach Maßgabe von § 277 Abs 1 *je nach ihrem Charakter* als Umsatzerlöse oder als sonstige betriebliche Erträge (Posten Nrn 4 bzw 6) auszuweisen (zu Erträgen aus erhaltenen Zuschüssen ohne Gegenleistungsverpflichtung s Anm 222).

§ 275 54

Trotz des gesetzlichen Grundprinzips, nur Erlöse aus dem *eigentlichen* untspezifischen Leistungsangebot den Umsatzerlösen zuzurechnen, werden sich aber in Einzelfällen Abgrenzungsprobleme nicht immer vermeiden lassen. In derartigen Fällen kommt dem Grundsatz der **Ausweisstetigkeit** (§ 265 Abs 1) besondere Bedeutung zu. Eine einmal gewählte Postenzuordnung ist grds beizubehalten und darf nur in Ausnahmefällen wegen besonderer Umstände (zB Anpassung an konzerneinheitliche BilanzierungsRichtl nach Konzernwechsel, s IDW RS HFA 38, Tz 1, 15), aber keinesfalls willkürlich, geändert werden. Die (zulässige) Abweichung vom Grundsatz der Ausweistetigkeit ist im Anhang anzugeben und zu begründen (§ 284 Abs 2 Nr 3 (analog)). Sofern sich dagegen der UntZweck und damit das, was nach § 277 Abs 1 als *typisch* anzusehen ist, ändert mit der Folge, dass zwangsläufig die Abgrenzung der Umsatzerlöse anzupassen ist, wird durch den geänderten Ausweis das Stetigkeitsgebot nicht berührt (*ADS*[6] § 277 Anm 6). Wenn in der Folge die Beträge mit denen des Vj nicht mehr vergleichbar sind, wird eine Erl im Anhang nach § 265 Abs 2 S 2 notwendig sein.

c) Abgrenzung der Umsatzerlöse in Einzelfällen

54 Folgende Sachverhalte dürften idR **nicht zu den Umsatzerlösen gerechnet werden,** es sei denn, es handelt sich bei dem einzelnen Unt um typische Erlöse aus der gewöhnlichen Geschäftstätigkeit (ebenso *ADS*[6] § 277 Anm 7 ff):
- **Erlöse aus Kantinenverkäufen, Werksküchen und Erholungsheimen.** Das Unt tritt insoweit nicht am Markt als Wettbewerber auf, es sei denn, es handelt sich um Catering-Unt.
- **Verkäufe nicht mehr benötigter Roh-, Hilfs- und Betriebsstoffe** *(Magazinverkäufe),* soweit derartige Verkäufe nicht geschäftszweigtypisch sind. Das Gleiche gilt für Erlöse aus dem Verkauf nicht mehr benötigter unfertiger Erzeugnisse. Aus Vereinfachungsgründen wird aber auch in diesen Fällen ein Ausweis unter den Umsatzerlösen vertretbar sein, um die ansonsten ebenfalls notwendige, aber schwierige Aussonderung aus den Materialaufwendungen bzw Bestandsveränderungen beim Gesamtkostenverfahren (Posten Nr 5a bzw Nr 2) zu vermeiden. Voraussetzung dafür ist aber, dass es sich *nicht* um größere einmalige Magazinverkäufe handelt. Nebenerlöse aus dem **Verkauf von Schrott** (außer gesondert erfassbarem Anlagenschrott), Abfall- und Kuppelprodukten sind dagegen regelmäßig unter den Umsatzerlösen zu erfassen, zumal auch die zugehörigen Aufwendungen als Materialaufwand (Gesamtkostenverfahren) oder HK (Umsatzkostenverfahren) in das Rohergebnis einfließen. Eine Saldierung mit dem Materialaufwand ist nicht zulässig.
- **Miet- und Pachteinnahmen,** es sei denn, sie fallen bei einem Wohnungs-Unt oder einer Leasing-Ges an (glA *Isele/Paffrath* in HdR[5], § 277 Anm 55). Demggü sind Erlöse aus der Vermietung oder Verpachtung von Anlagen zu den Umsatzerlösen zu rechnen, wenn die Erträge hieraus nicht nur vorübergehender Natur sind, da das Unt insoweit am Markt als regelmäßiger Anbieter auftritt. Dementspr müssen hierdurch verursachte Instandhaltungsaufwendungen oder Fremdleistungen als leistungsbezogener Aufwand in den Posten Nr 5 (bzw Nr 2) einbezogen werden.
- **Mieteinnahmen aus Werkswohnungen** stellen regelmäßig keine Umsatzerlöse dar, dagegen bestehen keine Bedenken, die Pachteinnahmen der *Brauereien* den Umsatzerlösen zu subsumieren (glA *ADS*[6] § 277 Anm 12).
- **Patent- und Lizenzeinnahmen,** wenn die Vergabe nicht zu den typischen Leistungen des Unt gehört. Sie sind jedoch dann unter den Umsatzerlösen auszuweisen, wenn die gewöhnliche Geschäftstätigkeit des Unt in der Forschung und Entwicklung von Projekten für andere besteht. Dies gilt auch

dann, wenn dem Patent- oder Lizenznehmer ermöglicht wird, die von dem Unt selbst vertriebenen Erzeugnisse ebenfalls anzubieten, da in diesem Fall die Einnahmen an die Stelle von eigenen Umsatzerlösen treten.
- **Versicherungsentschädigungen** mit Ausnahme der Entschädigung für bereits verkaufte Waren und Erzeugnisse, soweit dadurch nicht berechnungsfähige Umsätze ersetzt werden.
- **Gelegentliche Dienstleistungen,** zB aus der vorübergehenden Überlassung eigener, nicht voll beschäftigter Arbeitnehmer bzw Maschinen an andere. Sofern derartige Leistungen regelmäßig oder zumindest mit einer gewissen Nachhaltigkeit erbracht werden, gehören die Erlöse jedoch zu den Umsatzerlösen.
- **Von Konzerngesellschaften erhobene Gestionsgebühren (Konzernumlagen).** Diese gehören nur dann zu den Umsatzerlösen, wenn die den Umlagen zugrundeliegenden Leistungen an Konzern-Unt für die gewöhnliche Geschäftstätigkeit der Ges *typisch* sind (Anm 52f).
- **Subventionen.** Sie sind kein am Markt erzieltes Leistungsentgelt; dies dürfte unstreitig für alle Subventionen gelten, die nur Betriebskosten abdecken sollen oder nur an einzelne Unt gezahlt werden.
- Als Umsatzerlöse können dagegen **Ertragszuschüsse (Bauzuschüsse) bei Energieversorgungsanlagen** betrachtet werden. ZB sind passivierte Bauzuschüsse, die aufgrund allgemeiner Lieferbedingungen erhoben wurden, nach dem hessischen Eigenbetriebsgesetz (§ 23 Abs 3 EigBGes) jährlich mit einem Zwanzigstel aufzulösen und als Umsatzerlöse zu vereinnahmen. Ein entspr Ausweis erscheint insb dann sachgerecht, wenn die Zuschüsse als Vorauszahlung auf die noch zu erbringende Versorgungsleistung zu interpretieren sind (s auch *WPH*[14] I, L Anm 40). Auf ähnlich gelagerte Fälle darf diese Spezialregelung jedoch nicht zwangsläufig übertragen werden. So sind zB Zuschüsse aus öffentlichen Mitteln zur Milderung von Härten infolge Betriebseinschränkungen uE sonstige betriebliche Erträge (Anm 91).
- **Erlöse für Leistungen bei Unterstützungskassen-GmbH** (Aufwandsersatz, Zuwendungen). Sie treten mit ihrem Leistungsplan nicht als Mitbewerber am Markt auf (was nach Anm 48 Voraussetzung für den Ausweis als Umsatzerlöse ist).
- **Ertragswirksam auszuweisende Spendenaufkommen** bei spendensammelnden Organisationen, weil ein Leistungsaustausch fehlt. Nach IDW RS HFA 21, Tz 13 erfolgt der GuV-Ausweis *idR* in einem gesonderten Posten vor den Umsatzerlösen; ein Ausweis als Umsatzerlöse ist nicht zulässig.

Dagegen kommt in den folgenden Fällen ein **Ausweis bei den Umsatzerlösen** in Betracht:
- **Holding-Gesellschaften,** die Leistungen für ihre Bet-Ges erbringen, zB Marktforschung, Geschäftsanbahnung, Bereitstellung von Miträumen usw; insoweit ist das Entgelt für diese Leistungen als Umsatzerlöse auszuweisen. Zum Auslagenersatz iZm der Stellung als phG (Ausweis unter den sonstigen betrieblichen Erträgen) s Anm 52.
- **Speditionserträge.** Die Rechnungen enthalten oftmals weiterberechnete Fremdleistungen (zB von Lagerhaltern) und vorgelegte **Auslagen** (zB Zölle). Die auf eigene Rechnung beauftragten Fremd- und Subunternehmerleistungen sind unter den Umsatzerlösen auszuweisen, während die vorgelegten Auslagen als durchlaufende Posten nicht in der GuV zu erfassen sind.
- **Vermittlungs- und Kommissionsgeschäft.** Das Entgelt für die erbrachte Leistung eines Vermittlers bzw eines Kommissionärs, die beide auf fremde Rechnung handeln, ist die Provision. Nur die Provision berührt die GuV, auch wenn zB der Kommissionär nach außen in eigenem Namen auftritt

(ADS[6] § 277 Anm 27; vgl auch Anm 8). Das Gleiche gilt auch bei anderen Geschäften, bei denen das Unt wie ein Treuhänder zwar im eigenen Namen, aber auf fremde Rechnung handelt. Abgrenzungskriterium hinsichtlich der Frage, ob Handeln auf eigene oder auf fremde Rechnung vorliegt, ist letztlich die Verteilung der Chancen und Risiken aus dem Gesamtgeschäft. Sofern es sich bei der Vermittlungsleistung bzw dem Kommissionsgeschäft nur um eine Nebentätigkeit des Unt handelt, sind hieraus resultierende Provisionserträge unter Nr 4 zu erfassen.

– Erhaltene Beträge aus **Syndikatsabrechnungen** und **Gewinnpoolungen** aus einem einzelnen Geschäft sind unter den Umsatzerlösen auszuweisen (§ 277 Anm 11).

d) Besonderheiten bei Arbeitsgemeinschaften

56   Insb im Baugewerbe schließen sich Unt häufig zu Argen (als GbR) zur gemeinsamen Durchführung eines oder mehrerer Projekte zusammen. Nach den rechtlichen Beziehungen der Arge und der Unt zu dem Auftraggeber sind folgende Grundtypen zu unterscheiden.

Die **einzelnen Mitglieder** der Arge **schließen** mit dem Auftraggeber **direkt Verträge** über die Ausführungen von Teilabschnitten des Bauvorhabens ab. Da hier unmittelbare Rechtsbeziehungen zwischen dem einzelnen Mitglied der Arge und dem Auftraggeber bestehen, sind die dem Auftraggeber in Rechnung gestellten Beträge als Umsatzerlöse zu erfassen und die zugehörigen Aufwendungen unter den entspr Aufwandsposten auszuweisen.

57   Der Auftraggeber schließt den Vertrag über die Ausführung des Bauvorhabens mit *einem* Unt der Arge (= Konsortialführer) ab. Dieses Unt vergibt dann Teile des Bauvorhabens **im Namen des Auftraggebers** an die einzelnen Mitglieder. Auch in diesem Fall haben die Unt der Arge *ihre* Leistungen als Umsatzerlöse, ihre Aufwendungen unter den entspr Aufwandsposten auszuweisen. Vergibt der Konsortialführer die Aufträge **im eigenen Namen und auf eigene Rechnung**, handelt es sich nicht um Arge im herkömmlichen Sinne, sondern um Subunternehmerverträge. In diesem Fall gelten die allgemeinen Grundsätze, dh der Generalunternehmer weist den gesamten Auftragswert unter den Umsatzerlösen und die Subunternehmerleistung unter Posten Nr 5 bzw Nr 2 aus. Das Gleiche gilt für die Sub-Unt bzgl der von ihnen erbrachten vertraglichen Leistungen.

58   Der Auftraggeber schließt den Vertrag über das gesamte Bauvorhaben **mit der Arge** ab. Soweit deren Mitglieder ggü der Arge Lfg und Leistungen erbringen, ist das Entgelt hierfür unter den Umsatzerlösen zu erfassen, die Aufwendungen unter den entspr Aufwandsposten.

Problematisch ist dagegen die Behandlung der Umsätze, die die **Arbeitsgemeinschaft selbst erzielt** und deren Ergebnis anschließend nach einem vorher bestimmten Schlüssel **auf die einzelnen Mitglieder** der Arge verteilt wird. Dabei gilt Folgendes (IDW, HFA 1/1993 Zur Bilanzierung von Joint Ventures WPg, 441 ff): Handelt es sich um eine Arge mit UntEigenschaft, sind die Anteile entweder als Bet (unabhängig von der BetQuote) oder als Anteile an verbundenen Unt auszuweisen. Bei fehlender UntEigenschaft sind die Anteile als „sonstige Ausleihungen" anzusehen. Die von der Arge vereinnahmten Ergebnisse sind dann entspr unter Posten Nr 9 („Erträge aus Beteiligungen") oder Posten Nr 10 („Erträge aus anderen Wertpapieren und Ausleihungen des Finanzanlagevermögens") auszuweisen. Dabei dürfen positive und negative Ergebnisse aus Anteilen an verschiedenen Arge in der GuV *nicht* saldiert werden.

Ein Ausweis der **Anteile im Umlaufvermögen** kommt gem IDW, HFA 1/1993 in Betracht, wenn die Arge nur für einen zuvor festgelegten Zeitraum gegründet wurde und wenn sich die voraussichtliche Dauer über nicht mehr als zwei Bilanzstichtage erstreckt. Die Erträge sollten dann unter „sonstige Zinsen und ähnliche Erträge" erfasst werden. Zulässig ist auch ein Ausweis unter den „sonstigen betrieblichen Erträgen" (*Früh/Klar* WPg 1993, 499; *Fey* BuW 1993, 796). Soweit ein Unt in Einzelfällen lediglich am Ergebnis einer Arge beteiligt ist, ohne eigene (Bau-)Leistungen zu erbringen (zB Vermittler), kommt ein Ausweis nur als „sonstige betriebliche Erträge" in Betracht (Posten Nrn 4 bzw 6). Der Ergebnisanteil aus **Anteilen** an Arge, die dem **Umlaufvermögen** zugeordnet werden, darf unter den *Umsatzerlösen* ausgewiesen werden, wenn ein Teil der gewöhnlichen Geschäftstätigkeit rechtlich in die Arge ausgelagert wurde, keine Einlagen geleistet wurden (typische Form der Bau-Arge) und eine Erl im Anhang erfolgt. Dabei ist der Anteil dieser Aufträge am gesamten im Gj abgewickelten Auftragsvolumen anzugeben (IDW, HFA 1/1993 Abschn 3.4).

e) Abzug von Erlösschmälerungen

Durch den Wortlaut von § 277 Abs 1 (sind ... nach Abzug von Erlösschmälerungen ... auszuweisen) wird klar eine Abzugspflicht für Erlösschmälerungen zum Ausdruck gebracht, weil Umsatzerlöse wirtschaftlich nur in Höhe des Betrags vorliegen, den das Unt von dem Abnehmer letztlich erhalten hat. Dies ergibt sich schon aus dem allgemeinen Grundsatz, dass alle unter den einzelnen Posten der GuV auszuweisenden Beträge nur in ihrer tatsächlich angefallenen Höhe angesetzt werden dürfen (so auch *ADS*[6] § 277 Anm 29). Dies gilt für Umsatzerlöse selbst dann, wenn die Umsatzminderung noch nicht eingetreten ist, aber mit ihrem Eintritt in der nächsten Zukunft zu rechnen ist. In diesem Fall ist in der zum Bilanzstichtag noch zu erwartenden Höhe der Erlösschmälerung eine Rückstellung zu bilden; der Ausweis dieses Aufwands wird allgemein unter „Umsatzerlöse" erfolgen, damit die Umsatzerlöse periodengerecht in ihrer zutreffenden Höhe ausgewiesen werden (so auch *ADS*[6] § 277 Anm 33).

Dies gilt jedenfalls für nachträglich zu gewährende **Boni und Treuerabatte** (Anm 64). Ebenso sind Passivposten für zurück zu gewährende Entgelte zB aufgrund von Kostenüberdeckungen bei kommunalen Abfall- oder Abwasserbetrieben (vgl ÖFA, FN-IDW 2001, 240) oder aufgrund der Überschreitung einer durch die zuständige Regulierungsbehörde festgesetzten Entgeltobergrenze bei EnergieversorgungsUnt (bspw negativer Saldo auf dem Regulierungskonto gem § 5 ARegV) grds zu Lasten der Umsatzerlöse zu bilden. Periodenfremde Erlösschmälerungen, bei denen es sich um „Spitzen" infolge unzureichender Rückstellungsbildung handelt, sind von den Umsatzerlösen des Gj abzusetzen (*WPH*[14] I, F Anm 512, *ADS*[6] § 277 Anm 34); wesentliche Beträge sind vorzugsweise unter den sonstigen betrieblichen Aufwendungen auszuweisen und gem § 277 Abs 4 S 3 zu erläutern (ähnlich *WPH*[14] I, F Anm 512; aA (grds Kürzung von den Umsatzerlösen) *Isele/Paffrath* in HdR[5] § 277 Anm 75). Keine periodenfremden Erlösschmälerungen liegen dagegen vor, wenn im lfd Gj Rabatte für Vj-Umsätze vereinbart werden und deren Gewährung auf ein wertbegründendes Ereignis zurückgeht. In diesem Fall handelt es sich dem Charakter nach häufig um sonstige betriebliche Aufwendungen (Vertriebsaufwendungen). Problematisch ist die Behandlung bei Zuführungen zu Garantierückstellungen. **Gewährleistungsaufwendungen**, die durch mangelhafte Lfg oder Leistungen verursacht wurden, werden zT in Form von Kaufpreisminderungen abgegolten; hierbei handelt es sich unzweifelhaft um Erlösschmälerungen, die grds von den Bruttoerlösen abzusetzen sind. Ein erheblicher Teil der Gewährleistungsaufwendungen wird jedoch auch auf Nachbesserungen zurückzuführen sein. Die hierdurch verursachten Aufwendungen sollten im *Gesamtkostenverfahren* unter Posten Nr 8 (sonstige betriebliche Aufwendungen) ausgewiesen werden, soweit nicht von vornherein bekannt ist, welche Primäraufwandsarten künftig in welcher Höhe anfallen werden.

Im *Umsatzkostenverfahren* kommt ein Ausweis unter den HK der zur Erzielung der Umsatzerlöse erbrachten Leistungen (Posten Nr 2) oder bei den sonstigen betrieblichen Aufwendungen (Posten Nr 7) in Betracht. Aus Vereinfachungsgründen dürfte es nicht zu beanstanden sein, wenn mit den Zusatzkosten in einer Summe auch die durch Garantiefälle zu erwartenden Erlösschmälerungen unter Posten Nr 2 ausgewiesen werden.

Eine Saldierung der für das Gj notwendigen Zuführung mit *ermittelbaren* Auflösungen nicht mehr benötigter Rückstellungen für Vj wird dagegen grds nicht für zulässig gehalten (§ 246 Abs 2 S 1). Daher sind Erträge aus der Auflösung von Rückstellungen, die zu Lasten eines bestimmten Aufwandspostens gebildet wurden, regelmäßig unter den sonstigen betrieblichen Erträgen auszuweisen (Anm 102). Wird eine Rückstellung jedoch zu Lasten der Umsatzerlöse gebildet, weil zum Bilanzstichtag mit nachträglichen Erlösschmälerungen zu rechnen ist, ist es sachgerecht, die Auflösung bei Wegfall des Grunds für die Rückstellungsbildung in späteren Gj zugunsten der Umsatzerlöse vorzunehmen. Eine unzulässige Verrechnung von Aufwendungen mit Erträgen liegt insofern nicht vor.

64 Als Erlösschmälerungen iSd § 277 Abs 1 kommen **Preisnachlässe** und zurückgewährte Entgelte in jeder Form in Betracht. Dazu zählen **Nachlässe** (Barzahlungs-, Mengen- und Sonderrabatte) und **Umsatzvergütungen, Treuerabatte und -prämien** ebenso wie die verschiedenen Formen von Gutschriften an Abnehmer für Rückwaren, Gewichtsmängel, Preisdifferenzen sowie Fracht- und Verpackungskosten. Dies gilt auch für Zuführungen zu Rückstellungen für derartige Preisnachlässe und zurückzugewährende Entgelte. Nicht hierzu gehören *an Dritte* geleistete Provisionen, Listinggelder (Listing Fees) und Ausgangsfrachten (Posten Nr 8). Eine Minderung des Kaufpreises liegt nicht vor, wenn der Verkäufer einen Parkchip zum verbilligten Parken zur Verfügung stellt (BFH v 19.5.2006 – VR 33/03).

Die Erteilung einer **Gutschrift für Freimengen** erfordert, sofern es sich dabei dem Charakter nach nicht um Vertriebsaufwendungen, sondern um Kaufpreisminderungen, zB wegen mangelhafter Lfg handelt (Anm 63), einen Abzug von den Umsatzerlösen (ansonsten Ausweis unter den sonstigen betrieblichen Aufwendungen). Wenn die Freimengen erst im folgenden Gj ausgeliefert werden, ist grds eine Rückstellung zu bilden. Soweit allerdings die Freimengen zur Absatzförderung bestimmt sind und deren endgültige Gewährung noch von der Erzielung bestimmter Mindestumsätze in den Folgejahren abhängt, fehlt es an der wirtschaftlichen Verursachung der Verpflichtung im Gj. Erst in den folgenden Gj sind in diesem Fall der Abzug und die Rückstellungsbildung bspw nach dem Verhältnis von bereits getätigten Mindestumsätzen zu insgesamt vereinbarten Mindestumsätzen vorzunehmen. Sofern die gewährten Freimengen als selbständige Hauptleistungsverpflichtung des Unt aus einem Kundenvertrag zu qualifizieren sind, erscheint es sachgerecht, den Teil der bereits erhaltenen Gesamtzahlung, der auf die noch nicht gelieferte Freimengen entfällt, unter den Verbindlichkeiten auszuweisen (zu dieser Vorgehensweise bei Mehrkomponentengeschäften vgl § 252 Anm 44).

65 **Kundenskonti** werden bei tatsächlicher Inanspruchnahme als Umsatzminderung behandelt (*ADS*[6] § 277 Anm 30; *Isele/Paffrath* in HdR[5] § 277 Anm 68), obwohl dadurch die Umsatzerlöse in ihrer Höhe beeinflusst werden, je nachdem, ob der Abnehmer die Finanzierungsleistung (Zahlungsziel) beansprucht oder nicht. Die an sich grds gebotene Trennung zwischen Barzahlungspreis (Umsatzerlös) und Mehrpreis für Zahlungsziel (Zinsertrag) wird jedoch im Hinblick auf die damit verbundene Mehrarbeit nicht verlangt werden können. Dies gilt aber dann nicht, wenn das Entgelt von vornherein über das übliche Zahlungsziel hinaus unverzinslich oder minderverzinslich gestundet wird. Bei unverzinslicher Stundung ist uE von einer Zeitgrenze von etwa einem Jahr auszugehen, bei minderverzinslichen Forderungen hat eine Abzinsung stets zu erfolgen. Die **Abzinsung** auf den Gegenwartswert der Forderung ist zu Lasten der Umsatzerlöse vorzunehmen (ebenso ADS[6] § 277 Anm 35).

Eine Erlösschmälerung liegt dagegen *nicht* vor, wenn die Forderung *nachträglich* (nach dem nächsten Bilanzstichtag) als uneinbringlich abgeschrieben oder im Rahmen eines Vergleichs ermäßigt oder längerfristig gestundet werden muss. Dann handelt es sich um sonstige betriebliche Aufwendungen (so auch ADS[6] § 277 Anm 31; *Reiner/Haußer* in MünchKomm HGB[3] § 277 Anm 16).

Obwohl § 277 den Begriff der Erlösschmälerungen nicht näher umschreibt, 66 könnte der fehlende Hinweis, dass „andere Beträge" nicht abgesetzt werden dürfen, als Möglichkeit angesehen werden, umsatzbezogene Verbrauchsteuern von den Umsatzerlösen abzusetzen, wenn man sie nicht als Erlösschmälerungen ansieht. Art 28 der 4. EG-Richtl verlangt sogar den Abzug „anderer unmittelbar auf den Umsatz bezogener Steuern". In § 277 Abs 1 ist allerdings neben den Erlösschmälerungen nur die USt abzugspflichtig, doch dürfte es – auch aus Gründen der internationalen Vergleichbarkeit zulässig (und notwendig) sein, die auf dem Produkt lastenden **Verbrauch- bzw Verkehrsteuern** (zB Tabaksteuer, Biersteuer, Energiesteuer, Schaumweinsteuer, Stromsteuer) sowie **Monopolabgaben** aus den Umsatzerlösen herauszurechnen und *offen* in einer Vorspalte von diesen abzusetzen (ADS[6] halten nur die offene Absetzung der Mineralölsteuer (jetzt: Energiesteuer) für zulässig, § 275 Anm 204). Aus der Sicht des Unt, das Steuerschuldner ist, handelt es sich hierbei um durchlaufende Posten, die wirtschaftlich den „Erlös des Unt" schmälern (ebenso *Reiner/Haußer* in MünchKomm HGB[3] § 277 Anm 18). Ihre Einbeziehung bei gleichzeitigem Ausweis der Steuerschuld unter den sonstigen Steuern oder unter Materialaufwand/HK würde das Rohergebnis in unnötiger Weise verfälschen.

Die Formulierung in § 1 Abs 2 S 3 **PublG,** wonach für die Bestimmung der 67 maßgebenden Umsatzgrenze „auch die in den Umsatzerlösen enthaltenen Verbrauchsteuern oder Monopolabgaben abzusetzen sind", hat insoweit nur klarstellende Bedeutung. Ihr Zweck ist nicht, eine von § 277 Abs 1 abw Umsatzdefinition zu schaffen, sondern sie dient lediglich der Rechtssicherheit. Da nach den GoB eine je nach Rechtsform unterschiedliche Begriffsbestimmung der Umsatzerlöse nicht zulässig ist, darf § 1 PublG sogar als Auslegungshilfe für den Begriff der Erlösschmälerungen iSv § 277 Abs 1 aufgefasst werden.

Dieselben Grundsätze, die für die genannten Abgaben gelten müssen auch für 68 andere Beträge gelten, die für *fremde* Rechnung verauslagt oder eingezogen werden. Dabei ist unerheblich, ob das Unt rechtlich in eigenem oder in fremdem Namen handelt. Entscheidend für die Erfassung der eigenen Betriebsleistung ist lediglich, für wessen Rechnung die Leistung ausgeführt wird (zu den Voraussetzungen für das Vorliegen von Handeln auf fremde Rechnung s Anm 55).

2. Erhöhung oder Verminderung des Bestands an fertigen und unfertigen Erzeugnissen (Nr 2 und § 277 Abs 2)

Der Posten **Bestandsveränderung** wird beim Gesamtkostenverfahren erfor- 75 derlich, weil dort nicht nur die den Umsatzerlösen entspr Aufwendungen der Leistungserstellung erfasst werden, sondern alle Aufwendungen einer Periode, unabhängig von den erzielten Umsatzerlösen. Dieser Posten stellt eine Ergänzung (bei Erhöhung) oder eine Korrektur (bei Verminderung) zu den Umsatzerlösen dar, obwohl diese nicht mit demselben Wertniveau erfolgt. Die Bestandsveränderungen ergeben sich regelmäßig aus dem Wertunterschied zwischen den Beträgen, die in der zum Ende des Gj aufgestellten Bilanz und der Vj-Bilanz für unfertige und fertige Erzeugnisse ausgewiesen sind; dies gilt nicht, wenn zwischenzeitlich eine Verschmelzung/Spaltung oder ein Teilbetriebskauf/-verkauf stattgefunden hat oder wenn „unübliche" Abschreibungen (Anm 77) vorgenommen wurden (zu Besonderheiten beim Verkauf von unfertigen Erzeugnissen s Anm 54). Bestandserhöhungen können ein Hinweis darauf sein, dass das Unt nicht die gesamte Produktion des Gj hat absetzen können (möglicherweise nicht nachfragegerecht produziert hat) oder dass bewusst „auf Vorrat" produziert wurde. Eine Bestandserhöhung zeigt, dass im Vergleich zum Vj ein höheres Potential für den Umsatz (die Realisation zu Verkaufspreisen) bereitsteht. Bestandsminderungen zeigen, dass das Unt mehr Erzeugnisse abgesetzt hat, als im Gj hergestellt wurden. Durch die Bestandsminderung werden den Umsatzerlösen gebündelte Fertigungs-Aufwendungen früherer Perioden ggügestellt. Im Posten 2 wirken sich ferner alle **Bewertungsänderungen** bei halbfertigen und fertigen Erzeugnissen aus; dazu Anm 77. Die Bestandsveränderung ist in der GuV als gesonderter Posten auszuweisen und darf nicht mit den Umsatzerlösen verrechnet werden.

Bei **langfristiger Fertigung** hat dieser Posten besondere Bedeutung, weil die Umsatzerlöse je nach der Höhe der abgerechneten Anlagen von Jahr zu Jahr sehr stark schwanken. Erst die Korrektur durch den Posten Nr 2 kann in diesen Fällen ein einigermaßen zutreffendes Bild der im Gj erbrachten Leistung geben. Es erscheint zweckmäßig, diesen Sachverhalt bei der Bezeichnung des Postens Nr 2 zum Ausdruck zu bringen (ähnlich ADS[6] § 275 Anm 57).

Zulässige Teil*gewinnrealisierungen* (Näheres § 255 Anm 457 ff) sind unter Posten Nr 2 und nicht unter den Umsatzerlösen auszuweisen (vgl ADS[6] § 246 Anm 198); Teil*abrechnungen* sind jedoch unter den Umsatzerlösen auszuweisen (§ 255 Anm 461).

76   Unter dem Posten Nr 2 sind nur die Veränderungen bei fertigen und unfertigen Erzeugnissen auszuweisen. Es muss sich dabei um Erzeugnisse handeln, die in dem bilanzierenden Unt Gegenstand einer Fertigung (Be- oder Verarbeitung) waren oder es noch sind. Die Bestandsveränderungen der fremdbezogenen Roh-, Hilfs- und Betriebsstoffe und die Bestandsveränderungen der Waren (= Handelswaren) gehören mangels Be- oder Verarbeitung nicht unter diesen Posten. Derartige Bestandszugänge erhöhen somit insb bei Handelsbetrieben unmittelbar die entspr Vorratskonten. Bestandsminderungen sind als „Waren-/Stoffeinsatz" unter Posten Nr 5a zu erfassen.

77   Bestandsveränderungen ergeben sich sowohl aus **Mengenänderungen** (einschließl Inventurdifferenzen) als auch aus **Bewertungsänderungen** (Qualitätsabschläge, Bewertungsabschläge auf Lagerhüter, Bestandsumbewertungen, Bewertungsdifferenzen aus Verrechnungspreisen, Abschreibung nach dem Niederstwertprinzip, verlustfreie Bewertung, Zuschreibungen).

Unter den **Abschreibungen** gem § 277 Abs 2 sind aus dem Sinnzusammenhang, aus dem Verhältnis der Posten Nr 2 zu Nr 7b sowie aus dem Umfang der HK nach § 255 Abs 2 nur Abschreibungen auf VG des *Umlaufvermögens* zu verstehen. Demnach sind Abschreibungen auf die fertigen und unfertigen Erzeugnisse unter dem Posten Nr 2 auszuweisen, soweit sie bei den KapGes/KapCoGes sonst üblichen Abschreibungen *nicht* überschreiten (zur Abgrenzung der „üblichen" Abschreibungen s Anm 145 ff). Für die unter Posten Nr 2 zu erfassenden „üblichen" Abschreibungen kommen in erster Linie pauschale Abschreibungen (wie Lagerhüter- und Schwundabschreibungen) in Betracht.

Wertminderungen, die über die in dem Unt üblicherweise anfallenden Beträge erheblich hinausgehen, sind nicht als Bestandsveränderungen unter Posten

Nr 2, sondern als Abschreibungen auf VG des Umlaufvermögens unter Posten Nr 7b auszuweisen. In diesem Fall ist die Bestandsveränderung nicht gleich dem Unterschied zwischen den Bilanz*werten* zu Beginn und am Ende des Gj. Für die Frage der Üblichkeit kommt es nicht auf die Ursache der Abschreibung an; entscheidend ist, ob im Hinblick auf die Verbesserung des Einblicks in die Ertragslage die Abschreibungen im internen Zeitvergleich ihrer Höhe nach ungewöhnlich sind.

Die Bestandsveränderungen an **fertigen und unfertigen Erzeugnissen** sind **zusammengefasst** unter dem Posten Nr 2 wiederzugeben. Eine Trennung nach fertigen und unfertigen Erzeugnissen ist auch bei gegenläufiger Entwicklung beider Postenbestandteile nicht erforderlich, da es in erster Linie darauf ankommt, ob *per saldo* eine Erhöhung oder eine Verminderung der Bilanzwerte der Bestände eingetreten ist. Danach richtet sich auch die jeweilige Bezeichnung dieses Postens.

Bestandsveränderungen bei **selbsterzeugten Roh-, Hilfs- und Betriebsstoffen** sollten nicht unter den anderen aktivierten Eigenleistungen (Posten Nr 3) ausgewiesen werden (*ADS*[6] § 275 Anm 58), da sie regelmäßig einer Be- oder Verarbeitung unterlegen haben; sie gehören zu den fertigen und unfertigen Erzeugnissen. Zurechnungsprobleme treten auf, wenn für die selbsterzeugten und fremdbezogenen Roh-, Hilfs- und Betriebsstoffe keine gesonderten Bestandskonten geführt werden. Häufig werden sie dann in der Praxis zusammengefasst als Roh-, Hilfs- und Betriebsstoffe ausgewiesen. Ist es nicht möglich, beide Gruppen von Rohstoffen zu trennen, sollte *diese* Bestandsveränderung mit dem Materialaufwand verrechnet werden.

Dienstleistungsbetriebe oder **Bauunternehmen** weisen Leistungen, die noch nicht abrechnungsfähig sind, häufig als separaten Posten unter den Vorräten aus. Die Bestandsveränderungen an diesen nicht abgerechneten Dienst- oder Bauleistungen sind auch unter Posten Nr 2 – ggf mit anderen Bestandsveränderungen zusammengefasst – einzuordnen. Die Bezeichnung des Postens ist dann dem tatsächlichen Inhalt anzupassen (§ 265 Abs 6), zB „Erhöhung oder Verminderung des Bestands an fertigen und unfertigen Erzeugnissen sowie an nicht abgerechneten Leistungen" (glA *ADS*[6] § 275 Anm 57).

3. Andere aktivierte Eigenleistungen (Nr 3)

Der Posten umfasst aktivierte Leistungen, die nicht unter Posten Nr 2 auszuweisen sind; dies kommt durch die Postenbezeichnung „Andere …" zum Ausdruck. Hierunter werden die im **Anlagevermögen** zu aktivierenden Eigenleistungen erfasst, wie zB aktivierte Großreparaturen, selbst erstellte Gebäude, Maschinen, Anlagen, Werkzeuge und bei Inanspruchnahme des Aktivierungswahlrechts nach § 248 Abs 2 S 1 die aktivierten selbst erstellten immateriellen VG des Anlagevermögens (§ 248 Anm 10 ff). Danach dürfen eigene Leistungen, die nicht zu einer Aktivierung führen (zB Beseitigung von Schäden, Reparaturen oder wegen bestehender Rückstellungen), nicht hier erfasst werden. Dieser Posten ist erforderlich, weil die Aufwendungen für die Herstellung der selbst erstellten Ausstattungen, Maschinen usw unter den jeweiligen Primär-Aufwandsposten der GuV, Nr 5 Materialaufwand und Nr 6 Personalaufwand, ausgewiesen sind. Es handelt sich mithin nach Maßgabe von Anm 81 um einen Gegenposten für im Gj aufgewendete Personal- und Materialkosten; mit der Aktivierung wird – spätestens im Rahmen der JA-Erstellung – die Ertragswirksamkeit und damit die Erfolgsneutralität sichergestellt.

Die „aktivierten Eigenleistungen" dürfen keine **Zulieferungen Dritter** von erheblicher Bedeutung, die keiner eigenen Bearbeitung unterlagen, enthalten (zB bezogene Maschinen, für die nur interne Aufstell- und Montagekosten anfielen). In diesem Falle müssen außerdem die Gemeinkostenzuschläge für solche Groß-Zulieferungen außer Ansatz bleiben (§ 255 Anm 70). „Eigenleistung" bedeutet aber nicht, dass es sich *ausschließlich* um eine Selbstherstellung – aus eigenem Material und mit eigenem Lohnaufwand – handeln müsste. Es können zB fremde Arbeitskräfte unter der Regie eigener Werkstätten für die Erstellung von Anlagen eingesetzt und eigene sowie fremde Arbeitskräfte mit einheitlichen Werkstattverrechnungssätzen abgerechnet werden. Da das Unt in solchen Fällen das Herstellungsrisiko trägt, liegt eine „Eigenleistung" vor (vgl hierzu auch IDW RS HFA 11 Bilanzierung entgeltlich erworbener Software beim Anwender, FN-IDW 2010, 304 (Tz 9 ff)). Einer differenzierten Betrachtung bedarf es, ob die in den aktivierten Eigenleistungen enthaltenen Fremdlfg und -leistungen entweder direkt als Zugänge auf den Anlagekonten zu erfassen sind, so dass im Posten Nr 3 nur die eigene Leistung erscheint *(Netto-Methode),* oder ob sie in den Ausweis der Eigenleistungen unter Nr 3 einbezogen werden müssen mit der Folge, dass sie dann andererseits auch unter dem Posten Nr 5 als Fremdbezüge erscheinen *(Brutto-Methode).* Aus der 4. EG-Richtl lässt sich entnehmen, dass dort der Brutto-Methode grds Vorrang eingeräumt wird. Dies ergibt sich aus der Postenbezeichnung gem der 4. EG-Richtl „Sonstige externe Aufwendungen" (s auch Anm 122).

Sind in den aktivierten Eigenleistungen fremdbezogene Leistungen und Materialien von *erheblichem Umfang* im Vergleich zur eigenen Leistung enthalten, ist es angebracht, die fremdbezogenen Leistungsteile direkt als Zugang auf den Anlagekonten zu buchen (Netto-Methode). Ansonsten entsteht in diesen Fällen ein falsches Bild von der Eigenleistung des Unt (ähnlich *ADS*[6] § 275 Anm 63; *Budde* in HdR[5] § 275 Anm 36). Durch Gemeinkosten-Zuschläge auf *erhebliche* Fremdleistungen wird auch das Ergebnis verbessert. Am Bilanzstichtag noch nicht abgeschlossene Eigenleistungen sind mit den bis dahin angefallenen Beträgen als „Anlagen im Bau" zu aktivieren.

82 Werden **Eigenleistungen eines früheren Geschäftsjahres nachträglich,** zB aufgrund einer steuerlichen Bp, aktiviert, handelt es sich nicht um Eigenleistungen iSd Postens Nr 3, sondern um Erträge aus Zuschreibungen (oder nachträgliche Zugänge) zu VG des Anlagevermögens, die unter dem Posten Nr 4 – selten Posten Nr 15 – zu erfassen sind (ebenso *ADS*[6] § 275 Anm 60; IDW RS HFA 6, Tz 36).

Fällt dagegen die Herstellung von materiellen VG in zwei Gj und ist erst im zweiten Jahr zu erkennen, dass die Aufwendungen zu einem aktivierbaren Zugang führen, *dürfen* auch die Aufwendungen des ersten Jahres im zweiten Jahr als aktivierte Eigenleistungen erfasst werden (vgl hierzu auch IDW RS HFA 31 Aktivierung von Herstellungskosten, FN-IDW 2010, 310 (Tz 8)). Diese Möglichkeit wird insb bei größeren Reparaturen in Betracht kommen. Eine Nachaktivierung von im Vj ergebniswirksam erfassten Entwicklungskosten kommt in Hinblick auf das Vorsichtsprinzip (§ 252 Abs 1 Nr 4) nur in Ausnahmefällen in Betracht, bei denen sich der Zeitpunkt des Übergangs von der Forschungs- zur Entwicklungsphase (Zugangszeitpunkt von immateriellen VG) nachträglich zweifelsfrei bestimmen lässt und das Unt zudem im Vj in vergleichbaren Fällen von der Aktivierung gem § 248 Abs 2 S 1 Gebrauch gemacht hat.

Unter den aktiven aktivierten Eigenleistungen iSd Postens Nr 3 dürfen uE die Bestandsveränderungen **selbsterzeugter Roh-, Hilfs- und Betriebsstoffe** nicht erfasst werden, selbst wenn der Ausweis in der Bilanz unter Roh-, Hilfs- und Betriebsstoffe erfolgt (dazu auch Anm 78 sowie *ADS*[6] § 275 Anm 66f; *Lachnit* in Rechnungslegung § 275 Anm 76; *WPH*[14] I, F Anm 516, 519; aA *Budde* in HdR[5] § 275 Anm 37: Ausweis unter Posten Nr 3, weil sämtliche Voraussetzungen für aktivierte Eigenleistungen vorlägen). Für die Einbeziehung unter

Posten Nr 3 kommt es nicht darauf an, „ob nach der Aktivierung eine sofortige Vollabschreibung (etwa für GWG) erfolgt oder nicht" (*ADS*[6] § 275 Anm 62). Nicht aktivierbare Eigenleistungen, wie zB eigene Forschungskosten, freiwillige Sozialleistungen an Arbeitnehmer oder eigene Reparaturen dürfen hier nicht erfasst werden.

4. Sonstige betriebliche Erträge (Nr 4)

Zu den sonstigen betrieblichen Erträgen gehören alle Erträge aus der gewöhnlichen Geschäftstätigkeit, soweit sie nicht in den vorhergehenden Posten enthalten sind oder in nachfolgenden „Finanz"-Ertragsposten als Erträge aus Bet, Erträge aus Wertpapieren, Ausleihungen und sonstigen Finanzanlagen sowie als sonstige Zinsen und ähnliche Erträge auszuweisen sind. Das Wort „betriebliche" deutet darauf hin, dass die Erträge im Rahmen der gewöhnlichen Geschäftstätigkeit angefallen sind und somit nicht zu den ao Erträgen gehören. 90

Unter den sonstigen betrieblichen Erträgen sind alle Erträge auszuweisen, die *im Rahmen der gewöhnlichen Geschäftstätigkeit* anfallen und anderen Einzelposten nicht zuzuordnen sind (zur Abgrenzung Anm 54). Es handelt sich *insb* um die folgenden **Einzelposten:** 91
– Erträge aus dem Abgang von VG des Anlagevermögens,
– Erträge aus der Herabsetzung der Pauschalabwertung,
– Erträge aus der Auflösung von Rückstellungen, soweit diese auf eine Verringerung des Verpflichtungsumfangs bzw eine nicht erfolgte Inanspruchnahme (Anm 102), eine Verlängerung des Ansammlungszeitraums bei Verteilungsrückstellungen oder auf eine geänderte Schätzung hinsichtlich künftiger Preis- und Kostenentwicklungen zurückzuführen sind (vgl IDW RS HFA 34, Tz 48) (zu Ausnahmen s Anm 63 (Rückstellungen für Erlösschmälerungen) und Anm 254 (Steuerrückstellungen)),
– Erlöse aus Umsätzen, soweit sie nicht unter Nr 1 zu erfassen sind, zB Miet- und Pachteinnahmen, Patent- und Lizenzgebühren sowie nicht für die gewöhnliche Geschäftstätigkeit des Unt typische Verkäufe von überzähligen Roh-, Hilfs- und Betriebsstoffen oder Verkäufe an Personal, Kantinenerlöse, Mieteinnahmen aus Werkswohnungen und ähnliche Erträge, Entgelt für die Überlassung von Personal,
– Schuldnachlässe; bei endgültigem Schulderlass oder verjährten Schulden liegt ggf ao Ertrag vor (Anm 222),
– Kostenerstattungen sowie Rückvergütungen und Gutschriften für frühere Jahre; Verwaltungskostenumlagen bei Konzernen,
– AusglPo bei der Inanspruchnahme von Rückstellungen, die über sonstige betriebliche Aufwendungen gebildet werden mussten (Anm 103),
– Schadenersatzleistungen (soweit nicht ein Abgangsverlust oder -gewinn auszuweisen ist oder die Ersatzleistungen sich auf verkaufte Erzeugnisse beziehen),
– Erträge aus Sozialeinrichtungen,
– Dividenden aus Genossenschaftsanteilen, die weder Bet noch Anteile an verbundenen Unt darstellen (Anm 187),
– Weiterbelastungen an TU, insb für Personalkosten, AVers, Materialkosten, Abschreibungen; etwas anderes gilt zB für Erlöse, die spezialisierte KonzernUnt oder Holding-Ges für die Erbringung ihrer typischen Leistungen erzielen (Anm 52, 55). Weiterbelastete Zinsen gehören zu den Zinserträgen (Anm 191), zur Behandlung von Steuerumlagen s Anm 256 ff,
– Haftungsvergütung und Auslagenersatz iZm der Stellung als phG (s Anm 52) sowie Erträge aus Dienstleistungen für Fremde oder für Bet- und verbundene Unt (es sei denn, Dienstleistungen sind Gegenstand des Unt; Anm 48 bis 53),

§ 275   95, 96   Gewinn- und Verlustrechnung

- Erträge aus dem Verkauf von Wertpapieren des Umlaufvermögens oder von Bezugsrechten dieser Wertpapiere,
- Zahlungseingänge auf in früheren Jahren abgeschriebene Forderungen und
- soweit erforderlich – Minderungen bzw Auflösungen von früher gebildeten Einzelabwertungen,
- Erträge aus Zuschreibungen zu VG des Anlagevermögens gem § 253 Abs 5 S 1,
- Erträge aus Zuschreibungen zu VG des Umlaufvermögens gem § 253 Abs 5 S 1, soweit nicht ein Ausweis unter Nr 2 (Anm 77) oder Nr 5 (Anm 120) geboten ist,
- Erträge aus der Heraufsetzung von Festwerten (Anm 119),
- Erträge aus der WähUm (s Anm 172),
- Erträge aus Ausgleichsansprüchen, die einer AG/KGaA nach § 311 Abs 2 AktG eingeräumt worden sind,
- Gewinnausschüttungen auf im Umlaufvermögen bilanzierte GmbH-Anteile (§ 266 Anm 128) und Erträge aus der Veräußerung solcher Anteile,
- Aktivierung unentgeltlich erworbener VG, sofern die Voraussetzungen für den Ausweis unter den ao Erträgen nicht vorliegen (Anm 215 ff, 222) (zum vorsichtig geschätzten Zeitwert),
- Aktivierung einer Forderung, auf die in Vj iZm einer bedingten Neuverpflichtung (Besserungsschein) verzichtet wurde, bei Eintritt des Besserungsfalls, soweit nicht als ao Ertrag zu erfassen; sofern die Besserungsvereinbarung auch eine Nachzahlung von Zinsen vorsieht, sind diese als Zinsertrag zu erfassen,
- Erträge aus Derivaten (s Anm 108),
- Erträge aus erfolgswirksam gewordenen *Zuschussteilen,* soweit sie nicht als Umsatzerlöse (Anm 45 ff) auszuweisen sind (IDW HFA 2/1996 idF 2013, IDW-FN 2013, 192, Abschn 2111 und 212), sondern als Aufwandsvergütung betrachtet werden können, wie zB Zuschüsse aus öffentlichen Kassen für Abfindungen bei Betriebsstilllegungen. Leistet ein Gester Zuschüsse, liegt ein ao Ertrag vor (Anm 222),
- Erträge aus einer Fehlerkorrektur in lfd Rechnung (Erl gem § 277 Abs 4 S 3), wobei der Ausweis vorzugsweise unter dem sachlich zutreffenden Aufwand- oder Ertragsposten erfolgen sollte,
- Erträge aus der Erhöhung des Diskontierungszinssatzes für langfristige Rückstellungen und Zinseffekte aus einer Verlängerung deren Restlaufzeit, sofern diese Erfolge nicht einheitlich im Zinsergebnis ausgewiesen werden (vgl IDW RS HFA 34, Tz 49).

95   Nachstehend werden Erl zu häufig unter den „sonstigen betrieblichen Erträgen" auszuweisenden Posten gegeben. Bei **Erträgen aus dem Abgang von Gegenständen des Anlagevermögens** ist trotz des Verrechnungsverbots (§ 246 Abs 2 S 1) – gem der Postenbezeichnung – lediglich der Ertrag (Verlust) als Saldo unter den sonstigen betrieblichen Erträgen (Aufwendungen) zu zeigen. Es bestehen daher keine Bedenken, den **Abgang einer Sachgesamtheit** (Teilbetrieb) – bestehend aus Anlagevermögen, Forderungen, Vorräten und Schulden – entweder zu einem sonstigen betrieblichen Ertrag oder zu einem sonstigen betrieblichen Aufwand zusammenzufassen (sofern nicht als ao Ertrag auszuweisen ist, Anm 97, 222). Erträge aus dem Abgang von VG des Anlagevermögens ergeben sich dann, wenn die Veräußerungserlöse (zu denen grds auch die Schrotterlöse gehören) über dem Buchwert jeweils zum Zeitpunkt des Ausscheidens der *jeweiligen* Anlagegegenstände liegen.

96   Der Veräußerungserlös ist um **Erlösschmälerungen** wie Skonti, Gutschriften, Nachlässe und ähnliches – soweit sie das lfd Gj betreffen – zu kürzen. Eine Absetzung der Kosten des Abgangs, wie zB der Kosten des Ausbaus verkaufter

Maschinen, des Abbruchs verschrotteter Anlagen sowie von Frachtkosten und Provisionen wird im Hinblick auf das Verrechnungsverbot (§ 246 Abs 2 S 1) handelsrechtlich für unzulässig gehalten. Dagegen ist der Veräußerungsgewinn iSd § 6b Abs 2 EStG um Veräußerungskosten zu kürzen (jedoch keine Berücksichtigung der Kosten des Abbruchs eines Gebäudes, vgl H 6b.1 EStH).

Liegt die **Versicherungsentschädigung** für *einzelne* untergegangene VG über deren Buchwert, ist der Unterschiedsbetrag als sonstiger betrieblicher Ertrag auszuweisen; der Entschädigungsbetrag tritt an die Stelle des Verkaufserlöses (*ADS*[6] § 275 Anm 73). Wird dagegen eine Versicherungsentschädigung für den Untergang ganzer Betriebe oder Teilbetriebe gewährt, sollte der Ausweis unter den ao Erträgen erfolgen. Versicherungsentschädigungen für Maschinen- oder *Produktionsausfälle* sowie für die *Entgelt-Fortzahlungen* wegen Unfallverletzung von Arbeitnehmern sind (ohne Abzug der Personalkosten) ebenso wie Zahlungen aus **Rückdeckungsversicherungen** (s Anm 135) sonstige betriebliche Erträge.

Erträge aus der **Zuschreibung** zu VG des Anlagevermögens entstehen insb dann, wenn die Gründe für eine außerplanmäßige Abschreibung in einem späteren Gj nicht mehr bestehen, so dass (für KapGes/KapCoGes) eine Werterhöhung vorgenommen werden muss (§ 253 Abs 5 S 1). Daneben werden Zuschreibungen vorgenommen, wenn (nach einer steuerlichen Bp) die HB an die StB angepasst wird. Die Zuschreibung entspricht dem Betrag, um den die ursprüngliche (außerplanmäßige) Abschreibung zu hoch war, abzgl ggf zwischenzeitlich erforderlicher Vj-Abschreibungen. Um die Jahresabschreibung in zutreffender Höhe auszuweisen, erfolgt die Zuschreibung zum Beginn des Gj.

Zu **Nachaktivierungen** iZm Eigenleistungen s Anm 82.

Bei den **Zuschreibungen zu Gegenständen des Finanzanlagevermögens** ergibt sich das Problem, dass das „Finanzergebnis" einen Posten für Abschreibungen Nr 12 (Nr 11) vorsieht, nicht dagegen einen Posten für Zuschreibungen. IdR wird deshalb der Zuschreibungsertrag – ebenso wie der korrespondierende Abschreibungsaufwand – als zum Ergebnis der gewöhnlichen Geschäftstätigkeit gehörend angesehen werden müssen, so dass ersterer unter „sonstige betriebliche Erträge" auszuweisen ist (*ADS*[6] § 275 Anm 71). Das trifft auch auf Buchgewinne aus der Veräußerung von Finanzanlagen zu. In beiden Fällen wird der Einblick in die Ertragslage verbessert, wenn erhebliche Erträge dieser Art innerhalb des Postens Nr 4 durch einen Vorspaltenvermerk gesondert gezeigt oder im Anhang erläutert werden. Indes folgt ein Ausweis von Erträgen aus der Zuschreibung von Finanzanlagevermögen als sonstige *betriebliche* Erträge nicht der Erfolgsspaltungskonzeption der GuV-Gliederung. Deshalb kommt auch ein Ausweis im Finanzergebnis (entweder unter einem eigenständigen GuV-Posten oder unter Erträgen aus Bet mit entspr Anpassung der Postenbezeichnung) in Betracht (s auch Anm 180).

Die **Erträge aus der Auflösung nicht in Anspruch genommener Rückstellungen** (§ 249 Abs 2 S 2) sind hier auszuweisen mit Ausnahme der (seltenen) Fälle, in denen eine Rückstellung *erfolgsneutral* (meistens als Gegenposten zu Anlagevermögen, bspw im Rahmen der Erfassung bedingter AK von Bet im Erwerbszeitpunkt (s § 301 Anm 28)) gebildet wurde, so dass sie in Höhe des ursprünglich gebildeten Betrags erfolgsneutral aufzulösen ist. Bei bestimmungsgemäßem Verbrauch einer Rückstellung wird die tatsächliche Zahlung direkt zu Lasten der Rückstellung gebucht, so dass die GuV durch den Verbrauch nicht berührt wird.

Wegen des **Verrechnungsverbots** dürfen Auflösungen erfolgswirksam in früheren Gj gebildeter Rückstellungen auch nicht mit denjenigen Aufwandsposten des lfd Jahres verrechnet werden, zu deren Lasten die Rückstellungen ursprünglich gebildet wurden. Aus den gleichen Gründen ist es auch unzulässig, eine für einen bestimmten Zweck gebildete Rückstellung nach ihrem Freiwerden für einen anderen Zweck zu verwenden, ohne den Ertrag aus ihrer Auflösung auszuweisen. In diesen Fällen ist der Aufwand des lfd Gj in den entspr Aufwandsposten einzustellen, während die nicht mehr benötigte Rückstellung als Ertrag ausgewiesen werden muss. Einen Sonderfall bilden die Steuerrückstellungen, dazu Anm 253 f.

103 Bestimmte Rückstellungen, zB für Garantieleistungen, bei deren Bildung die Zuordnung zu den einzelnen Aufwandsarten (zB Materialaufwand, Personalaufwand) nicht von vornherein feststeht, werden im Allgemeinen zu Lasten der sonstigen betrieblichen Aufwendungen gebildet. Bei dem späteren tatsächlichen Eintritt des betr Geschäftsvorfalls (zB Reparaturen) ist der Primäraufwand – weil ohnehin nicht gesondert erfassbar – als solcher auszuweisen, zB Löhne und Gehälter, soziale Abgaben und Roh-, Hilfs- und Betriebsstoffe. Um den Aufwand nicht doppelt ergebniswirksam werden zu lassen, wird gleichzeitig die Einstellung eines **Ausgleichspostens,** der dem Verbrauch der Rückstellungen entspricht, in die sonstigen betrieblichen Erträge erforderlich. Es wird jedoch für zulässig erachtet und von uns bevorzugt, diesen Ausgleichsposten gegen die sonstigen betrieblichen Aufwendungen, soweit sie die Neubildung von entspr Rückstellungen – zB Garantierückstellungen für künftige Garantiefälle - betreffen, zu saldieren (so *ADS*[6] § 275 Anm 78); denn in diesem Fall wird kein Primäraufwand saldiert, ein ggf übersteigender Betrag ist unter „sonstige betriebliche Erträge" auszuweisen.

108 Folgende **Erträge aus dem Einsatz von derivativen Finanzinstrumenten** (zu Einzelheiten s § 254 Anm 70 ff) kommen für den Ausweis unter den sonstigen betrieblichen Erträgen in Betracht: Unrealisierte Erträge aus Wertänderungen von Derivaten, die in eine BewEinh gem § 254 einbezogen sind, sofern die sog Durchbuchungsmethode mit Berührung der GuV angewendet wird (vgl IDW RS HFA 35, Tz 81). Realisierte Erträge aus Glattstellung, Veräußerung oder Verfall von Optionen. Erträge des Verkäufers einer Zinsbegrenzungsvereinbarung aus der Auflösung abgelaufener Teiloptionen und des Käufers aufgrund erhaltener Ausgleichszahlungen, soweit diese Beträge nicht Teil einer BewEinh gem § 254 sind, da in diesem Fall ein mit den Erfolgswirkungen aus dem Grundgeschäft saldierter Ausweis innerhalb des Zinsergebnisses sachgerecht ist (Nettoausweis; vgl IDW RS HFA 35, Tz 85). Erträge aus der Vereinnahmung von *variation margins* bei Glattstellung von *Financial Futures* vor deren Fälligkeit. Erträge aus dem *Settlement* von *Forward Rate Agreements,* soweit sich das Zinstermingeschäft nicht auf ein Grundgeschäft bezieht, dessen Verzinsung hierdurch verändert wird, da der saldierte Ausweis innerhalb des Zinsergebnisses dann vorzuziehen ist, s auch Anm 194, 210; das Gleiche gilt für Erträge aus dem Saldo zu empfangender und zu leistender Zinszahlungen aus einem lfd Zinsswap. Erträge aus der Auflösung von Zinsswapgeschäften vor der Fälligkeit bei fehlender Einbeziehung in eine BewEinh.

111 Die **Erträge aus Steuererstattungen** und aus der Weiterbelastung von Steuern an Organ-Ges oder Erträge aufgrund eines Verlustrücktrags (§ 10d EStG) sind gegen den Steueraufwand zu saldieren, dazu Anm 253 f. **Stromsteuererstattungen** werden bei Unt des Produzierenden Gewerbes (Steuerträger) häufig vom Materialaufwand gekürzt, soweit in dem Materialaufwand die Gj Stromsteuer enthalten ist; anderenfalls erfolgt der Ausweis unter Posten Nr 4. Das Gleiche gilt auch für Erstattungen von **Energiesteuer.** Zum Ausweis branchentypischer indirekter Steuern beim Steuerschuldner, bspw bei StromversorgungsUnt bzw Unt der Mineralölwirtschaft, s aber Anm 249 (offenes Absetzen von den Umsatzerlösen).

112 Das HGB schreibt zwar für das Gesamtkostenverfahren bis Posten Nr 14 keine **Zwischensummen** vor; dennoch könnte im Interesse der Klarheit und Über-

sichtlichkeit nach dem Posten Nr 4 eine Zwischensumme gezogen werden, die als „betrieblicher Rohertrag" zu bezeichnen wäre.

5. Materialaufwand (Nr 5)

a) Aufwendungen für Roh-, Hilfs- und Betriebsstoffe und für bezogene Waren

b) Aufwendungen für bezogene Leistungen

Unter dem Posten Nr 5a ist in erster Linie der gesamte **Materialverbrauch aus dem Fertigungsbereich** des Unt zu erfassen, insb alle Fertigungsstoffe, Brenn- und Heizungsstoffe, Reinigungsmaterialien, Reparaturstoffe, Baumaterialien, Kleinmaterialien, Reserveteile und Werksgeräte sowie bestimmte Verpackungs- und Versandmaterialien. Materialaufwendungen des Verwaltungs- und Vertriebsbereichs (zB Büromaterial, Papier, Verpackungsmaterial) sollten, weil nicht unmittelbar zur Produktion gehörend, grds unter den sonstigen betrieblichen Aufwendungen ausgewiesen werden. Zulässig ist aber auch ein Ausweis unter Posten Nr 5a (glA *WPH*[14] I, F Anm 526). Wichtig erscheint die Beibehaltung des einmal gewählten Ausweises **(Ausweisstetigkeit)** sowie die Notwendigkeit, Abweichungen von Belang in späteren Gj im Anhang anzugeben und zu begründen.

Bei Roh-, Hilfs- und Betriebsstoffen, für die ein **Festwert** gebildet wird, sind die AK aller Zukäufe im Gj unter Posten Nr 5a auszuweisen; glA *ADS*[6] § 275 Anm 86. Bei Anlage-VG, die als Festwert geführt werden, ist der Ausweis der Aufwendungen für Zukäufe sowohl unter Nr 5a als auch unter Nr 8 (sonstige betriebliche Aufwendungen) zulässig (ebenso *WPH*[14] I, F Anm 528), unter Kürzung der jeweils aktivierten Zukäufe. Auch die Abstockungen vom Festwert sind unter Posten Nr 5a oder Posten Nr 8 (sonstige betriebliche Aufwendungen) auszuweisen.

Die Aufwendungen für Roh-, Hilfs- und Betriebsstoffe werden ihrer Höhe nach durch die **Formel** „Anfangsbestand plus Zugänge minus Endbestand" berechnet, wobei Anfangs- und Endbestände durch Inventur ermittelt und aus den entspr Bestandskonten entnommen werden können. Aufgrund dieser bilanztechnischen Ermittlung der Aufwendungen für Roh-, Hilfs- und Betriebsstoffe gehen neben Mengenunterschieden auch Bewertungsunterschiede, wie zB Inventurdifferenzen und Bewertungsabschläge und -änderungen, in den Posten Nr 5a ein. Da Abschreibungen auf VG des Umlaufvermögens in dem Posten Nr 7b zu erfassen sind, soweit sie die in dem Unt *üblichen* Abschreibungen *überschreiten* (Anm 144 ff), dürfen unübliche (außergewöhnlich hohe) Beträge bei der Ermittlung der Aufwendungen für Roh-, Hilfs- und Betriebsstoffe *nicht* einbezogen werden. Als hierunter zu erfassende **übliche Wertminderungen** sind Abwertungen aufgrund von Schwund, von geringeren Verkaufserlösen oder der Produktqualität anzusehen. Demggü sind *beträchtliche* Verluste von Roh-, Hilfs- und Betriebsstoffen, die zB durch Diebstahl oder Feuer entstehen, nicht unter Posten Nr 5a, sondern unter ao Aufwendungen (Posten Nrn 16 bzw 15) auszuweisen, da sie dann außerhalb der gewöhnlichen Geschäftstätigkeit anfallen – wenn dort auch der Schadensersatz der Versicherung (dazu Anm 97) eingebucht wird. Zum Ausweis nicht abzugsfähiger Vorsteuern unter Posten Nr 5a s IDW RH HFA 1.017, Tz 11 ff.

Aufwendungen für **bezogene Waren** sind nur dann unter Posten Nr 5a zu erfassen, wenn die Waren verkauft wurden oder infolge von Inventurdifferenzen oder einer Abwertung nach § 253 Abs 4 nicht mehr mit ihren AK bilanziert werden. Soweit bezogene Waren in dem Bestand der Vorräte enthalten und nicht abgewertet sind, haben sie (noch) zu keinem Aufwand geführt.

122 Aufwendungen für **bezogene Leistungen (Posten Nr 5b)** stehen den Roh-, Hilfs- und Betriebsstoffen gleich, sie sind gesondert auszuweisen. Es muss sich dabei um externe Vorleistungen für die Herstellung bzw (in der Industrie) Be- oder Verarbeitung eigener Erzeugnisse im weitesten Sinne handeln. Ausschlaggebend für die **Abgrenzung der bezogenen Leistungen** ist, dass sie gem dem Gliederungsschema Materialaufwand darstellen (ähnlich ADS[6] § 275 Anm 93; Budde in HdR[5] § 275 Anm 50, 53; WPH[14] I, F Anm 530). Hierbei kann jedoch uE nicht verlangt werden, dass die bezogene Leistung zwingend einen physischen Stoffeinsatz beinhaltet. Dies würde den heutigen Leistungserstellungsprozess in vielen Unt insb des Dienstleistungssektors nicht adäquat widerspiegeln. Entscheidend für die Zuordnung von Fremdleistungen zu den bezogenen Leistungen sollte somit sein, dass die Fremdleistung branchenspezifisch als **wesentlicher bzw prägender Bestandteil in die Leistung des Unt eingeht**. Ein bloß loser direkter Zusammenhang der Fremdleistung mit dem betrieblichen Leistungserstellungsprozess erscheint uE nicht ausreichend für einen Ausweis als Aufwendungen für bezogene Leistungen. Entspr dürfte es bei DienstleistungsUnt sachgerecht sein, von SubUnt bezogene Leistungen wie bspw Dritthonorare bei BeratungsGes oder Ingenieurleistungen bei Baufirmen unter dem Posten Nr 5b auszuweisen (vgl *Winzker* in Beck HdR B 332 Anm 30).

Auf Basis der vorgenannten Überlegungen kann es im Einzelfall auch sachgerecht sein, entrichtete Lizenzgebühren unter Nr 5b zu erfassen, sofern das genutzte Patent bzw Know-how als wesentlicher Bestandteil in die eigene Leistung eingeht (ähnlich WPH[14] I, F Anm 532; ADS[6] § 275 Anm 98).

Ebenfalls unter den Aufwendungen für bezogene Leistungen wird idR der Bezug von *Energie* (zB Strom, Gas, Fernwärme) ausgewiesen (vgl WPH[14] I, F Anm 527; ADS[6] § 275 Anm 85, 97); da jedoch zB Strom und Gas mit Ausnahme der meist fehlenden Speichermöglichkeit die wesentlichen Eigenschaften von Betriebsstoffen aufweisen (vgl ADS[6] § 266 Anm 105; *Winzker* in Beck HdR B 332 Anm 31), kommt eine Einbeziehung der entspr Aufwendungen in Posten Nr 5a ebenfalls in Betracht (lt *Budde* in HdR[5] § 275 Anm 53 allein zulässiger Ausweis). Soweit nicht Formblätter vorgehen, weisen zB Verkehrsbetriebe zT den Fahrstrom unter Posten 5a aus, um diesen Aufwand im gleichen (Unter-) Posten ausweisen zu können wie die Treibstoffe (zB für den Busverkehr). Gleiches gilt für den Energiebezug durch Versorgungsbetriebe.

123 In Posten Nr 5b sind nicht sämtliche, sondern in erster Linie die in die **Fertigung** eingehenden Fremdleistungen auszuweisen. Zweifelsfrei zählen die Lohnbe- und -verarbeitung von kostenfrei beigestellten Fertigungsstoffen und unfertigen Erzeugnissen (zB Umschmelzen von Metallen, Lackieren von Teilen, Stanzarbeiten) zu dem Posten Nr 5b. Problematisch kann die Einordnung in den Posten Nr 5a oder Nr 5b werden, wenn bei Werklieferungen neben der Verarbeitungsleistung auch Material in nicht bekannter Höhe bezogen worden ist. Generell sollte der Aufwand als bezogene Leistung ausgewiesen werden, wenn der Leistungsanteil eindeutig überwiegt. Dies wird regelmäßig der Fall sein, wenn der Fremdunternehmer nur Hilfs- oder Betriebsstoffe als Einsatzmaterialien verwendet. Praktikabel scheint es auch zu sein, nur die nicht lagerfähigen Fremdleistungen im Posten Nr 5b zu erfassen, wenn sie als Stoffeinsatz anzusehen sind.

Die Kosten für an Fremde vergebene Entwicklungsarbeiten können in den Posten Nr 5b einbezogen werden, wenn sie für die eigene Fertigung erforderlich sind. Alle anderen Fremdleistungen, die nicht in die betriebliche Leistung eingehen bzw für die Leistungserstellung/-bringung erforderlich werden, sind nicht hier, sondern unter den sonstigen betrieblichen Aufwendungen (Posten Nr 8) auszuweisen.

Der Ausweis von Aufwendungen für **Fremdreparaturen** ist str. So wird zT befürwortet, sie in den Posten Nr 5b einzubeziehen, da auch der Materialaufwand für Eigenreparaturen unter diesem Posten auszuweisen sei bzw bei Großanlagen durch den ständig hohen Aufwand die Fremdreparaturen dem Materialeinsatz wirtschaftlich nahe stehen. Es dürfte sachgerecht sein, die Reparaturaufwendungen ebenso wie die Wartungsaufwendungen dann in die sonstigen betrieblichen Aufwendungen (Posten Nr 8) einzubeziehen, wenn deren Lohnanteil im Vergleich zum Materialanteil überwiegt (ebenso *ADS*[6] § 275 Anm 96).

Wenn Mieterträge als Umsatzerlöse auszuweisen sind (Anm 50), sollten die *entsprechenden* **Mietaufwendungen** unter Nr 5b einbezogen werden (*WPH*[14] I, F Anm 532).

6. Personalaufwand (Nr 6)

a) Löhne und Gehälter

b) Soziale Abgaben und Aufwendungen für Altersversorgung und für Unterstützung,

davon für Altersversorgung

Posten Nr 6 umfasst sämtliche Personalaufwendungen (Geld- und Sachleistungen), die für gewerbliche Arbeitnehmer, Angestellte sowie für Vorstände oder Geschäftsführer des Unt (einschl Komplementär von KGaA) anfallen. Hierbei ist unerheblich, für welche Arbeit, in welcher Form und unter welcher Bezeichnung sie geleistet wurden (Anm 127). Besteht im Falle einer KapCoGes der Dienstvertrag von Geschäftsführern bzw Vorständen mit dem Komplementär selbst, ist die Vergütung, die von der KapCoGes an den Komplementär für die Geschäftsführung gezahlt wird, im JA der KapCoGes unter dem Posten Nr 8 auszuweisen (so auch *WPH*[14] I, F Anm 533; zum Ausweis von Weiterbelastungen der Personalkosten im JA des phG s Anm 52).

Unter Posten Nr 6a „**Löhne und Gehälter**" sind alle im Gj angefallenen Einzelbeträge zu erfassen, und zwar unabhängig davon, wann die Auszahlung erfolgt. Es sind jeweils die Bruttobeträge der Löhne und Gehälter auszuweisen, dh die Beträge *vor Abzug* der Steuern und der vom Arbeitnehmer zu tragenden Sozialabgaben. Die am Jahresende noch nicht ausbezahlten, das Gj betr Löhne und Gehälter werden unter den Verbindlichkeiten, Tantiemen oft als Rückstellungen erfasst. Sie werden in neuer Rechnung ohne Berührung der GuV ausgezahlt. Auszahlungen von Löhnen und Gehältern für frühere Gj, für die keine ausreichenden Beträge zurückgestellt waren (zB Tantiemen), belasten insoweit das lfd Gj und sind ebenfalls unter dem Posten Nr 6a zu erfassen.

Vorschüsse auf Löhne und Gehälter sind kein Aufwand, sondern stellen bis zur Verrechnung oder Rückzahlung aktivierungspflichtige Forderungen dar.

Der Posten Löhne und Gehälter umfasst **alle Formen des Arbeitsentgelts**, das aufgrund vertraglicher (Einzel-, Tarifvertrag) oder freiwilliger Basis an Arbeitnehmer oder Geschäftsführer des Unt gewährt wird. Die Form oder Bezeichnung der Leistungen ist dabei unerheblich. Nicht hierunter fallen Vergütungen, die im Rahmen der Gewinnverwendung beschlossen werden (Anm 129). In Nr 6a sind einzubeziehen: Trennungs- und Aufwandsentschädigungen, Dienstalterszulagen, Lohnfortzahlung im Krankheitsfall, Altersteilzeitvergütungen, Erfindervergütungen, Vergütungen für Verbesserungsvorschläge, Überstundenzuschläge, Gefahrenzulagen, Weihnachtsgelder, Erfolgsprämien, aktienbasierte Entlohnungskomponenten (Anm 129), Urlaubsgelder und Urlaubsabgeltungen, Jubiläumsgelder, aber auch Arbeitgeberleistungen zur Anlage nach dem VermBG, vom Arbeitgeber freiwillig übernommene Arbeitnehmer-Beiträge an gesetzliche soziale Versicherungen sowie Zuschüsse zu Versicherungen, die zur Befreiung von der gesetzlichen Pflichtversicherung abgeschlossen worden sind, Erfolgsbeteiligungen. Rückstellungszuführungen zB für Urlaub, Vorarbeit, Altersteilzeit (s Anm 132), Jubiläen ua gehören auch hierher; frei werdende Rückstellungen sind nicht zu saldieren, sondern als Auflösung von Rückstellungen zu behandeln (Anm 102). Vom Unt übernommene LSt und Kirchensteuern werden grds ebenfalls unter Posten Nr 6a auszuweisen sein. Das gilt auch für die pauschalierte LSt (Anm 246).

128   In **Sachwerten** geleistete Bezüge (zB Dienstwagen, Deputate, Aktien(-optionen), mietfrei oder mietgünstig überlassene Dienstwohnungen usw) sind grds ebenfalls unter den Löhnen und Gehältern zu erfassen. Da die Aufwendungen des Arbeitgebers für die Beschaffung der gewährten Sachbezüge von den übrigen betrieblichen Aufwendungen oft nicht einwandfrei getrennt ermittelt werden können, werden in der Praxis häufig die lohnsteuerrechtlichen Sachbezugswerte unter Posten Nr 6a erfasst (bei gleichzeitiger Neutralisierung über den Posten Nr 4 „sonstige betriebliche Erträge").

129   Bezüge der **Vorstandsmitglieder** und Geschäftsführer einschl Naturalbezüge, Provisionen oder Tantiemen sind auch unter Nr 6a auszuweisen. Das Gleiche gilt für die Gewinnbeteiligungen und für anteilsbasierte Entgeltkomponenten (zB *Stock Options, Stock Appreciation Rights* und *Phantom Stocks*) der Vorstandsmitglieder. Die Bilanzierung von anteilsbasierten Vergütungen ist teilweise str, vor allem, ob im Rahmen der Gewährung von Optionen auf Aktien die aufwandswirksame Dotierung einer Kapitalrücklage erforderlich ist (vgl § 272 Anm 500 ff; *WPH*[14] I, F Anm 143 f mwN, 158 ff). Eine Gewinnbeteiligung der Vorstandsmitglieder fällt nur dann nicht unter den Posten Nr 6a, wenn in Ausnahmefällen die HV selbst über die Gewinnbeteiligung des Vorstands entscheiden soll oder sie (teilweise) dividendenabhängig ist. Dann ist der die garantierte Mindest-Tantieme übersteigende Betrag in den Gewinnverwendungsvorschlag nach § 170 Abs 2 AktG aufzunehmen.

130   **Aufsichtsratsbezüge** sind nicht unter Nr 6a, sondern unter Nr 8 „sonstige betriebliche Aufwendungen" zu erfassen, da die Mitglieder des AR im Gegensatz zu Vorständen (§ 84 AktG) in keinem Anstellungsverhältnis zu der KapGes stehen (glA *WPH*[14] I, F Anm 537). Gleiches gilt für einen (freiwilligen) Beirat.

131   **Nicht** unter den Löhnen und Gehältern erfasst werden Rückerstattungen barer Auslagen und Aufwendungsersatz einschl pauschalierter Spesen für Reisen, Verpflegung und Übernachtung an Arbeitnehmer sowie an Geschäftsleiter. Diese Aufwendungen gehören zu Nr 8 (sonstige betriebliche Aufwendungen). Die Entgelte für freiberuflich tätige Mitarbeiter sind je nach Sachverhalt unter Nr 5b oder Nr 8 auszuweisen; das Gleiche gilt für Löhne und Gehälter für Arbeitskräfte fremder Unt **(Personalleasing)**, auch wenn die Entgelte vom bilanzierenden Unt ermittelt und ausgezahlt werden (*WPH*[14] I, F Anm 534; für einen Ausweis der Aufwendungen für Zeitarbeitskräfte unter dem Personalaufwand *Bömelburg/Rägle/Gahm* DB 2013, 765).

Der Ausweis von **Leistungen aufgrund eines Sozialplans** sowie von **Abfindungen** an ausscheidende Arbeitnehmer kann unter dem Gesichtspunkt, dass Abfindungszahlungen letztlich ihren Ursprung im Dienstverhältnis haben (so *ADS*[6] § 275 Anm 109; *Heymann* in Beck HdR B333 Anm 15) unter Posten Nr 6a erfolgen. Hat die Abfindung jedoch nicht den Charakter einer *Nach*zahlung für geleistete Dienste oder soll durch sie ein lästiger Arbeitnehmer zum Ausscheiden veranlasst werden, ist der Ausweis unter Nr 8 vorzuziehen (ähnlich *Budde* in HdR[5] § 275 Anm 56, bei erheblichen Beträgen). Dementspr sind Abfindungen und Leistungen aufgrund eines Sozialplans nicht hier, sondern idR unter Posten Nr 8 zu erfassen, soweit nicht für erhebliche Beträge (zB Stilllegung von Teilbetrieben) ein Ausweis unter ao Aufwendungen in Betracht kommt. Die gleiche Betrachtung gilt für Vorruhestandszahlungen.

Die Bildung der im Rahmen des sog „**Blockmodells**" **für Altersteilzeit** zu passivierenden Rückstellungen wegen *Erfüllungsrückstands* des Arbeitgebers erfolgt über den GuV-Posten „Löhne und Gehälter", da der Arbeitnehmer vorgeleistet hat. Die vom Arbeitgeber zu leistenden *Aufstockungszahlungen* können demggü sowohl eine zusätzliche Entlohnung darstellen (dann ratierliche Ansammlung über Posten Nr 6a) als auch Abfindungscharakter haben (zur Abgrenzung vgl IDW RS HFA 3, Tz 7 ff). Es bedarf einer Klassifizierung im konkreten Einzelfall. Haben die Aufstockungsbeträge Abfindungscharakter, hat die Rückstellungszuführung über Posten Nr 8 zu erfolgen (vgl IDW RS HFA 3, Tz 29; s hierzu auch *Förschle/ Naumann* Bilanzielle Behandlung der Altersteilzeitarbeit nach deutschem Handelsrecht und nach den International Accounting Standards DB 1999, 160). **132**

Zu den **sozialen Abgaben (Posten Nr 6b)** gehören, entspr dem Wortsinn des Begriffs „Abgaben", die **Arbeitgeberanteile** zu den gesetzlich vorgeschriebenen Sozialabgaben, wie Arbeiterrenten-, Angestellten-, Arbeitslosen-, Krankenversicherung, Pflegeversicherung, Knappschaftsbeiträge, Beiträge zur Berufsgenossenschaft, Ausgleichsabgabe nach dem Schwerbehinderten-Gesetz (für Letztere: Ausweis auch unter sonstige betriebliche Aufwendungen zulässig so ADS[6] § 275 Anm 116). Unter den sozialen Abgaben sind auch *Firmenbeiträge* zur befreienden Lebensversicherung auszuweisen, wenn sie an die Stelle der sonst zu zahlenden Pflichtabgaben treten. *Freiwillige* Sozialleistungen wie etwa Fort- und Ausbildungskosten sowie Aufwendungen für Betriebsfeiern gehören dagegen nicht zu den sozialen Abgaben, sondern zu den „sonstigen betrieblichen Aufwendungen" (Posten Nr 8). **133**

Die **Aufwendungen für Altersversorgung (Posten Nr 6b)** sind zwangsläufig nicht nur auf die Arbeitnehmer beschränkt, sondern schließen außerdem die Rentner und die Hinterbliebenen ehemaliger Arbeitnehmer und ggf auch Freiberufler mit ein. Der Ausweis umfasst insb **135**
– sämtliche Zuführungen zur Pensionsrückstellung (Anm 138),
– Pensions- und Deputatleistungen mit und ohne Rechtsanspruch des Empfängers, soweit sie nicht zu Lasten von Pensionsrückstellungen geleistet werden,
– Zuweisungen an rechtlich selbständige Versorgungseinrichtungen (U- und P-Kassen),
– Beiträge an den PSVaG (einschl Zuführung zur Rückstellung).
Andere vom Unt übernommene Aufwendungen für die künftige AVers von Mitarbeitern (zB **Lebensversicherungsprämien**) sind ebenfalls hier auszuweisen, soweit es sich nicht um gesetzliche Sozialabgaben handelt und die Begünstigten einen unmittelbaren Anspruch auf die AVers-Leistungen erwerben. Auch sog **Überbrückungsgelder und Gnadengehälter** sind idR als AVers-Aufwand auszuweisen. Dagegen fallen Prämien für eine betriebliche **Rückdeckungsversicherung** nicht unter Nr 6b; insoweit handelt es sich um sonstige betriebliche Aufwendungen, da das Unt bezugsberechtigt ist (glA ADS[6] § 275 Anm 19).

Aufwendungen für **Direktversicherungsprämien** sind unter Posten Nr 6b auszuweisen, wenn im Versicherungsfall auf diese des Arbeitnehmers ein unmittelbarer Leistungsanspruch gegeben ist. Resultieren die Aufwendungen aber eindeutig aus der Umwandlung von Lohn- oder Gehaltsteilen, ist ein Ausweis unter 6a vorzuziehen (ähnlich *Budde* in HdR[5] § 275 Anm 59, 61).

Bei den **Aufwendungen für Unterstützung** handelt es sich um Zahlungen (oder Verbindlichkeiten) an aktive und ehemalige Betriebsangehörige sowie deren Hinterbliebene, die ohne konkrete Gegenleistung und ohne Rechtsanspruch den Empfängern – ggf über eine U-Kasse-GmbH – gewährt werden. In Betracht kommen hier insb Leistungen, die den Empfängern unmittelbar zur Milderung **136** besonderer Belastungen aus sozialen Gründen zugewendet werden, zB Unterstützungszahlungen bei Krankheit oder Unfall, Erholungs-, Kur-, Krankenhaus- und Arztkostenbeihilfen, Heirats- und Geburtsbeihilfen und ähnliche (meist) lohnsteuerfreie Zuwendungen sowie Zuweisungen zum Zwecke der Unterstützung an rechtlich selbständige Sozialkassen und Unterstützungseinrichtungen des Arbeitgebers. Derartige Zuwendungen an *betriebsfremde* Personen oder Wohlfahrtseinrichtungen sind dagegen als sonstige betriebliche Aufwendungen, selten als nicht betrieblich veranlasste Aufwendungen unter Posten Nr 16 (ao Aufwendungen) auszuweisen.

137 Die **Aufwendungen für Altersversorgung** sind in dem Posten Nr 6b gesondert mit dem Vermerk „davon für Altersversorgung" anzugeben. Dem gesonderten Vermerk kann durch Untergliederung des Postens 6b entsprochen werden, so auch *ADS*[6] § 275 Anm 123. Hierunter sind nicht nur die Pensionszahlungen, sondern der gesamte AVers-Aufwand des Gj auszuweisen. Hierunter fallen sowohl unmittelbare als auch mittelbare (iSd Art 28 Abs 1 EGHGB) Zahlungen und Verpflichtungen.

138 Der Zuführungsbetrag zur Pensionsrückstellung entspricht überwiegend der jährlichen Annuität (Sparprämie des lfd Jahres zzgl nachgeholter Sparprämien) zzgl Jahreszins auf den jeweiligen Bestand. Entspr dem durch das BilMoG eingefügten § 277 Abs 5 ist es nunmehr verpflichtend, den Zinsanteil aus der Rückstellungsveränderung in der (primären) Aufwandsart Zinsen (Nr 13) auszuweisen. Angesichts des vielfach hohen Zinsanteils an dem Pensionsaufwand würde die Aufwandsstruktur verfälscht werden, wenn der Zinsanteil als Sozialaufwand ausgewiesen würde. Aufwendungen und Erträge aus der Änderung des Zinssatzes dürfen entweder im operativen Ergebnis (Nr 6 bzw Nr 4) oder aus Vereinfachungsgründen im Zinsergebnis ausgewiesen werden (*WPH*[14] I, F Anm 540). Zu Besonderheiten bei Vorliegen von Deckungsvermögen s Anm 193. Aufwendungen aus geänderten Trendannahmen (Lohn-, Gehalts- und Rententrends) sowie aus geänderten biometrischen Annahmen (zB Sterbewahrscheinlichkeit) sind grds Bestandteil des Zuführungsbetrags im Personalaufwand.

Es wird **nicht** gegen das **Saldierungsverbot** des § 246 Abs 2 S 1 verstoßen, wenn Auflösungen (zB durch das Ausscheiden eines Anwärters ohne oder mit unverfallbare(r) Anwartschaft oder Ableben eines Rentners) und Zuführungen zu den einzelnen Pensionsrückstellungen saldiert als „Zuführungen" unter Nr 6b ausgewiesen werden – denn es handelt sich um eine nach mathematischen Grundsätzen geschätzte „Gesamtlast" (glA *Budde* in HdR[5] § 275 Anm 61). § 6a Abs 4 EStG sieht für die StB in bestimmten Fällen eine Verteilung des Zuführungsbetrags über mehrere Jahre vor, für die HB ist diese Verteilung nicht zulässig. Aufwendungen aus der Ansammlung eines sich aus der Umstellung auf die durch das BilMoG geänderten handelsrechtlichen Vorschriften ergebenden Betrags der Unterdeckung (Wahlrecht gem Art 67 Abs 1 S 1 EGHGB) sind gem Art 67 Abs 7 EGHGB nicht im Personalaufwand, sondern im ao Aufwand zu erfassen (s auch IDW RS HFA 28, Tz 45).

7. Abschreibungen (Nr 7)

a) auf immaterielle Vermögensgegenstände des Anlagevermögens und Sachanlagen

b) auf Vermögensgegenstände des Umlaufvermögens, soweit diese die in der Kapitalgesellschaft üblichen Abschreibungen überschreiten

140 In Posten Nr 7 wird eine Differenzierung des Abschreibungsausweises gefordert, je nachdem, ob die Abschreibung das Anlagevermögen (ohne Finanzanla-

gen) oder das Umlaufvermögen betrifft. Zusätzliche Bedingung für den Ausweis unter Posten Nr 7b ist, dass die Abschreibung bei VG des Umlaufvermögens die **üblichen Abschreibungen übersteigt.**

Unter dem **Posten Nr 7a** sind alle **planmäßigen und außerplanmäßigen Abschreibungen** auf selbst erstellte oder erworbene immaterielle VG des Anlagevermögens (zB EDV-Software, Praxiswerte, Kundenkarteien, Know-how), auf den derivativen GFW und auf das Sachanlagevermögen auszuweisen. 141

KapGes/KapCoGes müssen alle bisher aufgelaufenen Abschreibungen sowie die Abschreibungen des Gj in der Bilanz bei den betr Posten zeigen oder im Anhang angeben **(Anlagengitter).** Die Summe der dort ausgewiesenen Abschreibungen des Gj muss mit der Summe der in der GuV verrechneten Abschreibungen des Gj übereinstimmen; hierzu § 268 Anm 16 mwN. Die Vorschrift verlangt aber keine Unterscheidung in planmäßige und außerplanmäßige Abschreibungen. Die **außerplanmäßigen Abschreibungen** auf das Anlagevermögen sind gemäß § 277 Abs 3 stets (auch kleine KapGes/KapCoGes) gesondert in einer Summe in der GuV auszuweisen oder im Anhang anzugeben (§ 277 Anm 3 ff). **Außerplanmäßig** sind alle Abschreibungen auf Sachanlagen und immaterielle VG, die zusätzlich vorgenommen werden, um den niedrigeren beizulegenden Wert (§ 253 Abs 3 S 3) zu bilanzieren. 142

Unter dem **Posten Nr 7b** sind *nur* solche **Abschreibungen auf Vermögensgegenstände des Umlaufvermögens** auszuweisen, die die im Unt üblichen Abschreibungen *überschreiten*. Nach § 266 Abs 2 umfasst das Umlaufvermögen 143

1. Vorräte,
2. Forderungen und sonstige VG,
3. Wertpapiere und
4. Kassenbestand, Bundesbankguthaben, Guthaben bei Kreditinstituten und Schecks,

so dass grds die Abschreibungen auf *alle* darin enthaltenen VG im Hinblick auf den Ausweis unter Posten Nr 7b in Betracht kommen; idR wird es sich um erhebliche Abschreibungen auf Forderungen (einschl Forderungs- und Darlehens-Erlasse, soweit nicht unter Posten Nr 16 auszuweisen) handeln. Jedoch gehören sämtliche Abschreibungen auf **Wertpapiere** in den Posten Nr 12 „Abschreibungen... auf Wertpapiere des Umlaufvermögens"; s Anm 201. Ähnlich ADS[6] (§ 275 Anm 169), die im Hinblick auf das Umsatzkostenverfahren, das den Posten Nr 7b nicht enthält, diesen Ausweis präferieren.

Die zu Posten Nr 7b korrespondierenden *üblichen* Abschreibungen werden unter Posten Nr 2 (Bestandsveränderungen), Nr 5a (Materialaufwand) und Nr 8 (sonstige betriebliche Aufwendungen) ausgewiesen. 144

Was unter **„üblichen Abschreibungen"** zu verstehen ist, lässt sich weder aus dem HGB noch aus dem Begr entnehmen. Naheliegend ist eine Interpretation, die an den Wortlaut und den Sinnzusammenhang dieser Vorschrift anknüpft. Hiernach ist unter „üblich" das Vorliegen ähnlicher Sachverhalte in mehreren vergleichbaren Fällen zu verstehen. Das bedeutet, dass die Erkenntnisse, was als üblich oder nicht üblich zu bezeichnen ist, entweder durch internen Zeitvergleich (*Lachnit/Wulf* in Rechnungslegung[2] § 275 Anm 114) oder hilfsweise durch externen Branchenvergleich gewonnen werden können. ADS[6] 275 Anm 133 meinen, dass bei internen Zeitvergleichen Schwankungen des Mengengerüsts und des Preisgefüges an Märkten nicht ausreichend berücksichtigt werden könnten. Der Wortlaut „in der Kapitalgesellschaft üblichen Abschreibungen" stellt zwar auf den internen Vergleich ab, dennoch muss in besonderen Fällen (zB Gründung, Spartenerweiterung) auf Branchenvergleiche zurückgegriffen werden. 145

So können bestimmte Wertabschläge zB auf Roh-, Hilfs- und Betriebsstoffe als branchenüblich bezeichnet werden. Das Gleiche gilt für den Abschlag für Forderungsausfälle im Zeitvergleich, womit diese „Normalposten" zu Nr 8 gehören. Unter Posten Nr 7b sind nur *wesentliche* Abweichungen (ähnlich *Budde* in HdR[5] § 275 Anm 69) von diesen „geglätteten", durchschnittlichen Aufwendungen im Zeitvergleich zu erfassen. Dabei sollten Durchschnittswerte für die letzten drei bis fünf Jahre berücksichtigt werden. Die über die Üblichkeit hinausgehenden Beträge (Posten Nr 7b) müssen *deutlich* höher sein als diese Durchschnittswerte; aus dem Wort „soweit" ergibt sich aber, dass nur der Spitzenbetrag zum Posten Nr 7b zählt (glA *WPH*[14] I, F Anm 548).

146   In Anwendung vorstehender Überlegungen sind zu dem Spitzenbetrag der „*unüblichen*" Abschreibungen" nicht zwangsläufig diejenigen Abschreibungen zu zählen, die aufgrund des strengen Niederstwertprinzips bei Wertminderungen von VG des Umlaufvermögens am Bilanzstichtag vorzunehmen sind, wenngleich *unregelmäßig* auftretende *wesentliche* Niederstwert-Abschreibungen unter Posten Nr 7b auszuweisen sein dürften (ähnlich *WPH*[14] I, F Anm 515).

148   Bei Posten Nr 7b können unter Berücksichtigung der genannten Grundsätze folgende **wesentliche Spitzenbeträge von Wertberichtigungen** ausgewiesen werden: Abwertungen auf Vorräte und nicht abgerechnete Leistungen (zB aufgrund von minderer Qualität, von Neuentwicklungen (zB Elektronik-Markt), aufgrund Preisverfalls oder notleidend gewordener Anzahlungen), Abwertungen von uneinbringlichen Forderungen und Darlehen, Verluste von Bankguthaben – jeweils bei erheblichen Beträgen.

149   *Nicht* hierunter, sondern unter Posten Nr 8 sind die Verluste aus dem Abgang von VG des Umlaufvermögens (ohne Vorräte) auszuweisen. Die Änderung der Pauschalabschreibung auf VG des Umlaufvermögens wird idR als „üblich" zu bezeichnen sein.

150   Unübliche Abschreibungen sind als *ao Aufwendungen* (Nr 16) auszuweisen, wenn sie iZm einem Ereignis anfallen, das außerhalb der gewöhnlichen Geschäftstätigkeit liegt (zB Verkauf eines Teilbetriebs). In diesem Fall sind diese Abschreibungen in den Posten Nr 16 einzustellen (glA *Budde* in HdR[5] § 275 Anm 67). Die Trennung in das Ergebnis der gewöhnlichen Geschäftstätigkeit und das ao Ergebnis ist vorrangig ggü der sachlichen Postenzuordnung. Insoweit dürften bei den von *ADS*[6] (§ 275 Anm 136) und *WPH*[14] I, F Anm 515 als selten angesehenen Abschreibungsfällen (zB bei Sanierung, Produktionsaufgabe, Brand, Enteignung) eher ao Aufwendungen vorliegen.

8. Sonstige betriebliche Aufwendungen (Nr 8)

155   Der Posten „Sonstige betriebliche Aufwendungen" bildet das Gegenstück zu dem Posten Nr 4 „Sonstige betriebliche Erträge". Es handelt sich auch hier um einen Sammelposten, in dem alle Aufwendungen zu erfassen sind, die Aufwendungen der gewöhnlichen Geschäftstätigkeit darstellen und keinem anderen Aufwandsposten (Nrn 5 bis 7 und 12 bis 13 des Gesamtkostenverfahrens bzw Nrn 2, 4, 5 und 11 bis 12 des Umsatzkostenverfahrens) zugeordnet werden können. Daraus ergibt sich, dass die aus der gewöhnlichen Geschäftstätigkeit resultierenden sonstigen betrieblichen Aufwendungen ggü den ao Aufwendungen (Posten Nrn 16 oder 15) abgegrenzt werden müssen.

156   Als sonstige betriebliche Aufwendungen **(Einzelfälle)** kommen in Betracht:
– Verluste aus dem Abgang von VG des Anlagevermögens,
– Verluste aus dem Abgang von VG des Umlaufvermögens (ohne Vorräte),
– Abschreibungen auf Forderungen des Umlaufvermögens, soweit diese den üblichen Rahmen nicht überschreiten,

- Verluste aus der WähUm (§ 277 Abs 5 S 2; s Anm 172),
- Aufwendungen iZm dem Einsatz derivativer FinInst (Anm 168),
- die „übrigen betrieblichen Aufwendungen" stellen in der Praxis die wesentlichen Beträge dieses Sammelpostens dar (Anm 171).

Nachstehend werden Erl zu unter den sonstigen betrieblichen Aufwendungen auszuweisenden Posten gegeben.

Die **Verluste aus dem Abgang von Gegenständen des Anlagevermögens** betreffen Sachanlagen, immaterielle VG und Finanzanlagen. Kosten aus dem Abgang des Anlagegegenstands (zB Abbruchkosten, Veräußerungskosten, Provisionen) werden handelsrechtlich nicht als Abgangsverluste angesehen; steuerlich dagegen mindern Veräußerungskosten das Abgangsergebnis und können somit uU die Entstehung eines Veräußerungsgewinns iSd § 6b Abs 2 EStG verhindern (s Anm 96). 157

Eine Saldierung der Verluste aus dem Abgang von VG des Anlagevermögens mit entspr Abgangserträgen oder mit Schadensersatzleistungen für andere Gegenstände ist aufgrund des Verrechnungsverbots des § 246 Abs 2 S 1 unzulässig. Zum Abgang einer Sachgesamtheit s Anm 95. 158

Bei den **Verlusten aus dem Abgang von Gegenständen des Umlaufvermögens** handelt es sich insb um Kursverluste aus der Veräußerung von Wertpapieren oder Devisenbeständen und um Verluste aus der Übertragung von Forderungen unter ihrem Buchwert (zB beim echten *Factoring*). Verluste aus der Veräußerung von Vorräten wirken sich im Rahmen der Umsatzerlöse (Nr 1) aus. Dagegen sind Abgänge von Vorräten ohne Gegenleistung (zB Diebstahl, Brand) idR unter Posten Nr 8 auszuweisen, wenn sie keinen größeren Umfang haben, es sei denn, es handelt sich um Roh-, Hilfs- und Betriebsstoffe (grds Ausweis unter Nr 5a; s Anm 120). 159

Nicht unter die sonstigen betrieblichen Aufwendungen fallen im Gesamtkostenverfahren folgende „übliche" Verluste aufgrund von **Wertminderungen** (Abschreibungen) bei VG des Umlaufvermögens: Wertminderungen von Roh-, Hilfs- und Betriebsstoffen werden als Materialaufwendungen (Nr 5 a) und Wertminderungen von fertigen und unfertigen Erzeugnissen bei den Bestandsveränderungen (Nr 2) erfasst. Abschreibungen, die die in dem Unt üblichen Abschreibungen *überschreiten*, sind stets gesondert im Posten 7b der GuV auszuweisen (Anm 145 ff). 160

Beim Umsatzkostenverfahren sind übliche/nicht übliche Wertminderungen innerhalb der entspr Funktionsbereiche (Herstellung, Verwaltung, Vertrieb) einzuordnen. Falls sie den einzelnen Funktionsbereichen weder direkt noch geschlüsselt zugeordnet werden können, müssen sie als sonstige betriebliche Aufwendungen ausgewiesen werden. Eine separate Ausweispflicht besteht sowohl beim Umsatzkostenverfahren als auch beim Gesamtkostenverfahren für Abschreibungen auf Wertpapiere des Umlaufvermögens (Nr 12 bzw 11), Anm 200 ff.

Zu den **Abschreibungen auf Forderungen des Umlaufvermögens** zählen diejenigen (Pauschal-)Abschreibungen, die aufgrund des allgemeinen Kreditrisikos auf den Forderungsbestand des Umlaufvermögens vorgenommen wurden. 161

Betriebssteuern sind nach dem Gliederungsschema unter Posten Nr 19 (sonstige Steuern) auszuweisen. Dennoch erfolgt in der Praxis der Ausweis dieser Steuern oft hier. Betriebswirtschaftliche Gründe und die internationale Praxis sprechen für den Ausweis der Betriebssteuern im Ergebnis der gewöhnlichen Geschäftstätigkeit (ähnlich *Budde* in HdR[5] § 275 Anm 99). Man wird daher den Ausweis unter Nr 8 akzeptieren können, wenn der Betrag der hierunter ausgewiesenen Betriebssteuern im Anhang genannt wird, so auch *ADS*[6] § 275 Anm 143. 167

Als sonstige betriebliche Aufwendungen auszuweisen sind außerdem bestimmte Aufwendungen, die iZm **derivativen Finanzinstrumenten** entstehen. Auf- 168 wendungen aus Derivaten, die in eine BewEinh gem § 254 einbezogen werden, sind danach zu unterscheiden, ob es sich um Aufwendungen handelt, die aufgrund einer teilweisen Unwirksamkeit der Sicherungsbeziehung entstehen bzw aus nicht abgesicherten Risiken resultieren oder ob es sich um sog wirksame Beträge handelt (vgl zu den Begriffen IDW RS HFA 35, Tz 48 und 65 ff). Soweit Risiken wirksam abgesichert wurden, sind Aufwendungen nur zu erfassen, wenn der wirksame Teil der Sicherungsbeziehung nach der Durchbuchungsmethode unter Berührung der GuV bilanziert wird (zur Zulässigkeit einer solchen Bruttoerfassung in der GuV s IDW RS HFA 35, Tz 81). In diesem Fall sind die Aufwendungen unter Nr 8 auszuweisen. Andernfalls werden die sich kompensierenden Wert- oder Zahlungsstromänderungen aus Grundgeschäft und Sicherungsinstrument nicht in der GuV erfasst. Der rechnerisch ermittelte Betrag der bisherigen Unwirksamkeit bzgl des abgesicherten Risikos darf ebenfalls unter Nr 8 ausgewiesen werden; ansonsten erfolgt der Ausweis in dem Posten, in dem auch die Wertänderungen des Grundgeschäfts erfasst werden (vgl IDW RS HFA 35, Tz 84). Aufwendungen aus nicht abgesicherten Risiken werden dagegen stets unter Nr 8 ausgewiesen. Für den Ausweis unter Nr 8 kommen bspw folgende Aufwendungen in Betracht: Zuführungsbeträge zu Drohverlustrückstellungen (weil zB bei einem gekauften (verkauften) *Financial Future* der Stichtagskurs unter (über) dem Einstandskurs liegt oder weil für *Forward Rate Agreements*, gemessen an den Zinsverhältnissen des Bilanzstichtags mit einer im Fälligkeitszeitpunkt zu leistenden Ausgleichszahlung gerechnet werden muss), Aufwendungen aus Glattstellung, Veräußerung oder Verfall von Optionen sowie Aufwendungen aufgrund eines zu leistenden Barausgleichs bei Beendigung des Schwebezustands von Optionen auf nicht lieferbare *Underlyings*, Abschreibungen gem Niederstwertprinzip von Prämien, die für *Zinsbegrenzungsvereinbarungen* geleistet wurden, geleistete Ausgleichszahlungen im Rahmen von Zinsbegrenzungsvereinbarungen für abgeschlossene Teilkontrakte, soweit das Geschäft nicht Teil einer BewEinh gem § 254 ist, dann ist ein mit den Erfolgswirkungen aus dem Grundgeschäft saldierter Ausweis innerhalb des Zinsergebnisses sachgerecht (Nettoausweis; vgl IDW RS HFA 35, Tz 85), s auch Anm 194, 210, Abschreibung der geleisteten *variation margins* bei Glattstellung von *Financial Futures* vor deren Fälligkeit, Aufwendungen aus der Auflösung von Zinsswapgeschäften vor deren Fälligkeit.

171 Für die **übrigen betrieblichen Aufwendungen** spielt es keine Rolle, ob der Aufwand betriebsfremd, aperiodisch oder diskontinuierlich anfällt. Im Einzelnen fallen hierunter insb folgende Aufwendungen, wobei die Abgrenzung zu den Aufwendungen für bezogenen Leistungen (Nr 5a) im Einzelfall unter Berücksichtigung des individuellen betrieblichen Leistungserstellungsprozesses zu erfolgen hat (Anm 122 f):

Abschlag für Forderungsausfälle, Abfindungen (soweit nicht früher geleistete Dienste abgeltend), Abwertungen von den „sonstigen Vermögensgegenständen" des Umlaufvermögens zugeordneten Genussscheinen, Abwertungsverluste bei Valuta-Posten, Anschaffungsnebenkosten (soweit nicht zu aktivieren; insb Provisionen gem § 272 Abs 1a S 3, s § 272 Anm 132), Anwaltskosten, Ausbildungskosten, Ausgangsfrachten, Kosten des AR (einschließlich Tantiemen und Reisespesen), Bankgebühren, Beiträge an Berufsvertretungen, Beratungskosten, Bewirtungs- und Betreuungskosten, Bücher, Bürgschaftsentgelte, Bürobedarf und -material, Bußgelder, Datenübertragungskosten, Demontagekosten für Anlagen, Druckkosten, Kosten für EDV-Nutzung, Emissionskosten, Entgelte für selbständige Gewährleistungsverpflichtungen (s § 251 Anm 27), Erbbauzinsen, gemietete Erholungsanlagen, Fremdreparaturen, Gebühren, Gerätemieten, Gründungskosten (ohne Steuern), Hausverwaltungskosten, Internet-Anschlusskosten, Kantinenzuschüsse, Konventionalstrafen, Konzessionsabgaben, Kopierkosten, Kosten für die Beschaffung des EK, Kosten der HV oder der GesV, Kosten für Kapitalerhöhung und Ausgabe von Belegschaftsaktien (soweit nicht Steuern), Kraftfahrzeugkosten (ohne AfA), Lagerkosten, Leasingaufwendungen, Listungsgelder (Listing Fees) im Handel, idR Lizenzgebühren (Anm 122), Messekosten, Mieten und Maschinen-Unterhaltung, Nebenkosten des Geldverkehrs, Pachten, Personaleinstellungskosten, Postgebühren, Prämien für eine betriebliche Rückdeckungsversicherung, Provisionen, Prüfungskosten, Raumkosten, Rechtsberatungskosten, Reisespesen, Reparaturmaterial, Rückstellungen für Wechselobligo, Schutzkleidung, Schwerbehindertenausgleichsabgabe, Softwarekosten (soweit nicht zu aktivieren), Software-Beratungskosten (zB Customizing, soweit nicht zu aktivieren; vgl IDW RS HFA 11 Bilanzierung entgeltlich erworbener Software beim Anwender, FN-IDW 2010, 304 (Tz 17 ff)), Spenden, Aufwendungen für Sportaktivitäten, Steuerberatungskosten, Steuerstrafen, Stillegekosten, Telefon- und Telefaxkosten, Transportkosten, Umlagen der Ober-Ges (ohne Steuern, Anm 255 ff), Umsatzprovisionen (Anm 208), Verluste aus Arbeitsgemeinschaften, Verluste aus Schadensfällen, Verluste aus Syndikats- oder Verbandsabrechnungen (soweit nicht *vertraglich* in den Stoffeinsatz einzubeziehen), Versicherungsprämien (Anm 135), Vorfrachten zu Außenlägern, Wartungskosten, Werbeaufwendungen, Zeitschriften, Kosten des Zahlungsverkehrs, Zugänge zu Festwerten, uU Zuschüsse an Organ-Ges ua.

Entspr dem durch das BilMoG angefügten § 277 Abs 5 S 2 sind Erträge/ Aufwendungen aus der **Währungsumrechnung** jeweils gesondert unter den „sonstigen betrieblichen Erträgen/Aufwendungen" auszuweisen. Den Adressaten soll mit dieser Vorschrift deutlich gemacht werden, wie sich Wechselkurseffekte positiv und negativ auf das Ergebnis ausgewirkt haben. Deshalb ist eine Verrechnung von Aufwendungen und Erträgen aus der WähUm – auch nicht aus Vereinfachungsgründen – nicht zulässig. Da es sich bei den Posten Nrn 4 und 8 um Sammelposten handelt, dh der Ausweis in den übrigen Posten des GuV-Schemas vorgeht, werden zB Bonitätsabschreibungen auf Fremdwährungsforderungen, soweit sie die in der Ges üblichen Abschreibungen überschreiten, nicht unter Nr 4, sondern unter Nr 7a erfasst (§ 256a Anm 235). Ein Mitzugehörigkeitsausweis im Hinblick auf die in der Abschreibung enthaltenen Währungskurseffekte (analog § 265 Abs 3; s auch § 265 Anm 9) erscheint hier bei wesentlichen Beträgen sachgerecht, um die durch § 277 Abs 5 S 2 intendierte Informationswirkung zu erzielen (glA *PwC* BilMoG Komm, J Anm 85; *WPH*[14] I, F Anm 552).

Eine Beschränkung der gesondert auszuweisenden Beträge auf Aufwendungen und Erträge, die aus der Umrechnung von am Abschlussstichtag noch in der Bilanz enthaltenen VG und Schulden gem § 256a resultieren, erscheint nicht angemessen (aA *Zwirner/Künkele/Froschhammer* BB 2011, 1323). Die hieraus folgende Vernachlässigung der unterjährig realisierten Aufwendungen und Erträge ist im Hinblick auf eine klare und übersichtliche Darstellung (§ 243 Abs 2) nicht empfehlenswert. Zudem ist auch bei entspr Kenntlichmachen kein zusätzlicher Informationswert für die Adressaten erkennbar; es wird insb nicht zweifelsfrei ersichtlich, in welchem Umfang eine (zulässige) Durchbrechung des AK- und Realisationsprinzips aufgrund der Ausnahmeregelung des § 256a S 2 vorliegt, da unrealisierte Erträge auch aus Wertaufholungen resultieren können. Aufgrund des Wortlauts des § 277 Abs 5 S 2 („Währungs*umrechnung*") ist es jedoch nicht zu beanstanden, wenn nur unrealisierte Aufwendungen und Erträge gesondert ausgewiesen werden (lt *WPH*[14] I, F Anm 552 vorzuziehen).

Bei **Währungsderivaten** (zB Devisentermingeschäften) stellen Wechselkursänderungen nur die Bemessungsgrundlage dar, ohne dass dies dazu führt, dass der Ergebniseffekt Währungscharakter bekommt. Aus diesem Grund ist es sachgerecht, diesen Ergebniseffekt aus dem Derivat nicht nach § 277 Abs 5 S 2 gesondert anzugeben, sondern als (allgemeinen) sonstigen betrieblichen Ertrag bzw Aufwand auszuweisen (vgl Anm 108, 168). Ein gesonderter Ausweis sollte uE auch dann unterbleiben, wenn das Währungsderivat als Sicherungsinstrument in eine BewEinh gem § 254 einbezogen wird und die Wertänderungen aus Grundgeschäft und Sicherungsinstrument unter Anwendung der Durchbuchungsmethode mit Berührung der GuV (zur Zulässigkeit s IDW RS HFA 35, Tz 81) unter den Posten Nrn 4 bzw 8 ausgewiesen werden.

Dem gesonderten Ausweis wird durch einen Vorspaltenausweis, einen „Davon-Vermerk" oder auch durch eine Postenaufgliederung der „sonstigen betrieblichen Erträge/Aufwendungen" im Anhang Genüge getan.

173 Das HGB verlangt am Ende aller betrieblichen Erträge und Aufwendungen im Gliederungsschema keinen „Zwischen-Saldo" (dazu Anm 40 ff).

9. Erträge aus Beteiligungen, davon aus verbundenen Unternehmen (Nr 9/Nr 8)

175 Hierunter sind alle Erträge aus Bet und Anteilen an verbundenen Unt auszuweisen, sofern es sich nicht um Erträge aufgrund eines Gewinnabführungsvertrags, eines Teilgewinnabführungsvertrags oder einer Gewinngemeinschaft handelt, wofür ein gesonderter Ausweis erforderlich ist (§ 277 Abs 3 S 2, dort Anm 6 ff). Die Brutto-Erträge aus Bet an verbundenen Unt sind in einem *Davon-Vermerk* gesondert auszuweisen. Hierfür ist es ausschlaggebend, dass die Voraussetzungen für das Vorliegen einer UntVerbindung iSd § 271 Abs 2 zum Zeitpunkt der Vereinnahmung des BetErtrags erfüllt sind (vgl ADS[6] § 275 Anm 144). Bei einer unterjährigen Statusänderung sind als Davon-Vermerk nur die auf den Zeitraum der Klassifizierung der BetGes als verbundenes Unt entfallenden BetErträge auszuweisen.

Zum Begriff einer Bet s die Erl zu § 271 Anm 4 bis 28. Eine Bet iSd Posten Nr 9/Nr 8 liegt nur insoweit vor, als der Anteilsbesitz als Bet oder als Anteile an verbundenen Unt in der Bilanz ausgewiesen ist oder war. Nur diese Bet bilden die Grundlage für die hier zu erfassenden Beträge.

176 Im Posten Nr 9/Nr 8 sind die lfd Erträge aus einer Bet auszuweisen. Zu diesen Erträgen gehören insb (Sach-)Dividenden von KapGes, Gewinnanteile von OHG, KG, stillen Ges und Parten-Reedereien und Erträge aus Beherrschungsverträgen (§ 291 Abs 1 AktG), soweit nicht eine Gewinnabführung vereinbart ist, nicht jedoch Vergütungen für die Überlassung von Genussrechtskapital, selbst wenn die Voraussetzungen für einen Ausweis als EK beim Emittenten (§ 247 Anm 228) erfüllt sind (Anm 187). Handelt es sich bei den Leistungen an den Gester um Kapitalrückzahlungen bzw Ausschüttungen von im Erwerbszeitpunkt vorhandenen EK-Bestandteilen, darf insoweit kein BetErtrag erfasst werden, wie diese Leistungen als Rückzahlung von AK der Bet zu qualifizieren sind. Insoweit ist stattdessen der BetBuchwert erfolgsneutral zu vermindern (vgl IDW RS HFA 18, Tz 25 f; *WPH*[14] I, E Anm 541 f; hierzu auch *Gelhausen/Heinz* Vermögensentnahmen aus GmbH und AG in FS Hoffmann-Becking, 357).

177 Der Anspruch eines Gesters einer **Personengesellschaft**, welche nach dem gesetzlichen Regelstatut organisiert ist, entsteht rechtlich mit der Feststellung des JA. Dieses ges-rechtliche Grundlagengeschäft bedarf der Zustimmung aller Gester.

Bei wirtschaftlicher Betrachtungsweise kann der Gewinnanteil beim Gester schon vor der Beschlussfassung der GesV erfasst werden, wenn bei der PersGes, deren Gj spätestens mit dem des entspr Gesters endet, die wesentlichen Bilanzierungs- und Bewertungsentscheidungen verbindlich getroffen wurden, so dass der Gewinnanteil hinreichend konkretisiert ist (IDW RS HFA 18 Bilanzierung von

Anteilen an Personenhandelsgesellschaften im handelsrechtlichen Jahresabschluss, FN-IDW 2012, 24 (Tz 14 ff)) und einer Realisierung nicht gesetzliche oder vertragliche Regelungen entgegenstehen.

Bei Bet an **Kapitalgesellschaften** entsteht ein aktivierungspflichtiger Gewinnanspruch grds erst im Zeitpunkt des Gewinnverwendungsbeschlusses der HV oder GesV (§ 174 AktG bzw §§ 29, 46 Nr 1 GmbHG). Die steuerrechtliche Rspr, die eine phasengleiche Aktivierung von Dividendenansprüchen bei Vorliegen eines Mutter-Tochter-Verhältnisses auch bereits mit einem entspr Gewinnverwendungsvorschlag gestattete, wurde vom GrS in seinem Beschluss (BFH 7.8.2000 DStR, 1682 ff) weitgehend aufgegeben. Zu einer steuerrechtlichen Aktivierung soll es nach Ansicht des GrS nur noch kommen, wenn den Gestern der mind ausschüttungsfähige Bilanzgewinn der Ges am Bilanzstichtag bekannt ist und wenn für diesen Zeitpunkt anhand objektivierter Anhaltspunkte nachgewiesen ist, dass die Gester endgültig entschlossen sind, eine bestimmte Gewinnverwendung künftig zu beschließen. Diese Entscheidung bezieht sich nach dem Wortlaut und der Begr des Beschlusses ausschließlich auf die Behandlung in der StB (s auch BFH 7.2.2007 BB 1607 ff). Die Entscheidungen des *EuGH* (27.6.1996 WPg, 524) und des BGH (12.1.1998 WPg, 635; 3.11.1975 WPg 1976, 80) zum handelsrechtlichen Wahlrecht bzw zur Pflicht der phasengleichen Vereinnahmung derartiger Dividenden bleiben unberührt. Am bisherigen handelsrechtlichen Aktivierungszeitpunkt ändert sich daher durch den BFH-Beschluss nichts. Zur Gewinnvereinnahmung s § 266 Anm 120 f. Sieht der Ges-Vertrag bei PersGes abw vom gesetzlichen Regelstatut vor, dass die GesV über die Gewinnverwendung beschließt, gilt die BGH-Rspr zur phasengleichen Gewinnvereinnahmung dort analog (IDW RS HFA 18 Bilanzierung von Anteilen an Personenhandelsgesellschaften im handelsrechtlichen Jahresabschluss, FN-IDW 2012, 24 (Tz 21); *WPH*[14] I, E Anm 537).

Abschlagszahlungen auf den Bilanzgewinn bzw Vorabausschüttungen sind bei Vorliegen der Voraussetzungen (§ 59 AktG/§ 30 GmbHG, aber auch nach ausländischem Recht) als BetErtrag zu erfassen (dazu *ADS*[6] § 246 Anm 223). Auch bei PersGes kommt die Erfassung eines BetErtrags grds nur in Betracht, wenn innerhalb der Aufhellungsphase für den JA des Gesters die og Voraussetzungen für eine Gewinnvereinnahmung erfüllt sind. Bis dies der Fall ist, sind die Vorabausschüttungen grds wie eine Kapitalentnahme zu behandeln, dh erfolgsneutral als Minderung des BetBuchwerts bzw als Verbindlichkeit zu erfassen (vgl IDW RS HFA 18, Tz 27 ff). Handelt es sich bei wirtschaftlicher Betrachtung jedoch um eine Teilliquidation, erscheint ein erfolgsneutraler Teilabgang nach Maßgabe des Verhältnisses des ausgezahlten Betrags zum Zeitwert der Bet und die erfolgswirksame Erfassung eines BetErtrags in Höhe des Restbetrags sachgerecht (entspr zur Ermittlung der Minderung des BetBuchwerts bei Spaltungsvorgängen IDW RS HFA 43, Tz 33).

Im Posten Nr 9/Nr 8 sind auch Erträge aus Joint Ventures auszuweisen, sofern die Voraussetzungen für die Bilanzierung der Anteile an Joint Ventures in der Bilanz unter den Bet gegeben sind (vgl hierzu *HFA 1/1993* WPg, 442 Abschn 3.1).

Auszuweisen sind stets die **Bruttoerträge**, so dass auch die einbehaltene KapESt nicht von den Erträgen abgesetzt werden darf (im Falle von PersGes ist die einbehaltene KapESt gem IDW RS HFA 7, Tz 31 bei Einbuchung des Bet-Ertrags als von den Gestern entnommen zu betrachten). Grds ist eine anrechnungsfähige einbehaltene KapESt als Forderung zu bilanzieren bzw mit entspr Verpflichtungen ggü derselben Steuerbehörde zu verrechnen. Nicht anrechenbare Quellensteuern sind als Steueraufwand bei den E+E-Steuern (Posten Nrn 18 bzw 17) auszuweisen. Der Bruttoausweis gilt jedoch nicht für steuerfreie Ober-

Ges und auch nicht für steuerfreie U-Kassen oder P-Kassen, soweit kein Erstattungsanspruch besteht.

Der Empfänger einer Sachdividende, die erfolgswirksam zu vereinnahmen ist, hat einen BetErtrag iHd vorsichtig geschätzten Zeitwerts entspr der Spezifizierung im Ausschüttungsbeschluss zu erfassen (zur Angabe des Zeitwerts im Ausschüttungsbeschluss s *Siegel* Zur Berücksichtigung von Sachdividenden im Jahresabschluß WPg 2008, 553 (559)).

179 **Vorteile,** die dem die Bet haltenden Unt *neben* den beschlossenen Gewinnausschüttungen der Bet-Ges zugehen, sind grds nicht als Erträge aus Bet zu erfassen. Sie entstehen insb durch eine entspr Gestaltung der Verrechnungspreise zwischen den Unt, durch Zuschüsse oder Übernahme von Verlusten, durch Umlegung von Kosten der Zentralverwaltung sowie infolge von Pacht- und Lizenzeinnahmen oder aus Dienstleistungsverträgen mit den Bet-Ges. Derartige Gewinnverlagerungen, die steuerrechtlich teilweise als vGA angesehen werden, sind idR nicht eindeutig zu erfassen und zu beziffern. Nur soweit sich diese Vorteile in Einzelfällen sicher abgrenzen und konkretisieren lassen und darüber hinaus in mehreren aufeinander folgenden Gj gleichartig anfallen (Prinzip der Stetigkeit), können sie als Erträge aus Bet ausgewiesen werden (ähnlich und nur für einen ausnahmsweisen Ausweis ADS^6 § 275 Anm 147).

180 Für **Gewinne aus der Veräußerung** von Bet sieht das Gliederungsschema explizit keinen Posten vor. War mit der Beteiligung eine Nähe zum operativen Geschäft verbunden, ist der Ausweis als Erträge aus dem Abgang von VG des Anlagevermögens unter Nr 4 vorzuziehen. Stand dagegen die Finanzanlage im Vordergrund, ist der Ausweis unter Nr 9 mit entspr Anpassung der Postenbezeichnung oder unter einem eigenständigen Posten im Finanzergebnis (§ 265 Abs 5 S 2) zu präferieren (vgl Anm 98). Nicht zulässig ist eine Verrechnung von Erträgen aus Bet mit etwaigen Aufwendungen aus Bet wie Abgangsverlusten (Nr 8) oder mit Abschreibungen (Nr 12).

10. Erträge aus anderen Wertpapieren und Ausleihungen des Finanzanlagevermögens, davon aus verbundenen Unternehmen (Nr 10/Nr 9)

185 In diesem Posten sind alle *übrigen* Erträge aus Finanzanlagen zu erfassen, sofern nicht die Ausweise unter Nr 9/Nr 8 (BetErträge) oder für EAV nach § 277 Abs 3 S 2 vorgehen. Die Erträge ergeben sich im Einzelnen aus den VG, die als Finanzanlagen (§ 266 Abs 2 A III) ausgewiesen sind. Stammen die Erträge aus Finanzanlagen bei **verbundenen Unternehmen** (zB Zinsen für im Anlagevermögen ausgewiesene Darlehensforderungen an verbundene Unt), sind diese Erträge gesondert in einer Summe als *Davon-Vermerk* anzugeben; zu den Auswirkungen einer unterjährigen Statusänderung der Bet-Ges vgl Anm 175.

186 Nach der Postenbezeichnung („des Finanzanlagevermögens") ist hier nur auf die Erträge aus Wertpapieren des Anlagevermögens (§ 266 Abs 2 A III 5) abzustellen. Erträge aus Wertpapieren des Umlaufvermögens und aus Bankguthaben einschl der Festgelder sind bei den „sonstigen Zinsen" (Posten Nrn 11 bzw 10) auszuweisen. Erträge aus Wertpapieren des Anlagevermögens, die Deckungsvermögen darstellen, sind infolge des Saldierungsgebots gem 246 Abs 2 S 2 grds nicht hier zu erfassen; zum Ausweis des Saldobetrags s Anm 193.

187 Zu den Erträgen aus Wertpapieren und Ausleihungen des Finanzanlagevermögens zählen insb **Zinserträge, Dividendenerträge** und ähnliche **Ausschüttungen auf Wertpapiere** des Anlagevermögens (zB Aktien, Kuxe, Obligationen, Pfandbriefe, in- und ausländische Anleihen von Gebietskörperschaften, Anteile und Anlageaktien an inländischen Investmentvermögen, ausländische

Investmentanteile) sowie Zinserträge aus Ausleihungen (zB langfristige Darlehen wie Hypotheken, Grund- und Rentenschulden). Zuschreibungen zu den AK bei Zero-Bonds sind Zinserträge und – falls Finanzanlagen – hier auszuweisen. Nicht hierunter – sondern unter sonstige betriebliche Erträge – fallen (Buch-)Erträge aus Werterholungen gem § 253 Abs 5 S 1 und Veräußerungen.

Unter diesem Posten sind auch die Erträge aus im **Anlagevermögen ausgewiesenen Genussrechten** – ggf gesondert – (vgl HFA 1/1994 WPg 1994, 419 Ergänzung 1998 WPg 1998, 891) und erhaltene oder vereinbarte **Ausgleichszahlungen** nach § 304 AktG (dazu § 277 Anm 13) zu erfassen.

Bezugsrechtserlöse sind nicht hier, sondern unter dem Posten Nr 4 auszuweisen (*ADS*[6] § 275 Anm 155). **Genossenschaftsanteile,** die weder Bet noch Anteile an verbundenen Unt darstellen, werden meist als „sonstige Vermögensgegenstände" ausgewiesen. Diese Anteile fallen idR nicht unter den Wertpapierbegriff (§ 271 Anm 5 ff), so dass Erträge aus diesen Anteilen als sonstige betriebliche Erträge auszuweisen sind. Werden *GmbH-Anteile,* sofern nicht Bet, als Finanzanlagen ausgewiesen, gehören deren Erträge hierher, glA *ADS*[6] § 275 Anm 154.

Die Erträge sind brutto, dh ggf einschl der anrechenbaren einbehaltenen KapESt zu erfassen (Näheres in Anm 178). Eine Saldierung dieser Erträge mit Aufwendungen für Finanzanlagen ist nicht zulässig.

11. Sonstige Zinsen und ähnliche Erträge, davon aus verbundenen Unternehmen (Nr 11/Nr 10)

Durch die Beschränkung auf „sonstige" Zinsen wird zum Ausdruck gebracht, dass hier nur diejenigen Zinserträge zu erfassen sind, die *nicht* unter den Posten Nr 9 (Nr 8) oder Nr 10 (Nr 9) auszuweisen sind.

Sonstige Zinsen und ähnliche Erträge, die aus **verbundenen Unternehmen** stammen, sind gesondert in einer Summe als *Davon-Vermerk vor* der Hauptspalte anzugeben. Wenn ein verbundenes Unt während des Gj aus dem UntVerbund ausscheidet oder der UntVerbund während des Gj entsteht, sind die aus einem Kreditverhältnis mit diesem Unt resultierenden Zinserträge nur für die Zeit der Klassifizierung als verbundenes Unt als Davon-Vermerk auszuweisen (vgl Anm 175).

Als Zinsertrag ist jedes auf das abgelaufene Gj entfallende Entgelt für die Hingabe von Kapital zu verstehen. Demnach kommen als **Zinserträge** aus dem Umlaufvermögen insb in Betracht:
- Zinsen auf Einlagen bei Kreditinstituten und auf Forderungen an Dritte (zB aus Bankguthaben, Darlehen und Hypotheken, Wechselforderungen, andere Außenstände),
- Zinsen und Dividenden auf Wertpapiere des Umlaufvermögens,
- Aufzinsungsbeträge für unverzinsliche (zB Barwert der Auszahlungsbeträge aus KSt-Guthaben) und niedrig verzinsliche Forderungen einschl Forderungen aus Lfg und Leistungen (kein Einbezug in den gesonderten Ausweis gem § 277 Abs 5 S 1; s BT-Drs 16/12407, 87),
- Verzugszinsen von Kunden,
- Vorfälligkeitsentschädigungen,
- weiterberechnete Diskonte auf Kundenwechsel,
- Zinsen auf Darlehen, Vorschüsse oder call-money von verbundenen Unt/BetUnt (zentrale Finanzdisposition),
- Erträge aus im Umlaufvermögen ausgewiesenen Genussrechten
- Erträge aus der Abzinsung von Rückstellungen infolge einer Verschiebung des voraussichtlichen Erfüllungszeitpunkts (gesonderter Ausweis nach § 277 Abs 5

§ 275 192, 193

S 1), sofern nicht im operativen Ergebnis (Posten Nr 4) ausgewiesen (vgl IDW RS HFA 34, Tz 49 f),
– Erträge, die der Darlehens*nehmer* im Rahmen von Wertpapier-Leihgeschäften aus den geliehenen Wertpapieren erzielt und der vom Darlehens*geber* erzielte „Darlehenszins" sowie etwaige Zins- oder Dividendenausgleichszahlungen,
– Erträge aus verpensionierten Wertpapieren. Obwohl für die Abwicklung idR lediglich ein Ausgleich des Unterschieds zwischen Erträgen und Aufwendungen aus dem Pensionsgeschäft vereinbart wird, sind die Erträge und Aufwendungen wegen des Saldierungsverbots (§ 246 Abs 2 S 1) grds getrennt zu erfassen (s *Häuselmann* Bilanzsteuerrechtliche Aspekte des Wertpapierhandels, C & L Deutsche Revision (Hrsg), Frankfurt aM 1997, 33).

192 Die Behandlung des **Skontos** sollte generell erfolgsneutral erfolgen. Dem Bilanzierenden eingeräumte und von diesem ausgenutzte **Lieferantenskonti** mindern die AK der erworbenen VG und stellen keine (Zins-)Erträge dar. Auch *steuerrechtlich* sind Lieferantenskonti als AK-Minderung zu betrachten. Lässt sich im Einzelfall der Skontoabzug nur unter Schwierigkeiten ermitteln, ist es vertretbar, einen Pauschalabschlag von den AK vorzunehmen.

Eine andere Betrachtungsweise wird vertreten, wenn die von dem bilanzierenden Kfm seinen Abnehmern eingeräumten **Kundenskonti** nicht in Anspruch genommen werden, dh wenn der Kunde den VG auf Ziel erwirbt. In diesem Fall wird idR der volle Betrag einschl des Teils, der auf den nicht ausgenutzten Skonto entfällt, unter den Umsatzerlösen ausgewiesen (Anm 65).

193 Auszuweisen sind stets die **Bruttoerträge.** Die einbehaltene KapESt darf nicht von den Zinserträgen abgesetzt werden (vgl *WPH*[14] I, F Anm 573). Dies gilt auch für PersGes; dh eine PersGes, die Festgelder etc bei einem Kreditinstitut im Inland unterhält, muss die vollen Zinserträge hierauf in der GuV ausweisen (einschl der KapESt), auch wenn die KapESt gleichzeitig als entnommen gilt (s Anm 178). Der Gester einer PersGes hat die „entnommene" KapESt als BetErtrag auszuweisen, auch wenn bei der PersGes überhaupt kein Gewinn entsteht.

Sonstige Zinsen und ähnliche Erträge sind entspr dem **Verrechnungsverbot** des § 246 Abs 2 S 1 grds unsaldiert auszuweisen. Die Verrechnung von Soll- und Habenzinsen eines Bankkontos ist daher ebenso unzulässig wie eine Saldierung von Zinserträgen und -aufwendungen auf verschiedenen Konten desselben Kreditinstituts oder von Soll- und Habenzinsen bei verschiedenen Kreditinstituten. Führt allerdings eine Bank lediglich aus buchungstechnischen Gründen zwei Konten und überträgt den Gegenwert eines Kreditkontos auf ein lfd Konto, ist dem Unt in wirtschaftlicher Sicht FK nur in Höhe des Saldos beider Konten zugeflossen, so dass eine Saldierung der Zinserträge und -aufwendungen sinnvoll erscheint (*ADS*[6] § 275 Anm 164). Liegen **durchlaufende Posten** vor, wie zB innerhalb eines Konzerns vom MU durchgereichte Kredite, für die sich die Ges, der der Kredit im Ergebnis ausgezahlt wurde, ggü dem Kreditinstitut zur Zahlung der Zinsen verpflichtet hat, ist der korrespondierende Ausweis von Zinsaufwendungen und -erträgen im JA des MU gleichfalls nicht sachgerecht (*ADS*[6] § 275 Anm 160; ähnlich *Budde* in HdR[5] § 275 Anm 81).

Unzulässig ist die Verrechnung von **Diskonterträgen mit Diskontaufwendungen.** Dagegen wird es zulässig sein, vom Diskontertrag eines hereingenommenen Wechsels den bei der Weitergabe entstehenden Diskontaufwand zu kürzen, da nur in Höhe der Differenz „Ertrag" vorliegt (ebenso *ADS*[6] § 275 Anm 161).

Aufwendungen und Erträge aus der Auf- bzw Abzinsung von AVersRückstellungen sind dagegen mit den korrespondierenden Aufwendungen und Erträgen

aus dem Deckungsvermögen zu saldieren (§ 246 Abs 2 S 2). Die Erfassung des
Saldobetrags erfolgt je nach Vorzeichen unter Nr 11 oder Nr 13; ein Ausweis des
Saldos unter einem neu eingefügten Posten (§ 265 Abs 5) kommt ebenfalls in
Betracht (vgl *PwC* BilMoG Komm, C Anm 87). In den Saldierungsbereich dürfen gem IDW RS HFA 30, Tz 87 auch Aufwendungen und Erträge, die grds im
operativen Ergebnis auszuweisen sind (zB Aufwendungen und Erträge aus einer
Änderung des Diskontierungszinsatzes, Aufwendungen und Erträge aus Zeitwertänderungen des Deckungsvermögens), einbezogen werden, sofern dies einheitlich für alle Komponenten erfolgt (s auch *WPH*[14] I, F Anm 479).

Bei den Zinsen „**ähnlichen Erträgen**" handelt es sich um Erträge, die wirt- 194
schaftlich – ohne Zinsertrag zu sein – mit dem Kredit oder der Kreditbeschaffung
anfallen, zB Agio, Disagio oder Damnum, Kreditprovisionen, Kreditgebühren,
Kreditgarantien, Teilzahlungszuschläge u a. Hierunter fallen auch Ergebniseffekte
aus dem positiven oder negativen Saldo zu empfangender und zu leistender Zinszahlungen (Nettoausweis) im Rahmen eines *Zinsswaps*, wenn dieser in eine Bew-
Einh gem § 254 einbezogen ist und sich somit auf ein Grundgeschäft (zB Ausleihung) bezieht, aus dem Zinserträge resultieren, die durch den Swap modifiziert
werden (vgl auch *ADS*[6] § 275 Anm 176a). Ebenfalls hier auszuweisen sind Aufwendungen und Erträge aus Ausgleichszahlungen im Rahmen von *Zinsbegrenzungsvereinbarungen* oder von *Zinstermingeschäften* (insb *Forward Rate Agreements*),
die zur Absicherung von bilanzwirksamen Kapitalanlagen abgeschlossen wurden
und somit die hieraus resultierenden Zinserträge modifizieren; s hierzu auch
Anm 108 und 210. Dagegen zählen Einnahmen aus Dienstleistungen, die iZm
Krediten erbracht werden, zB Spesen, Mahnkosten und Bearbeitungsgebühren,
nicht zu den ähnlichen Erträgen; diese sind vielmehr „sonstige betriebliche Erträge".

Zinszuschüsse, zB der öffentlichen Hand, sind unter Posten Nr 4 auszuweisen, wenn nicht – bei periodengerechter Vereinnahmung – eine Verrechnung mit
Zinsaufwendungen in Betracht kommt (Anm 205).

12. Abschreibungen auf Finanzanlagen und Wertpapiere des Umlaufvermögens (Nr 12/Nr 11)

Im Einzelnen umfasst dieser Posten insb die folgenden Aufwendungen aus 200
Wertminderungen:
- Abschreibungen auf Anteile, Ausleihungen, Bet und Wertpapiere des Anlagevermögens, soweit die Wertminderungen bei Posten eingetreten sind, die un-
ter § 266 Abs 2 A III ausgewiesen werden,
- Abzinsungsbeträge auf langfristige Ausleihungen; aber nur dann, wenn die
Abzinsung erst nach dem Zugangszeitpunkt erfolgt und demnach in der Bilanz der gesamte Zugang erfasst wurde. Bestand die Abzinsungsnotwendig-
keit bereits zum Zeitpunkt des Zugangs der Ausleihungen (Bilanzierung zum
Barwert), sind die Abzinsungsbeträge unter die sonstigen betrieblichen Aufwendungen (Posten Nrn 8 bzw 7) aufzunehmen (glA *ADS*[6] § 275 Anm 171),
- Abschreibungen auf Wechsel (Anm 203),
- pauschale Abschreibungen auf Ausleihungen,
- Abschreibungen auf Wertpapiere des Umlaufvermögens, soweit sie unter
§ 266 Abs 2 B III zu erfassen sind, ggf auch auf Anteile an herrschenden Unt
- Abschreibungen auf Sachdarlehensforderungen (der Betrag sollte gesondert
ausgewiesen oder im Anhang angegeben werden) und Abschreibungen auf
entliehene Wertpapierbestände,
- Abschreibungen auf Anteile an KomplementärGes (§ 264c Abs 4) bei Kap-
CoGes.

Nicht hierunter – sondern unter sonstige betriebliche (oder außerordentliche) Aufwendungen fallen (Buch-)Verluste aus dem Abgang von Finanzanlagen und Wertpapieren.

201 Nach dem Gesetzeswortlaut sind Abschreibungen auf Wertpapiere des „Umlaufvermögens, soweit diese die ... üblichen Abschreibungen überschreiten", im Posten Nr 7b auszuweisen. Zwar werden Betriebs- und Finanzergebnis im Gesamtkostenverfahren nicht separat ausgewiesen – aber die Reihenfolge der GuV-Gliederung des § 275 legt es nahe, die Erträge und Aufwendungen des Finanzbereichs gesondert und in sich geschlossen darzustellen. Deshalb sollten auch *unübliche* Abschreibungen auf Wertpapiere im Posten Nr 12 ausgewiesen werden.

202 Die (außerplanmäßigen) Abschreibungen auf das Finanzanlagevermögen nach § 253 Abs 3 S 3 u 4 sind gesondert auszuweisen oder im Anhang anzugeben (§ 277 Abs 3 und dort Anm 3 bis 5). Die Beträge der Abschreibungen des Gj, die auf die einzelnen Posten der Finanzanlagen entfallen und gem § 268 Abs 2 S 3 anzugeben sind (zB im Anlagengitter), müssen mit dem in Posten Nr 12 (Nr 11) der GuV enthaltenen Betrag übereinstimmen; § 268 Anm 16 mwN.

203 Unter Posten Nr 12 ist auch die Abschreibung infolge Uneinbringlichkeit eines **Wechsels** zu erfassen. Enthält jedoch der Wechselbetrag den Wechseldiskont, ist es zulässig, den Abzinsungsbetrag mit dem Diskontertrag zu verrechnen, denn insoweit liegen keine unter das Verrechnungsverbot fallende Aufwendungen und Erträge vor (Anm 193).

13. Zinsen und ähnliche Aufwendungen, davon an verbundene Unternehmen (Nr 13/Nr 12)

204 Der Posten enthält alle Beträge, die vom Unt für das aufgenommene FK zu entrichten sind. Hierbei sind die Aufwendungen der Beschaffung, die Aufwendungen während der Laufzeit und nach der Rückzahlung des Kredits zu berücksichtigen. Es sind auch einmalige Zahlungen für die Aufnahme eines Kredits, sofern sie nicht an Dritte, sondern an den Kreditgeber geleistet werden, wie zB Bankprovisionen und Kreditgebühren hier zu erfassen. Entscheidend für die Erfassung im Zinsaufwand oder im sonstigen betrieblichen Aufwand (Nr 8 bzw 7) ist, ob es sich bei den entspr Aufwendungen dem Charakter nach um ein zusätzliches Entgelt für die Kapitalüberlassung oder um die Vergütung für eine sonstige Leistung (zB Kreditvermittlung) handelt.

205 In diesem Posten sind ferner etwaige **Ausschüttungen auf Genussscheine** auszuweisen, wenn nach den Genussscheinbedingungen der *Fremdkapital*charakter im Vordergrund steht. Dies ist dann der Fall, wenn die für einen Ausweis des Genussscheinkapitals als bilanzielles EK zu erfüllenden Kriterien nicht kumulativ vorliegen (s *HFA 1/1994* Abschn 2.2.1.a), § 247 Anm 227 ff und § 266 Anm 191). Die Ausschüttungen auf als FK qualifizierte Genussrechte stellen wirtschaftlich Zinsen dar (Posten Nr 13/Nr 12), wobei der besondere Charakter und die Angabe des entspr Betrags im Anhang oder als Davon-Vermerk erfolgen sollte (zB „davon Vergütung für Genussscheinkapital").

Hat das Genussrecht *Eigenkapital*charakter, stellen die Ausschüttungen wegen ihres schuldrechtlichen Charakters in erster Linie Aufwand der Ges und nur formal Gewinnverwendung dar. Im Interesse der Klarheit der GuV hat ein *gesonderter* Ausweis als „Vergütung für Genussrechtskapital" innerhalb des Zinsergebnisses zu erfolgen (*HFA 1/1994* Abschn 2.2.2.a; glA *Wollmert* BB 1992, 2106), auch wenn die Vergütungsverpflichtung als Teilgewinnabführungsvertrag iSv § 277 Abs 3 S 2 anzusehen ist. Falls im JA Vergütungsverpflichtungen *sowohl* für als EK *als auch* für als FK zu qualifizierendes Genussrechtskapital auszuweisen sind, sollte eine besondere Bezeichnung die jeweilige Zugehörigkeit kenntlich machen („Vergütungen für Genussrechtkapital mit Eigenkapitalcharakter" und „Vergütungen für Genussrechtskapital mit Fremdkapitalcharakter").

Entspr dem **Verrechnungsverbot** des § 246 Abs 2 S 1 ist eine Saldierung der Zinsaufwendungen mit den Zinserträgen nicht zulässig. **Zinszuschüsse** der öffentlichen Hand dürfen periodengerecht vereinnahmt werden, wenn sie mit den ihnen zugeordneten Zinsaufwendungen verrechnet werden (*HFA 1/1984* Abschn 2.d2).

Im Einzelnen kommen für den Ausweis folgende Aufwendungen in Betracht (ähnlich *ADS*⁶ § 275 Anm 174): 206
- Zinsen für aufgenommene Kredite jedweder Art, wie zB Zinsen für Bankkredite, für Hypotheken, für Schuldverschreibungen, für Schuldscheindarlehen, für Darlehen, für Lieferantenkredite und für Genussscheine (Anm 205),
- Diskontbeträge für Wechsel und Schecks,
- Verzugszinsen
- Zinsen auf Steuernachforderungen nach § 233a AO,
- Kreditprovisionen, Überziehungsprovisionen, Bereitstellungsprovisionen, Bürgschafts- und Avalprovisionen, Kreditbereitstellungsgebühren, Verwaltungskostenbeiträge, Frachtenstundungsgebühren, Besicherungskosten und andere Nebenkosten,
- Abschreibungen auf ein aktiviertes Agio, Disagio oder Damnum,
- Zinsanteil der Zuführungen zur Pensionsrückstellung (Anm 138) sowie zu sonstigen Rückstellungen (vgl IDW RS HFA 34, Tz 50) ist gem § 277 Abs 5 S 1 hierunter gesondert auszuweisen (zur Saldierung mit Aufwendungen und Erträgen aus dem Deckungsvermögen s Anm 193),
- Vorfälligkeitsentschädigung bei Novation eines Darlehens,
- zu entrichtende „Darlehenszinsen" und etwaige Zins- oder Dividendenausgleichszahlungen an den Verleiher im Rahmen von Wertpapier-Leihgeschäften (s auch § 254 Anm 123).

Wird ein gem § 250 Abs 3 aktiviertes **Disagio** durch jährliche Abschreibungen auf die Laufzeit der Verbindlichkeit verteilt, sind die Tilgungsbeträge als zinsähnlich zu betrachten und hier auszuweisen. Ein Disagio sollte aber auch dann hier einbezogen werden, wenn der Unterschiedsbetrag sofort als Aufwand verrechnet wird. Bei wirtschaftlicher Betrachtungsweise handelt es sich ebenfalls um – iW periodenfremde – Zinsen auf FK; so auch *ADS*⁶ § 275 Anm 174; *Budde* in HdR⁵ § 275 Anm 84.

Sofern für eine **stille Beteiligung** eine *feste* jährliche Vergütung zu entrichten 207 ist, die wirtschaftlich einem Zins entspricht, wird sich der Ausweis unter Posten Nr 13 (Nr 12) rechtfertigen lassen. Meist wird es sich in diesen Fällen jedoch um gewinnabhängige Vergütungen handeln, so dass der Ausweis unter „aufgrund eines Teilgewinnabführungsvertrags abgeführte Gewinne" in Betracht kommt; dazu § 277 Anm 23.

Nicht unter diesen Posten fallen Bankspesen, Einlösungsprovisionen für 208 Schuldverschreibungen, Kontoführungs- und Depotgebühren, Kosten des Zahlungsverkehrs sowie alle mit der Überwachung von Krediten im Zusammenhang stehende Kosten (Einordnung in Posten Nr 8/Nr 7 „Sonstige betriebliche Aufwendungen").

Bei **Leasingaufwendungen** für nicht im wirtschaftlichen Eigentum des Unt stehende VG (Mietleasing) ist der gesamte Aufwand unter Posten Nr 8 (Nr 7) „sonstige betriebliche Aufwendungen" auszuweisen, sofern nicht ein Ausweis unter den bezogenen Leistungen (Nr 5b) zu erfolgen hat (Anm 123). Ist dagegen das Unt wirtschaftlicher Eigentümer (Finanzierungsleasing), müssen die Finanzierungskosten ermittelt werden. In diesen Fällen ist der jährliche Zinsaufwand von der Tilgungsrate (notfalls näherungsweise) zu trennen und unter Posten Nr 13 (Nr 12) auszuweisen (glA *ADS*[6] § 275 Anm 176).

Die an Banken zu entrichtenden **Umsatzprovisionen,** bei denen es sich um Entgelte für Dienstleistungen der Banken im Zahlungsverkehr handelt, zählen ebenso wie gewährte und von den **Kunden** in Anspruch genommene **Skonti,** nicht zu den Zinsen und Aufwendungen iS dieses Postens. Letztere sind als Erlösschmälerungen bei den Umsatzerlösen zu berücksichtigen (Anm 65); Erstere gehören zum Posten Nr 8 „sonstige betriebliche Aufwendungen".

209 Nimmt das Unt anstelle von **Lieferantenskonti** das Zahlungsziel in Anspruch, stellt das Skonto wirtschaftlich Aufwand (Zins) für die Kreditgewährung dar, so dass gegen die Erfassung dieser Skonti unter diesem Posten uE keine Bedenken erhoben werden können, wenngleich dieser Ausweis idR aus Praktikabilitätsgründen unterbleibt, aA *ADS*[6] § 275 Anm 176: kein Wahlrecht, da es sich um einen Teil der AK handele.

210 Zu den Zinsen und ähnlichen Aufwendungen gehören auch die Ergebniseffekte aus Zinsderivaten, dh aus **Zinsswaps** oder aus **Zinstermin- und Zinsoptionsgeschäften** einschl **Zinsbegrenzungsvereinbarungen,** sofern diese als Sicherungsintrumente zusammen mit einem Grundgeschäft in eine BewEinh gem § 254 einbezogen sind und die aus dem Grundgeschäft resultierenden Zinsaufwendungen durch das Derivat entspr modifiziert werden. Swapgeschäfte sind bei Industrie- und HandelsUnt idR wirtschaftlich darauf ausgerichtet, die Mittelaufnahme aus einem bestimmten Grundgeschäft (zB Kreditaufnahme) in eine Mittelaufnahme mit anderer Zinsgestaltung (zB fest statt variabel) und/oder Währung zu transformieren. Bei Zinstermingeschäften ist zB die Absicherung einer Anschlussfinanzierung oder einer variabel verzinslichen Mittelanlage gegen steigende bzw fallende Zinsen beabsichtigt, während Zinsoptionsgeschäfte zB auf eine Sollzins-Begrenzung gerichtet sind oder ein Recht auf Abschluss einer Zinsswapvereinbarung zu festgelegten Bedingungen gewähren sollen (Swaption).

Die Aufwendungen für die Bildung einer Rückstellung für den negativen Martkwert eines isolierten, dh nicht in eine BewEinh gem § 254 einbezogenen Zinsderivats sind nicht hier, sondern unter Nr 8 auszuweisen. Grund hierfür ist der fehlende Zinscharakter der Aufwendungen. So stellen bspw Ausgleichszahlungen aus einem isolierten Zinsswaps nicht schon deswegen Entgelt für Kapitalüberlassung dar, weil sich die Bemessung der Zahlungen nach einem Zinssatz richtet (vgl *Prahl/Naumann* in HdJ Abt. II/10 Anm 103). Bei Zinsswaps, die in eine BewEinh gem § 254 einbezogen sind, wird dagegen der auszuweisende Zinsaufwand aus dem Grundgeschäft durch den positiven oder negativen Differenzbetrag zwischen den zu zahlenden und den zu beanspruchenden Beträgen modifiziert (glA *ADS*[6] § 275 Anm 176a; *Clemm/Nonnenmacher* in FS Döllerer, 72). Zum Ausweis der entspr Erträge s Anm 194.

Kreditinstitute haben Aufwendungen und Erträge aus Geschäften mit FinInst saldiert als Nettoaufwand bzw -ertrag aus Finanzgeschäften auszuweisen (§ 340c Abs 1).

211 Zinsen und ähnliche Aufwendungen, die **verbundene Unternehmen** betreffen, sind als Davon-Vermerk anzugeben (vgl Anm 175).

14. Ergebnis der gewöhnlichen Geschäftätigkeit (Nr 14/Nr 13)

213 Das Ergebnis der gewöhnlichen Geschäftätigkeit ist als Zwischensumme der Saldo der Posten Nrn 1 bis 13 (Nrn 1 bis 12) und enthält den Jahreserfolg vor Berücksichtigung des ao Ergebnisses und des Steueraufwands. Es umfasst das Betriebs- und das Finanzergebnis des Unt vor Steuern.

Es empfiehlt sich, durch +, – oder durch entspr Bezeichnung (Überschuss bzw Fehlbetrag) auf das Ergebnis dieser Zwischensumme hinzuweisen. Von Bedeutung wird das Ergebnis der gewöhnlichen Geschäftstätigkeit im Rahmen der Analyse der JA, insb bei zwischenbetrieblichen und Zeitvergleichen, sein. Zusammen mit dem ao Ergebnis (Posten Nr 17 bzw Nr 16) bildet es eine verbesserte Grundlage für eine Erfolgsspaltung. Dieser gestaffelte Erfolgsausweis der GuV nähert sich einer gesonderten nach betriebswirtschaftlichen Gesichtspunkten durchgeführten Erfolgsspaltung an (vgl Anm 40f).

15. Außerordentliche Erträge und Aufwendungen
(Nr 15/Nr 14 und Nr 16/Nr 15; § 277 Abs 4)

a) Allgemeines

Alle ao Erträge und alle ao Aufwendungen werden jeweils gemeinsam in gesonderten Posten der GuV erfasst. Eine gesetzliche Umschreibung der Begriffe „außerordentliche Erträge" und „außerordentliche Aufwendungen" ist in § 277 Abs 4 enthalten, der auch für große und mittelgroße KapGes/KapCoGes ergänzende Angabepflichten für den Anhang vorschreibt, soweit die Beträge nicht von untergeordneter Bedeutung für die Beurteilung der Ertragslage sind.

b) Allgemeine Definition des außerordentlichen Charakters gemäß § 277 Abs 4

Nach dem Wortlaut des § 277 Abs 4 S 1 sind Erträge und Aufwendungen ao, wenn sie **außerhalb der gewöhnlichen Geschäftstätigkeit** anfallen. Dabei ist bei dem Begriff Geschäftstätigkeit nicht auf den GesZweck laut GesVertrag und nicht auf die Trennung in betriebliche/betriebsfremde Posten abzustellen; die „Geschäftstätigkeit" bezieht sich in diesem Zusammenhang auf das gesamte Unt. Beträge sind immer dann als ao auszuweisen, wenn sie iZm einer **bedeutenden** Änderung der Geschäftstätigkeit oder einer **wesentlichen** Änderung der Geschäftsgrundlagen stehen – sei es, dass zB Sparten, Werke oder Teilbetriebe geschlossen wurden oder dass Aufwendungen iZm einer wesentlichen Erweiterung, zB mit der Planung neuer „Geschäftstätigkeiten" (zB umfangreiche Marktstudien und -forschungen) anfallen. Für die Frage, was als „außerhalb der gewöhnlichen Geschäftstätigkeit" liegend zu betrachten ist, kommt es jeweils auch auf den Einzelfall an, denn die „gewöhnliche Geschäftstätigkeit" kann von Unt zu Unt – auch der gleichen Branche – variieren.

Es sind nur solche *unternehmens*fremde Posten als ao anzusehen, die nicht mit einer gewissen Regelmäßigkeit anfallen, bei denen also nicht mit einer Wiederholung in absehbarer Zeit zu rechnen ist. **Periodenfremde** Aufwendungen und Erträge sind wegen ihrer Aperiodizität regelmäßig nicht als „außerordentlich" einzustufen; sie sind unter den GuV-Posten auszuweisen, denen sie sachlich zugeordnet werden müssen.

Bei der Auslegung des § 277 Abs 4 S 1 ist weiter von Bedeutung, dass die ao Erträge und Aufwendungen sowie deren Saldo, das ao Ergebnis, *gesondert* ausgewiesen werden. Da dieser Ausweis der ao Erträge und Aufwendungen auf den angelsächsischen bzw den amerikanischen Rechtskreis zurückgeht, kann auch die Behandlung der ao Posten *(„extraordinary items")* nach US-Grundsätzen für die Auslegung des § 277 Abs 4 S 1 herangezogen werden. Nach Accounting Standards Codification 225-45-2 sind Aufwendungen, die sowohl *ungewöhnlich* als auch *selten* anfallen, als *„extraordinary item"* zu betrachten. Ungewöhnlich sind Transaktionen oder Ereignisse, wenn sie einen hohen Grad an Abnormität *(high degree of abnormality)* und keinen eindeutigen Bezug zur gewöhnlichen Geschäftstätigkeit besitzen. Zur Abgrenzung der gewöhnlichen von der ungewöhnlichen Geschäftstätigkeit ist auf Charakteristika von Unt und Branchen, geographische Märkte, Produktpaletten sowie die Geschäftspolitik abzustellen. Um die Voraussetzung der Seltenheit *(infrequency of occurrence)* zu erfüllen, dürfen die Erträge oder Aufwendungen unter sonst gleichen Bedingungen in absehbarer Zukunft wahrscheinlich nicht anfallen. Dabei orientiert sich die Beurteilung der Wahrscheinlichkeit des Wiederkehrens an der vergangenen UntEntwicklung.

220 Für die Auslegung des § 277 Abs 4 S 1 kommt es neben den Merkmalen „unregelmäßigem bzw seltenem Anfall" dagegen *nicht* zusätzlich auf eine besondere Wesentlichkeit (*Materiality;* hierzu *Ossadnik* WPg 1993, 617 ff) der ao Aufwendungen und Erträge an (wie in den anglo-amerikanischen Rechtskreisen); aA *Winzker* in Beck HdR B 337 Anm 2, *WPH*[14] I, F Anm 494 und *ADS*[6] § 277 Anm 79 ff, die „einige materielle Bedeutung" verlangen. Da nach § 277 Abs 4 S 1 nur dann Erl (hinsichtlich des Betrags und der Art) im Anhang zu geben sind, wenn die ao Erträge und Aufwendungen für die Beurteilung der Ertragslage *nicht* von *untergeordneter* Bedeutung sind, ist der Rückschluss geboten, dass zunächst alle außergewöhnlichen Posten unter § 277 Abs 4 S 1 fallen.

221 Somit sind Aufwendungen und Erträge nur dann außerordentlich iSd § 277 Abs 4, wenn sie außerhalb der bisherigen gewöhnlichen Geschäftstätigkeit des Unt *und* unregelmäßig (selten) anfallen. Dabei sind die jeweiligen individuellen Besonderheiten zu beachten. Zur Einordnung von Geschäftsvorfällen als ao Aufwand/ao Ertrag in der Praxis s *Marx* WPg 1995, 476 ff.

c) **Beispiele**

Nachfolgend werden unter Berücksichtigung der hier vertretenen Auslegung des § 277 Abs 4 S 1 Beispiele für ein typisches Produktions- oder HandelsUnt dargestellt:

222 **Außerordentliche Aufwendungen und Erträge gemäß § 277 Abs 4 S 1:**
- Verluste/Gewinne aus dem Verkauf von bedeutenden Grundstücken und Bet,
- Verluste/Gewinne aus dem Verkauf eines Betriebs oder eines wesentlichen Betriebsteils,
- Verluste aus der Stilllegung von Betriebsteilen oder größerer Objekte insb aufgrund von Enteignungen,
- Sozialplankosten iZm der Stilllegung von Betriebsteilen,
- Verluste/Gewinne aus außergewöhnlichen Schadensfällen,
- Erträge aus erhaltenen Zuschüssen ohne Gegenleistungsverpflichtung (zB Sanierungszuschüsse), bspw von Gestern (zB Forderungsverzicht nach § 397 BGB, soweit nicht in die Kapitalrücklage gem § 272 Abs 2 Nr 4 einzustellen), s IDW HFA 2/1996 idF 2013, IDW-FN 2013, 192, Abschn 22, § 272 Anm 417,
- Aufwendungen aus der Gewährung von Zuschüssen ohne Gegenleistungsverpflichtung. Beim Gester liegt im Sanierungsfall regelmäßig ao Aufwand vor (soweit sich jedoch der innere Wert der Bet erhöht: nachträgliche AK der Bet), s IDW HFA 2/1996 idF 2013, IDW-FN 2013, 192, Abschn 32,
- ao Aufwendungen entstehen auch, sobald bei einem Schulderlass mit Besserungsschein die Bedingung (Gewinnerzielung) eintritt und wenn im Zeitpunkt des Schuldserlasses die Verbindlichkeit als ao Ertrag ausgebucht wurde,
- Gewinne/Verluste aus einer **Verschmelzung** oder anderen Umw (vgl *Budde* in HdR[5] § 275 Anm 88). Nach IDW RS HFA 42, Tz 71 liegt nicht zwangsläufig ao Ergebnis vor, davon unberührt bleibt jedoch die (Erl-)Pflicht zur Herstellung der Vergleichbarkeit nach § 265 Abs 2 S 2 und 3. Da Verschmel-

zungsverluste idR reine Buchverluste sind, die nur einmalig oder sehr unregelmäßig anfallen und durch die Inanspruchnahme des Wahlrechts zur Buchwertfortführung nach § 24 UmwG bewusst herbeigeführt werden können, dh keinen eindeutigen Bezug zur gewöhnlichen Geschäftstätigkeit aufweisen, erscheint der Ausweis als ao Aufwand uE jedoch regelmäßig sachgerecht (vgl *Deubert/Klöcker* Handelsrechtliche Bilanzierung von Verschmelzungen, WP-Praxis 2013, 61 (66)) Von Verschmelzungsgewinnen/-verlusten zu unterscheiden sind Erträge und Aufwendungen, die beim übernehmenden Rechtsträger originär entstehen, weil ihm das Vermögen (einschl der Schulden) des übertragenden Rechtsträgers am Bilanzstichtag *wirtschaftlich zuzurechnen* ist (zu den Voraussetzungen s IDW RS HFA 42, Tz 28).

– Aufwendungen iZm einem (fest vereinbarten) Börsengang (glA *Lind/ Faulmann* DB 2001, 603); selbst wenn der Börsengang kurzfristig abgesagt wurde,
– Aufwendungen und Erträge aus dem späteren Übergang von gem Art 67 EGHGB beibehaltenen oder fortgeführten Bilanzposten unter Durchbrechung des Stetigkeitsgrundsatzes auf die Wertansätze gem HGB idF des BilMoG (s IDW RS HFA 28, Tz 27), soweit es sich nicht um auf den Umstellungseffekt entfallende latente Steuern handelt (dann uE Ausweis unter Nr 18 bzw 17 sachgerecht, da ansonsten die Angabe nach § 285 Nr 6 entbehrlich wäre; s hierzu auch Anm 253),
– Aufwendungen aus der Ansammlung eines sich aus der Umstellung auf die durch das BilMoG geänderten handelsrechtlichen Vorschriften ergebenden Betrags der Unterdeckung bei AVersRückstellungen (s Anm 138).

Nicht unter § 277 Abs 4 S 1 fallende Erträge und Aufwendungen (mit Hinweis auf den betr Posten im Gesamtkostenverfahren):
– Verluste/Gewinne aus dem Abgang von VG des Anlagevermögens (ohne die Abgänge gem Anm 222); Nr 8 oder Nr 4,
– Verluste/Gewinne aus dem Verkauf von Wertpapieren des Umlaufvermögens (Nr 8 oder Nr 4),
– Währungs-Kursgewinne/-verluste (Nr 4 oder Nr 8) (§ 277 Abs 5 S 2),
– Aufwand/Ertrag aus Inventur-Differenzen, Einzelabwertungen auf Vorräte (Nrn 2, 5 oder 7b),
– außerplanmäßige Abschreibungen auf das Anlagevermögen (Nr 7a),
– Zuschreibungen auf VG des Anlagevermögens (Nr 4, Anm 98),
– Abschreibungen auf Forderungen und Wertpapiere (Nrn 8, 7b oder 12),
– Aufwendungen und Erträge aus Kantinenumsätzen (Nr 8 oder Nr 4),
– Steuernachzahlungen oder Steuererstattungen (Nr 18 oder Nr 19),
– (Groß-)Reparaturen (Nr 8),
– Erträge aus der Herabsetzung der Pauschalabsetzung zu Forderungen (Nr 4),
– Erträge aus der Auflösung von Rückstellungen (grds Nr 4) (Anm 91),
– Ausgleichszahlungen anstelle eines entgangenen Gewinns aus einem Vorgang der gewöhnlichen Geschäftstätigkeit (BGH 21.1.2004, NZG, 518),
– Kosten einer wesentlichen Unterbeschäftigung (= betrieblich).

d) Erläuterungspflicht im Anhang

Ao Erträge und ao Aufwendungen sind im Anhang zu erläutern, soweit diese für die Beurteilung der Ertragslage nicht von untergeordneter Bedeutung sind (§ 277 Abs 4 S 2). Bei *kleinen KapGes/KapCoGes* darf diese Erl unterbleiben (§ 276 S 2).

Die Ertragslage eines Unt kann sinnvoll nur über das Kriterium der Zukunftsbezogenheit interpretiert werden (zum Begriff der Ertragslage s auch § 264

Anm 37). Für die Adressaten des JA sind weniger die bereits realisierten Aufwendungen und Erträge von Interesse als vielmehr die zu erwartenden (Rein-) Erträge. Allein an Letzteren werden sie ihre Entscheidungen, zB Anteilskauf oder -verkauf, ausrichten. In diesem Zusammenhang ist auch die ErlPflicht der ao Aufwendungen und Erträge zu sehen. Zur alleinigen Beurteilung der Erfolgsquellen des **abgelaufenen** Gj ist eine detaillierte Aufgliederung der ao Posten nicht zwingend erforderlich. Durch die gesonderte Erfassung der ao Aufwendungen und Erträge können die gewünschten Informationen direkt aus der GuV abgelesen werden.

225 Nach dem Grundsatz der Wesentlichkeit (und der Wirtschaftlichkeit; dazu § 297 Anm 195 ff) sollen alle Informationen, die für die Beurteilung der Ertragslage durch die vorgesehenen Empfänger von Bedeutung sind, im JA enthalten sein – gleichzeitig können aber hierfür unwesentliche Informationen vernachlässigt werden. Nicht alle Informationen, die „nicht wesentlich" sind, haben aber zugleich untergeordnete Bedeutung. Es gibt noch einen Zwischenbereich, der nur im Einzelfall konkretisiert werden kann. Seine Existenz weist darauf hin, dass das Kriterium der „untergeordneten Bedeutung" eher eng auszulegen ist, dh niedriger anzusetzen ist als die Wesentlichkeits-(Materiality-)Grenze.

226 Die **ao Posten,** die **nicht von untergeordneter Bedeutung** sind, hat das Unt hinsichtlich ihres Betrags und ihrer Art im Anhang zu **erläutern** (§ 277 Abs 4 S 2). Das bedeutet, die wesentlichen in einem Posten enthaltenen Einzelposten sind zu beschreiben – nicht dagegen aufzugliedern. Da idR nur wenige Einzelbeträge unter den ao Posten zu subsumieren sein werden, wird – wie die Beispiele in Anm 222 zeigen – auch schon aufgrund der „Art" des Postens offensichtlich, welcher Sachverhalt zugrunde liegt. Dieselbe Betrachtungsweise ergibt sich für die Erl des Betrags. Auch hier wird man nicht die Angabe von Beträgen fordern können; es wird grds genügen, wenn die Relationen der Teilposten zum Gesamtposten *verbal* beschrieben werden (zB jeweils unter 10 v H, 20 v H, 30 v H, nahezu die Hälfte, (ganz) überwiegend, fast vollständig; ähnlich ADS[6] § 277 Anm 85).

227 Alle **aperiodischen** Aufwendungen und Erträge sind, soweit nicht von untergeordneter Bedeutung, im Anhang zu erläutern (§ 277 Abs 4 S 3; § 277 Anm 25).

16. Außerordentliches Ergebnis (Nr 17/Nr 16)

230 Das ao Ergebnis des Postens Nr 17 (Nr 16) ist die zweite Zwischensumme der GuV, die sich als Saldo der ao Erträge und der ao Aufwendungen ergibt, so dass als Ergebnis ein ao Gewinn oder ein ao Verlust entsteht. Dieses ao Ergebnis wird *vor* Steuern dargestellt (s aber Angabepflicht gem § 285 Nr 6) und bildet mit dem Ergebnis der gewöhnlichen Geschäftstätigkeit (Posten Nr 14 bzw Nr 13) das vom Unt erzielte Jahresergebnis *vor* Steuern, aber *nach* anderen ergebnisabhängigen Posten – wie zB Tantiemen. Zur Verdeutlichung sollte der Posten als „Überschuss" oder „Fehlbetrag" aus den ao Posten kenntlich gemacht werden (so auch WPH[14] I, F Anm 588).

17. Steuern (Nr 18/Nr 17 und Nr 19/Nr 18)

a) Begriff

235 Der Begriff „Steuern" wird im HGB nicht definiert. Zur Begriffsbestimmung (auch für ausländische Steuern) bietet sich an, auf die Legaldefinition des § 3 Abs 1 AO zurückzugreifen. Danach zählen zu den Steuern zB alle Geldleistungen, die nicht eine Gegenleistung für eine besondere Leistung darstellen und von

einem öffentlich-rechtlichen Gemeinwesen nach Maßgabe von entspr Gesetzen den Steuersubjekten auferlegt werden. Es sind also vor allem diejenigen Beträge unter den Steuern auszuweisen, die KapGes oder andere Unt selbst als Steuerschuldner nach den Steuergesetzen zu entrichten haben – auch wenn sie von einem Dritten für ihre Rechnung gezahlt werden. Dazu gehören auch andere Abgaben (zB Ausfuhrzölle).

Als Steueraufwand zu erfassen sind auch die nach § 26 Abs 1 und 6 KStG iVm § 34c Abs 2 EStG anrechenbaren bzw von der Bemessungsgrundlage abziehbaren ausländischen Steuern, die der deutschen KSt entsprechen, wenn sie zB im Rahmen der BetErträge vereinnahmt wurden und die **inländische** Steuerschuld infolge Anrechnung mindern, s *Walz* in Beck HdR B 338 Anm 18. Wegen der Einbeziehung der Aufwendungen und Erträge aus der Abgrenzung latenter Steuern nach § 274 s Anm 244 ff.

Dagegen fallen die sog **Quellensteuern** (zB LSt, Kirchensteuer, KapESt, AR-Steuer uä), die eine KapGes/KapCoGes für Rechnung Dritter an den Fiskus abzuführen hat, sowie Steuerstrafen, Buß- und Zwangsgelder und steuerliche Nebenleistungen (Zinsen, Verspätungs- und Säumniszuschläge) **nicht** darunter (Anm 247). Dasselbe gilt grds für aus Haftungsgründen für Steuerschulden Dritter zu zahlende Beträge. Wegen des Sonderfalls der Steuerumlagen bei Organschaft s Anm 255 ff.

Zu den Steuern, die eine KapGes oder andere dem KStG unterliegende Unt **236** als Steuerschuldner zu entrichten bzw zu übernehmen haben, gehört zB auch die pauschalierte LSt (hierzu Anm 248), die USt auf den „Eigenverbrauch" und andere aufwandswirksame USt-Beträge (zB für Überlassung von Pkw an Arbeitnehmer) nach § 1 Abs 1 Nr 1 iVm § 3 Abs 1b und Abs 9a UStG. Wegen weiterer Einzelheiten s Anm 246.

Im Rahmen der Gliederung der GuV wird ein separater Ausweis der erfolgs- **237** abhängigen Steuern vorgeschrieben. Die E+E-Steuern (Posten Nr 18 bzw Nr 17) sind getrennt von den sonstigen Steuern (Posten Nr 19 bzw Nr 18) auszuweisen; letztere werden oft in die sonstigen betrieblichen Aufwendungen einbezogen und im Anhang genannt (Anm 167).

Der getrennte Ausweis der „Steuern vom Einkommen und Ertrag" und der „sonstigen Steuern" erleichtert es, von dem ausgewiesenen Gewinnsteueraufwand Rückschlüsse auf den versteuerten Gewinn zu ziehen. Eine genaue Ermittlung des tatsächlich versteuerten Gewinns ist indes aufgrund verschiedener Faktoren (zB steuerfreie Einnahmen, nicht abzugsfähige Ausgaben, Zinsschranke oder Nachzahlungen für frühere Jahre) nicht möglich, es sei denn, es wird eine ausführliche Überleitung zwischen dem erwarteten Steueraufwand/-ertrag und dem ausgewiesenen Steueraufwand/-ertrag erstellt (s DRS 18.67 u 18.A15; für den JA lt FN-IDW 2010, 451 f nicht zwingend).

b) Steuern vom Einkommen und vom Ertrag (Nr 18/Nr 17)

Unter die E+E-Steuern fallen die KSt einschl einbehaltener und anrechnungs- **238** fähiger KapESt auf empfangene Kapitalerträge, der SolZ und die GewSt sowie die entspr ausländischen Steuern, für welche Steueranrechnung oder Abzug von der Bemessungsgrundlage gewährt wird (§§ 34c EStG, 26 KStG). Hier sind auch die Aufwendungen oder Erträge aus der Abgrenzung latenter Steuern (Anm 244 f) gesondert auszuweisen. Anlage 6 zu EStR 34c enthält ein Verzeichnis ausländischer Steuern, die der deutschen ESt entsprechen sowie einzelne der deutschen KSt entspr ausländische Steuern. Ob eine nicht aufgeführte ausländische Steuer der deutschen ESt oder KSt entspricht, wird ggf vom BdF festgestellt.

Im Anhang sind ggf Angaben über die Zuordnung der E+E-Steuern zum Ergebnis der gewöhnlichen Geschäftstätigkeit und zum ao Ergebnis zu machen; hierzu § 285 Anm 120 ff. Zu den Besonderheiten des Ausweises des Steueraufwands der Gester von KapCoGes vgl § 264c Anm 70 ff.

Im Wesentlichen enthält dieser Posten:

Gewerbesteuer

239 Ausgangsgröße ist hier der nach den Vorschriften des EStG oder KStG ermittelte Gewinn (§ 7 GewStG) zzgl gewerbesteuerlicher Hinzurechnungen gem § 8 GewStG und abzgl gewerbesteuerlicher Kürzungen gem § 9 GewStG sowie eines evtl vorhandenen Verlustvortrags gem § 10a GewStG. Gewerbeerträge von Organ-Ges werden dem Gewerbeertrag des Organträgers hinzugerechnet, wenn ein Organschaftsverhältnis vorliegt (Anm 255 ff).

240 Bei buchführenden Gewerbetreibenden mit vom Kj **abweichendem Wj** wird für die GewESt der im (abw) Wj erzielte Gewerbeertrag zugrunde gelegt (§ 10 Abs 2 GewStG).

241 Die Steuermesszahl für den Gewerbeertrag beträgt ab Erhebungszeitraum 2008 3,5% (§ 11 Abs 2 GewStG). Bei der Berechnung der GewSt ab 2008 ist zu berücksichtigen, dass die GewSt ab 2008 weder ihre eigene Bemessungsgrundlage noch die Bemessungsgrundlage der KSt mindert, da sie nach § 4 Abs 5b EStG keine Betriebsausgabe ist.

Körperschaftsteuer

242 Berechnungsbasis ist jeweils das zu versteuernde Einkommen nach Berücksichtigung von Verlustvor- bzw -rückträgen und ggf unter Einbezug des zuzurechnenden Einkommens von Organ-Ges – sofern ein EAV besteht. Die KSt ist gem § 278 auf der Grundlage des Beschlusses über die Verwendung des Ergebnisses zu berechnen. Liegt ein Beschluss nicht vor, ist vom Ergebnisverwendungsvorschlag auszugehen. Für Zeiträume nach dem 1.1.2007 ist die Ermittlung der KSt jedoch grundsätzlich unabhängig von der Gewinnverwendung (hierzu § 278 Anm 2, 30; zu Besonderheiten bei Sachdividenden § 278 Anm 135 ff.).

243 Das zu versteuernde Einkommen unterliegt einer **Tarifbelastung** von einheitlich 15% (ab VZ 2008) – für ausgeschüttete und thesaurierte Gewinne –, soweit es nicht steuerfrei ist. In Folge des SEStEG wurde das aus dem ehemaligen Anrechnungsverfahren stammende KSt-Guthaben zum 31.12.2006 letztmalig ermittelt (§ 37 Abs 4 KStG). Dieser Betrag wird über einen Zeitraum von 10 Jahren (2008–2017) in gleichen Raten ausgezahlt. Der aus der Aktivierung des Auszahlungsanspruchs resultierende Ertrag war unter E+E-Steuern zu erfassen. Aufgrund der Unverzinslichkeit des Anspruchs auf ratierliche Auszahlung erfolgt die Bewertung zum Barwert unter Berücksichtigung eines fristadäquaten risikofreien Zinssatzes (vgl 205. Sitzung des HFA, FN-IDW 2007, 107). Entspr gilt für Erhöhungen des KSt-Guthabens, die aus der Änderung der §§ 36 u 37 Abs 1 KStG durch §§ 34 Abs 13 f u Abs 13g KStG infolge des JStG 2010 resultieren können (vgl *WPH*[14] I, F Anm 592; zum zu Grunde liegenden Beschluss des BVerfG v 17.11.2009 vgl *Drüen* Unternehmensbesteuerung und Verfassung im Lichte der jüngsten Rechtsprechung des BVerfG DStR 2010, 513). Die Zuschreibung aus der Aufzinsung ist unter Posten Nr 11 bzw Nr 10 auszuweisen.

Latente Steuern

244 Unter E+E-Steuern ist der Aufwand oder Ertrag aus der Veränderung bilanzierter latenter Steuern gesondert auszuweisen (§ 274 Abs 2 S 3). Die latenten Steuern sind grds für die GewESt und die KSt zu ermitteln. Bei KapCoGes

(§ 264a Abs 1) umfassen die latenten Steuern ausschließlich die GewSt. Kleine KapGes (und KapCoGes) sind von der Anwendung der Vorschriften des § 274 befreit (§ 274a Nr 5).

Ergeben sich zwischen den handelsrechtlichen Wertansätzen von VG, Schulden und RAP und ihren steuerrechtlichen Wertansätzen Differenzen, die sich in späteren Gj voraussichtlich abbauen (temporäre Differenzen), **ist** eine sich daraus insgesamt ergebende Steuer**belastung** als passive latente Steuer in der Bilanz anzusetzen; eine sich insgesamt ergebende Steuer**entlastung darf** als aktive latente Steuer angesetzt werden. Die Aufwendungen bzw Erträge aus der Veränderung der Passivierung/Aktivierung der latenten Steuern sind gesondert unter den E+E-Steuern auszuweisen (§ 274 Abs 2 S 3). „Gesondert" bedeutet hierbei, dass die latenten Steuern getrennt von den tatsächlichen Steuern auszuweisen sind (gesonderte Zeile, Vorspaltenausweis, „Davon-Vermerk" oder Angabe im Anhang) und nicht, dass Aufwand und Ertrag getrennt ausgewiesen werden müssten. Vielmehr ist in diesem Zusammenhang eine Gesamtbetrachtung sachgerecht, da es sich bei der aktiven latenten Steuer um eine Minderung der (späteren) effektiven Steuerbelastung handelt. 245

Aufgrund der Gesamtbetrachtung werden für den Bilanzausweis und den GuV-Ausweis die jeweiligen Beträge durch Fortschreibung ermittelt, so dass nicht nur Aufwendungen mit Erträgen, sondern auch Auflösungen mit Neubildungen von latenten Steuern verrechnet werden.

Latente Steuern auf erfolgsneutral enstandende temporäre Differenzen im Rahmen von Anschaffungsvorgängen zB bei Umw oder Sacheinlagen berühren die GuV nicht (s *WPH*[14] I, F Anm 179 ff). Dagegen sind latente Steuern auf in einer Ergänzungsbilanz aufgedeckte stille Reserven infolge von Anteilsübertragungen auf Gester-Ebene im JA von KapCoGes gem IDW RS HFA 7, Tz 21 erfolgswirksam zu erfassen. Kleine KapCoGes und nicht haftungsbeschränkte PersGes, die § 274 nicht freiwillig anwenden, haben uU Rückstellungen gem § 249 Abs 1 S 1 für latente Steuern aus zeitlich begrenzten Differenzen anzusetzen (vgl IDW RS HFA 7, Tz 26; den Kreis der Anwendungsfälle sehr eng auslegend *BStBK*, Verlautbarung der Bundessteuerberaterkammer zum Ausweis passiver latenter Steuern als Rückstellungen in der Handelsbilanz DStR 2012, 2296; hierzu *Karrenbrock* Passive latente Steuern als Verbindlichkeitsrückstellungen, BB 2013, 235). Der hieraus resultierende Steueraufwand ist uE nicht zwingend gesondert anzugeben.

Sofern bei Vorliegen eines **Steuerumlagevertrags,** der sich ausschließlich auf tatsächliche Steuern bezieht, latente Steuern bei der Organ-Ges erfasst werden (zur Zulässigkeit vgl DRS 18.35; hierzu ausführlich *Schindler* BFuP 2011, 329 (337 ff)), hat der Ausweis in der GuV der Organ-Ges aufgrund der analogen Anwendung von § 274 gesondert und mit entspr Bezeichnung innerhalb des Postens Nr 18 (17) zu erfolgen (so auch DRS 18.61). Umfasst der Steuerumlagevertrag dagegen ausdrücklich latente Steuern (vgl hierzu *Dahlke* BB 2009, 879), resultieren Aufwendungen und Erträge bei der Organ-Ges nicht aus analoger Anwendung von § 274, sondern unmittelbar aus der Weiterbelastung und sind daher in der GuV entspr der Umlage tatsächlicher Steuern zu behandeln (Anm 257).

c) Sonstige Steuern (Nr 19/Nr 18)

Zu den sonstigen Steuern zählen grds alle nicht unter Posten Nr 18 (Nr 17) fallende Steuern wie **Verbrauchsteuern** (zB Biersteuer, Tabaksteuer, Branntweinsteuer, Energiesteuer (zB auf Mineralöle), Schaumweinsteuer, Hundesteuer, Kfz-Steuer, Stromsteuer), **Verkehrsteuern** (zB Rennwett- und Lotteriesteuer, Versicherungsteuer) sowie andere Steuern und uU Ausfuhrzölle, sofern das Unt 246

Steuerschuldner ist. Soweit es sich um Kleinbeträge handelt (zB Bier-/Schaumweinsteuer aus Kantinenumsätzen) werden Verbrauchsteuern nicht ausgesondert (Anm 249). Auch die selbst zu tragende USt (insb USt auf den „Eigenverbrauch") gehört hierher. Dagegen ist die pauschalierte LSt nicht hierunter auszuweisen, sondern gehört zu den Löhnen und Gehältern (Posten Nr 6a), da es sich nicht um eine Kostensteuer eigener Art handelt (glA *ADS*[6] § 275 Anm 200). Nicht zu den sonstigen Steuern gehören vom Arbeitgeber für den Arbeitnehmer als Steuerschuldner übernommene LSt und Kirchensteuern (Anm 127).

247 Unter den sonstigen Steuern dürfen **keine Abgaben anderer Art** wie zB Grundstücksabgaben, IHK-Beiträge usw ausgewiesen werden. **Steuerstrafen** und **Bußgelder** sowie **Verspätungszuschläge** (aA *Reiner/Haußer* in Münch-Komm HGB[3] § 275 Anm 105: Zinsaufwand) oder **Zwangsgelder** sind entweder unter „sonstige betriebliche Aufwendungen" (Nr 8 bzw Nr 7) oder ggf unter „außerordentliche Aufwendungen" (Nr 16 bzw Nr 15) auszuweisen; Säumniszuschläge und Zinsen gehören zu den Zinsaufwendungen (Nr 13 bzw Nr 12), ebenso *Marx* Steuerliche Nebenleistungen im handelsrechtlichen Jahresabschluss DB 1996, 1149 ff. **Steuerstrafen** gehören zu den Posten Nrn 8 bzw 7; glA *ADS*[6] § 275 Anm 200.

248 Soweit Steuern zu den **Anschaffungsnebenkosten** gehören (zB GrESt, Eingangszölle, nicht abzugsfähige Vorsteuern (s aber Anm 120)) müssen sie aktiviert werden. Nur in Sonderfällen, in denen zB der angeschaffte VG zum Zeitpunkt der Steuerentstehung nicht mehr vorhanden ist oder nicht mehr dem Unt gehört, sind sie unter den sonstigen Steuern zu erfassen. Nicht zu den sonstigen Steuern rechnet regelmäßig die USt, da sie wie ein durchlaufender Posten zu behandeln ist und die GuV nicht berührt.

249 **Abweichender Steuerausweis:** Unt, die *branchentypisch* Steuerschuldner von Verbrauchsteuern (zB Energie-, Bier-, Tabak-, Branntweinsteuer) sind, müssten diese Steuern streng genommen unter den sonstigen Steuern ausweisen. Entspr bisheriger Praxis wird es zulässig und üblich sein, dass branchentypische Verbrauchsteuern, soweit nicht HK, offen von den Umsatzerlösen abgesetzt werden; s Anm 66 f. *ADS*[6] (§ 275 Anm 204) präferieren nur bei der Mineralölsteuer (jetzt: Energiesteuer) das offene Absetzen von den Umsatzerlösen. Für Mineralölhändler, die nicht Steuerschuldner nach § 8 Abs 2 EnergieStG sind, kommt das offene Absetzen der Energiesteuer von den Umsatzerlösen dagegen nicht in Betracht.

d) Saldierter Steuerausweis

253 Da die „Steuern vom Einkommen und vom Ertrag" nach dem „Ergebnis der gewöhnlichen Geschäftstätigkeit" (Nr 14 bzw Nr 13) und auch nach dem „außerordentlichen Ergebnis" (Nr 17 bzw Nr 16) ausgewiesen werden, lässt sich der Schluss ziehen, dass es sich bei diesen Posten um Ergebnis-Größen **vor Ertragsteuern** handelt. Dafür spricht auch die Angabepflicht nach § 285 Nr 6 über den Umfang, der auf diesen beiden Ergebnis-Größen jeweils lastenden Ertragsteuern; sie dürfen mithin nicht ihrerseits durch irgendwelche Steuerbe- oder -entlastungen beeinflusst sein.

254 Unter den „Steuern" sind neben den Aufwendungen des lfd Gj jeweils auch alle Nachzahlungen und alle Erstattungen/Veränderungen von Steuerrückstellungen für Vj zu erfassen und ggf zu saldieren. Diese Auffassung hat sich als herrschend durchgesetzt (ebenso *Walz* in Beck HdR B 338 Anm 38 ff; *ADS*[6] § 275 Anm 187) und wird jetzt auch gestützt durch § 274 Abs 2 S 3. Ein Verstoß gegen das Verbot der Verrechnung von Aufwendungen mit Erträgen (§ 246 Abs 2

S 1) wird hierin nicht gesehen, weil keine Saldierung mit Erträgen, sondern eine Korrektur zu hoch verrechneter Aufwendungen vorliegt. Im Übrigen könnte man die „Steuern" auch ihrerseits als *Ergebnis-(Saldo-)Größen* interpretieren, für die das Saldierungsverbot von vornherein nicht anwendbar ist. Bei nennenswerten Nachzahlungen oder Erstattungen handelt es sich um aperiodische Posten, die idR gem § 277 Abs 4 S 3 im Anhang anzugeben und zu erläutern sind. Nach ADS[6] (§ 275 Anm 189) sollte dies durch Untergliederung oder Davon-Vermerk bereits innerhalb des Postens „Ertragsteuern" verdeutlicht werden. Erträge aus der Berücksichtigung eines Erstattungsanspruchs aus einem **Verlustrücktrag** im JA des Verlustjahrs (s hierzu auch *Walz* in Beck HdR B 338 Anm 19; FN-IDW 1998, 71 f) fallen nicht unter die ErlPflicht für aperiodische Posten, da es sich hierbei nicht um die Korrektur einer Fehleinschätzung aus der Vergangenheit handelt, sondern um Erfolgswirkungen, die ihre wirtschaftliche Ursache im abgelaufenen Gj haben (s § 277 Anm 25).

Entsteht insgesamt ein Steuerertrag, weil die **Steuererstattungen** den Steueraufwand übersteigen, sollte dies durch Postenuntergliederung oder durch eine Änderung der Postenbezeichnung zum Ausdruck gebracht werden (glA ADS[6] § 275 Anm 187; aA *Walz* in Beck HdR B 338 Anm 40, weil der Posten „Steuern" lautet). Andernfalls ist eine Erl im Anhang erforderlich.

e) Steuerausweis bei Organschaft

Im Falle der ertragsteuerlichen Organschaft (zum Begriff s § 271 Anm 100ff) ist der Organträger Steuerschuldner der GewESt und der KSt, soweit ihm das Ergebnis der Organ-Ges zuzurechnen ist. Voraussetzung für die ertragsteuerliche Organschaft ist (ab dem VZ 2002) insb der Abschluss eines Gewinnabführungsvertrags sowie die finanzielle Eingliederung nach § 14 Abs 1 Nr 1 KStG (Mehrheit der Stimmrechte). Im Rahmen der umsatzsteuerlichen Organschaft ist der Organträger außerdem Steuerschuldner der USt für die Umsätze der Organ-Ges. Die Organ-Ges haftet jedoch gesamtschuldnerisch für diese Steuern (§ 73 AO). Die Organ-Ges kann direkt nur Steuerschuldner sein, soweit sie Ausgleichszahlungen als eigenes Einkommen zu versteuern hat (§ 16 KStG). Diese eigenen Steuern auf das Einkommen von MU (ggf TU) werden unter dem Posten Nr 18 bzw Nr 17 ausgewiesen.

Aufgrund der Bestimmung, das KSt-Guthaben zum 31.12.2006 letztmalig zu ermitteln und in 10 gleichen Raten auszuzahlen (Anm 243), entfällt die Verknüpfung zwischen KSt-Minderung und Ausschüttung vorvertraglicher Gewinnrücklagen, so dass „einiges dafür spricht", sowohl den (Steuer-)Ertrag aus der Aktivierung des gesamten Anspruchs auf Auszahlung des KSt-Guthabens bzw aus etwaigen Erhöhungen dieses Anspruchs infolge des JStG 2010 (s Anm 243) als auch die Erträge aus den Aufzinsungen in den an das MU abzuführenden Gewinn einzubeziehen (205. Sitzung des HFA, FN-IDW 2007, 107).

Werden tatsächliche Steuern vom Organträger an die Organ-Ges weiterbelastet (zur steuerrechtlichen Zulässigkeit von **Steuerumlagen** *Albing* in Streck KStG[7] § 14 Anm 135; zum Anspruch auf GewSt-Erstattung BGH 22.10.1992 BB 1993, „22; zur Weiterbelastung latenter Steuern s Anm 245), sollen die Steuerumlagen die durch die steuerrechtliche Einkommenszurechnung infolge der Organschaft eintretenden „Verzerrungen" des ausgewiesenen Jahresergebnisses beim Organträger und bei der Organ-Ges möglichst ausgleichen und die steuerliche Belastung verursachungsgerecht auf die Unt des Organkreises verteilen (glA *Walz* in Beck HdR B 338 Anm 49).

Ausweis bei der Organgesellschaft: Steuern, die sich nach dem Ergebnis der gewöhnlichen Geschäftstätigkeit bemessen, dürfen in dieses Ergebnis nicht selbst eingehen (Anm 253). Dasselbe muss schon aus Gründen der Vergleichbarkeit mit Nicht-Organ-Ges auch für Steuerumlagen gelten. Mithin kommt regelmäßig nur eine Berücksichtigung im Rahmen der Steuern in Betracht, aber unter entspr Anpassung der Postenbezeichnung. Neben evtl vorhandenen originären Steuern der Organ-Ges (Anm 255) sollte auch der gesonderte Ausweis mit Davon-Vermerk (zB „davon Steuerumlagen ...") unter dem Posten „Steuern vom Einkommen und vom Ertrag" erfolgen (*Walz* in Beck HdR B 338 Anm 51; *ADS*[6] § 275 Anm 194 mit Beispiel).

Alternativ ist durch das Bestehen eines **Gewinnabführungsvertrags** (EAV) auch die Einbeziehung der Steuer-Umlagen in den unmittelbar vor dem Jahresergebnis auszuweisenden Posten „aufgrund von Gewinnabführungsverträgen abgeführte Gewinne" oder „Erträge aus Verlustübernahme" (§ 277 Abs 3 S 2, dort Anm 6 ff) von gleicher Aussagefähigkeit und daher zulässig. Die gesonderte Angabe (Untergliederung oder Davon-Vermerk) wäre im Hinblick auf einen Vergleich mit dem korrespondierenden Ausweis beim Organträger informativ, ist aber nicht zwingend.

Während bei der ersten Alternative („E+E") der Ausweis der zugehörigen Steuerbelastung im Vordergrund steht, wird im zweiten Fall das abgeführte Ergebnis in seiner tatsächlichen Höhe (*vor* Steuern) herausgestellt. Entscheidend ist daher nur, dass die gewählte Darstellungsform beibehalten wird (§ 265 Abs 1). Ein Ausweis von Steuerumlagen unter „sonstige betriebliche Aufwendungen" ist nicht sachgerecht; gIA *ADS*[6] § 275 Anm 194.

258   **Ausweis beim Organträger:** Durch die Ergebnisabführung im Organschaftskreis würde bei Verrechnung der Erträge aus Steuerumlagen mit dem tatsächlich anfallenden Steueraufwand die verbleibende Steuerbelastung des Organträgers im Verhältnis zu seinem Jahresergebnis (vor Steuern) zu niedrig ausgewiesen, und zwar um den auf das von der Organ-Ges übernommene Ergebnis entfallenden Teil. In diesen Fällen ist die erhobene Steuerumlage wirtschaftlich als „Vorweg-Gewinnabführung" (ebenso BGH 1.12.2003, WM 2004, 288) zu betrachten und daher im Rahmen des Finanzergebnisses *gesondert* unter dem Posten „Ertrag aufgrund von Gewinnabführungsverträgen" (*Walz* in Beck HdR B 338 Anm 52 oder als gesonderter Gliederungsposten „Erträge aus von Organ-Ges abgeführten Steuerumlagen" auszuweisen (im Ergebnis ebenso *ADS*[6] § 275 Anm 192 f). Aufwendungen aus Verlustübernahmen (Posten Nr 12a bzw Nr 11a) wären dementspr um evtl gewährte Steuergutschriften an die Organ-Ges zu erhöhen.

259   Die in der Praxis generell anzutreffende offene Absetzung bei dem Posten Nr 18 bzw 17 entspricht einer wirtschaftlichen Betrachtungsweise. Dabei wird aber oft nicht berücksichtigt, dass der auf das in der handelsrechtlichen GuV ausgewiesene Betriebs- und Finanzergebnis entfallende Steueraufwand **ungekürzt** ausgewiesen werden muss, um die (eigene) Ertragslage des Organträgers zutreffend darzustellen. Auch in diesen Fällen wird durch die offene Absetzung die Handhabung offengelegt; die Systematik des HGB spricht jedoch gegen diese Darstellungsweise. Ein Ausweis der Steuerumlagen unter „sonstige betriebliche Erträge" (bzw „... Aufwendungen" bei Steuergutschriften) kommt dagegen uE auch hier nicht in Betracht, da der Vorgang das Finanzergebnis, nicht aber das betriebliche Ergebnis berührt (aA *ADS*[6] § 275 Anm 192: „sonstige betriebliche Erträge" mit Hinweis auf die Behandlung der KapESt bei Beteiligungserträgen; *Walz* in Beck HdR B 338 Anm 52).

260   Berechnet der Organträger die Zahllast für Umsätze der Organ-Ges voll weiter, stellt diese bei ihm einen durchlaufenden Posten dar. In diesem Fall können die Organ-Ges die USt fast so behandeln, als ob die Organschaft nicht bestünde. Die aus derartigen Weiterbelastungen entstehenden Verbindlichkeiten sind jedoch als solche ggü dem Organträger auszuweisen.

Belastet in Sonderfällen der Organträger die auf seine Organ-Ges entfallende USt-Zahllast *nicht* an diese weiter, gehört dieser Betrag (obwohl wirtschaftlich nicht das MU betr) zu den sonstigen Steuern des Organträgers (s auch IDW RH HFA 1.017, Tz 4). Dementspr entsteht gem IDW RH HFA 1.017, Tz 7 bei den TU ein Ertrag („sonstige betriebliche Erträge").

18. Jahresüberschuss/Jahresfehlbetrag (Nr 20/Nr 19)

Dieser Posten ist der Saldo aller in der GuV ausgewiesenen Erträge und Aufwendungen und der Steuern. Als Ergebnis der Erfolgsrechnung stellt er stets den letzten Posten der Ergebnis*entstehung* in der GuV und zugleich der Schemata des Abs 2, 3 dar. Das bedeutet, dass alle – auch die in § 277 Abs 3 genannten – Sonderposten vorher einzuordnen sind. Ein Jahresüberschuss liegt vor, wenn der Unterschied aller Erträge und Aufwendungen positiv ist. Sind die Aufwendungen des Gj dagegen höher als die Erträge, handelt es sich um einen Jahresfehlbetrag. Die Höhe des Jahresüberschusses/Jahresfehlbetrags wird vielfach im Rahmen der Analyse des JA verwendet; sein betriebswirtschaftlicher Aussagewert ist wegen der mannigfachen Einflussfaktoren allerdings für die Beurteilung der Ertragskraft unzureichend. 261

Die **Bedeutung** des Postens Jahresüberschuss/Jahresfehlbetrag liegt insb darin, dass mehrere materiellrechtliche Vorschriften an ihn anknüpfen. Zunächst bildet der Jahresüberschuss/Jahresfehlbetrag den Ausgangspunkt der **Ergebnisverwendung**. Regelungen zur Darstellung der Ergebnisverwendungen finden sich in Abs 4 sowie im AktG. Durch Abs 4 wird bestimmt, dass Veränderungen der Kapital- und Gewinnrücklagen erst *nach* dem Posten Jahresüberschuss/Jahresfehlbetrag ausgewiesen werden dürfen (Anm 310 ff). Außerdem stellt der Jahresüberschuss die Grundlage für die Dotierung der gesetzlichen Rücklage der AG und KGaA dar (§ 150 Abs 2 AktG), während der Jahresfehlbetrag eine wesentliche Ursache für die Verwendung dieser Rücklage ist (§ 150 Abs 3, 4 AktG). Auch die Höhe der Beträge, die von der HV einerseits oder vom Vorstand und AR andererseits in die Gewinnrücklagen eingestellt werden dürfen, ist vom Jahresüberschuss abhängig (§ 58 Abs 1, 2 AktG). Daneben ist der Posten Jahresüberschuss/Jahresfehlbetrag bei der Ermittlung einer Abschlagszahlung an die Aktionäre auf den Bilanzgewinn (§ 59 Abs 2 AktG) sowie im Rahmen von Sonderprüfungen wegen unzulässiger Unterbewertung (§ 259 Abs 2 Nr 2, Abs 4 S 2 AktG) heranzuziehen. 262

Ferner spielt die Höhe des Jahresüberschusses/Jahresfehlbetrags eine Rolle bei Bestehen aktienrechtlicher **Unternehmensverträge**. Die Zuführung zur gesetzlichen Rücklage nach § 300 AktG, der Höchstbetrag der Gewinnabführung (§ 301 AktG) sowie die Übernahme der bei dem TU entstandenen Verluste sind an der Höhe des Jahresüberschusses bzw -fehlbetrags zu orientieren.

Bei **Gewinnabführungsverträgen** entsteht normalerweise kein Jahresüberschuss. Dennoch ist der Posten bei Bestehen eines EAV (ggf) als Leerposten auszuweisen. § 265 Abs 8 gilt nur für Posten, in denen Bewegungsgrößen ausgewiesen werden. Ausnahmsweise kann ein Jahresüberschuss ausgewiesen werden, wenn die gesetzliche Rücklage noch nicht voll dotiert (§ 300 AktG) oder das abführende TU berechtigt ist, in angemessenem Umfang andere Rücklagen zu bilden. Umgekehrt entsteht ein Jahresfehlbetrag, wenn während der Dauer des Vertrags gebildete Rücklagen zulässigerweise wieder aufgelöst und an den Organträger abgeführt werden (Anm 315).

Bei **GmbH** dient der Jahresüberschuss als Grundlage für die Verteilung des Bilanzgewinns (§ 29 Abs 1 GmbHG), während ein Jahresfehlbetrag für eine evtl Nachschusspflicht der Gester von Bedeutung ist (§§ 27, 30 GmbHG). Auch für 263

Ges anderer Rechtsformen (zB PersGes) stellt Posten Nr 20 (Nr 19) regelmäßig die Ausgangsbasis für die Verwendung des Ergebnisses dar.

Für die Darstellung der Entwicklung vom Jahresergebnis zum Bilanzergebnis vgl auch die Erl zu § 270 und Vor § 325.

II. Umsatzkostenverfahren (Abs 3)

265 In diesem Abschn werden nur Posten erläutert, die sich inhaltlich von denen des Gesamtkostenverfahrens unterscheiden. Hiervon betroffen sind insb die Posten Nrn 2 bis 7. Die nachfolgenden Posten (ab Nr 8 „Erträge aus Beteiligungen") stimmen in ihrem materiellen Inhalt mit den gleichnamigen Posten des Gesamtkostenverfahrens überein, sofern keine aktivierungsfähigen Steuern oder Zinsen in die HK einbezogen werden (Anm 31, 308 f) und unübliche Abschreibungen auf Wertpapiere des Umlaufvermögens sachgerechterweise unter Posten Nr 12 ausgewiesen werden (Anm 201).

1. Herstellungskosten der zur Erzielung der Umsatzerlöse erbrachten Leistungen (Nr 2)

266 Den zur Erzielung der Umsatzerlöse erbrachten Leistungen werden die auf sie entfallenden HK ggügestellt. Dabei spielt es keine Rolle, in welchem Gj die HK entstanden sind. Unter diesem Posten sind alle Aufwendungen auszuweisen, die aus der Herstellung der in einer Rechnungsperiode abgesetzten Leistungen resultieren. **Bestandsminderungen** werden nicht wie im Gesamtkostenverfahren neben den Umsatzerlösen berücksichtigt; sie sind Teil der „Herstellungskosten des Umsatzes". **Bestandserhöhungen** sind bei Anwendung des Umsatzkostenverfahrens aus der GuV grds nicht ersichtlich, da sie (noch) nicht zu einem Umsatzakt geführt haben (Anm 31). Die aktivierten Aufwendungen für die im Gj hergestellten Leistungen mindern die „Herstellungskosten des Umsatzes" (Anm 29).

267 Die AK *(Einstandskosten)* der verkauften **Handelswaren** werden in Abs 3 nicht ausdrücklich erwähnt; bei HandelsUnt sollten sie deshalb in die Postenbezeichnung aufgenommen werden (glA *WPH*[14] I, F Anm 642). Die Bezeichnung des GuV-Postens ist dann gem § 265 Abs 6 anzupassen (zB „Anschaffungskosten der verkauften Waren").

268 Umstritten ist, ob für die „Herstellungskosten" iSd Abs 3 Nr 2 der HK-Begriff gem § 255 Abs 2 gilt. Die Diskussion betrifft sowohl die Wert- als auch die Mengenkomponente. Zum einen ist fraglich, welche Kostenarten in die „**Herstellungskosten des Umsatzes**" einbezogen werden dürfen und zum anderen wird kontrovers diskutiert, ob auch die aufgrund von Wahlrechten nicht aktivierten HK-Bestandteile der in der Rechnungsperiode hergestellten und noch vorhandenen Bestände an VG und/oder noch nicht abgerechneten Leistungen unter Nr 2 auszuweisen sind. Die Diskussion hat jedoch durch die Erweiterung des HK-Begriffs hinsichtlich seiner Pflichtbestandteile um angemessene Teile der Material- und Fertigungsgemeinkosten sowie fertigungsbedingten Werteverzehrs des Anlagevermögens durch das BilMoG an Bedeutung verloren. Der Wortlaut des Abs 3 Nr 2 ist jedenfalls nicht eindeutig und stützt mehrere Interpretationen. Deshalb ist im Anhang anzugeben, welchen Umfang die HK des Umsatzes haben. Hierzu auch Anm 270.

a) Gleicher Umfang der Herstellungskosten

269 Bei enger Auslegung und unter Berücksichtigung des Grundsatzes der Einheitlichkeit der Bewertung (§ 252 Abs 1 Nr 6) sind Bewertungswahlrechte für die Bilanz und die GuV in gleicher Weise (einheitlich) auszuüben, so dass in Bilanz und GuV übereinstimmend entweder ein Ansatz zu *vollen* HK oder zu *Teil*herstellungskosten (hierzu § 255 Anm 330 ff) erfolgt (s *Selchert* DB 1986, 2397 (2398)). Der HK-Begriff wird dementspr entweder durch die Bewertung der Vorräte zum Jahresende nach § 255 Abs 2 oder durch den Umfang in der GuV festgelegt.

Danach sind im Posten Nr 2 des Umsatzkostenverfahrens lediglich folgende Beträge als HK (auf Teil- oder Vollkostenbasis) auszuweisen:

– Bei erzeugten und abgesetzten Leistungen innerhalb einer Rechnungsperiode: Die nach denselben Grundsätzen wie für die Bilanzierung ermittelten HK dieser Leistungen (oder umgekehrt: Maßgeblichkeit der HK der GuV für die Bilanz).
– Bei Bestandsminderung von in Vj produzierten Leistungen: die (bisher) aktivierten HK ggf zzgl im Gj noch angefallener HK.

Im Rahmen einer Bewertung zu *Teil*herstellungskosten wird der Unterschied zu den vollen HK in den allgemeinen Verwaltungskosten, dem Zinsaufwand und/oder den sonstigen betrieblichen Aufwendungen ausgewiesen (Anm 305). Unterbeschäftigungs-(Leer-)kosten (§ 255 Anm 438 f) und außerplanmäßige Abschreibungen sind in diesem Fall stets als sonstige betriebliche Aufwendungen (Nr 7) auszuweisen.

b) Abweichender Umfang der Herstellungskosten

In Praxis und Literatur hat sich die Auffassung durchgesetzt, dass der Inhalt des Begriffs der HK des Umsatzes *nicht* durch den HK-Begriff der Bilanz (§ 255 Abs 2 und 3) bestimmt wird (so *ADS*[6] § 275 Anm 216; *Budde* in HdR[5] § 275 Anm 126, 129; *Stobbe* in Beck HdR B 361 Anm 9 ff; *WPH*[14] I, F Anm 636, 640; *Lachnit/Wulf* in Rechnungslegung § 275 Anm 132).

Die **Abgrenzung der umsatzbezogenen Herstellungskosten** ist ein Zuordnungsproblem innerhalb der GuV, das nach den für die GuV geltenden Grundsätzen zu beurteilen ist, und kein Bewertungsproblem, das sich im Hinblick auf eine vorsichtige Gewinnermittlung bestimmt. Aus Vorsichtsgründen dürfen bei der Bewertung selbsterstellter VG in der Bilanz zB Unterbeschäftigungskosten nicht in die HK der Bestände eingerechnet werden. Gleichwohl sind sie jedoch durch die (zu geringen) Leistungen veranlasst und damit periodenbezogene „Herstellungskosten".

Obwohl beim Umsatzkostenverfahren grds auch eine Kostenartengliederung möglich ist (so bei den Posten des Finanzergebnisses und den Steuern), sieht Abs 3 in Bezug auf den Ausweis des „betrieblichen" Ergebnisses eine Gliederung nach betrieblichen Funktionsbereichen vor; Anm 31. Deshalb sind stets die gesamten (periodenbezogenen) HK im Posten Nr 2 auszuweisen; glA *ADS*[6] § 275 Anm 221; *WPH*[14] I, F Anm 635 f. Diese Abgrenzung orientiert sich grds an dem HK-Begriff der **Vollkostenrechnung**. Dieser HK-Begriff ist international üblich und entspricht einem der mit dem Umsatzkostenverfahren verfolgten Ziele, nämlich die GuV in einer international vergleichbaren Form darzustellen. Ein Wahlrecht, nur Teile der HK (Teilkostenrechnung) hier anzusetzen, besteht daher nicht.

c) Posteninhalt

Zu den HK der abgesetzten Leistungen zählen alle Aufwendungen des Herstellungsbereichs im Gj, soweit sie nicht aktiviert werden (Bestandserhöhungen), zzgl der Aufwendungen, mit denen bisher aktivierte und im Gj abgesetzte Leistungen im Vj bilanziert waren (Bestandsminderungen). Andererseits zählen nicht

§ 275 274–277

alle in § 255 Abs 2 und 3 aufgeführten HK-Bestandteile zu den umsatzbezogenen HK (Anm 270f), denn in der GuV nach Abs 3 sind Verwaltungskosten, Zinsen und sonstigen Steuern an sich gesondert auszuweisen.

Unterbeschäftigungs- und andere Gemeinkosten sind, soweit sie auf den Herstellungsbereich entfallen, im Posten Nr 2 auszuweisen (Anm 270). Durch die Verteilung der fixen Kosten auf die einzelnen produzierten Leistungen wirken sich die Veränderungen in der Kapazitätsauslastung auf die periodenbezogenen HK des Umsatzes aus. Da es unsicher ist, ob die Unterbeschäftigungskosten durch künftige Umsatzerlöse voll getragen werden, werden sie den HK der Abrechnungsperiode „angelastet" (hierzu *Moxter*[6], 219f).

274 In den HK der GuV sind sowohl die planmäßigen und außerplanmäßigen **Abschreibungen,** soweit sie den Herstellungsbereich betreffen, auszuweisen. In den HK enthaltene *außerplanmäßige* Abschreibungen auf das Anlagevermögen sind jeweils gesondert auszuweisen oder im Anhang anzugeben (§ 277 Anm 3 bis 5).

Handelsunternehmen haben Abschreibungen auf Handelswaren im Posten Nr 2 zu erfassen, sofern die betr Waren dem „Herstellungs"-(Veredelungs-) und nicht dem Vertriebsbereich zuzurechnen sind. **Fremdkapitalzinsen** und **sonstige Steuern** können, soweit sie den Herstellungsbereich betreffen, unter Nr 2 ausgewiesen werden (Anm 308).

275 Der Herstellungsbereich umfasst auch die „**herstellungsbezogene**" **Verwaltung.** Dagegen sind die allgemeinen Verwaltungskosten grds unter Posten Nr 5 auszuweisen und nicht in die HK einzubeziehen; so auch *Budde* in HdR[6] § 275 Anm 129. Bei Veräußerung von Produkten kann eine Umgliederung dieser Kosten nicht verlangt werden, da es sich ohnehin idR um unwesentliche Beträge handelt (so *ADS*[6] § 275 Anm 225). Das Umsatzkostenverfahren soll einen groben Einblick in die Aufwendungen innerhalb der Funktionsbereiche und damit in die Gesamtheit der Kalkulationsstrukturen des Unt geben (Anm 31). Deshalb sind die Vertriebs- und die allgemeinen Verwaltungskosten gesondert auszuweisen.

276 Bei im *Geschäftsjahr* hergestellten, **noch nicht abgesetzten Produkten/ Leistungen** werden die entspr HK in der GuV beim Umsatzkostenverfahren nicht einbezogen (Anm 266). Werden Zugänge an Erzeugnissen und an aktivierten Eigenleistungen in der Bilanz zu *Teil*herstellungskosten bewertet, sind die darüber hinausgehenden Aufwendungen, soweit sie auf den Herstellungsbereich entfallen, bereits im Gj der Herstellung entweder unter Posten Nr 2 (so hier Anm 271; *ADS*[6] § 275 Anm 223; *Stobbe* in Beck HdR B 361 Anm 24ff) oder als sonstige betriebliche Aufwendungen auszuweisen (*Budde* in HdR[5] § 275 Anm 128 hält einen solchen Ausweis unter Hinweis auf die Gesetzesbegr für zulässig, allerdings mit entspr Erl im Anhang). Die Einordnung unter dem Posten Nr 2 ist vorzuziehen (so auch *WPH*[14] I, F Anm 640). Bestandsveränderungen werden im internationalen Bereich üblicherweise zu Vollkosten bewertet; eines Auffangpostens „sonstige betriebliche Aufwendungen" bedarf es dann nicht.

Ein Ausweis der über die Bewertung der Bilanzposten hinausgehenden HK der noch nicht abgesetzten Produkte oder Leistungen unter dem Posten Nr 2 entspricht zwar nicht dem Grundsatz der Periodenabgrenzung – muss aber angesichts der geringeren Aussagefähigkeit bei einem Ausweis unter den „sonstigen betrieblichen Aufwendungen" toleriert werden. Diesen oft nicht erheblichen Teil der HK im späteren Jahr des Umsatzes unter Posten Nr 2 (nochmals) zu erfassen (mit Gegenposten unter Posten Nr 6 oder Absetzung von Posten Nr 7), erscheint nicht sachgerecht.

277 Nach den dargestellten Grundsätzen dürfen unter Posten Nr 2 auch die dem Herstellungsbereich iwS zuzurechnenden Aufwendungen (ohne allgemeine Ver-

waltung) erfasst werden (WPH[14] I, F Anm 636), zB nicht aktivierungsfähige Gemeinkosten, Forschungsaufwendungen, Gewährleistungskosten.

2. Bruttoergebnis vom Umsatz (Nr 3)

Das Bruttoergebnis vom Umsatz bildet den Saldo der Umsatzerlöse (Nr 1) und der auf diese entfallenden HK (Nr 2). Ebenso wie beim Inhalt des Postens Nr 2 hängt sein Ergebnis von den bei der Ermittlung der HK einbezogenen Aufwendungen ab. Die betriebswirtschaftliche Bedeutung dieser Zwischensumme wird überwiegend im Rahmen von zeitlichen Vergleichen (bei JA-Analysen) liegen. Dann kann das Bruttoergebnis vom Umsatz gewisse Informationen über die Wirtschaftlichkeit eines Unt vermitteln. Voraussetzung ist, dass der Umfang der in die HK einzubeziehenden Aufwendungen im Zeitablauf konstant bleibt (Stetigkeitsgebot).

Zwischenbetriebliche Vergleiche werden erschwert, da die „Herstellungskosten der zur Erzielung der Umsatzerlöse erbrachten Leistungen" in ihrem Umfang unterschiedlich bemessen sein können (Anm 269 ff). Zudem wird der Aussagewert eines Vergleichs durch die unterschiedlichen in der Literatur für zulässig gehaltenen Verfahren, bestimmte Betriebsbereiche abzugrenzen und Kostenarten auszuweisen, beeinträchtigt (Anm 37 und 266 ff); obwohl diese Abgrenzungen verbal im Anhang zu nennen sind.

Kleine und mittelgroße KapGes/KapCoGes dürfen die Posten Nrn 1 bis 3 und 6 zu einem Posten Rohergebnis zusammenfassen (§ 276 Anm 1 ff).

3. Vertriebskosten (Nr 4)

Vertriebskosten erhöhen nicht den Wert der hergestellten Erzeugnisse, sondern unterstützen oder gewährleisten den Absatz der Produkte. Gem § 255 Abs 2 S 4 dürfen Vertriebskosten nicht in die HK einbezogen werden. Dies gilt grds auch für den Ausweis in der GuV. Unter Posten Nr 4 sind alle Aufwendungen des Vertriebsbereichs des Gj auszuweisen. Dazu rechnen auch die Vertriebskosten, die für bereits aktivierte Leistungen entstanden sind.

Vertriebskosten sind die Aufwendungen des Funktionsbereichs Vertrieb. Hierzu zählen vor allem die Aufwendungen der Verkaufs-, Werbe- und Marketingabteilungen sowie des Vertreternetzes und der Vertriebsläger. Sie sind für die Bilanz und in der GuV nach denselben Grundsätzen zu beurteilen. Damit gilt die zu § 255 getroffene Abgrenzung ggü den HK und allgemeinen Verwaltungskosten auch hier (§ 255 Anm 442 bis 453). Insb bei HandelsUnt kann aber die Zurechnung einzelner Kostenarten zu den betrieblichen Funktionsbereichen Probleme bereiten.

Vertriebskosten sind zum einen die dem Produkt direkt zurechenbaren Kosten **(Vertriebseinzelkosten).** Dazu zählen Kosten für Verpackungsmaterial, Frachten, Provisionen, auftragsbezogene Werbekosten, Versandkosten einschl der Lagerkosten ua. Auch die Gewährung von Rabatten für Vj-Umsätze kann uU den Charakter von Vertriebskosten haben (Anm 63). Bei den **Versandkosten** sind auch die Abschreibungen auf Gebäude, insb Lagerhäuser, und auf Einrichtungen zu erfassen.

Sondereinzelkosten des Vertriebs, wie zB Auftragserlangungskosten bei langfristiger Fertigung dürfen nach weit herrschender Auffassung nur in sehr begrenztem Umfang in die HK nach § 255 einbezogen werden, für Provisionszahlungen besteht bspw nur ein Verbot (WPH[14] I, E Anm 364; s auch § 255 Anm 454 ff). Eine Einbeziehung in den Posten Nr 2 dürfte regelmäßig nicht in Betracht kommen.

284 Zu den Vertriebskosten zählen auch die dem Produkt nicht direkt zurechenbaren Kosten des Vertriebs (**Vertriebsgemeinkosten**). Diese Kosten müssen dabei mind in mittelbarer Beziehung zur Vertriebsleistung stehen. Solche allgemeinen Vertriebskosten sind Löhne und Gehälter, sonstige Personalkosten (einschl AVers), Reise-, Bewirtungs- und Kfz-Kosten sowie andere Kosten der Verkaufs- und Versandabteilungen einschl ihrer Außenstellen, Messe- und Ausstellungskosten, Kosten der Kundenberatung, der nicht auftragsbezogenen Werbung, des Sponsorings und der Marktforschung, allgemeine Kosten der Spedition, der Rechnungserstellung und der Datenverarbeitung im Vertriebsbereich.

Die **Verwaltungskosten des Vertriebs** sind ebenfalls unter den Vertriebskosten zu erfassen. Zu ihnen rechnen insb die Kosten der Leitung des Vertriebs, der Verwaltung der Auslieferungsläger und der Lohnbüros für diesen Bereich.

285 In den Vertriebskosten sind auch die planmäßigen und außerplanmäßigen **Abschreibungen** auf VG des **Anlagevermögens** sowie Abschreibungen nach § 253 Abs 4 auf VG des **Umlaufvermögens** zu erfassen, soweit sie auf den Vertriebsbereich entfallen (zB Bestände an Verpackungsmaterial). Außerplanmäßigen Abschreibungen auf VG des Anlagevermögens sind gesondert auszuweisen oder im Anhang anzugeben (§ 277 Anm 3 bis 5). Produkte in Auslieferungslägern zählen zu der Vertriebssphäre. Dagegen gehören die Produkte in Fertigungszwischen- und -endlägern regelmäßig noch dem Herstellungsbereich an. Wir meinen, dass auch die **Abschreibungen auf Kundenforderungen** und Erhöhungen der Pauschalabsetzungen für diese zum Vertriebsbereich gehören (glA *Budde* in HdR[5] § 275 Anm 137).

286 Wird der Vertrieb durch andere (eigene und fremde) Ges wahrgenommen, sind die dafür geleisteten Entgelte auch dem Vertriebsbereich zuzuordnen (ähnlich *ADS*[6] § 275 Anm 236 – dort begrenzt auf TU).

4. Allgemeine Verwaltungskosten (Nr 5)

290 Der Posteninhalt besagt, dass hierunter nur solche Verwaltungskosten einzuordnen sind, die nicht anderen Bereichen zuzurechnen sind. Unter Posten Nr 5 sind also nur die Verwaltungskosten auszuweisen, die weder zu den HK noch zu den Vertriebskosten zählen (Anm 275, 281; ebenso *WPH*[14] I, F Anm 646). Dabei kann der herstellungsbezogene Verwaltungskostenbereich weiter gezogen werden, als dies nach § 255 Abs 2 zulässig ist; s auch Anm 275.

291 Zu den allgemeinen Verwaltungskosten zählen alle Material- und Personalaufwendungen (einschl AVers) sowie Abschreibungen aus dem Verwaltungsbereich. Dies sind insb die Aufwendungen für die Geschäftsleitung (einschl Sekretariat), das Rechnungswesen, das Rechenzentrum, die Personal-, Finanz-, Rechts-, Steuer- und Planungsabteilung, die Werksfeuerwehr, den Werkschutz und den Betriebsrat. Ferner sind hierunter die Aufwendungen für JA-Erstellung und -Prüfung, sowie Steuerberatung, Aufwendungen für einen AR oder Beirat, für die GesV und allgemeine Aufwendungen für Sozialeinrichtungen und Ausbildung oder Fortbildung (Schulung) einzuordnen. Auch Beiträge, Spenden und die Kosten der untereigenen Bibliotheken fallen grds unter die allgemeinen Verwaltungskosten. Zur weiteren Abgrenzung s auch § 255 Anm 431. Eine Untergliederung der allgemeinen Verwaltungskosten nach einzelnen Bereichen ist nicht vorzunehmen.

292 Zu den **außerplanmäßigen Abschreibungen** auf VG des Anlagevermögens sowie *etwaigen* Abschreibungen nach § 253 Abs 4s Anm 285.

5. Sonstige betriebliche Erträge (Nr 6)

300 Grds entspricht dieser Posten inhaltlich dem des Gesamtkostenverfahrens. Es wird insoweit auf die Erl zu Posten Nr 4 der Gliederung der GuV nach dem

Gesamtkostenverfahren verwiesen (Anm 90 ff). Dabei ist aber Folgendes zu beachten:
Es wird als zulässig angesehen, für Aufwendungen, die als **Eigenleistungen** oder **Bestandserhöhungen** aktiviert wurden, in der GuV einen entspr Ertrag im Posten Nr 6 auszuweisen (so *ADS*[6] § 275 Anm 242 und *WPH*[14] I, F Anm 648 für Eigenleistungen). Diese Verfahrensweise widerspricht jedoch der Konzeption des Umsatzkostenverfahrens (ebenso *Budde* in HdR[5] § 275 Anm 114). Danach sollen aktivierte Aufwendungen nicht im Entstehungsjahr, sondern erst in der Umsatzperiode in der GuV ausgewiesen werden (Anm 29).
Die Aufwendungen für **mengenmäßige** Zugänge an aktivierten Eigenleistungen und an Beständen sollten direkt von den Aufwands- auf die Bestandskonten umgebucht werden (Anm 276; *ADS*[6] § 275 Anm 242 und *WPH*[14] I, F Anm 648 präferieren *diese* Vorgehensweise).

Dagegen sind bestimmte **Wertänderungen,** wie Zuschreibungen (zB nach einer Bp) zu aktivierten Eigenleistungen und Beständen, weil nicht erfolgsneutral, unter dem Posten Nr 6 zu erfassen. *Insoweit* unterscheidet sich der Inhalt des GuV-Postens nicht von dem im Gesamtkostenverfahren.

Kleine und **mittelgroße** KapGes/KapCoGes dürfen die Posten Nrn 1 bis 3 und 6 zu einem Posten „Rohergebnis" zusammenfassen (hierzu § 276 Anm 1).

6. Sonstige betriebliche Aufwendungen (Nr 7)

Die sonstigen betrieblichen Aufwendungen im Umsatzkostenverfahren umfassen alle Aufwendungen, die nicht aufgrund des spezielleren Ausweises den Funktionsbereichen Herstellung, Verwaltung oder Vertrieb zugeordnet werden oder darüber hinaus freiwillig gesondert ausgewiesen werden. Ferner sind in den sonstigen betrieblichen Aufwendungen im Umsatzkostenverfahren Material- und Personalaufwendungen sowie (außerplanmäßige) Abschreibungen enthalten, die *nicht* den einzelnen Funktionsbereichen zugeordnet werden können und auch nicht aktiviert sind (Anm 306).

Der Inhalt des Sammelpostens „sonstige betriebliche Aufwendungen" hängt entscheidend von dem **Umfang der Herstellungskosten** der umgesetzten Leistung (Posten Nr 2) ab (Anm 270 ff).

Zu den Aufwendungen, die sich keinem der drei Funktionsbereiche *allein* zuordnen lassen, zählen: die **Abschreibungen** auf bestimmte Posten des **Anlagevermögens,** zB GFW (hierzu *Mujkanovic* BB 1994, 897 f), sowie die Abschreibungen auf VG des **Umlaufvermögens,** soweit diese die in der KapGes/KapCoGes üblichen Abschreibungen überschreiten (Abs 2 Nr 7b). UE ist es sachgerecht, den Aufwand aus der Abschreibung des GFW anstatt als betrieblichen Aufwand als separaten Posten innerhalb des operativen/betrieblichen Ergebnisses auszuweisen. Es wird auch die Meinung vertreten (*ADS*[6] § 275 Anm 246), dass außergewöhnliche Abschreibungen, aperiodische Posten, Verluste aus Anlagenabgängen und Rückstellungsdotierungen (wahlweise) hier eingeordnet werden dürfen.

Forschungskosten dürfen nicht in die HK einbezogen werden (§ 255 Abs 2 S 4). Sie sind daher in diesen Posten einzuordnen, wenn sie keinem anderen Funktionsbereich zugerechnet werden können. Sind die Forschungsaufwendungen außerordentlich hoch, wird der Einblick in die wirtschaftliche Lage des Unt klarer dargestellt, wenn diese Aufwendungen in einem gesonderten Posten oder als Untergliederungsposten nach § 265 Abs 5 gezeigt werden (ebenso *ADS*[6] § 275 Anm 234; *Stobbe* in Beck HdR B 361 Anm 48).

7. Zinsen und ähnliche Aufwendungen (Nr 12)

Zinsen, auch für Pensionsrückstellungen, die unter den HK erfasst werden, sind in der Umsatzperiode als HK (Nr 2) auszuweisen. Dies muss im Anhang entspr § 284 Abs 2 Nr 5 angegeben werden (§ 284 Anm 190). Einen Doppelausweis von Zinsen in einer Periode in Nr 2 und 12 und einem Ertrags-Ausgleichsposten (so *WPH*[14] I, F Anm 653) halten wir nicht für sachgerecht. Der Zinsaufwand muss dann in Nr 12 um die Zinsen des Herstellungsbereichs gekürzt werden (glA *Budde* in HdR[5] § 275 Anm 118, die sogar die offene Absetzung der Zinsen vom Posten Nr 12 fordern).

8. Sonstige Steuern (Nr 18)

309   Die Erl zu Anm 308 gelten hier entspr. Nach Wegfall der GewKapSt und der Vermögensteuer betrifft das insb noch die Grundsteuer, die Kfz-Steuer und ggf die Versicherungssteuer oder Einfuhrabgaben. Auch nach der 4. EG-Richtl sind hier nur die sonstigen Steuern auszuweisen, soweit sie nicht in den im Gliederungsschema vorangehenden Posten enthalten sind. Die Art des Ausweises ist im Anhang anzugeben, wenn die Beträge nicht geringfügig sind.

D. Ausweis der Veränderungen der Kapital- und Gewinnrücklagen (Abs 4)

I. Grundlagen

310   Rücklagenveränderungen dürfen in der GuV erst *nach* dem Jahresergebnis ausgewiesen werden (Abs 4), da es sich insoweit um Ergebnis*verwendung* handelt, die den Bereich der Ergebnis*entstehung* nicht beeinflussen darf. Alternativ besteht ein Wahlrecht, die Rücklagenveränderungen gesondert im Anhang oder (nur für GmbH) sogar in einer gesonderten Unterlage außerhalb des JA (zB im Vorschlag über die Gewinnverwendung) darzustellen, sofern diese offengelegt wird. § 325 Abs 1 S 3 verlangt grds eine gesonderte Offenlegung des Gewinnverwendungsvorschlags, soweit er im eingereichten JA nicht enthalten ist (und ferner der Datenschutz natürlicher GmbH-Gester nicht berührt wird), vgl im Einzelnen § 325 Anm 14. Eine Darstellung von Rücklagenveränderungen erst im offenzulegenden Gewinnverwendungsbeschluss der Gester ist jedenfalls nicht ausreichend.

311   Für **AG** und **KGaA** besteht mit § 158 Abs 1 AktG eine Spezialvorschrift. Danach ist die GuV nach den Posten „Jahresüberschuss" oder „Jahresfehlbetrag" in Fortführung der Nummerierung um die folgenden Posten zu ergänzen:

1. Gewinnvortrag/Verlustvortrag aus dem Vorjahr
2. Entnahmen aus der Kapitalrücklage
3. Entnahmen aus Gewinnrücklagen
   a) aus der gesetzlichen Rücklage
   b) aus der Rücklage für Anteile an einem herrschenden oder mehrheitlich beteiligten Unternehmen
   c) aus satzungsmäßigen Rücklagen
   d) aus anderen Gewinnrücklagen
4. Einstellung in Gewinnrücklagen
   a) in die gesetzliche Rücklage
   b) in die Rücklage für Anteile an einem herrschenden oder mehrheitlich beteiligten Unternehmen
   c) in satzungsmäßige Rücklagen
   d) in andere Gewinnrücklagen
5. Bilanzgewinn/Bilanzverlust.

Einstellungen in die **Kapitalrücklage** (zB nach § 272 Abs 1b S 3) sind erfolgsneutral vorzunehmen und daher im Schema des § 158 AktG nicht enthalten. Sollten ausnahmsweise *erfolgswirksame* Einstellungen in diese Rücklage vorkommen (zB bei überhöhter Kapitalherabsetzung gem § 232 AktG oder § 58c GmbHG, muss dieses Schema gem § 265 Abs 5 entspr ergänzt werden).

Nach dem Jahresüberschuss auszuweisen sind auch Veränderungen von als EK qualifiziertem **Genussrechtskapital** (hierzu auch Anm 205). Die entspr Veränderungen sollten als „Entnahme aus Genussrechtskapital" bzw als „Wiederauffüllung des Genussrechtskapitals" bezeichnet werden (*HFA 1/1994* Abschn 2.2.2.b).

Die vorgenannten Angaben dürfen wahlweise auch im Anhang gemacht werden. Bei **AG** und **KGaA** muss die Darstellung aus Gründen der Klarheit mit dem Posten „Jahresüberschuss" oder „Jahresfehlbetrag" beginnen, selbst wenn das Jahresergebnis ausgeglichen ist.

Eine weitere Untergliederung dieses Schemas, zB um die Beträge nach § 58 Abs 2a AktG, § 29 Abs 4 GmbHG (sog Wertaufholungsrücklage), dürfte nach § 265 Abs 5 zulässig sein. Dabei handelt es sich jedoch nur um Entnahmen aus oder Einstellungen in die Wertaufholungsrücklage. Unabhängig davon ist der am jeweiligen JA-Stichtag noch vorhandene Betrag dieser Rücklagen zusätzlich entweder in der Bilanz gesondert auszuweisen oder im Anhang anzugeben (§ 58 Abs 2a S 2 AktG). Dasselbe gilt für GmbH (§ 29 Abs 4 S 2 GmbHG).

Wenngleich für **GmbH** eine Form der Darstellung der Ergebnisverwendung nicht vorgeschrieben ist, erscheint eine **gleichartige Gliederung** sachgerecht. Ggf könnte eine Verkürzung der Untergliederung bei den Veränderungen der Gewinnrücklagen in Betracht kommen. Auch für **KapCoGes** wird die Darstellung der Ergebnisverwendung für sachgerecht gehalten (IDW RS HFA 7, Tz 56f). Es sind jedoch nur diejenigen in § 158 Abs 1 AktG genannten Posten darzustellen, die einen Betrag enthalten (§ 265 Abs 8). Dies gilt auch für die Posten, die im Vj einen Betrag auswiesen.

Die Darstellungen gem Abs 4 oder gem § 158 Abs 1 AktG (Überleitung vom Jahresergebnis zum Bilanzgewinn) enthalten die von der Geschäftsleitung (§ 270) aufgrund von Gesetz, Satzung oder ggf Gester-Beschluss **zwingend vorzunehmende** sowie die von ihr aufgrund entspr Ermächtigung zur Rücklagenbildung/-auflösung **vorgesehene Ergebnisverwendung** (§ 268 Anm 1 ff). Die Rücklagenzuweisung von nach § 268 Abs 8 ausschüttungsgesperrten Beträgen im Rahmen der Auf- bzw Feststellung des JA wird bei GmbH als nicht zwingend und bei AG als nicht zulässig betrachtet, so dass der Bilanzgewinn nicht zwangsläufig dem ausschüttungsfähigen Betrag entspricht (vgl *PwC BilMoG Komm*, N Anm 55 ff; so auch *WPH*[14] I, F Anm 112). Die spätere tatsächliche Ergebnisverwendung kann zudem von der im Rahmen der Auf- bzw Feststellung des JA vorgesehenen Ergebnisverwendung abweichen, sofern nicht gesetzliche Vorschriften (§ 272 Abs 4; § 58 Abs 2, 2a; § 150 Abs 1, 2 AktG) dem entgegenstehen. Für **AG** und **KGaA** ist daher (über die genannte Darstellung des Ergebnisverwendungs*vorschlags* in der GuV oder im Anhang hinaus) vorgeschrieben, in dem Beschluss der HV die tatsächliche Verwendung des Bilanzgewinns darzulegen. Nach § 174 Abs 2 AktG sind dabei namentlich anzugeben:

1. der Bilanzgewinn;
2. der an die Aktionäre auszuschüttende Betrag;
3. die in Gewinnrücklagen einzustellenden Beträge;
4. ein Gewinnvortrag (in das folgende Jahr);
5. der zusätzliche Aufwand aufgrund des Beschlusses.

Der Posten 3 kann dabei vom Posten 4d des Vorschlags (Anm 311) abweichen; insoweit ist in Posten 5 uU ein Betrag (Aufwand) zu zeigen, wenn zB dividendenabhängige Tantiemen vereinbart wurden (vgl *ADS*[6] § 174 AktG Anm 43) oder eine Sachausschüttung vorliegt, durch die eine Steuerbelastung ausgelöst wird (s hierzu § 278 Anm 138 ff). Da ausgeschüttete Gewinne infolge des SEStEG grds nicht mehr steuerrechtlich begünstigt werden, kann eine Abweichung vom Ergebnisverwendungsvorschlag bei Barausschüttungen nur noch in Ausnahmefällen Aufwendungen aus KSt-Änderungen auslösen (s hierzu § 278 Anm 2). Ein zusätzlicher Ertrag aufgrund des Beschlusses ist im Folgejahr erfolgswirksam zu erfassen.

Gem § 286 Abs 3 AktG braucht der auf die Kapitalanteile der phG einer KGaA entfallende Gewinn oder Verlust nicht gesondert in der GuV ausgewiesen werden.

II. Rücklagenveränderung bei Organschaft mit Ergebnisabführungsvertrag

1. Einstellung in Gewinnrücklagen

313 Die Einstellung von Teilen des Ergebnisses in die Gewinnrücklagen kann handelsrechtlich im Rahmen eines EAV vereinbart werden. Voraussetzung für eine steuerrechtliche Anerkennung solcher Klauseln ist nach § 14 Abs 1 Nr 4 KStG, dass die Organ-Ges aus dem Jahresüberschuss nur insoweit Beträge in frei verfügbare Rücklagen einstellen darf, als dies bei vernünftiger kfm Beurteilung wirtschaftlich begründet ist (Näheres in § 271 Anm 130 ff). Derartige Rücklagenzuführungen sind (aufgrund der Einkommenszurechnung beim Organträger) bei der Organ-Ges *nicht* mit Steuern belastet. Auch für diese Rücklagenzuführungen kommt nur ein Ausweis nach dem Posten „Jahresüberschuss" in Betracht. Dementspr ist der Aufwand aus Gewinnabführung (zum Ausweis § 277 Anm 23) um den Betrag zu vermindern, der in Gewinnrücklagen eingestellt werden soll oder bei unzureichender gesetzlicher Rücklage (§ 300 AktG) eingestellt werden muss.

2. Entnahmen aus Gewinnrücklagen

314 Unabhängig von etwaigen Vereinbarungen über die Berechnung des abzuführenden Überschusses darf nach § 301 AktG eine **AG** oder **KGaA** „als ihren Gewinn höchstens den ohne die Gewinnabführung entstehenden Jahresüberschuss ..." (nach Abzug eines Verlustvortrags, der nach § 300 AktG erforderlichen Einstellung in die gesetzliche Rücklage und des nach § 268 Abs 8 ausschüttungsgesperrten Betrags) abführen. Für *vororganschaftliche* Rücklagen kommt nur eine förmliche Ausschüttung im Rahmen eines entspr HV-Beschlusses in Betracht (ebenso *Kölner Komm-AktG*[3] § 301 Anm 18). Zur Berücksichtigung vororganschaftlicher Gewinnrücklagen bei der Ermittlung des Ausschüttungssperrbetrags nach § 301 AktG iVm § 268 Abs 8 s § 268 Anm 144.

Das GmbHG kennt wegen der stärkeren Personenbezogenheit dieser Rechtsform keine entspr Regelung; im Schrifttum wird aber für die **GmbH** eine analoge Anwendung des § 301 AktG vertreten (*Emmerich* in Emmerich/Habersack Aktien- und GmbH-Konzernrecht[7] § 301 Anm 6 mwN; vgl auch *Zöllner/ Beurskens* in Baumbach/Hueck GmbHG[20]-KonzRecht Anm 25, 48 ff). Mithin dürfen auch bei der GmbH vororganschaftliche Rücklagen nicht abgeführt, sondern lediglich ausgeschüttet werden. In vielen Fällen wird außerdem das Verbot, vororganschaftliche Rücklagen abzuführen, im Hinblick auf § 17 S 2 Nr 1 KStG idR auch in den EAV selbst geregelt sein.

315 Die Entnahme aus Gewinnrücklagen stellt bei zulässiger Abführung von *während* des Organschaftsverhältnisses gebildeten Rücklagen im Rahmen eines EAV stets eine Verwendung von Vj-Gewinnen dar, insoweit kommt nur der Ausweis *nach* dem Jahresergebnis in Betracht. Dies führt dazu, dass der Aufwand aufgrund

einer Gewinnabführung (§ 277 Abs 3 S 2) um den Betrag der Rücklagenauflösung zu erhöhen (bzw ein Ertrag aus Verlustübernahme entspr zu vermindern) ist. Dann entsteht ein Jahresfehlbetrag in dieser Höhe, der durch die Entnahme aus der Rücklage ausgeglichen wird. Dadurch wird der ursprünglich bei Bildung der Rücklage ausgewiesene Jahresüberschuss (Anm 313) nachträglich neutralisiert, so dass das insgesamt übernommene Ergebnis durch die zwischenzeitliche Rücklagenveränderung nicht beeinflusst wird.

Steuerrechtlich gilt, dass bei der Einkommensermittlung des TU sowohl eine Auflösung organschaftlicher Rücklagen zu erhöhter Gewinnabführung als auch ein Verlustausgleich außer Betracht bleiben, KStR 63 Abs 1; das wird beim MU berücksichtigt (s *Danelsing* in Blümich § 14 Anm 164ff). Das MU hat die seit Bestehen der Organschaft beim TU gebildeten Rücklagen im Gj der Bildung zu versteuern; dasselbe gilt für die Bildung steuerrechtlich nicht anerkannter stiller Reserven beim TU. Für den Teil der nicht an das MU abgeführten, aber von ihm versteuerten Vermögensmehrung des TU ist in der StB des MU ein aktiver AusglPo in Höhe der Beteiligungsquote des MU an dem TU zu bilden (§ 14 Abs 4 KStG; KStR 63 Abs 1, 2).

Der Ertrag aus der Auflösung **vororganschaftlicher Rücklagen** erhöht den Bilanzgewinn, der nach allgemeinen Vorschriften über die Gewinnverwendung (§ 174 AktG, § 29 GmbHG) ausgeschüttet wird. Davon wird der an das MU abzuführende – ansonsten entstehende – Jahresüberschuss nicht berührt. Bei gleichzeitiger Auflösung von während der Organschaft gebildeten und vororganschaftlichen Rücklagen sollte aus Gründen der Klarheit für den Betrag der vororganschaftlichen Rücklagen ein Davon-Vermerk oder eine Erl im Anhang erfolgen.

E. Vereinfachungen für Kleinstkapitalgesellschaften (Abs 5)

KleinstKapGes iSd § 267a Abs 1 (s § 267a Anm 3f) dürfen eine verkürzte GuV nach dem Gliederungsschema des Abs 5 aufstellen (zur Anwendung auf reine PersGes und Ekfl vergleichbarer Größe vgl § 247 Anm 622). Hierbei handelt es sich inhaltlich um eine **Zusammenfassung** der nach Abs 2 bei Anwendung des Gesamtkostenverfahrens für KapGes vorgesehenen Posten. Für diese Zusammenfassung gilt gem § 264 Abs 2 S 4 die widerlegbare Vermutung der Vermittlung eines den tatsächlichen Verhältnissen entspr Bilds der VFE-Lage (Anm 320). Nach der Begr RegE MicroBilG (S 17f) sind die bei einer Gliederung nach Abs 2 unter den Posten Nr 3, 4, 9, 10, 11 und 15 auszuweisenden Erträge dem Posten Nr 2 gem Abs 5 als Sammelposten für „sonstige Erträge" zuzuordnen. Die bei einer Gliederung nach Abs 2 unter den Posten Nr 8, 13 und 16 auszuweisenden Aufwendungen sind dem Posten Nr 6 gem Abs 5 als Sammelposten für „sonstige Aufwendungen" zuzuordnen. Darüber hinaus werden Bestandsveränderungen je nach Vorzeichen in der verkürzten GuV unter dem entspr Sammelposten (Nr 2 oder Nr 8 gem Abs 5) ausgewiesen. Für die Posten „Abschreibungen auf Finanzanlagen und Wertpapiere des Umlaufvermögens" (Nr 12), der in der Begr RegE MicroBilG nicht ausdrücklich erwähnt ist, kommt nur die Zuordnung zu Posten Nr 5 gem Abs 5 („Abschreibungen") in Betracht. Es erscheint zudem sachgerecht, neben den „Steuern vom Einkommen und Ertrag" (Nr 18) auch die „sonstigen Steuern" (Nr 19) in dem Posten Nr 7 gem Abs 5 („Steuern") zusammenzufassen.

Die **Vorschriften des § 277** wurden durch das MicroBilG nicht angepasst. Bei Aufstellung einer verkürzten GuV nach Abs 5, in der die Posten „Sonstige Zinsen und ähnliche Erträge", „Zinsen und ähnliche Aufwendungen", „Sonstige betriebliche Erträge" und „Sonstige betriebliche Aufwendungen" nicht ausgewiesen werden, entfallen jedoch uE die nach § 277 Abs 5 vorgesehenen gesonderten Vermerke zu diesen Posten mangels Anwendungsbereich (vgl IDW, Berichterstattung über die 232. HFA-Sitzung, IDW-FN 2013, 360). Wird gem § 264 Abs 1 S 5 kein Anhang aufgestellt, entfallen darüber hinaus grds auch die Erl zu ao Aufwendungen und Erträgen und zu aperiodischen Aufwendungen und Erträgen gem § 277 Abs 4 S 2 und 3 (vgl hierzu aber Anm 320). Hinsichtlich der ao Aufwendungen erscheint dies bei Aufstellung einer verkürzten GuV gem Abs 5 schon mangels Anwendungsbereich der ErlPflicht nach § 277 Abs 4 S 2 sachgerecht (s auch § 276 Anm 7). Die Angabepflicht nach § 277 Abs 3 S 1 hinsichtlich außerplanmäßiger Abschreibungen entfällt dagegen auch dann nicht, wenn kein Anhang aufgestellt wird, da es sich hierbei um eine Wahlpflichtangabe handelt, die entweder in der GuV oder im Anhang zu machen ist (vgl *Fey ua* Erleichterungen nach dem MicroBilG – Einzelfragen zur Anwendung der neuen Vorschriften, BB 2013, 107 (109)). Bei Verzicht auf die Aufstellung eines Anhangs hat der gesonderte Ausweis somit in Form eines davon-Vermerks, als Vorspalten-Vermerk oder als Unterposten zum Posten „Abschreibungen" zu erfolgen (§ 277 Anm 3). Der gesonderte Ausweis von Erträgen und Aufwendungen aus Ergebnisausgleichsverträgen gem § 277 Abs 3 S 2 wird dagegen im JA der jeweiligen OberGes unterbleiben dürfen, da es sich hier nach hM um separate Zusatzposten innerhalb des Finanzergebnisses handelt (vgl § 277 Anm 19, 22; hierzu auch *WPH*[14] I, F Anm 487, 489). Posten des Finanzergebnisses werden bei Aufstellung einer verkürzten GuV nach Abs 5 grds nicht ausgewiesen, sondern gehen in die Sammelposten Nr 2 und 6 ein. Für einen zulässigen Verzicht auf den gesonderten Ausweis bei der OberGes spricht auch, dass für KleinstKapGes § 158 Abs 2 AktG, nach dem ein vertraglich zu leistender Ausgleich für außenstehende Aktionäre (§ 304 Abs 1 AktG) bei der OberGes von den entspr Erträgen abzusetzen ist, gem § 158 Abs 3 AktG ausdrücklich nicht anzuwenden ist. Dagegen erscheint für die jeweilige UnterGes die Einfügung eines Postens für den separaten Ausweis abgeführter Gewinne bzw von Erträgen aus Verlustübernahmen vor dem Posten „Jahresüberschuss/Jahresfehlbetrag", dh vor Posten Nr 8 gem Abs 5 geboten (vgl zum grds Ausweis bei UnterGes § 277 Anm 23; hierzu auch *WPH*[14] I, F Anm 487, 490).

319 Die Verpflichtung zur Erstellung einer **GuV-Verlängerungsrechnung** entfällt für KleinstKapGes gem § 158 Abs 3 AktG.

320 Die Aufstellung der verkürzten GuV für KleinstKapGes gem Abs 5 ist unabhängig von den Voraussetzungen des § 265 Abs 7 für die Zusammenfassung von Posten zulässig. Besondere Umstände können jedoch dazu führen, dass die Vermutung des § 264 Abs 2 S 4 bei der Aufstellung einer vereinfachten GuV nicht aufrechterhalten werden kann. Dann sind gem § 264 Abs 2 S 2 und 3 **zusätzliche Angaben** im Anhang bzw unter der Bilanz zu machen. Dies ist inbes dann der Fall, wenn die von Abs 5 vorgesehene Vermischung von Betriebs- und Finanzergebnis bzw Ergebnis der gewöhnlichen Geschäftstätigkeit und ao Ergebnis, dh die Abkehr von der grundlegenden Erfolgsspaltung der handelsrechtlichen GuV, die Aussagekraft des JA im konkreten Fall erheblich einschränkt, denn die Begr RegE MicroBilG (S 18) geht von einem idR nur geringen Einfluss von Finanzergebnis und ao Ergebnis auf das Jahresergebnis von KleinstKapG aus. Somit wird wohl bspw bei HoldingGes eine zusätzliche Angabe erforderlich sein, wenn als ao Aufwendungen zu qualifizierende Buchverluste aus dem Abgang wesentlicher Bet anfallen und diese in den Sammelposten „sonstige Aufwendungen" eingehen (vgl *Fey ua* Erleichterungen nach dem MicroBilG – Einzelfragen zur Anwendung der neuen Vorschriften, BB 2013, 107 (108)). Das Gleiche dürfte gelten, wenn das Jahresergebnis erheblich durch BetErträge beeinflusst wird,

die in den Sammelposten „sonstige Erträge" eingehen (vgl *Theile* Vereinfachte Jahresabschlüsse für Kleinkapitalgesellschaften, GmbHR 2012, 1112 (1116)). Es empfiehlt sich in solchen Fällen jedoch, eine zusätzliche Untergliederung des GuV-Sammelpostens nach § 265 Abs 5 hinsichtlich der ao Aufwendungen bzw der BetErträge vorzunehmen (s Anm 17), um auf diese Weise ein den tatsächlichen Verhältnissen entspr Bild der Ertragslage zu vermitteln, zumal die ansonsten erforderliche Angabe nach § 264 Abs 2 S 2 und 3 im Anhang bzw *unter der Bilanz* zu machen ist und damit grds selbst dann offen- bzw hinterlegungspflichtig wird, wenn die Erleichterung des § 326 Abs 2 S 1 in Anspruch genommen wird (vgl § 267a Anm 10; IDW, Berichterstattung über die 232. HFA-Sitzung, IDW-FN 2013, 360; *Schütte* Offenlegung von Angaben unter der Bilanz, DB 2013, 2042).

F. Publizitätsgesetz

Unt, die dem PublG unterliegen, haben die Vorschriften über die Gliederung und zu den einzelnen Posten der GuV gem §§ 275 und 277 sinngemäß anzuwenden (§ 5 Abs 1 S 2 PublG). Eine sinngemäße Anwendung liegt vor, wenn Geschäftsvorfälle, die in gleicher Weise auch bei KapGes/KapCoGes auftreten oder mit diesen vergleichbar sind, genauso behandelt werden wie bei einer KapGes/KapCoGes. Als Maßstab sind dabei die für große KapGes/KapCoGes geltenden Kriterien zugrunde zu legen. **324**

Reine **PersGes** und **EkfI** dürfen nach § 5 Abs 5 S 1 PublG jedoch wahlweise die GuV nach den für ihre Unt geltenden Bestimmungen aufstellen, also meistens nach den Kriterien der §§ 242ff (anders bei FormblattUnt). Wegen der dabei für die Vorlage an die Gester zu beachtenden Anforderungen s § 247 Anm 600ff.

Bei EkfI und reinen PersGes dürfen gem § 5 Abs 4 PublG die auf das Privatvermögen entfallenden Aufwendungen und Erträge nicht in die GuV aufgenommen werden. Wenden EkfI und PersGes für die GuV bei **Aufstellung** eine Gliederung nach § 275 an, dürfen die **Steuern**, die der Betrieb als Steuerschuldner zu entrichten hat, unter den sonstigen betrieblichen Aufwendungen ausgewiesen werden. Persönliche Steuern (insb ESt) berühren den JA nicht, auch nicht, wenn diese durch das Unt verursacht sind, s § 247 Anm 640. **325**

Ferner brauchen reine PersGes und EkfI die GuV (und den Beschluss über die Verwendung des Ergebnisses) gem § 9 Abs 2 PublG nicht **offenzulegen,** wenn sie in einer **Anlage zur Bilanz** mind folgende Angaben machen (§ 5 Abs 5 S 3 PublG): **326**
1. die Umsatzerlöse iSd § 277 Abs 1 (erläutert in Anm 45ff);
2. die Erträge aus Bet (erläutert in Anm 175ff);
3. die Löhne, Gehälter, sozialen Abgaben sowie Aufwendungen für AVers und Unterstützung (erläutert in Anm 125ff);
4. die Bewertungs- und Abschreibungsmethoden einschl wesentlicher Änderungen (erläutert in § 284 Anm 100ff).
Die zu 4. erforderlichen Angaben weichen von denen nach § 284 Abs 2 Nr 1, 3 ab. Nach dem PublG wird nur auf die Bewertungs-, nicht aber auf die Bilanzierungsmethoden abgestellt. Darüber hinaus sind Änderungen (Abweichungen) nicht zu begründen und deren Einfluss auf die VFE-Lage nicht darzustellen;
5. die Zahl der Beschäftigten.
Nach PublG ist im Gegensatz zu § 285 Nr 7 nur auf die Beschäftigtenzahl am Bilanzstichtag abzustellen.

G. Rechtsfolgen einer Verletzung des § 275

327 Rechtsfolgen eines Verstoßes gegen Gliederungsvorschriften ergeben sich aus §§ 334, 335b oder § 20 PublG. Danach handeln Mitglieder der Geschäftsführungs- und/oder die Aufsichtsorgane einer KapGes/KapCoGes, die Inhaber oder gesetzliche Vertreter eines dem PublG unterliegenden Unt ordnungswidrig, wenn sie bei der Aufstellung oder Feststellung des JA einer Vorschrift des § 275 zuwiderhandeln. Die Ordnungswidrigkeit kann mit einer Geldbuße bis zu 50 000 € geahndet werden; s hierzu die Erl zu § 334.

328 Für AG und KGaA können Gliederungsverstöße über das Vorliegen einer Ordnungswidrigkeit hinaus uU auch die Nichtigkeit des JA zur Folge haben (§ 256 Abs 1 Nr 1 oder Abs 4 AktG); für GmbH ist das entspr anwendbar (glA *Geßler* in FS Goerdeler, 140). Ein Verstoß gegen Gläubigerschutzvorschriften ist auch gegeben, wenn (Gliederungs-)Vorschriften für die GuV nicht beachtet werden und dadurch die Klarheit und Übersichtlichkeit *wesentlich* beeinträchtigt wird (hierzu LG Stuttgart 11.4.1994 DB, 928 f).

329 Unabhängig davon kann die Nichtbeachtung von nicht unwesentlichen Gliederungsvorschriften bei *allen* Unt, die pflichtgemäß oder freiwillig geprüft werden, auch Auswirkungen auf den BVm haben.

H. Abweichungen der IFRS

Schrifttum: DRS 13 Grundsatz der Stetigkeit und Berichtigung von Fehlern; *Förschle* Earnings Per Share in FS Baetge, 500; *Brakensiek/Hütten* Gliederung von Bilanz und GuV in einem befreienden Konzernabschluss BB 1999, 1108; *Busse von Colbe*[3] ua (Hrsg) Ergebnis je Aktie nach DVFA/SG, Stuttgart 2000; *Buchheim/Schmidt* IFRS 7: Angaben zu Finanzinstrumenten – Darstellung und Würdigung, KoR 2005, 397; IDW RS HFA 2 idF 2008: Einzelfragen zur Anwendung von IFRS, WPg Suppl 4/2008, 35; *Kessler/Leinen* Darstellung von discontinued operations in der Bilanz und GuV – Die Fallstudie, KoR 2006, 558; *Küting/Wirth* Discontinued operations und die veräußerungsorientierte Bilanzierung nach IFRS 5, KoR 2006, 719; *Küting/Weber/Keßler/Metz* Der Fehlerbegriff in IAS 8 als Maßstab zur Beurteilung einer regelkonformen Normanwendung – Auswirkungen der Wesentlichkeit auf die Fehlerbeurteilung –, DB Beilage 7/2007; *Wenk/Jagosch* Änderung der Darstellung von IFRS-Abschlüssen – IAS 1 (revised 2007) „Presentation of Financial Statements", DStR 2008, 1251; IDW RS HFA 24: Einzelfragen zu den Angabepflichten des IFRS 7 zu Finanzinstrumenten, WPg Suppl 1/2010, 26; *Rogler/Tettenborn/Straub* Bilanzierungsprobleme und -praxis von zur Veräußerung gehaltenen langfristigen Vermögenswerten und Veräußerungsgruppen, KoR 2012, 381; *Reinholdt/Zwirner* Neuerungen des IAS 19 (2011) zu Pensionsverpflichtungen, IRZ 2012, 456; *Scharr/Feige/Baier* Die Auswirkungen des geänderten IAS 19 auf die Bilanzierung von defined benefit plans und termination benefits in der Praxis, KoR 2012, 9; *Urbanczik* „Presentation of Items of Other Comprehensive Income – Amendments to IAS 1" – Überblick und Auswirkungen, KoR 2012, 269.

Standards: Rahmenkonzept für die Rechnungslegung *(The Conceptual Framework for Financial Reporting)* (2000); IAS 1 Darstellung des Abschlusses *(Presentation of Financial Statements) (amend* May 2010); IAS 21 Auswirkungen von Wechselkursänderungen *(The Effect of Changes in Foreign Exchange Rates) (amend* May 2010); IAS 32 Finanzinstrumente: Darstellung *(Financial Instruments: Presentation) (amend* May 2011); IAS 39 Finanzinstrumente: Ansatz und Bewertung *(Financial Instruments: Recognition and Measurement) (amend* May 2011); IFRS 9 *(Financial Instruments) (amend* December 2011); IFRS 10 Konzernabschlüsse *(Consolidated Financial Statements) (amend June* 2012).

I. Anforderungen an die Darstellung der Ertragslage nach IFRS

Zur Abbildung der Ertragslage kommt für die IFRS ein Gesamtergebniskonzept *(comprehensive income approach)* zur Anwendung. Danach erfolgt die Darstellung der Ertragslage nicht nur anhand der im Gj „erfolgswirksam" verrechneten Geschäftsvorfälle; gleichfalls werden auch die, für die Rechnungslegung nach IFRS typischen, außerhalb der GesEbene stattfindenden, nach handelsrechtlichem Verständnis „erfolgsneutralen" EK-Veränderungen innerhalb der Gesamtergebnisrechnung dargestellt.

Nach IAS 1.81A hat der Abschlussaufsteller die Wahl entweder eine einzige Gesamtergebnisrechnung, das sog *Statement of profit or loss and other comprehensive income,* oder zwei getrennte Ergebnisrechnungen aufzustellen. Die Trennung zeichnet sich dadurch aus, dass in einer der Ergebnisrechnungen ausschließlich die „erfolgswirksam" verrechneten Geschäftsvorfälle abgebildet werden (vgl beispielhafte Darstellung Anm 363). Diese als *Statement of profit or loss* bezeichnete 1. Ergebnisrechnung entspricht der GuV nach handelsrechtlichem Verständnis. In einer weiteren, als *Statement of comprehensive income* bezeichneten, 2. Ergebnisrechnung werden, beginnend mit dem im vorerwähnten *Statement of profit or loss* ausgewiesenen Ergebnis, die direkt mit dem EK („erfolgsneutral") verrechneten Geschäftsvorfälle dargestellt (vgl beispielhafte Darstellung Anm 371). Diese, nach deutschem Verständnis nicht zur Darstellung der Ertragslage gehörenden Einkommensbestandteile werden als *other comprehensive income* bezeichnet. IAS 1 eröffnet den Aufstellern explizit die Möglichkeit, andere Begriffe für die Ergebnisgrößen als die vom IASB präferierten zu verwenden, soweit über deren Inhalt Klarheit besteht (vgl IAS 1.8).

Im Folgenden wird für das *Statement of profit or loss and other comprehensive income* der Begriff **„(Konzern-)Gesamtergebnisrechnung";** für das dort ausgewiesene (Nachsteuer-)Ergebnis der Begriff **„(Konzern-)Gesamtergebnis"** *(total comprehensive income)* verwendet. Für das *Statement of profit or loss* wird der handelsrechtliche Begriff **„GuV"** und für das dort ausgewiesene (Nachsteuer-)Ergebnis *(profit or loss)* der Begriff **„(Konzern-)Periodenergebnis"** verwendet. Das (Nachsteuer-)Ergebnis aller direkt mit dem EK („erfolgsneutral") verrechneten Geschäftsvorfälle *(other comprehensive income)* wird als **„Sonstiges (Konzern-)Periodenergebnis"** bezeichnet.

Die nach IAS 1.82 iVm IAS 1.81A.(a) geforderte **Mindestgliederung für die GuV** *(Statement of profit or loss)* ist, verglichen mit der Gliederung des § 275, auf wenige Ergebniskomponenten beschränkt. Hierzu gehören die Posten/Ergebnisgrößen: Umsatzerlöse, Gewinne/Verluste aus der Ausbuchung zuvor zu AK bewerteten finanziellen Vermögenswerten, Finanzierungsaufwendungen (Zinsen), Ergebnisbeitrag von nach der Equity-Methode einbezogenen Unt, Gewinn/Verlust aus der Bewertung zum beizZW eines zuvor nach der AK bewerteten finanziellen Vermögenswerts, Ertragsteuern, Ergebnis nach Steuern aus nicht-fortgesetzter Geschäftstätigkeit und das (Konzern-)Periodenergebnis.

Die **Mindestgliederung des Statement of comprehensive income,** welches die direkt mit dem EK („erfolgsneutral") verrechneten Geschäftsvorfälle enthält, leitet sich insb aus der Definition des Sonstigen (Konzern-)Periodenergebnisses gem IAS 1.7 ab. Hierzu gehören: Umbewertungseffekte *(revaluation)* aus Neubewertung von materiellen und immateriellen Vermögenswerten im Anwendungsbereich des IAS 16 und IAS 38; Neubewertungen *(remeasurements)* iZm der Bilanzierung von BetrAV nach IAS 19; Differenzen aus der Umrechnung

§ 275   334, 335   Gewinn- und Verlustrechnung

von Fremdwährungsabschlüssen nach IAS 21; Gewinne/Verluste aus der Bewertung von zur Veräußerung gehaltenen Wertpapieren (IAS 39; voraussichtlich ab 2015 IFRS 9); Gewinne/Verluste aus dem effektiven Teil von nach IAS 39 bewerteten Cash flow-Hedges sowie Bewertungseffekte bestimmter zum beizZW bilanzierten finanziellen Verbindlichkeiten im Anwendungsbereich des IFRS 9. Zusätzlich fordert IFRS 7.20 für Erträge und Aufwendungen sowie Gewinne und Verluste iZm finanziellen Vermögenswerten und Schulden den Ausweis weiterer Posten innerhalb der (Konzern-)Gesamtergebnisrechnung. Hierzu gehören nach IFRS 7.20(e) zB der Ausweis der nach IAS 39 vorgenommenen Wertminderungen auf finanzielle Vermögenswerte deren Bewertung „erfolgsneutral" erfolgt sowie Aufwendungen aus der Inanspruchnahme von Finanzgarantien (IDW RS HFA 24, Tz 31). Dieser Ausweispflicht darf alternativ im Anhang nachgekommen werden. Zu weiteren Besonderheiten vgl Anm 366.

IAS 1.85 bestimmt darüber hinaus, dass die Mindestgliederung um Posten, Überschriften und Zwischensummen zu ergänzen ist, wenn dies für das Verständnis der Ertragskraft des Unt erforderlich ist (vgl auch IFRS 5.30).

Ist es im Gj zu Erlösen oder Aufwendungen aufgrund von Geschäftsvorfällen gekommen, die für das Verständnis im vorerwähnten Sinne von besonderer Bedeutung sind, kann auch hieraus die Darstellung in einem gesonderten Posten erforderlich werden (vgl IAS 1.86). IAS 1.87 nennt beispielhaft Sachverhalte, die solch einen gesonderten Ausweis erfordern mögen, wie außerplanmäßige Wertminderungen *(impairment losses)* oder entspr Wertaufholungen in späteren Perioden; die im Rahmen von umfangreichen Restrukturierungsmaßnahmen verrechneten Aufwendungen bzw eine etwaige spätere Auflösung nicht verbrauchter Rückstellungen; der Abgang von Vermögenswerten; Vermögensbelastungen aus der Beilegung von Rechtsstreitigkeiten oder generell die Auflösung nicht verbrauchter Rückstellungen. Daneben kann sich der separate Ausweis eines Postens auch aus speziellen Regelungen einzelner Standards ergeben (zB IAS 12.79ff; IAS 16.73(e)(v)-(vii); IAS 38.118(e)(iv)-(vi)). Gemeinsam ist den vorstehenden Sachverhalten, dass ein separater Ausweis auch alternativ im Anhang (zB Anlagespiegel) gestattet ist. Innerhalb der Ergebnisrechnung(en) besteht damit grundsätzlich die Möglichkeit, die Sachverhalte unter entspr Hauptgliederungsposten, wie zB den sonstigen betrieblichen Aufwendungen, zusammenzufassen und erst im Anhang eine detaillierte Aufgliederung vorzunehmen. Für den Ausweis unter den entspr Hauptgliederungsposten und Zwischensummen gilt darüber hinaus gem IAS 1.32 der allgemeine Grundsatz, dass Aufwendungen und Erträge nicht miteinander verrechnet werden dürfen, es sei denn, eine Saldierung würde durch einen entspr Standard (oder eine Interpretation) gefordert oder durch diesen gestattet (vgl hierzu allgemein IAS 1.34f und ua zum Einzelfall der öffentlichen Zuwendungen IAS 20.29ff sowie Anm 348 bzgl der Zusammenfassung von Aufwendungen und Erträgen innerhalb eines GuV-Postens).

334   Bei der Wahl des Darstellungsformats wird der international üblichen **Staffelform** der Vorzug gegeben.

II. Ermittlung des (Konzern-)Periodenergebnisses nach dem Gesamtkosten- oder Umsatzkostenverfahren
(Statement of profit or loss)

1. Umsatzerlöse *(Revenues)*

335   IAS 1.82(a) verwendet den Begriff „*revenue*" als ersten Posten in der GuV-Mindestgliederung, ohne diesen selbst zu erläutern. In F 4.29 wird darunter allgemein der Einkommenszuwachs aus gewöhnlicher Geschäftstätigkeit verstanden.

Gem IAS 18.7 handelt es sich um den das Nettovermögen des Gj erhöhenden Bruttozufluss wirtschaftlichen Nutzens aus der gewöhnlichen Geschäftstätigkeit des Unt. Je nach dem, welcher gewöhnlichen Geschäftstätigkeit das Unt nachgeht, mag es sich bei einem konkreten Einkommenszuwachs um einen Umsatz handeln, während dieser bei einem anderen Unt als sonstiger betrieblicher Ertrag *(other operating income)* (s Anm 341) oder als Gewinn *(gain)* (s Anm 342) klassifiziert wird. Während beim produzierenden Gewerbe die Erlöse aus dem Verkauf der gefertigten Waren als Umsatz zu bezeichnen sind, könnten von diesen Unt vereinnahmte Lizenzentgelte sonstige betriebliche Erträge darstellen. Umgekehrt dürften bei einem Softwareentwickler gerade Lizenzerlöse die typische gewöhnliche Geschäftstätigkeit repräsentieren und insofern unter den Umsatzerlösen ausgewiesen werden.

Um Umsatzerlöse handelt es sich uE ebenfalls bei von Leasingnehmern an Hersteller-Leasinggeber gezahlten Leasingraten, wenn der Hersteller seinen Kunden regelmäßig Leasing-Finanzierungen als Alternative zum Direkterwerb anbietet und insoweit dieser Vertriebsweg Teil des gewöhnlichen Geschäfts ist. Dabei ist es unerheblich, ob es sich bei den Leasingverhältnissen um operating oder finance leases handelt. Darüber hinaus erachten wir es auch als sachgerecht, in diesem Falle die Zinserträge unter den Umsatzerlösen auszuweisen, wenn die Klassifizierung des Leasingverhältnisses als finance lease erfolgte (vgl Anm 349).

Ausgenommen davon sind Kapitaleinlagen der Gester. Die allgemeine Verwendung des Begriffs in IAS 1 ist idS zu verstehen und entspricht inhaltlich weitgehend dem in § 277 Abs 1 definierten Begriff der Umsatzerlöse. Für die Bestimmung, was im konkreten Einzelfall als *revenue* zu gelten hat und wie deren Größe zu ermitteln ist, existieren, im Gegensatz zum HGB, zahlreiche Einzelfallregelungen (IAS 2, 11, 17, 18 sowie bspw IFRIC 13). Unter den Umsatzerlösen sind gem IAS 11 auch die jeweils dem Projektfortschritt entspr Erlöse/Verluste aus der Anwendung der Percentage-of-Completion-Methode auszuweisen (vgl hierzu insb § 255 Anm 600 ff).

2. Die zur Erstellung der betrieblichen Leistung angefallenen Aufwendungen und Erträge
(Cost of sales / Changes in inventories and work in progress)

Bzgl der Frage, ob die zur Erstellung der betrieblichen Leistung angefallenen Aufwendungen iSd **Gesamtkostenverfahrens** (nach Art der Aufwendungen – *nature of expense method*) oder iSd **Umsatzkostenverfahrens** (nach der Zugehörigkeit der Aufwendungen zu den Funktionsbereichen – *cost of sales method*) zu erfolgen hat, lässt sich aus IAS 1 keine Präferenz ableiten. Zu wählen ist das Verfahren, welches die entscheidungsrelevanten Informationen am besten widerspiegelt (vgl IAS 1.99 und IAS 1.105).

Unt, die bereits nach den internationalen Rechnungslegungsvorschriften bilanzieren und verstärkt im internationalen Wettbewerb stehen, haben in der Vergangenheit zunehmend auf eine Berichterstattung nach dem Umsatzkostenverfahren umgestellt. Da ein solcher Schritt regelmäßig Veränderungen im internen Rechnungswesen notwendig werden lässt, darf davon ausgegangen werden, dass die mittelständischen Unt, die derzeit das Gesamtkostenverfahren verwenden, beim Übergang auf IFRS an dieser Praxis festhalten werden und folglich bei diesen Unt eine Umstellung auf das Umsatzkostenverfahren nicht auf breiter Basis zu erwarten ist.

Unabhängig von der Entscheidung für das eine oder andere Verfahren, sind die für die Erstellung der betrieblichen Leistung angefallenen Aufwendungen nach den für das jeweilige Verfahren typischen Aufwandsarten aufzugliedern. Die **Aufgliederung** ähnelt in ihren Grundzügen den Gliederungsschemata der Abs 2 und 3. Obwohl IAS 1.100 eine Aufgliederung der Aufwandsarten nicht unmittelbar in der GuV vorschreibt, dürfte die Alternative, eine Darstellung im Anhang, nur kleineren Unt offen stehen. Da es sich bei der GuV um einen Pflichtbestandteil des IFRS-Abschlusses handelt, der entscheidungsrelevante Informationen über die Ertragskraft des Unt liefern soll, würde eine auf die Mindestgliederung des IAS 1.82 beschränkte Darstellung diesem Primärzweck zuwider laufen.

339 Ein separater Ausweis eines GuV-Postens „**andere aktivierte Eigenleistungen**" iSd Abs 2 Nr 3 oder mit ähnlicher Bezeichnung ergibt sich aus den Ausführungen des IAS 1.82 ff zur GuV nicht unmittelbar. Hierzu bedarf es des Hinzuziehens der *Guidance on implementation*. Innerhalb des Gesamtkostenverfahrens handelt es sich um einen Korrekturposten, der vor allem die im Personal- und Materialaufwand enthaltenen Aufwendungen korrigiert, die im lfd Gj iZm der Erstellung eigengenutzter Vermögenswerte angefallen sind und deren Aktivierung erst in Zukunft das (Konzern-)Periodenergebnis belasten wird (vgl Anm 80). Dieser Posten enthält ferner die nach IAS 23 obligatorisch zu aktivierenden Zinsen auf bestimmte Vermögenswerte, die sog „*qualifying assets*" und ist, bei Verwendung des Gesamtkostenverfahrens, gleichfalls ein Korrektiv zum Posten Finanzierungsaufwendungen.

340 Nach dem **Umsatzkostenverfahren** bilanzierende Unt haben nach IAS 1.104 im Anhang im Vergleich zum § 285 S 1 Nr 8 weitergehende Erl bzgl der Art der Aufwendungen zu machen. Hierzu gehören neben dem Material- und Personalaufwand wie nach HGB auch (Betrags-)Angaben zu den plan- und außerplanmäßigen Abschreibungen auf materielle und immaterielle Vermögenswerte.

3. Sonstige betriebliche Erträge und sonstige betriebliche Aufwendungen
(Other operating income / Other operating expenses)

341 Anders als nach HGB, lassen sich die Posten „Sonstige betriebliche Erträge" *(other operating income)* bzw „Sonstige betriebliche Aufwendungen" *(other operating expenses)* nach IFRS inhaltlich weniger exakt abgrenzen. In der Praxis mag im Einzelfall auch die Vorgehensweise der Wettbewerber bzw der „Peer Group", mit denen sich das bilanzierende Unt am Markt vergleicht, eine wesentliche Rolle für die Abgrenzung spielen. Um sonstige betriebliche Erträge handelt es sich jedenfalls dann, wenn der Ertragszuwachs weder Umsatzerlöse (vgl Anm 335 ff) darstellt, noch als Gewinn *(gain)* (vgl Anm 342 ff) zu bezeichnen ist. Umgekehrt handelt es sich um Sonstige betriebliche Aufwendungen, wenn keine Umsatzkosten (vgl Anm 337 ff) oder Verluste *(losses,* vgl Anm 342 ff) vorliegen.

4. Sonstige Gewinne und sonstige Verluste
(Gains / Losses)

342 Gleichfalls abw vom HGB, werden begrifflich nach IFRS von den vorerwähnten Umsatzerlösen und sonstigen betrieblichen Erträgen sowie den Umsatzkosten und sonstigen betrieblichen Aufwendungen die „Gewinne" *(gains)* und „Verluste" *(losses)* unterschieden. Wirtschaftlich unterscheiden sich Umsatzerlöse und sonstige betriebliche Erträge nicht von Gewinnen und Umsatzkosten wie auch sonstige betriebliche Aufwendungen nicht von Verlusten. Erstere führen zu einem Einkommenszuwachs bzw einer Erhöhung des EK, letztere entspr zu einer Verminderung.

Das Rahmenkonzept *(Conceptual Framework)* konzentriert sich in seiner Abgrenzung auf den Unterschied zu den Umsatzerlösen (vgl F 4.29 f). Um Gewinne/Verluste handelt es sich typischerweise dann, wenn an den vom Unt gehaltenen finanziellen wie auch nicht-finanziellen Vermögenswerten und Schulden **Wertsteigerungen** oder Wertminderungen eintreten. Wertsteigerungen sind im Bereich der nicht-finanziellen Vermögenswerte in aller Regel (eine Ausnahme existiert zB iZm der Bewertung von Immobilienvermögen nach IAS 40.35) „erfolgsneutral", dh innerhalb des Sonstigen (Konzern-)Periodenergebnis *(other comprehensive income)* zu erfassen. Für finanzielle Vermögenswerte und Schulden hängt die „erfolgsneutrale" oder „erfolgswirksame" Verrechnung insb davon ab, welcher Kategorie der Vermögenswert angehört, oder ob zB Sicherungsbeziehungen bestehen oder nicht (vgl IAS 39 bzgl IFRS 9 s § 254 Anm 136 ff).

Für Verluste gilt dies in ähnlicher Weise. Wertminderungen *(impairment losses)* werden in Abhängigkeit von den in den Standards enthaltenen Einzelregelungen sowohl „erfolgswirksam" als auch „erfolgsneutral" verrechnet. Tritt bspw eine (außerplanmäßige) Wertminderung an einem immateriellen oder materiellen (nicht-finanziellen) Vermögenswert auf, ist nach IAS 36.60 unmittelbar ein Verlust (Aufwand) „erfolgswirksam" in der GuV zu erfassen. Dies gilt hingegen nicht für den Fall, wenn für den Vermögenswert nach IAS 16 oder IAS 38 von der Möglichkeit der Neubewertung Gebrauch gemacht wird. Für diesen Fall ist zunächst eine ggf vorhandene Neubewertungsrücklage zu mindern (vgl § 272 Anm 487). Um Gewinne/Verluste handelt es sich auch, wenn ein Unt materielle oder immaterielle Vermögenswerte veräußert, die bis zum Verkauf zum langfristigen Vermögen gehörten, und daraus einen (Buch-)Gewinn/Verlust erzielt (vgl F 4.31 sowie IAS 16.68). IFRS 5.33 (b) (iii) spricht von Gewinnen/Verlusten iZm der Bewertung von Vermögenswerten oder Veräußerungsgruppen von aufgegebenen Geschäftsbereichen zum beizZW abzgl Veräußerungskosten (s Anm 356 ff).

Dem **separaten Ausweis** von Gewinnen/Verlusten wird innerhalb der Mindestgliederung des IAS 1 insoweit Rechnung getragen, als gem IAS 1.82A jede einzelne Ergebniskomponente des Sonstigen (Konzern-)Periodenergebnisses *(other comprehensive income)* in der Gesamtergebnisrechnung auszuweisen ist (vgl beispielhafte Darstellung in Anm 371). Darüber hinaus existiert keine generelle Verpflichtung, Gewinne/Verluste separat in der GuV auszuweisen. Auch lassen sich aus den dem IAS 1 beigefügten *Guidance on implementation* keine anderen Schlussfolgerungen entnehmen. Es gelten die Ausführungen in Anm 333. Wertminderungen beim Anlagevermögen außerhalb der planmäßigen Abschreibung, dh Verluste *(impairment losses)* können folglich innerhalb des Umsatzkostenverfahrens Umsatzkosten (zB bei der Produktionsmaschine) oder aber sonstige betriebliche Aufwendungen (zB beim Verwaltungsgebäude) darstellen. Gewinne oder Verluste aus der Bewertung von Derivaten zum beizZW iZm Warentermingeschäften oder sonstigen, nicht der Finanzierungstätigkeit zurechenbaren Sicherungsgeschäften können unter dem Posten sonstige betriebliche Erträge bzw sonstige betriebliche Aufwendungen ausgewiesen werden.

5. Materialaufwand, Personalaufwand und Abschreibungen nach dem Gesamtkostenverfahren sowie Funktionskosten nach dem Umsatzkostenverfahren

IZm der Bilanzierung BetrAV enthält IAS 19.134 iVm IAS 19.120 ein faktisches Ausweiswahlrecht bzgl der Zuordnung sowohl des Dienstzeitaufwands *(service costs)* als auch des Zinsergebnisses *(net interst).* Letzteres kann entweder innerhalb des Betriebsergebnisses oder unter dem Zinsergebnis (Anm 348 ff) ausgewiesen werden (*Scharr/Feige/Baier*, 12). Der Dienstzeitaufwand stellt Personalaufwand dar und sollte entspr ausgewiesen werden (*Reinholdt/Zwirner*, 457).

346 Nach IFRS 2 „erfolgswirksam" zu erfassende Entgelte aus aktienbasierten Entlohnungsformen sind nach dem Gesamtkostenverfahren unter dem Posten „Personalaufwand" auszuweisen (vgl zu Einzelheiten § 272 Anm 500ff).

Nach IAS 36 vorgenommene **Wertminderungen** (außerplanmäßige Abschreibungen; *impairment losses*) sind nach dem Gesamtkostenverfahren unter dem Posten „Abschreibungen" auszuweisen.

6. Betriebsergebnis
(Operating income)

347 Als Ergebnis der Gegenüberstellung von Umsatzerlösen, sonstigen betrieblichen Erträgen und der Aufwendungen iZm der Erstellung der betrieblichen Leistung resultiert das Betriebsergebnis (*operating profit* oder *result of operating activities*), welches der Summe der Posten des Abs 2 Nr 1 bis 8 für das Gesamtkostenverfahren bzw der Summe der Posten des Abs 3 Nr 1 bis 7 für das Umsatzkostenverfahren vergleichbar ist. Eine Verpflichtung zum Ausweis einer solchen Zwischensumme kann im Einzelfall aus IAS 1.85 abgeleitet werden.

7. Finanzierungsaufwendungen/Finanzierungserträge (netto)
(Finance costs/Finance income)

348 IAS 1.82 (b) verlangt den Ausweis eines Postens **Finanzierungsaufwendungen** *(finance costs)*. Unter Hinweis auf den in IAS 1.32 niedergelegten allgemeinen Grundsatz des Saldierungsverbots von Aufwendungen und Erträgen, hat das IFRS IC 2004 klargestellt, dass im Falle des Vorliegens von entspr Erträgen aus der Finanzierungstätigkeit des Unt *(finance revenues)* es nicht sachgerecht ist, wenn diese innerhalb der GuV gemeinsam mit den entspr Aufwendungen lediglich unter einem Saldoposten ausgewiesen würden. Hat das Unt folglich Geschäftsvorfälle, aus denen entspr Finanzierungserträge resultieren, sind diese in einem separaten Posten auszuweisen und können mit den Finanzierungsaufwendungen anschließend in einem Posten, zB mit der Bezeichnung „**Finanzierungsaufwendungen/-erträge (netto)**", zusammengefasst ausgewiesen werden.

349 Zinsaufwendungen für aufgenommene Bankkredite oder aus finance lease-Verhältnissen, Dividenden auf Vorzugsaktien, Verluste aus der Bewertung zum beizZW von zu Handelzwecken gehaltenen Wertpapieren oder Zinsderivaten (vgl IAS 39.55 (a)) oder Währungsverluste aus Finanzierungen (vgl IAS 21.52 (a)) sowie allgemein Geschäftsvorfälle, die nach HGB zu einem Ausweis unter den Zinsen und ähnlichen Aufwendungen (Abs 2 Nr 13, Abs 3 Nr 12) wie auch den Abschreibungen auf Finanzanlagen und auf Wertpapiere des Umlaufvermögens (Abs 2 Nr 12, Abs 3 Nr 11) fallen, sind uE unter dem Posten **Finanzierungsaufwendungen** auszuweisen. Demggü sind Gewinne aus der Bewertung zum beizZW von zu Handelszwecken gehaltenen Wertpapieren oder Zinsderivaten (vgl IAS 39.55 (a)), Währungsgewinne aus Finanzierungen (vgl IAS 21.52 (a)), die Erträge aus Beteiligungen (Abs 2 Nr 9, Abs 3 Nr 8), die Erträge aus anderen Wertpapieren und Ausleihungen des Finanzanlagevermögens (Abs 2 Nr 10, Abs 3 Nr 9) sowie die sonstigen Zinsen und ähnlichen Erträge (Abs 2 Nr 11, Abs 3 Nr 10) unter dem Posten **Finanzierungserträge** auszuweisen. Etwas anderes müsste nur dann gelten, wenn es sich bei einzelnen dieser Erträge und Aufwendungen um zum Kerngeschäft des Unt gehörende Geschäftsvorfälle handelt (vgl *ADS Int* Abschnitt 7 Anm 178); für diesen Fall stellten sie Betriebsergebnis dar.

350 Während nach HGB für bestimmte Beteiligungserträge eine **phasengleiche Vereinnahmung** vorgeschrieben ist (vgl § 266 Anm 120), erfolgt eine Realisierung der Dividendenansprüche nach IAS 18.30(c) stets erst mit der rechtlichen Entstehung und damit nicht vor dem entspr Gewinnverwendungsbeschluss (vgl *ADS Int* Abschnitt 2 Anm 118).

8. Ergebnisse von im KA nach der Equity-Methode einbezogenen Beteiligungen
(Share of profit/loss of associates)

IAS 1.82(c) iVm IAS 28.10 verlangt den separaten Ausweis der Ergebnisbei- 351
träge von nach der Equity-Methode einbezogenen Unt. Ein Unterschied kann sich für diesen Posten ua dadurch ergeben, dass nach IFRS ein Ausweis des Ergebnisbeitrags nach Berücksichtigung der Ertragsteuern zu erfolgen hat (Nettoausweis, vgl IAS 1 IG4), während unter HGB auch ein Bruttoausweis in Frage kommt (s § 312 Anm 66ff). Der Ausweis dieses Postens hat außerhalb des Betriebsergebnisses zu erfolgen (s Anm 366 zu weiteren Ergebnisbeiträgen von nach der Equity-Methode einbezogenen Unt).

9. Außerordentliches Ergebnis

Eine wesentliche Abweichung zum HGB stellt die Tatsache dar, dass es unter 352
IFRS keine Erträge und Aufwendungen außerhalb „der gewöhnlichen Geschäftstätigkeit" des Unt gibt (vgl IAS 1.87). Um einen Sachverhalt außerhalb „der gewöhnlichen Geschäftstätigkeit" handelt es sich auch nicht bei einer sog *discontinued operation* (vgl Anm 356ff). In den IFRS wird lediglich zwischen Ergebnissen aus „fortgesetzter" Geschäftstätigkeit und „aufgegebenen" Geschäftsbereichen unterschieden (vgl ua IFRS 5.37).

10. Steuern vom Einkommen und vom Ertrag
(Income tax expenses)

Der Posten „Steueraufwendungen" des IAS 1.82(d) ist vergleichbar zum HGB 353
eine Saldogröße. Er erfasst sowohl Steuerbe- und -entlastungen aus laufenden Steuern wie auch die Steuerwirkungen aus der („erfolgswirksamen") Aktivierung, Passivierung und Auflösung von Steuerlatenzen. Darüber hinaus werden hier auch die Steuerwirkungen aus der Auflösung ursprünglich – zB im Rahmen der Erstkonsolidierung – „erfolgsneutral" gebildeter Steuerlatenzen abgebildet. Eine Aufteilung des Steuerpostens in laufende Steuern und Steuerlatenzen erfolgt regelmäßig im Anhang (vgl IAS 12.79).

Die IFRS enthalten keine Vorschriften zum Ausweis von **sonstigen Steuern.** 354
Diese werden entweder unter den zugehörigen Aufwandsposten, oder soweit eine individuelle Zuordnung nicht möglich ist, unter den sonstigen betrieblichen Erträgen/Aufwendungen ausgewiesen. Handelt es sich bei den sonstigen Steuern insgesamt um einen wesentlichen Betrag, ist nach IAS 1.97 eine Offenlegung im Anhang angezeigt. Eine offene Absetzung branchentypischer Verbrauchsteuern vom Umsatz (dazu Anm 249) dürfte sich nach den IFRS verbieten.

11. Ergebnis aus fortgesetzter Geschäftstätigkeit
(Profit/loss from continuing operations)

Haben sich im Gj und/oder Vj Sachverhalte ergeben, die in der GuV zum 355
Ausweis eines „Ergebnisses aus aufgegebenem Geschäftsbereich" führen (vgl Anm 356ff), hat das Unt gleichfalls als Zwischensumme den Posten „Ergebnis aus fortgesetzter Geschäftstätigkeit" auszuweisen. Dies ergibt sich uE zwingend für Unt, die in der GuV die Kennziffern Basic-EPS und Diluted EPS für das (Konzern-)Periodenergebnis aus fortgesetzter Geschäftstätigkeit darzustellen ha-

ben (vgl IAS 33.66 iVm IAS 33.68 sowie Anm 387). Andernfalls würde das Unt Kennziffern zu einem nicht ausgewiesenen GuV-Posten bzw einer Zwischensumme darzustellen haben.

12. Ergebnis aus aufgegebenen Geschäftsbereichen
(Profit/loss from discontinued operations)

356 Die IFRS enthalten explizite Regelungen zu Geschäftsvorfällen, die der Aufgabe bisheriger Geschäftsfelder bzw UntAktivitäten geschuldet sind, sog *discontinued operations*.
Eine *discontinued operation* ist in IFRS 5.32 definiert als eine einzelne zahlungsmittelgenerierende Einheit oder Gruppe von zahlungsmittelgenerierenden Einheiten – sog Cash Generating Units (CGU) –, die entweder bereits im Gj veräußert wurde oder die am Bilanzstichtag zum unmittelbaren Verkauf steht, dh als zur Veräußerung gehalten ausgewiesen wird und eine der nachfolgenden Bedingungen erfüllt:
(1) Die CGU gilt für sich genommen als wesentliches Geschäftsfeld *(major line of business)* oder wesentliche geographisch abgegrenzte UntAktivität.
(2) Der Verkauf des wesentlichen Geschäftsfelds oder der wesentlichen geographisch abgegrenzten UntAktivität ist Teil eines konkret ausgearbeiteten Plans.
(3) Die CGU wurde als TU mit der Absicht der unmittelbaren Wiederveräußerung erworben.

357 Damit dürfte es sich regelmäßig bei einem veräußerten oder zum Verkauf stehenden – nach IFRS 8 *Operating Segments* abgegrenzten Segment (IFRS 8.5) – um eine *discontinued operation* handeln. Der für die Praxis typische Fall unter (3) ist der Erwerb eines Konzerns oder Teilkonzerns, wobei der Erwerber nur an bestimmten erworbenen UntAktivitäten interessiert ist, der Erwerb in Teilen aber nicht möglich ist und insoweit die außerhalb des Interesses liegenden UntAktivitäten sofort zur Weiterveräußerung bestimmt sind. Als Anwendungsfall für eine *discontinued operation* qualifizieren ferner die Schließung sämtlicher Betriebsstätten in einem Land oder eines Erdteils (zB Rückzug der operativen Tätigkeit aus Asien) oder die Aufgabe aller Standorte für eine bestimmte Produktsparte (zu weiteren Bsp vgl *ADS Int* Abschn 26 Anm 55 ff).

Eine *discontinued operation* liegt auf der anderen Seite aber nicht bereits bei einer Änderung der UntAktivität, wie zB dem Wechsel der Produktpalette, Kapazitätsreduktionen oder der Neustrukturierung von Zuständigkeiten oder Verantwortungsbereichen vor. Ebenso stellt die räumliche Verlagerung von Produktions- oder Vertriebsaktivitäten eines wesentlichen Geschäftsfelds oder einer wesentlichen geographisch abgegrenzten UntAktivität keine *discontinued operation* dar, selbst wenn es in diesem Zusammenhang zu umfangreichen Veräußerungen von Betriebsvermögen kommt.

358 Als Verkauf iSd IFRS 5 dürfte neben der gewöhnlichen rechtlichen Veräußerung auch die Aufspaltung sowie die Abspaltung *(spin-off)* iSv § 123 UmwG gelten; nicht hingegen die Ausgliederung *(carve-out)* iSv § 123 UmwG, da hier der übertragende Rechtsträger Empfänger der Anteilsrechte ist und insoweit die endgültige Trennung von dieser UntAktivität nicht vollzogen wird (zur Auslegung des Begriffs „disposed of" s *ADS Int* Abschn 26 Anm 21 ff).

359 Liegt eine *discontinued operation* gem IFRS 5 vor, ergeben sich hieraus umfangreiche Offenlegungserfordernisse für die GuV und den Anhang (vgl ferner IAS 28 (2011) iVm IFRS 12.B12(b)(vii), B16(b)). Die gem Mindestgliederung IAS 1.82(ea) und IFRS 5.33(a) sowie IFRS 5.33A in der GuV auszuweisende Saldogröße umfasst:
(a) Das Nachsteuerergebnis sämtlicher *discontinued operations* des laufenden Gj,

(b) das Nachsteuerergebnis aus der Bewertung der zur *discontinued operation* gehörenden Vermögenswerte oder -gruppen zum beizZW abzgl Veräußerungskosten *(fair value less costs to sell)* sowie
(c) das Nachsteuerergebnis aus dem Verkauf der zur *discontinued operation* gehörenden Vermögenswerte oder -gruppen.

Die Saldogröße ist gleichfalls in der GuV oder alternativ im Anhang in weitere Einzelkomponenten aufzugliedern. Hierzu zählen gem IFRS 5.33 (b):
(a) Die Umsatzerlöse, Aufwendungen, das (Konzern-)Periodenergebnis vor Steuern sowie der Steueraufwand gem IAS 12.81 (h),
(b) Gewinne/Verluste aus der Bewertung der zur *discontinued operation* gehörenden Vermögenswerte oder -gruppen zum beizZW abzgl Veräußerungskosten *(fair value less costs to sell)* sowie Gewinne/Verluste aus dem Verkauf der zur *discontinued operation* gehörenden Vermögenswerte oder -gruppen.

Alle vorstehend aufgeführten Informationen sind ebenfalls für die Vorperiode darzustellen. Gab in der Vorperiode keine *discontinued operation,* ist die für das Vj veröffentlichte GuV-Gliederung anzupassen. Darüber hinaus können sich entspr Anpassungen für die Vorperioden ergeben, wenn sich die ursprünglich für die Vj unterstellten Daten für die Ermittlung der ausgewiesenen Ergebnisse der *discontinued operation* in der laufenden Periode ändern, zB weil der tatsächlich erlöste Kaufpreis, der in die Ermittlung des beizZW abzgl Veräußerungskosten eingeflossen ist, von den ursprünglichen Erwartungen abweicht.

Nach HGB dürften solche Geschäftsvorfälle, vor allem im Falle größeren Ausmaßes, als „außerordentliches Ergebnis" iSd Abs 2 Nrn 15 bis 17, bzw Abs 3 Nrn 14 bis 16 interpretiert werden (vgl Anm 222).

13. (Konzern-)Periodenergebnis
(Profit/loss)

Das (Konzern-)Periodenergebnis ist das auf die Gester des bilanzierenden Unt entfallende Nettoergebnis *(profit or loss)* aller „erfolgswirksam" verrechneten Geschäftsvorfälle. Das (Konzern-)Periodenergebnis entspricht dem Posten „Jahresüberschuss/Jahresfehlbetrag" (Abs 2 Nr 20, Abs 3 Nr 19) nach HGB.

14. Beispielhafte Darstellung einer Konzern-GuV nach dem Umsatzkostenverfahren
(Statement of profit or loss with classification by function)

Nach vorstehenden Ausführungen lässt sich die GuV nach dem Umsatzkostenverfahren im IFRS-KA und unter Berücksichtigung von im Allgemeinen als wesentlich anzusehender Geschäftsvorfälle beispielhaft wie folgt darstellen:

	2014	2013
Umsatz	X	X
Kosten der umgesetzten Leistung	(X)	(X)
Bruttoergebnis	X	X
Sonstige betriebliche Erträge	X	X
Vertriebskosten	(X)	(X)
Sonstige Verwaltungskosten	(X)	(X)
Sonstige betriebliche Aufwendungen	(X)	(X)
Betriebsergebnis	**X**	**X**
Finanzierungserträge	(X)	(X)
Finanzierungsaufwendungen	(X)	(X)
Finanzierungserträge/-aufwendungen (netto)	**X**	**X**

Ergebnisse von nach der Equity-Methode einbezogenen Unternehmen (nach Steuern)	X	X
Ertragsteuern	(X)	(X)
Konzernergebnis aus fortgesetzter Geschäftstätigkeit (soweit erforderlich; s Anm 355)	X	X
Konzernergebnis aus aufgegebenem Geschäftsbereich (soweit erforderlich; s Anm 356 ff)	X	X
(Konzern-)periodenergebnis	**X**	**X**
davon entfallend auf		
– die nicht beherrschenden Anteile	X	X
– das Mutterunternehmen	X	X

III. Ermittlung des sonstigen (Konzern-)Periodenergebnisses
(Other comprehensive income)

365 Zum Sonstigen (Konzern-)Periodenergebnis gehören alle Geschäftsvorfälle, die nicht im (Konzern-)Periodenergebnis ausgewiesen werden (s Anm 335 ff) und bei denen es sich nicht um Transaktionen zwischen Gestern handelt. Nach HGB würde man diese Geschäftsvorfälle als „mit dem EK verrechnet" betrachten. IAS 1.82A verlangt eine nach Einzelsachverhalten *(by nature)* aufgegliederte Darstellung in die beiden Kategorien: (i) auf Dauer mit dem EK verrechnet *(not be reclassified subsequently)* und (ii) nicht auf Dauer mit dem EK verrechnet *(be reclassified subsequently)*. Nicht auf Dauer mit dem EK verrechnete Geschäftsvorfälle werden später bei ihrer Realisierung in das (Konzern-)Periodenergebnis umgebucht und insofern abschließend in der GuV berücksichtigt *(reclassification adjustments;* Anm 367).

1. Sonstige Ergebniskomponenten
(Items of other comprehensive income)

366 Bei diesen Ergebniskomponenten handelt es sich, wie unter Anm 333 ausgeführt, ua um Umbewertungseffekte *(revaluation)* aus Neubewertung von materiellen und immateriellen Vermögenswerten im Anwendungsbereich des IAS 16 und IAS 38; Neubewertungen *(remeasurements)* iZm der Bilanzierung von BetrAV nach IAS 19; Differenzen aus der Umrechnung von Fremdwährungsabschlüssen nach IAS 21; Gewinne/Verluste aus der Bewertung von zur Veräußerung gehaltenen Wertpapieren (IAS 39; voraussichtlich ab 2015 IFRS 9); Gewinne/Verluste aus dem effektiven Teil von nach IAS 39 bewerteten Cash flow-Hedges sowie Bewertungseffekte bestimmter zum beizW bilanzierten finanziellen Verbindlichkeiten im Anwendungsbereich des IFRS 9.

Darüber hinaus gehören zum Sonstigen (Konzern-)Periodenergebnis auch Anteile des den KA aufstellenden Unt (Investor) am sonstigen Periodenergebnis eines nach der Equity-Methode einbezogenen Unt (bspws dessen Anteil an einer Afs-Rücklage des nach der Equity-Methode einbezogenen Unt). Über den Detaillierungsgrad der Darstellung eben dieser Ergebniskomponenten besteht derzeit eine gewisse Unsicherheit insb dahingehend, ob diese mit denen des Investors zusammengefasst werden können oder es eines Einzelausweises bedarf (*Urbanczik,* 270 f).

Ferner stellt sich die Frage, ob im Falle eines aufgegebenen Geschäftsbereichs *(discontinued operation)* auch dessen anteiliges sonstiges Periodenergebnis innerhalb der beiden Kategorien separat auszuweisen ist. Aus den Offenlegungserfordernissen des IFRS 5.33(a) (vgl Anm 359) lässt sich dies nicht entnehmen. In der Literatur wird eine solche Vorgehensweise hingegen unterstützt (*Urbanczik*, 272). Hinsichtlich des Ausweises der auf die Ergebniskomponenten entfallenden Ertragsteuern gewährt IAS 1.91 zwei Alternativen. Die Posten können nach Steuern dargestellt werden. Erfolgt demggü eine Darstellung vor Steuern, ist für jede der beiden Kategorien der gesamte Steueraufwand/-ertrag in einem (Steuer)Posten auszuweisen.

2. Umklassifizierungen
(Reclassification adjustments)

Hierbei handelt es sich um Geschäftsvorfälle bzw Ergebnisbeiträge, die bisher 367 im Sonstigen (Konzern-)Periodenergebnis verrechnet wurden, aufgrund bestimmter Ereignisse in der lfd Periode hingegen endgültig im (Konzern-)Periodenergebnis zu verrechnen sind (vgl IAS 1.7). Werden bspw unter IAS 39.55(b) bisher zur Veräußerung gehaltene Wertpapiere *(available-for-sale financial assets)* veräußert, werden die bis zum Verkauf ausschließlich im Sonstigen (Konzern-)Periodenergebnis gebuchten Wertänderungen der Vergangenheit nunmehr über eine Buchung in der GuV realisiert. Der Erhöhung des (Konzern-)Periodenergebnisses (dh dem Buchgewinn in der GuV) muss eine entspr korrespondierende Reduzierung des Sonstigen (Konzern-)Periodenergebnisses gegenübergestellt werden. Diese Anpassungsbuchung wird auch als „recycling" bezeichnet (vgl zur Änderung des IAS 39 durch IFRS 9 § 272 Anm 491 sowie § 254 Anm 136 ff).

Beispiel: A hat in 2012 afs-Wertpapiere für 100 GE erworben. Im Verlaufe des Jahres 2013 erhöht sich deren Wert auf 140 GE. Anfang 2014 veräußert A die Wertpapiere für eben diese 140 GE; weitere zwischenzeitliche Wertänderungen sind nicht eingetreten.

Lösung: Der (unrealisierte) Kursgewinn von 40 GE in 2013 war vollständig im Sonstigen (Konzern-)Periodenergebnis auszuweisen und führte zu einem gleich hohen Sonstigen Gesamtergebnis dieser Periode. Bei der Veräußerung in 2014 wird der Kursgewinn vollständig realisiert. Folglich ergibt sich idH ein realisierter (Buch-)Gewinn und ein (Konzern-)Periodenergebnis von 40 GE. Diesem ist eine entspr Korrektur im Sonstigen (Konzern-)Periodenergebnis entgegenzusetzen; das (Konzern-)Gesamtergebnis der Periode 2014 beträgt Null.

Zu vergleichbaren, kompensatorischen Buchungen zwischen (Konzern-)Periodenergebnis und sonstigem (Konzern-)Periodenergebnis kommt es bspw beim Verkauf von Anteilen an einem TU, für welches aufgrund seiner von der Konzernwährung abw Funktionalwährung Umrechnungsdifferenzen in der Vergangenheit entstanden waren (vgl IAS 21.48). Ähnliches gilt für Gewinne/Verluste aus *Cash flow-Hedges* im Zeitpunkt, da die abgesicherten *(forcasted)* Geschäftsvorfälle in der GuV zu buchen sind (vgl IAS 39.100).

Zu solchen Umklassifizierungen *(reclassification adjustments)* kommt es nicht 368 iZm den Veränderungen der Neubewertungsrücklage aufgrund von Neubewertungen nach IAS 16 oder IAS 38 sowie den Neubewertungen *(remeasurements)* nach IAS 19.122.

Der Abschlussersteller hat – soweit anwendbar – zu jeder dargestellten Kom- 369 ponente des sonstigen (Konzern-)Periodenergebnisses (vgl Anm 366) die entspr Umklassifizierungen *(reclassification adjustments)* darzustellen. Dies kann jedoch alternativ im Anhang erfolgen (IAS 1.92 ff).

3. Ertragsteuern
(Tax expenses)

Gem IAS 1.90 sind die Ertragsteuern für jede einzelne Ergebniskomponente 370 des sonstigen (Konzern-)Periodenergebnisses anzugeben. Diese Angabe darf auch im Anhang erfolgen. Die Darstellung der Ergebniskomponenten kann innerhalb des sonstigen (Konzern-)Periodenergebnisses entweder „nach" (IAS 1.91 (a)) oder „vor" (IAS 1.91 (b)) Ertragsteuern erfolgen. Werden die Ergebniskomponenten einschl der darauf entfallenden Ertragsteuern dargestellt, ist das sonstige (Konzern-)Periodenergebnis um einen entspr Posten „Ertragsteuern" zu ergänzen (vgl beispielhafte Darstellung Anm 371).

4. Beispielhafte Darstellung einer (Konzern-)Gesamtergebnisrechnung
(Statement of comprehensive income)

371 Nach vorstehenden Ausführungen lässt sich die Gesamtergebnisrechnung *(Statement of comprehensive income)* im IFRS-KA und unter Berücksichtigung, dass eine eigenständige (Konzern-)GuV *(Statement of profit or loss)* erstellt wird (vgl Anm 363), beispielhaft wie folgt darstellen:

	2014	2013
(Konzern-)Periodenergebnis	X	X
Auf Dauer mit dem EK verrechnet		
Gewinne/Verluste (-) aus der Neubewertung von materiellen und immateriellen Vermögenswerten	X	X
Neubewertungen von AVersVerpflichtungen	X	X
Anteil an den sonstigen Periodenergebnissen bei von nach der Equity-Methode einbezogenen Unt	X	X
Auf das Sonstige (Konzern-)Periodenergebnis entfallende Ertragsteuern (IAS 1.91 (b))	(X)	(X)
Nicht auf Dauer mit dem EK verrechnet		
Unterschiedsbetrag aus der Umrechnung von Fremdwährungsabschlüssen	X	X
Gewinne/Verluste aus der Bewertung von zur Veräußerung gehaltenen Wertpapieren zum beizZW	X	X
Gewinne/Verluste aus dem effektiven Teil eines Sicherungsgeschäfts iZm Cash Flow Hedges	X	X
Anteil an den sonstigen Periodenergebnissen bei von nach der Equity-Methode einbezogenen Unt	X	X
Auf das Sonstige (Konzern-)Periodenergebnis entfallende Ertragsteuern (IAS 1.91 (b))	(X)	(X)
Sonstiges (Konzern-)Periodenergebnis	X	X
(Konzern-)Gesamtergebnis	X	X
Sonstiges (Konzern-)Periodenergebnis entfallend auf		
– die nicht beherrschenden Anteile	X	X
– das Mutterunternehmen	X	X

IV. Änderung von Bilanzierungs- und Bewertungsmethoden, Änderung von Bilanzierungs- und Bewertungsannahmen, Korrektur von Bilanzierungs- und Bewertungsfehlern

375 IAS 8 enthält explizite Regelungen für die erstmalige Anwendung von Standards, soweit diese selbst nicht eigene Übergangsvorschriften enthalten. Ferner enthält IAS 8 Regelungen für den Wechsel der Bilanzierungs- und Bewertungsmethode, die Behandlung von geänderten Schätzungen und die Korrektur fehlerhafter bereits veröffentlichter Abschlüsse.

Für die bilanzielle Abbildung von Sachverhalten bzw Geschäftsvorfällen des rechnungslegenden Unt gilt der Grundsatz der Stetigkeit. Ein **Wechsel der Bilanzierungs- und Bewertungsmethode(n)** *(change in accounting policies)* ist nur dann zulässig, wenn gesellschaftsrechtliche oder gesetzliche Normen oder die Verabschiedung eines neuen Rechnungslegungsstandards oder einer Interpretation dies erfordern. Gleiches gilt, wenn der Wechsel der verbesserten Darstellung (iSe *fair presentation*) im JA dient (vgl IAS 8.14). Basiert der Wechsel auf der Verabschiedung eines neuen Rechnungslegungsstandards, hat der Übergang auf die neuen Regelungen nach dessen speziellen Übergangsvorschriften zu erfolgen. Enthält der neue Rechnungslegungsstandard hingegen keine eigenen Übergangsvorschriften und für alle anderen Fälle, bei denen es sich um einen Wechsel der Bilanzierungs- und Bewertungsmethode handelt, ist IAS 8 einschlägig. Gem IAS 8.19 (b) ist ein solcher Wechsel stets so abzubilden, als wäre die neue Methode bereits im Zeitpunkt der erstmaligen bilanziellen Erfassung des betr Sachverhalts oder Postens angewendet worden *(retrospective application).* Diese Vorgehensweise macht es erforderlich, dass die von dem Wechsel betroffenen EK-Posten (idR handelt es sich hierbei um die Gewinnrücklagen) zu Beginn des ersten im Abschluss dargestellten Vj anzupassen sind (vgl Example 2 IAS 8 BC). Ferner sind alle sonstigen Posten der Vj entspr auf die neue Methode anzupassen.

Von dem Grundsatz der vollständigen retrospektiven Anwendung ist nur dann abzuweichen, wenn die Ermittlung der kumulierten Anpassungsbeträge oder die jeweiligen Effekte der einzelnen Vorperioden nicht ermittelbar sind *(impracticability),* ohne dass dafür Erkenntnisse oder Tatsachen herangezogen werden müssten, die zum jeweiligen Aufstellungszeitpunkt der Vj-Abschlüsse nicht verfügbar waren. Die retrospektive Anwendung des IAS 8 führt damit nicht zu einer Ausdehnung des Wertaufhellungszeitraums.

DRS 13.11 schreibt bzgl des Wechsels der Bilanzierungs- und Bewertungsmethode(n) für den KA eine Verfahrensweise vor, die dem früheren Allowed Alternative Treatment des IAS 8 (vgl IAS 8.54 alte Fassung) entspricht, dh der kumulierte Anpassungsbetrag aus Vorperioden ist in der GuV unter einem separaten Posten mit entspr Bezeichnung nach dem Ergebnis der gewöhnlichen Geschäftstätigkeit auszuweisen. Das DRSC spricht sich des Weiteren dafür aus, dass diese Methode auch für den JA verbindlich vorgeschrieben werden soll (vgl DRS 13 Anhang A3.).

Für die Erstellung von JA sind Annahmen und **Prognosen bzw Schätzungen** unverzichtbar, wie zB über die Abschreibungsmethode (vgl IAS 16.61) sowie über die betriebsgewöhnliche Nutzungsdauer von Vermögenswerten oder deren zukünftige beizZW, Delkredererisiken, Grad des Leistungsfortschritts, der Ausgang von Rechtsstreitigkeiten, die Entwicklung des Personalstands bzgl Fluktuation oder Gehaltsniveau. Sollten sich in einer nachfolgenden Periode die Erwartungen ändern *(changes in accounting estimates),* führt dies in diesem Gj zu einer Veränderung der (Konzern-)Gesamtergebnisses und uU zu einer Anpassung des von der geänderten Schätzung betroffenen Bilanzpostens. Die **Änderung von Bilanzierungsannahmen** kann sich sowohl auf das laufende wie auch zukünftige Gj auswirken. Eine Regelung nach der die Anpassung bei dem GuV-Posten auszuweisen ist, bei dem auch die ursprüngliche Schätzung erfasst wurde, wie dies in einer frühen Version des IAS 8 (IAS 8.28) geregelt war, existiert nicht mehr. UE dürfte es nicht zu beanstanden sein, zB einen ursprünglich in den sonstigen betrieblichen Aufwendungen *(other operating expenses)* verrechneten Aufwand aus der Zuführung zu einer Rückstellung in späteren Perioden über die sonstigen betrieblichen Erträge *(other operating income)* aufzulösen, wenn sich der ursprünglich zurückgestellte Betrag als zu hoch erwiesen hat. Der Betrag nicht verbrauchter Rückstellungen ist jedenfalls im Anhang unter dem entspr Posten (zB „sonstige betriebliche Erträge") zu erläutern.

380 Wurde hingegen die Bewertungsbasis verändert *(change in the measurement basis)*, handelt es sich um einen **Methodenwechsel** (vgl Anm 376 ff) und nicht um Änderungen der Bilanzierungsannahmen. Sollte eine Unterscheidung zwischen Methodenwechsel und Änderungen der Bilanzierungsannahmen im Einzelfall nicht zweifelsfrei festgestellt werden können, sind die Regelungen für Änderungen der Bilanzierungsannahmen anzuwenden (vgl IAS 8.35).

381 DRS 13.20 schreibt bzgl der Änderung von Bilanzierungsannahmen für den KA eine zu IAS 8 identische Verfahrensweise vor.

382 Werden im Gj **Bilanzierungs- und Bewertungsfehler** aus vorangegangenen Gj *(prior period errors)* festgestellt, die so wesentlich sind, dass die darauf basierenden JA als nicht mehr zuverlässig angesehen werden müssen, hat eine retrospektive Fehlerbeseitigung *(retrospective restatement)* zu erfolgen. Um einen berichtigungspflichtigen Fehler handelt es sich stets, wenn in der Vergangenheit Tatsachen oder Erkenntnisse, die bei Abschlusserstellung hätten bekannt sein müssen, bewusst ignoriert wurden oder ein Standard oder eine Interpretation auf einen Sachverhalt vorsätzlich falsch angewandt wurde, jeweils mit dem Ziel, eine bestimmte Bilanzierung bzw Ergebnisdarstellung *(performance)* zu erreichen. Der Grundsatz der Wesentlichkeit ist für solche Tatbestände außer Kraft gesetzt. Enthält ein in der Vergangenheit veröffentlichter JA einen Fehler, handelt es sich bei dem JA nicht um einen IFRS-Abschluss (vgl IAS 8.41). Der JA hätte nicht „als mit den IFRS in Einklang stehend" testiert werden dürfen.

Liegt iZm einem UntZusammenschluss *(business combination)* ein berichtigungspflichtiger Fehler vor, kann eine Anpassung der Kaufpreisallokation, wenn der Erwerbsstichtag *(acquisition date)* mehr als 12 Monate zurückliegt, nur noch nach den Vorschriften des IAS 8 erfolgen (vgl IFRS 3.50).

383 DRS 13.25 f schreibt bzgl der Berichtigung von Fehlern für den KA eine zu IAS 8 identische Verfahrensweise vor.

V. Gewinn je Aktie *(Earnings per Share)*

1. Allgemeines

385 Die Kennzahl Earnings Per Share (EPS) findet im HGB keine Entsprechung; lediglich im Börsenzulassungsverfahren wird die Angabe verlangt, ohne dass explizite Vorschriften über deren Ermittlung existieren. Dennoch ermitteln und publizieren einige deutsche Unt zur Beurteilung ihrer Ertrags- und Ausschüttungskraft zB das DVFA/SG-Ergebnis je Aktie.

Zur Ermittlung der EPS nach IAS 33 sind nur solche Unt verpflichtet, deren Anteile bereits öffentlich gehandelt werden oder die ihren Abschluss für Zulassungszwecke eingereicht haben oder sich gerade im Prozess einer Börsennotierung befinden. Werden JA und KA nebeneinander veröffentlicht, ist die Ermittlung und Angabe der EPS-Kennziffern nur auf Basis konsolidierter Daten verpflichtend. Eine freiwillige Veröffentlichung dieser Kennzahl innerhalb eines IFRS-Abschlusses entbindet das Unt nicht von der Befolgung der Regelungen des Standards.

2. Ermittlung der EPS

386 IAS 33 unterscheidet zwei EPS-Kennziffern. Die **Basic-EPS** als Verhältnis des den „ordentlichen" Aktionären des MU *(ordinary equity holder of the parent)* zuzurechnenden (Konzern-)Periodenergebnisses zu dem gewichteten Durchschnitt der im Gj umlaufenden „ordentlichen" Aktien sowie die **Diluted-EPS** bei de-

ren Berechnung im Nenner zusätzlich sämtliche Wandlungs- und Optionsrechte auf „ordentliche" Aktien *(dilutive potential ordinary shares)* berücksichtigt werden. Beide Kennziffern sind zwingend in der GuV getrennt für jede Aktiengattung anzugeben (IAS 33.66).

Wird in der (Konzern-)GuV neben dem (Konzern-)Periodenergebnis auch die 387 Ergebnisgröße „Ergebnis aus fortgesetzter Geschäftstätigkeit" ausgewiesen (vgl Anm 355), sind entspr zwei Basic-EPS zu ermitteln und auszuweisen. Ausgangsgröße im Zähler für die **Basic-EPS** ist folglich das auf das MU entfallende (Konzern-)Periodenergebnis (IAS 33.12 (b) *profit or loss*) und, soweit ausgewiesen, das auf das MU entfallende Ergebnis aus fortgesetzter Geschäftstätigkeit (IAS 33.12 (a) *profit or loss from continuing operations attributable for the parent entity*). Bei dem den Aktionären des MU zuzurechnenden (Konzern-)Periodenergebnis handelt es sich generell um das auf die „ordentlichen" Aktien entfallende (Konzern-)Periodenergebnis *(ordinary equity holders of the parent)*, so dass der Zähler jeweils um den auf die **Vorzugsaktionäre** entfallenden Gewinnanteil zu kürzen bzw im Falle eines negativen (Konzern-)Periodenergebnisses um die ggf an die Vorzugsaktionäre ausgeschütteten (Garantie-)Dividenden zu erhöhen ist. Diese Korrektur erfolgt unabhängig von der Frage, ob der so auf die ordentlichen Aktien entfallende Gj-Erfolg auch tatsächlich ausschüttungsfähig ist.

Obwohl IAS 33.9 lediglich das auf „ordentliche" Aktionäre entfallende (Konzern-)Periodenergebnis der Ermittlung der EPS zugrunde legt, mag das generelle Ausklammern von Vorzugsaktien *(preference shares)* ohne Berücksichtigung deren rechtlicher Ausgestaltung fragwürdig sein. Vorzugsaktien, die bzgl der Nachrangigkeit der Gewinnansprüche sowie der Verlustbeteiligung den ordentlichen Aktien gleichen, müssen demzufolge in die Ermittlung der EPS – wie „ordentliche" Aktien – einbezogen werden. So zählen zu den „ordentlichen" Aktien iSv IAS 33.5 auch stimmrechtslose Vorzugsaktien iSv § 139 AktG, wenn durch entspr Regelung in der Satzung die Vorzugsdividende an die Dividende der Stammaktien gekoppelt ist und die Mehrdividende ggü der Dividende der Stammaktien nicht vorrangig bedient wird (IDW RS HFA 2 idF 2008, Tz 26). Diese Vorzugsaktien stellen allerdings eine eigene Gattung von „ordentlichen" Aktien iSv IAS 33.66 dar.

Da sich die Anzahl der im Gj außenstehenden „ordentlichen" Aktien durch 388 Neuemissionen (zB auch im Rahmen eines UntErwerbs), Kapitalrückzahlungen oder den Erwerb eigener Aktien ändern kann, ist gem IAS 33.19 das auf die „ordentlichen" Aktien entfallende (Konzern-)Periodenergebnis in Beziehung zu den im Jahresdurchschnitt *(weighted average)* umlaufenden „ordentlichen" Aktien zu setzen. Dieser Jahresdurchschnitt wird ermittelt, indem der Aktienbestand zu Beginn des Gj um die mit einem Zeitfaktor gewichtete Anzahl der zusätzlich ausgegebenen bzw der eingezogenen Aktien angepasst wird (IAS 33.20).

Für die Ermittlung der **Diluted EPS** ist die Überlegung entscheidend, dass 389 sich durch die Ausübung der Erwerbs- und/oder UmwR *(dilutive potential ordinary shares)* zukünftig das (Konzern-)Periodenergebnis auf mehr Aktien verteilt und sich damit die Ergebnis-Kapital-Relation verschiebt. Dem Anleger wird damit die Einsicht gewährt („Als-ob-Rechnung"), wie sich die Rendite (je Aktie) geändert hätte, wenn alle potentiellen EK-Geber ihren Gewinnanspruch verwirklicht hätten (vgl zu weiteren Einzelheiten auch *Pellens/Gassen* in Komm IAS, IAS 33). Für die Berechnung der Diluted-EPS wird die Zählergröße der Basic-EPS um bei Umw (ersparte) Dividenden bzw Zinsaufwand auf potentielle „ordentliche" Aktien sowie sonstige Auswirkungen der Umw auf das (Konzern-)Periodenergebnis korrigiert. Die Nennergröße wird um die potentiellen „ordentlichen" Aktien korrigiert (zum Zeitpunkt der Einbeziehung potentieller Aktien vgl IDW RS HFA 2 idF 2008, Tz 30).

§ 276 1   Gewinn- und Verlustrechnung

390   Hat sich der Aktienbestand im Vergleich zum Vj verändert, ohne dass sich dies auf das eingesetzte Aktienkapital ausgewirkt hat (zB durch Ausgabe von Gratisaktien oder einer Umw von Gewinnrücklagen in Aktien), ist für die Vj-Angabe zu unterstellen, dass die Erhöhung oder Verringerung des Aktienbestands bereits in der Vorperiode stattgefunden hat (IAS 33.64). Diese Anpassung gewährleistet die Vergleichbarkeit der Rentabilität des eingesetzten Aktienkapitals je Aktie im Gj zum Vj. Solange der JA bzw KA noch nicht von der UntLeitung zur Veröffentlichung freigegeben *(authorized for issue)* ist, sind das Gj und das Vj auch für den Fall anzupassen, dass sich die Veränderung des Aktienbestands erst nach dem Bilanzstichtag ergeben hat.

    Basic-EPS und Diluted EPS des Gj sowie der Vj sind stets dann anzupassen, wenn sich das (Konzern-)Periodenergebnis aufgrund des Wechsels der Bilanzierungs- und Bewertungsmethode(n) (vgl Anm 368) oder der Korrektur eines Fehlers (vgl Anm 374) geändert hat.

3. Konzeptionelle Unterschiede zur EPS nach DVFA/SG

391   Konzeptionell sind die Vorschriften von IAS 33 und dem in Deutschland bekannten **DVFA/SG-Ergebnis je Aktie** vergleichbar. Vorsicht ist hingegen bei einem direkten (Unt)Vergleich beider Kennziffern geboten, wenn zwei Unt ihren Gewinn je Aktie nicht einheitlich nach dem gleichen Konzept ermitteln. Während die Ergebnisgröße bei der DVFA/SG-EPS um „ungewöhnliche und dispositionsbedingte" (*Busse von Colbe* Ergebnis nach DVFA/SG, 17 f; dh einschl der GFW-Abschreibung) Einflüsse bereinigt wird, ist nach IAS 33 das (Konzern-) Periodenergebnis zugrunde zu legen, das mit den im Jahresdurchschnitt eingesetzten („ordentlichen") Aktien erwirtschaftet wurde.

§ 276 Größenabhängige Erleichterungen

¹Kleine und mittelgroße Kapitalgesellschaften (§ 267 Abs. 1, 2) dürfen die Posten § 275 Abs. 2 Nr. 1 bis 5 oder Abs. 3 Nr. 1 bis 3 und 6 zu einem Posten unter der Bezeichnung „Rohergebnis" zusammenfassen. ²Kleine Kapitalgesellschaften brauchen außerdem die in § 277 Abs. 4 Satz 2 und 3 verlangten Erläuterungen zu den Posten „außerordentliche Erträge" und „außerordentliche Aufwendungen" nicht zu machen. ³Die Erleichterungen nach Satz 1 oder 2 gelten nicht für Kleinstkapitalgesellschaften (§ 267a), die von der Regelung des § 275 Absatz 5 Gebrauch machen.

Übersicht

	Anm
A. Rohergebnis nach dem Gesamtkosten- und dem Umsatzkostenverfahren	1
B. Zielsetzung und Bedeutung des Postens „Rohergebnis" (S 1)	2–4
C. Vereinfachungen für kleine Kapitalgesellschaften (S 2)	5
D. Ausnahme für Kleinstkapitalgesellschaften (S 3)	6, 7

Schrifttum: S § 275.

A. Rohergebnis nach dem Gesamtkosten- und dem Umsatzkostenverfahren

1   S 1 gewährt kleinen und mittelgroßen KapGes/KapCoGes (§ 267) oder eG Erleichterungen für die **Aufstellung** der GuV. Diese Unt dürfen die Posten

Nr 1 bis Nr 5 (Gesamtkostenverfahren) bzw Nr 1 bis Nr 3 und Nr 6 (Umsatzkostenverfahren) zu einem Posten unter der Bezeichnung „**Rohergebnis**" zusammenfassen, also aus den nachstehend genannten Posten *einen* Saldo bilden:

Gesamtkostenverfahren:	Umsatzkostenverfahren:
+ Umsatzerlöse	+ Umsatzerlöse
+/− Erhöhung oder Verminderung des Bestands an fertigen und unfertigen Erzeugnissen	− Herstellungskosten der zur Erzielung der Umsatzerlöse erbrachten Leistungen
	= Bruttoergebnis vom Umsatz
+ andere aktivierte Eigenleistungen	+ sonstige betriebliche Erträge
+ sonstige betriebliche Erträge	
− Materialaufwand	
= Rohergebnis	= Rohergebnis

Von Bedeutung ist, dass das Rohergebnis nach den beiden Verfahren idR voneinander abweicht und daher miteinander nicht vergleichbar ist; s dazu § 275 Anm 26–38 und *ADS*[6] § 276 Anm 9.

Für publizitätspflichtige Unt gelten die besonderen Regeln in § 5 Abs 5 PublG; dazu § 247 Anm 600 ff.

B. Zielsetzung und Bedeutung des Postens „Rohergebnis" (S 1)

Bei Inanspruchnahme des Aufstellungswahlrechts (S 1) werden entgegen dem grds Verrechnungsverbot des § 246 Abs 2 S 1 Saldierungen von Aufwendungen und Erträgen zugelassen. Insoweit wird die Aussagefähigkeit einer solchen GuV erheblich eingeschränkt. Mit § 276 wird dem möglicherweise bestehenden Interesse von KapGes/KapCoGes oder eG Rechnung getragen, die Umsatzerlöse nicht angeben zu müssen. Unt, deren Umsatztätigkeit nicht oder nur in geringem Maße auf mehrere Produkte gerichtet ist und/oder die ggf nur für einen Abnehmer arbeiten, können sich so vor möglichen Wettbewerbsnachteilen schützen (*Budde* in HdR[5] § 276 Anm 2).

Die verkürzte GuV beginnt mit dem Rohergebnis als Posten Nr 1. Die folgende Nummerierung ändert sich entspr.

Zur Ermittlung der Größe „Rohergebnis" wird es erforderlich sein, im internen Rechnungswesen dennoch eine Abgrenzung nach den einzelnen im Rohergebnis enthaltenen Posten vorzunehmen. Nicht zuletzt ist für die Bestimmung der Größenklasse (§ 267 Abs 1, 2) ggf eine Abgrenzung der Umsatzerlöse gem § 277 Abs 1 von den sonstigen betrieblichen Erträgen erforderlich. Auch für Zwecke der Selbstinformation des Bilanzierenden sowie zur Information externer Rechnungslegungsadressaten, zB Kreditgeber, kommt eine entspr Aufteilung in Betracht; meist wird jedoch eine vollständige GuV erforderlich sein. Gem § 131 Abs 1 S 3 AktG kann jeder Aktionär verlangen, dass ihm in der den JA betr HV ein vollständiger JA vorgelegt wird. Ähnliches gilt auch bei GmbH; s das Auskunfts- und Einsichtsrecht der Gester gem § 51a Abs 1 GmbHG oder Bestimmungen hierzu im GesV.

Die betriebswirtschaftliche Bedeutung dieses Saldos ist nicht eindeutig. Das Rohergebnis zeigt beim Gesamtkostenverfahren in etwa die Gesamtleistung innerhalb einer Rechnungsperiode abzgl der fremdbezogenen Einsatzstoffe und Leistungen, dh die Wertschöpfung des Unt. Beim Umsatzkostenverfahren sind im Rohergebnis auch die Personalkosten des HK-Bereichs einbezogen.

C. Vereinfachungen für kleine Kapitalgesellschaften (S 2)

5 Kleine KapGes/KapCoGes dürfen nach S 2 darüber hinaus auf die Erl von ao Posten und von Posten, die einem anderen Gj zuzurechnen sind (aperiodische Posten), verzichten. Diese Erleichterung ist vor dem Hintergrund des bei kleinen KapGes/KapCoGes oft begrenzten Gester-Kreises zu sehen. Hierzu auch § 275 Anm 224 und § 277 Anm 25.

D. Ausnahme für Kleinstkapitalgesellschaften (S 3)

6 Für KleinstKapGes iSd § 267a Abs 1 gelten gem § 267a Abs 2 die besonderen Regelungen für kleine KapGes iSd § 267 Abs 1 entspr, soweit nicht ausnahmsweise etwas anderes geregelt ist. Die Regelung des S 3 stellt eine solche Ausnahme dar. Demnach dürfen KleinstKapGes nur dann eine **Zusammenfassung von Posten zum Rohergebnis** vornehmen, wenn die GuV nach den Gliederungsschemata des § 275 Abs 2 oder 3 aufgestellt wurde. Wird dagegen eine verkürzte GuV nach § 275 Abs 5 aufgestellt, darf eine zusätzliche Zusammenfassung zum Rohergebnis (zB Zusammenfassung der Posten Nr 1 bis 3 gem § 275 Abs 5) nicht vorgenommen werden.

7 Der Verweis in S 3 darauf, dass für KleinstKapGes, die eine verkürzte GuV nach § 275 Abs 5 aufstellen, auch die Erleichterung des S 2 nicht gelte, erscheint dagegen zumindest teilweise redundant (so *Haller/Groß*, Der MicroBilG-RefE, DB 2012, 2109 (2110)). Da **ao Aufwendungen und Erträge** nach § 275 Abs 5 in dem entspr Sammelposten untergehen (vgl § 275 Anm 317f), kommt mangels Anwendungsbereich in diesem Fall der Erleichterung nach S 2 hinsichtlich der Erl entspr Posten im Anhang uE ohnehin keine Bedeutung zu. Der nach S 2 für kleine KapGes zulässige Verzicht auf die Erl **aperiodischer Aufwendungen und Erträge** erscheint dagegen von KleinstKapGes, die eine verkürzte GuV nach § 275 Abs 5 aufstellen, aufgrund des eindeutigen Wortlauts des S 3 nicht zulässig. Die ErlPflicht entfällt jedoch, wenn gem § 264 Abs 1 S 5 kein Anhang aufgestellt wird (keine Wahlpflichtangabe; vgl § 275 Anm 318).

§ 277 Vorschriften zu einzelnen Posten der Gewinn- und Verlustrechnung

(1) Als Umsatzerlöse sind die Erlöse aus dem Verkauf und der Vermietung oder Verpachtung von für die gewöhnliche Geschäftstätigkeit der Kapitalgesellschaft typischen Erzeugnissen und Waren sowie aus von für die gewöhnliche Geschäftstätigkeit der Kapitalgesellschaft typischen Dienstleistungen nach Abzug von Erlösschmälerungen und der Umsatzsteuer auszuweisen.

(2) Als Bestandsveränderungen sind sowohl Änderungen der Menge als auch solche des Wertes zu berücksichtigen; Abschreibungen jedoch nur, soweit diese die in der Kapitalgesellschaft sonst üblichen Abschreibungen nicht überschreiten.

(3) [1] Außerplanmäßige Abschreibungen nach § 253 Abs. 3 Satz 3 und 4 sind jeweils gesondert auszuweisen oder im Anhang anzugeben. [2] Erträge und Aufwendungen aus Verlustübernahme und auf Grund einer Gewinngemeinschaft, eines Gewinnabführungs- oder eines Teilgewinnabführungsvertrags erhaltene oder abgeführte Gewinne sind jeweils gesondert unter entsprechender Bezeichnung auszuweisen.

Vorschriften zu einzelnen Posten der GuV-Rechnung 1 § 277

(4) [1]Unter den Posten „außerordentliche Erträge" und „außerordentliche Aufwendungen" sind Erträge und Aufwendungen auszuweisen, die außerhalb der gewöhnlichen Geschäftstätigkeit der Kapitalgesellschaft anfallen. [2]Die Posten sind hinsichtlich ihres Betrags und ihrer Art im Anhang zu erläutern, soweit die ausgewiesenen Beträge für die Beurteilung der Ertragslage nicht von untergeordneter Bedeutung sind. [3]Satz 2 gilt entsprechend für alle Aufwendungen und Erträge, die einem anderen Geschäftsjahr zuzurechnen sind.

(5) [1]Erträge aus der Abzinsung sind in der Gewinn- und Verlustrechnung gesondert unter dem Posten „Sonstige Zinsen und ähnliche Erträge" und Aufwendungen gesondert unter dem Posten „Zinsen und ähnliche Aufwendungen" auszuweisen. [2]Erträge aus der Währungsumrechnung sind in der Gewinn- und Verlustrechnung gesondert unter dem Posten „Sonstige betriebliche Erträge" und Aufwendungen aus der Währungsumrechnung gesondert unter dem Posten „Sonstige betriebliche Aufwendungen" auszuweisen.

Übersicht

	Anm
A. Umsatzerlöse (Abs 1)	1
B. Bestandsveränderungen (Abs 2)	2
C. Gesonderter Ausweis bestimmter Abschreibungen (Abs 3 S 1)	3–5
D. Ausweis der Erträge und Aufwendungen aus Ergebnisausgleichsverträgen (Abs 3 S 2)	
I. Allgemeines	6, 7
II. Gewinngemeinschaften, Gewinnabführungs- und Teilgewinnabführungsverträge	
1. Vertragsformen	8–11
2. Geltungsbereich der Vertragsformen	12
3. Ausgleichszahlung an Minderheiten	13
4. Verrechnungsverbot	14, 15
5. Vertragsdauer	16
6. Zeitpunkt der Vereinnahmung	17, 18
7. Ausweis der Erträge im Gliederungsschema	19
III. Aufwendungen aus Verlustübernahme	20–22
IV. Auf Grund einer Gewinngemeinschaft, eines Gewinnabführungs- oder eines Teilgewinnabführungsvertrags abgeführte Gewinne und Erträge aus Verlustübernahme	23
E. Außerordentliche Aufwendungen und Erträge (Abs 4 S 1 und 2)	24
F. Erläuterungspflicht über einem anderen Geschäftsjahr zuzurechnende Erträge und Aufwendungen (Abs 4 S 3)	25
G. Erträge und Aufwendungen aus der Ab-/Aufzinsung bzw Erträge und Aufwendungen aus der Währungsumrechnung (Abs 5)	26
H. Rechtsfolgen einer Verletzung des § 277	27

Schrifttum: s § 275.

A. Umsatzerlöse (Abs 1)

Erläutert in § 275 Anm 45 ff.

Förschle/Peun

B. Bestandsveränderungen (Abs 2)

2 S hierzu die Erl zu § 275 Anm 75 ff.

C. Gesonderter Ausweis bestimmter Abschreibungen (Abs 3 S 1)

3 **Außerplanmäßige Abschreibungen** auf VG des **Anlagevermögens** gem § 253 Abs 3 S 3 u 4 sind jeweils in der GuV gesondert auszuweisen oder im Anhang anzugeben. Bei einem Ausweis im Rahmen der GuV sollten die Beträge jeweils als **Unterposten** oder **Vorspalten-Vermerk** erfasst werden. Erfolgt – wie meistens – die Angabe im Anhang, ist nach den betr Posten der GuV zu differenzieren, dh je GuV-Posten sind ggf die außerplanmäßigen Abschreibungen auf das Anlagevermögen anzugeben.

4 Für den Ausweis dieser außerplanmäßigen Abschreibungen kommen beim **Gesamtkostenverfahren** die Posten Nr 7a (Abschreibungen), Nr 12 (Abschreibungen auf Finanzanlagen und auf Wertpapiere des Umlaufvermögens) und Nr 16 (ao Aufwendungen) in Betracht.

5 Beim **Umsatzkostenverfahren** können diese Abschreibungen ggf die Posten Nr 2 (Herstellungskosten der zur Erzielung der Umsatzerlöse erbrachten Leistungen), Nr 4 (Vertriebskosten), Nr 5 (allgemeine Verwaltungskosten), Nr 7 (sonstige betriebliche Aufwendungen), Nr 11 (Abschreibungen auf Finanzanlagen und auf Wertpapiere des Umlaufvermögens) sowie Nr 15 (ao Aufwendungen) betreffen.

D. Ausweis der Erträge und Aufwendungen aus Ergebnisausgleichsverträgen (Abs 3 S 2)

I. Allgemeines

6 In der GuV sind die Erträge und Aufwendungen aus Verlustübernahmen und auf Grund einer Gewinngemeinschaft, eines Gewinnabführungs- oder eines Teilgewinnabführungsvertrags erhaltene oder abgeführte Gewinne jeweils *gesondert* unter entspr Bezeichnung auszuweisen (zu den einzelnen Vertragstypen s Anm 8 ff). Gewinne und Verluste aus OHG/KG fallen nicht unter diesen GuV-Posten. Im HGB wird nicht ausdrücklich festgelegt, *wo* die gesondert auszuweisenden Posten jeweils *einzuordnen* sind. Dies bleibt dem pflichtgemäßen Ermessen der Unt überlassen.

7 Abs 3 S 2 lässt auch offen, ob die jeweiligen Beträge alternativ entweder als Unterposten zu vorhandenen GuV-Posten gesondert ausgewiesen werden sollen, das Gliederungsschema erweitert werden soll oder ob beides zulässig ist: Eine einheitliche Behandlung dieser Aufwendungen und Erträge sowie ihre Einordnung als eigenständige Gliederungsposten auf Grund ihres besonderen Charakters ist uE geboten; das wird ganz überwiegend auch so gehandhabt. Posten, die das Finanzergebnis betreffen, sollten dabei in diesem Bereich ausgewiesen werden. Außerdem unterliegt die gewählte Darstellungsform dem Stetigkeitsgebot des § 265 Abs 1.

II. Gewinngemeinschaften, Gewinnabführungs- und Teilgewinnabführungsverträge

1. Vertragsformen

Im Rahmen einer **Gewinngemeinschaft (Interessengemeinschaft)** legen die daran beteiligten Unt ihre Gewinne, ggf auch ihre Verluste, ganz oder teilweise zum Zweck der Aufteilung des gemeinschaftlichen Gesamtgewinns (entspr einem festgelegten Verteilungsschlüssel) zusammen (§ 292 Abs 1 Nr 1 AktG). Sie stehen zueinander in einem gleichberechtigten Verhältnis; es entsteht eine BGB-Ges. Im Gegensatz zu Gewinnabführungs- und Teilgewinnabführungsverträgen wird bei der Gewinngemeinschaft ein Unter- bzw Überordnungsverhältnis zwischen den Beteiligten nicht begründet. *Gelegenheits*Ges mit Gewinnpooling sind idR nicht als Gewinngemeinschaft anzusehen (Anm 11). 8

Ein **Gewinnabführungsvertrag** (EAV) liegt vor, wenn eine KapGes sich verpflichtet, ihren *ganzen* Gewinn an ein anderes Unt abzuführen. Der Abführung des gesamten Gewinns ist aktienrechtlich ein Vertrag gleichgestellt, durch den eine KapGes es übernimmt, ihr Unt für Rechnung eines anderen Unt zu führen (§ 291 Abs 1 AktG). Der EAV wird meist zusammen mit einem Beherrschungsvertrag (selten unter Eingliederung des anderen Unt) abgeschlossen. Zu den steuerrechtlichen Voraussetzungen für die Anerkennung eines Organschaftsvertrags vgl § 14 KStG und § 2 Abs 2 S 2 GewStG (§ 271 Anm 100 ff). 9

Bei einem **Teilgewinnabführungsvertrag** verpflichtet sich eine KapGes, **einen Teil** ihres Gewinns oder den Gewinn einzelner ihrer Betriebe ganz oder zT an einen anderen abzuführen (§ 292 Abs 1 Nr 2 AktG). **Nicht** hierunter fallen Verträge über Gewinnbeteiligungen mit Vorständen oder von (leitenden) Arbeitnehmern sowie Verträge über Gewinnbeteiligungen im Rahmen des üblichen Geschäftsverkehrs. Dagegen wird bei einer typischen **stillen Gesellschaft** iSv §§ 230 ff – sofern nicht lediglich das eingesetzte Kapital verzinst wird – das Vorliegen eines Teil-EAV angenommen werden können (glA *ADS*[6] § 277 Anm 58). Voraussetzung für die Annahme eines (Teil-)EAV iSd § 277 Abs 3 S 2 ist vor allem, dass der Anspruch an einen periodisch ermittelten Gewinn/Verlust geknüpft ist. Daher sollte zB die Anknüpfung an den Rohgewinn grds nicht gegen das Vorliegen eines (Teil-)EAV sprechen (vgl *Hüffer*[9] § 292 Anm 7 u 8); dies gilt uE zB auch für die Anknüpfung an ein nach den IFRS ermitteltes Vorsteuerergebnis. 10

EAV und Teil-EAV schließen jedenfalls bei AG/KGaA (§ 302 AktG) die Übernahme von **Verlusten** ein (Anm 20 ff). Verlustübernahmepflichten können sich auch aus anderen Verträgen ergeben (dazu Anm 21). Die Beträge, die dem übergeordneten Unt auf Grund derartiger Verträge zustehen, stellen effektive Finanzerträge dar und unterscheiden sich insoweit von erhaltenen Erträgen aus **Syndikatsabrechnungen** und **Gewinnpoolungen**. Letztere sind als Umsatzerlöse anzusehen und folglich unter Posten Nr 1 der GuV zu erfassen. Zum Ausweis der Erträge aus **Arbeitsgemeinschaften** als Umsatzerlöse oder als Finanzerträge – je nach Ausgestaltung – s § 275 Anm 56 f. 11

2. Geltungsbereich der Vertragsformen

Alle drei Arten von **Unternehmensverträgen** sind im AktG in der dargestellten Weise definiert. Wegen näherer Einzelheiten zum Inhalt und zur Ausgestaltung derartiger Verträge wird auf die Kommentare zu §§ 291, 292 AktG verwiesen. Die Definition der Vertragsformen ist allgemeingültig bei allen KapGes zugrunde zu legen (gem der BGH-Rspr gelten die aktienrechtlichen Regelungen auch für GmbH, s dazu *Gessler* in FS Goerdeler, 127), so dass in der GuV die Erträge aus derartigen Verträgen in gleicher Weise ausgewiesen werden. Nur eine 12 solche Auslegung entspricht dem Sinn und Zweck des Sonderausweises nach Abs 3 S 2. Das Gleiche gilt für Gewinnabführungen, die lediglich auf Grund einer **Satzung** oder eines **GesV** vorzunehmen sind. Grds wird man bei diesen Vertragsformen davon ausgehen können, dass im Rahmen dieser Verträge auch Vereinbarungen über die Berechnungsgrundlagen für die Ermittlung des Gewinns getroffen werden können (*W. Müller* in FS Goerdeler, 385 ff).

Die Wirksamkeit von **Unternehmensverträgen** nach §§ 291 ff AktG ist von mehreren Voraussetzungen abhängig: Zunächst bedarf es häufig (Ausnahme § 293b AktG) eines extern zu prüfenden „Berichts über den Unternehmensvertrag". EAV-Vertrag und Prüfungsbericht sind der HV vorzulegen; die Zustimmung der HV der Tochter-KapGes erfordert eine Dreiviertel-Mehrheit. Handelt es sich bei dem Vertragspartner gleichfalls um eine AG/KGaA, ist auch die Zustimmung der HV des MU mit gleicher Mehrheit notwendig. Der UntVertrag wird nur wirksam, wenn er im HR der Tochter-KapGes eingetragen ist. Nach dem BGH-Beschluss vom 24.10.1988 (DB, 2623) gelten die Eintragungs-Voraussetzungen für GmbH analog und sogar rückwirkend für alle früher abgeschlossenen Verträge. **Zu den steuerrechtlichen** Voraussetzungen für das Wirksamwerden von EAV vgl § 14 KStG (§ 271 Anm 100 ff).

3. Ausgleichszahlung an Minderheiten

13 Die vom MU übernommenen Gewinne stimmen betragsmäßig zB dann nicht mit den von der Tochter-KapGes erzielten Gewinnen überein, wenn an Letzterer Minderheits-Gester beteiligt sind, denen vertraglich ein angemessener Ausgleich zu zahlen ist (§ 304 AktG). Bei dieser Dividendengarantie ist von AG und KGaA § 158 Abs 2 AktG zu beachten. Bei GmbH kommt eine sinngemäße Anwendung dieser Vorschrift in Betracht (§ 265 Abs 5 und 6).

Für die Verrechnung einer solchen **Dividendengarantie** sind zwei Gestaltungsmöglichkeiten zu unterscheiden:
1. Der **Organträger** (MU) ist zur Zahlung der Dividende verpflichtet. Hier sind die von der betr Tochter-KapGes erhaltenen Erträge aus (Teil-)Gewinnabführungsverträgen (Anm 19) um diese Ausgleichszahlung zu kürzen (Anm 20). § 158 Abs 2 S 2 AktG legt ausdrücklich fest, dass andere Beträge nicht abgesetzt werden dürfen. Ist die Ausgleichszahlung höher als die vereinnahmten Erträge, muss der übersteigende Betrag beim MU unter den Aufwendungen aus Verlustübernahme ausgewiesen werden (§ 158 Abs 2 S 1 2. Hs AktG).
2. Die **Tochter-KapGes** ist zur Zahlung der Dividende verpflichtet. In diesem Fall hat sie nur den um die Ausgleichszahlung verminderten Gewinn an das MU abzuführen, das die Abführung als Erträge aus (Teil-)Gewinnabführungsverträgen erfasst. Reicht der Gewinn der Tochter-KapGes zum Ausgleich der Dividendenverpflichtung nicht aus, muss das MU den Unterschiedsbetrag übernehmen oder die Tochter-KapGes so stellen, dass sie die Dividende abführen kann. In diesen Fällen sind diese Beträge als Ertrag (beim MU als Aufwand) aus Verlustübernahme auszuweisen, denn die Tochter-KapGes hat die Ausgleichszahlung als Verpflichtung zu passivieren. Der Aufwand für die Ausgleichszahlung ist im JA der Tochter-KapGes – obwohl eine entspr gesetzliche Vorschrift fehlt – als *eigenständiger* Gliederungsposten vor Posten Nr 20/19 zu erfassen (so auch *ADS*[6] § 277 Anm 69). Die aktienrechtlichen Regelungen gelten für GmbH analog.

4. Verrechnungsverbot

14 Beim Ausweis der Aufwendungen und Erträge aus diesen UntVerträgen ist das Verrechnungsverbot zu beachten. Es ist unzulässig, die von einzelnen Tochter-

KapGes erhaltenen Gewinne sowie die Erträge aus Verlustübernahme mit den von anderen KapGes übernommenen Verlusten oder den eigenen abgeführten Gewinnen zu verrechnen. Die Erträge und Aufwendungen dieser einzelnen Vertragsverhältnisse sind jeweils gesondert für sich zu betrachten, jedoch sind Ausgleichszahlungen an Minderheiten jeweils zu kürzen. Es ist **nicht erforderlich,** die beteiligten Tochter-KapGes in der GuV aufzuführen; zur Angabe im Anhang s § 285 Anm 249f.

Ferner ist es **nicht gestattet,** bei Bestehen eines Organschaftsverhältnisses 15 nach §§ 14ff KStG, bei dem der Organträger Steuerschuldner ist, den auf die Organ-KapGes entfallenden, *nicht weiterbelasteten* Steueranteil von dem von ihr abgeführten Gewinn abzusetzen. Entspr gilt für Verwaltungsaufwendungen des MU, die diese den Tochter-KapGes nicht weiterbelastet. Verpflichtet dagegen der Organträger die Organ-KapGes zur anteiligen Erstattung der von ihm geleisteten Steuer- und/oder Verwaltungsaufwendungen − nach dem BGH-U vom 22.10.1992 (DB 1993, 22) besteht für die Organ-KapGes eine Verpflichtung zur Erstattung der in ihrem Betrieb angefallenen GewSt an den Organträger −, belasten diese **Umlagen** die GuV der betr Organ-KapGes und mindern auf diese Weise deren abzuführenden Gewinn; hM s ADS[6] § 277 Anm 70. Zu den Steuerumlagen s § 275 Anm 245 und 255ff.

5. Vertragsdauer

Für die Ermittlung und den Ausweis der Erträge aus Gewinngemeinschaften, 16 Gewinnabführungsverträgen und Teilgewinnabführungsverträgen spielt für die HB die Dauer der Verträge keine Rolle, glA *ADS*[6] § 277 Anm 59. Zwar werden solche Verträge idR für mehrere Jahre abgeschlossen − zur Anerkennung eines Organschaftsverhältnisses nach KStG ist eine Mindestdauer von fünf Jahren vorgeschrieben (mit Ausnahme einer Kündigung aus wichtigem Grund; § 14 Abs 1 Nr 3 KStG, KStR 60 Abs 6); −, doch sind handelsrechtlich auch Verträge über die Dauer nur eines (Rumpf-)Gj und sogar nur einmalige Übernahmen der Erträge zu berücksichtigen.

Für den Fall der Beendigung eines Beherrschungsvertrags oder EAV enthält § 303 AktG Gläubigerschutzvorschriften. Diese gelten zunächst zwar nur für AG/KGaA, nach hM sinngemäß jedoch auch für GmbH (s hierzu zB *Zöllner/Beurskens* in Baumbach/Hueck[20] GmbHG KonzRecht Anm 1671). Zugunsten der Gläubiger hat das MU auf Verlangen Sicherheiten zu leisten, wenn sich diese innerhalb von sechs Monaten nach Bekanntmachung der Eintragung der Beendigung des UntVertrags dort zu diesem Zweck melden.

6. Zeitpunkt der Vereinnahmung

Es besteht eine Ausweispflicht für *alle* dem MU bereits zugeflossenen Gewinne 17 (und für übernommene Verluste). Bei noch nicht zugeflossenen Gewinnen ist der Zeitpunkt des Bilanzstichtags der Tochter-KapGes ausschlaggebend. Ein Gewinnverteilungsbeschluss ist nicht zwingend erforderlich, da der Gewinnanspruch des MU *auf Grund des Vertrags* schon mit dem Ende des Gj der abführenden KapGes entsteht. Erträge aus Gewinnabführungsverträgen sind daher ergebniswirksam stets zu vereinnahmen, wenn der Bilanzstichtag der abführenden KapGes *nicht nach* dem Bilanzstichtag der empfangenden MU liegt. Allerdings bestimmt sich die Höhe des Anspruchs nach dem festgestellten JA der Tochter-KapGes (vgl ADS[6] § 246 Anm 236ff). Die Feststellung des JA dient nur der Konkretisierung der Höhe eines Gewinnanspruchs und ist somit werterhellend. Dh auch ohne Feststellung des JA der Tochter-KapGes ist eine Vereinnahmung beim MU vorzunehmen, wenn alle für die Entstehung des Jahresergebnisses wesentlichen Bilanzierungs- und Bewertungsentscheidungen im aufgestellten JA der Tocher-KapGes getroffen sind und im Fall einer Prüfung des JA die diesbzgl Prüfungshandlungen beendet sind (vgl ADS[6] § 277 Anm 71).

18 Endet das Gj der Tochter-KapGes erst *nach* dem Stichtag des MU dürfen die **Gewinne** aus diesem Gj nicht ausgewiesen werden; anderenfalls läge ein Verstoß gegen das Realisationsprinzip vor. Dagegen sind entspr dem Imparitätsprinzip **drohende Verlustübernahmen** zumindest des noch lfd, abw Gj beim MU zu passivieren, soweit bis zur Feststellung des JA des MU erkennbar ist, dass diese einen Verlust der Tochter-KapGes übernehmen muss (zur str Frage der Bildung von Rückstellungen für die voraussichtlich zu leistenden Zahlungen bis zum frühstmöglichen Kündigungstermin des UntVertrags bei nachhaltiger Ertragslosigkeit des TU s *WPH*[14] I, E Anm 216 mwN). Die erforderlichen Aufwendungen sind unter Hinweis auf ihre Vorläufigkeit im Rahmen der Erl der Bilanzierungsmethode (§ 284 Abs 2 Nr 1) bereits zu diesem Zeitpunkt als Aufwendungen aus Verlustübernahme auszuweisen (so auch *ADS*[6] § 277 Anm 72, die jedoch den Ausweis unter den sonstigen betrieblichen Aufwendungen vorziehen, da als „Aufwand aus Verlustübernahme" nur tatsächlich getragene Verluste auszuweisen seien). Hat sich der erwartete Verlust im nachfolgenden Gj bei der Tochter-KapGes konkretisiert, ist ein evtl Spitzenbetrag als aperiodischer Aufwand/Ertrag ggf zusammen mit weiteren Verlustübernahmen im folgenden Gj zu erfassen. Dafür besteht uE eine Erl-Pflicht nach Abs 4 S 3 im Anhang – bei kleinen KapGes freiwillig (§ 276 S 2).

7. Ausweis der Erträge im Gliederungsschema

19 Die Einordnung der Erträge eines MU aus Gewinngemeinschaften, aus Gewinnabführungsverträgen und aus Teilgewinnabführungsverträgen in das Gliederungsschema der GuV wird im HGB nicht festgelegt, Anm 7. Das Erfordernis eines gesonderten Ausweises dieser Beteiligungserträge wird dadurch erfüllt, dass sie entspr § 265 Abs 5 S 2 in einen zusätzlichen Posten eingestellt werden (so auch *WPH*[14] I, F Anm 487). Es ist nicht erforderlich, für Erträge aus Gewinngemeinschaften, Gewinnabführungs- und Teilgewinnabführungsverträgen jeweils gesonderte Posten zu bilden (so auch *ADS*[6] § 277 Anm 66). Der notwendige Zusatzposten (Anm 7) sollte zwischen die Posten Nr 9 bis Nr 11 (Nr 8 bis Nr 10), möglichst nach Posten Nr 9 (Nr 8) des Gliederungsschemas, eingeordnet werden. Damit bliebe gewährleistet, dass entspr der Intention der 4. EG-Richtl das *Finanzergebnis* von den übrigen Aufwendungen und Erträgen abgegrenzt werden kann.

III. Aufwendungen aus Verlustübernahme

20 Aufwendungen aus Verlustübernahme sind die zu den Erträgen aus Gewinngemeinschaften, Gewinnabführungs- und Teilgewinnabführungsverträgen korrespondierenden Aufwendungen eines MU (Anm 19). Sie umfassen insb die bei Vorliegen eines (aktienrechtlichen) Gewinnabführungsvertrags gesetzlich zu übernehmenden Verluste nach §§ 302 und 324 AktG. Sie entsprechen dem „sonst entstehenden Jahresfehlbetrag" einer Tochter-KapGes. Zu den Aufwendungen aus Verlustübernahme zählen ggf auch die Aufwendungen für Dividendengarantien eines MU, sofern diese die von derselben Tochter-KapGes abgeführten Erträge übersteigen.

21 Unter die „Verlustübernahmen" fallen grds auch alle weiteren Aufwendungen für Verluste, die das MU auf Grund sonstiger Verträge oder Vereinbarungen mit dem Ziel der Verlustfreistellung übernommen hat (ebenso *ADS*[6] § 277 Anm 62).

Problematisch kann dagegen die Behandlung von freiwilligen Zuschüssen, Sonderprovisionen oder Forderungsverzichten zur Vermeidung einer sonst erforderlichen Verlustübernahme sein – insb dann, wenn ein unmittelbarer zeitlicher und sachlicher Zusammenhang zwischen Zuschussgewährung und dieser Verlustübernahme besteht. Da jedoch in diesen Fällen davon ausgegangen werden kann, dass in gewissen Grenzen Gestaltungsmöglichkeiten nicht auszuschließen sind und außerdem derartige Maßnahmen – sofern betragsmäßig von Gewicht – im ao Ergebnis auszuweisen sind, wird eine Korrektur des zu übernehmenden Ergebnisses grds nicht erforderlich sein.

Da die Aufwendungen aus Verlustübernahme inhaltlich keinem Posten des Gliederungsschemas sinnvoll zuzuordnen sind, ist für sie ein **gesonderter Posten** in die Gliederung der GuV einzufügen. Wie bei dem **Ausweis** von Erträgen aus Gewinngemeinschaften, Gewinnabführungsverträgen und Teilgewinnabführungsverträgen (Anm 19) empfiehlt es sich, diesen Posten im Rahmen des Finanzergebnisses, zB vor oder hinter Posten Nr 13 (Nr 12) „Zinsen und ähnliche Aufwendungen" auszuweisen, da sie das Betriebsergebnis nicht berühren (so auch *ADS*[6] § 277 Anm 65).

IV. Auf Grund einer Gewinngemeinschaft, eines Gewinnabführungs- oder eines Teilgewinnabführungsvertrags abgeführte Gewinne und Erträge aus Verlustübernahme

Für die Tochter-KapGes kommt bei Vorliegen solcher aktienrechtlicher Unt-Verträge (Anm 8 ff) – analog für GmbH – oder sonstiger freiwilliger Vereinbarungen je nach Vorzeichen des Saldos der **Ausweis** als „auf Grund einer Gewinngemeinschaft, eines Gewinnabführungs- oder eines Teilgewinnabführungsvertrags abgeführte Gewinne" oder als „Erträge aus Verlustübernahme" in Betracht. Sowohl die an das MU abgeführten Gewinne als auch die Erträge aus der Verlustübernahme durch das MU stellen in Bezug auf den UntZweck keine in das Gliederungsschema passenden Aufwendungen bzw Erträge dar; ein Ausweis dieser Beträge als Unterposten eines von § 275 vorgesehenen Gliederungspostens der GuV ist daher nicht sinnvoll (Anm 7). Es bietet sich an, die Posten jeweils *unmittelbar vor* Posten Nr 20/19 einzufügen, denn ein darüber hinaus zu verwendender Jahresüberschuss/Jahresfehlbetrag kann bei diesen Verträgen nur selten vorkommen (insb bei nicht voll dotierter gesetzlicher Rücklage).

Die für eine **stille Beteiligung** iSv §§ 230 ff typische gewinnabhängige Vergütung wird als ein „auf Grund eines Teilgewinnabführungsvertrags abgeführter Gewinn" auszuweisen sein; dazu hier Anm 10 und § 275 Anm 207.

E. Außerordentliche Aufwendungen und Erträge (Abs 4 S 1 und 2)

Siehe die Erl zu § 275 Anm 215, 217 ff. Kleine KapGes/KapCoGes brauchen die Anhangangaben gem § 276 S 2 nicht zu machen. Zu KleinstKapGes s § 276 Anm 7.

F. Erläuterungspflicht über einem anderen Geschäftsjahr zuzurechnende Erträge und Aufwendungen (Abs 4 S 3)

Nicht dem Gj (Rumpf-Gj) zuzurechnende Erträge und Aufwendungen (sog *aperiodische Posten*) sind hinsichtlich ihres Betrags und ihrer Art im Anhang zu erläutern, soweit die ausgewiesenen Beträge für die Beurteilung der Ertragslage nicht von untergeordneter Bedeutung sind (Abs 4 S 2). Diese Angaben brauchen *kleine* KapGes/KapCoGes nicht zu machen (§ 276 S 2).

Aperiodische Erträge und Aufwendungen resultieren idR aus Fehleinschätzungen der Vergangenheit, die in der lfd Periode korrigiert werden. Dabei ist für die Klassifizierung als periodenfremd unerheblich, ob der Kfm spätestens im Zeitpunkt der Feststellung seine Einschätzung bei pflichtgemäßer Prüfung hätte korrigieren müssen (zur Beseitigung von Fehlern in lfd Rechnung vgl IDW RS HFA 6, Tz 15 ff), oder ob spätere werterhellende Erkenntnisse vorliegen. Erträge und Aufwendungen, die dagegen auf ein wertbegründendes Ereignis zurückgehen, sind nicht periodenfremd isd § 277 Abs 4 S 3, sondern dem lfd Gj zuzurechnen. Zu den aperiodischen Erträgen und Aufwendungen, die nicht ao sind, zählen unter den genannten Voraussetzungen insb Zuschreibungen, Abschreibungsnachholungen, Erträge aus der Auflösung nicht mehr benötigter Rückstellungen, Buchgewinne und Buchverluste aus der Veräußerung von abnutzbaren VG des Sachanlagevermögens, Steuererstattungen bzw -nachzahlungen. Aperiodische Erträge und Aufwendungen werden in der GuV grds unter dem sachlich zutreffenden Posten ausgewiesen – unabhängig davon, welcher Periode sie zuzurechnen sind (s hierzu auch Anm 94).

Diese Erträge und Aufwendungen können – wenn wesentlich – nicht den Leistungen des Gj ursächlich zugerechnet werden; sie würden somit wegen ihres periodenfremden Charakters den Zeitvergleich der Ertragslage stören und möglicherweise zu falschen Schlüssen über die Ertragsentwicklung des Unt führen. Mit der Neufassung des S 3 durch das BilMoG wird klargestellt, dass die Erl-Pflicht sich auf alle periodenfremden Aufwendungen und Erträge erstreckt, gleichgültig ob es sich gleichzeitig um ao-Posten handelt oder nicht. Zum Begriff „Wesentlichkeit" s § 275 Anm 225.

Ab welcher Grenze die Erträge und Aufwendungen **nicht von untergeordneter Bedeutung** sind, wird in § 275 Anm 224 ff erläutert. Strengere Anforderungen (so *ADS*[6] § 277 Anm 88, weil die ao Posten bereits gesondert in der GuV ausgewiesen sind, die periodenfremden Erträge und Aufwendungen aber als solche nicht erkennbar in den eingehenden GuV-Posten enthalten sind) als an die Erl der ao Erträge und ao Aufwendungen wird man nicht fordern können; oben Abs 1. In beiden Fällen geht es darum, die das „Geschäftsjahresergebnis" störenden Einflüsse für Beträge offen zu legen, die für die Beurteilung der Ertragslage nicht von untergeordneter Bedeutung sind.

G. Erträge und Aufwendungen aus der Ab-/Aufzinsung bzw Erträge und Aufwendungen aus der Währungsumrechnung (Abs 5)

26 Erträge/Aufwendungen aus der Abzinsung/Aufzinsung bzw WähUm sind jeweils gesondert unter den betr Posten auszuweisen. Dieser Vorschrift wird durch einen Vorspaltenausweis, einen „Davon-Vermerk" oder auch durch eine entspr Aufgliederung der betr Posten im Anhang Genüge getan (vgl IDW RS HFA 34, Tz 50). Zu Einzelheiten vgl § 275 Anm 138, 191, 206 (Ab-/Aufzinsung) und § 275 Anm 172 (Währungsumrechnung).

H. Rechtsfolgen einer Verletzung des § 277

27 S hierzu die Erl zu § 275 Anm 320 ff.

§ 278 Steuern

§ 278 Steuern

¹Die Steuern vom Einkommen und vom Ertrag sind auf der Grundlage des Beschlusses über die Verwendung des Ergebnisses zu berechnen; liegt ein solcher Beschluß im Zeitpunkt der Feststellung des Jahresabschlusses nicht vor, so ist vom Vorschlag über die Verwendung des Ergebnisses auszugehen. ²Weicht der Beschluß über die Verwendung des Ergebnisses vom Vorschlag ab, so braucht der Jahresabschluß nicht geändert zu werden.

Übersicht

	Anm
A. Allgemeines	1, 2
B. Berechnungsgrundlagen für die Gewinnsteuern (S 1)	10–14
C. Abweichung des Beschlusses über die Ergebnisverwendung vom Ergebnisverwendungsvorschlag (S 2)	20
D. Nachträgliche Änderung des Gewinnverwendungsbeschlusses	25
E. Exkurs 1: Verdeckte Gewinnausschüttungen	
I. Begriff	101–106
II. Erfassung der verdeckten Gewinnausschüttung bei der Kapitalgesellschaft	
1. Handelsrecht	109–111
2. Steuerrecht	112–114
III. Erfassung der verdeckten Gewinnausschüttung beim bilanzierenden Gesellschafter	
1. Handelsrecht	115
2. Steuerrecht	116, 117
IV. Vorteilsausgleich	118
V. Rückgewähr verdeckter Gewinnausschüttungen	
1. Rechtsgrundlagen	119–124
2. Auswirkungen bei der Kapitalgesellschaft	
a) Handelsrecht	125
b) Steuerrecht	126–129
3. Auswirkungen beim bilanzierenden Gesellschafter	
a) Handelsrecht	130
b) Steuerrecht	131
VI. Verdeckte Gewinnausschüttung und körperschaftsteuerrechtliche Organschaft	132
VII. Verhältnis zu § 1 AStG	133
F. Exkurs 2: Sachdividenden	
I. Allgemeines	135, 136
II. Bewertung von Sachdividenden	137
III. Zeitpunkt der Erfassung der Wertänderung und der steuerlichen Auswirkungen	138–140
G. Abweichungen der IFRS	
I. Allgemeine Grundsätze	150–152
II. Behandlung von Sachdividenden	155–159

Schrifttum: IDW sfH 2001/9 Auswirkungen des Steuersenkungsgesetzes auf den handelsrechtlichen Jahresabschluss FN-IDW 2001, 688; *Bischof* Erfassung der ausschüttungsbedingten Änderung des Körperschaftsteueraufwands nach Handelsrecht und nach International Accounting Standards im Lichte der §§ 37 und 38 KStG, DB 2002, 1565; *Förster/*

Felchner Auszahlung des Körperschaftsteuerguthabens nach dem Regierungsentwurf des SEStEG, DStR 2006, 1725; *Ernsting* Auswirkungen des SEStEG auf die Bilanzierung von Körperschaftsteuerguthaben in den Jahresabschlüssen nach HGB und IFRS, DB 2007, 180; IDW sfH 2007/1 Körperschaftsteuerguthaben nach dem SEStEG: Aktivierung nach HGB und IFRS FN-IDW 2007, 107; *Ortmann-Babel/Bolik* Praxisprobleme des SEStEG bei der Auszahlung des Körperschafsteuerguthabens nach § 37 KStG nF, BB 2007, 73; *Hubertus/Fürnventsches* Das Körperschaftsteuerguthaben in der Insolvenz, DStR 2010, 2382; *Holt/Nitschke* Vernichtung von Körperschaftsteuerminderungspotenzial trotz der Neuregelung durch das JStG 2010, DStR 2011, 1450; *Bolik/Zöller* Etappensieg gegen Körperschaftsteuererhöhung nach § 38 Abs 5 KStG, DStR 2012, 738.

A. Allgemeines

1 Der **Ausweis des Steueraufwands** in der GuV richtet sich nach § 275, der gesonderte Hauptposten für die „Steuern vom Einkommen und Ertrag" (KSt, GewESt) und für die „sonstigen Steuern" vorsieht.

§ 278 regelt lediglich, welche **Annahmen** hinsichtlich der **Ergebnisverwendung** bei der **Berechnung der Steuern vom Einkommen und vom Ertrag** zu machen sind.

2 Durch das SEStEG wurde das System ausschüttungsabhängiger KSt-Minderungen durch eine ausschüttungsunabhängige, ratierliche Auszahlung des KSt-Guthabens ersetzt. KSt-Minderungen nach altem Recht konnten nach § 37 Abs 4 S 4 KStG letztmalig durch Gewinnausschüttungen, die vor dem 1.1.2007 bzw in Umwandlungsfällen vor dem 31.12.2006 vorangehenden steuerlichen Übertragungsstichtag iSd § 37 Abs 4 S 2 KStG erfolgten, ausgelöst werden. KSt-Erhöhungen konnten nach § 38 Abs 4 KStG letztmalig Gewinnausschüttungen, die vor dem 1.1.2007 erfolgten, auslösen. Für nach diesem Zeitpunkt erfolgende Ausschüttungen ist § 278 grds ohne Bedeutung. Gleiches gilt für nach dem 1.1.2001 gegründete Ges. Für die Gewerbesteuer hat § 278 keine Bedeutung, da diese ausschüttungsunabhängig ist. Wohnungsunt von juristischen Personen des öffentlichen Rechts und steuerbefreite Körperschaften konnten die Weitergeltung der bisherigen, ausschüttungsabhängigen Regelungen zur KSt-Erhöhung beantragen (zu Details vgl Aufl 7 § 278 Anm 4–7).

B. Berechnungsgrundlagen für die Gewinnsteuern (S 1)

10 S 1 trug in erster Linie den bei kalenderjahrgleichem Wj bis zum 31.12.2000 gültigen Vorschriften der §§ 27 bis 29 KStG aF über die **Ausschüttungsbe- oder -entlastung** und dem durch sie beeinflussten **Solidaritätszuschlag** Rechnung.

11 Nach § 23 Abs 1 iVm § 34 Abs 11a KStG beträgt die KSt ab dem Veranlagungszeitraum 2008 einheitlich 15% des zu versteuernden Einkommens. Minderungen (oder Erhöhungen) der KSt konnten sich letztmalig für Gewinnausschüttungen, die vor dem 1.1.2007 erfolgten durch Verwendung des nach § 37 Abs 1 KStG ermittelten KSt-Guthabens bzw durch Verwendung eines aus dem Teilbetrag iSd § 30 Abs 2 Nr 2 KStG aF (EK$_{02}$) gebildeten Endbetrags iSd § 36 Abs 7 KStG ergeben (zur Rechtslage vor SEStEG vgl Vorauflage).

12 Durch das SEStEG bzw das JStG 2008 wurde das System der ausschüttungsabhängigen KSt-Änderung von einer ausschüttungsunabhängigen **gleichmäßigen Auszahlung** des KSt-Guthabens bzw Entrichtung des KSt-Erhöhungsbetrags abgelöst. In diesem Zuge wurde das KSt-Guthaben auf Grundlage der gem § 36

KStG festgestellten Endbestände nach § 37 Abs 4 S 1 bzw § 38 Abs 4 S 1 KStG letztmalig zum 31.12.2006 ermittelt. Da das BVerfG die Umgliederungsregelungen des § 36 Abs 3 und 4 KStG für verfassungswidrig erklärt hat (Beschluss des BVerfG 17.11.2009, BGBl I 2010, 326) wurde im Rahmen des JStG 2010 für alle offenen Fälle § 36 Abs 3 KStG rückwirkend durch § 36 Abs 6a KStG ersetzt. In § 34 Abs. Abs 13 f KStG wurde für alle noch nicht bestandskräftig festgestellten Fälle eine neue Umgliederungssystematik in Bezug auf das EK45 eingeführt, die den Erhalt des im Zeitpunkt des Systemwechsels in dem Teilbetrag EK45 enthaltenen und zu diesem Zeitpunkt realisierbaren KSt-Minderungspotenzial gleichheitsgerecht sicherstellen soll (vgl *Holt/Nitschke* Vernichtung von Körperschaftsteuerminderungspotenzial trotz der Neuregelung durch das JStG 2010, DStR 2011, 1450).

Der Körperschaft steht im Zeitraum von 2008 bis 2017 ein Anspruch auf Auszahlung des festgestellten KSt-Guthabens in zehn gleichen Jahresbeträgen zu (§ 37 Abs 5 S 1 KStG). Der KSt-Minderungsbetrag entstand nach § 37 Abs 5 S 2, 3 KStG in voller Höhe mit Ablauf des 31.12.2006. Der KSt-Erhöhungsbetrag entstand nach § 38 Abs 3 S 3 KStG zum 1.1.2007 und war bei kalenderjahrgleichen Wj erstmals in der Bilanz zum 31.12.2007 zu erfassen. Beide wurden zum 31.12.2006 für den gesamten Auszahlungszeitraum festgesetzt. UE ist dieser Zeitpunkt auch bei abw Wj maßgebend (glA *Dötsch* in Dötsch/Pung/Jost/Witt, § 37 KStG Anm 98 und § 38 KStG Anm 62; aA *Förster/Felchner* DStR 2006, 1725). Bei abw Wj war der Auszahlungsanspruch bzw der Erhöhungsbetrag erst in der auf den 31.12.2006 folgenden Schlussbilanz zu erfassen.

Der KSt-Erhöhungsbetrag beträgt nach § 38 Abs 5 S 1 KStG grundsätzlich 3% des nach § 38 Abs 4 S 1 festgestellten Endbestands des EK_{02}, ist jedoch auf den Betrag begrenzt, der sich nach den § 38 Abs 1–3 KStG ergeben würde, wenn das zum Zeitpunkt der Schlussfeststellung vorhandene steuerbilanzielle EK für eine Ausschüttung verwendet würde. Der BFH hat mit Urteil vom 12.10.2011 klargestellt, dass das Nennkapital bei dieser Betrachtung außen vor zu lassen ist und „als ausschüttbarer Gewinn das um das gezeichnete Kapital geminderte in der StB ausgewiesene Eigenkapital abzgl des Bestands des steuerlichen Einlagenkontos gilt" (BFH vom 12.10.2011, DStRE 2011, 1207). Ein KSt-Erhöhungsbetrag wird nur festgesetzt, wenn er € 1000 – dies entspricht einem EK_{02}-Bestand von € 33 366 – übersteigt. Sofern die Körperschaft nicht von der Möglichkeit zur Ablösung mit dem Barwert nach § 38 Abs 7 KStG Gebrauch gemacht hat, ist er in zehn gleichen Jahresbeträgen zu entrichten (§ 38 Abs 6 S 1 KStG). In Organschaftsfällen steht der Auszahlungsanspruch uE der OrganGes zu, denn das zugrundeliegende KSt-Guthaben kann nur aus vorvertraglicher Zeit stammen. Da infolge des SEStEG die Verknüpfung zwischen KSt-Minderung und Ausschüttung vorvertraglicher Rücklagen entfallen ist, spricht einiges dafür, den damit verbundenen Ertrag in den an den Organträger abzuführenden Gewinn einzubeziehen, und nicht als Teil der Gewinnausschüttung zu behandeln (glA IDW sfH 2007/1, FN-IDW 2007, 107f; *Dötsch,* in Dötsch/Pung/Jost/Witt, § 37 KStG Anm 110, BMF 14.1.2008, BStBl I 2008, 280).

Für das Jahr der Bekanntgabe des Bescheids und die vorausgegangenen Jahre erfolgt die Auszahlung des Betrags innerhalb eines Monats nach Bekanntgabe des Feststellungsbescheids, für die weiteren Jahre jeweils am 30. September (§ 37 Abs 5 S 4 bzw § 38 Abs 6 S 6 KStG).

Da die Ansprüche gem § 37 Abs 5 S 5 bzw § 38 Abs 6 S 8 KStG unverzinslich sind, ist die Forderung/Verbindlichkeit mit dem Barwert anzusetzen. Die Barwertberechnung ist auf der Grundlage des Marktzinses am Bilanzstichtag vorzunehmen wobei als Orientierungshilfe zB die Verzinsung von Bundesanleihen herangezogen werden kann. Eine Aktivierung mit dem Nennwert mit anschließender gewinnwirksamer Abschreibung auf den Barwert ist uE nicht mit den handelsrechtlichen GoB vereinbar (zu Details vgl Aufl 7 Anm 24; glA IDW sfH 2007/1, aaO; *Dötsch* in Dötsch/Pung/Jost/Witt, § 37 KStG Anm 123 und § 38 KStG Anm 69 und 79; *Ortmann-Babel/Bolik,* BB 2007, 73; aA *Förster/Felchner* DStR 2006, 1725; *Ernsting,* DB 2007, 180).

Sowohl der Ertrag/Aufwand aus der erstmaligen Aktivierung, als auch die künftigen, als Zinserträge zu erfassenden Aufzinsungserträge/-aufwendungen bleiben beim originären Inhaber des KSt-Guthabens/-Erhöhungsbetrags bei der Ermittlung der gewerblichen Einkünfte außer Ansatz (§ 37 Abs 7 S 1 bzw § 38 Abs 10 iVm § 37 Abs 7 S 1 KStG) und sind in der steuerlichen Einkommensermittlung zu eliminieren. Soweit der Anspruch nach Maßgabe des § 46 AO abgetreten wurde, ist die Aufzinsung beim Abtretungsempfänger steuerpflichtig (§ 37 Abs 7 S 1, 2 KStG nF, glA *Dötsch* in Dötsch/Pung/Jost/Witt, § 37 KStG Anm 118 und 128).

Im Falle einer Änderung oder Aufhebung des Bescheids über die Festsetzung des Anspruchs wird der positive Unterschiedsbetrag zwischen dem neu berechneten Auszahlungsbetrag und der Summe der bisherigen Auszahlungen auf die verbleibende Auszahlungsdauer verteilt. Ergibt sich ein negativer Unterschiedsbetrag, ist dieser innerhalb eines Monats nach Bekanntgabe des geänderten Bescheids zurückzuzahlen (§ 37 Abs 6 KStG, der nach § 38 Abs 10 KStG auch bei KSt-Erhöhungsbeträgen sinngemäß gilt).

C. Abweichung des Beschlusses über die Ergebnisverwendung vom Ergebnisverwendungsvorschlag (S 2)

20 Da nach dem 30.12.2006 erfolgende Gewinnausschüttungen keine KSt-Änderung mehr auslösen, besteht ein potentieller Anlass für eine Änderung des JA bei abw Ergebnisverwendungsbeschluss nur noch bei den unter Anm 2 genannten Ausnahmefällen bzw bei Ausschüttungen, die vor dem 1.1.2007 erfolgten. In diesen Fällen steht eine Änderung des JA im Ermessen der Organe der GmbH (S 2). Für **AG/KGaA** geht die zwingende Vorschrift des § 174 Abs 3 AktG vor (*ADS*[6] § 278 Anm 26, 32). Sofern der Abschluss nach S 2 geändert wird, muss bei GmbH eine **Nachtragsprüfung** nach § 316 Abs 3 stattfinden. Aus § 173 Abs 3 AktG ergibt sich ferner, dass bei einer Änderung des (gesetzlich geprüften) JA einer **AG** im seltenen Fall seiner Feststellung durch die HV sowie bei Feststellung des JA durch die HV einer KGaA (§ 286 Abs 1 AktG) auch der sich anschließende Ergebnisverwendungsbeschluss schwebend unwirksam ist, solange nicht innerhalb von zwei Wochen ein hinsichtlich der Änderungen uneingeschränkter neuer BVm erteilt worden ist. Zu weiteren Einzelheiten s § 275 Anm 312, vor § 325 Anm 80 bis 84 sowie die 7. Aufl.

D. Nachträgliche Änderung des Gewinnverwendungsbeschlusses

25 Bei **AG/KGaA** ist nach beschlossener Gewinnverwendung eine ergebnismindernde Bilanzänderung regelmäßig nur zulässig, wenn durch Verwendung des Gewinnvortrags oder Auflösung der offenen Rücklagen der an die Aktionäre auszuschüttende Betrag unverändert bleibt (*ADS*[6] § 172 AktG Anm 34b, 63f). Bei **GmbH** ist eine Bilanzänderung unter auch mit gewinnmindernder Wirkung nach einer Ausschüttung zulässig, sofern alle Gester auf die bisher erhaltenen Gewinne ganz oder teilweise verzichten (*ADS*[6] § 42a GmbHG Anm 51 mwN; *Haas* in Baumbach/Hueck GmbHG[20] § 42a Anm 21 ff). Bei **PersGes** darf eine solche Bilanzänderung auch dann vorgenommen werden, wenn zwar nicht alle Gester zustimmen, aber die zustimmungswilligen Gester bereit sind, die Gewinnkürzung allein zu übernehmen (ähnlich für GmbH *Haas* in Baumbach/Hueck GmbHG[20] § 42a Anm 23).

Ansprüche Dritter, die an Beiträgen des JA anknüpfen, stehen einer Bilanzänderung nicht entgegen, wenn sie in dem geänderten JA in der sich aus dem ursprünglichen JA ergebenden Höhe berücksichtigt werden. Denn auch aus wichtigem Grund ist eine Änderung dann unzulässig, wenn sie in bestehende Rechte der Gester oder Dritter, zB Gewinn- oder Tantiemeansprüche, eingreift (*ADS*[6] § 42a GmbHG Anm 63 f und § 172 AktG Anm 63 f; *Haas* in Baumbach/Hueck GmbHG[20] § 42a Anm 23).

E. Exkurs 1: Verdeckte Gewinnausschüttungen

Schrifttum: *Theisen* Steuerklauseln im Gesellschaftsvertrag der GmbH (I), GmbHR 1980, 132; *Gassner* Rückgewähr verdeckter Gewinnausschüttungen auf Grund von Satzungsklauseln, DStZ 1985, 204;*Wassermeyer* Die Auswirkungen der verdeckten Gewinnausschüttung auf die Steuerbilanz DStR 1987, 484; *Groh* Nutzungseinlage, Nutzungsentnahme und Nutzungsausschüttung (Teil II) – Zum Beschluß des Großen Senats vom 26.10.1987 GrS 2/86, DB 1988 S. 529 –, DB 1988, 571; *Döllerer*[2] Verdeckte Gewinnausschüttungen und verdeckte Einlagen bei Kapitalgesellschaften, Heidelberg 1990; *Wichmann* Probleme bei Rückforderung von verdeckten Gewinnausschüttungen GmbHR 1993, 337; *Hoffmann* Der wirtschaftliche Vorteil für die Kapitalgesellschaft als verdeckte Gewinnausschüttung –Anmerkung zur neuen Definition der verdeckten Gewinnausschüttung durch den BFH, DStR 1996, 729; *ders* Duplik zu Wassermeyer, DStR 1996, 735; *Wassermeyer* Replik zu Hoffmann, DStR 1996, 733; *Ahrenkiel/Peters* Wende bei der Beurteilung von verdeckten Gewinnausschüttungen nach der neuen BFH-Rechtsprechung DStR 1997, 1349; *Fischer* Fremdvergleich und Üblichkeit DStZ 1997, 357; *bdvb-Arbeitskreis „Steuern und Revision" im Bundesverband Deutscher Volks- und Betriebswirte e. V.* Grundlegende Aspekte zur verdeckten Gewinnausschüttung DStR 1997, 562; *Wassermeyer* Verdeckte Gewinnausschüttung: Veranlassung, Fremdvergleich und Beweisrisikoverteilung DB 2001, 2465; *ders* Verdeckte Gewinnausschüttung – Bundesfinanzhof versus Finanzverwaltung, GmbHR 2002, 1; *ders* Korrektur verdeckter Gewinnausschüttungen außerhalb der Steuerbilanz, GmbHR 2002, 617; *Schnorr* Die Rückabwicklung verdeckter Gewinnausschüttungen nach Einführung des Halbeinkünfteverfahrens, GmbHR 2003, 861; *Schütz* Tatbestandsverhinderung und Rückabwicklung einer verdeckten Gewinnausschüttung, DStZ 2004, 14); *Schnittger/Rometzki* Die Anwendung des Korrespondenzprinzips auf verdeckte Gewinnausschüttungen und verdeckte Einlagen bei grenzüberschreitenden Sachverhalten nach dem JStG 2007, BB 2008, 1648, *Siegel* Die aufgedeckte verdeckte „Gewinn"-Ausschüttung als Darlehensgewährung, DB 2009, 2116; *Martini/Walta* Verdeckte Gewinnausschüttungen durch den Erwerb aktivierungspflichtiger Wirtschaftsgüter, DStR 2010, ders. Duplik auf Kohlhepp, Handelsbilanzielle Vorwirkung bei vGA durch Erwerb von Aktiva zum Überpreis?, DStR 2001, 705; *Geist* Verdeckte Gewinnausschüttungen an mittelbar Beteiligte, BB 2012, 2339.

I. Begriff

Gesellschaftsrechtlich kennt man den Begriff der Verteilung von Ges-Vermögen an die Gester außerhalb der Gewinnverteilung (*Hueck/Fastrich* in Baumbach/Hueck GmbHG[20] § 29 Anm 68), der mit der vGA iSv § 8 Abs 3 S 2 KStG nicht identisch ist. So muss gesrechtlich objektiv eine Vermögensänderung stattgefunden haben, während dies nach der Steuer-Rspr keineswegs zwingende Voraussetzung ist (s BFH-Rspr zu unüblichen Vertragsgestaltungen in Anm 102). Abw zum Steuerrecht ist auch auf den Gester-Bestand im Zeitpunkt der Erbringung der Leistung und nicht der zugrundeliegenden Vertragsabschlüsse abzustellen (BGH 13.11.1995, DStR 1996, 271). Außerdem wird der subjektiven Komponente handelsrechtlich eine stärkere Bedeutung beigemessen als dies im Steuerrecht geschieht. Ferner gelten handelsrechtlich weder das steuerrechtliche Rückwirkungsverbot noch andere formale Erfordernisse, die die Steuer-Rspr zur Vermeidung von Steuermanipulationen aufgestellt hat. Zum Begriff's auch BGH 7.11.1988, AG 1989, 324.

102 Das **Steuerrecht** versteht unter vGA eine durch das GesVerhältnis veranlasste Vermögensminderung oder verhinderte Vermögensmehrung, die sich auf die Höhe des Unterschiedsbetrags gem § 4 Abs 1 S 1 EStG iVm § 8 Abs 1 KStG auswirkt und nicht mit einer offenen Gewinnausschüttung im Zusammenhang steht (BFH 22.2.1989, BStBl II, 475, 631; BFH 7.8.2002, BStBl II 2004, 131, BFH 8.9.2010, NZG 2011, 237). Eine Veranlassung durch das GesVerhältnis wird vom BFH regelmäßig dann angenommen, wenn die KapGes ihrem Gester einen Vermögensvorteil zuwendet, den sie einem GesFremden unter ansonsten gleichen Umständen nicht zugewandt hätte. Maßstab für den hiernach anzustellenden Fremdvergleich ist das Handeln eines ordentlichen und gewissenhaften Geschäftsleiters, der gem §§ 43 Abs 1 GmbHG, 93 Abs 1 S 1 AktG die Sorgfalt eines ordentlichen Geschäftsmanns anwendet (vgl zB BFH 20.8.2008, BFHE 222, 494). Aus der Rspr lassen sich Leitlinien für das Handels eines ordentlichen und gewissenhaften Geschäftsleiters ableiten (vgl *Kohlhepp* in Schnittger/Fehrenbacher, Kommentar KStG, § 8KStG Rz. 426). Demnach würde ein gewissenhafter Geschäftsleiter
– im Verhältnis zu Gestern keine Kosten übernehmen, zu deren Tragung die Ges nicht verpflichtet ist (BFH vom 11.2.1997, BFH/NV 1997, 711),
– Verträge nur zu solchen Bedingungen abschließen, die fremdüblich und für die Ges nicht nachteilig sind,
– Vorteile und Chancen nicht ohne angemessen finanziellen Ausgleich aus der Hand geben (zu Geschäftschancen vgl BFH vom 7.8.2002, BFH/NV 2002, 205) und
– Verlustgeschäfte zugunsten eines Gesters nur tragen, wenn der Gester hierfür einen angemessenen Ausgleich (zzgl Gewinnaufschlag BFH vom 17.11.2004, BFH/NV 2005, 793).

Im Rahmen der Prüfung der Veranlassung einer Vereinbarung im GesVerhältnis indizieren nach der Rspr ernstlich gemeinte Vereinbarungen eine gesrechtliche Veranlassung. Kriterien für die Frage der Ernsthaftigkeit sind vertragskonforme Durchführung, die Klarheit der Vereinbarungen sowie die Frage der Üblichkeit einer Gestaltung, auf die der BFH in einigen neueren Entscheidungen abstellt (so BFH 6.4.2005, BFH/NV, 1633; BFH 28.1.2004, BStBl II, 841; BFH 18.12.2003, BFH/NV 2003, 946; BFH 27.4.2000, BFH/NV 2001, 342). Die Üblichkeit ist mithin kein Tatbestandsmerkmal der vGA, sondern lediglich ein „als Indiz wirkendes Kriterium" bei der Prüfung, ob eine Vereinbarung dem Fremdvergleich standhält (BFH 19.3.1997, BStBl II, 577, 579). Dennoch können nenn danach im Ergebnis selbst für die KapGes vorteilhafte Gestaltungen zu einer vGA führen, wenn sie unter Fremdvergleichsgesichtspunkten unüblich sind (ausführlich dazu *Fischer* DStZ 1997, 357; ferner *Hoffmann* DStR 1996, 729 und 735; *Wassermeyer* DStR 1996, 733). Nach BFH (14.10.1992, BStBl II 1993, 352) setzt eine solche Zuwendung eine Rechtshandlung der Organe der KapGes voraus, auch rein tatsächliche Handlungen können den Tatbestand der vGA erfüllen. **Buchungsfehler,** die regelmäßig nicht den Willensentscheidungen der Ges zuzuordnen sind, stellen regelmäßig keine vGA dar (vgl BFH 18.4.2002, BStBl II 2003, 143). Soweit Buchungsfehler allerdings erkannt und nicht korrigiert werden, liegt insofern eine vGA vor. Erkannte Buchungsfehler sind im Wege der Bilanzberichtigung zum frühestmöglichen Zeitpunkt und damit regelmäßig im ersten noch offenen Abschluss zu korrigieren (BFH 24.3.1998, BFH/NV 1998, 1374).

Eine vGA kann auch an einen **zukünftigen Gester** einer KapGes erfolgen, wenn die Leistung in engem zeitlichem Zusammenhang mit der Begr eines Ges-Verhältnisses steht und der Empfänger der Leistung auch Gester wird (BFH 24.1.1989, BStBl II, 419).

Auch Vorteilszuwendungen an **ausgeschiedene Gester** können als vGA zu behandeln sein. Ein wesentlicher Anwendungsfall sind unwirksame oder überhöhte Pensionszahlungen an ausgeschiedene Gester-Geschäftsführer (BFH 22.6.1977, BStBl II 1978, 33; FG Baden-Württemberg, DStR 2002, 511).

Bei Annahme einer vGA kommt es begrifflich auf die **Höhe der Betquote** des begünstigten Gesters **nicht** an, jedoch ist sie keineswegs bedeutungslos. Bei einer beherrschenden Stellung des Gesters (unmittelbare und/oder mittelbare Bet von insgesamt mehr als 50%) hat die Rspr im Rechtsverkehr zwischen Kap-Ges und Gester strengere Formerfordernisse aufgestellt, als sie gemeinhin zwischen fremden Dritten üblich sind. **Verträge** mit einem beherrschenden Gester müssen im Vorhinein, **klar und eindeutig** zivilrechtlich wirksam vereinbart sein und auch **tatsächlich durchgeführt** werden (so BFH 13.6.2006, BStBl II, 928; BFH 14.3.2006, BFH/NV, 1515; BFH 15.9.2004, BStBl II 2005, 176; BFH 28.1.2004, BStBl II 2005, 524; BFH 22.10.2003, BFH/NV 2004, 444 mwN). Dies gilt selbst dann, wenn ohne eine solche Vereinbarung ein gesetzlicher Anspruch auf eine Gegenleistung besteht, zB auf Zinsen (BFH 2.3.1988, BStBl II, 590; BFH 12.10.1995, BFH/NV 1996, 266). **Mündliche Vereinbarungen** erfüllen nach Auffassung des BFH (29.7.1992, BStBl II 1993, 139) diese Voraussetzungen nicht, ausgenommen bei Dauerschuldverhältnissen (BFH 25.10.1995, BStBl II 1997, 703); dort kann der Nachweis einer mündlichen Vereinbarung über einen Rückschluss aus der regelmäßigen Leistungsabwicklung gezogen werden. In neueren Entscheidungen lässt der BFH jedoch eine Tendenz zur Abkehr von der streng formalistischen Betrachtung erkennen (BFH 8.4.1997, BFH/NV, 902; BFH 29.10.1997, BStBl II 1998, 573 mwN; BFH 9.7.2003, BFH/NV 2004, 88; *Ahrenkiel/Peters* DStR 1997, 1349; *Lang* in Dötsch/Pung/Jost/Witt, § 8 Abs 3 KStG Teil C Anm 203f). Bei grenzüberschreitenden Fällen mit DBA-Staaten soll nach Ansicht des BFH (11.10.2012, I R 75/11, DStR 2013, 25), Art. 9 OECD-MA ggü § 8 Abs 3 KStG eine Sperrwirkung entfalten, so dass unabhängig von der Einhaltung der erhöhten Formerfordernisse eine Einkommenserhöhung nur in dem Umfang in Betracht kommt, als das Entgelt für die Leistung tatsächlich unangemessen ist (vgl auch *Lang* in Dötsch/Pung/Jost/Witt, § 8 Abs 3 KStG Teil C Anm 628). Grund hierfür ist, dass nach Ansicht des BFH das DBA allein den Rahmen für die vorzunehmende Gewinnkorrektur festlegt und nach dem DBA (im Urteilsfall DBA Niederlande) die vereinbarten Bedingungen nur insoweit einer Korrektur zugänglich sind, als die Angemessenheit, dh die Höhe des vereinbarten Entgelts unangemessen ist. **Eindeutigkeit** setzt überdies nicht eine exakte zahlenmäßige Festlegung der Gegenleistung voraus. Es sind auch Vereinbarungen anzuerkennen, die lediglich eine Vergütungsformel enthalten; diese darf jedoch keinen Ermessensspielraum offen lassen, es darf nur noch um die rechnerische Ermittlung gehen (BFH 30.1.1985, BStBl II, 345; BFH 26.4.1989, BFH/NV 1990, 63; BFH 17.12.1997, BStBl II 1998, 545). Aus dem Fehlen oder der Unvollständigkeit einer Detailvereinbarung über eine vertragliche Nebenpflicht kann allerdings nicht eine vGA auch bzgl einer vertraglich vereinbarten Hauptpflicht abgeleitet werden (BFH 28.10.1987, BStBl II 1988, 301; BFH 29.10.1997, IStR 1998, 277).

104 Bei Gestern, die über *keine Sperrminorität* (mehr als 25%) verfügen, gilt die – allerdings widerlegbare – Vermutung der betrieblichen Veranlassung eines Rechtsgeschäfts oder einer Maßnahme *Streck*[7] § 8 Anm 408). Nach der Rspr zum Betriebsausgabenabzug bei PerGes (BFH 15.12.1988, DB 1989, 806) sollte eine vGA an *nicht* beherrschende Gester nur in Zweifelsfällen vom Ergebnis eines Fremdvergleichs abhängig gemacht werden, zB bei Zusammenwirken mehrerer Gester.

105 Eine **Vermögensminderung** setzt begrifflich Unausgewogenheit der Leistung zu Lasten der KapGes voraus. Zinsen auf ein Gester-Darlehen, das zu banküblichen Bedingungen gewährt worden ist, können nicht als vGA qualifiziert werden, gleichgültig wie hoch die EK-Basis oder der Zinsaufwand einer KapGes ist. Dementspr kann dem Umstand übermäßiger Fremdfinanzierung von KapGes nicht durch Anwendung der Grundsätze der vGA begegnet werden. Das Problem ist deshalb gesetzlich (§ 8a KStG) geregelt worden (dazu *BMF* 4.7.2008, BStBl I 2008, 718).

106 Auch **Zuwendungen gegenüber Dritten** sind als vGA zu charakterisieren, sofern sie ihren rechtlichen oder wirtschaftlichen Grund im Verhältnis zwischen KapGes und Gester haben. Es handelt sich um **dem Gester nahe stehende** natürliche oder juristische Personen (zB BFH 23.10.1985, BStBl II 1986, 195; BFH 18.10.1996, BStBl II 1997, 301). Zur Begr des Nahestehens reicht jede Beziehung eines Gesters der KapGes zu einer anderen Person aus, die den Schluss zulässt, sie haben die Vorteilszuwendung an die andere Person beeinflusst, sei sie familienrechtlicher, gesrechtlicher, schuldrechtlicher oder auch nur rein tatsächlicher Art, auch wenn der Gester selbst keinen Vorteil hat (BFH 18.12.1996, BStBl II 1997, 301). Zuwendungen an KapGes, an der die zuwendende KapGes ganz oder teilweise beteiligt ist, sind solche der KapGes und nicht dem Gester nahe stehende Personen und deshalb unter dem Aspekt der verdeckten Einlage und nicht der vGA zu beurteilen.

Bei nur **unentgeltlicher Nutzungsüberlassung bzw unentgeltlicher Dienstleistung** liegt nach der Rspr des GrS des BFH kein einlagefähiges WG vor (BFH 26.10.1987, BStBl II 1988, 348). Der dadurch drohenden steuerrechtlichen Doppelerfassung (vGA auf Seiten der leistenden KapGes, keine Einkommensminderung bei der begünstigten KapGes) ist er dadurch begegnet, dass er den dem MU zugeordneten Vorteil als „für Zwecke ihrer Beteiligung verbraucht" angesehen und diesen Verbrauch steuerrechtlich zum Abzug zugelassen hat. Bei Nutzungszuwendungen zwischen Schwester-Ges einer *ausländischen* Mutter-Ges bleibt es somit bei einer steuerrechtlichen Doppelerfassung. *Groh* (DB 1988, 575) stellt die Frage, ob nicht in diesen Fällen bei der begünstigten KapGes doch eine Einlage (finaler Einlagebegriff) angesetzt werden könne (so auch für das geltende KSt-Recht *Wochinger* in Dötsch/Pung/Jost/Witt, § 8 Abs. 3 KStG Teil B Anm 56 mwN). Der BFH hält auch unter dem geltenden KSt-Recht an der Rspr des GrS zur mangelnden Einlagefähigkeit fest (BFH 27.1.2010, BStBl II 2010, 478; kritisch hierzu *Rupp* in Dötsch/Pung/Jost/Witt, IntGA, Anm 576).

II. Erfassung der verdeckten Gewinnausschüttung bei der Kapitalgesellschaft

1. Handelsrecht

109 Der **Grundsatz der Erhaltung des Gesellschaftsvermögens** ist bei den einzelnen Rechtsformen unterschiedlich ausgeprägt. Bei der **Aktiengesellschaft** gilt das absolute Verbot der Einlagenrückgewähr (nach § 57 Abs 3 AktG darf vor ihrer Auflösung nur der Bilanzgewinn an die Aktionäre verteilt werden). Bei Missachtung des Verbots hat dies Nichtigkeit des Rechtsgeschäfts zur Folge (*Hüffer*[10] § 57 Anm 22 f).

Bei **GmbH** besteht dieser absolute Bestandsschutz nicht. Eine Verteilung des 110 Ges-Vermögens außerhalb der Gewinnverteilung ist im Einvernehmen aller Gester zulässig (*Hueck/Fastrich* in Baumbach/Hueck GmbHG[20] § 30 Anm 6 mwN). Hier gelten als absolut unzulässige Einlagerückgewähr nur diejenigen Zuwendungen, durch die das nominelle Stammkapital angegriffen würde (§§ 30, 31 GmbHG; *Hueck/Fastrich* in Baumbach/Hueck GmbHG[20] § 30 Anm 6). Ein Verstoß gegen dieses Verbot hat nicht Nichtigkeit des Rechtsgeschäfts zur Folge, sondern nur einen Ausgleichsanspruch gegen den begünstigten Gester (*Hueck/Fastrich* in Baumbach/Hueck GmbHG[20] § 30 Anm 66 f mwN).

In Umkehrung der Grundsätze zur verdeckten Einlage ergibt sich bei **Übertra-** 111 **gung von Gegenständen** von der KapGes **auf den Gester** nur in Höhe des Unterschiedsbetrags zwischen Buchwert der VG und effektivem Veräußerungserlös ein Verlust oder Gewinn. Der Gewinn, der bei einem angemessenen Entgelt entstanden wäre, wird nicht erfasst. Das ist schon deshalb nicht möglich, weil dieser Gewinn nicht Gegenstand des Gewinnverwendungsbeschlusses der GesV war, noch dies sein kann. Vorteilszuwendungen, die lediglich im Verzicht auf Einnahmen bestehen, finden somit in der Ergebnisrechnung der KapGes keine enstpr Berücksichtigung. Umgekehrt ist bei **Übertragung von Gegenständen auf die Kapitalgesellschaft** ein überhöhter Kaufpreis grds als AK zu behandeln, so dass die Abwertung auf den angemessenen Preis als außerplanmäßige Abschreibung grds ausgewiesen werden muss. Soweit jedoch die Ges von einem Nahestehenden ein WG zu einem überhöhten Preis erworben hat, erscheint eine von vorneherein niedrigere Bemessung der AK mit dem angemessenen Preis als sachgerecht (so auch § 255 Anm 20; *Martini/Walta* Verdeckte Gewinnausschüttungen durch den Erwerb aktivierungspflichtiger Wirtschaftsgüter, DStR 2010).

2. Steuerrecht

Einkommenserhöhung. VGA dürfen das steuerrechtliche Einkommen der 112 KapGes nicht mindern (§ 8 Abs 3 S 2 KStG); sie müssen bei der Veranlagung zur KSt außerhalb der Bilanz (*BMF* 28.5.2002, BStBl I, 603) wieder hinzugerechnet werden. Bei Sachzuwendungen der KapGes ist der Unterschied zwischen steuerrechtlichem Buchwert und gemeinem (Teil-)Wert zzgl USt hinzurechnen. Bei einem Erwerb von WG von Nahestehenden zu einem überhöhten Preis geht der BFH davon aus, dass nur der angemessene Preis AK ist. Als verdeckte Gewinnausschüttung ist dann der (auch handelsrechtlich aufwandswirksam erfasste) Teil des Kaufpreises anzusehen, den ein ordentlicher und gewissenhafter Geschäftsleiter einem NichtGester unter sonst gleichen Umständen nicht gewährt haben würde (BFH vom 13.3.1985, BFH/NV 1986, 116).

Ausschüttungsbe- oder -entlastung. Durch eine vGA konnte kein KSt- 113 Guthaben realisiert werden (§ 37 Abs 2 Nr 1 KStG), während vor dem 1.1.2007 erfolgende vGA noch eine KSt-Erhöhung gem § 38 Abs 2 S 1 KStG auslösen konnten.

Kapitalertragsteuer. Nach § 43 Abs 1 S 1 EStG lösen vGA grds KapESt iHv 114 25% zzgl SolZ (ggf (Teil-)Freistellung aufgrund von DBA/Mutter-Tochter-Richtlinie) aus. Aufgrund des Vorrangs des Veranlagungs- vor dem Abzugsverfahren (vgl *OFD Münster* vom 7.11.2007, DB 2008, 204) wird in der Praxis bei vGA, die nachträglich zB im Rahmen einer BP festgestellt werden, in Inlandsfällen regelmäßig keine KapESt nacherhoben. In Fällen, in denen der die vGA empfangende Gester im Auslands ansässig ist oder wenn die vGA bspw bereits im

Rahmen der Steuererklärung deklariert wird, ist KapESt anzumelden und abzuführen. Da ein Einbehalt der KapESt von der Leistung an den Gester bei vGA regelmäßig nicht möglich ist, ist diese an den Gester weiterzubelasten. Soweit die Ges die KapESt übernimmt und nicht an den Gester weiterbelastet, stellt dies eine weitere vGA dar.

III. Erfassung der verdeckten Gewinnausschüttung beim bilanzierenden Gesellschafter

1. Handelsrecht

115 Der **Erwerb** von VG von der KapGes **unter Wert** oder der **Verkauf** an die KapGes **über Wert** erfolgt nach dem AK- bzw Realisationsprinzip (s die Legaldefinition des Begriffs „Anschaffungskosten" in § 255 Abs 1) wie bei der KapGes regelmäßig zum vereinbarten Preis und nicht zum angemessenen Wert (so auch § 255 Anm 20. Bei Weiterveräußerung unter Wert erworbener VG durch den Gester entstehen daher bei ihm Gewinne, die ebenso wie Gewinne aus Einnahmeverzichten der KapGes als eigene Gewinne des Gesters und nicht als BetErträge behandelt werden (weitere Beispiele bei *Hueck/Fastrich* in Baumbach/Hueck GmbHG[20] § 29 Anm 69).

2. Steuerrecht

116 VGA begründen beim bilanzierenden inländischen Gester unter das Teileinkünfteverfahren bzw § 8b KStG fallende **Einkünfte** – ausgenommen Ausschüttungen aus dem steuerlichen Einlagenkonto iSd § 27 KStG – nach § 20 Abs 1 Nr 1 EStG (BFH 7.11.1990, BStBl II 1991, 177; BFH 16.3.1994, BStBl II, 527 und BFH 19.7.1994, BStBl II 1995, 362). Bei einem bilanzierenden inländischen Gester führen auch Ausschüttungen aus dem steuerlichen Einlagenkonto iSd § 27 KStG zu unter das Teileinkünfteverfahren bzw § 8b KStG fallende Einkünften, wenn eine Verrechnung gegen den BetBuchwert zu einem Negativwert führen würde (BFH 20.4.1999, BStBl II, 647 zum KStG aF).

Der Betrag der vGA muss nicht in jedem Fall mit der Einkommenserhöhung des Gesters korrespondieren; es kann sich auch nur um eine Umschichtung von Erträgen handeln, zB bei Veräußerung von Waren zu überhöhten Preisen an die KapGes von denen Ertragsposten Umsatzerlöse auf den Ertragsposten BetErtrag (BFH 24.3.1987, BStBl II, 508).

117 **Korrespondenzprinzip.** Im Zuge des JStG 2007 hat der Gesetzgeber Regelungen getroffen, um eine korrespondierende Erfassung von vGA sowohl auf Ebene der Ges, als auch des Gesters zu gewährleisten (§§ 8b Abs 1 S 2–4 KStG, 32a Abs 1 KStG, 3 Nr 40d) S. 2–3 EStG). Im Ergebnis wurde die Verbindung in zweifacher Weise geregelt, indem in materieller Hinsicht die Freistellung auf Ebene der Gester von einer Vorbelastung auf Ebene der Ges abhängig gemacht wird (deren Einkommen darf nicht gemindert worden sein) und über § 32a KStG in formeller Hinsicht eine wechselseitige Anpassung der Steuerbescheide der die vGA gewährenden Ges und der die vGA empfangenden Gester (unter Hemmung der Festsetzungsfrist) ermöglicht wird. Die Anpassungsmöglichkeit des § 32a KStG soll dabei auch für solche Bescheide gelten, die im Zeitpunkt des Inkrafttretens des § 32a KStG am 18.12.2006 bereits formell bestandskräftig waren (BFH-Beschluss vom 29.8.2012, DStR 2012, 1914).

IV. Vorteilsausgleich

118 Vgl hierzu die Ausführungen unter § 272 Verdeckte Einlagen (Exkurs) Anm 408 f.

V. Rückgewähr verdeckter Gewinnausschüttungen

1. Rechtsgrundlagen

Ansprüche einer KapGes **auf Rückgewähr** einer Vorteilszuwendung an den Gester können gesellschafts- oder schuldrechtlicher Natur sein. Ein gesrechtlicher Anspruch ergibt sich aus §§ 62, 57 AktG oder aus §§ 30, 31 GmbHG (s Anm 110) wegen Nichtigkeit des die Vorteilszuwendung bewirkenden Rechtsgeschäfts (§ 134 BGB).

Ein Anspruch auf Rückgewähr ergibt sich ferner bei GmbH aus einer **Verletzung des Gleichbehandlungsgrundsatzes.** Der Anspruch kann allerdings nicht durch die GmbH selbst geltend gemacht werden, sondern nur durch die von der Vorteilszuwendung benachteiligten MitGester; dieser Anspruch richtet sich auf eine Rückgewähr an die GmbH: sog „actio pro socio" (*Hueck/Fastrich* in Baumbach/Hueck GmbHG[20] § 29 Anm 73, 77).

Ein gesrechtlicher Rückgewähranspruch kann sich auch aus einer sog **Satzungsklausel** ergeben, dh einer Bestimmung im GesVertrag, der zufolge der Gester zur Rückgewähr von der KapGes erhaltener Leistungen verpflichtet ist, wenn bei Rechtsgeschäften zwischen KapGes und Gester zum Nachteil der KapGes ein objektives Missverhältnis von Leistung und Gegenleistung vorliegt – durch wen dieses Missverhältnis auch immer aufgedeckt wird (meist durch eine steuerliche Bp).

Inhaltlich identisch mit der vorerwähnten Satzungsklausel, jedoch in schuldrechtlichen Verträgen zwischen KapGes und Gester enthalten, ist die **Steuerklausel.**

Bei Satzungs- und Steuerklauseln war ursprünglich die Frage offen, ob sie einen Rückgewähranspruch von Anfang an (ex-tunc) bewirken. Das Rechtsinstitut der rückwirkenden sog unechten Gegenwartsbedingung, die nicht auf den Eintritt eines noch ungewissen zukünftigen Ereignisses iSd §§ 158, 159 BGB abstellt, sondern auf eine von Anfang an bestehende Tatbestandsverwirklichung, über die sich die Beteiligten lediglich subjektiv im Unklaren waren, dürfte sich aber durchgesetzt haben (so *Theisen* GmbHR 1980, 132; *Gassner* DStZ 1985, 204 ff; aA *Schütz* DStZ 2004, 19 f, der aufgrund des Umstands, dass es oft an der objektiven Gewissheit fehlt, ob und wann die einzelnen Tatbestandsmerkmale einer vGA verwirklicht sind, eine auflösende Bedingung annimmt).

Schließlich können sich Rückgewähransprüche nach Bereicherungsrecht (§§ 812 ff BGB) oder der Geschäftsführung ohne Auftrag (§§ 677 ff BGB) ergeben. Hier ist die ex-tunc-Wirkung unmittelbar aus dem BGB abzuleiten (dazu auch *Hueck* in Baumbach/Hueck GmbHG[20] § 29 Anm 76).

2. Auswirkungen bei der Kapitalgesellschaft

a) Handelsrecht

Bei Vorhandensein eines Rückgewähranspruchs von Anfang an findet objektiv insoweit erst gar keine Vermögensminderung statt. Dennoch stellt sich der Gesamtvorgang bilanziell nicht stets als bloßer **Aktivtausch** dar. In vielen Fällen wird das für die Bilanzfeststellung zuständige Organ die Unausgewogenheit von Leistung und Gegenleistung nicht von Anfang an erkennen, so dass Vermögensminderung und -erhöhung trotz rechtlicher ex-tunc-Wirkung bilanziell zeitlich auseinanderfallen. Dies könnte zwar grds durch eine Änderung der Bilanz des betr Gj sowie der Bilanzen der Folgejahre behoben werden. Voraussetzung für die Zulässigkeit einer Bilanzänderung ist hierbei jedoch entweder im Falle eines fehlerfreien JA das Vorliegen gewichtiger rechtlicher, wirtschaftlicher oder steuerrechtlicher Gründe oder aber ein fehlerhafter JA (s IDW RS HFA 6, Tz 6). Im Falle eines fehlerhaften JA ist der Fehler selbst ausreichender Grund, die Bilanz zu berichtigen, sofern der Fehler von einigem Gewicht ist. Ein fehlerhafter JA liegt allerdings nur dann vor, wenn die Ges den Fehler bei pflichtgemäßer Prüfung spätestens im Zeitpunkt der Feststellung erkennen konnte, was bei vGA nur im Ausnahmefall erfüllt sein dürfte. Sofern von einem fehlerfreien JA auszugehen ist, kann in der steuerrechtlichen Auswirkung der vGA zwar ein wichtiger Grund für die Änderung zu sehen sein. Da eine Änderung der Bilanzen der Vj jedoch stets eine Nachtragsprüfung gem § 316 Abs 3 erforderlich macht, wird, sofern die Nichtbilanzierung des Rückgewähranspruchs nicht zur Nichtigkeit der Bilanz führt, der Rückgewähranspruch daher im Regelfall in lfd Rechnung zu erfassen sein.

Erfolgsneutralität des Vorgangs kann auch dann nicht erreicht werden, wenn eine Naturalrestitution nicht mehr möglich ist (der Gester hat zB einen ihm unter Wert unentgeltlich übertragenen VG bereits weiterveräußert) und nur ein Ausgleich in Geld geleistet werden kann.

b) Steuerrecht

126 Nach Auffassung der FinVerw (BMF 6.8.1981, BStBl I, 599) stehen die zivilrechtliche Nichtigkeit der Vorteilszuwendung oder ein ex-tunc wirkender **Anspruch auf Rückgewähr dem Vollzug einer verdeckten Gewinnausschüttung nicht entgegen.** Diese Auffassung ist durch die Rspr wiederholt bestätigt worden (zB BFH 29.5.1996, BStBl II 1997, 92; BFH 13.10.1999, BFH/NV 2000, 749; BFH 29.8.2000, BStBl II 2001, 173; BFH 30.5.2001, BFH/NV, 1456). Eine vGA wird auch nicht dadurch ganz oder teilweise rückgängig gemacht, dass der mit der Zuwendung verbundene Aufwand andere gewinnabhängige Ansprüche der Gester mindert (BFH 10.3.1993, BStBl II, 635). Die BFH-Rspr ist durch das BVerfG bestätigt (8.12.1992, HFR 1993, 201). Der Rückgewähranspruch ist gliederungsrechtlich erst im Zeitpunkt seiner Erfüllung im steuerlichen Einlagekonto zu erfassen (BFH 29.5.1996, BStBl II 1997, 92; BFH 31.3.2004, BFH/NV, 1423).

Gegen diese Rspr wird berechtigte Kritik erhoben. Im U vom 17.10.1984 beschränkt sich der BFH auf die Feststellung, er habe bereits mehrfach in früheren U zum Ausdruck gebracht, dass auch eine handelsrechtlich unzulässige Leistung der KapGes an ihre Gester eine vGA sei. Die Begr dazu mag in der Auffassung liegen, dass der Steueranspruch nach § 38 AO mit der, wenn auch rechtlich unwirksamen, Zuwendung verwirklicht sei und der entstandene Anspruch durch rückwirkende Veränderung des verwirklichten Tatbestands nicht mehr beeinträchtigt werden könne. § 38 AO ist jedoch eine Blankettnorm (*Tipke/Kruse* § 38 Anm 1); sie bestimmt nicht, *wann* der Steuertatbestand verwirklicht ist. Dieses kann nur aus dem materiellen Recht abgeleitet werden. Die vGA ist **untrennbarer Teil des einheitlichen Einkommens** der KapGes und hat uE für sich keinen originär steuerbegründenden Charakter (s auch *Hoffmann* Das Telos der verdeckten Gewinnausschüttung und die Rechtsprechung des Bundesfinanzhofs DStR 1998, 313).

127 Der **Vollzug** der vGA ist uE bei bestehenden Rückgewähransprüchen erst **definitiv,** wenn die Beteiligten an der Zuwendung festhalten, obwohl sie nachweislich bei Vollzug oder später Kenntnis der Unausgewogenheit von Leistung und Gegenleistung hatten. **Generell** aber von der **Willkür der Beteiligten** auszugehen (so BFH 23.5.1984, BStBl II, 723), ist nicht zulässig.

Der offenbar vom BFH unter der Geltung des Anrechnungsverfahrens verfolgte Gesichtspunkt der Strafbesteuerung steht tendenziell in Widerspruch zu den

Absichten des Gesetzgebers, der die Rechtsfolgen einer in der Praxis oft schwer auszumachenden vGA an die Rechtsfolgen einer offenen Ausschüttung annähern wollte (ebenso *bdvb* DStR 1997, 563; s auch *Streck*[7] § 8 Anm 311).

Im U vom 29.5.1996 (BStBl II 1997, 92) stützt sich der BFH darauf, dass der **128** Rückgewähranspruch erst durch das Vorliegen eines als vGA anzusehenden Sachverhalts entsteht, so dass er keine andere Veranlassung als der als vGA anzusehende Vorgang haben könne. Da dessen Beurteilung als vGA eine gesrechtliche Veranlassung voraussetzt, könne auch der Rückgewähranspruch nur gesrechtlich veranlasst sein. Somit sei er als Einlageforderung anzusehen, die das Einkommen der Ges nicht erhöhe und somit der Annahme einer Vermögensminderung nicht entgegenstehen könne. Dieser actus-contrarius-Begr des BFH wird in der Literatur zu Recht entgegengehalten, dass eine Behandlung mit umgekehrtem Vorzeichen beim Gester, der aus der vGA Einnahmen aus Kapitalvermögen erzielt, das Vorliegen negativer Einnahmen bedingen würde. Hierfür spricht auch, dass sich der Wert der Bet durch die Rückgewähr nicht über den Stand vor der vGA erhöht. Dann aber würde sich die zur Vermeidung einer **Doppelbelastung** auf Ebene der Ges erforderliche Erfolgsneutralität der Rückzahlung konsequenterweise nicht durch die Behandlung als Einlage, sondern durch die spiegelbildliche Anwendung von § 8 Abs 3 S 2 KStG ergeben (*Schnorr* GmbHR 2003, 861, 868).

Besteht kein Anspruch auf Rückgewähr, gleicht der Gester jedoch freiwillig **129** den Nachteil wieder aus, handelt es sich um eine verdeckte Einlage.

Zu den Problemen der Rückforderung von vGA *Wichmann* GmbHR 1993, 337 und *Schnorr* GmbHR 2003, 861.

3. Auswirkungen beim bilanzierenden Gesellschafter

a) Handelsrecht

Über den Weg der handelsrechtlichen **Bilanzänderung** ist es möglich (wenn **130** auch bei Publikums-KapGes nicht opportun), Rückgewährverpflichtungen auf das Jahr der Zuwendung zurückzubeziehen.

b) Steuerrecht

Nach dem BFH-U vom 4.7.1984 (BStBl II, 842) sind Rückgewährverpflich- **131** tungen auf Seiten des Gesters als von der Vorteilszuwendung getrennte Vorgänge zu erfassen. Sie haben nach der ständigen Rspr des BFH aus Sicht der KapGes den Charakter von Einlageforderungen (BFH 29.5.1996, BStBl II 1997, 92; BFH 25.5.1999, BFHE 188, 569; BFH 8.5.2000, BFH/NV, 1201; BFH 17.10. 2001, BStBl II 2004, 171; BFH 31.5.2005, BStBl II 2006, 132). Nach der Rspr ist eine Rückzahlung auch aus Sicht des Gesters als Einlage zu behandeln, wenn sie durch das GesVerhältnis veranlasst ist. Da ein Rückgewähranspruch erst durch die Verwirklichung der vGA entstehen kann, kann nach Ansicht des BFH die Veranlassung des Rückgewähranspruchs keine andere als die der zugrunde liegenden vGA sein (BFH 29.5.1996, BStBl II 1997, 92; BFH 25.5.1999, BFH/NV, 1542). Ausgehend davon, dass eine vGA stets gesrechtlich veranlasst ist (KStR 36 Abs 1 S 1), folgt hieraus unmittelbar die gesrechtliche Veranlassung des Rückgewähranspruchs. Eine Rückgewähr der vGA führt somit auf Seiten des Gesters nicht zu negativen Einnahmen, sondern unabhängig davon, ob sich durch die Rückzahlung auch der Wert der Bet erhöht, zu nachträglichen AK der Bet (BFH 29.8.2000, BStBl II 2001, 173). Auch hier gelten die obigen Einwendungen und Quellen (Anm 126–128).

VI. Verdeckte Gewinnausschüttung und körperschaftsteuerrechtliche Organschaft

132 Eine vGA an den Organträger wird bei der KSt als eine **Vorableistung auf die Gewinnabführung** bzw als eine **Kürzung der Verlustübernahme** behandelt (KStR 61 Abs 4; zur Organschaft s ausführlich § 271 Anm 100 ff). Sie beeinträchtigt die steuerrechtlich verlangte Durchführung des EAV nicht, da das Steuerrecht hinsichtlich der tatsächlichen Durchführung an die Gewinnermittlungsvorschriften des Handelsrechts anknüpft (*Streck*[7] § 14 Anm 91), nach denen vGA wie auch in der Regel verdeckte Einlagen unmittelbar ergebniswirksam sind. Die Organschaft gem KStG hebt im Übrigen nicht die Selbständigkeit der einzelnen zum Organkreis gehörenden Ges auf (BFH 22.4.1998, BStBl II, 749 mwN, BFH 28.1.2004, BStBl II, 539; BFH 24.2.2005, BStBl II 2006, 361; BFH 7.11.2006, BFH/NV 2007, 667, BFH 22.11.2006, BFH/NV 2007, 729). Entspr führen Vorteilszuwendungen im Organkreis in Form von Sachwerten zur Auflösung stiller Reserven bei der zuwendenden Ges.

VII. Verhältnis zu § 1 AStG

133 Ebenso wenig wie im Verhältnis zur verdeckten Einlage besteht auch im Verhältnis zur vGA Deckungsgleichheit, wobei nach Auffassung der FinVerw **§ 1 AStG als subsidiäre Vorschrift** anzusehen ist (BMF 14.5.2004, Anwendungsschreiben zum AStG, Rn 1.1.2, BStBl I 2004, 3) hierzu § 272 „Verdeckte Einlagen" Anm 420). Der Unterschied zwischen § 1 AStG und § 8 Abs 3 KStG besteht insb darin, dass der BFH im Rahmen des § 8 Abs 3 KStG von einer Vermutung ausgeht, die vom Gester durch schlüssige Argumentation widerlegt werden kann, während § 1 AStG bei einer Abweichung vom Fremdvergleich zwingend eine Einkünftekorrektur vorsieht (*Wassermeyer* DB 2001, 2465).

F. Exkurs 2: Sachdividenden

Schrifttum: *Leinekugel* Die Sachdividende im deutschen und europäischen Aktienrecht, Köln 2001; *Lutter/Leinekugel/Rödder* Die Sachdividende – Gesellschaftsrecht und Steuerrecht, ZGR 2002, 204; *Müller* Die Änderungen im HGB und die Neuregelung der Sachdividende durch das Transparenz und Publizitätsgesetz, NZG 2002, 752; *Ihrig/Wagner* Die Reform geht weiter: Das Transparenz- und Publizitätsgesetz kommt, BB 2002, 789; *Prinz/Schürner* Tracking Stocks und Sachdividenden – ein neues Gestaltungsinstrument für spartenbezogene Gesellschaftsrechte?, DStR 2003, 181; *Waclawik* Die neue Sachdividende und die Kapitalertragsteuer – Realteilung mit dem Finanzamt?, BB 2003, 1408; *ders* Die neue Sachdividende: Was ist sie wert?, WM 2003, 2266; *Kolaschnik/Wessel* Sachdividenden in Gesellschafts- und Bilanzrecht, Stbg 2003, 281; *Holzborn/Bunnemann* Gestaltung einer Sachausschüttung und Gewährleistung im Rahmen der Sachdividende, AG 2003, 671; *Orth* Sachdividenden, WPg 2004, 777 und 841; *Heine/Lechner* Die unentgeltliche Auskehrung von Sachwerten bei börsennotierten Aktiengesellschaften, AG 2005, 269; *Bareis/Siegel* Sachausschüttungen und ihre körperschaftsteuerliche Behandlung de lege lata und de lege ferenda, BB 2008, 479; *Siegel/Schulze-Osterloh/Bareis* Zur Berücksichtigung von Sachdividenden im Jahresabschluss, WPG 2008, 553.

I. Allgemeines

135 Nach der durch das TransPuG eingefügten Regelung des § 58 Abs 5 AktG kann die HV einer **AG** mit einfacher Mehrheit auch eine Sachdividende beschließen, wenn in der Satzung eine entspr Ermächtigung enthalten ist. Dementspr ist im Gewinnausschüttungsbeschluss nunmehr nach § 174 Abs 2 Nr 2 AktG „der an die Aktionäre auszuschüttende Betrag oder Sachwert" anzugeben. Für die **GmbH** fehlt eine entspr gesetzliche Regelung. Gleichwohl ist die Möglichkeit einer Sachdividende bei einer entspr gesvertraglichen Regelung allgemein anerkannt *(Hueck/Fastrich* in Baumbach/Hueck GmbHG[20] § 29 Rn 55 mwN).

Mischdividenden, dh die Kombination einer Sachausschüttung mit einer Barausschüttung, sind ebenfalls zulässig und aufgrund der grds Verpflichtung der KapGes auch bei Sachdividenden KapESt einzubehalten zumindest bei Inhaberaktien unverzichtbar *(Heine/Lechner* AG 2005, 269 f; *Orth* WPg 2004, 780; *Waclawik* BB 2003, 1410 f). Darüber hinaus dürfte nach der RegBegr zum TransPuG (BR-Drs 109/02 vom 8.2.2002, 26 f) aufgrund des primären Interesses des Anteilseigners am Erhalt einer Barzahlung bei der Ausschüttung nicht fungibler Gegenstände eine zusätzliche „auskömmliche Bardividende" erforderlich sein.

Gegenstand von Sachausschüttungen können, sofern die Satzung keine Einschränkungen vorsieht, grds sämtliche Sachen sein, wobei die GesetzesBegr deutlich macht, dass für eine Sachdividende grds nur solche Gegenstände in Betracht kommen, die an einem leistungsfähigen Markt iSd § 3 Abs 2 AktG gehandelt werden *(Orth* WPg 2004, 779; aA *Holzborn/Bunnemann* AG 2003, 673, die einen Markt iSd § 3 Abs 2 AktG nicht für notwendig, sondern das Handeln an einem liquiden Markt für ausreichend erachten). Primär wird es sich dabei um Anteile börsennotierter Unt handeln, es kommen aber bspw auch eigene Produkte der AG in Betracht *(Waclawik* BB 2003, 1409; *Holzborn/Bunnemann* AG 2003, 673; *Heine/Lechner* AG 2005, 270), die dann als Sachdividende – ggf neben einer Bardividende (s Anm 135) – ausgeschüttet werden.

II. Bewertung von Sachdividenden

Die Frage nach der Bewertung von Sachdividenden hat der Gesetzgeber bewusst offen gelassen (BT-Drs 14/8769, 13) um sie ua der Klärung durch die Literatur zu überlassen. Diese bietet derzeit jedoch kein einheitliches Bild. Zum einen wird der **Buchwert** als zu bevorzugender Wert angesehen (so zB *Siegel* WPg 2008, 553 f), da die Sachauskehrung eine gesinterne Angelegenheit und kein Umsatzgeschäft sei, welches eine Realisierung der stillen Reserven nach sich ziehe. Auch würden die Kapitalerhaltungsvorschriften der §§ 57 f AktG dem Nominalwertprinzip folgen und nicht die im Verkehrswert ggf enthaltenen stillen Reserven umfassen, so dass es nur erforderlich sei, dass der Buchwert der ausgeschütteten Gegenstände den Bilanzgewinn nicht übersteigt *(Leinekugel,* 2001, 147 ff und 165; *Holzborn/Bunnemann* AG 2003, 674 f). Mangels einer entgegenstehenden Regelung sei es aber auch zulässig, den **Verkehrswert** anzusetzen, so dass de facto ein Bewertungswahlrecht bestehe *(Leinekugel* 2001, 166; *Hennrichs/Pöschke* in MünchKomm AktG[3] § 170 Anm 69; *Kolaschnik* Stbg 2003, 281).

UE zutreffend ist die Auffassung, die die Sachausschüttung als umsatzähnliche Transaktion ansieht, denn die Erfüllung des in Geld ausgedrückten Anspruchs der Gester durch eine Sachausschüttung ist nicht nur buchhalterisch sondern auch gesrechtlich als Umsatzakt anzusehen, so dass die ausgekehrten VG zwingend zum **Markt- bzw beizulegenden Zeitwert** zu bewerten sind (*WPH*[14] I, F Anm 415; *Müller* NZG 2002, 758 f; *Waclawik* WM 2003, 2071 f; *Heine/Lechner* AG 2005, 270; aA *Holzborn/Bunnemann* AG 2003, 674). Für diese Sichtweise spricht auch, dass den Gestern nach § 57 Abs 3 AktG vor Auflösung der Ges nur der Bilanzgewinn zugewendet werden darf. Wenn aber VG ausgeschüttet werden, deren Buchwerte die entspr Zeitwerte übersteigen, birgt eine Verrechnung der Buchwerte mit dem Bilanzgewinn die Gefahr, dass den Gestern aufgrund der Ausschüttung von VG mit den Bilanzgewinn übersteigenden Verkehrswerten mehr zugewendet wird, als gesrechtlich zulässig, ist. Den Gläubigern der Ges würde somit Haftungssubstrat entzogen. Es ist daher gesrechtlich nicht zulässig, „stille Reserven still auszuschütten" (*Ihrig/Wagner* BB 2002, 796; *Orth* WPg 2004, 853; *Heine/Lechner* AG 2005, 270; aA *Holzborn/Bunnemann* AG 2003, 674f).

Die FinVerw sieht in einer Sachausschüttung ebenfalls einen Realisationstatbestand, der zur Aufdeckung der stillen Reserven führt (*WPH*[14] I, F Anm 415; *Orth* WPg 2004, 842f). Die Aufdeckung der stillen Reserven führt auf Ebene der ausschüttenden Ges mithin zu einem steuerpflichtigen Ertrag und damit zu einer ausschüttungsbedingten Mehrsteuer. Würde die Sachausschüttung bilanziell nur mit dem Buchwert verrechnet werden, wäre steuerrechtlich in Höhe der übertragenen stillen Reserven von einer vGA auszugehen, die ebenfalls zu eine Belastung der Ges mit E+E-Steuern führen würde (*Prinz/Schürner* DStR 2003, 183; *Orth* WPg 2004, 843).

III. Zeitpunkt der Erfassung der Wertänderung und der steuerlichen Auswirkungen

138 Um die sich aus der vorgesehenen Gewinnverwendung ergebenden **Ertragsauswirkungen** bereits in dem Jahr zu berücksichtigen, in dem der zur Ausschüttung vorgesehene Gewinn erzielt worden ist, sind Minderungen (für vor dem 31.12.2006 erfolgte Ausschüttungen) oder Erhöhungen der KSt aufgrund einer Barausschüttung bei Vorliegen eines entspr Gewinnverwendungsbeschlusses nach § 278 in dem Jahr zu berücksichtigen, für das die Ausschüttung erfolgt. Wenn statt einer Barausschüttung eine Sachausschüttung vorgenommen wird, konnte diese bei vor dem 31.12.2006 erfolgenden Ausschüttungen ebenfalls eine KSt-Minderung oder -Erhöhung auslösen, die nach § 278 zu berücksichtigen ist. Maßgebend hierfür ist der Verkehrswert der ausgeschütteten VG (*Orth,* WPg 2004, 846). Wenn nun Sachwerte mit einem den Buchwert übersteigenden Zeitwert ausgeschüttet werden, ist eine sich daraus ergebende steuerliche Belastung mit E+E-Steuern bei Vorlage eines entspr Gewinnverwendungsvorschlags ebenfalls in dem Jahr zu berücksichtigen, für das die Ausschüttung erfolgt (*WPH*[14] I, F Anm 418; *Schulze-Osterloh* WPg 2008, 562ff; aA *Bareis,* WPg 2008, 564ff, der mit Verweis auf den steuerlichen Bewertungsvorbehalt gem § 5 Abs 6 EStG iVm § 6 EStG die Gewinnrealisierung und deren Versteuerung erst bei Beschlussfassung durch die HV annimmt). Bei abw Beschluss durch die HV ist der zusätzliche Aufwand aufgrund des Beschlusses nach § 174 Abs 1 Nr 5 AktG im Beschluss anzugeben, und als zusätzlicher Aufwand oder Ertrag des Jahres zu erfassen, in dem die Ausschüttung erfolgt.

139 Neben der unter dem alten Recht regelmäßig erheblichen Frage nach dem Zeitpunkt der Erfassung der steuerrechtlichen Konsequenzen stellt sich bei Sachausschüttungen überdies die immer noch erhebliche Frage nach dem **Zeitpunkt der bilanziellen Erfassung der stillen Reserven**. Das in § 252 Abs 1 Nr 4 kodifizierte Realisationsprinzip verlangt, dass nur ein realisierter, dh so gut wie sicherer Gewinn ausgewiesen werden darf. Demzufolge geht die bislang hM davon aus, dass die Gewinnrealisation erst in dem Zeitpunkt erfolgt, in dem der VG abgeht und die bestehende Ausschüttungsverbindlichkeit erlischt (*Müller* NZG 2002, 759; *Prinz/Schürner* DStR 2003, 183; *Waclawik* WM 2003, 2271; *Bareis,* BB 2008, 479).

Dies würde aber dazu führen, dass der Gewinn des Jahres, für das ausgeschüttet wird, nicht um die vorhandenen stillen Reserven erhöht wird. Wenn nun aber die Sachausschüttung zutreffend mit dem Zeitwert angesetzt wird, folgt aus der in § 57 Abs 3 AktG enthaltenen Beschränkung der Ausschüttung auf den Bilanzgewinn eine sachlich nicht gerechtfertigte Einschränkung der Ausschüttungsmöglichkeit, obwohl die Ausschüttung gerade zu einem entspr Ertrag führt.

Darüber hinaus werden die auf die stillen Reserven entfallenden ausschüttungsbedingten E+E-Steuern bei Vorliegen eines entspr Gewinnverwendungsbeschlusses ebenfalls in dem Jahr einkommensmindernd berücksichtigt, für das die Ausschüttung erfolgt. Dies würde bei hohen stillen Reserven mitunter dazu führen, dass der Bilanzgewinn durch die ausschüttungsbedingten E+E-Steuern aufgezehrt wird, und die Ausschüttung, deren steuerrechtliche Konsequenzen zurückgestellt wurden, durch eben diese Steuerlast gem § 57 Abs 3 AktG vereitelt wird.

Um ein zeitliches Auseinanderfallen der steuerlichen Belastung und der zugehörigen Einkommenserhöhung zu verhindern und einen widerspruchsfreien Vollzug der Sachausschüttung unter Berücksichtigung der Regelungen zur Kapitalerhaltung zu ermöglichen, sind die in den zur Ausschüttung bestimmten VG liegenden stillen Reserven mittels einer zum Bilanzstichtag erfolgenden Neubewertung noch im alten Jahr aufzudecken und der sich ergebende Gewinn unter den „sonstigen betrieblichen Erträgen" auszuweisen (*WPH*[14] I, F Anm 420; *Orth* WPg 2004, 791; *Hennrichs/Pöschke* in MünchKomm AktG[3] § 170 Anm 68, 70, 71; *Waclawik* in Hölters[1] AktG § 58 Rz 42, *Schulze-Osterloh* WPg 2008, 562ff plädiert ebenfalls für eine Aufdeckung der stillen Reserven noch im alten Jahr, begründet dies aber über die Ausnahmevorschrift des § 252 Abs 2).

Neben der Frage nach der zeitlichen Erfassung der stillen Reserven und der darauf entfallenden E+E-Steuern ist zu klären, welcher **Zeitpunkt für die Ermittlung des Verkehrswerts** maßgeblich ist. Entgegen der Auffassung, dass dies der Zeitpunkt ist, an dem der VG abgeht und die Ausschüttungsverbindlichkeit erlischt (*Müller* NZG 2002, 759; *Bareis* BB 2008, 482) ist uE vor dem Hintergrund, dass die Angemessenheit der Leistung bei ihrer Begründung zu beurteilen ist und spätere Wertänderungen diese Beurteilung nicht mehr beeinflussen, vielmehr auf den Zeitpunkt des Gewinnverwendungsbeschlusses der HV abzustellen, durch den die Ausschüttungsverbindlichkeit entsteht (*WPH*[14] I, F Anm 421; *Siegel* BB 2008, 483f). Problematisch ist hierbei, dass dieser Wert bei Auf- und Feststellung des JA noch nicht bekannt ist. Aus diesem Grund sollte im Hinblick auf das Stichtagsprinzip zunächst auf den Zeitwert zum Bilanzstichtag abgestellt werden, wobei **Wertänderungen** bis zur Bilanzaufstellung als wertaufhellende Ereignisse nach § 252 Abs 1 Nr 4 zu berücksichtigen sind (glA *Orth* WPg 2004, 792).

Wertsteigerungen nach diesem Zeitpunkt sind nach *Orth* (aaO) gem § 174 Abs 2 Nr 5 AktG in dem Gewinnverwendungsbeschluss als zusätzlicher Aufwand aufgrund des Beschlusses zu erfassen. UE ist, vor dem Hintergrund des Zwecks der og Vorschrift, ein zusätzlicher Aufwand aufgrund des Beschlusses dann nicht zu berücksichtigen, wenn die HV dem Gewinnverwendungsvorschlag des Vorstands folgt und es trotzdem zu einem abw Steueraufwand kommt (s auch Vor § 325 Anm 95).

Werterhöhungen zwischen Bilanzaufstellung und Beschlussfassung wären damit bei übereinstimmender Beschlussfassung nicht im Beschluss anzugeben und würden den ausschüttbaren Bilanzgewinn nicht vermindern. Dem kann uE gefolgt werden, unter Gläubigerschutzgesichtspunkten sollte die der Steuerberechnung zugrunde gelegte Schätzung des Marktwerts dann aber am Bilanzfeststellungszeitpunkt absehbare weitere Wertsteigerungen berücksichtigen, um den Ausweis eines zu geringen Steueraufwands und eines damit korrespondierenden überhöhten Bilanzgewinns zu vermeiden. Die steuerrechtlichen Auswirkungen von im JA nicht berücksichtigten Wertschwankungen sind in der GuV des Jahres zu erfassen, in dem die Ausschüttung erfolgt.

Bei abw Beschlussfassung durch die HV sind die steuerrechtlichen Auswirkungen unter Berücksichtigung der Wertverhältnisse zum Beschlusszeitpunkt zu ermitteln und ein sich ergebender zusätzlicher Aufwand ist, wie og als zusätzlicher Aufwand zu erfassen. In einem solchen Fall kann die Sachausschüttung nur dann in voller Höhe geleistet werden, wenn auch der zusätzliche Steueraufwand durch den ausgewiesenen Bilanzgewinn gedeckt ist. Um dem Vollständigkeitsprinzip Rechnung zu tragen, sind die steuerrechtlichen Auswirkungen in jedem Fall in der GuV des Jahres zu erfassen, in dem die Ausschüttung erfolgt.

G. Abweichungen der IFRS

I. Allgemeine Grundsätze

150 Gem **IAS 12.52(b)** sind ertragsteuerrechtliche Auswirkungen von Dividenden in dem Gj zu erfassen, in dem die Dividendenverpflichtung zu bilanzieren ist. Seit Einführung des einheitlichen KSt-Satzes konnten Dividenden nur noch während des ursprünglich 18-jährigen Übergangszeitraums – letztmalig für vor dem 1.1.2007 erfolgte Ausschüttungen – zu steuerrechtlichen Auswirkungen in Form von Minderungen oder Erhöhungen von KSt und SolZ führen. Diese sind nach **IAS 12.52(b)** abw von der handelsrechtlichen Regelung (IDW sfH 2001/9, aaO; HFA FN-IDW 2003, 22) und in Übereinstimmung mit der Behandlung in der StB (*BMF* 16.5.2002, BB, 1417) bilanziell nicht im Gj für das die Ausschüttung erfolgt, sondern erst in dem Gj zu erfassen, in dem der Ausschüttungsbeschluss vorliegt.

151 Im Hinblick auf die ab dem VZ 2008 ausschüttungsunabhängig erfolgende ratierliche Berücksichtigung des KSt-Guthabens/-Erhöhungsbetrags, sind die Voraussetzungen für eine Erfassung des gesamten KSt-Guthabens iSd § 37 KStG bzw des KSt-Erhöhungsbetrags iSd § 38 KStG als tatsächlicher Steueranspruch (current tax iSv **IAS 12.5** und **12.12**) zum 31.12.2006 bzw 1.1.2007 erfüllt; **IAS 12.52(a) f** ist insoweit nicht mehr anwendbar (IDW sfH, aaO), so dass in Übereinstimmung mit der HB und StB zum 31.12.2006 eine erfolgswirksame Aktivierung bzw zum 1.1.2007 eine erfolgswirksame Passivierung geboten war.

Nicht explizit geregelt ist, ob tatsächliche Steuern (current tax) einer Abzinsung bedürfen, da sich das in **IAS 12.53** verankerte Abzinsungsverbot nur auf latente Steuern (deferred tax) erstreckt. Vor dem Hintergrund, dass im vorliegenden Fall das KSt-Guthaben bzw der KSt-Erhöhungsbetrag unverzinslich ist, jedoch erst über einen Zeitraum von 10 Jahren zur Auszahlung gelangt, erscheint eine Abzinsung und somit ein Ansatz zum Barwert uE sachgerecht. Letztgenannte Auffassung stützt sich ua auf eine Behandlung analog **IAS 39.43** iVm **IAS 8.11** sowie der Tatsache, dass die Begründung für das Abzinsungsverbot latenter Steuern (Ermittlungsproblematik bzgl des Umkehr- bzw Realisierungszeitpunkts temporärer Differenzen) im vorliegenden Fall nicht einschlägig ist (glA IDW sfH 2007/1, aaO).

152 Steuerrechtliche Konsequenzen aus einem zwischen dem Abschlussstichtag und dem Aufstellungsstichtag getroffenen Ausschüttungsbeschluss sind nach **IAS 12.81(i)** im Anhang darzustellen (vgl auch *Schulz-Danso* in Beck IFRS[4] § 25 Anm 214 (17)). Art und Umfang potentieller ertragsteuerrechtlicher Auswirkungen von Dividenden, dh der Gesamtbetrag der fortgeschriebenen KSt-Änderungsbeträge (in JA, für vor dem 31.12.2006 endende kalenderjahrgleiche Wj, s Anm 20) sowie die Bestimmungsfaktoren für deren Realisation (zB Auflö-

sungszeitraum und Ermittlungsmodus), sind nach **IAS 12.**82(a) ff im Anhang anzugeben (vgl auch *Oser/Bischof* in HdR⁵ § 278 Anm 19).

II. Behandlung von Sachdividenden

Die IFRS beinhalten keine Regelungen zur Behandlung von Sachdividenden. **155** Für Wj, die am oder nach dem 1. Juli 2009 beginnen, beinhaltet **IFRIC 17** Regelungen dazu, wann die ausschüttende Ges die Ausschüttungsverbindlichkeit zu erfassen hat, wie diese zu bewerten ist und wie Differenzen zwischen dem Buchwert der ausgeschütteten VG und der Ausschüttungsverbindlichkeit im Zeitpunkt des Abflusses zu behandeln sind. Eine rückwirkende Anwendung ist nicht zulässig. **IFRIC 17** findet auf Sachdividenden und Ausschüttungsbeschlüsse, die dem Anteilsinhaber ein Wahlrecht zum Bezug einer Bardividende oder einer Sachdividende einräumen, Anwendung. Common control Transaktionen iSv IAS 3 werden von **IFRIC 17** nicht erfasst. Weiterhin beinhaltet er keine Regelungen hinsichtlich der Behandlung beim Empfänger der Sachdividende.

Die Ausschüttungsverbindlichkeit ist nach **IFRIC 17** Rz 10 zu erfassen, so- **156** bald der Dividendenbeschluss hinreichend autorisiert ist und sich die Ges der Ausschüttungsverbindlichkeit nicht mehr entziehen kann. Dies liegt bei Genehmigung des Ausschüttungsbeschlusses durch das zuständige Gremium bzw wenn ein solches nicht erforderlich ist im Zeitpunkt des Dividendenbeschlusses durch das Management vor.

Die Ausschüttungsverbindlichkeit ist mit dem Verkehrswert der auszuschüt- **157** tenden VG anzusetzen. Wenn der Anteilseigner ein Wahlrecht zum Bezug einer Bar- oder Sachdividende hat, muss die Ges beide Alternativen und ihre Eintrittswahrscheinlichkeiten ermitteln und ausgehend hiervon die Ausschüttungsverbindlichkeit bewerten. Zum Abschlussstichtag sowie im Zeitpunkt des Abflusses der Sachdividende ist die Ausschüttungsverbindlichkeit erneut zu bewerten und etwaige Wertänderungen sind im EK zu erfassen (**IFRIC 17** Rz 11 ff).

IFRS 5 wurde durch **IFRIC 17** geändert, um Sachdividenden in dessen An- **158** wendungsbereich einzubeziehen. Im Gegensatz zu den handelsrechtlichen Regelungen (Anm 139) sind für eine Sachdividende vorgesehene VG demnach nicht mit dem (höheren) Verkehrswert, sondern mit dem Buchwert oder dem niedrigeren Verkehrswert anzusetzen (**IFRS 5.**15a). Erst im Zeitpunkt des Abflusses der Sachdividende wird die Differenz zwischen der Ausschüttungsverbindlichkeit (= Verkehrswert der VG) und dem Buchwert der ausgekehrten VG erfolgswirksam (**IFRIC 17** Rz 14).

Die current taxes iSv **IAS 12.**12 bemessen sich nach den deutschen steuer- **159** rechtlichen Regelungen. Da diese über den Maßgeblichkeitsgrundsatz die in den auszuschüttenden VG liegenden stillen Reserven bereits im alten Jahr erfassen, erhöhen die auf diese stillen Reserven entfallenden E+E-Steuern die für das alte Jahr auszuweisenden current taxes iSv IAS 12.12. Da nach **IFRIC 17** die stillen Reserven jedoch erst bei Abfluss der Sachdividende aufgedeckt werden, liegt bis zu diesem Zeitpunkt eine temporäre Differenz vor, die nach **IAS 12.**24 zu aktiven latenten Steuern führt.

Vierter Titel. Bewertungsvorschriften

§ 279 *Nichtanwendung von Vorschriften. Abschreibungen*

§ 280 *Wertaufholungsgebot*

§§ 281–284

§ 281 *Berücksichtigung steuerrechtlicher Vorschriften*

§ 282 *Abschreibung der Aufwendungen für die Ingangsetzung und Erweiterung des Geschäftsbetriebs*

§ 283 *Wertansatz des Eigenkapitals*

1   Anmerkung: §§ 279–283 aufgehoben durch BilMoG v 25. Mai 2009, BGBl I S 1102. Zu den Erläuterungen hierzu s 6. Auflage.

Fünfter Titel. Anhang

§ 284 Erläuterung der Bilanz und der Gewinn- und Verlustrechnung

(1) In den Anhang sind diejenigen Angaben aufzunehmen, die zu den einzelnen Posten der Bilanz oder der Gewinn- und Verlustrechnung vorgeschrieben oder die im Anhang zu machen sind, weil sie in Ausübung eines Wahlrechts nicht in die Bilanz oder in die Gewinn- und Verlustrechnung aufgenommen wurden.

(2) Im Anhang müssen
1. die auf die Posten der Bilanz und der Gewinn- und Verlustrechnung angewandten Bilanzierungs- und Bewertungsmethoden angegeben werden;
2. die Grundlagen für die Umrechnung in Euro angegeben werden, soweit der Jahresabschluß Posten enthält, denen Beträge zugrunde liegen, die auf fremde Währung lauten oder ursprünglich auf fremde Währung lauteten;
3. Abweichungen von Bilanzierungs- und Bewertungsmethoden angegeben und begründet werden; deren Einfluß auf die Vermögens-, Finanz- und Ertragslage ist gesondert darzustellen;
4. bei Anwendung einer Bewertungsmethode nach § 240 Abs. 4, § 256 Satz 1 die Unterschiedsbeträge pauschal für die jeweilige Gruppe ausgewiesen werden, wenn die Bewertung im Vergleich zu einer Bewertung auf der Grundlage des letzten vor dem Abschlußstichtag bekannten Börsenkurses oder Marktpreises einen erheblichen Unterschied aufweist;
5. Angaben über die Einbeziehung von Zinsen für Fremdkapital in die Herstellungskosten gemacht werden.

Übersicht

	Anm
A. Allgemeines	1–3
I. Zweck des Anhangs	6
II. Anforderungen an die Berichterstattung	10–15
III. Umfang des Anhangs	20–22
IV. Form des Anhangs	25–30
B. Inhalt des Anhangs (Abs 1)	35, 36
I. Pflichtangaben des Anhangs	
1. Liste der Pflichtangaben des Anhangs nach HGB und EGHGB	40
2. Weitere Pflichtangaben des Anhangs für Aktiengesellschaften	41–49
II. Pflichtangaben, die wahlweise im Anhang oder an anderer Stelle im Jahresabschluss zu machen sind	55
1. Liste der Pflichtangaben nach HGB und EGHGB in Bilanz, Gewinn- und Verlustrechnung oder im Anhang	56

Erläuterung der Bilanz und der GuV-Rechnung § 284

Anm

    2. Weitere Pflichtangaben für GmbH in Bilanz, Gewinn- und Verlustrechnung oder im Anhang 57–59
    3. Weitere Pflichtangaben für AG in Bilanz, Gewinn- und Verlustrechnung oder im Anhang 70–74
  III. Freiwillige Angaben 80–82

C. Angaben zur Bilanz und Gewinn- und Verlustrechnung (Abs 2 Nr 1) 85
  I. Angabe der Bilanzierungsmethoden 86–90
  II. Angabe der Bewertungsmethoden
    1. Allgemeines 100–102
    2. Angabe der Bewertungsmethoden für Gegenstände des Anlagevermögens 106–111
    3. Angabe der Bewertungsmethoden für Gegenstände des Umlaufvermögens 116–122
    4. Angabe der Bewertungsmethoden für Passivposten 126–134

D. Angabe der Grundlagen der Fremdwährungsumrechnung (Abs 2 Nr 2) 135, 136

E. Angabe und Begründung von Abweichungen von Bilanzierungs- und Bewertungsmethoden (Abs 2 Nr 3)
  I. Allgemeines 140
  II. Die einzelnen Angaben
    1. Angaben zu Abweichungen 143, 144
      a) Angaben zu Abweichungen von Bilanzierungsmethoden 147–149
      b) Angaben zu Abweichungen von Bewertungsmethoden 151–157
    2. Gesonderte Darstellung des Einflusses von solchen Abweichungen auf die Vermögens-, Finanz- und Ertragslage 170

F. Ausweis von Unterschiedsbeträgen (Abs 2 Nr 4) 180–186
G. Angaben über die Einbeziehung von Fremdkapitalzinsen in die Herstellungskosten (Abs 2 Nr 5) 190
H. Rechtsfolgen einer Verletzung des § 284 195

I. Abweichungen der IFRS
  I. Vorbemerkung 200
  II. Gegenüberstellung Pflichtangaben HGB – entsprechende IFRS-Angaben
    1. Pflichtangaben nach HGB im Anhang und entsprechende IFRS-Angaben 201
    2. Pflichtangaben nach HGB in Bilanz, GuV oder im Anhang und entsprechende IFRS-Angaben 202
  III. Anforderungen an den Anhang nach IFRS 203, 204
  IV. Angabepflichten nach IFRS 205
    1. Pflichtangaben im Anhang nach IAS 1 206–208
    2. Weitergehende Pflichtangaben nach anderen IFRS im Anhang 210
    3. Weitere Pflichtangaben nach IAS 1 wahlweise im Anhang oder an anderer Stelle im Jahresabschluss 211–214

Schrifttum: *Kirsch* Neue Anhangangabepflichten zum Jahresabschluss nach dem BilMoG-E StuB 2008, 878.

§ 284 1–6   Anhang

Standards: IDW RS HFA 6 (Stand: 12.4.2007) Änderung von Jahres- und Konzernabschlüssen; IDW RS HFA 31 (Stand: 23.6.2010) Aktivierung von Herstellungskosten; IDW RS HFA 34 (Stand: 29.11.2012) Einzelfragen zur handelsrechtlichen Bilanzierung von Verbindlichkeitsrückstellungen; IDW RS HFA 35 (Stand: 10.6.2011) Handelsrechtliche Bilanzierung von Bewertungseinheiten; IDW RS HFA 38 (Stand: 10.6.2011) Ansatz- und Bewertungsstetigkeit im handelsrechtlichen Jahresabschluss; IDW RS HFA 39 (Stand: 25.11.2011) Vorjahreszahlen im handelsrechtlichen Jahresabschluss; IDW RS HFA 42 (Stand: 29.10.2012) Auswirkungen einer Verschmelzung auf den handelsrechtlichen Jahresabschluss.

A. Allgemeines

1   Gem § 264 Abs 1 S 1 haben **alle KapGes und KapCoGes** den JA um einen Anhang zu erweitern, wenn sie hiervon nicht als TU nach § 264 Abs 3, Abs 4 oder § 264b befreit sind. Ab dem JA-Stichtag 31.12.2012 (Art 70 Abs 1 EGHGB) können außerdem KleinstKapGes/KleinstKapCoGes auf die Aufstellung eines Anhangs verzichten, sofern sie die Angaben zu Haftungsverhältnissen (§§ 251, 268 Abs 7), zu Krediten und Vorschüssen an Organmitglieder (§ 285 Nr 9c) und bei AG oder KGaA, die in § 160 Abs 1 Nr 2 AktG genannten Angaben unter der Bilanz angeben (§ 264 Abs 1 S 5). Der Anhang muss die Pflichtangaben nach §§ 284 bis 286 enthalten. Für kleine (§ 267 Abs 1) und mittelgroße (§ 267 Abs 2) KapGes/KapCoGes bestehen gem §§ 274a, 276 S 2, 288 Erleichterungen, nach denen bestimmte Einzelangaben weggelassen werden dürfen (Wahlrecht).

     Kreditinstitute und VersicherungsUnt haben stets einen Anhang wie große KapGes aufzustellen (§ 340a Abs 1 bzw § 341a Abs 1). Für Kreditinstitute ergibt sich aus § 340a, dass § 284 Abs 2 Nr 4 nicht anzuwenden ist. Für VersicherungsUnt gilt § 284 gem § 341a ohne Einschränkungen.

2   Auch einige **dem PublG unterliegende Unternehmen** (§ 1 Abs 1, § 3 Abs 1 PublG) haben einen Anhang sinngemäß nach den §§ 284, 285 Nr 1 bis 4, 7 bis 13, 17 bis 29, 286 aufzustellen (s § 5 Abs 2 PublG; § 288 Anm 17). Es sind dies Vereine, deren Zweck auf einen wirtschaftlichen Geschäftsbetrieb gerichtet ist, rechtsfähige Stiftungen des bürgerlichen Rechts, wenn sie ein Gewerbe betreiben, und Körperschaften, Stiftungen oder Anstalten des öffentlichen Rechts, die Kfm nach § 1 sind oder als Kfm im HR eingetragen sind. EkfI und reine PersGes brauchen keinen Anhang aufzustellen.

3   Unt, die nicht, auch nicht sinngemäß, nach §§ 264 bis 288 ihren JA aufzustellen haben, können **freiwillig** einen Anhang erstellen. In diesem Fall sind die Vorschriften über den Mindestinhalt einzuhalten, sofern die Angaben als Anhang gekennzeichnet sind (*Andrejewski* in BeckHdR B 40 Anm 27; *Kupsch* in HdJ Abt IV/4 Anm 9).

I. Zweck des Anhangs

6   Der Anhang ist ebenso wie Bilanz und GuV ein **gleichwertiger Bestandteil** des JA einer KapGes/KapCoGes und der ihnen gleichgestellten Unt (Kredit- und Finanzdienstleistungsinstitute, VersicherungsUnt, dem PublG unterliegende Unt). Zusammen mit den Angaben des Anhangs haben die Bilanz und GuV unter Beachtung der GoB ein den tatsächlichen Verhältnissen entspr Bild der VFE-Lage der KapGes/KapCoGes zu vermitteln. Daraus ergibt sich seine Bedeutung im Rahmen der Rechenschaftslegung einer KapGes/KapCoGes für die verschiedenen Adressaten (Gester, Gläubiger, Arbeitnehmer, Fiskus, Öffentlichkeit). Da-

bei sind die Informationsinteressen dieser Adressaten selbst nicht gleichgerichtet und das Informationsbedürfnis der KapGes/KapCoGes deckt sich nicht immer mit den Interessen der Adressaten.

Aufgabe des Anhangs ist die Vermittlung von **Informationen** über die VFE-Lage der KapGes/KapCoGes neben und zusätzlich zur Bilanz und GuV, außerdem von Informationen, die keinen unmittelbaren Zusammenhang mit dem JA haben. Ferner soll der Anhang Bilanz und GuV **entlasten**. Die Gleichstellung des Anhangs mit der Bilanz und der GuV erlaubt es, ohne Informationsverlust, Angaben in den Anhang zu übernehmen, die sonst in der Bilanz oder GuV zu machen wären. Seine Erl-Funktion erfüllt der Anhang mittels zusätzlicher Erl, Angaben, Darstellungen, Aufgliederungen, Begr (Anm 36), die teils verbal, teils mittels Zahlenangaben zu erfolgen haben, wobei diese Begriffe im HGB selbst nicht definiert sind und Überschneidungen und Unschärfen nicht zu vermeiden sind.

II. Anforderungen an die Berichterstattung

Da der Anhang mit Bilanz und GuV gleichgestellt ist, sind an ihn grundsätz- 10 lich die gleichen Anforderungen zu stellen wie an die übrigen Teile des JA. Nach der Generalnorm des § 264 Abs 2 S 1 (§ 264 Anm 35) hat der JA der KapGes/ KapCoGes, bestehend aus Bilanz, GuV und Anhang, unter Beachtung der GoB ein **den tatsächlichen Verhältnissen entsprechendes Bild der Vermögens-, Finanz- und Ertragslage** zu vermitteln. Die Berichterstattung im Anhang unterliegt den allgemeinen **Grundsätzen einer gewissenhaften und getreuen Rechenschaftslegung** (*ADS*[6] § 284 Anm 16). Zudem fordert § 264 Abs 2 die Beachtung der **GoB auch für den Anhang,** da der Anhang integraler Bestandteil des JA ist. Mithin hat die Berichterstattung im Anhang unter Beachtung des Konzepts der Wesentlichkeit (*WPH*[14] I, F Anm 666 mwN) nach den Grundsätzen der Wahrheit und Vollständigkeit sowie der Klarheit und Übersichtlichkeit zu erfolgen.

Die Erl und Angaben im Anhang müssen **wahr** sein, dh den tatsächlichen 11 Verhältnissen entsprechen. Unwahre Angaben dürfen nicht gemacht werden (§ 331). Der Anhang muss **vollständig** sein, dh alle gesetzlich vorgeschriebenen Erl und Einzelangaben sind in den Anhang aufzunehmen. **Ausnahmen** schreibt die Schutzklausel des § 286 Abs 1 vor. Für bestimmte einzelne Angaben greifen Ausnahmeregelungen (§ 286 Abs 2 bis 5). Die Berichterstattung muss **klar und übersichtlich** sein (§ 243 Abs 2). Die verbalen Erl müssen so verständlich sein, dass ein Sachverständiger sie verstehen kann. Zahlenangaben müssen in den zugehörigen ErlRahmen gestellt werden.

Ein **den tatsächlichen Verhältnissen entsprechendes Bild** wird in den 12 allgemeinen Erl dadurch vermittelt, dass sowohl die gewöhnlichen als auch die außergewöhnlichen Verhältnisse dargestellt werden. Ferner gehören zu dem Bild die Erl der tatsächlichen Verhältnisse im Einzelnen wie auch insgesamt. Die im HGB vorgeschriebenen speziellen Angabepflichten zu bestimmten Posten der Bilanz und GuV sind kein Ersatz für die allgemeinen Erl. Aus der Generalnorm der Vermittlung eines den tatsächlichen Verhältnissen entspr Bilds lässt sich der Umfang der Angabepflicht dahingehend ableiten: bestimmte Posten der Bilanz und GuV sind so ausreichend zu erläutern, wie es zum Verständnis der Posten und zum Erkennen der tatsächlichen Verhältnisse notwendig ist. Eine bloße Wiederholung des Gesetzestextes reicht nicht aus. Unzulässig ist auch lediglich ein Paragraphenverweis, zB die Verpflichtungen gem § 285 Nr 3a betragen Euro.

Dabei finden die allgemeinen Angaben ihre Grenze durch den **Grundsatz** 13 **der Wesentlichkeit** (hM zB *WPH*[14] I, F Anm 666 mwN). Es kann nicht darauf ankommen, alle Einzelheiten im Detail zu erläutern, dadurch würde in den meisten Fällen das Bild nur verschleiert. Erst durch die Beschränkung auf das Wesentliche wird ein klares Bild vermittelt. Bei den Einzelangaben sind solche Beschränkungen nur dort zulässig, wo im HGB ausdrücklich auf die Wesentlichkeit oder Erheblichkeit hingewiesen wird.

14 Die Erl sind **in jedem Jahr** zu machen. Ein Verweis auf einen früheren Anhang ist nicht zulässig.

15 Muss der festgestellte **JA geändert** werden, weil Angaben im Anhang inhaltlich unzutreffend sind oder fehlen, kann die Korrektur grds in lfd Rechnung oder durch Rückwärtsänderung vorgenommen werden. Über die vorgenommenen Änderungen ist im Anhang zu berichten (im Einzelnen s IDW RS HFA 6 Tz 23 ff).

III. Umfang des Anhangs

20 Nach HGB ist für den Anhang der Umfang nur in Form eines **Mindestumfangs** vorgeschrieben. Das entspricht auch dem Willen des Gesetzgebers, nach dem auf eine Regelung der **freiwilligen Angaben** und eine Begrenzung des Inhalts des Anhangs verzichtet wurde. Der Anhang darf mithin über seinen Mindestumfang hinaus freiwillig erweitert werden (Anm 80). Da er beim Betreiber des eBAnz eingereicht und ggf im eBAnz bekanntgemacht werden muss sowie in vollem Umfang vom AP zu prüfen ist, halten sich die freiwilligen Erweiterungen des Anhang in der Praxis in Schranken. Die freiwillige Erweiterungsmöglichkeit des Anhangs bedeutet aber nicht, dass generell Angaben, die in der Bilanz oder der GuV zu machen sind, in den Anhang übernommen werden dürfen. Das ist grds nur bei den gesetzlich vorgesehenen Einzelangaben (Anm 55 ff) zulässig, die im Anhang oder an anderer Stelle im JA zu machen sind und deren Aufzählung abschließenden Charakter hat. Das umgekehrte Vorgehen, Angaben statt im Anhang in der Bilanz oder GuV zu machen, ist ebenfalls nicht zulässig, wenn nach dem Wortlaut des Gesetzes „sind im Anhang anzugeben …" und „im Anhang müssen angegeben werden …" der Ort der Angaben eindeutig festgelegt ist. Demggü hat sich in der Praxis durchgesetzt Vermerke in Bilanz oder GuV unter analoger Anwendung von § 265 Abs 7 Nr 2 mit dem Argument der Verbesserung der Klarheit und Übersichtlichkeit im Anhang darzustellen. Voraussetzung hierfür ist allerdings eine geordnete und übersichtliche Darstellung der Angaben im Anhang (*WPH*[14] I, F Anm 679 mwN).

21 Die Angabe von **Vergleichszahlen des Vorjahrs** im Anhang ist an sich nicht vorgeschrieben; § 265 Abs 2 regelt nur die Angabe der Vj-Zahlen in der Bilanz und GuV. Nach dem Grundsatz, dass die gesetzliche Regelung für den Anhang nur eine Mindestregelung darstellt, ist die Angabe von Vj-Zahlen im Anhang zulässig und inzwischen üblich geworden. Werden jedoch in Anwendung des § 265 Abs 7 Nr 2 zur Vergrößerung der Klarheit der Darstellung einzelne Posten in der Bilanz oder GuV zusammengefasst und die Untergliederung in den Anhang übernommen, sind in jedem Fall die Vj-Zahlen anzugeben (hM, zB *ADS*[6] § 284 Anm 20). Das gilt gleichermaßen für in den Anhang übernommene Vermerkangaben. Vergleichszahlen des Vj sind auch bei den Betragsangaben geboten, die in Ausübung eines Wahlrechts anstatt in der Bilanz bzw GuV im Anhang gemacht werden (IDW RS HFA 39 Tz 1). Zu den in Frage kommenden Pflichtangaben s Anm 55.

22 In der Bilanz und GuV braucht ein Posten, der keinen Betrag aufweist, nicht aufgeführt zu werden (§ 265 Abs 8). Dies ist auch auf den Anhang anzuwenden, da im HGB die Angabe von **Leerposten** nicht ausdrücklich vorgeschrieben ist und deshalb nicht zu seinem Mindestinhalt gehört (glA *WPH*[14] I, F Anm 671).

IV. Form des Anhangs

Über die Form des Anhangs sagt das HGB nichts aus; es besteht damit Gestaltungsfreiheit, wobei jedoch der **Grundsatz der Klarheit und Übersichtlichkeit** (§ 243 Abs 2) zu beachten ist. Aus diesem Grundsatz ist zu folgen, dass eine einfache Befolgung der Gliederung der gesetzlichen Vorschriften zur Darstellung des Anhangs nicht ausreicht, da hierbei keine irgendwie gearteten Einteilungskriterien erkennbar sind. Eine **Strukturierung** des Anhangs **nach sachlichen Gesichtspunkten** ist daher geboten. Das folgt aus dem Klarheits- und Übersichtlichkeitsgebot. 25

Für den Anhang wie den gesamten JA ist ferner der Grundsatz der **formellen Stetigkeit** zu beachten (hM *Krawitz* in Rechnungslegung § 284 Anm 15; *Kupsch* in HdJ IV/4 Anm 45; aA *WPH*[4] I, F Anm 677 mwN; weniger streng *ADS*[6] § 284 Anm 27). Das ergibt sich aus § 265 Abs 1, der die allgemeinen Grundsätze für die Gliederung von Bilanz und GuV normiert. Die enge Verknüpfung von Bilanz, GuV und Anhang erfordert auch für diesen die Anwendung des Stetigkeitsgrundsatzes. Dieser ist einmal hinsichtlich der Pflichtangaben, die wahlweise im Anhang oder an anderer Stelle im JA zu machen sind (s Anm 55), und zum anderen hinsichtlich der Plazierung der einzelnen Angaben innerhalb der Anhang-Abschn anzuwenden, um dem Adressaten ein zeitraubendes Suchen zu ersparen. Zur Durchbrechung der Stetigkeit vgl § 265 Anm 3. 26

Der Anhang muss als solcher **gekennzeichnet** sein, damit er vom Lagebericht und von einer eventuellen anderen Berichterstattung unterschieden werden kann. Nur so kann der Leser feststellen, welche Informationen als vom AP im Rahmen des § 317 Abs 1 S 2, 3 geprüft anzusehen sind. Wo der Anhang im Rahmen der jährlichen schriftlichen Rechenschaftslegung plaziert sein muss, sagt das HGB nicht. Wegen der Ergänzungs- und Erlfunktion des Anhangs empfiehlt sich seine Wiedergabe hinter Bilanz und GuV. Auf jeden Fall muss er mit Bilanz und GuV so verbunden sein, dass seine Zugehörigkeit zum JA unmißverständlich erkennbar ist. Der Anhang wie die übrigen Teile des JA brauchen nicht in gedruckter Form vorgelegt zu werden; Schreibmaschinen- oder Handschrift genügen. Gem § 245 hat der Kfm den JA zu **unterzeichnen**. Bei einer KapGes/KapCoGes und den ihnen gleichgestellten Unt muss die Unterschrift den Anhang mit umfassen. Das bedeutet nicht, dass der Anhang getrennt von den übrigen Teilen des JA zu unterzeichnen ist. Wird der Anhang hinter Bilanz und GuV plaziert, erfolgt die Unterzeichnung zweckmäßigerweise am Ende des Anhangs (§ 264 Anm 14). 27

Als Bestandteil des JA des Kfm (§ 244) ist der Anhang **in deutscher Sprache** und **in Euro** aufzustellen. Zusätze in Fremdwährungen sind jedoch zulässig. Zahlenangaben können ggf gerundet werden, wenn dadurch der Einblick in die tatsächlichen Verhältnisse nicht beeinträchtigt wird. 28

Bezüglich **Struktur und Gestaltung des Anhangs** wird in der Praxis ganz überwiegend folgende Gliederung vorgenommen: 30

– Allgemeine Angaben;
– Bilanzierungs- und Bewertungsmethoden, Währungsumrechnung;
– Erläuterungen der Bilanz
– Erläuterungen der GuV
– Sonstige Angaben;
– Organmitglieder;

Bei umfangreichen Angaben, die sich in Aufstellungen zusammenfassen lassen, können diese Aufstellungen (zB außerbilanzielle Geschäfte, Geschäfte mit nahe stehenden Unt und Personen, Anlagengitter, Anteilsbesitzliste) als Anlagen dem Anhang angefügt werden.

B. Inhalt des Anhangs (Abs 1)

35 Gem Abs 1 sind diejenigen Angaben, die zu den einzelnen Posten der Bilanz oder GuV nur im Anhang vorgeschrieben sind, und solche Angaben, die in Ausübung eines Wahlrechts nicht in die Bilanz oder in die GuV aufgenommen wurden, in den Anhang aufzunehmen. In beiden Fällen handelt es sich um **Pflichtangaben.** Die erste Kategorie umfasst die Pflichtangaben, die stets in den Anhang gehören (Pflichtangaben des Anhangs); die Angaben der zweiten Kategorie sind wahlweise im Anhang oder in der Bilanz und/oder GuV zu machen. Wegen der gleichen Publizität der drei Bestandteile des JA ist den KapGes/KapCoGes ein Wahlrecht eingeräumt für den Ort der Angaben der zweiten Kategorie, bei denen es sich idR um betragsmäßige Angaben handelt; ein Informationsverlust ist damit nicht verbunden. Die gesetzlichen Grundlagen für diese Pflichtangaben sind in den §§ 284 bis 288 und in anderen Vorschriften des HGB, EGHGB, GmbHG, AktG und PublG enthalten. Außerdem kann der Anhang **freiwillige (Zusatz-)Angaben** enthalten.

36 Die **Berichterstattungspflichten** im Anhang umfassen Angaben, Darstellungen, Erl, Begr, Aufgliederungen und Ausweise. Unter „**Angabe**" ist die Nennung der Tatsache als solcher zu verstehen. Die „**Darstellung**" eines Sachverhalts macht diesen anschaulich. Eine „**Erläuterung**" umfasst eine Erklärung, Kommentierung und Verdeutlichung eines Sachverhalts, geht also über die Darstellung hinaus. Bei einer „**Begründung**" sind die Gründe anzugeben, die zu einem Vorgang geführt haben. Bei einer „**Aufgliederung**" ist die Einheit in Teile aufzuteilen. Unter einem „**Ausweis**" ist eine gesonderte Nennung unter Angabe von Beträgen zu verstehen.

I. Pflichtangaben des Anhangs

1. Liste der Pflichtangaben des Anhangs nach HGB und EGHGB

40 Folgende Pflichtangaben sind erforderlichenfalls im Anhang zu machen:

§ 264 Abs 2 S 2 (dort Anm 48): Zusätzliche Angaben, falls der JA wegen besonderer Umstände trotz Anwendung der GoB **kein den tatsächlichen Verhältnissen entspr Bild** vermittelt;

§ 264c Abs 2 S 9 (dort Anm 60): Bei KapCoGes Angabe des Betrags der im HR eingetragenen **Haftungseinlagen,** soweit sie nicht geleistet sind;

§ 265 Abs 1 S 2 (dort Anm 4): Angabe und Begr von **Abweichungen** in der Form **der Darstellung und Gliederung** in Bilanz oder GuV **im Vergleich zum Vorjahr;**

§ 265 Abs 2 S 2 (dort Anm 5): Angabe und Erl von **nicht vergleichbaren Vorjahreszahlen** in Bilanz oder GuV;

§ 265 Abs 2 S 3 (dort Anm 5): Angabe und Erl von zu Vergleichszwecken vorgenommenen **Anpassungen von Vorjahreszahlen** in Bilanz oder GuV;

§ 265 Abs 4 S 2 (dort Anm 13): Angabe und Begr der **Ergänzung des Jahresabschlusses** nach der für die anderen Geschäftszweige vorgeschriebenen Gliederung;

§ 265 Abs 7 Nr 2 (dort Anm 17): Gesonderter Ausweis der Einzelposten, falls zur Vergrößerung der Klarheit der Darstellung in Bilanz oder GuV **Posten zulässigerweise zusammengefasst** ausgewiesen werden;

§ 268 Abs 4 S 2 (dort Anm 93): Erl von größeren Posten in den **sonstigen Vermögensgegenständen, die erst nach dem Abschlussstichtag rechtlich entstehen;**

§ 268 Abs 5 S 3 (dort Anm 107): Erl von größeren Posten in den **Verbindlichkeiten, die erst nach dem Abschlussstichtag rechtlich entstehen;**

Erläuterung der Bilanz und der GuV-Rechnung 40 § 284

§ 277 Abs 4 S 2 (dort Anm 24): Erl der **betriebsfremden außerordentlichen Erträge und Aufwendungen** hinsichtlich Betrag und Art, soweit nicht von untergeordneter Bedeutung;

§ 277 Abs 4 S 3 (dort Anm 25): Erl der **periodenfremden Erträge und Aufwendungen** hinsichtlich Betrag und Art, soweit nicht von untergeordneter Bedeutung;

§ 284 Abs 2 Nr 1 (Anm 86, 100): Angabe der auf die Posten der Bilanz und GuV angewandten **Bilanzierungs- und Bewertungsmethoden;**

§ 284 Abs 2 Nr 2 (Anm 135): Angabe der **Grundlagen der Währungsumrechnung** in Euro;

§ 284 Abs 2 Nr 3 (Anm 140): Angabe und Begr von **Abweichungen von Bilanzierungs- und Bewertungsmethoden** und gesonderte Darstellung von **deren Einfluss auf die Vermögens-, Finanz- und Ertragslage;**

§ 284 Abs 2 Nr 4 (Anm 180): Ausweis von **Unterschiedsbeträgen** bei Anwendung des Gruppenbewertungsverfahrens mit Durchschnittswerten (§ 240 Abs 4) oder eines Verbrauchsfolgeverfahrens (§ 256 S 1), wenn die Bewertung im Vergleich zu einer Bewertung auf der Grundlage des Börsenkurses oder Marktpreises einen erheblichen Unterschied aufweist;

§ 284 Abs 2 Nr 5 (Anm 190): Angaben über die **Einbeziehung von Zinsen für Fremdkapital in die Herstellungskosten;**

§ 285 Nr 1 (dort Anm 5): Angabe des Gesamtbetrags der **Verbindlichkeiten mit einer Restlaufzeit von mehr als fünf Jahren** und der **gesicherten Verbindlichkeiten;**

§ 285 Nr 2 (dort Anm 16): **Aufgliederung** des Gesamtbetrags der **Verbindlichkeiten mit einer Restlaufzeit von mehr als fünf Jahren** und der **gesicherten Verbindlichkeiten** nach dem vorgeschriebenen Gliederungsschema;

§ 285 Nr 3 (dort Anm 21): Art und Zweck sowie Risiken und Vorteile von **nicht in der Bilanz enthaltenen Geschäften,** soweit dies für die Beurteilung der Finanzlage notwendig ist;

§ 285 Nr 3a (dort Anm 41): Angabe des Gesamtbetrags der **sonstigen finanziellen Verpflichtungen;**

§ 285 Nr 4 (dort Anm 90): **Aufgliederung der Umsatzerlöse** nach Tätigkeitsbereichen sowie nach geographisch bestimmten Märkten;

§ 285 Nr 6 (dort Anm 120): Angabe des Umfangs der **Belastung des Ergebnisses der gewöhnlichen Geschäftstätigkeit und des außerordentlichen Ergebnisses durch die Steuern** vom Einkommen und vom Ertrag;

§ 285 Nr 7 (dort Anm 140): Angabe der **durchschnittlichen Zahl der** während des Gj beschäftigten **Arbeitnehmer** getrennt nach Gruppen;

§ 285 Nr 8 (dort Anm 150): Angabe des **Material- und Personalaufwands** bei Anwendung des Umsatzkostenverfahrens;

§ 285 Nr 9a S 1–4, 9b u c (dort Anm 160, 180, 200, 210): Angabe der **Gesamtbezüge,** Anzahl der ausgegebenen Aktienbezugsrechte uä, Vorschüsse, Kredite, Haftungsverhältnisse für Organmitglieder und der Gesamtbezüge sowie der gebildeten und nicht gebildeten Pensionsrückstellungen für ehemalige Organmitglieder und deren Hinterbliebene;

§ 285 Nr 9a S 5–8 (dort Anm 182): Zusatzangaben für börsennotierte AG über die **individualisierten Vorstandsbezüge;**

§ 285 Nr 10 (dort Anm 220): Angabe aller **Mitglieder des Geschäftsführungsorgans** und **eines Aufsichtsrats** und Zusatzangaben für börsennotierte Ges;

§ 285 Nr 11 (dort Anm 230): Angaben über den **Anteilsbesitz;**

§ 285 Nr 11a (dort Anm 258): Angaben der **Komplementär-KapGes** zu Beteiligungen an KapCoGes;

§ 285 Nr 12 (dort Anm 260): Erl von nicht gesondert ausgewiesenen **sonstigen Rückstellungen;**

§ 285 Nr 13 (dort Anm 265): Angabe der Gründe für die Annahme einer **betrieblichen Nutzungsdauer des Geschäfts- oder Firmenwerts** von mehr als fünf Jahren;

§ 284 40 Anhang

§ 285 Nr 14 (dort Anm 270): Angabe von Name und Sitz des **Mutterunternehmens,** das den größten KA aufstellt, und des MU, das den kleinsten KA aufstellt, sowie Angabe des Orts, wo diese KA erhältlich sind;

§ 285 Nr 15 (dort Anm 280): Angaben zu **Komplementär-KapGes** im Anhang der KapCoGes;

§ 285 Nr 16 (dort Anm 281): Zusatzangaben für börsennotierte AG über die **Entsprechenserklärung** gem § 161 AktG zum DCGK;

§ 285 Nr 17 (dort Anm 290): Angaben zum für das Gj berechneten **Gesamthonorar des Abschlussprüfers in aufgegliederter Form;**

§ 285 Nr 18 (dort Anm 310): Angaben über zu den Finanzanlagen gehörende **Finanzinstrumente, die über ihrem beizulegenden Zeitwert ausgewiesen werden;**

§ 285 Nr 19 (dort Anm 320): Angabe für jede Kategorie nicht zum beizZW bilanzierter **derivativer Finanzinstrumente** sowie Angabe der **Gründe bei fehlender Bestimmbarkeit des beizulegenden Zeitwerts;**

§ 285 Nr 20 (dort Anm 350): Angaben über gem § 340e Abs 3 S 1 **mit dem beizulegenden Zeitwert bewertete Finanzinstrumente**

§ 285 Nr 21 (dort Anm 360): Angaben über bestimmte **Geschäfte mit nahestehenden Unternehmen** und Personen;

§ 285 Nr 22 (dort Anm 390): Angabe des **Gesamtbetrags der Forschungs- und Entwicklungskosten** des Gj und des davon auf die selbst geschaffenen immateriellen VG des Anlagevermögens entfallenden Betrags;

§ 285 Nr 23 (dort Anm 400): Angaben zu nach § 254 gebildeten **Bewertungseinheiten;**

§ 285 Nr 24 (dort Anm 415): Angaben zu den Bewertungsgrundlagen für die **Pensionsrückstellungen;**

§ 285 Nr 25 (dort Anm 430): Angaben zu den nach § 246 Abs 2 S 2 **verrechneten Vermögensgegenständen und Schulden** sowie den verrechneten Aufwendungen und Erträgen;

§ 285 Nr 26 (dort Anm 440): Angaben zu **Anteilen und Anlageaktien an Investmentvermögen;**

§ 285 Nr 27 (dort Anm 455): Angaben über die **Gründe der Einschätzung des Risikos** der Inspruchnahme aus den **Haftungsverhältnissen** des § 251 und des § 268 Abs 7 1. Hs;

§ 285 Nr 28 (dort Anm 460): Angabe und Aufgliederung des **Gesamtbetrags ausschüttungsgesperrter Beträge** iSv § 268 Abs 8;

§ 285 Nr 29 (dort Anm 470): Angaben zu den **latenten Steuern;**

§ 286 Abs 3 S 4 (dort Anm 9): Angabe von nicht börsennotierten Unt über die Inanspruchnahme der **Ausnahmeregelung bei Weglassen von Angaben über den Anteilsbesitz** (§ 285 Nr 11 und Nr 11a), die nach vernünftiger kaufmännischer Beurteilung einen erheblichen Nachteil zufügen können;

§ 291 Abs 2 Nr 3 (dort Anm 28): Angabe von Name und Sitz des MU, das den **befreienden Konzernabschluss** und Konzernlagebericht aufstellt, Hinweis auf die Befreiung von der Verpflichtung, einen KA und Konzernlagebericht aufzustellen, und Erl der im befreienden KA vom deutschen Recht abw angewandten Bilanzierungs-, Bewertungs- und Konsmethoden;

§ 324 Abs 1 S 2 Nr 1 2. Hs (dort Anm 11): Angabe der Gründe für das **Unterlassen der Einrichtung eines Prüfungsausschusses** für Ges, die ausschließlich durch VG besicherte Wertpapiere emittieren;

Art 28 Abs 2 EGHGB (§ 249 Anm 271): Angabe des **Fehlbetrags bei den Rückstellungen für laufende Pensionen, Anwartschaften auf Pensionen und ähnliche Verpflichtungen** iSd Art 28 Abs 1 EGHGB;

Art 48 Abs 5 EGHGB (6. Aufl dort Anm 40): Angabe bei KapCoGes, wenn bei erstmaliger Anwendung des § 268 Abs 2 die **Buchwerte des Anlagevermögens** als ursprüngliche AK/HK **fortgeführt werden;**

Art 48 Abs 6 EGHGB (6. Aufl dort Anm 50): bei KapCoGes Angabe des **Fehlbetrags bei den Rückstellungen für laufende Pensionen, Anwartschaften auf Pensionen und ähnliche Verpflichtungen** iSd Art. 28 Abs 1 EGHGB;

Art 67 Abs 1 S 4 EGHGB (dort Anm 10): Angabe des Betrags der Überdeckung bei Anwendung des Beibehaltungswahlrechts gem Art 67 Abs 1 S 2 EGHGB für Pensionsrückstellungen;

Art 67 Abs 2 EGHGB (dort Anm 13): Angabe des **Fehlbetrags** bei den **Rückstellungen für lfd Pensionen, Anwartschaften auf Pensionen und ähnliche Verpflichtungen** iSd Art 67 Abs 1 S 1 EGHGB;

Art 67 Abs 5 EGHGB (dort Anm 21): Erl des fortgeführten Postens „Aufwendungen für die Ingangsetzung des Geschäftsbetriebs und dessen Erweiterung" nach § 269 S 1 2. Hs aF;

§ 2 Abs 1 Nr 4 KonBefrV (§ 292 Anm 35): Angabe von Name und Sitz des MU, das den befreienden KA und Konzernlagebericht aufstellt, Hinweis auf die Befreiung von der Verpflichtung, einen KA und Konzernlagebericht aufzustellen, und Erl der im befreienden KA vom deutschen Recht abw angewandten Bilanzierungs-, Bewertungs- und KonsMethoden.

2. Weitere Pflichtangaben des Anhangs für Aktiengesellschaften

AG und KGaA, ob börsennotiert (§ 3 Abs 2 AktG) oder nicht (Ausnahmen s Anm 47; bzgl KleinstKapGes s Anm 1) haben weitere Pflichtangaben im Anhang zu machen:

Nach **§ 160 Abs 1 Nr 1 AktG** hat die AG im Anhang über den Bestand und den Zugang an Aktien **(Vorratsaktien)** zu berichten, die

– ein Aktionär für Rechnung der AG,
– ein Aktionär für Rechnung eines abhängigen Unt,
– ein Aktionär für Rechnung eines im Mehrheitsbesitz der AG stehenden Unt,
– ein abhängiges Unt oder
– ein im Mehrheitsbesitz der AG stehendes Unt

als

– Gründer (§ 28 AktG) oder
– Zeichner (§ 185 AktG) oder
– in Ausübung eines bei einer bedingten Kapitalerhöhung eingeräumten Umtausch- oder Bezugsrechts (§ 198 AktG)

übernommen hat.

Eine AG darf zwar keine eigenen Aktien zeichnen (§ 56 Abs 1 AktG), wohl aber ein Dritter für ihre Rechnung oder für Rechnung eines abhängigen oder im Mehrheitsbesitz der AG stehenden Unt. Eine Berichterstattung ist erforderlich, weil die Rechte aus solchen Vorratsaktien ruhen (§§ 56 Abs 3 S 3, 71b AktG). Ein von der AG abhängiges oder im Mehrheitsbesitz der AG stehendes Unt darf gem § 56 Abs 2 AktG keine Aktien der AG zeichnen. Auch im Falle des Verstoßes ist über solche Vorratsaktien zu berichten, weil die Übernahme nicht unwirksam ist. Es ist jedoch nur dann zu berichten, wenn das zeichnende Unt zum Zeitpunkt der Zeichnung abhängig ist oder im Mehrheitsbesitz steht (*ADS*[6] § 160 AktG Anm 17).

Anzugeben sind **Zahl,** bei Nennbetragsaktien **Gesamtnennbetrag** und **Gattung** der Vorratsaktien jeweils für jede Art der Aktienübernahme; vgl Anm 42. Der Zugang im Gj ist kenntlich zu machen. Nicht angabepflichtig ist der Name des verfügungsberechtigten Übernehmers (*ADS*[6] § 160 AktG Anm 20; *Claussen* in Kölner Komm[2] §§ 284–288 HGB, § 160 AktG Anm 147).

Nach dem Wortlaut des AktG ist über die **Übernahmebedingungen** sowie den Inhalt und Zweck der Vereinbarung über die Übernahme für Rechnung der

§ 284 42

AG nicht zu berichten (*ADS*[6] § 160 AktG Anm 20), jedoch über den Anlass der Aktienausgabe (aA *WPH*[14] I, F Anm 1028 für zweckmäßig haltend).

Sind solche Vorratsaktien im Gj verwertet worden, ist auch über die **Verwertung** unter Angabe des Erlöses und seine Verwendung zu berichten. Als Verwertung ist auch die von der AG verlangte Übernahme für eigene Rechnung des Zeichners anzusehen (*WPH*[14] I, F Anm 1029). Über sonstige anderweitige Verwertung durch Verkauf, Umtausch, bei Verschmelzungen usw ist ebenfalls zu berichten (*WPH*[14] I, aaO). Die Höhe und die Art des Erlöses sowie seine bilanzmäßige Behandlung sind anzugeben.

42 Zu berichten ist über den **Bestand an eigenen Aktien,** die

- die AG selbst,
- ein von der AG abhängiges Unt,
- ein im Mehrheitsbesitz der AG stehendes Unt
  oder
- ein Dritter für Rechnung der AG, eines von ihr abhängigen oder eines in ihrem Mehrheitsbesitz bestehenden Unt

erworben oder als Pfand genommen hat (**§ 160 Abs 1 Nr 2 AktG**). Wo die eigenen Aktien bilanziert sind, ob bei der AG selbst oder bei den anderen genannten Unt, spielt keine Rolle. Es ist auch gleichgültig, ob ihr Erwerb nach § 71 AktG erlaubt war oder nicht (ebenso *ADS*[6] § 160 AktG Anm 30). Für den Bestand an solchen Aktien am Abschlussstichtag ist anzugeben: Zahl dieser Aktien, der auf sie entfallende Betrag des Grundkapitals, Anteil am Grundkapital (in Prozent), Zeitpunkt des Erwerbs, auch wenn er in früheren Gj liegt, und Gründe für den Erwerb (§ 71 Abs 1 AktG). Das bedeutet, dass im Anhang eine **chronologische Auflistung** der Erwerbszeitpunkte dieser im Bestand befindlichen Aktien gegeben werden muss.

Nach dem Wortlaut des AktG ist als **Erwerbszeitpunkt** der Erwerbstag anzusehen. Bei umfangreichen Erwerbsvorgängen und bei Erwerbsvorgängen aus verschiedenen Gründen sind monatsweise Zusammenfassungen zulässig (so auch *ADS*[6] § 160 AktG Anm 32). Das gilt entspr für Veräußerungen. Der BFH (9.2.1987, WM, 1069) hat eine wochenweise Zusammenfassung nicht beanstandet.

Bei der Berichterstattung über die **Gründe des Erwerbs** reicht ein alleiniger Hinweis auf § 71 Abs 1 Nrn 1 bis 8 AktG nicht aus. Vielmehr sind zu den einzelnen bzw zusammengefassten Erwerbsvorgängen die Erwerbsgründe so darzulegen, dass der Aktionär die Einhaltung der gesetzlichen Vorschriften nachprüfen und selbstständig beurteilen kann (BFH 9.2.1987, WM, 1069). Zu berichten ist ferner über die **Bestandsbewegung** (Erwerb und Veräußerung) im Gj, auch wenn Erwerb und Veräußerung im selben Gj erfolgen (*ADS*[6] § 160 AktG Anm 33). Dabei sind anzugeben, jeweils getrennt nach Erwerbs- und Veräußerungsvorgang: Zahl dieser Aktien, der auf sie entfallende Betrag des Grundkapitals, Anteil am Grundkapital, Erwerbspreis/Veräußerungspreis und die Verwendung des Veräußerungserlöses. Nicht angabepflichtig ist der Erwerb in Ausführung einer **Einkaufskommission,** die nur Kreditinstituten gestattet ist (§ 71 Abs 1 Nr 4 AktG; ebenso *ADS*[6] § 160 AktG Anm 38), ferner nicht der Erwerb in Verwaltungstreuhandschaft, Legitimationsübertragung (*ADS*[6] § 160 AktG Anm 36) und bei Kaduzierung (*ADS*[6] § 160 AktG Anm 37).

Zu berichten ist auch in dem Fall, in dem eine abhängige oder im Mehrheitsbesitz stehende AG Aktien der herrschenden oder mit Mehrheit beteiligten AG erworben hat, da nach § 71d AktG die Folgen aus dem Erwerb von **„herrschenden" Aktien** denen aus dem Erwerb eigener Aktien gleichgestellt sind. Der Umfang der Berichterstattung entspricht dem für eigene Aktien. Die Angabepflicht nach § 160 Abs 1 Nr 2 AktG überschneidet sich bei börsennotierten

Erläuterung der Bilanz und der GuV-Rechnung   43–45 § 284

AG/KGaA mit der nach § 160 Abs 1 Nr 8 2. Hs AktG (s Anm 47). Die Angaben nach beiden Vorschriften dürfen zusammengefasst werden.

Anzugeben ist nach § **160 Abs 1 Nr 4 AktG** das am Abschlussstichtag noch **43**
bestehende **genehmigte Kapital** mit dem Nennbetrag, um den der Vorstand das Grundkapital durch Ausgabe neuer Aktien innerhalb von höchstens fünf Jahren zu erhöhen ermächtigt wurde (§ 202 AktG). Ferner ist über den Inhalt und das Datum des Ermächtigungsbeschlusses und die Bedingungen der Aktienausgabe zu berichten (*ADS*[6] § 160 AktG Anm 49; *Claussen* in Kölner Komm AktG[2] § 160 AktG Anm 156). War im Gj von der Ermächtigung Gebrauch gemacht worden, ist darüber unter Angabe des Anlasses der Kapitalerhöhung, des Gesamtnennbetrags, des Ausgabebetrags, der Aktiengattung, des Bezugsrechts und der bilanzmäßigen Behandlung nach § 160 Abs 1 Nr 3 AktG (s Anm 74) zu berichten (glA *ADS*[6] § 160 AktG Anm 50). Ferner ist anzugeben, ob es sich um Bar- oder Sacheinlagen (§ 205 AktG) handelt oder wenn Aktien an Arbeitnehmer gegen Deckung aus dem Jahresüberschuss (§ 204 Abs 3 AktG) ausgegeben wurden. Die Angaben müssen erkennen lassen, ob sich die Ausgabe im Rahmen der satzungsgemäßen Ermächtigung hält (ebenso *ADS*[6] § 160 AktG Anm 50).

Nach § **160 Abs 1 Nr 5 AktG** ist über **Aktienbezugsrechte** für Arbeit- **44**
nehmer und Vorstandsmitglieder, **Wandelschuldverschreibungen** und **vergleichbare Wertpapiere** unter Angabe der verbrieften Rechte zu berichten. Gem § 192 Abs 2 Nr 3 AktG ist die Gewährung von Aktienbezugsrechten als Vergütung für Arbeitnehmer und Mitglieder der Geschäftsführung der AG oder eines verbundenen Unt im Wege des Zustimmungs- oder Ermächtigungsbeschlusses der HV zulässig. Wandelschuldverschreibungen sind nach § 221 Abs 1 AktG Schuldverschreibungen, die mit einem **Umtauschrecht** in Aktien oder einem **Bezugsrecht** auf Aktien verbunden sind. Sie verbriefen einen Zahlungsanspruch und das Recht, diese Titel mit oder ohne bare Zuzahlung in Aktien umzutauschen. Als vergleichbare Wertpapiere sind alle diejenigen anzusehen, die ein Umtausch- oder Bezugsrecht auf Aktien gewähren. Hierzu gehören die sog **Optionsanleihen** (*Claussen* in Kölner Komm AktG[2] § 160 AktG Anm 158), die außer dem Zahlungsanspruch das Recht verbriefen, Aktien gegen bar oder auch gegen Hingabe der Schuldverschreibungen zu beziehen, ferner **Gewinnschuldverschreibungen,** die zugleich ein Umtauschrecht oder Bezugsrecht vermitteln. Es spielt keine Rolle, ob die Wertpapiere an der Börse notiert oder privat gehandelt werden. Unter die Angabepflicht fallen auch solche Wandelschuldverschreibungen und vergleichbare Wertpapiere, bei denen die AG selbst nicht Anleiheschuldnerin (sondern zB ein TU), aber zur Aktienausgabe verpflichtet ist (*ADS*[6] § 160 AktG Anm 52).

Anzugeben ist bzgl der am Abschlussstichtag bestehenden, noch nicht ausgeübten Bezugsrechte ihre Zahl, ihre Aufteilung auf die Geschäftsführungen und Arbeitnehmer, ihre Erwerbszeiträume, Kursziele, Wartezeit für die erstmalige Ausübung und Ausübungszeiträume (§ 193 Abs 2 Nr 4 AktG), bei **Schuldverschreibungen** – jeweils gesondert für jede Art – die Zahl der am Abschlussstichtag in Umlauf befindlichen Stücke, die Wertpapierart, ob es sich um Namens-, Order- oder Inhaberpapiere handelt, das Wandel- oder Bezugsrecht mit den Bedingungen (Umtauschverhältnis, Zuzahlungsbetrag) und wie diese Schuldverschreibungen oder Wertpapiere passiviert sind. Der Nennbetrag des bedingten Kapitals (§ 192 AktG) ist in der Bilanz zu vermerken (§ 152 Abs 1 S 3 AktG).

Nach § **160 Abs 1 Nr 6 AktG** ist über **Genussrechte, Rechte aus Besse-** **45**
rungsscheinen und **ähnliche Rechte** unter Angabe der Art und Zahl der jeweiligen Rechte sowie der im Gj neu entstandenen Rechte zu berichten. Genussrechte (§ 247 Anm 227) gewähren Gläubigerrechte am Bilanzgewinn, an Vermögensteilen oder am Liquidationserlös der AG. Besserungsscheine (§ 247

Anm 237) verbriefen das Zahlungsversprechen, Gläubigern, die auf ihre Forderungen an die AG verzichtet haben, die erlassenen Schulden aus dem zukünftigen Gewinn oder Liquidationserlös zurückzuzahlen. Ähnliche Rechte iSd Vorschrift sind obligatorische Ansprüche, die auf Zahlungen aus dem Gewinn oder Liquidationserlös oder die auf Zahlungen nach Maßgabe des Gewinns oder des Liquidationserlöses gerichtet sind (ADS^6 § 160 Anm 57), zB begebene Genussscheine. Werden solche Rechte passiviert, ist ebenfalls zu berichten (ADS^6 § 160 Anm 58).

Für die Berichterstattung nach § 160 Abs 1 Nr 6 AktG kommen in Betracht: **Genussrechte, Genussscheine, Gewinnschuldverschreibungen** (§ 221 Abs 1 AktG), **Besserungsscheine** und **ähnliche Rechte** (wie bedingt rückzahlbare Zuwendungen), sofern sie aus künftigen Gewinnen der AG zurückzuzahlen sind (HFA 1/1984 idF 1990 Bilanzierungsfragen bei Zuwendungen, dargestellt am Beispiel finanzieller Zuwendungen der öffentlichen Hand, IDW-FN 136; glA ADS^6 § 160 AktG Anm 54 ff). Anzugeben ist die Art und Zahl sowie der Nennbetrag der einzelnen Rechte, die am Abschlussstichtag bestehen. Zur Berichterstattung gehört die Entstehung, der Inhalt und Zweck der einzelnen Rechte (ADS^6 § 160 Anm 58) sowie ggf die Änderung der Bedingungen. Die im Gj neu entstandenen Rechte sind besonders anzugeben (glA ADS^6 § 160 AktG Anm 61).

46 Nach § 160 Abs 1 Nr 7 AktG ist über das Bestehen einer **wechselseitigen Beteiligung** unter Angabe des Unt zu berichten. Gem § 19 AktG sind wechselseitig beteiligte Unt KapGes mit Sitz im Inland, die dadurch verbunden sind, dass *jedem* Unt *mehr als der vierte Teil* der Anteile des anderen Unt gehört. Für die Höhe der Betquote ist das Verhältnis des Gesamtnennbetrags der der KapGes gehörenden Anteile am Nennkapital der anderen KapGes, bei Ges mit Stückaktien die Zahl der Aktien (§ 8 Abs 4 AktG) maßgebend; dabei ist die Zurechnungsvorschrift des § 16 Abs 4 AktG über mittelbaren Anteilsbesitz zu beachten. Ist das andere Unt keine KapGes, muss nicht berichtet werden (glA ADS^6 § 160 AktG Anm 62). Anzugeben ist das Bestehen einer wechselseitigen Bet am Abschlussstichtag (glA ADS^6 § 160 AktG Anm 65) und die andere KapGes. Die Angabe der Höhe der jeweiligen gegenseitigen Bet und von Veränderungen im Gj ist nicht erforderlich (ADS^6 § 160 Anm 64; *Claussen* in Kölner Komm AktG² § 160 AktG Anm 165). Die Angabepflichten nach § 285 Nr 11 sind außerdem zu erfüllen. Entsteht eine wechselseitige Beteiligung oder entfällt eine bestehende wechselseitige Beteiligung (zB durch Rückführung auf 25% Anteilsbesitz bei einer KapGes) nach dem Abschlussstichtag, soll darüber im **Lagebericht** berichtet werden (§ 289 Abs 2 Nr 1 Anm 62; ebenso ADS^6 § 160 Anm 65). Oft wird es zu einer Überschneidung mit der Angabepflicht nach § 160 Abs 1 Nr 8 AktG (Anm 47) kommen. Dann ist es zulässig, beide Angaben im Anhang zusammenzufassen (so auch ADS^6 § 160 AktG Anm 66; WPH^{14} I, F Anm 1039).

47 **§ 160 Abs 1 Nr 8 AktG** regelt die Angabepflichten für börsennotierte AG/KGaG iSv § 21 Abs 2 WpHG (Zulassung zum amtlichen Handel an in- und ausländischen Börsen) getrennt (§ 20 Abs 8 AktG) von den Angabepflichten aller übrigen AG/KGaA. Beide Angabepflichten schließen sich gegenseitig aus (*Dehlinger/Zimmermann* in Fuchs WpHG Komm 2009 Vor §§ 21–30 Anm 37). Jede AG/KGaA, deren Aktien nicht börsennotiert oder nicht an einem organisierten Markt iSv § 2 Abs 5 WpHG zugelassen sind, hat über das **Bestehen einer Beteiligung** am Grundkapital zum Abschlussstichtag, die ihr nach § 20 Abs 1 oder 4 AktG mitgeteilt worden ist, zu berichten. Anzugeben sind Beteiligungen von mehr als 25% am Grundkapital der AG/KGaA. Hält die AG/KGaA eigene Aktien, ist für die Berechnung des Aktienanteils gem § 16 Abs 2 S 2, 3 AktG die Gesamtzahl der Aktien entspr zu kürzen (anders bei den Angabepflichten nach WpHG, s weiter unten). Dabei ist nach Nr 8 2. Hs iVm § 20 Abs 6 AktG nur anzugeben, *wem* die Beteiligung gehört und ob sie den vierten Teil aller Aktien übersteigt oder eine Mehrheitsbeteiligung (§ 16 Abs 1 AktG) ist. Wegen der Zurechnungsvorschriften des § 16 Abs 4 AktG ist bei mehrstufigen UntVerbindungen die Angabe mehrerer direkt oder nicht direkt beteiligter Unt für die Bet am Grundkapital der berichtenden AG/KGaA notwendig (BGH 24.7.2000, DB, 1954). Die Angaben folgen daraus, dass der AG/KGaA eine solche Bet nach § 20 Abs 1 oder 4 AktG mitgeteilt worden ist. Sie sind in jedem Anhang solange zu machen, bis nach § 20 Abs 5 AktG mitgeteilt wird, dass eine Beteiligung in mitteilungspflichtiger Höhe *nicht mehr* besteht.

Voraussetzung ist die schriftliche Mitteilung nach § 20 AktG (*KG* 20.4.1999, AG 2000, 228); fehlt es an einer solchen Mitteilung nach § 20 AktG, sind nach hM keine Angaben zu machen, selbst dann nicht, wenn das Unt anderweitig davon Kenntnis erlangt hat (zB Angabe nach § 285 Nr 11 im JA des Aktionärs), ausgenommen, wenn sich die Angabepflicht bereits aus § 160 Abs 1 Nr 7 AktG ergibt (glA *ADS*[6] § 160 AktG Anm 69; *WPH*[4] I, F Anm 1042; *Claussen* in Kölner Komm AktG[2] §§ 284–288 HGB, § 160 AktG Anm 167; *Oser/Holzwarth* in HdR[5] §§ 284–288 Anm 466; aA *Reiß* in Rechnungslegung § 160 AktG Anm 29; ähnlich *Diekmann* Deutsche Zeitschrift für Wirtschaftsrecht 1994, 16, nach denen anderweitig erlangte Kenntnis der AG/KGaA nach der Generalnorm des § 264 Abs 2 zur einer Angabe führen sollte); aA; jedoch schließt eine solche Angabe die Sanktionen nach § 20 Abs 7 AktG nicht aus (*Emmerich/Habersack* Aktien- und GmbH-Konzernrecht[6], § 20 Anm 32)). Veränderungen bei solchen Beteiligungen nach dem Abschlussstichtag der bilanzierenden AG/KGaA sollen im **Lagebericht** angegeben werden (§ 289 Abs 2 Nr 1 Anm 62; für eine Angabe im Anhang *ADS*[6] § 160 Anm 70).

Wegen Überschneidungen mit der Angabepflicht über wechselseitige Beteiligungen vgl Anm 46.

AG/KGaA, deren Aktien zum Handel an einem organisierten Markt iSv § 2 Abs 5 WpHG zugelassen sind, haben über das Bestehen einer Bet am Grundkapital zum Abschlussstichtag, die ihnen in der nach § 21 Abs 1 WpHG vorgeschriebenen Mitteilung zur Kenntnis gebracht worden ist, zu berichten. Mitteilungen nach § 21 Abs 1 WpHG sind immer dann erforderlich, wen durch Erwerb, Veräußerung oder sonstige Weise 3 %, 5 %, 10 %, 15 %, 20 %, 25 %, 30 %, 50 % oder 75 % der Stimmrechte an einem Emittenten erreicht, überschritten oder unterschritten worden sind. Im Falle der erstmaligen Zulassung der Aktien zum Handel vgl § 21 Abs 1a WpHG. Der Inhalt der Anhangangabe umfasst nach § 160 Abs 1 Nr 8 2. Hs AktG iVm § 26 Abs 1 S 1 WpHG, § 19 WpAIV (Wertpapierhandelsanzeige- und Insiderverzeichnisverordnung), der den Inhalt der Veröffentlichung und damit auch den Inhalt der Anhangangabe regelt, die Angabe über das Erreichen, Überschreiten oder Unterschreiten der genannten Schwellen, das Datum der Stimmanteilsveränderung sowie die Höhe des aktuellen Stimmrechtsanteils (nicht Kapitalanteils) in Prozent in Bezug auf die Gesamtmenge der Stimmrechte und in Bezug auf alle mit Stimmrechten versehenen Aktien ein und der selben Gattung und als absolute Zahl der Stimmrechte (*Dehlinger/Zimmermann* in Fuchs WpHG Komm § 21 Anm 61), vollständiger Name/Firma des Aktionärs, seinen Wohnort/Sitz, (falls im Ausland Angabe des Staates); bei Aktionären als Privatpersonen ist der Wohnort nicht anzugeben (*Dehlinger/Zimmermann* aaO § 26 Anm 8). Die für die Berechnung von Stimmrechtsanteilen maßgebliche Gesamtzahl von Stimmrechten wird durch den Erwerb eigener Aktien nicht verringert (*Dehlinger/Zimmermann* aaO § 26 Anm 22). Für die Angaben sind die Zurechnungsvorschriften des § 22 Abs 1 u Abs 2 WpHG zu beachten; dabei sind nach § 17 Abs 2 WpAIV der Name des Dritten, ggf die Namen der kontrollierten Unt, über die die Stimmrechte tatsächlich gehalten werden,

§ 284   48

sowie die Stimmrechte aus den jeweils angewendeten Zurechnungstatbeständen getrennt anzugeben (s im Einzelnen *Dehlinger/Zimmermann* in Fuchs WpHG Komm § 21 Amn 26). Bzgl der Anhangangaben bei fehlerhaften Stimmrechtsmitteilungen s *Dehlinger/Zimmermann* aaO § 26 Anm 5.

Fraglich ist, ob sich die Angaben auf das Bestehen einer Bet am Abschlussstichtag zu beziehen haben oder ob über jede Mitteilung nach § 21 Abs 1 und 1a WpHG die im berichtspflichtigen Gj zugegangen ist, zu berichten ist. Durch die Erweiterung der Angabepflichten der Nr 8 auf Mitteilungen nach dem WpHG kann nichts anderes gelten als für die ursprünglichen Angabepflichten nach § 20 Abs 1 oder Abs 4 AktG. Nach dem Wortlaut der Nr 8 des § 160 Abs 1 AktG ist angabepflichtig das Bestehen einer Bet, die nach AktG oder WpHG mitgeteilt worden ist. Aus dem sachlichen Regelungszweck des gesamten Abs 1 resultiert eine Angabepflicht im Hinblick auf die Verhältnisse am Abschlußstichtag (*Hüffer*[10] § 160 Anm 3; *Dehlinger/Zimmermann* in Fuchs WpHG Komm Vor §§ 21 bis 30 Anm 29), ggf mit Angabe der Veränderung bis zum Abschlußerstellungszeitpunkt (so *ADS*[6] (ErgBd) § 160 AktG nF Anm 20; aA *WPH*[14] I, F Anm 1041, wonach alle bis zum Ende des Gj bzw der Aufhellungsphase eingegangenen Mitteilungen – ggf in tabellarischer Zusammenfassung – anzugeben sind), so dass stets die zuletzt zugegangene Mitteilung angabepflichtig ist (*ADS*[6] (ErgBd) § 160 AktG nF Anm 21). Daraus folgt, dass die Angaben in jedem Anhang zu machen sind, solange keine neue Mitteilung mit verändertem Inhalt zugegangen ist.

Nach dem Wortlaut der Nr 8 richtet sich der Inhalt der Anhangangabe nach § 26 Abs 1 WpHG. Da diese Vorschrift § 25 Abs 1 S 1 WpHG in Bezug nimmt, könnte gefolgert werden, dass auch über das Halten von Derivaten in Bezug auf Aktien der berichtenden Ges im Anhang die vorgeschriebenen Angaben zu machen sind. Das ist zu verneinen, da § 25 Abs 1 S 1 WpHG, obwohl hierüber eine Mitteilung nach § 21 Abs 1 u 1a WpHG der AG/KGaA zugegangen ist, FinInst betrifft, die zeitlich verzögert zu erfüllen sind (*Dehlinger/Zimmermann* in Fuchs WpHG Komm § 25 Anm 6) und mithin den Tatbestand des Bestehens einer Bet zum Abschlussstichtag nicht erfüllen, allenfalls den einer potenziellen zukünftigen Bet, es sei denn, der Erfüllungszeitpunkt des FinInst liegt vor oder am Bilanzstichtag. Durch das AnSFuG (BT-Drs 17/3628) wurde der Gegenstand der Mitteilungen über FinInst in § 25 WpHG und einem neuen § 25a WpHG, die ab 1.2.2012 anzuwenden sind, auf sonstige Instrumente erweitert; hier dürfte nichts anderes gelten.

Nr 8 2. Hs nimmt den gesamten § 26 Abs 1 WpHG für den Inhalt der Angabepflicht in Bezug. Durch das TUG in Transformation von Art 14 der Transparenzrichtl 2004/109/EG wurden die Mitteilungspflichten nach § 26 Abs 1 WpHG um Veröffentlichungspflichten nach S 2 über eigene Aktien erweitert. Fraglich ist, ob die Angabepflicht des § 26 Abs 1 WpHG auch seinen S 2 umfasst, der die Veröffentlichungspflicht hinsichtlich eigener Aktien regelt. Das ist ebenfalls zu verneinen, da es sich hierbei nicht um eine zugegangene Mitteilung eines Meldepflichtigen und auch nicht um eine Bet eines Meldepflichtigen an der AG/KGaA handelt. Im Übrigen ergibt sich der Stand der eigenen Aktien zum Abschlussstichtag nach § 272 Abs 1a S 1 aus der Bilanz nach § 266 Abs 3 A I und den Angabepflichten für den Anhang nach § 160 Abs 1 Nr 2 AktG (s Anm 42).

48   Nach § 240 S 3 AktG ist im Falle der **vereinfachten Kapitalherabsetzung** iSd § 229 AktG im Anhang zu erläutern, ob und in welcher Höhe die aus der Kapitalherabsetzung und aus der Auflösung von Gewinnrücklagen gewonnenen Beträge

– zum Ausgleich von Wertminderungen
– zur Deckung von sonstigen Verlusten oder
– zur Einstellung in die Kapitalrücklage

verwandt werden. Es ist anzugeben, zu welchen der drei Zwecke die Beträge verwandt wurden, ggf sind bei Verwendung zu mehr als einem Zweck die Beträge entspr den Verwendungszwecken aufzuteilen. Sofern in Fällen einer **ordentlichen Kapitalherabsetzung** der herabgesetzte Betrag gem Beschluss nicht zur Rückzahlung bestimmt ist, ist ein entspr „Ertrag aus der Kapitalherabsetzung" gem. § 240 Abs 1 S 1 auszuweisen und werden Angaben iSd § 240 Abs 1 S 3 in Betracht kommen (vgl *ADS*[6] § 240 AktG Anm 11). Auch für den Fall, dass bei einer **Einziehung von Aktien** in die Kapitalrücklage ein Betrag gem § 237 Abs 5 AktG einzustellen ist, sind entspr Angaben gem § 240 Abs 1 S 3 erforderlich (vgl *ADS*[6] § 240 AktG Anm 10). Ob iSd § 240 AktGauch über die Auflösung der Sonderrücklagen nach §§ 7 Abs 6 S 2; 17 Abs 4 S 3; 24 Abs 5 S 3; 27 Abs 2 S 3 DMBilG zum Ausgleich eines Jahresfehlbetrags berichtet werden soll, bestimmt sich nach den allgemeinen Berichterstattungspflichten (§§ 284 ff), da § 240 AktG nur den Ausweis und die Berichterstattung im Falle einer Kapitalherabsetzung regelt (glA *ADS*[6] § 240 AktG Anm 12). Nach § 150 Abs 3 und 4 AktG können Verluste auch aus der Kapitalrücklage gedeckt werden. Nach dem Gesetzeswortlaut des § 240 AktG braucht darüber im Anhang nicht berichtet zu werden.

Wenn im Falle einer **Sonderprüfung wegen unzulässiger Unterbewertung (§ 258 AktG)** die von den Sonderprüfern festgestellten Werte oder Beträge im späteren JA insoweit nicht mehr anzusetzen sind, da auf Grund veränderter Verhältnisse nach §§ 253 bis 256 oder nach den GoB für Aktivposten ein niedrigerer Wert oder für Passivposten ein höherer Betrag anzusetzen ist, sind im Anhang **Gründe** anzugeben, die zu diesen Abweichungen geführt haben. Ferner ist in einer **Sonderrechnung** die Entwicklung der von den Sonderprüfern festgestellten Werte oder Beträge auf die in der Bilanz tatsächlich angesetzten Werte und Beträge darzustellen (§ 261 Abs 1 S 3 AktG). Sind die unterbewerteten Gegenstände nicht mehr vorhanden, ist über diesen Vorgang und über die Verwendung des Ertrags aus dem **Abgang der Gegenstände** im Anhang ebenfalls zu berichten **(§ 261 Abs 1 S 4 AktG).**

II. Pflichtangaben, die wahlweise im Anhang oder an anderer Stelle im Jahresabschluss zu machen sind

Folgende Angaben müssen im Anhang gemacht werden, wenn sie in Ausübung eines Wahlrechts nicht in die Bilanz oder GuV aufgenommen werden. Nach dem Grundsatz der Stetigkeit ist ein einmal gewählter Ausweis in Bilanz oder GuV oder eine Angabe im Anhang beizubehalten. Dem PublG unterliegende Ekfl und reine PersGes, die nach § 5 Abs 2 PublG keinen Anhang aufzustellen brauchen, müssen die folgenden Angabepflichten in der Bilanz oder GuV erfüllen (glA *WPH*[14] I, H Anm 64). Obwohl für den Anhang keine Pflicht zur Angabe von Vj-Zahlen besteht, gilt dies für die Angaben, die anstatt in der Bilanz oder GuV im Anhang gemacht werden, nicht (IDW RS HFA 39 Tz 1). Wird im Falle einer Verschmelzung nach § 2 UmwG als Schlussbilanz iSv § 17 Abs 2 UmwG die Bilanz des letzten JA verwendet, müssen die entspr Wahlpflichtangaben in die Bilanz aufgenommen werden oder in einer Anlage zur Bilanz mit zum HR eingereicht werden (IDW RS HFA 42 Tz 7).

1. Liste der Pflichtangaben nach HGB und EGHGB in Bilanz, Gewinn- und Verlustrechnung oder im Anhang

§ 264c Abs 1 (dort Anm 5): Bei **KapCoGes** gesonderter Ausweis der **Ausleihungen, Forderungen** und **Verbindlichkeiten ggü Gestern** oder Vermerk der Mitzugehörigkeit dieser Posten zu einem anderen;

§ 265 Abs 3 S 1 (dort Anm 7): Angabe der **Mitzugehörigkeit** von einem Bilanzposten zu einem anderen, wenn dies zur Aufstellung eines klaren und übersichtlichen JA erforderlich ist;

§ 268 Abs 1 S 2 2. Hs (dort Anm 4): Gesonderte Angabe des **Gewinn- oder Verlustvortrags**, wenn die Bilanz unter Berücksichtigung der teilweisen Verwendung des Jahresergebnisses aufgestellt wird und der Gewinnvortrag/Verlustvortrag in den Bilanzgewinn/Bilanzverlust einbezogen ist;

§ 268 Abs 2 S 1 (dort Anm 10): Darstellung des **Brutto-Anlagegitters**;

§ 268 Abs 2 S 3 (dort Anm 12, 16): Angabe der **Abschreibungen des Geschäftsjahrs**;

§ 268 Abs 6 (dort Anm 110): Gesonderter Ausweis eines **aktivierten Disagios**;

§ 268 Abs 7 1. Hs (dort Anm 123): Gesonderter Ausweis der in § 251 bezeichneten **Haftungsverhältnisse** unter Angabe der gewährten **Pfandrechte** und sonstigen **Sicherheiten**;

§ 268 Abs 7 2. Hs (dort Anm 127): Gesonderter Ausweis der **Haftungsverhältnisse gegenüber verbundenen Unternehmen**;

§ 277 Abs 3 S 1 (dort Anm 3): jeweils gesonderte Angabe von **außerplanmäßigen Abschreibungen im Anlagevermögen** nach § 253 Abs 3 S 3 und 4;

§ 327 Nr 1 S 2 (dort Anm 8): Gesonderte Angabe von **bestimmten Bilanzposten**, wenn **mittelgroße Kapitalgesellschaften/KapCoGes** die Bilanz nur in der für kleine KapGes/KapCoGes vorgeschriebenen Form zum eBAnz einreichen;

Art 67 Abs 3 S 1 EGHGB (dort Anm 15): Angabe der Vorschriften, nach denen **Sonderposten mit Rücklageanteil** gem § 273 S 2 2. Hs aF fortgeführt werden;

Art 67 Abs 3 S 1 EGHGB (dort Anm 18): gesonderte Angabe der **Erträge** aus der Auflösung des fortgeführten **Sonderpostens mit Rücklageanteil** gem § 281 Abs 2 S 2 aF;

Art 67 Abs 4 S 1 EGHGB (dort Anm 18): Angabe der Vorschriften, nach denen **Wertberichtigungen** iSd § 254 aF iVm § 279 Abs 2 aF, die gem § 281 Abs 1 S 1 aF in den Sonderposten mit Rücklageanteil eingestellt sind, fortgeführt werden;

Art 67 Abs 5 S 1 EGHGB (dort Anm 21): Darstellung des Brutto – Anlagegitters nach § 268 Abs 2 S 1 aF einschl des fortgeführten Postens „**Aufwendungen für die Ingangsetzung und Erweiterung des Geschäftsbetriebs**" iSv § 269 aF.

2. Weitere Pflichtangaben für GmbH in Bilanz, Gewinn- und Verlustrechnung oder im Anhang

57 Nach § **29 Abs 4 S 1 GmbHG** dürfen GmbH mit Zustimmung des AR oder der Gester den **Eigenkapitalanteil von Wertaufholungen** bei VG des Anlage- und Umlaufvermögens in die anderen Gewinnrücklagen gem § 266 Abs 3 A III Nr 4 einstellen. Der Betrag dieser Rücklagen (**Wertaufholungsrücklagen**) ist gesondert in der Bilanz (zB Davon Vermerk bei andere Gewinnrücklagen) auszuweisen oder im Anhang zu nennen (§ 29 Abs 4 S 2 GmbHG); aus dem Wortlaut des § 29 Abs 4 S 2 wird uE deutlich, dass der Betrag dieser Rücklagen nicht nur im Jahr der Einstellung, sondern auch in den Folgejahren **gesondert** in Bilanz oder Anhang zu erfolgen hat (glA *Hüffer*[10] § 58 Anm 21; zweifelnd *WPH*[14] I, F Anm 400). Bei freiwilliger Unterteilung oder Ergänzung der anderen Gewinnrücklagen ist eine genaue Postenbezeichnung erforderlich; das gilt auch für die Sonderrücklagen nach §§ 7 Abs 6 S 2; 17 Abs 4 S 3; 24 Abs 5 S 3; 27 Abs 2 S 3 DMBilG.

58 GmbH haben unabhängig von ihrer Größe bei den **Ausleihungen, Forderungen** und **Verbindlichkeiten** die Beträge, die **gegenüber Gesellschaftern** bestehen, jeweils gesondert anzugeben (**§ 42 Abs 3 GmbHG**). Hierzu gehören auch Darlehen mit Verstoß gegen § 30 Abs 1 S 1 GmbHG sowie Erstattungsansprüche nach § 31 Abs 1 GmbHG. Zweck der Vorschrift ist, die Beziehungen zu Gestern (nicht auch zu ihnen nahe stehenden Personen oder Ges, mit denen auch geschäftliche Verbindungen bestehen; beachte hierzu § 285 Nr 21) erkennbar zu machen. Die Angabepflichten beziehen sich jeweils auf die für die betr Größenklasse der GmbH vorgeschriebene Mindestform des Bilanzschemas und sind unabhängig vom Umfang des Anteilsbesitzes des Gesters (glA *Bohl/Schamburg-Dickstein* in HdR[5] § 42 GmbHG Anm 57). Es spielt auch keine Rolle, ob der Gester zugleich Geschäftsführer ist. Demnach fallen auch Kredite gem § 43a GmbHG an Geschäftsführer, die gleichzeitig Gester sind, unter § 42 Abs 3 GmbHG. Insoweit kommt es zu einer Doppelangabe mit § 285 Nr 9c (vgl § 285 Anm 210). Eine Aufgliederung nach einzelnen Gestern ist nicht erforderlich. Entscheidend für die Angabe ist die Gesterstellung am Abschlussstichtag (*Bohl/Schamburg-Dickstein* aaO Anm 59). Während des Gj ausgeschiedene Gester sind nicht mehr in die Angabe aufzunehmen; bei neu eintretenden Gestern sind auch die früher entstandenen Forderungen und Verbindlichkeiten in die Angabe einzubeziehen. Soweit eine **KleinstGmbH** eine verkürzte Bilanz nach § 266 Abs 1 S 4 aufstellt und auf die Aufstellung eines Anhangs verzichtet, braucht ein nach § 42 Abs 3 GmbHG vorgesehener gesonderter Ausweis von Ausleihungen, Forderungen und Verbindlichkeiten ggü Gester nicht vorgenommen werden, da diese Posten alternativ im Anhang angegeben werden können und der Gesetzgeber dieser Größenklasse von Gesellschaften in § 264 Abs 1 S 5 den Verzicht auf die Aufstellung eines Anhangs ermöglicht.

Nach dem Wortlaut des HGB sind in der GuV enthaltene Erträge und Aufwendungen aus Beziehungen mit Gestern nicht gesondert anzugeben. Ferner sind Guthaben bei Gester-Kreditinstituten (aA *Bohl/Schamburg-Dickstein* aaO Anm 65) und Rückstellungen ggü Gestern (glA *Bohl/Schamburg-Dickstein* aaO Anm 67) nicht gesondert ausweispflichtig. Dagegen sind Angaben zu Haftungsverhältnisse (§ 268 Abs 7 Anm 129 iVm § 251) ggü Gestern uE ebenso zu empfehlen wie die Angabe der sonstigen finanziellen Verpflichtungen ggü Gestern (s § 285 Anm 59).

Die Angaben können in Form eines gesonderten Ausweises in der Bilanz erfolgen, indem dem Bilanzschema ein jeweils neuer Posten mit arabischer Nr unter entspr Bezeichnung hinzugefügt wird (vgl § 265 Abs 5 S 2), zB Forderungen an Gester. Dann entfällt ein Mitzugehörigkeitsvermerk nach § 265 Abs 3. Oder es kann bei den Bilanzposten, in denen GesterPosten enthalten sind, durch **Davon-Vermerke** („davon gegenüber Gesellschaftern") auf die Gesterbeziehung hingewiesen werden (aA *Bohl/Schamburg-Dickstein* aaO Anm 61). Diese Angaben dürfen auch im Anhang gemacht werden. Unabhängig von der Art des Bilanzausweises oder der Anhangangabe sind die Aufgliederungen der Verbindlichkeiten ggü Gestern nach Restlaufzeiten und Sicherheiten (§ 285 Anm 17) zu machen.

Bei dem gesonderten Ausweis von Ausleihungen, Forderungen und Verbindlichkeiten ggü Gestern kann es zu **Überschneidungen mit** den vorgeschriebenen **Sonderausweisen** kommen, wenn der Gester zugleich verbundenes Unt iSv § 271 Abs 2 ist oder zwischen ihm und der GmbH ein Beteiligungsverhältnis besteht (§ 271 Abs 1). In diesen Fällen ist die Mitzugehörigkeit entspr zu vermerken (§ 265 Abs 3 S 1) (glA *Bohl/Schamburg-Dickstein* in HdR[5] § 42 GmbHG Anm 58), was durch einen Davon-Vermerk (in Bilanz oder Anhang) zu den Ausleihungen, Forderungen und Verbindlichkeiten ggü verbundenen Unt oder ggü Unt, mit denen ein BetVerhältnis besteht, zu erfolgen hat (zB Verbindlichkeiten ggü Unt, mit denen ein BetVerhältnis besteht, davon ggü Gestern).

Die **Einlage eines stillen Gesellschafters** (§ 230 HGB) in die GmbH fällt, sofern es sich um FK handelt (vgl dazu *Blaurock* Handbuch Stille Gesellschaft[7], § 13.117), nicht unter die Ausweis- bzw Angabevorschrift des § 42 GmbHG (glA *Bohl/Schamburg-Dickstein* in HdR[5] § 42 GmbHG Anm 69). Der stille Gester ist nicht an der GmbH beteiligt, sondern er ist Gester der stillen Ges, die eine besondere Form der GbR darstellt (*Post/Hoffmann* Die stille Beteiligung am Unt der Kapitalgesellschaft – GmbH und Still – Recht, Steuer, Betriebswirtschaft[2], 22) und selbst nicht nach § 264 rechnungslegungs- und offenlegungspflichtig ist. Ist der stille Gester gleichzeitig Gester der GmbH, ist Ausweis- bzw Angabepflicht gegeben (*Bohl/Schamburg-Dickstein* Anm 70; *Crezelius* in Scholz GmbHG[10] § 42 Anm 27).

Genussscheinkapital, soweit es als FK ausgewiesen wird und von Gestern gehalten wird, ist nach § 42 Abs 3 GmbHG angabepflichtig.

Sog **mittelbare Gesellschafterdarlehen** sind nach § 42 Abs 3 GmbH nicht angabepflichtig. Ein solches mittelbares GesterDarlehen liegt dann vor, wenn ein Dritter der GmbH ein Darlehen gegen Gewährung von Sicherheiten des Gesters oder aus Mitteln des Gesters gewährt.

3. Weitere Pflichtangaben für AG in Bilanz, Gewinn- und Verlustrechnung oder im Anhang

70 Nach **§ 58 Abs 2a S 2 AktG** ist die Wertaufholungsrücklage (§ 58 Abs 2a S 1 AktG der **Eigenkapitalanteil von Wertaufholungen)** als Teilbetrag der anderen Gewinnrücklagen (§ 266 Abs 3 A III Nr 4) gesondert auszuweisen (zB Davon Vermerk) oder im Anhang anzugeben. Bei freiwilliger Unterteilung der anderen Gewinnrücklagen ist eine genaue Postenbezeichnung erforderlich.

71 Bei der **Kapitalrücklage** (vgl § 272 Anm 160) sind gesondert anzugeben

– der Betrag, der während des Gj in die Kapitalrücklage eingestellt wurde (§ 152 Abs 2 Nr 1 AktG) und
– der Betrag, der für das Gj der Kapitalrücklage entnommen wird (§ 152 Abs 2 Nr 2 AktG)
– alle übrigen Veränderungen (unsaldiert und bezeichnet).

Nach dem Wortlaut des AktG sind die Einstellungen und Entnahmen jeweils in einem Betrag anzugeben und nicht nach den Gründen (§§ 272 Abs 2 HGB, 150 Abs 2 bis 4 AktG) aufzugliedern. Aufrechnungen zwischen Einstellungen und Entnahmen in einem Gj sind nicht zulässig.

72 Zu den **einzelnen** Posten der **Gewinnrücklagen** (§ 272 Anm 230) sind jeweils gesondert anzugeben

– die Beträge, die die HV aus dem Bilanzgewinn des Vj eingestellt hat (§ 152 Abs 3 Nr 1 AktG);
– die Beträge, die aus dem Jahresüberschuss des Gj eingestellt werden (§ 152 Abs 3 Nr 2 AktG) und
– die Beträge, die für das Gj entnommen werden (§ 152 Abs 3 Nr 3 AktG)
– alle übrigen Veränderungen (unsaldiert und bezeichnet, zB zur Kapitalerhöhung aus Gesellschaftsmitteln; Verrechnung des Unterschiedsbetrags zwischen dem Nennwert eigener Aktien und ihren AK nach § 272 Abs 1a S 2).

Gewinnrücklagen sind alle Rücklagen, die in der Bilanz auf der Passivseite unter dem Posten A III. der Gliederung nach § 266 Abs 3 auszuweisen oder tatsächlich ausgewiesen sind. Die entspr Beträge sind bei allen Arten von Gewinnrücklagen gesondert aufzuführen. Werden die anderen Gewinnrücklagen freiwillig unter Angabe des Zwecks, für den sie gebildet worden sind, oder auf Grund von gesetzlichen Vorschriften (zB Wertaufholungsrücklage nach § 58 Abs 2a AktG, vgl Anm 70; Sonderrücklagen nach DMBilG) weiter untergliedert oder um weitere Posten ergänzt, sind die Beträge auch für diese Rücklagenposten gesondert anzugeben. Aufrechnungen von Einstellungen und Entnahmen in einem Gj sind nicht zulässig.

Die Vorschrift zur Untergliederung der Kapital- und Gewinnrücklagen ist für **kleine AG** (§ 267 Abs 1) nicht anzuwenden; die Erleichterungsvorschrift für kleine KapGes (§ 266 Abs 1 S 3) gilt als lex specialis auch für kleine AG. Dennoch ist die Rücklagebewegung gem § 152 Abs 2 und 3 AktG weiterhin anzugeben, wobei die Darstellung gem § 152 Abs 2 und 3 AktG wegen § 266 Abs 1 S 3 nicht weiter untergliedert werden muss (ADS[6] § 152 AktG Anm 39). Für **KleinstAG** sind § 152 Abs 2 und 3 AktG nicht anzuwenden, wenn die AG die Bilanz nach § 266 Abs. 1 S 4 in verkürzter Form aufstellt (§ 152 Abs. 4 AktG). Zur Darstellung der Bewegung, wenn die Einstellung in die Rücklage für Anteile an einem herrschenden oder mit Mehrheit beteiligten Unt nach § 272 Abs 4 S 3 aus vorhandenen frei verfügbaren Rücklagen erfolgt, s § 272 Anm 300.

Die **Verwendung des Jahresüberschusses/Jahresfehlbetrags** ist gem 73 § 158 Abs 1 AktG wie folgt darzustellen:

1. Gewinnvortrag/Verlustvortrag aus dem Vorjahr
2. Entnahmen aus der Kapitalrücklage
3. Entnahmen aus Gewinnrücklagen
   a) aus der gesetzlichen Rücklage
   b) aus der Rücklage für Anteile an einem herrschenden oder mit Mehrheit beteiligten Unt
   c) aus satzungsmäßigen Rücklagen
   d) aus anderen Gewinnrücklagen
   Entnahmen aus den Sonderrücklagen nach DMBilG sind einzeln darzustellen.
4. Einstellungen in Gewinnrücklagen
   a) in die gesetzliche Rücklage
   b) in die Rücklage für Anteile an einem herrschenden oder mit Mehrheit beteiligten Unt
   c) in satzungsmäßige Rücklagen
   d) in andere Gewinnrücklagen
5. Bilanzgewinn/Bilanzverlust.

Werden diese Posten statt im Anhang in der GuV ausgewiesen, ist nach dem Posten Jahresüberschuss/Jahresfehlbetrag die Nummerierung entspr fortzuführen.

Verrechnungen zwischen den einzelnen vorgeschriebenen Posten sind nicht zulässig. Bzgl einer weiteren Unterteilung der anderen Gewinnrücklagen s Anm 72.

Einstellungen in die Kapitalrücklage sind fast immer erfolgsneutral; das gilt auch für verdeckte Einlagen (§ 272 Anm 401).

Nach **§ 160 Abs 1 Nr 3 AktG** ist über **Aktien jeder Gattung** zu berich- 74 ten. Die Angabepflicht ist im Zusammenhang mit der Vermerkpflicht nach § 152 Abs 1 S 2 AktG zu sehen, nach der der auf jede Aktiengattung entfallende Betrag des Grundkapitals in der Bilanz gesondert anzugeben ist. § 160 Abs 1 Nr 3 1. Hs AktG verlangt, dass zusätzlich Zahl und bei Nennbetragsaktien der Nennbetrag der Aktien jeder Gattung anzugeben sind. Maßgebend sind die Verhältnisse am Abschlussstichtag laut den Eintragungen im HR (glA ADS[6] § 160 AktG Anm 42). Die Angaben ergeben sich aus der Satzung, in der nach § 23 Abs 3 Nr 4 AktG die Zerlegung des Grundkapitals entweder in Nennbetragsaktien oder in Stückaktien, bei Nennbetragsaktien deren Nennbeträge und die Zahl der Aktien jeden Nennbetrags, bei Stückaktien deren Zahl sowie, wenn mehrere Gattungen bestehen, die Gattung der Aktien und die Zahl der Aktien jeder Gattung bestimmt werden müssen. Besteht nur eine Aktiengattung, sind die Angaben auch zu machen, zB das Grundkapital ist zerlegt in 500 000 Nennbetragsaktien zu je 1 Euro (§ 8 Abs 2 AktG). Diese Einzelangaben sind auch für Aktien, die bei einer bedingten Kapitalerhöhung (§ 192 AktG) oder einem genehmigten Kapital (§ 202 AktG) im Gj gezeichnet wurden, jeweils gesondert zu machen (§ 160 Abs 1 Nr 3 2. Hs AktG). Es dient sicherlich nicht der Klarheit und Übersichtlichkeit, wenn sich ergänzende und zusammengehörende Angaben im JA an verschiedenen Stellen gemacht werden. Es muss daher in analoger Anwendung zu § 265 Abs 7 Nr 2 zulässig sein, die Angaben nach § 160 Abs 1 Nr 3 AktG mit der Angabe der auf jede Aktiengattung entfallenden Beträge des Grundkapitals (§ 152 Abs 1 S 2 AktG) zusammenzufassen und im Anhang zu machen, obwohl die Angabe des auf jede Aktiengattung entfallenden Betrags des Grundkapitals nur für die Bilanz vorgeschrieben ist (ebenso ADS[6] § 160 AktG Anm 41; WPH[14] I, F Anm 1033). Die Zusammenfassung aller Angaben zu den Aktiengattungen erhöht die Klarheit der Aussage.

III. Freiwillige Angaben

80 Über die Pflichtangaben hinaus kann der Anhang um freiwillige Angaben erweitert werden. Diese Angaben unterliegen wie die übrigen Angaben des Anhangs der Offenlegungspflicht und bei mittelgroßen und großen KapGes/KapCoGes der Prüfungspflicht des AP.
Welche Angaben freiwillig in den Anhang aufgenommen werden dürfen, sagen HGB und Nebengesetze nicht. Es kommen in Betracht: Weitere Ausführungen zu den nicht nach § 285 erläuterungspflichtigen Posten der Bilanz und GuV, Substanzerhaltungsrechnung und Kapitalerhaltungsrechnung (vgl hierzu *HFA 2/1975 Zur Berücksichtigung der Substanzerhaltung bei der Ermittlung des Jahresergebnisses*, WPg 614); Gewinn pro Aktie (*Busse von Colbe ua* (Hrsg) *Ergebnis je Aktie nach DVFA/SG*[3]); Angaben gem den Empfehlungen des DCGK. Infrage kommen auch KFR (DRS 2), EK-Spiegel (DRS 7) und Segmentberichterstattung (DRS 3), wie sie für den JA einer nicht zur Aufstellung eines KA verpflichteten kapmarktKapGes nach § 264 Abs 1 S 2 oder den KA nach § 297 Abs 1 vorgeschrieben oder zulässig sind. Weiterhin können Zusatzangaben im Hinblick auf die internationale Vergleichbarkeit deutscher JA gemacht werden (zB Angaben zu Zeitwerten von VG, zu nicht realisierten Gewinnen). Pflichtangaben können auch freiwillig um solche Angaben erweitert werden, die für den Lagebericht vorgeschrieben sind, aber im sachlichen Zusammenhang mit entspr Anhangangaben stehen (zB § 289 Abs 2 Nr 2 zu § 285 Nr 20b; § 289 Abs 2 Nr 3 zu § 285 Nr 22; § 298 Abs 4 Nr 8 und 9 und § 289 Abs 2 Nr 5 zu § 285 Nr 9a). Im Hinblick auf freiwillige in den Anhang aufzunehmende Informationen ist stets abzuwägen, inwieweit diese Informationen nicht gem § 315 Abs 1 S 3 und 4 bzw gem DRS 20 ihrer Art nach in den Lagebericht aufzunehmen sind. Danach sollten Informationen die va auf das Unternehmen, sein wirtschaftliches, soziales und ökologisches Umfeld abstellen, in den Lagebericht aufgenommen werden, um die Grenzen zwischen Anhang und Lagebericht nicht zu verwischen (ADS[6] § 284 Anm 31).

81 Die freiwilligen Angaben müssen im Rahmen der zur Veröffentlichung bestimmten Unterlagen, sofern diese mehr als den JA und Lagebericht umfassen (zB Geschäftsbericht) eindeutig und erkennbar als dem Anhang zugehörig gekennzeichnet sein.
Der Umfang der freiwilligen Angaben im Anhang findet dort seine Grenze, wo **Klarheit** und **Übersichtlichkeit** der Darstellung beeinträchtigt werden oder kein sachlicher Zusammenhang mit dem JA besteht. Freiwillige Angaben liegen auch vor, wenn kleine und mittelgroße KapGes/KapCoGes von den größenabhängigen Erleichterungen der §§ 274a, 276 und 288 nicht oder nur teilweise Gebrauch machen.
Die im Anhang zulässigen freiwilligen Angaben können auch im **Lagebericht** (§ 289) gemacht werden (einschränkend ADS[6] § 289 Anm 13).

82 Sollen freiwillige Angaben weder im Anhang noch im Lagebericht gemacht, gleichwohl aber im Rahmen einer allgemeinen Berichterstattung an die Öffent-

lichkeit gerichtet werden, besteht die Möglichkeit, in einem **Geschäftsbericht** getrennte Sonderabschnitte einzurichten, die selbst keinen gesetzlichen Vorschriften unterliegen und auch nicht prüfungspflichtig sind (*ADS*[6] § 284 Anm 35), zB Tabellen, Graphiken, Glossare, aber einem Review durch kritisches Lesen des AP nach IDW PS 202 zu unterziehen sind.

C. Angaben zur Bilanz und Gewinn- und Verlustrechnung (Abs 2 Nr 1)

Nach Abs 2 Nr 1 müssen die auf die Posten der Bilanz und GuV angewandten **85** **Bilanzierungs- und Bewertungsmethoden** angegeben werden. Nach Sinn und Zweck dürfen sich diese Angaben nicht allein auf die Wiedergabe des Wortlauts der gesetzlichen Bilanzierungs- und Bewertungsvorschriften beschränken, sondern es ist darzustellen, wie im konkreten Fall Wahlrechte ausgeübt und Ermessensspielräume ausgefüllt wurden. Da sich die Angabepflicht auf Methoden bezieht, fallen Angaben und Erl über den Inhalt, die Zusammensetzung, die Veränderungen der einzelnen Posten ggü dem Vj nicht unter diese Vorschrift (hM *ADS*[6] § 284 Anm 53). Sie dürfen als freiwillige Angaben in den Anhang (Anm 80) aufgenommen werden.

I. Angabe der Bilanzierungsmethoden

Das HGB definiert den Begriff der Bilanzierungsmethode nicht. Es stellt ihn **86** neben die Bewertungsmethoden. Ist nach hM unter einer Bewertungsmethode ein planmäßiges Verfahren zur Ermittlung eines Wertansatzes zu verstehen, ist als Bilanzierungsmethode das planmäßige Vorgehen anzusehen, um einen Posten in der Bilanz anzusetzen. Dieses Vorgehen umfasst mithin die Entscheidung über die **Bilanzierung dem Grund nach** (Anm 87) und im Rahmen der GoB in bestimmten Fällen auch hinsichtlich des **Zeitpunkts** der Bilanzierung (Anm 91; glA *ADS*[6] § 284 Anm 55). Die Bilanzierungsmethoden bestehen mithin in der Ausübung von Ansatzvorschriften, Bilanzierungswahlrechten und Ermessensspielräumen (IDW RS HFA 38 Tz 7). Sie sind stetig anzuwenden; eine Änderung ist nur in begründeten Ausnahmefällen zulässig (§ 246 Abs 3).

Die **Bilanzierungswahlrechte dem Grund nach** entsprechen den **An-** **87** **satzwahlrechten** (IDW RS HFA 38 Tz 7), wonach bestimmte Aktiv- und Passivposten bilanziert werden dürfen, aber nicht müssen. Im HGB sind in folgenden Fällen Ansatzwahlrechte vorgesehen:

– Selbst geschaffene immaterielle VG des Anlagevermögens (§ 248 Abs 2 S 1);
– Disagio (§ 250 Abs 3 S 1);
– Überhang aktiver latenter Steuern (§ 274 Abs 1 S 2);
– Rückstellungen für laufende Pensionen oder Anwartschaften mit vor 1987 entstandenem Rechtsanspruch (Altzusagen) sowie für mittelbare Pensionsverpflichtungen und ähnliche Verpflichtungen (Art 28 Abs 1, Art 48 Abs 6 EGHGB).

Die **Übergangsvorschriften** des BilMoG gem Art 67 EGHGB gewähren für **88** einen Übergangszeitraum nach Maßgabe der fortgeltenden Vorschriften aF verschiedene Beibehaltungswahlrechte für den Bilanzansatz, über deren Inanspruchnahme zu berichten ist (*Kirsch* StuB 2008, 878): Fortführung der Bilanzierungshilfe für Aufwendungen für die Ingangsetzung und Erweiterung des Geschäftsbetriebs nach § 269 aF (Art 67 Abs 5 S 1 EGHGB), Fortführung der aktiven RAP nach § 250 Abs 1 S 2 aF (Art 67 Abs 3 S 1 EGHGB), Fortführung der Sonderposten mit Rücklageanteil nach §§ 247 Abs 3, 273 aF (Art 67 Abs 3

S 1 EGHGB), und der Aufwandsrückstellungen nach § 249 Abs 2 aF (Art 67 Abs 3 S 1 EGHGB). Zu den Bilanzierungsmethoden gehört auch die Art der Aufstellung der Bilanz, dh vor oder nach vollständiger oder teilweiser Verwendung des Jahresergebnisses gem § 268 Abs 1 (*WPH*[14] I, F Anm 700).

89 Über die Ausübung dieser Bilanzierungswahlrechte ist stets zu berichten, um die bilanzpolitischen Maßnahmen erkennbar zu machen. Ist jedoch für die Posten ein **gesonderter Ausweis** in der Bilanz oder Angaben im Anhang gesetzlich vorgeschrieben (Disagio nach § 268 Abs 6; Fehlbetrag bei den Pensionsrückstellungen nach Art 28 Abs 2, Art 48 Abs 6 EGHGB, teilweise Ergebnisverwendung nach § 268 Abs 1), braucht nicht berichtet zu werden, da der Bilanzposten oder die Anhangangabe als solche erkennbar ist (aA *Kupsch* in HdJ IV/4 Anm 78). Ist ein Bilanzierungswahlrecht nicht unmittelbar erkennbar, muss hingegen die Ausübung eines Ansatzwahlrechts jährlich erwähnt werden. Handelt es sich um unwesentliche Beträge, kann eine Angabe entfallen, wenn dadurch die Vermittlung eines den tatsächlichen Verhältnissen entspr Bilds der VFE-Lage (§ 264 Anm 35) nicht beeinträchtigt wird (wie hier *ADS*[6] § 284 Anm 56). Eine **Begründung** für die Inanspruchnahme der Bilanzierungswahlrechte ist nicht gefordert.

Unter die Bilanzierungsmethoden fällt auch das nur durch die GoB begrenzte planmäßige Vorgehen bei der Festlegung des **Zeitpunkts der Bilanzierung**. Wann ein VG zu aktivieren oder eine Schuld zu passivieren ist, ist im Rahmen der GoB von nicht immer eindeutigen Voraussetzungen abhängig. In diesen Fällen müssen die Grundsätze angegeben werden, nach denen die Voraussetzungen für die Bilanzierung als erfüllt angesehen werden (glA *Kupsch* in HdJ Abt IV/4 Anm 79).

Beispiele hierfür sind:
- Bilanzierung von Zu- und Abgängen bei Grundstücken im Zeitpunkt des Übergangs des wirtschaftlichen oder rechtlichen Eigentums (§ 247 Anm 451);
- Bilanzierung des Zugangs von unterwegs befindlicher Ware im Zeitpunkt des Gefahrenübergangs oder des späteren Eigentumsübergangs (§ 240 Anm 58);
- Bilanzierung der Forderungen aus Lfg und Leistungen und damit Gewinnrealisierung (bei langfristiger Fertigung) im Zeitpunkt der Erfüllung von Teilleistungen oder der Gesamtleistung (§ 255 Anm 457);
- Bilanzierung von Zulagen im Zeitpunkt der Erfüllung der wirtschaftlichen Voraussetzungen oder des rechtlichen Entstehens des Anspruchs (§ 247 Anm 120; HFA 1/1984 idF 1990 Bilanzierungsfragen bei Zuwendungen, dargestellt am Beispiel finanzieller Zuwendungen der öffentlichen Hand, IDW-FN 1990, 136);
- Bilanzierung von Rückstellungen für künftige Ausgleichsansprüche der Handelsvertreter im Zeitpunkt vor oder bei Beendigung des Vertreterdvertrags (§ 249 Anm 100);
- Bilanzierung von BetErträgen aus KapGes unter bestimmten Voraussetzungen phasengleich oder in Abhängigkeit vom Gewinnverwendungsbeschluss (§ 266 Anm 120);
- Bilanzierung der Geschäfte für Rechnung des übernehmenden Rechtsträgers zwischen dem Verschmelzungsstichtag und der Eintragung in das HR im JA des übertragenden Rechtsträgers (IDW RS HFA 42 Tz 31).

90 Für diese und ähnliche Fälle ist die Angabepflicht nur bei **wesentlichen Posten** geboten. Bei KapGes/KapCoGes mit langfristiger Fertigung (§ 255 Anm 457) wird stets über die Grundsätze der Umsatz- und Gewinnrealisierung nach § 284 Abs 2 Nr 1 zu berichten sein (so auch *Kupsch* in HdJ IV/4 Anm 80).

II. Angabe der Bewertungsmethoden

1. Allgemeines

100 Die Bewertungsmethoden sind in jedem Anhang anzugeben. Ein Verweis auf einen früheren Anhang ist nicht zulässig. Die Angaben können für mehrere Pos-

Erläuterung der Bilanz und der GuV-Rechnung 101–106 § 284

ten der Bilanz zusammengefasst werden, um Wiederholungen zu vermeiden. Beträge brauchen dabei im Allgemeinen nicht angegeben zu werden. Es genügt eine **verbale Berichterstattung**. Was unter Bewertungsmethode zu verstehen ist, regelt das HGB nicht. Es handelt sich dabei um jedes planmäßige Verfahren zur Ermittlung eines Wertansatzes. Sowohl hinsichtlich der **Höhe des Wertansatzes** als auch der **Wahl des Verfahrens zur Ermittlung des Wertansatzes** können Wahlrechte bestehen. Die Angabepflicht der Bewertungsmethoden erstreckt sich auf beides (glA *ADS*[6] § 284 Anm 60; IDW RS HFA 38 Tz 9).

Folgende **Bewertungswahlrechte** sind gesetzlich ausdrücklich eingeräumt: **101**
- Festwertbewertung bei Sachanlagen und Roh-, Hilfs- und Betriebsstoffen unter bestimmten Voraussetzungen (§ 240 Abs 3);
- außerplanmäßige Abschreibungen auf Finanzanlagen bei nur vorübergehender Wertminderung § 253 Abs 3 S 4);
- Bemessung der HK bei selbstgeschaffenen VG des Anlagevermögens (§ 255 Abs 2a iVm Abs 2 S 3);
- Abzinsung der AVersVerpflichtungen und vergleichbarer langfristig fälliger Verpflichtungen (§ 253 Abs 2 S 2);
- Abzinsung von Rentenverpflichtungen, für die eine Gegenleistung nicht mehr zu erwarten ist (§ 253 Abs 2 S 3 iVm S 2);
- Gruppenbewertung im Vorratsvermögen und bei anderen beweglichen VG und Schulden (§ 240 Abs 4);
- Bildung von BewEinh nach § 254;
- Verbrauchsfolgeverfahren im Vorratsvermögen, Fifo, Lifo (§ 256);
- Bemessung der HK (§ 255 Abs 2 S 3);
- Einbeziehung von FK-Zinsen in die HK (§ 255 Abs 3);
- Ermittlung des beizZW mit Hilfe allgemein anerkannter Bewertungsmethoden (§ 255 Abs 4 S 2);
- Wertbeibehaltung im Anlagevermögen nach Art 24 Abs 1 EGHGB;
- Wertbeibehaltung im Anlagevermögen nach Art. 48 Abs 2 EGHGB;
- Ansammlung der Pensionsrückstellungen nach Art 67 Abs 1 S 1 EGHGB;
- Wertbeibehaltung der Pensionsrückstellungen nach Art 67 Abs 1 S 2 EGHGB;
- Beibehaltung der steuerrechtlichen Abschreibungen (§ 279 Abs 2 iVm § 254 S 1 aF) nach Art 67 Abs 4 S 1 EGHGB;
- Beibehaltung der niedrigeren Wertansätze von VG des Umlaufvermögens auf Grund von Abschreibungen nach § 253 Abs 3 S 3 aF wegen zukünftiger Wertschwankungen (Art 67 Abs 4 S 1 EGHGB);
- Buchwertverknüpfung nach § 24 UmwG beim übernehmenden Rechtsträger im Falle der Verschmelzung nach § 2 UmwG (IDW RS HFA 42 Tz 34, 60 ff).

Nach den GoB bestehen weitere **Bewertungsmethodenwahlrechte,** deren **102** Ausübung im Ermessen der KapGes/KapCoGes steht, zB Abschreibungsmethoden bei VG des Anlagevermögens (§ 253 Abs 3 S 1 und 2, s hierzu auch Anm 238), Ermittlungsmethoden für HK (§ 255 Abs 2 Anm 410), Methoden der Ermittlung des beizulegenden Werts (§ 253 Abs 4 S 2 Anm 501), Bewertungsmethoden zur Ermittlung des beiz ZW (§ 255 Abs 4 S 1 Anm 514).

2. Angabe der Bewertungsmethoden für Gegenstände des Anlagevermögens

Bei der Erl der **Anschaffungskosten** im Anlagevermögen wird idR keine **106** besondere Darstellung der Methode erforderlich sein (glA *ADS*[6] § 284 Anm 65). Nach der Definition der AK in § 255 Abs 1 ist ihr Umfang klar abgegrenzt, und ihr Inhalt braucht nicht erläutert zu werden. Jedoch ist über die Behandlung von Zuschüssen und Subventionen zu berichten, wenn sie wesentlich sind (*ADS*[6] § 284 Anm 65), da hierfür ein Wahlrecht besteht (*HFA* 1/1984 idF 1990 Bilanzierungsfragen bei Zuwendungen, dargestellt am Beispiel finanzieller Zuwendungen der öffentlichen Hand, IDW-FN 1990, 136; § 255 Anm 115 ff). Da bei Tausch sowie Sacheinlagen bei BetGes Bewertungswahlrechte (AK/HK, Buchwert, Zeitwert) bestehen (s § 255 Anm 131, 146) ist über ihre Inanspruchnahme zu berichten (ebenso IDW RS HFA 18 Tz 9). Das gilt auch im Falle der Verschmelzung iSv § 2 UmwG für den JA des übernehmenden Rechtsträgers (IDW RS HFA 42 Tz 41 ff und 56). Zu beachten ist, dass bei Inanspruchnahme des Wertbeibehaltungswahlrechts im Anlagevermögen nach Art 24 Abs 1 EGHGB bzw Art 48 Abs 2 EGHGB dies anzugeben ist.

107 Bei den **planmäßigen Abschreibungen** ist anzugeben, welche **Methode** angewandt wird: linear, degressiv (geometrisch oder arithmetisch), progressiv, nach Maßgabe der Inanspruchnahme oder nach Maßgabe der Ausbeute (hierzu § 253 Abs 3 Anm 238). Bei der degressiven Abschreibung stellt der Übergang auf die lineare Methode keinen Methodenwechsel dar, *wenn* der Wechsel im Plan vorgesehen ist; der geplante Wechsel ist jedoch als Bewertungsmethode darzustellen (glA *ADS*[6] § 284 Anm 71; IDW RS HFA 38 Tz 12). Im Zusammenhang mit der Abschreibungsmethode stehen die **Abschreibungssätze** bzw die **Nutzungsdauern**. Sie sind für die einzelnen Gruppen der Anlagegegenstände stets anzugeben (*ADS*[6] § 284 Anm 70; *Kupsch* in HdJ IV/4 Anm 87). Aus Vereinfachungsgründen kann – falls zutreffend – auf die von der Finanzverwaltung veröffentlichten **AfA-Tabellen** oder andere branchenübliche Tabellen verwiesen werden. Jedoch muss erkennbar sein, ob es sich jeweils um die zulässigen Höchstsätze (= die kürzesten zulässigen Nutzungsdauern) oder die Mindestsätze handelt. Eine Angabe, dass über die betriebsgewöhnliche Nutzungsdauer abgeschrieben wird, ist nicht aussagefähig genug. Werden abnutzbare VG des Sachanlagevermögens komponentenweise planmäßig abgeschrieben, ist dies im Rahmen der Angabe der Nutzungsdauer anzugeben (zur Zulässigkeit s *IDW RH HFA* 1.016, *FN-IDW* 2009, 362).

Die Vollabschreibung der **geringwertigen Wirtschaftsgüter** (bis € 410 oder eine niedrigere untindividuelle Obergrenze) im Zugangsjahr (§ 6 Abs 2 S 1 EStG idF des Gesetzes zur Beschleunigung des Wirtschaftswachstums v 22.12.2009) gehört zu den planmäßigen Abschreibungen (§ 253 Abs 3 S 1 u 2 Anm 275); somit ist über sie im Rahmen der Erl über die planmäßigen Abschreibungen zu berichten, weshalb keine Betragsangaben erforderlich sind (glA *ADS*[6] § 284 Anm 76). Eine Berichterstattungspflicht besteht auch, wenn solche Anlage-VG über eine Nutzungsdauer von mehr als einem Jahr abgeschrieben werden. Die nach HFA (208. Sitzung IDW-FN 2007, 506) bei untergeordneter Bedeutung zulässige Anwendung der steuerrechtlichen Vorschriften (§ 6 Abs 2a EStG idF des vorgenannten Gesetzes) für abnutzbare bewegliche WG im Wert von € 150 bis € 1000 (**geringwertige Wirtschaftsgüter**) mit Bildung eines Sammelpostens mit Poolabschreibung über 5 Jahre ist ebenfalls angabepflichtig; wird von der steuerrechtlichen Regelung abgewichen (zB Sofortabschreibung, kürzere Nutzungsdauer, außerplanmäßige Abschreibung), ist dies berichtspflichtig.

108 Ferner ist die Behandlung der planmäßigen **Abschreibungen im Jahr des Zugangs** zum Anlagevermögen anzugeben (ebenso *ADS*[6] § 284 Anm 72), wenn die zeitanteilige Abschreibung nicht, sondern eine andere nach den GoB zulässige Methode (zB Halbjahresregel, § 253 Anm 276) angewandt wird.

109 **Außerplanmäßige Abschreibungen** wegen nur vorübergehender und wegen dauernder Wertminderung (§ 253 Abs 3 S 3 u 4) sind gem § 277 Abs 3 S 1 in der GuV gesondert auszuweisen oder im Anhang anzugeben. Zusätzlich ist anzugeben, bei welchen Anlage-VG oder Gruppen von Anlage-VG solche Abschreibungen vorgenommen wurden, ob es sich um eine außerplanmäßige Abschreibung wegen einer nur vorübergehenden oder wegen einer voraussichtlich dauernden Wertminderung handelt (bei Finanzanlagen) und welchen Charakter der angesetzte niedrigere Wert hat. Für zu den Finanzanlagen gehörende FinInst sind zusätzlich die Erl nach § 285 Nr 18 (s dort Anm 310) zu machen.

Über **Wertaufholungen** und **Zuschreibungen** im Anlagevermögen, die im Anlagengitter (§ 268 Abs 2 Anm 18) gesondert auszuweisen sind, ist im Rahmen der allgemeinen Angabepflichten zu den Bewertungsmethoden zwar dann nicht zu berichten, wenn es sich um einen zwingenden Bewertungsvorgang nach 253 Abs 5 S 1 handelt (wie hier *Krawitz* in Rechnungslegung § 284 Anm 54). Allerdings ist eine Angabepflicht uE bei für den JA bedeutsamen Wertaufholungen bzw Zuschreibungen geboten. Ggf kommen auch zusätzliche Angabepflichten gem § 284 Abs 1 Nr 3 bzw § 264 Abs 2 S 2 in Betracht (glA *ADS*[6] § 280 Anm 39; *WPH*[14] I, F Anm 708 mwN). 110

Über einen **Festwert** nach § 240 Abs 3 ist nicht zu berichten, da er ua nur bei nachrangiger Bedeutung (§ 240 Anm 86) gebildet werden darf. Insoweit greift hier für die Berichterstattung der Grundsatz der Wesentlichkeit (Anm 13) ebenfalls (*ADS*[6] § 284 Anm 78).

Bei der Erl der **Herstellungskosten** der aktivierten Eigenleistungen ist Inhalt und Umfang der aktivierten HK anzugeben. Nach § 255 Abs 2 und 2a besteht ein weiter Bewertungsrahmen für den Ansatz einzelner Kostenarten. Das Ausmaß der Ausübung dieser **Bewertungswahlrechte** ist erkennbar zu machen; es genügt ein Hinweis auf die unfertigen und fertigen Erzeugnisse (wenn ebenso bewertet, Anm 116). Andererseits sind die wesentlichen aktivierten Kostenarten und die einbezogenen Kostenstellen anzugeben. Entspr Angabepflichten bestehen bei der Aktivierung selbst geschaffener immaterieller VG des Anlagevermögens iSd § 248 Abs 2 S 1 iVm § 255 Abs 2a S 1. 111

Die Angabepflicht bezüglich des Umfangs der HK besteht auch hinsichtlich der wahlweisen Einbeziehung der **Fremdkapitalzinsen** in die HK (s Anm 190) und des zugrunde gelegten **Beschäftigungsgrades** (s Anm 116).

3. Angabe der Bewertungsmethoden für Gegenstände des Umlaufvermögens

Den Angaben der Bewertungsmethoden beim **Vorratsvermögen** kommt besondere Bedeutung zu, da idR nicht nur die Unterposten der Vorräte nach mehreren Bewertungsmethoden angesetzt werden, sondern auch innerhalb dieser Posten für die **Vorratsgruppen** unterschiedliche Methoden angewandt werden können. Es sollten für alle wesentlichen Vorratsgruppen die jeweiligen Bewertungsmethoden erkennbar sein. 116

Bei den **Roh-, Hilfs- und Betriebsstoffen** und **Waren** ist die Methode der Ermittlung der **Anschaffungskosten** zu erläutern. In Frage kommen: Einzelfeststellung der AK, Durchschnittsverfahren, Gruppenbewertungsverfahren (§ 240 Abs 4), Festwertverfahren (§ 240 Abs 3), Fifo-, Lifoverfahren (§ 256).

Bei der Erl der **Herstellungskosten der unfertigen und fertigen Erzeugnisse** (Leistungen) kommt es zunächst darauf an, den Inhalt und Umfang der aktivierten HK anzugeben. Nach § 255 Abs 2 besteht ein weiter Bewertungsrahmen für die Einbeziehung einzelner Kostenarten und Kostenstellen (s IDW RS HFA 31 Tz 17 –). Das Ausmaß der Ausübung dieser **Bewertungswahlrechte** ist erkennbar zu machen. Dabei sind die wesentlichen Kostenarten und die einbezogenen Kostenstellen anzugeben. Ein Verweis auf steuerliche Rspr und auf steuerrechtliche Verwaltungsanweisungen ist – falls zutreffend – zulässig. Jedoch muss dann angegeben werden, in welcher Weise die auch in EStR R6.3 genannten Wahlrechte in Anspruch genommen werden. Es ist deshalb zu berichten, ob *nur* die steuerrechtlich **aktivierungspflichtigen** Kostenbestandteile angesetzt werden oder welche steuerrechtlich **aktivierungsfähigen** Kosten in die

HK einbezogen werden. Die Angabe der Bewertung „zu steuerlichen Herstellungskosten" ist unzureichend, da eine solche Angabe kein den tatsächlichen Verhältnissen entspr Bild vermittelt. Die Angabepflicht bzgl des Umfangs der HK besteht auch hinsichtlich der wahlweisen Einbeziehung der **Fremdkapitalzinsen** in die HK (s Anm 190).

Ferner ist bei Anwendung des Umsatzkostenverfahrens in der GuV (§ 275 Abs 3) anzugeben, ob die HK der zur Erzielung der Umsatzerlöse erbrachten Leistungen den gleichen Umfang wie die aktivierten HK haben oder ob Abweichungen bestehen (§ 275 Anm 270 ff), über deren Art zu berichten ist, da § 284 Abs 2 Nr 1 sich auch auf die GuV bezieht.

Zur Erlpflicht bei den HK gehört an sich die Angabe des zugrunde gelegten **Beschäftigungsgrads,** da für dessen Berücksichtigung ein gesetzlich nicht geregeltes Methodenwahlrecht besteht (vgl ADS[6] § 284 Anm 68). Es genügt aber, nur dann zu berichten, wenn die HK **nicht** auf der Basis der **tatsächlich angefallenen Kosten** bei Normalbeschäftigung angesetzt werden (ADS[6] § 284 Anm 68). Auch hinsichtlich der Erzeugnisbewertung ist ggf über die Anwendung der Verfahren zu berichten: Gruppenbewertung, Durchschnittsbewertung, Bewertung nach Maßgabe einer Verbrauchsfolge.

117   Ferner ist anzugeben, bei welchen Vorratsgruppen **Abschreibungen auf einen niedrigeren Wert** (§ 253 Abs 4) vorzunehmen waren und welcher Art der niedrigere Wert ist, zB der aus dem Börsen- oder Marktpreis sich ergebende Wert, der beizulegende Wert (ähnlich ADS[6] § 284 Anm 81). Dazu gehören auch Angaben über Abschreibungen auf Grund von **Lagerrisiken** (verminderte Verwertbarkeit, technische Veralterung, geringe Umschlaghäufigkeit, sinkende Verkaufspreise). Angegeben werden sollte auch das Verfahren, nach dem der beizulegende Wert ermittelt wurde (insb bei Pauschalverfahren, retrograder Bewertung vom Verkaufserlös).

118   Über **Wertaufholungen** nach § 253 Abs 5 S 1 ist grundsätzlich nicht zu berichten. Denn **Zuschreibungen** zur Rückgängigmachung von Abschreibungen nach dem Niederstwertprinzip (§ 253 Abs 4) sind gesetzlich vorgeschrieben. Es handelt sich also um eine Bewertungspflicht, die mit dem Steuerrecht (§ 6 Abs 1 Nr 2 S 3 EStG) übereinstimmt, während sich die Angabepflichten nach § 284 Abs 2 Nr 1 nur auf Bewertungswahlrechte beziehen (wie hier *Krawitz* in Rechnungslegung § 284 Anm 51). Dennoch erachten wir es für geboten, bei für den JA bedeutsamen Wertaufholungen bzw Zuschreibungen, entspr Angaben im Anhang aufzunehmen. Ggf kommen auch zusätzliche Angabepflichten gem § 284 Abs 1 Nr 3 bzw § 264 Abs 2 S 2 in Betracht (glA ADS[6] § 280 Anm 39; WPH[14] I, F Anm 710 mwN).

119   Auch bei den **Forderungen, Wertpapieren und flüssigen Mitteln** sind nur solche Abschreibungen vom Nennwert oder von den AK anzugeben, die in Ausübung eines **Bewertungswahlrechts** und eines Bewertungsmethodenwahlrechts vorgenommen werden. Für zum Zwecke der Verrechnung nach § 246 Abs 2 S 3 vorgesehene VG bestehen erlpflichtige Methodenwahlrechte nach § 255 Abs 4 S 2, wenn der beizZW mit Hilfe allgemein anerkannter Bewertungsmethoden bestimmt wird. Detaillierte Erl sind nach § 285 Nr 20a und Nr 25 (dort Anm 352, 433) erforderlich. Anzugeben ist auch, wie bei Wegfall oder Wiederkehr eines aktiven Markts verfahren wird. Bei unentgeltlich erworbenen **Schadstoffemissionsrechten iSd TEHG** (s § 248 Anm 70) ist anzugeben, ob sie zum Zeitwert oder Erinnerungswert angesetzt worden sind (s § 255 Anm 325 „Emissionsrechte"). Im letzteren Fall ist es sachgerecht zusätzlich ihr Zeitwert anzugeben (IDW RS HFA 15 Tz 26). Im Falle der Bildung von **Bewertungseinheiten** ist auf die Inanspruchnahme dieses Wahlrechts hinzuweisen und die Methode zur bilanziellen Abbildung der wirksamen Teile der gebil-

deten BewEinh (Einfrierungs- oder Durchbuchungsmethode, ggf mit oder ohne Buchung in der GuV) anzugeben (s IDW RS HFA 35 Tz 93).

Nach hM besteht zur **Verrechnung aufrechenbarer Forderungen und Verbindlichkeiten** ein Bilanzierungswahlrecht (§ 246 Anm 106). Die Nutzung des Wahlrechts ist unter Beachtung des Wesentlichkeitsgrundsatzes anzugeben, da es sich um eine Abweichung vom Verrechnungsverbot handelt.

Eine Berichterstattung bei aktiven **Rechnungsabgrenzungsposten** entfällt, 120 weil sie einer Bewertung nicht zugänglich sind; über die Grundsätze der Aktivierung und Auflösung eines enthaltenen Disagios ist jedoch zu berichten (glA ADS[6] § 284 Anm 85).

Besteht ein Posten für **aktive latente Steuern** (gem § 274 Abs 1 S 2 iVm 121 § 266 Abs 2 D), ergeben sich die Angabe- und ErlPflichten aus § 285 Nr 29 (s dort Anm 470).

Im Falle eines nach § 266 Abs 2 E. angesetzten Postens „**aktiver Unter-** 122 **schiedsbetrag aus der Vermögensberechnung**" nach § 246 Abs 2 S 3 greifen die Erlpflichten nach § 285 Nr 25.

4. Angabe der Bewertungsmethoden für Passivposten

Hier kommen vor allem Angaben der Bewertungsmethoden bei den Rück- 126 stellungen in Betracht. Über das **Eigenkapital** und die **passiven Rechnungsabgrenzungsposten** ist nicht zu berichten, da sie Rechengrößen darstellen.

Die Bewertungsmethoden der **Pensionsrückstellungen** sind in jedem Fall zu erläutern. Detaillierte Erl sind nach § 285 Nr 24 (s dort Anm 415) vorgeschrieben. Sind wertpapiergebundene AVersZusagen passiviert, ist dies anzugeben. Zur Berichtpflicht gehören auch Angaben über die Anwendung des Wahlrechts nach Art 67 Abs 1 S 1 EGHGB. Besteht ein **Fehlbetrag** auf Grund der durch das BilMoG geänderten Bewertung der Pensionsrückstellungen, ist dieser Betrag bis spätestens zum 31.12.2024 in jedem Gj zu mindestens einem Fünfzehntel anzusammeln. Da auch höhere Jahresraten zulässig sind, ein kürzerer Ansammlungszeitraum gewählt oder die Zuführung sofort in vollem Umfang vorgenommen werden darf (Begr RegE BilMoG, 216), sind entspr Erl über die Inanspruchnahme dieser Wahlrechte erforderlich, um die angewandte Bewertungsmethode kenntlich zu machen.

Für den **Fehlbetrag** bei den Pensionsrückstellungen nach Art 28 Abs 2 und 127 Art 48 Abs 6 EGHGB ist nach dem Gesetzeswortlaut nur die Angabe des Betrags für Altzusagen und mittelbare Pensionsverpflichtungen im Anhang vorgeschrieben. Nach dem Sinn des Gesetzes, dass auch der Anhang ein den tatsächlichen Verhältnissen entspr Bild der VFE-Lage zu geben hat, ist von einer ErlPflicht wie bei den Pensionsrückstellungen auszugehen, zumal die Angabe des Fehlbetrags eine Korrektur des falschen Schuldenausweises in der Bilanz bewirkt. Für die ErlPflicht sind zwei Fälle zu unterscheiden: Werden Pensionsrückstellungen bilanziert, besteht jedoch ein Fehlbetrag, dürfte es ausreichen, die Darstellung der Bewertungsmethoden nur einmal zu den Pensionsrückstellungen vorzunehmen, soweit sie den nach gleichen Methoden bewerteten Fehlbetrag miterfassen. Weist die Bilanz für bestehende Pensionsverpflichtungen keine Rückstellungen aus, sind die Bewertungsmethoden für den Fehlbetrag anzugeben (IDW RS HFA 30 Handelsrechtliche Bilanzierung von AVersVerpflichtungen Tz 92).

Im Falle einer **Überdeckung** auf Grund der durch das BilMoG geänderten 128 Bewertung der Pensionsrückstellungen besteht ein Beibehaltungswahlrecht nach Art 67 Abs 1 S 2 EGHGB mit der Pflicht zur Angabe des Betrags der Überdeckung im Anhang nach Art 67 Abs 1 S 4 EGHGB und der Bewertungsgrundlagen nach § 285 Nr 24 (dort Anm 415) für die Pensionsrückstellungen in passivierungspflichtiger Höhe, die zu der Überdeckung geführt haben.

Eine **Unterstützungskasse** in der Rechtsform einer GmbH braucht dagegen ihren Fehlbetrag nicht anzugeben, da ihre Leistungspflicht auf ihr Kassenvermögen beschränkt ist und deshalb keine Unterdeckung aus Sicht der U-kasse besteht (§ 249 Anm 252). Über die Angabe des Werts einer bestehenden Unterdeckung im Fall von mittelbaren Pensionsverpflichtungen vgl § 249 Anm 256.

129 Eine gesonderte Erl der Bewertungsmethoden des Fehlbetrags von **mittelbaren Pensionsverpflichtungen** ist idR nicht geboten, wenn diese nach dem Grundsatz der einheitlichen Bewertung wie die unmittelbaren Pensionsverpflichtungen bewertet werden. Allerdings ist eine Angabe der Bewertung des ggf vorhandenen Kassenvermögens (Zeitwert, AK, Buchwert) erforderlich, da nur der Saldo den Fehlbetrag ergibt. Weicht das von der Versorgungseinrichtung angewandte versicherungsmathematische Berechnungsverfahren von dem der KapGes/KapCoGes ab, ist es zu erläutern (s IDW RS HFA 30 Tz 78).

130 Da für die **Steuerrückstellungen** keine Bewertungswahlrechte bestehen, entfallen Erlpflichten nach § 284 Abs 2 Nr 1. Eine Angabepflicht könnte sich jedoch im Rahmen der Bildung einer Rückstellung zur Abdeckung von Risiken aus Bp ergeben, die hinsichtlich Ermittlung einem höheren Grad an Schätzunsicherheiten unterliegt.

131 Eine Erl der Bewertungsmethoden bei den **sonstigen Rückstellungen** ist ebenfalls für wesentliche Posten erforderlich, die ohnehin nach § 285 Nr 12 (s dort Anm 260) zu erläutern sind. Es kommen Einzelbewertung und Gruppenbewertung nach der Durchschnittsmethode (§ 240 Anm 138) in Frage. Rückstellungen müssen stets nach vernünftiger kfm Beurteilung geschätzt werden; hier ist ein Ermessensspielraum bereits gesetzlich vorgegeben; dies gilt insb bei Rückstellungen für einzelne Risiken **(Einzelrückstellungen)**. Für **Sammelrückstellungen** gilt Ähnliches. Es müssen die zugrunde gelegten Parameter geschätzt werden (zB Garantierückstellungen in Höhe von 2% der Umsatzerlöse oder in Höhe des durchschnittlichen Aufwands bestimmter Jahre), so dass sich die Schätzungsproblematik nur verlagert. Es wird der Angabepflicht genügt, wenn für wesentliche Rückstellungen die Schätzungsverfahren erkennbar gemacht werden (glA *ADS*[6] § 284 Anm 91; vgl IDW RS HFA 38 Tz 9; IDW RS HFA 34 Tz 51). Das gilt auch für Rückstellungen für aktienkursorientierte Barvergütungen (stock appreciation rights) hinsichtlich der Ermittlung des Zeitwerts *(fair value)*. Anzugeben ist auch, inwieweit **künftige Preis- und Kostensteigerungen** den Erfüllungsbetrag beeinflusst haben. Hinsichtlich der **Abzinsung** ist zu erläutern, ob der laufzeitadäquate Marktzins nach Maßgabe des Einzelbewertungsgrundsatzes für jede einzelne Rückstellung oder nach Maßgabe einer durchschnittlichen Restlaufzeit ermittelt wurde. Weiterhin sind bei wesentlichen Rückstellungen nach IDW RS HFA 34 Tz 51 folgende Angaben iSd § 284 Abs 2 Nr 1 zu machen: angewandte Schätzverfahren, Ausübung des Abzinsungswahlrechts bei einer Restlaufzeit von einem Jahr oder weniger, zugrund gelegten Annahmen bei der Ermittlung des Aufzwingungsaufwands, Bewertungsparameter bei einer Bewertung von Pauschalrückstellungen unter Anwendung der Gruppenbewertung von Schulden gem § 240 Abs 4, Erfolgsausweis aus Änderungen des Abzinsungszinssatzes oder Zinseffekte einer geänderten Schätzung der Restlaufzeit im operativen oder im Finanzergebnis.

132 Bei den Rückstellungen für **drohende Verluste aus schwebenden Geschäften** (§ 253 Anm 169) ist nach IDW RS HFA 4 Tz 35 ein Vollkostenansatz geboten. Sollte gleichwohl auf Teilkostenbasis bewertet worden sein, ist dies unter Angabe der wichtigsten einbezogenen Kostenarten klar darzustellen. Bei schwebenden Finanzgeschäften (Termingeschäfte, Handel mit Finanzinnovationen) ist über die Bewertungsmethoden zu berichten insb ob die Drohverlustrückstellung nach der Ausübungs- oder der Glattstellungsmethode (s § 254 Anm 75) bemessen wird.

Eine Erl der Bewertungsmethoden bei den **Verbindlichkeiten** entfällt idR (zu Sonderfällen s § 253 Anm 54 ff; insb zur Behandlung von Lieferantenskonti § 253 Anm 98), da bei der Bewertung keine Wahlrechte eingeräumt sind und zur Ermittlung der Erfüllungsbeträge (bzw der Beschaffungskosten bei Sachleistungsverbindlichkeiten) keine Methoden notwendig sind. Bei Rentenverpflichtungen ist über die Ausübung des Wahlrechts gem § 253 Abs 2 S 3 zu berichten, ob die Rentenverpflichtung mit einem laufzeitadäquaten durchschnittlichen Marktzinssatz abgezinst wurde oder ob eine Laufzeit von 15 Jahren (§ 253 Abs 2 S 2) zugrunde gelegt wurde. 133

Besteht ein Posten für **passive latente Steuern** (gem § 274 Abs S 1 iVm § 264 Abs 3) greifen die Angabe- und Erlpflichten nach § 285 Nr 29 (s dort Anm 470). 134

D. Angabe der Grundlagen der Fremdwährungsumrechnung (Abs 2 Nr 2)

Es sind die Grundlagen der Umrechnung von Fremdwährungen in Euro anzugeben, soweit der JA Posten enthält, denen Beträge zugrunde liegen, die auf fremde Währung lauten oder ursprünglich auf fremde Währung lauteten. Durch § 256a ist die WähUm normiert, so dass die Grundlagen der WähUm weitgehend vorgeschrieben sind, eine Wiederholung des Gesetzes erübrigt sich somit (wie hier *WPH*[14] I, F Anm 720). 135

Da weder § 256a noch die Gesetzesbegr auf § 284 Abs 2 Nr 2 Bezug nimmt, ist davon auszugehen, dass sich die Erl nach Nr 2 auf Abweichungen von der Norm und auf ausgeübte Wahlrechte bei der Zugangsbewertung (Stichtagskurs, Mittelkurs, Durchschnittskurs, Sicherungskurs) beschränken können. Eine Berichterstattung kommt in Frage, wenn VG und Verbindlichkeiten mit einer Laufzeit von weniger als einem Jahr mit dem Devisenkassamittelkurs am Abschlussstichtag ohne Beachtung der Restriktionen des § 252 Abs 1 Nr 4 und des § 253 Abs 1 S 1 umgerechnet werden, BegrRegE BilMoG, 136 (= Abweichung von der Norm). Dies gilt auch für Sortenbestände, wenn sie eine nicht vernachlässigbare Bedeutung haben. In Betracht kommen ferner Erl für die Ausübung des Wahlrechts bei Finanzanlagen, sofern diese bei vorübergehenden Kursänderungen auf den niedrigeren Devisenkassamittelkurs vom Abschlussstichtag abgeschrieben werden (§ 253 Abs 1 S 1 iVm § 253 Abs 3 S 4; s § 256a Anm 103). 136

Bei der WähUm der Posten der **GuV** mit Durchschnittskursen ist anzugeben, welche Periode für die Durchschnittsbildung herangezogen wurde (vgl § 256a Anm 14, 220). Hinsichtlich des Ausweises von Aufwendungen und Erträgen aus der WähUm in der GuV abw von § 277 Abs 5 S 2 ist dies zu erläutern (s im Einzelnen § 256a Anm 231 ff).

Bei der Einbeziehung von Betriebsstätten in **Hochinflationsländern** ist die angewandte WähUm-Methode darzustellen (s § 256a Anm 260).

E. Angabe und Begründung von Abweichungen von Bilanzierungs- und Bewertungsmethoden (Abs 2 Nr 3)

I. Allgemeines

Abs 2 Nr 3 schreibt im Anschluss an die Angabepflicht der im JA angewandten Bilanzierungs- und Bewertungsmethoden (Nr 1) die Angabe und Begrün- 140 dung von Abweichungen von diesen Methoden zwingend vor. Die Angaben nach Nr 3 umfassen im Einzelnen

- Angabe und Begründung von Abweichungen von Bilanzierungsmethoden (Anm 143),
- Angabe und Begründung von Abweichungen von Bewertungsmethoden (Anm 151) und die
- gesonderte Darstellung des Einflusses von solchen Abweichungen auf die VFE-Lage (Anm 170).

Die Darstellungs-(insb Gliederungs)stetigkeit der JA ist in § 265 Abs 1 (s dort Anm 2 ff) geregelt.

Diese Angaben sind auch deshalb erforderlich, weil sie eine Durchbrechung des Beibehaltungsgrundsatzes für Ansatz- und Bewertungsmethoden (§§ 246 Abs 3 S 1, 252 Abs 1 Nr 6) erläutern und begründen. Die Pflichten nach Nr 3 sind von allen KapGes/KapCoGes zu erfüllen. Sie sind bewusst allgemein gehalten, um eine umfassende Berichterstattung zu gewährleisten. Darzustellen sind demnach alle Abweichungen vom Regelfall, sofern sich die Abweichungen nicht notwendigerweise aus dem Gesetz ergeben (zB bei zwingenden Abschreibungen im Anlage- oder Umlaufvermögen gem § 253 Abs 3 S 1, Abs 4 S 1 und 2) (glA *ADS*[6] § 284 Anm 118; *WPH*[14] I, F Anm 727). Das gilt gleichermaßen für die Bilanzierungs- und Bewertungsmethoden. Die Angabepflicht findet ihre Grenze durch den Grundsatz der Wesentlichkeit. Abweichungen von insgesamt untergeordneter Bedeutung brauchen nicht angegeben zu werden (IDW RS HFA 38 Tz 24).

Der **Zweck** der Vorschrift liegt darin, insb eine **Vergleichbarkeit** des JA mit dem Regelfall und dem JA des Vj herzustellen (ebenso *ADS*[6] § 284 Anm 103) und dadurch die Aussagefähigkeit zu erhöhen. Allerdings fallen Abweichungen auf Grund veränderter Verhältnisse nicht unter die Berichtspflicht (IDW RS HFA 38 Tz 10).

II. Die einzelnen Angaben

1. Angaben zu Abweichungen

143 **Abweichungen** liegen vor, wenn die Grundsätze des Regelfalls nicht eingehalten werden oder wenn im zeitlichen Ablauf bisher angewandte Methoden nicht mehr beibehalten werden (wie hier *ADS*[6] § 284 Anm 103; *Kupsch* in HdJ Abt IV/4 Anm 101). Auf die **Gründe** für die Abweichungen kommt es nicht an; über diese *muss* dann berichtet werden, wenn das HGB es vorschreibt. Es muss grds über **alle Abweichungen** berichtet werden. Eine Beschränkung auf wesentliche ist zulässig und praktisch notwendig (glA *Kupsch* in HdJ Abt IV/4 Anm 102; IDW RS HFA 38 Tz 24); das ergibt sich aus dem Wortlaut des HGB und aus seiner weiteren Forderung, den Einfluss der Abweichungen auf die VFE-Lage gesondert darzustellen. Denn damit wird die Wesentlichkeit vorausgesetzt. Nach IDW RS HFA 38 Tz 25 sind zahlenmäßige Angaben insoweit erforderlich, dass zumindest die Größenordnung der jeweiligen Änderung abschätzbar wird. Liegen keine Abweichungen vor, braucht eine Fehlanzeige nicht abgegeben zu werden.

§ 246 Abs 3 S 1 kodifiziert den Grundsatz der Stetigkeit für die Ansatz-/Bilanzierungsmethoden der §§ 246 bis 250. **Abweichungen vom Gebot der Ansatzstetigkeit** sind erheblich eingeschränkt (§ 246 Abs 3 S 2 iVm § 252 Abs 2; vgl dazu § 246 Anm 125). Sie sind nur in begründeten Ausnahmefällen zulässig und dann begründungspflichtig. Wegen ihres Ausnahmecharakters sind sie so detailliert und ausführlich zu begründen, dass erkennbar wird, aus welchen

Die Angabepflicht erstreckt sich auf die Darstellung der **Abweichung vom** 144 **Regelfall** der Bilanzierungs- und Bewertungsmethoden als solche, wobei erkennbar sein muss, von welchen Methoden abgewichen wird. Hierzu gehören auch angemessene Erl, wenn Unrichtigkeiten in früheren JA durch eine Fehlerkorrektur im Berichtsjahr behoben werden (IDW RS HFA 6 Tz 30). Da eine Begr vorgeschrieben ist, sind die Abweichungen von dem im Vj-JA angewandten Bilanzierungs- und Bewertungsmethoden anzugeben. Die Gegenüberstellung auch der **Vorjahresmethode** ist notwendig, um kenntlich zu machen, worin die Änderung besteht. Ferner muss angegeben werden, auf welchen Einzelposten sich die Abweichung bezieht (gIA IDW RS HFA 38 Tz 19).

Die Abweichungen von Bilanzierungs- und Bewertungsmethoden sind nicht nur anzugeben, sondern auch zu begründen. Das HGB fordert hier keine Erl, sondern **Begründungen,** die verbal gemacht werden dürfen. Darunter ist zu verstehen, dass die Gründe anzugeben sind, die zur Abweichung geführt haben oder aus denen die KapGes/KapCoGes den Wechsel der Bilanzierungs- und Bewertungsmethode vorgenommen hat. Aus der Begründung muss die Zulässigkeit der Abweichung ersichtlich werden (IDW RS HFA 38 Tz 19). Die Gründe (Überlegungen, Argumente) können sehr vielfältig sein, zB bessere Vermittlung des der tatsächlichen Verhältnissen entspr Bilds, höhere Praktikabilität, Herstellung einer besseren Periodenerfolgsvergleichbarkeit, Weiterentwicklung der GoB (vgl auch IDW RS HFA 38 Tz 15). IdR wird es sich um sachliche Gründe handeln. Die BegrPflicht will auf der anderen Seite willkürliche oder sachfremde Abweichungen verhindern.

a) Angaben zu Abweichungen von Bilanzierungsmethoden

Es wird auch zu berichten sein, wenn die Grundsätze und damit zusammen- 147 hängend der Zeitpunkt der **Realisierung des Umsatzes und Gewinns** von (Teil-)Lfg und -leistungen (insb bei langfristiger Fertigung) geändert wird.

Abweichungen vom **Vollständigkeitsgrundsatz** (§ 246 Abs 1 Anm 85) sind 148 stets anzugeben, da es sich um eine Abweichung vom Regelfall handelt. Ein solcher Fall ist zB gegeben, wenn trotz Vorliegens von Verpflichtungen eine Rückstellung für Ausgleichsansprüche von Handelsvertretern, Umweltlasten, Patentverletzungen nicht gebildet wurde (§ 249 Anm 100). Die Durchbrechung des Vollständigkeitsgrundsatzes im Hinblick auf eine unterlassene Passivierung von bestimmten Pensionsverpflichtungen ist nach Art 28 Abs 2, Art 48 Abs 6 EGHGB (§ 249 Anm 271) gesondert angabepflichtig.

Die gesetzlich vorgeschriebene Abweichung vom **Verrechnungsverbot** nach 149 § 246 Abs 2 S 2 ist nach § 285 Nr 25 (s dort Anm 430) erlpflichtig. Die Ausübung des Wahlrechts der Verrechnung aktiver und passiver latenter Steuern nach § 274 Abs 1 S 3 ist angabepflichtig und kann mit den Erl nach § 285 Nr 29 zusammengefasst werden.

b) Angaben zu Abweichungen von Bewertungsmethoden

Hierzu gehören die Abweichungen von den **allgemeinen Bewertungs-** 151 **grundsätzen des § 252 Abs 1** (*WPH*[14] I, F Anm 726; *ADS*[6] § 284 Anm 115). Die Angabe- und Begründungspflichten beziehen sich auf die Ausnahmefälle nach § 252 Abs 2 (dort Anm 72). Abgewichen werden darf nur, wenn die Abweichung im Anhang angegeben und außerdem begründet wird (so auch *ADS*[6] § 252 Anm 111).

152 Beim **Grundsatz der Wertidentität** (§ 252 Abs 1 Nr 1) können kaum Ausnahmefälle vorkommen (§ 252 Anm 72).

153 Bei Abweichungen vom **Grundsatz der Unternehmensfortführung** (dazu IDW PS 270 Die Beurteilung der Fortführung der UntTätigkeit im Rahmen der Abschlussprüfung, ist über die Auswirkungen der UntEinstellung auf die Bewertung im Rahmen der Angaben über Abweichungen vom Gebot der Bewertungsstetigkeit (Anm 157) zu berichten (vgl IDW RS HFA 17 Auswirkungen einer Abkehr von der Going Concern-Prämisse auf den handelsrechtlichen JahresabschlußTz 39 f).

154 Abweichungen vom **Grundsatz der Einzelbewertung** sind ausdrücklich im HGB zugelassen, und zwar als Bewertungsvereinfachung nach Maßgabe der Verbrauchsfolgeverfahren (Lifo, Fifo) gem § 256 S 1, Festwertbewertung gem § 240 Abs 3 und Gruppenbewertung gem § 240 Abs 4 für bestimmte VG und Schulden. Sie können auch nach den GoB zulässig sein, zB Pauschalabwertung (§ 253 Anm 576), oder Pauschalbewertung bei Rückstellungen (§ 253 Anm 162) sowie Bildung eines Sammelpostens für abnutzbare bewegliche VG im Wert von € 150 bis € 1000 (§ 6 Abs 2a EStG); s auch Anm 107. Über alle Ausnahmefälle vom Grundsatz der Einzelbewertung ist unter Beachtung des Wesentlichkeitsgrundsatzes stets zu berichten; das gilt auch für den Fall, dass das Wahlrecht der Bildung von **Bewertungseinheiten** nach § 254 ausgeübt wird (s dazu IDW RS HFA 35 Tz 93).

155 Abweichungen vom **Vorsichtsprinzip** können nach den GoB nicht auftreten. Werden im Rahmen des Realisationsprinzips (§ 252 Anm 43 ff) im Zusammenhang mit der Gewinnrealisation bei langfristiger Fertigung (§ 255 Anm 457) Gewinne vorzeitig erfaßt, ist darüber stets zu berichten. Zur Angabepflicht bei Ertragsrealisierung auf Grund kurzfristiger Fremdwährungsposten vgl Anm 136.

156 Abweichungen vom **Grundsatz der Aufwands- und Ertragsperiodisierung** (§ 252 Abs 1 Nr 5) sind äußerst selten (§ 252 Anm 51).

157 Abweichungen vom Gebot der **Bewertungsstetigkeit** (§ 252 Abs 1 Nr 6) sind erheblich eingeschränkt (vgl dazu § 252 Anm 59). Sie sind nur in begründeten Ausnahmefällen (s dazu IDW RS HFA 38 Tz 15) zulässig und dann begründungspflichtig. Wegen ihres Ausnahmecharakters sind sie so detailliert und ausführlich zu begründen, dass erkennbar wird, aus welchen Gründen und bei welchen Posten die Stetigkeit unterbrochen und damit auch die Vergleichbarkeit des JA mit dem Vorhergehenden gestört ist.

In Frage kommen Angaben über andere Inanspruchnahmen von **Bewertungswahlrechten** (s Anm 101), zB Aufgabe der **Festwertbewertung,** Wechsel von der **Durchschnittsbewertung** zum Lifo-Verfahren. Außerdem sind Änderungen in den **Bewertungsmethodenwahlrechten** (Anm 102) angabepflichtig, und zwar im Wesentlichen: Wechsel der **Abschreibungsmethoden** (zum Übergang von der linearen zur degressiven Abschreibung und umgekehrt s im Einzelnen IDW RH HFA 1.015 Zulässigkeit degressiver Abschreibungen in der Handelsbilanz vor dem Hintergrund der jüngsten Rechtsänderungen, Änderung der **Nutzungsdauern** (glA ADS[6] § 284 Anm 131), Änderung des Prozentsatzes bei der degressiven Abschreibung unter Beibehaltung der Nutzungsdauer (IDW RS HFA 38 Tz 9), Änderungen in der **Einbeziehung von Kostenarten** in die HK, Übergang vom Verfahren der **Einzelwertfeststellung** zu einem **Pauschalverfahren** und umgekehrt. Auch über den Wechsel von einem Pauschalverfahren zu einem anderen ist zu berichten, jedoch nicht über andere Pauschalsätze, wenn sich das Risiko geändert hat. Zu denken ist hier zB an die Veränderungen bei der Bemessung von Lagerrisiken (Alter statt Umschlagshäufigkeit), der **pauschalen Garantierückstellungen** (prozentual vom Umsatz statt nach Maßgabe des Garantieanfalls).

Es muss sich also immer um Verfahrensänderungen handeln. Die Änderung von Parametern in einem Verfahren auf Grund **geänderter Verhältnisse** gehört nicht zu den Methodenänderungen (glA *Oser/Holzwarth* in HdR[5] §§ 284–288 Anm 119; *ADS*[6] § 284 Anm 119) und ist deshalb auch nicht angabepflichtig, da es sich um die Anpassung von Schätzungsgrößen handelt, die selbst nicht Bestandteil einer Methode sind.

2. Gesonderte Darstellung des Einflusses von solchen Abweichungen auf die Vermögens-, Finanz- und Ertragslage

Bei Abweichungen von Bilanzierungs- und Bewertungsmethoden ist nach Abs 2 Nr 3 Hs 2 auch deren Einfluss auf die VFE-Lage (§ 264 Abs 2 S 1) im Anhang **gesondert** darzustellen. Nach IDW RS HFA 38 Tz 24 sind die Auswirkungen der Abweichungen jeweils gesondert für jede einzelne Bilanzierungs- und Bewertungsmethode darzustellen, sofern die Methodenänderung für sich alleine betrachtet oder in Kombination mit den Auswirkungen anderer Methodenänderungen bedeutsam ist. Eine Saldierung der Auswirkungen ist grundsätzlich nicht statthaft, wenngleich eine Berichterstattung über den Saldo der Abweichungen für jeder der drei Lagen zulässig ist (glA *ADS*[6] § 284 Anm 149; *WPH*[14] I, F Anm 730; aA *Kupsch* in HdJ IV/4 Anm 114). Dabei ist darzustellen, ob die Abweichung zu einer Erhöhung oder Verminderung des Gesamtvermögens oder der Schulden geführt hat und wie sie sich auf das Jahresergebnis vor Gewinnsteuern ausgewirkt hat. Es kommt dabei auf die Angabe der **Richtung des Einflusses** auf die VFE-Lage an. IdR wird bei entspr Darstellung die Richtung der Auswirkung erkennbar sein, gleichwohl fordert die Vorschrift einen klarstellenden Hinweis, damit die Feststellung der Richtung der Auswirkung nicht dem Leser des Anhangs überlassen bleibt.

Zur Darstellung gehört ferner die Angabe des **Umfangs des Einflusses**. Eine zwingende zählenmäßige Angabe lässt sich zwar aus dem Gesetz nicht direkt ableiten, dürfte aber zum Verständnis der Auswirkungen der Abweichungen auf die VFE-Lage ggf notwendig werden. Nach IDW RS HFA 38 Tz 25 sind zahlenmäßige Angaben insoweit erforderlich, dass zumindest die Größenordnung der jeweiligen Änderung abschätzbar wird. Eine **verbale Darstellung** alleine dürfte daher bei wesentlichen Auswirkungen idR nicht ausreichen. (glA *ADS*[6] § 284 Anm 149; *WPH*[14] I, F Anm 731; für eine Betragsangabe *Schülen* BB 1994, 2313; aA *Oser/Holzwarth* in HdR[5] §§ 284–288 Anm 127). Die Erl soll die Bedeutung des Einflusses auf die VFE-Lage darstellen, wie zB durch die Wortwahl „wesentlich", „per Saldo unbedeutend", „überwiegend", oder „größerer" oder „per Saldo kleinerer Einfluss". Nach dem Wortlaut besteht an sich keine Beschränkung auf wesentliche Auswirkungen. Die verbale Darstellung auch unbedeutender Einflüsse von Abweichungen würde aber den Abschlussleser nicht informieren, sondern verwirren. Nach dem Stetigkeitsgebot werden sich Methodenänderungen meistens auf wesentliche Abweichungen beschränken.

F. Ausweis von Unterschiedsbeträgen (Abs 2 Nr 4)

Im Anhang sind grds von allen mittelgroßen und großen KapGes/KapCoGes bei Anwendung einer **Gruppenbewertung** mit gewogenem Durchschnittswert (§ 240 Abs 4 Anm 130) und der **Bewertungsvereinfachungsverfahren** (Fifo, Lifo) des § 256 S 1 Unterschiedsbeträge pauschal für jede Gruppe zu nennen, wenn die Bewertung im Vergleich zu einer Bewertung auf der Grundlage des letzten bekannten Börsenkurses oder Marktpreises einen *erheblichen* Unterschied aufweist. Kleine KapGes/KapCoGes brauchen diese Angaben gem § 288 Abs 1 nicht zu machen.

Zweck der Angabepflicht ist es, die durch die Anwendung der Bewertungsvereinfachungsverfahren ermittelten Werte im Vergleich zur Tagespreisbewertung erkennbar zu machen. Eine Offenlegung stiller Reserven ist nicht bezweckt, da hier auch Unterschiede zu Werten angabepflichtig sind, die über den AK liegen und daher ohne freiwillige Zusätze den Leser nicht informieren. Nach dem Wortlaut kommt ein Abzug von Ertragsteuern von den Unterschiedsbeträgen nicht in Frage. Die Vorschrift ist anzuwenden, sofern gleichartige VG des Vorratsvermögens mittels Gruppenbewertung (nicht jedoch mit Festwerten) oder einem Verbrauchsfolgeverfahren angesetzt werden und andere gleichartige oder annähernd gleichwertige bewegliche VG des Anlagevermögens oder des Umlaufvermögens einer Gruppenbewertung unterzogen werden. Letzteres wird selten der Fall sein; allenfalls wird eine Gruppenbewertung bei Wertpapieren in der Praxis häufiger vorkommen. Für die Gruppenbewertung von Rückstellungen (§ 240 Anm 134) ist die Vorschrift nicht anzuwenden, da es hier keine Börsen-/Marktpreise gibt.

181 Die Ermittlung der Unterschiedsbeträge setzt einen Börsen-/Marktpreis voraus (Anm 184). Nur dann ist eine Angabe notwendig (wie hier *WPH*[14] I, F Anm 739), die **doppelte Rechnungen** erforderlich macht. Die nach den Vereinfachungsverfahren bewerteten Vorratsgruppen sind alternativ mit den letzten vor dem Abschlussstichtag bekannten Börsenkursen oder Marktpreisen zu bewerten, um den Unterschied quantifizieren zu können.

182 Die Angabe nach Abs 2 Nr 4 ist nur dann erforderlich, wenn es sich um einen **erheblichen Bewertungsunterschied** handelt (zum Grundsatz der Wesentlichkeit s § 252 Anm 70). Als Kriterien zur Beurteilung der Wesentlichkeit kommen in Betracht: der Anteil der vereinfacht bewerteten VG am entspr Bilanzposten oder die Höhe der Unterschiedsbeträge im Vergleich zum Wert der vereinfacht bewerteten VG (ebenso *WPH*[14] I, F Anm 741). Die letzte Alternative ist vorzuziehen, da die Unterschiedsbeträge erheblich sein müssen, nicht die Differenzen zwischen den nach den Vereinfachungsverfahren angesetzten Preisen und den letztbekannten Börsen- oder Marktpreisen.

183 Auszuweisen sind nur *pauschale Gesamt*-Unterschiedsbeträge. Die jeweilige Gruppe umfasst alle als gleichartig zusammengefassten Vorräte (§§ 240 Anm 135, 256 Anm 21) bzw alle als annähernd gleichwertig zusammengefassten beweglichen VG (§ 240 Anm 137). Für jede dieser Gruppen ist der Unterschiedsbetrag jeweils **in einem Betrag** anzugeben (glA *Krawitz* in Rechnungslegung § 284 Anm 99). Dabei ist erkennbar zu machen, bei welchen dieser Gruppen Vereinfachungen angewendet wurden.

184 Die Angabepflicht von Unterschiedsbeträgen iSv Abs 2 Nr 4 setzt ferner voraus, dass für die betr VG ein **Börsenkurs oder Marktpreis** vor dem Abschlussstichtag bekannt ist. Zum Begriff des für die Bewertung maßgebenden Börsenkurses oder Marktpreises s § 253 Anm 510. Die Alternativbewertung nach Abs 2 Nr 4 für Zwecke der Angabe im Anhang stimmt nicht mit den Grundsätzen der Bewertung nach § 253 Abs 4 überein. Für die Alternativbewertung nach Abs 2 Nr 4 ist auch nicht der abgeleitete Wert (§ 253 Anm 513), dh der ggf um Anschaffungsnebenkosten oder Verkaufsspesen korrigierte Börsen- oder Marktpreis maßgebend, sondern allein der Börsenkurs oder Marktpreis, auch wenn er über den AK liegt. Aus der Zweckbestimmung der Vorschrift ist zu folgern, dass Zufallspreise (-kurse) (s § 253 Anm 514) nicht anzusetzen sind, da die Offenlegung von auf einer Zufallsbewertung beruhenden Unterschieden kein den tatsächlichen Verhältnissen entspr Bild der Vermögenslage vermitteln würde. Dann sollte (insoweit) die Angabe entfallen.

Nach dem Gesetzeswortlaut ist der Börsenkurs bzw Marktpreis (also der Verkaufspreis am Absatzmarkt) auch für die Ermittlung der Unterschiedsbeträge bei unfertigen und fertigen Erzeugnissen heranzuziehen (aA *Oser/Holzwarth* in HdR[5] §§ 284–288 Anm 139). Da es in diesem Fall zur uU Angabe unrealisierter Gewinne kommen würde, sind die Absatzmarktpreise um die darin enthaltenen kalkulatorischen Gewinnzuschläge und die noch anfallenden Aufwendungen zu kürzen (glA *Kupsch* in HdJ IV/4 Anm 119). 185

Der zur Alternativbewertung heranzuziehende letzte Börsenkurs oder Marktpreis muss **vor dem Abschlussstichtag bekannt** sein. Damit sind Erkenntnisse und Preisbewegungen nach dem Abschlussstichtag hier ausgeschlossen. Es wird oft der *am* Abschlussstichtag bekannte Preis infrage kommen, zumal das Gj um Mitternacht, also nach der letzten Börsennotiz endet. Die Kenntnis der Börsen- und Marktpreise kann durch tatsächliche Ein- oder Verkäufe oder auch schon durch Angebote oder auf andere Weise erlangt sein. 186

Damit es zu einem Unterschiedsbetrag kommt, muss der Börsenkurs oder Marktpreis höher liegen als der gewogene Durchschnittspreis nach § 240 Abs 4 oder der nach § 256 S 1 angesetzte Preis. Liegt der Börsen- oder Marktpreis niedriger, kommt nach § 253 Abs 4 bei Vorräten das Niederstwertprinzip zur Anwendung, und es ergibt sich kein Unterschiedsbetrag, da § 240 Abs 4 als Regelung zu einem AK-Verfahren in diesem Falle nicht Platz greift.

G. Angaben über die Einbeziehung von Fremdkapitalzinsen in die Herstellungskosten (Abs 2 Nr 5)

Nach § 255 Abs 3 besteht unter bestimmten Voraussetzungen eine Bewertungshilfe, FK-Zinsen anzusetzen. Die Inanspruchnahme dieser Bewertungshilfe (§ 255 Anm 500) ist von allen KapGes/KapCoGes anzugeben. Anzugeben ist ferner, ob **alle** aktivierungsfähigen FK-Zinsen aktiviert wurden oder nur ein Teil. Der Angabepflicht wird genügt, wenn im Rahmen der **Angaben der Bewertungsmethoden** für selbstgeschaffene immaterielle VG des Anlagevermögens, Sachanlagen und das Vorratsvermögen bei der Darstellung des Inhalts der aktivierten HK (Anm 111) auf die Einbeziehung von FK-Zinsen und auf ihren Umfang hingewiesen wird. Nach § 277 Abs 5 S 1 gehören Aufwendungen aus der Abzinsung ausdrücklich zu den Zinsaufwendungen. Das betrifft insb Zuführungen zu den Pensionsrückstellungen. Soweit deren Zinsanteil mit der übrigen Zuführung nach § 255 Abs 2, 3 in die aktivierten HK einbezogen wird, ist das nach Nr 5 angabepflichtig. Nach *ADS*[6] § 284 Anm 156 ist Nr 5 nur für FK-Zinsen von Belang. Werden FK-Zinsen nicht aktiviert, braucht darüber nicht berichtet zu werden. **Zahlenangaben** sind nicht erforderlich (wie hier *WPH*[14] I, F Anm 749). 190

H. Rechtsfolgen einer Verletzung des § 284

Die **Verletzung der zwingenden Vorschriften über den Anhang** ist auf unterschiedliche Weise sanktioniert. Fehlt dem JA der Anhang, ist er nichtig (*OLG* Stuttgart 11.2.2004, ZIP, 909). Stellt der AP fest, dass bei der Aufstellung des Anhangs die gesetzlichen Vorschriften und die sie ergänzenden Bestimmungen des GesVertrags (Satzung) nicht beachtet wurden (§ 317 Anm 17), kann je nach Schwere des Verstoßes eine **Einschränkung des Bestätigungsvermerks** 195 die Folge sein (§ 322 Anm 39). Bei Fehlen der Entsprechenserklärung (§ 161 AktG) gem § 285 Nr 16 ist eine Einschränkung zwingend (Begr RegE zum TransPuG, BT-Drucksache 14/8769, 25). Sie kann auch in anderen Fällen (§ 322 Anm 61) in Frage kommen.

Wer als Mitglied des Geschäftsführungsorgans oder des AR vorsätzlich oder leichtfertig die Verhältnisse der KapGes/KapCoGes im Anhang unrichtig wiedergibt oder verschleiert, wird mit **Freiheitsstrafe** oder mit **Geldstrafe** bestraft (§ 331 Anm 10). Außerdem stellt die vorsätzliche oder leichtfertige Zuwiderhandlung gegen Einzelvorschriften zum Anhang eine Ordnungswidrigkeit dar, die mit einer **Geldbuße** geahndet werden kann (§ 334 Anm 11).

I. Abweichungen der IFRS

Schrifttum: *Förschle/Holland/Kroner* Internationale Rechnungslegung: US-GAAP, HGB und IAS[5] Bonn 2001; *Kirsch* Steuerliche Berichterstattung im Jahresabschluss nach IAS/IFRS, DStR 2003, 703; *Diekmann/Heering* Die wesentliche Änderungen hinsichtlich der Anhangangaben (notes) nach IAS/IFRS durch das Improvement Project des IASB vom 18.12.2003, StuB 2004, 640; International Accounting Standards Board, International Financial Reporting Standards London 2004; *Heering/Heering* Die Anhangsangaben (notes) nach IAS/IFRS, StuB 2004, 149; *Pellens/Fülbier/Gassen Sellhorn* Internationale Rechnungslegung[7] Stuttgart 2008; WILEY IFRS;; *KPMG* (Hrsg) IFRS aktuell[4] Stuttgart 2011; PwC Manual of Accounting IFRS 2011, London 2010; *KPMG* (Hrsg) IFRS visuell[5] Stuttgart 2012.

I. Vorbemerkung

200   Nach IFRS wie nach HGB kommt dem Anhang eine Erl-, Ergänzungs- und Entlastungsfunktion ggü den anderen JA-Bestandteilen zu. Da die IFRS aber insb darauf abstellen, einen wertorientierten Einblick in die VFE-Lage zu vermitteln sowie deren Veränderungen im Zeitablauf aufzuzeigen, haben die Angabepflichten nach IFRS iSe Informationsübermittlung an den JA-Adressaten eine ungleich höhere Bedeutung als nach deutschem Bilanzrecht. Dementspr stellen die Angabepflichten nach IFRS darauf ab, Informationen bereitzustellen, die bilanzpolitische Maßnahmen der Geschäftsführung transparent machen, wirtschaftliche und anlageorientierte Entscheidungen fördern und unternehmensübergreifende Vergleiche ermöglichen. Anders als nach den Regelungen des HGB, wonach die wesentlichen Anhangangaben in den §§ 284 und 285 geregelt sind und durch die §§ 264, 264c, 265, 268, 277, 286, 291, 324, 326, 327, Art 28, 48, 67 EGHGB und rechtsformabhängige Angabepflichten ergänzt werden, verteilen sich die Angabepflichten nach IFRS auf die einzelnen Standards der IFRS und IAS sowie Interpretationen des IFRIC und des SIC (IAS 1.31).

Maßgeblich für die grds Regelungen den Anhang betr ist IAS 1: Darstellung des Abschlusses.

II. Gegenüberstellung Pflichtangaben HGB – entsprechende IFRS-Angaben

1. Pflichtangaben nach HGB im Anhang und entsprechende IFRS-Angaben

Die Pflichtangaben des Anhangs nach HGB (vgl § 284 Anm 40) haben folgende Entsprechungen in den IFRS:

Erläuterung der Bilanz und der GuV-Rechnung § 284

HGB §	IAS (IFRS besonders gekennzeichnet)	Anmerkungen zu den IFRS-Regelungen
264 II, 2	1.15; 1.17c; 1.20; 1.23	
264c II, 9	keine entspr Regelung	
265 I, 2	1.41	
265 II, 2	1.42	
265 II, 3	1.41	
265 IV, 2	keine entspr Regelung	
265 VII Nr 2	1.30	
268 IV, 2 268 V, 3	keine entspr Regelung	
277 IV, 2	1.87	Verbot der Bildung von ao Posten
277 IV, 3	keine entspr Regelung	
284 II Nr 1	1.117 und nach den Einzelstandards	
284 II Nr 2	keine entspr Regelung	da in IAS 21 normiert
284 II Nr 3	8.29	
284 II Nr 4	keine entspr Regelung	
284 II Nr 5	23.26	
285 Nr 1a	1.60	für Posten der Aktiv- und Passivseite ist jeweils der Betrag mit einer Restlaufzeit von bis zu und von mehr als 12 Monaten gesondert in der Bilanz anzugeben.
285 Nr 1b	2.36h; 16.74a	Buchwert der Vorräte, die als Sicherheit für Verbindlichkeiten verpfändet sind Buchwert der Sachanlagen, die als Sicherheit für Verbindlichkeiten verpfändet sind
285 Nr 2	1.60	für Posten der Aktiv- und Passivseite ist jeweils der Betrag mit einer Restlaufzeit von bis zu und von mehr als 12 Monaten gesondert in der Bilanz anzugeben
285 Nr 3	17.35 17.65	Leasing Sale-and-lease-back-Vereinbarungen
285 Nr 3a	37.86 16.74c	jedoch nicht deckungsgleich Bestellobligo
285 Nr 4	IFRS 8.31–33a	
285 Nr 6	Keine entspr Regelung	wegen 1.87
285 Nr 7	keine entspr Regelung	
285 Nr 8	1.104f	
285 Nr 9	24.17 iVm 24.18f; IFRS 2.45b ii	
285 Nr 10	keine entspr Regelung	
285 Nr 11	IAS 2717 (b)	
285 Nr 11a	keine entspr Regelung	

Grottel

HGB §	IAS (IFRS besonders gekennzeichnet)	Anmerkungen zu den IFRS-Regelungen
285 Nr 12	37.85a	
285 Nr 13	IFRS 3.B67v	Bezogen auf 36.90 (Impairment)
285 Nr 14	1.138c; 24.13; 24.16	keine Differenzierung größter – kleinster KA
285 Nr 15	keine entspr Regelung	
285 Nr 16	keine entspr Regelung	
285 Nr 17	keine entspr Regelung	
285 Nr 18	keine entspr Regelung	
285 Nr 19	39.14; IFRS 7.25 iVm 7.28a, 7.30a u b	Bilanzausweis
285 Nr 20	IFRS 7.28 iVm IAS 39.AG 74 ff	
285 Nr 21	24.18 ff	Bezogen auf alle Geschäfte
285 Nr 22	38.126; 38.118ei	
285 Nr 23	IFRS 7.22 ff	
285 Nr 24	26.35e; 19.120An	
285 Nr 25	19.120Af	
285 Nr 26	keine entspr Regelung	
285 Nr 27	37.86b	
285 Nr 28	keine entspr Regelung	
285 Nr 29	12.81e	
286 III, 4	keine entspr Regelung	
291 II Nr 3	27.16–17	
324 I Nr 1	keine entspr Regelung	
Art 28 II EGHGB	keine entspr Regelung	
Art 48 V EGHGB	keine entspr Regelung	
Art 66 III, 6 Hs 2 EGHGB	keine entspr Regelung	
Art 67 I, 4 EGHGB	keine entspr Regelung	
Art 48 VI EGHGB	keine entspr Regelung	
Art 67 II EGHGB	keine entspr Regelung	
Art 67 V, 1 EGHGB	keine entspr Regelung	
Art 67 VIII, 2 Hs 2 EGHGB	Keine entspr Regelung	
2 I Nr 4 Kon BefrV	27.16–17	

2. Pflichtangaben nach HGB in Bilanz, GuV oder im Anhang und entsprechende IFRS-Angaben

Die Pflichtangaben nach HGB mit wahlweisem Ausweis haben folgende Entsprechungen in den IFRS:

HGB §	IAS (IFRS besonders gekennzeichnet)	Anmerkungen zu den IFRS-Regelungen
264c I	24.18b	
265 III, 1	keine entspr Regelung	freiwillige Angaben nach IAS 1
268, I, 2 2. Hs	keine entspr Regelung	
268 II	16.73 38.118	Sachanlagen Immaterielle Vermögenswerte
268 II, 3	16.73e v, vii; 36.126a; 38.118e, iv, vi; IFRS 3.B67dv e	
268 VI	keine entspr Regelung	
268 VII 1. Hs	28.40; 37.86;	
268 VII 2. Hs	24.18b ii	
277 III, 1	36.126a; 36.130b+d ii; 38.118e iv; IFRS 3.B67dv	
327 Nr 1 S 2	keine entspr Regelung	
Art 67 V, 1 EGHGB	keine entspr Regelung	

III. Anforderungen an den Anhang nach IFRS

Ein **JA** nach IAS 1 besteht aus 5 Bestandteilen: Bilanz *(statement of financial position)* zum Abschlussstichtag, Gesamtergebnisrechnung *(statement of comprehensive income)*, EK-Veränderungsrechnung *(statement of changes in equity)*, KFR *(statement of cash flows)*, Anhang *(notes)*. Somit ist der Anhang ein **gleichwertiger Bestandteil** des JA nach IFRS, auf den alle Grundsätze, die für den JA nach IFRS gelten, gleichermaßen anzuwenden sind. Im Rahmen des JA ist der Anhang als solcher zu kennzeichnen (IAS 1.51). Der Anhang umfasst nach IAS 1.112 Informationen über die Grundlagen der Aufstellung des JA und die besonderen Rechnungslegungsmethoden, die von den IFRS vorgeschriebenen Angaben, die nicht in anderen Bestandteilen des JA gemacht werden, und zusätzliche Informationen, die nicht in anderen Bestandteilen des JA enthalten, aber für das Verständnis jedes dieser Bestandteile sachdienlich sind.

Der Anhang enthält verbale Beschreibungen, Aufgliederung von Beträgen sowie Informationen über Geschäftsvorfälle und Ereignisse, die nicht in den anderen Bestandteilen des JA zu erfassen sind. Die Anhangangaben sollen ein den tatsächlichen Verhältnissen entspr Bild der VFE-Lage des Unt darstellen. Ihre qualitativen Merkmale entsprechen nach IAS 1.15 den Anforderungen der **Relevanz** (F 26–28), **Verlässlichkeit** (F 31–38), **Vergleichbarkeit** (F 39–42) und **Verständlichkeit** (F 25). Die weiteren Anforderungen betreffen die **Stetigkeit** der Darstellung (IAS 1.45), **Wesentlichkeit** (IAS 1.31 iVm F 29u 30), **Zusam-**

menfassung von Posten (IAS 1.30) und die Vollständigkeit (IAS 1.112b). Anders als im HGB sind im Anhang nach IFRS zu jeder Betragsangabe die **Vj-Zahlen** sowie zu jeder verbalen Angabe die **verbale Vj-Angabe** zu machen, wenn letztere für das Verständnis des JA sachdienlich ist (IAS 1.38).

Der Anhang muß eine **systematische Darstellung** der Angaben und Informationen geben (IAS 1.113), was durch einen **Querverweis** von jedem Posten in den anderen Bestandteilen des JA zur betr Angabe/Information im Anhang geschieht (IAS 1.113).

Für den Normalfall schreibt IAS 1.114 die **Struktur** des Anhangs wie folgt vor:

a) Bestätigung der Übereinstimmung mit den IFRS
b) Zusammenfassende Darstellung der wesentlichen angewandten Rechnungslegungsmethoden,
c) ergänzende Informationen zu den in den JA-Bestandteilen dargestellten Posten in der Reihenfolge, in der jeder JA-Bestandteil und jeder Posten dargestellt werden, und
d) andere Angaben, einschl Eventualverbindlichkeiten (IAS 37) und nicht bilanzierte vertragliche Verpflichtungen und nicht-finanzielle Angaben, zB RiskMa-Ziele und -Methoden (IFRS 7).

Da der Umfang des Anhangs nach IFRS weit größer ist als nach HGB, kommen freiwillige Angaben kaum in Betracht; allerdings geben einzelne IFRS Empfehlungen zu weiteren Angaben.

IV. Angabepflichten nach IFRS

205 IAS 1.47 unterscheidet Angaben (disclosures), die im Anhang (notes) oder in den anderen Bestandteilen des JA zu machen sind. Dabei kennen die IFRS wie das HGB auch Pflichtangaben, die wahlweise im Anhang oder an anderer Stelle im JA gemacht werden dürfen. Vorschriften über Anhangangaben befinden sich in den IAS 1, aber auch in anderen IFRS/IAS sowie in den Interpretationen des IFRIC und SIC (s auch *Driesch* in Beck IFRS³ Anlage I).

1. Pflichtangaben im Anhang nach IAS 1

206 IAS 1 enthält Anhangangaben allgemeiner und übergreifender Art. Zum allgemeinen Inhalt des Anhangs zählen nach IAS 1.112a die Darstellung der
– Grundlagen der Aufstellung des JA und der
– besonderen Rechnungslegungsmethoden,

wobei diese Darstellung auch in einem separaten Bestandteil des JA erfolgen kann (IAS 1.116).

Zu den **Grundlagen der Aufstellung des JA** gehören Angaben zu folgenden Sachverhalten (s auch *Driesch* in Beck IFRS³ § 19 Anm 27; *ADS* Int Abschn 24 Anm 16):

– bei Übereinstimmung des JA mit den IFRS (IAS 1.16) ausdrückliche und uneingeschränkte Erklärung,
– wenn die Anwendung einzelner IFRS-Vorschriften nicht ausreicht, um den Einfluss eines bestimmten Geschäftsvorfalls oder Ereignisses auf die VFE-Lage des Unt zu verstehen (IAS 1.17c),
– bei zulässigem Abweichen von einer IFRS-Vorschrift (IAS 1.20a–d),
– bei zulässigem Abweichen in früheren Gj mit Auswirkungen auf das Berichtsjahr (IAS 1.21 iVm IAS 1.20c u d),
– im Falle eines an sich notwendigen, aber nach dem F unzulässigen Abweichens von einem IFRS (IAS 1.23a u b),

Erläuterung der Bilanz und der GuV-Rechnung 207–210 § 284

- bei Relevanz für das Verständnis jedes einzelnen Bestandteils des JA, sofern dort nicht dargestellt (IAS 1.112c),
- bei Zweifel an der Fortführungsprämisse (IAS 1.25),
- bei Anpassung von Vj-Zahlen (IAS 1.41 a–c), auch sofern dieses nicht praktikabel ist (IAS 1.42a u b).

Wird ein Standard zulässigerweise vorzeitig angewendet, ergibt sich aus der jeweiligen Vorschrift in dem betreffenden Standard, dass eine Angabe zur vorzeitigen Anwendung zu machen ist, siehe z. B. IAS 27.18.

In der Zusammenstellung der **wesentlichen Rechnungslegungsmethoden** (IAS 1.117) sind darzustellen: 207

a) die Bewertungsgrundlagen, die bei der Aufstellung des JA angewandt werden (zB historische AK/HK, Wiederbeschaffungskosten, Nettoveräußerungswert, beizW, erzielbarer Betrag) und
b) sonstige angewandte Rechnungslegungsmethoden, die für das Verständnis des JA sachdienlich sind.

Hierunter fällt nach IAS 1.122 auch die Darstellung der Ermessensentscheidungen durch die Unterleitung bei der Anwendung der Rechnungslegungsmethoden, die den wesentlichsten Einfluss auf die Abschlussposten haben (abgesehen von den damit zusammenhängenden Schätzungen).

Ferner sind nach IAS 1.125 Angaben zu machen über die Hauptannahmen bzgl der Zukunft und anderer Hauptquellen von Schätzunsicherheiten am Abschlussstichtag, die ein signifikantes Risiko in sich bergen, das zu einer wesentlichen Anpassung der Buchwerte von Vermögenswerten und Schulden im nächsten Gj führen kann. Hierbei sind die Art der Vermögenswerte und Schulden und deren Buchwert am Abschlussstichtag anzugeben.

Im Anhangabschnitt „**Weitere Angaben**" sind anzugeben: 208

- die Dividendenzahlungen die vorgeschlagen oder beschlossen wurden, bevor der JA zur Veröffentlichung freigegeben wurde, die aber noch nicht als solche im Berichtszeitraum gebucht wurden, sowie der entspr Betrag je Anteil (IAS 1.137a) und
- der Betrag jeglicher nicht gebuchter kumulierter Vorzugsdividenden (IAS 1.137b).

Wird der Abschlussstichtag geändert und umfasst das betr Gj mehr oder weniger als ein Jahr, sind zusätzlich zur Angabe der Berichtsperiode des JA (IAS 1.36) die Angaben des Grunds für ein längeres oder kürzeres Gj und der nicht vollen Vergleichbarkeit der Vj-Zahlen notwendig.

2. Weitergehende Pflichtangaben nach anderen IFRS im Anhang

Die hier erfassten Pflichtangaben sind idR im Anhangabschnitt „**Ergänzende** 210 **Informationen zu den einzelnen Abschlussposten**" darzustellen:

Standard	Fundstellen für Angabepflichten
IFRS 1: Erstmalige Anwendung der IFRS	IFRS 1.22b, 1.25, 1.38–1.39 A-F,
IFRS 2: Anteilsbasierte Vergütung	IFRS 2.44–52
IFRS 3: Unternehmenszusammenschlüsse	IFRS 3.59– 3.63, 3.B64–B67,
IFRS 4: Versicherungsverträge	IFRS 4.36–39 A
IFRS 5: Zur Veräußerung gehaltene langfristige Vermögenswerte zum Verkauf und aufgegebene Geschäftsbereiche	IFRS 5.30, 5.41 und 5.42
IFRS 6: Exploration und Evaluierung von Bodenschätzen	IFRS 6.23–25
IFRS 7: Finanzinstrumente: Angaben	IFRS 7.9–7.19, 7.21–7.27, 7.27 B–7.28, 7.30, 7.33–7.42G 7.B5, 8, 9, 7.B10 A, B11E, B21, B24, B 27, B32, B37, B38

§ 284 210 Anhang

Standard	Fundstellen für Angabepflichten
IFRS 8: Geschäftssegmente	IFRS 8.20-8.24; 8.32-8.34
IFRS 12: Angaben zu Anteilen an anderen Unternehmen	IFRS 12.2, 12.7 ff, B4 ff
IFRS 13: Bemessung des beizulegenden Zeitwerts	IFRS 13.91-99
IAS 1: Darstellung des Abschlusses	1.112 ff
2: Vorräte	2.36-2.39
7: Kapitalflussrechnungen	7.43, 7.45, 7.48-7.52
8: Rechnungslegungsmethoden, Änderungen von rechnungslegungsbezogenen Schätzungen und Fehler	8.28-8.31, 8.39, 8.40, 8.49
10: Ereignisse nach der Berichtsperiode	10.16; 10.17; 10.19 ff;
11: Fertigungsaufträge	11.39-11.45
12: Ertragsteuern	12.79-12.88
16: Sachanlagen	16.73-16.79
17: Leasingverhältnisse	17.31, 17.32, 17.35, 17.47, 17.56, 17.65; 17.66; S IC 27.10; 27.11
18: Umsatzerlöse	18.35, 18.36
19: Leistungen an Arbeitnehmer	19.23, 19.30, 19.32, 19.46, 19.47, 19.60, 19.120-19.125, 19.131, 19.141-19.143
20: Bilanzierung und Darstellung von Zuwendungen der öffentlichen Hand	20.21, 20.31, 20.39
21: Auswirkungen von Wechselkursänderungen	21.51-21.57
23: Fremdkapitalkosten	23.26
24: Angaben über Beziehungen zu nahe stehenden Unt und Personen	24.13-24.26
26: Bilanzierung und Berichterstattung von Altersversorgungsplänen	26.16, 26.17-26.19, 26.22, 26.26-26.28, 26.30, 26.31-26.36
27: Konzern- und separate Einzelabschlüsse	27.15-27.17
28: Anteile an assozUnt	28.37 bis 28.40
29: Rechnungslegung in Hochinflationsländern	29.39, 29.40
32: Finanzinstrumente: Darstellung	s IFRS 7
33: Ergebnis je Aktie	33.64, 33.70-33.73A
36: Wertminderung von Vermögenswerten	36.126, 36.129-36.137
37: Rückstellungen, Eventualverbindlichkeiten und Eventualforderungen	37.28, 37.34, 37.84-37.92
38: Immaterielle Vermögenswerte	38.118-38.128
39: Finanzinstrumente: Ansatz und Bewertung	s IFRS 7
40: Als Finanzinvestition gehaltene Immobilien	40.74-40.79
41: Landwirtschaft	41.40-41.43; 41.46-41.51; 41.53-41.57
SIC 27: Beurteilung des wirtschaftlichen Gehalts von Transaktionen in der rechtlichen Form von Leasingverhältnissen	S IC 27.10 f
SIC 29: Vereinbarungen über Dienstleistungskonzessionen	S IC 29.6-7

Erläuterung der Bilanz und der GuV-Rechnung **211, 212 § 284**

Standard		Fundstellen für Angabepflichten
IFRIC 2:	Geschäftsanteile an Genossenschaften und ähnliche Instrumente	IFRIC 2.13
IFRIC 4:	Feststellung, ob eine Vereinbarung ein Leasingverhältnis enthält	IFRIC 4.15b
IFRIC 5:	Rechte auf Anteile an Fonds für Entsorgung, Rekultivierung und Umweltsanierung	IFRIC 5.11–13
IFRIC 14:	IAS 19 – Die Begrenzung eines Leistungsorientierten Vermögenswertes, Mindestdotierungsverpflichtungen und ihre Wechselwirkung	IFRIC 14.10
IFRIC 15:	Verträge über die Errichtung von Immobilien	IFRIC 15.20f
IFRIC 17:	Sachdividenden an Eigentümer	IFRIC 17.16f

Nach IFRS 9 „Finanzinstrumente", der erstmals für Gj, die am oder nach dem 1.1.2015 beginnen, anzuwenden ist, und dessen EU-Übernahme noch aussteht, bestehen weitere Angabepflichten zu Finanzinstrumenten.

3. Weitere Pflichtangaben nach IAS 1 wahlweise im Anhang oder an anderer Stelle im Jahresabschluss

Auch die IFRS kennen wie das HGB Pflichtangaben, die wahlweise im Anhang oder in den anderen Bestandteilen des JA zu machen sind (IAS 1.48):

Bilanz oder Anhang: 211

- weitere Untergliederung von Bilanzposten, sofern sie für die Geschäftstätigkeit angemessen sind (IAS 1.77 u 78)
- für jede Art von Geschäftsanteilen/Aktien (IAS 1.79a)
  • die Anzahl der genehmigten Anteile,
  • die Anzahl der ausgegebenen voll und nicht voll eingezahlten Anteile,
  • der Nennbetrag oder, dass die Anteile keinen Nennbetrag haben,
  • eine Überleitungsrechnung der Anzahl der in Umlauf befindlichen Anteile zu Beginn und am Ende der Periode,
  • die Rechte, Vorzugsrechte und Beschränkungen je Anteilsgattung, einschl Beschränkungen bei Gewinnausschüttungen und Kapitalrückzahlungen,
  • Anteile am Unt, die vom Unt selbst oder von TU oder assozUnt gehalten werden,
  • Anteile, die für eine Ausgabe aufgrund von Optionen und Verkaufsverträgen vorgehalten werden, unter Angabe der Modalitäten und Beträge,
- eine Beschreibung von Art und Zweck jeder Rücklage innerhalb des EK (IAS 1.79b),
- bei Unt ohne gezeichnetes Kapital (zB PersGes) gleichwertige Informationen und für jede EK-Kategorie die Bewegungen in der Periode sowie Rechte, Vorzugsrechte und Beschränkungen (IAS 1.80),
- für zur Veräußerung gehaltene langfristige Vermögenswerte und Schulden die Hauptgruppen dieser Posten (IFRS 5.38),
- Angabe der Buchwerte für jede Kategorie FinInst gem IAS 39 (IFRS 7.8).

Gesamtergebnisrechnung oder Anhang: 212

- Betrag der Ertragsteuern, der auf die einzelnen Bestandteile des sonstigen Ergebnisses entfällt (IAS 1.90),
- Umgliederungsbeträge vom Sonstigen Ergbenis in die GuV (IAS 1.92, .94),
- Art und Betrag wesentlicher Ertrags- und Aufwandsposten (IAS 1.97),
- im Falle des Umsatzkostenverfahrens gesonderte Angabe über die Art von Aufwendungen und Erträgen einschl außerplanmäßiger Abschreibungen, Gewinne/Verluste aus Anlagenabgängen, Auflösung von Rückstellungen, Erträge aus Wertaufholungen (IAS 1.98),

Grottel 1337

§ 285 Anhang

- Darstellung der Aufwendungen nach dem Gesamtkostenverfahren (IAS 1.102) oder Umsatzkostenverfahren (IAS 1.103 f),
- bei Aufgabe eines Geschäftsbereichs das unverwässerte und verwässerte Ergebnis je Aktie für diesen Bereich (IAS 33.68 und A), Nachsteuerergebnis dieses Bereichs sowie auf der Basis der Bewertung des beizZW (IFRS 5.33a) unter Angabe der Erlöse, Aufwendungen, Ertragsteuern für diesen Bereich (IFRS 5.33b),
- Betrag bestimmter Ertrags-, Aufwands-, Gewinn- oder Verlustposten (IFRS 7.20),
- Gewinn oder Verlust aus der Tilgung finanzieller Verbindlichkeiten durch EK-Instrumente (IFRIC 19.11).

213 EK-Veränderungsrechnung oder Anhang:

- Dividendenausschüttung in der betr Periode sowie der Betrag je Anteil (IAS 1.107)

214 Andere zusammen mit dem JA veröffentlichte Informationen oder Anhang: IAS 1.138

- Sitz und Rechtsform des Unt, Land, in dem es registriert ist, und die Anschrift des eingetragenen Sitzes (oder des Hauptsitzes der Geschäftstätigkeit, falls nicht identisch),
- Beschreibung der Art der Geschäftstätigkeit und der Hauptaktivitäten,
- Name des MU und des obersten MU des Konzerns
- bei begrenzter Lebensdauer die Lebensdauer

IAS 1.51: Bezeichnung der Bestandteile des Abschlusses

- Name des Unt oder andere Mittel der Identifizierung sowie ggf Änderungen ggü dem Vj,
- ob es sich um einen EA oder KA handelt,
- Abschlussstichtag oder Berichtsperiode, Darstellungswährung gem IAS 21,
- inwieweit die Beträge gerundet wurden.

§ 285 Sonstige Pflichtangaben

Ferner sind im Anhang anzugeben:
1. zu den in der Bilanz ausgewiesenen Verbindlichkeiten
   a) der Gesamtbetrag der Verbindlichkeiten mit einer Restlaufzeit von mehr als fünf Jahren,
   b) der Gesamtbetrag der Verbindlichkeiten, die durch Pfandrechte oder ähnliche Rechte gesichert sind, unter Angabe von Art und Form der Sicherheiten;
2. die Aufgliederung der in Nummer 1 verlangten Angaben für jeden Posten der Verbindlichkeiten nach dem vorgeschriebenen Gliederungsschema;
3. Art und Zweck sowie Risiken und Vorteile von nicht in der Bilanz enthaltenen Geschäften, soweit dies für die Beurteilung der Finanzlage notwendig ist;
3a. der Gesamtbetrag der sonstigen finanziellen Verpflichtungen, die nicht in der Bilanz enthalten und nicht nach § 251 oder Nummer 3 anzugeben sind, sofern diese Angabe für die Beurteilung der Finanzlage von Bedeutung ist; davon sind Verpflichtungen gegenüber verbundenen Unternehmen gesondert anzugeben;
4. die Aufgliederung der Umsatzerlöse nach Tätigkeitsbereichen sowie nach geographisch bestimmten Märkten, soweit sich, unter Berücksichtigung der Organisation des Verkaufs von für die gewöhnliche Geschäftstätigkeit der Kapitalgesellschaft typischen Erzeugnissen und der für die gewöhnliche Geschäftstätigkeit der Kapitalgesellschaft typischen Dienstleistungen, die Tätigkeitsbereiche und geographisch bestimmten Märkte untereinander erheblich unterscheiden;

Sonstige Pflichtangaben § 285

5. *(aufgehoben)*
6. in welchem Umfang die Steuern vom Einkommen und vom Ertrag das Ergebnis der gewöhnlichen Geschäftstätigkeit und das außerordentliche Ergebnis belasten;
7. die durchschnittliche Zahl der während des Geschäftsjahrs beschäftigten Arbeitnehmer getrennt nach Gruppen;
8. bei Anwendung des Umsatzkostenverfahrens (§ 275 Abs. 3)
   a) der Materialaufwand des Geschäftsjahrs, gegliedert nach § 275 Abs. 2 Nr. 5,
   b) der Personalaufwand des Geschäftsjahrs, gegliedert nach § 275 Abs. 2 Nr. 6;
9. für die Mitglieder des Geschäftsführungsorgans, eines Aufsichtsrats, eines Beirats oder einer ähnlichen Einrichtung jeweils für jede Personengruppe
   a) die für die Tätigkeit im Geschäftsjahr gewährten Gesamtbezüge (Gehälter, Gewinnbeteiligungen, Bezugsrechte und sonstige aktienbasierte Vergütungen, Aufwandsentschädigungen, Versicherungsentgelte, Provisionen und Nebenleistungen jeder Art). ²In die Gesamtbezüge sind auch Bezüge einzurechnen, die nicht ausgezahlt, sondern in Ansprüche anderer Art umgewandelt oder zur Erhöhung anderer Ansprüche verwendet werden. ³Außer den Bezügen für das Geschäftsjahr sind die weiteren Bezüge anzugeben, die im Geschäftsjahr gewährt, bisher aber in keinem Jahresabschluss angegeben worden sind. ⁴Bezugsrechte und sonstige aktienbasierte Vergütungen sind mit ihrer Anzahl und dem beizulegenden Zeitwert zum Zeitpunkt ihrer Gewährung anzugeben; spätere Wertveränderungen, die auf einer Änderung der Ausübungsbedingungen beruhen, sind zu berücksichtigen. ⁵Bei einer börsennotierten Aktiengesellschaft sind zusätzlich unter Namensnennung die Bezüge jedes einzelnen Vorstandsmitglieds, aufgeteilt nach erfolgsunabhängigen und erfolgsbezogenen Komponenten sowie Komponenten mit langfristiger Anreizwirkung, gesondert anzugeben. ⁶Dies gilt auch für:
      aa) Leistungen, die dem Vorstandsmitglied für den Fall einer vorzeitigen Beendigung seiner Tätigkeit zugesagt worden sind;
      bb) Leistungen, die dem Vorstandsmitglied für den Fall der regulären Beendigung seiner Tätigkeit zugesagt worden sind, mit ihrem Barwert, sowie den von der Gesellschaft während des Geschäftsjahrs hierfür aufgewandten oder zurückgestellten Betrag;
      cc) während des Geschäftsjahrs vereinbarte Änderungen dieser Zusagen;
      dd) Leistungen, die einem früheren Vorstandsmitglied, das seine Tätigkeit im Laufe des Geschäftsjahrs beendet hat, in diesem Zusammenhang zugesagt und im Laufe des Geschäftsjahrs gewährt worden sind.
      ⁷Leistungen, die dem einzelnen Vorstandsmitglied von einem Dritten im Hinblick auf seine Tätigkeit als Vorstandsmitglied zugesagt oder im Geschäftsjahr gewährt worden sind, sind ebenfalls anzugeben. ⁸Enthält der Jahresabschluss weitergehende Angaben zu bestimmten Bezügen, sind auch diese zusätzlich einzeln anzugeben;
   b) die Gesamtbezüge (Abfindungen, Ruhegehälter, Hinterbliebenenbezüge und Leistungen verwandter Art) der früheren Mitglieder der bezeichneten Organe und ihrer Hinterbliebenen. ²Buchstabe a Satz 2 und 3 ist entsprechend anzuwenden. ³Ferner ist der Betrag der für diese Personengruppe gebildeten Rückstellungen für laufende Pensionen und Anwartschaften auf Pensionen und der Betrag der für diese Verpflichtungen nicht gebildeten Rückstellungen anzugeben;
   c) die gewährten Vorschüsse und Kredite unter Angabe der Zinssätze, der wesentlichen Bedingungen und der gegebenenfalls im Geschäftsjahr zurückgezahlten Beträge sowie die zugunsten dieser Personen eingegangenen Haftungsverhältnisse;
10. alle Mitglieder des Geschäftsführungsorgans und eines Aufsichtsrats, auch wenn sie im Geschäftsjahr oder später ausgeschieden sind, mit dem Famili-

Grottel 1339

§ 285

ennamen und mindestens einem ausgeschriebenen Vornamen, einschließlich des ausgeübten Berufs und bei börsennotierten Gesellschaften auch der Mitgliedschaft in Aufsichtsräten und anderen Kontrollgremien im Sinne des § 125 Abs. 1 Satz 5 des Aktiengesetzes. ²Der Vorsitzende eines Aufsichtsrats, seine Stellvertreter und ein etwaiger Vorsitzender des Geschäftsführungsorgans sind als solche zu bezeichnen;

11. Name und Sitz anderer Unternehmen, von denen die Kapitalgesellschaft oder eine für Rechnung der Kapitalgesellschaft handelnde Person mindestens den fünften Teil der Anteile besitzt; außerdem sind die Höhe des Anteils am Kapital, das Eigenkapital und das Ergebnis des letzten Geschäftsjahrs dieser Unternehmen anzugeben, für das ein Jahresabschluß vorliegt; auf die Berechnung der Anteile ist § 16 Abs. 2 und 4 des Aktiengesetzes entsprechend anzuwenden; ferner sind von börsennotierten Kapitalgesellschaften zusätzlich alle Beteiligungen an großen Kapitalgesellschaften anzugeben, die fünf vom Hundert der Stimmrechte überschreiten;

11a. Name, Sitz und Rechtsform der Unternehmen, deren unbeschränkt haftender Gesellschafter die Kapitalgesellschaft ist;

12. Rückstellungen, die in der Bilanz unter dem Posten „sonstige Rückstellungen" nicht gesondert ausgewiesen werden, sind zu erläutern, wenn sie einen nicht unerheblichen Umfang haben;

13. die Gründe, welche die Annahme einer betrieblichen Nutzungsdauer eines entgeltlich erworbenen Geschäfts- oder Firmenwertes von mehr als fünf Jahren rechtfertigen;

14. Name und Sitz des Mutterunternehmens der Kapitalgesellschaft, das den Konzernabschluß für den größten Kreis von Unternehmen aufstellt, und ihres Mutterunternehmens, das den Konzernabschluß für den kleinsten Kreis von Unternehmen aufstellt, sowie im Falle der Offenlegung der von diesen Mutterunternehmen aufgestellten Konzernabschlüsse der Ort, wo diese erhältlich sind;

15. soweit es sich um den Anhang des Jahresabschlusses einer Personenhandelsgesellschaft im Sinne des § 264a Abs. 1 handelt, Name und Sitz der Gesellschaften, die persönlich haftende Gesellschafter sind, sowie deren gezeichnetes Kapital;

16. dass die nach § 161 des Aktiengesetzes vorgeschriebene Erklärung abgegeben und wo sie öffentlich zugänglich gemacht worden ist;

17. das von dem Abschlussprüfer für das Geschäftsjahr berechnete Gesamthonorar, aufgeschlüsselt in das Honorar für
    a) die Abschlussprüfungsleistungen,
    b) andere Bestätigungsleistungen,
    c) Steuerberatungsleistungen,
    d) sonstige Leistungen,
    soweit die Angaben nicht in einem das Unternehmen einbeziehenden Konzernabschluss enthalten sind;

18. für zu den Finanzanlagen (§ 266 Abs. 2 A. III.) gehörende Finanzinstrumente, die über ihrem beizulegenden Zeitwert ausgewiesen werden, da eine außerplanmäßige Abschreibung nach § 253 Abs. 3 Satz 4 unterblieben ist,
    a) der Buchwert und der beizulegende Zeitwert der einzelnen Vermögensgegenstände oder angemessener Gruppierungen sowie
    b) die Gründe für das Unterlassen der Abschreibung einschließlich der Anhaltspunkte, die darauf hindeuten, dass die Wertminderung voraussichtlich nicht von Dauer ist;

19. für jede Kategorie nicht zum beizulegenden Zeitwert bilanzierter derivativer Finanzinstrumente
    a) deren Art und Umfang,
    b) deren beizulegender Zeitwert, soweit er sich nach § 255 Abs. 4 verlässlich ermitteln lässt, unter Angabe der angewandten Bewertungsmethode,

Sonstige Pflichtangaben   § 285

    c) deren Buchwert und der Bilanzposten, in welchem der Buchwert, soweit vorhanden, erfasst ist, sowie
    d) die Gründe dafür, warum der beizulegende Zeitwert nicht bestimmt werden kann;
20. für gemäß § 340e Abs. 3 Satz 1 mit dem beizulegenden Zeitwert bewertete Finanzinstrumente
    a) die grundlegenden Annahmen, die der Bestimmung des beizulegenden Zeitwertes mit Hilfe allgemein anerkannter Bewertungsmethoden zugrunde gelegt wurden, sowie
    b) Umfang und Art jeder Kategorie derivativer Finanzinstrumente einschließlich der wesentlichen Bedingungen, welche die Höhe, den Zeitpunkt und die Sicherheit künftiger Zahlungsströme beeinflussen können;
21. zumindest die nicht zu marktüblichen Bedingungen zustande gekommenen Geschäfte, soweit sie wesentlich sind, mit nahe stehenden Unternehmen und Personen, einschließlich Angaben zur Art der Beziehung, zum Wert der Geschäfte sowie weiterer Angaben, die für die Beurteilung der Finanzlage notwendig sind; ausgenommen sind Geschäfte mit und zwischen mittel- oder unmittelbar in 100-prozentigem Anteilsbesitz stehenden in einen Konzernabschluss einbezogenen Unternehmen; Angaben über Geschäfte können nach Geschäftsarten zusammengefasst werden, sofern die getrennte Angabe für die Beurteilung der Auswirkungen auf die Finanzlage nicht notwendig ist;
22. im Fall der Aktivierung nach § 248 Abs. 2 der Gesamtbetrag der Forschungs- und Entwicklungskosten des Geschäftsjahres sowie der davon auf die selbst geschaffenen immateriellen Vermögensgegenstände des Anlagevermögens entfallende Betrag;
23. bei Anwendung des § 254,
    a) mit welchem Betrag jeweils Vermögensgegenstände, Schulden, schwebende Geschäfte und mit hoher Wahrscheinlichkeit erwartete Transaktionen zur Absicherung welcher Risiken in welche Arten von Bewertungseinheiten einbezogen sind sowie die Höhe der mit Bewertungseinheiten abgesicherten Risiken,
    b) für die jeweils abgesicherten Risiken, warum, in welchem Umfang und für welchen Zeitraum sich die gegenläufigen Wertänderungen oder Zahlungsströme künftig voraussichtlich ausgleichen einschließlich der Methode der Ermittlung,
    c) eine Erläuterung der mit hoher Wahrscheinlichkeit erwarteten Transaktionen, die in Bewertungseinheiten einbezogen wurden,
    soweit die Angaben nicht im Lagebericht gemacht werden;
24. zu den Rückstellungen für Pensionen und ähnliche Verpflichtungen das angewandte versicherungsmathematische Berechnungsverfahren sowie die grundlegenden Annahmen der Berechnung, wie Zinssatz, erwartete Lohn- und Gehaltssteigerungen und zugrunde gelegte Sterbetafeln;
25. im Fall der Verrechnung von Vermögensgegenständen und Schulden nach § 246 Abs. 2 Satz 2 die Anschaffungskosten und der beizulegende Zeitwert der verrechneten Vermögensgegenstände, der Erfüllungsbetrag der verrechneten Schulden sowie die verrechneten Aufwendungen und Erträge; Nummer 20 Buchstabe a ist entsprechend anzuwenden;
26. zu Anteilen an Sondervermögen im Sinn des § 1 Absatz 10 des Kapitalanlagegesetzbuchs oder Anlageaktien an Investmentaktiengesellschaften mit veränderlichem Kapital im Sinn der §§ 108 bis 123 des Kapitalanlagegesetzbuchs oder vergleichbaren EU-Investmentvermögen oder vergleichbaren ausländischen Investmentvermögen von mehr als dem zehnten Teil, aufgegliedert nach Anlagezielen, deren Wert im Sinn der §§ 168, 278 des Kapitalanlagegesetzbuchs oder des § 36 des Investmentgesetzes in der bis zum 21. Juli 2013 geltenden Fassung oder vergleichbarer ausländischer Vorschrif-

§ 285 Anhang

ten über die Ermittlung des Marktwertes, die Differenz zum Buchwert und die für das Geschäftsjahr erfolgte Ausschüttung sowie Beschränkungen in der Möglichkeit der täglichen Rückgabe; darüber hinaus die Gründe dafür, dass eine Abschreibung gemäß § 253 Abs. 3 Satz 4 unterblieben ist, einschließlich der Anhaltspunkte, die darauf hindeuten, dass die Wertminderung voraussichtlich nicht von Dauer ist; Nummer 18 ist insoweit nicht anzuwenden;

27. für nach § 251 unter der Bilanz oder nach § 268 Abs. 7 Halbsatz 1 im Anhang ausgewiesene Verbindlichkeiten und Haftungsverhältnisse die Gründe der Einschätzung des Risikos der Inanspruchnahme;

28. der Gesamtbetrag der Beträge im Sinn des § 268 Abs. 8, aufgegliedert in Beträge aus der Aktivierung selbst geschaffener immaterieller Vermögensgegenstände des Anlagevermögens, Beträge aus der Aktivierung latenter Steuern und aus der Aktivierung von Vermögensgegenständen zum beizulegenden Zeitwert;

29. auf welchen Differenzen oder steuerlichen Verlustvorträgen die latenten Steuern beruhen und mit welchen Steuersätzen die Bewertung erfolgt ist.

Übersicht

	Anm
A. Allgemeines	1
B. Die Einzelangaben	
1. Gesamtbetrag der Verbindlichkeiten mit einer Restlaufzeit von mehr als fünf Jahren sowie der gesicherten Verbindlichkeiten (Nr 1)	
I. Allgemeines	5
II. Die Einzelangaben	
1. Restlaufzeit (Nr 1a)	6, 7
2. Sicherheiten (Nr 1b)	9
a) Pfandrechte	10
b) Ähnliche Rechte	11
c) Umfang der Angabepflicht	12
2. Aufgliederung des Gesamtbetrags der Verbindlichkeiten mit einer Restlaufzeit von mehr als fünf Jahren sowie der gesicherten Verbindlichkeiten (Nr 2)	
I. Allgemeines	16
II. Aufgliederung	17, 18
3. Angaben zu nicht in der Bilanz enthaltenen Geschäften (Nr 3)	
I. Allgemeines	21–23
II. Die anzugebenden nicht in der Bilanz enthaltenen Geschäfte	24–30
III. Einzelangaben	
1. Angabe von Art und Zweck	31
2. Angabe der Risiken und Vorteile	32–34
IV. Umfang und Dauer der Angabepflicht	
1. Umfang	36–38
2. Dauer	39
3a. Gesamtbetrag der sonstigen finanziellen Verpflichtungen (Nr 3a)	
I. Allgemeines	41
II. Begriff	42–44

Sonstige Pflichtangaben § 285

	Anm
III. Umfang der Angabepflicht	51–54
IV. Bewertung	55–57
V. Verpflichtungen gegenüber verbundenen Unternehmen	58
VI. Verpflichtungen gegenüber Gesellschaftern von GmbH und KapCoGes	59
VII. Einzelne finanzielle Verpflichtungen	
1. Mehrjährige Verpflichtungen aus Miet- und Pachtverträgen	60
2. Verpflichtungen aus begonnenen Investitionsvorhaben und zwangsläufigen Folgeinvestitionen	61, 62
3. Verpflichtungen aus künftigen Großreparaturen	63
4. Verpflichtungen aus notwendig werdenden Umweltschutzmaßnahmen	64
5. Andere finanzielle Verpflichtungen	
a) Verpflichtungen aus schwebenden Geschäften	65, 66
b) Verpflichtungen aus Dauerschuldverhältnissen	67
c) Verpflichtungen zu künftigen Aufwendungen	68
d) Verpflichtungen aus öffentlich-rechtlichen Auflagen	69
6. Sonstige Haftungsverhältnisse	70
a) Sonstige Haftungsverhältnisse für eigene Verbindlichkeiten	71–73
b) Sonstige Haftungsverhältnisse für fremde Verbindlichkeiten	74–76
c) Bedingte Verbindlichkeiten	77–79
7. ABC der möglichen sonstigen finanziellen Verpflichtungen	80

4. Aufgliederung der Umsatzerlöse nach Tätigkeitsbereichen sowie nach geographisch bestimmten Märkten (Nr 4)

I. Allgemeines	90
II. Aufgliederung nach Tätigkeitsbereichen	91–94
III. Aufgliederung nach geographisch bestimmten Märkten	95–97

5. (aufgehoben)

6. Ertragsteuerspaltung (Nr 6)

I. Allgemeines	120
II. Die Berechnung der Ertragsteuerspaltung	130
1. Aufspaltung der Körperschaftsteuer	131
2. Aufspaltung der Gewerbeertragsteuer	132
3. Aufspaltung der Kapitalertragsteuer	133
III. Die Berichterstattung über die Spaltung	134

7. Durchschnittliche Zahl der während des Geschäftsjahrs beschäftigten Arbeitnehmer, getrennt nach Gruppen (Nr 7)

I. Allgemeines	140
II. Die Arbeitnehmereigenschaft	141
III. Die durchschnittliche Zahl der Arbeitnehmer während des Geschäftsjahrs	142, 143
IV. Gruppenbildung	144

	Anm
8. Material- und Personalaufwand bei Anwendung des Umsatzkostenverfahrens (Nr 8)	
I. Allgemeines	150
II. Die Angabe des Materialaufwands	151
III. Die Angabe des Personalaufwands	152
9. Gesamtbezüge etc für aktive und ehemalige Organmitglieder und deren Hinterbliebene (Nr 9)	
I. Allgemeines	160
II. Die Personengruppen	161–165
III. Angaben für tätige Organmitglieder (Nr 9a)	
1. Angabe der Gesamtbezüge (S 1–3)	167–175
2. Angabe der Anzahl der ausgegebenen Bezugsrechte uä (S 4)	180
IV. Zusatzangaben für börsennotierte Aktiengesellschaften über die individualisierten Vorstandsbezüge (Nr 9a S 5–8)	
1. Allgemeines	182
2. Umfang der angabepflichtigen Bezüge	183–193
3. Aufgliederung der angabepflichtigen Bezüge	195–198
V. Angaben für ehemalige Organmitglieder und deren Hinterbliebene (Nr 9b)	200
1. Angabe der Gesamtbezüge	201–205
2. Angabe der gebildeten und der nicht gebildeten Pensionsrückstellungen	206–208
VI. Angabe der Vorschüsse und Kredite einschließlich der Haftungsverhältnisse (Nr 9c)	
1. Allgemeines	210–212
2. Die einzelnen Angaben	
a) Vorschüsse	213
b) Kredite	214
c) Haftungsverhältnisse	215
d) Zinssätze	216
e) Wesentliche Bedingungen	217
f) Tilgungen	218
10. Mitglieder des Geschäftsführungsorgans und eines Aufsichtsrats (Nr 10)	220–224
11. Anteilsbesitz (Nr 11)	
I. Allgemeines	230
II. Der Kreis der Unternehmen, über die zu berichten ist	231–237
III. Die Einzelangaben	
1. Allgemeines	240–244
2. Name und Sitz	245
3. Höhe des Anteils am Kapital	246
4. Eigenkapital	247, 248
5. Ergebnis des Geschäftsjahrs	249, 250
IV. Zusatzangaben börsennotierter Kapitalgesellschaften	253–255
V. Zusatzangaben persönlich haftender Kapitalgesellschaften (Nr 11a)	258
12. Nicht gesondert ausgewiesene sonstige Rückstellungen (Nr 12)	260, 261

Sonstige Pflichtangaben § 285

	Anm
13. Gründe für die planmäßige Abschreibung des Geschäfts- oder Firmenwerts über einen Zeitraum von mehr als fünf Jahren (Nr 13)	265
14. Mutterunternehmen (Nr 14)	270–277
15. Zusatzangaben für Kapitalgesellschaften & Co (Nr 15)	280
16. Zusatzangabe für börsennotierte AG über die Entsprechenserklärung zum Corporate Governance Kodex (Nr 16)	281–285
17. Das für das Geschäftsjahr berechnete Gesamthonorar des Abschlussprüfers (Nr 17)	
I. Allgemeines	290
II. Das vom Abschlussprüfer für das Geschäftsjahr berechnete Gesamthonorar	291–296
III. Die Aufschlüsselung des Gesamthonorars nach Tätigkeitsbereichen	300
a) Abschlussprüfungsleistungen	301
b) Andere Bestätigungsleistungen	302
c) Steuerberatungsleistungen	303
d) Sonstige Leistungen	304
IV. Befreiung von der Angabepflicht bei Einbeziehung in einen Konzernabschluss	305
18. Angaben zu bestimmten Finanzinstrumenten in den Finanzanlagen (Nr 18)	
I. Allgemeines	310, 311
II. Die zu den Finanzanlagen gehörenden Finanzinstrumente	312, 313
III. Die Einzelangaben	
1. Angabe jeweils des Buchwerts und des beizulegenden Zeitwerts (Nr 18a)	315, 316
2. Angabe der Gründe für das Unterlassen der außerplanmäßigen Abschreibung gemäß § 253 Abs 3 S 4 (Nr 18b)	318
19. Angaben zu nicht zum beizulegenden Zeitwert bilanzierten derivativen Finanzinstrumenten (Nr 19)	
I. Allgemeines	320, 321
II. Die nicht zum beizulegenden Zeitwert bilanzierten derivativen Finanzinstrumente	322, 323
III. Die Einzelangaben	
1. Allgemeines	325, 326
2. Angaben zu Art und Umfang (Nr 19a)	327
3. Angabe des beizulegenden Zeitwerts (Nr 19b Ts 1)	328–331
4. Angabe der angewandten Bewertungsmethode (Nr 19b Ts 2)	333, 334
5. Angabe jeweils des Buchwerts und des Bilanzpostens (Nr 19c)	336
6. Angabe der Gründe bei fehlender Bestimmbarkeit des beizulegenden Zeitwerts (Nr 19d)	337
20. Angaben zu mit dem beizulegenden Zeitwert bewerteten Finanzinstrumenten des Handelsbestands gem § 340e Abs 3 S 1 (Nr 20)	
I. Allgemeines	350, 351

Anm

II. Angaben zu den mit dem beizulegenden Zeitwert bewerteten Finanzinstrumenten des Handelsbestands (lit a) 352, 353

III. Angaben zu den mit dem beizulegenden Zeitwert bewerteten derivativen Finanzinstrumenten (lit b) 354–356

21. **Angaben über Geschäfte mit nahe stehenden Unternehmen und Personen (Nr 21)**
    I. Allgemeines 360–362
    II. Die nahe stehenden Unternehmen und Personen 363–367
    III. Die anzugebenden Geschäfte 370–373
    IV. Die Marktunüblichkeit der Geschäfte 374–376
    V. Die Einzelangaben 377
        1. Angaben zu Art der Beziehung 378
        2. Angaben zu Art und Wert der Geschäfte 379
        3. Weitere Angaben, die für die Beurteilung der Finanzlage notwendig sind 380
    VI. Umfang der Angabepflicht 381
    VII. Unterlassen der Angaben (Ts 2) 382–384
    VIII. Zusammenfassung von Geschäften (Ts 3) 385
    IX. Freiwillige erweiterte Berichterstattung 386

22. **Gesamtbetrag der Forschungs- und Entwicklungskosten des Geschäftsjahrs (Nr 22)**
    I. Allgemeines 390, 391
    II. Begriff und Umfang des anzugebenden Gesamtbetrags der Forschungs- und Entwicklungskosten 392–394
    III. Der Betrag, der auf selbst geschaffene immaterielle Vermögensgegenstände des Anlagevermögens entfällt .. 395, 396

23. **Angaben zu nach § 254 gebildeten Bewertungseinheiten (Nr 23)**
    I. Allgemeines 400
    II. Einzelangaben
        1. Angaben zum Grundgeschäft (Nr 23a) 401–404
        2. Angaben zur Effektivität der Bewertungseinheiten (Nr 23b) 405–408
        3. Erläuterung der mit hoher Wahrscheinlichkeit erwarteten Transaktionen, die in die Bewertungseinheiten einbezogen wurden (Nr 23c) 409
    III. Die Angabealternative im Lagebericht 410

24. **Angaben zu den Pensionsrückstellungen (Nr 24)** 415–423

25. **Angaben zur Verrechnung von Vermögensgegenständen und Schulden nach § 246 Abs 2 S 2 (Nr 25)** 430–434

26. **Angaben zu Anteilen oder Anlageaktien an Investmentvermögen (Nr 26)**
    I. Allgemeines 440
    II. Die angabepflichtigen Anteile oder Anlageaktien 441–443
    III. Einzelangaben
        1. Die Anlageziele 444
        2. Der Wert der Anteile oder Anlageaktien und die Differenz zum Buchwert 445–447

		Anm
3.	Die für das Geschäftsjahr erfolgte Ausschüttung	448
4.	Beschränkungen in der Möglichkeit der täglichen Rückgabe	449
5.	Gründe für das Unterlassen einer Abschreibung nach § 253 Abs 3 S 4 (Ts 2 und 3)	450

27. Angaben zu den Haftungsverhältnissen nach §§ 251, 268 Abs 7 Hs 1 (Nr 27) 455–457

28. Angabe des Gesamtbetrags der Beträge iSd § 268 Abs 8 (Nr 28)

I.	Allgemeines	460
II.	Anzugebender Gesamtbetrag	461
III.	Aufgliederung des Gesamtbetrags	462
	1. Beträge aus der Aktivierung selbst geschaffener immaterieller Vermögensgegenstände des Anlagevermögens	463
	2. Beträge aus der Bewertung von Vermögensgegenständen iSv § 246 Abs 2 S 2 zum beizulegenden Zeitwert	464
	3. Beträge aus der Aktivierung latenter Steuern	465

29. Angaben zu latenten Steuern (Nr 29) 470–474

Schrifttum: *Russ* Der Anhang als dritter Teil des Jahresabschlusses, 2. überarbeitete Aufl. Bergisch-Gladbach 1986; *Ulmer* Begriffsvielfalt im Recht der verbundenen Unternehmen als Folge des Bilanzrichtlinien-Gesetzes – Eine systematische Analyse –, FS Goerdeler 1987, 623; *Ossadnik* Wesentlichkeit als Bestimmungsfaktor für Angabepflichten in Jahresabschluss und Lagebericht, BB 1993, 1763; *Hoffmann/Lüdenbach* Bilanzrechtsreformgesetz – Bedeutung für den Einzel- und Konzernabschluß GmbHR 2004, 145; *Pfitzer/Oser/Orth* Offene Fragen und Systemwidrigkeiten des Bilanzrechtsreformgesetzes (BilReG) DB 2004, 2593; *Pfitzer/Oser/Orth* Reform des Aktien-, Bilanz- und Aufsichtsrechts BilReG, BilKoG, APAG, AnSVG, UMAG sowie weitere Reformgesetze, Stuttgart 2005; *Hoffmann/Lüdenbach* Inhaltliche Schwerpunkte des BilMoG/Regierungsentwurf, DStR 2008, Beihefter zu Heft 30, 49; *Kirsch* Geplante Übergangsvorschriften nach dem RegE des BilMoG DStR 2008, 1202; *Ernst/Seidler* Gesetz zur Modernisierung des Bilanzrechts nach Verabschiedung durch den Bundestag, BB 2009, 766; *Küting/Pfitzer/Weber* Das neue deutsche Bilanzrecht, 2. Aufl, Stuttgart 2009; *Gelhausen/Fey/Kämpfer* Rechnungslegung und Prüfung nach dem Bilanzrechtsmodernisierungsgesetz, Düsseldorf 2009.

A. Allgemeines

Neben den allgemeinen Angaben über Bilanzierungs- und Bewertungsmethoden in Bilanz und GuV verlangt das HGB von anhangpflichtigen KapGes/KapCoGes und diesen gleichgestellten Unt bestimmte Einzelangaben, die teils Erl der Bilanz und GuV, teils zusätzliche Informationen enthalten. Die vorgeschriebenen Angaben betreffen teils Zahlenangaben, teils verbale Ausführungen. Davon nicht betroffen sind **KleinstKapGes/KleinstKapCoGes** gem § 267a, die bei Darstellung diverser Zusatzangaben unter der Bilanz keinen Anhang erstellen müssen sowie Ges, die die Erleichterungsvorschriften nach § 264 Abs 3 oder § 264b anwenden.

Bei allen Einzelangaben nach § 285 handelt es sich um Pflichtangaben, die jedes Jahr im Anhang zu machen sind. Neben den Pflichtangaben des § 285 bestehen Einzelvorschriften zu weiteren Pflichtangaben an anderen Stellen des HGB (dazu § 284 Anm 35). Sind Sachverhalte nicht vorhanden, braucht darüber nicht berichtet bzw keine Fehlanzeige vermerkt zu werden. Vj-Zahlen sind für die Sachverhalte des § 285 nicht anzugeben. Ein Verweis auf die Berichterstattung in früheren Anhängen ist nicht gestattet. Obwohl das HGB die **Einzelangaben** hintereinanderstellt, ist daraus weder die Reihenfolge noch der Ort der Angabe im Anhang abzuleiten, wohl aber die Pflicht zur gesonderten Darstellung aller einzelnen Pflichtangaben. Zur Formfreiheit und zur Stetigkeit des Anhangs vgl § 284 Anm 25–30. Stets muss die **Schutzklausel** gem § 286 Abs 1 in Anspruch genommen werden, soweit es für das Wohl der Bundesrepublik Deutschland oder eines ihrer Länder erforderlich ist. Ausnahmen von der Berichterstattungspflicht bestehen unter bestimmten Voraussetzungen für die Aufgliederung der Umsatzerlöse (Nr 4), für die Angaben über den Anteilsbesitz (Nr 11 und 11a) und über die Organbezüge (Nr 9); vgl § 286; hier darf freiwillig berichtet werden.

Der **Geltungsbereich** der Berichterstattungspflichten über die Nrn 1–29 ist unterschiedlich. Nur **börsennotierte/kapmarkt Unt/AG** haben Nr 9a S 5–8, Nr 10 S 1 letzter Teilsatz, Nr 11 2. Hs und Nr 16 anzuwenden. Für **kleine KapGes/KapCoGes** (§ 267 Abs 1 Anm 2) und für **mittelgroße KapGes/ KapCoGes** (§ 267 Abs 2 Anm 3) bestehen gem §§ 274a, 276 S 2 und 288 bestimmte Erleichterungen in den Angabepflichten. **KleinstKapGes/Kleinst-KapCoGes** müssen nur die in Nr 9c genannten Angaben des § 285 unter der Bilanz aufführen, sofern sie auf die Erstellung eines Anhangs verzichten (§ 264 Abs 1 S 5). Angabeerleichterungen bestehen auch für dem PublG unterliegende Unt, wenn sie einen Anhang aufstellen müssen (§ 5 Abs 2 PublG). Kreditinstitute und VersicherungsUnt haben stets einen Anhang wie große KapGes aufzustellen (§ 340a Abs 1 bzw § 341a Abs 1).

B. Die Einzelangaben

1. Gesamtbetrag der Verbindlichkeiten mit einer Restlaufzeit von mehr als fünf Jahren sowie der gesicherten Verbindlichkeiten (Nr 1)

I. Allgemeines

5   Zu den Verbindlichkeiten gem § 266 Abs 3 Buchstabe C müssen zwei Angaben gemacht werden: der Gesamtbetrag der Verbindlichkeiten mit einer Restlaufzeit von mehr als fünf Jahren (Nr 1a) und der Gesamtbetrag der Verbindlichkeiten, die durch Pfandrechte oder ähnliche Rechte gesichert sind (Nr 1b). Die Angabepflicht ist für alle **KapGes/KapCoGes** verbindlich, sofern diese nicht als **KleinstKapGes/KleinstKapCoGes** auf die Erstellung eines Anhangs verzichten.

Bzgl der Angabe des Gesamtbetrags der **langfristigen** Verbindlichkeiten ist die Vorschrift im Zusammenhang mit § 268 Abs 5 (dort Anm 101) zu sehen, nach der bei jedem gesondert ausgewiesenen Verbindlichkeitsposten in der Bilanz der Betrag der Verbindlichkeiten mit einer Restlaufzeit bis zu einem Jahr zu vermerken ist. Damit ergibt sich aus der Bilanz und dem Anhang zusammen eine fristigkeitsbezogene Aufteilung der Verbindlichkeiten mit Restlaufzeiten bis zu einem Jahr, von einem bis zu fünf Jahren und von mehr als fünf Jahren. Die Angabe des Gesamtbetrags kann sich erübrigen, wenn zB schon die Bilanz alle Verbindlichkeiten als vor Ablauf eines Jahres fällig ausweist.

Die Angabe des Gesamtbetrags der **gesicherten** Verbindlichkeiten erstreckt sich auf alle in der Bilanz ausgewiesenen Verbindlichkeiten ohne Ansehen der

Fristigkeit. Die Art und Form der geleisteten Sicherheiten ist ebenfalls anzugeben. Liegen keine gewährten Sicherheiten vor, braucht nichts angegeben zu werden.

Nach dem Wortlaut der Nr 1 beziehen sich die Angaben auf die in der Bilanz ausgewiesenen Verbindlichkeiten gem § 266 Abs 3 Buchstabe C. Damit schließen sie nicht die Rückstellungen und auch nicht die Haftungsverhältnisse gem § 251 ein, wohl aber Genussrechtskapital/Genussscheinkapital, sofern es FK-Charakter hat. Die gem § 268 Abs 5 S 2 von den Vorräten offen abgesetzten erhaltenen Anzahlungen auf Bestellungen sind nicht in die Erl einzubeziehen, da ein Vermerk der Restlaufzeiten nicht dem Einblick in die Finanzlage (hier Zeitpunkt des Liquiditätsabflusses) dient, weil der Verbindlichkeitscharakter der offen von den Vorräten abgesetzten erhaltenen Anzahlungen in den Hintergrund tritt; ihr Schicksal ist nicht die Rückzahlung, sondern die Verrechnung bei Erbringung der Lfg und Leistung (wie hier *Poelzig* in MünchKomm HGB[3] § 285 Anm 12; aA mit formaler Betrachtung ADS[6] § 285 Anm 8; *Kupsch* in HdJ Abt IV/4 Anm 157). Dies gilt entspr für die unter den Verbindlichkeiten ausgewiesenen Anzahlungen, da auch hier die Verrechnung mit einer künftigen Leistung vorherrscht.

II. Die Einzelangaben

1. Restlaufzeit (Nr 1a)

Die Angabepflicht stellt streng fristigkeitsorientiert auf die Restlaufzeit der Verbindlichkeit ab. Zum Vermerk der Verbindlichkeiten mit einer Restlaufzeit bis zu einem Jahr gem § 268 Abs 5 S 1 s dort Anm 101 ff. Als langfristig gilt ein Zeitraum von mehr als fünf Jahren. Liegt der Fälligkeitstermin später als 60 Monate nach dem Bilanzstichtag, ist die Verbindlichkeit langfristig iSd Angabepflicht. Die vereinbarte Gesamtlaufzeit ist nicht Abgrenzungskriterium. Allein maßgeblich ist die **tatsächliche Fälligkeit.** Es ist darauf abzustellen, zu welchem Termin die jeweilige Verbindlichkeit nach den bestehenden Vereinbarungen zu tilgen ist; dabei sind die objektiven Verpflichtungen maßgeblich, die subjektive Bereitschaft oder die voraussichtliche Zahlungsfähigkeit der KapGes/KapCoGes sind nicht zu berücksichtigen. Ist eine einseitige Verlängerungsmöglichkeit durch die Ges vereinbart, ist diese bei der Restlaufzeitberechnung nicht zu berücksichtigen. Ist eine Verlängerung rechtlich vor dem Bilanzstichtag bereits vereinbart, ist die Restlaufzeit dementspr zu berechnen. Besteht ein einseitiges vorzeitiges Kündigungsrecht der KapGes/KapCoGes, hängt eine Verkürzung der Restlaufzeit davon ab, ob sie tatsächlich eine vorzeitige Kündigung beabsichtigt. Liegt keine Laufzeitvereinbarung vor, was bei Darlehen von verbundenen Unt oder Gestern oft der Fall ist, ist von dem voraussichtlichen Rückzahlungszeitpunkt auszugehen. In Einzelfällen kann es erforderlich sein, die voraussichtliche Fälligkeit – auch in Teilbeträgen – zu schätzen; so zB wenn eine Verbindlichkeit in Abhängigkeit von zukünftigen, noch unbestimmten Verbrauchs- oder Bezugsmengen zu tilgen ist, auf unbestimmte Zeit gestundet wurde oder wenn für die Verbindlichkeit ein einfacher oder qualifizierter Rangrücktritt eingeräumt wurde. Maßgebend ist dann nach allgemeinen Grundsätzen der wahrscheinliche Zeitpunkt, bei mehreren wahrscheinlichen Zeitpunkten ist nach dem Vorsichtsprinzip die frühere Fälligkeit anzunehmen, um eine zu günstige Darstellung der Finanzlage zu vermeiden (ADS[6] § 285 Anm 11).

Ratenweise fällige Verbindlichkeiten (zB Darlehen) sind in Teilbeträge aufzuteilen. Nur die Teilbeträge mit Fälligkeiten nach fünf Jahren sind anzugeben. Bei **Rentenverbindlichkeiten,** die zum Barwert passiviert sind, entspricht der angabepflichtige dem bilanzierten Betrag. Die Angabe von nicht diskontierten Brutto-Teilbeträgen in der Laufzeitstruktur würde der dargestellten Bewertungsmethode (Barwert) widersprechen. Für die Berechnung der Restlaufzeit eines **sog Roll-over-Kredits,** bei dem sich die Konditionen, Währungen und auch die Kredithöhe ändern können, kommt es auf den Zeitpunkt an, an dem der Gläubiger den Kredit frühestens fällig stellen kann; unbeachtlich ist, über welchen Zeitraum die kreditnehmende KapGes/KapCoGes jeweils einen Teilkredit in Anspruch nehmen will.

7   Ist im Kreditverhältnis die Einhaltung sog **Covenants** vereinbart, gem denen eine Kündigungsmöglichkeit des Gläubigers bei Nichteinhaltung festgelegter Kennzahlen besteht, ist bei Bruch der Covenants am Bilanzstichtag gemäß dem Vorsichtsprinzip der Kredit als kurzfristig fällig auszuweisen, sofern bis zum Zeitpunkt der Aufstellung des JA keine Heilung des Kreditverhältnisses eingetreten ist.

2. Sicherheiten (Nr 1b)

9   Die Besicherung von Verbindlichkeiten durch Pfandrechte und ähnliche Rechte ist durch die Angabe von **Art und Form der Sicherheiten** zu erläutern, dh die gewährten Sicherungsarten und -formen sind explizit anzugeben. Als Sicherheitenart ist die Gattung des Rechts (zB Hypothek, Sicherungsabtretung) anzugeben. Unter der Sicherungsform ist die Art und Weise der Verbriefung zu verstehen. Es ist der Gesamtbetrag der gesicherten Verbindlichkeiten anzugeben. Zu erläutern sind hier nur von der KapGes/KapCoGes gewährte Sicherheiten für eigene Verbindlichkeiten, da sich die Angaben auf die in der Bilanz ausgewiesenen Verbindlichkeiten beziehen. Zu den Sicherheiten für fremde Verbindlichkeiten s § 251 Anm 45. Sicherheiten von Dritten zugunsten der KapGes/KapCoGes fallen ebenfalls nicht unter diese Vorschrift. Auch eine Rangrücktrittserklärung zugunsten von Verbindlichkeiten der KapGes/KapCoGes ist nicht anzugeben, da sie keine eigene Sicherheitenstellung darstellt (ähnlich *ADS*[6] § 285 Anm 14).

a) Pfandrechte

10   Der Begriff der Pfandrechte bestimmt sich nach bürgerlichem Recht als beschränktes dingliches Recht an fremder beweglicher Sache oder fremdem Recht, das den Pfandgläubiger berechtigt, sich wegen einer Forderung gegen den Verpfänder oder einen Dritten durch Verwertung des Pfands zu befriedigen (*Bassenge* in Palandt BGB[70] § 1204 Anm 1). Es ist zu unterscheiden nach Grundpfandrechten – Hypothek, Grundschuld, Rentenschuld –, Reallasten, Pfandrechten an beweglichen Sachen und Pfandrechten an Forderungen und Rechten; zu den Pfandrechten zählt auch die Schiffshypothek nach § 24 SchiffsG. Pfandrechte können rechtsgeschäftlich eingeräumt, kraft Gesetzes begründet oder durch Zwangsvollstreckung – Pfändungspfandrecht – erwirkt werden.

b) Ähnliche Rechte

11   Der Begriff der den Pfandrechten ähnlichen Rechte ist abzuleiten aus der dinglichen Rechtsnatur der Pfandrechte (vgl *ADS*[6] § 285 Anm 16). Andere dingliche Sicherungsrechte sind der Nießbrauch an Grundstücken und anderen VG, die Sicherungsübereignung, Sicherungsabtretung von Forderungen und der Eigentumsvorbehalt. Hierzu gehören auch die Fälle, in denen nach den Grundsätzen des Übergangs des wirtschaftlichen Eigentums von VG nur das rechtliche Eigentum übergegangen ist (IDW ERS HFA 13 Tz 102; IDW RS HFA 8

Tz 41 für ABS-Gestaltung). Ents zu behandeln sind auch Treuhandverhältnisse, sofern das wirtschaftliche Eigentum am Treugut beim Treugeber verbleibt (vgl § 246 Anm 9 ff). Kautions-, Depot- und Mobilisierungswechsel und Zurückbehaltungsrechte gehören nicht zu den ähnlichen Pfandrechten.

c) Umfang der Angabepflicht

Der Umfang der Angabepflicht ist nach dem Gesetzeswortlaut nicht eingeschränkt. Gleichwohl ergeben sich in Bezug auf die betragliche Angabe Einschränkungen aus dem Zweck der Angabepflicht, den Adressaten des JA die Besicherungen anzugeben, mit denen der Verkehr nicht schon selbstverständlich rechnet (wie hier *Oser/Holzwarth* in HdR[5] §§ 284–288 Anm 154; *Kupsch* in HdJ IV/4 Anm 156; für eine engere Einschränkung vgl ADS[6] § 285 Anm 17; WPH[14] I, F Anm 768). Entsteht zB das **Pfandrecht kraft Gesetzes** (zB Vermieterpfandrecht), entfällt regelmäßig eine Angabepflicht (glA ADS[6] § 285 Anm 17); anders liegt der Fall bei **Bestellung auf Grund gesetzlicher Pflicht**, da hier die Gewährung der Sicherheit auf einem Rechtsgeschäft beruht. 12

Größere Bedeutung gewinnt die Frage nach dem Umfang der Angabepflicht bei den nicht pfandrechtlichen ähnlichen Sicherungen. Zu detaillierte Informationen sind unter dem Gesichtspunkt der Informationsklarheit nicht sachgerecht. In Extremfällen kann sich auch die Frage stellen, inwieweit der für die Datenbeschaffung erforderliche Aufwand noch in einem vertretbaren Verhältnis zum Informationsgewinn steht. Die Grenze wird so zu ziehen sein, dass branchenübliche und für die Lage der KapGes/KapCoGes nicht bedeutsame Besicherungen nicht unter die Angabepflicht fallen. Dies trifft vor allem für die Erl von Eigentumsvorbehalten, die über allgemeine Geschäftsbedingungen vereinbart sind, zu (glA *Kupsch* in HdJ IV/4 Anm 156). Ein allgemeiner Hinweis auf das Bestehen von Eigentumsvorbehalten erscheint in diesen Fällen ausreichend (glA ADS[6] § 285 Anm 18; WPH[14] I, F Anm 768). Eigentumsvorbehalte fallen aber im Zweifel immer dann unter die Angabepflicht des § 285 Nr 1b, wenn der Verkehr nicht mit ihnen zu rechnen braucht.

Eine Auslegung nach dem Sinn der Erlpflicht lässt es zu, die Angaben über solche nicht pfandrechtlichen Sicherheiten in der Weise zu beschränken, dass ggf angefügt wird: „Darüber hinaus bestehen für die Verbindlichkeiten im üblichen Umfang branchenübliche bzw kraft Gesetzes entstehende Sicherheiten."

2. Aufgliederung des Gesamtbetrags der Verbindlichkeiten mit einer Restlaufzeit von mehr als fünf Jahren sowie der gesicherten Verbindlichkeiten (Nr 2)

I. Allgemeines

Die Vorschrift verlangt eine Aufgliederung der nach Nr 1 erforderlichen Angaben für die einzelnen in der Bilanz ausgewiesenen Posten der Verbindlichkeiten für **mittelgroße** (§ 267 Abs 2) und große (§ 267 Abs 3) **KapGes/Kap CoGes** sowie für anhangpflichtige Unt des PublG (§ 3 Abs 1 Nr 3–5 iVm § 5 Abs 2 PublG). **Mittelgroße KapGes/KapCoGes** dürfen gem § 327 Nr 2 den Anhang ohne diese Angaben dem Betreiber des eBAnz einreichen. Für kleine (§ 267 Abs 1) KapGes/KapCoGes entfällt die Angabepflicht (§ 288), da sie die Verbindlichkeiten nicht aufgliedern müssen (§ 266 Abs 1 S 3); vgl aber die Pflichten einer kleinen AG in der HV gem § 131 Abs 1 S 3 AktG bei Inanspruchnahme dieser Erleichterung (§ 288 Anm 1). Für **KleinstKapGes/KleinstKapCoGes** entfällt diese Angabe vollständig nach § 264 Abs 1 S 5. 16

II. Aufgliederung

17 Aufzugliedern sind die zwei Gesamtbeträge der Nr 1 nach den in der Bilanz ausgewiesenen Posten. Bei mittelgroßen und großen KapGes/KapCoGes richtet sich die Aufgliederung nach der Gliederung der Bilanz gem § 266 Abs 3 C Nr 1 bis Nr 8. Erforderlich ist mithin eine Unterteilung des Gesamtbetrags (Nr 1) nach Maßgabe der Posten laut den arabischen Ziffern. GmbH haben zusätzlich § 42 Abs 3 GmbHG, KapCoGes § 264c Abs 1 zu beachten, nach dem Verbindlichkeiten ggü Gestern als solche jeweils gesondert auszuweisen oder im Anhang anzugeben sind. Auf diese Angabe ist Nr 2 entspr anzuwenden.

Soweit eine freiwillige weitere Untergliederung nach § 265 Abs 5 S 1 erfolgt, um die Aussagefähigkeit der Bilanz zu verbessern, ist eine Beschränkung auf die für das Unt vorgesehene Mindestgliederung zulässig, da sich Nr 2 auf das vorgeschriebene Gliederungsschema bezieht (aA *WPH*[14] I, F Anm 769). Erfolgt die freiwillige Erweiterung um neue Posten nach § 265 Abs 5 S 2, ist sie insoweit auch auf die Angaben nach Nr 2 anzuwenden. Da sich Nr 2 ausdrücklich auf die Angaben nach Nr 1 bezieht, ist bei der Aufgliederung des Gesamtbetrags der gesicherten Verbindlichkeiten zu jedem Unterposten die Angabe der Art und Form der Besicherung notwendig. Eine betragsmäßige Aufteilung der einzelnen Unterposten nach Maßgabe der Sicherungsart und -form ist im HGB jedoch nicht vorgesehen.

Eine Darstellungsform, die die Angaben nach Nr 2 mit der Angabe des Gesamtbetrags nach Nr 1 zusammenfasst, ist zulässig und idR zu empfehlen; bei Mehrfachangaben bietet sich die Darstellung in einer Tabelle im Anhang an.

18 Neben der Angabe der Restlaufzeiten von mehr als fünf Jahren im Anhang besteht die Vermerkpflicht der Restlaufzeiten bis zu einem Jahr in der Bilanz gem § 268 Abs 5 (§ 268 Anm 101), deren Einbeziehung in den sog Verbindlichkeitenspiegel nach der Begr RefEBilMoG, 140 für zulässig gehalten wurde, was sicherlich der Klarheit und Übersichtlichkeit der zusammengehörenden Angaben dient. Der **Verbindlichkeitenspiegel** kann wie folgt aufgebaut werden:

- Art der Verbindlichkeit (= Unterposten)
- Restlaufzeit bis zu einem Jahr
- Restlaufzeit zwischen einem und fünf Jahren
- Restlaufzeit von mehr als fünf Jahren
- Summe
- davon durch Pfandrechte uä Rechte gesichert
- Art und Form der Sicherheit

Die Zusammenfassung aller dieser Angaben im Anhang erhöht die Klarheit der Aussage (§ 265 Abs 7 Nr 2; ebenso *WPH*[14] I, F Anm 770 mwN).

3. Angaben zu nicht in der Bilanz enthaltenen Geschäften (Nr 3)

Schrifttum: *Schüttler/Berthold/Jahr* Die Besitzgesellschaft als Zweckgesellschaft nach BilMoG Erbschaftsteuerliche Vorteile aus der Erweiterung des Konsolidierungskreises, DStR 2010, 1789; *Philipps/Schöneberg* Außerbilanzielle Geschäfte im Jahresabschluss, BBK 2010, 267; *Phillips* Konkretisierung der Anhangangaben zu außerbilanziellen Geschäften, DB 2011, 125.

Standards: IDW ERS HFA 13 (Stand: 29.11.2006) Einzelfragen zum Übergang von wirtschaftlichem Eigentum und zur Gewinnrealisierung nach HGB; IDW RS HFA 8 (Stand: 9.12.2003) Zweifelsfragen der Bilanzierung von asset backed securities-Gestaltungen oder ähnlichen Transaktionen; IDW RS HFA 32 (Stand: 9.9.2010) Anhangangaben nach §§ 285 Nr 3, 314 Abs 1 Nr 2 HGB zu nicht in der Bilanz enthaltenen Geschäften.

I. Allgemeines

Nach Nr 3 sind im Anhang verschiedene Angaben (Art, Zweck sowie Risiken 21 und Vorteile) über nicht in der Bilanz enthaltene Geschäfte zu machen, soweit dies für die Beurteilung der Finanzlage notwendig ist.

Die Vorschrift bezweckt eine Verbesserung der Transparenz von außerbilanziellen Geschäften und stellt eine sinnvolle Erweiterung der Darstellung der Finanzlage dar, die ein vollständigeres und auch die Zukunftsentwicklung besser erfassendes Gesamtbild vermittelt (Begr RegE BilMoG, 153); sie will die potenziellen Einflüsse dieser Geschäfte auf die zukünftige Finanzlage offen legen, indem sie eine Berichterstattung über die finanziellen Auswirkungen der Bilanzentlastung auf die Finanzlage der Ges fordert.

Die Angaben nach Nr 3 sind von allen **großen KapGes/KapCoGes,** von 22 den **unter das PublG** fallenden Unt (§ 3 Abs 1 Nr 3–5 iVm § 5 Abs 2 S 2 PublG, von kapmarktUnt iSv § 3 Abs 1 iVm § 5 Abs 2a PublG, von Kredit- und Finanzdienstleistungsinstituten (§ 340a Abs 1) und VersicherungsUnt (§ 341a Abs 1) in jedem Anhang unter der Voraussetzung von Nr 3 2. Ts zu machen. **Mittelgroße KapGes/KapCoGes** (§ 267 Abs 2) müssen nur Art und Zweck der außenbilanziellen Geschäfte angeben und können auf die Darstellung der Risiken und Vorteile verzichten (§ 288 Abs 2 S 1). Für **kleine Ges** (§ 267 Abs 1) entfällt die Berichtspflicht (§ 288 Abs 1). Gleiches gilt für **KleinstKapGes/KleinstKapCoGes** gemäß § 264 Abs 1 S 5.

Formell stehen die Berichtspflichten nach Nr 3 und Nr 3a in engem Zusammenhang und teilweise in Konkurrenz zueinander. Nach Begr RegE BilMoG, 69 gilt den Angabepflichten nach Nr 3 der Vorrang; eine Doppelangabe unter Nr 3a entfällt insoweit. Sofern nicht in der Bilanz enthaltene Geschäfte nicht abgeschlossen wurden, ist eine Fehlanzeige, wie teilweise in der Lit empfohlen (*Phillips* DB 2011, 129) nicht erforderlich (IDW RS HFA 32 Tz 15).

Die Berichterstattung über die bilanzunwirksamen Geschäfte setzt voraus, dass 23 bestimmte Geschäfte der Ges über VG/Schulden dazu führen, dass diese VG/ Schulden nicht in die Bilanz aufgenommen werden, da sie gem § 246 Abs 1 S 1 und 2 der Ges wirtschaftlich nicht zuzurechnen sind.

II. Die anzugebenden nicht in der Bilanz enthaltenen Geschäfte

Was unter nicht in der Bilanz enthaltenen Geschäften zu verstehen ist, sagt die 24 Vorschrift nicht. Aus der Begr RegE BilMoG, 152 lässt sich entnehmen, dass unter den Geschäften idR rechtsgeschäftliche Vereinbarungen (Verpflichtungsgeschäfte), zu verstehen sind und der Begriff im weiten funktionalen Sinn auszulegen ist, so dass auch Verfügungsgeschäfte dazu gehören. Es muss sich immer um ein Geschäft zwischen der Ges und einem Dritten (auch verbundenen Unt) handeln. Unter die Angabepflicht fallen nur solche Geschäfte, die nicht in der Bilanz erscheinen, dh die derart ausgestaltet sind, dass sie nicht zu einer Bilanzierung führen, aber auf der anderen Seite eine besondere fortwirkende Involvierung der Ges an dem betr Geschäft beinhalten. Nach der Begr RegE BilMoG, 151 sind darunter alle Transaktionen zu verstehen, die von vornherein dauerhaft keinen Eingang in die HB finden oder einen dauerhaften Abgang von VG und Schulden aus der HB nach sich ziehen.

Von vornherein bedeutet dabei, dass die abgeschlossenen Geschäfte besonde- 25 re Vereinbarungen oder Nebenabreden enthalten müssen, die einerseits ihre Bilanzierung nach § 246 Abs 1 S 2 und 3 vermeiden, andererseits nach wie vor ein eigenes wirtschaftliches Interesse der Ges am Vertragsgegenstand erkennen lassen, sei es, dass sie rechtliche Eigentümerin geblieben/geworden ist, sei es, dass die geschäftlichen Vereinbarungen so ausgestaltet sind, dass zwar das rechtliche und/ oder nur das wirtschaftliche Eigentum einem Dritten zugerechnet wird oder dort verbleibt, aber dauerhaft oder für eine bestimmte Zeit nach dem Abschlussstichtag neue Rechte und/oder Verpflichtungen (Vorteile oder Risiken) entstehen. Dabei spielt es keine Rolle, ob diese besonderen Abreden im Vertrag selbst oder in gesonderten ggf später getroffenen Vereinbarungen enthalten sind.

26 Die von vornhinein gewollte Dauerhaftigkeit der Bilanzunwirksamkeit bestimmt sich jeweils nach der Art des Vertragsgegenstands, bei VG des Anlagevermögens der überwiegende Teil der betriebsgewöhnlichen Nutzungsdauer, bei Forderungen der Zeitraum bis zu ihrem Erlöschen, im übrigen die Laufzeit der Vertragsvereinbarung oder das Auslaufen, Wirksamwerden oder Ausübung der spezifischen Nebenabreden. In den übrigen Fällen bedeutet dauerhaft einen Zeitraum von mehreren Jahren, mindestens über 2 Bilanzstichtage hinweg.

27 Trotz der weiten Definition der außerbilanziellen Geschäfte gehören die Rechtsgeschäfte bzgl der Lfg und Leistungen des gewöhnlichen Geschäftsbetriebs nicht dazu (so Begr RegE BilMoG, 151), ferner nicht die übliche Beschaffung von Sachanlagen und Vorräten, lfd Instandhaltungsmaßnahmen sowie übliche Finanzierungstransaktionen (IDW RS HFA 32 Tz 10).

28 Die Begr RegE BilMoG, 151f konkretisiert den sachlichen Anwendungsbereich der Vorschrift anhand von Beispielen: Factoring, Pensionsgeschäfte, Konsignationslagervereinbarungen, Verträge mit unbedingter Zahlungsverpflichtung („*take or pay*"-Verträge), Forderungsverbriefungen über gesonderte Ges oder nicht rechtsfähige Einrichtungen, Verpfändungen von Aktiva, Leasingverträge, Auslagerung von Tätigkeiten (zB Beschaffung von Kapital, Auslagerung von Anlagevermögen) wie solche Rechtsgeschäfte, die iZm ZweckGes oder Offshore-Geschäften stehen. Zu den ZweckGes iSd § 290 Abs 2 Nr 4 können auch BesitzGes bei Betriebsaufspaltung (s dazu *Schüttler/Berthold/Jahr*, DStR 2010, 1789) und U-Kassen gehören. Zu den angabepflichtigen außerbilanziellen Geschäften können bereits auch schwebende Rechtsgeschäfte zählen, soweit sie nicht später Eingang in die Bilanz finden.

29 Die Bilanzunwirksamkeit dieser Geschäfte richtet sich danach, inwieweit das wirtschaftliche Eigentum dauerhaft auf den Vertragspartner übertragen wird oder bei ihm verbleibt (für unechte Pensionsgeschäfte s § 340b Abs 3 und 5; § 246 Anm 24 ff; IDW ERS HFA 13 Tz 22 ff), Factoring, Forderungsverbriefungen, ABS-Gestaltungen (s IDW RS HFA 8; § 246 Anm 29 ff), Verpfändung von Aktiven (s § 246 Anm 19), Leasingverträge (s § 246 Anm 37 ff), Konsignationslagervereinbarungen (s §§ 383 ff, § 246 Anm 21 ff), sale and lease back-Vereinbarungen (IDW ERS HFA 13 Tz 70 ff), sale and buy back-Vereinbarungen (IDW ERS HFA 13 Tz 1 ff), Errichtung von ZweckGes (IDW ERS HFA 13 Tz 96 ff), Treuhandverhältnisse (IDW ERS HFA 13 Tz 49 ff), Nießbrauch (IDW ERS HFA 13 Tz 68 f; § 246 Anm 48).

Ist nach diesen Grundsätzen das wirtschaftliche Eigentum auf den Erwerber übergegangen, auch wenn das rechtliche Eigentum beim Veräußerer verbleibt, oder hat der Vertragspartner in anderen Fällen das wirtschaftliche Eigentum inne, ist eine Angabepflicht nach Nr 3 gegeben, wenn aus solchen Geschäften der Ges Risiken und/oder Vorteile, die für die Beurteilung der Finanzlage notwendig sind, entstehen oder verbleiben, was durch besondere Nebenabreden zum Ausdruck kommt (Andienungsrecht/-pflicht, Rückübertragungsrecht/-pflicht, Rückveräußerungsrecht/-pflicht, Vorkaufsrecht, Rücktrittsrecht vom Vertrag, Rückerwerbsrecht/-pflicht, put/call option, total return swap, § 246 Anm 17 f). Das kann auch dann der Fall sein, wenn die tatsächlichen wirtschaftlichen Umstände Wirkungen wie solche Nebenabreden zeitigen werden.

Unerheblich ist es, ob mit dem Abgang des VG eine Gewinnrealisierung ver- 30
bunden ist oder nicht (s dazu IDW ERS HFA 13 Tz 24 und 55). Charakteristisch für die angabepflichtigen Geschäfte ist, dass die einzelnen Elemente des wirtschaftlichen Eigentums dauerhaft getrennt den Vertragsparteien in unterschiedlichem Maße, das einem Abgang oder fehlenden Zugang nicht entgegen steht, zugeordnet werden. Das gilt auch, wenn die Risiken bei der Ges bilanziert sind (zB das Veritätsrisiko beim Forderungsverkauf), da es für die Angabepflicht auf den Umfang der Bilanzverkürzung ankommt. Hat die Ges das wirtschaftliche Eigentum gem den vorgenannten Grundsätzen inne, hat sie den VG zu bilanzieren (§ 246 Abs 1 S 2) und eine Angabepflicht nach Nr 3 entfällt.

Nach der Gesetzesbegr können auch **schwebende Geschäfte** zu den angabepflichtigen Geschäften gehören. Wann das der Fall ist, lässt die Begr offen. Nach dem Gesetzeszweck kommen nur solche schwebende Geschäfte infrage, die dauerhaft außerhalb der Bilanz bleiben. Damit ergibt sich eine Angabepflicht nach Nr 3 bereits bei Abschluss von Verträgen über außerbilanzielle Geschäfte, obwohl sie noch nicht erfüllt sind.

III. Einzelangaben

Die Angabepflicht umfasst die Angabe von Art, Zweck sowie Risiken und Vorteile

1. Angabe von Art und Zweck

Anzugeben sind Art und Zweck der außerbilanziellen Geschäfte. Die Klassifi- 31
zierung der **Art** solcher Geschäfte kann nach Maßgabe des dem Geschäft zugrunde liegenden VG erfolgen (zB Forderungsverkauf, Immobilienleasing, Wertpapierpensionsgeschäft) oder nach Maßgabe des Vertragstyps (zB Leasing-, Pensions-, Sale-and-lease-back-, Sale-and-buy-back-Geschäfte). Möglich ist auch eine Kategorisierung nach der Art der mit dem Geschäften verbundenen Risiken bzw Vorteile (IDW RS HFA 32 Tz 16). Mit dem **Zweck** sind die Gründe für den Abschluss des außerbilanziellen Geschäfts darzulegen. Infrage kommen wirtschaftliche, rechtliche, steuerliche oder bilanzpolitische Gründe, wie Realisierung von Bewertungsreserven (ggf zum Verlustausgleich), Beschaffung liquider Mittel zur Tilgung von Verbindlichkeiten oder für weitere Investitionen, Erzielung von Steuervorteilen, Vermeidung strengerer gesetzlicher Bestimmungen im Inland. Bilanzverkürzung zur Verbesserung der Bilanzstruktur (EK-Quote).

2. Angabe der Risiken und Vorteile

Nr 3 bestimmt, dass die Risiken und Vorteile, die aus den nicht in der Bilanz 32
enthaltenen Geschäften der Ges entstehen und auf sie zukommen können, anzugeben sind. Da die Risiken und Vorteile in Bezug auf die Finanzlage der Ges zu beurteilen sind, handelt es sich hierbei jeweils um finanzielle Zu- oder Abflüsse. Das Gesetz lässt offen, ob es sich bei den zu machenden Angaben um verbale Beschreibungen oder Betragsangaben handelt. Da nach der Gesetzesbegr (RegE BilMoG, 143) die Angabepflicht der Vorteile und Risiken nach Nr 3 Überschneidungen mit Nr 3a in ihrem sachlichen Anwendungsbereich aufweist und Nr 3 Vorrang hat, ist davon auszugehen, dass die Angaben hierzu nicht hinter die Betragsangaben nach Nr 3a zurückfallen sollen, zumal nach dem Willen des Gesetzgebers der Informationsgehalt der Nr 3 deutlich über dem der Nr 3a steigen soll. Es entspricht demnach dem Gesetzeszweck, über die positiven und negativen finanziellen Auswirkungen quantitativ und unsaldiert (Begr RegE BilMoG,

152; IDW RS HFA 32 Tz 23; *Phillips* DB 2011, 129) zu berichten. Hierbei sind die Risiken, die bereits bilanziell durch Rückstellungen abgebildet oder auf Dritte übertragen worden sind (Begr RegE BilMoG, 152; IDW RS HFA 32 Tz 18) nicht angabepflichtig.

33 Als angabepflichtige Risiken und Vorteile aus bilanzunwirksamen Geschäften kommen infrage: **Risiken:** tatsächliche oder potentielle Abflüsse liquider Mittel (zB Barwert der Leasingzahlungsverpflichtungen), Beeinträchtigung der Finanzlage der Ges (aus Nebenabreden) wie Bürgschaften, Wert-, Rendite-, Delkredere-, first loss- (IDW ERS HFA 13 Tz 57), Ausfall-Garantien, Asset default swap (IDW ERS HFA 13 Tz 58), finanzielle Abflüsse infolge der Vereinbarung von vorläufigen Veräußerungspreisen, Clean up Call (IDW RS HFA 8 Tz 12), Risiken aus der Wertminderung, des Verlusts oder des zufälligen Untergangs des Vertragsgegenstands, bei ZweckGes Risiken aus deren Geschäftätigkeit, des Verlusts des EK-Anteils an der Zweck Ges oder aus der Alleinabnehmerstellung, Total Return Swap (IDW RS HFA 8 Tz 16). **Vorteile:** Tatsächliche oder potentielle Zuflüsse liquider Mittel, (Weiter)nutzung des Vertragsgegenstands, Wertsteigerungschancen, Nießbrauch (IDW ERS HFA 13 Tz 68), Besserungsabreden (IDW ERS HFA 13 Tz 65), bei ZweckGes Vorteile aus deren Geschäftätigkeit, Erträge aus der Überlassung des Vertragsgegenstands an Dritte, finanzielle Zuflüsse infolge der Vereinbarung von vorläufigen Veräußerungspreisen.

Fraglich ist, ob ein Entgelt für die Übernahme von Dienstleistungsfunktionen im Rahmen des außerbilanziellen Geschäfts als Vorteile iSd Vorschrift anzusehen ist. Da es sich beim Entgelt um die Gegenleistung für eigene Leistungen der Ges handelt und idR von einem ausgeglichenen Verhältnis von Leistung und Gegenleistung auszugehen ist, ist die Einbeziehung des Entgelts in die Berichterstattung über die Vorteile zu verneinen.

34 **Maßgebend** für die Berichterstattung ist der **Abschlussstichtag** (Begr RegE BilMoG, 152). Anzugeben sind die zum Stichtag vorhersehbaren Risiken und Vorteile, auch soweit sie sich über einen mehrjährigen künftigen Zeitraum bis zum Ende der Abwicklung des außerbilanziellen Geschäfts erstrecken. Auch Vorteile gehören dazu, die anlässlich des Vertrags anfallen (zB öffentliche Zuschüsse), auch wenn kein Anspruch gegen den Vertragspartner, sondern gegen Dritte besteht. Da mit der Berichterstattung über die Risiken und Vorteile nach Nr 3 die Informationsnachteile, die sich aus dem Grundsatz der Nichtbilanzierung dieser Geschäfte ergeben, ausgeglichen werden sollen (Begr RegE BilMoG, 153), kommen für die quantitativen Angaben jeweils die zukünftigen potentiellen Zu- und Abflüsse in Betracht, empfehlenswert in eine Unterteilung nach Fristigkeiten (IDW RS HFA 32 Tz 21). Angaben über die einzelnen vertraglichen Konditionen sind jedoch nicht zu machen (*Oser/Roß/Wader/Drögemüller* WPg 2008, 60; vgl IDW RS HFA 32 Tz 20).

IV. Umfang und Dauer der Angabepflicht

1. Umfang

36 Die Angabepflicht zu den nicht in der Bilanz enthaltenen Geschäften tritt nach der Begr RegE BilMoG, 151 nur dann ein, wenn
— die aus solchen Geschäften entstehenden Risiken und Vorteile für die Ges wesentlich sind und
— die Offenlegung der Risiken und Vorteile für die Beurteilung der Finanzlage der Ges notwendig sind. Zeitpunkt für die Beurteilung dieser Kriterien ist jeweils der Abschlussstichtag unter Berücksichtigung danach eintretender besserer Erkenntnisse (IDW RS HFA 32 Tz 11).

Die **Wesentlichkeit** der Risiken und Vorteile ist stets relativ zu den Verhältnissen der Ges selbst zu bestimmen. Bezugsgrundlage ist jeweils der Gesamtbetrag des Bilanzpostens, in dem der VG, der Grundlage des außerbilanziellen Geschäfts ist, nicht erscheint (zB bei einem Immobilienleasinggeschäft der fiktive Zugangswert im Verhältnis zum ausgewiesenen Buchwert aller Immobilien oder der Betrag der verkauften Forderungen im Verhältnis zum Gesamtbetrag des entspr Bilanzpostens). Im Hinblick auf die Auswirkungen der Risiken und Vorteile auf die Finanzlage kommen als Bezugsgrundlage ebenso der Umfang der Liquidität und die bestehenden oder zukünftigen Verpflichtungen infrage.

Die Kenntnis der Risiken und Vorteile der außerbilanziellen Geschäfte ist immer dann für die **Beurteilung** der Finanzlage der Ges **notwendig**, wenn diese finanziellen Auswirkungen erwarten lassen, dass sich die Liquiditätslage der Ges künftig wesentlich verschlechtert oder verbessert oder die Ges dadurch künftig wesentlich besser oder schlechter in der Lage ist, ihre bestehenden Verpflichtungen zu erfüllen (Begr RegE BilMoG, 152). Für die Einschätzung der Finanzlage unentbehrlich sind solche außerbilanziellen Geschäfte, deren finanzielle Zu- und Abflüsse die gegenwärtige und zukünftige Finanzlage der Ges erheblich beeinflussen. Eine Berichtspflicht besteht auch, wenn ein einzelnes Geschäft für die Beurteilung der Finanzlage nicht notwendig ist, wohl aber bei einer Gesamtbetrachtung gleichartiger oder miteinander verknüpfter Geschäfte sich die Notwendigkeit ergibt (IDW RS HFA 32 Tz 12). Nach der Gesetzesbegr (Begr RegE BilMoG, 152) ist der Begriff „für die Beurteilung notwendig" enger zu sehen als „für die Beurteilung von Bedeutung" der Nr 3a. Die beabsichtigte Trennlinie zwischen „notwendig" und „von Bedeutung" kann dabei vor allem nur durch das Ausmaß des Einflusses der Kenntnis auf die Beurteilung zum Ausdruck kommen. Für die Beurteilung notwendig ist gleichbedeutend mit unentbehrlich. Für die Beurteilung von Bedeutung ist als wissenswert oder wichtig anzusehen. Allerdings ist eine scharfe Grenzziehung nicht möglich. Vielmehr liegt ein fließender Übergang zwischen beiden Begriffen vor und bei der Konkretisierung des Maßstabs ist alleine auf den Einzelfall mit seinen individuellen Umständen abzustellen. Daraus folgt, dass, sofern diese Voraussetzung der Angabepflicht nach Nr 3 nicht erfüllt ist, eine Angabepflicht nach Nr 3a erwächst.

Wegen der Heterogenität von außerbilanziellen Geschäften bezieht sich die Berichterstattungspflicht idR auf eine Einzeldarstellung; eine Gruppen-/Portfoliobildung ist bei gleicher Art und gleichem Zweck zulässig (Begr RegE BilMoG,142). Sind für Risiken außerbilanzieller Geschäfte Rückstellungen gebildet, ist hierüber nicht zu berichten, gleichwohl sind neben den Vorteilen die Risiken anzugeben, denen die Ges aus dem Geschäft noch ausgesetzt ist.

2. Dauer

Die Angaben haben sich auf die am Abschlussstichtag nicht in der Bilanz enthaltenen Geschäfte zu beziehen, sie sind erstmals im Gj des Abschlusses des off-balance-Geschäfts zu machen. Sie sind zu jedem Bilanzstichtag erneut zu machen, solange die Abwicklung (Rückabwicklung) dieser Geschäfte währt, dh letztmals im Gj der vollständigen und endgültigen Abwicklung oder Beendigung des angabepflichtigen Geschäfts (Begr RegE BilMoG, 153). Das ergibt sich aus dem Gesetzeszweck. Nach der Gesetzesbegr (Begr RegE BilMoG, 153) besteht die Angabepflicht zu jedem Bilanzstichtag bei Wesentlichkeit, soweit es sich bei dem außerbilanziellen Geschäft um ein Dauerschuldverhältnis oder eine vergleichbare – wie auch immer geartete – Beziehung wirtschaftlicher Art handelt. Es bleibt offen, wie die finanziellen Auswirkungen in Anbetracht ihres zeitlich unterschiedlichen Anfalls zu ermitteln sind. Danach ist die Bestimmung der

Auswirkungen auf die Finanzlage sowohl anhand der Nominalwerte (Zeitwerte) als auch anhand der Barwerte zulässig, wobei allerdings die Methode im Anhang angegeben werden sollte. Haben sich die finanziellen Auswirkungen auf die zukünftige Finanzlage aus Sicht des Abschlussstichtags ggü dem Vj infolge einer Neueinschätzung geändert, ist dies zu berücksichtigen.

3a. Gesamtbetrag der sonstigen finanziellen Verpflichtungen (Nr 3a)

Schrifttum: *Kortmann* Zur Darlegung von Haftungsverhältnissen im Jahresabschluss DB 1987, 2577; *Fey* Grundsätze ordnungsgemäßer Bilanzierung für Haftungsverhältnisse, Düsseldorf 1989; *Kortmann* Die Berichterstattung über die sonstigen finanziellen Verpflichtungen iS § 285 Nr. 3 HGB, Hamburg 1989.

I. Allgemeines

41 Die nicht in der Bilanz enthaltenen Verpflichtungen sind nur anzugeben, wenn die Angabe nicht unter Nr 3 zu erfolgen hat (Begr RegE BilMoG, 154). Die Angabe des Gesamtbetrags der sonstigen finanziellen Verpflichtungen ist von **mittelgroßen** (§ 267 Abs 2) und **großen** (§ 267 Abs 3) **KapGes/KapCoGes** im Anhang zu machen, ebenso von **anhangpflichtigen Unt des PublG** (§ 3 Abs 1 Nr 3–5 iVm § 5 Abs 2 PublG). **Kleine KapGes/KapCoGes** (§ 267 Abs 1) sind nach § 288 von der Berichterstattungspflicht ausgenommen. Gleiches gilt für **KleinstKapGes/KleinstKapCoGes** nach § 264 Abs 1 S 5.

II. Begriff

42 Der Begriff der sonstigen finanziellen Verpflichtungen ist im HGB nicht definiert; er ist deshalb nach den allgemeinen Regeln auszulegen. Unter Verpflichtungen sind idR **künftige Zahlungsansprüche Dritter** zum Bilanzstichtag zu verstehen, denen die KapGes/KapCoGes sich nicht einseitig entziehen kann. Sie können auf privatrechtlichen Schuldverhältnissen und öffentlich-rechtlichen Verpflichtungen beruhen, auf Grund gesetzlicher Bestimmungen entstanden sein, oder es besteht ein faktischer Zwang, der die Leistungspflicht auslöst. Insoweit deckt sich die Definition mit der von Verbindlichkeiten (§ 247 Anm 201). Die Verpflichtungen sind nur anzugeben, sofern sie **finanzieller Natur** sind, dh zu künftigen **Ausgaben** führen. **Sachwertschulden**, wie sie zB im Rahmen von Tauschgeschäften oder Schenkungen auftreten, sind nicht in den Gesamtbetrag aufzunehmen (*ADS*[6] § 285 Anm 49), auch keine Verpflichtungen aus Liefer- und Leistungsverträgen, da es sich um **Sachleistungen** handelt.

43 Der Begriff „Sonstige" stellt einen Auffangtatbestand dar für alle solchen finanziellen Verpflichtungen, die nicht zu passivieren, auch nicht als Haftungsverhältnisse des § 251 auszuweisen oder unter Nr 3 anzugeben sind. Da der Ausweis in der Bilanz, der Vermerk unter der Bilanz oder die Angabe unter Nr 3 vorgehen, ist stets zu prüfen, ob die Verpflichtung nicht zu passivieren, als Haftungsverhältnis zu vermerken oder als nicht in der Bilanz enthaltenes Geschäft anzugeben ist. Eine sehr weite Auslegung ist geboten. Die Angabe informiert nur bei freiwilliger Untergliederung, nicht aber zB bei Zusammenfassung von Resteinzahlungsverpflichtungen und Bestellobligo.

44 Nach SABI 3/1986 (WPg, 671) können zB für die **Angabepflicht** in Betracht kommen:

Sonstige Pflichtangaben 51, 52 § 285

– mehrjährige Verpflichtungen aus Miet- und Leasingverträgen, insb auch aus sale-and-lease-back-Verträgen;
– Verpflichtungen aus langfristigen Abnahmeverträgen;
– Verpflichtungen zum Erwerb von Sachanlagen (schwebende Bestellungen);
– Verpflichtungen zur Übernahme von Bet;
– Verpflichtungen zur Abführung von Liquiditätsüberschüssen;
– Verpflichtungen zur Verlustabdeckung bei BetGes;
– Verpflichtungen zur Einräumung von Krediten gegen Dritte;
– uU auch Verpflichtungen und Belastungen aus drohenden Großreparaturen.

Die Begr RegE BilMoG subsumiert unter 3a Verpflichtungen aus schwebenden Rechtsgeschäften, gesellschaftsrechtliche Verpflichtungen, Verpflichtungen aus öffentlich-rechtlichen Rechtsverhältnissen, Haftungsverhältnisse außerhalb § 251, zwangsläufige Folgeinvestitionen bereits begonnener Investitionsvorhaben, künftige unabwendbare Großreparaturen.

III. Umfang der Angabepflicht

In Anbetracht der formellen Überschneidungen der Angabepflichten nach 51
Nr 3a und Nr 3 erstreckt sich die Angabepflicht auf die sonstigen finanziellen Verpflichtungen nur insofern, als diese nicht als außerbilanzielle Geschäfte nach Nr 3 darzustellen sind. Eine Doppelangabe entfällt somit. Der Gesamtbetrag der sonstigen finanziellen Verpflichtungen muss auch nur dann angegeben werden, wenn diese Angabe für die Beurteilung der Finanzlage von Bedeutung ist. Die Finanzlage umfasst sowohl die vorhandene Liquidität als auch die erwarteten cash flows (IDW RS HFA 32 Tz 9). Nach dem Wortlaut ist der Maßstab der **Wesentlichkeit** auf diese Angabe, dh den Gesamtbetrag aller angabepflichtigen finanziellen Verpflichtungen, anzuwenden (wie hier *ADS*[6] § 285 Anm 74; *Fey*, 132). Danach kommt es auf die Bedeutung der einzelnen finanziellen Verpflichtung nicht an. Eine solche enge Wortauslegung steht mit dem Sinn und Zweck der Vorschrift, wonach durch die Angabe der Einblick in die Finanzlage verbessert werden soll, nicht im Einklang. Die Beurteilung der Finanzlage wird nur verbessert, wenn der Gesamtbetrag nur solche künftige Zahlungsverpflichtungen enthält, die wesentlich sind. Unbedeutend können finanzielle Verpflichtungen uU dann sein, wenn ihre Fälligkeiten sich über einen längeren Zeitraum erstrecken und die einzelne Jahresangabe für die Beurteilung der Finanzlage nicht ins Gewicht fällt. Für die Beurteilung der Finanzlage von Bedeutung sind alle die finanziellen Verpflichtungen, die außerhalb des üblichen Rahmens liegen (*Russ*, 204; *Kupsch* in HdJ Abt IV/4 Anm 223) und zu einer wesentlichen Belastung der Finanzlage führen. Regelmäßig nicht angabepflichtig sind daher kurzfristige finanzielle Verpflichtungen, die kontinuierlich im Rahmen der Tätigkeit der KapGes/KapCoGes abgedeckt werden, wie zB die laufenden Verpflichtungen zu Lohn- und Gehaltszahlungen, zur Zahlung von Mieten und Pachten, zum laufenden Bezug von Material, Energie, Durchführung von Instandhaltungen.

Bestehen finanzielle Verpflichtungen **außerhalb des laufenden Geschäfts-** 52
betriebs oder **des geschäftsüblichen Rahmens,** handelt es sich bei entspr Höhe regelmäßig um Sachverhalte, die für die Finanzlage von Bedeutung und deshalb in den Gesamtbetrag einzubeziehen sind (*Kupsch* in HdJ Abt IV/4 Anm 223). Kriterium ist hier ua, inwieweit der finanzielle Spielraum des Unt für die Zukunft durch solche Verpflichtungen eingeschränkt wird. Steht die KapGes/KapCoGes in einer krisenhaften Situation oder bestehen finanzielle Engpässe, wird der Rahmen der Wesentlichkeit eng gefasst werden müssen, um das den tatsächlichen (finanziell angespannten) Verhältnissen entspr Bild der Finanzlage zu vermitteln.

53 Für die Erfassung der Verpflichtungen ist zeitlich der **Bilanzstichtag** maßgebend. Die künftigen Zahlungsverpflichtungen müssen entweder am Bilanzstichtag bereits bestehen oder mit ihrem Entstehen aus vor dem Abschlussstichtag verursachten Sachverhalten muss mit Sicherheit oder großer Wahrscheinlichkeit gerechnet werden.

54 Die sonstigen finanziellen Verpflichtungen sind **in einem Gesamtbetrag** anzugeben. Fehlanzeige ist nicht erforderlich. Die zusätzliche betragsmäßige Angabe einzelner finanzieller Verpflichtungen ist als weitergehende Untergliederung iSv § 265 Abs 5 S 1 (dort Anm 14) zulässig und hier uE geboten. Bei heterogener Zusammensetzung des Gesamtbetrags ist eine Aufgliederung geboten, um ein den tatsächlichen Verhältnissen entspr Bild der Finanzlage zu vermitteln. Eine Angabe von Fälligkeiten des Gesamtbetrags ist nach dem Gesetzeswortlaut nicht gefordert; sie kann aber analog der Angabe von Restlaufzeiten der Verbindlichkeiten geboten sein, wenn dadurch die Beurteilung der Finanzlage verbessert wird.

Der Angabepflicht unterliegen alle diese Verpflichtungen jeweils in ihrer vollen Höhe. Eine **Saldierung** mit gegenüberstehenden Ansprüchen, die nicht in Geld bestehen (zB bei Verpflichtungen aus schwebenden Geschäften), ist nicht zulässig, da der Gesamtbetrag alle künftigen Ausgaben beinhalten soll. Mit der Verpflichtung in Zusammenhang stehende, mit hoher Wahrscheinlichkeit zu erwartende **Zuschüsse** oder **Versicherungsleistungen** sind von der Verpflichtung abzusetzen, da insoweit keine finanzielle Belastung eintritt. Insoweit eine Berechtigung zum Vorsteuerabzug besteht, ist der Betrag ohne Umsatzsteuer anzugeben.

IV. Bewertung

55 Die Bewertung der finanziellen Verpflichtungen hat der von Verbindlichkeiten (§ 253 Anm 51) und Rückstellungen (§ 253 Anm 151) zu entsprechen. Sie richtet sich nach § 253 Abs 1 S 2. Stehen die Verpflichtungen in Höhe und Fälligkeit in Verträgen fest, ist die Summe der **Erfüllungsbeträge** anzusetzen. Eine **Abzinsung** der Verpflichtungen ist nicht zulässig (§ 253 Anm 63). Stehen Höhe und/oder Fälligkeit der Verpflichtungen nicht fest und müssen geschätzt werden, kommt eine Bewertung wie die der Rückstellungen nach § 253 Abs 1 S 2 und Abs 2, dh zum Erfüllungsbetrag unter Einbeziehung künftiger Preis- und Kostensteigerungen bis zum Erfüllungszeitpunkt und mit Abzinsung der Erfüllungsbeträge auf den Abschlussstichtag in Betracht, wobei je nach Fristigkeit/Restlaufzeit (bis 1 Jahr, 1–5 Jahre, über 5 Jahre) unterschiedliche Zinssätze anzuwenden sind (s im Einzelnen § 253 Anm 180).

Dem Zweck der Angabe entspricht es auch nicht, bei mehrjährigen Verpflichtungen nur die Verpflichtung innerhalb des nächsten Jahres anzugeben. Bei langfristigen Verpflichtungen, bei denen ein oder mehrere Kriterien variabel sind, ist die Höhe der Verpflichtungen zu **schätzen**. Im Gegensatz zur Rückstellung zB für drohende Verluste aus schwebenden Geschäften ist bei finanziellen Verpflichtungen aus schwebenden Geschäften der Gesamtbetrag der Verpflichtung und nicht nur der Verlustbetrag anzusetzen. Ist für die finanzielle Verpflichtung eine (Netto-)Rückstellung gebildet, entfällt insoweit die Angabe (glA *ADS*[6] § 285 Anm 81; *WPH*[14] I, F Anm 791).

56 Bei der Bewertung unbefristeter finanzieller Verpflichtungen (zB Mieten, Pachten, vgl Anm 60) ist als **Restlaufzeit** entweder der Zeitraum bis zur frühestmöglichen Kündigung oder der Zeitraum heranzuziehen, den die KapGes/KapCoGes ernsthaft zur Erfüllung der Verpflichtung in Aussicht nimmt. Ist eine Schätzung des Zeitraums oder der Höhe der Verpflichtung nicht möglich, ist bei für die Beurteilung der Finanzlage wesentlichen Sachverhalten die mögliche Verpflichtung ggf zu erläutern, damit der Adressat des Anhangs über die Tragweite der finanziellen Verpflichtungen informiert wird.

Bestehen die Verpflichtungen in **fremder Währung,** sind sie mit dem Devisenkassageldkurs, ggf aus Vereinfachungsgründen zum Mittelkurs, am Bilanzstichtag (§ 256a Anm 210, 274) umzurechnen. 57

V. Verpflichtungen gegenüber verbundenen Unternehmen

Bestehen finanzielle Verpflichtungen gegenüber verbundenen Unt, sind diese gesondert anzugeben (Nr 3a 2. Hs). Die Angabe hat in einem Betrag zu erfolgen (wie hier WPH[14] I, F Anm 796). Der Betrag kann als Davon-Vermerk zum Gesamtbetrag vermerkt oder in der Weise angegeben werden, dass der Gesamtbetrag in finanzielle Verpflichtungen ggü Fremden und solche ggü verbundenen Unt aufgeteilt wird. Sofern keine Verpflichtungen ggü verbundenen Unt im Gesamtbetrag der finanziellen Verpflichtungen enthalten sind, ist die Zusatzangabe nicht erforderlich. 58

VI. Verpflichtungen gegenüber Gesellschaftern von GmbH und KapCoGes

Gem § 42 Abs 3 GmbHG bzw § 264c Abs 1 haben GmbH bzw KapCoGes ua Verbindlichkeiten ggü Gestern als solche jeweils gesondert auszuweisen oder im Anhang anzugeben. Ein gesonderter Ausweis sonstiger finanzieller Verpflichtungen ggü Gestern in analoger Anwendung § 42 Abs 3 GmbHG bzw § 264c Abs 1 ist zu empfehlen (im Ergebnis glA WPH[14] I, F Anm 796). Ist der Gester zugleich verbundenes Unt, s § 284 Anm 59. 59

VII. Einzelne finanzielle Verpflichtungen

Folgende finanzielle Verpflichtungen kommen unter bestimmten Voraussetzungen für eine Angabepflicht in Betracht:

1. Mehrjährige Verpflichtungen aus Miet- und Pachtverträgen

Diese Dauerschuldverhältnisse (§ 249 Anm 76) begründen idR eine Angabepflicht, sofern sie für die Finanzlage von Bedeutung sind. Stets ist der einzelne Vertrag zu betrachten. Es sind regelmäßig langfristige Verträge über Objekte größeren Ausmaßes, wie Grundstücke, Gebäude, Schiffe, Großanlagen, Sachsamtheiten (Maschinenparks) usw, aber auch über Betriebspachten und -überlassungen oder über das gesamte Anlagevermögen bei einer Betriebsaufspaltung. Ebenso sind VG der Betriebs- und Geschäftsausstattung, wie Büromöbel, PC, Telefonanlagen, EDV-Anlagen, Kraftfahrzeuge usw hiervon erfasst (ADS[6] § 285 Anm 43). Die tatsächliche Bedeutung dieser Verträge für die Finanzlage wird an dem Wert der einzelnen Verpflichtung gemessen, der dann Eingang in die Angabe des Gesamtbetrags der finanziellen Verpflichtungen findet. Allerdings kann die Aggregation einer Mehrzahl jeweils aus Einzelbetrachtungssicht noch unwesentlicher Dauerschuldverhältnisse in der Gesamtheit zu einem erheblichen Einfluss auf die Finanzlage führen, wodurch eine Angabepflicht ausgelöst wird. 60

Unter die in den Gesamtbetrag aufzunehmenden Miet- und Pacht-Verträge fallen nur solche, die am **Bilanzstichtag bereits abgeschlossen sind** (glA ADS[6] § 285 Anm 45). Auf die Laufzeit kommt es nicht an. Ggf sind auch kurzfristige Verträge einzubeziehen, wenn sie von erheblicher Bedeutung sind. Geplante Verträge sind nicht angabepflichtig. Es ist immer die nach dem Bilanzstichtag fällige Zahlungsverpflichtung aus den Verträgen anzugeben, die sich aus einer Vielzahl von Einzelzahlungen ergeben kann. Da die Bewertung grds den Vorschriften zu Verbindlichkeiten folgt (Anm 55), ist eine Abzinsung der Zahlungen nicht zulässig.

Der Angabepflicht bei Dauerschuldverhältnissen wird genügt, wenn die jährlich zu zahlenden Beträge und die Dauer der Verpflichtungen genannt werden.

Ferner können noch zu zahlende Mietvorauszahlungen unter den genannten Voraussetzungen angabepflichtig sein.

Die Angabepflicht von Leasing-Verpflichtungen entfällt, wenn die Leasing-VG als Eigentum (§ 246 Anm 37) bereits in der Bilanz aktiviert und die Zahlungsverpflichtungen passiviert sind. Andere Leasing- Verträge fallen idR unter die Angabepflicht nach Nr 3.

2. Verpflichtungen aus begonnenen Investitionsvorhaben und zwangsläufigen Folgeinvestitionen

61 Die Angabepflicht nach Nr 3a ist dann gegeben, wenn Aufträge für Investitionen zum Bilanzstichtag vergeben worden sind, die die KapGes/KapCoGes zu zukünftigen Zahlungen verpflichten. Angabepflichtig sind ferner iSd Begr RegE BilMoG, 153 finanzielle Verpflichtungen aus zwangsläufigen Folgeinvestitionen dieser bereits begonnenen Investitionsvorhaben. Die Investitionen dürfen noch nicht durchgeführt sein. ISd Vorschrift sind nur solche Investitionen zu erfassen, die sich auf die **Beschaffung von Gegenständen des Anlagevermögens** (immaterielle AnlageVG, Sachanlagen und Finanzanlagen) beziehen.

Angabepflichtig sind zunächst solche Investitionsvorhaben, die sich am **Abschlussstichtag** in einem schwebenden Geschäft (Vertrag) konkretisiert haben. Sind Teile der bestellten Investitionen bereits geliefert, dürfen die daraus resultierenden Zahlungsverpflichtungen nicht in den Angabebetrag einbezogen werden, da sie zu passivieren sind. Nur das **Bestellobligo** am Bilanzstichtag muss beziffert werden. Wurde bei einem schwebenden Vertrag eine Rückstellung wegen drohender Verluste gebildet, muss der hierauf entfallende Betrag vom Angabebetrag abgesetzt werden.

Der Betrag eines einzelnen Investitionsvorhabens wird bei Vorsteuerabzugsberechtigung ohne USt anhand der im Vertrag vereinbarten Auftragssumme ermittelt. Sofern der Vertrag diesen Betrag nicht exakt aufführt, muss die Verpflichtung zum wahrscheinlichen Betrag ermittelt werden. Angabepflichtig ist das Bestellobligo nur, wenn es für die Beurteilung der Finanzlage von Bedeutung ist.

62 Ferner sind nach Begr RegE BilMoG, 153 auch zwangsläufige Folgeinvestitionen bereits begonnener Investitionsvorhaben, bei denen noch keine vertraglichen Vereinbarungen vorliegen, angabepflichtig, soweit sie für die Beurteilung der Finanzlage der Ges von Bedeutung sind. Zwischen Erst- und Folgeinvestitionsvorhaben muss eine zwangsläufige Verknüpfung in technischer oder wirtschaftlicher Hinsicht gegeben sein, um eine Angabepflicht auszulösen. Hinzu kommen muss, dass sich die Ges aus tatsächlichen Gründen der Folgeinvestition nicht entziehen kann. Damit ist eine umfassende Betragsangabe aller finanziellen Verpflichtungen aus vertraglich bereits festgelegten Investitionsvorhaben und ihren ihrer Art nach notwendig zuzurechnenden Folgeinvestitionsvorhaben bezweckt.

3. Verpflichtungen aus künftigen Großreparaturen

63 In den Gesamtbetrag der sonstigen finanziellen Verpflichtungen sind auch die Verpflichtungen aus unabwendbaren Großreparaturen aufzunehmen, sofern diese für die Finanzlage von Bedeutung sind, was durch die Begr RegE BilMoG, 153 bestätigt wurde. Unter Großreparaturen sind **Instandhaltungs- und Instandsetzungsmaßnahmen an eigenen Anlagegegenständen** zu verstehen, die routinemäßig bzw auf Grund eines Wartungsplans erfolgen, um einen VG funktionsfähig zu halten, oder die auf Grund eines Schadenfalls notwendig werden, um den VG wieder in einen gebrauchsfähigen Zustand zu bringen. Hierzu gehören auch **Generalüberholungen** im größeren Stil. Die Reparaturen können durch das Unt selbst und/oder durch Dritte durchgeführt werden. Zu denken ist zB an Großreparaturen bei Hochöfen, Flugzeugen, Werksanlagen, Maschinen und Gebäuden usw. Hier ist in regelmäßigen Zeitabständen – teils sogar auf Grund gesetzlicher Bestimmungen – eine Überholung mit erheblichem finanziellem Aufwand und Ausgaben erforderlich, um ua Schadensfälle zu verhindern. Aus diesem Grund ist es zielführend, neben der Instandsetzung auch die Instandhaltung unter den Begriff zu subsumieren. Die Angabe ist unabhängig von der künftigen Aktivierungspflicht. Für die Vermerkpflicht ist es unerheblich, ob die Reparaturbedürftigkeit zu einer außergewöhnlichen Abschreibung geführt hat oder nicht.

Es muss sich um für das Unt unabwendbare Großreparaturen handeln, die **nach dem Bilanzstichtag** durchgeführt werden müssen. Wurde mit einer Großreparatur im abgelaufenen Gj bereits begonnen, muss der Betrag der zukünftigen, für die Reparatur noch zu erwartenden finanziellen Verpflichtungen angegeben werden, sofern sie von Bedeutung sind.

Die **Verpflichtungen zu künftigen Großreparaturen** können auf mehreren Gründen beruhen. Eine Verpflichtung liegt zB dann vor, wenn mit einem Dritten ein schwebender Vertrag über die auszuführende Reparatur abgeschlossen ist. Eine Verpflichtung kann auch aus behördlichen oder berufsgenossenschaftlichen Instandhaltungspflichten und Auflagen resultieren, wie sie zB für Flugzeuge bestehen. Von einer Verpflichtung zu Großreparaturen muss auch dann ausgegangen werden, wenn die Unterlassung zwangsläufig zu einer Einschränkung des Geschäftsbetriebs führen würde, und eine Behebung dieses Umstands aus untpolitischer Sicht unbedingt erforderlich ist. Anzugeben ist jeweils nur die nächste anstehende Großreparatur und nicht etwa alle zukünftigen zu erwartenden Reparaturen für ein Anlagegut. **Die Bedeutung für die Finanzlage** ist am Betrag der künftigen Großreparatur zu messen.

4. Verpflichtungen aus notwendig werdenden Umweltschutzmaßnahmen

Der **Begriff** Umweltschutzmaßnahmen ist weit zu fassen, also alle Aktivitäten iZm der Verhinderung und Entsorgung von Abfall, Abluft, Abwasser usw. Nach dem Zweck der Angabe im Anhang muss es sich um Umweltschutzmaßnahmen handeln, die **notwendig** werden. Das setzt voraus, dass eine bestehende oder zukünftige öffentlich-rechtliche oder gesetzliche Verpflichtung die Maßnahme in der Zukunft erfordert, wobei die Verpflichtung noch keine zeitliche Konkretisierung enthalten bzw die Frist für die Erfüllung der Verpflichtung noch nicht abgelaufen sein muss; im Falle der Fall, ist eine Rückstellungsbildung geboten (*Philipps* Umweltschutzverpflichtungen im handelsrechtlichen Jahresabschluss, FS Ludewig, 788; § 249 Anm 100 „Umweltschutzverpflichtungen"; EStR 31 R 5.7 Abs 4 S 1 und 2). Die Angabepflicht tritt ein, sofern nach der Rspr die frühzeitige Rückstellungsbildung verwehrt ist, wenn die Verpflichtung zum Abschlussstichtag rechtlich noch nicht entstanden oder wirtschaftlich noch nicht verursacht ist. Zukünftige Umweltschutzmaßnahmen auf **freiwilliger** Basis sind hier nicht einzureihen, da ihnen der faktische Verpflichtungscharakter fehlt. Wenn jedoch für freiwillige Umweltschutzmaßnahmen Investitionsaufträge bereits abgeschlossen sind, ist bei entspr Bedeutung die Aufnahme in den Gesamtbetrag der finanziellen Verpflichtungen erforderlich, da eine Verpflichtung aus einem schwebenden Geschäft entstanden ist (Anm 61). Laufende Verpflichtungen für den Umweltschutz, wie die Zahlungen der Abwasserabgabe, werden zu passivieren sein, sofern sie entstanden, aber noch nicht bezahlt sind. Die zukünftigen, bei Weiterführung des bisherigen Geschäftsbetriebs und -zwecks anfallenden laufenden Zahlungen sind nicht anzugeben, da es sich um Umlagen handelt. In den Vermerkbetrag sind Verpflichtungen aus notwendig werdenden Umweltschutzmaßnahmen nur dann aufzunehmen, sofern sie für die Finanzlage von Bedeutung sind.

5. Andere finanzielle Verpflichtungen

a) Verpflichtungen aus schwebenden Geschäften

65 **Langfristige Abnahmeverpflichtungen** für VG des Umlaufvermögens (zB Rohstoffe) können die Angabepflicht auslösen, wenn sie für die Beurteilung der Finanzlage von Bedeutung sind (*ADS*[6] § 285 Anm 46) und nicht nach Nr 3 anzugeben sind. Dasselbe gilt für derivative FinInst und **Warentermingeschäfte** (glA *ADS*[6] § 285 Anm 47). Über derivative FinInst ist nach Nr 19 gesondert zu berichten (s § 285 Anm 320). Auch **unwiderrufliche Darlehenszusagen** sind anzugeben, solange sie noch nicht erfüllt sind. Aus **Devisentermingeschäften** kann keine Angabepflicht resultieren, da bei offenen Positionen ggf eine Rückstellung zu bilden ist (§ 249 Anm 100).

Da das Motiv eines schwebenden Geschäfts für die Berichtspflicht grds unerheblich ist, müssen auch ggf spekulative Termingeschäfte im Vermerk berücksichtigt werden, sofern sie nicht unter die Angabepflicht nach Nr 23 fallen.

66 Unter die schwebenden Geschäfte lassen sich auch die **Unternehmensverträge** subsumieren (vgl hierzu § 291 AktG; wie hier *ADS*[6] § 285 Anm 48). Besteht ein solcher Vertrag und entstehen hieraus wahrscheinliche Zahlungsverpflichtungen, ist, sofern sie nicht passiviert werden müssen, eine Berichtspflicht unter den sonstigen finanziellen Verpflichtungen gegeben (zB bei der Verlustübernahmeverpflichtung nach § 302 AktG, sofern die Inanspruchnahme für zukünftige Verluste bis zum Ende der Vertragszeit wahrscheinlich ist; das Gleiche gilt für Verlustübernahmeverpflichtungen iSv § 264 Abs 3 Nr 2 Anm 133 ff; s auch § 249 Anm 100 „Verlustübernahme"). § 302 Abs 1 AktG ist auch analog für GmbH-Konzerne anzuwenden (OLG Jena 21.9.2004, DStR 2005, 1372).

b) Verpflichtungen aus Dauerschuldverhältnissen

67 Solche Verpflichtungen können für die Angabepflicht in Frage kommen (zB Lizenz- und Konzessionsverträge), wenn sie mit einer mehrjährigen, unter normalen Umständen unkündbaren Vertragsdauer abgeschlossen sind und für die Beurteilung der Finanzlage insgesamt von Bedeutung sind.

c) Verpflichtungen zu künftigen Aufwendungen

68 Steht spätestens bis zur Bilanzaufstellung fest, dass in den vergangenen Gj Aufwendungen unterlassen wurden, jedoch in Zukunft anfallen müssen, weil es sonst zu einer Einschränkung des Geschäftsbetriebs käme, liegt eine finanzielle Verpflichtung vor, die bei entspr Bedeutung in den Gesamtbetrag aufzunehmen ist (*ADS*[6] § 285 Anm 57). Es muss sich um eine tatsächliche Last der KapGes/KapCoGes handeln, der sich das Unt nicht einseitig entziehen kann.

d) Verpflichtungen aus öffentlich-rechtlichen Auflagen

Bestehen außer den bereits zum Umweltschutz und zu Großreparaturen ge- **69** nannten Verpflichtungen (Anm 63, 64) andere öffentlich-rechtliche Verpflichtungen finanzieller Art, die nicht bilanziert sind oder nicht an anderer Stelle im Anhang genannt werden, sind sie in den Gesamtbetrag aufzunehmen, wenn sie von Bedeutung sind.

6. Sonstige Haftungsverhältnisse

Zu den sonstigen finanziellen Verpflichtungen gehören ferner die „sonstigen **70** Haftungsverhältnisse" (*ADS*[6] § 285 Anm 32; *Kupsch* in HdJ IV/4 Anm 218; *Fey,* 128). Hier sind nur Haftungsverhältnisse zu erfassen, die nicht den Vermerkposten des § 251 zugeordnet werden müssen. Es handelt sich um einen Auffangtatbestand; der Vermerk unter den anderen Posten des § 251 geht vor. Es kommen Haftungsverhältnisse für eigene und für fremde Verbindlichkeiten in Betracht. Sie müssen bezifferbar sein, da Nr 3a einen betragsmäßigen Vermerk verlangt. Eine Einbeziehung der sonstigen Haftungsverhältnisse in den Gesamtbetrag der finanziellen Verpflichtungen entfällt, sofern die Haftungsverhältnisse selbst oder die ihnen zugrunde liegenden Verbindlichkeiten passiviert sind.

Es fragt sich, ob die nach den in § 251 Anm 42 dargelegten Grundsätzen nicht vermerkpflichtigen **„weichen" Patronatserklärungen** als sonstige finanzielle Verpflichtungen zu qualifizieren sind. Ergibt sich aus einer solchen Erklärung eine mögliche Zahlungspflicht, ist sie in die Angabe nach Nr 3a einzubeziehen, wenn sie nicht nach § 251 vermerkpflichtig ist.

a) Sonstige Haftungsverhältnisse für eigene Verbindlichkeiten

Hierzu gehören persönliche Haftungsverhältnisse, sofern sie für die Finanzlage **71** insgesamt von Bedeutung sind.

Einzahlungsverpflichtungen. Verpflichtung zur Leistung noch ausstehender Einlagen auf Aktien (§§ 54, 66 AktG), Geschäftsanteile an einer GmbH (§§ 19, 21 GmbHG), Genossenschaftsanteile (§ 15a GenG), noch nicht eingeforderte, bedungene Kommanditeinlagen (IDW RS HFA 18 Tz 8; §§ 171, 172 Abs 4, 174 HGB), die im Eigentum der KapGes/KapCoGes sind, und ähnliche Verpflichtungen nach ausländischem Recht. Eine Angabepflicht besteht nur, soweit die Verpflichtungen nicht passiviert sind.

Nachschusspflichten des GmbH-Gesters gem § 26 GmbHG und bei Ge- **72** nossenschaftsanteilen gem § 15a GenG.

Verpflichtung zur **Abgabe eines Pflichtangebots** (§ 35 WpÜG).

Vertragsstrafen. Verpflichtungen zur Leistung von Vertragsstrafen für den **73** Fall der Nichterfüllung (§ 340 BGB) oder nicht gehörigen Erfüllung (§ 341 BGB) sind grds Haftungsverhältnisse. Ihre Vermerkpflicht hängt davon ab, ob eine besondere zusätzliche Belastung (Risiko) vorliegt (*ADS*[6] § 285 Anm 69). Ein zusätzliches Risiko liegt vor, wenn die Vertragsstrafe der Höhe nach so bemessen ist, dass sie wesentlich über dem möglichen Schadensersatz wegen Nichterfüllung liegt, oder wenn die KapGes/KapCoGes verpflichtet ist, Strafe zusätzlich zur Erfüllung zu leisten. Die Vermerkpflicht unterliegt aber der Einschränkung, dass es sich um Vereinbarungen handeln muss, die **nicht betriebs- und branchenüblich** sind (glA *ADS*[6] § 285 Anm 67). Nicht vermerkpflichtig sind die Vertragsstrafen dann, wenn die KapGes/KapCoGes frei entscheiden kann, ob sie es zur Vertragsstrafe kommen lassen will oder nicht (wie hier *ADS*[6] § 285 Anm 68; *Oser/Holzwarth* in HdR[5] §§ 284–288 Anm 172). Bei Inanspruchnahme bzw drohender Inanspruchnahme ist die Verbindlichkeit aus der Vertragsstrafe zu passivieren, damit entfällt eine Aufnahme in den Anhang.

b) Sonstige Haftungsverhältnisse für fremde Verbindlichkeiten

74 Hier ist eine Vermerkpflicht nur geboten, wenn es sich um außergewöhnliche Sachverhalte handelt.

In solchen Fällen fallen unter Nr 3a vor allem gesetzliche Haftungen oder Mithaftungen für Verbindlichkeiten Dritter, und zwar:

- Haftung der Vormänner für Einzahlungsverpflichtungen bei KapGes gem § 65 AktG, § 22 GmbHG;
- Haftung des GmbH-Gesters für die Einzahlung auf die Stammeinlage eines Mit-Gesters gem § 24 GmbHG;
- Haftung des Genossen für die vor seinem Eintritt entstandenen Verbindlichkeiten der eG gem § 23 GenG;
- Haftung des Vermögensübernehmers gem § 419 BGB sowie des Erwerbers eines Unt oder eines gesondert geführten Betriebs gem § 75 AO;
- Haftung der OrganGes für Schulden des Organträgers gem § 73 S 1 AO;
- Nachhaftung eines phG einer PersGes bei Ausscheiden aus der Ges gem § 160 Abs 1 oder nach Auflösung der Ges;
- Nachhaftung eines phG einer PersGes, der Kommanditist wird, gem § 160 Abs 3;
- Delkredere-Haftung des Kommissionärs (§ 394 HGB), nach der der Kommissionär dem Kommittenten unter bestimmten Voraussetzungen für die Erfüllung des Geschäfts haftet.

75 Ferner sind hier **gesetzliche Gesamtschuldverhältnisse** zu erfassen, sofern sie nicht zu passivieren sind und wirtschaftlich nur den Charakter einer Sicherheit haben. In Frage kommt:

- gesamtschuldnerische Haftung der HauptGes für die Verbindlichkeiten der eingegliederten Ges gem § 322 AktG.
- Die gesamtschuldnerische Haftung des phG einer KapCoGes ist nach § 285 Nr 11a (s Anm 258) anzugeben.

76 Konsortialhaftungen. Ist bei einem Konsortium (BGB-Gesellschaft oder Arge) allen Mitgliedern der Gesamtauftrag erteilt worden, haften die Konsortialmitglieder als Gesamtschuldner für die Durchführung des Gesamtauftrags, dh jeder Konsorte haftet für die Vertrags- sowie Liefer- und Leistungserfüllung der anderen Konsorten. Ihre Vermerkpflicht ist jedoch nicht generell geboten. In bestimmten Branchen (zB Bauindustrie, Großanlagenbau) gehören Beteiligungen an Argen zum üblichen Geschäft, mit denen der Verkehr rechnet. Eine Vermerkpflicht kommt deshalb nur für die Konsortialhaftungen in Betracht, die vom betrieblichen Normalfall abweichen.

c) Bedingte Verbindlichkeiten

77 Aufschiebend bedingte Verbindlichkeiten sind nicht zu passivieren (vgl § 247 Anm 224). Die Angabe im Anhang ist erforderlich, da es sich bei den bedingten Verbindlichkeiten um einen Unterfall der Haftungsverhältnisse handelt (wie hier mit anderer Begr *Uhlig* Grundsätze ordnungsmäßiger Bilanzierung für Zuschüsse, Düsseldorf 1989, 386). Haftungsverhältnisse sind grds aufschiebend bedingte Verbindlichkeiten (*Hüttemann*[2] Grundsätze ordnungsmäßiger Buchführung für Verbindlichkeiten, 23), bei denen der Eintritt der Bedingung unwahrscheinlich ist. Bilanziell werden die Haftungsverhältnisse und die aufschiebend bedingten Verbindlichkeiten gleich behandelt; sie werden erst passiviert, wenn mit Wahrscheinlichkeit mit dem Eintritt der Subsidiärhaftung bzw der Bedingung zu rechnen ist.

Sonstige Pflichtangaben

Zu den aufschiebend bedingten Verbindlichkeiten gehören auch die Verpflich- 78
tungen aus **Besserungsscheinen,** da sich mit diesen die KapGes/KapCoGes zu
Zahlungen verpflichtet hat, sofern die aufschiebende Bedingung (Erzielung von
Jahresüberschüssen, Bilanzgewinnen, Liquidationsüberschüssen uä) erfüllt ist
(*WPH*[14] I, F Anm 766; *ADS*[6] § 285 Anm 50; *Andrejewski* in Beck HdR B 40
Anm 125; für Ausweis unter § 251 *Dusemond/Heusinger-Lange/Knop* in HdR[5]
§ 266 Anm 176). Für AG ergibt sich die Pflicht zur gesonderten Angabe im Anhang nach § 160 Abs 1 Nr 6 AktG (s § 284 Anm 45). **Bedingt rückzahlbare Zuwendungen/Zuschüsse** der öffentlichen Hand oder Dritter, deren Rückzahlung an einen künftigen Erlös, Einnahme oder Erfolg aus dem geförderten Vorhaben geknüpft ist, stellen ebenfalls aufschiebend bedingte Verbindlichkeiten dar, die nach § 285 Nr 3a im Anhang anzugeben sind, sofern sie nicht passiviert werden.

Unter einer **auflösenden** Bedingung stehende Verbindlichkeiten sind zu 79
passivieren (§ 247 Anm 225). Erst wenn der Eintritt der auflösenden Bedingung wahrscheinlich ist, hat eine Passivierung zu unterbleiben oder es ist ein niedrigerer Wert anzusetzen. In diesem Fall ist bis zum rechtlichen Eintritt der Bedingung die Verbindlichkeit bzw der Differenzbetrag unter den sonstigen finanziellen Verpflichtungen zu erfassen.

7. ABC der möglichen sonstigen finanziellen Verpflichtungen

Abnahmeverpflichtungen	Anm 65
Bedingt rückzahlbare Zuwendungen/Zuschüsse	Anm 78
Bedingte Verbindlichkeiten	Anm 77
Besserungsscheine	Anm 78
Bestellobligo für Anlagevermögen	Anm 61
Bestellobligo für Vorräte	Anm 65
Dauerschuldverhältnisse	Anm 67
Delkredere-Haftung des Kommissionärs	Anm 74
Devisentermingeschäfte	Anm 65
Einzahlungsverpflichtungen	Anm 71
Folgeinvestitionen bereits begonnener Investitionsvorhaben	Anm 62
Generalüberholungen	Anm 63
Großreparaturen	Anm 63
Haftung der Vormänner für Einzahlungsverpflichtungen	Anm 74
Haftung des phG einer PersGes	Anm 75
Haftung der OrganGes	Anm 74
Haftung für die Verbindlichkeiten der eingegliederten AG	Anm 75
Haftung gem § 24 GmbHG	Anm 74
Haftungsverhältnisse	Anm 70
Instandhaltungsmaßnahmen	Anm 63
Instandsetzungsmaßnahmen	Anm 63
Investitionsvorhaben	Anm 61
Konsortialhaftungen	Anm 76
künftige Aufwendungen	Anm 68
künftige Reparaturen	Anm 63
Leasing-Verträge	Anm 60
Lizenzverträge	Anm 67
Mietverträge	Anm 60
Nachrangige Verbindlichkeiten	Anm 78
Nachschusspflichten	Anm 72
öffentlich-rechtliche Auflagen	Anm 69
öffentlich-rechtliche Verpflichtungen	Anm 64
Pachtverträge	Anm 60
Pflichtangebot (§ 35 WpÜG)	Anm 73
Sonstige Haftungsverhältnisse	Anm 70

80

Spekulative Termingeschäfte	Anm 65
Umweltschutzmaßnahmen	Anm 64
Unternehmensverträge	Anm 66
Verlustübernahmeverpflichtungen	Anm 66
Vertragsstrafen	Anm 73

4. Aufgliederung der Umsatzerlöse nach Tätigkeitsbereichen sowie nach geographisch bestimmten Märkten (Nr 4)

I. Allgemeines

90 Die Aufgliederung bezieht sich auf die **Nettoumsatzerlöse der GuV** (§ 275 Abs 2 Nr 1 bzw § 275 Abs 3 Nr 1 iVm § 277 Abs 1). Bei der Angabe handelt es sich also um eine JA-Erl. Die Aufgliederung kann durch Angabe der absoluten Teile der Umsatzzahlen oder auch der relativen Anteile am Gesamtumsatz (Prozentzahlen) erfolgen. Die Angabe ist auch in Form einer grafischen Darstellung zulässig.

Die Angabepflicht betrifft **nur große KapGes/KapCoGes.** Eine freiwillige Angabe im Anhang ist bei allen anderen KapGes/KapCoGes zulässig. **Kleinst-KapGes/KleinstKapCoGes** sind ebenfalls von dieser Angabepflicht befreit gem § 264 Abs 1 S 5. Kleine und mittelgroße AG müssen die Aufgliederung auf Verlangen eines Aktionärs in der HV vorlegen. Dem PublG unterliegende reine **PersGes oder EKfm,** die nach § 5 Abs 5 S 3 PublG, anstelle ihrer GuV eine Anlage zur Bilanz offenlegen, brauchen die darin anzugebenden Umsatzerlöse nicht nach § 285 Nr 4 aufzugliedern (*WPH*[14] I, H Anm 76). Andere Aufgliederungen, zB nach Kundengruppen, verbundenen Unt, Gestern und BetGes, oder nach Mengen, sind im Rahmen des Anhangs neben den vorgeschriebenen Untergliederungen als freiwillige Angaben zulässig; sie ersetzen die vorgeschriebenen Angaben aber nicht. Gem § 286 Abs 2 darf unter weiteren Voraussetzungen (Nachteilszufügung) die Aufgliederung der Umsatzerlöse nach Tätigkeitsbereichen und geographisch bestimmten Märkten unterbleiben (§ 286 Anm 5). Sofern **MU,** die freiwillig nach § 297 Abs 1 S 2 ihren KA um eine SegBerE erweitern und deshalb von der Konzernumsatzaufgliederung (§ 314 Abs 1 Nr 3) gem § 314 Abs 2 befreit sind, freiwillig in ihrem JA eine SegBerE vornehmen, sollten sie in Analogie zum Konzernanhang auch von der Umsatzaufgliederung nach § 285 Nr 4 befreit sein. Das Gleiche sollte für **KapmarktKapGes/KapCoGes** iSd § 264d, die nicht zur Aufstellung eines KA verpflichtet sind und ihren JA um eine SegBerE nach § 264 Abs 1 S 1 2. Hs erweitern, analog zu § 314 Abs 2 gelten.

Bei der Form der Darstellung und der Anwendung der Aufgliederungskriterien ist **Stetigkeit** zu wahren oder eine Abweichung zu begründen (§ 265 Abs 1). Dies gilt nicht, wenn bisher Prozentzahlen genannt wurden und diese durch grafische Darstellungen mit Prozentzahlen ersetzt werden.

II. Aufgliederung nach Tätigkeitsbereichen

91 Unter Tätigkeitsbereichen ist eine sich deutlich abhebende Organisationseinheit zu verstehen. Als Unterscheidungskriterien können in Frage kommen:
– Art des Produkts (Produkte für gleiche oder verwandte Zwecke/Endverbraucher);
– Art des Produktionsprozesses (gleiche oder ähnliche Produktionsverfahren, -anlagen, ähnliche Rohstoffe;

- Produktionsstandort;
- Volkswirtschaftliche Abgrenzungen (zB Wirtschaftszweig);
- Betriebsorganisatorische Aufgliederungen (UntBereich, Sparte, „profit center").

Allerdings ist zu beachten, dass nach dem Gesetzeswortlaut bei der Auswahl der Unterscheidungskriterien die Verkaufsorganisation zu berücksichtigen ist, so dass vor allem eine Unterscheidung nach produktorientierten Merkmalen oder dem Abnehmerkreis in Frage kommt.

Die Pflicht zur Umsatzaufgliederung besteht nur für die Fälle, in denen sich 92 die Tätigkeitsbereiche **untereinander erheblich unterscheiden**. Ein erheblicher Unterschied liegt vor, wenn ein Aufgliederungskriterium den Gesamtbetrag der Umsatzerlöse in größere Gruppen, die annähernd gleiche oder unterschiedlich große Umsatzwerte umfassen, unterteilt. Der Unterschied muss auch sachlich begründet sein, dh nach deutlich sich unterscheidenden Produktgruppen, Kundengruppen oder Vertriebswegen (zB Produktion, Dienstleistung, Handel; Pkw, Lkw; Düngemittel, Pflanzenschutz, Kunststoffe; dazu *ADS*[6] § 285 Anm 88; *Oser/Holzwarth* in HdR[5] §§ 284–288 Anm 188).

Die Abgrenzung nach Maßgabe des Vorliegens eines erheblichen Unterschieds 93 muss unter **Berücksichtigung der Verkaufsorganisation** der KapGes/KapCoGes erfolgen. Eine Aufteilung der Umsatzerlöse ist nur dann vorzunehmen, wenn auf Grund der Verkaufsorganisation verschiedene Tätigkeitsbereiche gegeneinander abgegrenzt werden können. Besteht eine einheitliche Verkaufsorganisation, braucht eine Umsatzaufgliederung nicht vorgenommen zu werden. Das Gleiche gilt für EinproduktUnt oder KapGes/KapCoGes mit nur einem Abnehmer.

Die Aufteilung der Umsatzerlöse hat nach Nr 4 für die typischen Lfg und Leis- 94 tungen aus der gewöhnlichen Geschäftstätigkeit zu erfolgen. Danach entspricht eine Aufteilung des Umsatzes lediglich in Haupterlöse und Nebenerlöse nicht dem Gesetzeszweck.

III. Aufgliederung nach geographisch bestimmten Märkten

Als ein geographisch bestimmter Markt ist aus internationaler Sicht eine Län- 95 dergruppe (auch Subkontinent) oder ein einzelnes Land, aus nationaler Sicht eine Region (Bundesland) anzusehen. Wenngleich nach dem Gesetzeswortlaut die Bestimmung des Markts nach geographischen Gesichtspunkten erfolgen soll, dürften auch staatliche Kriterien gemeint sein (wie zB EU, Schwellenländer). Zulässig ist aber auch eine Aufteilung nach Vertriebsgebieten.

Eine Aufgliederung kommt nur in Frage, wenn sich die Märkte untereinander 96 erheblich unterscheiden. Das ist zB zwischen Inland und Ausland der Fall. Ob in jedem Fall eine Aufgliederung in In- und Auslandsumsätze ausreicht, erscheint fraglich. Sie kann genügen, wenn der Auslandsumsatz nur einen im Vergleich zum Inlandsumsatz geringen Anteil am Gesamtumsatz ausmacht. Sonst ist eine Untergliederung in Ländergruppen oder wesentliche Einzelländer erforderlich (*ADS*[6] § 285 Anm 92). Bei weltweit liefernden KapGes/KapCoGes kann folgende Aufteilung sinnvoll sein: Bundesrepublik Deutschland, andere EU-Länder, Nordamerika, Südamerika, Afrika, Nahost, Fernost usw oder Industrieländer, Schwellenländer, Entwicklungsländer. Überwiegend nach Europa liefernde KapGes/KapCoGes können aufteilen: Bundesrepublik Deutschland, andere EU-Länder, übriges Europa.

Werden nur Inlandsumsätze getätigt, kann uU eine Angabe, dass kein Auslands- 97 geschäft besteht, die Angabepflicht erfüllen. Die Angabe von Umsätzen nach Regionen Deutschlands kann nicht gefordert werden (*ADS*[6] § 285 Anm 92; *Kupsch* in

HdJ IV/4 Anm 163; *WPH*[14] I, F Anm 892; aA für besonders gelagerte Einzelfälle *Oser/Holzarth* in HdR[5] §§ 284–288 Anm 189).

5. Ausmaß der Beeinflussung des Jahresergebnisses und erheblicher künftiger Belastungen durch Anwendung steuerrechtlicher Vergünstigungsvorschriften (Nr 5)

(aufgehoben; s 6. Auflage § 285 Anm 85 ff)

6. Ertragsteuerspaltung (Nr 6)

I. Allgemeines

120   In § 285 Nr 6 wird für **alle mittelgroßen und großen Kapitalgesellschaften/KapCoGes** und ihnen gleichgestellte Unt die Berichterstattung darüber gefordert, in welchem Umfang die E+E-Steuern das Ergebnis der gewöhnlichen Geschäftstätigkeit und das ao Ergebnis belasten. Die **Unt des § 3 Abs 1 PublG** brauchen diese Angabe nicht zu machen (§ 5 Abs 2 S 2 PublG).

Auch bei Bestehen eines **Gewinnabführungsvertrags** ist die Angabe nicht erforderlich, da idR kein Ertragsteueraufwand ausgewiesen wird (glA *ADS*[6] § 285 Anm 139). Werden Steuerumlagen des Organträgers gesondert als E+E-Steuern ausgewiesen, können sie nach Nr 6 aufgegliedert und angegeben werden (*ADS*[6] § 285 Anm 140).

Da eine Berichterstattungspflicht nach Nr 6 nur gegeben ist, wenn ein positives ao Ergebnis ausgewiesen wird, stellt sich die Frage, welche Aufwendungen und Erträge zum ao Ergebnis gehören. Das sind die ao Posten gem § 275 Abs 2 oder 3 (glA *ADS*[6] § 285 Anm 128; *WPH*[14] I, F Anm 902). Damit sind Inhalt und Umfang (unternehmensfremd, selten gem § 275 Anm 215) des ao Ergebnisses stark reduziert. Für die Angabepflichten bedeutet dies, dass sie praktisch selten sind. Hinzu kommen Aufwendungen und Erträge iSv Art 67 Abs 7 EGHGB aus der Anwendung der Übergangsvorschriften des BilMoG.

Bei der für die Angaben nach Nr 6 erforderlichen Ertragsteuerspaltung müssen die Steuern dem positiven Ergebnis der gewöhnlichen Geschäftstätigkeit und dem positiven ao Ergebnis zugeordnet werden. Beide Teilergebnisse sind in der GuV als eigenständige Salden genannt (§ 275), die für die Aufteilung des Steueraufwands maßgeblich sind.

Die zu erläuternden E+E-Steuern sind die **in der GuV** unter gleicher Bezeichnung **ausgewiesenen Steuern**. Die Aussagen zur Belastung des gewöhnlichen und ao Ergebnisses durch die Ertragsteuern müssen sich auf den in der GuV ausgewiesenen positiven Steuerbetrag beziehen (§§ 275 Abs 2 Nr 18 oder 275 Abs 3 Nr 17). Der Steueraufwand umfasst die Einkommen- und Ertragsteuerbelastungen (einschl Solidaritätszuschlag) für das Gj, unabhängig davon, ob sie gezahlt oder zurückgestellt sind. Die im Steueraufwand enthaltenen Nachzahlungen für Vj sind ebenfalls bei der Erl einzubeziehen; gleiches gilt für Steuererstattungen für frühere Jahre, die im Steueraufwand saldiert wurden (zB Verlustrücktrag). Auch die unter dem Posten „Steuern vom Einkommen und vom Ertrag" nach § 274 Abs 2 S 3 gesondert ausgewiesenen latenten Steuern gehören dazu (§ 275 Anm 244, *ADS*[6] § 275 Anm 190).

Wird kein Steueraufwand ausgewiesen, kommt eine Berichterstattung nach dem Wortlaut nicht in Betracht. Wird ein negativer Steueraufwand (Ertrag) ausgewiesen, ist keine Berichterstattung erforderlich, da Nr 6 von „Belastung" spricht. Für den Fall, dass das Jahresergebnis nur aus dem Ergebnis aus der gewöhnlichen Geschäftstätigkeit besteht, ist die Angabe über die Steueraufteilung nicht erforderlich, da der Sachverhalt aus der GuV erkennbar ist. Das Gleiche gilt in dem Fall, wenn ein Teilergebnis negativ ist, aber insgesamt ein positives Jahresergebnis vor Ertragsteuern ausgewiesen wird und Ertragsteuern anfallen; denn nach dem Wortlaut ist über steuerliche Entlastungen von positiven Ergebnisteilen durch Verluste im anderen Teilergebnis nicht zu berichten (aA *Kupsch* in HdJ Abt IV/4 Anm 188).

II. Die Berechnung der Ertragsteuerspaltung

Die Ermittlung der Steuerteilbeträge muss idR durch eine Steuerrechnung erfolgen. Die Durchführung einer sehr detaillierten Steuerrechnung ist nicht notwendig, da eine betragsmäßige Berichterstattung nicht erforderlich ist. Auch wenn nicht nach Steuerarten differenziert zu berichten ist, wird bei KapGes bei der Berechnung getrennt nach den Steuerarten KSt mit SolZ und GewESt vorgegangen werden müssen, um eine aussagefähige Grundlage für die Berichterstattung zu liefern. Regelmäßig kann die Ertragsteuerspaltung ersatzweise durch Schätzung vorgenommen werden. Sind im Jahresergebnis Erträge aus Bet oder Erträge (Aufwendungen) auf Grund eines Gewinnabführungs- bzw Teilgewinnabführungsvertrags ausgewiesen und enthalten diese Ergebnisse ao Posten, sind diese bei der Ertragsteueraufspaltung nicht dem ao Ergebnis der KapGes zuzurechnen (*ADS*[6] § 285 Anm 139), denn es kommt nur auf die GuV-Zahlen „gewöhnliche Geschäftstätigkeit" und „außerordentliches Ergebnis" an.

1. Aufspaltung der Körperschaftsteuer

Die KSt (mit SolZ) ist auf die zwei Ergebnisbereiche in deren Verhältnis zueinander aufzuteilen. Die Zuordnung der nicht abziehbaren Betriebsausgaben muss verursachungsgerecht erfolgen; ersatzweise ist eine proportionale Verteilung zulässig. Hat sich die KSt im Berichtsjahr in Folge der Übergangsregelung des § 37 Abs 2 S 3 KStG vermindert, ist der Minderungsbetrag ebenfalls proportional den beiden Ergebnisbereichen zuzuordnen. Kommt es auf Grund eines Verlustvortrags zu einer Steuerminderung, ist ebenfalls vereinfachend der verbliebene KSt-Aufwand nach dem Verhältnis des positiven „gewöhnlichen" und positiven „außerordentlichen" Ergebnisses aufzuteilen. Ausländische KSt ist verursachungsgerecht den beiden Teilergebnissen zuzuordnen.

Sind im außerordentlichen Ergebnis steuerfreie Gewinne (zB ao Gewinnausschüttungen einer BetGes gem § 8b Abs 1 KStG, Gewinn aus dem Verkauf einer Bet gem § 8b Abs 2 KSt) oder nicht abzugsfähige Aufwendungen (zB Bildung einer versteuerten Rückstellung, Geldbußen, Kartellstrafen gem § 4 Abs 5 Nr 8 EStG) enthalten, ist das bei der Aufteilung zu berücksichtigen.

Wird von KapCoGes gem § 264c Abs 3 S 2 nach dem Posten Jahresüberschuss/Jahresfehlbetrag ein dem Steuersatz der KomplementärGes entspr fiktiver Steueraufwand ausgewiesen, fällt dieser nicht unter Nr 6.

2. Aufspaltung der Gewerbeertragsteuer

Auch die GewESt ist im Grundsatz auf die zwei Ergebnisbereiche in deren Verhältnis zueinander aufzuteilen. Dabei sind jedoch die Hinzurechnungen und Kürzungen (§§ 8 und 9 GewStG) verursachungsgerecht beiden Ergebnisbereichen zuzuordnen (glA *ADS*[6] § 285 Anm 134; aA *Kupsch* in HdJ Abt IV/4 Anm 184). IdR wird jedoch eine Zuordnung der gesamten GewESt zum Ergebnis aus der gewöhnlichen Geschäftstätigkeit dem Aufteilungserfordernis genügen.

3. Aufspaltung der Kapitalertragsteuer

133 Eine KapESt-Spaltung ist im Fall der Anrechnung von KapESt auf die KSt der berichtspflichtigen KapGes weder erforderlich noch zulässig. Wenn die KapGes steuerpflichtige Einnahmen hat, die dem Steuerabzug unterliegen, handelt es sich im Ergebnis nur um im Voraus geleistete KSt (mit SolZ). Bei KapCoGes stellt die einbehaltene KapESt im voraus geleistete ESt (mit Solidaritätszuschlag) dar und gilt als von den Gestern entnommen (IDW RS HFA 7 nF Tz 31 Handelsrechtliche Rechnungslegung bei Personenhandelsgesellschaften

Für nicht anrechenbare ausländische KapESt, die idR nur einen im Verhältnis zum gesamten Ertragsteueraufwand unerheblichen Anteil ausmachen wird, ist maßgeblich, in welchem Ergebnisteil in der GuV der zur KapESt korrespondierende Ertragsposten ausgewiesen wird.

III. Die Berichterstattung über die Spaltung

134 Nr 6 sagt nichts, wie die Angabe des Belastungsumfangs zu erfolgen hat. Es bleibt den KapGes/KapCoGes überlassen, ob sie Beträge angeben oder die Erl in allgemeiner Form geben wollen. Daraus ist zu schließen, dass eine lediglich verbale Umschreibung zur Erfüllung der Berichterstattungspflicht genügt (*WPH*[14] I, F Anm 903; *ADS*[6] § 285 Anm 129; *Oser/Holzwarth* in HdR[5] §§ 284–288 Anm 233). Es ist jedoch zulässig, eine betragsmäßige Aufteilung zu geben. Eine Differenzierung nach Steuerarten ist nicht erforderlich (*WPH*[14] I, F Anm 903). Die Berichterstattung ist auch durch prozentuale Angaben über den Umfang der Steuerbelastung der Teilergebnisse möglich. Die **verbalen Angaben** müssen erkennbar machen, in welchem Verhältnis sich die E+E-Steuern auf die Ergebnisse aufteilen. Formulierungen wie „vom Ertragsteueraufwand entfällt nur ein geringer Teil auf den außerordentlichen Gewinn" oder „die Steuern vom Einkommen und vom Ertrag betreffen zum weit überwiegenden Teil das Ergebnis der gewöhnlichen Geschäftstätigkeit" stellen eine hinreichende Berichterstattung dar. Diese Ansicht wird auch durch die Tatsache gestützt, dass eine verursachungsgerechte Aufteilung auf Grund der Besonderheiten des deutschen Steuerrechts kaum möglich ist (*Oser/Holzwarth* in HdR[5] §§ 284–288 Anm 233).

7. Durchschnittliche Zahl der während des Geschäftsjahrs beschäftigten Arbeitnehmer, getrennt nach Gruppen (Nr 7)

I. Allgemeines

140 Die Angaben sind von **großen** (§ 267 Abs 3) und **mittelgroßen** (§ 267 Abs 2) **KapGes/KapCoGes** zu machen; **kleine** (§ 267 Abs 1) **KapGes/KapCoGes** sind von der Angabepflicht durch § 288 Abs 1 befreit. Gleiches gilt für **KleinstKapGes/KleinstKapCoGes** gem § 264 Abs 1 S 5. Ein freiwillig offen gelegter IFRS-EA gem § 325 Abs 2a hat diese Angabe im Anhang ebenfalls zu enthalten. Die Zahl der Arbeitnehmer verleiht der Angabe über die Personalaufwendungen stärkere Aussagekraft und ermöglicht eine Beurteilung der Bedeutung der KapGes/KapCoGes als Arbeitgeber. **Reine PersGes** oder Ekfl, die nach § 5 Abs 5 S 3 PublG anstelle ihrer GuV eine Anlage zur Bilanz offenlegen, brauchen die darin anzugebende Zahl der Beschäftigten nicht gem Nr 7 nach Gruppen aufzugliedern. Für andere dem PublG unterliegende Unt gilt eine andere Berechnungsweise (Anm 142).

II. Die Arbeitnehmereigenschaft

Bzgl der Arbeitnehmereigenschaft s § 267 Anm 9. **141**

III. Die durchschnittliche Zahl der Arbeitnehmer während des Geschäftsjahrs

In § 267 Abs 5 (Anm 12) wird zur Umschreibung der Größenklasse eine **142** quartalsweise Berechnung festgelegt, die hier ebenfalls übernommen werden kann, aber nicht muss. Danach ergibt sich der **Durchschnitt** als vierter Teil der Summe aus den Zahlen der jeweils am 31. März, 30. Juni, 30. September und 31. Dezember beschäftigten Arbeitnehmer. Die Ermittlungsmethode ist nicht festgelegt. Aus Gründen der Einheitlichkeit im JA ist die quartalsweise Methode vorzuziehen. Neben der in § 267 Abs 5 festgelegten Berechnungsmethode bietet sich als zweite Möglichkeit an, wie im PublG den Durchschnitt als zwölften Teil der Summe aus den Zahlen der am Ende eines jeden Monats des Gj beschäftigten Arbeitnehmer zu ermitteln, wenn nur dadurch ein den tatsächlichen Verhältnissen entspr Bild vermittelt wird (ADS^6 § 285 Anm 145). Bei der Anwendung der Berechnungsmethode ist der Grundsatz der Stetigkeit zu wahren.

Bei **Rumpfgeschäftsjahren** sind so viele Monate des vorangegangenen Gj **143** hinzuzuzählen, wie das RumpfGj weniger als ein Kalenderjahr hat. Die ermittelte Durchschnittszahl ist damit unabhängig von saisonalen Schwankungen. Sofern wesentlich, ist die Ermittlungsmethode darzustellen. Steht das Unt am Ende seines ersten (Rumpf-)Gj, sind lediglich die Monate dieses RumpfGj zu berücksichtigen. Das Gleiche gilt für die quartalsweise Ermittlung gem § 267 (dort Anm 13). Einzubeziehen sind auch diejenigen Arbeitnehmer, die per Monats- oder Quartalsende ausscheiden, soweit das Arbeitsverhältnis am letzten Arbeitstag des Monats noch bestand.

IV. Gruppenbildung

Nr 7 legt nicht fest, welche Gruppen zu bilden sind und wie die Belegschaft **144** zu unterteilen ist. Immerhin ist aus der Vorschrift zu schließen, dass mehrere Gruppen darzustellen sind. Im Anhang sollten mind die wichtigsten **arbeitsrechtlichen** Gruppierungen angegeben werden, ggf unterteilt nach dem Geschlecht. Es bietet sich eine Aufteilung nach BetrVG in gewerbliche Arbeitnehmer, Angestellte, leitende Angestellte an. Auch eine Aufteilung der Mitarbeiter nach betrieblichen Funktionsbereichen (F+E, Produktion, Verwaltung, Vertrieb) ist möglich. Es kann sich ggf eine Zusatzangabe von Kurzarbeitern und Teilzeitkräften anbieten. Bei den Aufgliederungskriterien ist Stetigkeit zu wahren.

Die Aufteilung muss mit der durchschnittlichen Beschäftigtenzahl korrespon- **146** dieren, die Angabe zB der Zahl der Auszubildenden, die nicht zur Gesamtzahl der Arbeitnehmer zählen, kann zusätzlich gemacht werden. Eine zusätzliche Angabe der Zahl der Leiharbeitnehmer sollte jedoch entweder unterbleiben, da die Aufwendungen für diese nicht Teil des Personalaufwands sind oder es ist eine entspr Klarstellung diesbezüglich erforderlich. Die Aufgliederung der durchschnittlichen Zahl kann nach Köpfen oder prozentual vorgenommen werden, wobei Rundungen zulässig sind.

8. Material- und Personalaufwand bei Anwendung des Umsatzkostenverfahrens (Nr 8)

I. Allgemeines

150 Bei Anwendung des Umsatzkostenverfahrens nach § 275 Abs 3 müssen im Anhang der Materialaufwand des Gj (Nr 8a) und der Personalaufwand des Gj (Nr 8b) angegeben werden. Mit diesen Angaben wird die Vergleichbarkeit zwischen dem Gesamtkostenverfahren und dem Umsatzkostenverfahren bezüglich der Aufwandsarten erhöht. Für **kleine KapGes/KapCoGes** entfällt die Angabe nach Nr 8a (Materialaufwand). **Mittelgroße KapGes/KapCoGes** (§ 267 Abs 2) müssen zwar den Materialaufwand im Anhang angeben, brauchen ihn aber nicht offenzulegen (§ 327 Nr 2). Die Offenlegung des Materialaufwands ist somit nur für große **KapGes/KapCoGes** (§ 267 Abs 3) vorgeschrieben. Die Angabe über den Personalaufwand nach Nr 8b muss von allen KapGes/KapCoGes unabhängig von ihrer Größe (Ausnahme: **KleinstKapG/KleinstKapCoGes,** die von der Angabe befreit sind, sofern sie freiwillig keinen Anhang erstellen) gemacht werden. Ein freiwillig offen gelegter IFRS-EA gem § 325 Abs 2a hat diese Angabe (Nr 8b) im Anhang ebenfalls zu enthalten. Kleine **KapGes/KapCoGes** brauchen sie gem § 326 S 2 nicht offenlegen. **Kleine AG** müssen auf Verlangen eines Aktionärs die Angaben in der HV vorlegen; kleine GmbH müssen auf Verlangen eines Gesters hierüber Auskunft geben (§ 51a GmbHG).

Die Vorschrift verlangt die Angabe des **Material- und Personalaufwands des Geschäftsjahrs.** Nach dem Wortlaut bedeutet dies, dass der gesamte Aufwand des Gj anzugeben ist. Der Inhalt der angabepflichtigen Aufwandsposten richtet sich nach dem Gesamtkostenverfahren, was aus der ausdrücklichen Bezugnahme auf § 275 Abs 2 folgt. Es kommt also nicht darauf an, unter welchen Posten der GuV des Umsatzkostenverfahrens und in welcher Höhe er ausgewiesen ist.

II. Die Angabe des Materialaufwands

151 Der Materialaufwand des Gj ist gesondert und in der § 275 Abs 2 Nr 5 entspr Gliederung anzugeben. Zum Inhalt und Umfang des Postens s § 275 Anm 115. Der gesamte Materialaufwand ist a) nach Aufwendungen für Roh-, Hilfs- und Betriebsstoffe und für bezogene Waren und b) nach Aufwendungen für bezogene Leistungen zu untergliedern.

III. Die Angabe des Personalaufwands

152 Der Personalaufwand des Gj ist ebenfalls gesondert und in der § 275 Abs 2 Nr 6 entspr Gliederung anzugeben. Inhalt und Umfang richten sich nach § 275 Anm 125. Der Personalaufwand ist wie folgt aufzugliedern:
a) Löhne und Gehälter, b) soziale Abgaben und Aufwendungen für AVers und für Unterstützung, davon für AVers oder b) soziale Abgaben und Unterstützungen und c) Aufwendungen für AVers (ähnlich *ADS*[6] § 285 Anm 158).

9. Gesamtbezüge etc für aktive und ehemalige Organmitglieder und deren Hinterbliebene (Nr 9)

Schrifttum: *Kort* Voraussetzungen der Zulässigkeit einer D&O-Versicherung von Organmitgliedern DStR 2006, 801; *Vetter* Beratungsverträge mit Aufsichtsratsmitgliedern AG

2006, 175; *Schenck* Verträge mit Beratungsunternehmen, denen ein Aufsichtsratsmitglied des beratenden Unternehmens angehört DStR 2007, 395; *Bosse* Rechtliche Anforderungen an Verträge mit Aufsichtsratsmitgliedern und die Zustimmung des Aufsichtsrats nach § 114 AktG NZG 2007, 172.

Standard: DRS 17 (Stand: 27.1.2011) Berichterstattung über die Vergütung der Organmitglieder

I. Allgemeines

Nr 9 bestimmt, dass für die Mitglieder des Geschäftsführungsorgans, eines AR, eines Beirats oder einer ähnlichen Einrichtung

a) die Gesamtbezüge im Geschäftsjahr (Nr 9a S 1–3) und die Anzahl der ausgegebenen Bezugsrechte uä (Nr 9a S 4)

b) die Gesamtbezüge (einschl Abfindungen) der früheren Mitglieder dieser Organe und ihrer Hinterbliebenen sowie der Betrag der gebildeten und der nicht gebildeten Pensionsrückstellungen (Nr 9b)

c) die Vorschüsse, Kredite und Haftungsverhältnisse (Nr 9c) anzugeben sind.

Bei **KapCoGes** gelten gem § 264a Abs 2 als ihre gesetzlichen Vertreter die Mitglieder des Geschäftsführungsorgans der vertretungsberechtigten KapGes. Daraus folgt die unmittelbare Angabepflicht für die KapCoGes in ihrem Anhang (IDW RS HFA 7 Tz 34), obwohl keine unmittelbaren Vertragsbeziehungen zwischen der KapCoGes und den Mitgliedern der Geschäftsführung der Komplementär-GmbH bestehen.

Börsennotierte AG haben nach Nr 9a S 5–8 zusätzlich unter Namensnennung die Bezüge jedes einzelnen Vorstandsmitglieds, aufgeteilt nach erfolgsunabhängigen und erfolgsbezogenen Komponenten sowie Komponenten mit langfristiger Anreizwirkung, Drittleistungen sowie bestimmte weiterführende Angaben gesondert anzugeben.

Die Angabe der Vorschüsse, Kredite und Haftungsverhältnisse (Nr 9c) ist Pflicht für alle KapGes/KapCoGes. **Kleine KapGes/KapCoGes** sind von der Pflicht zur Angabe der Bezüge nach Nr 9a und b **befreit** (§ 288 Abs 1). Gleiches gilt für **KleinstKapGes/KleinstKapCoGes** gem § 264 Abs 1 S 5). Bei Vorliegen der Voraussetzungen des § 286 Abs 4 sind auch **mittelgroße und große KapGes/KapCoGes,** sofern sie keine börsennotierten AG sind, von der Pflicht zur Angabe der Bezüge nach Nr 9a S 1–4 und b befreit (s dazu § 286 Abs 4, Anm 15 ff). Die Praxis bevorzugt eine weite Auslegung des § 286 Abs 4. Die Zusatzangaben für börsennotierte AG, gem Nr 9a S 5–8 müssen unterbleiben, wenn die HV dies beschlossen hat (§ 286 Abs 5). Ein freiwillig offen gelegter IFRS-EA gem § 325 Abs 2a hat die Angaben der Nr 9 im Anhang ebenfalls zu enthalten. Die gesetzlichen Informationsrechte der Aktionäre und Gester nach vertraglichen oder anderen gesetzlichen Grundlagen (§§ 131 f AktG bzw 51a GmbHG) bleiben unberührt. Im Folgenden wird von einer bestehenden Auskunftspflicht ausgegangen.

II. Die Personengruppen

Die Angaben sind für die Mitglieder folgender Personengruppen (Gremien) zu machen: Geschäftsführung, AR, Beirat oder einer ähnlichen Einrichtung. Die Organe **Geschäftsführung** und **Aufsichtsrat** sind für KapGes gesetzlich definiert (vgl §§ 6, 35, 52 GmbHG, §§ 76, 95, 283 AktG). Für KapCoGes gilt die Fiktion des § 264a Abs 2, nach der als Geschäftsführungsorgan der KapCoGes das der Komplementär-KapGes gilt (ebenso IDW RS HFA 7 Tz 34. Die Angabepflichten gelten auch für einen fakultativen AR sowie für AR-Mitglieder, die gleichzeitig Arbeitnehmer der KapGes/KapCoGes sind. Es spielt auch keine Rolle, ob Arbeitnehmer-AR-Mitglieder ihre Bezüge an Dritte weitergeben (müssen).

162 Der Begriff **Beirat** ist im HGB nicht definiert. Der gesetzliche Hinweis auf **ähnliche Einrichtungen** lässt erkennen, dass eine möglichst weitgehende Erfassung der Verwaltungsgremien der KapGes/KapCoGes erfolgen soll, um Umgehungen der Angabepflicht auszuschließen. Auf die Benennung des Gremiums kommt es nicht an (zB Gester-Ausschuss, Verwaltungsrat; wie hier ADS^6 § 285 Anm 165).

Bei einem **Beirat** handelt es sich um eine Einrichtung, bestehend aus mehreren Personen, die durch Satzung oder GesVertrag bestimmt ist oder von den GesOrganen (Geschäftsführung, Vorstand, GesV, HV) beschlossen oder ins Leben gerufen worden ist und in seiner Ausgestaltung (Berufung, Abberufung, Vergütung der Mitglieder) einem AR ähnelt. Die gleichgewichtige Aufzählung des Beirats mit Geschäftsführung und AR zeigt an, dass ein Beirat dadurch gekennzeichnet ist, dass er Verwaltungsfunktionen (Beratung, Überwachung, Weisung, Einflussnahme) wie diese Gremien ausübt. Dabei muss sich die Zuständigkeit immer auf das GesamtUnt beziehen (wie hier ADS^6 § 285 Anm 165; DRS 17.9). Eine beratende oder unterstützende Tätigkeit für einzelne Geschäftsvorgänge oder spezielle (technische, finanzielle, kundenspezifische ua) Fragen reicht nicht aus (ähnlich ADS^6 § 285 Anm 166; Oser/Holzwarth in HdR^5 §§ 284–288 Anm 280). Hat die KapGes/KapCoGes einen AR und daneben einen Beirat oder eine ähnliche Einrichtung, dürfte eine solche zusätzliche Einrichtung nicht unter die Angabepflicht fallen, sofern die funktionstypischen Aufgaben (Beratung, Überwachung) bereits vom AR ausgeübt werden, was bei einer AG stets der Fall sein wird. Dagegen kann ein Beirat einer GmbH oder KapCoGes zusätzliche Beratungs- und Überwachungsaufgaben wahrnehmen, da die Gester neben dem AR ein Überwachungsrecht haben.

Die **Gesellschafterversammlung,** obwohl Organ der GmbH, gehört nach dem Gesetzeswortlaut nicht zu den berichtspflichtigen Personengruppen, ebenso wenig die HV einer AG, die durch GesVertrag einer KapCoGes konstituierte GesV und die Generalversammlung einer eG.

163 Die **Mitgliedschaft** in einem der genannten Gremien reicht von der Bestellung des Mitglieds bis zu seiner Abberufung bzw seinem Rücktritt. Es kommt immer auf die Mitgliedschaft im Gremium bei der berichtenden KapGes/KapCoGes bzw ihres Rechtsvorgängers an. Die Angabepflichten für die Mitglieder des Geschäftsführungsorgans bestehen unabhängig davon, ob es sich um Geschäftsführer (Vorstände) handelt, die gleichzeitig Gester (Aktionäre) sind (Gester-Geschäftsführer). Zum Geschäftsführungsorgan gehören auch seine stellvertretenden Mitglieder (§ 44 GmbHG, § 94 AktG). Ein AR kann keine stellvertretenden Mitglieder haben (§ 101 Abs 3 S 1 AktG). Ersatzmitglieder gehören erst zum AR, wenn das AR-Mitglied vor Ablauf seiner Amtszeit wegfällt oder zurücktritt (§ 101 Abs 3 S 2 AktG).

164 Nach dem Gesetzeswortlaut sind die **Angaben für jede Personengruppe** jeweils **gesondert** in einer Summe zu machen. Das bedeutet, dass für jede Personengruppe getrennt der angabepflichtige Betrag zu nennen ist. Dabei muss klar ersichtlich sein, welches Gremium die Angaben betreffen. Eine weitere freiwillige Untergliederung (zB nach Untergruppen innerhalb der Gremien) ist zulässig. S 5–8 verpflichten börsennotierte AG (parallel zur Empfehlung des DCGK; siehe Tz 165) zur Angabe der Bezüge je Vorstandsmitglied unterteilt nach erfolgsunabhängigen und erfolgsbezogenen Komponenten und Komponenten mit langfristiger Anreizwirkung. Die **Vj-Zahlen** sind nicht anzugeben (anders für den Konzernanhang DRS 17.13).

Nach der Empfehlung des DCGK in Tz 4.2.4 ist die Gesamtvergütung im 165
Vergütungsbericht individualisiert in fixe und variable Bestandteile aufzuteilen.
Nach der Empfehlung in Tz 4.2.5 sind für Geschäftsjahre, die nach dem
31.12.2013 beginnen, zusätzlich folgende Angaben individualisiert zu machen:
die für das Berichtsjahr gewährten Zuwendungen; die im bzw für das Berichtsjahr zugeflossenen Vergütungen, getrennt nach fixen, kurzfristigen variablen Anteilen und langfristigen variablen Anteilen; sowie der Versorgungsaufwand im
bzw für das Berichtsjahr. Dabei sind die vom DCGK vorgegebenen Mustertabellen zu verwenden, die für die variablen Bestandteile weitere Angaben wie Minimal- und Maximalbeträge fordern. Die Prinzipien für die zeitliche Zuordnung
gewährter Zuwendungen und zugeflossener Vergütungen sind im DCGK erläutert und weichen zum Teil von den im DRS 17 verwendeten Prinzipien ab.

III. Angaben für tätige Organmitglieder (Nr 9a)

1. Angabe der Gesamtbezüge (S 1–3)

Die Gesamtbezüge der Mitglieder des Geschäftsführungsorgans sind **in einer** 167
Summe anzugeben. Die Gewinn-/Verlustanteile der phG einer KGaA gehören
nicht hierzu (§ 286 Abs 4 AktG). Eine Aufgliederung in erfolgsunabhängige,
erfolgsabhängige Komponenten und Komponenten mit langfristiger Anreizwirkung, wie sie für die individualisierten Vorstandsbezüge einer börsennotierten
AG verlangt wird (s Anm 172 ff), ist nicht erforderlich.

Die **Gesamtbezüge** umfassen nach der Klammerdefinition in Nr 9a: Gehäl- 168
ter, Gewinnbeteiligungen, Bezugsrechte und sonstige aktienbasierte Vergütungen, Aufwandsentschädigungen, Versicherungsentgelte, Provisionen und Nebenleistungen jeder Art. Der Inhalt ist für jede Personengruppe gleich. Grds gehören
hierzu alle Bezüge, die als **Gegenleistungen für die Tätigkeit** als Mitglied des
Gremiums dienen. Beim Geschäftsführungsorgan gilt idR die gesamte Tätigkeit
als für die Ges geleistet (ebenso *WPH*[14] I, F Anm 922). Eine Ausnahme kann zB
in der Avalprovision bestehen, die ein Gester-Geschäftsführer für eine Bürgschaft
zugunsten der Ges von dieser erhält. Bei AG richten sich die Bezüge nach §§ 87,
113 AktG. Bei KGaA gehören die auf den Kapitalanteil eines phG entfallenden
Gewinne nicht zu den Gesamtbezügen (§ 286 Abs 4 AktG). Bei den anderen
Gremien sind Bezüge für Leistungen, die nicht durch die Mitgliedschaft veranlasst sind (zB spezielle Beratung, Vermittlung uä), nicht in die Angabe einzubeziehen (*ADS*[6] § 285 Anm 175). Das sind bei **AR**-Mitgliedern stets Leistungen
auf Grund von Verträgen nach § 114 AktG, zu denen nach BGH (2.4.2007
NJW-RR, 1483 Anm 16) nur eine Beratungstätigkeit in bestimmten Einzelfragen eines speziellen Fachgebiets, die eine besondere Beratungstiefe erfordern,
gehört (zu Abgrenzungsfragen s *Vetter* AG 2006, 175; *Schenck* DStR 2007, 395;
Bosse NZG 2007, 172; *Lorenz/Pospiech* Beratungsverträge mit Aufsichtsratsmitglieder in Zeiten moderner Corporate Governance, NZG 2011, 81). Aktienoptionsprogramme zugunsten von AR-Mitgliedern sind unzulässig (BGH 16.2.2004
DB, 696; zur weiteren Meinungsbildung s *Kort* Rechtsfragen der Höhe und Zusammensetzung der Vergütung von Mitgliedern des Aufsichtsrats einer AG, FS
Hüffer München 2010, 498). Die von Arbeitnehmervertretern im AR regelmäßig
abzuführenden Beträge schmälern nicht die angabepflichtigen Bezüge (Bruttoausweis), deren Bezüge als Arbeitnehmer gehören nicht zu den angabepflichtigen
Bezügen (DRS 17.17). **Wechselt** ein Organmitglied im Laufe des Gj in ein anderes Gremium, sind die jeweiligen Bezüge zeitanteilig auszuweisen.

Zu den Gesamtbezügen gehören alle Zahlungen für die Dauer der Organstel- 169
lung, die auf dem Anstellungs-(Dienst-)vertrag, Satzung, GesVertrag oder Gester-

Beschlüssen (bei GmbH oder dem ersten AR einer AG) beruhen, ferner alle freiwillig gewährten Zahlungen, sei es wiederkehrender oder einmaliger Art, sei es anlässlich eines bestimmten Anlasses (zB Jubiläum). Nach der gesetzlichen Aufzählung gehören auch Provisionen und Nebenleistungen jeder Art zu den angabepflichtigen Bezügen. Daraus ist ersichtlich, dass der Umfang der Angabepflicht sehr weit gezogen ist. Es spielt keine Rolle, ob es sich um Geld-, Natural- oder Sachbezüge oder um Gewährung von Rechtsansprüchen oder anderen geldwerten Vorteilen handelt. Es sind auch Bezüge einzurechnen, die nicht ausgezahlt, sondern in Ansprüche anderer Art umgewandelt oder zur Erhöhung anderer Ansprüche verwandt werden (Nr 9a S 2), wie zB Umwandlung von Tantiemeteilen in AVersAnsprüche. Dazu gehört nicht die originäre Zusage von Pensionen (DRS 17.19). Der Aufwand aus der Bildung von **Pensionsrückstellungen** gehört nicht zu den Gesamtbezügen des S 1 DRS 17.19 ADS^6 § 285 Anm 180; s aber bei börsennotierten AG Anm 186). Die Übertragung der Pensionsrückstellung auf ein anderes Unt ist nicht in die Bezüge einzurechnen, da es sich nicht um eine Auszahlung an den Begünstigten handelt. Es spielt auch keine Rolle, dass Bezüge nicht ausgezahlt, sondern mit Verbindlichkeiten des Organmitglieds verrechnet werden oder ob für zugesagte Bezüge (zB Tantiemen) Rückstellungen gebildet wurden.

170 Einzubeziehen sind die Bezüge für die im Gj erbrachte Tätigkeit (DRS 17.17), auch wenn die Zusage erst nach dem Abschlussstichtag aber vor dem Abschlusserstellungstag erfolgt ist (DRS 17.25). Etwaige aufschiebende Bedingungen, zu denen auch reine Dienstzeitbedingungen gehören können, müssen erfüllt bzw auflösende Bedingungen weggefallen sein (DRS 17.20 ff). Damit sind die Zuordnungsprinzipien mehrjähriger Vergütungen zu den Gj ausdrücklich nicht aufwandsbezogen. Die Bezüge sind hierunter nur so lange anzugeben, wie das Organmitglied tätig ist. Bei vorzeitigem Ausscheiden und Weiterbezahlung der Bezüge liegt keine Tätigkeit mehr vor; die Bezüge ab dem Zeitpunkt des Ausscheidens sind unter Nr 9b (vgl Anm 201) anzugeben; s aber bei börsennotierten Unt Anm 184 ff. Bezüge, die nach Beendigung des Organverhältnisses zugesagt, jedoch für eine Tätigkeit vor Beendigung des Organverhältnisses gewährt wurden, gehören zu den Bezügen nach Nr 9a (DRS 17.36). Verzichtet das Organmitglied auf Teile seiner Bezüge, ohne hinsichtlich der freiwerdenden Mittel eine Gehaltsverwendungsabrede zu treffen, stellt der Kürzungsbetrag keinen Bezug dar (BFH 30.7.1993, BB 1994, 554). Das gleiche gilt bei einer Gehaltsumwandlungsabrede, sofern die Voraussetzungen des BMF-Schreibens v 4.2.2000 (IV C5 – S 2332 – 11/00) iVm *OFD* Hannover Vfg v 1.2.2002 (WPg, 424) erfüllt sind, da es sich um eine Änderung der Vergütungsvereinbarung über einen künftigen Bezug handelt. Kürzungen der Bezüge durch den AR auf Grund des § 87 Abs 2 S 1 AktG sind zu berücksichtigen, ebenso Kürzungen der AR-Bezüge gem § 113 Abs 1 S 4 AktG.

171 Auszuweisen sind die **Bezüge für das Geschäftsjahr.** Hinzu kommen die weiteren Bezüge, die im Gj gewährt, aber bisher in keinem JA angegeben worden sind (Nr 9a S 3). Damit ist gewährleistet, dass alle Bezüge, unabhängig von ihrer Entstehung, in der zeitlichen Abfolge erfasst werden. Ändern sich Bezüge oder Teile davon nachträglich aus irgendeinem Grunde, sind die Korrekturen im Folgejahr bei der Angabe der Gesamtbezüge zu berücksichtigen: Nachzahlungen sind hinzuzufügen, Auflösungen von Rückstellungen sind abzuziehen (wie hier *Oser/Holzwarth* in HdR[5] §§ 284–288 Anm 270). Wesentliche Korrekturen je Personenkreis erfordern einen Hinweis. Bei aktienbasierten Bezügen sind die nach der Gewährung eintretenden Wertänderungen, soweit sie nicht auf einer Änderung der Ausübungsbedingungen beruhen, keine Korrekturen in diesem Sinne und somit in Folgejahren nicht zu berücksichtigen. Wertänderungen auf-

grund von Änderungen der Ausübungsbedingungen, sind hingegen in Folgejahren zu berücksichtigen, siehe Nr 9a S 4 und Tz 175. Änderungen der Ausübungsbedingungen schließen Änderungen des Ausübungspreises mit ein (siehe Begr RegE VorstOG, 7).

Es muss sich immer um unmittelbare **Leistungen der KapGes** an das Organmitglied handeln (Ausnahme kraft gesetzlicher Fiktion bei **KapCoGes** s Anm 160). Mittelbare Bezüge für die Tätigkeit als Organmitglied beim berichtenden Unternehmen, die von verbundenen Unt, MU, TU oder SchwesterUnt bezahlt werden, fallen nicht unter die Angabepflicht, es sei denn, das berichtende Unternehmen wird von dem anderen Unternehmen direkt oder im Rahmen einer Umlage mit Spezifikation des Betrages belastet (*WPH*[14] I, F Anm 930). Werden jedoch Bezüge von verbundenen Unt, gemUnt, assozUnt, Unt, mit denen ein Beteiligungsverhältnis besteht, auf die Bezüge gem eines mit dem berichtenden Unt geschlossenen Dienstvertrags angerechnet, gehören sie zu den angabepflichtigen Vergütungen bei der KapGes/KapCoGes, unabhängig davon, ob das andere Unt die Aufwendungen trägt oder an die berichtende Ges weiter belastet. Nur wenn kein Anstellungsvertrag mit dem berichtenden Unternehmen besteht, kommt es darauf an, ob das berichtende Unternehmen auch belastet ist (vgl *ADS*[6], § 285 Anm 172).

Zu den Leistungen der Ges gehören im Falle der **Gesamtrechtsnachfolge** (zB Umw oder Verschmelzung) auch die Bezüge der Organmitglieder des übertragenden Rechtsträgers für das Gj, in dem die Gesamtrechtsnachfolge wirksam wird, sofern das Organmitglied seine Organstellung beim übernehmenden Rechtsträger beibehält. Verliert er seine Organstellung, sind die vom übertragenden Rechtsträger bis zum Wirksamwerden der Gesamtrechtsnachfolge gezahlten Bezüge unter Nr 9a, die weiteren Bezüge unter Nr 9b auszuweisen.

Da für **KapCoGes** gem § 264a Abs 2 als ihr Geschäftsführungsorgan dasjenige der Komplementär-KapGes gilt, gelten hier als angabepflichtige Bezüge die Leistungen der Komplementär-KapGes, unabhängig davon, ob sie aus der Haftungsvergütung von der KapGes, aus Einlagen der KapGes-Gester oder aus Umlagen an die KapCoGes resultieren. Bei doppel- oder mehrstöckigen KapCoGes iSv § 264a Abs 1 Nr 2 sind entspr die Bezüge der Mitglieder der Geschäftsführung der höchsten Komplementär-KapGes anzugeben. Gewährt die Komplementär-KapGes keine Bezüge, da diese von anderen verbundenen Unt bezahlt werden, entfällt eine Angabe, außer bei unmittelbaren Leistungen der KapCoGes (*Herrmann* WPg 2001, 278).

Im Einzelnen umfassen die Gesamtbezüge (vgl auch Anm 168):

- **Gehälter**, feste laufende Vergütungen, feste jährliche Einmalzahlungen (Urlaubs-, Weihnachtsgeld);
- **Gewinnbeteiligungen**, gewinn-, dividendenabhängige Tantiemen, Garantie-/Ermessenstantiemen, Gratifikationen, Boni, Jubiläumsgelder, Sondervergütungen jeder Art, zB Entschädigungen für die Nichtausübung (bei weiter bestehender Organstellung) einer Tätigkeit, für den Verzicht auf eine Gewinnbeteiligung oder eine Anwartschaft; ferner Anerkennungsprämien, Antritts- und Halteprämien (s dazu *Poguntke* Anerkennungsprämien, Antrittsprämien und Untreuestrafbarkeit im Recht der Vorstandsvergütung, ZIP 2011, 893).
- **Bezugsrechte**, Gewährung von idR unentgeltlichen Optionen auf den Erwerb von Anteilen der KapGes, *Stock options* (s § 272 Anm 501 ff); dh der Recht des Organmitglieds, innerhalb eines bestimmten Zeitraums Anteile der KapGes zu einem im Voraus festgelegten Ausübungspreis zu erwerben. Nach Nr 9 S 4 1. Hs sind die Bezugsrechte mit ihrem beizZW zum Zeitpunkt ihrer Gewährung, dh der rechtsverbindlichen Zusage in die Gesamtbezüge einzubeziehen (DRS 17.30). Eine Verteilung über den Ausübungszeitraum ist damit, wie bei nicht aktienbasierten Vergütungen auch (siehe Tz 170), ausgeschlossen. Im Unterschied zu nicht aktienbasierten werden die aktienba-

sierten Vergütungen damit jedoch deutlich früher erfasst. Nicht angabepflichtig sind mithin die Zeitwerte der im Gj ausgeübten, verfallenen oder die zu Beginn und am Ende des Gj bestehenden Bezugsrechte (so aber IFRS 2.45b). Der beizZW ist dabei gem der Vorschriften in IFRS 2 zu ermitteln, siehe DRS 17.A29. Damit sind ausgehend vom beizZW der Eigenkapitalinstrumente vor Berücksichtigung etwaiger Bedingungen die mit der Gewährung vereinbarten Marktbedingungen *(market conditions)* und sog Nicht-Ausübungsbedingungen *(non-vesting conditions)* wertmindernd zu berücksichtigen, siehe IFRS 2.19 und .21A. Bei börsennotierten Aktien ist der Börsenpreis der Ausgangspunkt. Kann ein solcher nicht festgestellt werden, kommen anerkannte Bewertungsmodelle und -methoden infrage. Dies ist insb bei der Gewährung von Aktienoptionen der Fall (im Einzelnen s *Kirnberger* in Beck IFRS[3] § 24 Anm 39). Die Bewertungsmethoden selbst sind nicht angabepflichtig. Eine Erlpflicht kann sich uU bei Stillhalterverpflichtungen nach § 285 Nr 19b (s Anm 328) ergeben.
Werden nach dem Gewährungszeitpunkt die Ausübungsbedingungen geändert, bestimmt Nr 9a S 4 2. Hs, dass die daraus resultierenden Wertveränderungen im Jahr der Änderung „zu berücksichtigen", dh in die Gesamtbezüge einzubeziehen sind. ZB erhöht sich bei Herabsetzung des Ausübungspreises der beizZW (Begr RegE VorstOG aaO, 7). In jedem Fall der Änderung der Ausübungsbedingungen, gem Gesetzeswortlaut nicht jedoch des Aktienkurses (Kursschwankungen) oder der geschätzten Parameter (*Thüsing* ZIP 2005, 392) ist eine Neubewertung vorzunehmen, die Differenz zum vorherigen beizZW ist festzustellen und anzugeben (Begr RegE VorstOG aaO, 7 iVm IFRS 2.47 (b) (iii)). Hierunter dürfte auch der Fall zu erfassen sein, wenn eine Ges ihren bisherigen Aktienoptionsplan mit Genehmigung der HV durch einen Neuen ersetzt (vgl IFRS 2.28 (c)).

– **Sonstige aktienbasierte Vergütungen,** Barabgeltungen der erzielten Aktienkurssteigerungen, virtuelle Aktienoptionen, *stock appreciation rights* (s § 272 Anm 510 ff), *phantom stocks* und ähnliche schuldrechtliche Vergütungsinstrumente sind wie variable Vergütungen zu behandeln. Ihre Bewertung richtet sich nach der für Bezugsrechte (s dort). Nach Nr 9a S 4 2. Hs sind auch hier Wertveränderungen in Folge von Änderungen der Ausübungsbedingungen (nicht jedoch des Aktienkurses) in die Bezüge einzubeziehen.

– **Aufwandsentschädigungen,** soweit sie als fester Betrag ohne Abrechnung gewährt werden (zB Sitzungsgeld oder Tagespauschale des AR); nicht angabepflichtig ist der Auslagenersatz nach Einzelabrechnung (Reisekosten; Ausgaben im Interesse der Kap-Ges/KapCoGes; dienstliche Benutzung des eigenen Kfz) auch in Form einer Pauschalvergütung (*ADS*[6] § 285 Anm 179), soweit sie die einkommensteuerrechtlichen Freigrenzen nicht übersteigen; ferner sind solche Ausgaben nicht angabepflichtig, die das Organmitglied auf Anordnung der KapGes/KapCoGes tätigt und die nur im Interesse der KapGes/KapCoGes liegen; Straf-, Buß-, Zwangsgelder, die ad personam des Organmitglieds verhängt sind, aber von der KapGes/KapCoGes gezahlt oder erstattet werden oder von denen das Organmitglied von der Ges freigestellt ist, sind angabepflichtig, sofern nicht das eigenbetriebliche Interesse der Ges im Vordergrund steht (s BFH 22.7.2008, DStR, 2310).

– **Versicherungsbeiträge.** Grundlage sind die einkommensteuerlichen Regelungen über den steuerpflichtigen Arbeitslohn. Hierzu gehören Zuschüsse der KapGes/KapCoGes, zu Beiträgen des Organmitglieds für eine Lebensversicherung, für die freiwillige Versicherung in der gesetzlichen Rentenversicherung oder für eine öffentlich-rechtliche Versicherungs- oder Vermögenseinrichtung (BMF-Schreiben 22.2.1996 DB, 553). Das Gleiche gilt für von der KapGes/KapCoGes übernommene Beiträge oder Zuschüsse zu Beiträgen für eine Unfallversicherung des Organmitglieds, ohne jedoch die Beitragsteile – idR 40% des beruflichen Anteils –, die das Unfallrisiko auf Dienstreisen abdecken (BMF-Schreiben 18.2.1997 DB, 503), sofern das Organmitglied den Versicherungsanspruch unmittelbar geltend machen kann. Ferner gehören hierzu die Prämien, die die KapGes/KapCoGes für auf den Namen des Organmitglieds lautende Lebens- oder Pensionsversicherungen (DVers, P-Kassen) zahlt, sofern dem Mitglied der Anspruch aus dem Versicherungsvertrag unmittelbar aus dem Vertrag oder durch Abtretung seitens der KapGes/KapCoGes zusteht. Prämien für eigene RDVers der KapGes/KapCoGes gehören nicht zu den Gesamtbezügen (DRS 17.17. Arbeitgeberzuschüsse zur Sozialversicherung gehören ebenfalls nicht dazu (DRS 17.18); in den Fällen, in denen die KapGes/

KapCoGes ausschließlich die Rechte aus einem Versicherungsvertrag geltend machen kann, sind die späteren Versicherungsleistungen (bei Unfallversicherungen, soweit sie einen privaten Schaden ausgleichen) angabepflichtig; zu den angabepflichtigen Bezügen gehören nach wohl jetzt hM nicht die Prämien für eine Vermögensschadenhaftpflichtversicherung (D&O-Versicherung), die die KapGes/KapCoGes für ihre Organe abschließt (*Kort* DStR 2006, 801 mwN; DRS 17.19; *Kort* in Großkomm AktG[4] § 87 Anm 232), da die Prämienzahlungen in überwiegend eigenbetrieblichem Interesse der Ges erfolgen;
- **Provisionen** für die Vermittlung von Geschäften sind immer dann in die Gesamtbezüge einzubeziehen, wenn die Vermittlungsleistung des Organmitglieds zu seinen Pflichten im Rahmen seiner Tätigkeit für die KapGes/KapCoGes zählt. Das ist bei Mitgliedern des Geschäftsführungsorgans idR der Fall. Bei AR- oder Beiratsmitgliedern kommt es auf die Gesamtumstände an;
- **Erfindervergütungen** gehören grds zu den Gesamtbezügen außer in dem Fall, wenn vor der Berufung in das Geschäftsführungsorgan ein unbedingter, zahlenmäßig konkretisierter Anspruch auf Erfindervergütung entstanden war und dieser nicht auf die Bezüge angerechnet werden soll;
- **Nebenleistungen** jeder Art sind Natural- und Sachbezüge in Form von Zurverfügungstellung von Wohnraum, Personal (insb Fahrer), Kfz, Energie, Sicherheiten (zB Bürgschaften) und andere geldwerte Vorteile, wie die Gewährung von zinslosen oder zinsgünstigen Krediten, von Vorkaufsrechten, der Kauf von VG von der KapGes/KapCoGes unter Verkehrswert, das Eingehen von Haftungsverhältnissen (zu letzteren s auch Anm 215). Hier kann es zu Doppelangaben mit Nr 21 kommen. Ferner gehören von der KapGes/KapCoGes übernommene LSt, ESt (auch ausländische Steuern), AR-Steuer nach § 50a EStG hierzu, ferner nach BFH-U 5.4.2006 Az IX R 109/OO Aufwendungen des Ges für Sicherheitsmaßnahmen des Organmitglieds bei dessen nicht unerheblichem Eigeninteresse. USt auf AR-Vergütungen gehört nicht zu den angabepflichtigen Bezügen, unabhängig davon, ob sie abzugsfähig ist oder nicht (IDW RH HFA 1.017 Tz 14 Einzelfragen zur Behandlung der Umsatzsteuer im handelsrechtlichen Jahresabschluss, FN-IDW 2011, 564).

Bzgl der Höhe der angabepflichtigen Gesamtbezüge ergeben sich bei Geldleistungen keine Probleme. Bei **Sachbezügen** und **geldwerten Leistungen** ist der Zeitwert anzusetzen. IdR ist auf die einkommensteuerpflichtigen Werte zurückzugreifen.

2. Angabe der Anzahl der ausgegebenen Bezugsrechte uä (S 4)

Diese Vorschrift verlangt, dass zusätzlich zu ihrer Einbeziehung in die Gesamtbezüge nach S 1 die Anzahl der ausgegebenen Bezugsrechte und der sonstigen aktienbasierten Vergütungen mit ihrem beizZW anzugeben ist. Zur Angabepflicht gehören nicht nur die Bezugsrechte auf Aktien der Ges, sondern auch Optionen darauf sowie virtuelle Aktienoptionen. Nach dem Wortlaut des Gesetzes ist nur die Anzahl der Bezugsrechte uä und ihr beizZW zum Zeitpunkt ihrer Gewährung, dh der rechtsverbindlichen Zusage, anzugeben, dh der im Gj gewährten Bezugsrechte uä, nicht jedoch die im Gj ausgeübten, verfallenen oder die zu Beginn und am Ende des Gj bestehenden Bezugsrechte (so aber IFRS 2.45b). Diese Angaben stehen neben denen des § 160 Abs 1 Nr 5 AktG bzgl der bedingten Kapitalerhöhung (vgl § 284 Anm 44).

IV. Zusatzangaben für börsennotierte Aktiengesellschaften über die individualisierten Vorstandsbezüge (Nr 9a S 5–8)

Schrifttum: *Leuering/Simon* Offene Fragen zur Offenlegung der Vorstandsvergütung NZG 2005, 945; *v. Kann* Das neue Gesetz über die Offenlegung von Vorstandsvergütungen DStR 2005, 1498; *Thüsing* Das Gesetz über die Offenlegung von Vorstandsvergütungen ZIP 2005, 392; *Hohenstatt/Wagner* Zur Transparenz der Vorstandsvergütung – 10 Fragen aus der Unternehmenspraxis ZIP 2009, 945; *Mayer-Uellner* Zur Zulässigkeit finanzieller Leistungen Dritter an die Mitglieder des Vorstands, AG 2011 193.

1. Allgemeines

182 Diese Vorschrift bezweckt, insb den potentiellen und tatsächlichen Anteilseignern mehr Transparenz in Bezug auf deren Beurteilung der Angemessenheit der Gesamtbezüge jedes einzelnen Vorstandsmitglieds zu seinen Aufgaben und zur Lage der Ges (§ 87 Abs 1 AktG) und zur Kontrolle in der nachgeordneten Vergütungsebene zu gewähren.

Diese Angaben sind von börsennotierten AG iSv § 3 Abs 2 AktG (nicht von KGaA; aA *Oser/Holzwarth* in HdR[5] §§ 284–288 Anm 476) in jedem Anhang zu machen, auch im Anhang einer börsennotierten AG, die freiwillig einen IFRS-EA gem § 325 Abs 2a offen legt. Die Angabepflicht steht neben den parallelen Angabepflichten nach dem DCGK Tz 4.2.4 und Tz 4.2.5 für den KA (s § 313 Anm 50).

Nr 9a S 5–8 bestimmt, dass börsennotierte AG, also solche, deren Aktien am geregelten Markt zugelassen sind, im Anhang die Bezüge jedes einzelnen Vorstandsmitglieds, aufgegliedert nach erfolgsunabhängigen, erfolgsbezogenen Komponenten und Komponenten mit langfristiger Anreizwirkung, sowie Drittleistungen zusätzlich zur Angabe der Gesamtbezüge des Vorstandsgremiums nach Nr 9a S 1 angeben müssen. Gegenstand der Angabe ist jeweils der Gesamtbezug des einzelnen namentlich genannten Vorstandsmitglieds, aufgeteilt in die drei Komponenten und Drittleistungen. Die Angabe von **Vj-Zahlen** ist nicht vorgeschrieben.

Der Gesetzgeber hat darauf verzichtet, die Pflicht zur Angabe der individualisierten Bezüge auch auf die Mitglieder des AR zu erstrecken, da die AR-Vergütung von der HV selbst beschlossen wird (Begr RegE VorstOG aaO, 6). Die entspr Empfehlung des DCGK in Tz 5.4.6 Abs 3 für diese Angabe im CorpGovBericht bleibt jedoch bestehen.

Die Angaben zur Organvergütung nach Nr. 9a S. 5–8 sind grundsätzlich im Anhang zu machen. Sofern sie zusammen mit den Angaben zu den Grundzügen des Vergütungssystems im Lagebericht gemacht werden, können die Angaben im Anhang unterbleiben (§ 289 Abs. 2 Nr 5 HGB). So nunmehr auch DCGK Tz 4.2.5 in der Fassung seit 2012 (s hierzu § 289 Anm 93 ff). Gem DRS 20.21 es möglich, im Rahmen der Veröffentlichung im Geschäftsbericht die Angaben statt im Lagebericht im Corporate Governance Bericht zu machen, wenn vom Lagebericht hierauf verwiesen wird Die Angaben müssen unterbleiben, wenn die HV dies mit einer Mehrheit von mind drei Viertel des bei der Beschlussfassung vertretenen Grundkapitals für einen Zeitraum von bis zu 5 Jahren beschließt (s § 286 Anm 25 f).

Ein derartiger HV-Beschluss kann jedoch nicht auch den Verzicht auf die Angaben der Gesamtvergütung des Vorstands gem § 285 Nr. 9a S 1–4 begründen, selbst wenn es sich um eine börsennotierte AG mit Alleinvorstand handelt, bei der die Gesamtbezüge des Vorstands den Gesamtbezügen des einzigen Vorstands entsprechen und durch die Angabe gem § 285 Nr 9a S 1–4 dessen Bezüge individuell nachvollziehbar sind (vgl OLG Frankfurt 31.5.2012).

2. Umfang der angabepflichtigen Bezüge

183 Der Umfang der Bezüge richtet sich zunächst grds nach der Klammerdefinition der Nr 9a S 1: Gehälter, Gewinnbeteiligungen, Bezugsrechte und sonstige aktienbasierten Vergütungen, Aufwandsentschädigungen, Versicherungsentgelte, Provisionen und Nebenleistungen jeder Art einschl der Sachbezüge (im Einzelnen s Anm 175). Hinzu kommen die Bezüge nach S 2–4 (Bezüge, die in andere Ansprüche umgewandelt wurden; im Gj gewährte Bezüge, die bisher in keinem

JA angegeben worden sind; Bezugsrechte und sonstige aktienbasierte Vergütungen mit ihren beizZW). Mithin sind nach S 5 aufgliederungspflichtig und individualisiert anzugeben die Gesamtbezüge nach S 1–4.

Über den Umfang der Gesamtbezüge nach S 1–4 hinaus bestimmt S 6, dass auch folgende **Leistungen an das Vorstandsmitglied** der individualisierten Angabepflicht nach S 5 unterliegen: **184**

aa) Leistungen, die dem Vorstandsmitglied für den Fall einer *vorzeitigen Beendigung* zugesagt worden sind,

bb) Leistungen, die dem Vorstandsmitglied für den Fall der *regulären Beendigung* seiner Tätigkeit zugesagt worden sind, mit ihrem Barwert, sowie den von der Ges während des Gj hierfür aufgewandten oder zurückgestellten Betrag,

cc) während des Gj vereinbarte *Änderungen* dieser Zusagen,

dd) Leistungen, die einem früheren Vorstandsmitglied, das seine *Tätigkeit im Laufe des Gj beendet* hat, in diesem Zusammenhang zugesagt und im Laufe des Gj gewährt worden sind.

Zu den Angaben nach S 6 gehören sowohl Versorgungs- als auch Abfindungszusagen, die zwar bereits erteilt worden sind, aber erst zu einem späteren Zeitpunkt zu tatsächlichen Auszahlungen führen, sowie Leistungen, die in Aufhebungsverträgen vereinbart werden. Es spielt keine Rolle, ob die Zusagen bereits im Dienst-/Anstellungsvertrag des Vorstandsmitglieds geregelt sind oder in einem separaten AVersVertrag oder einer Aufhebungsvereinbarung.

Die individualisierte Angabe ist nicht nur im Gj der Zusage im Anhang zu machen; die Angabepflicht erstreckt sich vielmehr auf sämtliche zum Abschlussstichtag bestehende Zusagen einschl der vor In-Kraft-Treten des VorstAG erteilten Zusagen (DRS 17.58). S 6 bezieht sich nach dem Gesetzeswortlaut auf S 5, womit die Leistungen nach S 6 für jedes Vorstandsmitglied ggf nach den drei Kategorien zu differenzieren sind (ebenso *WPH*[14] I, F Anm 937): erfolgsunabhängige Leistungen (zB Fixum), erfolgsbezogene Leistungen (zB Boni, Gratifikationen) und Leistungen mit langfristiger Anreizwirkung (zB Aktienbezugsrechte). Die Angaben nach S 6 sind für jeden Buchstaben gesondert zu machen (DRS 17.46).

Nach der Begr RegE VorstAG, 9 werden detaillierte Angaben zu den betr Leistungen verlangt. Hierzu gehören Angaben über den Wert und materiellen Umfang der Zusagen, der Basisdaten und der Bedingungen für den Eintritt der Leistungen. Weichen vertragliche Regelungen von denen des BetrAVG (vertragliche Unverfallbarkeit, Ausschluss der ratierlichen Kürzung, Anpassungsprüfungspflicht) ab, ist hierüber zu berichten. Da die tatsächlichen Zahlungen aus solchen Zusagen im Gj der Zahlung unter die Angabepflicht nach Nr 9b für die früheren Mitglieder des Vorstands – jedoch nicht individualisiert – fallen, kommt es in soweit zu einer vom Gesetz gewollten Doppelangabe im Laufe der Zeit.

Gem S 6 lit aa sind im Anstellungsvertrag zugesagte **Leistungen,** aufgegliedert nach den drei Komponenten des S 5, für den (ungewissen) Fall einer **vorzeitigen Beendigung der Organstellung** angabepflichtig. Als vorzeitige Beendigung sind anzusehen: Amtsniederlegung oder Dienstunfähigkeit des Vorstandsmitglieds, Widerruf der Bestellung durch die Ges (§ 84 Abs 3 AktG), Beendigung in Folge eines Kontrollwechsels nach einem Übernahmeangebot. Es spielt keine Rolle, ob der Dienstvertrag gleichzeitig ordentlich oder ao gekündigt wird oder nicht. Auch Zusagen für den Verlust der Organstellung bei gesrechtlichen Umw (Formwechsel, Aufspaltung, Verschmelzung) sind anzugeben. Nicht dazu gehört eine Suspendierung, da es sich um eine vorläufige vorübergehende Entbindung des Vorstandsmitglieds von seinen Pflichten unter Fortzahlung seiner Bezüge handelt. Ferner sind Zusagen hinsichtlich der Zahlungen von Ruhegeld oder Übergangs- Überbrückungsgeld, soweit sie bei vorzeitiger Beendigung vor Erreichen einer vereinbarten Altersgrenze geleistet werden, angabepflichtig. Nach der Begr **185**

RegE VorstAG, 9 werden Angaben verlangt darüber, ob und in welchem Umfang die Bezüge laut Dienstvertrag für die Restlaufzeit weiter zu zahlen sind, ob diese abgezinst werden, ob anderweitiger Verdienst anzurechnen ist, wie mit entgehenden Boni zu verfahren ist. Erforderlichenfalls sind die Angaben nach den einzelnen Beendigungsgründen zu differenzieren.

186 S 6 lit bb verlangt die Angaben über **Leistungen** für den Fall der **regulären Beendigung** der Vorstandstätigkeit. Nach § 84 Abs 1 S 1 AktG endet die Vorstandstätigkeit regulär nach höchstens 5 Jahren. In Betracht kommen Zusagen zu Abfindungen für die fehlende Wiederbestellung, Zusagen zur lfd oder einmaligen Zahlung von Übergangs- oder Überbrückungsgeld bis zur Erreichung der vereinbarten Ruhegehaltsaltersgrenze, Zusagen von Karenzentschädigungen im Falle eines anstellungsvertraglichen Wettbewerbsverbots, ferner die vereinbarten Versorgungszusagen. Im letzten Fall sind Angaben zu machen, ob es sich um ein gleich bleibendes Ruhegehalt handelt, zur Dynamisierung, Wertsicherung, zu Anrechnungssystemen für anderweitige Bezüge, zur Hinterbliebenenversorgung, zur Unverfallbarkeit (vertraglich, gesetzlich), zur vertraglich vorgesehenen Altersgrenze, ob die AVers durch Einmalzahlung eines Kapitalbetrags oder durch lfd Zahlungen geleistet wird. Es spielt keine Rolle, ob die Zusagen direkt durch die Ges oder mittelbar über eine U-Kasse, RDVers, P-Fonds, P-Kasse (s dazu § 249 Anm 252 ff) gewährt werden.

Auch sonstige Leistungen der Ges nach regulärer Beendigung wie Weiterbenutzung eines Büros, Sekretariats, Dienstwagen, Dienstwohnung usw, die mit ihren Vollkosten zu bewerten sind, sind angabepflichtig (Begr RegE VorstAG, 9). Neben den detaillierten Angaben zu den einzelnen Leistungszusagen (ihre wesentlichen Merkmale, Inhalt, Umfang, zeitliche Verteilung) verlangt Nr 6 lit bb auch die Angabe des Barwerts der gesamten zugesagten Leistungen, dh bei Pensions- und sonstigen Versorgungsverpflichtungen der für bilanzielle Zwecke ermittelte Barwert und für sonstige Leistungen der Barwert, der bis zur Beendigung der Organstellung zugesagten Leistungen (DRS 17.57). Bei wörtlicher Auslegung des Gesetzes darf der Barwert aller einzelnen Leistungen iSv S 6 bb zusammengefasst werden, eine Aufgliederung nach den einzelnen Leistungen ist nicht erforderlich (ebenso *WPH*[14] I, F Anm 942). Bei an Wertpapiere gebundenen AVersZusagen (s § 249 Anm 204) tritt an die Stelle des Barwerts der Rückstellungsbetrag in Höhe des beizZW dieser Wertpapiere iSv § 253 Abs 1 S 3. Bei beitragsbezogenen AVersZusagen ist anstelle des Barwerts der Rückstellungsbetrag zum Abschlussstichtag anzugeben. Der Barwert ist auch für mittelbare Leistungen (s oben) anzugeben, unabhängig davon, ob beim externen Versorgungsträger eine Unterdeckung (Fehlbetrag) besteht. Zur Berechnung der Unterdeckung s § 249 Anm 206. Die Pflicht zur Angabe des Gesamtbarwerts ergibt sich aus dem Zusammenhang der lit bb, wonach auch die Gesamtbelastung im Gj anzugeben ist.

Ferner muss der von der Ges während des Gj für die zugesagten Leistungen aufgewandte (zB durch Zahlung an eine entspr Einrichtung) oder zurückgestellte Betrag (= Veränderung des ermittelten Barwerts der Verpflichtungen, DRS 17.55) gesondert angegeben werden (ebenso DCGK Tz 4.2.5 Abs 2), wobei eine Zusammenfassung zu einem Gesamtbetrag zulässig ist. Sollte sich im Gj eine Rückstellungsauflösung ergeben, ist diese analog auch anzugeben, um die Be- oder Entlastung des Ergebnisses des Gj deutlich zu machen.

187 Ferner sind nach S 6 lit cc auch die **während des Gj rechtsverbindlich vereinbarten Änderungen der Zusagen** nach lit aa und bb anzugeben. Der Umfang der Berichterstattung bemisst sich danach, dass ein verständiger Abschlussadressat die Bedeutung der Änderung für die Ges und ihren Wert vor und nach dieser Änderung für das Vorstandsmitglied erkennen kann (Begr RegE

VorstAG, 9). Mithin sind Änderungen der Parameter/Basisdaten der Zusagen angabepflichtig. Die Änderungen umfassen sowohl Erhöhungen als auch Kürzungen, Herabsetzungen oder ein Widerruf der Leistungen iSd § 87 Abs 2 S 1 AktG idF des VorstAG. Bei der Berichterstattung über die Änderung muss erkennbar sein, welche Vertragsbestimmungen geändert wurden; es reicht nicht, allein die geänderte Zusage anzugeben, da dann die Änderung nicht erkennbar ist. Auch im Jahr der erstmaligen Anwendung des Nr 9a S 6 (Gj ab 1.1.2010) sind Änderungen ggü dem Vj angabepflichtig.

Neben den Angabepflichten (lit aa bis cc) zu vorab getroffenen vertraglichen Zusagen für den Fall der Beendigung der Vorstandstätigkeit und ihren Änderungen verlangt S 6 lit dd auch eine Berichterstattung über die einem **während dem Gj ausgeschiedenen Vorstandsmitglieds** in diesem Zusammenhang zugesagten und gewährten Leistungen in individualisierter und detaillierter Form. Für jedes im Gj ausgeschiedene Vorstandsmitglied sind die Angaben nach lit aa bis dd individualisiert und jeweils gesondert zu machen (DRS 17.62). Diese Angabepflicht steht neben der nach Nr 9b im Rahmen der Angabe der Gesamtbezüge (so Begr RegE VorstAG, 9) und führt damit zu Doppelangaben. Hiermit werden insb alle einvernehmlichen Vereinbarungen zwischen Vorstandsmitglied und Ges als Ergebnis der Aufhebungsverhandlungen über die vorzeitige Beendigung der Organstellung und des Anstellungsvertrags erfasst. Der Umfang der gesonderten Angaben entspricht den nach S 6 lit aa. 188

Hierzu gehören Vereinbarungen über die Fortzahlung der Vergütung einschl aller Nebenleistungen ggf unter Weiterzahlung einer vertraglichen Tantieme bis zum Ende des Anstellungsvertrags; werden anderweitige Verdienste angerechnet, ist hierüber zu berichten, ebenso ggf über Abzinsungsmodalitäten. Ferner gehören hierzu Abfindungen, mit denen Ansprüche für die Restlaufzeit des Anstellungsvertrags abgegolten werden, sowie Abfindungen, die darüber hinaus gehende Leistungen darstellen, zB Entschädigung wegen vorzeitiger Beendigung der Organstellung oder Nichtwiederbestellung, Karenzentschädigungen für ein nachvertragliches Wettbewerbsverbot, Abfindungen zur Ablösung von (verfallbaren oder unverfallbaren) Versorgungsanwartschaften.

Die Angabepflicht bezieht sich auf die Leistungszusagen auf Grund von Aufhebungsvereinbarungen, die im Gj des Ausscheidens des Vorstandsmitglieds getroffen worden sind, unabhängig von einer evtl späteren Auszahlung. Ziehen sich die Aufhebungsverhandlungen über den Abschlussstichtag hinaus, sind die Angaben bis zum Abschlusserstellungszeitpunkt im Anhang des abgelaufenen Gj zu machen, zumal auch die Ergebnisbelastung in jenem Gj ausgewiesen wird. Ziehen sich die Verhandlungen weiter hinaus, können die vorgeschrieben Angaben sinnvoller Weise erst im Folgejahr im Anhang gemacht werden; dann ist ein entspr Hinweis erforderlich, da das Vorstandsmitglied im Rahmen der Angaben nach Nr 10 im Anhang des Folgejahrs nicht mehr aufgeführt wird, unbeschadet der Angabepflicht nach Nr 9b.

In die Angaben über die individualisierten Bezüge jedes einzelnen Vorstandsmitglieds sind über S 5–6 hinaus auch die **Leistungen** einzubeziehen, die dem Vorstandsmitglied **von einem Dritten** im Hinblick auf seine Tätigkeit als Vorstandsmitglied zugesagt oder im Gj gewährt worden sind (S 7), was allerdings nach DCGK Tz 4.3.2 verboten ist. Nach dem Gesetzeswortlaut gehören hierzu nicht Drittleistungen an dem Vorstandsmitglied nahestehende Unt oder Personen (*Leuering/Simon* NZG 2005, 948). Zweck der Angabepflicht ist, mögliche Interessenkonflikte deutlich zu machen (Begr zur Beschlussempfehlung des Rechtsausschusses zum RegEVorstOG (aaO, 10). Als Dritter kommt jede natürliche oder juristische Person außer der börsennotierten AG infrage, vor allem TU, andere verbundene Unt, GemUnt, assozUnt und andere Unt, mit denen ein 190

Beteiligungsverhältnis besteht, nahe stehende Personen iSv § 285 Nr 21, aber auch fremde Unt und Personen im In- und Ausland (zB Großaktionär, Bieter iSv § 2 Abs 4 WpÜG, Finanzinvestor).

Als Leistungen des Dritten kommen alle Leistungen iSd Klammerdefinition in S 1 sowie von S 2–4 infrage, seien es erfolgsunabhängige, erfolgsabhängige Leistungen oder Leistungen mit langfristiger Anreizwirkung. Unabhängig davon, ob sie vom AR gebilligt wurden (vgl § 88 Abs 1 AktG: bestimmte Tätigkeitsverbote für Vorstandsmitglieder ohne Einwilligung des AR), im Rahmen des Vorstandsvertrags zulässig oder unzulässig waren, in Form von Geld-, Natural-, Sachleistungen oder Rechtsansprüchen gewährt wurden. Auf die Art des geschäftlichen Zwecks, den der Dritte mit der Leistung verfolgt, kommt es nicht an.

191 Nach dem Gesetzeszweck „Offenlegung möglicher Interessenkonflikte" sind Drittleistungen nur angabepflichtig, wenn sie einen Interessenkonflikt bei Erfüllung der Vorstandsaufgaben begründen können, dh wenn die Gefahr besteht, dass das Vorstandsmitglied nicht allein im UntInteresse entscheidet. Das ist nicht der Fall, wenn die Leistung auch erfolgt wäre, wenn der Begünstigte nicht Vorstandsmitglied wäre (DRS 17.68), zB wenn es sich um Leistungen auf privater oder verwandtschaftlicher Basis handelt, ferner nicht bei wertunerheblichen oder offensichtlich unbedeutenden Leistungen (*Leuering/Simon* NZG 2005, 947; anders nach DCGK Tz 4.3.2), da in diesen Fällen die potentielle Gefährdung der Interessen der Ges gering ist. Ein Interessenkonflikt ist auch nicht gegeben, wenn die Drittleistung (zB eines Großaktionärs) an die *positive* Entwicklung des Aktienkurses der berichtenden AG geknüpft ist (*Bauer/Arnold* DB 2006, 263; aA *Mayer-Uellner* AG 2011, 200), da hier eine positive Kursentwicklung auch im Unt-Interesse liegen dürfte.

Die sehr allgemein gehaltene Norm bedarf iZm anderen Vorschriften bestimmter Einschränkungen. Es kommen nur Drittzusagen/-leistungen in Frage, die außerhalb des Anstellungs-/Organvertrags des Vorstandsmitglieds gewährt werden. Werden diese auf die Gesamtbezüge angerechnet, zB bei Doppelmandaten im Konzern (s Anm 172), sind sie bereits in den Bezügen nach S 1–3 enthalten.

Eine Angabepflicht nach S 7 entfällt ferner, wenn die dem Vorstandsmitglied gewährten Leistungen von Dritten für die Wahrnehmung seiner Aufgaben im MU und den TU gewährt wurden und mithin nach § 314 Abs 1 Nr 6a S 1 in die Konzernbezüge eingerechnet werden, da es sich insoweit nicht um Drittleistungen handelt (ähnlich *Hohenstatt/Wagner* ZIP 2008, 951). Ein Interessenkonflikt innerhalb eines Vertragskonzerns wird grds zugunsten der Interessen des MU gelöst. Die Angabepflicht nach Nr 9a S 1 und § 314 Abs 1 Nr 6a S 1 geht der nach S 7 vor.

Es muss sich um Zusagen oder Leistungen handeln, die dem Vorstandsmitglied „in Hinblick auf seine Tätigkeit als Vorstandsmitglied" gewährt wurden. Diese müssen iZm geschäftlichen Interessen des Dritten stehen, wobei das sehr weit zu sehen ist, und in einer sachlichen Nähe zur Tätigkeit als Vorstandsmitglied stehen müssen (*Leuering/Simon* NZG 2005, 947), soweit sie nicht nach anderen Vorschriften angabepflichtig sind. Daraus ist zu folgern, dass Vergütungen für AR-Mandate von Vorstandsmitgliedern in konzernfremden Unt grds nicht nach S 7 angabepflichtig sind, es sei denn, sie stehen in unmittelbarem oder mittelbarem Zusammenhang mit seiner Vorstandstätigkeit (DRS 17.68; aA *Spindler* NZG 2005, 689). Diese AR-Mandate sind nach Nr 10 (s Anm 202) angabepflichtig. Die Offenlegung von Interessenkonflikten nach S 7 ist somit nicht erforderlich, da hierfür die Höhe der Leistung keine Rolle spielt.

192 Dem Gesetzeszweck „Offenlegung möglicher Interessenkonflikte" entspricht, dass die Zusagen/Leistungen von Dritten nicht in die Gesamtbezüge des einzelnen Vorstandsmitglieds einbezogen werden, da sie nicht die AG belasten, sondern unter Angabe der Herkunft (zB € 10 000 von GemUnt, nahestehenden Personen usw) getrennt unter der zutreffenden Komponente von S 6 angegeben werden (ähnlich *Oser/Holzwarth* in HdR[5] §§ 284–288 Anm 490f, die mind eine Aufteilung in Geld- und Sachleistungen verlangen) oder bei Einbezug in die Gesamtbezüge mit einem „davon-Vermerk" kenntlich gemacht werden (wie hier *Hohenstatt/Wagner* ZIP 2008, 950). Eine Namensnennung des Dritten ist vom Gesetz und von der GesetzesBegr nicht gefordert (für eine Namensangabe *Mayer-Uellner* AG 2011, 200).

In den Fällen, in denen Zusage und tatsächliche Leistung in verschiedene Gj fallen, ist nur einmal zu berichten. Werden Zusagen oder Leistungen erst nach ihrer Gewährung gemeldet, sind sie im Gj der Meldung anzugeben. Deshalb haben die Organe dafür Sorge zu tragen, dass sich die einzelnen Vorstandsmitglieder intern verpflichten, Drittzahlungen zu melden (Begr zur Beschlussempfehlung des Rechtsausschusses zum RegEVorstOG (aaO, 10).

Ferner verpflichtet S 8 bzgl des Umfangs der Angabepflichten iSv S 5–7, dass **193** weitergehende Angaben im JA zu bestimmten Bezügen zusätzlich auch individualisiert anzugeben sind. DRS 17.74 konkretisiert diese Angabepflichten auf die Angaben nach IFRS 2.44 und 2.51a). Diese Regelung bezieht sich einmal auf die Angabe der Anzahl der **gewährten Bezugsrechte und sonstiger aktienbasierter Vergütungen** nach S 4 (s Anm 180), die somit für jedes Vorstandsmitglied einzeln anzugeben sind.

Des Weiteren stellt S 8 sicher, dass im Falle der freiwilligen Offenlegung eines **IFRS-EA** nach § 325 Abs 2a die umfangreichen Angabepflichten des IAS 24.16 zur Vergütung der Mitglieder des Managements und des IFRS 2.44–52 in Bezug auf die Gewährung von Aktienoptionen und ähnliche Gestaltungen für jedes einzelne Vorstandsmitglied zu erfüllen sind.

3. Aufgliederung der angabepflichtigen Bezüge

Nr 9a S 5 schreibt vor, dass die Bezüge jedes einzelnen Vorstandsmitglieds in **195** drei verschiedene Bestandteile zu untergliedern sind: erfolgsunabhängige Komponenten, erfolgsbezogene Komponenten und Komponenten mit langfristiger Anreizwirkung. Hierbei folgt die Regelung der Empfehlung des DCGK unter 4.2.4 (Begr RegE VorstOG aaO, 6). Eine weitere Aufteilung dieser Komponenten ist nicht gefordert. Die drei Komponenten umfassen unter Beachtung der Klammerdefinition des S 1 sowie von S 2–7 im Einzelnen folgende Bezüge und Leistungen (so auch *Hohenstatt/Wagner* ZIP 2008, 945ff):
Erfolgsunabhängige Komponenten: Hierzu gehören iSv Anm 175: Gehälter, feste laufende Vergütungen, feste jährliche Einmalzahlungen (Urlaubs-, Weihnachtsgeld, Garantie- oder Mindesttantiemen), Jubiläumsgelder, Aufwandsentschädigungen, Versicherungsentgelte sowie, sofern erfolgsunabhängig, Nebenleistungen jeder Art (auch Antrittsprämien), Sachbezüge (s Anm 175 „Nebenleistungen"), ferner Versorgungszusagen, Abfindungszusagen, die direkt mit der Vergütung zusammenhängen, gem S 6 (s Anm 185).
Erfolgsbezogene Komponenten: Es kommen infrage: Gewinnbeteiligun- **196** gen, gewinn-, dividenden- oder performanceabhängige Tantiemen sowie Ermessensantiemen, Anerkennungsprämien, Gratifikationen, Provisionen aus der Vermittlung von Geschäften oder anderen Leistungen, Prämien, Sonder- und Zusatzvergütungen für besondere Leistungen außerhalb der üblichen Aufgaben; somit auch Erfindervergütungen, Abfindungszusagen aus besonderem Anlass (zB Übernahmeangebot; Begr RegE VorstOG aaO, 7), für ein bestimmtes Verhalten oder für einzelne Geschäfte. Es kann sich um zugesagte oder nachträglich gewährte Zahlungen für einen besonderen Erfolg handeln. Auch vorab gewährte

Erfolgsboni gehören in das Gj, in dem die Tätigkeit erbracht bzw der Erfolg eingetreten ist (DRS 17.21). Erfolgt vor der Erbringung der Tätigkeit eine Auszahlung, ist sie nach Nr. 9c als Vorschuss anzugeben. Die Erfolgsbezogenheit richtet sich nicht nur auf das Unt- oder Geschäftsergebnis (Jahresüberschuss, Dividende oä), sondern auch auf den Erfolg des von dem jeweiligen Vorstandsmitglied zu verantwortenden Geschäftsbereichs (*Binz/Sorg* BB 2002, 1273 f) und auf andere variable geschäftliche, vorab festgelegte Kennzahlen (Umsatz, einzelne Geschäfte wie bspw bestimmte Akquisitionen oder Desinvestitionen (vgl *Ringleb* in Ringleb/Kremer/Lutter/v. Werder Kodex-Kommentar[4] Anm 727). Es gehören hierzu sowohl einmalige als auch jährlich wiederkehrende Vergütungselemente, soweit sie erfolgsbezogen mit jährlicher Bemessungsgrundlage sind.

197 **Komponenten mit langfristiger Anreizwirkung:** Hierbei kommen infrage: langfristige variable Vergütungen mit mehrjähriger Bemessungsgrundlage, Bezugsrechte auf Aktien iSv § 192 Abs 2 Nr 3 AktG, Aktienoptionen, sonstige aktienbasierte Vergütungen (in Abhängigkeit vom Aktienkurs) und vergleichbare Gestaltungen auf Basis anderer Parameter (zB Ergebnis- oder Renditekennziffern). „Langfristige Anreizwirkung" bedeutet, dass diese Vergütungskomponente eine langfristige Anreizwirkung auszuüben geeignet sein muss. Sie darf nicht so gestaltet sein, dass die variable Komponente auch ohne ein entspr Engagement des Vorstandsmitglieds fällig wird, mithin eine Anreizwirkung von ihr überhaupt nicht ausgeht (*Ringleb* aaO Anm 734). Aktienoptionen und vergleichbare Gestaltungen sollen deshalb auf anspruchsvolle, relevante Vergleichsparameter bezogen sein (DCGK Tz 4.2.3 Abs 2 S 6), wozu sowohl relative Vergleichsparameter wie zB die Wertentwicklung der Aktie, als auch absolute Erfolgsziele wie das Erreichen bestimmter Kursziele zu zählen sind (*Ringleb* aaO Anm 740 ff). Nach dem DCGK Tz 4.2.3 Abs 2 S 3 orientiert sich die Langfristigkeit der Anreizwirkung an einer mehrjährigen Bemessungsgrundlage. Infrage kommt aber auch eine mehrjährige Wartezeit (mindestens 4 Jahre nach § 193 Abs 2 Nr 4 AktG).

Anzugeben ist jeweils der für die Tätigkeit im Gj gewährte Betrag, dessen Höhe bei retrospektiver Bestimmung der Bemessungsgrundlage nach Maßgabe des Erreichens bestimmter Ziele in den Vj (s dazu *Rieckhoff* Vergütung des Vorstands mit langfristiger Anreizwirkung Retrospektive vs prospektive Bestimmung der mehrjährigen Bemessungsgrundlage, AG 2010, 617) endgültig feststeht. Da bei prospektiver Bestimmung der Bemessungsgrundlage (erreichen bestimmter Ziele in den Folgejahren) die Höhe des Bonus noch nicht endgültig feststeht, ist die gewährte Abschlagszahlung anzugeben. Wird der vorläufig ermittelte Bonus von der AG jedoch einbehalten oder bei einem Dritten deponiert, ist gem S 2 dieser Betrag anzugeben. Erfolgt in einem späteren Gj eine Nachvergütung, ist diese gem S 3 im späteren Gj anzugeben. Besteht im Rahmen eines Bonus-/Malus-Systems ein Rückforderungsanspruch, ist der Rückzahlungsbetrag ebenso im späteren Gj als Minderung der Gesamtbezüge anzugeben.

198 Zusätzlich zu den Angaben über die aufgegliederten Bezüge jedes einzelnen Vorstandsmitglieds sind nach S 7 **die Leistungen**, die dem einzelnen Vorstandsmitglied **von einem Dritten** zugesagt oder im Gj gewährt worden sind, ebenfalls für jedes Vorstandsmitglied anzugeben und in die drei Komponenten aufzugliedern (DRS 17.69).

V. Angaben für ehemalige Organmitglieder und deren Hinterbliebene (Nr 9b)

200 Die Angaben sind für die ehemaligen Organmitglieder und deren Hinterbliebene (Witwen und Waisen) von folgenden Personengruppen zu machen: Geschäftsführung, AR, Beirat oder einer ähnlichen Einrichtung. Bzgl der **zeitlichen** Abgrenzung gilt das zu den aktiven Mitgliedern der betr Organe Gesagte (Anm 163, 168). Für ehemalige AR-Mitglieder, die Arbeitnehmer der KapGes/ KapCoGes waren, sind Ruhegehälter nur dann anzugeben, wenn diese an den Arbeitnehmer in seiner Eigenschaft als AR-Mitglied gewährt wurden bzw ihm während seiner AR-Mitgliedschaftszeit zugesagt wurden.

War ein Geschäftsführer zuvor Arbeitnehmer, sind jedoch sämtliche Ruhegeldbezüge anzugeben; das folgt aus dem Prinzip der Einheit der Versorgungszusage (vgl *Höfer* Gesetz zur Verbesserung der betrieblichen Altersversorgung Kom[11] BD I Anm 2785). Eine Aufteilung entfällt dann, wenn der Geschäftsführer nur eine zusätzliche Ruhegeldzusage erhielt.

1. Angabe der Gesamtbezüge

Anzugeben sind die Gesamtbezüge dieser Personen in einer Summe. Der sachliche Umfang der Berichterstattung entspricht dem der aktiven Organmitglieder (Anm 168). Nach der Klammerdefinition gehören dazu: Abfindungen, Ruhegehälter, (einschl Ruhegehaltszahlungen, die aus Umwandlung von aktiven Bezügen, s Anm 169, stammen; s *ADS*[6] § 285 Anm 191; *Oser/Holzwarth* in HdR[5] §§ 284–288 Anm 269), Hinterbliebenenbezüge und Leistungen verwandter Art. Hierzu gehören bei börsennotierten AG auch Leistungen aus Zusagen, die gem Nr 9a S 5–8 (s Anm 184) bereits in früheren Gj angabepflichtig waren. Die Berichtspflicht beginnt mit dem Ausscheiden aus dem aktiven Gremium. Nach dem Wortlaut („Gesamt"bezüge) sind immer die gesamten Ruhegeldbezüge etc anzugeben. Eine Angabe nur der in der Zeit der Organmitgliedschaft erdienten Bezüge ist nicht zulässig (s Anm 200). Auch eine zeitlich begrenzte Gehaltsfortzahlung nach Aufgabe der Tätigkeit im Gremium (Anm 163) oder Eintritt des Versorgungsfalls gehört zu den Gesamtbezügen (sog Übergangs-/ Überbrückungsgelder s Anm 185 f). Werden Bezüge durch den AR auf Grund des § 87 Abs 2 S 1 AktG herabgesetzt, ist dies zu berücksichtigen.

Im Falle von **Doppelfunktionen** (zB ehemaliger Geschäftsführer und gleichzeitig aktives Mitglied des AR) sind die Bezüge auf beide Positionen entspr aufzuteilen. Ist ein ehemaliges Organmitglied sowohl Mitglied des Geschäftsführungsorgans als auch des AR (Beirats) gewesen, richtet sich der Ausweis der Bezüge danach, für welche Mitgliedschaft die Ruhegehälter geleistet werden, im Zweifel für die Geschäftsführungstätigkeit. Bezüge eines ausgeschiedenen Organmitglieds auf Grund eines Beratervertrags sind anzugeben, wenn es sich um ein verdecktes Ruhegehalt handelt, dh keine nennenswerte Gegenleistung erfolgt.

Angabepflichtig sind auch Zahlungen von Versicherungen (Lebens-, Unfallversicherungen), sofern die berichtende KapGes/KapCoGes einen unmittelbaren Anspruch auf die Auszahlungen hat und die Zahlungen weiterleitet oder die Ansprüche an die ehemaligen Organmitglieder abgetreten werden. Bei P-Kassen und U-Kassen kommen solche Weiterleitungen/Abtretungen kaum vor. Direktzahlungen von Pensionskassen sind nicht einzubeziehen, da zuvor die Beitragszahlung genannt wurde. Jedoch sind Zahlungen von U-Kassen angabepflichtig, da die Beitragszahlungen mangels Abgrenzbarkeit nicht angegeben wurden.

Abfindungen für ein ausgeschiedenes Mitglied gehören nach dem Wortlaut stets zu den Bezügen nach Nr 9b. In Bezug auf Abfindungszusagen an Vorstandsmitglieder börsennotierter AG s Anm 185 f. Scheidet ein Organmitglied mit Ablauf des Gj und dem Anspruch auf Fortzahlung seiner Bezüge noch für eine gewisse Zeit (mit oder ohne Anrechnung seiner Ruhegehaltsansprüche) aus, handelt es sich ebenfalls um eine Abfindung, die nach Nr 9b voll (unabhängig vom Zufluss beim Berechtigten) im Jahr der Passivierung anzugeben ist (ähnlich ADS[6] § 285 Anm 188), da auch Bezüge, die nicht ausgezahlt, sondern in Ansprüche anderer Art umgewandelt werden, anzugeben sind. Zu den Abfindungen zählt auch die ratenweise Auszahlung einer kapitalisierten Rente (ADS[6] § 285 Anm 188) sowie die Karenzentschädigung für ein Wettbewerbsverbot oder für die Beendigung der Organtätigkeit.

204 Zu den früheren Mitgliedern des Geschäftsführungsorgans gehören auch solche von **Rechtsvorgängern,** die auf die berichtende KapGes/KapCoGes durch Gesamtrechtsnachfolge, zB Umw oder Verschmelzung, übergegangen sind, unabhängig davon, ob die Bezüge bei der VorgängerGes ausweispflichtig waren oder nicht; das folgt aus dem Grundsatz der Einheit der Versorgungszusage (vgl Anm 200; aA ADS[6] § 285 Anm 187, Oser/Holzwarth in HdR (04/2011), §§ 284–288 Tz 266, wenn für die frühere Rechtsform Ausweispflicht bestand).

205 Es muss sich immer um **Leistungen der KapGes/KapCoGes** oder ihrer Komplementär-KapGes handeln. Bezüge von TU sind im Falle eines MU nach § 314 Abs 1 Nr 6b im Konzernanhang anzugeben. Werden Bezüge von verbundenen Unt oder Dritten (zB U-Kasse eV) auf die vertragsgemäßen Bezüge von der KapGes/KapCoGes oder ihrer Komplementär-KapGes angerechnet, gehören sie zu den angabepflichtigen Vergütungen (Anm 174).

2. Angabe der gebildeten und der nicht gebildeten Pensionsrückstellungen

206 Nach Nr 9b ist auch der Betrag der für diese Personengruppe gebildeten Rückstellungen für laufende Pensionen und Anwartschaften auf Pensionen und der Betrag der für diese Verpflichtungen nicht gebildeten Rückstellungen anzugeben. Die Angabepflicht erstreckt sich auch auf die Pensionsrückstellungen, die gem § 246 Abs 2 S 2 mit VG, die ausschließlich der Erfüllung dieser Schulden dienen und dem Zugriff aller übrigen Gläubiger entzogen sind, verrechnet wurden und deshalb nicht mehr in der Bilanz erscheinen (zur Begr s Anm 416). Pensionsähnliche Verpflichtungen gehören nach dem Wortlaut nicht hierzu. Wenn sie vorkommen, sollten sie einbezogen werden. In die Betragsangaben sind alle ehemaligen Mitglieder der bezeichneten Organe und ihre Hinterbliebenen einzubeziehen, unabhängig davon, ob sich diese bereits im Ruhestand befinden (ADS[6] § 285 Anm 192; Oser/Holzwarth in HdR[5] §§ 284–288 Anm 285). Die Angabe ist für jede der in Nr 9 genannten Personengruppe getrennt zu machen (ADS[6] § 285 Anm 193; WPH[14] I, F Anm 955). Anzugeben sind mithin ggf für jedes Gremium zwei Beträge, einer für die gebildeten und einer für die ggf nicht gebildeten Pensionsrückstellungen.

207 Fraglich ist, inwieweit etwaige Pensionsrückstellungen für ehemalige Arbeitnehmer-AR-Mitglieder einzubeziehen sind. Eine Angabepflicht ist zu bejahen, wenn die Pensionszusage dem Arbeitnehmer als AR-Mitglied und nicht als Arbeitnehmer gewährt wurde. Bei AG sowie bei GmbH, die nach Gesetz Arbeitnehmer in den AR aufnehmen, ergeben sich die Vergütungen und somit auch die Ruhegeldbezüge durch die Satzung, Beschlüsse der HV (§ 133 AktG) oder GesVertrag. Nach dem Wortlaut des S 3 unterliegt jeweils der gesamte gebildete bzw nicht gebildete Rückstellungsbetrag der Angabepflicht. Ein Weglassen der anteiligen Beträge, die in der Zeit vor der Organmitgliedschaft erdient wurden, ist nicht zulässig (s Anm 200).

208 Anzugeben ist der auf die bezeichnete Personengruppe entfallende Teilbetrag der zum Bilanzstichtag von der KapGes/KapCoGes oder ihrer Komplementär-KapGes passivierten Pensionsrückstellungen. Bei anderen Unt oder Einrichtungen für diese Personengruppe bestehende Pensionsrückstellungen sind nicht ein-

zubeziehen, – es sei denn, sie werden als solche weiterbelastet. Nach dem Gesetzeswortlaut ist der Betrag der Pensionsrückstellungen ungekürzt um ggf bestehende Ansprüche aus RDVers anzugeben. Ist in dem anzugebenden Betrag der gebildeten Pensionsrückstellung eine Überdeckung iSv Art 67 Abs 1 S 2 EGHGB in Folge der Anwendung dieses Beibehaltungswahlrechts enthalten, ist der enthaltene Betrag der Überdeckung gem Art 67 Abs 1 S 4 EGHGB gesondert anzugeben, um den Interessen der Abschlussadressaten hinreichend Rechnung zu tragen (Ber Merz ua, 127).

Bei dem angabepflichtigen Betrag der für die ehemaligen Organmitglieder und ihre Hinterbliebenen nicht gebildeten Pensionsrückstellungen handelt es sich um einen Teilbetrag der nach Art 28 Abs 2, Art 48 Abs 6 und Art 67 Abs 2 EGHGB im Anhang ebenfalls anzugebenden Betrags der in der Bilanz nicht ausgewiesenen Rückstellungen für lfd Pensionen, Anwartschaften auf Pensionen und ähnliche Verpflichtungen. Zur Ermittlung des Fehlbetrags s § 249 Anm 279. Der Fehlbetrag hat sich auf die Pensionsverpflichtungen der KapGes/KapCoGes oder ihrer Komplementär-KapGes ggü den bezeichneten Personen zu beziehen, ist wie die bilanzierten Pensionsrückstellungen zu ermitteln und ungekürzt anzugeben.

VI. Angabe der Vorschüsse und Kredite einschließlich der Haftungsverhältnisse (Nr 9c)

1. Allgemeines

Nr 9c regelt die detaillierte Angabe der finanziellen Verflechtungen der KapGes/KapCoGes mit den Mitgliedern der Geschäftsführung, eines AR, eines Beirats oder einer ähnlichen Einrichtung. Von **allen KapGes/KapCoGes** anzugeben sind die Vorschüsse und Kredite unter Angabe der Zinssätze, der wesentlichen Bedingungen, der im Gj zurückgezahlten Beträge sowie die zugunsten dieser Personen eingegangenen Haftungsverhältnisse. **KleinstKapGes/KleinstKapCoGes** haben die Angaben nach Nr 9c unter der Bilanz anzugeben, sofern das Wahlrecht zum Verzicht auf Erstellung eines Anhangs ausgeübt wird (§ 264 Abs 1 S 5). Ggf kann es zu Überschneidungen mit den Angabepflichten nach Nr 21 kommen. Nr 9c ist auch auf Kredite anzuwenden, die eine KGaA ihren phG gewährt, unbeschadet der Vermerkpflichten in der Bilanz nach § 286 Abs 2 S 4 AktG. Das Gleiche gilt für Kredite der KapCoGes an Mitglieder der Geschäftsführung ihrer Komplementär-KapGes. Die Erleichterung des § 286 Abs 4 gilt hier nicht.

Dem **PublG unterliegende Unt** mit Anhangpflicht haben Nr 9c ebenfalls zu beachten. Für eG ist Nr 9c ersetzt durch die Angabe der Forderungen an Vorstände und AR, § 338 Abs 3. Für VersicherungsUnt gilt Nr 9c in gleichem Wortlaut (§ 51 Abs 1 S 1 RechVersV); für Kreditinstitute entfällt bei Nr 9c lediglich die Angabe der Zinssätze, der wesentlichen Bedingungen und der Tilgungen (§ 34 Abs 2 Nr 2 RechKredV).

Aus dem Wortlaut geht nicht eindeutig hervor, ob sich die Angaben nur auf die **Verhältnisse** am Bilanzstichtag oder **des ganzen Geschäftsjahrs** beziehen sollen. Da die Vorschrift die finanziellen Verflechtungen der KapGes/KapCoGes mit ihren Gremien offenlegen will, ist eine umfassende Berichterstattung zu folgern. Das heißt im Ergebnis, dass die Entwicklung der Vorschüsse und Kredite im Gj, bestehend aus Vortrag, Zugang, Rückzahlung und Endstand zum Bilanzstichtag, anzugeben ist. Hierzu gehören mithin auch solche Vorschüsse und Kredite, die im Laufe desselben Jahrs gewährt und zurückgezahlt wurden (so auch WPH[14] I, F Anm 960; ADS[6] § 285 Anm 196) bzw die auf Grund eines Aufrechnungsvertrags gem § 387 BGB mit Zustimmung des AR bzw der Gester mit

Forderungen des Organmitglieds aufgerechnet wurden. Aus dem Grundsatz der Berichterstattung über die finanziellen Verflechtungen mit den Verwaltungsgremien folgt auch, dass nur die **Nominalbeträge** anzugeben sind, nicht eventuell niedrigere Bilanzbeträge, da Bewertungsmaßnahmen den Einblick in die finanziellen Transaktionen beeinträchtigen (glA ADS^6 § 285 Anm 198). Nicht hierher gehören Vorschüsse und Kredite, die ein anderer im Auftrag der KapGes/KapCoGes an ein Organmitglied gewährt hat.

212 Anzugeben sind die finanziellen Verflechtungen jeweils getrennt für folgende Personengruppen: Geschäftsführung, AR, Beirat oder eine ähnliche Einrichtung (Anm 161, 162). Dagegen sind keine Angaben für die Personengruppe ehemaliger Organmitglieder und ihrer Hinterbliebenen zu machen (wie hier ADS^6 § 285 Anm 197; WPH^{14} I, F Anm 964). Maßgebend für die Angabepflicht ist die Mitgliedschaft im betr Gremium am Bilanzstichtag. Das folgt daraus, dass Vorschüsse und Kredite an frühere Organmitglieder nicht anzugeben sind. Bei Ausscheiden aus dem Gremium entfällt die Angabepflicht, sowie sie bei Berufung in das Gremium beginnt. Auf die Mitgliedschaft im Zeitpunkt der Kreditgewährung kommt es nicht an. Für eine Angabepflicht der Kreditgewährung oder eines Haftungsverhältnisses zugunsten von Arbeitnehmer-AR-Mitgliedern kommt es darauf an, ob diese Rechtsgeschäfte mit dem Mitglied in seiner Eigenschaft als Arbeitnehmer oder als AR-Mitglied (nach § 115 AktG) vorgenommen wurden. Die Angaben sind auch zu machen, wenn die Organmitglieder zugleich Gester sind. Dann kommt es bei GmbH zu einer Doppelangabe mit § 42 Abs 3 GmbHG (§ 284 Anm 58). Das ist auch bei KapCoGes wegen § 264c Abs 1 der Fall. Die Angaben können zusammengefasst werden.

Die Angabepflicht besteht unabhängig davon, ob der Kredit entgegen § 43a Abs 1 S 1 GmbHG oder §§ 89 Abs 1 S 1, 115 Abs 1 AktG gewährt wurde.

2. Die einzelnen Angaben

Der Angabepflicht unterliegen Vorschüsse, Kredite und Haftungsverhältnisse. Im Einzelnen:

a) Vorschüsse

213 Hierunter sind Vorauszahlungen auf den Organmitgliedern zustehende Vergütungen vor ihrer Entstehung bzw Fälligkeit zu verstehen, zB auf Gehälter, Tantiemen, Gewinnbeteiligungen usw, kurzum Vorschüsse auf deren Bezüge (Anm 168), die mit diesen bei deren Auszahlung verrechnet werden. Grds sind alle Vorschüsse, auch wenn sie im Gj bereits wieder verrechnet worden sind, anzugeben. Die Vorschüsse sind auch dann angabepflichtig, wenn für die betr Bezüge eine Rückstellung gebildet worden ist. Bei AG spielt es keine Rolle, ob die Beschlüsse nach §§ 89 Abs 1 S 4, 115 Abs 1 AktG vorliegen. Eine Saldierung ist nicht zulässig. Vorschüsse auf Aufwandsentschädigungen (Reisekosten, Auslagenersatz uä) gehören nicht hierzu. Das ergibt sich aus dem Sinnzusammenhang durch die gleichwertige Nebeneinanderstellung des Begriffs Vorschüsse mit den Krediten. Bei Vorschüssen auf Aufwandsentschädigungen handelt es sich nicht um Finanzierungsvorgänge, sondern um Regelungen, die aus Praktikabilitätsgesichtspunkten für Ausgaben, die die Organmitglieder im Auftrag und im Interesse der KapGes/KaoCoGes tätigen, getroffen werden.

b) Kredite

214 Unter Kredit versteht man die Zurverfügungstellung von Geldmitteln auf Zeit. Grds sind auch kurzfristige Kredite anzugeben. Auch sachlich und der

Höhe nach besteht keine Beschränkung, so dass jede Art von Kredit in Frage kommt, zB Wechsel- und Scheckkredit, Kontokorrentkredit, Darlehen aller Art, Teilzahlungskredit. Waren- und Stundungskredite sind in die Berichterstattung nur einzubeziehen, wenn die Kreditdauer über das ggü Dritten oder anderen Mitarbeitern übliche Maß hinausreicht. Eine Saldierung mit Verbindlichkeiten der KapGes/KapCoGes ggü dem Organmitglied (zB Habensaldo auf dem Vorschusskonto oder erhaltene Darlehen) ist nicht zulässig.

c) Haftungsverhältnisse

Was unter den Haftungsverhältnissen zu verstehen ist, ergibt sich aus §§ 251, 268 Abs 7. Nach dem Wortlaut ist keine Angabe von Beträgen erforderlich; es genügen daher verbale Angaben über die zugunsten der einzelnen Personengruppen eingegangenen Haftungsverhältnisse (glA *ADS*[6] § 285 Anm 203; *WPH*[14] I, F Anm 963). Andererseits sind Betragsangaben zulässig. Die Angabepflicht besteht unabhängig davon, ob die KapGes/KapCoGes eine Avalprovision erhält oder nicht. Die Haftungsverhältnisse sind ggf in den Angaben nach § 268 Abs 7 (Anm 125) enthalten, dann kommt es zu einer doppelten Berichterstattung; jedoch mit unterschiedlicher Zielsetzung. Zu berichten ist auch, wenn die Haftungsverhältnisse passiviert sind (G. *Fey*, 151).

d) Zinssätze

Unter die Angabepflicht fallen bei den Krediten und ggf auch Vorschüssen die Zinssätze, dh die Vom-Hundert-Sätze der vereinbarten Verzinsungen. Ist ein Kredit unverzinslich, ist auch dies anzugeben. Nicht anzugeben sind die Zinsbeträge. Die besondere Hervorhebung der Angabe der Zinssätze neben der Angabe der wesentlichen Bedingungen zeigt die Bedeutung, die das Gesetz dieser Angabepflicht beimisst. Aus dem Plural „Zinssätze" ist zu folgern, dass an sich der einzelne Zinssatz je Kredit genannt werden muss. Gleiche oder ähnliche Zinssätze für verschiedene Kredite dürfen zusammengefasst dargestellt werden. Allerdings ist es zulässig, für jede Personengruppe, wenn keine einheitlichen Zinssätze vereinbart sind, die Bandbreite anzugeben, oder den überwiegend vereinbarten Zinssatz unter Hinweis auf die Ausnahmen.

e) Wesentliche Bedingungen

Angabepflichtig sind die wesentlichen Kreditbedingungen. Hierunter fällt die Angabe der wesentlichen gewöhnlichen Bedingungen wie **Laufzeit, Tilgungsmodalitäten** und **erhaltene Sicherheiten** und ggf von ao Kreditbedingungen, die ausnahmslos als wesentlich anzusehen sind, wie zB **Stundungen** und **Erlasse**. Zahlungsstörungen sind nicht anzugeben. Ein allgemeiner Hinweis auf die Marktüblichkeit der Bedingungen genügt idR nicht, da nicht erkennbar ist, auf welchen Zeitpunkt sich die Marktüblichkeit bezieht. Bei den Erl sollte das Prinzip der Wesentlichkeit beachtet und die Kreditkonditionen für jede Personengruppe zusammengefasst werden.

f) Tilgungen

Die im Gj auf die Kredite **zurückgezahlten Beträge** sind ebenfalls anzugeben. Hierunter sind die tatsächlich der KapGes/KapCoGes zugeflossenen Tilgungen zu verstehen (zeitliche Buchungsunterschiede können einbezogen werden). Auch Rückzahlungen auf im Gj gewährte kurzfristige Kredite sind zu erfassen, da die gesamten finanziellen Bewegungen zwischen KapGes/KapCoGes und den aktiven Mitgliedern der Gremien erfasst werden sollen. Verrechnungen der Vorschüsse fallen ebenfalls hierunter.

10. Mitglieder des Geschäftsführungsorgans und eines Aufsichtsrats (Nr 10)

Schrifttum: *Schröer* Angabe von Aufsichtsratsmandaten im Anhang des Jahresabschlusses nach dem contra, ZIP 1999, 1163.

220 Im Anhang sind alle Mitglieder des Geschäftsführungsorgans (einschl der stellvertretenden Mitglieder nach § 44 GmbHG, § 94 AktG) und eines gesetzlichen AR **namentlich** und **mit ihrem ausgeübten Beruf** anzugeben, auch wenn sie im Gj oder später ausgeschieden sind. Die Berichtspflicht ist von allen KapGes – ausgenommen **KleinstKapGes/KleinstKapCoGes,** die keinen Anhang erstellen müssen – und den dem PublG unterliegenden Unt, die einen Anhang aufzustellen haben, zu erfüllen, ebenso von Kreditinstituten und VersicherungsUnt. Ein freiwillig offen gelegter IFRS-EA gem § 325 Abs 2a hat diese Angaben im Anhang ebenfalls zu enthalten. Bei **KapCoGes** sind gem § 264a Abs 2 die Geschäftsführungsmitglieder der unbeschränkt haftenden KapGes zu nennen. Bei **KGaA** sind die phG, soweit sie gem Satzung zur Geschäftsführung und Vertretung berechtigt sind, zu nennen. **Börsennotierte KapGes,** auch Kreditinstitute und VersicherungsUnt, haben zusätzlich die Mitgliedschaft in Aufsichtsräten und anderen Kontrollgremien iSd § 125 Abs 1 S 5 AktG anzugeben. Nicht angabepflichtig sind die Mitglieder eines Prüfungsausschusses nach § 324, da der Ausschuss kein Organ ist.

Die Berichterstattung erstreckt sich auf alle Mitglieder dieser Organe, die während des Gj und bis zum Bilanzaufstellungstag (*WPH*[14] I, F Anm 967; *Lange* in MünchKomm HGB³ § 285 Anm 202) dem Organ angehören und die in diesem Zeitraum in das Gremium berufen wurden oder aus dem Gremium ausgeschieden sind. IdR werden die in diesem Zeitraum berufenen oder ausgeschiedenen Mitglieder bezeichnet, was auch durch Angabe des Tages des Beginns oder Endes der Organzugehörigkeit geschehen kann. Obwohl die Angaben teilweise die Verhältnisse des Folgejahrs mitumfassen, sind sie insoweit auch in den Anhang des folgenden Gj aufzunehmen, als sie dieses Gj betreffen, über das dann zu berichten ist. Ersatzmitglieder des AR (§ 101 Abs 3 AktG) sind erst zu nennen, wenn sie in den AR nachgerückt sind.

221 Anzugeben ist der Familienname und mind ein ausgeschriebener Vorname sowie der **ausgeübte Beruf.** Unter letzterem ist die tatsächlich ausgeübte hauptberufliche Tätigkeit, nicht der erlernte Beruf, zu verstehen. Allgemeine Beschreibungen, wie Kfm, Apotheker, Ingenieur, Rechtsanwalt (LG München 26.4. 2007, Der Konzern, 452) reichen nicht aus. Vielmehr ist die die tatsächlichen Arbeitsaufgabe umfassende Tätigkeit zu nennen, beim Geschäftsführungsorgan zB Finanzvorstand, Controlling- oder Vertriebsgeschäftsführer, beim Mitglied des AR ist zusätzlich das jeweilige Unt, in dem der Hauptberuf ausgeübt wird, anzugeben, zB Finanzvorstand der X AG, Gewerkschaftssekretär bei der Y Gewerkschaft, aber ggf auch Dreher, Monteur, Abgeordneter, Rentner oder Tätigkeit in mehreren AR. Die bloße Angabe der Zugehörigkeit zum Vorstandsgremium einer AG reicht nach der RegBegr nicht aus. Es muss sich immer um den ausgeübten Hauptberuf im eigenen Unt, im Konzern-Unt oder in anderen Unt/ Organisationen handeln. Liegt eine Berufshäufung (zB Vorstand beim MU und gleichzeitig Vertriebsvorstand beim TU) vor, ist nach dem Gesamtbild der Verhältnisse zu entscheiden, welche Berufstätigkeit den hauptberuflichen Umfang auf-

Sonstige Pflichtangaben 222–230 § 285

weist. Maßgeblicher Zeitpunkt für die Berufsangabe ist die Berufstätigkeit zum Zeitpunkt der Anhangerstellung.

Börsennotierte Gesellschaften haben außerdem bei allen Mitgliedern ihres 222 Vorstands und AR für die Zeit ihrer Zugehörigkeit zum betr Organ die Mitgliedschaft in weiteren gesetzlichen AR und anderen Kontrollgremien iSd § 125 Abs 1 S 5 AktG anzugeben. Zweck dieser Angabe ist die Offenlegung der beruflichen Belastungssituation des Organmitglieds und möglicher Interessenkonflikte. Es sind alle Mandate in gesetzlich zu bildenden AR (§ 100 Abs 2 Nr 1 AktG) unter Angabe der jeweiligen Unt (auch verbundene Unt) und der Funktion anzugeben. Zu den anderen Kontrollgremien gehören dem gesetzlichen AR vergleichbare gesetzliche Gremien in- und ausländischer WirtschaftsUnt (nicht karitativer, wissenschaftlicher uä Institutionen), zB Verwaltungsrat öffentlich-rechtlicher Unt, Beirat Gesterausschuss, member eines Boards (Berichterstattung über die 171. Sitzung des HFA, FN-IDW 2000, 174). Zum Kriterium der Vergleichbarkeit s *Schröer* ZIP 1999, 1165. Die Angaben haben unabhängig davon zu erfolgen, ob für das Mandat eine Vergütung bezahlt wird oder nicht. Beginnt oder endet die Mitgliedschaft in diesen Gremien während des Berichtsjahrs, entspricht es dem Gesetzeszweck, das jeweilige Datum hinzuzufügen.

Der Vorsitzende eines AR und seine Stellvertreter sind als solche zu bezeichnen. 223 Ist ein Vorsitzender des Geschäftsführungsorgans bestellt, ist auch dieser als solcher zu bezeichnen. Stellvertretende Mitglieder des Geschäftsführungsorgans brauchen nach dem Wortlaut der Nr 10 an sich nicht als solche bezeichnet zu werden; in der Praxis wird die Stellvertreter-Stellung aber genannt (*Oser/Holzwarth* in HdR[5] §§ 284–288 Anm 305; für Angabepflicht *ADS*[6] § 285 Anm 209). Das Gleiche gilt für einen Sprecher des Geschäftsführungsorgans, da dessen Funktion nicht mit der eines Vorsitzenden übereinstimmt.

Hat die KapGes/KapCoGes einen **freiwilligen Aufsichtsrat**, dessen Aufga- 224 ben denen der gesetzlichen Regelungen entspricht, ist dieser in die Berichterstattung einzubeziehen. Das Gleiche gilt für einen **Beirat** oder eine ähnliche Einrichtung, wenn er allein die Aufgaben eines AR wahrnimmt (*ADS*[6] § 285 Anm 207). Die Angabepflichten sind auch zu erfüllen, wenn gleichzeitig eine Gester- oder Aktionärseigenschaft gegeben ist. In diesem Fall ist jedoch ein Hinweis hierauf nicht erforderlich.

Die Angaben nach Nr 10 dürfen bei börsennotierten Ges nicht entfallen, wenn sie auch in die Erklärung zur UntFührung nach § 289a Abs 2 Nr 3 aufgenommen werden. Werden in die Berichterstattung nach Nr 10 in freiwilliger zulässiger Erweiterung auch Angaben über die Zugehörigkeit von Organmitgliedern zu Ausschüssen aufgenommen, entfällt nicht die entspr Angabepflicht in der Erklärung zur UntFührung nach § 289a Abs 2 Nr 3.

11. Anteilsbesitz (Nr 11)

Schrifttum: *Löw/Roggenbuck* Neue Publizitätsanforderungen zu Anteilsbesitzverhältnissen für den Jahresabschluss 1999, DB, 2481

I. Allgemeines

Nr 11 bestimmt, dass für Unt, von denen die berichtende KapGes/KapCoGes 230 mind 20% der Anteile hält bzw ihr zuzurechnen sind (Anm 234), eine Reihe von Angaben (Name, Sitz und wirtschaftliche Kennzahlen) gemacht werden müssen. **Börsennotierte KapGes** müssen zusätzlich ihre Bet an großen KapGes mit mehr als 5% der Stimmrechte angeben, ebenso **Kreditinstitute** (§ 34 Abs 1

S 1 RechKredV), **VersicherungsUnt** (§ 51 Abs 1 S 1 RechVersV), dem **PublG unterliegende Unt** (§ 5 Abs 1 S 1 PublG) und eG (§ 336 Abs 2 S 1). Ein freiwillig offen gelegter IFRS-EA gem § 325 Abs 2a hat die Angaben der Nr 11 im Anhang ebenfalls zu enthalten. Diese Vorschrift hat den Zweck, den Adressaten des JA Einblick in die kapitalmäßigen Verflechtungen der Ges und Möglichkeiten zur Beurteilung der Engagements bei den Unt im Anteils- und Stimmrechtsbesitz der berichtenden KapGes/KapCoGes zu gewähren. Für börsennotierte Ges besteht gem DCGK 7.1.4 die Empfehlung, eine Liste von DrittUnt von nicht untergeordneter Bedeutung zu veröffentlichen.

Die Angabepflicht besteht für jeden JA. Ein Vergleich mit Vj-Angaben ist nicht erforderlich und nicht üblich. Die Berichtspflicht ist von allen KapGes/KapCoGes zu erfüllen. Nur unter bestimmten Voraussetzungen dürfen Angaben zum Anteils- und Stimmrechtsbesitz unterbleiben (§ 286 Abs 3 Anm 7). Ausgenommen von der Angabepflicht nach Nr. 11 sind **KleinstKapGes/KleinstKapCoGes,** die gemäß § 264 Abs 1 Nr 5 auf die Erstellung eines Anhangs verzichten.

Die Form der Angaben regelt Nr 11 nicht. Da es sich vorwiegend um Zahlenangaben handelt, dürfte es zweckmäßig sein, die Angaben im Rahmen einer Aufstellung zu machen, insb wenn über mehrere Unt (sowohl in- als auch ausländische) zu berichten ist.

Bei einer umfangreichen Aufstellung empfehlen sich zum Zwecke der Übersichtlichkeit Untergliederungen, für die mehrere Kriterien in Frage kommen können, zB Art der Tätigkeit (Produktions-, Vertriebs-, FinanzierungsGes), Art der UntVerbindung nach §§ 271, 311 HGB, § 15 AktG), Land oder Region des Unt-Sitzes. Bei Vorliegen der Voraussetzungen des § 286 Abs 1 bzw Abs 3 ist bzw kann auf die Angaben verzichtet werden (s dazu § 286 Abs 1, Anm 2ff und § 286 Abs 3, Anm 7ff).

II. Der Kreis der Unternehmen, über die zu berichten ist

231 Die Angabepflicht erstreckt sich auf alle Unt, von denen die berichtende KapGes/KapCoGes 20% oder mehr der Anteile besitzt bzw ihr zuzurechnen sind. Börsennotierte KapGes haben – unabhängig von der Höhe des Anteilsbesitzes – auch zu berichten, wenn sie mehr als 5% der Stimmrechte an großen KapGes ausüben. Bei einer Beteiligung an einem Fonds sind die Anteile am Sondervermögen nicht anzugeben, da es sich nicht um ein Unt handelt. Eine Angabepflicht besteht nach Nr 26 für Anteile oder Anlageaktien an Investmentvermögen von mehr als 10% (s Anm 440ff).

Auf die **Rechtsform** der anzugebenden Unt kommt es nicht an, ebenso wenig auf die wirtschaftlichen Verhältnisse (auch Unt in der Insolvenz sind anzugeben, ohne jedoch auf diesen Umstand hinweisen zu müssen). Unerheblich ist, ob sich der **Sitz** des Unt im In- oder Ausland befindet. Es fallen hierunter vor allem KapGes und PersGes. GbR kommen für die Angabepflicht idR nicht in Betracht, außer sie einen wirtschaftlichen Zweck verfolgen, über ein Gesamthandsvermögen verfügen und als solche im wirtschaftlichen Verkehr in Erscheinung treten (§ 271 Anm 12) und am Rechtsverkehr teilnehmen (*Ulmer* ZIP 2001, 585). Das dürfte bei **Arbeitsgemeinschaften** weitgehend der Fall sein, auch wenn diese nicht auf Dauer angelegt sind, ebenso bei Joint Ventures mit UntEigenschaft (so HFA 1/1993 zur Bilanzierung von Joint Ventures, WPg, 443). Eine **stille Gesellschaft** gehört nicht zu den angabepflichtigen Unt, da es sich hierbei um eine Innengesellschaft meist auf schuldrechtlicher Basis handelt, die selbst nicht offenlegungspflichtig ist (*ADS*[6] § 285 Anm 226; aA *Krawitz* in

Rechnungslegung § 285 Anm 182). Die Angabepflicht setzt voraus, dass die KapGes/KapCoGes **mindestens 20%** der Anteile besitzt. Es sind also alle Unt mit Beteiligungsquoten von 20% bis 100% aufzuführen.

Das Gesetz stellt auf die **Anteile,** dh Kapitalanteile ab; mithin kommt es auf die Stimmrechte nicht an, anders bei börsennotierten KapGes (s Anm 254). Unter Anteilen sind die Mitgliedschaftsrechte zu verstehen, die Vermögens- und Verwaltungsrechte (wie Teilnahme am Gewinn und Verlust, am Liquidationserlös, Bezugsrechte, Mitsprache- und Kontrollrechte) umfassen. Unerheblich ist, ob die Anteile in Wertpapieren verbrieft sind oder nicht. **232**

Sind keine Kapitalanteile vorhanden, wie es bei Bet ohne Kapitaleinzahlung (zB bei einer Komplementär-GmbH in einer KapCoGes) der Fall ist, entfällt eine Angabepflicht nach Nr 11 unbeschadet anderer Berichtspflichten nach Nr 11a (s Anm 258). Die Angabepflicht beschränkt sich nicht auf die BetUnt, die unter dem betr Bilanzposten (§ 266 Abs 2 A. III Nr 1, Nr 3, Nr 5 iVm § 271) ausgewiesen werden. Mangels Verweises auf § 271 kommt es weder auf die Betabsicht, Betvermutung, noch auf die beabsichtigte Dauer der Beteiligung, noch auf die Art der Verbriefung oder Mitgliedschaft an. Entscheidend allein ist der quotale Anteilsbesitz oder ggf die Höhe der Stimmrechte an dem Unt.

Nr 11 spricht zwar vom Besitz der Anteile. Nach hM ist darunter das rechtliche oder wirtschaftliche **Eigentum an den Anteilen** zu verstehen (§ 246 Abs 1 S 2). Über treuhänderisch gehaltene Anteile an anderen Unt ist nicht zu berichten (§ 246 Anm 9). Nach wirtschaftlicher Betrachtungsweise sind solche Anteile allein dem Treugeber zuzurechnen (*Oser/Holzwarth* in HdR[5] §§ 284–288 Anm 311).

Zur **Berechnung der Beteiligungsquote** verweist Nr 11 auf die aktienrechtlichen Vorschriften (§ 16 Abs 2 und 4 AktG), die hier auf alle Unt anzuwenden sind. Diese Zu- und Berechnungsvorschriften sind nicht widerlegbar. Basis für die Berechnung der Quote ist bei KapGes der Gesamtnennbetrag des Nennkapitals, bei Ges mit Stückaktien die Gesamtstückzahl (§ 16 Abs 2 Satz 1 AktG). Bei anderen Unt ist die Vorschrift analog anzuwenden, wobei es auf die kapitalmäßigen Anteile (Kapitalanteile) ankommt. Nach dem Wortlaut macht es keinen Unterschied, ob das Kapital voll einbezahlt ist oder nicht. Es kommt also auf den bei dem Unt ausgewiesenen Kapitalbetrag iSd § 272 Abs 1 S 1 u 2 an. **233**

Hält das Unt eigene **Anteile,** sind diese vom Gesamtbetrag zu kürzen (§ 16 Abs 2 S 2 AktG iVm § 272 Abs 1a S 1). Maßgebend ist in diesem Fall die Betquote am Nettokapital. Den eigenen Anteilen des Unt stehen solche Anteile gleich, die einem anderen Unt für Rechnung des BetUnt gehören (§ 16 Abs 2 S 3 AktG). Analog wird der Fall zu behandeln sein, in dem Anteile des Unt von diesem eingezogen worden sind. Hält das Unt selbst oder ein verbundenes Unt Anteile an der berichtenden KapGes/KapCoGes, dürfen diese **wechselseitigen Bet** nicht aufgerechnet werden.

Bei der Berechnung der Betquote sind nicht nur die unmittelbar gehaltenen Anteile zugrunde zu legen, sondern auch gem der Fiktion des § 16 Abs 4 AktG mittelbar gehaltene Anteile. Hierzu zählen die Anteile, die einem von der KapGes/KapCoGes abhängiges Unt (vgl § 17 AktG) oder einem anderen Unt für Rechnung der KapGes/KapCoGes oder des abhängiges Unt gehören. Voraussetzung ist nicht, dass die berichtende KapGes/KapCoGes selbst auch Anteile hält (hM *Bayer* in MünchKomm AktG[3] § 16 Anm 44 mwN). Die Anteilsquote ergibt sich durch Addition der direkt und indirekt gehaltenen Anteile. Das gilt für alle Beteiligungsstufen, da gem § 16 Abs 4 AktG die Anteile dem MU voll und nicht quotal gehören. Die Zurechnung des mittelbaren Anteilsbesitzes hat auch unabhängig davon zu erfolgen, ob das abhängige Unt selbst seinen Anteilsbesitz **234** im JA angeben muss. Mithin werden keine Anteile, die von SchwesterUnt oder vom eigenen MU gehalten werden, zugerechnet.

Während § 16 Abs 4 1. Hs AktG die Zurechnung von Anteilen, die anderen Unt gehören, regelt, erfasst Nr 11 selbst auch die Fälle, in denen eine andere Person, insb eine natürliche Person, Anteile an einem Unt für Rechnung der KapGes/KapCoGes hält. Diese von Dritten für die KapGes/KapCoGes treuhänderisch gehaltenen Anteile werden der KapGes/KapCoGes ebenfalls zugerechnet.

Ebenso werden, wenn der Inhaber einer KapGes Ekfm ist und Anteile an einem Unt in seinem sonstigen Vermögen (= Privatvermögen) hält, diese Anteile als der KapGes gehörig bei der Errechnung der Beteiligungsquote behandelt (*Bayer* in MünchKomm AktG³ § 16 Anm 49). Diese Zurechnung setzt auch hier nicht voraus, dass die KapGes selbst auch an dem Unt kapitalmäßig beteiligt ist (*Bayer* in MünchKomm AktG³ § 16 Anm 44). Diese Vorschrift ist nicht anzuwenden, wenn die KapGes im Besitz mehrerer Inhaber steht (dazu *Bayer* in MünchKomm AktG³ § 16 Anm 51). Dies gilt auch für KapCoGes und reine PersGes mit mehreren Gestern (*ADS*[6] § 16 AktG Anm 32).

235 Für die Angabepflichten einer **Komplementär-KapGes** einer KapCoGes gelten grds die gleichen Regelungen. Die Angabe ist allein davon abhängig, ob die KapGes am (haftenden) Kapital (s hierzu Anm 247) der KapCoGes mit mind 20% beteiligt ist. Besteht keine Kapitalbeteiligung der KapGes an der KapCoGes, liegt die Kapitalbeteiligung unter 20% oder gehören die Anteile der KapGes der KapCoGes selbst, greift die Angabepflicht nach Nr 11a (vgl Anm 258). Bei Berechnung der 20%-Quote ist § 16 Abs 4 AktG zu berücksichtigen, wonach auch Anteile als der KapGes gehörend gelten, die sonstiges Vermögen eines EKfm-AlleinGesters sind.

Eine Zurechnung des Anteilsbesitzes einer Komplementär-KapGes setzt voraus, dass die KapCoGes ein von der Komplementär-KapGes abhängiges Unt iSd § 17 AktG ist. Das ist dann nicht der Fall, wenn die Komplementär-KapGes außerhalb der KapCoGes keine anderweitigen unternehmerischen Interessen verfolgt und damit kein Unt iSv § 15ff AktG (*ADS*[6] Vorb §§ 15–18 Anm 48 mwN), sondern als Organ der KapCoGes zu qualifizieren ist, ferner, wenn die Kommanditisten (auch als Unt) über eine starke Rechtsstellung (Stimmrechtsmehrheit laut GesVertrag oder über einen AR) verfügen (*ADS*[6] § 17 AktG Anm 81). Eine **KapGes & Co KGaA** (BGH 23.2.1998) ist stets eine KapGes; hier gelten die Anm 231–234. Diese KGaA kann börsennotiert sein.

236 Über den **Zeitpunkt,** in welchem der Anteilsbesitz bestehen muss, um die Berichterstattungspflicht auszulösen, sagt Nr 11 expressis verbis nichts. Nach hM bezieht sich die Angabepflicht auf die Anteilsbesitzverhältnisse am Bilanzstichtag der KapGes/KapCoGes (*ADS*[6] § 285 Anm 227). Danach ist über alle Zugänge bis zum Bilanzstichtag zu berichten, nicht mehr jedoch über Abgänge bis zum Bilanzstichtag. Gehen Anteile an einem Unt im selben Gj zu und ab, ist ebenfalls nicht zu berichten. Auch die Zurechnung von Anteilen, die von anderen Personen oder Unt gehalten werden (Anm 234) richtet sich nach den Verhältnissen am Bilanzstichtag der KapGes/KapCoGes. Da die Angabepflicht nach Nr 11 stets eine kapitalmäßige Bet voraussetzt, kommt es auf den Zeitpunkt an, an dem die **Kapitalerhöhung** tatsächlich wirksam geworden ist und nicht auf den Zeitpunkt der Beschlussfassung. Das ist bei KapGes die Eintragung ins HR. Bei PersGes kommt es auf die tatsächliche Kapitaleinzahlung an. Werden ausstehende Einlagen, auch soweit sie noch nicht eingefordert sind, in der Bilanz des Unt aktiviert, ist in Analogie zur Handhabung bei KapGes die Anteilsquote vom passivierten Kapital zu berechnen (Anm 233). Schwierigkeiten bei der Berechnung der Quote können bei variablem Kapital auftreten. Auch hier ist auf die tatsächliche kapitalmäßige Quote am Bilanzstichtag abzustellen, auch wenn sie durch Kapitaleinlagen und -entnahmen leicht verändert werden kann.

Ein **Unt iL** ist spätestens bei seiner Löschung im HR aus der Anteilsbesitzliste 237 zu streichen; steht bereits vorher fest, dass das Unt nicht mehr fortgeführt wird (werden kann), kann die Nennung in der Liste bereits vor der Vollbeendigung entfallen (*Förschle/Deubert* in Sonderbilanzen[4] T Anm 285).

III. Die Einzelangaben

1. Allgemeines

Anzugeben sind Name, Sitz, die Höhe des Anteils am Kapital, das EK und das 240 Ergebnis des letzten Gj, für das ein JA vorliegt. Die geforderten Zahlenangaben sind in Euro zu machen (§ 244), das Gleiche gilt auch für ausländische Unt, wobei auch eine Angabe in der jeweiligen Währung unter Angabe des Umrechnungskurses gem § 256a zulässig ist. Die Zahlenangaben in 1000 Währungseinheiten dürften genügen, weil damit kein Informationsverlust in Anbetracht der Größenordnung der KapGes/KapCoGes verbunden ist.

Nach dem Wortlaut haben sich die Angaben zu den Unt auf das letzte Gj, für 241 das ein JA vorliegt, zu beziehen. Der JA muss der KapGes/KapCoGes vorliegen. Der Bilanzstichtag des KapGes/KapCoGes vorliegenden JA ist dann ohne Belang; er muss in keiner Beziehung zum Bilanzstichtag der KapGes/KapCoGes stehen. Es kommt also im Einzelfall ein Bilanzstichtag in Frage, der nach dem Bilanzstichtag, aber vor dem Abschlusserstellungszeitpunkt der KapGes/KapCoGes liegt oder der vor dem Bilanzstichtag der KapGes/KapCoGes liegt. Es kann der Fall eintreten, dass das Gj des Unt, über das zu berichten ist, mehr als ein Jahr vor dem letzten Bilanzstichtag der KapGes/KapCoGes liegt. Durch diese Regelung wird Rücksicht auf individuelle Abschlusserstellungszeiträume und Übermittlungszeiten genommen und das Erfordernis der Aktualität der Angaben weniger gewichtet. Das kann in den Fällen, in denen die berichtende KapGes/KapCoGes Anteile an einem Unt in berichtspflichtiger Höhe erworben hat und ein JA noch nicht vorliegt, dazu führen, dass es an einer aktuellen Information über den Zugang der Anteile fehlt, da dann ein früherer (vor Anteilserwerb datierender Abschluss) dieses Unt herangezogen werden muss.

Nr 11 bestimmt, dass die Angaben aus dem der berichtenden KapGes/Kap- 242 CoGes vorliegenden **letzten Jahresabschluss** zu entnehmen sind. Grds ist der festgestellte JA zur Berichterstattung heranzuziehen (*ADS*[6] § 285 Anm 237; *Poelzig* MünchKomm HGB[3] § 285 Anm 265), unabhängig davon, wie weit der Abschlussstichtag dieses JA zurückliegt. Die berichtende KapGes/KapCoGes hat dafür zu sorgen, dass der festgestellte JA des Unt bei ihr vorliegt. Es bleibt ihr überlassen, wie sie sich diesen verschafft, sei es über die Geschäftsführung, den AR, sei es durch die GesV oder auf andere Weise. Schwierig dürfte die Verschaffung der Unterlagen im Falle eines mittelbaren Anteilsbesitzes sein.

Ist das Unt selbst MU eines (Teil-)Konzerns, stellt sich die Frage, ob das anzu- 243 gebende EK sich aus dem JA des MU ergeben muss oder der Konzernbilanz ergeben darf. Nach dem Wortlaut der Nr 11 ist über „Unternehmen" zu berichten. Nach dem Zweck der Vorschrift, Einblick in die kapitalmäßigen Verflechtungen der Wirtschaft zu gewähren, ist es wirtschaftlich sinnvoll und damit zulässig, das EK einer (Teil-)Konzernbilanz anzugeben (glA *Oser/Holzwarth* in HdR[5] §§ 284–288 Anm 318), wenn auch nicht ausdrücklich darauf hingewiesen wird.

Ist über mehrere Unt zu berichten, ist es nicht erforderlich, dass für alle Ges 244 die Art und das Gj des JA, der zur Grundlage der Berichterstattung herangezogen wird, einheitlich sein müssen. Das folgt ebenfalls aus der gesetzlichen Voraussetzung des „Vorliegens". Jedoch ist hierbei der Grundsatz der Ausweisstetigkeit einzuhalten. Wenngleich im Anhang keine Vj-Zahlen anzugeben sind, gilt der Grundsatz der Ausweisstetigkeit gem § 265 Abs 1 auch hier, um eine Vergleichbarkeit der Angaben zu gewährleisten. Dies bedeutet, dass für jedes einzelne Unt die einmal für die Berichterstattung zugrunde gelegte Art des JA – wenn vorliegend – auch in Zukunft beizubehalten ist. In der zeitlichen Abfolge muss jedes Gj des Unt einmal in die Berichterstattung einbezogen werden. Ein Wechsel der Berichterstattungsgrundlage wäre anzugeben (§ 265 Abs 1 S 2).

2. Name und Sitz

245 Anzugeben sind Name und Sitz des Unt. Es kommen die Angaben nach Maßgabe der **Eintragungen im Handelsregister** in Frage. Da die Rechtsform Bestandteil des Namens ist, ist auch diese anzugeben. Das gilt auch für eine ausländische Rechtsform. Hat das Unt einen Doppelsitz, sind beide Sitze gem HR-Eintragungen zu nennen. Ein abw Verwaltungssitz braucht nicht angegeben zu werden, da es nur auf die HR-Eintragung ankommt. Deshalb ist auch die Angabe der postalischen Anschrift nicht erforderlich, ebenso wenig der HR-Nummer. Ist das Unt nicht in einem HR eingetragen (zB bei ausländischen Ges), sind Name und Sitz gem GesVertrag zu nennen (wie hier *Gschrei* BB 1990, 1588). Steht die Eintragung noch aus, ist „in Gründung" anzugeben.

3. Höhe des Anteils am Kapital

246 Ferner ist die Höhe des Anteils am Kapital zu nennen. Als Kapital ist das gezeichnete Kapital zu verstehen (§ 272 Anm 4). Die Art der Kapitalanteile (Aktien, Geschäftsanteile, Kommanditanteile) ist nicht anzugeben; sie ergibt sich idR aus der Kenntnis der Rechtsform des Unt. Bei Joint Ventures mit UntEigenschaft ohne Kapitaleinlagen ist für die Angabe die Betquote am gesamthänderisch gebundenen Vermögen maßgeblich (HFA 1/1993 zur Bilanzierung von Joint Ventures, WPg, 443). Die Quote ist aus den gesvertraglichen Abreden abzuleiten. „Die Höhe des Anteils" bedeutet die Angabe der Anteilsquote in Prozent. Bei vollen Prozentsätzen ergeben sich keine Schwierigkeiten. Im Normalfall dürfte die Angabe des auf- oder abgerundeten vollen Prozentsatzes unter Hinweis auf die Rundung (rd oder ca) genügen. Ergibt sich aber durch die Rundung ein falsches Bild von der Höhe der Betquote, ist mind eine Kommastelle anzugeben. ZB darf bei einer Betquote von 50,2% nicht auf 50% abgerundet werden, da dadurch die Kenntnis des Mehrheitsverhältnisses verloren ginge. Nicht ausreichend ist die Angabe: mehr als 20%, 25%, 50% oder 75%, da eine solche dem Gesetzeswortlaut widerspricht. So wie für die Errechnung der Mindestbetquote von 20%, die die allgemeine Berichterstattungspflicht auslöst (Anm 231), die Zurechnung mittelbarer Anteile gem § 16 Abs 4 AktG und die Behandlung eigener Anteile des Unt gem § 16 Abs 2 AktG gesetzlich vorgeschrieben ist, gilt dies auch für die Berechnung der Betquote schlechthin (Anm 233; glA *ADS*[6] § 285 Anm 232). Das ergibt sich aus der Stellung des Verweises zur Berechnung der Anteile in Nr 11, nämlich als 3. Hs, der mithin die ersten beiden Hs ergänzt. Da gem § 16 Abs 4 AktG die Zurechnung der von abhängigen Unt gehaltenen Anteile voll zu erfolgen hat, ergibt sich die Anteilsquote bei mittelbarem Anteilsbesitz aus der Addition der mittelbaren und unmittelbaren Anteilsquote. Hält zB ein MU 70% der Anteile eines TU und dieses wiederum 60% einer EnkelGes, beträgt die für die EnkelGes anzugebende Anteilsquote 60%. Eine Angabe des durchgerechneten quotalen Anteilsbesitzes (hier 42%) entspricht nicht dem Gesetz. Im Fall eines vollen oder teilweise mittelbaren Anteilsbesitzes ist ein entspr Hinweis (zB „indirekt") wünschenswert, um ein den tatsächlichen Verhältnissen

entspr Bild der Vermögenslage der berichtenden KapGes/KapCoGes zu vermitteln, so dass die Höhe des von der KapGes/KapCoGes unmittelbar gehaltenen Anteils am Kapital ersichtlich ist. Dies entspricht auch der Zielsetzung, nach der der Abschlussleser durch die Angaben über den Anteilsbesitz ein besseres Bild über den Umfang wesentlicher VG erhalten soll. Angabepflichtig ist die Höhe des Anteils am Kapital zum Bilanzstichtag der berichtenden KapGes/KapCoGes (Anm 236).

4. Eigenkapital

Der Inhalt der Angabe des EK richtet sich nach § 266 Abs 3 Buchstabe A iVm § 272. Das EK ist in einem Betrag zu nennen. Das Gleiche gilt für eine Unterbilanz nach § 268 Abs 3. Das EK ist in voller Höhe und nicht anteilig nach Maßgabe der Betquote anzugeben. Nach der Definition in § 266 Abs 3 Buchstabe A gehört zum EK auch der Jahresüberschuss/Jahresfehlbetrag nicht jedoch eigenkapitalähnliche Posten (dazu § 266 Anm 190). Da nach § 268 Abs 1 S 1 die Bilanz sowohl unter als auch ohne Berücksichtigung der vollständigen oder teilweisen Verwendung des Jahresergebnisses aufgestellt werden darf, besteht in der Liste des Anteilsbesitzes für diese Angabe ein Wahlrecht. Bei Ausübung ist allerdings der Grundsatz der Stetigkeit (s § 265 Anm 2) zu beachten; ein Wechsel darf nur in begründeten Ausnahmefällen vorgenommen werden und ist dann im Anhang anzugeben. Eine Angabe, wie das Wahlrecht ausgeübt wurde, dient der Klarheit der Darstellung. Nach Möglichkeit sollte das Wahlrecht für die gesamte Anteilsliste einheitlich ausgeübt werden. **247**

Bei **KapCoGes** richtet sich die Angabe des EK nach § 264c Abs 2 (s dort Anm 15 ff). Dabei dürfen die einzelnen EK-Bestandteile zusammengefasst werden. Bei Unt, die nicht nach § 266 zu bilanzieren haben (zB reine PersGes, ausländische Unt) ist als „Eigenkapital" das haftende Kapital unter Einbezug des unverteilten Jahresergebnisses zu verstehen (dh das Kapital, das durch Verluste aufgezehrt werden kann, was nach Maßgabe des GesVertrags usw zu ermitteln ist). Bei PersGes spielt es für die Angabe keine Rolle, ob das EK durch berechtigte Entnahmen (s § 247 Anm 174) gemindert ist. **248**

5. Ergebnis des Geschäftsjahrs

Ferner ist das Ergebnis des Gj anzugeben, und zwar in voller Höhe und nicht anteilig nach Maßgabe der Betquote. Darunter ist der Jahresüberschuss/Jahresfehlbetrag gem § 275 Abs 2 Nr 20 bzw Abs 3 Nr 19 zu verstehen (glA *ADS*[6] § 285 Anm 235). Es handelt sich also um das Gesamtergebnis laut GuV vor Ergebnisverwendung. Bei Ges, die ihre GuV nicht nach § 275 aufzustellen haben (reine PersGes, ausländische Unt), ist ein dem Jahresergebnis entspr Betrag zu nennen (glA *ADS*[6] § 285 Anm 235). Ist das letzte Gj, über das zu berichten ist, ein RumpfGj, ist das Ergebnis des RumpfGj anzugeben; eine Hochrechnung auf 12 Monate ist nicht zulässig, da der Anhang ein den tatsächlichen Verhältnissen entspr Bild vermitteln muss. Allerdings ist ein Hinweis erforderlich, da eine Abweichung vom Normalfall eines 12-Monats-Ergebnisses vorliegt. Das Gleiche gilt für die Fälle, in denen – wie bei AuslandsGes möglich – das Gj mehr als 12 Monate umfasst. **249**

Im Falle eines **Gewinnabführungsvertrags** entfällt eine Betragsangabe, da der Jahresüberschuss/Jahresfehlbetrag regelmäßig Null ist. Allerdings ist ein Hinweis auf ein solches Rechtsverhältnis geboten, da ohne diese Angabe ein falsches Bild der Ertragslage des Unt im Anteilsbesitz vermittelt wird (§ 264 Abs 2 S 2). **250**

IV. Zusatzangaben börsennotierter Kapitalgesellschaften

253 Die Pflicht zu einer zusätzlichen Angabe im Rahmen der Angaben über den Anteilsbesitz besteht nur für börsennotierte KapGes (AG und KGaA iSd § 3 Abs 2 AktG). Diese haben gem DCGK Zif 7.1.4 daneben eine Liste von Dritt-Unt zu veröffentlichen, an denen sie eine Bet von für die Ges nicht untergeordneter Bedeutung halten. Die Angabepflicht besteht unabhängig davon, ob die KapGes als Meldepflichtiger iSd § 21 WpHG die Bet mitgeteilt hat oder nicht. Unter bestimmten Voraussetzungen darf diese Zusatzangabe unterbleiben (§ 286 Abs 1 und 3 Nr 1). Die Form der Angabe regelt Nr 11 nicht. Wenn über mehrere Unt zu berichten ist, empfiehlt sich eine Aufstellung zusammen mit der Anteilsliste nach Nr 11 Ts 1; es dürfen aber die Klarheit und Übersichtlichkeit der Darstellung sowie die Vollständigkeit der Angaben nicht beeinträchtigt werden.

Gegenstand der Angabe sind alle Bet an großen KapGes, die 5% der Stimmrechte überschreiten und am Bilanzstichtag der berichtenden börsennotierten KapGes bestehen. Anzugeben sind nur große KapGes (AG, KGaA, GmbH) gem § 267 Abs 3, die selbst nicht börsennotiert sein müssen. Unerheblich ist, ob sich der Sitz im In- oder Ausland befindet.

254 Die Angabepflicht setzt voraus, dass der börsennotierten KapGes mehr als 5% der **Stimmrechte** zustehen. Anders als im Ts 3 kommt es auf die Kapitalanteile nicht an. Der Besitz von stimmrechtslosen Anteilen führt deshalb nicht zu einer Angabepflicht. Entspr dem Verweis im Ts 3 auf die aktienrechtlichen Vorschriften zur Berechnung der Anteilsquoten ist hier iSe teleologischen und systematischen Auslegung zur Berechnung der Stimmrechtsquote § 16 Abs 3 AktG anzuwenden. Basis für die Berechnung der Quote ist die Gesamtzahl aller Stimmrechte (§ 16 Abs 3 S 1 AktG). Noch bestehende Mehrstimmrechte sind zu berücksichtigen. Von der Gesamtzahl aller Stimmrechte sind die Stimmrechte aus eigenen Anteilen zu kürzen. Den eigenen Anteilen der anzugebenden KapGes stehen solche Anteile gleich, die einem anderen Unt für Rechnung der anzugebenden KapGes gehören (§ 16 Abs 3 S 2 iVm Abs 2 S 3 AktG). Analog wird der Fall zu behandeln sein, in dem Anteile mit Stimmrecht eingezogen worden sind (§§ 71 Abs 1 Nr 6, 8; 237 AktG). Auch hier ist die Gesamtzahl der Stimmrechte um die eingezogenen Stimmrechte zu kürzen, um die Gesamtzahl aller Stimmrechte zu errechnen.

Welche Stimmrechte der börsennotierten KapGes zustehen, bestimmt sich nach § 16 Abs 4 iVm Abs 3 S 1 AktG. Die Zahl der ihr zustehenden Stimmrechte ergibt sich aus den Stimmrechten, die sie aus den ihr gehörenden Anteilen ausüben kann, wobei ihr neben den ihr unmittelbar gehörenden Anteilen auch die Anteile, die einem von ihr abhUnt oder einem anderen für ihre Rechnung oder für Rechnung eines abhUnt gehören, zuzurechnen sind. Bei der Ermittlung der ausübaren Stimmrechte sind Stimmrechte nicht anzusetzen, die die börsennotierte KapGes kraft Gesetzes (§§ 20 Abs 7, 21 Abs 4 AktG; § 28 WpHG; § 59 WpÜG) oder Satzung/GesVertrag (§ 134 Abs 1 S 2 AktG) nicht ausüben darf (*ADS*[6] § 16 AktG Anm 20). Stimmrechtsbeschränkungen aus schuldrechtlichen Verträgen (Stimmbindungsvertrag, Entherrschungsvertrag) vermindern die Stimmrechtsquote nicht (*ADS*[6] aaO).

255 Die Vorschrift stellt auf **Beteiligungen** ab, anders als der Ts 1, der allgemein von Unt spricht; sie zieht damit den Kreis der angabepflichtigen Unt enger. Was unter einer Beteiligung zu verstehen ist, ergibt sich aus § 271 Abs 1. Entscheidend ist die Zweckbestimmung des Anteilsbesitzes zur Herstellung einer dauernden Verbindung (§ 271 Anm 16). Auf die Art der Verbriefung kommt es nicht an mit der Folge des Ausweises dieser Anteile unter dem Posten Bet nach § 266

Sonstige Pflichtangaben 258, 260 § 285

Abs 2 A III 3. Anzugeben sind Name und Sitz der großen KapGes nach Maßgabe der Eintragungen im HR (bei ausländischen KapGes im vergleichbaren Register). Nach dem Gesetzeswortlaut sind die übrigen nach Ts 2 angabepflichtigen Daten nicht angabepflichtig, insb nicht die Zahl der Stimmrechte oder die Stimmrechtsquote. Es genügt der Hinweis, dass der berichtenden börsennotierten KapGes mehr als 5% der Stimmrechte zustehen. Da der Kreis der Unt, die nach Nr 11 Ts 1 und 4 anzugeben sind, unterschiedlich ist, stellt sich die Frage des Verhältnisses beider Vorschriften zueinander. Aus dem Gesetzeswortlaut des Ts 4 „zusätzlich" ist zu folgern, dass Bet an großen KapGes, die nach dem Ts 1 angegeben werden, nicht mehr angabepflichtig sind. Das führt dazu, dass gem Ts 4 nur solche Bet an großen KapGes anzugeben sind, bei denen die berichtende börsennotierte KapGes über 5% bis unter 20% der Stimmrechte hat, sofern Anteils- und Stimmrechtsquote übereinstimmen. Stimmen Anteils- und Stimmrechtsquote nicht überein, überschneiden sich beide Angabepflichten.

V. Zusatzangaben persönlich haftender Kapitalgesellschaften (Nr 11a)

Die Angabe von Bet als phG an anderen Unt im In- oder Ausland ist von KapGes und KapCoGes, wenn sie phG einer PersGes sind (§ 264a Abs 1 Nr 2), unabhängig von der Höhe der Beteiligung (ebenso IDW RS HFA 18 Tz 41) im Rahmen der Angaben über den Anteilsbesitz zu machen. Dies gilt auch für den freiwillig offen gelegten IFRS-EA gem § 325 Abs 2a in dessen Anhang. Voraussetzung für die Angabe ist die unbeschränkte Haftung der berichtenden Ges für die Verbindlichkeiten der anderen Ges. Diese Zusatzangabe kann auch mit den Angaben nach Nr 11 zusammen dargestellt werden. Unter bestimmten Voraussetzungen kann sie unterbleiben (§ 286 Abs 1 und 3). **258**

Gegenstand der Angabe ist die Tatsache der phG-Stellung zum Bilanzstichtag der berichtenden Ges sowie Name, Sitz und Rechtsform der PersGes (s hierzu Anm 245). Damit überschneidet sich diese Angabepflicht mit der nach Nr 11 (vgl Anm 235). Sofern die Angabe bereits nach Nr 11 erfolgt, ist zusätzlich die Tatsache der unbeschränkten Haftung bei den betr Unt anzugeben, um die Berichtspflicht nach Nr 11a zu erfüllen. In diesem Fall verbleiben nach Nr 11a die Angaben über Komplementärbeteiligungen von 0 bis 20% mit den geforderten Einzelangaben. Ist die berichtende Ges zum Bilanzstichtag nicht mehr phG, entfällt die Angabe; die Nachhaftung gem § 160 Abs 1 ist ggf unter den sonstigen finanziellen Verpflichtungen (s § 285 Anm 74) anzugeben (aA *WPH*[14] I, F Anm 981 ohne Begr)

Voraussetzung für die Angabepflicht ist, dass die berichtende Ges zum Bilanzstichtag als phG wirksam der PersGes beigetreten ist; wenn die Geschäfte der KapCoGes auch für Rechnung des phG geführt werden, hat er diese Stellung erlangt; eine Eintragung in das HR ist dafür dann nicht erforderlich (IDW RS HFA 7 Tz 5).

12. Nicht gesondert ausgewiesene sonstige Rückstellungen (Nr 12)

Gegenstand der ErlPflicht sind die in der Bilanz auf der Passivseite unter B Nr 3 ausgewiesenen sonstigen Rückstellungen, sofern sie einen nicht unerheblichen Umfang haben. Die Erl sind von mittelgroßen (§ 267 Abs 2) und **großen** (§ 267 Abs 3) **KapGes/KapCoGes** im Anhang zu machen (§§ 288, 327 Nr 2), ebenso **publizitätspflichtige Körperschaften** (§ 5 Abs 2 S 2 PublG), **mittelgroße und große eG** (§ 336 Abs 2 S 1) sowie **VersicherungsUnt** (§ 51 Abs 1 S 1 Rech- **260**

VersV), nicht jedoch Kreditinstitute (§ 34 Abs 1 S 1 RechKredV). Allerdings können **mittelgroße KapGes/KapCoGes** den Anhang ohne diese Angaben beim Betreiber des eBAnz einreichen (§ 327 Nr 2). Für einen freiwillig offengelegten IFRS-EA nach § 325 Abs 2a entfällt die Angabepflicht nach Nr 12. Die ErlPflicht erstreckt sich auf solche Rückstellungen, die in der Bilanz unter dem Posten „sonstige Rückstellungen" zusammengefasst ausgewiesen werden. Ein gesonderter Ausweis kann in Ausübung des Wahlrechts nach § 265 Abs 5 (Anm 14) durch eine weitere Untergliederung des Postens „sonstige Rückstellungen" erfolgen. In diesem Fall brauchen sie im Anhang nicht erläutert zu werden.

261 Die Erl muss mindestens die Angabe der Art der Rückstellung umfassen. Zahlenangaben sind nicht erforderlich, jedoch Aussagen zur Größenordnung, da es sich um erhebliche Posten handeln muss. Hierbei genügt eine verbale Umschreibung (glA *Oser/Holzwarth* in HdR[5] §§ 284–288 Anm 336; *WPH*[14] I, F Anm 758). Für eine Erlpflicht kommen alle Rückstellungsposten des § 249 jedoch ohne die Pensionsrückstellungen und die Steuerrückstellungen in Frage, wenn sie einen erheblichen Umfang haben. Der Umfang ist stets relativ zur KapGes/KapCoGes zu bestimmen. Vergleichskriterium ist für einzelne Rückstellungen der Gesamtbetrag der sonstigen Rückstellungen sowie ggf die Belastung des Jahresergebnisses durch die Rückstellungsbildung (zu anderen Maßstäben des erheblichen Umfangs s *WPH*[14] I, F Anm 757).

13. Gründe für die planmäßige Abschreibung des Geschäfts- oder Firmenwerts über einen Zeitraum von mehr als fünf Jahren (Nr 13)

265 Die Berichterstattungspflicht nach Nr 13 ist von **allen KapGes/KapCoGes** unabhängig von ihrer Größe, von dem **PublG unterliegenden Körperschaften** (§ 5 Abs 2 S 2 PublG), eG (§ 336 Abs 2 S 1), **Kreditinstitute** (§ 34 Abs 1 S 1 RechKredV), **VersicherungsUnt** (§ 51 Abs 1 S 1 RechKredV) bei Vorliegen der Voraussetzungen zu erfüllen Für einen freiwillig offengelegten IFRS-EA nach § 325 Abs 2a entfällt die Angabepflicht nach Nr 13.

Mit der Fiktion des entgeltlich erworbenen GFW mit zeitlich begrenzter Nutzungsdauer (§ 246 Abs 1 S 4) als VG ist die Pflicht zur Anwendung der entspr Bewertungsvorschriften (§ 253 Abs 1 S 1, Abs 3 S 1) verbunden, wonach die individuelle betriebliche Nutzungsdauer des GFW aus der Sicht zum Zeitpunkt seiner Aktivierung zu schätzen und danach planmäßig abzuschreiben ist. Überschreitet diese den Zeitraum von fünf Jahren, sind nach Nr 13 die Gründe darzulegen, welche die Annahme einer betrieblichen Nutzungsdauer des erworbenen GFW von mehr als fünf Jahren rechtfertigen. Nach der Begr RegE BilMoG, 105 können Anhaltspunkte für die Schätzung der individuellen betrieblichen Nutzungsdauer des GFW des erworbenen Unt bspw sein: Art und voraussichtliche Bestandsdauer, Stabilität und Bestandsdauer der Branche, Lebenszyklus der Produkte, Auswirkungen der Veränderungen der Absatz- und Beschaffungsmärkte sowie der wirtschaftlichen Rahmenbedingungen auf das erworbene Unt, Umfang der Erhaltungsaufwendungen, der erforderlich sind, um den erwarteten ökonomischen Nutzen des erworbenen Unt zu realisieren, Laufzeit wichtiger Absatz- und Beschaffungsverträge, voraussichtliche Tätigkeit von wichtigen Mitarbeitern oder Mitarbeitergruppen, das erwartete Verhalten potenzieller Wettbewerber sowie die voraussichtliche Dauer der Beherrschung des erworbenen Unt. Diese Faktoren können auch bei der Erl der Gründe, falls zutreffend, herangezogen werden.

Stimmt die geschätzte Nutzungsdauer mit der nach § 7 Abs 1 S 3 EStG fingierten von 15 Jahren überein, reicht ein Hinweis auf diese steuerrechtliche Vorschrift

Sonstige Pflichtangaben 270–272 § 285

als Begr nicht aus. Vielmehr sind die Gründe für die betriebliche Nutzungsdauer von 15 Jahren nachvollziehbar darzulegen (so Begr RegE BilMoG, 144).

Setzt sich der nach § 266 Abs 2 A I 3 ausgewiesene GFW aus mehreren Erwerbsvorgängen zusammen, ist grds einzeln zu berichten; Zusammenfassungen nach gleichen Gründen und gleichen betrieblichen Nutzungsdauern sind zulässig (wie hier *WPH*[14] I, F Anm 747).

Die Angabe der planmäßigen Nutzungsdauer des GFW hat nach § 284 Abs 1 Nr 1 (s dort Anm 107) zu erfolgen. Die Erl nach Nr 13 können mit den Angaben zu den Bewertungsmethoden des GFW zusammengefasst werden (ebenso *WPH*[14] I, F Anm 744). Über eine außerplanmäßige Abschreibung des GFW ist nach Nr 13 nicht zu berichten, wohl aber nach § 277 Abs 3 S 1 in der GuV oder im Anhang (vgl § 284 Anm 109).

Die ErlPflichten nach Nr 13 beziehen sich auch auf einen in Ausübung des Wahlrechts nach § 24 UmwG aktivierten GFW (IDW RS HFA 42 Tz 60; wie hier *WPH*[14] I, F Anm 744).

14. Mutterunternehmen (Nr 14)

Es sind folgende Angaben über bestimmte MU (§ 271) der KapGes/KapCo- 270 Ges im Anhang zu machen:
– Name und Sitz des MU, das den KA für den größten Kreis von Unt aufstellt,
– Name und Sitz des MU, das den KA für den kleinsten Kreis von Unt aufstellt,
– Ort, wo diese KA hinterlegt sind, falls sie offengelegt werden.
Die Angaben sind von **allen KapGes/KapCoGes**, auch im Anhang ihres freiwillig offen gelegten IFRS-EA gem § 325 Abs 2a, zu machen, sofern die Voraussetzungen erfüllt sind, ebenso von eG (§ 336 Abs 2 S 1), Kreditinstitute (§ 34 Abs 1 S 1 RechKredV), VersicherungsUnt (§ 51 Abs 1 S 1 RechVersV), nicht jedoch von den nach § 3 Abs 1 PublG publizitätspflichtigen Unt (§ 5 Abs 2 S 2 PublG).

Zweck der Regelung ist die Offenlegung bestimmter MU, zu denen die KapGes/KapCoGes als TU in besonderen Beziehungen und Verbindungen steht und die einen KA aufstellen. Diese Offenlegung ist immer dann für die Beurteilung der Lage der KapGes/KapCoGes notwendig, wenn die KapGes/KapCoGes nicht als einzelne Ges am Wirtschaftsleben teilnimmt, sondern trotz ihrer rechtlichen Selbständigkeit auf Grund solcher besonderer Verbindungen in eine fremdbestimmte Interessensphäre eingebunden ist.

Anzugeben ist **Name und Sitz** von bestimmten MU. Zum Inhalt dieser An- 271 gaben vgl Anm 245. Besteht zwischen der berichtenden KapGes/KapCoGes und dem MU ein **Ergebnisabführungsvertrag,** ist ein Hinweis darauf wünschenswert, kann aber nicht gefordert werden.

Die Angaben müssen sich auf **Mutterunternehmen** beziehen. Voraussetzung 272 ist somit, dass es sich um ein Unt handelt. Ein Unt liegt vor, wenn mittels einer nach außen in Erscheinung tretenden Organisation Interessen kfm oder gewerblicher Art verfolgt werden (§ 271 Anm 11; *ADS*[6] § 271 Anm 12).

Eine nur vermögensverwaltende Tätigkeit reicht nicht aus. Danach sind Privatpersonen keine Unt, sofern sie nicht Kfl sind. GbR können dann Unt darstellen, wenn ihr Zweck wirtschaftlicher und nicht ideeller Natur ist (§ 271 Anm 12). Gebietskörperschaften wie Bund, Länder und Gemeinden sind Unt iSd HGB (BGHZ 69, BB 1977, 1665; OLG Braunschweig Vorlagebeschluss vom 27.2.1996 ZIP, 875).

Ob ein Unt *Mutter*unternehmen ist, ergibt sich aus den UntBeziehungen des § 290 Abs 1 und 2 (Beherrschungsmöglichkeit, Control-Beziehung). Auf die Pflicht, die Möglichkeit oder die Befreiung von der Aufstellung eines KA kommt es zunächst nicht an (*Ulmer* FS Goerdeler, 633). Obwohl § 290 von den MU nur in der Rechtsform der KapGes spricht, ist wegen §§ 291, 292 davon auszugehen, dass der Begriff des MU rechtsformneutral zu verwenden ist (*Ulmer* FS Goerdeler, 631; *Schulze-Osterloh* FS Fleck, 318). Die Angabepflicht erstreckt sich mithin auf MU in der Rechtsform des Ekfm, OHG, KG (KapCoGes, Stiftung & Co KG), GmbH, AG, KGaA, SE sowie auf MU des § 11 PublG und ggf Gebietskörperschaften (hier Abs 1). Auf die Größe des MU kommt es ebenfalls nicht an (*Schulze-Osterloh* FS Fleck, 318; *Ulmer* FS Goerdeler, 631). Wegen §§ 291, 292 ist die Angabepflicht nicht auf inländische MU beschränkt, sondern MU sowohl in EU/EWR-Staaten als auch in Drittländern kommen für die Angabepflicht in Frage.

Stellt bei **KapCoGes** der phG gem § 264b Nr 1 2. Alt einen KA auf, entfällt eine Angabe, da es sich nicht um ein MU handelt (s § 264b Anm 24), unbeschadet der Angabepflicht nach Nr 15.

274 Voraussetzung für die Angabe ist, dass das MU einen KA im Inland oder Ausland aufstellt (§§ 290, 291, 292, 293). Dabei kann es sich um einen freiwilligen oder einen gesetzlich vorgeschriebenen KA handeln. Nr 14 knüpft dabei an die tatsächliche Aufstellung eines KA an. Unterbleibt die Aufstellung eines KA trotz der Pflicht nach deutschem oder EU-Recht, ist das MU gleichwohl anzugeben (*WPH*[14] I, F 984).

275 Der vom MU aufgestellte KA muss die KapGes/KapCoGes nicht enthalten. Das ergibt sich zwar nicht aus dem Wortlaut der Nr 14, wohl aber aus dem Zweck der Vorschrift (Anm 270; *ADS*[6] § 285 Anm 252), Konzernverbindungen offenzulegen.

276 Nach dem Wortlaut müssen von der KapGes/KapCoGes zwei MU mit Name und Sitz genannt werden: das MU, das den KA für den größten Kreis von Unt aufstellt, und das MU, das den KA für den kleinsten Kreis von Unt aufstellt. Eine zweifache Angabe wird jedoch nicht immer erforderlich sein. Gibt es nur ein MU, ist es zugleich das unterste und oberste (häufiger Fall). Wenn die Voraussetzungen für die Aufstellung eines KA für den kleinsten Kreis von Unt nicht erfüllt sind (§ 293) und auch freiwillig kein solcher KA aufgestellt wird, sind größter und kleinster Untkreis deckungsgleich, und es ist nur das oberste MU zu nennen. Das kann auch vorkommen, wenn auf den unteren Konzernstufen keine MinderheitsGester an den MU der berichtenden KapGes/KapCoGes beteiligt sind, die nach § 291 Abs 3 die Aufstellung eines Teil-KA verlangen.

277 Zusätzlich zu Name und Sitz der anzugebenden MU ist der Ort zu nennen, wo die KA im Falle ihrer Offenlegung erhältlich sind. Bei MU mit Sitz im Inland entspricht der Ort der Offenlegung regelmäßig dem eBAnz. Erfolgt die Offenlegung zeitlich später als bei der berichtenden KapGes/KapCoGes, ist anzugeben, dass der KA im eBAnz bekannt gemacht werden wird. Unter Offenlegung ist nach § 325 die Einreichung beim Betreiber der eBAnz und die Bekanntmachung im eBAnz zu verstehen. Hierzu zählt bei KapGes/KapCoGes nicht die Veröffentlichung in anderer Form auf Grund des GesVertrags oder der Satzung oder auf freiwilliger Basis. Der Ort, wo der KA erhältlich ist, ist nur anzugeben, wenn der KA nach gesetzlichen Vorschriften offengelegt wird. Bei ausländischen MU ist vergleichbar jedes ausländische – ggf elektronische – Amtsblatt anzugeben, in dem die Offenlegung erfolgt. Liegt keine Offenlegung iSd Gesetzes vor (zB bei freiwilliger Aufstellung eines KA), braucht der Ort nicht angegeben zu werden.

15. Zusatzangaben für Kapitalgesellschaften & Co (Nr 15)

280 Nach Nr 15 haben alle KapCoGes ihre phG zum Bilanzstichtag mit Name, und Sitz sowie deren gezeichnetes Kapital anzugeben. Das gilt auch für den An-

hang des freiwillig offen gelegten IFRS-EA gem § 325 Abs 2a. Zum Kreis der angabepflichtigen phG gehören KapGes und KapCoGes (§ 264a Abs 1 Nr 2), nicht jedoch Privatpersonen, unabhängig von ihrer Betquote. Zu Name und Sitz siehe Anm 245. Die Angabe des gezeichneten Kapitals ergibt sich bei KapGes nach § 272 Abs 1 S 1 und umfasst das am Bilanzstichtag im HR eingetragene Stamm- bzw Grundkapital.

Ist der phG selbst eine KapCoGes, sind als gezeichnetes Kapital die zusammengefassten Kapitalanteile der phG (§ 264c Abs 2 S 2; § 264c Anm 40 ff) und die zusammengefassten Kapitalanteile der Kommanditisten (§ 264c Abs 2 S 6; § 264c Anm 50 ff) jeweils gesondert und unter Berücksichtigung von § 264c Abs 2 S 3, 5, 6 anzugeben (für eine weitergehende Angabe bei mehrstöckigen KapCoGes von Namen und Sitz der phG auf den einzelnen Stufen sowie des gezeichneten Kapitals der unbeschränkt haftenden KapGes auf oberster Stufe *ADS*[6] (ErgBd) § 285 HGB Anm 56).

Die Angabe entfällt auch nicht, wenn die berichtende KapCoGes ihrerseits (alle) Anteile an ihrer Komplementär-Ges hält. Dann kommt es je nach Betquote zu einer Doppelangabe mit Nr 11, die unter Hinweis auf die phG-Stellung zusammengefasst werden darf (*ADS*[6] (ErgBd) § 285 HGB Anm 57).

Unter der Voraussetzung der Schutzklausel des § 286 Abs 1 kann diese Zusatzangabe unterbleiben. Die Angabepflicht unterfällt nicht der Ausnahmeregelung des § 286 Abs 3 S 1 für die Angabe des Anteilsbesitzes, da es sich nicht um eine Berichterstattung über Bet handelt, sondern über Gester (aA *Farr* GmbHR 2000, 547, der diesen Unterschied verkennt).

16. Zusatzangabe für börsennotierte AG über die Entsprechenserklärung zum Corporate Governance Kodex (Nr 16)

Schrifttum: *Ihrig/Wagner* Corporate Governance-Kodex-Erklärung und ihre unterjährige Korrektur BB 2002, 2509; *Gelhausen/Hönsch* Folgen der Änderung des deutschen Corporate Governance Kodex für die Entsprechenserklärung AG 2003, 367; *Heckelmann Drum* prüfe, wer sich ewig bindet − zeitliche Grenzen der Entsprechenserklärung nach § 161 AktG und des deutschen Corporate Governance Kodex, WM 2008, 2146; *Mutter* Pflicht zur umgehenden Abgabe einer Entsprechenserklärung mit in Kraft treten des BilMoG − eine versteckte Konsequenz der Entscheidung des BGH vom 16. Februar 2009? ZIP 2009, 750.

Standard: IDW PS 345 (Stand: 6.9.2012) Auswirkungen des deutschen Corporate Governance Kodex auf die Abschlussprüfung.

Diese Angabe ist von börsennotierten AG iSd § 3 Abs 2 AktG in jedem Anhang zu machen, ebenso von solchen AG, die ausschließlich andere Wertpapiere als Aktien an einem organisierten Markt iSd § 2 Abs 5 WpHG ausgegeben haben und deren ausgegebene Aktien auf eigene Veranlassung der Ges gleichzeitig über ein multilaterales Handelssystem iSd § 2 Abs 3 S 1 Nr 8 WpHG (idR im Freiverkehr, Open Market) gehandelt werden. Dies gilt auch für den Anhang der Ges, die freiwillig einen IFRS-EA gem § 325 Abs 2a offen legen. Die Angabe soll die JA-Adressaten und die allgemeine Öffentlichkeit darüber informieren, dass die nach § 161 AktG vorgeschriebene Erklärung abgegeben und wo (auf welcher Internetseite) sie der Öffentlichkeit **dauerhaft zugänglich** ist. Der Vorschrift wird entsprochen, wenn die Erklärung auf der Internetseite der AG der Allgemeinheit dauerhaft zugänglich gemacht und im Anhang angegeben wird, auf welcher Internetseite oä die Offenlegung erfolgt. Nach dem Wortlaut von § 161 Abs 2 AktG kommt für die vorgeschriebene Veröffentlichung aus-

281

schließlich die Internetseite der AG in Frage (Begr RegE BilMoG, 231). Eine Offenlegung im eBAnz oder gem § 289a Abs 2 Nr 1 als Bestandteil der Erklärung zur UntFührung in einem gesonderten Abschn im Lagebericht genügt nicht.

Die Erklärung nach § 161 AktG zum DCGK (Entsprechenserklärung) hat zum Inhalt, dass Vorstand und AR jährlich erklären, dass den vom BMJ im amtlichen Teil des elektronischen eBAnz bekannt gemachten Empfehlungen der „Regierungskommission Deutscher Corporate Governance Kodex" entsprochen wurde und wird oder welche Empfehlungen nicht angewendet wurden oder werden und warum nicht.

Zur Erfüllung der Anforderungen der Entsprechenserklärung nach § 161 AktG ist mind erforderlich:
– Erklärung seitens Vorstand und AR;
– Abgabe turnusmäßig einmal im 12-Monatszeitraum;
– Erklärung über die Anwendung der DCGK-Empfehlungen (hierzu gehören allein die Soll-Empfehlungen des Kodex; die jeweils aktuelle Fassung des Kodex ist zu beziehen über www.ebundesanzeiger.de Link Amtlicher Teil);
– Erklärung über die Nichtanwendung von im Einzelnen zu nennenden Soll-Verhaltensempfehlungen;
– Begr im Einzelnen für die Nichtanwendung von Empfehlungen (s zum Umfang der Begr Pflicht *v. Falkenhausen/Kocher* Die Begründungspflicht für Abweichungen vom DCGK ZIP 2009, 1150);
– vergangenheits- und zukunftsbezogene Aussage über die Anwendung und Nichtanwendung; hierbei muss die vergangenheitsbezogene Aussage den Zeitraum von der Abgabe der vorigen Erklärung bis zur Abgabe der aktuellen Erklärung umfassen, damit keine Erklärungslücke entsteht (*Heckelmann* WM 2008, 2150). Der Zeitraum der zukunftsbezogenen Aussage ist str. LG Schweinfurt (1.12.2003, WPg 2004, 339) hält eine Beschränkung auf das laufende Gj für ausreichend. Demggü verlangt die wohl hM eine Reichweite vom Zeitpunkt der gegenwärtigen Abgabe bis zur geplanten Abgabe der Folgeerklärung (IDW PS 345 Tz 25; *Seibert* Anmerkungen zu oa U, WPg 2004, 341), so dass ein kontinuierliches Bild der Befolgung oder Nichtbefolgung (mit Begr je Soll-Verhaltensempfehlung) des Kodex entsteht (gegen eine zeitliche Begrenzung *Heckelmann* WM 2008, 2150).

Der Inhalt der nach § 161 AktG vorgeschriebenen Erklärung selbst ist nicht in den Anhang aufzunehmen (Begr RegE TransPuG, BT-Drs 14/8769, 25), jedoch nach § 289a Abs 2 Nr 1 in die Erklärung zur UntFührung, die selbst in den Lagebericht der AG als gesonderter Abschn aufgenommen werden oder auf der Internetseite der AG öffentlich zugänglich gemacht werden kann (s § 289a Anm 28).

283 Umfasst die Erklärung nicht alle genannten Anforderungen, liegt eine gesetzmäßige Erklärung nach § 161 AktG nicht vor (IDW PS 345 Tz 25); sie gilt als nicht abgegeben. Es kommt dabei nicht auf die inhaltliche Richtigkeit an, sondern auf das Vorhandensein der wesensnotwendigen Mindestbestandteile in der Erklärung.

284 Wird die Fassung des Kodex geändert und im eBAnz bekannt gemacht, ergibt sich hieraus keine Pflicht, vor Ablauf des 12-Monatszeitraums eine neue Entsprechenserklärung abzugeben (IDW PS 345 Tz 10; *Gelhausen/Hönsch*, AG 2003, 367; *Heckelmann* WM 2008, 2148). Das ergibt sich daraus, dass sich die Entsprechenserklärung naturgemäß immer nur auf den im eBAnz bekannt gemachten aktuellen Kodex in der zum Zeitpunkt ihrer Abgabe geltenden Fassung beziehen kann. Es empfiehlt sich deshalb, die Erklärung mit einem Datum zu versehen. Eine freiwillige neue zukunftsbezogene Erklärung ist jedoch zulässig. Ändert die

AG die Befolgung der Kodex-Empfehlungen, ist sie verpflichtet, die Entsprechenserklärung unverzüglich zu aktualisieren (hM für viele *Semler* in Münch-Komm AktG² § 161 Anm 121; aA *Heckelmann* WM 2008, 2148 f) und diese in Abkehr von ihrem Abgabeturnus bekannt zu machen.

Wird im Anhang angegeben, dass keine Entsprechenserklärung nach § 161 AktG abgegeben wurde, entspricht dies nicht der geforderten Anhangangabe mit den entspr Folgen für den BVm (IDW PS 345 Tz 31; OLG München 23.1.2008 DB, 692; aA *Oser/Holzwarth* in HdR⁵ §§ 284–288 Anm 514 mit Hinweis auf die wahrheitsgemäße Berichterstattung).

17. Das für das Geschäftsjahr berechnete Gesamthonorar des Abschlussprüfers (Nr 17)

Schrifttum: *Bischof* Anhangangaben zu den Honoraren für Leistungen des Abschlussprüfers WPg 2006, 705; *Lenz/Möller/Höhn* Offenlegung der Honorare für Abschlussprüferleistungen im Geschäftsjahr 2005 bei DAX-Unternehmen BB 2006, 1787; *Petersen/Zwirner* Angabepflicht der Honoraraufwendungen für den Abschlussprüfer – Theoretische und empirische Betrachtung der Offenlegungserfordernisse zur Stärkung der Prüferunabhängigkeit WPg 2008, 279; *Erchinger/Melcher* Zur Umsetzung der HGB-Modernisierung durch das BilMoG: Neuerungen im Hinblick auf die Abschlussprüfung und die Einrichtung eines Prüfungsausschusses DB Beilage 5/2009, 91; *Wollmert/Oser/Graupe* Anhangangaben zu den Abschlussprüferhonoraren und zu marktunüblichen Geschäften nach BilMoG, StuB 2010, 123; *Kling* Anhangangaben zur Honorierung des Abschlussprüfers nach dem BilMoG, WPg 2011, 209.

Standards: IDW PH 9.200.2 (Stand: 19.6.2013) Pflichten des Abschlussprüfers eines Tochter- oder Gemeinschaftsunternehmens und des Konzernabschlussprüfers im Zusammenhang mit § 285 Nr 17 HGB; IDW RS HFA 36 (Stand: 11.3.2010) Anhangangaben nach §§ 285 Nr 17, 314 Abs 1 Nr 9 HGB über das Abschlussprüferhonorar.

I. Allgemeines

Diese Angabe ist von allen großen **KapGes/KapCoGes** (§ 267 Abs 3 S 1) in jedem Anhang zu machen. Dies gilt auch für entspr **Unt, die unter das PublG** fallen (§ 3 Abs 1 Nr 3–5, § 5 Abs 2 S 2), für **Kredit- und Finanzdienstleistungsinstitute** (§ 340a Abs 1), **VersicherungsUnt** (§ 341a Abs 1) und für den Anhang eines freiwillig offen gelegten IFRS-EA gem § 325 Abs 2a. **Kleine KapGes/KapCoGes** iSv § 267 Abs 1 (außer kleine kapmarktUnt wegen § 267 Abs 3 S 2) sind nach § 288 Abs 1 von der Angabepflicht befreit. Ebenso sind **KleinstKapGes/KleinstKapCoGes**, die keinen Anhang aufstellen müssen, von dieser Angabe befreit. **Mittelgroße KapGes/KapCoGes** (§ 267 Abs 2) haben gem § 288 Abs 2 S 3 das Wahlrecht, die Angaben nach Nr 17 im Anhang zu machen oder diese der WPK auf deren schriftliche Anforderung zu übermitteln. Die Angabepflicht nach Nr 17 entfällt, soweit die Angaben in einem das Unt einbeziehenden KA enthalten sind.

Die Vorschrift bezweckt die Gewährleistung und Stärkung der Unabhängigkeit und Objektivität des AP und die Vermeidung einer potenziellen Besorgnis der Befangenheit im Rahmen des Transparenzgebots. Sie steht iZm den §§ 319, 319a und b bzgl der Vereinbarkeit bzw Nichtvereinbarkeit von bestimmten Beratungsleistungen mit der Tätigkeit des AP.

Nr 17 bestimmt deshalb, dass die verpflichteten Unt im Anhang das vom AP für das Gj berechnete Gesamthonorar für a) die Abschlussprüfungsleistungen, b) andere Bestätigungsleistungen, c) Steuerberatungsleistungen und d) sonstige Leistungen angeben müssen. Fehlt die Angabe zum Gesamthonorar im Anhang, ist der BVm einzuschränken (IDW PH 9.200.2 Tz 9).

Gegenstand der Angabe ist jeweils das **Gesamthonorar des AP** in €, ggf T€ oder Mio €, aufgegliedert nach seinen Vergütungsbestandteilen für die einzelnen genannten Tätigkeitsbereiche, nicht die ggf vereinbarten Stunden/Tagewerke und Stundensätze. Vj-Zahlen sind nicht angabepflichtig (Begr RegE BilMoG, 155). Die Aufgliederung darf auch mittels Prozentangaben erfolgen, wenn mind das Gesamthonorar in Euro angegeben ist.

II. Das vom Abschlussprüfer für das Geschäftsjahr berechnete Gesamthonorar

291 Unter **Gesamthonorar** ist die Gesamtvergütung für die Leistungen des AP für die berichtende Ges (Leistungen für deren TU werden durch § 314 Abs 1 Nr 9 Anm 92 erfasst) zu verstehen. Es spielt dabei keine Rolle, ob sie auf einem Werkvertrag (§ 631 BGB), Dienstvertrag (§§ 611 ff BGB) oder Dauerauftragsverhältnis basiert, ob es sich um ein Pauschalhonorar (wobei seine Zulässigkeit nicht unbedenklich ist, s *WPH*[14] I, A Anm 725), um eine Vergütung auf Stundenbasis (Zeitgebühr) oder eine Wertgebühr handelt. Es gehören sowohl Vergütungen für einmalige, nicht wiederkehrende als auch wiederkehrende Leistungen dazu. In Anbetracht dieser verschiedenartigen Vergütungsarten kann das Gesamthonorar des AP im Zeitvergleich starken Schwankungen unterliegen. Ferner spielt die Art der Abrechnung (Vorschüsse, Teil-, Abschlags-, Schlussrechnung) keine Rolle.

Das Gesamthonorar schließt den berechneten Auslagenersatz (Tage- und Übernachtungsgelder, Fahrt- und Nebenkosten, Berichts- und Schreibkosten usw) mit ein, nicht jedoch die USt. Schadensersatzansprüche ggü dem AP mindern das anzugebende Honorar nicht (so auch Begr RegE BilMoG, 155).

292 Bzgl des Zeitraums, auf den sich das Honorar bezieht, und des Zeitpunkts, zu dem das Honorar von der Angabepflicht erfasst wird, bestimmt Nr 17 in Übereinstimmung mit Art 43 Abs 1 Nr 15 der Bilanzrichtl idF der Abschlussprüferrichtl, dass die Angabe **das für das Geschäftsjahr** (ggf RumpfGj) **berechnete Honorar** umfasst. Es kommt nicht auf den Zeitpunkt der Honorarvereinbarung oder -zahlung an, sondern auf die Honorarzuordnung für das Gj (einschl des Abschlussstichtags), über das berichtet wird. In Anbetracht der verschiedenen Leistungsarten des AP (zeitraum- und zeitpunktbezogene) kommt es nicht auf den Zeitraum der Leistungserbringung (aA ohne Begr *Küting/Boecker* in Küting/Pfitzer/Weber, 562) an, sondern darauf, dass die durch das Honorar berechnete Leistung des AP einen Bezug zum Gj, über das zu berichten ist, haben muss.

293 Angabepflichtig ist das vom AP für das Gj berechnete Gesamthonorar. Das bereitet keine Schwierigkeiten, sofern die In-Rechnung-Stellung seitens des AP für Leistungen mit Bezug auf das abgelaufene Gj vor dem Abschlusserstellungszeitpunkt erfolgt ist. Ergeht die (Schluss-)Rechnung des AP nach diesem Zeitpunkt oder erst nach Abgabe des BVm, was für APrLeistungen typisch ist, kann nach der Begr RegE BilMoG, 155 auf die im JA angesetzte Schuld abgestellt werden. Es ist stets der Rechnungsbetrag für die gesamte erbrachte auftragsgemäße Leistung anzugeben; das gilt auch für andere abschlussstichtagsbezogene Honorare. Vorschüsse, Teil-, Abschlags-, Schlussrechnungen für eine einheitliche Leistung sind zusammenzufassen.

Sofern auf einen Rückstellungsbetrag für die Angabe zurückgegriffen werden muss, stellt sich die Frage, wie nachträgliche Abweichungen des tatsächlichen Rechnungsbetrags zu behandeln sind. Nach dem Gesetzeswortlaut erfordert die Honorarangabe einen geschäftsjahresbezogenen Betrag. Eine mögliche Differenz des für den Abschlussprüfer veranschlagten Honorars für das Geschäftsjahr und der tatsächlichen Abrechnung ist im Abschluss des Folgejahres zu berücksichtigen. Bei wesentlichen Abweichungen sind diese Beträge getrennt oder als „davon-Vermerk" zur entspr Leistungskategorie im Anhang des Folgejahres anzugeben (vgl IDW RS HFA 36 Tz 9).

Für die Angabepflicht des Gesamthonorars spielt es keine Rolle, ob dieses in der GuV erfasst oder als Anschaffungsnebenkosten aktiviert wurde (IDW RS HFA 36 Tz 8, 21).

Anzugeben ist das **Gesamthonorar für den AP** iSd § 319 Abs 1 S 1, 2 (WP u WPG), der gewählt und beauftragt wurde, nicht allein für die APr, denn die Angabepflicht umfasst auch das Honorar für weitere zulässige Leistungen des AP (Nr 17 b–d). **294**

Als AP iSd Nr 17 können auch **mehrere AP** gewählt und beauftragt werden mit der Maßgabe, entweder eine gemeinsame oder eine voneinander unabhängige Prüfung durchzuführen (§ 318 Anm 12). Anzugeben sind in diesem Falle alle Vergütungen, die die gesetzlichen AP für ihre Tätigkeiten der Nr 17 a–d erhalten. Fraglich ist, ob diese Honorare zusammengefasst werden dürfen. Im Hinblick auf den Sinn und Zweck der Vorschrift, die Unabhängigkeit des AP zu stärken und die Besorgnis der Befangenheit zu vermeiden, ist diese Frage zu verneinen (so auch ohne Begr *Pfitzer/Oser/Orth,* 44; *Wollmert/Oser/Graupe* StuB 2010, 126; IDW RS HFA 36 Tz 16), da sich hiernach die Beurteilung des Gesamthonorars und seiner Bestandteile nach Nr 17 a–d durch die JA-Adressaten auf den jeweiligen AP und nicht auf die Ges zu beziehen hat. **295**

Eine **Sozietät** selbst kann nicht AP sein, sondern nur die einzelnen WP-Sozien (§ 319 Anm 11). Die Angabepflichten richten sich nach den Grundsätzen für die Gemeinschaftsprüfung.

Im Falle einer **gerichtlichen Ersetzung** des gewählten AP durch einen neuen gem § 318 Abs 3 (Anm 17) ist das Honorar des ersteren nicht anzugeben, da er nicht mehr der wirksam bestellte AP ist. Bleibt er im Rahmen seiner Beauftragung für Tätigkeiten nach Nr 17 b–d weiterhin tätig, sind die entspr Vergütungsbeträge ebenfalls nicht in die Angabe einzubeziehen. Das Gleiche gilt bei **nachträglichem Wegfall des gewählten und bestellten AP** (durch Tod, Erlöschen, Rücknahme oder Widerruf der Bestellung als WP, Ablauf der Teilnahmebescheinigung nach § 57 WPO sowie Kündigung nach § 318 Abs 6 (Anm 34) und gerichtlicher Bestellung eines anderen AP gem § 318 Abs 5 (Anm 26). *Kling* (WPg 2011, 212) empfiehlt, dass auf den ersetzten AP entfallende Honorar freiwillig im Anhang anzugeben. Die Angabepflichten (a–d) sind für den neuen AP zu erfüllen. Fällt der gewählte AP wegen schädlicher Leistungen iSv §§ 319 Abs 2–5, 319a u b weg, verliert er seinen Anspruch auf Vergütung der Prüfungsleistung; eine entspr Angabepflicht entfällt.

Hinsichtlich der Abgrenzung des Personenkreises des gesetzlichen AP stellt sich die Frage, ob ihm Vergütungen für zulässige Nicht-APrLeistungen (Nr 17 b–d), die von **verbundenen Unternehmen** (§ 271 Abs 2), anderen ihm **nahe stehenden Unternehmen und Personen** iSv Nr 21 oder Netzwerkmitgliedern iSv § 319 b erbracht werden, zuzurechnen sind und mithin unter die Angabepflicht fallen. Gem dem klaren Wortlaut der Vorschrift ist dies nicht der Fall. Anzugeben sind nur die Honorare des gesetzlichen AP (so auch Begr RegE BilMoG, 155; für eine freiwillige Einbeziehung IDW RS HFA 36 Tz 7; *Wollmert/Oser/Graupe* StuB 2010, 126 für die Einbeziehung von mit dem AP verbundenen inländischen Unt). **296**

Obwohl Nr 17 auf den gesetzlichen AP Bezug nimmt, ist hierunter auch ein freiwilliger AP zu subsumieren, sofern gleichzeitig freiwillig Nr 17 angewandt wird und die APr hinsichtlich Prüfungsgegenstand und -umfang den Vorschriften §§ 316 ff entspricht.

III. Die Aufschlüsselung des Gesamthonorars nach Tätigkeitsbereichen

300 Zum anzugebenden Gesamthonorar gehören die Vergütungen für alle Leistungen des AP in folgender Aufgliederung, wobei eine weitere Aufgliederung der Beträge pro Kategorie nicht vorgeschrieben ist:

a) Abschlussprüfungsleistungen

301 Hierzu gehört das gesamte Honorar für die gesetzliche Prüfung des JA des abgelaufenen Gj nach § 316 Abs 1, sowie ggf für den KA, sofern der AP auch AP des KA ist (IDW RS HFA 36 Tz 12), ggf einschl der Nachtragsprüfung nach § 316 Abs 3 und ggf der Bescheinigungen zur Offenlegung (s IDW PS 400 Tz 71, der Prüfung eines nach § 325 Abs 2a offenzulegenden IFRS-EA (s § 324a Anm 5) und ggf der gesetzlichen Prüfung des Risikofrüherkennungssystems iSv § 317 Abs 4 (aA *Kling* WPg 2011, 214) sowie der Prüfungen iSv § 53 HGrG, § 29 Abs 2 KWG, § 53 Abs 1 GenG, § 44 Abs 5 u 6 InvG, des AbhBer nach § 313 AktG und iSv §§ 1 Abs 4, 21 Abs 3 S 3 REITG (s IDW PH 9.950.2 Tz 4 und 47). Hierzu gehören auch die Honorare für sog „Konzernpackages", „Reporting packages" im Rahmen von Konzernprüfungen, sofern der AP des JA nicht zugleich AP des KA ist; in diesem Fall sind diese Prüfungsleistungen Teil der KAPrüfung (IDW RS HFA 36 Tz 12). Nach IDW 207. Sitzung des HFA (IDW-FN 2007, 326) sind auch die Honorare des AP für seine Tätigkeit mit iZm Verfahren bei der DPR oder der BaFin hierunter zu erfassen, nicht jedoch die von der BaFin belasteten Kosten gem § 17c FinDAF, da sie nicht für den gesetzlichen AP bestimmt sind. Es muss sich immer um Prüfungsleistungen handeln, die mit der Tätigkeit des AP zusammenhängen (s IDW PS 201) oder nach anderen gesetzlichen Vorschriften ausschließlich vom gesetzlichen AP auszuführen sind (*Bischof* WPg 2006, 711) wie die Bestätigung der AP zur „Bankenabgabe" (§ 12 Abs 7 und 10 RStruktFG iVm § 4 Abs 1 und 2 S 1–5 RStruktFV). Hat der Auftraggeber seinen Prüfungsauftrag um weitere Leistungen (auch nachträglich) erweitert, gehört deren Vergütung gleichfalls dazu, ebenso wie Vergütungen für durch den Prüfungsauftrag nicht gedeckte, aber vom AP notwendig erachtete Arbeiten/Leistungen im Rahmen der APr.

b) Andere Bestätigungsleistungen

302 Hierzu gehören insb andere berufstypische Prüfungsleistungen außerhalb der JAP, bei denen der AP gem § 48 Abs 1 WPO iVm § 2 Abs 1 WPO das Berufssiegel führen kann bzw muss: Gründungs-, Verschmelzungs-, Spaltungsprüfung; Prüfung des UntVertrags nach § 293b AktG, Prüfung von LiquidationsEB (IDW PH 9.400.5), einer vorläufigen IFRS-Konzern-EB (IDW PH 9.400.8); Prüfungen nach § 16 MaBV, nach dem KWK-G (IDW PS 971), nach dem EEG (IDW PS 970); Prüfungen gem § 2 S 3 REITG bei einem Vor-REIT (IDW PH 9.950.2 Tz 42) Sonderprüfungen nach §§ 142, 315 AktG; Prüfungen von Quartals-/Zwischenabschlüssen (aA *Pfizer/Oser/Orth* DB 2004, 2595, die sie für zu a) gehörig halten; *Heuser/Theile* in GmbH-Handbuch II Anm 885.1); Prüfungen von Zwischenbilanzen bei Kapitalerhöhungen aus GesMitteln (IDW PH 9.400.6) und von Schlussbilanzen nach 17 Abs 2 S 2 UmwG; Prüfungen des Halbjahresfinanzberichts nach § 37w Abs 5 WpHG und der Quartalsfinanzberichts nach § 37x Abs 3 S 3 WpHG (sofern die Erkenntnisse nicht im Rahmen der JAP verwertet werden, sonst unter lit a), des Wertpapierdienstleistungsgeschäfts nach § 36 Abs 1 S 1 und 2 WpHG (IDW PS 521 nF); Prüfung von Pro-Forma-Finanzinformationen (IDW PH 9.960.1) und von zusätzlichen Abschlusselementen (IDW PH 9.960.2); Web-Trust-Prüfungen (IDW PS 890); Prüfungen der Meldungen der Arten und Mengen von Elektro- und Elektronikgeräten an die Stiftung EAR gem § 13 Abs 1 Nr 1, 3–6 ElektroG (IDW PH 9.950.1); Prüfungen der „Vollständigkeitserklärung" für in Verkehr gebrachte Verkaufsverpackungen (IDW PH 9.950.3); freiwillige Sonderprüfungen des IKS (sofern die Erkenntnisse nicht im Rahmen der JAP verwertet werden, sonst unter lit a), des RMS, des Compliance-Management-Systems (IDW PS 980) und von CorpGov-Angelegenheiten außerhalb der JAP; alle Arten von betriebswirtschaftlichen Prüfungen, Kreditwürdigkeits- und Unterschlagungsprüfungen, due dilligence Reviews (IDW PS 900; aA *Pfitzer/Oser/Orth* aaO, 45; *Heuser/Theile* aaO, die sie für zu a) gehörig halten) Comfort Letter (IDW PS 910), Umweltaudit (IDW PS 820), Prüfung von Softwareprodukten (IDW PS 880), projektbegleitende Prüfung bei Einsatz von Informationstechnologie (IDW PS 850) (sofern die Erkenntnisse nicht im Rahmen der JAP verwertet werden, sonst unter lit a).

c) Steuerberatungsleistungen

Soweit sie zulässig sind (s § 319a Anm 11), kommen in Frage: Beratung iZm der Abgabe von Steuererklärungen, Aufzeigen von Gestaltungsinitiativen und -alternativen, Beratung in Steuergestaltungsfragen, Hinweise auf eine bestehende Steuerrechtslage zu bestimmten Situationen. **303**

d) Sonstige Leistungen

Hier handelt es sich um einen Auffangtatbestand für alle weiteren zulässigen Leistungen des AP, wie zB treuhänderische Tätigkeiten, prüfungsnahe Beratung: Hinweise und Vorschläge zur Beseitigung von Fehlern oder Lücken im JA, Beratung in Buchhaltungsangelegenheiten, soweit sie nicht iZm der JAP stehen, oder in Compliance-Management-Angelegenheiten sowie in Folge der Neufassung der Nr 17 durch das BilMoG auch Bewertungsleistungen, soweit sie nach § 319 Abs 3 Nr 3 lit d noch zulässig sind (zB Verkaufspreisermittlungen, Schadensberechnungen), ferner gutachterliche Stellungnahmen über die Umsetzung des § 87 AktG (IDW Praxishinweis 1/2010 FN-IDW 2010, 463), Erstellung von Fairness Opinions (IDW S 8). **304**

IV. Befreiung von der Angabepflicht bei Einbeziehung in einen Konzernabschluss

Die Angaben nach Nr 17 dürfen unterbleiben, soweit sie in einem das Unt einbeziehenden KA enthalten sind. Das betrifft sowohl ein MU als auch die einbezogenen TU. Jedoch empfiehlt sich ein entspr Hinweis im Anhang (IDW RS HFA 36 Tz 17; *Wollmert/Oser/Graupe* StuB 2010, 125). Die Befreiung greift Platz, wenn die KapGes/KapCoGes in einen KA iSv §§ 290–292, 315a, 340i, 341i, 11 PublG einbezogen und die entspr Angaben im Konzernanhang nach § 314 Abs 1 Nr 9 enthalten sind. Das ist immer dann der Fall, wenn der AP der Ges mit dem AP des KA identisch ist. Ist dies nicht der Fall, müssen die Honorare des anderen AP des einbezogenen Unt dem nach § 314 Abs 1 Nr 9 neben dem angabepflichtigen Gesamthonorar des KonzernAP gesondert angegeben und als solche gekennzeichnet werden (vgl IDW RS HFA 36 Tz 20), um die befreiende Wirkung zu erzielen, da nach Ber Merz ua, 119 die Honorarangaben *abschlussprüfungs*spezifisch zu erfolgen haben, maW nicht *abschlussprüfer*spezifisch (für ein Einbeziehungs*wahl*recht IDW RS HFA 36 Tz 20; *Wollmert/Oser/Graupe* StuB 2010, 125). **305**

Die Angabepflicht entfällt auch für ein gemUnt iSv § 310, das quotal in einen KA einbezogen wird (vgl IDW RS HFA 30 Tz 20; IDW PH 9.200.2 Tz 2; *Wollmert/Oser/Graupe* StuB 2010, 125).

18. Angaben zu bestimmten Finanzinstrumenten in den Finanzanlagen (Nr 18)

Schrifttum: *Bischof/Hettich* Anhangangaben zu Finanzinstrumenten (§ 285 Nr. 18 und Nr. 19 HGB bzw. § 314 Abs 1 Nr. 10 und Nr. 11 HGB i. d. F. des BilmoG) WPg 2012, 689.

Standard: IDW RH HFA 1.005 (Stand: 24.11.2010) Anhangangaben nach § 285 Nr 18 und 19 HGB zu bestimmten Finanzinstrumenten.

I. Allgemeines

310 Nr 18 regelt für unter den Finanzanlagen iSd § 266 Abs 2 A. III ausgewiesene FinInst, die in Ausübung des Wahlrechts nach § 253 Abs 3 S 4 in Anbetracht nur vorübergehender Wertminderung nicht auf den niedrigeren beizulegenden Wert am Abschlussstichtag außerplanmäßig abgeschrieben wurden, verschiedene Angaben (Buchwert, beizZW, Gründe für das Unterlassen der außerplanmäßigen Abschreibung) zu machen. Zweck der Vorschrift ist die Stärkung der Informationsfunktion des Anhangs im Hinblick auf die Vergleichbarkeit des JA auf internationalem Niveau.

311 Die Angabepflicht betrifft **alle Kap/KapCoGes** mit **Ausnahme der KleinstKapGes** (§ 267a), die in Ausübung des Wahlrechts des § 264 Abs 1 S 5 keinen Anhang erstellen sowie **anhangpflichtige unter das PublG fallende Unt** (§ 5 Abs 2 S 2iVm § 3 Abs 1 Nr 3–5 sowie § 5 Abs 2a PublG), **Kredit- und Finanzdienstleistungsinstitute** (§ 340a Abs 1) sowie **VersicherungsUnt** (§ 341a Abs 1) und besteht für jeden Anhang. Ein Vergleich mit Vj-Angaben ist nicht erforderlich (s aber § 284 Anm 21).

Für in den Finanzanlagen enthaltene **Anteile oder Anlageaktien** an inländischen Investmentvermögen iSd § 1 InvG oder vergleichbaren ausländischen Investmentanteilen iSd § 2 Abs 9 InvG von mehr als dem zehnten Teil greift die Spezialvorschrift der Nr 26 (s Anm 440) anstelle der Nr 18 Platz (§ 285 Nr 26 3. Ts).

Die **Form** dieser verschiedenen Angaben regelt die Vorschrift nicht. Bei umfangreicher Berichterstattung empfiehlt sich eine Aufstellung, in der die einzelnen FinInst zu angemessenen Gruppierungen zusammengefasst werden dürfen. Nach IDW RH HFA 1.005 Tz 16 ist dies der Fall, wenn gleichartige Gründe und Anhaltspunkte für das Unterlassen von Abschreibungen vorgelegen haben. Die geforderten Zahlenangaben sind in Euro zu machen.

II. Die zu den Finanzanlagen gehörenden Finanzinstrumente

312 Der Begriff „Finanzinstrument" ist im HGB und in der EU-Richtl nicht definiert. Auch § 1 Abs 11 KWG, § 2 Abs 2b WpHG geben keine Definition, zählen aber eine Reihe von FinInst auf. Nach *Böcking* (BB 2005, 7) sind für den Rechtsbegriff „Finanzinstrument" die IFRS als Auslegungsmaßstab zugrunde zu legen. Nach IAS 32.11 stellt ein FinInst einen Vertrag dar, der gleichzeitig bei dem einen Unt zu einem finanziellen Vermögenswert und bei dem anderen Unt zu einer finanziellen Verbindlichkeit oder einem EK-Instrument führt (so auch § 1 Abs 3 KWG). Finanzielle Vermögenswerte sind dabei:

flüssige Mittel; EK-Instrumente anderer Unt; das Recht, flüssige Mittel oder andere finanzielle Vermögenswerte eines anderen Unt zu erhalten; das Recht, finanzielle Vermögenswerte oder finanzielle Schulden mit einem anderen Unt unter potenziell vorteilhaften Bedingungen tauschen zu können; Verträge, die mit eigenen EK-Instrumenten erfüllt werden oder werden dürfen.

Nach IDW RH HFA 1.005 Tz 3 fallen unter den Begriff der FinInst iSd Nr 18 und 19:

die von § 1 Abs 11 und § 1a Abs 3 KWG sowie § 2 Abs 2b WpHG erfassten Instrumente (Wertpapiere, Rechte auf Zeichnung von Wertpapieren, Geldmarktinstrumente, Devisen oder Rechnungseinheiten sowie Derivate); Finanzanlagen iSd § 266 Abs 2 A. III; Forderungen iSd § 266 Abs 2 B. II Nr 1–3 und Verbindlichkeiten iSd § 266 Abs 3 C. Nr 1–2, 4–8.

Mithin sind alle Finanzanlagen iSd § 266 Abs 2 A. III FinInst iSd Nr 18 (IDW RH HFA 1.005 Tz 14; *Oser/Holzwarth* in HdR[5] §§ 284–288 Anm 388). Zu ihnen gehören, sofern sie bestimmt sind, dauernd dem Geschäftsbetrieb zu dienen (§ 247 Abs 2) zB folgende originäre FinInst:

Aktien, Aktienzertifikate, Anleihen, Geschäftsanteile an TU und assozUnt, Ausleihungen, Bet an Joint Ventures, sonstige Bet, Darlehen, Genussscheine, Investmentanteile, Rentenpapiere, Schuldscheine, Schuldverschreibungen, Wandel- und Optionsanleihen, sonstige Wertpapiere (vgl auch *Bohl/Scheinpflug* in Beck IFRS[2] § 3 Anm 11 u 19), ferner Anteile und Anlageaktien an Investmentvermögen iSd Nr 26 von bis zu 10 % sowie einheitlich zu bilanzierende strukturierte FinInst (s dazu IDW RS HFA 22 Tz 12).

Eine Berichterstattungspflicht über FinInst unter den Finanzanlagen wird nur dann ausgelöst, wenn sie über ihrem zum Bilanzstichtag beizZW ausgewiesen werden. Das ist dann der Fall, wenn von dem Wahlrecht gem § 253 Abs 3 S 4 ganz oder teilweise Gebrauch gemacht wurde, die FinInst nicht auf den niedrigeren beizZW außerplanmäßig abzuschreiben, da der niedrigere beizZW nicht als dauerhaft angesehen wird (vgl § 253 Anm 350). Zu den Voraussetzungen für diese Beurteilung s § 253 Anm 460.

III. Die Einzelangaben

1. Angabe jeweils des Buchwerts und des beizulegenden Zeitwerts (Nr 18a)

Voraussetzung für die Angabepflichten ist, dass der Buchwert über dem beizZW des einzelnen FinInst liegt. Ist dies der Fall, sind der Buchwert und der beizZW des einzelnen FinInst zum Abschlussstichtag anzugeben, um die bestehende stille Last zu zeigen. Betrifft die Angabepflicht eine Mehrzahl unterschiedlicher FinInst, dürfen diese mit ihren Buchwerten und beizZW nach dem Gesetzeswortlaut zu angemessenen Gruppierungen zusammengefasst werden. Als Grobgliederung kommt die Untergliederung nach § 266 Abs 2 A III in Frage (aA *Oser/Holzwarth* in HdR[5] §§ 284–288 Anm 394), ggf mit einer weiteren Untergliederung größerer Gruppen wie zB der Wertpapiere. Nach IDW RH HFA 1.005 Tz 16 ist die Gruppenbildung danach auszurichten, dass jeweils vergleichbare Gründe und Anhaltspunkte für das Unterlassen der Abschreibung vorgelegen haben. In die jeweilige Gruppe sind nur FinInste einzubeziehen, die einen den Zeitwert übersteigenden Buchwert aufweisen. Eine Verrechnung stiller Reserven und stiller Lasten kommt für diese Angabe nicht in Betracht (IDW RH HFA 1.005 Tz 17).

Die Ermittlung des anzugebenden beizZW erfolgt gem § 255 Abs 4 S 1 und 2 (s dort Anm 511). Für Anteile an anderen Unt und Bet können als allgemein anerkannte Bewertungsmethoden bspw auch das Ertragswertverfahren oder das Discounted-Cash-Flow-Verfahren (vgl IDW S 1) in Frage kommen.

2. Angabe der Gründe für das Unterlassen der außerplanmäßigen Abschreibung gemäß § 253 Abs 3 S 4 (Nr 18b)

318 Die Vorschrift der Nr 18b verlangt die Angabe der Gründe für das Unterlassen der außerplanmäßigen Abschreibung für jedes einzelne FinInst. Bei der Bildung von Gruppen gleichartiger Fälle darf auch diese Angabe zusammengefasst werden. Der Hauptgrund ist nach § 253 Abs 3 S 4, dass die Wertminderung nicht als dauerhaft angesehen wird. Eine bloße Wiederholung dieser gesetzlichen Voraussetzung als Erfüllung der Berichterstattungspflicht reicht jedoch nicht aus (wie hier *Oser/Holzwarth* in HdR[5] §§ 284–288 Anm 395; IDW RH HFA 1.005 Tz 18), da Nr 18b zusätzlich die Angabe von Anhaltspunkten verlangt, die darauf hindeuten, dass die Wertminderung voraussichtlich nicht von Dauer ist. Das bedeutet, dass zusätzliche verbale Angaben zu machen sind zB über feststellbare Werterhöhungen zwischen Abschlussstichtag und Erstellung des JA, über fundierte nachvollziehbare Erwartungen und Chancen hinsichtlich steigender Marktpreise oder weiterer Werterhöhungen (zB in Anbetracht vorliegender Anlaufverluste), über die Kurzfristigkeit von Ergebnisschwankungen bei Bet und Anteilen an anderen Unt, über eingeleitete bzw geplante Maßnahmen, die voraussichtlich eine Zeitwerterhöhung bewirken werden (IDW RH HFA 1.005 Tz 19). Anhaltspunkte zur Abgrenzung der Entscheidung bzgl der Dauerhaftigkeit einer Wertminderung könnten aus IDW RS VFA 2 Tz 14ff gezogen werden. Die Anwendung der Kriterien unterliegt der Methodenstetigkeit.

19. Angaben zu nicht zum beizulegenden Zeitwert bilanzierten derivativen Finanzinstrumenten (Nr 19)

Schrifttum: *Böcking* zum Verhältnis von neuem Lagebericht, Anhang und IFRS – ein Beitrag zur Berichterstattung über die Finanzinstrumente und die Finanzlage nach dem Bilanzrechtsreformgesetz, BB 2005, 5.

Standards: IDW RS HFA 22 (Stand: 2.9.2008) zur einheitlichen oder getrennten Bilanzierung strukturierter Finanzinstrumente; IDW RH HFA 1.005 (Stand: 24.11.2010) Anhangangaben nach § 285 Nr. 18 und 19 HGB zu bestimmten Finanzinstrumenten.

I. Allgemeines

320 Nach Nr 19 sind im Anhang verschiedene Angaben (Art, Umfang, beizZW – fair value –, Buchwert, Bilanzposten und die Gründe, warum der beizZW nicht bestimmt werden kann) über nicht zum beizZW bilanzierte derivative FinInst zu machen. Für Derivate, die als Grundgeschäft oder Sicherungsinstrument Gegenstand einer BewEinh sind, entfällt eine Angabepflicht nach Nr 19 (IDW RH HFA 1.005 Tz 24), unbeschadet der Angabepflichten nach Nr 23 (s Anm 400).

Die Vorschrift bezweckt die Stärkung der Informationsfunktion des Anhangs im Hinblick auf die Vergleichbarkeit des JA auf internationalem Niveau und soll den JA-Adressaten Informationen über den Umfang und beizZW derivativer FinInst geben, da diese erhebliche Auswirkungen auf die finanzielle Lage einer Ges haben können. Während die Angabepflichten von Nr 19 sich auf nicht zum beizZW bilanzierte derivative FinInst beschränken, beziehen sich die Berichterstattungspflichten nach Nr 20 auf die zum beizZW bilanzierten FinInst einschl derivativer FinInst, die gem § 340e Abs 3 S 1 auf Kredit- und Finanzdienstleistungsinstitute beschränkt sind.

Die Angaben der Nr 19 sind von allen **mittelgroßen und großen KapGes/ KapCoGes** sowie von den unter das **PublG** fallenden **anhangpflichtigen Unt** (§ 3 Abs 1 Nr 3–5 iVm § 5 Abs 2 S 2 sowie § 5 Abs 2a PublG), von **Kredit- und Finanzdienstleistungsinstituten** (§ 340a Abs 1) und **VersicherungsUnt** (§ 341a Abs 1) in jedem Anhang unabhängig von ihrer Wesentlichkeit für das Unt (aA *Hoffmann/Lüdenbach* GmbHR 2004, 147) zu machen. Die Angabe von Vj-Zahlen ist nicht vorgeschrieben (s aber § 284 Anm 21).

Die Angabepflichten nach Nr 19 umfassen für jede Kategorie (s Anm 323) von nicht zum beizZW bilanzierten derivativen FinInst Art, Umfang und beizZW unter Angabe der angewandten Bewertungsmethode, einen ggf vorhandenen Buchwert und den diesen enthaltenden Bilanzposten sowie die Gründe dafür, warum der beizZW nicht bestimmt werden kann. Die Vorschrift ersetzt evtl Angabepflichten nach § 285 Nr 3 und 3a. Die Form dieser verschiedenen Angaben regelt die Vorschrift nicht. Da es sich teils um Zahlenangaben, teils um Beschreibungen und Erl handelt, empfiehlt sich bei umfangreicher Berichterstattung eine 7-spaltige Aufstellung folgender Art:
Kategorie/Art/Umfang/beizZW/Buchwert/Bilanzposten/Erl zu den angewandten Bewertungsmethoden/Gründe für die fehlende Bestimmbarkeit des beizZW.

II. Die nicht zum beizulegenden Zeitwert bilanzierten derivativen Finanzinstrumente

Derivative FinInst sind unbestimmte Rechtsbegriffe, die auch die europäischen Richtl offen lassen. § 1 Abs 11 S 4 KWG und § 2 Abs 2 WpHG verwenden den Begriff Derivate. Auch hierfür gibt es keine exakte Definition (*Reischauer/Kleinhaus* KWG-Kommentar 2004 § 1 Anm 346a). ISd Gesetzes handelt es sich idR um Verträge, die auf den künftigen Kauf/Verkauf bzw über Rechte zum künftigen Kauf/Verkauf originärer FinInst abzielen, also bedingte oder unbedingte Termingeschäfte (§ 254 Anm 71 ff) in der Form eines Fest- oder Optionsgeschäfts, bei denen der Erfüllungszeitpunkt hinausgeschoben ist und deren Preis sich in einem bestimmten Verhältnis zur Entwicklung ihres Basiswerts bewegt. Als Basiswerte kommen Wertpapierkurse, Devisenkurse, Zinssätze, Börsen- oder Marktpreise von Geldmarktinstrumenten, Indizes, Börsen- oder Marktpreise von Rohstoffen und anderen Waren in Frage. Bsp für Derivate finden sich in *Reischauer/Kleinhaus* aaO § 1 Anm 349. Ihr Zweck kann Absicherung eines risikobehafteten Geschäfts gegen Wertverlust oder Spekulation sein.

Obwohl S 2 des § 285 aF durch das BilMoG aufgehoben wurde, gehören nach der Begr RegE BilMoG auch solche Warenterminkontrakte dazu, bei denen jede Vertragspartei zur Abgeltung in bar oder durch ein anderes FinInst berechtigt ist, nicht jedoch Warenkontrakte, die zur Absicherung/Abdeckung eines erwarteten physischen Bedarfs für Erwerb/Veräußerung/Eigengebrauch dienen, sofern dieser Zweck bei Vertragsabschluss bestand und am Bilanzstichtag noch besteht, und bei denen mit der Lfg der Ware der Vertrag als erfüllt gilt (IDW RH HFA 1.005 Tz 5). Infrage kommen damit für eine Angabepflicht zB Strom- sowie Erz-/Edelmetallgeschäfte, EEX-Terminkontrakte ohne physische Lfg.

Nach den GoB handelt es sich bei den nicht zum beizZW bilanzierten Derivaten um schwebende Geschäfte, die grundsätzlich außer bei Vorleistungen oder drohenden Verlusten nicht in der Bilanz zu erfassen, sondern im Anhang anzugeben sind. Desweiteren handelt es sich um Derivate, für die kein aktiver Markt iSv § 255 Abs 4 S 1 besteht und deren beizZW mit Hilfe allgemein anerkannter Bewertungsmethoden nach § 255 Abs 4 S 2 nicht bestimmt werden kann sowie um Derivate, die nach § 255 Abs 4 S 3 mit den fortgeführten AK/HK bewertet wurden. Dabei kann es sich um Derivate handeln, die zu Handelszwecken (bei Kreditinstituten s jedoch Anm 350 ff) oder zu Sicherungszwecken erworben wurden oder die nach Vertrag oder der Absicht der Ges bis zum Ende ihrer Laufzeit/Endfälligkeit/Ausübungszeitpunkts gehalten werden sollen. Ferner gehören hierzu getrennt zu bilanzierende eingebettete Derivate eines strukturierten FinInst (IDW RS HFA 22 Tz 25). Für Kredit- und Finanzdienstleistungsinstitute (§ 340) sind dies Derivate, die zur Liquiditätsreserve oder zum Anlagebestand gehören (Begr RegE BilMoG, 210).

Die Angaben sind für jede Kategorie der Derivate zu machen. Maßgebend für die Bildung und Abgrenzung einer Kategorie ist die Gleichartigkeit der dem Derivate-Vertrag zugrunde liegenden Basiswerte iSv § 1 Abs 11 S 4 KWG, mithin nach IDW RH HFA 1.005 Tz 26: zinsbezogene Geschäfte, währungsbezogene Geschäfte, aktien-/indexbezogene Geschäfte und sonstige Geschäfte (zB Kreditderivate, s IDW RS BFA 1); auf Derivate bezogene Geschäfte. Sind derivative FinInst mehreren Kategorien zuzuordnen (zB cross-currency-Zinsswaps), sind sie unter einer eigenständigen Kategorie oder gesondert unter den sonstigen Geschäften zu erfassen (IDW RH HFA 1.005 Tz 27). Eine Einzelangabe wesentlicher Verträge ist nicht erforderlich.

III. Die Einzelangaben

1. Allgemeines

325 Anzugeben sind für jede Kategorie der nicht zum beizZW bilanzierten derivativen FinInst Art, Umfang, der beizZW – soweit er verläßlich ermittelbar ist –, dessen angewandte Bewertungsmethode, ein ggf vorhandener Buchwert und der Bilanzposten, in dem der Buchwert erfasst ist, sowie die Gründe dafür, warum der beizZW nicht bestimmt werden kann. Die geforderten Zahlenangaben sind in € zu machen (§ 244), wobei auch eine Angabe in der jeweiligen Währung unter Angabe des Devisenmittelkurses am Bilanzstichtag zulässig ist.

326 Über den Zeitpunkt, zu welchem die Angaben über die Derivate-Verträge zu machen sind, sagt die Vorschrift expressis verbis nichts. Aus dem Gesetzeszusammenhang ist zu folgern, dass die Angabepflicht sich auf die schwebenden Vertragsverhältnisse am Bilanzstichtag bezieht (IDW RH HFA 1.005 Tz 23).

2. Angaben zu Art und Umfang (Nr 19a)

327 Anzugeben sind Art und Umfang der derivativen FinInst. Zu den Arten derivativer FinInst zählen nach IDW RH HFA 1.005 Tz 29 Optionen, Futures, Swaps und Forward Rate Agreements. Die Angabe des Umfangs von derivativen Finanzinstrumenten erfordert die Nennung des Nominalwerts.(IDW RH HFA 1.005 Tz 30). Nach dem Wortlaut der Nr 19 hat sich die Angabe des Umfangs jeweils auf eine Kategorie zu beziehen, nicht jedoch auf jede Art (IDW RH HFA 1.005 Tz 32; Oser/Holzwarth in HdR[5] §§ 284–288 Anm 378). Bei einem umfangreichen Bestand an derivativen FinInst bietet sich die Darstellung in einer Tabelle an, in der die erforderlichen Einzelangaben den Kategorien unterteilt nach Arten zugeordnet sind. Damit können verbale Erl weitgehend vermieden werden.

3. Angabe des beizulegenden Zeitwerts (Nr 19b Ts 1)

328 Nr 19b verlangt die Angabe des beizZW der betr derivativen FinInst, soweit er sich nach § 255 Abs 4 verlässlich ermitteln lässt. Der beizZW wird beschaffungs-

oder absatzmarktorientiert ermittelt (IDW PS 314 Tz 15) er entspricht demnach iW dem Einzelveräußerungspreis des VG bzw der Schuld oder den Wiederbeschaffungskosten. Anzugeben ist jeweils der beizZW zum **Bilanzstichtag** (Anm 326). IDW RH HFA 1.005 Tz 31 empfiehlt, derivative FinInst mit positiven beizZW getrennt von solchen mit negativen beizZW darzustellen.

Der beizZw kann grds auf unterschiedliche Weise ermittelt werden. Dabei ist 329 der Grundsatz der Bewertungsmethodenstetigkeit des § 252 Abs 1 Nr 6 zu beachten. Ziel ist iSd Gesetzes eine möglichst marktnahe und damit objektivierte Bewertung. Hierzu gibt § 255 Abs 4 eine Präferenzreihenfolge vor. § 255 Abs 4 S 1 bestimmt, dass der beizZW dem Marktpreis entspricht, der auf einem aktiven Markt ermittelt wird. Ein aktiver Markt liegt vor, wenn ein Marktpreis an einer Börse, von einem Händler oder Broker, von einer Branchengruppe, von einem Preisberechnungsservice (zB Bloomberg) oder von einer Aufsichtsbehörde leicht und regelmäßig erhältlich ist und auf aktuellen und regelmäßig auftretenden Markttransaktionen zwischen unabhängigen Dritten beruht (Begr RegE BilMoG, 134, IDW RH HFA 1.005 Tz 8). Hier ist der öffentlich notierte Marktpreis am Bilanzstichtag direkt beobachtbar und zwingend anzusetzen. Ist am Bilanzstichtag kein Marktpreis feststellbar, kommt ggf ein Marktpreis kurz vor oder nach dem Bilanzstichtag in Frage, der bei Änderung der Rahmendaten anzupassen ist.

Soweit kein aktiver Markt besteht, an Hand dessen sich der Marktpreis er- 330 mitteln lässt, ist nach § 255 Abs 4 S 2 der beizZW mit Hilfe allgemein anerkannter Bewertungsmethoden verlässlich zu bestimmen. Der auf diese Weise (s § 255 Anm 518) ermittelte beizZW ist anzugeben.

Kann der beizZW nicht bestimmt werden, entfällt die Angabe des beizZW 331 unter Nennung der hierfür bestehenden Gründe nach Nr 19d (s Anm 337). Die anderen Angabepflichten der Nr 19a und c bleiben jedoch bestehen.

4. Angabe der angewandten Bewertungsmethode (Nr 19b Ts 2)

Kann ein beizZW nach § 255 Abs 4 S 1 und 2 ermittelt und folglich angegeben 333 werden, verlangt die Vorschrift der Nr 19b eine Berichterstattung über die angewandte Bewertungsmethode, mit deren Hilfe der beizZW bestimmt wurde. Im Falle der Marktpreisbewertung auf Grund des Vorliegens eines aktiven Markts genügt ein entspr Hinweis. Im Falle der Ermittlung des beizZW nach § 255 Abs 4 S 2 können verschiedene Methoden zur Anwendung kommen, die jeweils nachvollziehbar anzugeben und zu erläutern sind: zB Ermittlung aus dem Vergleich mit dem vereinbarten Marktpreis jüngerer vergleichbarer Derivate (Begr RegE BilMoG, 134), wobei ggf Besonderheiten, die die Vergleichbarkeit beeinträchtigen, zu bereinigen sind; Ableitung des beizZW aus den Marktwerten der einzelnen Bestandteile des Derivats; Ableitung des beizZW aus aktuellen Marktwerten oder solchen der Vergangenheit (maximal 12 Monate) für erworbene oder veräußerte gleichartige Derivate unter entspr Anpassung an den Abschlussstichtag; Ermittlung des beizZW zB mit Hilfe von Optionspreisberechnungsmodellen, Black-Scholes-Merton-Modell oder ein anerkanntes Binominalmodell.

In jedem Fall ist die Ermittlungsmethode offenzulegen; ein Hinweis auf die 334 Herkunft der beizZW (zB Bankauskünfte über die Preise gleichartiger Derivate) oder seiner Bestandteile reicht nicht aus. Deshalb müssen die Auskünfte der Geschäftspartner Angaben über die Ermittlungsmethode der mitgeteilten Werte umfassen (IDW RH HFA 1.005 Tz 35).

5. Angabe jeweils des Buchwerts und des Bilanzpostens (Nr 19c)

Anzugeben sind ferner ein ggf vorhandener Buchwert, sei er aktivisch oder 336 passivisch, mit dem das derivative FinInst zum Bilanzstichtag bilanziert ist, und der Bilanzposten, in welchem der Buchwert erfasst ist. Nach HGB handelt es sich bei den Derivaten um schwebende Geschäfte, die idR nicht bilanziert werden, außer es sind beim Käufer AK angefallen oder es drohen Verluste aus der Abwicklung bzw der Verkäufer hat empfangene Zahlungen zu passivieren. Nicht zu den AK gehören iZm Futures gezahlte Sicherheitsleistungen (initial margins), da sie eigene VG darstellen (aA *Oser/Holzwarth* in HdR[5] §§ 284–288 Anm 381; *WPH*[14] I, F Anm 817), ferner nicht Zinsabgrenzungen aus laufenden Zinszahlungen iZm Swaps, Ausgleichszahlungen uä. Wohl aber Upfront Payments iZm Swaps, da diese den Ausgleich positiver oder negativer Marktwerte des Derivats im Zeitpunkt des Vertragsabschlusses darstellen und somit als AK anzusehen sind. Buchwert und Bilanzposten nach Maßgabe von § 266 Abs 2 und 3 sind in jedem Fall anzugeben, um dem JA-Adressaten ein vollständiges Bild der Vertragssituation über Derivate zu geben, da der Grundsatz der Wesentlichkeit hier nicht greift.

6. Angabe der Gründe bei fehlender Bestimmbarkeit des beizulegenden Zeitwerts (Nr 19d)

337 Nr 19d schreibt vor, dass die Gründe dafür anzugeben sind, warum der beizZW nicht nach § 255 Abs 4 bestimmt werden kann. Diese Bestimmung geht über die *Fair-Value*-Richtl hinaus (Begr RegE BilReG BR-Drs 326/04, 61). Dementspr sind nach Maßgabe von § 255 Abs 4 anzugeben: zB das Fehlen eines Marktwerts des Derivats selbst oder seiner Bestandteile, das Fehlen gleichartiger oder vergleichbarer Derivate oder dass anerkannte Modelle und Methoden keine Annäherung des beizZW gewährleisten, weil der Anteil der Schätzungen und Annahmen sehr groß ist, dass die angewandte Bewertungsmethode eine Bandbreite möglicher Werte zulässt, die Abweichung der Werte signifikant ist und eine Gewichtung der Werte nach Eintrittswahrscheinlichkeiten nicht möglich ist, oder dass keine anerkannten Modelle und Methoden zur verlässlichen Bestimmung eines angenäherten beizZW zur Verfügung stehen.

20. Angaben zu mit dem beizulegenden Zeitwert bewerteten Finanzinstrumenten des Handelsbestands gem § 340e Abs 3 S 1 (Nr 20)

Standard: IDW RS BFA 2 (Stand: 3.3.2010) Bilanzierung von Finanzinstrumenten des Handelsbestands bei Kreditinstituten.

I. Allgemeines

350 Die Vorschrift steht iZm der Zeitwertbewertung von FinInst des Handelsbestands und normiert die Pflicht zu verschiedenen Angaben zu solchen FinInst. Sie bezweckt eine Stärkung der Informationsfunktion des JA im Hinblick auf seine internationale Vergleichbarkeit. Die Angaben nach Nr 20 sind nur von Kredit- und Finanzdienstleistungsinstituten (§ 340a Abs 1, 2) in jedem Anhang zu machen. Außerdem sind in diesem Zusammenhang die Angabepflichten nach §§ 34, 35 RechKredV zu beachten (s dazu IDW RS BFA 2 Tz 83 ff).

351 Die Berichterstattung bezieht sich auf die FinInst des Handelsbestands nach RechKredV, Formblatt 1, Aktivseite Nr 6a und Passivseite Nr 3a – originäre, derivative und strukturierte –, die gem § 340e Abs 3 S 1 mit dem beizZW gem § 255 Abs 4 S 1, 2 bewertet wurden (zur Zuordnung zum Handelsbestand s IDW RS BFH 2 Tz 10 ff). Die Vorschrift steht iZm den Angabepflichten nach

Sonstige Pflichtangaben 352, 353 § 285

§ 35 Abs 1 Nr 1a RechKredV, wonach der aktive Handelsbestand (Nr 6a) in derivative FinInst, Forderungen, Schuldverschreibungen und andere festverzinsliche Wertpapiere, Aktien und andere nicht fest verzinsliche Wertpapiere sowie sonstige VG und der passive Handelsbestand (Nr 3a) in derivative FinInst und Verbindlichkeiten aufzugliedern sind.

II. Angaben zu den mit dem beizulegenden Zeitwert bewerteten Finanzinstrumenten des Handelsbestands (lit a)

Nach Nr 20a sind für die mit dem beizZW bewerteten FinInst des Handels- 352 bestands die grundlegenden Annahmen, die der Bestimmung des beizZW mit Hilfe allgemein anerkannter Bewertungsmethoden zugrunde gelegt wurden, anzugeben. Die Vorschrift begrenzt die Berichterstattungspflicht auf die zum beizZW bewerteten FinInst des Handelsbestands, die nicht unmittelbar zum eigenen Marktwert nach § 255 Abs 4 S 1 bewertet wurden, sondern, da ein solcher zum Bilanzstichtag (oder kurze Zeit vorher oder nachher) nicht ermittelt werden konnte, deren beizZW auf der Anwendung von allgemein anerkannten Bewertungsmethoden beruht (Begr RegE BilMoG, 157; IDW RS BFA 2 Tz 80). Eine Angabepflicht nach Nr 20a entfällt somit für die FinInst des Handelsbestands, die zum beizZW eines aktiven Markts bewertet wurden (glA *Küting/Boecker* in Küting/Pfitzer/Weber, 566). Eine Beschränkung der Berichterstattungspflicht nur auf die wesentlichen FinInst ist nicht gesetzeskonform. Welche Bewertungsmethoden hierfür in Frage kommen, lässt das Gesetz offen. Eingeschränkt wird die Anwendung einer speziellen Bewertungsmethode allerdings durch die Festlegung, dass es sich um eine allgemein anerkannte Methode handeln muss. Unterliegt das FinInst linearen Risiken kommen als Bewertungsverfahren Barwertmodelle in Betracht, im Falle nicht linearer Risiken Optionspreismodelle (IDW RS BFA 2). Möglich ist auch die Anwendung von Annäherungsverfahren, die den beizZW angemessen unter Berücksichtigung von Zu- und Abschlägen an den Marktpreis annähern, wie er sich am Bilanzstichtag zwischen unabhängigen Geschäftspartnern bei Vorliegen normaler Geschäftsbedingungen ergeben hätte, bzw auf Grund eines Vergleichs mit dem vereinbarten Marktpreis jüngerer vergleichbarer Geschäftsvorfälle zwischen sachverständigen, vertragswilligen und unabhängigen Geschäftspartnern (so Begr RegE BilMoG, 134) ergeben würde. Entspr können auch, sofern verlässlich, Transaktionen gleichartiger FinInst nach dem Bilanzstichtag bis zum Abschlusserstellungstag unter entspr Anpassung herangezogen werden. Es muss sich immer um regelmäßig zustande kommende, auf aktiven Märkten beobachtbare Transaktionen gleichartiger, vergleichbarer oder ähnlicher FinInst handeln, wobei ggf Besonderheiten, die die Vergleichbarkeit beeinträchtigen, zu bereinigen sind. Eine Bewertungsmethode ist ausgeschlossen, wenn sie eine Bandbreite möglicher Werte zulässt, die Abweichung der Werte voneinander signifikant ist und die Gewichtung der Werte nach Eintrittswahrscheinlichkeiten nicht möglich ist.

Andere allgemein anerkannte wirtschaftliche Bewertungsmethoden, die dazu 353 dienen, den beiz ZW angemessen an den Marktpreis anzunähern, können angewandt werden, wie sie von anderen Kredit- und Finanzdienstleistungsinstituten, Händlern, Brokern, Preisberechnungsservice oder einer Aufsichtsbehörde gehandhabt werden und zu deren Preisen Transaktionen zustande kommen. Bei der Ermittlung der beizZW mit Hilfe solcher allgemein anerkannter Bewertungsmethoden sind die grundlegenden Annahmen, die der Bewertungsmethode zugrunde gelegt wurden, anzugeben. Darunter fallen nicht die Annahmen, die auf Preisen aktueller Markttransaktionen für gleiche FinInst oder anderen verfügbaren Marktdaten beruhen. Anzugeben ist mithin die angewandte Methode selbst (zB Vergleichswertmethode) sowie die wesentlichen objektiv nachvollziehbaren Parameter (Begr RegE BilMoG, 157), wozu zB Zinssätze, Preise des Basiswerts, Restlaufzeiten gleichartiger/vergleichbarer FinInst gehören. Eine Angabe der Herkunft des beizZW (zB Bankauskunft) wird der Vorschrift nicht gerecht. Die Angaben nach Nr 20a müssen sich auf jeden Unterposten der Aufgliederung nach § 35 Abs 1 Nr 1a RechKredV beziehen.

Die Vorschrift verlangt allerdings keine Angabe der beizZW und auch keine Begr für die Einbeziehung von FinInst in den Handelsbestand und auch keine Aufgliederung der Unterposten im Anhang in zu Marktwerten bewertete FinInst und in mit Hilfe allgemein anerkannter Bewertungsmethoden bewertete FinInst, auf die letztere Teilmenge sich Nr 20a bezieht.

III. Angaben zu den mit dem beizulegenden Zeitwert bewerteten derivativen Finanzinstrumenten (lit b)

354 Nr 20b normiert zusätzlich für jede Kategorie der derivativen FinInst des Handelsbestands gem § 340e Abs 3 S 1 die zum beizZW nach § 255 Abs 4 S 1, 2 bewertet wurden, eine Berichterstattungspflicht mit Angabe von Art, Umfang und wesentlichen Bedingungen, die die Höhe, den Zeitpunkt und die Sicherheit künftiger Zahlungsströme beeinflussen können. Die Angaben haben sich auf den Unterposten „derivative FinInst" des aktiven Handelsbestands (Nr 6a) und des passiven Handelsbestands (Nr 3a) gem § 35 Abs 1 Nr 1a RechKredV zu beziehen.

Für alle anderen derivativen FinInst außerhalb § 340e Abs 3 S 1 besteht eine Berichterstattungspflicht nach Nr 19 iVm § 34 Abs 1 S 1 RechKredV (s Anm 320 ff). Die Vorschrift der Nr 20b überschneidet sich zT mit der Berichterstattungspflicht im Lagebericht nach § 289 Abs 2 Nr 2b.

355 Die zu machenden Angaben haben sich auf jede **Kategorie** von Derivaten zu beziehen (zur Bildung und Abgrenzung einer Derivate-Kategorie 323). Anzugeben sind Art und Umfang jeder Derivate-Kategorie. Zu den **Arten** zählen nach IDW RH HFA 1.005 Tz 29 Optionen, Futures, Swaps und Forewards. Die Angabe des **Umfangs** bedeutet die Angabe des Nominalwerts (Begr RegE BilMoG, 157; IDW RS BFA 2 Tz 82).

Die Angabepflicht der **wesentlichen Bedingungen** beschränkt sich auf die Bedingungen des Derivatevertrags, die die Höhe, den Zeitpunkt und die Sicherheit künftiger Zahlungsströme beeinflussen können. Zu den Zahlungsströmen gehören alle Zu- und Abflüsse von Zahlungsmitteln oder Zahlungsmitteläquivalenten; sie können aus Barausgleich, Barvergütung, Differenzausgleich oder anderen Ausgleichszahlungen – jeweils brutto oder netto – bestehen. Auf die möglichen Ursachen der Zahlungsstromschwankungen (Marktpreis-, Währungs-, Zins-, andere Preisrisiken) ist einzugehen, da nach der Begr RegE BilMoG, 157 Auskunft darüber zu geben ist, welchen Risiken die jeweilige Kategorie der derivativen FinInst ausgesetzt ist.

356 Die **Form** dieser verschiedenen Angaben regelt die Vorschrift nicht. Da es sich teils um Zahlenangaben, teils um Darstellungen und Erl handelt, empfiehlt sich eine vierspaltige Aufstellung: Kategorie/Umfang/Art/Wesentliche Bedingungen.

21. Angaben über Geschäfte mit nahe stehenden Unternehmen und Personen (Nr 21)

Schrifttum: *Andrejewski/Böckem* Die Bedeutung natürlicher Personen im Kontext des IAS 24, KoR 2005, 170; *Niehus* nahestehende Personen nach dem BilMoG DStR 2008, 2280; *ders* Berichterstattung über Geschäfte mit nahestehenden natürlichen Personen nach dem BilMoG und dem Deutschen Corporate Governance Codex, DB 2008, 2493; *Kirsch* Neue Anhangangabepflichten zum Jahresabschluss nach dem BiLMoG-RegE, StuB 2008, 878; *Wollmert/Oser/Graupe*. Anhangangaben zu den Abschlussprüferhonoraren und zu marktunüblichen Geschäften nach BilMoG, StuB 2010, 123; *Rimmelspacher/Fey* Anhangangaben zu nahestehenden Unternehmen und Personen nach dem BilMoG, WPg 2010, 180.

Standard: IDW RS HFA 33 (Stand: 9.9.2010) Anhangangaben nach §§ 285 Nr. 21, 314 Abs. 1 Nr. 13 HGB zu Geschäften mit nahestehenden Unternehmen und Personen.

I. Allgemeines

Nach Nr 21 ist in jedem Anhang über nicht zu marktüblichen Bedingungen zustande gekommene Geschäfte mit nahe stehenden Unt/Personen unter Angabe der Art der Beziehung, des Werts der Geschäfte sowie weiterer für die Beurteilung der Finanzlage der Ges notwendiger Angaben zu berichten. Die Vorschrift bezweckt eine Annäherung der Berichtspflichten an die IFRS und damit eine Verbesserung der Vergleichbarkeit des handelsrechtlichen JA (Begr RegE BilMoG, 148) und die Verbesserung des Einblicks in die Finanzlage. Sowohl nach der Abänderungsrichtl (Präambel Tz 6) als auch nach der Begr BilMoG, 147 ist nur auf die Beurteilung der Finanzlage, nicht der gesamten VFE-Lage der Ges abgestellt. MaW ist die Berichtspflicht nach Nr 21 auf die Beurteilung der Finanzlage als der Fähigkeit des Unt, seinen Verpflichtungen in überschaubarem Zeitraum nachkommen zu können, sowie seiner Liquidität (Begr RegE BilMoG, 142) ausgerichtet. 360

Die Berichterstattungspflicht nach Nr 21 besteht für alle **großen KapGes/KapCoGes**, für **unter das PublG fallende Unt** (§ 3 Abs 1 Nr 3–5 iVm § 5 Abs 2 S 2 PublG) sowie für die **kapmarktUnt** des § 5 Abs 2a PublG, für **Kredit- und Finanzdienstleistungsinstitute** (§ 340a Abs 1) und **VersicherungsUnt** (§ 341a Abs 1). Fehlen Angaben nach Nr 21, denen über einen reinen Bagatellcharakter hinausgehendes Gewicht zukommt, ist der BVm einzuschränken (LG Berlin 7.8.2009, WPK-Mag 2010, 38 zu einem IFRS-KA). **Mittelgroße KapGes/KapCoGes** sind von der Berichtspflicht befreit. **Mittelgroße** Ges in der Rechtsform der **AG** (nicht KGaA) sind jedoch berichterstattungspflichtig und dürfen die Angaben auf Geschäfte beschränken, die sie direkt oder indirekt mit dem Haupt-Gester oder Mitgliedern des Geschäftsführungs-, Aufsichts- oder Verwaltungsorgans abgeschlossen haben (§ 288 Abs 2 S 4 Anm 11 ff). Für **kleine KapGes/KapCoGes,** auch kleine AG, entfällt die Berichtspflicht (§ 288 Abs 1), ebenso für den Anhang eines freiwillig offen gelegten IFRS-EA nach § 325 Abs 2a und für **KleinstKapGes/KleinstKapCoGes.** 361

Die **Form** der verschiedenen Angaben regelt die Vorschrift nicht. Da es sich teils um Zahlenangaben, teils um Beschreibungen und Erl handelt, empfiehlt sich bei umfangreicher Berichterstattung eine 3-spaltige Aufstellung folgender Art: Art der Beziehung/Wert der Geschäfte/weitere für die Beurteilung der Finanzlage notwendige Angaben. Sofern Sachverhalte nicht vorhanden sind, ist eine Fehlanzeige nicht erforderlich (wie hier IDW RS HFA 33 Tz 21). Die Angabepflichten nach Nr 9 sind als lex specialis aus dem Anwendungsbereich der Nr 21 (auch bei Inanspruchnahme der Schutzklausel nach § 286 Abs 4) ausgenommen (IDW RS HFA 33 Tz 24). 362

II. Die nahe stehenden Unternehmen und Personen

Der Begriff „nahe stehende Unternehmen und Personen" wurde durch das BilMoG in das HGB eingeführt; er ist nach der Begr Reg BilMoG, 147 und in 363

§ 285   364, 365   Anhang

Übereinstimmung mit Art 43 Abs 1 Nr. 7b der Bilanzrichtl idF der Abänderungsrichtl (Präambel Tz 7) explizit iSd IAS 24 in der von der EU jeweils gebilligten Fassung (zZt revised 2009) zu verstehen. Der Kreis der infrage kommenden nahe stehenden Unt/Personen ergibt sich aus IAS 24.9 und 11(IDW RS HFA 33 Tz 8). Damit sind die Definitionen aus anderen Gesetzen (§ 1 Abs 2 AStG, § 138 InsO, § 15a Abs 3 WpHG) sowie DCGK 4.3.4 nicht anzuwenden. Der Begriff geht weiter als der der verbundenen Unt iSv § 271 Abs 2 und § 15 AktG. Da die Vorschrift auf Unt und Personen (*party*) abstellt, ist der Kreis dieser Gruppe sehr weit gefasst und erstreckt sich auf in- und ausländische Unt jeder Rechtsform (zum UntBegriff s § 271 Anm 11) sowie juristische und natürliche Personen (Privatpersonen).

364   Was unter „nahe stehend" zu verstehen ist, ergibt sich ebenfalls aus IAS 24.9, wobei dort keine abstrakte Definition gegeben wird, sondern mögliche Tatbestände festgelegt werden, wobei der Katalog als abschließend anzusehen ist (*WPH*[14] I, F Anm 1006).

Ein **Unt** wird als der KapGes/KapCoGes nahe stehend betrachtet, wenn es
- und die berichtende KapGes/KapCoGes derselben UntGruppe angehören (dh alle MU, TU und SchwesterUnt stehen einander nahe),
- oder die berichtende KapGes/KapCoGes ein assozUnt (IAS 28.2) einschl dessen TU (IAS 24.12) oder ein GemUnt (IAS 28.3) einschl dessen TU (IAS 24.12) des anderen oder eines Unt einer Gruppe ist, der auch das andere Unt angehört,
- und die berichtende KapGes/KapCoGes GemUnt desselben Dritten ist,
- oder die berichtende KapGes/KapCoGes ein GemUnt eines Dritten ist und es assozUnt dieses Dritten ist,
- ein AVersPlan zugunsten der Arbeitnehmer der berichtenden KapGes/KapCoGes oder eines diesem nahestehenden Unt ist,
- von einer natürlichen Person oder ihren nahen Familienangehörigen beherrscht wird, die/der die berichtende KapGes/KapCoGes beherrscht, an ihrer gemeinsamen Führung beteiligt ist, maßgeblichen Einfluss auf sie hat oder in ihrem Management oder ihres MU eine Schlüsselposition bekleidet.

Eine **natürliche Person** oder ein **naher Familienangehöriger** wird als der berichtenden KapGes/KapCoGes nahe stehend betrachtet, wenn sie/er
- die berichtende KapGes/KapCoGes beherrscht,
- an der gemeinsamen Führung der berichtenden KapGes/KapCoGes beteiligt ist,
- einen maßgeblichen Einfluss auf die berichtende KapGes/KapCoGes hat
- im Management der berichtenden KapGes/KapCoGes oder ihres MU eine Schlüsselposition bekleidet.

Zum **Management in Schlüsselpositionen** gehören nicht nur die Mitglieder der Geschäftsführung und des AR, sondern auch alle Personen der Führungsebene darunter, die für die Planung, Leitung und Überwachung der Tätigkeiten der Ges direkt oder indirekt zuständig und verantwortlich (vgl IAS 24.9; vgl *Niehus* DB 2008, 2494 f) sind.

365   **Nahe Familienangehörige** einer Person iSv IAS 24.9 sind Familienmitglieder, von denen angenommen werden kann, dass sie bei ihren Transaktionen mit der KapGes/KapCoGes auf die Person Einfluß nehmen oder von ihr beeinflusst werden können. Dazu gehören ihr Lebenspartner und ihre Kinder sowie die Kinder ihres Lebenspartners, ferner von ihr oder vom Lebenspartner wirtschaftlich abhängige Familienangehörige, soweit sie im gemeinsamen Haushalt leben (*Andrejewski/Böckem* KoR 2005, 172). Ein Unt kann auch durch die Mittlerfunktion einer nahe stehenden Person oder ihres nahen Familienangehörigen zu einem Nahestehenden werden (s im Einzelnen *Andrejewski/Böckem* KoR 2005, 170). Danach wird ein Unt als nahe stehend betrachtet, wenn

- es von einem Mitglied des Managements in Schlüsselpositionen bei der Ges oder ihrem MU oder einem nahen Familienangehörigen dieses Mitglieds beherrscht wird,
- es unter gemeinsamer Führung eines solchen Mitglieds oder nahen Familienangehörigen steht,
- es von einem solchen Mitglied oder nahen Familienangehörigen maßgeblich beeinflusst wird,
- es in einem wesentlichen Stimmrechtsbesitz, ob direkt oder indirekt, steht,
- an ihm ein wesentlicher Stimmrechtsanteil, ob direkt oder indirekt, von einem Mitglied des Managements in Schlüsselposition oder einem Familienmitglied bei der Ges oder ihrem MU besteht.

Bei allen nahe stehenden Beziehungen kommt es auf den wirtschaftlichen Gehalt der Beziehung und nicht allein auf die rechtliche Gestaltung an (IAS 24.10). 366

Nach IAS 24.11 sind **nicht als nahestehende Unt/Personen** anzusehen:
- zwei Unt, die lediglich ein Mitglied des Management in Schlüsselpositionen gemeinsam haben oder bei denen ein Mitglied des Management in einer Schlüsselposition bei dem einen Unt maßgeblichen Einfluss auf das andere Unt hat,
- zwei PartnerUnt, die lediglich die gemeinschaftlicheFührung eines GemUnt ausüben,
- Kapitalgeber, Gewerkschaften, öffentliche VersorgungsUnt sowie Behörden und Institutionen einer öffentlichen Stelle, die die berichtende KapGes/KapCoGes weder beherrscht, noch gemeinschaftlich führt, noch maßgeblich beeinflusst,
- einzelne Kunden, Lieferanten, Franchisegeber, Vertriebspartner oder Generalvertreter mit denen die berichtende KapGes/KapCoGes ein erhebliches Geschäftsvolumen abwickelt, lediglich aufgrund der daraus resultierenden wirtschaftlichen Abhängigkeit.

Über den Zeitpunkt, zu welchem die nahe stehende Beziehung bestehen muss, um die Berichterstattungspflicht auszulösen, sagt Nr 21 expressis verbis nichts. Aus dem Zweck der Vorschrift, die Beurteilung der Finanzlage der Ges zu verbessern, lässt sich schließen, dass sich die Angabepflicht auf die entspr Verhältnisse im gesamten Gj bezieht. Die nahe stehende Beziehung muss mithin zum Zeitpunkt des Geschäftsabschlusses (IDW RS HFA 33 Tz 10), jedoch nicht notwendiger Weise über die gesamte Periode, bestanden haben, um bei Vorliegen der weiteren Voraussetzungen die Angabepflicht auszulösen, dh die Berichterstattungspflicht beginnt mit dem Entstehen eines nahe stehenden Verhältnisses und entfällt mit seiner Beendigung (ähnlich *Niehus* DB 2008, 2495), besteht also auch bei unterjähriger nahe stehender Beziehung. 367

III. Die anzugebenden Geschäfte

Der Begriff **Geschäft** beinhaltet nach der Begr RegE BilMoG, 158 zuvörderst Rechtsgeschäfte. Aus dem Gesetzeswortlaut „Geschäfte mit" folgt, dass der Begriff alle zwei- oder mehrseitigen Transaktionen rechtlicher oder wirtschaftlicher Art, die sich auf die Finanzlage der Ges auswirken können, umfasst. Zu den angabepflichtigen Geschäften gehören mithin nach den Begr RegE BilMoG, 158 zB Käufe oder Verkäufe von Grundstücken und/oder Gebäuden, fertigen oder unfertigen Waren oder Erzeugnissen, der Bezug oder die Erbringung von Dienstleistungen, die Nutzung oder Nutzungsüberlassung von VG, Finanzierungen, die Gewährung von Bürgschaften oder anderen Sicherheiten oder die Übernahme der Erfüllung von Verbindlichkeiten. Es handelt sich somit um Geschäfte sowohl im Rahmen als auch außerhalb der gewöhnlichen Geschäftstätigkeit der Ges. Unter die Rechtsgeschäfte fallen auch Dauerrechtsverhältnisse (Lizenz, Miete, Pacht, Leasing) sowie 370

§ 285   371–374   Anhang

Vereinbarungen über Personalgestellung, Beratung, Service, Geschäftsbesorgung, Management, Cash-Pooling, Verrechnungsverkehr.

371 Es muss sich immer um Geschäfte, mit nahe stehenden Unt/Personen handeln. Geschäfte mit nicht nahe stehenden Dritten, die auf Veranlassung oder im Interesse oder zugunsten nahe stehender Unt/Personen zustande kommen oder durchgeführt werden, gehören nach dem Gesetzeswortlaut nicht hierzu. Auch werden der Ges nicht solche Geschäfte zugerechnet, die auf ihre Veranlassung ein TU mit ihr nahe stehenden Unt/Personen abschließt.

Für die angabepflichtigen Geschäfte ist es unerheblich, ob eine evtl erforderliche Genehmigung oder Zustimmung anderer Gremien (AR gem §§ 89, 114, 115 AktG; GesV gem § 46 GmbHG) vorliegt. Der Angabepflicht unterliegen alle Geschäfte, die im Gj, über das berichtet wird, zustande gekommen sind, sofern die anderen Voraussetzungen erfüllt sind.

372 Neben den Rechtsgeschäften gehören zu den angabepflichtigen Geschäften nach der Begr RegE BilMoG, 158 auch andere **Maßnahmen,** worunter nach allgemeiner Definition jegliche zweckbestimmte wirtschaftliche Handlung zu verstehen ist. Allerdings wird nach der Begr RegE BilMoG, 158 der Anwendungsbereich auf solche Maßnahmen begrenzt, die eine unentgeltliche oder entgeltliche Übertragung oder Nutzung von VG oder Schulden zum Gegenstand haben und die, das ergibt sich aus dem Gesetzeswortlaut „Geschäfte mit" nahe stehende Unt/Personen betreffen. Es handelt sich um einen Auffangtatbestand, der sicherstellen soll, dass neben den Rechtsgeschäften auch andere Maßnahmen in den zuvor genannten Grenzen erfasst werden, die zu marktüblichen Bedingungen zustande kommen und sich auf die Finanzlage der Ges auswirken können. Beispielhaft werden genannt: Produktionsverlagerungen, Produktionsänderungen, Investitionen, Stilllegungen von Betriebsteilen, Abstimmungen im Ein- und Verkauf. Der Begriff umfasst mithin sowohl unternehmensstrategische Maßnahmen (im Hinblick auf Standorte, Produkte, Produktionsverfahren, Investitionen, FuE, Vertrieb, Finanzierung und Personal) als auch Einzelmaßnahmen (zB Schenkung, Forderungsverzicht/-erlass, Personalgestellung). Unterlassene Rechtsgeschäfte und unterlassene Maßnahmen sind von der Angabepflicht nicht umfasst (Begr RegE BilMoG, 158; IDW RS HFA 33 Tz 6; aA *Niehus* DStR 2008, 2282).

373 Anzugeben sind, soweit die anderen Voraussetzungen gegeben sind, alle Geschäfte, die im Gj, über das zu berichten ist, mit nahe stehenden Unt/Personen zustande gekommen sind (aA *Wollmert/Oser/Graupe* StuB 2010, 127, die eine Berichtspflicht für ab dem 29.9.2003 kontrahierte Geschäfte verlangen). Das Gesetz geht davon aus, dass über jedes einzelne Geschäft berichtet wird (arg e contrario Ts 3); zu Ausnahmen s Anm 385. Die Angabepflicht entfällt für Geschäfte mit und zwischen mittel- oder unmittelbar in 100%igen Anteilsbesitz stehenden, in einen KA einbezogenen Unt (s Anm 382).

IV. Die Marktunüblichkeit der Geschäfte

374 Angabepflichtig sind nur solche Geschäfte mit nahe stehenden Unt/Personen, die nicht zu marktüblichen Bedingungen zustande gekommen sind. Marktunübliche Geschäfte mit der Ges sind Vorstandsmitgliedern sowie ihnen nahestehenden Personen/Unt gem DCGK 4.3.4 untersagt. Die Vorschrift spricht zwar von Bedingungen; für die Angabepflicht dürfte es jedoch ausreichen, wenn nur eine Bedingung des Geschäfts nicht marktüblich ist, weil schon ihre Durchführung ein Gefährdungspotenzial auf die Finanzlage hat.

Nicht marktüblich sind Bedingungen dann, wenn sie einem Drittvergleich nicht standhalten (Begr RegE BilMoG, 158), also von fremden Dritten anstelle der Ges nicht vereinbart worden wären. Maßstab für die Beurteilung der Markt-

1426   *Grottel* unüblichkeit ist die Angemessenheit von Leistung und Gegenleistung, die im Vergleich mit regulären unter unabhängigen Fremden üblichen Geschäfts- und Marktbedingungen festzustellen ist. Infrage kommen grds für die Ges sowohl vorteilhafte als auch nachteilige Geschäfte (*Kirsch* StuB 2008, 883), während die Begr RegE BilMoG, 84 auf die Gefahren für die Vermögenslage und eine mögliche Verschleierung der tatsächlichen VFE-Lage aus Transaktionen mit nahestehenden Unt/Personen abstellt, was der Praxis eher gerecht wird.

Sachgerechter Vergleichsmaßstab für die Marktkonformität der Bedingungen sind bei gewöhnlichen Umsatzgeschäften im Rahmen des lfd Geschäftsverkehrs die Geschäfte mit ihren Bedingungen, die gleiche Güter oder Dienstleistungen zum Gegenstand haben und mit Abnehmern/Lieferanten abgeschlossen werden. Bei Geschäften über vergleichbare Güter und Dienstleistungen ist ggf eine Anpassung ggü dem betriebsinternen Vergleichsmaßstab erforderlich. Für Geschäfte außerhalb des regulären Geschäftsverkehrs kommen betriebsexterne Maßstäbe infrage (zB Gutachten, Marktinformationen). Als marktunübliche Bedingungen sind beispielhaft zu nennen: nicht marktgerechte Preise, Zahlungszielgewährung über das marktübliche Maß hinaus, bei Finanzgeschäften nicht marktkonforme Zinsvereinbarungen, fehlende/unzureichende Sicherheiten, fehlende Tilgungsvereinbarungen, unübliche Zinsbindungsfrist.

Für die Angabepflicht kommt es – neben den anderen Voraussetzungen – auf **375** die Marktunüblichkeit selbst der Bedingungen des Geschäfts an. Der Grund der Marktunüblichkeit, (zB Gewinnverlagerung, Gesetzesverstoß, Vermögensschädigung) spielt keine Rolle, da sie allein das Bild der VFE-Lage der Ges beeinflusst. Die Marktunüblichkeit muss aus der Sicht der Ges gegeben sein, nicht aus der des nahe stehenden Unt oder der nahe stehenden Person. Nicht marktüblich ist auch nicht gleichbedeutend mit Verlust für die Ges; wohl resultiert aus der fehlenden Marktkonformität ein finanzieller Nachteil für die Ges. Ob das Geschäft gleichzeitig einen wirtschaftlichen Vorteil insgesamt oder aufgrund einer Bedingung für das nahe stehende Unt oder die nahe stehende Person mit sich bringt oder nicht, oder überhaupt in deren Interesse liegt, ist für die Angabepflicht unbedeutend, ebenso eine Begünstigungsabsicht der Ges.

Die Marktunüblichkeit der Bedingungen muss stets im Zeitpunkt des Zustandekommens des Geschäfts gegeben sein. Dies gilt auch für Dauerrechtsverhältnisse (IDW RS HFA 33 Tz 13). Spätere Entwicklungen oder Änderungen der Verhältnisse, die zu einer anderen Beurteilung der Marktüblichkeit der einzelnen Bedingungen führen, bleiben außer Betracht und sind auch nicht nach Nr 21 angabepflichtig.

Nr 21 regelt die Berichterstattungspflicht über nicht zu marktüblichen Bedin- **376** gungen zustande gekommene Geschäfte. Fraglich ist, ob auch solche Geschäfte selbst von der Vorschrift erfasst sind, die mit Dritten, aus Gründen, die in seinen Verhältnissen liegen (zB finanzielle Schwierigkeiten, verminderte Kreditwürdigkeit, existenzbedrohte Situation), nicht getätigt würden. Nach dem Zweck der Vorschrift, die Transparenz von Transaktionen mit Nahestehenden (Abänderungsrichtl Präambel Tz 1) zu erhöhen, sind solche Geschäfte in die Angabepflicht einzubeziehen. Allerdings müssen zum Zeitpunkt des Zustandekommens solcher Geschäfte die Umstände und Informationen über die finanzielle Lage des Nahestehenden bekannt sein.

V. Die Einzelangaben

Die Berichterstattungspflicht umfasst Angaben zur Art der nahe stehenden Be- **377** ziehung, zu Art und Wert der Geschäfte sowie weitere Angaben, die für die Beurteilung der Finanzlage notwendig sind.

1. Angaben zu Art der Beziehung

378 Anzugeben ist die Art der nahe stehenden Beziehung. Diese ist durch die Definition „nahe stehend" vorgegeben. Die Klassifizierung ergibt sich nach Maßgabe der in Anm 364 ff erläuterten Tatbestände für Unt und Personen (Beherrschung, gemeinschaftliche Führung, maßgeblicher Einfluss) und zusätzlich für Privatpersonen aus ihrer Stellung zur Ges (Mitglied des Managements in Schlüsselpositionen, Familienangehörige). Die Art der Beziehung ist jeweils eindeutig zu bezeichnen, Dabei können Zusammenfassungen zu geeigneten Gruppen vorgenommen werden (IDW RS HFA 33 Tz 14). Ausschlaggebend ist die Tatsache des nahe stehenden Verhältnisses im Zeitpunkt des Geschäftsabschlusses (IDW RS HFA 33 Tz 10); nicht angabepflichtig ist deshalb, ob eine mittelbare oder unmittelbare nahe stehende Beziehung vorliegt. Eine Namensnennung ist nach dem Wortlaut der Vorschrift gleichfalls nicht erforderlich (*Niehus* DStR 2008, 2283; IDW RS HFA 33 Tz 14; aA *Wulf* Angaben zu Geschäften mit nahe stehenden Personen nach § 285 Nr. 21 HGB, Stbg 2009, 504).

2. Angaben zu Art und Wert der Geschäfte

379 Anzugeben sind Art und Wert des Geschäfts. Bei der Art des Geschäfts kommt es auf eine konkrete eindeutige Beschreibung des Geschäfts nach Vertragstyp (Kauf, Verkauf, Dauerschuldverhältnisse) und nach Art des dem Geschäft zugrunde liegenden VG oder Dienstleistung an. Bei der **Wert**angabe lässt die Vorschrift offen, ob der Wert der Leistung oder der Gegenleistung anzugeben ist, die nach Maßgabe der Voraussetzung der Angabepflicht nach Nr 21 nicht ausgeglichen sind, weil nicht zu marktüblichen Bedingungen zustande gekommen. Aus dem Kontext der Nr 21 kann gefolgert werden, dass hier das vereinbarte Gesamtentgelt (ebenso *Wollmert/Oser/Graupe* StuB 2010, 130, ggf null Euro; IDW RS HFA 33 Tz 16f), bei Finanzgeschäften der Nominalwert der Leistung gemeint ist. Das gilt auch für Dauerschuldverhältnisse (das auf das Gj entfallende Entgelt und die auf die Restlaufzeit nach dem Abschlussstichtag entfallenden Entgelte, IDW RS HFA 33 Tz 16). Die Angabe des Geschäfts nur mit dem Hinweis auf das Zustandekommen zu nichtmarktüblichen Bedingungen dürfte nicht ausreichen. Allein eine einzelfallbezogene Quantifizierung entspricht der Vorschrift. – Nicht angabepflichtig sind die am Abschlussstichtag ggf bilanzierten Salden aus diesen Geschäften.

3. Weitere Angaben, die für die Beurteilung der Finanzlage notwendig sind

380 Zur Beurteilung der Finanzlage der Ges sind Angaben immer dann notwendig, wenn der finanzielle Zu- oder Abfluss (je nach Art des Geschäfts), der ex definitione nicht marktgerecht ist, sich wirtschaftlich günstig/ungünstig (aA *Rimmelspacher/Fey* WPg 2010, 188) auswirkt und die Liquiditätslage der Ges wesentlich beeinflusst.

Für jeden Einzelfall hat eine gesonderte Beurteilung zu erfolgen. Infrage kommen Geschäfte, die hinsichtlich ihres Volumens ungewöhnlich sind, Dauerschuldverhältnisse mit einer ungewöhnlich langen Bindungsdauer oder mit ungewöhnlichen Kündigungskonditionen (IDW RS HFA 33 Tz 18), Geschäfte, deren Wert nicht bezifferbar ist (*Rimmelspacher/Fey* WPg 2010, 188).

VI. Umfang der Angabepflicht

381 Die nicht zu marktüblichen Bedingungen zustande gekommenen Geschäfte mit Nahestehenden müssen nur dann angegeben werden, soweit sie **wesentlich**

im Hinblick auf die Finanzlage sind. Die Wesentlichkeit bezieht sich nach dem Wortlaut auf das Geschäft selbst (nicht auf die marktunüblichen Bedingungen und auch nicht auf die Art der nahe stehenden Beziehung) dh auf seine Art und seinen Wertumfang. Bezugsgröße zur Beurteilung der Wesentlichkeit ist jeweils der Wert der Geschäfte, das Ausmaß ihrer Marktunüblichkeit sowie deren Zeitpunkt/Zeitraum (*Rimmelspacher/Fey* WPg 2010, 186; für eine 10%-Schwelle *Niehus* DStR 2008, 2282). Dabei ist auf jedes einzelne Geschäft abzustellen. Wesentlich ist ein solches Geschäft danach idR, wenn es außerhalb des lfd Geschäftsverkehrs zustande kommt und einen erheblichen Wert umfasst. Bei regulären Umsatzgeschäften kommt es auf den Wertumfang solcher Geschäfte an. Eine Berichtspflicht besteht auch dann, wenn ein einzelnes Geschäft nicht wesentlich ist, wohl aber bei einer Gesamtbetrachtung mit anderen gleichartigen oder wirtschaftlich zusammengehörenden Geschäften die Wesentlichkeit gegeben ist (IDW RS HFA 33 Tz 7). Unerheblich können Umsatzgeschäfte mit Nahestehenden uU dann sein, wenn sie nur vereinzelt oder gelegentlich getätigt werden (Bagatellfälle) oder wenn sie wegen ihrer Größenordnung keine nennenswerten Auswirkungen auf die Finanzlage der Ges haben.

VII. Unterlassen der Angaben (Ts 2)

Ts 2 bestimmt, dass Geschäfte von der Angabepflicht ausgenommen sind, die mit und zwischen mittel- oder unmittelbar in 100%igem Anteilsbesitz stehenden, in einen KA einbezogenen Unt zustande gekommen sind. Damit ist für hoch integrierte Konzerne mit umfangreichem internem Leistungsverkehr eine erhebliche Entlastung der Angabepflichten bezweckt (Begr RegE BilMoG, 159). Die Angaben nach Nr 21 können unterbleiben für alle Geschäfte mit Ges, die in einen – entspr den Anforderungen des HGB aufgestellten, geprüften und offen gelegten – KA (IDW RS HFA 33 Tz 2) einbezogen sind und mittel- oder unmittelbar in 100%igem Anteilsbesitz stehen. Das Gesetz stellt auf den Anteilsbesitz ab, mithin kommt es auf die Stimmrechte nicht an. Zudem setzt das Gesetz einen 100%igen Anteilsbesitz voraus. Maßgebend ist das gezeichnete Kapital gem § 272 Abs 1, beim Vorhandensein von eigenen Anteilen unter Kürzung ihres Nennbetrags bzw ihres rechnerischen Werts (§ 272 Abs 1a), da nach dem Gesetzeswortlaut das Fehlen von Minderheitsanteilen entscheidend ist. Bei mittelbarem 100%igem Anteilsbesitz müssen die Ges in der Vermittlungskette ebenfalls stets in 100%igem Anteilsbesitz stehen (s das Bsp in IDW RS HFA 33 Tz 28f).

Über den Zeitpunkt, zu dem der 100%ige Anteilsbesitz bei den Unt, mit denen nicht zu marktüblichen Bedingungen abgeschlossene Geschäfte getätigt wurden, bestehen muss, sagt Nr 21 nichts. Aus dem Zweck der Vorschrift, die Transparenz und Information über solche Geschäfte auch für MinderheitsGester zu gewährleisten, lässt sich schließen, dass die Angabepflicht für diese Geschäfte so lange ausgenommen ist, wie der 100%ige Anteilsbesitz besteht (ebenso *WPH*[14] I, F Anm 1024. Das Unterlassen der Angaben beginnt im Zeitpunkt des Erreichens und endet mit dem Unterschreiten des Anteilsbesitzes von 100% (auch innerhalb eines Gj).

Von der **Berichtspflicht ausgenommen** sind alle Geschäfte,
- die die Ges als MU mit den in ihren KA einbezogenen und mittel- und unmittelbar in ihrem 100%igen Anteilsbesitz stehenden Unt tätigt,
- die die Ges als in 100%igen Anteilsbesitz eines MU stehend und in ihren KA einbezogen mit ihrem MU und den anderen in 100%igen Anteilsbesitz stehenden, in den KA einbezogenen Unt tätigt.

Von der Ausnahmeregelung sind nicht betroffen:
- MU iSd § 293

- eine Ges, die nicht in 100%igen Anteilsbesitz steht, aber in einen KA einbezogen wird,
- eine Ges, die in 100%igen Anteilsbesitz steht, aber nicht in einen KA einbezogen wird,
- eine Ges, die nicht in 100%igen Anteilsbesitz steht und auch nicht in einen KA einbezogen ist.

VIII. Zusammenfassung von Geschäften (Ts 3)

385 Für die Berichterstattung über die angabepflichtigen Geschäfte mit nahe stehenden Unt/Personen bietet Nr 21 eine Erleichterung insoweit, als Angaben über solche Geschäfte nach Geschäftsarten zusammengefasst werden dürfen, sofern die getrennte Angabe für die Beurteilung der Auswirkungen auf die Finanzlage nicht notwendig ist. Die Erleichterung bezieht sich mithin nur auf die Art der Geschäfte (s dazu Anm 379), woraus sich eine Zusammenfassung nach Vertragstyp oder Gegenstand des Geschäfts ergibt (zB Verkäufe, Käufe, Erbringen von Dienstleistungen, Bezug von Dienstleistungen etc oder Beschaffungs-, Absatz-, Finanzierungs-, und sonstige Geschäfte, IDW RS HFA 33 Tz 15; für eine Zusammenfassung nach Geschäftspartnern *Niehus* DStR 2008, 2283). Nach der Begr RegE BilMoG, 159 ist eine Zusammenfassung untersagt, wenn die zur Verfügung gestellten Informationen dem Abschlussadressaten eine Beurteilung der Finanzlage noch nicht oder – wegen Verwässerung – nicht mehr erlauben und ihn nicht in die Lage versetzen, die Finanzlage der Ges selbständig zu beurteilen. Angaben zu einzelnen Geschäften sind daher immer dann geboten, wenn die Auswirkungen des Geschäfts auf die Finanzlage nach Art und Wert ins Gewicht fallen. Die Geschäfte sind zumindest nach Gruppen von nahe stehenden Unt/Personen aufzugliedern.

IX. Freiwillige erweiterte Berichterstattung

386 Nach Nr 21 hat der Anhang „zumindest" die Angaben über wesentliche zu marktunüblichen Bedingungen zustande gekommene Geschäfte mit nahe stehenden Unt/Personen zu enthalten. Eine erweiterte Berichterstattung über Beziehungen zu nahe stehenden Unt/Personen ist deshalb zulässig und zuweilen geboten, weil praktikabler. Sie hat sich dann auf alle Geschäfte mit nahe stehenden Unt/Personen zu erstrecken. In diesem Fall ist eine Untergliederung in zu marktüblichen und zu marktunüblichen Bedingungen zustande gekommenen Geschäfte nicht erforderlich (Begr RegE BilMoG, 159), dh es ist zu berichten über *alle* wesentlichen Geschäfte mit nahe stehenden Unt/Personen unter Angabe der Art der Beziehung, des Wertumfangs und weitere Angaben zu den Geschäften, die für die Beurteilung der Finanzlage der Ges notwendig sind.

22. Gesamtbetrag der Forschungs- und Entwicklungskosten des Geschäftsjahrs (Nr 22)

Schrifttum: *Mindermann* Zur Aktivierung selbst erstellter immaterieller Vermögensgegenstände nach dem Entwurf eines Bilanzrechtsmodernisierungsgesetzes WPg 2008, 273; *Arbeitskreis der Schmalenbach-Gesellschaft für Betriebswirtschaft eV* Leitlinien zur Bilanzierung selbstgeschaffener immaterieller Vermögensgegenstände des Anlagevermögens nach dem Regierungsentwurf des BilMoG, DB 2008, 1813; *Dobler/Kurz* Aktivierungspflicht für immaterielle Vermögensgegenstände in der Entstehung nach dem RegE eines BilMoG KoR 2008, 485; *Hüttche* Bilanzierung selbst erstellter immaterieller Vermögensgegenstände des Anlagevermögens im Lichte des BilMoG StuB 2008, 163; *Theile* Immaterielle Vermögensgegenstände nach RegE BilMoG – Akzentverschiebung beim Begriff des Vermögensgegenstands? WPg 2008, 1064; *Laubach/Kraus/Bornhofen* Zur Durchführung der HGB-Modernisierung durch das BilMoG: Die Bilanzierung selbst geschaffener immaterieller Vermögensgegenstände DB 2009 Beilage 5/2009, 19.

I. Allgemeines

Diese Angabepflicht steht iZm mit dem Wahlrecht der Aktivierung selbst geschaffener immaterieller VG des Anlagevermögens gem § 248 Abs 2 S 1. Die Anhangangabe stellt eine Ergänzung zum Posten „selbst geschaffene gewerbliche Schutzrechte und ähnliche Rechte und Werte" des § 266 Abs 2 A I 1 dar, verleiht dem aktivierten Betrag stärkere Aussagekraft und ermöglicht eine bessere Beurteilung der Aktivierung sowie des Verhältnisses der aufgeteilten Teilbeträge zueinander. Normadressat der Vorschrift sind alle **mittelgroßen und großen KapGes/KapCoGes, unter das PublG fallende Unt** (§ 3 Abs 1 Nr 3–5 iVm § 5 Abs 2 S 2 PublG), **kapmarktUnt** des § 3 Abs 1 iVm § 5 Abs 2a PublG sowie **Kredit- und Finanzdienstleistungsinstitute** (§ 340a Abs 1) und **VersicherungsUnt** (§ 341a Abs 1). Kleine KapGes/KapCoGes sind gem § 288 Abs 1 von der Angabepflicht befreit, ebenso **KleinstKapGes/KleinstKapCoGes**, die keinen Anhang aufzustellen haben.

Nr 22 verlangt die Angabe des Gesamtbetrags der FuE-Kosten des Gj sowie des davon auf selbst geschaffene immaterielle VG des Anlagevermögens entfallenden Betrags für den Fall der Inanspruchnahme des Aktivierungswahlrechts nach § 248 Abs 2 S 1. Insoweit handelt es sich um eine GuV-Erl.

Nach dem Wortlaut bedeutet dies, dass der gesamte FuE-Aufwand des Gj anzugeben ist. Eine Vj-Angabe ist nicht erforderlich, ebenso wenig wie eine Fehlanzeige. Anzugeben sind stets die Bruttobeträge der im Gj angefallenen originären Aufwendungen, unabhängig davon, in welchen Kostenarten im Gesamtkostenverfahren oder in welchen Funktionsbereichen im Umsatzkostenverfahren sie enthalten sind. Die Angabe ist nur erforderlich, wenn selbst geschaffene immaterielle VG des Anlagevermögens aktiviert werden (Ber Merz ua, 115). Ist dies nicht der Fall, verbleibt es bei der Berichterstattung im Lagebericht nach § 289 Abs 2 Nr 3.

Die Vorschrift steht in einer konkretisierenden Ergänzung zur Berichterstattung nach § 289 Abs 2 Nr 3 (s § 289 Anm 85 ff). Eine Angabe nach Nr 22 nur im Lagebericht anstelle im Anhang entspricht nicht dem Gesetzeszweck, da der Verpflichtungscharakter bei den Vorschriften unterschiedlich ist (Angabepflicht nach Nr 22; Soll-Berichterstattung nach § 289 Abs 2); wohl können die verschiedenen quantitativen Angaben im Lagebericht zum besseren Verständnis wiederholt werden.

II. Begriff und Umfang des anzugebenden Gesamtbetrags der Forschungs- und Entwicklungskosten

Die FuE-Kosten sind in einem Gesamtbetrag anzugeben, dh der gesamte periodenbezogene Aufwand des Gj für die beiden Funktionsbereiche. Keinen Einfluss auf die Angabe hat der Umstand, ob die Ges ihre GuV nach dem Gesamtkostenverfahren (§ 275 Abs 2) oder dem Umsatzkostenverfahren (§ 275 Abs 3) aufstellt.

FuE-Kosten sind die Aufwendungen, die durch den Verbrauch von Gütern und die Inanspruchnahme von Diensten (analog zu § 255 Abs 2 S 1) für FuE entstehen.

Dabei ist nach der gesetzlichen Definition des § 255 Abs 2a S 3 unter Forschung die eigenständige und planmäßige Suche nach neuen wissenschaftlichen oder technischen Erkenntnissen oder Erfahrungen allgemeiner Art, über deren technische Verwertbarkeit und wirtschaftliche Erfolgsaussichten grds keine Aussagen gemacht werden können, zu verstehen. Das ist vor allem die Grundlagenforschung; Zweckforschung gehört demggü zur Entwicklung. Entwicklung ist nach der Definition des § 255 Abs 2a S 2 die Anwendung von Forschungsergebnissen oder von anderem Wissen für die Neuentwicklung von Gütern (zB lt Begr RegE BilMoG, Materialien, Produkte, geschützte Rechte, ungeschütztes Know-how oder Dienstleistungen) oder Verfahren (zB lt Begr RegE BilMoG, 132 typische Produktions- und Herstellungsverfahren entwickelte Systeme) oder die Weiterentwicklung von Gütern oder Verfahren mittels wesentlicher Änderung.

Es muss sich stets um die FuE im eigenen Unt für eigene Produkte oder Verfahren handeln; das gilt auch für mit anderen Unt gemeinschaftlich betriebene FuE. FuE im Auftrag Dritter gehört nicht hierzu, da diese als unfertige Leistungen am Abschlussstichtag zu aktivieren sind.

393 Den **Umfang** und Inhalt der anzugebenden FuE-Kosten lässt das Gesetz offen. Da es sich bei der FuE um betriebliche Funktionsbereiche, wie den Bereich der Herstellung handelt, ist zur Klärung dieser Frage auf den Umfang, den § 255 Abs 2 zum Umfang der HK normiert, abzustellen. In Analogie ergibt sich die FuE-Kosten-Untergrenze aus den Materialkosten, den FuE Kosten (FuE-Löhne und -Gehälter) und den Sonderkosten der FuE (projektbezogene Entwurfs-, Konstruktions-, Versuchs-, Testkosten, Kosten für Sonderbetriebsmittel, Lizenzen) sowie angemessene Teile der Materialgemeinkosten, der FuE-Gemeinkosten und des Wertverzehrs des Anlagevermögens, soweit dieser durch die FuE veranlasst ist.

Die Kostenobergrenze umfasst darüber hinaus in Analogie zu § 255 Abs 2 S 3 angemessene Teile der Kosten der allgemeinen Verwaltung sowie angemessene Aufwendungen für soziale Einrichtungen des Betriebs, für freiwillige soziale Leistungen und für die betriebliche AVers, soweit diese auf den Zeitraum der FuE entfallen. Darüber hinaus dürfen in Analogie zu § 255 Abs 3 S 2 Zinsen für FK, das zur Finanzierung der Entwicklung eines selbst geschaffenen VG des Anlagevermögens verwendet wird, einbezogen werden, soweit sie auf den Zeitraum der Entwicklung fallen.

394 Ob Inhalt und Umfang der angabepflichtigen FuE-Kosten dem der aktivierten HK der Vorräte oder der selbst geschaffenen immateriellen VG des Anlagevermögens entsprechen müssen, ist gesetzlich nicht bestimmt, jedoch durch die enge Verknüpfung der Angabe der gesamten FuE-Kosten mit dem „davon aktivierten Betrag" geboten. Der Grundsatz der Stetigkeit (§ 252 Abs 1 Nr 6) im Hinblick auf die einbezogenen Kostenbestandteile ist zu beachten.

Die Abschreibungen auf die aktivierten Entwicklungskosten der selbst geschaffenen immateriellen VG des Anlagevermögens gehören nicht zu den angabepflichtigen FuE-Kosten, da sie bereits im Zugangsjahr der Aktivierung im Gesamtbetrag enthalten waren. Ferner ist eine Saldierung des Gesamtbetrags mit aktivierten Beträgen nicht zulässig; das gilt sowohl für unter § 266 Abs 2 A 1 aktivierte selbst geschaffene immaterielle VG – das folgt aus der Pflicht zur Angabe des entspr Davon–Vermerks – als auch für erzeugnisbezogene Entwicklungskosten, die in die HK der Erzeugnisse einbezogen werden.

III. Der Betrag, der auf selbst geschaffene immaterielle Vermögensgegenstände des Anlagevermögens entfällt

395 Sind im Gj, über das zu berichten ist, selbst geschaffene immaterielle VG unter der entspr Position des § 266 Abs 2 A I 1 als Zugang aktiviert worden, ist der

Betrag gesondert im Rahmen der Nr 22 anzugeben. Dazu gehören ggf auch nachträgliche HK für bereits aktivierte immaterielle VG (s dazu *Kahle/Haas* Herstellungskosten selbst geschaffener immaterieller Vermögensgegenstände des Anlagevermögens, WPg 2010, 36). Der Betrag kann als Davon-Vermerk zum Gesamtbetrag der FuE-Kosten ausgewiesen werden (aA *Dobler/Kurz* KoR 2008, 489) oder in der Weise angegeben werden, dass der Gesamtbetrag in aktivierte und nicht aktivierte FuE-Kosten aufgeteilt wird. Der Betrag muss mit dem Zugangsbetrag im Anlagenspiegel gem § 268 Abs 2 S 2 übereinstimmen (ähnlich *WPH*[14] I, F Anm 825). Er stellt bei Anwendung des Gesamtkostenverfahrens eine Erl zu einem Teilbetrag der anderen aktivierten Eigenleistungen (§ 275 Abs 2 Nr 3) dar.

Die Vorschrift der Nr 22 lässt die Behandlung der in früheren Gj angefallenen Entwicklungsaufwendungen, soweit sie zu den gesamten HK des im Gj zu aktivierenden VG gehören, offen. Sind sie als selbst geschaffene immaterielle VG des Anlagevermögens im Entstehen (analog Anlagen im Bau; so Begr RegE BilMoG; *Theile* WPg 2008, 1068; *Arbeitskreis der Schmalenbach-Gesellschaft für Betriebswirtschaft eV* DB 2008, 1817) im Gj des Anfalls aktiviert worden, sind sie bereits im Davon-Vermerk im Anhang des Gj des Anfalls enthalten. Das Gleiche gilt, wenn mit der Aktivierung in dem Zeitpunkt begonnen wird, in dem die zukünftige VGEigenschaft bejaht werden kann (*Laubach/Kraus/Bornhofen* DB 2009, Beilage 5 zu Heft 23, 22; *Schülke* zur Aktivierbarkeit selbst geschaffener immaterieller Vermögensgegenstände, DStR 2010, 992). Dabei sollte im Davon-Vermerk zwischen den *in der Entwicklung* befindlichen selbst geschaffenen immateriellen VG und den „fertigen" selbst geschaffenen VG unterschieden werden (*Ernst/Seidler* BB 2009, 767 Fn 7). Werden sie erst im Gj der Fertigstellung des selbstgeschaffenen, immateriellen VG des Anlagevermögens (nach)aktiviert (so *Mindermann* WPg 2008, 275; aA *Laubach/Kraus/Bornhofen* aaO, 23), können sie kein Bestandteil des Davon-Vermerk sein, da sie nicht in den Aufwendungen des Gj enthalten sind. Nach dem Sinn und Zweck der Vorschrift der Nr 22, darüber zu informieren, inwieweit die Ges in FuE investiert (Begr RegE BilMoG, 160) sind diese aktivierten Aufwendungen aus Vj gesondert anzugeben, damit der im Anlagespiegel gem § 268 Abs 2, S 2 gezeigte Zugangsbetrag mit dem entspr Betrag der Anhangangabe übereinstimmt, zumal der Ertrag aus der (Nach)Aktivierung im Jahresergebnis enthalten ist und der Ausschüttungssperre nach § 268 Abs 8 unterliegt. Werden die Entwicklungsaufwendungen aus früheren Gj für einen zu aktivierenden VG nicht als aktivierungsfähig angesehen (so *Arbeitskreis der Schmalenbach-Gesellschaft für Betriebswirtschaft eV,* DB 2008, 1818), entfällt eo ipso ein Davon-Vermerk (so *Hüttche* StuB 2008, 166). Im ersten Gj der Anwendung der Nr 22 dürfen Entwicklungskosten, die vor dem Beginn der Gj angefallen sind, nicht in den Davon-Vermerk einbezogen werden, Art 66 Abs 7 EGHGB (*Kirsch* DStR 2008, 1205).

23. Angaben zu nach § 254 gebildeten Bewertungseinheiten (Nr 23)

Schrifttum: *Patek* Bewertungseinheiten nach dem Regierungsentwurf des Bilanzrechtsmodernisierungsgesetzes – Kritische Würdigung der Änderungen gegenüber dem Referentenentwurf KoR 2008, 524; *Scharpf/Schaber* Bilanzierung von Bewertungseinheiten nach § 254 HGB-E (BilMoG) KoR 2008, 532; *Helke/Wichens/Klaus* Zur Umsetzung der HGB-Modernisierung durch das BilMoG: Die Bilanzierung von Finanzinstrumenten DB Beilage 5/2009, 30.

Standard: IDW RS HFA 35 (Stand: 10.6.2010) Handelsrechtliche Bilanzierung von Bewertungseinheiten.

I. Allgemeines

400 Die Vorschrift verlangt umfangreiche Angaben zu BewEinh, die nach § 254 zulässigerweise gebildet wurden. Zweck der Vorschrift ist die konkretisierende Erl der Bewertungsmethoden bei der Bilanzierung von Sicherungsbeziehungen, da in diesem Fall verschiedene GoB (AK-Prinzip des § 253 Abs 1 S 1; Einzelbewertungs-Grds des § 252 Abs 1 Nr 3; Vorsichts- und Realisationsprinzip des § 252 Abs 1 Nr 4; Imparitätsprinzip des § 249 Abs 1 sowie die WähUm des § 256a) außer Kraft gesetzt werden. Der Angabepflicht unterliegen **alle KapGes/KapCoGes** – mit Ausnahme der **KleinstkapGes/KleinstKapCoGes** die gemäß § 264 Abs 1 S 5 keinen Anhang aufstellen, **unter das PublG fallende Unt** (§ 3 Abs 1 Nr 3–5 iVm § 5 Abs 2 S 2 PublG), **kapmarktUnt** des § 3 Abs 1 iVm § 5 Abs 2a PublG sowie **Kredit- und Finanzdienstleistungsinstitute** (§ 340a Abs 1, § 34 Abs 1 S 1 RechKredV) und **VersicherungsUnt** (§ 341a Abs 1, § 51 Abs 1 S 1 RechVersV). Gem Nr 23 ist bei der Bildung von BewEinh nach § 254 im Anhang anzugeben, a) mit welchem Betrag jeweils VG, Schulden, schwebende Geschäfte und mit hoher Wahrscheinlichkeit erwartete Transaktionen zur Absicherung welcher Risiken in welche Arten von BewEinh einbezogen sind, sowie die Höhe der mit BewEinh abgesicherten Risiken, b) für die jeweils abgesicherten Risiken, warum, in welchem Umfang und für welchen Zeitraum sich die gegenläufigen Wertänderungen oder Zahlungsströme künftig voraussichtlich ausgleichen einschl der Methode der Ermittlung, c) eine Erl der mit hoher Wahrscheinlichkeit erwarteten Transaktionen, die in BewEinh einbezogen wurden, soweit die Angaben nicht im Lagebericht gemacht werden.

Die verlangten Angaben stellen eine Konkretisierung der Berichterstattung nach § 284 Abs 2 Nr 1 (s dort Anmerkung 119) über die angewandten Bewertungsmethoden und nach § 284 Abs 2 Nr 3 über Abweichungen vom Grundsatz der Einzelbewertung (s dort Anmerkung 154) dar. Sie sind auch deshalb notwendig, weil BewEinh als solche nicht erkennbar sind, sondern die Verknüpfung von Grund- und Sicherungsgeschäft außerhalb der Bilanz mit entspr Dokumentation erfolgt und nachzuweisen ist. Die Angaben sind auch unabhängig davon erforderlich, ob die BewEinh nach der Einfrierungs- oder Durchbuchungsmethode behandelt werden (s dazu § 254 Anm 50 ff; *Helke/Wiechens/Klaus* DB Beilage 5/2009, 32; *Küting/Cassel* KoR 2008, 772). Die Berichterstattung nach Nr 23 ist so lange geboten, bis der Zweck der BewEinh erreicht ist. Sie endet auch bei vorzeitiger Beendigung oder Aufhebung der BewEinh.

II. Einzelangaben

1. Angaben zum Grundgeschäft (Nr 23a)

401 Anzugeben ist, mit welchem Betrag jeweils VG, Schulden, schwebende Geschäfte und mit hoher Wahrscheinlichkeit erwartete Transaktionen zur Absicherung welcher Risiken in welche Arten von BewEinh einbezogen sind, sowie die Höhe der mit BewEinh abgesicherten Risiken. Danach ist zunächst die **Art der gebildeten BewEinh** anzugeben. Nach der Begr RegE BilMoG, 128 kommen als Arten zulässiger BewEinh ein Mikro-Hedge, Makro-Hedge und Portfolio-Hedge infrage. Während beim Mikro-Hedge das aus einem Grundgeschäft resultierende Risiko durch ein einzelnes Sicherungsinstrument unmittelbar abgesichert wird, werden beim Portfolio-Hedge mehrere gleichartige Grundgeschäfte mit einem oder mehreren Sicherungsinstrumenten zusammengefasst. Beim Makro-Hedge wird die risikokompensierende Wirkung ganzer Gruppen von Grundgeschäften zusammenfassend betrachtet und nur eine sich ergebende Deckungslücke

– die sog Nettorisikoposition – durch ein oder mehrere Sicherungsinstrumente abgesichert (Begr RegE BilMoG, 128), wobei Risikohomogenität gegeben sein muss. Dem folgt die Angabe der Art des abgesicherten Risikos, ob es sich um ein Wertänderungsrisiko oder Zahlungsstromänderungsrisiko handelt. Diese sind jeweils näher zu spezifizieren (aA WPH^{14} I, F Anm 830), wobei als Wertänderungsrisiken infrage kommen:
- Preisänderungsrisiken aufgrund von Marktpreisschwankungen mit Angabe der Art des Marktpreises (zB Börsenpreis, Einkaufs-/Verkaufspreis),
- Zinsrisiken aufgrund von Marktzinsschwankungen mit Angabe der Art des Zinses (zB Diskontsatz, Libor, Euribor),
- (Valuta-)Währungsrisiken aufgrund von Fremdwährungsschwankungen mit Angabe der Fremdwährung (zB USD, Yen),
- (Bonitäts-)Ausfall-(Kredit) Risiken aufgrund von Zahlungsschwierigkeiten des Vertragspartners mit Angabe der Art der Forderung (zB Darlehen, Forderungen aus Lfg und Leistungen, FinInst),
- Liquiditätsrisiken aufgrund der fehlenden Fähigkeit, zur Begleichung von Verpflichtung, notwendige Finanzmittel zu beschaffen, oder der fehlenden Möglichkeit, einen VG jederzeit innerhalb kurzer Frist zu veräußern (IDW RH HFA 1.005 Tz 36).

Risiken aus Zahlungsstromschwankungen bestehen aufgrund vorhandener Volatilität (zB bei variablem Zins) und können bei künftigen Mittelzu- und -abflüssen auftreten.

Zu jeder Risikoart sind darüber hinaus die Art der in die BewEinh einbezogenen bilanzierten VG, Schulden und nicht bilanzierten schwebenden Geschäfte sowie der mit hoher Wahrscheinlichkeit erwarteten Transaktionen anzugeben. Hinzu kommt jeweils die Angabe des **Betrags** für das einbezogene Grundgeschäft (WPH^{14} I, F Anm 829). Bei den bilanzierten VG und Schulden ist das der Buchwert am Abschlussstichtag, bei den einbezogenen schwebenden Geschäften und den mit hoher Wahrscheinlichkeit erwarteten Transaktionen (s Anm 409) der Betrag der (geplanten) Leistung oder Gegenleistung, die idR ausgeglichen sind. Werden Derivate als Grundgeschäft oder Sicherungsinstrument in die BewEinh einbezogen, ist eine Angabe des beiZW nicht erforderlich. An deren Stelle treten die speziellen Angabepflichten nach Nr 23 (IDW RS HFA 35 Tz 98; IDW RH HFA 1.005 Tz 24; dagegen im Widerspruch IDW RS HFA 35 Tz 93 wohl missverständlich formuliert).

Ferner ist die **Höhe der** mit den BewEinh **abgesicherten Risiken** anzugeben. Sie ergibt sich aus der unterlassenen Abwertung der VG und unterlassenen Höherbewertung der Schulden bzw der unterlassenen Bildung einer Drohverlustrückstellung und bei schwebenden Geschäften ebenfalls aus der unterlassenen Bildung einer Drohverlustrückstellung. Bei mit hoher Wahrscheinlichkeit erwarteten Transaktionen ergibt sich das abzusichernde Risiko aus dem geplanten errechneten Verlustrisiko aus den erwarteten nachteiligen Wert- oder Zahlungsstromänderungen des zukünftigen Grundgeschäfts. Hierbei ist über das Gesamtvolumen der mit den am Abschlussstichtag bestehenden BewEinh abgesicherten Risiken zu berichten (Ber Merz ua, 115), wobei der Umfang für jede Risikoart gesondert anzugeben ist (wie hier WPH^{14} I, F Anm 832). Sind die Risiken nicht quantifizierbar, ist die Bildung einer BewEinh nicht zulässig, und es entfällt eine Angabepflicht nach Nr 23.

2. Angaben zur Effektivität der Bewertungseinheiten (Nr 23b)

Für die jeweils abgesicherten Risiken ist anzugeben, warum, in welchem Umfang und für welchen Zeitraum sich die gegenläufigen Wert- und Zahlungsstromänderungen ausgleichen, einschl der Methode der Ermittlung. Die Angaben sind für jede abgesicherte Risikoart getrennt zu machen.

Die Angabe, warum sich die gegenläufigen Wert- und Zahlungsstromänderungen tatsächlich ausgleichen, beinhaltet die Angabe der **Gründe,** dass Grund- und Sicherungsgeschäft dem selben Risiko ausgesetzt sind, auf das identische Faktoren in gleicher Weise einwirken, dass das Sicherungsgeschäft keine anderen Risiken aufweist als das Grundgeschäft, dass zB Basiswertidentität, Währungsidentität besteht, dass sich die Parameter von Grund- und Sicherungsgeschäft entsprechen.

406 Anzugeben ist ferner, in **welchem Umfang,** bezogen auf das Grundgeschäft, sich die gegenläufigen Wert- und Zahlungsstromänderungen ausgleichen. Nur in dem Umfang, in dem die gebildete Bewertungseinheit einen Ausgleich der gegenläufigen Wert- und Zahlungsstromänderungen erzielen, sind die §§ 249 Abs 1, 252 Abs 1 Nr 3 u 4, 253 Abs 1 S 1 und 256a HGB nicht anzuwenden (BT Drs 16/12 407, S 86). Insofern ist hierunter die Angabe zu verstehen, wenn bei einem Grundgeschäft nur ein Teil (zB 70%) der Risiken abgesichert ist. Erl zum ungesicherten Teil eines Grundgeschäfts sind nicht erforderlich, da dieser bilanziell nach den grds geltenden Bewertungsmethoden abgebildet wird und nach § 284 Abs 2 Nr 1 zu erläutern ist.

407 Anzugeben ist weiterhin, für **welchen Zeitraum** sich die gegenläufigen Wert- und Zahlungsstromänderungen ausgleichen. Hier ist die beabsichtigte Zeitspanne oder Zeitpunkt für den Eintritt des Ausgleichs anzugeben, der von dem abgesicherten Risiko abhängt. Bestehen Fristenunterschiede zwischen Grund- und Sicherungsgeschäft, ist dies anzugeben sowie zu erläutern, wie die Sicherungslücke überbrückt werden kann. In diesem Zusammenhang ist auch auf die Durchhalteabsicht und -wahrscheinlichkeit einzugehen.

408 Schließlich sind Angaben zur **Methode der Ermittlung** der Wirksamkeit der BewEinh zu machen. Da das Unt in der Methodenwahl unter Berücksichtigung von Art und Umfang der gebildeten BewEinh frei ist, sind die jeweils angewandten Methoden anzugeben. Bei einem einzelnen Mikro-Hedge ist dies zB die Übereinstimmung der Bedingungen und Parameter von Grund- und Sicherungsgeschäft (*Critical Term Match*-Methode). Ein Beschränkung auf die *Critical Term Match*-Methode trifft allerdings nicht die Realität. Bei komplexen BewEinh (Makro- oder Portfolio-Hedges) kommen zB statistische Korrelationsverfahren, Sensitivitätsanalysen; *Dollar-Offset*-Methode, *Hypothetical-Derivative*-Methode infrage (s dazu *Pfitzer/Scharpf/Schaber* Voraussetzungen für die Bildung von Bewertungseinheiten und Plädoyer für die Anerkennung antizipativer Hedges WPg 2007, 727; IDW RS HFA 9 Tz 328). In jedem Fall ist anzugeben, wie die Wirksamkeit der gebildeten BewEinh sowohl retro- als auch prospektiv festgestellt wird (Begr RegE BilMoG, 129). Eine prospektive Effektivitätsmessung setzt dabei voraus, dass bei Beginn und über die gesamte Laufzeit der BewEinh erwartet wird, dass sich die Wert- und Zahlungsstromänderungen des Grundgeschäfts und des Sicherungsgeschäfts ausgleichen. Zu erläutern ist mithin, wie die Risiken verifiziert und gemessen werden und aus welchen Gründen davon auszugehen ist, dass sich die Risiken kompensieren (Begr RegE BilMoG, 161).

Da im Falle komplexer BewEinh eine individualisierte Feststellung des Ausgleichs der Wert- und Zahlungsstromänderung prospektiv kaum möglich ist, kann ihre Wirksamkeit auf der Basis eines der Art und dem Umfang der Risiken sowie der Art und dem Umfang der Grund- und Sicherungsgeschäfte angemessenen und wirksamen RMS nachgewiesen werden (Ber Merz ua, 112). Die Wirksamkeit des RMS kann dabei auch durch die Ergebnisse retrospektiver Effektivitätstests unterlegt werden.

3. Erläuterung der mit hoher Wahrscheinlichkeit erwarteten Transaktionen, die in die Bewertungseinheiten einbezogen wurden (Nr 23c)

Hiernach sind weitere Erl über die nach lit a und b geforderten Angaben hinaus über die einbezogenen Transaktionen erforderlich. Anzugeben ist die Art der erwarteten Transaktionen (ebenso WPH[14] I, F Anm 836), dh des zukünftigen Grundgeschäfts, zB zukünftiger variabler Zins, künftige Währungsschwankungen, Devisenoptionen, künftige Warenkäufe und -Verkäufe und ob es sich um eine einzelne erwartete Transaktion oder eine Gruppe von Transaktionen mit gleichem Risiko handelt. Infrage kommen Erl über den Grad der Eintrittswahrscheinlichkeit der Transaktion, insb im Hinblick darauf, dass noch kein rechtlich durchsetzbarer Anspruch besteht, inwieweit sie und ihr abzusicherndes Risiko eindeutig identifizierbar sind. Haben sich die Erwartungen ggü Vj geändert, ist darüber zu berichten, ggf auch über die Auflösung der Sicherungsbeziehung. Da für die Einbeziehung einer erwarteten Transaktion in eine BewEinh das Sicherungsgeschäft (FinInst, meist ein Derivat) bereits abgeschlossen sein muss, sind Angaben über die Art und Designation dieses Sicherungsgeschäfts erforderlich (aA WPH[14] I, F Anm 836).

III. Die Angabealternative im Lagebericht

Da sich die nach Nr 23 vorgeschriebenen Angaben zT mit der Berichterstattung nach § 289 Abs 2 Nr 2 und Abs 5 überschneiden und ergänzen, gestattet die Vorschrift, um Doppelangaben zu vermeiden, alle Angaben oder einen Teil statt im Anhang mit den Angaben im Lagebericht in einem gesonderten Abschn zu bündeln. Damit ist den mittelgroßen und großen KapCoGes/KapGes die Möglichkeit eingeräumt, die Pflichtangaben nach Nr 23 über die gebildeten BewEinh zusammen mit der Berichterstattung über die RiskMaZiele und -methoden der Ges einschl ihrer Methoden zur Absicherung aller wichtigen Arten von Transaktionen, die im Rahmen der Bilanzierung von Sicherungsgeschäften erfasst werden, jeweils in Bezug auf die Verwendung von FinInst durch die Ges zu machen. Das Wahlrecht will bezwecken, den Abschlussadressaten einen „Risikobericht aus einem Guss" bieten zu können (Begr RegE BilMoG, 161). Nach dem Gesetzeswortlaut und der Begr ist ein Verweis im Anhang auf die alleinige Berichterstattung im Lagebericht zwar nicht vorgeschrieben, aber gem IDW RS HFA 35 Tz 100 erforderlich.

24. Angaben zu den Pensionsrückstellungen (Nr 24)

Schrifttum: *Bertram/Johanneweling/Roß/Weiser* Handelsrechtliche Bilanzierung von Altersversorgungsverpflichtungen nach IDW RS HFA 30, WPg 2011, 57.

Standard: IDW RS HFA 30 (Stand: 10.6.2011) Handelsrechtliche Bilanzierung von Altersversorgungsverpflichtungen.

Die Vorschrift bestimmt, dass zu den Rückstellungen für Pensionen und ähnliche Verpflichtungen das angewandte versicherungsmathematische Verfahren sowie die grundlegenden Annahmen der Berechnung, wie den Zinssatz, die erwarteten Lohn- und Gehaltssteigerungen und die zugrunde gelegten Sterbetafeln anzugeben sind.

Die Angaben nach Nr 24 sind von **allen KapGes/KapCoGes,** mit Ausnahme der **KleinstkapGes/KleinstKapCoGes** die gemäß § 264 Abs 1 S 5 keinen

§ 285 416–422 Anhang

Anhang aufstellen, **unter das PublG fallende Unt** (§ 3 Abs 1 Nr 3–5 iVm § 5 Abs 2 S 2 PublG), **kapmarktUnt** des § 3 Abs 1 iVm § 5 Abs 2a PublG sowie **Kredit- und Finanzdienstleistungsinstituten** (§ 340a Abs 1) und **VersicherungsUnt** (§ 341a Abs 1) in jedem Anhang zu machen.

416 Zu berichten nach Nr 24 ist auch, wenn gem § 246 Abs 2 S 2 Pensionsrückstellungen mit VG, die ausschließlich der Erfüllung dieser Schulden dienen und dem Zugriff aller übriger Gläubiger entzogen sind, verrechnet wurden und die **verrechneten Pensionsrückstellungen** nicht mehr in der Bilanz unter der entspr Position (§ 266 Abs 3 B 1) erscheinen (wie hier WPH^{14} I, F Anm 839). Das ergibt sich daraus, dass das Verrechnungsverbot des § 246 Abs 2 S 1 und seiner Ausnahme nach § 246 Abs 2 S 2 die Regelung einer Gliederungs-/Ausweisvorschrift ist, die Pensionsrückstellungen als solche bleiben bestehen, ihr Erfüllungsbetrag ist jedoch, um die Bilanzverkürzung deutlich zu machen, nach Nr 25 (s dort Anm 430) im Anh anzugeben. Insoweit handelt es sich hier um Erl zu einem im Anhang anzugebenen Posten (wie bei einem Fehlbetrag gem Art 28 Abs 2 und Art 67 Abs 2 EGHGB, s dort Anm 13).

417 Sind **AVersVerpflichtungen** gem 253 Abs 1 S 3 **mit dem beizZW von Wertpapieren** iSd § 266 Abs 2 A III 5 bewertet, ergibt sich eine Angabepflicht nach Nr 24 (unbeschadet der Angabepflicht nach § 284 Abs 2 Nr 1) nur für den Fall, dass der beizZW der Wertpapiere den garantierten Mindestbetrag nicht erreicht.

418 Fraglich könnte sein, ob sich die ErlPflicht auch auf die im Anhang anzugebenden **Fehlbeträge** gem Art 28 Abs 2, Art 48 Abs 6 und Art 67 Abs 2 EGHGB (s dazu § 249 Anm 279 ff) erstreckt. Das ist zu bejahen (wie hier *Bertram/Johanneweling/Roß/Weiser* WPg 2011, 68; IDW RS HFA 30 Tz 92). Nr 24 nimmt den Bilanzposten Rückstellungen für Pensionen und ähnliche Verpflichtungen des § 266 Abs 3 B.1.1 nicht einschränkend in Bezug. Demggü unterscheiden Art 28 Abs 2 und Art 67 Abs 2 EGHGB die Rückstellungen für lfd Pensionen, Anwartschaften auf Pensionen und ähnliche Verpflichtungen in solche, die in der Bilanz und solche, die nicht in der Bilanz ausgewiesen sind. Mithin handelt es sich beim Fehlbetrag gleichfalls um erlpflichtige Pensionsverpflichtungen, was auch der Erlpraxis nach § 284 Abs 2 Nr 1 entsprach.

419 Besteht aufgrund der geänderten Rückstellungsbewertung iSd § 253 Abs 2 eine Überdotierung der passivierten Pensionsrückstellungen und wird von dem Beibehaltungswahlrecht gem Art 67 Abs 1 S 2 EGHGB für die folgenden Gj Gebrauch gemacht, ist der Betrag der Überdotierung nach Art 67 Abs 1 S 4 EGHGB angabepflichtig und die Erl haben sich auf die nach § 253 Abs 1 S 2, Abs 2 bewerteten Pensionsrückstellungen (ohne den Betrag der Überdeckung) zu beziehen (wie hier WPH^{14} I, F Anm 841).

420 Anzugeben ist, das angewandte **versicherungsmathematische Berechnungsverfahren.** In Frage kommen: Barwert-, Teilwert-, und Anwartschaftsbarwertverfahren, Projected Unit-Credit-Methode (PUCM) und andere nach internationalen Rechnungslegungsstandards zulässige Methoden (s § 249 Anm 197 f).

421 Ferner sind die grundlegenden Annahmen der Berechnung anzugeben. Hierzu gehört der angewandte Rechnungszinssatz. Da gem § 253 Abs 2 S 2 ein Wahlrecht besteht (s Begr RegE BilMoG, 120), die Pensionsrückstellungen entweder einzeln mit dem individuellen durchschnittlichen laufzeitabhängigen Marktzinssatz des § 253 Abs 2 S 1 oder pauschal mit dem durchschnittlichen Marktzinssatz, der sich bei einer angenommenen Laufzeit von 15 Jahren ergibt, abzuzinsen, ist der Zinssatz selbst und die angewandte Ermittlungsmethode anzugeben.

422 Die erwarteten **Lohn- und Gehaltssteigerungen,** die den Berechnungen zugrunde gelegt wurden, sind mit ihrem Prozentsatz zu nennen. Bei gehaltsabhängigen Zusagen ist ggf auch anzugeben, ob bei den erwarteten Steigerungen neben dem reinen Gehaltstrend auch eine erwartete Inflationsrate und ein Karrieretrend einbezogen wurden. Bei (nicht gehaltsabhängigen) Festzusagen sollte angegeben werden, ob ggf Trendannahmen in die Berechnung eingegangen sind (ebenso WPH^{14} I, F Anm 845).

Außerdem sind die zugrunde gelegten **Sterbetafeln,** die inzwischen auf Generationentafeln umgestellt wurden, anzugeben. Dabei reicht es aus, den gebräuchlichen Namen, zB Heubeck RT 2005, zu nennen. Wurden daran Modifikationen vorgenommen, ist dies anzugeben. Die Angabe des zugrunde gelegten Pensionierungsalters ist nicht erforderlich, da es sich hierbei nicht um eine Annahme handelt, sondern sich dieses jeweils aus dem AVersVertrag/-plan ergibt. Hinsichtlich der Fluktuation ist anzugeben, ob branchen- oder unternehmensindividuelle Werte herangezogen wurden. 423

Werden die zugrunde gelegten Berechnungsparameter nicht für alle Versorgungsberechtigten einheitlich, sondern nach Gruppen differenziert angewandt, ist die Angabe von Spannweiten ausreichend (IDW RS HFA 30 Tz 89).

25. Angaben zur Verrechnung von Vermögensgegenständen und Schulden nach § 246 Abs 2 S 2 (Nr 25)

Schrifttum: *Küting/Kessler/Kessler* Der Regierungsentwurf des Bilanzrechtsmodernisierungsgesetzes: zwei Schritte vor, ein Schritt zurück, bei der bilanziellen Abbildung der betrieblichen Altersversorgung WPg 2008, 750.

Standard: IDW RS HFA 30 (Stand: 10.6.2011) Handelsrechtliche Bilanzierung von Altersversorgungsverpflichtung.

Diese Angabepflicht steht iZm der Verpflichtung gem § 246 Abs 2 S 2 zur Verrechnung bestimmter VG mit bestimmten Schulden. Die hierdurch normierte Ausnahme vom Verrechnungsverbot des § 246 Abs 2 S 1 macht Angaben notwendig, die über den Umfang der Bilanzverkürzung und die betroffenen Bilanzposten informieren. Die Vorschrift erstreckt sich auch auf Angaben über die in der GuV verrechneten Aufwendungen und Erträge, die aus den verrechneten VG und Schulden resultieren. Die Angaben nach Nr 25 sind von **allen KapGes/KapCoGes,** – mit Ausnahme der **KleinstkapGes/KleinstKapCoGes** die gemäß § 264 Abs. 1 S 5 keinen Anhang aufstellen, – von **unter das PublG fallende Unt** (§ 3 Abs 1 Nr 3–5 iVm § 5 Abs 2 S 2 PublG), **kapmarktUnt** des § 3 Abs 1 iVm § 5 Abs 2a PublG sowie von **Kredit- und Finanzdienstleistungsinstituten** (§ 340a Abs 1) und **VersicherungsUnt** (§ 341a Abs 1) in jedem Anhang zu machen. 430

Nr 25 schreibt die Angabe der AK und des beizZW der verrechneten VG, des Erfüllungsbetrags der verrechneten Schulden sowie der verrechneten Aufwendungen und Erträge vor. Ferner sind für den Fall, dass der beizZW der verrechneten VG nicht mit dem Marktpreis aufgrund eines aktiven Markts (§ 255 Abs 4 S 1), sondern mit Hilfe allgemein anerkannter Bewertungsmethoden (§ 255 Abs 4 S 2) bestimmt wurde, die grundlegenden Annahmen der angewandten Bewertungsmethode anzugeben. Eine Fehlanzeige ist nicht erforderlich.

Da Nr 25 § 246 Abs 2 S 2 in Bezug nimmt, wird die Angabepflicht ausgelöst, wenn **tatsächlich** zum Abschlussstichtag entspr Verrechnungen in der Bilanz und in der GuV vorgenommen werden. Es muss sich immer um VG und Schulden handeln, die der Regelung des § 246 Abs 1 zuzurechnen sind. Es spielt keine Rolle, ob die Zulässigkeit der Verrechnung mit Unsicherheiten behaftet ist oder nicht. Die Angaben haben auch unabhängig davon zu erfolgen, ob eine Gleichwertigkeit der verrechneten VG und Schulden gegeben ist oder nicht. Wegen der unterschiedlichen Bewertungsmethoden und -maßstäbe für die VG und 431

Schulden können die zu verrechnenden Werte sich von Bilanzstichtag zu Bilanzstichtag ändern. Angabepflichtig sind auch die Vereinbarungen, die bewirken, dass die VG dem Zugriff der anderen Gläubiger entzogen sind und nur zur Erfüllung der Schulden verwertet werden dürfen (zB doppelseitige Treuhand, Contractual Trust Agreements).

432 Nach der Begr RegE BilMoG, 162 ist anzugeben, welche Aktiv- und Passivposten in welcher Höhe miteinander verrechnet wurden. Die anzugebenden Bilanzposten richten sich nach § 266 Abs 2 und 3, ggf unter Berücksichtigung der vorgeschriebenen Davon-Vermerke in der Bilanz oder im Anhang. Eine weitere Untergliederung der Posten, zB die sonstigen Rückstellungen nach der Art der Verpflichtungen, ist nicht erforderlich, da die Vorschrift ein Mehr an Erl ggü dem Zustand vor Verrechnung nicht verlangt. Der anzugebende Betrag der Verrechnung ergibt sich nach § 253 Abs 1 S 4 aus den nach § 255 Abs 4 ermittelten beizZW und dem Erfüllungsbetrag der verrechneten Schulden. Nach Sinn und Zweck der Vorschrift kann nur der *abgezinste* Erfüllungsbetrag gemeint sein (*WPH*[14] I, F Anm 851). Ein eventuell verbleibender passivischer Überhang aus der Verrechnung der VG und Schulden braucht nicht gesondert angegeben zu werden (ebenso *WPH*[14] I, F Anm 849); er bleibt unter dem entspr Bilanzposten bilanziert (vgl für mit Deckungsvermögen verrechnete AVersVerpflichtungen IDW RS HFA 30 Tz 84). Ein verbleibender aktivischer Überhang ist als „Aktiver Unterschiedsbetrag aus der Vermögensverrechnung" (§ 266 Abs 2 E.) auszuweisen.

433 Ist der anzugebende beizZW gem § 255 Abs 4 S 2 nicht anhand eines auf einem aktiven Markt zustande gekommenen Preises ermittelt, sondern mit Hilfe allgemein anerkannter Bewertungsmethoden bestimmt worden, sind aufgrund des Verweises im 2. Hs auf Nr 20a die grundlegenden Annahmen anzugeben, die den angewandten Bewertungsmethoden zugrunde gelegt wurden (s im Einzelnen Anm 352). Darüber hinaus sind für die verrechneten VG auch die AK anzugeben, dh nach dem Gesetzeswortlaut die ursprünglichen AK, nicht die fortgeführten AK zum Bilanzstichtag. Ist der beizZW weder anhand eines aktiven Markts, noch mit Hilfe allgemein anerkannter Bewertungsmethoden ermittelt worden, sind die gem § 253 Abs 4 fortgeführten AK/HK als beizZW unter Angabe der entspr Bewertungsmethode anzugeben.

434 Da nach § 246 Abs 2 S 2 Hs 2 auch die den verrechneten VG und Schulden zugehörigen Aufwendungen und Erträge des Gj auf der Abzinsung und aus dem zu verrechnenden Vermögen in der GuV zu verrechnen sind, legt Nr 25 fest anzugeben, welche Aufwands- und Ertragsposten der GuV in welcher Höhe miteinander verrechnet wurden. Nach der hier vertretenen Auffassung richtet sich die Angabe der GuV-Posten nach der Gliederung des § 275 Abs 2 oder Abs 3, ggf unter Berücksichtigung der vorgeschriebenen Davon-Vermerke in der GuV oder im Anhang. Infrage kommen die einzelnen Posten des Finanzergebnisses und der Personalaufwand (s IDW RS HFA 30 Tz 88), wobei für Erfolgswirkungen aus einer Änderung des Diskontierungszinssatzes, aus Zeitwertänderungen des Deckungsvermögens sowie lfd Erträge aus dem Deckungsvermögen ein Ausweiswahlrecht zu beachten ist (IDW RS HFA 30 Tz 87).

26. Angaben zu Anteilen oder Anlageaktien an Investmentvermögen (Nr 26)

I. Allgemeines

440 Die Vorschrift verlangt bestimmte Angaben zu Anteilen oder Anlageaktien an inländischen oder vergleichbaren ausländischen Investmentvermögen von mehr als 10%. Zweck der Vorschrift ist die Verbesserung der Informationen für die

Abschlussadressaten. Die Angaben nach Nr 26 sind von **allen KapGes/Kap-CoGes** – mit Ausnahme der **KleinstKapGes/KleinstKapCoGes**, die gemäß § 264 Abs 1 S 5 keinen Anhang aufstellen, – in jedem Anhang zu machen, ebenso von unter das **PublG fallenden Unt** (§ 3 Abs 1 Nr 3–5 iVm § 5 Abs 2 S 2 PublG), **kapmarktUnt** des § 3 Abs 1 iVm § 5 Abs 2a PublG sowie **Kredit- und Finanzdienstleistungsinstituten** (§ 340a Abs 1) und **VersicherungsUnt** (§ 341a Abs 1).

Gem Nr 26 ist, sofern die Ges Anteile oder Anlageaktien an Investmentvermögen hält, im Anhang dazu anzugeben: Die Anlageziele, ihr Wert iSd § 36 InvG und die Differenz zum Buchwert, die für das Gj erfolgte Ausschüttung sowie Beschränkungen in der Möglichkeit der täglichen Rückgabe. Darüber hinaus sind die Gründe dafür anzugeben, wenn eine Abschreibung gem § 253 Abs 3 S 4 unterblieben ist, einschl der Anhaltspunkte, die darauf hindeuten, dass die Wertminderung voraussichtlich nicht von Dauer ist. Insoweit handelt es sich bei den Angaben um Erl zu einem Bilanzposten. IdR werden diese Anteile/Anlageaktien unter den Finanzanlagen ausgewiesen.

Da die Angaben teils Zahlen, teils Erl umfassen, empfiehlt sich bei umfangreichen Anteilsbesitz an Investmentvermögen eine tabellarische Aufstellung: Name des Investmentvermögens/Herkunftsstaat/Anlageziel/Anlagewert/Anteilswert/Differenz zum Buchwert/Für das Gj erfolgte Ausschüttung/Beschränkungen im Hinblick auf eine tägliche Rückgabe/ggf Gründe für eine unterlassene Abschreibung nach § 253 Abs 3 S 4. Die Angaben haben sich auf die Verhältnisse am Abschlussstichtag zu beziehen. Fehlanzeige ist nicht erforderlich.

II. Die angabepflichtigen Anteile oder Anlageaktien

Der sachliche Anwendungsbereich der Nr 26 umfasst: **441**
– Anteile an inländischem Investmentvermögen iSv § 1 InvG,
– Anlageaktien an inländischem Investmentvermögen iSv § 1 InvG,
– Vergleichbare ausländische Investmentanteile iSv § 2 Abs 9 InvG,
sofern der Anteils-/Anlageaktienbesitz 10% der in Umlauf befindlichen Anteile/Anlageaktien übersteigt. Zu den Anteilen an inländischem Investmentvermögen iSv § 1 InvG gehören Investmentfonds in Form von Publikums-Sondervermögen und Spezial-Sondervermögen (§ 2 Abs 1 und 3 InvG). Als Anlageaktien an inländischem Investmentvermögen iSv § 1 InvG kommen Anlageaktien (§ 96 Abs 1 S 2, Abs 1c InvG), Anlageaktien an InvestmentAG (§ 2 Abs 5 S 1 InvG) und an Spezial-InvestmentAG (§ 2 Abs 5 S 2 InvG) infrage.

Ausländische Investmentanteile sind nur dann angabepflichtig, wenn sie von **442** einer ausländischen InvestmentGes mit Sitz im Ausland ausgegeben worden sind. Andere Anteile an ausländischen Investmentvermögen iSv § 2 Abs 8 InvG, bei denen kein Rückgaberecht der Anleger besteht, fallen nicht unter Nr 26. Zu den angabepflichtigen ausländischen Investmentanteilen gehören richtlinienkonforme EG-Investmentanteile (§ 2 Abs 10 InvG), nicht richtlinienkonforme und Drittstaaten-Investmentanteile (zu Einzelheiten s *Beckmann* in Beckmann/Scholtz/Vollmer Investment-Handbuch Abschn 410 § 2 Anm 246 ff). Zu den angabepflichtigen Investmentanteilen einer ausländischen InvestmentGes gehören in Anteilsscheinen verbriefte und nicht verbriefte Anteile. Ferner ist unerheblich, ob die Anteile mit Eigentum am Investmentvermögen oder nur einen schuldrechtlichen Anspruch auf Beteiligung verkörpern (s dazu *Beckmann* in Beckmann/Scholtz/Vollmer Investment-Handbuch Abschn 410 § 2 Anm 256).

Zur Berechnung der Anteilsquote von mehr als 10%, die zur Angabepflicht **443** führt, ist auf den Abschlussstichtag abzustellen. Die in Umlauf befindlichen Anteile ergeben sich bei geschlossenen Fonds aus den Vertragsbedingungen, bei den offenen Fonds aus den Veröffentlichungen der KapitalanlageGes gem § 36 Abs 6 S 2 InvG.

III. Einzelangaben

1. Die Anlageziele

444 Was unter Anlagezielen zu verstehen ist, sagt die Gesetzesvorschrift nicht. Nach der Begr RegEBilMoG, 163 sind die Fondskategorien gemeint, wie Aktienfonds, Rentenfonds, Immobilienfonds, Mischfonds, Hedgefonds. Basis für die Angabe sind die nach § 43 Abs 4 Nr 1 InvG in den Vertragsbedingungen festgelegten Anlagegrundsätze und die Anlagepolitik. Um den Abschlussadressaten eine überschlägige Einschätzung des Anlegerrisikos zu ermöglichen (so Begr RegEBilMoG, 163), ist es darüber hinaus erforderlich, die Anlageschwerpunkte (Wertpapierfonds, Grundstücksfonds, Altersvorsorgefonds) anzugeben, ob das Investmentvermögen national oder international ausgerichtet ist, ob es sich um einen Wachstums-, Rendite-, Branchen-, Länderfonds, einen Kurzläufer- oder Langzeitfonds, Dach- oder Parallelfonds, Garantiefonds, Ablauffonds oder Spezialitätenfonds (Rohstofffonds, Energiefonds, Technologiefonds, Ethikfonds, Ökofonds- oder Umweltfonds) handelt oder um einen Anlagezielfonds mit individuellen Anlegerbedürfnissen (s im Einzelnen *Beckmann* in Beckmann/Scholtz/Vollmer Investment-Handbuch Abschn 410 § 4 Anm 16 ff). Anteile/Anlageaktien mit gleichen Anlagezielen dürfen zusammengefasst werden (ebenso *WPH*[14] I, F Anm 854).

2. Der Wert der Anteile oder Anlageaktien und die Differenz zum Buchwert

445 Anzugeben ist der Wert der Anteile/Anlageaktien iSv § 36 InvG oder vergleichbaren ausländischen Vorschriften und die Differenz zum Buchwert. Nach dem Gesetzeswortlaut ist der Wert der Anteile angabepflichtig, nicht der Anteilswert pro Stück; das ergibt sich auch aus dem Zweck der Angabe, den Abschlussadressaten eine Einschätzung des Anlegerrisikos zu ermöglichen (Begr RegEBilMoG, 163). Aus diesem Zweck folgt auch, dass Anteile/Anlageaktien mit gleichen Anlagezielen, dh gleichen Anlagekategorien, hierbei zu einem Gesamtwert zusammengefasst werden dürfen.

Der angabepflichtige Wert der Anteile/Anlageaktien basiert auf der börsentäglichen Marktwertentwicklung gem § 36 Abs 1–5 InvG durch die Depotbank oder KapitalanlageGes. Er entspricht nicht dem Ausgabe- oder Rücknahmepreis. Der Rücknahmepreis ist um den in den Vertragsbedingungen vorgesehenen Abschlag zu erhöhen, um den tatsächlichen Anteilswert iSv § 36 S 1–5 InvG zu erhalten. Aus dem Ausgabepreis kann der angabepflichtige Wert durch Subtraktion eines evtl festgelegten Ausgabeaufschlags (§ 41 Abs 1 InvG) ermittelt werden.

446 Der angabepflichtige Wert von Anteilen an ausländischem Investmentvermögen einer ausländischen InvestmentGes muss entspr § 36 InvG ermittelt worden sein. Sehen die Vertragsbedingungen des ausländischen Investmentvermögens im Einklang mit ausländischem Investmentrecht eine andere Bewertung als die Marktbewertung nach § 36 InvG vor, ist der Marktwert für die Angabepflicht entspr dem deutschen Investmentrecht zu ermitteln (Begr RegE BilMoG, 162). Der Marktwert von ausländischen Investmentanteilen in Fremdwährung ist zum Devisenmittelkurs am Abschlussstichtag in EUR umzurechnen.

447 Anzugeben ist ferner die Differenz zwischen dem Wert der Anteile/Anlageaktien und deren Buchwert, um die darin enthaltenen stillen Reserven oder stillen

Lasten offenzulegen. Der Zweck der Angabepflicht wird auch erfüllt durch eine Gegenüberstellung von Marktwert iSv § 36 InvG und dem entspr Buchwert, zusammengefasst nach Investmentvermögen mit gleichen Anlage- bzw Fondskategorien.

3. Die für das Geschäftsjahr erfolgte Ausschüttung

Nach dem Gesetzeswortlaut besteht die Angabepflicht für die *für das* Gj erfolgte Ausschüttung, während die Begr RegEBilMoG, 163 von den *im* Gj vereinnahmten Ausschüttungen spricht. Vom Wortlaut der Begr ist auszugehen, da ihre Handhabung praktikabler ist, zumal für das Gj erfolgte Ausschüttungen uU erst nach dem Abschlussaufstellungszeitpunkt der berichtenden Ges vereinnahmt werden. Für die Angabepflicht kommt es demnach auf den Zufluss der Ausschüttung im Gj an (wie hier *WPH*[14] I, F Anm 861). Dazu können auch Zwischenausschüttungen gehören. Nicht angabepflichtig sind die Bestandteile der Ausschüttung (Gewinnvortrag aus dem Vj, Dividenden, Zinsen, realisierte Kursgewinne), ebenso wenig wie vom Fonds thesaurierte Beträge. **448**

4. Beschränkungen in der Möglichkeit der täglichen Rückgabe

Abweichungen von der börsentäglichen Rückgabemöglichkeit der Anteile/ Anlageaktien, die in den Vertragsbedingungen des Fonds enthalten sein müssen, sind zu erläutern. Damit sollen dem Abschlussadressaten Hinweise auf ungewöhnliche Verhältnisse (Investitionen in illliquide strukturierte Anlagevehikel, Hedgefonds mit langen Kündigungsfristen, Infrastrukturprojekte, unverbriefte Darlehensforderungen, Private-Equity-Engagements) gegeben werden. Besondere Fondskategorien können nach den Vorschriften des InvG solche Beschränkungen in den Vertragsbedingungen festlegen (zB §§ 80c, 90d Abs 2 u 3, 90i Abs 1, 95 Abs 4 InvG), die dann angabepflichtig sind. Die Beschränkungen können sich auf die Anteilsrückgabe zu bestimmten Terminen oder den Wert der zurückgegebenen Anteile/Anlageaktien beziehen. **449**

Anzugeben ist auch, wenn die Vertragsbedingungen des Fonds die sog Katastrophenklausel (§ 37 Abs 2 S 1 InvG) enthalten, nach der in Sonderfällen (zB Schließung der Börse, außergewöhnliche Kursstürze) die Rücknahme von Anteilen/Anlageaktien vorübergehend ausgesetzt werden kann (ebenso *WPH*[14] I, F Anm 862).

5. Gründe für das Unterlassen einer Abschreibung nach § 253 Abs 3 S 4 (Ts 2 und 3)

Nr 26 geht davon aus, dass die Anteile/Anlageaktien unter den Finanzanlagen ausgewiesen werden mit der Folge, dass von dem Abschreibungswahlrecht nach § 253 Abs 3 S 4, dh bei nur vorübergehender Wertminderung, Gebrauch gemacht werden kann. Ist dies der Fall, ersetzt die Angabepflicht nach Nr 26 Ts 2 mit Vorrang die Angabepflicht nach Nr 18. **450**

Anzugeben sind die Gründe dafür, dass eine außerplanmäßige Abschreibung nach § 253 Abs 3 S 4 unterblieben ist. Der Hauptgrund ist, dass die Wertminderung voraussichtlich nicht von Dauer ist. Eine bloße Wiederholung dieser gesetzlichen Voraussetzung als Erfüllung dieser Angabepflicht reicht jedoch nicht aus, da Ts 3 zusätzlich die Angabe der Anhaltspunkte fordert, die darauf hindeuten, dass die Wertminderung voraussichtlich nicht von Dauer ist. Aus der Begr für eine unterbliebene Abschreibung muss deutlich werden, dass die Abschreibungsnotwendigkeit nach den für die Finanzanlagen geltenden Kriterien geprüft wurde (ebenso *WPH*[14] I, F Anm 863). Es ist auf die Ursachen für den niedrigeren Wert der Anteile/Anlageaktien einzugehen (so Begr RegEBilMoG, 164). Das setzt eine Untersuchung der voraussichtlichen Wertentwicklung der in dem Investmentvermögen enthaltenen VG voraus (IDW RS VFA 2 Tz 24 WPg 2002, 475). Anzugebende Anhaltspunkte können sich aus folgenden Sachverhalten ergeben: Feststellbare Erhöhungen des Rücknahmepreises zwischen Abschlussstichtag und Erstellung des JA, unrealisierte Wertminderungen im Investmentvermögen, Ausschüttungen ohne Kapitalentnahmecharakter, Umschichtungen wesentlicher Positionen im Investmentvermögen.

27. Angaben zu den Haftungsverhältnissen nach §§ 251, 268 Abs 7 Hs 1 (Nr 27)

455 Gegenstand der Angabepflicht sind die nach § 251 unter der Bilanz oder nach § 268 Abs 7 Hs 1 im Anhang zu vermerkenden Haftungsverhältnisse, zu denen das Wechselobligo, Bürgschaften, Gewährleistungsverträge sowie die Bestellung von Sicherheiten für fremde Verbindlichkeiten gehören. Anzugeben sind die Gründe der Einschätzung des Risikos der Inanspruchnahme. Die Vorschrift ist von **allen KapGes/KapCoGes** – mit Ausnahme der **KleinstKapGes/KleinstKapCoGes,** die gemäß § 264 Abs 1 S 5 keinen Anhang aufstellen, von unter das **PublG fallende Unt** (§ 3 Abs 1 Nr 3–5 iVm § 5 Abs 2 S 2 PublG), **kapmarktUnt** des § 3 Abs 1 iVm § 5 Abs 2a PublG sowie **Kredit- und Finanzdienstleistungsinstituten** (§ 340a Abs 1 iVm § 34 Abs 2 Nr 4 RechKredV) und **VersicherungsUnt** (§ 341a Abs 2, S 2 iVm § 51 Abs 1, Abs 3 S 1 RechVersV) anzuwenden. Zweck der Vorschrift ist, die Transparenz des JA zu erhöhen (Begr RegE BilMoG, 164). Da die Vorschrift Nr 3a, die sich auch auf die Angabe von finanziellen Verpflichtungen aus den sonstigen (nicht unter § 251 erfassten) Haftungsverhältnissen erstreckt, nicht in Bezug nimmt, sind die entspr sonstigen finanziellen Verpflichtungen aus Nr 3a nicht nach Nr 27 anzugeben.

Da Nr 27 § 268 Abs 7 Hs 1 in Bezug nimmt, ist davon auszugehen, dass die Erl sich auf die gesondert ausgewiesenen Posten der Haftungsverhältnisse zu beziehen haben, sofern die Haftungsverhältnisse für die VFE-Lage der Ges von Beutung (wesentlich) sind (Begr RegE BilMoG, 164). Wenn die einzelnen in § 251 bezeichneten Haftungsverhältnisse im Anhang ausgewiesen werden, dürfen die Angaben nach Nr 27 hiermit zusammengefasst werden.

Die fehlende Bezugnahme der Vorschrift auf den 2. Hs des § 268 Abs 7 bedeutet, dass Haftungsverhältnisse ggü verbundenen Unt, die in der Angabe nach § 251 enthalten sind, nicht gesondert zu erläutern sind. Dasselbe dürfte für die Haftungsverhältnisse ggü Gestern (s § 268 Anm 129) gelten.

456 Die Vorschrift verlangt die Angabe der Gründe der Einschätzung des Risikos der Inanspruchnahme. Da die Haftungsverhältnisse nur zu vermerken sind, sofern nicht auf der Passivseite der Bilanz auszuweisen sind, ist der Hauptgrund für den Ausweis nach § 251, dass eine Inanspruchnahme nicht droht, also unwahrscheinlich oder so gut wie ausgeschlossen ist. Eine bloße Wiederholung dieser gesetzlichen Voraussetzung, dass mit einer Inanspruchnahme nicht zu rechnen ist, reicht als Erfüllung der Angabepflicht jedoch nicht aus. Die Begr (RegE BilMoG, 164) fordert vielmehr die Angabe der dieser Risikoeinschätzung zugrunde liegenden Erwägung. Die Gründe sind im Einzelnen hinreichend konkret zu bezeichnen, ggf ist der Grad der Wahrscheinlichkeit/Unsicherheit und der Zeitpunkt der potentiellen Inanspruchnahme anzugeben. Dabei sind die Entscheidungskriterien zu erläutern, die dazu geführt haben, die Haftungsverhältnisse nicht zu passivieren. Dabei kann sich die Einschätzung und Beurteilung des Risikos sowohl auf vergangene Entwicklungen als auch auf eine Prognose möglicher Inanspruchnahmen stützen (ebenso WPH[14] I, F Anm 865). Sie hat sich auf die Verhältnisse am Abschlussstichtag zu beziehen, ggf unter Berücksichtigung der danach bis zum Aufstellungszeitpunkt gewonnenen Erkenntnisse oder eingetretenen Ereignisse. Sofern Rückgriffsforderungen, Regress- oder Erstattungsansprüche die Beurteilung des Risikos der Inanspruchnahme beeinflussen, ist dies auch anzugeben.

Werden – wie häufig praktiziert – bei großen Grundgesamtheiten zur Abdeckung des allgemeinen Risikos der Inanspruchnahme pauschale Rückstellungen (zB in Höhe eines Prozentsatzes für das allgemeine Kreditrisiko oder für Währungsrisiken bei Verpflichtungen in Fremdwährung gebildet, ist dies anzugeben, da es sich um die Wahrscheinlichkeit einer Teilinanspruchnahme handelt, deren Einschätzung sich an den Erfahrungen aus der Vergangenheit orientiert. Erl sind auch erforderlich, wenn das Risiko selbst nicht bezifferbar ist (IDW RH HFA 1.013 Tz 21) und ggf nur ein Merkposten unter den Haftungsverhältnissen ausgewiesen wird (s § 251 Anm 11). 457

28. Angabe des Gesamtbetrags der Beträge iSd § 268 Abs 8 (Nr 28)

Schrifttum: *Hasenburg/Hausen* Zur Umsetzung der HGB Modernisierung durch das BilMoG: Bilanzierung von Altersversorgungsverpflichtungen (insbesondere aus Pensionszusagen) und vergleichbaren langfristig fälligen Verpflichtungen unter Einbeziehung der Verrechnung mit Planvermögen DB 5/2009, 38; *Gelhausen/Althoff* Die Bilanzierung ausschüttungs- und abführungsgesperrter Beträge im handelsrechtlichen Jahresabschluss nach BilMoG, WPg 2009, 584 und 629; *Wendholt/Wesemann* Zur Umsetzung der HGB-Modernisierung durch das BilMoG: Bilanzierung von latenten Steuern im Einzel- und Konzernabschluß DB Beilage 5/2009, 64.

I. Allgemeines

Die Angabepflicht steht iZm der durch § 268 Abs 8 normierten Ausschüttungssperre. Die Angabe des Gesamtbetrags der ausschüttungsgesperrten Beträge iSv § 268 Abs 8, aufgegliedert in ihre gesetzlichen Bestandteile, hat den Zweck, die Abschlussadressaten darüber zu informieren, in welchem Umfang die Bilanz Beträge enthält, die nicht ausgeschüttet werden dürfen, soweit nicht in mind derselben Höhe frei verfügbare Rücklagen abzgl eines Verlustvortrags und zzgl eines Gewinnvortrags vorhanden sind (Begr RegE BilMoG, 165). Sie dient damit dem Gläubigerschutz und erleichtert es den Abschlussadressaten nachzuvollziehen, ob die Ausschüttungssperre beachtet worden ist (Begr RegE BilMoG, 141). 460

Normadressat sind **alle KapGes** – mit Ausnahme der **KleinstKapGes/ KleinstKapCoGes,** die gemäß § 264 Abs. 1 S 5 keinen Anhang aufstellen – und **VersicherungsUnt** (§ 341a Abs 1 iVm § 51 Abs 1 S 1 RechVersV), ebenso insb AG/KGaA mit EAV gem § 291 AktG, für die die Ausschüttungssperre gem § 301 AktG gelten. Von der Angabepflicht freigestellt sind alle KapCoGes, da sie keiner Haftungsbeschränkung unterliegen (Begr RegE BilMoG, 141; IDW RS HFA 7 Tz 38) und § 264c Abs 4 S 3 aF durch das BilMoG aufgehoben wurde. Kredit- und Finanzdienstleistungsinstitute (§ 340a Abs 1) sind von der Angabepflicht entgegen § 34 Abs 1 S 1 RechKredV nicht befreit (so IDW BFA Sitzung v 24.9.2009 FN-IDW 2010, 31, der das Fehlen der Nr 28 in der Aufzählung dort für ein Redaktionsversehen des Gesetzgebers hält).

Nr 28 verlangt die Angabe des Gesamtbetrags der Beträge iSv § 268 Abs 8, aufgegliedert in die Beträge aus der Aktivierung selbst geschaffener immaterieller VG des Anlagevermögens und Beträge aus der Aktivierung latenter Steuern sowie aus der Bewertung von VG zum beizZW. Eine Angabe von Vj-Zahlen ist nicht erforderlich, ebenso wenig eine Fehlanzeige.

Der Angabepflicht nach Nr 28 unterliegen nicht die ausschüttungsgesperrten nach § 269 aF bilanzierten Aufwendungen für die Ingangsetzung und Erweiterung des Geschäftsbetriebs, die nach Inkrafttreten des BilMoG gem Art 67 Abs 5 EGHGB fortgeführt werden.

II. Anzugebender Gesamtbetrag

461 Anzugeben ist zunächst der Gesamtbetrag der ausschüttungsgesperrten Beträge, der sich aus der Summe der einzelnen Kategorien ergibt. Es muss sich immer um die Beträge zum Abschlussstichtag, über den zu berichten ist, handeln. Die Ausschüttungssperre und mithin die Angabepflicht nach Nr 28 ist an die in der Bilanz aktivierten Beträge (Buchwerte) gekoppelt. Um die Ausschüttungssperre nicht zu überdehnen, sind die Beträge um die auf sie bezogenen passiven latenten Steuern zu kürzen (Begr RegE BilMoG, 141). Anzugeben ist mithin der Nettobetrag der Beträge nach latenten Steuern.

Da die Anhangangabe der ausschüttungsgesperrten Beträge den Abschlussadressaten erleichtern soll nachzuvollziehen, ob die Ausschüttungssperre beachtet worden ist (Begr RegE BilMoG, 141) empfehlen *Gelhausen/Althoff* (WPg 2009, 591), da die frei verwendbaren Rücklagen aus der Gliederung des EK gem § 272 nicht ersichtlich sind, eine Erl von den zur Deckung vorhandenen frei verfügbaren Rücklagen in Form einer Deckungsrechnung (s dort) oder durch Angabe der einzelnen Teilbeträge der frei verwendbaren Teile der einzelnen Rücklagen.

III. Aufgliederung des Gesamtbetrags

462 Der Gesamtbetrag der ausschüttungsgesperrten Beträge ist in folgende Bestandteile aufzugliedern:
- Beträge aus der Aktivierung selbst geschaffener immaterieller VG des Anlagevermögens,
- Beträge aus der Aktivierung von VG zum beizZW,
- Beträge aus der Aktivierung latenter Steuern.

1. Beträge aus der Aktivierung selbst geschaffener immaterieller Vermögensgegenstände des Anlagevermögens

463 Anzugeben sind die in der Bilanz ausgewiesenen Beträge aller selbst geschaffenen immateriellen VG des Anlagevermögens. Zu kürzen sind die Beträge um die passiven latenten Steuern, die aus der Ansatzdifferenz auf jeden einzelnen VG entfallen und gem § 274 Abs 1 S 1 im Posten „passive latente Steuern" gem § 266 Abs 3 E enthalten sind (ggf vor Verrechnung mit aktiven latenten Steuern).

2. Beträge aus der Bewertung von Vermögensgegenständen iSv § 246 Abs 2 S 2 zum beizulegenden Zeitwert

464 Hierunter fallen die Beträge, die sich aus der Bewertung von nach § 246 Abs 2 S 2 zu verrechnenden VG zum beizZW nach § 253 Abs 1 S 4 unter Abzug ihrer ursprünglichen AK ergeben (*Hasenburg/Hansen* DB 2009 Beilage 5 zu Heft 23, 44; IDW RS HFA 30 Tz 69). Zu jedem Abschlussstichtag ist die Differenz neu zu ermitteln. Nicht hierzu gehören die gem § 253 Abs 1 S 3 zum beizZW bewerteten bilanzierten Wertpapiere, von denen die Höhe von AVers-

Zusagen abhängt, da durch deren entspr Bewertung bereits eine Ausschüttungssperrwirkung erzielt wird (IDW RS HFA 30 Tz 75).

Die Beträge aus der Zeitwertbewertung sind um die passiven latenten Steuern zu kürzen, die aus der jeweiligen Ansatzdifferenz zum Abschlussstichtag für jeden einzelnen VG nach dem Grundsatz der Einzelbewertung resultieren.

3. Beträge aus der Aktivierung latenter Steuern

In den Gesamtbetrag sind auch die Beträge aus der Aktivierung latenter Steuern nach § 274 Abs 1 S 2 einzubeziehen und gesondert anzugeben, sofern von dem Aktivierungswahlrecht Gebrauch gemacht wird. In diesem Fall ist nur ein Aktivüberhang, unabhängig davon, ob brutto oder netto iSv § 274 Abs 1 S 3 in der Bilanz ausgewiesen, ausschüttungsgesperrt und damit angabepflichtig (ebenso WPH[14] I, F Anm 875).

Bei der Ermittlung des Aktivüberhangs der latenten Steuern sind jedoch nicht alle passiven latenten Steuern, was der nicht eindeutige Wortlaut in der Begr RegE BilMoG, 141 und im Bericht Merz ua, 113 suggerieren könnte, sondern nur die, die den anderen anzugebenden Beträgen nicht zugeordnet wurden, weil letztere dort bereits zur Kürzung geführt haben, zu berücksichtigen (s auch § 268 Anm 143), dh der ausschüttungsgesperrte Betrag aus der Aktivierung latenter Steuern weicht vom entspr Bilanzbetrag nach § 266 Abs 2 D sowohl bei Brutto- als auch Netto-Darstellung der latenten Steuern ab (vgl auch das Beispiel bei *Wendholt/Wesemann* DB 2009 Beilage 5 zu Heft 23, 69).

29. Angaben zu latenten Steuern (Nr 29)

Schrifttum: *Loitz* Latente Steuern nach dem Bilanzrechtsmodernisierungsgesetz (BilMoG) – Nachbesserungen als Verbesserungen? DB 2008, 1393; *Wendholt/Wesemann* Zur Umsetzung der HGB Modernisierung durch das BilMoG: Bilanzierung von latenten Steuern im Einzel- und Konzernabschluss, DB Beilage 5/2009, 64; *Kühne/Melcher/Wesemann* Latente Steuern nach BilMoG – Grundlagen und Zweifelsfragen, WPg 2010, 1005 und 1057; *Petersen* Anwendungsfragen der Steuerabgrenzung im Jahresabschluss, WPg 2011, 255; *Prystawik/Schauf* Steuerliche Anhangangaben nach HGB – Was ist erforderlich? DB 2011, 313; *Schindler* Bilanzierung von latenten Steuern bei Umlageverträgen im Rahmen von Organschaftsverhältnissen nach dem BilMoG, BFuP 2011, 329.

Standard: Latente Steuern DRS 18 (Stand: 3.9.2010).

Die Vorschrift bestimmt, dass zu den latenten Steuern anzugeben ist, auf welchen Differenzen oder steuerlichen Verlustvorträgen sie beruhen und mit welchen Steuersätzen die Bewertung erfolgt ist. Die Angaben sind von **allen großen KapGes/KapCoGes,** von allen **anhangpflichtigen Unt des PublG** (§ 3 Abs 1 Nr 3–5, § 5 Abs 2a PublG) sowie von **Kredit- und Finanzdienstleistungsinstituten** (§ 340a Abs 1, § 34 Abs 1 S 1 RechKredV) und **VersicherungsUnt** (§ 341a Abs 1, § 51 Abs 1 S 1 RechVersV) in jedem Anhang zu machen. **Kleine KapGes/KapCoGes** sind von der Angabepflicht befreit (§ 288 Abs 1) ebenso **mittelgroße Ges** (§ 288 Abs 2 S 2), unbeschadet der Angabepflichten nach § 284 Abs 2 Nr 1 und 3. Nr 29 ist von KapGes/KapCoGes nicht anzuwenden, die OrganGes iSv § 14 Abs S 1 KStG, § 2 Abs 2 S 2 GewStG sind (*Wendholt/Wesemann* DB 5/2009, 70; DRS 18.32). Deren zu latenten Steuern führende Differenzen sind beim Organträger zu berücksichtigen (*Schindler* BFuP 2011, 331 mwN), der, falls groß iSv § 267 Abs 3, Nr 29 anzuwenden hat. Hieran ändert sich im Falle des Bestehens von Steuerumlageverträgen nichts (*Schindler* BFuP 2011, 334).

Die Angabepflicht nach Nr 29 wird immer dann ausgelöst, wenn Differenzen zwischen HB-Werten und den Steuerbilanz-Werten zum Abschlussstichtag bestehen, die sich in späteren Gj abbauen. Die Angabepflicht ist unabhängig vom bilanziellen Ausweis der latenten Steuern (aktiv oder passiv) und unabhängig von der Ausübung des Saldierungswahlrechts nach § 274 Abs 1 S 3, über die nach § 284 Abs 2 Nr 3 (s dort Anm 149) zu berichten ist. Es sind mindestens Angaben zu sämtlichen passiven latenten Steuern sowie zu den in den Saldierungsbereich einbezogenen aktiven latenten Steuern zu machen. Über den Saldierungsbereich hinausgehende Latenzen, die zu aktiven latenzen Steuern führen würden, aber in Ausübung des Wahlrechts nicht aktiviert werden, bedürfen keiner Erläuterung (HFA Aufhebung des IDW ERS HFA 27: Bilanzierung latenter Steuern; *Petersen* WPg 2011, 263; aA Ber Merz ua 116; DRS 18.64).

In Anbetracht der Gesamtdifferenzbetrachtung des § 274 Abs 1 sind Angaben und Erl zum Mengengerüst der latenten Steuern vor Saldierung erforderlich. Nr 29 verlangt die Angabe, auf **welchen Differenzen** zwischen handelsrechtlichem und steuerrechtlichem Bilanzansatz der VG, RAP und Schulden die latenten Steuern beruhen. Da permanente Differenzen nicht zu latenten Steuern führen, kommen für die Angabepflicht nur die zeitlichen und quasi-permanenten Differenzen in Frage, auch wenn diese im Zugangszeitpunkt bestehen (Ber Merz ua 114). Ferner kann nach HFA (Berichterstattung über die 223. Sitzung Einzelfragen zur Bilanzierung latenter Steuern im Jahresabschluss nach HGB idF des BilMoG, FN-IDW 2011, 341) der Ansatz latenter Steuern auf outside basis differences (s dazu § 306 Anm 29) auf ausländische Betriebsstätten in Analogie zu § 306 S 4 entfallen.

Anzugeben ist einmal die Art des VG (zB Grundstück, Bet) und des Schuldpostens (zB Garantierückstellung, Jubiläumsrückstellung) und zum anderen die Art der Differenzen, ob sie zu einer aktiven oder passiven latenten Steuer führen. Dabei ist jedoch nicht jeder einzelne VG, RAP oder Schuldposten anzugeben; Zusammenfassungen gleicher VG und Schulden unter Berücksichtigung der Bilanzposten nach § 266 Abs 2 u 3 sind zulässig und bei umfangreichen Differenzen geboten. Die Angabe, in welcher Höhe die Differenzen bestehen, wird vom Gesetz nicht verlangt (DRS 18.65; für eine Angabepflicht der Beträge auf Ebene der Bilanzposten *Kühne/Melcher/Wesemann* WPG 2009, 1013). Hätte der Gesetzgeber die Angabepflicht von Beträgen normieren wollen, hätte er entspr (Wert, Gesamtbetrag, Umfang) formulieren müssen, wie zB in den Nrn 3a, 6, 18 ff (sinnvollerweise für Betragsangaben *Wendholt/Wesemann* aaO, 68). Ebenso wenig ist der Zeitraum oder Zeitpunkt des Abbaus der Differenzen angabepflichtig.

472 Ferner ist anzugeben, auf welchen steuerlichen Verlustvorträgen die latenten Steuern beruhen. Nach Begr RegEBilMoG, 148 gehören auch vergleichbare Sachverhalte wie Steuergutschriften und Zinsvorträge dazu. Anzugeben ist mithin, inwieweit solche Sachverhalte in die Berechnung der latenten Steuern einbezogen wurden. Wie bei den Erl zu den sich in künftigen Jahren abbauenden Differenzen zwischen HB- und StB-Ansätzen der VG und Schulden ist auch bei der Einbeziehung steuerlicher Verlustvorträge und dgl in die Berechnung der aktiven latenten Steuern ihr wertmäßiger Umfang nach dem Wortlaut der Vorschrift nicht angabepflichtig. Gleichwohl sind Erl zu den zu Grunde gelegten Prämissen (zB zum verrechnungsfähigen Anteil am gesamten Verlustvortrag) und zur Höhe der Wahrscheinlichkeit notwendig, nach der eine Verlustverrechnung innerhalb der auf den Abschlussstichtag folgenden 5 Gj zu erwarten ist. Hiermit soll sichergestellt werden, dass die zu Grunde liegenden Erwägungen für Dritte nachvollziehbar sind (Begr RegE BilMoG 147). Sind Abschläge wegen ggü dem Vj gesunkener Wahrscheinlichkeit vorgenommen worden, ist ebenfalls darüber zu berichten. Ferner sind Angaben zum verrechnungsfähigen Anteil am gesamten bestehenden Verlustvortrag zu machen (*Wendholt/Wesemann* aaO, 68).

Unterlassen von Angaben § 286

DRS 18.66 verlangt die Betragsangabe von ungenutzten steuerlichen Verlustvorträgen und ungenutzten Steuergutschriften.

Nr 29 verlangt darüber hinaus die Angabe, mit welchen Steuersätzen die Differenzen und steuerlichen Verlustvorträge bewertet wurden. Nach § 274 Abs 2 S 1 hat die Bewertung mit den unternehmensindividuellen Steuersätzen im Zeitpunkt des Abbaus zu erfolgen. Sind diese nicht bekannt, sind die am Abschlussstichtag gültigen Steuersätze anzuwenden (Begr RegE BilMoG 149). Die Vorschrift spricht zwar von Steuersätzen; da aber nach dem Gesetzeswortlaut auf die unternehmensindividuellen Steuersätze, dh steuersubjektbezogene Steuersätze (Begr RegE BilMoG 149) abzustellen ist, ist der Steuersatz der KapGes, der sich aus der KSt und der GewESt zusammensetzt, und bei KapCoGes der GewESt anzugeben, wobei bei der GewESt der durchschnittliche Hebesatz des Unt zu Grunde gelegt werden darf. Über Änderungen des Steuersatzes im Vergleich zum Vj ist zu berichten. 473

Zum besseren Verständnis für die ausgewiesenen latenten Steuern kann eine **Überleitungsrechnung** vom erwarteten Steueraufwand, der sich durch Multiplikation des Jahresergebnisses mit dem anwendbaren Steuersatz ergibt, zum Steueraufwand lt GuV beitragen (vgl DRS 18.67), die jedoch nicht verpflichtend ist. Eine Beispielsüberleitungsrechnung gibt *Loitz* DB 2008, 1393. 474

§ 286 Unterlassen von Angaben

(1) **Die Berichterstattung hat insoweit zu unterbleiben, als es für das Wohl der Bundesrepublik Deutschland oder eines ihrer Länder erforderlich ist.**

(2) **Die Aufgliederung der Umsatzerlöse nach § 285 Nr. 4 kann unterbleiben,** soweit die Aufgliederung nach vernünftiger kaufmännischer Beurteilung geeignet ist, der Kapitalgesellschaft oder einem Unternehmen, von dem die Kapitalgesellschaft mindestens den fünften Teil der Anteile besitzt, einen erheblichen Nachteil zuzufügen.

(3) ¹**Die Angaben nach § 285 Nr. 11 und 11a können unterbleiben, soweit sie**
1. für die Darstellung der Vermögens-, Finanz- und Ertragslage der Kapitalgesellschaft nach § 264 Abs. 2 von untergeordneter Bedeutung sind oder
2. nach vernünftiger kaufmännischer Beurteilung geeignet sind, der Kapitalgesellschaft oder dem anderen Unternehmen einen erheblichen Nachteil zuzufügen.

²Die Angabe des Eigenkapitals und des Jahresergebnisses kann unterbleiben, wenn das Unternehmen, über das zu berichten ist, seinen Jahresabschluß nicht offenzulegen hat und die berichtende Kapitalgesellschaft weniger als die Hälfte der Anteile besitzt. ³Satz 1 Nr. 2 ist nicht anzuwenden, wenn die Kapitalgesellschaft oder eines ihrer Tochterunternehmen (§ 290 Abs. 1 und 2) am Abschlussstichtag kapitalmarktorientiert im Sinn des § 264d ist. ⁴Im Übrigen ist die Anwendung der Ausnahmeregelung nach Satz 1 Nr. 2 im Anhang anzugeben.

(4) **Bei Gesellschaften, die keine börsennotierten Aktiengesellschaften sind, können die in § 285 Nr. 9 Buchstabe a und b verlangten Angaben über die Gesamtbezüge der dort bezeichneten Personen unterbleiben, wenn sich anhand dieser Angaben die Bezüge eines Mitglieds dieser Organe feststellen lassen.**

(5) ¹**Die in § 285 Nr. 9 Buchstabe a Satz 5 bis 8 verlangten Angaben unterbleiben, wenn die Hauptversammlung dies beschlossen hat.** ²Ein Beschluss, der höchstens für fünf Jahre gefasst werden kann, bedarf einer Mehrheit, die mindestens drei Viertel des bei der Beschlussfassung vertretenen Grundkapitals umfasst. ³§ 136 Abs. 1 des Aktiengesetzes gilt für einen Aktionär, dessen Bezüge als Vorstandsmitglied von der Beschlussfassung betroffen sind, entsprechend.

Übersicht

	Anm
A. Allgemeines	1
B. Schutzklausel (Abs 1)	2–4
C. Einzelne Ausnahmeregelungen	
I. Unterlassen der Aufgliederung der Umsatzerlöse nach § 285 Nr 4 (Abs 2)	5, 6
II. Unterlassen von Angaben über den Anteilsbesitz nach § 285 Nr 11 und 11a (Abs 3)	7
a) Anteilsbesitz von untergeordneter Bedeutung (S 1 Nr 1)	8
b) Erhebliche Nachteile (S 1 Nr 2)	9
c) Nicht offenlegungspflichtige Unternehmen (S 2)	10, 11
III. Unterlassen der Angabe der Gesamtbezüge der Organmitglieder sowie der ehemaligen Organmitglieder und deren Hinterbliebenen nach § 285 Nr 9a und b für Gesellschaften, die keine börsennotierten Aktiengesellschaften sind (Abs 4)	15–21
IV. Unterlassen der Angaben der individualisierten Vorstandsbezüge börsennotierter Aktiengesellschaften (Abs 5)	25, 26

Schrifttum: *Flämig* Erhebliche Nachteile, HURB, 141; *Bleckmann* Wohl der Bundesrepublik Deutschland oder eines ihrer Länder, HURB, 461; *Pfitzer/Wirth* Die Änderungen des Handelsgesetzbuches, DB 1994, 1937; *Klatte* Möglichkeiten des Verzichts auf Angaben von Organbezügen und Ergebnisverwendung, BB 1995, 35; *Feige/Ruffert* Zur Bedeutung der Ausnahmeregelung des § 268 Abs. 4 HGB, DB 1995, 637; *Kempter* Zum Recht des Vorstands, keine Angaben über die Gesamtbezüge von Organen der Gesellschaft zu machen BB 1996, 419; *Zülch/Hoffmann* Zur Angabe der Vorstandsbezüge des Alleinvorstands einer börsennotierten AG, StuB 2013, 134.

A. Allgemeines

1 § 286 bestimmt, dass unter bestimmten Voraussetzungen Angaben im Anhang (§§ 284, 285) unterlassen werden müssen oder dürfen. Nach der Gesetzessystematik gilt diese Regelung nur für den Anhang und nicht für Bilanz, GuV und Lagebericht. Dabei spielt es keine Rolle, ob die Pflichtangaben in den §§ 284 und 285 oder an anderen Stellen kodifiziert sind (§ 284 Abs 1). Für die unter B. erörterte Schutzklausel des Abs 1 kommen alle Pflichtangaben in Frage, auch diejenigen, die wahlweise statt in der Bilanz bzw GuV im Anhang gemacht werden (§ 284 Anm 55; aA *Kupsch* in HdJ IV/4 Anm 54), sowie auch freiwillige Angaben. Unter die Schutzklausel des Abs 1 fallen jedoch idR nur einzelne und sektoriell begrenzte Angaben, so dass dieser Unterscheidung kaum praktische Bedeutung zukommt.

Das HGB unterscheidet zwischen der für alle Angaben im Anhang geltenden allgemeinen **Schutzklausel** als einer Pflicht zur Geheimhaltung im öffentlichen Interesse (Abs 1) und **Ausnahmeregelungen** für die Aufgliederung der Umsatzerlöse nach § 285 Nr 4 (Abs 2), für bestimmte Angaben über den Anteilsbesitz nach § 285 Nr 11 und 11a (Abs 3), für das Weglassen der Angabe der Organbezüge bei Ges, die keine börsennotierte AG sind (Abs 4) oder bei börsennotierten AG für das Weglassen der individualisierten Vorstandsbezüge nach § 285 Nr 9a S 5–8 (Abs 5). § 286 ist für **alle KapGes/KapCoGes**, eG, **Kreditinstitute** und **VersicherungsUnt** und gem § 5 Abs 2 S 2 und Abs 2a PublG für dem

PublG **unterliegende Unt** sowie auch für einen freiwilligen Anhang anwendbar.

Die in § 286 genannten Angaben dürfen auch nicht ggü einem Gester, in der HV oder GesV gemacht werden (§§ 131 Abs 3 AktG; 51a Abs 2 GmbHG).

B. Schutzklausel (Abs 1)

Die Berichterstattung im Anhang hat insoweit zu unterbleiben, als es für das Wohl der Bundesrepublik Deutschland oder eines ihrer Länder erforderlich ist. 2

Es besteht eine Pflicht zur Unterlassung der Berichterstattung, sofern dies im öffentlichen Interesse deutscher Gebietskörperschaften erforderlich ist; vom Wortlaut der Vorschrift werden die Gemeinden nicht erfasst (*Poelzig* MünchKomm HGB³ § 286 Anm 21). Ein Interesse der Finanzverwaltung reicht nicht aus (differenzierter *Bleckmann* HURB, 464). Die Schutzklausel hat Gebotscharakter. Die Vorschrift gilt auch für einen freiwillig offen zu legenden IFRS-EA gem § 325 Abs 2a. Allerdings entfällt das Wahlrecht nach § 325 Abs 2a S 1, wenn die Standards bezüglich des Anhangs nicht vollständig eingehalten werden.

Abs 1 bezieht sich auf **alle einzelnen Angaben** im Anhang, gleich nach 3
welchen Vorschriften sie zu machen sind. Die Aufstellung des Anhangs insgesamt darf hiernach nicht unterbleiben. Die Geschäftsführung hat nach pflichtgemäßem Ermessen und nach objektiven Kriterien (*ADS*⁶ § 286 Anm 11) zu entscheiden, ob die Voraussetzungen der Anm 2 vorliegen. Diese Regelung steht im Einklang mit den §§ 93 ff StGB, um Landesverrat und die Offenbarung von Staatsgeheimnissen zu verhindern. Darunter fallen vertragliche Verschwiegenheitspflichten, sofern sie hoheitliche Interessen berühren, bei Rechtsgeschäften mit der öffentlichen Hand sowie die Verletzung militärischer oder staatspolitischer Interessen. So darf zB der Anhang eines RüstungsUnt nur etwa den Hinweis enthalten, dass „das Werk ... öffentliche Aufträge im Bereich der Luftfahrt ausführt", aber keine weiteren Einzelheiten. Im Interesse der mit dem Anhang verfolgten Rechenschaftslegung ist eine **enge Auslegung** der Schutzklausel geboten (wie hier *ADS*⁶ § 286 Anm 8).

Über die Inanspruchnahme dieser Schutzklausel darf nicht berichtet werden. 4
Dies ist als Umkehrschluss aus Abs 3 S 3 zu schließen, weil dort nur über die Anwendung von Nr 2 des Abs 2 ausdrücklich zu berichten ist (Anm 9). Dies ist auch deshalb gerechtfertigt, da die Erwähnung der Anwendung der Schutzklausel die Geheimhaltung gefährden würde (*ADS*⁶ § 286 Anm 17; aA *Bleckmann* HURB, 468, der einen Hinweis auf das Unterlassen von Angaben im Interesse des öffentlichen Wohls fordert).

C. Einzelne Ausnahmeregelungen

I. Unterlassen der Aufgliederung der Umsatzerlöse nach § 285 Nr 4 (Abs 2)

Die nach § 285 Nr 4 nur für große KapGes/KapCoGes und diesen gleich- 5
gestellte Ges vorgeschriebene Aufgliederung der Umsatzerlöse nach Tätigkeitsbereichen sowie nach geographisch bestimmten Märkten (§ 285 Anm 90) darf unter bestimmten Voraussetzungen unterbleiben. Die Ausnahmeregelung greift Platz, soweit die Umsatzaufgliederung nach vernünftiger kfm Beurteilung geeignet ist, der KapGes/KapCoGes (oder einem Unt, an dem die KapGes/KapCoGes min-

destens 20% der Anteile besitzt) einen erheblichen Nachteil zuzufügen. Eine *Eignung* zur Nachteilszufügung reicht aus; sie muss jedoch mit großer Wahrscheinlichkeit gegeben oder mindestens plausibel sein. Hierbei kommt es auf die vernünftige kfm Beurteilung an; vgl § 253 Anm 154. Der Nachteil muss der berichtenden KapGes/KapCoGes oder einem BetUnt des § 285 Nr 11 1. Teilsatz (vgl § 285 Anm 231) entstehen. Zu diesen Unt gehören auch ohne ausdrückliche Verweisung auf die Anteilsberechnung nach § 16 Abs 2 und 4 AktG die in mittelbarem Anteilsbesitz stehenden Unt (*ADS*⁶ § 286 Anm 27 mwN). Diesen Unt muss durch die Umsatzaufgliederung nachweisbar ein fühlbarer, konkreter geschäftlicher Schaden zugefügt werden können. Ein solcher kann zB in einer nachhaltigen Schwächung der Marktposition ggü Lieferanten und Kunden, der Wettbewerbsfähigkeit oder in einem negativen öffentlichen Ansehen der KapGes/KapCoGes (*Fläming* HURB, 150) bestehen. Voraussetzung ist nicht, dass sich der größere Schaden auch quantifizieren lässt. Geringe Nachteile sind in Kauf zu nehmen und dürfen nicht zu einem Weglassen der Umsatzaufgliederung führen.

6 Wegen Fehlens einer Abs 3 S 4 entspr Vorschrift braucht über die Anwendung der Ausnahmeregelung nicht **berichtet** zu werden. Hier handelt es sich jedoch offenbar um ein Versehen (aA *ADS*⁶ § 286 Anm 3). Art 45 Abs 2 S 1 der 4. EG-Richtl sieht einen solchen Hinweis vor ebenso wie Art 35 Abs 2 der 7. EG-Richtl für die Angabe im Konzern-Anhang bei Unterlassen der Aufgliederung der Konzernumsatzerlöse, der in § 314 Abs 2 S 2 übernommen wurde. Eine unterschiedliche Behandlung desselben Sachverhalts im Anhang und Konzern-Anhang entspricht nicht dem gleichgerichteten Gesetzeszweck (wie hier *Zimmermann* DStR 1998, 1974); die in Abs 2 fehlende Verweisung auf Abs 3 S 4 ist daher durch richtlinienkonforme Auslegung zu ersetzen.

Es ist notwendig, die Inanspruchnahme dieser Ausnahmeregelung für jede der beiden angabepflichtigen Umsatzaufgliederungen (Tätigkeitsgebiete, geographische Märkte) getrennt zu untersuchen. Sind die Voraussetzungen für das Weglassen der einen Aufgliederung (Tätigkeitsbereiche) gegeben, muss gleichwohl die andere Aufgliederung (Märkte) im Anhang angegeben werden, sofern nicht hierfür auch die Ausnahme-Voraussetzungen (Anm 5) erfüllt sind.

II. Unterlassen von Angaben über den Anteilsbesitz nach § 285 Nr 11 und 11a (Abs 3)

7 Jede KapGes/KapCoGes hat im Anhang von Unt, an denen sie mind 20% Anteile besitzt (§ 285 Anm 231), den Namen, den Sitz, die Höhe des Anteils am Kapital, das EK und das Ergebnis des letzten Gj anzugeben. Börsennotierte KapGes haben zusätzlich alle Bet an großen KapGes anzugeben, die 5% der Stimmrechte überschreiten (§ 285 Anm 253 ff). Ist die KapGes phG einer KapCoGes, hat sie dies anzugeben (§ 285 Anm 258).

Unter bestimmten Voraussetzungen dürfen diese Angaben weggelassen werden (Abs 3 S 1). Das gilt auch für den Anhang eines freiwillig offen gelegten IFRS-EA gem § 325 Abs 2. Ferner darf jedoch lediglich die Angabe des EK und des Jahresergebnisses von Unt unterbleiben, die ihren JA nicht offenzulegen haben (reine PersGes, ggf AuslandsUnt) und von denen die KapGes/KapCoGes weniger als 50% Anteile besitzt (Abs 3 S 2).

a) Anteilsbesitz von untergeordneter Bedeutung (S 1 Nr 1)

8 Voraussetzung für das Weglassen von in § 285 Nr 11 und 11a vorgeschriebenen Angaben kann sein, dass diese insgesamt oder einzeln für die Darstellung der VFE-Lage der KapGes/KapCoGes nach § 264 Abs 2 von **untergeordneter Bedeu-**

tung sind (Abs 3 Nr 1). Das ist immer dann der Fall, wenn die Angaben den Informationsempfänger bei seinen Entscheidungen nicht beeinflussen können.

Die **Bedeutung eines Anteilsbesitzes** für die berichtende KapGes/KapCoGes ist an den wirtschaftlich relevanten Kriterien wie Umsatzerlöse, EK, Bilanzsumme, Jahresergebnis zu messen. Die überwiegende Zahl dieser Kriterien muss im Verhältnis zu den entspr Daten der KapGes/KapCoGes von untergeordneter Bedeutung sein. Die untergeordnete Bedeutung kann nicht prozentual, sondern nur von Fall zu Fall nach dem Gesamtbild der tatsächlichen Verhältnisse beurteilt werden. Die Grenzen für das Unterlassen der Berichterstattung sind eng zu ziehen (glA *ADS*[6] § 286 Anm 33). Im U des *KG* Berlin 26.8.1993 (BB, 2036) wurde für die Auskunftserteilung nach § 131 Abs 1 AktG als Kriterium die Bilanzsumme und der betr Bilanzposten herangezogen, wobei sich Schwellenwerte von 0,2% bzw 8,7% ergaben. Infrage kommen vor allem Ges ohne Geschäftsbetrieb, MantelGes oder Ges mit sehr geringem Geschäftsvolumen im Vergleich zu dem der berichtenden KapGes/KapCoGes.

Besteht Anteilsbesitz an **mehreren** Unt von **untergeordneter** Bedeutung, kann uU gleichwohl eine Berichterstattung geboten sein, da eine Vielzahl solcher Unt insgesamt durchaus von erheblicher Bedeutung für die Darstellung der VFE-Lage der berichtenden KapGes/KapCoGes sein kann (zB 250 örtliche Kleinverteiler im Bundesgebiet). Durch das Fehlen der Berichterstattung über (insgesamt) unwesentliche BetGes darf kein falsches Bild von der VFE-Lage der KapGes/KapCoGes entstehen.

b) Erhebliche Nachteile (S 1 Nr 2)

Die Angaben nach § 285 Nr 11 und 11a dürfen auch unterbleiben, soweit diese nach vernünftiger kfm Beurteilung geeignet sind, der berichtenden KapGes/KapCoGes oder dem anderen Unt einen **erheblichen Nachteil** zuzufügen (Abs 3 Nr 2). **Kapmarkt Unt** iSv § 264d dürfen diese Ausnahmeregelung nicht anwenden (Abs 3 S 3). Das gilt auch für berichtende MU, wenn eines ihrer TU kapmarkt iSv § 264d ist. Eine *Eignung* zur Nachteilszufügung reicht aus; sie muss jedoch mit großer Wahrscheinlichkeit gegeben oder zumindest plausibel sein. Hierbei kommt es auf die vernünftige kfm Beurteilung an. Zum Begriff der vernünftigen kfm Beurteilung vgl § 253 Anm 154. Die Angaben, insb über das Bestehen eines Anteilsbesitzverhältnisses oder über das Verfügen von mehr als 5% der Stimmrechte, müssen für **eine der beiden Ges** nachweisbar von erheblichem Nachteil sein und mind einer von ihnen einen fühlbaren, konkreten geschäftlichen Schaden zufügen können. Es ist nicht erforderlich, dass der Schaden bezifferbar ist. Es kommen aber auch immaterielle Nachteile in Betracht (*Fläming* HURB, 150). Geringe Nachteile sind in Kauf zu nehmen. Ein erheblicher Nachteil liegt zB dann vor, wenn durch das Bekanntwerden des Anteilsbesitzverhältnisses oder der Stimmrechte erhebliche Umsatzeinbußen oder Wettbewerbsnachteile zu erwarten sind oder bei Unt im Ausland aus politischen Gründen mit erheblichen wirtschaftlichen Nachteilen gerechnet werden muss.

Bei Anwendung dieser Ausnahme nach Nr 2 besteht die Pflicht zur Offenlegung der Inanspruchnahme im Anhang (unter Angabe dieser Vorschrift). Eine Begr für das Unterlassen der Angaben oder die erwarteten Nachteile sind nicht anzugeben. Sie würde auch dem Schutzcharakter der Vorschrift widersprechen.

c) Nicht offenlegungspflichtige Unternehmen (S 2)

Für bestimmte Unt im Anteilsbesitz darf die Angabe des EK und des Jahresergebnisses unterbleiben (§ 286 Abs 3 S 2). Die Inanspruchnahme dieser Ausnahmeregelung liegt im Ermessen der KapGes/KapCoGes; es dürfen beide Angaben oder auch nur eine weggelassen werden. Andererseits ist auch hier der Grundsatz der Ausweisstetigkeit (§ 265 Anm 2) zu beachten. Diesem Stetigkeitsgrundsatz und dem Interesse der Informationsempfänger widerspricht es, zB über Verlustsituationen bei einem Unt nicht zu berichten und Gewinne anderer Unt anzugeben. Name, Sitz und Betquote dieser schutzwürdigen Unt müssen in jedem Falle angegeben werden. Die Ausnahme des Abs 3 S 2 darf nur für die Unt angewendet werden, an denen die KapGes/KapCoGes mittelbar und unmittelbar mit Quoten von 20% bis unter 50% beteiligt ist und die ihren JA *nicht* offenlegen müssen. Nicht geschützt werden danach und somit sind angabepflichtig die mittelgroßen (§ 267 Abs 2) und großen (§ 267 Abs 3) KapGes/KapCoGes, an denen die berichtende KapGes/KapCoGes beteiligt ist, sowie die PersGes, an denen die KapGes/KapCoGes mit mind 50% am Kapital beteiligt ist (glA *ADS*[6] § 286 Anm 49 mwN). Dabei sind die Zurechnungsvorschriften des § 16 Abs 2 und 4 AktG iVm § 285 Nr 11 (s § 285 Anm 234) zu berücksichtigen. Bei ausländischen Unt kommt es auf die Offenlegungspflicht nach dem Recht des betr Lands an, wobei als HR ein vergleichbares öffentliches Register und als eBAnz eine vergleichbare Offenlegungseinrichtung anzusehen ist. Schutzwürdig sind demnach bei Betquoten unter 50% alle reinen PersGes. Dazu gehören auch solche dem PublG unterliegenden PersGes, die gem § 9 Abs 2 PublG keinen vollständigen JA, sondern nur die Bilanz mit einer Anlage offenlegen, welche die Angaben nach § 5 Abs 5 S 3 PublG enthalten muss (glA *Oser/Holzwarth* in HdR[5] §§ 284–288 Anm 309; aA *WPH*[14] I, F Anm 979; *ADS*[6] § 286 Anm 47); ferner TU des § 264 Abs 3 bzw § 264b iVm § 290 Abs 1, Abs 2 Nr 2 oder 3, TU des § 264 Abs 4 iVm §§ 11, 13 Abs 3 S 1 PublG nF. Für kleine KapGes/KapCoGes im Anteilsbesitz von weniger als 50% brauchen keine Angaben gemacht zu werden, da diese nicht ihren gesamten JA im eBAnz bekannt zu machen haben (aA *ADS*[6] § 286 Anm 48).

11 Die Angaben gem Anm 7 dürfen unter **bestimmten Voraussetzungen** unterbleiben. Es ist festzustellen, ob alle Angaben insgesamt weggelassen werden müssen oder nur einzelne Angaben für ein Unt, zB Angabe von Name und Sitz und Weglassen der übrigen Daten oder nur des Jahresergebnisses, zB dass eine Mehrheitsbeteiligung an einem Unt gehalten wird.

III. Unterlassen der Angabe der Gesamtbezüge der Organmitglieder sowie der ehemaligen Organmitglieder und deren Hinterbliebenen nach § 285 Nr 9a und b für Gesellschaften, die keine börsennotierten Aktiengesellschaften sind (Abs 4)

15 Die nach § 285 Nr 9a und b für **mittelgroße und große KapGes/KapCoGes** vorgeschriebenen Angaben dürfen unterbleiben, wenn sich anhand der Angaben die *Bezüge eines Mitglieds* dieser Organe feststellen lassen. Diese Vorschrift gilt auch für **anhangpflichtige dem PublG unterliegende Unt** (§ 5 Abs 2 S 2 und Abs 2a PublG), außerdem für **Kreditinstitute** (§ 340a Abs 2) und für VersicherungsUnt (§ 341a Abs 2); sie entfällt für eG (§ 338 Abs 3), die keine Kredit-eG sind. Dies gilt nicht für börsennotierte AG, die zur Offenlegung der Bezüge für jedes einzelne Vorstandsmitglied verpflichtet sind, wenn die HV nichts anderes beschlossen hat (Abs 5). Zweck der Ausnahmeregelung ist der Schutz der persönlichen Daten von Organmitgliedern (*Niessen* WPg 1991, 199).

Abs 4 befreit **alle KapGes/KapCoGes, nicht jedoch börsennotierte AG,** unabhängig von ihrer Größe von der Angabe der Gesamt*bezüge* nach § 285 Nr 9a und b, wenn die Voraussetzungen (Anm 17) vorliegen, unbeschadet des Auskunftsanspruchs des Aktionärs gem § 131 Abs 1 AktG in der HV (*OLG Düs-*

Unterlassen von Angaben 16–20 § 286

seldorf 26.6.1997, DB, 1609). Zu den Gesamtbezügen gehört auch wegen des Verweises in Nr 9b S 2 auf Nr 9a S 2 und 3 der Betrag der gebildeten und der nicht gebildeten Pensionsrückstellungen für ehemalige Organmitglieder und deren Hinterbliebene (§ 285 Nr 9b S 3, dort Anm 206). Da Abs 4 nicht Nr 9c in Bezug nimmt, müssen die gewährten Vorschüsse und Kredite einschl der Haftungsverhältnisse für Organmitglieder (§ 285 Nr 9 c, dort Anm 210) ausnahmslos von allen KapGes/KapCoGes im Anhang angegeben werden.

Aus dem Zweck des Abs 4, ein bestimmtes Organmitglied vor dem Bekanntwerden seiner Einkommensverhältnisse aus der KapGes/KapCoGes zu schützen, ergibt sich, dass der Name des einzelnen Organmitglieds dem Abschlussadressaten bekannt sein muss. Das trifft nach § 285 Nr 10 für die Mitglieder des Geschäftsführungsorgans und des AR zu, selten jedoch für die ehemaligen Organmitglieder und deren Hinterbliebene und die Mitglieder eines Beirats oder einer ähnlichen Einrichtung, die im Anhang nicht genannt zu werden brauchen (§ 285 Anm 220). **16**

Die Ausnahmeregelung greift Platz, wenn sich anhand der Angaben die Bezüge eines Mitglieds dieser Organe *feststellen* lassen. Das ist immer der Fall, wenn das betr Organ nur aus einem Mitglied besteht, das ist zulässig bei AG und KGaA für den Vorstand/phG, §§ 77 Abs 1 S 1, 278 Abs 1 AktG, bei GmbH gem § 6 Abs 1 GmbHG und nicht zulässig für den AR, § 95 S 1 AktG, § 52 Abs 1 GmbHG. Wechselt jedoch innerhalb eines Gj das alleinige Organmitglied, tritt die Angabepflicht für dieses Gj dann ein, wenn die Bezüge eines Organmitglieds nicht erkennbar sind. **17**

Nach dem Wortlaut und der Entstehungsgeschichte der EG-Mittelstandsrichtl kann die Regelung auch auf Organe mit mehreren – insb mit zwei oder drei – Mitgliedern Anwendung finden (*Schellein* WPg 1990, 533; *Feige/Ruffert* DB 1995, 637; Schreiben des BMJ v 6.3.1995, DB, 639; HFA Berichterstattung über die 223. Sitzung Auslegung des § 286 Abs 4 HGB zur Nichtangabe der Organbezüge, FN-IDW 2011, 339, der die Angabe im Falle von mehr als drei Mitgliedern regelmäßig für geboten hält). Nicht schutzwürdig sind die Bezüge eines Organmitglieds ggü den anderen Organmitgliedern, da sich die Schutzwürdigkeit nur gegen die Abschlussadressaten richtet.

Wann sich die Bezüge eines bestimmten Mitglieds eines mehrköpfigen Organs feststellen lassen, hängt nicht von der Größe des Gremiums ab, sondern von der Kenntnis über die Vergütungsregeln bzw über das Verhältnis der einzelnen Bezüge zueinander (Verteilungsschlüssel). Lässt sich die Höhe der Bezüge eines einzelnen Mitglieds in Unkenntnis der Vergütungsregeln nur annähernd (dh in ihrer Größenordnung) verlässlich schätzen oder im Wege der Durchschnittsbildung ermitteln, kann von der Ausnahmeregelung Gebrauch gemacht werden (so OLG Düsseldorf 26.6.1997, DB, 1609), wenn die tatsächlichen Bezüge von dem so ermittelten Durchschnittsbetrag nur unwesentlich abweichen. Darauf muss der AP achten (*ADS*⁶ § 286 Anm 57). Hierzu genügt es aber nicht, dass sich bei einer Durchschnittsbildung die Bezüge einzelner Mitglieder mehr oder weniger zufällig ergeben (so HFA Berichterstattung aaO, 340). **18**

Bestehen andere Vergütungsregeln und sind diese bekannt (zB die in der Satzung festgelegte oder von der HV beschlossene Vergütung der AR-Mitglieder einer AG, § 113 AktG), lassen sich die Bezüge eines einzelnen Organmitglieds ebenfalls leicht ermitteln und die Angabepflicht entfällt (im Ergebnis ebenso *Biener* WPg 1993, 708; *Pfitzer/Wirth* DB 1994, 1939). **19**

Es ist notwendig, die Inanspruchnahme der Ausnahmeregelung für jedes Gremium der KapGes/KapCoGes und für jedes Gj getrennt zu untersuchen. Sind die Voraussetzungen für das Weglassen der Angabe der Gesamtbezüge des einen Organs gegeben, muss gleichwohl die Angabe für das andere Organ im Anhang **20**

Grottel 1455

§ 287 1

erfolgen, sofern nicht hierfür auch die Ausnahmevoraussetzungen erfüllt sind. Auf die Inanspruchnahme braucht im Anhang nicht hingewiesen zu werden.

21 Die Vorschrift des Abs 4 ist entgegen dem Gesetzeswortlaut auch auf MU, die einen KA aufstellen, anzuwenden (wie hier *Lange* in MünchKomm HGB² § 286 Anm 70); s § 314 Anm 52.

IV. Unterlassen der Angaben der individualisierten Vorstandsbezüge börsennotierter Aktiengesellschaften (Abs 5)

25 Die nach § 285 Nr 9a S 5–8 für börsennotierte AG vorgeschriebenen Angaben dürfen unterbleiben, wenn die HV dies beschlossen hat. Ein solcher HV-Beschluss, der in der Tagesordnung bekannt zu machen ist, darf sich nur auf das Unterlassen der Offenlegung der Bezüge für jedes einzelne Vorstandsmitglied nach § 285 Nr 9a S 5–8, beziehen. Die Pflicht zur Angabe der Gesamtbezüge des Vorstandsgremiums, nach § 285 Nr 9a S 1 bleibt weiterhin bestehen (*Begr RegE VorstOG* aaO, 6) und kann durch die HV nicht abbedungen werden; das gilt auch für den Fall, in dem die Voraussetzungen des Abs 4 (Ein- oder Zweipersonenvorstand) gegeben sind (OLG Frankfurt 31.5.2012; *Zülch/Hoffmann* StuB 2013, 134; *Kann* DStR 2005, 1500). Ein HV-Beschluss darf ebenso wenig die Angabepflichten im Rahmen der Entsprechenserklärung nach § 161 AktG und die Berichterstattung über die Grundzüge des Vergütungssystems für die in § 285 Nr 9 genannten Gesamtbezüge im Lagebericht nach § 289 Abs 2 Nr 5 enthalten.

Ein **Befreiungsbeschluss der HV** nach S 1 bedarf einer satzungsändernden Mehrheit von mind drei Viertel des bei der Beschlussfassung vertretenen Grundkapitals (S 2). In Analogie zu § 179 Abs 2 S 1 AktG ist Bezugsgröße das bei der konkreten Beschlussfassung mit ja oder nein stimmende Kapital. Stimmenthaltungen zählen nicht mit (*Hüffer* AktG⁹ § 179 Anm 14 mwN). Hierzu bestimmt S 3 die entspr Anwendung von § 136 Abs 1 AktG, dass ein Vorstandsmitglied, das zugleich Aktionär ist, bei dieser Beschlussfassung nicht abstimmen darf, wenn seine Bezüge von der Offenlegung betroffen sind (*Begr RegE VorstOG* aaO, 8). Gehören seine Aktien zum gemeinschaftlichen Vermögen einer Gütergemeinschaft von Ehegatten (§§ 1415 ff BGB) ist das gegen das Vorstandsmitglied gerichtete Stimmverbot nicht ohne weiteres gegen die Gütergemeinschaft zu erstrecken (hM *Hüffer* AktG⁹ § 136 Anm 15 mwN). Eine andere Beurteilung ist geboten, wenn das Vorstandsmitglied die Stimmabgabe maßgeblich beeinflussen kann wie zB, wenn dem Vorstandsmitglied die Verwaltung der Aktien übertragen worden ist. Unter dieser Prämisse darf auch der Ehegatte nicht abstimmen *(Hüffer* aaO).

26 Der Befreiungsbeschluss darf für höchstens **fünf Jahre** und mit **Wirkung für den nächsten JA** gefasst werden. Eine Wiederholung ist zulässig. Der Beschluss muss spätestens bis zur Aufstellung des JA für den er erstmals gelten soll, gefasst werden. Da es sich bei den Regelungen des DCGK zur Offenlegung und Aufgliederung der Bezüge jedes einzelnen Vorstandsmitglieds (Tz 4.2.4) nicht um eine Empfehlung, sondern um die Wiedergabe einer gesetzlichen Verpflichtung handelt, ist eine Angabe in der Entsprechenserklärung des § 161 AktG nicht erforderlich. Im Rahmen des Vergütungsberichts iSd § 289 Abs 2 Nr 5 ist auf den HV-Beschluss hinzuweisen.

§ 287 *Aufstellung des Anteilsbesitzes*

1 **Anmerkung:** § 287 aufgehoben durch BilMoG v 25. Mai 2009, BGBl I S 1102. Zu den Erl hierzu s 6. Auflage.

§ 288 Größenabhängige Erleichterungen

(1) **Kleine Kapitalgesellschaften** (§ 267 Abs. 1) brauchen die Angaben nach § 284 Abs. 2 Nr. 4, § 285 Nr. 2 bis 8 Buchstabe a, Nr. 9 Buchstabe a und b sowie Nr. 12, 17, 19, 21, 22 und 29 nicht zu machen.

(2) ¹**Mittelgroße Kapitalgesellschaften** (§ 267 Abs. 2) brauchen bei der Angabe nach § 285 Nr. 3 die Risiken und Vorteile nicht darzustellen. ²Sie brauchen die Angaben nach § 285 Nr. 4 und 29 nicht zu machen. ³Soweit sie die Angaben nach § 285 Nr. 17 nicht machen, sind sie verpflichtet, diese der Wirtschaftsprüferkammer auf deren schriftliche Anforderung zu übermitteln. ⁴Sie brauchen die Angaben nach § 285 Nr. 21 nur zu machen, soweit sie Aktiengesellschaft sind; die Angabe kann auf Geschäfte beschränkt werden, die direkt oder indirekt mit dem Hauptgesellschafter oder Mitgliedern des Geschäftsführungs-, Aufsichts- oder Verwaltungsorgans abgeschlossen wurden.

Übersicht

	Anm
A. Allgemeines	1
B. Der verkürzte Anhang der kleinen Kapitalgesellschaft/KapCoGes (Abs 1)	2–4
C. Der verkürzte Anhang der mittelgroßen Kapitalgesellschaft/KapCoGes (Abs 2)	5–16
D. Der Anhang bei anderen Unternehmen	17

A. Allgemeines

Diese Vorschrift regelt Erleichterungen für **kleine KapGes/KapCoGes** 1 (§ 267 Abs 1) und **mittelgroße KapGes/KapCoGes** (§ 267 Abs 2) bei der **Aufstellung** ihres Anhangs im Vergleich zu den für große (§ 267 Abs 3) KapGes/KapCoGes vorgeschriebenen Pflichtangaben im Anhang. § 288 wird ergänzt und erweitert durch §§ 274a und 276 S 2. Die begünstigten KapGes/KapCoGes haben das Wahlrecht, von den Erleichterungen Gebrauch zu machen oder nicht; das folgt aus dem Gesetzeswortlaut („brauchen ... nicht") und gilt für **jede einzelne** Vorschrift; dabei ist der Grundsatz der formellen Darstellungsstetigkeit analog § 265 Abs 1 S 1 zu wahren. § 288 begünstigt alle kleinen und mittelgroßen KapGes/KapCoGes, also auch die kleine und mittelgroße AG. Jedoch ist zu beachten, dass nach § 131 Abs 1 S 3 AktG jeder Aktionär auf der HV die Vorlage des Anhangs in dem für große KapGes/KapCoGes vorgeschriebenen Umfang verlangen kann. Bei GmbH haben die Gester gem § 51a Abs 1 GmbHG mindestens die gleichen, ggf sogar weitergehende Auskunftsrechte. Kommanditisten haben die eingeschränkten Rechte des § 166. § 288 ist auf Kreditinstitute und VersicherungsUnt gem § 340a Abs 2 bzw § 341a Abs 2 nicht anzuwenden.

Außerhalb der §§ 274a/276 S 2/288 gibt es keine Erleichterungen für die Aufstellung des Anhangs kleiner/mittelgroßer KapGes/KapCoGes. Für Kleinst-KapGes/KleinstKapCoGes gilt die Erleichterungsvorschrift des § 264 Abs 1 S 5 (s dort). Darüber hinaus bestehen Erleichterungen bei der Offenlegung des Anhangs (§§ 326, 327).

B. Der verkürzte Anhang der kleinen Kapitalgesellschaft/KapCoGes (Abs 1)

2 Kleine KapGes/KapCoGes (§ 267 Abs 1) können einen um **folgende Pflichtangaben** verkürzten Anhang aufstellen:

§ 268 Abs 2:	Aufstellung eines Anlagespiegels (einschl Angabe der Abschreibungen des Gj)
§ 268 Abs 4 S 2:	Erl bestimmter rechtlich noch nicht entstandener Forderungen
§ 268 Abs 5 S 3:	Erl bestimmter rechtlich noch nicht entstandener Verbindlichkeiten
§ 268 Abs 6:	Angabe eines nach § 250 Abs 3 in den aktiven RAP aufgenommenen Disagios
§ 277 Abs 4 S 2:	Erl zu den ao Erträgen und ao Aufwendungen
§ 277 Abs 4 S 3:	Erl zu den periodenfremden Erträgen und Aufwendungen
§ 284 Abs 2 Nr 4:	Ausweis der Unterschiedsbeträge bei Anwendung einer Bewertungsmethode nach §§ 240 Abs 4, 256 S 1, pauschal für die jeweilige Gruppe, wenn am Abschlussstichtag erhebliche Bewertungsunterschiede auftreten
§ 285 Nr 2:	Aufgliederung des Gesamtbetrags der Verbindlichkeiten mit einer Restlaufzeit von mehr als fünf Jahren und der gesicherten Verbindlichkeiten nach dem vorgeschriebenen Gliederungsschema
§ 285 Nr 3:	Angaben zu nicht in der Bilanz enthaltenen Geschäften
§ 285 Nr 3a:	Angabe des Gesamtbetrags der sonstigen finanziellen Verpflichtungen
§ 285 Nr 4:	Aufgliederung der Umsatzerlöse nach Tätigkeitsbereichen sowie nach geographisch bestimmten Märkten
§ 285 Nr 6:	Angabe des Umfangs der Belastung des Ergebnisses der gewöhnlichen Geschäftstätigkeit und des ao Ergebnisses durch die Steuern vom E+E
§ 285 Nr 7:	Angabe der durchschnittlichen Zahl der während des Gj beschäftigten Arbeitnehmer getrennt nach Gruppen
§ 285 Nr 8a:	Angabe des Materialaufwands bei Anwendung des Umsatzkostenverfahrens
§ 285 Nr 9a:	Angabe der Gesamtbezüge der Organmitglieder
§ 285 Nr 9b:	Angabe der Gesamtbezüge sowie der gebildeten und nicht gebildeten Pensionsrückstellungen für ehemalige Organmitglieder und deren Hinterbliebene
§ 285 Nr 12:	Erl von nicht gesondert ausgewiesenen sonstigen Rückstellungen
§ 285 Nr 17:	Angabe des für das Gj berechneten Gesamthonorars des AP
§ 285 Nr 19:	Angaben zu nicht zum beizZW bilanzierten derivativen FinInst
§ 285 Nr 21:	Angaben zu nicht zu marktüblichen Bedingungen zustande gekommenen Geschäften mit nahestehenden Unt und Personen
§ 285 Nr 22:	Angabe des Gesamtbetrags der FuE-Kosten des Gj sowie des davon auf die Aktivierung selbst geschaffener immaterieller VG entfallenden Betrags
§ 285 Nr 29:	Angaben zu latenten Steuern

3 Mithin muss ein verkürzter Anhang der kleinen KapGes/KapCoGes die übrigen Pflichtangaben nach § 284 mit Ausnahme des § 284 Abs 2 Nr 4 enthalten (s § 284 Anm 40).

4 Bei der **Offenlegung** (Einreichung zum eBAnz nach § 325 Abs 1 S 1) des verkürzten Anhangs können ggf Aufstellungserleichterungen nachgeholt und außerdem alle die GuV betr Angaben weggelassen werden (§ 326 S 2). Weggelassen werden können unter Wahrung der Darstellungsstetigkeit (Anm 1) und zusätzlich zu §§ 274a, 276 S 2 und 288 Abs 1:

Größenabhängige Erleichterungen 5–8 § 288

§ 264 Abs 2 S 2:	Zusätzliche Angaben zur Ertragslage zur Vermittlung des in § 264 Abs 2 S 1 geforderten Bilds
§ 265 Abs 1 S 2:	Angabe und Begr der Abweichungen von der Gliederungsstetigkeit der GuV
§ 265 Abs 2 S 2 und 3:	Angabe und Erl nicht vergleichbarer oder angepasster Vj-Beträge der GuV
§ 265 Abs 4 S 2:	Angabe und Begr einer durch mehrere Geschäftszweige bedingten Ergänzung der Gliederung der GuV
§ 265 Abs 7 Nr 2:	Gesonderter Ausweis von in der GuV zusammengefassten Posten
§ 277 Abs 3 S 1:	Angabe des Betrags der außerplanmäßigen Abschreibungen auf den niedrigeren beizulegenden Wert von Anlagevermögen (§ 253 Abs 3 S 3 und 4)
§ 284 Abs 2 Nr 2:	Angaben über die Fremdwährungsumrechnung für die Posten der GuV
§ 285 Nr 8b:	Angabe des Personalaufwands bei Anwendung des Umsatzkostenverfahrens.

Die Angabepflichten nach § 285 Nr 13 über die Gründe für die Annahme einer betrieblichen Nutzungsdauer des GFW von mehr als 5 Jahren fallen dagegen nicht unter diese Erleichterungen, denn die betr Vorschriften gehört nach der Gesetzessystematik zu den Bewertungsvorschriften und damit zur Bilanz.

C. Der verkürzte Anhang der mittelgroßen Kapitalgesellschaft/KapCoGes (Abs 2)

Der Anhang von mittelgroßen KapGes/KapCoGes (§ 267 Abs 2) ist stets nach 5
den für große KapGes/KapCoGes (§ 267 Abs 3) geltenden Vorschriften aufzustellen und den Gestern so vorzulegen. Abs 2 normiert jedoch folgende Besonderheiten.

1. Angabeerleichterung bei nicht in der Bilanz enthaltenen Geschäften nach § 285 Nr 3 (S 1)

Mittelgroße Ges sind von der Angabe der Risiken und Vorteile der nicht in 6
der Bilanz enthaltenen Geschäfte befreit (s zum Umfang dieser Angabepflicht
§ 285 Anm 36 ff). Über Art und Zweck dieser Geschäfte (s dazu § 285 Anm 31)
ist jedoch zu berichten.

2. Angabebefreiung von § 285 Nr 4 und Nr 29 (S 2)

Die Aufgliederung der Umsatzerlöse nach Tätigkeitsbereichen sowie nach 7
geographisch bestimmten Märkten gem § 285 Nr 4 kann von mittelgroßen Ges
im Anhang weggelassen werden. Dasselbe gilt für die Angaben nach Nr 29 zu
latenten Steuern.

3. Angabeerleichterungen für das Gesamthonorar des Abschlussprüfers nach § 285 Nr 17 (S 3)

Abs 2 S 3 gestattet mittelgroßen KapGes/KapCoGes, auf die Angabe des Gesamthonorars des AP mit seiner Aufgliederung im Anhang zu verzichten. Die 8
Erleichterung nach S 3 kommt nur für solche mittelgroßen Ges infrage, die nicht
in einen KA einbezogen sind und deren Angaben nach § 285 Nr 17 deshalb
nicht im KA enthalten sind (s § 285 Anm 305). Macht die berichtende Ges von
dieser Erleichterung nach S 3 Gebrauch, ist sie verpflichtet, alle Angaben nach
§ 285 Nr 17a–d der WPK auf deren schriftliche Anforderung zu übermitteln. Da

die Angabe des AP-Honorars nicht Bestandteil des Anhangs ist, braucht sie im Falle der Mitteilung an den WPK nicht vom AP geprüft zu werden. Mitteilungspflichtig ist die mittelgroße Ges selbst, nicht der AP. Er darf schon im Hinblick auf § 319 Abs 2 und 3 Nr 3a auch nicht von der mittelgroßen Ges zur Er- und Übermittlung der Angaben an die WPK beauftragt werden. Für die Anforderungen der WPK bestehen keine zeitlichen Fristen, sodass diese auch weit nach der Veröffentlichung des JA im eBAnz erfolgen kann. Eine Angabe über die Inanspruchnahme der Erleichterung nach Abs 2 S 3 im Anhang ist von Gesetz nicht verlangt, sodass die WPK eigene Feststellungen zur Anforderung treffen muss. Eine freiwillige Mitteilung an die WPK vor deren schriftlicher Anforderung ist zulässig.

9   Fraglich könnte sein, ob ein mittelgroßes TU, das in einen KA einbezogen ist und deren Honorarangaben im KA enthalten sind, die Befreiungsvorschrift auch ggü einer potentiellen Anforderung der WPK in Anspruch nehmen darf. Das ist zu bejahen, da ein mittelgroßes TU unter den Voraussetzungen des § 285 Nr 17 Hs 2 nicht schlechter gestellt werden darf als ein großes TU, da die Offenlegung der Honorarangaben im Konzernanhang erfolgt und damit eine Meldung an die WPK als Ersatz entfallen kann, da kein Informationsverlust für die Öffentlichkeit entsteht.

4. Angabebefreiung von § 285 Nr 21 für mittelgroße Nicht-Aktiengesellschaften

10   Abs 2 S 4 befreit alle mittelgroßen KapCoGes und mittelgroßen KapGes, soweit sie keine AG sind, somit auch mittelgroße KGaA, von der Angabepflicht nach § 285 Nr 21 über nicht zu marktüblichen Bedingungen zustande gekommene Geschäfte mit nahestehenden Unt und Personen. Eine Angabe über die Inanspruchnahme der Befreiungsvorschrift nach Abs 2 S 4 ist vom Gesetz nicht verlangt.

5. Angabepflichten mittelgroßer AG im Zusammenhang mit § 285 Nr 21

11   Mittelgroße AG dürfen die Erleichterung nach Abs 2 S 4 nicht in Anspruch nehmen. Sie haben stattdessen das Wahlrecht iZm § 285 Nr 21
   – die Mindestangaben über die wesentlichen marktunüblichen Geschäfte mit nahestehenden Unt und Personen
   – die Angaben über *alle* Geschäfte mit nahestehenden Unt und Personen zu machen oder
   – die Berichterstattung auf Geschäfte zu beschränken, die direkt oder indirekt mit dem Hauptgester oder Mitgliedern des Geschäftsführungs-, Aufsichts- oder Verwaltungsorgans abgeschlossen wurden (Abs 2 S 4 Hs 2).

12   Macht die mittelgroße AG von der Erleichterung nach S 4 Hs 2 Gebrauch, kann sie entweder nur über die wesentlichen nicht zu marktüblichen Bedingungen zustande gekommene Geschäfte oder über alle wesentlichen Geschäfte mit dem eingeschränkten Unt- und Personenkreis berichten. Anzugeben sind nach § 285 Nr 21 die Art der nahestehenden Beziehung, Art und Wert der Geschäfte sowie weitere Angaben, die für die Beurteilung der berichtenden Ges notwendig sind (s im Einzelnen dazu § 285 Anm 377 ff).

13   S 4 Hs 2 schränkt den Kreis der nahestehenden Unt und Personen, über die zu berichten ist, im Vergleich zu IAS 24.9 erheblich ein. Der sachliche Anwendungsbereich der Vorschrift erstreckt sich ausschließlich auf Geschäfte mit dem Hauptgester und mit Mitgliedern des Vorstands und des AR.

Der Begriff **Hauptgesellschafter** ist nach der Begr RegEBilMoG vor dem Hintergrund der Zwecksetzung des § 285 Nr 21 funkional zu verstehen. Haupt-Gester ist diejenige natürliche Person oder dasjenige Unt, die/das die Möglichkeit hat, die Finanz- und Geschäftspolitik der berichtenden AG zu bestimmen und infolgedessen die Eingehung eines marktunüblichen Geschäfts zum eigenen Nutzen durchsetzen kann. Das ist die Definition des beherrschenden Einflusses iSv § 290 (vgl IDW RS HFA 33 Tz 26). Diese liegt vor bei Stimmrechtsmehrheit am Grundkapital, bei Stimmrechtsmehrheit im Vorstand, bei der Möglichkeit, die Mehrheit der Mitglieder des Vorstands zu bestimmen oder abzuberufen. Nach der Begr reicht die Möglichkeit zur Bestimmung der Finanz- und Geschäftspolitik bereits aus, sie muss durch rechtliche oder satzungsmäßige Bestimmungen gesichert sein, aber nicht tatsächlich ausgeübt werden.

Die Vorschrift spricht von *dem HauptGester*, sie geht deshalb von *einem* Haupt-Gester aus. Diese Transformation steht im Widerspruch zur Abänderungsrichtl, die von Geschäften der Ges mit ihren HauptGestern spricht. Hat die AG zwei Gester mit gleich hohen Stimmrechten, müssen weitere Rechte hinzukommen, um einen Aktionär als HauptGester zu qualifizieren. Hat die AG keinen Haupt-Gester, entfallen die diesbezüglichen Angabepflichten. Der HauptGester ist nicht der Alleinaktionär. In diesem Fall greift die Ausnahmeregelung des § 285 Nr 21 Ts 2, sofern die berichtende mittelgroße AG in den KA des Alleinaktionärs einbezogen wird.

Anzugeben sind auch die Geschäfte mit Mitgliedern des Vorstands und des **14** AR der berichtenden AG, nach dem Wortlaut der Vorschrift nicht jedoch mit deren Familienangehörigen oder dem Management in Schlüsselpositionen unter der Vorstandsebene.

Die Vorschrift verlangt in Übereinstimmung mit der Abänderungsrichtl die **15** Angabe der Geschäfte, sei es der marktunüblichen oder aller, die die berichtende mittelgroße AG *direkt oder indirekt* mit dem eingeschränkten Unt- und Personenkreis des S 4 abgeschlossen hat. Direkt abgeschlossen sind Geschäfte, die die mittelgroße AG mit ihrem HauptGester bzw mit ihren Gremienmitgliedern abschließt. Ein indirektes Geschäft liegt vor, wenn Vertragspartner der mittelgroßen AG eine Ges ist, bei der der HauptGester bzw das Organmitglied der mittelgroßen AG HauptGester iSv § 288 Abs 2 S 4 ist (IDW RS HFA 33 Tz 27; aA Voraufl).

Bei der Einreichung des Anhangs zum **eBAnz** dürfen mittelgroße KapGes/ **16** KapCoGes außerdem noch folgende Angaben im Anhang weglassen (§ 327 Nr 2):

§ 285 Nr 2: Aufgliederung des Gesamtbetrags der Verbindlichkeiten mit einer Restlaufzeit von mehr als fünf Jahren und der gesicherten Verbindlichkeiten nach dem vorgeschriebenen Gliederungsschema;
§ 285 Nr 8a: Angabe des Materialaufwands bei Anwendung des Umsatzkostenverfahrens;
§ 285 Nr 12: Erl von nicht gesondert ausgewiesenen sonstigen Rückstellungen.

D. Der Anhang bei anderen Unternehmen

Dem PublG unterliegende Unt (§ 1 Abs 1, § 3 PublG), die **nicht reine** **17** **PersGes oder Einzelkaufleute** oder nach § 5 Abs 6 PublG befreit sind, sowie kapmarktUnt iSd Abs 2a PublG iVm § 264d haben gem § 5 Abs 2 PublG einen Anhang nach den Vorschriften für große (§ 267 Abs 3) KapGes aufzustellen. Jedoch dürfen gem § 5 Abs 2 S 2 PublG von den Unt iSv § 3 Abs 1 Nr 3 bis 5 PublG die Angaben des Umfangs der Belastung des Ergebnisses der gewöhnlichen Geschäftstätigkeit und des ao Ergebnisses durch die E+E-Steuern (§ 285

§ 289 Lagebericht

Nr 6) sowie Name und Sitz des einen KA aufstellenden MU (§ 285 Nr 14) entfallen. Die Inanspruchnahme dieses Wahlrechts kann auch auf eine der beiden Vorschriften beschränkt werden. Ferner entfallen gem § 5 Abs 1 S 2 PublG aus der Liste in § 284 Anm 40 die Angabepflichten nach § 264 Abs 2 S 2 (zusätzliche Angaben, falls der JA wegen besonderer Umstände trotz Anwendung der GoB kein den tatsächlichen Verhältnissen entspr Bild vermittelt). Für die **Offenlegung** des Anhangs bestehen keine weiteren Erleichterungen, § 9 Abs 1 PublG. Zum Anhang des JA von eG vgl § 336 Anm 10 und § 338 Anm 1.

Sechster Titel. Lagebericht

§ 289 [Lagebericht]

(1) ¹Im Lagebericht sind der Geschäftsverlauf einschließlich des Geschäftsergebnisses und die Lage der Kapitalgesellschaft so darzustellen, dass ein den tatsächlichen Verhältnissen entsprechendes Bild vermittelt wird. ²Er hat eine ausgewogene und umfassende, dem Umfang und der Komplexität der Geschäftstätigkeit entsprechende Analyse des Geschäftsverlaufs und der Lage der Gesellschaft zu enthalten. ³In die Analyse sind die für die Geschäftstätigkeit bedeutsamsten finanziellen Leistungsindikatoren einzubeziehen und unter Bezugnahme auf die im Jahresabschluss ausgewiesenen Beträge und Angaben zu erläutern. ⁴Ferner ist im Lagebericht die voraussichtliche Entwicklung mit ihren wesentlichen Chancen und Risiken zu beurteilen und zu erläutern; zugrunde liegende Annahmen sind anzugeben. ⁵Die gesetzlichen Vertreter einer Kapitalgesellschaft im Sinne des § 264 Abs. 2 Satz 3 haben zu versichern, dass nach bestem Wissen im Lagebericht der Geschäftsverlauf einschließlich des Geschäftsergebnisses und die Lage der Kapitalgesellschaft so dargestellt sind, dass ein den tatsächlichen Verhältnissen entsprechendes Bild vermittelt wird, und dass die wesentlichen Chancen und Risiken im Sinne des Satzes 4 beschrieben sind.

(2) Der Lagebericht soll auch eingehen auf:
1. Vorgänge von besonderer Bedeutung, die nach dem Schluß des Geschäftsjahrs eingetreten sind;
2. a) die Risikomanagementziele und -methoden der Gesellschaft einschließlich ihrer Methoden zur Absicherung aller wichtigen Arten von Transaktionen, die im Rahmen der Bilanzierung von Sicherungsgeschäften erfasst werden, sowie

    b) die Preisänderungs-, Ausfall- und Liquiditätsrisiken sowie die Risiken aus Zahlungsstromschwankungen, denen die Gesellschaft ausgesetzt ist,

    jeweils in Bezug auf die Verwendung von Finanzinstrumenten durch die Gesellschaft und sofern dies für die Beurteilung der Lage oder der voraussichtlichen Entwicklung von Belang ist;
3. den Bereich Forschung und Entwicklung;
4. bestehende Zweigniederlassungen der Gesellschaft;
5. die Grundzüge des Vergütungssystems der Gesellschaft für die in § 285 Nr. 9 genannten Gesamtbezüge, soweit es sich um eine börsennotierte Aktiengesellschaft handelt. ²Werden dabei auch Angaben entsprechend § 285 Nr. 9 Buchstabe a Satz 5 bis 8 gemacht, können diese im Anhang unterbleiben.

(3) Bei einer großen Kapitalgesellschaft (§ 267 Abs. 3) gilt Absatz 1 Satz 3 entsprechend für nichtfinanzielle Leistungsindikatoren, wie Informationen über Umwelt- und Arbeitnehmerbelange, soweit sie für das Verständnis des Geschäftsverlaufs oder der Lage von Bedeutung sind.

(4) ¹Aktiengesellschaften und Kommanditgesellschaften auf Aktien, die einen organisierten Markt im Sinne des § 2 Abs. 7 des Wertpapiererwerbs- und Über-

nahmegesetzes durch von ihnen ausgegebene stimmberechtigte Aktien in Anspruch nehmen, haben im Lagebericht anzugeben:
1. die Zusammensetzung des gezeichneten Kapitals; bei verschiedenen Aktiengattungen sind für jede Gattung die damit verbundenen Rechte und Pflichten und der Anteil am Gesellschaftskapital anzugeben, soweit die Angaben nicht im Anhang zu machen sind;
2. Beschränkungen, die Stimmrechte oder die Übertragung von Aktien betreffen, auch wenn sie sich aus Vereinbarungen zwischen Gesellschaftern ergeben können, soweit sie dem Vorstand der Gesellschaft bekannt sind;
3. direkte oder indirekte Beteiligungen am Kapital, die 10 vom Hundert der Stimmrechte überschreiten, soweit die Angaben nicht im Anhang zu machen sind;
4. die Inhaber von Aktien mit Sonderrechten, die Kontrollbefugnisse verleihen; die Sonderrechte sind zu beschreiben;
5. die Art der Stimmrechtskontrolle, wenn Arbeitnehmer am Kapital beteiligt sind und ihre Kontrollrechte nicht unmittelbar ausüben;
6. die gesetzlichen Vorschriften und Bestimmungen der Satzung über die Ernennung und Abberufung der Mitglieder des Vorstands und über die Änderung der Satzung;
7. die Befugnisse des Vorstands insbesondere hinsichtlich der Möglichkeit, Aktien auszugeben oder zurückzukaufen;
8. wesentliche Vereinbarungen der Gesellschaft, die unter der Bedingung eines Kontrollwechsels infolge eines Übernahmeangebots stehen, und die hieraus folgenden Wirkungen; die Angabe kann unterbleiben, soweit sie geeignet ist, der Gesellschaft einen erheblichen Nachteil zuzufügen; die Angabepflicht nach anderen gesetzlichen Vorschriften bleibt unberührt;
9. Entschädigungsvereinbarungen der Gesellschaft, die für den Fall eines Übernahmeangebots mit den Mitgliedern des Vorstands oder Arbeitnehmern getroffen sind, soweit die Angaben nicht im Anhang zu machen sind.

²Sind Angaben nach Satz 1 im Anhang zu machen, ist im Lagebericht darauf zu verweisen.

(5) Kapitalgesellschaften im Sinn des § 264d haben im Lagebericht die wesentlichen Merkmale des internen Kontroll- und des Risikomanagementsystems im Hinblick auf den Rechnungslegungsprozess zu beschreiben.

Übersicht

	Anm
A. Allgemeines	1–7
B. Grundsätze der Berichterstattung im Lagebericht	8–14
C. Der Inhalt des Lageberichts	
I. Darstellung des Geschäftsverlaufs einschließlich des Geschäftsergebnisses und der Lage der Kapitalgesellschaft (Abs 1 S 1)	15–23
II. Analyse des Geschäftsverlaufs und der Lage der Gesellschaft (Abs 1 S 2)	25–27
III. Einbeziehung der bedeutsamsten finanziellen Leistungsindikatoren und ihre Erläuterung unter Bezugnahme auf die im Jahresabschluss ausgewiesenen Beträge und Angaben (Abs 1 S 3)	30–33
IV. Beurteilung und Erläuterung der voraussichtlichen Entwicklung mit ihren wesentlichen Chancen und Risiken unter Angabe der zugrunde liegenden Annahmen (Abs 1 S 4)	
1. Allgemeines	35

	Anm
2. Berichterstattung über die voraussichtliche Entwicklung	36–40
3. Berichterstattung über die wesentlichen Chancen und Risiken	43–54
V. Bilanzeid (Abs 1 S 5)	
1. Allgemeines	56
2. Anwendungsbereich	57
3. Inhalt der Erklärung	58
VI. Einzelangaben (Abs 2)	
1. Allgemeines	60, 61
2. Vorgänge von besonderer Bedeutung, die nach dem Schluss des Geschäftsjahrs eingetreten sind (Nr 1)	62–64
3. Risikoberichterstattung über Finanzinstrumente (Nr 2a und b)	
a) Allgemeines	65
b) Die berichterstattungspflichtigen Finanzinstrumente	66, 67
c) Die Einzelangaben	
aa) Risikomanagementziele und -methoden (Nr 2a)	70–74
bb) Preisänderungs-, Ausfall- und Liquiditätsrisiken sowie Risiken aus Zahlungsstromschwankungen (Nr 2b)	77–79
4. Der Bereich Forschung und Entwicklung (Nr 3)	85–88
5. Zweigniederlassungen (Nr 4)	90
6. Vergütungsbericht für börsennotierte Aktiengesellschaften (Nr 5)	
a) Allgemeines	93–95
b) Die berichterstattungspflichtigen Grundzüge des Vergütungssystems (S 1)	97, 98
c) Zusammenfassung mit den Anhangangaben nach § 285 Nr 9a S 5–8 (S 2)	99
VII. Zusatzberichterstattung großer Kapitalgesellschaften über nichtfinanzielle Leistungsindikatoren (Abs 3)	100–108
VIII. Übernahmerechtliche Zusatzangaben von bestimmten börsennotierten Gesellschaften (Abs 4)	
1. Allgemeines	110–112
2. Einzelangaben (S 1)	
a) Zusammensetzung des gezeichneten Kapitals (Nr 1)	115–117
b) Beschränkungen, die Stimmrechte oder die Übertragung von Aktien betreffen (Nr 2)	119–121
c) Direkte oder indirekte Beteiligungen am Kapital mit mehr als 10% der Stimmrechte (Nr 3)	123–126
d) Inhaber von Aktien mit Sonderrechten (Nr 4)	128
e) Art der Stimmrechtskontrolle von Arbeitnehmeraktien (Nr 5)	129
f) Regeln über die Ernennung und Abberufung von Vorstandsmitgliedern sowie über Satzungsänderungen (Nr 6)	130, 131
g) Vorstandsbefugnisse bezüglich Ausgabe und Rückkauf von Aktien (Nr 7)	132–134
h) Wesentliche Vereinbarungen für den Fall eines Kontrollwechsels infolge eines Übernahmeangebots (Nr 8)	136–141
i) Entschädigungsvereinbarungen für den Fall eines Übernahmeangebots (Nr 9)	144–149

	Anm
IX. Zusatzberichterstattung kapitalmarktorientierter Gesellschaften über das rechnungslegungsbezogene interne Kontroll- und Risikomanagementsystem (Abs 5)	
1. Allgemeines	150
2. Gegenstand der Berichterstattung	151
a) Rechnungslegungsbezogenes internes Kontrollsystem	152
b) Rechnungslegungsbezogenes Risikomanagementsystem	153–155
3. Umfang und Intensität der Berichterstattung über die Merkmale	156–158
4. Zusammenfassung mit den Angaben nach Abs 2 Nr 2	159
X. Zusätzliche Angaben von Aktiengesellschaften	
1. Schlusserklärung des Abhängigkeitsberichts von AG/KGaA	160
2. Erklärung zur Unternehmensführung von börsennotierten und bestimmten anderen AG	161
XI. Freiwillige Berichterstattung	165
D. Rechtsfolgen einer Verletzung des § 289	170
E. Abweichungen der IFRS	175
F. Exkurs: Abhängigkeitsbericht	
I. Grundlagen	
1. Regelungszweck	200–204
2. Anwendungsbereich	210–215
II. Aufstellungspflicht	
1. Adressaten und Fristen	220–224
2. Abhängigkeitsverhältnis	226–237
3. Veränderungen im Geschäftsjahr	245–257
4. Negativbericht	260
III. Berichtsinhalt	
1. Allgemeine Anforderungen	261–268
2. Berichtspflichtige Beziehungen und Vorgänge	275–285
3. Rechtsgeschäfte	290–298
4. Maßnahmen	305–317
5. Nachteilsausgleich	325–328
6. Schlusserklärung	337–343
IV. Prüfung	
1. Abschlussprüfer	350–355
2. Aufsichtsrat	360–362
3. Sonderprüfer	365–368
V. Publizität	375–380
VI. Sanktionen einer Verletzung des § 312 AktG	390–394

Schrifttum: *Kuhn* Die Berichterstattung über Forschung und Entwicklung im Lagebericht DStR 1993, 491; *Fey* Die Angabe bestehender Zweigniederlassungen im Lagebericht nach § 289 Abs 2 Nr 4 HGB DB 1994, 485; *Baetge/Fischer/Paskert* Der Lagebericht: Aufstellung, Prüfung und Offenlegung, Stuttgart 1989; *Küting/Hütting* Die Lageberichterstattung über Risiken der künftigen Entwicklung AG 1997, 250; *Veit* Funktion und Aufbau des Berichts zu Zweigniederlassungen BB 1997, 461; *Baetge/Schulze* Möglichkeiten der Objektivierung der Lageberichterstattung über „Risiken der künftigen Entwicklung" DB 1998, 937; *Dörner/Bischof* Aufstellung des Lageberichts und Konzernlageberichts in Dörner/Menold/Pfitzer, 369; *Dörner/Bischof* Zweifelsfragen zur Berichterstattung über die Risiken der künftigen Entwicklung im Lagebericht WPg 1999, 445; *Kuhn* Forschung und Entwicklung im Lagebericht – Eine theoretische und empirische Untersuchung, Hamburg 1992; *Seibt/Heiser* Der neue Vorschlag einer EU-Übernahmerichtlinie und das deutsche Übernahmerecht ZIP 2002, 2193; *Böcking/Herold/Wiederhold* Modernisierung des HGB in Richtung IAS/IFRS, Der Konzern 2003, 394; *Krawitz/Hartmann* Internationalisierung der Lageberichterstattung FS Lück, 289; *Dörner/Wollmert/Bischof* Risikoberichterstattung im Konzernlagebericht, FS Lück, 305; *Kajüter* Der Lagebericht als Instrument einer kapitalmarktorientierten Rechnungslegung, DB 2004, 197; *Fink/Keck* Lageberichterstattung nach E-DRS 20 – Kritische Würdigung aus Sicht der Unternehmensanalyse – WPg 2004, 1077; *Greinert* Weitergehende Anforderungen an den Konzernlagebericht durch E-DRS 20 sowie das Bilanzrechtsreformgesetz, KoR 2004, 57; *Kajüter* Berichterstattung über Chancen und Risiken im Lagebericht – Auswirkungen des Referentenentwurfs für das Bilanzrechtsreformgesetz BB 2004, 427; *Wolf* Neuerungen im (Konzern-)Lagebericht durch das Bilanzrechtsreformgesetz (BilReG) – Anforderungen und ihre praktische Umsetzung DStR 2005, 438; *Kaiser* Auswirkungen des Bilanzrechtsreformgesetzes auf die zukunftsorientierte Lageberichterstattung WPg 2005, 405; *Freidank/Steinmeyer* Fortentwicklung der Lageberichterstattung nach dem BilReG aus betriebswirtschaftlicher Sicht BB 2005, 2512; *Fink/Keck* Lageberichterstattung nach BilReG und DRS 15: Eine kritische Würdigung KoR 2005, 137; IDW RH HFA 1.007 Lageberichterstattung nach § 289 Abs. 1 und 3 HGB bzw. § 315 Abs. 1 HGB in der Fassung des Bilanzrechtsreformgesetzes; *Buchheim/Knorr* Der Lagebericht nach DRS 15 und internationale Entwicklungen WPg 2006, 413; *Krawitz/Hartmann* Aktueller handelsrechtlicher Lage- und Konzernlagebericht im Rahmen eines IAS/IFRS-Abschlusses WPg 2006, 1262; *Seibt/Heiser* Analyse des Übernahmerichtlinien-Umsetzungsgesetzes (Regierungsentwurf) AG 2006, 315; *Sailer* Offenlegung von „Chance of Control-Klauseln" im Jahresabschluss AG 2006, 913; *Baetge/Brüggemann/Haenelt* Erweiterte Offenlegungspflichten in der handelsrechtlichen Lageberichterstattung – Übernahmerechtliche Angaben und Erläuterungen nach § 315 Abs 4 HGB und E-DRS 23 BB 2007, 1887; *Bischof/Selch* Neuerungen für den Lagebericht nach dem Regierungsentwurf eines Bilanzrechtsmodernisierungsgesetzes (BilMoG) WPg 2008, 1021; *Rabenhorst* Zusätzliche Angabepflichten im Lagebericht durch das Übernahmerichtlinien-Umsetzungsgesetz WPg 2008, 139; *Melcher/Mattheus* Zur Umsetzung der HGB-Modernisierung durch das BilMoG: Neue Offenlegungspflichten zur Corporate Governance DB 5/2009, 77; *Wolf* Zur Anforderung eines internen Kontroll- und Risikomanagementsystems im Hinblick auf den (Konzern-)Rechnungslegungsprozess gemäß BilMoG DStR 2009, 920; *Strieder* Erweiterung der Lageberichterstattung nach dem BilMoG BB 2009, 1002; *Withus* Neue Anforderungen nach BilMoG zur Beschreibung der wesentlichen Merkmale des internen Kontroll- und Risikomanagementsystems im Lagebericht kapitalmarktorientierter Unternehmen KoR 2009, 440; *Kort* Risikomanagement nach dem Bilanzrechtsmodernisierungsgesetz, ZGR 2010, 440. IDW RH HFA 1.005 Anhangangaben nach § 285 S 1 Nr 18 und 19 HGB zu bestimmten Finanzinstrumenten;; IASB IFRS Practice Statement on Management Commentary, 2010; *Senger/Selch* DRS 20: neue und geänderte Anforderungen an den Konzernlagebericht, WPg 2012, 1285; *Müller/Stute/Withus* Handbuch Lagebericht – Kommentar von § 289 und § 315, DRS 20 und IFRS Management Commentary, Berlin 2013.

Standards: DRS 20 (Stand: 4.12.2012) Lageberichterstattung; IDW zum E-DRS 27: Konzernlagebericht; IDW RS HFA 35 (Stand: 10.6.2011) Handelsrechtliche Bilanzierung von Bewertungseinheiten.

A. Allgemeines

1   Gem § 264 Abs 1 haben **mittelgroße** und **große Kapitalgesellschaften** sowie **mittelgroße** und **große Personenhandelsgesellschaften** iSd **§ 264a Abs 1,** wenn sie als TU nicht nach § 264 Abs 3 bzw § 264b befreit sind, einen Lagebericht **aufzustellen.** Kleine KapGes/KapCoGes brauchen gem § 264 Abs 1 S 3 1. Hs den Lagebericht nicht aufzustellen.

Lagebericht 2–4 § 289

Bei der **Offenlegung eines IFRS-EA** anstelle des HGB-JA muss der Lagebericht gem § 325 Abs 2a im erforderlichen Umfang auf den IFRS-EA Bezug nehmen.

Dem PublG unterliegende Unternehmen (§ 1 Abs 1, § 3 PublG), die nicht Ekfm oder reine PersGes sind, haben ebenfalls einen Lagebericht sinngemäß nach § 289 aufzustellen (§ 5 Abs 2 S 2 PublG). Zum Lagebericht der eG s § 336 Anm 10, Kredit- und Finanzdienstleistungsinstitute s § 340a Abs 1, VersicherungsUnt s § 341a Abs 1. **2**

Die Vorschriften über den Inhalt des Lageberichts lassen sich wie folgt einteilen: **3**
– Wirtschaftsbericht (Abs 1 S 1–3),
– Prognose-, Chancen- und Risikobericht (Abs 1 S 4),
– Bilanzeid für börsennotierte AG/ KGaA (Abs 1 S 5),
– Spezielle Berichterstattung (Abs 2) über
  • Nachtragsbericht (Nr 1),
  • Bericht über Finanzinstrumente (Nr 2),
  • Forschungs- und Entwicklungsbericht (Nr 3),
  • Zweigniederlassungsbericht (Nr 4),
  • Vergütungsbericht für die Organe börsennotierter AG (Nr 5),
– Zusatzangaben für große KapGes/KapCoGes über nichtfinanzielle Leistungsindikatoren (Abs 3),
– Übernahmerechtliche Angaben für börsennotierte AG/ KGaA (Abs 4),
– Beschreibung der wesentlichen Merkmale des IKS und RMS im Hinblick auf den Rechnungslegungsprozess für kapmarktGes (Abs 5).

Die Berichterstattung im Lagebericht hat verschiedenen Zwecken zu dienen: Gem § 289 ist der Lagebericht ein **eigenständiger Teil** im Rahmen der jährlichen Rechenschaftslegung, der neben dem JA einer KapGes/KapCoGes steht. Er hat sowohl eine **Informations-** als auch eine **Rechenschaftsfunktion**. Denn der JA einschl der Erl im Anhang ermöglicht den Adressaten nur begrenzt, die tatsächliche Lage der Ges zu erkennen. Das gilt umso stärker, als keine Erlpflicht aller wesentlichen Einzelposten des JA besteht (§ 284 Anm 85). Die **Ergänzungsfunktion** wird betont durch Abs 1 S 3 2. Hs „unter Bezugnahme auf die im JA ausgewiesenen Beträge und Angaben" sowie durch § 325 Abs 2a S 4 in Bezug auf den IFRS-EA. Nach der *Begr RegE BilReG* BR-Drs 326/04, 63 dient der JA eher der Darstellung, der Lagebericht dagegen mehr der Analyse und Kommentierung relevanter Kennzahlen und Sachverhalte. Er enthält vor allem Angaben, die der Verbesserung des Verständnisses der den tatsächlichen Verhältnissen entspr VFE-Lage der Ges dienen. Allerdings sind auch Angaben zu Sachverhalten von Bilanz und GuV vorgeschrieben, die uU zu Überschneidungen auch mit Anhangangaben führen. **4**

Grds sind im Lagebericht alle Vorgänge anzugeben, die die **wirtschaftliche Gesamtbeurteilung** der Ges berühren. Im Lagebericht geben die gesetzlichen Vertreter auch ihr persönliches Urteil über den Geschäftsverlauf, das Geschäftsergebnis, die Lage und voraussichtliche Entwicklung der Ges ab, das betriebswirtschaftliche, technische, rechtliche, sozialpolitische und volkswirtschaftliche Aspekte gleichermaßen umfasst.

Im Lagebericht sind der Geschäftsverlauf einschl des Geschäftsergebnisses und die Lage der KapGes/KapCoGes so darzustellen, dass ein den **tatsächlichen Verhältnissen** entspr Bild vermittelt wird. Hiermit wird das für den JA vorgeschriebene Konzept des „*true and fair view*" weitgehend auf den Lagebericht übertragen, wonach der JA gem § 264 ein den tatsächlichen Verhältnissen entspr Bild der VFE-Lage vermitteln soll. Es handelt sich um eine heraushebende Aufgabenstellung für den Lagebericht, alle Vorgänge so darzulegen, dass die wirtschaftliche Gesamtbeurteilung der Ges, insb im Zusammenhang mit dem JA, möglich wird. Während für die Berichterstattung im JA die Bezugnahme auf die GoB (§ 264 Abs 2 S 1) relevant ist, fehlt diese für den Lagebericht; **Maßgröße** sind die tatsächlichen Verhältnisse.

5 Der Inhalt des Lageberichts ist nicht begrenzt. Nach hM gibt § 289 nur den **Mindestumfang** an (*Lange* ZIP 2004, 983; *Kajüter* DB 2004, 197), zumal Art 46 Abs 1a der Bilanzrichtl idF der Modernisierungsrichtl das Wort „zumindest" enthält. Demzufolge darf er um freiwillige Angaben erweitert werden (Anm 165).

Die Angaben im Lagebericht sind **jedes Jahr** erneut zu machen. Ausdrückliche oder indirekte Verweise auf frühere Gj stellen einen Verstoß gegen die Berichterstattungspflicht des Abs 1 dar und sind daher nicht zulässig.

6 Der Lagebericht muss als solcher **gekennzeichnet** sein, damit er vom JA, und hier insb vom Anhang sowie von einer evtl anderen Berichterstattung, unterschieden werden kann. Nur so kann der Leser feststellen, welche Informationen als vom AP im Rahmen des § 317 Abs 2 (dort Anm 55) geprüft anzusehen sind. Sollen freiwillige Angaben und Darstellungen weder im Lagebericht noch im Anhang gemacht, gleichwohl aber im Rahmen einer allgemeinen Berichterstattung an die Öffentlichkeit gerichtet werden, besteht die Möglichkeit, in einem **Geschäftsbericht** getrennte Sonderabschnitte einzurichten, die selbst keinen gesetzlichen Vorschriften unterliegen und auch nicht nach § 317 Abs 2 prüfungspflichtig sind (ebenso *WPH*[14] I, F 1081; *ADS*[6] § 289 Anm 14), wohl aber vom AP kritisch zu lesen sind (IDW PS 202 Tz 7). Ein solcher Geschäftsbericht einer börsennotierten Ges soll nach DCGK 3.10 den **Corporate Governance Bericht** enthalten, der neben dem Lagebericht zu erstellen ist.

Wo der Lagebericht im Rahmen der jährlichen schriftlichen Rechenschaftslegung platziert sein muss, sagt das HGB nicht. Gem der Reihenfolge des Gesetzes wäre der Lagebericht hinter Bilanz, GuV und Anhang zu platzieren. In der Praxis ist es vielfach üblich, den Lagebericht an den Anfang der schriftlichen Berichterstattung zu stellen. Beide Wege sind zulässig.

7 Wie der JA ist der Lagebericht in **deutscher Sprache** und in **Euro** aufzustellen. Anders als der JA braucht der Lagebericht **nicht** vom Geschäftsführungsorgan **unterzeichnet** zu werden (§ 264 Anm 16; *WPH*[14] I, F Anm 1085; *ADS*[6] § 289 Anm 31).

Stellt ein Unt **freiwillig** einen Lagebericht auf, unterliegt dieser nicht den Anforderungen des § 289, außer wenn der JA des Unt einen BVm, der den Lagebericht einschließt (§ 322 Anm 106), erhalten soll (*ADS*[6] § 289 Anm 6).

B. Grundsätze der Berichterstattung im Lagebericht

8 Die Berichterstattungspflichten im Lagebericht umfassen Angaben, Darstellungen, Erl, Beschreibungen, Analysen und Beurteilungen. Unter **„Angabe"** ist die Nennung der Tatsache als solcher zu verstehen. Die **„Darstellung"** eines Sachverhalts macht diesen durch Beschreibung anschaulich. Eine **„Erläuterung"** umfasst eine Erklärung, Kommentierung und Verdeutlichung eines Sachverhalts, geht also über die Darstellung hinaus. Eine **Beschreibung** bedeutet eine ausführliche Darstellung eines Sachverhalts. Eine **„Analyse"** ist eine systematische Untersuchung/Zerlegung eines Sachverhalts im Hinblick auf alle einzelnen Komponenten, die ihn bestimmen. Unter **„Beurteilung"** ist die Bewertung und Kommentierung eines Sachverhalts zu verstehen (s auch die Definitionen in DRS 20.11).

Die Berichterstattungsgrundsätze ergeben sich aus den allgemeinen Grundsätzen der Rechenschaftslegung und besagen, dass der Lagebericht **vollständig,**

wahr (richtig) und **klar** (deutlich)sein muss (wie hier *ADS*⁶ § 289 Anm 39; *Lück* in HdR⁵ § 289 Anm 16).

Die Berichterstattung muss **vollständig** sein. Der Lagebericht muss somit alle 9 Angaben enthalten, die für die *Gesamtbeurteilung* der wirtschaftlichen Lage und des Geschäftsverlaufs einschl des Geschäftsergebnisses sowie der voraussichtlichen Entwicklung mit ihren Chancen und Risiken erforderlich sind. Das Vollständigkeitsgebot bedeutet *nicht*, dass über alle Geschäftsvorfälle sowie Chancen und Risiken der künftigen Entwicklung umfassend und lückenlos berichtet werden müsste (*ADS*⁶ § 289 Anm 40). Der Grundsatz der Vollständigkeit ist **qualitativ** zu interpretieren. Im Gegensatz zur **quantitativen** Vollständigkeit des JA wird die wirtschaftliche Lage einer KapGes/KapCoGes durch eine zu große Anzahl von Faktoren bestimmt, um sie lückenlos im Detail angeben zu können. Der Umfang der Berichterstattung richtet sich nach dem Grundsatz der **Wesentlichkeit** (wie hier *Lück* in HdR⁵ § 289 Anm 19; *ADS*⁶ § 289 Anm 40; DRS 20.32) und hat sich mithin an den Interessen der Adressaten des Lageberichts zu orientieren. Das bedeutet, dass über alles informiert werden muss, was für einen AR oder die GesV bei der Feststellung des JA oder für den Entlastungs- oder Gewinnverteilungsbeschluss der GesV/HV, für die Gläubiger hinsichtlich ihrer Ansprüche und für die Belegschaft allgemein von berechtigtem Interesse ist. Bei GroßUnt oder börsennotierten AG ist auch das Interesse der Öffentlichkeit an den wirtschaftlichen Verhältnissen der Ges zu berücksichtigen (*Steuber* in MünchKomAktG² § 289 Anm 27). Eine Berichterstattung darf jedoch nicht unterbleiben, weil die jeweiligen Tatsachen den Gestern oder der Öffentlichkeit durch andere Bekanntmachungen (Presse, §§ 44b BörsenG, 15 WpHG) bekannt sind.

Der **Vollständigkeitsgrundsatz** ist iZm dem Grundsatz der **Wesentlichkeit** 10 zu sehen (vgl § 252 Anm 70; *ADS*⁶ § 289 Anm 40). Die Berichterstattung über einen bestimmten betrieblichen Sachverhalt muss sich somit nach dessen quantitativer und qualitativer Bedeutung richten. Die Bedeutung eines Sachverhalts schwankt mit den jeweiligen Verhältnissen des Unt. Zu den Verhältnissen gehört zunächst die Größe des Unt, aber auch die jeweilige Branche, dh je nach Größe und Branchenzugehörigkeit variiert zu bestimmten Sachverhalten das Adressateninteresse. Schließlich hängt die Bedeutung eines Sachverhalts auch von der wirtschaftlichen Lage des berichtenden Unt ab. Sowohl in Zeiten allgemeiner angespannter wirtschaftlicher Lage als auch in Krisensituationen einer KapGes/KapCoGes ist eine umfangreichere Berichterstattung neben der Darstellung der Risiken der zukünftigen Entwicklung geboten. Der Grundsatz der Vollständigkeit sagt nichts über die Art der Berichterstattung, sondern nur, dass Angaben zu machen sind, die oft in verbaler Form ausreichen (Anm 9).

Der Lagebericht muss **wahr (richtig)** sein, er darf keine unwahren Angaben 11 enthalten. Objektiv falsche Angaben, die im Einzelnen oder insgesamt keinen zutreffenden Eindruck vermitteln, dürfen nicht gemacht werden. Das gilt auch für die Berichterstattung über Geschäftsverlauf, Geschäftsergebnis und Lage, wenn sich die KapGes/KapCoGes in einer Krise befindet und ihre Fortführung gefährdet ist (s im Einzelnen Anm 54). Hier ist ein Verschweigen oder eine Schönung der Situation mit dem Wortlaut und Sinn der Publizitätspflicht nicht vereinbar; die zweifellos berechtigten Interessen und Hoffnungen der Geschäftsführung müssen zurücktreten. Die KapGes/KapCoGes darf nicht gegen ihr subjektiv vorhandenes Wissen bzw gegen ein objektives, dh ein im Umfang als angemessen geltendes Wissen berichten. Die Berichterstattung muss der Realität übereinstimmen. Dies gilt insb für **Verlaufs- und Zustandsangaben (sog Tatsachenangaben).** Die Übereinstimmung mit der Realität muss nicht dokumentarisch exakt sein, vielmehr reicht eine Übereinstimmung in der Tendenz aus. Es genügt aber nicht, wenn eine ungünstige Liquiditätslage nur durch die Beschreibung eines negativen Trends ausgedrückt wird; hier muss der Sachverhalt als solcher angesprochen und über Gegenmaßnahmen berichtet werden. Bei **Beurteilungsangaben** hat die Geschäftsführung mit der Sorgfalt eines gewissenhaften und ordentlichen Geschäftsführers für deren Willkürfreiheit Sorge zu tragen. Es muss Übereinstimmung der Beurteilung mit der Überzeugung des Berichterstattenden bestehen. Die Wertungen müssen entweder Schlussfolgerungen auf Grund von Denkgesetzen sein oder auf Erfahrungswissen basieren.

12 Der Lagebericht muss **klar (deutlich)** sein, sonst kann ggf trotz vollständiger und richtiger Angabe ein falscher Eindruck von der Lage der KapGes/KapCoGes vermittelt werden. Von einem Lagebericht ist auch zu erwarten, dass er verständlich ist. Ferner müssen die Ausführungen eindeutig sein; schließlich sollte der Bericht übersichtlich sein. Die Angaben dürfen weder vage, noch weitschweifig sein. Dazu gehört auch, dass an sich eindeutige Aussagen nicht an anderer Stelle wieder aufgehoben oder erheblich relativiert werden. Der Klarheitsgrundsatz fordert für die einzelne Angabe außerdem, kein falsches Bild von der wirtschaftlichen Lage durch Verharmlosung, Rechtfertigung bestimmter oder Übertreibung anderer Aussagen entstehen zu lassen. So darf nicht durch die Formulierung oder den Umfang einer Angabe die tatsächliche Bedeutung verschleiert werden. Auch dürfen unspezifische Angaben nicht durch umfangreiche Ausführungen zur allgemeinen Lage der Volkswirtschaft, durch Nachrufe, Werbung und Selbstverständlichkeiten verdeckt werden.

13 Die Gliederungsgrundsätze des § 265 gelten auch für den Lagebericht, da die Bezeichnung des 1. Unterabschn des 2. Abschn auch den Titel „Lagebericht" umfasst. Mithin ist in der Form der Darstellung im Lagebericht **Stetigkeit** gem § 265 Abs 1 zu wahren (glA *Lück* in HdR⁵ § 289 Anm 27; DRS 20.26). Außerdem sind folgende Vorschriften sinngem auf die Lageberichterstattung anzuwenden:

– Gliederung des Lageberichts nach **Geschäftsbereichen** der KapGes/KapCoGes (§ 265 Abs 4),
– Anpassung der Darstellung an **branchentypische Besonderheiten** der KapGes/KapCoGes einschl von nicht allgemein bekannten Fachausdrücken (§ 265 Abs 6),
– Mögliche **Zusammenfassungen,** um deutlicher darzustellen oder andererseits um kleinere Sachverhalte summarisch darzustellen (§ 265 Abs 7),
– **Fehlanzeigen** für vorgesehene Berichterstattungen sind nicht erforderlich (§ 265 Abs 8).

14 Nach dem Wortlaut des HGB bestehen für die Berichterstattung im Lagebericht keine bestimmten Grenzen. Die **Begrenzung der Berichterstattung,** wie sie für den Anhang gilt, nämlich wenn durch die Berichterstattung das Wohl der Bundesrepublik Deutschland oder eines ihrer Länder beeinträchtigt ist (§ 286 Abs 1) oder wenn hierdurch der KapGes/KapCoGes oder einem bestimmten anderen Unt ein erheblicher Nachteil zugefügt werden kann (§ 286 Abs 2 und 3), sind auf den Lagebericht nicht anzuwenden (Ausnahme Abs 4 Nr 8; aA *Baetge/Fischer/Paskert,* 14); allerdings hätte eine Schutzklausel auch keine Bedeutung, da ihr Ziel durch eine entspr Gestaltung der Lagedarstellung erreicht werden kann.

C. Der Inhalt des Lageberichts

I. Darstellung des Geschäftsverlaufs einschließlich des Geschäftsergebnisses und der Lage der Kapitalgesellschaft (Abs 1 S 1)

15 Die Begriffe „Geschäftsverlauf", „Geschäftsergebnis" und „Lage" werden im HGB nicht definiert. Diese Teile der Berichterstattung lassen sich nur schwer voneinander abgrenzen, da sie sehr eng miteinander verknüpft sind. Der zeitraumbezogene vergangenheitsorientierte Geschäftsverlauf mit Geschäftsergebnis bestimmt iW die zeitpunktbezogene, gegenwartsorientierte Lage der KapGes/ KapCoGes (**Wirtschaftsbericht**). Mit der getrennten Regelung der Berichterstattung über die voraussichtliche Entwicklung der KapGes/KapCoGes (Prognosebericht, vgl Anm 35) und Vorgänge von besonderer Bedeutung nach Schluss des Gj (Nachtragsbericht, vgl Anm 62) wird klargestellt, dass die Lage der KapGes/KapCoGes nicht zukunftsorientiert zu interpretieren ist. Auf das Geschäftsergebnis als Element des Geschäftsverlaufs ist in gleichrangigem Umfang zwingend einzugehen (*Böcking/Herold/Wiederhold* Der Konzern 2003, 403). Unter dem Geschäftsergebnis dürfte das „Ergebnis der gewöhnlichen Geschäftstätigkeit" zu verstehen sein, da das ao Ergebnis nach § 277 Abs 4 S 2 hinsichtlich seines Betrags und seiner Art ohnehin im Anhang zu erläutern ist (aA IDW RH HFA 1.007 Tz 6; *WPH*[14] I, F Anm 1105: Jahresüberschuss/Jahresfehlbetrag; DRS 20.11: Jahresergebnis).

Unter der „Lage" der KapGes/KapCoGes sind die **Vermögens-, Finanz- und Ertragslage** nach § 264 Abs 2 zu verstehen (§ 264 Anm 37; weitergehend *Lück* in HdR[5] § 289 Anm 45, der die Struktur der KapGes/KapCoGes und die Absatzlage mit einschließt; aA *ADS*[6] § 289 Anm 81, die nur dem JA die Funktion der Vermittlung der VFE-Lage zuteilen und hier unter der Lage der KapGes/KapCoGes die Gesamtheit der rechtlichen und wirtschaftlichen Beziehungen – also die Geschäftslage – verstehen). Zu berichten ist uE über jede einzelne der drei Lagen gleichermaßen, da es zwischen ihnen kein Rangverhältnis gibt (§ 264 Anm 38) und diese drei Lagen durchaus unterschiedlich oder gar gegensätzlich sein können.

Aus den Angaben zum Geschäftsverlauf, dem Geschäftsergebnis und zur Lage der KapGes/KapCoGes muss ersichtlich sein, wie das (Rumpf-)**Geschäftsjahr** aus der Sicht der KapGes/KapCoGes verlaufen ist und wie sich die Situation am **Abschlussstichtag** darstellt. Hierzu ist eine Darlegung der wirtschaftlichen Verhältnisse am Bilanzstichtag und ihrer Entwicklung im Laufe des Gj erforderlich. Dabei geht es stets um Angaben, die die wirtschaftliche Gesamtsituation der KapGes/KapCoGes und wichtiger Fertigungs-/Vertriebsbereiche wesentlich betreffen und nicht um einzelne Posten des JA. Eine Darstellung nach Segmenten ist nicht vorgeschrieben, kann aber im Rahmen einer freiwilligen SegBerE sinnvoll sein.

Im Einzelnen ist ein Überblick über die gesamtwirtschaftlichen und branchenspezifischen **Rahmenbedingungen** zu geben. Hierbei können Angaben über wirtschaftspolitische Maßnahmen und Entwicklungen, die die KapGes/KapCoGes ggf auch erst in der Zukunft beeinflussen, erforderlich sein.

Gegenstand der Berichterstattung können die einzelnen Funktionsbereiche des Unt sein (wie hier *Lück* in HdR[5] § 289 Anm 37):

In Bezug auf den **Beschaffungsbereich** der KapGes/KapCoGes sollte über wichtige Entwicklungen der Versorgungslage und der Kosten für Roh-, Hilfs- und Betriebsstoffe sowie der Energiekosten berichtet werden, einschl ggf von Angaben über die Vorratspolitik oder die Lagerhaltung sowie über wesentliche langfristige Dispositionen.

Hinsichtlich des **Produktionsbereichs** wird insbes über wesentliche Änderungen des Produktionsprogramms oder der Anlagen auf Grund von Investitionen oder Verkauf bzw eingestellter Fertigungen, Stilllegungen von Betriebsstätten oder -abteilungen zu berichten sein. Sinnvoll sind bei entspr Bedeutung ferner Aussagen zum Beschäftigungsgrad, zu Rationalisierungen, zur Produktivität und zur Kurzarbeit größeren Ausmaßes.

Bei den Aussagen zum **Absatzbereich** ist zu berücksichtigen, dass die Aufgliederung des Umsatzes nach Tätigkeitsbereichen und nach geographisch bestimmten Märkten bereits im Anhang gem § 285 Nr 4 anzugeben ist, so dass hier kommentierende und mit dem Vj vergleichende Angaben in Frage kommen: Absatzmengen, andere Umsatzaufgliederungen sowie Marktanteile, Veränderungen der Wechselkurse, Verlust von Absatzmärkten, Exportbeschränkungen.

Angaben zum **Auftragseingang** und zum **Auftragsbestand** gehören auch zur Darstellung des Geschäftsverlaufs, des Geschäftsergebnisses und der Lage der KapGes/KapCoGes.

21 Angaben zu den Bereichen **Finanzierung** und **Investitionen** sind idR notwendig, um ein zutreffendes Bild von den wirtschaftlichen Verhältnissen einer KapGes/KapCoGes zu geben. Schwerpunkte der Investitionen sind zu nennen. Zur Darstellung der Finanzlage kann eine **Kapitalflussrechnung** (s § 297 Anm 50) oder **Cash-Flow-Rechnung** hilfreich sein, die für bestimmte KapmarktGes vorgeschrieben sind (§ 264 Abs 1 S 2).

Ferner können in Frage kommen: **Gewinnanalyse** nach einem Verbandsschema; Segmentergebnisse; **Gewinn pro Aktie** nach DVFA; **Aufgliederung des Rohgewinns** nach Personal, Fiskus und Anteilseignern (Wertschöpfungsrechnung); **Finanzplanung**, insb auch für geplante Investitionen.

22 Zu zulässigen und erwünschten **weiteren Berichterstattungen** (Sozial- oder Umweltberichterstattung ua) s Anm 103 ff.

23 Ferner sind Angaben über **wichtige Ereignisse im Geschäftsjahr** erforderlich, wenn sie für den Geschäftsverlauf einschl des Geschäftsergebnisses und die Lage der KapGes/KapCoGes von Bedeutung sind (*Lück* in HdR[5] § 289 Anm 43): Erwerb oder Veräußerung von Beteiligungen und von Kerngeschäftsfeldern, Abschluss oder Beendigung bedeutender Verträge (zB Gewinnabführung, Beherrschung, Eingliederung, Betriebspacht- und -überlassung, Geschäftsbesorgung), Beginn oder Abschluss wichtiger Prozesse und Kartellverfahren, Kooperationsvorhaben, schwere Unglücksfälle im Betrieb, Brandschäden, Computerdelikte, Änderung der Rechtsform (Formwechsel), Änderungen in der Gester-Struktur, Verschmelzungen, Spaltungen, Ausgliederungen, Vermögensübertragungen, Umweltauflagen.

II. Analyse des Geschäftsverlaufs und der Lage der Gesellschaft (Abs 1 S 2)

25 Die Darstellung von Geschäftsverlauf, Geschäftsergebnis und Lage der Ges gem S 1 ist nach S 2 um eine Analyse zu erweitern, die über die reine Darstellung hinausgeht. Hierunter ist eine **systematische Untersuchung** von Geschäftsverlauf, Geschäftsergebnis und Lage hinsichtlich aller einzelnen Komponenten und Faktoren, die sie bestimmen, zu verstehen. Nach dem Gesetzeswortlaut muss die Analyse ausgewogen und umfassend sein, dh sie muss einerseits alle Funktionsbereiche des Unt enthalten und andererseits alle einzelnen wesentlichen Komponenten und Faktoren hierzu herausstellen und untersuchen. Ausgewogen bedeutet dabei, dass diese Komponenten und Faktoren in sich abgestimmt und ausgeglichen dargestellt werden müssen. Inhaltsleere oder stereotype Aussagen sind somit nicht zulässig, vielmehr ist eine aussagekräftige und entscheidungsrelevante Analyse gefordert. Die Breite und Tiefe der Analyse findet ihre Grenze im Umfang und in der Komplexität der Geschäftstätigkeit der Ges. Hiermit wird zum Ausdruck gebracht, dass kleinere und mittlere Unt im Gegensatz zu GroßUnt oder EinproduktUnt im Gegensatz zu MehrproduktUnt ihre Analyse weniger detailliert und ohne Eingehen auf Einzelheiten darstellen dürfen. Der Detaillierungsgrad muss sich an die UntGröße und den Charakter der Geschäftstätigkeit anpassen.

Als **Faktoren,** die auf Geschäftsverlauf, Geschäftsergebnis und Lage der Ges 26
eingewirkt haben, kommen sowohl externe Faktoren wie sämtliche Rahmenbedingungen von Umfeld und Umwelt des Unt, von Markt und Wettbewerb als auch interne Faktoren wie Bilanzpolitik, Ausnutzung von Ermessensspielräumen, Sachverhaltsgestaltung in Frage (ähnlich *Böcking/Herold/Wiederhold* Der Konzern 2003, 404). Hierbei sind auch die Auswirkungen auf Verlauf und Lage zu untersuchen.

Fraglich ist, ob zB eine Jahresabschlussanalyse mittels **Kennzahlen** der Vor- 27
schrift genügt. Eine Analyse nach S 2 muss mehr darstellen, als ein UntExterner ohnehin aus den veröffentlichten JA-Daten ableiten kann. Entspr sollten die Kennzahlen zur Bilanzstruktur (Vermögens- und Kapitalstrukturkennzahlen) und Liquidität nicht die reinen JA-Zahlen, sondern um Verzerrungen, Nichtvergleichbarkeit oder bilanzpolitische Maßnahmen bereinigte Beträge verwenden. Hinzukommen muss eine Investitionsanalyse nach Zusammensetzung des Vermögens und der Dauer der Vermögensbindung sowie eine Finanzierungsanalyse nach Art, Sicherheit und Fristigkeit und Aussagen zur finanziellen Stabilität des Unt, zur Innenfinanzierungskraft und Verschuldungsfähigkeit.

Die Analyse der Ertragslage bzw des Geschäftsergebnisses (uU anhand der GuV) muss Höhe, Struktur und Quellen der erzielten Erfolge bzw der Erträge und Aufwendungen sowie deren wesentliche Veränderungen im Vergleich zum Vj transparent machen und die dafür ursächlichen Faktoren erläutern. Insb ist auf nachhaltige und nichtnachhaltige Erfolgsquellen oder wiederkehrende und nicht wiederkehrende Posten hinzuweisen und deren Auswirkungen zu erläutern, um eine möglichst aussagekräftige Ergebnisprojektion zu gestatten (vgl auch DRS 20.66). Außerdem sind alle wesentlichen ökonomischen Veränderungen, die nachhaltig die Ertragslage beeinflussen können, darzustellen. Eine kennzahlenbasierte Analyse ist durch eine qualitative Analyse zu ergänzen.

III. Einbeziehung der bedeutsamsten finanziellen Leistungsindikatoren und ihre Erläuterung unter Bezugnahme auf die im Jahresabschluss ausgewiesenen Beträge und Angaben (Abs 1 S 3)

Diese Vorschrift steht iZm S 2. Sie gibt weiteren Aufschluss über den Umfang 30
der Analyse von Geschäftsverlauf, Geschäftsergebnis und Lage der Ges. Hiernach sind die für die Geschäftstätigkeit bedeutsamsten finanziellen Leistungsindikatoren einzubeziehen und unter Bezugnahme auf die im JA ausgewiesenen Beträge und Angaben zu erläutern.

Was unter finanziellen **Leistungsindikatoren** zu verstehen ist, sagt das Gesetz 31
nicht. Es unterscheidet „finanzielle" und „nichtfinanzielle" Leistungsindikatoren (Abs 3), zu denen es Informationen über Umwelt- und Arbeitnehmerbelange zählt. Die *Begr RegE BilReG* (BR-Drs 326/04, 63) spricht von Leistungsmerkmalen, wie etwa Ergebnisentwicklung und Ergebniskomponenten (wie Zins-, Beteiligungs-, Wechselkursergebnis), Liquidität und Kapitalausstattung. Aus dem Gesetzeszusammenhang ist zu schließen, dass es sich bei den finanziellen Leistungsindikatoren um Kennzahlen handelt, die als Ausdruck für die im Gj erbrachte Leistung dienen. Dabei bedeutet „finanziell" iSd angloamerikanischen Sprachgebrauchs „sich in der Rechnungslegung unmittelbar betragsmäßig niederschlagen" („wertmäßig" nach *Greinert* KoR 2004, 53), im Unterschied zu den „nichtfinanziellen" des Abs 3 (Anm 101 ff). Mit S 3 wird einmal mehr eine erweiternde Konkretisierung der geforderten Analyse und ihrer Einzelbestandteile durch Informationen über vom Markt geforderte Schlüsselgrößen (*Böcking/*

§ 289 32–37

Herold/Wiederhold Der Konzern 2003, 404) gegeben, wie zB Renditekennziffern EBIT, EBITDA, DCF, MVA, EVA (so *WPH*[14] I, F Anm 1104). Nach IDW RH HFA 1.007 Tz 7 können Leistungsindikatoren darüber hinaus sein: Cashflow, EK-/Umsatzrentabilität, EK-Quote, Return on Investment, Capital Employed, Working Capital sowie Liquiditäts-, Verschuldungsgrade.

32 Die Berichterstattung erfährt eine Einschränkung dahingehend, dass nur die für die Geschäftstätigkeit **bedeutsamsten** Leistungsindikatoren darzustellen und zu erläutern sind.

33 Die Erl der finanziellen Leistungsindikatoren hat unter Bezugnahme auf die im JA ausgewiesenen Beträge und Angaben und unter Ableitung aus diesen Zahlen zu erfolgen (S 3 2. Hs). Einzubeziehen sind jene finanziellen Leistungsindikatoren, die auch zur internen Steuerung des Unt verwendet werden (DRS 20.102), unabhängig davon, ob es sich um ein kapmarktUnt handelt oder nicht. Die Vorschrift stellt das Bindeglied zwischen Lagebericht und JA dar. Im Rahmen der Analyse enthält der Lagebericht – soweit angebracht – auch Hinweise auf im JA ausgewiesene Beträge und zusätzliche Erl dazu. Eine Beschränkung der Erl auf die in die Analyse einzubeziehenden finanziellen Leistungsindikatoren ist vom Gesetzgeber nicht beabsichtigt. Vielmehr hat der Lagebericht in der geforderten Analyse ergänzende Hinweise zum JA zu enthalten, soweit dies dem Verständnis dient, wobei eine Doppelung von Angaben im JA einerseits, im Lagebericht andererseits vermieden werden kann, wenn eine eindeutige Bezugnahme des Lageberichts auf den JA zur Information des Adressaten ausreicht (so *Begr RegE BilReG*, BR-Drs 326/04, 63). Mithin sind die im JA enthaltenen Beträge und Angaben in die Analyse einzubeziehen (*Krawitz/Hartmann* FS Lück, 298).

IV. Beurteilung und Erläuterung der voraussichtlichen Entwicklung mit ihren wesentlichen Chancen und Risiken unter Angabe der zugrunde liegenden Annahmen (Abs 1 S 4)

1. Allgemeines

35 Neben der Darstellung und Analyse von Geschäftsverlauf einschl Geschäftsergebnis und Lage der Ges fordert S 4 als Pflichtbestandteil des Lageberichts die Berichterstattung über die voraussichtliche Entwicklung der Ges (**Prognosebericht**) mit ihren wesentlichen Chancen und Risiken (**Chancen- und Risikobericht**) unter Angabe der zu Grunde liegenden Annahmen. Zweck der Vorschrift ist, den Gehalt des Lageberichts an entscheidungsrelevanten Informationen zu erhöhen und dem Investor einen Soll-Ist-Vergleich zu ermöglichen (so *Begr RegE BilReG* BR-Drs 326/04, 62).

2. Berichterstattung über die voraussichtliche Entwicklung

36 Das Gesetz verlangt für die Berichterstattung im Rahmen des **Prognoseberichts** eine Erl und eine Beurteilung der voraussichtlichen Entwicklung. Es ist eine umfangreiche und aussagekräftige Berichterstattung gefordert, um dem Gesetzeszweck gerecht zu werden, dem Investor einen Soll-Ist-Vergleich zu gestatten, zumal auch die zugrunde liegenden Annahmen anzugeben sind. Nach DRS 20.118 sind die Ausführungen der Geschäftsführung zu einer Gesamtaussage zu verdichten.

37 Bislang wurde bzgl des **zeitlichen Umfangs** der Prognose (*WPH*[14] I, F Anm 1112 mwN; DRS 15.83) eine Bezugsperiode von idR 2 Jahren nach dem Abschlussstichtag als sinnvoll angesehen. Dagegen fordert DRS 20.127 nur noch

einen Prognosezeitraum von mind einem Jahr ab dem Abschlussstichtag. Sofern Sondereinflüsse auf die wirtschaftliche Lage des Konzerns nach dem Prognosezeitraum absehbar sind, sind diese darzustellen und zu analysieren. Der verkürzte Prognosezeitraum führt allerdings zu erhöhten Anforderungen an die Prognosegenauigkeit (vgl Anm 38 f). Stets ist der Zeitraum anzugeben, auf den sich die Prognose bezieht (DRS 20.127).

Was über die voraussichtliche Entwicklung der Ges zu berichten ist, sagt S 4 **38** nicht. Durch die Zugehörigkeit von S 4 zum Abs 1 macht der Gesetzgeber deutlich, dass die umfangreichen Berichterstattungspflichten über Geschäftsverlauf, Geschäftsergebnis und Lage der Ges konkretisierende Hinweise auch auf S 4 geben können. Das bedeutet, dass die voraussichtliche Entwicklung der **einzelnen VFE-Lagen** sowie der **wesentlichen Eckdaten** zu erläutern ist: Beschäftigung, Investitionen und ihre Finanzierung, Belegschaft, Umsatz, Kosten, Erträge, Geschäftsergebnis. Neben die Erl über die wesentlichen geplanten Maßnahmen und deren Auswirkungen auf die Ges treten Aussagen über die **Erwartungen** der Geschäftsführung hinsichtlich der allgemeinen wirtschaftlichen Entwicklung im Branchen- oder ggf auch globalen Umfeld, seiner Dynamik mit seinen ökonomischen, technologischen und politisch-rechtlichen Faktoren. Darüber hinaus fordert DRS 20.128, dass die Prognosen Aussagen zur erwarteten Veränderung der prognostizierten Leistungsindikatoren ggü dem entspr Istwert des Berichtsjahres enthalten müssen und somit Richtung sowie Intensität der Veränderung verdeutlichen. Welche Prognosearten diesen Anforderungen grds genügen, regelt DRS 20.130 iVm 20.11. Führen besondere Umstände dazu, dass aufgrund gesamtwirtschaftlicher Rahmenbedingungen eine außergewöhnlich hohe Unsicherheit in Bezug auf die zukünftige Entwicklung besteht, gelten Ausnahmen hinsichtlich der Wahl der zulässigen Prognosearten (DRS 20.133, B37). Gleichwohl ist von einem Vorliegen eines besonderen Umstands nur in engen Grenzen auszugehen (*Senger/Brune* WPg 2012, 1288).

Wie über die voraussichtliche Entwicklung zu berichten ist, ergibt sich aus **39** dem Gesetzeswortlaut: beurteilen und erläutern. Das bedeutet, dass eine verbale Darstellung als ausreichend betrachtet werden kann. Die Berichterstattung hat über eine reine Darstellung der voraussichtlichen Entwicklung hinauszugehen und Erklärungen und Verdeutlichungen der Zusammenhänge, Sachverhalte und Umstände zu umfassen. Ferner ist die voraussichtliche Entwicklung aus der Sicht der Geschäftsführung zu beurteilen und zu kommentieren, mithin ein Urteil über die voraussichtliche Entwicklung mit ihren Komponenten abzugeben. Hier ist der Maßstab die Einschätzung der Geschäftsführung. Prognosen müssen Aussagen zur Richtung und Intensität der künftigen Entwicklungen beinhalten. **Aussagen zur Richtung** lassen dabei einen positiven oder negativen Trend (zB steigen oder fallen) erkennen, während **Aussagen zur Intensität** die Stärke des jeweiligen Trends (zB stark, leicht) beschreiben (vgl. DRS 20.129). Die Geschäftsführung hat dabei ihre eigene Meinung über die voraussichtliche Entwicklung der Ges abzugeben (zB zufrieden, unzufrieden). Verstärkt wird die Pflicht zu beurteilen und zu erläutern durch die Vorschrift des S 4 2. Hs, dass auch die zugrunde liegenden Annahmen anzugeben sind. Hiernach sind die wesentlichen Prämissen, die den Zukunftsaussagen der Untleitung zugrunde liegen, transparent zu machen. Es kommen „wenn ... dann"-Aussagen in Betracht, um die Zusammenhänge und Abhängigkeiten deutlich zu machen. Dabei muss im Einzelnen deutlich werden, ob es sich um gesamtwirtschaftliche, branchenbezogene oder untbezogene Prämissen handelt.

Aus dem allgemeinen Berichterstattungsgrundsatz einer **gewissenhaften und** **40** **getreuen Rechenschaft** (Anm 6) ergibt sich, dass sich die Erl und Beurteilungen der voraussichtlichen Entwicklung der Ges an realistischen Erwartungen orientieren müssen. Zielvorstellungen aus internen Planungsvorgaben sind nicht in die Berichterstattung einzubeziehen. So verbietet es sich auch, die zukünftige Entwicklung in einem zu günstigen Licht darzustellen. Der Prognosebericht darf nicht als Mittel der UntPolitik eingesetzt werden. Der **Grundsatz der Wahrheit** ist hierbei besonders zu beachten. Ein vollständiger Verzicht auf eine Prognoseberichterstattung im Lagebericht ist nicht zulässig (OLG Frankfurt/M v 24.11.2009 – WpÜG 11/09, 12/09, ZIP 2009, 2440; DRS 20.133f).

3. Berichterstattung über die wesentlichen Chancen und Risiken

43 Verbunden mit der Berichterstattung über die voraussichtliche Entwicklung ist die Berichtspflicht über deren wesentliche Chancen und Risiken **(Chancen- und Risikobericht)**. Die gesetzestechnische Zusammenfassung der Berichterstattung über die voraussichtliche Entwicklung *mit ihren wesentlichen Chancen und Risiken* bedeutet nicht, dass die Berichterstattung über die wesentlichen Chancen und Risiken nur ein Teilaspekt der Prognoseberichterstattung ist, sondern dass *gleichermaßen* über die voraussichtliche Entwicklung *und* die wesentlichen Chancen und Risiken zu berichten ist (*Kajüter* BB 2004, 430). Die Berichterstattung über die Chancen und Risiken steht selbständig neben dem Prognosebericht, wobei dies eine Zusammenfassung in einem Abschn des Lageberichts nicht ausschließt (so auch die Überschrift zu DRS 20.116 und weitergehende Ausführungen in DRS 20.117).

Nach DRS 20.135 umfasst die Risikoberichterstattung für alle Unt Angaben zum RMS, Angaben zu den einzelnen Risiken sowie eine zusammenfassende Darstellung der Risikolage. Weitergehende Erl sieht DRS 20.K137ff für kapmarktMU vor. Diese haben die Merkmale des konzernweiten RMS darzustellen und haben dabei auf Ziele und Strategie sowie Strukturen und Prozesse des RiskMa einzugehen. Zudem ist anzugeben, ob das RMS nur Risiken oder auch Chancen erfasst.

44 Das Gesetz stellt die Chancen **gleichwertig** neben die Risiken der voraussichtlichen Entwicklung, dh dass eine ausgewogene, gleichgewichtige Berichterstattung gefordert ist (so auch DRS 20.166; einschränkend *Buchheim/Knorr* WPg 2006, 421). Das Vorsichtsprinzip des § 252 Abs 1 Nr 4 greift hier nicht. Damit wird vermieden, dass weder ein zu positives Bild noch eine zu vorsichtige Darstellung der künftigen Entwicklung der Ges vermittelt wird, zumal die pflichtgemäße Angabe der zugrunde liegenden Annahmen die Abhängigkeiten und Zusammenhänge deutlich macht.

45 Ferner ist jeweils über die Chancen und Risiken getrennt zu berichten. Eine Saldierung der Risiken mit den Chancen und damit eine Darstellung nur der Restchancen oder -risiken entspricht nicht dem Gesetzeszweck (*Lange* DStR 2001, 227; DRS 20.16, 167).

46 Eine **Risikokompensation** bei der Beurteilung und Erl ist nicht zulässig, obwohl beachtliche Risikoausgleichseffekte bestehen können. Eine Darstellung wesentlicher Risiken darf auch nicht unterbleiben, wenn die Geschäftsführung Anpassungsmaßnahmen an die Risiken getroffen hat oder in der Ges Ausgleichspotentiale und Sicherheitsreserven vorhanden sind. Nach DRS 20 ist es zulässig, die Risiken vor den ergriffenen Maßnahmen zur Risikobegrenzung sowie die Maßnahmen zur Risikobegrenzung darzustellen und zu beurteilen (sog Bruttobetrachtung). Ebenso können die Risiken, die nach der Umsetzung von Risikobegrenzungsmaßnahmen verbleiben, dargestellt und beurteilt werden (sog Nettobetrachtung). Wird die Nettobetrachtung gewählt, sind ebenfalls die Maßnahmen der Risikobegrenzung darzustellen (DRS 20.157). Dieselben Grundsätze gelten für die Darstellung der Chancen (DRS 20.165).

Über Risiken, die mittels Abschreibungen, Wertberichtigungen und Rückstel- 47
lungen ihren Niederschlag bereits im JA gefunden haben, ist nicht zu berichten
(aA *Dörner/Bischof* in Dörner/Menold/Pfitzer, 390). Das gilt nach DRS 20.158
jedoch nur, soweit die Risiken die Zahlungsströme nicht beeinflussen (finanzwirtschaftliche Perspektive). Das Gleiche dürfte für im JA vorgenommene Wertaufholungen gelten.

Um ein ausgewogenes Bild zu vermitteln, sind jeweils die wesentlichen Chan- 48
cen und Risiken nicht nur darzustellen, sondern auch zu bewerten und ihre **Bedeutung transparent** zu machen. Eine ausgewogene Darstellung bedeutet
nicht, (quantitativ) gleich viele Chancen und Risiken anzugeben, sondern auch
Chancen und Risiken nach ihrer Bedeutung (qualitativ) für die voraussichtliche
Entwicklung anzugeben und zu klassifizieren. Es ist die sachliche Chancen- und
Risikosituation der voraussichtlichen Entwicklung der Ges zu erläutern und zu
beurteilen unter Angabe der Ursachen, Abhängigkeiten und Auswirkungen sowie der Einschätzung der Eintrittswahrscheinlichkeiten durch die Geschäftsführung (*Küting/Hütten,* 252; *Baetge/Schulze,* 942). Da es sich um zukunftsbezogene
Aussagen handelt, ist nach dem Gesetzeswortlaut auch die Angabe der den prognostizierten Chancen und Risiken zu Grunde liegenden Annahmen vorgeschrieben. Nicht nur die reinen Chancen und Risiken, die zu Gewinnen bzw Verlusten oder Schäden führen, sind zu erläutern, sondern auch die spekulativen
Chancen und Risiken, die zu positiven oder negativen Ergebnissen führen können, sofern sie wesentlich sind. Zur Beurteilung der Chancen und Risiken gehört auch eine Bewertung, dh eine verbale Quantifizierung nach Gewinn- und
Verlusthöhe sowie Eintrittswahrscheinlichkeit, erforderlichenfalls Zahlenangaben,
wo eine verbale Beschreibung der Risiken nicht geeignet oder ausreichend ist
(aA DRS 20.152 für Quantifizierung mit gewissen Einschränkungen).

Hinsichtlich der **Berichterstattungsintensität** stellt die Vorschrift klar, dass 49
die wesentlichen Chancen und Risiken zu beurteilen und zu erläutern sind. Eine
reine Nennung reicht nicht aus (*Kajüter,* BB 2004, 427). Zu Art und Umfang der
Beurteilungen und Erl s Anm 39. Ergänzt und verdeutlicht werden diese Pflichten durch die Vorschrift, die zugrunde liegenden Annahmen anzugeben.

Wie beim Prognosebericht sollte sich die Berichterstattung auf einen adäqua- 50
ten Zeitraum beziehen, der mindestens dem verwendeten Prognosezeitraum
entspricht (vgl DRS 20.156). Dieser beträgt zwar grds ein Jahr. Wählt ein Unt
aber freiwillig einen längeren Zeitraum, müssen die Chancen und Risiken auch
für diesen längeren Zeitraum angegeben werden.

Die Berichterstattung über die wesentlichen Chancen und Risiken findet ihre 51
Grenze in besonderen Umständen, in denen damit gerechnet werden muss, dass
die Angaben von Informationen das Unt ernsthaft beeinträchtigen kann. In diesen Fällen kann von einer Quantifizierung der Risiken abgesehen werden; die
Gründe für die Unterlassung sind aber anzugeben (DRS 20.154, 165) (aA *Kajüter,* BB 2004, 430; ähnlich *Kaiser* WPg 2005, 417). Die für den Anhang geltenden Schutzklauseln des § 286 bestehen für den Lagebericht nicht.

Was unter **Chancen und Risiken** zu verstehen ist, sagt das Gesetz nicht. 52
Nach DRS 20.11 sind unter Chance bzw Risiko mögliche Entwicklungen oder
Ereignisse, die zu einer für das Unt positiven bzw negativen Prognose- bzw.
Zielabweichung führen, zu verstehen. Referenzpunkt ist die wirtschaftliche Lage
am Bilanzstichtag sowie die im Prognosebericht dargestellten Erwartungen. Das
ergibt sich aus dem Wortlaut der Vorschrift („Die voraussichtliche Entwicklung
mit *ihren* wesentlichen Chancen und Risiken"). Allgemeine Chancen und Risiken der zukünftigen Geschäftstätigkeit fallen nicht darunter.

Solche Erfolgsmöglichkeiten und Verlustgefahren sind stets mit einer unternehmerischen Tätigkeit verbunden und resultieren aus der Unsicherheit über die

Ergebnisse unternehmerischen Handelns und über die Entwicklung der Umweltfaktoren. Die voraussichtliche Entwicklung der Ges ist von der Geschäftsführung im Prognosebericht zwar als einwertiger Verlauf darzustellen; die Pflicht zur Angabe der zugrunde liegenden Annahmen macht jedoch deutlich, dass Abweichungen positiver und negativer Art in Anbetracht der Unsicherheit jeglicher Prognose der künftigen Entwicklung immanent sind, weshalb hierüber im Rahmen des Chancen- und Risikoberichts zu berichten ist.

53 Über **welche wesentlichen Chancen und Risiken** zu berichten ist, sagt Abs 1 nicht. *Wesentliche* Chancen und Risiken sind solche, die einen wesentlichen Einfluss auf die VFE-Lage der Ges haben können, dh die in wesentlichem Umfang positiv oder negativ die prognostizierte Entwicklung der Ges spürbar verändern können. Hier kommen sowohl externe als auch innerbetriebliche Faktoren und Umstände in Betracht: Konjunktur-, Markt-, Branchen-, Zins-, Wechselkurs-, Gesetzes-, Steuer-, Umwelt- und Lohnentwicklungen sowie untspezifische Chancen- und Risikopotentiale im Produktions-, Absatz-, Beschaffungs-, Personal-, Finanzierungs- und Investitionsbereich.

54 Zu den wesentlichen Risiken gehören insb auch die **Risiken, die den Fortbestand der Ges** gefährden. Eine positive Fortbestandsannahme ergibt sich idR aus der Berichterstattung über die voraussichtliche Entwicklung (Anm 36 ff). Ist der Fortbestand gefährdet oder nicht mehr gesichert, ist darauf deutlich und unter Nennung der Gründe und der tatsächlichen oder rechtlichen Gegebenheiten hinzuweisen (IDW RS HFA 17 Tz 41). Infrage kommen erhebliche dauerhafte Verluste, drohender Kreditentzug, Kürzung von Kreditlinien, Wegfall von Absatzmärkten, riskante Spekulationsgeschäfte, falsche Produktwahl (s auch IDW PS 270 Die Beurteilung der Fortführung der UntTätigkeit im Rahmen der JAP). In diesem Fall ist als Bezugsperiode ein Zeitraum von 12 Monaten nach dem Bilanzstichtag in Übereinstimmung mit dem Zeitraum der Fortführungsprognose (IDW PS 270 Tz 8) zugrunde zu legen. Da der Prognosezeitraum des Prognoseberichts mind ein Jahr nach dem Abschlussstichtag umfassen soll (s Anm 37), beträgt auch der Zeitraum für die Beurteilung bestandsgefährdender Risiken mind ein Jahr nach Abschlussstichtag (*WPH*[14] I, F Anm 1116; DRS 20.156).

V. Bilanzeid (Abs 1 S 5)

1. Allgemeines

56 Nach S 5 haben die gesetzlichen Vertreter einer KapGes, die Inlandsemittent iSd § 2 Abs 7 WpHG ist, zu versichern, dass nach bestem Wissen im Lagebericht der Geschäftsverlauf einschl des Geschäftsergebnisses und die Lage der KapGes so dargestellt sind, dass ein den tatsächlichen Verhältnissen entspr Bild vermittelt wird, und dass die wesentlichen Chancen und Risiken der voraussichtlichen Entwicklung iSd S 4 beschrieben sind. Die Regelung steht iZm dem vorgeschriebenen sog „Bilanzeid" nach § 264 Abs 2 S 5 (s dort Anm 61 ff) und orientiert sich an der entspr Erklärung nach Sections 302 und 906 des US-amerikanischen Sarbanes-Oxley Act of 2002 v 30.7.2002. Bzgl der Normadressatens § 264 Anm 54. Zweck der Vorschrift ist sicherzustellen, dass die verantwortlichen Personen die Verhältnisse in den Finanzberichten richtig darstellen (Begr RegETUG, 28).

Obwohl die Versicherung nach S 5 in den Vorschriften zum Lagebericht enthalten ist, ist sie kein Bestandteil des Lageberichts und damit auch nicht prüfungspflichtig (*Pfitzer/Oser/Orth* Reform des Aktien- Bilanz- und Aufsichtsrechts[3], 248). Sie ist vielmehr, auch wenn sie entgegen der gesetzlichen Regelung in den Lagebericht aufgenommen wird, ein separates Instrument, das neben

JA und Lagebericht steht. Dies ist auch aus der Systematik des § 37v Abs 2 WpHG zu erkennen, wonach der Bilanzeid ein gesonderter Teil des Jahresfinanzberichts ist (IDW 209. Sitzung des HFA, IDW-FN 2007, 656). Deshalb sollte die Versicherung als gesondertes Dokument abgegeben werden.

Anders als beim Bilanzeid zum JA nach Abs 2 S 5 ist die Versicherung zum Lagebericht (aA *Böcking/Dutzi* in Bilanzrecht § 289 Anm 146) von den gesetzlichen Vertretern nicht zu unterzeichnen, da auch der Lagebericht selbst nicht zu unterzeichnen ist.

Zweckmäßigerweise werden die Versicherung zu JA und zum Lagebericht zu einer einheitlichen Erklärung zusammengefasst (*Reiner* in MünchKomm HGB² § 264 Anm 96; *Hahn* IRZ 2007, 377); einen einheitlichen Formulierungsvorschlag (zum KA und Konzernlagebericht) hat der DSR verfasst (DRS 20.K235).

2. Anwendungsbereich

Bzgl der Normadressaten der Vorschrift s § 264 Anm 54. **57**

Die Versicherung ist von allen gesetzlichen Vertretern der Ges, unabhängig von ihrem Zuständigkeitsbereich, gemeinsam abzugeben und zu unterzeichnen (s § 264 Anm 56 ff; *Fleischer* ZIP 2007, 100). Die Unterzeichnung der Versicherung hat bei KapGes/KapCoGes durch sämtliche gesetzlichen Vertreter, die im Zeitpunkt der Unterzeichnung der Erklärung dieses Amt innehaben, eigenhändig zu erfolgen (s auch für den JA § 264 Anm 14).

Sofern der sog Bilanzeid als einheitliche Erklärung zum JA und Lagebericht verfasst wird, haben die gesetzlichen Vertreter die gesamte Erklärung zu unterzeichnen (*Altenhain* WM 2008, 1143).

3. Inhalt der Erklärung

Gegenstand der Erklärung ist die Versicherung über die Einhaltung der für **58** den Lagebericht geltenden Vorschriften des Abs 1 S 1 und 4. Damit ist zu versichern, dass der Geschäftsverlauf einschl des Geschäftsergebnisses und die Lage der Ges so dargestellt sind, dass ein den tatsächlichen Verhältnissen entspr Bild vermittelt wird (S 1). Ferner hat sich die Versicherung darauf zu erstrecken, dass die wesentlichen Chancen und Risiken der voraussichtlichen Entwicklung der Ges beschrieben sind (S 4).

Die Versicherung ist auf der Grundlage der Anforderungen der allgemeinen Sorgfaltspflicht eines ordentlichen und gewissenhaften Geschäftsleiters iSd § 93 Abs 1 AktG (Begr RegETUG, 58) abzugeben. Bezogen auf die Lageberichterstattung sind das die Berichtsgrundsätze der Vollständigkeit, Wahrheit und Klarheit (s Anm 9 ff; DRS 20.12 ff), die bei der Berichterstattung nach Abs 1 S 1 und 4 zu berücksichtigen sind. Die Darstellung von Geschäftsverlauf, Geschäftsergebnis und Lage der Ges muss den tatsächlichen Gegebenheiten entsprechen und die Beschreibung der wesentlichen Chancen und Risiken der voraussichtlichen Entwicklung muss nachvollziehbar und vertretbar sein.

Nach dem Gesetzeswortlaut ist die Versicherung „nach bestem Wissen" (s im Einzelnen § 264 Anm 65 f) abzugeben. Nach der Beschlussempfehlung des Finanzausschusses BT-Drs 16/3644, 58 soll dadurch zum Ausdruck kommen, dass nur vorsätzliches und nicht auch fahrlässiges Handeln im Hinblick auf die Richtigkeit der Angaben rechtliche Folgen auslösen soll. Bedingter Vorsatz reicht aus (*Fleischer* ZIP 2007, 102). Für die Einbeziehung bewusster Fahrlässigkeit in bestimmten Fällen s *Altenhain* WM 2008, 1145. Dieser Wissensvorbehalt beschränkt jedoch den einzelnen gesetzlichen Vertreter der Ges nicht auf sein vorhandenes Wissen, sondern er muss sich bemühen, ein möglichst vollständiges Wissen zu erhalten (Beschlussempfehlung des Finanzausschusses aaO, 58; im Einzelnen s *Fleischer* ZIP 2007, 101). Dazu gehört mind die Erlangung der Kenntnisse über die gesetzlichen Vorschriften des S 1 und S 4.

VI. Einzelangaben (Abs 2)

1. Allgemeines

60 Gem Abs 2 **soll** der Lagebericht auch auf folgende Tatbestände eingehen:
Nr 1: Vorgänge von besonderer Bedeutung, die nach dem Schluss des Gj eingetreten sind;
Nr 2: a) die RiskMa-Ziele und -Methoden der Ges einschl ihrer Methoden zur Absicherung aller wichtigen Arten von Transaktionen, die im Rahmen der Bilanzierung von Sicherungsgeschäften erfasst werden, sowie
b) die Preisänderungs-, Ausfall- und Liquiditätsrisiken sowie die Risiken aus Zahlungsstromschwankungen, denen die Ges ausgesetzt ist, jeweils in Bezug auf die Verwendung von FinInst durch die Ges und sofern dies für die Beurteilung der Lage oder der voraussichtlichen Entwicklung von Belang ist;
Nr 3: den Bereich FuE;
Nr 4: Zweigniederlassungen;
Nr 5: Grundzüge des Vergütungssystems einer börsennotierten AG für die in § 285 Nr 9 genannten Gesamtbezüge.

In Anbetracht des Gesetzeswortlauts („soll ... eingehen") stellt sich die Frage nach dem Verpflichtungsgehalt dieser Vorschrift. Im Gegensatz zu einer Mussvorschrift, die zu einem Tun oder Unterlassen unter genau umschriebenen Voraussetzungen verpflichtet, ist nach einheitlicher Rechtsauffassung eine Sollvorschrift eine gesetzliche Bestimmung, die dieses Tun oder Unterlassen zwar für den Regelfall, aber nicht zwingend vorschreibt (*Creifelds* Rechtswörterbuch[20], 1098).

Daher ist die Vorschrift iS eines „ist im Regelfall einzugehen ..." zu interpretieren (iE ebenso *WPH*[14] I, F Anm 1123; für eine Berichterstattung*pflicht Lück* in HdR[5] § 289 Anm 80).

Unter welchen Bedingungen vom Regelfall abgewichen werden darf, hat die UntLeitung der KapGes/KapCoGes in eigener Verantwortung zu entscheiden, wobei sie in der Ausübung ihres Ermessens weder nach Belieben noch willkürlich verfahren kann, sondern nach den in Anm 8 bis 12 dargestellten allgemeinen Grundsätzen auf Sonder- und Ausnahmefälle beschränkt ist und im Übrigen stetig verfahren muss. Eine Berichterstattung kann unterbleiben, wenn keine Sachverhalte der berichterstattungspflichtigen Art gegeben sind, zB kein Forschungsbereich besteht.

61 Über den Umfang der Berichterstattung sagt Abs 2 nichts. Das **„Eingehen"** auf die Einzeltatbestände ist dahingehend zu verstehen, dass die Darlegungen idR allgemein gehalten werden können und Einzelheiten nicht angegeben zu werden brauchen.

Für eine **vollständige Berichterstattung** über die Tatbestände nach Nr 1 bis 4 und Nr 5 für börsennotierte AG spricht auch, dass für den Lagebericht keine Ausnahmeregelungen bestehen (Anm 14).

Gleichwohl muss davon ausgegangen werden, dass eine ausführliche Berichterstattung über die Einzeltatbestände nach Nr 1 bis 5 nur geboten ist, wenn bei objektiver Abwägung keine Nachteile für die KapGes/KapCoGes zu befürchten sind (vgl aber Anm 14). In diesem Falle muss das Interesse der Adressaten des Lageberichts an einer ausführlichen Information vor dem Interesse der KapGes/

KapCoGes und ihrer Organe an einer Geheimhaltung von *Einzelheiten*, zB im Bereich der Forschung, zurücktreten. Das Gleiche gilt auch für die Berichterstattungspflicht der Nr 5 für börsennotierte AG (*Begr RegE VorstOG* aaO, 8). Die Angabe von Gründen für das Unterlassen der Berichterstattung ist hier nicht erforderlich.

2. Vorgänge von besonderer Bedeutung, die nach dem Schluss des Geschäftsjahrs eingetreten sind (Nr 1)

Im Lagebericht soll ferner auf Vorgänge von besonderer Bedeutung, die nach dem Schluss des Gj eingetreten sind, eingegangen werden **(Nachtragsbericht).** Zweck der Vorschrift ist die Unterrichtung über Vorgänge im neuen Gj, deren Kenntnis für die Beurteilung des JA und der VFE-Lage der KapGes/KapCoGes von Bedeutung sind. Ferner dient sie auch der Information der Gester, bevor sie über die Feststellung des JA und über die Gewinnverwendung zu beschließen haben.

Es ist über Vorgänge zu berichten. Darunter sind einmal bedeutsame **Entwicklungen und Tendenzen** im neuen Gj zu verstehen, insb wenn sie von der im JA vorgezeichneten Linie abweichen. Hierzu gehören auch wichtige Einflüsse auf die Geschäftsentwicklung und VFE-Lage nach dem Bilanzstichtag. Dabei sind sowohl **positive** als auch **negative Vorgänge** zu berücksichtigen, wenngleich beunruhigenden Entwicklungen eine größere Bedeutung bei der Berichterstattung zukommt. Im Einzelnen s Anm 9 ff.

Zum anderen hat die Berichterstattung das Eingehen auf **einzelne** Vorgänge, dh **Geschäftsvorfälle,** zu umfassen; im Einzelnen s Anm 23. Hierzu gehören auch der Beschluss über eine freiwillige Liquidation oder der Insolvenzfall.

Die Vorgänge müssen **von besonderer Bedeutung** sein. Sie müssen geeignet sein, das tatsächliche Bild, das der JA zum Bilanzstichtag vermittelt, zu beeinflussen (glA *Lück* in HdR[5] § 289 Anm 84). Ein Weglassen der Berichterstattung über diese späteren Vorgänge würde zu einer wesentlich anderen Beurteilung der Entwicklung nach dem Bilanzstichtag führen.

Der **Zeitraum,** über den zu berichten ist, erstreckt sich vom Beginn des neuen Gj bis zur Erteilung des BVm (IDW PS 203 nF Tz 10; aA bis zum Zeitpunkt der Feststellung des JA durch die zuständigen Organe *Lück* in HdR[5] § 289 Anm 85; bis zum Zeitpunkt der Aufstellung des JA und LB, bei besonders wichtigen Vorgängen bis zur Feststellung des JA *WPH*[14] I, F Anm 1125; nur bis zum Aufstellungszeitpunkt des Lageberichts *ADS*[6] § 289 Anm 102; bis zum Zeitpunkt der Auslieferung des Lageberichts an die Adressaten *Baetge/Fischer/Paskert*, 39). Gerade wegen der in Anm 37 dargestellten Vorgänge und des Fragerechts der Gester ist es vor dem Entlastungsbeschluss für das Geschäftsführungsorgan besonders wichtig, aktuell zu berichten.

3. Risikoberichterstattung über Finanzinstrumente (Nr 2a und b)

a) Allgemeines

Nr 2 schreibt vor, dass in Bezug auf die Verwendung von FinInst auf

a) die RiskMa-Ziele und -Methoden einschl ihrer Methoden zur Absicherung aller wichtigen Arten von Transaktionen, die im Rahmen der Bilanzierung von Sicherungsgeschäften erfasst werden (Nr 2a) sowie

b) die Preisänderungs-, Ausfall- und Liquiditätsrisiken sowie die Risiken aus Zahlungsstromschwankungen (Nr 2b) einzugehen ist,

sofern dies für die Beurteilung der Lage oder der voraussichtlichen Entwicklung von Belang ist **(Bericht über Finanzinstrumente).**

§ 289 66–70 Lagebericht

Die Berichterstattungspflicht nach Abs 2 Nr 2 besteht für jeden Lagebericht. Ein Vergleich mit Vj-Angaben ist nicht erforderlich.

Die Form der Berichterstattung regelt das HGB nicht. Das „Eingehen" auf die einzelnen Sachverhalte ist so zu verstehen, dass eine verbale Darstellung als ausreichend betrachtet werden kann. Der Umfang der Berichterstattung ist abhängig von der Risikoexposition des Unt. Liegen berichtspflichtige Sachverhalte nicht vor, ist eine Fehlanzeige nicht erforderlich.

Soweit sich die Berichterstattung über das RiskMa von FinInst auf Sicherungsgeschäfte bezieht, überschneidet sie sich mit Angaben nach § 285 Nr 23 zu nach § 254 gebildeten BewEinh; beide dürfen im Lagebericht zusammengefasst werden. Ferner besteht die Möglichkeit der Zusammenfassung der Angaben nach Abs 2 Nr 2 mit dem Chancen- und Risikobericht, wenn dies die Klarheit nicht beeinträchtigt (DRS 20.180).

b) Die berichterstattungspflichtigen Finanzinstrumente

66 Der Begriff „Finanzinstrument" ist im HGB und in der EU-Richtl nicht definiert. Zu den Einzelheiten der Abgrenzung und des Umfangs s die Erl zu § 285 Anm 310, die hier gleichermaßen gelten. In die Berichterstattung einzubeziehen sind alle FinInst, dh nicht nur Finanzanlagen, Wertpapiere, Derivate (vgl § 285 Nr 18 und 19) und Darlehensverbindlichkeiten, sondern auch Forderungen und Verbindlichkeiten aus Lfg und Leistungen (IDW RH HFA 1.005 Tz 3), sofern sie von der Ges zum Bilanzstichtag verwendet wurden, unabhängig davon, ob sie in der Bilanz erfasst sind oder nicht. Schwebende Geschäfte sind ebenfalls zu berücksichtigen.

Zu den Derivaten gehören auch die Warentermingeschäfte der Ges, bei denen jede der Vertragsparteien zur Abgeltung in bar oder durch ein anderes FinInst berechtigt ist (s auch § 285 Nr 19 Anm 322).

67 Die Berichterstattung hat nur zu erfolgen, wenn diese FinInst für die Beurteilung der Lage oder der voraussichtlichen Entwicklung der Ges **von Belang** ist. Damit unterliegt die Berichterstattung dem **Wesentlichkeitsgrundsatz** (s Anm 10). Bezugspunkt für die Wesentlichkeit ist die Lage der Ges zum Bilanzstichtag (dies ist die VFE-Lage; so Art 1 Nr 4 der Fair-Value-Richtl) oder die voraussichtliche Entwicklung. Nach dem Gesetzeswortlaut reicht ein Merkmal aus. Werden wesentliche mit FinInst verbundene Risiken zB erst im Prognosezeitraum der voraussichtlichen Entwicklung erwartet (s Anm 37), ist zu berichten, auch wenn noch keine Auswirkungen auf die Lage zum Bilanzstichtag festzustellen sind.

c) Die Einzelangaben

70 **aa) Risikomanagementziele und -methoden (Nr 2a).** Nr 2a bestimmt, dass auf die RiskMaZiele und -methoden der Ges einschl ihrer Methoden zur Absicherung aller wichtigen Arten von Transaktionen, die im Rahmen der Bilanzierung von Sicherungsgeschäften erfasst werden, einzugehen ist. Nach dem Gesetzeswortlaut ist die Berichterstattung beschränkt auf das Risikofeld der FinInst. Eine Darstellung des RiskMa des gesamten Unt, dh aller seiner Ziele und Methoden, ist gesetzlich nicht gefordert, ergibt sich allerdings aus DRS 20.135 ff (s Anm 43) Vielmehr ist über die *konkreten* RiskMaZiele und -Methoden in Bezug auf den Einsatz von FinInst durch die Ges zu berichten, dh über den Umgang mit den Risiken in den FinInst. Ein pauschaler Hinweis auf ein bestehendes RMS für FinInst reicht nicht aus (*Lange* ZIP 2004, 986). Bei der Berichterstattung über Ziele und Methoden dürfen FinInst mit ähnlichen Merkmalen zusammengefasst werden.

Bei den **Risikomanagementzielen** ist einzugehen auf die Grundeinstellung 71
der Geschäftsführung zum Eingehen von Risiken (Risikoneigung) beim Einsatz
von FinInst (Risikofreude, Risikoaversion). Im Rahmen dieser Grundeinstellung
ist über das Ziel der vollständigen Erfassung der Risiken oder über die Bestimmung von Wesentlichkeitsgrenzen zu berichten, um die angestrebte Risikoposition deutlich zu machen. Anzugeben ist in diesem Zusammenhang, inwieweit
für Zwecke des RiskMa eingegangene ökonomische Sicherungsbeziehungen
nicht für bilanzielle Zwecke durch Bildung von BewEinh nachvollzogen werden
(IDW RS HFA 35 Tz 101).

Hinsichtlich der **Risikomanagementmethoden** ist über das Vorgehen zur 72
aktiven Beeinflussung der mit dem Einsatz von FinInst verbundenen Risiken und
über die Risikosteuerungsmaßnahmen zu berichten. Hierzu gehören Angaben
darüber, auf den Einsatz welcher risikobehafteter FinInst verzichtet wird, wie
unangemessene Risikokonzentrationen vermieden werden, welche mit FinInst
verbundene Risiken auf Dritte überwälzt werden und welche verbleibenden
Restrisiken akzeptiert werden.

Nach der Gesetzesvorschrift gehören zu den RiskMaMethoden auch die Me- 73
thoden zur **Absicherung** aller wichtigen Arten von Transaktionen, die im Rahmen der Bilanzierung von Sicherungsgeschäften erfasst werden, dies sind insb die
sog Hedge-Geschäfte in ihren verschiedenen Ausprägungen. Nach der *Begr RegE
BilReG* BR-Drs 326/04, 63 ist hier über die beim Abschluss von Hedge-Geschäften verwendete Systematik, Art und Kategorie der verschiedenen Sicherungsgeschäfte zu berichten sowie auch über alle wichtigen Arten *geplanter* Transaktionen (vgl auch IDW RS HFA 35 Tz 99).

Dies erfordert eine Angabe der **Art der gesicherten Grundgeschäfte** und 74
der verwendeten Sicherungsinstrumente (einschl Derivate), Art der gehedgten
Risiken und das Ausmaß der Kompensation der Risiken des Grundgeschäfts und
des Sicherungsgeschäfts (Hedge-Effektivität). Im Hinblick auf den Absicherungszusammenhang ist anzugeben, ob es sich um einen Micro-, Macro- oder Portfolio-Hedge handelt. Ferner ist über antizipatives Hedging zu berichten sowie darüber, ob die Hedge-Verträge mit Dritten oder verbundenen Unt abgeschlossen
wurden.

Der Umfang der Berichterstattung in Bezug auf die RiskMaMethoden richtet
sich danach, inwiefern diese für die Beurteilung der Lage oder der voraussichtlichen Entwicklung der Ges von Bedeutung ist. (s IDW RS HFA 35 Tz 99) wobei
Betragsangaben nicht erforderlich sein dürften, was aus der Vorschrift des Abs 2
„Eingehen auf" zu folgern ist (s IDW RS HFA 35 Tz 101).

bb) Preisänderungs-, Ausfall- und Liquiditätsrisiken sowie Risiken 77
aus Zahlungsstromschwankungen (Nr 2b). Nr 2b schreibt vor, dass in Bezug auf die Verwendung von FinInst durch die Ges auf die Preisänderungs-, Ausfall- und Liquiditätsrisiken sowie die Risiken aus Zahlungsstromschwankungen,
denen die Ges ausgesetzt ist, einzugehen ist, soweit diese Risiken nicht durch
Sicherungsbeziehungen neutralisiert sind. Der Gesetzeswortlaut beschränkt die
Berichterstattung auf diese vier Risikokategorien, soweit diese aus der Verwendung von FinInst resultieren und nicht durch konkrete Sicherungsgeschäfte gedeckt sind, sog offene Positionen. Solche Risiken aus anderen Bereichen der
geschäftlichen Tätigkeit sind nicht in die Berichterstattung einzubeziehen.

Vor dem Hintergrund, die Vergleichbarkeit des deutschen Bilanzrechts mit internationalen Rechnungslegungsstandards zu verbessern, sollte sich die Auslegung an diesen IAS-Offenlegungsregeln, insb IFRS 7 orientieren. Danach sollen
die Informationen den Adressaten einschätzen lassen können, welche Bedeutung
FinInst für die VFE-Lage des Unt haben und welche Art und welches Ausmaß
die Risiken haben, die sich aus FinInst ergeben, und denen das Unt während der

Berichtsperiode und zum Bilanzstichtag ausgesetzt ist, und wie das Unt diese Risiken steuert.

78 Die vier Risikokategorien lassen sich wie folgt konkretisieren: Das **Preisänderungsrisiko** besteht in einem potenziellen Verlust aufgrund von nachteiligen Veränderungen des Marktpreises oder anderer preisbeeinflussender Parameter (*WPH*[14] I, F Anm 1130). Dazu gehören insb Zinsänderungs-, Währungs-, Preisrisiken von EK-Titel sowie Rohstoff- und sonstige Preisrisiken einschl der jeweils dazugehörenden Optionsrisiken (DRS 20.11).

Das **Ausfallrisiko** umfasst das Risiko des teilweisen oder vollständigen Ausfalls von Forderungen oder anderen schuldrechtlichen Instrumenten und umschließt vor allem das Kreditrisiko, das Emittentenrisiko und das Kontrahentenrisiko jeweils einschl der Länderrisiken (DRS 20.11).

Das **Liquiditätsrisiko** resultiert daraus, Zahlungsverpflichtungen im Zeitpunkt der Fälligkeit nicht nachkommen zu können. Dies betrifft auch das Refinanzierungs- und das Marktliquiditätsrisiko (DRS 20.11).

Das **Risiko aus Zahlungsstromschwankungen** besteht darin, dass die zukünftigen, aus einem FinInst erwarteten Zahlungsströme Schwankungen unterworfen und damit nicht beziffert sind (*WPH*[14] I, F Anm 1130).

79 Die Art und das Ausmaß jedes dieser Risiken ist anzugeben, soweit sie mit eingesetzten FinInst verbunden sind. Es spielt keine Rolle, ob die FinInst bilanziert sind oder nicht. FinInst mit ähnlichen Merkmalen dürfen zu Gruppen zusammengefasst werden. Der Umfang der Berichterstattung und der Detaillierungsgrad richten sich nach dem Ausmaß der mit den FinInst verbundenen Risiken je Kategorie, der risikoverursachenden Geschäfte und der Bedeutung der risikobehafteten FinInst. Bezugspunkt und Maßstab ist jeweils deren Bedeutung für und Einfluss auf die VFE-Lage der Ges oder die voraussichtliche Entwicklung (DRS 20.187). Bspw werden Erläuterungen zum Umfang von Währungsrisiken, zur Konzentration von Ausfallrisiken oder zu mit der Refinanzierung zusammenhängenden Risiken notwendig sein, sofern diese für das Unt von Bedeutung sind (*WPH*[14] I, F Anm 1131).

4. Der Bereich Forschung und Entwicklung (Nr 3)

85 Das Gebot der Berichterstattung über den FuE-Bereich, sog FuE-Bericht,(zur Definition von FuE s § 255 Abs 2a S 2 und 3 Anm 485 ff) in *jedem* Lagebericht trifft KapGes/KapCoGes, die **selbst** forschen und entwickeln oder **durch Dritte** für sich forschen und entwickeln lassen (glA *Kuhn*, DStR 1993, 491; *WPH*[14] I, F Anm 1134). Wenn eine KapGes/KapCoGes allerdings die branchenüblich notwendige FuE unterlässt oder aussetzt, hat sie wegen der großen Auswirkung auf ihre wirtschaftliche Lage (Abs 1 S 1) und voraussichtliche Entwicklung (Abs 1 S 4) im Lagebericht darauf hinzuweisen und ihr Verhalten zu begründen (wie hier *WPH*[14] I, aaO). Ist eine FuE nicht branchenüblich und wird auch keine FuE betrieben, entfällt eine Berichterstattung (wie hier *Baetge/Fischer/Paskert*, 46).

Zweck der Vorschrift ist die Unterrichtung des Adressaten über den FuE-Bereich, der zunächst das gegenwärtige Ergebnis belastende Vorleistungen erfordert, während die Erträge erst in der Zukunft und nicht zwangsläufig anfallen werden. Eine Berichterstattung zum Aufwand soll mithin eine Beurteilung sowohl des gegenwärtigen Umfangs der FuE als auch zukünftiger Entwicklung ermöglichen.

86 Gegenstand der Berichterstattung ist der FuE-Bereich der KapGes/KapCoGes. Was unter FuE zu verstehen ist, ergibt sich aus § 255 Abs 2a S 2 und 3. Zur Forschung gehört sowohl die Grundlagenforschung als auch die angewandte Forschung. Entwicklung ist die Umsetzung dieser Forschungsergebnisse oder anderer Erkenntnisse in einen Plan oder in ein Muster vor Beginn einer verkaufsfähigen Produktion. Zu berichten ist über FuE für eigene Zwecke; Auftragsforschung für andere gehört nicht dazu. Überschneidungen der FuE-Aktivitäten mit anderen Bereichen (zB Umweltschutz) können gegeben sein. Dann ist bei der Berichterstattung hierauf hinzuweisen.

Zum Inhalt und Umfang der Berichterstattung wird ein „Eingehen auf den Forschungs- und Entwicklungsbereich" verlangt. Daraus ist zu folgern, dass sich die Darlegungen auch hier in Grenzen halten können. Stets reicht eine **verbale Berichterstattung** aus (glA *Kuhn* DStR 1993, 492). Jedoch genügt es nicht, nur anzugeben, dass FuE betrieben wird. Vielmehr hat die Berichterstattung insb auf den **Forschungs- und Entwicklungsaufwand** einzugehen und seinen Umfang zu umschreiben. Nach § 285 Nr 22 (s dort Anm 392 ff) ist im Fall der Aktivierung selbst geschaffener immaterieller VG des Anlagevermögens der Gesamtbetrag der FuE-Kosten des Gj sowie der davon auf die selbst geschaffenen immateriellen VG des Anlagevermögens entfallende Betrag anzugeben. Ggf kann im Lagebericht auf die Anhangangabe verwiesen werden (so auch WPH[14] I, F Anm 1136. Betragsangaben sind nicht erforderlich, außerdem sollte ein verbaler Vergleich der Aufwendungen mit dem Vj gegeben werden. Ferner sind Darlegungen über **Forschungs- und Entwicklungsinvestitionen, bestehende Forschungs- und Entwicklungseinrichtungen,** über die in diesem Bereich tätigen **Mitarbeiter** und über die von Dritten oder staatlichen Stellen **empfangenen größeren Zuwendungen** erforderlich. Auch auf die Ergebnisse wesentlicher FuE (zB Patente, neue Produkte und Verfahren, vgl *Kuhn* DStR 1993, 494) wäre einzugehen. Einzelheiten müssen nicht angegeben werden.

Der **Umfang** der Berichterstattung findet auch hier seine Grenze in möglichen Nachteilen für die KapGes/KapCoGes. Das **schutzwürdige Interesse** geht vor; auch dürfen durch die FuE geschaffene Wettbewerbsvorteile durch eine Offenlegung nicht gefährdet werden (*Kuhn* DStR 1993, 492). Die Begrenzung der Berichterstattung aus Schutzinteresse kann sich aber allenfalls auf die Detailliertheit der Berichterstattung beziehen und mangels Schutzvorschrift nicht auf die Berichterstattung als solche.

5. Zweigniederlassungen (Nr 4)

Zu berichten ist über alle Zweigniederlassungen im In- und Ausland, sofern die Tatbestandsvoraussetzungen für das Bestehen einer Zweigniederlassung erfüllt sind und unabhängig davon ob sie im HR eingetragen sind, jedoch nicht über Betriebsstätten oder Repräsentanzen; dabei sind anzugeben: Gegenstand und Sitz, ggf Land einer Zweigniederlassung, Errichtung, Zusammenlegung und Auflösung im Berichtsjahr. Bei KapGes/KapCoGes mit vielen Zweigniederlassungen empfiehlt sich eine tabellarische Darstellung, bei der Zusammenfassungen zulässig sind. Nach dem Gesetzeswortlaut „eingehen auf" reicht eine Angabe der Zweigniederlassungen mit Ortsangabe nicht aus. Vielmehr ist eine Berichterstattung über wesentliche wirtschaftliche Eckdaten der einzelnen Zweigniederlassungen geboten. Hierbei können vor allem Angaben über die im abgelaufenen Gj getätigten Umsätze, Vertriebsprogramme, wesentliche Investitionsvorhaben sowie beschäftigte Mitarbeiter in Betracht kommen.

Hat die KapGes/KapCoGes keine Zweigniederlassung, entfällt eine Angabe, ebenso eine Fehlanzeige (*Veit*, 463).

6. Vergütungsbericht für börsennotierte Aktiengesellschaften (Nr 5)

a) Allgemeines

Nach Nr 5 sollen börsennotierte AG iSv § 3 Abs 2 AktG im Lagebericht auf die Grundzüge ihres Vergütungssystems für die in § 285 Nr 9 genannten Ge-

samtbezüge eingehen. Dieser sog **Vergütungsbericht** soll mehr Transparenz für die Aktionäre schaffen und sie in die Lage versetzen, sich ein Urteil über das Vergütungssystem für den Vorstand zu bilden und sich ggf in der HV zu äußern. Damit soll die Vergütungspolitik auch der Kontrolle durch die Aktionäre unterliegen, weil sie von grds Bedeutung für die Lage der AG ist.
Die Berichterstattungspflicht ist in jedem Lagebericht zu erfüllen. Verweise auf frühere Lageberichte sind nicht zulässig. In die Berichterstattung dürfen die Anhangangaben nach § 285 Nr 9a S 5–8 einbezogen werden.

94 Über den **Umfang der Berichterstattung** sagt die Vorschrift nichts. Im Rahmen der „Soll-Vorschrift" ist keine umfassende Berichterstattung gefordert. Die Grundzüge des Vergütungssystems und der Vergütungspolitik sind idR verbal darzustellen und zu erläutern. Zu berichtspflichtigen Einzelheiten s DRS 17.79.

95 Angaben zur Vergütungsstruktur dürfen unterbleiben, soweit sie nach vernünftiger kfm Beurteilung geeignet sind, der Ges einen **erheblichen Nachteil** zuzufügen. Für die Geschäftspolitik wichtige, aber sensible Informationen brauchen nicht im Lagebericht gegeben zu werden. Das betrifft nach der Gesetzesbegr in erster Linie Fälle, in denen Anreize an Ziele der Ges geknüpft sind, die nicht notwendigerweise für die Veröffentlichung bestimmt sind (zB Steigerung des Umsatzes in einem bestimmten Geschäftsfeld oder einem bestimmten regionalen Absatzmarkt), da die Informationen zu Wettbewerbsnachteilen führen können. Nach der Empfehlung der EU-Kommission vom 14.12.2004 zur Einführung einer angemessenen Regelung für die Vergütung von Mitgliedern der Unternehmensleitung börsennotierter Ges (ABl EU Nr L 385, Präambel Ziff 5) brauchen keine vertraulichen Geschäftsinformationen offengelegt zu werden, die der strategischen Position der Ges abträglich sein können. Eine Begr für das Unterlassen der Angaben oder die erwarteten Nachteile sind nicht anzugeben.

b) Die berichterstattungspflichtigen Grundzüge des Vergütungssystems (S 1)

97 Gegenstand der Berichterstattung sind die Grundzüge des Vergütungssystems der börsennotierten AG für die in § 285 Nr 9 genannten Gesamtbezüge. Nach dem klaren Wortlaut der Vorschrift besteht somit der Vergütungsbericht aus der Darstellung der Grundzüge des Vergütungssystems jeweils für die Gesamtbezüge des Vorstands, der früheren Mitglieder des Vorstands und ihrer Hinterbliebenen, des AR, eines Beirats oder einer ähnlichen Einrichtung und der früheren Mitglieder des AR, eines Beirats oder einer ähnlichen Einrichtung und ihrer Hinterbliebenen. Wenngleich die Vergütung des AR in der Satzung festgelegt oder von der HV beschlossen worden ist (§ 113 Abs 1 AktG), ist über die Grundzüge dessen Vergütungssystems hier ebenfalls zu berichten.
Aus der Bezugnahme der Vorschrift auf die Gesamtbezüge (dh iSv § 285 Nr 9a S 1–4 und Nr 9b S 1–2) für die jeweiligen Gremien bzw für die früheren Mitglieder und ihrer Hinterbliebenen dieser Gremien ist zu schließen, dass das Vergütungssystem für das gesamte jeweilige Gremium darzustellen und zu erläutern ist, nicht jedoch für jedes einzelne (frühere) Mitglied. Ist das Vergütungssystem für das jeweilige Gremium nicht einheitlich, sind entspr Erl notwendig.

98 Bzgl des Inhalts der Berichterstattung gibt die Gesetzesbegr unter Bezugnahme auf die Empfehlung der EU-Kommission vom 14.12.2004 Ziff 3.3 (aaO, 57) Aufschluss. Hierbei geht der Gesetzgeber davon aus, dass die Vorschläge dieser EU-Empfehlung bei der Erstellung des Vergütungsberichts in angemessener Weise berücksichtigt werden (Begr zur Beschlussempfehlung des Rechtsausschusses zum RegE VorstOG; BT-Drs 15/5860, 10). Zu den **Grundzügen des Vergü-**

tungssystems gehören ein Überblick über die Vergütungspolitik und das allgemeine Konzept für die Gestaltung der Organverträge (Dauer, Kündigungsfristen, Regelungen und Leistungen bei vorzeitigem Ausscheiden); ferner Erl über Form (Geldleistungen, Sachbezüge), Struktur (fix, variabel) und Höhe der Vergütung sowie über die Zusammensetzung der Bezüge nach den drei in § 285 Nr 9a S 5 genannten Komponenten (erfolgsunabhängig, erfolgsbezogen, mit langfristiger Anreizwirkung) und ihr Verhältnis zueinander. Hierbei sind insb die Parameter der Erfolgsbindung und die langfristig angelegten Anreizsysteme mit ihren Bedingungen für Aktienoptionen, sonstige Bezugsrechte auf Aktien und für ähnliche Gestaltungen darzustellen. Einzugehen ist auch darauf, ob und ggf wie Bezüge von TU oder Dritten (s § 285 Nr 9a S 7) im Rahmen der Gesamtbezüge behandelt werden. Zur Darstellung der Grundzüge gehören auch Angaben über das System (Form – zB gehaltsabhängige, beitragsorientierte Zusagen, Entgeltumwandlungsmodelle –, Struktur, Höhe) der Versorgungs-, Vorruhestands- und Ruhegehaltsleistungen. Wesentliche Änderungen der Vergütungssysteme ggü dem Vj sind anzugeben.

c) Zusammenfassung mit den Anhangangaben nach § 285 Nr 9a S 5–8 (S 2)

Abs 5 S 2 gestattet, die Angaben der individualisierten Vorstandsbezüge entspr § 285 Nr 9a S 5–8 statt im Anhang zusammen mit dem Vergütungsbericht nach S 1 zu machen. Damit ist den börsennotierten AG die Möglichkeit gegeben, die Pflichtangaben über die individualisierten Vorstandsbezüge iZm der Darstellung der Grundzüge des Vergütungssystems für den Vorstand an einer Stelle im Lagebericht zu machen. Nach dem Gesetzeswortlaut ist das Wahlrecht hierauf beschränkt. Voraussetzung ist, dass zugleich auch die grundlegenden Angaben zur Vergütungsstruktur gemacht werden (*Begr RegE VorstOG* aaO, 8). Das Wahlrecht soll bezwecken, dass zu den Pflichtangaben der individualisierten und in die drei Komponenten aufgegliederten Bezüge des einzelnen Vorstandsmitglieds die zum Verständnis und zur Beurteilung notwendigen Informationen zusammenhängend offengelegt werden. Die Angaben nach § 285 S 1 Nr 9a S 1–4 dürfen nicht in den Lagebericht übernommen werden, da dem Art 43 Abs 1 Nr 12 der EG-Richtl 78/660/EWG entgegensteht. Nach IDW PS 345 Tz 19a werden vom AP keine Konsequenzen für den BVm zu ziehen sein, wenn der Anhang einen klaren Verweis auf die Angaben nach Nr 9a S 1–4 im Lagebericht enthält. Unter diesen Umständen liegt lediglich ein Gesetzesverstoß vor, über den der AP im PrüfBer zu berichten hat. Auch darf der Vergütungsbericht nicht im Anhang offengelegt werden. Im Falle der Zusammenfassung dürfen die anderen Bestandteile des Vergütungsberichts nicht entfallen.

VII. Zusatzberichterstattung großer Kapitalgesellschaften über nichtfinanzielle Leistungsindikatoren (Abs 3)

Abs 3 regelt die **Pflicht** für **große KapGes/KapCoGes** (§ 267 Abs 3), in die Analyse gem Abs 1 S 2 die für die Geschäftstätigkeit bedeutsamsten nichtfinanziellen Leistungsindikatoren einzubeziehen und unter Bezugnahme auf die im JA ausgewiesenen Beträge und Angaben zu erläutern, soweit sie für das Verständnis des Geschäftsverlaufs einschl Geschäftsergebnis oder der Lage von Bedeutung sind.

Zweck der Vorschrift ist, ökologische und soziale Bezüge der Geschäftstätigkeit stärker als bisher üblich in die Berichterstattung einzubeziehen (*Begr RegE BilReG* BR-Drs 326/04, 62).

§ 289   101–105   Lagebericht

101   Was unter nichtfinanziellen Leistungsindikatoren zu verstehen ist, definiert die Vorschrift nicht, führt aber zwei Beispiele an: Informationen über Umwelt- und Arbeitnehmerbelange, womit allerdings nach der *Begr RegE BilReG* BR-Drs 326/04, 64 keine abschließende Aufzählung und auch keine diesbzgl Schwerpunktbildung bezweckt werde. Vielmehr zählen regelmäßig dazu auch die Entwicklung des Kundenstamms, das Humankapital, der Bereich FuE, uU auch die – zB durch Sponsoring oder karitative Zuwendungen seitens des Unt geförderte – gesellschaftliche Reputation der KapGes (*Begr RegE BilReG* BR-Drs 326/04, 64). Hieraus ist zu folgern, dass der Begriff der nichtfinanziellen Leistungsindikatoren sehr weit gefasst ist und alle Belange, Umstände und Faktoren nichtfinanzieller Art umfasst, die für das Verständnis von Geschäftsverlauf, Geschäftsergebnis oder Lage der großen KapGes/KapCoGes von Bedeutung sind oder die voraussichtliche Unt-Entwicklung wesentlich beeinflussen können (so *Begr RegE BilReG* BR-Drs 326/04, 64). Eine Berichterstattung kommt insb dann infrage, wenn aufgrund der Struktur der Branche oder der Geschäftstätigkeit nichtfinanzielle Leistungsindikatoren für Geschäftsverlauf, -ergebnis und Lage der Ges eine hohe Relevanz haben.

102   Zu berichten ist nur über solche nichtfinanziellen Leistungsindikatoren, die für die Geschäftstätigkeit der Ges von Bedeutung sind. Infrage kommen im Einzelnen:

Umweltbelange

103   Nach der *Begr RegE BilReG* (BR-Drs 326/04, 64) finden sich Anhaltspunkte hinsichtlich der Berichterstattung über Umweltbelange in der EU-Empfehlung der Kommission v 30. Mai 2001 zur Berücksichtigung von Umweltaspekten in JA und Lagebericht von Unt: Ausweis, Bewertung und Offenlegung (ABl EG Nr L 156, 33). Hiernach ist zu berichten über bedeutsame Umweltschutzaspekte und die entspr Reaktionen der Geschäftsführung, die allgemeine Umweltstrategie der Ges und die beschlossenen Umweltschutzprogramme, die auf wesentlichen Gebieten des Umweltschutzes erzielten Fortschritte, Einhaltung der geltenden Umweltschutzvorschriften, umweltbezogene UntDaten wie Energie-, Material- und Wasserverbrauch, Emissionen, Abfallentsorgung und Hinweis auf einen separaten Umweltbericht (vgl auch *Lange/Daldrup* Grundsätze ordnungsmäßiger Umweltschutz-Publizität – vertrauenswürdige Berichterstattung über die ökologische Lage in Umwelterklärungen und Umweltberichten, WPg 2002, 657).

Arbeitnehmerbelange

104   Diese sog Sozialberichterstattung kann in Ergänzung zu § 285 Nr 7 Angaben zur Arbeitnehmerschaft, ua Altersaufbau, Fluktuation, Betriebszugehörigkeit, Struktur des Personalaufwands (ua Entlohnungssysteme, Gewinnbeteiligungen, Belegschaftsaktien), betriebliche Sozialleistungen, Aus- und Weiterbildung, Gesundheits- und Arbeitsschutz umfassen (s auch DRS 20.107).

Immaterielle Werte

105   Hierzu gehören nach DRS 20.107 Informationen über Kundenbelange wie bspw Indikatoren zum Kundenstamm und zur Kundenzufriedenheit (vgl auch für Einzelheiten *AK „Immaterielle Werte im Rechnungswesen" der Schmalenbach-Gesellschaft für Betriebswirtschaft eV* Freiwillige externe Berichterstattung über immaterielle Werte, DB 2003, 1233; *Haller/Dietrich* Intellectual Capital Bericht als Teil des Lageberichts, DB 2001, 1047; *PwC/Günther/Beyer* Immaterielle Werte und andere weiche Faktoren in der Unternehmensberichterstattung – eine Bestandsaufnahme, Frankfurt aM, 2003; *Baetge/Heumann* Value Reporting in Konzernlageberichten IRZ 2006, 39).

Gesellschaftliche Reputation

106 Nach der Begr RegE BilReG (BR-Drs 326/04, 64) kommt ggf eine Berichterstattung über Maßnahmen der Förderung der gesellschaftlichen Reputation des Unt durch Sponsoring, karitative Zuwendungen usw infrage. Hierzu gehören auch Angaben über die Wahrnehmung gesellschaftlicher Verantwortung (Corporate Social Responsability), über ein soziales oder kulturelles Engagement, über die UntKultur (Corporate Identity) mit Informationen über die Grundwerte für eine erfolgreiche UntEntwicklung (vgl DRS 20.107).

107 Für den **Umfang der Berichterstattung** ist maßgebend, inwieweit die Informationen für das Verständnis des Geschäftsverlaufs, des Geschäftsergebnisses (so die Modernisierungsrichtl) oder der Lage der Ges von Bedeutung sind. Sie sind immer dann für das Verständnis von Bedeutung, wenn sie kapitalmarktrelevant sind, für die Lageberichtsadressaten Entscheidungsrelevanz besitzen oder zur internen Steuerung herangezogen werden. Andererseits darf die Berichterstattung über nichtfinanzielle Leistungsindikatoren die Klarheit und Übersichtlichkeit der Analyse sowie ihre Konzentration auf das Wesentliche nicht beeinträchtigen (IDW RH HFA 1.007 Tz 9).

108 Aus dem Gesetzeszusammenhang ergibt sich – wie bei den finanziellen Leistungsindikatoren (s Anm 33) –, dass die nichtfinanziellen Leistungsindikatoren unter Bezugnahme auf die im JA ausgewiesenen Beträge und Angaben zu erläutern sind. Damit ist jedoch eine Beschränkung der Berichterstattung nach Abs 3 auf Komponenten der nichtfinanziellen Leistungsindikatoren, soweit sie sich in Bilanz, GuV oder Anhang des Gj niedergeschlagen haben, nicht bezweckt. Vielmehr hat die Berichterstattung alle nichtfinanziellen Leistungsindikatoren von Bedeutung zu umfassen.

VIII. Übernahmerechtliche Zusatzangaben von bestimmten börsennotierten Gesellschaften (Abs 4)

1. Allgemeines

110 **Normadressat** von Abs 4 sind AG/KGaA, die einen organisierten Markt iSd § 2 Abs 7 WpÜG (regulierter Markt an einer Börse im Inland, in einem Mitgliedstaat der EU oder einem Vertragsstaat des Abkommens über den Europäischen Wirtschaftsraum) durch von ihnen ausgegebene *stimmberechtigte* Aktien in Anspruch nehmen (Begr RegE ÜbUG BT-Drs 16/1003, 31).

Zweck der Vorschrift ist die Unterrichtung der Kapitalmarktteilnehmer über Rechts- und Verwaltungsvorschriften und sonstige Regelungen, die hinsichtlich GesKapital, Stimmrechte und Vorstand bestehen und für einen potentiellen Bieter eines Übernahmeangebots sowie die Anleger im Hinblick auf deren Investitionsentscheidungen von Interesse sind und ggf Übernahmehindernisse darstellen.

111 Die Angaben solcher Übernahmehindernisse sind zwingend für den Lagebericht vorgeschrieben (Begr RegE ÜbUG, 2), auch für einen Lagebericht iZm einem IFRS-EA nach § 325 Abs 2a, unabhängig von einem tatsächlich vorliegenden Übernahmeangebot und können teilweise zu Doppelangaben mit Anhangangaben führen. Eine Zusammenfassung solcher Angaben entweder im Anhang oder Lagebericht ist grds nicht statthaft. Es besteht jedoch die Möglichkeit, die Angaben zu Nr 1, 3 und 9, soweit sie im Anhang zu machen sind, im Lagebericht mit Verweis auf die Anhangangabe wegzulassen, um Doppelangaben zu vermeiden. Der Verweis im Lagebericht nach S 2 auf die Anhangangaben erfordert die Angabe der gesetzlichen Vorschrift und die Stelle, wo sie im Anhang zu finden sind (glA *WPH*[14] I, F Anm 1149).

112 Die Angabepflichten beziehen sich auf die Verhältnisse am Bilanzstichtag (DRS 20.K.189) unter Berücksichtigung der Erkenntnisse und Ereignisse bis zum Abschlusserstellungszeitpunkt (so *Rabenhorst* WPg 2008, 140). Vj-Angaben sind nicht erforderlich, ebensowenig Fehlanzeigen, wenn Sachverhalte nicht vorhanden sind.

Gem § 176 Abs 1 S 1 AktG hat der Vorstand einer börsennotierten AG zu den Angaben nach § 289 Abs 4, § 315 Abs 4 einen erläuternden Bericht der HV vorzulegen. Dieser darf mit den Angaben nach Abs 4 im Lagebericht zusammengefasst werden (*Neye* BB-Gesetzgebungsreport: Bundestag beschließt neues Umwandlungsrecht BB 2007, 390 Fn 21).

2. Einzelangaben (S 1)

a) Zusammensetzung des gezeichneten Kapitals (Nr 1)

115 Nr 1 bestimmt, dass die Zusammensetzung des gezeichneten Kapitals, bei verschiedenen Aktiengattungen für jede Gattung die damit verbundenen Rechte und Pflichten und der Anteil am GesKapital anzugeben sind. Nach der Begr RegE ÜbUG 31 ist Grundlage für die Aufgliederung des gezeichneten Kapitals der Betrag lt Bilanz (§ 266 Abs 3 A I) gem § 272 Abs 1 S 1. Die Absetzungen nach § 272 Abs 1 S 3, Abs 1a berühren die Bezugsgrundlage nicht. Das gilt insb für eigene Aktien der berichtspflichtigen Ges, für die § 16 Abs 2 S 2 AktG hier nicht anzuwenden ist, da aus Sicht des Kapitalmarkts deren Halten nur vorübergehender Natur ist.

116 In jedem Fall ist die Zusammensetzung des gezeichneten Kapitals anzugeben; das ergibt sich deutlicher aus Art 10 Abs 1a EU-Üb-Richtl, der die Angabe der Zusammensetzung des Kapitals *sowie* ggf der verschiedenen Aktiengattungen verlangt. Nach welchen **Kriterien** das gezeichnete Kapital zu untergliedern ist, lässt sich weder aus dem Gesetz noch aus der RegBegr entnehmen. Aus dem Gesetzeszweck, möglichen Bietern erforderliche Informationen hinsichtlich Kontrollschwelle oder anderer Stimmrechtsschwellen für Übernahmeverfahren zu liefern, ist abzuleiten, dass – liegt nur eine Gattung vor – die Anzahl der ausgegebenen Aktien, die Zahl der Aktien jeden Nennbetrags und die Höhe des auf eine Aktie entfallenden Grundkapitalanteils anzugeben sind, ferner inwieweit es sich um Nennbetrags- oder Stückaktien, Inhaber-, Namens- oder vinkulierte Namensaktien handelt (DRS 20.K191). Bzgl der Rechte und Pflichten dieser Stammaktien reicht ein Verweis auf die relevanten gesetzlichen Vorschriften aus (DSR 20.K193). Nach der Begr RegE ÜbUG, 32 in Übereinstimmung mit der EU-Üb-Richtl sind auch solche Aktien in die Angabepflicht einzubeziehen, die nicht auf einem geregelten Markt eines Mitgliedsstaats der EU gehandelt werden oder die in einem Drittstaat zum Handel zugelassen sind. Das führt zur angabepflichtigen Unterscheidung, welche stimmberechtigten Aktien börsennotiert sind und welche nicht (ebenso *WPH*[14] I, F Anm 1151).

117 Des Weiteren sind ggf anzugeben, sofern verschiedene Aktiengattungen bestehen, die **Gattung der Aktien,** die Zahl der Aktien jeder Gattung, ggf mit Nennbetrag, und ihr prozentualer Anteil am gezeichneten Kapital sowie die jeweiligen Rechte bzw Pflichten je Gattung in entspr gesetzlicher bzw satzungsmäßiger Darstellung. Nach § 11 AktG bilden Aktien mit gleichen Rechten eine Gattung, zB Stammaktien, stimmrechtslose Vorzugsaktien, stimmberechtigte Vorzugsaktien. Über den Wortlaut hinaus bilden auch Aktien mit gleichen Pflichten eine Gattung (*Hüffer* AktG[10] § 11 Anm 7). Infrage kommen hier die Nebenpflichten gem § 55 AktG sowie ausstehende Einzahlungspflichten bei teileingezahlten Aktien.

Soweit sich die Angaben mit denen gem §§ 152 Abs 1 S 2, 160 Abs 1 Nr 3 AktG, die im Anhang zu machen sind (s § 284 Anm 74), überschneiden, dürfen diese Angaben im Lagebericht unterbleiben, da die Angaben im Anhang Vorrang haben (Begr RegE BilMoG, 169), jedoch ist ein Verweis auf die Anhangangabe erforderlich (DRS 20.K 192).

b) Beschränkungen, die Stimmrechte oder die Übertragung von Aktien betreffen (Nr 2)

Nr 2 regelt die Angaben über Beschränkungen, die Stimmrechte oder die Übertragung von Aktien betreffen, auch wenn sie sich aus Vereinbarungen zwischen Gestern ergeben, soweit sie dem Vorstand bekannt sind. Für die Angabepflicht kommen sowohl gesetzliche als auch satzungsmäßige, vertragliche und verhaltensmäßige Beschränkungen der Stimmrechtsausübung und der Aktienübertragung infrage.

Gesetzliche **Beschränkungen hinsichtlich der Stimmrechte** sind in §§ 12 Abs 1 S 2, 139 Abs 1 AktG (Vorzugsaktien ohne Stimmrecht), §§ 20 Abs 7 S 1, 21 Abs 4 AktG, § 28 S 1 WpHG (Verletzung von Mitteilungspflichten), § 71b AktG (eigene Aktien), § 136 Abs 1 AktG (Interessenkollision bei Aktien, die im Besitz von Mitgliedern des Vorstands oder AR sind), § 134 Abs 2 S 1, 4 und 5 AktG (teileingezahlte Aktien), § 328 AktG bei wechselseitiger Beteiligung geregelt. Satzungsmäßige Stimmrechtsbeschränkungen (Höchststimmrechte) sind nach § 134 Abs 1 S 2 AktG bei börsennotierten AG nicht zulässig. Ferner können satzungsmäßige Beschränkungen nach § 134 Abs 2 S 2 und 3 AktG bestehen, wenn Aktien teileingezahlt sind. Angabepflichtig sind solche Beschränkungen auch, die zeitlich beschränkt sind (Begr RegE ÜbUG, 32), oder wenn Stimmrechte aus Aktien erst nach Ablauf eines bestimmten Zeitraums nach ihrer Ausgabe ausgeübt werden dürfen (vgl *Maul/Muffat-Jeandet* AG 2004, 309).

Gesetzliche **Beschränkungen hinsichtlich der Aktienübertragung** sind in § 68 Abs 2 S 1 AktG (vinkulierte Namensaktien) durch Satzung mit Zustimmung des Vorstands ggf durch AR oder HV geregelt.

Der **Angabepflicht** bei gesetzlichen Beschränkungen wird durch einen Verweis auf die gesetzlichen Vorschriften unter Angabe der Mengen der beschränkten Stimmrechte/Aktien genügt (DRS 20.K195). Die satzungsmäßigen Beschränkungen müssen hingegen verbal angegeben werden mit Angabe der Mengen der beschränkten Stimmrechte.

Zu den angabepflichtigen Beschränkungen gehören auch solche aus Vereinbarungen zwischen Gestern. Voraussetzung für die Angabepflicht ist eine Vereinbarung, dh jeder zivilrechtliche mündliche oder schriftliche Vertrag. Bloße schuldrechtliche Ansprüche auf Übertragung der Aktien reichen nicht aus (aA *WPH*[14] I, F Anm 1152; *Seibt/Heiser* AG 2006, 315, die auch Lock-up-Vereinbarungen, Vorkaufsrechte, aufschiebend bedingte Übertragungen mit der Ges und unter den Aktionären für angabepflichtig halten). Hierzu gehört auch ein abgestimmtes Verhalten iSv § 22 Abs 2 WpHG (s dazu *Schneider* in Assmann/Schneider WpHG[5] § 22 Anm 161 ff). Der Nr 2 unterfallen demnach Stimmbindungs-, Stimmrechtsverzichts-, Interessenwahrungs-, Entherrschungs-, Konsortial- und Poolverträge.

Voraussetzung für die Angabepflicht solcher Vereinbarungen ist ferner, dass sie dem Vorstand der Ges bekannt sind. Dem Vorstand bekannt werden solche Vereinbarungen durch schriftliche oder mündliche Mitteilungen einer Vertragspartei. Jedoch wird nach der BegrRegE ÜbUG, 32 weder ein Auskunfts- bzw Ermittlungsrecht noch eine derartige Pflicht des Vorstands noch eine Verpflichtung der Aktionäre begründet, solche bestehenden Vereinbarungen anzuzeigen. Bloße

Vermutungen über das Bestehen solcher Aktionärsvereinbarungen reichen für eine Berichterstattung nicht aus (zB aufgrund von Medienberichterstattungen oder durch Beobachtung eines abgestimmten Stimmverhaltens von Aktionären in der HV). Nach dem Gesetzeswortlaut sind Vereinbarungen zwischen einem Aktionär einerseits und einem Nicht-Aktionär andererseits nicht angabepflichtig. Stimmbindungsverträge mit der Ges, Vorstand oder AR sind gem § 136 Abs 2 AktG nichtig.

c) Direkte oder indirekte Beteiligungen am Kapital mit mehr als 10% der Stimmrechte (Nr 3)

123 Nr 3 schreibt vor, dass direkte oder indirekte Beteiligungen am Kapital, die 10% der Stimmrechte überschreiten, anzugeben sind. Der Ges sind solche Bet wegen der Mitteilungspflichten nach §§ 21, 27a WpHG bekannt. Eine Nachforschungspflicht des Vorstands besteht nicht. Die Angabepflicht überschneidet sich mit der nach § 160 Abs 1 Nr 7 und 8 AktG (s § 284 Anm 47) im Anhang. Insoweit dürfen die Angaben im Lagebericht unterbleiben, da die Angaben im Anhang Vorrang haben (Begr RegE BilMoG, 169), jedoch ist in diesem Fall ein Verweis auf die Anhangangabe erforderlich (DRS 20.K198). Jede Angabe (direkte oder indirekte Bet) ist getrennt zu machen. Angabegegenstand sind nur Bet in Form von Anteilen mit Stimmrechten. Beteiligungen in Form von stimmrechtslosen Aktien (Vorzugsaktien) sind somit ausgeschlossen. Nach der BegrRegE ÜbUG, 32 sind auch wechselseitige Bet anzugeben.

124 **Indirekte Beteiligungen** bestehen kraft Zurechnung. Aus dem Gesetzeszusammenhang ergibt sich, dass hierfür die Zurechnungsvorschriften der §§ 22f WpHG zugrunde zu legen sind (DRS 20.K199), der mit § 30 WpÜG übereinstimmt, nicht jedoch des § 16 AktG (s im einzelnen hierzu *Schneider* in Assmann/Schneider WpHG[5] § 22 Anm 10ff).

125 Bei der Ermittlung der 10%-Schwelle sind nach hM die von der Ges gehaltenen eigenen Aktien, die unter normalen Umständen Stimmrechte verleihen, der Gesamtmenge der Aktien mit Stimmrecht hinzuzuzählen (*Schneider* in Assmann/Schneider WpHG[5] § 21 Anm 59; *Steinmeyer* in Steinmeyer/Hager WpÜG[2] § 29 Anm 26; *Süßmann* in Geibel/Süßmann WpÜG[2] § 29 Anm 30). Für die Ermittlung der eigenen Aktien gelten die Zurechnungsvorschriften der §§ 22 WpHG, 30 WpÜG entspr.

126 Anzugeben sind Name/Firma und Sitz/Anschrift des Aktieninhabers und die Tatsache, dass er Aktien mit mehr als 10% der Stimmrechte hält. Liegt zugleich eine direkte und indirekte Bet vor, sind beide anzugeben. Maßgeblich sind die Verhältnisse am Abschlussstichtag unter Berücksichtigung der Erkenntnisse bis zum Abschlusserstellungszeitpunkt (ebenso *WPH*[14] I, F Anm 1155).

d) Inhaber von Aktien mit Sonderrechten (Nr 4)

128 Nr 4 regelt die Angabe über die Inhaber von Aktien mit Sonderrechten, die Kontrollbefugnisse verleihen. Nach der BegrRegE ÜbUG, 33 kommen insb Entsendungsrechte in den AR (§ 101 Abs 2 AktG) infrage, ferner Weisungsrechte oder Zustimmungs- und Widerspruchsrechte in Bezug auf die Geschäftsführung aufgrund einer Satzungsbestimmung in den Grenzen des § 23 Abs 5 AktG (vgl § 290 Abs 2 Nr 3 Anm 60). Die Sonderrechte müssen mit bestimmten Aktien oder bestimmten Aktieninhabern verbunden sein; Zusammenfassungen von Stimmrechten zu einer Kontrolle iSv 29 Abs 2 WpÜG oder Mehrheit fallen nicht unter Nr 4. Die Inhaber von Aktien mit solchen Sonderrechten sind mit Namen/Firma und Sitz/Anschrift anzugeben, unabhängig von ihrer Bet- oder Stimmrechtsquote. Zeitpunkt für die Feststellung der Inhaberschaft ist der Abschlussstichtag. Die Sonderrechte selbst sind in ihrer jeweiligen Ausgestaltung zu beschreiben.

e) Art der Stimmrechtskontrolle von Arbeitnehmeraktien (Nr 5)

Nr 5 bestimmt die Angabepflicht bzgl der Art der Stimmrechtskontrolle, wenn Arbeitnehmer der Ges am Kapital beteiligt sind. Der Begriff der Stimmrechtskontrolle ist unklar. Aus dem Gesetzeszusammenhang ergibt sich, dass es um die mit der Ausübung der Stimmrechte verbundenen Kontrollrechte von Arbeitnehmeraktien geht (IDW zum RegE ÜbUG IDW-FN 2006, 421). Die Vorschrift setzt die Möglichkeit einer Trennung von Stimmrecht und Aktie voraus, die nach § 12 Abs 1 S 1 AktG nicht zulässig ist (*Hüffer* AktG[10] § 12 Anm 3). Nach der Begr RegE ÜbUG aaO, 33 geht diese Regelung idR ins Leere. Eine Angabepflicht könnte bestehen, wenn die Stimmrechte aus von Arbeitnehmern in gemeinsamer Berechtigung gehaltenen Aktien durch einen gemeinsamen Vertreter (*Rabenhorst* WPg 2008, 143) oder wenn von Arbeitnehmern gehaltene Stimmrechte von einem Mitarbeiteraktionärsverein ausgeübt werden (DRS 20. K205). Nr 5 statuiert weder ein Auskunfts- bzw Ermittlungsrecht oder eine entspr Pflicht des Vorstands noch eine Verpflichtung der Mitarbeiteraktionäre, solche bestehenden Vereinbarungen anzuzeigen (DRS 20.K206).

f) Regeln über die Ernennung und Abberufung von Vorstandsmitgliedern sowie über Satzungsänderungen (Nr 6)

Nr 6 schreibt die Angabe der gesetzlichen Vorschriften und Bestimmungen der Satzung über die Ernennung und Abberufung der Vorstandsmitglieder und über die Änderung der Satzung vor. Nach § 84 AktG ist der Vorstand zwingend durch den AR **zu bestellen und abzuberufen**. Ggf kommen auch §§ 31 Abs 2–5, 33 Abs 1 MitbestG infrage. Die Satzung kann größere Mehrheiten als die gesetzliche für die entspr AR-Beschlüsse vorsehen. Entspr Bestimmungen der Geschäftsordnung des AR sind nach dem Gesetzeswortlaut nicht angabepflichtig, ebensowenig wie die Regelungen über die Vorstandsvergütung und die Ressortaufteilung.

Satzungsänderungen sind nach §§ 119 Abs 1 Nr 5, 133, 179 Abs 1 und 2 AktG allein der HV vorbehalten. Zusätzlich kann die Satzung andere Mehrheiten oder Einstimmigkeit vorschreiben oder weitere Erfordernisse aufstellen, zB die Zustimmung bestimmter Aktionäre oder Inhaber bestimmter Aktien oder Gattungen vorschreiben.

Die Angabepflichten werden nach der BegrRegE ÜbUG, 33 erfüllt, wenn auf die gesetzlichen Vorschriften ohne Wiederholung des Gesetzestextes hingewiesen wird; hingegen wird der wesentliche Inhalt der entspr Satzungsbestimmungen anzugeben sein, insb wenn hierdurch gesetzliche Vorschriften ergänzt werden oder von dispositiven Vorschriften abgewichen wird, da Satzungsbestimmungen, von den Angaben nach § 39 AktG abgesehen, grds nicht im einzelnen ihrem Inhalt nach im HR veröffentlicht sind. Maßgeblich sind die Verhältnisse am Abschlussstichtag.

g) Vorstandsbefugnisse bezüglich Ausgabe und Rückkauf von Aktien (Nr 7)

Nach Nr 7 sind die Befugnisse des Vorstands insb hinsichtlich der Möglichkeit, Aktien auszugeben oder zurückzukaufen, anzugeben. Nach der BegrRegE ÜbUG, 33 sind nicht die allgemeinen gesetzlichen Aufgaben und Befugnisse des Vorstands gemeint (§§ 77, 78, 82 AktG), sondern nur die kraft dispositiven Rechts vermittelten Befugnisse mit übernahmerechtlicher Relevanz, da insoweit der Vorstand Einfluß auf die BetStruktur der AG nehmen kann. Hierzu gehören einmal die dem Vorstand durch die Satzung, durch einen AR- oder HV-Beschluss sowie durch die Geschäftsordnungen des Vorstands und des AR gewährten abw Befugnisse. In Betracht kommen in erster Linie *konkrete Ermächtigungen* aufgrund eines AR- oder HV-Beschlusses zur Ausgabe und zum Rückerwerb von Aktien. Nach dem Gesetzeswortlaut bezieht sich die Angabepflicht auf alle Aktien der Ges. Das ist jedoch die Folge einer unscharfen Transformation, da die EU-Üb-Richtl in Art 10 Ziff i von Wertpapieren iSv Art 2 Abs 1 Ziff e, die Stimmrechte verleihen, spricht. Mithin ist über die Befugnisse bzgl Ausgabe und Rückkauf stimmrechtsloser Vorzugsaktien nicht zu berichten (glA *WPH*[14] I, F Anm 1159).

133 Befugnisse des Vorstands bzgl der **Ausgabe von Aktien** können sich zum einen auf das genehmigte Kapital nach §§ 202–205 AktG oder die Ausgabe von Wandel- oder Gewinnschuldverschreibungen nach § 221 Abs 2 AktG beziehen. Dann kommt es ggf zu einer Überschneidung der Angaben mit denen nach § 160 Abs 1 Nr 4 AktG im Anhang (s § 284 Anm 43), was nach dem Willen des Gesetzgebers zu einer Doppelangabe führt. Anzugeben ist auch die Ermächtigung zur Durchführung einer bereits beschlossenen, aber noch nicht durchgeführten Kapitalerhöhung (§ 182 AktG; so *Seibt/Heiser* AG 2006, 316) sowie zur Ausgabe von Rechten auf Bezug neuer Aktien aus bedingtem Kapital (§ 192 AktG) oder auf Umtausch von Wandelschuldverschreibungen (§ 221 AktG).

134 Des Weiteren bezieht sich die Vorschrift auf Ausgabe-/Veräußerungs-Befugnisse des Vorstands hinsichtlich eigener Aktien der Ges nach § 71 Abs 3 S 2 iVm § 71 Abs 1 Nr 2 AktG (Ausgabe an Arbeitnehmer), nach § 71 Abs 1 Nr 3 AktG zu Abfindungszwecken und nach § 71 Abs 1 Nr 8 AktG (Veräußerung über die Börse).

Befugnisse des Vorstands bzgl des **Rückerwerbs von Aktien** sind in § 71 Abs 1 Nr 6 bis 8 AktG geregelt (Einziehung von Aktien, Aktienhandel, Erwerb über die Börse). Auch hier kann es zu Doppelangaben mit denen nach § 160 Abs 1 Nr 2 AktG im Anhang kommen (s § 284 Anm 42).

Auch Ermächtigungen zur Ergreifung von Verteidigungsmaßnahmen nach § 33 Abs 2 WpÜG, soweit sie die Ausgabe oder den Rückerwerb von Aktien betreffen, sind anzugeben.

Angabepflichtig sind die am Abschlussstichtag bestehenden Ermächtigungen des Vorstands mit ihrem wesentlichen Inhalt unter Angabe ihrer zeitlichen Begrenzungen.

h) Wesentliche Vereinbarungen für den Fall eines Kontrollwechsels infolge eines Übernahmeangebots (Nr 8)

136 Nr 8 regelt
(1) die Angabepflicht wesentlicher Vereinbarungen für den Fall eines Kontrollwechsels infolge eines Übernahmeangebots und ihrer Wirkungen,
(2) das Unterlassen der Angabe bei Nachteilszufügung sowie
(3) das Weiterbestehen einer Angabepflicht nach anderen gesetzlichen Vorschriften.

137 **zu (1):** Anzugeben sind nach der Begr RegE ÜbUG, 33 diejenigen Vereinbarungen, die mit der Ges in der Weise getroffen werden, dass sie im Falle eines Kontrollwechsels infolge eines Übernahmeangebots wirksam werden, sich ändern oder enden. Die **angabepflichtigen Vereinbarungen** müssen unter der Bedingung eines Wechsels der UntKontrolle („change of control") iSv § 29 Abs 2 WpÜG, dh des Haltens von mindestens 30% der Stimmrechte aus Aktien der Ges, infolge eines Übernahmeangebots iSv § 29 Abs 1 WpÜG und bei richtlinienkonformer Auslegung auch infolge eines Pflichtangebots nach § 35 WpÜG (s *Sailer* AG 2006, 917) stehen. Die Angabe kommt nach dem Gesetzeszweck

nicht nur bei einem Wechsel der UntKontrolle, sondern auch bei erstmaliger Erlangung der Kontrolle in Betracht (*Sailer* AG 2006, 916). Die Vereinbarung muss als Anknüpfungspunkt für den Kontrollwechsel das Übernahmeangebot nicht nennen (ähnlich *Rabenhorst* WPg 2008, 143).

Die Vorschrift erfasst Vereinbarungen der Ges mit Vorstands-, AR-Mitgliedern, Arbeitnehmern, Aktionären, Kreditgebern, Lieferanten und Kunden. Ob das Übernahmeangebot als Anknüpfungspunkt für den Kontrollwechsel in der Vereinbarung ausdrücklich genannt ist, ist dabei unerheblich. Vereinbarungen für den Fall eines Kontrollwechsels aus anderen Gründen als einem Übernahmeangebot sind ebenfalls anzugeben (*Sailer* AG 2006, 916).

Die Vereinbarung muss **wesentlich** sein; das ist der Fall, wenn sie hinsichtlich **138** ihrer Auswirkungen auf die zukünftige VFE-Lage der Ges oder wesentlicher Geschäftsbereiche für einen typischen potentiellen Bieter iZm der Übernahme der Ges entscheidungsrelevant wäre, wobei in Zweifelsfällen nach dem Informationszweck der EU-Üb-Richtl von einer Angabepflicht der Vereinbarung auszugehen ist.

Bestehen mehrere Vereinbarungen mit der Bedingung eines Kontrollwechsels, die jede für sich nicht wesentlich, aber in ihrer Gesamtheit wesentlich sind, ist eine Berichterstattung nach dem Gesetzeszweck geboten (*Seibt/Heiser* ZIP 2002, 2198; differenzierend *Sailer* AG 2006, 915).

Nach der Begr RegE ÜbUG, 33 erstreckt sich die Angabepflicht auf den wesentlichen Inhalt einer solchen Vereinbarung im Rahmen einer zusammenfassenden Darstellung des Gegenstands der Vereinbarung und der Voraussetzungen, unter denen die Bedingung eingreift, wobei der Name des Vertragspartners nicht angegeben werden muss (*Sailer* AG 2006, 918).

Angabepflichtig sind nicht nur die Vereinbarungen selbst mit ihrem wesentli- **139** chen Inhalt, sondern nach dem Gesetzeswortlaut auch die hieraus folgenden Wirkungen. Hierunter sind die **zukünftigen Wirkungen,** Folgen und Konsequenzen für die VFE-Lage der Ges zu verstehen, wofür üblicherweise verbale Angaben ausreichen. Quantitative Angaben sind nach DRS 20.K215 dann geboten, wenn sie der Ges bekannt sind (zB aus der Vereinbarung) oder ohne unverhältnismäßigen Aufwand ermittelbar sind (vgl *Rabenhorst* WPg 2008, 143).

Zu (2): Die Angabe der Vereinbarungen kann **unterbleiben,** soweit sie geeig- **140** net ist, der Ges einen erheblichen Nachteil zuzufügen. Eine *Eignung* zur Nachteilszufügung reicht aus; sie muss jedoch mit großer Wahrscheinlichkeit gegeben oder zumindest plausibel sein. Die Angabe muss nachweisbar *nur* für die berichtende Ges von erheblichem Nachteil sein und ihr einen fühlbaren, konkreten geschäftlichen Schaden zufügen können. Nachteile, die die Partner der Vereinbarung erleiden können, schließen die Angabepflicht nicht aus. Es ist nicht erforderlich, dass der Schaden bezifferbar ist; es kommen auch immaterielle Nachteile in Betracht. Aus dem Gesetzeszusammenhang ergibt sich, dass ein Übernahmeangebot in keinem Fall einen Nachteil für die Ges bedeutet. Die Inanspruchnahme dieser Ausnahme ist im Lagebericht anzugeben (DRS 20.K216).

Zu (3): Die Angabepflicht nach anderen gesetzlichen Vorschriften bleibt un- **141** berührt. Das sind insb die Angabepflichten nach § 285 Nr 9a S 5–6, § 289 Abs 2 Nr 5, Abs 4 Nr 9).

i) Entschädigungsvereinbarungen für den Fall eines Übernahmeangebots (Nr 9)

Nach Nr 9 sind Entschädigungsvereinbarungen der Ges, die für den Fall eines **144** Übernahmeangebots mit den Mitgliedern des Vorstands oder Arbeitnehmern getroffen sind, anzugeben.

Angabepflichtig sind nur die Entschädigungsvereinbarungen, die *für den Fall* eines Übernahmeangebots getroffen sind. Übernahmeangebote sind nach § 29 Abs 1 WpÜG Angebote, die auf den Erwerb der Kontrolle der Ges gerichtet sind, wobei nach § 29 Abs 2 WpÜG Kontrolle das Halten von mindestens 30 % der Stimmrechte der Ges ist. Diese Beschränkung ist in der EU-Üb-Richtl nicht vorgesehen (vgl die Definition „Übernahmeangebot" in Art 2 Abs Ziff a). Die Angabepflicht besteht bei richtlinienkonformer Auslegung ebenfalls für den Fall eines Pflichtangebots iSv § 35 WpÜG (s *Sailer* AG 2006, 921). Da Nr 9 zwar den Fall eines Übernahmeangebots, jedoch nicht § 29 WpÜG in Bezug nimmt, ist zu schließen, dass eine Verknüpfung des Übernahmeangebots mit der **30 %-Schwelle** des § 29 Abs 2 WpÜG **nicht bezweckt** ist. Somit sind auch solche Entschädigungsvereinbarungen angabepflichtig, in denen der Erwerb von Aktien der Ges einen anderen Schwellenwert (über/unter 30 %) voraussetzt (*Sailer* AG 2006, 917; *Rabenhorst* WPg 2008, 144).

145 Die **Angabepflicht** beginnt mit dem Abschluss einer solchen Vereinbarung, unabhängig davon, ob ein Übernahmeangebot zu erwarten ist, tatsächlich ein Übernahmeangebot veröffentlicht (§ 10 Abs 1 S 1 WpÜG) oder dem Vorstand der Ges mitgeteilt (§ 10 Abs 5 S 1 WpÜG) wurde oder ob die Angebotsunterlagen dem Vorstand der Ges übermittelt wurden (§ 14 Abs 4 S 1 WpÜG).

146 Entscheidend für die Angabepflicht ist, dass die Vereinbarung die Zusage oder Zahlung einer Entschädigung für den Fall vorsieht, dass wegen eines Übernahmeangebots der Vertragspartner kündigt, ohne triftigen Grund (vgl § 84 Abs 3 S 1 und 2 AktG) entlassen wird oder das Dienst-/Arbeitsverhältnis endet. Dies gilt auch für **Entschädigungsvereinbarungen**, die nicht zur Beendigung des Dienst-/Arbeitsverhältnisses führen (DRS 20.K220; aA *Rabenhorst* WPg 2008, 144). Nach dem Wortlaut der Vorschrift muss es sich um die Vereinbarung einer Entschädigung handeln, dh sie muss dem Vorstandsmitglied/Arbeitnehmer neben einem entstehenden Schaden (Verdienstausfall, Verlust wegen vorzeitiger Beendigung des Dienstverhältnisses, Wettbewerbsverbot), auch Folgeschäden ersetzen. Die Angabepflicht nach Nr 9 ist somit enger als die nach § 285 Nr 9a S 6.

147 Die Angaben sind für Entschädigungsvereinbarungen der Ges mit Vorstandsmitgliedern und bei ihr beschäftigten Arbeitnehmern zu machen, nicht jedoch nach dem Gesetzeswortlaut mit AR-Mitgliedern. Bei Arbeitnehmern, die gleichzeitig AR-Mitglieder sind, kommt es darauf an, ob sich die Entschädigung mehr auf die Arbeitnehmereigenschaft bezieht.

148 Soweit es sich bei den angabepflichtigen Vereinbarungen um solche mit **Vorstandsmitgliedern** handelt, kommt es zu Überschneidungen mit Angaben im Anhang nach § 285 Nr 9a S 6 (s § 285 Anm 183ff). Um Doppelangaben zu vermeiden, dürfen die Anhangangaben im Lagebericht weggelassen werden, da die Angaben im Anhang Vorrang haben (Begr RegE BilMoG, 169), jedoch ist ein Verweis auf die Anhangangaben erforderlich (S 2). Die Berichterstattung im Lagebericht nach Abs 2 Nr 5 (Vergütungsbericht) und Abs 4 Nr 9 kann einheitlich an einer Stelle des Lageberichts erfolgen.

149 Bzgl des **Umfangs der Berichterstattung** kann es nach der BegrRegE ÜbUG, 34 im Einzelfall genügen, wenn der wesentliche Inhalt der Vereinbarung im Rahmen einer zusammenfassenden Darstellung angegeben wird. Zum wesentlichen Inhalt dürften auch die Namen der begünstigten Personen mit Angabe, ob Vorstandsmitglied oder Arbeitnehmer, die vereinbarte Höhe der Entschädigung (*Seibt/Heiser* AG 2006, 316) oder deren Berechnungsformel (DRS 20. K223) sowie der Zeitpunkt/-raum der Zahlung gehören. Hat die Ges nach § 286 Abs 5 S 1 (s § 286 Anm -25) von dem Befreiungsbeschluss der HV Gebrauch gemacht, entfällt auch die Angabepflicht im Lagebericht (aA *Sailer* AG 2006, 922; *WPH*[14] I, F Anm 1167). Die Angaben haben sich auf die am Ab-

schlussstichtag bestehenden Vereinbarungen zu beziehen, ggf mit Änderungen bis zum Zeitpunkt der Lageberichterstellung.

IX. Zusatzberichterstattung kapitalmarktorientierter Gesellschaften über das rechnungslegungsbezogene interne Kontroll- und Risikomanagementsystem (Abs 5)

1. Allgemeines

KapmarktKapGes/KapCoGes iSd § 264d haben die Pflicht, im Lagebericht die wesentlichen Merkmale des IKS und RMS im Hinblick auf den Rechnungslegungsprozess zu beschreiben. Abs 5 ist außer von kapmarktKapGes/KapCoGes auch von kapmarktUnt, die unter § 5 Abs 2a iVm § 5 Abs 2 S 2 PublG fallen, sowie von Kredit- und Finanzdienstleistungsinstituten sowie VersicherungsUnt iSv § 264d anzuwenden. Dies gilt auch für einen Lagebericht zu einem freiwillig offen gelegten IFRS-EA nach § 325 Abs 2a. Zweck der Vorschrift ist, das Vertrauen des Kapitalmarkts in die Richtigkeit und Vollständigkeit der Rechnungslegung zu stärken (Begr RegE BilMoG, 84) und damit den verständigen Adressaten in die Lage zu versetzen, die mit dem Rechnungslegungsprozess verbundenen Risiken besser einschätzen zu können (vgl auch DRS 20.K168).

Gegenstand der Berichterstattung ist das *vorhandene* IKS und RMS, soweit sich diese Systeme auf den Rechnungslegungsprozess beziehen. Da es sich insoweit um prozessbezogene Systeme handelt, hat die Beschreibung die Verhältnisse während des Gj bis zum Abschlussstichtag zu umfassen. Die Berichterstattungspflicht ist in jedem Lagebericht zu erfüllen. Haben sich keine Veränderungen in den Systemen ergeben, sind Verweise auf einen früheren Lagebericht nicht zulässig. Die Vorschrift verlangt nicht die Einrichtung der relevanten Systeme (Begr RegE BilMoG, 168; *Kort* ZGR 2010, 453). Gleichwohl hat der Vorstand einer börsennotierten Ges gem DCGK 4.1.4 für ein angemessenes RiskMa und Risikocontrolling zu sorgen. Besteht kein IKS oder RMS, was bei kapmarktGes kaum vorstellbar ist (*Withus* KoR 2009, 441), ist dies anzugeben (Begr RegE BilMoG, 168; DRS 20.K178; aA *Kort* ZGR 2010, 455), jedoch ohne Begr.

2. Gegenstand der Berichterstattung

Abs 5 verlangt die Beschreibung der wesentlichen Merkmale des IKS und des RMS im Hinblick auf den Rechnungslegungsprozess, die im Unt vorhanden sind, mithin die Beschreibung eines Ist-Zustands.

Die Berichterstattung nach Abs 5 erfährt eine Einschränkung dahingehend, dass sich die Beschreibung nur auf den Teilbereich der beiden Systeme zu beziehen hat, der sich mit dem Rechnungslegungsprozess befasst. Damit ist keine Darstellung dieser alle UntAktivitäten umfassenden Systeme verlangt, sondern nur eine Beschreibung ihrer Strukturen und Prozesse, die sich auf den Rechnungslegungsprozess beziehen, das ist der Prozess, der die Abbildung der korrekten und vollständigen Zahlen und Angaben in den Instrumenten der Rechnungslegung einer kapmarktGes gewährleistet, diese sind iSv § 264 Buchführung einschl Nebenbüchern (ähnlich *Strieder* BB 2009, 1003), Bilanz, GuV, Anhang, KFR, EK-Spiegel, ggf SegBerE, Lagebericht einschl Nebenrechnungen. Hinzu kommen nach § 37w Abs 2 WpHG ein verkürzter Zwischenabschluss und Zwischenlagebericht, ggf nach § 37x Abs 3 WpHG ein verkürzter Quartalsabschluss und Zwischenlagebericht.

Nach dem Zweck der Vorschrift – Stärkung des Vertrauens des Kapitalmarkts – ist dies der *externe* Rechnungslegungsprozess. Angaben zum internen Rechnungslegungsprozess (kurzfristige Erfolgsrechnung, Betriebsabrechnung) sind nicht verlangt, um möglicherweise schutzwürdige Interessen des Unt nicht zu gefährden (Begr RegE BilMoG, 169).

a) Rechnungslegungsbezogenes internes Kontrollsystem

152 Unter dem rechnungslegungsbezogenen IKS werden in Übereinstimmung mit IDW PS 261 nF die Grundsätze, Verfahren und Maßnahmen zur Sicherung der Wirksamkeit, Wirtschaftlichkeit und Ordnungsmäßigkeit der Rechnungslegung sowie zur Sicherung der Einhaltung der maßgeblichen rechtlichen und satzungsgemäßen Vorschriften verstanden. Es besteht aus Regelungen zur Steuerung des Rechnungslegungsprozesses und aus Regelungen zur Überwachung der Einhaltung dieser Regelungen (internes Überwachungssystem). Das interne Überwachungssystem umfasst prozessintegrierte und prozessunabhängige Überwachungsmaßnahmen. Die prozessintegrierten Überwachungsmaßnahmen beinhalten organisatorische Sicherungsmaßnahmen, lfd automatische Maßnahmen (Funktionstrennung, Zugriffsbeschränkungen, Zahlungsrichtlinien) und Kontrollen, die in die Arbeitsabläufe integriert sind. Prozessunabhängige Maßnahmen werden vor allem von der Internen Revision durchgeführt, die deshalb Bestandteil des IKS ist (Begr RegE BilMoG, 169; IDW PS 261 nF Tz 20; DRS 20.K174 und deren Einrichtung bei einem kapmarktUnt idR Vorstandspflicht ist (*Dreher* Die Vorstandsverantwortung im Geflecht von Risikomanagement, Compliance und Interner Revision, FS Hüffer München 2010, 167). DRS 20.K175 f enthält Beispiele für die angabepflichtigen Informationen.

b) Rechnungslegungsbezogenes Risikomanagementsystem

153 Unter einem RMS ist nach IDW PS 340 Tz 4 die Gesamtheit aller organisatorischen Regelungen und Maßnahmen zur Risikoerkennung und zum Umgang mit den Risiken zu verstehen. Nach DRS 20.11 umfasst ein RMS die Gesamtheit aller Regelungen, die einen strukturierten Umgang mit Risiken oder mit Chancen und Risiken im Unt bzw Konzern sicherstellen. Wesentliche Änderungen des RMS sind nach DRS 20.K139 darzustellen und zu erläutern. Sofern das RMS auf einem allgemeinen Rahmenkonzept beruht, ist dieses zu benennen (s DRS 20.K139). Im Hinblick auf den Rechnungslegungsprozess kommen für die Berichterstattung nur die unmittelbaren Risiken des Rechnungslegungsprozesses in Frage, die sich auf die regelungskonforme Rechnungslegung der Ges auswirken (DRS 20.K177) und deshalb im Rechnungslegungsprozess enthalten sein können. Das sind insb Risiken von Unrichtigkeiten oder Verstößen gegen die Rechnungslegung (Fraud), von Manipulationen, der Datenerfassung und -sicherheit, der Ausschaltung bestehender interner Kontrollen (Management Override), unzutreffende Einschätzung von Sachverhalten, unzutreffende Ausübung von Gestaltungs- und Bewertungsspielräumen und unzutreffender Schätzungen und Bewertungen.

154 Aussagen sind notwendig zu den Regelungen und getroffenen Maßnahmen, die darauf ausgerichtet sind, die identifizierten und analysierten rechnungslegungsbezogenen Risiken bewusst zu akzeptieren, zu kompensieren (Hedge), zu reduzieren (zB durch Versicherung) oder zu vermeiden. Darüber hinaus kommt im Hinblick auf den Rechnungslegungsprozess auch das Management der nach § 285 Nr 3 anzugebenden Risiken von nicht in der Bilanz enthaltenen Geschäften, Risiken der Inanspruchnahme aus den Haftungsverhältnissen des § 251 (Begr RegE BilMoG, 164) sowie der Risiken der zukünftigen Entwicklung (Abs 1 S 4) infrage. Angaben zum RMS für FinInst und Sicherungsgeschäfte sind nach Abs 2 Nr 2 zu machen (s Anm 65).

Obwohl Bestandteil des RMS, unterliegt das nach § 91 Abs 2 AktG einzu- 155
richtende Risikofrüherkennungssystem nicht der Beschreibungspflicht nach
Abs 5, da es idR nicht auf den Rechnungslegungsprozess ausgerichtet ist (vgl
Begr RegE BilMoG, 227; IDW PS 340 Tz 5 f).

3. Umfang und Intensität der Berichterstattung über die Merkmale

Was als beschreibungspflichtige Merkmale anzusehen sind, ergibt sich nicht 156
unmittelbar aus Abs 5. Aus dem Zweck der Vorschrift lässt sich schließen, dass
die Ausgestaltung des IKS anhand seiner wesentlichen Grundsätze, Verfahren
und Maßnahmen, soweit sie sich auf den Rechnungslegungsprozess beziehen, zu
beschreiben sind. Beschreibungspflichtig sind nur die *wesentlichen* Merkmale der
relevanten Systeme. Was darunter zu verstehen ist, sagt die Vorschrift nicht. Aus
der Gesetzesbegr lässt sich ableiten, dass damit die organisatorischen Regelungen,
getroffenen Maßnahmen und Verfahrensabläufe gemeint sind (Begr RegE Bil-
MoG, 168), die charakteristisch für die vorhandenen relevanten rechnungslegungsbezogenen Systeme sind. Die Wesentlichkeit bezieht sich dabei auf deren
Art und Bedeutung im Rahmen der Systeme und ist an der Notwendigkeit für
die Beurteilung der Systeme durch die Abschlussadressaten zu messen.

Zur Beschreibung (s auch die Bsp in DRS 20.K174f) gehört das Eingehen auf
die wesentlichen vorhandenen rechnungslegungsbezogenen Kontrollmaßnahmen, die gewährleisten, dass die Geschäftsvorfälle angemessen im JA abgebildet
werden und der Rechnungslegungsprozess fehlerfrei abläuft, sowie ein Überblick
über die Funktionsweise des rechnungslegungsbezogenen IKS und über die Organisation (integriert oder ausgelagert), die Aufgaben und die durchgeführten
Maßnahmen der Internen Revision. Eine alleinige Aussage, dass für alle rechnungslegungsbezogene Vorgänge Kontrollaktivitäten bzw organisatorisch Sicherungsmaßnahmen implementiert sind, dürfte nicht ausreichen (*Bischof/Selch* WPg
2008, 1025; *Kort* ZGR 2010, 455).

Einzugehen ist auf das Überwachungssystem, das die Einhaltung der getroffe- 157
nen Maßnahmen sicherstellt, und auf die Gewährleistung der lfd Anpassung der
Systeme an veränderte allgemeine Bedingungen und ihre Weiterentwicklung.
Zu den Merkmalen gehört auch eine Aussage, wie das RMS in die bestehende
Gesamtorganisation der Ges integriert ist, sowie Angaben zur Aufbau- und Ab-
lauforganisation (ggf verwendete Software) der Kontrollmaßnahmen. Setzt die
Ges Informationstechnologie im IKS ein, ist auch auf die Einbindung der DV-
Systeme einzugehen, da in diesem Fall besondere Risiken im Rechnungsle-
gungsprozess bestehen (s dazu im Einzelnen *WPH*[14] I, R Anm 258 ff).

Wurden Funktionen (zB die interne Revision), Aktivitäten, Dienstleistungen
oder Prozesse im Rahmen des rechnungslegungsbezogenen IKS oder RMS ausgegliedert, ist dies gleichwohl in die Beschreibung der wesentlichen Merkmale
einzubeziehen, da die ausgegliederten Aufgaben nach wie vor Bestandteil der
vom Vorstand vollumfänglich zu verantwortenden Systeme sind. Ein wesentliches angabepflichtiges Merkmal ist auch das Vorhandensein einer angemessenen
Dokumentation (vgl LG München 5.4.2007 BB, 2170; *Wolf* DStR 2009, 924),
zB in Form eines Handbuchs.

Die Intensität der Beschreibungen ist von den individuellen Gegebenheiten 158
des Unt abhängig. Die Beschreibung muss so ausgestaltet und ausführlich sein,
dass die Abschlussadressaten sich ein Bild von den wesentlichen Merkmalen der
rechnungslegungsbezogenen Systeme machen können. Die konkrete Ausgestaltung der verbalen Berichterstattung muss in Bezug auf die vorhandenen Systeme,
ihre Art, Umfang und Komplexität angemessen sein. Auf Einzelheiten muss
nicht eingegangen werden. Eine in die Tiefe gehende Beschreibung ist nicht

notwendig. ZB kann eine Beschreibung der Systeme bezogen etwa auf Bilanzpostenebene nicht gefordert werden (*Bischof/Selch* WPg 2008, 1025). Ferner sind keine Ausführungen zur Angemessenheit, Wirksamkeit oder deren Beurteilung durch den Vorstand erforderlich (Begr RegE BilMoG, 168; DRS 20.K178).

4. Zusammenfassung mit den Angaben nach Abs 2 Nr 2

159 Nach der Gesetzesbegr darf die Berichterstattung nach Abs 5 mit der Risikoberichterstattung über FinInst nach Abs 2 Nr 2 zu einem sog „Risikobericht" zusammengefasst werden. Damit ist den kapmarktGes die Möglichkeit gegeben, die Beschreibung der wesentlichen Merkmale des RMS zusammen mit den Angaben über die RiskMaZiele und -methoden sowie die relevanten Risiken bei Verwendung von FinInst und bei Sicherungsgeschäften an einer Stelle im Lagebericht zu machen. Da die Berichtspflichten nach beiden Vorschriften im Lagebericht zu erfüllen sind, kann insoweit eine doppelte Berichterstattung vermieden werden (Begr RegE BilMoG, 169). Mit der Zusammenfassung darf jedoch kein Informationsverlust verbunden sein. Die Berichterstattung muss sowohl alle nach Abs 2 Nr 2 als auch alle nach Abs 5 verlangten Angaben in der vorgeschriebenen Weise enthalten. Es darf die Klarheit und Übersichtlichkeit der Berichterstattung sowie ihre Vollständigkeit nicht beeinträchtigt werden. Ferner dürfen auch die für den Anhang vorgeschriebenen Angaben über nach § 254 gebildeten BewEinh (§ 285 Nr 23) in diesen Risikobericht einbezogen werden (s dazu § 285 Anm 410), soweit hier die Risikoberichterstattung nach Abs 2 Nr 2 erfolgt. Dies gilt auch, wenn vorzugsweise die Berichterstattung nach Abs 1 S 4 mit der Berichterstattung nach Abs 5 zu einem einheitlichen Risikobericht zusammengefasst wird (vgl DRS 20.K169, K180).

X. Zusätzliche Angaben von Aktiengesellschaften

1. Schlusserklärung des Abhängigkeitsberichts von AG/KGaA

160 AG/KGaA haben die **Schlusserklärung des Abhängigkeitsberichts** (§ 312 Abs 3 S 1 und 2 AktG) im Lagebericht anzugeben (§ 312 Abs 3 S 3 AktG, Anm 342). Da kleine AG nach § 264 Abs 1 S 3 keinen Lagebericht aufzustellen haben, würde § 312 Abs 3 S 3 AktG ins Leere laufen. Daher wird empfohlen, die Schlusserklärung des AbhBer bei kleinen AG in den Anhang aufzunehmen (Anm 343; *WPH*[14] I, F Anm 1177). Zu Inhalt und Struktur des AbhBer s Anm 261 ff.

2. Erklärung zur Unternehmensführung von börsennotierten und bestimmten anderen AG

161 Börsennotierte AG iSv § 3 Abs 2 AktG sowie AG, die ausschließlich andere Wertpapiere als Aktien zum Handel an einem organisierten Markt iSd § 2 Abs 5 WpHG ausgegeben haben und deren ausgegebene Aktien auf eigene Veranlassung über ein multilaterales Handelssystem iSd § 2 Abs 3 S 1 Nr 8 WpHG (idR Freiverkehr) gehandelt werden, haben die in § 289a vorgeschriebene **Erklärung zur Unternehmensführung** in einen gesonderten Abschn des Lageberichts, der nicht prüfungspflichtig ist (§ 317 Abs 2 S 3), aufzunehmen oder statt dessen auf ihrer Internetseite öffentlich zugänglich zu machen. In letzterem Fall ist in den Lagebericht eine Bezugnahme aufzunehmen, die die Angabe der Internetseite enthält (§ 289a Abs 1 S 3).

XI. Freiwillige Berichterstattung

Der Einblick in die Lage der KapGes/KapCoGes darf zB durch sog Zusatzrechnungen (wie hier ADS⁶ § 289 Anm 89) ergänzt werden: **Bewegungsbilanz, Substanzerhaltungsrechnung, Wertschöpfungsrechnung, Scheingewinnrechnung.** Entspr § 297 empfiehlt sich eine Erweiterung des JA um eine KFR, SegBerE und um einen EK-Spiegel (s aber § 264 Abs 1 S 2).

Als freiwillige Erweiterungen des Lageberichts kommen auch die für große KapGes/KapCoGes vorgeschriebenen Informationen über nichtfinanzielle Leistungsindikatoren in Betracht (s Anm 101): Umwelt- und Arbeitnehmerbelange, immaterielle Werte, gesellschaftliche Reputation. Die freiwilligen Berichte dürfen nicht so umfangreich sein, dass die Gefahr besteht, von den Pflichtangaben abzulenken. In diesen Fällen ist eine gesonderte Darstellung oder Veröffentlichung erforderlich.

D. Rechtsfolgen einer Verletzung des § 289

Die **Verletzung der Vorschriften über den Lagebericht** ist auf unterschiedliche Weise sanktioniert. Wenn im Lagebericht die Verhältnisse der KapGes/KapCoGes unrichtig wiedergegeben oder verschleiert werden, werden die Mitglieder des Geschäftsführungsorgans oder des AR gem § 331 Nr 1 (bei KapCoGes gem § 335b) mit Freiheitsstrafe oder mit Geldstrafe bestraft. Ferner kann als Ordnungswidrigkeit gem § 334 Abs 1 Nr 3 geahndet werden, wenn Mitglieder des Geschäftsführungsorgans oder des AR bei der Aufstellung einer Vorschrift des Abs 1 über den Inhalt des Lageberichts zuwiderhandeln. Stellt der AP fest, dass der Lagebericht mit dem JA sowie den bei der Prüfung gewonnenen Erkenntnissen nicht im Einklang steht, insgesamt keine zutreffende Vorstellung von der Lage der KapGes/KapCoGes vermittelt oder die Chancen und Risiken der künftigen Entwicklung nicht zutreffend darstellt (§ 317 Abs 2), kann je nach Schwere des Verstoßes eine Einschränkung des BVm die Folge sein (§ 322 Abs 4).

Ein Verstoß gegen das Berichterstattungsgebot des Abs 2 ist nicht sanktioniert, da Abs 2 bei den Bußgeldvorschriften des § 334 Abs 1 Nr 3 Abs 2 ausgenommen ist. Der AP hat zwar nicht die Vollständigkeit des Lageberichts zu prüfen, was aus § 317 Abs 2 folgt; aber er sollte in der Lage sein festzustellen, ob zu allen vorgeschriebenen berichtspflichtigen Sachverhalten entspr Ausführungen enthalten sind oder bspw eine Prognoseberichterstattung fehlt.

Ist ein Lagebericht überhaupt nicht erstellt worden, hat der AP seinen BVm einzuschränken (IDW PS 350 Tz 36). Zur fehlenden Schlusserklärung zum AbhBer nach § 312 Abs 3 AktG s Anm 393. Fehlt im Lagebericht entweder die Erklärung zur UntFührung gem § 289a selbst oder bei ihrer Veröffentlichung auf einer Internetseite der Ges ein entspr Hinweis greift § 334 Abs 1 Nr 3.

E. Abweichungen der IFRS

Die IFRS schreiben einen Lagebericht nicht vor. IAS 1.13 ermutigt jedoch, freiwillig einen Bericht über die UntLage durch das Management außerhalb des JA zu erstellen, der eine Beschreibung und Erl der wesentlichen Merkmale der VFE-Lage des Unt und seiner wesentlichen Unsicherheiten geben soll. Nach IAS 1.13 kommen für die Berichterstattung in Frage: die Haupteinflussfaktoren des Geschäftsergebnisses, Veränderungen des Umfelds sowie die Reaktion des Unt hierauf und ihre Auswirkungen, Investitions- und Dividendenpolitik, Finanzierungsquellen, das angestrebte Verhältnis von EK zu FK und die Ressourcen des Unt, die in der Bilanz nach IFRS nicht abgebildet sind. IAS 1.14 empfiehlt ferner eine Umweltberichterstattung und Wertschöpfungsrechnungen *(value added)*.

Bestimmte Angaben des § 289 sind im Anhang *(notes)* zu machen: Vorgänge von besonderer Bedeutung nach Schluss des Gj (IAS 10); Aufgabe eines Teilbetriebs oder von größeren Aktivitäten (IFRS 5.41); in Bezug auf die Verwendung von FinInst RiskMaZiele und -methoden (IFRS 7.31 ff) sowie Preisänderungs-, Ausfall- und Liquiditätsrisiken sowie Risiken aus Zahlungsstromschwankungen (IFRS 7.36 ff); Grundzüge des Vergütungssystems (IAS 24.17, IFRS 2).

F. Exkurs: Abhängigkeitsbericht

§ 312 AktG. **Bericht des Vorstands über Beziehungen zu verbundenen Unternehmen.**

(1) ¹Besteht kein Beherrschungsvertrag, so hat der Vorstand einer abhängigen Gesellschaft in den ersten drei Monaten des Geschäftsjahrs einen Bericht über die Beziehungen der Gesellschaft zu verbundenen Unternehmen aufzustellen. ²In dem Bericht sind alle Rechtsgeschäfte, welche die Gesellschaft im vergangenen Geschäftsjahr mit dem herrschenden Unternehmen oder einem mit ihm verbundenen Unternehmen oder auf Veranlassung oder im Interesse dieser Unternehmen vorgenommen hat, und alle anderen Maßnahmen, die sie auf Veranlassung oder im Interesse dieser Unternehmen im vergangenen Geschäftsjahr getroffen oder unterlassen hat, aufzuführen. ³Bei den Rechtsgeschäften sind Leistung und Gegenleistung, bei den Maßnahmen die Gründe der Maßnahme und deren Vorteile und Nachteile für die Gesellschaft anzugeben. ⁴Bei einem Ausgleich von Nachteilen ist im einzelnen anzugeben, wie der Ausgleich während des Geschäftsjahrs tatsächlich erfolgt ist, oder auf welche Vorteile der Gesellschaft ein Rechtsanspruch gewährt worden ist.

(2) Der Bericht hat den Grundsätzen einer gewissenhaften und getreuen Rechenschaft zu entsprechen.

(3) ¹Am Schluß des Berichts hat der Vorstand zu erklären, ob die Gesellschaft nach den Umständen, die ihm in dem Zeitpunkt bekannt waren, in dem das Rechtsgeschäft vorgenommen oder die Maßnahme getroffen oder unterlassen wurde, bei jedem Rechtsgeschäft eine angemessene Gegenleistung erhielt und dadurch, daß die Maßnahme getroffen oder unterlassen wurde, nicht benachteiligt wurde. ²Wurde die Gesellschaft benachteiligt, so hat er außerdem zu erklären, ob die Nachteile ausgeglichen worden sind. ³Die Erklärung ist auch in den Lagebericht aufzunehmen.

Schrifttum: *Lutter* Vermögensveräußerungen einer abhängigen Aktiengesellschaft in FS Steindorff, Berlin 1990, 125; *Bode* Abhängigkeitsbericht und Kostenlast im einstufigen faktischen Konzern AG 1995, 261; *Götz* Leitungssorgfalt und Leitungskontrolle der Aktiengesellschaft hinsichtlich abhängiger Unternehmen ZGR 1998, 524; *Schiessl* Abhängigkeitsbericht bei Beteiligungen der öffentlichen Hand ZGR 1998, 871; *Wieland* Die Abbildung von Fremdeinfluss im Abhängigkeitsbericht, Lohmar 1998; *Götz* Der Abhängigkeitsbericht der 100%igen Tochtergesellschaft AG 2000, 498; *Maul* Aktienrechtliches Konzernrecht und Gemeinschaftsunternehmen NZG 2000, 470; *Pentz* Schutz der AG und der außenstehenden Aktionäre in mehrstufigen faktischen und unternehmensvertraglichen Unternehmensverbindungen NZG 2000, 1103; *Kropff* Ausgleichspflichten bei passiven Konzernwirkungen? in FS Lutter, Köln 2000, 1133; *Habersack* Alte und neue Ungereimtheiten im Rahmen der §§ 311 ff AktG in FS Peltzer, Köln 2001, 139; *Götz* Zeitliche Begrenzung der Verpflichtung zur Erstellung eines Abhängigkeitsberichts NZG 2001, 68; *Bauer* Zur Abhängigkeit einer AG von einem Konsortium NZG 2001, 742; *Cahn* Verlustübernahme und Einzelausgleichspflicht im qualifizierten faktischen Konzern ZIP 2001,

2159; *Habersack/Verse* Zum Auskunftsrecht des Aktionärs im faktischen Konzern AG 2003, 300; *Hüffer* Probleme des Cash Managements im faktischen Aktienkonzern AG 2004, 416; *Strieder* Der aktienrechtliche Abhängigkeitsbericht bei der kapitalistischen Kommanditgesellschaft auf Aktien DB 2004, 799; *Friedl* Abhängigkeitsbericht und Nachteilsausgleich zwischen erfolgreicher Übernahme und Abschluss eines Beherrschungsvertrags NZG 2005, 875; *Tillmann/Rieckhoff* Nachteilsausgleichspflicht bei Abspaltungen im faktischen Konzern? AG 2008, 486; *Bertram* Der Abhängigkeitsbericht der KGaA: Wer ist eigentlich abhängig und wer berichtet? WPg 2009, 411; *Petersen/Zwirner/Busch* Berichterstattungspflichten im Zusammenhang mit natürlichen Personen: nahestehende Personen und Abhängigkeitsbericht BB 2009, 1854; *Priester* Abhängigkeitsbericht bei isoliertem Verlustdeckungsvertrag? in FS Schaumburg, Köln 2009, 1327; *Velte* Die Prüfung des Abhängigkeitsberichts durch Aufsichtsrat und Abschlussprüfer sowie ihre Berichterstattung DK 2010, 49; *Ulmer* Das Sonderrecht der §§ 311 ff AktG und sein Verhältnis zur allgemeinen aktienrechtlichen Haftung für Schädigungen der AG in FS Hüffer, München 2010, 999; *Wilhelm* Zur Gestaltung des Nachteilsausgleichs bei Unternehmensveräußerungen im faktischen Aktienkonzern NZG 2012, 1287.

I. Grundlagen

1. Regelungszweck

Der Vorstand einer faktisch abhängigen AG ist nach § 312 Abs 1 AktG verpflichtet, einen Bericht über die Beziehungen zu verbundenen Unt (sog **Abhängigkeitsbericht**) aufzustellen. Die Berichterstattungspflicht soll einer effektiven praktischen Umsetzung der in §§ 311 bis 318 AktG enthaltenen Regelungen zum sog **faktischen Konzern** dienen, die auf den Schutz der abhängigen AG sowie ihrer außenstehenden Minderheitsaktionäre und Gläubiger vor Benachteiligungen durch das herrschende Unt zielen (*ADS*[6] § 312 AktG Anm 1 f; *Koppensteiner* in Kölner Komm[3] § 312 Anm 2; *Ulmer* in FS Hüffer, 1000 ff).

Nach § 311 Abs 1 AktG darf eine abhängige AG oder KGaA nicht durch Einflussnahme eines herrschenden Unt dazu veranlasst werden, „ein für sie nachteiliges Rechtsgeschäft vorzunehmen oder Maßnahmen zu ihrem Nachteil zu treffen oder zu unterlassen, es sei denn, dass die Nachteile ausgeglichen werden". Zweck dieses **Benachteiligungsverbots** ist es, die abhängige AG wirtschaftlich so zu stellen, als sei sie eine unabhängige Ges (*ADS*[6] § 311 AktG Anm 2; *Koppensteiner* in Kölner Komm[3] § 311 Anm 1). Ergänzend sieht § 317 Abs 1 AktG eine **Schadenersatzpflicht** des herrschenden Unt vor, falls der erforderliche Nachteilsausgleich nicht bis zum Ende des Gj erfolgt.

Im AbhBer sind alle Rechtsgeschäfte aufzuführen, welche die abhängige Ges im vergangenen Gj mit dem herrschenden Unt oder einem mit ihm verbundenen Unt oder auf Veranlassung oder im Interesse dieser Unt vorgenommen hat, sowie über alle anderen Maßnahmen zu berichten, die sie auf Veranlassung oder im Interesse dieser Unt im vergangenen Gj getroffen oder unterlassen hat (§ 312 Abs 1 S 2 AktG). Für die **Berichtspflicht** ist es grds ohne Bedeutung, ob die abhängige Ges im Einzelfall tatsächlich benachteiligt wurde oder ob eine Nachteilsausgleichspflicht begründet wurde (*ADS*[6] § 312 AktG Anm 37). Der Regelungszweck gebietet jedoch, ein sinnentleertes Ausufern der Berichterstattung und eine Überfrachtung des AbhBer mit unproblematischen Aussagen zu vermeiden, da damit der Informationsgehalt verwässert und das Ziel einer effektiven praktischen Umsetzung der Schutzvorkehrungen der §§ 311 ff AktG verfehlt wird (glA *Vetter* in Schmidt/Lutter[2] § 312 Anm 6).

Der AbhBer dient der **Dokumentation** aller benachteiligungsverdächtigen Rechtsgeschäfte und Maßnahmen sowie der Angaben, die zur nachfolgenden Überprüfung und Beurteilung ihrer Angemessenheit durch AR und AP erforderlich sind (*Altmeppen* in MünchKomm AktG³ § 312 Anm 3; *Emmerich/Habersack*⁷ § 312 Anm 2). Eine weitere Funktion des AbhBer ist die **Rechenschaftslegung** durch den Vorstand der abhängigen AG, der hierdurch an seine Eigenverantwortlichkeit und seine Verpflichtung zur Wahrung der GesInteressen auch ggü dem herrschenden Unt ermahnt werden soll (vgl *Altmeppen* in MünchKomm AktG³ § 312 Anm 4; *Vetter* in Schmidt/Lutter² § 312 Anm 2). Ferner soll der AbhBer (mittelbar) die **Informationsgrundlage** für GesGläubiger und außenstehende Aktionäre verbessern, um diesen bei Benachteiligungen der abhängigen AG/KGaA die Geltendmachung von **Schadenersatzansprüchen** gegen das herrschende Unt und die Organmitglieder der Ges zu ermöglichen (*Hüffer*¹⁰ § 312 Anm 1; *Emmerich/Habersack*⁷ § 312 Anm 2; *Koppensteiner* in Kölner Komm³ § 312 Anm 2).

204 Es sind Zweifel angebracht, ob die Regelungen zum AbhBer sowie die Vorschriften der §§ 311 ff AktG insgesamt als eine geglückte rechtspolitische Konzeption des Gesetzgebers anzusehen sind (vgl *Hüffer*¹⁰ § 312 Anm 1 mwN; *Emmerich/Habersack*⁷ § 312 Anm 3). Die Verpflichtung zur Aufstellung und Prüfung des AbhBer entfaltet jedoch zumindest eine **Präventionswirkung**, die die Stellung des Vorstands der abhängigen AG ggü dem herrschenden Unt stärkt (*Hüffer*¹⁰ § 312 Anm 1; *Emmerich/Habersack*⁷ § 312 Anm 3; *Altmeppen* in MünchKomm AktG³ § 312 Anm 4 mwN).

2. Anwendungsbereich

210 Nach dem Wortlaut des § 312 Abs 1 S 1 AktG ist der Vorstand einer „abhängigen Gesellschaft" zur Aufstellung eines AbhBer verpflichtet. Die Verpflichtung besteht hiernach für inländische Ges in der **Rechtsform** der **AG,** darüber hinaus nach ganz hM auch für die **KGaA** (*Hüffer*¹⁰ § 312 Anm 5 mwN; *Altmeppen* in MünchKomm AktG³ § 312 Anm 23; *Strieder* DB 2004, 799; *Bertram* WPg 2009, 412) sowie für die **SE** mit Sitz in Deutschland (vgl § 49 Abs 1 SEAG; glA *Altmeppen* in MünchKomm AktG³ Anhang Art 9 SE-VO Anm 37, 40; *Leuering/Goertz* in Hölters § 312 Anm 9). Auf Ges anderer Rechtsform ist § 312 AktG nicht anwendbar.

211 Die Zusammensetzung des **Aktionärskreises** der abhängigen Ges ist für die Berichtspflicht ohne Belang. Wegen seiner Gläubigerschutzfunktion ist der AbhBer auch dann aufzustellen, wenn sich alle Aktien der abhängigen Ges in der Hand eines herrschenden Unt befinden (*Hüffer*¹⁰ § 312 Anm 3; *Altmeppen* in MünchKomm AktG³ § 312 Anm 27; *WPH*¹⁴ I, F Anm 1291). Die Berichtspflicht besteht auch dann, wenn das herrschende Unt eine Gebietskörperschaft ist (*Müller* in Spindler/Stilz² § 312 Anm 5 mwN; *Hüffer*¹⁰ § 312 Anm 3; s Anm 236) oder wenn eine AG als sog GemUnt von mehreren anderen Unt abhängig ist (*WPH*¹⁴ I, F Anm 1289 mwN; s Anm 231).

212 Eine abhängige Ges braucht einen AbhBer nicht aufzustellen, wenn ein **Beherrschungsvertrag** iSd § 291 AktG besteht (§ 312 Abs 1 S 1 AktG), da in diesem Fall bereits § 311 AktG nicht anwendbar ist. Auch bei Bestehen eines **EAV** iSd § 291 AktG zwischen der abhängigen Ges und dem herrschenden Unt ist ein AbhBer nicht aufzustellen (§ 316 AktG). Dagegen entbindet ein **isolierter Verlustübernahmevertrag** nicht von der Berichtspflicht, da es sich hierbei nicht um einen UntVertrag iSd § 291 AktG handelt (hM, *Koppensteiner* in Kölner Komm³ § 316 Anm 4 mwN; *Hüffer*¹⁰ § 316 Anm 2; *Emmerich/Habersack*⁷ § 316 Anm 3; differenzierend *Priester* in FS Schaumburg, 1335 f). Die Berichtspflicht entfällt im Falle einer **mehrstufigen** Abhängigkeit, wenn zwischen der abhängigen Ges und einem der übergeordneten Unt ein Beherrschungsvertrag und/oder EAV besteht (*Altmeppen* in MünchKomm AktG³ § 312 Anm 26 mwN).

Schließlich braucht eine abhängige Ges auch dann einen AbhBer nicht aufzu- 213
stellen, wenn sie nach §§ 319 ff AktG in eine andere AG (HauptGes) **eingegliedert** ist (§ 323 Abs 1 S 3 AktG). Dies gilt auch dann, wenn die HauptGes wiederum eine abhängige Ges ist (*Altmeppen* in MünchKomm AktG³ § 312 Anm 26).

Die genannten Ausnahmen von der Berichtspflicht sind durch das fehlende 214
Schutzbedürfnis der außenstehenden Aktionäre und GesGläubiger begründet, da
diese bereits durch die Verlustübernahmepflicht des herrschenden Unt (§§ 302,
324b Abs 3 AktG) bzw die Verpflichtung zur Leistung von Ausgleichszahlungen
(§ 304 AktG) hinreichend gesichert sind (*Altmeppen* in MünchKomm AktG³
§ 312 Anm 25; *Hüffer*[10] § 312 Anm 4).

Weitere Ausnahmefälle sieht das AktG nicht vor. Ein **anderer Unterneh-** 215
mensvertrag isd § 292 AktG (zB Betriebspacht- oder Betriebsüberlassungsver-
trag) mit der abhängigen Ges entbindet daher nicht von der Verpflichtung zur
Aufstellung eines AbhBer (*Altmeppen* in MünchKomm AktG³ § 312 Anm 25).
Auf die gesetzlich vorgeschriebene Berichterstattung kann auch durch Satzungsbestimmung oder HV-Beschluss nicht verzichtet werden (*ADS*[6] § 312 AktG
Anm 29 mwN).

II. Aufstellungspflicht

1. Adressaten und Fristen

Nach § 312 Abs 1 S 1 AktG ist der AbhBer vom **Vorstand** der abhängigen 220
AG aufzustellen. Die Erfüllung der Berichtspflicht fällt in die organschaftliche
Gesamtverantwortung des Vorstands. Zur Dokumentation der Gesamtverantwortung für die Vollständigkeit und Richtigkeit des AbhBer muss dieser von
allen Vorstandsmitgliedern unterzeichnet werden (*Hüffer*[10] § 312 Anm 2; *Altmeppen* in MünchKomm AktG³ § 312 Anm 52). Im Falle der KGaA trifft die Berichtspflicht sämtliche persönlich haftenden Gester; sofern es sich beim Komplementär um eine KapGes handelt, sind deren gesetzliche Vertreter zur Aufstellung
des AbhBer verpflichtet (*Emmerich/Habersack*[7] § 312 Anm 14; *Strieder* DB 2004,
800). Entspr haben bei einer **KGaA** alle phG den AbhBer zu unterschreiben. Ist
der Komplementär der KGaA eine AG oder GmbH, ist der AbhBer von deren
sämtlichen Vorstandsmitgliedern bzw Geschäftsführern zu unterschreiben (zur
Parallelfrage der Unterzeichnung des JA bei KapCoGes vgl § 245 Anm 2 mwN).
Bei einer abhängigen monistisch strukturierten **SE** haben die geschäftsführenden
Direktoren den AbhBer aufzustellen und zu unterzeichnen (§ 49 Abs 1 SEAG;
vgl *Altmeppen* in MünchKomm AktG² Anhang Art 9 SE-VO Anm 37).

Die Aufstellungspflicht trifft alle Vorstandsmitglieder, die zum Zeitpunkt der Be- 221
richtserstellung im Amt sind. Für zwischenzeitlich ausgeschiedene Vorstandsmitglieder ist die Verpflichtung entfallen. Dagegen werden neu ernannte Vorstandsmitglieder – auch bei einem vollständigen **Vorstandswechsel** – von ihr erfasst,
selbst wenn sie in dem Gj, auf das sich die Berichtspflicht bezieht, noch nicht im
Amt waren (*Altmeppen* in MünchKomm AktG³ § 312 Anm 51; *Emmerich/Haber-
sack*[7] § 312 Anm 14). Zu Auswirkungen auf die Schlusserklärung s Anm 340.

Bei der Erfüllung der Berichtspflicht kann sich der Vorstand der Hilfe anderer 222
Personen bedienen, für deren Auswahl und Überwachung er nach allgemeinen
Regeln haftet (*Altmeppen* in MünchKomm AktG³ § 312 Anm 51; *Koppensteiner*
in Kölner Komm³ § 312 Anm 27). Der AP darf nicht mit der Aufstellung des
AbhBer beauftragt werden, weil ihm nach § 313 AktG die Prüfung des AbhBer
obliegt (*St/HFA 3/1991* Abschn III.2).

Nach § 312 Abs 1 S 1 AktG hat der Vorstand der abhängigen AG den AbhBer 223
„**in den ersten drei Monaten**" des nachfolgenden Gj aufzustellen. Die Auf-

stellungspflicht besteht auch für ein Rumpf-Gj, das sich im Falle einer Verlegung des Gj ergibt (*ADS*[6] § 312 AktG Anm 23), nicht jedoch für sonstige Zwischenabschlüsse (zB vom Gj abw Schlussbilanz nach § 17 Abs 2 UmwG). Bei einer kleinen AG iSv § 267 Abs 1 HGB ist es zulässig, den AbhBer zeitgleich mit dem JA innerhalb der auf 6 Monate verlängerten Frist des § 264 Abs 1 S 3 HGB aufzustellen (*ADS*[6] § 312 AktG Anm 5; *Hüffer*[10] § 312 Anm 9; *Altmeppen* in MünchKomm AktG[3] § 312 Anm 54). Auch soweit für die Aufstellung des JA branchenspezifisch verlängerte Fristen gelten (zB VersicherungsUnt nach § 341a Abs 1 und 5 HGB), verlängert sich die Aufstellungsfrist für den AbhBer entspr (*Hüffer*[10] § 312 Anm 9; *Altmeppen* in MünchKomm AktG[3] § 312 Anm 54).

224 Die Pflicht zur Aufstellung des AbhBer **endet nicht** automatisch mit der **Feststellung** des JA für das betr Gj (hM, BGH 17.3.1997, DB, 1121; *Altmeppen* in MünchKomm AktG[3] § 312 Anm 62). Die Aufstellungspflicht **dauert** solange an, bis hinsichtlich der Schadenersatzansprüche aus §§ 317, 318 AktG die fünfjährige **Verjährungsfrist** abgelaufen ist (*Altmeppen* in MünchKomm AktG[3] § 312 Anm 62; *Vetter* in Schmidt/Lutter[2] § 312 Anm 20; *WPH*[14] I, F Anm 1288). Bei einer hiernach gebotenen nachträglichen Aufstellung des AbhBer ist es grds ausreichend, diesen in das Berichterstattungsverfahren für den nächstfolgenden JA einzubeziehen (*WPH*[14] I, F Anm 1288).

2. Abhängigkeitsverhältnis

226 Die Berichtspflicht nach § 312 Abs 1 AktG setzt ein Abhängigkeitsverhältnis voraus. Nach § 17 Abs 1 AktG liegt eine **Abhängigkeit** der AG vor, wenn ein anderes Unt (herrschendes Unt) auf die AG unmittelbar oder mittelbar einen beherrschenden Einfluss ausüben kann. Der Abhängigkeitstatbestand ist erfüllt, wenn sich die Ges aus ihrer Perspektive der **Möglichkeit der Einflussnahme** durch ein herrschendes Unt ausgesetzt sieht; hierbei muss jedoch die Einflussmöglichkeit beständig, umfassend und gesellschaftsrechtlich vermittelt sein (hM, *Hüffer*[10] § 17 Anm 6, 8 mwN; *ADS*[6] § 17 AktG Anm 13 ff; *Emmerich/Habersack*[7] § 17 Anm 8 ff). Es kommt nicht darauf an, ob der Einfluss tatsächlich ausgeübt wird oder ob das herrschende Unt die Absicht hat, Einfluss zu nehmen (*Koppensteiner* in Kölner Komm[3] § 17 Anm 17; *Windbichler* in Großkomm AktG[4] § 17 Anm 19; *ADS*[6] § 17 AktG Anm 13 f). Für die Annahme eines **beherrschenden Einflusses** ist als Gegenstand ausreichend, aber auch erforderlich, dass das herrschende Unt einen maßgeblichen Einfluss auf die **personelle Besetzung** der Verwaltungsorgane hat, woraus die Wahrscheinlichkeit eines einflusskonformen Verhaltens der Organmitglieder folgt (*Hüffer*[10] § 17 Anm 5; *Koppensteiner* in Kölner Komm[3] § 17 Anm 21; *Emmerich/Habersack*[7] § 17 Anm 8; *Vetter* in Schmidt/Lutter[2] § 17 Anm 6).

227 Nach § 17 Abs 2 AktG wird bei Bestehen einer **Mehrheitsbeteiligung** iSd § 16 AktG ein Abhängigkeitsverhältnis widerlegbar **vermutet** (zur Widerlegung s Anm 233). Nach der gesetzlichen Konzeption reicht damit eine mitgliedschaftliche MehrheitsBet, bei der es sich gleichermaßen um eine Kapital- oder Stimmrechtsmehrheit handeln kann, idR zur Begründung einer Abhängigkeit aus (*Hüffer*[10] § 17 Anm 17; *Bayer* in MünchKomm AktG[3] § 17 Anm 25, 87). Eine **Minderheitsbeteiligung** kann zur Begründung eines Abhängigkeitsverhältnisses genügen, wenn sie faktisch wie eine Mehrheit wirkt, wie insb im Fall einer regelmäßigen **Präsenzmehrheit** in der HV (BGH 13.10.1977, DB, 2367; OLG Düsseldorf 8.11.2004, AG 2005, 539; *Hüffer*[10] § 17 Anm 9; *Bayer* in MünchKomm AktG[3] § 17 Anm 35 mwN). Eine bloße **Sperrminorität** kann idR keine Abhängigkeit begründen, weil durch sie nur die Möglichkeit vermittelt wird, Entscheidungen zu blockieren (hM, zB *Hüffer*[10] § 17 Anm 10; *Bayer* in MünchKomm AktG[3] § 17 Anm 42 mwN; *ADS*[6] § 17 AktG Anm 36). Da eine

gesellschaftsrechtlich vermittelte Einflussmöglichkeit erforderlich ist, reichen **wirtschaftliche** Abhängigkeiten zB infolge enger Liefer-, Absatz- oder Kreditbeziehungen nicht aus, ein Abhängigkeitsverhältnis iSd § 17 AktG zu begründen; dies gilt im Grundsatz selbst dann, wenn sie zu einer bestehenden Bet hinzutreten (BGH 26.3.1984, NJW, 1893; OLG Düsseldorf 8.11.2004, AG 2005, 538f; *Hüffer*[10] § 17 Anm 8 mwN; *Bayer* in MünchKomm AktG[3] § 17 Anm 29). Im Einzelfall kann jedoch ein Abhängigkeitsverhältnis als Folge einer **kombinierten Beherrschung** anzunehmen sein, wenn eine maßgebliche gesellschaftsrechtliche Bet durch eine wirtschaftliche Machtstellung oder eine personelle Verflechtung auf Leitungsebene weiter verstärkt wird (vgl *Vetter* in Schmidt/Lutter[2] § 17 Anm 16; *Emmerich/Habersack*[7] § 17 Anm 16). Die Abhängigkeitsvermutung des § 17 Abs 2 AktG gilt grds nicht für die **KGaA**, bei der vorbehaltlich abw Satzungsregelungen Beherrschung nur durch die phG möglich ist; da die phG weder durch AR noch HV gewählt werden, kommt den Kommanditaktionären kein (mittelbarer) Einfluss auf die personelle Besetzung des Leitungsorgans zu (*Bayer* in MünchKomm AktG[3] § 17 Anm 126; *Schall* in Spindler/Stilz[2] § 17 Anm 48f).

Nach § 17 Abs 1 AktG ist der unmittelbaren die **mittelbare Abhängigkeit** **228** gleichzustellen. Eine **einstufige** mittelbare Abhängigkeit ist anzunehmen, wenn das herrschende Unt nur zusammen mit einem Dritten (insb **Treuhänder**), der sich zu einem weisungsgebundenen Einsatz seiner Beherrschungsmittel verpflichtet hat, in der Lage ist, einen beherrschenden Einfluss auf die Ges auszuüben (*Emmerich/Habersack*[7] § 17 Anm 26; *Bayer* in MünchKomm AktG[3] § 17 Anm 73). Die Ges ist dann vom Treugeber abhängig, wenn dieser nach Zurechnung der vom Treuhänder für seine Rechnung gehaltenen Anteile als ein mit Mehrheit beteiligtes Unt anzusehen ist. Ggf kann die Ges zugleich vom Treuhänder – also mehrfach – abhängig sein (*Emmerich/Habersack*[7] § 17 Anm 26), zB wenn sich das Treuhandverhältnis auf ein Mehrheitspaket an der abhängigen Ges bezieht. In diesem Fall sind die Beziehungen zu beiden herrschenden Unt berichtspflichtig (zur mehrfachen Abhängigkeit s Anm 231).

Eine **mehrstufige Abhängigkeit** ist gegeben, wenn ein drittes Unt, über **229** welches das herrschende Unt seinen beherrschenden Einfluss auf die AG ausübt, seinerseits vom herrschenden Unt abhängig ist (*Emmerich/Habersack*[7] § 17 Anm 27; *Bayer* in MünchKomm AktG[3] § 17 Anm 75). Als typische Beispiele sind jeweils mehrheitlich beteiligte Mutter-, Tochter- und EnkelGes zu nennen. Hier ist die Enkel-AG kraft Zurechnung (vgl § 16 Abs 4 AktG) nicht nur unmittelbar von der TochterGes, sondern auch mittelbar von der MutterGes abhängig. In diesem Fall sind bei entspr Rechtsform sowohl die Tochter- als auch die EnkelGes zur Aufstellung eines AbhBer verpflichtet (*WPH*[14] I, F Anm 1297; *Koppensteiner* in Kölner Komm[3] § 312 Anm 11; *ADS*[6] § 312 AktG Anm 10). Ein zwischen Mutter- und TochterGes abgeschlossener EAV (oder Beherrschungsvertrag) entbindet hier nur die TochterGes, nicht hingegen die EnkelGes von der Aufstellungspflicht (*WPH*[14] I, F Anm 1298, *St/HFA 3/1991* Abschn 16); entspr bleibt die Berichtspflicht der TochterGes unberührt, wenn ein EAV nur zwischen Mutter- und EnkelGes besteht (*WPH*[14] I, F Anm 1299).

Für die **Berichterstattung der EnkelGes** im AbhBer sind sowohl die Mut- **230** ter- als auch die TochterGes als herrschende Unt anzusehen. In diesem Fall ist es zulässig und idR auch zweckmäßig, die Beziehungen der abhängigen EnkelGes zu den mehreren herrschenden Unt und den mit diesen verbundenen Unt in einem **einheitlichen AbhBer** darzustellen (hM, *ADS*[6] § 312 AktG Anm 9, 20; *Altmeppen* in MünchKomm AktG[3] § 312 Anm 129 mwN; *Koppensteiner* in Kölner Komm[3] § 312 Anm 11). Dem AbhBer muss aber eindeutig zu entnehmen sein, auf welches der Unt sich die berichtspflichtigen Rechtsgeschäfte und Maß-

§ 289   231–233   Lagebericht

nahmen jeweils beziehen (*ADS*[6] § 312 AktG Anm 9 mwN; *Koppensteiner* in Kölner Komm[3] § 312 Anm 11; *Vetter* in Schmidt/Lutter[2] § 312 Anm 9). Der Vorstand einer übergeordneten abhängigen Tochter-AG kann seinem eigenen AbhBer aus Vereinfachungsgründen den vom Vorstand der abhängigen Enkel-AG erstatteten AbhBer als Anlage **beifügen** und hierauf Bezug nehmen; an der selbständigen Verantwortung des Vorstands der Zwischenholding für den Berichtsinhalt und die Schlusserklärung ändert dies jedoch nichts (*Altmeppen* in MünchKomm AktG[3] § 312 Anm 129 mwN; *ADS*[6] § 312 AktG Anm 10).

231   Eine **mehrfache Abhängigkeit** der Ges von anderen Unt kann sich in unterschiedlichen Fallkonstellationen ergeben. Häufigster Anwendungsfall ist das sog **GemUnt,** an dem zwei oder mehr andere Unt zum gemeinsamen Nutzen beteiligt sind, die zusammen über eine Stimmenmehrheit verfügen und hierdurch gemeinsam einen beherrschenden Einfluss (Mehrmütterherrschaft) ausüben können (vgl *Hüffer*[10] § 17 Anm 13; *Bayer* in MünchKomm AktG[3] § 17 Anm 76 ff; *Vetter* in Schmidt/Lutter[2] § 17 Anm 45 f). Das bloße Vorliegen eines paritätischen GemUnt und der sich hieraus ergebende faktische Einigungszwang reichen allein zur Begr einer mehrfachen Abhängigkeit nicht aus (hM, *Hüffer*[10] § 17 Anm 16; *Vetter* in Schmidt/Lutter[2] § 17 Anm 46; *Emmerich/Habersack*[7] § 17 Anm 31). Darüber hinaus ist erforderlich, dass die Mehrmütter hinreichend sicher in der Lage sind, den beherrschenden Einfluss in **koordinierter Weise** gemeinsam auszuüben. Als **Mittel** für eine verlässliche Koordinierung kommen neben der Gründung einer VorschaltGes der Mehrmütter zB Gester-, Pool-, Stimmbindungs- oder Konsortialvereinbarungen sowie ggf auch personelle Verflechtungen in Betracht (*Vetter* in Schmidt/Lutter[2] § 17 Anm 48; *Emmerich/Habersack*[7] § 17 Anm 30; *Bayer* in MünchKomm AktG[3] § 17 Anm 78).

232   Als Folge des koordinierten beherrschenden Einflusses besteht die Abhängigkeit ggü allen MU, die gemeinsam führen, und nicht etwa ggü einer zur Interessenkoordination von den MU gebildeten BGB-Ges (*Bayer* in MünchKomm AktG[3] § 17 Anm 83; *Emmerich/Habersack*[7] § 17 Anm 32). Für die **Berichterstattung** im AbhBer folgt hieraus, dass die Beziehungen zu jedem MU und den mit diesen verbundenen Unt angabepflichtig sind. Auch in diesem Fall genügt **ein einheitlicher** AbhBer (*ADS*[6] § 312 AktG Anm 12 mwN; *Koppensteiner* in Kölner Komm[3] § 312 Anm 12), der allerdings erkennen lassen muss, welchem Unt die berichtspflichtigen Rechtsgeschäfte und anderen Maßnahmen jeweils zuzuordnen sind.

233   Eine **Widerlegung** der Abhängigkeitsvermutung nach § 17 Abs 2 AktG erfordert den Nachweis, dass der Mehrheitsaktionär seinen beherrschenden Einfluss aus **rechtlichen Gründen** nicht ausüben kann (*Hüffer*[10] § 17 Anm 19; *Schall* in Spindler/Stilz[2] § 17 Anm 50 f; *Bayer* in MünchKomm AktG[3] § 17 Anm 90, 94). Als Mittel zur Widerlegung kommen insb **Satzungsregelungen** in Betracht, die zB Stimmrechtsbeschränkungen oder ein qualifiziertes Mehrheitserfordernis für die Wahlen zum AR vorsehen (*Bayer* in MünchKomm AktG[3] § 17 Anm 98; *Hüffer*[10] § 17 Anm 21; *St/HFA 3/1991* Abschn I.8). Zur Widerlegung ist auch ein **Stimmbindungsvertrag** geeignet, in dem sich der Mehrheitsaktionär ggü einem MitGester oder einem Dritten verpflichtet, seine Stimmrechtsmehrheit nicht auszuüben (*Hüffer*[10] § 17 Anm 22; *Bayer* in MünchKomm AktG[3] § 17 Anm 99; *Emmerich/Habersack*[7] § 17 Anm 38). Ferner kommt zur Widerlegung ein **Entherrschungsvertrag** zwischen dem Mehrheitsaktionär und der abhängigen Ges in Betracht, der eine Beschränkung der Stimmrechtsmacht auf weniger als die Hälfte der in der HV vertretenen Stimmen vorsieht (*Bayer* in MünchKomm AktG[3] § 17 Anm 100; *Vetter* in Schmidt/Lutter[2] § 17 Anm 61). Dabei dürfen der Stimmbindungs- wie auch der Entherrschungsvertrag erst nach der nächsten regulären AR-Wahl enden, weshalb eine **Ver-**

tragslaufzeit von idR mind 5 Jahren erforderlich ist, in der auch eine ordentliche Kündigung ausgeschlossen sein muss (*Bayer* in MünchKomm AktG³ § 17 Anm 103 mwN; *Emmerich/Habersack*⁷ § 17 Anm 43; *Hüffer*¹⁰ § 17 Anm 22).

Tatsächliche Verhältnisse (zB Nichtausübung von Stimmrechten) sind zur Widerlegung der Abhängigkeitsvermutung **ungeeignet,** da es für die Abhängigkeit nicht auf die tatsächliche Ausübung der Beherrschungsmittel ankommt und sich die Möglichkeit eines beherrschenden Einflusses durch äußere Umstände grds nicht ausschließen lässt (*Emmerich/Habersack*⁷ § 17 Anm 40; *Bayer* in MünchKomm AktG³ § 17 Anm 93 f). Für eine Widerlegung ungeeignet sind auch bloße Absichtsbekundungen oder **einseitige Erklärungen** des Mehrheitsaktionärs, auf die Stimmrechtsausübung aus einem Teil seiner Aktien (widerruflich) zu verzichten (*Emmerich/Habersack*⁷ § 17 Anm 40; *Schall* in Spindler/Stilz² § 17 Anm 51). Auch die Tatsache, dass die abhängige AG der **Mitbestimmung** der Arbeitnehmer nach dem MitbestG unterliegt, ist wegen des zweifachen Stimmrechts des AR-Vorsitzenden (§ 31 Abs 4 S 1 MitbestG) zur Widerlegung nicht ausreichend (*Bayer* in MünchKomm AktG³ § 17 Anm 92 mwN; *Koppensteiner* in Kölner Komm³ § 17 Anm 121); anderes kann gelten, wenn darüber hinaus in der Satzung einem konzernfremden Minderheitsaktionär das Recht zur Entsendung von AR-Mitgliedern (§ 101 Abs 2 AktG) eingeräumt wurde, so dass das herrschende Unt nicht alle Anteilseignervertreter bestimmen kann. Ungeeignet sind auch **Stimmverbote** wegen unterlassener Mitteilungen nach §§ 20 AktG, 21 WpHG, da diese vom Gester durch Nachholung wieder aufgehoben werden können (*Koppensteiner* in Kölner Komm³ § 17 Anm 106; *Vetter* in Schmidt/Lutter² § 17 Anm 57; aA *Windbichler* in Großkomm AktG⁴ § 17 Anm 74).

Die Verpflichtung zur Aufstellung eines AbhBer setzt weiter voraus, dass der beherrschende Einfluss von einem Unt iSd §§ 15, 311 AktG ausgehen muss (*ADS*⁶ § 312 AktG Anm 13; *WPH*¹⁴ I, F Anm 1294; *Emmerich/Habersack*⁷ § 312 Anm 8). Nach dem zweckbestimmten **Unternehmensbegriff** ist als Unt jeder Gester anzusehen, der neben seiner Bet an der AG anderweitige wirtschaftliche Interessenbindungen hat, die nach Art und Intensität die ernsthafte Sorge begründen, er könne deshalb seinen aus der Mitgliedschaft folgenden Einfluss zum Nachteil der AG ausüben (stRspr seit BGH 13.10.1977, NJW 1978, 104; *Bayer* in MünchKomm AktG³ § 15 Anm 13 mwN; *Hüffer*¹⁰ § 15 Anm 8). Abzugrenzen ist das Unt vom sog **PrivatGester,** der neben seiner Bet an einer Ges keine anderweitigen wirtschaftlichen Interessenbindungen aufweist, so dass sich konzerntypische Interessenkonflikte nicht ergeben können (*Emmerich/Habersack*⁷ § 15 Anm 9a; *Bayer* in MünchKomm AktG³ § 15 Anm 14, 18).

Für die Berichtspflicht ist ohne Bedeutung, ob das herrschende Unt seinen **Sitz** im In- oder Ausland hat und welche **Rechtsform** es hat (*WPH*¹⁴ I, F Anm 1294; *St/HFA 3/1991* Abschn I.2). Als herrschende Unt kommen auch Körperschaften und Anstalten des öffentlichen Rechts in Betracht (*WPH*¹⁴ I, F Anm 1294 mwN; *Bayer* in MünchKomm AktG³ § 15 Anm 38); dabei kann eine öffentlich-rechtliche **Gebietskörperschaft** wegen ihrer Verpflichtung zur Wahrnehmung öffentlicher Interessen bereits dann als herrschendes Unt anzusehen sein, wenn sie nur an einer einzigen abhängigen AG als Mehrheits- oder Alleinaktionär beteiligt ist (BGH 17.3.1997, DB, 1121; *Emmerich/Habersack*⁷ § 15 Anm 29 mwN; *Bayer* in MünchKomm AktG³ § 15 Anm 41). Herrschende Unt können auch als UntTräger fungierende eG, Vereine oder Stiftungen sein (*Emmerich/Habersack*⁷ § 15 Anm 18; *Koppensteiner* in Kölner Komm³ § 15 Anm 57; einschränkend OLG Düsseldorf 15.1.2004, NZG, 622, wenn sich Stiftung auf die Verwaltung ihres BetBesitzes an einer Ges beschränkt). Eine reine **BGB-InnenGes** (zB Stimmrechtskonsortium oder FamilienGes) ist grds nicht als Unt anzusehen, wenn sich ihre Funktion auf die Stimmrechtsbündelung bei **einer**

Ges beschränkt; wenn sich die BGB-Ges jedoch auch außerhalb der von ihr geleiteten Ges unternehmerisch betätigt oder wenn sie von einem oder mehreren Gestern majorisiert wird, die gleichzeitig auch außerhalb der Ges unternehmerische Ziele verfolgen, ist sie als Unt zu behandeln (*Emmerich/Habersack*[7] § 15 Anm 20a mwN; *Bayer* in MünchKomm AktG[3] § 15 Anm 29; *Koppensteiner* in Kölner Komm[3] § 15 Anm 69).

237 **Einzelkaufleute**, die ein Gewerbe betreiben, sind unabhängig vom Umfang dieses Gewerbes stets als Unt anzusehen (hM, *Koppensteiner* in Kölner Komm[3] § 15 Anm 31 mwN; *Windbichler* in Großkomm AktG[4] § 15 Anm 22). Auch **Freiberufler** kommen als Unt in Betracht, wenn neben der Bet an der AG eine anderweitige wirtschaftliche Interessenbindung besteht (hM, *Bayer* in MünchKomm AktG[3] § 15 Anm 15; *Hüffer*[10] § 15 Anm 11; *Windbichler* in Großkomm AktG[4] § 15 Anm 23 mwN). Bei anderen **natürlichen Personen** kommt eine Qualifikation als Unt kraft **Mehrfachbeteiligung** in Betracht, wenn diese ihre unternehmerischen Interessen bei mehreren selbständigen Unt aufgrund einer Mehrheits- oder zumindest maßgeblichen Bet verfolgen können (hM, BGH 13.12.1993, NJW 1994, 446; BAG 22.11.1995, AG 1996, 369; *Windbichler* in Großkomm AktG[4] § 15 Anm 24, 32 ff; *Koppensteiner* in Kölner Komm[3] § 15 Anm 37; vgl *Petersen/Zwirner/Busch* BB 2009, 1857).

3. Veränderungen im Geschäftsjahr

245 Für die Verpflichtung zur Aufstellung eines AbhBer sind grds die rechtlichen Verhältnisse am **Abschlussstichtag** der abhängigen Ges maßgebend. Dabei ist es gleichgültig, ob das **Abhängigkeitsverhältnis** (bei entspr Rechtsform) während des ganzen Gj bestanden hat oder erst im Laufe des Gj **eingetreten** ist (*WPH*[14] I, F Anm 1301; *ADS*[6] § 312 AktG Anm 23). Im letzteren Fall beschränkt sich die Berichterstattung auf alle Rechtsgeschäfte und Maßnahmen, die ab dem Eintritt der Abhängigkeit vorgenommen bzw ergriffen worden sind (*ADS*[6] § 312 AktG Anm 23; *St/HFA* 3/1991 Abschn I.14).

246 Ist ein unterjährig bestehendes **Abhängigkeitsverhältnis** vor dem Abschlussstichtag der abhängigen AG – zB infolge Anteilsveräußerung – **weggefallen**, könnte nach dem Gesetzeswortlaut („Vorstand einer abhängigen Gesellschaft") zweifelhaft sein, ob danach noch eine Berichterstattungspflicht besteht. Aus dem Schutzzweck des § 312 AktG, die Durchsetzung der auch in diesem Fall fortbestehenden Ansprüche auf Nachteilsausgleich aus § 311 AktG zu sichern, ist abzuleiten, dass auch bei Wegfall der Abhängigkeit im Lauf des Gj ein AbhBer aufzustellen ist (hM, zB *ADS*[6] § 312 AktG Anm 24; *WPH*[14] I, F Anm 1303; *Hüffer*[10] § 312 Anm 6; *Koppensteiner* in Kölner Komm[3] § 312 Anm 14). Eine bestimmte Mindestdauer des Abhängigkeitsverhältnisses ist dabei nicht erforderlich (*St/HFA* 3/1991 Abschn I.4). Es ist jedoch nur über Rechtsgeschäfte und Maßnahmen zu berichten, die in den Zeitraum der Abhängigkeit fallen (*ADS*[6] § 312 AktG Anm 24; *WPH*[14] I, F Anm 1303; *Hüffer*[10] § 312 Anm 6; *Koppensteiner* in Kölner Komm[3] § 312 Anm 14 mwN).

247 Eine Berichtspflicht besteht auch dann, wenn sich im abgelaufenen Gj – zB infolge Veräußerung der MehrheitsBet an der abhängigen Ges – eine **abwechselnde Abhängigkeit** ggü unterschiedlichen herrschenden Unt ergeben hat. Hierbei reicht die Erstattung eines **einheitlichen AbhBer** aus, wenn die berichtspflichtigen Rechtsgeschäfte und Maßnahmen den Unt eindeutig zugeordnet werden (*ADS*[6] § 312 AktG Anm 2a). Für die Darstellung im AbhBer stellt sich die Frage, zu welchem **Zeitpunkt** das Abhängigkeitsverhältnis übergeht. Die Berichtspflicht hinsichtlich des Veräußerers endet mit dem Abgang seiner MehrheitsBet, da etwaige nachwirkende Loyalitätspflichten idR zu schwach sind,

eine **nachwirkende Abhängigkeit** und damit eine Einbeziehung in den Abh-
Ber zu rechtfertigen (*ADS*[6] § 17 AktG Anm 34; *Altmeppen* in MünchKomm
AktG[3] § 312 Anm 41; aA *Bayer* in MünchKomm AktG[3] § 17 Anm 59). Im Fall
des Erwerbs eines Mehrheitspakets wird von Teilen der Literatur eine der Aktienübertragung faktisch **vorwirkenden Abhängigkeit** für möglich gehalten
(*Lutter* in FS Steindorff, 125; *Bayer* in MünchKomm AktG[3] § 17 Anm 53 ff
mwN); als Folge wäre regelmäßig für eine Übergangszeit von einer parallelen
Abhängigkeit ggü Veräußerer und Erwerber auszugehen und die Berichterstattung entspr zu erweitern (*Bayer* in MünchKomm AktG[3] § 17 Anm 56 f; für eine
vorsorgliche Berichterstattung wegen Ungewissheit der Herrschaftsverhältnisse
Altmeppen in MünchKomm AktG[3] § 312 Anm 38). Dagegen ist mit der hM grds
auf den Zeitpunkt des **dinglichen Aktienerwerbs** abzustellen, da erst damit
eine mitgliedschaftsrechtliche Einflussmöglichkeit vermittelt wird (vgl OLG Düsseldorf 22.7.1993, DB, 2223; *Hüffer*[10] § 17 Anm 9; *ADS*[6] § 17 AktG Anm 18;
Emmerich/Habersack[7] § 17 Anm 11; *Windbichler* in Großkomm AktG[4] § 17
Anm 50; *Friedl* NZG 2005, 876). Hierdurch wird für Zwecke der Berichterstattung im AbhBer eine praktikable und im Regelfall sachgerechte Abgrenzung der
Einflusssphären der abwechselnd herrschenden Unt erreicht.

Die Pflicht zur Aufstellung eines AbhBer entfällt für das gesamte Gj, wenn ein 248
Beherrschungsvertrag oder **EAV** (§ 291 AktG) oder eine **Eingliederung**
(§ 319 ff AktG) bis zum Abschlussstichtag der abhängigen Ges durch Eintragung
in das HR **wirksam** geworden ist (*Hüffer*[10] § 312 Anm 7; *Emmerich/Habersack*[7]
§ 312 Anm 12; *Koppensteiner* in Kölner Komm[3] § 312 Anm 18; *Altmeppen* in
MünchKomm AktG[3] § 312 Anm 47; *Friedl* NZG 2005, 877). Grund hierfür ist,
dass das herrschende Unt nach §§ 302, 322 Abs 1, 324 Abs 3 AktG auch für die
vor dem Vertragsabschluss bzw der Eingliederung begründeten Verluste bzw
Verbindlichkeiten einzustehen hat (*Emmerich/Habersack*[7] § 312 Anm 12; *Hüffer*[10]
§ 312 Anm 7).

Besonderes gilt für den **EAV**, der sich nach hM gesellschaftsrechtlich **Rück-** 249
wirkung auf den Beginn des letzten Gj beilegen kann, für das es noch keinen
festgestellten JA gibt (*Hüffer*[10] § 294 Anm 20; *Koppensteiner* in Kölner Komm[3]
§ 294 Anm 32 mwN; *Altmeppen* in MünchKomm AktG[3] § 316 Anm 11; enger
Emmerich/Habersack[7] § 294 Anm 29: Rückwirkung bis zum Beginn des lfd Gj).
Die Pflicht zur Aufstellung eines AbhBer entfällt daher auch dann, wenn im Folgejahr bis zum Ende der Aufstellungsphase für den JA ein mit Rückwirkung
versehener EAV durch Eintragung ins HR wirksam wird, der zur Übernahme
etwaiger Verluste des gesamten abgelaufenen Gj verpflichtet (*Altmeppen* in
MünchKomm AktG[3] § 316 Anm 7, 11 f; *Koppensteiner* in Kölner Komm[3] § 312
Anm 18; *WPH*[14] I, F Anm 1305).

Wenn ein Beherrschungsvertrag oder EAV ausnahmsweise – zB wegen Kündi- 250
gung aus wichtigem Grund (§ 297 AktG) – bereits vor dem Abschlussstichtag
endet, lebt die Pflicht der abhängigen AG zur Aufstellung eines AbhBer für den
Rest des laufenden Gj wieder auf; gleiches gilt, wenn eine bisher bestehende
Eingliederung nach § 327 AktG unterjährig endet (glA *Emmerich/Habersack*[7]
§ 312 Anm 12; *Koppensteiner* in Kölner Komm AktG[3] § 312 Anm 19; *Hüffer*[10]
§ 312 Anm 6 f). Es ist nur über Vorgänge zu berichten, die sich nach Beendigung
des UntVertrags bzw der Eingliederung ereignet haben.

Findet im lfd Gj ein **Formwechsel** (§§ 190 ff UmwG) eines abhängigen Unt 251
anderer Rechtsform in eine **AG** oder **KGaA** statt, ist ein AbhBer aufzustellen,
in dem jedoch nur über Vorgänge für die Zeit ab Wirksamwerden des Formwechsels (§ 202 UmwG: Eintragung ins HR) zu berichten ist (*Koppensteiner* in
Kölner Komm[3] § 312 Anm 16; *Hüffer*[10] § 312 Anm 6; *ADS*[6] § 312 AktG
Anm 25; aA, für eine das ganze Gj umfassende Berichtspflicht *Altmeppen* in

MünchKomm AktG³ § 312 Anm 43). Ein Wechsel zwischen den Rechtsformen der AG, KGaA oder auch SE (vgl Art 37 SE-VO) lässt in allen Richtungen die Berichtpflicht der abhängigen Ges für das gesamte Gj unberührt.

252 Im umgekehrten Fall, wenn der **Formwechsel** einer abhängigen AG oder KGaA in eine **andere Rechtsform** im Laufe des Gj wirksam wird, entfällt die Berichterstattungspflicht für das gesamte Gj, da die aktienrechtlichen Vorschriften nicht mehr anwendbar sind und der Normadressat entfallen ist (glA *ADS*⁶ § 312 AktG Anm 26; *Altmeppen* in MünchKomm AktG³ § 312 Anm 45; *WPH*¹⁴ I, F Anm 1303; *Vetter* in Schmidt/Lutter² § 312 Anm 15; aA, für zeitanteilige Berichtpflicht *Koppensteiner* in Kölner Komm³ § 312 Anm 16; *Leuering/Goertz* in Hölters § 312 Anm 14).

253 Ist eine abhängige AG/KGaA als **übernehmender Rechtsträger** an einer **Verschmelzung** oder **Spaltung** (§§ 2, 123 UmwG) beteiligt, ist ab Wirksamwerden des Vermögensübergangs (§§ 20 Abs 1, 131 Abs 1 UmwG: Eintragung ins HR) auch über Rechtsgeschäfte und Maßnahmen zu berichten, die sich auf das übertragene Vermögen beziehen. Wird in diesem Rahmen ein rückwirkender UmwStichtag gewählt, ab dem Handlungen als für Rechnung des übernehmenden Rechtsträgers (abhängige AG/KGaA) vorgenommen gelten (§§ 5 Abs 1 Nr 6, 126 Abs 1 Nr 6 UmwG), folgt hieraus keine zeitliche Erweiterung der Berichterstattungspflicht, da die spezielleren Regelungen des UmwG zum Schutz von Gläubigern und MinderheitsGestern den §§ 311ff AktG vorgehen und eine vertraglich vereinbarte wirtschaftliche Rückwirkung der Vermögenszuordnung dem herrschenden Unt keine rückwirkende Herrschaftsmacht über die Organe des übertragenden Rechtsträgers vermittelt (*WPH*¹⁴ I, F Anm 1301; aA *Altmeppen* in MünchKomm AktG³ § 312 Anm 46; *ADS*⁶ § 312 AktG Anm 26a).

254 Wird eine abhängige AG/KGaA als **übertragender Rechtsträger** im Laufe des Gj wirksam auf eine Ges **anderer Rechtsform verschmolzen** (§§ 2, 20 UmwG) oder auf mehrere solcher Ges **aufgespalten** (§ 123 Abs 1 UmwG), **entfällt** mit dem Erlöschen der abhängigen Ges mangels tauglichem Normadressaten auch die Berichterstattungspflicht für das gesamte Gj (glA *Altmeppen* in MünchKomm AktG³ § 312 Anm 46; *Vetter* in Schmidt/Lutter² § 312 Anm 16), zumal Gläubiger und Aktionäre durch die Regelungen des UmwG hinreichend geschützt sind. Für den Fall der Verschmelzung oder Spaltung der abhängigen auf eine **andere**, nicht abhängige **AG/KGaA** wird angenommen, dass die übernehmende AG/KGaA als Gesamtrechtsnachfolgerin grds einen AbhBer aufzustellen und darin über den Zeitraum bis zum Wirksamwerden der Verschmelzung bzw Spaltung zu berichten hat (*Vetter* in Schmidt/Lutter² § 312 Anm 16f; *Altmeppen* in MünchKomm AktG³ § 312 Anm 46). Im Falle der Verschmelzung der abhängigen auf die **herrschende** AG/KGaA erübrigt sich dagegen die Berichterstattung für das gesamte Gj (*Vetter* in Schmidt/Lutter² § 312 Anm 16). Die Berichtspflicht entfällt bei Verschmelzung der abhängigen Ges auch dann für das gesamte Gj, wenn die **übernehmende** AG/KGaA selbst wegen Bestehens eines EAV, eines Beherrschungsvertrags oder einer Eingliederung von der Aufstellungspflicht **befreit** ist, da in diesem Fall Gläubiger und Minderheitsaktionäre durch die Verlustübernahmeverpflichtung des anderen Vertragsteils hinreichend geschützt sind.

255 Wenn eine abhängige AG/KGaA im Rahmen einer **Abspaltung** oder **Ausgliederung** Vermögen auf einen anderen Rechtsträger überträgt, bleibt die Berichterstattungspflicht zunächst unberührt (vgl *Vetter* in Schmidt/Lutter² § 312 Anm 17). Bis zum Wirksamwerden der Vermögensübertragung ist grds auch über Rechtsgeschäfte und Maßnahmen zu berichten, die sich auf die transferierten VG beziehen. Sofern hierbei ein zurückliegender Spaltungsstichtag bestimmt wurde, werden die entspr Geschäfte ab diesem Zeitpunkt für **fremde Rech-**

nung des übernehmenden Rechtsträgers geführt, so dass den übertragenden Rechtsträger (abhängige Ges) keine nachteiligen Auswirkungen mehr treffen können. In diesem Fall erscheint es vertretbar, die entspr Vorgänge nicht mehr in den AbhBer aufzunehmen (*WPH*[14] I, F Anm 1301; s Anm 295).

Wenn sich die abhängige Ges zB aufgrund eines Auflösungsbeschlusses der 256 HV oder durch Zeitablauf in **Abwicklung** (§§ 264 ff AktG) befindet, wird die Verpflichtung zur Aufstellung eines AbhBer zum jeweiligen Gj-Ende hiervon nicht berührt (*Förschle/Deubert* in Sonderbilanzen[4] T Anm 386; *Koppensteiner* in Kölner Komm[3] § 312 Anm 9; *ADS*[6] § 270 AktG Anm 98). Sofern die Ges nach § 270 Abs 3 AktG durch das Gericht von der Prüfung des JA befreit ist, erstreckt sich diese Befreiung auch auf die Prüfung des AbhBer (*Förschle/Deubert* in Sonderbilanzen[4] T Anm 388; *ADS*[6] § 270 AktG Anm 99).

Wird für die abhängige Ges das **Insolvenzverfahren** eröffnet (§ 15a InsO), 257 entfällt dagegen die Berichtspflicht. Dies gilt sowohl für abgelaufene (Rumpf-)Gj bis zur Insolvenzeröffnung als auch für ein ggf mit der Eröffnung des Insolvenzverfahrens beginnendes neues Gj (vgl zur handelsrechtlichen Rechnungslegung in der Insolvenz *Förschle/Weisang* in Sonderbilanzen[4] R Anm 50). Grund hierfür ist, dass dem Insolvenzverwalter, der unabhängig von den Einflüssen eines herrschenden Unt handelt, die Geltendmachung etwaiger Ausgleichs- und Ersatzansprüche obliegt, ohne dass es hierfür des Hilfsmittels eines an den AR gerichteten AbhBer bedarf (glA *ADS*[6] § 312 AktG Anm 24).

4. Negativbericht

Die Pflicht zur Aufstellung des AbhBer als sog Negativbericht besteht auch 260 dann, wenn in dem betr Gj keine berichtspflichtigen Vorgänge zu verzeichnen sind (*St/HFA 3/1991* Abschn I.17; *Müller* in Spindler/Stilz[2] § 312 Anm 13; *Koppensteiner* in Kölner Komm AktG[3] § 312 Anm 13 mwN; *Hüffer*[10] § 312 Anm 8). Der Inhalt des AbhBer beschränkt sich dann auf die Feststellung, dass im Verhältnis zum herrschenden oder mit ihm verbundenen Unt keine berichtspflichtigen Rechtsgeschäfte oder sonstige Maßnahmen vorgefallen sind (*ADS*[6] § 312 AktG Anm 63; *WPH*[14] I, F Anm 1296). Diese Feststellung ist Gegenstand der nachfolgenden Prüfung (s Anm 354, 360) durch AP und AR nach §§ 313, 314 AktG (*Müller* in Spindler/Stilz[2] § 312 Anm 13; *Altmeppen* in MünchKomm AktG[3] § 312 Anm 28).

III. Berichtsinhalt

1. Allgemeine Anforderungen

Der AbhBer hat nach § 312 Abs 2 AktG den Grundsätzen einer gewissenhaf- 261 ten und getreuen Rechenschaft zu entsprechen. Diese gesetzliche Generalklausel ist unter Berücksichtigung des **Zwecks** der Berichterstattung zu konkretisieren. Danach muss der AbhBer alle notwendigen Angaben enthalten, um zuverlässig beurteilen zu können, ob die abhängige Ges benachteiligt wurde; dabei ist der AbhBer so zu gestalten, dass den Berichtsempfängern (AR, AP) die Informationsgewinnung und eigene Beurteilung möglichst erleichtert wird (*Altmeppen* in MünchKomm AktG[3] § 312 Anm 132, *Müller* in Spindler/Stilz[2] § 312 Anm 45). Hieraus sind die Gebote der **Wahrheit**, **Vollständigkeit**, **Klarheit** und **Übersichtlichkeit** abzuleiten (*Altmeppen* in MünchKomm AktG[3] § 312 Anm 132 ff; *Müller* in Spindler/Stilz[2] § 312 Anm 45; *Hüffer*[10] § 312 Anm 31).

Aus dem **Wahrheitsgebot** folgt, dass der Vorstand der abhängigen Ges nach 262 bestem Wissen zu berichten hat. Die Angaben im AbhBer müssen die Verhältnisse zutreffend darstellen und dürfen nicht irreführend sein, zudem dürfen erhebliche Angaben auch nicht verschwiegen werden (*Vetter* in Schmidt/Lutter[2] § 312 Anm 52; *Altmeppen* in MünchKomm AktG[2] § 312 Anm 133). Geheimhaltungsinteressen oder -pflichten oder eine vertraglich vereinbarte Vertraulichkeit rechtfertigen keine unwahren oder unvollständigen Angaben, zumal durch den beschränkten Adressatenkreis und die fehlende Publizität (s Anm 375) die Vertraulichkeit der Angaben gesichert ist (*ADS*[6] § 312 AktG Anm 86; *Altmeppen* in MünchKomm AktG[3] § 312 Anm 133).

263 Aus dem **Vollständigkeitsgebot** folgt, dass der AbhBer sämtliche berichtspflichtigen Vorgänge erfassen und zu diesen alle erforderlichen Angaben enthalten muss, die für eine zutreffende Beurteilung der Angemessenheit durch die Berichtsadressaten notwendig sind (*Altmeppen* in MünchKomm AktG[3] § 312 Anm 134; *Koppensteiner* in Kölner Komm[3] § 312 Anm 23). Eine Beschränkung der Berichterstattung auf wesentliche Vorgänge ist nicht zulässig; es liegt jedoch kein Verstoß gegen das Vollständigkeitsgebot vor, wenn über Unwesentliches zusammenfassend berichtet wird (*Altmeppen* in MünchKomm AktG[3] § 312 Anm 134, *ADS*[6] § 312 AktG Anm 72). Da der AbhBer als Beurteilungsgrundlage aus sich heraus verständlich sein muss, darf auf ergänzende Unterlagen nur ausnahmsweise dann verwiesen werden, wenn diese eindeutig bezeichnet sind und dem AP und allen AR-Mitgliedern bereits zur Verfügung stehen (*Altmeppen* in MünchKomm AktG[3] § 312 Anm 134; *Müller* in Spindler/Stilz[2] § 312 Anm 46; *Koppensteiner* in Kölner Komm[3] § 312 Anm 23).

264 Den Vorstand trifft im Hinblick auf die vollständige Erfassung der berichtspflichtigen Vorgänge eine besondere Sorgfalts- und Erkundigungspflicht (*ADS*[6] § 312 AktG Anm 85; *Koppensteiner* in Kölner Komm[3] § 312 Anm 22). Aus dem Vollständigkeitsgebot folgt daher eine entspr **Organisations- und Dokumentationspflicht** des Vorstands (*Hüffer*[10] § 312 Anm 32; *Altmeppen* in MünchKomm AktG[3] § 312 Anm 135; *Müller* in Spindler/Stilz[2] § 312 Anm 46). Der Vorstand hat durch entspr Anweisungen, VerfahrensRichtl sowie Begründung von Meldepflichten sicherzustellen, dass berichtspflichtige Rechtsgeschäfte und Maßnahmen in allen in Betracht kommenden Bereichen der abhängigen AG in einem übersichtlichen System vollständig und zeitnah erfasst und dokumentiert werden (vgl *ADS*[6] § 312 AktG Anm 97 ff).

265 Insb bei umfangreichen berichtspflichtigen Beziehungen ist es zweckmäßig, für die Ermittlung und sachgerechte Aufbereitung aller relevanten Informationen eine **Zentralstelle** in der Verwaltung der AG einzurichten (*Vetter* in Schmidt/Lutter[2] § 312 Anm 54; *ADS*[6] § 312 AktG Anm 97). Auch die Organisation der Buchhaltung ist auf das Ziel einer vollständigen Erfassung berichtspflichtiger Vorgänge auszurichten. Die bestehende **Buchführung** reicht jedoch als Grundlage für die Berichterstattung grds nicht aus, da Maßnahmen, aber auch bestimmte Rechtsgeschäfte (zB schwebende Geschäfte, hierzu § 249 HGB Anm 57) bereits berichtspflichtig sind, wenn sie (noch) nicht als buchungspflichtige Geschäftsvorfälle erfasst werden (*ADS*[6] § 312 AktG Anm 101; *Hüffer*[10] § 312 Anm 32). Erforderlich ist daher der Aufbau einer gesonderten Organisation, die insb auch berichtspflichtige Maßnahmen erfasst und auf die Feststellung ausgleichspflichtiger Nachteile ausgerichtet ist (*Hüffer*[10] § 312 Anm 32). Die vollständige Erfassung der berichtspflichtigen **Maßnahmen** bereitet in der Praxis besondere Probleme. Zur Informationsgewinnung sind hier auch die Protokolle der Vorstands- und AR-Sitzungen sowie die Korrespondenz mit dem herrschenden Unt heranzuziehen (*Altmeppen* in MünchKomm AktG[3] § 312 Anm 135). Der Vorstand hat dafür zu sorgen, dass zeitnah zur Durchführung bzw Unterlassung einer Maßnahme in internen **Niederschriften** dokumentiert wird, welche Gründe hierfür maßgebend waren und welche Beurteilungskriterien hierbei angelegt wurden, um die Angemessenheit von Vor- und Nachteilen einzuschätzen

(vgl *ADS*[6] § 312 AktG Anm 102; *Hüffer*[10] § 312 Anm 32). Für die Erfassung von Rechtsgeschäften mit dem herrschenden und den mit diesem verbundenen Unt kommt die Einrichtung eines Vertragskatasters in Betracht (*Vetter* in Schmidt/Lutter[2] § 312 Anm 54).

Der AbhBer unterliegt schließlich den Geboten der **Klarheit** und **Übersichtlichkeit.** Insb bei komplexen Konzernstrukturen ist es erforderlich, dem AbhBer eine **Verbundübersicht** oder ein Konzernschaubild voranzustellen; ggf ist noch ein Überblick über die Art und wirtschaftliche Bedeutung der geschäftlichen Verbundbeziehungen und die Einordnung der abhängigen Ges zu ergänzen (*Altmeppen* in MünchKomm AktG[3] § 312 Anm 137f; *Vetter* in Schmidt/Lutter[2] § 312 Anm 55). Dabei sind herrschende Unt sowie alle mit diesen verbundene Unt, zu denen geschäftliche Beziehungen bestehen, **namentlich** aufzuführen (*St/HFA 3/1991* Abschn II.2; *Altmeppen* in MünchKomm AktG[3] § 312 Anm 137; *ADS*[6] § 312 AktG Anm 81). Der Vorstand der abhängigen AG ist hierbei verpflichtet, alle ihm zur Verfügung stehenden Informationsquellen auszuschöpfen. Es dürfte grds davon auszugehen sein, dass das herrschende Unt einer Bitte des Vorstands um **Auskunftserteilung** über die Verbundbeziehungen freiwillig nachkommt, um vom AP zu beanstandende Mängel des AbhBer zu vermeiden (vgl *Koppensteiner* in Kölner Komm[3] § 312 Anm 60). Ein ggf zwangsweise durchsetzbarer Rechtsanspruch auf Auskunftserteilung gegen das herrschende Unt steht dem Vorstand der abhängigen AG allerdings nicht zu, da hierfür weder eine gesetzliche Grundlage noch ein planwidrige Regelungslücke zu erkennen ist (glA *Koppensteiner* in Kölner Komm[3] § 312 Anm 25, 60 mwN; *ADS*[6] § 312 AktG Anm 99; aA *Altmeppen* in MünchKomm AktG[3] § 312 Anm 137, der ein solches Auskunftsrecht als Folge der Konzernbeziehung annimmt).

Der Bericht ist **übersichtlich** zu **gliedern,** damit ein möglichst **klares Bild** der Verhältnisse entsteht (*Hüffer*[10] § 312 Anm 34; *ADS*[6] § 312 AktG Anm 84). Zweckmäßig ist eine Aufgliederung nach den jeweils beteiligten verbundenen Unt sowie zwischen Rechtsgeschäften und Maßnahmen; ggf kann eine weitergehende Differenzierung nach Kategorien der berichtspflichtigen Rechtsgeschäfte und Maßnahmen sachgerecht sein (*ADS*[6] § 312 AktG Anm 84). Im Interesse der Berichtsklarheit ist dabei eine **zusammenfassende Berichtserstattung** bzw **Gruppenbildung** zulässig und geboten, soweit es sich um im Wesentlichen wirtschaftlich gleichartige Rechtsgeschäfte oder Maßnahmen handelt und die zur Beurteilung der Angemessenheit erforderlichen Angaben einheitlich gemacht werden können (*Altmeppen* in MünchKomm AktG[3] § 312 Anm 139; *Hüffer*[10] § 312 Anm 34; *ADS*[6] § 312 AktG Anm 69, 76; OLG München 10.4.2002, AG 2003, 453). Eine gruppenweise Zusammenfassung ist dann zulässig, wenn eine weitere Aufteilung keinen zusätzlichen Informationswert hätte (*Hüffer*[10] § 312 Anm 34; *Emmerich/Habersack*[7] § 312 Anm 43; *WPH*[14] I, F Anm 1326); dies gilt insb für Massen- und Standardgeschäfte (*Vetter* in Schmidt/Lutter[2] § 312 Anm 56). Darüber hinaus darf über **Bagatellfälle** stets zusammenfassend berichtet werden (*ADS*[6] § 312 AktG Anm 70 mwN; *WPH*[14] I, F Anm 1326).

Aus dem Gebot der Klarheit folgt ferner, dass die erforderlichen Angaben im AbhBer **eindeutig** und **verständlich** sein müssen (*Altmeppen* in MünchKomm AktG[3] § 312 Anm 136; *ADS*[6] § 312 AktG Anm 83f). Die Berichterstattung darf sich daher weder in Allgemeinplätzen erschöpfen noch kritische Aspekte hinter schematischen Redewendungen verstecken oder auf sonstige Weise verschleiern.

2. Berichtspflichtige Beziehungen und Vorgänge

Der Kreis der berichtspflichtigen Beziehung wird in § 312 Abs 1 S 2 AktG näher bestimmt. Danach sind alle Rechtsgeschäfte und Maßnahmen angabepflichtig, die von der abhängigen Ges mit dem bzw auf Veranlassung oder im Interesse des **herrschenden** Unt oder einem/eines **mit ihm verbundenen** Unt vorgenommen wurden. Das Unt, zu dem die berichtspflichtige AG in einem Abhängigkeitsverhältnis iSd § 17 AktG steht (s Anm 226 ff), ist **herrschendes** Unt. Als mit dem herrschenden **verbundene Unt** sind nach § 15 AktG diejenigen rechtlich selbständigen Unt anzusehen, die im Mehrheitsbesitz des herrschenden Unt stehen oder von diesem abhängig sind oder unter seiner einheitlichen Leitung stehen, ferner auch mit dem herrschenden Unt wechselseitig beteiligte Unt sowie solche Unt, mit denen das herrschende Unt einen Unt-Vertrag iSd §§ 291, 292 AktG abgeschlossen hat. Zu den mit dem herrschenden Unt verbundenen Unt gehören daher auch die abhängige Ges selbst und die wiederum von dieser abhängigen eigenen TochterGes, weshalb im AbhBer grds auch über Geschäfte der abhängigen Ges mit ihren eigenen TU zu berichten ist (*Altmeppen* in MünchKomm AktG[3] § 312 Anm 99; *Koppensteiner* in Kölner Komm[3] § 312 Anm 56; *WPH*[14] I, F Anm 1314; näheres s Anm 283). Für die Berichtspflicht ist gleichgültig, welche **Rechtsform** die verbundenen Unt haben, ob sich ihr **Sitz** im Inland oder Ausland befindet und ob es sich um eine unmittelbare oder mittelbare (mehrstufige) Verbindung zum herrschenden Unt handelt (*WPH*[14] I, F Anm 1310). Besteht die Verbindung zum herrschenden Unt am Ende des Gj nicht mehr, bezieht sich die Berichtspflicht nur auf den Zeitraum, in dem die UntVerbindung während des Gj vorgelegen hat (*WPH*[14] I, F Anm 1310).

276 Besteht das Abhängigkeitsverhältnis ggü **mehreren herrschenden** Unt (wie im Fall eines GemUnt oder bei mehrstufiger Abhängigkeit; s Anm 229, 231), dann sind die Beziehungen zu **allen** herrschenden Unt im AbhBer zu erfassen, selbst wenn die herrschenden Unt untereinander nicht als verbundene Unt iSd § 15 AktG anzusehen sind; darüber hinaus sind alle geschäftlichen Beziehungen zu sämtlichen mit den herrschenden Unt **jeweils verbundenen Unt** berichtspflichtig (*WPH*[14] I, F Anm 1311 ff; *Koppensteiner* in Kölner Komm[3] § 312 Anm 56 f).

277 Als Ausnahmefall ist auch denkbar, dass ein anderes Unt nur im Verhältnis **zur abhängigen Ges,** aber nicht im Verhältnis zum herrschenden Unt als **verbundenes** Unt anzusehen ist. In diesem Fall muss über die Beziehungen der abhängigen Ges zu diesem Unt grds nicht berichtet werden (*ADS*[6] § 312 AktG Anm 34; *Koppensteiner* in Kölner Komm[3] § 312 Anm 55 mwN; *WPH*[14] I, F Anm 1317); eine Berichtspflicht über Rechtsgeschäfte mit diesem Unt kann sich ausnahmsweise dann ergeben, wenn sie im Interesse oder auf Veranlassung des herrschenden Unt vorgenommen wurden (*Altmeppen* in MünchKomm AktG[3] § 312 Anm 101; *Emmerich/Habersack*[7] § 312 Anm 29).

278 Besonderheiten gelten für den Fall, dass die berichtspflichtigen Geschäftsbeziehungen zu Unt der **öffentlichen Hand** bestehen. Hier ist wegen des weiten Umfangs der denkbaren Maßnahmen, die (auch) im öffentlichen Interesse liegen, eine teleologische **Einschränkung** der Berichtspflicht geboten (*Koppensteiner* in Kölner Komm[3] § 312 Anm 52; *Emmerich/Habersack*[7] § 312 Anm 32; *Müller* in Spindler/Stilz[2] § 312 Anm 37; im Ansatz so bereits BGH 13.10.1977, NJW 1978, 104). Zwar bleibt es bei durch die öffentliche Hand veranlassten Rechtsgeschäften oder Maßnahmen wie auch bei Eigengeschäften zwischen der abhängigen Ges und dem herrschenden Unt öffentlichen Rechts – oder einem mit ihm verbundenen Unt – bei der vollumfänglichen Berichterstattung nach allgemeinen Regeln (*Emmerich/Habersack*[7] § 312 Anm 32; *Koppensteiner* in Kölner Komm[3] § 312 Anm 52). Über **Maßnahmen im Interesse** dieses herrschenden Unt ist jedoch nur dann zu berichten, wenn begründete Zweifel bestehen, ob der Vorstand einer unabhängigen Ges sie als ordentlicher Geschäftsleiter auch vorge-

nommen hätte (*Vetter* in Schmidt/Lutter[2] § 312 Anm 46 mwN; *Emmerich/ Habersack*[7] § 312 Anm 32; *Müller* in Spindler/Stilz[2] § 312 Anm 37). Der Kreis der **berichtspflichtigen Vorgänge** wird in § 312 Abs 1 S 2 AktG **279** bestimmt. Gegenstand der Berichterstattung sind hiernach **Rechtsgeschäfte** (näheres s Anm 290 ff) und andere **Maßnahmen** (s Anm 305 ff). Bereits aus dem Gesetzeswortlaut ist abzuleiten, dass es sich bei den Maßnahmen um den weiteren, beides umfassenden Oberbegriff handelt (*Koppensteiner* in Kölner Komm[3] § 312 Anm 37 mwN; *Müller* in Spindler/Stilz[2] § 312 Anm 26). Bedeutsam ist die Unterscheidung insb für die nähere Abgrenzung der berichtspflichtigen Vorgänge (*Altmeppen* in MünchKomm AktG[3] § 312 Anm 78 f; *Koppensteiner* in Kölner Komm[3] § 312 Anm 35). Rechtsgeschäfte sind stets berichtspflichtig, wenn sie mit dem herrschenden oder einem mit ihm verbundenen Unt vorgenommen wurden. Dagegen ist über Maßnahmen nur zu berichten, wenn sie auf Veranlassung (s Anm 310) oder im Interesse (s Anm 314) des herrschenden oder eines mit ihm verbundenen Unt vorgenommen oder unterlassen wurden. Entspr werden auch Rechtsgeschäfte der abhängigen Ges mit (konzernfremden) Dritten nur dann von der Berichtspflicht erfasst, wenn sie auf Veranlassung oder im Interesse des herrschenden oder eines mit ihm verbundenen Unt vorgenommen wurden (*ADS*[6] § 312 AktG Anm 38; *Müller* in Spindler/Stilz[2] § 312 Anm 33).

In den AbhBer aufzunehmen sind nur Rechtsgeschäfte und Maßnahmen, die **280** die **abhängige Ges selbst** vorgenommen hat; die Vertreter der abhängigen Ges müssen bei Rechtsgeschäften die Willenserklärung selbst abgegeben und bei Maßnahmen die Entscheidung über Vornahme oder Unterlassen selbst getroffen haben (*Altmeppen* in MünchKomm AktG[3] § 312 Anm 96; *Koppensteiner* in Kölner Komm[3] § 312 Anm 61; *Emmerich/Habersack*[7] § 312 Anm 27, 36). Nicht berichtspflichtig sind daher einseitige Rechtsgeschäfte des herrschenden oder eines mit ihm verbundenen Unt ggü der abhängigen Ges oder Maßnahmen dieser Unt, deren **Zielobjekt** die abhängige Ges war (vgl *Emmerich/Habersack*[7] § 312 Anm 27, 36; *Altmeppen* in MünchKomm AktG[3] § 312 Anm 96).

Rechtsgeschäfte einer **TochterGes** der abhängigen Ges mit dem herrschen- **281** den oder einem mit ihm verbundenen Unt, an denen die abhängige Ges selbst nicht unmittelbar beteiligt war, stellen keine nach § 312 AktG berichtspflichtigen Rechtsgeschäfte dar (*Hüffer*[10] § 312 Anm 15; *Müller* in Spindler/Stilz[2] § 312 Anm 29; *Emmerich/Habersack*[7] § 312 Anm 27). Entspr sind in den AbhBer der abhängigen Ges auch andere **Maßnahmen,** die deren **TochterGes** als Folge einer Direktveranlassung durch die Konzernspitze oder von sich aus im antizipierten Konzerninteresse vorgenommen hat, als solche nicht aufzunehmen (*Koppensteiner* in Kölner Komm[3] § 312 Anm 61; *Altmeppen* in MünchKomm AktG[3] § 312 Anm 97).

Eine Berichtspflicht kann sich jedoch in den genannten Fällen unter dem Ge- **282** sichtspunkt einer eigenen **(unterlassenen) Maßnahme** ergeben, wenn die abhängige Ges veranlasst, aktiv gefördert oder zumindest geduldet hat, dass ihre TochterGes mit dem herrschenden oder einem mit ihm verbundenen Unt nachteilige Rechtsgeschäfte oder Maßnahmen tätigt (*ADS*[6] § 312 AktG Anm 35; *Müller* in Spindler/Stilz[2] § 312 Anm 29; *Emmerich/Habersack*[7] § 312 Anm 27; *Vetter* in Schmidt/Lutter[2] § 312 Anm 37; *Hüffer*[10] § 312 Anm 15). Eine berichtspflichtige **Duldung** setzt jedoch voraus, dass die abhängige Ges in Kenntnis der Umstände von einer bestehenden Möglichkeit, ihre TochterGes an dem sie benachteiligenden Verhalten zu hindern, keinen Gebrauch gemacht hat (*Altmeppen* in MünchKomm AktG[3] § 312 Anm 97; *Emmerich/Habersack*[7] § 312 Anm 27; *Vetter* in Schmidt/Lutter[2] § 312 Anm 37; enger *Koppensteiner* in Kölner Komm[3] § 312 Anm 61, der eine „rechtlich gesicherte" Möglichkeit verlangt). Eine hinreichend gesicherte **Einwirkungsmöglichkeit** der abhängigen Ges (vgl *Altmep-*

pen in MünchKomm AktG³ § 312 Anm 97; *Emmerich/Habersack*[7] § 312 Anm 27) ist zB dann anzunehmen, wenn diese durch Ausübung ihrer GesterRechte (zB Weisungsbeschluss nach § 37 Abs 1 GmbHG), aufgrund eines zur TochterGes bestehenden Beherrschungsvertrags, über ihre Repräsentanten im AR der TochterGes (zB bei Zustimmungsvorbehalten nach § 111 Abs 4 AktG) oder infolge einer Personalunion auf Geschäftsführungsebene die Maßnahme hätte unterbinden können.

283 Nach § 312 Abs 1 S 2 AktG sind grds auch Rechtsgeschäfte der abhängigen Ges mit ihren eigenen TU berichtspflichtig, da diese mittelbar mit dem herrschenden Unt verbunden sind (s Anm 275). Im Fall einer **100%igen** Bet an der **TochterGes** kann am Sinn einer solchen Berichterstattung gezweifelt werden, da hier eine die abhängige Ges ggf benachteiligende Vermögensverschiebung zu Gunsten der TochterGes im Gegenzug grds zu einer entspr Werterhöhung der Bet führt (*WPH*[14] I, F Anm 1315). Gleichwohl sind auch diese Rechtsgeschäfte nach hM **berichtspflichtig** (zB *Koppensteiner* in Kölner Komm³ § 312 Anm 56 mwN; *WPH*[14] I, F Anm 1315; *Altmeppen* in MünchKomm AktG³ § 312 Anm 99; *Emmerich/Habersack*[7] § 312 Anm 30; aA *Götz* AG 2000, 502), da die Gefahr einer Benachteiligung der abhängigen Ges durch eine sich auf Ebene der TochterGes anschließende weitere Vermögensverschiebung zu Gunsten eines anderen verbundenen Unt außerhalb des Teilkonzerns besteht. Dies gilt unabhängig von der Rechtsform der TochterGes und auch dann, wenn zwischen der abhängigen Ges und ihrer TochterGes ein EAV besteht (*Koppensteiner* in Kölner Komm³ § 312 Anm 56; *Altmeppen* in MünchKomm AktG³ § 312 Anm 99; *ADS*[6] § 312 AktG Anm 35), denn die Ergebnisabführung an die abhängige Ges schließt eine Benachteiligung nicht zwingend aus (zB Weiterveräußerung eines VG mit stillen Reserven zum Buchwert). Nach **Sinn und Zweck** erscheint eine Einbeziehung von Geschäften mit eigenen TochterGes in den AbhBer jedoch dann entbehrlich, wenn durch geeignete Maßnahmen sichergestellt ist, dass entspr Vermögensabflüsse aus der TochterGes nicht ohne angemessenen Ausgleich stattfinden können (*WPH*[14] I, F Anm 1316). In eine ähnliche Richtung zielt die sinnvolle Überlegung, zur Vermeidung einer Überfrachtung des AbhBer mit in der Sache unkritischen Vorfällen eine teleologische Reduktion der Berichterstattungspflicht auf solche Geschäfte mit eigenen TochterGes vorzunehmen, die auf Veranlassung oder im Interesse des herrschenden oder eines mit ihm verbundenen Unt vorgenommen wurden und daher nachteilsträchtig sind (*Vetter* in Schmidt/Lutter² § 312 Anm 34; *Götz* AG 2000, 502).

284 In **zeitlicher Hinsicht** sind Rechtsgeschäfte und Maßnahmen berichtspflichtig, die im **vergangenen Gj** vorgenommen bzw getroffen oder unterlassen wurden. Bei Rechtsgeschäften ist der Zeitpunkt der Abgabe der bindenden Willenserklärung unabhängig davon maßgebend, ab wann dieser Vorgang Buchungs- oder Bilanzierungspflichten auslöst (*Altmeppen* in MünchKomm³ § 312 Anm 113; *ADS*[6] § 312 AktG Anm 55). Bei Maßnahmen kommt es grds auf den Zeitpunkt an, in dem die zuständigen Organe der abhängigen Ges abschließend darüber entschieden haben (*Hüffer*[10] § 312 Anm 25; *ADS*[6] § 312 AktG Anm 56); im Übrigen sind Maßnahmen spätestens ab dem Beginn der Ausführungshandlungen berichtspflichtig (*Altmeppen* in MünchKomm AktG³ § 312 Anm 113, *Hüffer*[10] § 312 Anm 25). Für Unterlassungen ist der Zeitpunkt maßgebend, an dem die Entscheidung zum bewusst passiven Verhalten gefallen ist, obwohl der Vorstand einer unabhängigen Ges gehandelt hätte (*Hüffer*[10] § 312 Anm 25; *ADS*[6] § 312 AktG Anm 56). Wenn über ein Rechtsgeschäft oder eine Maßnahme zutreffend berichtet wurde, ergibt sich in Folgejahren auch dann keine erneute Berichtspflicht, wenn der Vorgang in den Folgejahren wirtschaftliche Nachwirkungen entfaltet (*Altmeppen* in MünchKomm AktG³ § 312 Anm 113).

Wird zu einem späteren Zeitpunkt festgestellt, dass einzelne berichtspflichtige 285
Vorgänge **übersehen** wurden, kann dieses Versäumnis nach Abschluss des Berichtsverfahrens nicht mehr behoben werden. Aus § 312 Abs 1 S 2 AktG lässt sich keine Pflicht ableiten, diese Berichterstattung im AbhBer des nachfolgenden Gj **nachzuholen** (*ADS*[6] § 312 AktG Anm 57; *Hüffer*[10] § 312 Anm 17; aA *Altmeppen* in MünchKomm AktG[3] § 312 Anm 114 unter Hinweis auf die Pflicht zur getreuen Rechenschaftslegung). Im Rahmen der pflichtgemäßen Wahrnehmung seiner Leitungsaufgabe kann jedoch der Vorstand gehalten sein, den AR über diese Vorgänge entspr zu informieren (*Hüffer*[10] § 312 Anm 17; *ADS*[6] § 312 AktG Anm 57). Zur Nachholungspflicht bei unterlassener Aufstellung des AbhBer vgl Anm 224.

3. Rechtsgeschäfte

Unter dem Begriff des Rechtsgeschäfts iSd § 312 Abs 1 S 2 AktG versteht 290
man – wie im allgemeinen Zivilrecht – jeden Tatbestand, der aus einer oder mehreren Willenserklärungen besteht und an den die Rechtsordnung den Eintritt des gewollten rechtlichen Erfolgs knüpft (*Emmerich/Habersack*[7] § 312 Anm 23; *Hüffer*[10] § 312 Anm 13; *Müller* in Spindler/Stilz[2] § 312 Anm 27). Von der Berichtspflicht erfasst werden hiernach alle Willenserklärungen und alle Arten von Rechtsgeschäften, also einseitige wie auch mehrseitige Rechtsgeschäfte, schuldrechtliche Verpflichtungsgeschäfte wie auch dingliche Verfügungsgeschäfte.

Bei zwischen der abhängigen Ges und dem herrschenden (oder einem mit 291
ihm verbundenen) Unt abgeschlossenen **Verträgen** sind sowohl **gegenseitige Verträge** als auch einseitig und unvollkommen zweiseitig verpflichtende Verträge berichtspflichtig (*Emmerich/Habersack*[7] § 312 Anm 25; *Koppensteiner* in Kölner Komm[3] § 312 Anm 43; *Müller* in Spindler/Stilz[2] § 312 Anm 27). Aus der am Regelfall orientierten gesetzlichen Vorgabe, bei Rechtsgeschäften Leistung und Gegenleistung zu nennen (§ 312 Abs 1 S 3 AktG; näheres s Anm 297), ist keine Einschränkung der Berichtspflicht auf gegenseitige (Austausch-)Verträge abzuleiten (ganz hM, zB *Koppensteiner* in Kölner Komm[3] § 312 Anm 43; *Müller* in Spindler/Stilz[2] § 312 Anm 27; *Altmeppen* in MünchKomm AktG[3] § 312 Anm 82; *Hüffer*[10] § 312 Anm 13). Vielmehr erfordert der Schutzzweck des § 312 AktG auch die Angabe von **einseitig verpflichtenden** Verträgen (zB Bürgschaft, Erlassvertrag oder Schenkung) oder **unvollkommen zweiseitigen Verträgen** (zB unentgeltliche Geschäftsbesorgung oder Leihe), da diese für die abhängige Ges ebenso nachteilig sein können wie ein Austauschvertrag mit unangemessener Gegenleistung (*Koppensteiner* in Kölner Komm[3] § 312 Anm 43; *Emmerich/Habersack*[7] § 312 Anm 25; *ADS*[6] § 312 AktG Anm 41). Auch drei- und mehrseitige Verträge unter Einbeziehung Dritter sind berichtspflichtig, wenn sowohl die abhängige Ges als auch das herrschende oder ein mit ihm verbundenes Unt Vertragsparteien sind.

Der zivilrechtliche Vertragstyp ist für die Angabepflicht im AbhBer ebenso 292
unbeachtlich wie der Inhalt des Vertrags, weshalb neben Austausch- oder Zuwendungsgeschäften auch solche Verträge berichtspflichtig sind, die Tätigkeits- oder **Unterlassungsverpflichtungen** (zB Wettbewerbsverbot) begründen (*Emmerich/Habersack*[7] § 312 Anm 25; *Koppensteiner* in Kölner Komm[3] § 312 Anm 44; *ADS*[6] § 312 AktG Anm 41a). Berichtspflichtig sind auch Aufhebungsverträge sowie Vereinbarungen, die eine nicht unwesentliche Änderung eines bestehenden Vertragsverhältnisses zum Gegenstand haben (*WPH*[14] I, F Anm 1324). Zu berichten ist auch über den Abschluss eines **Vorvertrags,** wenn dieser die Verpflichtung zum Abschluss eines Hauptvertrags begründet und hierin bereits die wesentlichen Konditionen festgelegt wurden. Etwas anderes gilt für einen sog

Letter of Intent, wenn hierin nur der Verhandlungsstand und bestehende Absichten dokumentiert sind, ohne dass ein Rechtsbindungswille der Parteien zu erkennen ist. Bei **Rahmenverträgen** ist zunächst über diesen selbst, aber auch über spätere konkretisierende Verpflichtungsgeschäfte oder Ausführungsverträge zu berichten (*Emmerich/Habersack*[7] § 312 Anm 25; *Koppensteiner* in Kölner Komm[3] § 312 Anm 62; *WPH*[14] I, F Anm 1324). Gleiches gilt für **Sukzessivlieferungsverträge,** bei denen die Konditionen für die nachfolgenden Ausführungsgeschäfte teilweise noch offen gelassen wurden (*Altmeppen* in MünchKomm AktG[3] § 312 Anm 88). Bei der bloßen Erfüllung (näheres s Anm 294) von Sukzessivlieferungsverträgen mit feststehenden Konditionen wie auch im Fall eines bereits lfd Dauerschuldverhältnisses fehlt es dagegen an einem berichtspflichtigen Rechtsgeschäft (*WPH*[14] I, F Anm 1324; *Koppensteiner* in Kölner Komm[3] § 312 Anm 63). Im Fall eines **Cash-Management**-Vertrags ist sowohl über den Abschluss und wesentliche Strukturelemente als auch über die späteren einzelnen Darlehensvergaben und -inanspruchnahmen (ggf zusammenfassend) zu berichten (vgl *Vetter* in Schmidt/Lutter[2] § 312 Anm 32; *Hüffer* AG 2004, 421); darüber hinaus ist im AbhBer darzulegen, warum von der **Vollwertigkeit** der Rückgewähransprüche der abhängigen Ges ausgegangen werden kann, insb welche Sicherheiten gewährt wurden und auf welche Weise die Vollwertigkeit lfd kontrolliert wird (*Altmeppen* in MünchKomm AktG[3] § 311 Anm 272).

293 Auch einseitige **Gestaltungserklärungen** (zB Anfechtung, Rücktritt, Kündigung, Aufrechnung) sind Rechtsgeschäfte iSd § 312 Abs 1 S 2 AktG (hM, zB *Hüffer*[10] § 312 Anm 13; *Altmeppen* in MünchKomm AktG[3] § 312 Anm 84; *WPH*[14] I, F Anm 1320; *Koppensteiner* in Kölner Komm[3] § 312 Anm 45). Für die Einordnung als Rechtsgeschäft (und nicht als Maßnahme) spricht, dass mit Abgabe dieser Gestaltungserklärungen die Beziehung zu einem verbundenen Unt eindeutig feststellbar ist und daher die Berichterstattungspflicht nicht von den mit Anwendungsunsicherheiten behafteten Kriterien „Veranlassung" bzw „im Interesse" abhängig gemacht wird (*ADS*[6] § 312 AktG Anm 41a; *Koppensteiner* in Kölner Komm[3] § 312 Anm 45; *Altmeppen* in MünchKomm AktG[3] § 312 Anm 84).

294 Bloße **Erfüllungsgeschäfte** sind grds **nicht berichtspflichtig,** da die ordnungsgemäße Erfüllung einer bereits bestehenden Verpflichtung nicht durch das herrschende Unt veranlasst sein und auch keinen Nachteil begründen kann, der nicht schon im Verpflichtungsgeschäft angelegt wäre (hM, zB *Koppensteiner* in Kölner Komm[3] § 312 Anm 63; *Hüffer*[10] § 312 Anm 14; *Emmerich/Habersack*[7] § 312 Anm 26; *ADS*[6] § 312 AktG Anm 58 ff). Im Einzelfall kann sich hier eine Berichtspflicht wegen **(unterlassener) Maßnahmen** (s Anm 306) ergeben, etwa wenn im Fall einer nicht vertragsgemäßen Leistung durch das herrschende Unt Gewährleistungs- oder Schadenersatzansprüche nicht geltend gemacht werden oder wenn bei nachteilig gewordenen Dauerschuldverhältnissen von einer möglichen Kündigung oder Ausnutzung von Anpassungsklauseln abgesehen wird (vgl *ADS*[6] § 312 AktG Anm 54; *Altmeppen* in MünchKomm AktG[3] § 312 Anm 87; *St/HFA 3/1991* Abschn II.4; *WPH*[14] I, F Am 1324). An der Verpflichtung zur Berichterstattung ist auch dann festzuhalten, wenn Vermögensverschiebungen ohne eine korrespondierende schuldrechtliche Vertragsgrundlage vorgenommen werden, da hier das dingliche Verfügungsgeschäft nicht als Erfüllungsgeschäft anzusehen ist (*Koppensteiner*[14] in Kölner Komm[3] § 312 Anm 64; *Emmerich/Habersack*[7] § 312 Anm 26).

295 Eine Einschränkung der Berichtspflicht erscheint nach Sinn und Zweck der Regelung auch dann sachgerecht, wenn die abhängige Ges auf der Grundlage einer entspr Vereinbarung (zB Treuhand- oder unechter Betriebsführungsvertrag, schwebende Verschmelzung oder Spaltung) Rechtsgeschäfte zwar im eigenen

Namen, aber für **fremde Rechnung** durchgeführt hat. Da in diesem Fall alle evtl Nachteile aus diesen Geschäften vom Vertragspartner zu tragen sind, für dessen Rechnung gehandelt wird, ist eine Berichterstattung durch die abhängige Ges grds entbehrlich (glA *WPH*[14] I, F Anm 1321 f; aA *Koppensteiner* in Kölner Komm[3] § 312 Anm 67); anderes ist nur im Einzelfall geboten, wenn davon ausgegangen werden muss, dass der Vertragspartner (zB wegen mangelnder Bonität) die abhängige Ges nicht in vollem Umfang wirtschaftlich freistellt.

Von der abhängigen Ges und dem herrschenden Unt gemeinsam und koordiniert gefasste **Gester-Beschlüsse** (zB in der HV einer EnkelGes) sind ebenfalls als berichtspflichtige Rechtsgeschäfte anzusehen (*Emmerich/Habersack*[7] § 312 Anm 24; *Koppensteiner* in Kölner Komm[3] § 312 Anm 46). Dagegen ist die Stimmabgabe des herrschenden Unt in der HV der abhängigen AG als solche Bestandteil der Willensbildung und damit kein berichtspflichtiges Rechtsgeschäft (*Emmerich/Habersack*[7] § 312 Anm 24). Umstritten ist, ob in derartigen Fällen eine berichtspflichtige, durch den HV-Beschluss veranlasste Maßnahme vorliegen kann (näheres s Anm 313).

Nach § 312 Abs 1 S 3 AktG sind im AbhBer bei den Rechtsgeschäften **Leistung und Gegenleistung** anzugeben. Der Gesetzeswortlaut geht dabei vom Leitbild eines gegenseitigen (Austausch-)Vertrags aus. Die Angaben im AbhBer müssen so detailliert und umfassend sein, dass AR und AP die Angemessenheit des Leistungsaustauschs prüfen und beurteilen können; dies setzt im Allgemeinen die **Quantifizierung,** also Zahlenangaben zu Leistung und Gegenleistung voraus (*Koppensteiner* in Kölner Komm[3] § 312 Anm 73; *ADS*[6] § 312 AktG Anm 66; *WPH*[14] I, F Anm 1325; *St/HFA 3/1991* Abschn II.10). Hinsichtlich der Leistung sind insb Art, Umfang, Menge, Qualität und Vorkosten der Leistung sowie ggf besondere Leistungsmodalitäten (zB ungewöhnliche Lieferfristen oder atypische Garantieleistungen), hinsichtlich des Preises sind insb die Höhe, besondere Zahlungsmodalitäten (zB Vorauszahlungen, Zahlungsziele, ggf Zinskonditionen), unübliche Rabatte oder Nachlässe anzugeben (vgl *Emmerich/Habersack*[7] § 312 Anm 37; *Müller* in Spindler/Stilz[2] § 312 Anm 41; *Altmeppen* in MünchKomm AktG[3] § 312 Anm 115; *Hüffer*[10] § 312 Anm 27). Darüber hinaus hat der Vorstand in **kritischen Fällen** (zB Abweichung vom Listenpreis) näher darzulegen, aus welchen Gründen (zB aktuelle Marktentwicklung, Konkurrenzsituation oder langfristige UntStrategie) er das Verhältnis von Leistung und Gegenleistung im konkreten Fall für angemessen hält (*Altmeppen* in MünchKomm AktG[3] § 312 Anm 116; *Müller* in Spindler/Stilz[2] § 312 Anm 41). Der Vorstand muss im AbhBer auch nähere Angaben dazu machen, welche Rechtsgeschäfte nach seiner Ansicht nachteilig waren (*Emmerich/Habersack*[7] § 312 Anm 37; *Koppensteiner* in Kölner Komm[3] § 312 Anm 73).

Sofern die Angemessenheit des Rechtsgeschäfts nicht aufgrund der Zahlenangaben zu Leistung und Gegenleistung beurteilt werden kann, sind wie bei Maßnahmen die **Gründe** für das Rechtsgeschäft zu nennen und die hiermit verbundenen **Vor- und Nachteile** anzugeben (*Altmeppen* in MünchKomm AktG[3] § 312 Anm 116; *ADS*[6] § 312 AktG Anm 67; *Koppensteiner* in Kölner Komm[3] § 312 Anm 73). Dies gilt insb auch für die Berichterstattung über einseitige **Gestaltungserklärungen** (*Altmeppen* in MünchKomm AktG[3] § 312 Anm 117; *Koppensteiner* in Kölner Komm[3] § 312 Anm 73; *ADS*[6] § 312 AktG Anm 41a, 67); eine Gestaltungserklärung kann für die abhängige Ges auch quantifizierbare nachteilige Auswirkungen haben (zB Kündigung eines gewinnbringenden Vertrags), die dann berichtspflichtig sind. Bei die abhängige Ges **einseitig** und **unvollkommen zweiseitig verpflichtenden** Verträgen muss zunächst darauf hingewiesen werden, dass es an einer Gegenleistung fehlt; zudem müssen die Gründe dargelegt werden, ob bzw warum die Vornahme des Rechtsgeschäfts gleichwohl als wirtschaftlich gerechtfertigt anzusehen ist (*Müller* in Spindler/Stilz[2] § 312 Anm 42; *Hüffer*[10] § 312 Anm 28; *Emmerich/Habersack*[7] § 312 Anm 38).

4. Maßnahmen

305 Der Begriff der anderen Maßnahmen iSd § 312 Abs 1 S 2 AktG umfasst jede Handlung (positives Tun, Duldung oder Unterlassen), die sich, ohne rechtsgeschäftlichen Charakter zu haben, auf die Vermögens- oder Ertragslage der abhängigen Ges auswirken kann (*Emmerich/Habersack*[7] § 312 Anm 34; *ADS*[6] § 312 AktG Anm 42; *Müller* in Spindler/Stilz[2] § 312 Anm 39; *Hüffer*[10] § 312 Anm 23). Der Sinn und Zweck des AbhBer, alle für die abhängige Ges potentiell nachteiligen geschäftlichen Dispositionen des Vorstands zu erfassen, macht diese **weite Auslegung** des Maßnahmebegriffs erforderlich (*ADS*[6] § 312 AktG Anm 42; *WPH*[14] I, F Anm 1328; *Koppensteiner* in Kölner Komm[3] § 312 Anm 47 mwN). Als **Beispiele** für Maßnahmen sind Entscheidungen über die Aufnahme, Änderung oder Einstellung einer Produktion, die Stilllegung, Verlagerung oder Neueröffnung von Betriebsteilen oder Standorten, Entscheidungen über Finanzierungs-, Vertriebs- oder Werbemaßnahmen sowie FuE-Vorhaben, Einkaufs- und Investitionsentscheidungen, Maßnahmen zur (De-)Zentralisierung der UntOrganisation sowie die Erschließung oder Aufgabe von Märkten zu nennen (vgl St/HFA 3/1991 Abschn II.6; *ADS*[6] § 312 AktG Anm 43; *Altmeppen* in MünchKomm AktG[3] § 312 Anm 89).

306 Die Berichterstattung über Maßnahmen erstreckt sich nach § 312 Abs 1 S 2 AktG ausdrücklich auch auf **tatsächliche Unterlassungen**. Im Hinblick auf den Zweck des AbhBer, alle potentiell nachteiligen Maßnahmen aufzuführen, ist von einem berichtspflichtigen Unterlassen bereits dann auszugehen, wenn der Vorstand in einer Lage **bewusst passiv** geblieben ist, in der er ohne die Einwirkung des herrschenden oder eines mit ihm verbundenen Unt gehandelt hätte (*ADS*[6] § 312 AktG Anm 53; *Koppensteiner* in Kölner Komm[3] § 312 Anm 49; *Altmeppen* in MünchKomm AktG[3] § 312 Anm 94); darauf, ob das Unterlassen im Vergleich zum Verhalten eines ordentlichen und gewissenhaften Geschäftsleiters einer unabhängigen Ges auch pflichtwidrig war, kommt es nicht an. Auch über **unterlassene Rechtsgeschäfte** ist im Rahmen der anderen Maßnahmen zu berichten (*ADS*[6] § 312 AktG Anm 54; *Hüffer*[10] § 312 Anm 16; *Emmerich/Habersack*[7] § 312 Anm 28). Eine unterlassene Maßnahme ist zB anzunehmen, wenn auf bestimmte Investitionen, die Aufnahme von Geschäftsbeziehungen oder die Erschließung von Märkten verzichtet wird oder wenn von einer möglichen Kündigung eines langfristigen Vertrags abgesehen wird oder fällige Ansprüche oder der Wegfall der Geschäftsgrundlage nicht geltend gemacht werden (*Koppensteiner* in Kölner Komm[3] § 312 Anm 49; *ADS*[6] § 312 AktG Anm 54; *Altmeppen* in MünchKomm AktG[3] § 312 Anm 87). Eine spätere Erneuerung des Entschlusses, trotz entspr Handlungsgelegenheit bewußt passiv zu bleiben, ist ggf auch in Folgejahren zu berichten (*ADS*[6] § 312 AktG Anm 54).

307 Eine **Ausnahme** von der Berichtspflicht ist für solche Maßnahmen geboten, die eindeutig und offensichtlich **keine vermögensmäßigen Auswirkungen** haben und die abhängige Ges daher nicht benachteiligen können (*Altmeppen* in MünchKomm AktG[3] § 312 Anm 90; *Vetter* in Schmidt/Lutter[2] § 312 Anm 36 mwN; aA *Koppensteiner* in Kölner Komm[3] § 312 Anm 47, der ggf fehlende Veranlassung bzw fehlendes Verbundinteresse als ausreichendes Korrektiv ansieht); zu denken ist zB an den Erlass interner Geschäftsordnungen oder vom AR genehmigte Prokurenerteilungen. Eine zurückhaltende Berichterstattung ist auch im Rahmen von **Personalmaßnahmen** zB bei Vorstandsbestellungen oder der personellen Besetzung von sonstigen Positionen geboten, da hier die Erörterung von Gründen, Vor- und Nachteilen im AbhBer nicht praktikabel ist; die Berichtspflicht sollte auf solche Personalmaßnahmen beschränkt werden, bei denen die Vergütung nicht mehr im Rahmen des Üblichen lag oder die aus sonstigen Gründen mit den Pflichten eines ordentlichen und gewissenhaften Geschäftsleiters nicht vereinbar waren (*Altmeppen* in MünchKomm AktG³ § 312 Anm 91; *Vetter* in Schmidt/Lutter² § 312 Anm 36). Entspr gilt für die Wahl von AR-Mitgliedern durch die vom herrschenden Unt dominierte HV (zur Berichtspflicht über HV-Beschlüsse s Anm 313).

Die wirtschaftlichen Folgen, die sich für die abhängige Ges **allein** aufgrund ihrer Konzerneinbeziehung als solcher ergeben, ohne dass ein bewusstes Verhalten auf Ebene der abhängigen Ges oder eine Einflussnahme des herrschenden Unt vorliegt (sog **passive Konzerneffekte**), sind nicht als ausgleichspflichtiger Nachteil anzusehen (hM, zB *Koppensteiner* in Kölner Komm³ § 311 Anm 34; *Altmeppen* in MünchKomm AktG² § 311 Anm 476 ff; *Emmerich/Habersack*[7] § 311 Anm 52). In diesem Fall sind daher auch keine Angaben im AbhBer zu machen. Dies gilt insb auch für die **Kosten** der Aufstellung und Prüfung des AbhBer, die sich zwangsläufig kraft Gesetzes allein aus der Existenz des Abhängigkeitsverhältnisses und ohne Veranlassung oder Interesse des herrschenden oder eines mit ihm verbundenen Unt ergeben (hM, zB *Koppensteiner* in Kölner Komm³ § 311 Anm 35; *Altmeppen* in MünchKomm AktG³ § 312 Anm 56 ff; *Emmerich/Habersack*[7] § 312 Anm 17; *ADS*[6] § 311 AktG Anm 20; *Strieder* DB 2004, 800; aA, für generelle Ausgleichspflicht analog §§ 311, 317 AktG *Bode* AG 1995, 273; *Hüffer*[10] § 312 Anm 40). Eine Berichterstattung hierüber im AbhBer ist daher nicht erforderlich.

Maßnahmen (oder Rechtsgeschäfte der abhängigen Ges mit konzernfremden Dritten) sind nur dann in den AbhBer aufzunehmen, wenn diese auf **Veranlassung** oder im **Interesse** des herrschenden oder eines mit ihm verbundenen Unt vorgenommen oder unterlassen wurden (§ 312 Abs 1 S 2 AktG). Für die Berichtspflicht genügt es, dass ein Rechtsgeschäft oder eine andere Maßnahme **entweder** auf Veranlassung **oder** im Interesse des anderen Unt erfolgte. Sofern eine Veranlassung nicht erkennbar ist, bleibt daher stets zu prüfen, ob eine Berichterstattung im AbhBer wegen des ausschließlichen oder überwiegenden Interesses dieser Unt dennoch erforderlich ist (*WPH*[14] I, F Anm 1339).

Eine Maßnahme oder ein Rechtsgeschäft ist **auf Veranlassung** eines anderen Unt erfolgt, wenn von diesem der **Anstoß** zu dem Vorgang gegeben worden ist. Vom Begriff der Veranlassung werden nicht nur ausdrückliche Weisungen, sondern auch **jede** andere **Art der Einflussnahme** (zB nachdrückliche Empfehlungen, Ratschläge oder „unverbindliche" Anregungen) umfasst, sofern aus Sicht der abhängigen Ges erkennbar ist, dass hiermit zu einer bestimmte Verhaltensweise aufgefordert wird (*WPH*[14] I, F Anm 1334; *ADS*[6] § 311 AktG Anm 20, 28, *Koppensteiner* in Kölner Komm³ § 311 Anm 3; *Altmeppen* in MünchKomm AktG³ § 311 Anm 76). Für das Vorliegen einer Veranlassung ist gleichgültig, in welcher Form (schriftlich, mündlich oder schlüssiges Verhalten) die Einwirkung erfolgt, ob sie von der Geschäftsführung oder einer nachgeordneten Stelle des herrschenden (oder eines mit ihm verbundenen) Unt vermittelt und ob sie ggü dem Vorstand oder einem anderen Entscheidungsträger der abhängigen Ges bewirkt wird (*ADS*[6] § 311 AktG Anm 26, 28 ff; *WPH*[14] I, F Anm 1334; *Koppensteiner* in Kölner Komm³ § 311 Anm 21). Eine Veranlassung kann daher auch durch generelle Handlungsvorgaben (wie zB Konzernrichtlinien) erfolgen (*WPH*[14] I, F Anm 1334 mwN; *Hüffer*[10] § 311 Anm 16).

Eine Veranlassung setzt voraus, dass die **Einflussnahme** für die Vornahme der betr Maßnahme oder des Rechtsgeschäfts **ursächlich** war. Hiernach liegt keine Veranlassung vor, wenn sich die abhängige Ges auch ohne Beeinflussung durch das herrschende Unt ebenso verhalten hätte (*Koppensteiner* in Kölner Komm³ § 311 Anm 6 mwN; *Altmeppen* in MünchKomm AktG³ § 311 Anm 84; *ADS*⁶ § 311 AktG Anm 35). Entscheidend ist, dass die Veranlassung durch das herrschende Unt zumindest **mitursächlich** war; ob die veranlasste Maßnahme teilweise oder überwiegend auch durch eigene Interessen der abhängigen AG motiviert war, ist ohne Bedeutung (*ADS*⁶ § 311 AktG Anm 35; *Koppensteiner* in Kölner Komm³ § 311 Anm 6; *Altmeppen* in MünchKomm AktG³ § 311 Anm 84 mwN).

312 Die im Rahmen des § 311 AktG diskutierte unwiderlegbare **Veranlassungsvermutung,** wenn zwischen der Geschäftsführung des herrschenden Unt und dem **Vorstand** der abhängigen Ges (teilweise) **Personalunion** besteht, ist auf die Berichtspflicht im AbhBer nicht pauschal übertragbar (*Hüffer*¹⁰ § 312 Anm 20; *Koppensteiner* in Kölner Komm³ § 312 Anm 54); es muss aus weiteren Umständen geschlossen werden, ob ein berichtspflichtiges nachteiliges Verhalten im Interesse des herrschenden oder eines mit ihm verbundenen Unt vorliegt. Eine Veranlassung kann bestehen und ist widerlegbar zu vermuten, wenn Vorstandsmitglieder oder leitende Angestellte des herrschenden Unt dieses als Mitglieder im **AR** der abhängigen AG repräsentieren (*Hüffer*¹⁰ § 311 Anm 23, § 312 Anm 20) und die Ges zB wegen der Verweigerung einer nach § 111 Abs 4 AktG erforderlichen Zustimmung des AR von gewinnträchtigen Geschäften absehen muss. Dagegen begründet im umgekehrten Fall die Zugehörigkeit eines Vorstandsmitglieds oder leitenden Angestellten der abhängigen AG zum AR des herrschenden Unt mangels Geschäftsführungskompetenz des AR idR keine ausreichende Zurechnungsgrundlage für eine Veranlassungsvermutung (*Koppensteiner* in Kölner Komm³ § 311 Anm 33; *ADS*⁶ § 311 AktG Anm 33); bei einem herrschenden Unt in der Rechtsform der AG kann ein Vorstandsmitglied der abhängigen AG bereits wegen § 100 Abs 2 S 1 Nr 2 AktG nicht Mitglied des AR sein.

313 Auch die nachteilige Veranlassung durch einen vom herrschenden Unt herbeigeführten Beschluss der HV der abhängigen AG ist nach § 311 AktG unzulässig (hM, zB *Hüffer*¹⁰ § 311 Anm 17 mwN; *Altmeppen* in MünchKomm AktG³ § 311 Anm 118, *Koppensteiner* in Kölner Komm³ § 311 Anm 24 f). Eine Einschränkung gilt für Beschlüsse über Gewinnverwendung, Auflösung oder Änderung des UntGegenstands; da diese Beschlüsse keine sachliche Rechtfertigung erfordern, alle Aktionäre gleich behandeln und legitime Gläubigerinteressen nicht berühren, sind die §§ 311 ff AktG nicht anwendbar (*ADS*⁶ § 311 AktG Anm 30; *Koppensteiner* in Kölner Komm³ § 311 Anm 26 ff; *Vetter* in Schmidt/Lutter² § 311 Anm 83 mwN; aA *Altmeppen* in MünchKomm AktG³ § 311 Anm 123 ff mwN). Die hM folgt aus dem identischen Wortlaut in beiden Vorschriften, dass auch im nach § 312 AktG aufzustellenden AbhBer über durch **HV-Beschluss veranlasste** Rechtsgeschäfte und Maßnahmen berichtet werden muss (zB *Hüffer*¹⁰ § 312 Anm 20; *Koppensteiner* in Kölner Komm³ § 312 Anm 53; *Emmerich/Habersack*⁷ § 312 Anm 31). Die Gegenansicht lehnt eine solche Berichterstattungspflicht über HV-Beschlüsse ab (*Altmeppen* in MünchKomm AktG³ § 312 Anm 111 f; ähnlich *Würdinger* in Großkomm AktG³ § 318 Anm 4 für gesetzmäßige HV-Beschlüsse) und verweist auf den Zweck des AbhBer, vom Vorstand eine Erklärung über die Angemessenheit der **von ihm** zu verantwortenden Rechtsgeschäfte und Maßnahmen zu verlangen. Da die gesetzlichen Vorkehrungen zum Schutz außenstehender Aktionäre ggü HV-Beschlüssen (zB Auskunfts- und Anfechtungsrechte) gewahrt sind und bereits für ausreichende Publizität und Information vor und in der HV gesorgt ist, macht eine Berichterstattung im vertraulichen AbhBer keinen Sinn, zumal bei den idR in Frage stehenden Beschlussfassungen über UntVerträge oder UmwVorgänge spezielle Schutzvorkehrungen zB in Form von Berichts- und Prüfungspflichten bestehen (*Altmeppen* in

MünchKomm AktG³ § 312 Anm 112; ähnlich *Vetter* in Schmidt/Lutter² § 312 Anm 38, sofern Vorgang von einem unabhängigen Prüfer geprüft wurde; vgl auch *Tillmann/Rieckhoff* AG 2008, 486, die eine Ausgleichspflicht nach § 311 AktG bei UmwFällen generell ablehnen; aA *Koppensteiner* in Kölner Komm³ § 312 Anm 53, der ein Informationsdefizit befürchtet). Nach Sinn und Zweck der Berichterstattung nach § 312 AktG und in Anbetracht der Probleme einer nachgelagerten Angemessenheitsprüfung durch AR und AP verdient die restriktive, eine Berichtpflicht über Veranlassungen durch HV-Beschlüsse verneinende Ansicht Zustimmung.

Eine Berichtspflicht besteht nicht nur für von außen veranlasste Maßnahmen oder Rechtsgeschäfte mit Dritten, sondern auch für solche, die die abhängigen AG aus eigenem Antrieb **im Interesse** des herrschenden Unt oder eines mit ihm verbundenen Unt vorgenommen oder unterlassen hat. Im Interesse eines anderen Unt liegen Maßnahmen oder Rechtsgeschäfte dann, wenn sie zum **Nutzen** dieses Unt vorgenommen wurden, wenn sie ihm also – ggf auch nur mittelbare – Vorteile bringen oder Nachteile von ihm abwenden (*St/HFA 3/1991* Abschn II.9; *ADS*⁶ § 312 AktG Anm 47; *WPH*¹⁴ I, F Anm 1337). Wenn die Vornahme sowohl im eigenen Interesse der abhängigen Ges als auch im Interesse des anderen Unt liegt, besteht eine Berichtspflicht nur dann, wenn die Maßnahme oder das Rechtsgeschäft überwiegend zum Nutzen des anderen Unt vorgenommen oder unterlassen wurde (*ADS*⁶ § 312 AktG Anm 49; *WPH*¹⁴ I, F Anm 1337). Dabei spricht für eine Handlung im überwiegenden Interesse des anderen Unt, wenn der Vorstand sich ergebende Nachteile für die abhängige AG in Kauf nimmt.

Umstritten ist, ob es für die Berichtspflicht auf die objektive Interessenlage (zB *Koppensteiner* in Kölner Komm³ § 312 Anm 50; *Altmeppen* in MünchKomm AktG³ § 312 Anm 106) oder eine subjektive Begünstigungsabsicht der abhängigen Ges (zB *ADS*⁶ § 312 AktG Anm 47; *St/HFA 3/1991* Abschn II.9) ankommt oder ob eine Berichterstattung alternativ unter beiden Gesichtspunkten geboten ist (zB *Müller* in Spindler/Stilz² § 312 Anm 36; *Emmerich/Habersack*⁷ § 312 Anm 31). Der Wortlaut und der Zweck des AbhBer, den Vorstand zur Wahrung der Eigeninteressen der abhängigen Ges anzuhalten (s Anm 203), sprechen für eine **subjektive** Betrachtungsweise. Daher braucht über „nicht veranlasste" Rechtsgeschäfte oder Maßnahmen nicht berichtet zu werden, wenn sie objektiv zwar auch für das herrschende Unt Vorteile bringen, der Vorstand subjektiv aber **nur im Eigeninteresse** der abhängigen Ges und ohne Rücksicht auf die Belange der verbundenen Unt gehandelt hat (*WPH*¹⁴ I, F Anm 1337; *ADS*⁶ § 312 AktG Anm 47). Daher sind zB auch vom Vorstand eigenverantwortlich durchgeführte Maßnahmen zur Optimierung des UntErfolgs der abhängigen Ges, die im allgemeinen **Aktionärsinteresse** liegen, als solche nicht berichtspflichtig (hM, *Koppensteiner* in Kölner Komm³ § 312 Anm 50 mwN; *ADS*⁶ § 312 AktG Anm 47). In Zweifelsfällen sollte der Vorstand der abhängigen AG allerdings auch über Sachverhalte berichten, die nach seiner Kenntnis das herrschende Unt unbeabsichtigt begünstigt haben (*ADS*⁶ § 312 AktG Anm 47).

Bei der Berichterstattung über Maßnahmen sind auch die **Gründe** für die Maßnahme anzugeben (§ 312 Abs 1 S 3 AktG). Da die Motive des Vorstands der abhängigen Ges bei Durchführung oder Unterlassung von Maßnahmen oft nur schwer erkennbar sind, ist die Angabe der Gründe im AbhBer erforderlich, um AP und AR die nachfolgende Überprüfung und Beurteilung der Angemessenheit zu ermöglichen. Als Begr reicht allein der Hinweis, man habe auf Veranlassung oder im Interesse des herrschenden Unt gehandelt, nicht aus, weil es sich hierbei um die Voraussetzung für die Aufnahme in den AbhBer handelt (*ADS*⁶ § 312 AktG Anm 75; *Koppensteiner* in Kölner Komm³ § 312 Anm 74). Vielmehr hat der Vorstand alle **wesentlichen Gesichtspunkte** zu nennen, die ihn unter Abwägung der Vor- und Nachteile dazu bewogen haben, der Veranlassung durch das herrschende (oder ein mit ihm verbundenes Unt) nachzukommen oder von sich aus in seinem Interesse zu handeln (vgl *ADS*[6] § 312 AktG Anm 75; *Emmerich/Habersack*[7] § 312 Anm 39; *Koppensteiner* in Kölner Komm[3] § 312 Anm 75). Die Anforderungen an die Begr steigen, wenn an der Angemessenheit des Ausgleichs Zweifel bestehen oder eine Quantifizierung der Vor- und Nachteile nicht ohne Weiteres möglich ist.

317 Neben den Gründen sind bei Maßnahmen auch die **Vor- und Nachteile** für die abhängige AG anzugeben (§ 312 Abs 1 S 3 AktG). Dies entspricht der Angabepflicht von Leistung und Gegenleistung bei Rechtsgeschäften. Die Vor- und Nachteile sind **unsaldiert** jeder für sich anzugeben und nach Möglichkeit zu **beziffern** (*Emmerich/Habersack*[7] § 312 Anm 39 mwN; *Vetter* in Schmidt/Lutter[2] § 312 Anm 49). Sofern genaue Zahlenangaben nicht möglich sind, ist eine verbale Beschreibung der vorgenommenen Erwägungen erforderlich (*Koppensteiner* in Kölner Komm[3] § 312 Anm 75). Bei der Bewertung der Vor- und Nachteile ist die im Zeitpunkt der Entscheidung über die Maßnahme vom Vorstand **erwartete Entwicklung** zugrunde zu legen; sofern sich diese Prognose nachher als falsch erweist, ist auch dies anzugeben und zu begründen (*Müller* in Spindler/Stilz[2] § 312 Anm 43; *Emmerich/Habersack*[7] § 312 Anm 39; *Vetter* in Schmidt/Lutter[2] § 312 Anm 49). Als **Vorteil** ist hierbei jede mit der Maßnahme unmittelbar im Zusammenhang stehende wirtschaftliche Begünstigung der abhängigen Ges anzusehen, nicht hingegen der Nachteilsausgleich (§ 312 Abs 1 S 4; s Anm 325), der für die nachteilige Maßnahme zu gewähren ist (*ADS*[6] § 312 AktG Anm 74). Als **Nachteil** iSd § 312 Abs 1 S 3 AktG kommt jede Beeinträchtigung der Vermögens- oder Ertragslage der abhängigen Ges in Betracht. Abw vom Nachteilsbegriff des § 311 AktG liegt ein angabepflichtiger Nachteil unabhängig davon vor, ob sich die Maßnahme nach einer saldierenden Gesamtbetrachtung als insgesamt nachteilig erweist (*Emmerich/Habersack*[7] § 312 Anm 39; *Koppensteiner* in Kölner Komm[3] § 312 Anm 76).

5. Nachteilsausgleich

325 Nach § 312 Abs 1 S 4 AktG sind bei einem Ausgleich von Nachteilen im AbhBer **Einzelangaben** zu machen, wie der Ausgleich während des Gj tatsächlich erfolgt ist oder auf welche Vorteile der Ges ein Rechtsanspruch gewährt worden ist. Voraussetzung für die Angabepflicht ist, dass eine **Ausgleichspflicht** nach § 311 AktG besteht, weil sich bei den einzelnen Rechtsgeschäften Leistung und Gegenleistung bzw bei den Maßnahmen Vor- und Nachteile nicht gleichwertig ggüstehen (*Hüffer*[10] § 312 Anm 30). Gleichen sich im Rahmen eines einheitlichen Geschäftsvorgangs oder einer Maßnahme Vor- und Nachteile aus oder wird der abhängigen Ges spätestens gleichzeitig mit der Vornahme des Rechtsgeschäfts bzw Durchführung der Maßnahme vom herrschenden Unt ein adäquater Rechtsanspruch auf einen die evtl Nachteile kompensierenden Vorteil gewährt, fehlt es bereits tatbestandlich an einem „Nachteil" iSd § 311 Abs 1 AktG, so dass auch eine Angabe zum Nachteilsausgleich nach § 312 Abs 1 S 4 AktG entfällt (*ADS*[6] § 311 AktG Anm 58; *Altmeppen* in MünchKomm AktG[3] § 312 Anm 121). Zu einer Angabe zum Nachteilsausgleich kommt es daher praktisch nur in den Fällen eines zeitlich – längstens bis ans Ende des Gj – hinausgeschobenen Nachteilsausgleichs (vgl *Altmeppen* in MünchKomm AktG[3] § 312 Anm 121; *ADS*[6] § 312 AktG Anm 77).

326 Sofern hiernach über einen Nachteilsausgleich zu berichten ist, ist zunächst anzugeben, ob der Nachteil **tatsächlich** oder durch Begr eines **Rechtsan-**

spruchs ausgeglichen worden ist (*Emmerich/Habersack*[7] § 312 Anm 40; *Hüffer*[10] § 312 Anm 30). Darüber hinaus müssen der Nachteil und der ausgleichende Vorteil in der gebotenen Ausführlichkeit einzeln angegeben und nach Möglichkeit **quantifiziert** werden, um eine Prüfung der Angemessenheit des Ausgleichs zu ermöglichen (*Emmerich/Habersack*[7] § 312 Anm 40; *Altmeppen* in MünchKomm AktG³ § 312 Anm 122; *Hüffer*[10] § 312 Anm 30); in den übrigen Fällen ist zu erläutern, warum der Vorteil zur Kompensation des Nachteils geeignet ist (*Koppensteiner* in Kölner Komm³ § 312 Anm 77).

Sind unter Verletzung des § 311 Abs 2 AktG entstandene Nachteile bis zum Ende des Gj weder tatsächlich noch durch Gewährung eines Rechtsanspruchs ausgeglichen worden, entsteht automatisch eine **Schadenersatzverpflichtung** des herrschenden Unt aus § 317 AktG (vgl *Altmeppen* in MünchKomm AktG³ § 311 Anm 364 ff; *Hüffer*[10] § 311 Anm 46). Auch in diesem Fall sind die entstandenen **Nachteile** im AbhBer im Einzelnen darzustellen sowie ggf ergänzende Angaben zu machen, ob nach Ablauf des Gj ein verspäteter Nachteilsausgleich geleistet wurde bzw eine vollwertige Schadenersatzdeckung besteht (vgl *Altmeppen* in MünchKomm AktG³ § 312 Anm 122). 327

Ist absehbar, dass bis zum Ende des Gj noch nicht alle Nachteile festgestellt und beziffert werden können, kommt zur Vermeidung einer Schadensersatzpflicht nach § 317 AktG der Abschluss eines **Nachteilsausgleichsvertrags** in Betracht, durch den sich das herrschende Unt ggü der abhängigen Ges bereits vor Ablauf des Gj unbedingt verpflichtet, die später konkret zu beziffernden Nachteile auszugleichen (*ADS*[6] § 311 AktG Anm 59, 71; *Koppensteiner* in Kölner Komm³ § 311 Anm 135 ff; *WPH*[14] I, F Anm 1283; aA *Altmeppen* in MünchKomm AktG³ § 311 Anm 365 unter Hinweis auf den Gesetzeszweck). Ist allerdings der Nachteil bezifferbar, muss nach der Rspr auch im Nachteilsausgleichsvertrag der Ausgleichsanspruch bereits konkret beziffert werden und darf nicht von der späteren Feststellung des Nachteils abhängig gemacht werden (BGH 26.6.2012, AG, 680; aA *Wilhelm* NZG 2012, 1291). 328

6. Schlusserklärung

Der **Vorstand** hat nach § 312 Abs 3 S 1 AktG im AbhBer eine Schlusserklärung abzugeben. Die Schlusserklärung dient zum einen dazu, das wesentliche Ergebnis des AbhBer und der darin getroffenen Beurteilungen zur Information eines weiteren Adressatenkreises zusammenzufassen (*Altmeppen* in MünchKomm AktG³ § 312 Anm 141; *Müller* in Spindler/Stilz² § 312 Anm 48). **Zweck** der Schlusserklärung ist es zum anderen, den Vorstand zu einer eindeutigen persönlichen Würdigung zu zwingen und ihn dadurch an seine Verpflichtung zur eigenverantwortlichen Leitung und zur Wahrung der Interessen der abhängigen Ges zu ermahnen; hierdurch soll zugleich die Stellung des Vorstands ggü dem herrschenden Unt gestärkt werden (*Koppensteiner* in Kölner Komm³ § 312 Anm 78; *Hüffer*[10] § 312 Anm 35; *Altmeppen* in MünchKomm AktG³ § 312 Anm 140). Die Schlusserklärung ist damit eine wesentliche Grundlage für die **präventive Wirkung** des AbhBer (*Emmerich/Habersack*[7] § 312 Anm 44; *Müller* in Spindler/Stilz² § 312 Anm 48; *Hüffer*[10] § 312 Anm 35). 337

Inhaltlich muss sich der Vorstand dazu erklären, ob die Ges bei jedem Rechtsgeschäft stets eine angemessene Gegenleistung erhielt und durch getroffene oder unterlassene andere Maßnahmen nicht benachteiligt wurde und ob, falls erstgenanntes nicht zutrifft, die Nachteile jeweils ausgeglichen worden sind (§ 312 Abs 3 S 1 und 2 AktG). Eine bestimmte Formulierung schreibt das Gesetz für die Schlusserklärung – anders als beim BVm des AP (§ 313 Abs 3 S 2 AktG; s Anm 354) – nicht vor. Dies ermöglicht es, den **Wortlaut** flexibel an die Beson- 338 derheiten des jeweiligen Einzelfalls anzupassen (vgl mit Formulierungsbeispielen *ADS*[6] § 312 AktG Anm 90 ff). Eine Anpassung ist zB in Form einer Negativerklärung erforderlich, wenn sich keine berichtspflichtigen Rechtsgeschäfte oder Maßnahmen ereignet haben (*Müller* in Spindler/Stilz[2] § 312 Anm 49; *Koppensteiner* in Kölner Komm[3] § 312 Anm 79), oder zB auch dann, wenn nachteilige Geschäfte berichtspflichtig, aber wegen fehlender Veranlassung ausnahmsweise nicht ausgleichspflichtig sind (*ADS*[6] § 312 AktG Anm 89, 93; *Koppensteiner* in Kölner Komm[3] § 312 Anm 85; *Altmeppen* in MünchKomm AktG[3] § 312 Anm 144). Wurden ausgleichspflichtige Nachteile nicht ausgeglichen, sind nach Sinn und Zweck in der Erklärung auch das Geschäft und der Nachteil anzugeben (*Altmeppen* in MünchKomm AktG[3] § 312 Anm 142; *Müller* in Spindler/Stilz[2] § 312 Anm 49; abw *Vetter* in Schmidt/Lutter[2] § 312 Anm 59, der einen Hinweis auf die Nachteiligkeit eines bestimmten Rechtsgeschäfts oder einer Maßnahme auch dann verlangt, wenn dieser Nachteil später noch vor Ablauf des Gj ausgeglichen worden ist).

339 **Maßgeblicher Zeitpunkt** für die Beurteilung durch den Vorstand ist derjenige, in dem das Rechtsgeschäft vorgenommen oder die Maßnahme getroffen oder unterlassen wurde (§ 312 Abs 3 S 1 AktG). Ein Hinweis auf diese Einschränkung ist in den Wortlaut der Schlusserklärung aufzunehmen (*Hüffer*[10] § 312 Anm 36; *Müller* in Spindler/Stilz[2] § 312 Anm 50). Nach dem Gesetzeswortlaut kommt es nur auf die Umstände an, die dem Vorstand zu diesem Zeitpunkt tatsächlich „bekannt waren". Daher müssen erst **nachträglich entdeckte** Umstände, die der Vorstand bei Anwendung pflichtgemäßer Sorgfalt hätte erkennen müssen, nicht offenbart werden, zumal dies auf eine Selbstbezichtigungspflicht des Vorstands hinausliefe (hM, zB *Vetter* in Schmidt/Lutter[2] § 312 Anm 60; *Hüffer*[10] § 312 Anm 36; *Emmerich/Habersack*[7] § 312 Anm 46; aA *Altmeppen* in MünchKomm AktG[3] § 312 Anm 146; *Koppensteiner* in Kölner Komm[3] § 312 Anm 80, der von einem Redaktionsversehen des Gesetzgebers ausgeht).

340 Bei einem **Wechsel** sämtlicher **Vorstandsmitglieder** nach Durchführung der berichtspflichtigen Rechtsgeschäfte bzw Maßnahmen ist bei der Formulierung der Schlusserklärung darauf hinzuweisen, dass der berichtende Vorstand zum maßgeblichen Beurteilungszeitpunkt noch nicht amtierte und der Umfang seiner Erkenntnisquellen entspr eingeschränkt ist (*Koppensteiner* in Kölner Komm AktG[3] § 312 Anm 81; *Altmeppen* in MünchKomm AktG[3] § 312 Anm 148 ff mit Formulierungsbeispielen). Wenn nur einzelne Vorstandsmitglieder während oder nach Ablauf des Gj ausgetauscht wurden, ergeben sich hieraus keine Auswirkungen auf die Formulierung der Schlusserklärung. Wegen der Gesamtverantwortung des Vorstands und der hiernach gebotenen Wissenszurechnung sind alle Umstände als dem Vorstand zum maßgebenden Beurteilungszeitpunkt bekannt zu berücksichtigen, auch wenn sie nur **einem Vorstandsmitglied** tatsächlich bekannt waren (glA *Altmeppen* in MünchKomm AktG[3] § 312 Anm 147; *Vetter* in Schmidt/Lutter[2] § 312 Anm 61 mwN).

341 Die **Schlusserklärung** des Vorstands kann, wenn sich **keine Benachteiligungen** ergeben haben, wie folgt formuliert werden:

> „Unsere Gesellschaft hat bei den im Bericht über die Beziehungen zu verbundenen Unternehmen aufgeführten Rechtsgeschäften und Maßnahmen nach den Umständen, die uns in dem Zeitpunkt bekannt waren, in dem die Rechtsgeschäfte vorgenommen oder die Maßnahmen getroffen oder unterlassen wurden, bei jedem Rechtsgeschäft eine angemessene Gegenleistung erhalten und ist dadurch, dass Maßnahmen getroffen oder unterlassen wurden, nicht benachteiligt worden."

Bei späterem **Nachteilsausgleich** kann die Formulierung zB wie folgt ergänzt werden:

„Unsere Gesellschaft hat ... *[wie zuvor]* ... wurden, nicht bei jedem Rechtsgeschäft eine angemessene Gegenleistung erhalten und ist dadurch, dass Maßnahmen getroffen oder unterlassen wurden, in Einzelfällen benachteiligt worden. Die Nachteile wurden jeweils während des Geschäftsjahrs tatsächlich ausgeglichen. *[Oder:]* Unserer Gesellschaft wurde als Ausgleich vor Ablauf des Geschäftsjahrs ein Rechtsanspruch auf adäquate Vorteile gewährt."

Eine **Negativerklärung** kann zB wie folgt lauten:

„Bei unserer Gesellschaft haben in Beziehung zu dem herrschenden oder einem mit diesem verbundenen Unternehmen im Geschäftsjahr keine berichtspflichtigen Vorgänge vorgelegen."

Nach § 312 Abs 3 S 3 AktG ist die Schlusserklärung des Vorstands in den **Lagebericht** (§ 289 HGB) aufzunehmen (zur Offenlegung s Anm 378). Eine gesetzliche Vorgabe, an welcher Stelle die Schlusserklärung im Lagebericht zu platzieren ist, besteht nicht (*Koppensteiner* in Kölner Komm[3] § 312 Anm 86). 342

Handelt es sich bei der abhängigen Ges um eine **kleine AG/KGaA** iSd § 267 Abs 1 HGB, braucht sie **keinen Lagebericht** aufzustellen (§ 264 Abs 1 S 3 HGB). Sofern nicht freiwillig ein Lagebericht aufgestellt wird, entfiele damit auch die Wiedergabe der Schlusserklärung. Die erforderliche Publizität der Schlusserklärung ist in diesem Fall durch Aufnahme der Schlusserklärung in den **Anhang** sicherzustellen (hM, zB *ADS*[6] § 312 AktG Anm 88; *WPH*[14] I, F Anm 1347; *Koppensteiner* in Kölner Komm[3] § 312 Anm 87; *Altmeppen* in MünchKomm AktG[3] § 312 Anm 152). Entspr ist auch dann, wenn die abhängige Ges unter Inanspruchnahme der **Befreiungen** nach § 264 Abs 3 HGB auf die Aufstellung eines **Lageberichts verzichtet,** die Schlusserklärung in den Anhang aufzunehmen. Wird im Rahmen der Befreiungen auch ein Anhang nicht aufgestellt, ist die Schlusserklärung unter dem verbleibenden JA (Bilanz und GuV) anzugeben (*Koppensteiner* in Kölner Komm[3] § 312 Anm 87; *Altmeppen* in MünchKomm AktG[3] § 312 Anm 152; *Vetter* in Schmidt/Lutter[2] § 312 Anm 63) und mit diesem offenzulegen (zur Befreiung von der Offenlegungspflicht s Anm 380). Die Pflicht zur Aufstellung des AbhBer und zur Abgabe der Schlusserklärung (§ 312 Abs 3 AktG) wird durch die handelsrechtlichen Befreiungsmöglichkeiten des § 264 Abs 3 HGB nicht berührt (vgl *Emmerich/Habersack*[7] § 316 Anm 4); zur Befreiung von der Prüfungspflicht s Anm 351. 343

IV. Prüfung

1. Abschlussprüfer

Unterliegt der JA der abhängigen AG/KGaA nach § 316 HGB der **Prüfungspflicht,** hat der gesetzliche **AP** zugleich auch den AbhBer zu prüfen (§ 313 Abs 1 S 1 AktG). Da der AP **kraft Gesetzes** für die Prüfung des AbhBer zuständig ist, bedarf es hierzu keiner gesonderten Beauftragung durch die Organe der AG (*ADS*[6] § 313 AktG Anm 6; *WPH*[14] I, F Anm 1365). Aus diesem Grund ist es auch nicht möglich, eine andere Person mit der Prüfung des AbhBer zu beauftragen (*WPH*[14] I, F Anm 1365; *Hüffer*[10] § 313 Anm 4). 350

Handelt es sich bei der abhängigen AG/KGaA um eine **kleine KapGes** iSd § 267 HGB, entfällt mangels gesetzlicher Prüfungspflicht für den JA (§ 316 Abs 1 S 1 HGB) auch die Prüfung des AbhBer (*WPH*[14] I, F Anm 1366; *Koppensteiner* in Kölner Komm[3] § 313 Anm 8f). Entspr gilt für eine abhängige AG, die nach § 264 Abs 3 HGB von der **Prüfungspflicht** für den JA **befreit** ist. Für die vereinzelt vorgeschlagene analoge Anwendung des § 313 AktG auf diese Fälle (so *Emmerich/Habersack*[7] § 313 Anm 7) besteht im geltenden Recht keine Grundlage (hM, zB *Koppensteiner* in Kölner Komm[3] § 313 Anm 9; *Altmeppen* in 351

MünchKomm AktG[3] § 313 Anm 20; WPH[14] I, F Anm 1366). Sofern die **Satzung** der abhängigen AG die Prüfung des JA durch einen AP vorschreibt, erstreckt sich diese Prüfungspflicht im Zweifel auch auf den AbhBer (*Altmeppen* in MünchKomm AktG[3] § 313 Anm 22; WPH[14] I, F Anm 1366; *Vetter* in Schmidt/Lutter[2] § 313 Anm 5). Wird ohne Bestehen einer satzungsmäßigen Verpflichtung ein **freiwilliger** Auftrag zur Prüfung des JA erteilt, erstreckt sich dieser nicht zwangsläufig auch auf die Prüfung des AbhBer (*ADS*[6] § 313 AktG Anm 5; *Altmeppen* in MünchKomm AktG[3] § 313 Anm 23); der Umfang des Prüfungsauftrags ist daher im Einzelfall zu ermitteln.

352 **Prüfungsgegenstand** ist zunächst die **Richtigkeit** der tatsächlichen Angaben des AbhBer (§ 313 Abs 1 S 2 Nr 1 AktG). Dagegen ist die **Vollständigkeit** der tatsächlichen Angaben nicht Gegenstand der Prüfung durch den AP (ganz hM, *St/HFA 3/1991* Abschn III.5; WPH[14] I, F Anm 1368, 1382; *Hüffer*[10] § 313 Anm 5, 11), weshalb die Einholung einer gesonderten Vollständigkeitserklärung durch den AP entfällt; sofern der AP jedoch im Rahmen seiner Prüfung feststellt, dass der AbhBer unvollständig ist, hat er auch hierüber zu berichten (WPH[14] I, F Anm 1369; *ADS*[6] § 313 AktG Anm 46). Ferner ist bei den im AbhBer aufgeführten Rechtsgeschäften zu prüfen, ob die **Leistung** der AG/KGaA nicht **unangemessen** hoch war und ob etwaige **Nachteile ausgeglichen** wurden; bei den aufgeführten Maßnahmen ist zu prüfen, ob keine Umstände für eine **wesentlich andere Beurteilung** als die durch den Vorstand sprechen (§ 313 Abs 1 S 2 Nr 2 und 3 AktG). In beiden Fällen sind die im AbhBer getroffenen Wertungen des Vorstands inhaltlich dahingehend zu überprüfen, ob sie innerhalb eines vernünftigen kfm **Beurteilungsspielraums** als vertretbar anzusehen sind (WPH[14] I, F Anm 1370 f; *Hüffer*[10] § 313 Anm 6, 9; *ADS*[6] § 313 AktG Anm 22, 31; *Velte* DK 2010, 52). Legt der Vorstand einer abhängigen AG dem AP keinen AbhBer zur Prüfung vor (vgl § 313 Abs 1 S 1 AktG), erstreckt sich die Prüfungspflicht des AP auch auf die Frage, ob ein AbhBer hätte aufgestellt werden müssen (*Vetter* in Schmidt/Lutter[2] § 313 Anm 24; WPH[14] I, F Anm 1373; zu Sanktionen s Anm 390 ff).

353 Die **Durchführung** der Prüfung erfolgt retrograd, dh es ist von den im Bericht aufgeführten Rechtsgeschäften und Maßnahmen auszugehen (WPH[14] I, F Anm 1376; *Hüffer*[10] § 313 Anm 10). Bei der Prüfung der Richtigkeit der tatsächlichen Angaben genügt grds eine Prüfung anhand von **Stichproben,** deren Umfang und Auswahl von der Art und der wirtschaftlichen Bedeutung der berichtspflichtigen Vorgänge abhängig ist (WPH[14] I, F Anm 1378; *Altmeppen* in MünchKomm AktG[3] § 313 Anm 66). Zulässig und zur Minderung des Zeitdrucks auch zweckmäßig sind **Zwischenprüfungen** im laufenden Gj, die sich zB mit der organisatorischen Erfassung berichtspflichtiger Vorgänge oder mit wesentlichen einzelnen Geschäftsvorfällen befassen; uU ist es sinnvoll, bereits vor der Vornahme eines Rechtsgeschäfts bzw einer Maßnahme die Beurteilung des AP einzuholen (WPH[14] I, F Anm 1379; *Altmeppen* in MünchKomm AktG[3] § 313 Anm 65). Dem AP stehen zur Durchführung der Prüfung die **Auskunfts-** und **Einsichtsrechte** gem § 320 Abs 1 S 2 sowie Abs 2 S 1 und 2 HGB zur Verfügung (Verweis in § 313 Abs 1 S 3 AktG). Diese Rechte des AP bestehen auch ggü einem herrschenden sowie **verbundenen** Unt iSd §§ 17, 18 AktG (§ 313 Abs 1 S 4 AktG). Das Auskunfts- und Einsichtsrecht gilt nach hM zwar auch im Verhältnis zu **ausländischen** herrschenden Unt und verbundenen Unt, jedoch kommt eine zwangsweise Durchsetzung (§ 407 AktG) ggü den ausländischen Unt idR nicht in Betracht (*Koppensteiner* in Kölner Komm[3] § 313 Anm 16 mwN; *ADS*[6] § 313 AktG Anm 57; WPH[14] I, F Anm 1381).

354 Der AP hat über das **Ergebnis** der Prüfung schriftlich zu **berichten** und einen **BVm** mit gesetzlich vorgeschriebenem Wortlaut zu erteilen (§ 313 Abs 2 und 3 AktG). Wenn der AP Einwendungen gegen die Berichterstattung des Vorstands im AbhBer zu erheben oder festgestellt hat, dass der AbhBer unvollständig ist, ist der BVm einzuschränken oder zu versagen (§ 313 Abs 4 AktG). Dabei kommt eine **Einschränkung** in Betracht, wenn die Prüfung des AbhBer die allgemeine Ordnungsmäßigkeit der Berichterstattung ergeben hat und nur einzelne abgrenzbare und übersehbare Teilgebiete oder Sachverhalte zu beanstanden sind; ist dies wegen der Vielzahl oder des Umfangs der Beanstandungen nicht mehr möglich, ist der BVm zu **versagen** (*ADS*[6] § 313 AktG Anm 88, 95; *Hüffer*[10] § 313 Anm 19, 21; *WPH*[14] I, F Anm 1386). In Ausnahmefällen kommt auch ein hinweisender **Zusatz** zum BVm in Betracht, zB um auf besondere Schwierigkeiten bei der Beurteilung von Maßnahmen hinzuweisen (*WPH*[14] I, F Anm 1387; *Altmeppen* in MünchKomm AktG[3] § 313 Anm 100f); ein solcher Zusatz ist nicht mit einer Einschränkung gleichzusetzen und kann eine sonst gebotene Einschränkung nicht ersetzen. Liegt ein AbhBer in Form eines Negativberichts vor, beschränkt sich der BVm des AP auf die Bestätigung, dass die tatsächlichen Angaben des Berichts richtig sind (§ 313 Abs 3 S 2 AktG).

Der AP hat den **PrüfBer** mit dem **BVm** zu unterzeichnen (§ 313 Abs 5 355 AktG) und unmittelbar dem **AR vorzulegen**. Dem Vorstand ist vor Zuleitung des PrüfBer an den AR Gelegenheit zur **Stellungnahme** zu geben (§ 313 Abs 2 S 3 AktG); dies erfolgt üblicherweise auf der Grundlage eines Entwurfs (sog Vorwegexemplar), zu dem der Vorstand im Rahmen der Schlussbesprechung Stellung nehmen kann (*WPH*[14] I, F Anm 1383; *ADS*[6] (ErgBd) § 313 AktG Anm 8). Der AbhBer und der PrüfBer des AP sind auch jedem AR-Mitglied oder, wenn der AR dies beschlossen hat, jedem Mitglied eines Ausschusses zu übermitteln (§ 314 Abs 1 S 2 AktG).

2. Aufsichtsrat

Der **AR** hat den AbhBer selbständig zu **prüfen** (§ 314 Abs 2 S 1 AktG). Eine 360 **Delegation** der Prüfungsaufgabe auf einen Ausschuss ist hierbei nicht zulässig (§ 107 Abs 3 S 3 AktG). Entspr obliegt im Falle einer abhängigen SE die Prüfungspflicht gem § 22 Abs 6 SEAG dem gesamten **Verwaltungsrat** (*Altmeppen* in MünchKomm AktG[2] Anhang Art 9 SE-VO Anm 37f).

Die Prüfung durch den AR umfasst – im Unterschied zum eingeschränkten 361 Prüfungsgegenstand des AP nach § 313 AktG – die **Vollständigkeit** und **Richtigkeit** des AbhBer (*WPH*[14] I, F Anm 1392; *Koppensteiner* in Kölner Komm[3] § 314 Anm 5; *Hüffer*[10] § 314 Anm 4). Die erforderliche Intensität der Prüfung hängt davon ab, ob sich Anhaltspunkte für Beanstandungen ergeben haben, wobei insb auch das Ergebnis der Prüfung des AbhBer durch den AP zu berücksichtigen ist (*Hüffer*[10] § 314 Anm 4; *Altmeppen* in MünchKomm AktG[3] § 314 Anm 20ff). Auch Repräsentanten des herrschenden Unt im AR sind verpflichtet, ihre jeweiligen Kenntnisse im Interesse der abhängigen AG einzubringen, selbst wenn dies nicht den Interessen des herrschenden Unt dienen sollte (*Hüffer*[10] § 314 Anm 4; *ADS*[6] § 313 AktG Anm 11).

Über das **Ergebnis** seiner Prüfung hat der AR in seinem Bericht an die **HV** 362 (§ 171 Abs 2 AktG) schriftlich zu **berichten** (§ 314 Abs 2 S 1 AktG). Ist die abhängige Ges prüfungspflichtig (s Anm 350f), hat der AR ausdrücklich zum Ergebnis der Prüfung des AbhBer durch den **AP** Stellung zu nehmen und den **BVm** des AP zum AbhBer in seinen Bericht aufzunehmen (§ 314 Abs 2 S 2, 3). Am Schluss seines Berichts hat der AR eine **Erklärung** abzugeben, ob nach dem abschließenden Ergebnis seiner Prüfung Einwendungen gegen die Schlusserklärung des Vorstands zum AbhBer bestehen (§ 314 Abs 3 AktG; vgl *ADS*[6] § 313 AktG Anm 13 mit Formulierungsbeispiel).

3. Sonderprüfer

365 Nach § 315 AktG sind **Aktionäre** unter bestimmten Voraussetzungen berechtigt, die gerichtliche Bestellung eines Sonderprüfers zu beantragen, der die geschäftlichen Beziehungen der abhängigen Ges zum herrschenden Unt oder einem mit diesem verbundenen Unt überprüft. **Zweck** der Regelung ist die Information außenstehender Aktionäre, um damit die Durchsetzung von Schadenersatzansprüchen nach §§ 317, 318 AktG zu erleichtern (*Hüffer*[10] § 315 Anm 1; *Altmeppen* in MünchKomm AktG[3] § 315 Anm 1).

366 Das Antragsrecht steht nach § 315 S 1 AktG **jedem** einzelnen **Aktionär** zu, wenn der **AP** den BVm zum AbhBer eingeschränkt oder versagt hat, der **AR** erklärt hat, dass Einwendungen gegen Schlusserklärung des Vorstands zum AbhBer zu erheben sind, oder der **Vorstand** selbst erklärt hat, dass die Ges ohne Ausgleich benachteiligt wurde. Ein bloßer Zusatz zum BVm des AP ermöglicht eine Sonderprüfung dagegen nicht (LG Köln 5.2.1999, AG, 282; *Altmeppen* in MünchKomm AktG[3] § 315 Anm 11). Einer Versagung des BVm des **AP** zum AbhBer ist es nach Sinn und Zweck gleichzustellen, wenn ein erforderlicher AbhBer pflichtwidrig **nicht aufgestellt** und daher der BVm des AP zum JA **eingeschränkt** wurde (*Altmeppen* in MünchKomm AktG[3] § 315 Anm 13, 15; *Vetter* in Schmidt/Lutter[2] § 315 Anm 6; *Koppensteiner* in Kölner Komm[3] § 315 Anm 3, § 313 Anm 33), so dass auch in diesem Fall der Weg zur Sonderprüfung nach § 315 S 1 AktG eröffnet ist. Gleiches gilt, wenn die pflichtwidrige Nichterstattung des AbhBer zu entspr **Einwendungen** des **AR** (§ 315 S 1 Nr 2 AktG) geführt hat.

367 Wenn die Voraussetzungen des § 315 S 1 AktG nicht erfüllt sind, aber sonstige Tatsachen vorliegen, die den **Verdacht** einer **pflichtwidrigen Nachteilszufügung** begründen, kann der Antrag auf Sonderprüfung auch von einer **qualifizierten Minderheit** von Aktionären gestellt werden (§ 315 S 2 AktG). Voraussetzung hierfür ist, dass deren Aktien zusammen den Schwellenwert des § 142 Abs 2 AktG, also mindestens 1% des Grundkapitals oder einen anteiligen Betrag von 100 000 Euro, erreichen.

368 Mangels spezieller Vorgaben in § 315 AktG gelten für die **Durchführung** der Sonderprüfung die Regeln zur allgemeinen aktienrechtlichen Sonderprüfung (§§ 142 ff AktG) entspr (*Hüffer*[10] § 315 Anm 6; *Altmeppen* in MünchKomm AktG[3] § 315 Anm 33). **Prüfungsgegenstand** sind die geschäftlichen Beziehungen der abhängigen Ges zu den/dem vom Gericht bei Bestellung bestimmten Unt, innerhalb dieses Rahmens umfasst die Prüfung jedoch sämtliche Sachverhalte des betr Gj (*Emmerich/Habersack*[7] § 315 Anm 16 f; *Vetter* in Schmidt/Lutter[2] § 315 Anm 21, 23). Es ist in diesem Rahmen auch die Vollständigkeit des AbhBer zu prüfen (*WPH*[14] I, F Anm 1396; *Emmerich/Habersack*[7] § 315 Anm 17). Der Sonderprüfer hat über das **Ergebnis** seiner Prüfung schriftlich zu berichten und diesen Bericht auch zum **HR** der Ges einzureichen (§ 145 Abs 6 S 1 und 3 AktG), so dass jedermann Einsicht nehmen kann. Für den Sonderprüfungsbericht gilt keine Schutzklausel zur Wahrung von Geheimhaltungsinteressen; das **Gericht** hat jedoch auf Antrag des Vorstands gem § 145 Abs 4 AktG zu gestatten, dass bestimmte Tatsachen nicht in den Bericht aufgenommen werden, wenn überwiegende Belange der Ges dies gebieten und deren Darstellung für den Berichtszweck nicht unerlässlich ist (vgl *Hüffer*[10] § 315 Anm 7; *Vetter* in Schmidt/Lutter[2] § 315 Anm 28).

V. Publizität

375 Nach den gesetzlichen Vorschriften ist **keine Offenlegung** des **AbhBer** vorgesehen. Grund für die **Vertraulichkeit** des AbhBer ist, dass bei öffentlichem

Bekanntwerden der erforderlichen Detailinformationen Nachteile für die abhängige Ges zu befürchten sind, was sich negativ auf die gebotene Offenheit der Berichterstattung auswirken könnte (*Altmeppen* in MünchKomm AktG³ § 312 Anm 10; *Hüffer*[10] § 312 Anm 38). Die Offenlegung des AbhBer kann auch **nicht** durch eine Regelung in der **Satzung** vorgesehen werden (*Altmeppen* in Münch-Komm AktG³ § 312 Anm 11; *Emmerich/Habersack*[7] § 312 Anm 4 mwN). Der AbhBer ist daher grds nur zur Information des **AP** und des **AR** bestimmt, denen die Prüfung des AbhBer obliegt (*Altmeppen* in MünchKomm AktG³ § 312 Anm 7; *Emmerich/Habersack*[7] § 312 Anm 4).

Das allgemeine **Auskunftsrecht** des **Aktionärs** (§ 131 AktG) wird durch die Aufstellung des AbhBer nicht verdrängt, so dass sich das Auskunftsverlangen eines Aktionärs in der HV auch auf **einzelne** im AbhBer behandelte Vorgänge erstrecken kann (hM, zB *Hüffer*[10] § 312 Anm 39; *Altmeppen* in MünchKomm AktG³ § 312 Anm 16; *Habersack/Verse* AG 2003, 300; OLG Düsseldorf 17.7.1991, DB, 2532; aA OLG Frankfurt 6.1.2003, ZIP, 762). Die Auffassung, bei einer nicht prüfungspflichtigen **kleinen AG** iSd § 267 Abs 1 HGB sei außenstehenden Aktionären in analoger Anwendung des § 51a GmbHG ein weitergehendes **Einsichtsrecht** in den AbhBer zuzubilligen (so *Altmeppen* in MünchKomm AktG³ § 312 Anm 12 ff), ist abzulehnen, da sich hierfür keine Rechtsgrundlage findet (glA *Vetter* in Schmidt/Lutter² § 312 Anm 8; *Koppensteiner* in Kölner Komm³ § 312 Anm 87 mit Fn 207). **Gläubiger** oder außenstehende **Aktionäre** der abhängigen Ges haben keinen Anspruch auf Vorlage des AbhBer; dies gilt auch dann, wenn sie Ersatzansprüche der abhängigen Ges aus §§ 317, 318 AktG geltend machen (OLG Düsseldorf 11.4.1988, DB, 1109; *Hüffer*[10] § 312 Anm 38; *Emmerich/Habersack*[7] § 312 Anm 4). Das **herrschende Unt** hat ebenfalls keinen Anspruch auf Überlassung des AbhBer (*Vetter* in Schmidt/Lutter² § 312 Anm 7). Falls das herrschende Unt im Rahmen seiner Konzernleitungsfunktion oder für Zwecke der Konzernbilanzierung (§ 294 Abs 3 HGB) Informationen zu Vorgängen erhalten hat, die auch Gegenstand der Berichterstattung im AbhBer waren, folgt hieraus gem § 131 Abs 4 AktG keine Erweiterung des Auskunftsrechts außenstehender Aktionäre über den Inhalt des AbhBer (*Emmerich/Habersack*[7] § 312 Anm 5; *Altmeppen* in MünchKomm AktG³ § 312 Anm 17; *Hüffer*[10] § 312 Anm 38).

Eine **Ausnahme** vom Grundsatz der Vertraulichkeit des AbhBer ist nur für bestimmte Personen anzuerkennen. Der **Sonderprüfer** nach § 315 AktG gehört zum erweiterten Adressatenkreis des AbhBer, da sich seine Prüfung auch auf den Inhalt des AbhBer bezieht (§ 145 Abs 1, 2 AktG). Da der Bericht des Sonderprüfers zum HR einzureichen ist (§ 145 Abs 6 S 3 AktG; s Anm 368), können hierdurch Einzelheiten des AbhBer eine weitergehende Publizität erlangen (*Hüffer*[10] § 312 Anm 38; *Emmerich/Habersack*[7] § 312 Anm 4). Ferner kommt in Betracht, dass der **AP** des herrschenden Unt im Rahmen seines gesetzlichen Auskunftsrechts ggü der abhängigen TochterGes (§ 320 Abs 2 S 3 HGB; s § 320 Anm 16) von dieser die Einsicht in den AbhBer verlangen kann, soweit dies für eine sorgfältige Prüfung notwendig ist; dies ist zB denkbar, wenn nach der Schlusserklärung nicht ausgeglichene Nachteile vorliegen und somit eine Ersatzpflicht des herrschenden Unt besteht. Darüber hinaus kann bei Insolvenz der abhängigen Ges der **Insolvenzverwalter** über den AbhBer verfügen, zudem dürfte ein Recht des **Gläubigerausschusses** (§ 69 S 2 InsO) auf Einsichtnahme bestehen (*Vetter* in Schmidt/Lutter² § 312 Anm 7; *Emmerich/Habersack*[7] § 312 Anm 4). Dagegen besteht ggü den **Finanzbehörden** keine Verpflichtung zur Vorlage des AbhBer, da dieser von § 60 Abs 3 EStDV nicht erfasst wird.

Im Gegensatz zum AbhBer als solchem ist die **Schlusserklärung** des Vorstands für die **Öffentlichkeit** bestimmt (*Koppensteiner* in Kölner Komm³ § 312 Anm 78; *Hüffer*[10] § 312 Anm 37). Die Schlusserklärung ist in den Lagebericht aufzunehmen (§ 312 Abs 3 S 3 AktG). Falls die abhängige Ges ausnahmsweise keinen Lagebericht aufstellt, ist die Schlusserklärung ersatzweise in den Anhang aufzunehmen bzw sonst im JA wiederzugeben (s Anm 341 f). Die Schlusserklärung unterliegt damit den handelsrechtlichen **Offenlegungsvorschriften** nach §§ 325 ff HGB.

379   Ferner unterliegt der **Bericht** des **AR** an die HV (§ 171 Abs 2 AktG) nach § 325 Abs 1 S 3 HGB der **Offenlegung** im BAnz. In diesem Bericht hat der AR über das **Ergebnis** seiner Prüfung des AbhBer zu berichten und, soweit die abhängige Ges prüfungspflichtig ist, auch den **BVm** des AP zum AbhBer wiederzugeben (§ 314 Abs 2 S 1, 3 AktG; s Anm 362). Auf diese Weise erlangen vom AR oder AP beanstandete Mängel des AbhBer Publizität, wodurch außenstehenden Aktionären die Möglichkeit eröffnet wird, eine Sonderprüfung nach § 315 S 1 AktG (s Anm 365 ff) zu beantragen.

380   Macht die abhängige Ges von den **Befreiungen** nach § 264 Abs 3 HGB im Hinblick auf die **Offenlegung** des JA Gebrauch, entfällt damit zwangsläufig auch die Offenlegung der Schlusserklärung. Eine planwidrige Gesetzeslücke, aus der eine Verpflichtung des Vorstands zu einer isolierten Offenlegung der Schlusserklärung abgeleitet werden könnte, ist nicht zu erkennen. Die Information der Öffentlichkeit beschränkt sich in diesem Fall auf den Bericht des AR an die HV (§ 314 Abs 2 S 1 AktG; s Anm 362), der nach § 175 Abs 2 AktG zur Einsicht der Aktionäre auszulegen ist; die Offenlegung des Berichts des AR nach § 325 Abs 1 S 3 HGB entfällt jedoch. Die praktische Bedeutung dieser Frage ist jedoch eher gering. Da die Befreiung nach § 264 Abs 3 Nr 2 HGB die Verlustübernahme durch das MU voraussetzt, besteht in dieser Fallkonstellation häufig zur abhängigen AG ein Beherrschungs- und/oder Gewinnabführungsvertrag, so dass bereits die Verpflichtung zur Aufstellung eines AbhBer entfällt.

VI. Sanktionen

390   Wenn der **Vorstand** entgegen § 312 AktG die Berichterstattung unterlässt oder unvollständig oder fehlerhaft berichtet, handelt er pflichtwidrig. Die Vorstandsmitglieder haften daher nach §§ 93, 318 Abs 1, 3 und 4 AktG gesamtschuldnerisch ggü der AG oder außenstehenden Aktionären auf **Schadenersatz** (*ADS*[6] § 312 AktG Anm 103a; *Hüffer*[10] § 312 Anm 10; *Müller* in Spindler/Stilz[2] § 312 Anm 21). Die Ersatzansprüche verjähren in fünf Jahren (§§ 318 Abs 4, 309 Abs 5 AktG). Das Fehlen eines AbhBer sowie gravierende Mängel der Berichterstattung berechtigen die HV, die **Entlastung** des Vorstands zu verweigern; ein gleichwohl gefasster Entlastungsbeschluss der HV ist nach § 243 Abs 1 AktG **anfechtbar** (vgl *Müller* in Spindler/Stilz[2] § 312 Anm 22; *Vetter* in Schmidt/Lutter[2] § 312 Anm 25; *Hüffer*[10] § 312 Anm 10). Gleiches gilt, wenn die Schlusserklärung des Vorstands fehlt oder nicht in den Lagebericht aufgenommen wurde (vgl OLG Stuttgart 14.5.2003, ZIP, 1984; *ADS*[6] § 312 AktG Anm 106).

391   Die Pflicht des Vorstands zur Aufstellung des AbhBer kann vom Registergericht im **Zwangsgeldverfahren** nach § 407 Abs 1 AktG durchgesetzt werden. Dieses Verfahren steht auch nach Feststellung des betr JA noch solange zur Verfügung, wie ein **nachträglich** aufgestellter AbhBer für die Durchsetzung von Ansprüchen nach §§ 317, 318 AktG von Nutzen sein kann, also regelmäßig bis zum Verjährungseintritt nach fünf Jahren (hM, BGH 17.3.1997, DB, 1121; *Hüffer*[10] § 312 Anm 10; *Koppensteiner* in Kölner Komm[3] § 312 Anm 32; *Altmeppen* in MünchKomm AktG[3] § 312 Anm 62; *Emmerich/Habersack*[7] § 312 Anm 18).

392   Der **AR** hat über die bei seiner Prüfung festgestellten Mängel des AbhBer und seine Einwendungen gegen die Schlusserklärung des Vorstands an die HV zu

Erklärung zur Unternehmensführung § 289a

berichten (§ 314 Abs 2 und 3 AktG). Auf das Fehlen eines AbhBer hat der AR die HV in seinem Bericht über die Prüfung des JA (§ 171 Abs 2 AktG) hinzuweisen (*Hüffer*[10] § 312 Anm 10; *Müller* in Spindler/Stilz[2] § 312 Anm 21). Darüber hinaus hat der AR pflichtgemäß zu erwägen, ob aus dem Fehlverhalten des Vorstands personelle Konsequenzen zu ziehen sind (vgl *Altmeppen* in MünchKomm AktG[3] § 312 Anm 70). Verletzt der AR seine Pflicht, den AbhBer zu prüfen und über das Ergebnis seiner Prüfung ordnungsgemäß an die HV zu berichten, haften seine Mitglieder auf **Schadenersatz** (§ 318 Abs 2 AktG). Nimmt der AR entgegen § 314 Abs 2 S 3 AktG den BVm des AP zum AbhBer nicht in seinen Bericht an die HV auf, kann der Beschluss über die **Entlastung** des AR erfolgreich angefochten werden (LG München 29.9.2005, DB 2006, 94).

Der **AP** hat, wenn sich bei seiner Prüfung des AbhBer Beanstandungen ergeben haben oder wenn er festgestellt hat, dass der AbhBer unvollständig ist, den **BVm** zum **AbhBer** einzuschränken oder zu versagen (§ 313 Abs 4 S 1 AktG). Dies eröffnet zugleich einzelnen Aktionären die Möglichkeit, eine Sonderprüfung nach § 315 S 1 Nr 1 AktG zu beantragen. Da die Schlusserklärung zum AbhBer in den Lagebericht oder ggf Anhang (Anm 343) aufzunehmen ist, hat der AP den **BVm** zum **JA** gem § 322 Abs 4 HGB wegen Unvollständigkeit einzuschränken, wenn trotz bestehender Berichterstattungspflicht **kein AbhBer** aufgestellt wurde oder die Aufnahme der **Schlusserklärung fehlt** (*ADS*[6] § 312 AktG Anm 104, § 322 HGB Anm 302f; *WPH*[14] I, F Anm 1374 mwN; *Altmeppen* in MünchKomm AktG[3] § 312 Anm 65; IDW PS 400, Tz 55; weitergehend *Müller* in Spindler/Stilz[2] § 312 Anm 21, der eine Einschränkung des BVm zum JA auch bei wesentlichen Mängeln der Berichterstattung für geboten hält). 393

Das Fehlen des AbhBer, eine unrichtige Berichterstattung im AbhBer oder das Fehlen der Schlusserklärung im Lagebericht führen nicht per se zur **Nichtigkeit des JA** (*Hüffer*[10] § 312 Anm 37 mwN; *WPH*[14] I, U Anm 177; *Müller* in Spindler/Stilz[2] § 312 Anm 22). Die unterlassene Aktivierung eines Anspruchs auf Nachteilsausgleich (§ 311 AktG) oder Schadenersatz (§§ 317, 318 AktG) kann im Einzelfall die Nichtigkeit des JA wegen vorsätzlicher **Unterbewertung** gem § 256 Abs 5 S 1 Nr 2 AktG zur Folge haben (*WPH*[14] I, U Anm 177; *Müller* in Spindler/Stilz[2] § 312 Anm 22; *Emmerich/Habersack*[7] § 312 Anm 20). Allerdings ist zu beachten, dass nach allgemeinen Ansatz- und Bewertungsvorschriften bei bestrittenen Forderungen und uU zweifelhafter Bonität des Schuldners eine unzulässige Unterbewertung nicht ohne Weiteres angenommen werden kann (*Vetter* in Schmidt/Lutter[2] § 312 Anm 26 mwN; *ADS*[5] § 312 AktG Anm 103a). Sofern ausnahmsweise die HV den JA feststellt (§ 173 AktG), kann das Fehlen des AbhBer oder der Schlusserklärung die **Anfechtbarkeit** des **Feststellungsbeschlusses** zur Folge haben (OLG Stuttgart 14.5.2003, ZIP, 1984; *Emmerich/Habersack*[7] § 312 Anm 20; *Müller* in Spindler/Stilz[2] § 312 Anm 22). 394

§ 289a Erklärung zur Unternehmensführung

(1) [1]Börsennotierte Aktiengesellschaften sowie Aktiengesellschaften, die ausschließlich andere Wertpapiere als Aktien zum Handel an einem organisierten Markt im Sinn des § 2 Abs. 5 des Wertpapierhandelsgesetzes ausgegeben haben und deren ausgegebene Aktien auf eigene Veranlassung über ein multilaterales Handelssystem im Sinn des § 2 Abs. 3 Satz 1 Nr. 8 des Wertpapierhandelsgesetzes gehandelt werden, haben eine Erklärung zur Unternehmensführung in ihren Lagebericht aufzunehmen, die dort einen gesonderten Abschnitt bildet. [2]Sie kann auch auf der Internetseite der Gesellschaft öffentlich zugänglich gemacht werden. [3]In diesem Fall ist in den Lagebericht eine Bezugnahme aufzunehmen, welche die Angabe der Internetseite enthält.

§ 289a Lagebericht

(2) In die Erklärung zur Unternehmensführung sind aufzunehmen
1. die Erklärung gemäß § 161 des Aktiengesetzes;
2. relevante Angaben zu Unternehmensführungspraktiken, die über die gesetzlichen Anforderungen hinaus angewandt werden, nebst Hinweis, wo sie öffentlich zugänglich sind;
3. eine Beschreibung der Arbeitsweise von Vorstand und Aufsichtsrat sowie der Zusammensetzung und Arbeitsweise von deren Ausschüssen; sind die Informationen auf der Internetseite der Gesellschaft öffentlich zugänglich, kann darauf verwiesen werden.

Übersicht

	Anm
A. Allgemeines	1
B. Anwendungsbereich (Abs 1)	
I. Betroffene Unternehmen (Abs 1 S 1)	2–8
II. Erklärendes Organ	9
III. Ort der Erklärung (Abs 1 S 2)	10–13
IV. Zeitpunkt der Erklärung	14–16
C. Inhalt der Erklärung (Abs 2)	
I. Erklärung gem § 161 AktG (Nr 1)	17, 18
II. Relevante Angaben zu Unternehmensführungspraktiken (Nr 2)	19–21
III. Beschreibung der Arbeitsweise von Vorstand und AR sowie der Zusammensetzung und Arbeitsweise ihrer Ausschüsse (Nr 3)	22–29
D. Prüfungspflicht	30, 31
E. Rechtsfolgen einer Verletzung des § 289a	32–37

Schrifttum: *Peltzer* Deutsche Corporate Governance, München 2003; KPMG Geschäftsordnung (Charter) für Audit Committees gewinnt erheblich an Bedeutung, Audit Committee Quarterly I/2003, 18; Empfehlung der Kommission (ABl L 52 S 51–63) vom 25.2.2005 (Aufsichtsratsempfehlung); RL 2006/46/EG vom 14.6.2006 (Abänderungsrichtl); *Eibelshäuser* Corporate Compliance: Ist globale Uniformität möglich? Der Konzern 2007, 735; *LG München I* vom 22.11.2007 (5 HK O 10 614/07); *Weber/Lentfer/Köster* Externes Corporate Governance Reporting – Kritische Würdigung der Umsetzung europäischer Vorgaben im Referentenentwurf eines Bilanzrechtsmodernisierungsgesetzes (BilMoG RefE) – Teil 1, IRZ 2007, 367 sowie Teil 2, IRZ 2008, 35; IDW zum Referentenentwurf des Bilanzrechtsmodernisierungsgesetzes, FN IDW 2008, 9; KPMG Zur Anfechtbarkeit einer Aufsichtsratswahl wegen Verstoß gegen den DCGK, Audit Committee Quarterly I/2008, 22; *OLG München* vom 23.1.2008 (7 U 3668/07); *Vetter* Der Deutsche Corporate Governance Kodex nur ein zahnloser Tiger? – Zur Bedeutung des § 161 AktG für Beschlüsse der Hauptversammlung, NZG 2008; *Kort* Corporate Governance-Fragen der Größe und Zusammensetzung des Aufsichtsrats bei AG, GmbH und SE, AG 2008, 137; *Theusinger/Liese* Rechtliche Risiken der Corporate Governance-Erklärung, DB 2008, 1419; *Paetzmann* Das neue Corporate-Governance-Statement nach § 289a HGB – Anforderungen an den Inhalt und Besonderheiten hinsichtlich der Abschlussprüfung, ZCG 2009, 64; *Melcher/Mattheus* Die Umsetzung der HGB-Modernisierung durch das BilMoG: Neue Offenlegungspflichten zur Corporate Governance, DB 2009 Beilage 5, 77; *Strieder* Erweiterung der Lageberichterstattung nach BilMoG, BB 2009, 1002; *Kocher* Ungeklärte Fragen der Erklärung zur Unternehmensführung nach § 289a HGB, DStR 2010, 1034; *Hecker/Peters* Die Änderungen des DCGK im Jahr 2012, BB 2012, 2639; *Ringleb/Kremer/Lutter/v. Werder* Die Kodex Änderungen vom Mai 2012, NZG 2012, 1081.

A. Allgemeines

Der im Rahmen des BilMoG neu geschaffene § 289a ist die nationale Umsetzung des Art 46a der Bilanzrichtl idF der Abänderungsrichtl 2006/46/EG vom 14. Juni 2006. Ziel der Bilanzrichtl ist es, Maßnahmen zur Verbesserung der CorpGov in der EU zu schaffen, um eine erhöhte Transparenz und eine stärkere Angleichung der Vorgaben innerhalb der EU zu bewirken.

B. Anwendungsbereich (Abs 1)

I. Betroffene Unternehmen (Abs 1 S 1)

Gem Abs 1 S 1 haben zwei Gruppen von AG eine Erklärung zur UntFührung abzugeben:
1. **Börsennotierte AG** sowie
2. **AG,** welche ausschließlich andere **Wertpapiere** als Aktien zum Handel an einem **organisierten Markt** ausgegeben haben (bspw Schuldtitel). Zudem müssen diese AG **Aktien** ausgegeben haben, welche **auf eigene Veranlassung** über ein **multilaterales Handelssystem** (idR Freiverkehr) gehandelt werden.

Börsennotiert nach § 3 Abs 2 AktG sind Ges, deren Aktien an einem **organisierten Markt** gem § 2 Abs 5 WpHG zugelassen sind (*Begr RegE BilMoG*, 77). Dabei muss der Markt von staatlich anerkannten Stellen genehmigt, geregelt und überwacht werden, regelmäßig stattfinden und für das Publikum mittelbar oder unmittelbar zugänglich sein. Der organisierte Markt umfasst gem § 2 Abs 7 WpÜG sowohl den Handel im Inland als auch in einem anderen Staat des EWR oder in einem Vertragsstaat des Abkommens über den EWR.

Wertpapiere werden in § 2 Abs 1 WpHG definiert als alle Gattungen von übertragbaren Wertpapieren mit Ausnahme von Zahlungsinstrumenten, die ihrer Art nach auf den Finanzmärkten handelbar sind.

Ein **multilaterales Handelssystem** ist eine alternative Handelsplattform, die von einer Wertpapierfirma oder von Marktbetreibern selbst betrieben wird. Multilateral meint mehrseitig. Der Freiverkehr iSd § 48 BörsG als multilaterales Handelssystem ist ein deutsches, nicht amtliches und nicht reguliertes Börsensegment. Hier werden auch ausländische Aktien sowie festverzinsliche Wertpapiere, Zertifikate und Optionsscheine deutscher und ausländischer Emittenten gehandelt.

Abs 1 S 1 schränkt die Erklärungspflicht auf die Ges ein, deren Aktien „**auf eigene Veranlassung**" gehandelt werden. Bei einem multilateralen Handelssystem müssen die Ges nicht zwingend davon wissen, dass ihre Aktien dort gehandelt werden. Ohne die Einschränkung auf lediglich die Aktien, welche auf Veranlassung der Ges gehandelt werden, wäre die Vorschrift nicht praktikabel (*Begr RegE BilMoG*, 77).

§ 289a sieht **keine Befreiung** von der Erklärungspflicht vor, wenn die betr AG als TU in den Abschluss einer anderen betr AG (MU) einbezogen wird. Für *jede einzelne* Ges ist eine Erklärung zur UntFührung im Rahmen ihres EA abzugeben; dies gilt auch für den EA des MU. In Bezug auf MU kann eine freiwillige Aufnahme im Rahmen des KA erfolgen. Die Erklärung muss jedoch nach DRS 20.225 in den Konzernlagebericht integriert werden, wenn dieser gemeinsam mit dem Lagebericht des MU abgegeben wird. Verbundene Unt, welche nicht von § 289a erfasst werden, müssen keine eigenständige Erklärung zur Unt-Führung abgeben.

8 Über die Pflichtanwender hinaus können auch andere Unt den § 289a **freiwillig anwenden**. Obwohl das Gesetz nur die beiden zuvor beschriebenen Gruppen von AG zur Abgabe einer Erklärung zur UntFührung verpflichtet, stellt die *Begr RegE BilMoG* klar, dass diese beiden Gruppen lediglich den Mindest-Anwenderkreis darstellen (*Begr RegE BilMoG*, 77).

II. Erklärendes Organ

9 Dem Wortlaut des Abs 1 S 1 entspr haben AG eine Erklärung zur UntFührung in ihren Lagebericht aufzunehmen. Diesem ist jedoch nicht zu entnehmen, welches Organ der AG die Erklärung abzugeben hat. Während gem § 161 AktG *eine* Erklärung der Ges von den Organen **Vorstand** und **AR** verfasst werden muss (s *Spindler* in Schmidt/Lutter[2], § 161 AktG Anm 18f), ist diese Verpflichtung nicht per se auf § 289a zu übertragen. Die zwingende Einbindung des AR bei der Erstellung der Erklärung bedarf nämlich aus Gründen der Gesetzessystematik einer gesonderten Anordnung. Es kann demnach gefolgert werden, dass die Pflicht zur Erklärung primär dem Vorstand im Rahmen seiner Geschäftsführungstätigkeit zuzuordnen ist (s *Kocher*, 1034). Gleichwohl unterliegt die Erklärung zur UntFührung der Prüfungs- und Feststellungspflicht des AR, da diese unabhängig vom Ort ihrer Veröffentlichung als Bestandteil der Lageberichterstattung anzusehen ist (s auch DRS 20.21).

Auch der DCGK empfiehlt explizit die Einbindung des AR in die Aufstellung der Erklärung (DCGK Ziff 3.10 S 1). Die Forderung des DCGK wird zum einen dadurch unterstützt, dass sich die AG in der dualistischen UntVerfassung aus Vorstand und AR zusammensetzt, zum anderen insb durch die in Abs 2 Nr 3 geforderten Angaben zur Arbeitsweise des AR und seiner Ausschüsse bekräftigt (vgl *Paetzmann*, 65). Es wird empfohlen, dass letztlich AR *und* Vorstand analog zu der Entsprechenserklärung nach § 161 AktG gemeinsam *eine* Erklärung veröffentlichen (DCGK Ziff 3.10 S 1), zumal der Vorstand die geforderten Informationen nicht ohne den AR adäquat darlegen kann (so *Kocher*, 1034). Dabei erklärt sich jedes Organ zu den jeweiligen Empfehlungen des DCGK und zu den in Abs 2 Nr 2 sowie 3 verlangten Angaben, die in seine Zuständigkeit fallen (glA *Semler* in MünchKomm AktG[3], § 161 AktG Anm 87; s auch *Spindler* in Schmidt/Lutter[2], § 161 Anm 19 und 23). Andernfalls könnte es zu einer Vermischung von Zuständigkeiten kommen.

III. Ort der Erklärung (Abs 1 S 2)

10 Als Ort der Erklärung lässt Abs 1 S 2 der AG die Wahl, die vollständige Erklärung in einem gesonderten Abschn des **Lageberichts** darzustellen oder die Erklärung in einem Bericht auf der **Internetseite** der AG zu veröffentlichen. Bei Letzterem ist im Lagebericht ein Hinweis auf die Internetquelle anzugeben. In Bezug auf die nach Abs 2 Nr 2 geforderten Informationen ist in der Erklärung ein Verweis auf andere Internetseiten zulässig, wenn dort die entspr Angaben veröffentlicht werden. Weitere Orte der Veröffentlichung sieht das Gesetz nicht vor.

11 Die Entsprechenserklärung nach § 161 AktG kann somit auch künftig kostengünstig auf der **Internetseite der Ges** als Teil der Erklärung zur UntFührung veröffentlicht werden (*Begr RegE BilMoG*, 78). Bei Eingliederung der Erklärung

zur UntFührung in den Lagebericht muss die Entsprechenserklärung gem § 161 Abs 2 AktG weiterhin auf der Internetseite der Ges veröffentlicht werden, womit eine Doppelangabe vorläge.

Für die Veröffentlichung **außerhalb des Lageberichts** spricht zudem, dass der Lagebericht der Information über die wirtschaftliche Lage des Unt dient. Die im Rahmen der Erklärung zur UntFührung zu tätigenden Angaben beziehen sich aber auf gesrechtliche Aspekte (*Weber/Lentfer/Köster*, 371). Auch ist der Lagebericht inhaltlich prüfungspflichtig, die Erklärung zur UntFührung nicht (Abschn D). Des Weiteren fällt der Lagebericht grds in den alleinigen Verantwortungsbereich des Vorstands, die Erklärung zur UntFührung betrifft aber (s Anm 9) sowohl Vorstand als auch AR (ähnlich *Weber/Lentfer/Köster*, 36).

Auch im DCGK erfolgt keine zusätzliche Konkretisierung des Orts der Erklärung, jedoch wird gem Ziff 3.10 S 1 empfohlen, dass Vorstand und AR jährlich über die CorpGov berichten (CorpGovBericht) und diesen Bericht im Zusammenhang mit der Erklärung zur UntFührung veröffentlichen sollen.

Hinsichtlich des **Zusammenhangs** besteht weitestgehende Gestaltungsfreiheit, dieser kann nur zeitlicher oder auch inhaltlich-struktureller Natur sein. Zur Herstellung eines rein zeitlichen Zusammenhangs, sollte der CorpGovBericht sowie die Erklärung zur UntFührung innerhalb eines überschaubaren Zeitraums publiziert werden und jeweils ein Hinweis auf Ort und Veröffentlichung des anderen Dokuments angegeben werden. Bei Herstellung eines inhaltlich-strukturellen Zusammenhangs wird hingegen ein einheitliches Dokument veröffentlicht. Für ein solches Vorgehen spricht, dass dadurch vorhandenen Redundanzen besser Rechnung getragen werden kann und die Governance übersichtlich und einheitlich publiziert wird (*Ringleb/Kremer/Lutter/v. Werder*, 1084). Der CorpGov Bericht kann sowohl den gesonderten Abschn im Lagebericht als auch den Bericht im Internet gem Abs 1 S 2 darstellen. Bei Veröffentlichung des unter Beachtung von § 289a gestalteten CorpGovBerichts im Internet ist im Lagebericht der Link hierauf anzugeben. Die Erklärung zur Unternehmensführung ist im CorpGovBericht entweder in einem abgeschlossenen Teil darzustellen oder es sind im Lagebericht hinreichend genaue Verweise auf die relevanten Stellen zu machen. Die Einbindung eines umfangreichen CorpGovBerichts in den Lagebericht kann jedoch die Prüfungspflicht des AP hervorrufen, da sich die Prüfungsbefreiung nur auf die Erklärung zur UntFührung bezieht.

IV. Zeitpunkt der Erklärung

Gem § 289a ist die Erklärung zur UntFührung im Rahmen der jeweils zum Bilanzstichtag erfolgenden Lageberichterstattung abzugeben.

Ergibt sich unterjährig eine **Kodexänderung**, liegt diese außerhalb des Verantwortungsbereichs der Ges, weshalb diese keine Anpassung ihrer aktuell abgegebenen Entsprechenserklärung vornehmen muss.

Auch ruft die **Veränderung der angabepflichtigen Sachverhalte der Ges** ggü den bereits abgegebenen Erklärung zur UntFührung keine Aktualisierungsnotwendigkeit hervor. Der Gesetzgeber selbst äußert sich weder in § 289a noch in der *Begr RegE BilMoG* zu diesem Punkt. In Bezug auf § 161 AktG ist eine Aktualisierungspflicht gegeben; eine stillschweigende Änderung des Verhaltens ohne Information der Öffentlichkeit würde nicht der Intention des § 161 AktG entsprechen (ua *Vetter*, 122; BGH 16.2.2009 II ZR 185/07). Da die Erklärung zur UntFührung im Rahmen der Lageberichterstattung abzugeben ist, anders als die Erklärung nach § 161 AktG keine aktualisierungspflichtige Zukunftsaussage enthält, kann die Schlussfolgerung gezogen werden, dass es sich lediglich um eine Erklärung handelt, die zum Zeitpunkt ihrer Abgabe zutreffend sein muss (*Kocher*, 1035). Sie konstatiert vielmehr eine Tatsachenfeststellung zum Bilanzstichtag ohne **Rechtspflicht zur unterjährigen Aktualisierung.** Allerdings können bei Veröffentlichung im Internet Widersprüche auftreten, wenn die Angaben nach § 289a nicht aktualisiert werden, zugleich aber aktuellere Angaben zu entspr Sachverhalten an anderer Stelle auf der Internetpräsenz der Ges vorliegen.

C. Inhalt der Erklärung (Abs 2)

I. Erklärung gem § 161 AktG (Nr 1)

17   Abs 2 Nr 1 bezieht sich auf § 161 AktG und verlangt von Vorstand und AR jährlich eine Erklärung, ob allen Empfehlungen des DCGK entsprochen wurde und wird oder welche Empfehlungen nicht angewendet wurden und werden. Alle Empfehlungen sind gem der Präambel des DCGK „Soll"-Vorgaben, wohingegen Anregungen mit „sollte" umschrieben werden (s dazu *Hecker/Peters*, 2640). Eine Äußerung der Ges zu den Anregungen wird nicht gefordert. Entscheidend ist, dass Vorstand und AR angeben müssen, *von welchen Empfehlungen* und *aus welchen Gründen* vom DCGK abgewichen wird (*Begr RegE BilMoG*, 78). Dies entspricht einer konsequenten Umsetzung des „*Comply-or-Explain*"-Ansatzes.

18   Die Erklärung ist dauerhaft über die Internetseite öffentlich bereitzustellen (s auch § 285 Anm 281 ff). Die **Ausweitung des Adressatenkreises** entspricht dem Art 46a der Abänderungsrichtl, welcher keine Begrenzung der Adressaten vorsieht. Verpflichtend heranzuziehen ist die aktuellste Fassung des DCGK gem der Bekanntmachung im amtlichen Teil des eBAnz. Es wird auf die Aufnahme der Entsprechenserklärung abgestellt, die zum Bilanzstichtag vorliegt.

II. Relevante Angaben zu Unternehmensführungspraktiken (Nr 2)

19   Nr 2 verlangt die **Benennung** relevanter Angaben zu **UntFührungspraktiken, die über die gesetzlichen Anforderungen hinaus** angewandt werden. Während Abs 2 Nr 1 mit den Angaben zum DCGK die gesetzlichen Anforderungen umfasst, geht Nr 2 weiter. Hierunter zu verstehen ist die Art und Weise der Ausübung der UntFührung. Gefordert sind Angaben über die im Unt *gelebte UntFührung* oder Informationen über Regelungsbereiche, die ein *unternehmensinterner Kodex* ausfüllen könnte. Kodex ist zu definieren als eine Sammlung von Normen und Regeln eines Sachbereichs, an denen sich eine gesellschaftliche Gruppe orientiert. Es ist eine Selbstverpflichtung, bestimmten Verhaltensmustern zu folgen oder diese zu unterlassen. In der Literatur zu § 289a werden untinterne Regelungen bzgl der Anforderungen an Mitglieder von UntOrganen und Ausschüssen (Unabhängigkeit, Qualifikation), sowie interne Verhaltensanweisungen (ethische Standards, Arbeits- und Sozialstandards) diskutiert (ua *Begr RegE BilMoG*, 78). Nach *Eibelshäuser* beschreibt ein solcher Kodex ua die Grundhaltung des Unt in Geschäftsverkehr und Wettbewerb sowie Regeln zur Vermeidung von Interessenkonflikten (*Eibelshäuser*, 740).

20   Ein weiteres Element der Angaben zu UntFührungspraktiken könnte die Nennung der im **DCGK** enthaltenen **Anregungen** sein, welche von der UntLeitung befolgt werden (FN IDW 2008, S. 21). Ferner kann die Notierung an einer ausländischen Börse besondere Anforderungen begründen, über die in diesem Rahmen zu berichten ist.

Entscheidend zur Eingrenzung des Angabenumfangs ist die Bedingung der **Relevanz der Angaben**. Relevant ist, was von einer gewissen Bedeutung für das gesamte Unt ist. Berichtspflichtig sind nur *wesentliche* UntFührungspraktiken und hierzu nur *wichtige* Sachverhalte. Dabei ist auf die praktische Umsetzung des einschlägigen UntFührungskodex Bezug zu nehmen. Anzugeben ist jeweils auch, wo die genannten UntFührungspraktiken öffentlich zugänglich sind. **21**

III. Beschreibung der Arbeitsweise von Vorstand und AR sowie der Zusammensetzung und Arbeitsweise ihrer Ausschüsse (Nr 3)

Gem Nr 3 ist die **Arbeitsweise von Vorstand und AR** in der Erklärung zur UntFührung zu beschreiben. Arbeitsweise bezeichnet interne, praktische Abläufe, wie sie bspw in der Geschäftsordnung des Organs festgehalten sind. Eine Geschäftsordnung ist die schriftliche Zusammenfassung aller Verfahrensregeln, nach denen Sitzungen, Versammlungen und Diskussionen, aber auch die Arbeit zwischen den Gremiumsmitgliedern und mit anderen Gremien, abzulaufen haben. Liegt keine Geschäftsordnung vor, ist auf Verfahrensweisen abzustellen, die sich iSd Gewohnheitsrechts und als geltende Richtl etabliert haben. Gesetzliche Regelungen (zB aus dem AktG) sind nicht zu wiederholen. **22**

In der *Begr RegE BilMoG* erfolgt keine inhaltliche Konkretisierung, wie die Anforderung aus Abs 2 Nr 3 zu erfüllen ist. Es wird lediglich angegeben, dass über die *personelle* Zusammensetzung der Ausschüsse des Vorstands und des AR zu berichten ist (*Begr RegE BilMoG*, 78), ohne nähere inhaltliche Hinweise zu geben. Für den **AR** und seine Ausschüsse wird auf die *AR-Empfehlung* der EU verwiesen. Danach hat der AR seine Idealbesetzung (bzgl Fachkenntnis, Urteilsfähigkeit, Erfahrung) festzulegen, regelmäßig zu überprüfen und bei Abweichungen Maßnahmen zu ergreifen (Art 11 der *AR-Empfehlung*). Ferner wird den AR-Mitgliedern eine jährliche Selbstevaluation empfohlen, deren Ergebnisse zusammen mit der Angabe, ob konkrete Änderungen aus der Selbstevaluation erfolgen, veröffentlicht werden sollten (Art 8 und 9 der *AR-Empfehlung*). **23**

Zur Beschreibung der **Arbeitsweise des Vorstands** gibt es keine vergleichbaren Vorgaben. Hier ist analog zu den Angaben bzgl des AR auf die praktische Tätigkeit des Vorstands Bezug zu nehmen. Es ist vor allem auf die Geschäftsordnung abzustellen, welche gem § 77 Abs 2 S 1 AktG entweder der AR gem satzungsmäßiger Ermächtigung oder Kompetenzzuweisung erlassen oder die andernfalls der Vorstand sich selbst gegeben hat. **24**

Die Beschreibung der **Zusammensetzung und Arbeitsweise der Ausschüsse** von Vorstand und AR wird im 2. Hs der Nr 3 verlangt. Ausschüsse sind Untergremien der GesOrgane, deren Hauptaufgaben in der qualifizierten Vorbereitung von Entscheidungen für das Plenum sowie der Überwachung der Ausführung von Plenumsbeschlüssen liegt (§ 107 Abs 3 S 1 AktG). Die in Anm 23 angesprochene *AR-Empfehlung* gibt den Nominierungs-, Vergütungs- und Prüfungsausschuss als notwendige **Ausschüsse des AR** vor. Als **Zusammensetzung** wird in Nr 1.2 des Anhangs I der *AR-Empfehlung* konkretisiert, dass Vorsitz und Mitgliedschaft in der Weise festgelegt werden sollen, dass für einen regelmäßigen Austausch der Mitglieder gesorgt ist und Einzelnen kein unrechtmäßiges Vertrauen entgegengebracht wird. Elementarer Inhalt der Zusammensetzung ist gem der weiteren Ausführungen in Anhang I der *AR-Empfehlung*, dass die Mehrheit der Ausschussmitglieder unabhängig sein sollte. Unabhängig verlangt, dass ein Mitglied keine geschäftlichen, familiären oder sonstigen Beziehung zu der Ges, ihrem Mehrheitsaktionär oder deren Geschäftsführung unterhält; hierdurch können Interessenskonflikte begründet werden, die das Urteilsvermögen der Mitglieder beeinflussen könnten (*AR-Empfehlung*, Anhang I, Nr 13.1). **25**

Der DCGK konkretisiert zusätzlich, dass ein AR-Mitglied im Sinn dieser Empfehlung insb dann nicht als unabhängig anzusehen ist, wenn es in einer persönlichen oder einer geschäftlichen Beziehung zu der Ges, deren Organen, einem kontrollierenden Aktionär oder einem mit diesem verbundenen Unt steht, die einen wesentlichen und nicht nur vorübergehenden Interessenkonflikt begründen kann (DCGK Ziff 5.4.2 S 2, vgl auch *Hecker/Peters*, S 2644).

26 Zur **personellen Zusammensetzung** wird in Anlehnung an § 285 Nr 10 zumindest die Angabe von Name, ausgeübtem Beruf sowie Mitgliedschaft im AR und/oder in anderen Kontrollgremien empfohlen (*Begr RegE BilMoG*, 78). Vorsitzender und Stellvertreter sollten angegeben werden.

27 Die **Arbeitsweise** der AR-Ausschüsse sollte in einem vom AR erlassenen Mandat benannt sein. Ein Mandat beschreibt die genaue Aufgabenstellung jedes einzelnen Ausschusses (*AR-Empfehlung*, Anhang I Nr 1.3). Hierin erfolgt insb die Erl, welche Entscheidungsbefugnisse vom AR auf den Ausschuss übertragen werden, welche Rechte der Ausschuss besitzt und wie die Modalitäten der Zusammenkunft sowie die Beschlussfassung (notwendige Beschlussquoren) zu gestalten sind (*KPMG* [2003], 18). Der Begriff des Mandats ist somit ein Synonym für die Geschäftsordnung des Ausschusses. Mit einer Veröffentlichung der Mandate sind die Berichtspflichten zur Arbeitsweise der Ausschüsse erfüllt.

28 Die Einrichtung von **Ausschüssen des Vorstands** ist im AktG nicht vorgesehen. Auch der DCGK, der zwar auf AR-Ausschüsse Bezug nimmt, bezieht hierzu keine Stellung. Sollte eine Ges aus untinternen Gründen die Einrichtung von Vorstandsausschüssen vorsehen, so sind die vorherigen Ausführungen zu AR-Ausschüssen weitgehend übertragbar.

29 Grds besteht die Möglichkeit, zur Erfüllung der Erklärungspflichten und zur Vermeidung von Doppelangaben auf andere Dokumente auf den Internetseiten der Ges zu verweisen, wenn diese öffentlich zugänglich sind (s Anm 15). So ist zur Beschreibung der AR-Tätigkeiten ein Verweis auf den Bericht des AR denkbar, sofern dieser auch den Anforderungen aus § 289a entspricht. Ebenso können im Internet abrufbare Geschäftsordnungen von AR und Vorstand als Referenz genannt werden. Es ist aber darauf zu achten, dass trotz der Nutzung von Verweisen die Klarheit und die Übersichtlichkeit der Erklärung zur UntFührung nicht gefährdet werden.

D. Prüfungspflicht

30 Die Erklärung zur UntFührung nach § 289a unterliegt **inhaltlich nicht der APr.** § 317 Abs 2 S 3 besagt, dass die Angaben nach § 289a nicht in die APr einzubeziehen sind, womit die Vorgaben der Abänderungsrichtl in deutsches Recht umgesetzt wurden. Vom AP ist gem Art 46a Abs 2 S 4 der Abänderungsrichtl lediglich zu prüfen, **ob** eine Erklärung zur UntFührung erstellt und veröffentlicht worden ist; bei Veröffentlichung im Internet hat der AP festzustellen, ob die Angaben tatsächlich zugänglich sind (IDW PS 350 Tz 9a). Ferner obliegt dem AP eine kritische Durchsicht der Erklärung zur UntFührung unabhängig vom Ort ihrer Veröffentlichung (ISA 720.6; IDW PS 202 Tz 10a). Stellt er dabei **wesentliche Unstimmigkeiten** fest, sind diese von der Ges zu beseitigen; betrifft der Änderungsbedarf den geprüften JA oder Lagebericht, kann die Verweigerung einer notwendigen Anpassung durch die gesetzlichen Vertreter zur Einschränkung oder Versagung des BVm führen (IDW PS 202 Tz 14). Wird eine erforderliche Änderung der Erklärung zur UntFührung verweigert, hat der AP zu beurteilen, ob gegen die gesetzlichen Berichterstattungspflichten verstoßen wird, worüber gem § 321 Abs 1 S 3 im PrüfBer zu berichten ist (IDW PS 202 Tz 15).

Entscheidet sich die Ges für die gesetzlich zulässige Möglichkeit, die Erklärung 31
in einem gesonderten Abschn im Lagebericht zu veröffentlichen, kann es bei den
Lesern des Lageberichts zu Missverständnissen hinsichtlich der Zuverlässigkeit der
Angaben kommen (glA *Strieder,* 1005). Dem Lagebericht gehören dann sowohl
prüfungspflichtige (eigentlicher Lagebericht) wie auch prüfungsbefreite Bestandteile (Erklärung zur UntFührung) an. Daher empfiehlt das IDW eine klare Trennung der Angaben nach § 289a von den prüfungspflichtigen Teilen des Lageberichts (IDW PS 350 Tz 12).

E. Rechtsfolgen einer Verletzung des § 289a

§ 334 Abs 1 Nr 3 besagt, dass ordnungswidrig handelt, wer als Mitglied des 32
vertretungsberechtigten Organs oder des AR bei der Aufstellung des Lageberichts einer Vorschrift des § 289a zuwider handelt. Eine solche **Ordnungswidrigkeit** kann mit einer Geldbuße von bis zu 50 000 € geahndet werden (§ 334
Abs 3). Eine Ordnungswidrigkeit liegt sowohl bei Nichtabgabe als auch bei nicht
vollständiger oder fehlerhafter Erklärung vor.

Wird weder eine Erklärung zur UntFührung, noch eine Entsprechenserklä- 33
rung gem § 161 AktG abgegeben, führt dies zu einer eingeschränkten Information der Aktionäre über die Ausgestaltung und Einhaltung der CorpGov. Als
Folge der unterlassenen Abgabe der Entsprechenserklärung ergibt sich regelmäßig eine so schwerwiegende Pflichtverletzung, dass die **Entlastung** der AR- und
Vorstandsmitglieder anfechtbar ist (*Theusinger/Liese* 1422). Als Nichtabgabe zählt
auch die Unterlassung einer Erneuerung der Erklärung nach spätestens 12 Monaten (*OLG München* vom 23.1.2008 bzgl der Entsprechenserklärung nach § 161
AktG). Ein Hinweis, dass keine Entsprechenserklärung abgegeben wurde, ist
demnach nicht ausreichend. Ebenso kann der Hinweis auf eine nicht abgegebene
Erklärung zur UntFührung nicht genügen.

Liegt eine **fehlerhafte vergangenheitsbezogene Erklärung** vor und ist diese 34
in *bedeutsamem* Umfang inhaltlich falsch (schwerwiegende Pflichtverletzung), haben sich die UntOrgane nicht rechtmäßig verhalten und dürfen nicht entlastet
werden, bzw eine erteilte Entlastung kann angefochten werden (*Theusinger/Liese*
1422).

Zukunftsbezogene Angaben gelten als unverbindliche *Absichtserklärung*. 35
Rechtsfolgen können sich jedoch ergeben, wenn der AR der HV einen Beschlussvorschlag unterbreitet der in Widerspruch zum DCGK steht, sofern sich
dem DCGK im Rahmen einer öffentlichen Erklärung zuvor uneingeschränkt
unterworfen wurde. Werden im Nachgang zu einer abgegebenen Erklärung geänderte Absichten nicht spätestens mit der Beschlussvorlage kommuniziert, wird
§ 161 AktG verletzt, die Nichtigkeit des AR-Beschlusses und die Anfechtbarkeit
einer ggf von der HV aus Basis dessen gefassten Beschlusses hervorgerufen (*OLG
München 7 U 5628/07 vom 6.8.2008*).

Unschädlich ist es jedoch, wenn in der Entsprechenserklärung nach § 161 36
AktG erklärt wird, dass das Unt weder in der Vergangenheit den DCGK in Gänze beachtet hat, noch in Zukunft beachten wird. In diesem Fall reicht eine Begründung insgesamt aus ohne dass auf einzelne „Soll"-Empfehlungen eingegangen werden muss.

Schadensersatzansprüche können aus schuldhafter Verletzung der Sorgfalts- 37
pflicht von Vorstand und AR ggü der Ges (Innenhaftung, § 93, 116 AktG) oder
ggü Aktionären, Anlegern und Gläubigern (Außenhaftung) bestehen (ua *Peltzer,*
110f). Doch ist zweifelhaft, ob die notwendige Kausalität zwischen Pflichtverletzung und entstandenem Schaden immer nachgewiesen werden kann (*Hüffer*[10],
Anm 25 und 28).

Zweiter Unterabschnitt. Konzernabschluß und Konzernlagebericht

Erster Titel. Anwendungsbereich

§ 290 Pflicht zur Aufstellung

(1) ¹Die gesetzlichen Vertreter einer Kapitalgesellschaft (Mutterunternehmen) mit Sitz im Inland haben in den ersten fünf Monaten des Konzerngeschäftsjahrs für das vergangene Konzerngeschäftsjahr einen Konzernabschluss und einen Konzernlagebericht aufzustellen, wenn diese auf ein anderes Unternehmen (Tochterunternehmen) unmittel- oder mittelbar einen beherrschenden Einfluss ausüben kann. ²Ist das Mutterunternehmen eine Kapitalgesellschaft im Sinn des § 325 Abs. 4 Satz 1, sind der Konzernabschluss sowie der Konzernlagebericht in den ersten vier Monaten des Konzerngeschäftsjahrs für das vergangene Konzerngeschäftsjahr aufzustellen.

(2) Beherrschender Einfluss eines Mutterunternehmens besteht stets, wenn

1. ihm bei einem anderen Unternehmen die Mehrheit der Stimmrechte der Gesellschafter zusteht;
2. ihm bei einem anderen Unternehmen das Recht zusteht, die Mehrheit der Mitglieder des die Finanz- und Geschäftspolitik bestimmenden Verwaltungs-, Leitungs- oder Aufsichtsorgans zu bestellen oder abzuberufen, und es gleichzeitig Gesellschafter ist;
3. ihm das Recht zusteht, die Finanz- und Geschäftspolitik auf Grund eines mit einem anderen Unternehmen geschlossenen Beherrschungsvertrages oder auf Grund einer Bestimmung in der Satzung des anderen Unternehmens zu bestimmen oder
4. es bei wirtschaftlicher Betrachtung die Mehrheit der Risiken und Chancen eines Unternehmens trägt, das zur Erreichung eines eng begrenzten und genau definierten Ziels des Mutterunternehmens dient (Zweckgesellschaft). ²Neben Unternehmen können Zweckgesellschaften auch sonstige juristische Personen des Privatrechts oder unselbständige Sondervermögen des Privatrechts sein, ausgenommen Spezial-Sondervermögen im Sinn des § 2 Absatz 3 des Investmentgesetzes oder vergleichbare ausländische Investmentvermögen oder als Sondervermögen aufgelegte offene inländische Spezial-AIF mit festen Anlagebedingungen im Sinn des § 284 des Kapitalanlagegesetzbuchs oder vergleichbare EU-Investmentvermögen oder ausländische Investmentvermögen, die den als Sondervermögen aufgelegten offenen inländischen Spezial-AIF mit festen Anlagebedingungen im Sinn des § 284 des Kapitalanlagegesetzbuchs vergleichbar sind.

(3) ¹Als Rechte, die einem Mutterunternehmen nach Absatz 2 zustehen, gelten auch die einem Tochterunternehmen zustehenden Rechte und die den für Rechnung des Mutterunternehmens oder von Tochterunternehmen handelnden Personen zustehenden Rechte. ²Den einem Mutterunternehmen an einem anderen Unternehmen zustehenden Rechten werden die Rechte hinzugerechnet, über die es oder ein Tochterunternehmen auf Grund einer Vereinbarung mit anderen Gesellschaftern dieses Unternehmens verfügen kann. ³Abzuziehen sind Rechte, die

1. mit Anteilen verbunden sind, die von dem Mutterunternehmen oder von Tochterunternehmen für Rechnung einer anderen Person gehalten werden, oder
2. mit Anteilen verbunden sind, die als Sicherheit gehalten werden, sofern diese Rechte nach Weisung des Sicherungsgebers oder, wenn ein Kreditinstitut die Anteile als Sicherheit für ein Darlehen hält, im Interesse des Sicherungsgebers ausgeübt werden.

Pflicht zur Aufstellung § 290

(4) ¹Welcher Teil der Stimmrechte einem Unternehmen zusteht, bestimmt sich für die Berechnung der Mehrheit nach Absatz 2 Nr. 1 nach dem Verhältnis der Zahl der Stimmrechte, die es aus den ihm gehörenden Anteilen ausüben kann, zur Gesamtzahl aller Stimmrechte. ²Von der Gesamtzahl aller Stimmrechte sind die Stimmrechte aus eigenen Anteilen abzuziehen, die dem Tochterunternehmen selbst, einem seiner Tochterunternehmen oder einer anderen Person für Rechnung dieser Unternehmen gehören.

(5) Ein Mutterunternehmen ist von der Pflicht, einen Konzernabschluss und einen Konzernlagebericht aufzustellen befreit, wenn es nur Tochterunternehmen hat, die gemäß § 296 nicht in den Konzernabschluss einbezogen werden brauchen.

Übersicht

	Anm
A. Allgemeines	1–3
B. Beherrschender Einfluss (Abs 1)	
I. Begriff	20, 21
II. Dauerhafte Bestimmung der Finanz- und Geschäftspolitik	25–27
C. Unwiderlegbare Beherrschungstatbestände (Abs 2)	
I. Überblick	30–34
II. Mehrheit der Stimmrechte (Abs 2 Nr 1)	
1. Stimmrechte	40–44
2. Beschränkung der Stimmrechte/Stimmbindungsverträge	45–48
3. Wechselseitige Beteiligung	49
4. Faktische Beherrschungsmöglichkeiten	50, 51
III. Bestellungs- und Abberufungsrechte (Abs 2 Nr 2)	
1. Der Begriff des Verwaltungs-, Leitungs- oder Aufsichtsorgans	52–55
2. Gesellschafterstellung	56
3. Bestellungs- und Abberufungsrechte einer Komplementär-Kapitalgesellschaft	57
IV. Beherrschender Einfluss auf Grund von Beherrschungsvertrag oder Satzungsbestimmung (Abs 2 Nr 3)	58–60
V. Mehrheit der Risiken und Chancen einer Zweckgesellschaft (Abs 2 Nr 4)	65–76
D. Zurechnung/Abzug von Rechten gemäß Abs 2 (Abs 3)	80–86
E. Berechnung der Stimmrechte gemäß Abs 2 (Abs 4)	90–94
F. Befreiungstatbestand (Abs 5)	95
G. Publizitätsgesetz	
I. Regelungskonzept des § 11 PublG	100–103
II. Aufstellungsvoraussetzungen	
1. Unternehmensbegriff	104–107
2. Übernahme des Tannenbaumprinzips in das PublG	108
3. Größenmerkmale	110, 111
III. Inländische Teilkonzerne mit ausländischer Konzernspitze	112–116
H. Rechtsfolgen einer Verletzung des § 290	120, 121
I. Abweichungen der IFRS	130, 131

Grottel/Kreher

§ 290 Konzernabschluß (Anwendungsbereich)

Schrifttum: *v. Wysocki/Wohlgemuth*[4] Konzernrechnungslegung, Düsseldorf 1996; *Ernst/Seibert/Stuckert* KonTraG, KapAEG, StückAG, Euro-EG, Düsseldorf 1998; *Findeisen/Roß* Asset-Backed Securities Transaktionen im Einzel- und Konzernabschluß des Veräußerers nach International Accounting Standards, DB 1999, 2224; *Helmschrott* Einbeziehung einer Leasinggesellschaft in den Konzernabschluss des Leasingnehmers nach HGB, IAS und US-GAAP, DB 1999, 1865; *Claussen* Konzernabschluß versus Einzelabschluß der Muttergesellschaft, ZGR 2000, 604; *Busse von Colbe* Ausbau der Konzernsicherungslegung im Lichte internationaler Entwicklungen, ZGR 2000, 651; *Theile* Publizität des Einzel- oder Konzernabschlusses bei der GmbH & Co KG nach neuem Recht, GmbHR 2000, 215; *Theisen* Der Konzern: Betriebswirtschaftliche undrechtliche Grundlagen der Konzernunternehmung, Stuttgart 2000; *Mellwig* Die Konsolidierung von Leasingobjektgesellschaften im Konzernabschluss, BB 2000 Beilage 5, 25; *Helmschrott* Zum Problem der unterschiedlichen Zurechnung des Leasingobjektes im Einzel- und Konzernabschluß, ZfB 2000, 231; *Hennrichs* Ausbau der Konzernrechnungslegung im Lichte internationaler Entwicklungen, ZGR 2000, 627; *Mellewigt/Matiaske* Strategische Konzernführung: Stand der empirischen betriebswirtschaftlichen Forschung, ZfB 2000, 611; *Görg/Kölschbach* Konzernabschluß des VVaG-Gleichordnungskonzerns – neue Perspektiven nach dem KapCoRiLiG, BB 2000, 607; *Strobel* Die Neuerungen des KapCoRiLiG für den Einzel- und Konzernabschluß, DB 2000, 53; *Busse von Colbe* Geprüfte Konzernabschlüsse als Grundlage des Controllings und der externen Überwachung von Konzernen, FS Coenenberg, 133; *Thiele*[6] Konzernbilanzen, Düsseldorf 2001; *Ebeling/Baumann/Pöller* Konzernrechnungslegung mittelständischer Unternehmen unter besonderer Berücksichtigung der Personenhandelsgesellschaften, DStR 2001, 1131 und 1171; *Ebeling* Aufstellung des Konzernabschlusses und Konsolidierungskreis nach dem E-DRS 10, BB 2001, 1399; *Herrmann* Zur Rechnungslegung der GmbH & Co KG im Rahmen des KapCoRiLiG, WPg 2001, 271; *Küting/Brakensiek* Die Einbeziehung von Leasingobjektgesellschaften in den Konsolidierungskreis nach HGB und US-GAAP. Bestandsaufnahme und neuere Entwicklungen, DStR 2001, 1359; *Küting/Weber*[7] Der Konzernabschluss, Stuttgart 2001; *Kuhn/Scharber* Transparenz bei Spezialfonds durch IAS 39, DB 2001, 2661; IDW RS HFA 8: Zweifelsfragen der Bilanzierung von asset-backed securities-Gestaltungen oder ähnlichen Transaktionen, WPg 2002, 1151 mit Änderung durch den HFA am 9.12.2003, WPg 2004, 138; *Schruff/Rothenburger* Zur Konsolidierung von Special Purpose Entities im Konzernabschluss nach US-GAAP, IAS und HGB, WPg 2002, 755; *Weber/Böttcher/Griesemann* Spezialfonds und ihre Behandlung nach deutscher und internationaler Rechnungslegung, WPg 2002, 905; *Pfitzer/Oser/Orth* Reform des Aktien-, Bilanz- und Aufsichtsrechts – BilReG, BilKoG, APAG, AnSVG, UMAG sowie weitere Reformgesetze, Stuttgart 2005; *Göhner* Neue Größenklassenkriterien der §§ 267 und 293 Abs 1 HGB: Besteht die Möglichkeit der Rückwirkung?, BB 2005, 207; *Bischof/Roß* Qualitative Mindestanforderungen an das Organ nach HGB und IFRS bei einem Mutter-Tochter-Verhältnis durch Organbestellungsrecht, BB 2005, 203; *Baetge/Hayn/Ströher* in Komm IAS[2] IAS 27, Stuttgart 2006; IAS 27 Consolidated and seperated Financial Statements; *Küting/Gattung* Zweckgesellschaften als Tochterunternehmen nach SIC-12, KoR 2007, 397; *Schildbach*[7] Der Konzernabschluss nach HGB, IFRS und US-GAAP, München 2008; *Ernst/Seidler* Gesetz zur Modernisierung des Bilanzrechts nach Verabschiedung durch den Bundestag, BB 2009, 766; *Kirsch* Moderate Annäherung des HGB-Konzernabschlusses i. d. F. des BilMoG an den IFRS-Konzernabschluss? IRZ 2009, 237; *Küting* Nachhaltige Präsenzmehrheiten als hinreichendes Kriterium zur Begründung eines Konzerntatbestands? DB 2009, 73; *Küting/Koch* Aufstellungspflicht, in: *Küting/Pfitzer/Weber:* das neue deutsche Bilanzrecht 2009, 377; *Lüdenbach/Freiberg* Mutter-Tochter-Verhältnis durch beherrschenden Einfluss nach dem BilMoG, BB 2009, 1230; *Mujkanovic* Zweckgesellschaften nach BilMoG, StuB 2009, 374; *Oser* Der Konzernabschluss nach dem BilMoG mit internationalem Antlitz, PiR 2009, 121; *Petersen/Zwirner* Die Konzernrechnungslegung im Lichte des BilMoG – Auswirkungen der verabschiedeten Änderungen, StuB 2009, 335; *Petersen/Zwirner* Annäherung der Konzernrechnungslegung an internationale Standards, IRZ 2009, 179; *Schruff* BilMoG und IFRS im Wettlauf um die Konsolidierung von Zweckgesellschaften, WPg 2009, 1; *Schurbohm-Ebneth/Zoeger* Zur Umsetzung der HGB Modernisierung durch das BilMoG: Internationalisierung des handelsrechtlichen Konzernabschlusses, DB 2009, 53; *Zoeger/Möller* Konsolidierungspflicht für Zweckgesellschaften nach dem Bilanzrechtsmodernisierungsgesetz (BilMoG), KoR 2009, 309; *Zülch/Hoffmann* Die Modernisierung des deutschen Handelsbilanzrechts durch das

Pflicht zur Aufstellung 1, 2 § 290

BilMoG: Wesentliche Alt- und Neuregelungen im Überblick, DB 2009, 745; *Leinen* Konsolidierte Rechnungslegung, in *Kessler/Leinen/Strickmann (Hrsg.)* Handbuch BilMoG. Der praktische Leitfaden zum Bilanzrechtsmodernisierungsgesetz 2009, 553; *Gelhausen/Fey/ Kämpfer* Rechnungslegung und Prüfung nach dem Bilanzrechtsmodernisierungsgesetz 2009, 463; *Busse von Colbe/Ordelheide*[9] Konzernabschlüsse, Wiesbaden 2010; *Gelhausen/ Deubert/Klöcker* Zweckgesellschaften nach BilMoG: Mehrheit der Risiken und Chancen als Zurechnungskriterium DB 2010, 2005; *Küting/Seel* Neukonzeption des Mutter-Tochter-Verhältnisses nach HGB – Auswirkungen des BilMoG auf die handelsrechtliche Bilanzierung, BB 2010, 1459; *Lüdenbach/Freiberg* Konsolidierungskreis, Mehr-Mütter Beziehungen und formale Stimmrechtsmehrheiten nach E-DRS 26, BB 2010, 2874; *von Keitz/ Ewelt* Die Möglichkeit der beherrschenden Einflussnahme zur Abgrenzung des Vollkonsolidierungskreises Ein Plädoyer für die materielle Interpretation des typisierenden Beherrschungstatbestandes in § 290 Abs. 2 Nr. 1 HGB unter Berücksichtigung der internationalen Rechnungslegung IRZ 2010, 447; *Baetge*[9] Konzernbilanzen, Düsseldorf 2011; IDW ERS HFA 7 nF: Zur Rechnungslegung bei Personenhandelsgesellschaften; *Erchinger/ Melcher* IFRS-Konzernrechnungslegung – Neuerungen nach IFRS 10, DB 2011, 1229; *Glander/Blecher* Die adäquate Abbildung von Zweckgesellschaften im Konzernabschluss, KoR 2011, 467; *Landgraf/Roos* Pflicht zur Konzernrechnungslegung und Abgrenzung des Konsolidierungskreises nach DRS 19, KoR 2011, 366; *Oser/Milanova* Aufstellungspflicht und Abgrenzung des Konsolidierungskreises – Rechtsvergleich zwischen HGB/DRS 19 und dem neuen IFRS, BB 2011, 2027; *Küting/Eichenlaub* Verabschiedung des MicroBilG – Der „vereinfachte" Jahresabschluss für Kleinstkapitalgesellschaften in DStR 2012, 2615; Wirtschaftsprüfer-Handbuch, Band I, 14. Auflage, Düsseldorf 2012.

Standards: DRS 19 (Stand: 18.2.2011) Pflicht zur Konzernrechnungslegung und Abgrenzung des Konsolidierungskreises.

A. Allgemeines

Primäres **Ziel** der Vorschriften über die Erstellung eines KA ist die Information Außenstehender über die Lage des Konzerns. EA ermöglichen bei enger wirtschaftlicher Verflechtung keinen zutreffenden Einblick in die wirtschaftliche Lage des Konzerns (*ADS*[6] Vorbem zu §§ 290–315 Anm 12 f; *Claussen* ZGR 2000, insb 604 f). Daneben wird der KA auch vom Konzern Controlling gewürdigt und gewinnt insb durch die zunehmende Harmonisierung der Regeln für Ansatz und Bewertung im internen und externen Rechnungswesen in Folge der Anwendung der IFRS an Bedeutung (*Busse von Colbe/Ordelheide*[9], 34). 1

§ 290 verpflichtet die gesetzlichen Vertreter eines MU mit **Sitz im Inland** zur Aufstellung eines KA und eines Konzernlageberichts, sofern das MU eine **Kapitalgesellschaft** (AG, KGaA, GmbH) bzw eine KapCoGes ist.

Für MU in der Form einer **KapCoGes** folgt die Konzernrechnungslegungspflicht aus dem durch das KapCoRiLiG (BGBl I 8.3.2000, 154 ff) eingefügten § 264a. § 264a verpflichtet die KapCoGes, die gesonderten Regeln der §§ 264 ff für KapGes – also auch die §§ 290 ff – anzuwenden (vgl auch *Theile* GmbHR 2000, 215 ff; *Ebeling/Baumann/Pöller*, DStR 2001, 1131).

Eine Konzernrechnungslegungspflicht für MU anderer Rechtsformen kann sich nach §§ 11 ff PublG (Anm 100 ff) ergeben. Für Kreditinstitute (§ 340i) und VersicherungsUnt (§ 341i) gelten auf Grund der Besonderheiten der Wirtschaftszweige verschärfte Vorschriften. Für diese Wirtschaftszweige erfolgt die Verpflichtung zur Aufstellung eines KA unabhängig von der Größe und der Rechtsform.

In einem mehrstufigen Konzern ist jedes TU, das gleichzeitig im Verhältnis zu 2 nachgeordneten Unt ein MU darstellt, verpflichtet, für den ihm nachgeordneten Teil der einzubeziehenden Unt einen **Teil-Konzernabschluss** und Teil-Konzernlagebericht aufzustellen. Für die Teil-KA und Teil-Konzernlageberichte sind die Befreiungsmöglichkeiten der §§ 291, 292 von Bedeutung.

3 Die Aufstellung von KA und Konzernlagebericht hat in den ersten fünf Monaten des folgenden KonzernGj zu erfolgen. Zu berücksichtigen sind nach § 294 Abs 1 unabhängig von ihrer Rechtsform TU mit Sitz sowohl im Inland als auch im Ausland (**Weltabschlussprinzip**). Ist das MU eine KapGes iSv § 325 Abs 4 S 1 (Verweis auf die kapmarkt KapGes nach § 264d), verkürzt sich die Frist auf längstens vier Monate. In der Regel erfolgt aber die Aufstellung bei börsennotierten MU in einem kürzeren Zeitraum, um eine Anpassung an internationale Gepflogenheiten zu erreichen (vgl *Busse von Colbe* in MünchKomm HGB², § 290 Anm 61).

B. Beherrschender Einfluss (Abs 1)

I. Begriff

20 § 290 stellt zur Beurteilung des Konzerntatbestands in Abs 1 und 2 auf das Kriterium eines **möglichen** beherrschenden Einflusses eines MU auf ein TU ab. Abs 1 verlangt nicht, dass die Beherrschung des TU vom MU tatsächlich ausgeübt wird. Gefordert ist lediglich, dass das MU einen beherrschenden Einfluss ausüben *kann* (vgl DRS 19.10). Der Gesetzeswortlaut beinhaltet jedoch keine Definition dieser Generalnorm.

In Abs 2 werden vier Sachverhalte konkretisiert, bei deren Vorliegen ein beherrschender Einfluss *stets* gegeben ist. Die Formulierungen des Abs 2 weisen darauf hin, dass die genannten vier Sachverhalte keine erschöpfende Darstellung der Möglichkeiten zur Ausübung beherrschenden Einflusses darstellen (vgl DRS 19.16). Insofern ist Abs 1 als Generalnorm zur Definition eines MU-TU-Verhältnisses zu verstehen, unter die auch über in Abs 2 genannte hinausgehende Sachverhalte (weitere faktische Beherrschungsmöglichkeiten) subsumierbar sind, die ebenfalls ein MU-TU-Verhältnis begründen können (so auch DRS 19.69 ff; *Küting/Koch,* 381). Vgl hierzu die Ausführungen zu faktischen Beherrschungsmöglichkeiten, Abschn C. II. 4.

21 Der Begriff des beherrschenden Einflusses ist im HGB nicht definiert. Aufgrund der verbalen Identität mit § 17 Abs 1 AktG iSe einheitlichen Rechtsordnung kann zunächst eine entspr aktienrechtliche Auslegung in Frage kommen. Die Ausübung eines beherrschenden Einflusses wird nach aktienrechtlicher Auslegung dann angenommen, wenn die Einflussnahme beständig, umfassend und gesrechtlich fundiert ist (vgl *Hüffer*[10] § 17 Anm 4 mwN). Sie stimmt zwar weitgehend mit den Begriffsmerkmalen des § 290 überein, ist aber aufgrund der Forderung nach einer gesrechtlichen Fundierung nicht deckungsgleich zum handelsrechtlichen Begriff (vgl *Heni* in Rechnungslegung § 290 Anm 14; BGHZ 90, 381). Die Voraussetzung einer gesrechtlichen Fundierung ist nach § 290 keine notwendige Bedingung, da es unerheblich ist, ob die Beherrschungsmöglichkeit auf gesrechtliche Beziehungen, schuldrechtlichen Vereinbarungen oder auf faktischen Umständen beruht (*Gelhausen/Deubert/Klöcker* DB 2010, 2005). Wegen der intendierten Angleichung an das internationale KonsKonzept kann so dann IFRS 10 zur Auslegung des Begriffs herangezogen werden, sofern er nicht im Widerspruch zu Wortlaut Systematik oder Zweck des HGB steht(ähnlich *Küting/Koch,* 382). Hieraus kann aber nicht zwingend eine Deckungsgleichheit gefolgert werden, da lediglich eine Angleichung der HGB Regelungen an die entspr IFRS-Regelungen zur Kons von ZweckGes erwünscht ist (s dazu auch Amn 25 bzgl des Kriteriums der Dauerhaftigkeit). Im Ergebnis erscheint es fraglich, ob IFRS 10 für die Auslegung des Begriffes „beherrschender Einfluss" herangezogen werden kann.

II. Dauerhafte Bestimmung der Finanz- und Geschäftspolitik

Ein beherrschender Einfluss ist zu bejahen, wenn ein Unt die **Möglichkeit** 25 hat, die **Finanz- und Geschäftspolitik** eines Unt **dauerhaft zu bestimmen**, um aus dessen Tätigkeit **Nutzen** zu ziehen (BT-Drs 16/12 407, 89). Die Definition des DRS 19.11 konkretisiert „beherrschender Einfluss" insoweit, dass die Durchsetzung von Interessen bei allen wesentlichen Entscheidungen in bedeutenden Unternehmensbereichen Voraussetzung für das Vorliegen einer unmittelbaren als auch mittelbaren Bestimmung der Finanz- und Geschäftspolitik ist.

Wann eine **dauerhafte** Bestimmung der Finanz- und Geschäftspolitik gegeben ist, bleibt in der Gesetzesbegr offen. In dieser Formulierung des Gesetzgebers zeigt sich jedoch ein Abweichen von internationalen Grundsätzen insofern, als die Dauerhaftigkeit der Beherrschungsmöglichkeit nach der Definition von „control" im veralteten IAS 27.4 und auch in den aktuellen Standards IFRS 10.5 bis IFRS 10.9 nicht explizit verlangt wird (so auch *Küting/Koch*, 387). Die Beurteilung, ob eine Dauerhaftigkeit des beherrschenden Einflusses gegeben ist, hat auf der Grundlage der Erfahrungen der Vergangenheit, jedoch ausschließlich mit Blick auf die Zukunft zu erfolgen.

Lediglich zufällige Einflussmöglichkeiten am KA-Stichtag erfüllen nicht das Kriterium der Dauerhaftigkeit, da eine nachhaltige Bestimmung der ökonomischen Aktivitäten nicht gewährleistet wird (vgl DRS 19.12). Das Kriterium der Dauerhaftigkeit ist einzelfallbezogen auszulegen, dh unter Würdigung der jeweiligen unternehmerischen Aktivität des betrachteten Unt. Ein in der Zukunft bereits absehbares Ende der Möglichkeit, die Finanz- und Geschäftspolitik zu bestimmen, zB aufgrund eines in der Satzung fixierten zeitlich befristeten Organbestellungsrechts, führt nur dann zu einer Ablehnung der Dauerhaftigkeit, wenn die Restlaufzeit der Vereinbarung entspr kurz ist.

Die Möglichkeit einer dauerhaften Bestimmung der **Geschäfts- und Fi-** 26 **nanzpolitik** umfasst die zielgerichtete Gestaltung und Steuerung der für den Bestand und den Erfolg eines Unt notwendigen Bereiche. Dies sind bspw die Bereiche Finanzwesen, Beschaffung und Vorratshaltung, Produktion, Investition, FuE, Distribution und Personal (s *Küting/Koch*, 387; DRS 19.11).

Für die Begr eines beherrschenden Einflusses muss das MU eine Durchsetzungsmöglichkeit seiner Interessen beim TU – in allen wesentlichen, strategischen, operativen und finanziellen Entscheidungen des TU – auch gegen dessen Einzelinteressen – besitzen. Eine Ausnahme davon bildet der faktische Konzern, indem eine vollständige Negierung der „Einzelinteressen" nicht zwingend möglich ist. Zur Bejahung eines beherrschenden Einflusses ist die Einflussnahme auf die Entscheidungen der TU nicht auf finanzielle Fragestellungen und Entscheidungen begrenzt, sondern umfasst auch alle anderen wesentlichen unternehmerischen Aktivitäten. Dies ergibt sich auch aus der Verwendung der Konjunktion „und" im Terminus „Geschäfts- und Finanzpolitik" (so auch *Küting/Koch*, 387). Einen wesentlichen Indikator für die Bestimmung der Geschäfts- und Finanzpolitik stellt die Genehmigung der Budgetplanung für das TU dar. Im Falle einer AG als TU ist der Einfluss des MU auf die personelle Besetzung des Aufsichtsrates hinreichend für eine mittelbare Bestimmung der Geschäfts- und Finanzpolitik (ebenso *WPH*[14] I, T Anm 105).

Das Merkmal der Nutzenziehung für das MU erfährt in der Gesetzesbegr 27 ebenfalls keine Konkretisierung, kann aber ein Indiz für das Vorliegen eines beherrschenden Einflusses darstellen (aA *Küting/Koch*, 387). Demnach ist bei diesem Merkmal nicht allein auf die Generierung von Mittelzuflüssen aus der Tätigkeit des TU (bspw durch Veranlassung von Dividendenzahlungen) abzustellen, sondern auch auf Vorteile, die sich indirekt oder direkt aus der betriebswirtschaftlichen Integration in die Konzerntätigkeit ergeben (vgl DRS 19.15). Das Merkmal der Nutzenziehung betont die wirtschaftliche Betrachtungsweise im Falle einer abw Zuordnung des Nutzens vom Beherrschungsrecht wie bspw in Fällen einer Kürzung der Rechte beim formalrechtlichen Inhaber nach § 290 Abs 3 S 3 oder in Fällen des § 290 Abs 2 Nr 4 (vgl DRS 19.15 und *PwC Bil-MoG Komm* § 290 Q 22 f).

C. Unwiderlegbare Beherrschungstatbestände (Abs 2)

I. Überblick

30   In Abs 2 werden vier typisierende Tatbestände angeführt, die **stets** zu einer unwiderlegbaren Annahme eines beherrschenden Einflusses führen:
Nr 1: Mehrheit der Stimmrechte der Gester
Nr 2: Mehrheit der Organbestellungsrechte verbunden mit Gesterstellung
Nr 3: Bestimmung der Finanz- und Geschäftspolitik aufgrund von Beherrschungsvertrag oder Satzungsbestimmung
Nr 4: Tragen der Mehrheit der Risiken und Chancen einer Zweckges.
Die einzelnen Nrn des Abs 2 stellen Alternativen dar; für das Vorliegen eines MU-TU-Verhältnisses ist es hinreichend, wenn eine der vier Bedingungen erfüllt ist.

31   Die angeführten Tatbestände 1 bis 3 stellen eine grundsätzlich formal-rechtliche Betrachtungsweise dar und führen daher **unwiderlegbar** zu einem MU-TU-Verhältnis (so auch DRS 19.18; aA *Leinen*, 558, *von Keitz/Ewelt*, IRZ 2010, 454). Bei Vorliegen eines Abweichens der konkreten Gegebenheiten von der formalen Rechtsposition bleibt das MU-TU-Verhältnis auch dann unberührt, wenn tatsächlich keine Beherrschung ausgeübt werden kann (vgl DRS 19.17). Eine Eingrenzung des aufgrund dieser formal-rechtlichen Betrachtungsweise weit gefassten Konskreises kann sich allerdings insb bei Stimmrechtsmehrheit durch die Ausübung der Einbeziehungswahlrechte nach § 296 ergeben (vgl Anm 34).

32   Die Sachverhalte 2 und 3 verlangen explizit, dass die jeweilige rechtliche Einflussnahme konkret auf die Finanz- und Geschäftspolitik abstellt. Die in Nrn 2 und 3 genannten Tatbestände führen nur dann zu einem beherrschenden Einfluss, wenn durch den jeweiligen Sachverhalt die Finanz- und Geschäftspolitik des TU bestimmt werden kann. So kann bspw aus dem Recht der Besetzung eines weitgehend machtlosen Organs (zB Beirat mit lediglich beratender Funktion) kein beherrschender Einfluss entstehen (so auch DRS 19.27).

33   Mit dem vierten Sachverhalt findet der dem veraltetem SIC 12 zugrundeliegende sog *„Risk and Reward Approach"* Eingang in die Definition der MU-TU-Beziehung nach deutschem Recht. Nr 4 schafft – in Reaktion auf die aus der wirtschaftlichen Krise des Jahres 2008 gewonnenen Erfahrungen (BT-Drs 16/12407, 83) –, erstmals eine explizite Regelung Zweckges ausdrücklich in den Konskreis einzubeziehen. Im Gegensatz zu Nrn 1–3, die die Beherrschungsmöglichkeit aus einer gesicherten Rechtsposition ableiten, stellt dieses vierte Kriterium auf die Beherrschung aus einem wirtschaftlichen Blickwinkel ab.

34   In der Literatur bestehen Unstimmigkeiten, ob die einzelnen Beherrschungstatbestände der Nrn 1 bis 3 formal-rechtlich (so zB *PwC BilMoG Komm* § 290 Q 41; *Küting/Seel*, BB 2010, 1459) oder materiell (so zB *von Keitz/Ewelt*, IRZ 2010, 454; *Leinen*, 558) zu interpretieren sind. Im Zentrum der Diskussion steht

dabei das Merkmal der Stimmrechtsmehrheit (vgl zur Diskussion zB *von Keitz/ Ewelt*, IRZ 2010447 ff). Bei einer formal-rechtlichen Betrachtungsweise wird dem Gesetzeswortlaut folgend ein MU-TU-Verhältnis unterstellt, falls eine Stimmrechtsmehrheit nach § 290 Abs 2 Nr 1 vorliegt, obwohl zB aufgrund der Notwendigkeit von qualifizierten Mehrheiten nicht die Möglichkeit zur Bestimmung der Finanz- und Geschäftspolitik besteht (s auch Anm 45). Dagegen wird dies bei einer materiellen Auslegung verneint, da die Stimmrechte keine tatsächliche Möglichkeit zur Beherrschung gewährleisten. Eine uE notwendige formal-rechtliche Auslegung hat zur Konsequenz, dass Mehrfachkonsolidierungen nicht ausgeschlossen werden können, obwohl betriebswirtschaftlich nur *ein* Unt ein anderes Unt beherrschen kann. So kann zB bei ZweckGes eine Konspflicht nach § 290 Abs 2 S 1 vorliegen, obwohl ein anderes Unt die Mehrheit der Risiken und Chancen an dem betrachteten potentiellen TU trägt. Die einzelnen Kriterien stehen, dem Wortlaut des Gesetzes folgend, gleichwertig zueinander, sodass keine Priorisierung eines einzelnen Kriteriums ggü einem anderen Kriterium angenommen werden kann (vgl *ADS*[6] § 290 Anm 83 und DRS 19.20). Abs 2 Nr 4 ist zwar nur dann anzuwenden, wenn die Merkmale einer ZweckGes vorliegen, dies bedeutet aber nicht, dass eine Überprüfung der anderen Kriterien ausgeschlossen ist. Sofern dadurch eine Unt in zwei Konskreise aufzunehmen ist, lässt sich diese KonsPflicht grds durch die Einbeziehungswahlrechte nach § 296 HGB vermeiden. Die Möglichkeit einer doppelten Kons-Pflicht wird durch die Gesetzessystematik uE bewusst nicht verhindert. Das DRS C sieht eine solche mehrfache Einbeziehung als notwendige Konsequenz der Gesetzessystematik an (s DRS 19.7).

II. Mehrheit der Stimmrechte (Abs 2 Nr 1)

1. Stimmrechte

Die Mehrheit der Stimmrechte hat idR nur, wer auch Gester des beherrschten **40** Unt ist. Das ist aber wegen der Zurechnungen gem Abs 3 nicht zwingend erforderlich.

Der **Begriff** „Mehrheit der Stimmrechte" bezieht sich auf die GesV/HV. Die **41** Berechnung der Mehrheit der Stimmrechte hat unter Einbeziehung des Abs 4 S 1 zu erfolgen (Anm 90 ff).

Bei der **Berechnung der Stimmrechte** sind die dispositiven Regelungen für **42** PersGes und GmbH bzw die restriktiven Regeln des § 12 AktG zu beachten. Bei ausländischen Ges ist hierfür das jeweilige Recht des Sitzlands heranzuziehen.

Besteht eine Mehrheit der Stimmrechte nur für bestimmte Arten von Rechts- **43** geschäften, ist das Gewicht dieser Rechtsgeschäfte maßgebend. Nur wenn sie geeignet sind, die Dispositionen des Unt hinsichtlich seiner Finanz- und Geschäftspolitik wesentlich zu beeinflussen, wird man die Mehrheit der Stimmrechte iSd Vorschrift bejahen. Der Stichentscheid eines Gesters begründet nur dann eine Mehrheit der Stimmrechte, wenn der berechtigte Gester (ohne Stichentscheid) über genau 50% der Stimmrechte verfügt.

Aufgrund der fehlenden rechtlichen Absicherung erfüllen nachhaltige Prä- **44** senzmehrheiten sowie potentielle Stimmrechte (zB aus Wandel- und Optionsanleihen) nicht das Tatbestandsmerkmal einer Stimmrechtsmehrheit nach Abs 2 Nr 1 (vgl DRS 19.22; Anm 50 f).

2. Beschränkung der Stimmrechte/Stimmbindungsverträge

Auch wenn die **Satzung** für wesentliche Entscheidungen mehr als die **einfa- 45 che Stimmenmehrheit** vorsieht, ist diese für die Anwendung von Abs 2 Nr 1 ausreichend, da eine tatsächliche Beherrschungsmöglichkeit in Nr 1 nicht explizit verlangt wird (ebenso *WPH*[14] I, M Anm 44; *Wiedmann*[2] § 290 Anm 18; *ADS*[6] § 290 Anm 39). Das ist uE auf Grund des Prinzips der formalen Auslegung des Abs 2 zwingend. Die Gegenmeinung (*Siebourg* in HdKR[2] § 290 Anm 70; *Burbach* WPg 1990, 253 ff) interpretiert Abs 2 iE als eine widerlegbare Vermutung. Schließlich gewährt § 296 (zur Anwendbarkeit dieser Vorschrift in solchen Fällen bejahend *ADS*[6] § 290 Anm 38) bei Beschränkungen der Einflussmöglichkeit ein Wahlrecht. Das wäre unverständlich, wenn eine Aufstellungs-/Einbeziehungspflicht gem Abs 2 schon dem Grunde nach nicht bestünde.

46 Die Stimmrechtsmehrheit besteht aus den gleichen Gründen auch dann, wenn sich ein MU hinsichtlich der Ausübung seiner Stimmrechte durch Abschluss eines **Stimmbindungsvertrags** oder durch die Einräumung einer unwiderruflichen **Stimmrechtsvollmacht** gebunden hat. Zwar spricht Abs 4 S 1 („... ausüben kann ...") zunächst für die Vermutung, derartige schuldrechtliche Ausübungsbeschränkungen müssten auch im Rahmen des Abs 2 berücksichtigt werden. Diese Formulierung entspricht wörtlich § 16 Abs 3 S 1 AktG. Hierzu wurde aber nachgewiesen, dass derartige Beschränkungen nicht etwa schon die Mehrheit der Stimmrechte in Frage stellen, sondern allein geeignet sein könnten, die Vermutung des § 17 Abs 2 AktG (Abhängigkeit) zu widerlegen (ebenso *ADS*[6] § 290 Anm 29 ff, 38 ff). Da aber Abs 2 Nr 1 als unwiderlegbare Vermutung anzusehen ist, müssen Stimmbindungsverträge oder unwiderrufliche Stimmrechtsvollmachten unberücksichtigt bleiben (DRS 19.23). Derartige nur **schuldrechtliche Vereinbarungen,** zu denen auch ein **„Entherrschungsvertrag"** zu zählen ist, berühren allein die für Abs 2 irrelevante Ebene der tatsächlichen Ausübung der Rechte (aA *Siebourg* in HdKR[2] § 290 Anm 73 ff, der auf die tatsächliche Beschränkung abstellt). Verpfändungen können ebenfalls eine Stimmrechtsmehrheit nicht aufheben. Zu Beschränkungen durch die Satzung Anm 48.

47 Im Übrigen muss auch auf Abs 3 S 3 verwiesen werden. Dort ist geregelt, wann trotz formaler Rechtsinhaberschaft Rechte abzuziehen sind. Es hätte nahegelegen, auch die durch Stimmbindungsverträge oder andere Beschränkungen gebundenen Rechte an dieser Stelle aufzuführen, zumal die Hinzurechnung (nicht aber die Kürzung) von Rechten aus Stimmbindungsverträgen in Abs 3 S 2 ausdrücklich geregelt wurde (ebenso *Ulmer* in FS Goerdeler, 641).

48 Anders zu beurteilen als die schuldrechtlichen Beschränkungen sind uE **dinglich wirkende Ausübungsbeschränkungen,** wie etwa eine gesetzliche Beschränkung nach § 328 AktG oder statutarische Beschränkungen zB nach § 134 Abs 1 S 2 AktG. Derartige Beschränkungen führen unmittelbar zu einem Verlust des Stimmrechts, da der Inhaber nicht einmal mehr die theoretische Möglichkeit zur Ausübung hat. Daher sind solche Beschränkungen bei der Ermittlung der Stimmrechtszahl zu beachten (DRS 19.24).

Problematisch zu sehen ist allerdings ein Abzug von Stimmrechten, die auf Grund von §§ 20 Abs 7, 21 Abs 4 AktG nicht ausgeübt werden dürfen (*Siebourg* in HdKR[2] § 290 Anm 84), da infolgedessen ein MU durch einen Verstoß gegen **aktienrechtliche Meldepflichten** die Konzernrechnungslegungspflicht bewusst vermeiden könnte. Zumindest wenn bis zur Aufstellung des KA der Meldepflicht Genüge getan wird, erscheint ein Stimmrechtsabzug auch nicht gerechtfertigt. Ein Verstoß gegen die Meldepflichten des § 21 Abs 1 WpHG führt ebenso zu einem Rechtsverlust (*Assmann/Schneider* WpHG[5] § 28 Anm 23 f) und ist gleichermaßen zu behandeln. Ist die Ausübung der Stimmrechte aufgrund der nicht rechtzeitigen Erfüllung von Meldepflichten beschränkt, ist zusätzlich zu überprüfen, ob eine faktische Beherrschungsmöglichkeit iSv § 290 Abs 1 S 1 gegeben ist. Dies ist insbesondere dann zu bejahen, wenn Erwerbe von Anteilen vorliegen, bei denen die Geschäftsleitung des TU in Kenntnis gesetzt worden ist (DRS 19.77).

3. Wechselseitige Beteiligung

Für die AG/KGaA ist die Wirkung wechselseitiger Beteiligungen in § 19 AktG geregelt. Da aber aktienrechtliche Bestimmungen innerhalb des HGB ohne Verweisungsvorschrift nicht ohne weiteres anwendbar sind, ergibt sich die Frage, ob im Falle von wechselseitigen Beteiligungen zB über jeweils 51% wirklich eine Mehrheit der Stimmrechte iSd Abs 2 Nr 1 vorliegt. Diese Frage ist wegen des formalrechtlichen Auslegungsprinzips des Abs 2 zu bejahen.

4. Faktische Beherrschungsmöglichkeiten

Grds können auch Sachverhalte bestehen, die über die Tatbestandsmerkmale des § 290 Abs 2 hinaus zu einer möglichen Bestimmung der Finanz- und Geschäftspolitik gemäß der Generalnorm des § 290 Abs 1 führen können. Es kommen dabei insb Präsenzmehrheiten sowie potentielle Stimmrechte in Betracht (s DRS 19.69). Der Anwendungsbereich faktischer Beherrschung durch Präsenzmehrheiten umfasst iW AG, KGaA und Publikums-KG. Vor der Einführung des BilMoG wurde nach hM die Auffassung vertreten, dass sich die Mehrheit der Stimmrechte aus einer rechtlich gesicherten Grundlage ergeben muss (vgl *ADS*[6] § 290 Anm 34), eine **Präsenzmehrheit** also nicht ausreichend sein kann, um eine Konspflicht zu begründen. Aus der Beibehaltung der Nr 1 und der Tatsache, dass Abs 1 lediglich die Möglichkeit der Ausübung eines beherrschenden Einflusses, aber nicht dessen tatsächliche Ausübung verlangt, folgert der Gesetzgeber jedoch nun, dass „… auch bei bestehenden Präsenzmehrheiten die Notwendigkeit einer Konsolidierung zu prüfen ist, wenn ein möglicher beherrschender Einfluss für eine gewisse Dauer und nicht nur vorübergehend ausgeübt werden kann" (BT-Drs 16/12407, 89). Da die Nrn 1 bis 3 allerdings nach wie vor grds formalrechtlich auszulegen sind, ergibt sich die Beherrschungsmöglichkeit aufgrund einer Präsenzmehrheit direkt aus Abs 1 und nicht aus Abs 2 Nr 1 (vgl DRS 19.22).

Das Kriterium der Dauerhaftigkeit entfaltet hier seine zentrale Bedeutung. Bei Präsenzmehrheiten beruht das Zustandekommen der Mehrheit auf der Passivität der anderen Gester. Wie das Erfordernis einer „gewissen Dauer", über die eine Präsenzmehrheit bestehen muss, auszulegen ist, wird vom Gesetzgeber nicht näher erläutert; die Auslegung des Erfordernisses der Dauerhaftigkeit wird der Bilanzierungspraxis und den Fachgremien überlassen. Eine dauerhafte Beherrschungsmöglichkeit im Falle von faktischen Mehrheiten liegt nur vor, wenn die Präsenzmehrheit dauerhaft besteht, dh die Präsenzmehrheit hält mit hoher Wahrscheinlichkeit auch zukünftig an und die Möglichkeit zur Beherrschung wird nicht durch andere Gester beschränkt (vgl *Küting/Seel* BB 2010, 1460).

Zum Einen kann nach *Lüdenbach/Freiberg* (BB 2009, 1231) bei Publikumsges die Dauerhaftigkeit einer Präsenzmehrheit dann gegeben sein, wenn neben einem nur wenig unter 50% beteiligten Großaktionär viele Kleinaktionäre beteiligt sind. Im DRS 19.71 sind spezielle Anforderungen an die GesStruktur angegeben, die neben dem HauptGester eine Vielzahl von anderen Gestern voraussetzen, um eventuelle Absprachen der Gester ausschließen zu können. Das Vorhandensein eines weiteren wesentlichen Gesters, der sich passiv verhält, oder das Zusammenschließen (durch Vertrag oder abgestimmtes Verhalten) von KleinGestern hinsichtlich der Stimmrechtsausübung ist hiernach ein Ausschlussgrund für das Vorliegen einer nachhaltigen Präsenzmehrheit.

Weiterhin kann als Kriterium die **Dauer des Vorliegens** iSd zwischen den HV mit Präsenzmehrheit verstreichenden Zeitspanne herangezogen werden. Bei Vorliegen des aktienrechtlichen Normalzustandes (nur eine ordentliche HV pro Gj) erfordert die „gewisse Dauer" daher zumindest ein Bestehen einer Präsenzmehrheit für denselben Stimmrechtsinhaber an zwei aufeinander folgenden HV-

Terminen. Eine Konspflicht kann daher im Regelfall frühestens 12 Monate nach dem erstmaligen Vorliegen einer Präsenzmehrheit gegeben sein. *Küting* (DB 2009, 78) nimmt das Vorliegen einer nachhaltigen Präsenzmehrheit in jedem Fall bei Vorliegen einer dreijährigen Erfahrungshistorie an. Alternativ bietet sich die Anzahl der aufeinanderfolgenden HVen mit Präsenzmehrheit an; dies kann zu einem früheren Eintritt der Konspflicht führen, wenn aufgrund aktienrechtlicher oder Satzungsanforderungen eine oder mehrere ao HV stattfinden. Soweit auf einer ao HV von den Stimmberechtigten Entscheidungen zu treffen sind, bei denen ein erhöhtes Interesse an der Stimmrechtsausübung unterstellt werden kann, erscheint auch ein früherer Eintritt der Konspflicht denkbar. In beiden Fällen muss jedoch zusätzlich zur empirischen Beobachtung einer ununterbrochenen Sequenz von Präsenzmehrheiten hinreichende Sicherheit gegeben sein, dass auch künftig keine signifikante Veränderung der Anwesenheitsquote und damit der Beherrschungsmöglichkeit durch Stimmrechtsausübung eintreten wird (so auch *Küting* DB 2009, 78).

Obwohl eine Berücksichtigung von potentiellen Stimmrechten gemäß § 290 Abs 2 nicht erfolgt, können sie ein Indikator für die Möglichkeit eines beherrschenden Einflusses nach § 290 Abs 1 darstellen (s DRS 19.76). Dies ergibt sich aus dem Tatbestand des § 290 Abs 1 der lediglich die *Möglichkeit* eines beherrschenden Einflusses verlangt (so auch *von Keitz/Ewelt* in Bilanzrecht § 290 Anm 77). Optionsanleihen, Wandelschuldverschreibungen, Anteilskaufoptionen oder ähnliche Instrumente können potentielle Stimmrechte zur Folge haben (vgl DRS 19.75). Die Möglichkeit eines beherrschenden Einflusses setzt voraus, dass die zugrundeliegenden Instrumente rechtlich ausübbar bzw wandelbar sind. Desweiteren muss das haltende Unt wirtschaftlich in der Lage sein, die notwendigen finanziellen Mittel aufzubringen, um die potentiellen Stimmrechte umzuwandeln (vgl DRS 19.76). Die Begr für die Möglichkeit eines beherrschenden Einflusses erfordert, dass die Ausübung „*so gut wie sicher ist*" (DRS 19.76).

Die in der Literatur diskutierte Möglichkeit zur Bestimmung der Finanz- und Geschäftspolitik aufgrund wirtschaftlicher Abhängigkeiten (zB Lieferanten- und Bankenabhängigkeit) als Folge der Aufgabe der gesrechtlichen Fundierung des beherrschenden Einflusses nach HGB kann uE nicht zu einem KonsTatbestand führen, da es an einer Objektivierung mangelt und reine schuldrechtliche Vereinbarungen in aller Regel nicht zu einer dauerhaften Möglichkeit der Bestimmung der Finanz- und Geschäftspolitik führen (s *Küting/Koch*, 392; *Küting* in HdR[5] § 271 Anm 111).

III. Bestellungs- und Abberufungsrechte (Abs 2 Nr 2)

1. Der Begriff des Verwaltungs-, Leitungs- oder Aufsichtsorgans

52   Dem Begriff des Leitungs- oder Aufsichtsorgans liegt das dem deutschen Aktienrecht entspr „dualistische" System zugrunde, also Vorstand (Leitungsorgan) und AR (Aufsichtsorgan). Der Begriff des Verwaltungsorgans ist hingegen dem zB in Großbritannien und den USA vorherrschenden „monistischen" System (board of directors) entnommen. Es ist unbeachtlich, ob das Organ kraft Gesetzes oder fakultativ nach Satzung oder GesVertrag besteht (*v. Wysocki/Wohlgemuth*[4], 36). Die Vorschrift ist rechtsformunabhängig. Organe iSd Abs 2 Nr 2 sind solche, die dem deutschen Leitbild analoge Geschäftsführungs- oder Überwachungsaufgaben wahrnehmen.

53   Für Nr 2 reicht es (im dualistischen System) aus, wenn die Mehrheit *entweder* des Leitungs- *oder* des Aufsichtsorgans vom MU besetzt werden kann (*Siebourg* in HdKR[2] § 290 Anm 86). Die redaktionelle Anpassung der Vorschrift durch das

Pflicht zur Aufstellung   54, 55   § 290

BilMoG hinsichtlich der Bestimmung der Finanz- und Geschäftspolitik führte hier nicht zu einer Änderung. Auch wenn bspw die Zuständigkeit für die Genehmigung der Budgetplanung des TU laut Geschäftsordnung dem AR vorbehalten ist, verantwortet der das Budget erstellende Vorstand die Finanz- und Geschäftspolitik mit und ist somit unverändert ebenfalls als Organ iSv Nr 2 zu betrachten. Es ist aber zu beachten, ob die Befugnisse eines Organs zB aufgrund wesentlicher Beschränkungen der Geschäftsführungsbefugnisse des Leitungsorgans durch Genehmigungsvorbehalte des Aufsichtsorgans in einer solchen Weise beeinträchtigt sind, dass von einer Bestimmung der Finanz- und Geschäftspolitik nicht mehr ausgegangen werden kann (vgl DRS 19.28).

Die Mehrheit in einem AR bezieht sich auf die Gesamtzahl und nicht nur auf die von den Anteilseignern zu wählenden AR-Mitglieder (*ADS*[6] § 290 Anm 46). Bei einem nach Mitbestimmungsgesetz paritätisch besetzten AR steht der Unternehmerseite gleichwohl die Mehrheit iSv Abs 2 Nr 2 zu, weil in diesen Fällen die Stimme des von der Unternehmerseite zu entsendenden AR-Vorsitzers bei Stimmengleichheit entscheidet (*Siebourg* in HdKR[2] § 290 Anm 87; *ADS*[6] § 290 Anm 46). Die Möglichkeit der Bestellung oder Abberufung der Mehrheit der Organmitglieder durch das MU muss rechtlich gesichert sein; die faktische Möglichkeit auf Grund einer HV-Präsenzmehrheit genügt nicht (so auch DRS 19.29).

Personelle Einflussnahme wird regelmäßig mit der Mehrheit der Stimmrechte **54** (Nr 1) zusammenfallen. Abweichungen ergeben sich, sofern einem Gester besondere Entsenderechte eingeräumt werden. Da in der deutschen AG/KGaA der Vorstand zwingend vom AR bestellt wird und Entsendungsrechte in den AR höchstens für ein Drittel der AR-Mitglieder der Aktionäre eingeräumt werden dürfen (§ 101 Abs 2 S 4 AktG), hat Abs 2 Nr 2 in erster Linie für paritätisch mitbestimmte AR oder für GmbH und KapCoGes mit fakultativem AR oder Beirat Bedeutung. Hier kann einzelnen Gestern das (Sonder-)Recht eingeräumt werden, den Geschäftsführer zu bestellen oder den AR/Beirat mehrheitlich zu besetzen. Bei ausländischen TU richtet sich das Bestellungs- und das Abberufungsrecht des MU nach dem Recht des Sitzstaates des TU.

Insbes bei **fakultativen Organen** – wie etwa dem Beirat einer KapCoGes – **55** ist wichtig, welche „*Mindestmachtbefugnisse*" diese Organe haben müssen. Wegen der unterschiedlichen Möglichkeiten der Ausgestaltung muss geprüft werden, ob das fragliche Organ einen Einfluss hat, der diesem gesetzlichen Leitbild, zB dem AR einer AG, mind entspricht. Bei dieser Prüfung muss eine Gesamtbeurteilung erfolgen; es dürfen nicht nur einzelne Aspekte miteinander verglichen werden. Befindet sich das TU innerhalb der EU oder in einem durch RVO anerkannten Drittland iSd § 292, sind die gesetzlich geregelten Leitbilder dem jeweiligen Landesrecht zu entnehmen; das HGB hat – wie in §§ 291, 292 zum Ausdruck gebracht wird – die innerhalb der EU-Staaten und die innerhalb eines anerkannten Staates iSd § 292 herrschenden Rechtsnormen für den Bereich der Konzernrechnungslegung als gleichwertig anerkannt. Falls jedoch das Recht eines ausländischen Sitzstaats derart vom Recht der EU-Staaten abweicht, dass dieser Staat nicht als Sitzstaat iSv § 292 anerkannt werden kann, müssen die dortigen GesOrgane an den Leitbildern des deutschen Rechts gemessen werden.

Eine inhaltliche Würdigung des Ausmaßes der Leitungsbefugnis kann allerdings auch bei der Geschäftsführung einer GmbH erforderlich werden, da im Gegensatz zur AG die Rechte des GmbH-Geschäftsführers so eingeschränkt sein können, dass eine Mindestkompetenz, die die Geschäftsführung als Leitungsorgan iSd Abs 2 Nr 2 qualifiziert, nicht mehr gegeben ist. *Bischof/Roß* (BB 2005, 205) fordern hier zumindest diejenigen Kompetenzen, über die auch ein Prokurist nach § 49 Abs 1 verfügt.

2. Gesellschafterstellung

56 Das berechtigte Unt muss „Gesellschafter" sein. Die kapitalmäßige Beteiligung ist hierfür nicht zwingend erforderlich (*Siebourg* in HdKR[2] § 290 Anm 89; *ADS*[6] § 290 Anm 49; DRS 19.31). Wegen der Zurechnung mittelbarer Rechte Anm 80 ff.

3. Bestellungs- und Abberufungsrechte einer Komplementär-Kapitalgesellschaft?

57 Im Falle der KapCoGes nach dem gesetzlichen Normalstatut ist Abs 2 Nr 2 nach dem Sinn der Vorschrift auszulegen. Die KomplementärKapGes kann die Mitglieder des Leitungsorgans der KapCoGes zwar nicht bestellen oder abberufen; da sie jedoch selbst Leitungsorgan ist, verfügt sie über ein stärkeres Recht als ein bloßes Bestellungsrecht und ist dementspr als Leitungsorgan iSd Abs 2 Nr 2 anzusehen (IDW RS HFA 7 nF Tz 67). Ist allerdings ihre Leitungsmacht durch gesvertragliche Einschränkungen so reduziert, dass die richtungweisenden Entscheidungen nicht getroffen werden können, ist das Einbeziehungswahlrecht des § 296 aufgrund der Beschränkung von Rechten zu berücksichtigen (DRS 19.30 f).

IV. Beherrschender Einfluss auf Grund von Beherrschungsvertrag oder Satzungsbestimmung (Abs 2 Nr 3)

58 Ein MU-TU-Verhältnis aufgrund Abs 2 Nr 3 setzt keine Gesterstellung voraus (s DRS 19.36). Bei Vorliegen eines Beherrschungsvertrags gem § 291 Abs 1 AktG oder von Verträgen mit vergleichbaren Rechten kann von einer Bestimmung der Finanz- und Geschäftspolitik ausgegangen werden (vgl DRS 19.32). Ein wirksamer **Beherrschungsvertrag** iSd § 291 Abs 1 S 1 AktG (Beherrschung einer AG oder KGaA) ist nach hM auch im Verhältnis zu einer GmbH zulässig und unterliegt den gleichen Regeln (vgl *Zöllner* in Baumbach/Hueck GmbHG[19] Schlussanhang Anm 25 f). Die Zulässigkeit im Verhältnis zu PersGes ist str (*Emmerich*/*Habersack*[6] Vor § 291 Anm 10; dagegen *Burbach* WPg 1990, 258).

59 Auch ein „**Mehrmütter-Beherrschungsvertrag**" ist ein Beherrschungsvertrag iSd Abs 2 Nr 3. Unter einem solchen Vertrag sind Beherrschungsverträge mit mehreren Unt, die sich zwecks Bildung eines einheitlichen Beherrschungswillens zusammenschließen, also koordiniert sind, zu verstehen (*Altmeppen* in MünchKomm AktG[3] § 291 Anm 109 ff). Verfügt eines dieser Unt über die Mehrheit der Stimmrechte, sind die Voraussetzungen des Tatbestandsmerkmals von Abs 2 Nr 1 erfüllt. Ist aber die Ausübung der Rechte beschränkt, ist das Konswahlrecht nach § 296 zu berücksichtigen. Andernfalls begründet der „Mehrmütter-Beherrschungsvertrag" ein GemUnt iSv § 310. Zur Einbeziehung solcher Unt in einen KA nach den Grundsätzen der Quoten- oder der VollKons § 310 Anm 5 ff.

In **anderen Fällen** muss untersucht werden, ob mind die Beherrschungsrechte des § 291 Abs 1 S 1 AktG gegeben sind. Dies ist für die Eingliederung gem § 319 AktG, die der HauptGes umfassende Leitungsmacht gewährt (§ 323 AktG), zu bejahen, nicht aber für Gewinnabführungsverträge (falls diese ausnahmsweise ohne Beherrschungsvertrag vorkommen) und nicht für Gewinngemeinschaften, Teilgewinnabführungsverträge sowie Betriebsverpachtungs- oder Betriebsüberlassungsverträge (andere UntVerträge iSv oder nach dem Vorbild von § 292 AktG) (so auch DRS 19.33).

60 Hat das beherrschte Unt seinen **Sitz im Ausland,** ist die Wirksamkeit des Beherrschungsvertrags nach dem Recht seines Sitzlands zu beurteilen. Kann die

Frage der Wirksamkeit bejaht werden, muss geprüft werden, ob dieser Vertrag – unabhängig von seiner Bezeichnung – die Elemente eines Beherrschungsvertrags iSd § 291 Abs 1 AktG hat (ähnlich DRS 19.34).

Satzungsbestimmungen iSd Abs 2 Nr 3 müssen in ihrer Gesamtheit die Beherrschung eines Unt ermöglichen (*WPH*[14] I, M Anm 54; *Siebourg* in HdKR² § 290 Anm 92; DRS 19.35). Eine solche Bestimmung, die auch in einem Ges-Vertrag enthalten sein kann, wird in erster Linie für GmbH, ggf auch für eine KapCoGes, Bedeutung haben, weniger aber für AG/KGaA wegen § 23 Abs 5 AktG (Abweichen der Satzung vom AktG nur bei dispositiven Vorschriften). In Betracht kommen insb **Weisungsrechte** sowie **Zustimmungs- und Widerspruchsrechte** in Bezug auf die Geschäftsführung (*Siebourg* in HdKR² § 290 Anm 92).

V. Mehrheit der Risiken und Chancen einer Zweckgesellschaft (Abs 2 Nr 4)

Eine formalrechtliche Auslegung des Begriffes beherrschender Einfluss findet 65 in Abs 2 Nr 1 bis 3 statt, während in Abs 2 Nr 4 eine wirtschaftliche Betrachtung anhand der Mehrheit der Risiken und Chancen erfolgt mit dem vom Gesetzgeber verfolgten Ziel, in weitest möglichem Umfang, ZweckGes in den Kons-Kreis einzubeziehen (BT-Drs 16/12407, 89). Eine Einbeziehung von ZweckGes erfordert die **kumulative Erfüllung** des Tatbestandsmerkmals einer ZweckGes als auch das Tragen der Mehrheit der Risiken und Chancen durch das potentielle MU (s DRS 19.37).

Die **Konspflicht** einer Zweckges hängt nach dem Wortlaut der Nr 4 davon 66 ab, ob das potentielle MU die Mehrheit der Risiken und Chancen aus der Tätigkeit des Unt trägt. Denn in diesem Fall besteht die unwiderlegbare gesetzliche Vermutung, dass eine Beherrschung vorliegt.

In Bezug auf die Einbeziehung von ZweckGes und der Ermittlung der Mehr- 67 heit der Chancen und Risiken orientiert sich der Gesetzgeber eng an den internationalen Vorschriften IAS 27 und SIC 12, mit der Folge, dass die Überlegungen zur ZweckGes erheblich von der Entwicklung der IFRS beeinflusst wurden (ähnlich *Ernst/Seidler* BB 2009, 768). Die der GesetzesBegr entspringende Orientierung an IAS 27 und SIC 12 bleibt bestehen obwohl diese internationalen Standards durch den am 1.1.2013 inkraftgetretenen IFRS 10 „*Consolidated Financial Statements*" abgelöst wurden (*Glander/Blecher* KoR 2011, 467, ähnlich *Oser/ Milanova* BB 2011, 2027).

IFRS 10 vollzieht seinerseits eine Abkehr vom „*Risk and Reward Approach*" zugunsten eines „*activity approach*" (vgl IFRS 10 *Consolidated Financial Statements*; dazu *Erchinger/Melcher* DB 2011, 1229ff). Die in der GesetzesBegr dargelegte Absicht des Gesetzgebers stellt klar, dass für die Auslegung der Kons von Zweck-Ges SIC 12 als Orientierung herangezogen werden kann (*Mujkanovic*, 377, ähnlich *Kirsch* IRZ 2009, 238). Es kann daraus aber nicht eine Deckungsgleichheit mit SIC 12 gefolgert werden (s dazu *Hennrichs/Pöschke*, 538). So stellt der Gesetzeswortlaut des Abs 2 Nr 4 auf die Mehrheit der Risiken **und** Chancen ab. In der GesetzesBegr wird ergänzt, dass im Falle einer asymmetrischer Chancen/ Risikenverteilung die **Risiken** das **vorrangige Entscheidungskriterium** darstellen (vgl BT-Drs 16/12407, 89; so auch DRS 19.61). Entgegen der Formulierung des HGB kann nach SIC 12.10 genauso wie nach dem neuen Standard IFRS 10 sowohl die Mehrheit der Risiken als auch die Mehrheit der Chancen eine KonsPflicht begründen, ein vorrangiges Abstellen auf die Risiken ist im IFRS 10 und SIC 12 nicht geregelt und in der Literatur umstritten (dafür *Lüden-*

bach in Haufe IFRS[10] § 32 Anm 75; dagegen wohl IDW RS HFA 2 Tz 63). Für die Auslegung des § 290 Abs 2 Nr 4 bedeutet dies, dass zunächst auf den Sinn und den Zweck des HGB zurückzugreifen ist. Auf die Regelungen des IFRS 10 kann dann unterstützend zurückgegriffen werden, sofern sie nicht im Widerspruch zu Wortlaut, Systematik oder Zweck des HGB stehen. Als Folge der Entwicklung vom IAS 27 und SIC 12 zu IFRS 10 ist nicht davon auszugehen, dass der Gesetzgeber einen dynamischen Verweis beabsichtigt hat. Das Auslegungsobjekt bleibt grds der Normtext des § 290 (vgl *Hennrichs/Pöschke*, 538).

68 Bei ZweckGes handelt es sich gem Abs 2 Nr 4 um Unt, sonstige juristische Personen des Privatrechts (zB Stiftungen, Vereine) oder unselbständige Sondervermögen des Privatrechts (zB treuhänderisch verwaltetes Investmentvermögen), die der Erreichung eines eng begrenzten und genau definierten Ziels des MU dienen. Mögliche Ausprägungen einer Ges mit eng **begrenztem Zweck** bilden bspw Leasinggeschäfte, ausgelagerte FuE-Tätigkeiten oder Verbriefungsgeschäfte (BT-Drs 16/12407, S 89). Die Unteigenschaft ist daher keine Voraussetzung für das Vorliegen einer ZweckGes. Die Erweiterung um sonstige juristische Personen des Privatrechts und unselbständige Sondervermögen des Privatrechts soll rechtliche Gestaltungen ausschließen, die eine bewusste Nichterfüllung der Definitionsmerkmale eines Unt zum Ziel haben, um eine Konspflicht auszuschließen (s auch *Schruff* DK 2009, 515). So wird eine reine Vermögensverwaltung nicht dem Untbegriff im handelsrechtlichen Sinne erfüllen (vgl § 271 Anm 11), kann aber gemäß Abs 2 Nr 4 durchaus eine Zweckges darstellen (vgl *Heni* in Rechnungslegung § 290 Anm 41). Unterstützungskassen und ähnliche Versorgungseinrichtungen werden somit idR die Definition einer Zweckges iSv Abs 2 Nr 4 erfüllen (s DRS 19.46). Die Einbeziehung in den KonsKreis ändert aber nicht den Charakter der Verpflichtung als mittelbare Pensionsverpflichtung für die gem Art 28 Abs 1 S 2 EGHGB ein Passivierungswahlrecht bezüglich des Fehlbetrags besteht (vgl DRS 19.47). Spezial-Sondervermögen iSd § 2 Abs 3 InvG oder das durch die Einführung des MicroBilG ergänzte „vergleichbare ausländische Investmentvermögen" sind ausdrücklich vom Anwendungsbereich der Vorschrift ausgenommen. Weiterhin wurden durch das Gesetz zur Umsetzung der Richtlinie 1022/61/EU über die Verwalter alternativer Investmentfonds vom 17. Mai 2013 als Sondervermögen aufgelegte offene inländische Spezial-AIF mit festen Anlagebedingungen iSd § 284 des Kapitalanlagegesetzbuches oder vergleichbare EU-Investmentvermögen oder ausländische Investmentvermögen, die den als Sondervermögen aufgelegten offenen inländischen Spezial-AIF mit festen Anlagebedingungen vergleichbar sind ausgenommen. Für Spezialfonds greift stattdessen die Berichtspflicht im Konzernanhang entspr § 314 Abs 1 Nr 18. Durch die Ergänzung des Wortlautes lehnt sich § 290 Abs. 2 Nr. 4 Satz 2 an den DRS 19.49 an (s auch *Küting/Eichenlaub* in DStR 2012, 2615). Im Bereich der unselbständigen Sondervermögen sind insbes Teile von Ges, die gleichartigen Zwecken unterschiedlicher potentieller MU dienen, für eine mögliche Kons von Interesse: werden über eine derartige Ges Portfolios (zB von Leasinggegenständen oder zu verbriefenden Forderungen), die aus dem Geschäft von unterschiedlichen Unt heraus an die Ges übertragen wurden, haftungs- und vermögensrechtlich voneinander separiert gehalten und die Risiken und Chancen daraus dem jeweils veräußernden Unt zugewiesen, so kann die einzelne „Unternehmensscheibe" (auch als „Zebragesellschaft" oder „Silo" bezeichnet) ein zu konsolidierendes unselbständiges Sondervermögen iSd S 2 darstellen. Nach DRS 19.44 ist eine solche Struktur mit einer konspflichtigen UntScheibe dadurch gekennzeichnet, dass auf Ebene der Ges kein Risiko-Chancenausgleich erfolgt bzw die Parteien nicht hinsichtlich des übrigen Vermögens der anderen Partei partizipieren (s DRS 19.44). Die Notwendigkeit zur Überprüfung von zellularen

Strukturen auf eine Konspflicht führt zu einem Einklang mit dem Kontext von IFRS 10 der eine solche Silozerlegung unterstützt (s *Erchinger/Melcher* DB 2011, 1229 ff). Im Falle einer sog GruppenU-Kasse, bei deren die AVersverpflichtungen verschiedener konzernfremder Ges abgewickelt werden, ist eine Konsolidierung nach § 290 durch die Trägerunt nicht zu verneinen. In diesem Fall ist zu überprüfen, ob durch gesellschafts- oder schuldrechtliche Vereinbarungen zellulare Strukturen vorliegen. Ist eine haftungs- und vermögensrechtliche Trennung des Teilgesvermögens möglich, führt dies zu einer Kons des Teilgesvermögens beim entspr Trägerunt.

Entscheidend im Hinblick auf das Kriterium eines eng begrenzten Zwecks ist die Eingrenzung auf eine bestimmte **Funktion**. Sowohl die Zielsetzung als auch der Tätigkeitsbereich einer Zweckges sind im Vergleich zu anderen Unt so eingeschränkt, dass Veränderungen des äußeren Umfelds der Zweckges keine wesentlichen Anpassungsnotwendigkeiten auslösen. Aufgrund der fehlenden Notwendigkeit lfd geschäftspolitischer Entscheidungen, ist daher kein aktives Management erforderlich. Ein Abstellen auf genau ein Ziel oder ein alleiniges Verfolgen der Ziele eines potentiellen MU sind aber nicht zwingend erforderlich (vgl DRS 19.39). Die Eingrenzung auf eine bestimmte Funktion ist vielfach, aber nicht notwendigerweise mit einem sog **„Autopiloten"**-Mechanismus verbunden (*Mujkanovic* StuB 2009, 376; *Küting/Koch* 2009, 397; DRS 19.40). 71

Kennzeichen eines Autopiloten-Mechanismus ist, dass Rechte, Pflichten und Ausübung der Geschäftstätigkeit der ZweckGes, auf die aktiv Einfluss genommen werden könnte, „vorherbestimmt und durch vertragliche Bestimmungen begrenzt oder von Anfang an festgelegt" (vgl IFRS 10 BC76) sind, so dass keine Partei explizit über die Autorität verfügt, nach ihrer Gründung Entscheidungen über die Finanz- und Geschäftspolitik der ZweckGes zu treffen (vgl IFRS 10 BC76) (*Küting/Gattung* 2007, 400; *Köhler/Strauch* WPg 2008, 190).

Das Vorliegen eines Autopiloten-Mechanismus impliziert zunächst nur, dass die Beherrschungskriterien (aus IFRS 10) ins Leere laufen, dh bei vorherbestimmten Geschäften spielen Organentscheidungen und Organmehrheiten keine Rolle mehr. Es ist dann auf die Chancen und Risiken abzustellen (in Anlehnung an *Lüdenbach/Freiberg* BB 2009, 1232). 72

Neben dem Autopiloten können bspw niedriges EK-Volumen, fehlende angemessene Gewinnaussichten, ein Sitz in offshore-Gebieten, begrenzte Lebensdauer, nahezu ausschließliche Tätigkeit im financial engineering, Übertragung von VG (insbes Finanzvermögen) vom Initiator sowie eine begrenzte Kundenbasis **Hinweise für das Vorliegen einer ZweckGes** sein (*Mujkanovic* 2009, 377). 73

Im Einzelfall, insbes bei mehreren an der Gestaltung Beteiligten, ist nicht eindeutig ersichtlich, wessen Interessen bei der Zweckges im Vordergrund stehen. Bspw ist nicht immer eindeutig zu bestimmen, wer die Ausgestaltung des Autopiloten festgelegt hat, oder es gibt mehrere an der Gestaltung Beteiligte mit Blockademöglichkeiten (IDW RS HFA 9 Tz 161). In derartigen Situationen kommt der Abwägung der Mehrheit der Chancen und Risiken eine besondere Bedeutung zu (*Mujkanovic* StuB 2009, 377). Vor dem Hintergrund der vom Gesetzgeber verfolgten Zielsetzung einer signifikanten Erweiterung des Konskreises um möglichst alle Zweckges ist dieses Kriterium (Ziel der Zweckges nur iSd des MU) nach *Zoeger/Möller* (KoR 2009, 313) weit auszulegen. 74

Bei der Beurteilung der Mehrheit der Risiken und Chancen ist auf die absolute Mehrheit abzustellen, eine relative Mehrheit der Risiken und Chancen genügt nicht (vgl DRS 19.54). Sowohl quantifizierbare als auch nicht quantifizierbare Risiken und Chancen sind entspr zu gewichten und im Rahmen einer Beurteilung auf Basis einer ausschließlich zukünftigen Betrachtung zu würdigen. Dabei 75 hat eine qualitative Gesamtbetrachtung aller Umstände des Einzelfalls zu erfolgen und eine Berücksichtigung der Eintrittswahrscheinlichkeiten der relevanten Umweltzustände (vgl DRS 19.57; DRS 19.59). Unter **Chancen/Risiken** werden dem Grund oder der Höhe nach **unsichere positive/negative finanzielle Auswirkungen** auf die VFE-Lage, die sich aus der Tätigkeit der ZweckGes oder aus den Beziehungen des potenziellen MU zur ZweckGes ergeben, verstanden (s DRS 19.51 f). Zur Abwägung der Chancen und Risiken können dabei nachfolgende Aspekte in Betracht kommen (vgl *Mujkanovic* 2009, 377; vgl dazu auch die Aspekte in DRS 19.51 f):

Chancen stellen dabei dem Grund oder der Höhe nach unsichere positive finanzielle Auswirkungen auf die VFE-Lage des Konzerns, die sich aus der geschäftlichen Tätigkeit der ZweckGes oder aus der Beziehung zur ZweckGes selbst ergeben. Diese können für das MU bspw in Kapitalzuflüssen, Gewinnchancen, Kostenreduktion oder Verwertungsmöglichkeiten von FuE-Leistungen bestehen. Dabei muss das Unt bei wirtschaftlicher Betrachtung in der Lage sein, sich die Mehrheit des Nutzenzuflusses auch gegen den Widerstand Dritter zu sichern, damit aus dem Nutzenzufluss ein MU-TU-Verhältnis abgeleitet werden kann (*Küting/Koch* 2009, 397 mit Verweis auf *Baetge/Hayn/Ströher*, Rn 91). Nicht zu berücksichtigen bei der Prüfung des Nutzenkriteriums sind allerdings Formen des Nutzens (bspw Synergieeffekte), die nicht bei der ZweckGes selbst, sondern beim potenziellen MU oder einem seiner TU anfallen (vgl *Küting/Gattung* 2007, 403; IDW RS HFA 2 Tz 66).

Risiken stellen dabei dem Grund oder der Höhe nach unsichere negative finanzielle Auswirkungen auf die VFE-Lage dar, die sich aus der geschäftlichen Tätigkeit der ZweckGes oder aus der Beziehung zur ZweckGes selbst ergeben. Diese beziehen sich insb auf die Verwertung des Vermögens der ZweckGes. Entscheidend ist, dass das potentielle MU die Risiken faktisch vergleichbar einem Mehrheitsgester trägt. Risikotragung erfolgt bei typischen Konstellationen von Zweckges ohne oder mit nur geringer Kapitalbeteiligung auf indirektem Weg bspw über Garantien für den Kapitaleinsatz der formalen EK-Geber, Garantien für Werthaltigkeit des Vermögens, sog first-loss-Garantien oder das vergleichbare Halten der die wesentlichen Risiken tragenden equity pieces bei ABS-Transaktionen, Nachrangdarlehen bei unwesentlichem EK, Darlehensvergabe mit wesentlichem Risikotransfer, Refinanzierungs-/Liquiditätsausstattungszusagen, Patronatserklärungen oder die Durchfinanzierung von FuE-Leistungen (vgl *Mujkanovic* StuB 2009, 377).

76 Ergänzend können zur Beurteilung der Mehrheit der Risiken und Chancen die in bis 2013 gültigen SIC 12.10 genannten Kriterien, die auch in der GesetzesBegr aufgenommen sind (BT-Drs 16/12407, 89), auf das Vorliegen einer ZweckGes und damit auf eine bestehende Konspflicht hinweisen:

a) Die Geschäftstätigkeit der ZweckGes wird zugunsten der besonderen Geschäftsbedürfnisse eines anderen Unt ausgeübt.
b) Ein anderes Unt kann mittels Entscheidungsmacht die Mehrheit des Nutzens aus der ZweckGes ziehen oder hat diese Entscheidungsmacht mittelbar durch die Einrichtung eines „Autopilot"-Mechanismus.
c) Ein anderes Unt verfügt über das Recht, die Mehrheit des Nutzens aus der ZweckGes zu ziehen und ist deshalb unter Umständen Risiken ausgesetzt, die mit der Geschäftstätigkeit der ZweckGes verbunden sind.

Das Vorliegen mind eines dieser Kriterien weist zwar auf das Vorliegen einer konspflichtigen ZweckGes hin, muss aber nicht zwingend zu einem MU-TU-Verhältnis iSd Abs 2 Nr 4 führen. Jedes Kriterium stellt für sich genommen eine widerlegbare Vermutung dar (*Küting/Gattung* KOR 2007, 398).

D. Zurechnung/Abzug von Rechten gemäß Abs 2 (Abs 3)

Abs 2 bezieht sich nur auf die dem MU unmittelbar zustehenden Rechte. **80**
Abs 3 korrigiert die in Abs 2 Nr 1 bis 3 genannten Rechte um mittelbar zustehende Rechte und schreibt den Abzug bestimmter, dem MU materiell nicht zustehender Rechte vor. Die Regelung weist Parallelen zu § 16 Abs 4 AktG auf, ist aber eigenständig (*ADS*[6] § 290 Anm 137). Bei mehrstufigen Konzernbeziehungen bewirkt die Zurechnung mittelbarer Rechte, dass auch die TU eines TU des MU als TU des MU iSv Abs 2 („Enkelgesellschaften") anzusehen sind. Die Zurechnung von Rechten des TU auf das MU erfolgt unabhängig davon, ob das TU in den KA des MU einbezogen wird oder nicht (*ADS*[6] § 290 Anm 138; *Siebourg* in HdKR[2] § 290 Anm 96).

Zur **Beurteilung eines Control-Verhältnisses** werden die Rechte wie folgt **81** bestimmt:

Unmittelbare Rechte eines MU (Abs 2),
zzgl (mittelbar) einem TU zustehende Rechte (Abs 3 S 1),
zzgl Rechte für Rechnung des MU oder eines TU (Abs 3 S 1),
zzgl Rechte, die einem MU oder TU auf Grund von Vereinbarungen zustehen (Abs 3 S 2),
abzgl Rechte aus Anteilen, die ein MU oder TU für fremde Rechnung hält (Abs 3 S 3 Nr 1),
abzgl Rechte aus Anteilen, die ein MU oder TU als Sicherheit hält (Abs 3 S 3 Nr 2).

Dem MU sind Rechte eines Dritten gem Abs 3 S 1 zuzurechnen, wenn dieser **82** die **Rechte für Rechnung des MU** oder eines TU hält, dh wenn wirtschaftliche Chancen und Risiken dem MU bzw dem TU zustehen (DRS 19.63; *WPH*[14] I, T Anm 90; *Claussen/Scherrer* in Kölner Komm-HGB § 290 Anm 84; *Hüffer*[9] § 16 Anm 12). Derartige Fälle können zB bei der uneigennützigen Verwaltungstreuhand, der Sicherungstreuhand und bei echten Pensionsgeschäften auftreten (*Siebourg* in HdKR[2] § 290 Anm 99 ff). Die Zurechnung von Rechten erfolgt auch dann, wenn die Risiken und Chancen aus Rechten durch schuld- oder gesrechtlichen Vereinbarungen oder durch sonstige faktische Verhältnisse auf das MU oder ein TU verlagert werden (vgl DRS 19.63).

Aufgrund des Wortlauts von Abs 3 ist zweifelhaft, ob die Hinzurechnung der **83** den TU zustehenden Rechte auch die **Kapitalanteile** erfasst. Diese Frage ist zu bejahen. IdR sind nämlich die Rechte iSd Abs 2 mit einem Kapitalanteil verbunden. Diese Verbundenheit spricht Abs 3 Nr 1 ausdrücklich an. Es wäre nicht einzusehen, wenn daraus entstehende Rechte, nicht aber die Kapitalanteile zuzurechnen wären. Anderenfalls entstünden auch Ungereimtheiten bei der Auslegung der §§ 301, 307.

Das Gleiche wie für die Kapitalanteile gilt für die daraus resultierende **Gesell- 84 schafterstellung;** auch sie ist hinzuzurechnen. Dies hat Bedeutung für Abs 2 Nr 2 (Bestellungsrechte). Wegen dieser Zurechnungssystematik zum MU liegt bspw ein TU auch dann vor, wenn eine steuerrechtliche Landesholding Gester ist, aber einem anderen TU wegen einer Lines of Business Organisation die Besetzungsrechte zustehen.

Die gem Abs 3 S 2 hinzuzurechnenden, **auf Vereinbarungen beruhenden 85 Rechte** sind Rechte aus **Stimmbindungsverträgen, Konsortialverträgen, Poolverträgen** etc. Diese Rechte müssen aber auf Grund einer vertraglichen Grundlage bestehen. Ferner darf die Ausübung der Rechte nach Abs 3 S 2 nicht an Weisungen der übrigen Gester gebunden sein; denn nur dann stehen diese Rechte eigenen Rechten gleich. Nach § 22 S 1 und 2 WpHG setzt abgestimmtes Verhalten voraus, dass der Meldepflichtige oder sein TU und der Dritte sich über die Ausübung der Stimmrechte verständigen oder mit dem Ziel einer dauerhaften und erheblichen Änderung der unternehmerischen Ausrichtung des Emittenten in sonstiger Weise zusammenwirken. Es bleibt offen, ob die Auslegung im WpHG zur Auslegung von Pooling-Vereinbarungen herangezogen werden kann.

86 Nach Abs 3 S 2 *muss eine Vereinbarung mit anderen Gestern* getroffen werden. Die entspr Hinzurechnungen setzen auch eine **Gesellschafter-Stellung** bei demjenigen voraus, der die Rechte überläßt (ebenso *ADS*[6] § 290 Anm 144, 49).

E. Berechnung der Stimmrechte gemäß Abs 2 (Abs 4)

90 Ob eine Stimmrechtsmehrheit gem Abs 2 Nr 1 und unter Berücksichtigung von Abs 3 vorliegt, ergibt sich aus dem Verhältnis der einem MU zustehenden Stimmrechte zur Gesamtzahl aller Stimmrechte.

91 Bei der **Gesamtzahl aller Stimmrechte** (Nenner des die Stimmrechtsmehrheit bestimmenden Bruchs) sind Stimmrechtsbeschränkungen (zB nach § 20 Abs 7 AktG und § 28 WpHG wegen unterlassener Mitteilung) nicht zu berücksichtigen (s Beispiel bei *Siebourg* in HdKR[2] § 290 Anm 82).

92 Stimmrechte aus **eigenen Anteilen von TU** und von deren TU (Rückbeteiligung) sowie Stimmrechte anderer Personen für Rechnung dieser TU sind bei der Ermittlung der Gesamtzahl aller Stimmrechte abzuziehen.

93 Die Regelung in Abs 4 S 2 entspricht grds der des § 16 Abs 3 AktG; sie geht aber insofern weiter, als sie auch dem TU des entspr TU – also einem Enkel-Unt usw – gehörende Stimmrechte aus eigenen Anteilen erfasst (*Siebourg* in HdKR[2] § 290 Anm 82).

94 Voraussetzung für den Abzug der Stimmrechte aus eigenen Anteilen ist, dass die Anteile entweder TU, also Unt, denen ggü die Voraussetzungen des Abs 1 oder Abs 2 vorliegen, oder einer anderen Person für Rechnung dieser Unt gehören. Das ist dann der Fall, wenn diese Unt das wirtschaftliche Risiko des Anteilsbesitzers tragen, dh als wirtschaftliche Eigentümer der Anteile anzusehen sind (hierzu § 246 Anm 5ff).

F. Befreiungstatbestand (Abs 5)

95 Abs 5 stellt eine Klarstellung des Gesetzgebers hinsichtlich der Befreiung von der Erstellung eines KA und eines Konzernlageberichts für MU, die nur TU haben, die gem § 296 nicht einbezogen zu werden brauchen, dar. Dieser Befreiungstatbestand ist auch auf kapitalmarktUnt anzuwenden. Demnach sind kapmarktUnt, deren TU gem § 296 nicht einbezogen werden müssen, auch von der Pflicht zur Erstellung eines IFRS-KA befreit (vgl BT-Drs 16/12407, 90; s auch *Claussen/Scherrer* in Kölner Komm-HGB § 290, Anm 105).

G. Publizitätsgesetz

I. Regelungskonzept des § 11 PublG

100 **§ 11 PublG Zur Rechnungslegung verpflichtete Mutterunternehmen.** (1) Kann ein Unternehmen mit Sitz (Hauptniederlassung) im Inland unmittelbar oder mittelbar einen beherrschenden Einfluss auf ein anderes Unternehmen ausüben, so hat dieses Unternehmen (Mutterunternehmen) nach den folgenden Vorschriften Rechnung zu legen, wenn für drei aufeinanderfolgende Konzernabschlußstichtage jeweils mindestens zwei der drei folgenden Merkmale zutreffen:

1. Die Bilanzsumme einer auf den Konzernabschlußstichtag aufgestellten Konzernbilanz übersteigt 65 Millionen Euro.
2. Die Umsatzerlöse einer auf den Konzernabschlußstichtag aufgestellten Konzern-Gewinn- und Verlustrechnung in den zwölf Monaten vor dem Abschlußstichtag übersteigen 130 Millionen Euro.
3. Die Konzernunternehmen mit Sitz im Inland haben in den zwölf Monaten vor dem Konzernabschlußstichtag insgesamt durchschnittlich mehr als fünftausend Arbeitnehmer beschäftigt.

(2) ¹Bilanzsumme nach Absatz 1 Nr. 1 ist die Bilanzsumme einer nach § 13 Abs. 2 aufgestellten Konzernbilanz; § 1 Abs. 2 Satz 2 bis 5 gilt sinngemäß. ²Braucht das Mutterunternehmen einen Jahresabschluß nicht aufzustellen, so ist der Abschlußstichtag des größten Unternehmens mit Sitz im Inland maßgebend.

(3) ¹Kann ein Unternehmen mit Sitz (Hauptniederlassung) im Ausland unmittelbar oder mittelbar einen beherrschenden Einfluss auf ein anderes Unternehmen ausüben und beherrscht dieses Unternehmen über ein oder mehrere zum Konzern gehörende Unternehmen mit Sitz (Hauptniederlassung) im Inland andere Unternehmen, so haben die Unternehmen mit Sitz im Inland, die der Konzernleitung am nächsten stehen (Mutterunternehmen), für ihren Konzernbereich (Teilkonzern) nach diesem Abschnitt Rechnung zu legen, wenn für drei aufeinanderfolgende Abschlußstichtage des Mutterunternehmens mindestens zwei der drei Merkmale des Absatzes 1 für den Teilkonzern zutreffen. ²Absatz 2 gilt sinngemäß.

(4) *(aufgehoben)*

(5) ¹Dieser Abschnitt ist nicht anzuwenden, wenn das Mutterunternehmen eine Aktiengesellschaft, eine Kommanditgesellschaft auf Aktien, eine Gesellschaft mit beschränkter Haftung, ein Kreditinstitut im Sinne des § 340 des Handelsgesetzbuchs oder eine in § 2 Abs. 1 Nr. 1, 2 und 4 des Gesetzes über das Kreditwesen genannte Person oder ein Versicherungsunternehmen im Sinne des § 341 des Handelsgesetzbuchs ist oder als Personenhandelsgesellschaft nach § 3 Abs. 1 Satz 1 Nr. 1 den ersten Abschnitt nicht anzuwenden hat. ²Weiterhin sind Personenhandelsgesellschaften und Einzelkaufleute zur Aufstellung eines Konzernabschlusses nach diesem Abschnitt nicht verpflichtet, wenn sich ihr Gewerbebetrieb auf die Vermögensverwaltung beschränkt und sie nicht die Aufgaben der Konzernleitung wahrnehmen.

(6) ¹Folgende Bestimmungen des Handelsgesetzbuchs gelten sinngemäß:
1. § 290 Abs. 2 bis 5 über die Pflicht zur Aufstellung sowie § 291 über befreiende Konzernabschlüsse und Konzernlageberichte;
2. § 315a über den Konzernabschluss nach internationalen Rechnungslegungsstandards, Absatz 2 der Vorschrift jedoch nur, wenn das Mutterunternehmen seiner Rechtsform nach in den Anwendungsbereich der Verordnung (EG) Nr. 1606/2002 des Europäischen Parlaments und des Rates vom 19. Juli 2002 betreffend die Anwendung internationaler Rechnungslegungsstandards (ABl. EG Nr. L 243 S. 1) in ihrer jeweils geltenden Fassung fällt.

²Sind die Voraussetzungen des § 315a des Handelsgesetzbuchs erfüllt, so gilt § 13 Abs. 2 Satz 1 und 2, Abs. 3 Satz 1 und 2 in Verbindung mit § 5 Abs. 5 dieses Gesetzes nicht.

§ 11 Abs 1 PublG stellt für die Aufstellung eines KA auf das Kriterium eines möglichen beherrschenden Einflusses eines MU auf ein TU ab. Eine Konkretisierung des Begriffs beherrschender Einfluss bzw ein Verweis auf § 290 Abs 1 ist im PublG nicht enthalten. Aus der analogen Formulierung zu § 290 Abs 1 und der Gesetzesbegr bezeichneten „*Folgeänderung zu § 290*" (BT-Drs 16/12407, 96) sowie dem expliziten Verweis des neugefassten § 11 Abs 6 Nr 1 PublG auf die unwiderlegbaren Beherrschungstatbestände des § 290 Abs 2 lässt sich eine gewollte Auslegung des beherrschenden Einflusses analog zu § 290 ableiten. Zum grundlegenden Konzept des beherrschenden Einflusses vgl Anm 20 ff.

§ 11 PublG konstituiert die Konzernrechnungslegungspflicht für alle **Unternehmen** mit **Sitz im Inland,** die einen **beherrschenden Einfluss** auf ein anderes Unt ausüben können und nicht schon nach den §§ 290, 264a, 340i, 341i einen KA/Konzernlagebericht aufstellen müssen (§ 11 Abs 5 PublG). Abs 3

PublG legt diese Pflicht bei Vorliegen der Möglichkeit zur Ausübung eines beherrschenden Einflusses eines MU mit Sitz im Ausland auch einem inländischen Teilkonzern auf; die Verpflichtung trifft dann dasjenige inländische TU, das der ausländischen Konzernleitung am nächsten steht.

103 Von der Pflicht zur Aufstellung des KA/Konzernlageberichts **befreit** sind gem § 2 KWG ua die Deutsche Bundesbank, die Sozialversicherungsträger und die Bundesagentur für Arbeit.

II. Aufstellungsvoraussetzungen

1. Unternehmensbegriff

104 Die Möglichkeit zur Ausübung des beherrschenden Einflusses muss einem **Unt** zustehen. Das PublG enthält ebenso wie das HGB keine Definition des Begriffs „Unternehmen". Nach hA existiert auch keine einheitliche Interpretation des UntBegriffs in den Rechtsgebieten des HGB und seiner Nebengesetze. Da das PublG die durch die Rechtsformbezogenheit des HGB entstandene Lücke schließen soll, erscheint es uE zweckmäßig, das UntVerständnis des Rechts der verbundenen Unt gem HGB heranzuziehen (*Busse von Colbe/Ordelheide*[9], 89). Daher sei grds auf die Erl des UntBegriffs bei § 271 (s dort Anm 9 ff) verwiesen.

Der erste Abschn des PublG bezieht sich zwar grds nicht auf die Konzernrechnungslegung; dennoch kann die Aufzählung in § 3 Abs 1 PublG als Hinweis auf das UntVerständnis im zweiten Abschn des PublG verstanden werden. **Danach sind Unternehmen**
– PersGes, die nicht unter § 264a fallen, und EKfl
– Vereine mit einem auf einen wirtschaftlichen Geschäftsbetrieb gerichteten Zweck
– rechtsfähige, gewerbetreibende Stiftungen des bürgerlichen Rechts
– Körperschaften, Stiftungen oder Anstalten des öffentlichen Rechts mit KfmEigenschaft kraft Eintragung ins HR oder Grundhandelsgewerbe.
Ferner wird in § 14 Abs 2 PublG die eG als Unt genannt.

105 Die **Kaufmannseigenschaft** ist keine notwendige Bedingung für die Existenz eines Unt; zB BGB-Ges mit nach außen gerichtetem Geschäftsbetrieb (*ADS*[6] § 271 Anm 11). Die UntEigenschaft der **Gebietskörperschaften** wird hingegen wegen fehlendem eigenem Geschäftsbetrieb abgelehnt (*Ischebeck* in HdKR[2] § 11 PublG Anm 6; *WPH*[14] I, M Anm 86).

106 Betreibt ein **EKfm** seine Geschäfte unter verschiedenen Firmen und stellen diese nicht Beteiligungen an PersGes oder KapGes dar, sind seine Aktivitäten als *ein* Unt iSd PublG aufzufassen (§ 1 Abs 5 PublG); ein Konzern iSv § 11 PublG besteht in diesem Falle nicht (*WPH*[14] I, O Anm 17).

107 Ist eine **Privatperson** an mehreren KapGes oder PersGes beteiligt, hängt es gleichfalls von deren Unteigenschaft sowie nunmehr dem Vorliegen einer Beherrschungsmöglichkeit ab, ob ein MU iSd PublG vorliegt und die Privatperson damit selbst konzernrechnungslegungspflichtig wird. Im Falle einer Privatperson kann nur dann eine Verpflichtung zur Aufstellung bestehen, wenn die Privatperson zur Rechnungslegung verpflichtet ist, da sonst für die Beteiligung keine Beteiligungsbuchwerte vorliegen würden, die für die Durchführung der Kapitalkonsolidierung notwendig sind (*ADS*[6] § 11 PublG Anm 11).

2. Übernahme des Tannenbaumprinzips in das PublG

108 Als Folge der Übernahme der Kriterien des § 290 Abs 2 in das PublG durch die Erweiterung des Verweises in § 11 Abs 6 Nr 1 besteht die Möglichkeit zur

Ausübung eines beherrschenden Einflusses analog zum HGB-Konzern bspw auf jeder Stufe der Beteiligungshierarchie im PublG-Konzern, auf der eine Stimmrechtsmehrheit gegeben ist. Daher ist das Tannenbaumprinzip des § 290 Abs 2 Bestandteil der Konzernrechnungslegung nach PublG.

3. Größenmerkmale

Im Gegensatz zum HGB, das die Konzernrechnungslegungspflicht grds von der Rechtsform (§§ 264a, 290) und erst in zweiter Linie von der Größe (§ 293) abhängig macht, ist der Anknüpfungspunkt für die Verpflichtung nach § 11 PublG die **Konzerngröße**. Eine Verpflichtung zur Aufstellung von KA und Konzernlagebericht setzt nach § 11 Abs 1 Nr 1 bis 3 PublG erst ein, wenn der Konzern an *drei* aufeinander folgenden Konzernabschlussstichtagen *zwei* der drei folgenden Größenmerkmale aufweist: **110**

- Konzernbilanzsumme über 65 Mio
- Konzernumsatz über 130 Mio
- Mitarbeiter bei inländischen KonzernUnt über 5000

Die angegebenen Werte beziehen sich auf Größen nach der Vornahme der Kons. Die Größenmerkmale sind in ihrer Art mit denen des § 293 vergleichbar; die Grenzwerte sind allerdings sehr viel höher angesetzt. Zu den Einzelheiten ihrer Anwendung vgl Anm 41 ff § 293. **111**

III. Inländische Teilkonzerne mit ausländischer Konzernspitze

Bzgl der Teilkonzernrechnungslegung nach § 11 Abs 3 PublG besteht eine verbale Diskrepanz zwischen der ersten Hälfte des 1 Hs (Beherrschungsmöglichkeit) und der zweiten Hälfte, die nicht die Beherrschungsmöglichkeit, sondern die Beherrschung als zu erfüllende Bedingung beinhaltet. Hier stellt sich die Frage, ob durch das Nebeneinander der beiden Satzteile eine im Vergleich zum § 290 schärfere Voraussetzung iSe tatsächlichen Beherrschung intendiert ist. Da die Begr des Rechtsausschusses jedoch nicht darauf eingeht, sondern die Änderungen in § 11 PublG lediglich als Folgeänderungen zur Neufassung des § 290 beschreibt (BT-Drs 16/12407, 96), ist hier von einem redaktionellen Versehen und nicht von einem Abstellen auf das Vorliegen einer tatsächlichen Beherrschung auszugehen. **112**

Die Aufstellungspflicht betrifft diejenigen Unt im Inland, „welche der Konzernleitung am nächsten stehen" (definiert als MU); damit beschränkt sich auch der Umfang des Teil-KA auf die über ein solches MU mit Sitz im Inland vom Ausland her beherrschten TU. Ein Teil-KA setzt somit voraus, dass **113**

- das rechtlich selbstständige MU zugleich TU des ausländischen Konzerns ist (es kann eine Zwischenholding sein, muss es aber nicht) und
- es auch seinerseits TU hat.

Ein Teil-KA entfällt, wenn und soweit in einem Auslands-Konzern entweder *nur ein* Unt mit Sitz im Inland beherrscht wird, dieser Auslands-Konzern seine Inlands-Unt in mehrere *nebeneinander* stehende Zweige gliedert, welche aber ihrerseits keine TU haben, oder wenn das ausländische MU einen befreienden KA aufstellt (§ 11 Abs 6 PublG).

Durch die Übernahme des Tannenbaumkonzepts in das PublG hat sich der Anwendungsbereich des Abs 3 stark reduziert, da die inländische Zwischenholding in der Rechtsform einer Nicht-KapGes/KapCoGes, die zB Stimmrechtsmehrheit an einem weiteren Konzernunt im Inland hat, bereits über § 11 Abs 1 iVm Abs 6 PublG teilkonzernrechnungslegungspflichtig ist. Die Vorschrift läuft **114** jedoch nicht gänzlich ins Leere. Eine mögliche Anwendung kann sich bspw ergeben, wenn das ausländische MU die Beherrschung über ein inländisches TU über mehrere zwischengeschaltete inländische Zwischenholdings ausüben kann, von denen keine isoliert gesehen eine Beherrschungsmöglichkeit über das TU hat (zB 3 Zwischenholdings mit je einem Drittel der Stimmrechte am TU).

115 Die Beherrschungsmöglichkeit kann auch durch eine **Hauptniederlassung im Ausland** gegeben sein; diese ist einem juristischen Sitz gleichgestellt. Das zur Konzernrechnungslegung verpflichtete Unt im Inland muss jedoch rechtlich selbstständig sein. **Inländische Niederlassungen** ausländischer Konzerne haben (weder nach HGB noch nach PublG) keinen Teil-KA aufzustellen – auch wenn diese Niederlassungen als Kfm im HR eingetragen sind und ihrerseits Anteile an TU halten. Haben diese TU allerdings ihrerseits wieder TU, kann für sie eine Aufstellungspflicht nach PublG bzw HGB bestehen.

116 Die **Größenmerkmale** des § 11 Abs 1 PublG sind separat auf jeden Teilkonzern anzuwenden. Eine Zusammenfassung mehrerer Teilkonzerne zur Beurteilung der Konzernrechnungslegungspflicht entspricht nicht der Intention des § 11 Abs 3 PublG (ebenso *Ischebeck* in HdKR[2] § 11 PublG Anm 25).

H. Rechtsfolgen einer Verletzung des § 290

120 Besteht eine Verpflichtung zur Aufstellung eines KA und eines Konzernlageberichts nach § 290 oder § 11 PublG und kommt das Unt dieser Verpflichtung nicht nach, unterbleibt somit auch eine Offenlegung beim Betreiber des eBAnz, so hat das Bundesamt für Justiz ein Ordnungsgeldverfahren nach § 335 Abs 1 S 1 Nr 1 oder § 21 S 1 PublG einzuleiten. Für weitere Einzelheiten wird auf die Erl zu § 335 verwiesen (vgl auch *Baumbach/Hopt*[35] Anm zu § 335; *Quedenfeld* in MünchKomm HGB[3] Vor § 335 und Anm zu § 335).

121 Ist einer AG oder GmbH ein Schaden daraus entstanden, dass der Verpflichtung zur Konzernrechnungslegung nicht nachgekommen wurde, haften die gesetzlichen Vertreter der Ges **gesamtschuldnerisch** (vgl § 93 Abs 2 S 1 AktG, § 43 Abs 2 GmbHG).

I. Abweichungen der IFRS

Standards: IFRS 10 Konzernabschlüsse *(Consolidated Financial Statements)* (rev 2011).

130 Durch die BilMoG-Reform wurde der Konzerntatbestand nach HGB weitestgehend an IAS 27 und SIC 12 angepasst.

131 Am 12. Mai 2011 hat das IASB IFRS 10 „Consolidated Financial Statements" veröffentlicht, der den bisher für die Pflicht zur Aufstellung eines KA relevanten IAS 27 ablösen wird, und in der EU verpflichtend ab dem 1.1.2014 anzuwenden ist. Demnach wird ein MU-TU-Verhältnis wie bisher aufgrund von Beherrschung begründet, aber die Auslegung von Beherrschung wird im Rahmen eines generellen und einheitlichen Konzepts neu gestaltet. Ein MU-TU Verhältnis liegt somit nach IFRS 10 vor, falls das potenzielle MU aufgrund seiner Rechtsposition Entscheidungsmacht über ein potentielles TU Anspruch auf variable Ergebnisbestandteile besitzt und durch die Entscheidungsmacht die Ergebnisse des potentiellen TU beeinflussen kann (vgl IFRS 10.7; s auch Anm 48 zu § 271).

Unterschiede bestehen hinsichtlich der in Anm 25 und 31 angesprochenen Sachverhalte sowie der expliziten Anforderung des IFRS 10 B47-B50 zur Berücksichtigung potenzieller Stimmrechte. Während potentielle Stimmrechte im HGB lediglich ein Indiz für eine Beherrschungsmöglichkeit iSd § 290 Abs 1 liefern können, sind diese nach IFRS 10 B47-B50 regelmäßig in die Beurteilung einer möglichen Bestimmung der Finanz- und Geschäftspolitik des beherrschten Unt einzubeziehen.

§ 291 Befreiende Wirkung von EU/EWR-Konzernabschlüssen

(1) ¹Ein Mutterunternehmen, das zugleich Tochterunternehmen eines Mutterunternehmens mit Sitz in einem Mitgliedstaat der Europäischen Union oder in einem anderen Vertragsstaat des Abkommens über den Europäischen Wirtschaftsraum ist, braucht einen Konzernabschluß und einen Konzernlagebericht nicht aufzustellen, wenn ein den Anforderungen des Absatzes 2 entsprechender Konzernabschluß und Konzernlagebericht seines Mutterunternehmens einschließlich des Bestätigungsvermerks oder des Vermerks über dessen Versagung nach den für den entfallenden Konzernabschluß und Konzernlagebericht maßgeblichen Vorschriften in deutscher Sprache offengelegt wird. ²Ein befreiender Konzernabschluß und ein befreiender Konzernlagebericht können von jedem Unternehmen unabhängig von seiner Rechtsform und Größe aufgestellt werden, wenn das Unternehmen als Kapitalgesellschaft mit Sitz in einem Mitgliedstaat der Europäischen Union oder in einem anderen Vertragsstaat des Abkommens über den Europäischen Wirtschaftsraum zur Aufstellung eines Konzernabschlusses unter Einbeziehung des zu befreienden Mutterunternehmens und seiner Tochterunternehmen verpflichtet wäre.

(2) ¹Der Konzernabschluß und Konzernlagebericht eines Mutterunternehmens mit Sitz in einem Mitgliedstaat der Europäischen Union oder in einem anderen Vertragsstaat des Abkommens über den Europäischen Wirtschaftsraum haben befreiende Wirkung, wenn

1. das zu befreiende Mutterunternehmen und seine Tochterunternehmen in den befreienden Konzernabschluß unbeschadet des § 296 einbezogen worden sind,
2. der befreiende Konzernabschluß und der befreiende Konzernlagebericht im Einklang mit der Richtlinie 83/349/EWG des Rates vom 13. Juni 1983 über den konsolidierten Abschluß (ABl. EG Nr. L 193 S. 1) und der Richtlinie 84/253/EWG des Rates vom 10. April 1984 über die Zulassung der mit der Pflichtprüfung der Rechnungslegungsunterlagen beauftragten Personen (ABl. EG Nr. L 126 S. 20) in ihren jeweils geltenden Fassungen nach dem für das aufstellende Mutterunternehmen maßgeblichen Recht aufgestellt und von einem zugelassenen Abschlußprüfer geprüft worden sind,
3. der Anhang des Jahresabschlusses des zu befreienden Unternehmens folgende Angaben enthält:
    a) Name und Sitz des Mutterunternehmens, das den befreienden Konzernabschluß und Konzernlagebericht aufstellt,
    b) einen Hinweis auf die Befreiung von der Verpflichtung, einen Konzernabschluß und einen Konzernlagebericht aufzustellen, und
    c) eine Erläuterung der im befreienden Konzernabschluß vom deutschen Recht abweichend angewandten Bilanzierungs-, Bewertungs- und Konsolidierungsmethoden.

²Satz 1 gilt für Kreditinstitute und Versicherungsunternehmen entsprechend; unbeschadet der übrigen Voraussetzungen in Satz 1 hat die Aufstellung des befreienden Konzernabschlusses und des befreienden Konzernlageberichts bei Kreditinstituten im Einklang mit der Richtlinie 86/635/EWG des Rates vom 8. Dezember 1986 über den Jahresabschluß und den konsolidierten Abschluß von Banken und anderen Finanzinstituten (ABl. EG Nr. L 372 S. 1) und bei Versicherungsunternehmen im Einklang mit der Richtlinie 91/674/EWG des Rates vom 19. Dezember 1991 über den Jahresabschluß und den konsolidierten Jahresabschluß von Versicherungsunternehmen (ABl. EG Nr. L 374 S. 7) in ihren jeweils geltenden Fassungen zu erfolgen.

§ 291 1   Konzernabschluß (Anwendungsbereich)

(3) Die Befreiung nach Absatz 1 kann trotz Vorliegens der Voraussetzungen nach Absatz 2 von einem Mutterunternehmen nicht in Anspruch genommen werden, wenn
1. das zu befreiende Mutterunternehmen einen organisierten Markt im Sinn des § 2 Abs. 5 des Wertpapierhandelsgesetzes durch von ihm ausgegebene Wertpapiere im Sinn des § 2 Abs. 1 Satz 1 des Wertpapierhandelsgesetzes in Anspruch nimmt,
2. Gesellschafter, denen bei Aktiengesellschaften und Kommanditgesellschaften auf Aktien mindestens 10 vom Hundert und bei Gesellschaften mit beschränkter Haftung mindestens 20 vom Hundert der Anteile an dem zu befreienden Mutterunternehmen gehören, spätestens sechs Monate vor dem Ablauf des Konzerngeschäftsjahrs die Aufstellung eines Konzernabschlusses und eines Konzernlageberichts beantragt haben.

Übersicht

	Anm
A. Allgemeines	1, 2
B. Voraussetzungen für die Befreiung (Abs 1)	
I. Regelungsinhalt	4
II. Begriff des Mutter-/Tochterunternehmens	6–9
III. Offenlegung	10, 11
C. Anforderungen an den befreienden Konzernabschluss (Abs 2)	
I. Einbeziehung (Nr 1)	15–18
II. Inhalt des Abschlusses (Nr 2)	
1. Maßgebliches Recht	21
2. Prüfung durch Abschlussprüfer	25
III. Angaben im Anhang (Nr 3)	28
D. Wegfall der Befreiungsmöglichkeit (Abs 3)	
I. Gesetzliche Regelungen	30
II. Notierung an einem organisierten Markt (Nr 1)	31
III. Minderheitenschutz (Nr 2)	32–36
E. Publizitätsgesetz	40–43
F. Rechtsfolgen einer Verletzung des § 291	44
G. Abweichungen der IFRS	45–49

Schrifttum: *Schurbohm/Streckenbach* Modernisierung der Konzernrechnungslegung durch das Transparenz- und Publizitätsgesetz, WPg 2002, 845, sowie das zu § 290 angegebene Schrifttum.

A. Allgemeines

1 Bei Unterordnungs-Konzernen ist grds auf jeder Stufe ein Welt-KA zu erstellen (§ 290 Anm 2). Von dieser Pflicht zur Aufstellung von Stufen-KA befreit § 291 unter bestimmten Voraussetzungen, wenn ein **MU mit Sitz in einem Mitgliedstaat der EU/des EWR** (Island, Liechtenstein, Norwegen) auf höherer Stufe einen KA erstellt hat. Das befreiende MU muss nicht das oberste MU sein. Hat das befreiende MU seinen Sitz außerhalb der EU bzw des EWR, richtet sich die Befreiung nach der KonBefrV (§ 292 Anm 5 ff). Jedoch kann eine Befreiung auch durch Gründung einer Zwischen-Holding in einem der EU-Staaten für deren TU erreicht werden.

Hintergrund dieser Erleichterungsregel ist, dass wegen des eingeschränkten 2
Informationsgehaltes von Teil-KA und der erheblichen Mehrarbeit die Kosten
der Erstellung den Nutzen eines solchen Teil-KA idR übersteigen (*Schildbach*[7],
85; *Baetge* KA[9], 98). In den nachfolgenden Ausführungen wird das befreiende
MU als oberes MU, das zu befreiende als unteres MU bezeichnet.

B. Voraussetzungen für die Befreiung (Abs 1)

I. Regelungsinhalt

Nach Abs 1 S 1 braucht ein unteres MU in Deutschland, das zugleich TU ei- 4
nes oberen MU mit Sitz im Inland oder in einem anderen EU-Staat (bzw anderen Vertragsstaat des Abkommens über den Europäischen Wirtschaftsraum) ist,
einen Teil-KA dann nicht zu erstellen, wenn die folgenden Voraussetzungen
erfüllt sind:
- KA und Konzernlagebericht iSd § 291 Abs 2 (Anm 15 ff);
- aufgestellt von einem oberen MU;
- offengelegt in deutscher Sprache (Anm 10);
- das untere MU hat keine Wertpapiere auf einem organisierten Markt emittiert (Abs 3 Nr 1, Anm 31)
- vom Minderheitenschutz nach Abs 3 Nr 2 (Anm 32 ff) wird nicht Gebrauch gemacht.

II. Begriff des Mutter-/Tochterunternehmens

Nach § 290 knüpft die Aufstellungspflicht eines KA an das Vorliegen eines 6
MU-TU-Verhältnisses an. MU iSd § 290 sind nur KapGes und KapCoGes sowie
ggf Kreditinstitute (über § 340i) oder VersicherungsUnt (über § 341i). Einen
befreienden KA können nach Abs 1 S 2 dagegen MU **beliebiger Rechtsform**
mit Sitz innerhalb der EU oder dem EWR aufstellen, wenn sie die UntEigenschaft in handelsrechtlichem Sinn haben. Daraus ergibt sich, dass auch ein freiwillig aufgestellter KA eines oberen MU befreiende Wirkung haben kann, sofern
ein MU-TU -Verhältnis vorliegt (*WPH*[14] I, M Anm 85–87). Dagegen kann bei
der freiwilligen Aufstellung eines Gleichordnungs-KA keine Befreiungswirkung
angenommen werden (s *ADS*[6] § 291 Anm 16). Ob eine zu befreiende KapGes/
KapCoGes TU ist, richtet sich nach dem für das obere MU jeweils geltenden
nationalen Recht. Bei oberen MU mit Sitz im Inland ergibt sich die Eigenschaft
als TU aus § 290 bzw § 11 PublG (*ADS*[6] § 291 Anm 13f). Zum Begriff des Unt
vgl § 271 Anm 9 ff.

Für **Inhalt** und **Gliederung** eines befreienden KA gilt grds ebenfalls das für 7
das obere MU geltende nationale Recht.

Zeitpunkt, zu dem ein MU-TU-Verhältnis vorliegen muss, kann nur der 8
(fiktive) Stichtag des KA des unteren MU sein. Das MU-TU-Verhältnis muss
nicht das ganze Gj bestanden haben (vgl auch Anm 17).

GemUnt iSv § 310 sind keine TU (s § 310 Anm 5 ff). Daher kann ein Gem- 9
Unt nicht befreites unteres MU sein (*ADS*[6] § 291 Anm 15).

III. Offenlegung

Nach Abs 1 S 1 müssen der befreiende KA/Konzernlagebericht und BVm des 10
oberen MU in deutscher Sprache nach den Vorschriften der §§ 325 Abs 3 bis 5,

328 offen gelegt werden. Die Beglaubigung der Übersetzung in die deutsche Sprache ist ebenso wenig erforderlich wie die Umrechnung der ausländischen Währung in Euro (*WPH*[14] I, M Anm 106).

11 Das untere MU muss die Offenlegung veranlassen und nachweisen (so auch § 325 Anm 77). Sofern der Abschlussstichtag des unteren MU vor dem des befreienden KA liegt, können sich wegen der Frist von zwölf Monaten des § 325 Abs 3, die sich an den Stichtag für den befreienden KA richtet, Terminschwierigkeiten für den Nachweis der Offenlegung ergeben (vgl *ADS*[6] § 291 Anm 23).

C. Anforderungen an den befreienden Konzernabschluss (Abs 2)

I. Einbeziehung (Nr 1)

15 Die Befreiung setzt voraus, dass das untere MU und seine TU in den KA des oberen MU einbezogen sind. Die Nichteinbeziehung eines oder mehrerer TU des unteren MU ist nur dann unschädlich, wenn dies mit § 296 vereinbar ist. Die **Abgrenzung des KonsKreises** richtet sich nach den für das obere MU geltenden Vorschriften. Dies ergibt sich unter Heranziehung des Abs 2 Nr 2, nach dem der befreiende KA dem für das diesen aufstellende MU maßgeblichen und mit der 7. EG-Richtl übereinstimmenden Recht entsprechen muss.

Sofern in einem EU-Mitgliedstaat die 7. EG-Richtl noch nicht umgesetzt wurde, oder es sich um einen EWR-Vertragsstaat handelt, sind diese Grundsätze sinngemäß anzuwenden. Es dürfte ausreichend sein, wenn das nationale Recht eines EU-Mitgliedstaates oder EWR-Vertragsstaates in wesentlichen Grundzügen den Anforderungen der 7. EG-Richtl entspricht. Sollte dies nicht der Fall sein, kann nur ein bzgl der Abgrenzung des KonsKreises und des Inhalts in enger Anlehnung an die 7. EG-Richtl aufgestellter KA ebenfalls Befreiungswirkung haben (*ADS*[6] § 291 Anm 37 f).

Durch die unterschiedliche Ausübung von Wahlrechten bei der Umsetzung der Vorschriften zur Aufstellungspflicht in den Mitgliedstaaten gemäß 7. EG-Richtlinie können sich unterschiedliche KonsKreise ergeben, zB Würdigung von Präsenzmehrheiten auf einer HV.

16 Der Hinweis in § 291 Abs 2 Nr 1 „unbeschadet des § 296" drückt aus, dass die Beurteilung der Einbeziehung des unteren MU und seiner TU in den befreienden KA aus der Perspektive des oberen MU neu erfolgen muss (glA *WPH*[14] I, M Anm 91). Bzgl der Umsetzung der KonsWahlrechte bzw des KonsVerbots bestand kein nationales Wahlrecht (Art 13 und 14 der 7. EG-Richtl). Insofern können sich Unterschiede nur aus einer unterschiedlichen Interpretation der Vorschriften ergeben. Derartige Unterschiede führen nicht zu einem Ausschluss der Befreiungswirkung gem § 291.

17 Dies gilt allerdings nicht für den Fall, dass das obere MU einen KA erstellt, in den das untere MU auf Grund des § 296 Abs 2 nicht einbezogen wird (*ADS*[6] § 291 Anm 35). Die Nichteinbeziehung eines TU des unteren MU ist dagegen unschädlich (*Baetge*[9], 101). Ein KA, in den zwar die GuV des unteren MU, aber auf Grund eines Verkaufs und einer Endkons des unteren MU nicht die Bilanz des unteren MU einbezogen wird, kann keine befreiende Wirkung haben. Erfolgt eine Kons des unteren MU, ohne dass die GuV des unteren MU des gesamten KonzernGj einbezogen wird, kann der KA des oberen MU jedoch befreiende Wirkung haben.

18 Fraglich ist, ob ein MU die Befreiungsregelung des Abs 1 beanspruchen kann, wenn es nach den Vorschriften der IFRS in den gemäß § 315a Abs 1 erstellten

IFRS-KA eines anderen Unt einbezogen wird, aber keine MU-TU-Beziehung iSd § 290 vorliegt und somit eine Voraussetzung für die Anwendung von § 291 formal nicht gegeben ist. Da sich infolge der Einbeziehung des zu befreienden MU in den IFRS-KA des anderen Unt kein Informationsverlust ergibt und Sinn und Zweck der Befreiungsvorschrift somit erfüllt sind, bejaht der HFA des IDW in einem derartigen Fall dennoch den Eintritt der Befreiungswirkung (HFA FN IDW 2005 Tz 583). Die praktische Relevanz eines derartigen Auseinanderfallens der Konskreise nach HGB und IFRS hat sich allerdings durch die Anpassung der Konzeption des § 290 an IFRS 10 im Rahmen der BilMoG-Reform wesentlich reduziert.

II. Inhalt des Abschlusses (Nr 2)

1. Maßgebliches Recht

Nach Abs 2 Nr 2 ist für den Inhalt des KA ebenso wie für die Abgrenzung des KonsKreises das **Recht des Sitzes des oberen MU** maßgebend (dazu Anm 15; *Baetge* KA[9], 100). Der befreiende KA/Konzernlagebericht muss mit dem jeweiligen Landesrecht des oberen MU übereinstimmen und dieses hat wiederum der 7. EG-Richtl zu entsprechen. Auf Grund der Mitgliedstaatenwahlrechte kann der befreiende KA in Inhalt und Gliederung vom deutschen Recht abweichen (*WPH*[14] I, M Anm 94). 21

2. Prüfung durch Abschlussprüfer

Der befreiende KA und Konzernlagebericht müssen von einem die Qualifikationserfordernisse der 8. EG-Richtl erfüllenden AP (vgl *ADS*[6] § 318 Anm 285 ff zur Person des AP) nach dem für das obere MU maßgebenden Recht geprüft worden sein. Die APr muss zu einem Ergebnis geführt haben (*Heni* in Rechnungslegung § 291 Anm 21). Falls der **Bestätigungsvermerk versagt** wurde, tritt eine Befreiungswirkung nicht ein, wenn der KA die Anforderungen der 7. EG-Richtl und damit Abs 2 Nr 2 nicht erfüllt. Das hängt von der Art und Schwere der Versagungsgründe ab. Wurde der **BVm eingeschränkt** erteilt, *darf* sich die Geschäftsführung des unteren MU auf die Übereinstimmung mit dem für das obere MU maßgeblichen Recht verlassen (*Heni* in Rechnungslegung § 291 Anm 23). 25

III. Angaben im Anhang (Nr 3)

Nimmt ein unteres MU die Befreiungsmöglichkeit des § 291 in Anspruch, muss es im Anhang zu seinem JA folgende zusätzliche Angaben machen, um die Adressaten von der Befreiung von der Konzernrechnungslegungspflicht zu informieren: 28
- Name und Sitz des oberen MU, das den befreienden KA und Konzernlagebericht aufstellt,
- Hinweis auf die Befreiung von der Verpflichtung, einen KA und einen Konzernlagebericht aufzustellen,
- Erl der ggf vom deutschen Recht abw Bilanzierungs-, Bewertungs- und KonsMethoden (klarstellend ist darauf hinzuweisen, dass eine Erläuterung der Abweichungen zwischen HGB und IAS/IFRS nicht notwendig ist, wenn der befreiende Konzernabschluss des übergeordneten EU-Mutterunternehmens nach den von der EU übernommenen IAS/IFRS aufgestellt wurde).

Hieraus ergibt sich die Prüfungspflicht des AP des JA des unteren MU, dass sämtliche Voraussetzungen für die Befreiung vorliegen (mit Ausnahme der Offenlegung gem Abs 1, die in der Praxis regelmäßig mit der Offenlegung des JA verbunden wird). Andernfalls ist der Anhang zum JA unvollständig. Die Erlpflichten dienen der Information des Abschlussadressaten. Es reichen verbale Erl der wesentlichen Unterschiede. Quantitative Angaben sind nicht verlangt.

D. Wegfall der Befreiungsmöglichkeit (Abs 3)

I. Gesetzliche Regelungen

30 Abs 3 enthält zwei Regelungen, die zu einem Wegfall der Befreiungsmöglichkeit nach Abs 1 führen: Nach Nr 1 darf ein MU die Befreiung nicht in Anspruch nehmen, wenn von ihm ausgegebene Wertpapiere an einem organisierten Markt iSd § 2 Abs 5 WpHG zugelassen sind.

Nach Nr 2 können MinderheitsGester bei AG/KGaA mit mind 10% und bei GmbH mit mindestens 20% der Anteile durch eigene Initiative (Antragstellung) die Aufstellung eines Teil-KA/Teilkonzernlageberichts erzwingen. Ohne einen solchen Antrag braucht aber ein Teil-KA/Teilkonzernlagebericht nicht aufgestellt zu werden.

II. Notierung an einem organisierten Markt (Nr 1)

31 TeilKA-MU sind von der Befreiung nach Abs 1 ausgeschlossen, wenn ihre Schuldtitel oder EK-Instrumente an einem organisierten Markt iSd § 2 Abs 5 WpHG gehandelt werden. Damit soll sichergestellt werden, dass bei bestehender Notierung an einem organisierten Markt die Informationen des TeilKA/Teilkonzernlageberichts für potentielle Anleger verfügbar bleiben. Da die Vorschrift den Anwenderkreis selbst bestimmt und nicht auf § 264d verweist, bleiben untere MU, die am Stichtag zwar einen Antrag auf Zulassung gestellt haben, aber noch nicht zugelassen sind, weiterhin von der Befreiungsregelung des Abs 1 erfasst.

III. Minderheitenschutz (Nr 2)

32 Der Befreiungstatbestand des Abs 1 greift bei Bestehen von Minderheitenanteilen am unteren MU immer dann, wenn die MinderheitenGester nicht in Form eines Antrags aktiv werden.

Der Antrag zur Aufstellung eines Teil-KA/Teilkonzernlageberichts muss von Gestern (einzeln oder gemeinsam) gestellt werden, denen zusammen mind 10% der Anteile einer AG/KGaA oder 20% bei einer GmbH gehören; dies entspricht den Obergrenzen gem Art 8 Abs 1 S 2 der 7. EG-Richtl. Die Berechnung der **Anteilsquote** des oberen MU hat entspr § 290 Abs 3 S 1 (§ 290 Anm 80 ff) iVm § 271 Abs 1 S 4 zu erfolgen. Bei der Berechnung der Anteilsquote sind eigene Anteile bzw Anteile, welche andere für Rechnung des unteren MU halten, vom Nennkapital analog § 16 Abs 2 S 2, 3 AktG abzuziehen (*Siebourg* in HdKR[2] § 291 Anm 41).

33 Der **Antrag** ist spätestens 6 Monate vor dem Ablauf des KonzernGJ bei den gesetzlichen Vertretern der Ges zu stellen. Für die Berechnung dieser **Sechs-Monatsfrist** ist auf den Stichtag des KA des unteren MU abzustellen, da nur dieses Datum den MinderheitsGestern idR bekannt ist und nur so ein Unterlaufen des Minderheitenschutzes verhindert wird (*Siebourg* in HdKR[2] § 291 Anm 39).

34 Entscheidend für das Wirksamwerden des Antrags ist, dass der Anteilsbesitz von **10% oder 20%** erreicht ist. Die Anteile müssen den MinderheitsGestern spätestens zum Zeitpunkt des Ablaufs der Antragsfrist gehören (*ADS*[6] § 291 Anm 48). Hat ein MinderheitsGester keinen Antrag gem Nr 2 gestellt und veräußert er nach Ablauf der Sechs-Monatsfrist seine Anteile, darf der Erwerber den Antrag nicht nachholen. Die Sechs-Monatsfrist soll es dem unteren MU ermöglichen, rechtzeitig Dispositionen im Hinblick auf die Aufstellung eines Teil-KA zu treffen. Nach Ablauf der Frist muss es auf die Zulässigkeit eines befreienden KA/Konzernlageberichts vertrauen können.

Anders ist die Rechtslage, wenn ein MinderheitsGester den Antrag fristgerecht **35** stellt, nach Ablauf der Frist seinen Anteil veräußert und der Erwerber erklärt, er habe kein Interesse an der Aufstellung eines Teil-KA/Teilkonzernlageberichts. Da Nr 2 den Schutz des MinderheitsGesters bezweckt, muss dieser oder ein Rechtsnachfolger auch nach Ablauf der Sechs-Monatsfrist den Antrag noch zurückziehen können. Ein Teil-KA/Teilkonzernlagebericht braucht dann ggf nicht aufgestellt zu werden. Letzteres gilt auch, wenn die verbleibenden Anträge dadurch auf unter 10% (20%) absinken (*Siebourg* in HdKR[2] § 291 Anm 40). Obwohl nicht ausdrücklich bestimmt, müssen uE die Anträge alljährlich wiederholt werden, da sich in jedem Jahr die Frage neu stellt, ob tatsächlich 10% bzw 20% der MinderheitsGester die Aufstellung eines Teil-KA/Teilkonzernlageberichts verlangen. Durch die jährlichen Anträge wird verhindert, dass ein Teil-KA mit erheblichen Kosten erstellt wird, ohne dass eine Minderheit tatsächliches Interesse hat (*ADS*[6] § 291 Anm 47).

Der Wortlaut der Nr 2 sagt nicht, welchen Anteil MinderheitsGester bei **Kap-** **36** **CoGes** haben müssen, um eine Aufstellung eines Teil-KA/Teilkonzernlageberichts einer KapCoGes, die unteres MU ist, fordern zu können. Sofern keine vorrangig zu beachtenden Bestimmungen im GesVertrag bestehen, erscheint es iSe ausreichenden Minderheitenschutzes sachgerecht, bei der AG/KGaA & Co KG eine Anteilsquote von 10% und bei der GmbH & Co KG eine Anteilsquote von 20% analog den Regelungen in S 1 zu AG/KGaA und GmbH zu verlangen.

E. Publizitätsgesetz

Nach § 11 Abs 6 S 1 Nr 1 PublG ist die Befreiungsvorschrift des § 291 auch **40** auf den publizitätsrechtlichen Konzerntatbestand der Beherrschung anzuwenden. Dieser Verweis hat erhebliche praktische Relevanz in Anbetracht des Konzerntatbestands aus der Beherrschungsmöglichkeit, die eine Konzernaufstellungspflicht zB für eine inländische Zwischenholding statuiert. Für die Befreiung von Teil-KA verweist § 11 Abs 6 PublG auf die sinngem Geltung des § 291. Der Verweis ist sinngem, da die Voraussetzungen der Aufstellungspflicht im HGB bzw in anderen Mitgliedsstaaten der EU/des EWR anders geregelt sind. Auf die Rechtsform des befreienden oberen MU kommt es nicht an (vgl auch *ADS*[6] § 11 PublG Anm 35–37).

Die **Anhangangaben** beim zu befreienden unteren MU im Inland müssen **41** § 291 Abs 2 Nr 3 entsprechen. Das untere MU muss ferner den befreienden KA des oberen/obersten ausländischen MU im Inland gem §§ 325, 328 offenlegen (hierzu Anm 10f).

Nach § 13 Abs 3 PublG ist der KA nur dann für ein unteres KapGes/Kap- **42** CoGes-MU befreiend, wenn das obere MU auf die genannten **Erleichterungen bei der Offenlegung** verzichtet.

Trotz des Verweises in § 11 Abs 6 PublG ist der in Abs 3 geregelte **Minder-** **43** **heitenschutz** auf befreiende pulizitätsgesetzliche KA nicht anzuwenden (*Ischebeck* in HdKR[2] § 11 PublG Anm 30; *ADS*[6] § 11 PublG Anm 3; *WPH*[14] I, M

Anm 111 Fn 178). Diese ablehnende Haltung wird damit begründet, dass dieser von der 7. EG-Richtl verlangte Schutz im PublG nicht enthalten war und die Auswirkungen der EG-Richtl auf das PublG auf ein Minimum beschränkt werden sollten (§ 290 Anm 101).

F. Rechtsfolgen einer Verletzung des § 291

44 Sind nicht sämtliche Voraussetzungen einer Befreiung gem § 291 oder § 11 Abs 6 PublG eingehalten, bleiben die Aufstellungspflichten nach § 290 Abs 1 und Abs 2 oder § 11 Abs 1, Abs 3 PublG bestehen. Wegen der hier geltenden Sanktionen s § 290 Anm 120 f.

G. Abweichungen der IFRS

Schrifttum: *Hayn/Graf Waldersee* IFRS/HGB/HGB-BilMoG im Vergleich[7], Stuttgart 2008; *Senger/Brune* in Beck IFRS[3] §§ 30, 31, München 2009; *Weber* in WILEY IFRS, Weinheim 2011; *Pellens/Fülbier/Gassen/Sellhorn* Internationale Rechnungslegung[8], Stuttgart 2011; *Baetge/Hayn/Ströher* in Komm IAS[2] IAS 27, Stuttgart 2006.

Standards: IFRS 10 Konzernabschlüsse *(Consolidated Financial Statements)* (rev 2011).

45 IFRS 10.2 verpflichtet grds jedes MU zur Aufstellung eines KA. Dies entspricht angelsächsischer Denkweise, die den KA als den aussagekräftigeren Abschluss eines Unt jeder Stufe ansieht und daher keine Befreiungen für untere MU kennt. Allerdings ermöglicht IFRS 10.4 (a) die Befreiung von der Aufstellung eines KA unter bestimmten Voraussetzungen. Diese **Befreiungsmöglichkeit in mehrstufigen Konzernen** geht explizit auf Wirtschaftlichkeitsüberlegungen zurück. Der Inhalt der Befreiungsvorschriften des IFRS 10.4 ist von der Frage der Befreiung eines deutschen unteren MU nach § 291 zu trennen. Ist ein unteres MU nach § 291 zur Aufstellung des KA verpflichtet, muss oder darf es unter den Bedingungen des § 315a seinen KA nach den IFRS aufstellen. Die Pflicht zur Aufstellung bestimmt sich nach den §§ 291, 292, dh der KA ist selbst dann aufzustellen, wenn nach den IFRS eine Befreiung vorliegen würde.

46 Ein unteres MU ist nach IFRS 10.4 von der Aufstellung eines eigenen KA befreit, wenn es kumulativ die folgenden Bedingungen erfüllt:

a) es ist selbst ein hundertprozentiges Tochterunternehmen oder ein teilweise im Besitz eines anderen Unternehmens stehendes Tochterunternehmen und die anderen Eigentümer, einschließlich der nicht stimmberechtigten Eigentümer, sind darüber unterrichtet und erheben keine Einwände, dass das Mutterunternehmen keinen Konzernabschluss aufstellt;
b) seine Schuld- oder Eigenkapitalinstrumente werden nicht öffentlich gehandelt (dies schließt nationale oder ausländische Wertpapierbörsen oder den Freiverkehr sowie lokale und regionale Handelsplätze ein);
c) es legt seine Abschlüsse weder bei einer Wertpapieraufsichtsbehörde noch bei einem öffentlichen Markt vor oder hat dies getan;
d) sein oberstes oder ein zwischengeschaltetes Mutterunternehmen stellt einen Konzernabschluss auf, der veröffentlicht wird und den Internationalen Financial Reporting Standards entspricht.

Die IFRS differenzieren auf Grund ihres globalen Geltungsanspruchs nicht nach dem Sitz des MU. Ferner unterscheidet sich die Befreiungsvorschrift von § 291 vor allem durch den Wegfall der Befreiungswirkung auch bei Handel im

Freiverkehr und bereits vor Einsetzen des Handels bei erfolgtem oder geplantem „Filing".

Eine weitere Voraussetzung ist, dass die **MinderheitsGester** (einschl nicht **47** stimmberechtigter Anteilseigner) des unteren MU keine Einwendungen gegen den befreienden KA des oberen MU erheben. Während in der Vergangenheit die Zustimmung der MinderheitsGester gefordert wurde, wird es in der aktuellen Fassung des IFRS 10 als ausreichend angesehen, wenn keine ausdrücklich erhobenen Einsprüche geltend gemacht werden. Damit wird dem Umstand Rechnung getragen, dass sich in der Praxis häufig Schwierigkeiten ergeben, die explizite Zustimmung aller MinderheitsGester zu erlangen (*Baetge/Hayn/Ströher* in Komm IAS², IAS 27 Tz 95).

Mit der Anwendung der Befreiungsvorschrift sind, wie auch in Abs 2 Nr 3, **48** eine Reihe von **Veröffentlichungsvorschriften** verbunden. Das untere MU hat die Tatsache der Inanspruchnahme der Befreiungsvorschrift sowie den Namen und Sitz des oberen MU zu nennen und eine Liste der wesentlichen Anteile an TU, GemUnt und assozUnt mit Angabe von Name, Sitz, Kapitalanteil und ggf abw Stimmrechtsanteil offen zu legen.

Durch die Veröffentlichung des für Geschäftsjahre ab dem 1.1.2014 verpflich- **49** tend anzuwendenden IFRS 10, ergeben sich bzgl der Befreiung von der Aufstellung eines KA nach IFRS keine Änderungen. Die relevante Vorschrift IFRS 10.4 (a) ist nahezu identisch zum alten IAS 27.10 formuliert.

§ 292 Rechtsverordnungsermächtigung für befreiende Konzernabschlüsse und Konzernlageberichte

(1) ¹Das Bundesministerium der Justiz wird ermächtigt, im Einvernehmen mit dem Bundesministerium der Finanzen und dem Bundesministerium für Wirtschaft und Technologie durch Rechtsverordnung, die nicht der Zustimmung des Bundesrates bedarf, zu bestimmen, daß § 291 auf Konzernabschlüsse und Konzernlageberichte von Mutterunternehmen mit Sitz in einem Staat, der nicht Mitglied der Europäischen Union und auch nicht Vertragsstaat des Abkommens über den Europäischen Wirtschaftsraum ist, mit der Maßgabe angewendet werden darf, daß der befreiende Konzernabschluß und der befreiende Konzernlagebericht nach dem mit den Anforderungen der Richtlinie 83/349/EWG übereinstimmenden Recht eines Mitgliedstaates der Europäischen Union oder eines anderen Vertragsstaates des Abkommens über den Europäischen Wirtschaftsraum aufgestellt worden oder einem nach diesem Recht eines Mitgliedstaates der Europäischen Union oder eines anderen Vertragsstaates des Abkommens über den Europäischen Wirtschaftsraum aufgestellten Konzernabschluß und Konzernlagebericht gleichwertig sein müssen. ²Das Recht eines anderen Mitgliedstaates der Europäischen Union oder Vertragsstaates des Abkommens über den Europäischen Wirtschaftsraum kann einem befreienden Konzernabschluß und einem befreienden Konzernlagebericht jedoch nur zugrunde gelegt oder für die Herstellung der Gleichwertigkeit herangezogen werden, wenn diese Unterlagen in dem anderen Mitgliedstaat oder Vertragsstaat anstelle eines sonst nach dem Recht dieses Mitgliedstaates oder Vertragsstaates vorgeschriebenen Konzernabschlusses und Konzernlageberichts offengelegt werden. ³Die Anwendung dieser Vorschrift kann in der Rechtsverordnung nach Satz 1 davon abhängig gemacht werden, daß die nach diesem Unterabschnitt aufgestellten Konzernabschlüsse und Konzernlageberichte in dem Staat, in dem das Mutterunternehmen seinen Sitz hat, als gleichwertig mit den dort für Unternehmen mit entsprechender Rechtsform und entsprechendem Geschäftszweig vorgeschriebenen Konzernabschlüssen und Konzernlageberichten angesehen werden.

(2) ¹Ist ein nach Absatz 1 zugelassener Konzernabschluß nicht von einem in Übereinstimmung mit den Vorschriften der Richtlinie 2006/43/EG zugelassenen Abschlußprüfer geprüft worden, so kommt ihm befreiende Wirkung nur zu, wenn der Abschlußprüfer eine den Anforderungen dieser Richtlinie gleichwertige Befähigung hat und der Konzernabschluß in einer den Anforderungen des Dritten Unterabschnitts entsprechenden Weise geprüft worden ist. ²Nicht in Übereinstimmung mit den Vorschriften der Richtlinie 2006/43/EG zugelassene Abschlussprüfer von Unternehmen mit Sitz in einem Drittstaat im Sinn des § 3 Abs. 1 Satz 1 der Wirtschaftsprüferordnung, deren Wertpapiere im Sinn des § 2 Abs. 1 Satz 1 des Wertpapierhandelsgesetzes an einer inländischen Börse zum Handel am regulierten Markt zugelassen sind, haben nur dann eine den Anforderungen der Richtlinie gleichwertige Befähigung, wenn sie bei der Wirtschaftsprüferkammer gemäß § 134 Abs. 1 der Wirtschaftsprüferordnung eingetragen sind oder die Gleichwertigkeit gemäß § 134 Abs. 4 der Wirtschaftsprüferordnung anerkannt ist. ³Satz 2 ist nicht anzuwenden, soweit ausschließlich Schuldtitel im Sinn des § 2 Abs. 1 Satz 1 Nr. 3 des Wertpapierhandelsgesetzes mit einer Mindeststückelung von 50 000 Euro oder einem entsprechenden Betrag anderer Währung an einer inländischen Börse zum Handel am regulierten Markt zugelassen sind.

(3) ¹In einer Rechtsverordnung nach Absatz 1 kann außerdem bestimmt werden, welche Voraussetzungen Konzernabschlüsse und Konzernlageberichte von Mutterunternehmen mit Sitz in einem Staat, der nicht Mitglied der Europäischen Union und auch nicht Vertragsstaat des Abkommens über den Europäischen Wirtschaftsraum ist, im einzelnen erfüllen müssen, um nach Absatz 1 gleichwertig zu sein, und wie die Befähigung von Abschlußprüfern beschaffen sein muß, um nach Absatz 2 gleichwertig zu sein. ²In der Rechtsverordnung können zusätzliche Angaben und Erläuterungen zum Konzernabschluß vorgeschrieben werden, soweit diese erforderlich sind, um die Gleichwertigkeit dieser Konzernabschlüsse und Konzernlageberichte mit solchen nach diesem Unterabschnitt oder dem Recht eines anderen Mitgliedstaates der Europäischen Union oder Vertragsstaates des Abkommens über den Europäischen Wirtschaftsraum herzustellen.

(4) ¹Die Rechtsverordnung ist vor Verkündung dem Bundestag zuzuleiten. ²Sie kann durch Beschluß des Bundestages geändert oder abgelehnt werden. ³Der Beschluß des Bundestages wird dem Bundesministerium der Justiz zugeleitet. ⁴Das Bundesministerium der Justiz ist bei der Verkündung der Rechtsverordnung an den Beschluß gebunden. ⁵Hat sich der Bundestag nach Ablauf von drei Sitzungswochen seit Eingang einer Rechtsverordnung nicht mit ihr befaßt, so wird die unveränderte Rechtsverordnung dem Bundesministerium der Justiz zur Verkündung zugeleitet. ⁶Der Bundestag befaßt sich mit der Rechtsverordnung auf Antrag von so vielen Mitgliedern des Bundestages, wie zur Bildung einer Fraktion erforderlich sind.

Verordnung
über befreiende Konzernabschlüsse und Konzernlageberichte
von Mutterunternehmen mit Sitz in einem Drittstaat
(Konzernabschlussbefreiungsverordnung – KonBefrV)

Vom 15. November 1991
(BGBl I S 2122)
zuletzt geändert durch Gesetz vom 25.5.2009 (BGBl I S 1102)

§ 1 [Befreiender Konzernabschluß und -lagebericht, Voraussetzungen] ¹Ein Mutterunternehmen, das zugleich Tochterunternehmen eines Mutterunternehmens mit Sitz in einem Staat ist, der nicht Mitglied der Europäischen Union oder eines anderen Vertragsstaates des Abkommens über den Europäischen Wirtschaftsraum ist, braucht einen

Konzernabschluß und einen Konzernlagebericht nicht aufzustellen, wenn es einen den Anforderungen des § 2 entsprechenden Konzernabschluß und Konzernlagebericht seines Mutterunternehmens einschließlich des Bestätigungsvermerks oder des Vermerks über dessen Versagung nach den für den entfallenden Konzernabschluß und Konzernlagebericht maßgeblichen Vorschriften in deutscher Sprache offenlegt. [2] Sind Wertpapiere im Sinn des § 2 Abs. 1 Satz 1 des Wertpapierhandelsgesetzes des Mutterunternehmens an einer inländischen Börse zum Handel am regulierten Markt zugelassen, ist zudem eine Bescheinigung der Wirtschaftsprüferkammer gemäß § 134 Abs. 2a der Wirtschaftsprüferordnung über die Eintragung des Abschlussprüfers oder eine Bestätigung der Wirtschaftsprüferkammer gemäß § 134 Abs. 4 Satz 8 der Wirtschaftsprüferordnung über die Befreiung von der Eintragungsverpflichtung offenzulegen. [3] Satz 2 findet keine Anwendung, soweit ausschließlich Schuldtitel im Sinn des § 2 Abs. 1 Satz 1 Nr. 3 des Wertpapierhandelsgesetzes mit einer Mindeststückelung von 50 000 Euro oder einem entsprechenden Betrag anderer Währung an einer inländischen Börse zum Handel am regulierten Markt zugelassen sind. [4] Ein befreiender Konzernabschluß und ein befreiender Konzernlagebericht können von jedem Unternehmen unabhängig von seiner Rechtsform und Größe aufgestellt werden, wenn das Unternehmen als Kapitalgesellschaft mit Sitz in einem Mitgliedstaat der Europäischen Union oder in einem anderen Vertragsstaat des Abkommens über den Europäischen Wirtschaftsraum zur Aufstellung eines Konzernabschlusses unter Einbeziehung des zu befreienden Mutterunternehmens und seiner Tochterunternehmen verpflichtet wäre.

§ 2 [Weitere Voraussetzungen der befreienden Wirkung, Prüfung, Angaben im Anhang] (1) [1] Der Konzernabschluß und Konzernlagebericht eines Mutterunternehmens mit Sitz in einem Staat, der nicht Mitglied der Europäischen Union oder eines anderen Vertragsstaates des Abkommens über den Europäischen Wirtschaftsraum ist, haben befreiende Wirkung, wenn

1. das zu befreiende Mutterunternehmen und seine Tochterunternehmen in den befreienden Konzernabschluß unbeschadet des § 296 des Handelsgesetzbuchs einbezogen worden sind,
2. der befreiende Konzernabschluß und der befreiende Konzernlagebericht im Einklang mit der Richtlinie 83/349/EWG des Rates vom 13. Juni 1983 über den konsolidierten Abschluß (ABl. EG Nr. L 193 S. 1) in der jeweils geltenden Fassung nach dem Recht eines Mitgliedstaates der Europäischen Union oder eines anderen Vertragsstaates des Abkommens über den Europäischen Wirtschaftsraum aufgestellt worden sind oder einem nach diesem Recht aufgestellten Konzernabschluß und Konzernlagebericht gleichwertig sind,
3. der befreiende Konzernabschluss von einem in Übereinstimmung mit den Vorschriften der Richtlinie 2006/43/EG des Europäischen Parlaments und des Rates vom 17. Mai 2006 über Abschlussprüfungen von Jahresabschlüssen und konsolidierten Abschlüssen (ABl. EU Nr. L 157 S. 87) in der jeweils geltenden Fassung zugelassenen Abschlussprüfer geprüft worden ist oder der Abschlussprüfer zumindest eine den Anforderungen dieser Richtlinie gleichwertige Befähigung hat und der Konzernabschluss in einer den Anforderungen des Handelsgesetzbuchs entsprechenden Weise geprüft worden ist und
4. der Anhang des Jahresabschlusses des zu befreienden Unternehmens folgende Angaben enthält:
    a) Name und Sitz des Mutterunternehmens, das den befreienden Konzernabschluß aufstellt,
    b) einen Hinweis auf die Befreiung von der Verpflichtung, einen Konzernabschluß und einen Konzernlagebericht aufzustellen, und
    c) eine Erläuterung der im befreienden Konzernabschluß vom deutschen Recht abweichend angewandten Bilanzierungs-, Bewertungs- und Konsolidierungsmethoden.

[2] Nicht in Übereinstimmung mit den Vorschriften der Richtlinie 2006/43/EG zugelassene Abschlussprüfer von Mutterunternehmen, deren Wertpapiere in Sinn des § 2 Abs. 1 Satz 1 des Wertpapierhandelsgesetzes an einer inländischen Börse zum Handel am regulierten Markt zugelassen sind, weisen nur dann eine den Anforderungen der Richtlinie gleichwertige Befähigung auf, wenn sie bei der Wirtschaftsprüferkammer gemäß § 134 Abs. 1 der Wirtschaftsprüferordnung eingetragen sind oder die Gleichwertigkeit gemäß § 134 Abs. 4 der Wirtschaftsprüferordnung anerkannt ist. [3] Satz 2 ist nicht anzuwenden, soweit

§ 292 Konzernabschluß (Anwendungsbereich)

ausschließlich Schuldtitel im Sinn des § 2 Abs. 1 Satz 1 Nr. 3 des Wertpapierhandelsgesetzes mit einer Mindeststückelung von 50 000 Euro oder einem entsprechenden Betrag anderer Währung an einer inländischen Börse zum Handel am regulierten Markt zugelassen sind. [4]Die Sätze 1 bis 3 gelten für Kreditinstitute und Versicherungsunternehmen entsprechend; unbeschadet der übrigen Voraussetzungen in Satz 1 bis 3 hat die Aufstellung des befreienden Konzernabschlusses und des befreienden Konzernlageberichts bei Kreditinstituten im Einklang mit der Richtlinie 86/635/EWG des Rates vom 8. Dezember 1986 über den Jahresabschluß und den konsolidierten Abschluß von Banken und anderen Finanzinstituten (ABl. EG Nr. L 372 S. 1) und bei Versicherungsunternehmen im Einklang mit der Richtlinie 91/674/EWG des Rates vom 19. Dezember 1991 über den Jahresabschluß und den konsolidierten Jahresabschluß von Versicherungsunternehmen (ABl. EG Nr. L 374 S. 7) in ihrer jeweils geltenden Fassung zu erfolgen.

(2) § 291 Abs. 3 des Handelsgesetzbuchs ist entsprechend anzuwenden.

§ 3 [Offenlegung in einem anderen Mitgliedstaat] [1]In den Fällen des § 2 Nr. 2 kann das Recht eines anderen Mitgliedstaates der Europäischen Union oder eines anderen Vertragsstaates des Abkommens über den Europäischen Wirtschaftsraum einem befreienden Konzernabschluß und einem befreienden Konzernlagebericht jedoch nur zugrunde gelegt oder für die Bestimmung der Gleichwertigkeit herangezogen werden, wenn diese Unterlagen in dem anderen Mitgliedstaat oder Vertragsstaat anstelle eines sonst nach dem Recht dieses Mitgliedstaates oder Vertragsstaates vorgeschriebenen Konzernabschlusses und Konzernlageberichts offengelegt werden. [2]Dem befreienden Konzernabschluß ist eine Bestätigung über die erfolgte Hinterlegung in dem anderen Mitgliedstaat beizufügen.

§ 4 [Inkrafttreten, Geltungsdauer, erstmalige Anwendung] (1) Diese Verordnung tritt am Tage nach der Verkündung in Kraft.

(2) *(aufgehoben)*

Übersicht

	Anm
A. Allgemeines	1–3
B. Voraussetzungen für die Befreiung von der Konzernrechnungslegungspflicht (§ 1 KonBefrV)	
I. Regelungsinhalt	5, 6
II. Mutter-Tochter-Verhältnis	7, 8
III. Offenlegung	10, 11
C. Anforderungen an den befreienden Konzernabschluss/Konzernlagebericht (§ 2 Abs 1 KonBefrV)	
I. Einbeziehung (Nr 1)	15
II. Inhalt (Nr 2)	
1. Formale Voraussetzungen	20
2. Maßgebliches Recht	22–25
III. Prüfung durch den Abschlussprüfer (Nr 3)	28–31
IV. Angaben im Anhang (Nr 4)	35
D. Minderheitenschutz und Kapitalmarktorientierung (§ 2 Abs 2 KonBefrV)	40
E. Publizitätsgesetz	45
F. Rechtsfolgen einer Verletzung des § 292	50
G. Abweichungen der IFRS	60

Schrifttum: *Maas/Schruff* Befreiende Konzernrechnungslegung von Mutterunternehmen mit Sitz außerhalb der EG WPg 1991, 765; Kommission der Europäischen Gemeinschaften: Stellungnahme zur Gleichwertigkeit von Abschlüssen von Unternehmen aus Drittländern vom 15.3.1991, Brüssel, XV/109/90-DE (2. Rev); *Wollmert/Oser* Der IAS C-Abschluss eines Drittlandunternehmens als befreiender Konzernabschluss?, DB 1995, 53; das zu § 290 angegebene Schrifttum.

A. Allgemeines

Analog zur Befreiung des unteren MU von der Aufstellung von Teil-KA/ Teilkonzernlagebericht nach § 291, wenn das obere MU seinen Sitz in einem Mitgliedstaat der EU/des EWR hat, können nach § 292 „durch Rechtsverordnung" die Voraussetzungen für den befreienden KA/Konzernlagebericht durch MU mit Sitz in einem **Drittstaat** geregelt werden. Auf Basis der Voraussetzungen des § 292 erfolgte mit der am 29.11.1991 verkündeten **Konzernabschlussbefreiungsverordnung** (KonBefrV; zuletzt geändert im Zuge der BilMoG-Reform) die Umsetzung des Art 11 der 7. EG-Richtl in deutsches Recht und bildet damit die Grundlage der Einzelregelungen des rahmengebenden § 292, um auf evtl bereits absehbare Veränderungen schneller reagieren zu können (vgl BT-Drs 10/4268, 113). 1

Wesentliches Kriterium ist die **Gleichwertigkeit** des befreienden KA und Konzernlageberichts mit einem dem Recht eines EU-Mitgliedstaats nach Transformation der 7. EG-Richtl (83/349/EWG) entspr KA/Konzernlagebericht (§ 2 Abs 1 Nr 2 KonBefrV, Anm 23ff). Das Erfordernis der Gleichwertigkeit gilt auch für die Qualifikation des **AP**. Sollte der KA nicht von einem in Übereinstimmung mit der 8. EG-Richtl (2006/43/EG) zugelassenen AP geprüft worden sein, muss der AP eine der 8. EG-Richtl gleichwertige Qualifikation haben (§ 2 Abs 1 Nr 3 KonBefrV, Anm 29f; *WPH*[14] I, M 125). 2

§ 292 Abs 2 S 2 und 3 konkretisieren die Anforderung der Gleichwertigkeit des AP und setzen gleichzeitig die in § 134 Abs 1 WPO geregelte Eintragungsverpflichtung durch. Für AP von Drittstaaten-MU wird nun als Nachweis der Gleichwertigkeit ihrer Qualifikation entweder die Eintragung bei der WPK entspr § 134 Abs 1 WPO oder eine entspr Anerkennung durch die WPK gemäß § 134 Abs 4 WPO gefordert. Diese Anforderung wird allerdings nur dann gestellt, wenn das obere MU mit Sitz im Drittstaat Wertpapiere iSv § 2 Abs 1 S 1 WphG an einer inländischen Börse handeln lässt (§ 292 Abs 2 S 2) und diese Wertpapiere nicht nur Schuldtitel iSv § 2 Abs 1 S 1 Nr 3 WphG mit einer Mindeststückelung von 50 000 Euro (oder entspr Fremdwährungsbetrag) sind (§ 292 Abs 2 S 3). Hiermit kommt zum Ausdruck, dass der Gesetzgeber für (potentielle) Anleger zB im institutionellen Bereich, die in FK-Titel mit vergleichsweise hoher Mindeststückelung investieren, ein im Vergleich zum EK-Investor oder Kleinanleger in FK-Titeln vermindertes Schutzbedürfnis hinsichtlich der Vergleichbarkeit der Qualifikation des AP sieht. 3

B. Voraussetzungen für die Befreiung von der Konzernrechnungslegungspflicht (§ 1 KonBefrV)

I. Regelungsinhalt

In ihrem Regelungskern entspricht die KonBefrV den Bestimmungen des § 291. Dies wird durch gleichartige Formulierungen verdeutlicht. Nach § 1 S 1 KonBefrV braucht ein MU, das zugleich TU eines MU mit Sitz außerhalb der 5

EU/EWR ist, einen Teil-KA/Teilkonzernlagebericht nicht zu erstellen, wenn folgende **Voraussetzungen** erfüllt sind:
- KA und Konzernlagebericht iSd § 2 KonBefrV (Anm 15 ff);
- aufgestellt von einem MU mit Sitz außerhalb der EU/EWR;
- offengelegt in deutscher Sprache (Anm 10 f);
- kein Verlangen von Minderheiten bzgl Anwendung der Regelungen über den Minderheitenschutz nach § 2 Abs 2 KonBefrV (Anm 40).

Das befreiende obere MU braucht nicht das oberste KonzernUnt (Konzernspitze) zu sein (§ 291 Anm 1). Der AP des *unteren* MU muss feststellen, ob ein befreiender KA/Konzernlagebericht auf höherer Ebene den Vorschriften der 7. EG-Richtl gemäß ihrer Transformation in einem EU- bzw EWR-Staat entspricht bzw einem nach diesem Recht aufgestellten KA/Konzernlagebericht gleichwertig ist.

6   Zusätzlich wurden die Voraussetzungen für die Befreiung in Umsetzung der Ergänzung des § 292 Abs 2 um S 2 und 3 um den Nachweis der **Gleichwertigkeit der Befähigung des AP** des oberen MU ergänzt (§ 2 Abs 1 S 2 KonBefrV). § 1 Abs 1 S 2 KonBefrV fordert die **Offenlegung** der entspr Bescheinigung der WPK nach § 134 Abs 2a WPO oder einer Bestätigung der WPK über die Befreiung nach der Eintragungsverpflichtung nach § 134 Abs 4 S 8 WPO. Die Offenlegungsverpflichtung ist allerdings auf obere MU mit Wertpapieren im regulierten Handel an inländischen Börsen beschränkt; sie entfällt ferner, wenn die gehandelten Wertpapiere ausschließlich Schuldtitel iSv § 2 Abs 1 S 1 Nr 3 WphG mit einer Mindeststückelung von 50 000 Euro (oder entspr Fremdwährungsbetrag) sind (Regelung analog § 292 Abs 2 S 2 und 3, vgl Anm 3).

II. Mutter-Tochter-Verhältnis

7   Für die Befreiungswirkung nach § 1 KonBefrV ist es erforderlich, dass zwischen oberem und unterem MU ein **Mutter-Tochter-Verhältnis** besteht. Der befreiende KA/Konzernlagebericht darf von jedem oberen MU unabhängig von Größe und Rechtsform aufgestellt werden, sofern es als KapGes/KapCoGes in einem Mitgliedstaat der EU/EWR zur Aufstellung eines KA/Konzernlageberichts unter Einbeziehung des unteren MU und seiner TU verpflichtet wäre (§ 1 S 4 KonBefrV). Demnach muss die Beziehung zwischen unterem und oberem MU einem der in Art 1 der 7. EG-Richtl genannten Kriterien entsprechen (zB HV-Präsenzmehrheit) (*ADS*[6] § 292 Anm 15).

8   Die Hinweise in § 1 S 4 KonBefrV auf die **Größen-Unabhängigkeit** des oberen MU sowie seine Konzernrechnungslegungspflicht als KapGes/KapCoGes mit Sitz in einem EU/EWR-Mitgliedstaat dienen lediglich der Umschreibung des UntBegriffs. Es soll verdeutlicht werden, dass Privatpersonen und Gebietskörperschaften keinen KA/Konzernlagebericht mit befreiender Wirkung aufstellen dürfen, und dass nicht nur gesetzlich vorgeschriebene, sondern auch freiwillig aufgestellte KA/Konzernlageberichte Befreiungswirkung entfalten können (§ 291 Anm 6f; *ADS*[6] § 292 Anm 14).

III. Offenlegung

10 Der befreiende KA/Konzernlagebericht muss in deutscher Sprache offengelegt werden. Die Offenlegung ist in § 1 KonBefrV entspr § 291 Abs 1 geregelt (im Einzelnen § 291 Anm 10 f).

11 Sofern ein befreiender KA/Konzernlagebericht nach dem Recht eines ausländischen EU/EWR-Mitgliedstaats aufgestellt und in diesem Mitgliedstaat mit

befreiender Wirkung offengelegt wurde, ist dem KA/Konzernlagebericht bei der Einreichung zum inländischen HR eine Bestätigung über die Hinterlegung in dem anderen Mitgliedstaat beizufügen (§ 3 S 2 KonBefrV). Dadurch soll dem deutschen Registergericht die Überprüfung der Gleichwertigkeit des befreienden KA/Konzernlageberichts mit dem Recht des ausländischen EU/EWR-Mitgliedstaats erspart werden (*ADS*[6] § 292 Anm 69).

C. Anforderungen an den befreienden Konzernabschluss/ Konzernlagebericht (§ 2 Abs 1 KonBefrV)

I. Einbeziehung (Nr 1)

Das untere MU und seine TU müssen unbeschadet des § 296 einbezogen worden sein. Einbeziehungswahlrechte (§ 296) sind dabei stets aus der Perspektive des oberen MU zu beurteilen (im Einzelnen § 291 Anm 15f). Die Abgrenzung des **KonsKreises** richtet sich demnach nach dem von dem oberen MU angewendeten Recht. Dieses hat entweder Vorschriften eines Mitgliedstaats auf der Grundlage der 7. EG-Richtl zu entsprechen, oder zumindest diesen gleichwertig zu sein (§ 2 Abs 1 Nr 1 iVm Nr 2 KonBefrV, Anm 22f). 15

II. Inhalt (Nr 2)

1. Formale Voraussetzungen

Das befreiende MU muss einen KA und einen Konzernlagebericht aufstellen. Für ein oberes MU mit Sitz außerhalb der EU/EWR bestehen also keine Erleichterungen bzgl des Umfangs der Konzernrechnungslegung. 20

2. Maßgebliches Recht

Der KA/Konzernlagebericht muss gem § 2 Abs 1 Nr 2 KonBefrV nach dem Recht eines Mitgliedstaats der EU/des EWR aufgestellt worden sein, das mit den Anforderungen der 7. EG-Richtl übereinstimmt oder einem nach diesem Recht aufgestellten KA/Konzernlagebericht gleichwertig sein. In der Wahl des anzuwendenden Rechts ist das obere MU jedoch nicht frei. Das Recht eines anderen Mitgliedstaates der EU/des EWR darf gem § 3 KonBefrV nur angewendet werden, wenn in diesem ein anderes zu befreiendes MU des Konzerns seinen Sitz hat und der KA/Konzernlagebericht in dem jeweiligen Mitgliedstaat mit befreiender Wirkung offen gelegt wird. Es soll dadurch vermieden werden, dass für den befreienden KA/Konzernlagebericht ohne sachlichen Grund das Recht mit den geringsten Anforderungen an die Konzernrechnungslegung gewählt werden kann. 22

Damit der KA/Konzernlagebericht eines oberen MU mit Sitz außerhalb der EU/des EWR jedoch für einen Teil-KA/Teilkonzernlagebericht tatsächlich befreiend wirken kann, muss in dem betr EU/EWR-Mitgliedsstaat das Mitgliedstaatenwahlrecht des Art 11 der 7. EG-Richtl umgesetzt sein. Anderenfalls ist der KA nicht befreiend.

Für die Befreiung genügt es, wenn der befreiende KA/Konzernlagebericht einem nach den Vorschriften des jeweiligen Mitgliedstaats aufgestellten KA/Konzernlagebericht **gleichwertig** ist. IdR wird der befreiende KA/Konzernlagebericht nach den Vorschriften des oberen MU aufgestellt (was aber in § 2 Abs 1 Nr 2 KonBefrV nicht zwingend verlangt wird) und die Befreiung des deutschen Teil-KA/Teilkonzernlageberichts auf Grundlage der Gleichwertigkeit angestrebt. 23

Einen Maßstab für die Anerkennung der Gleichwertigkeit gibt die KonBefrV nicht. Von der Ermächtigung des Abs 3 wurde *insoweit* bisher kein Gebrauch gemacht.

24 Nach der Stellungnahme der EG-Kommission zur Auslegung des Begriffs gleichwertig in Art 11 Abs 1b) der 7. EG-Richtl sind diejenigen Vorschriften des Gemeinschaftsrechts zugrunde zu legen, denen alle innerhalb der EU erstellten KA/Konzernlageberichte entsprechen müssen, und zwar unabhängig von der Ausübung der in der Richtl eingeräumten Mitgliedstaatenwahlrechte (nicht Umsetzungswahlrechte). Nationale Umsetzungswahlrechte sind jeweils in der Form der Transformation in das gemäß § 3 KonBefrV maßgebliche Mitgliedstaatenrecht anzuwenden (Anm 22; *Busse von Colbe/Ordelheide*[9], 81). Ein befreiender KA/Konzernlagebericht ist als gleichwertig anzuerkennen, wenn er insgesamt den Vorschriften eines oder mehrerer EU-Mitgliedstaaten in Übereinstimmung mit der 7. EG-Richtl entspricht. Verpflichtende Einzelregelungen der Richtl sowie von ihr zugelassene UntWahlrechte gelten danach auch für den befreienden KA/Konzernlagebericht (*Busse von Colbe/Ordelheide*[9], 81).

25 Werden Vorschriften in Übereinstimmung mit der 7. EG-Richtl abw vom jeweils maßgeblichen Mitgliedstaatenrecht angewendet, stellt sich die Frage, ob dies mit § 3 KonBefrV vereinbar ist. Hier ist im Einzelfall zu prüfen, welche Abweichung den Tatbestand der Gleichwertigkeit gefährdet (*ADS*[6] § 292 Anm 47). Jedoch sollten bei der Prüfung keine zu hohen Anforderungen an die Übereinstimmung mit den maßgeblichen Vorschriften gestellt werden, wenn sich die Abweichungen im Rahmen des EU-Rechts bewegen. Soweit die Abweichungen im Konzernanhang erläutert werden, ist uE Gleichwertigkeit gegeben. Die Abweichungen sollten soweit wie möglich quantifiziert und ihr Einfluss auf die VFE-Lage dargestellt werden (ebenso *ADS*[6] § 292 Anm 49). Für die Beurteilung kommt es auf die Bilanzierungs-, Bewertungs-, Kons- und Offenlegungsvorschriften in ihrer Gesamtheit an. Dazu ist das ausländische Recht zu untersuchen. So kennen bspw die US-GAAP keinen (Konzern-)Lagebericht, wesentliche Angaben werden aber in Regulation S–K und den Financial Reporting Releases verlangt. Wegen der lfd Weiterentwicklung der Rechnungslegungsstandards in vielen Ländern ist eine Aufzählung einzelner Länder, für die die Befreiung gilt, nicht sinnvoll. Die Beurteilung bleibt Frage des Einzelfalls. Im Rahmen der Beurteilung der Gesamtheit kann aber davon ausgegangen werden, dass ein um MD&A-Angaben erweiterter US-GAAP oder IFRS-Abschluss den Tatbestand der Gleichwertigkeit erfüllt.

Wenn das obere MU abw Vorschriften angewendet hat, die mit den als Vergleichsmaßstab herangezogenen Vorschriften eines EU/EWR-Mitgliedstaats nicht vereinbar sind und nicht mit der 7. EG-Richtl übereinstimmen, ist ebenfalls eine Einzelfallprüfung vorzunehmen. Sind Abweichungen im konkreten KA/Konzernlagebericht von untergeordneter Bedeutung, ist uE Gleichwertigkeit gegeben (ähnlich *Busse von Colbe/Ordelheide*[9], 81).

III. Prüfung durch den Abschlussprüfer (Nr 3)

28 Im Rahmen des BilMoG wurde der explizite Verweis der KonBefrV auf eine Prüfungspflicht des Konzernlageberichts gestrichen, sodass eine ausschließliche Prüfungspflicht des KA gegeben ist. Ein Nichterfolgen der Prüfung des befreienden Konzernlageberichts (zB Lageberichterstattung in Form 10-K) führt somit *nicht* zu einem Ausschluss der Befreiungswirkung.

29 Grds kommt einem KA nach der KonBefrV befreiende Wirkung nur dann zu, wenn er von einem in Übereinstimmung mit den Vorschriften der 8. EG-Richtl zugelassenen AP geprüft worden ist. Es ist also nicht erforderlich, dass der befreiende KA von einem deutschen AP geprüft wurde. § 2 Nr 3 KonBefrV erweitert den Kreis der AP auf solche mit gleichwertiger Qualifikation.

Maßstab für die Beurteilung der **Gleichwertigkeit** sind die Qualifikationsanforderungen der 8. EG-Richtl, zumal diese Anforderungen („Befähigungen") auch von § 291 Abs 2 Nr 2 verlangt werden. Die Mitgliedschaft des AP in einer Berufsorganisation, deren Prüfungsgrundsätze den Vorschriften der IFAC entsprechen, erfüllt im Allgemeinen die Gleichwertigkeitsvoraussetzung (vgl WPH[14] I, M Anm 125). 30

Die Prüfungsdurchführung hat den Anforderungen des HGB zu entsprechen. Dabei sind insb die Vorschriften der §§ 316 ff zu beachten (*Begr BMJ* zu § 2 KonBefrV, 9). Diese Regierungsbegr bezieht sich nicht auf den PrüfBer (§ 321). Demggü ist § 322 bzgl des BVm zu beachten. Das Urteil des AP ist also in der Form eines BVm abzugeben und dem KA beizufügen. 31

IV. Angaben im Anhang (Nr 4)

Der Wortlaut ist identisch mit § 291 Abs 2 Nr 3 (zu Einzelheiten § 291 Anm 28). 35

Zu Gegenstand und Umfang der in Anknüpfung an die Angaben im Anhang des JA des unteren MU auf den KA des oberen MU gerichteten Prüfung s § 317 Anm 45 ff.

D. Minderheitenschutz und Kapitalmarktorientierung (§ 2 Abs 2 KonBefrV)

Gem § 2 Abs 2 KonBefrV ist § 291 Abs 3 entspr anzuwenden. Diese Vorschrift gebietet dem unteren MU trotz Vorliegens der übrigen Befreiungsvoraussetzungen des § 291 zum Schutz von GesterMinderheiten unter bestimmten Bedingungen die Aufstellung eines Teil-KA/Teilkonzernlageberichts (im Einzelnen § 291 Anm 32 ff). Durch die entspr Anwendung des § 291 Abs 3 ist eine Befreiung auch dann ausgeschlossen, wenn das zu befreiende inländische MU einen organisierten Markt iSd § 2 Abs 5 WpHG in Anspruch nimmt. 40

E. Publizitätsgesetz

Die KonBefrV gilt auch für die Befreiung von nach PublG aufgestellten (Teil-) KA/Konzernlageberichten (§ 13 Abs 4 PublG iVm § 292). Soweit sie § 291 übernommen hat, gilt die sinngem Anwendung des § 291 (§ 11 Abs 6 PublG) auch für diese Teil-KA/-Konzernlageberichte (*Busse von Colbe/Ordelheide*[9], 96). Insoweit gelten § 291 Anm 40 ff entspr. 45

F. Rechtsfolgen einer Verletzung des § 292

Sind nicht sämtliche Voraussetzungen einer Befreiung gem § 292 eingehalten, bleibt die Aufstellungspflicht nach § 290 Abs 1 und Abs 2 bestehen. Werden Einzelvorschriften der KonBefrV nicht eingehalten, tritt die Befreiung nicht ein. Dann verbleibt es bei der Aufstellungspflicht gem HGB oder PublG. 50

G. Abweichungen der IFRS

60 Die IFRS kennen wegen ihres globalen Geltungsanspruchs keine nach dem Sitz eines oberen MU differenzierte Befreiungsvorschrift. Bezüglich der Befreiung von der Aufstellung von Teil-KA verweisen wir auf § 291 Anm 45 ff.

§ 292a Befreiung von der Aufstellungsfrist

1 Anmerkung: Aufgehoben durch das Bilanzrechtsreformgesetz v 10.12.2004 (BGBl I, 3166). Zu den Erl s 5. Auflage.

§ 293 Größenabhängige Befreiungen

(1) ¹Ein Mutterunternehmen ist von der Pflicht, einen Konzernabschluß und einen Konzernlagebericht aufzustellen, befreit, wenn
1. am Abschlußstichtag seines Jahresabschlusses und am vorhergehenden Abschlußstichtag mindestens zwei der drei nachstehenden Merkmale zutreffen:
   a) Die Bilanzsummen in den Bilanzen des Mutterunternehmens und der Tochterunternehmen, die in den Konzernabschluß einzubeziehen wären, übersteigen insgesamt nach Abzug von in den Bilanzen auf der Aktivseite ausgewiesenen Fehlbeträgen nicht 23 100 000 Euro.
   b) Die Umsatzerlöse des Mutterunternehmens und der Tochterunternehmen, die in den Konzernabschluß einzubeziehen wären, übersteigen in den zwölf Monaten vor dem Abschlußstichtag insgesamt nicht 46 200 000 Euro.
   c) Das Mutterunternehmen und die Tochterunternehmen, die in den Konzernabschluß einzubeziehen wären, haben in den zwölf Monaten vor dem Abschlußstichtag im Jahresdurchschnitt nicht mehr als 250 Arbeitnehmer beschäftigt;
   oder
2. am Abschlußstichtag eines von ihm aufzustellenden Konzernabschlusses und am vorhergehenden Abschlußstichtag mindestens zwei der drei nachstehenden Merkmale zutreffen:
   a) Die Bilanzsumme übersteigt nach Abzug eines auf der Aktivseite ausgewiesenen Fehlbetrags nicht 19 250 000 Euro.
   b) Die Umsatzerlöse in den zwölf Monaten vor dem Abschlußstichtag übersteigen nicht 38 500 000 Euro.
   c) Das Mutterunternehmen und die in den Konzernabschluß einbezogenen Tochterunternehmen haben in den zwölf Monaten vor dem Abschlußstichtag im Jahresdurchschnitt nicht mehr als 250 Arbeitnehmer beschäftigt.

²Auf die Ermittlung der durchschnittlichen Zahl der Arbeitnehmer ist § 267 Abs. 5 anzuwenden.

(2) *(aufgehoben)*

(3) *(aufgehoben)*

(4) ¹Außer in den Fällen des Absatzes 1 ist ein Mutterunternehmen von der Pflicht zur Aufstellung des Konzernabschlusses und des Konzernlageberichts befreit, wenn die Voraussetzungen des Absatzes 1 nur am Abschlußstichtag oder nur am vorhergehenden Abschlußstichtag erfüllt sind und das Mutterunternehmen am vorhergehenden Abschlußstichtag von der Pflicht zur Aufstellung des Konzernabschlusses und des Konzernlageberichts befreit war. ²§ 267 Abs. 4 Satz 2 ist entsprechend anzuwenden.

Größenabhängige Befreiungen 1, 2 § 293

(5) Die Absätze 1 und 4 sind nicht anzuwenden, wenn das Mutterunternehmen oder ein in dessen Konzernabschluss einbezogenes Tochterunternehmen am Abschlussstichtag kapitalmarktorientiert im Sinn des § 264d ist.

Übersicht

	Anm
A. Allgemeines	1–4
B. Größenmerkmale des § 293	
I. Befreiungsmerkmale und ihre Definitionen (Abs 1)	10–17
II. Härteklausel (Abs 4)	20–23
III. Einzelfragen	25, 26
IV. Wegfall der Befreiung (Abs 5)	35, 36
C. Größenmerkmale nach Publizitätsgesetz	
I. Allgemeines	40
II. Generelle Regelung (§ 11 Abs 1 und 2 PublG)	
1. Mindestgrößen für die Aufstellungspflicht und ihre Definitionen	41–44
2. Teilkonzernabschluss/Teilkonzernlagebericht	45
III. Kreditinstitute und Versicherungsunternehmen	55
D. Rechtsfolgen einer Verletzung des § 293	58
E. Abweichungen der IFRS	60

Schrifttum: Siehe die Literatur zu § 290.

A. Allgemeines

§ 293 befreit KapGes und KapCoGes von der Pflicht zur Aufstellung von **1** (Teil-)KA/Konzernlageberichten, solange nicht an zwei aufeinander folgenden Stichtagen jeweils zwei Grenzwerte überschritten sind (Anm 20 ff) mit dem Zweck die Belastung der Unt in Grenzen zu halten. Da Abs 1 nur befreit, wenn an zwei aufeinander folgenden Stichtagen die Kriterien unterschritten werden, beinhaltet Abs 4 eine „Härteklausel" für den Fall des einmaligen Überschreitens der Kriterien. Die damit verbundene Wahrnehmung des Mitgliedsstaatenwahlrechts des Art 6 Abs 1 der 7. EG Richtlinie soll kleinere Konzerne, die keine börsennotierten Unt einbeziehen, von der Konzernrechnungslegung entlasten, obwohl ein MU-TU-Verhältnis besteht (vgl *Busse von Colbe* in MünchKomm² HGB § 293 Anm 1). *Kreditinstitute* und *VersicherungsUnt* müssen stets, unabhängig von Größe oder Rechtsform, KA und Konzernlagebericht nach HGB aufstellen (§§ 340i Abs 1, 341i Abs 1). Die Befreiung kann bei Einbeziehung eines kapmarkt Unt iSd § 264d ebenfalls nicht in Anspruch genommen werden (Anm 35).

Im Gegensatz zum JA werden jeweils **zwei Gruppen von Größenklassen** **2** als **Schwellenmerkmale** genannt, nämlich die maßgebenden Beträge *vor* Kons (Forderungen/Schulden, Erträge/Aufwendungen usw) – sog **Bruttomethode** – und *nach* Kons – sog **Nettomethode**. Da der KA nur Informationsfunktion hat und nicht Grundlage für eine Gewinnverteilung ist (§ 297 Anm 1), soll vermieden werden, dass in Grenzfällen viele Arbeiten zum KA anfallen, um erst danach festzustellen, dass die Grenzwerte nicht überschritten sind. Das MU darf die Berechnungsmethode jedes Jahr neu wählen, weil es sich nicht um eine Kons-Methode (Stetigkeitsgebot) handelt (aA *Siebourg* in HdKR² § 293 Anm 8;

WPH[14] I, M Anm 132). Die Berechnung muss am jeweiligen KA-Stichtag einheitlich für den gesamten KonsKreis angewendet werden (*Siebourg* in HdKR[2] § 293 Anm 8; *WPH*[14] I, M Anm 132).

3   Die Größenklassen für den KA nach HGB sind als Befreiungsregelung ausgestaltet. Der Gesetzgeber hat, trotz der höheren Aussagekraft eines KA, die Möglichkeit der Befreiung nach Art 6 der 7. EG-Richtl voll ausgenutzt, um die Belastung der Wirtschaft mit Konzernrechnungslegungspflichten möglichst gering zu halten. Die Entscheidung für die Aufstellung eines freiwilligen KA kann aus Sicht des Controlling (um interne Liefer- und Leistungsbeziehungen bereinigte Information des Managements, standardisierte, zeitnahe Berichterstattung der TU) sinnvoll sein. Der damit verbundene Aufbau von Know-how bzw der nötigen Infrastruktur vermeidet auch Konflikte mit dem Einhalten von Fristen bei einer späteren KA-Aufstellungspflicht.

4   Die Befreiung gem § 293 steht neben den Befreiungsvorschriften der §§ 291 und 292. Diese Befreiungen sind größenunabhängig und daher im Normalfall einfacher festzustellen. Sie führen dazu, dass das sog **Tannenbaum-Prinzip**, wonach bei einem inländischen mehrstufigen Konzern KA auf mehreren Ebenen aufgestellt werden müssten, nicht erfüllt wird. Ist ein MU bereits ist § 291 oder nach der Rechts-VO zu § 292 von der Pflicht zur Aufstellung eines eigenen KA befreit, weil dieser „auf einer höheren Stufe" aufgestellt werden muss, braucht die Befreiung nach § 293 nicht mehr geprüft zu werden. Für das **praktische Vorgehen** ist zunächst der KonsKreis festzulegen. Der KA-Stichtag ist der des MU nach § 299 Abs 1 (Anm 1 ff). Danach sind die Voraussetzungen des Abs 1 (Anm 10 ff) und evtl die Härteklausel des Abs 4 zu prüfen. Aus Praktikabilitätsgründen bietet es sich an, mit der Bruttomethode zu beginnen.

B. Größenmerkmale des § 293

I. Befreiungsmerkmale und ihre Definitionen (Abs 1)

10   Die Relation der Größenmerkmale vor Kons (Nr 1) und nach Kons (Nr 2) beträgt, wie in der 7. EG-Richtl vorgesehen, bei den Größen „Bilanzsumme" sowie „Umsatzerlöse" 1,2 zu 1,0. Für die Beurteilung der Konzernrechnungslegungspflicht gelten folgende Werte:

MU und TU zusammen	KA nach § 293	
	Konsolidiert/ Nettomethode (Nr 2)	nicht konsolidiert/ Bruttomethode (Nr 1)
a) Bilanzsumme in TEuro	19 250	23 100
b) Umsatzerlöse in TEuro	38 500	46 200
c) Arbeitnehmer	250	250

11   Die Größenmerkmale sind in § 293 inhaltsgleich zu § 267 definiert (s dort). Es gilt die **Bilanzsumme** (§ 267 Anm 6) gem den JA aller tatsächlich einbezogenen TU (Anm 13) und des MU, gekürzt um etwa auf der Aktivseite ausgewiesene EK-Fehlbeträge gem § 268 Abs 3. Das Merkmal **Umsatzerlöse** (§ 267 Anm 7 f) bezieht sich (auch bei Rumpf-Gj) auf die 12 Kalendermonate vor dem Abschlussstichtag des KA. Die maßgebende **Zahl der Arbeitnehmer** (§ 267 Anm 9 ff) ist gem Abs 1 S 2 nach den Regeln des § 267 Abs 5 auch für den KA

Größenabhängige Befreiungen 12–17 § 293

nach HGB zu ermitteln (Vierteljahres-Endzahlen der letzten vier Kalender-Quartale). Für die Ermittlung nach PublG s Anm 42.

Für die Ermittlung der Bilanzsumme bzw der Umsatzerlöse ist danach zu differenzieren, ob sie anhand der **Brutto- oder der Nettomethode** ermittelt werden. Als Grundlage für die Anwendung der Bruttomethode kann die nach dem jeweils maßgeblichen (lokalen) Recht erstellte HB I verwendet werden; die Verwendung der HB I ist konsistent mit der Vereinfachungsintention der Bruttomethode. Die Verwendung einer zusätzlich erstellten, nach §§ 300, 308 an konzerneinheitliche Bilanzierungs- und Bewertungsregeln angepassten HB II ist jedoch gleichfalls zulässig und kann in manchen Fällen dazu führen, dass der Eintritt der Konzernrechnungslegungspflicht vermieden wird (*ADS*[6] § 293 Anm 8 mit dem Beispiel eines nach lokalem Recht zu Wiederbeschaffungswerten bilanzierenden TU). Für die Nettomethode fehlt dieser Bezug auf die Einzelbilanzen. Die Konzernbilanz ist nach den §§ 300 und 308 aufzustellen. Dabei dürfen alle bilanzsummenmindernden Wahlrechte ausgeübt werden. Bei Vorliegen eines Vorjahres-KA ist das MU aufgrund des Stetigkeitsgebots jedoch an die Ausübung der Wahlrechte gebunden. Die Wahl zwischen Brutto- und Nettomethode darf in jedem Gj neu ausgeübt werden, da sie keine KonsMethode darstellt und daher das Stetigkeitsgebot des § 297 Abs 3 S 2 nicht greift; sie ist jedoch einheitlich auf den gesamten KonsKreis anzuwenden (*WPH*[14] I, M Anm 132). 12

Die Größenmerkmale können erst bestimmt werden, wenn der potentielle KonsKreis gem §§ 294, 296 festliegt. Dabei dürfen alle Wahlrechte des § 296 ausgeschöpft werden. Dies entspricht dem Ziel der Vorschrift, die Befreiung für den KA zu ermitteln, der ohne die Vorschrift des § 293 aufgestellt würde (*WPH*[14] I, M Anm 138 f). Die **einzubeziehenden TU** sind daher zu jedem Stichtag neu festzulegen. 13

Bei der additiven Bruttomethode ist der **Abschlussstichtag** des MU maßgebend (§ 293 Abs 1 Nr 1). Für die Nettomethode ist der Stichtag nach § 299 maßgebend (Abs 1 Nr 2), der dem Abschlussstichtag des MU entspricht. Hinsichtlich der Umrechnung von Fremdwährungs-JA für ausländische TU findet § 308a Anwendung. Für die Umrechnung der Bilanzsumme ist folglich der Devisenkassamittelkurs am KA-Stichtag, für die Umrechnung der Umsatzerlöse der Durchschnittskurs des KonzernGj heranzuziehen. 14

Die Größenmerkmale der Nrn 1 und 2 beziehen sich auf den JA/KA zum Bilanzstichtag (bei Anwendung der Bruttomethode erfolgt ein Bezug auf den KA) und zum vorhergehenden Bilanzstichtag (auch eines Rumpf-Gj); an *beiden* Stichtagen dürfen die Merkmale nicht überschritten sein. Dafür genügt für die Befreiung das Unterschreiten von jeweils zwei der drei in Anm 10 genannten Grenzwerte. Eine **Pflicht** zur Aufstellung eines KA/Konzernlageberichts nach Abs 1 **entfällt nur** dann, wenn 15
– mind zwei der drei in Anm 10 genannten Grenzwerte nicht überschritten werden
– und wenn außerdem zwei Grenzwerte auch an dem vorhergehenden Stichtag nicht erreicht wurden.

Dabei dürfen an beiden Stichtagen jeweils andere Kriterien herangezogen werden (ebenso *Siebourg* in HdKR[2] § 293 Anm 36; *ADS*[6] § 293 Anm 11).

Die Nettomethode nimmt auf den KA Bezug. Daher sind für alle KonsMaßnahmen die jeweiligen gesetzlichen Regelungen stetig anzuwenden, zB Zeitpunkt der KapKons (§ 301 Anm 140 ff), Behandlung des Unterschiedsbetrags (§ 309), Einbezug assozUnt ua. 16

Das HGB enthält keine Regelung darüber, welche Grenzwerte bei **Konzernen** gelten, die in **mehreren Wirtschaftszweigen** (Industrie, Kreditinstitute, VersicherungsUnt) tätig sind. Maßgebend sind allein Wirtschaftszweig und 17

Rechtsform des MU: Ist dieses ein Kreditinstitut, ein VersicherungsUnt (oder deren Holding, §§ 340i Abs 3, 341i Abs 2) *entfällt stets* eine *Größenbefreiung*. Beherrscht das MU oder ein Holding-MU einen Industrie-Konzern, zu dem als TU *auch* Kreditinstitute oder VersicherungsUnt gehören, bleibt es bei den Grenzwerten gem Abs 1.

II. Härteklausel (Abs 4)

20 Die Befreiung von der Aufstellung eines KA/Konzernlageberichts nach Abs 1 setzt voraus, dass mind zwei der drei generellen Merkmale am Bilanzstichtag *und* am vorhergehenden Bilanzstichtag des KA – also an zwei Stichtagen – *nicht* überschritten wurden; dabei müssen nicht an beiden Stichtagen die gleichen Merkmale herangezogen werden. Das Unterschreiten an einem Stichtag reicht nach Abs 1 nicht aus. Abs 4 erweitert Abs 1 insofern, als er das MU auch befreit, wenn die Voraussetzungen des Abs 1 nur an einem der Stichtage erfüllt sind und das MU am vorhergehenden Abschlussstichtag *auf Grund von Abs 1 oder Abs 4* befreit war. Aus Abs 4 ist keine generelle Befreiung von der Aufstellungspflicht abzuleiten für Unt, die im Vj keinen KA/Konzernlagebericht aufstellen mussten (s auch Anm 22). Denn Zweck von Abs 4 ist es, einen Wechsel zwischen Aufstellungspflicht und Aufstellungsfreiheit generell in Fällen zu vermeiden, die jeweils dicht über oder unter den Grenzwerten liegen (*Siebourg* in HdKR² § 293 Anm 37).

21 Aus Abs 4 folgt, dass die Konzernrechnungslegungspflicht erst beginnt, wenn an **zwei aufeinander folgenden Stichtagen** jeweils zwei Grenzwerte überschritten sind. Diesen Zusammenhang verdeutlicht folgende Tabelle (in Anlehnung an *Albrecht* in Rechnungslegung § 293 Anm 27):

	Größenmerkmale unterschritten?				
	Fall A	Fall B	Fall C	Fall D	Fall E
Stichtag t1	ja	nein	ja	nein	ja
Stichtag t2	nein	ja	ja	nein	nein
Stichtag t3	ja	ja	nein	ja	ja
Stichtag t4	ja	nein	ja	nein	nein
Befreiung am Stichtag t4?	ja	ja	ja	nein	?

Die Frage, ob am Stichtag t4 Befreiung besteht, ist wie folgt zu beurteilen:

Fall A: Befreiung ist bereits nach Abs 1 gegeben, weil die Größenmerkmale sowohl in t4 wie in t3 unterschritten sind.

Fall B: Befreiung ist nach Abs 4 gegeben, weil die Größenmerkmale in t3 unterschritten waren und in t3 Befreiung bestand.

Fall C: Befreiung ist nach Abs 4 gegeben, weil die Größenmerkmale in t4 unterschritten sind und in t3 Befreiung bestand. (Im Fall C lagen in t3 die gleichen Verhältnisse vor wie im Fall B in t4.)

Fall D: Befreiung ist nicht gegeben, weil die Größenmerkmale in t4 nicht unterschritten sind (Abs 1) und in t3 keine Befreiung bestand (Abs 4).

Fall E: Die Frage ist anhand der angegebenen Daten nicht beantwortbar. Zur Beantwortung muss über den Stichtag t1 soweit zurückgegangen werden, bis an zwei aufeinander folgenden Stichtagen eine übereinstimmende Antwort (ja oder nein) vorliegt und damit entschieden ist, ob eine Aufstellungspflicht an diesen beiden Stichtagen gegeben war oder nicht. Entspr der an diesen beiden Stichtagen übereinstimmenden Antwort ist die Frage für t4 mit ja oder nein zu beantworten.

Aufgrund der verpflichtenden Anwendung der EA-Vorschrift des § 267 Abs 4 22
S 2 gem § 293 Abs 4 S 2 treten die Rechtsfolgen eines Unterschreitens bzw
Überschreitens der Größenkriterien im Falle einer Umw oder Neugründung
sofort ein, wenn die Kriterien am ersten Stichtag nach dieser Transaktion erstmals erfüllt sind. Gleiches gilt für die formwechselnde Umwandlung eines zuvor
in den Anwendungsbereich des PublG fallenden MU in eine KapGes/KapCoGes.

Der Anwendungsbereich der EA-Vorschrift des § 267 Abs 4 S 2 umfasst neben 23
der rechtlichen Neugründung auch den Fall der wirtschaftlichen Neugründung
(*WPH*[14] I, F Anm 74). Darunter fällt der Erwerb eines wirtschaftlichen Geschäftsbetriebs durch eine MantelGes. Übertragen auf den KA ist eine wirtschaftliche Neugründung dann gegeben, wenn zwei inaktive Gesellschaften (MU und
TU) das erste operative TU erwerben (s *PwC* BilMoG Komm § 293 Q 156).

III. Einzelfragen

Bei **Rumpf-Geschäftsjahren** sind die fehlenden Zeiträume bei den Merk- 25
malen „Umsatzerlöse" und „Arbeitnehmerzahl" den jeweils vorhergehenden Gj
zu entnehmen, sofern es diese Zeiträume beim MU oder den TU gibt, s dazu
§ 267 Anm 8, 13 und 23. Existiert kein vorhergehendes Gj, sind die Umsatzerlöse des Rumpf-Gj auf 12 Monate hochzurechnen (aA *Hoffmann/Lüdenbach*[3] § 293
Anm 14); die Arbeitnehmerdurchschnittzahl ergibt sich aus dem Rumpf-GjDurchschnitt.

Veränderungen im KonsKreis ändern nichts an der unter Anm 10ff darge- 26
stellten Vorgehensweise. Es sind die Vorschriften über den KonsKreis maßgebend. Für § 293 sind neue TU ab dem Zeitpunkt ihrer Konzernzugehörigkeit
einzubeziehen. Dh, dass die „Umsatzerlöse" und „Arbeitnehmer" der neuen TU
als zeitraumbezogene Kriterien erst ab dem ErstKonsZeitpunkt der TU einzubeziehen sind (*ADS*[6] § 293 Anm 21). Abgänge sollten für das gesamte Jahr nicht
mehr berücksichtigt werden (*ADS*[6] § 293 Anm 20; *Siebourg* in HdKR[2] § 293
Anm 43).

IV. Wegfall der Befreiung (Abs 5)

Die größenabhängigen Befreiungen entfallen *sofort*, wenn am Bilanzstichtag 35
entweder Aktien oder andere Wertpapiere des **MU oder** eines (tatsächlich) *einbezogenen* **TU** an Börsen (organisierter Markt iSd § 2 Abs 5 WpHG) eines Mitgliedstaates der EU bzw des EWR (Island, Liechtenstein, Norwegen) gehandelt
werden oder dort ihre Börsenzulassung beantragt ist.

Bereits aus den Börsenzulassungs-Vorschriften ergibt sich, dass KA vorzulegen 36
und im Zulassungsprospekt wiederzugeben sind, wenn entweder Anteile oder
andere Wertpapiere an EU- oder EWR-Börsen gehandelt werden sollen.

C. Größenmerkmale nach Publizitätsgesetz

I. Allgemeines

Die Größenmerkmale der zur Konzernrechnungslegung verpflichteten MU 40
ergeben sich nach § 11 Abs 1 PublG. Bzgl der weiteren Aufstellungsvoraussetzungen gem § 11 Abs 1 bis 3 sowie Abs 5 PublG s § 290 Anm 100ff. Bzgl der
sachlichen Befreiungen bei Mehrstufen-Konzern §§ 291 und 292.

II. Generelle Regelung (§ 11 Abs 1 und 2 PublG)

1. Mindestgrößen für die Aufstellungspflicht und ihre Definitionen

41 Die **Aufstellungspflicht** orientiert sich in ähnlicher Weise zu §§ 267 und 293 an dem Überschreiten von mind zwei der drei folgenden Merkmale.

KA nach PublG
(ebenso JA nach PublG)

Schwellenwerte für den KA aller einbezogener Unt	Grenzwert
a) Bilanzsumme über Mio Euro	65
b) Umsatzerlöse in den letzten 12 Monaten über Mio Euro	130
c) Bei *Inlands*unternehmen tätige Arbeitnehmer im Durchschnitt der letzten 12 Monate mehr als	5000

42 Die vorstehenden Schwellenwerte beziehen sich dem Wortlaut der Vorschrift entspr auf den bereits **konsolidierten KA.** Da nur die Zahl der inländischen Arbeitnehmer im Konzern durch Addition ermittelt werden kann, sind die beiden anderen Grenzwerte aber von konzerninternen Vorgängen zu bereinigen. Es können aber hinreichend genaue Überschlagsrechnungen für die Berechnung der Bilanzsumme bei Unterschreiten der Grenzwerte ausreichend sein (s WPH[14] I, O Anm 33). Kann dies nicht gewährleistet werden, ist ein ProbeKA erforderlich.

43 Bzgl der weiteren Aufstellungsvoraussetzungen vgl § 290 Anm 104–116. Insb ist das Überschreiten von mind zwei Grenzwerten an drei aufeinander folgenden Bilanzstichtagen Voraussetzung für eine Konzernrechnungslegungspflicht. Die Aufstellungspflicht endet erst dann, wenn für drei aufeinander folgende Abschlussstichtage mind zwei dieser Merkmale nicht mehr zutreffen (§ 12 Abs 1 iVm § 2 Abs 1 S 3 PublG). Im Gegensatz zu der Bestimmung des § 293 Abs 4 S 2 treten die Rechtsfolgen des Vorliegens der Größenmerkmale in den Fällen der Umwandlung oder einer Neugründung nicht bereits am ersten Abschlussstichtag nach der Umw oder Neugründung ein, da ein Verweis auf die entspr Regelung des § 2 Abs 2 S 2 für den JA fehlt (s dazu *PwC* BilMoG Komm § 293 Q 161 f).

44 Bei dem Probe-KA zum Bilanzstichtag des MU nach Ablauf des vorgenannten Zeitraums sind gem § 11 Abs 2 iVm § 1 Abs 2 S 1 bis 5 PublG folgende zusätzliche Regeln zu beachten:
- Die **konsolidierte Bilanzsumme** ist zunächst grds nach HGB zu ermitteln (Verweis in § 13 Abs 2 PublG); anschließend ist diese Bilanzsumme um alle passivierten Verbindlichkeiten oder Rückstellungen für Verbrauchsteuern und Monopolabgaben zu kürzen (*ADS*[6] § 11 PublG Anm 20 spricht von einem Wahlrecht); dieser Abzug ist auch für KA nach PublG sinnvoll (ebenso *Ischebeck* in HdKR[2] § 11 PublG Anm 21, WPH[14] I, O Anm 32). Ein nicht durch EK gedeckter Fehlbetrag ist im Gegensatz zu Abs 1 Nr 2a nicht abzuziehen (*ADS*[6] § 11 PublG Anm 19).
- Bei den **Außen-Umsatzerlösen** (§ 275 Anm 66 ff) müssen alle darin enthaltenen Verbrauchsteuern und Monopolabgaben gekürzt werden.
- Hinsichtlich der **Umrechnung von Fremdwährungsposten** für die Prüfung der Größengrenzen des KA ist die für die Aufstellung des KA geltende Regel heranzuziehen. § 13 Abs 2 PublG verweist diesbezügl ua auf § 308a, s hierzu Anm 8 ff.

– Die **Durchschnittszahl der Arbeitnehmer** ist (anders als im HGB) der zwölfte Teil der Summe aus den am jeweiligen Monatsende beschäftigten Arbeitnehmern einschl der Auszubildenden (§ 1 Abs 2 S 5 PublG). Im Gegensatz zum HGB stellt § 11 Abs 1 PublG nur auf die bei „KonzernUnt mit Sitz im Inland" Beschäftigten einschl der in ausländischen Betriebsstätten (§ 1 Abs 2 S 5 PublG) ab.

2. Teilkonzernabschluss/Teilkonzernlagebericht

Ist nach § 11 Abs 3 PublG eine Konzernrechnungslegungspflicht für inländische Teil-KA/Teilkonzernlageberichte gegeben, sind die Größenkriterien für jeden Teil-KA gesondert zu untersuchen (*Ischebeck* in HdKR² § 11 PublG Anm 25). 45

III. Kreditinstitute und Versicherungsunternehmen

Sollten Kreditinstitute oder VersicherungsUnt **Tochterunternehmen** eines unter das PublG fallenden Unt sein, gelten für diesen Mischkonzern die allgemeinen Schwellenwerte des § 11 Abs 1 PublG. Die Berechnungshinweise in Anm 11 und 17 gelten auch hier. 55

D. Rechtsfolgen einer Verletzung des § 293

Weder § 293 noch § 11 PublG sind sanktioniert, weil sie entweder Definitionen oder Wahlrechte enthalten. Die Pflicht zur Aufstellung eines KA/Konzernlageberichts, wenn die Befreiungsgrenzen nach § 293 oder § 11 PublG überschritten sind (oder diese Befreiungsvorschriften falsch ausgelegt wurden), richten sich nach § 290 Abs 1 oder nach § 13 Abs 1 PublG. Die zuletzt genannten Vorschriften sind durch § 335 Abs 1 S 1 Nr 1 oder § 21 S 1 PublG sanktioniert. Näheres bei § 335 Anm 15 und 30 ff. 58

E. Abweichungen der IFRS

IFRS 10 kennt keine größenabhängige Befreiung von der Aufstellung von KA. Für die IFRS ist, geprägt durch den angelsächsischen Rechtskreis, der KA der maßgebende Abschluss. Insofern ist der Verzicht auf eine Befreiungsregel konsequent. Auch für die Anwendung des Grundsatzes der Materiality ergibt sich, legt man die angelsächsische Denkweise zugrunde, nur ein begrenzter Spielraum. 60

Zweiter Titel. Konsolidierungskreis

§ 294 Einzubeziehende Unternehmen. Vorlage- und Auskunftspflichten

(1) In den Konzernabschluß sind das Mutterunternehmen und alle Tochterunternehmen ohne Rücksicht auf den Sitz der Tochterunternehmen einzubeziehen, sofern die Einbeziehung nicht nach § 296 unterbleibt.

(2) Hat sich die Zusammensetzung der in den Konzernabschluß einbezogenen Unternehmen im Laufe des Geschäftsjahrs wesentlich geändert, so sind in den Konzernabschluß Angaben aufzunehmen, die es ermöglichen, die aufeinanderfolgenden Konzernabschlüsse sinnvoll zu vergleichen.

(3) [1] Die Tochterunternehmen haben dem Mutterunternehmen ihre Jahresabschlüsse, Einzelabschlüsse nach § 325 Abs. 2a, Lageberichte, Konzernabschlüsse, Konzernlageberichte und, wenn eine Abschlussprüfung stattgefunden hat, die Prüfungsberichte sowie, wenn ein Zwischenabschluß aufzustellen ist, einen auf den Stichtag des Konzernabschlusses aufgestellten Abschluß unverzüglich einzureichen. [2] Das Mutterunternehmen kann von jedem Tochterunternehmen alle Aufklärungen und Nachweise verlangen, welche die Aufstellung des Konzernabschlusses und des Konzernlageberichts erfordert.

Übersicht

	Anm
A. Grundlagen	1, 2
B. Weltabschlussprinzip (Abs 1)	5, 6
C. Wesentliche Änderungen des Konsolidierungskreises (Abs 2)	8–15
D. Vorlage- und Auskunftspflichten (Abs 3)	20–26
E. Publizitätsgesetz	36
F. Rechtsfolgen einer Verletzung des § 294	38, 39
G. Abweichungen der IFRS	42, 43

Schrifttum §§ 294 und 296: *Gelhausen, W.* Konsolidierungskreis, Prüfung in HWRev[2] Sp 1002 ff; *Selchert/Baukmann* Die untergeordnete Bedeutung von Tochterunternehmen im Konsolidierungskreis BB 1993, 1325 ff; *Zwingmann* Zur Einbeziehung von Tochterunternehmen in den Konzernabschluss – Kritik an den Vorschriften der §§ 295 und 296 HGB DStR 1994, 1547 ff; *Maas/Schruff* Ausgliederungen aus dem Konsolidierungskreis in FS Havermann, 413 ff; *Jäger* Der Entherrschungsvertrag DStR 1995, 1113; *Möhlmann/Diethard* Zur Operationalisierung der „untergeordneten Bedeutung" in der Konzernrechnungslegung BB 1996, 205 ff; *Ruhnke/Schmidt/Seidel* Einbeziehungswahlrechte und -verbote im IAS-Konzernabschluss DB 2001, 657; IDW Stellungnahme zu E-DRS 10, WPg 2001, 917 ff; *Leuthier* Konsolidierungskreis in HWRuP[3] Sp 1331 ff; *Knorr/Buchheim* Konzernrechnungslegungspflicht und Konsolidierungskreis – Wechselwirkungen und Folgen für die Verpflichtung zur Anwendung der IFRS BB 2005, 2399 ff; *Engelmann/Zülch* Pflicht zur Aufstellung eines IFRS-Konzernabschlusses trotz nach HGB unwesentlicher Tochterunternehmen DB 2006, 293 ff; *Küting/Gattung/Keßler* Zweifelsfragen der Konzernrechnungslegungspflicht in Deutschland DStR 2006, 529 ff u 579 ff; *Mielke/Welling* Kartellrechtliche Zulässigkeit von Conduct of Business-Klauseln in Unternehmenskaufverträgen BB 2007, 277 ff; *Watrin/Lammert* Konzernrechnungslegungspflicht deutscher Unternehmen bei obligatorischer Anwendung der IFRS-Zulässigkeit der faktischen Befreiung aufgrund von § 296 HGB WPg 2007, 871 ff; IDW RH HFA 1.012 Externe (handelsrechtliche) Rechnungslegung im Insolvenzverfahren FN-IDW 2008, 331 ff; *Kütting/Seel* Das neue deutsche Konzernbilanzrecht – Änderungen der Konzernrechnungslegung durch das Bilanzrechtsmodernisierungsgesetz (BilMoG) DStR 2009 Beilage, 37 ff; *Gelhausen/Deubert/Klöcker* Zweckgesellschaften nach BilMoG: Mehrheit der Risiken und Chancen als Zurechnungskriterium DB 2010, 2005 ff; IDW RS HFA 17 Auswirkungen einer Abkehr von der Going-Concern-Prämisse auf den handelsrechtlichen Jahresabschluss FN-IDW 2011, 438 ff; IDW RS HFA 38 Ansatz- und Bewertungsstetigkeit FN-IDW 2011, 560 ff; IDW RS HFA 44 Vorjahreszahlen im handelsrechtlichen Konzernabschluss und Konzernrechnungslegung bei Änderungen des Konsolidierungskreises FN-IDW 2012, 32 ff.

Standards: DRS 19 Pflicht zur Konzernrechnungslegung und Abgrenzung des Konsolidierungskreises.

A. Grundlagen

Die §§ 294 und 296 regeln die **Abgrenzung des Vollkonsolidierungs-** **1**
kreises, dh welche Unt im Wege der VollKons (§§ 300–309) in den KA einzubeziehen sind und unter welchen Voraussetzungen eine Kons unterbleiben darf (§ 296).
Die Vorschriften über den KonsKreis sind indirekt auch mit der Verpflichtung **2**
zur Aufstellung eines KA (§ 290) verbunden. Neben den unmittelbaren Befreiungen von der KA-Pflicht gem §§ 291–293 kann sich nach § 290 Abs 5 (s dort Anm 95) eine **Befreiung** von der **Konzernrechnungslegungspflicht mittelbar** durch die Anwendung der Vorschriften über den KonsKreis ergeben, wenn nach der zutreffenden Ausübung von KonsWahlrechten (§ 296) kein gem §§ 300ff voll zu kons TU gem § 294 Abs 1 des MU verbleibt. Die Befreiung nach § 290 Abs 5 gilt auch dann, wenn das MU ein kapmarktUnt ist (s dazu *PwC* BilMoG Komm, Q Anm 96 ff). IdR wird sie nur dann zum Tragen kommen, wenn neben dem MU nur unwesentliche TU iSv § 296 Abs 2 vorhanden sind (im Einzelnen s dort Anm 33 ff).

B. Weltabschlussprinzip (Abs 1)

Das *MU und alle in- und ausländischen TU müssen* – unabhängig von ihrer **5**
Rechtsform – in den KA *einbezogen werden,* soweit nicht ein KonsWahlrecht (§ 296) in Anspruch genommen werden darf. Grundvoraussetzung für die VollKons ist zunächst das Vorliegen eines Mutter-/Tochterverhältnisses. Wann dies der Fall ist, ist abschließend in § 290 geregelt (§ 290 Anm 20 ff). Die KonsPflicht gilt dabei nicht nur für **unmittelbare** TU, sondern auch für alle **mittelbaren Tochterunternehmen,** was sich aufgrund der Zurechnung von Anteilen und Rechten nach § 290 Abs 2 Nr 1 bis 3 iVm Abs 3 ergibt (dazu s § 290 Anm 80 ff; DRS 19.62 ff). Für ZweckGes iSv § 290 Abs 2 Nr 4 (DRS 19.50 ff) ergibt sich die Einbeziehungspflicht aufgrund einer wirtschaftlichen Gesamtbetrachtung der vom MU insgesamt zu tragenden Risiken und Chancen aus deren Geschäftstätigkeit (s *Gelhausen/Deubert/Klöcker* DB 2010, 2008 f; DRS 19.50 ff).
Nach Abs 1 sind zudem alle TU *ohne Rücksicht auf ihren Sitz,* dh auch ausländische TU, in den KA einzubeziehen **(Weltabschlussprinzip).** Auch, wenn der Wortlaut des Abs 1 ausländische GemUnt und assozUnt nicht ausdrücklich umfasst, gilt auch für diese Unt das Weltabschlussprinzip (hM).
Die freiwillige VollKons von Unt, die nicht TU iSv § 290 sind, ist jedoch nicht **6**
zulässig (glA *ADS*[6] § 294 Anm 9; *Heni* in Rechnungslegung[2] § 294 Anm 9; DRS 19.78). Hiervon zu unterscheiden ist der Fall, dass der KonsKreis nach wirtschaftlichen Gesichtspunkten abgegrenzt wird, dh in einem konsolidierten Abschluss, eine Gruppe von Unt (zB einer Sparte oder eines Geschäftsfelds) zusammengefasst wird, die ausschließlich für konzerninterne Führungs- und Steuerungsentscheidungen als eine Einheit angesehen wird und unabhängig davon, ob zwischen diesen Unt ein Mutter-/Tochterverhältnis iSv § 290 besteht. Derartige *erweiterte Konzernabschlüsse* oder **Gruppenabschlüsse** (ausführlich dazu *Förschle/ Almeling* in Sonderbilanzen[4] F Anm 8 ff) besitzen keine rechtliche Relevanz und haben auch keine befreiende Wirkung iSd § 291 (*ADS*[6] § 294 Anm 10; *WPH*[14] I, M Anm 182; *Pfaff* in MünchKomm HGB[3] § 294 Anm 10) bzw berechtigen einbezogene TU in der Rechtsform der KapGes/KapCoGes nicht, die Erleichterungen gem § 264 Abs 3 ggf iVm Abs 4 bzw § 264b in Anspruch zu

nehmen (s auch § 264 Anm 116 ff). Erfolgt eine freiwillige Prüfung eines solchen Gruppenabschlusses ist der BVm entspr anzupassen (*Förschle/Almeling* in Sonderbilanzen[4] F Anm 109 ff).

C. Wesentliche Änderungen des Konsolidierungskreises (Abs 2)

8 Um die **Vergleichbarkeit** aufeinander folgender KA **im Zeitablauf** sicherzustellen, sind nach Abs 2 bei wesentlichen Änderungen des KonsKreis während des Gj zusätzliche Angaben in den Konzernanhang aufzunehmen.

9 Eine **Änderung** des KonsKreises liegt vor, wenn sich die Zusammensetzung der in den KA einbezogenen vollkonsolidierten TU durch Zu- oder Abgänge geändert hat (IDW RS HFA 44, Tz 10). Dies gilt entspr bereits im Entstehungsjahr eines Konzerns, wenn also erstmals Mutter-/Tochterverhältnisse begründet werden; in diesem Fall muss die Vergleichbarkeit zwischen dem JA des MU und dessen ersten KA gewährleistet werden (zur Angabe von Vj-Zahlen s § 298 Anm 51).

Da in Abs 2 allgemein von *einbezogenen* Unt die Rede ist, können auch Änderungen bei quotal in den KA einbezogenen GemUnt (§ 310) zu einer Berichtspflicht führen, nicht dagegen bei assozUnt gem § 311 (*ADS*[6] § 294 Anm 17). Zu den Änderungen des KonsKreises gehört auch der zulässige oder gebotene Wechsel von der Voll- auf die QuotenKons bzw von diesen auf die EquityKons bzw AK-Bewertung und umgekehrt (IDW RS HFA 44, Tz 10; zur ÜbergangsKons s auch § 301 Anm 340 ff). Änderungen des KonsKreises können schließlich auch (indirekt) dadurch hervorgerufen werden, dass KonsWahlrechte (dazu § 296 Anm 5 ff), anders als bisher ausgeübt werden (DRS 19.120). Da der Stetigkeitsgrundsatz des § 297 Abs 3 S 2 auch für die Abgrenzung des KonsKreises gilt (§ 297 Anm 200 ff), wird dies aber nur ausnahmsweise der Fall sein; bspw wenn sich die relative Bedeutung eines TU für die VFE-Lage des Konzerns gem § 296 Abs 2 geändert hat.

10 Wenn eine wesentliche Änderung des KonsKreises während des Gj erfolgt ist, wird dies idR dazu führen, dass die Beträge in der Konzern-GuV auch im **Folgejahr** nicht mit denen der Vorperiode vergleichbar sind (DRS 19.123). Die Berichtspflicht im Konzernanhang zur Herstellung der Vergleichbarkeit aufeinander folgender KA ergibt sich in diesem Fall aber nicht aus Abs 2, sondern aus § 265 Abs 2 S 2, 3 iVm § 298 Abs 1.

11 Änderungen sind dann **wesentlich,** wenn sie die Vergleichbarkeit aufeinander folgender KA in Bezug auf „die VFE-Lage" beeinträchtigen, dh wenn die eigentliche Entwicklung des Konzerns, die sich ohne die Änderung des KonsKreis im Gj ergeben hat, ohne zusätzliche Erl nicht erkennbar ist und die Angaben deshalb geeignet sind, die Entscheidungen der Adressaten des KA zu beeinflussen (IDW RS HFA 44, Tz 11; *Claussen/Scherer* in Kölner Komm-HGB § 294 Anm 15; *von Keitz* in Bilanzrecht § 294 Anm 35: Beeinflussung einer der Teillagen reicht aus).

Ab welcher Größenordnung der Vergleich von KA im Zeitablauf beeinträchtigt wird, kann nicht mittels starren Verhältniszahlen festgelegt werden (*Sahner/Sauermann* in HdKR[2] § 294 Anm 15). Auch kann nicht allein von der absoluten Zahl der erstmals in den KA einbezogenen bzw der ausgeschiedenen Unt auf eine wesentliche Änderung des KonsKreises geschlossen werden. Es kommt vielmehr auf die Bedeutung der Posten in den JA der jeweiligen zum KonsKreis zu- bzw abgehenden TU unter Berücksichtigung der auf Konzernebene bestehenden Zusatzbewertungen aus der KapKons (s § 301 Anm 53 ff) im Vergleich zu den entspr Posten des KA an. Auch Zu- oder Abgänge von mehreren TU bzw GemUnt, die jeweils für sich genommen nur von untergeordneter Bedeutung für die VFE-Lage des Konzerns sind, können insgesamt zu einer wesentlichen Änderung des KonsKreises führen (*ADS*[6] § 294 Anm 19).

Die Entscheidung, ab welcher Größenordnung eine Veränderung als wesentlich anzusehen ist, kann nur im Einzelfall unter Abwägung aller Umstände getroffen werden (DRS 19.121). Als Anhaltspunkt können dabei zB Relationen der Größen Umsatzerlöse, Anlage- bzw Umlaufvermögen, Schulden oder Jahresergebnis sowie der Cashflow aus lfd Geschäfts-, Investitions- bzw Finanzierungstätigkeit im JA des/der betr TU zu den entspr Größen im KA dienen (*ADS*[6] § 294 Anm 18).

Zum Umfang der in den KA aufzunehmenden Aufwendungen und Erträge **12** bei unterjährigen Änderungen des KonsKreises (§ 300 Anm 44f; IDW RS HFA 44, Tz 20ff).

Die **zusätzlichen Angaben** zur Herstellung der Vergleichbarkeit der aufein- **13** ander folgenden KA bei wesentlichen Änderungen in der Zusammensetzung des KonsKreises sind zweckmäßigerweise in den **Konzernanhang** aufzunehmen (ebenso *Sahner/Sauermann* in HdKR[2] § 294 Anm 16; *Heni* in Rechnungslegung[2] § 294 Anm 14). Die zur Vergleichbarkeit der Finanzlage des Konzerns gebotenen Angaben iSd Abs 2 können auch im Anschluss an die KFR, zB gemeinsam mit den Angaben zu den Zahlungsströmen iZm dem Erwerb oder dem Verkauf von Beteiligungen (dazu § 297 Anm 78ff; DRS 2.52e)), gemacht werden. Angaben sind aber immer nur insoweit erforderlich, als sie sich nicht ohnehin aus der Berichterstattung gem § 313 Abs 2 Nr 1 und Nr 3 (Aufstellung der in den KA einbezogenen TU und GemUnt) ergeben.

Üblicherweise wird im Konzernanhang bereits über die Zusammensetzung des KonsKreises berichtet, wobei Angaben zur Anzahl der einbezogenen Unt unterteilt nach in- und ausländischen TU unter Hervorhebung der eingetretenen Veränderungen gemacht werden. Regelmäßig wird die Anzahl der nicht mehr einbezogenen Unt und ggf die durch Verschmelzung eingetretene Verringerung des Kreises der einbezogenen Unt genannt. Diese Berichterstattung erfolgt auch dann, wenn die Veränderungen von untergeordneter Bedeutung iSv Abs 2 sind.

Die zusätzlichen Angaben gem Abs 2 S 1 sollen die **Auswirkung der Ände- 14 rung** ggü dem vorjährigen KA erkennen lassen. Dazu sind zumindest die wesentlich betroffenen Posten der Konzernbilanz, soweit sie im Gliederungsschema der Bilanz (§ 266 Abs 2 und 3) mit römischen Zahlen gekennzeichnet sind, und/oder der Konzern-GuV (Außenumsatzerlöse, Materialaufwand, Personalaufwand, Abschreibungen, sonstige betriebliche Aufwendungen und Erträge, Finanz- und ao Ergebnis, E+E-Steuern) zu nennen und die Änderungen unter Verwendung von Absolut- oder Prozentzahlen zu quantifizieren (hM *ADS*[6] § 294 Anm 20 mwN). Entspr gilt für die KFR bzgl der Zahlungsströme aus lfd Geschäfts- sowie aus Investitions- bzw Finanzierungstätigkeit. Im EK-Spiegel sind die Reinvermögenseffekte aufgrund von Änderungen des KonsKreises in gesonderten Zeilen zu erfassen (s dazu § 297 Anm 119; *ADS* (Int) Abschn 22 Anm 138), so dass zusätzliche Angaben nach Abs 2 insofern zum Zweck der Vergleichbarkeit nicht erforderlich sind. Ausschließlich verbale Ausführungen reichen keinesfalls aus (DRS 19.122; IDW RS HFA 44, Tz 14).

Ferner besteht die Möglichkeit, zusätzlich zu den regulären Konzern-Vj- **15** Zahlen nach § 265 Abs 2 S 1 iVm § 298 Abs 1 freiwillig **Pro-Forma-Zahlen** anzugeben (dazu s § 298 Anm 52ff), bei deren Ableitung zB unterstellt wird, dass die Veränderung des KonsKreises sich bereits zu Beginn des Gj ereignet hat (sog Drei-Spalten-Form; IDW RS HFA 44, Tz 15 ff; ausführlich zur Ermittlung von Pro-Forma-Zahlen s auch *Förschle/Almeling* in Sonderbilanzen[4] F Anm 17ff u 67ff).

D. Vorlage- und Auskunftspflichten (Abs 3)

20 Grundlage für die Aufstellung des KA ist die Zusammenfassung des JA des MU mit den JA der TU (§ 300 Abs 1 S 1). Daher erlegt Abs 3 den TU bestimmte (einklagbare) Vorlagepflichten ggü dem MU auf und räumt dem MU außerdem das Recht ein, von den TU **für** die **Aufstellung** des KA **erforderliche** ergänzende **Aufklärungen und Nachweise** zu verlangen. Die Vorschrift dient nicht zur Umsetzung von Regelungen einer der EG-Richtl, sondern geht auf § 335 AktG 1965 zurück.

Das Auskunftsrecht steht zunächst einem inländischen MU ggü seinen TU zu (zur Durchsetzbarkeit ggü ausländischen TU s Anm 25). Es kann jedoch auch von einem ausländischen MU ggü inländischen TU geltend gemacht werden.

Die Vorlage- und Auskunftspflichten bestehen auch für TU, die auf Grund eines **Einbeziehungswahlrechts** (§ 296) nicht im Wege der VollKons in den KA einbezogen werden (glA *ADS*[6] § 294 Anm 26). Die Kenntnis der beim MU einzureichenden Unterlagen (Anm 21) ist in diesen Fällen erforderlich, damit beurteilt werden kann, ob die Voraussetzungen für die Inanspruchnahme eines KonsWahlrechts überhaupt vorliegen.

GemUnt (§ 310) und assozUnt (§ 312) sind keine TU iSv § 290, so dass die Vorlage- und Auskunftspflichten des Abs 3 für diese Unt nicht gelten. Regelmäßig werden sich die Gester bei GemUnt jedoch Abs 3 vergleichbare Vorlagepflichten und ggf **Auskunftsrechte** zB über entspr Bestimmungen in **Satzung/GesV** des GemUnt sichern.

Die Vorlage- und Auskunftspflichten bestehen auch unabhängig von sonstigen Auskunfts- und Einsichtsrechten aufgrund der jeweiligen ges-rechtlichen Bestimmungen, zB § 131 f AktG, § 51a GmbHG (*Kindler* in Großkomm HGB[4] § 294 Anm 16). Auskünfte, die von einem MU zum Zweck der Einbeziehung eines TU, GemUnt oder assozUnt in den KA benötigt werden, dürfen diesem im Übrigen nicht unter Hinweis auf den „**Gleichbehandlungsgrundsatz**" (§ 53a AktG) oder im Fall der Börsennotierung unter Hinweis auf Regelungen des WpHG zu „Insiderinformationen" verweigert werden. Grund hierfür ist, dass die Auskunft dem MU gerade in dieser Eigenschaft, für einen bestimmten, sich aus dem Gesetz ergebenden Zweck (Aufstellung des KA), und nicht einem gewöhnlichen Aktionär erteilt wird, der insofern anderen Aktionären ggü bevorzugt würde. Dies wird für AG bzgl der Gleichbehandlung der Aktionäre ausdrücklich in § 131 Abs 4 S 3 AktG klargestellt (*Hüffer*[10] § 131 Rn 39).

21 Die Vorlagepflicht der TU ggü dem MU umfasst zunächst den **Jahresabschluss** und den **Lagebericht,** unabhängig davon, ob sie nach den deutschen handelsrechtlichen oder sonstigen landesrechtlichen Rechnungslegungsbestimmungen aufgestellt werden. Weicht der JA-Stichtag eines TU vom KA-Stichtag ab und ist gem § 299 Abs 2 S 2 ein Zwischenabschluss aufzustellen, sind dieser und der reguläre JA beim MU einzureichen. Gleiches gilt, wenn ohne entspr Verpflichtung ein Zwischenabschluss auf den KA-Stichtag erstellt wird. Stellt das TU für Offenlegungszwecke einen IFRS-EA gem § 325 Abs 2a auf, besteht auch für diesen eine Vorlagepflicht.

Für TU, die ihrerseits MU iSv § 290 sind, umfasst die Vorlagepflicht auch den (Teil-)**Konzernabschluss** und **Konzernlagebericht;** die Einreichung dieser Unterlagen dürfte jedoch – mit Rücksicht auf die Befreiungsmöglichkeiten gem §§ 290 Abs 5, 291 bis 293 – eher selten sein (glA *ADS*[6] § 294 Anm 30).

Wenn eine Prüfung des JA und/oder KA des TU stattgefunden hat, sind dem MU auch die **Prüfungsberichte** vorzulegen. Die Vorlagepflicht besteht unabhängig davon, ob es sich um eine Pflichtprüfung gem §§ 316 ff oder um eine freiwillige bzw satzungsmäßig vorgenommene APr handelt (*Sahner/Sauermann* in HdKR[2] § 294 Anm 21). Wird auf Ebene des TU eine HB II aufgestellt und von dessen (lokalen) AP geprüft, ist auch der abgezeichnete Formblattabschluss *(Package)* dem MU vorzulegen (*ADS*[6] § 294 Anm 31).

Form und Inhalt der einzureichenden Unterlagen bestimmt sich nach den für das jeweilige TU geltenden gesetzlichen Bestimmungen. Soweit TU zB nicht zur Aufstellung eines Anhangs, Lageberichts oder der Beachtung der Gliederungsvorschriften §§ 266, 275 für Bilanz und GuV verpflichtet sind (zB (reine) PersGes oder KapGes bzw KapCoGes, die § 264 Abs 3 bzw § 264b in Anspruch nehmen, sowie ggf ausländische TU), darf das MU im Rahmen seiner Auskunftsrechte gem Abs 3 S 2 jedoch zusätzliche Informationen verlangen, soweit dies für die Aufstellung des KA oder Konzernlageberichts erforderlich ist (hM *ADS*[6] § 294 Anm 29; *Sahner/Sauermann* in HdKR[2] § 294 Anm 21; aA *Claussen/Scherer* in Kölner Komm-HGB § 294 Anm 24 f: Inhalt des JA des TU wird von der Einreichungspflicht nicht berührt). Faktisch kann sich daraus für die betroffenen TU zumindest teilweise eine Verpflichtung zur *Aufstellung eines Anhangs und Lageberichts nur für Konzernzwecke* ergeben (s zB § 264 Anm 109).

Auf Ebene des JA des TU besteht aber grds keine Pflicht zur Prüfung oder gar Offenlegung dieser *internen* Unterlagen, die für die Aufstellung des KA und des Konzernlageberichts vom MU benötigt werden. Eine Ausnahme gilt nur in den Fällen, in denen auf Verlangen des MU eine gesetzliche APr beim TU um die Prüfung der Anpassungen zur Überleitung auf eine HB II (konzerneinheitliche Bilanzierung und Bewertung; § 300 Anm 26 ff) erweitert wird bzw der Auftrag für eine entspr freiwillige APr erteilt wird. In diesen Fällen werden idR auch die im internen Anhang und Lagebericht enthaltenen Informationen in die Prüfung einbezogen (dazu § 317 Anm 37, 61). Andernfalls erfolgt die Prüfung der Unterlagen durch den Konzern-AP (§ 317 Abs 3 S 1).

Die TU haben die Unterlagen dem MU **unverzüglich,** dh ohne schuldhaftes Zögern (§ 121 Abs 1 BGB), **einzureichen.** Der KA ist gem § 290 Abs 1 grds innerhalb der ersten fünf Monate des neuen Konzern-Gj aufzustellen. Damit werden die *für kleine KapGes, KapCoGes und (reine) PersGes,* geltenden *verlängerten Aufstellungsfristen* für deren *JA* (sechs bzw bis zwölf Monate) *faktisch aufgehoben* (glA *Heni* in Rechnungslegung[2] § 294 Anm 20: Zusatzaufwand durch Verkürzung der Aufstellungsfrist muss ggf vom MU ausgeglichen werden; aA *Müller/Kreipl* in Haufe HGB[3] § 294 Anm 30 f: TU dürfen längere Aufstellungsfrist geltend machen, solange dies einem ordnungsgemäßen Geschäftsgang entspricht). Für einen reibungslosen Ablauf bei der Aufstellung des KA empfiehlt es sich deshalb, den TU schon frühzeitig während des Konzern-Gj die Termine für die Einreichung bestimmter Unterlagen mitzuteilen.

Das **Auskunftsrecht** des MU gem Abs 3 S 2 umfasst *alle Aufklärungen und Nachweise,* die für die Aufstellung des KA und Konzernlageberichts erforderlich sind. Hierbei handelt es sich zunächst um ergänzende Angaben, zB für die Anpassung des JA an die konzerneinheitliche Bilanzierung, Bewertung und Gliederung (dazu § 300 Anm 26 ff), die für die Aufstellung einer HB II des TU benötigt werden, es sei denn die HB II wird vom TU aufgestellt. Ferner hat das MU Anspruch auf Informationen über Ereignisse nach dem KA-Stichtag bis zum Ende der Aufstellungsphase für den KA, die ggf in den HB II bzw im KA sowie, soweit es sich um wertbegründende Ereignisse handelt, ggf im Konzernlagebericht (§ 315 Abs 2 Nr 1; s dort Anm 27) zu berücksichtigen sind. Wird das TU mit einem abw JA-Stichtag in den KA einbezogen, erstreckt sich das Auskunftsrecht auf wesentliche Vorgänge für die VFE-Lage des TU, die zwischen dem JA- und dem KA-Stichtag eingetreten sind und nach § 299 Abs 3 ggf im KA zu berücksichtigen oder im Konzernanhang anzugeben sind.

Außerdem benötigt das MU für die KonsMaßnahmen gem §§ 300 ff ergänzende Informationen:
- Für die Fortführung der *KapKons* nach § 301 Informationen über die Entwicklung (zB Abgänge oder außerplanmäßige Wertminderungen) bei VG und Schulden, bei denen stille Reserven und Lasten im Rahmen der ErstKons aufgedeckt wurden (§ 301 Anm 190 ff).
- Für die Durchführung der *SchuldenKons* (§ 303) zB über die Bestände an Forderungen/Verbindlichkeiten ggü den einzelnen in den KA einbezogenen Unt.
- Für die *Zwischenergebniseliminierung* (§ 304) zB Informationen über die beim TU vorhandenen Vorräte oder Anlagegegenstände etc, soweit sie aus konzerninternen Lfg und Leistungen stammen.
- Für die *Aufwands- und Ertragskons* (§ 305) den Umfang der Leistungsbezüge von verbundenen Unt.
- Informationen über Bewertungsunterschiede zwischen der HB I bzw HB II und der StB für die Bilanzierung *latenter Steuern* nach § 306.

Üblicherweise werden diese ergänzenden Informationen für die Kons im sog **Formblattabschluss** *(Package)* vom MU abgefragt.

25   Die durch Abs 3 normierten Ansprüche können vom MU zivilrechtlich durchgesetzt werden; dies gilt allerdings nur für TU mit Sitz im Geltungsbereich des HGB (glA *Sahner/Sauermann* in HdKR[2] § 294 Anm 22; *Ebeling/Ernst* in Beck HdR C 210 Anm 16). Soweit nach dem Recht eines ausländischen TU entspr Auskunfts- und Informationsrechte für Gester nicht existieren oder (dauerhaft) nicht geltend gemacht werden können, besteht die Möglichkeit, das KonsWahlrecht des § 296 Abs 1 Nr 1 (erhebliche und andauernde Beschränkung der Rechte) für diese TU in Anspruch zu nehmen (glA *ADS*[6] § 294 Anm 43; aA *Heni* in Rechnungslegung[2] § 294 Anm 22: KonsWahlrecht nach § 296 Abs 1 Nr 2 (unverhältnismäßig hohe Kosten oder Verzögerungen) einschlägig; s auch § 296 Anm 15 ff).

26   Die Durchsetzung der Vorlage- und Auskunftsrechte des MU ist uU auch dann problematisch, wenn ein TU im Verlauf oder zum Ende des Konzern-Gj aus dem KonsKreises ausscheidet (zum EndKonsZeitpunkt s § 301 Anm 325 f). Zum Zeitpunkt, zu dem die Pflichten gem Abs 3 wirksam werden, besteht dann häufig nicht nur kein Mutter-/Tochterverhältnis, sondern oft überhaupt kein Bet-Verhältnis mehr. Das Fortbestehen der Vorlagepflichten erscheint deshalb zweifelhaft (so *ADS*[6] § 294 Anm 37; aA *Müller/Kreipl* in Haufe HGB[3] § 294 Anm 28: über Sachverhalte etc bis zum EndKonsZeitpunkt müssen Auskünfte erteilt werden, auch wenn kein Mutter-/Tochterverhältnis mehr besteht). Sofern sich das MU die Vorlage des JA und der sonst für die Kons erforderlichen Unterlagen nicht auf eine andere Art gesichert hat – zB im Rahmen des Anteilsveräußerungsvertrags –, können in diesen Fällen ggf die Einbeziehungswahlrechte gem § 296 Abs 1 Nr 1 (erhebliche und andauernde Beschränkung) oder Nr 2 (unverhältnismäßig hohe Kosten oder Verzögerungen) in Anspruch genommen werden (dazu § 296 Anm 11, 15 ff).

E. Publizitätsgesetz

36   § 294 gilt sinngemäß auch für KA nach dem PublG (§ 13 Abs 2 S 1 PublG). Der KonsKreis umfasst auch hier diejenigen in- und ausländischen Konzern Unt *(Weltabschluss)*, auf deren Geschäfts- und Finanzpolitik das MU unmittelbar oder mittelbar einen beherrschenden Einfluss ausüben kann (§ 11 Abs 1 S 1 PublG; s § 290 Anm 100 f).

F. Rechtsfolgen einer Verletzung des § 294

Gem § 334 Abs 1 Nr 2a bzw § 20 Abs 1 Nr 2a PublG ist die vorsätzliche Verletzung der Vorschrift über den KonsKreis in Abs 1 mit einer *Geldbuße* von bis zu € 50 000 (§ 334 Abs 3) bedroht. **38**
Ein Verstoß gegen die Abs 2 und 3 ist als solcher nicht bußgeldbewehrt. Da die Angabepflichten nach Abs 2 aber als Ergänzung und Modifikation des § 298 Abs 1 iVm § 265 Abs 2 gelten, sind sie regelmäßig mittelbar als bußgeldbewehrt anzusehen (dazu § 334 Anm 21). Vorlagen und Auskünfte nach Abs 3 können nicht im Zwangsgeldverfahren (§ 335) erzwungen werden. Das MU kann seine Ansprüche gegen das TU nach Abs 3 aber zivilrechtlich geltend machen und einklagen, vorausgesetzt das TU hat seinen Sitz im Inland (dazu auch Anm 20). **39**

G. Abweichungen der IFRS

Standards: IFRS 3 Unternehmenszusammenschlüsse *(Business Combinations)* (rev 2008); IFRS 10 Konzernabschlüsse *(Consolidated Financial Statements)* (2011); IFRS 12 Angaben zu Anteilen an anderen Unternehmen *(Disclosure of Interests in Other Entities)* (2011).

Auch für KA nach IFRS gilt das sog **Weltabschlussprinzip,** auch wenn dies in IFRS 10 nicht ausdrücklich (positiv) geregelt wird. **42**
Abweichungen bzgl des **Konsolidierungskreises** ergeben sich dadurch, dass die Voraussetzungen für die Begr eines Mutter-/Tochterverhältnisses nach IFRS 10.6 ff teilweise von denjenigen nach § 290 abweichen (s dort Anm 131) sowie aufgrund von Unterschieden bei den KonsWahlrechten (dazu § 296 Anm 52 ff).
Auch nach IFRS bestehen bei **Veränderungen des Konsolidierungskreises** besondere Angabepflichten, die es den Adressaten ermöglichen sollen, die hieraus resultierenden Auswirkungen auf die Vermögens- und Finanzlage einzuschätzen. Für den **Erwerb** von TU ergibt sich dies aus IFRS 3.59 (a) iVm .60, .B64, .B65. Im Unterschied zu HGB erstrecken sich die Angaben nicht nur auf im Konzern-Gj erstkons TU, sondern auch UntZusammenschlüsse, die nach dem Stichtag bis zur Veröffentlichung des KA vollzogen wurden (IFRS 3.59 iVm .60, B.64, .66). Von besonderer Bedeutung für die Herstellung der Vergleichbarkeit aufeinander folgender KA sind dabei zunächst die Angaben nach IFRS 3.B64(i), wonach die Beträge (AK) der erworbenen Vermögenswerte und Schulden, aggregiert auf Bilanzpostenebene, zu nennen sind. Ferner sind zB nach IFRS 3. B64(q)(ii) – sofern durchführbar – der Umsatz und das Periodenergebnis des Konzerns so anzugeben, als ob sich sämtliche UntErwerbe des Gj bereits zu Beginn des Gj ereignet hätten. Außerdem wird die Vergleichbarkeit aufeinanderfolgender KA dadurch erleichtert, dass nach IFRS 3.61 f iVm .B67 zusätzlich die finanziellen Auswirkungen von Gewinnen und Verlusten, Fehlerkorrekturen und anderen Anpassungen der lfd Periode anzugeben sind, soweit sie aus UntErwerben des Vj resultieren. **43**
Endet die Beherrschung *(control)* über ein bisher vollkons TU, zB durch einen **Verkauf** der Anteile, ist der mit der EndKons (s § 301 Anm 310) verbundene Erfolg anzugeben. Dabei ist ua gesondert anzugeben, in welcher Höhe dieses Ergebnis auf die Zeitwertbewertung von ggf im Konzern verbleibenden Anteilen entfällt (IFRS 12.19(a)). Zusätzlich ist anzugeben, in welchen Posten der GuV die Ergebniseffekte iZm der EndKons ausgewiesen werden (IFRS 12.19(b)).
Sofern durch den Verkauf eines bislang voll konsolidierten TU ein gesonderter wesentlicher Geschäftszweig oder ein geographischer Geschäftsbereich aufgege-

§§ 295, 296

ben wird (IDW RS HFA 2, Tz 110 ff), wird die Einschätzung der daraus resultierenden finanziellen Auswirkungen ferner durch die Ausweis- und Angabepflichten nach IFRS 5 ermöglicht (s dazu § 275 Anm 356 ff).

§ 295 *(aufgehoben)*

§ 296 Verzicht auf die Einbeziehung

(1) Ein Tochterunternehmen braucht in den Konzernabschluß nicht einbezogen zu werden, wenn
1. erhebliche und andauernde Beschränkungen die Ausübung der Rechte des Mutterunternehmens in bezug auf das Vermögen oder die Geschäftsführung dieses Unternehmens nachhaltig beeinträchtigen,
2. die für die Aufstellung des Konzernabschlusses erforderlichen Angaben nicht ohne unverhältnismäßig hohe Kosten oder Verzögerungen zu erhalten sind oder
3. die Anteile des Tochterunternehmens ausschließlich zum Zwecke ihrer Weiterveräußerung gehalten werden.

(2) ¹Ein Tochterunternehmen braucht in den Konzernabschluß nicht einbezogen zu werden, wenn es für die Verpflichtung, ein den tatsächlichen Verhältnissen entsprechendes Bild der Vermögens-, Finanz- und Ertragslage des Konzerns zu vermitteln, von untergeordneter Bedeutung ist. ²Entsprechen mehrere Tochterunternehmen der Voraussetzung des Satzes 1, so sind diese Unternehmen in den Konzernabschluß einzubeziehen, wenn sie zusammen nicht von untergeordneter Bedeutung sind.

(3) Die Anwendung der Absätze 1 und 2 ist im Konzernanhang zu begründen.

Übersicht

	Anm
A. Grundlagen	1–3
B. Einbeziehungswahlrechte	
I. Beschränkungen in der Ausübung der Rechte (Abs 1 Nr 1)	5–13
II. Unverhältnismäßig hohe Kosten oder Verzögerungen (Abs 1 Nr 2)	15–22
III. Weiterveräußerungsabsicht (Abs 1 Nr 3)	23–32
IV. Tochterunternehmen von untergeordneter Bedeutung (Abs 2)	33–37
C. Begründung im Konzernanhang (Abs 3)	41–44
D. Anwendung der Equity-Methode	46
E. Publizitätsgesetz	48
F. Rechtsfolgen einer Verletzung des § 296	50
G. Abweichungen der IFRS	52–56

Schrifttum: siehe zu § 294.

A. Grundlagen

§ 296 gestattet, unter bestimmten Voraussetzungen auf eine Einbeziehung von 1
TU in den KA zu verzichten. Die abschließend in § 296 normierten Einbeziehungswahlrechte können dabei in zwei Gruppen unterteilt werden.

1. Die Wahlrechte gem Abs 1 Nr 1 (*Beschränkungen der Rechte;* Anm 5 ff) und Nr 3 (*Weiterveräußerungsabsicht;* Anm 23 ff), mit denen der – infolge der **Typisierungen des *Control*-Konzepts** in § 290 Abs 2 Nr 1 bis 3 – weit abgegrenzte KonsKreis (§ 294 Abs 1 iVm § 290 Abs 2), auf diejenigen TU beschränkt wird, die tatsächlich Teil des wirtschaftlich und fiktiv rechtlich einheitlichen Unt sind, dh bei denen das MU tatsächlich die Möglichkeit hat, die Geschäfts- und Finanzpolitik zu beherrschen (DRS 19.81).

2. Die Wahlrechte gem Abs 1 Nr 2 (*unverhältnismäßig hohe Kosten oder Verzögerungen;* Anm 15 ff) bzw Abs 2 (*untergeordnete Bedeutung für die VFE-Lage des Konzerns;* Anm 33 ff) sind Ausfluss des Grundsatzes der Wirtschaftlichkeit der Konzernrechnungslegung bzw des **Wesentlichkeitsgrundsatzes.**

Im Hinblick auf den aus der Verpflichtung, im KA ein den tatsächlichen Verhältnissen entspr Bild der VFE-Lage des einheitlichen Unt Konzern zu vermitteln (§ 297 Abs 2, 3), abgeleiteten Grundsatz der Vollständigkeit des KonsKreises (§ 294 Abs 1) sind die **Einbeziehungswahlrechte des § 296 eng auszulegen.** Dabei sollen die einzelnen Wahlrechte umso restriktiver gehandhabt werden, je größer der subjektive Ermessensspielraum des MU hinsichtlich des Vorliegens der Tatbestandsvoraussetzungen ist (glA *ADS*[6] § 296 Anm 19; *Ebeling/Ernst* in Beck HdR C 210 Anm 24 mwN; Anm 16). 2

Bei der Ausübung der Einbeziehungswahlrechte ist gem § 297 Abs 3 S 2 außerdem der Grundsatz der KonsMethoden-Stetigkeit **(Stetigkeit des Konsolidierungskreises)** zu beachten. Gleichwohl ist das Vorliegen der Voraussetzungen für die Inanspruchnahme der Wahlrechte für jedes TU und an jedem KA-Stichtag erneut zu prüfen (glA *Sahner/Sauermann* in HdKR[2] § 296 Anm 4). 3

B. Einbeziehungswahlrechte

I. Beschränkungen in der Ausübung der Rechte (Abs 1 Nr 1)

Von einer Einbeziehung eines TU in den KA darf gem Abs 1 Nr 1 abgesehen 5
werden, wenn *erhebliche und andauernde Beschränkungen* die Ausübung der *Rechte* des *MU* in Bezug *auf* das (gesamte) *Vermögen* oder die *Geschäftsführung* des *TU nachhaltig beeinträchtigen.* Die Beschränkungen können sich auf Rechte beziehen, die dem MU selbst, einem TU oder Dritten für deren Rechnung zustehen (§ 290 Abs 3 S 1).

Beschränkungen in der Ausübung der Rechte können tatsächlicher Natur 6
sein (politische, wirtschaftliche oder währungspolitische Restriktionen) oder auf ges-rechtlicher bzw vertraglicher Grundlage beruhen (zB Einstimmigkeits-, Mehrheits- oder Vetoklauseln oder Bestehen eines Entherrschungsvertrags) und müssen ebenfalls tatsächlich durchgeführt bzw beachtet werden (*WPH*[14] I, M Anm 192; *ADS*[6] § 296 Anm 9 ff). Umgekehrt reicht die tatsächliche (freiwillige) Nicht-Ausübung von Rechten für die Inanspruchnahme des Abs 1 Nr 1 nicht aus (wie hier DRS 19.82). Gleiches gilt für Beschränkungen auf Grund gesetzlicher Regelungen, zB Kartellrecht, oder behördliche Aufsicht, zB Versicherungswesen, und behördliche Auflagen, zB Umweltschutz (glA *WPH*[14] I, M Anm 191).

7 Die Beschränkungen sind **erheblich,** wenn sie so tiefgreifend sind, dass das TU iSd Konzernpolitik nicht mehr sinnvoll geführt wird, dh das MU weitgehend in die Rolle eines Halters von Anteilen gedrängt wird, denn dann müssen dementspr Anteile an verbundenen Unt und nicht VG und Schulden in der Konzernbilanz ausgewiesen werden (*Busse von Colbe/Ordelheide*[9], 113; *v. Wysocki/ Wohlgemuth*[4], 53).

8 Die Beschränkungen der Vermögensrechte müssen sich auf das gesamte **Vermögen,** zumindest aber auf wesentliche Teile erstrecken (ebenso DRS 19.83). Verfügungsbeschränkungen über einzelne VG (zB Sicherungsübereignungen) genügen nicht (hM *ADS*[6] § 296 Anm 7 mwN; ausführlich auch *Claussen/Scherrer* in Kölner Komm-HGB § 296 Anm 6).

9 Bzgl der **Geschäftsführung** können die Rechte insb durch das Verbot der Besetzung von Organen des TU mit Repräsentanten des MU sowie eine drohende Enteignung oder staatliche Zwangsverwaltung beschränkt sein (*WPH*[14] I, M Anm 194; *ADS*[6] § 296 Anm 8).

10 Ob die Beschränkung der Rechtsausübung **andauernd** ist, ist im Zeitpunkt der (erstmaligen) Inanspruchnahme des Wahlrechts zukunftsgerichtet zu beurteilen, dh eine Aufhebung in mittelbarer Zukunft (bis zum nächsten Konzernbilanzstichtag) darf – bei Würdigung aller bekannten Umstände (zB Restlaufzeit von Be-/Entherrschungsverträgen; Restlaufzeit von Anstellungsverträgen etc) – nicht erkennbar sein (glA *Sahner/Sauermann* in HdKR[2] § 296 Anm 11; *ADS*[6] § 296 Anm 13). In Folgejahren müssen die Beschränkungen jeweils während des gesamten Konzern-Gj und bis zum KA-Stichtag bestanden haben (weitergehend *Pfaff* in MünchKomm HGB[3] § 296 Anm 26: bis zur Aufstellung des KA; glA *Kindler* in Großkomm HGB § 296 Anm 8). Entfallen die Beschränkungen nach dem KA-Stichtag bis zur Aufstellung der KA führt dies nicht dazu, dass das Einbeziehungswahlrecht (rückwirkend) entfällt (ebenso DRS 19.84).

11 Als zulässige **Anwendungsfälle** für das Einbeziehungswahlrecht nach Abs 1 Nr 1 kommen danach in Betracht:
– **Entherrschungsvertrag:** Schuldrechtlicher Vertrag, in dem sich der Mehrheitsaktionär (MU) *ggü dem TU* verpflichtet, seine Stimmrechte für die Wahl und Abberufung des AR sowie bei allen HV-Beschlüssen, die grundlegende Angelegenheiten der Geschäftsführung betreffen, auf weniger als die Hälfte der in der HV vertreten Stimmrechte zu begrenzen („Minus-Eins-Regel"), so dass die personelle Besetzung des AR nicht ohne zusätzliche Stimmen der Mit-Gester möglich ist (glA DRS 19.85a); *ADS*[6] § 296 Anm 12; *Bayer* in Münch-Komm. AktG[3] § 17 Rn 100; *Jäger* DStR 1995, 1116). Daraus folgt, dass mit einem im Alleineigentum des MU stehenden TU kein Entherrschungsvertrag geschlossen werden kann, weil es „führungslose" TU nicht gibt. Ist neben dem MU nur ein weiterer Gester beteiligt, ist zu prüfen, ob die Voraussetzungen für eine Quoten- bzw EquityKons gem §§ 310, 311 vorliegen. Um andauernd iSv Abs 1 Nr 1 zu sein, bedarf der Entherrschungsvertrag einer Mindestlaufzeit von wenigstens fünf Jahren, in auch eine ordentliche Kündigung ausgeschlossen sein muss, damit die nächste AR-Wahl nicht dominiert werden kann (*Hüffer*[10] § 17 Rn 21). Werden bestimmte Grundlagengeschäfte im Entherrschungsvertrag von der Begrenzung der Stimmrechte ausgenommen, steht dies der Inanspruchnahme des Einbeziehungswahlrechts nicht entgegen, wenn dies nur der Sicherung von Vermögensinteressen dient (zB Zustimmung zu einer Geschäftsveräußerung im Ganzen oder andere wesentliche Maßnahmen), mit ihnen aber kein aktiver Einfluss auf die Geschäftstätigkeit der Ges genommen werden kann. Weil die Möglichkeit einer (vertragswidrigen) Stimmrechtsausübung auch bei Abschluss eines Entherrschungsvertrags bestehen bleibt, wird durch ihn das Mutter-/Tochterverhältnis nach § 290 Abs 2 Nr 1 nicht beseitigt

(hM OLG Frankfurt NZG 2007, 555; *ADS*[6] § 290 Anm 38; aA *von Keitz/ Ewelt* in Bilanzrecht § 296 Anm 26; *Pfaff* in MünchKomm HGB[3] § 296 Anm 21).

– **Stimmbindungsvertrag:** Vereinbarung *mit anderen Aktionären*, in der sich das mit Mehrheit beteiligte MU verpflichtet, seine Stimmrechtsmehrheit nicht auszuüben, und sich so seiner „Personalhoheit" begibt, dh die Fähigkeit verliert, mittelbar oder unmittelbar die Verwaltungs- oder Aufsichtsorgane des TU zu besetzen. Die Anforderungen bzgl Umfang und Dauer der Beschränkung der Stimmrechte etc entsprechen denjenigen beim Entherrschungsvertrag (s dazu auch § 289 Anm 233; *Emmerich/Habersack*[6] § 17 AktG Anm 35; *Bayer* in MünchKomm AktG[3] § 17 Rn 99 ff).

– Abschluss und Vollzug von Anteilskaufverträgen fallen häufig zeitlich auseinander. Ursache dafür können zB ausstehende Gremienzustimmungen oder fehlende behördliche Genehmigungen sein, zB Freigabe des UntZusammenschlusses durch die Kartellbehörde (s dazu *ADS*[6] § 246 Anm 245 ff). Um insb den Käufer in der Zeit zwischen Vertragsabschluss und Vollzug vor nachteiligen Veränderungen des gekauften Unt zu schützen, enthalten die Anteilskaufverträge idR sog *conduct of business* **Klauseln.** Danach hat der Verkäufer den Geschäftsbetrieb während dieser Schwebephase im bisherigen Rahmen ohne wesentliche Änderungen fortzuführen bzw dürfen bestimmte Maßnahmen nur mit Zustimmung des Käufers vorgenommen werden (ausführlich dazu *Mielke/Welling* BB 2007, 278). Ist bis zum Ende der Aufstellungsphase für den KA eine erforderliche Kartellfreigabe noch nicht erteilt, darf der Verkäufer den Abgang der Bet im JA aufgrund des Vorsichtsprinzips (§ 252 Abs 1 Nr 4) noch nicht erfassen, wenn ein nicht unerhebliches Risiko besteht, dass die Transaktion untersagt wird (so *ADS*[6] § 246 Anm 252). Dessen ungeachtet führen derartige Verbots- oder Zustimmungsklauseln aus Sicht des Verkäufers zu einer materiellen Beschränkung seiner Beherrschungs-/Geschäftsführungsrechte, weil er sich bis zur tatsächlichen Untersagung vertragskonform verhalten muss, weshalb uE eine Inanspruchnahme des Einbeziehungswahlrechts nach Abs 1 Nr 1 in Betracht kommt und somit eine EndKons (s § 301 Anm 305 ff) erfolgen darf. Eine Gewinnrealisierung anlässlich der EndKons ist ausgeschlossen, da noch keine Kaufpreisforderung entstanden ist. Die Vorgehensweise entspricht der bei einem Übergang auf die AK-Bewertung (s § 301 Anm 350 f), dh die dem MU gehörenden Anteile am TU werden mit dem Konzernbuchwert des darauf entfallenden Reinvermögens, höchstens mit dem vereinbarten Anteilskaufpreis angesetzt. Im Fall einer am Stichtag noch ausstehenden Gremienzustimmung berechtigt eine *conduct of business* Klausel nicht zur Inanspruchnahme des Einbeziehungswahlrechts, weil das Wirksamwerden des Anteilskaufvertrags an sich noch völlig offen ist und die Vereinbarung deshalb aus Sicht des Käufers noch keine Bindungswirkung entfalten kann.

– **Unternehmensvertrag mit einem übergeordneten Mutterunternehmen:** Wenn in einem mehrstufigen Konzern auf einer unteren Ebene – zB gem § 291 Abs 3 (s dort Anm 32 ff) – ein Teil-KA aufgestellt werden muss und ein TU des betr Teil-Konzern-MU einen *Beherrschungsvertrag (ggf iVm einem Gewinnabführungsvertrag) mit einem oberen MU* geschlossen hat (glA DRS 19.85b)). Zwar lässt der Beherrschungsvertrag zu dem oberen MU das Mehrheitsstimmrecht des unmittelbaren MU (Teil-Konzern-MU) als solches unberührt, dh das unmittelbare MU kann über die Besetzung des AR mittelbar Einfluss auf die personelle Zusammensetzung des Geschäftsführungsorgans nehmen, jedoch läuft diese mittelbare Einflussmöglichkeit ins Leere, da dieses Organ wiederum dem rechtlich abgesicherten Weisungsrecht des oberen MU unterliegt. Entspr wird gelten, wenn in einstufigen Konzernen ein Beherr-

§ 296 11

schungsvertrag mit einem MinderheitsGester besteht. Eine andauernde Beschränkung in Bezug auf die Geschäftsführung des TU liegt allerdings dann nicht vor, wenn das Teil-Konzern-MU den UntVertrag aufgrund gesetzlicher Regelungen oder vertraglicher Vereinbarungen jeweils zum Gj-Ende beenden kann. Eine gesetzliche Beendigungsmöglichkeit besteht zB dann, wenn es bei einem Verkauf eines „Zwerganteils" am TU und den dadurch verbundenen erstmaligen Beitritt außenstehender Aktionäre nach § 307 AktG zur Beendigung des UntVertrags kommt.

– *substantive participating rights:* Wenn einem MU zwar formal die Mehrheit der Stimmrechte an einem TU (zB 51%) zustehen, gleichzeitig aber aufgrund von satzungsmäßigen Mitwirkungs- oder Zustimmungserfordernissen der MinderheitsGester bzgl der Geschäfts- und/oder Finanzpläne des TU sowie der Budgets für Investitionen oder einzelne Aufwandsarten (zB Personal-, Verwaltungskosten etc) eine Abstimmung und Koordination mit den Plänen des MU nicht möglich ist (*substantive participating rights;* glA *WPH*[14] I, M Anm 47 mwN; DRS 19.85c)). Regelmäßig wird dies aber nur dann gelten, wenn neben dem MU nur ein weiterer Gester beteiligt ist, wobei dann zu prüfen ist, ob die Voraussetzungen für eine Quoten- bzw EquityKons gem §§ 310, 311 vorliegen. Eine Inanspruchnahme des Einbeziehungswahlrechts ist dagegen ausgeschlossen, soweit es sich bei den betr Entscheidungen um sog Grundlagengeschäfte, also Rechtshandlungen, die sich außerhalb der gewöhnlichen Geschäftstätigkeit ergeben (zB Satzungsänderungen, Kapitalerhöhungen/-herabsetzungen, Unt-Liquidation), sowie denen ähnliche Maßnahmen (zB Entwicklung oder Aufnahme neuer Geschäftsfelder) handelt, bei denen bereits kraft Gesetzes höhere Mehrheitserfordernisse (qualifizierte Mehrheit) gelten bzw Minderheits-Gestern im Innenverhältnis typischerweise Mitsprache-, zumindest aber Vetorechte eingeräumt werden (*protective rights).*

– **Staatliche Zwangsmaßnahmen:** Bei *Tochterunternehmen mit Sitz im Ausland,* bei denen erhebliche Beschränkungen auf Grund staatlicher Maßnahmen der Wirtschaftslenkung bestehen (zB Tätigkeitsverbot für Ausländer in den Ges-Organen, Devisenbewirtschaftung oder Zwangsverwaltung etc) und die deshalb (dauerhaft) nicht sinnvoll in die Konzerngeschäftspolitik eingebunden werden können (glA DRS 19.85d)). Beschränkungen der Transferierbarkeit und/oder Konvertierbarkeit von Gewinnen oder von Darlehenstilgungen können nen zB dann in Einklang mit den Konzerninteressen stehen, wenn danach die Reinvestition dieser Mittel vorgesehen ist, mit der Folge, dass Abs 1 Nr 1 nicht anwendbar ist (*ADS*[6] § 296 Anm 12; *Sahner/Sauermann* in HdKR[2] § 296 Anm 10).

– Bei der **Liquidation eines Tochterunternehmens** (KapGes) werden die Verfügungsrechte des MU in Bezug auf das Vermögen des TU iL durch § 272 AktG, § 73 GmbHG insoweit begrenzt, als nach der Auflösung bis zum Ablauf des Sperrjahrs bzw der späteren Tilgung oder Sicherstellung der Schulden keine Gewinn- bzw Vermögensverteilung vorgenommen werden darf (ausführlich dazu *Förschle/Deubert* in Sonderbilanzen[4] T Anm 70 ff). Da das Ende einer Liquidation aber idR abzusehen ist und das MU dann auch wieder über das gesamte (dann versilberte) Reinvermögen des TU verfügen kann, kommt uE eine Inanspruchnahme des Einbeziehungswahlrechts nach Abs 1 Nr 1 idR nicht in Betracht (dazu auch *Förschle/Deubert* in Sonderbilanzen[4] T Anm 382 mwN). Eine Einbeziehung darf uE aber dann unterbleiben, wenn bereits zu Beginn feststeht, dass das MU aE der Liquidation keine (wesentliche) Vermögensauskehrung zu erwarten hat (glA IDW RS HFA 17, Tz 45; DRS 19.85e)). Die Inanspruchnahme des Einbeziehungswahlrechts erscheint im zuletzt genannten Fall deshalb sachgerecht, weil mit der Auflösung des TU dessen Vermögen den Status eines „Sondervermögens" erlangt, welches ausschließlich zur Befriedigung der Verbindlichkeiten zur Verfügung steht und aufgrund dieses vorrangigen Zwecks, verbunden mit den ges-rechtlichen Sonderregelungen, in wirtschaftlicher Betrachtungsweise letztlich der Verfügungsmacht des MU (endgültig) entzogen ist. Zudem wird so anlässlich der Ausbuchung der VG und Schulden der „EndKons-Effekt" antizipiert (dagegen für ein uneingeschränktes KonsWahlrecht bei Liquidation *ADS*[6] § 270 AktG Anm 96; Einbeziehung, so lange im JA unter going-concern bewertet wird: *Busse von Colbe/ Ordelheide*[9], 114).

- **Tochterunternehmen im Insolvenzverfahren:** Aufgrund der umfassenden Verfügungs- und Verwaltungsbefugnisse des unabhängigen Insolvenzverwalters über das GesVermögen und zwar unabhängig davon, ob sich die Gläubigerversammlung im Insolvenzplan auf ein Zerschlagungs- oder Sanierungskonzept geeinigt hat (glA DRS 19.85 f); IDW RS HFA 17, Tz 44; IDW RH HFA 1.012, Tz 34; ausführlich zur Rechnungslegung im Insolvenzverfahren nach der InsO: *Förschle/Weisang* in Sonderbilanzen[4] R Anm 10 ff; zu Abweichungen der IFRS s Anm 55). Wird das Insolvenzverfahren innerhalb der Aufstellungsfrist für den KA eröffnet, kann die während des abgelaufenen Gj ausgeübte Beherrschung durch das MU jedoch nicht ignoriert werden. Der Übergang der Verwaltungs- und Verfügungsrechte auf den Insolvenzverwalter im neuen Gj berechtigt somit nicht zu einer rückwirkenden Inanspruchnahme des Einbeziehungswahlrechts für das Vj. Werden die für eine VollKons erforderlichen Informationen (unter Zerschlagungsgesichtspunkten aufgestellter JA des TU; ausführlich dazu IDW RS HFA 17, Tz 6 ff, 18 ff) dem MU vom Insolvenzverwalter jedoch nicht zur Verfügung gestellt, kommt die Inanspruchnahme des Einbeziehungswahlrechts nach Abs 1 Nr 2 (unverhältnismäßig hohe Kosten oder Verzögerungen) in Betracht (s Anm 15 ff).
- Die **Veräußerung** *der Mehrheit oder aller* **Anteile** *an* einem *Tochterunternehmen* **zu Beginn des folgenden Konzerngeschäftsjahrs,** wenn dadurch die Beschaffung der für die Kons erforderlichen Informationen (zB Vorlage des JA des TU) entweder mangels Einfluss nicht rechtzeitig bzw mangels Gester-Stellung überhaupt nicht mehr möglich ist (dazu auch § 294 Anm 26; glA *ADS*[6] § 296 Anm 12; DRS 19.85g)). Bei einer Verzögerung, die auf mangelnden Einfluss nach einer teilweisen Veräußerung zurückzuführen ist, kommt ggf auch die Inanspruchnahme des Einbeziehungswahlrechts gem Abs 1 Nr 2 (unverhältnismäßig hohe Kosten oder Verzögerungen) in Betracht (dazu Anm 15 ff).
- **Gemeinnützige GmbH**, deren Gester nicht selbst die Anforderungen des Gemeinnützigkeitsrechts erfüllen, weil ein über die Stammeinlagen hinausgehendes Reinvermögen ausschließlich für den gemeinnützigen, mildtätigen oder kirchlichen GesZweck zu verwenden ist (Vermögensbindung) und somit aus Sicht des Konzerns nicht als Schuldendeckungspotenzial zur Verfügung steht.

Bei **Zweckgesellschaften** iSv § 290 Abs 2 Nr 4 (s dort Anm 65 ff) stehen die für die Beherrschung der Geschäfts- und Finanzpolitik formal erforderlichen Rechte idR nicht denjenigen Rechtsträgern zu, die bei wirtschaftlicher Betrachtung die Mehrheit der Risiken und Chancen aus der Geschäftstätigkeit der ZweckGes tragen. Bei einem Fehlen ges-rechtlicher Beziehungen des MU zur ZweckGes wird häufig auch ein sog *Autopilot-Mechanismus* installiert, dh durch entspr Festlegungen in der Satzung oder über schuldrechtliche Verträge werden die wesentlichen geschäftspolitischen Entscheidungen und die Tätigkeiten der ZweckGes iSd MU vorherbestimmt, so dass danach keine lfd Einflussnahme mehr erforderlich ist. Der Inhaber der Mehrheit der Risiken und Chancen kann in diesem Fall das Einbeziehungswahlrecht des Abs 1 Nr 1 *nicht* unter Hinweis auf das Fehlen oder formalrechtliche *Beschränkungen der Geschäftsführungsrechte* in Anspruch nehmen (glA DRS 19.86), weil die wirtschaftliche Betrachtungsweise im Rahmen des § 290 Abs 2 Nr 4 dazu führt, dass die Beherrschungsrechte jeweils dem formellen Inhaber „weggerechnet" und dem MU zugerechnet werden (s Anm 5; glA *PwC* BilMoG Komm, Q Anm 56; *Küting/Seel,* DStR 2009, 39★; *Gelhausen/Deubert/Klöcker* DB 2010, 2009; *Ebeling/Ernst* in Beck HdR C 210 Anm 33). Umgekehrt darf jedoch zB der Inhaber der formalen GesRechte/Stimmrechte an der ZweckGes eines Dritten, bei der ein Autopilotmechanismus besteht, vom Einbeziehungswahlrecht nach Abs 1 Nr 1 Gebrauch machen (glA DRS 19.85h)).

13 Gleiches gilt bei ZweckGes im Übrigen auch für *(Zugriffs-)Beschränkungen auf das Vermögen.* Begr dafür ist, dass bei ZweckGes Beeinträchtigungen der Verfügungsrechte über das Vermögen, die formal betrachtet den Anforderungen iSd Abs 1 Nr 1 genügen würden, durch deren gesellschafts- oder schuldrechtliche Ausgestaltung überlagert werden, was dazu führt, dass dem MU die Mehrheit der Risiken und Chancen ihres Vermögens faktisch zustehen.

Diese Überlegungen sind insb von Bedeutung für die Beurteilung der Einbeziehungspflicht von U-Kassen und ähnlichen **Versorgungseinrichtungen**, bei denen idR die Legaldefinition einer ZweckGes iSv § 290 Abs 2 Nr 4 erfüllt sein wird (s dazu § 290 Anm 66 ff). In diesem Zusammenhang ist dann aber zugleich zu beachten, dass sich, auch im Fall einer VollKons von AVersEinrichtungen nach den §§ 300 ff, im HGB-KA idR kein anderer Vermögensausweis ggü dem JA des MU ergeben wird, weil sich zunächst nichts an dem grds gewählten (rechtlichen) Versorgungsweg ändert. Mittelbare Versorgungszusagen einer U-Kasse werden im KA nicht zu einer unmittelbaren Zusage des MU, sondern bleiben eine mittelbare Zusage, so dass das Passivierungswahlrecht aus dem JA des MU = Träger-Unt nach Art 28 Abs 1 S 2 EGHGB iVm § 300 Abs 2 S 1 auch im Falle einer Unterdeckung (Subsidiärhaftung) im KA unverändert fort gilt (glA DRS 19.47). Sofern das Vermögen der AVersEinrichtungen die Anforderungen nach § 246 Abs 2 S 2 für Deckungsvermögen erfüllt, ist es im KA mit den dann ebenfalls zu passivierenden AVersVerpflichtungen etc, zu deren Erfüllung das Kassenvermögen bestimmt ist, zu saldieren.

II. Unverhältnismäßig hohe Kosten oder Verzögerungen (Abs 1 Nr 2)

15 TU brauchen gem Abs 1 Nr 2 nicht in den KA einbezogen zu werden, wenn die für die Aufstellung des KA erforderlichen Angaben nicht ohne *unverhältnismäßig hohe Kosten oder Verzögerungen* zu erhalten sind. Dieses KonsWahlrecht trägt **Wirtschaftlichkeitsüberlegungen** Rechnung und soll die **Einhaltung der Aufstellungsfrist** für den KA (fünf Monate; § 290 Abs 1 S 1) unterstützen (*ADS*[6] § 296 Anm 16; DRS 19.88).

16 Die Bedingungen „unverhältnismäßig hohe Kosten" und „unverhältnismäßige Verzögerungen" des Abs 1 Nr 2 lassen sich aber nur sehr schwer konkretisieren. Die Beurteilung der *Unverhältnismäßigkeit* unterliegt in hohem Maße der subjektiven Einschätzung durch das MU und es besteht daher die Gefahr, dass seitens des MU zB versucht wird, die Tatbestandsvoraussetzungen künstlich zu schaffen (glA *ADS*[6] § 296 Anm 19). Um eine missbräuchliche Inanspruchnahme zu verhindern, wird deshalb einhellig eine besonders **restriktive Auslegung** dieses Einbeziehungswahlrechts gefordert (*Sahner/Sauermann* in HdKR[2] § 296 Anm 14; *WPH*[14] I, M Anm 199 mwN). Die Anwendung des Abs 1 Nr 2 wird als Ausnahme angesehen, die für außergewöhnliche Fälle, die durch das MU selbst nicht beeinflusst werden können, und nur an einem KA-Stichtag in Anspruch (Anm 19) genommen werden darf (DRS 19.88, .93).

Die **Kosten** der Einbeziehung sind dann unverhältnismäßig hoch, wenn ein **17** außergewöhnlich krasses Missverhältnis zwischen dem Aufwand, den eine Kons des TU verursachen würde (in Relation zu den Gesamtkosten für die Aufstellung des KA), und dem hieraus zu erwartenden Informationsgewinn besteht (v. *Wysocki/Wohlgemuth*[4], 56; glA *ADS*[6] § 296 Anm 17; DRS 19.89; aA *Claussen/Scherrer* in Kölner Komm-HGB § 296 Anm 19: maßgeblich sind allein die Kosten der Informationsbeschaffung, nicht aber die Kosten der Durchführung von KonsMaßnahmen).

Soweit vorgeschlagen wird, die Kosten für die Einbeziehung eines vergleichbaren TU als Beurteilungsmaßstab zu verwenden (*Sahner/Sauermann* in HdKR[2] § 296 Anm 16; *WPH*[14] I, M Anm 200), wird übersehen, dass es einen objektiven Maßstab „*Normalkosten der Konsolidierung*" nicht gibt. Die Kosten für die Beschaffung der zur Kons erforderlichen Informationen hängen ua von der Größe des TU, der Intensität der konzerninternen Kredit- bzw Lfg- und Leistungsbeziehungen und dem Sitzland des TU ab (*Zwingmann* DStR 1994, 1549). „Mehrkosten", die aus einer nicht gesetzeskonformen Rechnungslegung eines TU resultieren, berechtigen nicht zur Inanspruchnahme des Einbeziehungswahlrechts (*Pfaff* in MünchKomm HGB[3] § 296 Anm 31).

Zeitliche Verzögerungen sind dann unverhältnismäßig, wenn wegen der **18** fehlenden Unterlagen eines TU der KA nicht innerhalb der gesetzlichen Frist von fünf Monaten (§ 290 Abs 1 S 1) aufgestellt werden könnte (*Sahner/Sauermann* in HdKR[2] § 296 Anm 17; DRS 19.90). Kein hinreichender Grund für die Inanspruchnahme des Abs 1 Nr 2 ist demnach, wenn die HV, der der KA vorgelegt werden muss (§ 175 AktG), auf einen späteren (aber noch zulässigen) Termin verlegt werden kann und die dadurch verursachten Kosten unwesentlich sind.

Eine Inanspruchnahme des KonsWahlrechts kommt zB dann in Betracht, **19** wenn ein nicht unbedeutendes TU erst **kurz vor** dem KA-**Stichtag erworben** wird und die notwendigen Anpassungen an die Bilanzierungs-, Bewertungs- und KonsGrundsätze bzw Berichtsformate und -termine des (neuen) MU – auch bei normalem Geschäftsgang – nicht mehr möglich war (glA *ADS*[6] § 296 Anm 18; großzügiger *WPH*[14] I, M Anm 199; *Sahner/Sauermann* in HdKR[2] § 296 Anm 18: Erwerbe im Laufe des KonzernGj; DRS 19.92). Die Erfahrungen bei der Aufstellung von Weltabschlüssen haben gezeigt, dass es bei entspr Organisation und Vorbereitung möglich ist, die für die Einbeziehung erforderlichen Unterlagen auch einer großen Zahl von in- und ausländischen TU zeitgerecht zu erhalten. Nach einer *Integrationsphase* von höchstens einem Jahr muss demnach eine Einbeziehung des TU in den KA bzw in ggf zu erstellende Quartalsabschlüsse erfolgen (glA *Busse von Colbe/Ordelheide*[9], 114 f; *Zwingmann* DStR 1994, 1549; *von Keitz/Ewelt* in Bilanzrecht § 296 Anm 34). Auf eine *mangelhafte oder ungenügende Vorbereitung bei der Datenbeschaffung* kann die Nichteinbeziehung des TU gem Abs 1 Nr 2 auf Dauer nicht gestützt werden (glA *v. Wysocki/Wohlgemuth*[4], 56; *WPH*[14] I, M Anm 199).

In Abhängigkeit von der relativen Bedeutung des kurz vor Ende des Konzern- **20** Gj erworbenen TU ist zudem zu prüfen, ob möglicherweise eine „**Rumpfkonsolidierung**" bereits im Jahr des Erwerbs zu einem aussagefähigeren KA als einer Nichteinbeziehung führt (keine Pflicht zur RumpfKons *Busse von Colbe/Ordelheide*[9], 115). Dies setzt allerdings voraus, dass die Bilanzierungs- und Bewertungsgrundsätze des TU (HB I) nicht gegen die des Konzerns (zB steuerrechtlich motivierte Ansätze und Bewertungen) bzw die handelsrechtlichen GoB verstoßen; andernfalls wäre zusätzlich die Ableitung einer „HGB-konformen" HB II (dazu § 300 Anm 26 ff) erforderlich. Die RumpfKons darf sich dabei auf die KapKons und ggf die SchuldenKons beschränken. Probleme bei der Ermittlung der beizZW für die VG und Schulden im ErstkonsZeitpunkt stehen einer „RumpfKons" auch nicht entgegen, weil fehlerhafte Wertansätze im folgenden KA nach § 301 Abs 2 S 2 erfolgsneutral korrigiert werden müssen (s dort Anm 115 ff; glA DRS 19.92; *Ebeling/Ernst* in Beck HdR C 210 Anm 46: Einbeziehungswahlrecht nur, wenn selbst vorläufige Werte nicht ermittelbar sind). Eine Zwischenergebniseliminierung oder Aufwands- und ErtragsKons dürfte im Hinblick auf die kurze Dauer der Konzernzugehörigkeit des TU idR nicht erforderlich sein. Wird eine solche RumpfKons vorgenommen, sollte dies im Konzernanhang erläutert werden.

21 Als weitere Anwendungsfälle, die eine Nichteinbeziehung nach Abs 1 Nr 2 rechtfertigen, kommen nur **Ausnahmesituationen** wie zB technische Störfälle (zB Vernichtung von Datenbeständen), politische Wirren, längere Streiks oder Naturkatastrophen in Betracht (*ADS*[6] § 296 Anm 18 mwN; DRS 19.91).

22 Bei **Zweckgesellschaften** iSv § 290 Abs 2 Nr 4 kann die Inanspruchnahme des Einbeziehungswahlrechts nach Abs 1 Nr 2 nicht damit gerechtfertigt werden, dass das MU mangels GesterStellung keinen Einfluss nehmen kann, um die für die VollKons benötigten Unterlagen und sonstigen Informationen (rechtzeitig) zu erlangen. Die Vorlage- und Auskunftspflichten der TU nach § 294 Abs 3 (s dort Anm 20 f) bestehen ggü dem MU und sind unabhängig von ges-rechtlichen Beziehungen. Im Übrigen lassen sich die für die Kons benötigten Daten bei einer ZweckGes idR mühelos aus deren letzten veröffentlichten JA sowie unter Berücksichtigung der vom MU im Gj an die ZweckGes geleisteten Zahlungen etc statistisch ableiten, so dass auch hier eine RumpfKons der ZweckGes (s auch Anm 20) zu einem aussagefähigeren KA als bei einer Nichteinbeziehung führt.

III. Weiterveräußerungsabsicht (Abs 1 Nr 3)

23 Ein TU braucht gem Abs 1 Nr 3 nicht in den KA einbezogen zu werden, wenn *die Anteile* des TU *ausschließlich* zum Zweck ihrer *Weiterveräußerung* gehalten werden *(share deal)*. Der Veräußerung steht der Tausch gegen Anteile an einem anderen Unt gleich (*ADS*[6] § 296 Anm 20; DRS 19.95). Aus Sicht des Konzerns (§ 297 Abs 3 S 1) ist die Weiterveräußerungsabsicht im Übrigen auch dann zu bejahen, wenn sie sich statt auf die Anteile am TU auf das (gesamte) hinter den Anteilen stehende Reinvermögen bezieht *(asset deal)*. Sofern beim Erwerb eines TU bereits dessen Liquidation beabsichtigt ist, darf uE ebenfalls vom Wahlrecht der Nr 3 Gebrauch gemacht werden.

24 Dadurch, dass TU, die bereits in naher Zukunft den KonsKreis wieder verlassen werden, nicht in den KA einbezogen werden müssen, wird eine stetige Abgrenzung des KonsKreis (§ 294 Abs 1, § 297 Abs 3 S 2) ermöglicht und damit die Vergleichbarkeit aufeinander folgender KA verbessert (*ADS*[6] § 296 Anm 28).

25 Nach dem Wortlaut des Abs 1 Nr 3 müssen die Anteile, dh grds **alle Anteile** an dem TU, von der Weiterveräußerungsabsicht betroffen sein. Aus der Protokollerklärung zu Art 13 Abs 3 lit c der 7. Richtl (s *Biener/Schatzmann* Konzernrechnungslegung, Düsseldorf 1983, 25) geht jedoch hervor, dass *nicht alle Anteile* zur Weiterveräußerung bestimmt sein müssen, um das KonsWahlrecht in Anspruch nehmen zu dürfen. Um dem Sinn der Vorschrift gerecht zu werden, darf sich in diesem Fall die nach der Veräußerung verbleibende Bet aber nicht mehr als TU iSv § 290 qualifizieren (ebenso *ADS*[6] § 296 Anm 21; DRS 19.97; zustimmend *Claussen/Scherrer* in Kölner Komm-HGB § 296 Anm 25; *von Keitz/*

Verzicht auf die Einbeziehung   26–29   § 296

Ewelt in Bilanzrecht § 296 Anm 40). Bleibt die KonsPflicht (§ 294 iVm § 290) bestehen, sind alle – auch die zur Veräußerung bestimmten – Anteile bereits ab dem Erwerbszeitpunkt im Wege der VollKons in den KA einzubeziehen. Das Einbeziehungswahlrecht darf auch dann in Anspruch genommen werden, wenn an einem bereits voll konsolidierten TU weitere Anteile hinzuerworben werden, für die bereits im Erwerbzeitpunkt eine (Weiter-)Veräußerungsabsicht besteht. Da Anteile nur kurzfristig gehalten werden, sind sie im Umlaufvermögen unter entspr Bezeichnung auszuweisen (dazu s § 307 Anm 8).

Eine Weiterveräußerungsabsicht für einen Teil der erworbenen Anteile kann uE implizit auch dann angenommen werden, wenn beim Erwerb einer (Mehrheits-)Bet bekannt ist, dass Dritte auf Anteile am betr TU gerichtete **Kaufoptionen** (Wandlungsrechte) besitzen. Durch die Ausübung dieser Wandlungsrechte kommt es in wirtschaftlicher Betrachtungsweise aus Konzernsicht zu einer teilweisen Anteilsveräußerung (zur Kapitalerhöhung bei TU ohne Beteiligung des MU s § 301 Anm 265 f). Voraussetzung ist jedoch, dass beim Erwerb der Anteile ernsthaft mit der Ausübung der Optionen zu rechnen ist, zB weil es sich zu diesem Zeitpunkt bereits um günstige Kaufoptionen handelt.

Weiterveräußerung iSd Abs 1 Nr 3 bedeutet zunächst, dass der potentielle Er- 26 werber der Anteile ein **fremder Dritter** außerhalb des KonsKreises sein muss. Der Verkauf an ein anderes TU stellt aus Sicht des fiktiv rechtlich einheitlichen Unt (§ 297 Abs 3 S 1) keine Veräußerung, sondern nur eine Übertragung auf eine andere Betriebsstätte dar (glA *Busse von Colbe/Ordelheide*[9], 116) und berechtigt deshalb nicht zur Inspruchnahme des Einbeziehungswahlrechts.

Es genügt die Weiterveräußerungsabsicht und dafür ist der **Wille des Bilan-** 27 **zierenden** maßgeblich (§§ 247 Abs 2, 271 Abs 1 S 1 iVm § 298 Abs 1). Die Entscheidung muss aber nachvollziehbar sein und auch innerhalb eines angemessenen Zeitraums realisierbar sein (DRS 19.98). Die Dokumentation der ernsthaften Weiterveräußerungsabsicht erfolgt im Idealfall durch Abschluss von *(Vor-)Verträgen* spätestens bis zum Ende der Aufhellungsphase für den KA. Es genügen aber auch *eingeleitete Verkaufsverhandlungen,* die Beauftragung eines Maklers oder das Vorliegen einer AR-Genehmigung zur Veräußerung der Anteile (hM *ADS*[6] § 296 Anm 26 mwN; *Claussen/Scherrer* in Kölner Komm-HGB § 296 Anm 28). Sofern die übrigen Voraussetzungen erfüllt sind, kann die Weiterveräußerungsabsicht uE auch dadurch belegt werden, dass für alle oder zumindest für einen Teil der Anteile *Kaufoptionen Dritter* bestehen. Vorausgesetzt die Ausübung der Kaufoptionen kann nicht im Hinblick auf die Höhe des Basispreises als unwahrscheinlich ausgeschlossen werden, oder es ist auch nicht erkennbar, dass der Inhaber weder die Absicht noch die finanziellen Möglichkeiten zur Ausübung der Optionen hat. Das bloße Vorliegen eines *letter of intent* dürfte – ohne weitere Indizien, die für die tatsächliche Veräußerungsabsicht sprechen –, nicht für eine Inspruchnahme des KonsWahlrechts ausreichen.

Die Veräußerungsabsicht wird regelmäßig auch durch den **Ausweis** der Antei- 28 le *im Umlaufvermögen* zum Ausdruck kommen, da es an der Voraussetzung des § 247 Abs 2 iVm § 298 Abs 1 „dauernd dem Geschäftsbetrieb zu dienen" für eine Zuordnung zum Anlagevermögen fehlt. Der Ausweis der Anteile im Umlaufvermögen stellt jedoch lediglich ein Indiz, nicht aber ein hinreichendes Kriterium für einen Einbeziehungsverzicht dar (glA DRS 19.98).

Nach dem Wortlaut des Abs 1 Nr 3 ist das KonsWahlrecht weder *zeitlich befris-* 29 *tet,* noch muss die Veräußerung intensiv betrieben werden (*WPH*[14] I, M Anm 202; *ADS*[6] § 296 Anm 25; aA *Biener/Schatzmann* Konzernrechnungslegung, Düsseldorf 1983, 26). Es kann allerdings nur für eine *begrenzte Zeitdauer* Gültigkeit haben, weil je länger die Anteile mit Veräußerungsabsicht gehalten werden, umso unwahrscheinlicher ist deren Realisierung, sofern fortgesetzte Versuche nicht nachgewiesen werden können (*Busse von Colbe/Ordelheide*[9], 116). In Abhängigkeit von der Dauer während der die Veräußerung bereits erfolglos betrieben wird, gewinnen zudem Alternativstrategien an Gewicht, zB Liquidation des TU. Eine missbräuchliche Anwendung des KonsWahlrechts kann daher nur dadurch wirksam verhindert werden, dass das Vorliegen der Voraussetzungen für die Inanspruchnahme an jedem KA-Stichtag erneut überprüft wird (zustimmend *Claussen/Scherrer* in Kölner Komm-HGB § 296 Anm 31; ebenso DRS 19.99). Aus Objektivierungsgründen darf uE das Einbeziehungswahlrecht nach Abs 1 Nr 3 deshalb grds nur zeitlich befristet für eine Dauer von höchstens zwölf Monaten ab dem Erwerbszeitpunkt, dh iE für den ersten KA nach dem Erwerb, in Anspruch genommen werden (für eine **Befristung** auf drei Jahre nach dem Erwerb: *v. Wysocki/Wohlgemuth*[4], 57; *Kindler* in Großkomm HGB § 296 Anm 16). Soll der Zeitraum, in dem unter Hinweis auf die Weiterveräußerungsabsicht auf eine VollKons verzichtet wird, verlängert werden, kommt es uE auf deren Konkretisierung durch entspr Kaufverträge – zumindest aber Vorverträge – an. Eine Verlängerung kommt außerdem in Betracht, wenn das Überschreiten der Frist auf Umständen außerhalb des Einflussbereichs des MU beruht, zB auf ausstehenden behördlichen Genehmigungen. Gleiches gilt, wenn die Anteile am TU im Wege eines Börsengangs veräußert werden sollen und sich dieser aufgrund einer Verschlechterung des allgemeinen Marktumfelds verzögert.

30 Zu beachten ist ferner, dass die Anteile **ausschließlich** zum Zweck ihrer Weiterveräußerung gehalten werden dürfen, dh seitens des MU darf keine – auch nur vorübergehende – Einflussnahme auf die Geschäfts- und Finanzpolitik erfolgen, die auf eine Integration des TU in den Konzernverbund abzielt (so *WPH*[14] I, M Anm 201; *Sahner/Sauermann* in HdKR[2] § 296 Anm 25; glA DRS 19.97; ähnlich *ADS*[6] § 296 Anm 25: andere Umstände, die der Weiterveräußerungsabsicht entgegenstehen). Kommt es im Verlauf der Nichteinbeziehungsphase zu üblichen Geschäftsbeziehungen mit dem zur Veräußerung bestimmten TU, die auch nach dessen Abgang aus dem KonsKreis bestehen bleiben, steht dies der Inanspruchnahme des KonsWahlrechts nach Abs 1 Nr 3 nicht entgegen. Ebenso sind Entscheidungen, die zB notwendig sind, damit Geschäfte des zum Verkauf bestimmten TU im ordnungsmäßigen Geschäftsgang (fort-)geführt werden können und letztlich dazu dienen, das TU in einem „verkaufsfähigen Zustand" zu erhalten, unschädlich für die Wahlrechtsausübung (glA *Ebeling/Ernst* in Beck HdR C 210 Anm 53). Wird das TU durch die Entscheidungen des MU erst in einen „verkaufsfähigen Zustand" versetzt, zB durch die Herauslösung von Vermögens-/Betriebsteilen, darf das Einbeziehungswahlrecht nicht in Anspruch genommen werden.

31 Der Verzicht auf die Einbeziehung gem Abs 1 Nr 3 ist im Übrigen nach hM (*ADS*[6] § 296 Anm 23; *WPH*[14] I, M Anm 201; *Busse von Colbe/Ordelheide*[9], 117; *Pfaff* in MünchKomm HGB[3] § 296 Anm 41) nur zulässig, wenn die **Weiterveräußerungsabsicht** bereits **im Zeitpunkt des Anteilserwerbs** besteht und auch entspr dokumentiert ist, zB durch AR-Protokolle oä. Stellt sich bereits kurz nach dem Erwerb des TU heraus, dass eine Fehlmaßnahme vorliegt und wird als Folge dessen ein sofortiger Verkauf der Anteile eingeleitet (Anm 27), kann ebenfalls auf eine VollKons verzichtet werden. Soll dagegen ein TU, das bereits länger in den KA einbezogen wird, veräußert werden, ist die Anwendung des KonsWahlrechts ausgeschlossen (glA DRS 19.97; zu Abweichungen nach IFRS s Anm 56). Die VG und Schulden sowie Aufwendungen und Erträge dieses TU sind vielmehr gem § 300 Abs 2 vollständig bis zum Zeitpunkt seines Ausscheidens aus dem KonsKreis in den KA einzubeziehen (§ 300 Anm 44f; IDW RS HFA 44, Tz 21).

Ein Erwerb mit Weiterveräußerungsabsicht liegt aus Sicht des einheitlichen Unt auch dann *nicht* vor, wenn VG und Schulden zunächst, zB im Wege der

Verzicht auf die Einbeziehung   32, 33   § 296

Ausgliederung (§ 123 Abs 3 UmwG) oder Sacheinlage auf einen neu gegründeten Rechtsträger übertragen und die als Gegenleistung erlangten (erworbenen) Anteile danach veräußert werden sollen (glA *Busse von Colbe/Ordelheide*⁹, 117; *Baetge* KA⁹, 114; DRS 19.97; aA *Maas/Schruff* FS Havermann, 421 f). Gleiches gilt, wenn die Ausgliederung des zur Veräußerung bestimmten Vermögens in zwei getrennte Geschäftsvorfälle (Bargründung eines Rechtsträgers mit anschließender entgeltlicher Veräußerung des Vermögens) zerlegt wird. Zu Auswirkungen auf die KapKons, wenn das eingebrachte Vermögen vom übernehmenden Rechtsträger zu AK (§ 255 Abs 1) angesetzt wird s § 301 Anm 290 ff.

Bei einem **Publikumsfonds** darf der Geber des Startkapitals *(seed money)* das Einbeziehungswahlrecht in Anspruch nehmen, wenn ein Verkauf der Fondsanteile bereits bei Auflegung beabsichtigt ist (s Anm 31) und auch keine Anhaltspunkte dafür vorliegen, dass der Verkauf nicht in angemessener Zeit (s Anm 29) realisiert werden kann (so auch DRS 19.A13). Darüber hinaus muss das Startkapital ausschließlich in von (konzern-)fremden Dritten erworbene VG investiert sein, weil nur dann bezogen hierauf aus Konzernsicht ein Erwerb mit Weiterveräußerungsabsicht iSd des Abs 1 Nr 3 gegeben ist. Wird das Startkapital des Fonds dagegen im Wege einer Sacheinlage aufgebracht oder werden VG, die bislang zum Konzernvermögen gehörten, an den Fonds verkauft oder eingelegt, ist eine VollKons des Fonds gem §§ 300 ff geboten, solange der Geber des Startkapitals die Mehrheit der Kapitalanteile und der Stimmrechte an dem Fonds hält.

Damit kommt die **Inanspruchnahme** des Abs 1 Nr 3 vornehmlich für *Kreditinstitute und andere institutionelle Anleger* in Betracht, die Anteile an Industrie- und ggf auch anderen Unt nur vorübergehend erwerben, in der Absicht sie am Kapitalmarkt zu platzieren (*WPH*¹⁴ I, M Anm 201; *Sahner/Sauermann* in HdKR² § 296 Anm 22). Soweit Kreditinstitute – vorübergehend – zum Zweck finanzieller Stützung, zur Sanierung oder Rettung eine Mehrheitsbeteiligung an einem anderen Kreditinstitut erwerben und dafür das KonsWahlrecht gem Abs 1 Nr 3 in Anspruch nehmen wollen, sind sie – in Erweiterung des Abs 3 – gem § 340j Abs 1 zu zusätzlichen Angaben im Konzernanhang und der Beifügung des TU-JA zum KA verpflichtet (Anm 41).   32

In einem *Industriekonzern* darf das Wahlrecht nach Abs 1 Nr 3 bspw dann in Anspruch genommen werden, wenn im Zuge einer Fusion oder Akquisition (mittelbar) auch Anteile an TU erworben werden, die nicht in die Produkt- oder Serviceline des erwerbenden Konzerns passen und deshalb veräußert werden sollen. Gleiches wird gelten, wenn die Kartellbehörden ihre Zustimmung zu einem Anteilserwerb davon abhängig machen, dass eine bislang vom übernommenen Unt gehaltene MehrheitsBet aufgegeben wird. Muss sich dagegen der Erwerber von einer Bet an einem bislang vollkonsolidierten TU trennen, ist das Einbeziehungswahlrecht nicht anwendbar.

IV. Tochterunternehmen von untergeordneter Bedeutung (Abs 2)

Gem Abs 2 S 1 braucht ein TU nicht in den KA einbezogen zu werden, wenn es für die Verpflichtung, ein den tatsächlichen Verhältnissen entspr Bild der VFE-Lage des Konzerns zu vermitteln, von untergeordneter Bedeutung ist. Diese Regelung konkretisiert den allgemeinen **Grundsatz der Wesentlichkeit** (Begr RegE BT-Drs 10/3440, 38); sie darf – bei Vorliegen der Voraussetzungen (s Anm 34) – auch für ZweckGes in Anspruch genommen werden (DRS 19.106). Das Fortbestehen der Anwendungsvoraussetzungen für das Einbeziehungswahlrecht ist an den darauf folgenden KA-Stichtagen für jedes der betroffenen TU (Anm 36) erneut zu überprüfen.   33

34 Die Entscheidung darüber, wann ein TU für den Konzern von untergeordneter Bedeutung ist, ist abhängig von der wirtschaftlichen Tätigkeit (Branche) des Konzerns und seiner Struktur. Dabei kommt es nicht auf einzelne *(starre) Verhältniszahlen,* sondern auf das **Gesamtbild aller Umstände** im jeweiligen Einzelfall an (*ADS*[6] § 296 Anm 31 mwN; DRS 19.102). Die Beurteilung der Wesentlichkeit hat aus der Perspektive der Adressaten des KA zu erfolgen (DRS 19.104). Maßgebend ist die Einbindung des TU in die wirtschaftliche Tätigkeit des Konzerns und sein relativer Beitrag innerhalb des gesamten Konzernverbunds (*Sahner/Sauermann* in HdKR[2] § 296 Anm 28). Aufgrund des eindeutigen Wortlauts ist dabei zu beachten, dass das TU immer sowohl für die Vermögens-, als auch die Finanz- und die Ertragslage insgesamt von untergeordneter Bedeutung sein muss (glA *Busse von Colbe/Ordelheide*[9], 119; *ADS*[6] § 296 Anm 30).

Letztlich ist zu fragen, ob ein KA, wie er sich bei Einbeziehung des betr TU ergibt, ein wesentlich anderes Bild der Lage des Konzerns vermittelt als ohne eine Einbeziehung (glA DRS 19.102). Bei der Beurteilung der Auswirkungen einer gedachten Einbeziehung auf die VFE-Lage des Konzerns dürfen Effekte aus der Ausübung von Bilanzierungs- und Bewertungsmaßnahmen auf Konzernebene nur insoweit berücksichtigt werden, als ein sachlogischer Zusammenhang zur Kons des betr TU besteht.

Ferner ist zu berücksichtigen, dass die Umstände, die dazu geführt haben, dass ein TU nach den Verhältnissen am Bilanzstichtag wesentlich oder unbedeutend für die VFE-Lage des Konzerns ist, nachhaltig sein müssen und nicht nur auf einem Einmaleffekt beruhen. Dh es dürfen keine Anhaltspunkte dafür vorliegen, dass die Einschätzung nach Abs 2 bis zum Ende des Planungs-/Prognosehorizonts des MU, mind aber im nächsten Gj, wieder geändert werden muss.

Die Konzernleitung hat für die aufeinander folgenden KA jeweils über die Gewichtung der Beurteilungskriterien zu befinden und danach die relative Bedeutung des betr TU für die VFE-Lage des Konzerns zu beurteilen (*Selchert/Baukmann* BB 1993, 1331). Verhältniszahlen (Anteil des TU an Konzernbilanzsumme, -umsatzerlösen und -jahresergebnis) können allenfalls für eine erste Vorauswahl der für das Einbeziehungswahlrecht in Betracht kommenden TU verwandt werden (glA DRS 19.103; aA *Ebeling/Ernst* in Beck HdR C 210 Anm 60; *von Keitz/Ewelt* in Bilanzrecht § 296 Anm 43: Verhältniszahlen als einzige Möglichkeit zur praktischen Umsetzung des Wahlrechts). Insb muss bei der Verwendung von Verhältniszahlen darauf geachtet werden, dass die zu einander in Beziehung gesetzten Größen äquivalent sind. So ist es zB nicht sachgerecht bei der Beurteilung einer ObjektGes, die nur eine Immobilie hält, auf deren Anteil an der Konzernbilanzsumme abzustellen; stattdessen wäre zu fragen, wie hoch der relative Anteil des Objekts am Konzernwert des Postens „Grundstücke und Gebäude" ist.

35 Trotz vergleichsweise geringer Größe eines TU sprechen folgende Gesichtspunkte für dessen Einbeziehung in den KA im Wege der VollKons:
– *Belastung des Konzernergebnisses mit strukturellen Verlusten,* zB bei zentralen FuE-Ges, die ständiger Zuschüsse bedürfen,
– wenn bei einem Verzicht auf die Einbeziehung wesentliche *Zwischenergebnisse nicht eliminiert werden könnten* (hM *WPH*[14] I, M Anm 205; *ADS*[6] § 296 Anm 31; *Sahner/Sauermann* in HdKR[2] § 296 Anm 28) oder
– wenn im Fall der Nichteinbeziehung *wesentliche Verpflichtungen oder Risiken* des Konzerns *nicht abgebildet* würden. Dies dürfte insb bei sog Objekt- oder ProjektGes der Fall sein, dh wenn ein TU nur über einen VG (idR bebautes oder zur Bebauung vorgesehenes Grundstück) und die dazugehörige Finanzierung durch ein Kreditinstitut verfügt.

Allein aus der *Verlagerung von unternehmenstypischen Funktionen* des Gesamtkonzerns auf das TU, zB Finanzierung, Grundstücksverwaltung oder Transportwesen, kann uE dagegen noch nicht auf die relative Bedeutung dieses TU geschlossen werden, weil die Ausübung spezifischer Leitungs- und Verwaltungsfunktionen als solche nicht im JA zum Ausdruck kommt und auch nicht Gegenstand der Kons sein kann (glA *Selchert/Baukmann* BB 1993, 1330). Entscheidend ist vielmehr immer die relative Bedeutung für *„die Vermögens-, Finanz- und Ertragslage"*. Eine GrundstücksGes, die über kein nennenswertes EK verfügt und aus der Verpachtung ihrer Grundstücke und Gebäude auch kein wesentliches Ergebnis erzielt, muss in den KA einbezogen werden, wenn sonst wesentliche Vermögensteile und idR damit korrespondierende Verbindlichkeiten im KA unberücksichtigt blieben, mit der „Funktion Grundstücksverwaltung" hat dies indes nichts zu tun.

Durch Abs 2 S 2 wird klargestellt, dass für **mehrere Tochterunternehmen**, die bei einer isolierten Betrachtung jeweils unwesentlich sind, nur dann auf eine Einbeziehung verzichtet werden darf, wenn diese TU **in ihrer Gesamtheit** ebenfalls **von untergeordneter Bedeutung** für die VFE-Lage des Konzerns sind. Soll beurteilt werden, ob ein TU, das selbst MU iSv § 290 ist, nur von untergeordneter Bedeutung ist, sind auch die im Falle einer Nichteinbeziehung dieses Teilkonzerns von der Kons ausgeschlossenen TU (EnkelUnt) mit in die Beurteilung einzubeziehen (glA DRS 19.105). Dabei können für diese Gesamtbetrachtung potentiell unbedeutender TU – ebenso wie bei einem einzelnen TU – keine starren Grenzwerte vorgegeben werden (dagegen für eine Beurteilung auf der Grundlage starrer (quantitativer) Kriterien: *Claussen/Scherrer* in Kölner Komm-HGB § 296 Anm 35). Die Anzahl der TU von untergeordneter Bedeutung ist für diese Beurteilung unbeachtlich (*ADS*[6] § 296 Anm 32). 36

Diese gemeinsame Betrachtung hat sich auf sämtliche unwesentlichen TU als Gesamtheit zu erstrecken (hM *ADS*[6] § 296 Anm 32 mwN). Allerdings nur insoweit, als die unwesentlichen Unt tatsächlich nicht in den KA einbezogen werden sollen (glA *Selchert/Baukmann* BB 1993, 1332). Nach aA (*Sahner/Sauermann* in HdKR[2] § 296 Anm 30; *Hoffmann/Lüdenbach*[2] § 296 Anm 21) ist es dagegen *nicht* zulässig, wenn die Konzernleitung aus dem Kreis der einzelnen unbedeutenden TU diejenigen auswählt, die nicht in den KA einbezogen werden sollen. Das Wahlrecht nach Abs 2 gewinnt aber gerade durch eine gezielte Ausübung besondere Bedeutung, zB wenn dadurch ein großer Kreis weltweit grds zu konsolidierender TU erheblich reduziert werden kann, ohne die Darstellung der VFE-Lage des Konzerns zu beeinträchtigen (glA *Busse von Colbe/Ordelheide*[9], 119). 37

Es gibt auch keinen Grundsatz der Einheitlichkeit bei der Ausübung von KonsWahlrechten. Es ist aber der Grundsatz der **Stetigkeit** des KonsKreis (§ 297 Anm 200 ff) zu beachten. Eine Stetigkeitsdurchbrechung ist nur in Ausnahmefällen zulässig (§ 297 Abs 3 S 3), wobei die Inanspruchnahme von Erleichterungen allgemein als wichtiger Grund für eine Abweichung anerkannt ist (s IDW RS HFA 38, Tz 15). Deshalb darf das Einbeziehungswahlrecht zB für unwesentliche TU in Anspruch genommen werden, auch wenn diese zuvor – trotz ihrer untergeordneten Bedeutung für die VFE-Lage – gem §§ 300 ff voll konsolidiert wurden. Dagegen ist es unzulässig, in aufeinander folgenden KA aus einer Mehrzahl unbedeutender TU die Gruppe der nicht einbeziehungspflichtigen TU jeweils neu und unterschiedlich zu bestimmen.

C. Begründung im Konzernanhang (Abs 3)

Bei einer Inanspruchnahme der Einbeziehungswahlrechte nach Abs 1 oder Abs 2 ist neben den Angaben nach § 313 Abs 2 Nr 1 außerdem eine Begr im Konzernanhang erforderlich (Abs 3). Kreditinstitute, die ein TU (Kreditinstitut) zwecks finanzieller Stützung erwerben und dieses gem Abs 1 Nr 3 nicht in den 41

KA einbeziehen wollen (Anm 32), sind gem § 340j verpflichtet, den JA dieses Tochter-Kreditinstituts dem KA beizufügen. Ferner sind im Konzernanhang zusätzliche Angaben über die Art und Bedingungen der finanziellen Stützungsaktion zu machen.

42 Aus der **Begründung** muss sich ergeben, welches Einbeziehungswahlrecht in Anspruch genommen wird und warum die gesetzlichen Voraussetzungen als erfüllt betrachtet werden (zB: „Folgende TU wurden wegen untergeordneter Bedeutung für die Vermittlung eines den tatsächlichen Verhältnissen entspr Bilds der VFE-Lage nicht in den KA einbezogen, weil ihr Jahresergebnis und/oder ihre Umsatzerlöse weniger als 1% des Konzernergebnisses bzw Konzernumsatzes ausmachten: ..."; ausführlich *ADS*[6] § 296 Anm 33). Ein bloßer Verweis auf die gesetzliche Vorschrift genügt nicht (DRS 19.116). Die Begr muss grds für jedes nicht einbezogene TU gegeben werden, jedoch nicht einzeln (so aber *Sahner/Sauermann* in HdKR[2] § 296 Anm 32), es reicht vielmehr aus, wenn sich die Begr – erkennbar – auf mehrere TU gleichzeitig bezieht und Name und Sitz dieser TU, zB über entspr Zwischenüberschriften in der Aufstellung des Anteilsbesitzes gem § 313 Abs 2 Nr 1–4, ersichtlich sind (ebenso *ADS*[6] § 296 Anm 33; DRS 19.116). Wenn trotz Vorliegens der Voraussetzungen vom Einbeziehungswahlrecht kein Gebrauch gemacht wird, ist eine Negativangabe nicht erforderlich (DRS 19.117).

43 In Einzelfällen kann die BegrPflicht zu Nachteilen für den Konzern oder ein einbezogenes KonzernUnt führen (zB beim Anteilserwerb zwecks Weiterveräußerung). Die *Schutzklausel* des § 313 Abs 3 S 1 ist allerdings bezogen auf die BegPflicht nach Abs 3 nicht anwendbar (hM *ADS*[6] § 296 Anm 33 mwN; glA DRS 19.116).

44 Werden durch die Anwendung der Einbeziehungswahlrechte zB nach Abs 1 Nr 1 wesentliche Änderungen des KonsKreis hervorgerufen, bestehen zusätzliche Angabepflichten gem § 294 Abs 2, um die Vergleichbarkeit der aufeinander folgenden KA zu gewährleisten (dazu § 294 Anm 8 ff; DRS 19.120 ff).

D. Anwendung der Equity-Methode

46 Werden TU in Ausübung eines der Einbeziehungswahlrechte nicht im Wege der VollKons in den KA einbezogen, ist unabhängig davon zu prüfen, ob für die betr TU die in § 311 genannten Voraussetzungen (Bestehen einer Bet iSd § 271 Abs 1 und tatsächliche Ausübung eines maßgeblichen Einflusses auf die Geschäfts- und Finanzpolitik des Unt sowie Wesentlichkeit) vorliegen und deshalb eine Einbeziehung nach der Equity-Methode geboten ist. Früher wurde dies für TU, für die wegen abw Tätigkeit ein KonsVerbot bestand (s dazu 5. Aufl § 295 Anm 5 ff, 18), ausdrücklich klargestellt und galt – auch ohne entspr Klarstellung – erst recht auch für TU, für die eines der Einbeziehungswahlrechte gem § 296 ausgeübt wurde (glA *ADS*[6] § 296 Anm 34, *WPH*[14] I, M Anm 209). Nachdem es sich bei der Regelung in § 295 Abs 1 Hs 2 aF nur um eine Klarstellung gehandelt hat, resultiert aus deren Streichung keine Änderung für die Vorgehensweise, wenn eines der Einbeziehungswahlrechte in Anspruch genommen wird. Liegen die Voraussetzungen für eine EquityKons nicht vor, zB bei TU die gem Abs 1 Nr 3 (Weiterveräußerungsabsicht) nicht einbezogen werden, sind die betr TU im KA mit (ggf fortgeführten) AK (§ 253 Abs 1 und 2) zu bewerten.

E. Publizitätsgesetz

48 § 296 gilt sinngemäß auch für KA nach dem PublG (§ 13 Abs 2 S 1 PublG). Der KonsKreis im KA nach PublG bestimmt sich, ebenso wie nach § 290, aus-

Verzicht auf die Einbeziehung 50–53 § 296

schließlich nach dem Control-Konzept (Möglichkeit, einen beherrschenden Einfluss auf die Geschäfts- und Finanzpolitik ausüben zu können; § 11 Abs 1 S 1 PublG), weshalb sich im Vergleich zum HGB-KA keine Besonderheiten ergeben.

Wird von den Einbeziehungswahlrechten Gebrauch gemacht, ist dies im Konzernanhang zu begründen (Abs 2 iVm § 13 Abs 2 S 1 PublG). Bei Ausübung eines maßgeblichen Einflusses iSv § 311 Abs 1 sind diese KonzernUnt dann nach der Equity-Methode einzubeziehen, sofern nicht die Voraussetzungen des § 311 Abs 2 (untergeordnete Bedeutung) vorliegen (s Anm 46).

F. Rechtsfolgen einer Verletzung des § 296

Werden TU, obwohl die Voraussetzungen für die Inanspruchnahme eines 50 KonsWahlrechts gem § 296 *nicht* vorliegen, *vorsätzlich nicht in den KA einbezogen*, liegt ein Verstoß gegen § 294 Abs 1 vor. Diese Ordnungswidrigkeit kann gem § 334 Abs 1 Nr 2a mit einer **Geldbuße bis € 50 000** geahndet werden. Wird bspw ein für die Darstellung der VFE-Lage des Konzerns wesentliches TU vorsätzlich nicht einbezogen, kann auch ein Verstoß gegen § 297 Abs 2 *(Vermittlung eines den tatsächlichen Verhältnissen entsprechenden Bilds)* vorliegen, der gem § 334 Abs 1 Nr 2b ebenfalls bußgeldbewehrt ist. Soweit darin aber zugleich eine unrichtige Wiedergabe oder Verschleierung der Verhältnisse des Konzerns im KA zu sehen ist, kann auch der Straftatbestand des § 331 Nr 2 (**Freiheitsstrafe bis zu drei Jahren** oder **Geldstrafe**) vorliegen.

Gleiches gilt für MU, die gem § 11 PublG zur Aufstellung eines KA verpflichtet sind (§ 20 Abs 1 Nr 2 lit a PublG) sowie für KapCoGes-MU (§ 335b).

G. Abweichungen der IFRS

Standards: IFRS 10 Konzernabschlüsse *(Consolidated Financial Statements)* (2011).

Im Unterschied zu den handelsrechtlichen Regelungen enthalten die IFRS 52 kein ausdrückliches, sondern im Hinblick auf den Grundsatz der Wesentlichkeit *(materiality principle)* in F QC11 nur ein **faktisches Einbeziehungswahlrecht für unwesentliche Tochterunternehmen** (glA *Baetge/Hayn/Ströher* in Komm IFRS[2] IFRS 10 Anm 216; *Pfaff* in MünchKomm HGB[3] § 296 Anm 54; *Senger/Brune* in Beck IFRS[4] § 32 Anm 10; *PwC* MoA, 24.117.1 ff; *Busse von Colbe/Ordelheide*[9], 119 f).

Ebenso wie für die Inanspruchnahme des Einbeziehungswahlrechts gem Abs 2 ist für die Entscheidung, ob ein TU unwesentlich ist, das Gesamtbild der Verhältnisse entscheidend (Anm 34 f). Sofern mehrere unwesentliche TU nicht vollkons werden, müssen diese Unt einzeln und insgesamt unwesentlich sein. Das Vorliegen der Voraussetzung für die Nichteinbeziehung ist spätestens an jedem KA-Stichtag zu überprüfen. Während nach HGB die Nichteinbeziehung unwesentlicher TU im Konzernanhang zu begründen ist (s Anm 41 ff), besteht nach IFRS keine derartige Verpflichtung, weil es sich bei dieser Angabe um eine – aus Sicht der Adressaten – nicht relevante Information handelt.

IFRS 10 enthält keine Bestimmungen darüber, wie unwesentliche TU, die 53 aufgrund des faktischen Einbeziehungswahlrechts nicht vollkons werden, stattdessen im KA abzubilden sind. Während nach HGB ggf die Equity-Kons geboten sein kann (s Anm 46), kommt dies nach IFRS nicht in Betracht (glA *Baetge/Hayn/Ströher* in Komm IFRS[2] IFRS 10 Anm 218). Es erscheint sachgerecht, in diesen Fällen die Anteile an dem (unwesentlichen) TU nach **IAS 39** bzw künftig IFRS 9 zu bilanzieren und zu bewerten (*Busse von Colbe/Ordelheide*[9], 120; *Pfaff* in MünchKomm HGB[3] § 296 Anm 55; *von Keitz/Ewelt* in Bilanzrecht § 296 Anm 522; *Baetge* KA[9], 126).

54 Überwiegend wird ein faktisches Einbeziehungswahlrecht nach IFRS auch aus dem Grundsatz der zeitnahen Berichterstattung (*timeliness;* F.QC19) sowie der Abwägung von Kosten und Nutzen der Berichterstattung (F.QC35ff) abgeleitet (generell zB *von Keitz/Ewelt* in Bilanzrecht § 296 Anm 514; *Pfaff* in Münch-Komm HGB[3] § 296 Anm 32: nur in Sonderfällen; einschränkend auch *Baetge/ Hayn/Ströher* in Komm IFRS[2] IFRS 10 Anm 219ff: nur in seltenen Ausnahmefällen zB TU ohne funktionierendes Rechnungswesen; Katastrophenfälle; Streiks; Zusammenbruch von Datenverarbeitungsanlagen).

Organisatorische Unzulänglichkeiten bzw Versäumnisse (fehlendes qualifiziertes Personal etc) sind uE nicht geeignet, den Verzicht auf die Einbeziehung eines TU in den IFRS-KA zu begründen. Soweit es sich um wesentliche TU (Anm 52) handelt, besteht seitens des MU die Verpflichtung dafür zu sorgen, dass das TU über die notwendigen Ressourcen verfügt, um die für die Einbeziehung in den KA notwendigen Informationen richtig und zeitgerecht bereitzustellen. Auch bei solchen Tatbeständen, die auf *Einflüsse durch höhere Gewalt* zurückgehen, darf – zumindest soweit es sich um wesentliche TU handelt – nicht ohne Weiteres auf eine VollKons verzichtet werden. In diesen Fällen ist die Einbeziehung des betr TU auf Basis vorläufiger Zahlen oder sonst verfügbarer Monats- bzw Quartalsabschlüsse nebst entspr Erl einer Nichteinbeziehung vorzuziehen. Gleiches gilt, wenn der *Erwerb* eines TU zeitlich *kurz vor dem KA-Stichtag* erfolgt. In derartigen Fällen besteht häufig das Problem, dass eine vollständige Anpassung an die konzerneinheitlichen Bilanzierungs- und Bewertungsmethoden innerhalb der vom Erwerber vorgegebenen Berichterstattungsfristen uU nicht möglich ist. Solange die Einbeziehung des TU auf Basis vorläufiger Werte zu keiner Falschdarstellung führt, wird den Adressaten uE dadurch im Vergleich zur Nichteinbeziehung immer die relevantere Information vermittelt; dies ist deshalb vorzuziehen. Etwaige Ungenauigkeiten sind spätestens im Folgejahr zu korrigieren (s § 301 Anm 460ff). Insofern ist das Einbeziehungswahlrecht gem Abs 1 Nr 2 (**unverhältnismäßig hohe Kosten oder Verzögerungen**) uE ohne Entsprechung in den IFRS.

55 **Erhebliche und andauernde Beschränkungen der Geschäftsführungs-/ Vermögensverfügungsrechte** bei einem TU iSv Abs 1 Nr 1 eröffnen nach IFRS kein Einbeziehungswahlrecht, sondern führen uU zu einem Einbeziehungsverbot, wenn sie so gravierend sind, dass keine Entscheidungsmacht *(power)* nach IFRS 10.10ff über dieses TU besteht und deshalb auch kein Mutter-Tochterverhältnis iSv IFRS 10.2(2) iVm .6 vorliegt. Dies kann zB der Fall sein, wenn ein TU unter der Kontrolle/Beherrschung von staatlichen Behörden, Gerichten oder Zwangsverwaltern oder sonstigen Aufsichtsbehörden steht.

Ab dem Zeitpunkt, an dem das Mutter-Tochterverhältnis endet, sind die beim MU verbleibenden Anteile an dem vormaligen TU nach IFRS für die nunmehr einschlägigen IFRS zu bilanzieren (IFRS 10.25(b)). Sofern sie nicht zu einem assozUnt nach IAS 28, einem GemUnt nach IFRS 11 werden oder nach IFRS 5 als zur Veräußerung gehalten zu klassifizieren sind, kommt weiterhin eine Bilanzierung nach IAS 39 bzw künftig IFRS 9 in Betracht.

56 Ein wesentlicher Unterschied besteht, wenn – idR anlässlich des Erwerbs eines Teilkonzerns (s § 301 Anm 374ff) – ein TU mit **Weiterveräußerungsabsicht** erworben wird. Während nach Abs 1 Nr 3 in diesen Fällen auf eine Einbeziehung verzichtet werden darf, besteht nach IFRS eine Einbeziehungspflicht (*Brune* in Beck IFRS[4] § 32 Anm 7). Dieser Sonderausweis erfolgt nach IFRS außerdem auch in den Fällen, in denen ein bislang bereits vollkons TU später den Status einer Veräußerungsgruppe *(disposal group)* erlangt, zB weil dessen Verkauf beabsichtigt wird *(Senger/Diersch* in Beck IFRS[4] § 35 Anm 27). Auch insofern besteht ein Unterschied zur Vorgehensweise nach HGB, wo es hM entspricht (s Anm 31 mwN), dass in diesen Fällen eine Vollkons zu erfolgen hat, dh die VG und Schulden sowie die damit korrespondierenden Erträge und Aufwendungen werden im handelsrechtlichen KA bis zum endgültigen Ausscheiden des TU aus dem KonsKreis unter den entspr Bilanz- bzw GuV-Posten ausgewiesen.

Dritter Titel. Inhalt und Form des Konzernabschlusses

§ 297 Inhalt

(1) [1]Der Konzernabschluss besteht aus der Konzernbilanz, der Konzern-Gewinn- und Verlustrechnung, dem Konzernanhang, der Kapitalflussrechnung und dem Eigenkapitalspiegel. [2]Er kann um eine Segmentberichterstattung erweitert werden.

(2) [1]Der Konzernabschluß ist klar und übersichtlich aufzustellen. [2]Er hat unter Beachtung der Grundsätze ordnungsmäßiger Buchführung ein den tatsächlichen Verhältnissen entsprechendes Bild der Vermögens-, Finanz- und Ertragslage des Konzerns zu vermitteln. [3]Führen besondere Umstände dazu, daß der Konzernabschluß ein den tatsächlichen Verhältnissen entsprechendes Bild im Sinne des Satzes 2 nicht vermittelt, so sind im Konzernanhang zusätzliche Angaben zu machen. [4]Die gesetzlichen Vertreter eines Mutterunternehmens, das Inlandsemittent im Sinne des § 2 Abs. 7 des Wertpapierhandelsgesetzes und keine Kapitalgesellschaft im Sinne des § 327a ist, haben bei der Unterzeichnung schriftlich zu versichern, dass nach bestem Wissen der Konzernabschluss ein den tatsächlichen Verhältnissen entsprechendes Bild im Sinne des Satzes 2 vermittelt oder der Konzernanhang Angaben nach Satz 3 enthält.

(3) [1]Im Konzernabschluß ist die Vermögens-, Finanz- und Ertragslage der einbezogenen Unternehmen so darzustellen, als ob diese Unternehmen insgesamt ein einziges Unternehmen wären. [2]Die auf den vorhergehenden Konzernabschluß angewandten Konsolidierungsmethoden sind beizubehalten. [3]Abweichungen von Satz 2 sind in Ausnahmefällen zulässig. [4]Sie sind im Konzernanhang anzugeben und zu begründen. [5]Ihr Einfluß auf die Vermögens-, Finanz- und Ertragslage des Konzerns ist anzugeben.

Übersicht

	Anm
A. Allgemeines	1, 2
B. Bestandteile des Konzernabschlusses (Abs 1)	
I. Allgemeines	10–17
II. Konzern-Kapitalflussrechnung (Abs 1 S 1)	
1. Begriff und Aufgaben der Kapitalflussrechnung	52, 53
2. Aufbau der Kapitalflussrechnung und Ermittlung der (Fonds-)Mittelveränderung/der Cashflows	54–57
a) Abgrenzung des Finanzmittelfonds	58–60
b) Cashflow aus laufender Geschäftstätigkeit	61–65
c) Cashflow aus Investitions- und Finanzierungstätigkeit	66–71
d) Wechselkurs-, konsolidierungskreis- und bewertungsbedingte Änderungen des Finanzmittelfonds	72

	Anm
3. Konzernspezifische Besonderheiten	
a) Allgemeines	73, 74
b) Währungsumrechnung im Konzern	75–77
c) Änderungen des Konsolidierungskreises	78–82
d) Ein- und Auszahlungen im Zusammenhang mit Minderheitsgesellschaftern	83
4. Zusätzliche Erläuterungspflichten	84
III. Konzern-Eigenkapitalspiegel (Abs 1 S 1)	
1. Allgemeines	100, 101
2. Darstellung der Entwicklung des Konzerneigenkapitals	102, 103
3. Dem Mutterunternehmen zugehörige Posten	
a) Gezeichnetes Kapital des Mutterunternehmens	104
b) Nicht eingeforderte ausstehende Einlagen des Mutterunternehmens	105
c) Kapitalrücklage	106
d) Erwirtschaftetes Konzerneigenkapital	107
e) Eigene Anteile	108, 109
f) Kumuliertes übriges Konzernergebnis	110–112
4. Den Minderheiten zugehörige Posten	113
a) Minderheitenkapital	114, 115
b) Kumuliertes übriges Konzernergebnis	116
5. Konzerngesamtergebnis	117
6. Zusätzliche Erläuterungspflichten	118–120
IV. Konzern-Segmentberichterstattung (Abs 1 S 2)	
1. Aufgaben der Segmentberichterstattung	151
2. Aufbau der Konzern-Segmentberichterstattung	
a) Abgrenzung der Segmente	152–159
b) Anzuwendende Bilanzierungs- und Bewertungsmethoden	160, 161
c) Allgemeine Angaben zur Konzern-Segmentberichterstattung	162–165
d) Anzugebende Segmentinformationen	
aa) Umsatzerlöse	166, 167
bb) Segmentergebnis	168, 169
cc) Segmentvermögen/Investitionen in das langfristige Vermögen	170, 171
dd) Segmentschulden	172
e) Die „Überleitungsrechnung"	173, 174
f) Vergleichbarkeit	175
g) Zusätzliche Erläuterungen	176
3. Aufgliederung der Umsatzerlöse nach § 314 Abs 1 Nr 3	177
C. Grundsätze für den Konzernabschluss	
I. Klarheit und Übersichtlichkeit (Abs 2 S 1)	180–184
II. Vermittlung eines den tatsächlichen Verhältnissen entsprechenden Bilds (Abs 2 S 2 und 3)	185–188
III. Der „Bilanzeid" (Abs 2 S 4)	189
IV. Fiktion der wirtschaftlichen Einheit des Konzerns (Abs 3 S 1)	190–193
V. Wesentlichkeit und Wirtschaftlichkeit	195–198
VI. Stetigkeit der Konsolidierungsmethoden (Abs 3 S 2 bis 5)	200–203
D. Verhältnis zum Publizitätsgesetz	210
E. Rechtsfolgen einer Verletzung des § 297	215, 216
F. Abweichungen der IFRS	
I. Allgemeines	220–226

	Anm
II. Konzern-Kapitalflussrechnung	230–233
III. Konzern-Eigenkapitalveränderungsrechnung	240–243
IV. Konzern-Segmentberichterstattung	250–256

Schrifttum: *Gebhardt* Probleme der Aufstellung von Cash Flow Statements für internationale Konzerne in FS Moxter, 551; IDW St/HFA 1/1994, Zur Behandlung von Genußrechten im Jahresabschluß von Kapitalgesellschaften (Ergänzung 1998), FN-IDW 1994, 269, 1998, 523; *Burger/Schellberg* Zur Abhängigkeit der Kapitalflussrechnung und des Cash Flow vom Finanzmittelfonds WPg 1996, 179; *Wehrheim* Krisenprognose mit Hilfe einer Kapitalflussrechnung DStR 1997, 1699; *Plein* Die Eliminierung von Effekten aus Wechselkursänderungen bei indirekt erstellten Konzernkapitalflussrechnungen WPg 1998, 10; *v. Wysocki* DRS 2: Neue Regeln zur Aufstellung von Kapitalflußrechnungen DB 1999, 2373; *Jakoby/Maier/Schmechel*, Internationalisierung der Publizitätspraxis bei Kapitalflußrechnungen, WPg 1999, 228; *Stahn* Der Deutsche Rechnungslegungsstandard Nr. 2 (DRS 2) zur Kapitalflussrechnung aus praktischer und analytischer Sicht DB 2000, 233; *Betten/Freitas* Die Kapitalflussrechnung nach Deutschem Rechnungslegungs Standard Nr. 2 (DRS 2) Betriebswirtschaft 2001, 147; *Boemle* Geldflussrechnungen unter der Lupe Der Schweizer Treuhänder 2001, 303; *Burger/Buchhardt* Der Cash Flow in einer integrierten Unternehmensrechnung WPg 2001, 801; *Coenenberg* Kapitalflussrechnung als Instrument der Bilanzanalyse Der Schweizer Treuhänder 2001, 311; *Krumbholz* Konzerneigenkapital und Konzerngesamtergebnis nach DRS 7 Steuern und Bilanzen 2001, 1160; *Scheffler* Kapitalflussrechnung – Stiefkind in der deutschen Rechnungslegung BB 2002, 295; *Strieder* Eigenkapitalveränderungsrechnung nach DRS 7, KoR 2002, 180; *Lüdenbach/Hoffmann* IFRS-Rechnungslegung für Personengesellschaften als Theater des Absurden, DB 2004, 404; *Beer/Deffner/Fink* Qualität der Segmentberichterstattung in der deutschen Publizitätspraxis, KoR 2007, 218; *Hahn* Der Bilanzeid, IRZ 2007, 375; *Kajüter/Barth* Segmentberichterstattung in diversifizierten Konzernen – Die Fallstudie, KoR 2007, 110; *Scheffler* Was der DPR aufgefallen ist: Die vernachlässigte Kapitalflussrechnung DB 2007, 2045; *Hüttche/Int-Veen* Praxis der Kapitalflussrechnung/Empirische Untersuchung der Bilanzpolitik – Konsequenzen für die Analyse, IRZ 2008, 347; *Eiselt/Müller* Kapitalflussrechnung: Kritische Würdigung der geplanten Änderungen, BB 2013, 2155; IDW RS HFA 35 Handelsrechtliche Bilanzierung von Bewertungseinheiten, FN-IDW 2011, 445; IDW RS HFA 38 Ansatz- und Bewertungsstetigkeit im handelsrechtlichen Jahresabschluss, FN-IDW 2011, 560; IDW RS HFA 39 Vorjahreszahlen im handelsrechtlichen Jahresabschluss, FN-IDW 2012, 31; IDW RS HFA 44 Vorjahreszahlen im handelsrechtlichen Konzernabschluss und Konzernrechnungslegung bei Änderungen des Konsolidierungskreises, FN-IDW 2012, 32; IDW PS 250 nF Wesentlichkeit im Rahmen der Abschlussprüfung FN-IDW 2013, 4.

Standards: DRS 2 Kapitalflussrechnung; DRS 2–10 Kapitalflussrechnung von Kreditinstituten; DRS 2–20 Kapitalflussrechnung von Versicherungsunternehmen; DRS 3 Segmentberichterstattung; DRS 3–10 Segmentberichterstattung von Kreditinstituten; DRS 3–20 Segmentberichterstattung von Versicherungsunternehmen; DRS 7 Konzerneigenkapital und Konzerngesamtergebnis; DRS 13 Grundsatz der Stetigkeit und Berichtigung von Fehlern; DRS 20 Konzernlagebericht; E-DRS 28 Kapitalflussrechnung.

A. Allgemeines

Die Aufstellung und Veröffentlichung des KA hat in Deutschland nicht zuletzt durch das hohe Maß der Globalisierung auch mittelständischer Unt große Bedeutung. Bei börsennotierten Unt bzw kapmarktKapGes iSd § 264d steht nicht die Veröffentlichung ihres JA im Blickfeld des öffentlichen Interesses, sondern der KA, auch wenn diesem in seiner Gesamtheit wie auch bzgl seiner einzelnen Bestandteile in Deutschland ausschließlich eine **Informationsfunktion** zukommt. Die Grundlage für die Ansprüche der Aktionäre bzw Gester auf eine

Beteiligung am Erfolg des wirtschaftlich einheitlichen Unt „Konzern" leitet sich unverändert aus den JA der jeweils rechtlich selbständigen Unt ab. Gleiches gilt außerhalb der steuerrechtlichen Organschaft für die steuerrechtliche Gewinnermittlung und die daraus abgeleiteten Steuerzahlungen.

Der KA und Konzernlagebericht einer AG sind nach Aufstellung dem AR vorzulegen (§ 170 Abs 1 S 2 AktG), und es ist die HV zur Entgegennahme des KA und Konzernlageberichts einzuberufen (§ 175 Abs 1 S 1 AktG). Der KA der AG unterliegt keiner förmlichen Feststellung, er bedarf allerdings der **Billigung** durch den AR (§ 171 Abs 1 AktG) oder die HV (§§ 173 Abs 1 S 2, 175 Abs 3 S 1 AktG). Entspr ist der KA einer GmbH durch die Gester zu billigen (§§ 42a Abs 4 S 1 iVm Abs 2 S 1, 46 Abs 1b GmbHG).

2 § 297 gilt auf Grund der Überschrift zum Dritten Titel ausschließlich für den KA und damit nicht für den **Konzernlagebericht**. Die Aufstellungspflicht für den Konzernlagebericht ist in § 290 geregelt; dessen Inhalt und Form bestimmen sich nach § 315.

B. Bestandteile des Konzernabschlusses (Abs 1)

I. Allgemeines

10 Der KA umfasst eine **Konzernbilanz,** eine **Konzern-GuV,** einen **Konzernanhang**, eine **Konzern-Kapitalflussrechnung** sowie einen **Konzern-Eigenkapitalspiegel.** Darüber hinaus steht es den zur Konzernrechnungslegung Verpflichteten gem S 2 frei, dem KA eine **Konzern-Segmentberichterstattung** hinzuzufügen. Die Erweiterung gilt entspr für den JA von kapmarktKapGes, die keinen KA aufstellen müssen.

11 Nach dem Wortlaut des Gesetzes („Er (der KA, d Verf) kann um eine **Segmentberichterstattung** erweitert werden.") handelt es sich bei der Konzern-SegBerE gleichfalls um einen eigenständigen Bestandteil des KA, selbst wenn diese eine freiwillige, ausschließlich der Informationsfunktion dienende Ergänzung des KA darstellt. Andernfalls hätte der Gesetzgeber zum Ausdruck bringen müssen, dass der Konzernanhang um eine SegmentBerE erweitert werden darf. Ein nach S 2 vollständiger KA hat somit sechs einzelne Bestandteile.

12 MU in der Rechtsform der **reinen PersGes** oder des **EKfm,** die nicht kapmarktorientiert iSd § 264d sind, sind gem § 13 Abs 3 S 2 PublG nicht verpflichtet, ihren KA um eine Konzern-KFR und einen Konzern-EK-Spiegel zu erweitern. Bei diesen Unt besteht der KA weiterhin aus den drei Bestandteilen Konzernbilanz, -GuV und -anhang. Den Unt steht allerdings eine freiwillige Ergänzung ihres KA um die weiteren Bestandteile offen.

13 Alle erforderlichen KA-Bestandteile bilden eine Einheit, dh bei Fehlen auch nur eines gesetzlich geforderten Bestandteils ist der KA unvollständig und die Aufstellungspflicht (§ 290 Abs 1 u 2) nicht erfüllt. Aus dem gleichwertigen Nebeneinander ergibt sich allerdings nicht, dass bestimmte Informationen alternativ in einem der fünf bzw sechs Bestandteile aufgenommen werden dürfen; dies gilt nur, sofern ein entspr explizites **Angabewahlrecht** besteht, zB § 268 Abs 7 iVm § 298 Abs 1 (Haftungsverhältnisse dürfen im Konzernanhang angegeben statt unter der Konzernbilanz vermerkt werden) oder DRS 2.38 u .43 (Zins- und Ertragsteuerzahlungen dürfen gesondert im Konzernanhang statt gesondert in der Konzern-KFR angegeben werden). Als solches Wahlrecht ist auch § 265 Abs 7 Nr 2 iVm § 298 Abs 1 anzusehen. Danach dürfen Posten der Konzernbilanz und der Konzern-GuV zur Verbesserung der Klarheit der Darstellung zusammengefasst werden; sie müssen dann jedoch im Konzernanhang aufgegliedert werden, so dass die gesetzlich geforderten Informationen nicht verloren gehen.

Zwar hat der Gesetzgeber die Anforderungen an die „Vollständigkeit" des KA formuliert, zur inhaltlichen Ausgestaltung der zusätzlichen KA-Bestandteile (Konzern-KFR, Konzern-EK-Spiegel und ggf Konzern-SegBerE) hat er sich jedoch nicht geäußert. Diese Regelungslücken wurden vom **DRSC** im Rahmen dessen Aufgabenstellung (§ 342 Abs 1 S 1) mit Verabschiedung der Deutschen Rechnungslegungsstandards Nr 2 „Kapitalflussrechnung" **(DRS 2),** Nr 3 „Segmentberichterstattung" **(DRS 3)** und Nr. 7 „Konzerneigenkapital und Konzerngesamtergebnis" **(DRS 7)** geschlossen. Darüber hinaus wurden den Besonderheiten von Kreditinstituten und VersicherungsUnt durch die Verabschiedung eigener Rechnungslegungsstandards zur KFR (DRS 2–10, 2–20) und zur SegBerE (DRS 3–10, 3–20) Rechnung getragen. In ihrer derzeit gültigen Fassung wurden die Rechnungslegungsstandards zur SegBerE durch das BMJ am 31. August 2005, die übrigen Rechnungslegungsstandards durch das BMJ am 18. Februar 2010 bekannt gemacht. Sie sind vollumfänglich (spätestens) für alle KA anzuwenden, deren Gj nach dem 31. Dezember 2009 beginnt, unabhängig davon, ob sich die Aufstellungspflicht dieser KA-Bestandteile aus dem HGB oder dem PublG ergibt (s DRS 2.2a und DRS 7.1b). Für alle DRS gilt die Vermutung, dass die in ihnen niedergelegten Regelungen den GoB der Konzernrechnungslegung entsprechen (§ 342 Abs 2). **14**

Am 31. Juli 2013 hat der HGB-Fachausschuss des DRSC den Entwurf eines neuen Rechnungslegungsstandards **E-DRS 28 „Kapitalflussrechnung"** veröffentlicht, der die bestehenden Rechnungslegungsstandards zur KFR (DRS 2, 2–10 u 2–20) ersetzen soll. Den Besonderheiten von Kredit- und Finanzdienstleistungsinstituten sowie VersicherungsUnt wird darin in Form von Anlagen Rechnung getragen. Der Zeitpunkt der spätestmöglichen Erstanwendung ist noch nicht bekannt, eine (vollumfängliche) vorzeitige Erstanwendung ist nach der Entwurfsfassung zulässig und wird empfohlen (s E-DRS 28.55). Soweit der Standardentwurf wesentliche Abweichungen vom bisherigen Rechnungslegungsstandard DRS 2 vorsieht, wird dies im Folgenden jeweils als Ergänzung zur Erläuterung der Rechtslage anhand des DRS 2 dargestellt.

MU, die zur Aufstellung eines KA verpflichtet sind und sich entscheiden, dieser Aufstellungspflicht durch Anwendung der Rechnungslegungsgrundsätze des HGB – zweiter Unterabschnitt, erster bis achter Titel – nachzukommen, haben folglich für die Darstellung der Konzern-KFR und des Konzern-EK-Spiegels DRS 2 und 7 uneingeschränkt zu beachten. Soweit diese Unt den KA um eine Konzern-SegBerE erweitern, soll darüber hinaus DRS 3 beachtet werden (s DRS 3.3a). Dies gilt auch für Unt, die einen **KA auf freiwilliger Basis** aufstellen, wenn der KA als mit den handelsrechtlichen Konzern-Rechnungslegungsgrundsätzen in Einklang stehen und entspr testiert werden soll. **15**

Unt sind gem § 265 Abs 2 S 1 für Bilanz und GuV zur Angabe von **Vj-Zahlen** verpflichtet; dies gilt nach § 298 Abs 1 auch für den KA. Die Angabepflicht von Vj-Zahlen besteht nach DRS 2.10, DRS 3.43 und DRS 7.3 auch für die Konzern-KFR, die Konzern-SegBerE und den Konzern-EK-Spiegel. DRS 2.56 (wie auch DRS 3.49) gestattet den Unt, die erstmals eine Konzern-KFR (oder Konzern-SegBerE) aufstellen, auf die Angabe von Vj-Zahlen zu verzichten. DRS 7 enthält demggü keine entspr Übergangsvorschrift für die erstmalige Aufstellung eines Konzern-EK-Spiegels. MU, die erstmals einen KA aufstellen müssen, sind aber schon für die Bilanz und die GuV von der Angabe von Vj-Zahlen befreit (s § 298 Anm 51; IDW RS HFA 44, Tz 4 ff). Außerdem ist zu berücksichtigen, dass bei der Bekanntmachung des DRS 7 in der ursprünglichen Fassung durch das BMJ in 2001, im Gegensatz zur Konzern-KFR und zur Kon- **16** zern-SegBerE, keine handelsrechtliche Pflicht zur Aufstellung eines Konzern-EK-Spiegels – und deshalb auch keine Notwendigkeit für eine Übergangsvorschrift in DRS 7 – bestand. Aus diesem Grund erscheint es nicht im Widerspruch zu DRS 7, bei der erstmaligen verpflichtenden Aufstellung eines Konzern-EK-Spiegels auf die Angabe von Vj-Zahlen zu verzichten.

II. Konzern-Kapitalflussrechnung (Abs 1 S 1)

1. Begriff und Aufgaben der Kapitalflussrechnung

52 Die KFR wird im internationalen Kontext als **Fondsrechnung** *(cash flow statement)* verstanden. Sie dient der Beurteilung der Finanzlage eines Unt, indem die Veränderung eines vorher definierten Fondsvermögens (DRS 2 spricht von „Finanzmittelfonds") insb anhand der Mittelherkunft aus den verschiedenen Tätigkeitsbereichen des Unt (lfd Geschäfts-, Investitions- und Finanzierungstätigkeit) und anhand der Mittelverwendung in diesen Bereichen dargestellt wird. Ein wesentlicher Unterschied zur Bilanz und GuV besteht darin, dass der Grundsatz der Periodenabgrenzung des § 252 Abs 1 Nr 5 aufgehoben wird. Für die finanzwirtschaftliche Beurteilung des Unt kommt es demzufolge nicht darauf an, wann ein bestimmter VG angeschafft oder ein bestimmter Umsatz (Ertrag) erzielt wurde. Entscheidend ist vielmehr der Zeitpunkt, zu dem dem Unt Liquidität in Form von (Fonds-)Mitteln auf Grund der Anschaffung entzogen (Auszahlung) wurde bzw durch den Verkauf eines Produkts oder die Erbringung einer Dienstleistung zugeflossen (Einzahlung) ist. Bei der KFR handelt es sich damit um eine reine **zahlungsstromorientierte Rechnung,** die zahlungsunwirksame Geschäftsvorfälle ausschließt.

53 Folgende **Ziele** sollen mit der KFR erreicht werden:
(1) die Ermittlung des Finanzbedarfs auf Grund der Ausschüttungspolitik des Unt, der Investitionstätigkeit und der Rückzahlung von FK;
(2) die Darstellung der Deckung des Finanzbedarfs vornehmlich durch die Erwirtschaftung von (Fonds-)Mitteln aus der lfd Geschäftstätigkeit, dem Rückfluss investierter Mittel und der Aufnahme von Fremdmitteln;
(3) die Darstellung der Investitions- und der Finanzierungstätigkeit;
(4) der Ausweis der Veränderung des (Fonds-)Mittelbestands.

Der KFR kommt somit die Aufgabe zu, das den tatsächlichen Verhältnissen entspr **Bild der Finanzlage** objektiv, dh unabhängig von einer Periodisierung und Bewertung, zu vermitteln.

2. Aufbau der Kapitalflussrechnung und Ermittlung der (Fonds-)Mittelveränderung/der Cashflow

54 Die KFR gliedert sich in die Bereiche „Laufende Geschäftstätigkeit", „Investitionstätigkeit" und „Finanzierungstätigkeit". Für die Darstellung ist allein die Staffelform zulässig (s DRS 2.10). Zusammengefasst lässt sich die **Gliederung** der KFR – unter Verwendung der in DRS 2 verwendeten Begriffe – wie folgt darstellen:
+ Cashflow aus lfd Geschäftstätigkeit
+ Cashflow aus Investitionstätigkeit
+ Cashflow aus Finanzierungstätigkeit
= Zahlungswirksame Veränderungen des Finanzmittelfonds
+/− Wechselkurs-, konsolidierungskreis- und bewertungsbedingte Änderungen des Finanzmittelfonds
+ Finanzmittelfonds am Anfang der Periode
= Finanzmittelfonds am Ende der Periode

Für die Darstellung der Zahlungsströme gilt grds das **Bruttoprinzip** (s DRS 55
2.15). Abgesehen von der indirekten Darstellung des Cashflows aus lfd Geschäftstätigkeit ist eine Saldierung von Ein- und Auszahlungen grds nur bei hoher Umschlagshäufigkeit, großen Beträgen und kurzer Laufzeit, wie dies zB bei Transaktionen mit Wertpapieren der Fall sein kann, zulässig (s DRS 2.15). Darüber hinaus kommt eine Saldierung nur in Frage, wenn die Zahlungsströme die Folge von Aktivitäten sind, die das Unt für Rechnung Dritter vornimmt. Neben den in DRS 2.15 genannten „durchlaufenden" Mieten gehören hierzu zB die Zahlungseingänge auf im Rahmen von Factoring verkaufte Kundenforderungen mit Zurückbehalt der Inkassofunktion.

E-DRS 28 führt ergänzend die Saldierbarkeit von Ertragsteuerzahlungen auf (s E-DRS 28.25).

Die **Grundlage für die Aufstellung** jeder KFR sind der Datenbestand des 56
Rechnungswesens sowie die daraus abgeleitete Bilanz und GuV. Auch wenn die Konzern-KFR im Einzelfall konzeptionell aus der Konzernbilanz und Konzern-GuV abgeleitet wird, ist dies ohne eine Fülle zusätzlicher Informationen aus dem Rechnungswesen der einbezogenen TU nicht zu erreichen.

Die Konzern-KFR ist **stetig** aufzustellen. Dies betrifft zB die Abgrenzung des 57
Finanzmittelfonds (zur Anhangangabe bei Änderungen s DRS 2.52), die Gliederung (s DRS 2.10), die Saldierung von Zahlungsströmen (s DRS 2.15) und die Zuordnung von Zahlungsströmen zu den einzelnen Bereichen (s zB DRS 2.39 u .42).

a) Abgrenzung des Finanzmittelfonds

In den Finanzmittelfonds sind lediglich Zahlungsmittel und Zahlungsmittel- 58
äquivalente einzubeziehen (zur uneinheitlichen Vorgehensweise in der Praxis s *Hüttche/Int-Veen,* 354); dabei umfasst die Einbeziehungspflicht auch entspr Mittel vollkons TU und quotenkons GemUnt (zur Anhangangabe der auf GemUnt entfallenden Fondsmittel s Anm 84). Zu den **Zahlungsmitteln** zählen Barmittel und täglich fällige Sichteinlagen, dh Schecks, Kassenbestand sowie jederzeit fällige Bundesbankguthaben und Guthaben bei Kreditinstituten (s § 266 Abs 2 B. IV). Grundvoraussetzung für den Einbezug von Finanzmitteln als **Zahlungsmitteläquivalente** in den Finanzmittelfonds ist, dass sie dem Unt als Liquiditätsreserve dienen. Daher müssen sie jederzeit und ohne große Wertabschläge in Zahlungsmittel umgewandelt werden können und dürfen nur unwesentlichen Wertschwankungen unterliegen. Die **Wertänderungsrisiken der Finanzmittel** zB durch Wechselkursänderungen dürfen demzufolge nur eine untergeordnete Rolle spielen (s DRS 2.18). Ferner dürfen in die Zahlungsmitteläquivalente grds nur solche liquide Mittel einbezogen werden, deren **Restlaufzeit,** vom Tag der Anschaffung gerechnet, nicht länger als 3 Monate beträgt (s DRS 2.18). Grds einbeziehbar sind damit zB festverzinsliche Wertpapiere des Umlaufvermögens. Festgeldanlagen mit mehr als dreimonatiger Laufzeit sind dagegen grds keine Zahlungsmitteläquivalente, obwohl sie uU keinen nennenswerten Wertänderungsrisiken unterliegen und ggf jederzeit kündbar sind.

Nicht alle vom Unt als Liquiditätsreserve vorgehaltenen VG erfüllen die enge Voraussetzung, nur unwesentlichen Wertschwankungen zu unterliegen. Dies trifft vor allem auf im Umlaufvermögen gehaltene Aktien börsennotierter Unt zu, deren Wert börsentäglich neu bestimmt wird. Bet an Fonds, zB Immobilien- oder Spezialfonds, erfüllen die Voraussetzung ebenfalls nicht, unabhängig davon, ob sie börsennotiert sind oder nicht oder eine jederzeitige Rückgabemöglichkeit besteht.

Mit der Zielsetzung einer optimalen Liquiditätssteuerung bedienen sich viele Konzerne des Instruments des sog **„Cash-Pooling".** Unt, die am Cash-Pooling teilnehmen, haben danach idR täglich ihre Liquiditätsüberschüsse an das MU (dem Garanten) abzuführen, im Gegenzug werden Liquiditätsunterdeckungen von dem MU ausgeglichen. Soweit es sich hierbei um nicht konsolidierte TU handelt, stellt sich die Frage, ob die uU beim MU aktivierten Darlehensforderungen zum Finanzmittelfonds gehören. UE ist dies abzulehnen. Bei Forderungen im Rahmen eines Cash-Poolings besteht stets ein nicht vernachlässigbares Risiko, dass der Schuldner aufgrund von Liquiditätsproblemen zu einem jederzeitigen Ausgleich wirtschaftlich nicht in der Lage ist. Dies ist bei Kassenbeständen oder Guthaben bei Kreditinstituten grds nicht der Fall (glA *Kraft* in Großkomm HGB[5], § 297 Anm 23).

59 Werden in den Finanzmittelfonds Zahlungsmittel und/oder -äquivalente einbezogen, die aus Sicht des MU einer **Verwendungsbeschränkung** unterliegen, sei es auf Grund von Kreditvereinbarungen, Verpfändungen oder Transferbeschränkungen, ist diese Beschränkung im Konzernanhang offen zu legen und die Höhe der Beschränkung anzugeben (s DRS 2.53). Die beschränkte Verfügbarkeit über (Fonds)-Mittel ist auch für **quotenkonsolidierte GemUnt** anzugeben (s DRS 2.53). Empfehlenswert ist darüber hinaus eine gesonderte Angabe in der Konzern-KFR oder im Konzernanhang, wenn Zahlungsmittel aus Hochinflationsländern in den Finanzmittelfonds einbezogen werden, da diese mit erheblichen Wertänderungsrisiken verbunden sein können (glA *WPH*[14] I, M Anm 832).

Nach **E-DRS 28** dürfen Zahlungsmitteläquivalente nur noch dann in den Finanzmittelfonds einbezogen werden, wenn ihre Gesamtlaufzeit maximal drei Monate beträgt (s E-DRS 28.33).

60 Der Finanzmittelfonds darf um **jederzeit fällige Bankverbindlichkeiten** gekürzt werden, wenn diese in die Disposition der liquiden Mittel einbezogen werden (s DRS 2.19). Andere kurzfristige Maßnahmen zur Liquiditätssteuerung, zB die Ausgabe von Commercial Papers, dürfen dagegen nicht berücksichtigt werden (glA *Gebhardt* in Beck HdR, C 620 Anm 37).

Nach **E-DRS 28** darf der Finanzmittelfonds nicht mehr um jederzeit fällige Bankverbindlichkeiten und andere kurzfristige Kreditaufnahmen gekürzt werden, auch dann nicht, wenn sie zur Disposition der liquiden Mittel gehören (s E-DRS 28.34).

b) Cashflow aus laufender Geschäftstätigkeit

61 Die **Ermittlung** des Cashflow aus lfd Geschäftstätigkeit kann auf zweierlei Weise erfolgen, zum einen originär, dh auf Grund einer unmittelbaren Zuordnung der den Finanzmittelfonds beeinflussenden Zahlungsströme zu Geschäftsvorfällen und zum anderen derivativ, dh aus den Bilanz- und GuV-Posten abgeleitet. Praktisch relevant dürfte dabei eher die derivative Ermittlung sein. Dies erklärt sich vor allem mit dem organisatorischen Aufbau der existierenden Buchhaltungssysteme. Die **Darstellung** im KA darf gleichfalls nach zwei Methoden erfolgen, entweder nach der direkten Methode, wonach Einzahlungen und Auszahlungen aus der lfd Geschäftstätigkeit unsaldiert angegeben werden, oder nach der indirekten Methode, wonach das Periodenergebnis gem Konzern-GuV auf den Cashflow aus lfd Geschäftstätigkeit übergeleitet wird. DRS 2.24 ff spricht insoweit keine Präferenz aus. Der Cashflow aus lfd Geschäftstätigkeit ist mind wie folgt zu gliedern, wobei Vorgänge von wesentlicher Bedeutung stets gesondert ausgewiesen werden müssen (s DRS 2.25 ff):

Direkte Methode		Indirekte Methode	
+	Einzahlungen von Kunden für den Verkauf von Erzeugnissen, Waren und Dienstleistungen	+	Periodenergebnis vor ao Posten
		+/−	Abschreibungen/Zuschreibungen auf Gegenstände des Anlagevermögens

− Auszahlungen an Lieferanten und Beschäftigte	+/− Zunahme/Abnahme der Rückstellungen
+ Sonstige Einzahlungen, die nicht der Investitions- oder Finanzierungstätigkeit zuzuordnen sind	+/− Sonstige zahlungsunwirksame Aufwendungen/Erträge
− Sonstige Auszahlungen, die nicht der Investitions- oder Finanzierungstätigkeit zuzuordnen sind	−/+ Gewinn/Verlust aus dem Abgang von Gegenständen des Anlagevermögens
+/− Ein- und Auszahlungen aus ao Posten	−/+ Zunahme/Abnahme der Vorräte, der Forderungen aus Lfg und Leistungen sowie anderer Aktiva, die nicht der Investitions- oder Finanzierungstätigkeit zuzuordnen sind
= **Cashflow aus laufender Geschäftstätigkeit**	+/− Zunahme/Abnahme der Verbindlichkeiten aus Lfg und Leistungen sowie anderer Passiva, die nicht der Investitions- oder Finanzierungstätigkeit zuzuordnen sind
	+/− Ein- und Auszahlungen aus ao Posten
	+/− Wechselkursbedingte Bestandsänderungen (s Anm 77)
	= **Cashflow aus laufender Geschäftstätigkeit**

E-DRS 28 sieht für die indirekte Methode eine geringfügig erweiterte Mindestgliederung vor, die insb aus der geänderten, ao Posten enthaltenden Ausgangsgröße (s Anm 62) sowie aus der geänderten Zuordnung des Zinsergebnisses und der BetErträge resultiert (s Anm 67 f). Entsprechend sind Zinsaufwendungen und -erträge, BetErträge sowie ao Aufwendungen und Erträge gesondert auszuweisen, darüber hinaus der Ertragsteueraufwand/-ertrag und die Ertragsteuerzahlungen.

Als Ausgangsgröße bei der Darstellung des Cashflow aus lfd Geschäftstätigkeit **62** nach der indirekten Methode verwendet DRS 2 den unbestimmten Rechtsbegriff „**Periodenergebnis**". Es sollte sich hierbei allerdings regelmäßig um eine Ergebnisgröße iSv § 275, zB den (Konzern-)Jahresüberschuss/-fehlbetrag bzw das (Konzern-)Ergebnis der gewöhnlichen Geschäftstätigkeit, handeln. Darüber hinaus ist zu beachten, dass die gewählte Ausgangsgröße vor ao Posten zu ermitteln ist und, soweit es sich um die Konzern-KFR handelt, die auf die Minderheiten entfallenden positiven/negativen Ergebnisanteile enthält. Zu eliminieren ist das ao Ergebnis gem GuV-Ausweis, nicht hingegen die auf die ao Geschäftsvorfälle zurückzuführenden Aus- und Einzahlungen; diese sind grds gesondert auszuweisen (s DRS 2.50).

E-DRS 28 konkretisiert das Periodenergebnis als Konzernjahresüberschuss/-fehlbetrag, das damit ggf ao Posten enthält. Aus diesem Grund ist das ao Ergebnis gem. GuV-Ausweis in Form eines gesonderten Ausweises zu eliminieren (s E-DRS 28.40). Darüber hinaus stellt E-DRS 28 klar, dass die gesondert auszuweisenden Zahlungsströme aus ao Geschäftsvorfällen in dem Tätigkeitsbereich auszuweisen sind, dem die Zahlungen zuzuordnen sind (s E-DRS 28.26).

DRS 2.28 gestattet auch die Wahl einer anderen Ausgangsgröße, zB das **63** **EBITDA** *(Earnings Before Interest, Tax, Depreciation and Amortization)*. Findet eine solche international akzeptierte oder eine andere unternehmensspezifisch definierte Ergebnisgröße Anwendung, ist eine entspr Überleitung zum Periodenergebnis vor ao Posten innerhalb der KFR oder im Konzernanhang erforderlich. Aus Gründen der Klarheit und Übersichtlichkeit der Darstellung der KFR empfiehlt sich eine Überleitung im Konzernanhang im Rahmen der Erläuterungen zur KFR.

64 Erhaltene und gezahlte **Zinsen,** erhaltene **Dividenden** (inkl Dividendenzahlungen von assozUnt) und gezahlte **Ertragsteuern** zählen grds zum Bereich „laufende Geschäftstätigkeit" (s DRS 2.36 u .41; zur Vorgehensweise in der Praxis s *Hüttche/Int-Veen,* 354; zu gezahlten Dividenden s Anm 68). Ist es ausnahmsweise sachlich begründet, dürfen erhaltene Zinsen und Dividenden der Investitionstätigkeit, gezahlte Zinsen der Finanzierungstätigkeit und gezahlte Ertragsteuern der Investitions- oder Finanzierungstätigkeit zugeordnet werden (s DRS 2.39 u .42). Beispiele für derartige Ausnahmen sind zB ein Disagio im Rahmen einer Kreditaufnahme (s Anm 70) oder Ertragsteuern auf Veräußerungsgewinne aus Verkäufen von Anlagegegenständen, vorausgesetzt, eine eindeutige Zuordnung ist möglich (glA *Gebhardt* in Beck HdR, C 620 Anm 180; WPH[14] I, M Anm 826). Gezahlte Zinsen sind entweder unmittelbar in der Konzern-KFR oder alternativ im Konzernanhang gesondert anzugeben; dies gilt unabhängig davon, ob sie aufwandswirksam erfasst oder aktiviert werden (s DRS 2.38). Ebenfalls (in der Konzern-KFR oder im Konzernanhang) gesondert anzugeben sind ertragsteuerbedingte Zahlungen (s DRS 2.40 u .43).

Nach **E-DRS 28** sind erhaltene und gezahlte Zinsen sowie erhaltene Dividenden nicht mehr dem Bereich „laufende Geschäftstätigkeit", sondern der Investitionstätigkeit (erhaltene Zinsen und Dividenden; s E-DRS 28.45) bzw der Finanzierungstätigkeit (gezahlte Zinsen; s E-DRS 28.48) zuzuordnen. Diese sowie Ertragsteuerzahlungen sind in der KFR gesondert auszuweisen; eine alternative Angabe im Anhang ist nicht mehr vorgesehen (s E-DRS 28.40, .46 u .49).

Ist die Zuordnung eines Cashflow zur Investitions- oder Finanzierungstätigkeit nicht zweifelsfrei möglich und enthält DRS 2 keine explizite Zuordnungsregel, ist es sachgerecht, den Cashflow der laufenden Geschäftstätigkeit zuzuordnen (s DRS 2.6 Stichwort „laufende Geschäftstätigkeiten").

65 Zahlungen iZm für Sicherungszwecke abgeschlossenen **Sicherungsinstrumenten** sind grds dem Bereich zuzuordnen, in den das Grundgeschäft fällt (s DRS 2.47), es sei denn, die Voraussetzungen für die Bildung einer (bilanziellen) BewEinh sind nicht erfüllt oder es wird trotz Vorliegens der Voraussetzungen von dem Wahlrecht der Bildung einer BewEinh kein Gebrauch gemacht (zum Wahlrecht s IDW RS HFA 35, Tz 12); dann erfolgt die Zuordnung nach allg Grundsätzen.

c) Cashflow aus Investitions- und Finanzierungstätigkeit

66 Die Darstellung der Veränderung des Finanzmittelbestands auf Grund der Investitions- und Finanzierungstätigkeit des Konzerns darf **ausschließlich fondswirksame Zahlungsströme** enthalten, dh muss nach der direkten Methode erfolgen (s DRS 2.29 u .33), selbst wenn die Ermittlung der darzustellenden Zahlungsströme in der Praxis auf derivativem Weg erfolgt (s Anm 61).

67 Zur Fondsveränderung aus **Investitionstätigkeit** gehören vor allem Einzahlungen aus dem Abgang von Gegenständen des Anlagevermögens (Desinvestitionen) sowie Auszahlungen für VG des Anlagevermögens (Investitionen). Dazu gehören auch Zahlungsströme aufgrund von Finanzmittelanlagen im Rahmen der kurzfristigen Finanzdisposition, sofern sie nicht zum Finanzmittelfonds gehören oder zu Handelszwecken gehalten werden und damit der lfd Geschäftstätigkeit zuzuordnen sind (s DRS 2.31). Wird die Anschaffung von VG bezuschusst (zB Investitionszulagen und -zuschüsse), sind die erhaltenen Mittel ebenfalls in diesem Bereich auszuweisen. Eine Saldierung mit den Auszahlungen des Unt ist nicht sachgerecht und widerspricht dem grds Saldierungsverbot des DRS 2.15. Innerhalb des Investitionsbereichs sind auch die Ein- und Auszahlungen auszuweisen, die iZm einer KonsKreis-Änderung stehen, wie zB dem Verkauf bzw

Erwerb eines TU (s Anm 78 ff). DRS 2.32 enthält eine Mindestgliederung des Cashflow aus Investitionstätigkeit; Vorgänge von wesentlicher Bedeutung sind dabei stets gesondert auszuweisen.

Nach **E-DRS 28** sind erhaltene Zinsen und erhaltene Dividenden der Investitions- und nicht mehr der lfd Geschäftstätigkeit zuzuordnen und gesondert auszuweisen (s E-DRS 28.45 f). Darüber hinaus sieht E-DRS 28 vor, dass Auszahlungen für aktivierte Entwicklungskosten (wie andere aktivierte Eigenleistungen auch) der Investitionstätigkeit zuzuordnen sind, während Auszahlungen für nicht aktivierte Entwicklungskosten im Cashflow aus der lfd Geschäftstätigkeit enthalten bleiben (s E-DRS 28.42 und .B23).

Zur Fondsveränderung aus **Finanzierungstätigkeit** zählen iW Ein- und 68 Auszahlungen auf der Gester-Ebene (Kapitalerhöhung, sonstige (Bar-)Zuzahlungen der Gester, Kapitalrückzahlungen, Ausschüttungen (gesonderte Angabe; s DRS 2.37), Transaktionen mit eigenen Anteilen, etc) sowie die Aufnahme und Tilgung von Finanzschulden, dh Anleihen und Verbindlichkeiten ggü Banken und anderen Geldgebern, soweit es sich nicht um Lieferanten- oder sonstige Verbindlichkeiten aus der lfd Geschäftstätigkeit handelt (s DRS 2.6). Hierzu gehören auch erhaltene Finanzmittel aus Veräußerungsvorgängen ohne Übergang des wirtschaftlichen Eigentums (zB bei echten Pensionsgeschäften oder Forderungsverkäufen mit Zurückbehalt des Bonitätsrisikos). Zur Mindestgliederung des Cashflow aus Finanzierungstätigkeit s DRS 2.35; Vorgänge von wesentlicher Bedeutung sind dabei stets gesondert auszuweisen.

Nach **E-DRS 28** sind gezahlte Zinsen der Finanzierungs- und nicht mehr der lfd Geschäftstätigkeit zuzuordnen und gesondert auszuweisen (s E-DRS 28.48 f). Über DRS 2 hinaus sind daneben Ein- und Auszahlungen auf Gester-Ebene künftig nach Gestern des MU und anderen Gestern zu trennen (s E-DRS 28.50).

Spesen, die ein Kreditinstitut dem Kreditnehmer im Rahmen einer Kredit- 69 aufnahme in Rechnung stellt, sind uE im Cashflow aus Finanzierungstätigkeit zu berücksichtigen. Dies gilt unabhängig davon, ob sie separat gezahlt werden oder das Kreditinstitut den auszuzahlenden Kreditbetrag unmittelbar um die Spesen kürzt. Die Ergebnisgröße für den indirekt ermittelten Cashflow aus lfd Geschäftstätigkeit ist demzufolge um die als Aufwand verrechneten Spesen zu erhöhen.

Da nach **E-DRS 28** die Ausgangsgröße für den indirekt ermittelten Cashflow aus der lfd Geschäftstätigkeit grds der Konzernjahresüberschuss/-fehlbetrag ist, kommt eine solche Erhöhung künftig nicht mehr in Betracht. Stattdessen empfiehlt sich eine Korrektur im Rahmen der gesondert auszuweisenden zahlungsunwirksamen Aufwendungen/Erträge, sofern kein gesonderter Ausweis aufgrund der wesentlicher Bedeutung der Spesen erfolgen muss (s E-DRS 28.26).

Liegt bei einer Kreditaufnahme der Auszahlungs- unter dem Rückzahlungsbe- 70 trag (**Disagio**), ist es sachgerecht, sowohl den Auszahlungsbetrag als auch später den höheren Rückzahlungsbetrag (und damit in Anwendung des DRS 2.39 auch die in Form des Disagios gezahlten Zinsen) dem Cashflow aus Finanzierungstätigkeit zuzurechnen (glA *Gebhardt* in Beck HdR, C 620, Anm 145). Ungeachtet dessen ist die Ergebnisgröße für den indirekt ermittelten Cashflow aus lfd Geschäftstätigkeit analog der Aufwandsverrechnung des Disagios zu erhöhen.

Nach **E-DRS 28** sind Aufwendungen aus der Verrechnung des Disagios nicht durch Anpassung der Ausgangsgröße für den indirekt ermittelten Cashflow aus lfd Geschäftstätigkeit, sondern im Rahmen des gesonderten Ausweises des Zinsergebnisses (s E-DRS 28.40) zu erfassen.

Die im Rahmen von Einzahlungen aus Kapitalerhöhungen gezahlten **Trans-** 71 **aktionskosten** sind uE ebenfalls innerhalb des Cashflow aus Finanzierungstätigkeit auszuweisen, dh sie sind grds von den Einzahlungen aus Kapitalerhöhungen abzuziehen. Dies gilt unabhängig vom Zeitpunkt der Einzahlungen aus der Kapitalerhöhung. Hat das Unt bspw am Bilanzstichtag zwar die Erlöse aus der Aktienemission von der Emissionsbank erhalten, die Transaktionskosten hingegen erst nach dem Bilanzstichtag bezahlt, ist ein Ausweis unter dem Posten „Einzahlungen aus Eigenkapitalzuführungen" an beiden aufeinanderfolgenden Bilanzstichtagen zwingend. Zur Klarheit ist die Postenbezeichnung uU zu ergänzen.

d) Wechselkurs-, konsolidierungskreis- und bewertungsbedingte Änderungen des Finanzmittelfonds

72 Sind Teile des Finanzmittelfonds (zB Fremdwährungsbestand oder Wertpapiere) von zahlungsunwirksamen **Wechselkursveränderungen** oder sonstigen **nicht zahlungswirksamen Wertänderungen** (zB Zuschreibung/Abschreibung auf im Fondsvermögen enthaltene Wertpapiere) oder **KonsKreis-Änderungen** betroffen, sind diese Veränderungen nach dem Posten „Zahlungswirksame Veränderungen des Finanzmittelfonds" gesondert auszuweisen. Eine Zusammenfassung der genannten drei Auswirkungen in einem einzigen Posten ist nur insoweit zulässig, wie die Einzelbeträge aus den unterschiedlichen Änderungsgründen unwesentlich sind (s DRS 2.20 f u .45).

E-DRS 28 stellt klar, dass im Finanzmittelfonds enthaltene Fremdwährungsbestände zum Devisenkassamittelkurs am (Konzern-)Abschlussstichtag in Euro umzurechnen sind (s E-DRS 28.35). Darüber hinaus sieht E-DRS 28 lediglich eine Zusammenfassung von (in Einzelbeträgen unwesentlichen) wechselkurs- und bewertungsbedingten Änderungen des Finanzmittelfonds vor, während konsolidierungskreisbedingte Änderungen des Finanzmittelfonds stets gesondert auszuweisen sind (s E-DRS 28 Anl 1).

3. Konzernspezifische Besonderheiten

a) Allgemeines

73 Für die Konzern-KFR als Teil des KA gilt gleichfalls die Fiktion der wirtschaftlichen Einheit. In der Praxis werden Konzern-KFR üblicherweise **derivativ** erstellt. Die Konzern-KFR wird danach entweder aus der Konzernbilanz und Konzern-GuV abgeleitet (Alternative 1), oder sie wird durch Kons der Einzel-KFR aller vollständig bzw quotal einbezogenen TU bzw GemUnt ermittelt (Alternative 2). Alle in den KA einbezogenen Unt sind **entsprechend ihrer Kons-Methode** in die Konzern-KFR einzubeziehen, zB quotenkons GemUnt quotal und nach der Equity-Methode einbezogene Unt nur anhand der Zahlungen zwischen ihnen und dem Konzern und anhand der Zahlungen iZm dem Erwerb oder Verkauf der Bet an ihnen (s DRS 2.14).

74 Die Verpflichtung zur Aufstellung einer Konzern-KFR hat auch Auswirkungen auf die Beurteilung der **Einbeziehungspflicht eines TU** nach § 296 Abs 2. Danach muss ein Unt nicht in den KA einbezogen werden, wenn es für die Vermittlung eines den tatsächlichen Verhältnissen entspr Bilds der VFE-Lage des Konzerns nur von untergeordneter Bedeutung ist. Verfügen KonzernUnt über wesentliche Finanzmittelfonds oder finden bei ihnen bedeutende Finanzmittelbewegungen statt, kann sich aus ihrer Bedeutung für die Vermittlung eines zutreffenden Bilds der Finanzlage des Konzerns mithilfe der Konzern-KFR eine Einbeziehungspflicht ergeben (*Gebhardt* 564).

b) Währungsumrechnung im Konzern

75 Konzerne zeichnen sich idR dadurch aus, dass sie ihr operatives Geschäft in einer Vielzahl von Ländern mit unterschiedlichen Währungen ausüben. Für eine

Fondsrechnung hat dies zur Folge, dass theoretisch alle Informationen über die Wechselkurse zu den einzelnen Zahlungszeitpunkten verfügbar sein müssten. In der Praxis hieße dies, dass alle Transaktionen, die zu Ein- oder Auszahlungen in Fremdwährung führen, parallel zur Landeswährungs-Buchhaltung taggenau in Konzernwährung erfasst werden müssten. Da die Buchhaltungssysteme idR darauf nicht eingerichtet sind, bedarf es für die Erstellung der Konzern-KFR Vereinfachungen und Näherungslösungen. Eine zulässige Vereinfachung ist die Verwendung von **gewogenen Periodendurchschnittskursen** für die Umrechnung von Ein- und Auszahlungen der einbezogenen KonzernUnt, wenn dies im Ergebnis einer Umrechnung mit den tatsächlichen Kursen im Zahlungszeitpunkt annähernd entspricht (s DRS 2.22).

Im Unterschied dazu sieht **E-DRS 28** vor, dass nicht nur die im Finanzmittelfonds enthaltenen Fremdwährungsbestände (s E-DRS 28.35), sondern alle Ein- und Auszahlungen in Fremdwährung zum Devisenkassamittelkurs am Konzernabschlussstichtag umgerechnet werden (s E-DRS 28.12).

Wird vereinfachend unterstellt, dass sich bei den einbezogenen KonzernUnt im Gj keine Veränderung des Finanzmittelfonds in Landeswährung ergeben hat, kommt es in Folge von Wechselkursänderungen bereits in diesem einfachsten Fall zu Veränderungen des Finanzmittelfonds in Konzernwährung, ohne dass Ein- oder Auszahlungen stattgefunden haben. Es handelt sich hierbei um eine **wechselkursbedingte Fondsänderung**, die gem DRS 2.21 iVm der Anlage zu DRS 2 idR einen separaten Ausweis erfordert, es sei denn, der Betrag ist unwesentlich (s Anm 72).

Bei der Herleitung der Konzern-KFR gem Alternative 1 (s Anm 73) werden Fondsänderungen ebenfalls generiert, wenn sich Bestandsposten wie zB Kundenforderungen, Lieferantenverbindlichkeiten sowie Vorräte (iZm dem Cashflow aus lfd Geschäftätigkeit) oder Sachanlagevermögen (iZm dem Cashflow aus Investitionstätigkeit) in Konzernwährung ändern, ohne dass in Landeswährung eine Bestandsänderung stattgefunden hat. Derartige **wechselkursbedingten Bestandsänderungen** sind aus den Cashflows aus lfd Geschäfts-, Investitions- und Finanzierungstätigkeit zu eliminieren.

c) Änderungen des Konsolidierungskreises

Wird ein TU (oder GemUnt) erworben, scheidet ein KonzernUnt aus dem KonsKreis aus oder wird ein KonzernUnt erstmals voll- bzw quotenkons, ist bei der Erstellung der Konzern-KFR darauf zu achten, dass ausschließlich die fondswirksamen Ein- und Auszahlungen dargestellt werden. Bei der Veränderung des KonsKreises durch UntErwerb oder -verkauf ist der gezahlte bzw erhaltene **Kaufpreis** abzgl des mit dem Unt oder Unt-Anteil erworbenen oder verkauften **Finanzmittelfonds** dem Bereich „Investitionstätigkeit" zuzuordnen und dort gesondert auszuweisen (s DRS 2.44). Zu dem zugehenden oder abgehenden Finanzmittelfonds gehört auch der auf die MinderheitsGester entfallende Anteil. Entspr sind für den Fall, dass der Cashflow aus der lfd Geschäftätigkeit nach der indirekten Methode dargestellt wird (s Anm 61), die Bestandsänderungen (zB Vorräte) um die Änderungen aufgrund der KonsKreis-Änderung zu korrigieren. Alle Ein- und Auszahlungen beim TU (oder GemUnt) sind in den jeweiligen Bereichen der Konzern-KFR ab dem Erwerbszeitpunkt auszuweisen. Entsprechendes gilt im Fall der EndKons in Abhängigkeit vom EndKonsZeitpunkt (DRS 2.46; zum Zeitpunkt § 301 Anm 325 ff).

In diesem Zusammenhang stellt sich die Frage, in welchem Bereich der Konzern-KFR mit dem Erwerb oder Verkauf unmittelbar zusammenhängende **Auszahlungen** – ua **für Beraterleistungen** – auszuweisen sind. Da es sich bei den

Auszahlungen uU nicht um Anschaffungsnebenkosten und damit nicht um Kaufpreisbestandteile handelt, ist ein Ausweis nach dem Wortlaut des DRS 2.44 unter dem Posten „Einzahlungen ..." bzw „Auszahlungen aus dem Erwerb von konsolidierten Unternehmen ...", dh innerhalb des Cashflow aus der Investitionstätigkeit nicht gestattet. Ein Ausweis hat demzufolge innerhalb des Cashflow aus lfd Geschäftstätigkeit zu erfolgen.

80 Für eine **Erstkonsolidierung in** einem **dem Erwerbsjahr folgenden Geschäftsjahr** könnte fraglich sein, ob ein Ausweis der Finanzmittelfondsänderung innerhalb des Bereichs „Investitionstätigkeit", wie es im Fall der ErstKons im Erwerbsjahr vorgesehen ist (s Anm 78), in Betracht kommt. Im Zeitpunkt des tatsächlichen Erwerbs der (erst später kons) Bet wurde die Änderung des Finanzmittelfonds im Posten „Auszahlungen für Investitionen in das Finanzanlagevermögen" im Bereich „Investitionstätigkeit" ausgewiesen. UE wirkt die spätere ErstKons, zB wegen Überschreitung der Wesentlichkeitsgrenze oder sonstiger Gründe, nicht in der Form zurück, dass der durch die ErstKons zugehende Finanzmittelfonds als Cashflow aus Investitionstätigkeit qualifiziert werden könnte. Vielmehr ist es sachgerecht, die mit der ErstKons erstmals in den Konzern-Finanzmittelfonds aufgenommenen Zahlungsmittel und -äquivalente des TU in den gesonderten Posten „KonsKreisbedingte Änderungen des Finanzmittelfonds" aufzunehmen (s DRS 2.45).

81 Bei einem **Unternehmenserwerb durch Ausgabe von Anteilen** stellt sich die Frage, wo der erworbene Finanzmittelfonds auszuweisen ist, da es, im Vergleich zum UntErwerb gegen Fondsvermögen, an einer Auszahlung mangelt. UE ist dieser Sachverhalt dennoch unter dem Posten „Auszahlungen aus dem Erwerb von konsolidierten Unternehmen ..." auszuweisen, auch wenn es sich um „negative Auszahlungen" bzw Einzahlungen handelt. Soweit dieser UntErwerb der Einzige in der Berichtsperiode ist, ist eine Änderung der Postenbezeichnung in „Einzahlungen aus dem Erwerb von konsolidierten Unternehmen ..." sachgerecht.

82 Liegt zwischen **Erstkonsolidierung und Kaufpreiszahlung** ein KA-Stichtag, stellt sich auch hier die Frage nach dem sachgerechten Ausweis in der Konzern-KFR. UE unterscheidet sich diese Fallgestaltung vom Idealfall (ErstKons und Zeitpunkt der Kaufpreiszahlung liegen in einem Gj) nur dahingehend, dass der Erwerbsvorgang zwei aufeinander folgende Gj berührt und deshalb zeitlich aufeinander folgend in demselben Posten „Auszahlungen aus dem Erwerb von konsolidierten Unternehmen ..." auszuweisen ist, der Zugang an Fondsmitteln dabei mit negativem Vorzeichen. Abw von dem Sachverhalt der ErstKons in einem dem Erwerbsjahr nachfolgenden Gj (s Anm 80), liegt hier in beiden Gj ein zahlungswirksamer Erwerbsvorgang vor.

d) Ein- und Auszahlungen im Zusammenhang mit Minderheitsgesellschaftern

83 Einzahlungen von und Auszahlungen an MinderheitsGester sind dem Bereich **„Finanzierungstätigkeit"** zuzuordnen. Die Formulierung in DRS 2.51 sowie die Bezeichnung des Postens „Auszahlungen an Unternehmenseigner und Minderheitsgesellschafter" (s DRS 2.35 u Anlage) könnte den Schluss nahe legen, dass eine Wahlmöglichkeit zwischen einem in der Konzern-KFR saldierten Ausweis und einem gesonderten Ausweis im Konzernanhang besteht. Dies erscheint nicht sachgerecht. Auch unter Berücksichtigung des § 307 ist DRS 2.51 dahingehend auszulegen, dass Einzahlungen von und Auszahlungen an MinderheitsGester eindeutig identifizierbar sein müssen und folglich ein gesonderter Ausweis entweder unmittelbar in der Konzern-KFR oder alternativ im Rahmen der ergänzenden Angaben zur Konzern-KFR im Konzernanhang zu erfolgen hat.

Nach **E-DRS 28** sind die dem Cashflow aus Finanzierungstätigkeit zuzuordnenden Ein- und Auszahlungen auf Gester-Ebene zwingend in der Konzern-KFR nach Gestern des MU und anderen Gestern zu trennen (s E-DRS 28.50).

4. Zusätzliche Erläuterungspflichten

Für die entscheidungsorientierte Interpretation und Analyse der in der (schematischen) KFR enthaltenen Daten bedarf es einer Reihe weiterer Informationen, die ergänzend in den **Konzernanhang** aufzunehmen sind. In DRS 2.52 ff werden diese ergänzenden Erl aufgeführt. Dazu gehören ua:
(1) die Zusammensetzung bzw Abgrenzung des Finanzmittelfonds, Erl im Fall der Änderung der Definition sowie rechnerische Überleitung, soweit er nicht dem Posten „Kassenbestand, Bundesbankguthaben, Guthaben bei Kreditinstituten und Schecks" entspricht;
(2) Angaben bzgl des Erwerbs oder Verkaufs von TU und GemUnt;
(3) Offenlegung bedeutender nicht fondswirksamer Investitions- und Finanzierungsaktivitäten. Hierzu zählen insb der Erwerb von VG gegen Stundung des Erwerbspreises, durch Übernahme einer fremden Verbindlichkeit oder im Rahmen eines Finanzierungsleasingverhältnisses, die Umw von FK in EK, der Erwerb von Unt durch Ausgabe von Anteilen oder sonstige Sacheinlagen;
(4) Verwendungsbeschränkungen des Finanzmittelfonds;
(5) auf quotenkonsolidierte GemUnt entfallender Bestand des Finanzmittelfonds.

Nach **E-DRS 28** sind die ergänzenden Angaben zum Erwerb und Verkauf von Unt nicht mehr erforderlich (s E-DRS 28.B26). Darüber hinaus gestattet E-DRS 28.52, die ergänzenden Angaben geschlossen entweder im Anhang oder unter der KFR zu machen.

III. Konzern-Eigenkapitalspiegel (Abs 1 S 1)

1. Allgemeines

DRS 7 konkretisiert die gesetzliche Anforderung zur Aufstellung eines Konzern-EK-Spiegels nach Abs 1 S 1. Er ist von allen dazu verpflichteten MU anzuwenden, unabhängig von ihrer Rechtsform oder Branche. Stellen Unt freiwillig einen EK-Spiegel auf, wird die Anwendung des DRS 7 empfohlen (s DRS 7.1 f).

Zielsetzung eines Konzern-EK-Spiegels ist es, durch eine systematische Darstellung der Entwicklung des Konzern-EK und des Konzerngesamtergebnisses verbesserte Informationen über die Konzern-EK-Struktur zu liefern (s DRS 7.1). Dazu dient ua eine getrennte Darstellung der ergebniswirksamen und -neutralen Veränderungen des Konzern-EK sowie eine getrennte Darstellung der Konzern-EK-Entwicklung des MU und der MinderheitsGester.

2. Darstellung der Entwicklung des Konzerneigenkapitals

Nach DRS 7.7 iVm DRS 7.19 ist im Konzern-EK-Spiegel in **Matrixform** die Veränderung der folgenden Posten des Konzern-EK darzustellen:

Gezeichnetes Kapital des MU
− Nicht eingeforderte ausstehende Einlagen des MU
+ Kapitalrücklage
+ Erwirtschaftetes Konzern-EK
− Eigene Anteile
+ Kumuliertes übriges Konzernergebnis, soweit es auf die Gester des MU entfällt
= *Eigenkapital des Mutterunternehmens gem Konzernbilanz*

+ EK der MinderheitsGester
  davon: Minderheitenkapital
  davon: Kumuliertes übriges Konzernergebnis, soweit es auf Minderheits-
  Gester entfällt
= *Konzerneigenkapital*

103 **Nicht-KapGes,** die einen Konzern-EK-Spiegel nach DRS 7 aufzustellen haben oder dies freiwillig tun, sowie **Kreditinstitute** haben den Konzern-EK-Spiegel uU entspr ihrer Rechtsform sowie gesetzlichen (zB § 264c Abs 2), aufsichtsrechtlichen oder branchenspezifischen Anforderungen anzupassen (s DRS 7.8 f). Sachgerecht ist darüber hinaus eine Erweiterung des Gliederungsschemas nach §§ 298 Abs 1 iVm 265 Abs 5 für den Fall, dass bilanzielle EK-Posten von den in Anm 102 genannten EK-Posten nicht erfasst werden, zB im Fall von vom MU ausgegebenem und im EK gesondert auszuweisendem Genussrechtskapital (dazu IDW St/HFA 1/1994 Abschn 2.1.3).

3. Dem Mutterunternehmen zugehörige Posten

a) Gezeichnetes Kapital des Mutterunternehmens

104 Dieser Posten entspricht **§ 272 Abs 1 S 1.** Das gezeichnete Kapital ist mit dem Nennbetrag oder, falls ein solcher nicht vorhanden ist, mit dem rechnerischen Wert, anzusetzen. Nicht eingeforderte ausstehende Einlagen des MU sowie der entspr Betrag bzw Wert eigener Anteile, die vom MU selbst oder von einem in den KA einbezogenen Unt am MU gehalten werden (sog Rückstellungen; s dazu § 301 Anm 165 ff), sind nicht von diesem Posten abzusetzen, sondern in getrennten Posten darzustellen (s Anm 105 u 108 f).

b) Nicht eingeforderte ausstehende Einlagen des Mutterunternehmens

105 Dieser Posten entspricht **§ 272 Abs 1 S 3.**

c) Kapitalrücklage

106 Für den Posten der Kapitalrücklage ergibt sich aus DRS 7 keine Abweichung zu den Vorschriften des Bilanzrechts. Hier gelten insb die Vorschrift des § 272 Abs 2 über deren Zusammensetzung sowie § 272 Abs 1b S 3, §§ 150ff AktG oder Sondervorschriften des Aktien- und des GmbH-Rechts (s § 270 Anm 7 ff). In der Kapitalrücklage werden nur **Transaktionen auf der Gester-Ebene** erfasst. Zu evtl Abweichungen zwischen der Kapitalrücklage auf Konzernebene und der Kapitalrücklage im JA des MU s § 301 Anm 26.

d) Erwirtschaftetes Konzerneigenkapital

107 Das erwirtschaftete Konzern-EK ist gleich der Summe aller **auf das MU entfallenden thesaurierten Konzernergebnisse.** Es umfasst damit grds ausschließlich erfolgswirksam erfasste Ergebnisbestandteile der Vj und des lfd Gj einschl der erfolgswirksamen KonsMaßnahmen dieser Perioden (s aber Anm 112). Bestandteil dieser Ergebnisgröße ist neben den Gewinnrücklagen auch der GuV-Vortrag (§ 266 Abs 3 A. IV.) sowie der im lfd Gj erwirtschafte Konzern-Jahresüberschuss bzw -fehlbetrag (§ 266 Abs 3 A. V.). Bei Letzterem handelt es sich um den auf das MU entfallenden kons Ergebnisbeitrag aller kons KonzernUnt.

e) Eigene Anteile

108 In diesem Posten ist der Nennbetrag oder, falls ein solcher nicht vorhanden ist, der rechnerische Wert **eigener Anteile des MU** zu erfassen. Dies entspricht der offenen Absetzung dieses Betrags bzw Werts vom gezeichneten Kapital nach § 272 Abs 1a. Der Differenzbetrag zwischen Nennbetrag bzw dem rechnerischen Wert der Anteile und deren AK mit Ausnahme der Anschaffungsnebenkosten ist für bilanzielle Zwecke mit den frei verfügbaren Rücklagen zu verrechnen (s § 272 Anm 130 ff). Entspr ist im Konzern-EK-Spiegel die Verrechnung entweder im Posten „Kapitalrücklage" oder „erwirtschaftetes Konzern-EK" vorzunehmen.

Zu den eigenen Anteilen gehören auch sog **Rückbeteiligungen,** dh Anteile am 109 MU, die von einem in den KA einbezogenen Unt gehalten werden (s DRS 7.13; dazu § 301 Anm 165 ff).

f) Kumuliertes übriges Konzernergebnis

Dieser Posten enthält alle auf das MU entfallenden Konzern-EK-Verände- 110 rungen der Vj und des lfd Gj, die nicht in der Konzern-GuV (erfolgswirksam) erfasst wurden und auch nicht aus Ein- und Auszahlungen auf Ebene der Gester resultieren (s Anm 106). Zu erfassen sind hier folglich ausschließlich **erfolgsneutral behandelte Bewertungsvorgänge.** Hierzu gehören grds auch die Sonderbestimmungen zur Erfassung der Auswirkungen aus der Anwendung neuer Gesetze, wie sie bspw das EGHGB enthält (s aber Anm 112).

Mit Einfügung des § 308a durch das BilMoG wird für die Umrechnung von auf 111 fremde Währung lautenden Abschlüssen ausländischer TU in Euro die Anwendung der modifizierten Stichtagskursmethode verbindlich vorgeschrieben. Eine sich aus der Umrechnung der Konzern-Bilanz- und GuV-Posten insgesamt ergebende Differenz ist ohne Berührung der GuV in der Bilanz innerhalb des Konzern-EK als „Eigenkapitaldifferenz aus Währungsumrechnung" und im Konzern-EK-Spiegel innerhalb des kumulierten übrigen Konzernergebnisses gesondert als **„Ausgleichsposten aus der Fremdwährungsumrechnung"** auszuweisen (s DRS 7.19). Eine Erfolgswirksamkeit ergibt sich frühestens im Rahmen einer Teilliquidation solcher TU; oftmals jedoch erst bei Verkauf der MehrheitsBet, dh mit der EndKons.

Andere erfolgsneutral zu erfassende Effekte sind im Konzern-EK-Spiegel grds 112 als **„andere neutrale Transaktionen"** gesondert innerhalb des kumulierten übrigen Konzernergebnisses auszuweisen (s DRS 7.19). Dabei handelt es sich mit Ausnahme des durch BilMoG aufgehobenen § 309 Abs 1 S 3 (erfolgsneutrale Verrechnung des GFW aus der KapKons mit den Konzernrücklagen) um „aperiodische Effekte", deren Erfassung ohne entspr handelsrechtliche Sondervorschrift oder besondere Regelung in DRS ansonsten entspr der handelsrechtlichen (Konzern-)GoB erfolgswirksam wäre. Zu diesen handelsrechtlichen Sondervorschriften gehören bspw Art 27 Abs 4 EGHGB (aus der erstmaligen Anwendung der durch das BiRiLiG geänderten Vorschriften), Art 54 Abs 2 EGHGB (aus der erstmaligen Anwendung der durch das TransPuG geänderten Vorschriften) oder Art 67 Abs 1 S 3, Abs 3 S 2, Abs 4 S 2, Abs 6 EGHGB (aus erstmaliger Anwendung der durch das BilMoG geänderten Vorschriften), wonach bestimmte Umstellungseffekte erfolgsneutral durch Anpassung der Gewinnrücklagen abzubilden sind. Entspr sind bestimmte Vermögenseffekte aus der erstmaligen (retrospektiven) Anwendung von DRS nach besonderen DRS-Regelungen erfolgsneutral im EK zu erfassen (s zB DRS 4.63 u DRS 8.51).

Soweit die vom Gesetzgeber oder dem DRSC in Sondervorschriften zugestandene erfolgsneutrale Verrechnung mit den Gewinnrücklagen bzw mit dem EK auf dem aperiodischen Effekt einer Gesetzesänderung bzw der erstmaligen Anwendung eines neuen DRS beruht, lässt sie sich nicht aus den Konzern-GoB ableiten. Da derartige Effekte ohne entspr Sondervorschriften erfolgswirksam zu erfassen wären, entsprechen sie ihrem Charakter nach erwirtschaftetem Konzern-EK. Aus diesem Grund erscheint es sachgerecht, sie entgegen einer wörtlichen Auslegung des DRS 7 auch unter dem Posten „erwirtschaftetes Konzerneigenkapital" auszuweisen (glA *WPH*[14] I, M Anm 839; *ADS Int* Abschn 22 Anm 206d). In diesem Fall enthalten die „anderen neutralen Transaktionen" idR nur GFW, die vor BilMoG mit den Konzernrücklagen verrechnet worden sind und deren Verrechnung nicht rückgängig gemacht worden ist (s *PwC* BilMoG Komm, Q Anm 437).

4. Den Minderheiten zugehörige Posten

113   Bei dem auf die Minderheiten (den „anderen Gesellschaftern" iSd HGB) entfallenden Konzern-EK wird zwischen dem **„Minderheitenkapital"** und dem **„kumulierten übrigen Konzernergebnis"** unterschieden.

a) Minderheitenkapital

114   Unter diesem Posten werden sämtliche auf die Minderheiten entfallenden Anteile am Konzern-EK zusammengefasst, die nicht „kumuliertes übriges Konzernergebnis" darstellen. Hierzu gehören neben den Gewinnthesaurierungen auch EK-Transfers auf der Minderheiten-Gester-Ebene, dh zB von diesen geleistete Einzahlungen oder an diese geleistete Ausschüttungen oder Kapitalrückzahlungen.

115   Soweit KonsKreis-Änderungen auch die Anteile von Minderheiten betreffen, sind diese Zu- und Abgänge ebenfalls hier abzubilden (s DRS 4.48).

b) Kumuliertes übriges Konzernergebnis

116   Für diese EK-Komponente gelten die Ausführungen der Anm 110 ff uneingeschränkt.

5. Konzerngesamtergebnis

117   Das Konzerngesamtergebnis ist das **Ergebnis des lfd Gj.** DRS 7.5 definiert es als „Gesamtergebnis des Konzerns, das neben dem Konzernjahresüberschuss/-fehlbetrag das übrige Konzernergebnis umfasst", dh auch (insb) die Umrechnungsdifferenz aus der Fremdwährungsdifferenz, soweit sie auf das lfd Gj entfällt (s Anm 111). Der Sinn und Zweck, eine solche Ergebnisgröße zu definieren, ergibt sich aus dem Umstand, dass sich das Konzern-EK aufgrund von Bewertungsvorgängen erhöhen oder vermindern kann, die sich ggf nie in der Konzern-GuV niederschlagen. Da die Konzern-GuV also nur erfolgswirksam erfasste Transaktionen enthält, ist es Aufgabe des Konzern-EK-Spiegels, auch Informationen über **erfolgsneutrale Transaktionen** zu vermitteln. Zu diesem Zweck ist innerhalb des Konzern-EK-Spiegels der Konzernjahresüberschuss/-fehlbetrag jeweils getrennt für das MU und die MinderheitsGester unter Berücksichtigung des übrigen Konzernergebnisses auf das Konzerngesamtergebnis überzuleiten (s DRS 7.14).

6. Zusätzliche Erläuterungspflichten

118   Zum erwirtschafteten Konzern-EK (s Anm 107) verlangt DRS 7.15 weitergehende Erl innerhalb des Konzern-EK-Spiegels oder alternativ im Konzernanhang (glA *WPH*[14] I, M Anm 842). Anzugeben sind:
(1) der an die Gester (des MU) am KA-Stichtag (durch das MU oder ein einbezogenes TU) **ausschüttbare Betrag**;

(2) der jeweilige Betrag, der sich aufgrund einer (a) gesetzlichen, (b) satzungsmäßigen und/oder (c) gesellschaftsvertraglichen **Ausschüttungssperre** ergibt (zB ausschüttungsgesperrte Beträge nach § 268 Abs 8 bei MU oder TU; Kapitalerhöhung aus GesMitteln beim TU).

Da es diesen Posten nur für das dem MU zugehörige Konzern-EK gibt, würden die Minderheiten nach dem Wortlaut des Standards keine Auskunft darüber erhalten, welcher Betrag ihres Anteils am Konzern-EK für Ausschüttungen zur Verfügung steht. Halten Minderheiten einen wesentlichen Anteil am Konzern-EK, halten wir dies für eine nicht zu rechtfertigende Benachteiligung. Eine entspr Angabepflicht halten wir in diesem Fall auch bei den **Minderheiten** für geboten.

DRS 7.7 iVm .19 sieht vor, die Veränderungen der einzelnen Posten des Konzern-EK-Spiegels (s Anm 102) anhand der Sachverhalte „**Ausgabe von Anteilen**", „Erwerb/Einziehung **eigener Anteile**", „Gezahlte **Dividenden**", „Änderungen des **KonsKreises**" und „**übrige Veränderungen**" darzustellen. Zu den „übrigen Veränderungen" zählen zB die sonstigen Zuzahlungen von Gestern in die Kapitalrücklage nach § 272 Abs 2 Nr 4 oder die Dotierung der Kapitalrücklage nach § 272 Abs 2 Nr 2 im Fall der Ausgabe von Wandel- oder Optionsanleihen. Sind diese „übrigen Veränderungen" der einzelnen Posten des Konzern-EK wesentlich, sind sie anzugeben und zu erläutern (s DRS 7.16). Alternativ ist es nach §§ 298 Abs 1 iVm 265 Abs 5 zulässig, wesentliche übrige Veränderungen der Posten des Konzern-EK-Spiegels unmittelbar im Konzern-EK-Spiegel gesondert auszuweisen und entspr zu bezeichnen.

Eine zusätzliche Erl-Pflicht ergibt sich im Falle der Wesentlichkeit auch für die Bestandteile des „**übrigen Konzernergebnisses**" (s DRS 7.16). Da es diesen Ergebnisbestandteil sowohl für die Gester des MU (s Anm 110 ff) als auch für die Minderheiten (s Anm 116) gibt, betrifft die Angabepflicht beide Posten.

IV. Konzern-Segmentberichterstattung (Abs 1 S 2)

1. Aufgaben der Konzern-Segmentberichterstattung

Die Konzernbilanz, die Konzern-GuV sowie die Konzern-KFR enthalten Informationen über den Konzern in seiner Gesamtheit, dh in aggregierter Form. Die Aktivitäten eines Konzerns konzentrieren sich aber im Allgemeinen nicht nur auf ein Geschäftsfeld, sondern umfassen eine Vielzahl unterschiedlicher Produkte oder Dienstleistungen und erstrecken sich auf unterschiedliche Märkte und geografische Regionen. Da diese idR mit spezifischen Risiken und Chancen verbunden sind, ist es für die KA-Adressaten hilfreich, weitere entscheidungsrelevante **Detailinformationen** zu erhalten, um den Konzern in seiner Entwicklung besser beurteilen zu können. Die Segmentierung bestimmter Abschlussdaten dient damit vor allem der Erhöhung der Transparenz des konzernspezifischen Chancen- und Risikoprofils.

2. Aufbau der Konzern-Segmentberichterstattung

a) Abgrenzung der Segmente

Ausgangspunkt der Segmentierung ist die Bestimmung sog „**operativer Segmente**". Hierbei handelt es sich um UntTeile bzw -aktivitäten, die tatsächlich oder potenziell externe oder intersegmentäre Umsatzerlöse erwirtschaften und die einer regelmäßigen Überwachung durch die UntLeitung unterliegen.

Dazu zählen auch UntTeile, die ihre Leistungen ganz oder überwiegend an andere operative Seg abgeben (auch als „vertikal integrierte Segmente" bezeichnet; s DRS 3.8). Die Segmentierung ergibt sich damit aus der internen Organisations- und Berichtsstruktur des Unt (s DRS 3.9f). Bei diesem auch international angewendeten **„Management Approach"** wird unterstellt, dass die für innerbetriebliche Zwecke optimierte Struktur die Chancen- und Risikostruktur des Unt am besten widerspiegelt und auch den externen Abschlussadressaten die beste Entscheidungsgrundlage bietet.

153 Die operativen Seg sind auch dann nach der internen Organisations- und Berichtsstruktur abzugrenzen, wenn diese nicht auf unterschiedliche Chancen und Risiken abstellt, sondern bspw auf rechtlich selbständige Einheiten. Lediglich in den Fällen, in denen für die interne Steuerung mehrere Segmentierungen Verwendung finden, verlangt DRS 3.11 für die Konzern-SegBerE die Auswahl derjenigen Segmentierung, die „annahmegemäß die **Chancen- und Risikostruktur des Unternehmens** am besten widerspiegelt."

154 Üblicherweise orientiert sich die interne Organisations- und Berichtsstruktur (und damit auch die Abgrenzung operativer Seg) an einer produktorientierten oder einer geografischen Segmentierung der Geschäftsaktivitäten. Da DRS 3.38f aber unabhängig von der Abgrenzung operativer Seg produktorientiert und geografisch segmentierte (Zusatz-)Informationen verlangen, definiert DRS 3.8 beispielhaft Abgrenzungsmerkmale für beide Arten von Segmentierungen.

Als Abgrenzungsmerkmale für ein **produktorientiertes Segment** gelten insb:
(1) die Gleichartigkeit der Produkte oder Dienstleistungen;
(2) die Gleichartigkeit der Produktions- oder Dienstleistungsprozesse;
(3) die Gleichartigkeit der Kundengruppen;
(4) die Gleichartigkeit der Methoden des Vertriebs oder der Bereitstellung von Produkten und Dienstleistungen und
(5) geschäftszweigbedingte Besonderheiten, zB für Kreditinstitute, Versicherungs-Unt oder für öffentliche Versorgungsbetriebe.

Erfolgt intern eine Segmentierung nach Kundengruppen, gelten diese operativen Seg als produktorientiert (s DRS 3.8 „produktorientiertes Segment").

Abgrenzungsmerkmale für ein **geografisches Segment** sind insb:
(1) die Gleichartigkeit der wirtschaftlichen und politischen Rahmenbedingungen;
(2) die Nähe der Beziehungen zwischen Tätigkeiten in unterschiedlichen geografischen Regionen;
(3) räumliche Nähe der Tätigkeiten zueinander;
(4) spezielle Risiken von Tätigkeiten in einem bestimmten Gebiet;
(5) Gleichartigkeit der Außenhandels- und Devisenbestimmungen;
(6) gleichartiges Währungsrisiko

Die geografische Abgrenzung kann dabei nach den **Absatzmärkten** (ertragsorientiert) oder nach den **Standorten der Aktiva** (aufwandsorientiert) vorgenommen werden (glA *WPH*[14] I, M Anm 859).

155 In der Konzern-SegBerE müssen nicht für alle operativen, sondern nur für sog **„anzugebende" Segmente** SegInformationen gegeben werden. Welche operativen Seg anzugebende Seg sind, ist insb von der Erreichung bestimmter Größenmerkmale oder davon abhängig, welche sonstigen operativen Seg die UntLeitung dazu bestimmt.

Nach DRS 3.15 ist ein operatives Seg immer ein anzugebendes Seg, wenn es eines der drei folgenden **Größenmerkmale** erfüllt:
(1) Die Umsatzerlöse mit externen Kunden und mit anderen Seg erreichen mind 10% der gesamten externen und intersegmentären Umsatzerlöse.

(2) Das SegErgebnis beträgt mind 10% der Summe aller ausschließlich positiven oder negativen Ergebnisse operativer Seg; dabei ist die jeweils größere Summe maßgebend.

(3) Das SegVermögen (brutto, ohne Saldierung mit SegSchulden) beläuft sich auf mind 10% des gesamten Vermögens aller operativen Seg.

Belaufen sich die Umsatzerlöse des operativen Seg A mit Konzernfremden bspw auf 7% und die aus Umsätzen mit anderen Seg auf 3%, handelt es sich bei Seg A um ein anzugebendes Seg iSd DRS 3, da vorstehendes Größenmerkmal (1) erfüllt ist.

Weisen die operativen Seg A (+3), B (+7) und E (+15) positive SegErgebnisse von insgesamt 25 GE aus, während die operativen Seg C (–2) und D (–58) negative SegErgebnisse von insgesamt –60 GE ausweisen, bestimmen sich die anzugebenden Seg gem vorstehendem Größenmerkmal (2) nach der Summe der negativen SegErgebnisse, da diese absolut höher sind als die Summe der positiven SegErgebnisse (|60| > |25|). Mit Ausnahme von A und C handelt es sich deshalb bei den operativen Seg um anzugebende Seg, da ihre jeweiligen SegErgebnisse (absolut) größer gleich 6 GE (= 10% von 60 GE) sind.

Um die Klarheit und Übersichtlichkeit der Konzern-SegBerE zu verbessern, **156** ist es zulässig, **operative Segmente zusammenzufassen** (s DRS 3.13); in diesem Fall sind die Größenmerkmale auf die zusammengefassten operativen Seg anzuwenden (s DRS 3.15). Voraussetzung für eine Zusammenfassung ist, dass die betr operativen Seg homogene Chancen und Risiken aufweisen. Ob dies der Fall ist, ist nach DRS 3.8 insb anhand der für die Abgrenzung von produktorientierten und geografischen Seg entwickelten Kriterien zu beurteilen. Ergänzend erscheint eine vergleichbare Ertragskraft der betr Seg erforderlich. So ist zB im Fall eines dauerhaft verlustträchtigen und eines profitablen Seg zweifelhaft, dass beide homogenen Chancen und Risiken unterliegen. Werden operative Seg nach der internen Organisations- und Berichtsstruktur ausnahmsweise weder produktorientiert noch geografisch abgegrenzt (s Anm 153), sind die in DRS 3.8 für die Abgrenzung produktorientierter oder geografischer Seg entwickelten Kriterien für die Beurteilung des Vorliegens homogener Chancen und Risiken entspr anzuwenden.

Liegt die Summe der externen Umsatzerlöse der aufgrund der Größenmerkmale anzugebenden Seg unter **75% der (konsolidierten) Konzern-Umsatzerlöse**, sind solange weitere operative Seg als anzugebende Seg zu bestimmen, bis die 75%-Grenze erreicht ist (s DRS 3.12). Welche operativen Seg in diesem Fall auszuwählen sind, regelt DRS 3 nicht; sachgerechter Weise orientiert sich die UntLeitung in diesem Fall an der Höhe der externen Umsatzerlöse der Seg. Davon unabhängig dürfen operative Seg, die keines der vorstehend aufgeführten Größenmerkmale erfüllen, freiwillig als anzugebende Seg bestimmt werden, wenn dies die Klarheit und Übersichtlichkeit der Konzern-SegBerE nicht beeinträchtigt (s DRS 3.16).

Ist ein operatives Seg weder zwingend ein anzugebendes Seg noch freiwillig **157** zu einem solchen bestimmt worden, handelt es sich um ein **„sonstiges Segment"** (im obigen Beispiel Seg A und C). In der Konzern-SegBerE bilden alle zusammengefassten sonstigen Seg wiederum ein eigenes anzugebendes Seg, da sich die Angabepflicht von SegInformationen iW auch auf die sonstigen Seg (als Einheit) erstreckt (s DRS 3.31). Dieses (Rest-)Seg zeichnet sich – im Gegensatz zu den anderen anzugebenden Seg – idR dadurch aus, dass es eine (sehr) heterogene Chancen- und Risikostruktur aufweist.

Ein **in der Vorperiode anzugebendes Seg** bleibt trotz Unterschreitens der **158** Größenmerkmale weiterhin angabepflichtig, wenn die UntLeitung diesem Seg unverändert eine wesentliche Bedeutung beimisst (s DRS 3.17). Umgekehrt wird ein bislang nicht anzugebendes operatives Seg bei voraussichtlich **einmaliger Überschreitung eines der Größenmerkmale** nicht unmittelbar zu einem anzugebenden Seg (s DRS 3.18).

159 Für eine einmal gewählte Segmentierung wie auch für die folgenden SegAngaben (zB Definition des SegErgebnisses; s Anm 168) gilt der Grundsatz der **Stetigkeit**. Eine Durchbrechung dieses Grundsatzes ist nur in Ausnahmefällen zulässig, zB bei Änderungen in der UntLeitung und einer damit einhergehenden geänderten Einschätzung der Bedeutung eines Seg (s Anm 158). Wird die Konzern-SegBerE im Einzelfall geändert, ist dies zu begründen; des Weiteren sind die Vj-Posten anzupassen (s DRS 3.46 f).

b) Anzuwendende Bilanzierungs- und Bewertungsmethoden

160 Die **im KA angewandten Bilanzierungs- und Bewertungsmethoden** gelten uneingeschränkt auch für die Konzern-SegBerE (s DRS 3.19). Es ist demzufolge weder zulässig, Ansatz- und Bewertungswahlrechte in der Konzern-SegBerE abw von Konzernbilanz und -GuV auszuüben (zB abw von der Konzernbilanz selbst geschaffene immaterielle Anlagegegenstände auszuweisen), noch zB kalkulatorische Kosten in das SegErgebnis (s Anm 168 ff) einzubeziehen, auch wenn für interne Berichtszwecke ggf so verfahren wird. Insoweit wird vom „Management Approach" (s Anm 152) abgewichen.

161 **Konsolidierungsmaßnahmen** sind nur innerhalb des jeweiligen anzugebenden Seg, nicht aber zwischen verschiedenen anzugebenden Seg, vorzunehmen (s DRS 3.19). Hat zB das TU X (Seg A) während des Gj eine Immobilie an TU Y (Seg B) veräußert (Fall 1), ist diese Immobilie im SegVermögen B mit dem tatsächlichen Kaufpreis (AK) und nicht mit den idR niedrigeren fortgeführten AK des Seg A auszuweisen. Die Zwischengewinneliminierung bspw erfolgt erst in der „Überleitungsrechnung" (s Anm 173 f). Hat demggü das dem Seg A zugehörige TU X die Immobilie an das ebenfalls dem Seg A zugehörige TU Z veräußert (Fall 2), ist die Zwischengewinneliminierung bereits innerhalb des Seg A durchzuführen. Wäre die Immobilie der einzige VG des Konzerns, wäre im Fall 2 das für A ausgewiesene SegVermögen auch ohne besondere Überleitungsrechnung identisch mit dem Vermögen in der Konzernbilanz. KonsMaßnahmen zwischen verschiedenen operativen, in einem anzugebenden Seg zusammengefassten Seg sind grds vorzunehmen, es sei denn, die SegDaten werden davon nicht wesentlich beeinflusst (s DRS 3.21).

c) Allgemeine Angaben zur Konzern-Segmentberichterstattung

162 DRS 3.25 verlangt eine **Beschreibung der anzugebenden Seg**, wobei die Merkmale zur Abgrenzung der operativen Seg und zu ihrer evtl Zusammenfassung (s Anm 154) zu erläutern sind.

163 Erfolgt die Segmentierung **nicht produktorientiert**, sind die dem jeweiligen anzugebenden Seg zuordenbaren Produkte und/oder Dienstleistungen anzugeben (s DRS 3.27).

164 Ergeben sich aufgrund der verpflichtenden Übernahme der untinternen Organisations- und Berichtsstruktur für die Konzern-SegBerE anzugebende Seg, die **unterschiedliche Risiken und Chancen** aufweisen (s Anm 153), verlangt DRS 3.28 hierzu eine entspr Erl. Der Umstand, warum intern eine Segmentierung gerade ohne Berücksichtigung der bestehenden Risiko- und Chancenstruktur erfolgt, ist zu begründen.

165 Die nach DRS 3 geforderten SegAngaben sind für alle anzugebenden Seg inkl der zusammengefassten sonstigen Seg, für diese jeweils in einem Betrag, zu machen (s DRS 3.29).

d) Anzugebende Segmentinformationen

aa) Umsatzerlöse. Der Umsatz je anzugebendem Seg ist in der Konzern- **166** SegBerE nach **Umsatzerlösen mit Konzernfremden** (externe Kunden = Außenumsatz) und **intersegmentären Umsätzen** (Umsätze mit anderen Segmenten des KonsKreises = Innenumsatz) zu unterteilen (s DRS 3.31); die Angabe einer Gesamtsumme beider Werte ist nicht erforderlich (s Anlage 2 zu DRS 3). Erfolgt die Segmentierung **nicht produktorientiert,** sind zusätzlich die Umsatzerlöse je Produkt- oder Dienstleistungsgruppe in einem Betrag anzugeben (s DRS 3.38). Erfolgt die Segmentierung **nicht nach geografischen Gesichtspunkten,** sind die Umsatzerlöse der „unternehmensrelevanten" Regionen abgegrenzt nach dem Standort der Kunden anzugeben. Eine Region gilt als „unternehmensrelevant", wenn in ihr mind 10 % der Konzernumsätze erzielt werden (s DRS 3.39 f).

Übersteigt der **Außenumsatz mit einem Kunden** 10 % des gesamten **167** Außen- und intersegmentären Umsatzes aller Seg, verlangt DRS 3.42 eine Angabe über die Größenordnung sowie die Nennung der Seg, die mit diesem externen Kunden Umsätze erzielen. Als (externer) Kunde gilt der Konzern des Kunden, dh deutsche MU iSd § 290 und § 11 PublG sowie MU nach dem jeweiligen Landesrecht einschl aller in den KA einbezogenen Unt. Erwirtschaftet eine in Frankfurt am Main börsennotierte AG (inländisches MU_I) Umsätze mit einem US-amerikanischen MU (ausländisches MU_A), ist dieses MU_A mit allen in dessen KA einbezogenen Unt „Kunde" iSd DRS 3.42.

bb) Segmentergebnis. Nach DRS 3.24 ist das SegErgebnis von der UntLei- **168** tung zu definieren. Damit steht es ihr offen, eine uU in der Branche verbreitete oder als besonders aussagekräftig akzeptierte Ergebnisgröße zu segmentieren, die nicht unmittelbar mit den Ergebnisgrößen des § 275 korrespondiert, zB EBIT *(Earnings Before Interests and Tax)* oder EBITDA *(Earnings Before Interest, Tax, Depreciation and Amortization).* DRS 3.31b) und .32 f verlangen in Abhängigkeit von der **definierten Ergebnisgröße** die Angabe bestimmter, darin enthaltener zahlungssowie nicht zahlungswirksamer Aufwands- und Ertragsposten. Hierzu gehören die Angabe der im SegErgebnis enthaltenen Abschreibungen, die anderen nicht zahlungswirksamen Posten, das Ergebnis aus Bet an assozUnt sowie die Erträge aus sonstigen Bet (s DRS 3.31b)). Dabei darf auf die Angabe der Abschreibungen und der anderen nicht zahlungswirksamen Posten verzichtet werden, wenn, wie von DRS 3 empfohlen, der Cashflow aus lfd Geschäftätigkeit je Seg angegeben wird (s DRS 3.36). Aus DRS 3.31b) kann nicht abgeleitet werden, dass nur solche SegErgebnisgrößen zulässig sind, die die nach DRS 3.31b) geforderten Werte enthalten; vielmehr beschränkt sich danach die Angabepflicht auf die darin enthaltenen Werte (so auch *Orth* in Beck HdR C 630 Anm 177; abw Voraufl Anm 170). Wird als SegErgebnis das Ergebnis der gewöhnlichen Geschäftstätigkeit (§ 275 Abs 2 Nr 14 bzw Abs 3 Nr 13) definiert, verlangt DRS 3.32 darüber hinaus die Angabe des darin enthaltenen Zinsaufwands und -ertrags, des Zinsaufwands allerdings nur insoweit, wie er den Seg auch für Zwecke der internen Steuerung zugeordnet wird (s DRS 3.35). Wird das „Periodenergebnis" als SegErgebnis definiert, sind zusätzlich die Ertragsteuern zu segmentieren (s DRS 3.33); in anderen Fällen wird die Segmentierung des Ertragsteueraufwands empfohlen, soweit dieser sachgerecht geschlüsselt werden kann (s DRS 3.34). Obwohl es sich bei dem „Periodenergebnis" um einen im HGB nicht genannten Begriff handelt und auch DRS 3 den Begriff nicht definiert, kann es sich uE hierbei nur um den Konzern-Jahresüberschuss/-fehlbetrag (§ 275 Abs 2 Nr 20 bzw Abs 3 Nr 19) handeln.

Werden Cashflows je Seg angegeben – wie nach DRS 3.36 für den Cashflow aus lfd Geschäftstätigkeit empfohlen – sind nach **E-DRS 28** (s Anm 14) zur Abgrenzung und Darstellung der Cashflows die Regelungen des Standards zur KFR konsistent zwischen KFR und SegBerE anzuwenden (s E-DRS 28.31).

169 Der Begriff der **Abschreibungen** ist in einem weiten Wortsinn unter Berücksichtigung der Begriffsverwendung in § 275 zu verstehen. Hierunter fallen demzufolge plan- und außerplanmäßige Abschreibungen auf das Anlagevermögen inkl Abschreibungen auf den GFW und auf Finanzanlagen, Abschreibungen auf Wertpapiere des Umlaufvermögens und Abschreibungen iSd § 275 Abs 2 Nr 7b) auf das Umlaufvermögen (zB Forderungen), soweit diese das übliche Maß übersteigen.

170 cc) **Segmentvermögen/Investitionen in das langfristige Vermögen.** Nach DRS 3.31c) ist das SegVermögen einschl der Bet brutto, dh ohne Saldierung mit SegSchulden, zu segmentieren, nach DRS 3.31d) darüber hinaus die Investitionen in das langfristige Vermögen (immaterielles, Sach- und Finanzanlagevermögen). Wird ein VG von mehr als einem Seg genutzt, fordert DRS 3.23 eine Aufteilung auf die betr Seg, wenn eine sachgerechte **Schlüsselung** (zB nach beanspruchter Nutzfläche oder produzierten Einheiten) möglich ist und die mit diesem VG im Zusammenhang stehenden Aufwendungen und Erträge den jeweiligen SegErgebnissen entspr zugeordnet werden. Diese Schlüsselung ist für Zwecke der Segmentierung sowohl des SegVermögens wie auch der Investitionen in das langfristige Vermögen vorzunehmen. Werden bspw die Produkte der Seg A und B auf derselben Maschine produziert und die Abschreibungen den jeweiligen SegErgebnissen nach den Deckungsbeiträgen der Produkte zugeordnet, ist dieser Schüssel auch für die Aufteilung dieses VG heranzuziehen. Die Notwendigkeit zur Schlüsselung besteht auch, wenn es sich bei dem VG um eine Bet an einem nicht konsolidierten TU oder nicht betproportional kons Gem-Unt, einem assozUnt oder einem mit den (fortgeführten) AK bewerteten Bet-Unt handelt.

171 Erfolgt die Segmentierung **nicht produktorientiert,** sind das Vermögen sowie die Investitionen in das langfristige Vermögen je Produkt- oder Dienstleistungsgruppe in einem Betrag anzugeben (s DRS 3.38). Erfolgt die Segmentierung **nicht nach geografischen Gesichtspunkten,** sind das Vermögen sowie die Investitionen in das langfristige Vermögen für die „unternehmensrelevanten" Regionen, abgegrenzt nach dem Standort des Vermögens, anzugeben. Eine Region gilt als „unternehmensrelevant", wenn in ihr mind 10% des Konzernvermögens belegen ist.

172 dd) **Segmentschulden.** DRS 3.31e) verlangt ferner die Segmentierung der Schulden. Diese umfassen nach DRS 3.8 die dem Working Capital zuzurechnenden Schulden (kurzfristige Verbindlichkeiten und Rückstellungen, insb Verbindlichkeiten aus LuL) sowie die Finanzschulden (mittel- und langfristige Verbindlichkeiten und Rückstellungen, zB Anleiheverbindlichkeiten oder Pensionsrückstellungen). Die externe Segmentierung von Finanzschulden (wie auch der entspr Zinsaufwendungen; s Anm 168) steht unter dem Vorbehalt, dass eine entspr Zuordnung für Zwecke der internen Steuerung erfolgt; dies dürfte in der Praxis allerdings der Regelfall sein. Bzgl der Aufteilung von Schulden, die mehr als einem Seg zuzurechnen sind, s Anm 170 zum SegVermögen.

e) Die „Überleitungsrechnung"

173 Gem DRS 3.37 sind die Gesamtbeträge der SegUmsatzerlöse, der SegErgebnisse, der SegVermögen, der SegSchulden sowie der sonstigen wesentlichen SegPosten auf die **entspr Abschlusszahlen** überzuleiten. Im Fall eines vom Konzernjahresergebnis abw definierten SegErgebnisses bedeutet dies eine Überleitung auf das entspr definierte Konzernergebnis. Die Überleitungsrechnung ist ein eigenständiger Bestandteil der Konzern-SegBerE und nicht Teil des anzugebenden (Rest-)Seg „sonstige Segmente". Eine Zusammenfassung der „sonstigen Segmente" und der Überleitungsrechnung in einem einzigen Posten ist nicht zulässig. Die Funktion der Überleitungsrechnung besteht insb darin, die Kons zwischen den einzelnen anzugebenden Seg aufzuzeigen und so konzerninterne Verflechtungen transparenter zu machen. **Wesentliche Überleitungsposten** (zB wesentliche KonsMaßnahmen oder wesentliche nicht geschlüsselte VG, Schulden, Aufwendungen oder Erträge) sind dabei anzugeben und zu erläutern.

Die Überleitung der (wesentlichen) segmentierten Informationen kann unmittelbar in der tabellarischen Darstellung der Konzern-SegBerE oder alternativ in Form einer erläuternden Darstellung zur Konzern-SegBerE erfolgen. Letzteres ist mit Rücksicht auf die Übersichtlichkeit uE vorzuziehen. Dies hat vor allem dann zu gelten, wenn die Überleitungsrechnung nicht lediglich KonsMaßnahmen enthält, sondern weitere Sachverhalte (zB nicht durch Schlüsselung verteilbare Ergebniskomponenten) hinzutreten. 174

f) Vergleichbarkeit

Nach DRS 3.43 sind zu den SegInformationen **Vergleichszahlen** anzugeben. 175 Dies gilt auch für den Fall, dass ein operatives Seg erstmals zu einem anzugebenden Seg wird; in diesem Fall sind die Vergleichsangaben für die anderen Seg grds anzupassen (s DRS 3.30). Fällt ein anzugebendes Seg weg (zB wegen Veräußerung), sind die dieses Seg betr Beträge des Berichtszeitraums und des Vj anzugeben; des Weiteren ist auf den Wegfall gesondert hinzuweisen, und wesentliche Posten dieses Seg sind zu erläutern (s DRS 3.48)

g) Zusätzliche Erläuterungen

Neben den genannten Angabe- und ErlPflichten verlangt DRS 3.44 f folgende 176 ergänzende Angaben und Erl:
(1) die Grundsätze für die **Zusammensetzung der SegBeträge** sowie der **Aufteilung** gemeinsam genutzter VG und (zugeordneter) Schulden;
(2) die Definition des gewählten **SegErgebnisses;**
(3) die Grundsätze für die **Verrechnungspreise** zwischen den Seg.

3. Aufgliederung der Umsatzerlöse nach § 314 Abs 1 Nr 3

Nach dem Wortlaut des § 314 Abs 2 S 1 sind Unt, die den KA um eine Konzern-SegBerE nach S 2 (freiwillig) erweitern, von der Angabepflicht gem § 314 Abs 1 Nr 3, dh von der grds Aufgliederung der Umsatzerlöse nach Tätigkeitsbereichen und geografisch bestimmten Märkten **„befreit".** Unt bleibt es uE hingegen unbenommen, hinsichtlich der Aufgliederung („Segmentierung") der Umsatzerlöse weiterhin die gesetzliche Vorschrift zu befolgen und nur für die darüber hinausgehenden zusätzlichen Angabepflichten, wie zB Segmentierung der VG etc, DRS 3 anzuwenden. Umgekehrt steht es diesen Unt auch frei, DRS 3 vollumfänglich anzuwenden und zusätzlich die in Teilen weitergehenden Angaben des § 314 Abs 1 Nr 3 in die DRS 3-konforme Konzern-SegBerE aufzunehmen. 177

C. Grundsätze für den Konzernabschluss

I. Klarheit und Übersichtlichkeit (Abs 2 S 1)

Abs 2 S 1 deckt sich inhaltlich mit dem für den JA in § 243 Abs 2 geregelten 180 Grundsatz der Klarheit und Übersichtlichkeit. Deshalb gelten die Ausführungen zu § 243 Abs 2 (s § 243 Anm 51 ff) analog für den KA. Darüber hinaus ist der Grundsatz der Klarheit und Übersichtlichkeit auch in den Gliederungsvorschriften (§§ 266 und 275) und in anderen Einzelvorschriften zum JA (§§ 244 bis 256a) konkretisiert, die alle nach § 298 Abs 1 auch für den KA gelten. Der Grundsatz der Klarheit und Übersichtlichkeit betrifft die **äußere Form** und die **Art der Darstellung** des KA mit allen Bestandteilen gem Abs 1. Aufgrund der ausdrücklichen Wiederholung dieses Grundsatzes für den KA erübrigte sich ein Verweis in § 298 Abs 1 auf § 243 Abs 2.

181 Der Grundsatz der Klarheit und Übersichtlichkeit ist hinsichtlich der **Konzernbilanz** und der **Konzern-Gewinn- und Verlustrechnung** durch die zwingend vorgeschriebene Anwendung der für große KapGes geltenden **Gliederungsvorschriften** grds gewahrt. In diesem Zusammenhang ist besonderes Gewicht auf die Homogenität der JA der in den KA einbezogenen Unt zu legen. Deshalb sollte durch Konzern-Richtl sichergestellt werden, dass gleichartige Sachverhalte unter gleichen Posten ausgewiesen und Ausweiswahlrechte einheitlich ausgeübt werden. Auch müssen die GuV der einbezogenen Unt zur Kons einheitlich nach dem Gesamtkosten- oder dem Umsatzkostenverfahren sowie stets nach dem Format für große KapGes aufgestellt werden. Die aus Konzernsicht ggf notwendige Umgliederung einzelner Posten ist nicht durch den Grundsatz der Klarheit und Übersichtlichkeit, sondern durch die Fiktion der wirtschaftlichen Einheit des Konzerns bedingt (Anm 190 ff).

Beim KA bezieht sich die Klarheit und Übersichtlichkeit auch und gerade auf **konzernspezifische Posten** (zB Anteile anderer Gester, Unterschiedsbetrag aus KapKons, Bet an assozUnt und daraus resultierende Ergebnisse oder Differenzen aus der WähUm), die, soweit nicht durch das Gesetz selbst bestimmt (zB „Eigenkapitaldifferenz aus Währungsumrechnung" gem § 308a, sachgerecht und eindeutig zu bezeichnen und an geeigneter Stelle in das Gliederungsschema der Konzernbilanz und Konzern-GuV sowie der Konzern-KFR, dem Konzern-EK-Spiegel und, soweit erstellt, der Konzern-SegBerE einzufügen sind. Der Inhalt der Posten muss unmittelbar aus der Bezeichnung hervorgehen, dh eine Bezeichnung wie „Betrag nach § 307 Abs 1" ist nicht ausreichend.

Das Erfordernis zur Änderung von **Postenbezeichnungen** in der Konzernbilanz und/oder Konzern-GuV ergibt sich aus § 265 Abs 6 iVm § 298 Abs 1 sowie aus dem Gebot der Klarheit. Zum Grundschema einer Konzernbilanz und Konzern-GuV s § 298 Anm 58 und 75 f.

182 Für die **Konzern-KFR**, den **Konzern-EK-Spiegel** und die ggf erstellte **Konzern-SegBerE** bestehen keine gesetzlichen Regelungen über Form und Aufbau. Damit kommt dem Grundsatz der Klarheit und Übersichtlichkeit eine besondere Bedeutung für diese Bestandteile eines KA zu. Die Beachtung der **DRS** (hier DRS 2, DRS 3 und DRS 7) dient dabei auch dem Grundsatz der Klarheit und Übersichtlichkeit.

183 Die Forderung nach Klarheit und Übersichtlichkeit hat auch für den **Konzernanhang** eine besondere Bedeutung, da hier ebenfalls keine spezifischen Vorschriften über dessen Form und Aufbau bestehen (ebenso *ADS*[6] § 297 Anm 2). Sie erfordert eine geordnete Reihenfolge, eine klare Strukturierung von Sachzusammenhängen sowie die Vermeidung eines Übermaßes an freiwilligen Informationen (glA *Baetge/Kirsch* in HdKR[2] § 297 Anm 21). Zur Wahrung der Übersichtlichkeit wird darüber hinaus im Regelfall ein **Zahlenverweis** zwischen den Posten der Konzernbilanz bzw Konzern-GuV sowie Konzern-KFR, Konzern-EK-Spiegel und, soweit erstellt, Konzern-SegBerE und den dazugehörenden Erl im Konzernanhang erforderlich sein. Zur Form des Konzernanhangs und zu dem auch hinsichtlich des Konzernanhangs zu beachtenden Grundsatz der Stetigkeit näher § 313 Anm 19 f. Alle Darstellungen im Konzernanhang sind verständlich und eindeutig vorzunehmen. Dies gilt in Bezug auf den KA vor allem für die notwendigen **Erläuterungen zu den KonsMethoden.**

Da gerade die Konzernbilanz und die Konzern-GuV durch konzern-, branchen- und rechtsformspezifische Vorschriften uU stark untergliedert ist, kann zur Wahrung der Klarheit und Übersichtlichkeit ggf eine Verlagerung von Informationen in den Konzernanhang, dh die Ausübung des Wahlrechts nach § 265 Abs 7 iVm § 298 Abs 1, sachgerecht sein. Jedoch wird handelsrechtlich nicht *die* „klarste und übersichtlichste", sondern nur *eine* „klare und übersichtliche" Darstellungsweise verlangt (s § 243 Anm 53). Diese Überlegung hat auch Bedeutung für die Frage, ob für die Beträge im KA eine **Rundung** vorgenommen werden darf. Da auch gerundete Beträge im Regelfall „klar und übersichtlich" sind, bestehen keine Bedenken zur Aufstellung des KA in zB vollen Tausend Euro oder bei GroßUnt in vollen Millionen Euro. Dabei dürfen aber unter Berücksichtigung der Unt-Größe keine wesentlichen Informationen verloren gehen. Außerdem sind Pflichtangaben ohne Bezugnahme auf Wesentlichkeit auch dann zu machen, wenn die Beträge unter den Rundungsgrenzen liegen; in diesem Fall sind sie in den Anhang aufzunehmen (glA *ADS*[6] § 297 Anm 14; *Kraft* in Großkomm HGB, § 297 Anm 48).

II. Vermittlung eines den tatsächlichen Verhältnissen entsprechenden Bilds (Abs 2 S 2 und 3)

Nach S 2 hat der KA (Konzernbilanz, -GuV, -anhang, -KFR, -EK-Spiegel und ggf -SegBerE) unter Beachtung der GoB ein **den tatsächlichen Verhältnissen entsprechendes Bild** der VFE-Lage des Konzerns zu vermitteln. Der „Konzern" umfasst dabei das MU, TU iSd § 290 sowie GemUnt iSd § 310, jeweils unabhängig von ihrer Einbeziehung (so auch *Baetge/Kirsch* in HdKR[2] § 297 Anm 49; aA *ADS*[6] § 297 Anm 25 („Gesamtheit aller einbezogenen Unternehmen")). Sollte dieses Bild durch besondere Umstände beeinträchtigt sein, sind ergänzende Angaben im Konzernanhang erforderlich (S 3). Der Wortlaut dieser Bestimmung ist identisch mit der Vorschrift zum JA (§ 264 Abs 2 S 1), weshalb auf § 264 Anm 21 ff verwiesen werden kann.

Die in Abs 2 S 2 enthaltene **Generalnorm** (Vermittlung eines den tatsächlichen Verhältnissen entspr Bilds) hat nach hM subsidiären Charakter hinter den GoB, die für den KA auch die Grundsätze ordnungsmäßiger Kons umfassen. Unter den GoB sind sowohl die kodifizierten Grundsätze (= Einzelvorschriften) als auch die nicht kodifizierten Grundsätze der Rechnungslegung zu verstehen (dazu insb § 243 Anm 1 ff und § 264 Anm 32 ff). Ein Konflikt zwischen der Generalnorm und den nicht kodifizierten Rechnungslegungsgrundsätzen ist dabei nicht denkbar, da letztere nur die Generalnorm konkretisieren. Die Bedeutung des subsidiären Charakters der Generalnorm des Abs 2 S 2 beschränkt sich somit auf das Verhältnis zu den für den KA relevanten Einzelvorschriften, wozu auch und gerade die spezifischen Konzernrechnungslegungsvorschriften (s § 298 Anm 5) zu rechnen sind.

Für den KA besteht wie für den JA (s § 264 Anm 28 ff) keine Verpflichtung, **handelsrechtlich zulässige Wahlrechte** ausschließlich so auszuüben, dass der KA die tatsächlichen Verhältnisse am besten widerspiegelt. Trotz anderer Funktion des KA (s Anm 1) folgt dies aus den wortgleichen Vorschriften von § 264 Abs 2 S 1 und 2 und § 297 Abs 2 S 2 und 3. Damit besteht auch kein Zwang, nach dem Recht des MU zulässige Ansatz- und Bewertungswahlrechte im KA neu auszuüben, selbst wenn dies im Einzelfall zur Verbesserung der Information wünschenswert wäre.

Förschle/Rimmelspacher

Die Generalnorm ist zur Interpretation von Einzelvorschriften und zur Schließung von Gesetzeslücken heranzuziehen (s § 264 Anm 30 f, so auch *ADS*[6] § 297 Anm 28; *Busse von Colbe/Ordelheide*[9] 35 sowie *Baetge/Kirsch/Thiele*[9] 52 ff). Dabei ist die Bedeutung der Generalnorm für den KA höher als für den JA, insb weil es für konzernspezifische Ausweis- und Darstellungsfragen (im Gegensatz zum JA) nur wenige und nicht immer eindeutig interpretierbare **Einzelvorschriften** gibt. In den auslegungsbedürftigen Fragen, wie bspw Bezeichnung und Anordnung konzernspezifischer Posten innerhalb des Gliederungsschemas, Erweiterung des Gliederungsschemas durch Einbeziehung sog FormblattUnt oder Behandlung systembedingter Differenzen bei der QuoKons (zB § 310 Anm 65 f), ist grds auf die Generalnorm (bzw die nicht kodifizierten GoB als spezielle Konkretisierungen der Generalnorm) zurückzugreifen. Dabei ist auch zu berücksichtigen, dass bei der Anwendung der bekannt gemachten Empfehlungen/Verlautbarungen des DRSC eine Vermutung besteht, dass es sich dabei um Konzern-GoB handelt (§ 342 Abs 2). Auch das Maß notwendiger Erl von KonsVorgängen im Konzernanhang wird letztlich durch die Generalnorm bestimmt.

Ein Beispiel für das Erfordernis der Schließung von **Gesetzeslücken** mit Hilfe der Generalnorm (bzw deren weitere Konkretisierung in Abs 3, s Anm 192) ist der unvollständige Katalog der notwendigen Verrechnungsvorgänge bei der Aufwands- und ErtragsKons nach § 305. Zur zutreffenden Darstellung der Ertragslage ist zB eine Verrechnung von Erträgen aus Bet (von zu kons TU) mit dem Jahresergebnis unbestritten notwendig, wird jedoch vom Wortlaut des § 305 nicht gefordert.

188 Das HGB geht davon aus, dass der nach den Einzelvorschriften unter Beachtung der GoB aufgestellte KA grds ein **den tatsächlichen Verhältnissen entsprechendes Bild** der VFE-Lage vermittelt. Ist dies ausnahmsweise nicht der Fall, verlangt S 3 zusätzliche Angaben im Konzernanhang, um dieses zu vermitteln (sog „Abkopplungsthese"). Damit wird sichergestellt, dass der in gesetzmäßiger Weise aufgestellte KA insgesamt die Generalnorm erfüllt (so auch *ADS*[6] § 297 Anm 35 und *Baetge/Kirsch* in HdKR[2] § 297 Anm 28). Bei einem Widerspruch zwischen zwingenden Einzelvorschriften oder eingeräumten Wahlrechten und der Generalnorm wird der Konflikt ausschließlich durch **zusätzliche Angaben im Konzernanhang** gelöst.

Im Hinblick auf konzernspezifische Tatbestände kommt der Vorschrift nur eine untergeordnete Bedeutung zu. **Konzernspezifische Angaben** nach S 3 können bei schwebenden Kartellverfahren erforderlich sein, die möglicherweise zu einer teilweisen Auflösung des KonsKreises führen, oder bei der Ausübung des Wahlrechts nach § 296 Abs 1, wenn durch nicht einbezogene Unt die Aussagefähigkeit des KA beeinträchtigt wird (ebenso *ADS*[6] § 297 Anm 36). Denkbar wäre ferner eine Hinweispflicht auf wesentliche Vermögensteile, die Transferbeschränkungen unterliegen. Ob verbale Erl ausreichen oder Beträge anzugeben sind, hängt vom Einzelfall ab (so auch *Kraft* in Großkomm HGB, § 297 Anm 67).

III. Der „Bilanzeid" (Abs 2 S 4)

189 Hinsichtlich der allgemeinen Regelungen der als Bilanzeid bezeichneten **Versicherung der gesetzlichen Vertreter des MU** und der Möglichkeiten, wie diese formuliert werden kann, wird auf die Ausführungen des § 264 Anm 65 ff zum JA (§ 264 Abs 2 S 3) sowie des § 289 Anm 56 ff zum Lagebericht (§ 289 Abs 1 S 5) verwiesen. Wird der KA nach den Rechnungslegungsvorschriften der IFRS aufgestellt, ist bei diesen Abschlüssen beim Bilanzeid auf die Formulierung des Abs 2 S 4 „... oder der Konzernanhang Angaben nach Satz 3 enthält" oder eine ähnliche Formulierung zu verzichten. Nach den IFRS kommt dem Anhang die Aufgabe zu, die Aussagekraft der einzelnen Abschlussbestandteile zu ergänzen und primär dem Informationsgedanken Rechnung zu tragen, nicht hingegen „ein den tatsächlichen Verhältnissen entsprechendes Bild der Vermögens-, Finanz- und Ertragslage des Konzerns zu vermitteln" zu gewährleisten (s auch Anm 220 ff). DRS 20.K234 enthält eine Empfehlung für einen für HGB- und IFRS-KA verwendbaren Wortlaut eines für den KA und den Konzernlagebericht getrennt abgegebenen Bilanzeids, DRS 20.K235 eine Empfehlung für den Wortlaut eines zusammengefassten Bilanzeids.

IV. Fiktion der wirtschaftlichen Einheit des Konzerns (Abs 3 S 1)

Im KA ist die VFE-Lage so darzustellen, als ob die einbezogenen Unt insgesamt ein einziges Unt wären. Die Konzernrechnungslegung baut damit auf der sog **Einheitstheorie** auf. Nach der Einheitstheorie stellt der KA einen JA der zu einer wirtschaftlichen Einheit zusammengefassten Unt dar. Trotz bestehender rechtlicher Selbstständigkeit der einzelnen Unt sollen diese wie unselbstständige Betriebsstätten (Niederlassungen) behandelt werden. Die Fiktion einer rechtlichen Einheit der im Konzern zusammengefassten Unt wird im Schrifttum zwar vielfach vertreten (*Busse von Colbe/Ordelheide*[9] 25 und 38, *Ballwieser* in Baetge/Kirsch/Thiele, Bilanzrecht, § 297 Anm 153; *Clausen/Scherrer* in Kölner Komm-HGB § 297 Anm 130), jedoch würde die konsequente Anwendung eines solchen Postulats eine Fusion unterstellen, die wirtschaftlich zu anderen Konsequenzen zB hinsichtlich der Ertragsteuerbelastung führen würde. Für die mit der Einheitstheorie begründete Notwendigkeit der Eliminierung konzerninterner Vorgänge ist jedoch die Fiktion der wirtschaftlichen Einheit ausreichend (so auch *ADS*[6] § 297 Anm 40).

Bei einem nach der Einheitstheorie aufgestellten KA werden die MinderheitsGester der TU den Gestern des MU gleichgestellt, obwohl sie nur an den jeweiligen TU beteiligt sind. Damit werden ihre Anteile dem EK des Konzerns zugeordnet. Diese Betrachtungsweise unterscheidet sich grundlegend von der sog **Interessentheorie**, bei der die MinderheitsGester der TU aus Sicht des MU wie außenstehende Gläubiger behandelt werden. Ein nach der Interessentheorie aufgestellter KA ist als erweiterter JA des MU zu qualifizieren, der den Anteilseignern des MU (als den aus Konzernsicht alleinigen EK-Gebern) zeigen soll, welche VG und Schulden hinter dem abstrakten Bilanzposten Bet (iwS) stehen. Auch nach der Interessentheorie wäre eine VollKons (mit Ausweis der Anteile der MinderheitsGester der TU als FK) denkbar, wobei sich jedoch zB Unterschiede hinsichtlich der Zwischenergebniseliminierungen ergeben würden, da die auf die Anteile der MinderheitsGester entfallenden Beträge aus Konzernsicht als realisiert einzustufen wären. Ihre stärkste Ausprägung findet die Interessentheorie in der QuoKons, bei der die VG und Schulden nur mit dem der BetQuote des MU entspr Teilbetrag in den KA übernommen werden (s § 310 Anm 3; *ADS*[6] Vorbem zu §§ 290 bis 315 Anm 23 ff).

Die **Fiktion der wirtschaftlichen Einheit des Konzerns** stellt eine Konkretisierung der Generalnorm des Abs 2 S 2 dar und ist somit ein wesentlicher Grundsatz der Konzernrechnungslegung. Sie ist die Konsequenz aus der Überlegung, dass das gesamte Vermögen der TU dem beherrschenden Einfluss durch die Konzernleitung unterliegt, was sich auch aus den Einbeziehungsvorschriften des § 290 ergibt. Daraus folgt, dass Zweifelsfragen grds im Rahmen der Fiktion der wirtschaftlichen Einheit der einbezogenen Unt zu lösen sind. Die Einheitstheorie ist damit Leitlinie für die Beantwortung aller im Gesetz nicht geregelter Einzelfragen, ohne deshalb gegen abw Einzelvorschriften verstoßen zu dürfen, dh ohne ein „*overriding principle*" darzustellen (glA *Kraft* in Großkomm HGB, § 297 Anm 81). Aus der besonderen Bedeutung der Fiktion der wirtschaftlichen Einheit des Konzerns für die Konzernrechnungslegung ergibt sich das Gebot der in § 300 Abs 2 S 1 beschriebenen Vollständigkeit sowie insb das Prinzip der einheitlichen Bewertung (§ 308). Aus der Fiktion der wirtschaftlichen Einheit des Konzerns leitet sich auch die einheitliche Anwendung der zulässigen Bilanzierungsgrundsätze des MU für die Aufstellung des KA ab (§ 300 Abs 2 S 2). Die Einheitstheorie findet außerdem insb in folgenden Einzelvorschriften ihren Niederschlag:

- Prinzip des Weltabschlusses (§ 294 Abs 1),
- Einheitlicher Stichtag (§ 299 Abs 1),
- KapKons (§ 301),
- Schuldenkons (§ 303),
- Eliminierung von Zwischenergebnissen (§ 304),
- Aufwands- und ErtragsKons (§ 305),
- Ausweis des AusglPo für Anteile anderer Gester im EK (§ 307 Abs 1).

Ferner ergibt sich aus der Einheitstheorie bspw die Notwendigkeit

- einer Umgliederung von aus Konzernsicht anders zu beurteilenden Posten (zB Rohstoffe im JA können unfertige Erzeugnisse im KA sein; Anteile am MU im JA sind eigene Anteile im KA) und
- einer Eliminierung von Anlagenbewegungen zwischen KonzernUnt aus einem Konzernanlagegitter.

Drittschuldverhältnisse dürfen – wie im JA – bei bestehender Aufrechenbarkeit saldiert werden (s § 303 Anm 45 f).

193 Eine wesentliche **Abweichung von der Einheitstheorie** ist die Zulässigkeit der QuoKons nach § 310, die ein Ausfluss der Interessentheorie (s Anm 191) darstellt (so *Havermann* in FS Goerdeler, 186 ff mit kritischen Anmerkungen zur QuoKons; zur Abschaffung der QuoKons nach IFRS vgl § 310 Anm 90). Vereinzelt wird auch die Vereinbarkeit der QuoKons mit der Einheitstheorie unterstellt, wenn man von der Fiktion einer Zerlegung des quotal kons GemUnt in mehrere rechtlich selbstständige Einheiten ausgeht und der kons Teil als TU angesehen wird, an dem der Konzern zu 100% beteiligt ist (so *Clausen/Scherrer* in Kölner Komm HGB § 297 Anm 134). Mit der partiellen Kons von GemUnt soll dem Umstand einer fehlenden Beherrschungsmöglichkeit durch den Konzern Rechnung getragen werden. Die gesonderte Behandlung einer Einzelfrage steht der Einheitstheorie als Gesamtkonzeption der Rechnungslegungsvorschriften im Konzern nicht entgegen (so auch *WPH*[14] I, M Anm 8).

Die sich aus dem Grundsatz der Wesentlichkeit und Wirtschaftlichkeit ergebenden Erleichterungen (s Anm 195 ff) stellen keine Durchbrechung der Einheitstheorie dar; sie unterstreichen diese Theorie vielmehr dadurch, dass nur bei unwesentlichen Sachverhalten und nur im Falle von Unwirtschaftlichkeit (was jedoch restriktiv auszulegen ist, s Anm 196) vom Grundsatz der wirtschaftlichen Einheit abgewichen werden darf.

V. Wesentlichkeit und Wirtschaftlichkeit

195 Aufgrund der ausschließlichen Informationsfunktion des KA (s Anm 1) hat der **Grundsatz der Wesentlichkeit und Wirtschaftlichkeit** eine hohe Bedeutung für die Konzernrechnungslegung. Unwesentliches beeinträchtigt nicht das den tatsächlichen Verhältnissen entspr Bild der VFE-Lage und darf deshalb vernachlässigt werden. Außerdem soll zwischen den Kosten der Bereitstellung von Informationen und ihrem Nutzen ein angemessenes Verhältnis bestehen.

Der Grundsatz der Wesentlichkeit und Wirtschaftlichkeit ergibt sich insb aus folgenden, nur den KA betr Regelungen:

- § 290 Abs 5 (Befreiung von der Aufstellungspflicht, wenn nur TU nach § 296 existieren),
- §§ 291, 292 (Befreiung von der Aufstellungspflicht im Fall eines befreienden übergeordneten KA),
- § 293 (größenabhängige Befreiung von der Aufstellungspflicht),
- § 294 Abs 2 (Zusatzangaben nur bei wesentlichen Veränderungen des KonsKreises),
- § 296 Abs 1 Nr 2 (keine Einbeziehung von TU bei unverhältnismäßig hohen Kosten oder Verzögerungen),
- § 296 Abs 2 (keine Einbeziehung von TU bei untergeordneter Bedeutung),
- § 298 Abs 2 (Vorratszusammenfassung bei unverhältnismäßigem Aufwand),
- § 299 Abs 3 (Erl nur von Vorgängen von besonderer Bedeutung bei abw Stichtagen und Verzicht auf einen Zwischenabschluss),
- § 303 Abs 2 (keine SchuldenKons, wenn von untergeordneter Bedeutung),
- § 304 Abs 2 (keine Zwischenergebniseliminierung, wenn von untergeordneter Bedeutung),
- § 305 Abs 2 (keine Aufwands- und ErtragsKons, wenn von untergeordneter Bedeutung),
- § 308 Abs 2 S 3 (keine einheitliche Bewertung, wenn Abweichungen von untergeordneter Bedeutung),
- § 311 Abs 2 (kein getrennter Ausweis und keine Equity-Bewertung bei assozUnt, wenn von untergeordneter Bedeutung),
- § 313 Abs 2 Nr 4 S 3 (keine Angaben in Anteilsliste, falls von untergeordneter Bedeutung),
- § 314 Abs 1 Nr 2 (Angaben zu nicht in der Konzernbilanz enthaltenen Geschäften nur, soweit notwendig),
- § 314 Abs 1 Nr 2a (Angaben von sonstigen finanziellen Verpflichtungen nur, falls von Bedeutung),
- § 314 Abs 1 Nr 13 (Angaben zu nicht zu marktüblichen Bedingungen zustande gekommenen Geschäften nur, soweit wesentlich).

Durch den **Grundsatz der Wesentlichkeit** soll zum einen sichergestellt werden, dass der KA nicht durch eine Informationsüberfrachtung dem Grundsatz der Klarheit und Übersichtlichkeit widerspricht und zum anderen nicht bereits bei geringfügigen Verstößen gegen Einzelvorschriften oder die GoB eine gesetzwidrige Rechnungslegung behauptet werden kann. Entscheidend ist, dass alle Informationen, die für die Beurteilung der VFE-Lage (s Anm 185 ff) Bedeutung haben, im KA enthalten sind.

Der **Grundsatz der Wirtschaftlichkeit** ergibt sich aus den im HGB abschließend genannten Fällen (s Anm 195), wonach eine vollständige Informationspflicht (iSd Beachtung aller kodifizierten Normen ohne Anwendung von Erleichterungsvorschriften) nur insoweit besteht, wie die durch weitere Angaben zu gewinnenden genaueren Aussagen noch in einem angemessenen Verhältnis zu den entstehenden Mehrarbeiten und -aufwendungen stehen (s auch § 296 Anm 15 ff); dieser Grundsatz ist restriktiv anzuwenden. Auch ist darauf zu achten, dass das unangemessene Kosten-/Nutzenverhältnis nicht vom Konzern zu vertreten ist, was eine Anwendung von Erleichterungsmöglichkeiten ausschließen würde (so *Hartle* in Beck HdR C 10 Anm 267).

Bei der Frage, ob wegen Unwesentlichkeit bzw Unwirtschaftlichkeit eine Vorschrift nicht beachtet werden muss, ist nicht nur auf den jeweiligen Einzelfall abzustellen, sondern es ist vielmehr die sich für die jeweilige Vorschrift **insgesamt** ergebende mögliche Auswirkung zu berücksichtigen. Nach diesem in § 296 Abs 2 S 2 für den KonsKreis aufgestellten Grundsatz können für sich betrachtet unbedeutende Einzelfälle insgesamt bedeutend werden (so auch *Baetge/ Kirsch* in HdKR² § 297 Anm 68). Dabei sind die einzelnen Vorschriften getrennt zu sehen. Es kann zB eine Eliminierung von Aufwendungen und Erträgen nach § 305 Abs 1 erforderlich sein, obwohl die mit diesen Geschäftsvorfällen im Zusammenhang stehenden Zwischenergebnisse wegen Unwesentlichkeit nach § 304 Abs 2 nicht zu eliminieren sind.

Einen allgemein gültigen Maßstab für den unbestimmten **Begriff der Wesentlichkeit** gibt es nicht; dies gilt auch für den verwandten, im anglo-amerikanischen Prüfungswesen geltenden Begriff der *„materiality"* (s hierzu Anm 226). IDW PS 250 nF, Tz 5) bemisst die Wesentlichkeit einer Rechnungslegungsinformation danach, ob vernünftigerweise zu erwarten ist, dass ihre falsche Darstellung (einschließlich des Weglassens) im Einzelnen oder insgesamt Einfluss auf die auf Basis der Rechnungslegung getroffenen wirtschaftlichen Entscheidungen eines Abschlussadressaten hat. Dabei kann die Wesentlichkeit von Rechnungslegungsinformationen aus ihrer (quantitativen) Größenordnung und/oder ihrer (qualitativen) Bedeutung resultieren. Die quantitative Wesentlichkeit von Informationen ist dabei sachgerechterweise anhand ihres Verhältnisses zu Größen wie der Bilanzsumme, dem EK und dem Jahresergebnis bzw der Gewinnausschüttung zu beurteilen. Auf die Ausführungen zum JA hinsichtlich der zulässigen Abweichungen (s § 264 Anm 57) wird verwiesen, wobei die Grenzen der Wesentlichkeit für den KA, der idR ohnehin eine geringere Genauigkeit besitzt und in den darüber hinaus auch keine Gläubigerschutz- oder Ausschüttungsüberlegungen einzufließen brauchen (s Anm 1), sicher höher angesetzt werden können als beim JA. Auch kommt es uU nicht allein auf die absolute Höhe der Auswirkung auf bestimmte Verhältniszahlen an, sondern darauf, dass bestimmte Schwellenwerte, wie sie zB typischerweise in Kreditverträgen festgelegt werden, nicht überschritten werden.

198 Die Anwendung des Grundsatzes der Wesentlichkeit und Wirtschaftlichkeit löst – sofern keine besondere gesetzliche Regelung getroffen ist, wie zB in § 296 Abs 3 – **keine Angabe- und Erläuterungspflichten im Konzernanhang** aus.

VI. Stetigkeit der Konsolidierungsmethoden (Abs 3 S 2 bis 5)

200 Gem Abs 3 S 2 sind die auf den vorhergehenden KA angewandten Kons-Methoden beizubehalten. Von diesem Grundsatz der **Methodenstetigkeit** darf gem Abs 3 S 3 nur ausnahmsweise abgewichen werden. Insofern besteht eine Parallele zu der für den JA festgelegten **Ansatzstetigkeit** (§ 246 Abs 3), **Darstellungsstetigkeit** (§ 265 Abs 1) und **Bewertungsstetigkeit** (§ 252 Abs 1 Nr 6 und Abs 2), die über § 298 Abs 1 auch für den KA gelten (s auch *ADS*⁶ § 297 Anm 46). Die Darstellungstetigkeit bezieht sich dabei auf alle Bestandteile eines KA nach Abs 1.

Zu den **KonsMethoden** zählen alle Maßnahmen zur Entwicklung des KA aus den JA (so *Hartle* in Beck HdR C 10 Anm 192), somit insb die KapKons (§ 301), die SchuldenKons (§ 303), die Eliminierung von Zwischenergebnissen (§ 304), die Aufwands- und ErtragsKons (§ 305), die QuoKons (§ 310) und die Equity-Methode (§ 312). Da allerdings nur eine weite Auslegung des Begriffs der KonsMethoden der Zielsetzung des Stetigkeitsgebots gerecht wird, ist es sachgerecht, unter den Begriff der KonsMethoden auch die Abgrenzung des KonsKreises zu fassen (so auch *ADS*⁶ § 297 Anm 49; aA *Busse von Colbe* in MünchKomm HGB³ § 297 Anm 62) sowie alle Techniken, die mangels ausdrücklicher gesetzlicher Regelung nur aus der Generalnorm oder der Einheitstheorie abzuleiten sind, zB Ergebnisübernahmen innerhalb des KonsKreises (s *WPH*¹⁴ I, M Anm 18). Vom Stetigkeitsgebot sind allerdings nur die KonsMethoden betroffen, die dem

Bilanzierenden ein **Wahlrecht** einräumen, sei es ein gesetzlich festgelegtes echtes Methodenwahlrecht, sei es ein Ermessensspielraum aufgrund einer gesetzlich nicht eindeutigen oder fehlenden Regelung (unechtes Methodenwahlrecht; vgl auch IDW RS HFA 39, Tz 7 u 9 zur Ansatz- und Bewertungsstetigkeit).

Nach dem Gesetzeswortlaut gilt die vorgeschriebene Methodenstetigkeit in zeitlicher Hinsicht **(zeitliche Stetigkeit).** Danach sind „in den Folgejahren auf denselben Sachverhalt die KonsMethoden unverändert anzuwenden" (*WPH*[14] I, M Anm 18). Die Vorschrift dient der Vergleichbarkeit des KA mit den KA desselben MU in anderen Jahren. Ein willkürlicher Wechsel der KonsMethoden oder der innerhalb dieser Methoden eingeräumten Wahlrechte und Ermessensspielräume könnte zu einer Beeinträchtigung des Einblicks in die den tatsächlichen Verhältnissen entspr VFE-Lage des Konzerns führen. Insofern verbietet sich ein Methodenwechsel bereits aus der Generalnorm des Abs 2 S 2. 201

Während der zeitliche Aspekt darauf abstellt, dass zB die für die Einbeziehung eines GemUnt in den KA im Vj gewählte Methode auch im Folgejahr grds angewendet wird, stellt sich in sachlicher Hinsicht die Frage, ob für gleichartige Sachverhalte nur einheitliche KonsMethoden angewandt werden dürfen **(sachliche Stetigkeit).** Zur Beantwortung dieser Frage ist die Generalnorm des Abs 2 S 2 iVm dem Grundsatz der wirtschaftlichen Einheit des Konzerns nach Abs 3 S 1 heranzuziehen (hierzu auch *Baetge/Kirsch* in HdKR[2] § 297 Anm 80). Grds wird man davon ausgehen müssen, dass nur eine einheitliche Behandlung von gleichartigen Sachverhalten, sowohl zu einem Zeitpunkt als auch zu mehreren Zeitpunkten, ein den tatsächlichen Verhältnissen entspr Bild der VFE-Lage des Konzerns vermitteln kann. Damit sind KonsMethoden auch in sachlicher Hinweis grds stetig beizubehalten (so auch DRS 13.15 iVm .7; *WPH*[14] I, M Anm 18). In diesem Zusammenhang kommt der Beurteilung, ob **gleichartige Sachverhalte** gegeben sind, eine besondere Bedeutung zu. Sachgerecht erscheint, die „Gleichartigkeit" anhand der (gleichartigen) Auswirkungen der Sachverhalte auf die VFE-Lage des Konzerns zu beurteilen. Die Frage, ob bei mehreren GemUnt das Wahlrecht zur QuoKons oder Anwendung der Equity-Methode nur einheitlich oder auch unterschiedlich ausgeübt werden darf, wäre danach insb nach dem Inhalt der Bilanz und GuV (zB operativ tätiges Unt oder Holding, wodurch eine QuoKons bzw Einbeziehung at equity unterschiedliche Auswirkungen hat) und nach den Konzernbeziehungen (zB Forderungen/Schulden oder Aufwendungen/Erträge, die nur im Fall der quotalen Kons (anteilig) eliminiert werden) zu beurteilen. 202

Nach Abs 3 **S 3** ist eine **Abweichung vom Stetigkeitsgrundsatz** in Ausnahmefällen zulässig. Diese Regelung soll den KA im Hinblick auf mögliche Änderungen flexibel machen, da ein starres Festhalten an einmal gewählten KonsMethoden uU zu einem Widerspruch zur Generalnorm führen kann. Ausnahmefälle, die eine Stetigkeitsdurchbrechung rechtfertigen, sind insb eine Änderung der rechtlichen Gegebenheiten (zB Gesetze oder Rechtsprechung), eine Anpassung an geänderte oder neue DRS, ein besser den tatsächlichen Verhältnissen entspr Bild der VFE-Lage des Konzerns, eine Inanspruchnahme von KonsVereinfachungen und eine Anpassung an konzerneinheitliche Bilanzierungsgrundsätze bei der erstmaligen Einbeziehung in den KA (s IDW RS HFA 38, Tz 15 iVm Tz 1 sowie DRS 13.16 iVm .8, nach DRS 13.16c) bei einer verbesserten Darstellung der VFE-Lage des Konzerns aber nur bei strukturellen Veränderungen im Konzern). Danach wird es zB immer zulässig sein, einmal gewählte **Erleichterungsmöglichkeiten** nicht mehr in Anspruch zu nehmen, obwohl sich der Sachverhalt nicht geändert hat. Wurde zB auf die Eliminierung von Zwischenergebnissen wegen untergeordneter Bedeutung verzichtet (§ 304 Abs 2), darf diese im Folgejahr durchgeführt werden.

Die Änderung ist zwingend in den Fällen vorzunehmen, in denen wegen untergeordneter Bedeutung auf KonsMaßnahmen verzichtet wurde (s Anm 195) und die geringe Bedeutung zwischenzeitlich entfallen ist. Diese zwingend vorzunehmenden Methodenänderungen erfolgen jedoch nicht auf Grund der Ausnahmeregel des Abs 3 S 3, sondern auf Grund **geänderter Sachverhalte,** die die Beibehaltung der bisherigen KonsMethode nicht mehr rechtfertigen. Eine Abweichung vom Grundsatz der Stetigkeit der KonsMethoden liegt in diesen Fällen nicht vor (glA *ADS*[6] § 297 Anm 55).

203 Durchbrechungen des Stetigkeitsgrundsatzes sind im **Konzernanhang anzugeben und zu begründen;** ferner ist der Einfluss auf die VFE-Lage des Konzerns anzugeben (Abs 3 S 4 und 5). Die Verpflichtung zu dieser Angabe erfordert eine Nennung der bisherigen und der jetzigen Methode. Mit der Begr ist zu belegen, dass keine missbräuchliche Ausnutzung von Methodenwahlrechten vorliegt. Die Angabe des Einflusses auf die VFE-Lage erfordert grds eine Quantifizierung jeder Änderung, wobei Näherungswerte ausreichend sind. Die Erl müssen es dem Leser ermöglichen, „sich ein Bild davon zu machen, wie der Konzernabschluss bei Beibehaltung der Methode ausgesehen hätte" (*WPH*[14] I, M Anm 728). Dabei beschränkt sich die Angabepflicht dem Wortlaut des Abs 3 S 5 nach nicht auf die Auswirkungen auf Bilanz- und GuV-Posten, sondern erstreckt sich auch auf die Konzern-KFR und den Konzern-EK-Spiegel. Insgesamt gilt, wie generell bei der Verpflichtung zur Angabe über Änderungen der angewandten KonsMethoden, der Grundsatz der Wesentlichkeit und Wirtschaftlichkeit (s Anm 195 ff). Die Verpflichtung zur Angabe hinsichtlich einer Änderung der KonsMethoden ist nochmals in § 313 Abs 1 S 2 Nr 3 kodifiziert; s dort Anm 117 ff.

D. Verhältnis zum Publizitätsgesetz

210 Für MU (ausgenommen Kreditinstitute und VersicherungsUnt) die nicht die Rechtsform einer AG, KGaA, GmbH oder KapCoGes haben und die nach dem **Publizitätsgesetz** (§ 11) zur Konzernrechnungslegung verpflichtet sind, gilt § 297 bei der Aufstellung eines KA analog (§ 13 Abs 2 S 1 PublG). Sie haben damit insb auch die Generalnorm des Abs 2 S 2 (Darstellung eines den tatsächlichen Verhältnissen entspr Bilds der VFE-Lage, s Anm 185 ff) zu beachten sowie auch als EkfI und reine PersGes einen Konzernanhang (und Konzernlagebericht) aufzustellen; dazu *WPH*[14] I, O Anm 55 ff. Insofern besteht ein Unterschied zum JA nach dem PublG (zur Bedeutung der Generalnorm in Bezug auf den JA nach PublG § 264 Anm 193), sofern die dem PublG unterfallenden Unt nicht als kapmarktUnt gelten (§ 5 Abs 2a PublG). Darüber hinaus müssen derartige MU eine Konzern-KFR sowie einen Konzern-EK-Spiegel aufstellen. Kredit- und Finanzdienstleistungsinstitute sowie VersicherungsUnt haben – unabhängig von ihrer Rechtsform (und Größe) – stets einen KA (inkl Konzern-KFR und Konzern-EK-Spiegel) und einen Konzernlagebericht nach HGB aufzustellen (§ 340i Abs 1, § 341i Abs 1).

E. Rechtsfolgen einer Verletzung des § 297

215 Die **strafrechtlichen** Folgen einer Verletzung des § 297 sind in § 331 Nr 2 und 3 (unrichtige Wiedergabe oder Verschleierung der Verhältnisse des Konzerns) sowie Nr 4 (unrichtige Abgabe des „Bilanzeids") geregelt. Wird gegen Abs 2 und 3 verstoßen, stellt dies eine Ordnungswidrigkeit dar, die nach § 334

Abs 1 Nr 2b mit einem **Bußgeld** bis € 50 000 geahndet wird. Für Kredit- und Finanzdienstleistungsinstitute sowie VersicherungsUnt ergeben sich entspr Konsequenzen aus §§ 340m und 341m (strafrechtliche Folgen) bzw §§ 340n und 341n (Bußgeld). §§ 17 Abs 1 Nr 2 und 3 sowie 20 Abs 1 Nr 2b PublG enthalten gleichlautende Vorschriften.

Als Folge seiner eingeschränkten Aufgabe (Anm 1) bestehen für den KA bei Verletzung von Vorschriften über Form und Inhalt keine speziellen **zivilrechtlichen** Rechtsfolgen. Für den KA entfällt insb der Tatbestand der Nichtigkeit, der für den JA gegeben sein kann (zB § 256 AktG). Da der KA jedoch der Prüfungspflicht unterliegt, kommt bei einem Verstoß gegen Vorschriften über Form und Inhalt uU eine Einschränkung oder eine Versagung des BVm in Frage. Daraus ergeben sich jedoch unmittelbar keine zivilrechtlichen Konsequenzen; ein KA mit eingeschränktem BVm kann sogar befreiende Wirkung nach den §§ 291, 292 haben (s § 291 Anm 25).

Die Mitglieder der Geschäftsführung oder des AR einer KapGes können bei einer schuldhaften Verletzung der Vorschriften über Form und Inhalt des KA der Ges ggü grds **schadenersatzpflichtig** werden (§§ 93 Abs 2, 116 AktG; §§ 43, 52 GmbHG), jedoch ist das Eintreten eines materiellen Schadens für diesen Fall kaum vorstellbar. Dies ist in Bezug auf die Adressaten des KA (insb Gester, Gläubiger und Arbeitnehmer) anders zu beurteilen. Da die in Anm 215 genannten Vorschriften Schutzgesetze iSv § 823 Abs 2 BGB sind, können sich schuldhaft handelnde Organmitglieder schadenersatzpflichtig machen, wenn die Adressaten des KA sich bei ihren Dispositionen auf die Richtigkeit des KA verlassen haben und ihnen dadurch ein Schaden (zB Ausfall eines gewährten Bankkredits) entstanden ist.

F. Abweichungen der IFRS

Schrifttum: *Kirsch* Erstellung der Eigenkapitalveränderungsrechnung und der Gesamtergebnisrechnung nach IFRS – Die Fallstudie, KoR 2005, 528; *Pawelzik* Die Erstellung einer Konzernkapitalflussrechnung nach IAS 7 – Die Fallstudie, KoR 2006, 344; *Fink/Ulbrich* Verabschiedung des IFRS 8 – Neuregelung der Segmentberichterstattung nach dem Vorbild der US-GAAP, KoR 2007, 1; *Fink/Ulbrich* IFRS 8: Paradigmenwechsel in der Segmentberichterstattung, DB 2007, 981; *Baetge/Haenelt* Kritische Würdigung der neu konzipierten Segmentberichterstattung nach IFRS 8 unter Berücksichtigung prüfungsrelevanter Aspekte, IRZ 2008, 43; *Grottke/Krammer* Was bringt der management approach des IFRS 8 den Jahresabschlussadressaten?, KoR 2008, 670; *Heintges/Urbanczik/Wulbrand* Regelungen, Fallstricke und Überraschungen der Segmentberichterstattung nach IFRS 8, DB 2008, 2773; *PwC* A practical guide to segment reporting, 2008; *Küting/Reuter* Eigenkapitalveränderungen im Eigenkapitalspiegel und Statement of Comprehensive Income – Zwei Rechenwerke mit weiter zunehmender Bedeutung für die internationale und nationale Abschlussanalyse, FB 2009, 112; *Pelger* Management Approach in der Segmentberichterstattung/Ein Plädoyer für die Einführung des IFRS 8, IRZ 2008, 423; *Rogler* Segmentberichterstattung nach IFRS 8 im Fokus von Bilanzpolitik und Bilanzanalyse, KoR 2009, 257; *Schellhorn/Hartmann* Assoziierte Unternehmen in der Segmentberichterstattung nach IAS 14 und IFRS 8, DB 2009, 129; *Schöb* Aufbau einer Segmentberichterstattung – Problemstellung und Lösungsansätze, IRZ 2009, 71; *Böckem/Pritzer* Anwendungsfragen der Segmentberichterstattung nach IFRS 8, KoR 2010, 614; *Brune* Abgrenzung von Geschäfts- und Berichtssegmenten nach IFRS 8 bei mehrschichtiger Reporting- und Führungsstruktur; IRZ 2010, 301; *Blase/Müller/Reinke* Fortschritt in der Harmonisierung von internem und externem Rechnungswesen durch den management approach des IFRS 8 – Empirische Analyse zur Harmonisierung von Segmentsteuerung und Segmentberichterstattung bei den Unternehmen des DAX, MDAX und SDAX, KoR 2012, 352; *Pollmann* Struktur und Gliederung der Kapitalflussrechnung nach IAS 7, IRZ, 191.

Standards: IAS 1 Darstellung des Abschlusses *(Presentation of Financial Statements) (amend May* 2010); IAS 7 Kapitalflussrechnungen *(Cash Flow Statements) (amend April* 2009); IFRS 8 Geschäftssegmente *(Operating Segments) (amend November* 2009).

I. Allgemeines

220 Ein KA nach IFRS (IFRS-KA) besteht grds aus **sechs Teilen** (s IAS 1.10):
(1) der Konzernbilanz *(Statement of financial position);*
(2) der Konzern-Gesamtergebnisrechnung *(Statement of profit or loss and other comprehensive income);*
(3) der Konzern-KFR *(Statement of cash flows);*
(4) einer Konzern-EK-Veränderungsrechnung *(Statement of changes in equity);*
(5) den mit dem Konzernanhang vergleichbaren Darlegungen der Rechnungslegungsgrundsätze sowie erläuternden Angaben zu den anderen Bestandteilen des KA *(notes)* und uU einschl einer Konzern-SegBerE *(Segment Reporting)* sowie
(6) einer Konzern(Eröffnungs-)bilanz *(Statement of financial position)*. Letztere ist auf den Beginn des ersten, im IFRS-KA veröffentlichten Vj aufzustellen, wenn im Berichtsjahr ein neuer Standard erstmals rückwirkend angewendet wurde oder eine rückwirkende Berichtigung von bereits publizierten, aber uU fehlerhafter Abschlüsse im lfd Gj erfolgte. Einer EB bedarf es ferner, wenn Abschlussposten umklassifiziert *(reclassification)* wurden.

221 Abweichungen zum HGB ergeben sich materiell insb dadurch, dass die IFRS hinsichtlich der Anzahl der Bestandteile nicht zwischen JA und KA unterscheiden, dh eine KFR, EK-Veränderungsrechnung und unter bestimmten Umständen (s Anm 250) SegBerE sind gleichfalls für den JA aufzustellen. Ein IFRS-Abschluss zeichnet sich des Weiteren durch im Vergleich zum HGB umfangreichere explizit geforderte Erl- bzw Angabepflichten zu den einzelnen Posten und den im Gj ausgeführten Transaktionen bzw Geschäftsvorfällen aus.

222 Auch ein IFRS-KA dient im deutschen Rechtsraum ausschließlich dem **Informationszweck.** Die Aufstellungspflicht eines IFRS-KA leitet sich aus den §§ 290 iVm 315a ab; die Aufstellung selbst basiert ebenfalls auf der Einheitstheorie, ohne dass dies im aktuellen Regelwerk noch explizit ausgeführt würde.

223 Hinsichtlich der für einen KA spezifischen Rechnungslegungsgrundsätze (im Allgemeinen **Konsolidierungsgrundsätze**) lassen sich keine nennenswerten Unterschiede zwischen IFRS und HGB erkennen. Abweichungen ergeben sich aus den Regeln zu Ansatz und Bewertung. Zwar gehört es zur Zielsetzung des DRSC, eine allgemeine Annäherung der handelsrechtlichen KA-Vorschriften an die internationale Rechnungslegung (dh die IFRS) zu erlangen; dies gelingt hingegen nur bedingt. Für die IFRS wird weiterhin gelten, dass sie einem schnelleren Wandlungsprozess als das HGB unterliegen. Hinzu tritt der Umstand, dass sich der internationale und US-amerikanische Standardsetter intensiv um eine gegenseitige Annäherung der IFRS und US-GAAP bemühen (dies wurde in einem „Memorandum of Understanding" zwischen IASB und FASB vereinbart) und auch hierdurch weitere Veränderungen der IFRS zu erwarten sind.

224 Nach IAS 1.17 wird davon ausgegangen, dass die Einhaltung der IFRS – unter Beachtung des Grundsatzes der Wesentlichkeit – zu einer **getreuen Darstellung** *(fair presentation)* führt. Unterstrichen wird diese Ansicht durch IAS 1.19; danach darf allenfalls in außergewöhnlich seltenen Fällen von einem IFRS abgewichen werden, wenn dessen Anwendung zu einem Verstoß gegen die Generalnorm führen würde. Dies macht jedoch zusätzliche Informationen erforderlich (vgl bzgl der Öffentlichkeitswirkung § 264 Anm 220 ff).

Auch nach IFRS ist die Bedeutung des Grundsatzes der **Klarheit und Über-** 225
sichtlichkeit unbestritten. Dies ergibt sich zum einen aus der geforderten Verständlichkeit (F QC30 iVm IAS 1.51) sowie aus den Mindestgliederungen ua für die Konzernbilanz *(Statement of financial position)* (IAS 1.54 f) und die Konzern-Gesamtergebnisrechnung *(Statement of profit or loss and other comprehensive income)* (IAS 1.81 A ff).

Hinsichtlich der **Wesentlichkeit** wird innerhalb der IFRS keinerlei quantitative 226
Aussage getroffen. Dies gilt auch für IAS 1.29, der für wesentliche einzelne Geschäftsvorfälle bzw Sachverhalte oder zusammengefasste, gleichartige Geschäftsvorfälle bzw Sachverhalte innerhalb des Abschlusses einen Einzelausweis fordert. IAS 1.7 definiert in allgemeiner Form, wann eine Weglassung oder fehlerhafte Darstellung hinsichtlich der Entscheidungsrelevanz als wesentlich zu beurteilen ist.

II. Konzern-Kapitalflussrechnung

DRS 2 und IAS 7 dürften bis auf wenige Ausnahmen als **deckungsgleich** be- 230
zeichnet werden (s ausführlich *ADS Int* Abschn 23 Cash-Flow-Rechnung, Anm 123). Der wesentliche Unterschied liegt darin, dass DRS 2 eine Mindestgliederung für die jeweiligen Teilbereiche der Konzern-KFR enthält, während IAS 7 es bei einer exemplarischen Gliederung im Appendix belässt und lediglich den separaten Ausweis bestimmter Posten unmittelbar im Standard regelt.

Beide Standards räumen dem Unt bzgl der Wahl der Ausgangsgröße zur Ablei- 231
tung des Cash Flow aus lfd Geschäftstätigkeit nach der indirekten Methode eine gewisse Flexibilität ein. Den Unt ist es bspw freigestellt, ob sie als Ausgangsgröße das (Konzern-)Periodenergebnis vor oder nach Ertragsteuern wählen (s zB DRS 2.43). Ein nicht in den jeweiligen Vorschriften zur Aufstellung einer KFR begründeter Unterschied ergibt sich hinsichtlich der Berücksichtigung bzw des Ausweises eines uU vorhandenen ao (Konzern-)Ergebnisses iSd § 277 Abs 4. Die IFRS kennen demggü – mit Ausnahme der „discontinued operations" – keine Ergebniskomponente außerhalb der gewöhnlichen Geschäftstätigkeit (s auch § 275 Anm 346).

Ein offensichtlich unterschiedliches Verständnis liegt beim Ausweis gezahlter Dividenden vor. Gem DRS 2.37 sind **gezahlte Dividenden** ausschließlich dem Cash Flow aus Finanzierungstätigkeit zuzuordnen, während IAS 7.34 hier alternativ einen Ausweis unter dem Cash Flow aus lfd Geschäftstätigkeit gestattet.

Ferner enthält IAS 7 keine explizite Vorschrift zum Ausweis von Fondsänderungen, die auf Sicherungsgeschäften beruhen (s DRS 2.47).

Im Gegensatz zu DRS 2.56 kennt IAS 7 keine Erleichterung bzw Ausnahme- 232
regelung für die Angabe von Vj-Zahlen (s hierzu Anm 17).

IZm einer *Discontinued Operation* verlangt IFRS 5.33 (c) den Ausweis der 233
(Netto-)Zahlungsströme aller drei Teilbereiche.

III. Konzern-Eigenkapitalveränderungsrechnung

Die Zusammensetzung und Gliederung des EK eines Unt ist regelmäßig sehr 240
stark von landesrechtlichen Vorschriften beeinflusst. Hier spielen ua Aspekte wie die Rechtsform, der Gläubigerschutz (zB im Falle der Insolvenz), die Art der Fremdfinanzierung oder sogar steuerrechtliche Vorschriften uU eine bedeutsame Rolle. Die Konzern-EK-Veränderungsrechnung nach IAS 1 muss demzufolge einem größtmöglichen Anwenderkreis Rechnung tragen, während sich der Konzern-EK-Spiegel nach DRS 7 auf die Besonderheiten des deutschen Rechtsraums beschränken kann. Gem IAS 1.108 gehören zu den EK-Posten *(components of equity)* bspw (i) jede Klasse von eingezahltem EK *(contributed equity),* (ii) der Gesamt-

betrag jeder einzelnen Kategorie des Sonstigen (Konzern-)Periodenergebnisses *(other comprehensive income)* und (iii) die Gewinnrücklagen *(retained earnings)*. Damit gehören ua die Fremdwährungsrücklage, die Neubewertungsrücklage oder die Afs-Rücklage ebenfalls zu den components of equity.

241 Unter IFRS gilt das **Konzept des umfassenden Einkommensbegriffs** *(comprehensive income)*.

Als Mindestanforderung sind nach IAS 1.106 anzugeben:
(1) die Summe der erfolgswirksamen und erfolgsneutralen EK-Erhöhungen außerhalb der Gester-Ebene *(total comprehensive income)* des Gj, getrennt nach dem Anteil der auf das MU sowie die nicht beherrschenden Anteile *(non-controlling interests)* entfällt;
(2) für jeden EK-Posten eine Überleitung vom Anfangs- zum Endbestand. Als Überleitungsposten sind separat darzustellen: das (Konzern-)Periodenergebnis *(profit or loss)*, das Sonstige (Konzern-)Periodenergebnis *(other comprehensive income)* sowie die Veränderungen aufgrund von Geschäftsvorfällen mit den Gestern in ihrer Eigenschaft als Gester. Bei Letzterem ist nach Einlage- und Entnahmevorgängen zu trennen (vgl zu den hier verwendeten Begrifflichkeiten § 275 Anm 332 ff);
(3) für jeden EK-Posten die Auswirkungen, die sich nach IAS 8 aufgrund einer retrospektiv vorzunehmenden Änderung oder einem Restatement ergeben haben.

242 Darüber hinaus verlangt IAS 1.106A für jeden EK-Posten eine Analyse der Veränderungen durch das Sonstige (Konzern-)Periodenergebnis *(other comprehensive income)*, dh in welchem Umfang Geschäftsvorfälle direkt im EK verrechnet wurden. Bspw ist für die Afs-Rücklage auszuweisen, in welcher Höhe Wertänderungen eingetreten sind, in welcher Höhe Abgänge erfolgten, in welcher Höhe auf die Wertpapiere Steuern abgegrenzt wurden und welcher Anteil der Veränderung des Sonstigen (Konzern-)Periodenergebnisses auf nicht beherrschende Anteile entfällt. Diese ErlPflichten können entweder direkt innerhalb der Konzern-EK-Veränderungsrechnung oder alternativ im Anhang erfolgen.

243 Zu weiteren Abweichungen vgl *ADS Int* Abschn 22 Anm 206.

IV. Konzern-Segmentberichterstattung

250 Eine SegBerE haben Unt aufzustellen, deren EK- oder Schuldtitel öffentlich gehandelt werden bzw zum öffentlichen Handel zugelassen sind oder die den Handel mit ihren Wertpapieren (zB durch Antragstellung) eingeleitet haben. Die Aufstellungspflicht gilt sowohl für den JA wie auch den KA.

251 IFRS 8 *Operating Segments* (Geschäftssegmente) orientiert sich ausschließlich am sog **„Management Approach"**. Dieses Konzept basiert auf der Idee, dass der externe Bilanzleser das Unt durch die Brille der UntLeitung sehen soll. In den Detailregelungen existieren zwischen DRS 3 und IFRS 8 durchaus signifikante Unterschiede.

252 Während DRS 3.9 für die externe Berichterstattung darauf abstellt, wie „die Unternehmensleitung Teileinheiten des Unternehmens bestimmt", ist nach IFRS 8 der oberste Entscheidungsträger *(Chief Operating Decision Maker;* kurz: CODM) zu identifizieren; ein Prozedere, welches bei komplexen Konzernstrukturen oder Umstrukturierungen nicht unterschätzt werden darf *(Heintges/ Urbanczik/Wulbrand,* 2773 f).

253 Wie DRS 3 spricht IFRS 8 von operativen Segmenten *(operating segments)*. Bestehen für die interne Berichterstattung fallweise unterschiedliche Segmentierungen, bleibt es gem IFRS 8 dem Unt vorbehalten, die für die externe Berich-

Anzuwendende Vorschriften. Erleichterungen § 298

terstattung maßgeblichen zu bestimmen. Nach DRS 3.11 basiert diese Entscheidung allerdings – wie zuvor auch nach IAS 14 Segment Reporting – weiterhin auf dem Prinzip, welche Segmentierung die Chancen- und Risikostruktur des Unt am besten widerspiegelt *(risk and reward approach)*.

Die SegBerE nach IFRS 8 hat, strikt dem Management Approach folgend, die 254 Zahlen, Informationen und Steuerungsgrößen zu enthalten, die der UntLeitung zu ihrer Entscheidungsfindung dienen bzw an den CODM berichtet werden. Nicht ausgeschlossen werden kann damit, dass sich die Ansatz- und Bewertungskonzepte selbst von Segment zu Segment unterscheiden mögen (*Heintges/ Urbanczik/Wulbrand*, 2779f). Abw dazu fordert DRS 3.19, dass die SegBerE „in Übereinstimmung mit den Bilanzierungs- und Bewertungsmethoden des zugrundeliegenden Abschlusses zu erfolgen" hat *(financial accounting approach)*.

Nach IFRS 8 ist es ferner zulässig, Vermögenswerte dem Segmentvermögen zuzuordnen, ohne dass zB entspr mit den Vermögenswerten zusammenhängende Aufwendungen (insb Abschreibungen) in den Segmentaufwendungen enthalten sind (*Schellhorn/Hartmann*, 132). Ohne dies explizit aus den Vorschriften des DRS 3 entnehmen zu können, scheint eine derartige asymmetrische Allokation nicht im Einklang mit der deutschen Regelung zu stehen.

Für eine Zusammenfassung von einzelnen Segmenten zu einem berichts- 255 pflichtigen Segment *(reportable segment)* stellt DRS 3.13 allgemein darauf ab, ob diese im Verhältnis zueinander homogene Chancen und Risiken aufweisen. Im Vergleich dazu ist es für eine Zusammenfassung zu einem nach IFRS 8 notwendig, dass die einzelnen nach IFRS 8.5 identifizierten operativen Segmente mehrere explizit aufgeführte Homogenitätskriterien kumulativ erfüllen (IFRS 8.12).

Im Gegensatz zu DRS 3.49 kennt IFRS 8 grds keine Erleichterung bzw Aus- 256 nahmeregelung für die Angabe von Vj-Zahlen (s zum Ausnahmefall IFRS 8.36).

§ 298 Anzuwendende Vorschriften. Erleichterungen

(1) **Auf den Konzernabschluß sind, soweit seine Eigenart keine Abweichung bedingt oder in den folgenden Vorschriften nichts anderes bestimmt ist, die §§ 244 bis 256a, 265, 266, 268 bis 275, 277 und 278 über den Jahresabschluß und die für die Rechtsform und den Geschäftszweig der in den Konzernabschluß einbezogenen Unternehmen mit Sitz im Geltungsbereich dieses Gesetzes geltenden Vorschriften, soweit sie für große Kapitalgesellschaften gelten, entsprechend anzuwenden.**

(2) **In der Gliederung der Konzernbilanz dürfen die Vorräte in einem Posten zusammengefaßt werden, wenn deren Aufgliederung wegen besonderer Umstände mit einem unverhältnismäßigen Aufwand verbunden wäre.**

(3) ¹**Der Konzernanhang und der Anhang des Jahresabschlusses des Mutterunternehmens dürfen zusammengefaßt werden.** ²**In diesem Falle müssen der Konzernabschluß und der Jahresabschluß des Mutterunternehmens gemeinsam offengelegt werden.** ³**Aus dem zusammengefassten Anhang muss hervorgehen, welche Angaben sich auf den Konzern und welche Angaben sich nur auf das Mutterunternehmen beziehen.**

Übersicht

	Anm
A. Auf den handelsrechtlichen Konzernabschluss anzuwendende Vorschriften (Abs 1)	
I. Grundsatz der entsprechenden Anwendung	1–6
II. Rechnungslegungsvorschriften	
1. Grundlagen	7–10

	Anm
2. Allgemeine Vorschriften	
a) Sprache, Währung (§ 244)	12
b) Unterzeichnung (§ 245)	14
3. Ansatzvorschriften	
a) Vollständigkeit, Verrechnungsverbot, Ansatzstetigkeit (§ 246)	16–18
b) Geschäfts- oder Firmenwert (§ 246 Abs 1 S 4)	20, 21
c) Inhalt der Bilanz (§ 247 Abs 1 und 2)	23
d) Bilanzierungsverbote und -wahlrechte (§ 248)	25, 26
e) Rückstellungen und Rechnungsabgrenzungsposten (§§ 249, 250)	28
f) Haftungsverhältnisse (§§ 251, 268 Abs 7)	30
g) Latente Steuern (§ 274)	32, 33
h) Steuerberechnung (§ 278)	34, 35
4. Bewertungsvorschriften	
a) Allgemeines	37
b) Allgemeine Bewertungsgrundsätze (§ 252)	38
c) Wertansätze der Vermögensgegenstände und Schulden (§ 253)	39, 40
d) Bewertungseinheiten (§ 254)	42
e) Anschaffungs- oder Herstellungskosten (§ 255 Abs 1 bis 3)	44
f) Bewertungsvereinfachung (§ 256)	46
g) Umrechnung von Fremdwährungsposten (§ 256a)	48
5. Gliederungs- und Darstellungsvorschriften	
a) Allgemeine Grundsätze für die Gliederung (§ 265)	50–56
b) Gliederung der Bilanz	
aa) Grundschema (§ 266)	58, 59
bb) Konzerngewinn/Konzernverlust (§ 268 Abs 1)	61
cc) Anlagengitter (§ 268 Abs 2)	63–66
dd) Nicht durch Eigenkapital gedeckter Fehlbetrag (§ 268 Abs 3)	67
ee) Bildung bestimmter Posten (§ 270)	68
ff) Beteiligungen, verbundene Unternehmen (§ 271)	70
gg) Eigenkapital (§ 272)	72–74
c) Gliederung der Gewinn- und Verlustrechnung	
aa) Grundschema (§ 275)	75, 76
bb) Vorschriften zu einzelnen Posten der Gewinn- und Verlustrechnung (§ 277)	78, 79
III. Rechtsformspezifische Vorschriften	80–86
IV. Geschäftszweigspezifische Vorschriften	90–93
B. Erleichterungen beim Vorratsausweis (Abs 2)	95–100
C. Zusammenfassung von Konzernanhang und Anhang des Mutterunternehmens (Abs 3)	105–107
D. Verhältnis zum Publizitätsgesetz	110, 111
E. Rechtsfolgen einer Verletzung des § 298	115, 116
F. Abweichungen der IFRS	120–122

Schrifttum: *Gelhausen/Gelhausen* Gedanken zur Behandlung des Eigenkapitals im Konzernabschluß in FS Forster, 215 ff; *Beine* Ergebnisausweis im Konzernabschluss DB 1996, 945; *HFA* Umstellung der Konzernrechnungslegung von den IAS oder US-GAAP zurück auf das HGB FN-IDW 2003, 25 f; *Deubert/Vogel*, Aufhebung des § 308 Abs 3 HGB durch das TranspuG KoR 2004, 142 ff; *Fey/Deubert* Befreiender IFRS – Einzelabschluss nach § 325 Abs 2a HGB für Zwecke der Offenlegung, KoR 2006, 92 ff; IDW ERS

HFA 13 Einzelfragen zum Übergang von wirtschaftlichem Eigentum und zur Gewinnrealisierung nach HGB FN-IDW 2007, 83 ff; IDW RS HFA 6 Änderung von Jahres- und Konzernabschlüssen FN-IDW 2007, 265 ff; *Breker/Kuhn* Änderung von Jahres- und Konzernabschlüssen – Eine Darstellung der Neuerungen aus der Überarbeitung des IDW RS HFA 6 WPg 2007, 770 ff; IDW RS HFA 28 Übergangsregelungen des Bilanzrechtsmodernisierungsgesetzes, FN-IDW 2009, 642 ff; *Kühne/Melcher/Wesemann* Latente Steuern nach BilMoG – Grundlagen und Zweifelsfragen, WPg 2009, 1005 ff und 1057 ff; *Küting/ Tesche* Der Stetigkeitsgrundsatz im verabschiedeten neuen deutschen Bilanzrecht DStR 2009, 1491 ff; *Loitz* DRS 18 – Bilanzierung latenter Steuern nach dem Bilanzrechtsmodernisierungsgesetz DB 2010, 2177 ff; *Olbrich/Fuhrmann* DAX 30-Geschäftsberichte im Lichte von § 244 HGB und § 400 AktG AG 2011, 326 ff; IDW RS HFA 39 Vorjahreszahlen im handelsrechtlichen Jahresabschluss FN-IDW 2012, 31 f; IDW RS HFA 44 Vorjahreszahlen im handelsrechtlichen Konzernabschluss und Konzernrechnungslegung bei Änderungen des Konsolidierungskreises FN-IDW 2012, 32 ff; IDW RS HFA 7 Handelsrechtliche Rechnungslegung bei Personenhandelsgesellschaften FN-IDW 2012, 189 ff; IDW RS HFA 42 Auswirkungen einer Verschmelzung auf den handelsrechtlichen Jahresabschluss FN-IDW 2012, 701 ff; IDW RH HFA 1.018 Einheitliche Bilanzierung und Bewertung im handelsrechtlichen Konzernabschluss FN-IDW 2012, 214 ff; *Löffler/Müller* Vorjahreszahlen im handelsrechtlichen Jahres- und Konzernabschluss – Ein Überblick zu den IDW RS HFA 39 und IDW RS HFA 44 WPg 2013, 291 ff.

A. Auf den handelsrechtlichen Konzernabschluss anzuwendende Vorschriften (Abs 1)

I. Grundsatz der entsprechenden Anwendung

Die Konzernrechnungslegungsvorschriften (§§ 297 ff) enthalten, abgesehen von wenigen Sonderregelungen (Anm 5), keine eigenständigen Ansatz-, Bewertungs- und Ausweisvorschriften. Stattdessen wird in Abs 1 die entspr Anwendung bestimmter **Regelungen für** den **Jahresabschluss** angeordnet (Anm 7 ff). Ferner sind die für die **Rechtsform** der in den KA einbezogenen Unt mit Sitz im Inland geltenden Vorschriften des HGB, GmbHG und AktG (Anm 80 ff) sowie die für diese geltenden **geschäftszweigspezifischen Vorschriften** (Anm 90 ff) auf den KA entspr anzuwenden. 1

Der Verweis auf die Vorschriften über den JA dient zunächst der gesetzestechnischen Vereinfachung, dh erspart die Formulierung eigenständiger Ansatz-, Bewertungs- und Ausweisregelungen für den KA. Zugleich wird dadurch eine inhaltliche Vereinheitlichung der Finanzberichterstattung in JA und KA erreicht, wodurch letztlich auch die Erstellung des KA erleichtert wird. Die **entsprechende Anwendung** von Vorschriften bedeutet grds, dass die Elemente des durch die Verweisung geregelten und desjenigen Tatbestands, auf dessen Rechtsfolge verwiesen wird, miteinander so in Beziehung zu setzen sind, dass den jeweils nach ihrer Funktion, ihrer Stellung im Sinnzusammenhang des Tatbestands gleich zu erachtenden Elementen die gleiche Rechtsfolge zugeordnet wird. Ein KA, der sich in Ansatz, Bewertung und Gliederung an den JA-Vorschriften orientiert, hat demnach grds die Vermutung einer entspr Anwendung und damit einer gesetzeskonformen Rechnungslegung für sich (glA *Heni* in Rechnungslegung[2] § 298 Anm 10). Die entspr Anwendung der Vorschriften über den JA sowie der rechtsform- bzw geschäftszweigspezifischen Regelungen stehen allerdings unter **zwei Einschränkungen**. Zum einen darf die Eigenart des KA keine Abweichungen bedingen (Anm 3) und zum anderen darf in den konzernspezifischen Vorschriften der §§ 298 ff (s dazu Anm 5) nicht etwas Anderes bestimmt sein. 2

3   Einschränkungen durch die **Eigenart des Konzerns** ergeben sich aufgrund der fiktiven rechtlichen Einheit der KonzernUnt, die für Zwecke der Konzernrechnungslegung fingiert wird (§ 297 Abs 3 S 1; **Einheitstheorie**). Dies betr insb die aus Konzernsicht vorzunehmenden Umgliederungen und Eliminierungen von Posten des JA im KA, die nicht auf ausdrücklichen KonsVorschriften beruhen. ZB können Rohstoffe im JA eines TU aus Sicht des KA unfertige Erzeugnisse sein.

4   Ferner ergeben sich Einschränkungen der entspr Anwendung von Rechnungslegungsvorschriften insb aufgrund des vom JA abw Zweck des KA. Anders als der JA, der als Grundlage für die ges-rechtliche Kapitalerhaltung, die Ausschüttungsbemessung, die UntBesteuerung sowie für ges-rechtliche Vorgänge (zB Verlustanzeigepflicht gem § 92 Abs 1 AktG bzw § 48 Abs 3 GmbHG, Umw-Vorgänge, Kapitalerhöhungen aus GesMitteln) dient, hat der KA ausschließlich eine **Informationsfunktion** (§ 297 Abs 2 S 2). Aufgrund der fehlenden Ausschüttungsbemessungsfunktion sind deshalb zB die Ausschüttungssperre nach § 268 Abs 8 (s dort Anm 140 ff) oder die Pflicht zur Bildung einer Rücklage für Anteile am herrschenden Unt nach § 272 Abs 4 (s Anm 72), die vom Verweis des Abs 1 formal umfasst werden, materiell ohne Bedeutung im KA.

5   Schließlich gehen die ausdrücklichen **Konzernrechnungslegungsvorschriften** der §§ 298 ff einer entspr Anwendung der Regelungen des JA vor. Der diesbzgl Hinweis in Abs 1 hat insofern nur klarstellenden Charakter (*Kraft* in Großkomm HGB[4] § 298 Anm 17). Aus den Konzernrechnungslegungsvorschriften ergeben sich Ergänzungen des Gliederungsschemas um spezielle *konsolidierungstechnische Sonderposten* (s auch Anm 58). Dabei handelt es sich um:
– den *(passiven) Unterschiedsbetrag aus der KapKons* (§ 301 Abs 3 S 1; s dort Anm 150 ff),
– den *Ausgleichsposten für Anteile anderer Geser* (§ 307 Abs 1) sowie der damit verbundene Ergebnisausweis (§ 307 Abs 2),
– den gesonderten Ausweis von *Beteiligungen an assozUnt* (§ 311 Abs 1 S 1) einschl der auf die assoziierten Beteiligungen entfallenden Ergebnisse (§ 312 Abs 4 S 2; s dort Anm 42 ff) und
– die *Eigenkapitaldifferenz aus Währungsumrechnung* (§ 308a S 3; s dort Anm 40 ff), als Folge der aus dem Weltabschlussprinzip (§ 294 Abs 1) resultierenden Verpflichtung zur Umrechnung der auf eine Fremdwährung lautenden Abschlüsse (HB II) von TU und GemUnt in €.

Weitere konzerntypische Abweichungen ergeben sich aus Vorschriften über die Eliminierung der Posten aus konzerninternen Lfg- und Leistungsbeziehungen (§§ 303 bis 305).

6   Für KA, die verpflichtend oder freiwillig nach den **IFRS** aufgestellt werden, wird der in § 298 Abs 1 enthaltene „Generalverweis" durch § 315a Abs 1 auf § 244 (Sprache und Währung; s Anm 12) und § 245 (Unterzeichnung; s Anm 14) beschränkt.

II. Rechnungslegungsvorschriften

1. Grundlagen

7   Der KA wird durch Abs 1 von seinen inhaltlichen Anforderungen stets dem JA einer großen KapGes gleichgesetzt. Maßgebend sind deshalb jeweils die für **große Kapitalgesellschaften** geltenden Rechnungslegungsvorschriften. Aus diesem Grund fehlt es auch an dem Verweis auf die Vorschriften der § 267 (Umschreibung der Größenklassen), § 267a (KleinstKapGes) und § 276 (größenab-

hängige Erleichterungen). Der Nichtausschluss des § 274a ist in diesem Zusammenhang ein redaktionelles Versehen (glA PwC BilMoG Komm, Q Anm 179).

Größenabhängige Erleichterungen bestehen nur für die Begr einer Verpflichtung zur Konzernrechnungslegung an sich (§§ 290 Abs 5, 293). Damit ist es für die Erstellung eines KA unerlässlich, die JA der einzubeziehenden Unt – unabhängig von deren Größe, Rechtsform oder Sitzstaat – entweder direkt nach den für große KapGes geltenden Vorschriften aufzustellen oder im Zuge der Erstellung der sog HB II (dazu § 300 Anm 26 f) an diese Vorschriften anzupassen. Eine von allen KonzernUnt anzuwendende **Konzernbilanzierungsrichtlinie**, in der ein einheitlicher Kontenplan (mit Kontenbeschreibung und Kontierungsanweisungen) vorgegeben wird, ist dabei ein notwendiges Instrument, insb um auch eine rechtzeitige Aufstellung des KA nach § 290 Abs 1 S 1 innerhalb der ersten fünf Monate des folgenden Gj zu gewährleisten. Daneben umfasst eine Konzernbilanzierungsrichtl auch Vorgaben bzgl der konzerneinheitlichen Bilanzierung (§ 300) und Bewertung (§ 308). 8

Die Pflicht zur Aufstellung einer **Konzerneröffnungsbilanz** besteht nicht, sondern nur zur Aufstellung eines KA zum Ende des Gj des MU (§ 290 iVm § 299 Abs 1). Hintergrund dafür ist, dass Konzerne nicht formalrechtlich errichtet werden, sondern faktisch mit der Begr des ersten Mutter-/Tochterverhältnisses iSv § 290 entstehen. Deshalb ist auch § 242 Abs 1 zur Aufstellung einer EB auf den Beginn des Handelsgewerbes (ausführlich zur EB der KapGes: *Förschle/Kropp/Schellhorn* in Sonderbilanzen[4] D Anm 68 ff) im Verweis des Abs 1 ausgenommen. Konzerne, die zunächst aufgrund ihrer Größe nach § 293 oder § 290 Abs 5 nicht konzernrechnungslegungspflichtig sind, dürfen jedoch im ersten KA freiwillig die Zahlen einer konsolidierten EB angeben (s auch Anm 51; IDW RS HFA 44, Tz 6). 9

Die Bestimmungen der §§ 242 Abs 2 und 3, 243 sowie 264 sind ebenfalls nicht im Verweis des Abs 1 enthalten, weil für die dort geregelten **Aufstellungspflichten und -grundsätze** für Konzernzwecke in den §§ 290, 297 eigenständige Regelungen existieren. Gleiches gilt für die §§ 284 bis 289 (Vorschriften zum **Anhang** und **Lagebericht**), die durch **spezielle Konzernvorschriften** (§§ 313, 314 und 315) ersetzt werden. Die Vorschriften für die **Aufbewahrung und Vorlage** (§§ 257–261) von Konzernrechnungslegungsunterlagen gelten unmittelbar (s § 257 Anm 10 f), so dass es einer Aufnahme in den Verweis des Abs 1 nicht bedurfte.

Kreditinstitute und **Versicherungsunternehmen** sind von der Anwendung des Abs 1 (§§ 340i Abs 2 S 2 und 341j Abs 1 S 2) ausgenommen. Materiell resultiert hieraus aber keine Einschränkung, weil in § 340i Abs 2 S 1 bzw § 341j Abs 1 S 1 für diese Unt die entspr Anwendung der für den JA geltenden Vorschriften sowie der für die Rechtsform oder den Geschäftszweig geltenden spezifischen Vorschriften angeordnet wird, soweit die Eigenart des KA keine Abweichung bedingt (s Anm 3 ff). 10

2. Allgemeine Vorschriften

a) Sprache, Währung (§ 244)

Der KA nach § 290 ist, auch wenn er nach § 315a nach internationalen Rechnungslegungsgrundsätzen erstellt wird, immer in **deutscher Sprache** aufzustellen. Gleiches gilt auch für den Konzernlagebericht (glA *Heni* in Rechnungslegung[2] § 298 Anm 13). Die Verwendung englischer (Fach-)Begriffe im Konzernanhang bzw Konzernlagebericht ist zulässig, solange dadurch die Klarheit der Darstellung (§ 297 Abs 2 S 1) nicht beeinträchtigt wird. Sofern sich die Bedeutung von Fremdwörtern nicht bereits aus dem Kontext der Berichterstat- 12 tung ergibt, sind diese im Text, zB durch einen Klammerzusatz des deutschen Begriffs, oder in einem Glossar zu erläutern (enger *Olbrich/Fuhrmann* AG 2011, 328 f: Verwendung von Fremdwörtern nur, wenn keine deutschen Bezeichnungen existieren).

Der KA ist außerdem in **Euro** aufzustellen. Für die Umrechnung von auf fremde Währung lautenden VG, Schulden und RAP sowie der damit korrespondierenden Erträge und Aufwendungen in den HB II der einbezogenen Unt gelten dabei die §§ 253 Abs 1, 252 Abs 1 Nr 4 und 256a (s Anm 48; § 256a Anm 60 ff).

b) Unterzeichnung (§ 245)

14 Der KA ist durch alle gesetzlichen Vertreter des MU unter Angabe des Datums zu unterzeichnen (s § 245 Anm 2, 4). Dies erfolgt zweckmäßigerweise am Ende des Konzernanhangs. Sofern der Konzernanhang mit dem Anhang zum JA zusammengefasst wird (Abs 3 S 1; Anm 105 f), genügt eine einmalige Unterzeichnung (ebenso *ADS*[6] § 298 HGB Anm 62). Der Konzernlagebericht ist, ebenso wie der Lagebericht (s § 289 Anm 7), nicht zu unterzeichnen. Zur Unterzeichnung des Bilanzeids zum KA s § 297 Anm 189 sowie zum Konzernlagebericht s § 315 Anm 24.

3. Ansatzvorschriften

a) Vollständigkeit, Verrechnungsverbot, Ansatzstetigkeit (§ 246)

16 Das **Vollständigkeitsgebot** für den KA ist in § 300 Abs 2 S 1 geregelt, der aufgrund des Vorbehalts in Abs 1 der Regelung in § 246 Abs 1 S 1 vorgeht. Auch für Zwecke des KA ist für die Vermögenszuordnung letztlich das **wirtschaftliche Eigentum** maßgeblich (§ 246 Abs 1 S 2; s dort Anm 5 ff), dh ob das fiktiv rechtlich einheitliche Unt den VG durch Nutzung oder Veräußerung verwerten, die Chancen und Risiken aus dessen lfd Nutzung und die Chance der Wertsteigerung sowie das Risiko einer Wertminderung bzw des Verlusts einschl des Risikos des zufälligen Untergangs trägt. Sind die Elemente des wirtschaftlichen Eigentums (Chancen und Risiken) auf mehrere einbezogene Unt verteilt, hat eine Gesamtbeurteilung zu erfolgen. Geben einbezogene Unt iZm der Veräußerung von VG durch andere einbezogene (Wert-)Garantien, kann dies dem Abgang des VG und der Gewinnrealisierung aus Konzernsicht entgegenstehen, wenn dadurch aus Konzernsicht zentrale Risiken des veräußerten VG auf Dauer oder zumindest nicht nur kurzfristig zurückbehalten werden (IDW ERS HFA 13, Tz 55 ff).

Schulden sind in den KA aufzunehmen, wenn ein einbezogenes Unt der (rechtliche) Schuldner ist und hieraus für das fiktiv rechtlich einheitliche Unt eine Vermögensbelastung resultiert.

17 Bei den Verrechnungen im Rahmen der KonsVorgänge (§§ 301, 303 bis 305), die Ausfluss der Einheitsfiktion (§ 297 Abs 3 S 1) sind, liegt kein Verstoß gegen das **Verrechnungsverbot** vor, sondern handelt es sich um eine durch die Eigenart des KA bedingte Abweichung (Anm 3). Die gesetzlich angeordnete Verrechnung von **Deckungsvermögen** mit den damit zu erfüllenden AVersVerpflichtungen nach § 246 Abs 2 S 2 (s dort Anm 120 ff) ist auch in KA zu beachten.

18 Das Gebot der **Ansatzstetigkeit** (§ 246 Abs 3 S 1) gilt auch für den KA und ist bei der (Neu-)Ausübung von Ansatzwahlrechten nach § 300 Abs 2 S 2 bei der Erstellung der HB II für das MU und die TU zu beachten (s dort Anm 50). Die einheitliche Ausübung der Ansatzwahlrechte in zeitlicher und sachlicher Hinsicht ist jedoch – ebenso wie im JA – nur insoweit geboten, als es sich um art- und funktionsgleiche VG oder Schulden handelt (glA *Küting/Tesche* DStR 2009,

1496; IDW RH HFA 1.018, Tz 3). Die Ansatzstetigkeit gilt ferner auch für die Ausübung von Ermessen beim Ansatz von VG, Schulden, RAP und Sonderposten, sofern die inhaltliche Ausübung der Ermessensspielräume oder Schätzungen einem in seinem Ablauf definierten Verfahren folgt. Ermessensspielräume dürfen für Konzernzwecke in der HB II jedoch nicht neu bzw abw ggü dem JA ausgeübt werden (s § 300 Anm 51). Für die Berücksichtigung werterhellender Informationen ist nicht das Aufstellungsende des JA, sondern das des KA maßgeblich (IDW RH HFA 1.018, Tz 6).

b) Geschäfts- oder Firmenwert (§ 246 Abs 1 S 4)

Für GFW, die im Wege eines *asset deal,* einer Umw oder Anwachsung im JA 20 eines einbezogenen Unt entstehen, besteht – ebenso wie für GFW aus der KapKons (§ 301 Abs 3 S 1; s dort Anm 150 ff) – auch im KA nunmehr Aktivierungspflicht, sofern sie *aus Konzernsicht* entgeltlich von Dritten erworben sind. GFW, die durch konzerninterne Transaktionen entstehen, unterliegen der Zwischenergebniseliminierung nach § 304.

Für GFW aus dem JA durfte letztmals in KA für Gj, die vor dem 1.1.2010 be- 21 gannen eine offene **Verrechnung** mit den **Rücklagen** (§ 309 Abs 1 S 3 aF iVm Art 66 Abs 5 EGHGB) erfolgen (glA *ADS*[6] § 298 Anm 77; *Busse von Colbe/Ordelheide*[8], 245; aA *Claussen/Scherrer* in Kölner Komm-AktG[2] § 298 HGB Anm 25). Die Verrechnung darf auch in KA für Gj, die nach dem 31.12.2009 beginnen, beibehalten werden (Art 66 Abs 3 S 4; glA IDW RS HFA 28, Tz 62). Zur Vorgehensweise iZm der EndKons s § 301 Anm 305 ff.

c) Inhalt der Bilanz (§ 247 Abs 1 und 2)

Die Ausweisvorschrift des § 247 Abs 1 hat für die Konzernbilanz keine Bedeu- 23 tung, da nach Abs 1 stets die für große KapGes geltende **Bilanzgliederung** (§ 266) anzuwenden ist (s dazu Anm 58). Die Begriffsbestimmung des **Anlagevermögens** in Abs 2 gilt auch für den KA. Ob ein VG dazu bestimmt ist, dauernd dem Geschäftsbetrieb zu dienen, ist aus Sicht des Konzerns und nicht des MU bzw des TU, in dessen JA der VG bilanziert wird, zu beurteilen.

d) Bilanzierungsverbote und -wahlrechte (§ 248)

Die vom MU zu beachtenden **Bilanzierungsverbote** (§ 248 Abs 1 und 2 25 S 2) gelten grds auch für den KA, dies ergibt sich sowohl aus Abs 1 als auch aus § 300 Abs 2 S 1. Das Vorliegen der Bilanzierungsverbote ist jeweils aus Sicht des fiktiv rechtlich einheitlichen Unt (§ 297 Abs 3 S 1) zu beurteilen. Abw davon besteht für Markenrechte etc, die von TU vor der ErstKons selbst geschaffen wurden, wegen des im Rahmen der ErstKons fingierten (entgeltlichen) Einzelerwerbers der VG und Schulden (§ 301 Anm 2) Bilanzierungspflicht, ggf auch als Teil des GFW (§ 301 Anm 150 ff).

Das **Wahlrecht** für die Aktivierung selbst geschaffener immaterieller VG des 26 Anlagevermögens nach § 248 Abs 2 S 1 besteht unter Beachtung der Ansatzstetigkeit (Anm 18) grds auch im KA. Eine Bilanzierungspflicht im KA besteht nicht deshalb, weil ein aus Konzernsicht selbst geschaffener immaterieller VG an ein anderes TU verkauft wird (so aber iE *Claussen/Scherer* in Kölner Komm AktG[2] § 298 HGB Anm 19).

e) Rückstellungen und Rechnungsabgrenzungsposten (§§ 249, 250)

Die Bildung von Rückstellungen und RAP richtet sich nach dem Recht des 28 MU (§ 300 Abs 2 S 1).

Das Passivierungswahlrecht für **Altpensionsverpflichtungen** nach Art 28 Abs 1 EGHGB besteht unter Beachtung der Ansatzstetigkeit (Anm 18) grds auch auf Konzernebene. Eine Passivierungspflicht besteht allerdings für Altpensionsverpflichtungen, die im ErstKonsZeitpunkt bestehen und deren Übernahme Teil der Gegenleistung des MU für den Erwerb des Reinvermögens des TU ist (s § 301 Anm 62).

f) Haftungsverhältnisse (§§ 251, 268 Abs 7)

30 Mangels Verweis in § 300 Abs 2 S 1 ergibt sich die Angabe der Haftungsverhältnisse im KA allein aufgrund des Verweises in Abs 1 auf die §§ 251 und 268 Abs 7 (*Heni* in Rechnungslegung[2] § 298 Anm 25). Haftungsverhältnisse zwischen *einbezogenen* KonzernUnt sind als Teil der SchuldenKons zu eliminieren (s § 303 Anm 38 ff).

g) Latente Steuern (§ 274)

32 Für **zeitliche Bilanzierungs- und Bewertungsunterschiede** zwischen den Wertansätzen der VG, Schulden und RAP in JA bzw HB II und der StB richtet sich die Bilanzierung latenter Steuern ausschließlich nach § 274, da sich die entspr konzernspezifische Regelung ausdrücklich nur auf die aus KonsMaßnahmen resultierenden temporären Differenzen bezieht (§ 306 Anm 11 ff). Das MU muss zB durch die Konzernbilanzrichtl sicherstellen, dass ihm zusammen mit der HB II der TU die notwendigen Informationen über temporäre Bilanzdifferenzen und etwaige Verlustvorträge sowie die relevanten, **unternehmensindividuellen Steuersätze** von den einzelnen TU zur Verfügung gestellt werden (DRS 18.41 f). Die Anwendung eines konzerneinheitlichen Steuersatzes kommt wegen § 274 Abs 2 S 1 grds nicht in Betracht. Besteht bei einem KapGes-TU im ErstKonsZeitpunkt (§ 301 Abs 2 S 1) ein steuerlicher **Verlustvortrag**, kommt ein Ansatz des geldwerten Vorteils aus der künftigen Steuerersparnis nach § 274 Abs 1 S 4 nur unter Beachtung der den Verlustabzug beschränkenden Bestimmungen des § 8c KStG in Betracht (s dazu § 301 Anm 97 ff). Die Realisierbarkeit abziehbarer temporärer Differenzen oder steuerlicher Verlustvorträge iSv § 274 Abs 1 S 2 und 4 hat grds für jedes TU gesondert zu erfolgen, dabei dürfen erwartete stpfl Ergebnisse oder zu versteuernde temporäre Differenzen des MU oder von anderen TU nicht berücksichtigt werden, weil die Fiktion der rechtlichen Einheit nicht für die UntBesteuerung gilt. Steuerrechtliche Gestaltungsmaßnahmen (DRS 18.23b)), zB die gezielte Festlegung von Verrechnungspreisen zur Nutzung steuerlicher Verlustvorträge, sind dagegen bei der Beurteilung zu berücksichtigen, auch wenn die daraus resultierenden Vermögens- und Erfolgseffekte im KA nach § 304 zu eliminieren sind.

33 Das **Ansatzwahlrecht** für aktive latente Steuern (Gesamtdifferenz) nach § 274 Abs 1 S 2 besteht grds auch im KA. Es unterliegt jedoch der Ansatzstetigkeit (Anm 18) und kann deshalb nur einheitlich für alle TU ausgeübt werden (glA *Kühne/Melcher/Wesemann* WPg 2009, 1063; aA nur *Mackedanz* in Haufe HGB[3] § 298 Anm 68).

Die Beachtung der **Ausschüttungssperre** des § 268 Abs 8 für einen in der HB II angesetzten Aktivüberhang latenter Steuern (§ 274 Abs 1 S 2) hat für den KA keine Bedeutung, da dieser keine Grundlage für die Gewinnverwendung darstellt.

h) Steuerberechnung (§ 278)

34 Nach § 278 sind die Ertragsteuern auf **Grundlage** des Gewinnverwendungsbeschlusses zu berechnen und anzusetzen. Falls im Aufstellungszeitpunkt für den

KA ein solcher Beschluss noch nicht vorliegt, ist vom **Gewinnverwendungsvorschlag** auszugehen. Dies bedeutet für den Konzern, dass die auf dieser Basis für das MU und für alle einbezogenen TU jeweils ermittelten Steuern auch im KA anzusetzen sind. Darüber hinaus sind ggf – wie in den JA – Steuern oder Steuererstattungen für frühere Zeiträume und latente Steuern (§ 274) anzusetzen.

Aufgrund der phasengleichen Vereinnahmung der Ergebnisse von TU im KA **35** ist die zusätzliche Ertragsteuer aufgrund der **5%-Besteuerung** nach § 8b Abs 1 iVm Abs 3 KStG für **konzerninterne Ausschüttungen** bereits als (latente) Steuerrückstellung zu erfassen, wenn ein entspr Gewinnverwendungsvorschlag auf Ebene des TU vorliegt (glA *Loitz* DB 2010, 2183; aA DRS 18.31 das Ansatzverbot nach § 306 S 4 für *outside basis differences* (s dort s Anm 29) gilt auch für phasenverschobene Ergebnisübernahmen). Erfolgt im JA des MU eine phasengleiche Gewinnvereinnahmung, ist der dort erfasste Steueraufwand nicht in die Eliminierung des Beteiligungsertrags nach § 305 einzubeziehen.

4. Bewertungsvorschriften

a) Allgemeines

Die durch das BiRiLiG vorgenommene Differenzierung zwischen den Bewertungs- **37** vorschriften für alle Kfl (§§ 252 bis 256) und den ergänzenden Bestimmungen (§§ 279 bis 283 aF) für KapGes und denen gleichgestellte Unt, wurde im Zuge des BilMoG faktisch aufgehoben. Für JA und KA für Gj, die nach dem 31.12.2009 beginnen, gelten für alle Unt unabhängig von Rechtsform oder Größe die gleichen (allgemeinen) Bewertungsvorschriften. Insofern hat die Einschränkung des Abs 1, wonach für den KA nur die für große KapGes geltenden Bestimmungen zur Anwendung kommen, keine Bedeutung mehr. Bei der Bewertung ist im KA § 308, der die Einheitlichkeit der Bewertung bestimmt, als konzernspezifische Vorschrift zu beachten (s § 308 Anm 4 ff).

b) Allgemeine Bewertungsgrundsätze (§ 252)

Die allgemeinen Bewertungsgrundsätze gelten für den KA ohne Einschrän- **38** kung. Besonderheiten gelten hinsichtlich der Berücksichtigung **werterhellender Informationen** nach § 252 Abs 1 Nr 3, für die nicht das Aufstellungsende der HB II, sondern das für den KA maßgeblich ist.

c) Wertansätze der Vermögensgegenstände und Schulden (§ 253)

Für KA der nach dem 31.12.2002 beginnenden Gj war die entspr Anwendung **39** der für den JA einer großen KapGes geltenden Bewertungsvorschriften auf Konzernebene insoweit eingeschränkt, als steuerlich motivierte Wertansätze nicht in den KA übernommen werden durften, sondern in der HB II der betr Konzern-Unt rückgängig zu machen waren (ausführlich dazu *Deubert/Vogel* KoR 2004, 143 f). Im Zuge des BilMoG wurde der Einfluss steuerlich motivierter Bewertungsregeln auch für Zwecke des JA aufgehoben. Der Wegfall der umgekehrten Maßgeblichkeit der StB für die HB (s dazu auch § 243 Anm 121) gilt spätestens für Gj, die nach dem 31.12.2009 beginnen (Art 66 Abs 5 EGHGB), so dass ab diesem Zeitpunkt die für den JA geltenden Bewertungsvorschriften wieder ohne Einschränkung auch für den KA gelten. Die Übergangsvorschriften zur befristeten Fortführung steuerlich motivierter Bewertungen im JA gehen für Konzernzwecke ins Leere, weil die betr Posten bereits im KA für das erste nach dem 31.12.2002 beginnende Gj vollständig aufzulösen waren (s dazu *Deubert/Vogel*

KoR 2004, 147f). Sofern steuerlich motivierte Bewertungen im JA der einbezogenen Unt fortgeführt werden, sind diese – wie bisher – in der HB II zu eliminieren.

40 Nach § 253 Abs 1 S 2 sind **Rückstellungen** zum Erfüllungsbetrag zu bewerten. Bei einer Restlaufzeit von mehr als einem Jahr ist der Erfüllungsbetrag mit einem laufzeitadäquaten Durchschnittszinssatz der vergangenen sieben Jahre, der von der DBB nach Maßgabe der RückAbzinsV ermittelt wird, abzuzinsen (§ 253 Abs 2 S 1 und 4; s dort Anm 188). Dies gilt grds auch, wenn sich der **Erfüllungsbetrag** einer Verpflichtung nicht in €, sondern **in fremder Währung** bestimmt.

Die Verwendung der von der DBB ermittelten Abzinsungssätze ist allerdings dann nicht zulässig, wenn dadurch der Einblick in die Vermögens- und Ertragslage des Konzerns wesentlich beeinträchtigt wird. In diesem Fall sind für die Abzinsung währungskongruente Zinssätze nach § 253 Abs 2 S 1 zu verwenden, wobei diese vom MU oder dem betr ausländischen TU entweder selbst zu ermitteln oder von privaten Anbietern zu beziehen sind (s auch *PwC* BilMoG Komm, I Anm 49 unter Verweis auf Begr RegE). Stattdessen kann jedoch auch der Erfüllungsbetrag in Fremdwährung mit dem Terminkurs in € umgerechnet werden und dann wieder mit den von der DBB ermittelten Zinssätzen diskontiert werden. Der so ermittelte €-Betrag ist anschließend mit dem Stichtagskurs in Fremdwährung umzurechnen, damit er in der HB II in Landeswährung des TU erfasst werden kann.

d) Bewertungseinheiten (§ 254)

42 Das Vorliegen der Voraussetzungen für die Bildung einer Bewertungseinheit (s § 254 Anm 27) ist aus Sicht des fiktiv rechtlich einheitlichen Unt zu beurteilen. Dies kann dazu führen, dass BewEinh erst auf Konzernebene entstehen, weil das für die BewEinh erforderliche Grund- und das zugehörige Sicherungsgeschäft auf verschiedene einbezogene Unt (MU, TU) verteilt sind. Umgekehrt können im JA eines einbezogenen Unt gebildete Bewertungseinheiten auf Konzernebene entfallen, wenn das Sicherungsgeschäft mit einem anderen Konzern-Unt abgeschlossen wurde und aus dessen Sicht eine offene Position darstellt. In diesem Fall ist das Grundgeschäft im KA nach allgemeinen Grundsätzen, insb unter Beachtung des Realisations- und des Imparitätsprinzip (§ 252 Abs 1 Nr 4) zu bewerten. Zugleich sind Abgrenzungen iZm der offenen Position aufzulösen.

e) Anschaffungs- oder Herstellungskosten (§ 255 Abs 1 bis 3)

44 Es ergeben sich keine Besonderheiten für den KA. Bzgl des Umfangs der in die AK/HK einzubeziehenden Aufwendungen ist auf den Konzern als fiktiver rechtlicher Einheit abzustellen. Wahlrechte bei der Bestimmung der AK, insb die allgemeinen Tauschgrundsätze oder die Wahlrechte zur Bewertung von Sacheinlagen (zB ADS[6] § 255 Anm 89ff, 95ff), gelten auch im KA. Diese Bewertungs- und Gestaltungswahlrechte dürfen in der HB II abw zum JA ausgeübt werden (s dazu §§ 301 Anm 22f, 25f).

Bestehen für die VG und Schulden Zusatzbewertungen aus der ErstKons, dürfen bei Tauschvorgängen aufgrund der Einheitsfiktion auch der Konzernbuchwert des hingegebenen VG (ggf abzgl übertragener Schulden) als AK für den erlangten VG angesetzt werden. Andernfalls sind die aus Konzernsicht bestehenden stillen Reserven sowie ggf Lasten im Rahmen der FolgeKons als nachträgliche AK (§ 255 Abs 1 S 2 iVm § 298 Abs 1) des eingetauschten VG zusetzen (s § 301 Anm 190ff).

f) Bewertungsvereinfachung (§ 256)

Um die der Zwischenergebniseliminierung nach § 304 unterliegenden Bestände aus konzerninternen Lfg und Leistungen am Bilanzstichtag möglichst gering zu halten, war bislang die Anwendung des Kifo-Verbrauchsfolgeverfahrens allgemein anerkannt (s 6. Aufl § 256 Anm 74). Durch die Streichung der Worte „... oder einer sonstigen bestimmten Folge ..." in § 256 im Rahmen des BilMoG sind in KA für nach dem 31.12.2009 beginnende Gj **nur noch** das **Lifo**- und das **Fifo**-Verfahren **zulässig** (s § 256 Anm 3). **46**

g) Umrechnung von Fremdwährungsposten (§ 256a)

Die Folgebewertung von auf fremde Währung lautenden Posten in den HB II der einbezogenen KonzernUnt hat nach § 256a zu erfolgen. Ausländische TU haben § 256a in der HB II auch dann anzuwenden, wenn der Fremdwährungsposten bereits auf die Konzernberichtswährung (€) lautet, dh der in die Landeswährung des TU umgerechnete Posten ist anschließend nach den Grundsätzen des § 308a erneut umzurechnen (doppelte WähUm). **48**

5. Gliederungs- und Darstellungsvorschriften

a) Allgemeine Grundsätze für die Gliederung (§ 265)

Durch die Zusammenfassung heterogener Unt besitzt § 265 Abs 4 (Ergänzung des Gliederungsschemas bei unterschiedlichen Geschäftszweigen) im KA größere Bedeutung als im JA eines rechtlich einheitlichen Unt. Zu Modifizierungen auf Grund von Rechtsform und Geschäftszweig der einbezogenen KonzernUnt s Anm 80 ff und Anm 90 ff. Auch eine weitere Untergliederung (§ 265 Abs 5) kann im KA zur Wahrung des Grundsatzes der Klarheit und Übersichtlichkeit (§ 297 Abs 2 S 1) eher geboten sein als im JA. **50**

Konzerne, für die bereits im Entstehungsjahr erstmals ein KA gem §§ 290 ff aufgestellt wird, brauchen in Bil und GuV keine **Vergleichszahlen** für das Vj (§ 265 Abs 2 S 1 iVm § 298 Abs 1) anzugeben. Sie dürfen diejenigen aus dem letzten JA des MU angeben (IDW RS HFA 44, Tz 4). Die Angabe der Vj-Zahlen aus dem JA ist uE geboten, wenn der Konzern durch die Ausgliederung des gesamten oder eines Teils des operativen Geschäfts des (späteren) MU auf das erste TU entstanden ist (glA *Löffler/Müller* WPg 2013, 297). **51**

Keine Angabepflicht von Vj-Zahlen besteht auch bei erstmaliger Aufstellung eines KA durch MU, die bislang gem §§ 290 Abs 5, 291–293 von der Konzernrechnungslegungspflicht befreit waren, weil andernfalls faktisch der Beginn der Konzernrechnungslegungspflicht um ein Gj vorverlegt würde (glA *Heni* in Rechnungslegung[2] § 298 Anm 31). Bei Wegfall einer bisherigen Befreiung von der KA-Pflicht dürfen in der Konzernbilanz als Vergleichszahlen, neben den Zahlen aus dem JA des MU, auch die Zahlen einer freiwillig auf den Beginn des Gj aufgestellten kons EB angegeben werden (so IDW RS HFA 44, Tz 6).

Die Angabe von Vergleichszahlen im erstmals aufgestellten KA ist jedoch zwingend erforderlich, wenn im Vj in gesetzwidriger Weise kein KA aufgestellt wurde (glA IDW RS HFA 44, Tz 7).

Bei einem Übergang von der IFRS- auf die HGB-Konzernrechnungslegung handelt es sich dagegen nicht um die erstmalige Aufstellung eines KA, weshalb auf die Angabe von nach den handelsrechtlichen Vorschriften ermittelten, (kons) Vj-Zahlen nicht verzichtet werden darf. Die aus dem Übergang auf die handelsrechtlichen Bilanzierungs-, Bewertungs- und KonsMethoden resultierenden

Vermögenseffekte (zu Besonderheiten bei der KapKons s § 301 Anm 297 f) sind aufgrund des (Konzern-)Bilanzenzusammenhangs (§ 252 Abs 1 Nr 1 iVm § 298 Abs 1) in einer EK-Überleitungsrechnung zu erfassen (HFA FN-IDW 2003, 26). Die Überleitungsrechnung ist auf den Beginn der Vorperiode aufzustellen, weil nur so Vj-Zahlen im ersten KA nach der Rückkehr zur HGB-Konzernrechnungslegung erstellt werden können. Eine zusätzliche Überleitungsrechnung für den Beginn des ersten HGB-KA, wie dies bei einem Übergang von der HGB- zur IFRS-Konzernrechnungslegung erforderlich ist (ADS Int Abschn 3a Anm 237), ist grds sachgerecht, aber nicht zwingend erforderlich.

52 Eine **Anpassung von Vorjahreszahlen** nach § 265 Abs 2 S 3 kommt im JA zB anlässlich der Vermögenszu- und -abgänge aufgrund von Verschmelzungen oder Abspaltungen in Betracht (zB IDW RS HFA 39, Tz 7, 12). Diese (Rein-)Vermögensänderungen im JA entspr aus Konzernsicht denjenigen bei einer Erst- oder einer EndKons (s § 301 Anm 2, 302). Deshalb besteht im KA, auch nach der Aufhebung des § 294 Abs 2 S 2 aF (s dazu 6. Aufl § 294 Anm 17 ff), die Möglichkeit bei wesentlichen Änderungen im KonsKreis Vj-Zahlen nach § 265 Abs 2 S 3 iVm § 298 Abs 1 anzupassen. Die Angabepflicht nach § 294 Abs 2 bleibt davon aber unberührt (s § 294 Anm 8 ff).

53 Eine Anpassung der Vj-Zahlen kommt insb bei **umfangreichen Abgängen** aus dem KonsKreis in Betracht. Damit die angepassten Vj-Zahlen tatsächlich mit den Zahlen des lfd Konzern-Gj vergleichbar sind, müssen die Zahlen so aufbereitet werden, als ob die Änderungen des KonsKreises bereits im Vj erfolgt wären, was auch eine „statistische EndKons" einschließt (IDW RS HFA 44, Tz 16). Dabei handelt es sich aber lediglich um eine andere Art der Darstellung von im Vj tatsächlich vorhandenen Bestands- und Bewegungsgrößen. Die eigentliche EndKons des lfd Konzern-Gj wird dadurch keinesfalls ersetzt, dh es ist nicht zulässig, den die Änderung des KonsKreises bewirkenden Geschäftsvorfall (zB Veräußerung der Anteile an einem TU) bereits bei der statistischen Kons zu berücksichtigen. Dies wäre ein Verstoß gegen den Vollständigkeitsgrundsatz (Erfassung aller Geschäftsvorfälle; § 300 Anm 43) und das Realisationsprinzip (§ 252 Abs 1 Nr 4 iVm § 298 Abs 1) und würde im Übrigen über den eigentlichen Zweck, *Herstellung der Vergleichbarkeit zweier Konzernabschlüsse*, deutlich hinausgehen. Daher ist insb die Vorwegnahme der Erfolgs- oder Zahlungswirkungen aus dem den KonsKreises ändernden Geschäftsvorfall, dh zB Aktivierung einer Kaufpreisforderung in der Konzernbilanz und Ausweis eines entspr Erfolgs in der Konzern-GuV, sowie Ausweis eines fiktiven Mittelzuflusses aus Desinvestitionstätigkeit in der KFR nicht zulässig.

54 Die Anpassung der Vj-Zahlen hat uE **erfolgsneutral** bzw zahlungsunwirksam zu erfolgen. Dabei ist uE wie folgt vorzugehen: In der **Konzernbilanz** des Vj sind sämtliche VG, Schulden, RAP und Sonderposten des TU bzw GemUnt mit ihren (fortgeführten) Konzern-AK/HK, also einschl noch vorhandener stiller Reserven und Lasten aus der ErstKons und eines noch nicht vollständig abgeschriebenen GFW bzw negativen Unterschiedsbetrags, erfolgsneutral in den Posten *Anteile an verbundenen Unternehmen* umzugliedern. Die Höhe des Ausweises richtet sich nach dem auf das MU entfallenden Anteil am Reinvermögen. Ein vorhandener AusglPo gem § 307 ist gegen das umgegliederte Gesamt-Reinvermögen zu verrechnen. Sofern ein Übergang auf die QuoKons erfolgt, ist nur der Anteil am Reinvermögen, der den beim MU verbleibenden Anteil als Kapital des GemUnt übersteigt, umzugliedern und ggf mit dem AusglPo gem § 307 zu verrechnen.

55 Die Rückgängigmachung der **Schuldenkonsolidierung** (§ 303) im Vj ist uE nur dann erforderlich, wenn zu dem ausgeschiedenen Unt auch nach dem Verlassen des KonsKreises umfangreiche Lfg- und Leistungsbeziehungen unterhalten

werden. Ist dies der Fall, sind die sich ergebenden Bestandswerte (zB bei einer vollständigen Veräußerung der Anteile) als *Forderungen/Verbindlichkeiten aus Lieferungen und Leistungen* „einzubuchen", wobei die Gegenbuchung jeweils im Posten *Anteile an verbundenen Unternehmen* erfolgt. Auch hieraus werden idR keine Ergebniswirkungen resultieren.

In der **Konzern-Gewinn- und Verlustrechnung** ist entspr zu verfahren, dh alle Aufwendungen und Erträge (inkl Ergebniswirkungen aus der FolgeKons), die auf das ausgeschiedene TU bzw GemUnt entfallen, sind als ein Saldo zB unter dem Posten *Beteiligungserträge* auszuweisen. Dabei ist die Postenbezeichnung entspr anzupassen oder dies durch einen Davon-Vermerk, zB „Vorjahr einschl Ergebnis der im Berichtsjahr aus dem KonsKreis ausgeschiedenen TU", kenntlich zu machen. Die Höhe des Konzernergebnisses des Vj wird dadurch ebenfalls nicht beeinflusst. Soweit der Abgang aus dem KonsKreis im Verlauf des Konzern-Gj erfolgt ist, dürfen die Aufwendungen und Erträge nur zeitanteilig umgegliedert werden; unterlag der Geschäftsverlauf des TU saisonalen Schwankungen, ist dies bei der Umgliederung zu berücksichtigen (dazu IDW RS HFA 44, Tz 23f; § 300 Anm 46). 56

b) Gliederung der Bilanz

aa) Grundschema (§ 266). Für die Konzernbilanz ist grds das Gliederungsschema des § 266 Abs 2 und 3 anzuwenden. Unter Berücksichtigung sonstiger getrennt auszuweisender Posten und der durch konzernspezifische Vorschriften (Anm 5) bedingten Sonderposten ergibt sich das nachfolgend abgebildete Grundschema. 58

Aktiva	Passiva

Anlagevermögen
I. Immaterielle VG
  1. Selbst geschaffene gewerbliche Schutzrechte und ähnliche Rechte und Werte
  2. entgeltlich erworbene Konzessionen, gewerbliche Schutzrechte und ähnliche Rechte und Werte sowie Lizenzen an solchen Rechten und Werten
  3. GFW
    davon aus der KapKons
  4. geleistete Anzahlungen
II. Sachanlagen
  1. Grundstücke, grundstücksgleiche Rechte und Bauten einschließlich der Bauten auf fremden Grundstücken
  2. technische Anlagen und Maschinen
  3. andere Anlagen, Betriebs- und Geschäftsausstattung
  4. geleistete Anzahlungen und Anlagen im Bau
	Eigenkapital
	I. Gezeichnetes Kapital
	II. Kapitalrücklage
	III. Gewinnrücklagen
	  1. gesetzliche Rücklage
	  2. Rücklage für Anteile an einem herrschenden oder mehrheitlich beteiligten Unt
	  3. satzungsmäßige Rücklagen
	  4. andere Gewinnrücklagen
	IV. Eigenkapitaldifferenz aus der WähUm
	V. Gewinn-/Verlustvortrag★★★
	VI. Konzerngewinn/-verlust★★★
	VII. Ausgleichsposten für die Anteile anderer Gester
	Unterschiedsbetrag aus der KapKons
	Rückstellungen
	1. Rückstellungen für Pensionen und ähnliche Verpflichtungen
	2. Steuerrückstellungen
	3. sonstige Rückstellungen
	Verbindlichkeiten★
	1. Anleihen
	  davon konvertibel
	2. Verbindlichkeiten gegenüber Kreditinstituten
	3. erhaltene Anzahlungen auf Bestellungen

Aktiva	Passiva

III. Finanzanlagen
  1. Anteile an verbundenen Unt
  2. Ausleihungen an verbundene Unt
  3. Beteiligungen an assozUnt
     davon an verbundenen Unt
  4. sonstige Beteiligungen
  5. Ausleihungen an Unt, mit denen ein Beteiligungsverhältnis besteht
  6. Wertpapiere des Anlagevermögens
  7. sonstige Ausleihungen
	4. Verbindlichkeiten aus Lfg und Leistungen
	5. Verbindlichkeiten aus der Annahme gezogener Wechsel und der Ausstellung eigener Wechsel
	6. Verbindlichkeiten ggü verbundenen Unt
	7. Verbindlichkeiten ggü Unt, mit denen ein Beteiligungsverhältnis besteht
	8. sonstige Verbindlichkeiten
	    davon aus Steuern
	    davon im Rahmen der sozialen Sicherheit

Umlaufvermögen
 I. Vorräte**
  1. Roh-, Hilfs- und Betriebsstoffe
  2. unfertige Erzeugnisse, unfertige Leistungen
  3. fertige Erzeugnisse und Waren
  4. geleistete Anzahlungen
 II. Forderungen und sonstige Vermögensgegenstände*
  1. Forderungen aus Lfg und Leistungen
  2. Forderungen gegen verbundene Unt
  3. Forderungen gegen Unt, mit denen ein Beteiligungsverhältnis besteht
  4. sonstige Vermögensgegenstände
III. Wertpapiere
  1. Anteile an verbundenen Unt
  2. sonstige Wertpapiere
IV. Kassenbestand, Bundesbankguthaben, Guthaben bei Kreditinstituten und Schecks
Rechnungsabgrenzungsposten
Aktive latente Steuern
Aktiver Unterschiedsbetrag aus der Vermögensverrechnung
Nicht durch Eigenkapital gedeckter Konzernfehlbetrag
	Rechnungsabgrenzungsposten
	Passive latente Steuern
	
	Anmerkungen
	  * Vermerk der Forderungen (Verbindlichkeiten) mit einer Restlaufzeit von über (bis zu) 1 Jahr bei jedem gesondert ausgewiesenen Posten
	 ** ggf Zusammenfassung nach § 298 Abs 2
	*** Die Zusammenfassung zu einem Posten mit der Bezeichnung Konzernbilanzgewinn/-verlust ist zulässig (§ 268 Abs 1 iVm § 298 Abs 1)

59 MU iSv § 264a **(KapCoGes)** haben beim JA neben § 266 auch die Gliederungs- und Ausweisvorschriften des § 264c zu beachten. Der fehlende Verweis in § 298 stellt ein redaktionelles Versehen dar (so auch IDW RS HFA 7, Tz 60).

Hält die KapCoGes (MU) **Anteile** an der **Komplementärgesellschaft** und werden diese voll konsolidiert, entfällt die Voraussetzung für die Bildung des AusglPo für aktivierte eigene Anteile an der KomplementärGes gem § 264c Abs 4 S 2 im KA. Der aus dem JA des MU übernommene AusglPo ist in den EK-Posten um zu gliedern, zu dessen Lasten er gebildet wurde. Hat die KomplementärGes eine Einlage in das EK der KapCoGes geleistet, ist die damit verbundene Beteiligung bei einer VollKons der KomplementärGes im KA der KapCoGes wie eine Rückbeteiligung zu behandeln (§ 301 Abs 4), dh offen vom EK des MU (KapCoGes) abzusetzen (ausführlich dazu § 301 Anm 165 ff). Werden die Anteile an der KomplementärGes nicht voll konsolidiert, zB weil sie unwesentlich iSv § 296 Abs 2 sind, kann auf die Bildung eines AusglPo für aktivierte eigene Anteile an der KomplementärGes nach § 264c Abs 4 S 2 (ausführlich dazu § 264c Anm 81 ff) verzichtet werden, weil die damit im JA bezweckte Ausschüttungssperre im KA, der ausschließlich der Informationsvermittlung dient, nicht erforderlich ist.

bb) Konzerngewinn/Konzernverlust (§ 268 Abs 1). Wird der KA unter Berücksichtigung einer **Verwendung des Ergebnisse**s aufgestellt, ist der Posten „Gewinnvortrag/Verlustvortrag" in den Posten „Konzerngewinn/Konzernverlust" einzubeziehen. Ein solcher Ausweis wird in aller Regel entspr der Handhabung im JA des MU erfolgen, zumal in der Praxis oftmals eine Identität zwischen dem Ergebnis des MU und dem Konzernergebnis hergestellt wird. Bei diesem Verfahren werden die anteiligen Bilanzergebnisse der TU sowie die Effekte aus erfolgswirksamen KonsMaßnahmen mit den (Konzern-)Gewinnrücklagen des Konzerns verrechnet (hM zB *Gelhausen/Gelhausen*, 224; *v. Wysocki/Wohlgemuth*[4], 304; *Busse von Colbe/Ordelheide*[9], 477). Eine Beeinträchtigung des Einblicks in die wirtschaftliche Lage der KonzernUnt (so zB *Beine* DB 1996, 947) ist uE nicht gegeben, da über den Ausweis der Gewinnrücklagen im EK-Spiegel ein ausreichender Einblick in die EK-Struktur des Konzerns gegeben ist. Wird erstmals ein KA aufgestellt werden entweder keine Vj-Zahlen oder die Vj-Werte aus dem JA des MU angegeben (dazu IDW RS HFA 44, Tz 4), entspricht der Ergebnisvortrag im KA demjenigen aus dem JA des MU. 61

Anpassungen des **(Konzern-)Ergebnisvortrags** können sich ergeben, wenn eine im Vj erfolgte ErstKons aufgrund besserer Erkenntnisse über das Mengen- und Wertgerüst im ErstKonsZeitpunkt nach § 301 Abs 2 S 2 retrospektiv angepasst werden muss (s § 301 Anm 115 ff). Dagegen sind Fehlerkorrekturen im KA – ebenso wie im JA – grds erfolgswirksam in lfd Rechnung zu erfassen (DRS 13.25; IDW RS HFA 6, Tz 43; *Breker/Kuhn* WPg 2007, 776).

cc) Anlagengitter (§ 268 Abs 2). Auch im KA ist die Entwicklung des gesamten Anlagevermögens im Anlagengitter darzustellen. Für die Darstellung ist wie im JA die **Bruttomethode** vorgeschrieben. Wegen Einzelheiten zu Form und Inhalt des Anlagengitters sowie zum Ausweis der Abschreibungen des Konzern-Gj s § 268 Anm 10 ff, die analog für den KA gelten. 63

Aus der Fiktion der wirtschaftlichen Einheit (§ 297 Anm 190 ff) ergeben sich vor allem folgende **Besonderheiten** bzgl des Konzernanlagengitters: 64

– Werden VG des Anlagevermögens von einem KonzernUnt auf ein anderes KonzernUnt übertragen, sind aus dem Konzernanlagengitter die **Abgänge** und die **Zugänge** zu eliminieren. Zur Eliminierung von **Zwischenergebnissen** näher § 304 Anm 32 ff. Wird zulässigerweise auf eine Zwischenergebniseliminierung verzichtet (§ 304 Abs 2), ist gleichwohl eine Aufrechnung von Zu- und Abgängen im Konzernanlagengitter erforderlich. Ein nicht eliminierter Zwischengewinn ist als Zuschreibung auszuweisen; ein nicht eliminierter Zwischenverlust ist aus Konzernsicht unter den Abschreibungen zu erfassen. In der Konzern-GuV ist dementspr eine Umgliederung von korrespondierenden Buchverlusten in den Posten Abschreibungen vorzunehmen. Ausnahmen sind in Fällen von untergeordneter Bedeutung zulässig.
– Eine konzerninterne Übertragung von VG des Anlagevermögens kann aus Konzernsicht als **Umbuchung** auszuweisen sein, falls der VG nach Übertragung in einem anderen Posten (zB Grundstücke und Gebäude) ausgewiesen wird als beim abgebenden KonzernUnt, zB Anlagen im Bau (ebenso *WPH*[14] I, M Anm 225).
– Die **Höhe der historischen Anschaffungskosten** stimmt nicht in allen Fällen mit den in den JA der TU ausgewiesenen Beträgen überein. Ist ein Unt erst nach seiner Gründung KonzernUnt geworden, richten sich die historischen AK aus Konzernsicht grds nach den Restbuchwerten zzgl der im Rahmen der KapKons ggf aufgedeckten Reserven (dazu § 301 Anm 75 ff). Insoweit bestehen Abweichungen zwischen dem Anlagengitter des KA und denen der JA. Zur Verbesserung des Einblicks in die Alters-

struktur des Anlagevermögens erscheint es jedoch auch zulässig, die effektiv höheren AK oder HK, dh die historischen AK/HK aus dem JA zzgl der stillen Reserven aus der Neubewertung gem § 301 Abs 1 S 2, sowie gleichzeitig die im Zeitpunkt der ErstKons vorhandenen aufgelaufenen Abschreibungen aus dem JA, im Konzernanlagengitter anzusetzen (so auch *ADS*[6] § 298 Anm 119; ebenso IDW RS HFA 42, Tz 64 aus *Vereinfachungsgründen* für den beim rechtlich einheitlichen Unt vergleichbaren Fall der Verschmelzung mit Buchwertfortführung; aA zB *Busse von Colbe* in MünchKomm HGB[3] § 298 Anm 18: Brutto-Ausweis mit der Erwerbsfiktion nicht vereinbar).

65 Vermögenszu- und -abgänge aufgrund von **Änderungen im Konsolidierungskreis** sind grds als Zu- oder Abgang zu erfassen. Bei wesentlichen Veränderungen kommt ggf eine Erweiterung des Anlagengitters um gesonderte Spalten oder eine zusätzliche Angabe im Konzernanhang in Frage (IDW RS HFA 44, Tz 17). Möglich ist auch eine Anpassung der Vj-Zahlen gem § 265 Abs 2 S 3 iVm § 298 Abs 1 (Anm 51).

66 Werden ausländische TU einbezogen, führen **Wechselkursänderungen** bei Anwendung der Stichtagskursmethode dazu, dass für eine lückenlose Fortentwicklung der AK oder HK sowie der kumulierten Abschreibungen Umrechnungsunterschiede zu berücksichtigen sind. Dies geschieht grds in der Zu- oder Abgangsspalte; ggf kommt auch eine Erweiterung des Anlagengitters um eine zusätzliche Spalte oder eine zusätzliche Angabe im Konzernanhang in Frage.

67 **dd) Nicht durch Eigenkapital gedeckter Fehlbetrag (§ 268 Abs 3).** Die Konvention, dass in einem handelsrechtlichen JA das EK nicht mit negativen Vorzeichen auf der Passivseite der Bilanz ausgewiesen wird, gilt ohne Einschränkung auch für den KA. Bei der Ermittlung des Gesamtsaldos des EK sind im KA die Minderheitenanteile nach § 307 Abs 1 sowie die EK-Differenz aus der Wäh-Um nach § 308a einzubeziehen.

68 **ee) Bildung bestimmter Posten (§ 270).** Hinsichtlich der Zuständigkeiten für die Veränderungen der *Kapitalrücklage* und der *Gewinnrücklagen* bei Aufstellung der Konzernbilanz unter vollständiger oder teilweiser Verwendung des Jahresergebnisses ergeben sich keine Besonderheiten für den KA.

70 **ff) Beteiligungen, verbundene Unternehmen (§ 271).** Die jeweiligen Definitionen für den JA (§ 271 Anm 8 ff und 33 ff) gelten auch für den KA. Für verbundene Unt entfällt ein Ausweis der relevanten Posten (Beteiligungen, Forderungen, Verbindlichkeiten), sofern nicht nach § 296 auf die VollKons dieser TU verzichtet wird. Beteiligungen an assozUnt sind gesondert in der Konzernbilanz auszuweisen (§ 311 Abs 1 und § 312).

72 **gg) Eigenkapital (§ 272).** In den Posten „gezeichnetes Kapital" und „Kapitalrücklage" werden im KA von Industrie- und HandelsUnt grds nur die entspr Beträge aus dem JA des MU (KapGes) ausgewiesen. Ebenso wie im JA ist das gezeichnete Kapital im KA zum Nennbetrag anzusetzen (§ 272 Abs 1 S 2 iVm § 298 Abs 1). Bei KapCoGes als MU ist die Postenbezeichnung entspr § 264c Abs 2 anzupassen (s Anm 59).

Von einbezogenen TU gehaltene **Rückbeteiligungen** am MU, das den KA aufstellt, sind nach § 301 Abs 4 wie eigene Anteile des MU zu behandeln (s dort Anm 165 ff), dh deren Nennbetrag ist offen vom „gezeichneten Kapital" abzusetzen, dies kann dazu führen, dass die Ziffer des gezeichneten Kapitals im KA vom Ausweis im JA abweicht. In diesem Fall sollte der Teil des Absetzungsbetrags, der auf die Rückbeteiligung entfällt, aus Gründen der Klarheit und Übersichtlichkeit (§ 297 Abs 2 S 1) zB durch einen „Davon-Vermerk" kenntlich gemacht werden (§ 301 Anm 171). Hält ein unteres MU eine Rückbeteiligung an einem oberen MU, braucht die Rücklage für Anteile am herrschenden Unt nach § 272 Abs 4 aus dem JA des unteren MU in dessen (Teil-)KA nicht beibehalten werden, weil die damit im JA bezweckte Ausschüttungssperre auf Konzernebene entfällt (s Anm 4).

Anzuwendende Vorschriften. Erleichterungen 73–76 § 298

Abweichungen ggü dem Ausweis im JA des MU können sich ferner beim 73 Posten „**Kapitalrücklage**" ergeben, zB wenn in Vj GFW nach § 309 Abs 1 S 3 aF (s Anm 21) sowie Jahresfehlbeträge einbezogener TU gegen diese Rücklagen verrechnet wurden oder Sacheinlagen in der HB II höher als im JA bewertet wurden (s dazu § 301 Anm 25 f).

Die Aufgliederung der **Gewinnrücklagen** in der in § 266 Abs 3 A III vorgesehenen Form ist grds zulässig. Anders als im JA stellen die ausschüttungsgesperrten Rücklagen (gesetzliche Rücklage, Rücklage für Anteile am herrschenden Unt sowie ggf satzungsmäßige Rücklagen) aus Konzernsicht keine relevante Information dar, weshalb ein zusammengefasster Ausweis aller Gewinnrücklagen vorzuziehen ist. Lediglich die *Trennung zwischen Kapital- und Gewinnrücklagen* ist wegen der unterschiedlichen Herkunft der Mittel *geboten* (glA *Gelhausen/Gelhausen*, 228).

Der Gesamtsaldo der **Eigenkapitaldifferenzen aus** der **Währungsumrech-** 74 **nung** nach § 308a S 3 ist, auch wenn er negativ ist, innerhalb des EK gesondert nach dem Posten (Konzern-)Gewinnrücklagen auszuweisen. Ein aktivischer Ausweis der EK-Differenz aus WähUm sollte aber dann erfolgen, wenn bei einem Ausweis auf der Passivseite der Saldo des Postens EK insgesamt negativ würde. Bei einem Ausweis auf der Aktivseite sollte die EK-Differenz als letzter Posten ausgewiesen werden (§ 268 Abs 3 iVm. § 298 Abs 1 analog). Unwesentliche Beträge einer EK-Differenz dürfen auch mit den Rücklagen zusammengefasst werden, was dann aber durch einen Davon-Vermerk kenntlich zu machen ist, sofern keine Aufgliederung der Gewinnrücklagen im Konzernanhang erfolgt (§ 308a Anm 40 f).

c) Gliederung der Gewinn- und Verlustrechnung

aa) Grundschema (§ 275). Die Konzern-GuV kann nach dem **Gesamt-** 75 **kostenverfahren** (§ 275 Abs 2) oder dem **Umsatzkostenverfahren** (§ 275 Abs 3) aufgestellt werden. Die Wahl kann für den KA unabhängig von der für den JA des MU gewählten Form getroffen werden. So bietet sich zB für die GuV des JA eines nur die Holdingfunktion ausübenden MU eher das Gesamtkostenverfahren an. Gleichwohl kann das Umsatzkostenverfahren für die Konzern-GuV als aussagefähiger angesehen und deshalb gewählt werden. Im Rahmen der Konzernbilanzierungsrichtl (Anm 8) ist sicherzustellen, dass alle Informationen für die (stetig) gewählte Form der Konzern-GuV zur Verfügung stehen. Dabei sind einzelne Posten aus Konzernsicht ggf anders zu beurteilen als aus Sicht eines JA (zB Verwaltungskosten einer reinen VertriebsGes als Vertriebskosten).

Unter Berücksichtigung sonstiger getrennt auszuweisender Posten und der 76 durch konzernspezifische Vorschriften (Anm 5) bedingten Sonderposten ergeben sich folgende Grundschemata:

Nach Gesamtkostenverfahren	Nach Umsatzkostenverfahren	
1. Umsatzerlöse	Umsatzerlöse	1.
2. Erhöhung oder Verminderung des Bestands an fertigen und unfertigen Erzeugnissen	HK der zur Erzielung der Umsatzerlöse erbrachten Leistungen	2.
3. andere aktivierte Eigenleistungen		
4. sonstige betriebliche Erträge**		
5. Materialaufwand a) Aufwendungen für Roh-, Hilfs- und Betriebsstoffe und für bezogene Waren b) Aufwendungen für bezogene Leistungen	Bruttoergebnis vom Umsatz	3.

6. Personalaufwand
  a) Löhne und Gehälter
  b) soziale Abgaben und Aufwendungen für AVers und für Unterstützung,
    davon für AVers
7. Abschreibungen
  a) auf immaterielle VG des Anlagevermögens und Sachanlagen
  b) auf VG des Umlaufvermögens, soweit diese die im Konzern üblichen Abschreibungen überschreiten
8. sonstige betriebliche Aufwendungen**
	Vertriebskosten
	
	allgemeine Verwaltungskosten
	
	sonstige betriebliche Erträge**
	
	sonstige betriebliche Aufwendungen**
		4.
		
		5.
		
		6.
		
		7.

beide Verfahren

9.	Erträge aus Beteiligungen an assozUnt*, davon aus verbundenen Unt	8.
10.	Erträge aus sonstigen Beteiligungen, davon aus verbundenen Unt	9.
11.	Erträge aus anderen Wertpapieren und Ausleihungen des Finanzanlagevermögens, davon aus verbundenen Unt	10.
12.	sonstige Zinsen und ähnliche Erträge***, davon aus verbundenen Unt	11.
13.	Aufwendungen für Beteiligungen an assozUnt*, davon an verbundene Unt	12.
14.	Abschreibungen auf Finanzanlagen und auf Wertpapiere des Umlaufvermögens	13.
15.	Zinsen und ähnliche Aufwendungen***, davon an verbundene Unt	14.
16.	Ergebnis der gewöhnlichen Geschäftstätigkeit	15.
17.	ao Erträge	16.
18.	ao Aufwendungen	17.
19.	ao Ergebnis	18.
20.	Steuern vom Einkommen und vom Ertrag****	19.
21.	sonstige Steuern	20.
22.	Konzernjahresüberschuss/-fehlbetrag	21.
23.	auf andere Gester entfallender Gewinn/Verlust	22. 23.
24.	Konzerngewinn/-verlust	

*	Zum Nettoausweis s § 312 Anm 42 ff.
**	Gesonderter Ausweis der Erträge und Aufwendungen aus der WähUm nach § 256a iVm § 277 Abs 5 S 2 iVm § 298 Abs 1.
***	Gesonderter Ausweis der Erträge und Aufwendungen aus der Ab- bzw Aufzinsung nach § 253 Abs 2 iVm § 277 Abs 5 S 1 iVm § 298 Abs 1.
****	Zum gesonderten Ausweis latenter Steuern nach § 274 Abs 2 S 3 iVm § 298 Abs 1 s § 275 Anm 245.

78 **bb) Vorschriften zu einzelnen Posten der Gewinn- und Verlustrechnung (§ 277).** Ggü dem JA ergeben sich grds keine Besonderheiten für den KA. Allerdings kann sich für die Abgrenzung einzelner Posten (zB Umsatzerlöse von den sonstigen betrieblichen Erträgen oder ao Posten von den ordentlichen Posten) aus Konzernsicht eine andere Beurteilung ergeben. Zur Eliminierung von Posten im Zuge der Aufwands- und ErtragsKons s Erl zu § 305.

79 Ist ein (Teilkonzern-)MU mit einem übergeordneten MU durch EAV verbunden, sind die **Erträge oder Aufwendungen aus** dem **EAV** auch im **(Teil-)KA**

Anzuwendende Vorschriften. Erleichterungen   80, 81 § 298

nach § 277 Abs 3 S 2 iVm § 298 Abs 1 als Teil der Ergebnisentstehung in der Konzern-GuV auszuweisen. Auch wenn es sich betriebswirtschaftlich bei den Leistungen an den bzw durch den anderen Vertragsteil um Maßnahmen der Ergebnisverwendung bzw aus dem GesVerhältnis veranlasste Einlagen handelt, rechtfertigt die Eigenart des KA (s Anm 3 f) keine andere Behandlung dieser Posten. Ausschlaggebend ist, dass sich die Ansprüche und Verpflichtungen unmittelbar aus dem UntVertrag ergeben, ohne dass es eines gesonderten Ausschüttungsbeschlusses oder Einlageversprechens bedarf (zur Behandlung als Ergebnisverwendung im IFRS KA s *ADS* Int Abschn 22 Anm 80). Die Höhe der auszuweisenden Erträge und Aufwendungen richtet sich nach den im JA des MU ermittelten Beträgen. Abweichungen ggü dem tatsächlichen Ergebnis der HB II des MU erhöhen oder vermindern das lfd Konzernjahresergebnis.

III. Rechtsformspezifische Vorschriften

Neben den Vorschriften des HGB für den JA großer KapGes sind auf den KA auch die für die jeweilige Rechtsform der einbezogenen **inländischen Konzernunternehmen** (MU, TU und GemUnt) geltenden, rechnungslegungsrelevanten Vorschriften entspr zu beachten. Besondere ges-rechtliche Vorschriften für ausländische KonzernUnt sind nicht zu berücksichtigen. **80**

Für KonzernUnt in der Rechtsform der **AG** oder **KGaA** kommen hierfür insb folgende Regelungen in Betracht: **81**

§ 58 Abs 2a S 2 AktG: EK-Anteil von Wertaufholungen bei VG des Anlage- und Umlaufvermögens und von bei der steuerrechtlichen Gewinnermittlung gebildeten Passivposten (zB Rücklage nach § 6b EStG), die nicht in Sonderposten mit Rücklagenanteil ausgewiesen werden dürfen (s *WPH*[14] I, F Anm 397 f),

§ 150 AktG: Bildung und Auflösung der **gesetzlichen Rücklage** und der **Kapitalrücklage** (§ 272 Anm 235 ff und 160 ff),

§ 152 AktG: Vorschriften zur **Bilanz**
- Gesonderter Ausweis des auf jede Aktiengattung entfallenden Betrags des Grundkapitals, Vermerk des bedingten Kapitals, Gesamtstimmenzahl aller Mehrstimmrechtsaktien und der übrigen Aktien (§ 266 Anm 172),
- Angaben zur Kapitalrücklage und zu den einzelnen Posten der Gewinnrücklagen (§ 284 Anm 71 f),

§ 158 AktG: Vorschriften zur **GuV** (Verlängerungsrechnung)
- Überleitende Darstellung vom Jahresergebnis zum Bilanzergebnis (§ 284 Anm 73),
- Ausweis eines vertraglich zu leistenden Ausgleichs an außenstehende Geser (§ 277 Anm 13 ff),

§ 160 AktG: Vorschriften zum **Anhang**
- Angaben über Vorratsaktien (§ 284 Anm 41),
- Angaben über eigene Aktien (§ 284 Anm 42, s aber § 314 Abs 1 Nr 7),
- Angaben über Aktien jeder Gattung (§ 284 Anm 74),
- Angabe des genehmigten Kapitals (§ 284 Anm 43),
- Angabe über Wandelschuldverschreibungen und vergleichbare Wertpapiere (§ 284 Anm 44),
- Angaben über Genussrechte, Besserungsscheine und ähnliche Rechte (§ 284 Anm 45),
- Angaben über wechselseitige Beteiligungen (§ 284 Anm 46),
- Angaben über das Bestehen einer Beteiligung an der bilanzierenden AG nach § 20 Abs 1 oder 4 AktG oder nach § 21 Abs 1 oder Abs 1a WpHG (§ 284 Anm 47),

§ 161 AktG: Entsprechenserklärung zum DCGK (§ 285 Anm 281 ff und § 314 Anm 89),

§ 232 AktG: Erfolgswirksame Einstellung in die Kapitalrücklage der zu hoch angenommenen Verluste bei vereinfachter **Kapitalherabsetzung** (§ 272 Anm 80 ff),

§ 240 AktG: Ausweis eines Ertrags aus Kapitalherabsetzung und einer Einstellung in die Kapitalrücklage nach den Vorschriften über die **vereinfachte Kapitalherabsetzung**. Zusätzliche Erl im Anhang (§ 284 Anm 48),
§ 261 AktG: Ausweis eines **Ertrags** auf Grund höherer Bewertung als Folge einer **Sonderprüfung**. Zusätzliche Erl im Anhang (§ 284 Anm 49),
§ 286 AktG: Vorschriften zum JA von **KGaA**
– Gesonderter Ausweis positiver und negativer Kapitalanteile der phG,
– Kenntlichmachung von Krediten an phG und denen nahestehende Personen.

82 Für KonzernUnt in der Rechtsform **GmbH** kommen folgende Vorschriften in Betracht:

§ 29 Abs 4 S 2 GmbHG: EK-Anteil von Wertaufholungen bei VG des Anlage- und Umlaufvermögens und von bei der steuerrechtlichen Gewinnermittlung gebildeten Passivposten (zB Rücklage nach § 6b EStG), die nicht in Sonderposten mit Rücklagenanteil ausgewiesen werden dürfen (s WPH[14] I, F Anm 397 f),
§ 42 GmbHG: Bilanzierungsgrundsätze
– Gesonderter Ausweis von „Eingeforderten Nachschüssen" unter den Forderungen sowie gesonderter Ausweis des dem Aktivum entspr Betrags unter der „Kapitalrücklage",
– Gesonderter Ausweis von (oder Anhangangaben über) Ausleihungen, Forderungen und Verbindlichkeiten ggü Gestern (§ 266 Anm 13),
§§ 58b und 58c GmbHG: Einstellung von aus einer vereinfachten Kapitalherabsetzung gewonnenen Beträgen in die Kapitalrücklage (§ 272 Anm 80 ff).

83 Die rechtsformspezifischen Vorschriften sind nur zu beachten, sofern die **Eigenart des Konzernabschlusses** oder die **sonstigen Konzernvorschriften** (§§ 298 ff) dem nicht entgegenstehen (s auch Anm 3 ff). Die Anwendung rechtsformspezifischer Vorschriften ist, im Unterschied zur Anwendung der (konzerneinheitlichen) Bilanzierungs- und Bewertungsvorschriften (§§ 300 Abs 2, 308), nicht auf diejenigen des MU beschränkt. Rechtsformspezifische Vorschriften für das MU werden zB immer dann auch im KA zu beachten sein, wenn sie Auswirkungen auf Höhe und Ausweis des gezeichneten Kapitals haben, weil dieser Posten aus dem JA des MU in den KA übernommen wird (s Anm 72 f). Andererseits sind Rücklagendotierungen, die im JA dem Gläubigerschutz dienen, auch wenn sie iZm Kapitalmaßnahmen stehen, zB Einstellung des Betrags der Kapitalherabsetzung, der nicht zur Verlustdeckung benötigt wird, in die Kapitalrücklage (§ 232 AktG, § 58c GmbHG), im Hinblick auf die ausschließliche Informationsfunktion des KA und die fehlende Ausschüttungsbemessungsfunktion nicht zwingend im KA nachzuvollziehen. Diese Überlegungen machen deutlich, dass im jeweiligen **Einzelfall** zu prüfen ist, ob zB eine nur für ein einziges einbezogenes Unt geltende Vorschrift auf den gesamten KA anzuwenden ist. Dabei ist abzuwägen, ob und inwieweit die Anwendung der jeweiligen Vorschrift mit Rücksicht auf ihren Sinn und Zweck im KA zu einer Verbesserung des den tatsächlichen Verhältnissen entspr Bilds des KA führt (s auch § 313 Anm 35 f).

84 Nach § 158 Abs 1 AktG haben AG (und KGaA) das Gliederungsschema der Gewinn- und Verlustrechnung (§ 275 Abs 2 oder 3) um eine **Gewinnverwendungsrechnung** zu ergänzen. Für GmbH wird eine analoge Anwendung empfohlen (zB § 275 Anm 311). Zweck des § 158 Abs 1 AktG für den JA einer AG ist die Vermittlung zusätzlicher Informationen im Hinblick auf die von der HV zu beschließende Gewinnverwendung. Der KA ist jedoch nicht Grundlage für einen Gewinnverwendungsbeschluss. Der Konzerngewinn ist lediglich eine Zusammenfassung der (soweit nicht im Rahmen der KapKons verrechneten) Bilanzergebnisse der einbezogenen Unt, so dass eine Gewinnverwendungsrechnung auf Konzernebene immer nur fiktiven Charakter haben kann, weil nur die in Bezug auf die jeweiligen JA getroffenen Entscheidungen verbindlich sind. Zudem ist im KA ein zusammengefasster Ausweis aller Gewinnrücklagen vorzuziehen (Anm 73). Im Hinblick darauf steht uE die Eigenart des KA einer Anwendung des § 158 Abs 1 AktG entgegen (glA s zB *WPH*[14] I, M Anm 616; *Kraft* in Großkomm HGB[4] § 298 Anm 140).

Im JA einer GmbH sind **Forderungen und Verbindlichkeiten gegenüber Gesellschaftern** gesondert auszuweisen oder im Anhang anzugeben (§ 42 Abs 3 GmbHG). Sinn und Zweck der Regelung ist es die finanziellen Beziehungen der GmbH zu *ihren* Gestern für die Adressaten des JA transparent zu machen. **85**

Ist das **Mutterunternehmen** eine GmbH sind in deren KA Forderungen und Verbindlichkeiten ggü ihren Gestern kenntlich zu machen. Mit Rücksicht auf den Sinn und Zweck der Angabepflicht sind in den Sonderausweis auch die finanziellen Beziehungen der TU und GemUnt zu den Gestern des MU einzubeziehen, unabhängig davon, ob nach dem Recht des TU bzw GemUnt eine entspr Verpflichtung besteht (ebenso *ADS*[6] § 298 Anm 202).

Fraglich ist, ob das Sonderausweis darüber hinaus auch für die finanziellen Beziehungen zu anderen Gestern der TU und GemUnt gilt. Die verpflichtende Anwendung der Neubewertungsmethode im Rahmen der KapKons (s § 301 Anm 3) wurde ua damit begründet, dass HGB KA künftig nicht nur der Information der Gester des MU, sondern auch der **Minderheitsgesellschafter** dienen soll (Begr RegE BilMoG, 175). Dies könnte dafür sprechen, auch die finanziellen Beziehungen zu dieser Gester-Gruppe kenntlich zu machen. Insb bei hohen Forderungen und Verbindlichkeiten ggü außenstehenden Gestern von TU kann eine Beschränkung der Angabe auf Gester des MU den Aussagewert des KA in Bezug auf die Vermögens- und Finanzlage des Konzerns beeinträchtigen, so dass sich die Kenntlichmachung der Finanzbeziehungen im Übrigen aus § 297 Abs 2 S 3 (s dort Anm 188) ergeben würde. Vor diesem Hintergrund ist es sachgerecht, zumindest für die VFE-Lage des Konzerns wesentliche Forderungen und Verbindlichkeiten ggü MinderheitsGestern im GmbH-KA kenntlich zu machen, ein Sonderausweis nach § 42 Abs 3 GmbHG ist allerdings nicht zwingend. Ausreichend ist auch ein Davon-Vermerk oder eine Angabe im Konzernanhang; bei einer Einbeziehung in den Sonderausweis sollten, im Hinblick auf die Klarheit und Übersichtlichkeit der Darstellung (§ 297 Abs 3 S 1), die Beträge, die nicht auf Gester des MU entfallen entspr vermerkt werden. Auch wenn für Forderungen und Verbindlichkeiten ggü MinderheitsGestern von TU anderer Rechtsformen (zB AG) in deren JA keine entspr Ausweispflicht besteht, sind diese unter den genannten Voraussetzungen grds in den Sonderausweis einzubeziehen. Etwas Anderes gilt bei fehlender Kenntnis über den GesterKreis, wenn die für den Sonderausweis benötigten Informationen nicht mit vertretbaren Aufwand beschafft werden können (so im Ergebnis auch *ADS*[6] § 298 Anm 202).

Für die Kenntlichmachung von Ausleihungen, Forderungen und Verbindlichkeiten ggü Gestern gelten für **KapCoGes** iSv § 264a die Überlegungen für GmbH-MU (s Anm 85) entspr. Die Behandlung der Vergütungen aus rechtlichen und geschäftlichen Beziehungen zwischen den Gestern (einschl Minderheiten) und der KapCoGes hat im KA nach den gleichen Grundsätzen wie im JA zu erfolgen (s § 247 Anm 645 ff). § 264c Abs 3 S 2, wonach im JA einer KapCoGes ein fiktiver KSt-Aufwand nachrichtlich vermerkt werden darf (ausführlich dazu § 264c Anm 70 ff), gilt für den KA entspr. Der HGB-KA dient nicht als Grundlage der UntBesteuerung, weshalb bei der Ermittlung des fiktiven Steueraufwands von der KapCoGes von ihrem JA bzw der HB II und nicht vom KA auszugehen ist. Wird die Bemessungsgrundlage ggü dem JA um HB II-Effekte und/oder konzernbedingte Ergebnisabweichungen, zB Effekte aus Zwischenergebniseliminierungen, angepasst, ist dies zur Klarheit und Übersichtlichkeit der Darstellung (§ 297 Abs 2 S 1) anzugeben. **86**

IV. Geschäftszweigspezifische Vorschriften

90 Geschäftszweigspezifische Vorschriften, die neben den HGB-Vorschriften für den JA bei der Aufstellung eines KA grds zu beachten sind, kommen für die sog **Formblatt-Unternehmen** in Betracht. Dies hat vor allem Bedeutung hinsichtlich der **Kreditinstitute** und der **Versicherungsunternehmen**. Für deren Rechnungslegung gelten die §§ 340 ff bzw 341 ff. Die Bestimmungen des § 298 Abs 1 werden für MU in diesen Geschäftszweigen durch die §§ 340i Abs 2 bzw 341j Abs 1 ersetzt. Ist das MU jedoch kein Kreditinstitut bzw kein Versicherungs-Unt und gehört ein in diesen Branchen tätiges TU oder GemUnt zum Konzern, sind die für dieses KonzernUnt geltenden §§ 340 ff bzw 341 ff über § 298 Abs 1 bei der Aufstellung des KA zu beachten.

Die durch Einbeziehung von Unt mit erheblich voneinander abw Geschäftszweigen bedingten Erweiterungen des Gliederungsschemas beruhen jedoch nicht auf der Eigenart des KA. Diese Notwendigkeit besteht auch für den JA, sofern das bilanzierende Unt in mehreren Geschäftszweigen tätig ist (§ 265 Abs 4; s dort Anm 11 ff).

91 Wesentliche **geschäftszweigspezifische Bestimmungen** sind:
– Anwendung der durch Rechtsverordnung erlassenen **Formblätter** und anderer Vorschriften anstelle bestimmter allgemeiner HGB-Vorschriften, zB für Krankenhäuser, Wohnungs- und VerkehrsUnt (s § 330 Anm 20 ff).
– **Besondere Ansatz- und Bewertungsvorschriften** (dazu s § 300 Anm 50; § 308 Anm 22).
– **Erleichterungen** hinsichtlich verschiedener Angaben im **Konzernanhang**.

92 Hinsichtlich der **Gliederung** der Konzernbilanz und Konzern-GuV können sich bei Anwendung geschäftszweigspezifischer Vorschriften daraus Fragen ergeben, wenn nur einzelne der in den KA einbezogenen Unt bei der Aufstellung des JA Formblätter zu verwenden haben und/oder unterschiedliche Formblätter zur Anwendung gelangen.

Grds hat sich die Gliederung an dem Geschäftszweig auszurichten, der für die KA die größte Bedeutung besitzt. Dies muss nicht in allen Fällen der MU sein. Ggf sind in entspr Anwendung von § 265 Abs 4 Ergänzungen des Gliederungsschemas zur Berücksichtigung anderer Geschäftszweige erforderlich (ebenso *ADS*[6] § 298 Anm 204 f).

93 Die für inländische Unt geltenden geschäftszweigspezifischen Vorschriften haben auch Bedeutung für in den KA einbezogene **ausländische Gesellschaften**, da eine branchenbedingte Bilanzgliederung nicht vom Sitz des Konzern-Unt abhängig sein kann.

B. Erleichterungen beim Vorratsausweis (Abs 2)

95 Nach § 266 Abs 2 B I iVm Abs 1 sind die Vorräte auch in der Konzernbilanz grds wie folgt zu gliedern:

1. Roh-, Hilfs- und Betriebsstoffe;
2. unfertige Erzeugnisse, unfertige Leistungen;
3. fertige Erzeugnisse und Waren;
4. geleistete Anzahlungen.

Als Ausfluss des Grundsatzes der Wirtschaftlichkeit der Konzernrechnungslegung (§ 297 Anm 195 ff) gestattet Abs 2 die **Zusammenfassung** der Unterposten 1 bis 3 der **Vorräte** in der Konzernbilanz, wenn die Aufgliederung wegen besonderer Umstände mit einem **unverhältnismäßig hohen Aufwand** verbunden wäre.

Fragen der Zuordnung auf die Unterposten 1 bis 3 treten, sofern die Zweckbestimmung der betr VG nicht eindeutig ist, bereits im JA auf (§ 266 Anm 98 f). Die Schwierigkeiten verstärken sich für den KA insb bei **vertikal tief gegliederten Konzernen,** da nach der Fiktion der rechtlichen Einheit des Konzerns (§ 297 Abs 3 S 1) die in den JA vorgenommene Untergliederung der Vorräte nicht ohne Weiteres unverändert in die Konzernbilanz übernommen werden darf. Werden zB Erzeugnisse sowohl innerhalb des Konzerns weiterverarbeitet als auch an Dritte veräußert, ist eine Aufteilung in unfertige und fertige Erzeugnisse erforderlich. In aller Regel wird als Zuordnungskriterium auf den häufigsten Bestimmungszweck abzustellen sein, wobei oftmals Schätzungen unerlässlich sein können. **96**

Unter welchen Voraussetzungen die Aufgliederung der Konzernvorräte wegen besonderer Umstände und dem damit verbundenen unverhältnismäßig hohen Aufwand unterbleiben kann, ist gesetzlich nicht festgelegt. Die **Erleichterungsmöglichkeit** ist jedoch **restriktiv** auszulegen, zumal viele Unt im JA mit den gleichen Problemen konfrontiert sind und sie offenbar lösen (so WPH[14] I, M Anm 235). Der mit dem Ausweis der Unterposten 1 bis 3 allgemein verbundene Aufwand ist somit nicht ausreichend; es müssen vielmehr besondere Umstände *hinzutreten,* die einen unverhältnismäßigen Aufwand (zeitlich und/oder finanziell) verursachen. Dies kann nur in vertikal tief gegliederten Konzernen mit umfangreichem konzerninternen Lfg-Verkehr der Fall sein, wo selbst mittels Schätzungen Zuordnungen nach dem überwiegenden Verwendungszweck nicht möglich sind. Die Zusammenfassung wird deshalb im Normalfall nicht zulässig sein. Dabei ist außerdem zu beachten, dass ein unverhältnismäßiger Aufwand, der dadurch entsteht, dass die organisatorischen Vorkehrungen (zur Konzernbilanzierungsrichtl s Anm 8), die für die Aufgliederung der Vorräte im KA erforderlich sind, nicht oder nicht rechtzeitig getroffen wurden, nicht zur Inanspruchnahme der Erleichterung nach Abs 2 berechtigt.

Bzgl des Ausweises der auf Vorräte geleisteten **Anzahlungen** wird nicht zwischen den Unterposten 1 bis 3 differenziert, so dass die Anzahlungen, vorbehaltlich der SchuldenKons (§ 303), aus den JA der einbezogenen Unt in den KA übernommen werden können. Ein unverhältnismäßig hoher Aufwand kann damit im Zuge der Konzernrechnungslegung nicht entstehen, weshalb die Zusammenfassung der Anzahlungen auf Vorräte mit den übrigen Vorräten *nicht* in Frage kommt (so auch WPH[14] I, M Anm 235). **97**

Bei der Aufstellung der Konzern-GuV nach dem **Gesamtkostenverfahren** (§ 275 Abs 2) müssen zur Ermittlung der Bestandsveränderung zumindest die am Beginn und am Ende des Gj vorhandenen Konzern-Bestandswerte der fertigen und unfertigen Erzeugnisse festgestellt werden. Da somit wesentliche Teile der Vorräte durch entspr Umgruppierungen aus den Einzelbilanzen ohnehin zu ermitteln sind, kommt beim Gesamtkostenverfahren die Anwendung der Erleichterungsregel allenfalls für eine Aufteilung in Erzeugnisse (fertige und unfertige) und in übrige Vorräte (Roh-, Hilfs- und Betriebsstoffe sowie Waren) in Betracht. Eine vollständige Zusammenfassung der Konzernvorräte ist nur bei Anwendung des **Umsatzkostenverfahrens** (§ 275 Abs 3) denkbar, da in diesem Fall eine Bestandsveränderung nicht zu ermitteln ist (so auch *Heni* in Rechnungslegung[2] § 298 Anm 62). Eine Einbeziehung der Bestandsveränderung beim Gesamtkostenverfahren in den Posten „Aufwendungen für Roh-, Hilfs- und Betriebsstoffe und für bezogene Waren" (wegen Anwendung von Abs 2) ist mit den GoB nicht zu vereinbaren (aA *Berndt* in HdKR[2] § 298 Anm 48; *Mackedanz* in Haufe HGB[3] § 298 Anm 77; *Hoffmann/Lüdenbach*[4] § 298 Anm 37: Konsequenz aus einer Zusammenfassung in der Bilanz). **98**

99 Kein Fall des Abs 2 ist die durch **branchenbedingte** Besonderheiten zulässige **Zusammenfassung** der unfertigen und fertigen Erzeugnisse (dazu § 266 Anm 103). Diese aus den GoB entwickelte Möglichkeit für den JA ist auch auf den KA übertragbar.

100 **Kreditinstitute** und **Versicherungsunternehmen** dürfen von den Erleichterungen des Abs 2 keinen Gebrauch machen (§§ 340i Abs 2 S 2 und 341j Abs 1 S 2).

C. Zusammenfassung von Konzernanhang und Anhang des Mutterunternehmens (Abs 3)

105 Nach Abs 3 S 1 ist dem MU die **Zusammenfassung** von **Anhang** und **Konzernanhang** gestattet. Eine nur teilweise Zusammenfassung der beiden Abschlussbestandteile ist nicht zulässig. Sinn und Zweck der Regelung ist es inhaltlich identische Wiederholungen in Anhang und Konzernanhang zu vermeiden und dadurch die **Finanzberichterstattung** des MU **übersichtlicher** zu **machen** (so auch *Heni* in Rechnungslegung² § 298 Anm 63).
Im Fall einer Zusammenfassung von Anhang und Konzernanhang **müssen** beide Abschlüsse auch **gemeinsam** im BAnz **offengelegt** werden (s § 325 Anm 84). Hintergrund dafür ist, dass bei einer isolierten Offenlegung der JA oder der KA wegen des Fehlens von Erl, die an anderer Stelle zusammengefasst sind, der Abschluss für die Adressaten uU nicht verständlich wäre.

106 Eine bestimmte **Form** ist für die Zusammenfassung nicht vorgeschrieben. Sie muss aber dem Gebot der **Klarheit** und **Übersichtlichkeit** der Darstellung (§§ 243 Abs 2, 297 Abs 2 S 1) entsprechen (glA *WPH*[14] I, M Anm 682). Der Regelfall der Zusammenfassung dürfte insb die gemeinsame Erl der angewandten Bilanzierungs- und Bewertungsmethoden sein, sowie von Abschlussposten in Bilanz und GuV des JA und KA sowie die gemeinsame Darstellung der erforderlichen und ggf freiwilligen Angaben für JA und KA.
Nach Abs 1 S 3 muss aus dem zusammengefassten Anhang hervorgehen, **ob sich die Angaben auf** den **Konzern oder nur auf** das **Mutterunternehmen beziehen.** Dies ist jedoch nur eine Klarstellung des bestehenden Gebots zur Klarheit und Übersichtlichkeit der Darstellung.

107 Für den **Konzernlagebericht** besteht ebenfalls die Möglichkeit der Zusammenfassung mit dem Lagebericht für den JA (s § 315 Anm 40). Gleiches gilt für die Prüfungsberichte und Bestätigungsvermerke (s dazu § 325 Anm 100).

D. Verhältnis zum Publizitätsgesetz

110 Für MU, die nach dem PublG (§ 11) zur Konzernrechnungslegung verpflichtet sind, **gilt § 298** bei Aufstellung eines KA **sinngemäß** (§ 13 Abs 2 S 1 PublG). Dabei gestattet § 13 Abs 2 S 1 PublG ausdrücklich die Beibehaltung von abw Gliederungen in Bilanz und GuV, soweit diese für den JA des MU zulässig sind (§ 13 Abs 2 S 1 PublG). Obwohl dies bereits durch den Verweis auf § 298 Abs 1 erfasst ist, wird in § 13 Abs 2 S 2 PublG ausdrücklich bestimmt, dass durch Rechtsform oder Geschäftszweig bedingte Vorschriften vom Verweis auf die handelsrechtlichen Konzernvorschriften unberührt bleiben.

111 Bei den Regelungen des **§ 264c Abs 1** (Kenntlichmachung von Finanzbeziehungen zu Gestern) **und Abs 2** (EK-Ausweis) handelt es sich um GoB für PersGes, so dass diese Regelungen auch im KA nach § 11 PublG einer reinen PersGes zu **beachten** sind, auch wenn der Verweis in § 298 Abs 1 diese Vorschrift

nicht umfasst (s dazu Anm 59; IDW RS HFA 7, Tz 60). Das Aufnahmeverbot für Privatvermögen und damit korrespondierende Erträge und Aufwendungen in den KA ergibt sich für dem PublG unterliegende EKfm bzw PersGes bereits aus § 5 Abs 4 iVm § 13 Abs 3 S 2 PublG und nicht erst über den Verweis auf § 298 iVm § 264c Abs 3. Sofern bei PersGes neben einer natürlichen Person auch eine KapGes phG ist und an dieser eine Beteiligung besteht, ist, ebenso wie im KA von PersGes iSv § 264a, der Sonderposten nach § 264c Abs 4 S 2 nicht zu bilden (s Anm 86).

E. Rechtsfolgen einer Verletzung des § 298

Die **Bußgeldfolgen** einer Verletzung des Abs 1 sind in § 334 Abs 1 Nr 2b **115** und inhaltsgleich in § 20 Abs 1 Nr 2b PublG geregelt. Danach kann sich eine Ordnungswidrigkeit bei Zuwiderhandlung gegen folgende Vorschriften ergeben: §§ 244 bis 248, 249 Abs 1 S 1, 249 Abs 2, 250 Abs 1 und 251 (dazu s § 334 Anm 11, 17 ff). Für Kreditinstitute und VersicherungsUnt sind analoge Bußgeldvorschriften in den §§ 340n und 341n eigenständig geregelt.

Die **zivilrechtlichen** Folgen einer Verletzung von Abs 1 sind die Gleichen **116** wie die einer Verletzung von § 297 (dort Anm 216).

F. Abweichungen der IFRS

Standards: IAS 27 Einzelabschlüsse *(Separate Financial Statements)* *(rev 2011).*

Das IASB macht für die Anwendung der IFRS-Standards, abgesehen von der **120** Einschränkung für die Bilanz von Anteilen an TU, GemUnt und assozUnt in einem IFRS-EA in IAS 27.10, keinen Unterschied, ob ein EA oder ein KA aufgestellt wird. Aus diesem Grund besteht **im IFRS-System keine** „Notwendigkeit" für eine zentrale **Verweisungsnorm vergleichbar** der des **Abs 1.**

Nach IAS 2.36(b) ist der Posten **Vorräte** *(inventories)* in einer dem Unt bzw **121** Konzern angemessenen Weise aufzugliedern, was in der Bilanz oder im Anhang erfolgen kann (IAS 1.77, 78(c) (amend 2008)). Die **Aufgliederung** umfasst im Regelfall die Posten Handelswaren, Roh-, Hilfs- und Betriebsstoffe, unfertige Erzeugnisse und fertige Erzeugnisse. Geleistete Anzahlungen auf Vorräte sind mit anderen geleisteten Anzahlungen grds gesondert auszuweisen, ein Ausweis unter dem Posten Vorräte wird jedoch für vertretbar gehalten (zB *ADS Int* Abschn 15 Tz 149). Eine Aufgliederung des Postens Vorräte in einem IFRS-Abschluss wird danach unterbleiben können, wenn die dadurch entfallende Information für die Adressaten nicht relevant ist (F. 29 f) oder der mit ihrer Beschaffung verbundene Aufwand in keinem angemessenen Verhältnis zur zusätzlich bereitgestellten Information und deren Nutzen für die Informationsempfänger steht (F. 44). Im Ergebnis ist keine Abweichung zur Regelung nach Abs 2 erkennbar.

Durch die IFRS wird der Informationsinhalt und -umfang eines Abschlusses **122** festgelegt. Regelungen, ob und in welcher Form die (IFRS-)Finanzinformationen zu veröffentlichen sind, fehlen. Hierfür sind ausschließlich die für das MU geltenden nationalen gesellschafts- und kapitalmarktrechtlichen Bestimmungen maßgeblich, insofern ist die Regelung des **Abs 3 ohne Entsprechung im IFRS-System.** Eine Zusammenfassung von Anhang und Konzernanhang wird insb in Betracht kommen, wenn das MU einen IFRS-EA nach § 325 Abs 2a aufstellt (ausführlich dazu *Fey/Deubert* KoR 2006, 92 ff), weil nur dann der damit verfolgte Zweck (s Anm 105) einer Straffung der Finanzberichterstattung auch erreicht werden kann.

§ 299 Stichtag für die Aufstellung

(1) Der Konzernabschluss ist auf den Stichtag des Jahresabschlusses des Mutterunternehmens aufzustellen.

(2) ¹Die Jahresabschlüsse der in den Konzernabschluß einbezogenen Unternehmen sollen auf den Stichtag des Konzernabschlusses aufgestellt werden. ²Liegt der Abschlußstichtag eines Unternehmens um mehr als drei Monate vor dem Stichtag des Konzernabschlusses, so ist dieses Unternehmen auf Grund eines auf den Stichtag und den Zeitraum des Konzernabschlusses aufgestellten Zwischenabschlusses in den Konzernabschluß einzubeziehen.

(3) Wird bei abweichenden Abschlußstichtagen ein Unternehmen nicht auf der Grundlage eines auf den Stichtag und den Zeitraum des Konzernabschlusses aufgestellten Zwischenabschlusses in den Konzernabschluß einbezogen, so sind Vorgänge von besonderer Bedeutung für die Vermögens-, Finanz- und Ertragslage eines in den Konzernabschluß einbezogenen Unternehmens, die zwischen dem Abschlußstichtag dieses Unternehmens und dem Abschlußstichtag des Konzernabschlusses eingetreten sind, in der Konzernbilanz und der Konzern-Gewinn- und Verlustrechnung zu berücksichtigen oder im Konzernanhang anzugeben.

Übersicht

	Anm
A. Stichtag des Konzernabschlusses (Abs 1)	1–7
B. Stichtage der Jahresabschlüsse der einbezogenen Unternehmen (Abs 2)	
I. Grundsatz (S 1)	8
II. Konsequenzen abweichender Stichtage (S 2)	
1. Aufstellung eines Zwischenabschlusses	10–22
2. Einbeziehung auf Basis eines abweichenden Stichtags	25–28
C. Konsequenzen bei einer Einbeziehung auf der Grundlage eines abweichenden Abschlussstichtags (Abs 3)	
I. Vorgänge von besonderer Bedeutung	30–35
II. Berücksichtigung in der Konzernbilanz und in der Konzern-Gewinn- und Verlustrechnung	37–39
III. Angabe im Konzernanhang	40
D. Verhältnis zum Publizitätsgesetz	42, 43
E. Rechtsfolgen einer Verletzung des § 299	45
F. Abweichungen der IFRS	48–50

Schrifttum: *Maier* Verhindert der einheitliche Konzernstichtag unterschiedliche Geschäftsjahre im Einzel- und Konzernabschluss? StuB 2008, 700 ff; IDW RH HFA 1.019 Handelsrechtliche Konzernrechnungslegung bei unterschiedlichen Abschlussstichtagen FN-IDW 2013, 217 ff.

A. Stichtag des Konzernabschlusses (Abs 1)

1   Der Stichtag für den KA ist eindeutig festgelegt; er entspricht dem **Stichtag** für den **Jahresabschluss** des **Mutterunternehmens** und zwar auch dann, wenn alle oder die bedeutendsten der einbezogenen TU oder GemUnt einen davon abw Stichtag haben. Diese Vorschrift ist für alle nach dem 31. Dezember 2002 beginnenden Konzern-Gj verbindlich (Art 54 EGHGB).

Der KA dient primär der Information der Gester des MU (s § 297 Anm 1). 2
Durch die Identität des JA- und KA-Stichtags wird vermieden, dass sich die Finanzinformationen beider Abschlüsse auf unterschiedliche Gj (s Anm 3) beziehen und insofern deren **Vergleichbarkeit erleichtert.** JA und KA sind den Gestern des MU im Übrigen zeitgleich vorzulegen (§ 175 Abs 1 S 1 AktG; § 42a Abs 1 S 1 iVm Abs 4 S 1 GmbHG). Bei abw Stichtagen für JA und KA würden die Gester die konsolidierten Zahlen uU mit einer erheblichen zeitlichen Verzögerung erhalten, wodurch die Informationsfunktion des KA beeinträchtigt würde.

Das Gj des MU darf nach § 240 Abs 2 S 2 die Dauer von 12 Monaten nicht 3
überschreiten. Da Abs 1 die Identität des Stichtags des MU für den JA und KA anordnet, wird dadurch zugleich indirekt die Dauer und Lage des **Konzerngeschäftsjahrs** bestimmt und war deshalb auch ein entspr Verweis auf § 240 Abs 2 S 2 in § 298 Abs 1 nicht erforderlich. Auch das Konzern-Gj darf damit nicht *auf Dauer* weniger als **12 Monate** betragen. Die nach ausländischem Recht teilweise zulässigen Regelungen von Gj unterschiedlicher Länge (dazu § 240 Anm 61) scheiden somit für den HGB-KA aus.

Eine Änderung des Stichtags für den JA des MU führt zwangsläufig zu einer 4
Änderung des Konzern-Gj mit der Folge eines **Konzern-Rumpfgeschäftsjahrs.** Dies gilt auch dann, wenn das MU zwei aufeinander folgende Rumpf-Gj bildet, deren Dauer insgesamt gerade 12 Monate beträgt. Aufgrund des eindeutigen Gesetzeswortlauts lassen auch die Konzern-GoB keine andere Auffassung zu (aA *Maier* StuB 2008, 703f), auch wenn ein Konzern-Rumpf-Gj im Hinblick auf die Informationsfunktion des KA wenig Bedeutung besitzen dürfte. Erfolgt zB eine Umstellung des Stichtags des MU vom 31.12. auf den 31.3., hat die Rechnungslegung für den 3-Monats-Zeitraum keine nennenswerte Aussagekraft. Hier wäre es sinnvoller, die Konzern-GuV zum 31.3. für einen Zeitraum von 12 Monaten aufzustellen, zumal damit dann vergleichbare Vj-Zahlen für das folgende Konzern-Gj vorliegen. Diese Konzern-GuV für 12 Monate stellt jedoch nur eine (freiwillige) zusätzliche Information zum die Bilanzidentität beachtenden 3-Monats-Zeitraum dar. Die mangelnde Vergleichbarkeit der Zahlen der Rumpf-Konzern-GuV mit denen des Vj (12 Monate) wird in diesen Fällen durch Angaben im Konzernanhang nach § 265 Abs 2 S 2 iVm § 298 Abs 1 kompensiert.

Die Umstellung des Gj macht eine **Satzungsänderung** des MU **erforder-** 5
lich. Dabei ist zu beachten, dass diese für eine wirksame Umstellung des Gj nicht nur bis zum Ende des Rumpf-Gj beschlossen, sondern auch bis zu diesem Zeitpunkt durch Eintragung ins HR wirksam geworden sein muss (§ 54 Abs 3 GmbHG; zB *Zöllner/Noack* in Baumbach/Hueck GmbHG[20] § 53 Anm 26, 60; *Hüffer*[10] § 179 Anm 28). Für steuerrechtliche Zwecke ist die Umstellung auf ein vom Kj abw Gj nur im Einvernehmen mit dem FA möglich (s § 240 Anm 64 mwN).

Für den Stichtag des JA gilt der Grundsatz der **Stetigkeit,** dh ein Wechsel des 6
Stichtags ist nur in begründeten Ausnahmefällen zulässig (s § 240 Anm 63). Nachdem der KA zwingend auf den Stichtag des JA des MU aufzustellen ist, ist jeder zulässige Wechsel des JA-Stichtags immer auch ein zulässiger Wechsel des KA-Stichtags. Werden wesentliche TU mit einem Saisongeschäft erworben oder veräußert, kann dies uU ein Grund für einen Wechsel des Gj des MU und damit des Konzern-Gj sein.

Ist ein MU seinerseits ein TU eines übergeordneten MU kann unter den Vor- 7
aussetzungen des § 291 bzw ggf § 292 iVm §§ 1–3 KonBefrV auf die Aufstellung, Prüfung und Offenlegung eines **Teilkonzernabschlusses** verzichtet werden. Dazu ist ua nach § 291 Abs 2 S 1 Nr 1 die Einbeziehung der VG und

§ 299 8

Schulden des Teilkonzerns in den übergeordneten KA erforderlich (s dort Anm 15 ff). Fraglich könnte sein, ob für die Inanspruchnahme der Befreiung der Teil-KA-Stichtag mit dem des befreienden übergeordneten KA übereinstimmen muss.

Dies ist uE nicht der Fall. Entscheidend ist vielmehr, dass zum jeweiligen Stichtag des Teil-KA ein Mutter-Tochterverhältnis zum übergeordneten MU iSv § 290 besteht und deshalb die VG und Schulden sowie die damit korrespondierenden Erträge und Aufwendungen nach § 300 Abs 2 im Wege der VollKons in den übergeordneten KA einzubeziehen sind. Daher kann die für Zwecke des § 291 befreiende Einbeziehung auch durch einen zeitlich später aufgestellten, übergeordneten KA gegeben sein (aA *Lange* in Beck HdR C 320 Anm 17). Eine Einbeziehung iSv § 291 Abs 2 S 1 Nr 1 liegt somit nicht nur dann vor, wenn die Bestandswerte, die sonst in einem KA zum Bilanzstichtag des Teilkonzern-MU ausgewiesen würden, vorbehaltlich der Inanspruchnahme des § 296, innerhalb der 3-Monatsfrist des Abs 2 in den befreienden, übergeordneten KA übernommen werden. Gleiches gilt vielmehr auch dann, wenn die Unt des Teilkonzerns auf der Grundlage eines auf den Stichtag des übergeordneten KA aufgestellten Zwischenabschluss in diesen einbezogen werden. Der Umstand, dass aus Sicht der Adressaten des Teil-KA ein (einmaliger) Informationsnachteil entsteht, weil sie die Finanzinformationen bei erstmaliger Inanspruchnahme der Befreiung und abw Gj zeitlich erst später erhalten, schließt die Befreiung nach § 291 nicht aus. Es erscheint jedoch sachgerecht, iZm den Erl nach § 291 Abs 2 S 1 Nr 3 lit b) im Anhang des Teilkonzern-MU darauf hinzuweisen, dass der befreiende, übergeordnete KA für ein von dessen Gj abw Gj aufgestellt wird.

Nach dem Erwerb eines Teilkonzern-MU ist vielfach zu beobachten, dass sich dieses und dessen TU durch Bildung von Rumpf-Gj an ein ggf abw Gj des übergeordneten MU anpassen. Findet der Erwerb zeitlich vor dem bisherigen Konzernbilanzstichtag des Teilkonzern-MU statt, kann in diesem Fall der übergeordnete KA für zwei Teil-KA befreiend iSv § 291 wirken, wenn auch die übrigen Befreiungsvoraussetzungen (dazu § 291 Anm 4 ff) vorliegen.

B. Stichtage der Jahresabschlüsse der einbezogenen Unternehmen (Abs 2)

I. Grundsatz (S 1)

8   Aus der Fiktion der rechtlichen Einheit des Konzerns (§ 297 Abs 3 S 1) folgt grds, dass die JA aller im Wege der Vollkons (§§ 300 ff) und QuoKons (§ 299 iVm § 310 Abs 2) in den KA einbezogenen Unt auf den gleichen Stichtag aufgestellt sein müssen, so wie dies zB auf JA-Ebene für die Abschlussstichtag der Haupt- und etwaiger in- und ausländischer Zweigniederlassungen gilt. Demgü sollen nach Abs 2 S 1 die JA der in den KA einbezogenen Unt lediglich auf den Stichtag des KA aufgestellt werden. Diese **Sollvorschrift** trägt dem Umstand Rechnung, dass bei Weltabschlüssen ein einheitlicher Stichtag für alle Konzern-Unt nicht immer sinnvoll ist oder durchgesetzt werden kann. Ein sachlicher Grund für einen abw Stichtag kann zB bei Saisonbetrieben gegeben sein; auch Interessen von MinderheitsGestern kommen ggf als Grund in Frage. Dies gilt auch für die Fälle, bei denen für ein ausländisches TU der Stichtag durch landesrechtliche Regelungen festgelegt ist. Der Frage, ob von einer grds Freiheit bei der Wahl des JA-Stichtags gesprochen werden kann (hM zB *ADS*[6] § 299 Anm 18), kommt deshalb keine praktische Bedeutung zu, da zur Vermeidung

eines erhöhten Arbeitsaufwands und der damit verbundenen zusätzlichen Kosten abw JA-Stichtage bei TU nur dann beibehalten werden, falls sachliche oder im Ausland gesetzliche Gründe vorliegen. Eine Verlegung des Gj auf ein vom Kj abw Gj als Folge einer geänderten Konzernzugehörigkeit wird im Inland steuerrechtlich stets anerkannt (s § 240 Anm 64).

Die zusätzlichen Kosten für Aufstellung und Prüfung des Zwischenabschlusses berechtigen das MU nicht dazu, nach § 296 Abs 1 Nr 2 auf die Einbeziehung des betr TU in den KA zu verzichten. Diese Kosten sind nur über die Vereinheitlichung der Gj der einbezogenen Unt vermeidbar.

II. Konsequenzen abweichender Stichtage (S 2)

1. Aufstellung eines Zwischenabschlusses

Liegt der **Bilanzstichtag** eines einzubeziehenden TU oder GemUnt um **mehr als drei Monate vor dem Konzernabschlussstichtag** ist nach Abs 2 S 2 die Aufstellung eines Zwischenabschlusses zwingend erforderlich (ausführlich zu Zwischenabschlüssen nach WpHG, KWG oder BörsO: *Winkeljohann/Küster* in Sonderbilanzen[4] G Anm 10 ff). Bei VersicherungsUnt sind Zwischenabschlüsse aufzustellen, wenn der JA-Stichtag des TU mehr als sechs Monate vor dem des KA liegt (§ 341i Abs 3 S 2).

Der Zwischenabschluss muss grds auf den gleichen Stichtag und – mit Ausnahme des Gj der ErstKons und ggf EndKons – sich auch auf den gleichen Zeitraum (Gj) wie der KA beziehen. Dh es ist bei einem mehr als drei Monate abw Gj des TU grds nicht zulässig, den Zwischenabschluss willkürlich auf einen nicht mehr als drei Monate vor dem KA-Stichtag liegenden Stichtag aufzustellen. Lediglich für den Fall, dass das TU aufgrund sonstiger Vorschriften, zB WpHG etc, verpflichtet ist, einen Zwischenabschluss aufzustellen, dessen Stichtag sowohl von dem des JA des TU wie auch dem des KA des MU abw, aber innerhalb der 3-Monats-Frist nach Abs 2 S 2 liegt, erscheint es vertretbar, auch diesen Zwischenabschluss für die Einbeziehung in den KA des MU zu verwenden, wenn dieser inhaltlich den allg Anforderungen (Anm 13 ff) genügt (glA IDW RH HFA 1.019, Tz 6). Vorgänge von besonderer Bedeutung (s Anm 30 ff) nach dem Stichtag des Zwischenabschlusses bis zum KA-Stichtag sind dann nach Abs 3 zu berücksichtigen (s Anm 37 ff).

Für die **Aufstellung** von Zwischenabschlüssen gelten **keine besonderen gesetzlichen Regelungen,** sondern dieselben gesetzlichen sowie ggf rechtsform- bzw geschäftszweigspezifischen Ansatz-, Bewertungs- und Ausweisvorschriften, die anzuwenden wären, wenn auf den Stichtag des KA ein regulärer (Rumpf-)JA des einzubeziehenden Unt aufgestellt würde. Soweit dies erforderlich ist, ist die Bilanzierung und Bewertung gem der §§ 300 und 308 an das Recht des MU anzupassen.

Zwischenabschlüsse für Zwecke des KA unterliegen einer uneingeschränkten **Prüfungspflicht,** diese ergibt sich indirekt aus § 317 Abs 3 S 1 (hM zB *WPH*[14] I, M Anm 166).

Der Zwischenabschluss hat ausschließlich Bedeutung für die Einbeziehung des betr Unt in den KA. Ein Zwischenabschluss ist **weder** für Zwecke der **Besteuerung** relevant, **noch** kann er als Grundlage für reguläre **Gewinnausschüttungen** dienen. Für die rechtlichen Beziehungen der Ges kann er dann **relevant** sein, wenn die Voraussetzungen **für** eine **Verlustanzeige** (Nettovermögen niedriger als das halbe gezeichnete Kapital) gem § 92 Abs 1 AktG oder § 49 Abs 3 GmbHG gegeben sind (ausführlich dazu *Förschle/Hoffmann* in Sonderbilanzen[4] P Anm 10 ff). Der Zwischenabschluss bedarf im Gegensatz zum JA **keiner** formellen **Feststellung** oder Billigung durch die GesOrgane. Schließlich besteht auch keine Pflicht zur **Offenlegung** (glA *Claussen/Scherrer* in Kölner Komm-HGB § 299 Anm 22).

Die Unterlagen, aus denen der Zwischenabschluss statistisch abgeleitet wird (Anm 13), stellen Bücher iSd HGB dar (hM zB *ADS*[6] § 299 Anm 34); die Dokumentation muss so beschaffen sein, dass die Ableitung des Zwischenabschlusses in angemessener Zeit von einem Sachverständigen nachvollzogen werden kann. Die Ableitung und der Zwischenabschluss selbst sind 10 Jahre **aufzubewahren** (§ 257 Abs 4 iVm Abs 1 Nr 1; glA *WPH*[14] I, M Anm 159).

13 Die **technische Ableitung** des Zwischenabschlusses erfolgt idR aus den Büchern des einzubeziehenden Unt (TU oder GemUnt) mittels statistischer Fortschreibungen *außerhalb* der lfd Buchführung (glA *Claussen/Scherrer* in Kölner Komm-HGB § 299 Anm 23). Ausgangsbasis bildet üblicherweise eine Saldenliste zum KA-Stichtag. Wenn man von etwaigen Vermögenseffekten aus Anpassungen an die konzerneinheitliche Bilanzierung und Bewertung gem §§ 300, 308 absieht, könnten die Vermögens- und Schuldposten mit ihren Bestandswerten aus der Saldenliste bereits in den Zwischenabschluss bzw die Konzernsummenbilanz übernommen werden. Die Aufwendungen und Erträge sind in der Saldenliste als solche allerdings nur für den Zeitraum vom Beginn des Gj des einzubeziehenden Unt bis zum KA-Stichtag enthalten. Die Erträge und Aufwendungen vom Beginn des betr Konzern-Gj bis zum letzten JA-Stichtag des einzubeziehenden Unt fehlen bzw der daraus resultierende Saldo ist in der Saldenliste im Ergebnisvortrag enthalten. Dh die betr Erträge und Aufwendungen müssen zwecks Ableitung des Zwischenabschlusses statistisch gegen den Ergebnisvortrag eingebucht werden. Die Salden der einzelnen Ertrags- und Aufwandsposten sind dabei im Weg einer Differenzbildung zu ermitteln. Dazu sind die Erträge und Aufwendungen des letzten Gj des einzubeziehenden Unt, die bereits in den vorjährigen KA einbezogen wurden, von den Erträgen und Aufwendungen des letzten regulären JA abzuziehen.

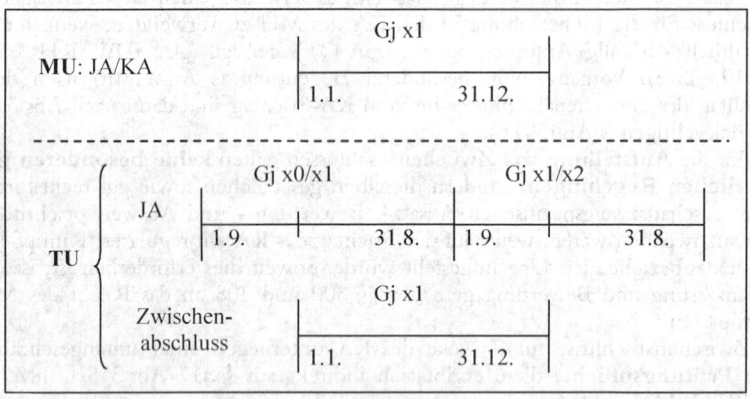

14 Darüber hinaus können sich **zusätzliche Umgliederungen** in der GuV des Zwischenabschlusses ergeben. Wenn zB zum JA-Stichtag des einzubeziehenden Unt auf einen VG eine außerplanmäßige Abschreibung auf den niedrigeren beizulegenden Wert nach § 253 Abs 3 S 3 vorgenommen werden muss und dieser VG noch vor dem KA-Stichtag zu eben diesem Wert an einen Dritten veräußert wird, dann handelt es sich bei der realisierten Wertminderung aus Konzernsicht um einen Buchverlust und nicht um eine außerplanmäßige Abschreibung, dh muss der Abschreibungsaufwand in den sonstigen uU auch ao Aufwand (s § 275

Anm 157, 222f) umgegliedert werden. Soweit es sich um Anlagevermögen gehandelt hat, muss gleichzeitig die Darstellung im Anlagengitter (§ 298 Anm 63f) entspr angepasst werden.

Sofern bis zum Stichtag des Zwischenabschlusses für den letzten regulären JA eines einzubeziehenden Unt ein wirksamer Ausschüttungsbeschluss gefasst wurde und entspr Verbindlichkeiten ggü den Gestern entstanden sind, ist die daraus resultierende **Gewinnverwendung** unverändert in den Zwischenabschluss zu übernehmen (so auch WPH^{14} I, M Anm 165). Der auf das MU entfallende Teil wird im Zuge der Schulden- bzw Aufwands- und ErtragsKons eliminiert (§§ 303, 305), insofern besteht kein Unterschied zur Eliminierung der Effekte aus einer phasengleichen Gewinnvereinnahmung oder einer Vorabausschüttung, wenn die Gj von MU und TU identisch sind. Sofern die auf andere Gester entfallende Ausschüttungsverbindlichkeit noch nicht erfüllt ist, ist sie als solche in den KA zu übernehmen. Eine Umgliederung in den AusglPo nach § 307 Abs 1 kommt nicht in Betracht, weil die Verpflichtung auch aus Konzernsicht wirksam entstanden ist und somit nicht mehr als EK zur Verlustdeckung zur Verfügung steht. Wurden im Zuge der Gewinnverwendung Teile des Jahresergebnisses in Gewinnrücklagen eingestellt oder auf neue Rechnung vorgetragen, ist dies bis auf den Teil des Jahresergebnisses, der bereits im KA des Vj enthalten war, durch eine Umgliederung in den Posten Jahresergebnis rückgängig zu machen. Das seit dem letzten JA bis zum Stichtag des Zwischenabschlusses erzielte Ergebnis ist im Zwischenabschluss ebenfalls als unverteiltes Jahresergebnis auszuweisen (§ 298 Anm 61).

Der Zwischenabschluss hat die VG, Schulden und Sonderposten, die dem einzubeziehenden Unt (TU bzw GemUnt) an diesem Stichtag zuzuordnen sind, und die damit korrespondierenden Erträge und Aufwendungen seit dem letzten Zwischenabschluss zu enthalten. Besonderheiten für den **Inhalt** der **Zwischenabschlüsse** ergeben sich, weil in weitaus stärkerem Umfang als in einem regulären JA **zusätzliche Abgrenzungen** und Annahmen erforderlich sind, weil bestimmte Vermögens- und Schuldposten nur für ein volles Gj exakt ermittelt werden können oder ihre Entstehung von der Beendigung eines regulären Gj abhängt. Es erscheint dabei sachgerecht, die in DRS 16.22f niedergelegten allgemeinen **Grundsätze** für die **Zwischenberichterstattung nach WpHG** entspr auch auf Zwischenabschlüsse iSv Abs 2 S 2 für einen KA zu übertragen.

Danach sind **Erträge und Aufwendungen** im Zwischenabschluss durch Abgrenzungen, dh **zeitanteilig,** zu berücksichtigen, wenn sie keinen saisonalen Charakter haben und regelmäßig erst zum Ende eines regulären Gj (rechtlich) entstehen und das Vorziehen oder die Abgrenzung auch in einem handelsrechtlichen JA angemessen wäre. Dies gilt vor allem dann, wenn der JA für das Kj aufgestellt wird und der Jahresaufwand nicht kontinuierlich anfällt. Werden zB Versicherungsprämien für das Gj = Kj gezahlt, ist im Zwischenabschluss der auf den Zeitraum nach dessen Stichtag bis zum Ende des Kj entfallende Aufwand – Wesentlichkeit vorausgesetzt – durch Bildung eines aktiven RAP zu neutralisieren. Entspr allgemeiner Grundsätze ist zB für die Prüfungskosten des Zwischenabschlusses eine Rückstellung zu bilden. Zusätzlich sind die Kosten für die reguläre JAP, zu zahlendes Urlaubs- und Weihnachtsgeld zeitanteilig sowie für zu gewährende Boni idR umsatzabhängig durch Bildung einer passiven Abgrenzung zu berücksichtigen. Die Vorgehensweise zur Ermittlung der Abgrenzungen muss im Zeitablauf grds stetig erfolgen. Zinsansprüche aus Darlehen und Wertpapieren, soweit sie auf die Zeit bis zum Stichtag des Zwischenabschluss entfallen (anteilige Stückzinsen), werden zeitanteilig vereinnahmt, selbst wenn der Anspruch erst danach fällig wird. Beträge, die einen größeren Umfang haben, sind im Konzernanhang anzugeben (§ 268 Abs 4 S 2 iVm § 298 Abs 1; s auch § 268 Anm 95).

Dagegen dürfen **Beteiligungserträge** im Zwischenabschluss nur dann vereinnahmt werden, **wenn** bis zu dessen Stichtag eine entspr Forderung rechtswirksam entstanden ist, dh auf der Grundlage eines festgestellten regulären JA ein entspr **Ausschüttungsbeschluss** auf Ebene der BetGes **gefasst** wurde.

18 **Vereinfachungen** ggü der Aufstellung eines regulären (Rumpf-)JA gem § 242 Abs 1 S 1 iVm § 264 Abs 1 S 1 sind im Hinblick darauf, dass der Zwischenabschluss ausschließlich zum Zweck der Einbeziehung (§§ 300 ff) in den KA aufgestellt wird, insb für die Anforderungen an den Nachweis der Vorratsbestände (s Anm 19), aufgrund der für den KA geltenden Grundsätze der **Wesentlichkeit** und **Wirtschaftlichkeit** der **Konzernrechnungslegung** (§ 297 Anm 195 ff) zulässig (glA zB *ADS*[6] § 299 HGB Anm 36; *Kraft* in Großkomm HGB[4] § 299 Anm 44). Sofern für Rückstellungen umfangreiche Berechnungen erforderlich sind (zB Pensionen), sind aus den gleichen Gründen realistische Schätzungen vertretbar (so auch *ADS*[6] § 299 HGB Anm 32; *Claussen/Scherrer* in Kölner Komm-HGB § 299 Anm 29 f).

19 Für den Nachweis der Vermögens- und Schuldposten gelten die allgemeinen Vorschriften über das Inventar. Die **Vorratsbestände** dürfen somit auch für den Zwischenabschluss nach den Grundsätzen zur permanenten Inventur oder zur vor- bzw nachverlegten Stichtagsinventur ermittelt werden; dabei kann auf die Einhaltung der Fristen des § 241 Abs 3 solange verzichtet werden, wie eine ordnungsgemäße Erfassung der Lagerbestände gesichert ist (ebenso *ADS*[6] § 299 Anm 35 f; *Claussen/Scherrer* in Kölner Komm-HGB § 299 Anm 24). Damit wird im Regelfall eine erneute körperliche Aufnahme entbehrlich. Haben die Vorräte eine besondere Bedeutung für die Aussagefähigkeit des KA, ist bei fehlender Verlässlichkeit der Vorratsfortschreibung aber eine körperliche Aufnahme zum Stichtag des Zwischenabschlusses erforderlich.

20 Unter materiellen Aspekten ergeben sich vor allem bei der Berechnung von **ergebnisabhängigen Aufwendungen/Erträgen** besondere Fragen bei der Aufstellung eines Zwischenabschlusses, da sich ihre Höhe *nicht* nach dem im Zwischenabschluss ausgewiesenen Ergebnis richtet. Diese Aufwendungen errechnen sich vielmehr ausschließlich anhand der Ergebnisse der beiden JA, die anteilig in den Zwischenabschluss einbezogen sind. Zur Ermittlung des auf den Zwischenabschluss entfallenden Aufwands sind deshalb Fiktionen unvermeidbar (dazu Anm 13 f, ebenso *Trützschler* in HdKR[2] § 299 Anm 25), wobei letztlich auch hier entscheidend ist, dass die Ermittlungsmethode nach dem Grundsatz der Stetigkeit im Zeitablauf beibehalten wird.

21 Für den die erste Teilperiode des Zwischenabschlusses umfassenden JA stehen die **laufenden Ertragsteuern,** zumindest in Form einer Eigenberechnung, weitgehend fest und können diese entspr dem auf diese Teilperiode entfallenden Ergebnis dem Zwischenabschluss zugerechnet werden. Für die zweite Teilperiode sind die Ertragsteuern anhand des in diesem Zeitraum entstandenen Ergebnisses zu berechnen. Maßgebend sind dabei jeweils die nach steuerrechtlichen Vorschriften ermittelten Ergebnisse und der am Stichtag des Zwischenabschlusses geltende Ertragsteuersatz. Die Verwendung des für das Gj erwarteten, gewichteten durchschnittlichen Ertragsteuersatzes (DRS 16.24), wie im Rahmen der Zwischenberichterstattung nach dem WpHG (s dazu *Winkeljohann/Küster* in Sonderbilanzen[4] G Anm 67), kommt uE nicht in Betracht, weil es sich bei dem Zwischenabschluss iSd Abs 2 S 2 eben nicht nur um einen Ausschnitt aus einem einheitlichen Abrechnungszeitraum (Gj) handelt. Bei einer FolgeKons sind die für zurückliegende Zeiträume sich in der Regel ergebenden Unterschiede zwischen Ertragsteuern auf Basis einer Eigenberechnung und deren tatsächlicher Höhe im jeweils aktuellen Zwischenabschluss zu berücksichtigen. Dadurch wird erreicht, dass insgesamt nur die Ertragsteuern ausgewiesen werden, die tatsächlich auch

geschuldet werden. Eine **Berechnung** der einen Zwischenabschluss **betreffenden Ertragsteuern,** ausgehend von einer fiktiven Veranlagung für den gesamten Zeitraum des Zwischenabschlusses (Gesamtbereichsbetrachtung), ist uE dagegen nicht sinnvoll. Diese Vorgehensweise hätte zwar den Vorteil, dass das Ergebnis des Zwischenabschlusses und die Ertragsteuern immer in einem angemessenen Verhältnis zueinander stehen, dadurch können jedoch im KA Steuern ausgewiesen werden, die niemals zu zahlen sind oder es können gezahlte Steuern im KA fehlen (ebenso *Claussen/Scherrer* in Kölner Komm-HGB § 299 Anm 32 ff).

Für die Berechnung von **latenten Steuern** nach Maßgabe des § 274 ggf iVm § 298 Abs 1 ergeben sich aus einem Zwischenabschluss keine Besonderheiten (s auch § 298 Anm 32 ff).

Bei der Ermittlung der Ertragsteuern kann in einzelnen Ländern das Ausschüttungsverhalten von Bedeutung sein **(gespaltener Ertragsteuersatz).** Sofern keine gegenteiligen Erkenntnisse vorliegen, wird man von einer Beibehaltung der in der Vergangenheit ausgeübten Dividendenpolitik ausgehen und unterstellen, dass der Gewinn des Zwischenabschlusses ebenso wie der Gewinn des JA verwendet wird (glA *Claussen/Scherrer* in Kölner Komm-HGB § 299 Anm 37). 22

2. Einbeziehung auf Basis eines abweichenden Stichtags

Im Umkehrschluss zu Abs 2 S 2 kann trotz eines vom KA-Stichtag (s Anm 1) 25 abw JA-Stichtags auf die Aufstellung eines Zwischenabschlusses auf den KA-Stichtag verzichtet werden, wenn der einzubeziehende JA auf einen Stichtag aufgestellt ist, der um **nicht mehr als 3 Monate** *vor* dem Stichtag des KA liegt. Bei VersicherungsUnt kann sogar innerhalb eines Zeitraums von bis zu 6 Monaten auf die Aufstellung von Zwischenabschlüssen verzichtet werden (§ 341i Abs 3 S 2).

Liegt der JA-Stichtag dagegen auch nur geringfügig *nach* dem KA-Stichtag, kann die Einbeziehung nicht mehr auf der Grundlage des JA erfolgen, sondern ist zwingend ein Zwischenabschluss (s Anm 10) auf den KA-Stichtag aufzustellen (zu Abweichungen der IFRS s Anm 49). Damit ist geregelt, dass in Bezug auf das Konzern-Gj nur eine Zeitperiode *fehlen* kann, und zwar eine von maximal 3 (bzw 6) Monaten. Statt der fehlenden Zeitperiode enthält der KA, mit Ausnahme des Gj der ErstKons, aber die Aufwendungen und Erträge aus der entspr Periode des vorangegangenen Konzern-Gj.

Außer an die **Einhaltung der zeitlichen Voraussetzungen** (JA-Stichtag 3- 26 bzw 6-Monate vor dem KA-Stichtag) ist der Verzicht auf die Aufstellung eines Zwischenabschlusses grds an keine weiteren Voraussetzungen geknüpft (*ADS*[6] § 299 Anm 57). Konsequenz des Verzichts sind dann allerdings zusätzliche Angaben im Konzernanhang bzw eine Nachbuchung wesentlicher Geschäftsvorfälle nach Abs 3 (s dazu Anm 30 ff). Dadurch wird die praktische Bedeutung des Verzichts auf einen Zwischenabschluss stark eingeschränkt. Die Erfordernisse des Abs 3 sind oft mit erheblichen zusätzlichen Aufwendungen verbunden, so dass die Aufstellung eines Zwischenabschlusses sinnvoller und uU kostengünstiger sein kann.

Die Gründe, die historisch für die Entstehung der **Ausnahmeregelung** ur- 27 sächlich waren, nämlich der rechtzeitige Eingang von Abschlussunterlagen der einzubeziehenden TU in Übersee, sind aufgrund der modernen Abrechnungs- und Übermittlungstechniken längst entfallen; diese Regelung **sollte** aus konzeptionellen Gründen daher **aufgehoben werden.** Dessen ungeachtet ist die Erleichterungsregel auch nach IFRS (s Anm 49 f) zulässig, weshalb auch im Zuge der Änderungen durch das BilMoG insofern keine Anpassung erfolgt ist.

28 Bei Verzicht auf die Aufstellung eines Zwischenabschlusses kann es durch Umstellung des Gj beim TU bei der Kons im Folgejahr zu folgender Besonderheit kommen: Endete zB das Gj dieses **Tochterunternehmen** bisher 3 Monate vor dem Konzern-Gj und **stellt** das TU im Folgejahr sein **Geschäftsjahr** auf das Konzern-Gj **um,** ist dieses TU zwangsläufig mit einem Zeitraum von 15 Monaten in den KA einzubeziehen; die Fortführung der Einbeziehung des TU auf der Grundlage eines vom Stichtag des KA abw Zwischenabschlusses scheidet aus. Sofern durch die Einbeziehung des über 12 Monate hinausgehenden Zeitraums der Einblick in die Ertragslage des Konzerns eingeschränkt ist, sind zusätzliche Angaben im Konzernanhang gem § 277 Abs 4 S 3 iVm § 298 Abs 1 erforderlich.

C. Konsequenzen bei einer Einbeziehung auf der Grundlage eines abweichenden Abschlussstichtags (Abs 3)

I. Vorgänge von besonderer Bedeutung

30 Wird ein TU unter der Voraussetzung des Abs 2 S 2 (Anm 25) auf Basis seines bis zu drei Monate von dem KA-Stichtag aufgestellten JA in den KA einbezogen, sind nach Abs 3 Vorgänge von besonderer Bedeutung für die VFE-Lage eines konsolidierten Unt, zwischen dem Stichtag des JA und des KA, entweder durch Nachbuchungen in der Konzernbilanz und der Konzern-GuV zu berücksichtigen (s Anm 37) oder im Konzernanhang anzugeben (s Anm 40). Damit sollen zunächst **Informationsdefizite,** die aus dem Verzicht auf die Aufstellung eines Zwischenabschlusses auf den Konzernbilanzstichtag resultieren, **kompensiert** werden. Zugleich wird durch die Regelung in Abs 3 klargestellt, dass der Zeitraum nach Ende des Gj des TU bis zum Konzernbilanzstichtag nicht zur Manipulation der VFE-Lage des Konzerns, zB durch Liquiditätsverlagerung vom TU zum MU, genutzt werden kann, sondern aus derartigen Maßnahmen resultierende Beeinträchtigungen letztlich im KA zu korrigieren sind (hM zB *Heni* in Rechnungslegung[2] § 299 Anm 15).

31 Beide **Alternativen** des Abs 3 stehen **gleichberechtigt** nebeneinander. Dies bedeutet auch, dass die **Informationen,** die durch Nachbuchung oder Anhangangabe in den KA eingehen, **gleichwertig** sein müssen (*Busse von Colbe* in MünchKomm HGB[3] § 299 Anm 10). Die **Inanspruchnahme** erfolgt je TU und ist für dieses im Zeitablauf grds **stetig** (§ 297 Abs 3 S 2) beizubehalten. Abs 3 gilt aufgrund des Verweises in § 310 Abs 2 entspr für **Gemeinschaftsunternehmen,** die nach § 310 Abs 1 im Wege der QuoKons in den KA einbezogen werden.

32 In **zeitlicher Hinsicht** können Vorgänge von besonderer Bedeutung nur solche Geschäftsvorfälle und Ereignisse sein, die sich innerhalb der Frist von maximal drei Monaten nach dem JA-Stichtag bis zum KA-Stichtag ereignen. Für VersicherungsUnt verlängert sich diese Frist auf sechs Monate (Abs 3 iVm Abs 2 S 2 iVm § 341i Abs 3 S 2; s Anm 25). Vorgänge von besonderer Bedeutung, die sich beim TU mit abw Stichtag nach dem KA-Stichtag ereignen, sind ggf im Konzernlagebericht nach § 315 Abs 2 Nr 1 anzugeben (s dort Anm 27).

33 Bezugsobjekt für die Beurteilung, ob ein Vorgang von besonderer Bedeutung für die VFE-Lage gegeben ist, ist nach dem eindeutigen Wortlaut des Abs 3 **das einzelne konsolidierte Unternehmen** und nicht der (gesamte) Konzern (zu Unterschieden nach IFRS s Anm 50). Berücksichtigungs- bzw angabepflichtig sind somit auch Vorgänge, die zwar für den KA keine wesentliche Bedeutung besitzen, wohl aber für die Darstellung der VFE-Lage des einbezogenen Unt mit abw Stichtag oder – bei Lfg- und Leistungsverkehr mit KonzernUnt – eines der übrigen konsolidierten Unt (ebenso *ADS*[6] § 299 Anm 71; *WPH*[14] I, M Anm 168; *Busse von Colbe* in MünchKomm HGB[3] § 299 Anm 10; aA *Heni* in Rechnungslegung[2] § 299 Anm 16: nur bezogen auf das TU mit abw Stichtag). Diese Bestimmung, die zu einer beachtlichen Zahl von im KA zu berücksichtigenden Sachverhalten führen kann, erklärt sich mit der Schwierigkeit, dass aus Sicht eines TU die Bedeutung von Geschäftsvorfällen für den KA nicht immer beurteilt werden kann.

Grds denkbar sind auch Vorgänge, die zwar für das einzelne KonzernUnt unbedeutend sind, wohl aber für den **Konzern** eine **besondere Bedeutung** besitzen. Dies könnte bspw bei Bezügen von Vorräten von KonzernUnt im Rahmen des normalen Geschäftsbetriebs der Fall sein, wenn diese Vorräte erhebliche Zwischengewinne enthalten. Diese Vorgänge als nicht berücksichtigungs- oder angabepflichtig zu betrachten, würde dem Sinn und Zweck von Abs 3 widersprechen. Zur Identifizierung derartiger Sachverhalte sind vom MU entspr Vorkehrungen zu treffen, zB durch gezielte Abfragen nach Bezügen von TU mit abw Stichtag im Formblattabschluss.

Vorgänge von besonderer Bedeutung können inhaltlich aus der **laufenden Geschäftstätigkeit** des TU mit abw Stichtag resultieren, was aber regelmäßig nur im Jahr der erstmaligen Einbeziehung der Fall sein wird. Wird ein TU dauerhaft auf der Grundlage eines vom Stichtag des KA abw JA einbezogen, ergeben sich kompensatorische Effekte dadurch, dass statt der laufenden Geschäftsvorfälle seit dem JA-Stichtag bis zum KA-Stichtag die entspr Geschäfte für den Vj-Zeitraum im KA enthalten sind. Dies setzt allerdings voraus, dass sich das Geschäftsvolumen des TU nicht signifikant ggü dem Vj verändert hat.

Vorgänge von besonderer Bedeutung sind deshalb **überwiegend** bei den **nicht kontinuierlich anfallenden**, aperiodischen oder sonstigen ao **Geschäftsvorfällen** zu erwarten (glA *WPH*[14] I, M Anm 170). Beispielhaft seien die Veräußerung von wesentlichen Sach- und Finanzanlagen, Werksschließungen, günstiger/ungünstiger Ausgang eines Rechtsstreits und die Abwicklung von einmaligen Großaufträgen genannt. In Betracht kommen auch aus Sicht des JA des TU wertaufhellende Ereignisse, zB nennenswerte Forderungsverluste durch die Insolvenz von Großkunden.

Indizien können sich ferner aus der **Berichterstattung** nach § 289 Abs 2 Nr 1 (s dort Anm 62 ff) **im Lagebericht** des TU für das betr Gj, ergeben. Auch erhebliche **Abweichungen zwischen** den **zu konsolidierenden Posten** können ein Indiz für zu berücksichtigende oder angabepflichtige Vorgänge sein (so IDW RH HFA 1.019, Tz 9).

Der Wortlaut des Abs 3 lässt offen, ob die Beurteilung der besonderen Bedeutung für **jeden** *einzelnen* **Geschäftsvorgang oder** die *Gesamtheit* der in Frage kommenden Geschäftsvorgänge zu erfolgen hat. Ebenso wie in anderen Zusammenhängen, zB dem Verzicht auf die VollKons iSv § 296 Abs 2 unwesentlicher TU (s dort Anm 33 ff), ist grds davon auszugehen, dass zunächst zu beurteilen ist, ob der einzelne Geschäftsvorgang von Bedeutung für die VFE-Lage ist. Eine Mehrzahl von gleichartigen Geschäftsvorgängen muss insgesamt auf die Bedeutung für die VFE-Lage beurteilt werden. Gleiches gilt für Geschäftsvorgänge, zwischen denen ein innerer Zusammenhang besteht. Allgemeingültige Regeln und Verhältniszahlen für die Frage, ob Vorgänge von besonderer Bedeutung vorliegen, lassen sich nicht aufstellen (glA *WPH*[14] I, M Anm 169). **Ausschlaggebend** ist immer das **Gesamtbild der Verhältnisse** unter Berücksichtigung aller Umstände beim TU.

II. Berücksichtigung in der Konzernbilanz und in der Konzern-Gewinn- und Verlustrechnung

37 Eine Berücksichtigung der Vorgänge von besonderer Bedeutung in der Konzernbilanz und in der Konzern-GuV bedeutet deren **Nachbuchung** in der für KonsZwecke (§§ 300, 308) aus dem JA entwickelten HB II. Je mehr solche Vorgänge berücksichtigt werden, desto mehr nähert man sich der Aufstellung eines „**partiellen**" **Zwischenabschlusses** auf den Konzernbilanzstichtag an. Der Unterschied zu einer Kons auf Basis eines Zwischenabschluss besteht dann darin, dass nur die nicht von den Vorgängen betroffenen Posten des JA des TU unverändert, dh mit den Salden zum JA-Stichtag, in den KA einbezogen werden (IDW RH HFA 1.019, Tz 12).

38 Hinsichtlich der zu berücksichtigenden **Geschäftsvorgänge** ist zu beachten, dass sie sich in zwei aufeinander folgenden KA auswirken: Sie werden im ersten Jahr im KA berücksichtigt und **müssen im Folgejahr,** wenn sie im JA des TU enthalten sind, **storniert** werden, um eine nochmalige Erfassung im KA zu verhindern.

Handelt es sich bei den Vorgängen von besonderer Bedeutung um **Geschäftsvorgänge zwischen** konsolidierten **Tochterunternehmen,** haben sich diese im Regelfall nur in *einem* der einbezogenen JA niedergeschlagen. Wurde etwa eine konzerninterne Verbindlichkeit in dem fraglichen 3-Monats-Zeitraum durch Zahlung ausgeglichen, ist die sich bei der SchuldenKons zwangsläufig ergebende Differenz zB den Bankguthaben oder -verbindlichkeiten zuzuordnen. Bei derartigen erfolgsneutralen **Umgliederungen** entfällt deren Stornierung im Folgejahr.

39 Entscheidet sich das MU für die Berücksichtigung der besonderen Vorgänge in der Konzernbilanz und Konzern-GuV, kann gleichwohl aus der Generalnorm des § 297 Abs 2 S 2 das Erfordernis *zusätzlicher* Erl im Konzernanhang bestehen. Dies gilt insb auch für den Fall, dass das Wahlrecht bei verschiedenen Vorgängen *unterschiedlich* ausgeübt wird (ebenso IDW RH HFA 1.019, Tz 10; *ADS*[6] § 299 Anm 77).

III. Angabe im Konzernanhang

40 Wird statt der Berücksichtigung der Vorgänge von besonderer Bedeutung in der Konzernbilanz und in der Konzern-GuV die Angabe im Konzernanhang gewählt, sind auch hier neben verbalen Ausführungen **Betragsangaben erforderlich** (ebenso *ADS*[6] § 299 Anm 100; *WPH*[14] I, M Anm 176; zu IFRS Abweichungen s Anm 50). Die Angabe muss inhaltlich einer Berücksichtigung in der Konzernbilanz und Konzern-GuV gleichwertig sein (s IDW RH HFA 1.019, Tz 13). Eine Vereinfachung kann deshalb darin kaum gesehen werden.

D. Verhältnis zum Publizitätsgesetz

42 Besteht eine Konzernrechnungslegungspflicht nach dem PublG, ist der **Konzernabschluss** auf den **Jahresabschlussstichtag des Mutterunternehmens aufzustellen** (§ 13 Abs 2 S 1 PublG iVm Abs 1; s Anm 1). Für die Einbeziehung von TU, deren JA- vom KA-Stichtag abw, gelten auch im KA nach PublG § 299 Abs 2 S 2 bzw Abs 3 sinngemäß (§ 13 Abs 2 S 1; s Anm 10ff, Anm 25ff).

43 Nach § 11 PublG können auch **(Mutter-)Unternehmen** zur Konzernrechnungslegung verpflichtet sein, **die** selbst kein Kfm iSd HGB sind und deshalb **keinen Jahresabschluss aufstellen** (§ 290 Anm 105ff; *ADS*[6] § 11 PublG Anm 7ff). Als Stichtag für die Ermittlung der Größenkriterien ist in diesem Fall nach § 11 Abs 2 S 2 PublG der **Abschlussstichtag** des **größten Unternehmens** mit Sitz **im Inland** maßgeblich. Es erscheint sachgerecht, diesen Stichtag dann auch als KA-Stichtag zugrunde zu legen (glA *WPH*[14] I, O Anm 66).

E. Rechtsfolgen einer Verletzung des § 299

Ein **Verstoß gegen** § 299 liegt vor, wenn: 45
- der KA auf einen unzulässigen, dh vom JA-Stichtag des MU abw Stichtag aufgestellt wird,
- TU mit JA in den KA einbezogen werden, deren Stichtag nach oder mehr als drei Monate vor dem Konzernbilanzstichtag liegt, oder
- bei Einbeziehung von TU auf der Grundlage eines abw Abschlusses die Auswirkungen von wesentlichen Vorgängen nicht oder nicht vollständig berücksichtigt bzw angegeben werden.

Sofern dadurch die **Verhältnisse** des Konzerns **unrichtig wiedergegeben** oder **verschleiert** werden, können die gesetzlichen Vertreter oder Mitglieder des AR des MU nach § 331 Nr 2 mit einer **Freiheitsstrafe** von bis zu drei Jahren oder einer **Geldstrafe** bestraft werden (s dazu § 331 Anm 30 iVm Anm 10 ff, Anm 40).

Entspr gilt nach § 17 Abs 1 Nr 2 PublG für die KA von dem PublG unterliegenden MU.

F. Abweichungen der IFRS

Standards: IFRS 10 Konzernabschlüsse *(Consolidated Financial Statements)* (2011); IFRS 12 Angaben zu Anteilen an anderen Unternehmen *(Disclosure of interests in other entities)* (2011).

Ebenso wie nach HGB ist der IFRS-KA auf das Ende des Berichtszeitraums, 48 dh den **Stichtag** für den **Jahresabschluss** des **Mutterunternehmens** aufzustellen (IFRS 10.21 iVm .B92). Hinsichtlich der Bestimmung der Lage des Gj des MU und damit des Konzernbilanzstichtags enthalten die IFRS keine Regelungen, sondern dies richtet sich für MU im Inland nach den deutschen handels- und gesellschaftsrechtlichen Bestimmungen.

Auch nach IFRS sollen alle einbezogenen Unt (MU und TU) einen einheitli- 49 chen Abschlussstichtag und -zeitraum aufweisen. **Bei abweichenden Stichtagen** sind TU grds auf Basis von auf den Konzernbilanzstichtag aufgestellten **Zwischenabschlüssen** in den KA einzubeziehen (IFRS 10.21 iVm .B92). Nur wenn dies undurchführbar (*„impracticable"*) ist, darf auf die Aufstellung eines Zwischenabschlusses verzichtet werden, wobei dann zugleich der Abschlussstichtag des einzubeziehenden TU um nicht mehr als drei Monate vom Stichtag des KA abweichen darf (IFRS 10.21 iVm .B93). Im Gegensatz zur Bestimmung nach HGB wird der Verzicht auf die Aufstellung eines Zwischenabschluss dem MU nicht freigestellt, sondern auf sehr seltene Ausnahmefälle beschränkt (*Senger/ Brune* in Beck IFRS[4] § 32 Anm 23). Dies dürfte dann der Fall sein, wenn die Beschaffung der Daten zum Konzernbilanzstichtag mit einem unverhältnismäßig hohen Aufwand verbunden ist, wobei zeitliche Datenbeschaffungsprobleme allein nicht ausreichend sind (s *Baetge* KA[9], 137). Wird ein TU mit einem abw Stichtag in den KA einbezogen, ist dieser Stichtag sowie der Grund für dessen Verwendung, dh letztlich weshalb auf die Aufstellung eines Zwischenabschlusses verzichtet wurde, im Konzernanhang anzugeben (IFRS 12.11). Ein weiterer Unterschied zu den HGB-Regeln besteht in diesem Zusammenhang darin, dass der JA-Stichtag des TU nach IFRS sowohl um bis zu drei Monate **vor** (so aus-

§ 300

schließlich nach HGB; s Anm 25) als auch **nach** dem Stichtag des KA liegen darf (*Baetge* KA⁹, 137; *Heni* in Rechnungslegung² § 299 Anm 20). Werden TU mit einem JA einbezogen, dessen Stichtag nach Ende des Konzern-Gj liegt, ist zu beachten, dass sich dadurch die Aufstellungsfrist für den KA (fünf Monate nach Ende des Gj; § 290 iVm § 315a Abs 1) nicht verändert. Dh faktisch verkürzt sich dadurch die Aufstellungsfrist für den JA/HB II des betr TU noch einmal deutlich, weshalb diese „Option" ohne praktische Relevanz sein dürfte.

50   Weicht der Stichtag eines einbezogenen TU ausnahmsweise vom KA-Stichtag ab und wurde kein Zwischenabschluss aufgestellt, sind nach IFRS 10.21 iVm .B93 bei der Aufstellung des KA **Korrekturen** *(„adjustments")* **für wesentliche Geschäftsvorfälle** und andere Ereignisse innerhalb der beiden Abschlussstichtage erforderlich. Hinsichtlich der Wesentlichkeit kommt es dabei – im Unterschied zu HGB (s Anm 33) – auf die kumulative Bedeutung der in Frage kommenden Vorgänge für die Lage des Konzerns an (*Baetge* KA⁹, 137; *Krumbholz* in Bilanzrecht § 299 Anm 513; aA *Busse von Colbe* in MünchKomm HGB³ § 299 Anm 10: wesentlich für die VFE-Lage eines TU). Die Korrekturen sind ausschließlich in der Konzernbilanz bzw Konzern-GuV vorzunehmen (*Küting/Weber*¹³, 233f). Eine verbale Erl mit entspr Betragsangaben im Konzernanhang (*notes*) ist, im Unterschied zu HGB (s Anm 40), nicht ausreichend.

Vierter Titel. Vollkonsolidierung

§ 300 Konsolidierungsgrundsätze. Vollständigkeitsgebot

(1) ¹In dem Konzernabschluß ist der Jahresabschluß des Mutterunternehmens mit den Jahresabschlüssen der Tochterunternehmen zusammenzufassen. ²An die Stelle der dem Mutterunternehmen gehörenden Anteile an den einbezogenen Tochterunternehmen treten die Vermögensgegenstände, Schulden, Rechnungsabgrenzungsposten und Sonderposten der Tochterunternehmen, soweit sie nach dem Recht des Mutterunternehmens bilanzierungsfähig sind und die Eigenart des Konzernabschlusses keine Abweichungen bedingt oder in den folgenden Vorschriften nichts anderes bestimmt ist.

(2) ¹Die Vermögensgegenstände, Schulden und Rechnungsabgrenzungsposten sowie die Erträge und Aufwendungen der in den Konzernabschluß einbezogenen Unternehmen sind unabhängig von ihrer Berücksichtigung in den Jahresabschlüssen dieser Unternehmen vollständig aufzunehmen, soweit nach dem Recht des Mutterunternehmens nicht ein Bilanzierungsverbot oder ein Bilanzierungswahlrecht besteht. ²Nach dem Recht des Mutterunternehmens zulässige Bilanzierungswahlrechte dürfen im Konzernabschluß unabhängig von ihrer Ausübung in den Jahresabschlüssen der in den Konzernabschluß einbezogenen Unternehmen ausgeübt werden. ³Ansätze, die auf der Anwendung von für Kreditinstitute oder Versicherungsunternehmen wegen der Besonderheiten des Geschäftszweigs geltenden Vorschriften beruhen, dürfen beibehalten werden; auf die Anwendung dieser Ausnahme ist im Konzernanhang hinzuweisen.

Übersicht

	Anm
A. Allgemeines	1, 2
B. Grundsätze der Konsolidierung und der einheitlichen Bilanzierung (Abs 1)	
I. Grundsatz der Zusammenfassung der Jahresabschlüsse nach einheitlichem Recht des Mutterunternehmens (Abs 1 S 1 und S 2 1. Halbsatz)	11–19

Konsolidierungsgrundsätze. Vollständigkeitsgebot 1, 2 § 300

	Anm
II. Überleitung der Handelsbilanz I in die Handelsbilanz II	26–34
III. Ausnahmen von der einheitlichen Bilanzierung (Abs 1 S 2 2. Halbsatz)	39–42
C. Grundsätze der Vollständigkeit des Konzernabschlusses und der Unabhängigkeit der Konzernbilanzierung (Abs 2)	
I. Vollständigkeit und Unabhängigkeit (Abs 2 S 1)	43
II. Unterjährige Änderungen des Konsolidierungskreises	44–48
III. Bilanzierungswahlrechte (Abs 2 S 2)	50, 51
D. Konsolidierung von Kreditinstituten und Versicherungsunternehmen (Abs 2 S 3)	52, 53
E. Publizitätsgesetz	55
F. Rechtsfolgen einer Verletzung des § 300	58
G. Abweichungen der IFRS	60–65

Schrifttum: *Küting/Tesche* Der Stetigkeitsgrundsatz im verabschiedeten neuen deutschen Bilanzrecht DStR 2009, 1491; *Fey/Ries/Lewe* Ansatzstetigkeit nach BilMoG für Pensionsverpflichtungen iSd Art 28 EGHGB BB 2010, 1011; IDW RS HFA 38 Ansatz- und Bewertungsstetigkeit im handelsrechtlichen Jahresabschluss FN-IDW 2011, 560; IDW RS HFA 44 Vorjahreszahlen im handelsrechtlichen Konzernabschluss und Konzernrechnungslegung bei Änderungen des Konsolidierungskreises FN-IDW 2012, 32: IDW RS HFA 42 Auswirkungen einer Verschmelzung auf den handelsrechtlichen Jahresabschluss FN-IDW 2012, 701; IDW RH HFA 1.018 Einheitliche Bilanzierung und Bewertung im handelsrechtlichen Konzernabschluss FN-IDW 2013, 214.

Standards: DRS 13 Grundsatz der Stetigkeit und Berichtigung von Fehlern BAnz Nr 164 v 31.8.2005, 13 202; DRS 19 Pflicht zur Konzernrechnungslegung und Abgrenzung des Konsolidierungskreises BAnz Nr 28 v 18.2.2011, 700.

A. Allgemeines

§ 300 ist mit „Konsolidierungsgrundsätze, Vollständigkeitsgebot" überschrieben. Unter KonsGrundsätze werden dabei *Verfahrensregeln* zur Ableitung eines dem Gesetz entspr KA aus den JA verstanden. Sie werden unter dem Begriff **Grundsätze ordnungsmäßiger Konzernrechnungslegung** (GoK) zusammengefasst. Die GoK treten im KA ergänzend neben die GoB (hM zB ADS[6] § 297 Anm 31), die im Rahmen der Generalnorm (§ 297 Abs 2 S 2) auch im KA gelten. Die GoK sind entspr der Zielsetzung des KA, der Vermittlung eines zutreffenden Bilds der VFE-Lage der „fiktiven rechtlichen Einheit Konzern", auf diesen anzuwenden. Es entspricht hM, dass die GoK insb dort heranzuziehen sind, wo die (Konzern-)Rechnungslegungsvorschriften lückenhaft sind oder ihr Inhalt auslegungsbedürftig ist (so etwa *Busse von Colbe/Ordelheide/Gebhardt/Pellens*[9], 35). 1

Die Überschrift des § 300 ist irreführend, da in § 300 nicht sämtliche kodifizierten KonsGrundsätze, sondern nur die **Konsolidierungsgrundsätze** der **Zusammenfassung der Jahresabschlüsse** der in den KA einbezogenen Konzern-Unt (MU und TU) **mittels Vollkonsolidierung,** der **einheitlichen Bilanzierung** und der **Vollständigkeit** angesprochen werden. Weitere KonsGrundsätze sind in folgenden Paragraphen kodifiziert (ähnlich *Trützschler* in HdKR[2] § 300 Anm 2 ff, *Heni* in Rechnungslegung § 300 Anm 1): 2
- § 294 Abs 1: Vollständigkeit des KonsKreises, s § 294 Anm 5 f
- § 297 Abs 2 S 1: Klarheit und Übersichtlichkeit, s § 297 Anm 180 ff
- § 297 Abs 3 S 1: Fiktion der rechtlichen Einheit des Konzerns, s § 297 Anm 190 ff

§ 300   11, 12   Vollkonsolidierung

- § 297 Abs 3 S 2: Stetigkeit der Konsolidierungsmethoden, s § 297 Anm 200 ff
- § 299 Abs 1: Einheitlicher Abschlussstichtag, s § 299 Anm 8
- § 308 Abs 1: Einheitliche Bewertung, s § 308 Anm 7 ff
- §§ 291 Abs 1, 293: Wirtschaftlichkeit, s § 291 Anm 1 ff sowie § 293 Anm 3 f, bzw § 297 Anm 195 ff
- §§ 296 Abs 2, 303 Abs 2, 304 Abs 2, 305 Abs 2: Wesentlichkeit, s § 296 Anm 33 ff, § 303 Anm 70 ff, § 304 Anm 60 ff sowie § 305 Anm 50 f.

B. Grundsätze der Konsolidierung und der einheitlichen Bilanzierung (Abs 1)

I. Grundsatz der Zusammenfassung der Jahresabschlüsse nach einheitlichem Recht des Mutterunternehmens (Abs 1 S 1 und S 2 1. Halbsatz)

11   **Abs 1 S 1** legt fest, dass die JA des MU und der TU zusammenzufassen sind (**Grundsatz der Zusammenfassung der Jahresabschlüsse** der in den KA einbezogenen KonzernUnt (MU und TU) **mittels Vollkonsolidierung**). Der KA tritt als eigenständiges Informationsinstrument neben die JA der in den KA einbezogenen Unt (§ 297 Anm 1, *ADS*[6] § 300 Anm 3; *Trützschler* in HdKR[2] § 300 Anm 10).

12   Gem **Abs 1 S 2** treten in der Konzernbilanz an die Stelle der beim MU bilanzierten Anteile an den einbezogenen TU (hierzu zählen nach hM sämtliche Anteilsrechte unabhängig von der Rechtsform des TU und vom Ausweis in der Bilanz des MU oder eines einbezogenen TU, also auch eigene Anteile des TU, s hierzu auch § 301 Anm 15) die VG, Schulden, RAP und Sonderposten der TU. Diese sind unabhängig von dem Prozentsatz der Beteiligung des MU stets in voller Höhe in den KA einzubeziehen. Nur bei *Gemeinschaftsunternehmen* ist eine anteilmäßige Bilanzierung im KA erforderlich, sofern das Wahlrecht zur Quo-Kons (hierzu § 310) anstelle der Bewertung nach der Equity-Methode gewählt wird. Bei *assoziierten Unternehmen* und GemUnt für die die Equity-Bewertung angewandt wird, werden die einzelnen VG und Schulden nicht als solche in den KA übernommen. Stattdessen wird das anteilige Reinvermögen dieser Unt in einer statistischen Nebenrechnung mit Konzern-AK/HK bewertet und dieser Reinvermögenssaldo als „Equity-Wert" in den KA übernommen (§§ 311 f).

Die an die Stelle der beim MU bilanzierten Anteile tretenden Bilanzposten der in den KA einbezogenen TU sind **unabhängig von ihrem Ansatz** in den **Jahresabschlüssen** dieser Unt aufzunehmen, soweit sie „nach dem Recht des MU bilanzierungsfähig" sind (Abs 1 S 2 1. Halbsatz). Die Posten in den JA *dürfen* dabei unverändert in den KA übernommen werden, wenn sie dem Recht des MU entsprechen (zu Ansatzwahlrechten s Anm 50). Soweit die JA von dem Recht des MU abweichen, müssen sie für Zwecke der Kons angepasst werden (teilweise anders für Kreditinstitute und VersicherungsUnt, s Anm 52 f).

Die Übernahme der Bilanzposten eines TU ist jedoch nur zulässig, soweit diese nach dem Recht des MU, das den KA erstellt, bilanzierungsfähig sind und die Eigenart des KA keine Abweichungen bedingt oder in den Vorschriften der §§ 301–309 nichts anderes bestimmt ist (Abs 1 Satz 2).

Müssen in Ausnahmefällen – zu konsolidierende TU keinen JA aufstellen (zB TU, die unselbständiges Sondervermögen darstellen (sog Zebra-Ges, s *PwC* Bil-MoG Komm, Q Anm 86)), ergibt sich aus Abs 1 S 1 keine eigenständige Pflicht zur JA-Erstellung, sondern die jeweiligen Posten dürfen direkt aus der Buchhaltung entnommen werden bzw werden idR im Rahmen der Übermittlung eines sog **reporting package** an das MU gemeldet.

Es ist nach dem **Recht**, das **für das Mutterunternehmen** gilt, zu bilanzieren. Das Recht des MU ist grds das Konzernbilanzrecht entweder des HGB oder des PublG; für § 300 bestehen keine Unterschiede zwischen beiden Gesetzen, da nach § 13 Abs 2 S 1 PublG § 300 *sinngemäß* anzuwenden ist. Auf gem § 315a verpflichtend (§ 315a Abs 1 und Abs 2) oder freiwillig (§ 315a Abs 3) erstellte IFRS-KA findet § 300 keine Anwendung (zu IFRS-Abweichungen s Anm 60 ff). **13**

Mit „Bilanzierung" dürfte der **Ansatz** in der Konzernbilanz gemeint sein. Die konzerneinheitliche **Bewertung** ist in § 308 gesondert geregelt und richtet sich allein danach (ebenso *ADS*[6] § 300 Anm 1; *Busse von Colbe* in MünchKomm HGB[3] § 300 Anm 8; *Trützschler* in HdKR[2] § 300 Anm 1 f, der § 309 auch noch zu den Bewertungsvorschriften zählt; *WPH*[14] I, M Anm 247). Zwar wird in der 7. EG-Richtl nicht nach Bilanzierungs- und Bewertungsmethoden unterschieden, jedoch lässt sich der Vollständigkeitsgrundsatz (Abs 2 S 1) sinnvoll nur auf den *Ansatz* der Abschlussposten beziehen.

Die Forderung nach **Vollständigkeit** des KA lt Abs 2 bezieht sich somit nur auf die Bilanzierung *dem Grunde nach,* dh auf das Mengengerüst der in den KA zu übernehmenden Vermögens-, Schuld- und Sonderposten (zB latente Steuern). Bei der einheitlichen Bewertung wird in § 308 Abs 1 S 1 ausdrücklich auf die nach Abs 2 übernommenen VG und Schulden verwiesen.

Leitgedanke bei der Aufstellung des KA ist die **Einheitstheorie** (§ 297 Abs 3 S 1). Die konzerneinheitliche Bilanzierung kann deshalb nicht über die Anforderungen hinausgehen, die auch bei einem einzelnen Unt in dessen JA nach HGB zu beachten wären. **14**

Auch die **GuV** und die **Anhänge** (nicht erforderlich für KleinstKapGes gem § 265a, s § 264 Anm 61) der einbezogenen Unt sind grds nach einheitlichen Regeln zusammenzufassen. Dazu § 298 Anm 105 ff und § 313 Anm 28. Die Erstellung einer/s **Konzern-Kapitalflussrechnung** und **-EK-Spiegels** (§ 297 Abs 1) sowie die ggf freiwillige Erstellung einer **Konzern-Segmentberichterstattung** kann organisatorisch durch Ableitung aus dem KA (Regelfall) oder ebenfalls durch Zusammenfassung bzw Kons dieser Instrumente aus den JA bzw HB II (hierzu Anm 26 ff) der einbezogenen Unt erfolgen. Im letzten Fall hat die Zusammenfassung ebenfalls nach einheitlichen Regeln zu erfolgen. **15**

Die **Abweichungen** vom Recht des MU können dadurch verursacht sein, dass abw rechtsform- oder branchenspezifische Vorschriften sowie bei ausländischen TU abw landesrechtliche Rechnungslegungsvorschriften den JA zugrunde liegen. Zu Wahlrechten bei Kreditinstituten und VersicherungsUnt s Anm 52 f. **16**

Die **einheitlichen** Vorschriften über den **Ansatz** im KA müssen für den JA des den KA aufstellenden MU zulässig sein und außerdem auch für den KA des MU gelten. Für den **Gesamtkonzernabschluss** im **mehrstufigen** Konzern ist das Recht des übergeordneten MU (OberGes), das den (befreienden) Gesamt-KA aufstellt, anzuwenden. Die geforderte Vereinheitlichung würde nicht erreicht, wenn Teile des Konzerns nach abw Recht für eine Zwischenholding bilanzieren würden. **17**

Ist das **Mutterunternehmen eine Kapitalgesellschaft** oder **KapCoGes** (missverständlich *Heni* in Rechnungslegung § 300 Anm 12, wonach das MU eines KA immer eine inländische KapGes sein müsse), richten sich die Ansätze im KA nach den Vorschriften für den JA großer KapGes (§§ 246 ff iVm § 298 Abs 1). Gleiches gilt auch für Kreditinstitute und VersicherungsUnt, unabhängig von der Rechtsform (§§ 340i Abs 1 und 2, 341j Abs 1). Das bedeutet zB für inländische TU in der Rechtsform einer (reinen) PersGes, dass auf Konzernebene (HB II) ein passiver Posten für latente Steuern (§ 274 Abs 1) zu bilden ist. Anpassungen an die An- **18** satzvorschriften des HGB werden insb auch bei den JA ausländischer TU notwendig. Gleiches gilt für die TU in der Rechtsform der KapGes/KapCoGes, die gem §§ 264 Abs 3 und 264b von der Pflicht der Erstellung eines JA unter Beachtung der Vorschriften für KapGes/KapCoGes (§§ 264ff) befreit sind. Auch hier ist es für Zwecke der Kons notwendig, die Ansatzvorschriften des MU zu beachten.

19 Die in § 298 Abs 1 aufgeführten *Ansatz*vorschriften sind auch dann anzuwenden, wenn zwar das **Mutterunternehmen,** das einen befreienden KA oder Teil-KA aufstellt, **nicht** die Rechtsform einer **Kapitalgesellschaft/KapCoGes** hat, der KA aber ein unteres MU in der Rechtsform der KapGes von seiner Pflicht zur Aufstellung eines Teil-KA befreien soll (§ 291 Abs 2 Nr 2 iVm § 13 Abs 3 S 3 PublG; *WPH*[14] I, M Anm 250, O Anm 83). Die Beurteilung der Einbeziehung des zu befreienden MU und seiner TU in den KA des oberen MU erfolgt aus dessen Sicht; Näheres § 291 Anm 15 ff. § 298 Abs 1 ist entspr auf MU anzuwenden, die nach dem PublG verpflichtet sind, einen KA aufzustellen (§ 13 Abs 2 S 1 PublG, dazu § 290 Anm 100ff).

II. Überleitung der Handelsbilanz I in die Handelsbilanz II

26 *Vor* den eigentlichen KonsMaßnahmen (Aufrechnung des – neubewerteten – EK gegen den Beteiligungsbuchwert, Schulden- und ZwischenergebnisKons sowie Berechnung der latenten Steuern), sind die in der HB der einbezogenen KonzernUnt enthaltenen Bilanzposten an das Recht für den (ggf befreienden) KA des MU anzupassen. Grundlage der Vereinheitlichung auf der Basis des angewandten Rechts des MU sind die JA (ggf auch nach ausländischem Landesrecht) der einbezogenen Unt. Die einzelnen Schritte dieser Anpassungsvorgänge können sein: die Vereinheitlichung der Gliederung, der Bilanzierung und Bewertung einschl der Bilanzierung latenter Steuern und der WähUm bei ausländischen TU. Diese Arbeiten können je TU in Form einer Ergänzungsrechnung, die von einem Konzernbilanzstichtag zum folgenden fortgeschrieben wird, statistisch aufbereitet werden oder Teil einer besonderen Konzernbuchführung sein (ausführlich *WPH*[14] I, M Anm 307 ff). Dabei handelt es sich stets um vorbereitende *Änderungen* von JA, nicht schon um KonsMaßnahmen.

27 Das Ergebnis dieser Anpassungen des Ansatzes, der Bewertung und der Gliederung ist die sog **Handelsbilanz II** (einschl GuV II und Anhang II) für jedes TU und für das MU, falls auch bei diesem Anpassungen vorgenommen werden (ausführlich zur Aufstellung der HB II *Heni* in Rechnungslegung § 300 Anm 6 ff). Die Bilanzanpassungen wirken sich auch auf die Posten in der GuV und auf die Angaben im Anhang aus.

28 Zweck der **Handelsbilanz II** ist es, einen JA zu erstellen, der unmittelbar den eigentlichen KonsMaßnahmen zugrunde gelegt werden kann (s *WPH*[14] I, M Anm 311). Die HB II ist kein vom HGB geforderter JA oder Zwischenabschluss und hat keine Außenwirkung; sie ist lediglich eine **organisatorische Maßnahme.** Sie fasst die Auswirkungen der einheitlichen Bilanzierung, Bewertung und Gliederung sowie ggf die Umrechnung für die Bilanzposten der einzelnen TU zusammen; auch diese Unterlagen sind 10 Jahre aufzubewahren (§ 257 Abs 1 Nr 1 „sonstige Organisationsunterlagen", s § 257 Anm 13).

29 **Rückstellungen** für ungewisse Verbindlichkeiten (zB für Garantieverpflichtungen) oder Rückstellungen für drohende Verluste aus schwebenden Geschäften **gegenüber** anderen **einbezogenen Unternehmen** sind ebenfalls in die HB II aufzunehmen. Diese Posten sind dann ggf im Rahmen der SchuldenKons aufzurechnen (näheres § 303 Anm 27ff). Dies gilt auch für andere Schulden sowie Beteiligungsbuchwerte, Forderungen und RAP, die in den HB II enthalten sind, wenn diese nach den §§ 301 bis 305 zu konsolidieren sind.

Die **Neubewertung** der VG und Schulden bei der **Kapitalkonsolidierung** 30
(§ 301) ist ein der Kapitalaufrechnung vorgelagerter besonderer Schritt und sollte
einer gesonderten **Ergänzungsrechnung** (auch als HB III bezeichnet, s zB *Heni*
in Rechnungslegung § 300 Anm 9) vorbehalten sein. Aus Vereinfachungsgründen kann es in weniger bedeutenden Fällen jedoch sinnvoll sein, auch die Fortschreibung der Neubewertung der VG und Schulden nach § 301 bereits in die
HB II einzubeziehen.

Die notwendigen Anpassungen an die einheitlichen Gliederungs-, Bilanzierungs- und Bewertungsvorschriften und die Maßnahmen zur Neubewertung können sich zwar überschneiden, sie sind jedoch auch im Hinblick auf die erforderliche Bilanzierung latenter Steuern getrennt festzuhalten. Latente Steuern auf Unterschiede zwischen handelsrechtlichen und steuerrechtlichen Wertansätzen von VG und Schulden, die sich aus der einheitlichen Bilanzierung und Bewertung ergeben, sind nach § 274 zu bilanzieren, während § 306 auf Differenzen dieser Wertansätze, die sich aus KonsVorgängen ergeben, beschränkt ist (§ 306 Anm 3 ff).
Zur Bilanzierung latenter Steuern im Rahmen der ErstKons s § 301 Anm 95 ff.

Die HB II darf zusammen mit der notwendigen Ergänzungsrechnung/Konzern- 31
buchführung **dezentral** oder auch in der **Konzernzentrale** aufgestellt werden.
Dies hängt von der Konzernorganisation ab. Die Anpassungs-/Buchungsvorgänge,
die zur HB II führen, müssen hinreichend dokumentiert sein (*ADS*[6] Vorbem zu
§§ 290–315 Anm 44; *WPH*[14] I, M Anm 314). Die Dokumentation *sollte* den
Anforderungen entsprechen, die auch an die zugrunde liegende HB I des jeweiligen KonzernUnt gestellt werden.

Der HB II eines MU oder TU kommt **keine rechtliche Wirkung für das** 32
Einzelunternehmen oder den Konzern zu. Sie wird weder der Gewinnausschüttung noch der Besteuerung oder der Haftung zugrunde gelegt. Die HB II
ist auch nicht festzustellen, zu billigen oder offen zu legen (*WPH*[14] I, M Anm
311). Zur Bedeutung des in der HB II ausgewiesenen Ergebnisses für die Berechnung des Minderheitenanteils s § 307 Anm 80 ff.

Sieht man von Umgliederungen ab, sind die Abweichungen in der HB II ggü 33
der HB I **ergebniswirksam.** Ebenso wie alle bei der Kons entstehenden Ergebnisveränderungen müssen die Anpassungen in den Folgeperioden *einzeln* weiter fortgeführt werden. Nur der Saldo der Veränderungen aller Ergebnisabweichungen
ggü der Vorperiode geht in das Jahresergebnis ein. Die Nachholungen der ergebniswirksamen Anpassungen der Vj erfolgt gegen den Ergebnisvortrag. Im Jahr einer
erstmaligen Anwendung des § 300 werden die bei einzubeziehenden TU aufgrund
der Anpassung an konzerneinheitliche Bilanzierungs- und Bewertungsmethoden
vorzunehmenden Anpassungsbuchungen im KA automatisch erfolgsneutral erfasst,
da sie beim TU quasi in einer logischen Sekunde vor der Einbeziehung in den KA
erfolgen und insofern bereits das zu konsolidierende EK des TU verändert haben.

Die **Prüfung des KA** (oder Teil-KA) hat sich auch auf die HB II der TU zu 34
erstrecken (dazu § 317 Anm 35 ff). Sie erfolgt in Abhängigkeit von der Erstellung
der HB II (s Anm 31) durch den Konzern-AP oder den AP vor Ort, wobei der
Konzern-AP die Arbeit eines anderen AP auf jeden Fall in geeigneter Weise zu
überprüfen und dies zu dokumentieren hat (§ 317 Abs 3).

III. Ausnahmen von der einheitlichen Bilanzierung
(Abs 1 S 2 2. Halbsatz)

Die VG, Schulden, RAP und Sonderposten der in den KA einbezogenen Unt 39
dürfen über die in Anm 11 ff (Zusammenfassung der JA) genannten Anpassungen
hinaus nur insoweit in den KA aufgenommen werden, als die Eigenart des KA
keine Abweichungen bedingt *oder* in den Vorschriften über die Kapital-, Schul-

den-, Zwischenergebnis- und Aufwands- und ErtragsKons sowie für die Bilanzierung latenter Steuern nichts anderes bestimmt ist (Abs 1 S 2 2. Halbsatz). Im ErstKonsZeitpunkt dürfen nur solche VG, Schulden, RAP und Sonderposten in der Konzernbilanz angesetzt werden, die „nach dem Recht des MU" bilanzierungs*fähig* sind. Sofern in den JA ausländischer TU Posten aktiviert sind, für die nach dem Recht des MU ein Bilanzierungsverbot besteht, sind diese im Rahmen der Überleitung des landesrechtlichen JA auf die HB II zu eliminieren (so auch *Busse von Colbe* in MünchKomm HGB[3] § 300 Anm 9).

40 **Forderungen, Schulden, Rechnungsabgrenzungsposten, Beteiligungsbuchwerte** und **Jahresergebnisse** erscheinen ggü den HB II in der Konzernbilanz nicht mehr, *soweit* diese nach den §§ 301 bis 305 zu konsolidieren sind. Ein AusglPo für Anteile anderer Geste kann neu aufzunehmen sein.

41 Zu Abweichungen von der einheitlichen Bilanzierung für branchentypische Posten von Kreditinstituten und VersicherungsUnt gem Abs 2 S 3 s Anm 52 f.

42 Weitere Ausnahmen lassen sich aus dem allg Grundsatz der Wesentlichkeit ableiten, wobei eine Gesamtbetrachtung vorzunehmen ist, dh die Auswirkung unterlassener Anpassungen muss insgesamt von untergeordneter Bedeutung sein. Quantitative Kriterien bestehen hierfür nicht, sondern es ist zu jedem Bilanzstichtag unter Berücksichtigung aller Umstände zu prüfen, ob aus Sicht des Konzerns „Unwesentlichkeit" gegeben ist (vgl IDW RH HFA 1.1018, Tz 11 ff).

C. Grundsätze der Vollständigkeit des Konzernabschlusses und der Unabhängigkeit der Konzernbilanzierung (Abs 2)

I. Vollständigkeit und Unabhängigkeit (Abs 2 S 1)

43 Abs 2 S 1 verlangt die **vollständige Übernahme** aller Bilanz- und Erfolgsposten der einbezogenen KonzernUnt, soweit sie nach dem Recht des MU (s Anm 13) bilanzierungs*fähig* oder *-pflichtig* sind (s auch DRS 4.17 f). Obwohl nicht explizit genannt, gehören hierzu auch nach § 251 iVm § 298 Abs 1 auszuweisende Haftungsverhältnisse (ADS[6] § 300 Anm 9; *Trützschler* in HdKR[2] § 300 Anm 23) und einige (Betrags-)Angaben im Konzernanhang. Hiervon unberührt bleibt die Inanspruchnahme eines oder mehrerer Einbeziehungswahlrechte des § 296 (hierzu § 296 sowie DRS 19.78 ff). Eine freiwillige Einbeziehung von Unt, die keine TU iSd HGB sind, ist hingegen unzulässig (vgl DRS 19.78).

Der Grundsatz der **Unabhängigkeit der Konzernbilanzierung** von der Bilanzierung im JA der einbezogenen TU und ggf im JA des MU bedeutet, dass nach dem Recht dieses MU zulässige Bilanzierungswahlrechte im KA unabhängig von ihrer Ausübung in den JA der einbezogenen Unt *neu ausgeübt* werden dürfen (Abs 2 S 2) und zwar auch dann, wenn MU und alle TU inländische KapGes/KapCoGes sind. Das bedeutet aber auch, dass für einen KA ausländische TU die Ansatzvorschriften der §§ 246 ff zu beachten haben. Darüber hinaus müssen reine PersGes, die in einen KA mit einem MU in der Rechtsform der KapGes einbezogen werden, auch die ergänzenden, für KapGes geltenden Ansatzvorschriften der §§ 264 ff beachten.

II. Unterjährige Änderungen des Konsolidierungskreises

44 Die Vorschrift, alle Aufwendungen und Erträge der in den KA einbezogenen Unt **vollständig** aufzunehmen, kann sich iSd Einheitstheorie nur auf die während der Konzernzugehörigkeit entstandenen Aufwendungen und Erträge erstrecken. Im Umkehrschluss ergibt sich hieraus ein **Aufnahmeverbot** für solche

Aufwendungen und Erträge von in den KA einzubeziehenden TU, die vor oder nach der Konzernzugehörigkeit entstanden sind.

Letztlich entspricht iSd Einheitstheorie ein unterjähriger Erwerb eines TU auf JA-Ebene einer unterjährigen Anwachsung einer PersGes. Wie im Falle der Anwachsung, bei der nach allg handelsrechtlichen Grundsätzen die angewachsenen VG und Schulden sowie die damit korrespondierenden Erträge und Aufwendungen im Zeitpunkt der Erlangung des wirtschaftlichen Eigentums auf die übernehmende Ges übergehen (hierzu *Förschle/Deubert* in Sonderbilanzen[4] S Anm 17), sind somit auch bei einem unterjährigen Erwerb die Erträge und Aufwendungen des/der entspr TU erst ab Kaufzeitpunkt im KA auszuweisen.

Analog hierzu sind im Falle der Entstehung eines Konzerns, der bereits im Entstehungsjahr einen KA aufstellt, die Erträge und Aufwendungen der TU ab dem Zeitpunkt des Vorliegens eines Mutter-Tochterverhältnisses iSv § 290 in den KA zu übernehmen. Die Erträge und Aufwendungen des MU sind hingegen für das gesamte (erste) Gj im KA zu erfassen.

Gem IDW RS HFA 44, Tz 23 ist es für die ErstKons eines TU oder eines anteilmäßig in den KA einbezogenen GemUnt, dessen Abschlussstichtag vom Erwerbsstichtag abweicht, grds erforderlich, einen **Zwischenabschluss** auf den Zeitpunkt des Beginns der Konzernzugehörigkeit (§ 301 Abs 2 Satz 1) zu erstellen, um die Zuordnung der Aufwendungen und Erträge auf die Zeit vor und während der Konzernzugehörigkeit unzweifelhaft vorzunehmen. Entspr müsste bei EndKons eines TU oder anteilmäßig einbezogenen GemUnt ein Zwischenabschluss auf den EndKonsZeitpunkt (hierzu § 301 Anm 325) erstellt werden. Eine gesetzliche Verpflichtung zur Erstellung von Zwischenabschlüssen besteht jedoch weder im Fall der ErstKons (DRS 4.11, zu abw Meinungen § 301 Anm 129) noch im Fall der EndKons (IDW RS HFA 44, Tz 24 sowie § 301 Anm 326). Es ist hingegen auch zulässig und üblich, (verlässliche) Monats- oder Quartalsabschlüsse, die zeitnah zum Erwerbs- bzw EndKonsZeitpunkt aufgestellt wurden, zugrunde zu legen (s § 301 Anm 129 bzw Anm 327) oder aber vereinfachend – sofern derartige Zwischenabschlüsse nicht vorliegen – die in die Konzern-GuV zu übernehmenden Aufwendungen und Erträge **statistisch** zu ermitteln (nach IDW RS HFA 44, Tz 24 nur für die EndKons vorgesehen).

Bei einem **gleichbleibenden Geschäftsverlauf** darf diese Aufteilung **zeitanteilig** erfolgen. Hiervon abw Geschäftsverläufe (insb saisonale Entwicklungen) sind entspr zu berücksichtigen. Dies hat durch eine entspr gewichtete Aufteilung zu erfolgen, wobei darauf zu achten ist, dass Aufwands- und Ertragsarten, die Fixkostencharakter haben (zB Personalaufwand, Zinserträge, nicht leistungsabhängige Abschreibungen) weiterhin zeitproportional anzusetzen sind. Das derart ermittelte Ergebnis geht als anteiliges Konzernergebnis in den KA ein.

Ein vollständiger Verzicht auf eine Aufteilung ist bei **Unwesentlichkeit** sowohl im Falle der ErstKons als auch der EndKons zulässig (IDW RS HFA 44, Tz 25). In einem solchen Fall werden die Aufwendungen und Erträge, je nach dem Zeitraum der Konzernzugehörigkeit, komplett in die KapKons einbezogen oder es wird auf ihre Einbeziehung verzichtet.

Fraglich ist die Vorgehensweise bei **Verschmelzungen.** Sofern ein TU unterjährig erworben und rückwirkend zB auf den Beginn des Konzern-Gj auf das MU verschmolzen wird, besteht nach § 24 UmwG das Wahlrecht, die Buchwerte aus dem JA des TU sowie sämtliche Erträge und Aufwendungen des TU ab dem Verschmelzungsstichtag (s hierzu IDW RS HFA 42 Abschn 3.2) in den JA des MU zu übernehmen.

Für Zwecke des KA hat jedoch gem DRS 4.1c) auch im Falle eines UntErwerbs durch Verschmelzung eine Erstkons auf den unterjährigen Erwerbszeitpunkt zu erfolgen. Dies hat neben einer entspr Korrektur des Wertansatzes der

VG und Schulden (Aufdeckung stiller Reserven und Lasten) sowie eines ggf notwendigen Ansatzes eines GFW oder passiven Unterschiedsbetrags auch zur Folge, dass das bis zum Erwerbszeitpunkt entstandene anteilige Jahresergebnis des TU als Bestandteil des erworbenen EK der KapKons zugrunde zu legen ist.

Abw von der Regelung des DRS 4 erscheint es jedoch aus folgenden Gründen auch zulässig, die im JA des MU vorgenommene Buchwertfortführung sowie die Aufnahme der vor dem Erwerbszeitpunkt entstandenen Aufwendungen und Erträge in den KA zu übernehmen:
– § 24 UmwG stellt eine Spezialregelung dar, die ausdrücklich – entgegen den allgemeinen Grundsätzen – eine Buchwertübernahme gestattet. Dabei unterscheidet der Gesetzeswortlaut nicht zwischen JA und KA, sondern spricht neutral von „Jahresbilanzen", worunter auch die Konzernbilanz verstanden werden kann.
– Die rückwirkende Übernahme der Aufwendungen und Erträge des TU ab dem Verschmelzungsstichtag beruht ebenfalls auf einer Spezialregelung des § 5 Abs 1 Nr 6 UmwG, wonach Handlungen des übertragenden Rechtsträgers ab dem Verschmelzungsstichtag als für Rechnung des übernehmenden Rechtsträgers vorgenommen gelten.
– Da am Konzernbilanzstichtag keine Beteiligung mehr besteht und der Ausweis der Buchwerte im JA des MU ausdrücklich zugelassen wird, kann die Beibehaltung der Buchwerte als zulässiges Bewertungswahlrecht iSd § 308 Abs 1 gesehen werden.

Sofern eine nach § 24 UmwG vorgenommene Buchwertfortführung in den KA übernommen wird, ist hierüber nach § 313 Abs 1 S 1 und im Prüfungsbericht über die Abweichung von DRS 4 zu berichten.

48 Wurde ein TU in früheren Jahren aufgrund der Inanspruchnahme eines Einbeziehungswahlrechts des § 296 (zB Unwesentlichkeit iSd § 296 Abs 2) nicht nach der Methode der VollKons in den KA einbezogen und entfällt nunmehr der Grund für die Nichteinbeziehung, ist es zwingend zu konsolidieren. § 301 Abs 2 legt dabei als **Zeitpunkt der Erstkonsolidierung** zwingend den Zeitpunkt der Einbeziehung des TU in den KA fest, dh den Zeitpunkt, zu dem die Voraussetzungen für die Inanspruchnahme des Einbeziehungswahlrechts gem § 296 entfielen. Da dieser Zeitpunkt idR nicht kalendermäßig genau bestimmbar ist, erfolgt in der Praxis aus Vereinfachungsgründen eine Einbeziehung des TU ab Beginn des KonzernGj, in dem die Voraussetzungen zur Inanspruchnahme des § 296 erstmals entfielen.

III. Bilanzierungswahlrechte (Abs 2 S 2)

50 **Ansatzwahlrechte** dürfen nicht nur für alle TU, sondern auch für das MU *neu ausgeübt* werden (vgl IDW RH HFA 1.018, Tz 5). So darf etwa das MU, das in seinem JA aktive latente Steuern nach § 274 aktiviert hat, für den KA die Aktivierung rückgängig machen. An die Ausübung der Wahlrechte sind keine strengeren Maßstäbe anzulegen als für den JA. Durch die Kodifizierung der zeitlichen Ansatzstetigkeit in § 246 Abs 3, die über § 298 Abs 1 auch für den KA gilt, wird die Auffassung vertreten, dass Ansatzwahlrechte auch für gleichartige Sachverhalte einheitlich ausgeübt werden müssen (sog sachliche Stetigkeit); s zB *PwC* BilMoG Komm, G Anm 12; *WPH*[14] I, M Anm 259 mit Verweis auf DRS 13.7; § 298 Anm 18; *Busse von Colbe* in Münch Komm HGB³ § 300 Anm 18 mit Verweis auf die Entsprechung in IFRS 10.19. In IDW RS HFA 38, Tz 4 wird hierzu ausgeführt, dass „art- und funktionsgleiche Bilanzierungs- und Bewertungsobjekte nicht ohne sachlichen Grund nach unterschiedlichen Methoden angesetzt und bewertet werden dürfen". Bei der Frage, ob gleiche Sachverhalte vorliegen, sind allerdings nach IDW RH HFA 1.018, Tz 4 „strenge Maßstäbe" anzulegen, um zu verhindern, dass „die Einheitlichkeit des Ansatzes ... zu einer Nivellierung im Ansatz ... art- oder funktionsverschiedener Vermögensgegenstände oder Schulden" führt. *Heni* in Rechnungslegung § 300 Anm 22 ff weist darauf hin, dass es oftmals fraglich sein wird, ob ein „artgleicher Sachverhalt" vorliegt und insofern Aktivierungsentscheidungen weiterhin uneinheitlich ausfallen können (zB im Hinblick auf das Wahlrecht der Aktivierung selbst geschaffener immaterieller VG). Anderes gelte ggf für klarer umrissene Sachverhalte wie zB für das Wahlrecht zum Ansatz eines Disagios (hier eindeutiger *Küting/Tesche* in DStR, 1493, die nur noch bei selbst geschaffenen immateriellen VG des Anlagevermögens die Möglichkeit einer uneinheitlichen Ausübung des Ansatzwahlrechts als gegeben sehen). Das Wahlrecht des Art 28 Abs 1 ggf iVm Art 48 Abs 6 EGHGB zur Nichtpassivierung von Alt-Pensionsverpflichtungen gilt im KA nur für beim MU nicht passivierte Zusagen. Die bei erworbenen TU ggf nicht passivierten Alt-Pensionsverpflichtungen sind aus Konzernsicht einzeln erworben und daher im Rahmen der ErstKons zwingend zu passivieren. Für spätere Erhöhungen dieser Pensionszusagen aufgrund der weiteren Tätigkeit der betr Mitarbeiter der TU oder einer sonstigen Erhöhung, nicht jedoch aufgrund der Aufzinsung oder sonstiger Anpassungen (zB geänderte Sterbetafeln) der im Rahmen der ErstKons übernommenen Verpflichtungen, darf das Passivierungswahlrecht jedoch ausgeübt werden (s auch § 301 Anm 194).

Unzulässig ist hingegen eine Neuausübung von **Ermessensspielräumen.** So 51 ist es zB unzulässig, eine Rückstellung im JA anzusetzen, im KA jedoch aufgrund einer anderen Ausübung des der Einschätzung der Eintrittswahrscheinlichkeit zugrunde liegenden Ermessensspielraums zu einem Nichtansatz zu kommen. Dies wäre nur zulässig, wenn bei Aufstellung des KA tatsächlich neue, bessere Erkenntnisse über das Eintreten des der Rückstellung zugrunde liegenden Sachverhalts vorlägen.

D. Konsolidierung von Kreditinstituten und Versicherungsunternehmen (Abs 2 S 3)

Diese Vorschrift ist fast wortgleich zu der Bewertungsnorm des § 308 Abs 2 52 S 2. Durch beide Vorschriften werden Abweichungen von den übrigen Vorschriften des HGB gestattet, um Besonderheiten dieser Geschäftszweige (zB Fonds für allgemeine Bankrisiken gem § 340g oder Schwankungsrückstellungen gem 341h) auch im KA zu berücksichtigen; ähnlich *Begr RegE* VersRiLiG BT-Drs 12/5587, 19. Die Ansatzvorschrift des S 3 gibt Konzernen das Wahlrecht, in diesen branchenspezifischen Bereichen im KA den Ansatz (und gem § 308 Abs 2 S 2 auch die Bewertung) ohne Anpassungen aus den JA in den KA zu übernehmen. Auf die Beibehaltung ist als Ausnahme im Konzernanhang hinzuweisen. Dabei ist nach IDW RH HFA 1.1018, Tz 10 die angewandte Ansatzmethode anzugeben. Die Auswirkung der Beibehaltung braucht jedoch nicht dargestellt zu werden.

Die Formulierung in S 3 ist auslegungsbedürftig. Sie ermöglicht zum einen, in 53 einem Konzern mit einem Industrie- oder HandelsUnt als MU, Posten, die auf banken- oder versicherungsspezifischen Vorschriften beruhen, beizubehalten. Darüber hinaus eröffnet sie die Möglichkeit, in einem Konzern mit einem MU als Kreditinstitut bzw VersicherungsUnt, uU auf eine Anpassung des Bilanzansatzes ausländischer VersicherungsUnt bzw Banken zu verzichten. Ist zB im Ausland der Ansatz von Schwankungsrückstellungen bzw eines Fonds für allgemeine Bankrisiken nicht zulässig oder aber in anderer Weise vorgeschrieben, darf auch für den KA auf deren Bildung verzichtet werden bzw der andere Ansatz beibehalten werden (s *Begr RegE* VersRiLiG BT-Drs 12/5587, 19). Die Grundsatzvorschrift des Abs 2 S 1, nach der das Recht des MU anzuwenden ist, wird insofern von dieser Sonderregelung dominiert. Nicht iSd Vorschrift dürfte es sein, in den JA enthaltene branchenspezifische Pflichtrückstellungen (zB Schwankungsrückstellungen für Länder mit Passivierungspflicht) für den KA aufzuheben.

E. Publizitätsgesetz

55 Die KonsGrundsätze und das Vollständigkeitsgebot des § 300 sind auf KA von Unt, die unter das PublG fallen, sinngemäß anzuwenden (§ 13 Abs 2 S 1 PublG).

F. Rechtsfolgen einer Verletzung des § 300

58 Eine Verletzung der „Konsolidierungsgrundsätze oder des Vollständigkeitsgebots" stellt sowohl gem § 334 Abs 1 Nr 2c) als auch nach § 20 Abs 1 Nr 2c) PublG eine Ordnungswidrigkeit dar; das gilt jedoch nicht für in Abs 2 eingeräumte Wahlrechte (s aber § 334 Anm 18); das Gleiche gilt für Kreditinstitute (§ 340n Abs 1 Nr 2c)) und für VersicherungsUnt (§ 341n Abs 1 Nr 2c)). Jede vorsätzliche Zuwiderhandlung kann mit einer Geldbuße belegt werden; dazu § 334 Anm 40 ff.

G. Abweichungen der IFRS

Standards: IAS 1 Darstellung des Abschlusses *(Presentation of Financial Statements)* (amend June 2011); IAS 8 Bilanzierungs- und Bewertungsmethoden, Änderungen von Schätzungen und Fehler *(Accounting Policies, Changes in Accounting Estimates and Errors)* (amend May 2011); IAS 28 Anteile an assoziierten Unternehmen und Gemeinschaftsunternehmen *(Investments in Associates and Joint Ventures)* (issued May 2011); IFRS 1 Erstmalige Anwendung der International Financial Reporting Standards *(First-time Adoption of International Financial Reporting Standards)* (amend June 2012); IFRS 3 Unternehmenszusammenschlüsse (Business Combinations) (amend May 2011), IFRS 6 Exploration und Evaluierung von Bodenschätzen *(Exploration for and Evaluation of Mineral Resources)* (amend April 2009), IFRS 10 Konzernabschlüsse *(Consolidated Financial Statements)* (amend June 2012), IFRS 11 Gemeinsame Vereinbarungen *(Joint Arrangements)* (amend June 2012).

60 Wie auch § 300, kennen die IFRS keine Maßgeblichkeit der JA für den KA. Eine dem § 300 entspr Regelung, die aus Gründen der Vereinheitlichung im KA das Recht des MU für anwendbar erklärt, erübrigt sich jedoch, da die Regelungen der IFRS **rechtsform- und größenunabhängig** sowie **länderunabhängig** gelten. Insofern sind im KA, unabhängig von der Gliederung, Bilanzierung und Bewertung in den IFRS-EA der TU (iSd IFRS 10), GemUnt (iSd IFRS 11), assozUnt (iSd IAS 28) sowie des MU, die IFRS ausnahmslos anzuwenden.

61 Dabei sind sowohl für MU/TU (IFRS 10.19 iVm .B87) als auch für GemUnt und assozUnt (IAS 28.35) zwingend **einheitliche Rechnungslegungsgrundsätze** zugrunde zu legen *(„uniform accounting policies")*. Diese umfassen sämtliche Ansatz-, Bewertungs- und Ausweismethoden, dh im Gegensatz zum HGB wird nicht zwischen der Vereinheitlichung von Ansatz- und Bewertungsmethoden (§§ 300, 308) unterschieden. Die anzuwendenden Rechnungslegungsgrundsätze dürfen unabhängig von der konkreten Anwendung in den JA für Zwecke des KA neu ausgeübt werden. Dies bedeutet, dass in den Fällen, in denen von den

IFRS Wahlrechte bei der Ausübung von Bilanzierungs- und Bewertungsgrundsätzen bestehen, für Zwecke der Konzernbilanz auf einen einheitlichen Grundsatz übergegangen werden muss (glA *Brune* in Beck IFRS[4] § 32 Anm 4). Aufgrund der Bestrebungen, Wahlrechte innerhalb der IFRS zu minimieren, sind Ansatzwahlrechte mit Ausnahme von Sonderbestimmungen iZm dem erstmaligen Übergang auf IFRS (hierzu Anm 63) derzeit nur iZm IFRS 6 (ggf Zugrundelegung unterschiedlicher Ansatzmethoden in den EA für Vermögenswerte aus Exploration und Evaluierung) sowie faktisch für Versicherungsgeber im Falle des Ansatzes von Aufwendungen iZm dem Abschluss von Versicherungsverträgen (hierzu § 248 Anm 58) gegeben, so dass diese Vorschrift hauptsächlich für die Vereinheitlichung bestehender Bewertungswahlrechte zum Tragen kommt.

Die Notwendigkeit der Beachtung des **Stetigkeitsgrundsatzes** in sachlicher Hinsicht ergibt sich direkt aus dem Wortlaut der og Vorschriften des IFRS 10 sowie IAS 28, die für gleichartige Sachverhalte *("like transactions and events in similar circumstances")* die Anwendung einheitlicher Rechnungslegungsgrundsätze für Bilanzierung und Bewertung fordern. Darüber hinaus gilt das Stetigkeitsprinzip gem IAS 8.15 auch in zeitlicher Hinsicht.

Entspr dem Vorgehen beim deutschen KA bietet sich der Übergang auf einheitliche Rechnungslegungsgrundsätze organisatorisch durch Erstellung einer **IFRS-Bilanz II** an. **62**

Ausnahmen von der grds Pflicht zur Vereinheitlichung existieren nur für den Fall des erstmaligen Übergangs auf eine Bilanzierung nach IFRS (s hierzu im Detail PwC MoA, Abschn 2). Hierbei lässt IFRS 1 bestimmte Ausnahmen zu, bei deren Inanspruchnahme es sowohl zu Ansatzunterschieden (zB beim Ansatz von GFW durch Inanspruchnahme des Wahlrechts des IFRS 1.18 iVm Anhang C zur grds unveränderten Übernahme bestimmter nach bisherigen Rechnungslegungsstandards abgebildeter UntErwerbe) als auch zu Bewertungsunterschieden (zB durch Übernahme von nach bisherigen Rechnungslegungsstandards ermittelten Werten in den IFRS-Abschluss als sog *"deemed cost"* nach IFRS 1.18 iVm Anhang D5 ff) kommen kann. Weitere Ausnahmen von der Anpassung lassen sich aus dem in IAS 1 sowie im *Framework* verankerten Wesentlichkeitsgedanken (so auch *Baetge/Hayn/Ströher* in Komm IFRS IAS 27 Anm 173) ableiten. **63**

Bei unterjährigen **Änderungen des Konsolidierungskreises** hat gem IFRS 10.B88 analog der handelsrechtlichen Vorgehensweise eine Aufteilung des Ergebnisses in das während der Konzernzugehörigkeit erwirtschaftete sowie das zuvor bzw danach erwirtschaftete Ergebnis zu erfolgen. Hierzu schreibt IFRS 10.B92 bei abw Bilanzstichtagen des TU (GemUnt sind nach IFRS im Rahmen der Equity-Methode in den KA einzubeziehen) und MU grds die Erstellung eines Zwischenabschlusses des TU auf den abw Bilanzstichtag des MU vor. Eine Ausnahme besteht für den Fall, dass dies undurchführbar *(impracticable)* ist und der Abschluss des TU nicht um mehr als drei Monate vom Bilanzstichtag des MU abweicht. In diesem Fall darf der jüngste Abschluss des TU (JA oder Zwischenabschluss) der Kons zugrunde gelegt werden, wobei zwingend Anpassungen für Auswirkungen bedeutender Geschäftsvorfälle oder Ereignisse zwischen dem Berichtsstichtag des TU und dem KA-Stichtag zu berücksichtigen sind (IFRS 10. B93). Eine rein statistische Aufteilung der in die Konzern-Gesamtergebnisrechnung zu übernehmenden Aufwendungen und Erträge wird in IFRS 10 nicht angesprochen, dürfte jedoch analog der Vorgehensweise nach HGB (s Anm 45 f) vereinfachungsgemäß in Einzelfällen auch zulässig sein. Gleiches gilt, ableitbar aus dem allgemeinen Wesentlichkeitsgedanken des Framework, für einen Verzicht auf eine Aufteilung bei **Unwesentlichkeit**. **64**

Die ErstKons ist gem IFRS 3.10 zwingend auf den Zeitpunkt des Beginns der Konzernzugehörigkeit, dh den Zeitpunkt der Übernahme von *control* (sog *ac-*

§ 301 Vollkonsolidierung

quisition date, s § 301 Anm 416) vorzunehmen. Dem handelsrechtlichen Vorgehen entspr Ausnahmen, wie zB im Rahmen von Verschmelzungen (s Anm 47), bestehen nicht.

65   Da die IFRS rechtsform- und branchenunabhängig gelten, kann es uE nicht als zulässig angesehen werden, im Rahmen der Kons, Posten, die auf banken- oder versicherungsspezifischen Vorschriften beruhen, ohne Anpassung an konzerneinheitliche Bilanzierungsgrundsätze zu übernehmen (glA *Hinz* in Winkeljohann IFRS², 329; fraglich *Heni* in Rechnungslegung § 300 Anm 33).

§ 301 Kapitalkonsolidierung

(1) ¹Der Wertansatz der dem Mutterunternehmen gehörenden Anteile an einem in den Konzernabschluß einbezogenen Tochterunternehmen wird mit dem auf diese Anteile entfallenden Betrag des Eigenkapitals des Tochterunternehmens verrechnet. ²Das Eigenkapital ist mit dem Betrag anzusetzen, der dem Zeitwert der in den Konzernabschluss aufzunehmenden Vermögensgegenstände, Schulden, Rechnungsabgrenzungsposten und Sonderposten entspricht, der diesen an dem für die Verrechnung nach Absatz 2 maßgeblichen Zeitpunkt beizulegen ist. ³Rückstellungen sind nach § 253 Abs. 1 Satz 2 und 3, Abs. 2 und latente Steuern nach § 274 Abs. 2 zu bewerten.

(2) ¹Die Verrechnung nach Absatz 1 ist auf Grundlage der Wertansätze zu dem Zeitpunkt durchzuführen, zu dem das Unternehmen Tochterunternehmen geworden ist. ²Können die Wertansätze zu diesem Zeitpunkt nicht endgültig ermittelt werden, sind sie innerhalb der darauf folgenden zwölf Monate anzupassen. ³Ist ein Mutterunternehmen erstmalig zur Aufstellung eines Konzernabschlusses verpflichtet, sind die Wertansätze zum Zeitpunkt der Einbeziehung des Tochterunternehmens in den Konzernabschluss zugrunde zu legen, soweit das Unternehmen nicht in dem Jahr Tochterunternehmen geworden ist, für das der Konzernabschluss aufgestellt wird. ⁴Das Gleiche gilt für die erstmalige Einbeziehung eines Tochterunternehmens, auf die bisher gemäß § 296 verzichtet wurde.

(3) ¹Ein nach der Verrechnung verbleibender Unterschiedsbetrag ist in der Konzernbilanz, wenn er auf der Aktivseite entsteht, als Geschäfts- oder Firmenwert und, wenn er auf der Passivseite entsteht, unter dem Posten „Unterschiedsbetrag aus der Kapitalkonsolidierung" nach dem Eigenkapital auszuweisen. ²Der Posten und wesentliche Änderungen gegenüber dem Vorjahr sind im Anhang zu erläutern.

(4) Anteile an dem Mutterunternehmen, die einem in den Konzernabschluss einbezogenen Tochterunternehmen gehören, sind in der Konzernbilanz als eigene Anteile des Mutterunternehmens mit ihrem Nennwert oder, falls ein solcher nicht vorhanden ist, mit ihrem rechnerischen Wert, in der Vorspalte offen von dem Posten „Gezeichnetes Kapital" abzusetzen.

Übersicht

	Anm
A. Grundlagen	1–8
B. Erstkonsolidierung	
I. Abgrenzung der aufzurechnenden Bilanzposten (Abs 1 S 1)	
1. Zu konsolidierende Anteile	10–18
2. Wertansatz der zu konsolidierenden Anteile	20–34
3. Zu konsolidierendes Eigenkapital	35–50

	Anm
II. Ableitung der Neubewertungsbilanz (Abs 1 S 2 und 3)	
1. Grundlagen	53–57
2. Aufzunehmende Bilanzposten	60–72
3. Bewertungsmaßstäbe	
a) Beizulegender Zeitwert	75–83
b) Ausnahmen bei der Rückstellungsbewertung	90, 91
4. Berücksichtigung latenter Steuern	95–99
5. Sonderfall: Tochterunternehmen ohne Kapitalbeteiligung des Mutterunternehmens	110–112
III. Vorläufige Erwerbsbilanzierung (Abs 2 S 2)	115–121
IV. Zeitpunkt der Kapitalkonsolidierung	
1. Grundsatz: Zeitpunkt, zu dem das Unternehmen Tochterunternehmen geworden ist (Abs 2 S 1)	125–132
2. Vereinfachungsmöglichkeiten (Abs 2 S 3 und 4)	135–140
V. Behandlung verbleibender Unterschiedsbeträge (Abs 3)	
1. Ausweis als „Geschäfts- oder Firmenwert" oder als „Unterschiedsbetrag aus der Kapitalkonsolidierung" (Abs 3 S 1)	150–158
2. Angaben im Konzernanhang (Abs 3 S 2)	160, 161
VI. Von Tochterunternehmen gehaltene Rückbeteiligungen am Mutterunternehmen (Abs 4)	165–176

C. Folgekonsolidierung

I. Grundlagen	180–183
II. Stille Reserven und stille Lasten	190–195
III. Geschäfts- oder Firmenwert und passiver Unterschiedsbetrag aus der Kapitalkonsolidierung	200
IV. Veränderungen der Beteiligungsquote des Mutterunternehmens	
1. Konzeptionelle Grundlagen	205–208
2. Hinzuerwerb von Anteilen an Tochterunternehmen	215–218
3. Erwerb zusätzlicher Anteile an bisher at-equity bewerteten Beteiligungen	225–229
4. Erwerb zusätzlicher Anteile an bisher quotal konsolidierten Gemeinschaftsunternehmen	230, 231
5. Veräußerung von Anteilen an auch weiterhin vollkonsolidierten Tochterunternehmen	235–237
V. Sonstige Veränderungen des Buchwerts konsolidierungspflichtiger Anteile	
1. Abschreibungen	240, 241
2. Zuschreibungen	245–247
3. Nachträgliche Anpassungen des Anteilskaufpreises	250–257
VI. Kapitalveränderungen beim Tochterunternehmen	
1. Kapitalerhöhung ohne Änderung der Beteiligungsquote	260–262
2. Kapitalerhöhung mit Änderung der Beteiligungsquote	265–267
3. Ausgabe von Bezugsrechten	270–272
4. Rücklagenveränderungen beim Tochterunternehmen	280–283
5. Veräußerung oder Einzug eigener Anteile eines Tochterunternehmens	285, 286
VII. Konzerninterne Umwandlungsvorgänge	290–295
VIII. Übergang von der IFRS- auf die HGB-Konzernrechnungslegung	297, 298

	Anm
D. End- und Übergangskonsolidierung	
I. Allgemeines	300–303
II. Vollständige Veräußerung der Anteile (Endkonsolidierung)	
1. Ermittlung des Abgangswerts	305–318
2. Endkonsolidierungszeitpunkt	325–327
3. Ausweis im Konzernabschluss	330–333
III. Wechsel der Konsolidierungsmethode (Übergangskonsolidierung)	
1. Übergang auf die Equity-Bewertung	340–344
2. Übergang auf die Anschaffungskostenbewertung	350, 351
3. Übergang auf die Quotenkonsolidierung	355
E. Kapitalkonsolidierung im mehrstufigen Konzern	370, 371
I. Erstkonsolidierung	
1. Tochterunternehmen erwirbt eine Beteiligung an einem Tochterunternehmen	373
2. Mutterunternehmen oder Tochterunternehmen erwirbt einen Teilkonzern	374–380
II. Folgekonsolidierung	384–386
III. Abbildung besonderer Beteiligungsstrukturen	387–389
F. Publizitätsgesetz	392
G. Rechtsfolgen einer Verletzung des § 301	395
H. Abweichungen der IFRS	
I. Allgemeines	400–402
II. Anwendungsbereich	405–409
III. Erwerbsbilanzierung	
1. Identifikation des Erwerbers	412, 413
2. Erwerbszeitpunkt	416, 417
3. Ansatz der erworbenen Vermögenswerte und übernommenen Schulden	420–433
4. Bewertung der erworbenen Vermögenswerte und Schulden sowie der nicht-beherrschenden Anteile	438–440
5. Für den Unternehmenszusammenschluss hingegebene Gegenleistung	
a) Bestandteile und Bewertung der Leistung	445–449
b) Bedingte Gegenleistung	452
c) Beträge, die nicht Bestandteil der Gegenleistung sind	455–457
6. Vorläufige Erwerbsbilanzierung	460–466
7. Anhangangaben	468
IV. Folgekonsolidierung	
1. Allgemeine Grundsätze	470–473
2. Bedingte Anschaffungskosten *(contingent consideration)*	476, 477
3. Veränderungen der Beteiligungsquote des Mutterunternehmens ohne Auswirkungen auf die Beherrschung des Tochterunternehmens	482–486
4. Endkonsolidierung	490–499
5. Übergangskonsolidierung	502–504
V. Sonderfragen	
1. Sukzessiver Unternehmenszusammenschluss	507, 508
2. Erlangung von Beherrschung ohne Transfer einer Gegenleistung	510, 511
3. Umgekehrter Unternehmenserwerb *(reverse acquisition)*	514–521
4. Unternehmen unter gemeinsamer Beherrschung *(common control)*	524–528

Kapitalkonsolidierung § 301

Schrifttum: Zu weiterer Literatur bis 1995 s auch 6. Aufl; IDW St/HfA 1/1984 Bilanzierungsfragen bei Zuwendungen dargestellt am Beispiel finanzieller Zuwendungen der öffentlichen Hand WPg 1984, 612 ff; *Ordelheide* Endkonsolidierung bei Ausscheiden eines Unternehmens aus dem Konsolidierungskreis BB 1986, 766 ff; *Reige* Offene Fragen der Folgekonsolidierung bei der Erwerbsmethode nach § 301 HGB BB 1988, 1354 ff; SABI 2/1988 Behandlung des Unterschiedsbetrags aus der Kapitalkonsolidierung WPg 1988, 622 ff; *Baetge/Herrmann* Probleme der Endkonsolidierung im Konzernabschluss WPg 1993, 295 ff; *Ewert/Schenk* Offene Probleme bei der Kapitalkonsolidierung im mehrstufigen Konzern BB 1993, Beilage 14 zu Heft 20; IDW St/HFA 1/1994 Zur Behandlung von Genußrechten im Jahresabschluß von Kapitalgesellschaften WPg 1994, 419 ff; *Küting/Zündorf* Die konzerninterne Verschmelzung und ihre Abbildung im konsolidierten Abschluss BB 1994, 1383 ff; *Küting/Göth* Negatives Eigenkapital von Tochterunternehmen in der Kapitalkonsolidierung und die Auswirkungen auf den Konzernabschluss BB 1994, 2446 ff; *Oser* Erfolgsneutral verrechnete Geschäfts- oder Firmenwerte aus der Kapitalkonsolidierung im Lichte der Entkonsolidierung WPg 1995, 266 ff; *Dusemond* Endkonsolidierung und erfolgsneutrale Verrechnung des Geschäfts- oder Firmenwerts DB 1997, 53 ff; *Küting/Hayn/Hütten* Die Abbildung konzerninterner Spaltungen im Einzel- und Konzernabschluss BB 1997, 565 ff; *Griesar* Prinzipien zur Abbildung einer Verschmelzung im Konzernabschluss WPg 1997, 768 ff; *Küting/Hayn* Erst- und Endkonsolidierung nach der Erwerbsmethode DStR 1997, 1941 ff; *Oser* Pflicht zur (Neu-)Bildung der Rücklage für eigene Anteile im Konzernabschluß? DB 1999, 1125 ff; *Hayn B./Küting* Beendigung der Vollkonsolidierung von Tochterunternehmen BB 1999, 2072 ff; *Königsmaier* Zwischenergebniseliminierung und Endkonsolidierung BB 2000, 191 ff; *Roß* Anteil am Nennkapital und Konsolidierungsquote: Keine pauschale Gleichsetzung BB 2000, 1395 ff; *Ebeling* Konsolidierung mehrstufiger Konzerne nach der Methode der Integrierten Konsolidierungstechnik BB 2000, 1667 ff; *Focken/Lenz* Spielräume der Kapitalkonsolidierung nach der Erwerbsmethode bei Beteiligungserwerb durch Anteilstausch DB 2000, 2437 ff; *Küting/Wirth* Internationale Konzernrechnungslegung: Anschaffungskosten von Beteiligungen an voll zu konsolidierenden Unternehmen BB 2001, 1190 ff; *Schmidbauer* Bilanzierung der konzerninternen Verschmelzung voll konsolidierter Unternehmen im Konzernabschluss BB 2001, 2466 ff; *Pfaff/Ganske* Ent- und Übergangskonsolidierung in HWRuP[3] Sp 654 ff; *Busse von Colbe* Kapitalkonsolidierung, Erwerbsmethode/Purchase Method in HWRuP[3] Sp 1312 ff; *Hanft/Broßius* Die Endkonsolidierung defizitärer Tochterunternehmen KoR 2002, 33 ff; *Busse von Colbe* Kleine Reform der Konzernrechnungslegung durch das TransPuG BB 2002, 1583 ff; *Leinen* Die Kapitalkonsolidierung im mehrstufigen Konzern, Herne/Berlin 2002 ff; *Küting/Leinen* Die Kapitalkonsolidierung bei Erwerb eines Teilkonzerns WPg 2002, 1201 ff; HFA Berichterstattung über die 185. Sitzung FN-IDW 2003, 22 ff; *Deubert/Vogel* Aufhebung des § 308 Abs. 3 HGB durch das TransPuG KoR 2004, 142 ff; IDW RS HFA 16 Bewertung bei der Abbildung von Unternehmenserwerben und bei Werthaltigkeitsprüfungen nach IFRS FN-IDW 2005, 721 ff; IDW ERS HFA 13 nF Einzelfragen zum Übergang des wirtschaftlichen Eigentums und zur Gewinnrealisierung nach HGB FN-IDW 2007, 83 ff; *Deubert* Auflösung des „Eigenkapitaldifferenz aus Währungsumrechnung" nach § 308a S 4 HGB idF des RegE BilMoG DStR 2009, 340 ff; *Klaholz/Stibi* Sukzessiver Anteilserwerb nach altem und neuem Handelsrecht KoR 2009, 297 ff; *Oser* Die Kapitalkonsolidierung nach dem BilMoG – unter besonderer Berücksichtigung der IFRS für SMEs Der Konzern 2009, 521 ff; *Stibi/Klahlz* Kaufpreisverteilung im Rahmen der Kapitalkonsolidierung nach dem BilMoG: Neue Herausforderungen für die Praxis BB 2009, 2582 ff; IDW RS HFA 28 Übergangsregelungen des Bilanzrechtsmodernisierungsgesetzes FN-IDW 2009, 642 ff; *Deubert* Auf- und Abstockung von Mehrheitsbeteiligungen im Konzernabschluss nach BilMoG DB 2010, 65 ff; *Kleinheisterkamp/Schell* Der Übergang des wirtschaftlichen Eigentums an Kapitalgesellschaftsanteilen DStR 2010, 833 ff; *Kohl/Meyer* Werthaltigkeitsprüfung von aktiven latenten Steuern bei Unternehmenserwerben Corporate Finance law 2010, 442 ff; *Deubert/Klöcker* Das Verhältnis von Zeitwertbewertung und Zwischenergebniseliminierung bei der Übergangskonsolidierung nach BilMoG KoR 2010, 571 ff; *Ihlau/Gödecke* Earn-Out-Klauseln als Instrument für die erfolgreiche Umsetzung von Unternehmenstransaktionen BB 2010, 687 ff; *Gelhausen/Deubert/Klöcker* Zweckgesellschaften nach BilMoG: Mehrheit der Risiken und Chancen als Zurechnungskriterium DB 2010, 2005 ff; *Pawelzik* Die Bilanzierung von Interessenzusammenschlüssen im Konzernabschluss nach BilMoG und IFRS DB 2010, 2569 ff; *Pöller* Kapitalkonsolidierung nach BilMoG BC

2011, 53 ff u 197 ff; *Küting/Seel/Strauß* Die Änderung der Beteiligungshöhe als konsolidierungstechnisches Problem IRZ 2011, 175 ff; IDW S 5 Grundsätze zur Bewertung immaterieller Vermögenswerte FN-IDW 2011, 467 ff; *Ewelt-Knauer/Knauer* Variable Kaufpreisklauseln bei (Teil-)Unternehmenserwerben DStR 2011, 1918 ff; *Klaholz/Stibi* Erstmalige Aufstellung eines handelsrechtlichen Konzernabschlusses nach neuem Recht: Kann es der Vereinfachung auch zu viel sein? BB 2011, 2923 ff; *Koss* Der Wechsel der Konsolidierungsnorm Der Konzern 2011, 632 ff; IDW RS HFA 44 Vorjahreszahlen im handelsrechtlichen Konzernabschluss und Konzernrechnungslegung bei Änderungen des Konsolidierungskreises FN-IDW 2012, 32 ff; *Senger/Ewelt-Knauer/Hoehne* Statuswahrende Aufstockung und Abstockung von Anteilen an Tochterunternehmen im HGB-Konzernabschluss WPg 2012, 83 ff; *Oser/Kropp* Eigene Anteile in Gesellschafts-, Bilanz- und Steuerrecht Der Konzern 2012, 185 ff; *Stibi* Statuswahrende Auf- und Abstockung von Anteilen an Tochterunternehmen – (K-)ein Ende der handelsrechtlichen Diskussion in Sicht? WPg 2012, 755 ff; IDW RS HFA 42 Auswirkungen einer Verschmelzung auf den handelsrechtlichen Jahresabschluss FN-IDW 2012, 701 ff; IDW RS HFA 43 Auswirkungen einer Spaltung auf den handelsrechtlichen Jahresabschluss FN-IDW 2012, 714 ff; *Fey/Deubert* Bedingte Anschaffungskosten für Beteiligungen im handelsrechtlichen Jahresabschluss des Erwerbers BB 2012, 1461 ff; *Beine/Roß* Konzernrechnungslegung nach gesellschaftsrechtlichen Umstrukturierungen von Unternehmen unter gemeinsamer Beherrschung BB 2012, 2743 ff; *Deubert/Klöcker* Handelsrechtliche Bilanzierung von Verschmelzungen WP-Praxis 2013, 61 ff; *Deubert* Handelsrechtliche Bilanzierung bei Spaltungsvorgängen WP-Praxis 2013, 81 ff.

Standards: DRS 4 Unternehmenserwerbe im Konzernabschluss idF DRÄS 4, BAnz v 18.2.2010, Beilage 27a; DRS 18 Latente Steuern, BAnz v 3.9.2010, Beilage 133a; DRS 19 Pflicht zur Konzernrechnungslegung und Abgrenzung des Konsolidierungskreises, BAnz v 18.2.2011, Beilage 28a.

A. Grundlagen

1   Bei Aufstellung des KA werden zunächst die Posten der Bilanzen (HB II) aller einbezogenen Unt (MU und TU) addiert. In der so entstandenen Summenbilanz ist das Reinvermögen der TU doppelt erfasst, weil darin zum Einen die beim MU bilanzierten Beteiligungen und zum Anderen die dadurch repräsentierten VG und Schulden aus den Bilanzen der TU enthalten sind. Die Beseitigung dieser – aus Sicht des einheitlichen Unt (§ 297 Abs 3 S 1) – unzulässigen Doppelerfassung des Reinvermögens der TU ist **Gegenstand der Kapitalkonsolidierung** (*WPH*[14] I, M Anm 342; *Dusemond/Weber/Zündorf* in HdKR[2] § 301 Anm 2 mwN; *Baetge* KA[9], 173). Hierzu werden die Beteiligungsansätze des MU mit dem zum jeweils maßgeblichen ErstKonsZeitpunkt auf diese Anteile entfallenden Betrag des EK der einzubeziehenden TU verrechnet, wodurch die Kapitalverflechtung zwischen MU und TU eliminiert wird. Die Beteiligung aus dem JA des MU wird so für Zwecke des KA durch die dahinterstehenden Aktiv- und Passivposten der einzubeziehenden TU ersetzt.

2   Die KapKons ist gem Art 19 der 7. Richtl grds nach der sog **Erwerbsmethode** *(purchase method)* durchzuführen. Der Erwerbsmethode liegt die Vorstellung zugrunde, dass mit der erstmaligen Einbeziehung in den KA die auf die Anteile des MU (ggf anteilig) entfallenden VG und Schulden eines zu kons TU durch den Konzern einzeln erworben werden (Fiktion des Einzelerwerbs). Dementspr bestimmt sich der Wertansatz der in den KA eingehenden Posten nach dem Betrag, den der Konzern jeweils aufgewendet hätte, wenn er diese VG und Schulden zum Zeitpunkt des Erwerbs der Anteile bzw der erstmaligen Kons einzeln erworben hätte (Konzern-AK). Zu diesem Zweck sind die beizZW der einzelnen Posten zum ErstKonsZeitpunkt, dh dem Zeitpunkt zu dem ein Mutter-/Tochterverhältnis begründet wird, zu ermitteln und (grds) mit diesen Werten in

Kapitalkonsolidierung 3–6 § 301

die Konzernbilanz zu übernehmen. Der Wertansatz der Anteile des MU an einem TU wird also aufgeteilt auf dessen VG, Schulden und sonstige Posten (mit Ausnahme des EK). Soweit neben dem MU auch andere Geseter am TU beteiligt sind, wird das anteilig auf diese entfallende Reinvermögen wie im Wege einer Sachzuzahlung in den KA übernommen und ebenfalls zum beizZW im Zugangszeitpunkt bewertet.

Die ErstKons hat nach der **Neubewertungsmethode** zu erfolgen. Dabei ist **3** das gesamte Reinvermögen des TU einschl eines ggf auf andere Geseter entfallenden Anteils im ErstKonsZeitpunkt vollständig zum beizZW zu bewerten (dazu s Anm 53). Die ausschließliche Anwendung der Neubewertungsmethode ist nur für Erwerbsvorgänge nach dem 31.12.2009 bzw bei vorzeitiger Anwendung der BilMoG-Änderungen nach dem 31.12.2008 vorgeschrieben (Art 66 Abs 3 S 4 ggf iVm S 6 EGHGB; glA IDW RS HFA 28, Tz 65). Dies geht auf einen Vorschlag des DRSC zurück (DRS 4.17; s Anm 6) und entspricht den internationalen Rechnungslegungsstandards (IFRS 3 (s Anm 401)). Wurde ein TU zwar vor der BilMoG-Erstanwendung erworben, erfolgt die erstmalige Einbeziehung im Wege der VollKons aber erst danach, ist ebenfalls allein die Anwendung der Neubewertungsmethode zulässig.

KapKons, bei denen vor einer BilMoG-Erstanwendung die **Buchwertme-** **4** **thode** (Abs 1 S 2 Nr 1 aF; s dazu 6. Aufl Anm 50 ff, 85 ff) angewandt wurde, dh eine Zeitwertbewertung und Erwerbsbilanzierung nur für das anteilig auf die Anteile des MU entfallende Reinvermögen erfolgt ist, müssen nach Inkrafttreten der Änderungen durch das BilMoG nicht nachträglich angepasst werden, sondern die Buchwertmethode darf für diese **Altfälle fortgeführt** werden. Auch wenn dies nicht ausdrücklich vorgeschrieben ist, sollte auf die Beibehaltung der Buchwertmethode für Altfälle aus Gründen der Klarheit im Konzernanhang, zB zusammen mit den Angaben nach § 313 Abs 2 Nr 1, hingewiesen werden (glA *Baetge/Heidemann/Jonas* in Bilanzrecht § 301 Anm 161).

Bei der KapKons ist zwischen der ErstKons, der Folge- sowie der EndKons zu **5** unterscheiden. Im Rahmen der **Erstkonsolidierung** (Anm 10 ff) erfolgt die Aufrechnung des BetAnsatzes mit dem EK des TU, die Feststellung und Aufteilung von stillen Reserven und Lasten sowie die gesonderte Erfassung eines danach verbleibenden (aktiven oder passiven) Unterschiedsbetrags. Da es sich aus Konzernsicht um einen Anschaffungsvorgang handelt, ist die ErstKons erfolgsneutral.

Bei den **Folgekonsolidierungen** (Anm 180 ff) werden die aufgeteilten stillen Reserven und Lasten und der aktivierte oder passivierte Unterschiedsbetrag fortgeführt oder abgeschrieben bzw aufgelöst und insoweit erfolgswirksam. Die Jahresergebnisse der TU werden phasengleich übernommen, so dass das nach der ErstKons von einem TU erwirtschaftete Ergebnis (Reinvermögensmehrungen/ -minderungen) zutreffend als (erwirtschaftetes) Konzern-EK (DRS 7.5; § 297 Anm 107) ausgewiesen wird.

Schließlich muss auch eine sog **End- bzw Übergangskonsolidierung** (Anm 300 ff) erfolgen, wenn ein TU aus dem VollKonsKreis ausscheidet bzw – insb iZm einer teilweisen Anteilsveräußerung – zu einem anderen KonsVerfahren, zB zur EquityBewertung, gewechselt werden muss. Die EndKons ist grds erfolgswirksam. Soweit die ÜbergangsKons mit einer (teilweisen) Anteilsveräußerung verbunden ist, ist diese ebenfalls erfolgswirksam, für die im Konzern verbleibenden Anteile bzw das aus Konzernsicht dahinter stehende Reinvermögen ist die ÜbergangsKons dagegen erfolgsneutral (Anm 340 ff).

Empfehlungen des *DSR* zur KapKons nach der Erwerbsmethode sind in **6** **DRS 4** *Unternehmenserwerbe im Konzernabschluss* idF DRÄS 4 geregelt. Die Regelungen des DRS 4 sollen dabei – außer für die Erwerbsbilanzierung im Rahmen der KapKons – auch für die Bilanzierung von aus Sicht des rechtlich einheitlichen

Unt (§ 297 Abs 2 S 1) wirtschaftlich vergleichbaren Vermögensübergängen, namentlich *asset-deal* und Vermögensübernahmen aufgrund von Verschmelzungen im KA gelten (DRS 4.1b) .1c); ausführlich zur Übernahmebilanzierung s auch *Deubert/Klöcker* WP-Praxis 2013, 63 ff; *Förschle/Hoffmann* in Sonderbilanzen[4] K Anm 15 ff, 70 ff).

7 Bei einem Erwerb von mind 90% der Anteile am TU im Wege eines Anteilstauschs durfte, letztmals in KA für das vor dem 1.1.2010 beginnende Gj (Art 66 Abs 5 EGHGB), die KapKons alternativ auch gem § 302 aF nach der sog **Methode der Interessenzusammenführung** *(pooling of interests method)* vorgenommen werden (zu deren Voraussetzungen 6. Aufl § 302 Anm 10 ff). Hierbei wurde der UntZusammenschluss im KA so abgebildet, als ob das Mutter-/Tochterverhältnis bereits seit der Gründung des MU und TU bestanden hätte. Deshalb wurden die VG und Schulden des TU, nach Anpassung an die konzerneinheitlichen Bilanzierungs- und Bewertungsvorschriften (§ 300 Abs 2, § 308), unverändert zu Buchwerten in den KA übernommen. Differenzen zwischen den AK der Anteile am TU und dem darauf entfallenden bilanziellen EK wurden mit dem übrigen Konzern-EK verrechnet. Dh sowohl die Erst- als auch die Folge-Kons waren erfolgsneutral (s 6. Aufl § 302 Anm 30 ff). Das Methodenwahlrecht des § 302 aF wurde durch das BilMoG **aufgehoben**.

8 Wurde die Methode der Interessenzusammenführung vor ihrer Aufhebung bei der KapKons angewandt **(Altfälle)**, darf diese Vorgehensweise unter Fortgeltung der Regelungen des § 302 aF (s 6. Aufl § 302 Anm 41 ff) auch in KA nach Inkrafttreten der durch BilMoG geänderten Konzernvorschriften **beibehalten** werden (Art 67 Abs 5 S 2 EGHGB; IDW RS HFA 28, Tz 66).

B. Erstkonsolidierung

I. Abgrenzung der aufzurechnenden Bilanzposten (Abs 1 S 1)

1. Zu konsolidierende Anteile

10 In die KapKons sind sämtliche dem MU gehörende Anteile an TU des Voll-KonsKreis einzubeziehen. Anteile sind Mitgliedsrechte, die **Vermögensrechte** (zB Teilnahme am Gewinn und Verlust, Beteiligung am Liquidationserlös) **und Verwaltungs- und Informationsrechte** (Einfluss auf bzw Überwachung der Geschäftsführung; Einsichtsrechte) umfassen (§ 271 Anm 13 ff; *ADS*[6] § 271 Anm 6). Hierzu zählen alle Formen der *gesellschaftsrechtlichen* Kapitaleinlagen (zB Aktien, Geschäftsanteile), bei PersGes (OHG, KG) die Kapitaleinlagen der phG oder der Kommanditisten sowie Anteile an GbR, zB Joint Ventures (§§ 705 ff BGB), sofern Gesamthandsvermögen besteht (glA *WPH*[14] I, M Anm 349; *Hachmeister/Beyer* in Beck HdR C 401 Anm 61; *Dusemond/Weber/Zündorf* in HdKR[2] § 301 Anm 16 ff).

11 Kons-pflichtig sind alle Anteile, die dem MU gehören (Abs 1 S 1). Hierunter fallen zunächst alle Anteile, an denen das MU selbst das **wirtschaftliche Eigentum** hat und die es in seiner Bilanz ausweist (§ 246 Anm 5 ff), insb auch Anteile, die im Rahmen von echten Pensionsgeschäften, Treuhandverhältnissen oder aufgrund treuhand-ähnlicher Rechtsverhältnisse auf Dritte übertragen wurden. Kons-pflichtig sind ferner Anteile, die von vollkons TU gehalten werden (*ADS*[6] § 301 Anm 14; *Dusemond/Weber/Zündorf* in HdKR[2] § 301 Anm 27; § 246 Anm 9 ff, 24 ff; s dazu auch IDW ERS HFA 13 nF, Tz 13 ff; DRS 19.62 ff).

Nicht zu den kons-pflichtigen Anteilen des MU **gehören** Anteile an TU, die
12 von nicht vollkons TU, von assozUnt oder von GemUnt, die nicht quotal gem § 310 kons werden, gehalten werden. Eine Kons scheitert hier schon technisch,

da diese Anteile nicht in der Summenbilanz enthalten sind. Eine Ausnahme gilt für den Fall, dass ein gem § 310 kons GemUnt Anteile an einem einbezogenen TU hält (so *Dusemond/Weber/Zündorf* in HdKR² § 301 Anm 24f). Die quotal gem § 310 in den KA übernommenen Anteile werden in diesem Fall kons, um eine Doppelerfassung, Ausweis der VG und Schulden des TU bei gleichzeitigem Ausweis einer (quotalen) Bet am TU nebst korrespondierenden AusglPo gem § 307, zu vermeiden (§ 307 Anm 8).

Kons-pflichtige Anteile werden in den einbezogenen JA des MU und der TU **13** unter der Bezeichnung *Anteile an verbundenen Unternehmen* im Anlage- oder Umlaufvermögen **ausgewiesen** (Postenbezeichnungen gem § 266 Abs 2 iVm § 298 Abs 1).

Nicht unter die kons-pflichtigen Anteile iSd Abs 1 S 1 fallen **schuldrecht-** **14** **liche Ansprüche** des MU, wie zB Wandelschuldverschreibungen, Genussrechte, Optionsanleihen und kapitalersetzende Darlehen. Diese sind – unabhängig vom Ausweis der entspr Schuldposten beim TU – grds im Rahmen der SchuldenKons (§ 303) zu verrechnen (ausführlich *Dusemond/Weber/Zündorf* in HdKR² § 301 Anm 22 ff). Sofern die beim erworbenen TU passivierte Verpflichtung im Zeitpunkt der ErstKons (s Anm 125) dagegen höher ist als der Zeitwert des Anspruchs des MU und damit die Verpflichtung aus dessen Sicht eine stille Reserve enthält, ist diese in der Neubewertungsbilanz aufzudecken (s dazu Anm 45 und § 303 Anm 80).

Die *stille Gesellschaft* (§§ 230 ff) gehört – sofern keine von den dispositiven gesetzlichen Regelungen abw Vereinbarungen getroffen werden (§ 247 Anm 233 f) – ebenfalls zu den schuldrechtlichen Verhältnissen. Zur Behandlung *ausstehender Einlagen* s Anm 41 f.

Von **Tochterunternehmen** im ErstKonsZeitpunkt (Anm 125 ff) gehaltene **15** **eigene Anteile,** sind nach § 272 Abs 1a mit dem EK des TU zu verrechnen (bereits bisher für eine Verrechnung von dauerhaft gehaltenen eigenen Anteilen mit der damit korrespondierenden Rücklage gem § 272 Abs 4 aF: DRS 4.22; *ADS*⁶ § 301 Anm 23; zu den Konsequenzen einer späteren Einziehung bzw einer erneuten Veräußerung dieser Anteile sowie zum Einzug eigener Anteile nach bereits erfolgter ErstKons s Anm 285 f). Dies führt – im Vergleich zum Nominalkapitalanteil – zu einer Erhöhung des rechnerischen Anteils des MU sowie etwaiger MinderheitsGester am verbleibenden EK (s auch Anm 49).

Der Gesetzeswortlaut schließt demggü nicht aus, dass diese Anteile nach all- **16** gemeinen Grundsätzen in die KapKons einzubeziehen sind, weil es sich ungeachtet ihres passivischen Ausweises auch um dem MU gehörende Anteile iSv Abs 1 S 1 (Anm 10) handelt (glA *Kraft* in HGB-Bilanzrecht § 301 Anm 90). Eine Einbeziehung der Anteile in die Kapitalaufrechnung des jeweiligen TU ist uE allerdings nur sinnvoll, sofern die eigenen Anteile vom TU nicht zur Einziehung erworben wurden und ein späterer **Verkauf an Konzernfremde** nicht ausgeschlossen werden kann. Dabei dürfte es sich technisch empfehlen, analog zum Fall des zusätzlichen Erwerbs von Anteilen an bereits voll kons TU, eine tranchenweise Kons vorzunehmen (s Anm 215 ff). Dh die Kapitalaufrechnung der vom TU gehalten (eigenen) Anteile und der sonstigen dem MU gehörenden Anteile sollte getrennt voneinander erfolgen. In diesem Zusammenhang ist außerdem zu beachten, dass die AK für diese eigenen Anteile des TU aus Sicht des erwerbenden MU aufgrund von Reservenaufdeckungen von denen im JA des betr TU abweichen können.

Eine unveränderte **Übernahme** der eigenen Anteile der TU **als Beteiligung** **17** in den KA (so *v. Wysocki/Wohlgemuth*⁴, 83) dürfte nur zulässig sein, wenn die Anteile mit Weiterveräußerungsabsicht erworben wurden (§ 296 Anm 25 f), dh voraussichtlich nur vorübergehend gehalten werden, zB weil sie zur Ausgabe an

Arbeitnehmer verwandt werden sollen (wie hier *Busse von Colbe* in Münch-Komm HGB³ § 301 Anm 23; *Dusemond/Weber/Zündorf* in HdKR² § 301 Anm 55; aA *Scherrer* in Kölner Komm-HGB § 301 Anm 32: fiktive rechtliche Einheit kann keine Anteile an sich halten). Hierdurch wird verhindert, dass bei einer Ausgabe dieser Anteile kurz nach Erwerb des TU eine Anpassung der KapKons vorgenommen werden muss (dazu Anm 285 f). Mangels Bezug zum gezeichneten Kapital des MU kommt ein passivischer Ausweis nach § 272 Abs 1a nicht in Betracht. Die eigenen Anteile einbezogener TU sind in der Konzernbilanz im Posten Anteile an verbundenen Unt (§ 266 Abs 2 lit A III 1 iVm § 298 Abs 1) auszuweisen. Zur Klarheit und Übersichtlichkeit der Darstellung (§ 297 Abs 2 S 1) sollte im KA kenntlich gemacht werden, dass es sich hierbei um Anteile an einem im Übrigen voll kons TU handelt. Dies kann zB durch eine Ergänzung bei den Angaben nach § 313 Abs 2 Nr 1 im Konzernanhang oder durch einen Davon-Vermerk, zB „Davon zur Weiterveräußerung bestimmte Anteile an voll kons TU", erfolgen.

18 Bei der KapKons werden die Aktiva und Passiva der TU vollständig in die Konzernbilanz übernommen und zwar auch in den Fällen, in denen dem MU direkt oder indirekt über andere TU nicht alle Anteile an dem TU gehören. In Höhe des Anteils am EK des TU, der auf nicht dem MU gehörende Anteile entfällt, ist ein **Ausgleichsposten** gem § 307 zu bilden (ausführlich zu den im AusglPo zu berücksichtigenden Anteilen § 307 Anm 7 ff). Gleiches gilt, wenn Anteile an einem zu kons TU von einem wegen eines Einbeziehungswahlrechts (§ 296 Anm 5 ff) nicht in den KA einbezogenen TU gehalten werden.

2. Wertansatz der zu konsolidierenden Anteile

20 Im Rahmen der KapKons wird der Wertansatz der dem MU gehörenden Anteile an einem TU mit dem auf diese Anteile entfallenden EK des TU verrechnet. Der Wertansatz der aufzurechnenden Anteile entspricht bei einer auf den Erwerbszeitpunkt (Anm 131) vorgenommenen ErstKons den **Anschaffungskosten** iSv § 255 Abs 1, dh der für den Erwerb der Anteile bewirkten Gegenleistung zzgl Anschaffungsnebenkosten sowie sonstiger direkt dem Erwerb zurechenbarer Kosten und abzgl etwaiger Anschaffungspreisminderungen (DRS 4.12; ausführlich zur Ermittlung der AK von Bet: *Förschle* in HWRuP³ Sp 334 f; § 255 Anm 141). Das erwerbende KonzernUnt kann die Gegenleistung durch die Hingabe von Zahlungsmitteln, die Übertragung sonstiger VG, die Ausgabe eigener/neuer Anteile oder die Übernahme von Schulden bewirken.

21 Der **Wert der Gegenleistung** entspricht bei Barzahlung dem entrichteten Euro-Betrag und bei (ggf teilweiser) Stundung des Kaufpreises dessen Barwert (§ 253 Abs 1 S 2). Für die Umrechnung eines auf Fremdwährung lautenden Kaufpreises ist der Wechselkurs (Geldkurs) im Erwerbszeitpunkt, dh bei Übergang des wirtschaftlichen Eigentums an den Anteilen, und nicht bei Zahlung der Verbindlichkeit maßgeblich (hM § 255 Anm 52 ff).

Bei der Übernahme von Verpflichtungen entspricht der Wert der Gegenleistung dem Erfüllungsbetrag (§ 253 Abs 1 S 2; s dort Anm 51 ff). Sofern die Anteile am TU als Teil eines Reinvermögens erworben werden *(asset deal)*, zu dem auch Pensionsverpflichtungen gehören, ist für diese das Passivierungswahlrecht des Art 28 Abs 1 EGHGB *nicht* anwendbar (s auch Anm 62).

Teilweise leistet der Verkäufer iZm dem Anteilserwerb eine Zahlung an das MU, die dessen Leistung (idR symbolischer Kaufpreis) übersteigt (**negativer Kaufpreis**; s auch *Preißner/Bressler* BB 2011, 427). Soweit der Zuzahlungsbetrag nicht Schuldcharakter hat, zB weil damit die Übernahme von Verpflichtungen oder sonstiger Leistungen des Erwerbers abgegolten werden (zur Abwicklung vorkonzernlicher (Rechts-)Beziehungen s Anm 455), ist er im JA des MU in einem Sonderposten auf der Passivseite einzustellen, der nach Maßgabe der eingetretenen bzw übernommenen Verluste iZm der Bet zu vereinnahmen ist (*WPH*[14] I, E Anm 533 mwN). Bei wirtschaftlicher Betrachtungsweise entspricht der Sonderposten einem passiven Unterschiedsbetrag aus der KapKons (s auch Anm 155 ff). Fraglich könnte sein, ob es deshalb ausreicht den Sonderposten aus dem JA des MU in dessen KA in den passiven Unterschiedsbetrag nach Abs 3 für das betr TU umzugliedern. Dies erscheint uE jedoch nicht sachgerecht. Vielmehr ist der passive Sonderposten aus dem JA zusammen mit den AK der Bet dem darauf entfallenden neubewerteten EK des TU ggüzustellen, damit wird erreicht dass er im KA im Unterschiedsbetrag nach Abs 3 S 1 aufgeht. Diese Vorgehensweise ist notwendig, weil nicht ausgeschlossen werden kann, dass mit dem Zuzahlungsbetrag auch stille Lasten im Vermögen des TU abgegolten werden, die in der Neubewertungsbilanz zwingend (s zB Anm 62 ff) zu Lasten des kons-pflichtigen EK aufgedeckt werden müssen. Ohne eine Berücksichtigung des passiven Sonderpostens bei der Kapitalaufrechnung ergäbe sich anderfalls uU ein zu hoher GFW, dem gleichzeitig ein passiver Unterschiedsbetrag aus der KapKons wie eine „Wertberichtigung" ggüstehen würde.

Soweit der Erwerb der Anteile im **Tausch** gegen Hingabe von **Sachwerten** 22 erfolgt – richtet sich der Wertansatz entspr DRS 4.13 grds nach dem Zeitwert der hingegebenen VG. Dies gilt allerdings nur dann, wenn der Zeitwert der erworbenen Anteile nicht niedriger ist. Die allgemein anerkannten handelsrechtlichen Grundsätze zur Bewertung der durch Tausch von fremden Dritten erworbenen VG (hier Anteile) weichen von den Grundsätzen des *DSR* insofern ab, als wahlweise neben einem (vorsichtig geschätzten) Zeitwert des hingegebenen VG auch dessen Buchwert oder dessen Buchwert zzgl eines die ggf ausgelöste Ertragsteuerbelastung ausgleichenden Betrags (sog erfolgsneutraler Zwischenwert) als AK des erworbenen VG im JA angesetzt werden dürfen (ausführlich *ADS*[6] § 255 Anm 89 ff; sowie IDW RS HFA 42, Tz 46; aA *Müller* in Haufe HGB[3] § 301 Anm 35: Buchwertansatz im Rahmen der Erwerbsfiktion führt zu keiner zutreffenden Abbildung der VFE-Lage des Konzerns). Dieses Wahlrecht zur Ermittlung der AK im JA darf gem § 308 Abs 1 S 2 im Rahmen der Aufstellung der HB II neu und unabhängig von der Handhabung im JA ausgeübt werden, dh soweit im JA vom Buchwertansatz Gebrauch gemacht wurde, darf in der HB II zu einer *DSR*-konformen Bilanzierung (Zeitwertansatz) gewechselt werden. Sofern Tauschvorgänge bislang im JA und KA erfolgsneutral behandelt wurden, dürfte es sich bei der Anpassung an die Grundsätze des *DSR* um eine zulässige Durchbrechung der Bewertungsmethodenstetigkeit gem § 252 Abs 2 iVm § 298 Abs 1 handeln.

Erfolgt der Erwerb der Anteile am TU gegen Hingabe **eigener Anteile** des MU liegt wirtschaftlich betrachtet eine (Sach-)Kapitalerhöhung vor. Im Unterschied zu einer ordentlichen Kapitalerhöhung fehlt die Festlegung eines Ausgabebetrags, so dass nur eine Bewertung mit dem vorsichtig geschätzten Zeitwert der erlangten Anteile in Betracht kommt (ebenso *WPH*[14] I, F Anm 328; PwC BilMoG Komm, L Anm 40).

Bei **konzerninternen Einbringungsvorgängen** (ohne Beteiligung anderer 23 Gester) – sei es im Wege der Sachkapitalerhöhung bzw der Sachzuzahlung oder nach den Regelungen des UmwG (zB Ausgliederung gem § 123 Abs 3 UmwG) – handelt es sich auf JA-Ebene um tauschähnliche Anschaffungsvorgänge, dh es besteht die Möglichkeit, die erlangten Anteile an dem zu kons TU im JA des einbringenden KonzernUnt zum Zeitwert des hingegebenen (Rein-)Vermögens anzusetzen und einen entspr Buchgewinn zu realisieren. Aus Sicht des einheitlichen Unt (§ 297 Abs 3 S 1) wurde aber lediglich Vermögen (und ggf Schulden) einer anderen (neuen) Betriebsstätte zugeordnet, der Gewinn im JA des einbringenden KonzernUnt ist somit im KA noch nicht realisiert und muss eliminiert werden.

24 Werden die erlangten Anteile beim einbringenden KonzernUnt zum Zeitwert angesetzt, empfiehlt sich uE – in Abhängigkeit von der Bewertung des eingelegten Vermögens beim neuen TU – folgendes Vorgehen für die Eliminierung des Buchgewinns:
– Hat das TU das übernommene Vermögen ebenfalls **zum Zeitwert** angesetzt, ergibt sich aus der KapKons kein Unterschiedsbetrag, so dass in diesem Fall – soweit die Wertansätze der eingelegten VG und Schulden beim TU von ihren bisherigen (ggf fortgeführten) Konzern-AK/HK abweichen – die erforderliche Zwischenergebniseliminierung gem § 304 gegen den beim einlegenden KonzernUnt ausgewiesenen Buchgewinn vorzunehmen ist (glA *ADS*[6] § 301 Anm 32; *Hachmeister/Beyer* in Beck HdR C 401 Anm 69; *Deubert/Klöcker* KoR 2010, 573).
– Hat das TU zB vom Wahlrecht des § 24 UmwG Gebrauch gemacht und das übernommene Vermögen zum **Buchwert** in der Schlussbilanz des übertragenden Rechtsträgers angesetzt, darf – sofern das MU das Bewertungswahlrecht auf HB II Ebene nicht abw ausübt – der aus der KapKons resultierende aktive Unterschiedsbetrag direkt mit dem ihn verursachenden Buchgewinn beim einbringenden KonzernUnt verrechnet werden (ebenso für den Fall der Ausgliederung: *Küting/Hayn/Hütten* BB 1997, 571).

25 Im Wege einer Sacheinlage durch Dritte erlangte Anteile an einem TU sind nach den Grundsätzen des DRS 4.13 ebenfalls mit dem beizZW der als Gegenleistung ausgegebenen Anteile zu bewerten. Demggü werden nach den allgemein anerkannten (ges-rechtlichen) Grundsätzen für die **Bewertung von Sacheinlagen** die AK für das im Rahmen einer Sacheinlage erworbene (Rein-)Vermögen grds durch den im entspr Kapitalerhöhungsbeschluss der Gester festgelegten Ausgabebetrag, Nominalbetrag der Kapitalerhöhung ggf zzgl eines Agios, bestimmt (hM zB IDW RS HFA 42, Tz 42f; *ADS*[6] § 255 Anm 95 ff). Sofern nur der Nominalbetrag der Kapitalerhöhung durch den Beschluss fixiert wird, ist durch Auslegung zu ermitteln, ob die AK durch den Nominalbetrag bestimmt sind oder ob ein Agio bis zur Höhe des Zeitwerts der Sacheinlage mit der Folge höherer AK in die Kapitalrücklage eingestellt werden darf. Auch insoweit besteht somit im Rahmen der Zugangsbewertung von Sacheinlagen auf Ebene des JA ein „Bewertungswahlrecht", dessen Neuausübung im KA gem § 308 Abs 1 S 2 uE vertretbar erscheint. Dh es besteht die Möglichkeit, dass im Rahmen der Anpassung an die konzerneinheitliche Bewertung Sacheinlagen in der HB II des MU zum Zeitwert statt zum Nominalbetrag der Kapitalerhöhung angesetzt werden und eine entspr höhere Kapitalrücklage ausgewiesen wird. Die ggü dem JA des MU abw Methode der Sacheinlagenbewertung im KA ist gem § 308 Abs 1 S 3 im Konzernanhang anzugeben und zu begründen. Als Begr reicht dabei der Hinweis auf die Anpassung an die Bewertungsgrundsätze des *DSR* aus. Sofern Sacheinlagen bislang im JA und KA nach den gleichen Grundsätzen bewertet wurden, ist die Durchbrechung der Bewertungsmethodenstetigkeit gem § 252 Abs 2 iVm § 298 Abs 1 aus dem gleichen Grund zulässig.

26 In diesem Zusammenhang ist im Übrigen zu beachten, dass – selbst wenn die im Rahmen der Sacheinlage erlangten Anteile im JA des MU zulässigerweise mit AK unterhalb des Zeitwerts angesetzt werden und dieser Wertansatz in die HB II des MU übernommen wird – die hinter den Anteilen stehenden VG und Schulden spätestens im Rahmen der KapKons nach Abs 1 S 2 zum beizZW anzusetzen sind. Dh im Ergebnis lässt sich somit durch eine (zulässige) **Unterbewertung** der Anteile aus der Sacheinlage im JA zukünftig im KA nur der Ansatz eines GFW

vermeiden. Im Übrigen ist zu beachten, dass in solchen Fällen der Unterbewertung ein aufgrund der gebotenen Reservenaufdeckung im Rahmen der KapKons entstehender passiver Unterschiedsbetrag nur technischer Natur ist und deshalb nicht gem § 309 Abs 2 bzw gem DRS 4.38 ff (dazu § 309 Anm 21 ff) zu periodisieren, sondern erfolgsneutral in die Kapitalrücklage umzugliedern ist (glA PwC BilMoG Komm, Q Anm 249 f; *Pawelzik* DB 2010, 2571).

Maßgeblicher **Bewertungszeitpunkt** für die Gegenleistung ist jeweils der Erwerbszeitpunkt (s Anm 125 ff), dies ist regelmäßig der Zeitpunkt, von dem an dem MU die Stimmrechte aus den erworbenen Anteilen zustehen, dh der Zeitpunkt der dinglichen Übereignung der Anteile. **27**

Sofern bei einem Erwerb gegen Ausgabe von Anteilen deren beizulegender Börsen- oder Marktpreis aufgrund außergewöhnlicher Kursschwankungen oder der Enge des Markts zu diesem Zeitpunkt wesentlich beeinflusst ist, erscheint es uE vertretbar, bei einer Bewertung zum Zeitwert den Wert der Gegenleistung aus den Kursverhältnissen für einen angemessenen Zeitraum (idR wenige Tage) um den Erwerbszeitpunkt abzuleiten.

Hängt beim Erwerb von Anteilen ein Teil der Gegenleistung (Kaufpreis) von künftigen Ereignissen oder sonstigen Transaktionen ab, sind derartige Kaufpreiskomponenten grds bereits im JA des erwerbenden KonzernUnt als AK zu erfassen (**bedingte Anschaffungskosten;** ausführlich dazu *Fey/Deubert* BB 2012, 1461 ff). Voraussetzung hierfür ist jedoch, dass der Eintritt der Bedingung, an die die Kaufpreisanpassung gekoppelt ist, *wahrscheinlich* ist und dass die zusätzlich zu entrichtenden Beträge auch zuverlässig geschätzt werden können (DRS 4.14). Da es sich bei den nachträglichen AK um einen Zukunftswert handelt, sind sie auf den Zeitpunkt ihrer Erfassung abzuzinsen, dh die AK der Bet erhöhen sich nur um den **Barwert** einer künftigen Zahlung. Anknüpfungspunkt für Kaufpreisanpassungsklauseln sind zB das Erreichen eines bestimmten finanziellen Erfolgsindikators (zB Umsatz, EBIT(DA), Jahresüberschuss sog *Earn-Out* Klauseln), die Beendigung von im Erwerbszeitpunkt anhängigen Rechtsstreitigkeiten bzw einer steuerlichen Bp oder der Erhalt eines Patents bzw die erfolgreiche Markteinführung eines neuen Produkts (sog Garantie-/Besserungsklauseln; s *Ihlau/Gödecke* BB 2010, 688). Sofern der Eintritt der Bedingung im Erwerbszeitpunkt noch *nicht wahrscheinlich* ist, was im Übrigen der Regelfall sein dürfte (glA *Ewelt-Knauer/Knauer* DStR 2011, 1919, sind die zusätzlichen Kaufpreiskomponenten als nachträgliche AK im Rahmen der FolgeKons zu erfassen (s Anm 250 ff). Auch in diesem Fall darf nur der Barwert, der sich bei einer Erfassung bereits im Erwerbszeitpunkt ergeben hätte, als (nachträgliche) AK der Anteile aktiviert werden, die Differenz zum Anpassungsbetrag ist als Zinsaufwand zu erfassen (s *Fey/Deubert* BB 2012, 1465). Bei wesentlichen Beträgen sind Angaben nach § 277 Abs 4 S 3 iVm § 298 Abs 1 erforderlich. Eine erfolgsneutrale Erfassung der Zinskomponente gegen den Konzernergebnisvortrag nach Abs 2 S 2 kommt nicht in Betracht, weil sich diese besondere Korrekturvorschrift nur auf bessere Erkenntnisse über das Mengen- und Wertgerüst der aus Konzernsicht erworbenen VG und Schulden des TU (dazu Anm 115 ff) und nicht auf originäre (bedingte) Schulden des erwerbenden MU bezieht. Sofern die bedingten AK nicht bereits bei Erwerb zu berücksichtigen sind, ist über diese bedingte Zahlungsverpflichtung nach § 314 Abs 1 Nr 2a im Konzernanhang zu berichten, soweit dies für die Beurteilung der Finanzlage des Konzerns notwendig ist. **28**

Außerdem können – neben den im JA des die zu kons Anteile erwerbenden KonzernUnt ausgewiesenen AK – auch **zusätzliche Anschaffungskosten,** die sich erst **auf Konzernebene** ergeben, zu berücksichtigen sein. Diese Konzern-AK können sich dann ergeben, wenn zum Vermögen des erworbenen TU ein Recht oder ein immaterieller VG (zB ein selbst erstelltes EDV-Programm) ge- **29** hört, an dem einem Unt des erwerbenden Konzerns in vorkonzernlicher Zeit gegen Entgelt ein Nutzungsrecht eingeräumt wurde oder ein VG mit einer Rechtsposition des Erwerbers, zB einem Erbbaurecht, belastet ist.

Mit dem Erwerb des „Vollrechts" wird das bisherige Nutzungsrecht aus Konzernsicht wertlos. Der Restbuchwert dieses Nutzungsrechts ist allerdings aus Anlass des Erwerbs des TU nicht erfolgswirksam auszubuchen, sondern in den erfolgsneutralen Anschaffungsvorgang einzubeziehen, dh es ist davon auszugehen, dass dieser Umstand bei der Bemessung des Kaufpreises für die Anteile entspr berücksichtigt wurde. Dazu ist das bisherige Nutzungsrecht zusammen mit den AK der Anteile des MU gegen das darauf entfallende kons-pflichtige EK zu verrechnen. Der Wert, mit dem das zum erwerbenden Konzern gehörende Teilrecht in die Ermittlung der AK für das (ggf anteilig) erworbene Reinvermögen des TU eingeht, richtet sich nach den allgemeinen Tauschgrundsätzen (s Anm 22).

30 **„Anschaffungskostenminderungen"** können sich ergeben, wenn aufgrund des Anschaffungsvorgangs eine im JA des MU bzw eines TU passivierte Verbindlichkeit aus Konzernsicht entfällt bzw zu einer Innenverpflichtung wird. Dies ist zB der Fall, wenn Gewährleistungsverpflichtungen ggü dem erworbenen TU bestehen, sofern diese nicht aus Konzernsicht den Charakter einer Wertberichtigung auf die VG haben, auf die sich die Gewährleistung bezieht. Eine Vereinnahmung der entspr Beträge im Rahmen der SchuldenKons kommt unter Vereinfachungsgesichtspunkten nur bei unwesentlichen Beträgen in Betracht. In allen übrigen Fällen ist jedoch davon auszugehen, dass der „Wegfall der betr Verpflichtungen" bei der Bemessung des Kaufpreises berücksichtigt wurde und daher die Einbeziehung in den Anschaffungsvorgang geboten ist (s § 303 Anm 80).

31 Soweit die zu kons Anteile von ausländischen TU erworben werden und deren Wertansatz im landesrechtlichen JA nicht mit den handelsrechtlichen Vorschriften (§ 255 Abs 1) übereinstimmt, weil zB Kosten der Entscheidungsvorbereitung (Kosten einer UntBewertung oder einer *Due-Diligence*-Prüfung im Rahmen des Anteilserwerbs) als Anschaffungsnebenkosten zu aktivieren sind oder die Anteile bspw im landesrechtlichen JA *„at equity"* bewertet werden, ist der Wertansatz der Anteile nach Anpassung an die **handelsrechtlichen Bewertungsvorschriften** (HB II) **maßgeblich**.

32 Entspricht der ErstKonsZeitpunkt nicht dem Erwerbszeitpunkt (s dazu Anm 125 ff), kann der Wertansatz der kons-pflichtigen Anteile insb auf Grund zwischenzeitlich vorgenommener Abschreibungen von den ursprünglichen AK der Anteile abweichen. Vor der ErstKons vorgenommene **Abschreibungen** müssen beibehalten werden, soweit sie im Rahmen der konzerneinheitlichen Bewertung nach § 308 Abs 1 zulässig waren und der Grund für die Abschreibung bis zur ErstKons nicht entfallen ist. Abschreibungen im Rahmen vernünftiger kfm Beurteilung (§ 253 Abs 4 aF) sind daher, auch wenn sie im JA unter den Voraussetzungen des Art 67 Abs 4 S 1 EGHGB fortgeführt werden dürfen, zurückzunehmen, wenn der KA nach den §§ 290, 291 aufgestellt wird (*ADS*[6] § 301 Anm 33; *Dusemond/Weber/Zündorf* in HdKR[2] § 301 Anm 38) und auch nicht die Übergangsvorschrift der Art 24 Abs 1 EGHGB zum Tragen kommt.

33 Wegen **dauerhafter Wertminderung** der Anteile zwingend vorzunehmende Abschreibungen (§ 253 Abs 3 S 3), zB auf Grund anhaltender Ertragslosigkeit, dürfen nicht storniert werden (*WPH*[14] I, M Anm 350; *ADS*[6] § 301 Anm 35; zur Behandlung von Zuschreibungen im Rahmen der FolgeKons s Anm 245 ff). Die Rückgängigmachung kann auch nicht darauf gestützt werden, dass sich die Abschreibungsursache bereits im Wertansatz der zu übernehmenden VG und Schulden niedergeschlagen hat (so aber *Dusemond/Weber/Zündorf* in HdKR[2] § 301 Anm 38). IE würde dies zunächst nur zu einem höheren aktiven Unterschiedsbetrag aus KapKons führen, der idR den Charakter eines GFW

haben dürfte, jedoch seinerseits – mangels Ertragsaussichten – sofort gem § 253 Abs 3 S 3 iVm § 309 Abs 1 abzuschreiben wäre (glA zum bisherigen Recht *ADS*[6] § 301 Anm 35; s auch § 309 Anm 13).

Macht das MU im JA vom Wahlrecht nach Art 67 Abs 3 S 1 EGHGB zur **34** Fortführung **steuerrechtlich motivierter Bewertungen** auf zu kons Anteile (zB nach § 6b EStG) Gebrauch (s dazu IDW RS HFA 28, Tz 16, 18), sind diese – unabhängig davon, ob sie aktivisch vorgenommen oder in einen Sonderposten mit Rücklageanteil eingestellt wurden – vor der KapKons auf Ebene der HB II des MU (erfolgswirksam) rückgängig zu machen, nachdem es nicht zulässig ist, VG (hier Bet) mit nur nach Steuerrecht zulässigen Bilanzwerten in den KA zu übernehmen (Ausschluss der „umgekehrten Maßgeblichkeit" für den KA; *Deubert/Vogel* KoR 2004, 143).

3. Zu konsolidierendes Eigenkapital

Der Wertansatz der zu kons Anteile ist mit dem auf diese Anteile entfallenden **35** Betrag des EK des TU, wie es sich aus der zum maßgeblichen ErstKonsZeitpunkt (Abs 2; s Anm 125 ff) aufgestellten bzw durch statistische Rückrechnung oder Fortschreibung aus einem JA abgeleiteten Neubewertungsbilanz ergibt, zu verrechnen (Abs 1 S 1). Das ggf auf Anteile anderer Gester entfallende anteilige EK aus der Neubewertungsbilanz wird im Zuge der KapKons in den AusglPo nach § 307 Abs 1 eingestellt (s dort Anm 26 f).

Die zu kons **Eigenkapitalposten der Neubewertungsbilanz** werden üblicherweise ausgehend von einer an die Gliederungsvorschriften der §§ 266, 268 Abs 1 und 272 ggf iVm § 264c angepassten HB II des betr TU entwickelt. Dabei werden die Vermögenseffekte, die sich aus der Anpassung an die konzerneinheitliche Bilanzierung und Bewertung gem §§ 300, 308 ergeben, idR im Ergebnisvortrag erfasst.

Effekte, die sich aus der Zeitwertbewertung der VG und Schulden des TU nach Abs 1 S 2 ggü den HB II Werten ergeben (s Anm 75 ff), werden in eine sog *Neubewertungsrücklage* eingestellt. Diese kann, sofern der Betrag der aufgedeckten stillen Lasten den der stillen Reserven übersteigt, auch einen negativen Saldo haben.

Bei ausländischen TU ist das EK in Landeswährung aus der Neubewertungsbilanz mit dem Devisenkassamittelkurs im Zeitpunkt der ErstKons in die Konzernwährung (€) umzurechnen. Dieser Umrechnungskurs bildet in der Folge den historischen Kurs iSv § 308a S 1 für diese EK-Posten (s dort Anm 30). Zur Umrechnung der in der Neubewertungsbilanz im Reinvermögen des TU aufgedeckten Reserven und Lasten im Rahmen der FolgeKons s Anm 183.

Bei **Kapitalgesellschaften** gehören danach folgende Posten zum zu kons EK **36** der Neubewertungsbilanz:
– Gezeichnetes Kapital,
– Kapitalrücklage (zu Ausnahmen s Anm 40),
– Neubewertungsrücklage (s Anm 35),
– Gewinnrücklagen (inkl Rücklage für Rückbeteiligungen am MU; dazu Anm 39),
– Gewinnvortrag/Verlustvortrag (inkl Ergebniseffekte auf Grund der Anpassungen gem §§ 300, 308; s Anm 35),
– Jahresüberschuss/Jahresfehlbetrag.

Auch auf Ebene des JA nach § 268 Abs 8 *gegen Ausschüttungen gesperrte EK-Teile* gehören zum kons-pflichtigen EK, da der KA keine Ausschüttungsbemessungsfunktion hat (s dazu auch § 298 Anm 4).

Bei **Personenhandelsgesellschaften** bzw **KapCoGes** treten die Kapitalan- **37** teile der Gester an die Stelle des Gezeichneten Kapitals und der Kapitalrücklage, sofern letztgenannte nicht zusammen mit den (Gewinn-)Rücklagen ausgewiesen wird (zum Inhalt s § 247 Anm 170 ff; § 264c Anm 20 ff). Bei KGaA gehören die Vermögenseinlagen der phG ebenfalls zum kons-pflichtigen Kapital (ADS[6] § 301 Anm 51).

38 Weist ein TU auch in der Neubewertungsbilanz einen **nicht durch Eigenkapital gedeckten Fehlbetrag** aus, empfiehlt es sich technisch – insb im Hinblick auf die FolgeKons –, die hinter dieser Saldogröße stehenden EK-Teilkomponenten gem § 266 Abs 3 lit A sowie die Neubewertungsrücklage als zu kons EK zu erfassen (zutreffend *Küting/Göth* BB 1994, 2449; iE ebenso *Dusemond/Weber/Zündorf* in HdKR[2] § 301 Anm 57; ADS[6] § 301 Anm 53).

39 Gehören einem TU Anteile an dem den KA aufstellenden MU ist die für diese **Rückbeteiligungen** (Anm 165 ff) im JA des TU gem § 272 Abs 4 S 1 gebildete Rücklage für Anteile am herrschenden Unt ebenfalls in die Kapitalaufrechnung nach Abs 1 S 1 einzubeziehen. Die erneute Bildung einer Rücklage innerhalb des Konzern-EK ist, wegen der in Abs 4 angeordneten Verrechnung, nicht erforderlich (glA *Oser* DB 1999, 1126; s Anm 173 sowie § 298 Anm 72).

40 Beträge, die ein TU anlässlich der **Ausgabe von Wandlungs- oder Optionsrechten** für Schuldverschreibungen (dazu § 272 Anm 180 ff) sowie im Rahmen von Aktienoptionsplänen für Organmitglieder oder Mitarbeiter (dazu § 272 Anm 501 ff) erzielt und in die Kapitalrücklage nach § 272 Abs 2 Nr 2 eingestellt hat, gehören nur dann zum kons-pflichtigen EK, wenn die entspr Bezugsrechte im Erwerbszeitpunkt bereits ausgeübt oder verfallen sind (zur Ausgabe von Bezugsrechten nach erfolgter ErstKons s Anm 270 ff).

Werden die Bezugsrechte erst nach dem Erwerb des TU ausgeübt, führt diese (nicht verhältniswahrende) Kapitalerhöhung zu einer Verminderung der Bet-Quote des MU (zur Behandlung im Rahmen der FolgeKons s Anm 267 f). Insofern tritt das MU hinsichtlich der bestehenden Bezugsrechte beim Erwerb des TU in eine Stillhalterverpflichtung ein (Verkäufer einer Kaufoption auf Anteile am TU). Aus Sicht des MU hat das vom TU erzielte Entgelt für die bestehenden Bezugsrechte damit den Charakter einer Optionsprämie, die als sonstige Verbindlichkeit zu passivieren ist. Diese Verbindlichkeit wird im Rahmen der Kaufpreisallokation mit ihrem beizZW (§ 253 Abs 4 iVm Abs 1 S 2) bewertet, der höher oder niedriger sein kann als der Betrag, der vom TU bei der Ausgabe der Bezugsrechte erzielt wurde (zur Bewertung in der Folgezeit s Anm 270 f). Bei Ausübung der Option erhöht die Optionsprämie den Erlös, den das MU anlässlich der (teilweisen) Anteilsveräußerung am TU erzielt (s Anm 236, 305).

41 Vom Gesetz nicht ausdrücklich geregelt ist die Behandlung der **ausstehenden Einlagen** auf das gezeichnete Kapital. Für die Kons sind folgende Fälle zu unterscheiden:

Bei einbezogenen Tochterunternehmen:
– Bestehen die ausstehenden Einlagen **gegenüber** anderen in den KA **einbezogenen Unternehmen** und sind sie *eingefordert,* werden sie im Rahmen der SchuldenKons berücksichtigt. Sie stellen in diesem Fall echte (konzerninterne) Forderungen dar und sind mit den ihnen entspr Verbindlichkeiten der anderen KonzernUnt aufzurechnen (s § 303 Anm 10). Für *nicht eingeforderte* ausstehende Einlagen erfolgt schon im JA des TU eine offene Absetzung vom gezeichneten Kapital.
– *Eingeforderte* ausstehende Einlagen, zu deren Einzahlung **Dritte verpflichtet** sind, sind als „eingeforderte ausstehende Einlagen" unter den Forderungen mit entspr Bezeichnung des TU gesondert auszuweisen (ADS[6] § 301 Anm 246; WPH[14] I, M Anm 430). Eine Verrechnung mit dem AusglPo für Anteile anderer Gester ist unzulässig (*Dusemond/Weber/Zündorf* in HdKR[2] § 301 Anm 52). Sind die ausstehenden Einlagen von Dritten (konzernfremden Unt sowie nach

§ 296 nicht kons TU) zu erbringen und *nicht eingefordert,* verringert sich der AusglPo für Anteile anderer Gester.

Beim Mutterunternehmen: 42

– *Eingeforderte* ausstehende *Einlagen* beim MU, zu deren Leistung in den KA einbezogene *TU* verpflichtet sind, sind im Rahmen der SchuldenKons zu eliminieren (*ADS*[6] § 301 Anm 240). Sind Konzernfremde zur Einzahlung verpflichtet, sind die noch nicht eingezahlten Beträge unter den Forderungen gesondert auszuweisen (§ 272 Abs 1 S 3 iVm § 298 Abs 1).

– Die *nicht eingeforderten* ausstehenden *Einlagen* des MU sind gem § 272 Abs 1 S 3 iVm § 298 Abs 1 offen vom gezeichneten Kapital abzusetzen. Dies gilt auch, wenn die Anteile bei nicht kons TU oder fremden Gestern liegen (*ADS*[6] § 301 Anm 243).

Die **Sonderrücklagen nach** § 17 Abs 4 S 3 und § 24 Abs 5 **DMBilG** stellen 43 materiell kein EK dar, weil ihnen auf der Aktivseite keine echten VG, sondern lediglich geldwerte Vorteile in Höhe der möglichen Steuerersparnis aus der künftigen Abschreibung des *Sonderverlustkontos aus Rückstellungsbildung* bzw des *Beteiligungsentwertungskonto* ggü stehen (*Budde/Kropp* in DMBilG HBd § 17 Anm 2 f). Sie dürfen nur insoweit in das EK iSd Abs 1 S 1 einbezogen werden, als sie aus nach dem 1.7.1990 thesaurierten Gewinnen aufgefüllt wurden und insoweit „echtes" EK gebildet wurde. Sofern noch ein Sonderverlustkonto aus Rückstellungsbildung bzw ein BetEntwertungskonto besteht, ist dieses in der Neubewertungsbilanz mit der korrespondierenden Sonderrücklage zu verrechnen. *Sonderrücklagen aus der Kapitalneufestsetzung* nach § 27 Abs 2 S 3 bzw § 26 Abs 2 S 3 DMBilG gehören zum kons-pflichtigen EK iSv Abs 1 S 1, weil sie durch Vermögen unterlegt und damit Einlagen der Gester für die Ausgabe von GesRechten vergleichbar sind (*Müller, W.* Rücklagen in der D-Mark-Eröffnungsbilanz, ihr Charakter und ihre Fortentwicklung in den Folgebilanzen in: FS Forster, 478).

Im JA eines TU gebildete **Sonderposten mit Rücklageanteil,** die nach 44 Art 67 Abs 3 S 1 EGHGB unter Anwendung der für sie bisher geltenden Vorschriften fortgeführt werden, dürfen nicht in den KA übernommen werden (s auch *Deubert/Vogel* KoR 2004, 143), sondern sind im Rahmen der Anpassung des JA an die konzerneinheitlichen Bilanzierungs- und Bewertungsvorschriften (Überleitung auf HB II) aufzulösen. Der hieraus resultierende EK-Effekt – abzgl der im Sonderposten gebundenen (latenten) Ertragsteuerbelastung, für die ggf passive latente Steuern (§ 274 Abs 1 S 1) anzusetzen sind, – gehört zum kons-pflichtigen EK.

Auch nicht rückzahlbare **Investitionszulagen/-zuschüsse** der **öffentlichen Hand,** die im JA des erworbenen TU in einen passiven Sonderposten eingestellt wurden (IDW St/HFA 1/1984, Abschn 2.d1)), der über die Nutzungsdauer des bezuschussten VG erfolgswirksam vereinnahmt wird (IDW St/HFA 1/1984, Abschn 2.a)), sind nicht in die Neubewertungsbilanz zu übernehmen, weil sie aus betriebswirtschaftlicher Sicht EK-Charakter haben. Sofern für steuerfreie Investitionszulagen im JA aktive latente Steuern (§ 274 Abs 1 S 2) angesetzt wurden (*WPH*[14] I, F Anm 185), sind diese in der Neubewertungsbilanz zu Lasten des kons-pflichtigen EK aufzulösen.

Sofern im Zeitpunkt der ErstKons **Verbindlichkeiten gegenüber** dem **Mut-** 45 **terunternehmen** bestehen, zB weil bereits vor der Konzernzugehörigkeit des TU entspr Lfgs- und Leistungsbeziehungen zum MU bestanden, gehören diese zum kons-pflichtigen EK, wenn damit auch künftige Verluste bis zur vollen Höhe – auch mit Wirkung gegen GesGläubiger – verrechnet werden und bei Insolvenz oder Zahlungsunfähigkeit nicht geltend gemacht werden dürfen bzw bei Liquidation erst nach Befriedigung aller GesGläubiger mit dem sonstigen EK auszugleichen sind (IDW St/HFA 1/1994, 2.1.1a). In diesem Fall ist dann aber auch die korrespondierende Forderung des MU Teil des mit dem EK zu verrechnenden Buchwerts der Anteile.

46 Gleiches gilt, wenn das MU **Forderungen** gegen das TU, die vor dessen Konzernzugehörigkeit begründet wurden, ganz oder teilweise **abgewertet** hat. Die Differenz zwischen dem beizZW der Schuld und dem beim TU passivierten Erfüllungsbetrag (§ 253 Abs 1 S 2) stellt aus Sicht des MU eine stille Reserve im Vermögen des TU dar, die ggf unter Berücksichtigung passiver latenter Steuern in die Neubewertungsrücklage einzustellen ist. Eine Einbeziehung solcher Differenzen in die SchuldenKons (Ausweis eines Ertrags bzw Einstellung in das EK; zur erstmaligen SchuldenKons s § 303 Anm 80) ist – ungeachtet der in Abs 1 S 2 angeordneten Bewertung mit dem beizZW (s Anm 75 ff) – nicht zulässig, weil davon auszugehen ist, dass diese besonderen stillen Reserven bei der Kaufpreisbemessung vom MU berücksichtigt wurden.

Dagegen sind stille Reserven, die in den vor der Konzernzugehörigkeit des TU entstandenen Forderungen des MU gelegt wurden, zB durch pauschale Abschreibungen auf Forderungen aus Lfg und Leistungen oder eine Abzinsung unverzinslicher Mieterdarlehen an ZweckGes, nicht bei der Erwerbsbilanzierung, sondern erst im Rahmen der SchuldenKons nach § 303 zu berücksichtigen (s dort Anm 80). Gleiches gilt für die übrigen Forderungen des MU, die nach der Konzernzugehörigkeit des TU begründet werden, auch wenn diese eigenkapitalersetzenden Charakter haben (dazu *Förschle/Heinz* in Sonderbilanzen[4] Q Anm 60 ff) oder mit einem Rangrücktritt (dazu *Förschle/Heinz* in Sonderbilanzen[4] Q Anm 53 ff) versehen sind.

47 Bei **Joint-Ventures** (BGB-Ges gem §§ 705 ff bzw der Bruchteilsgemeinschaft nach §§ 741 ff BGB), die gem § 290 als TU anzusehen und im Wege der VollKons (§§ 300 ff) in den KA einzubeziehen sind (dazu *Nordmeyer* Die Einbeziehung von Joint Ventures in den Konzernabschluss WPg 1994, 302) – also vom Regelfall einer 50:50 Partnerschaft abweichen (dazu § 310 Anm 25) –, entspricht das aufzurechnende EK ebenfalls den ges-rechtlichen Leistungen der PartnerUnt, die durch die Beteiligung am Gewinn oder Verlust abgegolten werden (IDW St/HFA 1/1993 Zur Bilanzierung von Joint Ventures WPg, 443). Von diesen Leistungen der Gester im Innenverhältnis sind Sach- oder Dienstleistungen gegen gesonderte Vergütungen zu unterscheiden, bei denen ein schuldrechtlicher Leistungsaustausch erfolgt. Diese werden im Rahmen der SchuldenKons eliminiert.

48 Die **Höhe** des auf die zu kons Anteile entfallenden EK richtet sich grds nach der (relativen) **kapitalmäßigen Beteiligung** des MU am TU. Für die Berechnung der BetQuote des MU sind grds die auf das MU entfallenden Kapitalanteile maßgeblich; auf die mit den Anteilen verbundenen Stimmrechte kommt es hierbei nicht an.

Sofern die Vermögens- und Gewinnrechte des MU bzw eines Dritten in Bezug auf das TU jedoch abw von deren formellem (ges-rechtlichen) Kapitalanteil ausgestaltet sind, erscheint es sachgerecht bei der Ermittlung des kons-pflichtigen EK auf die effektive **(wirtschaftliche) Beteiligungsquote** abzustellen (*Dusemond/Weber/Zündorf* in HdKR[2] § 301 Anm 66). Eine Aufteilung des konspflichtigen EK entspr der wirtschaftlichen BetQuoten des MU und der anderen Gester setzt aber immer voraus, dass diese Aufteilung willkürfrei vorgenommen werden kann.

Ein von den Kapitalanteilen abw lfd Gewinnverteilung oder Beteiligung am Liquidationserlös kann die Folge ges-rechtlicher Vereinbarungen sein (dazu auch *Roß* BB 2000, 1395 f; zur ges-rechtlichen Zulässigkeit einer disparitätischen Vermögens-/Gewinnbeteiligung zB: *Hüffer*[9] § 11 Anm 4; *Hueck/Fastrich* in Baumbach/Hueck GmbHG[20] § 14 Anm 5, 15) sowie, insb bei ZweckGes, auch die

Folge schuldrechtlicher Vereinbarungen oder sonstiger faktischer Verhältnisse sein (DRS 19.58).

Bei **Zweckgesellschaften** iSv § 290 Abs 2 Nr 4 ist jedoch zu beachten, dass für ihre Qualifizierung als TU im Wege einer qualitativen Gesamtbetrachtung aller Umstände des Einzelfalls „nur" geprüft wird, ob das potentielle MU die (absolute) Mehrheit der Risiken und Chancen trägt (DRS 19.57). Die exakte Höhe wird nicht ermittelt bzw kann idR auch nicht ermittelt werden. Es kann somit allein aus dem Umstand, dass es sich um eine ZweckGes handelt, nicht automatisch geschlossen werden, dass das MU zB *alle* Risiken und Chancen trägt (so wohl *Künkele/Koss* in Petersen/Zwirner BilMoG, 521 f). Im Übrigen ist auch zu beachten, dass bei einer asymmetrischen Risiko- und Chancenverteilung für die Einordnung als ZweckGes vorrangig auf die Risiken abzustellen ist (DRS 19.61). Wenn sich somit im Rahmen der Neubewertung ein Mehrkapital ergibt, ist es durchaus möglich, dass diese stille Reserve = Chance (DRS 19.52) aufgrund der Gesamtheit aller Vereinbarungen, nicht (allein) auf das MU entfällt, sondern teilweise oder uU vollständig den anderen Gestern zusteht. Dies wird insb dann der Fall sein, wenn die anderen Gester nennenswerte (Vermögens-)Einlagen auf Ebene der ZweckGes geleistet haben. Im Zweifel muss daher das kons-pflichtige EK auch bei ZweckGes entspr der ges-rechtlichen Kapitalanteile auf dessen Gester aufgeteilt werden. **49**

Bei *Kapitalgesellschaften* (GmbH und AG mit Nennbetragsaktien) bestimmt sich die BetQuote somit idR nach dem Verhältnis des **Nennbetrags** der dem MU gehörenden Anteile zu dem in der Bilanz des TU ausgewiesenen gezeichneten Kapital (§ 272 Abs 1). Bei AG mit Stückaktien (§ 8 Abs 2 AktG) bestimmt sich die BetQuote nach dem Verhältnis der dem MU gehörenden Aktien zur Gesamtzahl der ausgegebenen Aktien. Soweit das TU eigene Anteile hält, sind diese vom gezeichneten Kapital bzw bei AG mit Stückaktien von der Zahl der ausgegebenen Aktien abzuziehen, sofern die eigenen Anteile ihrerseits nicht gesondert kons werden (s dazu Anm 15), dh auf eine Verrechnung der eigenen Anteile mit dem zu kons EK verzichtet wird. **50**

Sofern bei *Personenhandelsgesellschaften* – entspr der gesetzlichen Konzeption (§§ 120 Abs 2, 167) – nur ein Kapitalkonto geführt wird, ergibt sich die Bet-Quote aus dem Verhältnis dieses Kapitalkontos zum Gesamtkapital (s auch *Herrmann* WPg 1994, 501 ff). Ist im GesVertrag ein Festkapital bestimmt (Regelfall), entspricht die BetQuote dem Anteil des MU am Festkapital.

II. Ableitung der Neubewertungsbilanz (Abs 1 S 2 und 3)

1. Grundlagen

Nach Abs 1 S 2 ist das EK des TU mit dem Betrag anzusetzen, der dem im maßgebenden Verrechnungszeitpunkt (s Anm 126) **„beizulegenden Zeitwert"** der in den KA aufzunehmenden VG, Schulden, RAP und Sonderposten entspricht. Bereits vor der Aufrechnung des EK des TU mit dem Wertansatz der Anteile beim MU sind daher alle in den KA aufzunehmenden Aktiva und Passiva des TU – ggf in einer weiteren Ergänzungsrechnung (**Neubewertungsbilanz**) – mit ihren beizZW anzusetzen. Eine Verpflichtung zur Aufstellung einer Neubewertungsbilanz besteht jedoch nicht, weshalb die Neubewertung des Reinvermögens des TU technisch auch als Teil der eigentlichen KapKonsBuchungen erfolgen kann (*WPH*[14] I, M Anm 354). Sind an dem TU auch andere Gester beteiligt, muss bei der letztgenannten Vorgehensweise darauf geachtet werden, dass die Aufdeckung der stillen Reserven und Lasten nicht nur beteiligungsproportional zu den kons Anteilen des MU, sondern vollständig erfolgt und der Vermögenseffekt aus der Neubewertung, soweit er auf andere Gester entfällt, im AusglPo nach § 307 Abs 1 erfasst wird. **53**

54 **Ausgangspunkt** der für den KA zu erfassenden Posten ist die **Handelsbilanz II** des betr TU, dh nach Anpassung des JA an die (eigenständigen) Bilanzansätze im KA und an die konzerneinheitliche Bewertung. Die Festlegung der beizZW im Rahmen der ErstKons ist losgelöst von der einheitlichen Bilanzierung und Bewertung gem §§ 300, 308.

55 Durch die Neubewertung verändert sich das EK des TU lt dessen HB II entspr den bei den einzelnen Vermögens- und Schuldposten vorgenommenen (Ansatz- und Wert-)Korrekturen (zur Berücksichtigung von latenten Steuern s Anm 81 f). Es empfiehlt sich, diese Reinvermögens-Veränderungen in einem besonderen EK-Posten, zB mit der Bezeichnung „**Neubewertungsrücklage**" oder „*Ergänzungskapital*", zu erfassen. Der auf nicht kons Anteile entfallende Betrag aus der Neubewertung wird gem § 307 Abs 1 im Zuge der KapKons in den AusglPo für Anteile anderer Gester eingestellt (dazu § 307 Anm 26).

56 Die festgestellten Reserven und Lasten sind grds – entspr dem Grundsatz der Einzelbewertung (§ 252 Abs 1 Nr 3 iVm § 298 Abs 1) – jeweils einzelnen VG, zB einem Grundstück oder einem Vorratsposten, oder Schulden zuzuordnen. Können die Reserven aber mit einem angemessenen Aufwand nicht je VG, sondern nur für eine Gruppe gleichartiger VG festgestellt werden, ist es als zulässig anzusehen, eine Zuordnung auch auf abgrenzbare Gruppen vorzunehmen. Eine derartige Gruppenbildung kann nur innerhalb eines Bilanzpostens erfolgen; in Sonderfällen kann sie sogar den gesamten Posten umfassen (ebenso *Hachmeister/Beyer* in Beck HdR C 401 Anm 117; *ADS*[6] § 301 Anm 69). Die in der Neubewertung vorgenommene Zuordnung der stillen Reserven und Lasten *muss* – im Hinblick auf deren Fortführung im Rahmen der FolgeKons (dazu Anm 180 ff) – ausreichend dokumentiert werden (*ADS*[6] § 301 Anm 73). Dies kann durch die Erfassung von Inventarnummern oder sonstige eindeutige Kriterien, zB Artikelnummern bei Vorräten oder Standorte, geschehen. Die **Dokumentationsanforderungen** sind dabei umso strenger, je höher die aufgedeckten Reserven bzw Lasten sind und je länger die VG bzw Schulden, denen sie zugeordnet wurden, voraussichtlich beim TU bzw im Konzern verbleiben. Werden stille Reserven im Vorratsvermögen zugeordnet, von dem bekannt ist, dass es sich mehrfach im Verlauf eines Gj umschlägt, wird man auf eine detaillierte Zuordnung verzichten können, weil die Reserven spätestens in dem auf das Jahr der ErstKons folgenden Gj aufwandswirksam erfasst werden müssen.

Außerdem muss über entspr organisatorische Vorkehrungen, zB Abfragen im Formblattabschluss *(package)*, sichergestellt werden, dass das MU über Abgänge oder sonstige wertbeeinflussende Tatsachen der VG und Schulden mit Zusatzbewertungen aus der ErstKons im Rahmen der Aufstellung des KA in Folgejahren informiert wird.

57 Die Feststellung und Zuordnung von stillen Reserven und Lasten erfolgt nur für Zwecke des KA. Diese vom JA abw Wertansätze sind gesondert zu erfassen. Im Konzern-Anlagegitter sind die einzelnen VG entspr der Fiktion des Einzelerwerbs mit ihren im Rahmen der KapKons ermittelten Werten auszuweisen. Diese stellen die Konzern-AK dar. Eine Bindung an die im JA des TU angesetzten Werte besteht nicht. Für eine bessere Vergleichbarkeit der **Konzern-Anlagengitter** im Zeitablauf sollten ggf gesonderte Spalten (bei den Zugängen, Abgängen) für die Veränderungen des KonsKreis eingerichtet werden (§ 298 Anm 63 ff; *ADS*[6] § 298 Anm 117 ff).

2. Aufzunehmende Bilanzposten

60 In der Neubewertungsbilanz sind sämtliche VG, Schulden, RAP und Sonderposten anzusetzen, soweit sie einzeln bilanzierungsfähig oder -pflichtig sind und dem **Tochterunternehmen gehören.** Mit Rücksicht auf die Fiktion des Einzelerwerbs (Anm 3) ist der Ansatz unabhängig davon, ob die betr Vermögens- oder Schuldposten im JA des TU bilanziert waren oder nicht (DRS 4.17; *ADS*[6] § 301 Anm 104). Bei vom TU gemieteten VG wird die Zuordnung des wirtschaftlichen Eigentums, wie sie bei Abschluss der betr **Leasingverträge** für Zwecke des JA des TU erfolgt ist (s § 246 Anm 37 ff), auch für die Neubewertungsbilanz übernommen. Dh es erfolgt keine Neubeurteilung der Verträge auf der Grundlage der Verhältnisse im ErstKonsZeitpunkt.

Abw vom Mengengerüst der HB II sind auf der Aktivseite **immaterielle Vermögensgegenstände,** die das TU vor Erwerb der Anteile durch das MU selbst erstellt hat, aber unter Inanspruchnahme des Wahlrechts nach § 248 Abs 2 S 1 nicht aktiviert hat bzw für die im JA das Aktivierungsverbot gem § 248 Abs 2 S 2 bestand, anzusetzen (DRS 4.18). Vor Erwerb der Anteile von einem TU selbst erstellte immaterielle Anlagewerte sind als vom Konzern entgeltlich erworben und damit als aktivierungspflichtige Bilanzposten des Konzerns anzusehen (hM s *Busse von Colbe/Ordelheide*[9], 215 ff mwN). **Rechnungsabgrenzungsposten** sind keine VG und Schulden, was grds gegen einen Ansatz in der Neubewertungsbilanz spricht. Anderseits sind die als RAP auszuweisenden Ausgaben bzw Einnahmen aber durch die für sie nach hM geltende Objektivierung den VG und Schulden weitestgehend angenähert, dass sie als QuasiVG bzw. Schulden gelten können und daher auch in der Neubewertungsbilanz anzusetzen sind (so auch *Förschle/ Hoffmann* in Sonderbilanzen[4] K Anm 27, 32). Für den Ansatz der RAP spricht im Übrigen, dass sie in Abs 1 S 2 ausdrücklich als Posten genannt werden.

Zu Schulden, die in der HB II des TU nicht erfasst sind, aber in der Neubewertungsbilanz passiviert werden müssen, gehören insb die gem Art 28 Abs 1 EGHGB nicht passivierten **Alt-Pensionsverpflichtungen** sowie mittelbare AVersVerpflichtungen des TU, wenn das bei der zwischengeschalteten Versorgungseinrichtung im Erwerbszeitpunkt (s Anm 126) vorhandene Vermögen zur Deckung der Versorgungsverpflichtungen nicht ausreicht (Subsidiärhaftung nach § 1 Abs 1 S 3 BetrAVG). Im Hinblick auf den aus Konzernsicht fingierten Einzelerwerb stellt die Übernahme dieser Verpflichtungen einen Teil der Gegenleistung für den Erwerb der VG des TU dar, so dass ein Passivierungswahlrecht uE nicht besteht (ebenso *Förschle/Hoffmann* in Sonderbilanzen[4] K Anm 28; IDW RS HFA 42, Tz 37). Gleiches gilt, wenn im maßgeblichen ErstKonsZeitpunkt auf Ebene des TU eine Unterdeckung für Pensionsverpflichtungen nach Art 67 Abs 1 S 1 EGHGB besteht.

Als Schulden, die ggf in einer Neubewertungsbilanz zu erfassen sind, kommen auch aufschiebend bedingte **Zahlungsverpflichtungen** des TU aus einem **Besserungsschein** in Betracht. Die Leistungspflicht aus dem Besserungsschein hängt idR vom Entstehen künftiger Jahresüberschüsse ab, sie kann aber auch an das Entstehen von Gewinnen aus bestimmten Geschäften, zB beim Verkauf von bestimmten VG, anknüpfen (*ADS*[6] § 246 Anm 148 ff). Im ersten Fall werden stille Reserven auf JA-Ebene zur Bedienung des Besserungsscheins erfasst, wenn sie aufgelöst (realisiert) worden sind und damit das Jahresergebnis erhöht haben. Im zweiten Fall, kommt es auf die Realisierung der konkreten Reserve in einem bestimmten VG an. In beiden Fällen ist in der Neubewertungsbilanz die Verpflichtung aus dem Besserungsschein zu passivieren, wenn und soweit im Rahmen der ErstKons stille Reserven im Vermögen bzw in den betr VG aufgedeckt werden. Hängt die Bedienung des Besserungsscheins von künftigen Jahresergebnissen ab, muss – auch wenn keine stillen Reserven im Vermögen aufgedeckt werden – eine Schuld dann passiviert werden, wenn der Eintritt der indirekten, bedingten Kaufpreisverpflichtung „Besserungsschein" wahrscheinlich ist (s dazu auch Anm 23). Sofern in der Neubewertungsbilanz (noch) keine Schuld anzusetzen ist, sondern sich diese erst in der Folgezeit konkretisiert, kommt ggf eine Behandlung als nachträgliche AK des erworbenen Reinvermögens in Betracht (s Anm 254).

64 Hat das TU, aufschiebend bedingt für den Fall einer Übernahme durch einen fremden Erwerber (*change of control*; s § 289 Anm 136), Mitgliedern des Vorstands oder Arbeitnehmern **Entschädigungsleistungen** für den Fall zugesagt, dass sie in Folge der Übernahme kündigen oder ohne weiteren in ihrer Person liegenden Grund entlassen werden, sind hierfür in der Neubewertungsbilanz Rückstellungen zu passivieren (glA *WPH*[14] I, M Anm 361). Gleiches gilt für den Fall, dass aufgrund sonstiger Vereinbarungen, die unter der Bedingung eines **Kontrollwechsels** stehen, zB Lieferverträge des TU vorzeitig beendet werden und in diesem Zusammenhang Vorfälligkeitsentschädigungen vom TU zu entrichten sind. Etwas Anderes gilt jedoch dann, wenn die Zahlungen bedingt sind und davon abhängen, dass die Arbeitnehmer bzw Vorstandsmitglieder noch zeitlich befristet nach dem Erwerb durch das MU für das TU tätig sein müssen. In diesem Fall ist davon auszugehen, dass mit den Zahlungen künftige Arbeitsleistungen abgegolten werden, so dass im Erwerbs-/ErstKonsZeitpunkt „noch" ein schwebendes Geschäft und damit keine Vermögensbelastung vorliegt, die als Schuld in der Neubewertungsbilanz zu berücksichtigen ist.

65 Unter bestimmten, eng definierten Voraussetzungen (6. Aufl Anm 69) war nach den Grundsätzen des *DSR* im Rahmen der Erwerbsbilanzierung auch eine sog **Restrukturierungsrückstellung** zu passivieren (DRS 4.19f), obwohl es sich hierbei im ErstKonsZeitpunkt noch nicht um Vermögensbelastungen des TU handelte, sondern die Außenverpflichtung erst durch Maßnahmen bzw Entscheidungen des Erwerbers nach diesem Zeitpunkt rechtlich begründet wurde. Begründet wurde die Rückstellungsbildung damit, dass der Erwerber in seinem Kalkül bei der Entscheidung über den Anteilskaufpreis auch derartige Aufwendungen für uU nur aus seiner Sicht notwendige Restrukturierungsmaßnahmen berücksichtigt (ebenso *Busse von Colbe* in MünchKomm HGB[3] § 301 Anm 48). Die Aufwendungen für die Restrukturierung des TU sind – zumindest aus der individuellen Sicht des Erwerbers – Teil der Gegenleistung für den Erwerb der Anteile am TU bzw des dahinter stehenden Reinvermögens und daher in die Erwerbsbilanzierung einzubeziehen, dh es handelt sich eigentlich um eine Innenverpflichtung des erwerbenden MU. Aufgrund des Wegfalls des § 249 Abs 2 aF dürfen ab der Erstanwendung der durch das BilMoG geänderten Bilanzierungsvorschriften (s Anm 3) derartige **Aufwandsrückstellungen** in einer Neubewertungsbilanz **nicht** mehr **angesetzt** werden.

66 Rückstellungen für Restrukturierungsmaßnahmen sind **nur** dann in einer Neubewertungsbilanz zu passivieren, wenn im ErstKonsZeitpunkt hierfür bereits eine **Außenverpflichtung** besteht (glA *Stibi/Klaholz* BB 2009, 2585; *Kraft* in Großkomm HGB[5] § 301 Anm 65; aA *Müller* in Haufe HGB[3] § 301 Anm 62: Ausweis von Restrukturierungsrückstellungen unter den eng begrenzten Voraussetzungen nach DRS 4.19f weiterhin sachgerecht). Dies kann der Fall sein, wenn das Reinvermögen des TU mit einer entspr faktischen (Restrukturierungs-)Verpflichtung belastet ist, deren Be-/Entstehen unabhängig vom konkreten Erwerber (MU) ist, sondern letztlich von jedem Erwerber als Minderung des Anteilskaufpreises geltend gemacht würde. Ein Indiz dafür wäre zB, wenn die Parteien im Anteilskaufvertrag bereits die UntBereiche identifiziert haben, in denen ein Anpassungs-/Handlungsbedarf besteht.

67 **Geschäftswertähnliche Vermögenswerte** (zB Ruf der Firma, Kundenstamm, Know-How, Qualität von Mitarbeitern/Management, Produktpalette, Standortvorteile, allg Prozess-/Technologievorteile etc), die zwar für die Bemessung des Anteilskaufpreises von Bedeutung waren, aber kein selbständig bewert-

barer und damit bilanzierungspflichtiger VG sind, dürfen in der Neubewertungsbilanz nicht angesetzt werden, sondern gehen im verbleibenden Unterschiedsbetrag (idR GFW) gem Abs 3 auf (glA *ADS*[6] § 301 Anm 104) und werden mit diesem planmäßig sowie ggf außerplanmäßig gem § 253 Abs 3 iVm § 309 Abs 1 über dessen Nutzungsdauer abgeschrieben (§ 309 Anm 10 ff). Aufgrund dieser Abschreibungspflicht ist die Frage, welche Vorteile (zB günstige schwebende Geschäfte etc; s dazu auch Anm 425 ff) vom GFW separiert und als immaterielle VG bilanziert werden müssen, im HGB-KA jedoch weniger brisant als in einem IFRS-KA, in dem für den GFW der *„impairment-only-approach"* gilt (glA *Stibi/Klaholz* BB 2009, 2584 f; *Oser* Der Schweizer Treuhänder 2010, 120).

Fraglich ist auch, ob ein im JA des TU gem § 246 Abs 1 S 4 bilanzierter **Geschäfts- oder Firmenwert** einzeln in der Neubewertungsbilanz angesetzt werden darf. Aus Sicht des erwerbenden Konzerns sind die hierfür erforderlichen Voraussetzungen nicht erfüllt, weil es an Gesamt-AK fehlt, aus denen – zusätzlich zum GFW aus der KapKons – ein gesonderter GFW abgeleitet werden kann. Die Einheitstheorie (§ 297 Abs 3 S 1) sowie die Erwerbsfiktion sprechen somit gegen einen gesonderten Ansatz, sondern dafür, diese Posten im verbleibenden Unterschiedsbetrag gem Abs 3 aufgehen zu lassen (ebenso *Förschle/Hoffmann* in Sonderbilanzen[4] K Anm 20 zur Übernahmebilanzierung beim Umwandlungen; IDW ERS HFA 42, Tz 35). Anderseits wird der GFW im JA nach § 246 Abs 1 S 4 als *„zeitlich begrenzt nutzbarer Vermögensgegenstand"* fingiert. Mit Rücksicht darauf erscheint es auch vertretbar, wenn ein GFW aus dem JA des TU auch in der Neubewertungsbilanz beibehalten wird (glA *WPH*[14] I, M Anm 358). Wird von dieser Möglichkeit Gebrauch gemacht, ist zu beachten, dass eine Neubewertung des GFW dann nicht zulässig ist, sondern er mit seinem Buchwert aus dem JA/HB II des TU in die Neubewertungsbilanz übernommen werden muss. Ungeachtet dessen muss der auf die zu kons Anteile entfallende Betrag dieses GFW in der Gesamtresidualgröße aufgehen. Um dies zu erreichen, muss dieser Teil des GFW vor der Kapitalaufrechnung nach Abs 1 S 1 mit dem kons-pflichtigen EK verrechnet werden. IE wird somit nur ein auf außenstehende Gester entfallender Teil des GFW aus dem JA des TU im KA fortgeführt. 68

Der Ansatz in der Neubewertungsbilanz darf nicht zu einer Umgehung von **Bilanzierungsverboten** führen, die nach dem Recht des MU für den KA bestehen, zB zum Ansatz von Aufwendungen für die Gründung eines Unt (§ 248 Abs 1 Nr 1), Aufwendungen für die Beschaffung von EK (§ 248 Abs 1 Nr 2) oder zur Aktivierung von Forschungskosten. 69

Führt das TU in seinem JA **Aufwandsrückstellungen** (§ 249 Abs 2 aF) gem Art 67 Abs 3 S 1 EGHGB fort, sind diese in der Neubewertungsbilanz in das zu kons EK umzugliedern, weil es sich um keine Außenverpflichtungen handelt. 70

Verpflichtet sich der **Verkäufer** im zeitlichen oder sachlichen Zusammenhang mit der Veräußerung der Anteile, eine **Zuzahlung** in das **Eigenkapital** des ehemaligen TU zu leisten oder auf Forderungen gegen das TU zu verzichten, ist die damit verbundene EK-Erhöhung durch den Ansatz einer Forderung bzw die Ausbuchung der entspr Verbindlichkeiten bereits in der Neubewertungsbilanz zu berücksichtigen (zur Behandlung von Zuzahlungen, die an das MU geleistet werden s Anm 21). Dies gilt auch dann, wenn das Zuzahlungsversprechen oder der Forderungsverzicht formal erst nach dem Erwerbszeitpunkt rechtswirksam abgegeben bzw erklärt wird, solange nur der innere Zusammenhang mit dem Veräußerungsvorgang erkennbar ist. 71

Sieht die Vereinbarung mit dem Verkäufer vor, dass dieser für eine begrenzte Zeit zur Leistung von **Aufwands-/Sanierungszuschüssen** an das ehemalige TU verpflichtet bleibt, sind diese bedingten Ansprüche in der Neubewertungsbilanz nur insoweit als Forderung zu berücksichtigen, als die Aufwendungen/

Verluste, an die die Leistungspflicht des Verkäufers anknüpft, bereits durch die Passivierung entspr Schulden vor der Entstehung im JA des TU „antizipiert" wurden und im Übrigen wie ein schwebendes Geschäft zu behandeln.

72 **(Bedingte) Forderungen,** zB aus einem in vorkonzernlicher Zeit vom späteren TU ggü einem (konzern-)fremden Dritten erklärten Forderungsverzicht mit Besserungsschein, dürfen in der Neubewertungsbilanz nur dann gesondert angesetzt werden, wenn im ErstKonsZeitpunkt bereits so gut wie sicher ist, dass der Anspruch auch rechtlich entstehen wird. Liegen die Voraussetzungen für den Ansatz einer Forderung noch nicht vor, kommt ggf der Ansatz eines immateriellen VG in Betracht.

3. Bewertungsmaßstäbe

a) Beizulegender Zeitwert

75 Im Hinblick auf die der KapKons zugrunde liegende Fiktion des Einzelerwerbs (s Anm 2) entspricht der beizZW, mit dem die VG, Schulden und sonstigen Posten in der Neubewertungsbilanz anzusetzen sind, den **(fiktiven) Konzern-Anschaffungskosten,** bezogen auf den Zeitpunkt der ErstKons nach Abs 2. Dementspr sind VG mit dem Betrag (Zeitwert) anzusetzen, den das MU gezahlt hätte, wenn es die betr Gegenstände *einzeln erworben* hätte. Die fortgeführten, historischen AK des TU für die VG sind deshalb unbeachtlich. Auch im JA des TU bereits vollständig abgeschriebene oder zum Erinnerungswert angesetzte VG (zB **GWG**), die aus Konzernsicht erworben wurden, sind in der Neubewertungsbilanz mit dem beizZW anzusetzen. Gleiches gilt für im ErstKons-Zeitpunkt bestehende **Bewertungseinheiten** (ebenso IDW RS HFA 42, Tz 57), auch wenn im JA des TU die Einfrierungsmethode angewendet wird und die sich ausgleichenden Wertänderungen aus dem abgesicherten Risiko nicht bilanziert werden (IDW RS HFA 35, Tz 75 ff). Schulden sind mit dem Erfüllungsbetrag anzusetzen, den der Konzern dem TU belastet hätte, wenn er die Schulden *einzeln* gegen ein Entgelt *übernommen* hätte (*ADS*[6] § 301 Anm 63, 65; *Kraft* in Großkomm HGB[5] § 301 Anm 65).

76 Bei der Ermittlung der beizZW des erworbenen Reinvermögens sind auch **werterhellende Informationen** (§ 252 Abs 1 Nr 3 iVm § 298 Abs 1) zu berücksichtigen. Bessere Erkenntnisse, die innerhalb einer Frist von zwölf Monaten nach dem ErstKonsZeitpunkt bekannt werden, sind verpflichtend nach Abs 2 S 2 erfolgsneutral durch eine Anpassung der Erwerbsbilanzierung zu berücksichtigen (s Anm 115 ff).

77 Nach Abs 1 S 2 hat die Bewertung der VG und Schulden, mit Ausnahme der Rückstellungen (s dazu Anm 90), mit dem beizZW im Zeitpunkt der ErstKons zu erfolgen. Der Zeitwert wird in § 255 Abs 4 grds als **Marktpreis** definiert, dh als Preis, zu dem sachverständige, vertragswillige und voneinander unabhängige Geschäftspartner unter normalen Marktbedingungen einen VG erwerben oder eine Verbindlichkeit begleichen würden. Durch die Verwendung von Marktwerten soll – in Einklang mit den internationalen Rechnungslegungsvorschriften (s Anm 438 ff) – die Wertermittlung so weit wie möglich objektiv erfolgen (Begr RegE BilMoG, 176).

78 **Ermessensspielräume** können bei der Zugangsbewertung jedoch **nicht völlig vermieden** werden, weil es für die aus Konzernsicht erworbenen VG und übernommenen Schulden in der überwiegenden Zahl der Fälle keine „vollständig funktionierenden Märkte" gibt, weshalb objektive Marktpreise idR nicht vorliegen werden (glA PwC BilMoG Komm, Q Anm 205). Der beizZW wird deshalb idR aus den Marktpreisen für gleiche oder zumindest gleichartige Güter abgeleitet werden müssen (*Busse von Colbe/Ordelheide*[9], 215).

Ist eine Ableitung des beizZW unter Zuhilfenahme verwandter Markttransaktionen nicht möglich, muss zur Wertermittlung auf sonstige, allgemein anerkannte Bewertungsverfahren zurückgegriffen werden. Hierbei kommt insb der **Ansatz eines Barwerts** zukünftig erwarteter Nettozahlungszuflüsse in Betracht, vorausgesetzt die Zahlungsströme lassen sich entspr auf einzelne VG zurechnen. Kommt die Verwendung einkommens- oder kapitalwertorientierter Verfahren *(income approach)* nicht in Betracht, weil sich den VG bzw den Schulden keine klar definierten Zahlungsströme zuordnen lassen, muss letztlich auf kostenorientierte Ansätze zur Ableitung der beizZW zurückgegriffen werden. Zur Wertermittlung kommen dann die Reproduktions- und die Wiederbeschaffungskostenmethode unter Berücksichtigung von Wertabschlägen für den Nutzungszustand etc in Betracht (s dazu IDW RS HFA 16, Tz 39 ff (analog)). Die (ggf fortgeführten) AK/HK der VG und Schulden aus der HB II des erworbenen TU können, sofern sie zB bei immateriellen VG überhaupt vorhanden sind, als Orientierungshilfe iSv einer vorsichtig geschätzten Wertuntergrenze bei der Ermittlung der beizZW herangezogen werden (weitergehend *Oser* Der Schweizer Treuhänder 2010, 120: Vermutung des § 255 Abs 4 S 3 gilt auch für die Neubewertungsbilanz; glA *Pöller* BC 2011, 55). Lässt sich der beizZW mit Hilfe allgemein anerkannter Bewertungsverfahren – auch in der Frist nach Abs 2 S 2 (s Anm 115 ff) – nicht verlässlich bestimmen, ist ein Ansatz als VG oder Schuld nicht zulässig (glA *WPH*[14] I, M Anm 369; *Stibi/Klaholz* BB 2009, 2583). 79

Durch die soweit wie möglich objektive Wertermittlung bei der Zugangsbewertung wird letztlich erreicht, dass Wertminderungen des Reinvermögens, die aus der geplanten Nutzung der VG im Konzernverbund resultieren (insb beabsichtigte Stilllegung oder Veräußerung) und auf vom **Mutterunternehmen** erst nach dem Erwerb **initiierten** Maßnahmen beruhen, die jedoch im maßgeblichen Bewertungszeitpunkt objektiv nicht erforderlich waren, nicht im Rahmen der ErstKons erfolgsneutral als Erhöhung des GFW erfasst und erst über dessen Abschreibung ergebniswirksam werden. Derartige Wertminderungen, die aus wertbegründenden Entscheidungen des Erwerbers resultieren, sind im Zeitpunkt der entspr **Wertänderung ergebniswirksam** zu **erfassen** (s auch *Busse von Colbe* in MünchKomm HGB[3] § 301 Anm 47; zur abw Vorgehensweise nach Abs 1 S 2 aF s 6. Aufl Anm 78). Im Anteilskaufpreis vom MU berücksichtigte nutzungsbedingte individuelle Vorteile oder Nachteile, zB bei beabsichtigter Stilllegung, führen somit zu einer Erhöhung bzw Verminderung des Unterschiedsbetrags nach Abs 3, dh idR des GFW (glA *Stibi/Klaholz* BB 2009, 2585). 80

Die Vorgehensweise zur Ermittlung der beizulegenden Werte, insb dabei verwandte Bewertungskonzepte und sonstige Hilfsverfahren, dienen der Ermittlung der Konzern-AK des erworbenen Reinvermögens und sind damit Teil der **Bewertungsmethoden** des Konzerns, die nach § 313 Abs 1 S 2 Nr 1 im **Konzernanhang anzugeben** sind (s dort Anm 72 ff). 81

Für die wichtigsten Bilanzposten gelten grds folgende **Zeitwerte** (s auch *ADS*[6] § 301 Anm 63 ff; *Dusemond/Weber/Zündorf* in HdKR[2] § 301 Anm 94 ff): 82
– **Immaterielle Vermögensgegenstände des Anlagevermögens:** Für immaterielle Anlagegegenstände (wie Patente, Verträge oder Kundenkarteien) werden gewöhnlich keine Märkte bestehen, so dass eine Wertfindung idR nur auf Grundlage von Bewertungsgutachten möglich sein wird. Die Ableitung des beizZW kann dabei anhand verwandter Markttransaktionen, so zB beim *royalty approach,* oder als Barwert der künftigen *cash flows* erfolgen (s IDW S 5, Tz 18 ff). Liegt der Stichtag des Bewertungsgutachtens erheblich vor dem Erwerbs- bzw abw (späteren) ErstKonsZeitpunkt, sind wertändernde Faktoren bis zum ErstKonsZeitpunkt zu berücksichtigen (s *Ordelheide* DB 1986, 496).

– **Sachanlagen:** Für Grundstücke und Gebäude existieren idR Marktpreise oder kann der beizZW zumindest anhand von in jüngerer Vergangenheit am Grundstücksmarkt erzielten Preisen für vergleichbare Objekte abgeleitet werden (*Busse von Colbe/Ordelheide*[9], 215). Erfolgt bei Immobilien eine kostenorientierte Wertermittlung, sind die gewöhnlichen HK zzgl der Baunebenkosten, die unter Berücksichtigung der am Bewertungsstichtag vorherrschenden wirtschaftlichen Rahmenbedingungen für den Neubau der baulichen Anlagen ersatzweise aufzubringen wären (Normal-HK), maßgeblich (IDW RS HFA 16, Tz 69). Sofern es bei technischen Anlagen und Maschinen keinen Gebrauchtmarkt gibt, sind die Marktpreise hilfsweise ausgehend vom Wiederbeschaffungswert abzgl geschätzter kumulierter Abschreibungen sowie ggf Abschlägen für technische, physische sowie ggf wirtschaftliche Veralterung zu ermitteln (ausführlich *Dusemond/Weber/Zündorf* in HdKR[2] § 301 Anm 95). Noch vom Verkäufer des TU stillgelegte Anlagen sind mit den um anfallende Verkaufskosten gekürzten voraussichtlichen (Netto-)Veräußerungserlösen zu bewerten. Für vermietete Anlagegegenstände ergibt sich der beizZW als Barwert der künftigen Nettomieten. Für den Zeitraum nach Ablauf der im ErstKonsZeitpunkt bestehenden Verträge ist von einer marktgerechten (Anschluss-)Vermietung auszugehen (glA *Hoffmann/Lüdenbach*[4] § 301 Anm 80). Vor- und Nachteile aus einer über oder unter Marktniveau liegenden Vermietung des VG im ErstKonsZeitpunkt werden nicht getrennt bilanziert und gehen auch nicht in der Residualgröße auf, sondern sind bei der Zugangsbewertung des vermieteten VG zu berücksichtigen.
– **Finanzanlagen:** Maßgebend sind die zum ErstKonsZeitpunkt anzusetzenden Börsen- oder sonstigen Marktpreise (Wiederbeschaffungskosten). Insb für Bet kann sich aus Konzernsicht ein vom JA abw (höherer) Wertansatz ergeben. Bei nicht notierten Anteilen und Wertpapieren können ggf vorliegende Wertgutachten herangezogen werden.
– **Vorräte:** Roh-, Hilfs- und Betriebsstoffe sind zu Wiederbeschaffungskosten anzusetzen; bei kurzer Umschlagsdauer und einem Ansatz zu AK oder niedrigeren Marktpreisen im JA bzw der HB II dürfen auch diese Wertansätze in die Neubewertungsbilanz übernommen werden. Für nicht oder schwer gängige Roh-, Hilfs- und Betriebsstoffe ist der beizZW vom Absatzmarkt her zu bestimmen, dh ausgehend vom Netto-Veräußerungserlös unter Berücksichtigung eines „marktüblichen" Gewinnabschlags. Die Konzern-AK für fertige Erzeugnisse und Waren bilden die Verkaufspreise des TU oder niedrigere Marktpreise nach Abschlag für das Absatzrisiko des Konzerns (Gewinnmarge). Der Gewinnabschlag ist wie ein Bonitätsabschlag bei Forderungen letztlich durch die Übernahme des Absatzrisikos begründet, das mit den Vorräten verbunden ist, die aus Konzernsicht erworben werden. Für die unfertigen Erzeugnisse stellen die aus Konzernsicht erforderlichen Reproduktionskosten unter Berücksichtigung der Verkaufschancen des Endprodukts einen geeigneten Wertmaßstab dar. Zur Behandlung eines im ErstKonsZeitpunkt vorhandenen Auftragsbestands s Anm 425.
– **Forderungen:** Sie sind mit ihrem Barwert zum ErstKonsZeitpunkt abzgl Abwertungen (zB für Uneinbringlichkeit) anzusetzen (*Busse von Colbe/Ordelheide*[9], 219). Die Abzinsung hat mit dem angemessenen (Risiko, Restlaufzeit) aktuellen Zinssatz zu erfolgen. Bei kurzfristigen Forderungen bestehen keine Bedenken, den Wertansatz im JA bzw der HB II des TU in die Neubewertungsbilanz zu übernehmen.
– **Verbindlichkeiten:** Kurzfristige Verbindlichkeiten können idR unverändert mit ihren Wertansätzen aus der HB II des TU übernommen werden. Bei längerfristigen sowie niedrig- oder unverzinslichen Verbindlichkeiten ist der Bar-

wert der Rückzahlungsbeträge unter Verwendung des Zinsniveaus im Erst-KonsZeitpunkt als Konzern-AK anzusetzen (*Dusemond/Weber/Zündorf* in HdKR² § 301 Anm 96; IDW RS HFA 16, Tz 73; *Kraft* in Großkomm HGB⁵ § 301 Anm 67).
- **Rechnungsabgrenzungsposten:** Bei passiven RAP sind die damit verbundenen (Sach-)Leistungsverpflichtungen, wie Rückstellungen, mit dem nach vernünftiger kfm Beurteilung notwendigen Erfüllungsbetrag zu bewerten (s § 253 Anm 154 ff). Aktive RAP sind mit dem Geldwert des dahinter stehenden (Sach-)Leistungsanspruchs zu bewerten.

Bei der Entscheidung über die Zuordnung von stillen Reserven und Lasten in der Neubewertungsbilanz können sich **Abgrenzungsprobleme gegenüber** einem miterworbenen positiven oder negativen **Geschäfts- oder Firmenwert** ergeben. Aus Objektivierungsgründen sind zuerst die stillen Reserven und Lasten auf die einzelnen Bilanzposten zu verteilen. Sonstige Vorteile, die sich nicht als VG konkretisieren, zB vom TU verauslagte FuE-Kosten, die noch nicht zu einem immateriellen VG geführt haben, sind Teil des nach Aufteilung verbleibenden Unterschiedsbetrags und sind als *Geschäfts- oder Firmenwert* zu erfassen (Anm 150 ff). Entspr gilt für nicht hinreichend konkretisierte Schulden, diese gehen entweder im Saldo des GFW auf oder führen zu einem passiven Unterschiedsbetrag aus der KapKons. **83**

b) Ausnahmen bei der Rückstellungsbewertung

Zur **Vereinfachung** der **Wertermittlung** sowohl im Zeitpunkt der ErstKons als auch im Rahmen der FolgeKons sind Rückstellungen in der Neubewertungsbilanz nicht zum beizZW nach Abs 1 S 2, sondern mit ihrem Erfüllungsbetrag, der entspr der für den JA geltenden Bestimmungen (§ 253 Abs 1 S 2 und 3, Abs 2; s dort Anm 151 ff) ermittelt wird, zu bewerten (*Ber Merz* ua, 90). Die Übergangsregelungen für Pensionsverpflichtungen sowie für alle Rückstellungen nach Art 67 Abs 1 S 1 und S 2 EGHGB gelten nicht für die Bewertung in der Neubewertungsbilanz. **90**

Ist in der Neubewertungsbilanz eine **Restrukturierungsrückstellung** zu passivieren, dürfen bei der Ermittlung ihres Erfüllungsbetrags nur Aufwendungen berücksichtigt werden, die auf Maßnahmen zurückgehen, die das erworbene TU betreffen (DRS 4.19a). Werden zB beim TU objektiv notwendige Sanierungs-/Restrukturierungsmaßnahmen zum Anlass genommen, zugleich eine Bereinigung des gesamten (Konzern-)Filialnetzes durchzuführen und werden dabei auch Niederlassungen des MU oder anderer TU geschlossen, dürfen die damit verbundenen Kosten nicht in die Restrukturierungsrückstellung einbezogen werden. Die in die Restrukturierungsrückstellung einzubeziehenden Aufwendungen müssen mit der Beendigung von UntAktivitäten (Stilllegung/Veräußerung von UntTeilen) des erworbenen TU in Zusammenhang stehen. Aufwendungen, die sich aus den fortgeführten Aktivitäten des Unt ergeben, wie zB für die Versetzung oder Umschulung von Mitarbeitern der stillgelegten Betriebsteile, sind – ebensowenig wie in einem JA – auch in einer Neubewertungsbilanz nicht rückstellungsfähig (*Telkamp/Bruns* in HWRuP³, 2129 f). Ferner müssen bei der Bemessung der Restrukturierungsrückstellung solche Aufwendungen unberücksichtigt bleiben, die daraus resultieren, dass VG, insb Gebäude oder technische Anlagen etc, im Zuge von Restrukturierungsmaßnahmen abgebrochen und dadurch wertlos werden. Die dadurch im JA des betr TU ausgelösten (außerplanmäßigen) Abschreibungen sind ggf – analog zu den allgemeinen Grundsätzen zur *verlustfreien Bewertung* – durch entspr Abschläge bei der Bewertung der betr VG vorwegzunehmen (zur Berücksichtigung der geplanten Verwendung bei der Er- **91** mittlung der beizZW s Anm 77 ff). Die Bildung einer Restrukturierungsrückstellung kommt in diesen Fällen nur insoweit in Betracht, als die Kosten für die Entsorgung der abgebrochenen Anlagen nicht aus etwaigen Verwertungserlösen gedeckt werden können.

4. Berücksichtigung latenter Steuern

95 Entstehen im Zuge der Aufstellung der Neubewertungsbilanz Bilanzierungs- und Bewertungsunterschiede ggü den entspr steuerrechtlichen Ansätzen/Werten der VG und Schulden, sind hierauf in der Neubewertungsbilanz latente Steuern zu bilden, wenn es sich um **temporäre Differenzen** handelt (§ 306 S 1; s dort Anm 11 ff; DRS 18.9). Im Unterschied zum JA, bei dem für einen aktiven Überhang latenter Steuern ein Ansatzwahlrecht besteht (§ 274 Abs 1 S 2 iVm § 298), besteht für zusätzliche temporäre Differenzen die durch KonsMaßnahmen verursacht werden eine Ansatzpflicht (§ 306 S 1; DRS 18.12).

Die aktiven und passiven latenten Steuern stellen – ebenso wie die im Zuge der Neubewertung aufgedeckten stillen Reserven und Lasten – eine Erhöhung oder Verminderung des kons-pflichtigen EK dar, dh sie sind erfolgsneutral gegen die Neubewertungsrücklage (s Anm 35) zu erfassen und sind damit ein Teil der im Zuge der KapKons fingierten Erwerbsbilanzierung. Für eine Differenz bei dem nach der Kapitalaufrechnung nach Abs 1 S 1 verbleibenden GFW oder dem passiven Unterschiedsbetrag aus der KapKons nach Abs 3 besteht nach § 306 S 3 ein Ansatzverbot für latente Steuern (s § 306 Anm 12; DRS 18.25).

96 Die Bilanzierungs- und Bewertungsdifferenzen, die im Zuge der Neubewertung entstehen, sind mit dem **unternehmensindividuellen Steuersatz** des betr TU zu bewerten und **nicht abzuzinsen**. Der Vorrang der besonderen Bewertungsvorschriften für latente Steuern ggü der in Abs 1 S 2 geregelten Bewertung des Reinvermögens mit dem beizZW im ErstKonsZeitpunkt wurde in Abs 1 S 3 ausdrücklich geregelt, womit nach der Gesetzesbegr vor allem eine sonst erforderliche Abzinsung mit dem Marktzinssatz vermieden werden soll (Begr RegE BilMoG, 90). Gleiches ergibt sich aber grds bereits aus § 306 S 5, der zur Bewertung der latenten Steuern aus KonsMaßnahmen ebenfalls auf § 274 Abs 2 verweist (DRS 18.41).

97 Bei Ermittlung der latenten Steuern in der Neubewertungbilanz ist der geldwerte Vorteil der Steuerersparnis aus einem **steuerrechtlichen Verlustvortrag,** über den ein KapGes-TU im ErstKonsZeitpunkt verfügt, nur unter Beachtung der Verlustabzugbeschränkungen nach § 8c KStG zu berücksichtigen (s dazu *Kohl/Meyer* Corporate Finance law 2010, 443). Gleiches gilt für im ErstKons-Zeitpunkt beim TU bestehende Zinsvorträge nach § 4h EStG iVm § 8a KStG, auf die § 8c KStG entspr anzuwenden ist.

98 Bei **anderen Konzernunternehmen** (MU oder TU) bestehende Verlustvorträge, die durch den Erwerb des TU „werthaltig" werden, dürfen in der Neubewertungsbilanz nicht berücksichtigt werden, weil diese Vorteile nicht zu dem aus Konzernsicht erworbenen Vermögen des TU gehören (Begr RegE BilMoG, 176; *WPH*[14] I, M Anm 363). Diese latenten Steuervorteile sind unter Berücksichtigung der zeitlichen Beschränkung nach § 274 Abs 1 S 4 iVm § 298 Abs 1 im JA der betr KonzernUnt in die Ermittlung der aktiven latenten Steuern einzubeziehen und dort ggf erfolgswirksam zu erfassen.

99 Steuerrechtliche Verlustvorträge, die nicht von den Beschränkungen des § 8c KStG betroffen sind, sind bei der Ermittlung der latenten Steuern in der Neubewertungsbilanz zu berücksichtigen. Dabei erscheint es sachgerecht im Hinblick auf die Regelung des § 274 Abs 1 S 4 iVm § 298 Abs 1, nur den Teil des wirtschaftlichen Vorteils aus dem Verlustvortrag zu berücksichtigen, der sich voraus-

sichtlich in den nächsten **fünf Jahren** nach der Ergebnisplanung für das TU **realisieren** lässt. Andernfalls muss der Teil der angesetzten aktiven latenten Steuern auf den Verlustvortrag, der sich voraussichtlich erst nach Ablauf von fünf Jahren realisieren lässt, sofort nach der ErstKons zunächst aufwandswirksam erfasst werden und ist in Folgejahren mit der sich nach vorne schiebenden Fünf-Jahresgrenze ertragswirksam einzubuchen, sofern er (noch) realisierbar ist (so auch PwC BilMoG Komm, Q Anm 208). Zu versteuernde Gewinne, die aus steuerrechtlichen Gestaltungsmaßnahmen resultieren, die erst nach dem Erwerb des TU vom neuen MU initiiert werden, dürfen bei der Beurteilung der Werthaltigkeit des steuerlichen Verlustvortrags in der Neubewertungsbilanz nicht berücksichtigt werden. Der dafür im Kaufpreis der Bet vergütete Betrag geht im GFW auf (glA *Stibi/Klaholz* BB 2009, 2585f).

Diese Begrenzung der Verlustberücksichtigung innerhalb von fünf Jahren gilt nicht, wenn passive latente Steuern bestehen, die sich erst nach Ablauf von fünf Jahren umkehren werden, zB weil in der Neubewertungsbilanz stille Reserven im Sachanlagevermögen aufgedeckt wurden (s dazu auch DRS 18.21f). Die gleichen Überlegungen gelten im Übrigen auch für nicht unter die Beschränkungen des § 8c KStG fallende Zinsvorträge des TU im ErstKonsZeitpunkt.

Nicht den Beschränkungen des § 8c KStG unterliegende Verlustvorträge, für die in der Neubewertungsbilanz keine aktiven latenten Steuern berücksichtigt werden dürfen, gehen – ebenso wie bisher (6. Aufl Anm 75) –, in dem nach der Kapitalaufrechnung verbleibenden Unterschiedsbetrag nach Abs 3, dh idR im GFW auf.

5. Sonderfall: Tochterunternehmen ohne Kapitalbeteiligung des Mutterunternehmens

Hat das MU die Möglichkeit, die Geschäfts- und Finanzpolitik eines TU zu beherrschen, sind dessen VG und Schulden sowie die damit korrespondierenden Erträge und Aufwendungen ab diesem Zeitpunkt (§ 300 Abs 2 S 1 iVm § 301 Abs 2) in den KA des MU einzubeziehen, auch wenn keine vermögensmäßige Beteiligung des MU am TU besteht. In Höhe des gesamten Reinvermögens (100%) des TU ist ein AusglPo nach § 307 Abs 1 zu bilden (zu abw Aufteilung des EK nach der wirtschaftlichen BetQuote s Anm 48). Bei fehlender Kapitalbeteiligung des MU sind lediglich Abs 1 S 1 über die Kapitalaufrechnung sowie Abs 3, der die Behandlung eines danach verbleibenden Unterschiedsbetrags regelt, nicht anwendbar. Die **Ansatz- und Bewertungsgrundsätze** in Abs 1 S 2 u 3 **gelten** aber unabhängig davon **ohne Einschränkung** (glA PwC BilMoG Komm, Q Anm 102f).

Die VG und Schulden des TU sind somit auch in diesem Sonderfall im KA des MU nicht nur mit den an die konzerneinheitlichen Bilanzierungs- und Bewertungsvorschriften (§ 300 Abs 2 S 2, § 308) angepassten Buchwerten aus der HB II zu übernehmen, sondern vollständig zum beizZW zu bewerten. Auch wenn eine **vollständige Neubewertung** erfolgt, bleiben die Vorschriften über Zwischenergebniseliminierung (§ 304) davon unberührt. Dies gilt insb dann, wenn zB VG vom MU im JA unter Gewinnrealisierung auf eine ZweckGes iSv § 290 Abs 2 Nr 4 ausgelagert werden, deren Chancen und Risiken das MU mehrheitlich trägt, deren Kapitalanteile aber von Konzernfremden gehalten werden.

Für die Zeitwertbewertung spricht in diesen Fällen zunächst, dass auch bei Bestehen einer nur geringfügigen Bet des MU eine vollständige Neubewertung des gesamten Reinvermögens des TU zu erfolgen hat und Gleiches dann auch gelten muss, wenn die Vermögensbeteiligung des MU fehlt. Im Übrigen ist zu beachten, dass die mit der verbindlichen Anwendung der Neubewertungsmethode verbundene vollständige Zeitwertbewertung der VG und Schulden des TU damit begründet wurde, dass der HGB-KA iSd Einheitstheorie künftig auch MinderheitsGestern relevante Informationen über das auf sie entfallende Reinvermögen vermitteln soll (Begr RegE BilMoG, 175). Unabhängig von der Höhe der Kapitalbeteiligung des MU erwirbt das fiktiv rechtlich einheitliche Unt „Konzern" (§ 297 Abs 3 S 1) das anteilig auf andere Gester entfallende Reinvermögen eines TU **wirtschaftlich** betrachtet durch einen einer **Sachzuzahlung vergleichbaren Vorgang.** Das anteilige auf andere Gester entfallende Reinvermögen wird dem Konzern somit unentgeltlich von diesen zugewendet. Unentgeltlich von einem Gester oder Dritten zugewandte VG sind im JA eines auch rechtlich einheitlichen Unt zu (fiktiven) AK (§ 255 Abs 1) in Höhe des Zeitwerts anzusetzen (s auch IDW RS HFA 42, Tz 47). Diese Grundsätze gelten nach § 298 Abs 1 entspr auch für den KA.

III. Vorläufige Erwerbsbilanzierung (Abs 2 S 2)

115   Die Ermittlung des beizZW iSv Abs 1 S 2 und 3 des aus Konzernsicht erworbenen Reinvermögens des TU hat auf den Zeitpunkt zu erfolgen, zu dem das Unt TU iSv § 290 geworden ist (s Anm 126). Diese Wertermittlung kann zu diesem Zeitpunkt selbst praktisch so gut wie nie vorgenommen werden, weil für die Mehrzahl der erworbenen VG und Schulden keine Marktpreise existieren, so dass die beizZW idR unter Rückgriff auf sonstige Bewertungsverfahren, zT mit Unterstützung externer Berater, nachträglich bestimmt werden (s Anm 78 ff; Begr RegE BilMoG, 176 f). Vor diesem Hintergrund verpflichtet Abs 2 S 2 das MU bei **besseren Erkenntnissen über** das **Mengen-** und/oder **Wertgerüst** des TU im ErstKonsZeitpunkt (s Anm 125 ff), die in einer Frist von zwölf Monaten nach diesem Zeitpunkt bekannt werden, eine Anpassung der Erwerbsbilanzierung vorzunehmen.

Bessere Erkenntnisse über die Höhe der Konzern-AK für die erworbenen Anteile (Gesamtkaufpreis), zB aufgrund von Kaufpreisanpassungsklauseln werden dagegen nicht von Abs 2 S 2 erfasst, sondern sind nach allgemeinen Grundsätzen zu berücksichtigen (s dazu *Fey/Deubert* BB 2012, 1463 f (Zeitpunkt) und 1465 (Höhe)).

116   Die Erwerbsbilanzierung im Rahmen der ErstKons eines TU stellt aus Sicht des KA einen lfd Geschäftsvorfall dar. Die Verpflichtung zur Berücksichtigung von werterhellenden Erkenntnissen bei der Buchung lfd Geschäftsvorfälle ergibt sich bereits aus den allgemeinen Grundsätzen (§ 252 Abs 1 Nr 3 iVm § 298 Abs 1). Die Berücksichtigungspflicht endet dabei mit der Aufstellung des KA, in dem die ErstKons erfolgte. Nach dessen Billigung zugehende Informationen über das erworbene Reinvermögen sind idR erfolgswirksam in lfd Rechnung zu erfassen, sofern nicht die Korrekturfrist nach Abs 2 S 2 später endet (s Anm 117). Eine Anpassung der historischen Erwerbsbilanzierung aufgrund besserer Erkenntnisse macht grds eine formale **Änderung** des **Konzernabschlusses** ab dem Gj der ErstKons des TU erforderlich. Nachträglich festgestellte **Fehler in** der **Kaufpreisallokation** können dagegen immer korrigiert werden.

117   Aufgrund der **besonderen Korrekturvorschrift** in Abs 2 S 2, die systematisch eigentlich zu Abs 1 und nicht zu dem in Abs 2 geregelten ErstKons-Zeitpunkt gehört, entfällt eine formale Änderung des zurückliegenden KA, wenn werterhellende Informationen innerhalb von zwölf Monaten nach dem ErstKonsZeitpunkt, aber nach dem Ende der Aufhellungsphase des KA, in dem die (vorläufige) ErstKons erfolgt ist, zugehen. Danach erlangte Erkenntnisse sind

dann idR erfolgswirksam zu erfassen, sofern nicht eine formale Änderung der zurückliegenden KA erfolgt. Eine erfolgsneutrale Korrektur nach Abs 2 S 2 kommt jedoch ausnahmsweise auch dann noch in Betracht, wenn das Überschreiten der Frist nicht vom MU zu vertreten ist, zB weil ein rechtzeitig beauftragtes Bewertungsgutachten aufgrund unerwarteter Probleme bei der Wertermittlung erst verspätet, dh nach Ablauf der Korrekturfrist zugeht.

Nach dem Wortlaut besteht die Anpassungspflicht („... sind ... anzupassen ...") für bessere Erkenntnisse, die innerhalb von zwölf Monaten nach dem ErstKonsZeitpunkt bekannt werden. Gleichwohl sollten auch später, noch bis zum Ende der Aufhellungsphase für den KA, in dem die erstmalige Einbeziehung eines TU erfolgt, zugehende Informationen ebenfalls erfolgsneutral (s Anm 119) als Anpassung der Erwerbsbilanzierung erfasst werden. Unabhängig vom Zeitpunkt ihres Bekanntwerdens müssen mit den besseren Erkenntnissen wesentliche Mengen- und Wertänderungen verbunden sein, damit eine Anpassung der Erwerbsbilanzierung vorgenommen wird. Wertänderungen aufgrund von **wertbegründenden Ereignissen** oder Entscheidungen des MU dürfen **keine Berücksichtigung** finden, auch wenn sie innerhalb der Frist des Abs 2 S 2 bekannt bzw getroffen werden. **118**

Bei der im Rahmen der ErstKons fingierten Erwerbsbilanzierung handelt es sich um einen erfolgsneutralen Anschaffungsvorgang (s Anm 5), deshalb müssen auch **Anpassungen** der Erwerbsbilanzierung grds **erfolgsneutral** vorgenommen werden (Begr RegE BilMoG, 177). Soweit die Wertanpassungen auf Anteile des MU entfallen, richtet sich der Gegenposten für die Vornahme der Korrekturen danach, ob deren AK unverändert bleiben oder sich, zB aufgrund von Kaufpreisanpassungsklauseln, ändern (s dazu Anm 250 ff). Bleiben die AK der Anteile des MU unverändert (Regelfall), sind die Korrekturen gegen die Residualgröße aus der Kapitalaufrechnung (GFW oder passiver Unterschiedsbetrag) vorzunehmen (s Anm 150 ff). Ein auf andere Gester entfallender Anpassungsbetrag ist stets gegen den AusglPo nach § 307 Abs 1 zu erfassen. **119**

Da es sich um bessere Erkenntnisse über das Mengen- und/oder Wertgerüst im Zeitpunkt der ErstKons handelt, ist die Anpassung grds auch **retrospektiv** vorzunehmen (zu Ausnahmen s Anm 121). Dazu sind zunächst die Ansatz- und Bewertungsänderungen bei den VG und Schulden ggf unter Berücksichtigung latenter Steuern (dazu DRS 18.55) sowie die gegenläufigen Effekte beim GFW oder passiven Unterschiedsbetrag zum ErstKonsZeitpunkt zu ermitteln und anschließend bis zum Korrekturzeitpunkt fortzuschreiben. Bessere Erkenntnisse, die bis zum Ende der Aufhellungsphase für den KA, in dem die ErstKons erfolgt, bekannt werden, können unmittelbar berücksichtigt werden. Informationen, die erst nach diesem Zeitpunkt, aber innerhalb des Zeitraums nach Abs 2 S 2 (s Anm 117) zugehen, sind im KA für das auf die ErstKons folgende Gj zu erfassen. Technisch erfolgt dies als Korrektur der EB-Werte. Ergebniseffekte, die sich aus der fiktiven Fortschreibung der geänderten Werte ab dem ErstKonsZeitpunkt ergeben, werden dabei gegen den Konzernergebnisvortrag erfasst (glA PwC BilMoG Komm, Q Anm 227 f mit Bsp). Eine Anpassung der Vj-Zahlen nach § 265 Abs 2 S 2 iVm § 298 Abs 1 erscheint in diesen Fällen sachgerecht. **120**

Nach der Gesetzesbegr (s RegE BilMoG, 177) sollen die Korrekturen nach Abs 2 S 2 erfolgsneutral erfolgen, was nicht ausschließt, dass die Korrekturen in den zuletzt genannten Fällen **prospektiv** vorgenommen werden. In diesem Fall wird der jeweilige Anpassungsbetrag ebenfalls zum ErstKonsZeitpunkt ermittelt und ohne fiktive Fortschreibung zu Beginn des folgenden Gj eingebucht. Diese Vorgehensweise kommt aus **Vereinfachungsgründen** in Betracht, insb wenn die besseren Erkenntnisse über die Wertverhältnisse dazu führen, dass sich die Wertansätze beim nicht abnutzbaren Anlagevermögen erhöhen. **121**

IV. Zeitpunkt der Kapitalkonsolidierung

1. Grundsatz: Zeitpunkt, zu dem das Unternehmen Tochterunternehmen geworden ist (Abs 2 S 1)

125 **Konzeptionell** würde es der Erwerbsmethode am ehesten entsprechen, wenn die Kapitalaufrechnung auf Basis der Wertansätze zum Zeitpunkt des **Erwerbs der Anteile** vorgenommen würde. Nur zu diesem Zeitpunkt repräsentiert der Kaufpreis der Anteile am TU iSd Einzelerwerbsfiktion (Anm 2) tatsächlich einen Gesamtkaufpreis, den das fiktiv rechtlich einheitliche Unt für die (anteiligen) VG abzgl Schulden des TU gezahlt hat. Bei einer Kons zum Zeitpunkt des Erwerbs der Anteile würde außerdem das vom Konzern erworbene Reinvermögen richtig ggü den von der „unselbständigen Betriebsstätte" (TU) erwirtschafteten Reinvermögensmehrungen/-minderungen (Ergebnissen) abgegrenzt (*Küting/Hayn* DStR 1997, 1942). Dieser Zeitbezug iSd Erwerbsmethode zwischen dem Anteilskaufpreis einerseits und dem aus Konzernsicht erworbenen Reinvermögen andererseits besteht im Übrigen grds unabhängig davon, ob mit dem Erwerbsvorgang zugleich ein Mutter-Tochterverhältnis iSv § 290 begründet wird oder nicht. Folglich hat aus konzeptioneller Sicht bei einem *sukzessiven Anteilserwerb* auch für jeden bedeutenden Teilerwerb (Tranche) eine gesonderte Kapitalaufrechnung nach den Wertverhältnissen im jeweiligen Erwerbszeitpunkt zu erfolgen.

126 Demggü ist nach Abs 2 S 1 der Zeitpunkt, zu dem das Unt TU iSv § 290 geworden ist, für die Verrechnung des BetBuchwerts mit dem darauf entfallenden (ggf anteiligen) neubewerteten EK des TU maßgeblich. Durch die Festlegung des **Zeitpunkts,** von dem an das MU die **Möglichkeit** hat, einen **beherrschenden Einfluss** auf die Geschäfts- und Finanzpolitik **auszuüben,** als ErstKonsZeitpunkt, soll dem Umstand Rechnung getragen werden, dass das Vorliegen einer Kapitalbeteiligung keine zwingende Voraussetzung für das Vorliegen eines Mutter-/Tochterverhältnisses iSv § 290 Abs 1 S 1 ist (Begr RegE BilMoG, 176).

127 Die **Zeitwertbewertung** nach Abs 1 S 2 hat somit immer auf den Zeitpunkt zu erfolgen, von dem an die VG und Schulden sowie die damit korrespondierenden Erträge und Aufwendungen nach § 300 Abs 2 S 1 als solche in den KA übernommen werden. Die Bewertung zum **Zugangszeitpunkt** des **Reinvermögens** aus Konzernsicht entspricht den Grundsätzen des DRS 4.9 sowie der Regelung in IFRS 3.18 (s dazu Anm 438).

128 Werden die **Anteile** an einem TU zu **verschiedenen Zeitpunkten erworben,** ist mit der Kapitalaufrechnung auf Basis der Wertverhältnisse zu dem Zeitpunkt, zu dem erstmals ein Mutter-Tochterverhältnis gem § 290 vorgelegen hat, zugleich eine **Vereinfachung** der KapKons verbunden. Bei der ErstKons müssen die beizZW des (anteilig) erworbenen Reinvermögens nur zu einem – und nicht für mehrere – Zeitpunkt(e) ermittelt werden und damit kann automatisch bei der FolgeKons auf die gesonderte Fortführung der Zusatzbewertungen und Unterschiedsbeträge für die verschiedenen Tranchen verzichtet werden (glA *ADS*[6] § 301 Anm 122; *v. Wysocki/Wohlgemuth*[4], 134; *Busse von Colbe* in MünchKomm HGB[3] § 301 Anm 66).

129 Bei einem vom Bilanzstichtag des TU abw ErstKonsZeitpunkt empfiehlt sich die Aufstellung eines Zwischenabschlusses, eine Verpflichtung hierzu besteht allerdings nicht (DRS 4.11; glA IDW RS HFA 44, Tz 23f; aA *Oser* Der Schweizer Treuhänder 2010, 120: bei wesentlichen Erwerben besteht eine Pflicht zur Erstellung eines Zwischenabschlusses; *Baetge/Prigge* in Bilanzrecht § 301 Anm 190: generelle Pflicht). Der **Zwischenabschluss,** der auch ein zeitnah um den ErstKonsZeitpunkt aufgestellter (verlässlicher) Monats- bzw Quartalsabschluss sein

darf, dient insb zur Dokumentation der erworbenen VG und Schulden (Mengengerüst) und im Übrigen zur Ermittlung des vom TU bis dahin erwirtschafteten und vom MU ggf miterworbenen und in die Kapitalaufrechnung einzubeziehenden Jahresergebnisses (so auch WPH[14] I, M Anm 386). Ein bis zum ErstKons-Zeitpunkt erwirtschafteter Überschuss, der noch den bisherigen Gestern zusteht, darf dagegen nicht in die KapKons einbezogen werden. Dieser Betrag ist im Zwischenabschluss als Verbindlichkeit zu berücksichtigen. Die in die Konzern-GuV zu übernehmenden – während der Konzernzugehörigkeit erzielten – Erträge und Aufwendungen ergeben sich als Differenz zwischen den Posten der Jahres-(GuV) des TU und der GuV des Zwischenabschlusses.

Vereinfachend ist es aber auch zulässig, bei unterjähriger Erlangung der Beherrschungsmöglichkeit auf die Aufstellung eines Zwischenabschlusses zu verzichten und stattdessen den zum kons-pflichtigen EK gehörenden Teil des Jahresergebnisses und die in die Konzern-GuV zu übernehmenden Aufwendungen und Erträge des TU statistisch (zeitanteilig) im Wege der **Rückrechnung** ausgehend von dessen JA zu ermitteln (dazu IDW RS HFA 44, Tz 24; *Schulte* DB 1994, 155; § 300 Anm 45).

In diesem Fall können sich **Ungenauigkeiten** bei der KapKons außerdem auch dadurch ergeben, dass mangels eines Zwischenabschlusses ein Inventar auf den ErstKonsZeitpunkt fehlt, weshalb für die Zuordnung der stillen Reserven und Lasten des TU vom **falschen Mengengerüst** zum Stichtag des JA ausgegangen werden muss. Dies kann zB dazu führen, dass (anteilige) stille Reserven, die auf einen im ErstKonsZeitpunkt vorhandenen und bis zum JA-Stichtag veräußerten VG entfielen, entweder anderen VG zugeordnet oder aber als GFW ausgewiesen werden, dh erst in der Zukunft im Rahmen der FolgeKons periodisiert werden, während sie bei einer Zuordnung der stillen Reserven auf Basis des Mengengerüsts im ErstKonsZeitpunkt bereits erfolgswirksam geworden wären. Dieser Fehler sowie der Umstand, dass stille Reserven bei einzelnen VG überhaupt erst nach der Erlangung der Beherrschungsmöglichkeit bis zum späteren JA-Stichtag entstehen und damit aus Konzernsicht nicht erworben, sondern originär geschaffen sind, dürfte jedoch in der Mehrzahl der Fälle von untergeordneter Bedeutung für die Vermögens- und Ertragslage des Konzerns sein. Dabei ist auch zu berücksichtigen, dass, auch wenn für die Zuordnung der stillen Reserven und Lasten vom Inventar zum (späteren) JA-Stichtag ausgegangen wird, deren Periodisierung (Verrechnung von Abschreibungen etc) ab dem (früheren) Erwerbszeitpunkt beginnen muss.

Auch wenn eine Kapitalbeteiligung keine Voraussetzung für das Vorliegen eines Mutter-/Tochterverhältnisses ist, wird in der Mehrzahl der Fälle die Möglichkeit zur Beherrschung der Geschäfts- und Finanzpolitik des TU iSv § 290 Abs 1 S 1 mit dem Erwerb einer (Mehrheits-)Beteiligung am TU durch das MU zusammenfallen, dh der ErstKonsZeitpunkt mit dem „Zeitpunkt des Erwerbs der Anteile" übereinstimmen. Der **Erwerbszeitpunkt** ist bilanzrechtlich der Zeitpunkt, zu dem das **wirtschaftliche Eigentum** an den Anteilen am TU nach den GoB auf das MU übergeht (§ 246 Abs 1 S 2 iVm § 298 Abs 1). Fallen der Abschluss des Kaufvertrags *(signing)* und die dingliche Übereignung der Anteile *(closing)* auseinander, kann das wirtschaftliche Eigentum bereits vor dem zivilrechtlichen Anteilserwerb auf den Käufer (MU) übergehen. Voraussetzung dafür ist, dass der Erwerber eine rechtlich geschützte, auf den Erwerb der Anteile gerichtete Position inne hat, die ihm gegen seinen Willen nicht mehr entzogen werden kann, darüber hinaus die Chancen und Risiken aus Wertänderungen der Anteile auf den Erwerber übergegangen sind und ihm die mit den Anteilen verbundenen wesentlichen Rechte (insb Stimm- und Gewinnbezugsrecht) wirtschaftlich zustehen (ständige Rspr, s BFH 9.10.2008 DStRE 2009, 313f mwN,

BFH 17.2.2004 BB 2005, 644). Ab dem Übergang des wirtschaftlichen Eigentums werden dem Erwerber dann auch die Stimmrechte nach § 290 Abs 3 S 1 zugerechnet.

Eine *unentziehbare Erwerbsposition* liegt zB dann vor, wenn ein wirksamer schuldrechtlicher Anspruch auf Übertragung der Anteile besteht. Gleiches gilt, wenn die Wirksamkeit des Anspruchs vom Eintritt von idR aufschiebenden Bedingungen abhängt, den der Erwerber selbst herbeiführen kann oder von Handlungen Dritter abhängt, auf deren Vornahme der Erwerber einen Anspruch hat (s auch *Kleinheisterkamp/Schell* DStR 2010, 835 f). Hängt der Anteilsübergang von behördlichen Genehmigungen ab, zB Kartellfreigabe, steht dies dem Übergang des wirtschaftlichen Eigentums nicht entgegen, wenn es sich um eine gesetzlich vorgegebene Entscheidung ohne Beurteilungs- bzw Ermessensspielraum auf Behördenseite handelt (hM, s ADS^6 § 246 Anm 247 ff; aA BFH 25.6.2009 DStR, 2304; *Mackedanz* in Haufe HGB^3 § 298 Anm 23: Erlangung von wirtschaftlichem Eigentum frühestens mit Zustimmung des Bundeskartellamts). Etwas Anderes gilt jedoch, wenn Bedingungen im Kaufvertrag das Wirksamwerden der Anteilsübertragung offen halten sollen. Dies gilt zB für Gremienvorbehalte zu Gunsten von Organen des Verkäufers oder des Erwerbers (ADS^6 § 246 Anm 245 f; aA *Hoffman/Lüdenbach*[4] § 301 Anm 20: bei Gremienvorbehalt zugunsten eines Organs des Erwerbers liegt der Einfluss über das Erwerbsobjekt bereits in seiner Sphäre), für die Zustimmung (sonstiger) Dritter, zB eines Gläubigerausschusses bei Erwerb von einem insolventen Unt oder wichtiger Vertragspartner der zu erwerbenden Ges, denen im Fall eines *change of control* Sonderkündigungsrechte zustehen, oder für vom Verkäufer vorzunehmende Maßnahmen, zB Beendigung einer Organschaft mit der zum Verkauf bestimmten Ges (s *Kleinheisterkamp/Schell* DStR 2010, 837).

Soweit – insb bei unterjährigen Anteilserwerben – auf **schuldrechtlicher** Basis (zB im Kaufvertrag) zwischen den Parteien bestimmt wird, dass der Erwerb der Anteile mit (wirtschaftlicher) **Rückwirkung** auf den Beginn des jeweiligen Gj erfolgen soll, ist dies für die Bestimmung des Erwerbs- bzw ErstKonsZeitpunkts **unbeachtlich** (s auch § 300 Anm 44 ff). Durch derartige Vereinbarungen wird lediglich im Innenverhältnis zwischen den Parteien klargestellt, dass ein bis zum Erwerbszeitpunkt entstandenes Ergebnis des TU bereits durch den Kaufpreis abgegolten ist, dh aus Sicht des Erwerbers zum kons-pflichtigen EK gehört.

132 Fraglich ist, wie der Beherrschungszeitpunkt zu bestimmen ist, wenn das MU die Anteile am TU im Rahmen eines **Umwandlungsvorgangs** erwirbt. Für Zwecke des handelsrechtlichen JA des MU (übernehmender Rechtsträger) wird der Vermögensübergang auf einen in der Vergangenheit liegenden UmwStichtag zurückbezogen; UmwStichtag ist der Zeitpunkt, von dem an die Handlungen des übertragenden Rechtsträgers, zu dessen Vermögen die Anteile am TU gehören, für Rechnung des übernehmenden Rechtsträgers vorgenommen gelten (§ 5 Abs 1 Nr 6 bzw § 126 Abs 1 Nr 6 UmwG).

Ein Mutter-Tochterverhältnis wird nach § 290 Abs 2 Nr 1 unwiderlegbar vermutet, wenn dem MU die Mehrheit der Stimmrechte an einem TU zusteht. Dies könnte dafür sprechen, dass es in den zur Rede stehenden Fällen auf den Übergang des **rechtlichen Eigentums** ankommt, was gem § 20 Abs 1 Nr 1 bzw § 131 Abs 1 Nr 1 UmwG mit der Eintragung in das HR des Sitzes des übernehmenden Rechtsträgers der Fall ist. Denn erst zu diesem Zeitpunkt stehen dem MU die mit den Anteilen verbundenen Rechte, insb die Stimmrechte, am TU zu. Andererseits ist zu berücksichtigen, dass bei der Frage, welche Rechtspositionen einem MU in Bezug auf ein anderes Unt (TU) zustehen, auch solche Rechte zu berücksichtigen sind, die einem TU sowie den für Rechnung des MU oder eines TU handelnden Personen zustehen (§ 290 Abs 3 S 1; DRS 19.62 ff). Von einem **Halten** bzw Innehaben von Rechten **„für Rechnung"** ist dann auszugehen, wenn das wirtschaftliche Risiko und die wirtschaftlichen Chancen aus diesen Rechten bei einem Dritten, dh dem betr MU liegen (s § 290 Anm 80ff; auch ADS[6] § 290 Anm 139; *Gelhausen/Deubert/Klöcker* DB 2010, 2006).

Bei einer Umw sind die Voraussetzungen für eine Zurechnung nach § 290 Abs 3 mit dem rechtswirksamen Abschluss des UmwVertrags gegeben. Dafür spricht zum Einen die ausdrückliche Vereinbarung eines UmwStichtags, durch die sichergestellt wird, dass das wirtschaftliche Risiko und die Chancen aus den Anteilen ab einem bestimmten Zeitpunkt allein auf den übernehmenden Rechtsträger (MU) entfallen. Außerdem muss faktisch oder durch entspr Regelungen im UmwVertrag sichergestellt sein, dass der übertragende Rechtsträger nur im Rahmen eines ordnungsmäßigen Geschäftsgangs oder mit Einwilligung des übernehmenden Rechtsträgers über die zu übertragenden VG und Schulden verfügen kann. Insb durch die zuletzt genannte Voraussetzung wird sichergestellt, dass die eigentlich formalrechtlich Berechtigten die mit den Anteilen verbundenen Rechte, insb Stimmrechte, wirtschaftlich betrachtet als Treuhänder für das MU inne haben und dadurch ein Mutter-Tochterverhältnis begründet wird.

2. Vereinfachungsmöglichkeiten (Abs 2 S 3 und 4)

Besteht für ein MU **erstmals** eine **Konzernabschlusspflicht** nach den §§ 290ff, weil die Voraussetzungen für die Befreiung durch Einbeziehung in den KA eines übergeordneten MU (§ 291, § 292 iVm §§ 1–3 KonBefrV) nicht (mehr) vorliegen, die Schwellenwerte des § 293 überschritten werden oder die Voraussetzungen nach § 290 Abs 5 erstmals nicht mehr vorliegen, wäre eine Zeitwertbewertung des Reinvermögens der TU, die bereits zum KonsKreis gehören, auf den Zeitpunkt, zu dem sie TU iSv § 290 wurden, sehr aufwändig, weil dieser Zeitpunkt uU weit in der Vergangenheit liegen kann. Aus **Vereinfachungsgründen** hat die Kapitalaufrechnung in diesen Fällen nach Abs 2 S 3 auf den Zeitpunkt der (erstmaligen) Einbeziehung des TU in den KA zu erfolgen.

Die Vereinfachungsregelung gilt dagegen nicht für den Fall, dass ein MU, das bisher einen IFRS-KA aufstellen musste bzw freiwillig aufgestellt hat (s § 315a Anm 3, 12ff), erstmals wieder einen HGB-KA gem §§ 294ff aufstellt. Auch während der Dauer der IFRS-Konzernrechnungslegung ergab sich die KA-Pflicht bereits aus § 290, womit in diesem Fall keine erstmalige Aufstellung eines KA iSv Abs 2 S 3 vorliegt (glA *HFA* FN-IDW 2003, 25f; aA *Koss* Der Konzern 2011, 633; zu Besonderheiten bei der KapKons bei einem Übergang von der IFRS- zur HGB-Konzernrechnungslegung s Anm 297ff).

Bei Unt, bei denen das Mutter-/Tochterverhältnis iSv § 290 bereits zu Beginn des ersten Gj bestand, für das eine Konzernrechnungslegung erfolgt, entspricht der **Zeitpunkt der Einbeziehung** dem Beginn dieses Konzern-Gj (ebenso bereits bisher für TU, die nicht im Erstjahr einbezogen werden: ADS[6] § 301 Anm 120).

Für TU iSv § 290, die diesen Status im Gj des ersten KA oder danach erlangen, gilt diese Vereinfachung nicht. Für diese Unt verbleibt es dabei, dass die Zeitwertbewertung nach Abs 2 S 1 auf den Zeitpunkt während des Gj, zu dem sie TU iSv § 290 wurden, zu erfolgen hat (s Anm 126). Die Vereinfachung kann ferner auch dann nicht in Anspruch genommen werden, wenn ein TU, das bislang fehlerhafterweise nicht voll kons wurde, erstmals im Weg der VollKons in den KA einbezogen wird. In diesem Fall ist der historische ErstKonsZeitpunkt maßgeblich und die KapKons bis zum Beginn des Konzern-Gj statistisch fortzuschreiben.

§ 301 137–140 Vollkonsolidierung

137 Die Regelung in Abs 2 S 3 knüpft zum einen an die erstmalige KA-Pflicht des MU an und ist zum anderen als Bewertungspflicht formuliert „... *sind die Wertansätze zum Zeitpunkt der Einbeziehung ... zugrunde zu legen ...*". Dies würde für Fälle, in denen das MU **bisher freiwillige Konzernabschlüsse** aufgestellt hat, zB damit seine TU von den Erleichterungen nach § 264 Abs 3 bzw § 264b Gebrauch machen konnten, und später selbst konzernrechnungslegungspflichtig wird, weil es die Größenmerkmale nach § 293 überschreitet oder weil MinderheitsGester die Aufstellung eines (Teil-)Konzernabschlusses verlangen (§ 291 Abs 3 Nr 2), bedeuten, dass eine neuerliche Zeitwertbewertung auf den Beginn der KA-Pflicht zu erfolgen hat. Nach der Gesetzesbegr soll durch Abs 2 S 3 die ErstKons vereinfacht werden (RegE BilMoG, 177). Da eine neuerliche ErstKons nicht erforderlich ist, weil die für die KapKons erforderlichen Informationen aufgrund des freiwilligen KA bereits vorliegen, besteht für die Vereinfachung keine Notwendigkeit. Abs 2 S 3 ist in dieser Konstellation deshalb als eine Kann-Regelung zu verstehen, dh es darf auf eine neuerliche Zeitwertbewertung verzichtet werden (glA *Klaholz/Stibi* BB 2011, 2925).

Gleiches sollte gelten, wenn das MU in der Vergangenheit zB zum Zweck der Einbeziehung in einen übergeordneten, befreienden KA **interne Konzernabschlüsse** aufgestellt hat und erstmals zur Aufstellung, Prüfung und Offenlegung eines KA verpflichtet wird. Auch in dieser Konstellation würde eine neuerliche Zeitwertbewertung auf den Beginn der KA-Pflicht dem Vereinfachungsgedanken des Abs 2 S 3 zuwiderlaufen (glA PwC BilMoG Komm, Q Anm 242; enger *Klaholz/Stibi* BB 2011, 2926: wenn der interne KA auch nach HGB erstellt wurde). Dies gilt schließlich auch dann, wenn ein TU vor der erstmaligen KA-Pflicht im Wege einer Bargründung errichtet wurde.

138 Die Vereinfachung bzgl des ErstKonsZeitpunkts gilt nach Abs 2 S 4 entspr, wenn ein TU **bislang** aufgrund eines **Einbeziehungswahlrechts** nach § 296 nicht in den KA einbezogen wurde.

139 Der Zeitpunkt der erstmaligen Einbeziehung iSv Abs 2 S 4 entspricht in diesen Fällen (spätestens) dem Zeitpunkt während des Gj, zu dem die Voraussetzungen für die Inanspruchnahme des jeweiligen Einbeziehungswahlrechts entfallen sind. Regelmäßig wird sich dieser Termin aber nicht kalendermäßig exakt bestimmen lassen und zu diesem Zeitpunkt dann zugleich auch ein einigermaßen verlässlicher Zwischenabschluss des TU vorliegen, dessen Mengengerüst als Grundlage für die Zeitwertbewertung dienen kann. Da es sich um eine Vereinfachungsregel handelt, bestehen keine Bedenken, wenn in diesen Fällen die erstmalige Einbeziehung zum **Beginn des Konzerngeschäftsjahrs** erfolgt, dh das Mengengerüst der letzten Jahresbilanz des TU die Grundlage für die Neubewertung nach Abs 1 S 2 bildet. Dafür spricht auch, dass auch bereits vor Wegfall der Gründe auf die Inanspruchnahme des Einbeziehungswahlrechts verzichtet werden kann.

140 Für TU, für die ein Wahlrecht nach § 296 ausgeübt wurde, die jedoch unter den Voraussetzungen des § 311 nach § 312 *at-equity* in den KA **einbezogen** wurden (s dazu § 296 Anm 46), besteht für die mit Abs 2 S 4 bezweckte Vereinfachung bei erstmaliger VollKons kein Bedarf. In diesen Fällen kann der mit der Zeitwertbewertung auf den Zeitpunkt der erstmaligen Einbeziehung verbundene Aufwand vermieden werden, weil auf die im Rahmen der Equity-Methode ermittelten und in der statistischen Nebenrechnung fortgeführten Zeitwerte für die VG und Schulden des TU zurückgegriffen werden kann. Gleiches gilt, wenn das TU vor der Inanspruchnahme eines Einbeziehungswahlrechts bereits voll kons wurde. Soweit dies praktikabel ist, darf auch hier die historische KapKons fortgeführt werden. Die Anpassungseffekte aus der (statistischen) Fortschreibung der Unterschiedsbeträge aus der (historischen) KapKons seit der früheren EndKons bis zum Beginn des Konzern-Gj, in dem wieder eine VollKons erfolgt, sowie die während dieser Zeit erwirtschaften Ergebnisse abzgl bereits vereinnahmter Gewinne, sollte vorzugsweise gegen den Konzern-Ergebnisvortrag erfasst werden.

Wenn der Wegfall der Voraussetzungen nach § 296 durch einen Hinzuerwerb von Anteilen am TU ausgelöst wird, muss jedoch eine Neubewertung des Reinvermögens des TU auf den Zeitpunkt der erstmaligen Einbeziehung erfolgen (glA PwC BilMoG Komm, Q Anm 243).

V. Behandlung verbleibender Unterschiedsbeträge (Abs 3)

1. Ausweis als „Geschäfts- oder Firmenwert" oder als „Unterschiedsbetrag aus der Kapitalkonsolidierung" (Abs 3 S 1)

Ein nach der Kapitalaufrechnung nach Abs 1 S 1 verbleibender Unterschieds- **150** betrag ist in der Konzernbilanz (gesondert) auszuweisen. Ein positiver Unterschied ist auf der Aktivseite als GFW auszuweisen und ein negativer Unterschied ist auf der Passivseite als Unterschiedsbetrag aus der KapKons nach dem EK zu erfassen (Abs 3 S 1).

Der **Geschäfts- oder Firmenwert** ist der Mehrbetrag, um den der Wertan- **151** satz der Bet des MU den Zeitwert des darauf entfallenden neubewerteten (Rein-) Vermögens im Zeitpunkt der ErstKons (Abs 2; Anm 125 ff) übersteigt und verkörpert den Saldo aller übrigen mit dem TU verbundenen, nicht selbständig als VG oder Schuld bilanzierungsfähigen oder -pflichtigen wirtschaftlichen Vor- und Nachteile, soweit sie vermögensmäßig auf das MU entfallen (zu den Komponenten des GFW s auch § 246 Anm 82 f und § 309 Anm 5). Ebenso wie für Zwecke des JA setzt die Entstehung eines GFW im Rahmen der KapKons voraus, dass hinter den erworbenen Anteilen ein Unt steht, dh eine Sachgesamtheit, die alle betriebsnotwendigen Grundlagen besitzt, um selbständig am Wirtschaftsverkehr teilzunehmen (s dazu § 247 Anm 420), und nicht nur einzelne VG sowie ggf Schulden erworben werden.

Der GFW aus der KapKons ist innerhalb des **immateriellen Anlagevermögens** (§ 266 Abs 2 lit A I 3 iVm § 298 Abs 1) auszuweisen und in das Konzernanlagegitter aufzunehmen (§ 268 Abs 2 iVm § 298 Abs 1). Obwohl in Art 19 der 7. EG-Richtl ein gesonderter Ausweis der verbleibenden Unterschiedsbeträge ausdrücklich gefordert wird, kann dem Wortlaut in Abs 3 S 1 „*als Geschäfts- oder Firmenwert ... auszuweisen*" nicht entnommen werden, dass bei der KapKons entstehende GFW getrennt von denjenigen nach § 246 Abs 1 S 4 ggf iVm § 298 Abs 1 auszuweisen sind (glA *ADS*[6] § 301 Anm 126). Im Hinblick auf die zusätzlichen ErlPflichten im Konzernanhang nach Abs 3 S 2 (s Anm 160), die sich nur auf den GFW aus der KapKons beziehen (aA *Scherrer* in Kölner Komm-HGB § 301 Anm 84: ErlPflicht beschränkt sich nicht nur auf den GFW aus der KapKons), sollte dieser Betrag jedoch im Hinblick auf die Klarheit und Übersichtlichkeit der Darstellung im Wege eines **„Davon-Vermerks"** angegeben werden (§ 297 Abs 2 S 1; so bereits *SABI 2/1988* WPg, 623).

Sofern das erworbene TU aus **mehreren Geschäftsfeldern** (Segmenten) be- **152** steht, soll ein im Rahmen der ErstKons entstehender GFW nach DRS 4.30 – wohl insb mit Rücksicht auf die Überprüfung der Werthaltigkeit des GFW im Rahmen der FolgeKons (§ 309 Anm 10 ff) – den Geschäftsfeldern zugeordnet werden. Die Abgrenzung bzw Bestimmung der einzelnen Geschäftsfelder, auf die der GFW – Wesentlichkeit vorausgesetzt – aufzuteilen ist, hat sich an den allgemeinen Grundsätzen zur Segmentierung nach DRS 3 zu orientieren, dh zB anhand von Produkten und Dienstleistungen oder auf der Grundlage unterschiedlicher Märkte bzw nach geographischen Regionen zu erfolgen (s dazu auch § 297

Anm 153 ff). Dabei kommt es nicht darauf an, ob es sich im Einzelfall bei dem Geschäftsfeld um ein berichtspflichtiges Segment iSv DRS 3.15 handeln würde oder nicht.

153 Wie die **Zuordnung** eines GFW auf die Geschäftsfelder zu erfolgen hat, wird in DRS 4.30 nicht geregelt. Es erscheint jedoch sachgerecht, den GFW des einzelnen Geschäftsfelds auf die gleiche Art wie den (gesamten) GFW des betr TU, dh als Residualgröße zu ermitteln. Der GFW je Geschäftsfeld würde demnach dem Betrag entsprechen, der nach der Aufteilung des auf den Geschäftsbereich entfallenden Teils des Gesamtkaufpreises für das TU auf die VG und Schulden dieses Geschäftsfelds verbleibt. Wobei VG und Schulden, die von mehr als einem Geschäftsfeld genutzt werden, nach einem sachgerechten Schlüssel auf die einzelnen Geschäftsfelder aufzuteilen sind (s dazu § 297 Anm 172 ff).

Bei dieser Vorgehensweise kann dann aber nicht ausgeschlossen werden, dass sich für einzelne Geschäftsfelder ein GFW und für andere ein negativer Unterschiedsbetrag ergibt, weil das Reinvermögen des Geschäftsfelds höher ist als der Teil des (Gesamt-)Kaufpreises, der auf dieses Geschäftsfeld entfällt. Bevor jedoch für die Geschäftsfelder eines TU sowohl positive GFW als auch negative Unterschiedsbeträge ausgewiesen werden, sollte uE – im Hinblick auf den Wortlaut des DRS 4.30, der wohl eher dafür spricht, dass lediglich ein (positiver) Gesamt-GFW auf die einzelnen Geschäftsfelder verteilt werden soll – die Aufteilung des Gesamtkaufpreises auf die einzelnen Geschäftsfelder sowie die Zuordnung der VG und Schulden zu den einzelnen Geschäftsfeldern noch einmal sorgfältig überprüft werden. Soweit auch nach einer solchen Überprüfung ein negativer Unterschiedsbetrag für ein einzelnes Geschäftsfeld verbleibt, ist uE ein Ausweis desselben aber zulässig.

154 Bei Geschäftsfeldern, für die annähernd die gleichen geschäftswertbildenden Faktoren bestehen (zB bei geographischer Abgrenzung) darf die **Aufteilung** des GFW auch **nach** der **relativen Profitabilität** bzw Ertragskraft der Geschäftsfelder untereinander erfolgen. Ausschlaggebend dafür ist, dass der GFW letztlich eine „Übergewinnrendite" verkörpert, weshalb es plausibel ist, dass ertragsstarken Geschäftsfeldern insofern ein relativ höherer GFW zugeordnet wird.

155 Ein sich nach der Kapitalaufrechnung ergebender **passiver Unterschiedsbetrag** kann bei wirtschaftlicher Betrachtungsweise Schuld- oder EK-Charakter haben und insb auf folgende **Ursachen** zurückzuführen sein (ausführlich *Busse von Colbe/Ordelheide*[9], 242 f; *Küting/Dusemond/Nardmann* BB 1994 Beilage 8, 15 f):

- **Schuldcharakter:**
  - Im *Kaufpreis* der Bet *berücksichtigte Wertminderungen,* zB für vom MU beabsichtigte Umstrukturierungs- oder Stilllegungsmaßnahmen, die sich aber (noch) nicht im neubewerteten EK des TU niedergeschlagen haben, weil die Voraussetzungen für die Bildung einer Restrukturierungsrückstellung nicht erfüllt sind (s Anm 66).
  - *Schlechte Ertragslage* des TU, zB auf Grund mangelnder Rentabilität bzw Unterverzinslichkeit des eingesetzten Kapitals oder Sanierungsbedürftigkeit, die ebenfalls bei den AK berücksichtigt wurde.
- **Eigenkapitalcharakter:**
  - Günstiger *Gelegenheitserwerb* der Anteile auf Grund der Machtposition oder des besonderen Verhandlungsgeschicks des MU oder eines einbezogenen TU (sog „*lucky buy*").
  - *Zulässige Unterbewertung der AK der Beteiligung* am TU, zB bei einem Erwerb durch Tausch (Buchwertfortführung, s Anm 22) oder im Rahmen einer Sacheinlage (s Anm 157).
  - *Gewinnthesaurierungen* des erworbenen TU nach dem Erwerb der Anteile bis zur erstmaligen Kons (*ADS*[6] § 301 Anm 135).

Ein passiver Unterschiedsbetrag ist, ohne Rücksicht auf seinen bilanziellen **156** Charakter, in einem **gesonderten** Posten **nach dem Eigenkapital** auszuweisen (so auch DRS 4.39; entgegen dem Gesetzeswortlaut für einen „verursachungsgerechten" Ausweis des passiven Unterschiedsbetrags: *Scherrer* in Kölner Komm-HGB § 301 Anm 80; *Kraft* in Großkomm HGB[5] § 301 Anm 131). Die Ursachen für die Entstehung des Unterschiedsbetrags sind im Konzernanhang zu erläutern (s Anm 160; *SABI 2/1988* WPg, 624; *ADS*[6] § 301 Anm 133).

Ist die **Entstehung** eines passiven Unterschiedsbetrags mit überwiegendem **157** EK-Charakter dagegen **durch die Konsolidierungstechnik bedingt,** ist statt eines Ausweises als Unterschiedsbetrag nach Abs 3 eine (erfolgsneutrale) Einstellung dieses Betrags ins EK vorzuziehen, sofern es sich hierbei aus Konzernsicht nicht um einen Sanierungs-/Ertragszuschuss handelt, der nach § 309 Abs 2 sofort ergebniswirksam zu vereinnahmen wäre.

Eine solche Erfassung im EK ist uE zB dann sachgerecht, wenn die Anteile am TU im Wege einer Sacheinlage erworben werden, die im JA des MU unterbewertet wird (s Anm 26), oder wenn der Erwerb im Tauschweg erfolgt und stille Reserven im Buchwert des hingegebenen VG im Wege der Buchwertfortführung auf die AK der erworbenen Anteile übertragen werden. In diesen Fällen sollte statt eines passiven Unterschiedsbetrags eine **Kapital- bzw Gewinnrücklage** ausgewiesen werden. Dafür spricht, dass die Unterbewertung auch durch eine abw Bewertung in der HB II des MU korrigiert werden könnte und dann auch zu einem höheren EK führen würde.

Aus Vereinfachungsgründen erfolgt die ErstKons von TU, für die zuvor zB vom Einbeziehungswahlrecht nach § 296 Abs 2 Gebrauch gemacht wurde (s im Einzelnen dort Anm 33 ff), nach Abs 2 S 4 (s Anm 138 ff) auf den Beginn des Gj der erstmaligen Einbeziehung. Passive Unterschiedsbeträge, die in diesen Fällen zB auf Gewinnthesaurierungen nach Anteilserwerb und vor ErstKons beruhen, sollten in die **Konzerngewinnrücklagen** oder den Konzernergebnisvortrag eingestellt werden. Eine Folgebewertung nach § 309 Abs 2 (s dort Anm 30 f) zu verlangen, stünde in diesen Fällen im Widerspruch zu der mit Abs 2 S 4 bezweckten Vereinfachung. Dadurch wird im Übrigen annähernd die gleiche Darstellung erreicht, die sich ergeben hätte, wenn die ErstKons auf den Erwerbsstichtag (dazu 6. Aufl Anm 143 ff) erfolgt wäre (wie hier *ADS*[6] § 301 Anm 135).

Beruht der passive Unterschiedsbetrag dagegen auf stillen Reserven im Vermögen des TU, die während der Dauer der Ausübung eines der Einbeziehungswahlrechte nach § 296 entstanden sind, erscheint dagegen dessen Fortführung nach § 309 Abs 2 sachgerecht.

Aktive und passive **Unterschiedsbeträge** dürfen nicht saldiert werden. Ein **158** entspr Wahlrecht gem Abs 3 S 3 aF wurde, auch für verbliebene Unterschiedsbeträge, die bei der KapKons von TU vor der Erstanwendung des BilMoG entstanden sind (Altfälle), durch Art 66 Abs 5 EGHGB **aufgehoben** (s dazu 7. Aufl Anm 158).

2. Angaben im Konzernanhang (Abs 3 S 2)

Die in der Konzernbilanz ausgewiesenen Unterschiedsbeträge und deren wesentliche **160** Änderungen ggü dem Vj sind im Konzernanhang zu erläutern (Abs 3 S 2). Veränderungen des **Geschäfts- oder Firmenwerts** sind aus dem Konzern-Anlagengitter zu erkennen. Im Konzernanhang sind daher nur wesentliche Beträge insb bei den Zugängen bzw Abgängen, zB auf Grund von Veränderungen des KonsKreis oder von Kaufpreisanpassungsklauseln, zu nennen. Sofern der Ausweis im KA auch GFW, die im JA der einbezogenen Unt entstanden sind, enthält, sind Erl zur Zusammensetzung des Postens erforderlich (glA *ADS*[6] § 301

Anm 139). Ferner ist das auf GFW angewandte Abschreibungsverfahren (§ 313 Abs 1 Nr 1) und bei einer Nutzungsdauer von mehr als fünf Jahren, die Gründe anzugeben, die dies rechtfertigen (§ 314 Abs 1 Nr 20; s dort Anm 129). Werden außerplanmäßige Abschreibungen auf GFW gem § 253 Abs 3 S 3 iVm § 298 Abs 1 (dazu § 309 Anm 13) nicht gesondert in der Konzern-GuV ausgewiesen, sind sie im Konzernanhang anzugeben (§ 277 Abs 3 S 1 iVm § 298 Abs 1; für die Angabe im Anlagengitter mit der Bezeichnung des jeweiligen TU: DRS 4.57c) ee)).

161 Der Charakter eines **passiven Unterschiedsbetrags** ist zu erläutern. Außerdem muss zumindest angegeben werden, welche (Teil-)Beträge nach § 309 Abs 2 Nr 1 bei Anfall künftiger Aufwendungen erfolgswirksam vereinnahmt werden. Sofern Teile des passiven Unterschiedsbetrags nach § 309 Abs 2 Nr 2 iVm DRS 4.41a) planmäßig über die gewichtete durchschnittliche Restnutzungsdauer der abnutzbaren VG aufgelöst werden, ist dies ebenfalls anzugeben (DRS 4.58).

VI. Von Tochterunternehmen gehaltene Rückbeteiligungen am Mutterunternehmen (Abs 4)

165 Aus Konzernsicht (§ 297 Abs 3 S 1) besteht kein Unterschied, ob das MU (Hauptniederlassung), das den KA aufstellt, eigene Anteile hält oder die Anteile am MU als sog Rückbeteiligung einem einbezogenen TU (Zweigniederlassung) gehören. Im Hinblick darauf wird in Abs 4 bestimmt, dass von TU gehaltene Rückbeteiligungen im KA „... *als eigene Anteile des Mutterunternehmens ...*" zu **behandeln** sind.

166 Die Regelung des Abs 4 gilt aufgrund des Verweises in § 310 Abs 2 analog auch für Bet, die **Gemeinschaftsunternehmen** an dem Unt halten, in dessen KA sie quotal nach § 310 Abs 1 einbezogen werden. Sie gilt jedoch nicht für Anteile eines TU an einem (unteren) MU, das selbst als TU iSv § 290 in den KA des oberen MU einbezogen wird, sondern nur für Anteile am oberen MU selbst, das den betr KA aufstellt. RückBet an **unteren Mutterunternehmen** sind im KA des oberen MU nach allgemeinen Grundsätzen in die KapKons einzubeziehen.

167 Nach Abs 4 sind Rückbeteiligungen **passivisch auszuweisen,** dazu ist der auf die als RückBet gehaltenen Anteile entfallende Nennwert bzw rechnerische Wert offen vom gezeichneten Kapital des MU abzusetzen. Dies entspr der Regelung in § 272 Abs 1a S 1 zur Behandlung eigener Anteile im JA des MU. Die Behandlung einer Differenz zwischen dem vom gezeichneten Kapital abzusetzenden Betrag und dem Anschaffungspreis der dem TU gehörenden RückBet sowie ggf bei deren Erwerb entstandene Anschaffungsnebenkosten, wird – anders als in § 272 Abs 1a S 2 und 3 (s dort Anm 132) – für den KA nicht ausdrücklich geregelt. § 272 Abs 1a gilt aufgrund des Verweises in § 298 Abs 1 (s dort Anm 72) entspr auch für den KA, sofern dessen Eigenart keine Abweichung bedingt (glA *Oser/Kropp* Der Konzern 2012, 193). Dies spricht zunächst grds dafür, dass die weiteren AK einer RückBet im KA so wie im JA zu behandeln sind, dh eine (positive) Differenz zwischen dem Nennbetrag bzw rechnerischen Wert und dem Anschaffungspreis ist mit den frei verfügbaren Rücklagen zu verrechnen und ggf anfallende Anschaffungsnebenkosten sind als Periodenaufwand zu erfassen. Dafür spricht im Übrigen, dass eigene Anteile des MU in dessen JA ebenso behandelt werden und dieser Ausweis grds unverändert in den KA zu übernehmen ist (s aber Anm 170).

168 Der KA hat im Unterschied zum JA keine Ausschüttungsbemessungsfunktion, sondern ausschließlich eine **Informationsfunktion** (s § 297 Anm 1). Im Hinblick darauf erscheint eine Differenzierung zwischen den für Ausschüttungen gesperrten und den frei verfügbaren EK-Teilen bei der Frage, gegen welche Rücklagen ein den Nennbetrag bzw rechnerischen Wert übersteigender Anschaffungspreis der RückBet im KA verrechnet werden darf, nicht erforderlich. Aufgrund dieser durch die Eigenart des KA iSv § 298 Abs 1 bedingten Abweichung können im KA auch solche **Kapital- und/oder Gewinnrücklagen** für die Verrechnung nach § 272 Abs 1a S 2 iVm § 298 Abs 1 herangezogen werden, für die aus Sicht des MU aufgrund von Gesetz (zB § 150 Abs 3 AktG; § 58b Abs 3 GmbHG; § 268 Abs 8) oder Satzung eine **Ausschüttungssperre** besteht. Darüber hinaus dürfen auch Gewinnrücklagen, die aus den von TU, GemUnt oder assozUnt während der Dauer ihrer Konzernzugehörigkeit erwirtschafteten Gewinnen gebildet wurden, zur Verrechnung herangezogen werden.

Anschaffungsnebenkosten, die ggf iZm dem Erwerb der RückBet anfallen, dürfen im Hinblick auf die fehlende Besteuerungsfunktion des KA ebenfalls erfolgsneutral mit den Konzernrücklagen verrechnet werden.

Erwirbt das TU die Anteile am MU ausnahmsweise **unter pari** von dessen **169** Gestern, ist im KA nach dem Wortlaut des Abs 4 dennoch der volle Nennbetrag bzw rechnerische Wert der Anteile aus der RückBet und nicht nur deren niedrigerer Kaufpreis offen vom gezeichneten Kapital abzusetzen. Dafür spricht, dass nur so für die Adressaten ersichtlich wird, welcher Teil des gezeichneten Kapitals sich noch in den Händen der Gester des MU befindet. Fraglich ist, wie die verbleibende (negative) Differenz zwischen dem offen abzusetzenden Betrag und dem niedrigeren Anschaffungspreis im KA zu erfassen ist. Für Zwecke des JA wird vorgeschlagen, den Differenzbetrag entspr dem Willen des Gesters entweder als Ertragszuschuss oder als Zuzahlung in das EK (§ 272 Abs 2 Nr 4) zu erfassen (s § 272 Anm 195; glA auch PwC BilMoG Komm, L Anm 28; *WPH*[14] I, F Anm 321). RückBet am MU sind im JA des TU erfolgsneutral zu AK (§ 255 Abs 1) anzusetzen, ein Ergebniseffekt ergibt sich erst, wenn die Anteile mit Gewinn an fremde Dritte (weiter-)veräußert werden, weshalb ein Ertragszuschuss in diesen Fällen idR auszuschließen sein wird, so dass der Differenzbetrag zwischen Nennbetrag bzw rechnerischem Wert und dem niedrigen Anschaffungspreis im KA des MU erfolgsneutral als Zuzahlung in das EK (Kapitalrücklage nach § 272 Abs 2 Nr 4) behandelt werden sollte.

Für **eigene Anteile** des **Mutterunternehmens** wird die Abbildung aus dem **170** JA grds in den KA übernommen (§ 272 Abs 1a iVm § 298 Abs 1). Anschaffungsnebenkosten, die im JA des MU aufwandswirksam erfasst wurden, dürfen im KA wegen dessen fehlender Besteuerungsfunktion auch erfolgsneutral gegen das EK, mit Ausnahme des gezeichneten Kapitals und der EK-Differenz aus der WähUm (§ 308a S 3) erfasst werden. In diesem Fall sollten dann allerdings auch Effekte, die aus einer steuerrechtlichen Abzugsfähigkeit der Anschaffungsnebenkosten resultieren, erfolgsneutral erfasst werden.

Sofern die frei verfügbaren Rücklagen, die im JA zur Verrechnung des über den Nennbetrag bzw rechnerischen Wert der Anteile hinausgehenden Teils des Anschaffungspreises verwandt wurden, aus Konzernsicht nicht mehr bestehen, zB weil in Vorperioden GFW nach § 309 Abs 1 S 3 aF mit diesen verrechnet wurden (zur Beibehaltung der Rücklagenverrechnung des GFW für Altfälle s § 309 Anm 10), ist die Verrechnung des GFW gegen sonstige, auch ausschüttungsgesperrte Rücklagen nachzuholen. Wenn diese Rücklagen hierfür nicht ausreichen, hat die Nachholung der Verrechnung gegen den (Konzern-)Ergebnisvortrag zu erfolgen.

Kommt es durch die teilweise Verrechnung der AK von RückBet zu **Abwei-** **171** **chungen** ggü dem Ausweis der ausschüttungsgesperrten Rücklagen im JA des MU, ist dies zur Klarheit und Übersichtlichkeit der Darstellung (§ 297 Abs 2 S 1) im Konzernanhang zu **erläutern**. Aus dem gleichen Grund wird es sich ohnehin empfehlen, auf das Bestehen einer RückBet am MU entweder im Konzernanhang oder durch die Bezeichnung der offen vom gezeichneten Kapital abzusetzenden Beträge (zB Nennbetrag/rechnerischer Wert eigener Anteile aus von TU gehaltenen Rückbeteiligungen) hinzuweisen. Bestehen sowohl eigene Anteile des MU als auch Anteile aus RückBet, kommt auch ein **Davon-Vermerk** beim offenen Absetzen („Davon aus von TU gehaltenen RückBet") in Betracht.

172 Sind an dem einbezogenen TU, das Anteile an dem MU hält, auch **fremde Gesellschafter beteiligt,** ist der auf sie entfallende Anteil der Rücklage für Anteile am herrschenden Unt (§ 272 Abs 4) in den AusglPo für Anteile anderer Gester gem § 307 einzubeziehen. In gleicher Höhe sind die anderen Gester aber auch an der EK-Verrechnung der Rückbeteiligung zu beteiligen. Dabei ist zu beachten, dass der auf die Fremdanteile entfallende Anteil am Nennbetrag bzw am rechnerischen Wert der Anteile aus der Rückbeteiligung nach dem eindeutigen Wortlaut offen vom gezeichneten Kapital, dh einem ausschließlich auf Gester des MU entfallenden KonzernEK-Posten abzusetzen ist. Daher muss bei der Verteilung des Restbetrags der AK der Rückbeteiligungen, der Betrag, der gegen Rücklagen des MU erfasst wird, entspr verringert werden (glA PwC BilMoG Komm, Q Anm 264).

173 Im Zeitpunkt der **erstmaligen Einbeziehung** des TU in den KA **bereits vorhandene** RückBet am MU sind aus dessen individueller Sicht (künftig) dividenden- bzw ertragslos. Unabhängig davon ist die RückBet in der Neubewertungsbilanz nach Abs 1 S 2 zum beizZW/Ertragswert aus Sicht eines beliebigen (fremden) Erwerbers zu bewerten. Übersteigen diese Konzern-AK den Wertansatz der RückBet in der HB II des TU, ist der höhere Betrag nach Abs 4 mit dem Konzern-EK zu verrechnen.

174 Für den Fall der vollständigen oder teilweisen **Veräußerung** einer RückBet am MU an Konzernfremde, enthält Abs 4 keine besondere Bestimmung, so dass nach § 298 Abs 1 zunächst grds die für diesen Fall geltende Regelung des § 272 Abs 1b für den JA entspr im KA anzuwenden ist, soweit dessen Eigenart keine Abweichung bedingt (s dazu allgemein § 298 Anm 3 f). Somit ist zunächst die (offene) Absetzung des Nennbetrags bzw rechnerischen Werts der verkauften Anteile aus der RückBet vom gezeichneten Kapital rückgängig zu machen (§ 272 Abs 1b S 1 iVm § 298 Abs 1). Weiter sind die Beträge, die bei Erwerb der RückBet erfolgsneutral gegen das Konzern-EK verrechnet wurden (s Anm 174), höchstens aber bis zu dem Betrag, um den der erzielte Kaufpreis den Nennbetrag bzw rechnerischen Wert übersteigt, wieder unmittelbar in diese Posten einzustellen (§ 272 Abs 1b S 2 iVm § 298 Abs 1).

175 Nach § 272 Abs 1b S 3 ist im JA die (positive) Differenz zwischen einem (höheren) Verkaufspreis und dem ursprünglichen Anschaffungspreis eigener Anteile in die Kapitalrücklage nach § 272 Abs 2 Nr 1 einzustellen. Auch aus Sicht des fiktiv rechtlich einheitlichen Unt (§ 297 Abs 3 S 1) handelt es sich bei dem Verkauf von Anteilen aus einer RückBet wirtschaftlich betrachtet um eine Kapitalerhöhung, was dafür sprechen könnte, einen **Mehrerlös** auch im KA in der **Kapitalrücklage** auszuweisen. Die Einstellung von Beträgen in die Kapitalrücklage im KA knüpft idR an entspr ges-rechtliche Vorgänge auf Ebene des JA des MU an. Der vollständige oder teilweise Verkauf von einem TU gehörenden Anteilen am MU hat keine Auswirkungen auf den JA des MU, was gegen eine entspr Anwendung des § 272 Abs 1b S 3 im KA spricht.

176 Im JA des TU wird der (ggf auch teilweise) Verkauf der Anteile aus der Rückbeteiligung als erfolgswirksamer Vorgang behandelt, der in Höhe der Differenz zwischen dem erzielten Veräußerungserlös und den (ggf nach § 253 Abs 3 S 3 bzw Abs 4) fortgeführten AK als erfolgswirksamer Vorgang zu einem Buchge-

winn oder -verlust führt. Ausschlaggebend für diese Behandlung ist, dass die Mehr- oder Minderbeträge auf Ebene des TU unstr Teil der Ergebnisentstehung sind. Im Unterschied zu dem in § 272 Abs 1b S 3 geregelten Fall ist ein Buchgewinn somit nicht der Gewinnverwendung durch die Gester entzogen, dh kann an diese ausgeschüttet werden. Dies spricht grds eher dafür, die zur Rede stehenden Beträge auch im KA innerhalb des **„erwirtschafteten Eigenkapitals"** auszuweisen. Da der KA keine Ausschüttungsbemessungsfunktion hat, erscheint es dabei auch zulässig, die zur Rede stehenden Beträge erfolgsneutral entweder gegen Konzerngewinnrücklagen oder den Konzernergebnisvortrag zu erfassen (glA PwC BilMoG Komm, Q Anm 266 ff). Entspr sollte verfahren werden, wenn die Anteile aus der RückBet zu einem unter dem Nennbetrag bzw rechnerischen Wert liegenden Preis, dh unter *pari,* verkauft werden.

C. Folgekonsolidierung

I. Grundlagen

180 Für die Behandlung der in der Neubewertungsbilanz aufgedeckten stillen Reserven und Lasten in den auf die ErstKons folgenden Konzern-Gj bestehen keine gesetzlichen Regelungen, sondern nur in § 309 bzgl der Behandlung der aus der KapKons resultierenden GFW bzw passiven Unterschiedsbeträge (dazu § 309 Anm 1). Die Grundsätze der FolgeKons sind daher ausgehend von dem der KapKons zugrunde liegenden Erwerbsgedanken zu entwickeln (hM *ADS*[6] § 301 Anm 143). Die ErstKons wird aus Konzernsicht als ein erfolgsneutraler Anschaffungsvorgang von VG und Schulden behandelt (Anm 2). Die in der Neubewertungsbilanz im Reinvermögen des TU aufgedeckten **stillen Reserven und Lasten**, ein GFW oder ein passiver Unterschiedsbetrag aus KapKons sind daher in den Folgejahren **fortzuschreiben**. Die aufgedeckten Reserven oder Lasten teilen dabei das Schicksal der VG oder Schulden, denen sie zugeordnet wurden, dh sie sind entspr der Entwicklung dieser Posten abzuschreiben, aufzulösen, zu verbrauchen oder beizubehalten (DRS 4.25; *Dusemond/Weber/Zündorf* in HdKR[2] § 301 Anm 161 mwN). Spiegelbildlich dazu sind die mit den Zusatzbewertungen korrespondierenden latenten Steuern aus der Neubewertungsbilanz (s Anm 95 f) zu periodisieren. Im Unterschied zur ErstKons ist die FolgeKons damit grds **erfolgswirksam** (zu Ausnahmen hiervon s Anm 119). Die FolgeKons führt ua dazu, dass zwischen dem im KA ausgewiesenen Reinvermögen des TU bewertet zu (ggf fortgeführten) Konzern-AK/HK und dem steuerrechtlichen BetBuchwert eine temporäre Differenz entsteht (sog *outside basis difference;* s auch PwC BilMoG Komm, Q Anm 310 ff; *Oser* BC 2010, 209 f), die jedoch nach § 306 S 4 (s dort Anm 29) bei der Bilanzierung latenter Steuern im KA nicht zu berücksichtigen ist.

181 Die Fortschreibung der stillen Reserven und Lasten ist technisch bereits in Rahmen der **Aufstellung** der HB II **(Neubewertungsfolgebilanz)** vorzunehmen (glA *ADS*[6] § 301 Anm 145 f). Bei TU, deren ErstKons vor dem Inkrafttreten der Änderungen durch das BilMoG (s Anm 3 f) nach der Buchwertmethode (§ 301 Abs 1 S 2 Nr 1 aF) vorgenommen wurde, erfolgt die Fortschreibung der aufgedeckten Reserven und Lasten dagegen idR als Teil der KonsBuchungen, dh nach der Zusammenfassung der HB II der in den KA einbezogenen Unt (§ 300 Abs 1 S 1).

182 Wird der KA in jedem Jahr aus den HB II des MU und der einbezogenen TU neu entwickelt, sind sämtliche **Konsolidierungsbuchungen** der Vj, beginnend mit der ErstKons sowie alle bis zum Vj vorgenommenen FolgeKons jeweils

nachzuholen. In Vj verursachte und dort ergebniswirksam behandelte Fortschreibungen stiller Reserven und Lasten sind in späteren Jahren erfolgsneutral zu behandeln. Zu diesem Zweck sind die ergebniswirksamen Buchungen aus der FolgeKons der Vj jeweils im lfd KA gegen den Konzernergebnisvortrag nachzuholen. Fortschreibungen stiller Reserven und Lasten, die durch Ereignisse im lfd Konzern-Gj verursacht sind, müssen sich dagegen ergebniswirksam in der Konzern-GuV niederschlagen (Anm 185 ff).

183 Aus den gesetzlichen Regelungen zur KapKons bzw WähUm (§§ 301, 309 und § 308a) sowie den dazugehörigen Interpretationen des DSR (DRS 4) geht nicht hervor, ob für die Bewertung der Zusatzbewertungen in der Neubewertungsbilanz sowie der nach der Kapitalaufrechnung verbleibenden Differenzbeträge bei der FolgeKons die (Konzern-)Währung des MU oder die Fremdwährung des jeweiligen TU maßgeblich sein soll. Nach § 308a sind auf fremde Währung lautende Vermögens- und Schuldposten von TU mit dem Stichtagsmittelkurs in die Konzernwährung umzurechnen (§ 308a S 1). Die in der Neubewertungsbilanz aufgedeckten Reserven und Lasten sowie ein nach der Kapitalaufrechnung verbleibender GFW oder passiver Unterschiedsbetrag sind letztlich Teil des Reinvermögens des **ausländischen Tochterunternehmens,** was dafür spricht, diese – entspr internationaler Rechnungslegungsgrundsätze (IAS 27.47) – auch in **Fremdwährung** zu bewerten und dann ebenfalls mit dem Stichtagsmittelkurs in die Konzernwährung umzurechnen (glA PwC BilMoG Komm, Q Anm 388).

II. Stille Reserven und stille Lasten

190 Stille Reserven, die in der Neubewertungsbilanz dem **nicht abnutzbaren Anlagevermögen** zugeordnet wurden, werden idR erst bei einer Veräußerung des VG oder im Rahmen der EndKons (Anm 307) beim Ausscheiden des TU aus dem KonsKreis aufgelöst und vermindern dann den aus dem JA übernommenen Abgangsgewinn bzw erhöhen einen Abgangsverlust. Wird im JA eine außerplanmäßige Abschreibung auf den niedrigeren beizulegenden Wert vorgenommen (§ 253 Abs 3 S 3), ist dieser Wertansatz in die Konzernbilanz zu übernehmen, dh auf Konzern-Ebene ist ggf eine zusätzliche außerplanmäßige Abschreibung in Höhe der dem VG (noch) zugeordneten stillen Reserven erforderlich (§ 253 Abs 3 S 3 iVm § 298 Abs 1). Darüber hinaus sind außerplanmäßige Abschreibungen im KA vorzunehmen, wenn der beizulegende Wert eines VG zwar über dem Wertansatz im JA (HB II), aber unter den Konzern-AK (Buchwert lt JA (HB II) zzgl stille Reserven) liegt. Zuschreibungen sind im Rahmen der FolgeKons insoweit geboten (§ 253 Abs 5 S 1 iVm § 298 Abs 1), als sie zur Rückgängigmachung einer zuvor im KA vorgenommenen außerplanmäßigen Abschreibung dienen (*ADS*[6] § 301 Anm 165). Dabei dürfen die Konzern-AK der betr VG nicht überschritten werden. Mit den stillen Reserven korrespondierende passive latente Steuern aus der Neubewertungsbilanz sind parallel zur Realisierung der Zusatzbewertung zu vereinnahmen und mindern – außer im Fall einer EndKons (dazu Anm 316) – den Steueraufwand (DRS 10.31).

191 Werden in der Neubewertungsbilanz stille Reserven im **abnutzbaren Anlagevermögen** aufgedeckt, sind sie planmäßig (§ 253 Abs 3 S 1 u 2 iVm § 298 Abs 1) über die Restnutzungsdauer des betr VG nach dem im JA (HB II) angewandten Verfahren abzuschreiben, insoweit ergeben sich im KA höhere Abschreibungen als im JA (*ADS*[6] § 301 Anm 148; *WPH*[14] I, M Anm 395). Hinsichtlich der Vornahme außerplanmäßiger Abschreibungen sowie der Periodisierung von passiven latenten Steuern gelten die Ausführungen zum nicht abnutzbaren Anlagever-

mögen entspr. Bei Zuschreibungen dürfen die um planmäßige Abschreibungen verminderten Konzern-AK nicht überschritten werden. Beim Abgang abnutzbarer Anlagegegenstände sind Korrekturen des Abgangserfolgs jeweils nur in Höhe der im Abgangszeitpunkt noch nicht abgeschriebenen stillen Reserven erforderlich. Wurden stille Reserven in der Neubewertungsbilanz aus Vereinfachungsgründen nicht einzelnen VG, sondern einer Gruppe von VG oder einem Posten, zB Betriebs- und Geschäftsausstattung, zugeordnet, ist für die Abschreibung von einer durchschnittlichen Nutzungsdauer auszugehen. Abgänge bei den stillen Reserven werden in diesen Fällen üblicherweise entspr dem im JA (HB II) ermittelten Verhältnis aus Buchwert der abgegangenen VG zum Gesamtbuchwert vor Abgang vorgenommen (*ADS*[6] § 301 Anm 160 mwN). In der Neubewertungsbilanz zum ErstKonsZeitpunkt angesetzte GWG dürfen aus Vereinfachungsgründen bei der ersten FolgeKons vollständig abgeschrieben werden.

Im Umlaufvermögen aufgedeckte stille Reserven betreffen idR die **Vorräte**. 192 Dementspr lösen sich Reserven in den Roh-, Hilfs- und Betriebsstoffen bzw den fertigen Erzeugnissen und Waren mit deren Verbrauch bzw Verkauf auf und erhöhen den Materialaufwand im KA. Stille Reserven in den unfertigen Erzeugnissen und unfertigen Leistungen, zB Teilgewinne bei langfristiger Fertigung, wickeln sich mit der Fertigstellung bzw dem Verkauf über die Bestandsveränderung ab. Zur Periodisierung ggf vorhandener latenter Steuern aus der ErstKons s Anm 190. Aus Vereinfachungsgründen dürfte es zulässig sein, stille Reserven in den Vorräten bereits im Rahmen der ersten FolgeKons aufwandswirksam zu verrechnen (glA *ADS*[6] § 301 Anm 163), sofern keine Hinweise für eine exaktere Bestimmung der Aufwandswerdung, zB langfristige Fertigung, vorliegen. Erstreckt sich die Abwicklung der im ErstKonsZeitpunkt vorhandenen Vorratsbestände über mehrere Perioden, ist im Rahmen der FolgeKons zu prüfen, ob ggf auf Grund gesunkener Börsen- oder Marktpreise oder eines niedrigeren beizulegenden Werts eine außerplanmäßige Abschreibung der noch nicht aufwandswirksam gewordenen stillen Reserven gem § 253 Abs 4 iVm § 298 Abs 1 erforderlich ist.

Wurden stille Lasten der Aktivseite zugeordnet, zB in Form zusätzlicher Ab- 193 wertungen auf **Forderungen,** sind diese bei Eintritt der erwarteten Mindereinzahlungen zu verbrauchen, sonst entspr der Geldwerdung des zugehörigen Aktivposten aufzulösen. Un- oder unterverzinsliche Forderungen, die in der Neubewertungsbilanz zum Barwert angesetzt wurden (s Anm 82), sind aufzuzinsen. Die Aufzinsungsbeträge stellen nachträgliche AK der erworbenen Forderungen dar (s auch *ADS*[6] § 255 Anm 80f).

Stille Lasten betreffen überwiegend **Pensionsrückstellungen** aus Altzusagen, 194 für die im JA (HB II) das Passivierungswahlrecht gem Art 28 EGHGB (§ 249 Anm 167f) in Anspruch genommen wurde oder für die vom (Verteilungs-)Wahlrecht nach Art 67 Abs 1 S 1 EGHGB Gebrauch gemacht wird. Aufgrund der Erwerbsfiktion sind diese aus Sicht des MU übernommenen Altpensionsverpflichtungen in einer Neubewertungsbilanz zwingend zu passivieren (s Anm 62). Die aufgedeckten stillen Lasten sind entspr dem Anfall der zahlungswirksamen Aufwendungen aufzulösen, dh gegen den im JA ausgewiesenen Aufwand zu verbrauchen. Soweit sich im Zeitpunkt der ErstKons als stille Last erfasste Pensionsverpflichtungen danach aufgrund der weiteren Tätigkeit der betr Mitarbeiter des TU oder einer sonstigen Erhöhung der Pensionszusage erhöhen, darf das Passivierungswahlrecht gem Art 28 EGHGB in Anspruch genommen werden (s dazu auch *Förschle/Hoffmann* Sonderbilanzen[4] K Anm 28). Dies gilt jedoch nicht für Erhöhungen, die auf die Aufzinsung der im Rahmen der ErstKons übernommenen Verpflichtung oder sonstige Anpassungen, zB aufgrund von geänderten Sterbetafeln, zurückzuführen sind. Ebenso wie bei einem Kauf auf Rentenbasis (dazu *ADS*[6] § 255 Anm 67) ist in diesen Fällen davon auszugehen, dass sich die im ErstKons-

Zeitpunkt angesetzte (Renten-)Verpflichtung in der Folgezeit nach allgemeinen Grundsätzen, dh unabhängig vom übernommenen Vermögen entwickelt.

195 In der Neubewertungsbilanz zusätzlich ggü der HB II gebildete sonstige **Rückstellungen** (dazu Anm 65 f) sind zu verbrauchen, sobald in Folge der Umsetzung dieser Maßnahmen im JA des TU entspr Aufwendungen – zB aus der Bildung von konkreten Rückstellungen für Abfindungsverpflichtungen aufgrund von *change of control*-Klauseln – anfallen. Zugleich ist dann eine mit der Rückstellung korrespondierende (aktive) latente Steuer aufzulösen. Zu Besonderheiten bei der Fortführung von Restrukturierungsrückstellungen, die unter den in DRS 4.19 genannten Voraussetzungen gebildet wurden, s 6. Aufl Anm 189.

III. Geschäfts- oder Firmenwert und passiver Unterschiedsbetrag aus der Kapitalkonsolidierung

200 Die Fortführung eines **Geschäfts- oder Firmenwerts** aus der ErstKons (Anm 151) in Folgejahren ist in § 253 Abs 3 S 1 iVm § 309 Abs 1 geregelt. Danach ist ein GFW planmäßig über die Nutzungsdauer abzuschreiben (s § 309 Anm 10 ff).

Ein **passiver Unterschiedsbetrag** aus der KapKons (Anm 155) ist unter den in § 309 Abs 2 genannten Voraussetzungen bzw der diese konkretisierenden Regeln nach DRS 4.40 f erfolgswirksam aufzulösen (s § 309 Anm 21 ff).

IV. Veränderungen der Beteiligungsquote des Mutterunternehmens

1. Konzeptionelle Grundlagen

205 Abgesehen von der Periodierung der in der Neubewertungsbilanz aufgedeckten stillen Reserven und Lasten sowie der nach der Kapitalaufrechnung verbleibenden GFW bzw passiven Unterschiedsbeträge hat die FolgeKons ua auch die Behandlung von Veränderungen der BetQuote des MU an einem TU, die insb durch teilweise Anteilsveräußerungen oder -hinzuerwerbe ausgelöst werden, zum Gegenstand. In Abhängigkeit von dem **theoretischen Konzept,** das der Konzernrechnungslegung zugrunde gelegt wird, werden diese Vorgänge unterschiedlich im KA abgebildet.

206 Wird der KA iSd **Einheitstheorie** (*(economic) entity concept*) als JA eines fiktiv rechtlich einheitlichen Unt verstanden, zu dessen Gestern sowohl die des MU als auch etwaige (Minderheits-)Gester bei TU gehören, können sich durch Verschiebungen der Vermögensbeteiligungen am Konzernvermögen zwischen diesen beiden GesterGruppen keine Wertänderungen bei den VG und Schulden des Konzerns ergeben. Sofern diejenigen Gester, deren relative Beteiligung am Konzernvermögen steigt, einen höheren Kaufpreis dafür zahlen, als ihnen anteilig, zu fortgeführten Konzernbuchwerten bewertetes Reinvermögen zugeordnet wird, ist der Mehrbetrag, der zur Abgeltung von stillen Reserven etc gezahlt wird, erfolgsneutral mit dem Konzern-EK zu verrechnen. Dies entspricht auch der Behandlung vergleichbarer Vorgänge im JA eines rechtlich einheitlichen Unt, wenn Gester, die sich neu im Wege einer Kapitalerhöhung am Unt beteiligen, zur Abgeltung der stillen Reserven im Vermögen ein Ausgabeaufgeld (Agio) leisten, das erfolgsneutral in die Kapitalrücklage eingestellt wird (s § 272 Anm 170). Bei einer Einziehung von Anteilen werden deren AK ebenfalls mit dem EK verrechnet (ausführlich *Förschle/Heinz* Sonderbilanzen[4], Q Anm 90 ff). Ferner liegt diese Sichtweise auch der Behandlung im IFRS-KA zugrunde (s Anm 485).

207 Wird der KA dagegen iSd sog **Interessentheorie** (*parent company concept*) zuerst als ein erweiterter JA des MU zur Information von dessen Gestern verstanden, ist –

ungeachtet der vollständigen Übernahme der VG und Schulden in den KA – für die bilanzielle Behandlung von Verschiebungen der BetQuote an einem auch weiterhin vollkons TU der wirtschaftliche Gehalt der Transaktion aus Sicht der Gester des MU maßgeblich. Ein Hinzuerwerb von anteiligem Konzernvermögen von den MinderheitsGestern eines TU ist danach im KA des MU als erfolgsneutraler Anschaffungsvorgang zu behandeln, dh der Kaufpreis der Anteile aus dem JA ist, wie bei einer ErstKons auf das anteilig hinzuerworbene Reinvermögen zu verteilen. Die Verringerung der Vermögensbeteiligung des MU an einem TU führt zum Ausweis eines Veräußerungserfolgs. Diese Sichtweise wurde bislang ganz überwiegend der Behandlung in HGB-KA zugrunde gelegt und zwar unabhängig davon, ob die KapKons nach der Buchwert- oder der Neubewertungsmethode erfolgte (hM 6. Aufl Anm 191 ff, 195 ff; *ADS*[6] § 301 HGB Anm 176 ff, 180 f; *Busse von Colbe/Ordelheide*[8], 331 f; *WPH*[13] I, M Anm 394). Diese Vorgehensweise entspr auch den Grundsätzen des DSR (DRS 4.47).

Das vorrangige Ziel der **Änderung** der handelsrechtlichen Konzernvorschriften durch das **BilMoG** bestand darin, die Vergleichbarkeit des HGB-KA mit einem IFRS-KA zu verbessern (Begr RegE BilMoG, 71). Ebenso wie nach IFRS soll der HGB-KA nicht nur den Gestern des MU, sondern auch den MinderheitsGestern bei TU relevante Informationen über das anteilig auf sie entfallende Reinvermögen vermitteln (Begr RegE BilMoG, 175). Dies spricht grds dafür, dass auch in solchen Bereichen der KapKons, in denen es an ausdrücklichen gesetzlichen Regelungen fehlt, der auf dem Einheitsgedanken beruhenden Behandlung nach den internationalen Rechnungslegungsgrundsätzen der Vorzug ggü der bisherigen Vorgehensweise gebührt. Andererseits wird es, solange es keine entgegenstehenden gesetzlichen Regelungen oder entspr Konzern-GoB gibt, nicht zu beanstanden sein, wenn entspr der bisherigen Handhabung verfahren wird (glA PwC BilMoG Komm, Q Anm 217 mwN; *Kraft* in Großkomm HGB[5] § 301 Anm 155; *Stibi* WPg 2012, 761). Die jeweils gewählte Vorgehensweise ist Teil der KonsMethoden und unterliegt dem Stetigkeitsgebot (§ 297 Abs 3 S 2).

2. Hinzuerwerb von Anteilen an Tochterunternehmen

Entscheidet sich das MU den HGB-KA konzeptionell möglichst einem IFRS-KA anzunähern, wird beim Hinzuerwerb von Anteilen von Dritten auf eine ErstKons verzichtet, da es sich hierbei nur um einen, die Kapitalseite betr Vorgang zwischen zwei Gester-Gruppen des Konzerns handelt, der einem „Rückerwerb eigener Anteile" im JA eines rechtlich einheitlichen Unt vergleichbar ist (s Anm 165 ff; zu IFRS s Anm 485). Für diese Vorgehensweise spricht zusätzlich, dass sich dadurch erhebliche kons-technische Vereinfachungen bei den FolgeKons ergeben (so *Dusemond/Weber/Zündorf* in HdKR[2] § 301 Anm 196). Ein aktiver **Unterschiedsbetrag** aus der Aufrechnung der AK der Anteile mit dem darauf entfallenden anteiligen EK im Zeitpunkt des Hinzuerwerbs ist mit den **Konzernrücklagen zu verrechnen** und ein passiver Unterschiedsbetrag mit den (Kapital-)Rücklagen zu addieren. Für die Verrechnung bzw Hinzurechnung kommen nur EK-Posten, die auf Gester des MU entfallen, mit Ausnahme des gezeichneten Kapitals des MU und der EK-Differenz aus WähUm, in Betracht. Dabei erscheint es sachgerecht, die Verrechnungsreihenfolge mit den EK-Posten an der Behandlung des den Nominalbetrag übersteigenden Teils des Erwerbsbzw Kaufpreises eigener Anteile des MU nach Abs 4 iVm § 272 Abs 1a und 1b zu orientieren (s dazu Anm 167 ff).

Werden weitere Anteile an Tochter-PersGes erworben, führt die erfolgsneutrale Verrechnung einer positiven Aufrechnungsdifferenz mit dem Konzern-EK zur Entstehung von idR abzugsfähigen (aktiven) temporären Differenzen, weil der im Anteilskaufpreis gezahlte Mehrpreis steuerrechtlich zu einer (positiven) Ergänzungsbilanz führt. Die nach § 306 S 1 zu bilanzierenden aktiven latenten Steuern sind in diesem Fall ebenfalls erfolgsneutral zu erfassen.

216 Soll der KA primär der **Information** der **Gesellschafter** des **Mutternehmens** dienen, ist für die hinzuerworbenen Anteile an dem bereits zuvor voll kons TU eine gesonderte ErstKons durchzuführen (DRS 4.26; *WPH*[14] I, M Anm 416; *ADS*[6] § 301 Anm 176; *Weber/Zündorf* BB 1989, 1854; *Oser* DB 2010, 68f; *Senger/Ewelt-Knauer/Hoehne* WPg 2012, 86ff). Wenn es sich um einen Erwerbsvorgang in einem nach dem 31.12.2009 beginnenden Gj handelt (Art 66 Abs 3 S 4 EGHGB), hat die ErstKons für die hinzuerworbenen Anteile nach der Neubewertungsmethode (s Anm 53ff) zu erfolgen, auch wenn die (historische) KapKons für das betr TU noch nach der Buchwertmethode (Abs 1 S 2 Nr 1 aF) erfolgen darf (s Anm 4). Dies bedeutet insb, dass die AK-Deckelung nach Abs 1 S 3 aF (s dazu 6. Aufl Anm 95ff) in diesem Fall nicht gilt. Anteilig auf die hinzuerworbenen Anteile entfallende stille Reserven und Lasten müssen vollständig aufgedeckt werden, auch wenn dies zur Entstehung eines passiven Unterschiedsbetrags nach Abs 3 führt. Auch in den Folgejahren muss die KapKons dieses Erwerbs – sowie ggf folgender Erwerbe – jeweils tranchenweise fortgeführt werden (dazu Anm 180).

217 Der **Stichtag** für die Kons kann in diesen Fällen nach einhelliger Ansicht nur der Erwerbszeitpunkt der zusätzlichen Anteile sein (*ADS*[6] § 301 Anm 179). Ein Rückbezug auf den bei der erstmaligen VollKons dieses TU gewählten Stichtag ist nicht zulässig (glA *Dusemond/Weber/Zündorf* in HdKR[2] § 301 Anm 194). Bei einer Vielzahl von Erwerben innerhalb eines Konzern-Gj besteht die Möglichkeit, diese zusammenzufassen und als Bewertungszeitpunkt jeweils die wesentlichen Teilerwerbsschritte zugrunde zu legen (DRS 4.26; *WPH*[14] I, M Anm 416). Sofern die hinzuerworbenen Anteile insgesamt von untergeordneter Bedeutung sind, dürfte es aber auch zulässig sein, die Kapitalaufrechnung pauschal auf Basis der Wertverhältnisse am Konzernbilanzstichtag (Zeitpunkt der erstmaligen Einbeziehung) vorzunehmen.

218 Bei der Zuordnung eines nach der Kapitalaufrechnung verbleibenden aktiven Unterschiedsbetrags ist in diesen Fällen zu beachten, dass die zum Erwerbsstichtag vorhandenen stillen Reserven in den VG des TU nur aufgedeckt werden dürfen, soweit sie auf die hinzuerworbenen Anteile entfallen, denn das MU vergütet beim Erwerb der Anteile maximal den **beteiligungsproportionalen** Anteil am Zeitwert der VG und Schulden. Eine Berücksichtigung der auf die hinzuerworbenen Anteile entfallenden Reserven etc in der fortgeschriebenen Neubewertungsbilanz des TU wird technisch idR zu aufwändig sein, weshalb die Aufdeckung und Fortschreibung von stillen Reserven und Lasten sowie des GFW für die hinzuerworbenen Anteile – wie bei der Buchwertmethode aF – als Teil der KonsBuchung erfolgen sollte.

Eine Umbewertung des anteilig auf verbliebene Minderheiten am TU entfallenden Reinvermögens aus Anlass des teilweisen Hinzuerwerbs von Anteilen durch das MU findet nicht statt. Wegen der durch den Hinzuerwerb des MU ausgelösten Änderungen beim AusglPo für Anteile anderer Gester s § 307 Anm 45ff.

3. Erwerb zusätzlicher Anteile an bisher at-equity bewerteten Beteiligungen

225 Werden zusätzliche Anteile an einem assozUnt (§ 311) erworben und erlangt dieses dadurch den Status eines TU iSv § 290, liegt im Ergebnis ein sukzessiver Anteilserwerb (s Anm 128) vor. Der Unterschied zum „echten" sukzessiven Erwerb besteht darin, dass die bis zur VollKons gehaltenen Anteile bereits bislang im KA nicht mit den (ggf fortgeführten) AK aus dem JA des MU, sondern nach

§ 312 *at-equity* bewertet wurden. Es erscheint deshalb sachgerecht, zur Ermittlung des Wertansatzes der dem MU gehörenden, zu kons Anteile (Equity-Tranche) den **letzten Equity-Wertansatz** der bereits im Konzern befindlichen Anteile als deren „neue" **Anschaffungskosten** zu interpretieren und um die AK für die zusätzlich erworbene BetTranche (Control-Tranche) zu erhöhen (glA *Deubert/Klöcker* KoR 2010, 574; *Kalholz/Stibi* KoR 2009, 298; so wohl auch DRS 8.33 iVm DRS 4.9).

Ungeachtet der bisherigen Equity-Bewertung hat nach Abs 1 S 2 und S 3 eine **226** vollständige **Neubewertung des Reinvermögens** des bisherigen assozUnt auf den Zeitpunkt, zu dem das Mutter-/Tochterverhältnis nach § 290 begründet wurde, zu erfolgen. Ein nach Aufrechnung des neuen einheitlichen BetBuchwerts (s Anm 225) und dem darauf entfallenden Betrag des neu bewerten Reinvermögens verbleibender Unterschiedsbetrag ist nach Abs 3 als GFW oder passiver Unterschiedsbetrag zu behandeln. Der Wechsel von der Equity-Bewertung zur VollKons ist damit erfolgsneutral.

Die Zeitwertbewertung führt jedoch dazu, dass auch für anteilig bereits bisher, **227** mittelbar über die Equity-Bet bereits im KA enthaltene VG stille Reserven aufgedeckt werden, die jedoch durch den Kaufpreis der Control-Tranche gerade nicht (mehr) abgegolten wurden. Umgekehrt werden uU stille Lasten im Altvermögen aufgedeckt, die sich nicht kaufpreismindernd beim Erwerb der Control-Tranche ausgewirkt haben. Folge davon ist eine **Vermögensverschiebung,** zwischen Altvermögen und der Residualgröße nach Abs 3, die sich per saldo aber aufhebt. So ergibt sich bei Aufdeckung von stillen Reserven im Altvermögen ein niedrigerer und bei Aufdeckung von stillen Lasten im Altvermögen bezogen auf die Control-Tranche ein höherer GFW. In Abhängigkeit vom Umfang der stillen Reserven in der Equity-Tranche einerseits sowie der Höhe der AK der hinzuerworbenen Anteile andererseits, kann sich uU sogar ein passiver Unterschiedsbetrag aus der KapKons ergeben (glA *Klahotz/Stibi* KoR 2009, 300f; *Pöller* BC 2011, 203).

Die Zeitwertbewertung führt dazu, dass das anteilige Altvermögen (VG und **228** Schulden), die zuvor mittelbar über die Equity-Bet bereits im KA enthalten waren, wie bei einer *up-stream* Lfg mit Werten oberhalb ihrer bisherigen „Konzernbuchwerte" angesetzt werden. Damit liegen die Voraussetzungen für eine (anteilige) **Zwischenergebniseliminierung** gem § 304 iVm § 312 Abs 5 S 3 vor. Die Besonderheit besteht dabei darin, dass die bezogen auf das Altvermögen zu eliminierenden Wertansätze nicht zu Lasten des Ergebnisses, sondern jeweils gegen die Residualgröße, idR den GFW, zu erfassen sind.

Auf eine Zwischenergebniseliminierung darf nach § 304 Abs 2 analog verzichtet werden, wenn die Verzerrung des Vermögens- und Erfolgsausweises als Folge der in Anm 227 beschriebenen Vermögensverschiebung im Zeitpunkt der ÜbergangsKons unwesentlich ist. Dies wird zB dann der Fall sein, wenn die im Altvermögen aufgedeckten stillen Reserven überwiegend das abnutzbare Anlagevermögen betreffen und dessen (Rest-)Nutzungsdauer nicht wesentlich länger als die des GFW ist (s auch *Deubert/Klöcker* KoR 2010, 575).

Im Ergebnis entspricht der Vermögens- und in der Folge auch der Ergebnisausweis **229** bei einer Zwischenergebniseliminierung demjenigen, der sich ergibt, wenn bei der ÜbergangsKons eine **tranchenweise Kapitalkonsolidierung** erfolgt. Dazu wird der letzte Wert der Equity-Tranche vor der VollKons mit Hilfe der Nebenrechnung in seine einzelnen Komponenten zerlegt. Noch aus der erstmaligen Equity-Bewertung vorhandene stille Reserven und ein ggf noch vorhandener GFW werden vom Equity-Wertansatz in die entspr Posten des Summenabschlusses umgegliedert. Der verbleibende BetBuchwert wird mit dem anteiligen EK verrechnet, wobei kein Unterschiedsbetrag mehr entstehen kann. Durch diese Vorgehensweise wird die ursprüngliche EquityKons der ersten BetTranche gem

§ 312 faktisch in eine rückwirkende VollKons auf den Zeitpunkt des Erwerbs dieser Anteile überführt. Anschließend erfolgt eine ErstKons für die neu erworbenen Anteile auf Basis der Wertverhältnisse im Erwerbszeitpunkt bzw im Zeitpunkt der erstmaligen Einbeziehung.

Diese tranchenweise KapKons ist somit – ungeachtet der in Abs 1 S 2 bei erstmaliger VollKons angeordneten vollständigen Zeitwertbewertung – auch künftig zulässig, wenn andernfalls eine Zwischenergebniseliminierung (s Anm 228) geboten wäre (aA *Pöller* BC 2011, 198). Zur Vorgehensweise, wenn auch andere Gester vorhanden sind, s Anm 231.

4. Erwerb zusätzlicher Anteile an bisher quotal konsolidierten Gemeinschaftsunternehmen

230 Werden zusätzliche Anteile an einem zuvor quotal nach § 310 in den KA einbezogenen GemUnt erworben und wird dieses dadurch zum TU iSv § 290, ist zunächst fraglich, wie der Wertansatz der dem MU gehörenden Anteile iSv Abs 1 S 1 zu ermitteln ist. Denkbar wäre, auf den Wertansatz der um die hinzuerworbenen Anteile erhöhten Bet aus dem JA des MU abzustellen und diesen mit dem zum Zeitpunkt der ErstKons neubewerteten Reinvermögen des neuen TU zu verrechnen. Der Übergang von der QuoKons auf die VollKons wäre in diesem Fall erfolgsneutral, allerdings würden die Beiträge des GemUnt zum Konzernergebnis(vortrag), die während der Dauer der QuoKons entstanden sind, implizit in die Kapitalaufrechnung einbezogen, was eine Durchbrechung des Bilanzenzusammenhangs (§ 252 Abs 1 Nr 1 iVm § 298 Abs 1) bedeuten würde. Um derartige Effekte im Konzern-EK zu vermeiden, sollte als AK der quotal kons Alt-Tranche ein Betrag angesetzt werden, der dem anteilig darauf entfallenden Reinvermögen – bewertet zu Konzernbuchwerten – entspricht. Dh letztlich unmittelbar vor der VollKons wird ein **Übergang auf** die **Equity-Bewertung fingiert** (s Anm 340 ff). Technisch bedeutet dies, dass unmittelbar vor der VollKons zunächst die bislang quotal im KA enthaltenen VG und Schulden des GemUnt gegen den Posten Bet an TU auszubuchen sind.

231 Auch in diesem Fall besteht nach Abs 1 S 2 formal die Verpflichtung zur vollständigen Neubewertung des Reinvermögens des TU, auch soweit dieses zuvor bereits quotal im KA enthalten war. Ebenso wie bei einem Übergang von der Equity-Bewertung auf die VollKons (s Anm 227 ff) würde dies dazu führen, dass die zuvor quotal bilanzierten VG und Schulden mit Werten im KA angesetzt werden, die von ihren bisherigen Konzern-Buchwerten abweichen, was – Wesentlichkeit vorausgesetzt – eine Pflicht zur Zwischenergebniseliminierung (§ 304 iVm § 310 Abs 2) zur Folge hätte.

Stattdessen ist uE auch eine tranchenweise KapKons zulässig (s Anm 229). Der Übergang von der QuoKons auf die VollKons wird dann – zumindest bezogen auf die Control-Tranche – **wie** der **Hinzuerwerb** von **Anteilen** an einem bereits voll kons **Tochterunternehmen** behandelt (s Anm 215 ff).

Sind auch nach dem Hinzuerwerb andere Gester am TU beteiligt, ist das auf diese entfallende Reinvermögen gegen den AusglPo nach § 307 Abs 1 einzubuchen. Für die Zugangsbewertung dieses anteiligen Reinvermögens sind ebenfalls die Zeitwerte im Erwerbszeitpunkt der vom MU hinzuerworbenen Anteile maßgeblich.

5. Veräußerung von Anteilen an auch weiterhin vollkonsolidierten Tochterunternehmen

235 Aus Sicht des einheitlichen Unt stellt die teilweise Veräußerung von Anteilen an einem TU an Dritte, durch die das Mutter-Tochterverhältnis (§ 290) zu diesem

TU aber nicht beendet wird, ausschließlich einen **Vorgang zwischen den Gesellschaftern des Konzerns** dar. Im Zuge dieses Vorgangs wird dem einheitlichen Unt von einem neu hinzutretenden Gester zusätzliches Vermögen in Gestalt des dem MU zufließenden Kaufpreises der Anteile zugeführt. Diese Vermögensmehrung ist im KA nach dem Einheitsgrundsatz (§ 297 Abs 3 S 1) so wie ein vergleichbarer Vorgang im JA eines rechtlich einheitlichen Unt (Kapitalerhöhung, bei der ein Gester ein Agio leistet, dazu auch Anm 267) zu erfassen, dh erfolgsneutral in die Kapitalrücklage einzustellen (so *Dusemond/Weber/Zündorf* in HdKR² § 301 Anm 210; zu IFRS s Anm 485; aA *Baetge/Klaholz/Jonas* in Bilanzrecht § 301 Anm 308: erfolgswirksamer Veräußerungsvorgang). Der Betrag, um den sich das EK, das auf Gester des MU entfällt, erhöht, entspricht der Differenz zwischen dem Anteilskaufpreis und dem auf die verkauften Anteile entfallenden Reinvermögen (bewertet zu Konzernbuchwerten; s auch Anm 236), das in den AusglPo nach § 307 Abs 1 eingestellt wird (s dort Anm 48f). Bei ausländischen TU ist auch eine auf die verkauften Anteile entfallende EK-Differenz aus WähUm nach § 308a S 3 in den AusglPo umzugliedern (s *Deubert* DStR 2009, 342f).

Wird mit dem KA primär die Information der Gester des MU bezweckt, ist für die veräußerten Anteile eine **erfolgswirksame „Endkonsolidierung"** durchzuführen (s Anm 305). Für die zutreffende Ermittlung des Veräußerungserfolgs aus Konzernsicht sind dem Entgelt für die auf die anderen Gester übertragenen Anteile das auf diese Anteile entfallende Reinvermögen zu (ggf fortgeführten) Konzern-AK/HK, dh einschl der auf die „abgehenden" Anteile des MU entfallenden (noch aus der ErstKons vorhandenen) stillen Reserven und Lasten sowie eines (anteiligen) GFW, ggüzustellen (glA *ADS*⁶ § 301 Anm 189, 191). Bestehen bei einem TU mehrere Anteilstranchen, die jeweils gesondert konsolidiert werden, und können die verkauften Anteile nicht eindeutig einer oder mehreren Tranchen zugeordnet werden, ist der Abgangswert der stillen Reserven und Lasten als Durchschnittswert für alle Tranchen zu bestimmen. Ein noch vorhandener passiver Unterschiedsbetrag aus der ErstKons ist – soweit er auf die verkauften Anteile entfällt – zu vereinnahmen, dh erhöht das Abgangsergebnis entspr (DRS 4.47). **236**

Zur zutreffenden Ermittlung des Abgangserfolgs muss auch eine auf die verkauften Anteile entfallende **Eigenkapitaldifferenz aus** der **Währungsumrechnung** nach § 308a S 3 mit berücksichtigt werden. Dem steht auch § 308a S 4 nicht entgegen, weil darin nur bestimmt wird, dass eine erfolgswirksame Auflösung einer EK-Differenz aus der WähUm (spätestens) bei einem teilweisen oder vollständigen Ausscheiden der VG und Schulden des ausländischen TU aus dem VollKonsKreis, dh bei einer Übergangs- oder EndKons (s Anm 317) zu erfolgen hat. Eine vorzeitige erfolgswirksame Behandlung aus anderen Gründen ist uE dadurch nicht ausgeschlossen. Dafür spricht im Übrigen, dass eine unveränderte Fortführung der EK-Differenz, die auf die verkauften Anteile entfällt, innerhalb des EK des MU nicht zulässig ist, weil sonst der AusglPo für die an Dritte verkauften Anteile nicht dem Betrag entsprechen würde, mit dem das darauf entfallende Reinvermögen des TU im KA ausgewiesen wird (s zur technischen Vorgehensweise auch *Deubert* DStR 2009, 342f). **237**

V. Sonstige Veränderungen des Buchwerts konsolidierungspflichtiger Anteile

1. Abschreibungen

Abschreibungen auf die BetBuchwerte von in den KA einbezogenen Unt vernachlässigen die Fiktion der rechtlichen Einheit des Konzerns (§ 297 Abs 3 S 1), **240** denn diese Einheit kann nicht auf sich selbst abschreiben (*Weber/Zündorf* BB 1989, 1864). Im JA des MU oder eines einbezogenen TU vorgenommene Bet-Abwertungen sind daher, soweit sie auf die Zeit **nach der erstmaligen Einbeziehung** entfallen, ergebniswirksam aufzulösen (*Dusemond/Weber/Zündorf* in HdKR² § 301 Anm. 222).

Gleichzeitig ist jedoch im KA zu prüfen, ob die an die Stelle der Bet getretenen VG des TU sowie etwaige noch vorhandene stille Reserven aus der Neubewertungsbilanz einschl eines noch vorhandenen GFW außerplanmäßig gem § 253 Abs 3 S 3 iVm § 298 Abs 1 abzuschreiben sind (*WPH*¹⁴ I, M Anm 419; *ADS*⁶ § 301 Anm 194). Eine außerplanmäßige Abschreibung des GFW ist dabei immer dann geboten, wenn der Zeitwert der Bet abzgl des Zeitwerts des Reinvermögens des TU, dh der „*implied*" GFW, niedriger als der Restbuchwert des GFW ist (§ 309 Anm 13 f).

241 Ist der Restbuchwert des GFW niedriger als die im EA vorgenommene Bet-Abschreibung, kann diese auf Konzernebene nicht vollständig durch die außerplanmäßige Abschreibung des GFW ersetzt werden. Insb ist es dann nicht zulässig, zusätzlich zum GFW im KA auch noch vorhandene stille Reserven pauschal außerplanmäßig abzuschreiben, ohne dass die zugehörigen VG tatsächlich im Wert gemindert sind (s Anm 190f), nur um den sonst verbleibenden Ergebnisunterschied zwischen EA und KA zu kompensieren. Dies wäre ein Verstoß gegen den **Einzelbewertungsgrundsatz** (§ 252 Abs 1 Nr 3 iVm § 298 Abs 1). Die Bildung zusätzlicher (Aufwands-)Rückstellungen, um im KA nicht zulässige Abschreibungen ergebnismäßig zu substituieren und den Ergebnisausweis im KA mit dem EA zu synchronisieren, ist ebenfalls nicht zulässig (aA *Baetge/Klaholz/Jonas* in Bilanzrecht § 301 Anm 311: weitere Wertberichtigungen auf die VG, wenn die stillen Reserven und der GFW bereits vollständig abgeschrieben wurden).

Wegen vor der ErstKons vorgenommener BetAbschreibungen s Anm 32.

2. Zuschreibungen

245 Im KA richtet sich die Behandlung von im JA des MU vorgenommenen Zuschreibungen auf kons Anteile an TU, zB auf Grund des Wegfalls der Gründe für in Vj vorgenommene außerplanmäßige Abschreibungen (§ 253 Abs 5 S 1 iVm § 298 Abs 1), danach, wann diese Abschreibungen vorgenommen wurden.

246 Wird im JA eine Abschreibung zurückgenommen, die **nach der Erstkonsolidierung** des betr TU vorgenommen wurde, ist die Zuschreibung beim Bet-Buchwert – ebenso wie die vorherige Abschreibung (Anm 240) – im Rahmen der KapKons rückgängig zu machen. Wurden im Rahmen der früheren Abschreibung auf Konzernebene ebenfalls VG oder ggf ein GFW abgeschrieben, ist zu prüfen, ob im KA entspr Zuschreibungen bei den einzelnen VG vorzunehmen sind (*ADS*⁶ § 301 Anm 197; *WPH*¹⁴ I, M Anm 419). Soweit Zuschreibungen beim abnutzbaren Anlagevermögen vorgenommen werden, gelten die allgemeinen Grundsätze für Zuschreibungen (§ 253 Abs 5 S 1; s dort Anm 632 ff), dh es darf nicht der ursprüngliche Abschreibungsbetrag storniert werden, sondern es sind die zwischenzeitlich gebotenen planmäßigen Abschreibungen gegenzurechnen. Eine Zuschreibung beim GFW kommt allerdings nicht in Betracht (§ 253 Abs 5 S 2 iVm § 309 Abs 1; s dazu § 309 Anm 16; aA wohl DRS 4.36). Wertobergrenze für Zuschreibungen im KA bilden die im Rahmen der ErstKons festgelegten, zwischenzeitlich ggf fortgeführten Konzern-AK der VG (ebenso *Dusemond/Weber/Zündorf* in HdKR² § 301 Anm 224).

247 Sofern es sich um die Zuschreibung nach einer **vor der Einbeziehung** in den KA **vorgenommenen Abschreibung** handelt, die auch anlässlich der

ErstKons nicht storniert wurde, kann die Zuschreibung als Korrektur der Erst-Kons interpretiert werden, die zu nachträglichen Konzern-AK bei den übernommenen Vermögens- und Schuldposten des TU führt (*ADS*[6] § 301 Anm 197; *Weber/Zündorf* BB 1989, 1864). Für die Zuordnung der „nachträglichen AK" sind dann aber die Wertverhältnisse des bei der ursprünglichen ErstKons zugrunde gelegten Zeitpunkts maßgeblich. Die nachträglich zugeordneten stillen Reserven und Lasten bzw ein sich ggf ergebender oder erhöhender GFW sind bis zum Beginn des Konzern-Gj, in dem die Zuschreibung im JA vorgenommen wird, in einer Nebenrechnung fortzuführen (glA *Dusemond/Weber/Zündorf* in HdKR[2] § 301 Anm 224; zur Technik der Anpassung: Anm 120). Im Ergebnis müssen die fortgeführten Konzern-AK für die VG des betr TU denen entsprechen, die sich ergeben hätten, wenn die Zuschreibung bereits unmittelbar vor der ErstKons zurückgenommen worden wäre (aA *Hachmeister/Beyer* in Beck HdR C 401 Anm 185: Zuschreibung aus dem JA wird im KA storniert).

3. Nachträgliche Anpassungen des Anteilskaufpreises

Ergeben sich nach erfolgter ErstKons aufgrund von **Kaufpreisanpassungs-** **250** **klauseln** (Anm 28) im JA des MU nachträgliche AK bereits kons Anteile, sind diese gem DRS 4.15 – soweit sie nicht mit der Neubewertung eines VG oder einer Schuld in Verbindung stehen – stets dem GFW bzw dem passiven Unterschiedsbetrag nach Abs 3 S 1 zuzuordnen. Eine erfolgsneutrale Verrechnung der nachträglichen AK mit den Rücklagen ist gem DRS 4.16 unzulässig.

Nachträgliche AK, die iVm der Neubewertung eines VG oder einer Schuld **251** stehen, dürften idR auf **Wertsicherungsklauseln,** die auf die erworbenen Anteile gerichtet sind, zurückzuführen sein. Derartige Wertsicherungsklauseln, durch die der Verkäufer dem Erwerber einen bestimmten UntWert zusichert, können ganz allgemein an ein bestimmtes (garantiertes) bilanzielles EK anknüpfen (dazu *Küting/Wirth* BB 2001, 1197). Häufiger beziehen sie sich aber auf im Erwerbszeitpunkt der Anteile zugesicherte Eigenschaften, Werthaltigkeit von bestimmten Forderungen oder Vorräten, oder konkret identifizierte Risiken, zB aus einem anhängigen Rechtsstreit oder aus einer (noch ausstehenden) steuerrechtlichen Bp (zur Behandlung im JA des MU s *Fey/Deubert* BB 2012, 1463 f).

Wenn auf die erworbenen Anteile gerichtete Wertsicherungsklauseln greifen, **252** korrespondiert die Erhöhung bzw Verminderung der AK beim MU idR zeitgleich mit einem entspr (meist auch betragsgleichen) Ertrag oder Aufwand aus der Abwicklung bzw Entstehung der betr Chancen-/Risikoposition im JA des TU. In wirtschaftlicher Betrachtungsweise stehen die **Vermögensmehrungen** beim TU aber nicht dem MU bzw Konzern, sondern einem fremden Dritten zu und sind als nachträgliche AK an diesen „abzuführen". Umgekehrt wird der Konzern durch **Vermögensminderungen** beim TU nicht belastet, weil der bisherige Eigentümer das MU hiervon freistellt, dh entspr Ausgleichszahlungen leistet, die beim MU als AK-Minderungen erfasst werden. Die AK-Erhöhung/-Verminderung ist daher **erfolgsneutral** zu behandeln und im KA mit den entspr Erträgen und Aufwendungen zu verrechnen (ebenso *Küting/Wirth* BB 2001, 1197). Etwaige danach verbleibende Spitzenbeträge, die sich ergeben können, weil der Verkäufer den Erwerber nur bis zu einem bestimmten Höchstbetrag von Risiken aus einem Rechtsstreit freigestellt hat, führen zu einer Anpassung des GFW bzw des passiven Unterschiedsbetrags. Da es sich hierbei letztlich um bessere Erkenntnisse über (Wert-)Verhältnisse im Erwerbszeitpunkt handelt (glA *Ewelt-Knauer/Knauer* DStR 2011, 1918), hat grds eine retrospektive Periodisierung des Anpassungsbetrags zu erfolgen (s Anm 120).

253 In Ausnahmefällen erfolgt die **Abwicklung** der Kaufpreisanpassung **durch** das **Tochterunternehmen,** dh leistet der Verkäufer den Ausgleichsbetrag direkt an das TU oder wird von diesem an den Veräußerer gezahlt. In diesem Fall liegt aus Sicht des JA des MU keine nachträgliche Änderung der AK vor, aus Sicht des fiktiv rechtlich einheitlichen Unt handelt es sich aber um einen identischen Vorgang. Daher ist es sachgerecht, im KA die im JA des TU aufgrund des Eintritts der Wertsicherungs-/Besserungsklausel ausgewiesenen Erträge bzw Aufwendungen mit den Aufwendungen bzw Erträgen aus der Neubewertung der von der Wertsicherung betroffenen VG und Schulden zu saldieren.

254 Als nachträgliche AK, die gem DRS 4.15 zu einer Anpassung des GFW bzw des passiven Unterschiedsbetrag führen, kommen insb solche Kaufpreisanpassungen in Betracht, die an die Erreichung eines bestimmten künftigen Erfolgsindikators (zB Umsatz, EBIT(DA), Jahresüberschuss) anknüpfen (sog *earn-out*-**Vereinbarungen;** s auch *Fey/Deubert* BB 2012, 1462). Hierbei handelt es sich wirtschaftlich betrachtet um eine Konkretisierung der Wertverhältnisse im Erwerbszeitpunkt, was grds dafür spricht, die Anpassungsbeträge **retrospektiv** auch ab diesem Zeitpunkt zu periodisieren und im Jahr der Kaufpreisanpassung die Differenz zwischen den nachträglichen AK und den fortgeführten Werten des GFW bzw passiven Unterschiedsbetrags entspr erfolgswirksam zu erfassen. Eine erfolgsneutrale Verrechnung der (fiktiv) auf den Zeitraum ab ErstKons bis zum Anpassungszeitpunkt entfallenden Ergebniseffekte gegen den Ergebnisvortrag dürfte im Hinblick auf DRS 4.16 allerdings nicht zulässig sein.

255 Nachdem die Periodisierung dieser nachträglichen AK aber nicht explizit im DRS 4 geregelt ist, dürfte es uE auch nicht zu beanstanden sein, wenn die Periodisierung ausschließlich **prospektiv** erfolgt, dh ein um nachträgliche AK angepasster GFW über die verbleibende Restnutzungsdauer abgeschrieben bzw ein passiver Unterschiedsbetrag gem § 309 Abs 2 iVm DRS 4.41 über die Restnutzungsdauer der nicht-monetären VG vereinnahmt wird (dazu s § 309 Anm 10 ff und 21). Soweit eine vom Anteilsverkäufer zu entrichtende Ausgleichszahlung allerdings höher ist als der Restbuchwert des GFW im Erfassungszeitpunkt, ist der übersteigende Betrag bis zur Höhe des ursprünglichen GFW erfolgswirksam zu vereinnahmen und nur ein danach ggf verbleibender Restbetrag als passiver Unterschiedsbetrag anzusetzen.

256 Die Vorgehensweise gem DRS 4.15 ist uE jedoch nur dann zulässig, wenn im Rahmen der ursprünglichen KapKons auch sämtliche (anteiligen) stillen Reserven im Vermögen des TU aufgedeckt werden konnten. Wenn dies dagegen bei einer ErstKons nach der **Buchwertmethode** (Abs 1 S 2 Nr 1 aF) unter Hinweis auf das **Anschaffungskostenprinzip** (dazu 6. Aufl Anm 95 ff) nicht erfolgt ist, sind nachträglich AK-Erhöhungen zunächst zur Aufdeckung stiller Reserven zu verwenden und nur ein danach verbleibender (aktiver) Unterschiedsbetrag als GFW auszuweisen. Für die Aufdeckung von stillen Reserven im Vermögen, die auf nachträgliche AK zurückzuführen ist, sind die Wertverhältnisse im Erwerbszeitpunkt maßgeblich. Die Periodisierung hat analog zur Vorgehensweise beim GFW bzw passiven Unterschiedsbetrag zu erfolgen.

257 Teilweise beziehen sich Wertsicherungsklauseln aber auch auf die für den Erwerb der Anteile am TU **entrichtete Gegenleistung** und zwar insb dann, wenn die Gegenleistung aus Anteilen am MU bestand. Aufgrund solcher Wertsicherungsklauseln zu entrichtende zusätzliche Kaufpreise sollen aus Sicht des Verkäufers einen im Erwerbszeitpunkt vereinbarten Kaufpreis absichern und führen daher nicht zu zusätzlichen AK der Bet (s auch *Fey/Deubert* BB 2012, 1462). Dementspr darf in diesen Fällen – obwohl die Regelung des DRS 4.15 nach dem Wortlaut formal anwendbar ist – auch keine Anpassung des GFW bzw passiven Unterschiedsbetrags vorgenommen werden, sondern die zusätzlichen Beträge sind – ebenso wie im JA des MU – erfolgswirksam zu erfassen.

VI. Kapitalveränderungen beim Tochterunternehmen
1. Kapitalerhöhungen ohne Änderung der Beteiligungsquote

Beim Anteilserwerb im Rahmen einer Kapitalerhöhung gegen **Bareinlagen** 260 stehen sich der Anschaffungspreis der neuen Anteile und das damit korrespondierende (neu) eingezahlte EK beim TU in gleicher Höhe ggü, so dass sich bei der ErstKons der neu geschaffenen Anteile kein Unterschiedsbetrag ergibt. Soweit im Rahmen der Kapitalerhöhung Anschaffungsnebenkosten entstanden sind, ist es zulässig, diese Kosten im KA als „sonstige betriebliche Aufwendungen" zu erfassen (glA *WPH*[14] I, M Anm 420; *ADS*[6] § 301 Anm 184).

Erfolgt die Kapitalerhöhung beim TU gegen **Sacheinlagen** unter Realisie- 261 rung stiller Reserven in den eingebrachten VG, während die dafür erlangten Anteile beim MU zu einem niedrigeren Wert (Buchwert der hingegebenen VG) bilanziert werden, ergibt sich im Rahmen der KapKons ein passiver Unterschiedsbetrag. Dieser ist mit dem Ergebniseffekt aus der wegen des Zeitwertansatzes der eingebrachten VG erforderlichen Zwischenergebniseliminierung gem § 304 zu verrechnen (*ADS*[6] § 301 Anm 185; *Deubert/Klöcker* KoR 2010, 573 f). Setzt das MU die eingetauschten Anteile ebenfalls mit dem Zeitwert an (zur Zulässigkeit Anm 22 f), ergibt sich im Rahmen der KapKons kein Unterschiedsbetrag, in diesem Fall ist der Ergebniseffekt aus der Zwischengewinneliminierung beim eingebrachten Vermögen mit dem im JA des MU ausgewiesenen Buchgewinn aus dem Einlagevorgang zu verrechnen.

Entspr gilt, wenn das MU auf eine formelle Kapitalerhöhung verzichtet und 262 stattdessen **Bar- oder Sachzuzahlungen** in das EK (Kapitalrücklage gem § 272 Abs 2 Nr 4) des TU leistet.

Leistet dagegen ein Gester des MU eine Zuzahlung in das EK eines TU und damit mittelbar des MU, ist dieser Betrag im KA als Kapitalrücklage (§ 272 Abs 2 Nr 4) auszuweisen (DRS 7.5), sofern es sich nicht aus Konzernsicht um einen Ertragszuschuss handelt. Im Fall einer Sachzuzahlung hat die Zugangsbewertung zum vorsichtig geschätzten Zeitwert zu erfolgen (IDW RS HFA 42, Tz 47). Eine Abweichung der Kapitalrücklage im KA von der im JA des MU sollte bei wesentlichen Beträgen erläutert werden.

2. Kapitalerhöhungen mit Änderung der Beteiligungsquote

Beteiligt sich das MU nicht oder geringer als seiner bisherigen BetQuote ent- 265 spricht an der Bar- oder Sach-Kapitalerhöhung eines TU, kommt es zu einer **Verminderung** seiner **Beteiligungsquote**. Das MU wird idR nur dann auf die Ausübung seiner Bezugsrechte verzichten, wenn sichergestellt ist, dass seine Vermögensposition durch die Kapitalerhöhung nicht beeinträchtigt wird. Um die verminderte Teilhabe des MU an den stillen Reserven abzgl stille Lasten und dem GFW des TU zu kompensieren, müssen die neuen Anteile am TU deshalb über *pari* ausgegeben werden (*ADS*[6] § 301 Anm 198). Durch den auf das MU – entspr seiner nach Kapitalerhöhung verminderten BetQuote – entfallenden Anteil an dem von den an der Kapitalerhöhung teilnehmenden Gester geleisteten Agio werden dann die bisher auf das MU entfallenden stillen Reserven und ein noch vorhandener GFW abgegolten. Zu den Auswirkungen auf den AusglPo für andere Gester s § 307 Anm 48 ff.

Ein über die vergüteten anteiligen stillen Reserven und GFW aus der Erst- 266 Kons hinausgehender Teilbetrag des auf das MU entfallenden Agios ist uE

– ebenso wie im vergleichbaren Fall bei einer teilweisen Veräußerung von Anteilen (Anm 235) – entweder ergebniswirksam zu behandeln oder erfolgsneutral im Konzern-EK, das auf Gester des MU entfällt, zu erfassen. Nach aA (*ADS*[6] § 301 Anm 199) ist dieser Teilbetrag des Agios gegen die beim MU verbleibenden stillen Reserven sowie den verbleibenden GFW aus der früheren ErstKons aufzurechnen und ein danach verbleibender passiver Unterschiedsbetrag gem § 309 Abs 2 fortzuführen.

267 Nehmen dagegen die anderen Gester eines TU an einer Kapitalerhöhung nicht oder nicht entspr ihrer BetQuote teil, **erhöht sich die Beteiligungsquote** des MU. Unter der Voraussetzung, dass sich die Vermögensposition der anderen Gester nicht verschlechtert, muss die Kapitalerhöhung unter Einschluss eines Aufgelds erfolgen. Da ein Teil des vom MU im Rahmen der Kapitalerhöhung entrichteten Agios auf die anderen Gester entfällt und im AusglPo gem § 307 ausgewiesen wird, ergibt sich im Rahmen der beim MU für die im Zuge der Kapitalerhöhung erlangten Anteile durchzuführende KapKons idR ein aktiver Unterschiedsbetrag, der nach den gleichen Grundsätzen wie bei einem teilweisen Hinzuerwerb von Anteilen zu behandeln ist (ebenso *ADS*[6] § 301 Anm 200; s auch Anm 267). Sofern sich ein passiver Unterschiedsbetrag ergibt (Ausgabebetrag ist niedriger als das anteilige EK), kommt dessen sofortige erfolgswirksame Vereinnahmung nur in Betracht, wenn keine Anhaltspunkte dafür vorliegen, dass es sich bei der Übertragung des Mehrvermögens nicht um die Abgeltung von nicht passivierten Lasten oder sonstigen erwarteten Aufwendungen bzw Verlusten handelt.

3. Ausgabe von Bezugsrechten

270 Werden nach erfolgter ErstKons von einem TU Bezugsrechte, zB iZm der Emission von Wandel- oder Optionsanleihen oder im Rahmen von Aktienoptionsplänen für Mitarbeiter, an fremde Dritte ausgegeben, führt dies noch nicht zu einer Änderung der BetQuote des MU. Erst die Ausübung der Bezugsrechte/Optionen führt zu einer Verminderung der BetQuote des MU und ist im KA wie eine **teilweise Anteilsveräußerung** zu behandeln (Anm 235).

271 Die Beträge, die das TU als Entgelt für das Bezugsrecht erzielt und im JA in die Kapitalrücklage (§ 272 Abs 2 Nr 2) einstellt, stellen aus Sicht des MU noch kein EK dar. Es handelt sich vielmehr aus Sicht des fiktiv rechtlich einheitlichen Unt (§ 297 Abs 3 S 1) um eine **Optionsprämie für** die Übernahme einer **Stillhalterverpflichtung**. Diese Optionsprämie ist im KA in den Posten „Sonstige Verbindlichkeiten" umzugliedern. Eine Vereinnahmung der Optionsprämie erfolgt mit Ausübung der Option und erhöht dann den Abgangserlös aus Konzernsicht (s Anm 236) oder erfolgt sonst mit Ablauf der Optionsfrist.

272 Bei der Stillhalterverpflichtung handelt es sich aus Konzernsicht um eine **Sachleistungsverpflichtung**. Somit ist die Verpflichtung in der Folgezeit bis zu der Ausübung oder dem Verfall der Option nicht bereits deshalb (ergebniswirksam) zu erhöhen, weil der Zeitwert der Anteile, auf die die Option gerichtet ist, höher als die Summe aus Basispreis zzgl Optionsprämie ist. Entscheidend ist vielmehr, mit welchem Betrag das anteilige Reinvermögen, das aus Konzernsicht an die Inhaber der Option herausgegeben bzw diesem durch Einräumung eines entspr Kapitalkontos (§ 307 Abs 1) zugeordnet werden muss, im KA bewertet ist. Eine Erhöhung der Stillhalterverpflichtung ist erst dann geboten, wenn die (ggf fortgeführten) Konzern-AK/HK für das anteilige Reinvermögen, auf das die Kaufoption aus Konzernsicht gerichtet ist, höher sind als die Summe aus Basispreis zzgl Optionsprämie. Ohne eine Anpassung der Verpflichtung würde nämlich sonst bei einer Optionsausübung ein Veräußerungsverlust entstehen (zur Ermittlung des Abgangserfolgs s Anm 236, 310).

4. Rücklagenveränderungen beim Tochterunternehmen

Bei einer **Kapitalerhöhung aus Gesellschaftsmitteln** wird der Buchwert der Bet im JA des MU nicht verändert. Werden hierbei im JA des TU ausschließlich EK-Teile, die bereits bei der ErstKons vorhanden waren, verwandt, wird die Kapitalaufrechnung nicht berührt, sondern es kommt lediglich zu einer Umgliederung innerhalb des kons-pflichtigen EK. Soweit bei der Kapitalerhöhung aber Gewinnrücklagen verwendet werden, die während der Konzernzugehörigkeit gebildet worden sind, müssen diese in der Konzernbilanz – obwohl es beim TU danach um gezeichnetes Kapital handelt – auch weiterhin als Gewinnrücklagen ausgewiesen werden. Auf die fehlende Verfügbarkeit dieser Rücklagen für Ausschüttungen, ist in den Erl zum Konzern-EK-Spiegel gem DRS 7.15b, hinzuweisen (s dazu § 297 Anm 120; *WPH*[14] I, M Anm 421; *Dusemond/Weber/Zündorf* in HdKR² § 301 Anm 226). 280

Werden vor der ErstKons vorhandene Rücklagen zwecks **Ausschüttung** aufgelöst oder ein vor Zugehörigkeit zum Konzern erwirtschafteter Gewinn des TU ausgeschüttet, handelt es sich wirtschaftlich um eine Rückzahlung auf das investierte Kapital. Der Konzern hat das die Gewinnrücklagen bzw den Ergebnisvortrag des TU repräsentierende Vermögen entgeltlich erworben (Einzelerwerbsfiktion; Anm 2). Aus Sicht des einheitlichen Unt bedeutet die Ausschüttung des „erworbenen Vermögens" lediglich eine Verlagerung dieses Vermögens von der unselbständigen Betriebsstätte (TU) zum MU, die daher erfolgsneutral bleiben muss. Die Rücklagenauflösung bzw Ausschüttung eines erworbenen Ergebnisses ist – soweit sie nicht bereits im JA des MU als Minderung des BetBuchwerts erfasst wird – deshalb bei der FolgeKons gegen die in der GuV des MU ausgewiesenen BetErträge bzw in späteren Jahren gegen den Gewinnvortrag des MU zu stornieren. 281

Wird im JA des MU eine ausschüttungsbedingte Abschreibung auf den BetBuchwert vorgenommen, darf der BetErtrag in der Konzern-GuV auch gegen die Abschreibung verrechnet werden, wodurch ebenfalls eine erfolgsneutrale Behandlung des Vorgangs erreicht wird (*ADS*⁶ § 301 Anm 203; *Dusemond/Weber/Zündorf* in HdKR² § 301 Anm 173; *WPH*[14] I, M Anm 425). Im Hinblick auf erforderliche Anpassungen zur Überleitung auf den Konzernergebnisvortrag in den Folgeperioden empfiehlt sich uE aber die beiden Vorgänge, dh Ausschüttung beim TU und BetAbschreibung beim MU, jeweils getrennt von einander zu stornieren (s auch Anm 240; wie hier *Hachmeister/Beyer* in Beck HdR C 401 Anm 194).

Bei **Ausschüttungen ausländischer Tochterunternehmen** weicht der Umrechnungskurs im Zeitpunkt der Vereinnahmung beim MU idR vom (historischen) Entstehungskurs, dh idR dem Durchschnittskurs der Periode, in der das betr Ergebnis erwirtschaftet wurde (§ 308a S 2), ab. Da der JA des betr TU nach der Stichtagskursmethode (dazu § 308a Anm 30 ff) umgerechnet wird, stellt sich die Frage, ob diese Wechselkursdifferenz zu realisieren ist oder weiterhin in der EK-Differenz aus WähUmr für dieses TU fortgeführt werden darf. Entspr ihrer theoretischen Konzeption sollen Wechselkurseffekte bei Anwendung der Stichtagskursmethode erst dann erfolgswirksam werden, wenn die betr Auslandsinvestition beendet und der dort investierte Betrag in die Konzernwährung rücktransferiert wird (s auch *Deubert* DStR 2009, 340). Vor diesem Hintergrund ist uE eine Realisierung der Wechselkursdifferenz iZm der Gewinnausschüttung eines ausländischen TU – analog zu den Regelungen gem IAS 21.49 (s auch *ADS* (Int) Abschn 5 Anm 126) – nur dann geboten, wenn diese Gewinnausschüttung in wirtschaftlicher Betrachtungsweise eine Teilliquidation dieses TU (Auslandsinvestition) darstellt (s dazu auch *Deubert* DStR 2009, 343 f). Ein Indiz hierfür 282 kann sein, dass das TU Vermögen versilbern musste, um die Ausschüttung leisten zu können oder gar FK hierfür aufgenommen hat. Wird die Ausschüttung aus freier Liquidität des TU vorgenommen, liegt auch dann keine Teilliquidation vor, wenn in erheblichem Umfang beim TU thesaurierte, uU im Erwerbszeitpunkt bereits vorhandene Gewinne ausgeschüttet werden. Ungeachtet dessen ist es uE nicht zu beanstanden, wenn die mit Ausschüttungen verbundenen Wechselkurseffekte aus Vereinfachungsgründen generell erfolgswirksam erfasst werden.

283 Werden Rücklagen des TU aus der Zeit vor erstmaliger Einbeziehung in den KA zur **Abdeckung von Jahresfehlbeträgen,** die während der Dauer der Konzernzugehörigkeit des TU entstanden sind, aufgelöst, ist die Rücklagenentnahme im Rahmen der KonsMaßnahmen zu stornieren, weil die bei dem TU eingetretene EK-Minderung auch im KA Teil des erwirtschafteten EK ist (*WPH*[14] I, M Anm 423). Entspr ist zu verfahren, wenn eine Kapitalherabsetzung zum Zweck eines Verlustausgleichs vorgenommen wird. Korrespondiert mit der Rücklagenauflösung beim TU eine Abschreibung auf den BetBuchwert im JA des MU (dazu auch Anm 240), darf stattdessen eine unmittelbare Saldierung von Abschreibung und Ertrag aus der Rücklagenentnahme in der GuV-Verlängerungsrechnung des Konzerns erfolgen (so *ADS*[6] § 301 Anm 203; *WPH*[14] I, M Anm 422).

5. Veräußerung oder Einzug eigener Anteile eines Tochterunternehmens

285 Werden eigene Anteile eines TU, die bereits **im Erwerbszeitpunkt vorhanden** waren und entspr den Grundsätzen des DRS 4.22 vor der Kapitalaufrechnung mit dem kons-pflichtigen EK verrechnet wurden (s Anm 15), von diesem wieder **veräußert,** kommt es – wie im vergleichbaren Fall einer Kapitalerhöhung (Anm 260 ff) – im KA zu einer Erhöhung des kons-pflichtigen EK. Im Einzelnen ist dann wie folgt zu differenzieren:
– Die (relative) *Beteiligungsquote* des MU *ändert sich nicht,* dh das MU sowie etwaige MinderheitsGester haben die Anteile entspr ihrer bisherigen BetQuote erworben. In diesem Fall stehen sich die AK der neu zu kons Anteile des MU und das darauf entfallende EK betragsgleich ggü, so dass aus der Kapitalaufrechnung kein Unterschiedsbetrag verbleibt. Anschaffungsnebenkosten des MU oder beim TU iZm der Wiederveräußerung enstandene Nebenkosten dürfen im KA als Aufwand erfasst werden (§ 272 Abs 1b S 4; s Anm 260).
– Die *Beteiligungsquote* des MU *ändert sich,* weil das MU oder etwaige MinderheitsGester Anteile nicht oder nur in geringerem Umfang erwerben, als es ihrer bisherigen BetQuote entspricht. In diesem Fall gelten die Ausführungen zur Kapitalerhöhung mit Änderung der BetQuote entspr (s dazu Anm 265 ff), dh eine Erhöhung der BetQuote des MU ist wie ein Hinzuerwerb von Anteilen und eine Verminderung wie eine teilweise Anteilsveräußerung zu behandeln.
Werden die eigenen Anteile beim TU tatsächlich **eingezogen,** bleibt dies ohne Auswirkung auf die KapKons.

286 Sofern die eigenen Anteile **nach erfolgter Erstkonsolidierung** vom TU erworben werden, sind sie nach § 272 Abs 1a mit dem EK des TU zu verrechnen. Hierdurch kommt es zu einer Verminderung des kons-pflichtigen EK, die derjenigen bei einer Kapitalherabsetzung beim TU vergleichbar ist.
– Bei einem *verhältniswahrenden Rückerwerb,* dh wenn Anteile vom MU und etwaigen MinderheitsGester entspr ihrer relativen BetQuoten zurückerworben werden, ergeben sich keine Auswirkungen auf die KapKons. Der Verminderung des EK des TU in Höhe der AK der erworbenen eigenen Anteile steht eine Verminderung der AK der Bet am TU nebst zugehörigem Abgangsergebnis beim MU ggü.

– Soweit es zu einem *nicht-verhältniswahrenden Rückerwerb* kommt, zB weil nur Anteile vom MU oder nur von MinderheitsGestern zurückerworben werden, und sich infolgedessen deren relative BetQuoten verändern, ist dies wiederum wie eine teilweise Anteilsveräußerung (Anm 235 f) bzw ein teilweiser Hinzuerwerb (Anm 215 ff) von Anteilen abzubilden.

Zu den gleichen Ergebnissen führt es, wenn in der HB II auf die Verrechnung der vom TU erworbenen (eigenen) Anteile mit dessen EK verzichtet wird und die (eigenen) Anteile wie unmittelbar vom MU (nachträglich) erworbene Anteile am TU behandelt werden (glA *Busse von Colbe* in MünchKomm HGB³ § 301 Anm 22; zur entspr Vorgehensweise für im Erwerbszeitpunkt vorhandene eigene Anteile s Anm 16).

VII. Konzerninterne Umwandlungsvorgänge

Sind in den KA einbezogene TU an vermögensübertragenden Umw (Verschmelzung, Spaltung) beteiligt, richtet sich die Behandlung bzw Korrektur dieser konzerninternen UmwVorgänge im KA – mangels expliziter gesetzlicher Regelungen – nach den allgemeinen KonsGrundsätzen, insb unter Berücksichtigung der in § 297 Abs 3 S 1 normierten Fiktion der rechtlichen Einheit des Konzerns (glA *Küting/Zündorf* BB 1994, 1386). Entspr der **Einheitstheorie** wird im Rahmen der Konzernrechnungslegung die rechtliche Selbstständigkeit der TU vernachlässigt; die TU werden als unselbstständige Betriebsstätten des einheitlichen Unt „Konzern" behandelt und sämtliche Transaktionen zwischen den Konzern-Unt als innerbetriebliche Beziehungen betrachtet. Daraus folgt, dass sich ein gesrechtlicher Vorgang zwischen den KonzernUnt, der die rechtliche Selbständigkeit zumindest eines TU tatsächlich beendet (zB Verschmelzung, Aufspaltung) bzw die rechtliche Selbständigkeit mindestens eines TU neu begründet (zB Abspaltung zur Neugründung), nicht auf die Kons bzw auf den Konzern auswirken darf. Für das wirtschaftlich und (fiktiv) auch rechtlich einheitliche Unt ist der Verlust der rechtlichen Selbständigkeit bzw die neu geschaffene rechtliche Selbständigkeit einzelner Teile bedeutungslos, da diese rechtliche Selbständigkeit unter der zugrunde gelegten Einheitsfiktion niemals existierte bzw existieren wird. 290

Sämtliche **Vermögens- und Erfolgseffekte,** die sich durch eine Verschmelzung oder Spaltung von TU auf Ebene des JA des MU bzw von an der Umw als aufnehmende Rechtsträger beteiligten TU ergeben, sind deshalb im KA zu **eliminieren** (glA *ADS*⁶ § 301 Anm 289; *Dusemond/Weber/Zündorf* in HdKR² § 301 Anm 389 mwN; zur Behandlung einer Abspaltung vom MU s Anm 318). 291

Auswirkungen auf JA-Ebene resultieren insb aus der Bewertung des übertragenen Vermögens. Aufgrund des § 24 UmwG darf der übernehmende Rechtsträger (TU) die übernommenen VG und Schulden entweder mit AK (§ 255 Abs 1) oder mit den Buchwerten des übertragenden Rechtsträgers (TU) ansetzen (ausführlich dazu *Förschle/Hoffmann* in Sonderbilanzen⁴ K Anm 41 ff, 85 ff; *Deubert/Klöcker* WP-Praxis 2013, 65 f). Beide Wertansätze werden nur in seltenen Ausnahmefällen mit den fortgeführten Konzern-AK/HK übereinstimmen, mit denen die VG und Schulden im KA anzusetzen sind (*ADS*⁶ § 301 Anm 290; *Dusemond/Weber/Zündorf* in HdKR² § 301 Anm 390).

Sofern es bei dem UmwVorgang zur Ausgabe von (neuen) Anteilen gekommen ist, zB bei der Ausgliederung von Vermögen auf ein neues TU (s auch Anm 23), können sich zusätzliche Unterschiede aus deren Bewertung ergeben. Aufgrund der Geltung der allgemeinen Tauschgrundsätze (dazu zB *ADS*⁶ § 255 Anm 89 ff; IDW RS HFA 42, Tz 46 ff) dürfen die als Gegenleistung erlangten Anteile am TU mit dem Buchwert des hingegebenen Vermögens (ggf einschl der durch den Tausch ausgelösten Ertragsteuerbelastung) oder dessen Zeitwert angesetzt werden (s auch Anm 22).

292 Aus kons-technischer Sicht ergibt sich der geringste Anpassungsbedarf dabei in den Fällen, in denen sowohl das übertragene Vermögen als auch die erlangten Anteile jeweils zum **Buchwert angesetzt** werden. Dies kann an dem folgenden Bsp zur Verschmelzung, als dem Grundfall der Umw, verdeutlicht werden:

Beispiel: Es werden zwei 100%-ige TU verschmolzen. Die Kapitalerhöhung beim aufnehmenden Rechtsträger (TU 1) beträgt 300 GE und entspricht dem Nominalvermögen in der Schlussbilanz des übertragenden Rechtsträgers (TU 2). Die AK (Buchwert) der Anteile am TU 2 betrugen 400 GE und das EK im ErstKonsZeitpunkt 200 GE. Der aktive Unterschiedsbetrag aus der KapKons von 200 GE entfiel auf stille Reserven in einem Grundstück, das auch noch bei TU 2 im Bestand ist. Der Zeitwert der Bet an TU 2 beträgt im Zeitpunkt der Verschmelzung 500 GE.

Setzt das MU die erlangten Anteile am übernehmenden TU 1 mit dem Buchwert der untergehenden Anteile an TU 2 an (400 GE) und macht das TU 1 seinerseits vom Wahlrecht des § 24 UmwG zur Buchwertfortführung Gebrauch, kann die bisherige KapKons für TU 2 auf TU 1 übertragen und dort fortgeführt werden. Insb gehen die aus der Neubewertungsbilanz für TU 2 stammenden und im Verschmelzungszeitpunkt noch nicht abgeschrieben stillen Reserven (hier 200 GE im Grundstück) durch die Verschmelzung nicht unter, sondern sind beim übernehmenden TU 1 nach allgemeinen Grundsätzen (Anm 190 ff) fortzuführen. Entspr würde für einen noch vorhandenen GFW aus der ErstKons gelten (glA *ADS*[6] § 301 Anm 291). Da der Betrag der Kapitalerhöhung (300 GE) vom Betrag des kons-pflichtigen EK bei der ErstKons (200 GE) abweicht, ist die sich ergebende passive Differenz (100 GE) in die Konzernrücklagen bzw den Konzernergebnisvortrag umzugliedern, weil die dahinter stehende – nach der ErstKons von TU 2 eingetretene – Reinvermögenserhöhungen sich bereits im KA ausgewirkt hat. Eine aktive Differenz wäre dementspr mit dem Ergebnisvortrag oder den Rücklagen des Konzerns zu verrechnen.

293 Alle übrigen Fallvarianten, die sich aus dem Zusammenwirken der Bewertungswahlrechte ergeben können (ausführlich zum Fall einer Ausgliederung von Vermögen auf ein 100%-iges TU *Küting/Hayn/Hütten* BB 1997, 570 f), lassen sich durch eine erneute **Ausübung** der **Bewertungswahlrechte** in der **Handelsbilanz II** der an der Umw beteiligten Rechtsträger (TU) in die beschriebene „Buchwert-Variante" überleiten (für die Korrektur in der HB II: *ADS*[6] § 301 Anm 290; *Dusemond/Weber/Zündorf* in HdKR[2] § 301 Anm 390). Wird bspw das übernommene Vermögen im JA mit AK (§ 253 Abs 1 S 1 iVm § 255 Abs 1) angesetzt, ist die Differenz zwischen höheren Zeitwerten und den Buchwerten beim übertragenden Rechtsträger in der HB II erfolgsneutral gegen das damit zusätzlich geschaffene EK (gezeichnetes Kapital oder Kapitalrücklage) aufzurechnen. Setzt das MU die neu geschaffenen Anteile mit dem Zeitwert der untergehenden Anteile am übertragenden Rechtsträger (TU) an, ist der Unterschied zwischen dem Buchwert der untergehenden Anteile und ihrem Zeitwert mit dem gleich hohen Buchgewinn beim MU in der HB II zu verrechnen. Alternativ dürfen die erforderlichen Anpassungsbuchungen aber auch im Rahmen der Zwischenergebniseliminierung gem § 304 vorgenommen werden (so wohl *Küting/Hayn/Hütten* BB 1997, 571).

294 Durch den konzerninternen UmwVorgang ausgelöste Korrekturen müssen solange fortgeführt werden, bis sich das übernommene Vermögen beim aufnehmenden Rechtsträger (TU) abgewickelt hat, dh abgeschrieben oder veräußert ist. Insb dann, wenn die übernommenen VG und Schulden im JA zu Zeitwerten angesetzt wurden, kann dies umfangreiche Anpassungsbuchungen, zB im Bereich des Anlagevermögens, erforderlich machen. Sofern der (Vermögens-)Effekt aus dem Zeitwertansatz des übertragenen Vermögens und dessen Periodisierung in den Folgejahren im JA des übernehmenden Rechtsträgers (TU) für die VFE-

Lage des Konzerns jedoch nur von untergeordneter Bedeutung sind, ist es uE deshalb und unter **Vereinfachungsgesichtspunkten** – analog zur Regelung in § 304 Abs 2 – auch zulässig, die höheren Werte aus dem JA in den KA zu übernehmen (*Dusemond/Weber/Zündorf* in HdKR[2] § 301 Anm 391).

In wirtschaftlicher Betrachtungsweise liegt eine konzerninterne Umw auch **295** dann vor, wenn das MU auf ein einbezogenes TU verschmolzen wird, dh dieses dann zum MU wird *(down-stream merger)*. Dessen ungeachtet wird für die Abbildung dieser Transaktion nach den deutschen handelsrechtlichen Vorschriften auf den formalen (rechtlichen) Gehalt derselben abgestellt, insb wird nicht danach differenziert, ob das aus einer Umw hervorgegangene neue MU die Anteile an zu kons TU entgeltlich von fremden Dritten oder von seinem (bisher mittelbaren) Gester im Wege einer Sacheinlage erworben hat. Die besonderen Regelungskonzepte, die nach US-GAAP bzw IFRS für derartige Transaktionen bestehen, zu nennen sind insb *transaction under common control* oder *reverse acquisition* (dazu Anm 514 ff, 524 ff), sind mit den KonsVorschriften des HGB und der 7. EG-Richtl derzeit nicht vereinbar und dürfen bis zu einer entspr Gesetzesänderung nicht angewandt werden (glA DRS 4.A5; *Kraft* in Großkomm HGB[5] § 301 Anm 185; aA *Beine/Roß* BB 2012, 2743 ff: gruppeninterne Umstrukturierungen, bei denen sich aus Sicht der Gester wirtschaftlich nichts ändert, fallen nicht in den Anwendungsbereich des § 301).

Nach den handelsrechtlichen Vorschriften hat das neue MU (bisheriges TU) somit (erstmals) einen KA aufzustellen und grds für diejenigen Unt, zu denen ein Mutter-Tochterverhältnis iSv § 290 besteht, eine ErstKons nach allgemeinen Grundsätzen (§§ 300 ff) vorzunehmen. Für das den KA aufstellende MU selbst ist keine KapKons vorzunehmen, was in Abs 4 S 1 für eigene Anteile des MU ausdrücklich klargestellt wird, insofern ist eine Fortführung von Reservenaufdeckungen sowie eines GFW bzw eines passiven Unterschiedsbetrags aus der KapKons des bisherigen TU im KA des bisherigen MU nicht zulässig. Wegen der Möglichkeit, die historische KapKons für TU des bisherigen MU unter Inanspruchnahme des durch das BilMoG aufgehobenen Methodenwahlrechts nach § 302 aF (s dazu Anm 7) fortzuführen, wird auf die 6. Aufl Anm 231 verwiesen.

VIII. Übergang von der IFRS- auf die HGB-Konzernrechnungslegung

Bei einer Umstellung der Konzernrechnungslegung von IFRS auf HGB han- **297** delt es sich nicht um die erstmalige Aufstellung eines KA (s Anm 135; zur Aufstellung einer EK-Überleitungsrechnung s § 298 Anm 51). Sofern bereits in der Vergangenheit HGB-KA aufgestellt wurden, hat dies zur Folge, dass die KapKons für TU, die schon zur Zeit der HGB-Konzernrechnungslegung diesen Status hatten, im Übergangszeitpunkt – soweit praktikabel – wieder **an die historische Kapitalkonsolidierung anknüpfen** muss. Letztlich muss die KapKons für diese TU so erfolgen, also ob auch während der Dauer der IFRS-Rechnungslegung eine HGB-FolgeKons erfolgt wäre (s dazu Anm 180 ff).

Hat das MU beim erstmaligen Übergang auf die IFRS das Beibehaltungswahlrecht des IFRS 1 Appendix C.1 ausgeübt, nach dem IFRS 3 ausschließlich prospektiv auf künftige UntZusammenschlüsse angewendet werden darf, und somit die damals bereits bestehenden HGB-Kons fortgeführt (s dazu *ADS* Int Abschn 3a Anm 64 ff; *Driesch* in Beck IFRS § 44 Anm 52 ff), dürfte dies unproblematisch sein. Anpassungen ergeben sich in diesem Fall im Übergangszeitpunkt lediglich dort, wo Unterschiede bei der FolgeKons zwischen IFRS und HGB bestehen, namentlich bei der nach IFRS fehlenden planmäßigen Abschreibung eines GFW aus der

ErstKons (s § 309 Anm 80 ff). Es erscheint dabei sachgerecht, die Nachholung der planmäßigen Abschreibung, die auf die Zeit der IFRS-Konzernrechnungslegung entfällt, gegen den Konzernergebnisvortrag zu erfassen.

298 Das HGB enthält, im Gegensatz zu IFRS, kein (ausdrückliches) Beibehaltungs- bzw Fortführungswahlrecht für nach anderen Rechnungslegungsvorschriften, zB IFRS 3, vorgenommene KapKons von TU bei einem Übergang auf die HGB-Konzernrechnungslegung. Für neue **Kapitalkonsolidierungen** nach **IFRS 3** (Erst- und FolgeKons), die während der Dauer der IFRS Konzernrechnungslegung vorgenommen werden, muss somit eine **Anpassung** an die HGB-Vorschriften erfolgen. Dabei ist ebenfalls so vorzugehen, dass die angepasste IFRS-KapKons derjenigen entspricht, die sich ergeben hätte, wenn von Anfang an die handelsrechtlichen Vorschriften angewandt worden wären (retrospektive Anpassung; zu Abweichungen bei der Allokation stiller Reserven und Lasten s Anm 420 ff sowie zur FolgeKons s Anm 470 ff). Auch in diesen Fällen ist es uE sachgerecht, die Anpassungseffekte erfolgsneutral gegen den Konzernergebnisvortrag zu verrechnen.

D. End- und Übergangskonsolidierung

I. Allgemeines

300 Werden alle Anteile an einem TU veräußert und scheidet das TU dadurch aus dem VollKonsKreis (§ 294 Anm 1, 5) aus, ist eine **Endkonsolidierung** erforderlich (Anm 305). Endet das Mutter-Tochterverhältnis iSv § 290 auf Grund einer teilweisen Anteilsveräußerung bzw wird ein KonsWahlrecht neu ausgeübt (dazu § 296 Anm 5 ff) und wird das bisherige TU danach als GemUnt, assozUnt oder als Bet in den KA einbezogen, dh von der VollKons zur QuoKons, der Equity-Bewertung oder der AK-Bewertung übergegangen, ist eine **Übergangskonsolidierung** (Anm 340) erforderlich (s dazu auch *Deubert/Klöcker* KoR 2010, 576).

301 **Sinn und Zweck** der End- bzw ÜbergangsKons besteht in der Ermittlung des aus Konzernsicht zutreffenden Abgangserfolgs für das aus dem VollKonsKreis ausgeschiedene TU bzw für die dieser unselbständigen Betriebsstätte aus Konzernsicht zugehörigen VG und Schulden (*Küting/Hayn* DStR 1997, 1945).

302 Gesetzliche Regelungen darüber, wie das Ausscheiden eines TU aus dem VollKonsKreis im KA abzubilden ist, existieren, mit Ausnahme von § 308a S 3 (dazu s Anm 317), nicht. Die Notwendigkeit zur Durchführung einer End- bzw ÜbergangsKons ergibt sich aus dem **Einheitsgrundsatz** (§ 297 Abs 3 S 1). Danach sind die mit dem Ausscheiden eines TU aus dem VollKonsKreis verbundenen Abgänge von VG und Schulden im KA so darzustellen wie ein vergleichbarer Vorgang, zB die Veräußerung eines Teilbetriebs (EndKons) oder zB die Einbringung von VG und Schulden in ein BetUnt (Übergang von Voll- auf EquityKons), im JA eines rechtlich einheitlichen Unt (*ADS*[6] § 301 Anm 257; *Dusemond/Weber/Zündorf* in HdKR[2] § 301 Anm 363).

303 Darüber hinaus ist eine systematische EndKons wegen des Konzern-**Bilanzzusammenhangs** (§ 252 Abs 1 Nr 1 iVm § 298 Abs 1) erforderlich. Sämtliche VG und Schulden (Reinvermögen) des aus dem VollKonsKreis ausgeschiedenen TU, die im KA vor dem Ausscheiden enthalten waren, sind wegen des Grundsatzes der Bilanzidentität automatisch auch in der *fiktiven* Konzern-EB, zu Beginn des Konzern-Gj seines Ausscheidens enthalten. Würde sich die EndKons lediglich auf das „Weglassen" aller mit dem ausgeschiedenen TU verbundenen KonsBuchungen (Erst-, FolgeKons etc) beschränken, würde der mit dem Ausscheiden des TU aus Konzernsicht verbundene Reinvermögensabgang nicht entspr den GoB im KA abgebildet (*Küting* DStR 1995, 229).

II. Vollständige Veräußerung der Anteile (Endkonsolidierung)

1. Ermittlung des Abgangswerts

Werden alle Anteile an einem TU veräußert und scheidet dadurch das TU aus 305 dem KonsKreis aus, stellt sich dieser Vorgang im **Jahresabschluss** des MU als Abgang der **Beteiligung** dar. Der Gewinn oder Verlust aus der Veräußerung entspricht dem Veräußerungserlös abzgl dem – ggf um außerplanmäßige Abschreibungen (§ 253 Abs 3 S 3) verminderten – (Rest-)Buchwert der Bet.

Dieser bei der Aufstellung des KA aus dem JA in die Konzernsummenbilanz 306 übernommene Veräußerungserfolg stimmt jedoch nicht mit dem Erfolg aus Konzernsicht überein. Einerseits resultiert dies aus der Periodisierung der Zusatzbewertungen aus der Neubewertung des Reinvermögens sowie des nach der Kapitalaufrechnung verbliebenen GFW bzw Unterschiedsbetrags aus der KapKons im Rahmen der FolgeKons (Anm 180 ff) sowie andererseits wegen der während der Konzernzugehörigkeit beim TU erwirtschafteten Gewinne oder Verluste, die im KA bereits jeweils phasengleich berücksichtigt wurden und sich als Konzern-Reinvermögensmehrungen/-minderungen im Konzern-EK niedergeschlagen haben (*Baetge/Herrmann* WPg 1995, 226). Aus **Konzernsicht** gehen sämtliche **Vermögensgegenstände, Schulden, Rechnungsabgrenzungsposten** und **Sonderposten,** des TU mit ihren (fortgeführten) Konzern-AK/HK ab, mit denen sie unmittelbar vor dem Ausscheiden des TU aus dem KonsKreis im KA enthalten waren (*Küting/Hayn* DStR 1997, 1946 mwN; s Anm 235).

Abweichungen beim Abgangserfolg im KA ergeben sich außerdem dann, wenn im JA außerplanmäßige Abschreibungen (§ 253 Abs 3 S 3) auf den Bet-Buchwert vorgenommen wurden, sofern ihnen keine gleich hohen Aufwandsverrechnungen im KA entsprechen (Anm 190).

Eine zutreffende Ermittlung des EndKonsErfolgs erfordert, dass im KA der 307 vom MU erzielte Veräußerungserlös den (Konzern-)Buchwerten der einzelnen Posten des TU (– Aktiva + Passiva) im KA zum Abgangszeitpunkt ggü-gestellt wird (sog **Einzelveräußerungsfiktion,** analog zur Einzelerwerbsfiktion bei ErstKons dazu Anm 2). Die Werte ergeben sich aus den bis dahin fortgeschriebenen Ergänzungsrechnungen.

Auch der Restbetrag eines noch nicht abgeschriebenen **Geschäfts- oder Fir-** 308 **menwerts** ist von dem Veräußerungserlös abzusetzen. Wurde der GFW nach § 309 Abs 1 S 3 aF letztmals bei der ErstKons in einem KA für ein vor dem 1.1.2010 beginnendes Gj (Art 66 Abs 5 EGHGB) erfolgsneutral mit den Rücklagen verrechnet (s § 309 Anm 10), ist – nach ganz überwiegender Auffassung (*ADS*[6] § 301 Anm 262; *WPH*[14] I, M Anm 452; *Küting* DStR 1995, 330 f; *Baetge/Herrmann* WPg 1995, 228; *Busse von Colbe* in MünchKomm HGB[3] § 301 Anm 120) – die Verrechnung vor der eigentlichen EndKons rückgängig zu machen. Dies ist notwendig, weil sonst gegen das pagatorische Prinzip verstoßen wird, da ein Teil der AK der Anteile nicht als Aufwand verrechnet und dadurch der Erfolg aus der Veräußerung des TU (bzw der aus Konzernsicht hinter den Anteilen am TU stehenden VG und Schulden) zu hoch ausgewiesen wird (*Busse von Colbe* in FS Forster, 130). Nach aA (ausführlich *Dusemond/Weber/Zündorf* in HdKR[2] § 301 Anm 371; *Oser* WPg 1995, 275 mwN) gilt die Sonderregelung des § 309 Abs 1 S 3 aF, mit der das der Erwerbsmethode zugrundeliegende Periodisierungsprinzip (Anm 2) punktuell durchbrochen wird, auch bei der EndKons fort, mit der Folge, dass die erfolgsneutrale Verrechnung des GFW beizubehalten ist (zu IFRS s Anm 495). Da die EndKons gesetzlich nicht geregelt ist, dürften uE beide Verfahrensweisen zulässig sein, wobei allerdings die Rückgängigmachung einer Rücklagenverrechnung vorzuziehen ist (s dazu auch 6. Aufl § 309 Anm 26). Unabhängig davon, welche Methode gewählt wird, sind die Auswirkungen aus der Behandlung des GFW im Rahmen der EndKons auf die Konzernbilanz und Konzern-GuV im Konzernanhang zu erläutern (*Dusemond* DB 1997, 56).

309 Ein noch nicht erfolgswirksam aufgelöster **passiver Unterschiedsbetrag** aus der ErstKons erhöht den Abgangsertrag aus Konzernsicht entspr, da spätestens beim Ausscheiden des TU feststeht, dass die erwarteten Verluste iSd § 309 Abs 2 Nr 1 den Konzern nicht mehr belasten werden und deshalb der Gewinn iSd § 309 Abs 2 Nr 2 realisiert ist (DRS 4.45; *ADS*[6] § 301 Anm 270).

310 Ausgehend vom Veräußerungserlös aus dem JA des MU kann der **Endkonsolidierungserfolg für eine 100%-Beteiligung** folgendermaßen ermittelt werden (DRS 4.45; ähnlich auch *Pfaff/Ganske* HWRuP[3] Sp 657):

	Veräußerungserlös für die Bet
−	VG des TU zu Buchwerten in der HB II
+	Schulden des TU zu Buchwerten in der HB II
−/+	Noch nicht ergebniswirksam verrechnete Zusatzbewertungen aus der Neubewertungsbilanz einschl der zugehörigen latenten Steuern (− stille Reserven/+ stille Lasten)
−	Noch nicht ergebniswirksam verrechneter GFW aus ErstKons
+	Noch nicht erfolgswirksam vereinnahmter passivischer Unterschiedsbetrag aus ErstKons
+/−	Realisierung von bislang eliminierten Zwischenergebnissen (+ Gewinne/− Verluste) aus *down-stream*-Lfg (zur Behandlung latenter Steuern s Anm 314)
+/−	Abgang einer EK-Differenz aus der WähUm (+ Haben-Saldo/− Soll-Saldo) bei ausländischen TU
=	EndKons-Erfolg für das TU im KA

311 Sind an dem ausscheidenden TU auch **fremde Gesellschafter beteiligt,** ist dem Veräußerungserlös nur der auf die Anteile des MU entfallende Teil des Reinvermögens des TU (anteilige VG und Schulden lt HB II sowie anteilige Zusatzbewertungen aus der Neubewertungsbilanz) ggüzustellen. Ein noch vorhandener GFW oder passiver Unterschiedsbetrag aus der KapKons ist allein dem MU zuzurechnen (DRS 4.46).

Bei TU, deren ErstKons nach der *Buchwertmethode* (Abs 1 S 2 Nr 1 aF; s 6. Aufl Anm 50 ff) erfolgte und auch nach Inkrafttreten der Änderungen durch das BilMoG beizubehalten war (Anm 4), ist zu beachten, dass noch vorhandene stille Reserven und Lasten aus der ErstKons nur auf den dem MU gehörenden Anteil entfallen und deshalb in voller Höhe in den Abgangswert aus Konzernsicht einzubeziehen sind. Das gleiche gilt für einen noch nicht verrechneten GFW oder passiven Unterschiedsbetrag nach Abs 3 S 1.

312 Für das auf Anteile anderer Gester (einschl der Anteile von nicht kons TU) entfallende Reinvermögen ist ebenfalls eine EndKons durchzuführen (§ 307 Anm 45 ff). Der anteilige Abgangswert der **Minderheitenanteile** entspricht dem dafür gebildeten AusglPo, so dass dessen **Abgang** aus der Konzernbilanz **erfolgsneutral** bleibt (DRS 4.46).

313 Zum selben Konzernergebnis führt es, wenn der **Abgangswert aus** dem **Veräußerungserfolg** des **Mutterunternehmens abgeleitet** wird. Der Veräußerungsgewinn oder -verlust des MU (als Saldo vom erzielten Veräußerungserlös und dem Buchwert der Anteile zum Abgangszeitpunkt) ist im KA um die dort vorgenommenen Abschreibungen auf aufgelöste stille Reserven sowie auf den GFW zu kor-

rigieren. Da die Abschreibungen im KA bereits früher Aufwand darstellten, sind sie
– um Doppelerfassungen auszuschließen – dem Veräußerungsgewinn des MU
hinzuzurechnen. Ergebniswirksam verrechnete passive Unterschiedsbeträge und
verbrauchte stille Lasten sind entspr zu kürzen. Um Doppelerfassungen im KA zu
vermeiden, müssen in diesem Fall ferner ergebniswirksam erfasste latente Steuern
berücksichtigt werden (+ Steueraufwand/-Steuerertrag). Schließlich sind die in
den Vj sich aus Gewinnthesaurierungen beim ausscheidenden TU ergebenden
Rücklagenerhöhungen ergebnismindernd und Rücklagenminderungen ergebniserhöhend aufzulösen.

Neben den Auswirkungen aus der Beendigung der KapKons ergeben sich im **314**
Rahmen der EndKons auch Auswirkungen aus den übrigen KonsMaßnahmen.
So sind während der Konzernzugehörigkeit eliminierte **Zwischenergebnisse**
aus Lfg und Leistungen an das ausscheidende TU *(down-stream-Lfg)* mit dem Ausscheiden des TU im EndKonsZeitpunkt realisiert *(Baetge/Herrmann* WPg 1995,
229). Gem § 304 eliminierte Zwischenergebnisse aus Lfg und Leistungen des
(ausgeschiedenen) TU an die übrigen KonzernUnt *(up-stream-Lieferungen)* müssen
dagegen bis zur Veräußerung der VG an fremde Dritte außerhalb des KonsKreis
bzw zu ihrer Erfolgswerdung nach allgemeinen Grundsätzen fortgeführt werden
(s auch *Königsmaier* BB 2000, 195 f; *Hayn B./Küting* BB 1999, 2075).

Aus Anlass der EndKons wird eine Beendigung der **Schuldenkonsoli-** **315**
dierung (§ 303) erforderlich. Technisch empfiehlt es sich, die Verrechnung von
Forderungen und Verbindlichkeiten zwischen den verbleibenden KonzernUnt
und dem ausscheidenden TU unmittelbar vor der EndKons rückgängig zu machen, damit die Forderungen bzw Verbindlichkeiten des ausscheidenden TU
zutreffend bei der Ermittlung des Abgangswerts aus Konzernsicht berücksichtigt
werden können. Etwaige Ergebniseffekte aus der Beendigung der SchuldenKons
sind mit in das Abgangsergebnis einzubeziehen.

Soweit aufgrund der EndKons eines TU erfolgswirksame KonsMaßnahmen **316**
(insb Zwischenergebniseliminierung sowie SchuldenKons) entfallen, bei deren
Entstehung **latente Steuern** gem § 306 S 1 bilanziert wurden, sind die zugehörigen Posten erfolgswirksam über den Posten E+E-Steuern abzuwickeln, auch
wenn die aus der Rückgängigmachung der KonsMaßnahmen verbundenen Ergebniseffekte Teil des Abgangserfolgs sind (so auch DRS 18.53; *Hayn B./Küting*
BB 1999, 2077).

Latente Steuern, die erfolgsneutral im Rahmen der ErstKons gebildet wurden
(dazu Anm 95 f), sind dagegen in die Ermittlung des Abgangserfolgs aus Konzernsicht (s Anm 310) einzubeziehen (glA DRS 18.52). Hintergrund dafür ist,
dass die latenten Steuern bei der ErstKons für steuerliche Effekte gebildet werden, die im JA des TU bei der Realisierung der zugrunde liegenden VG und
Schulden entstehen. Die EndKons bedeutet zwar die Realisierung der stillen
Reserven und Lasten aus Konzernsicht, bleibt aber grds ohne steuerliche Konsequenzen im JA des TU und damit im KA. Die latenten Steuern, die aus Sicht
des MU aufgrund der EndKons abgehen, schlagen sich stattdessen im Kaufpreis
für die Anteile am TU nieder und sind deshalb bei der Ermittlung des Abgangserfolgs zu berücksichtigen (glA PwC BilMoG Komm, Q Anm 295).

Wird ein ausländisches TU endkons, ist auch die für dieses TU im Konzern- **317**
EK ausgewiesene EK-Differenz aus der **Währungsumrechnung** mit in den
Abgangserfolg einzubeziehen (§ 308a S 3; s dazu *Deubert* DStR 2009, 341 f).

Eine EndKons ist auch bei der **Abspaltung** der Anteile an einem TU **vom** **318**
Mutterunternehmen vorzunehmen (ausführlich zur Abspaltung *Klingberg* in
Sonderbilanzen[4] I Anm 300 ff; *Deubert* WP-Praxis 2013, 83 und 85 f).

Die Abspaltung stellt eine auf einer Beschlussfassung der Gester des MU beruhende Vermögensauskehrung (Sachausschüttung) dar. Es handelt sich somit um

einen ges-rechtlichen Vorgang und nicht um einen lfd Geschäftsvorfall des (abspaltenden) MU, aus dem deshalb auch keine das Jahresergebnis beeinflussenden Aufwendungen oder Erträge resultieren dürfen (IDW RS HFA 43, Tz 11). Die Vermögensminderung in Höhe des Buchwerts der abgespaltenen Anteile am TU ist beim MU daher in der Ergänzung der GuV nach § 158 Abs 1 S 1 AktG nach dem Posten „Jahresüberschuss/Jahresfehlbetrag" gesondert als „Vermögensminderung durch Abspaltung" auszuweisen (§ 272 Anm 375). Aus Sicht des (fiktiv) rechtlich einheitlichen Unt „Konzern" handelt es sich bei einer Abspaltung auf die Gester des MU ebenfalls um einen ges-rechtlichen Vorgang. Statt der Anteile am TU werden aus Konzernsicht jedoch die hinter der Bet stehenden VG und Schulden an die Gester ausgekehrt. Da die (fortgeführten) Konzern-AK/HK dieses Reinvermögens vom Wertansatz der Bet im JA des MU abweichen werden, weicht die Vermögensminderung durch Abspaltung auf Konzernebene von der im Zuge der Aufstellung des KA aus dem JA des MU in die Konzernsummenbilanz übernommenen Vermögensminderung ab. Auch wenn der KA keine Ausschüttungsbemessungsfunktion hat und er deshalb weder als (Beschluss-)Grundlage für eine reguläre Gewinnausschüttung noch für eine **„Sachausschüttung"** (hier in Gestalt der abgespaltenen Anteile am TU) an die Gester des MU dienen kann, erscheint es uE vertretbar, mit Rücksicht auf den Einheitsgedanken den Reinvermögensabgang auf Konzernebene insgesamt und nicht nur in Höhe des auf Ebene des MU beschlossenen Betrags erfolgsneutral zu erfassen.

2. Endkonsolidierungszeitpunkt

325 Maßgeblicher Stichtag für die Ermittlung des Abgangswerts von Vermögen und Schulden des TU aus Konzernsicht (EndKonsZeitpunkt) ist der Zeitpunkt, zu dem die Möglichkeit der **Beherrschung** der Geschäfts- und Finanzpolitik des TU iSv § 290 **endet** oder aber die Voraussetzungen für die Ausübung eines Einbeziehungswahlrechts gem § 296 gegeben sind. Regelmäßig wird dies mit der Veräußerung der Anteile am TU, dh im Zeitpunkt ihres Abgangs iSd GoB, der Fall sein (*ADS*[6] § 301 Anm 274). Wenn im Anteilskaufvertrag ein abw Stichtag, zB der Ablauf des Gj, für den Übergang der Stimmrechte an dem TU vereinbart wurde (Mitternachtsgeschäft), sollte dieser Zeitpunkt der EndKons zugrunde gelegt werden (*Dusemond/Weber/Zündorf* in HdKR[2] § 301 Anm 365). Dies setzt aber voraus, dass der Verkäufer für den verlängerten Zeitraum auch noch ein ins Gewicht fallendes, eigenständiges wirtschaftliches Interesse für das betr TU hat, dh die Stimmrechte auch tatsächlich für eigene Rechnung (§ 290 Abs 3) inne hat.

326 Regelmäßig erfolgt der Verkauf von Bet während des Konzern-Gj. Um den Veräußerungserfolg aus Konzernsicht zutreffend bestimmen zu können, ist in diesem Fall grds – ebenso wie für die ErstKons (s Anm 129)- die Aufstellung eines **Zwischenabschlusses** erforderlich, um die Buchwerte der einzelnen VG und Schulden des TU zu ermitteln und eine Fortrechnung der im Rahmen der ErstKons in der Neubewertungsbilanz aufgedeckten stillen Reserven und Lasten bzw eines im Zuge der Kapitalaufrechnung entstandenen GFW oder passiven Unterschiedsbetrags aus der KapKons vorzunehmen sowie die Aufwendungen und Erträge des TU bis zum Veräußerungsstichtag in die Konzern-GuV übernehmen zu können (*ADS*[6] § 305 Anm 98; IDW RS HFA 44, Tz 20f).

Eine gesetzliche Verpflichtung für die Aufstellung eines Zwischenabschlusses besteht jedoch nicht. In diesem Zusammenhang ist auch zu berücksichtigen, dass sich die Aufstellung des Zwischenabschlusses oder bei einer Anteilsveräußerung zum Ablauf des Konzern-Gj *(Mitternachtsgeschäft)* des JA dem Einfluss des bisherigen MU entzieht. IdR wird das MU daher bereits im Rahmen des Anteilsverkaufvertrags sicherstellen müssen, dass es eine Kopie des für die EndKons erforderlichen (aufgestellten und festgestellten) JA (Veräußerung der Anteile zum Konzernbilanzstichtag) bzw Zwischenabschlusses (Veräußerung während des Konzern-Gj) des veräußerten TU noch innerhalb der Aufstellungsfrist für den KA (§ 290 Anm 3) vom Erwerber erhält.

Aus **Vereinfachungsgründen** ist es aber auch zulässig, bei einem Abgang 327 während des Konzern-Gj die EndKons auf der Grundlage des **letzten Jahresabschlusses** vor dem Ausscheiden des TU aus dem KonsKreis vorzunehmen, mit der Folge, dass dann auch keine originären Aufwendungen und Erträge des TU mehr in die Konzern-GuV einbezogen werden, sondern im Abgangsergebnis aufgehen (*ADS*[6] § 301 Anm 275 mwN).

Sofern dem MU allerdings im Rahmen des konzerninternen Berichtswesens Monats- oder Quartalsabschlüsse für das abgehende TU vorliegen, was zumindest bei wesentlichen TU regelmäßig der Fall sein dürfte, kommt uE die (vereinfachte) Vorgehensweise nicht in Betracht, sondern ist der dem EndKonsZeitpunkt am nächsten liegende letzte verfügbare (interne) Abschluss des TU zu verwenden.

3. Ausweis im Konzernabschluss

Im **Konzern-Anlagengitter** sind die kumulierten AK sowie die kumulierten 330 Abschreibungen der aus Konzernsicht abgehenden Anlagegegenstände des TU als Abgang zu erfassen. Sind die aus dem KonsKreis ausscheidenden TU für den Konzern insgesamt von großer Bedeutung, sollte zweckmäßigerweise hierfür eine gesonderte Abgangsspalte, zB „Abgänge aus Veränderungen des KonsKreises", aufgenommen werden (glA *ADS*[6] § 301 Anm 261; IDW RS HFA 44, Tz 17). Aus Vergleichbarkeitsgründen wären anderenfalls entspr Angaben im Konzernanhang gem § 294 Abs 2 S 1 erforderlich (hierzu auch § 294 Anm 8 ff).

In der **Konzern-Gewinn- und -Verlustrechnung** ist der Abgang der VG 331 und Schulden auf Grund der EndKons des TU – ebenso wie der Abgang einer Sachgesamtheit (Teilbetrieb) bei einem rechtlich einheitlichen Unt (dazu § 275 Anm 95) – als ein einheitlicher Geschäftsvorfall abzubilden, dh es wird lediglich das Ergebnis der Transaktion ausgewiesen. Der Abgangserfolg aus der EndKons ist entweder unter entspr Bezeichnung als gesonderter Posten (zB bei wesentlichen Beträgen) oder innerhalb der „Sonstigen betrieblichen Erträge" (Gewinn) bzw der „Sonstigen betrieblichen Aufwendungen" (Verlust) auszuweisen (so auch *ADS*[6] § 301 Anm 268; *Dusemond/Weber/Zündorf* in HdKR[2] § 301 Anm 375; *Baetge/Herrmann* WPg 1995, 230; *Kraft* in HGB-Bilanzrecht § 301 Anm 215; für zulässig erachtend *Busse vonColbe/Ordelheide*[9], 274). Ein Verstoß gegen das Saldierungsverbot (§ 246 Abs 2) liegt insoweit nicht vor (s auch § 246 Anm 100 ff). Sofern die „Teilbetriebsveräußerung" außerhalb der gewöhnlichen Geschäftstätigkeit des einheitlichen Unt liegt, ist der Abgangserfolg im ao Ergebnis auszuweisen (glA *Busse von Colbe* in MünchKomm HGB[3] § 301 Anm 127; s auch § 275 Anm 217 ff).

Eine **Ausnahme** von dieser Saldobetrachtung gilt dann, wenn es sich bei dem 332 TU um eine ObjektGes handelt, die zB eine zum Verkauf bestimmte Immobilie errichtet, wenn statt des Objekts die Anteile an der ObjektGes verkauft werden. In diesem Fall muss die Abbildung im KA so erfolgen, als ob das Objekt verkauft und ein Teil der Gegenleistung in der Übernahme der Objektfinanzierung bestanden hätte. Dh es wird im KA ein Umsatzerlös und ein entspr höherer Materialaufwand bzw Bestandsveränderung ausgewiesen.

Entspr DRS 4.61 sind *kapitalmarktorientierte MU* (DRS 4.7) verpflichtet, im 333 Jahr der Veräußerung eines TU im **Konzernanhang** den erzielten Veräuße-

rungserfolg zu nennen und haben darüber hinaus noch folgende Angaben zu machen:
- Name und Beschreibung des veräußerten Unt,
- Veräußerungszeitpunkt sowie
- Höhe des veräußerten Anteils.

III. Wechsel der Konsolidierungsmethode (Übergangskonsolidierung)

1. Übergang auf die Equity-Bewertung

340 Wird ein TU oder GemUnt nach teilweiser Veräußerung von Anteilen ein assozUnt iSd § 311, ist es – Wesentlichkeit iSv § 311 Abs 2 vorausgesetzt – nach der Equity-Methode (§ 312) in den KA einzubeziehen. Gleiches gilt, wenn ein TU auf Grund des § 296 nicht mehr vollkons wird (*Pfaff/Ganske* in HWRuP[3] Sp 662; § 296 Anm 46). Der Übergang von der VollKons auf die Equity-Bewertung (§ 312) stellt sich aus Sicht des einheitlichen Unt grds ebenfalls als **Abgang** der einzelnen **Vermögens- und Schuldposten** des TU dar (Fiktion des Einzelabgangs, Anm 307).

341 Wenn der Übergang auf die Equity-Methode durch eine Anteilsveräußerung ausgelöst wird, ist der auf das MU entfallende **Abgangswert** wie folgt **aufzuteilen** (*Küting/Hayn* DStR 1997, 1948).
- Das auf die *veräußerten Anteile* entfallende und zu ggf fortgeführten Konzern-AK/HK bewertete Reinvermögen einschl eines GFW oder eines passiven Unterschiedsbetrags aus der KapKons wird dem dafür erzielten Veräußerungserlös ggügestellt, dh erfolgswirksam endkons (dazu Anm 310).
- In Höhe des beim MU verbleibenden anteiligen bilanziellen EK des TU ist ein Zugang unter den Bet an assozUnt zu erfassen. Die Bet am assozUnt ist dabei mit dem Betrag anzusetzen, der sich als anteiliges Reinvermögen zu (ggf fortgeführten) Konzernbuchwerten einschließlich eines GFW oder eines passiven Unterschiedsbetrags aus der KapKons im Zeitpunkt des Übergangs (Anm 325) ergibt. Der Ansatz der Bet zum Zeit-/Ertragswert, zB durch Anwendung der Tauschgrundsätze (s Anm 22), kommt nicht in Betracht, weil die Vorschriften über die Zwischenergebniseliminierung bei der Equity-Methode entspr zu beachten sind (§ 304 iVm § 312 Abs 4 S 3; glA *Deubert/Klöcker* KoR 2010, 576). Der Übergang auf die Equity-Bewertung ist somit für die beim MU verbleibenden Anteile am TU erfolgsneutral (glA *ADS*[6] § 301 Anm 285; DRS 4.49).

Sind andere Gester am TU beteiligt, ist der auf diese entfallende Anteil am abgehenden Reinvermögen des TU mit dem AusglPo gem § 307 zu verrechnen; hieraus ergeben sich ebenfalls keine Ergebniseffekte.

342 Zu dem Zeitpunkt, zu dem ein Unt ein assozUnt iSv § 311 wird, findet in einer Nebenrechnung eine Erwerbsbilanzierung wie bei der KapKons statt (§ 312 Abs 1 S 2 iVm Abs 2 iVm Abs 3 S 1; s dort Anm 5 ff). Nach dem Wortlaut hat die Aufdeckung von stillen Reserven und Lasten im Vermögen des assozUnt etc auch in den Fällen einer ÜbergangsKons zu erfolgen. Nach Sinn und Zweck soll dies aber nur dann erfolgen, wenn erstmals ein maßgeblicher Einfluss auf die Geschäfts- und Finanzpolitik eines assozUnt ausgeübt wird. Dies ist in den Fällen der ÜbergangsKons nicht der Fall, weil die Beherrschungsmöglichkeit iSv § 290 immer auch einen maßgeblichen Einfluss umfasst und sozusagen fortgeführt und nicht neu begründet wird. Daher hat uE anlässlich der ÜbergangsKons auf die Equity-Methode **keine neue Erwerbsbilanzierung** zu erfolgen (glA *Deubert/Klöcker* KoR 2010, 576). Vielmehr werden noch vorhan-

Kapitalkonsolidierung 343–351 § 301

dene stille Reserven und Lasten aus der Neubewertungsbilanz des TU sowie ein verbliebener GFW oder passiver Unterschiedsbetrag aus der KapKons – soweit sie auf die beim MU verbliebenen Anteile entfallen – nunmehr in der statistischen Nebenrechnung im Rahmen der Equity-Bewertung fortgeführt (*„one-line consolidation"*). Wurde ein aus der KapKons resultierender GFW gem § 309 Abs 1 S 3 aF mit den Konzernrücklagen verrechnet, darf diese Verrechnung auch bei einem Übergang auf die Equity-Bewertung fortgeführt werden, da § 309 gem § 312 Abs 2 S 3 entspr anwendbar ist. Dementspr darf auch der Ausweis des passiven Unterschiedsbetrags aus der ErstKons beibehalten werden.

Erfolgswirkungen können sich ergeben, wenn nach dem Übergang auf die 343 Equity-Bewertung gem § 312 Abs 5 auf die Anwendung der konzerneinheitlichen Bilanzierungs- und Bewertungsmethoden (§§ 300, 308) im JA des assozUnt verzichtet wird, zB weil das assozUnt in zwei oder mehr KA einbezogen wird (dazu § 312 Anm 75 ff). Abweichungen zwischen dem anteiligen Reinvermögen am assozUnt und den bisherigen Konzernwerten sollten in diesem Fall beim Übergang auf die Equity-Bewertung erfolgswirksam berücksichtigt werden (glA *ADS*[6] § 301 Anm 287). Es wird indes auch nicht zu beanstanden sein, wenn der Effekt aus der Bewertungsanpassung – vergleichbar dem Fall einer retroaktiven Anpassung (Anm 120) – erfolgsneutral mit den Konzernrücklagen bzw dem Konzernergebnisvortrag verrechnet wird. In diesem Fall ist der erfolgsneutral verrechnete Betrag aber im Konzernanhang zu nennen, zB zusammen mit der Angabe der unterlassenen Bewertungsanpassung § 312 Abs 5 S 2. Erfolgsauswirkungen können ferner dadurch entstehen, dass bei der Equity-Bewertung keine erfolgswirksame SchuldenKons vorgesehen ist (dazu *Busse von Colbe/Ordelheide*[9], 281; *Küting/Hayn* DStR 1997, 1948).

Der Wertansatz der Anteile am assozUnt darf – ohne Vorliegen besonderer Ver- 344 pflichtungsgründe (Verlustübernahmeverpflichtungen s § 312 Anm 38) – nicht negativ werden (DRS 8.27). Daher ergeben sich Erfolgswirkungen bei einem Übergang auf die Equity-Bewertung schließlich auch dann, wenn das TU zuvor mit einem **negativen Reinvermögen** im KA enthalten war und seitens des MU keine zusätzlichen Verlustübernahmeverpflichtungen oder sonstige EK-ersetzende Forderungen gegen das assozUnt bestehen. In diesem Fall wird die Bet am assozUnt im KA im Zugangszeitpunkt mit dem Erinnerungswert angesetzt, so dass in Höhe der Differenz zu dem abgehenden negativen Reinvermögen, das auf die beim MU verbleibenden Anteile entfällt, ein Übergangserfolg entsteht. Soweit es sich bei diesem Ertrag um einen wesentlichen Betrag handelt, besteht eine Angabe- und ErlPflicht im Konzernanhang nach (§ 277 Abs 4 S 3 iVm § 298 Abs 1). Für den negativen Equity-Wert besteht zusätzlich eine Angabepflicht nach DRS 8.49d).

2. Übergang auf die Anschaffungskostenbewertung

Besteht nach einer Veräußerung auch **kein maßgeblicher Einfluss** iSv § 311 350 mehr, sind die verbleibenden Anteile im KA zu AK (§§ 253 Abs 1 S 1, Abs 2; 255 Abs 1) anzusetzen. Auch in diesem Fall ist zunächst für die veräußerten Anteile eine erfolgswirksame EndKons (Anm 305 ff) durchzuführen (hM *ADS*[6] § 301 Anm 278) und soweit andere Gester am TU beteiligt waren, ist das auf deren Anteile entfallende Reinvermögen gegen den AusglPo gem § 307 (erfolgsneutral) auszubuchen.

Fraglich ist jedoch, ob für die **verbleibenden Anteile** der Übergang auf die 351 AK-Bewertung erfolgswirksam sein muss oder nicht. Nach DRS 4.49 gilt das auf die im Konzern verbleibenden Anteile entfallende Reinvermögen des TU bewertet zu (fortgeführten) Konzern-AK/HK und nicht der Wert aus dem im JA des die Anteile bilanzierenden KonzernUnt als AK der Bet im KA (so die bisher hM zB *ADS*[6] § 301 Anm 283). Damit ist auch ein **Übergang** auf die Bewertung zu AK für die im Konzern verbleibenden Anteile **erfolgsneutral** (DRS 4.51; so bereits bisher *Küting/Hayn* DStR 1997, 1948). IE besteht somit im Übergangszeitpunkt grds kein Unterschied, ob auf die AK-Bewertung oder die Equity-Bewertung gewechselt wird. Sofern ein aus der historischen KapKons des bisherigen TU resultierender GFW nach § 309 Abs 1 S 3 aF mit den Konzernrücklagen verrechnet wurde, darf diese Verrechnung bei einem Übergang auf die AK-Bewertung jedoch nicht beibehalten werden (s auch Anm 308). Ein noch nicht vereinnahmter passiver Unterschiedsbetrags aus der ErstKons ist fortzuführen, wenn und soweit der BetBuchwert im Fall einer Verrechnung sonst im Übergangszeitpunkt negativ würde. Unterschiede ggü dem Übergang auf die Equity-Bewertung ergeben sich darüber hinaus in den Folgeperioden, weil bei der AK-Bewertung keine planmäßige Fortschreibung des Wertansatzes mehr erfolgt.

Mit Rücksicht auf die Regelung des DRS 4.49 ist uE die Übernahme der beim MU verbleibenden Anteile mit ihren anteiligen AK aus dem JA (unter Berücksichtigung außerplanmäßiger Abschreibungen und etwaiger Zuschreibungen) in den KA nicht länger geboten (glA *WPH*[14] I, M Anm 451; aA *Pfaff/Ganske* in HWRuP[3] Sp 664f, weil die Equity-Methode für die BetBewertung im JA nicht zulässig ist). Sofern die im KA verbleibenden Anteile mit dem anteiligen AK aus dem JA auch im KA angesetzt werden, ist die Differenz zu dem aus Konzernsicht abgehenden Reinvermögen bewertet zu (fortgeführten) Konzern-AK/HK erfolgswirksam zu erfassen.

3. Übergang auf die Quotenkonsolidierung

355 Wird ein TU als Folge einer Anteilsveräußerung zum GemUnt iSv § 310 ist zunächst für die an Dritte verkauften Anteile eine erfolgswirksame und für etwaige Anteile anderer Gester eine erfolgsneutrale EndKons nach allg Grundsätzen (Anm 307) durchzuführen. Sofern das auf die im Konzern verbleibenden Anteile entfallende Reinvermögen sowie die damit korrespondierenden Erträge und Aufwendungen gem § 310 Abs 1 quotal in den KA einbezogen werden, kann auf eine besondere ÜbergangsKons verzichtet werden, weil die Vorschriften über die VollKons gem § 310 Abs 2 entspr anzuwenden sind (glA *Busse von Colbe* in MünchKomm HGB[3] § 301 Anm 128). Insofern ist auch ein **Übergang** von der Voll- auf die QuotenKons für die im Konzern verbleibenden Anteile **erfolgsneutral** (DRS 4.50).

E. Kapitalkonsolidierung im mehrstufigen Konzern

370 Ein mehrstufiger Konzern liegt vor, wenn das MU nicht nur TU hat, an denen es unmittelbar selbst die Bet hält, sondern auch TU, bei denen die Bet von einem TU des MU gehalten wird (EnkelUnt). Das Gesetz enthält keinen expliziten Hinweis, wie in einer derartigen Konstellation die Kons beim oberen MU vorzunehmen ist.

371 Die Kons im mehrstufigen Konzern sollte uE als sog **Kettenkonsolidierung** erfolgen. Bei diesem Verfahren werden die Konzern-Unt schrittweise, beginnend mit den am weitesten vom obersten MU entfernten TU, konsolidiert. Die daraus resultierenden Teil-KA sind Grundlage für die Kons mit dem jeweils nächsthöheren MU, bis hin zum obersten MU (*ADS*[6] § 301 Anm 220; *Küting/Weber/Dusemond* BB 1991, 1082). Werden im Rahmen der KettenKons in einem Teil-KA Minder-

heitenanteile nach § 307 ausgewiesen, gehören diese auf der nächsthöheren Stufe nicht zum konspflichtigen EK. Es handelt sich dabei zwar um EK des Teilkonzerns, jedoch sind die Gester des MU dieses Teilkonzerns an diesen EK-Bestandteilen des Teil-KA nicht beteiligt (glA *Dusemond/Weber/Zündorf* in HdKR[2] § 301 Anm 246; *Baetge* in FS Budde, 31).

Daneben bestehen noch sog **Simultankonsolidierungsverfahren,** bei denen der KA ausgehend von den JA aller KonzernUnt in einem Schritt ermittelt wird. Die Simultanverfahren wurden zum AktG 1965 entwickelt (dazu *Forster/ Havermann* WPg 1969, 4). Diese Verfahren sind für die Kons nach HGB nicht zulässig, wenn sie auf Grund verfahrensbedingter Saldierungen der Unterschiedsbeträge aus der KapKons eine Aufteilung des Gesamtunterschiedsbetrags auf aktive und passive Unterschiedsbeträge nicht zulassen. Das gleiche gilt, sofern durch das KonsVerfahren die Konzern-AK (aufgedeckte stille Reserven und GFW) nicht korrekt den VG der jeweiligen Stufen zugeordnet werden können. In diesen Fällen sind dann nicht alle notwendigen Informationen für die Fortführung dieser Posten anlässlich der FolgeKons verfügbar (zu den Bedenken s *Baetge* in FS Budde, 39 f; *Busse von Colbe/Ordelheide*[9], 309; *Ewert/Schenk* BB 1993 Beilage 14, 4).

I. Erstkonsolidierung

1. Tochterunternehmen erwirbt eine Beteiligung an einem Tochterunternehmen

Erwirbt ein TU zu einem Zeitpunkt, zu dem es bereits in den KA des MU einbezogen ist, eine Bet an einem (neuen) TU, handelt es sich aus Konzernsicht um einen lfd Geschäftsvorfall bei dem erwerbenden TU. Die Kons des erwerbenden TU in den Konzern ist eine normale FolgeKons, dh die bisherige Erst- und FolgeKons des erwerbenden TU in den KA des oberen MU wird von dem Vorgang nicht berührt. Für die ErstKons des neuen TU ergeben sich ggü einer unmittelbaren Kons eines TU mit einem MU keine Besonderheiten. Bei der ErstKons wird der BetBuchwert an dem neuen TU mit dem anteiligen neubewerteten EK des neuen TU verrechnet. Entspr dem nach § 301 zu kons Anteil an dem neuen TU ist ggf ein GFW oder passiver Unterschiedsbetrag auszuweisen. Die zT in der Literatur vertretene Auffassung (so *ADS*[6] § 307 Anm 41 ff; *Baetge* in FS Budde, 19 ff; *Scherrer* in Kölner Komm-HGB § 307 Anm 30), dass der GFW im Rahmen der Neubewertungsmethode für den Fall, dass der durchgerechnete Anteil des MU an dem neuen TU kleiner ist als der nach § 301 zu kons Anteil an dem neuen TU, nur in Höhe des durchgerechneten Anteils des MU an dem neuen TU aufgedeckt werden darf, wird hier nicht geteilt (s dazu § 307 Anm 37).

Gehört zum Vermögen des neu erworbenen TU ein GFW nach § 246 Abs 1 S 4 (also aus einem früheren Geschäftserwerb des neu erworbenen TU), bleibt dieser VG mit seinem Buchwert in der Neubewertungsbilanz bilanziert (eine Neubewertung findet hierfür nicht statt; s Anm 68). Der Anteil dieses GFW, der auf die zu kons Anteile entfällt, geht in der (neuen) Residualgröße aus dieser Kons auf. Der Anteil, der auf die Minderheit an dem neu erworbenen TU entfällt, bleibt dagegen im KA erhalten (es sei denn, es lägen Gründe für einen niedrigeren beizulegenden Wert vor) und erhöht entspr den AusglPo für die Minderheit.

2. Mutterunternehmen oder Tochterunternehmen erwirbt einen Teilkonzern

Erwirbt das MU oder ein TU ein neues TU, das seinerseits Bet an TU hält, wird also ein Teilkonzern neu in den KonsKreis des MU einbezogen, ergeben sich folgende Fragen:

§ 301   375   Vollkonsolidierung

a) ob für den gesamten Teilkonzern eine Residualgröße (GFW oder passiver Unterschiedsbetrag), oder für einzelne Unt des Teilkonzerns separate Residualgrößen zu ermitteln sind (Anm 375), und
b) wie für den Fall, dass das MU weniger als 100% an dem neuen Teilkonzern-MU erwirbt oder auf Zwischenstufen des neuen Teilkonzerns Minderheiten beteiligt sind, der auf diese Minderheiten ggf entfallende GFW oder passive Unterschiedsbetrag zu ermitteln ist (Anm 377, 378).

Es sind verschiedene **Vorgehensweisen** bei der ErstKons zulässig:
– Die ErstKons darf auf der Grundlage eines auf den Zeitpunkt des Erwerbs des Teilkonzern-MU durch das neue MU **neu aufgestellten Teil-KA** des Teilkonzern-MU erfolgen. In diesem (technischen) Teil-KA werden alle TU des Teilkonzern-MU auf den Zeitpunkt, an dem das Teilkonzern-MU TU des neuen MU geworden ist, erstkonsolidiert. Dieses Vorgehen entspricht unmittelbar dem Wortlaut des Abs 2, denn alle KonzernUnt des Teilkonzerns sind aus Sicht des neuen Mutterkonzerns zum gleichen Zeitpunkt TU des neuen Mutterkonzerns geworden. Bis auf die VG/Schulden des Teilkonzern-MU werden alle VG/Schulden des Teilkonzerns dabei auf den aus Sicht des neuen MU zutreffenden Zeitwert aufgewertet. Die VG/Schulden der Teilkonzern-MU werden bei der Kons des Teilkonzern-KA in die erwerbende KonzernGes auf den zutreffenden Zeitwert aufgewertet.
– Die ErstKons darf auch auf der Grundlage des **historisch gewachsenen KA** des neuerworbenen Teilkonzern-MU erfolgen. Dies liegt nahe, wenn der erworbene Teilkonzern schon vor dem Erwerb durch den neuen Mutterkonzern einen eigenen KA aufgestellt hat und insb zB gem § 291 Abs 3 weiterhin die Verpflichtung besteht, auch für diesen Teilkonzern einen eigenen KA aufzustellen. Dieses Vorgehen ist zwar nicht explizit durch den Wortlaut des Abs 2 gedeckt, doch es entspricht einheitstheoretischer Sicht, da der historisch gewachsene KA des Teilkonzern-MU einheitstheoretisch der „richtigere" EA dieses Unt ist und auch die richtigen „historischen Buchwerte" der GFW und passiven Unterschiedsbeträge des Teilkonzerns enthält. Die VG/Schulden des gesamten Teilkonzerns werden erst bei der Kons des Teilkonzern-KA in die erwerbende KonzernGes auf den zutreffenden Zeitwert aufgewertet. Enthält der historisch gewachsene Teil-KA im EK auch einen Differenzposten aus Währungsänderungen, gehört dessen Bestand zum Zeitpunkt der ErstKons des Teil-KA in den neuen Mutterkonzern zum konspflichtigen Kapital des Teilkonzerns, soweit dieser Differenzposten nicht auf Minderheiten des Teilkonzerns entfällt.

375   Der Erwerb eines Teilkonzerns ist wirtschaftlich *ein* Vorgang mit *einem* Kaufpreis und führt daher auch (im **ersten Schritt**) zu *einer* Residualgröße (GFW oder passiver Unterschiedsbetrag). Lediglich für Minderheiten innerhalb des Teilkonzerns können ggf GFW oder passive Unterschiedsbeträge bestehen, die sich nur auf einen Teil des Teilkonzerns beziehen (s Anm 377). Die auf den verschiedenen Stufen des Teil-KA entstehenden GFW oder negativen Unterschiedsbeträge sind auf der nächsthöheren Stufe, soweit sie dieser Stufe und nicht den Minderheiten der darunter liegenden Stufen zuzuordnen sind, in den auf dieser Stufe entstehenden GFW oder passiven Unterschiedsbetrag einzubeziehen. Auf diese Weise ergibt sich letztlich bei der Kons des Teil-KA des Teilkonzern-MU in den neuen Mutterkonzern der sich aus dem Kaufpreis der Anteile an dem Teilkonzern abgeleitete (Gesamt-)GFW oder passive Unterschiedsbetrag.

Nach **DRS 4.30** ist ein **GFW,** der sich aus der Kons *eines* TU ergibt, ggf (im **zweiten Schritt**) auf verschiedene **Geschäftsfelder aufzuteilen.** Dies gilt dann entspr auch beim Erwerb eines Teilkonzerns (s Bsp Anm 380). Dabei kann sich die Aufteilung des GFW an den rechtlichen Strukturen des Teilkonzerns orientieren, zwingend ist dies jedoch nicht. Primär hat sich die Aufteilung an wirtschaftlichen Gegebenheiten, also daran, welchen Bereichen relativ unabhängig vom Rest des Teilkonzerns Zahlungsströme zugerechnet werden können, zu orientieren. Dabei kann es uU auch dazu kommen, dass einem Geschäftsfeld des Teilkonzerns ein negativer Unterschiedsbetrag zuzuordnen ist, obwohl sich insgesamt ein positiver GFW ergibt (s Anm 152f).

Der Fall, dass eine KonzernGes **100% der Anteile an** einem **Teilkonzern-Mutterunternehmen** erwirbt, dessen TU alle zu 100% zum Teilkonzern gehören, ist unproblematisch, da bei diesem Erwerb keine neuen Minderheitenanteile im Gesamtkonzern entstehen und sich somit die Frage nach ggf auf diese entfallende GFW oder passiven Unterschiedsbeträgen nicht stellt. Unabhängig von der Kons-Technik (neuer (technischer) Teil-KA oder historischer Teil-KA) werden letztlich alle VG/Schulden mit dem Zeitwert im Erstkons-Zeitpunkt bewertet und im Vergleich zu den AK des Teilkonzerns die Residualgröße (GFW oder passiver Unterschiedsbetrag) ermittelt (für den Fall, dass an der den Teilkonzern erwerbenden KonzernGes direkt oder mittelbar Minderheiten beteiligt sind s § 307 Anm 37). 376

Erwirbt eine KonzernGes **weniger als 100% der Anteile an** einem **Teilkonzern-Mutternehmernehmen,** oder sind auf Zwischenstufen des erworbenen Teilkonzerns Minderheiten beteiligt, stellt sich die Frage, ob und auf welcher Grundlage ggf für diese Minderheiten GFW oder passive Unterschiedsbeträge anzusetzen sind. 377

Nach § 301 Abs 1 ist der Wertansatz der dem MU gehörenden Anteile an einem TU mit dem auf diese Anteile entfallenden EK dieses TU zu verrechnen. Im Falle des Erwerbs eines Teilkonzerns gibt es jedoch explizit nur AK für die Bet des Konzerns an dem Teilkonzern-MU. Für die Bet, die das neu erworbene Teilkonzern-MU an EnkelGes hält, liegen aus Konzernsicht keine expliziten AK vor. Für die Ableitung dieser AK hat das Gesetz keine explizite Vorgabe gemacht.

Der Erwerb der Anteile an dem Teilkonzern-MU ist wirtschaftlich *ein* Vorgang mit *einem* Kaufpreis und führt daher in Bezug auf den Anteil des Konzerns an dem neuen Teilkonzern auch nur zu *einer* (Gesamt-)Residualgröße (s Anm 375). Dem folgend ist die Ableitung der AK für die Bet an TU, die das Teilkonzern-MU hält, lediglich für die Ermittlung der auf die Minderheiten im Teilkonzern entfallenden Residualgrößen von Bedeutung. Folgende Lösungen für die Ableitung der AK dieser Bet zum Zwecke der Kons sind denkbar: 378

Lösung 1: Die Bet werden mit dem Zeitwert zum Erstkons-Zeitpunkt des Teilkonzern-MU in den Gesamtkonzern bewertet. Die Erstkons des Teilkonzerns erfolgt gedanklich „bottom down". Das MU des neu erworbenen Teilkonzerns wird zuerst in die erwerbende KonzernGes konsolidiert. Dabei werden die Bet des MU des Teilkonzerns an deren TU zunächst wie die anderen VG auf den Erstkons-Zeitpunkt neubewertet. Auf der Grundlage dieser neubewerteten BetBuchwerte erfolgt dann die Kons der TU des Teilkonzerns. Diese Vorgehensweise ist konzeptionell im Hinblick auf die Vermittlung eines den tatsächlichen Verhältnissen entspr Bilds der VFE-Lage des Konzerns nicht zu beanstanden, ist aber stark entobjektiviert. Der Gesetzgeber hat mit seinem Verzicht auf eine Umsetzung der in IFRS zulässigen „full goodwill"-Methode in das HGB zu erkennen gegeben, dass ihm insofern an einer Objektivierung gelegen ist. Die Zulässigkeit dieser Bewertung erscheint uns daher fraglich.

Lösung 2: Die Bet werden mit dem anteiligen Saldo aus den zu Zeitwerten bewerteten VG/Schulden des jeweiligen TU bewertet. Dies bedeutet im Ergebnis, dass bei der Kons dieser Bet keine Residualgrößen anfallen und damit auch nicht anteilig für die Minderheiten im Teilkonzern. Diese Lösung ist – auch im

Hinblick auf die Folgekons – die einfachste Lösung. Sie ist mit dem Wortlaut des Gesetzes vereinbar und daher zulässig. Sie nutzt jedoch nicht einmal die historisch durch tatsächliche Erwerbsvorgänge ggf vorhandenen besseren (und auch objektivierten) Informationen über den Wert der Bet des Teilkonzern-MU, um ein den tatsächlichen Verhältnissen entspr Bild der VFE-Lage des Konzerns zu zeigen. Bei Vorhandensein wesentlicher Minderheiten und erheblicher auf diese entfallende Residualgrößen, sind daher uE die folgenden Lösungen 3 und 4 vorzuziehen.

Lösung 3: Die Bet werden grds mit dem (nach HGB zulässigen, also nicht überbewerteten) Buchwert, der sich aus dem EA der jeweiligen TeilkonzernGes ergibt, bewertet. Ergäbe sich dabei allerdings ein passiver Unterschiedsbetrag, der offenkundig auf einer Unterbewertung der Bet beruht, sollte die Bet soweit aufgewertet werden, dass der passive Unterschiedsbetrag beseitigt wird.

Lösung 4: Insb wenn ein historischer KA für die Kons des Teilkonzern-MU in den Gesamtkonzern genutzt wird, könnten auch die im historischen Teil-KA in Bezug auf die TU des Teilkonzerns enthaltenen Restbuchwerte der aus den historischen Kons stammenden Residualgrößen, soweit sie auf die Minderheiten des Teilkonzerns entfallen, in den Gesamt-KA übernommen werden. Übertragen in eine Bewertung der Bet bedeutet dies eine Bewertung in Höhe der Lösung 2 zzgl/abzgl der im historischen KA noch enthaltenen entspr Rest-Residualgröße. Führt dies zu einem über dem Zeitwert der Bet liegenden BetBuchwert, wäre die Bewertung auf den Zeitwert zu beschränken.

Beispiel: MU kauft für 8000 GE 80% der Anteile an TU. Das Buch-EK (Netto-Buchvermögen) von TU beträgt 2600, darin eine 60%-Bet an E mit einem Buchwert von 1300, deren Zeitwert 1800 beträgt. Die restlichen Einzel-VG/Schulden der TU haben einen Zeitwert von 4000. Das Buchvermögen der E beträgt 400. Der Zeitwert der Einzel-VG/Schulden der E beträgt 1250. Der historische KA der TU enthält noch einen Restbuchwert für den aus der Kons der E stammenden GFW in Höhe von 400.

Unabhängig von der Technik der Kons und der Vorgehensweise im Hinblick auf die Bewertung der Bet an E für Zwecke der Kons sind die Einzel-VG/Schulden der TU im Gesamtkonzern mit 4000 (Anteil MU 80% = 3200; Anteil Minderheit TU 20% = 800) und der Bet mit 1250 (Anteil MU 48% = 600; Anteil Minderheit TU 12% = 150; Anteil Minderheit E 40% = 500) zu bewerten. Aus den AK des MU für die Bet an TU ergibt sich hieraus ein auf MU entfallender GFW in Höhe von (8000 – 3800 =) 4200.

Die Lösungen 1–4 spielen nur im Hinblick auf den für die Minderheit an TU in Bezug auf deren Bet an E zu zeigenden Residualgröße eine Rolle. Der Anteil des MU an der sich technisch ergebenden Residualgröße wird in die Gesamt-Residualgröße einbezogen und wird daher als solche nicht im Gesamt-KA sichtbar:

Lösung 1: Auf der Grundlage der Neubewertung der Bet an E (1800) würde sich ein GFW in Höhe von (1800 – 1250 × 0,6 =) 1050 ergeben. Im Gesamt-KA würde der auf die Minderheit an TU entfallende Anteil 20% = 210 gezeigt.

Lösung 2: Wird die Bet an E für Kons-Zwecke (objektivierend) mit dem anteiligen Zeitwert der VG/Schulden der E (1250 × 0,6 =) 750 bewertet, ergibt sich keine Residualgröße, die anteilig im KA auf die Minderheit an TU entfällt.

Lösung 3: Wird die Bet an E für Kons-Zwecke (objektivierend) mit dem Buchwert der Bet der E in Abschluss der TU (1300) bewertet, ergibt sich ein GFW in Höhe von (1300 – 1250 × 0,6 =) 550. Im Gesamt-KA würde der auf die Minderheit an TU entfallende Anteil 20% = 110 gezeigt.

Lösung 4: Erfolgt die Kons des neu erworbenen Teilkonzerns auf Grundlage von dessen historischen Teil-KA, verbleibt vom Restbuchwert des historischen GFW von 400 im Gesamt-KA der auf die Minderheit an TU entfallende Anteil 20% = 80.

379   Auch **IFRS 3** regelt die ErstKons eines Teilkonzerns nicht explizit. Die Ausführungen zur Neubewertungsmethode nach HGB gelten auch für die Kons nach IFRS 3, wenn der Minderheitenanteil nach dem proportionalen Anteil am fair value der übernommenen VG/Schulden bemessen wird. Bei Anwendung der „full

Kapitalkonsolidierung 380–385 § 301

goodwill method" müsste uE der fair value des Gesamt-Teilkonzerns, dh einschl des fair value der Minderheitenanteile unterer Stufen, geschätzt werden.

Ergänzung des Beispiels im Hinblick auf *full goodwill method* nach IFRS 3: Nimmt man ergänzend zu obigem Bsp-Sachverhalt vereinfachend (ohne Berücksichtigung einer ggf in den AK von 8000 enthaltenen Control-Prämie) an, dass der Gesamt *fair value* des Teilkonzerns (Gesamt-TU 10 000 + Minderheit E 1200 =) 11 200 beträgt, ergibt sich Folgendes: Das auf die Minderheit an E entfallende Vermögen des Teilkonzerns wird mit 1200 bewertet. Es setzt sich aus (1250 × 0,4 =) 500 VG/Schulden von E und 700 Goodwill zusammen. Das auf die Minderheit an TU entfallende Vermögen wird mit 2000 bewertet. Es setzt sich aus (1250 × 0,12 =) 150 VG/Schulden von E, (4000 × 0,2 =) 800 sonstigen VG/Schulden von TU und 1050 *Goodwill* zusammen. Der auf das MU entfallende Vermögen des Teilkonzerns wird mit 8000 bewertet. Es setzt sich aus (1250 × 0,48 =) 600 VG/Schulden von E, (4000 × 0,8 =) 3200 sonstige VG/Schulden von TU und 4200 *Goodwill* zusammen.

Hat der erworbene Teilkonzern **mehrere Geschäftsfelder,** ist im **zweiten** 380 **Schritt** der Gesamtkaufpreis für den Teilkonzern entspr auf diese Geschäftsfelder aufzuteilen und den diesen Geschäftsfeldern zuzurechnenden Einzel-VG/Schulden ggü-zustellen. Hieraus ergibt sich die Aufteilung des GFW auf die Geschäftsfelder.

Ergänzung des Beispiels im Hinblick auf Aufteilung des GFW nach DRS 4: MU kauft für 8000 GE 80% der Anteile an TU. Das Buch-EK von TU beträgt 2600, darin eine 60%-Bet an E mit einem Buchwert von 1300, deren Zeitwert 1800 beträgt. Die restlichen Einzel-VG/Schulden der TU haben einen Zeitwert von 4000. Das Buchvermögen der E beträgt 400. Der Zeitwert der Einzel-VG/Schulden der E beträgt 1250. TU und E sind zugleich separierbare Geschäftsfelder. Von dem Gesamtkaufpreis von 8000 für 80% der Anteile an TU entfallen (8000 – 1800 × 0,8 =) 6560 auf das Geschäftsfeld TU (80% Bet des MU) und (1800 × 0,8 =) 1440 auf das Geschäftsfeld E (48% Bet des MU).

Damit teilt sich der GFW, der auf MU entfällt (4200), wie folgt auf: Auf das Geschäftsfeld TU entfällt ein GFW in Höhe von (6560 – 4000 × 0,8 =) 3360 und auf das Geschäftsfeld E ein GFW in Höhe von (1440 – 1250 × 0,48 =) 840. Werden für die Minderheit an TU GFW im KA gezeigt (Lösung 1: 210; Lösung 3: 110; Lösung 4: 80) entfällt dieser auf das Geschäftsfeld E. Für das Geschäftsfeld TU bzw E wird in einem HGB-KA kein auf die Minderheit an TU bzw E entfallender GFW gezeigt. Dies ergäbe sich nur bei der *full goodwill method* nach IFRS 3.19 in einem IFRS-KA. Unter obigen Annahmen würde sich folgendes ergeben: Für die Minderheit an E würde für das Geschäftsfeld E ein Goodwill von 700 im KA gezeigt. Der für die Minderheit an TU ausgewiesene GFW von 1050 würde mit (1800 × 0,2–1250 × 0,12 =) 210 auf das Geschäftsfeld E und ((10 000–1800) × 0,2–4000 × 0,2 =) 840 auf das Geschäftsfeld TU entfallen.

II. Folgekonsolidierung

Für den Fall der Erweiterung eines bestehenden Konzerns um ein EnkelUnt 384 (Anm 373) gewährleistet das Verfahren der KettenKons im Rahmen der Folge-Kons durch das Eingehen des Teil-KA des erwerbenden TU in die nächsthöheren KonsStufen (automatisch), dass auch die ggf vorhandenen MinderheitsGester des erwerbenden TU und der ggf darüberliegenden Konzernstufen am jeweiligen Teilkonzernergebnis, also auch an ihrem Anteil am Ergebnis des neuen EnkelUnt partizipieren. Da in diese Teilkonzernergebnisse auch Abschreibungen auf die bei der ErstKons des neuen EnkelUnt aufgedeckten Reserven und den GFW eingehen, sind die MinderheitsGester der folgenden Konzernstufen auch daran über dieses Verfahren anteilig beteiligt.

Auch für den Fall des Erwerbs eines Teilkonzerns (Anm 374 f) gewährleistet 385 das Verfahren der KettenKons im Rahmen der FolgeKons, dass auch die MinderheitsGester der einzelnen Konzernstufen an ihrem Anteil der Ergebnisse der unteren Konzernstufen einschl an ihrem Anteil der Abschreibung aufgedeckter

Reserven partizipieren. Für die auf den einzelnen KonsStufen des erworbenen Teilkonzerns zunächst verbleibenden neuen Unterschiedsbeträge ist auf der jeweiligen KonsStufe jedoch keine Fortschreibung vorzunehmen. Auf der nächsten KonsStufe entfällt der Anteil des auf diese KonsStufe entfallenden verbleibenden Unterschiedsbetrags der unteren Stufe (s Anm 375). Der für die Minderheit der unteren Stufe verbleibende Anteil ist dann erst auf dieser höheren Stufe fortzuschreiben. Die Fortschreibung geht ausschließlich zu Lasten des AusglPo der Minderheit der unteren Stufe.

386 Erfolgt die ErstKons des Teilkonzerns auf der Grundlage des historisch gewachsenen KA des oberen TU (MU des erworbenen Teilkonzerns; Anm 374) kann dessen Fortentwicklung in den Folgeperioden auch zur Grundlage der FolgeKons des Teilkonzerns in den neuen Mutterkonzern gemacht werden. Wurden bei der ErstKons des Teil-KA in den Mutterkonzern die auf das ErwerberUnt des Konzerns entfallenden verbleibenden Unterschiedsbeträge, die noch im Teil-KA ausgewiesen waren, ausgebucht, muss in den Folgeperioden, die Fortschreibung dieser anteiligen Unterschiedsbeträge vor der Übernahme des Teil-KA in den Mutterkonzern rückgängig gemacht werden, damit auch in den Folgeperioden die anteiligen Unterschiedsbeträge ausgebucht werden können.

III. Abbildung besonderer Beteiligungsstrukturen

387 In mehrstufigen Konzernen kommt es vor, dass die Bet an TU eine Konzernstufe überspringen oder nebeneinander bestehen. Es kann sich zB folgende Struktur ergeben:

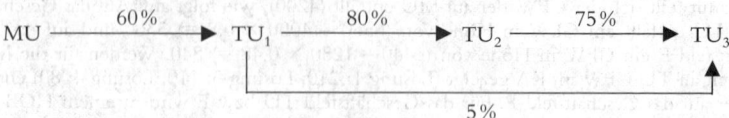

Bei der KettenKons werden solche Bet-Verhältnisse (TU1 an TU3) berücksichtigt, indem das unmittelbar übergeordnete Unt (TU2) das TU3 konsolidiert. Aus dem AusglPo für Anteile anderer Gester wird ein anteiliger Posten für Anteile verbundener Gester ausgegliedert. Dieser wird in die nächsthöhere(n) Stufe(n) übernommen. Auf der Stufe, auf der die entspr Bet gehalten wird (hier TU 1), wird der BetBuchwert (5% Bet an TU3) gegen den entspr AusglPo verrechnet. Ein sich ergebender Unterschiedsbetrag sowie die FolgeKons sind ebenso zu behandeln wie beim einstufigen Konzern (*WPH*[14] I, M Anm 441).

Bei der FolgeKons muss mit der Gegenrechnung des Bet-Buchwerts jährlich der Betrag, den der AusglPo für Anteile verbundener Gester im Zeitpunkt der ErstKons hatte, gegen den aktuellen AusglPo verrechnet werden. Es wird also jährlich die ErstKonsBuchung wiederholt. Der Unterschied, der dann im AusglPo zunächst verbleibt, ist die anteilige kumulierte Rücklagenveränderung (seit dem Zeitpunkt der ErstKons) sowie das anteilige Jahresergebnis und beides in die entspr EK-Posten umzugliedern. Der AusglPo für Anteile verbundener Gester wird stets voll eliminiert. Der GuV-Vermerk für den Anteil anderer Gester am Konzernergebnis muss entspr angepasst werden.

Die Abschreibungen auf aufgedeckte Reserven und auf den GFW aus der Erstkons (der 5% Bet an TU3) betreffen das Teilkonzernergebnis des Unt, das die betr Bet hält (TU1).

388 Bei einer ähnlichen Struktur, bei der die Minderheitsbet jedoch von einem Unt aus einer Nebenlinie gehalten wird, ist modifiziert zu verfahren:

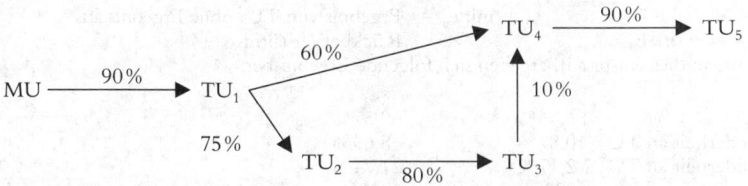

Bei einer solchen Struktur kann im Zuge der KettenKons die Bet (von 10% des TU3 an TU4) und der entspr AusglPo für Anteile verbundener Gester erst im (vorläufigen) Teil-KA einer höheren Stufe (TU1) als der Stufe des beteiligten Unt (TU3) zusammentreffen. Erst hier kann die Erst- oder FolgeKons stattfinden. Inhaltlich betreffen die „Operationen" jedoch den Abschluss von TU3. Daher ist sowohl bei Verrechnung der im AusglPo enthaltenen kumulierten Rücklagenänderungen als auch des dort enthaltenen Jahresergebnisses sowie bei den Abschreibungen auf die bei ErstKons aufgedeckten Reserven und auf den GFW zu beachten, dass diese Operationen alle Gester von TU3 betreffen. In dem Bsp wäre die Minderheit von TU3 daran mit 20%, die Minderheit von TU2 mit (0,25 × 0,8 =) 20% und die Minderheit von TU1 mit (0,1 × 0,75 × 0,8 =) 6% beteiligt.

Zuweilen treten innerhalb einer Konzernstruktur gegenseitige Bet und Rückbet auf.

Gegenseitige Beteiligung:

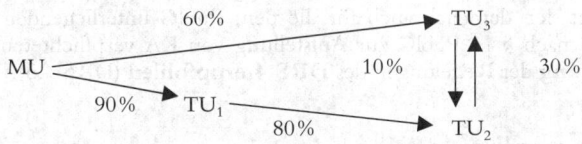

Rückbeteiligungen:
a) TU2 an TU1

b) TU2 an MU

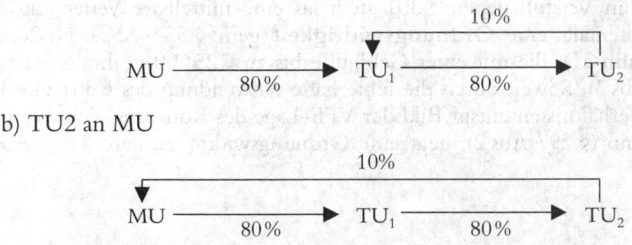

In diesen Fällen ergeben sich die Konzernanteile und die Anteile der anderen Gester am Kapital und Ergebnis nicht mehr „automatisch" im Zuge der Ketten-Kons. Wie schon bei der vorgenannten Struktur (Anm 388) bedarf es gesonderter Ermittlungen, welche Kapital- und Ergebnisanteile auf welche Gester-Gruppe entfallen. Für komplizierte Strukturen eignet sich hierfür insb das **Matrixverfahren.**

Beispiel: Für obige Rückbet Fall a. ergibt sich bspw folgendes:
An E_1 (Ergebnis von TU_1 inkl des Anteils von TU_1 am Ergebnis von TU_2) ist MU mit 80% und die Minderheit an TU_1 mit 10% beteiligt. An E_2 (Ergebnis von TU_2 inkl des Anteils von TU_2 am Ergebnis von TU_1) ist die Minderheit an TU_2 mit 20% beteiligt. Dabei ist

$E_1 = e_1 + 0.8\ E_2$ mit $e_n =$ Ergebnis von TU_n ohne Ergebnis aus
$E_2 = e_2 + 0.1\ E_1$ RückbetVerhältnis
Löst man dies entspr auf, ergeben sich folgende Ergebnisbet:

	e_1	e_2
MU	86,96 %	69,57 %
Minderheit an TU_1	10,87 %	8,69 %
Minderheit an TU_2	2,17 %	21,74 %
	100 %	100 %

Der GFW oder passive Unterschiedsbetrag (und die daraus resultierenden Aufwendungen) aus der KapitalKons des Buchwerts der 10%-Bet an TU_1, die TU_2 hält, sind nach dem Schlüssel für e_2 zu verteilen. Der GFW oder passive Unterschiedsbetrag aus der KapitalKons des Buchwerts der 80%-Bet an TU_2, die TU_1 hält, sind nach dem Schlüssel für e_1 zu verteilen.

Liegt eine Rückbet am MU vor, ist eine Kons nicht zulässig; denn Abs 4 bestimmt (Anm 165 ff), dass diese Anteile als **eigene Anteile** offen vom gezeichneten Kapital des Konzerns abzusetzen sind. Ungeachtet dessen ist uE die bei dem TU gebildete Rücklage für Anteile an einem herrschenden Unt in die KapKons einzubeziehen (Anm 39).

F. Kapitalkonsolidierung nach dem Publizitätsgesetz

392 Das PublG enthält keine eigenen KonsVorschriften. Nach § 13 Abs 2 S 1 PublG gelten für den KA oder Teil-KA die §§ 294 bis 314 sinngemäß. Die KapKons richtet sich demnach auch für die dem PublG unterliegenden MU nach § 301. Den nach § 11 PublG zur Aufstellung von KA verpflichteten MU wird die **Beachtung** der Regelungen des **DRS 4 empfohlen** (DRS 4.5).

G. Rechtsfolgen einer Verletzung des § 301

395 Bei § 301 handelt es sich um eine Konkretisierung der KonsGrundsätze gem § 300 Abs 1. Ein Verstoß gegen § 301 stellt als eine mittelbare Verletzung der Grundnorm ebenfalls eine **Ordnungswidrigkeit** gem § 334 Abs 1 Nr 2c dar (dazu § 334 Anm 21), die mit einer Geldbuße bis zu € 25 000 geahndet werden kann (§ 334 Abs 3). Soweit durch die fehlerhafte Anwendung des § 301 ein den tatsächlichen Verhältnissen entspr Bild der VFE-Lage des Konzerns nicht vermittelt werden kann (§ 297 Abs 2), liegt eine Ordnungswidrigkeit gem § 334 Abs 1 Nr 2b vor.

H. Abweichungen der IFRS

Schrifttum: *Lüdenbach/Hoffmann* Beziehungen zum erworbenen Unternehmen (preexisting relationships) bei der Erstkonsolidierung nach IFRS 3 BB 2005, 651 ff; *Weiser* Earnout-Unternehmenserwerbe im Konzernabschluss nach US-GAAP, IFRS und HGB/DRS WPg 2005, 269 ff; *Andrejewski/Kühn* Grundzüge und Anwendungsfragen des IFRS 3 Der Konzern 2005, 221 ff; *Andrejewski* Bilanzierung der Zusammenschlüsse von Unternehmen unter gemeinsamer Beherrschung als rein rechtliche Umgestaltung BB 2005, 1436 ff; *IDW RS HFA 16* Bewertungen bei der Abbildung von Unternehmenserwerben und bei Werthaltigkeitsprüfungen nach IFRS WPg 2005, 1415 ff; *Weiser* Die bilanzielle Abbildung umgekehrter Unternehmenserwerbe im Rahmen der Rechnungslegung nach IRFS KoR 2005, 487 ff; *Milla/Butollo* Übergangskonsolidierung nach IFRS bei Veränderungen der Beteiligungshöhe mit Statuswechsel IRZ 2007, 81 ff; *Erb/von Oertzen* Bewertung von Auftragsbeständen im Rahmen der Purchase Price Allocation nach IFRS 3 IRZ 2007, 155 ff; *Fröhlich* Zwischengewinne bei Geschäften mit Tochterunternehmen mit Minderheitsgesellschaftern IRZ 2007, 357 ff; *Beyhs/Wagner* Die neuen Vorschriften des IASB zur Abbildung von Unternehmenszusammenschlüssen DB 2008, 73 ff; *Hachmeister* Neuregelung der Bilanzierung von Unternehmenszusammenschlüssen nach IFRS 3 (2008) IRZ 2008, 115 ff; *Hendler/Zülch* Unternehmenszusammenschlüsse und Änderung von Beteiligungsverhältnissen bei Tochterunternehmen – die neuen Regelungen des IFRS 3 und IAS 27 WPg 2008, 484 ff; *Watrin/Hoehne* Endkonsolidierung von Tochterunternehmen nach IAS 27 (2008) WPg 2008, 695 ff; *Schultze/Kafadar/Thiericke* Die Kaufpreisallokation bei Unternehmenszusammenschlüssen nach IFRS 3 (aF) und IFRS 3 (rev. 2008) DStR 2008, 1348; *Buschhüter/Senger Common Control Transactions* IRZ 2009, 23 ff; *Sandleben/Wittmann* Die Auswirkung der Neuregelung von IFRS 3 (rev 2008) und IAS 27 (rev 2008) auf die *At-equity*-Bilanzierung IRZ 2009, 280 ff; *Buschhüter* Bilanzierung von Unternehmenszusammenschlüssen IRZ 2009, 297 ff; *Gaßmann* Bilanzielle Abbildung von Preisanpassungsklauseln Hamburg 2009; *Watrin/Hoehne/Rieger* Übergangskonsolidierung nach IAS 27 (2008) – Übergang von der Vollkonsolidierung auf die Bilanzierung nach der Equity-Methode IRZ 2009, 305 ff und 359 ff; *Wirth* Die Bilanzierung von sukzessiven Anteilserwerben nach Control-Erlangung unter Geltung von Business Combinations Phase II – Ein Informationsgewinn für den Konzernabschluss? in: Berichterstattung für den Kapitalmarkt FS Küting, Stuttgart 2009, 369 ff; *Brune* Einbeziehung von Bestandteilen des Other Comprehensive Income in den Erfolg aus einer Downstream-Übergangskonsolidierung IRZ 2010, 159 ff; *Zwirner* Full Goodwill nach IFRS 3: Keine verbesserte Vergleichbarkeit von Unternehmensakquisitionen KoR 2010, 41 ff; *Schmidt/Reinholdt* Eventualschulden/-forderungen bei Unternehmenszusammenschlüssen und im Einzelabschluss nach IFRS IRZ 2011, 215 ff; *Küting, P* Quo vadis? – Common Control vs. Separate Reporting Entity Approach: zum Teilkonzern-(miss-)verständnis nach IFRS IRZ 2012, 151 ff; *Küting, K* Variable Kaufpreisvereinbarungen bei Unternehmenszusammenschlüssen nach IFRS 3 KoR 2012, 394 ff; *Zwirner/Mugler* Kaufpreisallokation und Impairment-Test KoR 2012, 425 ff; *Oser* Auf- und Abstockung von Mehrheitsbeteiligungen nach IAS 27 IRZ 2012, 325 ff; *Senger* Klassifizierung von bedingten Zahlungen im Zusammenhang mit einem Unternehmenserwerb - Gegenleistung für den Unternehmenserwerb oder Entlohnung für die Tätigkeit nach dem Unternehmenserwerb? IRZ 2012, 371 f; *Scharzkopf* Anteile nicht beherrschender Gesellschafter: Bilanzierung nach betriebswirtschaftlichen Grundsätzen und Vorschriften der IFRS Hamburg 2013.

Standards: IFRS 3 Unternehmenszusammenschlüsse *(Business Combinations)* (rev 2008); IAS 27 Konzern- und Einzelabschlüsse *(Consolidated and Separate Financial Statements)* (rev 2008); IFRS 10 Konzernabschluss *(Consolidated Financial Statements)* (2011).

I. Allgemeines

Mit dem am 10.1.2008 vom IASB verabschiedeten IFRS 3 *Business Combinations* (rev 2008) wurde die **Phase II** des **Konvergenzprojekts** mit dem FASB zur Harmonisierung der internationalen Konzernrechnungslegung abgeschlossen (s dazu auch *Bryois* IRZ 2008, 281; *Buschhüter* IRZ 2009, 297). **IFRS 3 (rev 2008)** wurde nach Abschluss des Komitologieverfahrens mit Wirkung vom 12.6.2009 durch EU-VO in das europäische Bilanzrecht übernommen (*endorsed;* s ABl EU 2009, L 149/22 ff). Im Juli 2013 hat das IASB mit dem *post-implementation review* des IFRS 3 begonnen.

IFRS 3 sieht für alle UntZusammenschlüsse die **verpflichtende** Anwendung der **Erwerbsmethode** *(acquisition method)* vor (IFRS 3.4; zum umgekehrten Unt-Erwerb *(reverse acquisition)* s Anm 514 ff). Nach HGB hat die KapKons ebenfalls ausschließlich nach der Erwerbsmethode (§ 301) zu erfolgen (s Anm 3 f).

Die Regelungen des IFRS 3 (rev 2008) sind verpflichtend auf UntZusammenschlüsse **anzuwenden,** deren Erwerbszeitpunkt (s Anm 416) in einem Gj liegt, das am oder nach dem 1.7.2009 beginnt (IFRS 3.64). Die Regelungen in IFRS 3 waren **prospektiv** anzuwenden, dh die Bilanzierung von im Rahmen früherer UntZusammenschlüsse erworbenen Vermögenswerten und Schulden war nicht anzupassen (IFRS 3.65). Zu Ausnahmen für latente Steuervorteile (Anm 465) und bestimmte Eventualschulden aus früheren UntZusammenschlüssen s Anm 432.

II. Anwendungsbereich

405 IFRS 3 ist auf alle Arten von UntZusammenschlüssen anzuwenden, bei denen ein Geschäftsbetrieb (s Anm 407f) und nicht nur eine Gruppe von Vermögenswerten (s Anm 409) erworben wird (IFRS 3.3). Dies kann entweder in Form eines Anteilserwerbs *(share deal)*, durch den ein Mutter-Tochterverhältnis begründet wird, oder durch Erwerb eines Reinvermögens ohne eigene Rechtspersönlichkeit *(asset deal)* im Wege der Einzelrechtsnachfolge oder der Gesamtrechtsnachfolge (zB Verschmelzung), erfolgen (IFRS 3.B6).

Die Erwerbsmethode nach § 301 gilt formal nur für die VollKons von TU. Eine analoge Anwendung auf den Erwerb eines Reinvermögens im Wege eines *asset deal* ist jedoch zulässig und darf für Zwecke des KA neu und unabhängig von der Abbildung des Vermögensübergangs im JA erfolgen (s DRS 4.1b), .1c); Anm 22, 25).

Vom Anwendungsbereich des IFRS 3 **ausgenommen** sind nach IFRS 3.2 ua Zusammenschlüsse:
– durch die ein GemUnt entsteht und
– von Unt unter gemeinsamer Beherrschung (s Anm 524 ff).

406 Auf UntZusammenschlüsse, an denen nur genossenschaftlich organisierte Unt *(mutual entities)* beteiligt sind oder die auf rein vertraglicher Basis erfolgen **(Vertragskonzern)** sind die Regelungen des IFRS 3 anzuwenden, wenn sie in Gj, die am oder nach dem 1.7.2009 beginnen, erfolgen (IFRS 3.B68). Für Altfälle darf nach IFRS 3.66 iVm .B69 die bisherige Einstufung des UntErwerbs, zB als Erwerb oder Interessenzusammenführung, beibehalten und die Wertansätze der Vermögenswerte und Schulden fortgeführt werden. Dies gilt grds auch für einen etwaigen *goodwill,* der allerdings nicht länger planmäßig abgeschrieben werden darf (*Buschhüter* IRZ 2009, 300; *Baetge/Hayn/Ströher* Komm IFRS[2] IFRS 3 Anm 442).

407 IFRS 3.B7 definiert den Begriff **Geschäftsbetrieb** *(business)* iSv IFRS 3.3 als integrierte Gruppe von Tätigkeiten und Vermögenswerten, die mit dem Ziel geführt und geleitet werden, Erträge für Investoren zu generieren, die den Eigentümern oder anderen Parteien als Dividenden, niedrigere Kosten oder sonstige wirtschaftliche Vorteile zugehen (IFRS 3.A). Ein Geschäftsbetrieb besteht im Allgemeinen aus Ressourceneinsätzen *(inputs),* darauf anzuwendenden Verfahren und den daraus resultierenden Leistungen *(outputs),* die gegenwärtig oder künftig verwendet werden, um Erträge *(revenues)* zu erzielen. Die Erbringung von Leistungen ist aber kein zwingendes Kriterium für einen Geschäftsbetrieb (IFRS 3.B7). Der Erwerb eines Geschäftsbetriebs ist nicht bereits deshalb ausgeschlossen, weil:
– nicht alle Teile der betrieblichen Systeme und nicht das gesamte Seniormanagement vom Erwerber übernommen werden (IFRS 3.B8) und deshalb der erworbene Geschäftsbetrieb ohne eine Integration in das erwerbende Unt nicht „lebensfähig" *(self-sustaining)* wäre (*Andrejewski/Kühn* Der Konzern 2005, 226) oder
– sich der Geschäftsbetrieb noch in der Aufbauphase *(development stage)* befindet und deshalb nur geringe oder noch keine Leistungen in Form von Produkten oder Dienstleistungen erzeugt (IFRS 3.B10; *Baetge/Hayn/Ströher* in Komm IFRS[2] IFRS 3 Anm 60).

Andererseits wird ein Geschäftsbetrieb zB dann nicht vorliegen, wenn die erworbene Tätigkeit sich ausschließlich auf die Verwaltung der dazugehörigen Vermögenswerte beschränkt oder rein verwaltende Tätigkeiten (zB Buchführung, Inkasso oder Lohnabrechnung) umfasst (*Senger/Brune* in Beck IFRS[4] § 34 Anm 5 unter Verweis auf IFRS 3.B7(b)). Etwaige (subjektive) Absichten des Erwerbers, zB die betr Vermögenswerte in den eigenen Produktions-/Vermarktungsprozess zu integrieren, bleiben in diesem Fall unberücksichtigt (so *Hommel/Benkel/Wich* BB 2004, 1268; *Schmidbauer* DStR 2005, 122).

Ein Geschäftsbetrieb liegt nach IFRS 3.B12 insb dann vor, wenn zu den erworbenen Aktivitäten und Vermögenswerten ein *goodwill* gehört. Ein *goodwill* ist dabei aber nicht bereits dann anzunehmen, wenn aufgrund einer starken Verhandlungsposition des Verkäufers oder aufgrund der subjektiven Erwartungen des Erwerbers ein Mehrpreis oberhalb der summierten Zeitwerte zustande kommt, sondern nur dann, wenn erkennbar ist, dass damit zusätzlich Vorteile (zB Synergieeffekte), die einen ökonomischen Wert verkörpern, abgegolten werden (so *Andrejewski/Kühn* Der Konzern 2005, 225). Ein Indiz hierfür kann zB sein, wenn zusammen mit dem Reinvermögen ein eingespielter und für seine Aufgaben spezialisierter Mitarbeiterstamm übernommen wird (glA *Senger/Brune* in Beck IFRS[4] § 34 Anm 9 mwN). Im Übrigen ist zu beachten, dass das Entstehen eines *goodwill* im Zuge der Erwerbsbilanzierung **keine notwendige Bedingung** für das Vorliegen eines UntZusammenschlusses ist, dies wird durch IFRS 3.B12 ausdrücklich klargestellt.

Wird kein Geschäftsbetrieb, sondern lediglich eine **Gruppe von Vermögenswerten** oder ein Nettovermögen erworben, ist der Gesamtkaufpreis auf die einzelnen Vermögenswerte und ggf Schulden nach dem relativen Verhältnis ihrer Zeitwerte zu verteilen, ein *goodwill* darf in diesem Fall nicht angesetzt werden (IFRS 3.2b)). Diese Vorgehensweise gilt auch bei überhöhten AK, dh wenn der Kaufpreis die Summe der Zeitwerte der erworbenen Vermögenswerte übersteigt. Dann wird aber unmittelbar nach dem Zugang zu prüfen sein, ob eine außerplanmäßige Wertminderung nach IAS 36 geboten ist (*ADS* Int Abschn 9 Anm 21).

Nach HGB darf bei der Aufteilung eines Gesamtkaufpreises auf mehrere VG der einzelne VG höchstens zum beizZW angesetzt werden (zB *ADS*[6] § 255 HGB Anm 106). Der Betrag, um den der Gesamtkaufpreis die Summe der Zeitwerte übersteigt, ist sofort als Aufwand zu erfassen, da der Ansatz eines GFW nach § 246 Abs 1 S 4 nicht in Betracht kommt, weil dies den Erwerb eines Unt voraussetzt, dh einer Sachgesamtheit, die alle betriebsnotwendigen Grundlagen besitzt, um selbständig am Wirtschaftsverkehr teilzunehmen (s dazu § 247 Anm 420).

III. Erwerbsbilanzierung

1. Identifikation des Erwerbers

Nach IFRS 3.6 ist bei allen UntZusammenschlüssen ein Erwerber zu bestimmen, auch wenn dies in bestimmten Konstellationen, zB bei Zusammenschlüssen unter Gleichen *(merger of equals)*, schwierig sein kann (s auch *Berndt/Gutsche* MünchKomm BilR IFRS 3 Anm 56). Die Identifikation eines Erwerbers ist deshalb bedeutsam, weil nach der Erwerbsmethode die Vermögenswerte, Schulden und Eventualschulden des erworbenen Unt zum beizZW im Erwerbszeitpunkt (Anm 415) zu bewerten sind, während für die Vermögenswerte und Schulden des Erwerbers die bisherigen (Konzern-)Buchwerte fortzuführen sind (IFRS 3.18). **Erwerber** ist das Unt, das die Beherrschung über das erworbene Unt erlangt.

413 Bei der Bestimmung des Erwerbers ist im IFRS-KA der **wirtschaftliche Gehalt** des UntZusammenschlusses ausschlaggebend (zum umgekehrten UntErwerb s Anm 514 ff). Nach IFRS 3.7 sind die Leitlinien des IFRS 10 für die Identifizierung des Erwerbers zugrunde zu legen. Wenn diese nicht ausreichen, um den Erwerber eindeutig zu bestimmen, sind ergänzend die Faktoren in IFRS 3.B14 ff zu berücksichtigen. Danach wird ua vermutet, dass der Erwerber bei einem UntZusammenschluss dasjenige Unt ist, das:
- einen größeren Zeit-/Ertragswert aufweist,
- eine Gegenleistung in Form von Zahlungsmitteln, Zahlungsmitteläquivaleten oder sonstigen Vermögenswerten erbringt oder Schulden eingeht,
- dessen gezeichnetes Kapital bei einem Erwerb durch Sacheinlage erhöht wird,
- das den UntZusammenschluss veranlasst hat oder
- nach der Transaktion die Geschäftsführung der zusammengeschlossenen Unt stellt bzw bestimmt.

Im Unterschied dazu wird die Unterscheidung zwischen Erwerber und erworbenem Unt im **HGB**-KA ausschließlich auf der Grundlage eines formalrechtlichen Unterordnungsverhältnisses (Mutter-Tochterverhältnis iSv § 290) getroffen.

2. Erwerbszeitpunkt

416 Die ErstKons, dh die Entscheidung über die anzusetzenden, erworbenen Vermögenswerte und Schulden sowie deren Zugangsbewertung mit dem beizZW, hat nach IFRS 3.10, .18 ausschließlich auf den Erwerbszeitpunkt *(acquisition date)* zu erfolgen (zur vorläufigen Erwerbsbilanzierung s Anm 460 ff). Erwerbszeitpunkt ist der Zeitpunkt an dem der Erwerber die **Beherrschung** über das TU erlangt (IFRS 3.8). Ebenso wie nach HGB ist hierfür eine wirtschaftliche (Gesamt-)Betrachtung aller Umstände des Einzelfalls erforderlich (so auch *Senger/Brune* in Beck IFRS[4] § 34 Anm 58). Der Erwerbszeitpunkt kann deshalb auch vor dem rechtlichen Übergang der UntAnteile liegen (IFRS 3.9; zu Einzelfragen (Zustimmungsvorbehalte, behördliche Genehmigungen) s *Andrejewski/Kühn* Der Konzern 2005, 227 f). Auch nach IFRS kann durch schuldrechtliche Vereinbarungen kein vor dem Abschluss des Verpflichtungsgeschäfts liegender Zeitpunkt als Erwerbszeitpunkt bestimmt werden. Ab dem Erwerbszeitpunkt sind die Vermögenswerte und Schulden sowie die damit korrespondierenden Erträge und Aufwendungen eines TU als solche in den KA zu übernehmen.

417 **Erleichterungen** bei der Wahl des ErstKonsZeitpunkts, wie sie in § 301 Abs 2 S 3 und 4 enthalten sind, zB Zeitpunkt der erstmaligen Einbeziehung bei erstmaliger KA-Pflicht oder vorheriger Inanspruchnahme eines Einbeziehungswahlrechts nach § 296 (dazu Anm 135 ff), sind nach IFRS **nicht vorgesehen**. Bei unterjähriger Erlangung von Beherrschung ist die Aufstellung eines Zwischenabschlusses des TU erforderlich (dazu Anm 146).

3. Ansatz der erworbenen Vermögenswerte und übernommenen Schulden

420 Nach IFRS 3.10 ff sind in der Konzernbilanz im Erwerbszeitpunkt (s Anm 416) die aus Konzernsicht erworbenen Vermögenswerte und übernommenen (Eventual-)Schulden zu erfassen, wenn sie aus Sicht eines hypothetischen Erwerbers die Ansatzkriterien des *framework* erfüllen und sie auch Teil des UntZusammenschlusses sind (zur Negativabgrenzung s Anm 455 ff).
- Ein **Vermögenswert** ist eine Ressource, die auf Grund von Ereignissen der Vergangenheit in der Verfügungsmacht steht, und von der erwartet wird, dass dem Unt aus ihr ein künftiger wirtschaftlicher Nutzen zufließt.

– Eine **Schuld** ist eine gegenwärtige Verpflichtung des Unt, die aus Ereignissen der Vergangenheit entstand und deren Erfüllung für das Unt erwartungsgem mit einem Abfluss von Ressourcen mit wirtschaftlichten Nutzuen verbunden ist.

Ob die Vermögenswerte und Schulden auch schon im Abschluss des erworbenen Unt angesetzt waren, ist dabei nicht erheblich (IFRS 3.13). Im Unterschied zu HGB gelten neben dieser grds Regelung für bestimmte Arten von Vermögenswerten und Schulden besondere Ansatzvorschriften (s Anm 430) sowie einige Ausnahmeregelungen (s Anm 431 f).

Nachdem der *goodwill* im IFRS-KA nicht mehr planmäßig, sondern nur noch ggf außerplanmäßig abzuwerten ist *(impairment only approach;* s dazu § 309 Anm 35 ff), hat ferner die Abgrenzung immaterieller Vermögenswerte vom *goodwill* nach IFRS erheblich größere Bedeutung als nach HGB (IFRS 3.BC157 ff; *Heuser/Theile*[4] Tz 3290 f; *Baetge/Hendler/Jonas* in Bilanzrecht § 301 Anm 540). **Immaterielle Vermögenswerte** sind gesondert vom *goodwill* anzusetzen, wenn sie identifizierbar sind (IAS 38.12). Dies ist nach IFRS 3.B31 iVm IAS 38.12 der Fall, wenn der Vermögenswert: **421**

– *separierbar* ist, dh getrennt von Unt, alleine oder gemeinsam mit anderen Vermögenswerten veräußert, lizensiert, verpachtet, getauscht werden kann *oder*
– auf einem vertraglichen oder sonstigen Recht beruht *(contractual legal-*Kriterium).

Ist das Kriterium der Identifizierbarkeit erfüllt, müssen die weiteren *Voraussetzungen* eines immateriellen Vermögenswerts (künftiger wirtschaftlicher Nutzen und verlässliche Bewertung) iE nicht mehr gesondert geprüft werden, sondern werden nach IAS 38.33 als erfüllt angesehen (s auch *Hachmeister/Schwarzkopf* in Beck HdR C 402 Anm 84 ff). Die Unsicherheit des künftigen Nutzenzuflusses wird bei der Ermittlung des beizZW des immateriellen Vermögenswerts berücksichtigt (IAS 38.35; s *Berndt/Gutsche* MünchKomm BilR IFRS 3 Anm 74).

Nach **HGB** muss dagegen auch die selbständige Bewertbarkeit (hinreichend wahrscheinlicher und verlässlich bestimmbarer künftiger Nutzenzufluss) gegeben sein, damit ein immaterieller VG bei einem UntErwerb vom GFW abgegrenzt werden kann (s § 247 Anm 410; glA *Hommel/Benkel/Wich* BB 2004, 1268 f; ausführlich dazu auch PwC BilMoG Komm, E Anm 58 ff).

Die vereinfachten Ansatzvoraussetzungen für immaterielle Vermögenswerte **422** (Anm 421) können zB dazu führen, dass auch angearbeitete **Forschungs- und Entwicklungsprojekte** *(in-process research and development projects)* im Rahmen eines UntZusammenschlusses nach IFRS gesondert anzusetzen sind (IFRS 3.B32 ff; IAS 38.34). Weitere Ausgaben für diese Projekte, die nach dem Erwerbszeitpunkt anfallen, sind nach IAS 38.42 im IFRS-KA nach den gleichen Grundsätzen wie originäre FuE-Kosten zu behandeln.

Sofern die im Rahmen des UntErwerbs erlangten (Zwischen-)Ergebnisse aus FuE-Arbeiten einzelverwertbare immaterielle VG darstellen oder deren Entstehung im Zugangszeitpunkt wahrscheinlich ist, besteht nach **HGB** Ansatzpflicht (PwC BilMoG Komm, E Anm 51, 63). Andernfalls handelt es sich hierbei um einen unselbständigen Bestandteil des GFW. Auch wenn § 248 Abs 2 S 1 iVm § 255 Abs 2a S 1, der auf Ebene des TU die Aktivierung von eigenen Forschungskosten verbietet, nicht in Betracht kommt, weil aus Konzernsicht ein entgeltlicher Erwerb vorliegt und insofern Bilanzierungspflicht besteht (§ 246 Abs 1 S 1), ist ein wichtiges Indiz für das Vorliegen eines getrennt vom GFW anzusetzenden immateriellen VG, wenn auf Ebene des erworbenen TU im Zugangszeitpunkt die Entwicklungsphase iSv § 255 Abs 2a S 2 bereits begonnen hat.

Der **Mitarbeiterstamm** *(assembled workforce),* der es ermöglicht, das Geschäft **423** des erworben Unt fortzuführen, darf in der Neubewertungsbilanz nicht getrennt vom *goodwill* als immaterieller Vermögenswert angesetzt werden (IFRS 3.B37). Ausschlaggebend dafür ist, dass der Erwerber keine oder nur unzureichende Kontrolle über die mit den einzelnen Mitarbeitergruppen verbundenen Vorteile hat bzw der Mitarbeiterstamm auch nicht einzeln oder zusammen mit anderen Vermögenswerten vom erworbenen Unt separiert werden kann (*Baetge/Hayn/Ströher* in Komm IFRS[2] IFRS 3 Anm 187). Auch nach HGB gehen derartige wirtschaftliche Vorteile im GFW auf (s § 309 Anm 5; PwC BilMoG Komm, Q Anm 409 f).

Während nach HGB ein im JA bilanzierter GFW auch in die Neubewertungsbilanz übernommen werden darf (s dazu Anm 68), ist dies für einen im IFRS-EA des TU bilanzierten *goodwill* nicht zulässig (s PwC MoA, Anm 25.90).

424 Eine beispielhafte Darstellung möglicher immaterieller Vermögenswerte, die **getrennt** vom *goodwill* **anzusetzen** sind, ist in IFRS 3 *Illustrative Examples* (IE 16 ff) enthalten, wobei im Einzelnen folgende Kategorien unterschieden werden (s dazu auch *Senger/Brune* in Beck IFRS[4] § 34 Anm 102 ff):
– absatzmarktbezogene Werte (zB Firmennamen, Marken, Internet-Domänen),
– kundenbezogene Werte (zB Kundenlisten, Auftragsbestand (s Anm 425), vertragliche und nicht vertraglich gesicherte Kundenbeziehungen (Anm 335)),
– künstlerische Werte (zB Opern, Bücher, Bilder, Filme),
– auf Verträgen beruhende Werte (zB Lizenzvereinbarungen, Nutzungsrechte, Mietverträge; s Anm 427) und
– technologiebasierte Werte (zB Patente, Software, Datenbanken, Betriebsgeheimnisse).

425 Bei dem **Auftragsbestand** *(order or production backlog)* handelt es sich um einen vertraglich gesicherten, unter der Verfügungsmacht des Erwerbers stehenden immateriellen Vermögenswert, für den im Rahmen eines UntZusammenschlusses Ansatzpflicht besteht und zwar auch dann, wenn die Aufträge noch storniert werden können (IFRS 3.IE.25; zur Bewertung s *Erb/von Oertzen* IRZ 2007, 156 ff).

Auch nach **HGB** wird überwiegend die Aktivierung des im Rahmen eines UntErwerbs (entgeltlich) erworbenen Auftragsbestands als immaterieller VG befürwortet (s § 247 Anm 392; *Baetge/Fey/Weber* in HdR[5] § 248 Anm 44); teilweise wird dies aber auch abgelehnt, weil es sich um eine Abgeltung von Auftragserlangungskosten handele (§ 255 Abs 2 S 5 aF), und stattdessen die Einbeziehung in den GFW gefordert (ADS[6] § 246 Anm 42). Ferner wird nach HGB die Ansicht vertreten, dass es sich bei dem Entgelt für den Auftragsbestand um zusätzliche AK für übernommene unfertige Aufträge handelt *(Förschle/Kropp/Schellhorn* in Sonderbilanzen[4] D Anm 139).

426 Ein **Kundenstamm** gehört zu den geschäftswertbildenden Faktoren und wird daher im Zuge der KapKons nach HGB nicht gesondert angesetzt (s § 247 Anm 410; Anm 75). Demggü ist nach IFRS ein immaterieller Vermögenswert für idR längerfristige *Vertragskundenbeziehungen* anzusetzen (IFRS 3.IE26) und zwar auch dann, wenn im Erwerbszeitpunkt keine konkreten Verträge zu den Kunden bestehen, aber das erworbene TU bzw der betr Kunde (nachweislich) regelmäßig und direkt miteinander in Kontakt treten (IFRS 3.IE28 ff; kritisch dazu *Baetge/Hayn/Ströher* in Komm IFRS[2] IFRS 3 Tz 177; *Heuser/Theile*[4] Tz 3301 ff: Übertragung solcher Kundenbeziehungen losgelöst vom Geschäftsbetrieb idR ausgeschlossen). Für *nichtvertragliche Kundenbeziehungen* ist ein immaterieller Vermögenswert anzusetzen, wenn das Separierungskriterium erfüllt wird, zB weil nachgewiesen werden kann, dass gleichartige oder ähnliche Kundenbeziehungen außerhalb von UntZusammenschlüssen gehandelt werden (IFRS 3.IE31; IAS 38.16).

427 Weiter sind in einer IFRS-Neubewertungsbilanz für schwebende Verträge immaterielle Vermögenswerte anzusetzen, wenn deren Konditionen gemessen an den

aktuellen Marktbedingungen günstig sind, dies wird in IFRS 3.B29 am Bsp eines Operating-Leasingverhältnisses ausdrücklich klargestellt (ausführlich zu marktpreisorientierten Bewertungsverfahren s IDW RS HFA 16, Tz 22 ff). Als **günstige Verträge** *(beneficial contracts)* kommen dabei alle Arten von schwebenden Absatz- oder Beschaffungsverträgen, auch Arbeitsverträge in Betracht (s zB IFRS 3.IE34). Günstige (Rahmen-)Absatzverträge, die keine konkreten Abnahmepflichten der Vertragspartner enthalten, gehen dagegen im *goodwill* auf. Gleiches gilt für ersparte Vertragsanbahnungskosten für marktübliche Absatz- oder Beschaffungsverträge, sofern der damit verbundene geldwerte Vorteil nicht zusammen mit dem Auftragsbestand (Anm 425) oder mit den sonstigen Vertragskundenbeziehungen (Anm 426) zu berücksichtigen ist.

Nach **HGB** kommt bei einem UntErwerb mit Rücksicht auf die steuerrechtliche Rspr ein gesonderter Ansatz von günstigen Absatzverträgen (Belieferungsrechte, Kundenaufträge) nur in Betracht, wenn ihnen mit der erforderlichen Sicherheit ein Teil der Gesamt-AK zugeordnet werden kann. Von der selbständigen Bewertbarkeit ist zB dann auszugehen, wenn für derartige Verträge Einzelveräußerungen in der Praxis auch häufiger vorkommen (s auch PwC BilMoG Komm, E Anm 58 ff). Vorteile aus günstigen (Ver-)Mietverträgen werden nicht gesondert bilanziert, sondern bei der Zugangsbewertung des vermieteten VG berücksichtigt (s Anm 82). Bei günstigen Beschaffungs- sowie Arbeitsverträgen handelt es sich dagegen regelmäßig um nicht selbständig bewertbare, geschäftswertbildende Faktoren (§ 247 Anm 392, 408 f).

Ebenso wie nach HGB sind **belastende Verträge** *(onerous contracts)* in der Neubewertungsbilanz nach IFRS mit dem Barwert des aus der Abwicklung drohenden Verpflichtungsüberschusses zu passivieren, wobei hierfür bereits im HGB-JA bzw IFRS-EA des erworbenen Unt eine Passivierungspflicht besteht (zu den Ansatzvoraussetzungen § 249 Anm 338; ADS *Int* Abschn 18 Anm 143 ff; IDW RS HFA 4, Tz 15 ff). Im Verhältnis zu den aktuellen Marktkonditionen **ungünstige Verträge** *(unfavorable contracts)* sind ebenfalls als Schuld zu berücksichtigen, auch wenn sie nicht belastend sind (IFRS 3.B29; aA *Lüdenbach/Freiberg* KoR 2005, 193 f: Teil der Residualgröße). Bei dem im Erwerbszeitpunkt passivierten Betrag handelt es sich um keine Schuld iSv IAS 37. In wirtschaftlicher Betrachtungsweise macht der Erwerber beim UntZusammenschluss einen Ausgleich für die Fortführung des ungünstigen Vertrags geltend. Dieser Betrag wird im Rahmen der Erwerbsbilanzierung abgegrenzt und ist nach Maßgabe der Vertragserfüllung zu vereinnahmen, dh bei Dauerschuldverhältnissen zB über die Restlaufzeit des Vertrags. 428

Restrukturierungsrückstellungen sind nur dann im Rahmen der Erwerbsbilanzierung zu berücksichtigen, wenn die Ansatzvoraussetzungen nach IAS 37. 72.–83 (s zB § 249 Anm 339; ADS *Int* Abschn 18 Anm 186 ff) bereits im Erwerbszeitpunkt erfüllt sind. Vom Erwerber nach dem UntZusammenschluss beabsichtigte Restrukturierungsmaßnahmen stellen keine Schuld im Erwerbszeitpunkt dar (IFRS 3.11). Eine angekündigte Restrukturierung, deren Durchführung an das Zustandekommen des UntZusammenschlusses anknüpft, darf auch nicht als Eventualschuld (s Anm 432 f) berücksichtigt werden (s *Heuser/Theile*[4] Tz 3343; *Baetge/Hayn/Ströher* in Komm IFRS[2] IFRS 3 Anm 238). Auch nach HGB kommt eine Passivierung von Restrukturierungsrückstellungen in der Neubewertungsbilanz nicht in Betracht, weil es sich hierbei idR im ErstKonsZeitpunkt nur um eine Innenverpflichtung des Erwerbers handelt (s Anm 65 f). 429

Dagegen sind vertragliche Verpflichtungen des erworbenen Unt ggü Mitgliedern des Vorstands oder Arbeitnehmern, deren Entstehung aufschiebend bedingt für den Fall eines UntZusammenschlusses zugesagt wurde *(change of control)* – wie nach HGB (s Anm 64) – als Schuld in Neubewertungsbilanz zu erfassen (glA *PwC* MoA, 25.89; *Baetge/Hayn/Ströher* in Komm IFRS[2] IFRS 3 Anm 240).

§ 301   430–433

430 Für folgende Sachverhalte gelten **besondere Ansatzvorschriften:**
- Nach IFRS 3.17a) hat die Einordnung von **Leasingverträgen** des erworbenen TU nach IAS 17 zu erfolgen (s § 246 Anm 165 ff). Auch nach HGB wird die Zuordnung des wirtschaftlichen Eigentums für Leasingverträge des TU nicht neu aus Anlass des UntErwerbs beurteilt, sondern nur dann, wenn sich dessen Konditionen geändert haben. Ferner wird in IFRS 3.B28 klargestellt, dass für das aus einem *Operating*-Leasingvertrag des TU als Leasingnehmer resultierende Nutzungsrecht als solches kein immaterieller Vermögenswert und keine Schuld anzusetzen ist (s *Hendler/Zülch* WPg 2008, 486 f). Davon unberührt bleibt die Behandlung als günstiger oder ungünstiger Vertrag (Anm 427 f), wenn die Konditionen des Leasingvertrags von den Marktkonditionen im Erwerbszeitpunkt abweichen. Ist das TU Leasinggeber bei einem *Operating*-Leasingvertrag, sind etwaige Vor- oder Nachteile des Vertrags im Verhältnis zu den Marktkonditionen im Zeitpunkt des UntZusammenschlusses dagegen nicht gesondert anzusetzen, sondern im beizZW des vermieteten Vermögenswerts zu berücksichtigen (IFRS 3.B42). Dieser Vor- oder Nachteil ist in der Folge als separate Komponente des Vermögenswerts zu behandeln, die über die Dauer seiner Wirksamkeit oder die kürzere Restnutzungsdauer des Vermögenswerts abzuschreiben ist (*PwC* MoA, Anm 25.177).
- Hat das MU dem späteren TU vor dem UntZusammenschluss ein (Nutzungs-) Recht, zB im Rahmen eines Franchise-Vertrags, gewährt, wird dieses **zurückerworbene Recht** *(reacquired right)* als immaterieller Vermögenswert gesondert vom *goodwill* angesetzt (IFRS 3.B35 f). Zur Zugangsbewertung s Anm 439.

431 Ferner gelten Ausnahmen beim Ansatz für **latente Steuern**, die nach IAS 12 zu erfassen sind (IFRS 3.24 f). Nach IFRS 3.27 setzt der Erwerber **Erstattungsansprüche** aufgrund ungewisser künftiger Ereignisse an, soweit auch die Schuld, auf die sich die Erstattungszusage bezieht, zB Mehrsteuern aufgrund einer steuerrechtlichen Bp für die Zeit bis zum Anteilsverkauf, angesetzt wird. Entspr ist auch nach HGB zu verfahren. Bislang wurde zT auch die „Gegenrechnung" derartiger Erstattungsansprüche im Rahmen der Bewertung der entspr Verpflichtungen befürwortet (s § 253 Anm 157).

432 Für Eventualschulden *(contingent liabilities)*, dh auf vergangenen Ereignissen beruhende bedingte Verpflichtungen oder andere unbedingte Verpflichtungen, bei denen eine Inanspruchnahme nicht wahrscheinlich ist oder deren Höhe nicht verlässlich geschätzt werden kann (IAS 37.10), besteht im IFRS-Abschluss nach IAS 37.27 ein Ansatzverbot (s § 249 Anm 337; ADS *Int* Abschn 18 Anm 28 f). Das Ansatzverbot für die noch von künftigen Ereignissen abhängigen Eventualschulden (bedingte Verpflichtungen; *possible obligations*), zB Garantiezusagen, gilt auch anlässlich eines UntZusammenschlusses, dh diese möglichen Verpflichtungen gehen im *goodwill* auf.

Dagegen sind **(unbedingte) Eventualschulden** *(present obligation)*, zB Verpflichtungen aufgrund eines Rechtsstreits, im Rahmen der Erwerbsbilanzierung nach IFRS 3.23, als Schuld anzusetzen, wenn ihr beizZW, dh der Betrag, den ein Dritter bei einer Übernahme der entspr Verpflichtung verlangen würde, verlässlich geschätzt werden kann, nachdem diese potenziellen Verpflichtungen im Kaufpreiskalkül berücksichtigt wurden (*Hommel/Benkel/Wich* BB 2004, 1271 f; zur FolgeKons s Anm 472). Die Wahrscheinlichkeit eines Nutzenabflusses ist dabei kein Ansatzkriterium, sondern im Rahmen der Bewertung der Eventualschuld zu berücksichtigen (*Berndt/Gutsche* MünchKomm BilR IFRS 3 Anm 68 f).

433 Nach **HGB** gehen „Eventualschulden", sofern hierfür nach den allgemeinen Grundsätzen keine Schuld anzusetzen ist, dagegen grds in der nach der Kapitalaufrechnung verbleibenden Residualgröße, dh dem GFW oder dem passiven Unterschiedsbetrag aus KapKons (s auch Anm 155 ff), auf. Nach HGB ist zB für bedingte Verpflichtungen, deren Eintritt nicht gänzlich unwahrscheinlich ist, aufgrund des Vorsichtsprinzips (§ 252 Abs 1 Nr 4) idR bereits vor dem Bedingungseintritt eine Rückstellung zu bilden (ADS[6] § 246 Anm 121). Ferner ist zu beachten, dass die Anforderungen an die Greifbarkeit einer möglichen Vermögensbelastung nach HGB (s § 249 Anm 42 ff) weniger hoch als nach IFRS (IAS 37.14 (a), .23; s § 249 Anm 336) sind.

4. Bewertung der erworbenen Vermögenswerte und Schulden sowie der nicht-beherrschenden Anteile

Die Bewertung der im Zuge des UntZusammenschlusses erworbenen Vermögenswerte und Schulden hat nach IFRS 3.18, ebenso wie nach HGB (s Anm 75 ff), grds zum **beizulegenden Zeitwert** im Erwerbszeitpunkt (s Anm 416) zu erfolgen. Der beizZW ist der Betrag, zu dem zwischen sachverständigen, vertragswilligen und voneinander unabhängigen Geschäftspartnern ein Vermögenswert getauscht oder eine Schuld beglichen werden könnte (IFRS 3.A). Zu seiner Ermittlung kommen grds drei Bewertungsverfahren, das marktpreisorientierte Verfahren *(market approach)*, das kapitalwertorientierte Verfahren *(income approach)* und das kostenorientierte Verfahren *(cost approach)*, innerhalb derer jeweils mehrere Bewertungsmethoden zur Verfügung stehen, in Betracht (s im Einzelnen: IDW RS HFA 16, Tz 18 ff). Bei der Bestimmung der beizZW wird die beabsichtigte Verwendung durch den Erwerber nicht berücksichtigt (*Beyhs/Wagner* DB 2008, 77). Dies entspricht grds auch der Vorgehensweise nach HGB (s Anm 78 ff).

Die auf nicht beherrschende **Minderheitsgesellschafter** entfallenden Anteile dürfen nach IFRS wahlweise mit dem beizZW oder „nur" mit dem beizZW der darauf anteilig entfallenden Vermögenswerte und Schulden bewertet werden (ausführlich dazu § 307 Anm 90 ff). Nach HGB ist grds nur der letztgenannte Wertansatz für das auf andere Gester entfallende Reinvermögen zulässig. Ausnahmen gelten in den Altfällen, in denen noch die Buchwertmethode (Abs 1 S 2 Nr 1 aF) oder die Methode der Interessenzusammenführung fortgeführt wird (s Anm 4, 7). Zur Behandlung der nach der Kapitalaufrechnung verbleibenden Unterschiedsbeträge s § 309 Anm 35 ff, 45 ff.

Um die Zugangs- und Folgebewertung der erworbenen Vermögenswerte und Schulden zu erleichtern, enthält IFRS 3 einige Ausnahmen vom Grundsatz der Bewertung zum beizZW. Im Einzelnen bestehen folgende **Bewertungsausnahmen:**

- **Latente Ertragsteuern** auf temporäre Differenzen, die durch den UntZusammenschluss entstehen, sind nach IAS 12 zu bewerten (IFRS 3.24 f). Auch nach HGB richtet sich die Bewertung der latenten Steuern nach § 274 (s Anm 96).
- **Erstattungsansprüche** sind nach IFRS 3.27 f grds wie die Vermögenswerte bzw Schulden, für die sie bestehen, zu bewerten, wobei Begrenzungen der Höhe des Erstattungsanspruchs sowie die Bonität des Verpflichteten, zu berücksichtigen sind. Gleiches gilt auch nach HGB.
- **Zurückerworbene Rechte** sind auf Basis ihrer vertraglichen Restlaufzeit zu bewerten, dabei sind erwartete Erneuerungen oder Verlängerungen nicht zu berücksichtigen (IFRS 3.29). Sind die Bedingungen, zu denen die vertragliche Beziehung in vorkonzernlicher Zeit begründet wurde, günstig oder ungünstig, ist zusätzlich ein Abwicklungsgewinn oder -verlust zu erfassen (s Anm 455 f; *Hendler/Zülch* WPg 2008, 489).
- Vermögenswerte und Verpflichtungen iZm **leistungsorientierten Plänen an Arbeitnehmer** sind nach IAS 19 zu bewerten (IFRS 3.26; s § 249 Anm 292 ff). Die Verpflichtungen aus den AVers-Plänen sind dabei zum Erwerbszeitpunkt in voller Höhe *(funded status)* anzusetzen. Die Korridorregelung für versicherungs-

§ 301   440–447   Vollkonsolidierung

mathematischen Gewinn und Verlust gilt zu diesem Zeitpunkt nicht (*Senger/ Brune/Elrana* in Beck IFRS[4] § 34 Anm 148). Auch nach HGB dürfen Unterdeckungen bei Pensionsrückstellungen, zB nach Art 67 Abs 1 S 1 EGHGB (s dazu Anm 62), in der Neubewertungsbilanz nicht beibehalten werden.
– **Aktienbasierte Vergütungen** an ehemalige Arbeitnehmer des erworbenen Unt, sind nach IFRS 2 zu bewerten (IFRS 3.30; s § 272 Anm 501 ff).

440   Eine weitere Ausnahme gilt schließlich für diejenigen langfristigen Vermögenswerte (oder Veräußerungsgruppen) des TU, die im Erwerbszeitpunkt (Anm 416) zur Veräußerung gehalten sind und nach **IFRS 5** zu bewerten sind. Diese sind nach IFRS 3.31 mit ihrem beizZW abzgl Veräußerungskosten (*fair value less costs to sell;* IFRS 5.15 ff) anzusetzen. Sind die Voraussetzungen für eine Bewertung nach IFRS 5 nicht erfüllt, mindert bzw erhöht die Differenz zwischen dem Wertansatz im Erwerbszeitpunkt und dem tatsächlichen Verkaufserlös das lfd Ergebnis des Konzerns nach dem UntZusammenschluss. Auch nach HGB sind VG, für die im ErstKonsZeitpunkt bereits eine Veräußerungsabsicht besteht, mit Netto-Veräußerungswerten (Veräußerungserlös abzgl noch anfallender Kosten) zu bewerten. Dies gilt jedoch nicht, wenn die Veräußerungsabsicht erst durch eine Entscheidung des MU herbeigeführt wird (s Anm 80).

5. Für den Unternehmenszusammenschluss hingegebene Gegenleistung

a) Bestandteile und Bewertung der Leistung

445   Die Leistung des Erwerbers im Rahmen eines UntZusammenschlusses für die Erlangung der Beherrschung ergibt sich auch nach IFRS aus dem beizZW der für den Erwerb der Anteile am TU **hingegebenen** Zahlungsmitteln, Zahlungsmitteläquivalenten oder anderen **Vermögenswerten**, der **übernommenen Schulden** und der von Erwerber ggf **ausgegebenen** eigenen **Anteile** (IFRS 3.37; zu sukzessiven Anteilserwerben s Anm 507; zu bedingten AK s Anm 452 ff).

446   Die Ermittlung des **beizulegenden Zeitwerts** der Gegenleistung hat auf den Erwerbszeitpunkt (*acquisition date;* Anm 416) zu erfolgen. Bei einer Stundung der Gegenleistung ist deren **Barwert** Teil der hingegebenen Leistung. Sofern Vermögenswerte, zB im Wege einer Sacheinlage, auf das spätere TU übertragen werden, gehen diese mit ihrem **Konzernbuchwert** und nicht mit dem beizZW in die Ermittlung der Leistung des MU ein (IFRS 3.38; *PwC* MoA, Anm 25.234). Bei einem Erwerb im Tauschweg besteht nach HGB – unabhängig davon, ob der hingegebene VG im Konzern verbleibt oder nicht – die Möglichkeit, den Buchwert des hingegebenen Vermögens als AK anzusetzen (Anm 22 mwN). Eine vom MU ausgegebene anteilsbasierte Vergütung, welche den Arbeitnehmern des erworbenen TU als Ersatz für eine dort bestehende anteilsbasierte Vergütung gewährt wird, ist nach IFRS 3.30 iVm .37 nach IFRS 2 zu bewerten (s dazu § 272 Anm 500 ff).

447   Besteht die Leistung des Erwerbers aus börsennotierten Wertpapieren, ist der Börsenkurs im Erwerbszeitpunkt für deren Bewertung maßgeblich, auch wenn er durch ungewöhnliche Kursschwankungen beeinflusst ist (*Batge/Hayn/Ströher* in Komm IFRS[2] IFRS 3 Anm 136). Die Verwendung von Durchschnittskursen zur Glättung von etwaigen Kursschwankungen ist ebenfalls nicht zulässig (*PwC* MoA, Anm 25.240). Erfolgt der Anteilserwerb gegen Ausgabe neuer Anteile und erstreckt sich das mit diesen Anteilen verbundene Gewinnbezugsrecht anteilig auch auf einen Zeitraum vor der Erlangung der Beherrschung über das erworbene TU (zur Zulässigkeit eines rückwirkenden Beginns der Gewinnberechtigung s *Hüffer*[10] § 182 AktG Anm 15), ist der im Erwerbszeitpunkt mit den Anteilen latent verbundene Dividendenanspruch (*pre-acquisition dividends*) bei der Ermittlung des beizZW der ausgegebenen Anteile zu berücksichtigen. Nach HGB

werden die AK der Anteile dagegen durch den bei der Kapitalerhöhung festgelegten Ausgabebetrag bestimmt (s Anm 25).

Anschaffungsnebenkosten *(acquisition-related costs),* hierzu gehören nach 448 IFRS 3.53 alle mit dem UntZusammenschluss verbundenen Kosten (zB Honorare für WP, RA, Wertgutachter und sonstige Berater), sind – soweit nicht andere IFRS anzuwenden sind (zB bei EK- bzw FK-Beschaffungskosten; s Anm 449) – als Periodenaufwand zu erfassen. Im Unterschied hierzu sind nach § 255 Abs 1 S 2 derartige Aufwendungen – sofern es sich nicht um Kosten der Entscheidungsfindung handelt – als Nebenkosten bei der Ermittlung der AK für das aus Konzernsicht erworbene Reinvermögen zu berücksichtigen (s § 255 Anm 141).

Bei einem Erwerb gegen Ausgabe von (eigenen) Aktien sind etwaige **Eigen-** 449 **kapitalbeschaffungskosten** *(cost to issue equity securities)* nach IFRS nicht wie Anschaffungsnebenkosten zu behandeln, sondern gemindert um darin enthaltene E+E-Steuern am Emissionserlös zu kürzen (IFRS 3.53 iVm IAS 32.35A). Gleiches gilt für (Transaktions-)Kosten, die iZm der Kaufpreisfinanzierung anfallen, diese sind nach IAS 39 iVm IFRS 3.53 bei der Zugangsbewertung der entspr Verbindlichkeiten zu berücksichtigen.

b) Bedingte Gegenleistung

Der beizZW der vom Erwerber anlässlich des UntZusammenschlusses zu ent- 452 richtenden Gegenleistung umfasst auch bedingte Leistungen *(contingent consideration).* Hierbei handelt es sich um **Zahlungen,** die Erwerber oder Veräußerer der Anteile zu leisten haben und die **von künftigen Ereignissen abhängen,** zB dem Erreichen von bestimmten Umsatz- oder Erfolgszielen *(earn-out*-Klauseln) oder dem Ausgang einer gerichtlichen Auseinandersetzung.

Eine bedingte Gegenleistung geht nach IFRS 3.39 mit ihrem **beizulegenden Zeitwert** im Erwerbszeitpunkt in die für den Erwerb entrichtete gesamte Gegenleistung ein. Der Unsicherheit über das Entstehen und die Höhe der bedingten Komponente ist bei der Ermittlung des beizZW Rechnung zu tragen (so auch *Hachmeister* IRZ 2008, 117). Verpflichtungen sind je nach ihrer Ausgestaltung als EK oder als Schuld zu erfassen (IFRS 3.40). Bedingte Zahlungen, die als Entgelt für Arbeitsleistungen nach dem Erwerbszeitpunkt zu klassifizieren sind, gehören dagegen nicht zur Gegenleistung (IFRS 3.55(a); s dazu auch *Senger* IRZ 2012, 371 f). Für eine Entlohnung von Arbeitsleistungen spricht insb, wenn das zusätzliche Entgelt automatisch mit einer Beendigung des Arbeitsverhältnisses entfällt.

Im Unterschied dazu sind bedingte AK im **HGB**-KA erst zu erfassen, wenn der Bedingungseintritt wahrscheinlich und die Höhe auch verlässlich geschätzt werden kann, was häufig im Erwerbszeitpunkt noch nicht der Fall ist, weshalb die Kaufpreisanpassungen idR erst im Rahmen der FolgeKons zu erfassen sind (s Anm 250).

c) Beträge, die nicht Bestandteil der Gegenleistung sind

Von der Leistung zur Erlangung der Beherrschung über das TU sind die Sach- 455 verhalte abzugrenzen, die der **Abwicklung** von Beziehungen zuzurechnen sind, die bereits vor der Begründung des Mutter-/Tochterverhältnisses zwischen dem Erwerber und dem erworbenen Unt bestanden *(pre-existing relationship;* IFRS 3.51). **Vorkonzernliche Beziehungen** können vertraglicher Natur sein, dh auf Lfg- und Leistungs-Beziehungen beruhen, oder eine nicht-vertragliche Ursache haben, zB bei einem Rechtsstreit (IFRS 3.B51). Durch den UntZusammenschluss kann es zu einer Beendigung der vorkonzernlichen Beziehungen kommen. Die bilanzielle Behandlung hat dann so zu erfolgen, als würde sie ohne den UntZusammenschluss erfolgen, dh der Erwerber erfasst, in Abhängigkeit davon, ob die zuvor bestehende Beziehung für ihn günstig oder ungünstig war, einen Gewinn oder einen Verlust (*Beyhs/Wagner* DB 2008, 80).

Auch nach **HGB** ist in derartigen Fällen der Teil des Gesamtentgelts, der auf die Abwicklung vorkonzernlicher (Rechts-)Beziehungen entfällt, von den AK der Anteile abzuspalten und nach den allgemeinen Grundsätzen zu bilanzieren.

456 Der **Abwicklungsgewinn oder -verlust** aus der vorkonzernlichen Beziehung entspricht nach IFRS bei nicht-vertraglichen Beziehungen dem beizZW und bei vertraglichen Beziehungen nach IFRS 3.B52 dem niedrigeren Wert aus:
- dem Betrag, um den der abzulösende Vertrag aus Sicht des Erwerbers im Verhältnis zu aktuellen Marktkonditionen günstig oder ungünstig ist oder
- dem Betrag, der von der Partei, für die der Vertrag nachteilig ist, bei vorzeitiger Beendigung zu entrichten ist.

Zur gleichzeitigen Erfassung der vertraglichen Beziehung als zurückerworbenes Recht s Anm 439.

457 Transaktionen, die vom Erwerber initiiert oder in erster Linie zu dessen Nutzen und nicht zu dem des erworbenen Unt erfolgen, deuten darauf hin, dass es sich hierbei um **separate Transaktionen** handelt, die getrennt vom UntZusammenschluss zu bilanzieren sind (IFRS 3.52). Bsp hierfür sind:
- **Anteilsbasierte Vergütungen an Arbeitnehmer** des erworbenen Unt, die für Leistungen gewährt werden, die nach dem Erwerbszeitpunkt erbracht werden (IFRS 3.52b), B54ff; s auch *Beyhs/Wagner* DB 2008, 80f).
- Vereinbarungen (IFRS 3.52c)) zur **Erstattung von Anschaffungsnebenkosten**, die der Veräußerer für den Erwerber übernommen hat, um deren Erfassung als Aufwand (s Anm 448) zu umgehen. Da nach HGB Anschaffungsnebenkosten zu den AK gehören (s Anm 20), ist diese Differenzierung nur relevant, wenn sich die Kostenerstattungsvereinbarung auf Komponenten bezieht, die nicht zu den AK gehören, zB Kosten der Entscheidungsvorbereitung.
- **Wettbewerbsverbote** mit früheren Eigentümern oder Führungskräften des erworbenen TU (*PwC* MoA, Anm 25.286.1 ff). Dagegen handelt es sich bei den im Erwerbszeitpunkt mit Mitarbeitern bereits bestehenden Wettbewerbsverboten, die durch einen UntZusammenschluss (*change of control*) oder das Ausscheiden des Mitarbeiters ausgelöst werden, um immaterielle Vermögenswerte des erworbenen Unt (*PwC* MoA, Anm 25.286.2 ff).

6. Vorläufige Erwerbsbilanzierung

460 Bestehen am Ende des Gj, in dem der UntZusammenschluss stattfand, noch **Unsicherheiten hinsichtlich** der beizulegenden **Zeitwerte** der erworbenen Vermögenswerte, Schulden und Eventualschulden im Erwerbszeitpunkt, hat die Kaufpreisallokation nach IFRS 3.45 auf Basis vorläufiger Werte zu erfolgen. Sofern eine vorläufige Erwerbsbilanzierung erfolgt, ist dies im Konzernanhang anzugeben und zu begründen (IFRS 3.B67a)).

461 Nachträgliche bessere Erkenntnisse über das Vorhandensein von Vermögenswerten oder Schulden bzw den beizZW des erworbenen Reinvermögens im Erwerbszeitpunkt, die innerhalb einer Frist von maximal zwölf Monaten nach dem Erwerbszeitpunkt (**Bewertungszeitraum** (*measurement period*)) bekannt werden (IFRS 3.45f), sind zu berücksichtigen. Bei der Entscheidung, ob eine berücksichtigungspflichtige (nachträgliche) Information über die Zeitwerte des Reinvermögens im Erwerbszeitpunkt vorliegt, sind nach IFRS 3.47 insb folgende Gesichtspunkte maßgebend:
- der zeitliche Abstand der Informationserlangung zum Erwerbszeitpunkt,

– die Absicherung des (Zeit-)Werts durch eine Transaktion mit einem Dritten, vorausgesetzt, dass der Veräußerungserlös nicht durch sonstige (wertändernde) Ereignisse nach dem Erwerbszeitpunkt beeinflusst wurde sowie
– ob der Erwerber einen Grund für die Wertänderung identifizieren kann.

Die **Wertänderungen** aufgrund der besseren Erkenntnisse über das Vorhandensein von Vermögenswerten und Schulden und/oder den beizZW des erworbenen Reinvermögens sind im IFRS-KA **retrospektiv** als eine erfolgsneutrale Korrektur der ErstKons zu erfassen und führen idR zu einer Anpassung des *goodwill* (IFRS 3.48). Nur sofern die Wertänderungen zugleich eine Kaufpreisanpassung zur Folge haben, erfolgt eine (erfolgsneutrale) Anpassung gegen die entspr Kaufpreisverbindlichkeit. 462

Nach Ablauf des Bewertungszeitraums sind rückwirkende Anpassungen hinsichtlich der Bilanzierung des UntZusammenschlusses nur zulässig, wenn es sich um **Fehler nach IAS 8** (IFRS 3.50) handelt. 463

Nach **HGB** besteht nach Abs 2 S 2 eine Anpassungspflicht für werterhellende Informationen über die Verhältnisse im Erwerbszeitpunkt, die innerhalb von zwölf Monaten nach dem ErstKonsZeitpunkt bekannt werden. Bessere Erkenntnisse über das Mengen- und/oder Wertgerüst, die nach Ablauf der Frist nach Abs 2 S 2 aber bis zum Ende der Aufhellungsphase des KA, in den das betr TU erstmals im Wege der VollKons einbezogen wird, bekannt werden, dürfen berücksichtigt werden (s Anm 76, 115 ff). Fehlerkorrekturen, die die Kaufpreisallokation betreffen, dürfen im HGB-KA ebenfalls retrospektiv vorgenommen werden (s Anm 116). Eine Verpflichtung hierzu besteht allerdings nicht; insb bei unwesentlichen Beträgen oder länger zurückliegenden Erwerbszeitpunkten ist die Korrektur in lfd Rechnung vorzuziehen (IDW RS HFA 6, Tz 31). 464

Durch eine Änderung in IAS 12.68a) (amend 2008) wurde klargestellt, dass die Vorschriften zum Bewertungszeitraum auch für eine Neueinschätzung von im Erwerbszeitpunkt vorhandenen steuerrechtlichen **Verlustvorträgen** und sonstigen **latenten Steuervorteilen** des TU gilt. Änderungen der Wertansätze, die nicht auf werterhellenden Informationen beruhen, zB weil der geänderte Ansatz des Steuervorteils aus einer Gesetzesänderung resultiert, oder erst mehr als ein Jahr nach dem Erwerb erfolgt, sind ergebniswirksam zu erfassen (IAS 12.68b) (amend 2008)). 465

Werden steuerrechtliche Verlustvorträge, die bei der ErstKons nach **HGB** im GFW aufgegangen sind (s Anm 97, 99), nachträglich ergebniswirksam erfasst, zB wegen des sich nach vorne schiebenden Fünf-Jahreszeitraums (§ 274 Abs 1 S 4 iVm § 298 Abs 1), ist eine außerplanmäßige Abschreibung des GFW in Höhe des „nachaktivierten" Steuervorteils nach § 309 Abs 1 iVm § 253 Abs 3 S 3 sachgerecht (so auch PwC BilMoG Komm, Q Anm 209). Ist die Werthaltigkeit des Verlustvortrags auf steuerrechtliche Gestaltungsmaßnahmen zurückzuführen, die erst vom MU initiiert wurden, ist dagegen keine Anpassung des GFW erforderlich. 466

7. Anhangangaben

Der Umfang der Angabepflichten iZm einem UntZusammenschluss, die sich aus IFRS 3.59 ff iVm .B64 ff ergeben und in .IE 72 ff illustriert werden, geht deutlich über die entspr Angaben nach HGB (dazu s Anm 160 f; § 294 Anm 14 ff sowie § 313 Anm 76, 79 ff, 151 ff) bzw nach DRS 4.52 hinaus. Die vom IASB geforderten Angaben (s auch *Senger/Brune/Diersch* in Beck IFRS⁴ § 34 Anm 281 ff) betreffen: 468
– Umfassende Information über die **Art** und die **finanziellen Auswirkungen** der UntZusammenschlüsse, die während des Gj oder nach dessen Ende aber bis zur Aufstellung des KA eingetreten sind (IFRS 3.59 f iVm .B64–66).

- Information über **Berichtigungen,** die UntZusammenschlüsse des Gj und früherer Jahre betreffen (IFRS 3.61 f iVm .B67).

Darüber hinaus sind nach IFRS 3.63 **zusätzliche Angaben** erforderlich, wenn durch die im Einzelnen vorgeschriebenen Angaben die in IFRS 3.59 bzw .61 genannten Ziele nicht erreicht werden können.

IV. Folgekonsolidierung

1. Allgemeine Grundsätze

470 Die Grundsätze für die Fortführung der **stillen Reserven und Lasten** im IFRS-KA, die anlässlich des UntZusammenschlusses in den Vermögenswerten und Schulden des erworbenen TU aufgedeckt werden, richtet sich nach den dafür einschlägigen IFRS (IFRS 3.54; B63) und entspr grds der Vorgehensweise nach HGB (s dazu Anm 180 ff; zur Fortführung eines erworbenen *goodwill* s § 309 Anm 37 ff).

Ausnahmen bestehen nach IFRS 3.55 ff für folgende Sachverhalte:
- zurückerworbene Rechte (s Anm 471),
- Eventualschulden (s Anm 472),
- Erstattungsansprüche (s Anm 473) und
- bedingte Gegenleistungen (s Anm 476).

471 **Zurückerworbene Rechte** sind über die Restlaufzeit des ihnen zugrunde liegenden Vertrags abzuschreiben (IFRS 3.55). Erwartete Erneuerungen oder Verlängerungen des Vertrags bleiben bei der Festlegung der Nutzungsdauer unberücksichtigt, weil der Vertrag nunmehr nicht mehr mit einem fremden Dritten besteht (so auch *Baetge/Hayn/Ströher* in Komm IFRS[2] IFRS 3 Anm 324). Damit wird verhindert, dass seitens des Erwerbers eine unbegrenzte Vertragsverlängerung unterstellt und das zurückerworbene Recht so zu einem immateriellen Vermögenswert mit unbestimmter Nutzungsdauer wird (*Beyhs/Wagner* DB 2008, 77).

472 Für **Eventualschulden,** die im Rahmen des UntZusammenschlusses nach IFRS 3.22 angesetzt wurden (s Anm 432) und noch nicht beglichen, aufgehoben oder erloschen sind, wird der höhere Betrag aus einer Bewertung nach IAS 37 oder dem Zugangswert im ErstKonsZeitpunkt abzgl der Amortisation nach IAS 18 angesetzt (IFRS 3.56).

473 **Erstattungsansprüche** sind nach IFRS 3.57 grds wie die zugrunde liegende Schuld zu bewerten. Bei mangelnder Werthaltigkeit ist der Erstattungsanspruch abzuwerten (*Hendler/Zülch* WPg 2008, 491). Ferner sind vertraglich vereinbarte Beschränkungen der Höhe des Anspruchs zu beachten. Erträge und Aufwendungen aus der Anpassung eines Erstattungsanspruchs und der korrespondierenden Schuld dürfen grds in der GuV saldiert werden. Dies gilt jedoch nicht, wenn sich der Erstattungsanspruch auf eine Steuerschuld bezieht (PwC MoA, Anm 25. 428.1).

2. Bedingte Anschaffungskosten *(contingent consideration)*

476 Ändert sich der beizZW einer als Vermögenswert oder Schuld bilanzierten bedingten Gegenleistung *(contingent consideration)* **außerhalb** der 12-monatigen **Anpassungsfrist** (s dazu Anm 460 ff), ist dies idR ergebniswirksam in der GuV zu erfassen (IFRS 3.58(b); s auch *Baetge/Hayn/Ströher* in Komm IFRS[2] IFRS 3 Anm 407; *Kohl* Corporate Finance law 2010, 211). Die *contingent consideration* kann als EK zu qualifizieren sein, zB wenn der Verkäufer auf Anteile am Erwerber gerichtete Optionen erhält und diese bei Eintritt der im Kaufvertrag festgelegten (Ergebnis-)Ziele ausüben kann (s dazu *Weiser* WPg 2005, 278). In diesem

Fall bleiben Wertänderungen in der Folge unberücksichtigt, spätere Zahlungen sind aber im EK zu erfassen (IFRS 3.58(a)).

Nach **HGB** werden derartige Kaufpreisanpassungen im JA und KA erst erfasst, wenn der Bedingungseintritt wahrscheinlich ist und die zusätzlich zu entrichtenden Beträge auch zuverlässig geschätzt werden können (s Anm 28 sowie 250 ff), weshalb Änderungen einmal erfasster, nachträglicher AK eher selten sein werden. Ändern sich zuvor bereits erfasste (nachträgliche) AK dennoch, erscheint es sachgerecht, die Anpassung retrospektiv vorzunehmen, dh so als ob die Kaufpreisanpassung von Anfang an richtig geschätzt worden wäre. Begr dafür ist, dass die ergebnisabhängigen Kaufpreisanpassungsklauseln beim Erwerb von Bet idR nur die Funktion haben, einen im Erwerbszeitpunkt vorhandenen UntWert endgültig zu bestätigen (s Anm 254 f).

3. Veränderungen der Beteiligungsquote des Mutterunternehmens ohne Auswirkungen auf die Beherrschung des Tochterunternehmens

Veränderungen der BetQuote des MU an einem bereits vollkons TU, die ohne Auswirkungen auf die Beherrschung dieses TU bleiben, sind im IFRS-KA als **Transaktion zwischen Eigentümern** *(owner transaction)* abzubilden (IFRS 10.23; s auch *Oser* IRZ 2012, 325 f). Dementspr dürfen daraus keine Gewinne oder Verluste und insb auch keine Wertänderungen der bereits im KA enthaltenen Vermögenswerte und Schulden sowie eines *goodwill* des TU resultieren (IFRS 10.B96).

IE handelt es sich bei der Behandlung von Anteilskäufen bzw -verkäufen nach der Erlangung der Beherrschung über ein TU um eine konsequente Umsetzung der **Einheitstheorie** *(economic entity concept;* glA *Fröhlich* IRZ 2008, 420). Der Einheitsgrundsatz (§ 297 Abs 3 S 1) gilt auch für die Konzernrechnungslegung nach HGB. Der KA dient in erster Linie der Information der Gester (§ 297 Anm 1; *ADS*[6] § 297 HGB Anm 3 mwN). Mit Rücksicht darauf werden Anteilserwerbe bzw -veräußerungen von bzw an MinderheitsGester(n) sowie denen entspr Vorgänge im HGB-KA – soweit ersichtlich – überwiegend wie Transaktionen mit fremden Dritten außerhalb des Konzerns abgebildet (zum Erwerb von Anteilen s Anm 215 ff mwN; zur teilweisen Anteilsveräußerung s Anm 235 ff mwN). Aus den im Zuge des BilMoG vorgenommenen Änderungen und den Gesetzesmaterialien ergeben sich jedoch Anhaltspunkte dafür, dass künftig auch im HGB-KA einer Abbildung der zur Rede stehenden Transaktionen iSd Einheitstheorie der Vorzug gebührt (s auch Anm 208). Ob sich als Folge hiervon zukünftig uU ein Unterschied bei der Behandlung der Hinzuerwerbe oder teilweisen Veräußerungen von Anteilen an TU zwischen IFRS und der hM nach HGB ergibt, kann zum gegenwärtigen Zeitpunkt noch nicht abschließend beurteilt werden. Hierzu muss die diesbzgl Meinungsbildung in der Literatur sowie durch den Standardsetter abgewartet werden. Allerdings ist es im Hinblick auf § 297 Abs 3 S 1 bereits bislang auch in einem HGB-KA zulässig, derartige Transaktionen – unter Beachtung des Stetigkeitsgrundsatzes (§ 297 Abs 3 S 2) – ausschließlich als Kapitalvorgänge abzubilden (s Anm 215, 235).

Eine *owner transaction* liegt zum einen vor, wenn Anteile an einem TU direkt von den anderen Gestern an das MU verkauft werden und umgekehrt. Zum anderen gehören hierzu auch indirekte Änderungen der BetQuote des MU, die durch nicht verhältniswahrende Kapitalmaßnahmen (Kapitalerhöhung/-herabsetzung; Erwerb und Wiederveräußerung eigener Anteile) auf Ebene des TU ausgelöst werden.

Eine Differenz zwischen dem Kaufpreis, den das MU anlässlich seiner Änderung der BetQuote am TU zahlt oder erhält, und dem Betrag, um den sich das EK der anderen Gester in diesem Zusammenhang verändert (s Anm 486), ist nach IFRS 10.B96 zu Gunsten oder zu Lasten des auf Gester des MU entfallenden (Konzern-)EK anzupassen. Da es sich um eine EK-Transaktion handelt, sind auch dabei ggf anfallende Anschaffungsnebenkosten mit dem EK zu verrechnen (*Buschhüter* IRZ 2009, 300).

IFRS 10 enthält keine Regelungen, in welchen EK-Posten die zur Rede stehenden Differenzen im Einzelnen zu erfassen sind. Da es sich bei den anderen Gestern aus Sicht des einheitlichen Unt ebenfalls um EK-Geber handelt, spricht uE vieles dafür, dass die **Abbildung der Eigenkapitaleffekte** – bis zu einer entspr Festlegung durch das IASB – wie die Ausgabe von neuen Anteilen bzw der Rückerwerb von eigenen Anteilen zu erfolgen hat (glA *Pawelzik* WPg 2004, 686). Dementspr wäre bei einem Verkauf von Anteilen an einem weiter vollkons TU die Differenz zwischen dem erzielten Kaufpreis und dem aus Sicht der Gester des MU dafür abgehenden Reinvermögen bewertet zu (ggf fortgeführten) Konzernbuchwerten wie eine sonstige Zuzahlung durch Eigentümer, dh als Kapitalrücklage *(additional paid-in capital)* auszuweisen (so auch *Hommel/Franke/ Rößler* Der Konzern 2008, 162; *Kessler/Leinen* KoR 2006, 425; *Schwarzkopf*, 192f). Ein Mehrpreis, den das MU bei einem Hinzuerwerb von Anteilen zahlt, wäre dann zu Lasten der Kapitalrücklage zu erfassen. Die Darstellung des Erwerbs eigener Anteile ist nach IFRS nicht ausdrücklich geregelt (s dazu *ADS Int* Abschn 22 Anm 103 ff). Deshalb kommt uE im zuletzt genannten Fall auch eine andere Verrechnungsreihenfolge in Betracht, zB eine Erfassung gegen die angesammelten Ergebnisse *(retained earnings)*, dies gilt insb, wenn die Kapitalrücklage nicht zur Verrechnung der Differenzbeträge ausreichen würde.

486 Der Wertansatz des auf **andere Gesellschafter entfallenden Eigenkapitals** *(non-controlling interest)* entspricht mind der Summe aus dem auf die Anteile dieser Gester entfallenden Reinvermögen des TU sowie ggf zusätzlich einem Anteil dieser Gester an einem für das TU geführten *goodwill* (IFRS 3.19). Ändert sich die Höhe des Anteils anderer Gester an einem weiterhin vollkons TU, muss – unabhängig von der Anwendung der *full goodwill*-Methode (s dazu § 307 Anm 91 f) – die vermögensmäßige Zuordnung auf Gester des MU und andere Gester sowohl für das Reinvermögen des betr TU sowie für einen dazugehörigen *goodwill* angepasst werden (dazu auch *Hommel/Franke/Rößler* Der Konzern 2008, 161 ff; *Senger/ Brune* in Beck IFRS[4] § 35 Anm 43).

4. Endkonsolidierung

490 Klarstellende Regelungen zur EndKons nach IFRS sind in IFRS 10.25 iVm .B97 ff enthalten. Die **konzeptionelle Vorgehensweise** bei der EndKons **entspricht** derjenigen nach **HGB** (s Anm 305 ff), dh es erfolgt ein Abgang der Vermögenswerte einschl des *goodwill* und der Schulden des betr TU (IFRS 10.B98(a)). Der Erfolg aus der EndKons ergibt sich grds als Differenz zwischen der bei der Veräußerung des TU erhaltenen Gegenleistung und dem Abgangswert des TU, der dem auf die veräußerten Anteile entfallenden Reinvermögen – bewertet zu Konzernbuchwerten – entspricht.

491 Während eine teilweise Anteilsveräußerung als erfolgsneutraler, nur die Eigentümerseite betr Vorgang zu behandeln ist (s Anm 482), resultieren aus der EndKons Auswirkungen auf das Perioden- bzw Gesamtergebnis. Um Missbrauch zu verhindern, indem eine geplante Aufgabe der Beherrschung eines TU in mehrere Teilschritte zerlegt wird, um so den EndKonsErfolg zu beeinflussen, wird in IFRS 10.B97 klargestellt, dass derartige Transaktionen einheitlich zu behandeln sind, was sich im Übrigen aber bereits aus dem Grundsatz der **wirtschaftlichen Betrachtungsweise** *(substance over form)* ergibt. Indizien für zusammengehörende Transaktionen sind ua die zeitliche Nähe ihres Abschlusses sowie ein innerer Zusammenhang dergestalt, dass sie sich gegenseitig bedingen oder aufgrund ihrer Konditionen für sich allein keine wirtschaftliche Berechtigung haben (s IFRS 10. 97(a)–(d)).

Die EndKons hat nach IFRS 10.20 – ebenso wie nach HGB (s Anm 325) – zu **492** dem **Zeitpunkt** zu erfolgen, zu dem die Beherrschung über das TU endet (zu den Voraussetzungen für eine rückwirkende EndKons auf den Beginn des Konzern-Gj nach HGB s Anm 327). Bis zu diesem Zeitpunkt sind in die Konzern-GuV auch die Erträge und Aufwendungen des TU zu übernehmen, deren Ermittlung unter Beachtung des Wesentlichkeitsgrundsatzes aus einem zeitnah zu diesem Stichtag aufgestellten IFRS-Zwischenabschluss (Monats-/Quartalsabschluss) zu erfolgen hat (glA *Küting/Weber/Wirth* DStR 2004, 877).

Nach IFRS 10.B98(c) sind anlässlich der EndKons eines TU auch die **ergeb-** **493** **nisneutral** im Konzern-EK **erfassten Gewinne und Verluste,** entspr der Vorgehensweise bei einer direkten Veräußerung der zugrunde liegenden Vermögenswerte und Schulden entweder erfolgswirksam zu erfassen *(recycling)* oder erfolgsneutral in die Gewinnrücklagen *(retained earnings)* umzugliedern (ausführlich dazu *Senger/Diersch* in Beck IFRS[4] § 35 Anm 41).

Bei der EndKons eines TU, an dem neben dem MU auch **andere Gesell-** **494** **schafter** beteiligt sind, wird das anteilig auf diese Gester entfallende Reinvermögen, bewertet zu Konzernbuchwerten, gegen das EK der anderen Gester *(non-controlling interest)* ausgebucht. Die anderen Gester sind dabei nicht am End-Kons-Erfolg beteiligt, dh aus deren Abgang dürfen keine Gewinne oder Verluste entstehen. Damit dies der Fall ist, müssen die anderen Gester auch nach IFRS zB an ergebniswirksamen KonsMaßnahmen, insb im Rahmen der Zwischenergebniseliminierung, beteiligt werden (ausführlich dazu s § 307 Anm 53 ff; *Fröhlich* IRZ 2007, 360). Wurde im Rahmen der ErstKons des betr TU vom Bewertungswahlrecht nach IFRS 3.19 Gebrauch gemacht und das auf die anderen Gester entfallende Reinvermögen zum Zeitwert angesetzt (zur *full goodwill* Methode s § 307 Anm 91 f), umfasst der Abgangswert auch einen *goodwill* (s *Watrin/Hoehne* WPg 2008, 702; *Senger/Brune* in Beck IFRS[4] § 35 Anm 35 f).

Ein gravierender Unterschied zur Konzernrechnungslegung nach HGB be- **495** steht hinsichtlich der Ermittlung eines in den Abgangswert nach IFRS einzubeziehenden *goodwill*. Die **Verrechnung** von *goodwill* **mit Rücklagen,** die nach IAS 22.40(b) (1983) letztmals für Gj, die vor dem 1.1.1995 begannen, zulässig war, ist nach IFRS 3.80 (2004) auch nach einer EndKons des betr TU beizubehalten (glA *Watrin/Hoehne* WPg 2008, 702; *Berndt/Gutsche* MünchKomm BilR IFRS 3 Anm 163). Die Fortgeltung dieser Regelung ergibt sich aus der prospektiven Anwendung der geänderten Regelungen nach IFRS 3.65. Die Beibehaltung der Rücklagenverrechnung wird im Übrigen in IFRS 3.B69c) für (Gegenseitigkeits-)Unt, die IFRS 3 (2004) zuvor noch nicht angewandt haben, ausdrücklich geregelt (s auch § 309 Anm 35). Gleiches gilt nach IFRS 1.C4(i)(i) für GFW, die nach den vor der erstmaligen IFRS-Rechnungslegung anzuwendenden nationalen Rechnungslegungsvorschriften, zB § 309 Abs 1 S 3 aF, mit dem EK verrechnet wurden (§ 309 Anm 40; *ADS Int* Abschn 22 Anm 206e; *Senger/Diersch* in Beck IFRS[4] § 35 Anm 39). Nach HGB wird dagegen zur Einhaltung des Kongruenzprinzips nach hM (s Anm 308) die Rückgängigmachung der GFW-Verrechnung nach § 309 Abs 1 S 3 aF anlässlich der EndKons gefordert.

Ein *goodwill,* der bei einem UntZusammenschluss erworben wurde, wird nach **496** IFRS ab dem Erwerbszeitpunkt zahlungsmittelgenerierenden Einheiten *(cash generating units (cgu))* zugeordnet (IAS 36.80 ff). Eine *cgu* kann sich an ges-rechtlichen Strukturen orientieren, zwingend ist dies aber nicht (s dazu § 309 Anm 37). Wird ein TU, dessen Reinvermögen zu einer *cgu* gehört, der auch ein *goodwill* zugeordnet ist, endkons, ist bei der Ermittlung des Abgangswerts auch ein anteiliger *good-*

will zu berücksichtigen (IAS 36.86(a)). Voraussetzung dafür ist außerdem, dass das abgehende Reinvermögen aus Sicht der *cgu* einen Geschäftsbereich *(operation)* darstellt. Der Begriff *„operation"* wird in IAS 36 nicht näher definiert. Eine *operation* dürfte uE jedenfalls dann vorliegen, wenn das abgehende Reinvermögen als *business* iSv IFRS 3.3 (Anm 407 f) zu qualifizieren ist. Der **Abgangswert des** *goodwill* der *cgu* ergibt sich nach IAS 36.86(b) nach dem relativen Verhältnis zwischen dem (Zeit-)Wert des abgehenden Geschäftsbereichs zum Gesamtwert der zurückbehaltenen *cgu* (s auch *Senger/Diersch* in Beck IFRS[4] § 35 Anm 34). Maßgeblicher Zeitpunkt für die Ermittlung des Wertverhältnisses ist der Zeitpunkt, zu dem die Beherrschung über den betr Geschäftsbereich (TU) endet. Dies kann zB dazu führen, dass bei der EndKons eines TU ein höherer *goodwill* abgeht, als er zusammen mit dem TU erworben wurde, weil der UntWert des abgehenden TU während der Dauer der Konzernzugehörigkeit stärker gestiegen ist als derjenige der *cgu*, denen das Reinvermögen des TU zugeordnet war (s auch *Küting/Wirth* WPg 2005, 709; *Küting/Weber/Wirth* DStR 2004, 878 f; *Watrin/Hoehne* WPg 2008, 701).

497 Von dem Verfahren nach IAS 36.86(b) darf abgewichen werden, wenn dies zu einer aussagefähigeren Ermittlung des Abgangswerts des *goodwill* führt (seltener Ausnahmefall: *Küting/Wirth* WPg 2005, 707). In Betracht kommt insb, den Abgangswert des *goodwill* nach dem relativen Verhältnis des *„implied"* *goodwill* des abgehenden Geschäftsbereichs zu demjenigen der zurückbleibenden *cgu* im Abgangszeitpunkt zu ermitteln. Allerdings ist es dazu – im Vergleich zu der Vorgehensweise nach IAS 36.86(b) – zusätzlich erforderlich, dass der Zeitwert des abgehenden bzw des verbleibenden Reinvermögens ermittelbar ist.

Beispiel: Beim Verkauf des Geschäftsbereichs einer *cgu* sollen folgende Wertverhältnisse gelten.

	abgehender Geschäftsbereich	verbleibende *cgu*
	Mio €	Mio €
Veräußerungserlös/erzielbarer Betrag	2	8
Zeitwert des Reinvermögens	1	7
„implied" *goodwill*	1	1

Bei der Vorgehensweise nach IAS 36.86(b) entspr der Abgangswert des *goodwill* für den abgehenden Geschäftsbereich 20% des Buchwerts des *goodwill* der *cgu* vor dem Abgang. Ausgehend vom Verhältnis der *„implied"* *goodwill* im Abgangszeitpunkt würde sich dagegen ein Abgangswert iHv 50% des *goodwill*-Buchwerts der *cgu* ergeben.

498 Als Bsp für eine **Ausnahme** (s dazu IAS 36.BC156) wird ferner ausdrücklich der Fall genannt, dass unmittelbar nach dem erstmaligen Zugang eines *goodwill* zu einer *cgu* ein **chronisch defizitärer** (anderer) **Bereich** derselben *cgu* verkauft wird. In diesem besonderen Fall ist davon auszugehen, dass der Abgangswert nicht um einen anteiligen *goodwill* zu erhöhen ist.

499 Im **Unterschied** dazu wird ein GFW nach **HGB** grds beteiligungsbezogen ermittelt und – ungeachtet seiner Aufteilung auf Geschäftsfelder (dazu Anm 152) – auch je TU fortgeführt. Anlässlich der EndKons entspricht der Abgangswert dann dem Restbuchwert des GFW bzw bei dessen Verrechnung mit den Rücklagen dem Ursprungsbetrag im Erwerbszeitpunkt. Eine Vorgehensweise analog zu IFRS kann allerdings nach HGB dann geboten sein, wenn das betr TU zusammen mit einem Teilkonzern erworben wurde, weil im Erwerbszeitpunkt für den gesamten Teilkonzern nur ein einheitlicher GFW ermittelt und nach allg Grundsätzen auf die einzelnen Geschäftsfelder, deren Abgrenzung sich ebenfalls nicht an gesrechtlichen Strukturen orientieren muss, verteilt wurde (s dazu Anm 381 f).

5. Übergangskonsolidierung

Nach dem Verlust der Beherrschung über ein TU im Konzern **verbleibende** 502 **Anteile** sind nach IFRS 10.25(b) iVm .B98(b)(iii) mit dem **beizulegenden Zeitwert** zu bewerten. Begr dafür ist, dass nach Ansicht des IASB die beim MU verbleibenden Anteile mit dem Übergang auf eine andere Kons- bzw Bewertungsmethode ihr Wesen ändern und insofern ein neuer Vermögenswert zugeht (s auch *Hayn* in Beck IFRS[4] § 38 Anm 55), was den Ansatz eines neuen Zugangswerts erforderlich macht, der die Ausgangsgrundlage für die Fortführung der Bet in der Folgezeit bildet. Sofern keine Marktpreise verfügbar sind, ist der beizZW der verbleibenden Anteile mit Hilfe eines kapitalwertorientierten, allgemein anerkannten Bewertungsverfahren zu ermitteln, eine Ableitung aus dem Erlös für ggf zeitgleich verkaufte Anteile kommt wegen der darin uU enthaltenen Beherrschungsprämie nicht in Betracht (so zutreffend *Watrin/Hoehne/Rieger* IRZ 2009, 360 f). Die Differenz zwischen dem beizZW und dem anteilig auf die verbleibenden Anteile entfallenden Reinvermögen bewertet zu (ggf fortgeführten) Konzern-AK/HK ist in der GuV als Teil des EndKonsErgebnisses auszuweisen (s auch *Brune* IRZ 2010, 159 f).

Unabhängig davon, ob sich an die VollKons eine Equity-Bewertung nach 503 IAS 28 oder eine Bewertung als Finanzinvestition iSv IAS 39 anschließt, ist das *other comprehensive income* erfolgswirksam auszubuchen bzw erfolgsneutral umzugliedern und zwar auch soweit es auf die beim MU verbleibenden Anteile entfällt (*Hayn* in Beck IFRS[4] § 38 Anm 55; aA *Watrin/Hoehne/Rieger* IRZ 2009, 307 f: teilweise Fortführung für verbleibende Anteile, die *at-equity* bewertet werden). Letztlich ist dies eine Konsequenz der geänderten Sichtweise, wonach in diesen Fällen ein neuer, zum beizZW bewerteter Vermögenswert zugeht und nicht mehr eine frühere Bilanzierung fortgeführt wird. Aus diesem Grund ist grds auch die Eliminierung von Zwischenergebnissen aus *down-stream* Lfg für die beim MU verbleibenden Anteile nicht länger fortzuführen, auch wenn sich eine Equity-Bewertung anschließt (glA *Hayn* in Beck IFRS[4] § 38 Anm 56; aA *Watrin/Hoehne/ Rieger* IRZ 2009, 310 f).

Im Unterschied dazu bildet nach **HGB** der (Konzern-)Buchwert des im Über- 504 gangszeitpunkt auf die beim MU verbleibenden Anteile entfallenden Reinvermögens die Ausgangsgrundlage für deren Folgebewertung/-konsolidierung. Die eigentliche **Übergangskonsolidierung** – abgesehen von Erfolgswirkungen aufgrund der möglichen Aufgabe einer konzerneinheitlichen Bilanzierung und Bewertung – ist damit **erfolgsneutral** (s Anm 341 ff). Aufgrund der Zeitwertbewertung wird – sofern die verbleibenden Anteile als assozUnt oder als GemUnt zu qualifizieren sind – außerdem nach IFRS eine (neue) Kaufpreisallokation auf der Basis der Wertverhältnisse im Übergangszeitpunkt erforderlich (glA *Watrin/ Hoehne/Rieger* IRZ 2009, 309). Nach HGB kommt demggü eine neue Erwerbsbilanzierung nicht in Betracht, weil der beherrschende Einfluss iSv § 290 immer auch einen maßgeblichen Einfluss auf die Geschäfts- und Finanzpolitik iSd § 311 Abs 1 umfasst, hierdurch ergeben sich auch in der Folgezeit im Vergleich zur IFRS-Vorgehensweise Unterschiede im Vermögens- und Erfolgsausweis.

V. Sonderfragen

1. Sukzessiver Unternehmenszusammenschluss

Ein sukzessiver UntZusammenschluss liegt nach IFRS 3.41 vor, wenn im Zeit- 507 punkt der Erlangung der Beherrschungsmöglichkeit bereits Anteile am TU **vorhanden** sind (zum Hinzuerwerb von Anteilen an bereits vollkons TU s Anm 482 ff).

Diese **Anteile** gelten als Teil der Gegenleistung des MU für die Erlangung der Beherrschung (IFRS 3.37; s Anm 445 ff) und sind zum **beizulegenden Zeitwert** im Erwerbszeitpunkt zu **bewerten** (IFRS 3.42; s dazu auch *Senger/Brune* in Beck IFRS[4] § 34 Anm 256; *Schwarzkopf*, 63).

508 Eine derartige Neubewertung von bereits vorhandenen Anteilen am TU zum beizZW ist im **HGB**-KA wegen des AK-Prinzips und des Realisationsprinzips (§§ 253 Abs 1 S 1, 252 Abs 1 Nr 4 iVm § 298 Abs 1) **nicht zulässig**. Ein IFRS entspr Vermögens- und Schuldenausweis wird nach HGB aber dadurch erreicht, dass die erworbenen Tranchen einheitlich auf den Zeitpunkt, zu dem das Mutter-Tochterverhältnis begründet wurde (s Anm 126), erstkons werden. Allerdings ist dies nur in den Fällen geboten, in denen die Altanteile zu (ggf fortgeführten) AK (§ 253 Abs 1 S 1 iVm Abs 3) bewertet wurden. Sofern der VollKons eine QuoKons oder Equity-Bewertung voranging, ist uE eine tranchenweise Kons sachgerecht (ausführlich s *Deubert/Klöcker* KoR 2010, 574). Dabei erfolgt eine KapKons nur für die hinzuerworbenen Anteile, durch die das Mutter-Tochterverhältnis begründet wurde. Für die bestehenden (Alt-)Tranchen erfolgt eine erfolgsneutrale ÜbergangsKons (s Anm 225 ff).

2. Erlangung von Beherrschung ohne Transfer einer Gegenleistung

510 In IFRS 3.43 wird klargestellt, dass die Erwerbsmethode auch dann anzuwenden ist, wenn die Beherrschung über ein TU erlangt wird, ohne dass eine (zusätzliche) Gegenleistung vom MU dafür entrichtet wird. Dies kann zB der Fall sein, weil:
- das **Tochterunternehmen eigene Anteile** von MitGestern **erwirbt** und das MU dadurch die Mehrheit der Stimmrechte erlangt,
- **Mitwirkungsrechte** von **Minderheiten,** die nicht nur der Sicherung ihrer Vermögensinteressen dienen (*substantive participating rights;* s dazu § 296 Anm 55), **erlöschen** oder
- ohne entspr MehrheitsBet ein **Beherrschungsvertrag** geschlossen wird.

Die technische Vorgehensweise bei der Kons entspricht derjenigen bei einem sukzessiven UntZusammenschluss (s Anm 507 ff), dh bei Erlangung der Beherrschung vorhandene (Alt-)Anteile sind zum beizZW zu bewerten. In IFRS 3.44 wird in diesem Zusammenhang ausdrücklich darauf hingewiesen, dass in diesen Fällen uU das gesamte Reinvermögen des TU als Minderheitenanteil auszuweisen ist.

511 Auch nach **HGB** ist die Entrichtung einer Gegenleistung zur Begründung eines Mutter-/Tochterverhältnisses iSv § 290 nicht zwingend erforderlich, weil das Bestehen einer (Kapital-)Bet am TU hierfür keine Voraussetzung ist (zur KapKons ohne KapitalBet des MU s Anm 111).

Verfügt ein Gester über die Mehrheit der Stimmrechte, wird nach § 290 Abs 2 Nr 1 ein Mutter-/Tochterverhältnis vermutet, auch wenn er aufgrund von satzungsmäßigen Mitwirkungs- oder Zustimmungserfordernissen zugunsten von MinderheitsGestern damit die Geschäfts- und Finanzpolitik dieses Unt tatsächlich nicht bestimmen kann (DRS 19.81). Bei derartigen **Mitwirkungsrechten** besteht im HGB-KA, anders als nach IFRS, kein Einbeziehungsverbot, sondern lediglich das Einbeziehungswahlrecht nach § 296 Abs 1 Nr 1 (s dort Anm 11). Wurde hiervon während des Bestehens der Minderheitenrechte kein Gebrauch gemacht, ergeben sich aus deren Wegfall folglich auch keine Auswirkungen auf die VollKons. Sofern im Zeitpunkt der Erlangung einer Beherrschungsmöglichkeit über die Geschäfts- und Finanzpolitik eines TU zwar keine (zusätzliche) Gegenleistung entrichtet wird, aber bereits bisher Anteile am TU gehalten werden, entspricht die KonsTechnik der bei einer ÜbergangsKons (s Anm 340 ff).

3. Umgekehrter Unternehmenserwerb *(reverse acquisition)*

Ein wesentlicher Unterschied zwischen der Konzernrechnungslegung nach **514** HGB und nach IFRS besteht außerdem in den Fällen des umgekehrten UntErwerbs *(reverse acquisition)*. Dieser ist dann gegeben, wenn ein Unt *(legal parent)* zwar formal die Mehrheit der Stimmrechte an einem anderen Unt *(legal subsidiary)* erwirbt, jedoch im Rahmen dieses Vorgangs zugleich die bisherigen Gester dieses neuen TU effektiv die Möglichkeit zur Beherrschung *(control)* des erwerbenden MU bzw der neu entstandenen Gruppe erlangen (s auch *Weiser* KoR 2005, 489), weil die Gegenleistung für den Erwerb der Anteile am TU aus der Mehrheit der Anteile am formalrechtlich erwerbenden MU bestand **(Anteilstausch).** Sofern dieselbe(n) Person(en)/Unt, die Mehrheit der Anteile am *legal parent* und dem *legal subsidiary* halten, kann zugleich eine *transaction under common control* vorliegen (s dazu Anm 524 ff).

Ein **Indiz** für eine *reverse acquisition* kann sein, wenn der UntWert des *legal pa-* **515** *rent* erheblich kleiner als derjenige des *legal subsidiary* ist (IFRS 3.B16). Ein Anhaltspunkt kann auch sein, wenn nach der Transaktion die Geschäftsführung der Gruppe bzw des *legal parent* ganz oder überwiegend aus Personen besteht, die aus der Geschäftsführung des *legal subsidiary* stammen (*PwC* MoA, Anm 25.311).

Sofern die Alt-Gester des (späteren) *legal subsidiary* letztlich die Möglichkeit **516** zur Beherrschung über den *legal parent* erlangen, ist eine *reverse acquisition* auch dann gegeben, wenn neben dem Anteilstausch auch ein Barausgleich gewährt wird, also insofern teilweise ein Auskauf der beherrschenden Gester erfolgt. Dies ist zB dann der Fall, wenn die Anteile am *legal subsidiary* im Wege einer gemischten Sacheinlage auf den *legal parent* übertragen werden. Die Verbindlichkeit aus der **gemischten Sacheinlage** stellt in wirtschaftlicher Betrachtungsweise eine Entnahme durch die Gester des *legal subsidiary* dar, die als *owner transaction* ergebnisneutral gegen das Konzern-EK zu erfassen ist. Gleiches gilt, wenn die gemischte Sacheinlage formal auf zwei Geschäftsvorfälle verteilt wird, dh die Gester des *legal subsidiary* zunächst eine MantelGes gründen und anschließend die Anteile am *legal subsidiary* an diese Ges (dann *legal parent*) veräußern. Auch hier hat sich an der Möglichkeit zur Beherrschung durch die bisherigen Alt-Gester nichts geändert.

Während in einem derartigen Fall *(reverse acquisition)* die ErstKons des erwor- **517** benen TU im HGB-KA nach allgemeinen Grundsätzen (Anm 53 ff) erfolgt, ist für die Abbildung im **IFRS-KA** ausschließlich der **wirtschaftliche Gehalt** des UntZusammenschlusses und nicht dessen formalrechtliche Ausgestaltung **maßgeblich** (glA *Zwirner/Schmidt* IRZ 2009, 5). Dementspr wird nach IFRS 3.B19 ff für Zwecke der Konzernrechnungslegung das *legal subsidiary* als Erwerber *(accounting acquirer)* und der *legal parent* als erworbenes Unt *(accounting acquiree)* behandelt, vorausgesetzt das aus Konzernsicht erworbene Unt erfüllt auch die Definition eines Geschäftsbetriebs (s dazu Anm 407 f). Es findet somit für das Reinvermögen des *legal parent* eine Erwerbsbilanzierung statt (IFRS 3.B22b)), während für die Vermögenswerte und Schulden des *legal subsidiary* die (Konzern-)Buchwerte vor dem UntZusammenschluss *(pre-combination carrying amounts)* fortgeführt werden (IFRS 3.B22a)).

Bei einer *reverse acquisition* sind die **Anschaffungskosten** für das aus Konzern- **518** sicht erworbene Reinvermögen des *legal parent* grds ausgehend vom UntWert des *legal subsidiary* abzuleiten. Die AK entspr dem Zeitwert der Anteile, die das *legal subsidiary* ausgegeben hätte, wenn es statt des *legal parent* aus Anlass des UntErwerbs eine Kapitalerhöhung durchgeführt hätte (IFRS 3.B20; *PwC* MoA, Anm 25.316). Sofern der UntWert des *legal parent,* zB aufgrund einer bestehenden Börsennotierung, verlässlicher als derjenige des *legal subsidiary* bestimmt werden kann, dürfen die AK auch ausgehend vom Zeitwert der vom *legal parent* ausgegebenen Anteile abgeleitet werden (glA *Senger/Brune* in Beck IFRS[4] § 34 Anm 199; *Zwirner/Schmidt* IRZ 2009, 6).

519 Bei einer *reverse acquisition* steht der IFRS-KA in der Kontinuität der Rechnungslegung des *legal subsidiary,* hierauf ist im Konzernanhang ausdrücklich hinzuweisen (IFRS 3.B21). Dementspr sind auch die **Vorjahreswerte** dem letzten IFRS-KA des *legal subsidiary* zu entnehmen (IFRS 3.B21). Die Angabe der Vj-Zahlen des *legal parent,* zB in einer Drei-Spalten-Form, ist nicht geboten, kann sich aber zur Vermeidung von Missverständnissen empfehlen, wenn dieses auch in der Vergangenheit bereits KA veröffentlicht hat (so auch *Zwirner/Schmidt* IRZ 2009, 6). Die Erträge und Aufwendungen des *legal subsidiary* sind immer für das volle Gj, in die KonzernGuV zu übernehmen, auch wenn die *reverse acquisition* rechtlich unterjährig vollzogen wurde und der *legal parent* zB erst unterjährig errichtet wurde und deshalb formal ein Rumpf-Gj bildet (s dazu auch § 299 Anm 4).

520 Unabhängig von der konzernbilanziellen Behandlung des UntZusammenschlusses wird der KA vom *legal parent* aufgestellt und auch unter dessen **Firma** offengelegt (IFRS 3.B21). Aus diesem Grund soll im IFRS-KA auch das gezeichnete Kapital *(share capital)* des *legal parent* ausgewiesen werden (IFRS 3.B21). Eine Angleichung des **Eigenkapitalausweises** kommt aber nur für den Betrag des gezeichneten Kapitals in Betracht, die übrigen EK-Teile – auch soweit sie aus Einlagen der Gester stammen – insb aber die angesammelten Ergebnisse sowie die ergebnisneutral gebildeten EK-Teile (zB Unterschiedsbetrag aus der WähUm) sind ausgehend von den Endständen aus dem letzten IFRS-KA des *legal subsidiary* zu entwickeln (IFRS 3.B22c)). Die Überleitung des EK-Ausweises sollte in einer gesonderten Zeile der EK-Veränderungsrechnung erfolgen (glA *ADS* Int Abschn 22 Anm 153). Soweit das zusätzliche EK in Höhe der AK für die Anteile am *legal parent* nicht ausreicht, um die Ziffer für das (neue) gezeichnete Kapital des *legal parent* zu erreichen, ist analog zur Kapitalerhöhung aus GesMitteln zu verfahren, wobei vorzugsweise EK-Teile, die aus Einlagen der Gester stammen, hierfür verwendet werden sollten (glA *ADS* Int Abschn 22 Anm 153). Sollte das gezeichnete Kapital des *legal parent* niedriger als dasjenige des *legal subsidiary* sein, ist analog zu einer Kapitalherabsetzung zu verfahren, dh der Differenzbetrag ist in die Kapitalrücklage einzustellen. Das zusätzliche EK aus der fingierten Einlage der Anteile am *legal parent* ist ebenfalls zugunsten der Kapitalrücklage zu erfassen.

521 Werden im Zuge des Anteilstauschs nicht alle Gester des *legal subsidiary* auch Gester des *legal parent,* ist das anteilig auf die beim *legal subsidiary* verbleibenden Alt-Gester entfallende Reinvermögen, bewertet zu (ggf fortgeführten) Konzern-AK/HK, nach der *reverse acquisition* als **Minderheitenanteil** *(non-controlling interest)* auszuweisen. Ausschlaggebend hierfür ist, dass die beim *legal subsidiary* verbleibenden Alt-Gester nicht an den Ergebnissen und dem Reinvermögen des um den *legal parent* erweiterten Konzernverbunds, sondern nur an den Ergebnissen und dem Reinvermögen des *legal subsidiary* beteiligt sind (IFRS 3.B23f).

4. Unternehmen unter gemeinsamer Beherrschung
(common control)

524 Abweichungen ggü einem HGB-KA ergeben sich schließlich auch, wenn an einem UntZusammenschluss Unt oder Geschäftsbetriebe beteiligt sind, die unter gemeinsamer Beherrschung *(common control)* stehen. Dies ist der Fall, wenn die Unt oder Geschäftsbetriebe vor und nach dem Zusammenschluss durch dieselbe(n) Partei(en) beherrscht werden und diese Beherrschung nicht nur vorübergehend ist (IFRS 3.B1). Entscheidende Voraussetzung für das Vorliegen einer *transaction under common control* ist, dass die Ausübung von Verfügungsmacht **(Beherrschung) über** die betr **Reinvermögen** im Rahmen des UntZusammenschlusses **nicht verändert** wird. Deshalb ist es auch für die Beurteilung der Frage, ob eine *common control transaction* gegeben ist, unerheblich, ob und in welcher Höhe ggf Minderheiten an den am UntZusammenschluss beteiligten Unt bzw Geschäftsbereichen bestehen (IFRS 3.B4). Die gemeinsame Beherrschung ist schließlich nicht deshalb *nur vorübergehend,* weil der UntZusammenschluss zur Vorbereitung einer Abspaltung oder eines Börsengangs erfolgt ist und das MU uU bereits kurz nach der Transaktion die Beherrschungsmöglichkeit über die zusammengeschlossenen Unt verliert (*PwC* MoA, Anm 25.397).

Eine *transaction under common control* liegt zB bei **konzerninternen Umstrukturierungen** vor, wenn die Anteile an einem TU auf ein anderes TU übertragen werden, weil das oberste MU das TU (unverändert) vor und nach der Transaktion beherrscht. Ein weiteres Bsp ist die Einbringung von Anteilen an einem MU in eine neu gegründete **Mantelgesellschaft,** an der am Ende die gleichen Gester wie am eingebrachten Unt beteiligt sind, weil auch hier die Beherrschungsmöglichkeit über das eingebrachte Unt bzw durch die dahinterstehende Gruppe nicht verändert wird. Darüber hinaus würde es sich in diesem Fall auch um eine *reverse acquisition* (s Anm 514) handeln (s auch *Andrejewski* BB 2005, 1438). 525

Gemeinsame Beherrschung durch eine Gruppe von Unt oder **mehrere Personen** setzt voraus, dass deren Beherrschung der am UntZusammenschluss beteiligten Unt bzw Geschäftseinheiten durch entspr vertragliche Vereinbarungen (zB Familienvertrag) abgesichert ist (IFRS 3.B2). Handelt es sich bei der Gruppe von Personen, die gemeinsam Beherrschung ausüben können, um nahe Angehörige (Ehegatten und Kinder), ist eine vertragliche Vereinbarung dagegen nicht zwingend erforderlich (*PwC* MoA, Anm 25.391; für die Vermutung eines mündlichen Vertragsverhältnisses bei gleichgerichteter Stimmrechtsausübung durch die Mitglieder einer Familie: *Buschhüter/Senger* IRZ 2009, 23). Im Übrigen kommt es für das Vorliegen einer *transaction under common control* nicht darauf an, dass die am Zusammenschluss beteiligten Unt bereits zuvor in einen von den beherrschenden Personen aufzustellenden KA einzubeziehen waren (IFRS 3.B4). 526

Transaction under common control fallen nach IFRS 3.2(c) **nicht** in den **Anwendungsbereich** des **IFRS 3.** Bei gemeinsamer Beherrschung findet anlässlich des UntZusammenschlusses keine Erwerbsbilanzierung statt. 527

Soweit ersichtlich wird – zB mit Rücksicht auf vergleichbare Bestimmungen in den US-GAAP – auch nach IFRS überwiegend die Auffassung vertreten, dass stattdessen die **Vermögenswerte und Schulden** der am UntZusammenschluss beteiligten Unt – abgesehen von etwaigen Anpassungen an eine konzerneinheitliche Bilanzierung und Bewertung – **mit** ihren jeweiligen **(Konzern-)Buchwerten** in den IFRS-KA zu **übernehmen** sind (*predecessor accounting;* s dazu IDW RS HFA 2, Tz 43f; *PwC* MoA, Anm 25.403; *Senger/Brune* in Beck IFRS[4] § 34 Anm 23; *Küting/Weber/Wirth* DStR 2004, 881; *Küting, P* IRZ 2012, 153f). Eine Differenz zwischen dem so bewerteten Reinvermögen und den tatsächlichen AK ist mit dem EK zu verrechnen. In diesem Fall darf der Vermögensübergang und die damit korrespondierenden Erträge und Aufwendungen rückwirkend seit dem Zeitpunkt, von dem an die zusammengeschlossenen Unt unter gemeinsamer Beherrschung stehen, abgebildet werden, was eine Anpassung von Vj-Zahlen umfasst. Es ist jedoch auch zulässig, den Vermögensübergang erst ab dem Zeitpunkt, zu dem sich der UntZusammenschluss der Unt unter gemeinsamer Beherrschung ereignet hat, im IFRS-KA zu berücksichtigen (*PwC* MoA, aaO).

§§ 302, 303 Vollkonsolidierung

Alternativ zum *predecessor accounting* wird jedoch auch eine analoge Anwendung des IFRS 3 für zulässig erachtet (*separate reporting entity approach;* s PwC MoA, Anm 25.402; *Buschhüter/Senger* IRZ 2009, 25).

528 Anders als nach IFRS sind Zusammenschlüsse von Unt unter gemeinsamer Beherrschung nach **HGB** nicht von der Anwendung der **allgemeinen Vorschriften** über die KapKons (§ 301) ausgenommen, so dass die Fortführung von Buchwerten aus einem übergeordneten KA im unteren (Teil-)KA nicht zulässig ist. Sofern für dasjenige obere (Mutter-)Unt, unter dessen Beherrschung die am Zusammenschluss beteiligten Unt letztlich standen bzw stehen, ein HGB-KA aufzustellen ist, sind in diesem sämtliche durch die Transaktion ausgelösten Ergebnis- und/oder Vermögens- bzw EK-Effekte nach § 304 zu eliminieren (zu Besonderheiten bei Bet von Minderheiten s § 307 Anm 53 ff).

§ 302 Kapitalkonsolidierung bei Interessenzusammenführung

Anmerkung: § 302 aufgehoben durch BilMoG v. 25.5. 2009 (BGBl I S 1102). Zu den Erl hierzu s 6. Auflage.

§ 303 Schuldenkonsolidierung

(1) **Ausleihungen und andere Forderungen, Rückstellungen und Verbindlichkeiten zwischen den in den Konzernabschluß einbezogenen Unternehmen sowie entsprechende Rechnungsabgrenzungsposten sind wegzulassen.**

(2) **Absatz 1 braucht nicht angewendet zu werden, wenn die wegzulassenden Beträge für die Vermittlung eines den tatsächlichen Verhältnissen entsprechenden Bildes der Vermögens-, Finanz- und Ertragslage des Konzerns nur von untergeordneter Bedeutung sind.**

Übersicht

	Anm
A. Allgemeines	1–3
B. Konsolidierungspflichtige Schuldverhältnisse (Abs 1)	
I. Überblick	6–8
II. Zur Konsolidierung einzelner Posten	
1. Eingeforderte ausstehende Einlagen	10
2. Anzahlungen	11
3. Ausleihungen an verbundene Unternehmen	14, 15
4. Forderungen und Verbindlichkeiten gegenüber verbundenen Unternehmen	17–21
5. Rechnungsabgrenzungsposten	23–25
6. Rückstellungen	27–34
7. Anleihen	36
8. Haftungsverhältnisse, Eventualverbindlichkeiten	38–42
9. Drittschuldverhältnisse	45, 46
10. Außerbilanzielle Geschäfte	49
11. Sonstige finanzielle Verpflichtungen	51, 52
12. Derivative Finanzinstrumente	54, 55
13. Geschäfte mit nahe stehenden Unternehmen und Personen	57
III. Behandlung von Aufrechnungsunterschieden	
1. Grundsatz	60
2. Unechte Aufrechnungsunterschiede	62–64
3. Echte Aufrechnungsunterschiede	66–68

Schuldenkonsolidierung 1, 2 § 303

	Anm
C. Grundsatz der Wesentlichkeit (Abs 2)	70–75
D. Erstmalige und letztmalige Schuldenkonsolidierung	80, 81
E. Publizitätsgesetz	85
F. Rechtsfolgen einer Verletzung des § 303	87
G. Abweichungen der IFRS	90–93

Schrifttum: *Ordelheide* Gefährdung der Nominalkapitalerhaltung durch die Währungsumrechnung von Auslandsinvestitionen zfbf 1994, 795 ff; *Ordelheide* Zur Schuldenkonsolidierung von Fremdwährungsforderungen und -verbindlichkeiten BB 1993, 1558 ff; *HFA* Entwurf einer Stellungnahme: Zur Währungsumrechnung im Konzernabschluß WPg 1998, 549 ff; *Deubert* Auflösung der „Eigenkapitaldifferenz aus Währungsumrechnung" nach § 308a Satz 4 HGB i. d. F. des RegE BilMoG DStR 2009, 340 ff; IDW RS HFA 32 Anhangangaben nach §§ 285 Nr. 3, 314 Abs. 1 Nr. 2 HGB zu nicht in der Bilanz enthaltenen Geschäften FN-IDW 2010, 478 ff; IDW RS HFA 33 Angaben zu Geschäften mit nahe stehenden Unternehmen und Personen FN-IDW 2010, 482 ff; IDW RS HFA 38 Ansatz- und Bewertungsstetigkeit im handelsrechtlichen Jahresabschluss FN-IDW 2011, 560 ff.

A. Allgemeines

Im KA ist die VFE-Lage so darzustellen, als ob die einbezogenen Unt insgesamt ein fiktiv rechtlich einheitliches Unt wären (§ 297 Abs 3 S 1). Folge dieser Einheitsfiktion und **Gegenstand** der in § 303 geregelten SchuldenKons ist die grds Pflicht zur Eliminierung sämtlicher Schuldverhältnisse, die zwischen dem MU und den voll konsolidierten TU bestehen, im KA, so dass in der Konzernbilanz letztlich grds nur Ansprüche und Verpflichtungen gegen fremde Dritte sowie den nach § 296 nicht im Wege der VollKons gem §§ 300 ff in den KA einbezogenen TU ausgewiesen werden. Die SchuldenKons beschränkt sich dabei nicht nur auf die Eliminierung der Bilanzposten, die aus konzerninternen Schuldverhältnissen resultieren, sondern umfasst darüber hinaus auch das Weglassen der damit in Zusammenhang stehenden Davon- bzw Haftungsvermerke in Bilanz oder im Konzernanhang (dazu s Anm 7 f) sowie sonstiger Anhangangaben, zB zu konzerninternen sonstigen finanziellen Verpflichtungen (dazu s Anm 51 f). 1

In den **Anwendungsbereich** des § 303 fallen das MU und alle TU, die im Wege der VollKons in den KA einbezogen werden. Aufgrund des Verweises in § 310 Abs 2 gilt § 303 auch für die QuoKons von GemUnt. Forderungen und Verbindlichkeiten ggü GemUnt werden nur in Höhe des dem Konzern gehörenden Anteilsprozentsatzes eliminiert und die im KA verbleibenden Bestandswerte wie sonstige Drittansprüche und -verpflichtungen bilanziert und bewertet (s § 310 Anm 53 ff, 62 f). 2

Für assozUnt, die nach der Equity-Methode (§ 312) bewertet werden, ist dagegen eine SchuldenKons nicht geboten und wird auch in DRS 8 nicht gefordert. Sie wird jedoch zumindest für zulässig erachtet (s *Ebeling* in Bilanzrecht § 303 Anm 7 mwN; ablehnend dagegen: ADS[6] § 303 Anm 4, WPH[14] I, M Anm 454). Bei einer Einbeziehung der assozUnt in die SchuldenKons erhöht bzw vermindert sich der ausgewiesene Equity-Wertansatz iHd auf das MU entfallenden Anteils an der Verbindlichkeit bzw der Forderung des assoz Unt. Diese Vorgehensweise ist uE dann sachgerecht, wenn im Konzern wesentliche, bet-ähnliche Forderungen gegen das assozUnt bestehen und andernfalls die Verrechnung der anteilig auf den Konzern entfallenden Verluste am assozUnt im Rahmen der

§ 303   3–7   Vollkonsolidierung

Equity-Methode ausgesetzt werden müsste. Unabhängig davon, ob bei assozUnt eine SchuldenKons erfolgt oder nicht, muss immer geprüft werden, ob das Gesamtengagement des Konzerns, bestehend aus der Bet am assozUnt und den sonstigen Forderungen/Darlehen, werthaltig ist (§ 253 Abs 3 S 3 iVm § 298 Abs 1; s auch § 312 Anm 38).

3   Mit § 303 werden Art 26 Abs 1 lit a) und Abs 3 der 7. EG-Richtl umgesetzt. Die Regelung ist **seit** ihrer Einführung im Rahmen des **BiRiLiG unverändert** geblieben.

B. Konsolidierungspflichtige Schuldverhältnisse (Abs 1)

I. Überblick

6   Folgende **Bilanzposten** (§ 266 Abs 2 und 3) können in die SchuldenKons nach Abs 1 einzubeziehen sein (s auch ADS[6] § 303 Anm 6):

Aktivseite	A	I 4	Geleistete Anzahlungen auf immaterielle VG
	A	II 4	Geleistete Anzahlungen auf Sachanlagen und Anlagen im Bau
	A	III 2	Ausleihungen an verbundene Unt
	A	III 3	Ausleihungen an Unt, mit denen ein BetVerhältnis besteht*
	A	III 5	Wertpapiere des Anlagevermögens
	B	I 4	Geleistete Anzahlungen auf Vorräte
	B	II 2	Forderungen gegen verbundene Unt
	B	II 3	Forderungen gegen Unt, mit denen ein BetVerhältnis besteht*
	B	II 4	Sonstige VG
	B	II 2	Sonstige Wertpapiere
	B	IV	Guthaben bei Kreditinstituten und Schecks
	C		RAP
Passivseite	B	1	Rückstellungen für Pensionen und ähnliche Verpflichtungen
	B	3	Sonstige Rückstellungen
	C	1	Anleihen
	C	2	Verbindlichkeiten ggü Kreditinstituten
	C	3	Erhaltene Anzahlungen auf Bestellungen
	C	5	Wechselverbindlichkeiten
	C	6	Verbindlichkeiten ggü verbundenen Unt
	C	7	Verbindlichkeiten ggü Unt, mit denen ein BetVerhältnis besteht*
	C	8	Sonstige Verbindlichkeiten
	D		RAP

* Zusätzlich für die SchuldenKons relevante Posten, wenn GemUnt im Wege der QuoKons gem § 310 in den KA einbezogen werden bzw wenn auch für assozUnt eine SchuldenKons erfolgt (s Anm 2).

Eingeforderte ausstehende Einlagen (§ 272 Abs 1 S 3), ggü Gestern bestehende und dann bei GmbH und KapCoGes gesondert ausgewiesene Ausleihungen, Forderungen und Verbindlichkeiten (§ 42 Abs 3 GmbHG; § 264c Abs 1; s auch § 298 Anm 85 f) sind ggf zusätzlich zu berücksichtigen. Ferner sind konzernintern gewährte Genussrechte oder stille Bet, auch wenn sie im JA der einbezogenen Unt als EK oder in einem Sonderposten (s § 266 Anm 191 f) ausgewiesen werden, wegen ihrer schuldrechtlichen Grundlage in die SchuldenKons nach § 303 einzubeziehen (s auch § 301 Anm 14).

7   Die SchuldenKons umfasst auch die gesonderten Vermerke aus **Haftungsverhältnissen** unter der Konzernbilanz oder im Konzernanhang (§§ 251, 268 Abs 7 iVm § 298 Abs 1):

– Verbindlichkeiten aus der Begebung und Übertragung von Wechseln,
– Verbindlichkeiten aus Bürgschaften, Wechsel- und Scheckbürgschaften,

Schuldenkonsolidierung 8–15 § 303

- Verbindlichkeiten aus Gewährleistungsverträgen,
- Haftungsverhältnisse aus der Bestellung von Sicherheiten für fremde Verbindlichkeiten,

jeweils unter Angabe evtl bestehender Pfandrechte sowie von Verpflichtungen ggü nicht einbezogenen verbundenen Unt.

Ferner können von der SchuldenKons **Anhangangaben** betroffen sein, wenn und soweit sie sich auf die einbezogenen TU etc beziehen: 8

- Gesamtbetrag, der in der Bilanz ausgewiesenen Verbindlichkeiten mit einer Restlaufzeit von mehr als fünf Jahren sowie der dazugehörigen Angaben zu Art und Form von Sicherheiten (§ 285 Nr 1; s dazu auch § 314 Anm 9 f),
- Angaben zu außerbilanziellen Geschäften (§ 285 Nr 3; s § 314 Anm 13),
- Gesamtbetrag der sonstigen finanziellen Verpflichtungen, die *nicht* in der Bilanz erscheinen oder *nicht* entspr § 251 oder nach § 285 Nr 3 anzugeben sind, sofern diese Angabe für die Beurteilung der Finanzlage des Konzerns von Bedeutung ist (§ 285 Nr 3a; s § 314 Anm 15 f),
- Angaben zu nicht zum beizZW bewerteten derivaten FinInst (§ 285 Nr 19; s § 314 Anm 101),
- Angaben zu nicht marktüblichen Geschäften mit nahe stehenden Unt und Personen (§ 285 Nr 21; s § 314 Anm 107 ff).

II. Zur Konsolidierung einzelner Posten

1. Eingeforderte ausstehende Einlagen

Eingeforderte ausstehende Einlagen auf das gezeichnete Kapital eines TU sind, soweit sie auf von anderen voll konsolidierten Unt (MU oder TU) gehaltene Anteile entfallen, mit der in deren JA passivierten Einzahlungsverpflichtung aufzurechnen (zur Behandlung nicht eingeforderter ausstehender Einlagen s § 301 Anm 41). Eingeforderte ausstehende Einlagen auf das gezeichnete Kapital des MU, die auf von TU gehaltene RückBet am MU entfallen, sind mit den bei den TU passivierten Einzahlungsverpflichtungen aufzurechnen (s § 301 Anm 42). Die iZm der Passivierung der Einzahlungsverpflichtung beim TU ausgewiesenen Anteile am MU sind in der Konzernbilanz als eigene Anteile offen vom gezeichneten Kapital abzusetzen (§ 301 Anm 167). 10

2. Anzahlungen

Von einbezogenen Unt geleistete Anzahlungen für **immaterielle Vermögensgegenstände** und **Sachanlagen** sind mit den erhaltenen Anzahlungen ggü einbezogenen verbundenen Unt zu verrechnen, unabhängig davon, ob diese in die Konzernbilanz gesondert als Verbindlichkeiten ggü verbundenen Unt oder offen als Abzug von den Vorräten (§ 268 Abs 5 S 2) ausgewiesen sind. Die Darstellung im Konzernanlagengitter (§ 268 Abs 2 iVm § 298 Abs 1) ist entspr zu korrigieren. 11

3. Ausleihungen an verbundene Unternehmen

Die zu Nennwerten ausgewiesenen Ausleihungen an verbundene Unt sind mit den entspr Verbindlichkeiten ggü einbezogenen verbundenen Unt zu verrechnen und der Ausweis im Konzernanlagengitter ist entspr anzupassen. 14

Werden im JA bzw der HB II Abschreibungen wegen **niedriger Verzinslichkeit** oder **Unverzinslichkeit** vorgenommen oder der Wert der Ausleihungen später durch Zuschreibungen wieder erhöht, ist der Abschreibungsaufwand oder Zuschreibungsertrag in der GuV ebenfalls ergebniswirksam zu eliminieren. Ebenso sind zB Abschreibungen oder Zuschreibungen aus anderen Gründen zu korrigieren; zB aus Transferrisiken (Länderrisiko) oder Bonitätsrisiken. 15

Förschle/Deubert

Resultiert die Abschreibung/Zuschreibung aus Vj, ist die daraus resultierende Differenz im EK (Ergebnisvortrag oder Konzerngewinnrücklagen) zu erfassen (s dazu Anm 68).

4. Forderungen und Verbindlichkeiten gegenüber verbundenen Unternehmen

17 Die zu Nennwerten angesetzten Forderungen sind mit den zum Erfüllungsbetrag ausgewiesenen Verbindlichkeiten erfolgsneutral zu verrechnen. Soweit im JA unverzinsliche oder niedrig verzinsliche Forderungen (zB Wechselforderungen) oder zweifelhafte Forderungen (zB mangels Bonität) abgeschrieben worden sind, müssen diese Abschreibungen im Rahmen der SchuldenKons ergebniswirksam aufgelöst werden. Das gleiche gilt, wenn Pauschalabwertungen für Forderungen gegen einbezogene Unt gebildet worden sind. Werden auf Grund des Wertaufholungsgebots Zuschreibungen im JA vorgenommen, sind diese im KA aufzulösen, weil auch die zuvor gebildeten Abschreibungen im KA eliminiert wurden. Der ergebniswirksame Effekt der SchuldenKons beschränkt sich auch hier auf den Teil der Abschreibungen oder Zuschreibungen, der im JA des einbezogenen Unt das Ergebnis des Gj verändert. Abschreibungen aus Vj werden dagegen erfolgsneutral im EK verrechnet (Anm 66ff; glA *ADS*[6] § 303 Anm 42).

18 Fraglich ist, welche Auswirkungen sich auf die SchuldenKons ergeben, wenn das konzerninterne Schuldverhältnis zumindest aus Sicht eines der einbezogenen Unt (Darlehensgeber oder -nehmer) ein **Fremdwährungsgeschäft** darstellt, dh der Darlehensbetrag aus der Sicht einer der Parteien auf eine von ihrer Landeswährung abw Fremdwährung lautet.

In diesem Fall können sich Aufrechnungsdifferenzen unmittelbar im Rahmen der SchuldenKons ergeben, weil sich die aufzurechnenden konzerninternen Ansprüche und Verpflichtungen nach der Umrechnung der Fremdwährungsbeträge mit dem Stichtagskurs (§ 308a S 1) nicht betragsgleich ggüstehen. Differenzen ergeben sich indirekt auch dadurch, dass die Bewertung des konzerninternen Kreditverhältnisses unter Beachtung des Imparitätsprinzips (§ 252 Abs 1 Nr 4), im JA einer der Parteien zu Erfolgsbeiträgen geführt hat. In diesen Fällen ergibt sich dann zwar aus der eigentlichen SchuldenKons keine Differenz mehr, ohne weitere KonsMaßnahmen würde jedoch der Erfolgsbeitrag aus dem JA in das Konzernergebnis eingehen (s auch *PwC* BilMoG Komm, Q Anm 391).

19 Die Umrechnung der HB II von ausländischen TU mit Sitz außerhalb der Euro-Zone erfolgt für Zwecke des handelsrechtlichen KA gem § 308a nach der **modifizierten Stichtagskursmethode,** deren theoretische Grundlage ein *Nettoinvestitionskonzept* bildet. Danach werden die VG und Schulden, in die das MU beim Erwerb der Anteile am TU indirekt investiert hat, nicht einzeln in der Konzernwährung bewertet, sondern für Zwecke der Währungsbewertung als einheitlicher VG (Netto-Auslandsinvestition) behandelt (s dazu auch *Deubert* DStR 2009, 340 mwN). Während des Bestehens der Auslandsinvestition werden sämtliche Wechselkurseffekte erfolgsneutral behandelt (§ 308a S 3). Hintergrund dafür ist, dass etwaige Risiken aufgrund von Auf- bzw Abwertungen der Fremdwährung, in der sich die Vermögens- und Schuldposten der Auslandsinvestition abwickeln werden, nur mit geringer bzw zumindest einer nicht näher vorhersehbaren Wahrscheinlichkeit tatsächlich auch in der Konzernwährung zahlungswirksam werden. Die Kompensation eines Verlusts des Außenwerts der jeweiligen Fremdwährung kann dabei entweder aus sonstigen Zeit-/Ertragswertsteigerungen im investierten ausländischen (Rein-)Vermögen oder auch aus lediglich inflationsbedingten Wertsteigerungen resultieren (s *Deubert* DStR 2009, 340f). Der Vermögenseffekt, der aus Wechselkursänderungen resultiert, wird erst bei der endgültigen bzw einer teilweisen Beendigung der Auslandsinvestition ermittelt und im Konzernerfolg berücksichtigt (§ 308a S 4). Bis zu diesem Zeitpunkt werden die Beiträge der Auslandsinvestition zum Konzernerfolg nur in deren Fremdwährung gemessen, dh der „erfolgsrechnerischer Nullpunkt" (*Ordelheide* zfbf 1994, 796) wird ausschließlich durch das in Landeswährung ausgedrückte Nominalkapital definiert. Das Niederstwertprinzip (§§ 253 Abs 3 S 3 bzw Abs 4, 252 Abs 1 Nr 4 iVm § 298 Abs 1) wird ausschließlich auf Basis der in Fremdwährung aufgestellten HB II des TU und nicht in der Konzernwährung (€) beachtet (*HFA* WPg 1998, 550).

Würden die oben (Anm 18) beschriebenen Differenzen wie die anderen Differenzen aus der SchuldenKons ergebniswirksam erfasst (s Anm 67), würde die Konzeption der Stichtagskursmethode punktuell bis zum Betrag der konzerninternen Verbindlichkeit durchbrochen. Aus diesem Grund sind **Aufrechnungsunterschiede** aus der Kons konzerninterner Fremdwährungsforderungen und -verbindlichkeiten in die EK-Differenz aus WähUm (§ 308a S 3) einzustellen und damit **erfolgsneutral** zu behandeln (glA *ADS*[6] § 303 Anm 37; *Ordelheide* BB 1993, 1558 f; *HFA* WPg 1998, 552).

Unabhängig davon ist dann aber fraglich, wie mit den Differenzen, die während des Bestehens eines konzerninternen Darlehensverhältnisses in die EK-Differenz aus WähUm eingestellt wurden, bei einer **Rückführung** des **Darlehens** zu verfahren ist. Nach § 308a S 4 wird die EK-Differenz aus WähUm nur bei einer vollständigen oder teilweisen Veräußerung des ausländischen TU erfolgswirksam erfasst. Gleiches gilt, wenn das ausländische TU liquidiert wird (s dazu *Deubert* DStR 2009, 342). Ein in der EK-Differenz aus WähUm enthaltener Unterschiedsbetrag aus der SchuldenKons wird danach spätestens bei einer EndKons erfolgswirksam (s dazu § 301 Anm 317) und zwar auch dann, wenn dies nicht gleichzeitig zur Beendigung des bisher konzerninternen Kreditverhältnisses führt, was in der Praxis aber eher selten der Fall sein wird. Darüber hinaus ist uE eine erfolgswirksame Erfassung der Währungseffekte aus der SchuldenKons geboten, wenn das zugrunde liegende Kreditverhältnis beendet wurde. Wurde einem ausländischen TU ein Darlehen in Konzernwährung gewährt, muss dieses bei einer Darlehenstilgung Vermögen, dessen Wert aus Konzernsicht bislang – entspr der Grundsätze der Stichtagskursmethode – in Fremdwährung gemessen wurde, in die Konzernwährung konvertieren. In wirtschaftlicher Betrachtungsweise entspricht dies einer Teilliquidation der ausländischen Investition, was die (erfolgswirksame) Abwicklung der damit korrespondierenden bilanziellen Umrechnungsdifferenz nach § 308a S 4 analog erfordert. Dagegen ist die Währungsdifferenz aus der SchuldenKons fortzuführen, wenn die Fremdwährungsverbindlichkeit auf Ebene des ausländischen TU in EK umgewandelt wird (glA *PwC* BilMoG Komm, Q Anm 398).

Insb wenn sich konzerninterne Darlehen kontinuierlich aufbauen und wieder abwickeln, kann das Nachhalten der Differenzen, die (noch) erfolgsneutral zu behandeln und in die EK-Differenz aus WähUm einzubeziehen sind, und der Teile, die nach der Abwicklung des Kreditverhältnisses erfolgswirksam zu erfassen sind, sehr aufwändig sein. Deshalb ist es uE zulässig, wenn etwaige Differenzen aus der SchuldenKons aus **Vereinfachungsgründen** letztlich erfolgswirksam erfasst werden. Gleiches gilt uE, wenn und soweit zweifelsfrei feststeht, dass die Investition der Mittel beim ausländischen TU zu einem (Währungs-)Verlust geführt hat, zB weil die Darlehensmittel zeitlich erst deutlich nach ihrer Konvertierung in die Fremdwährung in (Sach-)Werte investiert wurden und der Wert der Fremdwährung ggü dem € währenddessen deutlich gesunken ist.

Eine erfolgswirksame Behandlung der Aufrechnungsdifferenz ist auch dann sachgerecht, wenn nach der SchuldenKons aufgrund einer **Währungssiche-**

rung, die bei einem der einbezogenen Unt bestand, auf Konzernebene eine offene Position verbleibt, die nach allgemeinen Grundsätzen zu bewerten ist.

5. Rechnungsabgrenzungsposten

23   Bei **Dauerschuldverhältnissen** zwischen einbezogenen Unt sind bei zeitlichem Auseinanderfallen von Leistung und Gegenleistung (wie zB bei vorausbezahlten bzw -vereinnahmten Zinsen, Mieten etc) entspr RAP zu bilden. Diese Aktiva und Passiva stehen sich idR in gleicher Höhe ggü und sind in die SchuldenKons einzubeziehen.

24   Verbindlichkeiten ggü einbezogenen Unt sind zum Erfüllungsbetrag anzusetzen (§ 253 Anm 51). Ist der Erfüllungsbetrag einer Verbindlichkeit höher als der Ausgabebetrag, darf nach § 250 Abs 3 S 1 iVm § 298 Abs 1 der Unterschiedsbetrag als **Disagio** in den RAP auf der Aktivseite aufgenommen werden (§ 250 Anm 35 ff). Wird das Aktivierungswahlrecht ausgeübt, ergeben sich bei gleichen Abschreibungs- bzw Auflösungsmethoden durch Einbeziehung der RAP in die SchuldenKons keine Aufrechnungsunterschiede. Wird im JA des einbezogenen Unt hingegen das Aktivierungswahlrecht wegen sofortiger Aufwandsverrechnung nicht ausgeübt, ergibt sich ein echter Aufrechnungsunterschied, der beim erstmaligen Auftreten ergebniswirksam in der Konzern-GuV zu erfassen ist (s dazu Anm 67). Damit wird der konzerninterne Aufwand aus der sofortigen Aufwandsverrechnung des Disagios wieder neutralisiert. In den Folgejahren ist der Vj-Betrag der Aufrechnungsdifferenz erfolgsneutral im EK vorzutragen, während die Veränderung des Aufrechnungsunterschieds ergebniswirksam zu erfassen ist (s auch Anm 68; ADS^6 § 303 Anm 11).

25   Bei einer **Forfaitierung** der Forderungen aus einem konzerninternen Leasingverhältnis hat das Leasinggeber-TU in seinem JA für die Verpflichtung zur Überlassung des Leasinggegenstands einen passiven RAP iHd zugeflossenen Entgelts (Barwert der Leasingraten) zu bilden. Aus Konzernsicht fallen der Anspruch des Leasingnehmer-TU zur Nutzung des Leasinggegenstands und die korrespondierende Verpflichtung des Leasingnehmer-TU zu dessen Überlassung in sich zusammen. Es verbleibt die Zahlungsverpflichtung ggü Erwerber der Leasingforderungen, idR einem Kreditinstitut. Der passive RAP aus dem JA des Leasinggeber-TU ist deshalb nicht zu eliminieren, sondern in die Verbindlichkeiten umzugliedern. In der Folge sind die gezahlten Leasingraten in einen Zins- und einen Tilgungsanteil, der gegen die Verbindlichkeit erfasst wird, aufzuteilen.

6. Rückstellungen

27   Im JA bzw der HB II passivierte Rückstellungen sind in die SchuldenKons einzubeziehen, wenn es sich um Verpflichtungen ggü anderen einbezogenen Unt handelt. Dies gilt grds auch dann, wenn auf Seiten des begünstigten Unt noch kein korrespondierender Anspruch aktiviert ist, was regelmäßig der Fall sein wird. Dann ergeben sich im Rahmen der SchuldenKons echte Aufrechnungsunterschiede, die im Entstehungsjahr grds ergebniswirksam zu erfassen sind (s Anm 67). Folgende Rückstellungen bzw Sachverhalte können ggf in die SchuldenKons einzubeziehen sein:

- Drohende Verluste aus schwebenden Geschäften (s Anm 28 f),
- Gewährleistungsverpflichtungen (s Anm 30),
- Bürgschaften (s Anm 31),
- Wechselobligo (s Anm 32),
- andere Haftungsverhältnisse, zB harte Patronatserklärungen,
- Werthaltigkeitsgarantien (s Anm 33) und
- Verlustausgleichsverpflichtungen (s Anm 34).

Ist auf Grund einer vertraglichen Vereinbarung mit einem einbezogenen Unt der *Anspruch* auf die Gegenleistung (zB Verkaufspreis) niedriger als der Wert der Lfg- oder Leistungsverpflichtung (zB Selbstkosten), ist im JA für das Absatzgeschäft eine Rückstellung für **drohende Verluste aus schwebenden Geschäften** zu bilden (§ 249 Anm 51 ff). Eine Auflösung dieser Rückstellung im KA ist *nicht* vorzunehmen, wenn und soweit eine entspr vertragliche Vereinbarung zwischen dem EmpfängerUnt und einem fremden Dritten oder einem nicht einbezogenen KonzernUnt eingegangen worden ist und der vereinbarte Preis keine Deckung der Konzern-Selbstkosten erwarten lässt. 28

Hat sich ein einbezogenes Unt durch vertragliche Vereinbarungen ggü einem anderen einbezogenen Unt *verpflichtet* und ist außerdem der Wert des Lfg- und Leistungsanspruchs (zB Marktpreis) niedriger als der Wert der Lfg- und Leistungsverpflichtung (zB Einkaufspreis), ist diese Rückstellung dann *nicht aufzulösen*, wenn und soweit das einbezogene LieferUnt ggü einem fremden Dritten oder einem nicht einbezogenen KonzernUnt eine entspr Verpflichtung eingegangen ist und die Bildung einer Rückstellung nur im Hinblick auf den vertraglich vereinbarten Verkaufspreis mit dem einbezogenen EmpfängerUnt unterlassen worden ist (so auch *ADS*[6] § 303 Anm 15).

Droht ein **Verlust aus einem schwebenden Dauerschuldverhältnis** mit einem einbezogenen Unt (zB nicht mehr genutzte EDV-Anlage aus Leasingvertrag, nicht mehr genutzte gemietete Gebäude), ist bei Auflösung einer hierfür gebildeten konzerninternen Rückstellung ggf zu untersuchen, ob aus Konzernsicht eine außerplanmäßige Abschreibung des Mietgegenstands vorzunehmen ist. 29

Wurden für Lfg an einbezogene Unt Rückstellungen für **Gewährleistungsverpflichtungen** gebildet, ist eine Auflösung dieser Rückstellungen dann *nicht zulässig*, wenn sich entspr Verpflichtungen des einbezogenen EmpfängerUnt ggü fremden Dritten oder einem nicht einbezogenen KonzernUnt ergeben, die beim EmpfängerUnt auf Grund der Gewährleistungsverpflichtung des LieferUnt als durchlaufender Posten behandelt worden sind. Aus Konzernsicht kann unter den Voraussetzungen des § 249 Abs 1 S 2 Nr 1 iVm § 298 Abs 1 auch eine Rückstellung für **unterlassene Reparaturen** in Betracht kommen, sofern die Lfg im Anlagevermögen des EmpfängerUnt aktiviert worden ist (zB *WPH*[14] I, M Anm 457; *ADS*[6] § 303 Anm 14). 30

Ist auf Grund drohender Inanspruchnahme aus einer **Bürgschaft** zugunsten eines einbezogenen Unt ggü fremden Dritten eine Rückstellung gebildet worden, ist diese im Jahr der Bildung grds ergebniswirksam aufzulösen, wenn und soweit die der Bürgschaft zugrundeliegende Verpflichtung beim begünstigten einbezogenen Unt passiviert wurde. 31

Ist eine Rückstellung für das **Risiko einer wechselrechtlichen Haftung** aus weitergegebenen, noch nicht eingelösten Wechseln von einbezogenen Unt gebildet worden, ist diese Rückstellung ebenfalls ergebniswirksam aufzulösen. 32

Teilweise werden vom MU **Werthaltigkeitsgarantien** für bestimmte VG von TU (zB Vorräte oder Forderungen) abgegeben, um Abwertungen der VG im JA zu vermeiden. Dabei kann es sich um Abkaufgarantien zum Buchwert handeln oder die Verpflichtung zum Ausgleich von Buchverlusten beim Verkauf des VG. Ist der beizZW des VG niedriger als der garantierte (Buch-)Wert hat der Garant in Höhe des ausmachenden Betrags eine Rückstellung zu passivieren (ausführlich *Förschle/Heinz* in Sonderbilanzen[4] Q Anm 76). Im KA ist die Rückstellung nicht aufzulösen, sondern gegen den Buchwert der garantierten VG zu verrechnen, sofern davon auszugehen ist, dass der beizZW dauerhaft unter den garantierten Buchwert gesunken ist. Sofern es sich um Anlagevermögen handelt, ist der Aufwand aus der Rückstellungsbildung in der Konzern-GuV in den Posten Abschreibungen (§ 275 Abs 2 Nr 7a iVm § 298 Abs 1) umzugliedern. 33

Bezieht sich die Werthaltigkeitsgarantie dagegen auf die Bet an einem voll konsolidierten TU, ist die dafür im JA gebildete Rückstellung aufzulösen, weil die Bet im KA nicht als solche, sondern das dahinter stehende Reinvermögen des TU bilanziert wird (zur analogen Vorgehensweise bei außerplanmäßigen Abschreibungen auf Bet an voll kons TU s § 301 Anm 240 f).

34 Bei Bestehen eines Gewinnabführungs- und Beherrschungsvertrags hat das herrschende Unt bei nachhaltiger Ertragslosigkeit der abhängigen Ges iHd Barwerts der voraussichtlichen Zahlungen für den Zeitraum bis zur frühestmöglichen Kündigung des UntVertrags eine Rückstellung für **Verlustausgleichsverpflichtungen** zu bilden (s WPH^{14} I, E Anm 216). Diese Rückstellung ist im KA aufzulösen, weil sie aus Sicht des einheitlichen Unt letztlich für das allgemeine Unternehmerrisiko besteht und eine reine Innenverpflichtung des Konzerns darstellt.

7. Anleihen

36 In die SchuldenKons einzubeziehen sind grds auch Anleihen (zum Begriff s § 266 Anm 212 ff), die ein einbezogenes Unt emittiert hat und die sich im Bestand eines anderen einbezogenen Unt befinden. Eine Ausnahme hiervon gilt, wenn die Wertpapiere von dem einbezogenen Unt nur als **kurzfristige Liquiditätsreserve** gehalten werden und deshalb eine Veräußerung am Kapitalmarkt und damit an fremde Dritte außerhalb des Konzerns nicht ausgeschlossen ist. In diesem Fall, darf mit Rücksicht auf die Einheitstheorie (§ 297 Abs 3 S 1) auf die Aufrechnung verzichtet werden (s ADS^6 § 303 Anm 17; *Ebeling* in Bilanzrecht § 303 Anm 48), weil im JA des Anleiheemittenten zurückgekaufte Anleihestücke auch erst dann vom Betrag der Anleiheschuld abgesetzt werden dürfen, wenn ein Wiederinverkehrbringen der Wertpapiere, zB wegen ihrer Entwertung, endgültig ausgeschlossen ist (hM s § 266 Anm 219).

8. Haftungsverhältnisse, Eventualverbindlichkeiten

38 Die Kons der Angaben zu Haftungsverhältnissen unter der Konzernbilanz oder im Konzernanhang (§ 251 ggf iVm § 268 Abs 7 iVm § 298 Abs 1) ist nicht ausdrücklich in Abs 1 genannt. Sie ergibt sich jedoch aus der Einheitstheorie gem § 297 Abs 3 S 1. Die Rechtsgrundlage für die Eliminierung von konzerninternen Eventualverbindlichkeiten ist Abs 1 (hM zB ADS^6 § 303 Anm 18).

39 Ein Vermerk des **Wechselobligos** entfällt, wenn ein einbezogenes Unt die Wechselverbindlichkeiten bereits als Hauptschuld passiviert hat (Wechselobligo *zugunsten* eines einbezogenen Unt). Ebenso entfällt ein Vermerk, wenn sich der von einem KonzernUnt ausgestellte oder übertragene Wechsel noch im Besitz eines anderen KonzernUnt befindet (Wechselobligo ggü verbundenen Unt). Es ist insb darauf zu achten, dass keine konzerninterne **Mehrfachhaftungen** für die gleiche Schuld erfasst werden, zB wenn ein Wechsel von mehreren einbezogenen Unt indossiert wurde (ebenso *Harms* in $HdKR^2$ § 303 Anm 43).

40 Angaben zu **Bürgschaften** und **Gewährleistungsverträgen** ggü verbundenen Unt sind wegzulassen, wenn eine Verpflichtung ggü Dritten aus der Sicht des Konzerns nicht besteht. Bürgschaften für Verbindlichkeiten ggü Dritten zugunsten einbezogener Unt sind ebenfalls zu eliminieren, wenn und soweit im KA die Hauptschuld bereits passiviert ist (s Anm 31).

41 Bei ausweispflichtigen **Patronatserklärungen** (s § 251 Anm 41) ist zu untersuchen, ob diese *zugunsten* eines einbezogenen Unt nur in Höhe der passivierten Hauptschuld bestehen oder ob es sich um darüber hinausgehende Verpflichtungen handelt. Letztere dürfen nicht eliminiert werden (glA WPH^{14} I, M Anm 466).

42 Hat ein einbezogenes Unt **Sicherheiten** zugunsten eines anderen einbezogenen Unt **bestellt,** entfällt der Vermerk. Hat das begünstigte einbezogene Unt die

Verbindlichkeit passiviert, weil sie ggü Dritten oder nicht einbezogenen TU besteht, ist im Konzernanhang die Sicherung anzugeben (s § 314 Anm 10).

9. Drittschuldverhältnisse

Ein Drittschuldverhältnis liegt vor, wenn Unt außerhalb des KonsKreises 45 (fremde Dritte oder nach § 296 nicht einbezogene TU) Forderungen und Verbindlichkeiten ggü einbezogenen Unt haben. Von Abs 1 wird ausdrücklich nur ein Weglassen von Forderungen und Verbindlichkeiten ggü einbezogenen Unt gefordert. Eine Einbeziehung von Drittschuldverhältnissen in die SchuldenKons ist damit **nicht geboten.**

Außerhalb des Abs 1 ist eine Verrechnung von Ansprüchen und Verpflichtun- 46 gen im KA unter den gleichen Voraussetzungen **zulässig,** unter denen dies auch im JA eines rechtlich einheitlichen Unt zulässig wäre, dh wenn eine **Aufrechnungslage** (zu den Voraussetzungen s § 246 Anm 105 ff) gegeben ist (*ADS*[6] § 303 Anm 30). Dies wird jedoch bezogen auf die Drittschuldverhältnisse nur in Ausnahmefällen der Fall sein, zB wenn ein Kreditinstitut die Konten mehrerer Unt eines Konzerns aufgrund einer mit diesen geschlossenen Kompensationsvereinbarung wie ein einheitliches Kontokorrent führt und als Folge die Salden einzelner Konten jederzeit gegeneinander verrechnet werden können. Eine Einschränkung der allgemeinen Aufrechnungsanforderungen aus dem JA auf Konzernebene lässt sich auch nicht mit der Eigenart des KA (Einheitstheorie) begründen (s auch § 298 Anm 2 f), weil durch die konzernspezifische Vorschrift des § 303 ausdrücklich nur eine SchuldenKons für die einbezogenen Unt erlaubt ist. Eine Ausnahme kommt hier nur für Ansprüche und Verpflichtungen ggü TU in Betracht, die nach § 296 nicht im Wege der VollKons einbezogen werden (ebenso *Ebeling* in Bilanzrecht § 303 Anm 51). Unabhängig davon, ob und unter welchen Voraussetzungen eine DrittschuldenKons zulässig ist, wird sie in der Praxis ohnehin regelmäßig mit Rücksicht auf den Grundsatz der Wirtschaftlichkeit der Konzernrechnungslegung unterbleiben, weil die Beschaffung der dafür erforderlichen Informationen zu aufwändig wäre (*Busse von Colbe/Ordelheide*[9], 363).

10. Außerbilanzielle Geschäfte

Nach § 314 Abs 1 Nr 2 sind im Konzernanhang außerbilanzielle Geschäfte des 49 MU und der in den KA einbezogenen TU anzugeben, soweit dies für die Beurteilung der Finanzlage des Konzerns notwendig ist. Außerbilanzielle Geschäfte von nach § 296 nicht einbezogenen TU sind nicht anzugeben (IDW RS HFA 32, Tz 29).

Als **Beispiele** für die Angabepflicht kommen Factoring- und ABS-Gestaltungen, Leasing- und Mietverträge, Pensionsgeschäfte sowie die Auslagerung betrieblicher Funktionen etc in Betracht (s dazu IDW RS HFA 32, Tz 8). Für die Ermittlung dieser Angaben, die nicht allein quantitativer Natur sind, sind die Ansprüche und Verpflichtungen aus Geschäftsbeziehungen zwischen einbezogenen Unt zu eliminieren (s auch § 314 Anm 13).

11. Sonstige finanzielle Verpflichtungen

Im Konzernanhang ist nach § 314 Abs 1 Nr 2a der Gesamtbetrag der sonsti- 51 gen finanziellen Verpflichtungen ggü fremden Dritten oder den nach § 296 nicht einbezogenen TU anzugeben, die nicht in der Konzernbilanz enthalten und nicht nach § 251 iVm § 298 Abs 1 anzugeben sind, sofern sie für die Beurteilung der Finanzlage des Konzerns von Bedeutung sind (s auch Anm 72). Sofern die sonstigen finanziellen Verpflichtungen ggü einbezogenen Unt bestehen, sind diese bei der Ermittlung des Gesamtbetrags wegzulassen (§ 314 Anm 15).

52 **Beispielhaft** ist zu nennen (§ 285 Anm 61): Bestellobligo aus begonnenen Investitionsvorhaben ggü einbezogenen Unt (*ADS*[6] § 303 Anm 27 f; *Busse von Colbe/Ordelheide*[9], 365). Die Angabe darf nicht bereits deshalb unterlassen werden, weil eine erforderliche Maßnahme, zB Großreparatur, auch von einem verbundenen Unt ausgeführt werden könnte, sondern erst wenn dieses – spätestens bis zur Aufstellung des KA – auch konkret beauftragt wurde.

12. Derivative Finanzinstrumente

54 Im Konzernanhang sind nach § 314 Abs 1 Nr 11 für jede Kategorie von derivativen FinInst Angaben zu Art und Umfang sowie dem beizZW aufzunehmen, soweit diese Instrumente nicht zum beizZW bewertet werden. Angaben zu derivativen FinInst sind wegzulassen, wenn sie zwischen einbezogenen Unt bestehen. Dient das derivative FinInst bei einem einbezogenen Unt zur Absicherung eines Grundgeschäfts im Rahmen einer BewEinh (§ 254 Anm 20 ff), kann aus Konzernsicht eine offene Position entstehen. Das Grundgeschäft ist dann nach den allgemeinen Grundsätzen unter Beachtung des Realisations- und des Imparitätsprinzips (§ 252 Abs 1 Nr 4 iVm § 298 Abs 1) zu bewerten, so dass in diesem Fall, über die Eliminierung der Angaben hinaus, ggf auch Erfolgswirkungen entstehen können.

55 **Beispiele** für derartige Beziehungen sind vor allem Sicherungsgeschäfte im Zins- oder Währungsbereich, die zusammen mit dem gesicherten Posten als BewEinh bilanziert werden.

13. Geschäfte mit nahe stehenden Unternehmen und Personen

57 Nach § 314 Abs 1 Nr 13 sind im Konzernanhang zumindest die nicht zu marktüblichen Bedingungen zustande gekommenen Geschäfte des MU und der TU, wenn sie wesentlich sind, mit nahe stehenden Unt und Personen anzugeben (s § 314 Anm 106 ff). Bereits im Rahmen der entspr Angaben auf JA-Ebene (§ 285 Nr 21; s dort Anm 382 ff) sind wesentliche Geschäfte mit nahe stehenden Unt und Personen von der Angabepflicht ausgenommen, die mit und zwischen mittel- oder unmittelbar in 100-prozentigem Anteilsbesitz stehenden, in einen KA einbezogenen Unt zustande gekommen sind. Dies gilt nach dem Wortlaut des § 314 Abs 1 Nr 13 auch auf Konzernebene. Mit Rücksicht auf die Fiktion der rechtlichen Einheit des Konzerns sind darüber hinaus auf Konzernebene außerdem die Geschäfte mit und zwischen TU, die mittel- oder unmittelbar nicht Alleineigentum des MU stehen, zu eliminieren (IDW RS HFA 33, Tz 28).

III. Behandlung von Aufrechnungsunterschieden

1. Grundsatz

60 Ein einfaches Weglassen von konzerninternen Forderungen und Verbindlichkeiten, wie in Abs 1 angeordnet, ist nur möglich, wenn sie sich in gleicher Höhe ggüstehen. In einer Reihe von Fällen werden sich aber die Beträge der wegzulassenden Ansprüche und Verpflichtungen zwischen den einbezogenen Unt nicht entsprechen, so dass sich Aufrechnungsunterschiede ergeben. Deren Behandlung wird in Abs 1 nicht geregelt.

Die Vorgehensweise bei der Kons der Aufrechnungsdifferenzen richtet sich nach den **Ursachen**, die zu deren Entstehung geführt haben. Es wird zwischen „unechten" (s Anm 62), „stichtagsbedingten" (s Anm 64) und „echten" Differenzen (s Anm 66 ff) unterschieden (s zB *ADS*[6] § 303 Anm 32; *Fischer/Haller* in MünchKomm HGB[3] § 303 Anm 40).

2. Unechte Aufrechnungsunterschiede

Sog unechte Aufrechnungsunterschiede entstehen auf Grund **zeitlicher Buchungsunterschiede** oder durch **Buchungsfehler** in den JA der einbezogenen Unt. Unechte Aufrechnungsunterschiede können durch entspr Abstimmungsmaßnahmen vermieden werden. Abweichungen, die sich im Rahmen der Saldenabstimmungen zwischen den in den KA einbezogenen Unt ergeben, werden dann bereits in deren JA bzw HB II berichtigt. Ist die Fehlerkorrektur in der HB II unterblieben, ist sie im Zuge der SchuldenKons nachzuholen, sofern sie nicht wegen untergeordneter Bedeutung unterbleibt (s Anm 70). Unwesentliche unechte Differenzen dürfen aus Vereinfachungsgründen auch unmittelbar erfolgswirksam erfasst werden (*ADS*[6] § 303 Anm 41). 62

Beispiele unechter Aufrechnungsunterschiede: 63
– Zahlung einer Verbindlichkeit ggü einem einbezogenen Unt vor Jahresende. Der Geldeingang bei dem betr Unt erfolgt erst im neuen Gj.
– Versand von Erzeugnissen vor Jahresende. Der Wareneingang beim einbezogenen Unt wird erst im neuen Gj erfasst.
– Ausgleich einer Verbindlichkeit ggü einem einbezogenen Unt durch Weiterleitung der Zahlung an eine ausländische Zentralbank. Die Zentralbank hat auf Grund von Devisenproblemen die Weiterleitung der Gelder gesperrt. Das einbezogene LieferUnt weist dennoch eine Forderung gegen das andere einbezogene Unt aus.

Zu den unechten Aufrechnungsunterschieden iwS gehören ferner **stichtagsbedingte Differenzen,** die ihre Ursache darin haben, dass TU nach § 299 Abs 2 S 2 mit einem bis zu drei Monate vor dem KA-Stichtag liegenden JA-Stichtag in den KA einbezogen werden (s dazu § 299 Anm 25 ff). Ihre Entstehung kann dadurch vermieden werden, dass die konzerninternen Geschäfte, die sich nach dem Stichtag des JA des TU und bis zum KA-Stichtag ereignet haben, nach § 299 Abs 3 „nachgebucht" werden (s dazu § 299 Anm 37 ff). Andernfalls sind die den stichtagsbedingten Differenzen zugrunde liegenden konzerninternen Ansprüche und Verpflichtungen so umzugliedern, als ob der Geschäftsvorfall nachgebucht worden wäre. Werden zB im JA des TU ausgewiesene Verbindlichkeiten beglichen, sind diese mit dem Posten Flüssige Mittel zu verrechnen. Ein Ausweis der Differenzen unter den Forderungen und Verbindlichkeiten gegenüber verbundenen Unt kommt nur in Betracht (zB *Fischer/Haller* in MünchKomm HGB[3] § 303 Anm 51), wenn sie unwesentlich sind, was dann aber eine (teilweise) Inanspruchnahme des Wahlrechts nach Abs 2 bedeutet (s Anm 70). 64

3. Echte Aufrechnungsunterschiede

Sog echte Aufrechnungsunterschiede sind eine Folge der in den JA bzw HB II der einbezogenen Unt für Ansprüche und Verpflichtungen anzuwendenden handelsrechtlichen Bilanzierungs- und **Bewertungsvorschriften.** Als weitere Ursache kommen **Unterschiede aus der Währungsumrechnung** in Betracht (s Anm 18 ff). 66

Echte Aufrechnungsunterschiede sind im **Entstehungsjahr ergebniswirksam** zu korrigieren, weil die Bilanzierungs- und Bewertungsmaßnahmen, die zur Entstehung der Differenz geführt haben, ebenfalls ergebniswirksam vorgenommen werden. Damit wird ein im JA bzw der HB II eines einbezogenen Unt gebuchter konzerninterner Ertrag oder Aufwand im KA neutralisiert (hM zB *v Wysocki/Wohlgemuth*[4], 225). Soweit durch die erfolgswirksame SchuldenKons temporäre Differenzen bei VG und Schulden entstehen, sind diese bei der Bilanzierung latenter Steuern nach § 306 S 1 zu berücksichtigen (s dort Anm 20). 67

Aufrechnungsdifferenzen, die erfolgsneutral im Rahmen eines Anschaffungsvorgangs, zB dem Erwerb eines TU, entstehen, unterliegen dagegen nicht der erfolgswirksamen SchuldenKons, sondern werden in die KapKons nach § 301 einbezogen (s Anm 80).

68 Besteht die Aufrechnungsdifferenz für ein konzerninternes Schuldverhältnis auch in den **Folgejahren,** darf sich die Eliminierung kein weiteres Mal auf das Konzernergebnis auswirken. Daher sind die in Vj ergebniswirksam gewordenen Aufrechnungsunterschiede **erfolgneutral** im EK vorzutragen, so dass sich letztlich nur die Veränderung der Aufrechnungsdifferenz auf das Konzernergebnis des lfd Gj auswirkt. Die Aufrechnungsdifferenz des letzten KA-Stichtags repräsentiert den Saldo der erfolgswirksamen SchuldenKonsMaßnahmen der Vj und ist deshalb grds gegen den **Konzern-Ergebnisvortrag** zu erfassen. Wird der KA unter Berücksichtigung einer Ergebnisverwendung aufgestellt (s dazu § 298 Anm 61), darf der Gesamtunterschied nach dem Stand des Vj auch in die Konzerngewinnrücklagen eingestellt oder mit diesen verrechnet werden (hM zB *WPH*[14] I, M Anm 475). Die Bildung eines KonsAusglPo innerhalb des Konzern-EK für die Aufrechnungsdifferenz aus der SchuldenKons kommt mangels einer entspr Anordnung in § 303 nicht in Betracht und kann auch nicht als durch die Eigenart des KA bedingte Abweichung iSv § 298 Abs 1 (s dort Anm 3 ff) gerechtfertigt werden (so aber *Baetge* KA[9], 242). In welchem Umfang sich das Konzernergebnis aufgrund der erfolgswirksamen SchuldenKons ggü der Summe der Einzelergebnisse verändert hat, ist für die Adressaten des KA nicht relevant, weil die Schuldverhältnisse aus Konzernsicht nicht bestehen und deshalb auch niemals das Konzernergebnis beeinflussen können.

C. Grundsatz der Wesentlichkeit (Abs 2)

70 Eine SchuldenKons braucht nach Abs 2 nicht durchgeführt zu werden, wenn die wegzulassenden Beträge und sonstigen Vermerke bzw Angaben für die Vermittlung eines den tatsächlichen Verhältnissen entspr Bilds der VFE-Lage des Konzerns nur von **untergeordneter Bedeutung** sind. Die Vorschrift konkretisiert die allgemeinen Grundsätze der Wesentlichkeit und der Wirtschaftlichkeit der Konzernrechnungslegung (s § 297 Anm 195 ff). Aus dem Verzicht auf die Eliminierung konzerninterner Schuldverhältnisse ergeben sich idR nur geringe Ergebniswirkungen, so dass letztlich die Beurteilung, ob es zu einer Beeinträchtigung der VFE-Lage des Konzerns kommt, ausschlaggebend dafür ist, ob das Wahlrecht in Anspruch genommen werden darf (so auch *Busse von Colbe/Ordelheide*[9], 353; s auch Anm 72).

71 In welchen Fällen auf eine SchuldenKons verzichtet werden darf, kann nur unter Berücksichtigung des **Gesamtbilds aller Umstände** im jeweiligen Einzelfall entschieden werden. Dabei kommt es nicht darauf an, dass das einzelne Schuldverhältnis für sich genommen unwesentlich ist, sondern dies muss für alle dann nicht eliminierten Posten insgesamt gelten. Es ist jedoch nicht erforderlich, dass bei dieser Gesamtbetrachtung zugleich auch die Effekte aus allen anderen – unter Hinweis auf den Wesentlichkeitsgrundsatz – unterlassenen KonsMaßnahmen, zB der Verzicht auf die Zwischenergebniseliminierung nach § 304 Abs 2 (s dort Anm 60 ff) oder der Verzicht auf die Einbeziehung unwesentlicher TU nach § 296 Abs 2, zu berücksichtigen sind, eine derartige Interdependenz bei der Ausübung der KonsWahlrechte besteht nicht (so aber *Fischer/Haller* in MünchKomm HGB[3] § 303 Anm 58; *Ebeling* in Bilanzrecht § 303 Anm 153).

72 Die Beurteilung der Wesentlichkeit hat – wie zB für Zwecke des § 296 Abs 2 (s dort Anm 34) – aus der **Perspektive der Adressaten** des KA zu erfolgen. Bei der Beurteilung kommt es ferner auf die Bruttobeträge der wegzulassenden Forderungen und Verbindlichkeiten im Verhältnis zur Höhe der betr Bilanzposten und nicht zur Bilanzsumme sowie auf den Einfluss auf die Vermögens- und Finanzstruktur sowie Liquiditäts- und *cash flow*-Kennzahlen an (*Busse von Colbe/ Ordelheide*[9], 353). Starre Kennzahlen oder Schwellenwerte zur Beurteilung der Wesentlichkeit lassen sich aber nicht festlegen (hM zB *ADS*[6] § 303 Anm 49).

Ein **vollständiger Verzicht** auf die SchuldenKons wird jedoch nur in besonders gelagerten Fällen zulässig sein. Dies kann zB bei stark diversifizierten und unabhängig voneinander operierenden KonzernUnt der Fall sein, bei denen sich der konzerninterne Lfg- und Leistungsverkehr auf ein Minimum beschränkt und auch die übrige Finanzierung fast ausschließlich durch externe Kreditgeber erfolgt. In diesen Fällen wird der Ausweis der Ausleihungen sowie der Forderungen und Verbindlichkeiten ggü verbundenen Unt in der Summenbilanz ein Maßstab für die Beurteilung der untergeordneten Bedeutung sein. 73

Das Wahlrecht nach Abs 2 darf jedoch auch nur **teilweise** in Anspruch genommen werden und zwar dergestalt, dass alle Forderungen und Verbindlichkeiten zwischen den TU und dem MU solange nach Abs 1 weggelassen werden, bis die verbleibenden, nicht eliminierten Schuldverhältnisse insgesamt von untergeordneter Bedeutung sind. Ebenso dürften keine Bedenken bestehen, geringfügige nicht geklärte **Aufrechnungsunterschiede** als Restbetrag in den Posten Forderungen bzw Verbindlichkeiten ggü verbundenen Unt auszuweisen. 74

Die Inanspruchnahme des Wahlrechts nach Abs 2 sowie die Vorgehensweise zur Beurteilung der Wesentlichkeit unterliegen dem **Stetigkeitsgebot** (§ 297 Abs 3 S 2; s dort Anm 200 ff; *Ebeling* in Bilanzrecht § 303 Anm 155). Eine Stetigkeitsdurchbrechung ist nur in Ausnahmefällen zulässig (§ 297 Abs 3 S 3), wobei die Inanspruchnahme von Erleichterungen allgemein bereits als wichtiger Grund für eine Abweichung anerkannt ist (s IDW RS HFA 38, Tz 15). Deshalb darf auch dann auf eine SchuldenKons für unwesentliche Beträge verzichtet werden, wenn diese im Vj-KA – trotz ihrer untergeordneten Bedeutung für die VFE-Lage – konsolidiert wurden. Der umgekehrte Fall ist immer zulässig (glA *ADS*[6] § 303 Anm 50). 75

D. Erstmalige und letztmalige Schuldenkonsolidierung

Für die Behandlung von Aufrechnungsunterschieden, die sich bei der **Erstkonsolidierung** eines TU ergeben, ist wie folgt zu differenzieren: 80
– Ist die Differenz auf eine **stille Reserve** im Vermögen **des Tochterunternehmens** zurückzuführen, weil zB der beizZW einer Schuld niedriger ist als der dafür im JA bzw der HB II des TU passivierte Erfüllungsbetrag (§ 253 Abs 1 S 2), ist sie bereits im Rahmen der KapKons nach § 301 in die Neubewertungsrücklage einzustellen und erhöht so das konsolidierungspflichtige EK (§ 301 Abs 1 S 2). Dies kann zB der Fall sein, wenn das MU Forderungen gegen das TU, die vor dessen Konzernzugehörigkeit entstanden sind, ganz oder teilweise abwerten musste. Gleiches gilt, wenn das MU zusammen mit den Anteilen am TU auch Forderungen gegen das TU erwirbt, deren AK unter dem Nominalwert der Forderung liegen. Eine Einbeziehung solcher Differenzen in die SchuldenKons wäre uE nicht sachgerecht, weil diese besonderen stillen Reserven bei der Kaufpreisbemessung vom MU berücksichtigt wurden (s § 301 Anm 46; glA wohl auch *Ebeling* in Bilanzrecht § 303 Anm 134).
– Hat die Aufrechnungsdifferenz ihre Ursache in einer **stillen Reserve** im Vermögen **des Mutterunternehmens,** zB pauschale Abschreibungen auf Forderungen aus Lfg und Leistungen des MU an das TU, ist die Aufrechnungsdifferenz dagegen in die SchuldenKons einzubeziehen und wird dann üblicherweise erfolgsneutral mit dem Konzernergebnisvortrag verrechnet (so auch

ADS⁶ § 303 Anm 46). Da sich die Entstehung der Differenz auch in Vj auf die Höhe des Ergebnisses im KA des MU ausgewirkt hat, ist es im Hinblick auf die Einhaltung des Kongruenzprinzips aber auch zulässig, die Differenz ergebniswirksam zu erfassen. Wesentliche Beträge sind nach § 277 Abs 4 S 3 iVm § 298 Abs 1 im Konzernanhang anzugeben und zu erläutern.

– Gleiches gilt ferner, wenn für ein TU von einem Einbeziehungswahlrecht nach § 296 Gebrauch gemacht wurde (s dort Anm 5 ff), für Differenzen, die nach der Begr eines MU/TU-Verhältnisses bis zur erstmaligen Einbeziehung (s dazu § 301 Anm 138) entstanden sind.

81   Bei **Endkonsolidierungen** (Ausscheiden eines TU aus dem KonsKreis, s dazu § 301 Anm 305 ff) ist die Verrechnung der konzerninternen Forderungen und Verbindlichkeiten vor der Ausbuchung der VG und Schulden des TU rückgängig zu machen. Aus der Rückgängigmachung der SchuldenKons resultierende Ergebniseffekte sind in das Abgangsergebnis im Rahmen der EndKons einzubeziehen (s § 301 Anm 315).

E. Publizitätsgesetz

85   Auf den KA nach dem PublG sind die §§ 294 bis 314 sinngemäß anzuwenden (§ 13 Abs 2 S 1 PublG), da das PublG keine eigenen KonsVorschriften enthält. Die SchuldenKons richtet sich demnach auch für die dem PublG unterliegenden Unt nach § 303.

F. Rechtsfolgen einer Verletzung des § 303

87   In § 334 (Ordnungswidrigkeit) wird § 303 nicht explizit genannt. Gleichwohl kann ein Verstoß gegen § 303 Sanktionen zur Folge haben, wenn gem § 331 Nr 2 die Verhältnisse im KA unrichtig wiedergegeben oder verschleiert werden. Sofern eine fehlerhafte SchuldenKons dazu führt, dass ein den tatsächlichen Verhältnissen entspr Bild der VFE-Lage des Konzerns iSd § 297 Abs 2 nicht vermittelt werden kann, liegt eine Ordnungswidrigkeit nach § 334 Abs 1 Nr 2b vor.

G. Abweichungen der IFRS

Standards: IAS 21 Auswirkungen von Wechselkursänderungen *(The Effects of Changes in Foreign Exchange Rates) (rev 2005);* IFRS 10 Konzernabschluss *(Consolidated Financial Statements) (2011).*

90   Ebenso wie nach **Abs 1** hat die SchuldenKons nach IFRS 10.21 iVm B86 (c) die vollständige Eliminierung der Ansprüche und Verpflichtungen zwischen den einbezogenen Unt *(intragroup balances)* zum **Gegenstand**, was neben der Konzernbilanz auch die Angaben im Konzernanhang *(notes)* einschließt.

Während im HGB-KA **echte Aufrechnungsdifferenzen** bei den konzerninternen Ansprüchen und Verpflichtungen grds die Folge von erfolgswirksamen Bilanzierungs- und Bewertungsmaßnahmen im JA eines der einbezogenen Unt sind (s Anm 66 f), können sie im IFRS-KA auch erfolgsneutral entstehen, zB weil ein einbezogenes Unt eine von ihm gehaltene konzerninterne Anleihe als *available for sale* einstuft und Wertänderungen der Wertpapiere erfolgsneutral im EK erfasst (s § 253 Anm 723).

Ein wesentlicher Unterschied bei der SchuldenKons besteht hinsichtlich der 91
Behandlung von unrealisierten Kursgewinnen und -verlusten, die bei der **Umrechnung** von **Fremdwährungsforderungen und -verbindlichkeiten** gegen
Unt des KonsKreises auf der Ebene des jeweiligen KonzernUnt bereits entstanden sind. Nach IAS 21.45 sind diese im Rahmen der SchuldenKons nicht erfolgsneutral mit dem EK zu verrechnen, da sie aus der Verpflichtung entstanden sind, einen monetären Betrag in eine andere Währung zu wechseln und somit auch aus Konzernsicht nicht zu vermeiden sind (*Oechsle/Müller/Holzwartth* in Komm IFRS² IAS 21 Anm 113). Demggü vertritt die hM zu § 303 (s Anm 18 ff) die Auffassung, dass solche währungsbedingten Differenzen ergebnisneutral mit dem EK zu verrechnen oder in das EK einzustellen sind.

Die Tragweite dieses Unterschieds wird allerdings teilweise durch die in IAS 21. 92
45 ausdrücklich zugelassene Möglichkeit der erfolgsneutralen Erfassung des Währungseffekts bei **beteiligungsähnlichen** langfristigen Forderungen und **Darlehen** nach IAS 21.32 (iVm 21.45) relativiert. Ein betähnlicher monetärer Posten iSv IAS 21.32 liegt danach dann vor, wenn dieser wirtschaftlich eng mit der Bet an der ausländischen Einheit verbunden ist (*Senger/Diersch* in Beck IFRS⁴ § 35 Anm 86f). Dies gilt als gegeben, wenn die Erfüllung des Postens in absehbarer Zukunft weder geplant ist noch wahrscheinlich erfolgen wird. Innerkonzernliche Forderungen aus Lfg und Leistungen erfüllen diese Voraussetzung ausdrücklich nicht (IAS 21.15–15A iVm IAS 21.32–33).

Im Unterschied zu der Regelung in **Abs 2** enthalten die IFRS kein ausdrück- 93
liches, sondern im Hinblick auf den **Grundsatz der Wesentlichkeit** *(materiality principle)* in F. 12 iVm. 29 f nur ein faktisches Wahlrecht, unwesentliche konzerninterne Schuldverhältnisse nicht zu eliminieren (zB *Senger/Diersch* in Beck IFRS⁴ § 35 Anm 78), Abweichungen zum HGB resultieren daraus aber nicht.

§ 304 Behandlung der Zwischenergebnisse

(1) **In den Konzernabschluß zu übernehmende Vermögensgegenstände, die ganz oder teilweise auf Lieferungen oder Leistungen zwischen in den Konzernabschluß einbezogenen Unternehmen beruhen, sind in der Konzernbilanz mit einem Betrag anzusetzen, zu dem sie in der auf den Stichtag des Konzernabschlusses aufgestellten Jahresbilanz dieses Unternehmens angesetzt werden könnten, wenn die in den Konzernabschluß einbezogenen Unternehmen auch rechtlich ein einziges Unternehmen bilden würden.**

(2) **Absatz 1 braucht nicht angewendet zu werden, wenn die Behandlung der Zwischenergebnisse nach Absatz 1 für die Vermittlung eines den tatsächlichen Verhältnissen entsprechenden Bildes der Vermögens-, Finanz- und Ertragslage des Konzerns nur von untergeordneter Bedeutung ist.**

Übersicht

	Anm
A. Allgemeines	1–5
B. Ermittlung des anzusetzenden Betrags (Abs 1)	
I. Grundsatz	10
II. Ermittlung von Konzernanschaffungskosten	11, 12
III. Ermittlung von Konzernherstellungskosten	
1. Beachtung des Grundsatzes der einheitlichen Bewertung	13–15
2. Konzernhöchstwert und Konzernmindestwert	16, 17
IV. Beachtung der Abwertungen gemäß § 253 Abs 3 oder 4	18

§ 304 1, 2 — Vollkonsolidierung

Anm

C. Besonderheiten bei einzelnen Posten
- I. Immaterielle Vermögensgegenstände 30, 31
- II. Sachanlagen 32–35
- III. Anteile an Tochterunternehmen, Beteiligungen und Wertpapiere des Anlagevermögens 36
- IV. Vorräte 37–39
- V. Wertpapiere des Umlaufvermögens 40

D. Behandlung von Zwischenergebnissen
- I. Zwischenergebnisse im Entstehungsjahr 50
- II. Fortführung der Zwischenergebnisse in den Folgejahren 51–53

E. Verzicht auf die Zwischenergebniseliminierung (Abs 2) ... 60–62

F. Erstmalige und letztmalige Behandlung von Zwischenergebnissen 65

G. Publizitätsgesetz 70

H. Rechtsfolgen einer Verletzung des § 304 75

I. Abweichungen der IFRS 80

Schrifttum: *Dusemond* Die Konzernanschaffungs- und Konzernherstellungskosten nach § 304 HGB, Stuttgart 1994; *Dusemond* Gegenstand der Zwischenergebniseliminierung gem. § 304 Abs. 1 HGB DStR 1996, 680; *Coenenberg/Haller/Schultze*[22] Jahresabschluss und Jahresabschlussanalyse: betriebswirtschaftliche, handels-, steuerrechtliche und internationale Grundlagen, Stuttgart 2012; *Baetge/Kirsch/Thiele*[9] Konzernbilanzen, Düsseldorf 2011.

A. Allgemeines

1 Gewinne und Verluste aus Geschäften zwischen in die Kons einbezogenen Unt, die in die Buchwerte der Aktiva eingehen, müssen weggelassen werden. Diese *ergebnisorientierte* Beschreibung der Behandlung der Zwischenergebnisse in Art 26 der 7. Richtl ist bei der Umsetzung in deutsches Recht nicht übernommen worden. Ein erheblicher Nachteil dieser Formulierung in der Richtl liegt in der fehlenden Gewinn- und Verlustdefinition. Nach allgemeiner Auffassung sind bei der Zwischenergebniseliminierung nicht nur Gewinne und Verluste iSd handelsrechtlichen Ergebnisdefinition zu eliminieren, sondern generell erfolgswirksame Korrekturen durch die Umbewertungen auf die Konzern-AK oder -HK durchzuführen; der Begriff Zwischenergebniseliminierung ist mithin also nicht ganz korrekt (*Ebeling* Bilanzrecht § 304 Anm 1).

2 Im HGB wurde bei der Umsetzung der 7. EG-Richtl versucht, eine Umschreibung der Konzern-AK und -HK zu geben. Nach **Abs 1** sind in den KA zu übernehmende VG aus Lfg und Leistungen von Unt des KonsKreises „mit einem Betrag anzusetzen, zu dem sie in der auf den Stichtag des Konzernabschlusses aufgestellten Jahresbilanz dieses Unternehmens angesetzt werden könnten, wenn die in den Konzernabschluss einbezogenen Unternehmen auch rechtlich ein einziges Unternehmen bilden würden". Diese *vermögensorientierte* und auf der Einheitstheorie basierende Definition der Behandlung der Zwischenergebnisse erlaubt es, die allgemeinen Bewertungsvorschriften der §§ 252 bis 256a (ohne § 254), die Bilanzierungsverbote des § 248, den in § 308 geregelten Grundsatz der einheitlichen Bewertung sowie die Grundsätze des § 308a zur WähUm im Konzern auch bei der Ermittlung der Zwischenergebnisse zu berücksichtigen; s auch *Dusemond* DStR 1996, 681.

Demzufolge sind nicht nur *Zwischengewinne*, sondern auch *Zwischenverluste* zu 3
eliminieren. Die Pflicht zur Herausrechnung von Zwischenergebnissen umfasst
VG des Umlaufvermögens und auch VG des Anlagevermögens. Schuldposten
werden von § 304 und von der EG-Richtl (Anm 1) nicht angesprochen.
   Abs 2 entspricht dem in der 7. EG-Richtl festgelegten Grundsatz, auf eine 4
Eliminierung der Zwischenergebnisse dann zu verzichten, wenn die betr Beträge
von untergeordneter Bedeutung für die Vermittlung eines den tatsächlichen Verhältnissen entspr Bilds der VFE-Lage des Konzerns sind.
   § 304 gilt auch für Kreditinstitute. Im KA von VersicherungsUnt darf gem 5
§ 341j Abs 2 auf die Anwendung von Abs 1 verzichtet werden, wenn die Lfg
oder Leistungen zu üblichen Marktbedingungen vorgenommen wurden und
Rechtsansprüche von Versicherungsnehmern begründet haben (dazu *WPH*[14] I,
K Anm 87 ff).

B. Ermittlung des anzusetzenden Betrags (Abs 1)

I. Grundsatz

Sind durch Zusammenfassung der einbezogenen JA im KA VG ausgewiesen, 10
die unmittelbar auf Lfg oder Leistungen von *einbezogenen* Unt beruhen, müssen
ungeachtet der Erleichterungen gem Abs 2 folgende Sachverhalte untersucht
werden (ebenso *v. Wysocki/Wohlgemuth*[4], 179; *ADS*[6] § 304 Anm 41 ff):
– Liegt aus Sicht des Konzerns als *fiktiver Einheit* ein **Vermögensgegenstand**
  nach § 300 Abs 2 vor? (Näheres § 300 Anm 39 f.)
– Sind die in die Konzernbilanz übernommenen VG mit einem Wert angesetzt,
  der aus der Sicht des Konzerns als fiktiver Einheit den **Grundsätzen der
  einheitlichen Bewertung** gem § 308 entspricht? Nach § 308 iVm § 298
  Abs 1 sind grds alle Bewertungsmethoden zugelassen, die für den JA für große
  KapGes anwendbar sind. Zum Begriff „fiktive Einheit" s § 297 Anm 190 ff;
  ADS[6] § 304 Anm 18.
Soweit VG aus Lfg und Leistungen von nicht in den KonsKreis einbezogenen
KonzernUnt oder von konzernfremden Unt in die Konzernbilanz zu übernehmen sind, ist eine Eliminierung der Zwischenergebnisse auch dann nicht erforderlich, wenn in diesen Fremdlieferungen und -leistungen, Lfg oder Leistungen
von einbezogenen Unt mittelbar enthalten sind. Dies gilt nicht, wenn durch die
Zwischenschaltung eines fremden Dritten oder eines nicht einbezogenen TU die
Zwischenergebniseliminierung bewusst umgangen werden soll (so *v. Wysocki/
Wohlgemuth*[4] 180; *Dusemond* 263; *Weber* in HdKR[2] § 304 Anm 14). Die Pflicht
zur Eliminierung von Zwischenergebnissen besteht sowohl für Unt, die im
Rahmen der VollKons einbezogen worden sind, als auch für Unt, die nach der
Methode der QuoKons (§ 310) einbezogen worden sind (s § 310 Anm 65 ff).
   Zur Zwischenergebniseliminierung bei assozUnt § 312 Anm 90 f.

II. Ermittlung von Konzernanschaffungskosten

Was als **Konzernanschaffungskosten** anzusehen ist, bestimmt sich nach 11
§ 255 Abs 1 iVm § 253 Abs 1. Konzern-AK müssen bspw für Sachanlagen, Bet,
Rohstoffe und Waren ermittelt werden, die von einem Dritten bezogen worden
sind und innerhalb der in den KA *einbezogenen* Unt ohne Bearbeitung weiterveräußert worden (und dort noch im Bestand) sind. Entspr § 255 Abs 1 müssen folgende Elemente bestimmt werden:

- Anschaffungs*preis* einschl Anschaffungspreis*änderungen*, die an Dritte außerhalb des Konzerns zu vergüten sind,
- Anschaffungs*neben*kosten, die an fremde Dritte zu vergüten sind und
- im *Konzern* anfallende Nebenkosten.

12 Danach sind außer dem **Anschaffungspreis** und den **Anschaffungsnebenkosten** alle Kosten anzusetzen, die erforderlich sind, um einen VG zu erwerben und ihn in einen betriebsbereiten Zustand zu versetzen, soweit sie dem VG einzeln zugeordnet werden können. Weiterbelastete **Lager-, Zins- und Vertriebsgemeinkosten** dürfen nicht als Anschaffungsnebenkosten aktiviert werden. **Transportkosten** für die Verbringung von Waren zum Bestimmungsort im Konzern sind jedoch zu aktivieren, soweit sie dem VG einzeln zugeordnet werden können (§ 255 Anm 73). Aus der Sicht des Konzerns handelt es sich um innerbetriebliche Transportkosten (*WPH*[14] I, M Anm 323; *ADS*[6] § 304 Anm 23; *Baetge KA*[9], 271). Diese Sachverhalte betreffen auch innerhalb des Konzerns weiterveräußerte VG des Anlagevermögens (Transport- und Montagekosten, GrESt und Beurkundungsgebühren).

Die Ermittlung der Konzern-AK ist idR unproblematisch. Liegen die Konzern-AK *unter* dem Wertansatz des JA oder der HB II (dazu § 300 Anm 26 ff) des EmpfängerUnt, ist in Höhe des Unterschieds ein Zwischengewinn auszuschalten. Liegen die Konzern-AK *über* dem Wertansatz im JA oder in der HB II des EmpfängerUnt, ergibt sich in Höhe dieser Abweichung ein eliminierungspflichtiger Zwischenverlust, soweit nicht ein niedrigerer Wertansatz im KA gem § 253 Abs 3 oder 4 zu beachten ist (Anm 18).

III. Ermittlung von Konzernherstellungskosten

1. Beachtung des Grundsatzes der einheitlichen Bewertung

13 § 308 regelt die einheitliche Bewertung der in den KA nach § 300 Abs 2 übernommenen VG (§ 308 Anm 4). Danach sind die dort aufgestellten Grundsätze auch für VG anzuwenden, die ein in den KA *einbezogenes* Unt hergestellt und an ein anderes *einbezogenes* Unt weitergeliefert hat, soweit diese VG im KA noch anzusetzen sind (keine Weiterveräußerung an Andere). Eigenständige Wahlrechte für die Ermittlung der Konzern-AK/HK, die von denjenigen für die Ermittlung der HK von nicht innerhalb des Konzerns weitergelieferten VG abweichen, kann es idR nicht geben (hM *ADS*[6] § 304 Anm 29; *WPH*[14] I, M Anm 323). Sind die **Bewertungswahlrechte** gem § 255 Abs 2 für die Ermittlung der HK im KA festgelegt, sind diese grds auch für die Ermittlung der **Konzernherstellungskosten** zu beachten. Ebenso kommt es wegen §§ 300 und 308 nicht darauf an, wie das liefernde einbezogene Unt **Wertansatzwahlrechte** im JA ausgeübt hat (ähnlich *v. Wysocki/Wohlgemuth*[4], 182; *Dusemond*, 16). Hat sich das MU im KA grds für den Ansatz von HK unter Einbeziehung von bestimmten Gemeinkosten (iSd Wahlrechtsausübung von § 255 Abs 2 S 3 und Abs 3) entschieden, ist dies auch für die Ermittlung der Konzern-HK zu beachten. Hat sich der Konzern dagegen bei unterschiedlichen VG und/oder unterschiedlichen Bedingungen für den Ansatz von „*vollen*" HK in *einem* Bereich, für „*Teil*"-HK in einem *anderen* Bereich entschieden, ist dies auch bei der Ermittlung von Konzern-AK/HK für diese Bereiche zu beachten (näheres § 308 Anm 50). Das Gleiche gilt auch für die Wahl von Bewertungsvereinfachungsverfahren (§§ 241, 256).

14 Für die Ermittlung von Konzern-AK/HK allein maßgeblich sind die gem § 308 für den Konzern nach **einheitlichen Grundsätzen** festgelegten Bewertungs*methoden*, sofern die VG gleichen Bedingungen unterliegen.

Ob eine **Kostenart** in die Konzern-HK einzubeziehen ist oder nicht, bestimmt sich nicht nach der Zuordnung dieser Kostenart zu den Herstellungs-, Verwaltungs- oder Vertriebskosten in der Betriebsbuchhaltung des liefernden Unt, sondern **aus der Sicht des Konzerns** als fiktiver wirtschaftlicher Einheit. Hat das einbezogene Unt zB Maschinen, Fabrikgebäude und Grundstücke von anderen einbezogenen Unt gemietet oder gepachtet, sind an Stelle der Mieten und Pachten angemessene Teile des Wertverzehrs des Anlagevermögens als Abschreibungen in die HK der Erzeugnisse einzubeziehen. Ist das Unt verpflichtet, Produktionslizenzen an ein anderes einbezogenes Unt zu zahlen, sind diese Lizenzkosten aus Konzernsicht aus den HK auszuscheiden (*Dusemond*, 177). Hat das LieferUnt umgekehrt bestimmte Kosten, wie zB Transportkosten für die Verbringung des VG zum EmpfängerUnt, den Vertriebskosten zugeordnet, sind diese Kosten aus der Sicht des Konzerns in die HK einzubeziehen.

Sind im Rahmen der ErstKons stille Reserven aufgedeckt worden, sind die sich hieraus ergebenden Mehrabschreibungen, soweit sie auf VG des Anlagevermögens entfallen und den HK zuzuordnen sind, in die Konzern-HK einzubeziehen (hM *ADS*[6] § 304 Anm 24; *Ebeling* Bilanzrecht § 304 Anm 36; *Dusemond*, 192).

2. Konzernhöchstwert und Konzernmindestwert

Liegen die ermittelten Konzern-HK *unter* dem Wertansatz im JA (in der HB II) des EmpfängerUnt, ist diese Abweichung als **eliminierungspflichtiger Zwischengewinn** herauszurechnen. In diesem Fall stellen die Konzern-HK den Konzernhöchstwert dar. Liegen die Konzern-HK *über* dem Wertansatz im JA (in der HB II) des EmpfängerUnt, liegt in Höhe dieser Abweichung ein **eliminierungspflichtiger Zwischenverlust** vor, soweit nicht ein niedrigerer Wertansatz im KA gem § 253 Abs 3 oder 4 zu beachten ist (Anm 18). In diesen Fällen stellen die Konzern-HK den Konzernmindestwert dar.

In Abs 1 werden eine **Obergrenze** für die höchstzulässigen Konzern-HK und eine **Untergrenze** für die niedrigstzulässigen Konzern-HK insoweit festgelegt, als die Bewertungswahlrechte nach § 255 Abs 2 auch bei der Ermittlung von Konzern-HK zugelassen werden. Dieser Unterschied wird als eliminierungsfähiger Ergebnisanteil bezeichnet. Eigenständige Bewertungswahlrechte für den Konzern ohne Beachtung des Grundsatzes der einheitlichen Bewertung werden als nicht zulässig erachtet – abgesehen von branchentypischen Posten bei Kreditinstituten und VersicherungsUnt (§ 308 Abs 2), hM zB *Klein* in Beck HdR C 430 Anm 48; *Weber* in HdKR[2] § 303 Anm 38; *ADS*[6] § 304 Anm 29 ff). Ein Wahlrecht bei der einheitlichen Festlegung der HK und damit auch der Konzern-HK ist jedoch über §§ 308, 298 Abs 1 iVm § 255 Abs 2 unabhängig von den in den JA der einbezogenen Unt angewendeten Bewertungsmethoden gegeben (dazu § 308 Anm 50).

IV. Beachtung der Abwertungen gemäß § 253 Abs 3 oder 4

Bei der Ermittlung der Zwischenergebnisse sind nicht nur die Vorschriften über die Ermittlung von AK und HK zu beachten, sondern auch die Bestimmungen über den **Niederstwert** nach § 253 Abs 3 oder 4. Hat das LieferUnt einen VG, der zur Weiterveräußerung an Dritte bestimmt ist, an ein anderes *einbezogenes* Unt zu einem Preis geliefert, der unter den Konzern-AK/-HK liegt, ist der sich hieraus zunächst ergebende **Zwischenverlust** (Anm 16) nicht ohne weiteres im KA aufzulösen. Vielmehr ist zu untersuchen, ob der Börsen- oder Marktpreis bzw der dem VG beizulegende Wert nicht niedriger ist als die Konzern-AK/-HK. Eine Eliminierung der Zwischenverluste darf demgemäß nur erfolgen, wenn die vorgenannten Kosten und außerdem der nach § 253 Abs 3 beizulegende Wert *über* dem Verrechnungspreis liegen; *ADS*[6] § 304 Anm 35; *Busse von Colbe/Ordelheide/Gebhardt/Pellens*[9], 401; *Dusemond*, 231.

C. Besonderheiten bei einzelnen Posten

I. Immaterielle Vermögensgegenstände

30 Aufgrund der Neufassung des § 248 Abs 2 im Hinblick auf die Aktivierung selbst geschaffener immaterieller VG des Anlagevermögens können für die Konsproblematik verschiedene Fälle unterschieden werden:
– Vom Aktivierungswahlrecht im KA wurde Gebrauch gemacht. Dies schließt aktivierte Entwicklungskosten aus noch lfd Entwicklungsprojekten mit ein.
– Vom Aktivierungswahlrecht im KA wurde kein Gebrauch gemacht.
– Die Posten unterliegen dem Aktivierungsverbot des § 248 Abs 2 S 2 bzw unterliegen aufgrund der Übergangsvorschriften des BilMoG weiterhin dem Aktivierungsverbot des § 248 Abs 2 aF.

Sind von *einbezogenen* Unt gewerbliche **Schutzrechte** und ähnliche Rechte und Werte sowie **Lizenzen** an solchen Rechten und Werten, die beim veräußernden Unt selbst geschaffen und dort gem § 248 Abs 2 im Rahmen des Aktivierungswahlrechts nicht angesetzt wurden, an ein anderes einbezogenes Unt veräußert worden und in dessen JA (HB II) als Anlagevermögen aktiviert, ist der beim leistenden Unt entstandene Verkaufserlös zu eliminieren. Aus der Sicht des Konzerns als wirtschaftlicher Einheit handelt es sich weiterhin um selbst hergestellte immaterielle VG des Anlagevermögens, die in den KA aufgrund der Nichtausübung des Aktivierungswahlrechts nicht übernommen werden dürfen. Im **Bruttoanlagengitter** zum KA sind demzufolge die AK zu eliminieren und der beim leistenden Unt entstandene Erlös entspr zu mindern. Die Abschreibungen des Gj beim EmpfängerUnt auf diese immateriellen selbstgeschaffenen VG sind jährlich ergebniserhöhend aufzulösen. Die AK und die kumulierten Abschreibungen sind in den Folgejahren vorzutragen und ergebnisneutral mit dem EK zu verrechnen. Dies gilt entspr für diejenigen Transaktionen, die aufgrund des jetzigen und des bisherigen Aktivierungsverbots nicht angesetzt werden durften.

31 Weitere Fälle sind der Verkauf von technischen Fertigungs-Know-how zum Aufbau von Produktionsanlagen bei einbezogenen TU, die Vergabe von Einmallizenzen zur Herstellung von Erzeugnissen, die von anderen einbezogenen Unt entwickelt worden sind, zentralentwickelte EDV-Software sowie die konzerninterne Übertragung gewerblicher Schutzrechte. Das gleiche gilt für beim sog *asset deal* erworbene GFW.

II. Sachanlagen

32 Bei der Eliminierung von Zwischenergebnissen aus Sachanlagen eines EmpfängerUnt ist zu unterscheiden zwischen VG, die bereits beim LieferUnt als Sachanlagen ausgewiesen worden sind, und solchen, die beim LieferUnt zur Weiterveräußerung hergestellt oder angeschafft worden sind.

33 Im ersten Fall handelt es sich um die Eliminierung von Gewinnen oder Verlusten aus dem **Verkauf von Gegenständen des Anlagevermögens,** die in der GuV im Posten „sonstige betriebliche Erträge" und „sonstige betriebliche Aufwendungen" enthalten sind (§ 305 Anm 47; *ADS*[6] § 304 Anm 83).

Behandlung der Zwischenergebnisse 34–38 § 304

Im zweiten Falle sind die Zwischenergebnisse aus den Umsatzerlösen zu eliminieren. Typisch sind diese Fälle bei in den KA *einbezogenen* Maschinenbau-, Anlagenbau- oder BauUnt, die ihre Erzeugnisse auch an *einbezogene* KonzernUnt zur dortigen Nutzung liefern, oder bei zum Konzern gehörigen LeasingGes, welche die von einbezogenen Unt erworbenen VG an Konzernfremde vermieten. 34

In den Folgejahren sind in beiden Fällen in Höhe der Zwischengewinne oder 35 -verluste zu viel oder zu wenig verrechnete Abschreibungen über die Nutzungsdauer der betr Anlagegegenstände ergebniswirksam zu korrigieren (hM, zB *Ebeling* Bilanzrecht § 304 Anm 64).

III. Anteile an Tochterunternehmen, Beteiligungen und Wertpapiere des Anlagevermögens

Werden Anteile an *nicht* einbezogenen TU, Bet oder sonstige Finanzanlagen 36 von *einbezogenen* Unt an andere *einbezogene* Unt veräußert, ist ein sich hierbei ergebender Gewinn gem Abs 1 im KA zu eliminieren (soweit diese Anteile etc im KA bilanziert waren). Ein Verlust ist unter Beachtung des Niederstwerts gem § 253 Abs 3 aufzulösen. Werden Anteile an *einbezogenen* TU innerhalb des Kons-Kreises mit Gewinn oder Verlust veräußert, sind diese Ergebnisse entspr Abs 1 zu eliminieren, da sich ansonsten ein neuer Unterschiedsbetrag ergeben würde (*ADS*[6] § 304 Anm 113).

IV. Vorräte

Zwischenergebnisse aus **konzerninternen Lieferungen** (und Leistungen) 37 sind insoweit zu eliminieren, als diese Lfg usw sich beim empfangenden Unt am Bilanzstichtag noch im Bestand befinden. Problematisch kann die Ermittlung dieser **Bestandsmengen** werden, wenn die Bestände nicht nur von den in den KA einbezogenen Unt stammen, sondern auch von Dritten und von nicht einbezogenen KonzernUnt bezogen worden sind und auf Grund eines gemischten Lagerbestands eine Trennung zwischen konzerninternen und konzernfremden Lfg nicht mehr möglich ist. In diesen Fällen kann es zweckmäßig sein, die Konzernbestände durch entspr Anwendung der in § 256 zugelassenen Bewertungsvereinfachungsverfahren zu ermitteln (dazu § 256 Anm 56 ff; *ADS*[6] § 304 Anm 61 ff). Soweit die Ermittlung des Konzernbestands für ein einzelnes Erzeugnis zu aufwändig ist, wird es auch als zulässig angesehen, den Konzernbestand für gleichartige VG des Vorratsvermögens gruppenweise zu bestimmen, dazu § 240 Anm 130; *Ebeling* Bilanzrecht § 304 Anm 46. Zwischenergebnisse in Konzernbeständen sind auch dann zu eliminieren, wenn diese nicht nur aus einer Stufe des Konzerns resultieren, sondern aus mehreren Stufen des Konzerns bei jeweils anderen einbezogenen Unt entstanden sind (*Dusemond*, 393).

Werden die **Zwischenergebnisse produktindividuell** errechnet, müssen 38 die Einzeldaten beim bestandsführenden Unt wie Produktbezeichnung, Menge und Anschaffungspreis unter Angabe der Vorratsgruppe (Roh-, Hilfs- und Betriebsstoffe, unfertige Erzeugnisse, unfertige Leistungen, fertige Erzeugnisse, Waren) und die entspr AK oder HK des LieferUnt ermittelt werden. Die Konzern-HK sind unabhängig von der Ermittlung der HK für den JA des liefernden Unt auf der Basis einheitlicher Bewertungsmethoden nach § 308 zu ermitteln (ebenso *Weber* in HdKR[2] § 304 Anm 81). Dabei sind aus Konzernsicht nicht aktivierungsfähige Kostenbestandteile herauszurechnen (Anm 15). Hinzuzurechnen sind Kosten, die aus der Sicht des EinzelUnt nicht aktivierungsfähig sind, jedoch aus der Sicht des Konzerns zumindest zu den aktivierungspflichtigen Kosten zu zählen sind (Anm 13 bis 15).

39 Ist dieses **produktindividuelle Verfahren** aus organisatorischen und zeitlichen Gründen **nicht durchführbar,** ist es auch zulässig, bei entspr eingerichtetem betrieblichem Rechnungswesen der einbezogenen Unt auf der Basis von Produkt-, Produktgruppen- oder Produktbereichserfolgsrechnungen die Konzern-HK durch retrograde Rechnung zB durch monatlich, quartalsweise oder jährlich ermittelte **Bruttoergebnismargen** zu bestimmen. Diese mehr pauschalen Verfahren eignen sich insb bei Serien- und Standardfertigung mit nur geringen Schwankungen der HK (zu den Verfahren *Klein* in Beck HdR C 430 Anm 74 bis 87; *Busse von Colbe/Ordelheide/Gebhardt/Pellens*[9], 398; *Fischer/Haller* in Münch-Komm HGB[3] § 304 Anm 49).

V. Wertpapiere des Umlaufvermögens

40 Werden Wertpapierbestände an andere *einbezogene* Unt weiterveräußert und dabei Kursgewinne realisiert, ist auf die AK des veräußernden Unt abzuwerten und der entstandene Kursgewinn als Zwischenergebnis auszuschalten. Dabei sind Abschreibungen auf den niedrigeren Börsen- oder Marktpreis nach § 253 Abs 4 zu berücksichtigen (*Busse von Colbe/Ordelheide/Gebhardt/Pellens*[9], 401).

D. Behandlung von Zwischenergebnissen

I. Zwischenergebnisse im Entstehungsjahr

50 Die aus Lfg und Leistungen zwischen *einbezogenen* Unt im Gj entstandenen Zwischenergebnisse führen einerseits zu einer Verringerung des Wertansatzes der betr VG, soweit es sich um **Zwischengewinne** handelt, und andererseits zu einer Erhöhung des Wertansatzes, soweit es sich um **Zwischenverluste** handelt. In der Konzern-GuV sind hauptsächlich folgende Posten betroffen: Umsatzerlöse, sonstige betriebliche Erträge und sonstige betriebliche Aufwendungen. Bei diesen Posten wird der Gewinn oder Verlust des leistenden Unt eliminiert. Sind in den Zwischenergebnissen darüber hinaus auch aus Konzernsicht nicht aktivierungsfähige Kostenarten enthalten, sind in Abhängigkeit von der Organisation der Aufwands- und ErtragsKons idR zusätzliche Posten betroffen, zB Erhöhung oder Verminderung des Bestands an fertigen und unfertigen Erzeugnissen, andere aktivierte Eigenleistungen sowie beim Umsatzkostenverfahren die Herstellungskosten der zur Erzielung der Umsatzerlöse erbrachten Leistungen, Verwaltungs- oder Vertriebskosten sowie in Ausnahmefällen ao Erträge und Aufwendungen; dazu § 305 Anm 40. Wegen der Bildung latenter Steuern im KA s § 306 Anm 24.

II. Fortführung der Zwischenergebnisse in den Folgejahren

51 Während sich in der Konzern-GuV die im *Geschäftsjahr* neu entstandenen Zwischenergebnisse auf das Jahresergebnis auswirken, sind die aus **Vorjahren resultierenden Zwischenergebnis-**Eliminierungen – soweit sie nicht in der Konzern-GuV durch Verkauf an konzernfremde Dritte aufzulösen oder bei VG des Anlagevermögens fortzuführen sind – in der Konzernbilanz in einen AusglPo im EK (Ergebnisvortrag oder Gewinnrücklagen) einzustellen (hM, zB *WPH*[14] I, M Anm 665/673; *ADS*[6] § 304 Anm 90 ff).

Soweit die Zwischenergebnisse aus **VG des Anlagevermögens** zu eliminieren sind, müssen in den Folgejahren die in den JA einbezogener TU zu hoch oder zu niedrig ausgewiesenen Abschreibungen ergebniswirksam korrigiert werden, bis die entspr VG und die jeweils vorzutragenden AusglPo in einem Folgejahr vollständig abgeschrieben oder aufgelöst sind. 52

Soweit die Zwischenergebnisse aus **VG des Umlaufvermögens** zu eliminieren sind, werden nur die Veränderungen zwischen den im Vj und im Gj herauszurechnenden Zwischenergebnissen ergebniswirksam (*v. Wysocki/Wohlgemuth*[4], 199 ff). 53

E. Verzicht auf die Zwischenergebniseliminierung (Abs 2)

Abs 1 muss nicht angewendet werden, wenn die Herausrechnung der Zwischenergebnisse nach Abs 1 für die Vermittlung eines den tatsächlichen Verhältnissen entspr Bilds der VFE-Lage des Konzerns von **untergeordneter Bedeutung ist**. In allen Fällen von untergeordneter Bedeutung ist eine Angabe oder Erl im Konzernanhang *nicht* erforderlich. 60

Wann ein Verzicht auf die Eliminierung von Zwischenergebnissen als zulässig erachtet werden darf, kann nur unter Berücksichtigung aller Umstände der in den KA einbezogenen Unt entschieden werden und muss außerdem iZm dem in den §§ 303 Abs 2, 305 Abs 2 sowie 308 Abs 2 S 3 in gleicher Weise umschriebenen **Grundsatz der Wesentlichkeit** gesehen werden (näheres für den JA § 264 Anm 57f und für den KA § 297 Anm 195). 61

Von Bedeutung ist einerseits der Gesamtbetrag, um den jeder Bilanzposten durch den Verzicht auf die Eliminierung von Zwischenergebnissen zu hoch oder zu niedrig ausgewiesen wird, und andererseits die Höhe des Betrags, um den der Gewinn *vor* Ertragsteuern zu hoch oder zu niedrig ausgewiesen wird (so *Scherrer* in Rechnungslegung[2] § 304 Anm 42; *Weber* in HdKR[2] § 303 Anm 34 und 35). Zu den Grenzen der Wesentlichkeit s Anm 61. *Busse von Colbe/Ordelheide/Gebhardt/Pellens* halten Größenordnungen von 1% bis 2% der jeweiligen Vergleichsgröße als Maßstab für die geringe Bedeutung für unbedenklich (*Busse von Colbe/Ordelheide/Gebhardt/Pellens*[9], 415). Vom *Verband der chemischen Industrie* werden Größenordnungen von bis zu 5% des jeweiligen Vergleichsmaßstabs als zulässig erachtet (*Verband der chemischen Industrie* Übertragung des neuen Bilanzrechts in die Unternehmenspraxis Teil 2: Konzernabschluss 1989, 43). Als Vergleichsmaßstab wird für die Vermögenslage der betr Bilanzposten, für die Finanzlage das Nettoumlaufvermögen und für die Ertragslage der Jahreserfolg als geeignet angesehen. Bei Verwendung des Jahreserfolgs als Vergleichsgröße muss jedoch die Veränderung des Zwischenergebnisses um entspr latente Steuern nach § 306 gekürzt werden; so *Busse von Colbe/Ordelheide/Gebhardt/Pellens*[9], 415. Es ist somit nicht zu beurteilen, ob bei einem *einzelnen* VG das Zwischenergebnis von untergeordneter Bedeutung ist, sondern ob in der *Gesamtheit* der VG **innerhalb eines Bilanzpostens** der Verzicht auf die Eliminierung von Zwischenergebnissen von untergeordneter Bedeutung ist. 62

F. Erstmalige und letztmalige Behandlung von Zwischenergebnissen

Zwischenergebnisse, die aus VG eines *erstmalig* in den KA einbezogenen Unt herauszurechnen sind, soweit diese auf Lfg und Leistungen von dann einbezogenen Unt beruhen, sind insgesamt im ersten Gj der Einbeziehung ergebniswirksam 65 zu eliminieren. Ergebnisse aus Vj oder aus Zeiten vor Beginn der Konzernzugehörigkeit sind nicht zu eliminieren; *WPH*[14] I, M Anm 341; *Ebeling* Bilanzrecht § 304 Anm 86. Fraglich ist die Behandlung von Zwischenergebnissen, wenn ein Konzern neu entsteht, sei es durch Kauf von Unt bei erstmaliger freiwilliger, gesetzlich vorgeschriebener oder vertraglich vereinbarter Aufstellung eines Teil-KA.

Soweit ein Konzern durch **Kauf** von Unt neu entsteht oder § 290 Abs. 5 nicht mehr anzuwenden ist, sind die Zwischenergebnisse von zum Jahresende bilanzierten VG ergebniswirksam herauszurechnen, soweit sie aus Lfg resultieren, die nach der Begründung des Mutter-Tochter-Verhältnisses erfolgt sind. Eine Eliminierungspflicht besteht nicht für Lfg und Leistungen vor diesem Zeitpunkt (aA *ADS*[6] § 304 Anm 127; *WPH*[14] I, M Anm 340).

Wird erstmalig ein **Teilkonzernabschluss** aufgestellt (zB auf freiwilliger Basis, auf Grund gesetzlicher Vorschriften wegen Minderheitsanteilen oder auf gesvertraglicher Grundlage), erscheint es mit dem Grundgedanken des Art 27 Abs 4 EGHGB vereinbar, eine erfolgsneutrale Verrechnung der Zwischenergebnisse bei entspr Erl im Konzernanhang für zulässig zu erachten; *ADS*[6] Vorbem zu Art 23–28 EGHGB Anm 55 ff.

Mit *Ausscheiden* eines TU aus dem KonsKreis endet die Eliminierung von Zwischenergebnissen für das gesamte letzte Konzern-Gj; § 301 Anm 240 ff. Damit sind auch alle noch fortwirkenden Eliminierungen aus Vj (Anm 51 ff) aufzuheben. Dies gilt nicht für Zwischenergebnisse aus Lfg und Leistungen von einem zwischenzeitlich aus dem KonsKreis ausgeschiedenen TU, solange der VG noch im KA ausgewiesen wird (*ADS*[6] § 304 Anm 128).

G. Publizitätsgesetz

70 Auf den KA nach dem PublG sind die §§ 294 bis 314 sinngemäß anzuwenden (§ 13 Abs 2 S 1 PublG), da das PublG keine eigenen KonsVorschriften enthält. Die Eliminierung der Zwischenergebnisse richtet sich demnach auch für die dem PublG unterliegenden Unt nach § 304 (und ggf für TU nach § 341j Abs 2).

H. Rechtsfolgen einer Verletzung des § 304

75 In § 334 (Ordnungswidrigkeit) wird § 304 nicht explizit genannt, ist aber als Unterfall von § 297 Abs 2 anzusehen und daher mittelbar durch § 334 Abs 1 Nr 2b sanktioniert (§ 334 Anm 21).

I. Abweichungen der IFRS

Schrifttum: *Waschbusch/Steiner* Grundlagen der Schuldenkonsolidierung, der Aufwands- und Ertragskonsolidierung sowie der Zwischengewinneliminierung nach IFRS, StB 2008, 362–365.

Standards: IAS 27 Konzern- und Einzelabschlüsse *(Consolidated and Separate Financial Statements)* (2008); IFRS 10 Konzernabschlüsse *(Consolidated financial Statements)* (2011).

80 Die Zwischenergebniseliminierung ist in IAS 27.20 iVm 27.21 bzw IFRS 10 B86c geregelt. Danach sind sämtliche zwischengesellschaftlichen Posten und Transaktionen und die hieraus entstandenen Erträge und Aufwendungen zwischen Unt des KonsKreises unabhängig von der Anteilsquote vollständig zu eliminieren. Zwischenverluste können ein Anzeichen für das Vorliegen einer

Wertminderung aus Sicht des Konzerns sein, dh sie sind insoweit zu eliminieren, als der Börsen- oder Marktpreis bzw der dem VG beizumessende Wert *(recoverable amount)* nicht niedriger ist als die Konzern-AK/-HK. Im Ergebnis stimmen die Regelungen im IAS 27 mit denen des Abs 1 überein. Zu beachten wären etwaige Unterschiede bei der Vorgehensweise zur Ermittlung von Wertminderungen. Der in Abs 2 gesondert geregelte Grundsatz der Wesentlichkeit entspricht dem im Framework zu den IAS unter Anm 29f sowie im IAS 8.8 geregelten Grundsatz der *Materiality* (vgl *Baetge/Hayn/Ströher* in Komm IAS[2] IAS 27 Rn 161–162; *Lüdenbach* in Haufe IFRS[11] § 32 Anm 141; *Senger/Diersch* in Beck IFRS[4], § 35 E Anm 112; *Waschbusch/Steiner,* 365).

§ 305 Aufwands- und Ertragskonsolidierung

(1) **In der Konzern-Gewinn- und Verlustrechnung sind**
1. **bei den Umsatzerlösen die Erlöse aus Lieferungen und Leistungen zwischen den in den Konzernabschluß einbezogenen Unternehmen mit den auf sie entfallenden Aufwendungen zu verrechnen, soweit sie nicht als Erhöhung des Bestands an fertigen und unfertigen Erzeugnissen oder als andere aktivierte Eigenleistungen auszuweisen sind,**
2. **andere Erträge aus Lieferungen und Leistungen zwischen den in den Konzernabschluß einbezogenen Unternehmen mit den auf sie entfallenden Aufwendungen zu verrechnen, soweit sie nicht als andere aktivierte Eigenleistungen auszuweisen sind.**

(2) **Aufwendungen und Erträge brauchen nach Absatz 1 nicht weggelassen zu werden, wenn die wegzulassenden Beträge für die Vermittlung eines den tatsächlichen Verhältnissen entsprechenden Bildes der Vermögens-, Finanz- und Ertragslage des Konzerns nur von untergeordneter Bedeutung sind.**

Übersicht

	Anm
A. Allgemeines	1–4
B. Die wichtigsten Posten im Einzelnen	
I. Überblick	10, 11
II. Konsolidierung der Umsatzerlöse (Abs 1 Nr 1)	
1. Gesamtkostenverfahren	
a) Lieferungen	15–18
b) Leistungen	19
2. Umsatzkostenverfahren	20–23
III. Konsolidierung anderer Erträge aus Lieferungen und Leistungen (Abs 1 Nr 2)	
1. Erfolgsneutrale Konsolidierungen	30–34
2. Erfolgswirksame Konsolidierungen	
a) Allgemeines	40
b) Erträge aus Beteiligungen konsolidierter Unternehmen	
aa) Zeitgleiche Gewinnvereinnahmung	45
bb) Zeitverschobene Gewinnvereinnahmung	46
c) Gewinne und Verluste aus der Veräußerung von Gegenständen des Anlagevermögens	47, 48
d) Abschreibungen und Zuschreibungen auf Anteile an konsolidierten Unternehmen	49

	Anm
C. Verzicht auf eine Konsolidierung von Erträgen und Aufwendungen (Abs 2)	50, 51
D. Publizitätsgesetz	55
E. Rechtsfolgen einer Verletzung des § 305	60
F. Abweichungen der IFRS	65

Schrifttum: *v. Wysocki* Die Konsolidierung der Innenumsatzerlöse in Bilanz- und Konzernrecht in FS Goerdeler, 723.

A. Allgemeines

1 Durch § 305 wird bestimmt, dass Aufwendungen und Erträge aus Geschäften zwischen den in die Kons einbezogenen Unt weggelassen werden müssen.

2 Abs 1 behandelt ausschließlich die **ergebnisneutralen Verrechnungen** bzw Umgliederungen von Aufwendungen und Erträgen in der Konzern-GuV. Dagegen fehlen Regelungen für die **ergebniswirksame Konsolidierung** wie zB die Kons von BetErträgen, Abschreibungen auf Anteile einbezogener Unt, Zwischenergebnissen in den Umsatzerlösen sowie anderen Erträgen. Diese notwendigen ergebniswirksamen Kons ergeben sich aus §§ 297 Abs 3 und 304 Abs 1; s dort.

3 Eine Besonderheit besteht bei der Aufwands- und ErtragsKons bei nur **anteilmäßig konsolidierten Gemeinschaftsunternehmen**: Aufwendungen und Erträge werden dort nur nach Maßgabe der Anteile am Kapital eliminiert (dazu § 310 Anm 55 ff).

4 Abs 2 gestattet, auf eine Kons von Aufwendungen und Erträgen zu verzichten, wenn die wegzulassenden Beträge für die Vermittlung eines den tatsächlichen Verhältnissen entspr Bilds der VFE-Lage des Konzerns nur von untergeordneter Bedeutung sind.

B. Die wichtigsten Posten im Einzelnen

I. Überblick

10 Nach Abs 1 und § 297 Abs 3 müssen alle Aufwendungen und Erträge zwischen *einbezogenen* Unt in der Konzern-GuV kons werden, unabhängig davon, ob durch Inanspruchnahme von § 265 Abs 7 in der Konzern-GuV Posten zusammengefasst werden, die dann im Konzernanhang gesondert dargestellt werden. In diesen Fällen umfasst die Kons auch die Angaben im Konzernanhang.

Die Konzern-GuV ist immer nach dem Gliederungsschema für große KapGes aufzustellen, weil § 276 wegen § 293 nicht in § 298 erwähnt ist. Deshalb müssen einbezogene kleine und mittelgroße KapGes/KapCoGes *unabhängig von* den *größenabhängigen Erleichterungen* für ihren JA die GuV für Zwecke der Kons wie große KapGes aufstellen und außerdem alle hierfür relevanten KonsAngaben liefern (*Riese* in Beck HdR C 470 Anm 10; *ADS*[6] § 305 Anm 6).

11 Folgende Posten können konspflichtige Aufwendungen und Erträge enthalten, die nach Abs 1 **erfolgsneutral** zu verrechnen sind:

Aufwands- und Ertragskonsolidierung 15, 16 § 305

Gesamtkostenverfahren	Umsatzkostenverfahren
– Umsatzerlöse	– Umsatzerlöse
– Bestandsveränderungen	–
– andere aktivierte Eigenleistungen	–
– Materialaufwand	– HK
– sonstige betriebliche Aufwendungen	– Vertriebskosten
	– allgemeine Verwaltungskosten
	– sonstige betriebliche Aufwendungen
– sonstige betriebliche Erträge	– sonstige betriebliche Erträge

Gesamtkosten- und Umsatzkostenverfahren
- Erträge und Aufwendungen aus Verlustübernahmen und Gewinnabführungen
- sonstige Zinsen und ähnliche Erträge
- Zinsen und ähnliche Aufwendungen
- ao Ergebnis.

Folgende Posten können konspflichtige Aufwendungen und Erträge enthalten, die nach § 297 Abs 3 **ergebniswirksam** aus der Konzern-GuV zu eliminieren sind:
- Erträge aus Bet
- Erträge aus anderen Wertpapieren und Ausleihungen des Finanzanlagevermögens
- Abschreibungen auf Finanzanlagen.

Darüber hinaus ergeben sich aus der Eliminierung von Zwischenergebnissen weitere nach § 297 Abs 3 ergebniswirksam in der Konzern-GuV zu berücksichtigende Beträge (§ 304 Anm 50ff).

II. Konsolidierung der Umsatzerlöse (Abs 1 Nr 1)

1. Gesamtkostenverfahren

a) Lieferungen

Besondere konstechnische Fragen der Aufwands- und ErtragsKons ergeben sich bei **Lieferungen** an andere Unt des KonsKreises. Dabei müssen nicht nur **Verrechnungen**, sondern auch **Umgliederungen** in andere Posten der Konzern-GuV vorgenommen werden. 15

Sind in den Umsatzerlösen **Zwischenergebnisse** enthalten, müssen darüber hinaus zusätzliche ergebniswirksame Kons vorgenommen werden (§ 304 Anm 50ff; v. Wysocki/Wohlgemuth[4], 267; WPH[14] I, M Anm 624). Entweder werden die Zwischenergebnisse bereits *vor* oder *mit* Durchführung der UmsatzKons bei den Umsatzerlösen gekürzt, oder es werden, wenn die Zwischenergebnisse erst *nach* der UmsatzKons gekürzt werden, diese gegen den nunmehr maßgebenden Posten (Bestandsveränderungen, andere aktivierte Eigenleistungen, Materialaufwand), ergebniswirksam verrechnet.

Die UmsatzKons wird auf Grundlage der Summen-GuV der einbezogenen Unt vorgenommen. Zum besseren buchungstechnischen Verständnis der Sachverhalte wird zwischen Liefer- und EmpfängerUnt unterschieden, obwohl die jeweiligen HB II nicht mehr geändert werden, sondern die Verrechnungen und Umgliederungen in der KonsSpalte vorgenommen werden.

Es lassen sich drei Fallgruppen unterscheiden:

1. Fallgruppe: Die Umsatzerlöse aus **Lieferungen** werden mit dem **Materialaufwand** verrechnet: 16
- Eine Verrechnung mit dem Materialaufwand des einbezogenen *Lieferunternehmens* ist erforderlich, wenn das LieferUnt von Dritten außerhalb des KonsKreises **Waren** bezieht, die ohne Be- oder Verarbeitung im KonsKreis am Bilanz-

stichtag unverändert beim *Empfängerunternehmen* lagern *und* außerdem zur Weiterveräußerung oder Weiterverarbeitung bestimmt sind.

– Eine Verrechnung mit dem Materialaufwand des *Empfängerunternehmens* ist erforderlich, wenn das einbezogene LieferUnt **Roh-, Hilfs- und Betriebsstoffe, Erzeugnisse oder Waren** an das *Empfängerunternehmen* geliefert *und* dieses nach Bearbeitung entweder als Erzeugnisse ausgewiesen oder an Dritte außerhalb des KonsKreises im gleichen Gj weiterveräußert hat.

17   **2. Fallgruppe:** Die Umsatzerlöse aus **Lieferungen** werden in den Posten **Bestandsveränderungen** umgegliedert:

Diese Umgliederung ist dann erforderlich, wenn das *Lieferunternehmen* **Erzeugnisse** an das *Empfängerunternehmen* liefert *und* diese am Jahresende dort noch unbearbeitet als **Roh-, Hilfs- und Betriebsstoffe oder Handelswaren** lagern. Vom Standpunkt des Konzerns handelt es sich um Erzeugnisse.

18   **3. Fallgruppe:** Die Umsatzerlöse aus **Lieferungen von Erzeugnissen** werden in den Posten **andere aktivierte Eigenleistungen** umgegliedert: Diese Umgliederung ist erforderlich, wenn vom *Lieferunternehmen* **Erzeugnisse** an das *Empfängerunternehmen* geliefert werden, um dort dem Geschäftsbetrieb (zB als Sachanlagen) dauernd zu dienen. Dann handelt es sich vom Standpunkt des Konzerns um selbst hergestellte VG des Anlagevermögens.

In der Praxis können die notwendigen Informationen über die Art der Lfg, ihren Verwendungszweck und den Bearbeitungszustand über eine Analyse der Konzernbestände beim *Empfängerunternehmen* gewonnen werden, die dort als Grundlage zur Herausrechnung der Zwischenergebnisse ohnehin vorliegen müssen. Bei entspr aufgegliederten Konzernbeständen des Vj lassen sich hieraus die notwendigen Umgliederungen in den Posten „Bestandsveränderungen" ermitteln.

b) Leistungen

19   Die Verrechnung der Umsatzerlöse aus **Leistungen** erfolgt mit den entspr **Aufwendungen** des *Empfängerunternehmens*. Nur in Ausnahmefällen, wie zB im Falle der Lohnveredelung, wird eine Umgliederung in den Posten „**Bestandsveränderungen**" oder im Falle von Ingenieurleistungen bei selbststellten Anlagen bzw bei Veräußerungen selbst erstellter immaterieller VG im Konzern soweit von § 248 Abs 2 S 1 in den Posten „**andere aktivierte Eigenleistungen**" erforderlich sein. Ist das leistungsempfangende Unt nicht zum Vorsteuerabzug berechtigt, verbleibt die entsp USt als Aufwandsüberhang im Konzern, da sie an einen Dritten gezahlt wurde. In Analogie zur USt auf Eigenverbrauch (§ 275 Anm 248) erscheint ein Ausweis unter den sonstigen Steuern sachgerecht. Soweit der Betrag unwesentlich ist, wird auch ein Ausweis in den sonstigen betrieblichen Aufwendungen nicht zu beanstanden sein.

2. Umsatzkostenverfahren

20   Die Kons der **Umsatzerlöse** erfolgt mit den auf sie entfallenden Aufwendungen, da Umgliederungen in andere Posten der GuV entfallen (*WPH*[14] I, M Anm 643; *Busse von Colbe/Ordelheide/Gebhardt/Pellens*[9], 436 f). Sind in den Umsatzerlösen **Zwischenergebnisse** enthalten, müssen zusätzlich zur Verrechnung mit den auf sie entfallenden Aufwendungen ergebniswirksame Kons vorgenommen werden. Zur Technik der Eliminierung Anm 15, 18 sowie § 304 Anm 50 ff.

21   Die **Umsatzerlöse aus Lieferungen** werden mit den **Herstellungskosten** des LieferUnt verrechnet, wenn die gelieferten VG als Sachanlagen dem Geschäftsbetrieb des *Empfängerunternehmens* zu dienen bestimmt sind *oder* die Bestände bei beabsichtigter Weiterveräußerung am Bilanzstichtag noch beim

EmpfängerUnt lagern. Über die HK hinaus müssen Vertriebskosten beim Liefer-Unt eliminiert werden, wenn diese in die Konzern-HK einbezogen sind (§ 304 Anm 12 und 15; *Busse von Colbe/Ordelheide/Gebhardt/Pellens*[9], 437). In den übrigen Fällen (die VG haben das EmpfängerUnt bereits verlassen) erfolgt eine Verrechnung mit den HK des *Empfängerunternehmens*.

Die **Umsatzerlöse aus Leistungen** sind ebenfalls in der Mehrzahl der Fälle mit den HK des leistenden Unt zu verrechnen. Die Zuordnung der Aufwendungen beim EmpfängerUnt zu den Bereichen Herstellung, Vertrieb, Verwaltung oder sonstige betriebliche Aufwendungen entspricht bereits der tatsächlichen Verwendung im Konzern, so dass hier keine zusätzlichen Umgliederungen erforderlich sind. In Ausnahmefällen kann jedoch auch eine Verrechnung mit anderen Posten der Konzern-GuV wie Vertriebskosten, allgemeine Verwaltungskosten oder sonstige betriebliche Aufwendungen in Betracht kommen. Bsp hierfür sind Patent- und Lizenzeinnahmen von kons Unt, denen keine Aufwendungen beim leistenden Unt, sondern beim EmpfängerUnt ggü, oder Erlöse aus Dienstleistungen (zB aus Beratung), denen Vertriebs- bzw allgemeine Verwaltungskosten beim leistenden Unt ggüstehen. Werden Leistungen beim EmpfängerUnt (zB durch Personalbeistellung bei Erzeugnissen oder durch Ingenieurleistungen bei Sachanlagen) *aktiviert,* sind die Umsatzerlöse mit den HK des leistenden Unt zu verrechnen. 22

Es ist zweifelhaft, ob trotz fehlender gesetzlicher Regelung aus dem allgemeinen Grundgedanken des § 297 Abs 3 auch eine Kons zwischen Aufwendungen von verschiedenen Posten der Konzern-GuV gefordert werden kann (bejahend *v. Wysocki* in FS Goerdeler, 736; *Telkamp* in HdKR[2] § 305 Anm 19; *ADS*[6] § 305 Anm 31). Nach der von *v. Wysocki* vertretenen Auffassung ist eine **Umgliederung** von Vertriebskosten in den Posten HK dann erforderlich, wenn in den Vertriebskosten des LieferUnt Kostenarten enthalten sind, die aus der Sicht des Konzerns als HK anzusehen sind (zB Transportkosten, Löhne und Gehälter). Damit wird erreicht, dass in der Konzern-GuV nach dem Umsatzkostenverfahren die Zuordnung nach den Funktionen Herstellung, Vertrieb und Verwaltung aus der Sicht des Konzerns vorgenommen wird. Soweit bereits bei der Aufstellung der JA (HB II) für Zwecke des KA einheitliche Gliederungsprinzipien unter Beachtung des § 297 Abs 3 angewendet werden, ist eine darüber hinausgehende Umgliederung im Rahmen der Kons nicht notwendig (ebenso *ADS*[6] § 305 Anm 14). Hinsichtlich erforderlicher Umgliederungen bei der Zwischenergebniseliminierung s Anm 15 und 20 sowie *ADS*[6] § 304 Anm 98. 23

III. Konsolidierung anderer Erträge aus Lieferungen und Leistungen (Abs 1 Nr 2)

1. Erfolgsneutrale Konsolidierungen

Wie bei der Kons der Umsatzerlöse wird in Abs 1 Nr 2 bei der Verrechnung der anderen Erträge aus Lfg und Leistungen mit den auf sie entfallenden Aufwendungen, – soweit sie nicht (bei Anwendung des Gesamtkostenverfahrens) als „andere aktivierte Eigenleistungen" auszuweisen sind, – unterstellt, dass grds eine erfolgsneutrale Kons zu erfolgen hat. Hinsichtlich der ergebniswirksamen Eliminierung von Zwischenergebnissen s Anm 2 und § 304 Anm 50 ff. 30

Der **Begriff „andere Erträge"** ist nicht erläutert. Nach allgemeiner Auffassung enthalten diese alle Ertragsposten der GuV, soweit sie nicht die gesondert in Abs 1 Nr 1 geregelten Umsatzerlöse betreffen (hM, *WPH*[14] I, M Anm 648; *ADS*[6] § 305 Anm 58).

§ 305 31–46   Vollkonsolidierung

31   Innerhalb der Posten „betriebliche Erträge" und „betriebliche Aufwendungen" betrifft dies zB die Verrechnung von Konzernumlagen für Dienstleistungen, Steuerumlagen, Miet- und Pachterträge, Patent- und Lizenzerträge mit entspr gleichartigen Aufwendungen.

32   Beim **Finanzergebnis** betrifft die erfolgsneutrale Verrechnung die Erträge aus anderen Wertpapieren und Ausleihungen des Finanzanlagevermögens, die sonstigen Zinsen und ähnlichen Erträge sowie den Posten „Zinsen und ähnliche Aufwendungen". Ebenso sind Erträge mit Aufwendungen aus Verlustübernahmen, erhaltene Gewinne mit abgeführten Gewinnen zu verrechnen.

33   Im Bereich des **ao Ergebnisses** kann die Verrechnung zB Sanierungszuschüsse oder Forderungsverzichte ggü anderen einbezogenen Unt betreffen (§ 275 Anm 222). Wegen der Behandlung von Gewinnen und Verlusten aus Verkäufen von VG des Anlagevermögens an andere Unt des KonsKreises s Anm 47 sowie § 304 Anm 33.

34   Die Umgliederung der **anderen Erträge aus Leistungen** in den Posten „andere aktivierte Eigenleistungen" ist ausdrücklich in Abs 1 Nr 2 erwähnt (dazu auch *WPH*[14] I, M Anm 634). Diese Umgliederung ist erforderlich, sofern in den betrieblichen Erträgen des leistenden Unt zB technische Beratungsleistungen oder selbsterstellte immaterielle VG enthalten sind, die für Sachanlagen beim Empfänger Unt erbracht werden und somit dort zu aktivieren sind. Ebenso ist eine Umgliederung vorzunehmen, wenn das leistende Unt Generalüberholungen durchgeführt hat, die beim EmpfängerUnt zu aktivierende HK sind. Gehören diese Leistungen jedoch zur gewöhnlichen Geschäftstätigkeit des leistenden Unt, sind diese schon als Umsatzerlöse nach Abs 1 Nr 1 umzugliedern (Anm 19).

2. Erfolgswirksame Konsolidierungen

a) Allgemeines

40   Die **ergebniswirksame** Kons von Erträgen und Aufwendungen mit Auswirkungen auf das Konzernjahresergebnis wird in Abs 1 nicht ausdrücklich erwähnt, da lediglich die Verrechnung von Umsatzerlösen bzw anderen Erträgen mit den auf sie entfallenden Aufwendungen bzw die Umgliederung in andere aktivierte Eigenleistungen behandelt wird (hierzu auch *Busse von Colbe / Ordelheide / Gebhardt / Pellens*[9], 425 ff). Unter Beachtung der Einheitstheorie des § 297 Abs 3 sind in der Konzern-GuV sämtliche wesentlichen ergebniswirksamen Vorgänge zu eliminieren, soweit sie auf Geschäften innerhalb des KonsKreises beruhen und noch nicht außerhalb des Konzerns realisiert worden sind (näheres § 297 Anm 190 ff; *ADS*[6] § 305 Anm 70).

b) Erträge aus Beteiligungen konsolidierter Unternehmen

45   **aa) Zeitgleiche Gewinnvereinnahmung.** Erträge aus **Anteilen an einbezogenen Personengesellschaften** sowie BetErträge aus Mehrheitsbeteiligungen an **einbezogenen Kapitalgesellschaften,** bei denen der JA des TU vor Beendigung der Prüfung beim MU festgestellt ist und ein entspr Gewinnverwendungsvorschlag vorliegt, werden vom MU im Gj der Gewinnentstehung beim einbezogenen TU zeitgleich gebucht (§ 275 Anm 177). Damit würde ohne Eliminierung das gleiche Ergebnis in der Konzern-GuV zweimal erfasst. Solche Erträge aus Bet sind demzufolge **ergebniswirksam** wegzulassen.

46   **bb) Zeitverschobene Gewinnvereinnahmung.** Werden die Erträge aus Bet nicht im Gj der Gewinnentstehung beim TU, sondern in einem *späteren* Gj – also *phasenverschoben* – beim MU erfasst, tritt zwar keine Doppelerfassung im

gleichen Gj, wohl aber über die beiden Perioden im KA ein, so dass ebenfalls eine Eliminierung der BetErträge erforderlich ist (so auch *Busse von Colbe/Ordelheide/Gebhardt/Pellens*[9], 430). Die BetErträge sind im Jahr ihrer Vereinnahmung beim empfangenden Unt zu eliminieren und in den Gewinnvortrag oder die Gewinnrücklagen umzugliedern (glA *ADS*[6] § 305 Anm 74).

Wegen der **Bildung latenter Steuern** bei der Vereinnahmung von BetErträgen in einem späteren Jahr s § 306 Anm 26, 29.

Hinsichtlich der Behandlung von **Beteiligungserträgen bei assoziierten Unternehmen,** die nach der Equity-Methode bewertet werden s § 312 Anm 65 ff.

c) Gewinne und Verluste aus der Veräußerung von Gegenständen des Anlagevermögens

Soweit im JA des LieferUnt **Gewinne** aus der Veräußerung von VG des Anlagevermögens an einbezogene Unt entstanden sind, erfolgt deren Eliminierung dadurch, dass die Wertansätze der betr VG nach § 304 Abs 1 auf die Konzern-HK oder die Konzern-AK abgewertet werden. In gleicher Weise werden auch die in den sonstigen betrieblichen Erträgen oder in Ausnahmefällen in den ao Erträgen enthaltenen Gewinne aus dem Abgang von Anlagegegenständen eliminiert (§ 304 Anm 33). Sofern auf die Eliminierung der Gewinne aus Abgängen beim Anlagevermögen verzichtet wird, ist eine zusätzliche Umgliederung in der Konzern-GuV nicht erforderlich, da auch eine aus der Sicht des Konzerns vorgenommene Zuschreibung den Posten sonstige betriebliche Erträge betrifft.

Sind bei der Veräußerung von VG des Anlagevermögens an ein einbezogenes Unt **Verluste** entstanden, bedeutet eine Aufwertung auf die Konzern-AK oder Konzern-HK in der Konzernbilanz nach § 304 Abs 1, dass auch eine Eliminierung des entspr Betrags im Posten sonstige betriebliche Aufwendungen in der Konzern-GuV erforderlich ist (ebenso *WPH*[14] I, M Anm 632; *ADS*[6] § 305 Anm 62; *Riese* in Beck HdR C 470 Anm 43). Eine Aufwertung und damit eine Eliminierung in der Konzern-GuV muss jedoch unterbleiben, wenn der Veräußerungserlös dem beizulegenden Wert entspricht (§ 304 Anm 18). Eine Umgliederung in den Posten Nr 7a **Abschreibungen auf immaterielle Vermögensgegenstände und Sachanlagen** ist vorzunehmen, wenn die Beträge nicht unbedeutend sind; glA *ADS*[6] § 305 Anm 33.

Bei einem Verzicht auf die Eliminierung von Verlusten bei Abgängen aus dem Anlagevermögen (§ 304 Abs 2) wird bei Anwendung des *Gesamtkosten*verfahrens eine Umgliederung in den Posten Nr 7a (Abschreibungen auf immaterielle VG und Sachanlagen) für erforderlich gehalten (so auch *Riese* in Beck C 470 Anm 44; *ADS*[6] § 305 Anm 62). In Fällen von untergeordneter Bedeutung darf auf eine Umgliederung verzichtet werden.

d) Abschreibungen und Zuschreibungen auf Anteile an konsolidierten Unternehmen

Abschreibungen und Zuschreibungen im JA auf Anteile an kons Unt sind in der Konzern-GuV grds aufzulösen, da infolge der KapKons nach § 301 die Anteile mit dem EK verrechnet worden sind (§ 301 Anm 35 ff). Ist im Rahmen der ErstKons im KA ein aktiver Unterschiedsbetrag als GFW ausgewiesen, sollte die Abschreibung auf Anteile an kons Unt nicht aufgelöst, sondern bis zur Höhe des Restbuchwerts des Unterschiedsbetrags auf den Posten „Geschäfts- oder Firmenwert" umgegliedert werden (§ 301 Anm 190 ff; *Telkamp* in HdKR[2] § 305 Anm 46; *ADS*[6] § 305 Anm 87 ff).

C. Verzicht auf eine Konsolidierung von Erträgen und Aufwendungen (Abs 2)

50 Eine Kons von Erträgen und Aufwendungen nach Abs 1 braucht nicht durchgeführt zu werden, wenn die wegzulassenden Beträge für die Vermittlung eines den tatsächlichen Verhältnissen entspr Bilds der VFE-Lage des Konzerns nur von untergeordneter Bedeutung sind.

51 *Wann* ein Abweichen vom Grundsatz der Aufwands- und ErtragsKons als zulässig erachtet werden darf, kann nur unter Berücksichtigung aller Umstände der einbezogenen Unt und der Bedeutung der wegzulassenden Beträge auf die jeweils betroffenen Posten der Konzern-GuV beurteilt werden. Zu Kriterien der untergeordneten Bedeutung für den JA s § 264 Anm 57 und für den KA s § 297 Anm 195. Bei den Umsatzerlösen, Bestandsveränderungen, dem Materialaufwand und den HK ist neben dem Verhältnis des nicht eliminierten Betrags zum Gesamtbetrag des Postens auch die Relation zu anderen Posten, wie zB den Vorräten oder den Forderungen aus Lfg und Leistungen zu beachten. Bei dem Verzicht auf ergebniswirksame Kons ist außerdem der Einfluss auf das Jahresergebnis zu berücksichtigen.

Eine Angabe oder Begr hierfür im **Konzernanhang** ist nicht vorgeschrieben (Grundsatz der Wesentlichkeit und Wirtschaftlichkeit), sie ist aber zulässig; zB „Von der erfolgsneutralen Aufrechnung konzerninterner Lfg (und Leistungen) wurde wegen Geringfügigkeit abgesehen. Das Gleiche gilt für unwesentliche Zwischengewinne."

D. Publizitätsgesetz

55 Auf den KA nach dem PublG sind die §§ 294 bis 314 sinngemäß anzuwenden (§ 13 Abs 2 S 1 PublG), da das PublG keine eigenen KonsVorschriften enthält. Die Aufwands- und ErtragsKons richtet sich demnach auch für die dem PublG unterliegenden Unt nach § 305.

E. Rechtsfolgen einer Verletzung des § 305

60 In § 334 (Ordnungswidrigkeit) wird § 305 nicht explizit genannt, ist aber als Unterfall von § 297 Abs 2 anzusehen und daher mittelbar durch § 334 Abs 1 Nr 2b sanktioniert (§ 334 Anm 21).

F. Abweichungen der IFRS

Schrifttum: *Waschbusch/Steiner*, Grundlagen der Schuldenkonsolidierung, der Aufwands- und Ertragskonsolidierung sowie der Zwischengewinneliminierung nach IFRS, StB 2008, 362–364.

Standards: IAS 27 Konzern- und Einzelabschlüsse *(Consolidated and Separate Financial Statements)* (2008); IFRS 10 Konzernabschlüsse *(Consolidated financial Statements)* (2011).

65 Die Aufwands- und ErtragsKons ist in IAS 27.20 iVm 27.21 (bzw IFRS 10 B86c) geregelt. Danach sind sämtliche zwischengesellschaftlichen Vorgänge einschl Umsatzerlösen und Aufwendungen sowie Dividenden zu eliminieren.

Besonderheiten oder Abweichungen zum HGB ergeben sich nicht (vgl *Baetge KA*[9], 310; *Baetge/Hayn/Ströher* in Komm IAS[2] IAS 27 Rn 165; *Senger/Diersch* in Beck IFRS[4] § 35 D Nr 100). Der in Abs 2 gesondert geregelte Grundsatz der Wesentlichkeit entspricht dem im Framework zu den IFRS unter 29f sowie im IAS 8.8 geregelten Grundsatz der *Materiality* (vgl *Baetge/Hayn/Ströher* in Komm IAS[2] IAS 27 Anm 166f; *Weißenberger* in MünchKomm HGB[2] § 305 Anm 67; *Waschbusch/Steiner*, 364).

§ 306 Latente Steuern

[1] Führen Maßnahmen, die nach den Vorschriften dieses Titels durchgeführt worden sind, zu Differenzen zwischen den handelsrechtlichen Wertansätzen der Vermögensgegenstände, Schulden oder Rechnungsabgrenzungsposten und deren steuerlichen Wertansätzen und bauen sich diese Differenzen in späteren Geschäftsjahren voraussichtlich wieder ab, so ist eine sich insgesamt ergebende Steuerbelastung als passive latente Steuern und eine sich insgesamt ergebende Steuerentlastung als aktive latente Steuern in der Konzernbilanz anzusetzen. [2] Die sich ergebende Steuerbe- und die sich ergebende Steuerentlastung können auch unverrechnet angesetzt werden. [3] Differenzen aus dem erstmaligen Ansatz eines nach § 301 Abs. 3 verbleibenden Unterschiedsbetrages bleiben unberücksichtigt. [4] Das Gleiche gilt für Differenzen, die sich zwischen dem steuerlichen Wertansatz einer Beteiligung an einem Tochterunternehmen, assoziierten Unternehmen oder einem Gemeinschaftsunternehmen im Sinn des § 310 Abs. 1 und dem handelsrechtlichen Wertansatz des im Konzernabschluss angesetzten Nettovermögens ergeben. [5] § 274 Abs. 2 ist entsprechend anzuwenden. [6] Die Posten dürfen mit den Posten nach § 274 zusammengefasst werden.

Übersicht

	Anm
A. Allgemeines	
I. Vorbemerkung	1
II. Konzept der Ermittlung latenter Steuern im Konzernabschluss	2–5
B. Einzelheiten	
I. Latente Steuern in der Handelsbilanz II (§ 298 iVm § 274)	
1. Anpassung der Bilanzansätze und einheitliche Bewertung	7, 8
2. Währungsumrechnung	9
II. Konsolidierungsmaßnahmen (S 1 und 3)	
1. Kapitalkonsolidierung nach § 301	11–16
2. Schuldenkonsolidierung nach § 303	20
3. Eliminierung von Zwischenergebnissen nach § 304	24
4. Aufwands- und Ertragskonsolidierung nach § 305	26
5. End- und Übergangskonsolidierung	28
III. Behandlung sog outside basis differences (S 4)	29
IV. Berechnung der latenten Steuern	
1. Ansatz und Berechnungsmethode	30
2. Bewertung und Prognose	
a) Bewertung mit unternehmensindividuellen Steuersätzen (S 5)	32, 33
b) Abzinsung	34
c) Prognose und jährliche Überprüfung der latenten Steuern	35, 36

	Anm
V. Ausweis und Anhangangaben im Konzernabschluss (S 2 und 6)	37, 38
C. Rechtsfolgen einer Verletzung des § 306	44
D. Abweichungen der IFRS	
I. Vorbemerkung	45
II. Einzelheiten	46–48

Schrifttum: *Bentler* Grundsätze ordnungsmäßiger Bilanzierung für die Equity Methode, Wiesbaden 1991; *Bellavite-Hövermann/Prahl* Bankbilanzierung nach IAS 1997, 80; *Gräbsch* Bilanzierung latenter Steuern im Konzernabschluss nach DRS 10, StuB 2002, 743 ff; *Wotschofsky/Heller* Latente Steuern im Konzernabschluss, IStR 2002, 819 ff; *App* Latente Steuern nach IAS, US-GAAP und HGB, KoR 2003, 209 ff; *Wehrheim/Adrian* Ebenen und Zeiträume der latenten Steuerabgrenzung in IAS- und HGB-Abschlüssen bei organschaftlich verbundenen Unternehmen, WPg 2003, 1058 ff; *Marten/Weiser/Köhler* Aktive latente Steuern auf steuerliche Verlustvorträge: zunehmende Tendenz zur Aktivierung, BB 2003, 2335 ff; *Lienau* Bilanzierung latenter Steuern im Konzernabschluss nach IFRS, Düsseldorf 2006; *Weißenberger/Behrendt* Latente Steuern im Konzern: auslösende Tatbestände im Rahmen einer informationsorientierten Gestaltung des HGB-Konzernabschlusses, BB 2006, 931 ff; *Küting/Zwirner* Abgrenzung latenter Steuern nach IFRS in der Bilanzierungspraxis in Deutschland: Dominanz der steuerlichen Verlustvorträge, WPg 2007, 555 ff; *Dahlke* Steuerpositionen im Zwischenabschluss nach IAS 34 – Auswirkungen der Unternehmensteuerreform 2008, BB 2007, 1831 ff; *Lienau* Die Bilanzierung latenter Steuern bei der Währungsumrechnung nach IFRS, PiR 2008, 7 ff; *Oser/Ross/Wader/Drögemüller* Eckpunkte des Regierungsentwurfs zum Bilanzrechtsmodernisierungsgesetz (BilMoG), WPg 2008, 675 ff; *Loitz* Latente Steuern nach dem Bilanzrechtsmodernisierungsgesetz (BilMoG) – Nachbesserungen als Verbesserungen?, DB 2008, 1389 ff; *Küting/Seel* Latente Steuern, in: Das neue deutsche Bilanzrecht[2], Stuttgart 2009, 499 ff; *Kühne/Melcher/Wesemann* Latente Steuern nach BilMoG – Grundlagen und Zweifelsfragen, WPg 2009, 1005 ff, 1057 ff; *Küting/Seel* Das neue deutsche Konzernbilanzrecht – Änderungen der Konzernrechnungslegung durch das Bilanzrechtsmodernisierungsgesetz, DStR Beihefter 26 2009, 37 ff; Beck'sches Steuerberater-Handbuch 2010/2011, A 310; *Lüdenbach/Freiberg* Beitrag von DRS 18 zur Klärung strittiger Fragen der Steuerlatenzierung, BB 2010, 1971 ff; *Loitz* DRS 18 – Bilanzierung latenter Steuern nach dem Bilanzrechtsmodernisierungsgesetz, DB 2010, 2177 ff; *Melcher/Möller* Ebenen der Gesamtdifferenzenbetrachtung im Rahmen der Bilanzierung latenter Steuern, KoR 2011, 548 ff; s auch das Schrifttum zu § 274.

Standards: DRS 18 (Latente Steuern)

A. Allgemeines

I. Vorbemerkung

1   Der vom DSR verabschiedete und vom BMJ am 3.9.2010 bekannt gemachte DRS 18 regelt in Ergänzung zu den §§ 274 und 306 die Bilanzierung latenter Steuern im KA. Der Standard konkretisiert die gesetzlichen Vorschriften sowie die zugehörigen Anhangangaben und regelt Detailfragen. Den DRS kommt zwar keine Gesetzeskraft zu, aber mit ihrer ordnungsmäßigen Anwendung ist die Vermutung verbunden, dass die für den KA relevanten GoB beachtet wurden (§ 342 Abs 2). DRS 18 ist erstmalig anzuwenden auf Gj, die nach dem 31.12. 2010 beginnen (DRS 18.68). Er gilt für alle MU, die nach § 290 einen KA erstellen, diesen gem § 264a Abs 1 gleichgestellte Unt sowie für Unt, die nach § 11 PublG zur Konzernrechnungslegung verpflichtet sind (DRS 18.4). DRS 18 gilt nicht für Unt, die nach § 315a ihren KA nach internationalen Rechnungslegungsstandards erstellen.

DRS 18 ersetzt DRS 10, der vor Verabschiedung des BilMoG letztmalig für vor dem 1.1.2010 beginnende Gj anzuwenden war (zu den konzeptionellen Unterschieden vgl 8. Aufl § 306 Anm 1).

II. Konzept der Ermittlung latenter Steuern im Konzernabschluss

Die Bilanzierung latenter Steuern im KA soll zu einem **besseren Einblick in die Vermögens- und Ertragslage des Konzerns** beitragen (§ 274 Anm 4). Der Steueraufwand wird durch die Bildung latenter Steuern korrigiert, die ihrerseits künftige ungewisse steuerliche Be- und Entlastungen reflektieren. Nach dem bilanzorientierten temporary concept (§ 274 Anm 5 ff) determinieren die Unterschiede zwischen handelsrechtlichen und steuerlichen Wertansätzen die Höhe der latenten Steuern. Es spielt dabei grds keine Rolle, ob diese Unterschiede ergebniswirksam entstanden sind oder nicht. 2

Die Ermittlung latenter Steuern im **Weltkonzernabschluss** lässt sich in einen **dreistufigen Prozess** unterteilen. Auf der ersten Stufe werden die aufgrund nationaler Rechnungslegungsvorschriften ermittelten latenten Steuern zunächst übernommen. Auf der zweiten Stufe wird der nationale JA (einschl der darin enthaltenen latenten Steuern) in eine HB II nach HGB übergeleitet, wobei nun zusätzliche aus der Überleitung resultierende latente Steuern berücksichtigt werden. In der Literatur wird auch von sog primären latenten Steuern aus den einbezogenen EA und aus den Anpassungen an konzerneinheitliche Bilanzierungs- und Bewertungsmethoden gesprochen. Auf der dritten Stufe werden dann die latenten Steuern (auch sog sekundäre latente Steuern) auf KonsMaßnahmen erfasst (*Bellavite-Hövermann/Prahl*, 80; RegE BilMoG, 181). Der dreistufige Prozess der Ermittlung latenter Steuern ist in den §§ 274 und 306 geregelt. Beide Vorschriften zur Bilanzierung latenter Steuern dienen zwar dem selben Ziel, ihre Anwendungsbereiche sind aber verschieden. § 274 regelt die Bilanzierung latenter Steuern im JA einschl der HB II (Stufen 1 und 2 bei inländischen Konzern Unt; Stufe 2 bei ausländischen KonzernUnt). Nach § 306 sind auf temporäre Bilanzdifferenzen, die auf KonsMaßnahmen zurückzuführen sind, latente Steuern abzugrenzen (Stufe 3). § 306 ergänzt § 274 also für Zwecke der Kons. Darüber hinaus gibt S 1 auch für latente Steuern, die aus Konsolidierungsmaßnahmen resultieren, eine Gesamtdifferenzenbetrachtung vor, für die eine Ansatzpflicht eines vorhandenen Aktivüberhangs besteht. 3

DRS 18 folgt diesem mehrstufigen Prozess und regelt die Bilanzierung latenter Steuern entspr der Gesetzessystematik differenziert danach, auf welcher Stufe die latenten Steuern anfallen. DRS 18.14 sieht ein Ansatzgebot nur für aktive latente Steuern aus KonsMaßnahmen (Stufe 3) vor. Für einen Überhang an aktiven latenten Steuern aus den Stufen 1 und 2 besteht dagegen ein Ansatzwahlrecht gem § 274 Abs 1 S 2 iVm §§ 298 und 300 Abs 2. 4

Ursache für latente Steuern im KA können nach S 1 nur **Konsolidierungsmaßnahmen** sein, die nach den Vorschriften „dieses Titels" – „Vollkonsolidierung" –, somit nach den §§ 300 bis 307 durchgeführt worden sind und zu Differenzen zwischen den Wertansätzen im handelsrechtlichen KA und den steuerrechtlichen Wertansätzen führen. 5

Zusätzlich zu den in §§ 300 bis 307 genannten KonsMaßnahmen sind bei der Aufstellung des KA die folgenden Aspekte zu beachten:
– Einheitliche Bewertung (§ 308)
– Währungsumrechnung (§ 308a)
– Behandlung eines Unterschiedsbetrags (§ 309)

– Anteilmäßige Konsolidierung (§ 310)
– Anwendung der Equity-Methode (§ 312).

Anpassungen aufgrund des Grundsatzes der einheitlichen Bewertung werden im Rahmen der HB II-Erstellung in die Ermittlung der latenten Steuern einbezogen (Anm 7f). Die WährUm führt als solche nicht zu latenten Steuern (Anm 9). Auf nach § 301 Abs 3 ermittelte und nach § 309 fortgeführte Unterschiedsbeträge aus der KapKons werden nach § 306 S 3 keine latenten Steuern gebildet (Anm 12). Bei der anteilmäßigen Kons ist § 306 nach § 310 Abs 2 wie bei der VollKons anzuwenden. Bei erstmaliger Anwendung der Equity-Methode wird die Bilanzierung latenter Steuern von der hM als zulässig angesehen und ist auch nach DRS 18.27 vorgesehen (Anm 13).

B. Einzelheiten

I. Latente Steuern in der Handelsbilanz II (§ 298 iVm § 274)

1. Anpassung der Bilanzansätze und einheitliche Bewertung

7   Nach § 298 Abs 1 gehört zu den auf den KA anzuwendenden Vorschriften auch § 274. Dies bedeutet, dass neben der Ermittlung sekundärer latenter Steuern nach § 306 zusätzlich die Bilanzierung primärer latenter Steuern nach § 274 zu erfolgen hat, wenn zwischen den handelsrechtlichen und steuerlichen Wertansätzen der einbezogenen Unt Differenzen bestehen (§ 274 Anm 7f). Diesem Vergleich sind die Wertansätze aus der HB II zugrunde zu legen. Erst darauf aufbauend sind sekundäre latente Steuern aus KonsMaßnahmen nach § 306 zu bilden (RegE BilMoG, 181). Die im Rahmen der Erstellung des KA aufgrund von rechtsform- oder landesspezifischen Bilanzierungs- und Bewertungsunterschieden erforderliche oder freiwillige Anpassung der Bilanzansätze nach § 300 und der Bewertung nach § 308 ist somit in die Ermittlung der latenten Steuern nach § 274 einzubeziehen. Die Anpassung der Bilanzansätze nach § 300 gehört, anders als die Anpassung an eine konzerneinheitliche Bewertung (§ 308), gesetzestechnisch zwar zu den KonsMaßnahmen, die nach dem reinen Wortlaut des Gesetzes nach § 306 und nicht nach § 274 in die Ermittlung latenter Steuern einzubeziehen wäre. Diese unterschiedliche Zuordnung wird auch nach der Verabschiedung des BilMoG in der Literatur (*Küting/Seel* DStR Beihefter 26 2009, 42; *Kühne/Melcher/Wesemann* WPg 2009, 1062f) als nicht sachgerecht angesehen (aA *Lüdenbach/Freiberg* BB 2010, 1974f).

Die latenten Steuern selbst gehören zu den Posten, die ggf nach §§ 300, 308 sowie 308a anzupassen sind. Ein deutsches MU hat § 274 auch bei der Einbeziehung von KonzernUnt mit Sitz im Ausland zu beachten und zB fehlende aktive oder passive Steuerlatenzen gem § 274 Abs 1 nachzuholen.

8   Für einen Überhang an aktiven latenten Steuern aus den HB I und HB II der einzubeziehenden Unt besteht nach § 274 Abs 1 S 2 iVm §§ 298 und 300 Abs 2 ein **Ansatzwahlrecht** (§ 274 Anm 14). Dieses Wahlrecht ist im KA aufgrund des Grundsatzes der sachlichen Stetigkeit einheitlich neu auszuüben (s DRS 13.7 sowie RS HFA 38 Tz 4). Die einmal gewählte Vorgehensweise ist im Zeitablauf aufgrund des Grundsatzes der zeitlichen Stetigkeit gem § 246 Abs 3 iVm § 298 Abs 1 beizubehalten.

Ein MU kann in seinem JA zB auf die Aktivierung eines Überhangs von aktiven latenten Steuern verzichten, jedoch für Zwecke der Einbeziehung seines JA in den KA von der Aktivierungsmöglichkeit Gebrauch machen. In diesem Fall sind auch die aktiven Überhänge der TU vollständig zu erfassen. Gegenstand des Wahlrechts sind die latenten Steuern auf Unterschiede zwischen den Wertansätzen in HB II und StB. Eine weitere Unterteilung in ein Wahlrecht auf einen Überhang an aktiven latenten Steuern aus der ersten Stufe (HB I) und einen aus der zweiten Stufe (HB II) erscheint „weder sachgerecht noch praktikabel" (*Kühne/Melcher/Wesemann* WPg 2009, 1062 f mit Verweis auf *Loitz* DB 2008, 1392).

Auch im Rahmen des KA lässt der Gesetzeswortlaut offen, auf welcher Ebene ein Überhang der primären aktiven latenter Steuern zu ermitteln ist. In Betracht kommt entweder die Summenbilanz über alle einbezogenen KonzernUnt (unternehmensbezogene Vorgehensweise) oder die jeweilige HB II der einbezogenen EA (steuerjurisdiktionsbezogene Vorgehensweise). Daher sind die Ausführungen zu § 274 Anm 14 auch auf die Bilanzierung der primären latenten Steuern im KA anzuwenden. Da kein Wahlrecht für die Bilanzierung eines Aktivüberhangs sekundärer latenter Steuern besteht, stellt sich die Frage der Betrachtungsebene an dieser Stelle nicht (detailliert *Melcher/Möller* KoR 2011, 548 ff).

Im Interesse einer verbesserten Informationsversorgung der Abschlussadressaten empfiehlt es sich, für werthaltige aktive latente Steuern aus den Stufen 1–2 (Anm 3) das Ansatzwahlrecht im KA auszuüben, da anderenfalls die Situation eintreten kann, dass passive sekundäre latente Steuern anzusetzen sind, obwohl werthaltige primäre aktive latente Steuern vorhanden wären.

2. Währungsumrechnung

Entspr der in § 308a kodifizierten sog modifizierten Stichtagskursmethode **9** sind die Posten einer auf fremde Währung lautenden Bilanz zum Devisenkassamittelkurs am Bilanzstichtag in Euro umzurechnen. Als Ausnahme davon ist das EK zum historischen Kurs umzurechnen. Für die Posten der GuV ist der Durchschnittskurs anzuwenden. Etwaige sich ergebende Umrechnungsdifferenzen sind erfolgsneutral im EK auszuweisen und bei (teilweiser) Veräußerung des TU (teilweise) erfolgswirksam aufzulösen (s im Einzelnen § 308a Anm 20 ff).

Die WähUm ist nicht als KonsMaßnahme iSd §§ 300 ff zu qualifizieren, mit der Konsequenz, dass kein Anwendungsfall des S 1 vorliegt. Auch die Erfassung latenter Steuern gem § 298 iVm § 274 scheidet aus, da für aus der WähUm resultierende sog *outside basis differences* ein Ansatz nach S 4 ausgeschlossen ist (DRS 18.30; ausführlich Anm 29).

II. Konsolidierungsmaßnahmen (S 1 und 3)

1. Kapitalkonsolidierung nach § 301

Bei der KapKons nach § 301 sind im Rahmen der **Erstkonsolidierung** die **11** stillen Reserven und Lasten aufzudecken. Ein aktiver Unterschiedsbetrag zwischen dem sich dabei ergebenden anteiligen EK zu Zeitwerten und dem BetBuchwert ist als GFW auszuweisen (§ 301 Abs 3 S 1). Eine erfolgsneutrale Verrechnung des GFW mit dem Konzern-EK ist nicht zulässig. Ein passiver Unterschiedsbetrag wird als solcher auf der Passivseite nach dem EK ausgewiesen (§ 301 Abs 3 S 1).

Nach S 1 sind auf die **im Rahmen der Erstkonsolidierung aufgedeckten stillen Reserven** und stillen Lasten bzw auf die dadurch entstehenden zeitlichen Ansatz- und Bewertungsdifferenzen zwischen HB und StB latente Steuern anzusetzen. Dies gilt auch für die Neubewertung des nicht abnutzbaren Anlagevermögens, da auch quasi-permanente Differenzen in die Ermittlung latenter Steuern einzubeziehen sind.

Sofern beim Erwerb eines TU steuerliche Verlustvorträge mit übernommen werden, für die innerhalb der nächsten fünf Jahre eine Verrechnung mit Gewinnen zu erwarten ist, sind hierfür im Zuge der Kaufpreisaufteilung latente Steuern zu berücksichtigen, wenn auch die übrigen nach § 274 geltenden Voraussetzungen erfüllt sind (DRS 18.18 ff). Soweit dies auf HB II-Ebene zu einem Überhang an aktiven latenten Steuern führt, gilt auch in diesem Fall das Aktivierungswahlrecht im KA (*Kühne/Melcher/Wesemann* WPg 2009, 1062).

Die betr latenten Steuern werden bei der ErstKons ebenso **erfolgsneutral** im KA erfasst wie die aufgedeckten stillen Reserven und Lasten bei den betr Aktiv- und Passivposten. Sie haben insofern Einfluss auf den resultierenden GFW bzw passiven Unterschiedsbetrag aus der Kons. Den Veränderungen der Wertabweichungen in den Folgejahren (zB auf Grund von Mehrabschreibungen bei aufgewerteten Aktiva) wird dann die erfolgswirksame Auflösung der entspr latenten Steuern zugeordnet.

12   Differenzen aus dem erstmaligen Ansatz eines **GFW** bzw **eines negativen Unterschiedsbetrages** nach § 301 Abs 3 sind nach S 3 nicht mit latenten Steuern zu belegen. Dieses explizite Ansatzverbot folgt daraus, dass vom Gesetzgeber der GFW in diesem Zusammenhang als **Residualgröße** nach Aufdeckung stiller Reserven und Lasten angesehen wird (RegE BilMoG, 181).

13   Wie bei der VollKons ist im Gj der erstmaligen Anwendung der **Equity-Methode** (§ 312) ein Unterschiedsbetrag zu ermitteln (§ 312 Anm 30, 45 ff). Der Unterschiedsbetrag ist gem § 312 Abs 2 S 1 den VG und Schulden des assoz Unt im Rahmen einer Neubewertung zuzuordnen, um stille Reserven und Lasten aufzudecken. Auch hier spricht die wirtschaftlich richtige Ermittlung des Werts der VG und Schulden des assozUnt zum Zeitpunkt der erstmaligen Kons „at equity" für die Bildung korrespondierender latenter Steuern. Dies wird zwar vom HGB nicht explizit gefordert, weil sich S 1 nur auf Vorschriften dieses „Titels" bezieht, zu dem § 312 nicht gehört. Eine Bildung latenter Steuern wurde aber bisher schon für zulässig gehalten (ebenso *ADS*[6] § 306 Anm 7; ablehnend *Bentler*, 63) und ist auch nach DRS 18.27 vorgesehen. Die Aufdeckung der stillen Reserven und Lasten, deren Fortschreibung in den Folgejahren sowie die damit verbundene Bildung und Auflösung der latenten Steuern erfolgt üblicherweise in einer Nebenrechnung, deren Saldo im Rahmen der Fortschreibung den Equity-Wertansatz entspr erhöht oder vermindert. Wie auch bei der VollKons dürfen bei der Equity-Methode indes keine latenten Steuern hinsichtlich des GFW bzw passiven Unterschiedsbetrags gebildet werden.

14   Die latenten Steuern auf die VG und Schuldposten des assozUnt unterscheiden sich von den latenten Steuern auf die Bet an dem Unt selbst, also auf den Unterschied zwischen dem Steuerwert der Bet beim MU und dem Wertansatz der Bet im KA. Letzterer ist in den Folgejahren um die dem MU anteilig zuzurechnenden EK-Veränderungen (unabhängig von einer Ausschüttung) zu erhöhen oder zu vermindern. Diese **zeitgleiche Ergebnisvereinnahmung** im KA wird in der StB des MU nicht mitvollzogen. Auf die dadurch entstehende Differenz zwischen dem Wertansatz im KA und dem steuerrechtlichen Wertansatz kommt die Bildung einer latenten Steuer grds in Betracht. Der Gesetzgeber hat indes in S 4 geregelt, dass auf diese Differenz keine latente Steuer anzusetzen ist (ausführlich Anm 29).

15   Das Verfahren der QuoKons (§ 310) tritt bei GemUnt optional an die Stelle der sonst für Bet, bei denen ein maßgeblicher Einfluss besteht, vorgesehenen Equity-Methode. Die Auswirkungen für die nach § 306 zu bildenden latenten Steuern ergeben sich nach DRS 18.26 wie im Falle der VollKons (Anm 11).

16   Besonderheiten ergeben sich bei der **Kapitalkonsolidierung von Personengesellschaften**. Liegen **Sonderbilanzen** vor, sind diese im KA und entspr bei der Bilanzierung latenter Steuern nur dann zu berücksichtigen, wenn die betr Gester Teil des KonsKreises sind (DRS 18.39). Dagegen sind **Ergänzungs-**

bilanzen im Rahmen der Ermittlung latenter Steuern grds zu berücksichtigen (DRS 18.39; § 274 Anm 73 ff). Ergänzungsbilanzen sind ua bei Eintritt eines Gesters in eine PersGes aufzustellen. Sie enthalten Wertkorrekturen zu den Beträgen, die in der StB der PersGes für die gesamthändisch gebundenen WG angesetzt werden (§ 247 Anm 74 ff). Die Korrekturen in der Ergänzungsbilanz sind mit der Verteilung eines Unterschiedsbetrags im Rahmen der ErstKons vergleichbar. In der Ergänzungsbilanz wird der Unterschiedsbetrag zwischen den AK des eintretenden Gesters und dem Nominalbetrag des eingeräumten Kapitalkontos den WG und Schuldposten zugeordnet, die stille Reserven und Lasten enthalten. Allerdings kommt nur eine der Gewinnverteilungsabrede entspr anteilige Aufdeckung der stillen Reserven und Lasten in Betracht. Ein verbleibender Betrag ist als GFW anzusetzen. Der Ansatz eines negativen GFW ist nicht zulässig, vielmehr sind ggf bestehende Minderbeträge als Wertberichtigungen den WG zuzuordnen. Die Wertansätze der aus der HB abgeleiteten StB, ergänzt um die Korrekturen der Ergänzungsbilanz, ergeben die steuerrechtlichen Wertansätze, die den Wertansätzen im KA zum Zweck der Ermittlung latenter Steuern ggügestellt werden. Soweit die Zuordnung in der Ergänzungsbilanz des Gesters zu anderen Wertansätzen führt als im KA (zB Pensionsrückstellungen in der Ergänzungsbilanz nach § 6a EStG, im KA zB nach der „projected unit credit"-Methode, § 249 Anm 198, 292), entstehen zeitliche Differenzen, auf die im Rahmen der ErstKons ergebnisneutral latente Steuern anzusetzen sind.

2. Schuldenkonsolidierung nach § 303

Die SchuldenKons ist dann für die Ermittlung latenter Steuern relevant, wenn Aktivposten und ihnen ggüstehende Passivposten in den Bilanzen der einbezogenen Unt mit **unterschiedlichen Beträgen** angesetzt sind und dadurch aktive bzw passive Aufrechnungsdifferenzen entstehen.

Beispiele:
- Ein in den KA einbezogenes Unt gewährt einem anderen KonzernUnt ein **Darlehen unter Einbehalt eines Disagios** und aktiviert den Nennbetrag bei gleichzeitiger Passivierung des Disagios (§ 255 Anm 254). Passiviert der Darlehensschuldner den Erfüllungsbetrag und macht vom Aktivierungswahlrecht für das Disagio nach § 250 Abs 3 keinen Gebrauch, weichen Forderung (saldiert mit dem Disagio) und Verbindlichkeit voneinander ab (s ausführlich Weißenberger/Behrendt BB 2006, 934).
- Beim Gläubiger ist die **Forderung** gegen ein verbundenes Unt voll oder teilweise **abgeschrieben oder abgezinst,** während der Schuldner die Verbindlichkeit ungemindert mit dem Erfüllungsbetrag ausweist. Oder umgekehrt, wenn eine konzerninterne Forderung eine entspr Verbindlichkeit übersteigt (zB Obligationen eines einbezogenen Unt, die ein anderes einbezogenes Unt zu einem Überparikurs erworben hat).
- Der **Rückstellung** eines KonzernUnt steht keine korrespondierende Forderung des anderen KonzernUnt ggü. Dies trifft für **„konzerninterne" Risikorückstellungen** zu (zB eine Garantierückstellung für Ware, die zwar das herstellende Unt, aber noch nicht den Konzern verlassen hat) und für **Rückstellungen für drohende Verluste** aus konzerninternen schwebenden Geschäften, wenn hier für den Konzern im Hinblick auf die Einheitsfiktion nicht mit einem Verlust zu rechnen ist (ADS[6] § 306 Anm 31).

3. Eliminierung von Zwischenergebnissen nach § 304

Nach § 304 Abs 1 sind sog Zwischengewinne und -verluste, die auf dem Lfg- und Leistungsverkehr zwischen den in den KA einbezogenen Unt beruhen, zu eliminieren (§ 304 Anm 10 ff). Durch die **Eliminierung der Zwischenergebnisse** wird der Konzernerfolg um die aus Konzernsicht nicht realisierten Erfolgsbeiträge korrigiert, die in den Einzel-GuV der KonzernUnt enthalten sind. Die Eliminierung von Zwischengewinnen führt zu geringeren Wertansätzen von VG in der handelsrechtlichen Konzernbilanz als in der StB. Die Eliminierung von Zwischenverlusten führt zu höheren Wertansätzen von VG in der handelsrechtlichen Konzernbilanz als in der StB.

Die dadurch entstehenden Differenzen sind regelmäßig nicht dauerhaft, wenn die Eliminierung der Zwischenergebnisse das **Umlaufvermögen oder das abnutzbare Anlagevermögen** betrifft. Dagegen handelt es sich um sog quasipermanente Differenzen, wenn die Eliminierung sich auf das **nicht abnutzbares Anlagevermögen** bezieht (§ 274 Anm 13). In beiden Fällen sind latente Steuern zu bilanzieren, da durch Verkauf, Abschreibung und Verbrauch der VG oder spätestens durch Veräußerung oder Liquidation des Unt aus Konzernsicht die eliminierten Gewinne und Verluste realisiert werden (§ 274 Anm 5). Entspr begründen (bei Einzelbetrachtung) Zwischengewinneliminierungen grds eine aktive und Zwischenverlusteliminierungen grds eine passive latente Steuer.

Nach Maßgabe des § 312 Abs 5 S 3 iVm § 304 sind Zwischengewinne oder -verluste auf Grund von Lfg- und Leistungsverhältnissen mit assozUnt bei Anwendung der Equity-Methode ebenfalls zu eliminieren. Nach DRS 8 „Bilanzierung von Anteilen an assozUnt im KA" ist das zu eliminierende Zwischenergebnis in der Konzernbilanz anteilig mit dem Equity-Wertansatz des assozUnt zu verrechnen (DRS 8.30 ff). Auch bei einer Lfg von einem assozUnt an ein in den KA einbezogenes Unt ist der Equity-Wertansatz anzupassen und nicht der Bilanzposten, der den Bestand aus der Lfg des assozUnt enthält („up-stream-Eliminierung"; DRS 8.32). Da somit lediglich eine Differenz zwischen dem Steuerwert der Bet und dem Wertansatz des Nettovermögens des assozUnt im KA entsteht, ist nach S 4 keine latente Steuer zu berücksichtigen (Anm 14).

4. Aufwands- und Ertragskonsolidierung nach § 305

26 Die Aufwands- und ErtragsKons führt idR dazu, dass in der Konzern-GuV sich aufrechenbar ggüstehende Aufwendungen und Erträge weggelassen werden (§ 305 Anm 10 ff). Da es in diesem Fall nicht zu unterschiedlichen Wertansätzen von VG und Schulden in der HB und StB kommt, ist keine latente Steuer zu bilden.

5. End- und Übergangskonsolidierung

28 Bei der **Endkonsolidierung** scheiden aus Konzernsicht die einzelnen VG und Schuldposten aus der Konzernbilanz aus. Dazu gehören sowohl die latenten Steuern aus den JA (HB II) als auch die noch nicht aufgelösten latenten Steuern auf die Neubewertung im Rahmen der KapKons. Die abgehenden latenten Steuern fließen in die Ermittlung des Veräußerungsgewinns bzw -verlusts ein. Mit der EndKons werden auch Zwischenergebnisse und Unterschiede aus der SchuldenKons sowie die latenten Steuern hierauf erfolgswirksam aufgelöst (DRS 18.52).

Für die **ÜbergangsKons** von der QuoKons zur VollKons und umgekehrt gelten die Ausführungen zur Erst- (Anm 11) und EndKons analog. Beim Übergang von der VollKons (QuoKons) auf Equity-Bilanzierung ist bzgl veräußerter Anteile an dem Unt eine erfolgswirksame EndKons vorzunehmen. Für die verbleibenden Anteile ist der Übergang bzgl der Bilanzierung latenter Steuern erfolgsneutral. Der umgekehrte Fall des Übergangs von der Equity-Bilanzierung zur VollKons (QuoKons) ist grds erfolgsneutral.

III. Behandlung sog *outside basis differences* (S 4)

29 Nach S 4 sind Differenzen, die sich zwischen dem steuerrechtlichen Wertansatz einer Bet an einem TU, assozU oder einem GemUnt iSd § 310 Abs 1 und

dem handelsrechtlichen Wertansatz des im KA angesetzten Nettovermögens ergeben, nicht in die Ermittlung latenter Steuern einzubeziehen. Im Schrifttum werden diese Differenzen allgemein als *outside basis differences* in Abgrenzung zu den im EA vorhandenen temporären Differenzen (sog *inside basis differences*) bezeichnet (vgl Anm 48). Ursache für *outside basis differences* sind Wertveränderungen des TU, assozU oder GemUnt iSd § 310 Abs 1,die sich in dessen anteiligem Nettovermögen im KA niederschlagen, nicht aber im steuerlichen BetBuchwert. Dies kann sich zB aufgrund von Gewinnthesaurierungen oder aufgrund der WähUm ergeben (DRS 18.30f; *Lienau* PiR 2008, 10).

IV. Berechnung der latenten Steuern

1. Ansatz und Berechnungsmethode

§ 306 verlangt eine Bilanzierung latenter Steuern, wenn KonsMaßnahmen zu **30** Differenzen zwischen den handelsrechtlichen Wertansätzen der VG, Schulden oder RAP und deren steuerlichen Wertansätzen führen, die sich voraussichtlich wieder abbauen. Aktive latente Steuern beruhen auf KonsMaßnahmen, mit denen aktive Aufrechnungsdifferenzen bzw Zwischengewinne in der Konzernbilanz eliminiert werden. Passive latente Steuern beruhen umgekehrt auf KonsMaßnahmen, mit denen passive Aufrechnungsdifferenzen bzw Zwischenverluste in der Konzernbilanz eliminiert werden (Anm 11 ff). S 1 geht zwar von einer Gesamtdifferenzenbetrachtung aus und definiert den Inhalt *eines* saldierten Bilanzpostens. Der Ermittlung des Bilanzpostens „latente Steuern" liegen indes Einzelsachverhalte zugrunde (Anm 11 ff), die isoliert gesehen je eine aktive oder passive latente Steuer erforderlich machen würden (§ 274 Anm 55 ff). Nach S 1 **ist** der Saldo der aktiven und passiven latenten Steuern aus KonsMaßnahmen im KA anzusetzen. Alternativ dürfen aktive und passive latente Steuern nach S 2 auch unverrechnet ausgewiesen werden (Anm 37).

2. Bewertung und Prognose

a) Bewertung mit unternehmensindividuellen Steuersätzen (S 5)

Wie im JA ist auch im KA nicht die *deferred method,* sondern die **liability** **32** **method** anzuwenden (§ 274 Anm 60f). So sind nach S 5 iVm § 274 Abs 2 und dem folgend DRS 18.41 latente Steuern mit „unternehmensindividuellen Steuersätzen im Zeitpunkt des Abbaus der Differenzen zu bewerten". Dies führt dazu, dass entspr den tatsächlichen Verhältnissen vom einzelnen KonzernUnt als Steuersubjekt auszugehen ist (zur Bilanzierung latenter Steuern bei Organschaftsverhältnissen und PersGes § 274 Anm 70–74). Die KonsMaßnahmen werden den einzelnen KonzernUnt zugeordnet und die daraus resultierende voraussichtliche Steuerbelastung bzw -entlastung wird auf Ebene der einzelnen KonzernUnt mit den für diese Unt geltenden individuellen Steuersätzen berechnet. Im Ergebnis erfordert dies grds eine **Ermittlung latenter Steuern auf Ebene der einbezogenen Unt.**

Aus Gründen der Wirtschaftlichkeit und der Praktikabilität wird zT ein **konzerneinheitlicher,** gewogener **durchschnittlicher Steuersatz** für zweckmäßig erachtet und in der Praxis angewandt. Dies ist aus Verhältnismäßigkeits- und Wesentlichkeitsgesichtspunkten als zulässig zu erachten, wenn die daraus resultierenden Abweichungen im Vergleich zur Verwendung individueller Steuersätze unwesentlich sind (DRS 18.42).

Aufgrund der im Rahmen der Bewertung latenter Steuern anzuwendenden liability method (§ 274 Anm 60f) erscheint es hinsichtlich latenter Steuern aus der Zwischenergebniseliminierung sachgerecht, den Steuersatz des die Lfg empfangenden Unt anzuwenden (*Küting/Seel* Latente Steuern, 530; *Kühne/Melcher/ Wesemann* WPg 2009, 1063). Denn die zugehörigen künftigen Ansprüche und Verpflichtungen ggü der FinVerw aus den Zwischenergebnissen werden auf Seiten der empfangenden Ges entstehen (so nun auch DRS 18.45).

33   Änderungen von Steuersätzen, aber auch die Einführung bzw Abschaffung von Ertragsteuerarten sind bei der Berechnung latenter Steuern erfolgswirksam zu berücksichtigen, sobald die maßgebliche gesetzgebende Körperschaft die Gesetzesänderung verabschiedet hat (DRS 18.46). In Deutschland ist als maßgeblicher Zeitpunkt die Zustimmung des Bundesrats zu dem Gesetzgebungsvorhaben anzusehen (DRS 18.48; *Freiberg* PiR 2006, 177; *Dahlke* BB 2007, 1836). Um eine gesetzmäßige Berechnung auf Konzernebene zu gewährleisten, sollten die bei der Berechnung der latenten Steuern anzuwendenden aktuellen und künftigen Steuersätze in die Berichterstattung *(reporting packages)* der einbezogenen Unt an das MU aufgenommen werden.

b) Abzinsung

34   Wie im JA dürfen auch im KA latente Steuern nach § 274 Abs 2 S 1 iVm S 5 **nicht abgezinst** werden (§ 274 Anm 64).

c) Prognose und jährliche Überprüfung der latenten Steuern

35   An die rechnerische Ermittlung der latenten Steuern im KA hat sich, wie im JA, eine Prognose der steuerrechtlichen Ergebnisse anzuschließen. Sie ist nach DRS 18.24 unter Berücksichtigung des Vorsichtsprinzips durchzuführen. Die Prognose wird aber nicht auf Ebene des Konzerns, sondern auf Ebene der einbezogenen Unt durchgeführt, da diese Subjekt der Besteuerung sind. Im Rahmen der Prognose ist zu überprüfen, ob die für die einzelnen einbezogenen Unt rechnerisch ermittelten latenten Steuern der voraussichtlichen tatsächlichen und fiktiven Steuerbelastung bzw -entlastung entsprechen. Dabei sind die jeweilige nationale Rechtslage, die wirtschaftlichen Verhältnisse der Unt, aber auch die Möglichkeiten der Sachverhaltsgestaltung innerhalb des Konzerns zu berücksichtigen. An die Prognose der steuerrechtlichen Ergebnisse auf Ebene der einbezogenen KonzernUnt sind im Grundsatz die gleichen Anforderungen zu stellen wie im JA, so dass auf § 274 Anm 65 verwiesen werden kann.

Steuerliche **Verlustvorträge** und Zinsvorträge sind im KA auf Ebene der einbezogenen Unt bei der Ermittlung der latenten Steuern zu berücksichtigen, wenn der Steuervorteil aus dem Verlustvortrag mit hinreichender Wahrscheinlichkeit innerhalb von fünf Jahren realisiert werden kann (DRS 18.18 ff; detailliert s § 274 Anm 40 ff).

36   Im Rahmen der Bewertung angewendete Steuersätze sowie die der Prognose zugrundeliegenden Annahmen sind zu jedem Bilanzstichtag neu zu überprüfen. Die Auswirkungen aus Steuersatzänderungen oder einer veränderten Einschätzung der Werthaltigkeit sind erfolgswirksam zu erfassen.

V. Ausweis und Anhangangaben im Konzernabschluss (S 2 und 6)

37   Nach S 1 und S 2 sowie DRS 18.56 dürfen sekundäre aktive und passive latente Steuern entweder verrechnet oder unverrechnet in der Konzernbilanz ausgewiesen werden (zur Behandlung primärer latenter Steuern nach § 274 im KA s Anm 8). Nach S 6 dürfen die aufgrund von KonsMaßnahmen entstandenen sekundären latenten Steuern mit denen nach § 274 additiv zusammengefasst wer-

Latente Steuern 38, 44 § 306

den (detailliert *Melcher/Möller* KoR 2011, 553f). Das **Saldierungswahlrecht** und die Aggregation nach S 6 sind als Ausweiswahlrecht nach § 246 Abs 3 iVm § 298 Abs 1 stetig auszuüben.

Entscheidet sich das MU nach S 2 für einen unverrechneten Ausweis, erscheint die teilweise Saldierung im Interesse einer verbesserten Informationsversorgung der Abschlussadressaten sinnvoll, wenn eine steuerliche Aufrechnungslage iSd DRS 18.40 vorliegt (zur steuerlichen Aufrechnungslage siehe auch *Melcher/Möller* KoR 2011, 552). Dies setzt die Aufrechnungsmöglichkeit von Verbindlichkeiten mit Erstattungsansprüchen hinsichtlich solcher Ertragsteuern voraus, auf die sich die jeweiligen latenten Steuern beziehen. Dies erfordert für jeden einzelnen Aufrechnungsfall eine Gesamtbetrachtung der latenten Steuern aus KonsMaßnahmen und der aus den entspr HB II zu übernehmenden latenten Steuern. Aufgrund der damit verbundenen praktischen Herausforderungen bleibt der Anwendungsbereich des DRS 18.40 begrenzt (ähnlich *Lüdenbach/Freiberg* BB 2010, 1971 f).

Nach § 314 Abs 1 Nr 21 ist im Konzernanhang zu erläutern, auf welchen Differenzen oder steuerlichen Verlustvorträgen die latenten Steuern beruhen und mit welchen Steuersätzen die Berechnung erfolgt ist (ausführlich § 314 Anm 130 f). 38

C. Rechtsfolgen einer Verletzung des § 306

Mit der Zuwiderhandlung gegen die Anforderungen des § 306 bei der Aufstellung des KA sind keine unmittelbaren Rechtsfolgen verbunden. Allerdings werden die §§ 301–307 als Konkretisierungen und Detailregelungen zu § 300 angesehen (§ 334 Anm 17 ff). Insofern stellt ein Verstoß gegen § 306 gem § 334 Abs 1 Nr 2c eine Ordnungswidrigkeit dar und kann mit einem Bußgeld belegt werden. 44

Wird durch die Verletzung des § 306 im KA kein den tatsächlichen Verhältnissen entspr Bild der VFE-Lage des Konzerns vermittelt, stellt auch dies aufgrund des Nichtbefolgens der Generalnorm des § 297 Abs 2 eine Ordnungswidrigkeit gem § 334 Abs 1 Nr 2b dar. Grds können Verletzungen des § 306 auch strafrechtliche Sanktionen gem § 331 Nr 2 zur Folge haben, wenn die Verhältnisse des Konzerns unrichtig wiedergegeben oder verschleiert werden (Freiheitsstrafe bis zu drei Jahren oder Geldstrafe).

D. Abweichungen der IFRS

Schrifttum: *Fuchs* Anwendungshinweise zu IAS 12 „Income Taxes", DB 2000, 1925 ff; *Ernsting* Auswirkungen des Steuersenkungsgesetzes auf die Steuerabgrenzung in Konzernabschlüssen nach US-GAAP und IAS, WPg 2001, 11 ff; *Coenenberg/Blaum/Burkhardt* IAS 12 Ertragsteuern (Income Taxes) in: Baetge ua (Hrsg) Rechnungslegung nach IFRS[2], Stuttgart 2003; *Küting/Wirth* Latente Steuern und Kapitalkonsolidierung nach IAS/IFRS, BB 2003, 623 ff; *Kirsch* Steuerliche Berichterstattung im Jahresabschluss nach IAS/IFRS, DStR 2003, 703 ff; *Dahlke/von Eitzen* Steuerliche Überleitungsrechnung im Rahmen der Bilanzierung latenter Steuern nach IAS 12, DB 2003, 2237 ff; *Ernsting/Loitz* Zur Bilanzierung latenter Steuern bei Personengesellschaften nach IAS 12, DB 2004, 1053 ff; *Küting/Zwirner* Zunehmende Bedeutung und Indikationsfunktion latenter Steuern in der Unternehmenspraxis, BB 2005, 1553 ff; *Lienau* Bilanzierung latenter Steuern im Konzernabschluss nach IFRS, Düsseldorf 2006; *Küting/Zwirner* Abgrenzung latenter Steuern nach IFRS in der Bilanzierungspraxis in Deutschland: Dominanz der steuerlichen Verlustvorträge, WPg 2007, 555 ff; *Küting/Seel* Latente Steuern, in: Das neue deutsche Bilanzrecht[2], Stuttgart 2009, 499 ff; s auch das Schrifttum zu § 274.

Standards: IAS 12 Latente Steuern *(Income Taxes)* (revised 2012)

I. Vorbemerkung

45 Sowohl die Bilanzierung latenter Steuern nach HGB als auch nach **IAS 12** basiert auf dem bilanzorientierten *temporary concept* (§ 274 Anm 7). Gleichwohl besteht ein konzeptioneller Unterschied. Im KA nach HGB wird die Bilanzierung auf drei Stufen vollzogen (Anm 2 ff). Demggü geht IAS 12 von einem einstufigen Konzept aus, bei dem die Wertansätze der Vermögenswerte und Schulden im KA nach IFRS mit denen in den StB der einbezogenen Unt verglichen werden (IAS 12.5). Im Gegensatz zur Steuerabgrenzung im KA nach HGB besteht nach IAS 12.24 ein **generelles Ansatzgebot** für aktive latente Steuern im KA nach IFRS, sofern nicht bestimmte Ausnahmefälle wie steuerfreie Investitionszulagen vorliegen (s § 274 Anm 104).

Der Standard war Gegenstand der Konvergenzbemühungen von IASB und FASB. Der vom IASB im März 2009 vorgelegte **Standardentwurf „Income Tax"** wurde mittlerweile zurückgezogen und das Projekt vorerst zurückgestellt (vgl hierzu 8. Auflage § 274 Anm 100).

Die nachfolgenden Ausführungen basieren auf der Fassung des **IAS 12**, die Anpassungen aufgrund sämtlicher bis zum 31. Dezember 2012 veröffentlichter IFRS enthält.

II. Einzelheiten

46 Nach IFRS ist die Ermittlung der latenten Steuern dem *temporary concept* entspr unter Einbeziehung der erfolgsneutral entstandenen und der quasi-permanenten Differenzen vorzunehmen (§ 274 Anm 100 ff).

47 Auch nach IAS 12 werden nicht auf alle zeitlichen Differenzen latente Steuern abgegrenzt. Dies gilt zB für den steuerrechtlich nicht abzugsfähigen **Goodwill**, der als Residualgröße definiert wird (IAS 12.15a). IZm der Ermittlung latenter Steuern im KA nach IFRS wird in der Literatur terminologisch zwischen sog *inside basis differences* und *outside basis differences* unterschieden.

48 *Inside basis differences* betreffen ausschließlich die Ebene des bilanzierenden EinzelUnt. Dabei wird weiter unterschieden in *inside basis differences I und II*. Erstere bezeichnen die temporären Differenzen zwischen der HB I und der StB. Demggü beziehen sich *inside basis differences II* auf temporäre Differenzen zwischen der HB II des Unt und der StB (*Schulz-Danso* in Beck IFRS³, § 25 Anm 102 f, 124; *Lienau*, 101). Zu Letzteren zählen auch solche temporäre Differenzen, die sich aus der Zuordnung der stillen Reserven und Lasten im Rahmen der Kaufpreisallokation nach IFRS 3 ergeben (*Ernsting/Loitz* DB 2004, 1054).

Outside basis differences hingegen betreffen ausschließlich die Ebene des MU. Sie beziehen sich auf temporäre Differenzen zwischen dem Nettovermögen eines KonzernUnt im KA und dessen steuerrechtlichen BetBuchwert im JA des MU. Im Gegensatz zu *inside basis differences* werden also nicht die Bilanzansätze einzelner Vermögenswerte und Schulden verglichen (*Schulz-Danso* in Beck IFRS³, § 25 Anm 104; *Lienau*, 101 f). *Outside basis differences* können sich aufgrund von Gewinnthesaurierungen oder aufgrund der WähUm ergeben (*Küting/Seel* Latente Steuern, 528). Durch diese ändert sich jeweils das anteilige EK des TU im KA, während der steuerrechtliche BetBuchwert ceteris paribus unverändert bleibt. Nach S 4 dürfen im handelsrechtlichen KA grds keine latenten Steuern auf *outside basis differences* gebildet werden (Anm 29). Dagegen sind sie nach IAS 12.38 ff bei der Bilanzierung latenter Steuern im KA zu berücksichtigen. Gem IAS 12.39 sind auf **zu versteuernde** *outside basis differences* grds passive latente Steuern anzusetzen. Mit den latenten Steuern auf *outside basis differences* sollen die künftigen kumulierten Steuerwirkungen bereits im Zeitpunkt der Gewinnentstehung und nicht erst im Zeitpunkt der Gewinnrealisierung beim Gester erfasst werden. Damit sollen die steuerrechtlichen Konsequenzen gewürdigt werden, die sich aus einer sofortigen Veräußerung der Bet durch das MU ergeben würden. Nach IAS 12.39 dürfen nur dann keine latenten Steuern auf *outside basis differences* gebildet werden, wenn das MU den zeitlichen Verlauf der Umkehrung der temporären Differenz steuern kann und wenn sich die temporäre Differenz in absehbarer Zeit wahrscheinlich nicht umkehren wird. Beherrscht das MU die Dividendenpolitik eines ertragsstarken TU, ist die erste Bedingung als erfüllt anzusehen, so dass keine latente Steuer abzugrenzen ist, soweit keine Ausschüttungen in absehbarer Zeit geplant sind. Bei einer Bet an einem assozUnt dürfte die erste Bedingung dagegen idR nicht erfüllt sein, so dass latente Steuern abzugrenzen sind. Handelt es sich beim MU um eine KapGes, sind von Gewinnausschüttungen oder Veräußerungsgewinnen gem § 8b Abs 5 KStG iE nur 5% zu versteuern (§ 274 Anm 32). Nach IAS 12.44 sind auf **abzugsfähige** *outside basis differences* grds aktive latente Steuern anzusetzen, soweit es wahrscheinlich ist, dass sich die Differenz in absehbarer Zeit umkehren und ein zu versteuerndes Ergebnis vorliegen wird, mit dem die abzugsfähige Differenz verrechnet werden kann.

§ 307 Anteile anderer Gesellschafter

(1) In der Konzernbilanz ist für nicht dem Mutterunternehmen gehörende Anteile an in den Konzernabschluß einbezogenen Tochterunternehmen ein Ausgleichsposten für die Anteile der anderen Gesellschafter in Höhe ihres Anteils am Eigenkapital unter entsprechender Bezeichnung innerhalb des Eigenkapitals gesondert auszuweisen.

(2) In der Konzern-Gewinn- und Verlustrechnung ist der im Jahresergebnis enthaltene, anderen Gesellschaftern zustehende Gewinn und der auf sie entfallende Verlust nach dem Posten „Jahresüberschuß/Jahresfehlbetrag" unter entsprechender Bezeichnung gesondert auszuweisen.

Übersicht

	Anm
A. Allgemeines	1, 2
B. Eigenkapitalanteile anderer Gesellschafter (Abs 1)	
I. Abgrenzung der einzubeziehenden Anteile	7–9
II. Errechnung des Ausgleichspostens	
1. Einstufiger Konzern	
a) Allgemeines	15–18
b) Neubewertungsmethode	26–30
2. Mehrstufiger Konzern	35–37
3. Endkonsolidierung; Verringerung der Beteiligung ohne Endkonsolidierung	45–50
4. Schulden-, Zwischenergebniskonsolidierung und Equity-Bewertung	53–67
III. Bezeichnung und Ausweis des Ausgleichspostens	75–78
C. Anteiliges Jahresergebnis in der Konzern-Erfolgsrechnung (Abs 2)	80–84
D. Publizitätsgesetz	86
E. Rechtsfolgen einer Verletzung des § 307	88
F. Abweichungen der IFRS	90–96

Schrifttum: *Schindler* Der Ausgleichsposten für die Anteile anderer Gesellschafter nach § 307 HGB WPg 1986, 589; *Ordelheide* Kapitalkonsolidierung und Konzernerfolg ZfbF 1987, 292; *SABI 2/1988* Behandlung des Unterschiedsbetrags aus der Kapitalkonsolidierung WPg 1988, 622; *Küting/Weber/Dusemond* Kapitalkonsolidierung im mehrstufigen Konzern BB 1991, 1082; *Baetge* Kapitalkonsolidierung nach der Erwerbsmethode in FS Budde, 19; *Eisele/Kratz* Der Ausweis von Anteilen außenstehender Gesellschafter im mehrstufigen Konzern ZfbF 1997, 291; *Küting/Göth* Minderheitenanteile im Konzernabschluss eines mehrstufigen Konzerns WPg 1997, 305; *Ebeling/Baumann* Konsolidierung mehrstufiger Konzerne nach der Methode der integrierten Konsolidierungstechnik BB 2000, 1667; *Pawelzik/Theile* Eigenkapitalvernichtung im GmbH & Co KG-Konzernabschluss? DB 2000, 2385; *Mühlberger* Die zweckadäquate Bilanzierung von Minderheitenanteilen im ein- und mehrstufigen Konzern nach HGB, IAS und US-GAAP WPg 2001, 1312; *Leinen* Die Kapitalkonsolidierung im mehrstufigen Konzern, Herne/Berlin 2002; *Küting/Leinen* Die Kapitalkonsolidierung bei Erwerb eines Teilkonzerns WPg 2002, 1201.

Standards: DRS 4 Unternehmenserwerbe im Konzernabschluss (zuletzt geändert 2010); DRS 7 Konzerneigenkapital und Konzerngesamtergebnis (zuletzt geändert 2010).

A. Allgemeines

1 Nach der Einheitstheorie (§ 297 Anm 190 ff) des Konzerns sind bei vollkonsolidierten Unt unabhängig von der Bet-Quote des MU an dem TU dessen VG und Schulden sowie die damit zusammenhängenden Erträge und Aufwendungen vollständig im KA iSd § 300 Abs 1 zu erfassen. Soweit an dem TU auch Gester beteiligt sind, die nicht zum KonsKreis des MU gehören, führt dieses Verfahren dazu, dass das im KA ausgewiesene Nettovermögen zum Teil diesen Gestern – und nicht dem MU – zuzuordnen ist. § 307 regelt, dass entspr diesen (Fremd-)Anteilen am Nettovermögen des Konzerns ein AusglPo gesondert innerhalb des EK des Konzerns auszuweisen ist.

2 Wenn nur die dem MU zuzuordnenden Anteile am Vermögen, Schulden und Ergebnis eines Unt in den KA einbezogen werden, wie dies bei quotal konsolidierten GemUnt (§ 310) der Fall ist, entfällt insoweit der Ansatz eines AusglPo für den Anteil anderer Gester am Nettovermögen des Konzerns; s auch § 310 Anm 7, 50.

B. Eigenkapitalanteile anderer Gesellschafter (Abs 1)

I. Abgrenzung der einzubeziehenden Anteile

7 Nach § 301 Abs 1 S 1 sind dem MU *gehörende* Anteile an einbezogenen TU mit dem auf diese Anteile entfallenden Betrag des EK des TU zu verrechnen. Abs 1 regelt, was mit dem Betrag des EK eines einbezogenen TU im KA zu geschehen hat, das auf die Anteile entfällt, für die nach § 301 Abs 1 S 1 keine Verrechnung vorzunehmen ist, weil sie dem MU *nicht gehören*. § 307 ist also bzgl der Anteile, für die ein AusglPo zu bilden ist, eine Komplementärvorschrift zu § 301. Entspr ist für die Anteile eines einzubeziehenden TU, die nicht in die Verrechnung nach § 301 einbezogen wurden, ein AusglPo zu bilden. Zu den Anteilen, für die eine Verrechnung nach § 301 zu erfolgen hat, s § 301 Anm 10 ff.

8 Danach ist **für folgende Anteile** an einem einzubeziehenden TU ein **AusglPo** innerhalb des EK im KA **zu bilden:**
(1) Anteile, die von Gestern gehalten werden, die ansonsten keine (konzernrechtliche) Beziehung zum Konzern haben (Hauptanwendungsfall);

(2) Anteile, die von (ansonsten konzernfremden) Gestern gehalten werden, mit denen das MU oder ein TU Vereinbarungen getroffen hat, wonach der Konzern über bestimmte Rechte (zB Stimmrechte) aus diesen Anteilen iSd § 290 Abs 3 S 2 verfügen kann. Für die KapKons kommt es auf den Anteil des Konzerns am Kapital eines TU an, nicht darauf, über welche Rechte (zB Stimmrechtsanteil) der Konzern verfügt. Werden die Anteile hingegen *von für Rechnung des MU oder eines einbezogenen TU handelnden Personen* gehalten (§ 290 Abs 3 S 1), findet eine KapKons für diese Anteile statt, da diese im JA des betr MU oder TU ausgewiesen werden (s § 246 Anm 9 ff).
(3) Anteile, die von Unt gehalten werden, an denen der Konzern *nur beteiligt* ist.
(4) Anteile, die von assozUnt gehalten werden (s § 301 Anm 12 f).
(5) Anteile, die von GemUnt gehalten werden, soweit sie nicht nach § 301 verrechnet werden (s § 301 Anm 12 f). Falls die durch die quotale Einbeziehung des GemUnt in den KA gelangenden Anteile am TU, entgegen der zu präferierenden Verrechnung, nicht kons werden, haben diese Anteile den Charakter von „eigenen Anteilen" und sind im KA unter entspr Bezeichnung gesondert auszuweisen.
(6) Anteile, die von nicht kons TU des MU gehalten werden (§ 296).
(7) Anteile, die vom MU oder von kons TU gehalten werden und (ausnahmsweise vereinfachend) nicht kons werden, weil sie nur kurzfristig im Konzern verbleiben (s § 301 Anm 15). Diese Anteile haben im KA den Charakter von „eigenen Anteilen" und sind deshalb unter entspr Bezeichnung gesondert im Umlaufvermögen auszuweisen.

In den Fällen (3)–(7) kommt es zu einem **Doppelansatz** von Vermögen im KA, soweit dem AusglPo eine korrespondierende Bet im KA gegenübersteht. Hält bspw ein assozUnt, an dem das MU eine Bet von 40% hält, 20% der Anteile eines in den KonsKreis einbezogenen TU des MU, sind 8% des Vermögens des TU im KA doppelt enthalten. Zum einen (indirekt) als Anteil im Wertansatz der im KA ausgewiesenen Bet an dem assozUnt und zum anderen (direkt) in Höhe von 8% des Wertansatzes der VG und Schulden des TU, die in den KA übernommen wurden. Zumindest in der Höhe, wie er sich im Zeitpunkt der erstmaligen Doppelerfassung des Vermögens des TU ergibt, repräsentiert der den 8% entspr AusglPo den (wertmäßigen) Umfang der Doppelerfassung des Vermögens. Der AusglPo hat insoweit den Charakter eines Korrekturpostens im Konzern-EK. Dieser Anteil des AusglPo sollte daher durch einen **Davon-Vermerk** (zB: „davon für im KA unmittelbar oder mittelbar enthaltene Anteile an einbezogenen TU") kenntlich gemacht werden, wenn er einen erheblichen Umfang hat. Ebenso wäre eine entspr Erl im **Anhang** zulässig. Die anteiligen Veränderungen des AusglPo in den Folgeperioden sind nur uU auch als Veränderung des Korrekturpostens zum EK wegen Doppelerfassung von Vermögen interpretierbar. Es wäre aber uE im Hinblick auf den Informationswert des Davon-Vermerks zu aufwändig, jeweils genauere Untersuchungen anzustellen. Es genügt vereinfachend von dem gesamten AusglPo für das betroffene TU jeweils den (im Bsp 8%) entspr Anteil im Davon-Vermerk anzugeben.

II. Errechnung des Ausgleichspostens

1. Einstufiger Konzern

a) Allgemeines

Im AusglPo werden *zusammengefasst* ausgewiesen die Anteile der anderen Gester am EK des TU, dh am gezeichneten Kapital, an der Kapitalrücklage, an den Gewinnrücklagen, an Sonderposten im EK (zB nach DMBilG, s dazu entspr § 301 Anm 43), am Ergebnisvortrag und am Jahresergebnis. Für den Anteil der anderen Gester an diesem EK-Posten ist der Kapitalanteil der anderen Gester am Bilanzstichtag maßgeblich; auf die Stimmrechte kommt es nicht an. Sind eigene Anteile eines TU vom EK abgesetzt, ist für die Ermittlung des Kapitalanteils auf den Anteil der Minderheit am „ausgegebenen Kapital" abzustellen. Für die Aufteilung des Jahresergebnisses ist ggf eine abw Gewinnverteilungsabrede zu beachten.

Auch eine beim TU gebildete **Rücklage für Anteile** an einem herrschenden oder mit Mehrheit beteiligten Unt gehört zum zu kons Kapital des TU; sie ist dementspr auch anteilig im AusglPo enthalten (insoweit zustimmend *ADS*[6] § 307 Anm 17; *Scherrer* in Kölner Komm-HGB § 307 Anm 14).

Ein für ein ausländisches TU mit Minderheitenanteil im Rahmen der Währungsumrechnung nach der Stichtagskursmethode gem § 308a innerhalb des EK gebildeter **Sonderposten „Eigenkapitaldifferenz aus Währungsumrechnung"** ist anteilig in den AusglPo für den Minderheitenanteil einzubeziehen (DRS 7.7). Dies entspricht auch internationaler Übung (IAS 21.41). In diesem Fall sollte durch einen Davon-Vermerk oder im Anhang dargestellt werden, in welchem Umfang im AusglPo ein Sonderposten aus Währungsumrechnung enthalten ist. Im EK-Spiegel nach § 297 ist dafür ein gesonderter Ausweis vorzunehmen (DRS 7.7 und Anlage dazu).

16   Hat das MU mit dem TU einen **Gewinnabführungs- oder Beherrschungsvertrag** abgeschlossen und den anderen Gestern eine **Ausgleichszahlung** garantiert, ist dieser Betrag idR bereits als Verbindlichkeit im KA auszuweisen und daher nicht mehr als Gewinnanteil im AusglPo enthalten.

17   **Basis der Ermittlung** des AusglPo für die Anteile anderer Gester ist das durch einheitliche Bilanzierung und Bewertung bestimmte EK des TU laut HB II (so zB *ADS*[6] § 307 Anm 23). Es entspricht der Einheitstheorie, dass die konzerneinheitliche Bilanzierung und Bewertung auch für die Darstellung der Anteile der Minderheits-Gester maßgeblich ist.

18   Die gleiche Betrachtung gilt für die infolge der erfolgswirksamen Kons entstehenden **Ergebnisdifferenzen.** Sie gehen anteilig in den auf die „anderen Gesellschafter" entfallenden Ergebnisanteil in den AusglPo ein (ebenso *Busse von Colbe/Ordelheide*[9], 481; s Anm 28, 53 ff).

b) Neubewertungsmethode

26   Im Rahmen der **Erstkonsolidierung** wird der AusglPo ermittelt, der in den Folgejahren fortzuschreiben ist. Änderungen der Bet-Verhältnisse sind entspr zu berücksichtigen. Entspr der Neubewertungsmethode werden die stillen Reserven/Lasten in den VG und Schulden, die anteilig auf die Minderheit am TU entfallen, aufgedeckt. Um diese Ergänzungsbewertungen aus der Neubewertung der VG/Schulden des TU ist der AusglPo auf Basis der HB II des jeweiligen TU zu ergänzen. Der aus der Kons resultierende GFW hingegen wird nur für die nach § 301 mit dem EK des TU zu verrechnenden Anteile im KA angesetzt; für ihn unterbleibt eine „Hochrechnung" für den Anteil der Minderheit (so auch *WPH*[14] I, M Anm 353; *ADS*[6] § 307 Anm 31 ff). Es handelt sich dabei allerdings eher um eine Konvention, denn die Begr dafür sind wenig überzeugend. Es wird argumentiert, der Wert des GFW sei nur schwer greifbar; darüber hinaus sei fraglich, ob dafür ein entspr der Bet-Quote anderer Gester höherer Wert gezahlt worden wäre.

27   Entsteht durch die Aufdeckung der stillen Reserven und Lasten für den Anteil des MU ein negativer Unterschiedsbetrag, ist auch dieser für den Minderheitenanteil nicht „hochzurechnen". Im Grunde wird dadurch das auf die Minderheit

entfallende Vermögen des TU überbewertet. Da die Einzel-VG/Schulden des TU zutreffend mit Zeitwerten bewertet sind, lässt sich dies ohne den Ansatz eines negativen Unterschiedsbetrags nicht vermeiden.

Im Rahmen der **Folgekonsolidierung** berührt die Abschreibung bzw. der 28 Abgang der für die Minderheits-Gester aufgedeckten stillen Reserven (mit Ausnahme des GFW) die anderen Gester im Konzern (ebenso DRS 4.43; ADS[6] § 307 Anm 36). Eine Erfassung dieses zusätzlichen Aufwands zu Lasten des Anteils des MU am Konzernergebnis wäre sachlich falsch (s auch *Schindler* WPg 1986, 591) und ist nicht einmal unter dem Gesichtspunkt der Vereinfachung zu akzeptieren, weil darin keine nennenswerte Vereinfachung liegt (aA *Weber/ Zündorf* in HdKR[2] § 307 Anm 9, die bei geringen Anteilen anderer Gester die Falschzuordnung aus Vereinfachungsgründen für zulässig halten).

Auch der Aufwand aus der Abschreibung bzw dem Abgang der für die ande- 29 ren Gester aufgedeckten stillen Reserven ist erfolgswirksam über die Konzern-GuV zu erfassen. Die auf die „anderen Gesellschafter" entfallenden stillen Reserven sind aus Konzernsicht AK, auch wenn sie nicht bezahlt wurden (so *Ordelheide* ZfbF 1987, 298). Eine erfolgsneutrale Verrechnung der anteiligen stillen Reserven (ohne Berührung der GuV) widerspricht dem Realisationsprinzip, das auch für die KA gilt (s § 297 Abs 2 S 2, Abs 3 S 1 und § 298 Abs 1 iVm § 252; so im Ergebnis auch ADS[6] § 307 Anm 36; *Weber/Zündorf* in HdKR[2] § 307 Anm 9).

Wurden **Unternehmenserwerbe vor dem 1.1.2009** im KA nach der da- 30 mals zulässigen **Buchwertmethode** behandelt, darf diese Methode für diese „Altfälle" fortgeführt werden (Art 66 Abs 3 S 4 EGHGB). Entspr wird auch der Minderheitenausweis für diese Altfälle fortgeführt. Er unterscheidet sich von dem Minderheitenausweis nach der Neubewertungsmethode lediglich dadurch, dass für die Minderheiten keine anteiligen Reserven/Lasten in den VG/Schulden aufgedeckt wurden und daher diese auch nicht an der späteren Abwicklung dieser Ergänzungsbewertungen beteiligt sind. Nach Abwicklung dieser Ergänzungsbewertungen gibt es zwischen dem Minderheitenausweis nach der Buch- und Neubewertungsmethode keinen Unterschied mehr. Es ist ebenfalls zulässig – und iSe Vereinheitlichung der angewandten Bilanzierungsmethoden wünschenswert – auch für die „Altfälle" auf die Neubewertungsmethode überzugehen. In diesem Fall sind im Übergangszeitpunkt, die aus der jeweiligen ErstKons noch verbliebenen Ergänzungsbewertungen anteilig aufzustocken und der Minderheitenausweis (erfolgsneutral) entspr anzupassen.

2. Mehrstufiger Konzern

Im mehrstufigen Konzern kann die Kons im Wege der Ketten- oder der Si- 35 multanKons vorgenommen werden (s § 301 Anm 371). Beim mehrstufigen Konzern ergibt sich der AusglPo für die Anteile der anderen Gester der jeweiligen Stufe idR gem dem Kapitalanteil dieser Gester am Teilkonzern-EK (ggf ergänzt um Ergänzungsbewertungen aus der Neubewertung des Teilkonzernvermögens durch Kons auf übergeordneten Konzernstufen) ohne Einbeziehung des AusglPo für die Anteile anderer Gester der jeweils darunter liegenden Stufen. Die AusglPo der jeweiligen Stufen werden ohne Veränderung in die nächst höheren Stufen übernommen (zu Ausnahmen s § 301 Anm 387–389) und gehören nicht zum zu kons EK der höheren Stufen (s § 301 Anm 371). In dem jeweiligen Teilkonzern-EK ist auch das Teilkonzernergebnis mit den ggf notwendigen Korrekturen aus der Abschreibung im Rahmen der ErstKons aufgedeckter stiller Reserven und GFW enthalten. Dieses Teilkonzernergebnis enthält auch die auf den Teilkonzern entfallenden Ergebnisanteile der nachgeordneten TU; insoweit werden die anderen Gester des TU auf der Zwischenstufe auf diese Weise anteilig auch an den ihnen mittelbar zustehenden Ergebnissen der nachgeordneten TU beteiligt.

36 Dass sich die Anteile des jeweiligen Minderheits-Gesters am Ergebnis des Gesamtkonzerns aus dessen Anteil am Teilkonzernergebnis entspr seinem Anteil an dem TU ergibt, trifft nur zu, soweit die Konzernstruktur nur Bet von oberen an unteren TU enthält. Soweit die Struktur auch Bet zwischen SchwesterGes oder Bet von unteren an oberen TU enthält, bedarf es zusätzlicher Ermittlungen, welche Ergebnisanteile auf die einzelnen Gester-Gruppen entfallen (hierzu § 301 Anm 388, 389).

37 UE sind die AK, die ein oberes TU für die VG, den GFW und die Schulden eines unteren TU (EnkelUnt) aufwendet (AK der Bet), für deren Bewertung im Konzern maßgeblich (im Ergebnis ebenso *Eisele/Kratz* ZfbF 1997, 303; *Küting/Göth* WPg 1997, 308; *Ebeling/Baumann* BB 2000, 1668; *Pawelzik/Theile* DB 2000, 2387). Daher ist es möglich, den AusglPo für die Minderheit an dem oberen TU bei der **Neubewertungsmethode** direkt als Anteil aus dem Teilkonzern-EK (ohne Anteile anderer Gester der unteren TU und ggf ergänzt um Ergänzungsbewertungen aus der Neubewertung des Teilkonzernvermögens durch Kons auf übergeordneten Konzernstufen) zu ermitteln (s *Busse von Colbe/Ordelheide*[9], 306). Nach aA (*ADS*[6] § 307 Anm 46–49; *Küting/Weber/Dusemond* BB 1991, 1086; *Baetge* in FS Budde, 41; *Scherrer* in Kölner Komm-HGB § 307 Anm 30; *Kraft* in Großkomm HGB[5] § 307 Anm 47) ist der im BetKaufpreis bezahlte GFW, soweit er anteilig von den anderen Gestern der Zwischenholding bezahlt wurde, zu Lasten des AusglPo dieser anderen Gester zu kürzen. Dies entspreche dem Grundsatz der Neubewertungsmethode, für die anderen Gester zwar stille Reserven, aber keinen GFW aufzudecken. Hier wird verkannt, dass der GFW nicht auf hochgerechneten, sondern auf tatsächlichen AK beruht. Der formulierte Grundsatz ist weder sachgerecht noch aus dem Wortlaut des Gesetzes ableitbar. Nach § 301 ist der GFW entspr dem Anteil der nach § 301 zu verrechnenden Anteile aufzudecken. Es ist unstreitig, dass auch die Anteile am EnkelUnt, die gedanklich den Minderheits-Gestern der Zwischenholding zuzuordnen sind, zu den Anteilen gehören, die nach § 301 zu verrechnen sind und in diesem Sinne dem MU gehören (§ 301 Anm 373f). Die sich nach dem Wortlaut des Gesetzes ergebende Bilanzierung ist sachgerecht.

Beispiel: MU hält 60% an TU, dessen Buch-EK 4000 GE beträgt. Im Gj 01 erwirbt TU 100% der Anteile an einem EnkelUnt, dessen Neubewertungs-EK 1000 GE beträgt. Der Kaufpreis beträgt 10000 GE und wird von TU fremdfinanziert. Vor dem Erwerb der Anteile an dem EnkelUnt beträgt der AusglPo für die Minderheit an TU (4000 × 0,4 =) 1600 GE.

MU ⎯⎯⎯⎯⎯→ TU ⎯⎯⎯⎯⎯→ EnkelUnt
         60%   100%

Folgt man der Auffassung von *ADS*[6,] *Baetge* ua, würde das Vermögen des EnkelUnt im KA des MU im ErstKons-Zeitpunkt nicht mit 10000 GE, sondern nur mit 6400 GE bewertet. Der auf die Minderheit an TU entfallende Anteil am GFW [(10000 −1000) × 0,4 =] 3600 dürfte nach dieser Auffassung im Konzern nicht angesetzt werden und müsste sofort am AusglPo für die Minderheit an TU gekürzt werden, so dass dieser nur noch −2000 GE betrüge, obwohl das TU ein positives Buch-EK von 4000 GE aufweist. Nach der hier vertretenen Auffassung ist im Bsp das Vermögen des EnkelUnt im KA des MU mit den AK der nach § 301 zu verrechnenden Anteile (10000 GE) zu bewerten. Entspr führt das erfolgsneutrale Anschaffungsgeschäft auch zu keiner Veränderung beim AusglPo für die Minderheit an TU. Auch nach dem Erwerb wird dieser im KA mit 1600 GE ausgewiesen. Würde im Bsp das Geschäft des EnkelUnt durch einen „asset-deal" statt durch einen „share deal" erworben, würden wohl auch die Vertreter der Gegenmeinung den Ansatz des erworbenen Vermögens im KA des MU mit 10000 GE bejahen. Es gibt keinen Grund bei einem „*share deal*" zu einer anderen Bewertung im KA zu gelangen.

3. Endkonsolidierung; Verringerung der Beteiligung ohne Endkonsolidierung

Bei der **Erwerbsmethode** (§ 301) ist eine EndKons eines TU notwendig, wenn 45 die bisher dem Konzern gehörenden Anteile am TU an außenstehende Dritte veräußert werden (§ 301 Anm 305 ff) oder aus einem anderen Grund „control" entfallen ist. Die EndKons nach § 301 ist auch für die Anteile anderer Gester durchzuführen.

Der Abgangswert, der auf die „anderen Gester" entfällt, ist der Saldo aus den 47 Buchwerten der anteiligen VG abzgl der anteiligen Schulden des TU ermittelt nach den „Konzernwerten" (HB II-Werte ggf ergänzt um noch bestehende Ergänzungsbewertungen aus der Neubewertung im Rahmen der Erstkons und ggf modifiziert um KonsMaßnahmen s Anm 53) zum Veräußerungszeitpunkt. Einzuschließen in den Abgangswert sind die durch die EndKons wieder auflebenden anteiligen Forderungen und Schulden des TU zum Restkonzern. Die Höhe des auf die anderen Gester entfallenden Reinvermögens entspricht dem AusglPo (so *Busse von Colbe/Ordelheide*[9], 272). Die EndKons der Anteile anderer Gester ist ergebnisneutral.

Werden Anteile an einem TU, die bisher von KonzernUnt gehalten wurden, 48 an (nicht zum KonsKreis gehörende) Dritte verkauft, ohne dass sich die Zugehörigkeit des TU zum KonsKreis und damit die KapKons-Methode ändert, liegt kein Fall der EndKons vor. Die Ermittlung des dadurch neu entstehenden AusglPo für Anteile anderer Gester ist unabhängig davon, ob der Vorgang aus Konzernsicht als „Kapitalerhöhung" mit erfolgsneutraler Änderung des auf die Gester des MU entfallenden EK oder als für die Gester des MU erfolgswirksamer Veräußerungsvorgang behandelt wird (s § 301 Anm 235 f). Die Höhe des zusätzlichen AusglPo ergibt sich aus dem anteiligen Konzernbuchwert der VG und Schulden des TU, an dem die neuen anderen Gester beteiligt sind. Für die Berechnung des AusglPo sind auch Anteile an kons konzerninternen Forderungen und Verbindlichkeiten einzubeziehen.

Bei Anwendung der **Buchwertmethode** (Altfälle s Anm 30) ist zu beachten, 49 dass den neuen anderen Gestern nur ein AusglPo in Höhe ihres Anteils am Buchwert der VG und Schulden im JA bzw der HB II des TU entspr ihrer Bet-Quote eingeräumt wird. Die bisher für diese VG/Schulden noch aufgedeckten Reserven und ein verbliebener GFW oder negativer Unterschiedsbetrag aus der ErstKons werden im Ergebnis anteilig wieder „zugedeckt" (*ADS*[6] § 301 Anm 189 f; *WPH*[13] I, M Anm 395). War zB das MU ursprünglich mit 80% an dem TU beteiligt und hat es nun 20%-Punkte an andere Gester veräußert, sind 25% der noch verbliebenen aufgedeckten Reserven bzw des GFW gegen den AusglPo auszubuchen.

Bei der **Neubewertungsmethode** werden die bisherigen Bewertungen im KA für die Einzel-VG/Schulden des betroffenen TU hingegen auch für die neuen anderen Gester fortgeführt und ein entspr höherer AusglPo ausgewiesen. Lediglich der dem an die Minderheit abgegangenen Anteil entspr Betrag eines verbliebenen GFW oder negativen Unterschiedsbetrags wird für die neuen anderen Gester nicht mehr ausgewiesen (DRS 4.48; *ADS*[6] § 301 Anm 190; *WPH*[14] I, M Anm 417).

Das uE zutreffende Vorgehen gem Anm 49 entspricht dem Gesetzeswortlaut 50 und in Bezug auf die Neubewertungsmethode auch der Auffassung des DRS. Dennoch wäre uE auch eine **Fortführung** der **bisher aufgedeckten Reserven** und eines GFW oder negativen Unterschiedsbetrags für die neuen anderen Gester und damit der Ausweis eines idR höheren AusglPo, unabhängig ob Buchwert- oder Neubewertungsmethode angewandt wird, **zulässig**. Für die **Fortführung** dieser **Ergänzungsbewertungen** für die neuen anderen Gester spricht, dass diese Bewertungen durch historische AK des Konzerns (die historischen AK der abgegangenen Anteile) „abgesichert" sind und daher keine bloße „Hochrechnung" von Bewertungen darstellen. Ein Verstoß gegen den Sinn der Buchwert- oder – in Bezug auf den GFW – der Neubewertungsmethode läge daher bei Fortführung dieser Bewertungen für die Minderheit nicht vor (ebenso *Leinen* Kapitalkonsolidierung, Berlin/Herne 2002, 173). Allerdings erfordert die Einbeziehung der anteiligen stillen Reserven bzw des anteiligen GFW in den AusglPo für die neuen anderen Gester, dass in den FolgeKonsZeitpunkten bei der Fortentwicklung des AusglPo und des den Minderheiten zuzurechnenden Ergebnisses beachtet wird, dass ausnahmsweise eine (Teil-)Gruppe anderer Gester an der Abschreibung der Reserven und des GFW beteiligt ist.

4. Schulden-, Zwischenergebniskonsolidierung und Equity-Bewertung

53 Die Frage, ob die erfolgswirksamen KonsMaßnahmen auch ggf die Minderheitenanteile berühren, ist umstritten. Nur für die Aufwandwerdung der stillen Reserven aus der ErstKons im Rahmen der Neubewertungsmethode besteht weitgehende Einigkeit, dass der Anteil, der für die Minderheit aufgedeckt wurde, auch zu Lasten von deren Anteil in den Folgeperioden zu Aufwand wird (s Anm 28). Für die anderen erfolgswirksamen KonsMaßnahmen (SchuldenKons, Zwischenergebniseliminierung, latente Steuern aus KonsMaßnahmen und Equity-Bewertung) wird verbreitet die Auffassung vertreten, dass diese Maßnahmen nur zu Lasten/Gunsten des Mehrheitsanteils gehen sollten, also die Minderheitenanteile daran nicht zu beteiligen seien (so *ADS*[6] § 307 Anm 38–40; als Wahlrecht zur Vereinfachung ebenso *Scherrer* in Kölner Komm-HGB § 307 Anm 32; *Kraft* in Großkomm HGB[5] § 307 Anm 43). Nach der hier vertretenen Auffassung sind auch die **Minderheitsanteile** grds **von** den anderen **erfolgswirksamen KonsMaßnahmen betroffen** (s Anm 54–67). Ein Unterlassen der zutreffenden Zuordnung ist nur aus Vereinfachungsgründen akzeptabel, wenn dadurch das Konzernergebnis, das dem MU zuzuordnen ist, nur unwesentlich unrichtig dargestellt wird. Dies kann insb dann der Fall sein, wenn es sich nur um geringfügige Minderheitsanteile handelt und/oder der Betrag der KonsMaßnahmen ohnehin gering ist.

54 Soweit die AK oder HK eines VG im JA eines in den KA einbezogenen Unt auf konzerninternen Lieferungen oder Leistungen beruhen, wird dieser VG im Konzern so bewertet, als ob die einbezogenen Unt ein rechtlich einheitliches Unt seien (§ 304). Durch die damit im KA verbundene Auf- oder Abwertung des VG ggü dem JA wird das Ergebnis aus dem JA des Lieferanten, das aus der konzerninternen Lfg oder Leistung resultiert, im KA ausgeglichen. Im KA wird aus diesem Vorgang (per saldo) kein Ergebnis ausgewiesen **(Zwischenergebniseliminierung)**. Soweit an dem konzerninternen Lieferanten und/oder an dem konzerninternen Empfänger Minderheiten beteiligt sind, werden iW *drei Alternativen* für die Darstellung der Minderheitsanteile diskutiert:

(1) *Eliminierung beim Lieferanten:* Die Zwischenergebniseliminierung wird anteilig den Gestern des liefernden TU angelastet, also des TU, das das Ergebnis aus der konzerninternen Lfg erzielt hat (so *Küting/Göth* WPg 1997, 316).

(2) *Eliminierung zu Lasten MU:* Die Zwischenergebniseliminierung wird ausschließlich dem MU angelastet (so *ADS*[6] § 304 Anm 110; *WPH*[14] I, M Anm 320).

(3) *Eliminierung beim Eigentümer:* Die Zwischenergebniseliminierung wird anteilig dem Gester des TU angelastet, dem der der Zwischenergebniseliminierung unterliegende VG am Bilanzstichtag zuzuordnen ist (so *Ebeling/Baumann* BB 2000, 1669).

Beispiel: TU1 liefert an TU2 einen VG für 1100 GE, der bei TU1 (und im Konzern) mit 100 GE bewertet war. TU2 zahlt aus seinem Bankguthaben den Kaufpreis an TU1. An TU1 ist eine Minderheit (M1) mit 20% beteiligt, an TU2 ist eine Minderheit (M2) mit 40% beteiligt.

Vor der konzerninternen Transaktion war dem TU1 im Konzern ein VG mit einem Konzernwert von 100 GE und dem TU2 ein Bankguthaben von 1100 GE zugeordnet. Entspr war M1 vorher mit 20 GE, M2 mit 440 GE und MU mit $(0{,}8 \times 100 + 0{,}6 \times 1100 =)$ 740 GE am Gesamt-Konzern-EK von 1200 GE beteiligt.

Nach der Transaktion ist dem TU1 im Konzern ein Bankguthaben von 1100 GE und dem TU2 ein VG mit einem Konzernwert von 100 GE zugeordnet.

Nach der Alternative (1) *(Eliminierung beim Lieferanten)* wäre nach der Transaktion M1 mit 20 GE, M2 mit 440 GE und MU mit 740 GE am unveränderten Gesamt-Konzern-EK von 1200 beteiligt. An dem Gesamt-Konzernergebnis von Null wären M1, M2 und MU mit Null beteiligt.

Nach der Alternative (2) *(Eliminierung zu Lasten MU)* wären nach der Transaktion M1 mit 220 GE, M2 mit 440 GE und MU mit $(0{,}8 \times 1100 + 0{,}6 \times 100 - 400 =)$ 540 GE am unveränderten Gesamt-Konzern-EK von 1200 beteiligt. An dem Gesamt-Konzernergebnis von Null wären M1 mit 200 GE, M2 mit Null und MU mit – 200 GE beteiligt.

Nach der Alternative (3) *(Eliminierung beim Eigentümer)* wären nach der Transaktion M1 mit 220 GE, M2 mit 40 GE und MU mit $(0{,}8 \times 1100 + 0{,}6 \times 100 =)$ 940 GE am unveränderten Gesamt-Konzern-EK von 1200 GE beteiligt. An dem Gesamt-Konzernergebnis von Null wären M1 mit 200 GE, M2 mit – 400 GE und MU mit 200 GE beteiligt.

Das Ergebnis der *Alternative (1) (Eliminierung beim Lieferanten)* erscheint zunächst sehr plausibel. Die konzerninterne Transaktion scheint ein „Nullum" zu sein und hätte daher keine Auswirkungen im Konzern. Dies entspricht jedoch nicht den Tatsachen. Die Minderheit an TU1 ist nach der Transaktion zweifelsfrei mit einem Anteil von 20% an dem Bankguthaben von 1100 GE, also mit 220 GE am Buchvermögen des Konzerns beteiligt. Wenn ihr Minderheitenanteil nur mit 20 GE ausgewiesen wird, dann müsste ihr noch ein „Negativ-Anteil" an dem an TU2 gelieferten VG in Höhe von – 200 GE zuzuordnen sein. Dies ist jedoch tatsächlich nicht der Fall. Würde TU1 aus dem KonsKreis des Konzerns ausscheiden, bevor der an TU2 gelieferte VG aus dem KonsKreis ausgeschieden ist, würden die Minderheits-Gester an TU1 ihren Anteil an dem Bankguthaben von 220 GE aus dem Konzern „entnehmen". Der an TU2 gelieferte VG wäre jedoch im Konzern weiterhin nur mit 100 GE zu bewerten, denn durch das Ausscheiden des konzerninternen Veräußerers aus dem KonsKreis wäre aus Konzernsicht bzgl des VG keine Gewinnrealisierung eingetreten. Aus der EndKons von M1 würde sich ein Verlust von 200 GE ergeben. Der bisher als „Negativ-Anteil" an dem VG M1 zugeordnete Teil der Zwischenergebniseliminierung müsste jetzt anderen im Konzern verbleibenden Gester-Gruppen zugeordnet werden.

Die *Alternative (2) (Eliminierung zu Lasten MU)* stellt den Zuwachs des Anteils von M1 am Gesamt-Konzern-EK gemessen am Buchvermögen zutreffend dar. Die für M2 und MU ausgewiesenen Anteile am Gesamt-Konzern-EK implizieren jedoch, dass der Anteil von M2 an dem an TU2 gelieferten VG mit $(0{,}4 \times 100 + 400 =)$ 440 GE und der Anteil des MU an diesem VG mit $(0{,}6 \times 100 - 400 =)$ – 340 GE bewertet werden. Für diese unproportionale Verteilung des Buchwerts des VG auf die daran beteiligten Gester-Gruppen ist, abgesehen von dem Aspekt der Vereinfachung der Konzernbilanzierung, kein Grund ersichtlich. Die vorgenommene Zuordnung führt dazu, dass für das MU ein Verlust ausgewiesen wird, obwohl das MU durch die Transaktion gemessen an Zeitwerten

§ 307 57–60 Vollkonsolidierung

tatsächlich keinen Verlust/Gewinn erlitten hat und bei proportionaler Zuordnung des Buchwerts des VG zu den beteiligten Gester-Gruppen nicht einmal ein Buchverlust (sondern ein Buchgewinn) eingetreten wäre.

57 Die *Alternative (3) (Eliminierung beim Eigentümer)* stellt die Anteile der Gester-Gruppen am Gesamt-Konzern-EK so dar, wie sie sich bei (auch ansonsten üblicher) kapitalanteilig-proportionaler Aufteilung der Buchwerte der VG auf die jeweils daran beteiligten Gester-Gruppen ergibt. Obwohl gemessen in Zeitwerten keine Vermögensverschiebung zwischen den Gester-Gruppen stattgefunden hat, hat doch gemessen in Konzernbuchwerten eine Vermögensverschiebung stattgefunden. Das MU hat durch diese Transaktion seinen Anteil an dem Bankguthaben um 220 GE erhöht und dabei seinen Anteil am VG nur um 20 GE vermindert. Für die Minderheiten M1 und M2 zusammengenommen ist es genau umgekehrt. Da im Rahmen der handelsrechtlichen Bilanzierung Buchwerte für die Darstellung der Vermögensänderung maßgeblich sind, ist uE die **Alternative (3) die zutreffende Darstellung.** Der Gesamtkonzernerfolg für alle Gester des Konzerns zusammengenommen wird in einer Veränderung von Buchwerten gemessen. Es ist konsistent, wenn dies dann auch für Teilgruppen-Konzernerfolge gilt, selbst wenn diese Veränderungen nur durch Verschiebungen zwischen den verschiedenen Gester-Gruppen im Konzern stattfinden (ebenso *Leinen* Kapitalkonsolidierung, Berlin/Herne 2002, 276 ff).

58 Die mit der Zwischenergebniseliminierung idR einhergehende Bilanzierung latenter Steuern ist aus den gleichen Gründen wie die Zwischenergebniseliminierung selbst ebenfalls anteilig der Minderheit des konzerninternen Käufer-TU anzulasten.

60 Die **Schuldenkonsolidierung** ist häufig ergebnisneutral. Ergebniswirkungen können sich jedoch einstellen, wenn
– eine konzerninterne Forderung aus Bonitätsgründen abgeschrieben wird,
– eine konzerninterne Forderung auf Grund von Währungsänderungen abgeschrieben wird,
– eine konzerninterne Verbindlichkeit auf Grund von Währungsänderungen „zugeschrieben" wird,
– eine konzerninterne Rückstellung gebildet wird.

Durch die SchuldenKons werden die aus den JA rührenden Erfolgswirkungen dieser Vorgänge im KA ausgeglichen. Über die JA ist der Aufwand den Gester-Gruppen angelastet, die an dem Unt beteiligt sind, das den Aufwand zu erfassen hat. Für die Zuordnung des kompensierenden Ertrags aus der SchuldenKons sind grds folgende Zuordnungen denkbar:
(1) Zuordnung nur zum MU (*ADS*[6] § 307 Anm 40)
(2) Zuordnung zu den Gester-Gruppen, die den Aufwand aus dem JA haben
(3) *Imparitätische Zuordnung:* Wenn das konzerninterne Schuldverhältnis bezogen auf den Anteil des MU einen Forderungsüberhang ausweist (Anteil des MU am Gläubiger größer als am Schuldner), erfolgt die Zuordnung zu den Gestern des konzerninternen Schuldners. Weist das konzerninterne Schuldverhältnis bezogen auf den Anteil des MU einen Schuldüberhang aus (Anteil des MU am Gläubiger kleiner als am Schuldner), erfolgt die Zuordnung zu den Gestern des konzerninternen Gläubigers. Ist der Anteil des MU an Gläubiger und Schuldner gleich, kann die Zuordnung sowohl nach den Verhältnissen beim Gläubiger als auch nach den Verhältnissen beim Schuldner erfolgen. Die Zuordnung kann dann auch daran orientiert werden, welche Gester-Gruppen den Aufwand aus dem JA haben.

Beispiel: TU1 hat eine Forderung über 1000 GE ggü TU2 (es wurde ein Kassenbestand von 1000 GE von TU1 auf TU2 übertragen). Da TU2 in wirtschaftliche Schwierigkeiten geraten ist, wird die Forderung im JA von TU1 auf 600 abgeschrieben.

Anteile anderer Gesellschafter § 307

a) An TU1 ist eine Minderheit mit 20%, an TU2 eine Minderheit mit 40% beteiligt.
Vor der Abschreibung war die Minderheit von TU1 (M1) mit 200 GE, die Minderheit von TU2 (M2) mit Null und das MU mit 800 GE am Gesamt-Konzern-EK (1000 GE) beteiligt.
Obwohl aus der konzerninternen Kreditbeziehung insgesamt keine Auswirkung auf das Konzernergebnis resultiert, kann sie doch zu einer Verschiebung von Vermögen zwischen den Gester-Gruppen im Konzern führen. Würde es im Bsp letztlich zu einem Vergleich kommen, wonach tatsächlich nur 600 GE an TU1 zurückgezahlt werden, würde der Anteil von M1 am Gesamt-Konzern-EK auf ($0{,}2 \times 600 =$) 120 GE sinken, der Anteil von M2 stiege auf ($0{,}4 \times 400 =$) 160 GE und der Anteil des MU würde auf ($0{,}8 \times 600 + 0{,}6 \times 400 =$) 720 GE sinken.

b) An TU1 ist eine Minderheit mit 40%, an TU2 eine Minderheit mit 20% beteiligt.
Vor der Abschreibung war die Minderheit von TU1 (M1) mit 400 GE, die Minderheit von TU2 (M2) mit Null und das MU mit 600 GE am Gesamt-Konzern-EK (1000 GE) beteiligt.
Würde es im Bsp letztlich zu einem Vergleich kommen, wonach tatsächlich nur 600 GE an TU1 zurückgezahlt werden, würde der Anteil von M1 am Gesamt-Konzern-EK auf ($0{,}4 \times 600 =$) 240 GE sinken, der Anteil von M2 stiege auf ($0{,}2 \times 400 =$) 80 GE und der Anteil des MU würde auf ($0{,}6 \times 600 + 0{,}8 \times 400 =$) 680 GE steigen.

Nach *Alternative (1) (Zuordnung nur zum MU)* wären im Fall a) nach der Abschreibung M1 mit ($0{,}2 \times 600 =$) 120 GE, M2 mit Null und MU mit ($0{,}8 \times 600 + 400 =$) 880 GE am Gesamt-Konzern-EK beteiligt. Entspr wären M1 mit -80 GE und MU mit 80 GE am Gesamt-Konzern-Ergebnis von Null beteiligt. – Im Fall b) wären nach der Abschreibung M1 mit ($0{,}4 \times 600 =$) 240 GE, M2 mit Null und MU mit ($0{,}6 \times 600 + 400 =$) 760 GE am Gesamt-Konzern-EK beteiligt. Entspr wären M1 mit -160 GE und MU mit 160 GE am Gesamt-Konzernergebnis von Null beteiligt. Im Fall a) würde der Anteil des MU am Gesamt-Konzern-EK im besten Fall konstant bleiben (wenn das Schuldverhältnis letztlich ohne Störung abgewickelt wird). Im Fall b) würde der Anteil des MU bestenfalls um 80 GE steigen (wenn es tatsächlich zu einer Abwicklung kommt, bei der nur 600 GE zurückgezahlt werden). Die Alternative (1) ist uE grds unzulässig, da sie für den Anteil des MU zu einer frühzeitigen und überhöhten Gewinnrealisierung führen kann. Nur aus Vereinfachungsgründen erscheint sie zulässig, solange der Umfang des damit verbundenen – ggü dem nachfolgend dargestellten imparitätischen Verfahren – höheren Ergebnisausweises für den Anteil des MU geringfügig ist.

Nach *Alternative (2) (Zuordnung zu denen, die den Aufwand haben)* blieben die Anteile am Gesamt-Konzern-EK aller Gester-Gruppen sowohl im Fall a) als auch im Fall b) unverändert. Man könnte dies so interpretieren, dass das konzerninterne Schuldverhältnis negiert wird. Tatsächlich können jedoch im Konzern durch derartige Schuldverhältnisse Vermögensverschiebungen zwischen den Gester-Gruppen stattfinden. Sobald das Schuldverhältnis endgültig abgewickelt ist, müssen diese Verschiebungen auch im Konzern dargestellt werden. Im Ergebnis bedeutet das Vorgehen nach Alternative (2), dass die Anteile der Gester-Gruppen im Konzern zunächst so dargestellt werden, als ob das ungünstige Ereignis (hier teilweiser Ausfall der Forderung) nicht eintritt. Im Fall b) entspricht dieses Vorgehen bzgl des Anteils des MU (Schuldüberhang) auch dem Vorsichtsprinzip. Die mögliche Vermögensverschiebung zugunsten des MU im Konzern würde erst gezeigt werden, wenn sie tatsächlich eintritt. Im Falle a) entspricht dieses Vorgehen bzgl des Anteils des MU (Forderungsüberhang) jedoch nicht dem Vorsichtsprinzip. Die Gefahr, dass die Vermögensverschiebung zu Lasten des Anteils des MU eintritt, wird nicht erfasst, obwohl dies nach den imparitätischen Grundsätzen der Erfolgsmessung, wie sie für den JA gelten, notwendig wäre.

63 Nach *Alternative (3) (imparitätische Zuordnung)* ergibt sich folgendes Ergebnis: Im Fall a) besteht aus Sicht des MU ein Forderungsüberhang von 200 GE, denn das MU ist an der Forderung mit 800 GE, an der Verbindlichkeit nur mit 600 GE beteiligt. Der Ertrag aus der SchuldenKons ist den Gestern des Schuldners zuzuordnen. Der Anteil des MU am Gesamt-Konzern-EK sinkt von 800 GE auf $(0,8 \times 600 + 0,6 \times 400 =)$ 720 GE. Diese Minderung entspricht der anteiligen Abschreibung auf den Forderungsüberhang. Für die Minderheit M1, die einen Forderungsüberhang von 200 GE hat, tritt eine auch aus JA-Sicht zutreffende Minderung ihres Anteils am Gesamt-Konzern-EK ein. Der Anteil sinkt von 200 GE auf 120 GE. Für die Minderheit M2, die im Konzern einen Schuldüberhang in Höhe von 400 GE hat, tritt im Konzern ein Erfolg in Höhe von 160 GE ein. Nach Maßstäben des JA wäre dieser Erfolg nicht realisiert. Im Fall b) besteht aus Sicht des MU ein Schuldüberhang von 200 GE, denn das MU ist an der Forderung mit 600 GE, an der Schuld mit 800 GE beteiligt. Der Ertrag aus der SchuldenKons ist den Gestern des Gläubigers zuzuordnen. Der Anteil des MU am Gesamt-Konzern-EK bleibt unverändert bei $(0,6 \times 600 + 0,6 \times 400 =)$ 600 GE. Der mögliche Ertrag, der sich aus einem Forderungserlass für den Anteil des MU ergeben könnte, ist noch nicht realisiert. Dies entspricht den Grundsätzen für die Erfolgsmessung im JA. Auch das für die Minderheit M2 (Schuldüberhang von 200 GE) ausgewiesene Ergebnis ist nach Maßstäben des JA zutreffend, denn auch dieser Minderheitsanteil bleibt unverändert bei Null. Allerdings verbleibt auch der Anteil der Minderheit M1 (Forderungsüberhang 400 GE) unverändert bei 400 GE, obwohl nach den Maßstäben des JA für diese Gester-Gruppe eigentlich ein Verlust von 160 GE ausgewiesen werden müsste.

64 Die imparitätische Zuordnung nach **Alternative (3)** ist uE das **zutreffende Vorgehen**. Soweit sich der Anteil des MU an einer konzerninternen Schuld und Forderung ausgleichen, gleichen sich Vor- und Nachteile für das MU, ebenso wie für den Gesamt-Konzern, sicher aus. Insoweit darf sich daraus auch bezogen auf den Anteil des MU keine Ergebniswirkung im Konzern ergeben. Für den überhängenden Teil (Forderung oder Verbindlichkeit) haben sich jedoch die ergebnismäßigen Konsequenzen zu ergeben, die sich auch in einem JA aus einer Forderung oder Verbindlichkeit ergeben würden. Für diesen Teil gelten daher die üblichen imparitätischen Bewertungen. Dadurch wird der Erfolg des MU im Konzern nach den gleichen Maßstäben gemessen, die auch für den JA gelten. Da der Gesamt-Konzernerfolg jedoch aus diesen Vorgängen stets Null beträgt, hat dies zur Folge, dass den Minderheiten, gemessen an dem für einen JA geltenden Maßstäben, Erfolge zugerechnet werden, die nach diesen Maßstäben nicht realisiert sind, bzw Aufwendungen nicht rechtzeitig angelastet werden. Bei der Konzernbilanzierung hat der zutreffende Ausweis des Ergebnisanteils des MU am Konzernergebnis jedoch Vorrang vor dem zutreffenden Ausweis des Ergebnisanteils der Minderheiten, denn in erster Linie soll der KA über den Erfolg des MU berichten.

65 Das imparitätische Verfahren ist auch dann anzuwenden, wenn die erfolgswirksame SchuldenKons auf **Währungseinflüssen** beruht. Diese Aussage gilt zunächst für Fremdwährungsbeziehungen zwischen Euro-Unt des KonsKreises. Wenn Nicht-Euro-TU in die Fremdwährungsbeziehungen einbezogen sind, müssen ggf die Besonderheiten berücksichtigt werden, die sich aus der allgemeinen Methode der Währungsumrechnung des JA in die Konzernwährung (Stichtagskursmethode gem § 308a) ergeben.

66 Auch im Fall der konzerninternen **Rückstellungsbildung** ist entspr imparitätisch zu verfahren. Ist der Anteil des MU am „Schuldner" höher als am „Gläubiger", ist gedanklich beim „Gläubiger" im Konzern ein Rückstellung entspr Aktivum zu bilden, dh der Ertrag aus der Rücknahme der Rückstellung im KA ist anteilig den Gester-Gruppen zuzuschreiben, die am potentiell „Begünstigten" der Rückstellung beteiligt sind. Ist der Anteil des MU am „Schuldner" kleiner als am „Gläubiger", ist der Ertrag aus der Rücknahme der Rückstellung im KA anteilig den Gester-Gruppen zuzuordnen, die an dem Unt beteiligt sind, dass die Rückstellung gebildet hat.

Die ergebniswirksamen Veränderungen des Werts einer nach der **Equity-Methode** angesetzten Bet sind anteilig den Gestern des Eigentümers der Bet zuzurechnen. Entspr gilt auch für die Ergebnisse aus der QuotenKons eines Gem-Unt, das von einem TU gehalten wird. **67**

III. Bezeichnung und Ausweis des Ausgleichspostens

Der AusglPo ist unter „entsprechender Bezeichnung" auszuweisen (Abs 1 S 1). **75** „Entsprechend" bedeutet, dass der Charakter dieses Postens zum Ausdruck kommt; nämlich dass „andere Gester" am Konzern beteiligt *sind*. Der Posten kann entspr der Überschrift von § 307 als „Anteile anderer Gesellschafter", „Ausgleichsposten für Anteile anderer Gesellschafter" oder „Anteile außenstehender Gesellschafter" (so *Weber/Zündorf* in HdKR² § 307 Anm 12) bezeichnet werden (ggf ergänzt durch Vermerke gem Anm 9).

Der AusglPo ist *innerhalb* des EK gesondert auszuweisen (Abs 1 S 1). Das HGB **76** betont damit – über die 7. EG-Richtl hinausgehend – den EK-Charakter dieses Postens und unterstreicht die Bedeutung der Einheitstheorie für den KA. Es ist allerdings nicht geregelt, an welcher Stelle des EK der AusglPo auszuweisen ist. Sinnvoll erscheint ein zusammenfassender Ausweis im Anschluss an den (auf den Anteil des MU beschränkten) EK-Posten „Jahresüberschuss/Jahresfehlbetrag". Der Anteil anderer Gester am Jahresergebnis braucht in der Konzernbilanz, anders als in der Konzern-GuV, nicht gesondert angegeben zu werden. Er ist im AusglPo enthalten.

Der Ausweis eines **aktiven Ausgleichspostens** für Anteile anderer Gester ist **77** im HGB nicht geregelt. Der Ausweis negativer Fremdanteile im EK (so *Oechsle/Schipper* WPg 1994, 346; *Küting/Göth* BB 1994, 2452) ist dem Ausweis auf der Aktivseite unter entspr Bezeichnung vorzuziehen. Es wird als zulässig angesehen, aktive und passive AusglPo zu saldieren, wenn die Posten im Konzernanhang aufgegliedert werden (*WPH*[14] I, M Anm 414; nach *ADS*[6] § 307 Anm 65 ist die Aufgliederung nicht verpflichtend, aber wünschenswert; ebenso *Hachmeister/Beyer* in Beck HdR C 401 Anm 153).

Die Veränderung des AusglPo für die Minderheiten muss auch im EK-Spiegel **78** nach § 297 Abs 1 S 1 dargestellt werden (DRS 7.7; s § 297 Anm 115 ff).

C. Anteiliges Jahresergebnis in der Konzern-Erfolgsrechnung (Abs 2)

In der Konzern-GuV ist der im Jahresergebnis enthaltene und den anderen **80** Gestern zustehende Gewinn- und Verlustanteil nach dem Posten „Jahresüberschuss/Jahresfehlbetrag" unter entspr Bezeichnung gesondert auszuweisen. Der Posten kann zB als „Anteil anderer Gesellschafter am Konzernergebnis" oder „anderen Gesellschaftern zustehender Gewinn/Verlust" oder ähnlich bezeichnet werden.

Unstrittig ist nach hM, dass es sich bei dem auf andere Gester entfallenden **81** Gewinn oder Verlust nur um einen ihrer Bet-Quote entspr Anteil am Jahresergebnis des einbezogenen TU handeln kann, nicht jedoch um einen quotalen Anteil am Konzern-Jahresergebnis. Kontrovers ist allerdings die Ermittlung: zT wird die Berechnungsgrundlage für den anteiligen Gewinn und/oder Verlust der anderen Gester in dem JA des TU vor Anpassung an die konzerneinheitliche Bewertung (HB I) gesehen (so wohl *Busse von Colbe/Ordelheide*[9], 482). Hierbei wird der rechtlichen Betrachtungsweise ggü der einheitstheoretischen mehr Gewicht beigemessen. UE kann nur der anteilige Jahresüberschuss/-fehlbetrag aus der HB II in Betracht kommen, der sich auf Grund des prozentualen BetVerhältnisses, bereinigt um Ergebnisauswirkungen aus der KapKons der MinderheitsGester ergibt (so auch *Weber/Zündorf* in HdKR[2] § 307 Anm 13; *ADS*[6] § 307 Anm 71; *Scherrer* in Kölner Komm-HGB § 307 HGB Anm 38). Darüber hinaus sind die Auswirkungen der anderen erfolgswirksamen KonsMaßnahmen zu berücksichtigen (s Anm 53 ff).

Während für die Ermittlung des AusglPo in der Konzernbilanz auch bzgl des Jahresergebnisses der Kapitalanteil der Minderheit an dem TU am jeweiligen Bilanzstichtag maßgeblich ist (Anm 15), ist bei der Ermittlung des anteiligen Konzernergebnisses auf die BetVerhältnisse während des Gj abzustellen. Wurden bspw **unterjährig** bisherige **Minderheitsanteile** an dem TU durch in den Konzern einbezogene Unt **erworben,** ist der Ergebnisanteil der Minderheit am Konzernergebnis bis zum Erwerb nach der alten BetQuote und erst ab dem Erwerb nach der neuen BetQuote zu ermitteln. Der Teil des Jahresergebnisses des TU, der auf die ausscheidende Minderheit entfällt, wird im Rahmen der KapKons der neuen Anteile in der Bilanz verrechnet, da dieser Teil zum gekauften EK der neuen Anteile gehört.

82 Kommt es zu keiner Ergebnisverwendung im KA, weichen die Beträge der Posten Jahresüberschuss/-fehlbetrag in der Konzern-GuV und der Konzernbilanz voneinander ab. In der Konzernbilanz wird der Jahresüberschuss/-fehlbetrag unter Abzug des den anderen Gestern zustehenden Ergebnisanteils ausgewiesen. Demggü enthält der Jahresüberschuss/-fehlbetrag in der Konzern-GuV noch den gesamten Konzernerfolg. Die Überleitung zwischen dem unterschiedlichen Ergebnisausweis wird durch den in der Konzern-GuV gesondert auszuweisenden Posten gem Anm 80 hergestellt.

83 Wird der KA unter der Ergebnisverwendungsfiktion aufgestellt, ist der Anteil der anderen Gester am Konzern-Jahresüberschuss/-fehlbetrag in der Konzern-GuV als gesonderter Posten auszuweisen. Aus der Bezeichnung sollte dann klar erkennbar sein, dass es sich um einen Gewinn- bzw Verlustanteil der anderen Gester handelt. Wird die Konzern-GuV um eine Ergebnisverwendungsrechnung gem § 158 Abs 1 AktG ergänzt, enthält diese bei den Zuführungen zu den Rücklagen nur noch diejenigen, die auf das MU entfallen; alle den Minderheits-Gestern zustehenden Ergebnisteile sind in dem gesonderten Posten zu berücksichtigen.

84 Entfallen auf die anderen Gester sowohl Gewinne als auch Verluste, ist fraglich, ob das HGB lediglich *einen* gesonderten Posten für den Ausweis des Ergebnisteils außenstehender Gester verlangt oder jeweils einen Posten für den Gewinnanteil und einen für den Verlustanteil. Das HGB verlangt uE in diesem Fall grds einen getrennten Ausweis (Saldierungsverbot). Besteht für den Konzern die Möglichkeit einer Zusammenfassung auf Grund von § 298 Abs 1 iVm § 265 Abs 7, ist im Konzernanhang eine Aufgliederung erforderlich (ebenso *ADS*[6] § 307 Anm 79; *Busse von Colbe* in MünchKomm HGB[3] § 307 Anm 24; aA *Kraft* in Großkomm HGB[5] § 307 Anm 76 der einen saldierten Ausweis auch ohne Aufgliederung im Anhang für zulässig erachtet).

D. Publizitätsgesetz

86 MU, die einen KA nach dem PublG aufstellen, müssen § 307 sinngemäß anwenden (§ 13 Abs 2 S 1 PublG). Für sie gelten die vorstehenden Ausführungen

Anteile anderer Gesellschafter

entspr. Es ist also auch in einem KA eines EKfm oder einer reinen PersGes im EK ein entspr „Ausgleichsposten für die Anteile anderer Gesellschafter am Eigenkapital" auszuweisen (s auch § 264c Anm 95). Unabdingbar ist auch der gesonderte Ausweis der anderen Gestern zustehenden Gewinne bzw der auf sie entfallenden Verluste.

E. Rechtsfolgen einer Verletzung des § 307

Wird dem § 307 bei der Aufstellung des KA zuwidergehandelt, sind damit unmittelbar keine Sanktionen verbunden, es sei denn, die §§ 301–307 werden als Konkretisierungen und Detailregelungen zu dem bußgeldbewehrten § 300 angesehen. Führt aber die Zuwiderhandlung dazu, dass der KA kein den tatsächlichen Verhältnissen entspr Bild der VFE-Lage des Konzerns vermittelt, können daran aber mittelbar Sanktionen geknüpft sein (§ 297 Abs 2 S 2 iVm § 334 Abs 1 Nr 2b).

F. Abweichungen der IFRS

Schrifttum: *Römgens* Behandlung des auf Minderheiten entfallenden Goodwill im mehrstufigen Konzern nach IFRS 3 BB-Special 10/2005, 19; *Dettmeier/Pöschke* Minderheitsanteile im Konzernabschluss nach IAS/IFRS: Eigenkapital trotz Unternehmensvertrag? KoR 2006, 76; *Küting, P.* Zur konzernbilanziellen Abbildung von Anteilen nicht kontrollierender Gesellschafter im Kontext aktienrechtlicher Instrumente statuarischer Beziehungsgestaltung – Implikationen einer standardkonformen Anwendung von IAS 32 (amended 2008) WPg 2009, 361; *Laubach/Pütz* Die Bilanzierung von Minderheitsanteilen an Tochterpersonengesellschaften in einem IFRS-Konzernabschluss – Neuregelungen in IFRS 3 (rev 2008) und IAS 27 (amend 2008) und Übergangsproblematik bei Anwendung des neuen Standards WPg 2009, 943; *Haegler* Bilanzierung von Anteilen nicht beherrschender Gesellschafter im mehrstufigen Konzern nach IFRS PiR 2009, 191.

Standards: IFRS 1 Erstmalige Anwendung der IFRS *(First-Time Application of IFRS);* IFRS 3 Unternehmenszusammenschlüsse *(Business Combinations);* IFRS 10 Konzernabschlüsse *(Consolidated Financial Statements);* IAS 32 Finanzinstrumente: Darstellung *(Financial Instruments: Presentation).*

Die Regelungen zu den Minderheitsanteilen *(non-controlling interests)* aus der Kons von TU sind in IFRS 10.22–24 und in IFRS 3.19 + B44–45 (rev 2008) enthalten. IFRS 10 ersetzt die Regelungen in IAS 27 für Geschäftsjahre, die ab 1. Januar 2013 beginnen, bringen jedoch in Bezug auf die Regelungen zu den Minderheitsanteilen keine Veränderungen. Nach IFRS 10.22 ist der Minderheitenanteil entspr § 307 gesondert innerhalb des EK des KA auszuweisen. Entspr § 307 ist auch in der GuV der Minderheitenanteil am Konzernergebnis gesondert auszuweisen. Allerdings nicht als Davon-Vermerk, sondern als Posten im Rahmen der Ergebnisverteilungsrechnung nach dem *profit or loss* (IAS 1.83). Dort ist sowohl der auf die Minderheit als auch der auf die EK-Geber des MU entfallende Anteil am Jahresergebnis des Konzerns anzugeben. Auch in der EK-Veränderungsrechnung (EK-Spiegel) ist die Entwicklung des *non-controlling interests* darzustellen (IAS 1.106).

Für Gj, die nach dem 30.6.2009 beginnen, ist nach IAS 27.28 (rev 2008)/ IFRS 10.B94 auch ein durch Verluste negativ gewordener Minderheitenanteil (wie nach HGB) auszuweisen. Die Regelung ist allerdings nach IAS 27.45 (a) (rev 2008) nicht retrospektiv anzuwenden. Wurden entspr IAS 27.35 (aF) den Minderheitenanteil an einem TU (dies musste für jedes TU separat festgestellt werden) übersteigende Verluste dem Anteil des MU angelastet, wird dies nicht nachträglich geändert. Die in den Folgeperioden auf den Minderheitenanteil entfallenden Gewinne des TU werden (auch nach Übergang auf die jetzt geltende Regelung) solange dem Anteil des MU gutgeschrieben, bis der zuvor für die Minderheit übernommene Verlust kompensiert ist.

91 Im Erwerbszeitpunkt eines TU durch den Konzern wird der Minderheitenanteil nach IFRS 3.19 (rev 2008) entweder mit dem Saldo aus dem anteiligen *fair value* der zu diesem Zeitpunkt vorhandenen Vermögenswerte, Schulden und *contingent liabilities* des betr TU angesetzt oder mit dem *fair value* des Minderheitenanteils im Erwerbszeitpunkt („*full goodwill method*"; IFRS 3.B44–45 (rev 2008); s § 301 Anm 379 sowie § 309 Anm 36). Das erste Verfahren ist mit der Neubewertungsmethode nach HGB vergleichbar und entspricht dem Vorgehen nach IFRS 3.40 (aF). Ein Goodwill wird für den Minderheitenanteil nicht angesetzt. Auch ein negativer Goodwill wird nicht ermittelt und dementspr auch nicht als Ertrag erfasst, wie dies mit dem negativen Goodwill des auf das MU entfallenden Anteils an dem TU geschieht.

92 Die neue „*full goodwill method*" kann auf Unt-Erwerbe angewendet werden, die in Gj fallen, die nach dem 30.6.2009 beginnen (bzw in das Gj der zugelassenen frühzeitigen Anwendung des geänderten IFRS 3 (frühestens Gj, die nach dem 30.6.2007 beginnen) fallen; IFRS 3.64). Frühere Erwerbe sind nicht anzupassen (IFRS 3.65). Ist der *fair value* des Minderheitenanteils im Erwerbszeitpunkt des TU höher als der Saldo aus dem anteiligen *fair value* der zu' diesem Zeitpunkt vorhandenen Vermögenswerte, Schulden und *contingent liabilities* des betr TU, wird ein um diesen Betrag höherer Goodwill ausgewiesen als nach Alternativmethode nach IFRS bzw HGB. In Folgeperioden sind ggf notwendige Abschreibungen des Goodwills der *cash generating unit* bzw des Teils der *cash generating unit* an der die Minderheit beteiligt ist, gemäß dem Verhältnis, wie Gewinn und Verlust zwischen den Gestern des TU verteilt werden, auch der Minderheit anzulasten (IAS 36.C6). Wenn der für die Minderheit aufgedeckte Goodwill (zB aufgrund eines „*minority discount*"; IFRS 3.B45) relativ zum Goodwill, der für den Konzernanteil entsteht, geringer ist, hat diese Verteilungsregel zur Folge, dass der auf die Minderheit entfallende Goodwill überproportional abgeschrieben wird und sogar „negativ" werden kann.

Beispiel: Beim Erwerb eines TU ergibt sich für den Anteil des MU von 80% ein Goodwill von 400. Aus dem Ansatz des *non-controlling interest* zum *fair value* ergibt sich ein zusätzlicher Goodwill von 50 und somit ein Gesamtgoodwill von 450. Ergibt sich in einer Folgeperiode, dass der Goodwill um 350 abgeschrieben werden muss (weil der *recoverable amount* den Buchwert der sonstigen Vermögenswerte und Schulden der entspr CGU nur um 100 übersteigt), entfällt diese Abschreibung mit (80% =) 280 auf MU und mit 70 auf das *non-controlling interest*. Dies führt im Grunde dazu, dass für die Minderheit ein „negativer Unterschiedsbetrag" in Höhe von (50 – 70 =) – 20 und dafür der Anteil des MU am Goodwill (400 – 280 =) 120 beträgt.

Es erscheint fraglich, ob diese Effekte gewollt waren, denn in den *basis for conclusion* zu IFRS 3 werden diese Effekte nicht thematisiert. Würde man die Abschreibung proportional im Verhältnis des Goodwill des MU zum Goodwill der Minderheit auf die beiden Parteien verteilen, würden diese Effekte vermieden (so sah es noch der ED IFRS 3.D10.Appendix,C8 vor). Zumindest sollte aber uE soweit vom Wortlaut der Vorschrift abgewichen werden, dass die Belastung der Minderheit nicht den ursprünglich für diese Gester aufgedeckten Goodwill übersteigt.

Beispiel: In obigem Bsp würde die Abschreibung im Verhältnis 400/50 verteilt. Das MU würde mit 311 belastet, die Minderheit mit 39.

Ist der *fair value* des Minderheitenanteils geringer als der Saldo aus dem anteiligen *fair value* der zu diesem Zeitpunkt vorhandenen Vermögenswerte, Schulden und *contingent liabilities* des betr TU wird dies jedoch nicht als „*bargain purchase*" für die Minderheit behandelt, sondern es reduziert ggf den GFW, der eigentlich auf den Anteil des Erwerbers entfällt oder es erhöht den Gewinn des Erwerbers aus passivem Unterschiedsbetrag (IFRS 3.34). Diese Regelung führt dazu, dass implizit für die Minderheit bereits ab dem Erwerbszeitpunkt negative Unterschiedsbeträge geführt werden, die im Ausweis in einem Fall den für den Konzernanteil gezeigten Goodwill mindern, im anderen Fall zu einem Ertrag für den Anteil des Konzerns führen. Beides erscheint nicht sinnvoll. UE sollte in diesem Fall das *non controlling interest* auch bei Anwendung der *full goodwill method* (abw vom Wortlaut der Regelung) mit dem anteiligen *fair value* der Vermögenswerte und Schulden des TU angesetzt werden. Im Ergebnis entspräche dies einer Vereinnahmung des passiven Unterschiedsbetrags zugunsten des Anteils der Minderheit. Da der Zugang eines *non-controlling interest* aus Konzernsicht einem Vorgang der Kapitalerhöhung gleicht, wird die Vereinnahmung des negativen Unterschiedsbetrags (anders als für den Anteil des Konzerns, der erfolgswirksam zu vereinnahmen ist) erfolgsneutral dargestellt.

Hat der Konzern Erwerbe von TU, die vor dem 31.3.2004 vereinbart wurden, **93** nach der der früheren deutschen Buchwertmethode vergleichbaren Regelung des IAS 22.32 behandelt, dürfen diese Bewertungen und der entspr Betrag des Minderheitenanteils fortgeführt werden. Eine retrospektive Anpassung an das Neubewertungsverfahren wird nicht verlangt (IFRS 3.78+3.85 aF).

Zu anderen für das HGB str Fragen, wie bspw die Frage, wie im mehrstufigen Konzern die Goodwills an EnkelGes für den Fall von Minderheiten an der Zwischenholding zu behandeln sind (s Anm 37; § 301 Anm 377), oder ob und wie erfolgswirksame KonsMaßnahmen (Zwischenergebniseliminierung, Equity-Bewertung von Bet) ggf auch die Minderheitenanteile berühren (s Anm 53ff), enthalten die IFRS keine expliziten Aussagen. Im Hinblick auf die Generalnorm *true and fair view* dürfte nach den IFRS nach der hier für das HGB vertretenen Auffassung zu verfahren sein.

Hat der Konzern **TU in der Rechtsform von PersGes** und sind an diesen **94** TU Minderheiten beteiligt, ergibt sich im IFRS-KA die Besonderheit, dass die Gester-Position der außen stehenden Gester nach IAS 32.AG29A kein EK, sondern FK ist, obwohl die Position im IFRS-EA der PersGes nach IAS 32.16 A-D ggf als EK qualifiziert (s dazu § 247 Anm 165 f). Wenn man davon ausgeht, dass sich der Abfindungsanspruch der Gester am *fair value* des Geschäftsanteils orientiert, wäre im Erwerbszeitpunkt des TU die Differenz zwischen dem zum *fair value* zu erfassenden Schuldposten und den anteiligen Vermögenswerten/Schulden des TU ein Goodwill für die Minderheit an der PersGes im KA zu erfassen. Dies wäre im Ergebnis mit der *full goodwill method* vergleichbar, mit dem Unterschied, dass das *non-controlling interest* kein EK-Posten, sondern eine Schuld wäre. Die Folgebewertung dieser Schuld ist in IFRS nicht explizit geregelt. Änderungen des Werts dieser Schuld sind erfolgswirksam zu erfassen, sollten jedoch uE gesondert ausgewiesen werden (s § 247 Anm 167). In der Ergebnisverteilungsrechnung nach dem *profit or loss* der Periode nach IAS 1.83 ist kein Ergebnisanteil für dieses *non-controlling interest* anzugeben. Der Saldo aus dem eigentlich auf dieses *non-controlling interest* entfallenden Ergebnis der PersGes zusammen mit der erfolgswirksamen Veränderung des Schuldpostens ist Teil des auf das EK des MU entfallenden Ergebnisses. Wird das *non-controlling interest* an einer PersGes vom Konzern erworben, ist die Differenz zwischen dem Kaufpreis und dem abgehenden Schuldposten ergebniswirksam (und nicht wie beim Erwerb eines *non-controlling interest,* das im EK auszuweisen ist, als erfolgsneutrale Änderung der *retained earnings*) zu erfassen.

95 Haben außen stehende Gester eines TU in der Rechtsform einer KapGes aufgrund eines Beherrschungs- oder **Ergebnisabführungsvertrags** Anspruch auf eine feste Dividende (Garantiedividende nach § 304 AktG) ist der Barwert dieser Zahlungsverpflichtung *(fair value)* bis zum Zeitpunkt der erstmaligen Kündigungsmöglichkeit des Unt-Vertrags durch den Konzern im Zeitpunkt der Begründung des Unt-Vertrags als Schuld aus den *retained earnings* des Konzerns umzubuchen. Aus Konzernsicht handelt es sich um den Teilerwerb des *„non-controlling interest"* in Form einer bestimmten Anzahl der „Dividendencoupons". Da sich dadurch aber der quotale Anteil des Konzerns am Buchvermögen des TU nicht erhöht, bleibt auch das *„non-controlling interest"* buchmäßig vollständig erhalten (s zur EK-Problematik bei dem abhängigen TU § 247 Anm 166 letzter Abs). Nach aA (zB Küting, P. WPg 2009, 371) verliert in diesem Fall das gesamte *„non controlling interest"* seinen EK-Status. Dies wäre aber uE nur zutreffend, wenn sich der Konzern zeitlich unbefristet der Zahlungsverpflichtung für die Garantiedividende nicht entziehen könnte. Tatsächlich kann er jedoch die Zahlungsverpflichtung durch Kündigung des Unt-Vertrags beenden.

96 Soweit die Minderheits-Gester für ihre Anteile eine **Verkaufsoption** ggü dem Konzern (Stillhalter ist zB das MU) innehaben (zB aufgrund einer bei Abschluss eines Beherrschungsvertrages vom Konzern anzubietenden Barabfindung nach § 305 AktG), ist nach IAS 32.23 aus dem entspr *„non-controlling interest"* in Höhe des Barwerts des vereinbarten Kaufpreises ein Betrag als Schuld umzubuchen. Übersteigt diese Schuld das entspr *„non-controlling interest"*, ist der übersteigende Betrag aus dem Konzern-EK der Gester des MU umzubuchen. Gleiches gilt, wenn ein *forward contract* besteht, der den Konzern zum Erwerb von Minderheitenanteilen verpflichtet.

Fünfter Titel. Bewertungsvorschriften

§ 308 Einheitliche Bewertung

(1) ¹Die in den Konzernabschluß nach § 300 Abs. 2 übernommenen Vermögensgegenstände und Schulden der in den Konzernabschluß einbezogenen Unternehmen sind nach den auf den Jahresabschluß des Mutterunternehmens anwendbaren Bewertungsmethoden einheitlich zu bewerten. ²Nach dem Recht des Mutterunternehmens zulässige Bewertungswahlrechte können im Konzernabschluß unabhängig von ihrer Ausübung in den Jahresabschlüssen der in den Konzernabschluß einbezogenen Unternehmen ausgeübt werden. ³Abweichungen von den auf den Jahresabschluß des Mutterunternehmens angewandten Bewertungsmethoden sind im Konzernanhang anzugeben und zu begründen.

(2) ¹Sind in den Konzernabschluß aufzunehmende Vermögensgegenstände oder Schulden des Mutterunternehmens oder der Tochterunternehmen in den Jahresabschlüssen dieser Unternehmen nach Methoden bewertet worden, die sich von denen unterscheiden, die auf den Konzernabschluß anzuwenden sind oder die von den gesetzlichen Vertretern des Mutterunternehmens in Ausübung von Bewertungswahlrechten auf den Konzernabschluß angewendet werden, so sind die abweichend bewerteten Vermögensgegenstände oder Schulden nach den auf den Konzernabschluß angewandten Bewertungsmethoden neu zu bewerten und mit den neuen Wertansätzen in den Konzernabschluß zu übernehmen. ²Wertansätze, die auf der Anwendung von für Kreditinstitute oder Versicherungsunternehmen wegen der Besonderheiten des Geschäftszweigs geltenden Vorschriften beruhen, dürfen beibehalten werden; auf die Anwendung dieser Ausnahme ist im Konzernanhang hinzuweisen. ³Eine einheitliche Bewertung nach Satz 1 braucht nicht vorgenommen zu werden, wenn ihre Auswirkungen für die Vermittlung eines den tatsächlichen Verhältnissen entsprechenden Bildes

Einheitliche Bewertung § 308

der Vermögens-, Finanz- und Ertragslage des Konzerns nur von untergeordneter Bedeutung sind. [4]Darüber hinaus sind Abweichungen in Ausnahmefällen zulässig; sie sind im Konzernanhang anzugeben und zu begründen.

Übersicht

	Anm
A. Allgemeines	1, 2
B. Grundsatz der einheitlichen Bewertung	
I. Bewertung nach auf den Jahresabschluss des Mutterunternehmens anwendbaren Methoden (Abs 1 S 1)	
1. Anwendbare Bewertungsmethoden	4, 5
2. Einheitliche Anwendung von Bewertungsmethoden	7–10
II. Ausübung von Bewertungswahlrechten im Konzernabschluss unabhängig vom Einzelabschluss (Abs 1 S 2)	12
III. Angabe und Begründung von Abweichungen im Konzernanhang (Abs 1 S 3)	14–17
C. Neubewertung (Abs 2 S 1)	18
D. Beibehaltungswahlrechte (Abs 2 S 2 bis 4)	22, 23
I. Beibehaltungswahlrechte für Kreditinstitute und Versicherungsunternehmen (Abs 2 S 2)	24
1. Kreditinstitute	25
2. Versicherungsunternehmen	26
3. Hinweis im Konzernanhang (Abs 2 S 2 2. Hs)	27
II. Beibehaltungswahlrecht bei Auswirkung von untergeordneter Bedeutung (Abs 2 S 3)	28–30
III. Beibehaltungswahlrechte in Ausnahmefällen (Abs 2 S 4)	
1. Abweichungen in Ausnahmefällen (Abs 2 S 4 1. Hs)	31–33
2. Angabe und Begründung im Konzernanhang (Abs 2 S 4 2. Hs)	34
E. Einzelfragen (alphabetisch)	
Abschreibungen von (abnutzbarem) Anlagevermögen	40
Abschreibungen von Forderungen	41
Abschreibungen von Vorräten	42
Abzinsung	43
Anschaffungskosten	44
Bewertung von Forderungen/Verbindlichkeiten in ausländischer Währung	45
Bewertungsvereinfachungsverfahren (§ 256)	46
Festwertbewertung und Gruppenbewertung	47
Garantierückstellungen	48
Geringwertige Wirtschaftsgüter	49
Herstellungskosten. Herstellendes/Beziehendes Unternehmen	50
Pensionsrückstellungen	51
Latente Steuern (aktive)	52
Währungsumrechnung	53
F. Publizitätsgesetz	56
G. Bewertungsanpassungen bei Erst-, Übergangs- und Endkonsolidierung	57
H. Rechtsfolgen einer Verletzung des § 308	58
I. Abweichungen der IFRS	60, 61

Schrifttum: *Wohlgemuth* Der Grundsatz der Einheitlichkeit der Bewertung, FS von Wysocki; *Schulz* Der Stetigkeitsgrundsatz im Konzernabschluss WPg 1990, 357; *Prahl/ Neumann* Bankkonzernrechnungslegung nach neuem Recht: Grundsätzliche Konzepte, wichtige Vorschriften zum Übergang und andere ausgewählte Einzelfragen, WPg 1993, 235; *Schurbohm/Streckenbach* Modernisierung der Konzernrechnungslegung durch das Transparenz- und Publizitätsgesetz, WPg 2002, 845; *Scherrer* Konzernrechnungslegung², München 2006; *Hasenburg/Hausen* Bilanzierung von Altersversorgungsverpflichtungen (insbesondere aus Pensionszusagen) und vergleichbaren langfristig fälligen Verpflichtungen unter Einbeziehung der Verrechnung mit Planvermögen, DB 2009 Beilage 5, S 40; *Busse von Colbe/Ordelheide/Gebhardt/Pellens* Konzernabschlüsse⁹, Wiesbaden 2010; *Baetge/Kirsch/ Thiele* Konzernbilanzen⁹, Düsseldorf 2011.

Standard: IDW RH HFA 1.018 (Stand: 13.2.2013) Einheitliche Bilanzierung und Bewertung im handelsrechtlichen Konzernabschluss.

A. Allgemeines

1   Die Erfüllung der Fiktion der wirtschaftlichen Einheit des Konzerns (§ 297 Anm 190 ff) bedarf der Anpassung der JA der einbezogenen TU (ggf auch des MU) nach Landesrecht (HB I) an konzerneinheitliche Bilanzierungs- (§ 300 Anm 14 ff) und Bewertungsmethoden (HB II). Die Einheitlichkeit der Bewertung ist wesentliche Voraussetzung, um die Vermögens- und Ertragslage im Konzern zutreffend darzustellen. § 308 erlaubt das Ausüben von Bewertungswahlrechten unabhängig von den JA der einbezogenen Unt und damit eine eigenständige Konzernbilanzpolitik (zB *WPH*¹⁴ I, M Anm 269).

2   Zur Umsetzung der konzerneinheitlichen Bewertung bedarf es einer **Konzernrichtlinie,** in der Bilanzierung und Bewertung erläutert und die Wahlrechte konzerneinheitlich festgelegt sind. Eine solche Richtl muss, unter Berücksichtigung von Struktur und Geschäftszweig des Konzerns, so detailliert sein, dass sie auch Mitarbeitern aus anderen Ländern die konzerneinheitliche Bilanzierung und Bewertung ermöglicht. So ist zu berücksichtigen, dass Begriffe in anderen Ländern eine andere Bedeutung haben können und dann bei wörtlicher Aufnahme in die Richtl, ohne weitere Erl, falsch interpretiert werden können. Eine detaillierte Konzernrichtl mit einheitlicher Ausübung der Wahlrechte ist auch aus Controllingaspekten sinnvoll. Sie ermöglicht eine zeitnahe, vergleichbare und standardisierte Berichterstattung.

Stellt das MU den KA (auch) nach den IFRS in Anwendung von § 315a auf, muss die Konzernrichtl entweder ausschließlich oder ergänzend die IFRS-Vorschriften erläutern und etwaige Wahlrechte konzerneinheitlich bestimmen (s IAS 27.24 ff).

B. Grundsatz der einheitlichen Bewertung

I. Bewertung nach auf den Jahresabschluss des Mutterunternehmens anwendbaren Methoden (Abs 1 S 1)

1. Anwendbare Bewertungsmethoden

4   Für die Bewertung im KA einer KapGes/KapCoGes sind gem § 298 Abs 1 ausschließlich die Methoden *zulässig,* die für den JA des MU *anwendbar* sind. Hierzu zählen auch Übergangsvorschriften im EGHGB, soweit diese noch fortgelten (zB Art 24 Abs 1, Art 28, Art 67 EGHGB) und sofern dadurch Bewertungsmethoden berührt werden.

Unabhängig von deren Rechtsform und Größe sind die Bewertungsvorschrif- 5
ten für große KapGes auch von **Kreditinstituten** (§ 340a) und von **VersicherungsUnt** (§ 341a) oder deren HoldingGes anzuwenden, sofern die ergänzenden Vorschriften (§§ 340e ff, 341b ff) nichts Abw bestimmen.
Die Anwendung der speziellen Bewertungsvorschriften der §§ 340e ff und 341b ff auf TU von Kreditinstituten bzw VersicherungsUnt, die keine Kreditinstitute bzw VersicherungsUnt sind, erscheint nicht sachgerecht (*ADS*[6] § 308 Anm 8), sofern es sich nicht um GoB handelt, zB Pensionsgeschäfte (§ 340b).

2. Einheitliche Anwendung von Bewertungsmethoden

Ausgehend von der in § 297 Abs 3 kodifizierten Einheitstheorie besagt der 7
Grundsatz der *einheitlichen* Bewertung, dass die einzelnen VG und Schulden im KA so zu bewerten sind, als ob MU und TU insgesamt eine **rechtliche Einheit** darstellen würden. Abs 1 S 1 bzw S 2 haben insofern deklaratorischen Charakter. An die Ausübung von Bewertungswahlrechten im KA sind folglich die gleichen Maßstäbe anzulegen wie im JA (*WPH*[14] I, M Anm 269). Das Ermessen für die Ausübung von Bewertungswahlrechten wird grds bestimmt durch den Einzelbewertungsgrundsatz in § 252 Abs 1 Nr 3 (§ 252 Anm 22) und die allgemeinen Grundsätze der Bewertungsstetigkeit (§ 252 Anm 55) und der Willkürfreiheit (§ 252 Anm 68).

Art- und funktionsgleiche VG und Schulden unter gleichen wertbestimmen- 8
den Bedingungen sind nach identischen Verfahren, dh **gleichen Bewertungsmethoden** und **gleichen Rechengrößen** (zB Nutzungsdauer bei planmäßiger Abschreibung), zu bewerten (*ADS*[6] § 308 Anm 12; IDW RH HFA 1.018 Tz 3). Im Umkehrschluss dürfen ungleichartige Sachverhalte andererseits nicht gleich behandelt werden.

Ungleichartigkeit zweier VG liegt zB vor, wenn diese unterschiedlichen Bilanzposten zuzuordnen sind. Ungleiche Funktion haben zB zwei technische Anlagen, von denen eine zu Produktionszwecken und die andere für die Entwicklung neuer Verfahren eingesetzt werden. Eine Ungleichartigkeit liegt ebenfalls vor, wenn das MU oder ein TU aufgrund fehlender Going-Concern-Vermutung zu **Liquidationswerten** bewerten muss.

Wertbestimmende Bedingungen sind standort-, branchen-, betriebsspezifi- 9
sche Faktoren, die den Wert des VG oder des Schuldpostens beeinflussen, wie zB die wirtschaftlichen Rahmenbedingungen (Wirtschaftswachstum, Inflation, Lohn-, Zinsniveau mit Einfluss auf Lagerkosten, Forderungen und Finanzanlagen), die Beschaffungs-/Absatzmarktstruktur, die Infrastruktur, die klimatischen Verhältnisse (zB wegen evtl schnellerer Verrottung), die Größe des Unt (zB Wettbewerbsposition), die Schuldnerstruktur oder der Auslastungsgrad (Ein-/Mehrschichtbetrieb) mit Wirkung auf die Nutzungsdauer des Sachanlagevermögens (s Anm 42).

Weitergehende Ansichten, die auch die Bedingungen des Rechnungswesens wie zB EDV-Ausstattung als ausreichende Grundlage für eine differenzierte Ausübung von Bewertungswahlrechten bei ansonsten gleichartigen Sachverhalten anerkennen wollen (*Pohle* in HdKR[2] § 308 Anm 19), sind abzulehnen. Hier handelt es sich nicht um wertbeeinflussende Faktoren, sondern ausschließlich um praktische Probleme bei der Durchführung der einheitlichen Bewertung gleicher Sachverhalte.

Bei der Auslegung des Begriffs „gleich" sind strenge Maßstäbe anzulegen und 10
eine Bewertungsvereinheitlichung von unterschiedlichen Sachverhalten zu vermeiden (*WPH*[14] I, M Anm 271, IDW RH HFA 1.018 Tz 4). Allerdings ist bei sehr ähnlichen Sachverhalten nach analogen Methoden zu bewerten. In der Praxis

wird in Konzernrichtl häufig eine über die gesetzlichen Mindestanforderungen hinausgehende Vereinheitlichung vorgeschrieben. Dies ist wegen der Verbesserung des Aussagewerts des KA und der besseren Vergleichbarkeit der JA der TU für Controllingzwecke auch zu empfehlen (*Havermann* in FS Döllerer, 195).

II. Ausübung von Bewertungswahlrechten im Konzernabschluss unabhängig vom Einzelabschluss (Abs 1 S 2)

12 Bewertungswahlrechte können unabhängig von der im JA des MU getroffenen Wahl ausgeübt werden. Hierdurch eröffnen sich Möglichkeiten zu einer eigenständigen Konzernbilanzpolitik. Der Begriff Bewertungswahlrecht umfasst grundsätzlich die **gesetzlichen Wahlrechte** bzgl Bewertungsmethoden, wie zB im Rahmen der Bemessung der HK nach § 255 Abs 2 (s auch § 285 Anm 100 ff).

Darüber hinaus ist auch die Neuausübung von sog **faktischen Bewertungswahlrechten** im Rahmen des Abs 1 S 2 in engen Grenzen zulässig (*ADS*[6] § 308 Anm 27; aA *Scherrer*, 215). Diese faktischen Bewertungswahlrechte beruhen auf der Unbestimmtheit von Rechenkomponenten innerhalb einer Bewertungsmethode. Die notwendigen Ermessensentscheidungen oder Schätzungen führen zu einer Bandbreite von zulässigen Wertansätzen, zB unterschiedliches Konfidenzniveau bei der Bemessung von Rückstellungen. Die Neuausübung von Ermessensentscheidungen und die Neubestimmung von Schätzwerten bei Ungewissheit wird durch den Grundsatz der Willkürfreiheit begrenzt (*ADS*[6] § 308 Anm 27). Eine sachlich begründete unterschiedliche Einschätzung von Risiken, Wahrscheinlichkeiten und sonstigen unbestimmten Bewertungsfaktoren auf Grund abw Erfahrungswerte oder besserer Erkenntnisse aus Konzernsicht kann in Einzelfällen zulässig sein (*Schulz* WPg 1990, 360 mwN).

III. Angabe und Begründung von Abweichungen im Konzernanhang (Abs 1 S 3)

14 Soweit der KA unter Anwendung von Bewertungsmethoden aufgestellt wird, die von denen abweichen, die auf den JA des MU angewendet wurden, ist das im Konzernanhang anzugeben und zu begründen.

15 Die **Angabepflicht** besteht *für jede einzelne* Abweichung von den Bewertungsmethoden im JA des MU, sofern sie wesentlich ist (*Wohlgemuth* in FS von Wysocki, 58). Dabei erstreckt sich die Angabepflicht darauf, welche Posten im KA anders bewertet worden sind als im JA des MU, welche Bewertungsmethoden dabei im KA angewendet wurden (*ADS*[6] § 308 Anm 30) und warum die Bewertungsmethode geändert wurde (Anm 17). Eine Quantifizierung der Abweichungen oder der Ergebnisauswirkung ist, da eine explizite Regelung wie zB in § 284 Abs 2 Nr 3, § 313 Abs 1 S 2 Nr 3 fehlt, nicht erforderlich.

16 Eine Abweichung kann nur entstehen, wenn ein bestimmter Sachverhalt sowohl im KA als auch im JA des MU vorliegt. Sie besteht daher nicht, wenn beim MU die entspr Bewertungsfrage nicht auftritt bzw der Posten aus dem JA des MU im Wege der Kons eliminiert oder betragsmäßig modifiziert wird (IDW RH HFA 1.018 Tz 5). Damit kann der Umfang der Angabepflichten je nach Branchenzugehörigkeit des MU unterschiedlich sein. Ist zB das MU eine reine HoldingGes, können die Angabepflichten geringer sein als im Falle eines operativ tätigen MU.

17 Die **Begründung** der Abweichungen von den im JA des MU angewandten Bewertungsmethoden (Abs 1 S 3 2. Hs) soll eine weitere Information schaffen und zusätzlich vor willkürlichen oder sachfremden Abweichungen schützen. Sie

muss erkennen lassen, welche Motive die Konzernleitung dazu bewogen haben, im KA von den im JA des MU angewandten Bewertungsmethoden abzuweichen. Pauschale Begr wie etwa „Aufgrund von Sonderfällen" sind nicht genügend (s auch *ADS*[6] § 308 Anm 30; *Scherrer* in Rechnungslegung § 308 Anm 19; aA *Pohle* in HdKR[2] § 308 Anm 31, der die „Beschreibung der unterschiedlichen Vorgehensweise" für ausreichend hält).

Wegen des Hinweises im Anhang bei Beibehaltung besonderer Wertansätze von Kreditinstituten und VersicherungsUnt s Anm 27; wegen der Angabe- und Begründungspflichten in Ausnahmefällen s Anm 34.

C. Neubewertung (Abs 2 S 1)

Abs 2 S 1 schreibt die Neubewertung nach den für den KA angewandten Methoden vor. Hiermit soll die einheitliche Bewertung im KA sichergestellt werden. 18

Von der **Neubewertungspflicht** sind alle abw bewerteten VG und Schulden des MU und der einbezogenen TU betroffen. Auch VG und Schulden, die im JA nicht angesetzt, aber in den KA aufgenommen werden, sind nach den für den KA geltenden Methoden zu bewerten (*Scherrer* in Rechnungslegung § 308 Anm 21). Wegen der Ausnahmen von der Neubewertungspflicht s Anm 22.

Die Neubewertung erfolgt meist im Rahmen der Erstellung der sog HB II (hierzu § 300 Anm 26 ff). Während die HB I dem jeweiligen JA nach Landesrecht entspricht, ist die HB II der für alle KonsMaßnahmen maßgebende JA eines einbezogenen Unt. Für sie gelten alle einschlägigen Ansatz-, Bewertungs- und Gliederungsvorschriften – grds des HGB, auf Grund § 315a ggf auch IFRS. Die Folgewirkungen einer ergebniswirksamen Korrektur von Bewertungsansätzen in der HB II sind zu beachten (insb Neuberechnung der latenten Steuern gem § 298 Abs 1 iVm § 274; *WPH*[14] I, M Anm 389 f; IDW RH HFA 1.018 Tz 8).

D. Beibehaltungswahlrechte (Abs 2 S 2 bis 4)

Abs 2 S 2 bis 4 gestatten in bestimmten Fällen die Beibehaltung von im JA an- 22
gewandten, aber vom KA abw Bewertungsregeln. Dabei handelt es sich um Beibehaltungswahlrechte
– für Kreditinstitute und VersicherungsUnt (Abs 2 S 2),
– bei Geringfügigkeit in der Auswirkung (Abs 2 S 3),
– in Ausnahmefällen (Abs 2 S 4).

Diese Wahlrechte sind nur dadurch beschränkt, dass der KA ein den tatsächli- 23
chen Verhältnissen entspr Bild der VFE-Lage des Konzerns vermitteln muss (§ 297 Abs 2), weshalb sich eine **missbräuchliche Wahlrechtsausübung** verbietet. Der Grundsatz der **Bewertungsstetigkeit** ist ebenfalls zu beachten (s § 252 Anm 55 ff). Die in Abs 1 vorgeschriebene einheitliche Bewertung bezieht sich auch auf die in Abs 2 für vergleichbare Fälle eingeräumten Wahlrechte. Das bedeutet, dass die Regeln für die einheitliche Wahlrechtsausübung auch für die Ausübung der Beibehaltungswahlrechte nach Abs 2 S 2 bis 4 gelten. Jedes dieser Beibehaltungswahlrechte ist demnach bei gleichem Sachverhalt in gleicher Weise auszuüben.

I. Beibehaltungswahlrechte für Kreditinstitute und Versicherungsunternehmen (Abs 2 S 2)

Werden **Kreditinstitute** oder **VersicherungsUnt** in einen KA mit einem 24
branchenfremden MU einbezogen, dürfen deren Wertansätze nur beibehalten

werden, sofern sie auf zwingenden branchenspezifischen Vorschriften beruhen (s dazu das Bsp Kapitalanlagen eines VersicherungsUnt bei *Prahl/Naumann* WPg 1993, 240). Im Umkehrschluss ist die Anpassung erforderlich, wenn der Wertansatz des Kreditinstituts bzw des VersicherungsUnt auf allgemeinen Vorschriften beruht, aber anders ausgeübt wird. Abschlüsse ausländischer Kreditinstitute oder VersicherungsUnt sind auf die branchenspezifischen Spezialvorschriften überzuleiten.

Beruht die Bewertung auf besonderen, in Deutschland nicht zulässigen Vorschriften in dem jeweiligen Land, ist die sachgerechte Bewertung aus den deutschen GoB zu deduzieren. Die Übernahme von Wertansätzen nach ausländischen Vorschriften in diesem Fall (so *ADS*[6] § 308 Anm 42) kann zu Fehlinterpretationen eines HGB unterstellenden Bilanzlesers führen. Werden mehrere Kreditinstitute bzw VersicherungsUnt einbezogen, gilt für diese insgesamt das Postulat der einheitlichen Bewertung.

1. Kreditinstitute

25   Unabhängig von der Rechtsform dürfen Kreditinstitute insb bei der Bewertung bestimmter Forderungen und Wertpapiere stille Reserven bilden (§ 340f) bzw einen Fonds für allgemeine Bankrisiken bilden (§ 340g). Die so ermittelten Wertansätze müssen bei der Einbeziehung in den KA von Nichtbanken beibehalten werden (Abs 2 S 2).

2. Versicherungsunternehmen

26   Für VersicherungsUnt gelten Sondervorschriften insb für die Bewertung von Vorräten, Kapitalanlagen, Namensschuldverschreibungen, Hypothekendarlehen und anderen Forderungen und versicherungstechnischen Rückstellungen (§§ 341b–h). Aufgrund dieser Vorschriften ermittelte Wertansätze müssen bei der Einbeziehung eines VersicherungsUnt in den KA eines branchenfremden MU beibehalten werden.

3. Hinweis im Konzernanhang (Abs 2 S 2 2. Hs)

27   Wurden abw Wertansätze aus den JA von TU als Kreditinstitute und VersicherungsUnt gem Abs 2 S 2 unverändert in den KA übernommen, ist darauf im Konzernanhang hinzuweisen. Es genügt der Hinweis auf die Anwendung dieser Ausnahmevorschrift (ebenso *ADS*[6] § 308 Anm 43). Angaben darüber, welche Bewertungsregeln zu Abweichungen geführt haben, sowie betragsmäßige Angaben oder Angaben über Auswirkungen auf die VFE-Lage des Konzerns sind nicht erforderlich. Das folgt aus dem Wortlaut der Vorschrift, wonach (nur) auf „die Anwendung dieser Ausnahme" im Konzernanhang hinzuweisen ist.

II. Beibehaltungswahlrecht bei Auswirkung von untergeordneter Bedeutung (Abs 2 S 3)

28   Nach Abs 2 S 3 braucht eine einheitliche Bewertung nicht vorgenommen zu werden, wenn ihre Auswirkungen für die Vermittlung eines den tatsächlichen Verhältnissen entspr Bilds der VFE-Lage *des Konzerns* nur von untergeordneter Bedeutung ist. Diese Regelung entspricht dem Grundsatz der Wesentlichkeit (§ 297 Anm 195).

Maßstab für die Auswirkung ist dabei die Generalnorm des § 297 Abs 2 und Abs 3 S 1 (zur Quantifizierung der Wesentlichkeit § 264 Anm 57 und § 297 Anm 195 sowie IDW PS 250). Von praktischer Bedeutung ist, dass die Auswirkung der Neubewertung bekannt sein muss, um beurteilen zu können, ob auf sie verzichtet werden kann. Diese Kenntnis kann durch eine überschlägige Ermittlung erlangt werden (*ADS*[6] § 308 Anm 46). Die Voraussetzungen für die Anwendung des Wahlrechts müssen in jedem Einzelfall unter Berücksichtigung aller Umstände und zu jedem Stichtag erfüllt sein (IDW RH HFA 1.018 Tz 13).

Über die Wesentlichkeit bzw Unwesentlichkeit ist auf Basis des KA zu entscheiden, nicht auf der eines JA. Maßgebend ist daher die **Gesamtbetrachtung**, dh die Analyse der Summe aller überschlägig ermittelten Abweichungen in Bezug auf den KA, nicht eine isolierte Betrachtung einzelner Sachverhalte (IDW RH HFA 1.018 Tz 12). Die Ausübung des Beibehaltungswahlrechts wegen untergeordneter Bedeutung unterliegt dem Grundsatz der Willkürfreiheit (§ 252 Anm 68 f). Aus dem Grundsatz der Stetigkeit, der eine Vergleichbarkeit der KA sichern soll (§ 252 Anm 55 ff), kann für insgesamt unbedeutende Abweichungen keine Einschränkung abgeleitet werden, da eine abwechselnde Ausübung ex definitione keine wesentliche Auswirkung auf die Darstellung der Lage des Konzerns haben kann. **29**

Eine **Angabe** von Abweichungen von untergeordneter Bedeutung iSv Abs 2 S 3 im Konzernanhang ist nicht vorgeschrieben. **30**

III. Beibehaltungswahlrechte in Ausnahmefällen (Abs 2 S 4)

1. Abweichungen in Ausnahmefällen (Abs 2 S 4 1. Hs)

Abs 2 S 4 gestattet, auch auf eine Neubewertung, die nicht von untergeordneter Bedeutung ist, in Ausnahmefällen zu verzichten. Diese Regelung ist nach hM restriktiv zu handhaben, da andernfalls Informationsverluste eintreten, die auch durch die Angabe und Begr der Abweichung im Konzernanhang nach Satz 4 2. Hs nicht ausgeglichen werden können (*ADS*[6] § 308 Anm 49; *WPH*[14] I, M Anm 278; IDW RH HFA 1.018 Tz 14). Normzweck ist, die Praktikabilität der Neubewertungspflicht zu gewährleisten. **31**

Folgende Ausnahmefälle sind denkbar:

a) Die Neubewertung ist **unmöglich.** Dies kann vorkommen, wenn Informationen zur Wertbestimmung eines VG oder Schuldpostens nicht vorliegen. **32**

Beispiel: Das TU wendet ein Bewertungsvereinfachungsverfahren gem § 256 an. Konzerneinheitlich soll jedoch Einzelbewertung gelten. Die Einzelwerte sind aber nicht mehr ermittelbar (s *Scherrer* in Rechnungslegung Anm 35).

Da grds aber gefordert werden muss, dass das TU die erforderlichen Informationen für die einheitliche Bewertung vorhält, ist ein Fall tatsächlicher Unmöglichkeit relativ unwahrscheinlich; in der Praxis wird daher eher Fall b) anzutreffen sein.

b) Die Neubewertung ist **wirtschaftlich unzumutbar** oder führt zu einer **unverhältnismäßigen Verzögerung zB bei einem neu erworbenen Tochterunternehmen.** Alternativ zur Möglichkeit der Abweichung von der Einheitlichkeit auf Grund des Ausnahmefalls besteht das Wahlrecht zum Verzicht auf die Einbeziehung des betr TU wegen unverhältnismäßig hoher Kosten oder Verzögerungen (§ 296 Abs 1 Nr 2). Im Hinblick auf die Aussagefähigkeit des KA kann ggf die Einbeziehung unter Verzicht auf die einheitliche Bewertung einer Nichteinbeziehung vorzuziehen sein (*WPH*[14] I, M Anm 278). Aufgrund der in § 301 Abs 2 S 2 vorgesehenen Möglichkeit einer vorläufigen KapKons mit einer Pflicht zur nachträglichen Anpassung innerhalb der darauffolgenden zwölf Monate hat § 308 Abs 2 S 4 Hs 1 an Bedeutung verloren (IDW RH HFA 1.018 Tz 15).

Es gibt allerdings auch Vereinfachungsfälle. Zur Beibehaltung abw Wertgrenzen bei GWG und Abweichungen bei der Ermittlung von Pensionsrückstellungen s Anm 49 bzw 51.

33 Steht die Neubewertung im **Widerspruch zu einer vorrangigen Norm** (zB § 252 Abs 1 Nr 2, going-concern-Prämisse), muss sie unterbleiben. Dies ist kein Ausnahmefall iSv Abs 2 S 4 1. Hs, wie folgender Sachverhalt zeigt.

Beispiel: Ein TU befindet sich vor der Liquidation. Die einheitliche Bewertung würde im Widerspruch zu § 252 Abs 1 Nr 2 die Bilanzierung zu Fortführungswerten verlangen (so *Scherrer* in BoHdR[2] Anm 35). Dieser in der Literatur erwähnte Fall ist als Beispiel für eine Abweichung vom Grundsatz der einheitlichen Bewertung schon deshalb nicht einschlägig, weil es dem Grundsatz der einheitlichen Bewertung widersprechen würde, bei unterschiedlichen Verhältnissen einheitlich zu bewerten (s Anm 7 f).

2. Angabe und Begründung im Konzernanhang (Abs 2 S 4 2. Hs)

34 Grds ist jeder Einzelfall einer Abweichung im Konzernanhang anzugeben. Eine Quantifizierung ist nicht vorgeschrieben. Gem § 313 Abs 1 S 2 Nr 3 ist aber der Einfluss auf die VFE-Lage des Konzerns gesondert darzustellen (§ 313 Anm 136 ff; so zB auch *WPH*[4] I, M Anm 736; IDW RH HFA 1.018 Tz 16). Eine pauschale Begr genügt nicht; es muss vielmehr ersichtlich sein, aus welchem Grunde jeweils von der einheitlichen Bewertung abgewichen wurde.

E. Einzelfragen (alphabetisch)

40 **Abschreibungen von (abnutzbarem) Anlagevermögen.** Bei der planmäßigen Abschreibung von immateriellen VG und von Sachanlagen ist eine konzerneinheitliche Festlegung von **Nutzungsdauer und Abschreibungsmethode** grds erforderlich. Die Abschreibungsmethode und Nutzungsdauer für gleichartige VG darf nicht einheitlich sein, wenn sich Art und Umfang der Nutzung oder sonstige wertbestimmende Bedingungen unterscheiden (IDW RH HFA 1.018 Tz 3). Unterschiedliche Kapazitätsauslastung, Nutzungsintensitäten (Mehrschicht- oder Normalbetrieb) und sonstige Einflüsse wie etwa klimatische Bedingungen, rechtliche und politische Besonderheiten, weniger gut geschultes Personal oder auch saisonale Unterschiede sind zu beachten.

41 **Abschreibungen von Forderungen.** Für das individuelle Forderungsausfallrisiko sind einheitliche Kriterien für die Risikokategorien (zB Insolvenz, Zahlungsverzug) festzulegen. Allerdings dürfen landesspezifische Besonderheiten (zB Zahlungsmoral, Insolvenzrecht) berücksichtigt werden. Auch bei Devisenbewirtschaftung oder besonderen politischen Risiken können unterschiedliche Bewertungen für Forderungen erforderlich sein.

Zur Abdeckung des allgemeinen Kreditrisikos (§ 253 Anm 567 ff und 576 ff) kann nicht ohne weiteres konzernweit ein einheitlicher pauschalierter Abschlag angesetzt werden. Soweit das allgemeine Kreditrisiko in dem Sitz-Land des jeweils einbezogenen Unt unterschiedlich zu beurteilen ist (zB bei unterschiedlicher allgemeiner Zahlungsmoral in einzelnen Ländern), ist die Verrechnung länderspezifischer Sätze sachgerecht (so auch *Pohle* in HdKR[2] § 308 Anm 19).

Zur Berücksichtigung der unterschiedlichen politischen und wirtschaftlichen Verhältnisse in den Ländern („Länderrisiken"), die sich auf die Werthaltigkeit von Forderungen an Schuldner in diesen Ländern auswirken, sollten konzernweit je Schuldnerland einheitliche Abwertungssätze gelten.

42 **Abschreibungen von Vorräten.** Werden für Vorräte Gängigkeitsabschreibungen (zB wegen Überbestände, technischer Überalterung) oder Abschreibun-

gen wegen Vertriebsrisiken gebildet, sollte dies im Konzern nach einheitlichen Regeln gehandhabt werden. Die Mindestrisikovorsorge sollte gleichfalls einheitlich getroffen werden. Das heißt *nicht,* dass die Abschlagssätze, etwa allein in Abhängigkeit von der Reichweite der jeweils gelagerten Vorräte, zu vereinheitlichen sind. Denn Unterschiede zwischen den einzelnen einzubeziehenden Unt, bspw auf Grund unterschiedlicher Marktverhältnisse in einzelnen Ländern oder auf Grund eines unterschiedlich strukturierten Vorratsbestands, müssen auch hier berücksichtigt werden. Eine einheitliche Handhabung ist auch bei der Berücksichtigung der Unterbeschäftigung (Leerkosten, § 255 Anm 439 f) geboten.

Abzinsung. Niedrig- oder unverzinsliche Forderungen mit Restlaufzeiten 43 über 1 Jahr sind auf den Bilanzstichtag abzuzinsen (§ 253 Anm 592 ff). Bereits für den JA ist offen, welcher Zinssatz zugrunde zu legen ist (§ 253 Anm 593). Für den KA müssen ggf unterschiedliche landesübliche Zinssätze berücksichtigt werden (*Pohle* in HdKR² § 308 Anm 19). Ebenso ist die Abzinsung von Rückstellungen mit einer Restlaufzeit von mehr als einem Jahr sowie von Rentenverpflichtungen, für die eine Gegenleistung nicht mehr zu erwarten ist, konzerneinheitlich (ggf unter Anwendung unterschiedlicher landesüblicher Zinssätze) vorzunehmen (§ 253 Abs 2).

Anschaffungskosten. VG dürfen grundsätzlich höchstens mit ihren AK oder 44 HK bewertet werden. Demggü ist es nach dem Recht einiger ausländischer Staaten (regelmäßig Hochinflationsländer, aber auch zB Großbritannien) zulässig oder sogar geboten, VG mit höheren Wiederbeschaffungskosten anzusetzen. Dabei können sich die Aufwertungen etwa an der Inflationsrate oder an bestimmten Preisindizes orientieren. Mit Ausnahme der Hochinflationsrechnungslegung (§ 308a Anm 154) sind derartige Umbewertungen wieder zurückzunehmen.

Bewertung von Forderungen/Verbindlichkeiten in ausländischer Wäh- 45 **rung** s § 256a Anm 120 ff, 180 ff.

Bewertungsvereinfachungsverfahren (§ 256). Zur vereinfachten Ermitt- 46 lung von AK für Vorräte müssen Verbrauchsfolgeverfahren (Lifo; Fifo) im Konzern einheitlich angewandt werden. Jedoch ist für verschiedene Vorratsposten bei sachlicher Begr die Anwendung unterschiedlicher Verfahren zulässig (uU sogar erforderlich). Für das MU nicht zulässige Verbrauchsfolgeverfahren (s § 256 Anm 56 ff) dürfen auch im Konzern nicht angewandt werden (Anm 4).

Festwertbewertung und Gruppenbewertung. Die Entscheidung, ob und 47 unter welchen Voraussetzungen zu Festwerten (§ 240 Anm 71 ff) bewertet wird, sollte nach konzerneinheitlichen Regeln erfolgen. Für die unterschiedlichen Gruppen von VG müssen aber jeweils gesonderte Festwerte ermittelt werden. Gleiches gilt für die Gruppenbewertung (§ 240 Anm 130 ff).

Garantierückstellungen. Die Rückstellungen für Garantien und Gewähr- 48 leistungen sind nach einheitlichen Regeln zu bilden, damit sich Unterschiede nur aus Produktverschiedenheiten und anderen risikobestimmenden Faktoren (zB Produktionsverfahren, rechtliche Rahmenbedingungen – Haftungsregeln, Verhalten der Käufer/Dienstleistungsempfänger) ergeben können.

Geringwertige Wirtschaftsgüter. Bei der Sofort- bzw Sammelabschreibung 49 von GWG (§ 253 Anm 275) sollte grds eine konzerneinheitliche Wertobergrenze festgelegt werden. Sofern in einzelnen Ländern bestimmte Wertgrenzen für GWG gelten, dürfen diese, sofern sie nicht den GoB widersprechen, unter Anwendung von Abs 2 S 4 für den Konzern beibehalten werden.

Herstellungskosten. Herstellendes Unternehmen: Das methodeneinheit- 50 liche Ermitteln der HK erfordert, wenn das gleiche Produkt von mehreren TU gefertigt wird, nicht nur das einheitliche Ausüben der Bewertungswahlrechte des § 255 Abs 2 und 3, sondern auch das Anwenden einheitlicher Kalkulationsmethoden pro Produkt (bspw ist bei Vollkosten auf Basis Zuschlagskalkulation oder Activity-based Costing eine einheitliche Bezugsgröße für Gemeinkostenzuschläge anzuwenden). Auf Grund der landesspezifischen Besonderheiten (zB Lohnniveau, Zinssatz) sind allerdings regelmäßig unterschiedliche HK zu beobachten (*Pohle* in HdKR² § 308 Anm 19). **Beziehendes Unternehmen:** Konzernintern bezogene VG sind gem § 304 Abs 1 auf die konzerneinheitlichen HK umzubewerten (s § 304 Anm 13 ff).

51 **Pensionsrückstellungen.** Für die Bewertung von Pensionsverpflichtungen ist einheitlich der Erfüllungsbetrag als Bewertungsmaßstab zugrunde zulegen (s § 253 Anm 51 ff). Darüber hinaus regelt § 253 Abs 2 auch die Art und Höhe des Abzinsungssatzes, der unter Berücksichtigung länderspezifischer Besonderheiten einheitlich angewandt werden sollte. Als konzerneinheitliches Bewertungsverfahren kann zB die „projected unit credit method" nach SFAS 87 oder nach IAS 19 (§ 249 Anm 195 ff) gewählt werden. Dies gilt allerdings nicht für alle Parameter, die im Rahmen dieser Verfahren bisher angewandt wurden (*Hasenburg/Hausen* DB 2009 Beilage 5, S 40). In Einzelfällen kann aus Vereinfachungsgründen die Pensionsrückstellung für kleinere TU auch mit Näherungsverfahren gerechnet werden; Bedingung hierfür ist, dass das **Näherungsverfahren** plausibel nachvollziehbar ist und grds zu ggü dem konzerneinheitlichen Bewertungsverfahren annähernd gleichen Werten führt.

Die in die Bewertung eingehenden **Rechnungsparameter** können zwischen den einzelnen einzubeziehenden Unt je nach Land, Region, Branche oder unternehmerischen Gegebenheiten differieren. Zu den Parametern zählen die biometrischen Grundlagen (Sterbe- und Invalidisierungswahrscheinlichkeiten), die Fluktuation, die Altersgrenze, fest vereinbarte Lohn- und Gehaltssteigerungen, der Zinssatz und evtl künftige fremdbedingte Wertänderungen, wie etwa die Dynamik des Arbeitseinkommens oder die Inflationsrate sowie gesetzliche Unterschiede und vertraglich vereinbarte Besonderheiten.

52 **Latente Steuern (aktive).** Das Wahlrecht, aktive und passive Steuern zu saldieren und einen Aktivüberhang anzusetzen (§ 274 Abs 1), muss konzerneinheitlich ausgeübt werden. Entscheidet sich das MU für eine Saldierung und eine Aktivierung des Aktivüberhangs, müssen alle KonzernUnt dieses Ansatzwahlrecht übernehmen und den Sonderposten eigener Art in der HB II aktivieren. Vgl auch die Anm zu § 306.

53 **Währungsumrechnung** s Anm zu § 256a.

F. Publizitätsgesetz

56 Auch für KA nach dem PublG gilt die Verpflichtung zur konzerneinheitlichen Bewertung (§ 13 Abs 2 PublG iVm § 308). Der KA ist nach den Vorschriften für große KapGes aufzustellen (§ 13 Abs 2 PublG iVm § 298 Abs 1). Analog zu § 308 haben rechtsform- oder geschäftszweigspezifische Vorschriften Vorrang.

G. Bewertungsanpassungen bei Erst-, Übergangs- und Endkonsolidierung

57 Auf den Zeitpunkt der **ErstKons** eines TU bzw eines GemUnt ist eine HB II EB nach konzerneinheitlichen Bewertungsmethoden zu erstellen (vgl Anm 18). Aus Sicht des Konzerns (Einheitstheorie) ist sie für die Kons maßgebend. Bewertungsanpassungen aus der Überleitung der HB I zur HB II dürfen daher das Konzernergebnis nicht berühren.

Einheitliche Bewertung   58–61 § 308

Bei **assozUnt** ist für die ErstBilanzierung die Anpassung an die konzerneinheitliche Bewertung als Wahlrecht ausgestaltet (§ 312 Abs 5). Wird sie – was in der Praxis eher die Ausnahme ist – vorgenommen, ist sie ebenfalls erfolgsneutral.

Wird die Umbewertung nach § 312 Abs 5 nicht durchgeführt, sind bei **Übergang** von der Equity-Bilanzierung **auf die Quoten- oder VollKons** die Neubewertungseffekte aus dem Übergang auf die HB II erfolgswirksam vorzunehmen (Wechsel auf eine andere Bewertungsmethode). Bei **EndKons** gehen die VG und Schulden mit ihren HB II Werten ab.

H. Rechtsfolgen einer Verletzung des § 308

Eine Verletzung des Grundsatzes der „einheitlichen Bewertung" im KA stellt sowohl gem § 334 Abs 1 Nr 2d) und f) als auch nach § 20 Abs 1 Nr 2d) und f) PublG eine Ordnungswidrigkeit dar; das Gleiche gilt für Kreditinstitute (§ 340n Abs 1 Nr 2d) und f) und für VersicherungsUnt (§ 341n Abs 1 Nr 2d) und f). Jede vorsätzliche Zuwiderhandlung kann mit einer Geldbuße belegt werden, dazu § 334 Anm 27 ff. 58

I. Abweichungen der IFRS

Standard: IFRS 10 Konzernabschlüsse *(Consolidated Financial Statements)*.

Auch der KA nach IFRS beruht auf der Einheitstheorie. Gemäß Definition in IFRS 10.A ist der KA so darzustellen, als ob es sich um den Abschluss eines einzigen Unt handeln würde. Aus IFRS 10.19 ergibt sich unmittelbar eine **Pflicht zur konzerneinheitlichen Bilanzierung und Bewertung** für ähnliche Geschäftsvorfälle und andere Ereignisse unter vergleichbaren Umständen. 60

Von der Vereinheitlichung hinsichtlich Ansatz- Bewertungs- und Ausweisgrundsätzen darf gem IAS 8.8 iVm F 29 f nur noch bei untergeordneter Bedeutung für die VFE-Lage des Konzerns abgesehen werden („*materiality*-Vorbehalt", *Lüdenbach* in Haufe IFRS[10] § 32 Anm 114 und § 1 Anm 91 ff). Während § 308 darüber hinaus Abweichungen von der einheitlichen Bewertung in Ausnahmefällen zulässt, ist dies gemäß IFRS .10.19 nicht zulässig, auch wenn eine Anpassung nicht durchführbar oder wirtschaftlich nicht vertretbar erscheint. IFRS 10.B87 fordert bei unterschiedlichen Rechnungslegungsmethoden jedoch keine vollständige Vereinheitlichung, sondern eine **angemessene Anpassung**.

Werden JA nach nationalem Recht aufgestellt, sind bei der Überleitung nach IFRS nicht nur ausdrücklich als Wahlrechte (Benchmark Treatment bzw *Allowed Alternative Treatment*) gekennzeichnete Sachverhalte konzerneinheitlich abzubilden. Es sind, soweit ähnliche Geschäftsvorfälle unter vergleichbaren Umständen betroffen sind, auch Regelungslücken zwischen nationalem Recht und den IFRS konzerneinheitlich zu schließen, unbestimmte Rechtsbegriffe einheitlich auszulegen, Schätzungen einheitlich vorzunehmen oder sonstige Ermessensentscheidungen einheitlich zu treffen (IAS 8.13). 61

Werden JA bereits nach IFRS aufgestellt, existieren in der Praxis zur Sicherstellung der Einheitlichkeit oftmals Konzernbilanzierungsrichtl mit Vorgaben zur einheitlichen Ausübung von Wahlrechten oder Beurteilungsspielräumen (*Brune/Senger* in Beck IFRS[4] § 32 Anm 26). Werden mangels interner Richtl Wahlrechte oder Ermessensspielräume uneinheitlich ausgeübt oder wird die Entscheidung getroffen, im KA Bilanzierungs- und Bewertungswahlrechte unabhängig von den

§ 308a   Konzernabschluss (Bewertungsvorschriften)

JA anders auszuüben, so sind gem IFRS 10.B87 – in Analogie zur HB II nach HGB – eine IFRS-Bilanz II zu erstellen, die dann in den KA einbezogen wird (*Brune/Senger* in Beck IFRS[4] § 32 Anm 27).

§ 308a Umrechnung von auf fremde Währung lautenden Abschlüssen

[1] Die Aktiv- und Passivposten einer auf fremde Währung lautenden Bilanz sind, mit Ausnahme des Eigenkapitals, das zum historischen Kurs in Euro umzurechnen ist, zum Devisenkassamittelkurs am Abschlussstichtag in Euro umzurechnen. [2] Die Posten der Gewinn- und Verlustrechnung sind zum Durchschnittskurs in Euro umzurechnen. [3] Eine sich ergebende Umrechnungsdifferenz ist innerhalb des Konzerneigenkapitals nach den Rücklagen unter dem Posten „Eigenkapitaldifferenz aus Währungsumrechnung" auszuweisen. [4] Bei teilweisem oder vollständigem Ausscheiden des Tochterunternehmens ist der Posten in entsprechender Höhe erfolgswirksam aufzulösen.

Übersicht

	Anm
A. Allgemeines	1–3
B. Währungsumrechnung im Konzernabschluss	
I. Umrechnung der Aktiv- und Passivposten (S 1)	30–32
II. Umrechnung der Posten der GuV (S 2)	35, 36
III. Behandlung von Umrechnungsdifferenzen (S 3)	40, 41
IV. Ausscheiden des Tochterunternehmens (S 4)	45–47
C. Besonderheiten bei einzelnen Konsolidierungsarten	50
I. Kapitalkonsolidierung	
1. Vollkonsolidierung	51, 52
2. Quotenkonsolidierung	55
3. Equity-Bewertung	60–64
4. Geschäfts- oder Firmenwert und aufgedeckte stille Reserven	70–76
II. Schuldenkonsolidierung	80–87
III. Zwischenergebniseliminierung	90–92
IV. Aufwands- und Ertragskonsolidierung	95, 96
D. Weitere Besonderheiten	
I. Latente Steuern bei der Währungsumrechnung	100–102
II. Bewertungseinheiten	105–109
III. Umrechnung von Fremdwährungsabschlüssen aus Hochinflationsländern	115–120
IV. Währungsumrechnung bei sonstigen Bestandteilen des Konzernabschlusses	125–129
E. Angaben in Konzernanhang und Konzernlagebericht	130–133
F. Rechtsfolgen einer Verletzung des § 308a	140
G. Abweichungen der IFRS	
I. Umrechnung von Fremdwährungsabschlüssen	150–152
II. Umrechnung von Fremdwährungsabschlüssen bei Hyperinflation	153–156
III. Outside basis differences	157

	Anm
IV. Umrechnungsdifferenzen aus der Eliminierung konzerninterner Geschäftsvorfälle	158
V. Umrechnung von Nettoinvestitionen in einen ausländischen Geschäftsbetrieb	159, 160

Schrifttum: *Peemöller/Husmann* Stand und Entwicklung der Währungsumrechnung ausgewählter Konzerne in Deutschland, DB 1996, 101; *HFA* Entwurf einer HFA Stellungnahme: Zur Währungsumrechnung im Konzernabschluss WPg 1998, 549; *Littkemann/ Moedebeck* Währungsumrechnung im Konzern – Ergebnisse einer empirischen Untersuchung –, BBK 2000, 67; *Baetge/Kirsch/Thiele* Bilanzrecht: Kommentar Teil 2 § 308, Bonn 2002; *Löw/Lorenz* Währungsumrechnung nach E-DRS 18 und nach den Regelungen des IASB, BB 2002, 2543; *Schmidbauer* Die Fremdwährungsrechnung nach deutschem Recht und nach den Regelungen des IASB, DStR 2004, 699; *Wiechens/Helke* Zum Referentenentwurf des Bilanzrechts-Modernisierungsgesetzes (BilMoG): Bilanzielle Abbildung von Bewertungseinheiten, DB Beilage 1 2008, 26; *Oser/Roß/Wader/Drögemüller* Ausgewählte Neuregelungen des Bilanzrechtsmodernisierungsgesetzes, WPg 2008, 105; *Küting/Mojadadr* Währungsumrechnung im Einzel- und Konzernabschluss nach dem RegE zum BilMoG, DB 2008, 1869; *Oser/Mojadadr/Wirth* Kapitalkonsolidierung von Fremdwährungsabschlüssen, KoR 2008, 575; *Zülch/Hoffmann* Die Modernisierung des deutschen Handelsbilanzrechts durch das BilMoG: Wesentliche Alt- und Neuregelungen im Überblick, DB 2009, 745; *Melcher/Murer* Die Auswirkungen des BilMoG auf die Equity-Methode nach § 312 HGB, DB 2010, 1597.

Standards: DRS 7 (Konzerneigenkapital und Konzerngesamtergebnis).

A. Allgemeines

Bei der Kons der JA ausländischer TU, die ihre JA in einer vom Euro verschiedenen Währung aufstellen, ergibt sich die Notwendigkeit der vorherigen Umrechnung der Fremdwährungsbeträge in Euro (§ 298 Abs 1 iVm § 244). Die Aufgabe der WähUm besteht darin, die Vereinheitlichung der in Fremdwährung aufgestellten JA zu gewährleisten, um damit deren Zusammenfassung zu einem KA zu ermöglichen. Die WähUm umfasst für den KA grds zwei Sachverhalte: 1

1. Die Umrechnung der **Fremdwährungsposten** in den JA einbezogener *inländischer und ausländischer Unt* und der auf Fremdwährungen lautenden Teilabschlüsse ausländischer Betriebsstätten sowie
2. die Umrechnung der auf Fremdwährungen lautenden **JA** einbezogener *ausländischer Unt*.

Die Umrechnung der Fremdwährungsposten in den JA einbezogener inländischer und ausländischer Unt und der auf Fremdwährungen lautenden Teilabschlüsse ausländischer Betriebsstätten unterliegt über den Verweis des § 298 Abs 1 den Regelungen des § 256a. § 308a schreibt die **modifizierte Stichtagskursmethode** als einzig zulässige Methode für die Umrechnung von auf fremde Währung lautenden Abschlüssen fest. Das nach den IFRS anzuwendende **Konzept der funktionalen Währung** ist gem der Begr im RegE BilMoG nicht zulässig, da nach Auffassung des Gesetzgebers die Ermittlung der funktionalen Währung der ausländischen TU nicht zweifelsfrei möglich ist (Begr RegE BilMoG, 84 (vgl zur Abweichung der IFRS Anm 150). 2

Besonderheiten gelten für die Umrechnung von auf ausländische Währung lautenden Abschlüssen aus **Hochinflationsländern** (s Anm 115 ff). Entgegen der gesetzessystematischen Einordnung als Bewertungsvorschrift regelt § 308a faktisch lediglich die Transformation der auf fremde Währung lautenden Abschlüsse in die Berichtswährung des Konzerns. 3

B. Währungsumrechnung im Konzernabschluss

I. Umrechnung der Aktiv- und Passivposten (S 1)

30 Die Aktiv- und Passivposten einer auf fremde Währung lautenden Bilanz eines TU sind zum Devisenkassamittelkurs am Abschlussstichtag (Konzernbilanzstichtag) in Euro umzurechnen. Hiervon ausgenommen ist das **Eigenkapital,** das zum historischen Kurs in Euro umzurechnen ist. EK iS dieser Vorschrift sind die Posten des § 266 Abs 3 A I bis IV (gezeichnetes Kapital, Kapitalrücklage, Gewinnrücklagen und Gewinn-/Verlustvortrag). Zur Umrechnung des Jahresergebnisses s Anm 36. Das der KapKons zugrunde liegende EK des TU in Euro bleibt somit von der Veränderung des Wechselkurses unberührt.

31 Wird ein TU mit vom Konzernbilanzstichtag **abweichendem Abschlussstichtag** nach § 299 Abs 2 nicht auf Grundlage eines **Zwischenabschlusses** in den KA einbezogen, ist es uE sachgerecht, die Umrechnung des auf den abw Stichtag aufgestellten Abschlusses des TU ebenfalls mit dem Devisenkassamittelkurs des Konzernbilanzstichtags vorzunehmen. Werden in diesem Fall nach § 299 Abs 3 einzelne Vorgänge von besonderer Bedeutung, die zwischen dem Abschlussstichtag des TU und dem Abschlussstichtag des Konzerns eingetreten sind, im KA berücksichtigt, kann deren Umrechnung aus Vereinfachungsgründen mit dem Kurs am Transaktionstag erfolgen. Treten zwischen dem Abschlussstichtag des TU und dem Konzernbilanzstichtag wesentliche Wechselkursschwankungen ein, können weitere Korrekturen bzgl der im JA des TU enthaltenen Fremdwährungsposten erforderlich sein.

32 Im Rahmen der **Erstkonsolidierung** eines vollkons ausländischen TU ist der Devisenkassamittelkurs zum Zeitpunkt der erstmaligen KapKons (Zeitpunkt zu dem das Unt TU geworden ist) heranzuziehen. Dieser Kurs ist für sämtliche FolgeKons als historischer Kurs für die Umrechnung des EK maßgebend. Gleiches gilt für Kapitalerhöhungen bzw. andere Kapitaltransaktionen, für die der Kurs des Zeitpunkts der Transaktion maßgeblich ist (vgl dazu *WPH*[14] M, Anm 282 mwN).

II. Umrechnung der Posten der GuV (S 2)

35 Die Posten der GuV sind zum Durchschnittskurs in Euro umzurechnen. Hierbei wird aus Vereinfachungsgründen von dem Grundsatz des Zeitraumbezugs der GuV und der sich daraus ergebenden Umrechnung zu Transaktionskursen abgewichen. Zur Bildung von Durchschnittskursen s § 256a Anm 14. In der Praxis ergibt sich aufgrund der in aller Regel aufgestellten Monatsabschlüsse bezogen auf die Jahresverkehrszahlen der GuV insgesamt eine Umrechnung mit den gewichteten Monatsdurchschnittskursen.

36 Die Zwischensummen der GuV und das Jahresergebnis sind keine eigenen Umrechnungsposten sondern ergeben sich als Saldo der umgerechneten Aufwendungen und Erträge.

III. Behandlung von Umrechnungsdifferenzen (S 3)

40 Sich aus Währungsschwankungen ergebende Umrechnungsdifferenzen sind ergebnisneutral auszuweisen. Die aus der Umrechnung der Aktiv- und Passivposten der Bilanz entstandenen Umrechnungsdifferenzen werden ohne Berührung der GuV direkt im KonzernEK gesondert erfasst, so dass aktivische bzw passivische

Umrechnungsdifferenzen zu einer Minderung bzw Erhöhung des KonzernEK führen. Eine Differenz, die sich aus der Umrechnung des Jahresergebnisses in der Bilanz (mit dem Stichtagskurs) und des Jahresergebnisses in der GuV (Saldo der zum Durchschnittskurs umgerechneten Aufwendungen und Erträge) ergibt, ist ebenso zu behandeln.

Der Ausweis der gesamten kumulierten Umrechnungsdifferenz erfolgt innerhalb **41** des KonzernEK nach den Konzernrücklagen unter dem Posten „**Eigenkapitaldifferenz aus Währungsumrechnung**". Der auf MinderheitsGester entfallende Anteil ist dem **Ausgleichsposten für Anteile anderer Gesellschafter** nach § 307 Abs 1 zuzurechnen (vgl auch DRS 7.7 u 19, s Anm 125). Hierbei ist der Gesamtbetrag der Umrechnungsdifferenz in der Konzernbuchhaltung jeweils getrennt nach den einzelnen in den KA einbezogenen TU zu erfassen, um eine korrekte Behandlung im Fall des Ausscheidens oder der Veränderung der Konzernbeteiligungsquote zu erleichtern.

IV. Ausscheiden des Tochterunternehmens (S 4)

Bei teilweisem oder vollständigem Ausscheiden des TU ist der Posten EK- **45** Differenz aus WähUm in entspr Höhe erfolgswirksam aufzulösen. Dies erfolgt im Rahmen der Maßnahmen zur KapKons. Der Begriff Ausscheiden umfasst neben der Veräußerung auch sonstiges Ausscheiden, wie bspw Liquidation oder die Eröffnung eines Insolvenzverfahrens (Ber Merz ua zum RegE BilMoG, 119).

Scheidet das vollkonsolidierte ausländische TU aus dem KonsKreis aus, ist eine **46** EndKons durchzuführen. Die WähUm bei der **EndKons** ist zum Devisenkassamittelkurs zum Zeitpunkt des Ausscheidens des TU vorzunehmen. Dies ist im Regelfall der Veräußerungszeitpunkt der Anteile dh der Zeitpunkt des Abgangs der Anteile aber wenn das Unt seinen Status als TU iSv § 290 verliert. Wird für Zwecke der EndKons ein Zwischenabschluss aufgestellt, hat die Umrechnung mit dem Devisenkassamittelkurs des Abschlussstichtags des Zwischenabschlusses zu erfolgen (vgl § 301 Anm 325 ff sowie *Dusemond/C.-P. Weber/Zündorf* in HdKR § 301 Anm 365 mwN).

Im Zeitpunkt der EndKons sind die während der Konzernzugehörigkeit des ausländischen TU erfolgsneutral im EK erfassten Differenzen aus WähUm erfolgswirksam zu realisieren (vgl *Küting/Weber*[1], 370). Bei einem Veräußerungsvorgang muss unterschieden werden, ob das **Ausscheiden aus dem Konsolidierungskreis** durch eine vollständige oder teilweise Veräußerung bedingt ist. Bei **vollständiger Veräußerung** ist sicherzustellen, dass die gesamte auf das entspr TU entfallende kumulierte Umrechnungsdifferenz zusammen mit dem übrigen EndKonsErgebnis erfolgswirksam erfasst wird.

Bei **teilweiser Veräußerung** ist die kumulierte Umrechnungsdifferenz lediglich **47** anteilig ergebniswirksam aufzulösen (so auch *Oser/Mojadadr/Wirth* in HdB BilMoG, 452). Somit ist im Fall von **Statusänderungen,** dh dem Übergang von der VollKons zur quotalen Kons bzw zu einer Berücksichtigung nach der Equity-Methode sowie zur Bewertung zu AK sichergestellt, dass nur die der neuen Anteilsquote entspr kumulierte Umrechnungsdifferenz erfolgsneutral bestehen bleibt. Der anlässlich einer teilweisen Veräußerung bei gleichzeitigem **Verbleiben des TU im Konsolidierungskreis** erstmalig auszuweisende AusglPo für Anteile anderer Gester beinhaltet daher ebenfalls keine historische Umrechnungsdifferenz (s hierzu auch § 301 Anm 340 ff und die Regelungen zu Anteilsveräußerungen des DRS 4.44 ff und DRS 8.36 ff).

Bei teilweiser Veräußerung einer **Beteiligung an einem assozUnt,** das vor und nach der Reduzierung der Beteiligungsquote nach der Methode der Equity-

Bewertung in den KA einbezogen wird, ist uE analog vorzugehen. Dh die aus der Fortschreibung des Equity-Wertansatzes aus der WähUm im Konzern-EK erfassten Beträge sind anteilig ergebniswirksam aufzulösen.

C. Besonderheiten bei einzelnen Konsolidierungsarten

50 In den nachfolgenden Erl wird unterstellt, dass die WähUm, wie in der Praxis üblich, in einem den KonsMaßnahmen vorgelagerten Prozessschritt vorgenommen wird.

I. Kapitalkonsolidierung

1. Vollkonsolidierung

51 Die WähUm bei der **Erstkonsolidierung** erfolgt mit dem Devisenkassamittelkurs des Zeitpunkts zudem das Unt TU geworden ist (vgl § 301 Anm 125f, s im Übrigen auch Anm 80ff und Anm 91).

52 Bei der **Folgekonsolidierung** nach der modifizierten Stichtagskursmethode werden Aktiv- und Passivposten ohne Berücksichtigung des Zeitbezugs und ohne Anwendung eines Niederstwerttests mit dem Devisenkassamittelkurs am Abschlussstichtag umgerechnet. Die aus der Umrechnung resultierenden Differenzen werden nicht in die Kapitalaufrechnung einbezogen. Ohne Berührung der GuV erhöhen oder vermindern sie mit dem Konzernanteil den Posten **Eigenkapitaldifferenz aus Währungsumrechnung**. In Höhe des Minderheitenanteils werden die Umrechnungsdifferenzen dem **Ausgleichsposten für Anteile anderer Gesellschafter** zugerechnet (vgl DRS 7.7 sowie Anm 125). Die gesamten Umrechnungsdifferenzen führen somit zu einer erfolgsneutralen Anpassung des EK des KA ggü dem Vj (vgl *Busse von Colbe/Ordelheide*[9], 316). Zum Ausscheiden des TU aus dem KonsKreis vgl Anm 45ff.

2. Quotenkonsolidierung

55 Gem § 310 Abs 2 sind bei der QuoKons die Vorschriften bzgl der WähUm, die für die VollKons von TU gelten, *entspr* anzuwenden (§ 310 Anm 50). Da Aktiv- und Passivposten sowie Aufwendungen und Erträge bei Anwendung der QuoKons nur in Höhe des Anteils des MU in den KA zu übernehmen sind (vgl DRS 9.8), werden Differenzen aus der WähUm ebenfalls nur anteilmäßig erfasst.

3. Equity-Bewertung

60 Handelt es sich um ein ausländisches assozUnt, dessen Abschluss nicht auf Euro lautet, ist im Rahmen der Equity-Bewertung eine WähUm in Euro durchzuführen.

61 UE ist für die WähUm im Rahmen der Equity-Bewertung die **modifizierte Stichtagskursmethode** nach § 308a zu empfehlen, obwohl § 312 Abs 5 für assozUnt grds ein Wahlrecht bzgl Bewertungsmethoden zulässt und in § 308a S 4 lediglich auf TU Bezug genommen wird (vgl *Küting/Mojadadr* DB 2008, 1872).

Eine Umrechnung des gesamten JA des assozUnt in Euro, bei welcher sich das EK der BetGes in Euro als Residualgröße ergibt, wäre damit ebenso wenig zulässig wie die Umrechnung der einzelnen Posten des anteiligen EK in Euro.

Bei der **erstmaligen Einbeziehung** assozUnt wird das anteilige EK des assozUnt zum Devisenkassamittelkurs am Tag der erstmaligen Einbeziehung umgerechnet, der dann den historischen Kurs darstellt.

Umrechnung von auf fremde Währung lautenden Abschlüssen   62–74   § 308a

Bei der **Fortschreibung** des Equity-Wertansatzes wird das anteilige EK zum 62
historischen Kurs, das anteilige Jahresergebnis zum Periodendurchschnittskurs
umgerechnet. Weitere den Equity-Ansatz verändernde Sachverhalte betreffen die
auf das Gj entfallenden Ergebniseffekte aus der Nebenrechnung bzgl der planmäßige Abschreibung der aufgedeckten stillen Reserven einschl eines GFW oder
die Auflösung der aufgedeckten stillen Lasten bei Realisierung (§ 312 Anm 9 ff),
die Eliminierung von Dividendenzahlungen (§ 312 Anm 68) und ggf Zwischenergebnissen (§ 312 Anm 90 ff). Bzgl der sich hierbei aus der WähUm ergebenden
Besonderheiten bei der Fortschreibung des Equity-Wertansatzes s Anm 70 ff,
90 ff, 96.

Erfolgsneutrale Veränderungen des EK des assozUnt sind entspr der Bet- 63
Quote erfolgsneutral in den KA zu übernehmen (DRS 8.25 sowie *Melcher/Murer*
DB 2010, 1601). Handelt es sich bei dem der Equity-Bewertung unterliegendem
Abschluss des assozUnt um einen KA (vgl DRS 8.9), wird somit anteilmäßig die
beim assozUnt gebildete EK-Differenz aus WähUm übernommen (§ 312
Anm 70). Es empfiehlt sich, in der Konzernbuchhaltung die übernommenen von
den im Rahmen der Equity-Bewertung originär entstandenen Umrechnungsdifferenzen getrennt zu erfassen.

Wird ein ausländisches assozUnt das bisher nach der Methode der Equity- 64
Bewertung in den KA einbezogen wurde, aufgrund des **Hinzuerwerbs weiterer Anteile** erstmals vollkonsolidiert, sind die bei der Fortschreibung des Equity-Wertansatzes bis zum Zeitpunkt der Erstkons erfolgsneutral im EK erfassten Beträge aus der WähUm beizubehalten (vgl § 301 Anm 225; zur abw Behandlung
nach IFRS s § 301 Anm 507 u 508).

4. Geschäfts- oder Firmenwert und aufgedeckte stille Reserven

Die im Rahmen der KapKons bei der ErstKons von ausländischen TU aufge- 70
deckten stillen Reserven oder Lasten bzw GFW oder negative Unterschiedsbeträge können grds jeweils entweder dem MU in Euro (wie nach dem Wahlrecht des
IAS 21.33 (rev 1993) noch zulässig) oder dem TU in Fremdwährung zugeordnet
werden (wie in IAS 21.47 (rev 2003) vorgesehen, vgl Anm 151). DRS 4 enthält
keine Regelung zur Zuordnungsentscheidung.

Bei einer Zuordnung zum TU ergeben sich im Rahmen der WähUm entspr 71
Umrechnungsdifferenzen, die im Posten „**Eigenkapitaldifferenz aus Währungsumrechnung**" zu erfassen sind.

Nach der hier vertretenen Auffassung ist der Zuordnung der **aufgedeckten** 72
stillen Reserven oder Lasten zum TU der Vorzug zu geben, da idR der entspr
Anteil des Kaufpreises eindeutig den VG und Schulden des TU zuzuordnen ist
(vgl *Zimmermann* StuB 2004, 769, *Oser/Mojadadr/Wirth* KoR 2008, 576 u *Melcher/
Murer* DB 2010, 1601). Sofern der Kaufpreis der Anteile am TU in Euro bestimmt ist, sind die aufgedeckten stillen Reserven und Lasten mit dem Kurs zum
Zeitpunkt des Erwerbs des TU zu berücksichtigen.

Unterbleibt ausnahmsweise aus Vereinfachungsgründen die Zuordnung zum 73
TU, sind die aufgedeckten stillen Reserven und Lasten mit dem Kurs zum Zeitpunkt des Erwerbs in Euro umzurechnen, sofern der Kaufpreis der Anteile am
TU in Fremdwährung bestimmt ist.

Für die Zuordnung des verbleibenden **GFW oder negativen Unterschieds-** 74
betrags ist uE entscheidend, ob dieser als VG oder zukünftige Belastung des
erworbenen TU oder des MU zu qualifizieren ist. Hierfür sind insb die nicht
bilanzierungsfähigen VG und Schulden des TU zu berücksichtigen, aber auch
die durch den Erwerb entstehenden bzw erwarteten Synergien und Chancen
oder Belastungen beim TU oder MU zu untersuchen.

75 Wird zB ein ausländisches TU erworben, um in einen neuen Absatzmarkt für Produkte des MU vorzudringen, ist der GFW dem MU zuzuordnen, wohingegen im Fall eines rein finanziellen Investments, das es dem TU ermöglicht, in seinem Heimatmarkt zu expandieren eine Zuordnung zum TU angezeigt ist. Häufig ist jedoch eine eindeutige Zuordnung nicht möglich. In diesen Fällen ist daher sowohl die Zuordnung zum MU als auch zum TU zulässig (vgl *Oser/ Mojadadr/Wirth* KoR 2008, 580). Aus Gründen der Klarheit sollte uE jedoch eine Zuordnung in voller Höhe entweder zum TU oder zum MU erfolgen. Die Zuordnungsentscheidung für die aufgedeckten stillen Reserven und Lasten wie auch für den GFW oder negativen Unterschiedsbetrag sollte in diesen Fällen uE grds einheitlich für alle TU ausgeübt werden.

76 Die Wahl der Methode ist im Konzernanhang zu erläutern, sofern wesentliche GFW oder stille Reserven vorliegen.

II. Schuldenkonsolidierung

80 IZm der WähUm ergeben sich beim KA im Rahmen der SchuldenKons (vgl § 303 Anm 17 ff) insb die folgenden Fragestellungen:

81 (1) Wie sind **Ergebnisauswirkungen** zu behandeln, die sich aus der Umrechnung am Abschlussstichtag von im KA zu eliminierenden Forderungen und Verbindlichkeiten **in den Jahresabschlüssen** der KonzernUnt ergeben? Bestehen zB konzerninterne Forderungen bzw Verbindlichkeiten zwischen MU und ausländischem TU, die auf Euro lauten und wurden diese ergebniswirksam im JA des TU zum niedrigeren bzw höheren Devisenkassamittelkurs am Abschlussstichtag umgerechnet, ergibt sich bei der Eliminierung in der SchuldenKons keine Aufrechnungsdifferenz, da die Umrechnung des Fremdwährungsbetrags aus dem JA des TU im Rahmen der WähUm im KA ebenfalls zum Devisenkassamittelkurs am Abschlussstichtag in Euro erfolgt. Gleiches gilt für Forderungen bzw Verbindlichkeiten, zwischen MU und ausländischem TU, die auf die Währung des TU lauten. Wurden diese zunächst ergebniswirksam im JA des MU zum niedrigeren bzw höheren Devisenkassamittelkurs am Abschlussstichtag umgerechnet, ergibt sich auch in diesem Fall keine Differenz aus der Aufrechnung mit den ebenfalls zum Devisenkassamittelkurs am Abschlussstichtag in Euro umgerechneten entspr Posten aus dem JA des TU. Der Erfolgsbeitrag aus dem ergebniswirksamen Umrechnungsvorgang in den JA wird zunächst in beiden Fällen unverändert in die Summenbilanz/GuV übernommen und ist anschießend im Rahmen der SchuldenKons zu untersuchen.

82 (2) Wie sind **Aufrechnungsdifferenzen aus der Schuldenkonsolidierung** zu behandeln? Aufrechnungsdifferenzen entstehen bei konzerninternen Forderungen bzw Verbindlichkeiten zwischen MU und TU, die auf Euro lauten, wenn die Bewertung im JA des TU am Abschlussstichtag weiterhin (ergebnisneutral) zum historischen Kurs erfolgt und der entspr Fremdwährungsbetrag anschließend mit dem niedrigeren bzw höheren Devisenkassamittelkurs am Abschlussstichtag im Rahmen der WähUm in Euro umgerechnet wird. Gleiches gilt wiederum für Forderungen bzw Verbindlichkeiten zwischen MU und ausländischem TU, die auf die Währung des TU lauten, wenn die Fremdwährungsbeträge im JA des MU am Abschlussstichtag (ergebnisneutral) mit dem Entstehungskurs angesetzt werden, während sie im Rahmen der WähUm des JA des TU mit dem höheren oder niedrigeren Devisenkassamittelkurs am Abschlussstichtag umgerechnet werden. In beiden Fällen stehen sich Forderung und Verbindlichkeit in Euro in unterschiedlicher Höhe ggü.

83 Zusätzliche Differenzen können sich aus der Verwendung unterschiedlicher Kurse (Geld-/Brief-/Durchschnittskurs) bei der Stichtagsbewertung in den

JA der ausländischen TU ergeben. Diese dürften jedoch idR zu vernachlässigen sein.

Folgt man der **Einheitstheorie,** dürfen Wechselkursänderungen bei konzerninternen Forderungen und Verbindlichkeiten keine Auswirkungen auf das Konzernergebnis haben, da Währungsgewinne und -verluste nur aus dem in Fremdwährung investierten Vermögen bzw den in Fremdwährung aufgenommen Schulden ggü außerhalb des KonsKreises stehenden Dritten, nicht aber aus konzerninternen Kreditverhältnissen resultieren können (vgl *Busse von Colbe/Ordelheide*⁹, 371; aA *Wohlgemuth* in HdJ V/4² Anm 105; *Harms* in HdKR² § 303 Anm 16). 84

Somit sind grds die unter 1) beschriebenen **Erfolgsbeiträge aus den Jahresabschlüssen** im Rahmen der SchuldenKons erfolgswirksam zu eliminieren; die unter 2) beschriebenen **Aufrechnungsdifferenzen** sind grds ergebnisneutral in den Posten „Eigenkapitaldifferenz aus Währungsumrechnung" einzustellen.

Es wird jedoch auch als zulässig erachtet, die Erfolgsbeiträge aus den JA auch im KA beizubehalten sowie die Aufrechnungsdifferenzen ergebniswirksam zu erfassen (s § 303 Anm 16 ff). 85

Unter Berücksichtigung der Intention des Gesetzgebers, der mit der Einführung des § 308a im Rahmen des BilMoG eine Vereinfachung der WähUm anstrebt und der Argumentation in IAS 21.45 folgend, sollte uE die ergebniswirksame Eliminierung der **Erfolgsbeiträge aus den Jahresabschlüssen** im KA im Regelfall unterbleiben. 86

Eine Ausnahme hiervon gilt uE für wesentliche monetäre Posten, insb Darlehen, die aus Sicht des MU beteiligungsähnlichen bzw aus Sicht des TU EK-ersetzenden Charakter haben; dh eine Rückzahlung ist in der näheren Zukunft weder geplant noch wahrscheinlich. UE sind Umrechnungsdifferenzen, die aus der Umrechnung der jeweiligen Posten mit dem Stichtagskurs resultieren können, erfolgsneutral im EK zu erfassen (vgl die Regelungen zum „*net investment in a foreign operation*" in IAS 21.15 f iVm IAS 21.32 f, s Anm 159). Eine erfolgswirksame Erfassung findet spätestens in der Periode statt, in der das TU veräußert wird. Fraglich ist, ob eine erfolgswirksame Erfassung bereits in der Periode erfolgen muss, in der bei weiter bestehendem Darlehen eine Rückzahlung beschlossen wird oder in der Periode, in der das Darlehen zurückgezahlt wird (vgl *ADS* Int Abschn 5 Anm 69; *Oechsle/Müller/Holzwarth* in Baetge/Wollmert/Kirsch/Oser/Bischof Rechnungslegung nach IFRS² IAS 21 Anm 80). Hier wird die Auffassung vertreten, dass die erfolgswirksame Erfassung in der Periode der Rückzahlung des Darlehens sachgerecht ist, da die Rückzahlung als teilweise Veräußerung anzusehen ist. Ein „Einfrieren" der ergebnisneutral erfassten Beträge auch nach Rückzahlung des EK-ersetzenden Darlehens bis zur (teilweisen) Veräußerung der Bet ist uE nicht zulässig. 87

III. Zwischenergebniseliminierung

Werden VG zwischen zwei KonzernUnt geliefert, die in verschiedener Währung bilanzieren, ergibt sich die Notwendigkeit, die WähUm und die Zwischenergebniseliminierung aufeinander abzustimmen (vgl *Busse von Colbe/Ordelheide*⁹, 406 ff). 90

Liefert zB das produzierende MU an ein ausländisches Vertriebs-TU, steht einem in Euro beim MU realisierten Zwischengewinn ein mit dem Devisenkassamittelkurs am Abschlussstichtag umgerechneter (anteiliger) Bestandswert des TU ggü. Weicht der Devisenkassamittelkurs am Abschlussstichtag von dem Entstehungskurs beim TU ab, ist die Eliminierung des vollen beim MU in Euro realisierten Zwischengewinn uU nicht mehr sachgerecht, da sich damit ein unzutreffender Ausweis der KonzernAK der Vorräte ergeben würden. 91

92 Zumindest im Fall einer wesentlichen Abwertung der Auslandswährung ist eine Korrektur des zu eliminierenden Zwischengewinns proportional zur Kursveränderung vorzunehmen. Die sich hieraus ergebende Korrektur ist uE erfolgsneutral im Posten „Eigenkapitaldifferenz aus Währungsumrechnung" zu erfassen und erst bei Veräußerung der VG an konzernfremde Dritte ergebniswirksam aufzulösen. Entspr gilt im Fall einer Lfg des TU in Währung an das MU bei einer wesentlichen Aufwertung der Auslandswährung.

IV. Aufwands- und Ertragskonsolidierung

95 Aus der WähUm resultierende Auswirkungen bei der Aufwands- und ErtragsKons ergeben sich dadurch, dass die Umrechnung der Posten der GuV in Euro nach S 2 zum Durchschnittskurs und damit idR zu einem vom Transaktionskurs abw Kurs erfolgt. Daher stehen sich die **wegzulassenden Aufwendungen und Erträge** bei konzerninternen Geschäften zwischen KonzUnt, die in verschiedener Währung bilanzieren, nach erfolgter WähUm grds nicht betragsgleich ggü. Aus dem „Weglassen" der umgerechneten Aufwendungen und Erträge resultiert grds eine ergebniswirksame Berücksichtigung dieser Umrechnungsdifferenzen in den jeweils betroffenen Posten der GuV. Aufgrund der in der Praxis zur Umrechnung der GuV überwiegend verwendeten Monatsdurchschnittskursen ist die Gesamtauswirkung jedoch idR nicht wesentlich.

96 Bei der Eliminierung von BetErträgen aus konsolidierten Unt, die aufgrund von **Gewinnausschüttungen,** die auf Währung lauten, vorzunehmen sind, ergibt sich die folgende Vorgehensweise: Der BetErtrag in Euro ist beim empfangenden Unt zu eliminieren und in den Konzerngewinnvortrag oder die Konzerngewinnrücklagen umzugliedern (§ 305 Anm 46). Die Auswirkung einer Währungskursänderung zwischen dem Kurs bei Umrechnung des Ergebnisses im Jahr der Entstehung beim TU und dem Transaktionskurs bei Ausschüttung an das MU ist grds in den Posten „Eigenkapitaldifferenz aus Währungsumrechnung" einzustellen.

D. Weitere Besonderheiten

I. Latente Steuern bei der Währungsumrechnung

100 Die Bildung latenter Steuern orientiert sich gem § 274 und § 306 an Differenzen, die sich aus unterschiedlichen Wertansätzen der VG und Schulden im KA und deren steuerlichen Wertansätzen (**„temporary Konzept"**) ergeben. Somit sind nicht nur die sich im Zeitablauf ausgleichenden ergebniswirksam entstandenen Differenzen zu berücksichtigen, sondern auch die sich im Zeitablauf ausgleichenden erfolgsneutral entstandenen Differenzen (vgl § 306 Anm 2 ff).

101 Da die WähUm nach § 308a **keine Konsolidierungsmaßnahme** iSd §§ 300 ff ist, scheidet eine durch die WähUm nach § 308a ausgelöste Bildung von latenten Steuern nach § 306 grds aus (vgl § 306 Anm 9).

Entstehen bedingt durch die WähUm von Fremdwährungsposten in den JA des einbezogenen TU bei der Durchführung der einzelnen KonsMaßnahmen (zusätzliche) Differenzen zwischen den handelsrechtlichen Wertansätzen im KA und den steuerlichen Wertansätzen, werden latente Steuern entspr den Regelungen des § 306 im Rahmen der KonsMaßnahmen gebildet.

102 Die Erfassung von latenten Steuern auf **outside basis differences** (unterschiedliche Wertansätze aus der Erfassung des UntVermögens im KA im Vergleich mit dem Wertansatz der Beteiligung in der StB des Anteilseigners), die aus

der WähUm resultieren, ist nach § 306 S 4 ausgeschlossen (vgl § 306 Anm 9; zu den Abweichungen der IFRS s Anm 157).

II. Bewertungseinheiten

§ 254 regelt die Bilanzierung von BewEinh aus **Grund- und Sicherungsgeschäften,** die zum Ausgleich gegenläufiger Wertänderungen oder Zahlungsströme gebildet wurden. In dem Umfang und für den Zeitraum des tatsächlichen Ausgleichs gegenläufiger Wertänderungen oder Zahlungsströme sind die Vorschriften des Einzelbewertungsgrundsatzes, des Niederstwert- bzw Imparitätsprinzips (§ 252 Abs 1 Nr 3 u 4), des AK-Prinzips (§ 253 Abs 1 S 1) sowie die Vorschriften zur WähUm (§ 256a) und Drohverlustrückstellung (§ 249 Abs 1) nicht bzw auf die Bewertungseinheit insgesamt anzuwenden (vgl IDW RS HFA 35 Tz 4; *Wiechens/ Helke* DB 2008 Beilage, 26 ff, Ber *Merz* zum RegE BilMoG ua, 111 f). 105

Dabei wird der Kreis der zulässigen Grund- und Sicherungsgeschäfte weit gezogen, insb werden Sicherungsgeschäfte nicht auf Derivate beschränkt. Explizit genannt wird die Absicherung von Währungsrisiken aus Forderungen durch entspr Währungsverbindlichkeiten (Begr RegE BilMoG, 57 ff). 106

Zu den Auswirkungen der Nichtberücksichtigung der Vorschriften des § 256a zur WähUm, sofern die zugrunde liegenden Währungspositionen Bestandteil einer BewEinh sind, sowie grds zur Bilanzierung von BewEinh s § 256a Anm 250 u § 254 Anm 1 ff.

Im Rahmen der WähUm für Zwecke des KA ist darüber hinaus die Behandlung der Absicherung von Währungsrisiken aus **Nettoinvestitionen in einen ausländischen Geschäftsbetrieb** von Bedeutung. Hierbei handelt es sich zB um die Absicherung der mit Währungsrisiken behafteten Wertänderung der Nettoinvestition in ein TU einschl der aus ihr resultierenden Erträge durch das Eingehen einer Fremdwährungsverbindlichkeit beim MU (vgl *ADS* Int, Abschn 5 Anm 70 ff). Im Rahmen der WähUm wird das EK des TU zum historischen Kurs in Euro umgerechnet und die daraus resultierende Umrechnungsdifferenz ergebnisneutral in den Posten „Eigenkapitaldifferenz aus Währungsumrechnung" eingestellt. Die Fremdwährungsverbindlichkeit beim MU würde nach § 256a unter Beachtung des Imparitätsprinzips ergebniswirksam zum Stichtagskurs umgerechnet, sofern es sich – was idR der Fall sein dürfte – um eine langfristige Verbindlichkeit handelt (§ 256a Anm 186). Diese imparitätische Behandlung im JA des MU hätte uU eine Ergebniswirkung im KA zur Folge, die aufgrund des vorliegenden wirtschaftlichen Sicherungszusammenhangs nicht dem *true and fair view* entsprechen würde. Fraglich ist, ob für Zwecke der Erstellung des KA grds eine Bewertung der Fremdwährungsverbindlichkeit des MU zum Stichtagskurs und eine erfolgsneutrale Abbildung der daraus resultierenden Umrechnungsdifferenz in Höhe des effektiven Teils im Posten „Eigenkapitaldifferenz aus Währungsumrechnung" zulässig ist (vgl die Regelungen des IAS 39 insb IAS 39.102 u IFRIC 16). 107

Hier wird die Auffassung vertreten, dass bei Vorliegen einer BewEinh zwischen der Nettoinvestition in das TU und der Fremdwährungsverbindlichkeit des MU für die handelsrechtliche Bilanzierung analog den Regelungen des IAS 39 verfahren werden kann. Hierfür sprechen insb die weite Fassung des Kreises der nach § 254 möglichen Sicherungsbeziehungen und die durch § 308a festgeschriebene WähUm nach der modifizierten Stichtagskursmethode. Die in dem Posten „Eigenkapitaldifferenz aus Währungsumrechnung" gebuchte Umrechnungsdifferenz ist nur bei (teilweisem) Ausscheiden des TU entspr ergebniswirksam in der Konzern-GuV zu erfassen. Auch bei Beendigung der BewEinh bzw bei Rückzahlung des Darlehens verbleiben die während des Bestehens der BewEinh ergebnis- 108 neutral im Posten „Eigenkapitaldifferenz aus Währungsumrechnung" erfassten Beträge bis zum (teilweisen) Ausscheiden des TU bestehen (s zu weiteren Einzelheiten Anm 160).

109 Die Vorgehensweise ist im **Konzernanhang** entspr zu erläutern (§ 313 Abs 1 S 2 Nr 2 iVm § 314 Abs 1 Nr 15), sofern diese Angabe nicht im **Konzernlagebericht** gemacht wird. Zu den Einzelheiten, insb den Voraussetzungen, Dokumentationserfordernissen und der Effektivitätsmessung bei Bildung von BewEinh s § 254 Anm 1 ff.

III. Umrechnung von Fremdwährungsabschlüssen aus Hochinflationsländern

115 § 308a findet keine Anwendung für auf ausländische Währung lautende Abschlüsse aus Hochinflationsländern (Begr RegE BilMoG, 84).
116 Für die Umrechnung von JA aus Hochinflationsländern ist eine Bereinigung um Inflationseffekte vorzunehmen. Dies kann durch die Aufstellung des JA in einer Hartwährung (zB der Währung des MU) erfolgen. Alternativ darf nach vorheriger Inflationsbereinigung die Stichtagskursmethode angewendet werden (vgl die *restate translate* Methode des IAS 21.43 iVm IAS 29). Dabei sind die nicht monetären Posten und das EK in einem ersten Schritt mit dem landesspezifischen allgemeinen (offiziellen) Preisindex auf die Kaufkraftverhältnisse am Bilanzstichtag anzupassen. Der **Inflationsgewinn oder -verlust** auf die Nettoposition der monetären Aktiva und Passiva ist ergebniswirksam im Zinsergebnis zu erfassen. Er kann zum einen indirekt als Saldo der Anpassung der nicht monetären Posten der Bilanz, des EK und der entspr Anpassung der Posten der GuV sowie ggf von originär indexbasierten VG/Schulden oder direkt über die Inflationswirkung zB auf einen Durchschnittswert der Nettoposition der monetären VG und Schulden ermittelt werden (s die Regelungen des IAS 29, Anm 153 ff). Danach sind in einem zweiten Schritt alle Posten mit dem Stichtagskurs in die Berichtswährung umzurechnen (reine Stichtagskursmethode).
117 In Anlehnung an IAS 29.3 können die folgenden Kriterien für die Identifikation eines Hochinflationslands herangezogen werden:
– Die Bevölkerung zieht es vor, Vermögen in Sachwerten oder relativ stabiler Auslandswährung zu halten. Beträge in Inlandswährung werden unverzüglich investiert, um die Kaufkraft zu erhalten.
– Die Bevölkerung rechnet nicht in der eigenen, sondern in einer relativ stabilen Auslandswährung. Preise können auch in dieser Währung angegeben werden.
– Käufe und Verkäufe auf Ziel werden in Preisen vereinbart, die die erwartete Geldentwertung in der Kreditperiode berücksichtigen, selbst wenn die Periode kurz ist.
– Zinssätze, Löhne und Preise sind an einen Preisindex gebunden.
– Die kumulative Preissteigerungsrate innerhalb von drei Jahren erreicht oder übersteigt 100%.
118 Bei einem **Wechsel zur Rechnungslegung in Hochinflationsländern** ist es uE sachgerecht, die Anpassungen ab Beginn des Geschäftsjahres vorzunehmen, in dem der Wechsel nach den og Kriterien notwendig wird. Der Inflationsbereinigung werden somit die Wertansätzen zu Beginn der Berichtsperiode zugrunde gelegt. (zur retrospektiven Anpassung nach IFRS vgl die Regelungen des IFRIC 7, s Anm 155).
119 Bei einer **Beendigung der Rechnungslegung in Hochinflationsländern** sind die Wertansätze zum Ende der Vorperiode Ausgangspunkt für die Ermittlung der Wertansätze der Berichtsperiode (s Anm 155, vgl auch IAS 29.38).

Umrechnung von auf fremde Währung lautenden Abschlüssen   120–130   § 308a

Die Vorgehensweise bei der Umrechnung von JA aus Hochinflationsländern **120** ist im Zeitablauf stetig beizubehalten und im **Konzernanhang** entspr zu erläutern (§ 313 Abs 1 S 2 Nr 2).

IV. Währungsumrechnung bei sonstigen Bestandteilen des Konzernabschlusses

Die durch Anwendung der modifizierten Stichtagskursmethode entstandenen **125** Umrechnungsdifferenzen sowie sonstige im Rahmen der WähUm erfolgsneutral erfassten Effekte werden in dem nach § 297 Abs 1 S 1 aufzustellenden **Konzern-Eigenkapitalspiegel** innerhalb des Postens „Kumuliertes übriges Konzernergebnis" ausgewiesen (§ 297 Anm 109 f) und anteilig den MinderheitsGestern zugeordnet (DRS 7.5 u 7). Zur Verbesserung der Klarheit der Darstellung kann jeweils die entspr Postenbezeichnung „Ausgleichsposten aus der Fremdwährungsumrechnung" in der Anlage zum DRS 7 (DRS 7.19) an die Bezeichnung in § 308a, „Eigenkapitaldifferenz aus Währungsumrechnung", angepasst werden.

Bei der nach § 297 Abs 1 S 1 aufzustellenden **Konzern-Kapitalflussrech- 126 nung** sind Zahlungsströme in Fremdwährungen grds mit dem Wechselkurs des jeweiligen Zahlungszeitpunkts in die Berichtswährung umzurechnen; dies gilt auch für ausländische TU. Die WähUm kann aus Vereinfachungsgründen mit gewogenen Durchschnittskursen vorgenommen werden, die im Ergebnis einer Umrechnung mit den tatsächlichen Kursen zum Zahlungszeitpunkt näherungsweise entsprechen (DRS 2.22). Wird die Konzern-KFR **indirekt** erstellt, sind wechselkursbedingte Bestandsänderungen der einzelnen zugrundeliegenden Posten bei der Ermittlung der Cashflows zu eliminieren. Enthält der **Finanzmittelbestand** des Konzerns Fremdwährungsposten, sind diese regelmäßig von zahlungsunwirksamen Wechselkursveränderungen betroffen. Diese Veränderungen sind in der Konzern-KFR nach dem Posten „Zahlungswirksame Veränderungen des Finanzmittelfonds" getrennt von den übrigen nicht zahlungswirksamen Veränderungen des Finanzmittelfonds auszuweisen, sofern sie nicht unwesentlich sind (DRS 2.21 sowie Anlage zu DRS 2, Tabelle 6 Gliederungsschema II („indirekte Methode"), s im Übrigen § 297 Anm 69 u 72 ff zu den sich aus der WähUm ergebenden Besonderheiten bei der Erstellung der Konzern-KFR).

Um eine lückenlose Fortentwicklung der AK/HK zu gewährleisten, sind **127** durch Wechselkursänderungen entstehende Umrechnungsunterschiede im **Konzernanlagengitter** (§ 298 Abs 1 iVm § 268 Abs 2) zu berücksichtigen. Sofern diese Umrechnungsunterschiede nicht unwesentlich sind, ist es sachgerecht, das Anlagengitter um eine zusätzliche Spalte „Währungsumrechnungsdifferenzen" zu erweitern. Bei Unwesentlichkeit kommt alternativ eine Berücksichtigung in der Zu- oder Abgangsspalte in Frage (§ 298 Anm 66).

Enthält der Konzernanhang weitere **Bewegungsspiegel** wie zB einen Rück- **128** stellungsspiegel, ist entspr zu verfahren.

Wird der Konzernanhang nach § 297 Abs 1 S 2 um eine **Segmentberichter- 129 stattung** erweitert, können währungsbedingte Chancen und Risiken die interne Organisations- und Berichtsstruktur beeinflussen und somit ein Kriterium zur Abgrenzung von Segmenten sein (vgl DRS 3.10, 11).

E. Angaben in Konzernanhang und Konzernlagebericht

Im **Konzernanhang** müssen die Grundlagen für die Umrechnung in Euro **130** angeben werden, sofern der KA Posten enthält, denen Beträge zugrunde liegen, die auf fremde Währung lauten oder ursprünglich auf fremde Währung lauteten (§ 313 Abs 1 S 2 Nr 2; § 284 Abs 2 Nr 2).

131   Die Angabepflicht umfasst zum einen die Methode der **Umrechnung der Fremdwährungsposten** in den JA der einbezogenen inländischen und ausländischen Unt und der auf ausländische Währung lautenden Teilabschlüsse ausländischer Betriebsstätten. Zu den Angaben im Einzelnen s § 284 Anm 135 ff u § 256a Anm 270 ff.

132   Zum anderen umfasst die Angabepflicht die Methode der **Umrechnung der auf Fremdwährungen lautenden JA** einbezogener ausländischer Unt. Es ist je nach Wesentlichkeit geboten, die folgenden weiteren Erl zu geben:
– Darstellung der Methode der WähUm, die bei der Equity-Bewertung angewandt wurde (Anm 60),
– Darstellung der Methode, nach der Abschlüsse aus Hochinflationsländern umgerechnet wurden (Anm 120),
– Umrechnungsdifferenzen, die im Periodenergebnis erfasst wurden, sofern nicht ein gesonderter Ausweis in der GuV bei den sonstigen betrieblichen Erträgen bzw Aufwendungen erfolgt (§ 298 iVm § 277 Abs 5 S 2, vgl § 256 Anm 231 und § 277 Anm 26),
– Ursachen für die Veränderung der im EK erfassten und im Konzern-EK-Spiegel ausgewiesenen Umrechnungsdifferenzen (vgl Anm 125),
– Zuordnung von GFW oder stillen Reserven zum TU oder MU (Anm 76),
– Behandlung der in den JA der einbezogenen KonzUnt durch Bewertung von konzerninternen Währungsforderungen und -verbindlichkeiten entstandenen Ergebniswirkungen in der SchuldenKons (Anm 86),
– Behandlung von Fremdwährungsposten, die Bestandteil einer Nettoinvestition in einen ausländischen Geschäftsbetrieb sind (Anm 87),
– Behandlung von Fremdwährungsposten im Rahmen von Bewertungseinheiten, insb im Fall der Absicherung einer Nettoinvestition in einen ausländischen Geschäftsbetrieb (Anm 109).
Im Übrigen s auch § 313 Anm 92 ff.

133   Zu den Angaben im **Konzernlagebericht** bzgl währungsspezifischer Sachverhalte s § 289 Anm 53 und 78 u § 256a Anm 276 ff.

F. Rechtsfolgen einer Verletzung des § 308a

140   Eine Ordnungswidrigkeit begeht nach § 334 Abs 1 Nr 2 d/§ 335b derjenige, wer als Mitglied des vertretungsberechtigten Organs oder des Aufsichtsrats einer KapGes/KapCoGes bei der Aufstellung des KA der Vorschrift des § 308a über die Bewertung zuwiderhandelt. Gleiches gilt für Unt, die dem PublG unterliegen (§ 20 Abs 1 Nr 2d PublG), für Kreditinstitute (§ 340n Abs 1 Nr 2d) und für VersicherungsUnt (§ 341n Abs 1 Nr 2d). Die Ordnungswidrigkeit kann mit einer Geldbuße bis zu fünfzigtausend Euro geahndet werden (§ 334 Abs 3, § 20 Abs 3 PublG, 340n Abs 3 u § 341n Abs 3); s dazu § 334 Anm 40 ff.

G. Abweichungen der IFRS

Schrifttum: Oser/Mojadadr/Wirth Kapitalkonsolidierung von Fremdwährungsabschlüssen, KoR 2008, 375.

Standards: IAS 21 Auswirkungen von Wechselkursänderungen *(The Effects of Changes in Foreign Exchange Rates) (rev 2003)*; IAS 29 Rechnungslegung in Hochinflationsländern *(Financial Reporting in Hyperinflationary Economics) (rev 2009)*; IFRIC 7 Anwendung des Anpassungsansatzes unter IAS 29 Rechnungslegung in Hochinflationsländern *(Applying the*

Umrechnung von auf fremde Währung lautenden Abschlüssen   150–152   § 308a

Restatement Approach under IAS 29 Financial Reporting in Hyperinflationary Economics) (rev 2005); IFRIC 16 Absicherung einer Nettoinvestition in einen ausländischen Geschäftsbetrieb (Hedges of a Net Investment in a Foreign Operation) (rev 2009); SIC 7 Einführung des Euro (Introduction of the Euro) (rev 2003)

I. Umrechnung von Fremdwährungsabschlüssen

Die WähUm ist durch IAS 21 und IAS 29 geregelt. IAS 21 folgt dabei abw 150 vom Ansatz des § 308a dem **Konzept der funktionalen Währung**. IAS 21 umfasst sowohl die Umrechnung von Fremdwährungstransaktionen in die funktionale Währung *(functional currency)* des JA als auch die Anpassung der funktionalen Währungen ausländischer JA an die Konzernwährung bzw an eine ggf von der funktionalen Währung des MU abw Darstellungswährung *(presentation currency)* zum Zwecke des Einbezugs in den KA (s § 256a Anm 290). **Funktionale Währung** ist die Währung des wirtschaftlichen Umfelds in dem ein Unt überwiegend tätig ist, dh hauptsächlich Zahlungsmittel erwirtschaftet und aufwendet (s zum Begriff der funktionalen Währung und zu den Kriterien für die Bestimmung der funktionalen Währung eines Unt IAS 21.9 und 10 sowie die zusätzlichen Kriterien für die Bestimmung der funktionalen Währung eines ausländischen Geschäftsbetriebs und der Entscheidung, ob dessen funktionale Währung mit der des berichtenden Unt identisch ist, IAS 21.11. Hierbei ist es unerheblich, in welcher Währung der ausländische Geschäftsbetrieb seinen EA aufstellt.). Nach dem Konzept der funktionalen Währung ist für die Umrechnung von Fremdwährungsabschlüssen grds zu unterscheiden in ausländische Geschäftsbetriebe, deren funktionale Währung mit der des MU übereinstimmt und solche bei denen dies nicht der Fall ist. **Stimmt die funktionale Währung überein**, erfolgt die Umrechnung von Fremdwährungstransaktionen und -salden nach dem Zeitbezug (IAS 21.17 und 20–29), basierend auf der Annahme, dass das ausländische TU von vornherein alle Vermögens- und Schuldposten in der funktionalen Währung des MU bilanziert. **Weicht die funktionale Währung ab,** erfolgt die Umrechnung nach der modifizierten Stichtagskursmethode (IAS 21.18 und 38–41). § 308a schreibt hingegen für alle TU mit auf fremder Währung lautenden Abschlüssen die Umrechnung nach der modifizierten Stichtagskursmethode vor.

Somit werden Differenzen aus der WähUm von monetären Posten in die funktionale Währung des MU bei übereinstimmender funktionaler Währung des TU gem IAS 21.28 grundsätzlich erfolgswirksam erfasst, während nach S 3 die Erfassung von Umrechnungsdifferenzen grds erfolgsneutral im EK zu erfolgen hat.

Werden **Wertänderungen nicht monetärer Bilanzposten** gem Vorschriften anderer IFRS **unmittelbar erfolgsneutral im sonstigen Ergebnis erfasst,** schreibt IAS 21.30 f dazu korrespondierend vor, dass der in der Wertänderung enthaltene umrechnungsbezogene Anteil ebenfalls im sonstigen Ergebnis und nicht im Gewinn oder Verlust berücksichtigt wird *(Senger/Brune* in Beck IFRS[3] § 33 Anm 15).

IAS 21.47 spricht explizit die Behandlung eines **Geschäfts- oder Firmen-** 151 **werts** bzw von **Auf- oder Abstockungsbeträgen** an, die im Rahmen der Kap-Kons entstanden sind. Die Unterschiedsbeträge aus der Erstkons sollen der ausländischen UntEinheit zugeordnet, in deren funktionaler Währung ausgewiesen, wie andere Vermögenswerte und Schulden behandelt und dementspr jährlich mit dem Stichtagskurs umgerechnet werden.

Bei **abweichendem Stichtag** der ausländischen UntEinheit stellt diese für 152 Zwecke der Einbeziehung in den Abschluss des berichtenden Unt im Regelfall einen Zwischenabschluss auf den Stichtag des KA auf (IAS 21.46). Eine Ausnahme ergibt sich nach IAS 21.46 iVm IAS 27 bei nicht durchführbarer oder wirtschaftlich nicht vertretbarer Aufstellung eines Zwischenabschlusses, sofern die Stichtage nicht mehr als drei Monate voneinander abweichen. In diesem Fall ist der Stichtagskurs der ausländischen UntEinheit heranzuziehen (IAS 21.46). Bei signifikanten Änderungen des Wechselkurses bis zum Stichtag des KA sind Anpassungen vorzunehmen (IAS 21.46).

Ist die funktionale Währung eines Unt die **Währung eines Hochinflationslands,** schreibt IAS 21.42 zwingend die Umrechnung in eine andere Darstellungswährung vor. Alle Beträge einschl der Vergleichszahlen sind grds mit dem Stichtagskurs des letzten Bilanzstichtags umzurechnen. Eine Ausnahme gilt für Vj-Werte, die bereits im Vj entspr den Regeln der IFRS in die Währung eines Nicht-Hochinflationslands umgerechnet wurden. Vor Umrechnung in die Darstellungswährung verlangt IAS 21.43 vorab eine Inflationsbereinigung gem IAS 29 *„Financial Reporting in Hyperinflationary Economies"* (vgl IAS 29.5–10).

Gemäß IAS 21.50 gelten für ggf aus der Umrechnung von Fremdwährungstransaktionen und Fremdwährungsabschlüssen entstehende steuerliche Effekte die Regelungen des IAS 12 „Ertragsteuern".

II. Umrechnung von Fremdwährungsabschlüssen bei Hyperinflation

153 Die IAS haben mit IAS 29 einen eigenen Standard zur Rechnungslegung in Hochinflationsländern. Dieser bezieht sich auf den JA oder KA des rechnungslegenden Unt, nicht auf die Frage der Umrechnung der JA der TU, die sich nach IAS 21 richtet. Zielsetzung des IAS 29 ist die Anpassung von Abschlüssen, deren funktionale Währung diejenige eines Hochinflationslands ist und die ohne die Anpassung nur einen geringen Nutzen haben, insb um eine angemessene Darstellung der VFE-Lage zu erreichen. Nach IAS 29 ist für die Anpassung lediglich die „restate-translate-Methode" (*Senger/Brune* in Beck IFRS[3] § 33 Anm 32 ff) zulässig (IAS 21.43). Für die Festlegung, ab wann eine Situation der Hyperinflation vorliegt, gibt der Standard keine Inflationsrate explizit als Maßstab vor, sondern liefert lediglich Anhaltspunkte (IAS 29.3). Zu den Kriterien, die Anhaltspunkte für Hyperinflation sein können, vgl Anm 117.

Für die Umrechnung liegt dem IAS 29 das **Konzept der realen Kapitalerhaltung** mittels Indexierung der Vermögenswerte und Schulden zugrunde (IAS 29.8 u 11). Die Abschlussposten werden an die Änderung des allgemeinen Preisniveaus (Inflationsrate) angepasst.

154 Für die Umrechnung unterscheidet IAS 29 nach monetären und nicht monetären Posten:
– **monetäre Posten** sind nicht umzurechnen, da sie bereits mit der aktuellen Maßeinheit des Bilanzstichtags bilanziert sind (IAS 29.12);
– **nicht monetäre Posten** sind von dem Zeitpunkt ihrer Ersteinbuchung, bzw bei Zielkauf von Vermögenswerten zum späteren Zahlungszeitpunkt (IAS 29.22), auf den Bilanzstichtag zu indexieren (IAS 29.15). Wurden nicht monetäre Posten zu einem früheren Zeitpunkt neubewertet (zB bei Sachanlagevermögen nach IAS 16.31), ist der Zeitpunkt der Neubewertung maßgeblich (IAS 29.18). IAS 29 verlangt die Anwendung eines generellen Preisindex, der die Entwicklung der Kaufkraft widerspiegelt. Ist kein solcher Index verfügbar, ist die Entwicklung der Kaufkraft zu schätzen (IAS 29.17).

IAS 29 enthält zwei Ausnahmen von diesen Grundsätzen:
– Sind Vermögenswerte und Schulden vertraglich an einen Index gebunden, ist dieser Index zugrunde zu legen (IAS 29.13).
– Vermögenswerte und Schulden, die mit einem niedrigeren bzw höheren beizuZW oder Marktwert angesetzt wurden, werden nicht indexiert (IAS 29.14).

Die angepassten Werte sind auf den erzielbaren Betrag (recoverable amount) bzw den Marktwert (net realisable value) zu vermindern (IAS 29.19).

Zu beachten ist, dass die **Equity Bewertung eines assozUnt** nach Indexierung des JA gem den Regeln des IAS 29 (IAS 29.20) erfolgt. Ferner ist, um eine Doppelerfassung durch einen inflationsbedingt hohen Nominalzins zu vermeiden, der Inflationsanteil aus den im Rahmen der Ermittlung der AK oder HK nach IAS 23.8 **aktivierten Fremdkapital-Kosten** aufwandswirksam zu eliminieren (IAS 29.21).

Die Unterschiede zwischen HB und StB sind Gegenstand der Abgrenzung latenter Steuern, sofern sie auf der unterschiedlichen Berücksichtigung der Hochinflation beruhen (vgl IAS 12 Appendix A. A. 18; IAS 29.32).

Bei **erstmaliger Anwendung** der Regelungen des IAS 29 haben die Anpassungen retrospektiv zu erfolgen (IFRIC 7.3). Auf den Beginn des frühesten im Abschluss dargestellten Berichtszeitraums ist eine angepasste EB zu erstellen. Hierbei ist zu unterstellen, dass es sich schon immer um ein Hochinflationsland gehandelt hat. Für die Ermittlung der latenten Steuern in der EB gelten die Regelungen des IFRIC 7.4. Ab Beginn der Periode der erstmaligen Anwendung ist auch das von außen zugeführte Kapital (gezeichnetes Kapital und Kapitalrücklage), dh nicht Gewinnrücklage, Ergebnisvortrag oder Neubewertungsrücklage, ab dem Zeitpunkt ihrer Zuführung zu indexieren (IAS 29.24). Die angepassten nicht ausgeschütteten Ergebnisse werden aus allen anderen angepassten Posten der Bilanz ermittelt. Bestehende Neubewertungsrücklagen werden eliminiert. Zum Ende der Periode bzw der Folgeperioden sind alle Teile des EK zu indexieren (IAS 29.25). Die Entwicklung des EK ist entspr den Vorgaben des IAS 1 darzustellen.

Auch die **Posten der Gesamtergebnisrechnung** sind ab dem Zeitpunkt ihrer Buchung zu indexieren (IAS 29.26). In der Praxis werden dafür aus Vereinfachungsgründen Erträge und Aufwendungen mit einem Verhältnis aus Periodenendpreisen und Durchschnittspreisen der Periode multipliziert (*Schruff/Heßhalm* in WILEY IFRS, Abschn 25 Anm 56).

Der **Gewinn oder Verlust aus der Umrechnung der Nettoposition der monetären Posten,** korrigiert um die Anpassung der vertraglich indexierten Posten (IAS 29.28), spiegelt den Kaufkraftgewinn oder -verlust wider. Er ist erfolgswirksam zu behandeln und im Anhang anzugeben (IAS 29.9). IAS 29.27 erlaubt zwei Methoden für die Ermittlung diese Gewinns oder Verlusts: Indirekt aus der Differenz der Anpassung der nichtmonetären VG, des EK der Posten der Gesamtergebnisrechnung und der vertraglich indexierten Posten oder direkt durch die Veränderung des Preisindexes auf die gewichtete durchschnittliche Nettoposition der monetären Posten. IAS 29 empfiehlt, schreibt aber nicht vor, inflationsbeeinflusste Posten der GuV wie zB Zinsaufwendungen und -erträge ebenfalls in diesem Posten zu zeigen (IAS 29.28).

Der Anpassung mittels generellem Index unterliegen grds auch die **Vorjahres-Zahlen** (IAS 29.34). Zur Umrechnung von Vj-Zahlen in eine andere Darstellungswährung gelten die Regelungen des IAS 21.42 (b) u 43.

Entfallen die Voraussetzungen des IAS 29, sind die Werte der letzten inflationierten Bilanz als fortgeführte AK bzw HK zugrunde zu legen (IAS 29.38).

IAS 29 verlangt insb die **Offenlegung** der folgenden Informationen (s auch IAS 29.39):
– Tatsache der Anpassung des Abschlusses und der Vergleichszahlen für die vorherigen Perioden
– Gewinn oder Verlust aus der Umrechnung der Nettoposition der monetären Posten (IAS 29.9)
– Darstellung der Indexierung innerhalb der Entwicklung des EK entspr IAS 1 (IAS 29.25)

– Angabe, ob der JA auf indexierten historischen Werten oder auf Zeitwerten basiert
– Art, Höhe und Entwicklung des verwendeten Index während der Berichts- und der Vorperiode.

III. Outside basis differences

157 Temporäre Differenzen, die sich aus der erfolgsneutralen Erfassung von Umrechnungsdifferenzen bei der Überleitung von der funktionalen Währung des BerichtsUnt in die Berichtswährung des Konzerns ergeben, stellen sog *Outside basis differences* (s zur Definition Anm 102) nach dem Verständnis von IAS 12.38 ff dar (vgl *Oser/Mojadadr/Wirth* KoR 2008, 580). Daher sind latente Steuern beim MU zu erfassen, sofern die Ansatzkriterien nach IAS 12.39 und IAS 12.44 erfüllt sind. Gem § 306 S 4 ist eine Erfassung von latenten Steuern auf *outside basis differences* explizit ausgeschlossen.

IV. Umrechnungsdifferenzen aus der Eliminierung konzerninterner Geschäftsvorfälle

158 Die Einbeziehung des Abschlusses eines ausländischen Geschäftsbetriebs in den KA des berichtenden Unt erfolgt nach den üblichen KonsVerfahren. Hierunter fällt bspw die Eliminierung konzerninterner Geschäftsvorfälle, wie sie IAS 27, IAS 28 und IAS 31 vorschreiben (vgl IAS 21.44 f).

Nach IAS 21.45 sind bei der Verrechnung konzerninterner monetärer Posten aufgrund von Währungsschwankungen auftretende Aufrechnungsdifferenzen im KA ergebniswirksam auszuweisen. Monetäre Posten stellen die Verpflichtung dar, eine Währung in eine andere umzuwandeln. Dementspr sind aus derartigen Wechselkursänderungen bedingte Aufrechnungsdifferenzen im KA erfolgswirksam zu erfassen, es sei denn, sie betreffen eine in IAS 21.32 beschriebene Nettoinvestition in einen ausländischen Geschäftsbetrieb (*Schruff/Wellbrock* in WILEY IFRS, Abschn 22 Anm 63; s Anm 159).

V. Umrechnung von Nettoinvestitionen in einen ausländischen Geschäftsbetrieb

159 IAS 21.15 legt fest, dass monetäre Posten des berichtenden Unt, die von einem oder an einen ausländischen Geschäftsbetrieb zu zahlen sind und deren Begleichung in absehbarer Zukunft weder geplant noch wahrscheinlich ist, iW einen Teil der Nettoinvestition des Unt in diesen ausländischen Geschäftsbetrieb darstellen. Zu diesen Posten zählen zB langfristige Ausleihungen oder Darlehen, nicht jedoch Forderungen oder Verbindlichkeiten aus Lfg und Leistungen. Dies gilt auch für Posten, die von andern TU gehalten werden (IAS 21.15A).

IAS 21.32 regelt die Behandlung evtl auftretender Kursdifferenzen wie folgt:
1. Differenzen aus der Umrechnung monetärer Posten, die Teil einer Nettoinvestition in einen ausländischen Geschäftsbetrieb sind, müssen erfolgswirksam im EA des berichtenden Unt sowie ggf im EA des ausländischen Geschäftsbetriebs ausgewiesen werden.
2. Im KA, der neben dem berichtenden Unt als MU auch den ausländischen Geschäftsbetrieb umfasst, sind diese Kursdifferenzen zunächst erfolgsneutral im sonstigen Ergebnis zu erfassen und erst bei Veräußerung des ausländischen Geschäftsbetriebs vom EK in den Gewinn oder Verlust umzugliedern.

IAS 21.33 unterscheidet die im sonstigen Ergebnis zu erfassenden Umrechnungsdifferenzen wie folgt:

– Wenn ein monetärer Posten Teil der Nettoinvestition des berichtenden Unt in einen ausländischen Geschäftsbetrieb ist und in der funktionalen Währung des berichtenden Unt besteht, entsteht die Kursdifferenz im EA des ausländischen Geschäftsbetriebs.
– Ist der Posten in der funktionalen Währung des ausländischen Geschäftsbetriebs angegeben, die von der funktionalen Währung des berichtenden Unt abweicht, entsteht die Kursdifferenz im EA des berichtenden Unt.
– Ist der Posten in einer Währung angegeben, die weder der funktionalen Währung des berichtenden Unt noch der funktionalen Währung des ausländischen Geschäftsbetriebs entspricht, entstehen Kursdifferenzen in den EA beider Einheiten.

Die Behandlung der **Absicherung von Währungsrisiken aus Nettoinvestitionen in einen ausländischen Geschäftsbetrieb** richtet sich nach den Regelungen des IAS 39.102 sowie IFRIC 16. Vgl hierzu grds die Ausführungen in Anm. 107f sowie *Schruff/Wellbrock* in WILEY IFRS, Abschn 22 Anm 44ff sowie 74ff).

160

Gegenstand der Bilanzierung einer Sicherungsbeziehung können ausschließlich WährUmrDifferenzen zwischen der funktionalen Währung des ausländischen Geschäftsbetriebs und der funktionalen Währung des MU sein (IFRIC 16.10). Grundgeschäft kann ein Betrag des Nettovermögens sein, der dem Buchwert des Nettovermögens eines ausländischen Geschäftsbetriebs im KA des MU entspricht oder geringer als dieser ist (IFRIC 16.11). Das abgesicherte Risiko kann als das zwischen der funktionalen Währung des ausländischen Geschäftsbetriebs und der funktionalen Währung eines (direkten, zwischengeschalteten oder obersten) MU diese ausländischen Geschäftsbetriebs entstehende Währungsrisiko bestimmt werden (IFRIC 16.12).

Sofern die Voraussetzungen des IAS 39.88 in Bezug auf die Designation, Dokumentation und Effektivität erfüllt sind, kann das Sicherungsinstrument von jedem beliebigen oder auch von mehreren Unt der UntGruppe gehalten werden (IFRIC 16.14).

§ 309 Behandlung des Unterschiedsbetrags

(1) Die Abschreibung eines nach § 301 Abs. 3 auszuweisenden Geschäfts- oder Firmenwertes bestimmt sich nach den Vorschriften des Ersten Abschnitts.

(2) Ein nach § 301 Abs. 3 auf der Passivseite auszuweisender Unterschiedsbetrag darf ergebniswirksam nur aufgelöst werden, soweit
1. eine zum Zeitpunkt des Erwerbs der Anteile oder der erstmaligen Konsolidierung erwartete ungünstige Entwicklung der künftigen Ertragslage des Unternehmens eingetreten ist oder zu diesem Zeitpunkt erwartete Aufwendungen zu berücksichtigen sind oder
2. am Abschlußstichtag feststeht, daß er einem realisierten Gewinn entspricht.

Übersicht

	Anm
A. Allgemeines	1, 2
B. Geschäfts- oder Firmenwert (Abs 1)	
I. Komponenten, Ausweis und Allgemeines	5
II. Planmäßige Abschreibung	10–12
III. Außerplanmäßige Abschreibung	13–15
IV. Wertaufholungsverbot	16

	Anm
C. Passiver Unterschiedsbetrag aus der Kapitalkonsolidierung (Abs 2)	
I. Entstehungsursache und Ausweis	20
II. Erfolgswirksame Auflösung nach Nr 1 und 2	21–28
III. Einstellung in Rücklagen	30, 31
D. Publizitätsgesetz	33
E. Rechtsfolgen einer Verletzung des § 309	34
F. Abweichungen der IFRS	
I. Goodwill	35–44
II. Negativer Goodwill	45–47

Schrifttum: SABI 2/1988 Behandlung des Unterschiedsbetrags aus der Kapitalkonsolidierung WPg 1988, 622; *Weber/Zündorf* Geschäfts- oder Firmenwert im Konzernabschluss DB 1989, 333; *Küting/Dusemond/Nardmann* Ausgewählte Probleme der Kapitalkonsolidierung in Theorie und Praxis BB 1994 Beilage 8; *Zwingmann* Der Geschäfts- und Firmenwert sowie der Unterschiedsbetrag aus Kapitalkonsolidierung im Konzernabschluss BB 1994, 2314; *Küting* Aktuelle Fragen der Kapitalkonsolidierung DStR 1995, 192 und 229; *Oser* Erfolgsneutral verrechnete Geschäfts- oder Firmenwerte aus der Kapitalkonsolidierung im Lichte der Entkonsolidierung WPg 1995, 266; *Sauthoff* Zum bilanziellen Charakter negativer Firmenwerte im Konzernabschluss BB 1997, 619; *Küting* Der Geschäfts- und Firmenwert aus der Kapitalkonsolidierung – Eine Bestandsaufnahme in Theorie und Praxis – in FS Kropff, 445; *Ernsting* Zur Bilanzierung eines negativen Geschäfts- oder Firmenwerts nach Handels- und Steuerrecht WPg 1998, 405; *Hommel* Bilanzierung von Goodwill und Badwill im internationalen Vergleich RIW 2001, 801.

A. Allgemeines

1 Der aus der ErstKons gem § 301 verbleibende Unterschiedsbetrag, nämlich GFW oder passiver Unterschiedsbetrag aus der KapKons (s zur Entstehungsursache und zum Ausweis § 301 Anm 150–161), ist in den Folgejahren fortzuschreiben. Dies regelt im Einzelnen § 309. Die Regelung ist für die Folgebehandlung eines Unterschiedsbetrags im Rahmen der Equity-Bewertung einer Bet nach § 312 Abs 2 S 3 entspr anzuwenden. Gleiches gilt bei anteilmäßiger Kons nach § 310 Abs 2.

2 Sinn und Zweck des § 309 besteht darin, eine **periodengerechte Zuordnung der Erfolgswirkungen** eines GFW oder passiven Unterschiedsbetrags in den Folgeperioden durchzuführen bzw erkennbar werden zu lassen. Diese Handhabung dient dem Ziel, eine den tatsächlichen Verhältnissen entspr Ertragslage darzustellen. Sind zB die AK einer Bet auf Grund der Erwartung eines künftigen Verlusts niedriger als das anteilige EK des TU, darf der hieraus resultierende Unterschiedsbetrag nicht im Jahr der ErstKons erfolgserhöhend berücksichtigt werden, sondern muss als Unterschiedsbetrag aus der KapKons passiviert werden. Dieser ist erst bei Eintreten des Verlusts oder bei Feststehen einer Gewinnrealisierung erfolgserhöhend aufzulösen.

B. Geschäfts- oder Firmenwert (Abs 1)

I. Komponenten, Ausweis und Allgemeines

5 Der GFW ergibt sich als **rein rechnerischer Unterschied** zwischen den AK der erworbenen Anteile eines TU und dem anteiligen Wert des EK (nach Zuordnung der mit den VG und Schulden erworbenen stillen Reserven und der stillen Lasten) und gilt nach § 246 Abs 1 S 4 als zeitlich begrenzt nutzbarer VG. In ökonomischer Sicht enthält der GFW die diskontierten Gewinne (Überschuss der künftigen Einnahmenüberschüsse über die Zeitwerte der erworbenen VG abzgl Schulden) künftiger Perioden. Diese Gewinne können ihre Ursache in vielfachen Komponenten haben, die sich nicht zu VG konkretisieren. Dementspr stellt der GFW „ein Bündel von geschäftswertbildenden Faktoren" (§ 247 Anm 405 ff) dar, deren Komponenten zB Produktqualität, Standortvorteil, Kundenstamm, Know-how oder Management sind.

Zu Ausweisfragen in Konzernbilanz, Konzern-GuV und im Anlagengitter des KA s § 301 Anm 150 ff. Für die Folgebewertung der Konzern-GFW verweist Abs 1 auf die Vorschriften in § 246 Abs 1 S 4 (GFW gilt als zeitlich begrenzt nutzbarer VG), § 253 Abs 3 S 1 bis 3 (planmäßige und außerplanmäßige Abschreibung) und § 253 Abs 5 S 2 (Verbot der Wertaufholung).

II. Planmäßige Abschreibung

GFW aus Unt-Erwerben, die in Gj stattfinden, die nach dem 31.12.2009 beginnen, sind planmäßig über ihre Nutzungsdauer abzuschreiben (Art 66 Abs 3 S 4 EGHGB). Für GFW aus früheren Unt-Erwerben (Alt-GFW) dürfen die bisher angewandten ggf abw Methoden (pauschalierte Abschreibung zu mindestens 25% der AK in den 4 dem Erwerb folgenden Jahren oder Verrechnung mit den Rücklagen; s zu diesen Methoden die 6. Aufl) beibehalten werden (Umkehrschluss aus der Regelung, dass nur „neue" GFW der neuen Regelung unterliegen; ebenso *PwC* BilMoG Komm, Q Anm 407; aA *Leinen* in *Kessler/Leinen/ Strickmann (Hrsg)* Handbuch BilMoG², Freiburg 2010, 743, der im Hinblick darauf, dass der GFW ab Geltung des BilMoG VG ist, nur noch die planmäßige Abschreibung der Restbuchwerte der Alt-GFW über die Restnutzungsdauer für zulässig hält). Es ist aber im Hinblick auf die Gesetzesänderung auch zulässig, auch für die Alt-GFW auf die Methode der planmäßigen Abschreibung über die Restnutzungsdauer zu wechseln (aA IDW RS HFA 28, Tz 62, wonach eine Pflicht zur Fortführung der bisherigen Methode bestehen soll). Bei bisheriger Anwendung der pauschalierten Abschreibung bedeutet dies, den noch verbliebenen Restbuchwert über die verbleibende Restnutzungsdauer abzuschreiben (ebenso *PwC* BilMoG Komm, Q Anm 436). Im Falle der bisherigen Verrechnung mit den Rücklagen, wäre ein der verbleibenden Restnutzungsdauer entspr Teilbetrag des ursprünglich verrechneten GFW zu „reaktivieren" und über die verbleibende Restnutzungsdauer abzuschreiben. Der Methodenwechsel ist im Anhang zu erläutern. Werden für die Alt-GFW Methoden beibehalten, die nach neuem Recht nicht mehr zulässig sind, ist auch dies im Anhang zu erläutern.

Für die planmäßige Abschreibung des GFW ist ein **Abschreibungsplan** aufzustellen (§ 253 Abs 3 S 2). Dieser besteht aus der Bestimmung der Nutzungsdauer und einer Abschreibungsmethode, die dem tatsächlichen Entwertungsverlauf des GFW nahekommt. Als **Abschreibungsmethode** kommt dabei sowohl die lineare als auch eine degressive Abschreibung in Betracht. Nach DRS 4.31 ist eine andere als die lineare Abschreibungsmethode nur dann zulässig, wenn überzeugende Gründe dafür vorliegen, dass diese Methode den Abnutzungsverlauf zutreffend widerspiegelt. Die Begr ist im Anhang anzugeben (DRS 4.57b) Der **Abschreibungsbeginn** ist im Zugangsjahr des GFW. Die erste Abschreibung ist bei unterjährigem Zugang des GFW zeitanteilig durchzuführen.

Nach DRS 4.30 ist ein GFW ggf **auf mehrere Geschäftsfelder** eines erworbenen Unt **aufzuteilen**. In diesem Fall sind für die einzelnen Geschäfts-

§ 309 12, 13   Konzernabschluss (Bewertungsvorschriften)

feld-GFW jeweils gesonderte Abschreibungspläne aufzustellen und auch sonst eine separate Folgebewertung (außerplanmäßige Abschreibungen) vorzunehmen (DRS 4.32/35). Nach DRS 4.37 sind die Abschreibungen auf den GFW in der GuV des KA gesondert auszuweisen.

12 Das zentrale Problem der planmäßigen Abschreibung des GFW liegt in der **Nutzungsdauerschätzung** für den GFW. Die Unsicherheiten bei der Nutzungsdauerschätzung dürfen nicht zu willkürlichen Festlegungen der Nutzungsdauer führen. Die Festlegung der Nutzungsdauer muss durch nachvollziehbare Kriterien belegt sein (so auch SABI 2/1988 WPg, 623; *ADS*[6] § 309 Anm 20). Dabei können zwischen den GFW der einbezogenen TU durchaus Unterschiede bestehen, die zu unterschiedlichen Nutzungsdauern führen.

Als Faktoren für eine Nutzungsdauerschätzung sind nach DRS 4.33 bspw in Betracht zu ziehen (so auch *ADS*[6] § 309 Anm 20):
– die Art und die voraussichtliche Bestandsdauer des erworbenen Unt einschl der gesetzlichen und vertraglichen Regelungen, die sich auf seine Lebensdauer auswirken
– die Stabilität und die voraussichtliche Bestandsdauer der Branche des erworbenen Unt
– der Lebenszyklus der Produkte des erworbenen Unt
– die Auswirkungen von Veränderungen der Absatz- und Beschaffungsmärkte sowie der wirtschaftlichen Rahmenbedingungen auf das erworbene Unt
– der Umfang von Erhaltungsaufwendungen, die erforderlich sind, um den erwarteten ökonomischen Nutzen des erworbenen Unt zu realisieren, sowie die Fähigkeit des Unt, diese Aufwendungen aufzubringen
– die Laufzeit wichtiger Absatz- und Beschaffungsverträge des erworbenen Unt,
– die voraussichtliche Dauer der Tätigkeit von wichtigen Mitarbeitern oder Mitarbeitergruppen für das erworbene Unt (Management, Forschung, andere wichtige Know-How-Träger)
– das erwartete Verhalten von (potentiellen) Wettbewerbern des erworbenen Unt
– die voraussichtliche Dauer der Beherrschung des erworbenen Unt

Bestehende **Schätzungsunsicherheiten** müssen im Hinblick auf das allgemeine Vorsichtsgebot (§ 252 Abs 1 Nr 4) eher zur Festlegung kürzerer Nutzungsdauern führen. Die im Schrifttum verschiedentlich genannten Höchst-Nutzungsdauern (*ADS*[6] § 309 Anm 22 und SABI 2/1988 WPg, 623 möglicherweise in Anlehnung an US-GAAP, APB-Opinion No 7.29: 40 Jahre; in Anlehnung an die Nutzungsdauerfiktion des § 7 Abs 1 S 3 EStG: 15 Jahre) sind letztlich willkürlich, bringen aber zum Ausdruck, dass an den Nachweis von langen – insb über 20 Jahre hinausgehenden – Nutzungsdauern besonders hohe Anforderungen zu stellen sind. Nach DRS 4.31 darf eine längere Nutzungsdauer als 5 Jahre (DRS 4.31 idF vor BilMoG: 20 Jahre) nur in begründeten Ausnahmefällen zugrundegelegt werden. Werden für GFW Nutzungsdauern von mehr als 5 Jahren festgelegt, muss im Konzernanhang für diese GFW dargelegt werden, welche Annahmen dies rechtfertigen (§ 314 Abs 1 Nr 20). Nach DRS 4.54d muss zusätzlich im Zugangsjahr für jeden einzelnen GFW die geplante Nutzungsdauer angegeben werden.

III. Außerplanmäßige Abschreibung

13 Wenn der beizZW eines GFW an einem Abschlussstichtag unter dem Wertansatz liegt, der durch die planmäßige Abschreibung erreicht wird, muss nach Abs 1 iVm § 253 Abs 3 S 3 eine **außerplanmäßige Abschreibung** erfolgen, wenn es sich um eine voraussichtlich dauernde Wertminderung handelt (so auch

ADS[6] § 309 Anm 24; *Weber/Zündorf* in HdKR[2] § 309 Anm 29; DRS 4.34). Gründe für eine ggü dem Abschreibungsplan schnellere Wertminderung des GFW können darin liegen, dass sich für die Bestimmung der Nutzungsdauer wesentliche Faktoren tatsächlich ungünstiger entwickelt haben, als es dem Abschreibungsplan zugrunde liegt. Bsp hierfür können sein:
- Durch technische Veränderungen oder Veränderungen des rechtlichen Umfelds kann sich der Lebenszyklus erworbener Produktlinien deutlich verkürzt haben.
- Durch den unvorhergesehenen Wegfall von Teilmärkten hat sich das Marktpotential wichtiger Produktlinien wesentlich verringert.
- Wichtige Personen des Managements oder aus dem Bereich der Forschung des TU scheiden früher als erwartet aus dem Konzern aus.

Wird im JA die Bet auf Grund einer voraussichtlich dauernden Wertminderung (gesunkener Ertragswert) abgeschrieben und ist die „Beteiligung" im KA durch die darin enthaltenen einzelnen VG und Schulden einschl eines GFW des TU höher bewertet als im JA, muss zunächst geprüft werden, ob im Konzern eine außerplanmäßige Abschreibung auf die aufgedeckten Reserven der VG erfolgen muss. Soweit dies nicht der Fall ist oder nicht ausreicht, die „Beteiligung" insgesamt im KA nicht überzubewerten, muss eine außerplanmäßige Abschreibung auf den verbliebenen GFW aus der KapKons vorgenommen werden (s § 301 Anm 240).

Der **Umfang der notwendigen außerplanmäßigen Abschreibung** auf den GFW ergibt sich aus dem beizZW (Ertragswert) der kleinsten wirtschaftlichen Einheit, der der GFW zuzuordnen ist, abzgl der Zeitwerte aller einzelnen VG (grds auch der nicht aktivierten zwischenzeitlich selbsterstellten immateriellen VG) und Schulden zum aktuellen Bewertungszeitpunkt, die dieser Einheit zuzurechnen sind. Das ist der GFW, der sich ergeben würde, wenn diese wirtschaftliche Einheit zum aktuellen Wert erworben würde. Ist dieser GFW niedriger als der Buchwert des GFW, muss dieser entspr abgeschrieben werden (ebenso *PwC* BilMoG Komm, Q Anm 425).

Enthielt der ursprüngliche GFW in wesentlichem Umfang Elemente, die sich zwar zu diesem Zeitpunkt noch nicht in einzeln ansatzfähigen immateriellen VG konkretisiert hatten (zB FuE-Kosten an einem lfd Projekt), die aber im Folgebewertungszeitpunkt die entspr Konkretisierung erreicht haben (Entwicklung hat Marktreife erreicht), dann kann bei der Ermittlung der Vergleichsgröße zum Buchwert des GFW auf den Ansatz des entspr immateriellen VG insoweit verzichtet werden, als dieser VG noch im Restbuchwert des GFW enthalten ist. Dies setzt eine entspr Dokumentation der GFW-Elemente im Erwerbszeitpunkt voraus.

Die **kleinste wirtschaftliche Einheit,** die hier zu betrachten ist, ist die Einheit, der der GFW zugerechnet werden kann, der weitgehend unabhängig vom Restkonzern Einzahlungsüberschüsse zugerechnet werden können. Die kleinste wirtschaftliche Einheit, der der GFW zugerechnet werden kann, ist häufig die rechtliche Einheit mit der er zusammen erworben wurde. Wurde die erworbene Einheit im Erwerbszeitpunkt gem DRS 4.30 in mehrere Geschäftsfelder aufgeteilt, können diese Geschäftsfelder diese kleinste wirtschaftliche Einheit sein. Wenn die ursprünglich erworbene Einheit sehr stark in andere Teile des Gesamtkonzerns integriert wurde, kann die kleinste wirtschaftliche Einheit, der der GFW zugerechnet werden kann, aber auch weiter sein, als die rechtliche Einheit, bei deren Erwerb der GFW ursprünglich entstanden ist.

Sind an der wirtschaftlichen Einheit, der der GFW zuzurechnen ist, **Minderheiten beteiligt,** ist der auf die Minderheiten entfallende Anteil an dem beizZW der Einheit auszuscheiden. Entspr sind dann auch nur die anteiligen Zeitwerte der Einzel-VG und Schulden von dem beizZW abzuziehen. Der verbleibende anteilige Zeitwert des GFW ist mit dem Buchwert des GFW zu vergleichen, denn auch dieser Buchwert des GFW entspricht (im einstufigen Konzern) nur dem Anteil des MU an der Einheit. Wenn im mehrstufigen Konzern auch GFW für die Minderheiten an Zwischenholdings bestehen, müssen diese separat auf eine Wertminderung getestet werden, da sie ggf auf einer anderen AK-Basis beruhen als der dem MU zuzurechnende GFW (s § 301 Anm 377).

15   Nach § 277 Abs 3 S 1 sind außerplanmäßige Abschreibungen in der GuV gesondert auszuweisen oder im Anhang anzugeben. Nach DRS 4.57c) sind außerplanmäßige Abschreibungen auf GFW unter Angabe des betroffenen TU im Anhang anzugeben.

IV. Wertaufholungsverbot

16   **Zuschreibungen** sind beim GFW nach Abs 1 iVm § 253 Abs 5 S 2 nicht zulässig, weil es nicht möglich sein dürfte, zu unterscheiden, ob eine Werterholung beim GFW tatsächlich auf dem Wegfall von Abschreibungsgründen oder auf der Schaffung von zusätzlichem originärem und daher nicht aktivierungsfähigem GFW beruht.

C. Passiver Unterschiedsbetrag aus der Kapitalkonsolidierung (Abs 2)

I. Entstehungsursache und Ausweis

20   Ein passiver Unterschiedsbetrag entsteht dann, wenn die AK bzw der Buchwert der Bet niedriger sind als die anteilig zu Zeitwerten bewerteten Einzel-VG und Schulden des TU im ErstKonsZeitpunkt. Zu den Gründen für das Entstehen eines passiven Unterschiedsbetrags s § 301 Anm 155 und zu Ausweisfragen § 301 Anm 156 f.

II. Erfolgswirksame Auflösung nach Nr 1 und 2

21   Ein passiver Unterschiedsbetrag „darf ... nur aufgelöst werden", wenn die im Anschaffungspreis berücksichtigte ungünstige Entwicklung der künftigen Ertragslage oder die erwarteten Sonderaufwendungen eintreten (Nr 1) oder „am Abschlussstichtag feststeht, dass er einem realisierten Gewinn entspricht" (Nr 2). Durch DRS 4.40f wird diese Auflösungsvorschrift, insb Nr 2 konkretisiert. Sie entspricht der Regelung des ehemaligen IAS 22.61f. Soweit der negative Unterschiedsbetrag auf erwarteten künftigen Aufwendungen oder Verlusten iZm dem erworbenen Unt beruht, ist der Unterschiedsbetrag bei Anfall dieser Aufwendungen oder Verluste erfolgswirksam aufzulösen (DRS 4.40).

Soweit der negative Unterschiedsbetrag nicht durch erwartete Verluste oder Aufwendungen begründet ist, ist er nach DRS 4.41 in einem planmäßigen Verfahren aufzulösen. Der Anteil dieses Teils des negativen Unterschiedsbetrags, der die beizZW der erworbenen nicht-monetärenVG nicht übersteigt, ist planmäßig über die gewichtete durchschnittliche Restnutzungsdauer der erworbenen abnutzbaren VG zu vereinnahmen. Ein übersteigender Anteil ist zum Erstkons-Zeitpunkt sofort erfolgswirksam zu vereinnahmen.

22   Nicht explizit geregelt ist, wie zu verfahren ist, wenn die im ErstkonsZeitpunkt (Erwerbszeitpunkt) **erwarteten Aufwendungen** oder Verluste wider Er-

Behandlung des Unterschiedsbetrags   23–27   § 309

warten **nicht eintreten.** Hierzu wurde bisher die Auffassung vertreten, dass soweit dies eindeutig feststeht, der negative Unterschiedsbetrag insoweit aufgelöst werden darf. Die Regelung des DRS 4 ist an die entspr Regelung des ehemaligen IAS 22.62f angelehnt. Diese Regelung sieht explizit vor, dass in einem solchen Fall der korrespondierende negative Unterschiedsbetrag wie ein Unterschiedsbetrag behandelt werden soll, der ursprünglich nicht mit erwarteten Aufwendungen bzw Verlusten identifiziert werden konnte. Man kann vermuten, dass auch nach DRS diese Behandlung dann einschlägig sein soll.

Während in Nr 1 von „erwarteter ungünstiger Entwicklung der Ertragslage" 23 gesprochen wird, wird in DRS 4.40 dies nur mit „Verlusten" identifiziert. Negative Unterschiedsbeträge, die auf „ungünstigen Entwicklungen", die sich nicht in Verlusten konkretisieren, beruhen (zB Unterverzinslichkeit des erworbenen Vermögens) sind somit nach DRS nach dem planmäßigen Auflösungsverfahren gem DRS 4.41 zu behandeln. Im Ergebnis wurde auch schon bisher für solche Fälle eine planmäßige Auflösung des Unterschiedsbetrags für zulässig erachtet (so *ADS*[6] § 309 Anm 72).

Die **planmäßige Auflösungsregel** nach der durchschnittlichen Restnut- 24 zungsdauer der erworbenen abnutzbaren VG für den die erwarteten Aufwendungen und Verluste übersteigenden Teil des negativen Unterschiedsbetrags ist **als indirekte Kaufpreiskorrektur** für die nicht-monetären VG **deutbar** *("lucky buy").* Sie gilt auch für den Teil des negativen Goodwill, der gedanklich auf die nicht planmäßig abzuschreibenden nicht-monetären VG (zB Vorräte, Grund und Boden) entfällt. DRS 4.41 enthält allerdings keine explizite Regelung, wie zu verfahren ist, wenn die vereinfachende Auflösung nicht mehr zu sinngemäßen Ergebnissen führt. Dies wäre bspw der Fall, wenn zu dem erworbenen Vermögen zwar in erheblichem Umfang nicht-monetäre VG aber keine oder im Verhältnis zum zuzurechnenden negativen Goodwill nur geringfügige über einen kurzen Zeitraum planmäßig abzuschreibende VG gehören. Es dürfte dem Sinn der Regelung (günstiger Kaufpreis) entsprechen, wenn sich auch in diesem Fall die erfolgswirksame Auflösung des negativen Goodwill am Verbrauch oder Abgang der nicht-monetären VG orientiert. Handelt es sich bspw bei den nichtmonetären VG überwiegend um Grund und Boden, wäre der entspr negative Goodwill demnach erst bei dessen Veräußerung erfolgswirksam aufzulösen.

Nach DRS 4 und hM ist die Auflösungsvorschrift als **Mussvorschrift** auszu- 25 legen, falls die Bedingungen für eine erfolgswirksame Auflösung gegeben sind (so auch *ADS*[6] § 309 Anm 71 mwN; *Hachmeister/Beyer* in Beck HdR C 401 Anm 178).

Die Einhaltung der Auflösungsregeln zum passiven Unterschiedsbetrag erfor- 26 dert, dass die **Bestimmungsgründe** des passiven Unterschiedsbetrags im ErstKons-Zeitpunkt genau **analysiert und dokumentiert** werden (SABI 2/1988 WPg, 624; *ADS*[6] § 309 Anm 72). Die im Kaufpreis ggf antizipierten Aufwendungen müssen nach Art und Umfang (Produktionsverlagerungen, Sozialpläne, etc) im Rahmen der ErstKons benannt werden. Gleiches gilt für ggf antizipierte ungünstige Entwicklungen, soweit sie sich in Verlusten konkretisieren (rückläufige Auslastung der Produktionskapazitäten uä).

Wenn ein negativer Unterschiedsbetrag nur darauf beruht, dass die Bet im 27 **Tausch**wege gegen einen VG mit stillen Reserven getauscht wurde und von der handelsrechtlichen Möglichkeit Gebrauch gemacht wurde, die erhaltene Bet mit dem Buchwert des abgehenden VG zu bewerten, dann darf der passive Unterschiedsbetrag sofort ergebniswirksam vereinnahmt werden, soweit er auf der Bewertung der Bet unter dem Zeitwert des abgegangenen VG beruht (s § 301 Anm 22). Dies führt im Ergebnis dazu, dass der im JA mögliche Tauschgewinn im KA (zumindest teilweise) realisiert wird. In diesem Fall steht bereits bei Erwerb der Bet fest, dass die nachhaltig gute Ertragslage des TU eine Realisierung des Unterschiedsbetrags rechtfertigt. Ein Verstoß gegen die Regelung in DRS 4.41 liegt nicht vor, da die Unterbewertung der Bet bei Beachtung der Regelung in DRS 4.13 (AK entspricht Zeitwert des hingegebenen VG) nicht zulässig gewesen wäre.

28   Ein passiver Unterschiedsbetrag, der bis zum Abgang des TU nicht aufgelöst werden durfte, wird letztlich bei der **Endkonsolidierung** erfolgswirksam, da er den Abgangswert des TU mindert und damit das Veräußerungsergebnis erhöht (DRS 4.45; ebenso *ADS*[6] § 309 Anm 79). Verbleibt nach der EndKons eine mit AK zu bewertende Bet im KA, ist der anteilige verbliebene passive Unterschiedsbetrag in die Konzern-AK dieser Bet einzubeziehen (s § 301 Anm 350).

III. Einstellung in Rücklagen

30   Eine vom Gesetzeswortlaut abw Einstellung passiver Unterschiedsbeträge direkt in die Konzernrücklagen, kommt nur für Fälle „unechter" (technischer) passiver Unterschiedsbeträge in Betracht. Wenn die ErstKons (lange) nach dem Zeitpunkt des Erwerbs der Anteile erfolgt und dieser (spätere) Zeitpunkt (Zeitpunkt der erstmaligen Einbeziehung in den KA) der Kapitalaufrechnung zugrunde gelegt wird, kann ein passiver Unterschiedsbetrag ggf darauf beruhen, dass das TU seit dem Erwerbszeitpunkt der Anteile **Gewinne thesauriert** hat (technischer passiver Unterschiedsbetrag). Soweit dies der Fall ist, ist es zulässig und ggf geboten, den Unterschiedsbetrag direkt in die Gewinnrücklagen einzubeziehen. Das Vorgehen ist im Konzernanhang zu erläutern. Waren die erstmals kons Anteile **bisher at equity bewertet,** erfolgt die Kons aber auf Basis der ursprünglichen AK der Anteile, ist die Erfassung in den Gewinnrücklagen geboten, soweit sie zwischenzeitlich aus Konzernsicht bereits die Konzern-GuV in Form von „Erträgen aus assoziierten Unternehmen" berührt haben und daher aus Konzernsicht bereits in den Gewinnrücklagen enthalten sind (dies entspricht im Ergebnis einer Kons der Anteile auf Basis des zuletzt erreichten at equity Wertansatzes; s § 301 Anm 225). Waren die erstmals kons Anteile hingegen **bisher** im Konzern **mit ihren AK bewertet,** ist eine sofortige erfolgswirksame Auflösung dieses passiven Unterschiedsbetrags nach Abs 2 Nr 2 zu präferieren, denn diese Gewinne wurden bisher im Konzern nicht erfolgswirksam erfasst (ebenso *Busse von Colbe* in MünchKomm HGB[3] § 309 Anm 34). Da es sich um aperiodische Erträge handelt, sind sie im Anhang zu erläutern, wenn sie für die Darstellung der VFE-Lage des Konzerns wesentlich sind.

Die sofortige Erfassung eines passiven Unterschiedsbetrags in den Rücklagen ist auch dann geboten, wenn er auf einer **Unterbewertung** der Bet beruht, wie sie nach HGB beim Erwerb im Rahmen einer **Sacheinlage** für zulässig erachtet wird (s § 301 Anm 25). Erfolgte die Sacheinlage beim MU, wäre eine Erfassung als Kapitalrücklage sachgerecht.

31   Für andere Konstellationen dagegen ist die direkte Erfassung des passiven Unterschiedsbetrags im EK oder eine spätere erfolgsneutrale Umgliederung des Unterschiedsbetrags in das EK nicht sachgerecht (ebenfalls ablehnend *Sauthoff* BB 1997, 621). Liegt etwa ein echter „*lucky buy*" vor oder fallen im Kaufpreis antizipierte Aufwendungen tatsächlich nicht oder nur in geringerem Umfang an, sind die dadurch erzielten Vorteile gem den Regeln des DRS 4.41 erfolgswirksam als Gewinn des Konzerns zu erfassen (Anm 21, 22, 27; aA *ADS*[6] § 309 Anm 92, die in diesen Fällen zur früheren Rechtslage auch eine erfolgsneutrale Umgliederung in die Gewinnrücklagen für zulässig hielten). Es handelt sich um im Konzern erwirtschaftete Gewinne. Es ist gelungen, „günstig einzukaufen". Dabei spielt es

keine Rolle, ob sich die Vorteilhaftigkeit des Einkaufs erst nachträglich durch eine günstige Entwicklung (Fortfall im Kaufpreis antizipierter Belastungen) herausstellt oder ob es sich schon nach der Einschätzung im Erwerbszeitpunkt um einen „*lucky buy*" gehandelt hat.

D. Publizitätsgesetz

Auf einen KA nach dem PublG sind die §§ 294 bis 314 sinngemäß anzuwenden (§ 13 Abs 2 S 1 PublG). **33**

E. Rechtsfolgen einer Verletzung des § 309

In § 334 (Ordnungswidrigkeit) wird § 309 nicht explizit genannt. Dennoch kann ein Verstoß gegen § 309 Sanktionen zur Folge haben, wenn gem § 331 Nr 2 die Verhältnisse im KA unrichtig wiedergegeben oder verschleiert werden (Freiheitsstrafe bis zu 3 Jahren oder Geldstrafe) oder wenn eine Ordnungswidrigkeit wegen des Nichtbefolgens der Generalnorm des § 297 Abs 2 gegeben ist (Bußgeld gem § 334 Abs 1 Nr 2b). Dafür bedarf es jedoch einer wesentlichen Auswirkung auf die Ertragslage (Anm 2). **34**

F. Abweichungen der IFRS

Schrifttum: *Oser/Wader* Goodwill impairment-Test nach Anteilserwerb von Minderheitsgesellschaften PiR 2009, 83; *Moser/Hüttche* Allokation des Goodwill auf zahlungsgenerierende Einheiten Corporate Finance biz 2010, 519; *Zwirner/Künkele* Full Goodwill nach IFRS 3: Ermittlung, Fortschreibung und Bilanzpolitik IRZ 2010, 253; *Preißer/ Bressler* Bilanzierungsfragen beim negativen Geschäftswert im Falle des Share Deal BB 2011, 427; *Wulf/Jäschke/Sackbrook* Nutzung der bilanzpolitischen Möglichkeiten beim goodwill impairment PiR 2011, 96.

Standards: IFRS 1 Erstmalige Anwendung der IFRS *(First-Time Application of IFRS);* IFRS 3 Unternehmenszusammenschlüsse *(Business Combinations),* IAS 36 Wertminderung von Vermögenswerten *(Impairment of Assets).*

I. Goodwill

Die folgenden Ausführungen beziehen sich auf IFRS 3 (rev 2008) und den entspr angepassten IAS 36, die verpflichtend für Gj, die am oder nach dem 30.6.2009 beginnen, anzuwenden sind. Die Goodwill-Bilanzierung ist in IFRS 3.32–33 und IAS 36.80–125 und IAS 36.Appendix C geregelt. Danach ist der Goodwill mit den AK zu aktivieren. Er ist im Unterschied zum HGB nicht planmäßig abzuschreiben, sondern nur noch dann abzuwerten, wenn sein beizZW unter den Buchwert sinkt *(impairment-only-approach).* Diese Methode ist verpflichtend auf Goodwill aus Geschäftserwerben, die nach dem 30.3.2004 vereinbart wurden, **anzuwenden** (IFRS 3.78 (2004)). Des Weiteren ist die Regelung prospektiv auf die zum ersten Bilanzstichtag nach dem 29.3.2004 verbleibenden Restbuchwerte der Goodwill aus Geschäftserwerben, die vor dem 31.3.2004 vereinbart wurden, verpflichtend anzuwenden (IFRS 3.79 (2004)). Entspr gilt für Goodwill in Fällen der Quotenkons von Joint-Ventures und at-equity bewerteter Bet (im letzteren Fall bezieht sich ein *impairment test* aller- **35** dings nicht auf den Goodwill, sondern gem IAS 28.33/IAS 28.42 (amended 2011) auf den Gesamtbuchwert der Bet an sich). Goodwill aus Geschäftserwerben in Gj, die vor dem 1.1.1995 begonnen haben, durften nach den damals geltenden IAS **mit dem EK verrechnet** werden. Diese Verrechnungen dürfen beibehalten werden. Auch wenn das Geschäft oder Teile des Geschäfts, dem dieser verrechnete Goodwill zuzuordnen ist, verkauft werden, ist der verrechnete Goodwill nicht erfolgswirksam zu erfassen. Die Verrechnung ist endgültig (IFRS 3.80 (2004)). Gleiches gilt, wenn es für die betr Geschäftseinheit zu einem *impairment* kommt. (Zur Anwendung der Regelungen im Rahmen des erstmaligen Übergangs auf IFRS s Anm 44.)

36 Der Goodwill aus einem Geschäfts- oder BetErwerb ist auch nach IFRS 3.32 im Ergebnis ein Überschuss der AK über die (anteiligen) einzeln identifizierbaren Vermögenswerte und Schulden jeweils bewertet zu deren *fair value*. Insofern besteht grds kein Unterschied zum GFW nach HGB, wenn das *non-controlling interest* (Ausgleichsposten für die Minderheit) nach IFRS 3.19 im Zugangszeitpunkt wie im HGB (und auch nach IFRS 3 (2004)) mit dem proportionalen Anteil der Minderheit an den einzeln identifizierbaren Vermögenswerten und Schulden bewertet wird. Wird das *non-controlling interest* nach IFRS 3.19 hingegen im Zugangszeitpunkt mit dessen *fair value* bewertet (bei vorzeitiger Anwendung von IFRS 3 (2008) zulässig für Geschäftserwerbe in Gj, die am oder nach dem 30.6.2007 beginnen), ergibt sich in Höhe der Differenz zwischen dem *fair value* des *non-controlling interest* und dem proportionalen Anteil der Minderheit an den einzeln identifizierbaren VG und Schulden ein idR höherer, ggf aber auch niedrigerer Goodwill als nach HGB (zur Problematik dieser Regelung s § 307 Anm 92). In der Höhe des Zugangswerts des Goodwill nach IFRS können sich Unterschiede zum GFW nach HGB auch ergeben, soweit in den Rechtskreisen Unterschiede in der Identifizierung einzeln ansetzbarer Vrmögenswerte und Schulden bestehen (s dazu § 301 Anm 420). Darüber hinaus können sich Unterschiede ergeben, wenn nach HGB für IFRS unzulässige Verrechnungszeitpunkte (Verrechnung auf den Zeitpunkt der erstmaligen Einbeziehung bei bisher wahlweise nicht kons TU) gelten (s § 301 Anm 416). Ganz erhebliche Unterschiede in der Höhe des GFW können sich auch ergeben, wenn die AK des TU nach IFRS von den AK nach HGB abweichen. Dies kann insb dann der Fall sein, wenn das TU gegen Ausgabe von neuen Anteilen am MU, also im Wege einer Kapitalerhöhung mit Sacheinlage erworben wurde und bei der Bemessung der AK nach HGB von der Möglichkeit einer Bewertung unterhalb des Zeitwerts der Sacheinlage Gebrauch gemacht wurde. Auch bei einem stufenweisen Erwerb eines TU können sich Unterschiede in den AK ergeben, da IFRS 3.42 abw von HGB (vgl § 301 Anm 507f) verlangt, dass vor dem Zeitpunkt der Erlangung von *control* gehaltene *equity interest* an dem TU auf diesen Zeitpunkt erfolgswirksam auf den fair value umzubewerten. Durch das Verbot der Einbeziehung von Anschaffungsnebenkosten in die AK des TU nach IFRS 3.53 ergibt sich insoweit ein niedrigerer Zugangswert für den Goodwill als nach HGB (s § 301 Anm 448).

37 Da Goodwill mangels weitgehend separat zurechenbarer *cash flows* nicht als einzelner VG auf einen niedrigeren beizZW getestet werden kann, muss er für Zwecke dieses Tests ab dem Erwerbszeitpunkt den *cgu* (bzw Gruppen von *cgu*) zugeordnet werden, die von den Synergien des Geschäftserwerbs voraussichtlich profitieren. Dies können auch *cgu* sein, denen ansonsten aus dem Geschäftserwerb keine Vermögenswerte/Schulden zugeordnet werden. Diese **Zerlegung des Goodwill** braucht (und darf) nur bis zu dem niedrigsten Level vorgenommen werden, auf dem in dem Konzern Goodwill für interne Managementbelange beobachtet werden. Die Zerlegung muss aber zumindest bis auf die Segmente iSd IFRS 8 vorgenommen werden, selbst wenn für interne Managementbelange

die Goodwill nur segmentübergreifend beobachtet werden sollten (IAS 36.80). Die *cgu*, zu der der Goodwill gehört, wird häufig die entspr Bet, bzw werden aus Konzernsicht die dazu gehörenden Vermögenswerte und Schulden sein. Je nach den Umständen kann die *cgu* aber auch nur einen Teil der Bet (zB einen bestimmten Betriebsteil) oder aber auch mehr als die Bet (zB die Sparte, zu der die Bet im Konzern gehört) umfassen. Insb im letzteren Fall kann es sein, dass (Teil-) Goodwills aus mehreren Erwerben zusammengefasst getestet werden.

Nach IAS 36.90 ist jährlich zu testen, ob der Goodwill einer *cgu* auf einen niedrigeren beizZW abgeschrieben werden muss. Dieser „planmäßige" Test, darf nach IAS 36.96 zu jedem beliebigen **Zeitpunkt** während des Gj erfolgen, vorausgesetzt er wird in jedem Jahr immer zu diesem Zeitpunkt durchgeführt. Für unterschiedliche *cgu* dürfen unterschiedliche „planmäßige" Testtermine festgesetzt werden. Ergeben sich zwischen zwei „planmäßigen" Testterminen, insb an einem Abschlussstichtag, Anzeichen für eine Wertminderung einer *cgu,* muss zu diesem Zeitpunkt für diese zusätzlich ein „außerplanmäßiger" Test erfolgen. Auch wenn der ganze oder ein Teil des Goodwill, der einer *cgu* zugeordnet ist, aus einem Geschäftserwerb während des lfd Gj resultiert, muss die *cgu* (ggf zusätzlich) zum Ende des Gj getestet werden.

Nach IAS 36.97 f ist folgende **Testhierarchie** zu beachten: Bestehen zu einem („planmäßigen" oder „außerplanmäßigen") Testtermin für eine *cgu* (bzw Gruppe von *cgu*), der der Goodwill zugeordnet ist, Anzeichen dafür, dass ein einzelner Vermögenswert innerhalb der *cgu* bzw eine *cgu* innerhalb der Gruppe, im Wert gemindert sein könnte, muss vor dem „Goodwill-Test" zunächst für diesen Vermögenswert bzw diese *cgu* der entspr Test durchgeführt und die sich daraus ggf ergebenden Abschreibungen vorgenommen werden. Erst auf der Grundlage der dann ggf reduzierten Buchwerte für diesen Vermögenswert bzw diese *cgu* ist dann der Goodwill-Test durchzuführen.

Zu einer **Abschreibung** des einer *cgu* zugeordneten Goodwill kommt es, soweit der Wert der *cgu* (der höhere Wert aus *value in use* oder *net selling price*) kleiner ist als die Summe der Buchwerte aller Vermögenswerte/ggf Schulden inkl Goodwill dieser *cgu* (IAS 36.90). Die Differenz ist nach IAS 36.104 in erster Linie am Goodwill zu kürzen. Nur wenn dieser nicht ausreicht, sind auch die anderen Vermögenswerte der *cgu* im Wert herabzusetzen. Bei dieser Vorgehensweise „schützen" stille Reserven in den anderen Vermögenswerten der *cgu* den Goodwill vor „*impairment*". Nach HGB ist diese Behandlung wegen Verstoßes gegen den Einzelbewertungsgrundsatz nicht zulässig (s Anm 14).

Sind an der zu testenden *cgu* auch **Minderheiten** beteiligt, umfasst der beizZW der *cgu (value in use* oder *net selling price)* auch Goodwill (und ggf stille Reserven in den Vermögenswerten), die auf die Minderheiten entfallen. Wenn im Rahmen der Kaufpreisallokation der Goodwill nur für den Anteil der im Konzern kons Anteile angesetzt wird (also das *non controlling interest* nach IFRS 3.19 mit dem proportionalen Anteil an den identifizierbaren Vermögenswerte und Schulden und nicht mit dem *fair value* bewertet wurde), muss für Zwecke des „Goodwill-Tests" der Buchwert der Goodwills um den auf die Minderheit entfallenden Anteil aufgestockt werden. Dieser „aufgestockte" Buchwert der *cgu* ist mit deren beizZW zu vergleichen. Soweit sich dabei nach IAS 36.104 ein Abschreibungsbedarf auf den Goodwill ergibt, ist dieser nur entspr dem tatsächlich im Konzern ausgewiesenen Anteil des Goodwill zu erfassen (IAS 36.Appendix C4 und C8).

Eine derartige „Aufstockung" von Buchwerten im Rahmen eines Abwertungstests ist uE auch vorzunehmen, wenn eine zu testende *cgu* noch Vermögenswerte enthält, an denen Minderheiten beteiligt sind, die aus nach der „Buchwertmethode" bilanzierten **Geschäftserwerben, die vor dem 31.3.2004** vereinbart wurden, stammen und auf die bei der damaligen Kaufpreisallokation nur den kons Anteilen entspr stille Reserven aufgedeckt wurden.

Wenn nach IFRS 3.19 die *„full goodwill method"* gewählt wird, muss die Vorgehensweise beim *Impairment-Test* entspr angepasst werden (IAS 36.C7). Eine „Aufstockung" des Buch-Goodwill ist dann nicht mehr erforderlich. Es kann unmittelbar der *recoverable amount* mit dem Buchwert der entspr *cgu* bzw Gruppe von *cgu* verglichen werden. Falls sich ein Abwertungsbedarf für eine *cgu* ergibt, die auch auf Minderheiten entfallenden Goodwill umfasst, ist der Buchwert des Goodwill vor dem *impairment* im ersten Schritt zunächst auf die Teile der *cgu* aufzuteilen, an denen Minderheiten beteiligt sind und an denen keine Minderheiten beteiligt sind. Wie dies zu geschehen hat, wird nicht näher erläutert. Man wird sich an den *fair values* der Teil-Einheiten vor dem *impairment* orientieren. Der für die gesamte *cgu* ermittelte Abschreibungsbedarf ist gemäß dem relativen Verhältnis des den verschiedenen Teilen zuzurechnenden Goodwill aufzuteilen. Im zweiten Schritt ist dann der auf den Teil mit Bet einer Minderheit entfallende Abschreibungsbedarf nach der Bet der Gester-Gruppen an Gewinn und Verlust aufzuteilen (zur Problematik dieser Regelung § 307 Anm 92). Würde man die Verteilung der Abschreibung (abw vom Wortlaut des IAS 36.C7) am relativen Verhältnis der ursprünglich den Gester-Gruppen zuzurechnenden Goodwills orientieren, wäre für die Verteilung der Abschreibung die Allokation auf die verschiedenen Teile (mit und ohne Bet einer Minderheit) nicht erforderlich. Es genügt den ermittelten Gesamt-Abschreibungsbedarf auf den auf die zu kons Anteile entfallenden Goodwill und den auf Minderheiten entfallenden Goodwill nach dem relativen Verhältnis der Buchwerte aufzuteilen.

39 **Zuschreibungen** auf einmal abgeschriebenen Goodwill sind nach IAS 36.124 nicht gestattet, auch wenn der beizZW der *cgu* wieder über deren Buchwert angestiegen ist und die Möglichkeiten zur Zuschreibung der anderen Vermögenswerte der *cgu* erschöpft sind (IAS 36.122f). Der Hintergrund dieses Verbots der Zuschreibung beim Goodwill ist, dass eine Werterhöhung eines Goodwill idR auf nicht aktivierbarem selbsterstelltem Goodwill beruht (IAS 36.125).

40 Erfolgt der **erstmalige Übergang** vom HGB zur Rechnungslegung nach IFRS für ein Gj, das am oder nach dem 1.7.2009 beginnt, sind nach IFRS 1.7 die Regeln des IFRS 3 (revised 2008) iVm mit IAS 36 (revised 2008) zum Goodwill grds ohne Berücksichtigung der in diesen Standards enthaltenen Übergangsregeln retrospektiv auf alle Goodwills aus früheren Geschäftserwerben anzuwenden. Für Geschäftserwerbe vor dem *transition date* (wenn man bspw für das Gj 2014 erstmals auf IFRS übergeht, ist *transition date* der 1.1.2013, also die EB der Vergleichsperiode) gestattet IFRS 1.18 iVm IFRS 1 App.C jedoch, dass auf eine retrospektive Anwendung des IFRS 3 verzichtet wird, und statt dessen die Restbuchwerte der Goodwills aus diesen Geschäftserwerben, wie sie im HGB-KA zum *transition date* ausgewiesen werden, in die IFRS-EB übernommen werden dürfen. Dies gilt auch, wenn Goodwill nach HGB verrechnet wurde oder nach der pauschalen Methode abgeschrieben wurde. Lediglich **zwei** Anpassungen sollen vorgenommen werden, es sei denn der Goodwill wurde unter HGB direkt mit dem EK verrechnet (IFRS 1 App.C4(g)). Zum einen sind die Restbuchwerte von nach HGB im Rahmen der ErstKons angesetzter immaterieller Vermögenswerte (inkl ggf damit zusammenhängender latenter Steuerposten) in den Goodwill umzubuchen, wenn diese immateriellen Vermögenswerte nach IFRS nicht ansatzfähig wären und umgekehrt immaterielle Vermögenswerte (inkl ggf damit zusammenhängender latenter Steuerposten) aus dem Goodwill zu eliminieren, wenn sie nach HGB nicht angesetzt wurden, aber nach IFRS in der Bilanz des erworbenen Unt nach IFRS anzusetzen gewesen wären. Entspr soll mit *contingent liabilities,* die im Erwerbszeitpunkt bestanden aber unter HGB nicht erfasst wurden, verfahren werden, wenn sie zum *transition date* noch bestehen und sie nach IAS 37 bei dem betroffenen TU zum *transition date* erfasst werden müssen. Zum anderen ist ein obligatorischer *impairment test* auf den in die EB zu übernehmenden Goodwill und ggf eine entspr Wertkorrektur vorzunehmen. Diese Restbuchwerte der Goodwills aus Geschäftserwerben vor dem *transition date* unterliegen ab dem *transition date* nur noch einer Abschreibung, soweit der beizZW der *cgu,* der sie zugeordnet sind, unter deren Buchwert sinkt.

Wurde der Goodwill unter HGB direkt **mit den Rücklagen verrechnet,** sind auch die Ansatzkorrekturen für immaterielle Vermögenswerte mit den Gewinnrücklagen der IFRS-EB zu verrechnen. Bedingte Kaufpreisanpassungen, die nach dem *transition date* erfolgen, sind ebenfalls mit den Gewinnrücklagen zu verrechnen (IFRS 1 App.C4(i)). Auch bei späterem Verkauf oder außerplanmäßiger Abschreibung des entspr TU bleibt der Goodwill verrechnet und ist nicht nachträglich über die GuV als Aufwand zu erfassen (IFRS 1 App.C4(i)). 44

II. Negativer Goodwill

Nach IFRS 3.34–36 liegt ein negativer Goodwill vor, wenn der Kaufpreis für einen Geschäftserwerb niedriger ist als der (anteilige) *fair value* der einzeln identifizierbaren VG und Schulden. 45

Der negative Goodwill ist im Gj des Entstehens ertragswirksam zu vereinnahmen (zur Problematik bei Minderheiten und Anwendung der *full goodwill method* s § 307 Anm 92). Die *Fair Value*-Ansätze der erworbenen Vermögenswerte und Schulden und ggf auch die Ermittlung der Gesamt-AK für den Geschäftserwerb müssen zwar in einer solchen Situation besonders gründlich überprüft werden, da ein Überhang der *fair value* der einzelnen erworbenen Vermögenswerte und Schulden (darunter auch *contingent liabilities*) über die AK der Bet ein Indiz für eine fehlerhafte Bewertung sein könnte, aber wenn nach dieser Überprüfung ein negativer Goodwill verbleibt, ist dieser sofort erfolgswirksam zu erfassen. 46

Erfolgt der **erstmalige Übergang** von HGB zur Rechnungslegung nach IFRS für ein Gj, das am oder nach dem 1.7.2009 beginnt, sind nach IFRS 1.7 die Regeln des IFRS 3 zum negativen Goodwill ohne Berücksichtigung der in diesen Standards enthaltenen Übergangsregeln retrospektiv auf alle negativen Goodwills aus früheren Geschäftserwerben anzuwenden. Auch wenn und soweit von der Ausnahme von der retrospektiven Anwendung von IFRS 3 für Geschäftserwerbe vor dem *transition date* nach IFRS 1.18 Gebrauch gemacht wird, sind ggf im HGB-KA zum *transition date* noch ausgewiesene Restbuchwerte negativer Goodwills gegen die Gewinnrücklagen in der IFRS-EB auszubuchen. 47

Sechster Titel. Anteilmäßige Konsolidierung

§ 310 [Anteilmäßige Konsolidierung]

(1) **Führt ein in einen Konzernabschluß einbezogenes Mutter- oder Tochterunternehmen ein anderes Unternehmen gemeinsam mit einem oder mehreren nicht in den Konzernabschluß einbezogenen Unternehmen, so darf das andere Unternehmen in den Konzernabschluß entsprechend den Anteilen am Kapital einbezogen werden, die dem Mutterunternehmen gehören.**

(2) **Auf die anteilmäßige Konsolidierung sind die §§ 297 bis 301, §§ 303 bis 306, 308, 308a, 309 entsprechend anzuwenden.**

Übersicht

	Anm
A. Allgemeines	1–3
B. Abgrenzungen	
I. Verhältnis zur Vollkonsolidierung	5–7
II. Verhältnis zur Anteilsbewertung nach der Equity-Methode	8
C. Die Gemeinschaftsunternehmen (Abs 1)	
I. Begriff, Eigenschaften und Kennzeichen	10–12
II. Inhalt und Gegenstand der gemeinsamen Führung	
1. Art und Umfang der tatsächlichen Führung	15–17
2. Beteiligungscharakter der Anteile	20–23
3. Gleichmäßigkeit der Beteiligungsverhältnisse	25
4. Begrenzung der Gesellschafterzahl	26
5. Gemeinschaftsunternehmen von untergeordneter Bedeutung	27
III. Beteiligungsverhältnisse der Gesellschafterunternehmen	
1. Anwendung und Auswirkung der Zurechnungsvorschriften	30, 31
2. Zulässige Beteiligungsverhältnisse im Konzern	34, 35
3. Vorrang der Vollkonsolidierung	37–39
D. Inhalt der anteilmäßigen Konsolidierung	
I. Anwendung der Vorschriften zur Vollkonsolidierung (Abs 2)	50
II. Konsolidierungsverfahren	
1. Allgemeines zur Konsolidierung	53, 54
2. Ermittlung und Anwendung der Anteilsquote des Konzerns	55–58
3. Besonderheiten einzelner Konsolidierungstechniken	
a) Kapitalkonsolidierung	60
b) Schuldenkonsolidierung	62, 63
c) Zwischenergebniseliminierung	65, 66
d) Erfolgskonsolidierung	69
4. Konsolidierungserleichterungen	71, 72
5. Wechsel des Konsolidierungsverfahrens	73, 74
E. Angaben im Konzernanhang	
I. Anwendung der Vorschriften zur Vollkonsolidierung	75
II. Inhalt und Umfang der Angaben	
1. Qualitative Angaben	76
2. Quantitative Angaben	77
F. Publizitätsgesetz	80
G. Rechtsfolgen einer Verletzung des § 310	85
H. Abweichungen der IFRS	90–96

Schrifttum: *Schindler* Konsolidierung von Gemeinschaftsunternehmen: Ein Beitrag zu § 310 HGB BB 1987, 158; *Zündorf* Quotenkonsolidierung versus Equity Methode, Stuttgart 1987; *Zündorf* Zur Problematik der Zwischenergebniseliminierung im Rahmen der Quotenkonsolidierung BB 1987, 2125; *Busse von Colbe/Müller/Reinhard* (Hrsg) Aufstellung von Konzernabschlüssen ZfbF 1987 Sonderheft 21 (2. Aufl 1989); *HFA 1/1993* Zur Bilanzierung von Joint Ventures WPg 1993, 441; *Roß* Gemeinschaftsunternehmen als Gesellschafterunternehmen im Konzernabschluss – Zur Methode und zur Quote der Einbeziehung der Beteiligungsgesellschaft WPg 1995, 617; *Vaubel* Joint Ventures im Konzernabschluss, Düsseldorf 2001; *Lauer* Gemeinsam geführte Unternehmen im Bilanz- und

Gesellschaftsrecht, Frankfurt 2006; *Deubert/Klöcker* Das Verhältnis von Zeitwertbewertung und Zwischenergebniseliminierung bei der Übergangskonsolidierung nach BilMoG, KoR 2010, 571.

Standard: DRS 9 Bilanzierung von Anteilen an Gemeinschaftsunternehmen im Konzernabschluss idF DRÄS 4, BAnz v 18.2.2010, Beilage 27a.

A. Allgemeines

Als selbstständiger „Sechster Titel" *nach* den Vorschriften über die VollKons 1 und *vor* den Bestimmungen über die assozUnt enthält das HGB Regelungen für GemUnt. Bereits daraus ergibt sich, dass GemUnt keine KonzernUnt sind. Das wird durch § 313 Abs 2 Nrn 1 und 3 bestätigt, wonach für KonzernUnt und GemUnt teilweise abw Angaben im Konzernanhang verlangt werden.

Für die in Form von GemUnt geführten assozUnt hat sich die wahlweise an- 2 teilige Kons, in der Praxis auch als **Quotenkonsolidierung** bezeichnet, durchgesetzt. Nach dem Bericht des Rechtsausschusses zum BiRiLiG stellt die QuoKons *keine Alternative* zur VollKons gem §§ 300 bis 307 dar, vielmehr besteht nur ein *Wahlrecht* an Stelle der Bewertung nach der Equity-Methode gem § 312 (vgl BT-Drs 10/4268, 116).

Im deutschen Konzernrecht besteht keine strikte Trennung zwischen dem 3 Konzern einerseits und dem „konzernfremden Bereich" andererseits. Vielmehr wurde einem stufenweisen Übergang nach der Intensität der Einflussnahme des MU der Vorzug gegeben. Damit findet neben der – unter dem Grundgedanken der Beherrschung des Konzerns durch das MU – an sich einzig zulässigen VollKons mit Ausweis von Minderheitenanteilen auch die QuoKons als Ausdruck der Interessentheorie Eingang in das deutsche Konzernrecht.

B. Abgrenzungen

I. Verhältnis zur Vollkonsolidierung

GemUnt stehen gem Abs 1 unter der **gemeinsamen Führung** (hierzu 5 Anm 15 ff) von mind *zwei* Unt, von denen mind *eines* der führenden Unt nicht in den KA einbezogen sein darf (dazu Anm 11; Beispiele für GemUnt enthält Anm 16). Ein GemUnt kann daher keinem beherrschenden Einfluss eines *einzigen* Unt unterliegen, was Voraussetzung für die VollKons eines TU ist (§ 290 Abs 1). Ein GemUnt ist daher von der VollKons ausgeschlossen, was auch durch die unterschiedliche Bezeichnung von TU und GemUnt im HGB zum Ausdruck kommt. Zwar unterliegt das GemUnt der gemeinschaftlichen Führung *aller* es führenden GesterUnt, dieses aber unter **Herbeiführung einvernehmlicher Entscheidungen** unter den GesterUnt. Die zur Beherrschung eines KonzernUnt erforderliche Führung ist dagegen auf die ungeteilte Durchsetzung der Konzerninteressen gerichtet, so dass ein GemUnt auch nicht unter der mehrfachen Beherrschung der GesterUnt im Hinblick auf die Kons stehen kann. Eine mehrfache Konzernzugehörigkeit von GemUnt ist auch nach den IFRS nicht möglich (s IFRS 10.9 u Anhang A (2012)).

Bei Unt, die nach außen als *Joint Venture* auftreten, ist es auch möglich, dass durch Vereinbarungen im Innenverhältnis jeder Partner die Chancen und Risiken für einen bestimmten Bereich trägt (sog Silo- oder **Zebra-Gesellschaften**; vgl auch *PwC* BilMoG Komm, Q Anm 86 ff). In diesem Fall wird der bestimmte

§ 310 6–10   Anteilmäßige Konsolidierung

Bereich (bspw F&E) idR den Status einer Tochter-ZweckGes iSd § 290 Abs. 2 Nr. 4 haben, so dass der Gester die VG und Schulden seines Silos bzw „Zebra-Streifens" vollständig und nicht nur anteilig zu konsolidieren hat. Folglich darf in diesen Fällen weder die QuoKons noch die Equity-Methode angewandt werden (Vorrang der VollKons).

6   Ein Wahlrecht zwischen VollKons und QuoKons kann schon deshalb nicht in Betracht kommen, weil die gemeinsame Führung iSd § 310 nach dem Stufenkonzept des HGB (dazu *Baetge* KA[9], 106 f) als Grenzfall maßgeblichen Einflusses iSd § 311 anzusehen ist (Anm 2).

7   Da ein GemUnt die Voraussetzungen des § 290 nicht erfüllen kann, ist es auch kein verbundenes Unt. Das folgt aus dem Wortlaut der §§ 271 Abs 2 u 294 Abs 1. Beide Vorschriften gehen von *dem* (= einem) MU aus. Trotzdem kann ein GemUnt nach dem Stufenkonzept des HGB *selbst* MU eines Konzerns sein (Anm 53).

II. Verhältnis zur Anteilsbewertung nach der Equity-Methode

8   Mit der tatsächlich ausgeübten gemeinsamen Führung wird für das GemUnt stets der *bestimmende* Einfluss auf die Geschäfts- und Finanzpolitik durch die Gester verbunden sein (zur Begriffsbestimmung des maßgeblichen Einflusses § 311 Anm 15 f). Letzterer ist zugleich Voraussetzung für die Einbeziehung von Bet von 50 % und weniger als assozUnt nach der Equity-Methode in den KA, so dass GemUnt im Regelfall zugleich die Voraussetzungen als assozUnt erfüllen (so auch *Kraft* in Großkomm HGB[5] § 310 Anm 18).

Wird trotz Vorliegens der Voraussetzungen auf die Ausübung des **Wahlrechts** zur Anwendung der **Quotenkonsolidierung** gem § 310 verzichtet, sind die Vorschriften für assozUnt gem §§ 311 f anzuwenden. Das Wahlrecht darf für die einzelnen GemUnt unter dem Aspekt der **sachlichen Stetigkeit** nicht willkürlich ausgeübt werden (s *ADS*[6] § 297 Anm 48; *WPH*[14] I, M 18). Die für ein GemUnt **einmal gewählte Methode** unterliegt dem **Beibehaltungsgebot** des § 297 Abs 2.

Für GemUnt scheidet somit *für den KA* nicht nur die VollKons aus (§ 310 Abs 2, oben Anm 5), sondern grds auch die normale Beteiligungsbilanzierung zu fortgeführten AK. Das Einbeziehungswahlrecht für GemUnt beschränkt sich auf die QuoKons (Anm 53 ff) oder den Ansatz „at equity" gem § 312. Nur wenn die Bet für die Vermittlung eines den tatsächlichen Verhältnissen entspr Bilds der VFE-Lage des Konzerns von untergeordneter Bedeutung ist, braucht die Equity-Methode nicht angewendet werden, so dass zu fortgeführten AK bilanziert werden darf (analog § 311 Abs 2; vgl § 310 Anm 27, § 311 Anm 20).

C. Die Gemeinschaftsunternehmen (Abs 1)

I. Begriff, Eigenschaften und Kennzeichen

10 Zum **Begriff** „Gemeinschaftsunternehmen" wird in der Literatur der Begriff „**Joint Venture**" (Anm 16) synonym verwendet (vgl zB *Pellens/Füllbier* in MünchKomm HGB[3] § 310 Anm 6; zur Bilanzierung von Joint Ventures s auch *HFA* 1/1993 WPg 1993, 441 ff). Das GemUnt ist **nicht beschränkt auf bestimmte Rechtsformen**, wobei ein GemUnt stets den Unternehmenstatbestand erfüllen muss (vgl *Ebeling* in Bilanzrecht § 310 Anm 33; *Pellens/Füllbier* in MünchKomm HGB[3] § 310 Anm 12 f; dazu § 271 Anm 9 ff). Anderenfalls wäre die Rechnungslegungspflicht nach HGB zumindest zweifelhaft.

Nach Abs 1 sind **Kennzeichen des Gemeinschaftsunternehmens:** 11
- es muss von mehreren Unt gemeinsam geführt werden,
- mind ein GesterUnt darf nicht zum KonsKreis gehören.

Alleiniger Gegenstand der QuoKons ist demnach ein von den GesterUnt gemeinsam geführtes Unt, ohne dass § 310 eine Begriffsbestimmung des GemUnt enthält. In der Literatur haben sich zur Charakterisierung der GemUnt darüber hinaus weitere Bestimmungsmerkmale herausgebildet, wie Dauer der Zusammenarbeit, Anzahl, Unabhängigkeit und Beteiligungshöhe der GesterUnt; (*Lauer*, 99 ff) hierzu Anm 15 ff.

Ein GemUnt darf in den KA eines jeden GesterUnt anteilig einbezogen werden, 12
wobei die Kons nicht spiegelbildlich in den KA der Gester des GemUnt erfolgen muss. In welcher Weise die **anteilige Einbeziehung** geschieht, wird in Anm 53 ff dargestellt.

II. Inhalt und Gegenstand der gemeinsamen Führung

1. Art und Umfang der tatsächlichen Führung

Die GesterUnt dürfen an dem GemUnt nicht nur Kapitalanteile halten; sie 15
müssen vielmehr an dessen Führung *tatsächlich* beteiligt sein und diese gemeinsam ausüben. Es darf sich also nicht um eine reine FinanzBet handeln, bei der sich die Bet auf die Ausübung der mitgliedschaftlichen Rechte (Stimmrechtsausübung auf der GesV oder Übernahme eines AR-Sitzes) beschränkt, vielmehr muss die *gemeinschaftliche Führung* durch die GesterUnt gewährleistet sein und *auch ausgeübt* werden (ebenso DRS 9.3). Dies kann durch Bestimmungen der Satzung oder vertragliche Absprachen sichergestellt werden, indem über alle wichtigen Fragen der Geschäfts- und Finanzpolitik, insb der Planung, Durchführung und Überwachung (zB durch einen Katalog zustimmungsbedürftiger Geschäfte) *gemeinsam* befunden und *einstimmig* Beschluss gefasst wird.

Anlass hierzu bietet vielfach die **Zweckbestimmung der Gemeinschafts-** 16
unternehmen, die in der Verfolgung gemeinsamer in der Satzung, im GesVertrag oder in vertraglichen Absprachen festgelegter Ziele und Interessen besteht (ausführlich: *Vaubel*, 90 ff). Dies ist insb der Fall bei *Joint Ventures* zur Durchführung von Großprojekten oder von gemeinsamen Produktions-, FuE-, Vertriebs- oder Prospektionsvorhaben, auch bei Ausgründung von UntTeilen zu einem neuen (größeren) Verbund.

Die **Willensbildung** der einzelnen GesterUnt kann auch in einer **vorge-** 17
schalteten GbR koordiniert sein (so *Niehus* in HdJ V/7 Anm 5). Unter dem Aspekt einer gemeinsamen und notwendigerweise über die KapitalBet hinausgehenden Zielsetzung ist das gemeinsame Führen zwangsläufige Konsequenz, da jeder Gester in der Verantwortung sein soll (und an den Ergebnissen teilhaben will). Das GemUnt zeichnet demnach das Mitbestimmen und nicht (wie bei § 290) das Beherrschen aus. DRS 9.3 definiert den maßgeblichen Einfluss zutreffend als „Mitwirkung an der Geschäfts- und Finanzpolitik eines Beteiligungsunternehmens, ohne dass damit die Beherrschung verbunden ist."

2. Beteiligungscharakter der Anteile

Die Anteile an derartigen GemUnt erfüllen auch stets die Merkmale der Bet 20
iSv § 271 Abs 1, weil gerade durch das im Rahmen des **gemeinsamen Unter-**
nehmenszwecks vertretene Eigeninteresse das BetVorhaben von Anfang an unbestritten und auf Dauer angelegt ist.

Zwar schließt eine von vornherein vereinbarte zeitliche Befristung der Unt- 21
Dauer (zB zur Abwicklung eines Bauprojekts) nicht bereits das Vorliegen eines

GemUnt aus. Bei dem Sonderfall der selbständig bilanzierenden **Arbeitsgemeinschaften** (Argen) wird eine QuoKons jedoch überwiegend abgelehnt (vgl *Pellens/Füllbier* in MünchKomm HGB[3] § 310 Anm 16 mwN; DRS 9.2), da diese Ges nicht auf Dauer angelegt sind. Die zeitliche Begrenzung der Tätigkeit wird in der Literatur kritisch gesehen (*Vaubel*, 58 f, *Lauer*, 104 f). Liegen die für ein Unt typischen Merkmale (zB Verfolgung erwerbswirtschaftlicher Interessen, die ganz oder teilweise gesamthänderische Vermögensbindung sowie das eigenständige und nach außen erkennbare in Erscheinung treten der wirtschaftlichen Einheit) vor und besteht eine eigenständige Bilanzierungspflicht der Arge, entfällt die Dauer der Zusammenarbeit als gesondertes Prüfkriterium (*Kraft* in Großkomm HGB[5] § 310 Anm 53).

22   Bei der zeitlichen Begrenzung ist jedoch unabhängig von der UntForm als Kriterium für die Einbeziehung vorrangig auf die den tatsächlichen Verhältnissen entspr Darstellung der VFE-Lage (§ 297 Abs 2 S 2) und die Stetigkeit (§ 297 Abs 3 S 2) abzustellen, so dass eine Einbeziehung von *nicht* auf Dauer angelegten Unt in den KA uE nur in seltenen Fällen in Frage kommt (s auch *ADS*[6] § 310 Anm 26).

23   Die den Gestern des GemUnt vom Gesetzeswortlaut zugeschriebene **Unternehmenseigenschaft** stellt kein begriffsbestimmendes Merkmal dar, sondern ist uE als sprachliche Abgrenzung zum Begriff der KonzernUnt zu verstehen. Als nicht zum KonsKreis gehörende Gester iSv § 310 Abs 1 kommen als gemeinschaftlich führende MitGester auch natürliche Personen, Stiftungen und die öffentliche Hand in Frage.

3. Gleichmäßigkeit der Beteiligungsverhältnisse

25   Kennzeichnend für die gemeinsame Führung ist, dass *alle wesentlichen* – dh die Geschäfts- und Finanzpolitik des GemUnt betr – Beschlüsse einstimmig gefasst werden. Die gemeinsame Führung des GemUnt ergibt sich idR aus **gleich hohen Kapitalanteilen** (bzw Stimmrechten) der GesterUnt und der damit verbundenen gleichberechtigten Leitungsbefugnisse an dem GemUnt. Idealtypisch ist ein BetVerhältnis von 50:50. Ein gleich hoher *Kapital*anteil ist indes *keine zwingende* Voraussetzung; jedoch dürfen unterschiedliche BetVerhältnisse nicht zur beherrschenden Stellung *eines* Gesters führen. So steht ein über 50 % liegender Kapitalanteil an einem GemUnt einer QuoKons nicht entgegen, wenn eine Stimmrechtsmehrheit infolge einer vertraglichen Verpflichtung zur einvernehmlichen Ausübung der Stimmrechte bei dem GemUnt nicht im ausschließlichen Eigeninteresse geltend gemacht werden kann (*Lauer*, 106; § 296 Anm 11 Stichwort „substantive participating rights").

Die gemeinsame Führung ist auch bei **ungleichen Beteiligungsverhältnissen** von zB 30:30:20:20 gewahrt, wenn die einvernehmliche Ausübung der Stimmrechte infolge vertraglicher Vereinbarungen für alle wesentlichen Beschlüsse sichergestellt ist. In diesem Fall sind abw BetVerhältnisse für die Anwendung der QuoKons unschädlich, sofern es in dieser Konstellation nicht dazu kommt, dass sich Koalitionen bilden und so jeder Gester von den jeweils anderen MitGestern überstimmt werden kann. Gleiches gilt, wenn neben dem Anteilsbesitz der die gemeinschaftliche Führung innehabenden Gester weitere Anteile im Streubesitz vorliegen [zB 40:40:20 Streubesitz] (*ADS*[6] § 310 Anm 16, DRS 9.3).

4. Begrenzung der Gesellschafterzahl

26   Die QuoKons gem § 310 kennt an sich keine Begrenzung der Anzahl der das GemUnt führenden Gester; allerdings wird eine gemeinsame Führung – vom Ausnahmefall weiterer Anteile im Streubesitz (Anm 25) – faktisch nur bei einer

überschaubaren Anzahl von GesterUnt möglich sein (glA *Niehus* in HdJ V/7 Anm 33; aA *Lauer* 110, der dies durch den Gesetzeswortlaut nicht unterlegt sieht).

5. Gemeinschaftsunternehmen von untergeordneter Bedeutung

27 Die Aufnahme einer den §§ 311 Abs 2 und 296 Abs 2 entspr Regelung bzgl Unt von *untergeordneter Bedeutung*, wonach auf eine QuoKons verzichtet werden dürfte, wenn das GemUnt nach dem Gesamtbild aller Umstände für die Vermittlung eines den tatsächlichen Verhältnissen entspr Bilds der VFE-Lage des Konzerns von untergeordneter Bedeutung ist (vgl § 311 Anm 20, § 296 Anm 33 ff), in § 310 bedurfte es nicht, da § 310 als Wahlrecht ausgestaltet ist, so dass es bei Nichtausübung desselben keiner QuoKons bedarf und im Übrigen die Vorschriften für assozUnt zur Anwendung kommen.

III. Beteiligungsverhältnisse der Gesellschafterunternehmen

1. Anwendung und Auswirkung der Zurechnungsvorschriften

30 Die gemeinsame Führung (nach dem Wortlaut von Abs 1 durch **nur ein** in den KA **einbezogenes** und **mindestens ein nicht einbezogenes** Unt) wirft Fragen hinsichtlich der hier zulässigen BetVerhältnisse und der Bedeutung der Zurechnungsvorschrift des § 271 Abs 1 S 4 iVm § 16 Abs 4 AktG auf. Für eine Anwendung dieser Zurechnungsvorschriften auch auf die QuoKons spricht zum einen der Wortlaut des § 310 Abs 1 letzter Hs (maßgebend sind die Anteile, die dem MU *gehören*) und zum anderen § 313 Abs 2 Nr 3, wonach im Konzernanhang die Anteile am Kapital anzugeben sind, die dem MU und den in den KA einbezogenen TU gehören. Damit folgt auch § 310 den Grundgedanken der Zurechnungsvorschriften des § 290 Abs 3 und 4 für den Konzernanteil des GemUnt.

31 Gehören einem MU 10% und dessen TU 40% der Anteile, also zusammen 50% (die anderen 50% Anteile werden von einem konzernfremden GesterUnt gehalten), besteht das **Wahlrecht** zur Einbeziehung dieses Unt in den KA nach der QuoKons, wenn die übrigen Voraussetzungen erfüllt sind (vgl *Pellens/Füllbier* in MünchKomm HGB³ § 310 Anm 33). Anderenfalls ist diese Bet „at equity" einzubeziehen (Anm 8). Letzteres gilt auch, wenn neben zwei anderen Gester-Unt mit je 30% der Anteile das MU und das TU je 20% der Anteile an dem GemUnt halten. **Maßgebend** sind also nicht die Anteile einzelner KonzernUnt, sondern die **Anteile aller Konzernunternehmen am Gemeinschaftsunternehmen** im Verhältnis zu den übrigen (konzernfremden) GesterUnt.

2. Zulässige Beteiligungsverhältnisse im Konzern

34 Wenn ein GemUnt als GesterUnt im KA fungiert, stellt sich die Frage, nach welcher Methode und mit welcher Quote das BetUnt einzubeziehen ist. Dazu sei folgende BetKonstellation gegeben:

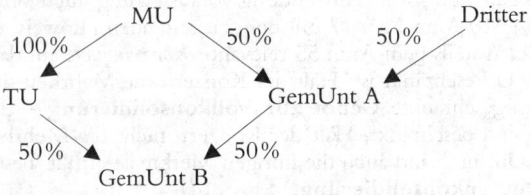

Hierzu wird unter Hinweis auf den Wortlaut des § 310 die Auffassung vertreten, das Wahlrecht, GemUnt B anteilig zu konsolidieren, sei davon abhängig, dass GemUnt A nach der Equity-Methode einbezogen werde. Würde GemUnt A dagegen nach der QuoKons einbezogen, scheide eine QuoKons des GemUnt B aus, da es von *zwei einbezogenen* GesterUnt geführt werde (*Zündorf,* 8 f.).

Diese Auffassung ist einerseits abzulehnen, weil das GemUnt B im Rahmen der gemeinsamen Führung (mittelbar) auch durch den konzernexternen Dritten geführt wird. Andererseits widerspricht sie Sinn und Zweck des Abs 1. In den KA einbezogene Unt sind nur solche, die vorbehaltlich des § 296 nach der Voll-Kons einbezogen werden (*ADS*[6] § 310 Anm 18). Da GemUnt ein Unterfall assozUnt sind (Anm 8), gelten sie ebenso wie jene als nicht einbezogene Unt (glA *Roß* WPg 1995, 619). Im Beispiel darf GemUnt B daher stets anteilig konsolidiert werden, unabhängig von der Art der Einbeziehung des GemUnt A.

35 UE ist das GemUnt B im Beispiel entspr der Beteiligungsquote von 50% anteilig zu konsolidieren, sofern das GemUnt A nicht quotal in den KA einbezogen wird. Eine Zurechnung des 50%igen Anteils des GemUnt A gem § 16 Abs 2 u 4 AktG scheidet aus, da es diesem GemUnt A an der Eigenschaft des verbundenen Unt bzw KonzernUnt mangelt (glA *Sigle* in HdKR[2] § 310 Anm 38). Wird GemUnt A selbst mit einem KA einbezogen, der GemUnt B quotal enthält, ergibt sich aus der QuoKons von GemUnt A und der QuoKons von GemUnt B eine Einbeziehungsquote von 75%. Da eine unterschiedliche Behandlung in Abhängigkeit von der Tatsache, ob GemUnt A selbst MU eines Konzerns ist, nicht begründbar ist, ist auch für den Fall, dass GemUnt A keinen KA aufstellt die von *ADS*[6] (§ 310 Anm 30) befürwortete Einbeziehungsquote von 75% gerechtfertigt (aA *Roß* WPg 1995, 619 ff).

3. Vorrang der Vollkonsolidierung

37 Denkbar ist auch der Fall, dass ein MU und/oder ein in den KA einbezogenes TU 50% und ein weiteres (gem § 296) *nicht* in den KA einbezogenes TU ebenfalls 50% der Anteile an einem Unt halten. Da formell die Voraussetzungen eines einbezogenen und eines nicht einbezogenen Unt nach Abs 1 erfüllt sind, stellt sich die Frage, ob für den Konzern auch in diesem Fall das Wahlrecht zur quotalen Einbeziehung dieses Unt besteht. Dies muss verneint werden: Denn kraft Verzichts (§ 296) nicht in den KA einbezogene Unt verlieren weder ihren Charakter als TU noch als verbundene Unt (§ 271 Abs 2 letzter Hs). Diese Unt und ihr Anteilsbesitz sind unter Beachtung von § 16 Abs 2 AktG bei der Feststellung des Anteilsbesitzes des Konzerns an einem TU oder an einem assozUnt in die Berechnung einzubeziehen. Wegen des im Beispiel somit auf den Konzern entfallenden mehrheitlichen Besitzes der Anteile ist die **Einbeziehung nach der Vollkonsolidierung** geboten (so auch *Ebeling* in Bilanzrecht § 310 Anm 33; *ADS*[6] § 310 Anm 17; aA *Schindler* BB 1987, 159).

38 Somit sind auch bei der QuoKons die von (einbezogenen und nicht einbezogenen) TU gehaltenen Anteile dem Konzern zuzurechnen und für die Beurteilung der Zulässigkeit der QuoKons ist die Gesamtheit der dem Konzern gehörenden Anteile in ihrem Verhältnis zu den von konzernfremden Gestern gehaltenen Anteilen maßgebend. So als Anwendungsvoraussetzung auch *Scherrer* in Rechnungslegung § 310 Anm 11 u 17 mit dem zutreffenden Hinweis, dass die für die Ermittlung des Anteils gem Anm 55 relevante Konzernquote auf das MU und die *einbezogenen* TU beschränkt ist. Hält der Konzern die Mehrheit der Anteile, besteht das uneingeschränkte **Gebot zur Vollkonsolidierung** – es sei denn, die Stimmrechte sind beschränkt. Hält der Konzern nicht die Mehrheit der Anteile an dem GemUnt und sind auch die übrigen Merkmale erfüllt, besteht das **Wahlrecht zur Quotenkonsolidierung.**

Als **nicht** in den KA **einbezogene Unternehmen** kommen demnach für 39
§ 310 außer fremden Unt und BetUnt auch die assozUnt iSv § 311 Abs 1 und
die anteilig konsolidierten Unt in Betracht (vgl hierzu auch § 311 Anm 5).

D. Inhalt der anteilmäßigen Konsolidierung

I. Anwendung der Vorschriften zur Vollkonsolidierung (Abs 2)

Auf die QuoKons sind folgende Vorschriften zur VollKons *entsprechend* anzu- 50
wenden:

- § 297 Bestandteile, Aufstellungsgrundsätze, KonsGrundsatz (Einheitstheorie) und Stetigkeitsgebot des KA;
- § 298 Auf den KA anzuwendende Bilanzierungsvorschriften des JA;
- § 299 Aufstellungsstichtage im KA;
- § 300 KonsGrundsätze bei VollKons; Vollständigkeitsgebot; Ansatzwahlrechte nach Maßgabe des MU;
- § 301 KapKons;
- § 303 SchuldenKons;
- § 304 Zwischenergebniseliminierung;
- § 305 Aufwands- und ErtragsKons;
- § 306 Latente Steuern im KA;
- § 308 Einheitliche Bewertung im KA;
- § 308a Umrechnung von auf ausländische Währung lautenden Abschlüssen im KA;
- § 309 Behandlung des Unterschiedsbetrags aus der KapKons.

Lediglich § 307 *Behandlung der Anteile konzernfremder Gesellschafter* wurde vom Gesetzesverweis ausgenommen, da systemtechnisch ausgeschlossen (Anm 60). Etwaige Sondervorschriften für Kreditinstitute (§ 340i) oder VersicherungsUnt (§ 341j) werden hier nicht behandelt.

Zu Inhalt und Auslegung oa Vorschriften wird auf deren Kommentierung verwiesen. Dort ist aber jeweils nur die VollKons behandelt; zu Einzelheiten und Sonderfragen der anteiligen Kons s Anm 55 ff, 60 ff.

II. Konsolidierungsverfahren

1. Allgemeines zur Konsolidierung

Auf Grund des Verweises in Abs 2 auf fast alle Vorschriften zur VollKons 53
(Anm 50) ist bei der QuoKons in enger Anlehnung an die VollKons vorzugehen.
Weichen die konzerneinheitlichen Ansatz- und Bewertungsvorschriften (§§ 300
Abs 2, 308) der (häufig zwei) das GemUnt führenden MU voneinander und ggü
den vom GemUnt angewendeten Bilanzierungsregeln ab, sind für die Einbeziehung in die KA dieser MU jeweils unterschiedliche Abschlüsse (sog HB II) des GemUnt zu erstellen, wenn nicht eine Befreiungsregelung des § 308 Abs 2 Anwendung findet (glA *Busse von Colbe/Müller/Reinhard*[2], 126 f). Ist das GemUnt selbst MU eines Konzerns, sollte auch im Hinblick auf § 312 Abs 6 von dessen KA ausgegangen werden.

Ausgangspunkt der Konsolidierung kann entweder das bereits entspr dem 54
BetAnteil (Anm 55) gekürzte Zahlenwerk oder die volle Übernahme der Werte
des GemUnt und einer Absetzung der Anteile Dritter in einer gesonderten
KonsSpalte sein. In jedem Fall sollte ein vollständiger Gesamtabschluss (zB Formularabschluss) mit den erforderlichen Zusatzangaben vorliegen, um die Gesamtwerte mit den Angaben der übrigen einbezogenen KonzernUnt abstimmen zu können.

und auftretende Unterschiede im Vorfeld verursachungsgemäß bereinigen zu können. Da sich viele Vorschriften uneingeschränkt auf die QuoKons übertragen lassen, befassen sich die nachfolgenden Ausführungen nur mit Abweichungen von der VollKons und Besonderheiten bei Anwendung der QuoKons.

Weicht der Abschlussstichtag eines GemUnt von dem Stichtag des KA ab, ist das Unt nach DRS 9.9 aufgrund eines auf den Stichtag und den Zeitraum des KA aufgestellten Zwischenabschlusses in den KA einzubeziehen. Liegt der Abschlussstichtag des GemUnt um nicht mehr als drei Monate vor dem Stichtag des KA und erstellt das GemUnt keinen Zwischenabschluss (§ 299 Abs 2), darf das Unt abw hiervon auf der Grundlage des JA in den KA einbezogen werden. In diesem Fall sind außer den Besonderheiten, die bereits mit der Kons anteiliger Größen verbunden sind, nach Abs 2 iVm § 299 Abs 3 Vorgänge von besonderer Bedeutung für die VFE-Lage des GemUnt, die zwischen dessen Abschlussstichtag und dem Abschlussstichtag des KA eingetreten sind, im KA zu berücksichtigen (hierzu bei VollKons § 299 Anm 10 ff, 30 ff).

2. Ermittlung und Anwendung der Anteilsquote des Konzerns

55 Ein GemUnt darf entspr den Anteilen *am Kapital* einbezogen werden, die dem MU nach den Zurechnungsvorschriften gehören (Abs 1, 2. Hs). Allerdings sind hier nur solche Anteile angesprochen, die von Unt gehalten werden, die auch *tatsächlich* in den KA einbezogen werden (Anm 38 sowie § 301 Anm 11); hierauf erstreckt sich folgerichtig auch die Angabe des § 313 Abs 2 Nr 3 im Konzernanhang. Daher ist die von *ADS*[6] (§ 310 Anm 30 Beispiel 4) vertretene Auffassung nicht gesetzlich zwingend, wonach auch Anteile am GemUnt von gem § 296 nicht in den KA einbezogenen TU bei der QuoKons Beachtung finden sollen. Die von *ADS*[6] vorgeschlagene Lösung bedarf außerdem konstechnisch der Bildung eines gesetzlich nicht vorgesehenen Sonderpostens innerhalb des EK, weil für die vom nicht einbezogenen TU gehaltenen Anteile am GemUnt keine Kapitalaufrechnung nach § 301 iVm Abs. 1 vorgenommen werden kann.

Bei **Kapitalgesellschaften** errechnet sich die *anzuwendende* Quote als Prozentsatz aller den *einbezogenen* KonzernUnt gehörenden Anteile am gezeichneten Kapital des GemUnt, auch wenn die Stimmrechte anders geregelt sind. Eigene Anteile des GemUnt sind entspr § 272 Abs 1a nicht Bestandteil des Gesamtkapitals.

Hat das GemUnt eine **andere Rechtsform**, ist als „Kapital" iSd 2. Hs uE derjenige EK-Posten anzusehen, der Maßstab für die Gewinnverteilung (oder ersatzweise – zB bei Vertriebs-GemUnt – Maßstab für die Verzinsung der geleisteten Einlagen) ist. Das gilt auch für als PersGes oder GbR organisierte GemUnt.

56 Entspr der in Anm 55 umschriebenen Anteilsquote wird jeder Posten des JA bzw ggf des KA (HB II) des GemUnt in den KA einbezogen. Dies bedeutet, dass vorbehaltlich der KonsAuswirkungen sämtliche VG, Sonderposten, RAP und Schulden sowie sämtliche Aufwendungen und Erträge nicht in voller Höhe, sondern **nur mit dem** auf die ermittelte Quote und damit dem **auf den Konzern entfallenden Anteil** in den KA einbezogen werden. Die nicht auf den Konzern entfallenden, die übrigen (außenstehenden) GesterUnt betr Quoten an den einzelnen Posten des JA des GemUnt bleiben im KA außer Ansatz, genauso wie das auf von nicht einbezogenen TU gehaltene Anteile entfallende Reinvermögen (Anm 38).

Die quotalen Werte des GemUnt werden den vollen Werten der korrespondierenden Posten des übrigen Konzerns hinzugerechnet oder (soweit erforderlich) mit den relevanten Posten des übrigen Konzerns verrechnet (konsolidiert).

57 **Stimmen die Beträge** der einzelnen konsrelevanten Posten der Bilanz und GuV der KonzernUnt einerseits und des GemUnt andererseits **überein**, beschränkt sich die Kons auf die Aufrechnung des konzerneigenen quotalen Betrags des GemUnt mit den korrespondierenden Posten der KonzernUnt. Die im Summenabschluss der KonzernUnt zwangsläufig die Quote des GemUnt übersteigenden Beträge gehen unkons in den KA ein.

Bestehen bei den relevanten (Brutto-)Ansätzen in den einzubeziehenden JA **58 Unterschiede** zwischen dem Ansatz des GemUnt und den übrigen KonzernUnt *und* liegt die Ursache dieser Unterschiede im JA des GemUnt begründet, kann nur eine quotale Bereinigung bei der Aufrechnung in Frage kommen, da der JA des GemUnt nur mit dem auf den Konzern entfallenden Anteil in den KA eingeht. Liegt die Ursache des Unterschieds in den JA der KonzernUnt, kommt ebenfalls nur eine quotale Bereinigung in Höhe des auf den Konzern entfallenden Anteils an dem GemUnt in Frage; der die übrigen GesterUnt des GemUnt betr konzernfremde Anteil geht unkons in den KA ein.

3. Besonderheiten einzelner Konsolidierungstechniken

a) Kapitalkonsolidierung

Entspr der VollKons erfolgt die Aufrechnung des BetBuchwerts mit dem anteili- **60** gen EK gem § 301. Es besteht insoweit ein Unterschied zur VollKons, als die bei der KapKons durch Aufrechnung des BetBuchwerts mit dem neu bewerteten EK offengelegten stillen Reserven (und ggf stillen Lasten) bei der VollKons zusammen mit den VG und Schulden in vollem Umfang in den KA aufgenommen werden (wobei der auf außenstehende Gester entfallende Anteil durch Einstellung in den AusglPo korrigiert wird), während bei der QuoKons die stillen Reserven oder stillen Lasten mit der anteiligen Übernahme der Bilanzposten auch nur anteilig in den KA aufgenommen werden. In den *FolgeKons* belasten die Auswirkungen aus der Fortschreibung der Mehrwerte (zB Abschreibungen) die Konzern-GuV in einem geringeren Umfang als bei der VollKons, bei der allerdings innerhalb der Konzern-GuV durch Einstellung des auf konzernfremde Gester entfallenden Ergebnisanteils eine Korrektur stattfindet. Für den nach Aufteilung stiller Reserven verbleibenden Unterschiedsbetrag aus der KapKons gilt § 309. Knüpft die QuoKons an den KA des GemUnt an und enthält dieser einen AusglPo, ist dieser in den KA des GesterUnt quotal zu übernehmen (glA *Busse von Colbe/Müller/Reinhard*[2], 127). Er umfasst damit auch Neubewertungen auf Fremdanteile des GemUnt mit den entspr Folgewirkungen in der Fortschreibung der Mehrwerte.

b) Schuldenkonsolidierung

Wie bei der VollKons sind die aufzurechnenden Posten des GemUnt zuerst **62** mit den Werten des übrigen Konzerns abzustimmen und (falls erforderlich) erfolgsneutral umzugliedern oder erfolgswirksam anzupassen (dazu § 303 Anm 62 ff). Auf die danach verbleibenden konzernrelevanten gegenseitigen Forderungen und Verbindlichkeiten kommen dann die hier unter Anm 57 und 58 behandelten KonsTechniken zur Anwendung.

Auf sämtliche abgestimmten, der SchuldenKons unterliegenden Posten des GemUnt wird die Quote des Konzerns (Anm 55) angewendet und insoweit gegen die entspr Posten des Konzerns verrechnet (so auch *Kraft* in Großkomm HGB[5] § 310 Anm 77). Die bei der zuvor erwähnten Abstimmung festgestellten erfolgswirksamen Unterschiede (wie Abzinsungen, Abwertungen, Wechselkursabweichungen oder Rückstellungen) beeinflussen bei ihrer Eliminierung das Konzernergebnis nur quotal in Höhe des konzernintern relevanten Betrags. Der nicht den Konzern, sondern die übrigen (konzernfremden) GesterUnt des GemUnt betr Teil der genannten Posten wird in den KA übernommen.

63 Die nach Bereinigung der erfolgswirksamen Unterschiede und nach quotaler Aufrechnung der verbleibenden Beträge an nicht konsfähigen Quoten in den Posten an/ggü Gester bzw Unt, mit denen ein BetVerhältnis besteht, betreffen die konzernfremden Anteile des GemUnt; sie stehen entweder anderen führenden GesterUnt oder Minderheits-Gestern zu. Diese sind in die für Forderungen oder Schulden an Fremde vorgesehenen Bilanzposten umzugliedern. Infolge *anteiliger* Kons aller *bereinigten* Forderungen und Schulden dürften an sich nur Drittschuldverhältnisse verbleiben; wie hier auch *ADS*[6] § 310 Anm 38; gegen eine Umgliederung *Busse von Colbe/Müller/Reinhard*[2], 131; *Sigle* in HdKR[2] § 310 Anm 86.

c) Zwischenergebniseliminierung

65 § 304 Abs 1 verlangt, dass VG, die ganz oder teilweise auf einem konzerninternen Liefer- und Leistungsverkehr beruhen, mit den Konzern-AK/HK im KA anzusetzen sind. Die sich danach gemessen an den Wertansätzen in dem JA (ggf HB II) der einbezogenen Unt ergebenden Unterschiede sind als Zwischenergebnisse zu eliminieren. Bei entspr Anwendung dieser Vorschrift auf Aktiva aus dem Geschäftsverkehr mit im Wege der QuoKons einbezogenen GemUnt bedeutet dies, dass der Unterschied als Ausdruck der Zwischenergebnisse bei den relevanten Aktiva (zB Vorräte) nach den unter Anm 58 und 62 dargelegten Grundsätzen konsequenterweise *quotal* im Konzernergebnis seinen Niederschlag findet – ganz gleich, ob der Vorratsbestand aus Upstream- oder Downstream-Lfg zwischen dem Konzern und dem GemUnt stammt. Die auf die Quote der konzernfremden GesterUnt entfallenden Ergebnisse gelten als realisiert (*WPH*[14] I, M Anm 611; *ADS*[6] § 310 Anm 41; DRS 9.8).

66 Sonderprobleme ergeben sich bei Lfg zwischen *mehreren* anteilig in den KA einbezogenen GemUnt (dazu *Zündorf* BB 1987, 2132f). Bei unterschiedlichen Anteilsquoten der am konzerninternen Leistungsaustausch beteiligten GemUnt können die Zwischenerfolge nur entspr der niedrigeren BetQuote eliminiert werden (ebenso *ADS*[6] § 310 Anm 42; DRS 9.12 „entsprechend dem Produkt der Beteiligungsquoten").

d) Erfolgskonsolidierung

69 Auch die Innenumsatzerlöse sowie andere Erträge und Aufwendungen aus dem Geschäftsverkehr zwischen den GemUnt und den in den KA einbezogenen Unt sind nach den Grundsätzen der VollKons für jeden *relevanten* Posten des KA nach dem beschriebenen quotalen Verfahren (Anm 55 bis 58) zu verrechnen. Die vom Konzern vereinnahmten BetErträge vom GemUnt sind jedoch vollständig gegen den anteiligen Bilanzgewinn des GemUnt aufzurechnen, da sie bereits Ergebnis der BetQuote sind (ebenso *ADS*[6] § 310 Anm 46; *Sigle* in HdKR[2] § 310 Anm 109).

4. Konsolidierungserleichterungen

71 Einen Ausweg für einen Großteil der technischen Schwierigkeiten bei der anteiligen Kons bilden ggf die Erleichterungsvorschriften zur VollKons, wonach auf die SchuldenKons (§ 303 Abs 2), Zwischenergebniseliminierung (§ 304 Abs 2) und Aufwands- und ErtragsKons (§ 305 Abs 2) verzichtet werden kann. Diese Maßnahmen dürfen aber nur unterbleiben, wenn sie *jeweils* und insgesamt für die Vermittlung eines den tatsächlichen Verhältnissen entspr Bilds der VFE-Lage des Konzerns nur von untergeordneter Bedeutung sind. Dabei sind die

drei oa KonsMaßnahmen *einzeln,* aber stets für die **Gesamtheit der** anteilig kons **Gemeinschaftsunternehmen** zum übrigen Konzern zu beurteilen. So kann zB die Eliminierung der Zwischenergebnisse nur geringe Auswirkungen haben und damit ihr Verzicht zulässig sein – andererseits kann aber das Volumen der SchuldenKons und/oder der Kons der Innenumsätze erheblich sein mit der Folge, diese KonsMaßnahme nicht unterlassen zu dürfen. Dabei ist die Stetigkeit der KonsMethoden zu beachten (vgl § 297 Anm 200 ff). Von diesem Grundsatz darf nur in begründeten Ausnahmefällen abgewichen werden, sofern dies sachlich gerechtfertigt ist, bspw wenn die Abweichung dazu dient, KonsVereinfachungsverfahren in Anspruch zu nehmen (vgl IDW RS HFA 38, Tz 15 iVm Tz 1).

Zur Frage der „untergeordneten Bedeutung" für den KA s allgemein § 297 Anm 195 ff sowie speziell zur SchuldenKons § 303 Anm 70 ff, zur ErtragsKons § 305 Anm 50 f und zur Zwischenergebniseliminierung § 304 Anm 60 ff.

5. Wechsel des Konsolidierungsverfahrens

Nach den Vorschriften des HGB unterliegen die BetUnt je nach **Intensität der Einflussnahme** des Konzerns unterschiedlichen Verfahren der Einbeziehung in den KA; und zwar vom Ansatz zu AK bis zur VollKons. Verändern sich während ihrer Konzernzugehörigkeit einzelne Bet durch *Zu- und Abgänge von Anteilen, Stimmrechten oder Verwaltungssitzen* oder in ihrer sachlichen Ausgestaltung als Joint Venture bspw infolge des Abschlusses von Vereinbarungen und sind mit diesen Veränderungen Auswirkungen auf das Ausmaß der Einflussnahme auf das BetUnt verbunden, können dadurch Änderungen in der Qualifikation der BetUnt eintreten, die einen **Wechsel des Konsolidierungsverfahrens** erfordern.

Bezogen auf die Gemeinschaftsunternehmen kann – abgesehen vom Fall des direkten Erwerbs – unter dem Gesichtspunkt der Einflussnahme eine einfache Bet oder ein assozUnt zu einem GemUnt bzw ein GemUnt zu einem TU werden (aufsteigender Statuswechsel). Andererseits kann ein TU zu einem GemUnt bzw ein GemUnt zu einem assozUnt oder einer einfachen Bet werden (absteigender Statuswechsel).

Die notwendigen **Auswirkungen auf den Konzernabschluss** aus diesen Veränderungen werden im Folgenden am Beispiel des *Konzernanlagengitters* und des *Konzern-EK* dargestellt: Zwar lassen sich die Veränderungen im KonsKreis auch mit Hilfe der gesetzlichen Mindestgliederung des **Anlagengitters** erfassen, jedoch ist im Hinblick auf die Aussagefähigkeit des KA die Einfügung einer zusätzlichen Spalte im Konzernanlagengitter zu empfehlen, um die Auswirkungen der Veränderungen im KonsKreis auf das Anlagevermögen separat darzustellen.

Bei **Übergang** von der Voll-Kons auf die Quo-Kons oder Equity-Kons sehen die gesetzlichen Regelungen (§ 301 Abs 2 iVm § 310 Abs 2, § 312 Abs 3) die Zeitwertbewertung des anteilig auf die im Konzern verbleibenden Anteile entfallenden Reinvermögens vor, wobei diese nach Sinn und Zweck der Vorschriften jedoch nur erfolgen soll, wenn das GemUnt erstmals unter gemeinsamer Führung der Gester steht oder erstmals ein maßgeblicher Einfluss auf die Geschäfts- und Finanzpolitik des assozUnt ausgeübt wird. Da die Beherrschung der Geschäfts- und Finanzpolitik umfassender als die Einflussmöglichkeiten auf GemUnt oder assozUnt ist, erscheint es bei einem **absteigenden Statuswechsel** angebracht, bei der Übergangskons die gemeinsame Führung bzw den maßgeblichen Einfluss aus der Zeit der VollKons fortzuführen, sodass keine erneute Zeitwertbewertung für das verbleibende Reinvermögen durchzuführen ist (vgl zur technischen Vorgehensweise beim Übergang von der VollKons auf die AK- oder Equity-Bilanzierung sowie der QuoKons § 301 Anm 340 ff; *Deubert/Klöcker*, KoR 2010, 571 ff).

Wird ein TU zum GemUnt, stellen – abgesehen von der EndKons abgegangener Anteile – die auf Grund des Erfordernisses der VollKons einzubeziehenden, auf *außenstehende Gester entfallenden Quoten* an den VG und Schulden des TU **Abgänge im Konzernsinne** dar. Soweit sie Posten des Konzernanlagengitters betreffen, sind sie unter entspr Bezeichnung auszuweisen. Ihr Gegenposten findet sich in der Entnahme beim innerhalb des EK gesondert auszuweisenden Posten „Anteile im Fremdbesitz".

Erfolgt ein Übergang vom GemUnt zur einfachen Bet oder zur Equity-Bilanzierung, ist der auf den **Abgang** von Anteilen (Quotenverringerung) entfallende Teil der Posten des Anlagevermögens mit ihren Restwerten als *Abgang* zu erfassen, während in Höhe des beim Gester verbleibenden anteiligen bilanziellen EK der Bet ein **Zugang** unter den Bet oder Bet an assozUnt zu erfassen ist (vgl § 301 Anm. 341). Beim Übergang zur AK- oder zur Equity-Bilanzierung ist die Bet mit dem anteiligen Reinvermögen zu Konzernbuchwerten anzusetzen, so dass der Übergang auf die Equity-Bilanzierung somit für die beim Gester verbleibenden Anteile an der Ges erfolgsneutral (vgl § 301 Anm 341) bzw ohne Auswirkung auf das Konzern-EK ist.

Ungeachtet der vorangegangenen Equity-Bilanzierung hat bei deren **Übergang** auf die QuoKons nach § 310 Abs 2 iVm § 301 Abs 2 S 1 eine vollständige Neubewertung der VG und Schulden zu erfolgen. Ergibt sich hieraus, dass VG, die zuvor anteilig mittelbar über die Equity-Beteiligung im KA enthalten waren, zulasten der Residualgröße der KapKons (GFW oder passiver Unterschiedsbetrag aus der KapKons) mit von ihren (ggf fortgeführten) Konzern-AK/HK abw Werten angesetzt werden, hat grds eine Zwischenergebniseliminierung nach § 304 zu erfolgen. Der Vermögensausweis und in der Folge auch der Erfolgsausweis entspricht dann demjenigen, der sich ergeben hätte, wenn für die Equity-Tranche sowie die hinzuerworbenen Anteile zum jeweiligen Erwerbszeitpunkt eine gesonderte Kapitalaufrechnung erfolgt wäre (vgl *Deubert/ Klöcker*, KoR 2010, 577).

Wird eine einfache Bet oder die Bet an einem assozUnt infolge des Erwerbs zusätzlicher Anteile zu einem GemUnt, ist der Übergang vom einzeiligen Ausweis unter Bet oder Anteilen an assozUnt zur QuoKons als **Abgang** der Bet und (quotaler) **Zugang** der VG und Schulden zu zeigen. Während die nunmehr quotale Einbeziehung der bisher einfachen Bet in den KA nach den Grundsätzen der ErstKons ohne Auswirkung auf das EK des Konzerns erfolgt, stellt die Neubewertung der VG und Schulden sowie die Zwischenergebniseliminierung beim Übergang von der Equity-Bilanzierung zur anteiligen Kons, was Neuanteile betrifft, de facto eine ErstKons und, was Altanteile anbelangt, eine FolgeKons dar (vgl § 301 Anm 225 ff). Dabei treten anstelle der bis dahin at equity bewerteten Bet die quotal einzubeziehenden VG und Schulden bzw anstelle des BetErtrags die quotalen Erträge und Aufwendungen des GemUnt, ohne dass das EK des Konzerns insoweit zusätzliche Veränderungen erfährt.

Wird ein GemUnt zum TU, stellen – abgesehen von der Kons der Anteile und der vorzunehmenden Zwischengewinneliminierung (vgl § 301 Anm 230 f) – die auf Grund des Erfordernisses der VollKons einzubeziehenden, auf *außenstehende Gester entfallenden Quoten* an den VG und Schulden des TU **Zugänge im Konzernsinne** dar. Soweit sie Posten des Konzernanlagengitters betreffen, sind sie in der zutreffenden Spalte auszuweisen. Ihr Gegenposten findet sich in der Einstellung beim innerhalb des EK gesondert auszuweisenden Bilanzposten „Anteile im Fremdbesitz".

E. Angaben im Konzernanhang

I. Anwendung der Vorschriften zur Vollkonsolidierung

Da GemUnt gem Abs 2 auf Grundlage der anwendbaren Vorschriften der VollKons in den KA einbezogen werden, sind diese auch bei Angaben über die GemUnt im Konzernanhang zu beachten. *Besondere Angabepflichten* für GemUnt im Konzernanhang ergeben sich aus § 313 Abs 2 Nr 3 sowie aus § 314 Abs 1 Nr 4 letzter Hs. Näheres dazu auch in § 313 Anm 122 und § 314 Anm 30 ff.

II. Inhalt und Umfang der Angaben

1. Qualitative Angaben

Sämtliche nach Gegenstand und Inhalt auf die im Wege der QuoKons einbezogenen GemUnt zutreffenden Angaben der §§ 313, 314 sind in den Konzernanhang aufzunehmen. Dabei ist gem § 313 Abs 2 Nr 3 außer Name und Sitz der GemUnt sowie dem Anteil des Konzerns am EK dieser GemUnt *zusätzlich* der Tatbestand, aus dem sich die Anwendung des § 310 für die GemUnt ergibt, in den Konzernanhang aufzunehmen. Diese Angabe wird sich auf die Feststellung beschränken können, dass es sich um ein GemUnt handelt, das das MU und/oder TU gemeinsam mit anderen GesterUnt führt.

2. Quantitative Angaben

Sämtliche *quantitativen* die GemUnt betr Angaben zum KA sind ebenfalls *quotal* zu machen bzw quotal in die Gesamtangabe einzubeziehen. Eine Begrenzung der quantitativen Anhangangaben auf die jeweiligen Quoten der einbezogenen GemUnt ist allein deshalb geboten, weil die Abschlussposten der GemUnt ebenfalls nur anteilig in Konzernbilanz und -GuV erfasst sind.

In diesem Zusammenhang fällt unter die *gesonderte* Angabepflicht die durchschnittliche Zahl der Arbeitnehmer nur anteilig einbezogener GemUnt gem § 314 Abs 1 Nr 4. Diese Angabe sollte in jedem Fall die quotalen Ziffern umfassen, damit Personalanalysen, wie zB die Ermittlung der Kennzahlen Umsatz bzw Personalaufwendungen je Beschäftigten, nicht zu Fehlaussagen führen (ebenso § 314 Anm 35 ff).

F. Publizitätsgesetz

Gem § 13 Abs 2 S 1 PublG gelten die Vorschriften und das Wahlrecht des § 310 entspr, wenn eine Nicht-KapGes oder (reine) PersGes als MU an der Führung eines GemUnt beteiligt ist. Wird das GemUnt anderenfalls nur *at equity* bilanziert (Anm 8), müssen dafür §§ 311 und 312 angewandt werden. – Zum Ausweis des EK von PersGes als MU s § 298 Anm 59, 110.

G. Rechtsfolgen einer Verletzung des § 310

Der als Wahlrecht ausgestaltete § 310 sieht bei einer Verletzung des § 310 keine Rechtsfolgen vor. Jedoch muss ein GemUnt mind „at equity" im KA enthalten sein, sonst gelten die Rechtsfolgen einer Verletzung der §§ 311 und 312; dazu § 311 Anm 35.

H. Abweichungen der IFRS

Schrifttum: *Küting/Höfner* Die konsolidierungstechnische Behandlung des Statuswechsels eines Gemeinschaftsunternehmens zum assoziierten Unternehmen KoR 2013, 88.

Standards: IAS 31 Anteile an Gemeinschaftsunternehmen *(Interests in Joint Ventures)* (rev 2000); IFRS 11 Gemeinsame Vereinbarungen *(Joint Arrangements);* IFRS 12 Angaben zu Anteilen an anderen Unternehmen *(Disclosure of Interests in Other Entities).*

90 Nach IAS 31 (in der EU letztmalig anwendbar für Gj, die vor dem 1.1.2014 beginnen) ist für die Bilanzierung von *Joint Ventures* (GemUnt) alternativ zum Verfahren der QuoKons (IAS 31.30) die **Equity-Methode** (IAS 31.38) zugelassen (s Voraufl Anm 90f).

IFRS 11 (verpflichtend anzuwenden für IFRS-Bilanzierer in der EU für Gj, die am oder nach dem 1.1.2014 beginnen) schafft die QuoKons im Fall von Joint Ventures ab. Zukünftig ist zwischen GemUnt „Joint Venture" (Gester haben Rechte bzw Verpflichtungen am Nettovermögen des Joint Ventures) und Gemeinschaftlichen Tätigkeiten „Joint Operation" (Gester haben Rechte bzw Verpflichtungen bzgl Vermögenswerte und Schulden der Joint Operation) zu unterscheiden. Anteile an Joint Ventures können nur noch nach der Equity-Methode bilanziert werden während der Partner an einer Joint Operation künftig seinen Anteil an den Vermögenswerten, Schulden, Erlösen und Aufwendungen aus seiner Bet bilanziert (IFRS 11.20f). Dieses Vorgehen entspricht den allgemeinen handelsrechtlichen Regeln zur Bilanzierung von Bruchteilseigentum (IDW HFA 1/1993 WPg, 441), die allerdings im HGB nicht ausdrücklich ausgeführt werden. Besonderheiten ergeben sich nach IFRS in diesem Fall für Transaktionen mit dem Joint Venture bzw. der Joint Operation (Verkauf, Kauf bzw Einlage von Vermögenswerten) hinsichtlich der zu eliminierenden Zwischenergebnisse (IAS 28.28ff sowie IFRS 11.B34ff). Der Anwendungsbereich von IFRS 11 geht im Fall der Joint Operation über die Beteiligten hinaus, die die gemeinsame Beherrschung ausüben. Weitere Beteiligte, die nicht an der gemeinschaftlichen Führung partizipieren, aber dennoch Rechte bzw Verpflichtungen bzgl der Vermögenswerte und Schulden der Joint Operation haben, müssen ebenfalls die Vorschriften des IFRS 11.20f anwenden (IFRS 11.23).

91 Die Abgrenzung der Joint Arrangements nach IFRS 11 in der Form von Joint Ventures bzw Joint Operations von KonzernUnt bzw assozUnt basiert weiterhin auf dem Vorliegen vertraglicher Vereinbarungen und der Kennzeichnung von Joint Control (IFRS 11.5). Zur Abgrenzung zwischen Joint Ventures und Joint Operations wird (IFRS 11.B15ff) neben der strukturellen Komponente (Joint Venture setzt die separate Einheit voraus) auf die Rechte und Verpflichtungen der Beteiligten bzgl der Vermögenswerte bzw Schulden abgestellt, die jeweils im Einzelfall zu beurteilen sind.

93 Bzgl der QuoKons nach IAS 31 (letztmalig für IFRS-Anwender in der EU anwendbar für Gj, die vor dem 1.1.2014 beginnen) s Voraufl Anm 93.

Nach IFRS 11 entfällt die QuoKons (s Anm 90). Die Bilanzierung im Fall der Joint Operation führt hinsichtlich der Bilanzierung anteiliger Vermögenswerte bzw Schulden, die den Beteiligten anteilig zustehen, zu einem ähnlichen Ergebnis auch hinsichtlich der Zwischenergebniseliminierung wie die QuoKons. Zwischenergebnisse aus Transaktionen bzgl derartiger Rechte bzw Verpflichtungen sind im KA vollständig zu eliminieren. Regelungen zur Übergangsbilanzierung enthält Anhang C zum IFRS 11 (s auch *Küting/Höfner* KoR 2013, 88).

95 IAS 31 verlangt umfangreiche **Angaben** und Erl zur QuoKons, die über die HGB-Anforderungen hinausgehen (*Hayn* in Beck IFRS[4] § 37 Anm 23ff, 33).

Mit der Einführung von IFRS 11 sind die besonderen Angabe- und Ausweispflichten in den IFRS 12 überführt worden. Zum Umfang der erforderlichen Angaben für Joint Arrangements in der Form von Joint Ventures und Joint Operations s 312 Anm 122.

Siebenter Titel. Assoziierte Unternehmen

§ 311 Definition. Befreiung

(1) ¹Wird von einem in den Konzernabschluß einbezogenen Unternehmen ein maßgeblicher Einfluß auf die Geschäfts- und Finanzpolitik eines nicht einbezogenen Unternehmens, an dem das Unternehmen nach § 271 Abs. 1 beteiligt ist, ausgeübt (assoziiertes Unternehmen), so ist diese Beteiligung in der Konzernbilanz unter einem besonderen Posten mit entsprechender Bezeichnung auszuweisen. ²Ein maßgeblicher Einfluß wird vermutet, wenn ein Unternehmen bei einem anderen Unternehmen mindestens den fünften Teil der Stimmrechte der Gesellschafter innehat.

(2) Auf eine Beteiligung an einem assoziierten Unternehmen brauchen Absatz 1 und § 312 nicht angewendet zu werden, wenn die Beteiligung für die Vermittlung eines den tatsächlichen Verhältnissen entsprechenden Bildes der Vermögens-, Finanz- und Ertragslage des Konzerns von untergeordneter Bedeutung ist.

Übersicht

	Anm
A. Vorbemerkungen	1–4
B. Begriffsabgrenzungen (Abs 1)	
I. Allgemeines	5–7
II. Unternehmen/Beteiligung	10
III. Maßgeblicher Einfluss auf die Geschäfts- und Finanzpolitik und Assoziierungsvermutung	15–18
C. Nichtanwendung der Vorschrift bei untergeordneter Bedeutung der Beteiligung (Abs 2)	20, 21
D. Sonderausweis und Postenbezeichnung	25, 26
E. Publizitätsgesetz	30
F. Rechtsfolgen einer Verletzung des § 311	35
G. Abweichungen der IFRS	40, 41

Schrifttum: *Kirsch* Die Equity-Methode im Konzernabschluss, Düsseldorf 1990; *Schmidbauer* Der DRS Nr 8 zur Bilanzierung von Anteilen an assoziierten Unternehmen im Konzernabschluss DStR 2001, 1540.

Standard: DRS 8 Bilanzierung von Anteilen an assoziierten Unternehmen im Konzernabschluss idF DRÄS 4, BAnz v 18.2.2010, Beilage 27a.

A. Vorbemerkungen

Assoziierte Unternehmen (assozUnt) sind Unt (Anm 10), die unter dem maßgeblichen Einfluss (Anm 15) eines beteiligten Unt (Anm 10) stehen, das typischerweise mind 20% bis einschl 50% der Stimmrechte hält. AssozUnt sind keine

KonzernUnt iSv § 290 (Anm 5). Eine Bet an einem assozUnt ist gem Abs 1 S 1 in der Konzernbilanz gesondert auszuweisen und entspr zu bezeichnen.

2 Die Bet an einem assozUnt ist im KA at equity, dh mit dem anteiligen EK zu bilanzieren. Dabei wird der Equity-Wertansatz ausgehend von den AK der Bet um die EK-Veränderungen des Berichtsjahrs fortgeschrieben (zur Grundkonzeption der **Equity-Methode** s § 312 Anm 1). Die Anwendung der Equity-Methode ist **nur im Konzernabschluss zulässig.**

3 § 311 definiert den Begriff des assozUnt (Abs 1 S 1) und stellt eine **Assoziierungsvermutung** bei einem *Stimmrechtsanteil* von 20% oder mehr auf (Abs 1 S 2). Bei untergeordneter Bedeutung der Bet am assozUnt für die VFE-Lage des Konzerns darf die Bet auch im KA zu (ggf fortgeführten) AK bewertet werden, der Sonderausweis (Anm 1) entfällt (Abs 2).

4 DRS 8 stellt klar, dass ein maßgeblicher Einfluss auch bei indirekt gehaltenen Stimmrechtsanteilen von mind 20% vermutet wird und nennt Indizien für das Vorliegen eines maßgeblichen Einflusses.

B. Begriffsabgrenzungen (Abs 1)

I. Allgemeines

5 Der Begriff assozUnt wird in § 311 Abs 1 wie folgt definiert: (1) Ein in den KA einbezogenes Unt (KonzernUnt = MU oder TU) hält an einem nicht einbezogenen Unt – dem assozUnt – eine Bet iSd § 271 Abs 1 und (2) das KonzernUnt übt einen maßgeblichen Einfluss auf die Geschäfts- und Finanzpolitik des assozUnt aus. Ein maßgeblicher Einfluss wird vermutet, wenn ein KonzernUnt bei dem assozUnt mind den fünften Teil der Stimmrechte der Gester innehat (Abs 1 S 2).

Aus dieser Formulierung folgt, dass das assozUnt **weder Konzernunternehmen noch verbundenes Unternehmen** sein kann: Das assozUnt wird nicht beherrscht (§ 290 Abs 1 S 1), dh weder liegen zB *Stimmrechtsmehrheit, Dispositionsrechte* über die Leitungs- oder Aufsichtsorgane oder vertragliche Beherrschungsrechte (§ 290 Abs 2 Nr 1 bis 3) vor, noch trägt das MU bei wirtschaftlicher Betrachtung die Mehrheit der Risiken und Chancen des Unt (§ 290 Abs 2 Nr 4). Damit liegt auch kein verbundenes Unt iSv § 271 Abs 2 vor. Das assozUnt ist auch **kein Gemeinschaftsunternehmen,** da die gemeinsame Führung iSd § 310 grds eine stärkere Form der Einflussnahme darstellt als der maßgebliche Einfluss. Das assozUnt ist auch keine Finanz- oder sonstige Bet, bei der das Kriterium des maßgeblichen Einflusses nicht erfüllt wird.

6 Hinsichtlich der Behandlung von TU, die auf Grund der **Einbeziehungswahlrechte** nach § 296 nicht in den KA einbezogen werden, ist zu unterscheiden: Einbeziehungswahlrecht bei **untergeordneter Bedeutung** für die Vermittlung eines den tatsächlichen Verhältnissen entspr Bilds der VFE-Lage des Konzerns (§ 296 Abs 2): Ist ein TU bzgl der VollKons von untergeordneter Bedeutung (§ 296 Anm 33 ff), kann die Einbeziehung nach der Equity-Methode dennoch geboten sein, wenn der Einfluss auf den Posten „Beteiligungen an assoziierten Unternehmen" und/oder das BetErgebnis wesentlich ist (*Hachmeister* in Bilanzrecht § 311 Anm 64). Ist das TU dagegen auch iSv Abs 2 von untergeordneter Bedeutung, darf auch auf die Bilanzierung nach der Equity-Methode verzichtet werden.

Einbeziehungswahlrecht bei nachhaltiger **Beeinträchtigung der Ausübung der Rechte** des MU in Bezug auf das Vermögen und die Geschäftsführung des

TU (§ 296 Abs 1 Nr 1): Bei Nichteinbeziehung des TU in den KA infolge der Ausübung des Wahlrechts hat die Equity-Bewertung zu unterbleiben, sofern die Rechte zB durch vertragliche Vereinbarung derart beschränkt sind, dass auch kein maßgeblicher Einfluss mehr ausgeübt werden kann. Dagegen führen Satzungsklauseln, die für wesentliche Beschlüsse eine über die Stimmrechtsmehrheit des MU hinausgehende qualifizierte Mehrheit vorsehen, und sog Entherrschungsverträge, die die Ausübung der Stimmrechte unter die Mehrheitsgrenze reduzieren, nicht zum Ausschluss eines maßgeblichen Einflusses (§ 296 Anm 11).

Wenn bei **Gemeinschaftsunternehmen** (§ 310) das Wahlrecht zur anteiligen 7 Kons nicht genutzt wird, ist das GemUnt nach der Equity-Methode im KA zu bilanzieren, sofern nicht wegen untergeordneter Bedeutung (Anm 20) darauf verzichtet werden darf (s DRS 9.4).

II. Unternehmen/Beteiligung

Der von Abs 1 geforderte maßgebliche Einfluss (Anm 15) muss von einem in 10 den KA einbezogenen Unt (= KonzernUnt) auf ein nicht einbezogenes Unt ausgeübt werden. KonzernUnt sind das MU und alle TU. Auch durch das Zusammenwirken mehrerer KonzernUnt kann der maßgebliche Einfluss herbeigeführt werden (*ADS*[6] § 311 Anm 33). GemUnt sind keine KonzernUnt idS (*ADS*[6] § 311 Anm 35 f).

Es muss sich bei dem Unt, auf das der Einfluss ausgeübt wird, um eine Bet gem § 271 Abs 1 handeln. Bei KapGes wird eine Bet bei einem Anteilsbesitz von *mehr* als 20% *widerlegbar vermutet* (§ 271 Anm 24 ff); für die Berechnung ist hierbei § 16 Abs 2 und 4 AktG entspr anzuwenden (§ 271 Abs 1 S 4). Bei Anteilen an PersGes ist grds vom BetCharakter der Anteile auszugehen (§ 271 Anm 21 ff), der auch widerlegbar ist.

Nach §§ 311, 271 ist eine Equity-Bilanzierung auch bei Bet mit Stimmrechten unter 20% geboten, sofern der „maßgebliche Einfluss auf die Geschäfts- und Finanzpolitik" nachgewiesen wird (s Anm 16).

III. Maßgeblicher Einfluss auf die Geschäfts- und Finanzpolitik und Assoziierungsvermutung

Das HGB verlangt zur Annahme eines assozUnt das Vorliegen eines **maßgeb-** 15 **lichen Einflusses** auf die **Geschäfts- und Finanzpolitik** des nicht einbezogenen Unt, wobei die Finanzpolitik als Teil der Geschäftspolitik zu verstehen ist. Das Kriterium ist bereits erfüllt, wenn sich der Einfluss auf einzelne Teile der Geschäfts- oder Finanzpolitik erstreckt (DRS 8.3). Der unbestimmte Rechtsbegriff des „maßgeblichen Einflusses" ist unter Berücksichtigung der Generalnorm des § 297 Abs 2 und anhand der sich an der Intensität von UntVerbindungen orientierenden Gesetzessystematik auszufüllen (vgl *Pellens/Füllbier* in MünchKomm HGB[3] § 311 Anm 11 ff) Anhaltspunkte für das Bestehen des maßgeblichen Einflusses enthält DRS 8.3; als solche gelten insb Vertretung im Verwaltungsorgan oder einem gleichwertigen Leitungsgremium, Mitwirkung an der Geschäftspolitik, Austausch von Führungskräften, wesentliche Geschäftsbeziehungen oder die Bereitstellung von grundlegendem technischen Wissen. Die Mitwirkung an der Geschäftspolitik kann bspw durch Genehmigungsvorbehalte bzgl der Geschäfts- und/oder Finanzplanung im GesVertrag konkretisiert sein (vgl *substantive participating rights*, § 296 Anm 11); eine Mitwirkung an Grundlagengeschäften reicht dagegen nicht aus.

Der maßgebliche Einfluss setzt nicht unbedingt die tatsächliche Einwirkung auf konkrete *einzelne* untpolitische Entscheidungen voraus. Vielmehr ist die Mitwirkung an *Grundsatzfragen* der Geschäfts- oder Finanzpolitik des assozUnt notwendig, aber auch hinreichend: zB die Bestimmung der UntStrategie, der Investitions- und Finanzpläne, zusätzlich der Gewinnverwendung, etc (glA *Küting/Köthner/Zündorf* in HdKR[2] § 311 Anm 25).

Bei der Beurteilung eines jeden Einzelfalls ist auf das Gesamtbild der Verhältnisse abzustellen: Der **maßgebliche Einfluss** ist dabei schwächer als der *beherrschende* Einfluss; er muss auch tatsächlich ausgeübt werden; ebenso *d'Arcy/Kurt* in BeckHdR C 510 Anm 29 mwN. Der maßgebliche Einfluss muss ferner auf Dauer angelegt sein; eine einmalige oder nur vorübergehende Einflussnahme genügt nicht, um die Bet als assozUnt zu qualifizieren (so *WPH*[14] I, M Anm 550 und DRS 8.6). Nur vorübergehend besteht der maßgebliche Einfluss nach DRS 8.7 bspw, wenn Anteile ausschließlich zur Weiterveräußerung in der nahen Zukunft erworben wurden. Danach sind Anteile, die mit langfristiger Haltensabsicht erworben wurden und bei denen zu einem späteren Zeitpunkt eine Veräußerung geplant wird, bis zur Veräußerung als assozUnt zu behandeln (glA *Schmidbauer* DStR 2001, 1543). Der maßgebliche Einfluss kann auch **gegen** einen beherrschenden Einfluss ausgeübt werden (*WPH*[14] I, M Anm 549). Er muss jedoch stets erheblich über die alleinige Wahrnehmung von BetRechten hinausgehen (*Kirsch,* 26).

16 Wegen der Schwierigkeiten, den unbestimmten Rechtsbegriff „maßgeblicher Einfluss" exakt zu umschreiben und abzugrenzen, wird in Abs 1 S 2 eine **Assoziierungsvermutung** aufgestellt, die *neben* der BetVermutung des § 271 Abs 1 S 3 steht. Ein maßgeblicher Einfluss wird vermutet, wenn ein KonzernUnt bei einem anderen Unt – dem assozUnt – direkt oder indirekt mind 20% der nach § 290 Abs 3 zu berechnenden Stimmrechte der Gester besitzt (dazu auch § 290 Anm 80 ff, DRS 8.3). Für die Ermittlung der zuzurechnenden Stimmrechte ist es unerheblich, ob die KonzernUnt, die die Stimmrechte unmittelbar halten, tatsächlich in den KA einbezogen werden (so auch *Scherrer* in Rechnungslegung § 311 Anm 17). Wird die **Vermutung nicht widerlegt,** gilt die Bet als assozUnt, ohne dass der maßgebliche Einfluss nachgewiesen werden muss. Anders liegt die Beweislast bei einem Stimmrechtsanteil von weniger als 20%. In diesem Fall wäre nachzuweisen, dass ein maßgeblicher Einfluss besteht und tatsächlich ausgeübt wird, zB wenn kein MehrheitsGester vorhanden ist und die anderen Gester ebenfalls unter je 20% halten (glA *Küting/Köthner/Zündorf* in HdKR[2] § 311 Anm 76).

17 Zur **Widerlegung der Vermutung** des maßgeblichen Einflusses muss nachgewiesen werden, dass kein bzw nur zufällig ein maßgeblicher Einfluss auf die Geschäfts- oder Finanzpolitik möglich ist. IdR wird es ausreichend sein darzulegen, dass die Rechte der Gester durch Gesetz, Vertrag oder staatliche Maßnahmen nachhaltig beeinträchtigt sind oder eine Vertretung in den Aufsichts- oder Geschäftsführungsorganen nicht durchsetzbar ist (so *Küting/Köthner/Zündorf* in HdKR[2] § 311 Anm 78). Ferner lässt sich die Vermutung für die Ausübung eines maßgeblichen Einflusses dadurch widerlegen, dass die notwendigen Angaben für die gesetzeskonforme Anwendung der Equity-Methode nicht zu erlangen sind (s Anm 18). Die jeweiligen Gründe zur Widerlegung der Assoziierungsvermutung müssen *je Bet* einer gerichtlichen Nachprüfung standhalten; denn Abs 1 S 1 ist durch Bußgeld sanktioniert (Anm 35).

18 Die **Informationserfordernisse** zur Anwendung der Equity-Methode unterscheiden sich wegen der Komplexität der anzuwendenden Vorschriften, insb des § 312, je nach Lage des Einzelfalls, erheblich. Einige **Beispiele,** die sich auf die Informationsverfügbarkeit auswirken:

Definition. Befreiung

- Bei einer **AG** dürfte der maßgebliche Einfluss idR als widerlegt anzusehen sein, wenn die Einflussmöglichkeiten nicht wenigstens zu einer Vertretung im AR oder im Vorstand geführt haben.
- Bei **GmbH** hat jeder Gester weitergehende Auskunftsrechte gem § 51a GmbHG, auch ein Einsichtsrecht in Bücher und Schriften. Bei mitbestimmten GmbH sollte eine Vertretung im AR gegeben oder erreichbar sein.
- Bei **Personenhandelsgesellschaften** sind auf Grund der Dispositionsfreiheiten bei den GesterRechten allgemeine Merkmale über die Voraussetzungen für einen maßgeblichen Einfluss nicht vorhanden. Es ist vielmehr festzustellen, welche *faktischen* Einflussmöglichkeiten die wirtschaftliche und gesvertragliche Lage dem Beteiligten eröffnet und wie er diese tatsächlich ausnutzen *könnte*.

Die in § 312 Abs 5 bestimmten Erleichterungen und Wahlrechte (Nichtberücksichtigung von Zwischenergebnissen, Beibehaltung abw Bilanzierungs- und Bewertungsmethoden) sind für die Anwendung der Equity-Methode unschädlich, solange die Vermutung des maßgeblichen Einflusses nicht durch einen unzureichenden Informationszugang oder andere Tatsachen widerlegt wird. Ist ein aktiver Unterschiedsbetrag auf stille Reserven und GFW zu verteilen und in Folgeperioden fortzuführen (§ 312 Anm 30 ff), setzt die Anwendung der Equity-Methode nicht zwingend genauere Kenntnis vertraulicher interner Sachverhalte bei den assozUnt voraus, wenn für Zwecke der Kaufpreisfindung eine *Due Diligence* durchgeführt wurde, aus der erkennbar ist, in welchen Posten stille Reserven vorhanden sind. Daher dürften die von einem Erwerber im Zugangszeitpunkt gewonnenen Erkenntnisse diesen idR in die Lage versetzen, einen aktiven Unterschiedsbetrag entspr zu verteilen und fortzuführen. Dabei mag ein geringerer Informationsstand für die Erfüllung der gesetzlichen Anforderungen zur Equity-Bilanzierung ausreichen.

C. Nichtanwendung der Vorschrift bei untergeordneter Bedeutung der Beteiligung (Abs 2)

Die **Equity-Bilanzierung** braucht nicht angewendet zu werden, wenn die Bet für die Vermittlung eines den tatsächlichen Verhältnissen entspr Bilds der VFE-Lage des Konzerns **von untergeordneter Bedeutung** ist (Anm 6; DRS 8.5). Das zur Frage der „Wirtschaftlichkeit und Wesentlichkeit" bei Erstellung eines KA (§ 297 Anm 195 ff) Gesagte gilt auch für § 311.

Das Wahlrecht des Abs 2, assozUnt bei *insgesamt relativ* geringer Bedeutung nicht nach der Equity-Methode in den KA einzubeziehen, ist stetig auszuüben. Wird auf die Bilanzierung at equity mit dem Hinweis auf die untergeordnete Bedeutung verzichtet, ist dies nach § 313 Abs 2 Nr 2 iVm Abs 2 im Anhang anzugeben und zu begründen.

Die Bedeutung eines jeden assozUnt für die **Vermögenslage** eines Konzerns kann in Abhängigkeit von dessen Größe beurteilt werden. Hierbei sollte aber nicht nur auf den letzten Buchwert, sondern auch auf den Unterschied zwischen Buchwert und Reinvermögen (equity) abgestellt werden, insb wenn zwischen Erwerb und erstmaliger Equity-Bilanzierung des assozUnt in einen KA längere Zeit vergangen ist und daher infolge zwischenzeitlich thesaurierter Gewinne möglicherweise erhebliche Unterschiede ggü dem Erwerbszeitpunkt eingetreten sind. Bei der Prüfung der Bedeutung eines assozUnt für die **Ertragslage** ist auf das anteilige erzielte Ergebnis im Verhältnis zu durch KonzernUnt vereinnahmten BetErträgen abzustellen. Für die **Finanzlage** des Konzerns sind assozUnt bspw wesentlich, wenn dauerhaft mit signifikanten Gewinnausschüttungen (Dividenden) zu rechnen ist. Kapitaleinzahlungen bei (oder Zuschüsse an) assozUnt sind dagegen nicht relevant, weil sie üblicherweise nicht regelmäßig vorkommen.

D. Sonderausweis und Postenbezeichnung

25 Bet an assozUnt sind in der Konzernbilanz **gesondert auszuweisen** (Abs 1 S 1); eine bestimmte Postenbezeichnung ist jedoch nicht vorgeschrieben. Da es sich bei den assozUnt um Bet iSd § 271 Abs 1 handelt, sind diese zwingend unter den Finanzanlagen auszuweisen (§ 265 Abs 5); sie sollten ihrem Inhalt entspr als „Beteiligungen an assoziierten Unternehmen" bezeichnet werden (s DRS 8.44). *Vorzugsweise* sollte dieser Sonderposten *vor* den Bet stehen, da assozUnt ihrer Art nach zwischen den verbundenen Unt und anderen Bet einzuordnen wären.

Werden TU nach der Equity-Methode bilanziert, ist der Sonderposten um einen Mitzugehörigkeitsvermerk zu erweitern. Alternativ können diese TU auch in den Anteilen an verbundenen Unt mit gesonderter Erl der Anwendung der Equity-Methode ausgewiesen werden (*ADS*[6] 311 Anm 72).

26 Die **Höhe des Beteiligungsausweises** und der Ausweis eines Unterschiedsbetrags ggü den AK oder einem ggf niedrigeren Bilanzwert richten sich nach § 312. Zu Einzelheiten s § 312 Anm 5 ff. Bzgl der Darstellung im Konzernanlagengitter und des Ausweises von Wertänderungen in der Konzern-GuV vgl § 312 Anm 42 ff, 53 f. ***Darlehen an assoziierte Unternehmen*** gehören zu den „Ausleihungen an Unternehmen, mit denen ein BetVerhältnis besteht". Ein Davon-Vermerk wird zwar gesetzlich nicht ausdrücklich gefordert, ergibt sich aber uE aus der Systematik der Hinzufügung des weiteren Bilanzpostens nach § 311 Abs 1 S 1.

E. Publizitätsgesetz

30 Gem § 13 Abs 2 S 1 PublG gilt § 311 sinngemäß auch für KA nach dem PublG, damit sind assozUnt in einem KA nach PublG auch „at equity" zu bilanzieren, wenn die Voraussetzungen des § 311 Abs 1 vorliegen und nicht widerlegt werden (Anm 10, 15 ff).

F. Rechtsfolgen einer Verletzung des § 311

35 Sowohl § 334 Abs 1 Nr 2 e als auch § 20 Abs 1 Nr 2 e PublG sehen für die Zuwiderhandlung gegen Vorschriften des § 311 Abs 1 S 1 iVm § 312 über die Behandlung assozUnt Bußgelder bis zu € 25 000 vor. Von diesen Bußgeldvorschriften wird mittelbar auch die nach Abs 1 S 2 mögliche Widerlegung des „maßgeblichen Einflusses" erfasst, sofern diese im Einzelfall unzutreffend ist.

G. Abweichungen der IFRS

Schrifttum: *Zülch* Das IASB Improvement Project KoR 2004, 153.

Standards: IAS 28 Anteile an assoziierten Unternehmen und Gemeinschaftsunternehmen *(Investment in Associates and Joint Ventures)* (2011); IFRS 11 Gemeinsame Vereinbarungen *(Joint Arrangements)*.

40 Während die Definition eines assozUnt in § 311 die tatsächliche Ausübung eines maßgeblichen Einflusses verlangt, genügt nach IFRS bereits die Möglichkeit zur Ausübung eines maßgeblichen Einflusses (IAS 28.3). Die ansonsten vergleichbare Assoziierungsvermutung kann daher nach Handelsrecht bereits dadurch

widerlegt werden, dass ein maßgeblicher Einfluss tatsächlich nicht ausgeübt wird, während nach den IFRS darzulegen wäre, dass das beteiligte Unt einen maßgeblichen Einfluss gar nicht ausüben kann (s *Baetge KA*[9], 361).

Die Anwendung der Equity-Methode ist nach IFRS auf typische assozUnt **41** und GemUnt (IFRS 11.24) beschränkt (IAS 28.16). Eine Anwendung der Equity-Methode auf nicht voll konsolidiere TU ist – anders als nach Handelsrecht (s Anm 5 f) – nicht zulässig (*Hayn* in Beck IFRS[4] § 36 Anm 157; s IAS 28.22(a)). In die Beurteilung der Frage der Möglichkeit des maßgeblichen Einflusses sind neben der Kapitalbeteiligung auch die sog „*potential voting rights*" einzubeziehen (IAS 28.8). Für Venture Capital Ges, Investmentfonds, Unit Trusts uä Unternehmen, besteht das Wahlrecht, diese nach IAS 39 erfolgswirksam zum beizulegenden Zeitwert oder nach der Equity-Methode zu erfassen. (IAS 28.18 iVm 28.46). Darüber hinaus werden in IAS 28.17 weitere Unt von der Anwendung der Equity-Methode ausgenommen (*Zülch* KoR 2004, 153). Wendet ein Unt IFRS 5 auf einen zum Verkauf vorgesehenen Teil eines Anteils an einem assozUnt oder GemUnt an, ist jeder behaltene nicht als „zur Veräußerung gehalten" eingestufte Teil dieses Unt nach der Equity-Methode zu bilanzieren, bis der als „zur Veräußerung gehalten" eingestufte Teil veräußert wird (IAS 28.20). Handelt es sich bei dem behaltenen Anteil weiterhin um ein assozUnt oder ein GemUnt, ist weiterhin die Equity-Methode anzuwenden und anderenfalls nach IAS 39 zu bilanzieren (IAS 28.20). Dagegen werden bei einer geplanten Veräußerung eines Teils von Anteilen an assozUnt nach HGB sämtliche Anteile bis zur Veräußerung at equity bilanziert. Die geplante Veräußerung wirkt sich nur im Rahmen der Bewertung aus, wenn bis zur Aufstellung des JA ein unterhalb des Buchwerts liegender Kaufpreis vereinbart wird. In diesem Fall ist der Equity-Wert unter Berücksichtigung des niedrigeren Nettoveräußerungserlöses außerplanmäßig abzuschreiben.

Während nach § 310 für GemUnt ein Wahlrecht besteht, diese quotal oder nach der Equity-Methode in den KA einzubeziehen, sind GemUnt in der Form des Joint Ventures gem IAS 28 für IFRS-Anwender in der EU für Geschäftsjahre, die am oder nach dem 1.1.2014 beginnen, zwingend nach der Equity-Methode einzubeziehen (IFRS 11.24; s § 310 Anm 90 ff). Dies gilt auch im Fall der freiwilligen früheren Anwendung des IFRS 11.

§ 312 Wertansatz der Beteiligung und Behandlung des Unterschiedsbetrags

(1) [1]**Eine Beteiligung an einem assoziierten Unternehmen ist in der Konzernbilanz mit dem Buchwert anzusetzen.** [2]**Der Unterschiedsbetrag zwischen dem Buchwert und dem anteiligen Eigenkapital des assoziierten Unternehmens sowie ein darin enthaltener Geschäfts- oder Firmenwert oder passiver Unterschiedsbetrag sind im Konzernanhang anzugeben.**

(2) [1]**Der Unterschiedsbetrag nach Absatz 1 Satz 2 ist den Wertansätzen der Vermögensgegenstände, Schulden, Rechnungsabgrenzungsposten und Sonderposten des assoziierten Unternehmens insoweit zuzuordnen, als deren beizulegender Zeitwert höher oder niedriger ist als ihr Buchwert.** [2]**Der nach Satz 1 zugeordnete Unterschiedsbetrag ist entsprechend der Behandlung der Wertansätze dieser Vermögensgegenstände, Schulden, Rechnungsabgrenzungsposten und Sonderposten im Jahresabschluss des assoziierten Unternehmens im Konzernabschluss fortzuführen, abzuschreiben oder aufzulösen.** [3]**Auf einen nach Zuordnung nach Satz 1 verbleibenden Geschäfts- oder Firmenwert oder passiven Unterschiedsbetrag ist § 309 entsprechend anzuwenden.** [4]**§ 301 Abs. 1 Satz 3 ist entsprechend anzuwenden.**

§ 312

Assoziierte Unternehmen

(3) ¹Der Wertansatz der Beteiligung und der Unterschiedsbetrag sind auf der Grundlage der Wertansätze zu dem Zeitpunkt zu ermitteln, zu dem das Unternehmen assoziiertes Unternehmen geworden ist. ²Können die Wertansätze zu diesem Zeitpunkt nicht endgültig ermittelt werden, sind sie innerhalb der darauf folgenden zwölf Monate anzupassen.

(4) ¹Der nach Absatz 1 ermittelte Wertansatz einer Beteiligung ist in den Folgejahren um den Betrag der Eigenkapitalveränderungen, die den dem Mutterunternehmen gehörenden Anteilen am Kapital des assoziierten Unternehmens entsprechen, zu erhöhen oder zu vermindern; auf die Beteiligung entfallende Gewinnausschüttungen sind abzusetzen. ²In der Konzern-Gewinn- und Verlustrechnung ist das auf assoziierte Beteiligungen entfallende Ergebnis unter einem gesonderten Posten auszuweisen.

(5) ¹Wendet das assoziierte Unternehmen in seinem Jahresabschluß vom Konzernabschluß abweichende Bewertungsmethoden an, so können abweichend bewertete Vermögensgegenstände oder Schulden für die Zwecke der Absätze 1 bis 4 nach den auf den Konzernabschluß angewandten Bewertungsmethoden bewertet werden. ²Wird die Bewertung nicht angepaßt, so ist dies im Konzernanhang anzugeben. ³§ 304 über die Behandlung der Zwischenergebnisse ist entsprechend anzuwenden, soweit die für die Beurteilung maßgeblichen Sachverhalte bekannt oder zugänglich sind. ⁴Die Zwischenergebnisse dürfen auch anteilig entsprechend den dem Mutterunternehmen gehörenden Anteilen am Kapital des assoziierten Unternehmens weggelassen werden.

(6) ¹Es ist jeweils der letzte Jahresabschluß des assoziierten Unternehmens zugrunde zu legen. ²Stellt das assoziierte Unternehmen einen Konzernabschluß auf, so ist von diesem und nicht vom Jahresabschluß des assoziierten Unternehmens auszugehen.

Übersicht

	Anm
A. Grundkonzeption der Equity-Methode	1–4
B. Anwendung der Equity-Methode	
I. Erstmalige Anwendung (Abs 1)	
1. Berücksichtigung von stillen Reserven und Geschäfts- oder Firmenwert	5–9
2. Berücksichtigung von negativen (passiven) Unterschiedsbeträgen	12
3. Angabe eines Unterschiedsbetrags im Konzernanhang	15
4. Zeitpunkt der Ermittlung von positiven und negativen Unterschiedsbeträgen (Abs 3)	
a) Zeitpunkt, zu dem eine Beteiligung assoziiertes Unternehmen geworden ist	18–22
b) Abweichender Abschlussstichtag des assoziierten Unternehmens	25
II. Anwendung in Folgejahren	
1. Fortschreibung des Unterschiedsbetrags (Abs 2)	
a) Aktiver Unterschiedsbetrag	29–31
b) Passiver Unterschiedsbetrag	32
2. Fortschreibung des Equity-Wertansatzes (Abs 4)	
a) Ermittlung des Beteiligungsergebnisses in Folgejahren (S 1)	35–39
b) Ausweis des Ergebnisses aus assoziierten Unternehmen in der Konzern-Gewinn- und Verlustrechnung (S 2)	42–46

	Anm
c) Erfolgsneutrale Veränderungen des Eigenkapitals beim assoziierten Unternehmen	49
d) Kapitalmaßnahmen beim assoziierten Unternehmen	51
e) Darstellung der Beteiligungsbuchwerte an assoziierten Unternehmen im Konzernanlagengitter	53, 54
f) Statusänderungen eines assoziierten Unternehmens	57, 58
III. Wahlrecht zur Anpassung abweichender Ansatz- und Bewertungsmethoden bei assoziierten Unternehmen (Abs 5 S 1 und 2)	
1. Konzerneinheitliche Bewertung und Anpassungswahlrecht	61–65
2. Angaben im Konzernanhang zum Ansatz- und Bewertungsmethodenwahlrecht	68
IV. Zwischenerfolgseliminierung im Rahmen der Equity-Methode (Abs 5 S 3 und 4)	
1. Eliminierungspflicht	71, 72
2. Vereinfachungen und Ausnahmen	75
3. Upstream- oder Aufwärtseliminierung	78
4. Downstream- oder Abwärtseliminierung	80, 81
5. Sogenannte Satelliten-Eliminierung	83
6. Wahlrecht der quotalen Eliminierung der Zwischenergebnisse	85
C. Maßgeblicher Abschluss des assoziierten Unternehmens (Abs 6)	87–92
D. Publizitätsgesetz	95
E. Rechtsfolgen einer Verletzung des § 312	97
F. Abweichungen der IFRS	
I. Vorbemerkung	100
II. Erstmalige Anwendung der Equity-Methode	
1. Unterschiedsbetrag bei erstmaliger Einbeziehung	102
2. Zeitpunkt der Ermittlung des Unterschiedsbetrags	104, 105
III. Fortschreibung des Equity-Wertansatzes	107–109
IV. Bewertungsanpassung und Zwischengewinneliminierung	112, 113
V. Maßgeblicher Abschluss des assoziierten Unternehmens	117, 118
VI. Besondere Angabe- und Ausweispflichten	122

Schrifttum: IDW Stellungnahme zum E-DRS 8 „Bilanzierung von Anteilen an assoziierten Unternehmen im Konzernabschluss" WPg 2001, 216; *Deubert/Klöcker* Das Verhältnis von Zeitwertbewertung und Zwischenergebniseliminierung bei der Übergangskonsolidierung nach BilMoG, KoR 2010, 571; IDW RH HFA 1.019 Handelsrechtliche Konzernrechnungslegung bei unterschiedlichen Abschlussstichtagen WPg Suppl 2/2013, 41.

Standard: DRS 8 Bilanzierung von Anteilen an assoziierten Unternehmen im Konzernabschluss idF DRÄS 4, BAnz v 18.2.2010, Beilage 27a.

A. Grundkonzeption der Equity-Methode

Bet an assozUnt (zum Begriff s § 311 Anm 1) sind nach der Equity-Methode, **1** einer vereinfachten Form der erfolgswirksamen KapKons (s DRS 8.3), in den

KA einzubeziehen. Ihr **Zweck** ist, auf längere Sicht eine Übereinstimmung zwischen dem Buchwert einer Bet und dem anteiligen bilanziellen EK des BetUnt herzustellen. Dazu wird der BetAnsatz (AK) um die nach BetErwerb erzielten Gewinne erhöht und um Verluste und Ausschüttungen vermindert (DRS 8.20).

2   Die Bilanzierung von Bet nach der Equity-Methode wird vielfach als **informativer** angesehen als eine Bewertung zu AK, weil sich neben der Fortschreibung des Unterschiedsbetrages zwischen dem Buchwert und dem anteiligen EK des assozUnt (Auflösung stiller Reserven, stiller Lasten und des GFW) die EK-Entwicklung des assozUnt direkt in der Bilanz und der GuV des Konzerns widerspiegeln.

3   Die Equity-Methode unterscheidet sich von der VollKons dadurch, dass das EK nur **anteilig** mit dem BetBuchwert verrechnet wird und das Ergebnis der einzelnen KonsSchritte nicht bei den einzelnen Aktiva und Passiva der Konzernbilanz erfasst, sondern in dem Bilanzwert für die Bet am assozUnt zusammengefasst wird. Man bezeichnet dieses Verfahren deshalb auch als *„one-line consolidation"*.

4   Ggü der VollKons gem §§ 301 ff sieht das HGB für die Einbeziehung von assozUnt in den KA lediglich eine **partielle Konsolidierung** vor. In Abs 1 ist die Ermittlung des Unterschiedsbetrags und in Abs 2 dessen Fortschreibung geregelt. Außerdem sind gem Abs 5 S 3 Zwischenerfolge zu eliminieren, soweit die relevanten Informationen bekannt oder zugänglich sind. In § 312 ist weder eine SchuldenKons noch eine Aufwands- und ErtragsKons vorgeschrieben. Die Bilanzierung latenter Steuern ergibt sich auch ohne den ausdrücklichen Verweis (Abs 2 S 4 iVm § 301 Abs 1 S 3 und § 274 Abs 2) aus den allgemeinen Grundsätzen (*PwC BilMoG Komm*, Q Rz 453).

Ferner darf das assozUnt auch auf der Basis abw Bewertungsmethoden in den KA einbezogen werden, wenn im Konzernanhang darauf hingewiesen wird (Abs 5 S 1 und 2). Grundlage für die Einbeziehung ist abw von § 299 Abs 2 S 2 immer der *letzte* JA bzw KA des assozUnt (Abs 6). Dagegen sieht DRS 8.12f eine über den Gesetzeswortlaut hinausgehende nahezu analoge Anwendung des § 299 (§ 342 Anm 19) vor.

B. Anwendung der Equity-Methode

I. Erstmalige Anwendung (Abs 1)

1. Berücksichtigung von stillen Reserven und Geschäfts- oder Firmenwert

5   Abs 1 regelt den erstmaligen Wertansatz einer Bet an einem assozUnt in der Konzernbilanz, Abs 2 die Fortschreibung des Unterschiedsbetrags. Im Folgenden wird von dem „Regelfall" ausgegangen, dass der Erwerber einer Bet einen Kaufpreis zahlt, der *über* das anteilige buchmäßige EK, welches auf die Bet entfällt, hinausgeht. Mit diesem „höheren" Kaufpreis können stille Reserven und ggf ein GFW abgegolten sein. Häufig wird der Kaufpreis auf der Grundlage eines Ertragswerts ermittelt und kann daher nur mittelbar und ggf nur teilweise den Posten der Bilanz des erworbenen assozUnt zugerechnet werden.

6   Das HGB sieht in Abs 1 und 2 die **Buchwertmethode** (Abs 1 S 1) als Verfahren zur Berücksichtigung von **stillen Reserven** und eines **Geschäfts- oder**

Firmenwerts vor. Analog zur VollKons nach § 301 Abs 1 S 2, die der Neubewertungsmethode folgt, ist die Erstbilanzierung erfolgsneutral und die Folgebilanzierung erfolgswirksam. Zur AK-Begrenzung s Anm 19, 32.

Bei der Buchwertmethode ist eine Bet an einem assozUnt in der Konzernbilanz beim erstmaligen Ausweis mit ihrem Buchwert laut JA des MU anzusetzen. Der Unterschied zwischen Buchwert und anteiligen EK des assozUnt sowie der Betrag des GFW bzw des passiven Unterschiedsbetrags ist im Konzernanhang anzugeben (Abs 1 S 2). **7**

Beispiel: Unt A erwirbt eine Bet von $1/3$ an Unt B zu einem Kaufpreis von 1000. B weist ein bilanzielles EK von 1500 aus, von dem 500 auf A entfallen. Mit dem Kaufpreis vergütet A die in den VG der Bilanz von B enthaltenen stillen Reserven (600) anteilig mit 200 sowie den GFW von B (900) anteilig mit 300:

	B gesamt	auf A entfallend ($1/3$ von B)
Eigenkapital (bilanziell)	1500	500
Stille Reserven	600	200
GFW	900	300
Unternehmenswert/Kaufpreis	3000	1000

Die AK (= Buchwert) des A von insgesamt 1000 aus seinem JA sind auch in der Konzernbilanz anzusetzen. Der Unterschiedsbetrag zwischen diesem Buchwert und dem anteiligen bilanziellen EK (hier: 1000 abzgl 500 = 500) ist im Konzernanhang anzugeben (Abs 1 S 2). Der Unterschiedsbetrag enthält sowohl die anteiligen stille Reserven/Lasten (200) als auch den anteiligen GFW (300), der gesondert anzugeben ist. **8**

Bei dem Buchwert der Bet am assozUnt, der den Ausgangswert für die Fortschreibung in der Konzernbilanz bildet, handelt es sich um den Wertansatz im JA des einbezogenen MU oder TU, das die Bet unmittelbar hält. Weicht dieser Wertansatz von dem auf den KA anzuwendenden Bewertungsmethoden ab, muss eine **Neuermittlung der Anschaffungskosten** des BetBuchwerts in der HB II (hierzu § 300 Anm 26 ff) erfolgen (§ 308 Abs 2 S 1), die dann auch für die Equity-Bilanzierung maßgebend ist. Dies kann zB bei ausländischen TU der Fall sein, die die Bet zulässigerweise zum Zeitwert bilanzieren. **9**

2. Berücksichtigung von negativen (passiven) Unterschiedsbeträgen

Ein negativer Unterschiedsbetrag entsteht bei der Erstbilanzierung, wenn das anteilige EK des assozUnt den Buchwert übersteigt. Im Zahlenbeispiel (Anm 7) müssten daher die AK weniger als 500 betragen. Dies kann vorkommen, wenn im JA des assozUnt stille Lasten (wie mittelbare Pensionszusagen iSd Art 28 Abs 1 S 2 EGHGB) nicht bilanziert sind, im Kaufpreis nicht bilanzierbare Verluste antizipiert sind oder der Kaufpreis von nicht in der Ertragskraft des Unt liegenden Gründen beeinflusst ist. Gleiches gilt, wenn an dem Unt bereits vor der Einbeziehung at equity Anteile gehalten wurden, auf deren BetBuchwert in früheren Jahren außerplanmäßige Abschreibungen vorgenommen wurden, denen nicht entspr EK-Minderungen beim assozUnt ggüstehen, soweit bei erstmaliger Anwendung der Equity-Bewertung keine Zuschreibung vorzunehmen ist. **12**

Soweit ein passiver Unterschiedsbetrag durch Gewinnthesaurierungen zwischen Anteilserwerb und erstmaliger at equity Einbeziehung entstanden ist, ist er mit den Gewinnrücklagen erfolgsneutral zu verrechnen (ebenso *ADS*[6] § 312 Anm 51 und 68).

3. Angabe eines Unterschiedsbetrags im Konzernanhang

15 Neben dem Unterschiedsbetrag zwischen Buchwert und dem anteiligen EK (ggf bewertet nach konzerneinheitlichen Methoden) vor Aufdeckung der stillen Reserven und stillen Lasten (= bilanzielles Reinvermögens des assozUnt) ist im Konzernanhang der darin enthaltene GFW oder passive Unterschiedsbetrag anzugeben (Abs 1 S 2). Diese Angaben sind in jedem Gj zu machen (*PwC* BilMoG Komm, Q Rz 449). Entspr sieht DRS 8.19 die Erfassung und Fortführung der Unterschiedsbeträge in einer Nebenrechnung vor. Des Weiteren sind nach DRS 8.47 (der vom Fall der erstmaligen Anwendung der Equity-Methode direkt nach Erwerb einer Bet am assozUnt ausgehend als Bezugsbasis jeweils die AK nennt) bei erstmaliger Einbeziehung neben Name, Sitz, Anteil am Kapital und an den Stimmrechten des assozUnt sowie dem Stichtag der erstmaligen Einbeziehung als assozUnt auch die Höhe der AK anzugeben.

Bei Vorliegen mehrerer Assoziierungsverhältnisse ist die Ermittlung des Unterschiedsbetrags nach Abs 1 S 2 für jedes assozUnt gesondert vorzunehmen. Die Konzernanhangangabe des (fortgeschriebenen) Unterschiedsbetrags hat zu jedem Bilanzstichtag zu erfolgen. Eine solche Angabepflicht kann auch für die – ohnehin im Rahmen der (statistischen) Nebenrechnungen fortgeführten – Unterschiedsbeträge angenommen werden, die vor Inkrafttreten des BilMoG nur im Jahr des Zugangs anzugeben waren (*PwC* BilMoG Komm, Q Anm 450). Der Angabepflicht wird nach DRS 8.49 hinreichend Rechnung getragen, wenn zu jedem Abschlussstichtag jeweils die Summe der GFW und der negativen Unterschiedsbeträge, die auf sämtliche assozUnt entfallen, im Konzernanhang angegeben werden. Eine Saldierung von aktiven und passiven Unterschiedsbeträgen ist unzulässig (*PwC* BilMoG, Komm Q Anm 444).

4. Zeitpunkt der Ermittlung von positiven und negativen Unterschiedsbeträgen (Abs 3)

a) Zeitpunkt, zu dem eine Beteiligung assoziiertes Unternehmen geworden ist

18 Der Wertansatz der Bet und der Unterschiedsbetrag sind auf der Basis der Wertansätze zu dem Zeitpunkt zu ermitteln, zu dem das Unt assozUnt geworden ist, dh erstmals tatsächlich ein maßgeblicher Einfluss auf die Geschäfts- und Finanzpolitik der Bet (s § 311 Anm 15ff; DRS 8.3) ausgeübt wird. Das Abstellen auf diesen Zeitpunkt entspricht den Regelungen zur VollKons, im Rahmen derer die Ermittlung auf den Zeitpunkt erfolgt, zu dem das Unt TU geworden ist (§ 301 Anm 126) und auch DRS 8.14f sowie IAS 28.32. Dies gilt bei einem stufenweisen Erwerb der Anteile zu mehreren Zeitpunkten ebenso wie bei einer bisher auch im KA zu AK bilanzierten Bet, die nun wegen Erhöhung der Bet-Quote „at equity" bilanziert werden muss. In beiden Fällen ist als relevanter Zeitpunkt für die Ermittlung des Wertansatzes der Bet und des Unterschiedsbetrags in der Konzernbilanz der Zeitpunkt zu Grunde zu legen, an dem das BetUnt „assoziiert" wurde.

19 Zum Zeitpunkt des Erwerbs der Anteile an dem assozUnt entspricht der Wertansatz der Bet den AK der Anteile. Nur zu diesem Zeitpunkt können die AK unmittelbar mit dem Wert verglichen werden, der den VG, Schulden usw des assozUnt beizulegen ist. Außerdem können nur zu diesem Zeitpunkt erworbene Ergebnisse des assozUnt eindeutig von den während der Konzernzugehörigkeit erwirtschafteten (und im KA erfolgswirksam zu berücksichtigenden) Ergebnissen abgegrenzt werden. Der Erwerb im Laufe eines Konzern-Gj setzt voraus, dass das assozUnt einen **Zwischenabschluss oder JA auf den Erwerbszeitpunkt** erstellt und dass dieser außerdem (zB im Rahmen eines Bewertungsgutachtens) zur Verfügung steht.

Zu unterscheiden sind des Weiteren die Fälle, in denen Anteile zu verschiedenen Zeitpunkten erworben werden *oder* sie zunächst von untergeordneter Bedeutung sind *oder* in denen ein MU erstmals zur Konzernrechnungslegung iSd §§ 290 ff und damit zur Anwendung der Equity-Methode verpflichtet ist. In den beiden ersten Fällen liegt zunächst eine „normale", im JA des MU und auch im KA zu AK oder zu einem niedrigeren beizulegenden Wert anzusetzende Bet vor. Da die Wertermittlung nach Abs 3 S 1 auf Grundlage der Wertansätze zu dem Zeitpunkt zu erfolgen hat, zu dem das Unt assozUnt geworden ist, sind bei einem **sukzessiven Anteilserwerb** die fortgeführten AK der bislang im JA bilanzierten Anteile wie zusätzliche AK zu behandeln (*WPH*[14] I, M Anm 594 iVm 389). Dieses Vorgehen entspricht der Regelung in § 301 Abs 2 S 1 zur Umsetzung der Erwerbsmethode iRd VollKons von sukzessive erworbenen TU (*WPH*[14] I, M Anm 594) und bringt insoweit eine Vereinfachung mit sich, als keine gesonderte Fortschreibung von Wertansätzen und Unterschiedsbeträgen einzelner Tranchen vorzunehmen ist (§ 301 Anm 128).

Bei einem **assozUnt**, das **bislang von untergeordneter Bedeutung** für die Vermittlung eines den tatsächlichen Verhältnissen entspr Bilds der VFE-Lage des Konzerns war und das nun im KA erstmals nach der Equity-Methode zu bewerten ist, stellt sich die Frage, ob für die Wertermittlung auch der Zeitpunkt maßgeblich ist, zu dem dieses Unt assozUnt geworden ist. Die gleiche Frage stellt sich, wenn ein **MU** bspw infolge des Überschreitens der Größenkriterien nach § 293 **erstmals konzernrechnungslegungspflichtig** iSd §§ 290 ff und damit zur Anwendung der Equity-Methode verpflichtet ist (*PwC* BilMoG Komm, Q Anm 470). Wäre in diesen Fällen für Zwecke der Bewertung auf den Zeitpunkt nach Abs 3 S 1, dh auf ggf weit zurückliegende Zeitpunkte abzustellen, könnten verlässliche Informationen über Wertverhältnisse zu diesen Zeitpunkten idR nur sehr aufwändig beschafft werden. Auch wenn in Abs 3 ein ausdrücklicher Verweis auf § 301 Abs 2 S 3 und 4 (Erstkons auf Basis der Wertverhältnisse im Zeitpunkt der erstmaligen Einbeziehung von TU) fehlt, erscheint in derartigen Fällen eine analoge Anwendung dieser Vorschrift, dh eine Bewertung auf den Beginn des KonzernGj sachgerecht, in dem das assozUnt erstmals nach der Equity-Methode bewertet wird.

In Anlehnung an internationale Vorschriften ist für die Zuordnung des Unterschiedsbetrags auf VG, Schulden etc ein sog *„one-year window"* für den Fall vorgesehen, dass die Wertansätze zu dem Zeitpunkt, zu dem das Unt assozUnt geworden ist, nicht endgültig ermittelt werden können (Abs 3 S 2). In diesem Fall ist zunächst eine vorläufige Zuordnung vorzunehmen, die innerhalb des Zwölfmonatszeitraums anzupassen ist. Die Regelung entspricht der zur VollKons (s § 301 Anm 76, 115). Nicht ausdrücklich geregelt ist, wie der Anpassungszeitraum für die Fälle des sukzessiven Anteilserwerbs und des Entfalls der untergeordneten Bedeutung zu bestimmen ist. Wie im Fall der VollKons (s § 301 Anm 139 f) ist nach dem Gesetzeswortlaut der Fristablauf auf Basis des relevanten Einbeziehungszeitpunkts zu bestimmen und damit eine Ausweitung der Anpassungspflicht bis zum Ende der Aufstellungsfrist für den auf die Periode der erstmaligen Anwendung der Equity-Methode folgenden KA nicht möglich.

b) Abweichender Abschlussstichtag des assoziierten Unternehmens

Weicht der Abschlussstichtag eines assozUnt von dem Abschlussstichtag des MU ab, gilt grds die Vereinfachung gem Abs 6 (Anm 87), so dass zur Berechnung des Unterschiedsbetrags nicht in jedem Fall ein Zwischenabschluss für das assozUnt erstellt werden muss.

II. Anwendung in Folgejahren

1. Fortschreibung des Unterschiedsbetrags (Abs 2)

a) Aktiver Unterschiedsbetrag

29 Ein aktiver Unterschiedsbetrag muss jedoch für Zwecke der **Folgebilanzierung** (s Anm 30, 31) nach den Regeln des Abs 2 fortgeführt werden. Im Bsp beträgt dieser 500 (s Anm 7). Er muss in die Beträge aufgeteilt werden, die für stille Reserven und für den GFW bezahlt wurden (im Bsp 200 bzw 300). Die **stillen Reserven** sind grds (s Anm 22) bereits *im Erwerbsjahr* den einzelnen VG und Schulden des assozUnt B in einer Nebenrechnung zuzuordnen (Abs 2 S 1). Zur Ermittlung der anteiligen stillen Reserven (abzgl anteiliger stiller Lasten wie zulässigerweise nicht dotierte Pensionsrückstellungen) sowie etwaiger latenter Steuern auf aufgedeckte stille Reserven und Lasten s § 301 Anm 53 ff und 95 ff. Die Differenz zwischen den so für die Neubewertungsbilanz ermittelten Zeitwerten zu den im Abschluss bilanzierten Beträgen stellen entspr die stillen Reserven/stillen Lasten dar.

In den Folgejahren sind die bei der Analyse des Unterschiedsbetrags ermittelten und den VG und Schulden zugeordneten stillen Reserven von zunächst 200 (s Bsp in Anm 7) entspr der Behandlung der Wertansätze dieser VG und Schulden im JA des assozUnt B in der Nebenrechnung fortzuführen, abzuschreiben oder aufzulösen (Abs 2 S 2, DRS 8.20 f).

Die Veränderung des Unterschiedsbetrags wird in der Konzernbilanz des Folgejahres im Aktivposten „Beteiligungen an assoziierten Unternehmen" und in der Konzern-GuV im „Ergebnis aus assoziierten Unternehmen" indes nur „einzeilig" ausgewiesen und nicht wie bei der VollKons gem § 301 bei jedem Aktiv- und Passivposten sowie bei der Aufwands- und Ertragskons bei jedem Aufwands- und Ertragsposten gezeigt. Die Differenz zu den ursprünglichen stillen Reserven (hier 200) ist erfolgswirksam zu erfassen.

Werden stille Reserven nur bei abnutzbaren VG festgestellt, ist der die stillen Reserven betr Unterschiedsbetrag beim Abgang oder durch (planmäßige oder – sofern geboten – außerplanmäßige) Abschreibungen im Laufe der Nutzungsdauer der betr VG aufzulösen. Bei nichtabnutzbaren VG tritt die Auflösung des Unterschiedsbetrags erst mit dem Abgang oder einer ao Wertminderung ein. Die Fortschreibung folgt damit den handelsrechtlichen Grundsätzen, die für die Bilanzierung der betroffenen VG maßgeblich sind. Die Veränderungen bei den stillen Reserven sind jedes Jahr anzupassen; ergebniswirksam ist immer nur der negative oder positive Spitzenbetrag zum Unterschiedsbetrag des Vj.

30 Der zweite Teil des ursprünglichen Unterschiedsbetrags (die restlichen 300, s Anm 7) stellt den Anteil am **Geschäfts- oder Firmenwert** (von insgesamt 900) dar (Abs 2 S 3). Diese Restgröße von 300 ist nach den Regeln des § 309 iVm § 253 planmäßig auf die Gj zu verteilen, in denen er voraussichtlich genutzt werden kann, bzw sofern geboten, außerplanmäßig abzuschreiben.

DRS 8.23 lässt eine längere Nutzungsdauer als fünf Jahre nur in begründeten Ausnahmefällen zu. Eine andere als die lineare Abschreibung wird hiernach ebenfalls nur in Ausnahmefällen als zulässig angesehen. Damit stellt DRS 8.23 über das Gesetz hinausgehende Anforderungen (§ 342 Anm 19). Nach DRS 8.47 sind die gewählte Abschreibungsmethode und Nutzungsdauer bei erstmaliger Einbeziehung nach der Equity-Methode im Konzernanhang anzugeben. Abweichungen von der linearen Abschreibung oder eine Nutzungsdauer von mehr als fünf Jahren sind zu begründen.

Erworbene stille Reserven und der GFW werden somit im Laufe der Jahre abgeschrieben. Der Buchwert der Bet an einem assozUnt gleicht sich so über die Jahre tendenziell an das anteilige bilanzielle EK des assozUnt an, da alle Veränderungen des EK nach der Erstbilanzierung durch weitere Anpassungen ebenfalls berücksichtigt werden (dazu Anm 35 ff). 31

b) Passiver Unterschiedsbetrag

Bzgl passiver Unterschiedsbeträge ist bei den **Folgebilanzierungen** zwischen zugeordneten Teilen des Unterschiedsbetrags (Abs 2 S 2) und nicht zugeordneten Teilbeträgen (Abs 2 S 3) zu unterscheiden. 32

Die **zugeordneten Teile** eines negativen Unterschiedsbetrags (zB zulässigerweise nicht passivierte mittelbare Pensionsverpflichtungen) sind entspr der Behandlung der bei der Erstbilanzierung definierten Bezugsposten in einer Nebenrechnung fortzuführen oder aufzulösen (Abs 2 S 2). Die Nebenrechnung dient der Fortschreibung des BetBuchwerts in der Konzernbilanz (glA *d'Arcy/Kurt* in Beck HdR C 511 Anm 48 ff). Jede (Teil-)Auflösung des negativen Unterschiedsbetrags wirkt in der Konzernbilanz ergebnisverbessernd; sie erhöht unmittelbar den BetBuchwert, der auf diese Weise auch über die AK der Bet hinaus anwachsen kann (so auch *WPH*[14] I, M Anm 566).

Der **nicht zuordenbare negative Unterschiedsbetrag** darf gem Abs 2 S 3 iVm § 309 Abs 2 wie bei der VollKons nur ergebniswirksam aufgelöst werden, soweit

(1) die erwartete ungünstige Entwicklung der künftigen Ertragslage des assozUnt eingetreten ist oder die erwarteten Aufwendungen im JA berücksichtigt worden sind (§ 309 Abs 2 S 1); hier stellte der passive Unterschiedsbetrag eine Antizipation dieser Belastungen im KA dar, die nun entfallen kann (Kauf eines *badwill*) (DRS 8.24).

(2) am Stichtag einer Folgebilanzierung feststeht, dass der negative nicht zuordenbare Unterschiedsbetrag einen inzwischen realisierten Gewinn aus dem Bet-Erwerb am assozUnt darstellt (§ 309 Abs 2 S 2; *lucky buy*) und deshalb eine Zuschreibung gerechtfertigt ist (so auch *d'Arcy/Kurt* in Beck HdR C 511 Anm 85).

DRS 8.24 definiert zur Konkretisierung des § 309 Abs 2 S 2 den realisierten Gewinn – soweit der passive Unterschiedsbetrag nicht durch erwartete künftige Aufwendungen oder Verluste begründet ist – als den Betrag, um den der negative Unterschiedsbetrag die beizZW der erworbenen nicht monetären VG übersteigt. Die Beschränkung des realisierten Gewinns auf diesen Betrag, trägt der Unsicherheit bei der Ermittlung der Zeitwerte auf nicht monetäre VG Rechnung. Soweit dem negativen Unterschiedsbetrag Zeitwerte nicht monetärer VG ggüstehen, ist nach DRS 8.24a) dieser über die *gewichtete* durchschnittliche Nutzungsdauer der nicht monetären VG aufzulösen. Der negative Unterschiedsbetrag wird, da er nur in der Nebenrechnung geführt wird, nicht gesondert auf der Passivseite der Bilanz ausgewiesen.

2. Fortschreibung des Equity-Wertansatzes (Abs 4)

a) Ermittlung des Beteiligungsergebnisses in Folgejahren (S 1)

Der für die Erstbilanzierung ermittelte BetWertansatz ist in den Folgejahren um **die anteiligen bilanziellen Eigenkapitalveränderungen,** wie anteilige Gewinne, Verluste und Gewinnausschüttungen nach Abs 4 S 1 zu erhöhen bzw zu vermindern. Das für diese EK-Veränderungen beim assozUnt relevante EK ist 35 die Summe aller EK-Posten gem § 266 Abs 3 Posten A I bis A V, also einschl des jeweiligen Jahresergebnisses des assozUnt.

36 Umbuchungen innerhalb des EK (zB Kapitalerhöhung aus GesMitteln) verändern den BetWertansatz daher nicht (glA *WPH*[14] I, M Anm 569). **Jahresüberschüsse** (Jahresfehlbeträge) erhöhen (mindern) ergebniswirksam im Jahr ihrer Entstehung den anteiligen Wert der Bet. Basis ist der jeweils zu Grunde gelegte Abschluss (s Anm 87 ff) des assozUnt.

Da Jahresüberschüsse den BetBuchwert anteilig im Entstehungsjahr erfolgswirksam erhöhen, sind auf die Bet entfallende Gewinnausschüttungen des assozUnt, die bei einem in den KA einbezogenen Unt vereinnahmt wurden, nach Abs 4 S 1 Hs 2 beim Ansatz der assozUnt in der Konzernbilanz iHd anteiligen EK-Minderung des assozUnt zu kürzen (Aktivtausch: Zugang an flüssigen Mitteln oder Forderungen gegen BetWertminderung; ebenso *ADS*[6] § 312 Anm 103). Dadurch wird verhindert, dass die Berücksichtigung der EKmehrung infolge eines Jahresüberschusses in der einen Periode und einer anderenfalls ergebniswirksamen Vereinnahmung der Gewinnausschüttung in der anderen Periode zu einem doppelten Ertragsausweis in den Konzern-GuV führt (*Kraft* in Großkomm HGB[5] § 312 Anm 83). Dies gilt unabhängig davon, für welches Gj die Ausschüttung erfolgt und welcher Abschluss des assozUnt (JA oder KA) der Equity-Methode zu Grunde gelegt wird. In der Konzern-GuV ist der spätere Zufluss eines im Entstehungsjahr vereinnahmten BetErtrags ebenfalls zu neutralisieren, dh der im JA erfasste BetErtrag ist im KA zu Lasten des Konzernergebnisses zu eliminieren (zum Steueraufwand s Anm 44 f).

37 Sofern bei assozUnt Anpassungen an konzerneinheitliche Ansatz- und Bewertungsmethoden (Anm 61 ff) vorgenommen werden, sind die vorstehend erläuterten Ergebnisanteile aus der HB II (§ 300 Anm 26 ff) abzuleiten. Als weitere **Ergebniskorrekturen** kommen Abschreibungen auf aktive und Auflösungen passiver Unterschiedsbeträge (Anm 32) sowie die Eliminierung von Zwischenergebnissen (Anm 71 ff) in Betracht.

Für diese anteiligen Modifikationen empfiehlt sich eine besondere Ergebnisfortschreibung je assozUnt und Jahr, da in der jeweiligen HB II ohnehin bereits zahlreiche Korrekturen durchzuführen sind.

38 Die anteilige Übernahme von Jahresfehlbeträgen (Anm 36) kann – bei längeren Verlustperioden eines assozUnt – dazu führen, dass der fortgeschriebene **Equity-Wert** für ein assozUnt **unter null** sinkt. Ausschüttungen/Kapitalrückzahlungen des assozUnt können aufgrund der unterschiedlichen Bemessungsgrundlage (JA des assozUnt) insb bei ausländischen TU, bei denen nach landesrechtlichen Vorschriften höhere Ausschüttungen zulässig sind als dies nach HGB der Fall wäre, ebenfalls zu einem Equity-Wert von unter null führen. Gleiches gilt bei assozUnt in der Rechtsform von PersGes, für die es keine gesetzlichen Vorschriften über die Kapitalerhaltung gibt.

Nach der überwiegenden Kommentierung und DRS 8.27 ist ein assozUnt im KA mind mit einem Erinnerungswert (€ 1,–) anzusetzen, darüber hinausgehende Verluste sind in einer Nebenrechnung festzuhalten und spätere Gewinne erst nach „Tilgung" dieser Verluste dem Wertansatz des assozUnt zuzuschreiben (*WPH*[14] I, M Anm 580 f; *Küting/Zündorf* in HdKR[2] § 312 Anm 130; *Pellens/Füllbier* in MünchKomm HGB[3] § 312 Anm 64). Fraglich ist, ob weitere eigenkapitalähnliche Komponenten (zB langfristige Darlehen) in diesem Fall in die Fortschreibung des Equity-Werts einzubeziehen sind. DRS 8 und § 312 enthalten dazu keine Regelungen. Unter Berücksichtigung des Einzelbewertungsgrundsatzes ist den Werthaltigkeitsprüfungen der betroffenen Posten der Vorzug einzuräumen (*Lüdenbach/Frowein* BB 2003, 2453). DRS 8.49 d) sieht eine Anhangangabe über die Summe der negativen – und daher im Ergebnis nicht bilanzierten

– Equity-Werte vor. Sie sind (da der BetBuchwert des MU nicht unter null sinken darf) auch in der Angabepflicht der passiven Unterschiedsbeträge nach Abs 1 enthalten, danach jedoch nicht gesondert auszuweisen. Führen Ausschüttungen des assozUnt zu einem Equity-Wert von unter null, dürfen die übersteigenden Beträge erfolgswirksam im KA vereinnahmt werden, sofern es sich nicht um gesrechtlich unzulässige Auszahlungen handelt, für die der Gester eine Rückzahlungsverbindlichkeit zu passivieren hat (IDW RS HFA 18, Tz 27). Auch in diesem Fall ist die Wertminderung des Equity-Werts unter null in einer entspr Nebenrechnung zu berücksichtigen und in Folgejahren fortzuführen. Rückstellungen dürfen (und müssen) im JA und KA gleichermaßen nur gebildet werden, wenn am Abschlussstichtag eine entspr Rückzahlungsverpflichtung besteht.

Eine Überprüfung der Werthaltigkeit des Equity-Wertansatzes nach den Regelungen des § 253 wird auch im Rahmen der Equity-Methode von der überwiegenden Literatur für notwendig gehalten (*ADS*[6] § 312 Anm 195 ff mwN; *Küting/Zündorf* in HdKR[2] § 312 Anm 81 ff). DRS 8.28 folgt dieser Auffassung und schreibt eine Überprüfung des Equity-Wertansatzes zu jedem Bilanzstichtag vor. Übersteigt der Equity-Wertansatz den beizZW, sind Abschreibungen vorzunehmen. Wird eine solche Abschreibung unter Hinweis auf die nicht dauernde Wertminderung unterlassen, ist eine Anhangangabe gem § 314 Abs 1 Nr 10 erforderlich. Die außerplanmäßige Abschreibung mindert zunächst den in dem Equity-Wertansatz enthaltenen GFW und dann den verbleibenden Equity-Wertansatz (DRS 8.29). Nach Wegfall des Grunds sind entspr Wertaufholungen erforderlich. Dabei ist insb zu beachten, dass bei Eintritt der durch die außerplanmäßige Abschreibung antizipierten Verluste keine nochmalige Berücksichtigung dieser Verluste im Rahmen der Fortschreibung des Equity-Wertansatzes erfolgen darf (*IDW* WPg 2001, 220). In Folgejahren tatsächlich eintretende Jahresfehlbeträge dürfen als Reduzierung des Equity-Wertansatzes daher nur in der Höhe erfasst werden, in der die Abschreibungen überschritten werden (*Küting/Zündorf* in HdKR[2] § 312 Anm 83).

Die spätere Wertaufholung ist begrenzt auf den Wert, der sich ergeben hätte, wäre die Fortschreibung des Equity-Wertansatzes ohne außerplanmäßige Abschreibung fortgeführt worden (DRS 8.29, *Schmidbauer* DStR 2001, 1543).

b) Ausweis des Ergebnisses aus assoziierten Unternehmen in der Konzern-Gewinn- und Verlustrechnung (S 2)

Das auf assozUnt entfallende **Ergebnis** ist unter einem gesonderten Posten in der Konzern-GuV auszuweisen. Ein getrennter Ausweis von Aufwendungen und Erträgen aus assozUnt wird nach dem Gesetzeswortlaut ebenso wenig gefordert wie eine weitere Aufspaltung nach einzelnen Ergebniskomponenten (s auch *Scherrer* in Rechnungslegung § 312 Anm 50; *ADS*[6] § 312 Anm 93; *WPH*[14] I, M Anm 652). In dem Ergebnis enthaltene ao Posten sind nach DRS 8.45 – sofern nicht besondere Umstände iSd § 297 Abs 2 S 3 eine Angabe im KA erfordern über den Gesetzeswortlaut hinaus (§ 342 Anm 19) – als Davon-Vermerk oder im Anhang gesondert anzugeben.

Erträge aus Bet an assozUnt sollten in der Konzern-GuV nach den Erträgen aus Bet (ggf an nicht vollkons verbundenen Unt) gezeigt werden. Ist der Saldo ein Aufwand, kommt ein Ausweis unmittelbar nach den Aufwendungen aus Verlustübernahmen (§ 277 Abs 3 S 2) – also *vor* oder *nach* dem Zinsaufwand; § 277 Anm 22 – in Betracht.

Die Behandlung der **Ertragsteuern** bei der Equity-Bilanzierung ist im HGB nicht ausdrücklich geregelt. Betrachtet man die Equity-Methode als eine Kons-Methode, ist der Ertrag aus assozUnt im Jahr der Entstehung auf der Ebene des einbezogenen Unt *vor* Ertragsteuern auszuweisen und der auf dieses Ergebnis entfallende Ertragsteueraufwand im konsolidierten Ertragsteueraufwand in der Konzern-GuV zu erfassen (sog Bruttomethode). Dagegen ist das Ergebnis aus der Änderung des Equity-Werts nach DRS 8.46 in der Konzern-GuV nach Kürzung um Ertragsteuern (netto) auszuweisen. Diese Kürzung widerspricht zwar dem Saldierungsverbot des § 246 Abs 2 S 1, folgt jedoch der Logik der Einzeilendarstellung der Anteile an assozUnt (Anm 3). In beiden Fällen ist als Gegenposten in der Konzernbilanz der Wertansatz des assozUnt um den Saldo aus diesen beiden Größen, dem anteiligen Jahresüberschuss *nach* Ertragsteuern, zu erhöhen, denn nur dieser Nettobetrag ist eine fortzuschreibende EK-Änderung iSv Abs 4.

45 IdR wird das auf assozUnt entfallende Ergebnis im JA der Ges/des KonzernUnt phasenverschoben vereinnahmt. Bei der Vereinnahmung entsteht eine Steuerschuld auf der Ebene des Ges nach § 8b KStG (5%-Besteuerung, s § 298 Anm 35). Fraglich ist, ob diese bereits bei der Erfassung des (anteiligen) Ergebnisses des assozUnt im KA zu berücksichtigen ist. Sachgerecht erscheint eine Berücksichtigung analog § 278 S 1 iVm 298 Abs 1, wenn die zuständigen Organe des assozUnt bei Aufstellung des KA bereits einen Beschluss über die Gewinnausschüttung gefasst haben oder zumindest ein entspr Gewinnverwendungsvorschlag auf Ebene des assozUnt vorliegt, weil ab diesem Zeitpunkt mit einer hinreichend sicheren künftigen Steuerbelastung zu rechnen ist. Um den bei Vereinnahmung der BetErträge künftig entstehenden Steueraufwand zu neutralisieren, ist im KA uE unabhängig von § 306 S 4 bereits nach allgemeinen Grundsätzen zu Lasten des Steueraufwands eine Steuerrückstellung für „latente" Steuern zu erfassen. Diese sind mit latenten Steuern aus anderen KonsVorgängen zusammenzufassen.

46 Fraglich kann sein, wie das Ergebnis eines assozUnt darzustellen ist, wenn der Gester durch einen Ertragszuschuss zur Sanierung des assozUnt beigetragen hat. Bei den Veränderungen gem Abs 4 wird zwar nicht nach den Ursachen des Ergebnisses gefragt, die Betrachtung der Equity-Methode als KonsVerfahren kann es aber nahelegen, den Sanierungsaufwand im Konzernergebnis zu stornieren und das Ergebnis des assozUnt vor Sanierungszuschuss auszuweisen. In Fällen von wesentlicher Bedeutung sollte ein Hinweis auf die Verfahrensweise im Konzernanhang erfolgen.

c) Erfolgsneutrale Veränderungen des Eigenkapitals beim assoziierten Unternehmen

49 Mangels eigenständiger Regelungen in § 312 und ohne einen Verweis auf § 308a bestehen zwei Möglichkeiten zur Berücksichtigung von *Wechselkurseffekten* bei der Fortschreibung des Equity-Werts von assozUnt, deren JA bzw KA auf fremde Währung lauten. Wird die Equity-Methode als KonsMethode *(„one-line consolidation")* angesehen, ist die modifizierte Stichtagskursmethode entspr auch für assozUnt anzuwenden. Der Equity-Wert im KA entspricht dann dem Betrag, der sich bei der Umrechnung des anteiligen EK mit dem jeweiligen Stichtagsmittelkurs ergibt (*PwC* BilMoG Komm, Q Anm 352). Die Änderung ist nicht Bestandteil des Jahresergebnisses und daher erfolgsneutral in die Konzernbilanz zu übernehmen (DRS 8.25 f, *ADS*[6] § 312 Anm 230). Betrachtet man die Equity-Methode dagegen als besondere Methode zur Bewertung von Bet im KA, wird es auch für zulässig erachtet, im KA des Gesters wechselkursbedingte Veränderungen des anteiligen EK im Wertansatz der Bet am assozUnt unberücksichtigt zu lassen, was einer Umrechnung der einzelnen Posten des anteiligen EK zu historischen Kursen entspricht (*PwC* BilMoG Komm, Q Anm 353). Erfolgsneutral sind zudem alle Veränderungen des EK in die Konzernbilanz zu übernehmen, die gem DRS 7.5 dem kumulierten übrigen Konzernergebnis zuzurechnen sind (DRS 8.26).

d) Kapitalmaßnahmen beim assoziierten Unternehmen

Neben dem Erwerb und der Veräußerung von Anteilen können auch Kapitalmaßnahmen beim assozUnt zu entspr Veränderungen des Equity-Wertansatzes führen. DRS 8.42 f) bestimmt als grds Regel, dass der Teil des Änderungsbetrags des anteiligen EK, der nicht auf Einlagen des beteiligten Unt beruht, erfolgswirksam im Equity-Wert zu berücksichtigen ist.

Kapitalmaßnahmen, an denen alle Gester nach Maßgabe ihrer bisherigen BetQuote teilnehmen, führen zu entspr erfolgsneutralen Erhöhungen/Verminderungen des Equity-Wertansatzes. Ausnahmen können sich dann ergeben, wenn zB im Rahmen von Kapitalerhöhungen Anschaffungsnebenkosten anfallen, die zum BetBuchwert aktiviert werden. Diese würden zu Unterschiedsbeträgen führen, die entspr ihres Charakters sofort ergebniswirksam zu berücksichtigen sind (*ADS*[6] § 312 Anm 118).

Nimmt das beteiligte Unt an Kapitalerhöhungen nicht oder nicht entspr seiner bisherigen BetQuote teil bzw werden Kapitalherabsetzungen des assozUnt nicht von allen Gestern im gleichen Umfang getragen, sieht DRS 8.42 die erfolgswirksame Berücksichtigung der Veränderung des anteiligen EK vor (ausführlich § 301 Anm 265 ff; *Küting/Zündorf* in HdKR[2] § 312 Anm 173 ff; *ADS*[6] § 312 Anm 120). Analog ist zu verfahren, wenn das assozUnt eigene Anteile mit einem über/unter dem Buchwert des EK liegenden Kaufpreis erwirbt.

e) Darstellung der Beteiligungsbuchwerte an assoziierten Unternehmen im Konzernanlagengitter

Im Unterschied zu den anderen Methoden der KapKons führt die Equity-Methode mit dem Posten „Beteiligungen (Anteile) an assoziierten Unternehmen" zu einem gesonderten Ausweis im Konzernanlagengitter mit der Notwendigkeit, diesen im Zeitablauf fortzuschreiben. Unproblematisch ist der Kauf oder der Verkauf von Anteilen an einem assozUnt in einem Schritt; hier handelt es sich eindeutig um **Veränderungen im mengenmäßigen Bestand,** dh um einen „Zugang" bzw „Abgang" von Finanzanlagen des Konzerns. Bei einem stufenweisen Erwerb (Abs 3) kann es zunächst zu einem Ausweis unter „sonstigen Beteiligungen" kommen, der dann im Folgejahr unverändert vorzutragen ist. Die Statusänderung zu „Anteilen an assoziierten Unternehmen" führt zu einer Umgliederung; an Stelle der Umgliederung kann ein Abgang der (sonstigen) Bet und ein „Zugang" bei assozUnt im Anlagengitter gezeigt werden. Entspr ist die Statusänderung vom assozUnt zum vollkons TU als Abgang zu behandeln. In gleicher Weise ist bei einer Statusminderung vom TU zum assozUnt (Anm 58) ein „Zugang" (im Rahmen der Erstbilanzierung nach der Equity-Methode) bei Anteilen an assozUnt darzustellen.

An Stelle der Umgliederungs-, der Zugangs- oder Abgangsspalten wird häufig eine **gesonderte Spalte „Veränderungen des Konsolidierungskreises"** eingefügt, was den Sachverhalt genauer wiedergibt.

Analog zur VollKons ist auch im Rahmen der Equity-Methode eine Endbilanzierung durchzuführen, wenn der Status eines assozUnt durch Wegfall der Merkmale des § 311 Abs 1 verloren geht oder Anteile ganz oder teilweise verkauft werden. IHd auf die abgegangenen Anteile entfallenden Teils des Equity-Wertansatzes ist dieser mit den Veräußerungserlösen zu verrechnen und die verbleibenden Anteile sind umzugliedern (ggf Abgang und Zugang; Letzterer oft mit einem anderen Wert, sofern nicht gem DRS 8.37 verfahren wird; Anm 58).

54 Schwieriger als die vorgenannten mengenmäßigen Veränderungen auf Grund von Anteilsquoten- bzw Statusveränderungen sind die **wertmäßigen Änderungen** im Konzernanlagengitter einzuordnen. Geht man davon aus, dass neben § 268 Abs 2 (anwendbar gem § 298 Abs 1) auch die Regelung in Abs 4 S 2 (Konzern-GuV) sinngemäß für die Darstellung des Bilanzwerts gilt, kommt man zu dem Ergebnis, dass die *(ergebniswirksamen)* Folgebilanzierungen idR entweder als Zuschreibungen oder als Abschreibungen darzustellen sind, wenngleich es sich hierbei nicht um originäre außerplanmäßige Abschreibungen oder vorherige Abschreibungen voraussetzende Zuschreibungen ieS handelt. Dies gilt sowohl für die in den Folgebilanzierungen fortzuführenden, abzuschreibenden oder aufzulösenden ergebniswirksamen Teile des Unterschiedsbetrags des Abs 2 S 2 (Anm 29 ff) als auch für die Fortschreibungen gem Abs 4 um anteilige Jahresüberschüsse bzw -fehlbeträge sowie die Verrechnung von Zwischenergebnissen nach Abs 5 S 3 und 4 (glA *Küting/Zündorf* in HdKR[2] § 312 Anm 104 ff).

Werden solche Veränderungen als Zugang oder Abgang dargestellt, ergibt sich der Umfang der Ergebnisvereinnahmungen in dieser Zeile des Anlagengitters durch Vergleich mit den Erträgen oder Aufwendungen aus assozUnt. Aus Gründen der Klarheit und Übersichtlichkeit (§ 297 Abs 2 S 1) sollte jedoch im Konzernanhang verdeutlicht werden, in welchem Umfang Ergebnisvereinnahmungen in dieser Zeile des Anlagengitters enthalten sind.

Analog der Darstellung der ergebniswirksamen Folgebilanzierung in der Konzern-GuV ist auch eine detailliertere Darstellung im Konzernanlagengitter zulässig (mit entspr Erl im Konzernanhang, Anm 42 ff).

f) Statusänderungen eines assoziierten Unternehmens

57 In Abs 3 ist nur der Übergang einer Bet zum assozUnt ausdrücklich geregelt. Weitere Anteilskäufe können aber zum Status als GemUnt oder als TU **(Statuswechsel bis zum Tochterunternehmen)** führen. Im ersten Fall *darf* alternativ zur Fortführung nach der Equity-Methode auch eine QuoKons nach § 310 vorgenommen werden, sobald die dafür notwendigen Einzelunterlagen verfügbar sind.

Ist ein assozUnt TU geworden, gelten die Erl zu wesentlichen Änderungen des KonsKreises (§ 294 Anm 9 ff) und zum Erwerb zusätzlicher Anteile an bisher at equity konsUnt (§ 301 Anm 225 ff; *Deubert/Klöcker*, KoR 2010, 574). Aus der „Einzeilen-Konsolidierung" wird die VollKons. Dabei stellt der letzte Equity-Wertansatz im Zeitpunkt des Übergangs auf die VollKons die KonzernAK dieser Alt- bzw Equity-Tranche dar (DRS 8.33; bzgl dieser Ausnahme der tranchenweise Kons zur Vermeidung der Aufdeckung von stillen Reserven und stillen Lasten auf die bislang im Rahmen der „Einzeilen-Konsolidierung" bereits im KA implizit enthaltenen VG und Schulden s *Deubert/Klöcker*, KoR 2010, 574). In allen Fällen ändert sich der KonsKreis; die dazu gem § 294 Abs 2 notwendigen Angaben im Konzernanhang (§ 294 Anm 14 f) sollten von den in § 313 Abs 2 erforderlichen Einzelangaben getrennt werden.

58 Anteilsverkäufe, Stimmrechtsverluste oder Stimmrechtsverzichte können dazu führen, dass der Status als TU nicht mehr gegeben ist, aber immer noch ein assozUnt nach § 311 vorliegt. Die **Statusveränderung von Tochterunternehmen zu assoziierten Unternehmen** zieht einen Wechsel der anzuwendenden Kons-Methode (von der VollKons auf die Equity-Methode) nach sich. Zur technischen Umstellung der Kons s § 301 Anm 340 f.

Geht der Status eines assozUnt durch Wegfall der Merkmale des § 311 Abs 1 verloren **(Statusänderung von assoziierten Unternehmen zur Beteiligung)**, ist die Bet auch im KA (wie im JA) maximal zu AK oder zum niedrigeren beizulegenden Wert anzusetzen; gleichzeitig ist sowohl in der Konzernbilanz als auch im Konzernanlagengitter eine Umgliederung auf Bet vorzunehmen. Als AK der verbleibenden Anteile gilt nach DRS 8.37 der anteilig verbleibende Equity-Wert im Veräußerungszeitpunkt („Einfrieren der Equity-Methode"; so auch *WPH*[14] I, M Anm 598). Zwar kann dies ggf dazu führen, dass die Bet im KA mit einem über den AK des JA liegenden Wert angesetzt wird. Diese Abweichung vom AK-Prinzip ist jedoch durch die Eigenart des KA bedingt, da eine Aufhebung der früheren Bilanzierung „at equity" und aller Folgebilanzierungen die früher zutreffende Einbeziehung „at equity" negieren würde. Der auf die veräußerten Anteile entfallende Teil des in der Konzernbilanz vorgetragenen Bet-Buchwerts ist mit den Erlösen aus dem Anteilsverkauf zu verrechnen. Der Übergang auf die Bilanzierung zu AK ist hinsichtlich der nicht veräußerten Anteile erfolgsneutral (DRS 8.38). Resultiert der Unterschied zwischen den AK des JA und dem Equity-Wertansatz aus während der Anwendung der Equity-Methode thesaurierten Gewinnen, ist – zur Vermeidung der Doppelerfassung von Ergebnisbeiträgen im KA – die Ausschüttung dieser Ergebnisse in den Folgeperioden im KA entspr als Minderung des BetBuchwerts zu behandeln.

Alternativ dürfte es nicht zu beanstanden sein, wenn als AK die anteilig im JA verbleibenden (fortgeführten) historischen AK der Bet angesetzt werden, um nicht gegen das AK-Prinzip zu verstoßen (so auch *IDW* WPg 2001, 221; *Küting/ Zündorf* in HdKR[2] § 312 Anm 167 mwN; *Schmidbauer* DStR 2001, 1544). Im Übergangszeitpunkt bestehende positive oder negative Abweichungen des Equity-Wertansatzes ggü dem Wertansatz im JA des einbezogenen Unt sind durch die ergebniswirksame Fortschreibung des Equity-Wertansatzes begründet und daher im KA ergebniswirksam zu erfassen. Auch hier ändert sich jeweils der KonsKreis, was Angaben im Konzernanhang erfordert; außerdem werden in § 313 Abs 2 je nach Status der Bet unterschiedliche Einzelangaben gefordert (s § 313 Anm 145 ff).

III. Wahlrecht zur Anpassung abweichender Ansatz- und Bewertungsmethoden bei assoziierten Unternehmen (Abs 5 S 1 und 2)

1. Konzerneinheitliche Bewertung und Anpassungswahlrecht

Im Unterschied zur VollKons von TU und zur QuoKons von GemUnt trägt das HGB den geringeren Einfluss- und Informationsmöglichkeiten bei assozUnt in Abs 5 S 1 dadurch Rechnung, dass eine Anpassung an die konzerneinheitlichen Bewertungsmethoden (§ 308) vorgenommen werden *darf*, aber nicht zwingend gefordert wird (Anpassungswahlrecht). Auch DRS 8.8 sieht keine zwingende Anpassung an die konzerneinheitliche Bilanzierung und Bewertung vor, sondern die Beachtung der Vorschriften des HGB und der Regelungen der DRS, woraus sich ggf eine Einschränkung des Wahlrechts in Abs 5 ergeben kann (§ 342 Anm 19).

Eine Bewertungsanpassung sollte zwar grds erfolgen; sie wird jedoch nicht in jedem Fall möglich sein, weil (abgesehen von ausnahmsweise at equity bewerteten TU) der „maßgebliche Einfluss" iSv § 311 Abs 1 S 1 und 2 nicht immer ausreichen wird, das assozUnt zur Aufstellung einer HB II oder zur Herausgabe der erforderlichen Informationen zu veranlassen (*ADS*[6] § 312 Anm 129 f). Außerdem kann die Bewertungsanpassung in Einzelfällen mit unverhältnismäßig hohem Aufwand verbunden sein, insb wenn Assoziierungsverhältnisse zu mehreren Ges bestehen und das assozUnt deshalb mehrere HB II aufstellen müsste. Das Anpassungswahlrecht ermöglicht die Anwendung der Equity-Methode auch ohne Bewertungsanpassung.

Erfolgt keine Anpassung an die konzerneinheitlichen Methoden, muss dies allerdings nach Abs 5 S 2 im Konzernanhang angegeben werden. Das gilt sowohl für die erstmalige Anwendung als auch für alle Folgebilanzierungen.

62 Als **Anwendungsbereich** für dieses Anpassungswahlrecht sind ausdrücklich die Rechenmethoden der Abs 1 bis 4 genannt. Demnach ist das Wahlrecht für folgende Sachverhalte relevant:
– Ermittlung des Unterschiedsbetrags zwischen BetBuchwert und anteiligem buchmäßigem EK sowie Aufteilung eines sich ergebenden Unterschiedsbetrags (Anm 7 ff),
– Fortentwicklung der Unterschiedsbeträge in der Folgebilanzierung (Anm 29 ff) und
– Ermittlung des anteiligen Jahresergebnisses des assozUnt (Anm 35 ff).

Das Anpassungswahlrecht bezieht sich infolgedessen auch auf Abs 2 S 2, wonach zugeordnete einzelne Unterschiedsbeträge im KA entspr der Behandlung der Wertansätze dieser VG und Schulden im JA des assozUnt fortzuführen, abzuschreiben oder aufzulösen sind. Wird für solche Posten eine Anpassung an konzerneinheitliche Bewertungsgrundsätze gewählt, ist auch ein zugeordneter Unterschiedsbetrag entspr dieser Grundsätze fortzuschreiben.

63 Nach dem Wortlaut von Abs 5 S 1 gilt das Anpassungswahlrecht nur für **abweichende Bewertungsmethoden,** nicht jedoch für den Bilanz*ansatz.* Andererseits sind hier keine Anhaltspunkte für eine bewusste Differenzierung zwischen Bilanzansatz und Bewertung zu finden. Von Bilanzansatz und Bewertung gehen jedoch entspr Auswirkungen auf das Ergebnis, die Höhe des EK und den Aussagewert des KA aus und beide sind hinsichtlich der ErlPflichten bei Abweichungen gem § 313 Abs 1 S 2 Nr 3 gleichgestellt. Daher ist im Hinblick auf die Generalnorm des § 297 Abs 2 auch eine Anpassung von Ansatzabweichungen als zulässig und zweckmäßig zu erachten (glA *ADS*[6] § 312 Anm 132–135; *WPH*[14] I, M Anm 558; *Kirsch,* 139). Vermutlich werden jedoch die zur Beurteilung bisher nicht bilanzierter Sachverhalte benötigten Zusatzinformationen noch schwerer zugänglich sein als für Bewertungsanpassungen und die Fortschreibung bekannter Unterschiedsbeträge, sofern nicht das assozUnt die HB II aufstellt. Werden in der HB indes Posten bilanziert, die im KA nach den Konzernvorgaben nicht angesetzt werden (zB selbst erstellte immaterielle VG, die nicht bereits zum Zeitpunkt der erstmaligen Equity-Bilanzierung vorhanden waren), bereitet die Eliminierung idR weniger Schwierigkeiten.

64 Erfolgt *keine* Anpassung an die konzerneinheitlichen Ansatz- und Bewertungsmethoden, muss jedoch sichergestellt sein, dass in einer der Equity-Methode zugrunde gelegten Bilanz die deutschen **GoB** beachtet sind (*Küting/Zündorf* in HdKR[2] § 312 Anm 210). Letzteres ergibt sich bereits aus der Generalnorm des § 297 Abs 2 S 2, die für *alle* in einen KA einbezogenen Bet gilt. Denn diese Generalnorm steht im Dritten Titel, also *vor* den Unterfällen des Vierten Titels (VollKons), des Sechsten Titels (QuoKons) und des Siebenten Titels (assozUnt). So auch DRS 8.8, der neben der Beachtung der Vorschriften des HGB die Entsprechung mit den Regelungen der DRS vorsieht und in DRS 8.47 die Angabe der vom assozUnt angewandten Bilanzierungs- und Bewertungsmethoden verlangt.

65 Ob die gleichen strengen Maßstäbe an die **Methodenstetigkeit** wie bei der VollKons anzulegen sind, ist zweifelhaft. Hierzu zwei *Beispiele:* Beim Neuerwerb von wesentlichen Bet kann der in § 311 geforderte maßgebliche Einfluss oft nicht sofort durchgesetzt werden, so dass sich MU zunächst mit einfacheren KonsMethoden behelfen müssen. Sind nach angemessener Zeit die notwendigen und geeigneten organisatorischen Vorkehrungen beim BetUnt getroffen, dürfen genauere Rechenmethoden im Interesse einer verbesserten Aussagefähigkeit des

KA analog zu § 296 Abs 1 Nr 2 auch bei Folgebilanzierungen nicht am Stetigkeitsgebot scheitern. Sind dagegen zwar im Erwerbszeitpunkt detaillierte Informationen verfügbar (weil eine umfangreiche UntBewertung durchgeführt wurde) und erscheint später eine Fortführung dieser Werte in einer HB II zu aufwändig (oder ist diese mangels verfügbarer weiterer Informationen nicht mehr möglich), muss ohne Verstoß gegen Stetigkeitsgesichtspunkte ein Methodenwechsel dahingehend zulässig sein, die einheitliche Bewertung im KA für dieses assozUnt aufzugeben. Im Konzernanhang ist diese Methodenänderung jedoch anzugeben und zu begründen (§ 313 Abs 1 S 2 Nr 3).

2. Angaben im Konzernanhang zum Ansatz- und Bewertungsmethodenwahlrecht

Die generelle Regelung zur Erl der im KA angewandten **Ansatz- und Bewertungsmethoden** in § 313 Abs 1 S 2 wird durch § 312 Abs 5 S 2 für die Equity-Methode ergänzt bzw ersetzt. Nach dem Wortlaut dieser Vorschrift ist eine Angabe im Konzernanhang lediglich erforderlich, wenn ein assozUnt in seinem JA vom KA *abweichende Bewertungs*methoden anwendet und auf dieser Basis (ohne Bewertungsanpassung) in den KA einbezogen wird. Diese Angabe kann sich auf die Feststellung beschränken, dass das assozUnt abw Bewertungsmethoden in seinem JA angewendet hat und eine Anpassung an die konzerneinheitliche Bewertung nicht vorgenommen wurde. Entgegen der strengeren ErlPflicht gem § 313 Abs 1 S 2 Nr 3 ist eine Begr für die Nichtanpassung ebenso wenig gefordert wie die Angabe der Auswirkungen auf die VFE-Lage (glA *Scherrer* in Rechnungslegung § 313 Anm 53). Das ist auch zweckmäßig, denn falls die Bewertung wegen fehlender Informationen nicht angepasst wird, ist es unmöglich, den Einfluss der (nicht bekannten) Bewertungsabweichungen auf die VFE-Lage darzustellen. Wurden Anpassungen vorgenommen (oder erübrigen sich solche ausnahmsweise, weil ohnehin konzerneinheitliche Bewertungsmethoden angewendet wurden), entfällt die zusätzliche Angabe im Konzernanhang. In der Praxis wird jedoch die angabepflichtige Nichtanpassung der unterschiedlichen Bewertungsmethoden wegen fehlender Informationen die Regel sein.

Die Angabepflicht nach Abs 5 S 2 bezieht sich auch auf abw **Bilanzansatzmethoden** (*ADS*[6] § 312 Anm 146). Diese Interpretation entspricht der der generellen ErlVorschrift des § 313 Abs 1 S 2 Nr 3 (so auch *WPH*[14] I, M Anm 558). Werden im JA eines assozUnt zB Aufwendungen für FuE nach abw Grundsätzen aktiviert, ist dieser Aktivposten zum Zweck der Einbeziehung des assozUnt in den KA zu eliminieren. Erfolgt die Anpassung, ist kein gesonderter Hinweis erforderlich, da die im KA angewandten Bilanzierungsmethoden ohnehin gem § 313 Abs 1 S 2 Nr 1 angegeben werden müssen.

IV. Zwischenerfolgseliminierung im Rahmen der Equity-Methode (Abs 5 S 3 und 4)

1. Eliminierungspflicht

Das HGB schreibt die entspr Anwendung der Vorschriften des § 304 (Behandlung der Zwischenerfolge bei den vollkons MU/TU) im Rahmen der Equity-Methode vor, *soweit* die für die Beurteilung maßgeblichen Sachverhalte bekannt oder zugänglich sind (Abs 5 S 3). Die Eliminierung darf wahlweise quotal (Anm 85) oder voll erfolgen (Abs 5 S 4). Auch hier sind somit Erleichterungen ggü der VollKons eingeräumt (Anm 75). DRS 8.30 schränkt das Wahlrecht über den Wortlaut des Gesetzes hinaus auf eine quotale Eliminierung der Zwischenergebnisse ein (§ 342 Anm 19) und sieht keine Ausnahme vor, wenn die Informationen nicht verfügbar sind. Die SchuldenKons (§ 303) und die Aufwands- und ErtragsKons (§ 305) werden in § 312 nicht genannt. Dies ergibt sich im Grundsatz aus der Natur der Equity-Methode, schließt aber nicht aus, dass Zwischenerfolge (§ 304) aus dem Wertansatz eliminiert werden.

72 Es kommen folgende Liefer- und Leistungsbeziehungen für die Zwischengewinneliminierung in Betracht:
– Lfg und Leistungen von assozUnt an MU, TU oder GemUnt (sog upstream- oder Aufwärtseliminierung, Anm 78),
– Lfg und Leistungen von MU, TU oder GemUnt an assozUnt (sog downstream- oder Abwärtseliminierung, Anm 80f),
– Lfg und Leistungen zwischen assozUnt (sog Satelliten-Eliminierung von Drittschuldverhältnissen, Anm 83).

2. Vereinfachungen und Ausnahmen

75 Bei der Equity-Bilanzierung besteht eine Verpflichtung zur Zwischenerfolgseliminierung nur, „*soweit* die für die Beurteilung maßgeblichen Sachverhalte *bekannt oder zugänglich* sind" (Abs 5 S 3 2. Hs). Damit soll zusätzlich den Besonderheiten des Assoziierungsverhältnisses Rechnung getragen werden. DRS 8.30 sieht abw vom Gesetzeswortlaut eine Ausnahme von der Eliminierungspflicht in diesem Fall nicht vor (§ 342 Anm 19) und lässt daher ggf auftretende Probleme der Informationsbeschaffung außer Acht. Bei der **Aufwärtseliminierung** sind zwar die Vorräte, die von assozUnt stammen, bei entspr Organisation (getrennte Artikel-Nrn) bekannt; es bestehen jedoch häufig Informationsbarrieren für die Beschaffung der notwendigen Kalkulationsunterlagen des assozUnt. Bei der **Abwärtseliminierung** sind detaillierte Angaben der assozUnt über jeweils am Bilanzstichtag aktivierte Vorräte aus Bezügen von MU oder TU zu melden, um bei dem liefernden Unt die Konzern-AK oder Konzern-HK ermitteln zu können. In beiden Fällen sind wesentliche Informationen vom assozUnt erforderlich. Einen Lösungsvorschlag für den Fall, dass die Informationen nicht verfügbar sind und auch nicht verfügbar gemacht werden können, sieht DRS 8 nicht vor. In der Praxis wird man sich für diesen Fall – bei wesentlichen Liefer- und Leistungsbeziehungen – mit Annäherungsrechnungen (zB Annahme marktüblicher Gewinnmargen bei Aufwärtseliminierung und Schätzung der Umschlagshäufigkeit auf Basis von Liefermengen und -frequenzen bei Abwärtseliminierungen) behelfen müssen.

Sind die zur Zwischenerfolgseliminierung benötigten Informationen nicht bekannt oder zugänglich, der Leistungsaustausch zwischen MU und TU einerseits und assozUnt andererseits aber so wesentlich, dass die VFE-Lage des Konzerns beeinflusst wird, müssen gem § 297 Abs 2 S 3 bzw Abs 3 S 3 bis 5 Angaben im Konzernanhang gemacht werden. Dieser Fall könnte bspw bei Zulieferbetrieben eintreten, an denen MU/TU Minderheitsbeteiligungen halten.

Aus der entspr Anwendung von § 304 folgt, dass die für vollkons TU/MU zulässigen Vereinfachungen bzw Ausnahmen auch für die Zwischenerfolgseliminierung bei assozUnt gelten müssen: Diese darf folglich unterbleiben, wenn die Zwischenerfolgseliminierung für die Vermittlung eines den tatsächlichen Verhältnissen entspr Bilds der VFE-Lage des Konzerns von untergeordneter Bedeutung ist (§ 304 Abs 2).

3. Upstream- oder Aufwärtseliminierung

78 Bei enger Auslegung der **entsprechenden Anwendung** von § 304 gem Abs 5 S 3 sind nur VG, die ganz oder teilweise auf Lfg oder Leistungen von assozUnt

beruhen, in der Konzernbilanz so anzusetzen, als wenn Lieferer und Empfänger eine rechtliche Einheit bilden würden. Das bedeutet meistens einen Ansatz zu AK oder HK (und nicht zu Verkaufspreisen). Da bei assozUnt die einzelnen VG und Schulden aber nicht unmittelbar als solche in die Konzernbilanz aufgenommen werden (sondern nur ihr Saldo im BetAnsatz), würde die Eliminierungspflicht ausschließlich solche (in den KA zu übernehmenden) VG der vollkons Unt (MU/TU) und das GemUnt betreffen, die aus Lfg und Leistungen von assozUnt stammen (sog *upstream*-Geschäfte). In der Literatur wird deshalb zT die Auffassung vertreten, dass bei Assoziierungsverhältnissen nur eine *upstream*-Eliminierung gefordert ist (so *WPH*[14] I, M Anm 573; *ADS*[6] § 312 Anm 156f). DRS 8.30 legt die in Abs 5 S 3 geforderte entspr Anwendung von § 304 abw hiervon dahingehend aus, dass eine Eliminierung unabhängig von der Lieferrichtung vorzunehmen ist (§ 342 Anm 19). Technisch erfolgt die Verrechnung der zu eliminierenden Zwischenergebnisse in dem Equity-Wertansatz des assozUnt (*WPH*[14] I, M Anm 573; DRS 8.32).

4. Downstream- oder Abwärtseliminierung

Eine im Einklang mit der 7. EG-Richtl stehende und dem Sinn der Zwischenergebniseliminierung bei der Equity-Methode entspr Auslegung des Abs 5 S 3 muss zu dem Ergebnis führen, dass diese Vorschrift für die Aufwärts- und für die Abwärtseliminierung gleichermaßen gilt. Diese Auffassung, die jedoch in der Kommentierung teilweise str diskutiert wurde, ist in DRS 8.30 übernommen worden, der eine entspr Eliminierungspflicht auch für *downstream*-Lfg vorsieht. **80**

Technisch erfolgt die Zwischengewinneliminierung aus *downstream*-Lfg durch Abwertung des BetBuchwerts und Minderung der Umsatzerlöse (ebenso *Wohlgemuth* in HdJ V/5 Anm 154). Da die Vorräte des assozUnt bei der Equity-Bilanzierung nicht als solche in die Konzernbilanz übernommen werden, können sie nur im Rahmen einer Nebenrechnung auf Konzern-AK/HK abgewertet und diese Abwertung im Ansatz der Bet wertmindernd berücksichtigt werden. Das Ergebnis des assozUnt bleibt davon unberührt, weil die Zwischengewinne nicht im Ergebnis des assozUnt, sondern über die Umsatzerlöse in dem des liefernden KonzernUnt enthalten waren, über das sie zunächst voll in das Konzernergebnis einbezogen wurden (so auch *Scherrer* in Rechnungslegung § 312 Anm 56). In der Praxis wird man die Zwischengewinneliminierung in diesen Fällen auf bedeutende Fälle begrenzen, um die Konzernbuchführung nicht unwirtschaftlich zu belasten. **81**

5. Sogenannte Satelliten-Eliminierung

Versteht man den Verweis in Abs 5 S 3 auf eine „*entsprechende* Anwendung des § 304" erweiternd als „*sinngemäße* Anwendung der *Grundsätze* des § 304", könnten auch Zwischenerfolge aus Geschäften zwischen assozUnt, also sog **Satelliten-Geschäfte,** zu eliminieren sein. Gegen die Einbeziehung auch dieser Lfg in die Zwischenergebniseliminierung bestehen zu Recht wesentliche Bedenken. Bei der **Vollkonsolidierung** werden Zwischenerfolge aus Geschäften mit nicht kons TU oder aus FremdLfg an MU oder kons TU *nicht* eliminiert, es sei denn, durch Zwischenschaltung eines fremden Dritten wird diese Eliminierung *bewusst* umgangen (§ 304 Anm 10 mwN). Hier können aber auf Grund der Beherrschung im Konzern die Geschäftsbeziehungen zwischen den einzelnen KonzernUnt gesteuert werden. Im Verbund des Konzerns mit **assoziierten Unternehmen** reicht der in § 311 geforderte „maßgebliche Einfluss" auf das einzelne assozUnt idR nicht aus, Lieferbeziehungen *zwischen* assozUnt zu lenken. **83**

Die Zwischenerfolgseliminierung muss deshalb grds nur direkte Geschäfte zwischen den assozUnt und den einbezogenen KonzernUnt umfassen, ohne Satelliten-Eliminierung (so auch DRS 8.30, der eine Eliminierung nur für Lieferbeziehungen zwischen assozUnt und in den KA einbezogenen Unt betrachtet). Nachweisbare indirekte Umgehungsgeschäfte müssen jedoch zur Wahrung der Generalnorm des § 297 Abs 2 S 2 wie bei der VollKons auch hier in eine Eliminierung von Zwischen*gewinnen* einbezogen werden.

6. Wahlrecht der quotalen Eliminierung der Zwischenergebnisse

85 Nach Abs 5 S 4 ist es *zulässig*, die Eliminierung der Zwischenergebnisse auf den beteiligungsproportionalen Anteil zu beschränken. Geht man jedoch davon aus, dass bei der QuoKons iSv § 310 die Ausschaltung der Zwischenerfolge regelmäßig entspr dem Anteil des Gesters erfolgt (hM, § 310 Anm 65), kann auch bei der Equity-Bilanzierung eine **Volleliminierung der Zwischenerfolge nicht systemgerecht** sein. Da sich der beim assozUnt realisierte Zwischengewinn nur quotal im BetAnsatz niederschlägt, ist beim empfangenden KonzernUnt auch nur eine quotale Zwischengewinneliminierung durch die entspr Abwertung der Bestände von assozUnt gerechtfertigt. Die beteiligungsproportionale Eliminierung der Zwischenergebnisse wird deshalb – im Gegensatz zur VollKons – bei der Equity-Methode zu Recht oft für die einzig sinnvolle und systemgerechte Vorgehensweise gehalten. Dieser Auffassung folgt DRS 8.30, der unabhängig von der Lieferrichtung eine quotale Eliminierung vorsieht, dabei aber das gesetzliche Wahlrecht des Abs 5 S 4 einschränkt (§ 342 Anm 19).

C. Maßgeblicher Abschluss des assoziierten Unternehmens (Abs 6)

87 Während Abs 3 den Zeitpunkt der Erstbilanzierung bestimmt, trifft Abs 6 eine vereinfachende Sonderregelung für den der Equity-Bilanzierung zu Grunde zu legenden JA eines assozUnt. Nach S 1 ist der Equity-Bilanzierung jeweils der letzte **Jahresabschluss** des assozUnt zu Grunde zu legen; nach S 2 ist es der letzte KA, falls das assozUnt einen KA aufstellt (Anm 92). Diese Sonderregelung gilt für Erst- und Folgebilanzierungen (Anm 25).

88 Ein nach der Equity-Methode bilanziertes assozUnt (§ 311 Abs 1) soll nämlich in keinem Fall *gezwungen* sein, einen Zwischenabschluss auf den Stichtag des KA aufstellen zu müssen. Ebenso wenig werden Konzernanhangangaben über Vorgänge von besonderer Bedeutung während des Zeitraums zwischen den abw Abschlussstichtagen verlangt (so auch IDW RH HFA 1.019, Tz 16). Diese vereinfachende gesetzliche Sonderregelung ist nach DRS 8.12 nicht anzuwenden. DRS 8.12 f) sieht über den Gesetzeswortlaut hinaus einschränkend die analoge Anwendung der auch für die VollKons geltenden Regelungen vor (§ 299 Anm 10 ff; § 342 Anm 19), nach denen entweder ein Zwischenabschluss aufzustellen ist oder ein JA verwendet werden darf, der nicht mehr als drei Monate vor dem Stichtag des KA liegt. Während nach § 299 wesentliche Veränderungen zwischen dem Stichtag des JA und dem Stichtag des KA entweder in der Konzernbilanz und Konzern-GuV zu berücksichtigen oder im Konzernanhang anzugeben sind, sieht DRS 8.13 nur die Berücksichtigung in der Konzernbilanz und der Konzern-GuV vor.

Grds sind zeitnahe Abschlüsse/Zwischenabschlüsse zu befürworten, die gesetzliche Vereinfachungsregel trägt jedoch dem Umstand Rechnung, dass der Einfluss des MU auf die Umstellung des Gj des assozUnt meist begrenzt ist. Das gilt insb dann, wenn ein assozUnt mehrere beteiligte MU mit unterschiedlichen KA-Stichtagen hat (glA *WPH*[14] I, M Anm 583). Diese Argumente – und damit Abs 6 – gelten jedoch grds nicht für *TU,* die nur at equity bilanziert werden. Denn hier kann das MU auf Grund seiner Beherrschung (§ 290) auf den Zeitraum des Gj dieses TU bestimmend einwirken oder einen Zwischenabschluss erstellen lassen. In diesem Fall sollte daher nach der (allgemeinen) Regelung in § 299 für die VollKons ein Zwischenabschluss erstellt werden (ebenso *WPH*[14] I, M Anm 586).

Bei **übereinstimmenden Abschlussstichtagen** ist grds der auf den Stichtag 89 des KA aufgestellte JA des assozUnt zugrunde zu legen. Das beteiligte MU/TU ist gehalten, seinen maßgeblichen Einfluss beim assozUnt auch für den rechtzeitigen Erhalt dieses JA (mit den zugehörigen Aufgliederungen) geltend zu machen.

In diesem Fall ist der auf den Stichtag des KA aufgestellte JA des assozUnt 90 häufig noch nicht festgestellt. Dies ist jedoch unbeachtlich, da eine Feststellung vom Gesetzeswortlaut nicht gefordert wird (so auch IDW RH HFA 1.019, Tz 17). Fraglich ist allerdings, ob der JA des assozUnt bereits geprüft sein muss. Da der JA des assozUnt formal nicht der Prüfungspflicht des § 317 Abs 3 S 1 unterliegt, und die Aussagefähigkeit des KA durch die Berücksichtigung der aktuellen Vermögens- und Ertragssituation des assozUnt verbessert wird, dürfte es grds zulässig sein, die Prüfung der Werthaltigkeit des Equity-Wertansatzes im folgenden Gj nachzuholen und ggf resultierende Abweichungen im KA des Folgejahres zu berücksichtigen (so auch *Küting/Zündorf* in HdKR² § 312 Anm 192). Voraussetzung hierfür ist jedoch, dass es sich bei dem vorgelegten JA nicht bloß um einen Entwurf, sondern um die endgültige Fassung handelt, die mit hinreichender Wahrscheinlichkeit von den zuständigen Organen festgestellt wird (ebenso *WPH*[14] I, M Anm 584; *d'Arcy/Kurt* in Beck HdR C 511 Anm 15f).

Ist der JA des assozUnt erst „vorläufig" oder noch nicht aufgestellt, muss nach dem Gesetzeswortlaut der Vj-Abschluss herangezogen werden. Dann kann der Bilanzstichtag des assozUnt bis zu zwölf Monate vor dem Stichtag des KA liegen (anders DRS 8.12 s Anm 88).

Das HGB enthält keine Regeln, wie bei **abweichenden Abschlussstich-** 91 **tagen** zu verfahren ist. Trotz formeller Nichtanwendbarkeit des § 299 Abs 3 ist davon auszugehen, dass eine Berichterstattung nach § 313 Abs 1 S 2 Nr 1 im Konzernanhang über den Stichtag der zu Grunde gelegten JA von assozUnt erforderlich ist – ggf mit zusätzlichem Hinweis, falls wesentliche Größen der Berechnung auf Schätzungen beruhen (ebenso IDW RH HFA 1.019, Tz 17). Dieser zusätzliche Hinweis sollte sich inhaltlich an § 299 Abs 3 ausrichten, s dort Anm 30 ff.

Bei nicht übereinstimmenden Gj kann *alternativ* und entgegen dem Wortlaut des Abs 6 S 1 der Equity-Bilanzierung auch ein freiwillig auf den KA-Stichtag aufgestellter **Zwischenabschluss** des assozUnt zu Grunde gelegt werden (nach DRS 8.12 geforderter Abschluss). Ein solcher Abschluss ist zwar kein „letzter JA", für ihn gelten aber dieselben Rechnungslegungsvorschriften wie für einen JA (IDW RH HFA 1.019, Tz 4). Sofern ein TU aufgrund regulatorischer Vorgaben einen Zwischenbericht (zB Halbjahresfinanzbericht iSd § 37w WpHG) aufgestellt hat, darf ein Zwischenabschluss zum Zweck der Einbeziehung des Unt in den KA auch auf einen vom KA abw Stichtag aufgestellt werden, wenn der Zwischenbericht auf einen innerhalb des Dreimonatszeitraums liegenden Stichtag aufgestellt wurde und zu einem Zwischenabschluss iSd § 299 Abs 2 S 2 fortentwickelt wird (IDW RH HFA 1.019, Tz 4). Zulässig erscheint daher, bei nicht übereinstimmenden Gj auch einen solchen Zwischenabschluss für Zwecke der Equity-Fortschreibung zu akzeptieren, sofern dieser zumindest einer prüferischen Durchsicht (IDW PS 900) unterliegt.

Der Verwendung von Abschlussdaten zu einem Stichtag ist der Vorrang vor der Verwendung des formal letzten JA des assozUnt einzuräumen. Denn ein Zwischenabschluss ermöglicht auf Grund des mit dem KA identischen Berichtszeitraums idR ein genaueres Bild von der VFE-Lage des Konzerns (§ 297 Abs 2) als der formal letzte JA (Abs 6 S 1). Das Gebot der Methodenstetigkeit erfordert dann jedoch idR, dass die Equity-Methode auch in Folgejahren auf der Basis eines Zwischenabschlusses durchgeführt wird. In begründeten Fällen steht einer Durchbrechung der Stetigkeit nichts entgegen (Anm 65).

92 Erstellt das assozUnt einen **Konzernabschluss,** ist dieser **zwingend** an Stelle des JA zu Grunde zu legen (Abs 6 S 2, DRS 8.9). Bei übereinstimmenden KA-Stichtagen werden die zeitlichen Probleme (rechtzeitige Verfügbarkeit des KA; Anm 90) noch stärker hervortreten als bei Verwendung des JA, so dass öfter als beim JA auf den *letztjährigen* KA zurückgegriffen werden muss, was jedoch nach DRS 8.12f nicht zulässig ist (s auch Anm 88). Wird der letztjährige KA zu Grunde gelegt, ist darüber im Konzernanhang zu berichten (s Anm 91).

Die zwingende Zugrundelegung des KA des assozUnt als maßgeblichem Abschluss (Abs 6 S 2) wirft zusätzliche Fragen auf: Die notwendige Zuordnung eines Unterschiedsbetrags auf stille Reserven und GFW bei der Erstbilanzierung erfordert beim KA zusätzliche Informationen über die jeweiligen Zeitwerte in den JA der einbezogenen TU. Ferner stellt sich bei der Aufrechnung des BetBuchwerts mit dem anteiligen EK die Frage, ob der AusglPo für Anteile anderer Gester (§ 307) am EK des assozUnt als Teil des auf die Beteiligung entfallenden EK anzusehen ist. Da dieser AusglPo eine Folge der „Vollkonsolidierung mit Minderheitenausgleich" ist und Anteile konzernfremder Gester bereits bei der QuoKons nach § 310 (dort Anm 60) entfallen, muss das auch hier gelten. Dem BetBuchwert ist daher nur das anteilige Konzern-EK des assozUnt ggüzustellen, das sich nach Abzug der Anteile anderer Gester ergibt (ebenso *WPH*[14] I, M Anm 588). Auch dürfte eine Umbewertung in einer HB II für den KA auf noch größere Schwierigkeiten als im JA stoßen. Die Erleichterungen des Abs 5 S 1 und 2 erlangen hier zusätzliches Gewicht.

D. Publizitätsgesetz

95 Nach § 13 Abs 2 S 1 PublG gilt § 312 ebenso wie § 311 „sinngemäß" auch für Unt, die ihren **Konzernabschluss** nach PublG aufstellen. Der Geltungsbereich des § 312 für den KA ist bei § 311 Anm 30 dargestellt.

E. Rechtsfolgen einer Verletzung des § 312

97 Ein Verstoß gegen **zwingende** Vorschriften des § 312 ist mit Bußgeld bedroht (§ 334 Abs 1 Nr 2e iVm Abs 3 und gleichlautend § 20 Abs 1 Nr 2e iVm Abs 3 PublG). Ergänzend wird auf § 311 Anm 35 verwiesen, da § 312 nur Einzelfragen der Bilanzierung beim MU (oder bei mehreren MU) auf der Grundlage von JA oder KA assozUnt regelt.

F. Abweichungen der IFRS

Schrifttum: *Lüdenbach/Frowein* Bilanzierung von Equity-Beteiligungen bei Verlusten – ein Vergleich zwischen HGB, IFRS und US-GAAP BB 2003, 2449.

Standards: IAS 28 Anteile an assoziierten Unternehmen und Gemeinschaftsunternehmen *(Investment in Associates and Joint Ventures)* (2011), IFRS 3 Unternehmenszusammenschlüsse *(Business Combinations);* IFRS 10 Konzernabschlüsse *(Consolidated Financial Statements),* IFRS 11 Gemeinsame Vereinbarungen *(Joint Arrangements),* IFRS 12 Angaben zu Anteilen an anderen Unternehmen *(Disclosure of Interests in Other Entities).*

I. Vorbemerkung

Mit dem DRS 8 sind in Teilbereichen über die Regelungen des BilMoG hinausgehende Anpassungen an die IFRS vorgenommen worden. Da durch DRS 8 gesetzliche Wahlrechte nicht ausgeschlossen werden können, wird im Folgenden jeweils der Unterschied zu den gesetzlichen Vorschriften erläutert und zusätzlich auf die verbleibenden Unterschiede bei Anwendung des DRS 8 eingegangen. IFRS 10, IFRS 11, IFRS 12 und IAS 28 wurden am 12.5.2011 veröffentlicht. Die Standards sind von IFRS-Anwendern in der EU erstmals für Gj, die am oder nach dem 1.1.2014 beginnen, anzuwenden. Eine freiwillige frühere Anwendung ist zulässig. Im Folgenden werden die nach diesen Standards bestehenden wesentlichen Abweichungen dargestellt. **100**

II. Erstmalige Anwendung der Equity-Methode

1. Unterschiedsbetrag bei erstmaliger Einbeziehung

Bei der Equity-Methode nach IFRS werden die Anteile am assozUnt zunächst wie bei der deutschen Buchwertmethode mit den AK angesetzt (IAS 28.10). Für die Bewertung in den Folgejahren sind die vorhandenen stillen Reserven und Lasten bei den identifizierbaren Vermögenswerten und Schulden in einer Nebenrechnung aufzudecken und ein verbleibender Unterschiedsbetrag zu ermitteln, der wie bei der VollKons gem IFRS 3 zu behandeln ist (IAS 28.32 sowie IAS 28.26 mit Verweis auf die Vorschriften zur VollKons). Zur Darstellung der AK-Begrenzung nach handelsrechtlichen Vorschriften s Anm 19, 32. Zu beachten ist allerdings, dass das anteilige bilanzielle EK nach den Vorschriften der IFRS definiert ist und damit Abweichungen zum EK nach HGB aufweist. **102**

2. Zeitpunkt der Ermittlung des Unterschiedsbetrags

Nach IAS 28.32 ist für die Bilanzierung at equity der Zeitpunkt maßgebend, zu dem das BetUnt assozUnt geworden ist (zB Erwerbszeitpunkt). Da IAS 28 keine Regelungen zur Ermittlung der AK bei sukzessivem Anteilskauf enthält, bestehen grds zwei Möglichkeiten der Bilanzierung eines sukzessiven Erwerbs, bei dem bislang bilanzierte Anteile zu einer Bet an einem assozUnt werden. Nach der **cost of each purchase**-Methode bestimmen sich die AK als Summe der für jede Tranche bezahlten Gegenleistung zzgl der anteiligen Gewinne des Anteilseigners und anderer EK-Veränderungen (bspw aus Neubewertungen) *(PwC MoA 27.171).* Damit verbleibt ein Unterschied im Fall des sukzessiven Anteilserwerbs oder im Fall der Erlangung des maßgeblichen Einflusses erst nach Erwerb zu § 312, der ausschließlich auf den Zeitpunkt der erstmaligen Equity-Bilanzierung abstellt. **104**

Für ebenfalls zulässig gehalten wird, in Analogie zu IFRS 3 beim Statuswechsel von der Bet zum assozUnt, die Anteile aus vorhergehenden Erwerben mit dem Marktwert zu dem Zeitpunkt anzusetzen, zu dem das Unt assozUnt geworden ist *(fair value as deemed cost; PwC MoA 27.171).* Bei Anwendung dieses Verfahrens werden Differenzen zum bisherigen Buchwert erfolgswirksam. In diesem Fall – zur konsequenten Umsetzung der IFRS-3-Analogie – wären die Nebenkosten der Erwerbe aufwandswirksam zu erfassen. Damit verbleibt ein Unterschied im Fall des sukzessiven Anteilserwerbs oder im Fall der Erlangung des maßgeblichen Einflusses erst nach Erwerb zu § 312, bei dem die (ggf fortgeführten) AK den Wertansatz zum Zeitpunkt der erstmaligen Equity-Bilanzierung begrenzen.

Die einmal gewählte Bilanzierungsmethode ist im KA konsequent für sämtliche Transaktionen anzuwenden, bei denen das bilanzierende MU durch Hinzuerwerb von Anteilen erstmals an einem assozUnt beteiligt ist (*PwC MoA* 27.172). Bei einem unterjährigen Anteilserwerb muss die Kapitalaufrechnung auf den Erwerbszeitpunkt bezogen werden. Folglich müssen die erworbenen Ergebnisse von den nach Anteilserwerb erzielten Ergebnissen abgegrenzt werden (s Anm 19), sofern darauf nicht aus Gründen der Wesentlichkeit verzichtet werden darf (so auch *Baetge/Bruns* in Komm IAS 28.69).

105 Durch weitere Anteilskäufe kann das assozUnt zum TU werden. Es ist dann wie im HGB nach den Vorschriften der VollKons in den KA einzubeziehen (zu den Unterschieden s § 301 Anm 507f). Unterschiede zwischen HGB und IFRS bestehen auch für den Fall einer Statusminderung vom assozUnt zu einer bloßen Bet. Nach IAS 28.22b) ist der zu diesem Zeitpunkt maßgebliche Zeitwert, nach DRS 8.37 der zu diesem Zeitpunkt maßgebliche Equity-Wertansatz als Ausgangswert fortzuführen (s Anm 58). Bisher erfolgsneutral berücksichtigte EK-Veränderungen sind im Zeitpunkt der Statusänderung nach dem gleichen Verfahren zu erfassen, wie es im Fall eines Verkaufs der Vermögenswerte oder Schulden durch das assozUnt selbst vorzunehmen gewesen wäre (IAS 28 22c). Letzteres gilt auch in dem Fall, dass eine Minderung der Anteilsquote nicht zu einer Statusänderung führt (IAS 28.25).

III. Fortschreibung des Equity-Wertansatzes

107 Da die Kapitalaufrechnung zum Erwerbszeitpunkt, also ggf innerjährlich erfolgen muss, wird die erste Fortschreibung des Equity-Wertansatzes ggf bereits im KA der erstmaligen Einbeziehung erforderlich. Die Zuordnung und Auflösung der stillen Reserven und Lasten entspricht den handelsrechtlichen Grundsätzen (Anm 29), während die Fortschreibung eines GFW bzw die Auflösung eines verbleibenden passiven Unterschiedsbetrags davon erheblich abweicht.

108 Ein GFW wird nach IFRS 3 iVm IAS 28.32a nicht planmäßig abgeschrieben (dazu *Lüdenbach/Frowein* BB 2003, 2449). Die Prüfung der Werthaltigkeit des in dem Equity-Ansatz enthaltenen GFW erfolgt nach IAS 28.42 nicht gesondert. Liegt eine Indikation über die Wertminderung nach IAS 39 vor, wird stattdessen der gesamte Buchwert des Anteils gemäß IAS 36 als ein einziger Vermögenswert auf Wertminderung geprüft. IAS 28 regelt nicht die Verteilung des Abschreibungsbedarfs auf die Vermögenswerte des assozUnt. Während die Kürzung nach DRS 8.29 zunächst beim GFW erfolgt, ist nach IAS 28.42 keine Zuordnung des ermittelten Abschreibungsbedarfs auf den GFW oder die aufgedeckten stillen Reserven vorzunehmen. Entspr gilt bei späteren Werterholungen für den Buchwert des Anteils ein Zuschreibungsgebot, soweit die Kriterien zur Wertaufholung nach IAS 36 vorliegen, das dann indirekt auch den GFW einschließt. Da insoweit eine Ungleichbehandlung zur VollKons erfolgt, handelt es sich um eine Bewertungsmethode (*Baetge/Bruns/Klaholz* in KOMM IAS 28 Anm 137). Dieses Vorgehen wirft Fragen über die Fortschreibung der aufgedeckten stillen Reserven nach einer außerplanmäßigen Abschreibung auf (so *Lüdenbach* in Haufe IFRS[11] § 33 Anm 95f). Durch die Qualifizierung als pauschale Wertminderung und somit Bewertungsmethode führt die außerplanmäßige Abschreibung nicht zwingend zu einer Änderung in der Fortschreibung der Bilanzposten.

Ein verbleibender **passiver Unterschiedsbetrag** ist nach IAS 28.32(b) sofort ergebniswirksam aufzulösen. Auch IAS 28.38 sieht das Aussetzen der Equity-Bilanzierung vor, sofern diese zu einem Wertansatz unter null führen würde. Maßstab hierfür ist jedoch der Gesamtwert des finanziellen Engagements (= Equity-Ansatz und langfristige sonstige Vermögenswerte wie zB ungesicherte Darlehen).

IAS 28.38 regelt für den Fall der Verlustberücksichtigung, dass in den Equity-Wert EK-ähnliche Komponenten (zB langfristige Forderungen oder Darlehen, die Teil der Nettoinvestition in das assozUnt oder GemUnt sind) in die Fortschreibung einzubeziehen sind, was nach den handelsrechtlichen Vorschriften nicht der Fall ist (Anm 64; *Hayn* in Beck IFRS[4] § 36 Anm 82f).

IV. Bewertungsanpassung und Zwischengewinneliminierung

Nach IAS 28.35 sind die Bewertungsmethoden des assozUnt denen des Konzerns anzupassen. Falls dies unterbleibt, sollen sachgerechte Korrekturen *(adjustments)* zur Angleichung an die **konzerneinheitliche Bilanzierung und Bewertung** vorgenommen werden (IAS 28.36).

Nach IAS 28.28 ist eine **Zwischengewinneliminierung** bei der Equity-Methode sowohl für upstream- als auch für downstream-Lfg entspr dem Bet-Anteil vorzunehmen. Eine Ausnahme, die aber nicht im Widerspruch zur handelsrechtlichen Behandlung steht, wird für den Fall vorgesehen, dass im Rahmen einer *downstream*-Transaktion Verluste realisiert werden, die durch einen geringeren Marktwert verursacht sind. In diesem Fall ist der Verlust nicht beteiligungsproportional sondern vollständig zu berücksichtigen (IAS 28.29).

V. Maßgeblicher Abschluss des assoziierten Unternehmens

Nach IAS 28.33 ist der Equity-Bilanzierung der letzte verfügbare Abschluss des assozUnt zugrunde zu legen. Sofern das assozUnt selbst einen KA aufstellt, stellt dieser anstelle des Einzelabschlusses die Grundlage für die Equity-Bilanzierung dar (IAS 28.27; Beck IFRS[4] § 36 Anm 35).

Die IFRS setzen grds übereinstimmende Berichtsperioden und Stichtage voraus. Bei abw Stichtagen ist nach IAS 28.33 ein Zwischenabschluss zu erstellen. So auch DRS 8, der die Grundsätze des § 299 übernimmt. Sofern dies nicht möglich ist, soll der verfügbare Abschluss zumindest um wesentliche Ereignisse und Geschäftsvorfälle zwischen assozUnt und Konzern fortgeschrieben werden, die in der Zeit zwischen den Stichtagen des assozUnt und des Konzerns eingetreten bzw erfolgt sind (IAS 28.34). Dies wird vom HGB nicht verlangt. IAS 28.34 sieht ebenso wie DRS 8 einen um maximal drei Monate vorgelagerten Abschluss sowie eine Berücksichtigung wesentlicher Ereignisse zwischen diesem Stichtag und dem KA-Stichtag vor.

VI. Besondere Angabe- und Ausweispflichten

Die nach IFRS geforderten Anhangangaben zur Equity-Methode gehen über die Angabepflichten des HGB und des DRS 8 hinaus. Mit Veröffentlichung des IFRS 12 am 12.5.2011 wurden die Angabepflichten zu TU, gemeinsamen Vereinbarungen, assozUnt und nicht kons strukturierten Unt zusammengeführt und erweitert (IFRS 12.20 ff). Die Angaben für Joint Arrangements und assozUnt umfassen

- für wesentliche Joint Arrangements in der Form von Joint Ventures und Joint Operations sowie assozUnt: Name, Art der Beziehung zum berichtenden Unt, Geschäftssitz, Anteil an dem Unt bzw sofern abw Anteile an den Stimmrechten,
- für wesentliche Joint Ventures und assozUnt: angewandte Bilanzierungsmethode (at equity oder zum beizZW), umfassende zusammenfassende Finanzinformationen sowie – sofern das Unt at equity bilanziert wird und eine entspr Notierung vorliegt – den Marktwert des Anteils an dem Unt,
- für Unt, die für sich genommen nicht wesentlich sind: getrennt nach Joint Ventures und assozUnt zusammengefasste Finanzinformationen,
- für alle Unt: Stichtag des zu Grunde liegenden Abschlusses der assozUnt und bei vom KA abw Stichtagen eine entspr Begr; Art und Ausmaß von wesentlichen Beschränkungen des assozUnt, Dividenden auszuschütten bzw Gelder zurückzuzahlen; für den Fall des Aussetzens der Equity-Bilanzierung: nicht berücksichtigte Verluste des Gj sowie die Summe der nicht berücksichtigten Verluste.

Darüber hinaus verlangt IFRS 12.23 Angaben über Risiken in Bezug auf die Unt.

Achter Titel. Konzernanhang

§ 313 Erläuterung der Konzernbilanz und der Konzern-Gewinn- und Verlustrechnung. Angaben zum Beteiligungsbesitz

(1) ¹In den Konzernanhang sind diejenigen Angaben aufzunehmen, die zu einzelnen Posten der Konzernbilanz oder der Konzern-Gewinn- und Verlustrechnung vorgeschrieben oder die im Konzernanhang zu machen sind, weil sie in Ausübung eines Wahlrechts nicht in die Konzernbilanz oder in die Konzern-Gewinn- und Verlustrechnung aufgenommen wurden. ²Im Konzernanhang müssen

1. die auf die Posten der Konzernbilanz und der Konzern-Gewinn- und Verlustrechnung angewandten Bilanzierungs- und Bewertungsmethoden angegeben werden;
2. die Grundlagen für die Umrechnung in Euro angegeben werden, sofern der Konzernabschluß Posten enthält, denen Beträge zugrunde liegen, die auf fremde Währung lauten oder ursprünglich auf fremde Währung lauteten;
3. Abweichungen von Bilanzierungs-, Bewertungs- und Konsolidierungsmethoden angegeben und begründet werden; deren Einfluß auf die Vermögens-, Finanz- und Ertragslage des Konzerns ist gesondert darzustellen.

(2) Im Konzernanhang sind außerdem anzugeben:

1. Name und Sitz der in den Konzernabschluß einbezogenen Unternehmen, der Anteil am Kapital der Tochterunternehmen, der dem Mutterunternehmen und den in den Konzernabschluß einbezogenen Tochterunternehmen gehört oder von einer für Rechnung dieser Unternehmen handelnden Person gehalten wird, sowie der zur Einbeziehung in den Konzernabschluß verpflichtende Sachverhalt, sofern die Einbeziehung nicht auf einer der Kapitalbeteiligung entsprechenden Mehrheit der Stimmrechte beruht. ²Diese Angaben sind auch für Tochterunternehmen zu machen, die nach § 296 nicht einbezogen worden sind;
2. Name und Sitz der assoziierten Unternehmen, der Anteil am Kapital der assoziierten Unternehmen, der dem Mutterunternehmen und den in den Konzernabschluß einbezogenen Tochterunternehmen gehört oder von einer für Rechnung dieser Unternehmen handelnden Person gehalten wird. ²Die Anwendung des § 311 Abs. 2 ist jeweils anzugeben und zu begründen;

3. Name und Sitz der Unternehmen, die nach § 310 nur anteilmäßig in den Konzernabschluß einbezogen worden sind, der Tatbestand, aus dem sich die Anwendung dieser Vorschrift ergibt, sowie der Anteil am Kapital dieser Unternehmen, der dem Mutterunternehmen und den in den Konzernabschluß einbezogenen Tochterunternehmen gehört oder von einer für Rechnung dieser Unternehmen handelnden Person gehalten wird;
4. Name und Sitz anderer als der unter den Nummern 1 bis 3 bezeichneten Unternehmen, bei denen das Mutterunternehmen, ein Tochterunternehmen oder eine für Rechnung eines dieser Unternehmen handelnde Person mindestens den fünften Teil der Anteile besitzt, unter Angabe des Anteils am Kapital sowie der Höhe des Eigenkapitals und des Ergebnisses des letzten Geschäftsjahrs, für das ein Abschluß aufgestellt worden ist. [2] Ferner sind anzugeben alle Beteiligungen an großen Kapitalgesellschaften, die andere als die in Nummer 1 bis 3 bezeichneten Unternehmen sind, wenn sie von einem börsennotierten Mutterunternehmen, einem börsennotierten Tochterunternehmen oder einer für Rechnung eines dieser Unternehmen handelnden Person gehalten werden und fünf vom Hundert der Stimmrechte überschreiten. [3] Diese Angaben brauchen nicht gemacht zu werden, wenn sie für die Vermittlung eines den tatsächlichen Verhältnissen entsprechenden Bildes der Vermögens-, Finanz- und Ertragslage des Konzerns von untergeordneter Bedeutung sind. [4] Das Eigenkapital und das Ergebnis brauchen nicht angegeben zu werden, wenn das in Anteilsbesitz stehende Unternehmen seinen Jahresabschluß nicht offenzulegen hat und das Mutterunternehmen, das Tochterunternehmen oder die Person weniger als die Hälfte der Anteile an diesem Unternehmen besitzt.

(3) [1] Die in Absatz 2 verlangten Angaben brauchen insoweit nicht gemacht zu werden, als nach vernünftiger kaufmännischer Beurteilung damit gerechnet werden muß, daß durch die Angaben dem Mutterunternehmen, einem Tochterunternehmen oder einem anderen in Absatz 2 bezeichneten Unternehmen erhebliche Nachteile entstehen können. [2] Die Anwendung der Ausnahmeregelung ist im Konzernanhang anzugeben. [3] Satz 1 gilt nicht, wenn ein Mutterunternehmen oder eines seiner Tochterunternehmen kapitalmarktorientiert im Sinn des § 264d ist.

Übersicht

	Anm
A. Allgemeines zum Konzernanhang	
I. Überblick	1–6
II. Zweck des Konzernanhangs	11, 12
III. Anforderungen an die Berichterstattung	13
IV. Umfang des Konzernanhangs	15–17
V. Form des Konzernanhangs	19, 20
VI. Verhältnis des Konzernanhangs zum Anhang des Jahresabschlusses des Mutterunternehmens	23–25
VII. Zusammenfassung des Konzernanhangs mit dem Anhang des Jahresabschlusses des Mutterunternehmens	28
B. Inhalt des Konzernanhangs (Abs 1 S 1)	33
I. Pflichtangaben des Konzernanhangs	
1. Liste der Pflichtangaben des Konzernanhangs nach HGB und EGHGB	34
2. Weitere rechtsformspezifische Pflichtangaben des Konzernanhangs	35–37
II. Pflichtangaben, die wahlweise im Konzernanhang oder im übrigen Konzernabschluss zu machen sind	40

	Anm
1. Liste der Pflichtangaben nach HGB und EGHB in Konzernbilanz, Konzern-GuV oder im Konzernanhang	42
2. Weitere rechtsformspezifische Pflichtangaben in Konzernbilanz oder Konzernanhang	44, 45
III. Freiwillige Angaben	49
IV. Der Konzernanhang kapitalmarktorientierter Mutterunternehmen	50
V. Publizitätsgesetz	51–53
C. Angaben zur Konzernbilanz und Konzern-GuV (Abs 1 S 2 Nr 1)	60, 61
I. Angabe der Bilanzierungsmethoden	65, 66
II. Angabe der Bewertungsmethoden	72–82
D. Angabe der Grundlagen der Fremdwährungsumrechnung (Abs 1 S 2 Nr 2)	92–96
E. Angabe und Begründung von Abweichungen von Bilanzierungs-, Bewertungs- und Konsolidierungsmethoden (Abs 1 S 2 Nr 3)	
I. Allgemeines	103, 104
II. Die einzelnen Angaben	
1. Angaben zu Abweichungen von Bilanzierungsmethoden	109
2. Angaben zu Abweichungen von Bewertungsmethoden	111, 112
3. Angaben zu Abweichungen von Konsolidierungsmethoden	117–131
4. Gesonderte Darstellung des Einflusses von solchen Abweichungen auf die Vermögens-, Finanz- und Ertragslage des Konzerns	136–141
F. Angaben zum Konsolidierungskreis und zum Konzernanteilsbesitz (Abs 2)	
I. Allgemeines	145–148
II. Der Kreis der Unternehmen, über die zu berichten ist	
1. Zum Begriff „Unternehmen" und zum maßgebenden Zeitpunkt	151–154
2. In den Konzernabschluss einbezogene Unternehmen (Nr 1 S 1)	156, 157
3. In den Konzernabschluss nicht einbezogene Tochterunternehmen (Nr 1 S 2)	160
4. Assoziierte Unternehmen (Nr 2)	163, 164
5. Anteilmäßig einbezogene Unternehmen (Nr 3)	168, 169
6. Andere Unternehmen, von denen Mutter- und Tochterunternehmen mindestens 20% der Anteile besitzen (Nr 4 S 1)	172–177
7. Zusatzangaben börsennotierter Konzernunternehmen (Nr 4 S 2)	178
8. Sonderfragen bei mehrstufigen Konzernen	180–183
III. Einzelangaben zum Konzernanteilsbesitz	
1. Überblick	189, 190
2. Gemeinsame Angaben für alle Unternehmen	
a) Name und Sitz	192
b) Anteil am Kapital	193–196

	Anm
3. Weitere Angaben zu einzelnen Unternehmen	
a) Der zur Einbeziehung von Tochterunternehmen in den Konzernabschluss verpflichtende Sachverhalt (Nr 1)	200
b) Der die Nichteinbeziehung von Tochterunternehmen gestattende Sachverhalt (Nr 1)	202
c) Das Unterlassen der Equity-Bilanzierung bei assoziierten Unternehmen (Nr 2)	203
d) Gemeinsame Führung bei anteilmäßig einbezogenen Unternehmen (Nr 3)	204
e) Eigenkapital und Ergebnis der „anderen" Unternehmen nach Nr 4 S 1	
aa) Inhalt der Angaben	206–209
bb) Unterlassen von Angaben über Unternehmen nach Nr 4 (S 3 und 4)	
Unternehmen von untergeordneter Bedeutung (S 3)	212, 213
Nicht offenlegungspflichtige Unternehmen (S 4)	216
G. Unterlassen von Angaben zum Konsolidierungskreis und Konzernanteilsbesitz (Abs 3)	219, 220
H. Rechtsfolgen einer Verletzung des § 313	225
I. Abweichungen der IFRS	230, 231

Schrifttum: S auch das Schrifttum zu §§ 284, 285 – *Selchert* Die Aufgliederung der Umsatzerlöse im Konzernanhang, BB 1992, 2032; *Gelhausen/Fey/Kämpfer,* Bilanzrechtsmodernisierungsgesetz, Düsseldorf 2009.

A. Allgemeines zum Konzernanhang

I. Überblick

Wie der JA der KapGes/KapCoGes um einen Anhang erweitert ist (§ 264 Abs 1 S 1), umfasst der KA ua ebenfalls einen Konzernanhang (§ 297 Abs 1 S 1). Der Konzernanhang ist ebenso wie Konzernbilanz, -GuV, -KFR, -EK-Spiegel und -lagebericht Bestandteil der Konzernrechnungslegung eines MU. **1**

Alle Kapitalgesellschaften (AG, KGaA und GmbH) haben einen Konzernanhang aufzustellen, wenn sie MU sind und die Voraussetzungen der Konzernrechnungslegungspflicht nach §§ 290, 291 Abs 3, 293 gegeben sind und sie nicht nach § 315a Abs 1 oder 2 zur Konzernrechnungslegung nach internationalen Rechnungslegungsstandards verpflichtet sind oder die Befreiungsvorschrift des § 315a Abs 3 in Anspruch nehmen. Das Gleiche gilt für **bestimmte Personenhandelsgesellschaften** iSd § 264a Abs 1 (KapCoGes). Dieser Konzernanhang muss die Pflichtangaben der §§ 313 und 314 enthalten. **2**

Auch ein **nach § 315a vorgeschriebener oder befreiender KA** nach internationalen Rechnungslegungsstandards muss einen Konzernanhang bzw gleichwertige Erl an anderer Stelle in den veröffentlichten Unterlagen in vergleichbarer Form enthalten.

Größenabhängige Erleichterungen, wie sie für den Anhang des JA der KapGes/KapCoGes gemäß §§ 274a, 276 S 2 und 288 in Anspruch genommen werden dürfen, bestehen für den Konzernanhang nicht, ebenso wenig größenabhängige Offenlegungserleichterungen, auch wenn das MU für seinen Anhang größenabhängige Erleichterungen in Anspruch nehmen darf. Jedoch sind die **größenabhängigen Befreiungen** des § 293 Abs 1 und 4 für die Aufstellung des KA und damit für den Konzernanhang und -lagebericht zu beachten. Gemäß § 298 Abs 1 sind jeweils die für große KapGes/KapCoGes geltenden Vorschriften auch für den Konzernanhang maßgebend. Alle Konzernanhangvorschriften gelten sowohl für einen *Teilkonzernanhang* als auch für den Konzernanhang eines *befreienden* KA, wenn alle Voraussetzungen des § 291 (§ 11 Abs 6 PublG) gegeben sind; s dort.

3   Alle dem **PublG unterliegenden Mutterunternehmen** (§ 11 Abs 1 PublG) haben ebenfalls einen Konzernanhang sinngemäß nach §§ 294 bis 314 aufzustellen. Dies gilt auch für EkfI und reine PersGes an der Spitze eines Konzerns, die selbst ihren JA nicht um einen Anhang zu erweitern haben (§ 5 Abs 2 S 1 PublG). Zum Inhalt des Konzernanhangs dem PublG unterliegender MU s Anm 51 ff. Für Kreditinstitute und VersicherungsUnt gelten – unabhängig von ihrer Größe und Rechtsform – nur die Vorschriften des § 340i Abs 1, § 341h Abs 1.

4   Auch ein **ausländisches Mutterunternehmen** ist ggf zur Aufstellung eines Konzernanhangs verpflichtet, wenn es einen befreienden KA für einen *inländischen Teilkonzern* erstellt (§§ 291, 292).

5   Eine allgemeine **Schutzklausel,** nach der die Berichterstattung insoweit zu unterbleiben hat, als es für das Wohl der Bundesrepublik Deutschland oder eines ihrer Länder erforderlich ist, wie sie für den Anhang gilt (§ 286 Anm 2 ff), ist für den Konzernanhang nicht ausdrücklich vorgesehen. Gleichwohl ist uE eine analoge Anwendung dieser Schutzklausel auf den Konzernanhang für gesetzeskonform (wie hier *WPH*[14] I, M Anm 680; *Dörner/Wirth* in HdKR[2] § 314 Anm 403). Eine Übernahme der Schutzklausel für den Konzernanhang dürfte versehentlich unterblieben sein, so dass eine analoge Anwendung auf den Konzernanhang dem Willen des Gesetzgebers entsprechen dürfte. Allerdings ist bei Einbeziehung von ausländischen TU die Inanspruchnahme der Schutzklausel nur dann zulässig, wenn das Wohl inländischer Gebietskörperschaften gefährdet ist; eine Bezugnahme auf das Wohl anderer Regionen, zB des Staates, in dem ein TU seinen Sitz hat, sieht das HGB nicht vor.

6   Ein Konzernanhang ist nur aufzustellen, wenn auch eine Konzernbilanz und -GuV zu erstellen ist. Gleichwohl können sich Angabepflichten einer KapGes/KapCoGes in Bezug auf den Konzern oder TU ergeben, ohne dass diese Voraussetzung erfüllt ist. In diesem Fall sind die Angaben im **Anhang des Mutterunternehmens** zu machen. Es kommen folgende Fälle in Frage: Wenn ein MU bei Vorliegen aller Voraussetzungen des § 291 Abs 1 und 2 bzw der §§ 1 und 2 KonBefrV keinen KA aufstellt, muss es im Anhang Namen und Sitz seines MU angeben, das den *befreienden* KA und Konzernlagebericht aufstellt und auf diese Befreiung hinweisen (§ 291 Abs 2 Nr 3; § 2 Abs 1 Nr 4 KonBefrV). Hat ein MU *nur* TU, die wegen § 296 (zB wegen Geringfügigkeit) *nicht* konsolidiert werden, sind gleichwohl die hiermit im Zusammenhang stehenden Angabepflichten der §§ 313 Abs 2 Nr 1 S 2 und 296 Abs 3 zu erfüllen. Das geschieht zweckmäßigerweise im Anhang des MU (hM; *WPH*[14] I, M Anm 692; *Dörner/Wirth* in HdKR[2] § 314 Anm 291).

II. Zweck des Konzernanhangs

11   Der Konzernanhang ist ebenso wie Konzernbilanz, -GuV, -KFR und -EK-Spiegel ein **gleichwertiger Bestandteil** des KA eines MU. Auch der Konzernanhang hat wie die anderen Bestandteile des KA unter Beachtung der GoB ein den tatsächlichen Verhältnissen entspr Bild der **Vermögens-, Finanz- und Ertragslage** des Konzerns zu vermitteln (dazu § 297 Anm 185). Im Rahmen

der Konzernrechnungslegung dient der Konzernanhang den gleichen Zwecken wie der Anhang im Rahmen der Rechnungslegung der KapGes/KapCoGes (§ 284 Anm 6), nämlich der Vermittlung von Informationen *neben* und *zusätzlich zur* Konzernbilanz, -GuV, -KFR, -EK-Spiegel und freiwillig erstellten Konzern-SegBerE, der Entlastung von Konzernbilanz, -GuV, -KFR, -EK-Spiegel und freiwilliger Konzern-SegBerE von Details sowie der Vermittlung von zusätzlichen Informationen.

Diese *Zielsetzung der Generalnorm* des § 297 Abs 2 wird auch für den Konzernanhang dahingehend verdeutlicht, dass die Darstellung der VFE-Lage *so* zu erfolgen hat, *als ob* die in den KA einbezogenen Unt *ein einziges* Unt wären (§ 297 Abs 3 S 1). Die Grundlage für die Berichterstattung im Konzernanhang ist mithin die **Fiktion der wirtschaftlichen Einheit des Konzerns** (§ 297 Anm 190). Daraus folgt: die Angaben dürfen sich *weder* auf einzelne bedeutsame einbezogene Unt (einschl des MU), *noch* auf wesentliche Gruppen von einbezogenen Unt beschränken. Vielmehr hat die Berichterstattung wie für ein einheitliches Unt, dh den Konzern insgesamt, zu erfolgen. Jedoch braucht über *nicht* in den KA *einbezogene* TU nur in den Fällen der §§ 296, 313 Abs 2 Nr 1 S 2, § 314 Abs 1 Nr 2a, 6, 7 9 und 13 berichtet zu werden (s jeweils dort).   **12**

Aus der Einheitstheorie folgt weiter, dass die verbalen und betragsmäßigen Angaben, die Erl, Begr und Aufgliederungen im Konzernanhang nicht durch Zusammenfassen der Angaben aus den einzelnen Anhängen der einbezogenen Unt, sondern selbstständig auf der Grundlage der Verhältnisse und Gegebenheiten im Konzern zu entwickeln und ggf zu konsolidieren sind. Aus der Einheitstheorie folgt für die Berichterstattung im Konzernanhang außerdem, dass die Angaben aus den JA zu entwickeln sind, die *tatsächlich* in den KA einbezogen wurden. Werden HB II (zum Begriff § 300 Anm 26) konsolidiert, müssen sich auch alle Angaben im Konzernanhang auf den aus den HB II konsolidierten KA beziehen, was eine Berichterstattung auf Grund der einzelnen HB I ausschließt.

III. Anforderungen an die Berichterstattung

Beim Konzernanhang sind dieselben Anforderungen an die Berichterstattung gestellt wie beim Anhang des JA (§ 284 Anm 10 ff). Nach der Generalnorm des § 297 Abs 2 S 2 (§ 297 Anm 186 und hier Anm 12) hat auch der Konzernanhang ein den tatsächlichen Verhältnissen entspr Bild der VFE-Lage des Konzerns zu vermitteln und dabei die GoB zu beachten. Bei der Berichterstattung sind die Grundsätze der **Wahrheit** und **Vollständigkeit** sowie der **Klarheit** und **Übersichtlichkeit** einzuhalten. Dabei finden Angaben ihre Grenze durch die **Grundsätze der Wesentlichkeit und der Wirtschaftlichkeit** (hierzu § 297 Anm 195). Alle für den Konzernanhang vorgeschriebenen Angaben sind **in jedem Jahr** zu machen.   **13**

IV. Umfang des Konzernanhangs

Nach dem Vorbild des Anhangs ist für den Konzernanhang der Umfang nur in Form eines **Mindestumfangs** vorgeschrieben. Damit sind **freiwillige Angaben** zulässig (Anm 49). Die Angabe von **Vergleichszahlen des Vorjahrs** im Konzernanhang ist **nicht** vorgeschrieben; § 298 Abs 1 iVm § 265 Abs 2 regelt nur die Angabe der Vj-Zahlen in der Konzernbilanz und Konzern-GuV. Die Angabe von Vj-Zahlen im Konzernanhang ist jedoch zulässig (s dazu analog § 284 Anm 21) und sogar bei Änderung des KonsKreis auch idR erforderlich (vgl IDW   **15**

RS HFA 44 Tz 12 ff). Demggü verpflichten alle DRS zu Vj-Angaben. Gem § 298 Abs 1 iVm § 265 Abs 8 ist die Angabe von **Leerposten** in Konzernbilanz und -GuV nicht vorgeschrieben; sie werden in der Praxis auch nicht gezeigt. Diese Vorschrift ist als allgemeiner Grundsatz auch auf den Konzernanhang anzuwenden.

16 Fraglich ist, ob **Verweise** im Konzernanhang auf Erl im Anhang des MU zulässig sind, wenn zB der betr Sachverhalt im Konzern und beim MU identisch ist. Der KA einschl Konzernanhang muss aus sich heraus verständlich sein und sämtliche Pflichtangaben in der jeweils vorgeschriebenen Weise enthalten. Unter der Voraussetzung der **gemeinsamen Offenlegung** beider Anhänge und bei sonstigen ausdrücklichen Hinweisen sind solche Verweise jedoch zulässig, denn Verweise sind nichts anderes als eine teilweise Zusammenfassung von Konzernanhang und Anhang des MU (hierzu § 298 Anm 105 f).

17 Muss der gebilligte KA **geändert** werden, weil Angaben im Konzernanhang inhaltlich unzutreffend sind oder fehlen, kann die Korrektur grds unter bestimmten Voraussetzungen in lfd Rechnung oder durch Rückwärtsänderung vorgenommen werden. Über die vorgenommenen Änderungen ist im Konzernanhang zu berichten (s im Einzelnen IDW RS HFA 6 Tz 37 ff).

V. Form des Konzernanhangs

19 Wie für den Anhang gilt auch für den Konzernanhang **Gestaltungsfreiheit**, die jedoch den Grundsatz der **Klarheit** und **Übersichtlichkeit** (§ 297 Abs 2 S 1) beachten muss, da das HGB über die Form des Konzernanhangs nichts aussagt. Aus diesem Grundsatz folgt, dass eine Strukturierung des Konzernanhangs nach sachlichen Gesichtspunkten geboten ist.

Über den anzuwendenden § 265 Abs 1 gilt der Grundsatz der **formellen Stetigkeit** der Darstellung auch für den Konzernanhang (zur Begründung für den Anhang s § 284 Anm 26; aA *Dörner/Wirth* in HdKR² §§ 313, 314 Anm 410 unter Missachtung des Worts „insbesondere" in § 265 Abs 1). Der Konzernanhang muss als solcher **gekennzeichnet** sein, damit er von den anderen Bestandteilen des KA und vom Konzernlagebericht und von einer evtl anderen freiwilligen Konzernberichterstattung unterschieden werden kann (ebenso § 284 Anm 27).

Gem § 298 Abs 1 iVm § 244 ist auch der Konzernanhang **in deutscher Sprache** und **in Euro** aufzustellen (§ 284 Anm 28). Bezüglich von Rundungen (Tausend Euro oder Mio Euro) im Konzernanhang s § 284 Anm 28.

20 In der Praxis hat sich folgende **Struktur** des Konzernanhangs herausgebildet:
1. Allgemeine Angaben zum KA
2. Angaben zum KonsKreis
3. KonsMethoden
4. Angaben zu den Bilanzierungs- und Bewertungsmethoden sowie zur WähUm
5. Angaben zur Konzernbilanz und -GuV
6. Sonstige Angaben.

VI. Verhältnis des Konzernanhangs zum Anhang des Jahresabschlusses des Mutterunternehmens

23 Ist eine KapGes/KapCoGes zugleich MU iSv § 290, hat sie sowohl einen Anhang als auch einen Konzernanhang zu erstellen. Die gesetzliche Konzeption des Konzernanhangs ist der des JA-Anhangs nachgebildet. Viele Vorschriften zum Anhang sind nicht nur mit denen zum Konzernanhang vergleichbar, sondern unter Berücksichtigung systembedingter Besonderheiten sogar identisch.

Das wird durch die Verweise in § 298 Abs 1 zur sinngemäßen Anwendung von Anhangvorschriften auf den Konzernanhang und durch teilweise gleich lautende Vorschriften zusätzlich unterstrichen.

Auch die *Funktionen* sind gleich. Das führt oft, insb bei den verbalen Erl, Angaben oder Darstellungen dazu, dass in beiden Anhängen gleiche Angaben gemacht werden. Dennoch stehen an sich Konzernanhang und Anhang selbstständig nebeneinander. Der Konzernanhang *ersetzt nicht* den Anhang des JA des MU *und umgekehrt*, da die Bezugnahmen – hier KA, dort JA des MU – verschieden sind. Der Konzernanhang stellt auch nicht eine Addition der Anhänge der einbezogenen Unt dar, sondern er ist ein *eigenständig* zu entwickelnder Teil des KA. Er bezieht seine Funktionen aus der Einheit mit Konzernbilanz, -GuV, -KFR und -EK-Spiegel, ggf auch freiwilliger Konzern-SegBerE.

Ein Vergleich der allgemeinen Grundsätze für Konzernanhang und Anhang zeigt folgende **Unterschiede:**

1. Kraft ausdrücklichen Verweises in § 298 Abs 1 auf die für große KapGes/KapCoGes geltenden Vorschriften sind **keine größenabhängigen Erleichterungen** bei der Aufstellung des Konzernanhangs vorgesehen, wie sie für kleine und mittelgroße KapGes/KapCoGes nach §§ 274a, 276 S 2 und 288 zulässig sind. Das gilt auch für den Fall, in dem kleine oder mittelgroße KapGes/KapCoGes (zB HoldingGes) als MU solche Erleichterungen für den Anhang ihres JA in Anspruch nehmen dürfen. Ebensowenig sieht das HGB größenabhängige Erleichterungen bei der Offenlegung vor, s Anm 2.

2. Zur Anwendung der allgemeinen **Schutzklausel** für eine Einschränkung der Berichterstattung, soweit diese für das Wohl der Bundesrepublik Deutschland oder eines ihrer Länder erforderlich ist, s Anm 5.

Folgende Vorschriften für den Anhang des JA wurden **nicht für den Konzernanhang übernommen:**

§ 284 Abs 2 Nr 4 (dort Anm 180): **Unterschiedsbeträge zum Marktpreis in bestimmten Fällen bei Vorräten;**

§ 284 Abs 2 Nr 5 (dort Anm 190): Angaben über die **Einbeziehung von Fremdkapitalzinsen** in die HK; eine Angabepflicht für den Konzernanhang besteht jedoch im Rahmen der Darstellung der Bewertungsmethoden nach § 313 Abs 1 S 2 Nr 1;

§ 285 Nr 2 (dort Anm 16): **Aufgliederung** des Gesamtbetrags **der Verbindlichkeiten** mit einer Restlaufzeit von mehr als fünf Jahren sowie der gesicherten Verbindlichkeiten nach;

§ 286 Abs 2 iVm § 285 Nr 4 (dort Anm 5): Inanspruchnahme der **Ausnahmeregelung** für die **Umsatzaufgliederung** nach § 285 Nr 4;

§ 285 Nr 6 (dort Anm 120): **Ertragsteuerspaltung;**

§ 285 Nr 8a (dort Anm 151): **Materialaufwand** bei Anwendung des Umsatzkostenverfahrens,

§ 285 Nr 10 (dort Anm 220): Mitglieder des **Geschäftsführungsorgans** und eines **AR**, weil zwangsläufig mit den Organen des MU identisch;

§ 285 Nr 11a (dort Anm 258): Zusatzangaben **persönlich haftender KapGes;**

§ 285 Nr 12 (dort Anm 260): Erl von wesentlichen **sonstigen Rückstellungen;**

§ 285 Nr 14 (dort Anm 270): Angabe von **Mutterunternehmen**, jedoch Ergänzung des Anhangs des MU um die Angaben gem § 291 Abs 2 Nr 3 bzw § 2 Abs 1 Nr 4 KonBefrV (falls ein eigener KA für den KonsKreis des MU entfällt);

§ 285 Nr 15 (dort Anm 280): Zusatzangaben für **KapCoGes;**

§ 268 Abs 8: Angabe des Gesamtbetrags der **ausschüttungsgesperrten Beträge**, da der KA keine Ausschüttungsbemessungsfunktion hat.

VII. Zusammenfassung des Konzernanhangs mit dem Anhang des Jahresabschlusses des Mutterunternehmens

28 Nach § 298 Abs 3 S 1 dürfen der Konzernanhang und der Anhang des MU unter der Voraussetzung zusammengefasst werden, dass KA und JA des MU **gemeinsam offen gelegt** werden (S 2). Durch die Zusammenfassung können Wiederholungen und Doppelangaben vermieden werden. Es darf aber die Klarheit und Übersichtlichkeit der Darstellung sowie die Vollständigkeit der Angaben nicht beeinträchtigt werden. Nach S 3 muss aus dem zusammengefassten Anhang hervorgehen, welche Angaben sich auf den Konzern und welche sich nur auf den JA des MU beziehen. Werden *verbale* Angaben zusammengefasst, müssen sie sowohl den Sachverhalt des JA als auch den des KA gleicherweise unter Beachtung von S 3 treffen; Abweichungen für Einzelheiten (zB andere Bilanzierungs- oder Bewertungsmethoden) müssen erwähnt werden. Bei Betragsangaben muss deutlich werden, ob sie sich auf den JA oder den KA beziehen. Im Übrigen zur Zusammenfassung § 298 Anm 105 ff. Hauptanwendungsfälle der partiellen Zusammenfassung sind Bilanzierungs- und Bewertungsmethoden und die Aufstellungen über den (Konzern-)Anteilsbesitz.

B. Inhalt des Konzernanhangs (Abs 1 S 1)

33 Zunächst sind sowohl diejenigen Angaben, die zu den einzelnen Posten der Konzernbilanz oder -GuV *vorgeschrieben* sind, aufzunehmen als auch solche Angaben, die *wahlweise* nicht in die Konzernbilanz oder die -GuV aufgenommen wurden, in den Konzernanhang einzubeziehen. Diese Vorschrift stimmt wörtlich mit § 284 Abs 1 überein. Auch der Konzernanhang enthält mithin **Pflichtangaben,** die *nur* im Konzernanhang zu machen sind, und Pflichtangaben, die *wahlweise* im Konzernanhang oder im übrigen KA zu machen sind. Die gesetzlichen Grundlagen für diese verschiedenen Pflichtangaben sind in den §§ 313 und 314 und in anderen Vorschriften des HGB, EGHGB (Art 24, 28, 48, 67), GmbHG (Anm 35, 44), AktG (Anm 35) und PublG (Anm 51) enthalten. Ergänzende und weitergehende Angabepflichten ergeben sich aus den **Standards des DRS C,** die jedes MU verpflichten und deren Beachtung die Vermutung beinhaltet, KonzernGoB angewandt zu haben (§ 342 Anm 9). Ferner bestehen **Angabeempfehlungen des Deutschen Corporate Governance Kodex** für börsennotierte MU, deren Einhaltung oder Nichteinhaltung jährlich nach § 161 AktG offen zu legen ist (s § 314 Anm 89). Darüber hinaus dürfen in den Konzernanhang **freiwillige (Zusatz-)Angaben** aufgenommen werden.

Für den Konzernanhang umfassen die Berichterstattungspflichten ebenfalls wie im Anhang des JA: Angaben, Darstellungen, Erl, Begr, Aufgliederungen und Ausweise (s zu diesen Begriffen § 284 Anm 36).

I. Pflichtangaben des Konzernanhangs

1. Liste der Pflichtangaben des Konzernanhangs nach HGB und EGHGB

34 Folgende Pflichtangaben sind von KapGes/KapCoGes *erforderlichenfalls* im Konzernanhang zu machen:

§ 264 Abs 3 Nr 4 (dort Anm 150): Angabe des **TU (KapGes),** das von der Anwendung der § 264 ff **gemäß § 264 Abs 3 befreit ist;**

Erläuterung der Konzernbilanz u Konzern-GuV　　　　　　　　　　34　§ 313

§ 264b Nr. 3 (dort Anm 60 f): Angabe des TU (KapCoGes), das von der Anwendung der §§ 264 ff gem § 264b befreit ist;

§ 296 Abs 3 (dort Anm 41): Begr der **Nichteinbeziehung von TU** nach § 296 Abs 1 und Abs 2;

§ 297 Abs 2 S 3 (dort Anm 185): Zusätzliche Angaben, wenn der KA wegen besonderer Umstände **kein den tatsächlichen Verhältnissen entsprechendes Bild** vermittelt;

§ 297 Abs 3 S 4 (dort Anm 200): Angabe und Begründung von **Abweichungen von den Konsolidierungsmethoden des Vorjahrs**;

§ 297 Abs 3 S 5 (dort Anm 203): Angabe des **Einflusses von Abweichungen** von den Vj-KonsMethoden **auf die Vermögens-, Finanz- und Ertragslage des Konzerns**;

§ 298 Abs 1 iVm § 265 Abs 1 S 2 (dort Anm 4): Angabe und Begr von **Abweichungen in der Form der Darstellung und Gliederung** in Konzernbilanz oder -GuV **im Vergleich zum Vorjahr**;

§ 298 Abs 1 iVm § 265 Abs 2 S 2 (dort Anm 5): Angabe und Erl von **nicht vergleichbaren Vorjahreszahlen** in Konzernbilanz oder -GuV;

§ 298 Abs 1 iVm § 265 Abs 2 S 3 (dort Anm 5): Angabe und Erl von zu Vergleichszwecken vorgenommenen **Anpassungen von Vorjahreszahlen** in Konzernbilanz und -GuV;

§ 298 Abs 1 iVm § 265 Abs 4 S 2 (dort Anm 13): Angabe und Begr der **Ergänzung des Konzernabschlusses** nach der für die **anderen Geschäftszweige** vorgeschriebenen Gliederung;

§ 298 Abs 1 iVm § 265 Abs 7 Nr 2 (dort Anm 17): Gesonderter Ausweis der Einzelposten, falls zur Vergrößerung der Klarheit der Darstellung in Konzernbilanz oder -GuV **Posten zulässigerweise zusammengefasst ausgewiesen werden**;

§ 298 Abs 1 iVm § 268 Abs 4 S 2 (dort Anm 93): Erl von größeren Posten in den **sonstigen Vermögensgegenständen, die erst nach dem Abschlussstichtag rechtlich entstehen**;

§ 298 Abs 1 iVm § 268 Abs 5 S 3 (dort Anm 107): Erl von größeren Posten in den **Verbindlichkeiten, die erst nach dem Abschlussstichtag rechtlich entstehen**;

§ 298 Abs 1 iVm § 274 Abs 2 S 3: Gesonderter GuV-Ausweis latente Steuern;

§ 298 Abs 1 iVm § 277 Abs 4 S 2 (dort Anm 24): Erl **der außerhalb der gewöhnlichen Geschäftstätigkeit angefallenen außerordentlichen Erträge und Aufwendungen** hinsichtlich Betrag und Art, soweit nicht von untergeordneter Bedeutung;

§ 298 Abs 1 iVm § 277 Abs 4 S 3 (dort Anm 25): Erl der **periodenfremden Erträge und Aufwendungen** hinsichtlich Betrag und Art, soweit nicht von untergeordneter Bedeutung;

§ 298 Abs 1 iVm § 277 Abs 5: Gesonderter Ausweis von Zinsen sowie Aufw/Erträge aus Währungsumrechnung;

§ 300 Abs 2 S 3 2. Hs (dort Anm 52): Hinweis auf die Beibehaltung von **Bilanzansätzen von Kreditinstituten oder Versicherungsunternehmen** im KA;

§ 301 Abs 3 S 2 (dort Anm 166): Erl der aktiven und passiven **Unterschiedsbeträge aus der Kapitalkonsolidierung** sowie wesentlicher Veränderungen dieser Posten gegenüber dem Vorjahr unter Beachtung von *DRS* 4.57 und 58;

§ 308 Abs 1 S 3 (dort Anm 14): Angabe und Begründung bei **Abweichungen der Konzernbewertungsmethoden** von den Bewertungsmethoden im JA des MU;

§ 308 Abs 2 S 2 2. Hs (dort Anm 27): Hinweis auf die Beibehaltung von **Wertansätzen von Kreditinstituten oder Versicherungsunternehmen** im KA;

§ 308 Abs 2 S 4 (dort Anm 34): Angabe und Begründung von **Abweichungen von der einheitlichen Bewertung**;

§ 310 Abs 2 (dort Anm 50 ff): Folgende Angaben zur **anteilmäßigen Konsolidierung** und weitere Angaben nach DRS 9.20 ff:

§ 310 Abs 2 iVm § 297 Abs 2 S 3 (dort Anm 185): Zusätzliche Angaben, wenn der KA wegen besonderer Umstände **ein den tatsächlichen Verhältnissen entsprechendes Bild nicht vermittelt**;

§ 310 Abs 2 iVm § 297 Abs 3 S 4 (dort Anm 200): Angabe und Begründung von **Abweichungen von den auf den vorhergehenden Konzernabschluss angewandten Methoden** der anteilmäßigen Kons;

§ 310 Abs 2 iVm § 297 Abs 3 S 5 (dort Anm 203): Angabe des **Einflusses dieser Abweichungen auf die Vermögens-, Finanz- und Ertragslage des Konzerns**;

§ 313 34

§ 310 Abs 2 iVm § 300 Abs 2 S 3 Hs 2 (dort Anm 52): Hinweis auf die Beibehaltung von **Bilanzansätzen quotal einbezogener Kreditinstitute oder VersicherungsUnt** im KA;

§ 310 Abs 2 iVm § 301 Abs 3 S 2 (dort Anm 166): Erl des sich aus der **Kapitalkonsolidierung ergebenden Unterschiedsbetrags** (GFW bzw Unterschiedsbetrag aus der KapKons) und Erl **wesentlicher Änderungen** dieses Postens **gegenüber dem Vorjahr** unter Beachtung von DRS 9.23 f;

§ 310 Abs 2 iVm § 308 Abs 1 S 3 (dort Anm 14): Angabe und Begründung von **Abweichungen** von den auf den JA des MU angewandten **Bewertungsmethoden** im KA;

§ 310 Abs 2 iVm § 308 Abs 2 S 2 2. Hs (dort Anm 27): Hinweis auf die Beibehaltung von **Wertansätzen von quotal konsolidierten Kreditinstituten oder Versicherungsunternehmen** im KA;

§ 310 Abs 2 iVm § 308 Abs 2 S 4 (dort Anm 34): Angabe und Begründung von **Abweichungen von den einheitlichen Bewertungsmethoden** bei QuoKons;

§ 312 Abs 1 S 2 (dort Anm 1 ff): Angabe des Unterschiedsbetrags zwischen Buchwert und anteiligem EK des bilanzierten assozUnt und Angabe eines darin enthaltenen GFW oder passiven Unterschiedsbetrags unter Beachtung von DRS 8.47;

§ 312 Abs 5 S 2 (dort Anm 75): Angabe der **Unterlassung der Bewertungsanpassung bei assoziierten Unternehmen**;

§ 313 Abs 1 S 2 Nr 1 (hier Anm 60): Angabe der auf die Posten der Konzernbilanz und Konzern-GuV angewandten **Bilanzierungs- und Bewertungsmethoden**;

§ 313 Abs 1 S 2 Nr 2 (hier Anm 92): Angabe der **Grundlagen der Währungsumrechnung**;

§ 313 Abs 1 S 2 Nr 3 (hier Anm 103): Angabe und Begründung von **Abweichungen von Bilanzierungs-, Bewertungs- und Konsolidierungsmethoden** und gesonderte Darstellung **von deren Einfluss auf die Vermögens-, Finanz- und Ertragslage des Konzerns**;

§ 313 Abs 2 Nr 1 S 1 (hier Anm 156): Angaben über die **einbezogenen Unternehmen**;

§ 313 Abs 2 Nr 1 S 2 (hier Anm 160): Angaben über die **nicht einbezogenen Tochterunternehmen**;

§ 313 Abs 2 Nr 2 S 1 (hier Anm 163): Angaben über **die assoziierten Unternehmen**;

§ 313 Abs 2 Nr 2 S 2 (hier Anm 203): Angabe und Begründung bei **Inanspruchnahme der Ausnahmeregelungen** für assozUnt von untergeordneter Bedeutung (§ 311 Abs 2);

§ 313 Abs 2 Nr 3 (hier Anm 168): Angaben über die **anteilmäßig einbezogenen Unternehmen**;

§ 313 Abs 2 Nr 4 S 1 (hier Anm 172): Angaben über **andere im Konzernanteilsbesitz stehende Unternehmen**;

§ 313 Abs 2 Nr. 4 S 2 (hier Anm 178): **Zusatzangaben börsennotierter Konzernunternehmen**;

§ 313 Abs 3 S 2 (hier Anm 220): Angabe der **Inanspruchnahme der Ausnahmeregelung bei Weglassen von Angaben über im Konzernanteilsbesitz stehende Unternehmen**;

§ 314 Abs 1 Nr 1 (dort Anm 8): Angabe des Gesamtbetrags der **Konzernverbindlichkeiten mit einer Restlaufzeit von mehr als fünf Jahren** und der **gesicherten Konzernverbindlichkeiten**;

§ 314 Abs 1 Nr 2 (§ 314 Anm 12): Angaben zu **nicht in der Konzernbilanz enthaltenen Geschäften**;

§ 314 Abs 1 Nr 2a 1. Hs (dort Anm 14): Angabe des Gesamtbetrags **der sonstigen finanziellen Verpflichtungen des Konzerns**;

§ 314 Abs 1 Nr 2 2. Hs (dort Anm 21): Angabe **der sonstigen finanziellen Verpflichtungen** und der **Haftungsverhältnisse** nach § 251 **gegenüber nicht einbezogenen Tochterunternehmen**;

§ 314 Abs 1 Nr 3 (dort Anm 24): **Aufgliederung der Umsatzerlöse des Konzerns** nach Tätigkeitsbereichen sowie nach geographisch bestimmten Märkten;

§ 314 Abs 1 Nr 4 1. Hs (dort Anm 32): Angabe der **durchschnittlichen Zahl der** während des Gj bei voll einbezogenen Unt beschäftigten **Arbeitnehmer** getrennt nach Gruppen;

§ 314 Abs 1 Nr 4 2. Hs (dort Anm 35): getrennte Angabe der **durchschnittlichen Zahl der Arbeitnehmer von anteilmäßig einbezogenen Unternehmen;**

§ 314 Abs 1 Nr 6 S 1–4, 6b und c (dort Anm 52): Angabe der **Gesamtbezüge, Anzahl der ausgegebenen Aktienbezugsrechte uä, Vorschüsse, Kredite, Haftungsverhältnisse für Organmitglieder** des MU und der **Gesamtbezüge sowie der gebildeten und nicht gebildeten Pensionsrückstellungen für ehemalige Organmitglieder** des MU und deren Hinterbliebene;

§ 314 Abs 1 Nr 6 S 5–8 (dort Anm 67): Zusatzangaben für börsennotierte AG als MU über die **individualisierten Vorstandsbezüge.**

§ 314 Abs 1 Nr 7 (dort Anm 84): Angabe des **Bestands von konzerneigenen Anteilen am Mutterunternehmen** sowie deren Zahl, Nennbetrag oder rechnerischer Wert und Anteil am Kapital des MU;

§ 314 Abs 1 Nr 8 (dort Anm 89): Zusatzangabe für einbezogene börsennotierte Unt über die **Entsprechenserklärung gem § 161 AktG zum Corporate Governance Kodex;**

§ 314 Abs 1 Nr 9 (dort Anm 90): Angaben zum für das Gj berechnete Gesamth**onorar des Konzernabschlussprüfers;**

§ 314 Abs 1 Nr 10 (dort Anm 95): Angaben zu bestimmten FinInst in den Finanzanlagen

§ 314 Abs 1 Nr 11 (dort Anm 100): Angaben zu nicht zum beizZW bilanzierten **derivativen Finanzinstrumenten;**

§ 314 Abs 1 Nr 12 (dort Anm 105): Angaben zu **mit dem beizulegenden Zeitwert bewerteten Finanzinstrumenten des Handelsbestands** gem § 340b Abs 3 S 1;

§ 314 Abs 1 Nr 13 (dort Anm 106): Angaben über **Geschäfte mit nahe stehenden Unternehmen und Personen;**

§ 314 Abs 1 Nr 14 (dort Anm 115): Gesamtbetrag der **Forschungs- und Entwicklungskosten des Gj**

§ 314 Abs 1 Nr 15 (dort Anm 118): Angaben zu nach § 254 gebildete **Bewertungseinheiten**

§ 314 Abs 1 Nr 16 (dort Anm 120): Angaben zu den **Pensionsrückstellungen**

§ 314 Abs 1 Nr 17 (dort Anm 125): Angaben **zur Verrechnung von VG und Schulden** nach § 246 Abs 2;

§ 314 Abs 1 Nr 18 (dort Anm 126): Angaben zu Anteilen oder Anlageaktien an **Investmentvermögen**

§ 314 Abs 1 Nr 19 (dort Anm 127): Angaben zu den Haftungsverhältnissen nach §§ 251, 268 Abs 7 Hs 1;

§ 314 Abs 1 Nr 20 (dort Anm 129): **Gründe für die planmäßige Abschreibung des GFW** aus der KapKons über einen Zeitraum von mehr als 5 Jahren;

§ 314 Abs 1 Nr 21 (dort Anm 130): Angaben zu **latenten Steuern**

Art 28 Abs 2 EGHGB (§ 249 Anm 271): Angabe des **Fehlbetrags bei den Rückstellungen für laufende Pensionen, Anwartschaften auf Pensionen und ähnliche Verpflichtungen** im Konzern;

Art 48 Abs 5 S 3 EGHGB (6. Aufl dort Anm 45): Angabe bei KapCoGes, wenn bei **erstmaliger Anwendung** des § 298 Abs 1 iVm § 268 Abs 2 die Buchwerte des Anlagevermögens und als ursprüngliche AK/HK fortgeführt werden.

Art 48 Abs 6 (6. Aufl dort Anm 50): Bei KapCoGes Angabe des Fehlbetrags bei den Rückstellungen für laufende Pensionen, Anwartschaften auf Pensionen und ähnliche Verpflichtungen iSd Art 28 Abs 1 EGHGB;

Art 67 Abs 1 S 4 EGHGB (dort Anm 11): Angabe des **Betrags der Überdeckung** bei Anwendung des Beibehaltungswahlrechts gem Art 67 Abs 1 S 2 EGHGB für **Pensionsrückstellungen;**

Art 67 Abs 2 EGHGB (dort Anm 13): Angabe des **Fehlbetrags bei den Rückstellungen für laufende Pensionen, Anwartschaften auf Pensionen und ähnliche Verpflichtungen** iSd Art 67 Abs 1 S 1 EGHGB.

Art 67 Abs 5 S 1 EGHGB (dort Anm 21): Erl des im KA fortgeführten Postens „**Aufwendungen für die Ingangsetzung des Geschäftsbetriebs und dessen Erweiterung**" nach § 269 S 1 Hs 2 aF;

Art 67 Abs 5 S 2 EGHGB (dort Anm 22): Angabe der **Methode der KapKons bei Interessenzusammenführung** (§ 302 Abs 3 aF) bei ihrer Beibehaltung im KA;

§ 313 35, 36 Konzernanhang

Art 67 Abs 8 S 2 Hs 2 EGHGB (dort Anm 26): Hinweis auf den **Verzicht der Anpassung der VjZahlen** bei erstmaliger Anwendung der neuen Vorschriften des BilMoG.

2. Weitere rechtsformspezifische Pflichtangaben des Konzernanhangs

35   Gem § 298 Abs 1 hat der Konzernanhang auch die für die **Rechtsform** der in den KA einbezogenen inländischen Unt vorgeschriebenen Angaben zu enthalten, sofern die Eigenart des KA keine Abweichung bedingt und in den Vorschriften des HGB über den KA nichts anderes bestimmt ist (dazu § 298 Anm 80 ff). Die Berücksichtigung rechtsformspezifischer JA-Vorschriften im KA, der Unt unterschiedlicher Rechtsform und auch TU mit Sitz im Ausland umfasst, erscheint nicht problemfrei im Hinblick darauf, dass der KA über den Konzern als wirtschaftliche Einheit informieren soll. Nach dem Wortlaut des HGB kommt die Anwendung solcher Anhangvorschriften für *alle einbezogenen Unt nur* nach Maßgabe der *Rechtsform des Mutterunternehmens* nicht in Betracht (aA *Selchert/ Karsten* BB 1986, 1259, die die Einschränkung der systembedingten Abweichungen übersehen). Hätte das HGB dies zum Ausdruck bringen wollen, hätten auf den KA „die für die Rechtsform des Mutterunternehmens geltenden Vorschriften entsprechend" anzuwenden sein müssen. Sinn der Vorschrift kann auch nicht sein, die rechtsformspezifischen Angaben nur für das MU selbst vorzuschreiben. Die Angaben im Konzernanhang haben sich vielmehr auf den Konzern als wirtschaftliche Einheit zu erstrecken, weder auf die einzelnen einbezogenen Unt noch auf das MU allein. Die das MU betr Angaben sind im Anhang seines JA zu machen, eine Wiederholung im Konzernanhang ist nicht zielführend.

Eine am Wortlaut orientierte Auslegung wird indessen der dem KA zugrunde liegenden Einheitstheorie nicht gerecht. Jede einzelne rechtsformspezifische Angabepflicht ist mithin auf die Verhältnisse des KA hin zu untersuchen, inwieweit ihre Anwendung der Darstellung der VFE-Lage des Konzerns dient. Dabei ist nach § 298 Abs 1 die Eigenart des KA zu berücksichtigen. Es entfallen danach alle rechtsformspezifischen Angabepflichten, die sich auf die *Gewinnverwendung* beziehen (§§ 29 Abs 4 S 1 GmbHG, 58 Abs 2a S 2, 152 Abs 2 und 3, 158 Abs 1, 240 S 3, 261 AktG), da der KA keine Gewinnverwendungsrechnung umfasst (*WPH*[14] I, M Anm 616). Ferner sind alle aktienrechtlichen Angabevorschriften über *Kapitalverhältnisse* und Aktien nicht anzuwenden (§ 160 Abs 1 Nr 1 bis 4, 7 und 8 AktG), da sie die gleichen Sachverhalte von GmbH nur selten miterfassen und daher nur ein unvollständiges Bild vermitteln würden; Das zeigt auch § 314 Nr 7; s dort Anm 84.

36   Demnach kommen folgende Angabepflichten für den Konzernanhang eines MU unabhängig von seiner Rechtsform in Frage, wenn die Sachverhalte bei einem einbezogenen Unt gegeben sind:

Nach § 298 Abs 1 iVm § 160 Abs 1 Nr 5 AktG ist über Bezugsrechte gem § 192 Abs 2 Nr 3 AktG, **Wandelschuldverschreibungen** und **vergleichbare Wertpapiere,** die von *einbezogenen* AG/KGaA begeben wurden, unter Angabe der verbrieften Rechte zu berichten. Eine Berichterstattung im Konzernanhang hat nur insoweit zu erfolgen, als die Papiere im Umlauf sind, also nicht von anderen einbezogenen Unt gehalten und dann durch Schuldenkonsolidierung (§ 303) verrechnet werden. Zum Umfang der Angabepflichten s § 284 Anm 44.

Über **Genussrechte, Rechte aus Besserungsscheinen und ähnliche Rechte,** die von *einbezogenen* AG/KGaA Dritten gewährt worden sind, ist im Konzernanhang gem § 298 Abs 1 iVm § 160 Abs 1 Nr 6 AktG ausführlich zu berichten (bei GmbH sind sie Teil der sonstigen finanziellen Verpflichtungen, s § 285 Anm 21). Im Einzelnen s zum AktG § 284 Anm 45. Die Angabepflichten entfallen insoweit, als sie durch Schuldenkons aufgehoben werden.

Nach § 298 Abs 1 iVm § 264c Abs 2 S 9 ist im Konzernanhang für **einbe-** 37
zogene KG iSd § 264a Abs 1 der Betrag der Differenz zwischen der im HR
eingetragenen Hafteinlage und der tatsächlich erbrachten Einlage, soweit er auf
außenstehende Kommanditisten entfällt, anzugeben.

II. Pflichtangaben, die wahlweise im Konzernanhang oder im übrigen Konzernabschluss zu machen sind

Folgende Angaben müssen im Konzernanhang gemacht werden, wenn sie 40
wahlweise nicht in die Konzernbilanz oder Konzern-GuV aufgenommen werden. Die einmal gewählte Darstellungsform (Ausweis in der Konzernbilanz bzw
Konzern-GuV oder Angabe im Konzernanhang) ist beizubehalten, sofern nicht
in Ausnahmefällen Abweichungen wegen *besonderer* Umstände erforderlich sind.
Obwohl für den Konzernanhang keine Pflicht zur Angabe von Vj-Zahlen besteht, gilt dieser Grundsatz für die Angaben, die anstatt in der Konzernbilanz
oder Konzern-GuV im Konzernanhang gemacht werden, nicht (IDW RS HFA 39
Tz 1), da für sie als Teil der KA die Vj-Angaben vorgeschrieben sind.

1. Liste der Pflichtangaben nach HGB und EGHGB in Konzernbilanz, Konzern-GuV oder im Konzernanhang

§ 294 Abs 2 S 1 (dort Anm 14): Angaben zur **Vergleichbarkeit** des KA mit dem Vj- 42
Abschluss **bei wesentlicher Veränderung des Konsolidierungskreises**
§ 298 Abs 1 iVm § 265 Abs 3 S 1 (dort Anm 7): Angabe der **Mitzugehörigkeit** von
einem Konzernbilanzposten zu einem anderen, wenn dies zur Aufstellung eines klaren und
übersichtlichen KA erforderlich ist;
§ 298 Abs 1 iVm § 268 Abs 1 S 2 2. Hs (dort Anm 4): Gesonderte Angabe des **Gewinn- oder Verlustvortrags**, wenn die Konzernbilanz unter Berücksichtigung der teilweisen Verwendung des Jahresergebnisses aufgestellt wird und der Gewinnvortrag/Verlustvortrag in den Konzernbilanzgewinn/-bilanzverlust einbezogen ist (diese Angabe kann
jedoch im Hinblick auf die Eigenart des KA entfallen; Anm 35);
§ 298 Abs 1 iVm § 268 Abs 2 S 1 (dort Anm 10): Darstellung des **Brutto-Anlagenspiegels**;
§ 298 Abs 1 iVm § 268 Abs 2 S 3 (dort Anm 12): Angabe der **Abschreibungen des Geschäftsjahrs**;
§ 298 Abs 1 iVm § 268 Abs 6 (dort Anm 110): Gesonderter Ausweis eines **aktivierten Disagios**;
§ 298 Abs 1 iVm § 268 Abs 7 1. Hs (dort Anm 123): Gesonderter Ausweis der in § 251
bezeichneten einzelnen Gruppen der **Haftungsverhältnisse** unter Angabe der gewährten
Pfandrechte und sonstigen Sicherheiten;
§ 298 Abs 1 iVm § 268 Abs 7 2. Hs (dort Anm 127): Gesonderter Ausweis der **Haftungsverhältnisse gegenüber nicht einbezogenen verbundenen Unternehmen** je
einzelne Gruppe;
§ 298 Abs 1 iVm § 277 Abs 3 S 1 (dort Anm 3): jeweils gesonderte Angabe von **außerplanmäßigen Abschreibungen im Anlagevermögen** nach § 253 Abs 3 S 3 und 4;
§ 299 Abs 3 (dort Anm 25 ff): Angabe von **Vorgängen von besonderer Bedeutung
bei Einbeziehung von Unternehmen mit einem abweichenden Abschlussstichtag**;
§ 310 Abs 2 iVm § 299 Abs 3 (dort Anm 25 ff): Angabe von **Vorgängen von besonderer Bedeutung bei quotaler Einbeziehung von Unternehmen mit einem abweichenden Abschlussstichtag**;
§ 314 Abs 1 Nr 4 (dort Anm 39): Angabe des **Personalaufwands** des Gj (bei Anwendung des Umsatzkostenverfahrens);
Art 67 Abs 5 S 1 EGHGB (dort Anm 21): Entwicklung des im KA fortgeführten Postens „Aufwendungen für die Ingangsetzung des Geschäftsbetriebs und dessen Erweiterung" nach 268 Abs 2 S 1 aF iVm § 298 Abs 1.

2. Weitere rechtsformspezifische Pflichtangaben in Konzernbilanz oder Konzernanhang

44 § 264a Abs 1 iVm § 298 Abs 1 und § 264c Abs 1 schreiben vor, dass **Ausleihungen, Forderungen und Verbindlichkeiten gegenüber Gesellschaftern einer KapCoGes** als solche jeweils gesondert in der Konzernbilanz auszuweisen oder im Konzernanhang anzugeben sind. Werden sie unter anderen Posten ausgewiesen, muss diese Eigenschaft vermerkt werden. Die Vorschrift entspricht der zum JA der KapCoGes (s daher § 264c Anm 5).

§ 298 Abs 1 iVm § 42 Abs 3 GmbHG schreibt dieselben Pflichtangaben für GmbH vor (s § 284 Anm 58). Beide Regelungen lassen offen, *welche* Gester gemeint sind. Für den KA kommen *entweder* nur die Gester des MU *oder diese und alle anderen* konzernfremden Gester (§ 307) der einbezogenen TU in Frage.

45 Im ersten Fall müssten alle einbezogenen Unt ihre Beziehungen zu den Gestern der Mutter-**GmbH oder Mutter-KapCoGes** ermitteln, damit sie in der Konzernbilanz gesondert ausgewiesen oder im Konzernanhang angegeben werden können. Ist das MU eine **Aktiengesellschaft,** würde eine solche Angabe entfallen. Diese Auslegung steht aber im Widerspruch zur Systematik des HGB. Danach sind Gester des Konzerns auch die anderen Gester der in den KA *einbezogenen* TU (§ 307). Damit sind die in den Bilanzen der *einbezogenen* GmbH und KapCoGes ausgewiesenen oder in ihren Anhängen angegebenen Ausleihungen, Forderungen und Verbindlichkeiten ggü *deren* Gestern als solche *nach Konsolidierung* in die Konzernbilanz zu übernehmen oder im Konzernanhang anzugeben. Bei einem rechtsformgemischten Konzern werden mithin die Beziehungen zu den Gestern von AG nicht offen gelegt, was nach der Einheitstheorie zu verlangen wäre, wenn die AG-Gester bekannt sind (zB Namens-Aktionäre).

Ob nach der Einheitstheorie jedoch auch der Ausweis in der Konzernbilanz bzw die Angabe im Konzernanhang aller *mittelbaren* GesterBeziehungen verlangt werden kann, erscheint zweifelhaft. Wenngleich diese Auslegung zu sinnvollen Ergebnissen führen könnte, hätte dies entspr oder durch die Pflicht zur Kons auch der (bekannten) Drittschuldverhältnisse formuliert werden müssen. Nachdem sich aber die Vorschrift auf einen allgemein gehaltenen Verweis beschränkt hat, können die mittelbaren GesterBeziehungen nicht hiervon erfasst sein, zumal auch in § 42 Abs 3 GmbHG/§ 264c Abs 1 ein Verweis auf Zurechnungsgrundsätze iSv § 16 Abs 4 AktG fehlt.

III. Freiwillige Angaben

49 Nach dem Vorbild des Anhangs zum JA kann der Konzernanhang um freiwillige Angaben erweitert werden (glA *Dörner/Wirth* in HdKR[2] §§ 313, 314 Anm 4). Zu möglichen Angaben, die auch für den Konzernanhang in Betracht kommen, § 284 Anm 80.

IV. Der Konzernanhang kapitalmarktorientierter Mutterunternehmen

50 Im Zuge der Internationalisierung der Rechnungslegungsvorschriften hat der deutsche Gesetzgeber für den Konzernanhang kapmarktMU iSd § 264d eine Reihe von Sondervorschriften zur weitergehenden Berichterstattung im Vergleich zu den anderen MU erlassen und durch Errichtung des DRSC die Entwicklung von GoB der Konzernrechnungslegung institutionalisiert. Die Grundlagen für diese besonderen Konzernanhangangaben sind in den §§ 313, 314, in anderen Vorschriften des HGB und in den Rechnungslegungsstandards des DRSC enthalten:

§ 313 Abs 2 Nr 4 S 2 (dort Anm 178): Angabe aller Beteiligungen an großen KapGes, die nicht TU, assozUnt, GemUnt sind, mit Namen und Sitz, wenn sie von einem börsennotierten MU, einem börsennotierten TU oder einer für Rechnung dieser Unt handelnden Person gehalten werden und 5% der Stimmrechte überschreiten;

§ 313 Abs 3 S 3 (dort Anm 219): Pflicht zur Berichterstattung über alle nach § 313 Abs 2 vorgeschriebenen Angaben zum KonsKreis und Konzernanteilsbesitz auch bei Entstehen erheblicher Nachteile beim kapmarktMU oder bei den zu nennenden kapmarktUnt;

§ 314 Abs 1 Nr 6a S 5–8 (dort Anm 67): Angabepflicht börsennotierter AG als MU über die individualisierten Vorstandsbezüge;

§ 314 Abs 1 Nr 8 (dort Anm 89): Angabe für jedes in den KA einbezogene börsennotierte Unt, dass die nach § 161 AktG vorgeschriebene Erklärung abgegeben hat und wo sie öffentlich zugänglich gemacht worden ist;

Des Weiteren bestehen folgende **Angabeempfehlungen** des DCGK (s § 314 Anm 89) im CorpGovBericht:

– Aufgliederung der Vorstands- und AR-Bezüge nach verschiedenen Komponenten individualisiert je Mitglied (Kodex Ziff 4.2.4, 4.2.5 und 5.4.6 s § 314 Anm 53);
– Angaben über den Besitz der Ges oder sich darauf beziehenden FinInst von Vorstands- und AR-Mitgliedern, falls der Aktienbesitz 1% der von der Ges ausgegebenen Aktien überschreitet (Kodex Ziff 6.3);
– konkrete Angaben über Aktienoptionsprogramme uä wertpapierorientierte Anreizsysteme, (Kodex Ziff 7.1.3);
– Liste von DrittUnt, an denen das MU eine Beteiligung von für den Konzern nicht untergeordneter Bedeutung hält (Kodex 7.1.4);
– Erl der Beziehungen zu nahe stehenden Aktionären iSd anwendbaren Rechnungslegungsvorschriften (Kodex Ziff 7.1.5).

V. Publizitätsgesetz

Alle dem PublG unterliegende MU (§ 11 Abs 1 PublG) haben, wenn sie einen KA aufstellen müssen, diesen um einen Konzernanhang zu erweitern (§ 13 Abs 2 PublG iVm § 297 Abs 1). Das gilt für alle Unt und *Konzernleitungen* (§ 11 Abs 5 PublG) unabhängig von ihrer Rechtsform, insbkapmarktMU iSd § 264d für Vereine, deren Zweck auf einen wirtschaftlichen Geschäftsbetrieb gerichtet ist, eG, rechtsfähige Stiftungen des bürgerlichen Rechts, wenn sie ein Gewerbe betreiben, und Körperschaften, Stiftungen oder Anstalten des öffentlichen Rechts, wenn sie Kfm nach §§ 1 und 2 sind. Der Konzernanhang hat alle für MU in der Rechtsform einer KapGes vorgeschriebenen Angaben zu enthalten (s Anm 34 und 42).

Folgende Angaben können generell **weggelassen werden** (§ 13 Abs 3 S 1 PublG):

§ 314 Abs 1 Nr 6: Gesamtbezüge, Anzahl der ausgegebenen Bezugsrechte uä, Vorschüsse, Kredite, Haftungsverhältnisse für **Organmitglieder des Mutterunternehmens** sowie Gesamtbezüge einschl der gebildeten und nicht gebildeten Pensionsrückstellungen für ehemalige Organmitglieder des MU und deren Hinterbliebene;
Art. 28 Abs 2 EGHGB: Angabe des Fehlbetrags bei den Rückstellungen für laufende Pensionen, Anwartschaften auf Pensionen und ähnliche Verpflichtungen im Konzern.

Legen **Einzelkaufleute** und **reine Personengesellschaften** die Konzern-GuV nicht offen (§ 13 Abs 3 S 2 iVm § 5 Abs 5 S 3 PublG), dürfen im Konzernanhang schon bei der Aufstellung oder erst bei Offenlegung außerdem alle Angaben zur Konzern-GuV weggelassen werden (glA *WPH*[14] I, O Anm 106). Das sind die Angaben nach §§ 277 Abs 3 S 1 (außerplanmäßige Abschreibungen im Anlagevermögen), 277 Abs 4 S 2 (betriebsfremde ao Erträge und Aufwendungen), 277 Abs 4 S 3 (periodenfremde Erträge und Aufwendungen), § 313 Abs 1 S 2 Nr 1 betr die Angaben zu den auf die Konzern-GuV angewandten

Bilanzierungs- und Bewertungsmethoden, sowie 313 Abs 1 S 2 Nr 2, soweit Angaben zur WähUm die Konzern-GuV betreffen. Die Aufgliederung der Konzernumsatzerlöse nach Tätigkeitsbereichen sowie nach geographisch bestimmten Märkten (§ 314 Abs 1 Nr 3) ist jedoch vorzunehmen, da sie eine Erl zu den in der Anlage zur Konzernbilanz anzugebenden Konzernumsatzerlösen darstellt (ebenso *WPH*[14] I, O Anm 107). Ferner braucht der KA eine Konzern-KFR und einen Konzern-EKSpiegel nicht zu umfassen.

Sind in einem KA nach § 11 PublG, der auf die Erleichterungen nach § 13 Abs 3 S 1 und 2 PublG verzichtet, KapGes einbezogen, die selbst die Befreiungsvorschriften des § 264 Abs 3 iVm § 264 Abs 4 in Anspruch nehmen, ist im Konzernanhang des publizitätspflichtigen MU die Befreiung des TU anzugeben (§ 264 Abs 3 Nr 4 iVm § 264 Abs 4). Das Gleiche gilt für einbezogene TU in der Rechtsform der KapCoGes (§ 264b Nr 4).

C. Angaben zur Konzernbilanz und Konzern-GuV (Abs 1 S 2 Nr 1)

60 Nach Abs 1 S 2 Nr 1 müssen im Konzernanhang die auf die Posten der Konzernbilanz und der Konzern-GuV angewandten **Bilanzierungs- und Bewertungsmethoden** angegeben werden. Es sind Angaben und Erl über den Inhalt, die Zusammensetzung oder Veränderungen der einzelnen KA-Posten ggü dem Vj nicht erforderlich. Sie dürfen aber freiwillig in den Konzernanhang (Anm 49) aufgenommen werden. Das ist jedoch auch geboten, wenn sie zur Vermittlung eines den tatsächlichen Verhältnissen entspr Bilds der VFE-Lage des Konzerns erforderlich sind (§ 297 Abs 2 S 2). Hierzu gehören als Ergänzung zu den bestehenden **Vorschriften nach DRSC** Angaben und Erl nach DRS 2.52 ff (Konzern-KFR), nach DRS 3.25 ff (Konzern-SegBerE), DRS 4.52 ff (UntErwerbe im KA), nach DRS 7.15 ff (Konzern-EK-Spiegel), nach DRS 8.47 ff (Bilanzierung von Anteilen an assozUnt im KA), nach DRS 9.20 ff (Bilanzierung von Anteilen an GemUnt im KA), nach DRS 13.28 ff (Grds der Stetigkeit und Berichtigung von Fehlern, nach DRS 17.10 ff (Berichterstattung über die Vergütung der Organmitglieder), nach DRS 18.63 ff (latente Steuern) und nach DRS 19.107 ff (Pflicht zur Konzernrechnungslegung und Abgrenzung des KonsKreises).

Die Angabepflicht der Bilanzierungs- und Bewertungsmethoden im Konzernanhang stimmt wörtlich mit der Angabepflicht für den Anhang (§ 284 Abs 2 Nr 1) überein, so dass zum Inhalt auf § 284 Anm 85 verwiesen werden kann. Da die dort genannten Bilanzierungs- und Bewertungsmethoden-Wahlrechte wegen § 298 Abs 1 auch für den KA gelten, ist über ihre Ausübung auch im Konzernanhang zu berichten.

61 Die Angabepflichten zu den **Konsolidierungsmethoden** im Konzernanhang ergeben sich aus anderen Vorschriften (Anm 34).

I. Angabe der Bilanzierungsmethoden

65 Für den Konzernanhang werden dieselben Angaben verlangt wie beim Anhang; es wird daher auf § 284 Anm 86 ff verwiesen. Wie gem § 274 Abs 1 S 3 gestattet § 306 S 2 die aktiven und passiven latenten Steuern saldiert oder unsaldiert zu bilanzieren. Über die Art der Ausübung dieses Wahlrechts ist stets zu berichten (s auch § 314 Abs 1 Nr 21 Anm 130). Stimmen die oder einige der **Bilanzierungsmethoden** im JA des MU mit denen in seinem KA überein, sind die Angaben aus dem Anhang des JA in den Konzernanhang zu *übernehmen;* zur

Zulässigkeit eines Verweises (Anm 16). Werden (zB einige) Bilanzierungswahlrechte im KA dagegen abw von den JA der einbezogenen Unt ausgeübt (§ 300 Abs 2 S 2), sind diese anzugeben.

Eine Darstellung der im JA der einzelnen einbezogenen TU ausgeübten Bilanzierungswahlrechte ist für den Konzernanhang nicht vorgeschrieben (das wäre irreführend und ist daher auch nicht zulässig). Das gilt auch für die JA von einbezogenen Unt mit Sitz im Ausland.

Im Rahmen des **Grundsatzes der einheitlichen Bilanzierung** im KA 66 (§ 300) gilt nach § 298 Abs 1 iVm § 246 Abs 3 der Grundsatz der Ansatzstetigkeit auch für den KA. Die Ansatzwahlrechte müssen stetig ausgeübt werden. Dies bedeutet, dass die Ansatzwahlrechte zwar gem § 300 Abs 2 S 2 innerhalb der HB-II-Erstellung für alle TU und das MU neu ausgeübt werden dürfen, also abw vom EA. Im KA müssen sie jedoch bei gleichgelagerten Sachverhalten einheitlich ausgeübt werden (DRS 13.6 und 7). Abweichungen sind nur in entspr Anwendung des § 252 Abs 2 in begründeten Ausnahmefällen zulässig; sie sind mit ihren Begr anzugeben.

Es reicht andererseits nicht aus anzugeben, dass im KA einheitliche Bilanzierungsmethoden angewandt worden sind, vielmehr sind die *einzelnen angewandten* Bilanzierungsmethoden anzugeben, wobei der Grundsatz der Wesentlichkeit zu beachten ist.

II. Angabe der Bewertungsmethoden

Die Pflicht zur Angabe der Bewertungsmethoden im Konzernanhang ent- 72 spricht § 284 Abs 2 Nr 1 für den Anhang. Die Bewertungs*vorschriften* für den KA ergeben sich aus §§ 308, 308a und 298 Abs 1 iVm §§ 252–256a und entsprechen bei KapGes/KapCoGes denen, die für den JA (HB I) des MU (Anm 74) *anwendbar* sind. Das gilt mithin auch für die Anwendung der Bewertungs*methoden* im KA. Die Angabepflichten im Konzernanhang für die einzelnen Vermögensgruppen, Rückstellungen und Verbindlichkeiten unterscheiden sich danach nicht von denjenigen für den Anhang. Es wird daher auf § 284 Anm 100 ff verwiesen.

Die Angaben müssen sich auf die bei den Posten des KA angewandten Me- 73 thoden beziehen. Damit sind Angaben über die ggf abw Bewertungsmethoden in den einzelnen JA der einbezogenen TU (HB I) ausgeschlossen. Daraus folgt auch, dass über die Ergebnisauswirkungen bei abw Bewertung im KA (dh Überleitung von HB I zu HB II) nicht berichtet werden muss. Die Bewertungsmethoden sind so darzustellen, als ob der KA sich auf ein einziges Unt bezieht (§ 297 Abs 3 S 1). Über einbezogene ausländische JA ist nicht gesondert zu berichten, wenn deren Bewertungsmethoden an die konzerneinheitlichen Methoden angepasst worden sind. Das gilt auch für anteilmäßig einbezogene JA von GemUnt (§ 310 Abs 2). Andererseits sind begründete oder zulässige Abweichungen vom Grundsatz der Einheitlichkeit anzugeben und zu erläutern.

Abweichungen im KA von den auf den JA des MU angewandten Be- 74 wertungsmethoden sind nach § 308 Abs 1 S 3 (dort Anm 14) ebenfalls im Konzernanhang anzugeben und zu begründen. Stimmen die oder einige Bewertungsmethoden im KA mit denen im JA des MU überein, braucht bei einem Konzernanhang, der mit dem Anhang des MU zusammengefasst ist, nur einmal berichtet zu werden; auch ein Hinweis auf die (partielle) Gleichheit reicht aus. Außerdem sind **konzernbedingte Besonderheiten** zu beachten. Hierbei handelt es sich um Bewertungswahlrechte, die im Rahmen der Kons eingeräumt sind (§ 308 Anm 22).

76 Für **Vermögensgegenstände, die von einbezogenen Unternehmen bezogen wurden** und die in der Konzernbilanz als solche noch enthalten sind, muss Inhalt und Umfang der Konzern-AK/HK angegeben werden, sofern deren Bewertung von der einheitlichen Bewertung nach § 308 abweicht. Hierbei ist das Ausmaß der Ausübung von Bewertungswahlrechten erkennbar zu machen (s im Einzelnen § 284 Anm 116). Die aus einer Umbewertung resultierenden Ergebnisauswirkungen brauchen betragsmäßig nicht angegeben zu werden.

Im Rahmen der KapKons gem § 301 Abs 1 S 2 (Neubewertungsmethode) sind die Bewertungsmethoden bzgl des Zeitwerts, der den einzelnen VG, Schulden, RAP und Sonderposten beizulegen ist, zu erläutern. Dabei sind die allgemein anerkannten Bewertungsmethoden, die zur Bestimmung des beizZW angewandt worden sind, anzugeben (§ 255 Abs 4 S 2). Übersteigen diese Werte insgesamt die AK des MU für die Anteile, sind die zusätzlichen Angabepflichten nach DRS 4.54d und 4.58 zu beachten. Bzgl der Angabe der Bewertungsmethoden zur Ermittlung des Unterschiedsbetrags zwischen dem Buchwert eines assoz-Unt und dem beizZW seiner VG, Schulden, RAP und Sonderposten nach § 312 Abs 2 gilt das für die Voll-Kons Gesagte sinngemäß.

79 Über die Methoden der **Auflösung eines passiven Unterschiedsbetrags** aus der KapKons (§ 301 Abs 3 S 1) ist ebenfalls und unter Beachtung von DRS 4.58 zu berichten, was im Rahmen der Erl wesentlicher Veränderungen dieses Postens ggü dem Vj geschehen kann (§ 301 Abs 3 S 2).

80 Abs 1 S 2 Nr 1 umfasst außerdem die Angabepflichten über **Bewertungsmethoden** bei **assoziierten Unternehmen.** Es ist anzugeben, ob im JA des assoz-Unt die Wertansätze nach vom KA abw Bewertungsmethoden beibehalten wurden (§ 312 Abs 5 S 2). Wird die einheitliche Bewertung auch auf diese Unt angewendet, reicht ein entspr Hinweis aus. Ferner sind die Angabepflichten nach DRS 8.49 zu beachten.

81 Erl-Pflichten bestehen auch für die Bewertung solcher **Vermögensgegenstände** im KA, **die von assoziierten Unternehmen** stammen (§ 304) und am Stichtag des KA noch bilanziert werden. Die Angabepflichten für die Bewertungsmethoden der VG (zB Vorräte) aus Konzernbezügen (s Anm 76) gelten hier sinngemäß. Ferner ist ein Hinweis erforderlich, wenn eine anteilige Eliminierung der Zwischenergebnisse bei Vorräten aus diesen Bezügen vorgenommen worden ist (§ 312 Abs 5 S 4 und DRS 8.30).

82 Empfehlenswert ist auch die Erl des wesentlichen Unterschieds zwischen dem Konzernergebnis und dem Ergebnis des MU (*Dörner/Wirth* in HdKR[2] §§ 313, 314 Anm 254).

D. Angabe der Grundlagen der Fremdwährungsumrechnung (Abs 1 S 2 Nr 2)

92 Im Konzernanhang sind die Grundlagen für die Umrechnung von Fremdwährungen in Euro anzugeben, sofern der KA Posten enthält, denen Beträge zugrunde liegen, die (ursprünglich) auf fremde Währung lauten; ebenso § 284 Abs 2 Nr 2 für den Anhang. Denn der KA ist in Euro aufzustellen (§ 298 Abs 1 iVm § 244). Die FremdWähUm umfasst für den KA zweierlei Sachverhalte:

1. Die Umrechnung der Fremdwährungsposten in den JA einbezogener *inländischer und ausländischer Unternehmen* und der auf Fremdwährungen lautenden Teilabschlüsse ausländischer Betriebsstätten sowie
2. die Umrechnung der auf Fremdwährungen lautenden JA einbezogener *ausländischer* Unt.

93 In den §§ 256a, 308a ist die WähUm normiert, sodass die Grundlagen weitgehend vorgeschrieben sind. Eine Wiederholung des Gesetzes erübrigt sich so-

mit. Da weder §§ 256a, 308a noch die Gesetzesbegr auf § 313 Abs 1 S 2 Nr 2 Bezug nehmen, ist davon auszugehen, dass sich die Erl nach Nr 2 auf Abweichungen von der Norm und auf die Ausübung bestehender Wahlrechte beschränken können. Zu den Erl zum 1. Sachverhalt s § 284 Anm 135f. Zu den Erl zum 2. Sachverhalt s § 308a Anm 134.

Bei der Berichterstattung ist auch die Methode der Umrechnung von JA aus **Hochinflationsländern** darzustellen (§ 308a Anm 115 ff). 95

Werden Posten in ausländischen Abschlüssen, die ursprünglich auf Euro lauteten, bei der **Rückumrechnung** in Euro nicht dem angewandten Umrechnungsverfahren unterworfen (s dazu § 308a Anm 22 ff), ist auch über die von der Norm abw Methode für solche Posten zu berichten; dh werden die ursprünglichen Euro-Beträge in den KA übernommen, ist dies anzugeben. 96

E. Angabe und Begründung von Abweichungen von Bilanzierungs-, Bewertungs- und Konsolidierungsmethoden (Abs 1 S 2 Nr 3)

I. Allgemeines

Gem Abs 1 S 2 Nr 3 besteht auch die Pflicht, im Konzernanhang Abweichungen von Bilanzierungs-, Bewertungs- und KonsMethoden anzugeben. Die Berichtspflichten nach Nr 3 umfassen im Einzelnen: 103

- Angabe und Begr von Abweichungen von Bilanzierungsmethoden (Anm 109),
- Angabe und Begr von Abweichungen von Bewertungsmethoden (Anm 111),
- Angabe und Begr von Abweichungen von KonsMethoden (Anm 117),
- Gesonderte Darstellung des Einflusses von solchen Abweichungen auf die VFE-Lage des Konzerns (Anm 136).

Die zwei ersten Angaben und die letzte Angabe entsprechen § 284 Abs 2 Nr 3. Verlangt wird eine umfassende **verbale Berichterstattung** und **Begründung** über die Abweichungen vom Regelfall der Bilanzierungs-, Bewertungs- und KonsGrundsätze und -Methoden und von den im vorhergehenden KA angewandten Bilanzierungs- und Bewertungsmethoden (zu Letzteren § 284 Anm 140) und von den bisherigen KonsMethoden (§ 297 Abs 3 S 4 und 5) (glA *Dörner/Wirth* in HdKR² §§ 313, 314 Anm 268). Nach DRS 13.29 sind im Konzernanhang die Auswirkungen aus der Anwendung einer anderen Bilanzierungs-, Bewertungs- und KonsMethode betragsmäßig einzeln für die betr Bilanzposten darzustellen sowie Proforma-Angaben für die maßgeblichen Posten der an die geänderten Methoden angepassten Vj-Abschlüsse zu machen und zu erläutern.

Auch bei diesen Angaben ist der **Grundsatz der Wesentlichkeit** zu beachten. Sind die Abweichungen für die Vermittlung eines den tatsächlichen Verhältnissen entspr Bilds der VFE-Lage des Konzerns nur von untergeordneter Bedeutung, braucht die Abweichung weder angegeben noch begründet zu werden, weil die Aussagefähigkeit des KA für die Adressaten nicht beeinträchtigt ist (dazu § 297 Anm 195 und § 252 Anm 70). 104

II. Die einzelnen Angaben

1. Angaben zu Abweichungen von Bilanzierungsmethoden

Abweichungen von Bilanzierungsgrundsätzen und den bisher angewandten Bilanzierungsmethoden sind auch im KA in eingeschränktem Umfang zulässig. 109

Welche sachlichen Abweichungen im Einzelnen in Frage kommen, unterscheidet sich nicht von den für den JA bestehenden Möglichkeiten (s § 284 Anm 147 ff). Da das Stetigkeitsgebot bei den Bilanzierungsmethoden gem § 246 Abs 3 iVm 252 Abs 2 vorgeschrieben ist, sind Abweichungen nur in begründeten Ausnahmefällen zulässig. Nach DRS 13.29 sind bei Änderung der Bilanzierungsmethoden die Auswirkungen betragsmäßig einzeln für die betr Bilanzposten darzustellen.

Über Abweichungen vom Vollständigkeitsgebot des § 300 Abs 2 S 1 (s § 300 Anm 43) ist – wenn von Belang – *stets* zu berichten; dies gilt insb bei der Einbeziehung ausländischer JA, wenn zB Ansatzwahlrechte anders als im Inland ausgeübt werden. Die gesetzlich vorgeschriebene Abweichung vom Verrechnungsverbot nach § 246 Abs 2 S 2 ist nach § 314 Nr 17 (s § 314 Anm 125) erläuterungspflichtig.

2. Angaben zu Abweichungen von Bewertungsmethoden

111   Da die allgemeinen Bewertungsgrundsätze des § 252 Abs 1 auch für den KA gelten, ist über die Abweichungen hiervon und die Anwendung der Ausnahmeregelung des § 252 Abs 2 im Konzernanhang zu berichten (s § 284 Anm 151 ff).

112   Vorstehendes gilt auch für das Gebot der **einheitlichen Bewertung** (§ 308 Abs 1 S 1). Abweichungen davon sind in Ausnahmefällen (§ 308 Abs 2 S 4 1. Hs dort Anm 31) zulässig und im Konzernanhang bereits nach § 308 Abs 2 S 4 2. Hs anzugeben und zu begründen. Das ist als ein Unterfall der hier erläuterten Nr 3 des § 313 Abs 1 S 2 anzusehen. Als *Beispiele* für Abweichungen von einer konzerneinheitlichen Bewertung kommen in Frage:

Falls eine **Neubewertung** der VG und Schulden eines einbezogenen JA gem § 301 Abs 2 S 1 zum Erwerbszeitpunkt nicht vorgenommen werden kann, muss gem 301 Abs 2 S 2 die Anpassung innerhalb von 12 Monaten ab dem Zeitpunkt, zu dem das Unt TU geworden ist, vorgenommen werden; zu berichten ist sowohl im Erstjahr der Kons über die Vorläufigkeit der Wertansätze, als auch im Folgejahr über die Anpassung. Eine Berichterstattungspflicht besteht nach § 312 Abs 3 S 2 für den gleichen Sachverhalt bei einem assozUnt.

Abweichungen von einheitlichen Bewertungsmethoden des Konzerns werden auch bei **Jahresabschlüssen aus Hochinflationsländern** zweckmäßig sein, wenn sie der Vereinfachung dienen und sonst zu einem unverhältnismäßigen Arbeitsaufwand führen würden.

Das kann auch der Fall sein, wenn in einem aufzustellenden KA nur *ein* ausländisches Unt einzubeziehen ist, für das die Erstellung einer HB II einen **nicht vertretbaren Arbeitsaufwand** notwendig machen würde.

Wird ein Unt einbezogen, dessen **Fortführung nicht mehr gesichert** ist (Wahlrecht) und das daher eine vom Grundsatz des § 252 Abs 1 Nr 2 abw Bewertung in seinem JA vornimmt, die im KA beibehalten wird, muss darüber berichtet werden.

3. Angaben zu Abweichungen von Konsolidierungsmethoden

117   Bei der Regelung der Angabepflichten über Abweichungen von KonsMethoden ist die Parallele zur Angabepflicht von Abweichungen von Bilanzierungs- und Bewertungsmethoden im Konzernanhang und im Anhang zu beachten. Der Grundsatz, dass Abweichungen von Bewertungs*methoden* mit Abweichungen von Bewertungs*grundsätzen* gleichgesetzt sind, ist sinngemäß auf die Abweichungen von KonsMethoden anzuwenden. Diese umfassen demnach sowohl Abweichungen von KonsMethoden als auch von KonsGrundsätzen; damit sind **alle Abweichungen** vom gesetzlichen Regelfall und außerdem von den auf den vorjährigen KA angewandten KonsMethoden und -Grundsätzen berichterstattungspflichtig

(zum Problem s § 284 Anm 144), sofern die Abweichungen wesentlich sind; § 297 Anm 195.

118 Alle Abweichungen vom Regelfall der KonsMethoden und -Grundsätze *sind* anzugeben, seien sie gesetzlich *vorgeschrieben,* gesetzlich *zulässig* oder seien sie aus sonstigen Gründen vorgenommen. In diesen Bereich gehören die Abweichungen von den **allgemeinen Konsolidierungsgrundsätzen** der §§ 290 ff (ausdrücklich geregelt: Einbeziehungswahlrecht von TU bei Vorliegen bestimmter **Gründe nach** § **296** Abs 1 und 2 (§ 296 Abs 3, dort Anm 41).

119 Zu den angabepflichtigen Abweichungen vom Regelfall gehört auch die **Ausübung von Konsolidierungsmethoden-Wahlrechten.** Hier ist anzugeben, *wie* das Wahlrecht ausgeübt worden ist. Außerdem ist die nach Art 66 EGHGB zulässige Beibehaltung für Altfälle der Kons nach § 301 Abs 1 S 2 Nr 1 aF (Buchwertmethode), § 302 (Interessenzusammenführungsmethode) und § 312 Abs 1 S 1 Nr 2 aF (Neubewertungsmethode) anzugeben.

Bei der **Einbeziehung von Zwischenabschlüssen** in den KA (§ 299 Abs 2) muss diese Tatsache im Konzernanhang angegeben werden. Das Gleiche gilt bei Einbeziehung von JA, deren **Stichtag** vom KA-Stichtag **um nicht mehr als 3 Monate abweicht** (§ 299 Abs 3). Eine Angabepflicht besteht auch, wenn keine berichterstattungspflichtigen Vorgänge von besonderer Bedeutung zwischen dem Abschlussstichtag des einbezogenen Unt und dem KA-Stichtag eingetreten sind.

120 Hinsichtlich der **Konsolidierung von Drittschuldverhältnissen** (§ 303 Anm 32) besteht ein Wahlrecht. Dessen Inanspruchnahme ist anzugeben, da eine Abweichung vom Grundsatz der **Schuldenkons** nach § 303 Abs 1 vorliegt.

121 Gem § 306 S 6 dürfen Posten der aktiven und passiven latenten Steuern aus der Kons mit den entspr Posten (§ 274) aus einbezogenen JA (§ 274 Abs 1 **zusammengefasst**) werden. Die Ausübung dieses Wahlrechts ist anzugeben.

122 Die **quotale Konsolidierung** beruht gem § 310 Abs 1 auf einem Wahlrecht. Eine Berichterstattungspflicht hierüber ergibt sich in erster Linie aus Abs 2 Nr 3 (Anm 168). Berichtspflichtig nach Abs 1 S 2 Nr 3 sind jedoch alle bei quotaler Kons vorgenommenen *Abweichungen* von den einheitlich bei der Voll-Kons angewandten KonsMethoden und -Grundsätzen.

Als Abweichung vom Regelfall ist auch anzusehen, wenn **bei Einbeziehung von assoziierten Unternehmen** nach § 312 Abs 6 S 2 vom JA und nicht vom KA eines assozUnt ausgegangen wird, sofern ein solcher aufgestellt wird (dazu DRS 8.9).

123 Eine angabepflichtige Abweichung iSv Abs 1 S 2 Nr 3 kann auch in einer **Abweichung vom Einheitsgrundsatz** des § 297 Abs 3 S 1 bestehen (§ 297 Anm 190).

124 Abweichungen vom Grundsatz der **Aufwands- und Ertragskonsolidierung** können in wesentlichen Fällen kaum auftreten (vgl § 305 Anm 50 f). Eine **Abweichung** von den allgemeinen KonsGrundsätzen kann bei Einbeziehung von Abschlüssen erfolgen, die nicht dem **Zeitraum des Konzernabschlusses** entsprechen. Bei **Erweiterung** oder **Verminderung** des **Konsolidierungskreises** während des KonzernGj ist stets über den Umfang (voll, zeitanteilig, gar nicht) der Einbeziehung der Aufwendungen und Erträge zu berichten, da bezüglich dieser KonsMethoden uU Vereinfachungen zulässig sind (s DRS 4.11).

127 Abweichungen vom Grundsatz der **Stetigkeit der Konsolidierungsmethoden** ggü den vorhergehenden KA sind gemäß § 297 Abs 3 S 3 nur in Ausnahmefällen zulässig. Sie sind dann im Konzernanhang anzugeben und zu begründen. Das Vorliegen von Gründen ist Voraussetzung für eine Methodenänderung; die Begr muss daher den Ausnahmefall dartun, der die Änderung rechtfertigt (*Dörner/ Wirth* in HdKR[2] §§ 313, 314 Anm 162) Wegen ihres Ausnahmecharakters sind sie so detailliert und ausführlich anzugeben, dass erkennbar wird, durch welche und bei welchen KonsMethoden die Stetigkeit unterbrochen und damit die Vergleichbarkeit des KA mit dem vorhergehenden gestört ist. Dabei ist die Ggüstellung auch der Vj-Methode erforderlich, um kenntlich zu machen, worin die Änderung besteht. Ferner muss angegeben werden, auf welchen KA-Posten sich die Stetigkeitsunterbrechung bezieht. Hierzu auch § 297 Anm 200.

128 Berichtspflichtig sind ferner alle wesentlichen ggü dem vorherigen KA **abweichenden** Inanspruchnahmen von **Konsolidierungsmethoden-Wahlrechten**. Hierzu zählen insb:

- Änderung in der Behandlung von **Drittschuldverhältnissen** im Rahmen der Schulden-Kons;
- Änderung bei der **Einbeziehung von Zwischenabschlüssen** und Abschlüssen mit vom Konzern abw Stichtag;
- Wechsel in der Verrechnung von latenten Steuern aus der Kons und umgekehrt (§ 306 S 2);
- Wechsel zwischen **QuotenKons und Equity-Bilanzierung** eines GemUnt und umgekehrt;
- Änderung der Behandlung der **Zwischenergebnisse bei assoziierten Unternehmen** (§ 312 Abs 5 S 3 iVm § 304);
- Wechsel von der anteiligen **Zwischengewinneliminierung** (§ 312 Abs 5 S 4) zum Unterlassen der Zwischengewinneliminierung bei VG von assozUnt;
- Änderung der Konsmethoden bei der **erstmaligen** oder **letztmaligen Einbeziehung** von Unt.

130 Eine **freiwillige Aufstellung** eines (Teil-) KA ist im Konzernanhang stets anzugeben.

131 Auch die (zulässige) **Zusammenfassung von Konzernanhang** und **Anhang** des MU muss an sich angegeben werden, wozu aber die Überschrift „Zusammengefasster Anhang und Konzernanhang" oder „Konzernanhang und Anhang des Mutterunternehmens" oä genügt.

4. Gesonderte Darstellung des Einflusses von solchen Abweichungen auf die Vermögens-, Finanz- und Ertragslage des Konzerns

136 Der Zweck der Vorschrift (Abs 1 S 2 Nr 3 2. Hs) liegt darin, die Auswirkungen aller Abweichungen vom Regelfall der Bilanzierungs-, Bewertungs- und KonsMethoden und -Grundsätze und von der Bilanzierungs-, Bewertungs- und KonsMethodenstetigkeit darzustellen. Die hierzu für den Anhang entwickelten Grundsätze sind sinngemäß auch auf den Konzernanhang anzuwenden (s § 284 Anm 170). Es reicht eine **verbale Darstellung** dann aus, wenn sie den Umfang des Einflusses erkennen lässt (*ADS*[6] § 313 Anm 90; *Dörner/Wirth* in HdKR[2] §§ 313, 314 Anm 275; *Scherrer* in Rechnungslegung § 313 Anm 69). Die Darstellung muss **gesondert** erfolgen; die Angaben dürfen nicht in anderen Ausführungen untergehen, sondern müssen als solche erkennbar sein (*Dörner/Wirth* in HdKR[2] §§ 313, 314 Anm 276). Zu beachten ist, dass DRS 13.15 und 13.29 die betragsmäßige Darstellung der Auswirkungen – einzeln für die betreffenden Bilanzposten – verlangt. Für die maßgeblichen Posten der Vorjahresabschlüsse sind Proforma-Angaben anzugeben und zu erläutern, soweit diese nicht bereits im Abschluss selbst gemacht wurden.

137 Inwieweit der **Einfluss der Auswirkungen** aller Methodenänderungen auf den Ausweis der VFE-Lage zusammengefasst dargestellt werden darf, erscheint wegen der unterschiedlichen Schwerpunkte dieser „Lagen" fraglich. Aus der Tatsache, dass in § 297 Abs 3 S 5 die Angabe des Einflusses geänderter Kons-Methoden ggü dem Vj **neben** § 313 Abs 1 S 2 Nr 3 nochmals gesondert geregelt ist, lässt sich die Bedeutung ableiten, die dem Einfluss solcher Änderungen für

die Beurteilung der Lage des Konzerns zukommt. Deshalb muss der Einfluss aus geänderten KonsMethoden auf die ausgewiesene VFE-Lage des Konzerns *getrennt* von dem Einfluss von Abweichungen von Bilanzierungs- und Bewertungsmethoden dargestellt werden.

Für den Fall, dass Abweichungen aus Änderungen von in vorjährigen KA angewandten KonsMethoden und -Grundsätzen resultieren (vgl Anm 117), kann die Vorschrift des § 313 Abs 1 Nr 3 auch dadurch erfüllt werden, dass die Vj-Zahlen im KA an die geänderten Methoden des Gj unter Angabe der Änderungen angepasst werden (§ 298 Abs 1 iVm § 265 Abs 2 S 3). **141**

F. Angaben zum Konsolidierungskreis und zum Konzernanteilsbesitz (Abs 2)

I. Allgemeines

Gem Abs 2 sind im Konzernanhang detaillierte Einzelangaben zu folgenden Unt-Arten zu machen: **145**

- in den KA **einbezogene Unternehmen** (§ 294),
- nicht in den KA **einbezogene Tochterunternehmen** (§ 296),
- **assoziierte Unternehmen** (§ 311),
- **anteilmäßig** in den KA einbezogene Unt (§ 310),
- **andere Unternehmen,** von denen MU und TU zusammen mindestens 20% der Anteile besitzen. (§ 313 Abs 2 Nr 4 S 1),
- **andere große Kapitalgesellschaften,** von denen börsennotierte KonzernUnt mehr als 5% der Stimmrechte haben (§ 313 Abs 2 Nr 4 S 2).

Diese Angaben sind auch in einem IFRS-KA nach § 315a zu machen; zu Besonderheiten s Anm 148. Zweck aller Angaben ist, den Adressaten des KA über Inhalt und Umfang des **Konsolidierungskreises** und außerdem über weiteren Anteils- und Stimmrechtsbesitz des Konzerns zu informieren. Abs 2 entspricht weitgehend der Berichterstattung über den Anteilsbesitz im Anhang der MU-KapGes/KapCoGes (§ 285 Nr 11), jedoch aus der Sicht des Konzerns.

Die Angaben muss jeder KA enthalten, die Angaben nach § 313 Abs 2 Nr 4 S 2 nur der KA mit börsennotierten KonzernUnt. Ein **Vergleich mit den Vorjahresangaben** ist nicht erforderlich. Über die **Veränderungen des Konsolidierungskreises** ist jedoch nach § 294 Abs 2 gesondert zu berichten (s hierzu IDW RS HFA 44 Tz 9 ff, wobei kapmarktUnt die weiteren Angabepflichten nach DRS 4.52 ff (UntErwerbe im KA) zu beachten haben. Unter bestimmten Voraussetzungen dürfen einige Angaben unterbleiben (dazu Anm 219).

Die Angaben sind für *alle* in Abs 2 genannten Unt *vollständig* zu machen, abgesehen von bestimmten Ausnahmeregelungen (Anm 219). Eine Beschränkung der Berichterstattung auf *wesentliche* Unt ist nicht zulässig; insoweit greift der Grundsatz der Wesentlichkeit im Konzernanhang (vgl Anm 13) hier nicht. Das ergibt sich aus dem Fehlen einer für den gesamten Abs 2 geltenden Ausnahmeregelung; die Ausnahmeregelung in Nr 4 S 3 gilt nur für jene Angaben, was sich aus der Stellung im HGB ergibt. Für **assoziierte Unternehmen,** die wegen untergeordneter Bedeutung nicht gesondert in der Konzernbilanz ausgewiesen zu werden brauchen, ist die Berichterstattung nach Abs 2 Nr 2 S 2 gleichwohl vorgeschrieben. **146**

Die **Form der Angaben** regelt Abs 2 nicht. Da stets über mehrere Unt zu berichten ist und es sich um Namens- und Zahlenangaben handelt, sollten die Angaben im Rahmen einer Aufstellung oder Liste gemacht werden. Sie hat klar und übersichtlich zu sein. Es muss erkennbar sein, zu welcher der vorgeschriebenen **147**

UntArten das jeweilige Unt gehört. Es ist deshalb *zweckmäßig*, die Gesamtheit der anzugebenden Unt nach Unt-Gruppen, ggf unter Bildung von Untergruppen zu *gliedern*. Das gilt auch, wenn die Aufstellung des Konzernanteilsbesitzes mit der Aufstellung des Anteilsbesitzes des MU, bei der eine Unterteilung nicht verlangt wird, zulässigerweise zusammengefasst wird (dazu Anm 189 ff).

148 Für Unt, die die Angaben in einem Konzernanhang zu einem IFRS-KA nach § 315a machen, ergeben sich besondere Fragestellungen, die laut RIC wie folgt berücksichtigt werden sollten (s Ergebnisbericht zur 43. RIC-Stitzung v 11.11. 2010):
– Vorjahresangaben sind – anders als in einem Konzernanhang nach HGB (s. Anm 145) – wegen IAS 1.38 grundsätzlich notwendig, es sei denn, die Angaben sind als spezifische HGB-Anforderungen gekennzeichnet.
– Die Definitionen der Unternehmensarten (TU, assoz Unt, anteilmäßig einbezogene Unt; s. Anm 145) sind nach den Anforderungen der IFRS vorzunehmen.
– Sofern Eigenkapital und Ergebnis anzugeben sind (s Anm 206–209), sind die Werte grundsätzlich nach den IFRS zu ermitteln, sofern diese verfügbar sind oder eingefordert werden können, ansonsten nach lokalem Recht in entsprechender Landeswährung mit Angabe des Umrechnungskurses.

II. Der Kreis der Unternehmen, über die zu berichten ist

1. Zum Begriff „Unternehmen" und zum maßgebenden Zeitpunkt

151 Die Arten der anzugebenden Unt und die jeweils verlangten Angaben sind in den Nr 1 bis 4 genau vorgeschrieben. Es macht keinen Unterschied, ob die Unt ihren **Sitz** im In- oder Ausland haben. Auf die **Rechtsform** kommt es ebenfalls nicht an. Unerheblich sind auch die Art der Kapitalbeteiligung und die Art der Verbriefung. Die Angabepflicht ist auch unabhängig von dem Bilanzposten, unter dem das Unt im KA ausgewiesen ist. So spielt es auch keine Rolle, ob die Anteile am Unt auf Dauer gehalten werden sollen oder nicht und wie lange die Anteile bereits gehalten werden.

152 Abs 2 stellt allein auf die **Unternehmenseigenschaft** ab. Danach entscheidet sich auch, ob stille Ges, Arbeitsgemeinschaften oder andere Ges bürgerlichen Rechts aufzuführen sind (s hierzu § 271 Anm 11). Im Rahmen der Konspflicht von ZweckGes iSv § 290 Abs 2 Nr 4 wurde die UntEigenschaft auf sonstige juristische Personen des Privatrechts, wie zB Stiftungen, Vereine, unselbständige Sondervermögen des Privatrechts (ausgenommen Spezial- Sondervermögen iSd § 2 Abs 3 InvG) ausgedehnt (DRS 19.19 d und 43).

153 Über den **Zeitpunkt,** in welchem die Voraussetzungen für die Nennung nach Nr 1 bis 4 erfüllt sein müssen, sagt Abs 2 nichts. Maßgebend sind grds die Verhältnisse am **Stichtag** des KA gem § 299 Abs 1 (glA *ADS*[6] § 313 Anm 92). Das gilt auch für die gem § 296 nicht in den KA einbezogenen Unt.

Probleme können sich bei **assoziierten Unternehmen** ergeben, wenn der für die Equity-Kons gem § 312 Abs 6 zugrunde zu legende letzte JA auf einen früheren Zeitpunkt aufgestellt ist. **Besteht** das Assoziierungsverhältnis auch *noch* zum Stichtag des KA, ist dieses Unt aufzuführen. Besteht ein Assoziierungsverhältnis zum Stichtag des KA, aber *noch nicht* zu dem vorhergehenden Stichtag, auf den *sein* JA aufgestellt worden ist, ist das assozUnt gleichwohl zu nennen (Details Anm 163). Ist ein assozUnt bis zum Stichtag des KA **ausgeschieden,** ist es nicht aufzuführen, da seine Werte im KA nicht enthalten sind.

Die gleichen Grundsätze sind bei der Angabe von anderen Unt nach Nr 4, bei 154
denen das MU, ein TU oder ein für Rechnung eines dieser Unt handelnde Person mindestens den fünften Teil der Anteile besitzt, anzuwenden (Anm 172).

2. In den Konzernabschluss einbezogene Unternehmen (Nr 1 S 1)

Hierzu gehören das MU und alle einbezogenen TU, also die Unt, die **voll-** 156
konsolidiert einbezogen werden, auch ZweckGes iSv § 290 Abs 2 Nr. 4. Werden Unt nach § 302 aF (KapKons bei **Interessenzusammenführung**) unter Ausübung des Beibehaltungswahlrechts nach Art 67 Abs 5 S 2 EGHGB weiterhin im KA konsolidiert, sind diese nach § 302 Abs 3 aF in der Anteils-Aufstellung gesondert anzugeben.

Die **Höhe** der Beteiligungsquote spielt für die Angabepflicht keine Rolle. Es 157
kommt auf die *tatsächliche Einbeziehung* in den KA an.

3. In den Konzernabschluss nicht einbezogene Tochterunternehmen (Nr 1 S 2)

Das sind TU, die wegen § 296 nicht in den KA einbezogen worden sind. We- 160
gen der BegrPflichten nach § 296 für die Nichteinbeziehung ist es zweckmäßig, durch Untergruppen die Darstellung zu erleichtern. Es gehören hierzu:

Einbeziehungswahlrechte (§ 296) von Unt,
- bei denen das MU in der Ausübung seiner **Rechte** erheblich und andauernd **eingeschränkt** ist (Abs 1 Nr 1) oder
- von denen die erforderlichen **Angaben nicht ohne** unverhältnismäßig hohe **Kosten oder Verzögerungen** zu erhalten sind (Abs 1 Nr 2) oder
- deren Anteile ausschließlich zum Zwecke der **Weiterveräußerung** gehalten werden (Abs 1 Nr 3) oder
- die von **untergeordneter Bedeutung** sind (Abs 2 S 1).

Die nicht in den KA einbezogenen TU sind wie assozUnt zu behandeln; die Pflichtangaben richten sich aber nach Nr 1 S 2 (Anm 163, 202).

4. Assoziierte Unternehmen (Nr 2)

Es sind **alle assoziierten Unternehmen** (§ 311 Abs 1) aufzuführen, unab- 163
hängig davon, ob sie mit dem MU oder einem einbezogenen TU assoziiert sind. Handelt es sich um ein assozUnt auf Grund der Zurechnung nach § 16 Abs 2 S 3 und Abs 4 AktG iVm § 271 Abs 1, ist auch dieses anzugeben, – sogar dann – wenn das TU, das die Bet an dem assozUnt hält, selbst nicht in den KA einbezogen wird. Es sind alle assozUnt aufzuführen, sowohl die *wesentlichen* als auch die von *untergeordneter Bedeutung,* wobei Letztere nach Nr 2 S 2 iVm § 311 Abs 2 *gesondert* anzugeben sind. Es kommt für die Angabepflicht auch nicht darauf an, ob das assozUnt nach der Equity-Methode im KA bilanziert wird oder nicht.

Weitergehende Angabepflichten für jedes wesentliche assozUnt ergeben sich aus DRS 8.48ff (Bilanzierung von Anteilen an assozUnt im KA): Anteile an Kapital und an den Stimmrechten, die vom assozUnt angewandten Bilanzierungs- und Bewertungsmethoden, finanzielle Verpflichtungen ggü sowie zu Gunsten assozUnt, Summe jeweils der Goodwill und der negativen Unterschiedsbeträge, Summe der negativen Equity-Werte, zusammengefasste Bilanz und GuV für wesentliche assozUnt. Im Falle der erstmaligen Einbeziehung nach der Equity-Methode sind nach DRS 8.47 der Stichtag der erstmaligen Einbeziehung, die Höhe der AK, der Unterschiedsbetrag zwischen den AK und dem anteiligen EK und der Betrag des Goodwill bzw des negativen Unterschiedsbetrags für jedes assozUnt, die Abschreibungsdauer des Goodwill sowie die Begr für eine Abschreibungsdauer von mehr als 5 Jahren sowie die Abschreibungsmethode für den Goodwill nebst Begr, falls von der linearen Methode abgewichen wird, anzugeben.

164 Ist das assozUnt *selbst* MU eines TU oder eines Konzerns, beschränken sich die Angaben auf das MU (Anm 181).

5. Anteilmäßig einbezogene Unternehmen (Nr 3)

168 Unter welchen Voraussetzungen Unt anteilmäßig konsolidiert werden dürfen, regelt § 310. Es sind **alle quotal einbezogenen Unternehmen** anzugeben, unabhängig davon, ob sie vom MU oder von einbezogenen TU oder gemeinschaftlich mit konzernfremden Dritten geführt werden. Anzugeben sind auch Unt, bei denen die quotale Einbeziehung nach Maßgabe der Zurechnungsvorschriften des § 16 Abs 2 S 3 und Abs 4 AktG vorgenommen wird. Dies ergibt sich daraus, dass die Unt des § 310 zu den assozUnt des § 311 gehören (§ 310 Anm 2), so dass die für die assozUnt geltenden Vorschriften anzuwenden sind, mit Ausnahme derjenigen, die Konsmethoden und -technik regeln. Weitergehende Angabepflichten für jedes wesentliche GemUnt ergeben sich aus DRS 9.23 und 24 (Bilanzierung von Anteilen an GemUnt im KA), insb verschiedene Angaben zu einem Goodwill bzw zu einem negativen Unterschiedsbetrag und im Falle des Erwerbs eines GemUnt Name und Beschreibung des erworbenen Unt (DRS 9.21a). **KapmarktUnt** haben darüber hinaus gem DRS 9.25 die aus Anteilen an GemUnt resultierende Gesamtsumme der kurz und langfristigen Vermögenswerte, der kurz- und langfristigen Schulden sowie der Aufwendungen und Erträge, alle nicht bilanzierten finanziellen Verpflichtungen, die aus dem GemUnt resultieren können und ggü dem GemUnt, ggü den anderen Partner-Unt oder ggü Dritten bestehen, anzugeben. Im Falle des Erwerbs eines GemUnt und seiner Kons sind angabepflichtig: der Erwerbszeitpunkt, die Höhe des erworbenen Anteils, die AK und die Beschreibung der hierfür erbrachten Leistung sowie der in den AK enthaltene Goodwill und dessen geplante Abschreibungsdauer, ferner bedingte Zahlungsverpflichtungen, Optionen oder sonstige ungewisse Verpflichtungen, die im Rahmen des UntErwerbs eingegangen wurden, sowie deren Behandlung im KA; im Falle der Veräußerung eines GemUnt (DRS 9.26): Name und Beschreibung des veräußerten GemUnt, der Veräußerungszeitpunkt und die Höhe des veräußerten Anteils.

169 Zur erweiterten Angabepflicht, wenn das anteilmäßig einbezogene Unt selbst MU eines TU oder eines Konzerns ist, s Anm 182.

6. Andere Unternehmen, von denen Mutter- und Tochterunternehmen mindestens 20% der Anteile besitzen (Nr 4 S 1)

172 Diese Angabepflicht ist § 285 Nr 11 1. Teilsatz für den Anhang nachgebildet. **Inhaltlich** ist der Kreis der anzugebenden Unt kleiner. Anzugeben sind nur Unt, die nicht bereits nach den Nr 1 bis 3 aufzuführen sind. Es handelt sich um einen Auffangtatbestand für Unt, die weder TU iSv § 290 sind, noch iSv § 310 quotal konsolidiert werden oder die zwar selbst keine assozUnt iSv § 311 sind, bei denen jedoch der Konzern mindestens den fünften Teil der Anteile besitzt. Danach kommen solche Unt in Frage, auf deren Geschäfts- und Finanzpolitik das MU oder ein TU *keinen* maßgeblichen Einfluss ausüben oder die auch *nicht gemeinschaftlich* mit einem anderen konzernfremden Unt geführt werden. Kraft der Zurechnungsvorschrift in § 285 Nr 11 3. Teilsatz sind diese Unt außerdem in der Beteiligungsliste des MU enthalten, da sie im (unmittelbaren oder mittelbaren) Anteilsbesitz des MU stehen. Unter bestimmten Voraussetzungen kann die

Angabe von Unt der Nr 4 im Konzernanhang gemäß Nr 4 S 3 und 4 unterbleiben (dazu Anm 212).

Nach dem Wortlaut der Nr 4 S 1 beschränkt sich die Angabepflicht nicht auf Unt, deren Anteile von in den KA *einbezogenen* Unt gehalten werden. Vielmehr sind auch die Unt anzugeben, deren Anteile bei gemäß § 296 *nicht einbezogenen* TU liegen, nicht jedoch von Unt, deren Anteile von assozUnt gehalten werden.

Obwohl Nr 4 S 1 vom „Besitz" der Anteile spricht, ist auf das **Eigentum an den Anteilen** abzustellen, die beim MU oder den TU bilanziert sind (klarer im Art 34 Nr 5 der 7. EG-Richtl).

Nr 4 S 1 stellt nur auf **Kapitalanteile** ab; mithin kommt es auf die Stimmrechte hier nicht an (s aber Anm 178). Die Angabepflicht ist unabhängig davon, in welchem Posten der Konzernbilanz die Anteile ausgewiesen werden. Mangels Verweises in Nr 4 auf § 271 kommt es weder auf die BetAbsicht noch auf die beabsichtigte Dauer des Anteilsbesitzes an. Entscheidend allein ist der *quotale* Anteilsbesitz an dem Unt.

Bei der **Berechnung der Anteilsquote** sind Anteile, die vom MU gehalten werden, mit denen zusammenzurechnen, die von TU gehalten werden. Das ergibt sich zwar nicht einwandfrei aus dem Gesetzestext, der vom „Mutterunternehmen, Tochterunternehmen **oder** einer ... Person" spricht, ist aber hM, zB *WPH*[14] I, M Anm 698 und *Dörner/Wirth* in HdKR² §§ 314/315 Anm 304. Insoweit hätte es für den KA eines Verweises auf § 16 Abs 2 und 4 AktG nicht bedurft.

Bei der **Zurechnung von Anteilen** sind auch Anteile zu berücksichtigen, die eine für Rechnung des MU und/oder TU handelnde natürliche oder juristische Person hält. Solche treuhänderisch gehaltenen Anteile werden dem Treugeber zugerechnet und nur bei diesem bilanziert (§ 246 Anm 9). Diese Zurechnung setzt *nicht* voraus, dass das MU oder TU selbst auch an dem Unt kapitalmäßig beteiligt ist.

7. Zusatzangaben börsennotierter Konzernunternehmen (Nr 4 S 2)

Diese Regelung stimmt weitgehend mit § 285 Nr 11 4. Teilsatz überein. Gegenstand der Angabe sind alle Beteiligungen an großen KapGes, die 5% der Stimmrechte überschreiten und am Konzernbilanzstichtag bestehen. Anzugeben sind nur große KapGes mit Name und Sitz, die selbst nicht börsennotiert sein müssen, mit Sitz im In- und Ausland, soweit sie nicht bereits nach Nr 1 bis 3 anzugeben sind. Nach dem Wortlaut des S 2 geht die Angabe nach Nr 1 bis 3 vor; nicht jedoch beim Anteilsbesitz nach Nr 4 S 1, bei dem es zu Doppelangaben kommen kann. Wie in § 285 Nr 11 4. Ts stellt die Vorschrift auf Bet ab; s dazu im Einzelnen § 285 Anm 230ff. Nicht angabepflichtig ist die Zahl der Stimmrechte oder die Stimmrechtsquote; es genügt der Hinweis, dass die Bet mehr als 5% der Stimmrechte gewährt. Zur Berechnung der Stimmrechte s § 285 Anm 233. Die Angabe im Konzernanhang hat alle Bet von mehr als 5% der Stimmrechte an großen KapGes zu umfassen, die vom MU oder einem TU iSv § 290, sofern es börsennotiert iSv § 3 Abs 2 AktG ist und unabhängig davon, ob es in den KA einbezogen wird oder nicht, oder von einer für Rechnung eines dieser Unt handelnden Person gehalten werden. Die Angabe des Unt, das die Bet hält, ist nicht erforderlich. Unter bestimmten Voraussetzungen kann die Zuatzangabe unterbleiben (Anm 212, 219).

8. Sonderfragen bei mehrstufigen Konzernen

Ist das angabepflichtige *Tochterunternehmen* (Anm 156, 160) selbst MU eines TU oder eines Teilkonzerns, beschränkt sich die Angabepflicht nicht auf das

Tochter- = MU, sondern es sind die anderen Tochter- und Enkel- usw -Unt ebenfalls entspr den Zurechnungsvorschriften der §§ 290 Abs 1 (iVm § 271 Abs 1 und § 16 Abs 4 AktG) sowie 290 Abs 2 und 3 aufzuführen.

181 Ist das angabepflichtige *assoziierte Unternehmen* (Anm 163) selbst MU eines TU oder eines Konzerns, brauchen seine TU und assozUnt *nicht aufgeführt* zu werden. Das ergibt sich aus dem Wortlaut und dem Fehlen einer entspr Zurechnungsvorschrift. Auch der Hinweis, dass es sich in einem solchen Fall um ein MU handelt, wird vom HGB nicht verlangt, kann aber bereits hier wünschenswert sein.

182 Ist das angabepflichtige *anteilmäßig einbezogene Unternehmen* selbst MU eines TU oder eines Konzerns und wird sein KA anteilmäßig in den KA des berichtenden MU einbezogen, sind neben dem MU auch alle TU aufzuführen, die in den quotal konsolidierten KA einbezogen worden sind. Denn gem § 310 Abs 2 sind alle für die VollKons geltenden Vorschriften entspr auf die QuoKons anzuwenden. Daraus folgt auch, dass die in einem **quotal** einbezogenen KA enthaltenen assozUnt nach Nr 3 aufzuführen sind, weil sie anteilig im gesonderten Posten „assoziierte Unternehmen" ausgewiesen sind. Um ein den tatsächlichen Verhältnissen entspr Bild des Konzerns zu vermitteln, sind diese Unt gesondert als quotenkonsolidierte TU oder als quotenkonsolidierte assozUnt anzugeben, zumal sie auch im Konzernanhang der anderen Gester enthalten sind.

183 Für den Fall, dass das *andere Unternehmen,* an dem MU und TU zusammen mindestens *20% der Anteile* besitzen (Anm 172 ff), selbst MU eines Konzerns ist, lässt sich mangels einer § 312 Abs 6 S 2 entspr Formulierung oder Verweises nicht ableiten, dass sich die Angaben auf den Teil-KA dieses Unt beziehen dürfen oder müssen. Es entspricht uE deshalb dem Gesetzeswillen, die Angaben nur auf das Unt selbst zu beschränken.

III. Einzelangaben zum Konzernanteilsbesitz

1. Überblick

189 Die Angabepflichten über Einzelangaben haben für die einzelnen Untgruppen einen unterschiedlichen Umfang. **Name, Sitz** und **Anteil am Kapital** sind für *alle* nach Nr 1 bis 4 S 1 aufzuführenden Unt anzugeben; für nach Nr 4 S 2 anzugebende Unt nur Name und Sitz.

Das **Eigenkapital** und das **Ergebnis** des letzten Gj sind nur für die „anderen Unternehmen" nach Nr 4 S 1 zu nennen, nicht für die Unt nach Nr 1 Nrn 1–3 (TU, assozUnt und GemUnt). Das ergibt sich aus dem Wortlaut; es entspricht auch dem Gesetzeszweck, da für die Unt zu Nrn 1 bis 3 EK und Ergebnisse bereits im KA enthalten sind. Im Anhang zum JA des MU müssen hingegen gem § 285 Nr 11 diese Angaben auch für Konzern-Unt gemacht werden, da sie nach § 16 Abs 4 AktG zuzurechnen sind. Dies entspricht der anderen Zweckbestimmung der Anhangvorschrift (dazu § 285 Anm 247 ff).

190 Alle **Zahlenangaben** sind an sich in Euro zu machen (§ 244); bei ausländischen Unt dürfen stattdessen Beträge in jeweiliger Landeswährung unter Hinzufügung des Devisenkassamittelkurses am KA-Stichtag angegeben werden. Die Angabe dieses Kurses ist unerlässlich, da dem Informationsempfänger nicht zugemutet werden kann, sich die Umrechnungskurse zu verschaffen.

2. Gemeinsame Angaben für alle Unternehmen

a) Name und Sitz

192 Anzugeben sind Name und Sitz jedes nach Nr 1 bis 4 S 1 und 2 angabepflichtigen Unt. Zum Inhalt der Begriff „Name und Sitz" s § 285 Anm 245; zum Begriff „Unternehmen" vgl § 290 Anm 104 ff und hier Anm 152.

b) Anteil am Kapital

Ferner ist für jedes nach Nr 1 bis 3 aufzuführende Unt der Anteil am Kapital anzugeben, der allen in den KA *einbezogenen* Unt gehört oder von einer für Rechnung dieser Unt handelnden Person gehalten wird. Das gilt auch für sehr geringe Anteilsquoten oder solche von Null % (zB bei ZweckGes). Als Kapital ist das gezeichnete Kapital zu verstehen; dazu § 272 Abs 1 S 1 Anm 10; bei KapCoGes § 264c Abs 2 Anm 15 ff. Zur Form der Darstellung des Kapitalanteils s § 285 Anm 246. **193**

Nach dem Gesetzeswortlaut sind die **Anteile** zusammenzurechnen, die den einbezogenen Unt gehören. Entspr der VollkonsMethode sind Anteile, die von weniger als 100 % zum Konzern gehörenden TU gehalten werden, nicht nur quotal einzubeziehen, sondern mit der vollen Anteilsquote zuzurechnen (glA *ADS*[6] § 313 Anm 98). Eine **Aufteilung** des Kapitalanteils auf MU und TU ist **nicht erforderlich.** Die Anteilsquoten, die von *nicht einbezogenen* TU gehalten werden, tragen nicht zur Konzernbeteiligungsquote bei (wie hier *Scherrer* in Rechnungslegung § 313 Anm 71; DRS 19.110b). Dies entspricht auch der Zielsetzung der Angabepflicht, hier den Posten „Anteile anderer Gesellschafter" der Konzernbilanz (§ 307) zu erläutern. **194**

Bei den Unt der **Nr 4 S 1** ist die Anteilsquote dagegen aus den Anteilen des MU und *aller* TU zu errechnen, also auch von TU, die nicht in den KA einbezogen werden. Das ergibt sich aus dem Fehlen des einengenden Zusatzes „in den Konzernabschluss einbezogen" bei TU in Nr 4 S 1 im Gegensatz zu den Nrn 1 bis 3. **195**

Bei den Bet der Nr 4 S 2 ist die Angabe der Stimmrechtsquote nicht vorgeschrieben; es genügt der Hinweis, dass dem börsennotierten MU oder TU mehr als 5 % der Stimmrechte zustehen.

Über den **Zeitpunkt,** zu welchem der Anteil am Kapital bzw an den Stimmrechten bestehen muss, sagt Nr 4 nichts. Auch hier sind grundsätzlich die Verhältnisse am **Stichtag des Konzernabschlusses** zugrunde zu legen. Hiervon *abweichende* Stichtage für die Einbeziehung von TU nach § 299 Abs 2 oder von assozUnt nach § 312 Abs 6 S 1 sind uE nur dann anzugeben, wenn die Kapitalanteilsquoten von denen am KA-Stichtag abweichen *und* das betr Unt nicht von untergeordneter Bedeutung ist. Diese Angaben halten wir zur Vermittlung eines den tatsächlichen Verhältnissen entspr Bilds des Konzerns für erforderlich. **196**

3. Weitere Angaben zu einzelnen Unternehmen

a) Der zur Einbeziehung von Tochterunternehmen in den Konzernabschluss verpflichtende Sachverhalt (Nr 1)

Bei allen in den KA einbezogenen TU entfallen Angaben zum **Konsolidierungsgrund** in dem Regelfall, dass die Einbeziehung auf einer der Kapitalbeteiligung *entsprechenden* Mehrheit der Stimmrechte beruht (§ 290 Abs 2). **200**

Über den KonsGrund für das einbezogene Unt ist danach nur dann zu berichten (s auch DRS 19.111), wenn das MU

aa) – die **Beherrschungsmöglichkeit** (§ 290 Abs 1) inne hat, **ohne** über die **Mehrheit** der Stimmrechte zu verfügen,

– die **Beherrschungsmöglichkeit** (§ 290 Abs 1) zwar mit der Mehrheit der Stimmrechte inne hat, aber **ohne** über eine der satzungsgemäßen Stimmrechtsmehrheit **entspr Kapitalbeteiligung** zu verfügen (sei sie größer oder kleiner als die Stimmrechtsmehrheit),

bb) – das **Bestellungs- oder Abberufungsrecht** für die Mehrheit der Mitglieder der Leitungsorgane (§ 290 Abs 2 Nr 2) hat, **ohne** über die **Mehrheit der Stimmrechte** zu verfügen;

– zwar das Bestellungs- oder Abberufungsrecht für die Mehrheit der Mitglieder der Leitungsorgane (§ 290 Abs 2 Nr 2) hat, aber **ohne** über eine der Stimmrechtsmehrheit **entspr Kapitalbeteiligung** zu verfügen;
cc) – das Recht hat, die Finanz- und Geschäftspolitik auf Grund eines **Beherrschungsvertrags** oder einer **Satzungsbestimmung** zu bestimmen (§ 290 Abs 2 Nr 3), **ohne** über eine **Stimmrechtsmehrheit** zu verfügen,
– zwar das Recht hat, die Finanz- und Geschäftspolitik auf Grund eines **Beherrschungsvertrags** oder einer **Satzungsbestimmung** zu bestimmen. (§ 290 Abs 2 Nr 3), aber **ohne** über eine der Stimmrechtsmehrheit **entspr Kapitalbeteiligung** zu verfügen,
– bei wirtschaftlicher Betrachtungsweise **die Mehrheit der Risiken und Chancen einer ZweckGes** trägt (§ 290 Abs 2 Nr 4), **ohne** über eine **Stimmrechtsmehrheit** zu verfügen.
– bei wirtschaftlicher Betrachtungsweise die **Mehrheit der Risiken und Chancen einer ZweckGes** trägt, **ohne** über eine der Stimmrechtsmehrheit **entspr Kapitalbeteiligung** zu verfügen.

Bei der Berechnung der Stimmrechte sind die Berechnungsregeln des § 290 Abs 3 sowie die Hinzurechnungen nach Abs 4 zu beachten. *Präsenzmehrheiten* spielen bei diesen allein rechtlichen Beurteilungen (dazu § 290 Anm 90 ff) zwar keine Rolle. Allerdings kann nach § 290 Abs 1 auch eine Präsenzmehrheit ein angabepflichtiger Sachverhalt sein (zu den Voraussetzungen s DRS 19.70 ff). Die jeweiligen Voraussetzungen zur Kons sind ggf durch Gruppenbildung nach Sachverhalten darzustellen.

b) Der die Nichteinbeziehung von Tochterunternehmen gestattende Sachverhalt (Nr 1)

202   Hier ist über den Grund für die Nichteinbeziehung gemäß § 296 zu berichten. Die Gründe sind zu jedem einzelnen TU zu nennen, wobei Angaben mit gleichen Gründen entspr gruppiert werden können. Ein Hinweis auf die gesetzliche Vorschrift reicht als Begründung allein nicht aus; vielmehr müssen die Tatsachen angeführt werden, die die Voraussetzungen für die Nichteinbeziehung bilden (*Scherrer* in Rechnungslegung § 313 Anm 38).

c) Das Unterlassen der Equity-Bilanzierung bei assoziierten Unternehmen (Nr 2)

203   Wird ein assozUnt wegen untergeordneter Bedeutung nicht nach der Equity-Methode (§§ 311 Abs 1 und 312) im KA bilanziert, ist das beim jeweiligen assozUnt anzugeben und zu begründen. Für Letzteres reicht die Angabe der Tatsache der untergeordneten Bedeutung nicht aus, vielmehr müssen die Gründe für die untergeordnete Bedeutung genannt werden (dazu § 311 Anm 20), zB Bilanzsumme, Vermögen, Umsatz, Jahresergebnis oä im Verhältnis zu den entspr Zahlen des Konzerns (ähnlich *Dörner/Wirth* in HdKR[2] §§ 313, 314 Anm 293). Für mehrere gleichartige Sachverhalte sollten ggf Gruppen gebildet werden.

d) Gemeinsame Führung bei anteilmäßig einbezogenen Unternehmen (Nr 3)

204   Bei diesen Unt ist der Tatbestand, aus der sich die *gemeinsame* Führung mit *konzernfremden* Unt ergibt, zu nennen. Hierunter sind Angaben über die Rechtsposition, dh die gesellschaftsrechtlichen Bestimmungen oder vertraglichen Vereinbarungen für die gemeinsame Führung zu verstehen. Fehlen solche Bindungen und beruht daher die gemeinsame Führung auf faktischen Verhältnissen, ist

nur dieser Sachverhalt anzugeben und die Umstände zu beschreiben. Nr 3 verlangt zwar nicht die Angabe von Name und Sitz der anderen gemeinsam mitführenden konzernfremden Unt; sie ist aber wünschenswert. Mindestens muss erkennbar sein, von wie vielen anderen Unt das quotal einbezogene Unt mitgeführt wird (ähnlich WPH[14] I, M Anm 696). Diese ausführliche Berichterstattung ergibt sich durch Vergleich mit den assozUnt, für die keine Angabe über die Ausübung eines maßgeblichen Einflusses verlangt wird. Hieraus ist zu entnehmen, dass nach Nr 3 die besonderen Verhältnisse bei quotalen Einbeziehungen angemessen erläutert werden sollen.

e) Eigenkapital und Ergebnis der „anderen" Unternehmen nach Nr 4 S 1

aa) Inhalt der Angaben. Für die unter Nr 4 S 1, jedoch nicht unter Nr 1 bis 3 fallenden *anderen Unternehmen* sind die Höhe des **Eigenkapitals** und das **Ergebnis des letzten Geschäftsjahrs**, für das ein Abschluss aufgestellt worden ist (Anm 209), anzugeben. Bzgl des Inhalts und Umfangs der Angabepflichten wird auf § 285 Anm 240ff verwiesen, da der Gesetzeswortlaut mit § 285 Nr 11 1. Teilsatz übereinstimmt. 206

Wenn das TU selbst MU eines Konzerns ist, beschränkt sich die Angabe auf dieses Unt (Anm 183). 207

Wegen § 298 Abs 1 iVm § 244 sind das EK und das Ergebnis auch bei Unt mit Sitz im Ausland in Euro anzugeben. Die Vorschrift wird auch erfüllt, wenn die Angaben in Landeswährung unter Hinzufügung des Devisenkassamittelkurses vom KA-Stichtag gemacht werden (Anm 190). 208

Die Angaben müssen aus dem für das letzte Gj aufgestellten Abschluss stammen. S 1 lässt aber offen, welches jeweils das letzte Gj ist. Obwohl der Wortlaut der Nr 4 S 1 sich von der Parallelvorschrift des § 285 Nr 11 unterscheidet – *hier* kommt es auf das letzte Gj an, für das ein Abschluss aufgestellt worden ist; *dort* ist der Angabe das letzte Gj zu Grunde zu legen, für das ein JA vorliegt – ist in Anbetracht der Ungenauigkeit beider Vorschriften davon auszugehen, dass kein Unterschied gewollt ist. Deshalb kann auf § 285 Anm 242 verwiesen werden. Der maßgebende dem MU *vorliegende* letzte JA kann auch länger als drei Monate zurückliegen; ein **Zwischenabschluss** auf den Stichtag des KA braucht hier nicht aufgestellt zu werden. 209

bb) Unterlassen von Angaben über Unternehmen nach Nr 4 (S 3 und 4). Unternehmen von untergeordneter Bedeutung (S 3). Die Angaben über andere (konzernfremde) Unt nach Nr 4 S 1 und 2 brauchen nicht gemacht zu werden, wenn sie für die Vermittlung eines den tatsächlichen Verhältnissen entspr Bilds der VFE-Lage des Konzerns nach § 297 Abs 2 von **untergeordneter Bedeutung** sind. Ähnlich ist § 286 Abs 3 Nr 1 formuliert; es wird daher auf § 286 Anm 8 verwiesen. Jedoch muss sich hier die Bedeutung des einzelnen Unt auf die Lage des Konzerns beziehen. 212

Die Bedeutung eines Unt für den Konzern ist für jeden einzelnen Fall zu untersuchen; die Größenmerkmale des § 267 Abs 1 und 2 sind nicht anwendbar. Die Wesentlichkeit ist sachverhaltsbezogen festzustellen. Sind mehrere Unt zwar *einzeln* von untergeordneter Bedeutung, kann gleichwohl eine Berichterstattung geboten sein, wenn sie *zusammen* nicht von untergeordneter Bedeutung sind; näheres dazu § 297 Anm 195. Da der KA regelmäßig ein größeres Volumen hat als der JA eines Konzern-Unt, wird die Bedeutung eines Unt im Konzernanteilsbesitz für den Konzern geringer sein als für den JA. 213

Nicht offenlegungspflichtige Unternehmen (S 4). Für bestimmte im Konzernanteilsbesitz stehende Unt kann die Angabe des EK und des Ergebnisses 216 unterbleiben. Voraussetzung für das Weglassen dieser Angaben ist, dass ein Unt im Konzernanteilsbesitz seinen JA *nicht* offenlegen muss und Konzern-Unt nur mit Quoten von 20% bis unter 50% beteiligt sind. Auch diese Vorschrift entspricht der Ausnahmeregelung des § 286 Abs 3 S 2 für den Anhang. Deshalb kann auf § 286 Anm 10 verwiesen werden.

G. Unterlassen von Angaben zum Konsolidierungskreis und Konzernanteilsbesitz (Abs 3)

219 Abs 3 S 1 bestimmt, dass einzelne Angaben gemäß Abs 2 über den KonsKreis und den Konzernanteils- und Stimmrechtsbesitz insoweit unterbleiben dürfen, als nach vernünftiger kfm Beurteilung damit gerechnet werden muss, dass durch die Angaben dem MU, einem TU oder irgendeinem BetUnt (Nr 1 bis 4) **erhebliche Nachteile** entstehen können. Diese Regelungen gelten auch für einen IFRS-KA nach § 315a.

Diese Ausnahmeregelung darf trotz bestehender Möglichkeit der Nachteilszufügung nicht angewendet werden (§ 313 Abs 3 S 3), wenn das **MU** oder eines seiner **TU kapitalmarktorientiert** iSd § 264d ist.

Zum Begriff der vernünftigen kfm Beurteilung s § 253 Anm 154. Es reicht aus, wenn eine erforderliche Angabe für *eines* der vorgenannten Unt nachteilig ist; es ist nicht notwendig, dass der Nachteil dem Konzern *als Ganzem* zugefügt werden kann. Auf der anderen Seite muss es sich um einen *erheblichen* Nachteil handeln, der zu einem fühlbaren geschäftlichen Schaden (zB erhebliche Umsatzeinbußen) führt. Bei AuslandsGes kann zB aus politischen Gründen mit erheblichen wirtschaftlichen Nachteilen gerechnet werden. Geringe Nachteile sind in Kauf zu nehmen. Die Voraussetzungen für das Weglassen von Angaben muss für jede einzelne in § 313 Abs 2 Nr 1 bis 4 S 1 und S 2 vorgeschriebene Angabe gesondert geprüft werden; hierbei muss auch das Informationsinteresse von Gesellschaftern, Gläubigern usw berücksichtigt werden.

220 Auf die Tatsache der Inanspruchnahme dieser Ausnahmeregelung ist im Konzernanhang hinzuweisen (Abs 3 S 2). Für Aufträge oder Aufgaben im Staatsinteresse (zB für Verteidigungszwecke) darf nach StGB nicht oder nur ganz allgemein berichtet werden (dazu § 286 Anm 1 bis 4) – auch wenn das nur für den JA und nicht den KA ausdrücklich vorgeschrieben ist.

H. Rechtsfolgen einer Verletzung des § 313

225 Die Verletzung der zwingenden Vorschriften über den Konzernanhang ist auf unterschiedliche Weise sanktioniert, und zwar mit Strafe (s §§ 331 Nr 2 dort Anm 30, 17 Abs 1 Nr 2 PublG) und Bußgeld (s §§ 334 Abs 1 Nr 2 dort Anm 12, 20 Abs 1 Nr 2f PublG). Da ein KA mit Konzernanhang nur der Information dient und nicht festgestellt wird, ist die Nichtigkeit nicht vorgesehen.

I. Abweichungen der IFRS

Standard: IFRS 12 „Angaben zu Anteilen an anderen Unternehmen" *(Disclosures of Interests in Other Entities)* revised 2012.

230 Die Angaben, die im Anhang eines IFRS-EA zu machen sind (s § 284 Anm 200 ff), sind gem IAS 1 auch im Konzernanhang zu machen, sofern sie nicht identisch sind. Darüber hinaus muss der Konzernanhang die Angaben nach IFRS 12 enthalten.

IFRS 12 „Angaben zu Anteilen an anderen Unternehmen" wurde im Mai 2011 vom IASB veröffentlicht und von der EU im Dezember 2012 übernommen. IFRS 12 fasst alle Angabepflichten zu Bet, die weit über die Angabepflichten nach HGB hinausgehen, in einem IFRS zusammen und hat das Ziel, die Anhangangaben über Beziehungen zu anderen Unt zu verbessern und mehr Transparenz zu schaffen. Die Regelung bezweckt, die Abschlussadressaten in die Lage zu versetzen, die Art der Beziehung (Beherrschungsmöglichkeit, gemeinsame Beherrschung, maßgeblicher Einfluss) zu dem anderen Unt und die Risiken, die mit ihr verbunden sind sowie deren finanzielle Auswirkungen auf die VFE-Lage der berichtenden Ges zu verstehen und zu beurteilen.

Die Angaben beziehen sich auf kons und nichtkons TU, GemUnt, assozUnt sowie nichtkons strukturierte Unt und umfassen iW:

- zu TU
  - Begr der Beherrschungsmöglichkeit (IFRS 12.9)
  - Art und Umfang von maßgeblichen Beschränkungen (regulatorischen, satzungsgemäßen, vertraglichen), auch seitens MinderheitsGestern bei TU, auf die Ausschüttung von Gewinnen und anderen Barmitteln sowie in der Nutzung des Vermögens und Tilgung von Verbindlichkeiten unter Angabe der entspr Buchwerte der Vermögenswerte und Schulden der Konzernbilanz, auf die sich die Beschränkungen beziehen (IFRS 12.13)
  - Art und Veränderungen der Risiken aus der Beziehung zu kons ZweckGes sowie finanzielle und andere Unterstützungen an diese und beabsichtigte Unterstützung, unter Angabe aller Vereinbarungen, die das MU zu finanzieller Unterstützung verpflichten könnten (IFRS 12.14 –.17)
  - Veränderungen der Beteiligungsquote ohne oder mit Verlust der Beherrschungsmöglichkeit (Auswirkungen auf EK und Ergebnis des Konzerns) (IFRS 12.18, .19)

- zu TU mit anderen Gestern (IFRS 12.12)
  - Name und Sitz,
  - Kapitalbeteiligungs- und Stimmrechtsquote der MinderheitsGester
  - auf sie entfallendes Ergebnis und Methode seiner Verteilung
  - akkumulierte Minderheitsanteile am Ende der Berichtsperiode
  - umfangreiche zusammengefasste Informationen über die VFE-Lage dieses TU

- zu Gemeinsamen Vereinbarungen und assozUnt (IFRS 12.20 ff)
  - Name und Sitz
  - Art der Beziehung zu diesen Unt
  - Kapitalbeteiligungs- und Stimmrechtsquote
  - Bilanzierung at equity oder zum beizZW
  - umfangreiche zusammengefasste Informationen über die VFE-Lage dieser Unt
  - beizZW, sofern ein notierter Marktpreis für den Anteil vorhanden ist und die Bilanzierung nach at equity erfolgt
  - Art und Umfang aller maßgeblichen Beschränkungen auf die Ausschüttung von Gewinnen oder Finanzmitteln und die Tilgung von Verbindlichkeiten an das MU
  - Angaben und Begr für abw Stichtage
  - ungebuchte Verlustanteile bei Bilanzierung nach der Equity-Methode
  - Haftungsverhältnisse und sonstige finanzielle Verpflichtungen ggü diesen Unt
  - gesonderter Ausweis der Eventualverbindlichen in Bezug auf seine Anteile an diese Unt

- Zu nichtkons strukturierten Unt mit Bet der berichtenden Ges (IFRS 12.24 ff)
  - Art und Umfang der Beziehung zu diesen ZweckGes
  - Art, Zweck, Umfang, Tätigkeiten, Finanzierung dieser ZweckGes
  - Erträge aus diesen ZweckGes einschl einer Beschreibung der vorgelegten Ertragsarten

– Buchwert aller übertragenen Vermögenswerte dieser ZweckGes während der Berichtsperiode
– Art und Veränderungen der Risiken, die aus der Beziehung zu diesen ZweckGes resultieren, Buchwerte und Bilanzposten, in denen der Buchwert erfasst ist, von allen Vermögenswerten und Schulden der berichtenden Ges, die sich auf diese ZweckGes beziehen
– Maximale Risikoposition (Verlustrisiko) der berichtenden Ges mit Erl zu ihrer Ermittlung
– Vergleich der zuvor angegebenen Buchwerte mit der maximalen Risikoposition,
– ggf Art und Höhe gewährter oder beabsichtigter finanzieller oder sonstiger Unterstützung dieser ZweckGes mit Begr für die Gewährung der Unterstützung.

§ 314 Sonstige Pflichtangaben

(1) Im Konzernanhang sind ferner anzugeben:
1. der Gesamtbetrag der in der Konzernbilanz ausgewiesenen Verbindlichkeiten mit einer Restlaufzeit von mehr als fünf Jahren sowie der Gesamtbetrag der in der Konzernbilanz ausgewiesenen Verbindlichkeiten, die von in den Konzernabschluß einbezogenen Unternehmen durch Pfandrechte oder ähnliche Rechte gesichert sind, unter Angabe von Art und Form der Sicherheiten;
2. Art und Zweck sowie Risiken und Vorteile von nicht in der Konzernbilanz enthaltenen Geschäften des Mutterunternehmens und der in den Konzernabschluss einbezogenen Tochterunternehmen, soweit dies für die Beurteilung der Finanzlage des Konzerns notwendig ist;
2a. der Gesamtbetrag der sonstigen finanziellen Verpflichtungen, die nicht in der Konzernbilanz enthalten und nicht nach § 298 Abs. 1 in Verbindung mit § 251 oder nach Nummer 2 anzugeben sind, sofern diese Angabe für die Beurteilung der Finanzlage des Konzerns von Bedeutung ist; davon und von den Haftungsverhältnissen nach § 251 sind Verpflichtungen gegenüber Tochterunternehmen, die nicht in den Konzernabschluss einbezogen werden, jeweils gesondert anzugeben;
3. die Aufgliederung der Umsatzerlöse nach Tätigkeitsbereichen sowie nach geographisch bestimmten Märkten, soweit sich, unter Berücksichtigung der Organisation des Verkaufs von für die gewöhnliche Geschäftstätigkeit des Konzerns typischen Erzeugnissen und der für die gewöhnliche Geschäftstätigkeit des Konzerns typischen Dienstleistungen, die Tätigkeitsbereiche und geographisch bestimmten Märkte untereinander erheblich unterscheiden;
4. die durchschnittliche Zahl der Arbeitnehmer der in den Konzernabschluß einbezogenen Unternehmen während des Geschäftsjahrs, getrennt nach Gruppen, sowie der in dem Geschäftsjahr verursachte Personalaufwand, sofern er nicht gesondert in der Konzern-Gewinn- und Verlustrechnung ausgewiesen ist; die durchschnittliche Zahl der Arbeitnehmer von nach § 310 nur anteilmäßig einbezogenen Unternehmen ist gesondert anzugeben;
5. *(aufgehoben)*
6. für die Mitglieder des Geschäftsführungsorgans, eines Aufsichtsrats, eines Beirats oder einer ähnlichen Einrichtung des Mutterunternehmens, jeweils für jede Personengruppe:
   a) die für die Wahrnehmung ihrer Aufgaben im Mutterunternehmen und den Tochterunternehmen im Geschäftsjahr gewährten Gesamtbezüge (Gehälter, Gewinnbeteiligungen, Bezugsrechte und sonstige aktienbasierte Vergütungen, Aufwandsentschädigungen, Versicherungsentgelte, Provisionen und Nebenleistungen jeder Art). ²In die Gesamtbezüge sind auch Bezüge einzurechnen, die nicht ausgezahlt, sondern in Ansprüche

anderer Art umgewandelt oder zur Erhöhung anderer Ansprüche verwendet werden. ³Außer den Bezügen für das Geschäftsjahr sind die weiteren Bezüge anzugeben, die im Geschäftsjahr gewährt, bisher aber in keinem Konzernabschluss angegeben worden sind. ⁴Bezugsrechte und sonstige aktienbasierte Vergütungen sind mit ihrer Anzahl und dem beizulegenden Zeitwert zum Zeitpunkt ihrer Gewährung anzugeben; spätere Wertveränderungen, die auf einer Änderung der Ausübungsbedingungen beruhen, sind zu berücksichtigen. ⁵Ist das Mutterunternehmen eine börsennotierte Aktiengesellschaft, sind zusätzlich unter Namensnennung die Bezüge jedes einzelnen Vorstandsmitglieds, aufgeteilt nach erfolgsunabhängigen und erfolgsbezogenen Komponenten sowie Komponenten mit langfristiger Anreizwirkung, gesondert anzugeben. ⁶Dies gilt auch für:
- aa) Leistungen, die dem Vorstandsmitglied für den Fall einer vorzeitigen Beendigung seiner Tätigkeit zugesagt worden sind;
- bb) Leistungen, die dem Vorstandsmitglied für den Fall der regulären Beendigung seiner Tätigkeit zugesagt worden sind, mit ihrem Barwert, sowie den von der Gesellschaft während des Geschäftsjahrs hierfür aufgewandten oder zurückgestellten Betrag;
- cc) während des Geschäftsjahrs vereinbarte Änderungen dieser Zusagen;
- dd) Leistungen, die einem früheren Vorstandsmitglied, das seine Tätigkeit im Laufe des Geschäftsjahrs beendet hat, in diesem Zusammenhang zugesagt und im Laufe des Geschäftsjahrs gewährt worden sind.

⁷Leistungen, die dem einzelnen Vorstandsmitglied von einem Dritten im Hinblick auf seine Tätigkeit als Vorstandsmitglied zugesagt oder im Geschäftsjahr gewährt worden sind, sind ebenfalls anzugeben. ⁸Enthält der Konzernabschluss weitergehende Angaben zu bestimmten Bezügen, sind auch diese zusätzlich einzeln anzugeben;

b) die für die Wahrnehmung ihrer Aufgaben im Mutterunternehmen und den Tochterunternehmen gewährten Gesamtbezüge (Abfindungen, Ruhegehälter, Hinterbliebenenbezüge und Leistungen verwandter Art) der früheren Mitglieder der bezeichneten Organe und ihrer Hinterbliebenen; Buchstabe a Satz 2 und 3 ist entsprechend anzuwenden. ²Ferner ist der Betrag der für diese Personengruppe gebildeten Rückstellungen für laufende Pensionen und Anwartschaften auf Pensionen und der Betrag der für diese Verpflichtungen nicht gebildeten Rückstellungen anzugeben;

c) die vom Mutterunternehmen und den Tochterunternehmen gewährten Vorschüsse und Kredite unter Angabe der Zinssätze, der wesentlichen Bedingungen und der gegebenenfalls im Geschäftsjahr zurückgezahlten Beträge sowie die zugunsten dieser Personengruppen eingegangenen Haftungsverhältnisse;

7. der Bestand an Anteilen an dem Mutterunternehmen, die das Mutterunternehmen oder ein Tochterunternehmen oder ein anderer für Rechnung eines in den Konzernabschluß einbezogenen Unternehmens erworben oder als Pfand genommen hat; dabei sind die Zahl und der Nennbetrag oder rechnerische Wert dieser Anteile sowie deren Anteil am Kapital anzugeben;
8. für jedes in den Konzernabschluss einbezogene börsennotierte Unternehmen, dass die nach § 161 des Aktiengesetzes vorgeschriebene Erklärung abgegeben und wo sie öffentlich zugänglich gemacht worden ist;
9. Das von dem Abschlussprüfer des Konzernabschlusses für das Geschäftsjahr berechnete Gesamthonorar, aufgeschlüsselt in das Honorar für
    a) die Abschlussprüfungsleistungen,
    b) andere Bestätigungsleistungen,
    c) Steuerberatungsleistungen,
    d) sonstige Leistungen;
10. für zu den Finanzanlagen (§ 266 Abs. 2 A. III.) gehörende Finanzinstrumente, die in der Konzernbilanz über ihrem beizulegenden Zeitwert ausgewie-

sen werden, da eine außerplanmäßige Abschreibung gemäß § 253 Abs. 3 Satz 4 unterblieben ist,
  a) der Buchwert und der beizulegende Zeitwert der einzelnen Vermögensgegenstände oder angemessener Gruppierungen sowie
  b) die Gründe für das Unterlassen der Abschreibung einschließlich der Anhaltspunkte, die darauf hindeuten, dass die Wertminderung voraussichtlich nicht von Dauer ist;
11. für jede Kategorie nicht zum beizulegenden Zeitwert bilanzierter derivativer Finanzinstrumente
  a) deren Art und Umfang,
  b) deren beizulegender Zeitwert, soweit er sich nach § 255 Abs. 4 verlässlich ermitteln lässt, unter Angabe der angewandten Bewertungsmethode,
  c) deren Buchwert und der Bilanzposten, in welchem der Buchwert, soweit vorhanden, erfasst ist, sowie
  d) die Gründe dafür, warum der beizulegende Zeitwert nicht bestimmt werden kann;
12. für gemäß § 340e Abs. 3 Satz 1 mit dem beizulegenden Zeitwert bewertete Finanzinstrumente
  a) die grundlegenden Annahmen, die der Bestimmung des beizulegenden Zeitwertes mit Hilfe allgemein anerkannter Bewertungsmethoden zugrunde gelegt wurden, sowie
  b) Umfang und Art jeder Kategorie derivativer Finanzinstrumente einschließlich der wesentlichen Bedingungen, welche die Höhe, den Zeitpunkt und die Sicherheit künftiger Zahlungsströme beeinflussen können;
13. zumindest die nicht zu marktüblichen Bedingungen zustande gekommenen Geschäfte des Mutterunternehmens und seiner Tochterunternehmen, soweit sie wesentlich sind, mit nahe stehenden Unternehmen und Personen, einschließlich Angaben zur Art der Beziehung, zum Wert der Geschäfte sowie weiterer Angaben, die für die Beurteilung der Finanzlage des Konzerns notwendig sind; ausgenommen sind Geschäfte mit und zwischen mittel- oder unmittelbar in 100-prozentigem Anteilsbesitz stehenden in einen Konzernabschluss einbezogenen Unternehmen; Angaben über Geschäfte können nach Geschäftsarten zusammengefasst werden, sofern die getrennte Angabe für die Beurteilung der Auswirkungen auf die Finanzlage des Konzerns nicht notwendig ist;
14. im Fall der Aktivierung nach § 248 Abs. 2 der Gesamtbetrag der Forschungs- und Entwicklungskosten des Geschäftsjahres der in den Konzernabschluss einbezogenen Unternehmen sowie der davon auf die selbst geschaffenen immateriellen Vermögensgegenstände des Anlagevermögens entfallende Betrag;
15. bei Anwendung des § 254 im Konzernabschluss,
  a) mit welchem Betrag jeweils Vermögensgegenstände, Schulden, schwebende Geschäfte und mit hoher Wahrscheinlichkeit erwartete Transaktionen zur Absicherung welcher Risiken in welche Arten von Bewertungseinheiten einbezogen sind sowie die Höhe der mit Bewertungseinheiten abgesicherten Risiken;
  b) für die jeweils abgesicherten Risiken, warum, in welchem Umfang und für welchen Zeitraum sich die gegenläufigen Wertänderungen oder Zahlungsströme künftig voraussichtlich ausgleichen einschließlich der Methode der Ermittlung;
  c) eine Erläuterung der mit hoher Wahrscheinlichkeit erwarteten Transaktionen, die in Bewertungseinheiten einbezogen wurden,
  soweit die Angaben nicht im Konzernlagebericht gemacht werden;
16. zu den in der Konzernbilanz ausgewiesenen Rückstellungen für Pensionen und ähnliche Verpflichtungen das angewandte versicherungsmathematische Berechnungsverfahren sowie die grundlegenden Annahmen der Berech-

Sonstige Pflichtangaben § 314

nung, wie Zinssatz, erwartete Lohn- und Gehaltssteigerungen und zugrunde gelegte Sterbetafeln;
17. im Fall der Verrechnung von in der Konzernbilanz ausgewiesenen Vermögensgegenständen und Schulden nach § 246 Abs. 2 Satz 2 die Anschaffungskosten und der beizulegende Zeitwert der verrechneten Vermögensgegenstände, der Erfüllungsbetrag der verrechneten Schulden sowie die verrechneten Aufwendungen und Erträge; Nummer 12 Buchstabe a ist entsprechend anzuwenden;
18. zu den in der Konzernbilanz ausgewiesenen Anteilen an Sondervermögen im Sinn des § 1 Absatz 10 des Kapitalanlagegesetzbuchs oder Anlageaktien an Investmentaktiengesellschaften mit veränderlichem Kapital im Sinn der §§ 108 bis 123 des Kapitalanlagegesetzbuchs oder vergleichbaren EU-Investmentvermögen oder vergleichbaren ausländischen Investmentvermögen von mehr als dem zehnten Teil, aufgegliedert nach Anlagezielen, deren Wert im Sinn der §§ 168, 278 des Kapitalanlagegesetzbuchs oder des § 36 des Investmentgesetzes in der bis zum 21. Juli 2013 geltenden Fassung oder vergleichbarer ausländischer Vorschriften über die Ermittlung des Marktwertes, die Differenz zum Buchwert und die für das Geschäftsjahr erfolgte Ausschüttung sowie Beschränkungen in der Möglichkeit der täglichen Rückgabe; darüber hinaus die Gründe dafür, dass eine Abschreibung gemäß § 253 Abs. 3 Satz 4 unterblieben ist, einschließlich der Anhaltspunkte, die darauf hindeuten, dass die Wertminderung voraussichtlich nicht von Dauer ist; Nummer 10 ist insoweit nicht anzuwenden.
19. für nach § 251 unter der Bilanz oder nach § 268 Abs. 7 Halbsatz 1 im Anhang ausgewiesene Verbindlichkeiten und Haftungsverhältnisse die Gründe der Einschätzung des Risikos der Inanspruchnahme;
20. die Gründe, welche die Annahme einer betrieblichen Nutzungsdauer eines in der Konzernbilanz ausgewiesenen entgeltlich erworbenen Geschäfts- oder Firmenwertes aus der Kapitalkonsolidierung von mehr als fünf Jahren rechtfertigen;
21. auf welchen Differenzen oder steuerlichen Verlustvorträgen die latenten Steuern beruhen und mit welchen Steuersätzen die Bewertung erfolgt ist.

(2) ¹Mutterunternehmen, die den Konzernabschluss um eine Segmentberichterstattung erweitern (§ 297 Abs. 1 Satz 2), sind von der Angabepflicht gemäß Absatz 1 Nr. 3 befreit. ²Für die Angabepflicht gemäß Absatz 1 Nr. 6 Buchstabe a Satz 5 bis 8 gilt § 286 Abs. 5 entsprechend.

Übersicht

	Anm
A. Allgemeines	1–5
B. Die Einzelangaben (Abs 1)	
1. Gesamtbetrag der Verbindlichkeiten mit einer Restlaufzeit von mehr als fünf Jahren sowie der gesicherten Verbindlichkeiten (Abs 1 Nr 1)	8–11
2. Angaben zu nicht in der Konzernbilanz enthaltenen Geschäften (Abs 1 Nr 2)	12, 13
2a. Gesamtbetrag der sonstigen finanziellen Verpflichtungen (Abs 1 Nr 2a 1. Hs)	14–17
2b. Haftungsverhältnisse und sonstige finanzielle Verpflichtungen gegenüber nicht in den Konzernabschluss einbezogenen Tochterunternehmen (Abs 1 Nr 2a 2. Hs)	21
3. Aufgliederung der Umsatzerlöse nach Tätigkeitsbereichen sowie nach geographisch bestimmten Märkten (Abs 1 Nr 3)	24–26

Grottel 1991

	Anm
4. Durchschnittliche Zahl der Arbeitnehmer des Konzerns während des Geschäftsjahrs getrennt nach Gruppen und Personalaufwand bei Anwendung des Umsatzkostenverfahrens (Abs 1 Nr 4)	
I. Allgemeines	30
II. Durchschnittliche Zahl der Arbeitnehmer der in den Konzernabschluss einbezogenen Unternehmen während des Geschäftsjahrs, getrennt nach Gruppen	32, 33
III. Durchschnittliche Zahl der Arbeitnehmer von nur anteilmäßig einbezogenen Unternehmen	35–37
IV. Im Geschäftsjahr verursachter Personalaufwand	39
5. *(aufgehoben)*	
6. Gesamtbezüge etc. für aktive und ehemalige Organmitglieder des Mutterunternehmens und deren Hinterbliebene (Abs 1 Nr 6)	
I. Allgemeines	52–56
II. Die Personengruppen	58
III. Angaben für tätige Organmitglieder (Abs 1 Nr 6a)	
1. Angabe der Gesamtbezüge (S 1–3)	60–65
2. Angabe der Anzahl der ausgegebenen Bezugsrechte uä (S 4)	66
IV. Zusatzangaben für börsennotierte Aktiengesellschaften als Mutterunternehmen über die individualisierten Vorstandsbezüge (S 5–8)	67, 68
V. Angaben für ehemalige Organmitglieder und deren Hinterbliebene (Abs 1 Nr 6b)	
1. Angabe der Gesamtbezüge	70–72
2. Angabe der gebildeten und der nicht gebildeten Pensionsrückstellungen	76
VI. Angabe der Vorschüsse und Kredite einschließlich der Haftungsverhältnisse (Abs 1 Nr 6c)	79–81
7. Eigene Anteile (Abs 1 Nr 7)	84–88
8. Angaben zur Entsprechenserklärung zum Corporate Governance Kodex (Abs 1 Nr 8)	89
9. Das für das Geschäftsjahr berechnete Gesamthonorar des Konzernabschlussprüfers (Abs 1 Nr 9)	90–94
10. Angaben zu bestimmten Finanzinstrumenten in den Finanzanlagen (Abs 1 Nr 10)	95, 96
11. Angaben zu nicht zum beizulegenden Zeitwert bilanzierten derivativen Finanzinstrumenten (Abs 1 Nr 11)	100, 101
12. Angaben zu mit dem beizulegenden Zeitwert bewerteten Finanzinstrumenten des Handelsbestands gem § 340e Abs 3 S 1 (Abs 1 Nr 12)	105
13. Angaben über Geschäfte mit nahestehenden Unternehmen und Personen (Abs 1 Nr 13)	106–110
14. Gesamtbetrag der Forschungs- und Entwicklungskosten des Geschäftsjahres (Abs 1 Nr 14)	115
15. Angaben zu nach § 254 gebildeten Bewertungseinheiten (Abs 1 Nr 15)	118
16. Angaben zu den Pensionsrückstellungen (Abs 1 Nr 16)	120–123
17. Angaben zur Verrechnung von Vermögensgegenständen und Schulden nach § 246 Abs 2 S 2 (Abs 1 Nr 17)	125

		Anm
18.	Angaben zu Anteilen oder Anlageaktien an Investmentvermögen (Abs 1 Nr 18)	126
19.	Angaben zu den Haftungsverhältnissen nach § 251, § 268 Abs 7 Hs 1 (Abs 1 Nr 19)	127
20.	Gründe für die planmäßige Abschreibung des Geschäfts- oder Firmenwerts aus der Kapitalkonsolidierung über einen Zeitraum von mehr als fünf Jahren (Abs 1 Nr 20)	129
21.	Angaben zu latenten Steuern (Nr 21)	130–132
C.	**Befreiung von der Angabepflicht gem § 314 Abs 1 Nr 3 (Abs 2 S 1)**	135
D.	**Unterlassen der Angaben der individualisierten Vorstandsbezüge börsennotierter Aktiengesellschaften (Abs 2 S 2)**	136
E.	**Rechtsfolgen einer Verletzung des § 314**	138

Schrifttum: Auf die Literatur zu §§ 284, 285 wird verwiesen.

A. Allgemeines

§ 314 verlangt weitere **Pflichtangaben** im Konzernanhang, die Erl zu Posten der Konzernbilanz oder -GuV darstellen oder zusätzliche Informationen geben. Die vorgeschriebenen Angaben betreffen teils Zahlenangaben, teils Verbalangaben. Alle Pflichtangaben des Abs 1 Nr 1–21 sind in *jedem* Konzernanhang zu machen. Sind Sachverhalte nicht vorhanden, braucht insoweit nicht berichtet zu werden, also **keine Fehlanzeigen** gemacht zu werden. Zur Angabe von Vj-Zahlen s § 313 Anm 15. 1

Obwohl § 314 die Einzelangaben in einer bestimmten Reihenfolge nennt, ist daraus aber keine **Reihenfolge** der Angabe im Konzernanhang abzuleiten, wohl aber die *Pflicht* zur *gesonderten Darstellung* aller einzelnen Pflichtangaben. Zur **Formfreiheit** des Konzernanhangs s § 313 Anm 19. Die einmal gewählte Form der Darstellung sollte beibehalten werden.

Die Vorschrift ist § 285 für den Anhang der KapGes/KapCoGes nachgebildet. Jedoch brauchen folgende Angaben für den Anhang im *Konzernanhang* nicht gemacht zu werden: **Aufgliederung** des Gesamtbetrags der **Verbindlichkeiten mit einer Restlaufzeit** von mehr als **fünf Jahren** sowie der **gesicherten Verbindlichkeiten** (§ 285 Nr 2), **Ertragsteuerspaltung** (§ 285 Nr 6), **Materialaufwand** bei Anwendung des Umsatzkostenverfahrens (§ 285 Nr 8a), **Mitglieder** des **Geschäftsführungsorgans** und eines **Aufsichtsrats** (§ 285 Nr 10), Zusatzangaben **persönlich haftender KapGes** (§ 285 Nr 11a), nicht gesondert ausgewiesene **sonstige Rückstellungen** (§ 285 Nr 12), **Name und Sitz des Mutterunternehmens** (§ 285 Nr 14), **Zusatzangaben für KapCoGes** (§ 285 Nr 15) sowie Angabe des Gesamtbetrags der ausschüttungsgesperrten Beträge iSd § 268 Abs 8 (§ 285 Nr 28). 2

Die *übrigen* Angabepflichten des § 285 wurden zT wörtlich nach § 314 übernommen. Der Katalog der Angabepflichten ist um eine Berichterstattung über **eigene Anteile** an dem MU (Abs 1 Nr 7) erweitert. 3

Kreditinstitute haben nach § 340i die Vorschriften des § 314 Abs 1 Nr 1, 3, 6 Buchstabe c nicht anzuwenden. Für **VersicherungsUnt** gilt, dass nach § 341j die Vorschrift des § 314 Abs 1 Nr 3 nicht, die des § 314 Abs 1 Nr 2a mit der Maßgabe anzuwenden ist, dass Angaben über finanzielle Verpflichtungen aus dem Versicherungsgeschäft nicht zu machen sind.

Die Angabepflichten des § 314 *mit Ausnahme* der Nr 6 (Organbezüge) sind auch von allen dem **PublG unterliegenden Mutterunternehmen** unabhängig von Rechtsform und Wirtschaftszweig zu erfüllen (§ 13 Abs 3 S 1 PublG; vgl § 313 Anm 51).

Für einen **IFRS-KA** gem § 315a Abs 1 sind die Angabepflichten des § 314 Abs 1 Nr. 1–3, 7, 10–21 sowie Abs 2 S 1 nicht anzuwenden.

5   Stets muss die **Schutzklausel** in Analogie zu § 286 Abs 1 (dazu § 313 Anm 5) in Anspruch genommen werden, soweit es für das Wohl der Bundesrepublik Deutschland oder eines ihrer Länder erforderlich ist. Ausnahmen von der Berichterstattungspflicht bestehen unter bestimmten Voraussetzungen für die Angabe der Organbezüge (Nr 6a und b; s Anm 52). Im Übrigen gibt es keine Erleichterungen, weder bei der Aufstellung noch bei der Offenlegung. Zu den **Sanktionen** für die Verletzung der Angabepflichten s § 313 Anm 225.

B. Die Einzelangaben (Abs 1)

1. Gesamtbetrag der Verbindlichkeiten mit einer Restlaufzeit von mehr als fünf Jahren sowie der gesicherten Verbindlichkeiten (Abs 1 Nr 1)

8   Abs 1 Nr 1 entspricht wörtlich § 285 Nr 1, so dass auf die Erl zu § 285 Nr 1 Anm 5 verwiesen werden kann. Es fehlt allerdings eine dem § 285 Nr 2 nachgebildete Vorschrift, wonach eine Aufgliederung für jeden Posten der Verbindlichkeiten erforderlich ist, dazu Anm 11.

9   Da sich die Angaben auf die in der Konzernbilanz ausgewiesenen langfristigen Verbindlichkeiten beziehen, sind vorab die **Grundsätze der Schuldenkonsolidierung** zu beachten, dh konzerninterne Ausleihungen, Forderungen und Verbindlichkeiten sind wegzulassen. Somit umfassen sie sowohl die Verbindlichkeiten der einbezogenen Konzern-Unt als auch der quotal einbezogenen Unt. Bestehen Verbindlichkeiten ggü **nicht in den Konzernabschluss einbezogenen Tochterunternehmen** mit Restlaufzeiten von mehr als fünf Jahren, sind deren Beträge in den Gesamtbetrag einzubeziehen; ein gesonderter Vermerk dieser langfristigen Verbindlichkeiten ggü verbundenen Unt wird im Konzernanhang nicht verlangt (wie hier *ADS*[6] § 314 Anm 5).

10   Auch bei dem Gesamtbetrag der **gesicherten Verbindlichkeiten** sind die ggf an einbezogene Unt von anderen Konzern-Unt gewährten Sicherheiten wegzulassen. Die Angabe erstreckt sich mithin auf alle die Verbindlichkeiten, für die *von einbezogenen* Unt Sicherheiten *an Dritte* oder an nicht kons TU gewährt worden sind. Dabei ist es gleichgültig, ob die Sicherheit vom die Verbindlichkeiten ausweisenden Unt selbst oder von einem anderen einbezogenen Unt für die Verbindlichkeiten eines anderen einbezogenen Unt gewährt worden ist. **Nicht einbezogenen Tochterunternehmen** gewährte Sicherheiten sind nicht gesondert anzugeben (wie hier *WPH*[14] I, M Anm 734).

11   Eine **Aufgliederung der Gesamtbeträge** der langfristigen und der gesicherten Verbindlichkeiten nach Maßgabe der **einzelnen** in der Konzernbilanz ausgewiesenen **Posten** der Verbindlichkeiten, wie sie für den JA großer KapGes/KapCoGes vorgeschrieben ist (§ 285 Nr 2), ist **nicht erforderlich,** aber erlaubt. Andererseits ist gem § 298 Abs 1 iVm § 268 Abs 5 der Betrag der Verbindlichkeiten mit einer **Restlaufzeit bis zu einem Jahr** bei jedem ausgewiesenen Verbindlichkeitenposten in der Konzernbilanz zu vermerken. Die Zusammenfassung

aller Angabe- und Vermerkpflichten zu den Verbindlichkeiten in einem sog Verbindlichkeitenspiegel (vgl § 285 Anm 18) ist sinngemäß auch für einen **Konzern-Verbindlichkeitenspiegel** zulässig, unabhängig davon ob dieser freiwillig auch die Aufgliederung der langfristigen und gesicherten Verbindlichkeiten je einzelnen Verbindlichkeitsposten enthält oder nicht.

2. Angaben zu nicht in der Konzernbilanz enthaltenen Geschäften (Abs 1 Nr 2)

Nr 2 verpflichtet zu verschiedenen Angaben (Art, Zweck sowie Risiken und Vorteile) über nicht in der Konzernbilanz enthaltenen Geschäfte des MU und der in den KA einbezogenen TU, soweit dies für die Beurteilung der Finanzlage des Konzerns notwendig ist. Für den Konzernanhang werden die gleichen Angaben verlangt wie für den Anhang gem § 285 Nr 3 mit der systembedingten Erweiterung auf die Konzernbilanz und alle in den KA einbezogenen MU und TU; es wird daher auf die Erl zu § 285 Anm 21 ff verwiesen. 12

Nach dem klaren Wortlaut der Vorschrift sind die außerbilanziellen Geschäfte von nicht in den KA einbezogenen TU, von quotal einbezogenen GemUnt und von assozUnt, soweit sie mit Dritten getätigt und von diesen bilanziert werden, nicht angabepflichtig (IDW RS HFA 32 Tz 29), wohl aber solche Geschäfte von einbezogenen KonzernUnt mit diesen Ges (glA *WPH*[14] I, M Anm 760). Außerbilanzielle Geschäfte zwischen in den KA einbezogenen KonzernUnt sind nicht angabepflichtig, da sie im Rahmen der Konsolidierung eliminiert werden (IDW RS HFA 32 Tz 30). Das gilt auch für solche Geschäfte mit ZweckGes, sofern diese nach § 290 Abs 1, Abs 2 Nr 4 konsolidiert werden. Eine differenzierte Angabe nach Geschäften des MU und der einzelnen TU ist nicht verlangt, da sich die Berichterstattung auf den Konzern als einheitliches Unt bezieht. 13

Die Berichtspflichten nach Nr 2 und Nr 2a stehen in engem Zusammenhang und teilweise in Konkurrenz zueinander. Die Angabepflichten nach Nr 2 haben Vorrang, eine Doppelangabe nach Nr 2a entfällt insoweit. Für die Angabepflicht nach Nr 2 greift der Wesentlichkeitsgrundsatz. Bezugsgrundlage hierfür ist die Finanzlage des Konzerns als wirtschaftliche Einheit.

2a. Gesamtbetrag der sonstigen finanziellen Verpflichtungen (Abs 1 Nr 2a 1. Hs)

Nach Nr 2a ist im Konzernanhang der **Gesamtbetrag der sonstigen finanziellen Verpflichtungen** des Konzerns aufzuführen, die nicht in der Konzernbilanz erscheinen und nicht nach § 298 Abs 1 iVm § 251 oder nach Nr 2 anzugeben sind, sofern diese Angabe für die Beurteilung der Finanzlage des Konzerns von Bedeutung ist (Anm 17). Die Vorschrift stimmt wörtlich mit § 285 Nr 3a überein, so dass auf die Erl zu § 285 Nr 3a (Anm 41 ff) verwiesen werden kann. Auch hier hat die Angabepflicht nach Nr 2 Vorrang. 14

Systembedingt sind hier konzerninterne Verpflichtungen zwischen den einbezogenen Unt wegzulassen (§ 303 Anm 45). Es kommen demnach nur Verpflichtungen *gegenüber* Dritten und nicht einbezogenen TU in Frage. 15

Andererseits haben die anzugebenden finanziellen Verpflichtungen nicht nur diejenigen der einbezogenen Konzern-Unt zu enthalten, sondern auch anteilmäßig die der quotal in den KA einbezogenen Unt; das ergibt sich aus dem Verweis auf die Konzernbilanz in Nr 2. Gem Nr 2a 2. Hs sind sonstige finanzielle 16

Verpflichtungen gegenüber nicht einbezogenen Tochterunternehmen *gesondert* anzugeben. Diese Vorschrift ist der Angabepflicht der sonstigen finanziellen Verpflichtungen ggü verbundenen Unt für den Anhang vergleichbar, hierzu § 285 Anm 58.

17 Für die Beurteilung der Bedeutung für die **Finanzlage** ist Maßstab der Konzern als wirtschaftliche Einheit. Finanzielle Verpflichtungen, die im Anhang eines einbezogenen Unt wegen ihrer dortigen Wesentlichkeit angegeben werden, können aus der Sicht des Konzerns von geringerer Bedeutung sein, so dass eine Angabepflicht entfällt. Umgekehrt kann eine Vielzahl unwesentlicher Verpflichtungen, die in den Anhängen der einbezogenen Unt jeweils nicht zur Angabepflicht geführt haben, zusammengefasst für die Beurteilung der Finanzlage des Konzerns gleichwohl von Bedeutung sein und eine Angabepflicht auslösen. Dabei ist zu beachten, dass die einzelnen Arten der in Frage kommenden finanziellen Verpflichtungen hinsichtlich ihrer Bedeutung nicht getrennt zu untersuchen sind, sondern es ist nach dem Wortlaut des Gesetzes der **Gesamtbetrag** aller sonstigen finanziellen Verpflichtungen (kons) auf seine Bedeutung für die Finanzlage des Konzerns hin zu beurteilen. Zur Frage der Wesentlichkeit s § 297 Anm 195 f.

2b. Haftungsverhältnisse und sonstige finanzielle Verpflichtungen gegenüber nicht in den Konzernabschluss einbezogenen Tochterunternehmen (Abs 1 Nr 2a 2. Hs)

21 Von den „unter der Bilanz" auszuweisenden Haftungsverhältnissen nach § 251 und den sonstigen finanziellen Verpflichtungen sind **Verpflichtungen gegenüber nicht in den KA einbezogenen Tochterunternehmen jeweils** gesondert anzugeben. Diese Angabepflicht ergibt sich gleichzeitig aus § 298 Abs 1 iVm § 268 Abs 7 2. Hs und § 251. Die Ausführungen in § 268 Anm 127 sind aus Konzernsicht zu beurteilen. „Jeweils gesondert" bedeutet, dass die Verpflichtungen nach Maßgabe des § 268 Abs 7 und der Nr 2a aufzugliedern sind.

3. Aufgliederung der Umsatzerlöse nach Tätigkeitsbereichen sowie nach geographisch bestimmten Märkten (Abs 1 Nr 3)

24 Im Konzernanhang sind die Konzern-Umsatzerlöse nach Tätigkeitsbereichen sowie nach geographisch bestimmten Märkten aufzugliedern. Das setzt unter Berücksichtigung der Organisation des Verkaufs von für die gewöhnliche Geschäftstätigkeit des Konzerns typischen Erzeugnissen und der für die gewöhnliche Geschäftstätigkeit des Konzerns typischen Dienstleistungen voraus, dass sich die Tätigkeitsbereiche und geographisch bestimmten Märkte untereinander *erheblich* unterscheiden. Näheres in § 285 Anm 90 bis 97. MU dürfen stattdessen eine KonzernSegBerE in den KA aufnehmen (vgl § 297 Anm 151) und sind dann gem § 314 Abs 2 S 1 von der Angabe der Konzernumsatzaufgliederung befreit (Anm 135).

25 Folgende aus der Eigenart des KA resultierende Besonderheiten sind bei Anwendung der ggü dem JA wortgleichen Bestimmung für den Anhang zu beachten: Die Aufgliederung hat sich nach dem Gesetzeswortlaut auf die **Außen-Umsatzerlöse** der KonzernGuV zu beziehen (§§ 298 Abs 1 iVm 275 Abs 2 Nr 1 bzw 275 Abs 3 Nr 1, 277 Abs 1). Aus der dem KA zu Grunde liegenden

Einheitstheorie (vgl § 297 Anm 190) ergibt sich, dass nur die **Umsatzerlöse mit Dritten,** nicht aber die konzerninternen Umsatzerlöse aufzugliedern sind (*Dörner/Wirth* in HdKR² §§ 313, 314 Anm 343; *Scherrer* in Rechnungslegung § 314 Anm 17). Damit zugleich erstreckt sich die Aufgliederung sowohl auf die kons Umsatzerlöse der einbezogenen Konzern-Unt als auch auf die Umsatzanteile der quotal einbezogenen Unt, nicht aber auf Umsatzerlöse nicht einbezogener TU.

Bei der **geographischen Aufgliederung** von Konzernumsätzen, zu denen auch einbezogene TU im Ausland beitragen, ist es sachgerecht, die Umsatzerlöse nach Maßgabe der jeweiligen (End-)Absatzmärkte aufzugliedern (hM zB *WPH*[14] I, M Anm 740; *Dörner/Wirth* in HdKR² §§ 313, 314 Anm 346). **26**

4. Durchschnittliche Zahl der Arbeitnehmer des Konzerns während des Geschäftsjahrs getrennt nach Gruppen und Personalaufwand bei Anwendung des Umsatzkostenverfahrens (Abs 1 Nr 4)

I. Allgemeines

Im Konzernanhang sind anzugeben: **30**

– Die durchschnittliche Zahl der Arbeitnehmer der in den KA einbezogenen Unt während des Gj, getrennt nach Gruppen (Anm 32f),
– die durchschnittliche Zahl der Arbeitnehmer von nach § 310 nur anteilmäßig einbezogenen Unt (Anm 35 ff) und
– der im Gj verursachte Personalaufwand, sofern er nicht gesondert in der KonzernGuV ausgewiesen ist (Anm 39).

Zur **durchschnittlichen** Zahl der während des Gj bei einbezogenen Konzern-Unt beschäftigten Arbeitnehmer getrennt nach Gruppen s § 285 Nr 7 Anm 142. *Dörner/Wirth* in HdKR² (§§ 313, 314 Anm 352) empfehlen zur Vermeidung von Fehlinterpretationen die Angabe der angewandten Methode. Die Methodenfreiheit für die Durchschnittsbildung (zB monats-, quartalsweise) gilt auch sinngemäß für den Konzernanhang nach PublG.

II. Durchschnittliche Zahl der Arbeitnehmer der in den Konzernabschluss einbezogenen Unternehmen während des Geschäftsjahrs, getrennt nach Gruppen

Hinsichtlich der Arbeitnehmereigenschaft und der Berechnung des Durchschnitts gelten die Grundsätze des § 285 Nr 7 (dort Anm 141 ff). Die Angabepflicht erstreckt sich auf alle Arbeitnehmer der Unt, die nach den Grundsätzen der **Vollkonsolidierung** in den KA einbezogen werden. Damit ist *hier* die Einbeziehung der Arbeitnehmer von **nicht in den KA einbezogenen TU**, von **quotal einbezogenen Unternehmen** (§ 310), **assoziierten Unternehmen** (§ 311) oder **anderen Unt,** deren Kapitalanteile in der Konzernanteilsliste angegeben werden, in die Durchschnittszahl *nicht zulässig* (s aber Anm 36). Aus der Sicht des Konzerns als wirtschaftlicher Einheit ist die Zahl der Arbeitnehmer von vollkons Unt, die zu weniger als 100% dem Konzern gehören, voll in die Durchschnittszahl einzubeziehen. Damit korrespondiert die Zahl der Arbeitnehmer des Konzerns mit dem Betrag der ausgewiesenen Personalaufwendungen (Anm 39). Sind Arbeitnehmer tatsächlich oder arbeitsvertraglich bei mehreren einbezoge- **32** nen Unt beschäftigt, sind sie aus Konzernsicht nur einmal in den Durchschnitt einzubeziehen; hier sind aber die Grundsätze der Wesentlichkeit und Wirtschaftlichkeit (§ 297 Anm 195) anzuwenden.

33 Bezüglich der **Gruppenbildung** gelten die zu § 285 Anm 144 entwickelten Grundsätze sinngemäß. Für eine Gruppenbildung der Konzernarbeitnehmer bietet sich auch eine Aufteilung nach geographisch bestimmten Bereichen an, wobei die Länder oder Ländergruppen mit der für die Umsatzaufgliederung gewählten Aufteilung übereinstimmen sollten (*WPH*[14] I, M Anm 768; *Dörner/ Wirth* in HdKR[2] §§ 313, 314 Anm 356). Daneben ist auch eine Aufteilung nach Funktionsbereichen, Geschlecht, Nationalität oder Geschäftssparten vorstellbar (*WPH*[14] I, M Anm 769).

III. Durchschnittliche Zahl der Arbeitnehmer von nur anteilmäßig einbezogenen Unternehmen

35 Ferner ist die durchschnittliche Zahl der Arbeitnehmer der *quotal* in den KA einbezogenen Unt *gesondert* anzugeben. Nach dem Gesetzeswortlaut handelt es sich dabei um die *Gesamt*arbeitnehmerzahl dieser Unt. Gleichwohl muss es zulässig sein, die Angabe auf den Arbeitnehmer*anteil* zu beschränken, der mit der **Konsolidierungsquote** gem § 310 übereinstimmt (glA *Poelzig* in MünchKomm HGB[3], Anm 38; aA *ADS*[6] § 314 Anm 31; *Hachmeister* in Beck HdR C 600 Anm 229 für eine diesbzgl Zusatzangabe). Dann entspricht die angegebene Arbeitnehmerzahl dem im Konzernpersonalaufwand enthaltenen quotalen Anteil dieser Unt (ebenso § 310 Anm 77). Das gilt auch für quotal einbezogene *Teilkonzerne*. In jedem Fall empfiehlt es sich, die Vorgehensweise iZm der Ermittlung der Arbeitnehmerzahl für die Abschlussadressaten zu erläutern (vgl *Poelzig* in MünchKomm HGB[3], Anm 38).

36 Statt der gesetzlich geforderten Angabe der Arbeitnehmerzahl der **quotal einbezogenen Unternehmen** ist es aber auch zulässig, die anteilmäßige Arbeitnehmerzahl der quotal einbezogenen Unt mit einem *Davon-Vermerk* kenntlich zu machen (zB darin anteilmäßig ... Arbeitnehmer von anteilig einbezogenen Unternehmen enthalten). Der Prozentsatz, dem die anteilige Arbeitnehmerzahl entspricht, braucht in diesem Zusammenhang nicht genannt zu werden; er ergibt sich aus den Angaben zum KonsKreis gemäß § 313 Abs 2 Nr 3 (dort Anm 204).

37 Bei der Vorschrift zu den Angaben für **quotal einbezogene Unternehmen** fehlt die Forderung nach einer Gruppenbildung. Daraus ist zu schließen, dass diese Zahl nicht nach Gruppen unterteilt zu werden braucht; eine Gruppenbildung kann aber wünschenswert sein.

IV. Im Geschäftsjahr verursachter Personalaufwand

39 Bei Anwendung des **Umsatzkostenverfahrens** (hierzu § 298 Anm 75f) ist schließlich der im Gj verursachte Personalaufwand im Konzernanhang anzugeben. Wie zum Anhang erstreckt sich die Angabepflicht auf den **Aufwand des Geschäftsjahrs,** der sich bei Anwendung des *Gesamt*kostenverfahrens ergeben würde (§ 285 Anm 150), und umfasst mithin die einbezogenen Konzern-Unt und die quotal einbezogenen Unt. Der Personalaufwand ist im Konzernanhang in einem Betrag anzugeben; eine Unterteilung gemäß § 275 Abs 2 Nr 6 (Löhne und Gehälter, soziale Abgaben und Aufwendungen für AVers und für Unterstützung, davon für AVers) entfällt (wie hier *WPH*[14] I, M Anm 742).

5. (aufgehoben)

6. Gesamtbezüge etc. für aktive und ehemalige Organmitglieder des Mutterunternehmens und deren Hinterbliebene (Abs 1 Nr 6)

I. Allgemeines

Für die Mitglieder des Geschäftsführungsorgans, eines AR, eines Beirats oder einer ähnlichen Einrichtung des MU sind im Konzernanhang folgende Angaben zu machen: **52**

a) die für die Wahrnehmung ihrer Aufgaben im MU und den TU im Gj gewährten Gesamtbezüge (Nr 6a S 1–3): Anm 60 ff, und die Anzahl der ausgegebenen Bezugsrechte uä (Nr 6a S 4); Anm 66,
b) die für die Wahrnehmung ihrer Aufgaben im MU und den TU gewährten Gesamtbezüge der früheren Mitglieder dieser Organe des MU und ihrer Hinterbliebenen sowie der Betrag der gebildeten und nicht gebildeten Pensionsrückstellungen (Nr 6b): Anm 70 ff, und
c) die vom MU und den TU gewährten Vorschüsse, Kredite und Haftungsverhältnisse (Nr 6c): Anm 79 ff.

Börsennotierte AG als MU haben nach Nr 6a S 5–8 zusätzlich unter Namensnennung die Bezüge jedes einzelnen Vorstandsmitglieds, aufgeteilt nach erfolgsunabhängigen und erfolgsbezogenen Komponenten sowie Komponenten mit langfristiger Anreizwirkung und Drittleistungen gesondert anzugeben. Für den Anhang werden vergleichbare Angaben verlangt (§ 285 Nr 9). Jedoch sind hier die Angaben ausdrücklich um die Beträge und Werte von den TU erweitert. Insoweit kann es zu Überschneidungen mit den Angaben im Anhang des MU kommen, da der Personenkreis für den Konzernanhang und den Anhang des MU derselbe sein muss. In analoger Anwendung des § 286 Abs 4 darf von Ges, die nicht börsennotierte AG sind, auf die Angaben nach Nr 6a S 1–4 und b verzichtet werden, wenn sich anhand dieser Angaben die Bezüge eines Organmitglieds feststellen lassen (ebenso *WPH*[14] I, M Anm 777; *ADS*[6] § 314 Anm 50; DRS 17.5). Zu den Voraussetzungen s § 286 Anm 15. Die Zusatzangaben für börsennotierte AG müssen unterbleiben, wenn die HV dies beschlossen hat (Abs 2 S 2, vgl DCGK Tz 4.2.2.).

Erhalten die Mitglieder der genannten Organe und Einrichtungen von TU keine Bezüge, Kredite etc, sind die Angaben im Konzernanhang und im Anhang identisch. Gleiches gilt, wenn die Organmitglieder von TU Bezüge erhalten, diese aber auf die Bezüge des MU angerechnet werden (s § 285 Anm 172). Eine Angabepflicht im Konzernanhang entfällt dadurch nicht. Auch ein Verweis auf die Angabe im Anhang ist nicht zulässig. Dies gilt jedoch nicht für einen zusammengefassten Anhang und Konzernanhang (dazu § 313 Anm 28). **53**

Weichen die Angaben für den Konzernanhang von denen im JA des MU ab, sind diese im Konzernanhang *vollständig* und getrennt zu machen; jedoch ist dann eine Untergliederung der Beträge in solche, die vom MU, und solche, die von TU gewährt worden sind, zulässig. Bei einem zusammengefassten Anhang und Konzernanhang ist eine solche Unterteilung stets erforderlich, um beide Angabepflichten gleichermaßen zu erfüllen. Das kann dadurch geschehen, dass vom MU erhaltene Bezüge (Kredite etc) getrennt von denen der TU angegeben werden oder dass die zusammengefassten Bezüge mit einem Vermerk „davon ... von Tochterunternehmen" genannt werden. Die Angaben sind im Konzernanhang für jede **Personengruppe** des MU jeweils gesondert in einem *Gesamtbetrag* zu machen (§ 285 Anm 164). **Börsennotierte MU** haben gem dem DCGK (Ziff 4.2.4, 4.2.5 und 5.4.6) im Anhang oder im Lagebericht die Bezüge nach fixen und variable Vergütungsteile je Vorstands- und AR-Mitglied individualisiert aufzugliedern. Während es sich bei der individualisierten Angabe der Vorstandsbezüge bei börsennotierten MU um eine gesetzliche Pflichtangabe handelt, leitet sich die Individualisierung für die AR-Mitglieder als Empfehlung aus dem DCKG (Tz 5.4.6) ab. Die Beachtung oder Nichtbeachtung dieser Empfehlung ist jährlich nach § 161 AktG offenzulegen (Anm 89).

54 Für die Angabepflicht ist es nach dem Wortlaut *unerheblich,* ob das TU in den KA *einbezogen* wird oder nicht (glA *WPH*[14] I, M Anm 774; *Dörner/Wirth* in HdKR[2] §§ 313, 314 Anm 375; DRS 17.15). Auch ausländische TU gehören dazu. Die Angabepflicht erstreckt sich *nicht* auf Bezüge von assozUnt, von quotal einbezogenen Unt oder von anderen Unt, die im Konzernanteilsbesitz stehen. Nach DRS 17.13 sind für quantitative Angaben Vj-Zahlen anzugeben.

55 Für **KGaA** sind hinsichtlich der Bezüge der persönl haftenden Gester die § 314 Abs 1 Nr 6a und 6b mit der Maßgabe zu beachten, dass der auf den Kapitalanteil des persönlich haftenden Gestersentfallene Gewinn nicht angeben zu werden braucht (§ 298 Abs 1 iVm § 286 Abs 4 AktG, s § 285 Anm 167).

56 Die individualisierte Angabe der Vergütung bei börsennotierten MU gem § 314 Abs 1 Nr 6a S 5–8 kann auch im Konzern-Lagebericht zusammen mit dem Vergütungsbericht erfolgen (§ 315 Abs 2 Nr 4 S 2; s auch DRS 17.82; § 289 Anm 99). Dies gilt allerdings nicht für die Angaben zu den Organbezügen gem § 314 Abs 1 Nr 6a S 1–4, da eine entspr Verweisungsvorschrift fehlt (s Anm 68). Sofern die Angaben zu den Organbezügen gem § 314 Abs 1 Nr 6a S 1–4 dennoch in den Vergütungsbericht im Konzernlagebericht aufgenommen werden, liegt zwar ein Gesetzesverstoß vor, über den der APr im PB zu berichten hat. Sofern jedoch der Anhang klar auf diese Angaben im Konzernlagebericht verweist, hat dies keine Auswirkungen auf den BV, da es als eine nicht wesentliche Beanstandung angesehen wird (IDW PS 345 Tz 19a).

II. Die Personengruppen

58 Die Angaben sind für die Mitglieder folgender Personengruppen zu machen, sofern sie irgendwann im Konzern-Gj (§ 299) zu folgenden Gremien des MU gehörten: Geschäftsführung/Vorstand, AR, Beirat oder ähnliche Einrichtung des MU. Damit sind die Personengruppen und ihre Mitglieder dieselben wie für die vergleichbare Angabepflicht im Anhang des JA des MU. Bei MU in der Rechtsform der KapCoGes ist § 264a Abs 2 zu beachten. Zur Definition der Gremien und zeitlichen Abgrenzung der Mitgliedschaft wird auf die Erl zu § 285 Anm 163 verwiesen. Es kommt also immer auf die Mitgliedschaft in einer der genannten **Einrichtungen des Mutterunternehmens** an. Nicht zu berichten ist über ein oberes MU, zu dem das berichtende MU in einem Tochterverhältnis steht (glA *Dörner/Wirth* in HdKR[2] §§ 313, 314 Anm 382; *WPH*[14] I, M Anm 774). In welche Personengruppe das Mitglied einbezogen wird, entscheidet sich nur nach der Mitgliedschaft im Gremium des MU, nicht nach dem Gremium des TU, zu dem die Person ggf *auch* gehört (hierzu Anm 61).

Maßstab für die Einordnung ist die Tätigkeit/Funktion im MU (*WPH*[14] I, M Anm 774). Ist ein Geschäftsführer des MU AR bei TU, sind die AR-Bezüge in die Geschäftsführerbezüge einzubeziehen (falls sie nicht ohnehin – teilweise –

angerechnet werden). Ist ein AR des MU zugleich AR (oder Geschäftsführer, Prokurist) eines TU, erhöhen die Bezüge von TU die AR-Bezüge beim MU. Wurde ein Prokurist oder ein Angestellter des MU zum Geschäftsführer eines TU bestellt, sind dessen Bezüge vom MU im Konzernanhang *nicht* anzugeben; seine Geschäftsführerbezüge gehören in den Anhang zum JA des TU, denn der Prokurist des MU ist kein Organ des MU. Siehe dazu auch Anm 63.

III. Angaben für tätige Organmitglieder (Abs 1 Nr 6a)

1. Angabe der Gesamtbezüge (S 1–3)

Anzugeben sind die **Gesamtbezüge** in einer Summe. Da die Klammerdefinition der Nr 6a S 1 wörtlich mit § 285 Nr 9a S 1 übereinstimmt, wird auf § 285 Anm 167 verwiesen. Das Gleiche gilt auch für Bezüge, die nicht ausgezahlt, sondern in Ansprüche anderer Art umgewandelt oder zur Erhöhung anderer Ansprüche verwendet werden (Nr 6a S 2), und für Bezüge, die im Gj gewährt, aber bisher in keinem Konzernanhang angegeben worden sind (Nr 6a S 3). 60

Für die Berichterstattung im Konzernanhang ist der **Umfang** der Gesamtbezüge auf die „für die Wahrnehmung ihrer (= der Mitglieder eines Organs – Anm 58 –) Aufgaben *im Mutter*unternehmen und *den Tochter*unternehmen im Gj gewährten Gesamtbezüge" *erweitert*. Angabepflichtig sind zunächst die Gesamtbezüge für die **Wahrnehmung von Aufgaben im Mutterunternehmen** (identisch mit den Angaben zum JA, Anm 53). 61

Hinzu kommen die Gesamtbezüge für die Wahrnehmung von **Aufgaben in (den) Tochterunternehmen**. Die Wahrnehmung von Aufgaben kann als Mitglied in Leitungs-, Verwaltungs- und Aufsichtsorganen (Geschäftsführung/Vorstand, AR, Beirat oder ähnliche Einrichtung) der TU, aber auch in der Eigenschaft als Angestellter (Prokurist, zum gesamten Geschäftsbetrieb ermächtigter Handlungsbevollmächtigter etc) des TU erfolgen. Ist der Geschäftsführer eines TU *Angestellter* des MU, hat das keine Auswirkung auf den Konzernanhang, da dort nur die Organe des MU zählen (Anm 58). Nebenamtliche Tätigkeiten oder Aufgaben als Freiberufler fallen nicht hierunter. 62

Nr 6a verlangt Angaben für die Wahrnehmung seiner *Aufgaben,* nicht wie § 285 Nr 9a für die Gewährung von Bezügen für die *Tätigkeit* des Organmitglieds, ohne diese Aufgaben in Nr 6a näher zu bestimmen. Das bedeutet zugleich, dass die „Aufgaben" sehr weit gefasst sind und sich auf *jedwede* Handlung, Verrichtung, Tätigkeit, Funktionsausübung erstrecken. Darauf, ob Tätigkeiten tatsächlich ausgeübt werden oder nicht, kommt es nicht an. Die nominelle Wahrnehmung von Aufgaben oder Funktionen reicht für die Berichterstattung aus. Es spielt auch *keine* Rolle, ob die Aufgaben, die vom Organmitglied im (in mehreren) Konzern-Unt wahrgenommen werden, gleichartig oder unterschiedlich im Vergleich zur Aufgabe oder Funktion beim MU sind. Die Aufgaben müssen in einem Zusammenhang mit den *Interessen* des MU stehen, wobei das sehr weit zu sehen ist und die Entsendung eines Organmitglieds des MU in ein Organ oder eine Funktion beim TU stets zur Wahrnehmung von Aufgaben im Interesse des MU geschieht. 63

Von welchen Unt die Bezüge gewährt bzw geleistet sein müssen, um eine Berichtspflicht auszulösen, sagt Nr 6 nicht. Auf Grund des Gesetzeszusammenhangs ist davon auszugehen, dass alle Konzern-Unt als Leistende gemeint sind, in denen *Aufgaben* vom Organmitglied wahrgenommen werden (Anm 54). Es muss sich also immer um **Leistungen des Mutterunternehmens und der Tochterunternehmen** an das Organmitglied des MU handeln. Es kommen alle TU im In- und Ausland in Frage sowie auch die gem § 296 nicht in den KA einbe- 64 zogenen TU (*WPH*[14] I, M Anm 774). Bezüge von TU auf Grund früherer Wahrnehmung von Aufgaben (Ruhegehaltsbezüge) gehören jedoch nicht zu den angabepflichtigen aktiven Bezügen des MU im Gj.

65 Maßgebend für die Angabepflicht der im Gj von TU gewährten Bezüge ist die *Eigenschaft als Tochterunternehmen*. Die Bezüge sind von dem Zeitpunkt einzubeziehen, ab dem das Mutter-Tochter-(Konzern)Verhältnis tatsächlich *begründet* worden ist, bis zu dem Zeitpunkt, in dem das TU diese Eigenschaft als Konzern-Unt verliert. Ggf sind die Gesamtbezüge *zeitanteilig* in die Angabe aufzunehmen. Dies ist *unabhängig* davon, für welchen Zeitraum das TU (Anm 54) in den KA einbezogen wurde.

2. Angabe der Anzahl der ausgegebenen Bezugsrechte uä (S 4)

66 S 4 stimmt wörtlich mit § 285 Nr 9a S 4 überein. Es wird deshalb auf die Ausführungen in § 285 Anm 180 verwiesen. Es gehören gem S 1 nicht nur Bezugsrechte uä auf Aktien des MU hierzu, sondern auch solche auf Aktien von TU, unabhängig davon ob sie in den KA einbezogen sind oder nicht (S 1).

IV. Zusatzangaben für börsennotierte Aktiengesellschaften als Mutterunternehmen über die individualisierten Vorstandsbezüge (S 5–8)

67 S 5–8 entsprechen wörtlich § 285 Nr 9a S 5–8, so dass auf die Erl zu § 285 Anm 182 ff verwiesen werden kann. Die Vorschrift bestimmt, dass börsennotierte AG, die regelmäßig einen IFRS-KA nach § 315a mit Verweis auf § 314 Abs 1 Nr 6 aufstellen müssen als MU im Konzernanhang die Bezüge jedes einzelnen Vorstandsmitglieds, aufgegliedert nach erfolgsunabhängigen, erfolgsbezogenen und Komponenten mit langfristiger Anreizwirkung zusätzlich zur Angabe der Gesamtbezüge des Vorstandsgremiums nach Nr 6a S 1 angeben müssen. Anzugeben sind die Bezüge vom MU und den TU (s Anm 64, 65). Aus dem Gesetzeszusammenhang der Nr 6a ergibt sich, dass auch nicht in den KA einbezogene TU hierzu gehören. S 6 verlangt ferner – wortgleich mit § 285 Nr 9 S 6 – die individualisierte und aufgegliederte Angabe aller Leistungen an das Vorstandsmitglied, die ihm für den Fall einer vorzeitigen oder regulären Beendigung seiner Tätigkeit zugesagt worden sind, der während des Gj vereinbarten Änderung dieser Zusagen sowie zugesagter und gewährter Leistungen auf Grund von Aufhebungsverträgen (s im Einzelnen § 285 Anm 184 ff).

Auch die Zusagen/Leistungen von Dritten an das Vorstandsmitglied sind nach S 7, aufgegliedert gem S 5 und 6 anzugeben (s § 285 Anm 190), wobei Leistungen von TU bereits nach S 1 zu erfassen sind (*Begr zur Beschlussempfehlung des Rechtsausschusses zum RegEVorstOG*, BT-Drs 15/5860, 10). Als Dritte aus Sicht des Konzerns kommen somit GemUnt, assozUnt und andere fremde Unt sowie natürliche Personen in Betracht (s auch § 285 Anm 190 ff).

Die Gesamtbezüge jedes einzelnen Vorstandsmitglieds sind in drei Komponenten aufzugliedern (s § 285 Anm 195 ff). Enthält der KA weitergehende Angaben zu bestimmten Bezügen, sind auch diese zusätzlich einzeln anzugeben (S 8; s § 285 Anm 193).

68 Diese für den Konzernanhang vorgeschriebenen Angaben nach S 5–8 dürfen auch im sog Vergütungsbericht im Konzernlagebericht gemacht werden, der durch § 315 Abs 2 Nr 4 für börsennotierte AG als MU vorgeschrieben ist (s hierzu § 315 Anm 34).

Die Angaben nach S 5–8 müssen **unterbleiben** wenn die HV des MU dies mit einer Mehrheit von mind drei Viertel des bei der Beschlussfassung vertretenen Grundkapitals beschließt (§ 315a Abs 1 mit Verweis auf § 314 Abs 2 S 2 iVm § 286 Abs 5; s Anm 136).

V. Angaben für ehemalige Organmitglieder und deren Hinterbliebene (Abs 1 Nr 6b)

1. Angabe der Gesamtbezüge

Anzugeben sind die für die Wahrnehmung ihrer Aufgaben im MU und bei den TU gewährten Gesamtbezüge der **früheren Mitglieder** des Geschäftsführungsorgans, eines AR, Beirats oder einer ähnlichen Einrichtung **des MU** und ihrer Hinterbliebenen jeweils gesondert für jede Personengruppe. Der **sachliche Umfang** der Gesamtbezüge ist mit der für die Angabepflicht im Anhang des JA identisch (näheres dazu in § 285 Anm 201), aber verschieden von den Aktivbezügen gemäß Nr 6a S 1–3. 70

Nach dem Wortlaut der Nr 6b müssen die Bezüge für die Wahrnehmung von „Aufgaben im Mutterunternehmen und den Tochterunternehmen" gewährt werden. Die Regelung ist insoweit missverständlich, als ehemalige Organmitglieder in *ihren* Unt eo ipso keine Aufgaben mehr wahrnehmen. Aus der Systematik der Vorschrift kann nur gefolgert werden, dass es sich um ihre *frühere* Wahrnehmung von Aufgaben in den Konzern-Unt handeln muss, für die Bezüge gewährt werden. Das ergibt sich auch aus der Definition der hier maßgebenden Bezüge „Abfindungen, Ruhegehälter, Hinterbliebenenbezüge und Leistungen verwandter Art", die eine Einbeziehung von Bezügen aus einer noch aktiven Tätigkeit nicht zulässt. Bezüge von *ehemaligen* Organmitgliedern des MU für die *jetzige* Wahrnehmung von Aufgaben bei TU sind deshalb nicht angabepflichtig – es sei denn, sie werden gem dem Ruhegeldvertrag auf die (Ruhe-)Bezüge aus der ehemaligen Wahrnehmung von Aufgaben angerechnet. So sind zB die Bezüge eines bereits in den Ruhestand getretenen Vorstands für seine weitere Mitgliedschaft im AR eines TU nach Nr 6b nicht angabepflichtig. 71

Von wem die Bezüge gewährt werden müssen, lässt Nr 6b offen. Aus dem Gesetzeszusammenhang lässt sich schließen, dass Bezüge, die nicht vom MU oder den TU gewährt werden, sondern von Dritten außerhalb des Konzerns (zB von P-, U-Kassen) nicht angabepflichtig sind (wie hier *Scherrer* in Rechnungslegung § 314 Anm 34) – es sei denn, dass MU oder TU einen unmittelbaren Anspruch auf die Auszahlung haben und die Zahlung an das frühere Organmitglied weiterleiten oder dass die Versorgungsansprüche an das ehemalige Organmitglied abgetreten werden. S dazu § 285 Anm 181. Handelt es sich bei solchen Versorgungseinrichtungen um TU (auch ZweckGes iSv § 290 Abs 2 Nr 4), sind diese Bezüge einzubeziehen (Anm 54). 72

2. Angabe der gebildeten und der nicht gebildeten Pensionsrückstellungen

Die Angabepflicht entspricht wörtlich der für den Anhang des JA, s dazu § 285 Anm 206 ff. Die **Personengruppen** sind ebenfalls identisch. 76

Über den **Umfang** der Pensionsrückstellungen sagt Nr 6b nichts. Aus dem Gesetzeszusammenhang ist zu folgern, dass es sich um die beim MU und allen TU gebildeten und nicht gebildeten Pensionsrückstellungen für diese Personengruppe handeln muss. Insoweit geht die Angabe ggf über den in der Konzernbilanz passivierten Betrag hinaus, weil auch die bei nicht einbezogenen TU gebildeten (oder fehlenden) Pensionsrückstellungen in die beiden anzugebenden Beträge aufzunehmen sind (glA *Dörner/Wirth* HdKR[2] §§ 313, 314 Anm 388). –

Bestehen angabepflichtige Beträge bei nicht einbezogenen TU (zB P-, U-Kassen), ist bei ihrer Einbeziehung in die Angaben auf eine einheitliche Bewertung zu achten. Sind gebildete Pensionsrückstellungen nach § 246 Abs 2 S 2 mit Planvermögen verrechnet worden, sind sie gleichwohl als Teilbetrag der Angabe nach § 314 Abs 1 Nr 17 gesondert angabepflichtig.

VI. Angabe der Vorschüsse und Kredite einschließlich der Haftungsverhältnisse (Abs 1 Nr 6c)

79 Abs 1 Nr 6c verlangt die Berichterstattung über die vom MU und den TU an aktive Organmitglieder des MU gewährten Vorschüsse und Kredite unter Angabe der Zinssätze, der wesentlichen Bedingungen und der ggf im Gj zurückgezahlten Beträge sowie die zu Gunsten der Organmitglieder eingegangenen Haftungsverhältnisse. Die Angabepflicht entspricht sachlich derjenigen im Anhang des MU; hierzu § 285 Anm 210 bis 218. Der **Umfang** der angabepflichtigen Vorschüsse, Kredite und Haftungsverhältnisse bezieht sich aber auch auf Vorschüsse, Kredite und Haftungsverhältnisse, die den Organmitgliedern des MU von TU eingeräumt worden sind, und deren Bedingungen.

80 Die Einschränkung der Angabepflicht auf aktive Organmitglieder ergibt sich wie zu § 285 Nr 9 (dort Anm 212) zwar nicht eindeutig aus dem Wortlaut, da die in lit c angesprochenen „Personengruppen" sich auf die in lit a und b genannten oder aber auf die vor lit a erwähnten Personengruppen beziehen können.

81 Eine *Saldierung* der vom MU oder einem TU gewährten angabepflichtigen Vorschüsse und Kredite mit Schulden anderer TU ggü Organmitgliedern, zB aus Tantiemen (Kons von Drittschuldverhältnissen) ist nicht zulässig, selbst dann, wenn vorab eine Verrechnung der Vorschüsse oder Kredite mit Tantiemen vereinbart ist. Das folgt aus dem Gesetzeszweck, der auf die den Organmitgliedern *gewährten Vorteile* hinweisen will. Eine Angabepflicht über Schulden des MU und der TU ggü Organmitgliedern besteht nicht.

Erhält ein Organmitglied von einem einbezogenen Unt einen Kredit und gewährt das Organmitglied seinerseits einem anderen Konzern-Unt einen Vorschuss oder Kredit, ist eine Saldierung von Forderung und Verbindlichkeit für die Angabe im Konzernanhang ebenfalls nicht zulässig.

7. Eigene Anteile (Abs 1 Nr 7)

84 Es sind Angaben zu machen über den **Bestand** an Anteilen an dem MU, die

- das MU selbst
- ein TU oder
- ein anderer für Rechnung eines in den KA einbezogenen Unt

erworben oder als Pfand genommen hat.

Dabei sind die *Zahl,* der *Nennbetrag* oder der *rechnerische Wert* dieser Anteile sowie deren *Anteil am Kapital* anzugeben. Die Vorschrift hat eine Parallele nur im Anhang des JA einer **Aktiengesellschaft** (§ 160 Abs 1 Nr 2 AktG mit weitergehenden Angabepflichten), erläutert in § 284 Anm 42. Die Berichtspflicht umfasst jedoch *nur Anteile am MU*, weil eigene Anteile der TU im Rahmen der KapKons verrechnet werden (§ 301 Anm 15). Maßgebend sind die Verhältnisse am Stichtag des KA. Eine Darstellung der Bewegung im Gj ist nicht erforderlich (glA *Scherrer* in Rechnungslegung § 314 Anm 42).

Der Erwerb oder die Inpfandnahme eigener Anteile (Aktien bzw GmbH-Anteile) ist unter bestimmten Voraussetzungen sowohl durch eine AG (§ 71 AktG) als auch durch eine GmbH (§ 33 GmbHG) zulässig. Das Gleiche gilt für den Erwerb oder die Inpfandnahme von Anteilen am MU durch TU (§ 71d AktG). Zum möglichen Erwerb von Geschäftsanteilen an einer herrschenden GmbH durch ein TU (ebenfalls GmbH) s *Hueck/Fastrich* in Baumbach/Hueck GmbHG[19] § 33 Anm 16.

Die Angabepflicht nach Nr 7 ist auch von dem **PublG unterliegenden Mutterunternehmen** zu erfüllen (§ 13 Abs 3 S 1 PublG). Das ist allerdings nur der Fall, wenn TU Geschäftsanteile am herrschenden Unt (zB reine PersGes) oder TU Anteile einer herrschenden eG erwerben. Kreditinstitute und VersicherungsUnt unterliegen ebenfalls der Berichtspflicht nach Nr 7 (§§ 340i Abs 1, 341j Abs 1). Die Angabepflicht nach Nr 7 entfällt für einen IFRS-KA nach § 315a.

Der Bestand an Anteilen am MU umfasst die in der Konzernbilanz in der Vorspalte offen vom Posten „Gezeichnetes Kapital" des MU abgesetzten **eigenen Anteile am MU** (§§ 301 Abs 4, 298 Abs 1 iVm 272 Abs 1a), die **vom MU selbst und von den *einbezogenen* TU gehalten** werden; sie dürfen nicht im Rahmen der KapKons mit dem gezeichneten Kapital des MU verrechnet werden (s § 297 Anm 113). Dazu gehören auch die **Anteile am MU, die ein Dritter für Rechnung eines einbezogenen Unt** erworben oder als Pfand genommen hat und die in der Konzernbilanz enthalten sind, weil das wirtschaftliche Eigentum an ihnen einbezogenen Unt zusteht. Es spielt auch keine Rolle, ob der Erwerb oder die Inpfandnahme nach § 33 GmbHG bzw §§ 71 ff AktG erlaubt war oder nicht. Ferner ist es gleichgültig, ob die Anteile am MU im Anlage- oder Umlaufvermögen bei einem konsolidierten Unt (zB als Anteile am herrschenden Unt) bilanziert sind.

Darüber hinaus gehören zum berichtspflichtigen Bestand die Anteile am MU, die von **nicht in den Konzernabschluss einbezogenen Tochterunternehmen gehalten** werden (ebenso *WPH*[14] I, M Anm 744) und deshalb nicht in der Konzernbilanz erfasst sind, sowie außerdem solche Anteile am MU, die von einem **Dritten für Rechnung des MU oder eines TU** erworben oder als Pfand genommen worden sind – auch soweit sie **nicht** in die Konzernbilanz aufgenommen sind, weil das wirtschaftliche Eigentum nicht in den KA einbezogenen Unt zusteht. Die Zurechnungsvorschriften des § 16 Abs 2 und 4 AktG gelten hier nicht. Über den Bestand am Bilanzstichtag für alle diese Anteile darf und sollte zusammen berichtet werden (glA *Scherrer* in Rechnungslegung § 314 Anm 41).

Nach dem Wortlaut der Nr 7 sind die Anteile am MU, die **von einem Dritten für Rechnung eines nicht einbezogenen TU** erworben oder als Pfand genommen worden sind, nicht in den angabepflichtigen Bestand aufzunehmen. Es ist fraglich, ob diese Regelung dem Zweck der Vorschrift der Nr 7 entspricht, der auf eine Berichterstattung über den gesamten Konzernbestand an eigenen Anteilen des MU abstellt. Die Anteile am MU, die von einem nicht einbezogenen TU erworben oder als Pfand genommen worden sind, gehören zum angabepflichtigen Bestand, und es sind keine Gründe ersichtlich, warum das für treuhänderisch für ein nicht einbezogenes TU gehaltene Anteile nicht gelten soll (aA *WPH*[14] I, M Anm 744).

Nicht zu berichten ist über Anteile am berichtspflichtigen MU, die von **anteilmäßig in den Konzernabschluss einbezogenen Unternehmen,** von **assoziierten Unternehmen** oder von anderen Unt im Konzernanteilsbesitz erworben oder als Pfand genommen worden sind (glA *WPH*[14] I, M Anm 744; *Dörner/Wirth* in HdKR[2] §§ 313, 314 Anm 396), es sei denn, der Erwerb oder die Inpfandnahme sei für Rechnung des MU oder eines TU erfolgt.

87　Für den hiernach berichterstattungspflichtigen Bestand an Anteilen am MU (Anm 85) sind anzugeben: Die **Zahl** und der **Nennbetrag** dieser Anteile, bei Stückaktien der rechnerische Wert sowie (in Prozent) deren **Anteil am gezeichneten Kapital des MU**. Haben die Aktien oder die GmbH-Geschäftsanteile des MU unterschiedliche Nennbeträge, ist es erforderlich, die Zahl der Aktien bzw Geschäftsanteile jeden Nennbetrags getrennt anzugeben. Nach dem Wortlaut des Gesetzes reicht die Angabe eines Gesamtnennbetrags aller Anteile nicht aus (obwohl bei GmbH oft sehr unterschiedliche Nennbeträge vorkommen).

88　Eine Einbeziehung der Anteile am MU in die Angaben zum KonsKreis und Konzernanteilsbesitz nach § 313 Abs 2 ist – auch wenn der konzerneigene Anteilsbesitz am MU mindestens 20% ausmacht – nicht zulässig, da es sich nicht um ein anderes Unt iSv § 313 Abs 2 Nr 4 handelt. Deshalb ist auch die Ausnahmeregelung des § 313 Abs 3 S 1 nicht sinngemäß anwendbar (*WPH*[14] I, M Anm 744).

8. Angaben zur Entsprechenserklärung zum Corporate Governance Kodex (Abs 1 Nr 8)

89　Abs 1 Nr 8 entspricht wörtlich § 285 Nr 16 (dort Anm 281 ff) unter Erweiterung auf alle in den KA einbezogenen börsennotierten Unt (IDW PS 345 Tz 17). Hierzu gehören die einbezogenen vollkons und quotal kons börsennotierten (iSd § 3 Abs 2 AktG) Unt sowie die Ges iSd § 161 Abs 1 S 2 AktG (s dazu § 285 Anm 281), nicht jedoch die assozUnt und die anderen Unt des § 313 Abs 2 Nr 4 (im Konzernanteilsbesitz von mindestens 20% und große KapGes, von denen börsennotierte KonzernUnt mehr als 5% der Stimmrechte innehaben). Die Angaben sind auch in einem IFRS-KA nach § 315a zu machen. Die Berichterstattung umfasst für jedes betroffene Unt die Angabe, dass die Entsprechenserklärung abgegeben wurde und wo sie öffentlich zugänglich gemacht worden ist (s im Einzelnen § 285 Anm 281 ff).

9. Das für das Geschäftsjahr berechnete Gesamthonorar des Konzernabschlussprüfers (Abs 1 Nr 9)

90　Die Vorschrift bestimmt, dass in jedem Konzernanhang das für das Gj berechnete Gesamthonorar des KonzernAP für a) die Abschlussprüfungsleistungen, b) andere Bestätigungsleistungen, c) Steuerberatungsleistungen und d) sonstige Leistungen, jeweils in einer Summe angegeben werden müssen. Für den Anhang werden vergleichbare Angaben verlangt (§ 285 Nr 17). Die Angaben sind hier jedoch ausdrücklich auf die Leistungen des KonzernAP bezogen (für die Einbeziehung auch der Leistungen seiner verbundenen Unt IDW RS HFA 36 Tz 19).

91　Bzgl des für das Gj berechneten Gesamthonorars für den Konzern-AP und der anzugebenden Tätigkeitsbereiche gelten die in § 285 Anm 291 ff entwickelten Grundsätze sinngemäß. Angabepflichtig sind nur die vom KonzernAP berechneten Honorare. Es kommen alle Rechnungen (s dazu im Einzelnen § 285 Anm 290) an das MU und die einbezogenen TU/GemUnt im In- und Ausland für entspr Leistungen für das Gj in Frage (Begr RegE BilMoG, 188), unabhängig davon, von wem sie bezahlt werden. Bei quotal konsolidierten GemUnt ist eine quotale Einbeziehung der Honorare statthaft und zu empfehlen (vgl IDW RS HFA 36 Tz 19). Die Angabepflicht erstreckt sich jedoch nicht auf Honorare des KonzernAP an assozUnt und an die anderen Unt des § 313 Abs 2 Nr 4 (vgl

IDW RS HFA 36 Tz 21). Ebensowenig sind Honorare für Leistungen an nicht konsolidierte TU/GemUnt anzugeben.

Durch den Paradigmenwechsel des BilMoG vom abschluss*prüfer*spezifischen 92 zum abschluss*prüfungs*spezifischen Honorar (Ber Merz ua, 119) erstreckt sich der Inhalt des angabepflichtigen Gesamthonorars auf folgende Bestandteile:
– Gesamthonorar des KonzernAP für die KonzernAPr selbst einschl seiner Prüfung der JA der einbezogenen Unt, der Prüfung der konsbedingten Anpassungen (§ 317 Abs 3 S 1) einschl der Prüfung der Überleitungen von der HB I zur HB II, einschl der Überprüfung der Arbeit von anderen AP einbezogener TU (§ 317 Abs 3 S 2);

und sofern in den Konzern einbezogene Unt (MU und TU) von der Befreiungsvorschrift des § 285 Nr 17 Hs 2 (s dort Anm 305) Gebrauch machen:
– Gesamthonorar des KonzernAP für die JAP des MU,
– Gesamthonorar des KonzernAP für die von ihm durchgeführten JAP gem § 317 Abs 3 S 1 iVm § 317 Abs 1 für TU/GemUnt und ggf TeilKonzernAPr für TU/GemUnt,
– Gesamthonorare anderer AP einbezogener TU/GemUnt, sofern diese TU/GemUnt von der Befreiungsvorschrift Gebrauch machen.

Letzterer Bestandteil ist aufgeschlüsselt nach a)–d), da er nicht mit den Inhalt des Postens lt Nr 9 übereinstimmt, gesondert oder durch einen „Davon-Vermerk" anzugeben (s § 285 Anm 305; IDW RS HFA 36 Tz 20) jedoch ohne Namensnennung.

Bei den übrigen NichtAPr-Leistungen (Nr 9 b–d) sind jeweils die Honorare 93 für die vom KonzernAP für das MU und alle einbezogenen TU/GemUnt erbrachten Leistungen angabepflichtig. Ihr Umfang und ihre Untergliederung richten sich nach den in § 285 Anm 302 ff entwickelten Grundsätzen. Eine Aufgliederung nach Leistungen für das MU und Leistungen für TU, auch für solche mit befreiender Wirkung für den JA nach § 285 Nr 17 Ts 2 (s dort Anm 305) ist nicht vorgeschrieben.

Innerhalb eines **mehrstufigen Konzerns** sind die Angabepflichten des § 314 94 Abs 1 Nr 9 für jedes TeilkonzernMU isoliert zu betrachten, dh Angaben über verbundene Unt, die dem TeilkonzernMU über- oder untergeordnet sind, sind nicht erforderlich (IDW RS HFA 36 Tz 23).

10. Angaben zu bestimmten Finanzinstrumenten in den Finanzanlagen (Abs 1 Nr 10)

Gem Nr 10 sind im Konzernanhang für unter den Finanzanlagen in der Konzernbilanz ausgewiesene FinInst, die in Ausübung des Wahlrechts nach § 253 Abs 3 S 4 in Anbetracht nur vorübergehender Wertminderung nicht auf den niedrigeren beizZW am Abschlussstichtag außerplanmäßig abgeschrieben wurden, anzugeben: 95
a) Buchwert und beizZW der einzelnen VG (oder angemessener Gruppierungen),
b) die Gründe für das Unterlassen der Abschreibung auf den niedrigen beizZW einschl der Anhaltspunkte, die darauf hindeuten, dass die Wertminderung voraussichtlich nicht von Dauer ist.

Für den Anhang werden die gleichen Angaben verlangt; es wird daher auf die Erl zu § 285 Nr 18 Anm 310 ff verwiesen.

Die Angaben haben sich auf die Finanzanlagen (§ 266 Abs 2 A III) der Konzernbilanz zu beziehen und setzen – wie für den Anhang – voraus, dass der beiz-

ZW unter dem Buchwert des einzelnen FinInst liegt. Damit umfassen sie Angaben für das MU, die voll einbezogenen TU und die quotal einbezogenen GemUnt, nicht jedoch für die assozUnt.

96 Die Angabepflicht nach Nr 10 entfällt für Anteile oder Anlageaktien an Investmentvermögen von mehr als 10%, da für diese die Spezialvorschrift des § 314 Abs 1 Nr 18 greift.

11. Angaben zu nicht zum beizulegenden Zeitwert bilanzierten derivativen Finanzinstrumenten (Abs 1 Nr 11)

100 Nr 11 stimmt wörtlich mit § 285 Nr 19 überein, so dass auf die Erl zu § 285 Anm 320 ff verwiesen werden kann.

101 Der formelle Umfang der nach Nr 11 angabepflichtigen derivativen FinInst ist auf Grund der Wortgleichheit mit § 285 Nr 19 identisch. Abgeleitet aus der Formulierung in Nr 11c (Angabe eines ggf vorhandenen Buchwerts und des ihn enthaltenden Bilanzpostens wird verdeutlicht, dass die Angabe die Derivate des MU und aller voll einbezogenen TU und quotal einbezogenen GemUnt umfasst, nicht jedoch von assozUnt. Gem den KonsGrundsätzen für GemUnt sind die beizZW und Buchwerte quotal in die Betragsangaben einzubeziehen. Wurden Derivateverträge zwischen einbezogenen Unt abgeschlossen, sind diese nach KonsMaßnahmen (s § 303 Anm 39) ggf in die Angaben einzubeziehen.

12. Angaben zu mit dem beizulegenden Zeitwert bewerteten Finanzinstrumenten des Handelsbestands gem § 340e Abs 3 S 1 (Abs 1 Nr 12)

105 Die Vorschrift stimmt wortgleich mit § 285 Nr 20 überein, weshalb auf die Erl dort (Anm 350 ff) verwiesen wird. Die Angabepflicht betrifft in der Konzernbilanz angesetzte und mit dem beizZW bewertete FinInst des Handelsbestands nach § 340e Abs 3 S 1, sofern Kredit- bzw FinInst in den KA einbezogen werden.

Nach Nr 12a sind für diese FinInst die grundlegenden Annahmen anzugeben, die der Bestimmung des beizZW mit Hilfe allgemein anerkannter Bewertungsmethoden zugrunde gelegt wurden. Das betrifft solche FinInst, deren beizZW nicht unmittelbar auf einem aktiven Markt (§ 298 Abs 1 iVm § 255 Abs 4 S 1), sondern mit Hilfe allgemein anerkannter Bewertungsmethoden ermittelt wurde (s dazu im einzelnen § 285 Anm 352 f). Nach Nr 12b werden Angaben zu zum beizZW bewerteten derivativen FinInst über Umfang und Art jeder Kategorie dieser Derivate einschl der wesentlichen Bedingungen, welche die Höhe, den Zeitpunkt und die Sicherheit künftiger Zahlungsströme beeinflussen können, verlangt, die zT denen der Nr 11 entsprechen.

13. Angaben über Geschäfte mit nahestehenden Unternehmen und Personen (Abs 1 Nr 13)

106 Nach Nr 13 ist zumindest über nicht zu marktüblichen Bedingungen zustande gekommene wesentliche Geschäfte des MU und seiner TU mit nahe stehenden Unt/Personen einschl Angaben zur Art der Beziehung, zum Wert der Geschäfte

sowie weiterer Angaben, die für die Beurteilung der Finanzlage des Konzerns notwendig sind, zu berichten. Die Vorschrift stimmt wörtlich mit § 285 Nr 21 aus der Sicht des Konzerns überein. Es kann deshalb auf die Ausführungen in § 285 Anm 360 ff verwiesen werden.

Aus Sicht des Konzerns ergeben sich verschiedene Besonderheiten der Angabepflicht. Nach dem Wortlaut bezieht sich die Vorschrift auf die angabepflichtigen Geschäfte des MU und seiner TU, dh sowohl der in den KA einbezogenen TU als auch der nicht einbezogenen TU (glA *WPH*[14] I, M Anm 783). Da Art 34 Nr 7b der Konzernbilanzrichtl idF der Abänderungsrichtl von „in den Konsolidierungskreis einbezogenen" Unt spricht, ist es nach *Rimmelspacher/Frey* sachgerecht, Geschäfte nicht einbezogener TU mit nahestehenden Unt von der Angabepflicht auszuschließen. UE sollten dagegen auch Geschäfte mit nicht einbezogenen TU, sofern die Geschäfte wesentlich für die Beurteilung der Finanzlage des KA sind, ggü den Abschlussadressaten offengelegt werden. Angabepflichtige Geschäfte quotal einbezogener GemUnt und von assozUnt mit dem Konzern nahestehenden Unt/Personen gehören nicht dazu (BegrRegE BilMoG, 189), wohl aber Geschäfte des MU und seiner TU mit diesen Ges, da sie nahe stehend sind (s § 285 Anm 364; wie hier *WPH*[14] I, M Anm 783).

Der Begriff der nahe stehenden Unt/Personen ergibt sich iVm Art 41 Abs 1a der Konzernbilanzrichtl idF der Abänderungsrichtl aus IAS 24.9 und .11 unter Berücksichtigung der Eigenart des KA (§ 298 Abs 1). Diese Eigenart des Konzerns als wirtschaftlicher Einheit bedingt, dass ein **Unt als dem Konzern nahe stehend** anzusehen ist, wenn es die in § 285 Anm 364 dargestellten Kriterien, bezogen auf das berichtende MU oder seine TU, erfüllt und nicht in den KonsKreis einbezogen wird (IDW RS HFA 33 Tz 32). Damit ist der Kreis der nahe stehenden Unt weiter gezogen als der für den Anhang des JA des MU. Alle Unt, die eine nahestehende Beziehung mit einem TU über eine Beteiligung mit maßgeblichem Einfluss oder eine gemeinschaftliche Führung haben, gehören dazu (glA *WPH*[14] I, M Anm 783).

Aus der Eigenart des Konzerns folgt für die Qualifizierung einer **dem Konzern nahe stehenden** Beziehung von **natürlichen Personen,** dass diese durch eine Beherrschung des MU, durch eine Beteiligung mit maßgeblichem Einfluss am MU oder einem TU oder eine gemeinschaftliche Führung mit dem MU oder einem TU begründet wird.

Bzgl der nahe stehenden Beziehung von natürlichen Personen als Mitgliedern des **Managements in Schlüsselpositionen** stellt sich die Frage, wie weit der Kreis aus Sicht des Konzerns zu ziehen ist. Das sind die Mitglieder der Konzernleitung (Vorstand und AR des MU) sowie deren Führungskräfte, die direkt an den Vorstand berichten und für die Planung, Leitung und Kontrolle des Konzerns zuständig und verantwortlich sind (ähnlich *WPH*[14] I, N Anm 1112). Handelt es sich beim MU um eine HoldingGes mit ausschließlich vermögensverwaltender Tätigkeit, können je nach den Gegebenheiten des Einzelfalls auch die Mitglieder des Vorstands/Geschäftsführer von TU zum Management in Schlüsselpositionen gehören, wenn sie die Tätigkeits- und Verantwortungsbereiche für den Gesamtkonzern wahrnehmen (*Andrejewski/Böckem* KoR 2005, 173).

Die Vorschrift des § 285 Nr 21 2. Teilsatz, nach der über Geschäfte mit und zwischen mittel- oder unmittelbar in 100%igem Anteilsbesitz stehenden, in den KA einbezogenen Unt nicht berichtet werden muss (s dort Anm 382), wurde wortgleich in Nr 13 übernommen. Das würde im Umkehrschluss bedeuten, dass eine Berichterstattungspflicht im Konzernanhang auch für solche angabepflichtigen Geschäfte bestünde, die mit und zwischen mittel- oder unmittelbar nicht in 100%igem Anteilsbesitz stehenden, in den KA einbezogenen Unt getätigt wurden. Da diese im Wege der Schuldenkonsolidierung (§ 303) und der Aufwands-

und Ertragskonsolidierung (§ 305) im KA eliminiert worden sind, handelt es sich aus Konzernsicht überhaupt nicht um Geschäfte, sondern vielmehr um gruppeninterne Transaktionen (iE ebenso IDW RS HFA 33 Tz 30).

110 Bzgl des anzuwenden Wesentlichkeitsgrundsatzes (s § 285 Anm 381) ist nach Nr 13 Bezugsgrundlage der Konzern, nicht die einzelne Ges, so dass nur über Geschäfte zu berichten ist, die aus Sicht des Konzerns als wirtschaftlicher Einheit wesentlich sind und deren Auswirkungen auf die Finanzlage des Konzerns ins Gewicht fallen. Die Feststellung der Marktunüblichkeit der angabepflichtigen Geschäfte kann sich aus der Sicht des Konzerns ggü der der einzelnen Ges idR nicht verändern, da jedes einzelne Geschäft zu beurteilen ist.

Wie bei der Berichterstattung im Anhang zum JA des MU dürfen gem Nr 13 3. Teilsatz die Angaben über Geschäfte nach Geschäftsarten (s § 285 Anm 385) zusammengefasst werden, sofern die getrennte Angabe für die Beurteilung der Auswirkungen auf die Finanzlage des Konzerns nicht notwendig ist.

Nach DCGK Ziff 7.1.5 sollen von börsennotierten MU im KA Beziehungen zu Aktionären erläutert werden, die iSd anwendbaren Rechnungslegungsvorschriften als nahe stehende Personen zu qualifizieren sind.

14. Gesamtbetrag der Forschungs- und Entwicklungskosten des Geschäftsjahres (Abs 1 Nr 14)

115 Die Vorschrift verlangt die Angabe des Gesamtbetrags der FuE-Kosten des Gj der in den KA einbezogenen Unt sowie des davon auf selbst geschaffene immaterielle VG des Anlagevermögens entfallenden Betrags, sofern von dem Aktivierungswahlrecht nach § 248 Abs 2 im KA Gebrauch gemacht worden ist.

Die Vorschrift entspricht der des § 285 Nr 22 für den Anhang mit der Maßgabe, dass der Umfang der anzugebenden FuE-Kosten sich auf alle in den KA einbezogene Unt erstreckt und damit über den Gesamtbetrag des MU hinausgeht, unabhängig davon, von welchem Unt das Aktivierungswahlrecht ausgeübt wurde. Hinsichtlich des Inhalts und Umfangs der Angaben kann deshalb auf die Ausführungen unter § 285 Anm 392 ff verwiesen werden.

Aus dem Wortlaut der Nr 14 ergibt sich, dass der Umfang der Angaben sich auf alle in den KA einbezogene Unt zu erstrecken hat, dh MU, TU und GemUnt, nicht jedoch auf nicht in den KA einbezogene TU sowie assozUnt. Da sich die Angaben auf die im KA ausgewiesenen FuE-Kosten beziehen, sind vorab die Grundsätze der Aufwands- und ErtragsKons (§ 305) zu beachten, dh die konzerninternen Lfg und Leistungen iZm FuE sind wegzulassen bzw als aktivierte Eigenleistungen umzugliedern, soweit sie auf selbst geschaffene immaterielle VG des Anlagevermögens entfallen.

15. Angaben zu nach § 254 gebildeten Bewertungseinheiten (Abs 1 Nr 15)

118 Die Vorschrift verlangt im Falle der Bildung von BewEinh nach § 254 in der Konzernbilanz bestimmte Angaben zum Grundgeschäft (Nr 15a), zur Effektivität der BewEinh (Nr 15b) sowie Erl der mit hoher Wahrscheinlichkeit erwarteten Transaktionen, die in die BewEinh einbezogen wurden (Nr 15c). Der Angabepflicht unterliegen auch konzernanhangpflichtige MU des PublG (§ 13 Abs 2 PublG) sowie Kredit- und Finanzdienstleistungsinstitute (§ 340i Abs 1) und VersicherungsUnt (§ 341j Abs 1 S 1); sie entfällt für einen IFRS-KA nach § 315a.

Die Vorschrift entspricht wörtlich der Angabepflicht nach § 285 Nr 23 unter Erweiterung auf den KA. Somit umfasst die Angabepflicht alle in den Bilanzen der einbezogenen Unt nach § 254 gebildeten BewEinh und die BewEinh, bei denen Grund- und Sicherungsgeschäft von verschiedenen einbezogenen Unt abgeschlossen wurden und die im Rahmen der Kons gebildet werden (s auch § 298 Anm 42), soweit die Voraussetzungen (s dazu § 254 Anm 40 ff) erfüllt sind (glA *WPH*[14] I, M Anm 749). Ferner sind in die Angaben Makro- und Portfolio-Hedge-Beziehungen einzubeziehen, sofern entspr Grundgeschäfte von verschiedenen einbezogenen Unt mit einem oder mehreren Sicherungsgeschäften von anderen einbezogenen Unt zur Bildung von BewEinh im KA zusammengefasst werden Dagegen sind im JA gebildete BewEinh, die aus Grund- und Sicherungsgeschäften resultieren, die zwischen den einbezogenen Unt geschlossen worden sind, gem § 303 Abs 1 im KA zu eliminieren (*Gelhausen/Fey/Kämpfer*, BilMoG 2009, R Anm 59).

Wie nach § 285 Nr 23 muss nicht über jede einzelne BewEinh berichtet werden, sondern diese dürfen nach Arten und abgesicherten Risiken zusammengefasst werden; eine Unterteilung nach einbezogenen Unt ist nicht verlangt. Wie nach Nr 23 des § 285 können die Angaben mit der Berichterstattung im Konzernlagebericht nach § 315 Abs 2 Nr 2 (s dort Anm 30) zusammengefasst werden.

16. Angaben zu den Pensionsrückstellungen (Abs 1 Nr 16)

Nr 16 bestimmt, dass zu den in der Konzernbilanz ausgewiesenen Rückstellungen für Pensionen und ähnliche Verpflichtungen das angewandte versicherungsmathematische Berechnungsverfahren sowie die grundlegenden Annahmen der Berechnung wie Zinssatz, erwartete Lohn- und Gehaltssteigerungen und zugrunde gelegte Sterbetafeln im Konzernanhang anzugeben sind. Die Vorschrift entspricht wörtlich § 285 Nr 24 mit Erweiterung auf den KA, so dass auf § 285 Anm 415 ff verwiesen werden kann.

Nach dem Wortlaut der Nr 16 hat sich die Berichterstattung auf die in der Konzernbilanz ausgewiesenen Rückstellungen für Pensionen und ähnliche Verpflichtungen zu erstrecken. Hierzu gehören die entspr Rückstellungen der einbezogenen voll- und quotalkonsolidierten Unt (ggf auch der als ZweckGes gem § 290 Abs 2 Nr 4 einbezogenen Versorgungsträger wie U-Kassen, P-Fonds, s DRS 19.46 f), nicht jedoch die der assozUnt und der nicht einbezogenen TU.

Bei enger Auslegung des Wortlauts würden die im Konzernanhang angegebenen Fehlbeträge (Art 28 Abs 2, Art 67 Abs 2 EGHGB) nicht unter die Erlpflicht nach Nr 16 fallen im Gegensatz zur Erlpflicht nach § 285 Nr 24, nach der eine Beschränkung auf den Bilanzausweis in der Vorschrift fehlt. Nach der dort vertretenen begründeten Auffassung (s § 285 Anm 418) hat die Berichterstattung auch die Fehlbeträge zu umfassen. Eine analoge Anwendung auf Nr 16 ist geboten, da die Ergänzung der Regelung nicht der von der Nr 16 formulierten Beschränkung auf den Konzernbilanz widerspricht.

Obwohl Nr 16 die in der Konzernbilanz ausgewiesenen Pensionsrückstellungen einschränkend für die Berichterstattungspflicht in Bezug nimmt, hat sich der sachliche Anwendungsbereich auch auf die nach § 246 Abs 2 S 2 verrechneten Pensionsrückstellungen – wie nach § 285 Nr 24 Anm 416 – zu erstrecken. Die im Wortlaut einschränkende Regelung ist gemessen an ihrem Zweck ergänzungsbedürftig. Eine enge Wortauslegung wäre unbefriedigend und widersprüchlich, da sie einen gleich liegenden und gleichartigen Tatbestand – Pensionsverpflichtungen – unterschiedlich behandeln würde. Sinn und Zweck der Vorschrift ist,

123 Der formelle Umfang der Angabepflichten entspricht dem der Nr 24 des § 285 (s dort Anm 420 ff). Sofern die Grundlagen für die Einzelangaben (versicherungsmathematisches Berechnungsverfahren, Zinssatz, erwartete Lohn- und Gehaltssteigerungen, Sterbetafeln) im Konzern nicht einheitlich angewandt werden (zB bei Einbeziehung von AuslandsGes) sind Angaben zu den wesentlichen jeweiligen Abweichungen zu den Bewertungsgrundlagen und -methoden des MU zu machen (§ 308 Abs 1 S 3), damit ein umfassendes Bild der auf die Pensionsverpflichtungen angewandten Bewertungsmethoden vermittelt wird (vgl IDW RS HFA 30 Tz 105).

zum Zweck der Vereinheitlichung und Vergleichbarkeit (BegrRegE BilMoG, 162) Aufschluss über die Bewertungsmethoden der Pensionsverpflichtungen zu verlangen, und es wäre nicht sachgemäß, danach zu unterscheiden, ob sie bilanziert, nicht bilanziert oder verrechnet sind.

17. Angaben zur Verrechnung von Vermögensgegenständen und Schulden nach § 246 Abs 2 S 2 (Abs 1 Nr 17)

125 Nr 17 verlangt, im Fall der Verrechnung von in der Konzernbilanz ausgewiesenen VG und Schulden nach § 246 Abs 2 S 2 die AK und den beizZW der verrechneten VG, den Erfüllungsbetrag der verrechneten Schulden sowie die verrechneten Aufwendungen und Erträge anzugeben. Die Vorschrift entspricht wortgleich – unter Bezug auf die Konzernbilanz – dem § 285 Nr 25; auf § 285 Anm 430 ff kann deshalb verwiesen werden. Durch die Bezugnahme der Vorschrift auf die Konzernbilanz ist festgelegt, dass die Berichterstattung alle nach § 246 Abs 2 S 2 vorgenommenen Verrechnungen von VG und Schulden der einbezogenen voll- und quotalkons Unt, ggf einschl der als ZweckGes gem § 290 Abs 2 Nr 4 einbezogenen Versorgungsträger (U-Kasse, P-Fonds), zu umfassen hat. Für nicht einbezogene TU und assozUnt entfällt die Angabepflicht. Hinzukommen die Verrechnungen nach § 246 Abs 2 S 2, die im Rahmen der Kons vorgenommen werden, wenn rechtlich ausgegliederte VG von verschiedenen einbezogenen Unt zur Verrechnung mit Schulden aus AVersVerpflichtungen oder vergleichbaren langfristig fälligen Verpflichtungen anderer einbezogener Unt dienen, sofern die übrigen Voraussetzungen des § 246 Abs 2 S 2 gegeben sind (glA *WPH*[14] I, M Anm 753); dies kann bei Versorgungswerken im Konzern der Fall sein. Für den Fall, dass der beizZW der VG nicht mit dem Marktpreis auf Grund eines aktiven Markts (§ 255 Abs 4 S 1), sondern mit Hilfe allgemein angewandter Bewertungsmethoden (§ 255 Abs 4 S 2) bestimmt wurde, verlangt Nr 17 Hs 2 die Anwendung von Nr 12a, dh die grundlegenden Annahmen der angewandten Bewertungsmethode anzugeben (s hierzu § 285 Nr 20a Anm 352 f).

18. Angaben zu Anteilen oder Anlageaktien an Investmentvermögen (Abs 1 Nr 18)

126 Nr 18 entspricht unter Bezugnahme auf die Konzernbilanz wortgleich der Nr 26 des § 285. Der sachliche Anwendungsbereich entspricht dem der Nr 26 des § 285, bezogen auf die in der Konzernbilanz ausgewiesenen Anteile und Anlageaktien der einbezogenen voll- und quotalkons Unt, nicht jedoch der assozUnt und der nicht einbezogenen TU, sofern der Anteils-/Anlageaktienbesitz

aller einbezogenen Unt jeweils 10% der in Umlauf befindlichen Anteile/Aktien übersteigt.

Nr 18 Ts 3 ersetzt die Angabepflichten nach Nr 10b (s dazu § 285 Anm 450), sofern von dem Bewertungswahlrecht nach § 253 Abs 3 S 4 wegen nur vorübergehender Wertminderung Gebrauch gemacht worden ist.

19. Angaben zu den Haftungsverhältnissen nach § 251, § 268 Abs 7 Hs 1 (Abs 1 Nr 19)

Die Angabepflicht verlangt eine Berichterstattung über die Gründe der Einschätzung des Risikos der Inanspruchnahme von nach § 251, § 268 Abs 7 Hs 1 ausgewiesenen Verbindlichkeiten und Haftungsverhältnissen. Die Vorschrift entspricht wörtlich der Nr 27 des § 285, so dass auf die Erl dort (§ 285 Anm 455 ff) verwiesen werden kann. Nr 19 nimmt zwar den Ausweis unter der Bilanz in Bezug, aus dem Gesetzeszusammenhang ergibt sich aber, dass die Konzernbilanz gemeint ist (§ 298 Abs 1 iVm §§ 251, 268 Abs 7). Zu berichten ist mithin über die Haftungsverhältnisse der einbezogenen voll- und quotalkons Unt nach Schuldenkons (§ 303), nicht jedoch über die der assozUnt und der nicht einbezogenen Unt.

Zusammenfassungen nach Risikogruppen und Arten von Haftungsverhältnissen sind zulässig. Eine Untergliederung nach den einbezogenen Unt ist nicht gefordert.

20. Gründe für die planmäßige Abschreibung des Geschäfts- oder Firmenwerts aus der Kapitalkonsolidierung über einen Zeitraum von mehr als fünf Jahren (Abs 1 Nr 20)

Die Vorschrift findet ihre Entsprechung in § 285 Nr 13 für den JA (s dort Anm 265). Sie verlangt die Angabe der Gründe, welche die Annahme einer betrieblichen Nutzungsdauer eines in der Konzernbilanz ausgewiesenen entgeltlich erworbenen GFW aus der KapKons von mehr als 5 Jahren rechtfertigen. Danach beschränkt sich die ErlPflicht auf den GFW aus der KapKons. GFW aus den Bilanzen der einbezogenen Unt sind hiernach nicht erlpflichtig. Für einen negativen GFW aus der KapKons (= „Unterschiedsbetrag aus der KapKons") ergibt sich eine ErlPflicht aus § 301 Abs 3 S 2 (s dort Anm 160f) iVm DRS 4.58.

Bzgl der angabepflichtigen Gründe für die Annahme der betrieblichen Nutzungsdauer des GFW aus der KapKons wird auf die Erl in § 285 Anm 265 oder DRS 4.33 verwiesen. Die Angabe der planmäßigen Nutzungsdauer des GFW aus der KapKons hat nach § 313 Abs 1 Nr 1 (s dort Anm 60ff) zu erfolgen. Die Erl nach Nr 20 können mit den Angaben der Bewertungsmethoden des GFW aus der KapKons zusammengefasst werden.

Setzt sich der in der Konzernbilanz ausgewiesene GFW aus mehreren KapKons zusammen, ist grds einzeln zu berichten; Zusammenfassungen nach gleichen Gründen und gleichen betrieblichen Nutzungsdauern sind zulässig. Darüber hinaus sind nach DRS 4 anzugeben:
– Angabe der von der linearen Abschreibung abw Abschreibungsmethode (DRS 4.57b),
– Begr einer Änderung des Abschreibungsplans (DRS 4.31).

21. Angaben zu latenten Steuern (Nr 21)

130 Nach der Vorschrift ist zu den latenten Steuern anzugeben, auf welchen Differenzen oder steuerlichen Verlustvorträgen die latenten Steuern beruhen und mit welchen Steuersätzen die Bewertung erfolgt ist. Die Vorschrift entspricht wortgleich der des § 285 Nr 29, so dass über Inhalt und Umfang der Berichterstattung dorthin (§ 285 Anm 470 ff) verwiesen wird. Da gem § 306 Abs 6 die latenten Steuern des § 306 S 1 u 2 auf KonsMaßnahmen mit denen nach § 274 zusammengefasst werden dürfen, ist über alle latenten Steuern der voll- und quotaleinbezogenen Unt zu berichten, nicht jedoch über die der assozUnt und der nicht einbezogenen TU (glA *WPH*[14] I, M Anm 756). Sachbezogene Zusammenfassungen (s § 285 Anm 471) sind zulässig. Die Berichtspflicht besteht auch dann, wenn aufgrund der Gesamtdifferenzenbetrachtung keine latenten Steuern in der Bilanz ausgewiesen werden. Über den Saldierungsbereich hinausgehende aktive Latenzen der einbezogenen TU, die in Ausübung des Wahlrechts nach § 298 Abs 1 iVm § 274 Abs 1 HGB nicht aktiviert werden, bedürfen keiner Erläuterung." Eine Differenzierung nach den einbezogenen Unt ist nicht erforderlich. Bei umfangreichen Differenzen ist eine tabellarische Darstellung empfehlenswert. Da ein GFW und ein passiver Unterschiedsbetrag aus der KapKons sowie eine temporäre Differenz zwischen dem steuerrechtlichen Wertansatz der Anteile im EA des einbezogenen Gesters und dem im KA angesetzten Nettovermögen des einbezogenen TU, GemUnt oder assozUnt *(outside basis difference)* nicht zu einer latenten Steuer (§ 306 S 3 u 4) führen, ist darüber nicht zu berichten. DRS 18.67 verlangt die Darstellung einer Überleitungsrechnung vom erwarteten Steueraufwand zum Steueraufwand lt GuV.

131 Darüber hinaus sind nach DRS 18 anzugeben:

- Angaben zu Differenzen oder steuerlichen Verlustvorträgen, für die aufgrund des Wahlrechts gem § 274 Abs 1 S 2 keine latenten Steuern angesetzt worden sind oder eine Verrechnung vorgenommen worden ist (DRS 18.64); eine qualitative Angabe ist idR ausreichend;
- Angabe des Betrags und des Zeitpunkt des Verfalls von Differenzen, für die kein latenter Steueranspruch angesetzt worden ist, sowie von ungenutzten steuerlichen Verlustvorträgen und Steuergutschriften (DRS 18.66).
- Darstellung des Zusammenhangs zwischen dem ausgewiesenen und erwarteten Steueraufwands in Form einer Überleitungsrechnung (DRS 18.67).

Zwar sind die Anforderungen nach DRS 18.64 und .67 im Hinblick auf eine verbesserte und entscheidungsnützliche Information für die Abschlussadressaten sachgerecht und wünschenswert. Mangels gesetzlicher Verpflichtung ist jedoch nicht zu beanstanden, wenn diese Angaben nicht im Konzern-Anhang gemacht werden. Dies hat zwar keine Auswirkungen auf den BV, der APr hat jedoch auf die Abweichung von DRS 18 im Prüfbericht hinzuweisen. (vgl IDW-FN, 2010, 451).

132 Wie nach § 285 Nr 29 (s § 285 Anm 473) sind auch die für die Bewertung zu Grunde gelegten untindividuellen Steuersätze anzugeben. Bei strenger Auslegung des Wortlauts würde dies bedeuten, dass für jedes einbezogene Unt der entspr Ertragsteuersatz anzugeben wäre, soweit sie differieren. Das ist zB in Deutschland wegen unterschiedlicher gewerbesteuerlicher Hebesätze der Fall. Die Angabe einer Bandbreite (von x% bis y%) dürfte dem Gesetzeszweck genügen (glA *WPH*[14] I, M Anm 756). Das Gleiche sollte für AuslandsGes je Staat gelten. Wird aus Wirtschaftlichkeitsgründen ein konzerneinheitlicher durchschnittlicher Steuersatz angewendet, ist dieser anzugeben.

C. Befreiung von der Angabepflicht gem § 314 Abs 1 Nr 3 (Abs 2 S 1)

S 1 befreit MU, die gem § 297 Abs 1 S 2 eine KonzernSegBerE in den KA aufnehmen von der Konzernumsatzaufgliederung nach § 314 Abs 1 Nr 3 (Anm 24). **135**

D. Unterlassen der Angaben der individualisierten Vorstandsbezüge börsennotierter Aktiengesellschaften (Abs 2 S 2)

Abs 2 S 2 verweist in Bezug auf die Angabepflicht gem § 314 Abs 1 Nr 6a S 5–8 iVm § 315a Abs 1 auf die entspr Anwendung des § 286 Abs 5. Es kann deshalb auf die Erl zu § 286 Anm 25, 26 verwiesen werden. Der HV-Beschluss darf zu den Angabepflichten im JA und KA zusammengefasst werden. Da es sich um zwei eigenständige Angabepflichten handelt, sind beide Vorschriften im Beschluss zu nennen. **136**

E. Rechtsfolgen einer Verletzung des § 314

Es wird auf § 313 Anm 225 verwiesen. **138**

Neunter Titel. Konzernlagebericht

§ 315 [Konzernlagebericht]

(1) ¹Im Konzernlagebericht sind der Geschäftsverlauf einschließlich des Geschäftsergebnisses und die Lage des Konzerns so darzustellen, dass ein den tatsächlichen Verhältnissen entsprechendes Bild vermittelt wird. ²Er hat eine ausgewogene und umfassende, dem Umfang und der Komplexität der Geschäftstätigkeit entsprechende Analyse des Geschäftsverlaufs und der Lage des Konzerns zu enthalten. ³In die Analyse sind die für die Geschäftstätigkeit bedeutsamsten finanziellen Leistungsindikatoren einzubeziehen und unter Bezugnahme auf die im Konzernabschluss ausgewiesenen Beträge und Angaben zu erläutern. ⁴Satz 3 gilt entsprechend für nichtfinanzielle Leistungsindikatoren, wie Informationen über Umwelt- und Arbeitnehmerbelange, soweit sie für das Verständnis des Geschäftsverlaufs oder der Lage von Bedeutung sind. ⁵Ferner ist im Konzernlagebericht die voraussichtliche Entwicklung mit ihren wesentlichen Chancen und Risiken zu beurteilen und zu erläutern; zugrunde liegende Annahmen sind anzugeben. ⁶Die gesetzlichen Vertreter eines Mutterunternehmens im Sinne des § 297 Abs. 2 Satz 4 haben zu versichern, dass nach bestem Wissen im Konzernlagebericht der Geschäftsverlauf einschließlich des Geschäftsergebnisses und die Lage des Konzerns so dargestellt sind, dass ein den tatsächlichen Verhältnissen entsprechendes Bild vermittelt wird, und dass die wesentlichen Chancen und Risiken im Sinne des Satzes 5 beschrieben sind.

(2) Der Konzernlagebericht soll auch eingehen auf:
1. Vorgänge von besonderer Bedeutung, die nach dem Schluß des Konzerngeschäftsjahrs eingetreten sind;
2. a) die Risikomanagementziele und -methoden des Konzerns einschließlich seiner Methoden zur Absicherung aller wichtigen Arten von Transaktio-

nen, die im Rahmen der Bilanzierung von Sicherungsgeschäften erfasst werden, sowie

b) die Preisänderungs-, Ausfall- und Liquiditätsrisiken sowie die Risiken aus Zahlungsstromschwankungen, denen der Konzern ausgesetzt ist,

jeweils in Bezug auf die Verwendung von Finanzinstrumenten durch den Konzern und sofern dies für die Beurteilung der Lage oder der voraussichtlichen Entwicklung von Belang ist;

3. den Bereich Forschung und Entwicklung des Konzerns;
4. die Grundzüge des Vergütungssystems für die in § 314 Abs. 1 Nr. 6 genannten Gesamtbezüge, soweit das Mutterunternehmen eine börsennotierte Aktiengesellschaft ist. ²Werden dabei auch Angaben entsprechend § 314 Abs. 1 Nr. 6 Buchstabe a Satz 5 bis 8 gemacht, können diese im Konzernanhang unterbleiben;
5. die wesentlichen Merkmale des internen Kontroll- und des Risikomanagementsystems im Hinblick auf den Konzernrechnungslegungsprozess, sofern eines der in den Konzernabschluss einbezogenen Tochterunternehmen oder das Mutterunternehmen kapitalmarktorientiert im Sinn des § 264d ist.

(3) § 298 Abs. 3 über die Zusammenfassung von Konzernanhang und Anhang ist entsprechend anzuwenden.

(4) ¹Mutterunternehmen, die einen organisierten Markt im Sinne des § 2 Abs. 7 des Wertpapiererwerbs- und Übernahmegesetzes durch von ihnen ausgegebene stimmberechtigte Aktien in Anspruch nehmen, haben im Konzernlagebericht anzugeben:

1. die Zusammensetzung des gezeichneten Kapitals; bei verschiedenen Aktiengattungen sind für jede Gattung die damit verbundenen Rechte und Pflichten und der Anteil am Gesellschaftskapital anzugeben, soweit die Angaben nicht im Konzernanhang zu machen sind;
2. Beschränkungen, die Stimmrechte oder die Übertragung von Aktien betreffen, auch wenn sie sich aus Vereinbarungen zwischen Gesellschaftern ergeben können, soweit sie dem Vorstand des Mutterunternehmens bekannt sind;
3. direkte oder indirekte Beteiligungen am Kapital, die 10 vom Hundert der Stimmrechte überschreiten, soweit die Angaben nicht im Konzernanhang zu machen sind;
4. die Inhaber von Aktien mit Sonderrechten, die Kontrollbefugnisse verleihen; die Sonderrechte sind zu beschreiben;
5. die Art der Stimmrechtskontrolle, wenn Arbeitnehmer am Kapital beteiligt sind und ihre Kontrollrechte nicht unmittelbar ausüben;
6. die gesetzlichen Vorschriften und Bestimmungen der Satzung über die Ernennung und Abberufung der Mitglieder des Vorstands und über die Änderung der Satzung;
7. die Befugnisse des Vorstands insbesondere hinsichtlich der Möglichkeit, Aktien auszugeben oder zurückzukaufen;
8. wesentliche Vereinbarungen des Mutterunternehmens, die unter der Bedingung eines Kontrollwechsels infolge eines Übernahmeangebots stehen, und die hieraus folgenden Wirkungen; die Angabe kann unterbleiben, soweit sie geeignet ist, dem Mutterunternehmen einen erheblichen Nachteil zuzufügen; die Angabepflicht nach anderen gesetzlichen Vorschriften bleibt unberührt;
9. Entschädigungsvereinbarungen des Mutterunternehmens, die für den Fall eines Übernahmeangebots mit den Mitgliedern des Vorstands oder Arbeitnehmern getroffen sind, soweit die Angaben nicht im Konzernanhang zu machen sind.

²Sind Angaben nach Satz 1 im Konzernanhang zu machen, ist im Konzernlagebericht darauf zu verweisen.

Übersicht

	Anm
A. Allgemeines	1–5
B. Der Inhalt des Konzernlageberichts	
I. Allgemeines	8–12
II. Darstellung des Geschäftsverlaufs einschließlich des Geschäftsergebnisses und der Lage des Konzerns (Abs 1 S 1)	13
III. Analyse des Geschäftsverlaufs und der Lage des Konzerns (Abs 1 S 2)	15
IV. Einbeziehung der bedeutsamsten finanziellen Leistungsindikatoren und ihre Erläuterung unter Bezugnahme auf die im Konzernabschluss ausgewiesenen Beträge und Angaben (Abs 1 S 3)	18
V. Angabe der nichtfinanziellen Leistungsindikatoren, soweit sie für das Verständnis des Geschäftsverlaufs oder der Lage von Bedeutung sind (Abs 1 S 4)	20
VI. Beurteilung und Erläuterung der voraussichtlichen Entwicklung mit ihren Chancen und Risiken unter Angabe der zu Grunde liegenden Annahmen (Abs 1 S 5)	22, 23
VII. Bilanzeid (Abs 1 S 6)	24
VIII. Einzelangaben (Abs 2)	
1. Allgemeines	26
2. Vorgänge von besonderer Bedeutung, die nach dem Schluss des Konzerngeschäftsjahrs eingetreten sind (Nr 1)	27
3. Risikoberichterstattung über Finanzinstrumente (Nr 2a und b)	30
4. Bereich Forschung und Entwicklung des Konzerns (Nr 3)	32
5. Vergütungsbericht für börsennotierte Aktiengesellschaften als Mutterunternehmen (Nr 4)	34
6. Zusatzberichterstattung über das konzernrechnungslegungsbezogene interne Kontroll- und das Risikomanagementsystem bei Kapitalmarktorientierung einbezogener Unternehmen iSv § 264d (Nr 5)	36
IX. Freiwillige Berichterstattungen	38
C. Zusammenfassung des Konzernlageberichts und des Lageberichts des Mutterunternehmens (Abs 3)	40
D. Übernahmerechtliche Zusatzangaben von kapitalmarktorientierten Mutterunternehmen iSd § 2 Abs 7 WpÜG (Abs 4)	45–48
E. Rechtsfolgen einer Verletzung des § 315	49
F. Abweichungen der IFRS	50

Schrifttum: s Schrifttum zu § 289.
Standards: DRS 20 (Konzernlagebericht).

A. Allgemeines

Gem § 290 haben alle MU in der Rechtsform der KapGes/KapCoGes, wenn **1** sie nicht von der Konzernrechnungslegung befreit sind (§§ 291, 292, 293), einen

§ 315 2, 3   Konzernlagebericht

Konzernlagebericht aufzustellen, in dem der Geschäftsverlauf einschl des Geschäftsergebnisses und die Lage des Konzerns so darzustellen sind, dass ein den tatsächlichen Verhältnissen entspr Bild vermittelt wird (Abs 1 S 1). Geschäftsverlauf und Lage des Konzerns sind ausgewogen und umfassend zu analysieren (Abs 1 S 2) unter Einbeziehung der Erl der bedeutsamsten finanziellen und nichtfinanziellen Leistungsindikatoren (Abs 1 S 3 u 4) und unter Bezugnahme auf die im KA ausgewiesenen Beträge und Angaben **(Wirtschaftsbericht).** Ferner ist die voraussichtliche Entwicklung mit ihren wesentlichen Chancen und Risiken unter Angabe der zu Grunde liegenden Annahmen zu beurteilen und zu erläutern (Abs 1 S 5) **(Prognose-, Chancen- und Risikobericht).** Der Konzernlagebericht (Abs 2) soll auch eingehen auf Vorgänge von besonderer Bedeutung, die nach dem Schluss des KonzernGj eingetreten sind **(Nachtragsbericht),** auf die RiskMaZiele und -Methoden sowie die Risiken in Bezug auf die Verwendung von FinInst durch den Konzern **(Bericht über Finanzinstrumente),** sofern dies für die Beurteilung der Lage oder der voraussichtlichen Entwicklung von Bedeutung ist, auf den Bereich FuE des Konzerns **(FuE-Bericht)** sowie bei börsennotierten AG (MU) auf die Grundzüge des Vergütungssystems **(Vergütungsbericht)** und, sofern ein einbezogenes Unt kapitalmarktorientiert iSv § 264d ist, auf die wesentlichen Merkmale des konzernrechnungslegungsbezogenen IKS und RMS. Ferner haben MU, die einen organisierten Markt iSv § 2 Abs 7 WpÜG durch von ihnen ausgegebene stimmberechtigte Aktien in Anspruch nehmen, bestimmte übernahmerechtliche Angaben und Erl zu machen (Abs 4). § 315 ist auch auf einen *Teilkonzern*-Lagebericht sinngemäß anzuwenden. § 315 entspricht wörtlich den Regelungen des Lageberichts einer KapGes/KapCoGes (§ 289) mit der Maßgabe, dass auf die besonderen Verhältnisse des Konzerns abgestellt ist, und der Einschränkung, dass *nicht* auf Zweigniederlassungen einzugehen ist (§ 289 Anm 90). Kreditinstitute und VersicherungsUnt haben unabhängig von ihrer Rechtsform und Größe einen Konzernlagebericht aufzustellen (§ 340i bzw § 341i).

Die Anforderungen an die Konzernlageberichterstattung werden durch DRS 20 konkretisiert, der am 4.12.2012 vom BMJ im BAnz bekannt gemacht wurde. DRS 20 ist erstmals verpflichtend für nach dem 31.12.2012 beginnende Gj anzuwenden (DRS 20.236). Eine vollumfängliche frühere Anwendung ist zulässig. Dabei fasst DRS 20 die ehemals bestehenden Standards zur Konzernlageberichterstattung (DRS 15, 5, 5–10 und 5–20) zusammen.

Auch zu einem **nach § 315a befreienden KA** nach international anerkannten Rechnungslegungsstandards muss ein Konzernlagebericht erstellt werden, auf den auch DRS 20 anzuwenden ist (in Analogie zu *WPH*[14] I, M Anm 878).

2 Dem **PublG unterliegende Mutterunternehmen** (§ 11 PublG) haben bei Vorliegen wesentlich höherer Größenmerkmale ebenfalls einen Konzernlagebericht *sinngemäß* nach § 315 aufzustellen (§ 13 Abs 1 und 2 PublG), auch wenn sie selbst nicht zur Aufstellung eines Lageberichts verpflichtet sind (Ekfm oder reine PersGes).

3 Wie der Lagebericht hat der Konzernlagebericht eine **Informations- und Rechenschaftsfunktion.** Er ist nicht Bestandteil des KA, sondern steht eigenständig neben dem KA und soll ihn ergänzen (DRS 20.4).

Der Konzernlagebericht ist nach DRS 20.25 mit Überschriften zu gliedern, wobei folgende Gliederungspunkte empfohlen werden (DRS 20): Grundlagen des Konzerns, Wirtschaftsbericht, Nachtragsbericht, Prognose-, Chancen- und Risikobericht, IKS und RMS bezogen auf den Konzernrechnungslegungsprozess (sofern nicht im Chancen- und Risikobericht integriert), Risikoberichterstattung über die Verwendung von FinInst (sofern nicht im allgemeinen Chancen- und Risikobericht integriert), übernahmerelevante Angaben, Erklärung gem § 289a

HGB, Versicherung der gesetzlichen Vertreter (sofern im Konzernlagebericht veröffentlicht). Die Lageberichterstattung ist in Systematik und Darstellungsform stetig fortzuführen (DRS 20.26). Der Konzernlagebericht und der Lagebericht des MU dürfen unter bestimmten Voraussetzungen zusammengefasst werden (s Anm 40).

Die *Grundsätze der Berichterstattung* im Konzernlagebericht entsprechen denen für den Lagebericht. Sie haben sich an der Zielsetzung zu orientieren, Rechenschaft über die Verwendung der anvertrauten Ressourcen im Berichtszeitraum zu legen, ein den tatsächlichen Verhältnissen entspr Bild zu vermitteln sowie den Adressaten entscheidungsrelevante und verlässliche Informationen zur Verfügung zu stellen (DRS 20.3). Die Berichterstattung im Konzernlagebericht muss **vollständig** (DRS 20.12–16), **verlässlich und ausgewogen** (s DRS 20.17–19) sowie **klar** und **übersichtlich** (DRS 20.20–30) sein und den Adressaten die **Sicht der Konzernleitung** vermitteln (DRS 20.31). Der in DRS 20 neu aufgenommene Grundsatz der **Informationsabstufung** normiert, dass Ausführlichkeit und Detaillierungsgrad der Ausführungen von den spezifischen Gegebenheiten des Konzerns abhängen (DRS 20.34–35), rechtfertigt aber kein vollständiges Weglassen von Berichtspunkten. Die Berichterstattung findet ihre Begrenzung im Grundsatz der **Wesentlichkeit** (§ 297 Anm 195f; DRS 20.32–33), der ebenfalls erstmals im DRS 20 verankert wurde.

Eine **Schutzklausel**, nach der eine Berichterstattung insoweit zu unterbleiben hat, als sie für das Wohl der Bundesrepublik Deutschland oder eines ihrer Länder erforderlich ist, wie sie für den Anhang und analog für den Konzernanhang gilt, besteht für den Konzernlagebericht wie für den Lagebericht **nicht** (§ 289 Anm 14; für eine Anwendung *Lück* im HdKR[2] § 315 Anm 30).

B. Der Inhalt des Konzernlageberichts

I. Allgemeines

Der Inhalt des Konzernlageberichts wie der des Lageberichts ist nicht begrenzt. Die Gesetzesvorschrift gibt nur den **Mindestumfang** an (s § 289 Anm 5). Demzufolge kann er um freiwillige Angaben erweitert werden (Anm 38).

Die Berichterstattung im Konzernlagebericht hat sich auf den Konzern zu erstrecken. Nach der dem Konzernbilanzrecht des HGB zu Grunde liegenden Einheitstheorie ist mithin *Gegenstand* der Berichterstattung **der Konzern als wirtschaftliche Einheit.** Der Konzernlagebericht ist somit nicht die Zusammenfassung der Lageberichte der einzelnen TU mit dem des MU, sondern er bezieht sich ausschließlich auf den *Konzern als Ganzen* (*Lück* im HdKR[2] § 315 Anm 30). Auch hat sich die Berichterstattung nicht auf die in den KA einbezogenen Unt zu beschränken, sondern es ist über den Konzern zu berichten, wie er sich aus den einbezogenen und wegen § 296 nicht einbezogenen Unt ergibt (hM zB *ADS*[6] § 315 Anm 15).

Bei dieser Interpretation erscheint die Einbeziehung der **quotal in den Konzernabschluss einbezogenen Unternehmen** (§ 310) in die Konzernlageberichterstattung problematisch. Obwohl es sich hier nicht um TU iSd §§ 294, 296 handelt, sollten diese Unt in die Berichterstattung einbezogen werden (glA *WPH*[14] I, M Anm 880), da sie – wenn auch nur quotal – (also nicht at equity) die Lage des Konzerns beeinflussen und das so vermittelte Bild des Konzerns präziser den tatsächlichen Verhältnissen entspricht.

Eine Ausweitung der Konzernlageberichterstattung auf die **assoziierten Unternehmen** und die **anderen** anteilig im Konzernbesitz stehenden **Unterneh-**

men des § 313 Abs 2 Nr 4 entspricht zwar nicht dem Gesetzeswortlaut. Ihre Einbeziehung in den Konzernlagebericht kann jedoch *geboten* sein, wenn von diesen Unt *erhebliche Einflüsse* auf den Geschäftsverlauf, das Geschäftsergebnis und die Lage sowie auf die voraussichtliche Entwicklung des Konzerns und ihre wesentlichen Chancen und Risiken ausgegangen sind bzw ausgehen (für eine generelle Einbeziehung assozUnt *WPH*[14] I, M Anm 880).

11 Die Berichterstattung umfasst **nicht** den **Geschäftsverlauf,** das **Geschäftsergebnis,** die **Lage** und die **voraussichtliche Entwicklung** mit ihren Chancen und Risiken **der** *einzelnen* in den KA **einbezogenen Unternehmen,** was sich aus dem Gesetzeswortlaut ergibt (*WPH*[14] I, M Anm 881). Auch eine Zuordnung erheblicher Einflüsse, die auf den Geschäftsverlauf, das Geschäftsergebnis, die Lage und die voraussichtliche Entwicklung des Konzerns gewirkt haben bzw wirken, auf einbezogene Unt ist nicht verlangt. Gegenstand der Berichterstattung ist immer der Konzern in seiner *Gesamtheit,* als ob er ein einziges Unt wäre. Das schließt eine Berichterstattung nach wirtschaftlichen Kriterien (zB Branchen, Produktgruppen, In- und Ausland) nicht aus. Dieser Grundsatz der Konzernlageberichterstattung gilt auch für die Fälle, in denen ein Konzern von einem dominierenden Unt geprägt wird (zB großes MU mit kleinen TU oder kleines MU – HoldingGes – mit großem TU).

12 **KapmarktUnt** haben nach DRS 20.K45 auch das untintern eingesetzte Steuerungssystem anhand der quantitativen Maßstäbe mit Informationen über die hierbei verwendeten Kennzahlen darzustellen und zu erläutern. Zusätzlich müssen nunmehr wesentliche Veränderungen des im Konzern eingesetzten Steuerungssystems und der berichteten Kennzahlen im Vergleich zum Vj dargestellt und erläutert werden (DRS 20.K47).

II. Darstellung des Geschäftsverlaufs einschließlich des Geschäftsergebnisses und der Lage des Konzerns (Abs 1 S 1)

13 Die in Abs 1 S 1 verlangte Berichterstattung über Geschäftsverlauf, Geschäftsergebnis und Lage des Konzerns unterscheidet sich nicht von der entspr Regelung für den Lagebericht der KapGes/KapCoGes; näheres hierzu § 289 Anm 15. Die Darstellung des Geschäftsverlaufs des Konzerns verlangt Angaben über die vergangenheitsorientierte und zeitraumbezogene Entwicklung der Geschäftstätigkeit im abgelaufenen Konzern*geschäftsjahr* einschl der hierfür wesentlichen ursächlichen Ereignisse (DRS 20.11). Dabei ist auch auf die gesamtwirtschaftlichen und branchenbezogenen Rahmenbedingungen einzugehen, soweit diese für das Verständnis der Analyse des Geschäftsverlaufs und der wirtschaftlichen Lage erforderlich sind (DRS 20.53, 59). DRS 20.53 fordert neben der Darstellung die Analyse und Beurteilung des Geschäftsverlaufs des Konzerns, wobei Darstellung und Analyse gemeinsam erfolgen können (DRS 20.55). Dabei sind in der Vorperiode berichtete Prognosen mit der tatsächlichen Geschäftsentwicklung zu vergleichen (DRS 20.57). Ebenso sind Veränderungen der gesamtwirtschaftlichen oder branchenbezogenen Rahmenbedingungen im Vergleich zum Vj darzustellen und im Hinblick auf ihre Bedeutung für den Konzern zu beurteilen (DRS 20.61). Sofern Unt freiwillig über ihre Ziele und Strategien berichten, sollen nach DRS 20.56 Aussagen über den Stand der Erreichung dieser gemacht werden. Abschließend sind die Ausführungen zum Geschäftsverlauf und zur Lage des Konzerns zu einer Gesamtaussage zu verdichten, in die auch Erkenntnisse nach Abschluss des Berichtszeitraums einfließen. Dabei hat die Konzernleitung zu beurteilen, ob die Geschäftsentwicklung insgesamt günstig oder ungünstig

verlaufen ist (DRS 20.58). Aus der Darstellung, Analyse und Beurteilung des Geschäftsverlaufs des Konzerns ergibt sich bereits ein Bild von der *Lage* des Konzerns, das durch eine zusätzliche Berichterstattung über die VFE-Lage des Konzerns *zum Ende* des Konzern-Gj, also am Bilanzstichtag des KA, zu erweitern ist. DRS 20 konkretisiert die Berichtspflichten zur VFE-Lage in DRS 20.64–113 mit weiteren Empfehlungen in DRS 20.B24–B.29, wobei nicht nur verbale Ausführungen gefordert werden, sondern auch Quantifizierungen. Ebenso müssen für den Geschäftsverlauf ursächliche Entwicklungen angegeben sowie deren Bedeutung für den Konzern beurteilt werden (DRS 20.62).

III. Analyse des Geschäftsverlaufs und der Lage des Konzerns (Abs 1 S 2)

Diese Bestimmung stimmt wörtlich mit § 289 Abs 1 S 2 überein und verpflichtet zu einer ausgewogenen und umfassenden, dem Umfang und der Komplexität der Geschäftstätigkeit entspr Analyse des Geschäftsverlaufs und der Lage des Konzerns. Es kann auf die Ausführungen im § 289 Anm 25 ff verwiesen werden. DRS 20.31 verlangt dabei, dass die Berichterstattung die Einschätzungen und Beurteilungen der Konzernleitung zum Ausdruck bringen müssen.

IV. Einbeziehung der bedeutsamsten finanziellen Leistungsindikatoren und ihre Erläuterung unter Bezugnahme auf die im Konzernabschluss ausgewiesenen Beträge und Angaben (Abs 1 S 3)

Abs 1 S 3 entspricht wörtlich § 289 Abs 1 S 3, so dass grds auf die Erl zu § 289 Anm 30 ff verwiesen werden kann. DRS 20.102 konkretisiert, dass jene finanziellen Einflussfaktoren einzubeziehen sind, die auch zur internen Steuerung herangezogen werden. Für Informationen, die iZm dem KA stehen, verlangt DRS 20.17 eine zutreffende und nachvollziehbare Überleitung. Ebenso müssen Tatsachenangaben und Meinungen als solche erkennbar sein.

V. Angabe der nichtfinanziellen Leistungsindikatoren, soweit sie für das Verständnis des Geschäftsverlaufs oder der Lage von Bedeutung sind (Abs 1 S 4)

Abs 1 S 4 verpflichtet alle MU, in ihre Analyse des Geschäftsverlaufs (einschl des Geschäftsergebnisses) und der Lage des Konzerns nicht nur die bedeutsamsten finanziellen Leistungsindikatoren, sondern auch die nichtfinanziellen Leistungsindikatoren einzubeziehen und unter Bezugnahme auf die im KA ausgewiesenen Beträge und Angaben zu erläutern, soweit sie für das Verständnis des Geschäftsverlaufs oder der Lage des Konzerns von Bedeutung sind. Die Vorschrift entspricht wörtlich § 289 Abs 3, der allerdings nur für große KapGes/KapCoGes (§ 267 Abs 3) verpflichtend ist. Es kann auf die Erl zu § 289 Abs 3 Anm 100 ff verwiesen werden. Die Auswahl der einzubeziehenden nichtfinanziellen Leistungsindikatoren deckt sich mit denen, die zur internen Steuerung verwendet werden (DRS 20.106). Sofern quantitative Angaben zu den Leistungsindikatoren auch zur internen Steuerung herangezogen werden und wesentlich sind, sind ebenso zu den nichtfinanziellen Leistungsindikatoren quantitative Angaben zu machen (DRS 20.108).

VI. Beurteilung und Erläuterung der voraussichtlichen Entwicklung mit ihren Chancen und Risiken unter Angabe der zu Grunde liegenden Annahmen (Abs 1 S 5)

22 Diese Vorschrift stimmt wörtlich mit § 289 Abs 1 S 4 überein mit der Maßgabe, dass die Berichterstattung sich auf den gesamten Konzern zu beziehen hat. Bzgl Art und Umfang der Berichterstattung wird auf die Ausführungen in § 289 Anm 35 ff verwiesen. Dabei kann nach DRS 20.117 die Darstellung der Chancen der voraussichtlichen Entwicklung getrennt von der oder gemeinsam mit der Risikoberichterstattung erfolgen, je nachdem welche Darstellung aus Sicht der Konzernleitung die voraussichtliche Entwicklung sowie ihre Chancen und Risiken im konkreten Einzelfall dem verständigen Adressaten klarer vermittelt. Bei einer getrennten Berichterstattung ist im Prognosebericht auf die Chancen und Risiken inhaltlich Bezug zu nehmen, sofern die Zusammenhänge für den verständigen Adressaten nicht offensichtlich sind.

23 Für den Prognose-, Chancen- und Risikobericht (DRS 20.116–167) verlangt DRS 20.120 die Angabe der wesentlichen Annahmen auf denen die Prognosen beruhen. Umfasst der KA eine SegBerE, sind nach DRS 20.B41 dann segmentspezifische Angaben aufzunehmen, wenn eine über alle Segmente kons Betrachtung kein zutreffendes Bild von der Konzernlage vermittelt. Dies ist bspw der Fall, wenn sich einzelne Segmente entgegengesetzt entwickeln, so dass sich die Auswirkungen auf die VFE-Lage des Konzerns kompensieren.

VII. Bilanzeid (Abs 1 S 6)

24 Gem S 6 sind die gesetzlichen Vertreter eines kapmarktMU iSd § 297 Abs 2 S 4 verpflichtet zu versichern, dass nach bestem Wissen im Konzernlagebericht der Geschäftsverlauf einschl des Geschäftsergebnisses und die Lage des Konzerns so dargestellt sind, dass ein den tatsächlichen Verhältnissen entspr Bild vermittelt wird, und dass die wesentlichen Chancen und Risiken der voraussichtlichen Entwicklung iSd S 5 beschrieben sind. S 6 entspricht wortgleich § 289 Abs 1 S 5, jedoch bezogen auf den Konzernlagebericht; es kann deshalb auf § 289 Anm 56 ff verwiesen werden. Die Vorschrift steht iZm der nach § 297 Abs 2 S 4 abzugebenden Erklärung (Bilanzeid) für den KA, mit der die Erklärung nach S 6 zu einer einheitlichen Erklärung zusammengefasst werden darf (s den Formulierungsvorschlag des DRS 20.K234).

VIII. Einzelangaben (Abs 2)

1. Allgemeines

26 Gem Abs 2 soll der Konzernlagebericht *auch* auf folgende Sachverhalte eingehen:

Nr 1: Vorgänge von besonderer Bedeutung, die nach dem Schluss des KonzernGj eingetreten sind;

Nr 2: a) die RiskMaZiele und -Methoden des Konzerns einschl seiner Methoden zur Absicherung aller wichtigen Arten von Transaktionen, die im Rahmen der Bilanzierung von Sicherungsgeschäften erfasst werden, sowie

b) die Preisänderungs-, Ausfall- und Liquiditätsrisiken sowie die Risiken aus Zahlungsstromschwankungen, denen der Konzern ausgesetzt ist,

jeweils in Bezug auf die Verwendung von FinInst durch den Konzern, sofern dies für die Beurteilung der Lage oder der voraussichtlichen Entwicklung von Belang ist;

Nr 3: den Bereich FuE des Konzerns;
Nr 4: die Grundzüge des Vergütungssystems für die in § 314 Abs 1 Nr 6 genannten Gesamtbezüge, soweit das MU eine börsennotierte AG ist;
Nr 5: die wesentlichen Merkmale der konzernrechnungslegungsbezogenen IKS und RMS, sofern ein einbezogenes Unt oder das MU kapitalmarktorientiert iSv § 264d ist.

Abs 2 stimmt mit Ausnahme der Nr 5 wörtlich mit § 289 Abs 2 überein mit der Besonderheit, dass im Konzernlagebericht über bestehende Zweigniederlassungen (§ 289 Abs 2 Nr 4) nicht zu berichten ist. Zum Verpflichtungscharakter dieser Sollvorschrift s § 289 Anm 60. Danach muss im Regelfall über die Einzelangaben berichtet werden (glA *Lück* in HdKR² § 315 Anm 36). Gegenstand der Berichterstattung ist *immer* wie zu Abs 1 der **Konzern in seiner Gesamtheit**. Vorgänge, Entwicklungen und Tätigkeiten bei *einzelnen* Konzern-Unt und einbezogenen GemUnt und Einflüsse von diesen Unt sind nur insoweit relevant, als sie für die Verhältnisse des Konzerns als Einheit bedeutsam sind.

2. Vorgänge von besonderer Bedeutung, die nach dem Schluss des Konzerngeschäftsjahrs eingetreten sind (Nr 1)

Im Konzernlagebericht soll auch auf Vorgänge von besonderer Bedeutung, die nach dem Schluss des KonzernGj bis zur Erteilung des BVm (IDW PS 203 nF Tz 10) eingetreten sind, eingegangen werden. Diese Vorschrift stimmt wörtlich mit der für den Lagebericht der KapGes/KapCoGes überein (s deshalb § 289 Anm 62 ff). Es muss sich immer um Vorgänge handeln, die für den ganzen Konzern von erheblicher Bedeutung sind, dh wenn sie, hätten sie sich bereits vor Ablauf des Gj vollzogen, eine deutlich andere Darstellung der VFE-Lage des Konzerns erfordert hätten (DRS 20.115). Damit scheiden Vorgänge aus der Berichterstattung aus, wenn sie für den *Gesamtkonzern* nicht wesentlich sind. 27

3. Risikoberichterstattung über Finanzinstrumente (Nr 2a und b)

Abs 2 Nr 2 schreibt vor, dass in Bezug auf die Verwendung von FinInst durch den Konzern auf 30
a) die RiskMaZiele und -Methoden (Nr 2a) sowie
b) die Preisänderungs-, Ausfall- und Liquiditätsrisiken sowie die Risiken aus Zahlungsstromschwankungen (Nr 2b)
einzugehen ist, sofern dies für die Beurteilung der Lage oder der voraussichtlichen Entwicklung von Belang ist. Die Pflicht zu dieser Berichterstattung entspricht der in § 289 Abs 2 Nr 2a und b für den Lagebericht. Es wird daher auf die Erl zu § 289 Anm 65 ff verwiesen mit der Maßgabe, dass diese sich auf den gesamten Konzern beziehen.

4. Bereich Forschung und Entwicklung des Konzerns (Nr 3)

Der Konzernlagebericht soll auch auf den Bereich FuE des Konzerns eingehen. Die Vorschrift entspricht inhaltlich der Regelung für den Lagebericht der KapGes/KapCoGes; hierzu § 289 Anm 85 ff. 32

Nach DRS 20.49 haben Darstellung und Erl der Aktivitäten zu FuE Informationen zu enthalten, die einen Einblick in die allgemeine Ausrichtung der Aktivitäten sowie deren Intensität ermitteln. Darüber hinaus sind zum Faktoreinsatz sowie zu den Ergebnissen der FuE-Aktivitäten quantitative Angaben zu machen. Beispiele für quantitative Angaben zum Faktoreinsatz und zu den Ergebnissen der FuE-Aktivitäten werden in DRS 20.50 aufgezählt.

5. Vergütungsbericht für börsennotierte Aktiengesellschaften als Mutterunternehmen (Nr 4)

34 Der Konzernlagebericht einer börsennotierten AG soll auch für die Grundzüge des Vergütungssystems für die in § 314 Abs 1 Nr 6 genannten Gesamtbezüge eingehen. Diese Vorschrift entspricht wörtlich der Regelung des § 289 Abs 2 Nr 5 für den Lagebericht. Es kann deshalb auf die Erl in den § 289 Anm 93 ff dort verwiesen werden mit der Maßgabe, dass sie sich jeweils auf die Gesamtbezüge der einzelnen Gremien des MU beziehen, die von KonzernUnt gewährt werden.

Wie für den Lagebericht (s § 289 Anm 99) gestattet S 2, die Angaben der individualisierten Vorstandsbezüge entspr § 314 Abs 1 Nr 6a S 5–8 statt im Konzernanhang zusammen mit dem Vergütungsbericht nach S 1 zu machen (s auch DRS 17.72; § 289 Anm 99).

Nach DRS 17.13 sind für quantitative Angaben Vj-Zahlen anzugeben. Für verbale Angaben sind ebenfalls Vergleichsinformationen zum Vj zu machen, wenn sie für das Verständnis der Angaben von Bedeutung sind.

6. Zusatzberichterstattung über das konzernrechnungslegungsbezogene interne Kontroll- und das Risikomanagementsystem bei Kapitalmarktorientierung einbezogener Unternehmen iSv § 264d (Nr 5)

36 Nr 5 verlangt von MU im Lagebericht eine Beschreibung der wesentlichen Merkmale des IKS und RMS im Hinblick auf den Konzernrechnungslegungsprozess, sofern das MU selbst oder ein in den KA einbezogenes TU kapitalmarktorientiert iSv § 264d ist. Die Berichterstattungspflicht nach Nr 5 besteht bei gleichen Voraussetzungen – außerdem für dem PublG unterliegende MU (§ 11 PublG) nach § 13 Abs 1 S 2 iVm Abs 2 S 3 PublG sowie für Kredit- und Finanzdienstleistungsinstitute (§ 340i Abs 1 S 1) und VersicherungsUnt (§ 341i Abs 1 S 1) als MU. Dies gilt auch für einen Konzernlagebericht zu einem nach § 315a aufgestellten IFRS-KA. Nach dem Wortlaut der Vorschrift tritt die Berichtspflicht nicht ein, wenn nur ein GemUnt iSv § 264d in den KA einbezogen ist.

Nr 5 entspricht weitgehend dem Abs 5 des § 289. Obwohl Nr 5 gesetzessystematisch im Konzernlagebericht in die Soll-Vorschrift des Abs 2 eingefügt wurde, ist die entspr Vorschrift im Lagebericht in einem eigenen Abs mit Pflichtberichterstattung (§ 289 Abs 5) geregelt worden. Für die Praxis der Berichterstattung dürfte daraus jedoch kein unterschiedlicher Verpflichtungscharakter beider Normen abgeleitet werden, so dass auch für Nr 5 eine Berichtspflicht besteht.

Im Unterschied zu § 289 Abs 5 erstreckt sich die Beschreibungspflicht der wesentlichen Merkmale des IKS und RMS auf den Konzernrechnungslegungsprozess. Nach DRS 20.K173 müssen sich die Ausführungen zum einen auf die für den KA und Konzernlagebericht relevanten Rechnungslegungsprozesse aller einbezogenen Unt und zum anderen auf die für den KA wesentlichen Merkmale des KonsProzesses beziehen.

Der Konzernrechnungslegungsprozess umfasst die JA der einbezogenen Unt (HB I), die Anpassungen an die HB II (s dazu § 300 Anm 26 ff), die einzelnen KonsMaßnahmen, ggf die Konzernbuchführung (s dazu *WPH*[14] I, M Anm 899) sowie nach § 297 die Konzernrechnungslegungsinstrumente: Konzern-Bilanz, -GuV, -Anhang, -KFR, -EKSpiegel, ggf KonzernSegBerE und nach § 37y WpHG den Konzernhalbjahres- und ggf -quartalsfinanzbericht.

Bzgl Art und Umfang der Beschreibung der wesentlichen Merkmale der relevanten Systeme wird auf die Ausführungen in § 289 Anm 150 ff und die Beispiele in DRS 20.K174 ff verwiesen mit der Maßgabe, dass die Berichterstattung sich auf die Systeme im Hinblick auf den Rechnungslegungsprozess des Konzerns als wirtschaftlicher Einheit zu beziehen hat.

Wie nach § 289 Abs 5 darf die Berichterstattung nach Nr 5 mit der Risikoberichterstattung über FinInst nach Abs 2 Nr 2 zu einem Konzernrisikobericht zusammengefasst werden (s dazu § 289 Anm 159).

IX. Freiwillige Berichterstattungen

Der Inhalt des Konzernlageberichts ist wie der des Lageberichts (s § 289 Anm 5) nicht begrenzt. Eine weitere Berichterstattung ist deshalb zulässig (ebenso *Lück* in HdKR² § 315 Anm 33). Eine mögliche freiwillige Erweiterung unterscheidet sich nicht von der Berichterstattung im Lagebericht der KapGes/KapCoGes (§ 289 Anm 165), wobei die Berichterstattung über nicht finanzielle Leistungsindikatoren für den Lagebericht nur kapmarktUnt vorgeschrieben ist (§ 289 Anm 100 ff), während sie für den Konzernlagebericht zwingend ist (§ 315 Abs 1 S 4, s Anm 20). Erweitert ein MU seinen KA freiwillig um eine SegBerE (§ 297 Abs 1 S 2), ist nach DRS 20.27 den segmentbezogenen Informationen im Konzernlagebericht dieselbe Segmentabgrenzung wie im KA zugrunde zu legen.

C. Zusammenfassung des Konzernlageberichts und des Lageberichts des Mutterunternehmens (Abs 3)

Konzernlagebericht und Lagebericht des MU dürfen zusammengefasst werden. Wie für die Zusammenfassung des Konzernanhangs und des Anhangs des JA des MU ist Voraussetzung hierfür, dass KA und JA des MU *gemeinsam offen gelegt* werden (§ 298 Abs 3 S 2). Auf diese Weise können Wiederholungen und Doppelangaben vermieden werden (so auch *Lück* in HdKR² § 315 Anm 11). Für die Zusammenfassung der Lageberichte des Konzerns und des MU ist wesentlich, dass die Berichterstattungspflichten sowohl nach § 289 als auch nach § 315 gleichermaßen voll erfüllt sind. Es braucht nur einmal berichtet zu werden, wenn Geschäftsverlauf einschl Geschäftsergebnis und Lage des MU und des Konzerns im abgelaufenen Gj gleich waren, die voraussichtliche Entwicklung mit ihren wesentlichen Chancen und Risiken im Konzern und bei dem MU ebenfalls übereinstimmt und darauf jeweils ausdrücklich hingewiesen wird (ebenso *Lück* in HdKR² § 315 Anm 11). Weichen Geschäftsverlauf einschl Geschäftsergebnis, Lage und die voraussichtliche Entwicklung mit ihren wesentlichen Chancen und Risiken im Konzern und bei dem MU *voneinander ab,* muss gesondert berichtet oder auf die jeweiligen Besonderheiten eingegangen werden, wobei hervorgehoben werden muss, welche Angaben sich auf den Konzern und welche sich nur auf das MU beziehen (§ 298 Abs 3 S 3 iVm § 315 Abs 3). Das Gleiche gilt für die zulässige zusammengefasste Berichterstattung zu Sachverhalten, über die nach § 289 Abs 2 und § 315 Abs 2 berichtet werden soll; insb darf die durch § 289 Abs 2 Nr 4 geforderte Berichterstattung über Zweigniederlassungen des MU nicht unterbleiben; dazu § 289 Anm 90 und hier Anm 1.

Grds darf durch die Zusammenfassung des Konzernlageberichts mit dem Lagebericht des MU, die nach DRS 20.24 bspw unter der Überschrift „Zusammengefasster Lagebericht" geschlossen darzustellen ist, die Klarheit und Übersichtlichkeit der Darstellung sowie die Vollständigkeit der Erl in jedem der beiden Berichte nicht beeinträchtigt werden. Der zusammengefasste Bericht muss dabei alle Informationen enthalten, die notwendig sind, sowohl die wirtschaftliche Lage des Konzerns insgesamt als auch die des MU für sich genommen beurteilen zu können (s DRS 20.23).

D. Übernahmerechtliche Zusatzangaben von kapitalmarktorientierten Mutterunternehmen iSd § 2 Abs 7 WpÜG (Abs 4)

45 Abs 4 regelt die Berichtspflicht über übernahmerechtliche Angaben zur Struktur des Kapitals, zum Vorstand und zu etwaigen Übernahmehindernissen. Der persönliche Anwendungsbereich von Abs 4 entspricht der des § 289 Abs 4 (s dort Anm 112). Die Angabepflicht ist auch in einem Konzernlagebericht nach § 315a zu erfüllen. Die Angaben nach § 315 Abs 4 unterscheiden sich nicht von den Regelungen nach § 289 Abs 4, so dass auf diese Erl (§ 289 Anm 110ff) verwiesen werden kann. Eine Angabepflicht besteht nicht, wenn eine als TU in den KA einbezogene AG/KGaA einen organisierten Markt iSd § 2 WpÜG durch von ihr ausgegebene stimmberechtigte Aktien in Anspruch nimmt.

Die Angaben sind in jedem Konzernlagebericht zu machen, auch wenn sie im Lagebericht des MU enthalten sind; ein Verweis ist nicht zulässig (wie hier *WPH*[14] I, M Anm 900). Wird dagegen der Konzernlagebericht mit dem Lagebericht des MU nach Abs 3 (s Anm 40) zusammengefasst, wird beiden Vorschriften genügt, wenn nur einmal berichtet wird, da die Angaben identisch sind.

46 Der Zusatz zu den Nr 1, 3 und 9 „soweit die Angaben nicht im Konzernanhang zu machen sind" soll Doppelangaben vermeiden. Dabei haben die Angaben im Konzernanhang Vorrang. Soweit die geforderten Angaben im Konzernanhang gemacht werden, dürfen sie im Konzernlagebericht unterbleiben, jedoch ist nach § 315 Abs 4 S 2 in diesem Fall im Konzernlagebericht ein Verweis auf die Angaben im Konzernanhang (nicht im Anhang des MU) erforderlich. Während die Nrn 1 bis 7 des § 315 Abs 4 mit den Nrn 1 bis 7 des § 289 Abs 4 wortgleich übereinstimmen, beziehen sich die Nrn 8 und 9 des § 315 Abs 4 im Unterschied zu § 289 Abs 4 Nrn 8 und 9 auf Vereinbarungen des MU.

47 Für **Berichtspflichten nach Nr 8** bedeutet dies, dass nach dem Wortlaut die Berichtspflichten nicht auch die Vereinbarungen von in den KA einbezogenen TU einschließen, und auch, dass für das Weglassen der Angaben die Möglichkeit der Nachteilszufügung nach dem Wortlaut nur auf das MU und nicht auf den Konzern als Ganzen oder einzelne in die KA einbezogene TU bezogen ist.

48 Bei den **Berichtspflichten nach Nr 9** über Entschädigungsvereinbarungen für den Fall eines Übernahmeangebots beschränken sich diese auf entspr Vereinbarungen des MU mit *seinen* Vorstandsmitgliedern; solche Vereinbarungen von TU mit den Mitgliedern des Vorstands des MU (zB bei Doppelmandaten) sind nicht angabepflichtig (vgl DRS 20.K221; *Seibt/Heiser* AG 2006, 316). Nr 9 schreibt ferner die Angabe von Entschädigungsvereinbarungen des MU mit Arbeitnehmern für den Fall eines Übernahmeangebots vor. Die Vorschrift lässt offen, ob es sich nur um die Arbeitnehmer des MU (wie § 289 Abs 4 Nr 9) oder in Ansehung einer Berichterstattung im Konzernlagebericht auch um die Arbeitnehmer von einbezogenen TU handelt. In Übereinstimmung mit Art 10 Abs 2 der EU-Übernahmerichtl, der die Angaben auch nach Nr 1 bis 9 einheitlich sowohl für den Lagebericht als auch für den Konzernlagebericht vorschreibt (*Baetge/Brüggemann/Haenelt* BB 2007, 1892), und in Anbetracht diesbzgl deckungsgleicher Formulierung der Nr 9 für den Lagebericht und den Konzernlagebericht (*Rabenhorst* WPg 2008, 144) lässt sich folgern, dass es dem Sinn und Zweck der Vorschrift entspricht, den Umfang der angabepflichtigen Arbeitnehmer auf den des MU zu beschränken. Dieser Beschränkung entspricht auch, dass sich der gesamte Normbereich der Nr 9 auf das MU bezieht und auch Nr 8 Hs 2 (mögliche Nachteilszufügung) eine ausdrückliche Beschränkung auf das MU vorsieht. Zwischen der Vorschrift der Nr 8 und der der Nr 9 muss eine sachliche Übereinstimmung des Sinns und Zwecks von Abs 4 angenommen werden. Hätte der Gesetzgeber den sachlichen Anwendungsbereich auf die Arbeitnehmer des gesamten Konzerns ausweiten wollen, hätte er dies zwanglos an dieser Stelle formulieren können (aA DRS 20.K221, der auch die Arbeitnehmer der TU in die Angabepflicht einbezieht, sofern das MU eine Entschädigungsvereinbarung mit diesen getroffen hat).

E. Rechtsfolgen einer Verletzung des § 315

Die Verletzung der Vorschriften im HGB und im PublG über den Konzernlagebericht ist auf unterschiedliche Weise sanktioniert, und zwar mit Strafe (s §§ 331 Nr 2 Anm 30, 17 Abs 1 Nr 2 PublG), Bußgeld (s §§ 334 Abs 1 Nr 4 Anm 14, 20 Abs 1 Nr 4 PublG) und Ordnungsgeld (s §§ 335 Abs 1 Nr 1 Anm 12; 21 Abs 1 Nr 2 PublG). **49**

F. Abweichungen der IFRS

IFRS schreiben einen Konzernlagebericht nicht vor. Zu weiteren Einzelheiten s § 289 Anm 175. **50**

Zehnter Titel. Konzernabschluss nach internationalen Rechnungslegungsstandards

§ 315a [Konzernabschluss nach internationalen Rechnungslegungsstandards]

(1) Ist ein Mutterunternehmen, das nach den Vorschriften des Ersten Titels einen Konzernabschluss aufzustellen hat, nach Artikel 4 der Verordnung (EG) Nr. 1606/2002 des Europäischen Parlaments und des Rates vom 19. Juli 2002 in der jeweils geltenden Fassung verpflichtet, die nach den Artikeln 2, 3 und 6 der genannten Verordnung übernommenen internationalen Rechnungslegungsstandards anzuwenden, so sind von den Vorschriften des Zweiten bis Achten Titels nur § 294 Abs. 3, § 297 Abs. 2 Satz 4, § 298 Abs. 1, dieser jedoch nur in Verbindung mit den §§ 244 und 245, ferner § 313 Abs. 2 und 3, § 314 Abs. 1 Nr. 4, 6, 8 und 9, Abs. 2 Satz 2 sowie die Bestimmungen des Neunten Titels und die Vorschriften außerhalb dieses Unterabschnitts, die den Konzernabschluss oder den Konzernlagebericht betreffen, anzuwenden.

(2) Mutterunternehmen, die nicht unter Absatz 1 fallen, haben ihren Konzernabschluss nach den dort genannten internationalen Rechnungslegungsstandards und Vorschriften aufzustellen, wenn für sie bis zum jeweiligen Bilanzstichtag die Zulassung eines Wertpapiers im Sinne des § 2 Abs. 1 Satz 1 des Wertpapierhandelsgesetzes zum Handel an einem organisierten Markt im Sinne des § 2 Abs. 5 des Wertpapierhandelsgesetzes im Inland beantragt worden ist.

(3) ¹Mutterunternehmen, die nicht unter Absatz 1 oder 2 fallen, dürfen ihren Konzernabschluss nach den in Absatz 1 genannten internationalen Rechnungslegungsstandards und Vorschriften aufstellen. ²Ein Unternehmen, das von diesem Wahlrecht Gebrauch macht, hat die in Absatz 1 genannten Standards und Vorschriften vollständig zu befolgen.

§ 315a 1, 2

Übersicht

	Anm
A. Entstehung, Zweck und Regelungsinhalte der Vorschrift	1, 2
B. Zum Inhalt der IAS-VO	
I. Verbindliche Vorgabe der IFRS als Rechnungslegungsstandard für Konzernabschlüsse kapitalmarktorientierter Mutterunternehmen	3–5
II. Wahlrechte der IAS-VO	6
III. Übernahme der IFRS in EU-Recht	8
C. Umsetzung der IAS-VO in nationales Recht durch § 315a	
I. Ergänzende Vorschriften für Pflichtanwender des Art 4 der IAS-VO (Abs 1)	9–11
II. Ausübung von Wahlrechten der IAS-VO durch den deutschen Gesetzgeber	
1. Gleichstellung von Antragstellern mit Pflichtanwendern (Abs 2)	12, 13
2. Wahlrecht für sonstige Mutterunternehmen (Abs 3)	14
III. Anwendbare Vorschriften für die Umstellung der Konzernrechnungslegung von HGB auf IFRS	16
D. Publizitätsgesetz	20, 21
E. Rechtsfolgen einer Verletzung des § 315a	22

Schrifttum: *Wüstemann/Wüstemann* in Großkomm HGB[5] zu § 315a HGB; *Mujkanovic* Rechnungslegung und erstmalige Zwischenberichterstattung nach IFRS unter Berücksichtigung der Transparenzrichtlinie, KoR 2005, 146, *Zeyer/Meyer* Pflichtangaben nach § 315a Abs 1 HGB im IFRS-Abschluss, PIR 2010, 189 sowie neuere Literatur zu § 290; *Böckem/Stibi/Zoeger* KoR 2011, 399.

A. Entstehung, Zweck und Regelungsinhalte der Vorschrift

1 Die Vorschrift des § 315a stellt eine Ergänzung zu der unmittelbar als nationales Recht wirksamen sog **IAS-VO** (Verordnung (EG) Nr 1606/2002 des Europäischen Parlaments und des Rates vom 19. Juli 2002 betr die Anwendung internationaler Rechnungslegungsstandards, ABl EG Nr L 243 S 1) dar und bildet mit dieser VO zusammen die Rechtsgrundlage für die Konzernrechnungslegung nach internationalen Standards in Deutschland für Gj, die am oder nach dem 1.1.2005 beginnen. Der europäische Gesetzgeber versucht durch die IAS-VO die europäischen Kapitalmärkte durch die einheitliche Anwendung internationaler Rechnungslegungsstandards zu harmonisieren, um Anleger des Kapitalmarkts zu schützen und einen Beitrag zur effizienten und kostengünstigen Funktionsweise des Kapitalmarkts zu leisten (vgl ABl EG Nr L 243 Art 1).

2 § 315a regelt zum einen, in welchem Umfang die Vorschriften des HGB zu KA und Konzernlagebericht Anwendung finden, wenn der KA eines MU, das nach den Vorschriften der §§ 290 ff einen KA aufzustellen hat, entspr Art 4 der IAS-VO nach den von der EU-Kommission übernommenen IFRS erstellt wurde (Abs 1).

§ 315a regelt des Weiteren die Ausübung der Wahlrechte, die die IAS-VO den Mitgliedstaaten im Hinblick auf weitere Anwenderkreise für Erstellung des KA nach IFRS eröffnet:

- MU, die die Zulassung eines Wertpapiers zum Handel an einem organisierten Markt beantragt haben, werden vom deutschen Gesetzgeber ebenfalls zur Anwendung der IFRS verpflichtet (Abs 2) und
- allen anderen MU wird ein Wahlrecht zur Anwendung der IFRS nach den Vorgaben der IAS-VO eingeräumt (Abs 3).

B. Zum Inhalt der IAS-VO

I. Verbindliche Vorgabe der IFRS als Rechnungslegungsstandard für Konzernabschlüsse kapitalmarktorientierter Mutterunternehmen

Art 4 der IAS-VO verpflichtet die zur Konzernrechnungslegung verpflichteten MU der Mitgliedstaaten für Gj, die am oder nach dem 1.1.2005 beginnen, ihren KA nach den **von der EU-Kommission übernommenen IFRS** zu erstellen, wenn Wertpapiere (sowohl EK- als auch FK-Titel) dieser Unt am Bilanzstichtag auf einem geregelten Markt eines beliebigen Mitgliedstaats gehandelt werden. Diese verbindliche Vorschrift für kapmarktUnt bedarf keiner Umsetzung in nationales Recht; sie ist unmittelbar bindend für alle Mitgliedstaaten. Der IAS-VO ist keine Begriffsdefinition für Wertpapiere iSd IAS-VO zu entnehmen. In Anlehnung an die Finanzmarktrichtlinie (Richtlinie über Märkte für Finanzinstrumente (Finanzmarktrichtlinie) 2004/39/EG des Rates, ABl EG L 145 v 30.4.2004) fallen beispielhaft nach Art 4 Nr 18 der Richtlinie 2004/39/EG folgende Wertpapiere, die auf den Kapitalmarkt gehandelt werden können unter die Vorschrift der IAS-VO: 3

- Aktien und andere, Aktien oder Anteile an Ges, Personenges oder anderen Rechtspersönlichkeiten gleichzustellende Wertpapiere sowie Aktienzertifikate;
- Schuldverschreibungen oder andere verbriefte Schuldtitel, einschl Zertifikate (Hinterlegungsscheine) für solche Wertpapiere;
- alle sonstigen Wertpapiere, die zum Kauf oder Verkauf solcher Wertpapiere berechtigen oder zu einer Barzahlung führen, die anhand von übertragbaren Wertpapieren, Währungen, Zinssätzen oder -erträgen, Waren oder anderen Indizes oder Messgrößen bestimmt wird.

Zur Beantwortung der Frage, ob ein **Wertpapiermarkt geregelt** iSd IAS-VO ist, ist nach Ersetzung der Wertpapierdienstleistungsrichtl die Finanzmarktrichtl (Richtlinie über Märkte für Finanzinstrumente (Finanzmarktrichtlinie) 2004/39/EG des Rates, ABl EG L 145 v 30.4.2004) einschlägig. Ein geregelter Markt wird in der Finanzmarktrichtl definiert als *„ein von einem Marktbetreiber betriebenes und/oder verwaltetes multilaterales System, das die Interessen einer Vielzahl Dritter am Kauf und Verkauf von Finanzinstrumenten innerhalb des Systems und nach seinen nichtdiskretionären Regeln in einer Weise zusammenführt oder das Zusammenführen fördert, die zu einem Vertrag in Bezug auf Finanzinstrumente führt, die gemäß den Regeln und/oder den Systemen des Marktes zum Handel zugelassen wurden, sowie eine Zulassung erhalten hat und ordnungsgemäß und gemäß den Bestimmungen des Titels III [der Richtlinie 2004/39/EG] funktioniert"*. Die EU-Kommission muss einmal jährlich im Amtsblatt der EU eine Übersicht der ihr von den Mitgliedstaaten mitgeteilten geregelten Märkte veröffentlichen. In Deutschland fallen unter den Begriff des geregelten Markts nach derzeitiger Meldung (Übersicht über die geregelten Märkte, ABl EU L 145 v 30.4.2004; Berichtigung 2011/C 209/13 v 15.7.2011) neben dem **regulierten Markt** der deutschen Regionalbörsen auch die **Europäische Energiebörse** in Leipzig, die **Terminbörse Eurex Deutschland** und die **Tradegate Exchange** in Berlin, nicht jedoch der Freiverkehr iSd § 57 BörsG. 4

5 Die IAS-VO nimmt nicht Stellung zu der Frage, **ob** ein Unt einen KA aufzustellen hat. Die Beurteilung, ob eine Konzernrechnungslegungspflicht besteht, ist daher weiterhin nach den jeweiligen nationalen Vorschriften (§§ 290–293) zu beurteilen.

II. Wahlrechte der IAS-VO

6 Art 4 wird ergänzt durch die Mitgliedstaatenwahlrechte nach Art 5. Demnach können die Mitgliedstaaten gestatten oder vorschreiben, dass kapmarktUnt ihre JA und nicht-kapmarktUnt ihre KA und/oder ihre JA nach den von der EU-Kommission übernommenen IFRS aufstellen. Der jeweilige **nationale Gesetzgeber** kann also entscheiden, ob er den Trend zur Übernahme der IFRS durch verbindliche Vorgaben forcieren, die Anwendung der IFRS durch die Einräumung von Wahlrechten unterstützen oder die Bilanzierung nach IFRS auf den Pflichtanwenderkreis der IAS-VO beschränken möchte (vgl Anm 12 ff).

III. Übernahme der IFRS in EU-Recht

8 Da die Erstellung und Weiterentwicklung von IFRS mit dem IASB einem privatwirtschaftlich organisierten Gremium obliegt, bedarf es eines rechtsbegründenden Akts zur **Transformation der IFRS in EU-Recht** (Komitologieverfahren). Diese Transformation wird durch Beschlüsse der EU-Kommission zur Übernahme der IFRS bewirkt. Das Beschlussverfahren ist in Art 3 und 6 der IAS-VO festgelegt. Nach Art 6 Abs 1 der IAS-VO wird die Kommission hierbei durch einen Regelungsausschuss für Rechnungslegung unterstützt. Die Unterstützung findet auf politischer und auf technischer Ebene, also durch ARC und EFRAG statt (*Wüstemann/Wüstemann*, Großkomm HGB[5], Anh § 315a HGB, Anm 15).

C. Umsetzung der IAS-VO in nationales Recht durch § 315a

I. Ergänzende Vorschriften für Pflichtanwender des Art 4 der IAS-VO (Abs 1)

9 Abs 1 definiert abschließend die nationalen Normen, die neben den von der EU-Kommission übernommenen IFRS Anwendung finden, wenn ein MU durch Art 4 der IAS-VO unmittelbar verpflichtet wird. Die Liste der anzuwendenden HGB-Vorschriften orientiert sich an einer gemeinsamen Erklärung, die EU-Kommission und Rat bei der Verabschiedung der sog Modernisierungs-Richtl abgegeben haben und die Bestimmungen der 4. und 7. EG-Richtl zusammenfasst, die auch bei Erstellung eines KA nach IFRS Bedeutung behalten.

10 Nach der Aufzählung in Abs 1 sind **folgende Vorschriften auch für IFRS-KA** anzuwenden, da sie Regelungen beinhalten, die unabhängig von den angewendeten Rechnungslegungsgrundsätzen sind:

- § 294 Abs 3: Vorlage- und Auskunftspflichten der TU ggü dem MU;
- § 297 Abs 2 S 4: Konzernbilanzeid;
- § 298 Abs 1 iVm §§ 244, 245: Pflicht zur Erstellung des KA in deutscher Sprache und in Euro sowie Unterzeichnungspflicht;
- § 313 Abs 2 und 3: Anteilsliste des Konzerns;

– § 314 Abs 1 Nr 4, 6, 8, 9 sowie Abs 2 S 2: Mitarbeiterzahlen, Organbezüge und -beziehungen, Abgabe der Erklärung zum DCGK, Angaben zum Honorar des KA-Prüfers;
– Bestimmungen des Neunten Titels: Konzernlagebericht;
– Vorschriften außerhalb des Zweiten Unterabschn, die KA und Konzernlagebericht betreffen (Vorschriften zu Offenlegung, Prüfung, Veröffentlichung, Vervielfältigung, Sanktionen).

Die zur Erfüllung der in Abs 1 genannten handelsrechtlichen Vorschriften notwendigen Abschlussinformationen stellen im Kontext der IFRS freiwillige Angaben dar. Im Falle quantitativer freiwilliger Angaben wird nach IAS 1.38 auch die Offenlegung der Vorjahresvergleichszahl erforderlich (vgl *Zexer/Maier*, PIR 2010, 189 ff). Werden die ergänzenden Anhangsangaben nach § 315a in einem separaten Abschnitt dargestellt, sind Vorjahresangaben nicht erforderlich, da diese Angaben aufgrund der gesonderten Darstellung eben gerade keine (freiwilligen) IFRS Angaben sind (vgl auch Anm 15 zu § 313).

Der **Kreis der** unmittelbar durch die IAS-VO zur Anwendung der IFRS und des § 315a Abs 1 **verpflichteten Unt** ist auf MU beschränkt, die selbst Wertpapiere emittieren; eine Emission von Wertpapieren durch ein TU führt im Kontext der IAS-VO und des § 315a **nicht** zu einer Pflicht des MU zur KA-Erstellung nach IFRS. **11**

II. Ausübung von Wahlrechten der IAS-VO durch den deutschen Gesetzgeber

1. Gleichstellung von Antragstellern mit Pflichtanwendern (Abs 2)

Die IAS-VO sieht die verbindliche Anwendung von IFRS nur für MU vor, die bereits Wertpapiere emittiert haben, nicht jedoch für solche MU, die zwar einen Antrag auf Zulassung ihrer Wertpapiere zum Handel an einem organisierten Markt gestellt haben, deren Papiere aber noch nicht gehandelt werden. Um in der Anwendung von IFRS durch deutsche MU Kontinuität herzustellen und dem Informationsbedarf potentieller Anleger auch weiterhin Rechnung zu tragen, wurden in § 315a Abs 2 antragstellende MU vom deutschen Gesetzgeber bezüglich der von ihnen zu erstellenden KA mit dem sich direkt aus der IAS-VO ergebenden Pflichtanwenderkreis gleichgestellt. § 315a stellt nur auf eine Antragstellung durch das MU ab; ein Zulassungsantrag eines TU verpflichtet das MU nicht zur Anwendung von IFRS (BegrRegE BilReG v 21.4.2004, 73). **12**

Damit § 315a Abs 2 greift, muss **bis zum Bilanzstichtag ein Antrag** auf Zulassung eines Wertpapiers an einem organisierten Markt iSd § 2 Abs 5 WpHG gestellt worden sein. Aus der inhaltlichen Übereinstimmung der Begriffserläuterung des organisierten Markts nach § 2 Abs 5 WpHG mit der Definition der Finanzmarktrichtl (vgl Anm 4) ist zu folgern, dass die unter die beiden Begriffe fallenden Börsensegmente identisch sind (*Mujkanovic*, 147). **13**

2. Wahlrecht für sonstige Mutterunternehmen (Abs 3)

Für alle MU, die nicht unter Abs 1 oder 2 fallen, wird in Abs 3 ein Wahlrecht kodifiziert, den Pflichtanwenderstatus für den KA gleichfalls zu übernehmen. Damit eröffnet der deutsche Gesetzgeber die Möglichkeit der KA-Erstellung nach **IFRS für jedes MU** iSv §§ 290 ff. Erstellt ein MU seinen KA unter Ausübung des Wahlrechts in Abs 3, sind gem S 2 die für die Pflichtanwender des Abs 1 geltenden Vorschriften vollständig anzuwenden. Folglich muss der KA nach allen in EU-Recht übernommenen IFRS (s Anm 8) sowie sämtlichen in Abs 1 zitierten HGB-Vorschriften aufgestellt werden. **14**

III. Anwendbare Vorschriften für die Umstellung der Konzernrechnungslegung von HGB auf IFRS

16 § 315a enthält keine Angaben zur Art und Weise der Umstellung von HGB auf IFRS für Pflichtanwender oder wahlrechtsausübende MU. Maßgeblich für die Umstellung ist **IFRS 1,** der die erstmalige Anwendung vom IFRS regelt. **Kernpunkte** des IFRS 1 sind:
– grds rückwirkende Anwendung aller zum Berichtszeitpunkt (Stichtag des ersten veröffentlichten IFRS-KA) geltenden IFRS
– Definierte Erleichterungswahlrechte *(exemptions)* und Ausnahmeregeln *(exceptions)* von der rückwirkenden Anwendung
– Vorschriften zu Schätzungen und zur Begrenzung des Wertaufhellungszeitraums
– Ausführliche Anhangangaben und Erl zu den Auswirkungen der Erstanwendung.

D. Publizitätsgesetz

20 § 11 Abs 6 Nr 2 PublG nimmt auf den § 315a Bezug. Dies bedeutet in Verbindung mit den Vorschriften der IAS-VO, dass alle MU, die keine KapGes sind, aber unter den Rechtsformbegriff („Gesellschaft") der IAS-VO fallen,
– durch Art 4 der IAS-VO **direkt verpflichtet sind,** einen KA nach den in das EU-Recht übernommenen IFRS aufzustellen, wenn ihre Wertpapiere am Bilanzstichtag in einem beliebigen Mitgliedsstaat zum Handel in einem geregelten Markt zugelassen sind oder
– durch den Verweis des § 11 Abs 6 Nr 2 PublG auf § 315a Abs 2 **ebenso verpflichtet sind,** wenn sie die Zulassung zum Handel am Stichtag beantragt haben.

Aus der Verwendung des Begriffs „Gesellschaft" in der IAS-VO kann gefolgert werden, dass diese Pflichten für ein wertpapieremittierendes MU in der Rechtsform eines **EKfm** (so auch BegrRegE BilReG v 21.4.2004, 116) oder einer **Stiftung nicht** zutreffen.

21 Die Frage, ob überhaupt Konzernrechnungslegungspflicht besteht, ist, ebenso wie bei KapGes, unter Bezugnahme auf die deutschen Rechnungslegungsvorschriften zu entscheiden. Da das PublG **keinen Entfall der größenklassenabhängigen Befreiung** bei Wertpapiernotierung analog zu § 293 Abs 5 vorsieht, greifen die in Anm 20 dargestellten Verpflichtungen zur Erstellung eines KA nach den in das EU-Recht übernommenen IFRS lediglich dann, wenn an drei aufeinanderfolgenden Stichtagen je zwei der drei Größenkriterien des § 11 Abs 1 PublG übertroffen sind.

E. Rechtsfolgen einer Verletzung des § 315a

22 Die IAS-VO geht nicht auf die Frage ein, welche Rechtsfolgen die Nichtbefolgung von Art 4 durch ein zur Rechnungslegung nach den IFRS verpflichtetes MU hat. Ferner ist für den Pflichtanwenderkreis der IFRS sowohl nach Art 4 der IAS-VO als auch nach § 315a Abs 2 die Frage, ob überhaupt Konzernrechnungslegungspflicht besteht, nach § 290 zu entscheiden. Daher ergeben sich mögliche Sanktionen auch für Pflichtanwender der IFRS aus den handelsrechtlichen Vorschriften zum KA, auf die der letzte Teilsatz des § 315a Abs 1 ausdrücklich verweist. Folglich ist § 335 Abs 1 S 1 Nr 1 entsprechend anzuwenden; es wird auf Anm 120f zu § 290 verwiesen.

Dritter Unterabschnitt. Prüfung

§ 316 Pflicht zur Prüfung

(1) ¹Der Jahresabschluß und der Lagebericht von Kapitalgesellschaften, die nicht kleine im Sinne des § 267 Abs. 1 sind, sind durch einen Abschlußprüfer zu prüfen. ²Hat keine Prüfung stattgefunden, so kann der Jahresabschluß nicht festgestellt werden.

(2) ¹Der Konzernabschluß und der Konzernlagebericht von Kapitalgesellschaften sind durch einen Abschlußprüfer zu prüfen. ²Hat keine Prüfung stattgefunden, so kann der Konzernabschluss nicht gebilligt werden.

(3) ¹Werden der Jahresabschluß, der Konzernabschluß, der Lagebericht oder der Konzernlagebericht nach Vorlage des Prüfungsberichts geändert, so hat der Abschlußprüfer diese Unterlagen erneut zu prüfen, soweit es die Änderung erfordert. ²Über das Ergebnis der Prüfung ist zu berichten; der Bestätigungsvermerk ist entsprechend zu ergänzen.

Übersicht

Anm

A. Gesetzlich vorgeschriebene Abschlussprüfungen
  I. Jahresabschluss und Lagebericht (Abs 1)
    1. Anwendungsbereich (Abs 1 S 1) 1–7
    2. Rechtsfolgen einer nicht erfolgten Prüfung (Abs 1 S 2) .. 10–13
  II. Konzernabschluss und Konzernlagebericht (Abs 2)
    1. Anwendungsbereich (Abs 2 S 1) 15–20
    2. Rechtsfolgen einer nicht erfolgten Prüfung (Abs 2 S 2) 21
  III. Prüfungsfrist 23
  IV. Nachtragsprüfungen (Abs 3) 25–28

B. Satzungsgemäße und freiwillige Abschlussprüfungen ... 30–32

C. Abschlussprüfung nach dem Publizitätsgesetz 33–36

Schrifttum: IDW RS HFA 6 Änderung von Jahres- und Konzernabschlüssen WPg Suppl 2/2007, 77; *Petersen/Zwirner* Konzernrechnungslegungspflicht natürlicher Personen BB 2008, 1777; IDW PS 203 nF Ereignisse nach dem Abschlussstichtag WPg Suppl 4/2009, 14; IDW PS 205 Prüfung von Eröffnungsbilanzwerten im Rahmen von Erstprüfungen WPg 2001, 150, Änderung FN IDW 2010, 423; IDW PS 400 Grundsätze für die ordnungsmäßige Erteilung von Bestätigungsvermerken bei Abschlussprüfungen WPg Suppl 4/2010, 25, Änderung WPg Suppl 1/2013, 7; IDW PS 208 Zur Durchführung von Gemeinschaftsprüfungen (Joint Audit) WPg 1999, 707, Änderung FN IDW 2011, 113; IDW PS 610 Prüfung von Energieversorgungsunternehmen WPg Suppl 1/2013, 32. Weiteres Schrifttum s § 317.

A. Gesetzlich vorgeschriebene Abschlussprüfungen

I. Jahresabschluss und Lagebericht (Abs 1)

1. Anwendungsbereich (Abs 1 S 1)

Nach Abs 1 S 1 sind **Kapitalgesellschaften** verpflichtet, ihren **Jahresabschluss** und ihren **Lagebericht** durch einen AP prüfen zu lassen, sofern es sich bei der Ges nicht um eine kleine iSd § 267 Abs 1 oder um eine KleinstKapGes iSd

1

§ 267a handelt und keine sonstigen Befreiungsregelungen greifen (Anm 7). Gleiches gilt für **Personenhandelsgesellschaften im Sinne von** § 264a über den Verweis des § 264a Abs 1. Gegenstand und Umfang der Prüfung regelt § 317. Der Prüfungspflicht des Abs 1 S 1 unterliegen auch **IFRS-Einzelabschlüsse gem** § 325 Abs 2a (§ 324a Abs 1 S 1).

2 **Abschlussprüfer** dürfen gem § 318 nur WP und WPG sein, im Falle mittelgroßer GmbH und mittelgroßer KapCoGes dürfen es auch vBP und BPG sein (§ 319 Abs 1 S 2). Die Formulierung in Abs 1 S 1 „durch *einen* Abschlussprüfer" ist als „mindestens einen Abschlussprüfer" zu verstehen. Eine Bestellung von mehr als einem AP ist somit zulässig (§ 318 Anm 12). Zur Durchführung von Gemeinschaftsprüfungen *(Joint Audit)* s IDW PS 208.

3 Neben mittelgroßen und großen KapGes/KapCoGes iSd § 267 (als große Ges gelten gem § 267 Abs 3 S 2 stets kapmarkt Ges iSd § 264d) können die JA und Lageberichte von Unt **anderer Rechtsformen** kraft gesetzlicher Bestimmung der **Prüfungspflicht des Abs 1 S 1** unterliegen (so zB UntBetGes gem § 8 UBGG).

4 Weitere **Prüfungspflichten** bestehen für JA und Lageberichte von Unt **bestimmter Wirtschaftszweige:**
– Kredit- und Finanzdienstleistungsinstitute jeder Größe und Rechtsform gem § 340k.
– VersicherungsUnt jeder Größe und Rechtsform gem § 341k.
– Mittelgroße und große EVU jeder Rechtsform und ungeachtet ihrer Eigentumsverhältnisse gem § 6b Abs 1 EnWG.

5 JA und Lageberichte bestimmter Unt können auch **aufgrund anderer gesetzlicher Regelungen** – diese verweisen zum Teil auf die Vorschriften des HGB – **prüfungspflichtig** sein, zB:
– Publizitätspflichtige Unt gem § 6 iVm § 3 Abs 1 PublG (PersGes (außer KapCoGes), Ekfl und gewerblich tätige Vereine, Stiftungen, Anstalten usw; reine PersGes und Ekfl jedoch nur hinsichtlich Bilanz, GuV und der „Anlage" gem § 5 Abs 5 PublG); zu weiteren Einzelheiten s Anm 33 ff;
– eG mit einer Bilanzsumme von über 2 Mio Euro (§§ 53 ff GenG); kleinere nur alle zwei Jahre. Der Prüfungsgegenstand ist erweitert (Geschäftsführungsprüfung, § 53 Abs 1 GenG), dazu Vor § 339 Anm 10 ff;
– Eigenbetriebe der Gebietskörperschaften nach Landesrecht und mit erweitertem Umfang (*WPH*[14] I, L Anm 55 ff);
– Tochter-KapGes von eG oder Prüfungsverbänden oder bestimmte Wohnungs-Unt gem Art 25 EGHGB, dazu Vor § 339 Anm 31 ff;
– Weitere Unt auf Grund von Spezialgesetzen, zB DBB, Kreditanstalt für Wiederaufbau, Landesbanken, VerwertungsGes, InvestmentaktienGes, Rundfunkanstalten.

6 Zur Prüfungspflicht in der **Liquidation** s *Förschle/Deubert* in Sonderbilanzen[4] S Anm 130 ff und T Anm 305 ff.

7 Der **Prüfungspflicht** des Abs 1 S 1 unterliegen **nicht:**
– der JA von kleinen KapGes/KapCoGes gem § 267 Abs 1 und von KleinstKapGes/KleinstKapCoGes, sofern diese nicht nach besonderen Rechtsnormen (s Anm 4 ff) prüfungspflichtig sind; kapmarkt KapGes/KapCoGes (§ 264d) gelten gem § 267 Abs 3 S 2 stets als große;
– der JA und der Lagebericht von TU, soweit Befreiungsmöglichkeiten des § 264 Abs 3 bzw des § 264b zu Recht in Anspruch genommen werden (zu den Voraussetzungen § 264 Anm 115 ff). Nach § 264 Abs 3 braucht ein TU bei Vorliegen der dort geregelten Voraussetzungen die Vorschriften zum JA und Lagebericht (§§ 264 ff), zur Prüfung (§§ 316 ff) und zur Offenlegung (§§ 325 ff) nicht anzuwenden. Die Befreiungen müssen nicht umfänglich, sondern können auch in

Teilen (zB nur Befreiung von der Prüfungspflicht oder von der Erstellung eines Lageberichts) in Anspruch genommen werden (s § 264 Anm 106).

2. Rechtsfolgen einer nicht erfolgten Prüfung (Abs 1 S 2)

Ein prüfungspflichtiger, aber **nicht geprüfter** JA kann **nicht festgestellt** 10 werden (Abs 1 S 2; zur Feststellung s §§ 171 Abs 2 S 4, 172 S 1 AktG, §§ 42a Abs 2 S 1, 46 Nr 1 GmbHG, Abschn Vor § 325 Anm 70ff und 130ff). Ein geprüfter JA iSd Abs 1 S 2 liegt vor, sobald vom ordnungsgemäß bestellten AP der Vermerks über die Prüfung erteilt und der PrüfBer erstellt wurde. Die Art des erteilten Vermerks über die Prüfung (uneingeschränkter bzw eingeschränkter BVm, Versagungsvermerk) ist für die rechtswirksame Feststellung des JA grds ohne Bedeutung (zu weiteren Einzelheiten s ADS^6 § 322 Anm 34ff).

Ein festgestellter JA, der trotz Prüfungspflicht gem Abs 1 S 1 nicht nach 11 §§ 316ff geprüft wurde, ist **nichtig.** Dies ergibt sich unmittelbar aus § 256 Abs 1 Nr 2 AktG (der nach der BGH-Rspr auch für GmbH gilt; für Unt, die unter das PublG fallen, ergibt sich dies aus § 10 S 1 PublG). Im Rahmen der **Prüfung des Jahresabschlusses** des **folgenden Geschäftsjahrs** ist in diesem Fall zu beurteilen, ob die Rechtsfolgen aus der Nichtigkeit des Vj-Abschlusses im Folgeabschluss zutreffend berücksichtigt worden sind (s IDW PS 205, Anm 17).

Die Rechtsfolgen des Abs 1 S 2 gelten nicht für den IFRS-EA (§ 324a Abs 1 12 S 2).

Weitere Rechtsfolgen einer nicht erfolgten Pflichtprüfung nach §§ 316ff kön- 13 nen sich bspw im Hinblick auf die Erfüllbarkeit der **Offenlegungspflichten** des § 325 ergeben (§ 325 Anm 108ff). Zwecks Wahrung der Offenlegungsfristen ermöglicht § 325 Abs 1 S 5 die Offenlegung des JA vor Abschluss der Prüfung und ggf der Feststellung; s § 325 Anm 42f.

II. Konzernabschluss und Konzernlagebericht (Abs 2)

1. Anwendungsbereich (Abs 2 S 1)

Besteht für **Kapitalgesellschaften** nach dem HGB die Pflicht, einen **Konzernabschluss** und einen **Konzernlagebericht** aufzustellen, ist das MU nach 15 Abs 2 S 1 verpflichtet, diese durch einen AP prüfen zu lassen, sofern keine Befreiungsregelungen greifen (Anm 18). Gleiches gilt für **Personenhandelsgesellschaften im Sinne von** § 264a über den Verweis des § 264a Abs 1. Prüfungsgegenstand ist somit der nach den handelsrechtlichen Vorschriften bzw nach den in § 315a bezeichneten internationalen Rechnungslegungsstandards aufgestellte KA und der nach den handelsrechtlichen Vorschriften aufgestellte Konzernlagebericht. Nähere Einzelheiten zu den Prüfungsgegenständen regelt § 317.

Weitere **Prüfungspflichten** bestehen für Unt **bestimmter Wirtschafts-** 16 **zweige,** zB für Kreditinstitute (§§ 340k, 340i Abs 3), VersicherungsUnt (§§ 341k, 341i Abs 2) und deren Holding-Ges jeder Rechtsform und Größe.

KA und Konzernlageberichte bestimmter Unt können auch **aufgrund ande-** 17 **rer gesetzlicher Regelungen** – diese verweisen zum Teil auf die Vorschriften des HGB – **prüfungspflichtig** sein, zB Unt, die unter das PublG fallen, gem § 14 PublG; dazu gehören auch
- eG (§ 14 Abs 2), sofern nicht Kreditinstitute oder VersicherungsUnt (§ 11 Abs 5);
- Unt iSd § 11 PublG zB Konzernholding-Ges als EkfI oder reine PersGes (Anm 36);
- Inländische Teilkonzerne ausländischer MU (§ 11 Abs 3).

Zur Prüfungspflicht in der **Liquidation** s *Förschle/Deubert* in Sonderbilanzen[4] S Anm 130 ff und T Anm 305 ff und 375 ff.

18 Der **Prüfungspflicht** des Abs 2 S 1 **unterliegen nicht:**
– ein KA und ein Konzernlagebericht von gem § 293 nicht konzernrechnungslegungspflichtigen MU; nach § 293 Abs 5 ist § 293 Abs 1 und 4 nicht anwendbar, wenn das MU oder ein in deren KA einbezogenes TU am Abschlussstichtag kapmarkt iSd § 264d ist. Stellt ein MU einen KA auf, obwohl es gem § 293 von der Aufstellungspflicht befreit ist, löst dies keine Prüfungspflicht nach Abs 2 S 1 aus.
– der KA und der Konzernlagebericht von MU, sofern die Befreiungsmöglichkeiten gem §§ 291 und 292 zu Recht in Anspruch genommen werden. Stellt ein MU einen KA und einen Konzernlagebericht auf, obwohl es die Befreiungsmöglichkeiten der §§ 291, 292 in Anspruch nehmen könnte, unterliegen der KA und Konzernlagebericht grds der Prüfungspflicht nach Abs 2 S 1. Wird allerdings ein KA bzw ein Konzernlagebericht für untinterne Zwecke aufgestellt und somit nicht veröffentlicht, besteht keine Prüfungspflicht nach Abs 2 S 1, da in diesem Fall die Aufstellung nicht aufgrund der Aufstellungspflicht des § 290 einschl der Folgepflichten, sondern freiwillig erfolgt.

19 Die Prüfungspflicht von JA (Abs 1 S 1) und KA (Abs 2 S 1) ist unabhängig voneinander zu beurteilen. Bspw besteht grds keine Prüfungspflicht für den JA einer kleinen KapGes, auch wenn diese ein MU ist, zusammen mit den von ihr beherrschten KonzernGes die Größenkriterien des § 293 Abs 1 überschreitet und somit der von ihr aufzustellende KA grds prüfungspflichtig ist.

20 **Freiwillig aufgestellte Konzernabschlüsse** sind grds nicht gem Abs 2 S 1 prüfungspflichtig (s auch Anm 18). Sollen freiwillig aufgestellte KA aber gem § 291 befreiende Wirkung entfalten, ist eine Voraussetzung, dass diese geprüft sein müssen; diese Prüfung muss von einem zugelassenen AP durchgeführt werden (§ 291 Abs 2 Nr 2).

2. Rechtsfolgen einer nicht erfolgten Prüfung (Abs 2 S 2)

21 Ein prüfungspflichtiger, aber **nicht geprüfter** KA kann **nicht gebilligt** werden (Abs 2 S 2; zur Billigung s § 171 Abs 2 S 4 und 5, § 42a Abs 2 S 1, Abs 4 GmbHG, § 46 Nr 1b GmbHG). Eine Feststellung des KA ist nicht erforderlich (glA *ADS*[6] § 316 Anm 57), da dieser im Gegensatz zum JA nicht die Grundlage für die Ergebnisverwendung darstellt, sondern Informationszwecken dient (ähnlich *Schulze-Osterloh* in Baumbach/Hueck GmbHG[19] § 42a Anm 51). Weitere Rechtsfolgen einer nicht erfolgten Pflichtprüfung nach §§ 316 ff können sich bspw im Hinblick auf die Erfüllbarkeit der **Offenlegungspflichten** des § 325 ergeben (§ 325 Anm 108 ff).

III. Prüfungsfrist

23 §§ 316 ff sehen **keine Frist** vor, innerhalb derer die Prüfung abgeschlossen sein muss. Allerdings existieren für Unt gesetzliche Fristen, deren Einhaltung eine abgeschlossene Prüfung voraussetzt:
– für die Prüfung des JA/KA durch den AR (§ 171 AktG),
– für die Einberufung und Durchführung der HV/GesV (§ 123 AktG; § 175 AktG; § 42a GmbHG),
– für die Offenlegung des JA/KA (§ 325),
– für die Veröffentlichung des Jahresfinanzberichts (§ 37v WpHG).
Unbeschadet der gesetzlichen Fristen haben bestimmte Unt aufgrund anderer rechtlicher Verpflichtungen ggf kürzere Fristen zu beachten:

– Unt, die im Teilbereich des regulierten Markts der Frankfurter Wertpapierbörse mit weiteren Zulassungsfolgepflichten (Prime Standard) zugelassen sind (§ 50 Abs 2 Börsenordnung Frankfurter Wertpapierbörse [Stand: 17.6.2013]) für die Übermittlung des Jahresfinanzberichts an die Frankfurter Wertpapierbörse
– börsennotierte AG § 161 Abs 1 S 1 AktG iVm Abschn 7.1.2 des DCGK [Stand: 13.5.2013] sowie AG iSd § 161 Abs 1 S 2 AktG für die Veröffentlichung des KA.

Ein AP kann grds nicht zur Beendigung der Prüfung gezwungen werden (so auch *ADS*[6] § 316 Anm 40). Der Abschluss der Prüfung, der zeitlich mit dem Erstellungsdatum des Prüfungsberichts bzw mit dem Datum der Erteilung des BVm gleichzusetzen ist (IDW PS 400, Tz 80 f), kann erst dann erfolgen, wenn der AP die erforderliche Prüfungssicherheit gewonnen hat (Grundsatz der Eigenverantwortlichkeit, § 43 Abs 1 WPO).

IV. Nachtragsprüfungen (Abs 3)

Bei **Änderungen** eines bereits geprüften JA, IFRS-EA, KA oder des (Konzern-)Lageberichts hat der AP die geänderten Unterlagen erneut zu **prüfen, soweit es die Änderung erfordert** (Abs 3 S 1; für IFRS-EA iVm § 324a Abs 1). AP nach Abs 3 ist der für das entspr Gj bestellte AP. Eine gesonderte Wahl des AP zur Nachtragsprüfung ist weder erforderlich noch zulässig (*ADS*[6] § 318 Anm 60). Über das **Ergebnis der Nachtragsprüfung** hat der AP grds sowohl in Form eines ergänzten BVm (Abs 3 S 2 sowie IDW PS 400, Tz 107 ff; s auch § 322 Anm 162 ff) als auch in einem (Nachtrags-)Prüfungsbericht (s § 321 Anm 143) zu **berichten**. 25

Zur **Pflicht** bzw **Zulässigkeit** der Änderung von JA/KA bzw (Konzern-)Lageberichten s IDW RS HFA 6. 26

Der Gegenstand und **Umfang** einer **Nachtragsprüfung** hängt vom Ausmaß der Änderungen sowie von der **Zeitspanne** seit Beendigung der ursprünglichen Prüfung ab. Der AP hat bei jeder Änderung **alle Unterlagen** (JA/KA und (Konzern-)Lagebericht) **erneut zu prüfen,** aber nur „soweit es die Änderung erfordert". Das bedeutet, dass zunächst die Änderung selbst auf ihre Zulässigkeit zu prüfen ist. Daraufhin muss festgestellt werden, ob auf Grund dieser Änderung auch Änderungen an anderen Stellen erforderlich sind (GuV, Anhang, Lagebericht etc) und ob diese auch vorgenommen wurden. Schließlich muss geprüft werden, ob sich die Änderungen auf das Gesamtbild des JA/KA iSd §§ 264 Abs 2, 297 Abs 2 auswirken. 27

Zu **weitergehenden Prüfungen** ist der AP grds nicht verpflichtet (*ADS*[6] § 316 Anm 67). Allerdings sind vom AP weitere Anforderungen zu beachten, sofern bei der Nachtragsprüfung – ohne aktive Suche – andere Tatsachen bekannt werden, die bei rechtzeitiger Kenntnis sein bisheriges Prüfungsurteil zum JA/KA und (Konzern-)Lagebericht beeinflusst hätten (IDW PS 203 nF, Tz 18 ff). Zu solchen das Prüfungsurteil beeinflussenden Kenntnissen zählen auch zum Zeitpunkt der Nachtragsprüfung vorliegende Erkenntnisse über eine ggf nicht mehr gerechtfertigte Annahme der Unternehmensfortführung, die bei der Änderung des Abschlusses berücksichtigt werden müssen. Dabei ist noch zwischen werthellenden und wertbegründenden Ereignissen zu unterscheiden (vgl IDW PS 270, Tz 31, IDW RS HFA 17, Tz 25).

Über die Nachtragsprüfung ist zu berichten. Die Berichterstattung erfolgt grds in einem eigenständigen **Nachtrags-Prüfungsbericht;** dieser ergänzt den ursprünglichen PrüfBer und ist nur mit diesem zusammen zu verwenden (bzgl al- 28 ternativer Vorgehensweisen in bestimmten Fällen s ADS[6] § 316 Anm 69). Eine **schriftliche** Berichterstattung (§ 321 Abs 1 S 1) ist uE auch dann erforderlich, wenn der AP bei der Feststellung anwesend ist und den Abschluss-Änderungen mündlich zustimmt. *ADS*[6] § 316 Anm 70 lassen hier ausnahmsweise eine vom AR protokollierte mündliche Berichterstattung zu. Zu den Auswirkungen auf den **Bestätigungsvermerk** s § 322 Anm 162 ff.

B. Satzungsgemäße und freiwillige Abschlussprüfungen

30 Unabhängig von der Prüfungspflicht des § 316 kann auch die **Satzung** oder der **Gesellschaftsvertrag** eine **Prüfung** von JA/KA bzw (Konzern-)Lageberichten **vorschreiben**. Eine gesetzliche Prüfungspflicht kann hierdurch allerdings nicht begründet werden. Bei der Festlegung von **Prüfungsgegenstand und -umfang** in Satzung/GesVertrag ist das zuständige GesOrgan grds frei (glA *ADS*[6] § 316 Anm 36); allerdings wird meist auf gesetzliche Vorschriften verwiesen. Satzung oder GesVertrag können Prüfungen nach § 316 jedoch weder einschränken noch aufheben; sie können sie aber erweitern (zB für freiwillige Zusatzangaben im (Konzern-)Anhang oder im (Konzern-)Lagebericht; s § 317 Anm 3 und 16).

31 **Freiwillige (Abschluss-)Prüfungen** finden häufig statt, weil sie Kreditverträge vorsehen oder geprüfte Abschlüsse für UntTransaktionen verlangt werden. Auch für kleine KapGes/KapCoGes, für Tochter-KapGes gem § 264 Abs 3, für Tochter-KapCoGes gem § 264b oder für nicht unter das PublG fallende Unt sehen Konzernleitungen zuweilen Prüfungen der JA vor, zB um die Aufstellung des KA zu erleichtern und den Konzern-AP zu entlasten.

32 Bei satzungsgemäßen und freiwilligen Prüfungen gibt es **keine Rechtsfolgen** wegen Verletzung von Abs 1 S 2 (Feststellungsverbot), wenn gegen satzungsmäßige oder vertragliche Prüfungspflichten verstoßen wurde. Es können jedoch Satzungsverstöße (nach den jeweiligen Rechtsformen) vorliegen oder Schadenersatzansprüche nach Vertragsrecht bestehen.

C. Abschlussprüfung nach dem Publizitätsgesetz

33 Die JA und Lageberichte von reinen PersGes, Ekfl, Vereinen, Stiftungen, Körperschaften des öffentlichen Rechts sowie anderer werbender, in § 3 Abs 1 PublG genannter Unt – jedoch nicht von BGB-Ges – sind nach § 6 Abs 1 S 1 PublG prüfungspflichtig. Die Aufstellung dieser JA richtet sich nach § 5 PublG.

34 **Voraussetzung** für eine **Aufstellungspflicht** – und damit mittelbar für die Prüfungspflicht – des JA und des Lageberichts nach PublG ist, dass für drei aufeinander folgende Abschlussstichtage (außer im Falle von Transaktionen iSd § 2 Abs 1 S 2) mind zwei der drei Größenmerkmale des § 1 Abs 1 PublG überschritten sind (§ 2 Abs 1 PublG, dazu § 267 Anm 33).

35 Für die **Prüfung von Jahresabschluss** und Lagebericht nach PublG gelten gem § 6 Abs 1 PublG iW die §§ 316 ff; jedoch ist für die Feststellung der JA die sog zuständige Stelle gem § 8 PublG berufen, also die entspr Organe der jeweiligen Rechtsform. Zu den Rechtsfolgen verweisen wir auf Anm 10 ff.

36 Die KA und Konzernlageberichte von Unt iSd § 11 Abs 1 PublG sind nach § 14 Abs 1 S 1 PublG prüfungspflichtig. Die Aufstellung dieser KA und Konzernlageberichte richtet sich nach § 13 PublG. Voraussetzung für die Aufstellungspflicht – und damit mittelbar für die Prüfungspflicht – eines KA und eines Konzernlageberichts nach PublG ist, dass mind zwei der drei Größenmerkmale

(dazu § 293 Anm 43) zum dritten Mal überschritten wurden (§ 11 Abs 1 PublG). Im Gegensatz zum JA (§ 3 Abs 3 PublG) müssen auch **Unternehmen in Liquidation** KA aufstellen und prüfen lassen, ebenso wie deutsche Betriebsstätten ausländischer Unt, sofern sie in der Bundesrepublik Deutschland MU sind (§ 11 Abs 3 PublG). Auch hier entsprechen die Prüfungsvorschriften weitgehend den §§ 316ff (§ 14 Abs 1 PublG). Die **Feststellung** – aber auch die Billigung – von KA sind nicht erforderlich, dagegen ist die **Offenlegung** des KA vorgeschrieben (§ 15 PublG). Zu den Rechtsfolgen verweisen wir auf Anm 21.

§ 317 Gegenstand und Umfang der Prüfung

(1) ¹In die Prüfung des Jahresabschlusses ist die Buchführung einzubeziehen. ²Die Prüfung des Jahresabschlusses und des Konzernabschlusses hat sich darauf zu erstrecken, ob die gesetzlichen Vorschriften und sie ergänzende Bestimmungen des Gesellschaftsvertrags oder der Satzung beachtet worden sind. ³Die Prüfung ist so anzulegen, daß Unrichtigkeiten und Verstöße gegen die in Satz 2 aufgeführten Bestimmungen, die sich auf die Darstellung des sich nach § 264 Abs. 2 ergebenden Bildes der Vermögens-, Finanz- und Ertragslage des Unternehmens wesentlich auswirken, bei gewissenhafter Berufsausübung erkannt werden.

(2) ¹Der Lagebericht und der Konzernlagebericht sind darauf zu prüfen, ob der Lagebericht mit dem Jahresabschluß, gegebenenfalls auch mit dem Einzelabschluss nach § 325 Abs. 2a, und der Konzernlagebericht mit dem Konzernabschluß sowie mit den bei der Prüfung gewonnenen Erkenntnissen des Abschlußprüfers in Einklang stehen und ob der Lagebericht insgesamt eine zutreffende Vorstellung von der Lage des Unternehmens und der Konzernlagebericht insgesamt eine zutreffende Vorstellung von der Lage des Konzerns vermittelt. ²Dabei ist auch zu prüfen, ob die Chancen und Risiken der künftigen Entwicklung zutreffend dargestellt sind. ³Die Angaben nach § 289a sind nicht in die Prüfung einzubeziehen.

(3) ¹Der Abschlußprüfer des Konzernabschlusses hat auch die im Konzernabschluß zusammengefaßten Jahresabschlüsse, insbesondere die konsolidierungsbedingten Anpassungen, in entsprechender Anwendung des Absatzes 1 zu prüfen. ²Sind diese Jahresabschlüsse von einem anderen Abschlussprüfer geprüft worden, hat der Konzernabschlussprüfer dessen Arbeit zu überprüfen und dies zu dokumentieren.

(4) Bei einer börsennotierten Aktiengesellschaft ist außerdem im Rahmen der Prüfung zu beurteilen, ob der Vorstand die ihm nach § 91 Abs. 2 des Aktiengesetzes obliegenden Maßnahmen in einer geeigneten Form getroffen hat und ob das danach einzurichtende Überwachungssystem seine Aufgaben erfüllen kann.

(5) Bei der Durchführung einer Prüfung hat der Abschlussprüfer die internationalen Prüfungsstandards anzuwenden, die von der Europäischen Kommission in dem Verfahren nach Artikel 26 Abs. 1 der Richtlinie 2006/43/EG des Europäischen Parlaments und des Rates vom 17. Mai 2006 über Abschlussprüfungen von Jahresabschlüssen und konsolidierten Abschlüssen, zur Änderung der Richtlinien 78/660/EWG und 83/349/EWG des Rates und zur Aufhebung der Richtlinie 84/253/EWG des Rates (ABl. EU Nr. L 157 S. 87) angenommen worden sind.

(6) Das Bundesministerium der Justiz wird ermächtigt, im Einvernehmen mit dem Bundesministerium für Wirtschaft und Technologie durch Rechtsverordnung, die nicht der Zustimmung des Bundesrates bedarf, zusätzlich zu den bei der Durchführung der Abschlussprüfung nach Absatz 5 anzuwendenden internationalen Prüfungsstandards weitere Abschlussprüfungsanforderungen oder die

§ 317

Nichtanwendung von Teilen der internationalen Prüfungsstandards vorzuschreiben, wenn dies durch den Umfang der Abschlussprüfung bedingt ist und den in den Absätzen 1 bis 4 genannten Prüfungszielen dient.

§ 91 AktG Organisation; Buchführung

(1) Der Vorstand hat dafür zu sorgen, daß die erforderlichen Handelsbücher geführt werden.

(2) Der Vorstand hat geeignete Maßnahmen zu treffen, insbesondere ein Überwachungssystem einzurichten, damit den Fortbestand der Gesellschaft gefährdende Entwicklungen früh erkannt werden.

Übersicht

	Anm
A. Anwendungsbereich	1–3
B. Jahresabschluss (Abs 1)	
I. Gegenstand der Prüfung (S 1)	5–7
II. Umfang der Prüfung (S 2 und 3)	10–21
III. Hinweise zur Prüfungsdurchführung	22–26
C. Konzernabschluss (Abs 1 und 3)	
I. Gegenstand und Umfang der Prüfung	30–34
II. Prüfung der zusammengefassten Jahresabschlüsse	35–38
III. Hinweise zur Prüfungsdurchführung	40–45
D. Lagebericht, Konzernlagebericht (Abs 2)	
I. Gegenstand und Umfang der Prüfung (S 1)	50–52
II. Hinweise zur Prüfungsdurchführung	55–61
III. Chancen und Risiken der künftigen Entwicklung (S 2)	65–68
IV. Erklärung zur Unternehmensführung (S 3)	70–72
E. Risikofrüherkennungssystem bei börsennotierten AG (Abs 4, § 91 Abs 2 AktG)	
I. Anwendungsbereich	75, 76
II. Prüfungsgegenstand	80–84
III. Prüfungsumfang	85–89
F. Internationale Prüfungsstandards (Abs 5 und 6)	90–94
G. Risikoorientiertes Prüfungsvorgehen	
I. Zielsetzung der Abschlussprüfung	100–107
II. Das Prüfungsrisikomodell	
1. Begriff und Komponenten des Prüfungsrisikos	108–111
2. Fehlerrisiko	112–114
3. Entdeckungsrisiko	115–117
III. Risikoanalyse vor Annahme bzw Fortführung des Prüfungsauftrags	118–121
IV. Feststellung und Beurteilung der Fehlerrisiken	
1. Überblick	122–127
2. Durchführung von Prüfungshandlungen zur Feststellung von Fehlerrisiken	
a) Allgemeines	128
b) Unternehmensumfeld	129, 130
c) Merkmale des Unternehmens	131–135

	Anm
d) Ziele, Strategien und Geschäftsrisiken	136
e) Erfolgskennzahlen und Erfolgsmessung	137, 138
f) Internes Kontrollsystem	139–145
3. Beurteilung der festgestellten Fehlerrisiken	146–150
V. Prüfungshandlungen als Reaktion auf die beurteilten Risiken	
1. Überblick	151, 152
2. Funktionsprüfungen des internen Kontrollsystems	153–159
3. Aussagebezogene Prüfungshandlungen	
a) Allgemeines	160–164
b) Analytische Prüfungshandlungen	165–170
c) Einzelfallprüfungen	
aa) Arten von Einzelfallprüfungen	171, 172
bb) Durchführung von Einzelfallprüfungen in Stichproben	173–175
cc) Einholung von Bestätigungen Dritter	176, 177
dd) Erklärungen der Unternehmensleitung	178, 179
ee) Verwertung der Arbeiten anderer Prüfer, von Spezialisten und der internen Revision	180
ff) Einzelfallprüfungen in bestimmten Prüffeldern	181, 182
4. Abschließende Prüfungshandlungen	183–187
VI. Risikobeurteilungen und Prüfungshandlungen als Reaktion auf beurteilte Risiken für Verstöße	188–194
VII. Die risikoorientierte Konzernabschlussprüfung	195–203
VIII. Dokumentation	204–206
IX. Qualitätssicherung	207–214

H. Publizitätsgesetz

I. Jahresabschluss und Lagebericht	220–223
II. Konzernabschluss und Konzernlagebericht	224–226

I. Rechtsfolgen einer Verletzung des § 317 230

Schrifttum: *Ältere Literatur s 7. Aufl* – *Förschle/Schmidt* Die Weiterentwicklung der deutschen und internationalen Prüfungsstandards in FS Lück, 205; *Heese* Der risiko-, prozess- und systemorientierte Prüfungsansatz, WPg 2003 Sonderheft, 223; *Wolz* Wesentlichkeit in der Jahresabschlussprüfung, Düsseldorf 2003; *v. Wysocki* Wirtschaftliches Prüfungswesen, Band III: Prüfungsgrundsätze und Prüfungsverfahren nach den nationalen und internationalen Prüfungsstandards, Wien 2003; *Schindler/Gärtner* Verantwortung des Abschlussprüfers zur Berücksichtigung von Verstößen (fraud) im Rahmen der Abschlussprüfung, WPg 2004, 1233; *Schmidt* Abschlussprüfung in Förschle/Peemöller, 198; *Schmidt* Geschäftsverständnis, Risikobeurteilungen und Prüfungshandlungen des Abschlussprüfers als Reaktion auf festgestellte Risiken, WPg 2005, 873; IDW RS HFA 16 Bewertungen bei der Abbildung von Unternehmenserwerben und bei Werthaltigkeitsprüfungen nach IFRS, WPg 2005, 1415; *Marten* Related Parties: Prüfung nach dem neuen ISA 550 und Grundlagen der Behandlung in der Rechnungslegung, ZIR 2006, 49; *Ruhnke* Prüfung von Jahresabschlüssen nach internationalen Prüfungsnormen, DB 2006, 1169; *Ruhnke/Lubitzsch* Abschlussprüfung und das neue Aussagen-Konzept der IFAC: Darstellung, Beweggründe und Beurteilung, WPg 2006, 366; *Schmidt* Risikomanagement und Qualitätssicherung in der Wirtschaftsprüferpraxis, WPg 2006, 265; *Ferlings/Poll/Schneiss* Aktuelle Entwicklungen im Bereich nationaler und internationaler Prüfungs- und Qualitätssicherungsstandards – Unter besonderer Berücksichtigung der Prüfung von KUV, WPg 2007, 101 und 145; *Ruhnke/Canitz* Besonderheiten der Prüfung von Konzernabschlüssen – Darstellung und Analyse des Proposed ISA 600RR unter besonderer Berücksichtigung einer geschäftsrisikoorientierten Prüfung, WPg 2007, 447; *Hommelhoff/Mattheus* Risikomanagementsystem im Entwurf des BilMoG als Funktionselement der Corporate Governance, BB 2007, 2787;

§ 317

Link/Giese/Kunellis Geschäftsrisikoorientierte Prüfung des Konzernabschlusses: Neue Anforderungen und Handlungsspielräume bei einer Prüfung nach ISA 600, BB 2008, 378; *Schmidt* Handbuch Risikoorientierte Abschlussprüfung, Fachliche Regeln für Auftragsabwicklung und Qualitätssicherung, Düsseldorf 2008; *Schmidt/Reimer* Zusammenwirken von Abschlussprüfung und Interner Revision in Corporate Governance und Interne Revision, Handbuch für die Neuausrichtung der Internen Revision, Berlin 2008, 643; *Ruhnke/Törklus* Monetary Unit Sampling – Eine Analyse empirischer Studien, WPg 2008, 1119; *Kämpfer/Schmidt* Die Auswirkungen der neueren Prüfungsstandards auf die Durchführung von Abschlussprüfungen, WPg 2009, 47; *Ruhnke* Prüfungsdifferenzen – State of the art und Ergebnisse einer empirischen Untersuchung deutscher Prüfungsaufträge, WPg 2009, 677; *Hanenberg* Das neue Konzept einer risikoorientierten Prüfungsberichtsverordnung der Kreditinstitute, WPg 2009, 713; *Heininger* Aktuelle Entwicklungen zur ISA-Anwendung in Europa, WPg 2010, 15; *Groß* Zur Beurteilung der „handelsrechtlichen Fortführungsprognose" durch den Abschlussprüfer, WPg 2010, 119; *Gödel* Unverzichtbarkeit der Prognoseberichterstattung im (Konzern-)Lagebericht, DB 2010, 431; *Adam/Quick* Das Going-Concern-Prinzip – Konzeption und praktische Implikationen, BFuP 2010, 243; *Göb/Karrer* Die neue Aktualität der statistischen Stichprobenprüfung, WPg 2010, 593; *Ruhnke/Schmiele/Schwind* Die Erwartungslücke als permanentes Phänomen der Abschlussprüfung – Definitionsansatz, empirische Untersuchung und Schlussfolgerungen, ZfbF 2010, 394; *IDW* Finanzmarktkrise und Binnenmarkt, WPg Sonderheft 2010; *Köster/Kuschel/Ribbert* Risiko- und prozessbasierte Vorbereitung und Durchführung von Journal-Entry-Tests auf Basis von IDW PS 210, WPg 2010, 727; *Wolf* Interne Kontroll- und Risikomanagementsysteme in der Unternehmenspraxis – Status quo und Möglichkeiten einer Integration zu einem ganzheitlichen Kontroll- und Risikomanagement, WPg 2010, 867; *Schruff* Weiterentwicklung der IDW Prüfungsstandards, WPg 17/2010, I; *Heese/Kreisel* Prüfung von Geschäftsprozessen, WPg 2010, 907; *Kämpfer/Kayser/Schmidt* Das Grünbuch der EU-Kommission zur Abschlussprüfung, DB 2010, 2457; *Ruhnke/Michel* Geschäftsrisikoorientierte Aufdeckung von Fraud nach internationalen Prüfungsnormen, BB 2010, 3074; *Plath* Aktuelle Entwicklungen in Abschlussprüfung und Rechnungslegung, WPg 2010, 1137; *Almeling/Boer/Küster* Erstellung von Abschlüssen nach deutschen und internationalen Normen – Entwicklungen und Vergleiche, DB 2011, 1761; *Almeling* Internationale Grundsätze für die Durchführung von Assurance-Aufträgen (Teil 1) und (Teil 2), WPg 2011, 607 und 653; IDW Fragen und Antworten zur praktischen Anwendung von ISA 600 bzw IDW EPS 320 nF, FN-IDW 2011, 427; *Olbrich/Weimann* Wider die Substitution der IDW-Prüfungsstandards durch die International Standards on Auditing, BFuP 2011, 180; *Krommes*[3] Handbuch der Jahresabschlussprüfung, Wiesbaden 2011; *Marten/Quick/Ruhnke*[4] Wirtschaftsprüfung, Grundlagen des betriebswirtschaftlichen Prüfungswesens nach nationalen und internationalen Normen, Stuttgart 2011; *Zemp/Sterchi* Aussagebezogene Prüfungshandlungen, Der Schweizer Treuhänder 2011, 928; *Stirnimann* Die Konzernabschlussprüfung – ISA 600, Der Schweizer Treuhänder 2011, 995; IDW RS HFA 7 Handelsrechtliche Rechnungslegung bei Personenhandelsgesellschaften, WPg Suppl 1/2012, 73; *Krommes* Prüfungsziele und Prüfungstechnik als strategische Einheiten in der Abschlussprüfung, DB 2012, 585; *Plath* Aktuelle Entwicklungen in der Abschlussprüfung, WPg 2012, 173; *Schindler/Haußer* Die Pflicht gesetzlicher Vertreter von Kapitalgesellschaften zur Aufdeckung von Unregelmäßigkeiten und die Reaktion des gesetzlichen Abschlussprüfers, WPg 2012, 233; *Mochty/Wiese* Die Netzwerkstruktur der Buchhaltung als Grundlage des risikoorientierten Prüfungsansatzes, BFuP 2012, 479; *Lorson/Melcher/Pestel* Aktuelle Forschungsschwerpunkte auf dem Gebiet der Abschlussprüfung – Ein Ansatz für eine Systematisierung im internationalen Vergleich, WPg 2012, 431; *IFAC (Hrsg)* Handbook of International Standards on Auditing and Quality Control, New York 2012; *Orth/Finking/Wolz* Aktuelle Herausforderungen bei der Umsetzung von IDW PS 210, WPg 2012, 529; *Pfitzer* EU-Reform der Abschlussprüfung, Der Schweizer Treuhänder 2012, 928; *Ruhnke* Reformvorschläge zur Abschlussprüfung – Quo vadis?, WPg 2012, 749; *Küting* Zum Schwierigkeitsgrad einer HGB- und IFRS-Abschlussprüfung, DB 2012, 1521; *Toebe/Lorson* Die Festlegung von wertmäßigen Wesentlichkeitsgrenzen in der Rechnungslegung und Abschlussprüfung unter Berücksichtigung wissenschaftlicher Studien, WPg 2012, 1200; *Bausch/Rehbock* Die genossenschaftliche Pflichtprüfung – Aspekte zur Prüfungsdurchführung unter Anwendung der ISA, ZfgG 2012, 275; *Senger/Brune* DRS 20: neue und geänderte Anforderungen an den Konzernlagebericht WPg 2012, 1285; *Farr/*

Gegenstand und Umfang der Prüfung § 317

Niemann Skalierte Prüfungsdurchführung – Anregungen der WP-Kammer nach Änderung der Berufssatzung, DStR 2012, 1875; *Mujkanovic* Grundsatz der Unternehmensfortführung im Rahmen der Abschlussprüfung, WP Praxis 2012, 61; *Schmid* Umsetzung von IDW PS 320 „Konzernabschlussprüfung" im Mittelstand, BB 2012, 2487; *Pummerer/ Steller/Baldauf* Prüfungsqualität, Prüferhaftung und Risikoaversion – Eine analytische Betrachtung der Bedeutung der Risikoaversion für die Prüfungsqualität, ZfbF 2013, 32. *Knoll* Sicherstellung einer ordnungsgemäßen IT, HMD 2013, Heft 289, 6; *Schultz/Müller-Wickop/Werner/Nüttgens* Geschäftsprozessorientierte Prüfung von IT-Systemen, HMD 2013, Heft 289, 41; *Farr/Niemann* Anforderungen an die Dokumentation bei der Prüfung des Jahresabschlusses nach IDW PS bzw. ISA – Ein Hindernis für die skalierte Prüfung?, DStR 2013, 668; *Schmidt/Eibelshäuser* Praktische Anwendung der ISA in Deutschland – Das ISA-Risikomodell (ISA 300, ISA 315, ISA 330), WPg 2013, 696.

IDW Prüfungsstandards und -hinweise sowie Entwürfe von IDW Prüfungsstandards (in aufsteigender Reihenfolge): *Gemeinsame Stellungnahme der WPK und des IDW VO 1/2006* Anforderungen an die Qualitätssicherung in der Wirtschaftsprüferpraxis, WPg 2006, 629; IDW PS 200 Ziele und allgemeine Grundsätze der Durchführung von Abschlußprüfungen, WPg 2000, 706; IDW PS 201 Rechnungslegungs- und Prüfungsgrundsätze für die Abschlussprüfung, WPg Suppl 2/2008, 21; IDW PS 202 Die Beurteilung von zusätzlichen Informationen, die von Unternehmen zusammen mit dem Jahresabschluß veröffentlicht werden, WPg 2001, 121, Änderung WPg Suppl 4/2009, 1, Änderung WPg Suppl 4/2009, 1, Änderung WPg Suppl 4/2010, 1; IDW PS 203 nF Ereignisse nach dem Abschlussstichtag, WPg Suppl 4/2009, 14; IDW PS 205 Prüfung von Eröffnungsbilanzwerten im Rahmen von Erstprüfungen, WPg 2001, 150, Änderung WPg Suppl 4/2010, 1; IDW PS 208 Zur Durchführung von Gemeinschaftsprüfungen (Joint Audit), WPg 1999, 707, Änderung WPg Suppl 1/2011, 1; IDW PS 210 Zur Aufdeckung von Unregelmäßigkeiten im Rahmen der Abschlussprüfung, WPg 2006, 1422, Änderung WPg Suppl 4/2010, 1, Änderung WPg Suppl 1/2013, 7; IDW PS 220 Beauftragung des Abschlußprüfers, WPg 2001, 895, Änderung WPg Suppl 4/2009, 1; IDW PS 230 Kenntnisse über die Geschäftstätigkeit sowie das wirtschaftliche und rechtliche Umfeld des zu prüfenden Unternehmens im Rahmen der Abschlußprüfung, WPg 2000, 842, Änderung WPg 2006, 218; IDW PS 240 Grundsätze der Planung von Abschlußprüfungen, WPg 2000, 846, Änderung WPg 2006, 218, Änderung WPg Suppl 1/2011, 1; IDW PS 250 Wesentlichkeit im Rahmen der Jahresabschlussprüfung, WPg 2003, 944, Änderung WPg Suppl 4/2010, 1; IDW PS 250 nF Wesentlichkeit im Rahmen der Abschlussprüfung, WPg Suppl 1/2013, 1; IDW PS 255 Beziehungen zu nahe stehenden Personen im Rahmen der Abschlussprüfung, WPg 2003, 1069, Änderung WPg Suppl 1/2007, 1, Änderung FN-IDW 2010, 423, Änderung FN-IDW 2011, 364; IDW PS 261 nF Feststellung und Beurteilung von Fehlerrisiken und Reaktionen des Abschlussprüfers auf die beurteilten Fehlerrisiken, WPg Suppl 2/2012, 3; IDW PS 270 Die Beurteilung der Fortführung der Unternehmenstätigkeit im Rahmen der Abschlussprüfung, WPg 2003, 775, Änderung WPg Suppl 4/2010, 1; IDW PS 300 Prüfungsnachweise im Rahmen der Abschlussprüfung, WPg 2006, 1445; IDW PS 301 Prüfung der Vorratsinventur, WPg 2003, 715, Änderung WPg Suppl 1/2011, 1; IDW PS 302 Bestätigungen Dritter WPg 2003, 872; IDW EPS 302 nF Bestätigungen Dritter, WPg Suppl 2/2012, 21; IDW PS 303 nF Erklärung der gesetzlichen Vertreter gegenüber dem Abschlussprüfer, WPg Suppl 4/2009, 19; IDW PS 312 Analytische Prüfungshandlungen, WPg 2001, 903; IDW PS 314 nF Die Prüfung von geschätzten Werten in der Rechnungslegung einschließlich von Zeitwerten, WPg Suppl 4/2009, 23; IDW PS 318 Prüfung von Vergleichsangaben über Vorjahre, WPg 2001, 909, Änderung WPg Suppl 1/2011, 1; IDW PS 320 nF Besondere Grundsätze für die Durchführung von Konzernabschlussprüfungen (einschließlich der Verwertung der Tätigkeit von Teilbereichsprüfern), WPg Suppl 2/2012, 29; IDW PS 321 Interne Revision und Abschlußprüfung, WPg 2002, 686, Änderung WPg Suppl 4/2010, 1; IDW PS 322 Verwertung der Arbeit von Sachverständigen WPg 2002, 689, Änderung FN IDW 2011, 113; IDW EPS 322 nF Verwertung der Arbeit eines für den Abschlussprüfer tätigen Sachverständigen, FN-IDW 2012, 480; IDW PS 330 Abschlußprüfung bei Einsatz von Informationstechnologie, WPg 2002, 1167; IDW PS 331 Abschlussprüfung bei teilweiser Auslagerung der Rechnungslegung auf Dienstleistungsunternehmen, WPg 2003, 999, Änderung WPg Suppl 4/2010, 1; IDW PS 340 Die Prüfung des Risikofrüherkennungssystems nach § 317 Abs. 4 HGB, WPg 1999, 658; IDW PS 345 Auswirkungen des Deutschen Corporate Governance Kodex auf die Abschlussprüfung, WPg Suppl 4/2009, 36, Änderung WPg Suppl 4/2010, 15, Änderung WPg Suppl 4/2012, 3; IDW PS 350 Prüfung des Lageberichts, WPg 2006, 1293, Änderung WPg Suppl 4/2009, 1; IDW PS 400 Grundsätze für die ordnungsmäßige Erteilung von Bestätigungsvermerken bei Abschlussprüfungen, WPg Suppl 4/2010, 25, Änderung WPg Suppl 1/2013, 7 und 31; IDW PS 450 Grundsätze ordnungsmäßiger Berichterstattung bei Abschlussprüfungen, WPg 2006, 601, Änderung WPg Suppl 4/2009, 1, Änderung WPg Suppl 2/2012, 19; IDW PS 460 nF Arbeitspapiere des Abschlussprüfers, WPg Suppl 2/2008, 27, Änderung WPg Suppl 4/2009, 1; IDW PS 521 Die Prüfung des Wertpapierdienstleistungsgeschäfts nach § 36 Abs. 1 Satz 1 WpHG, WPg Suppl 2/2009, 14; IDW PS 522 Prüfung der Adressenausfallrisiken und des Kreditgeschäftes von Kreditinstituten, WPg 2002, 1254; IDW PS 720 Berichterstattung über die Erweiterung der Abschlussprüfung nach § 53 HGrG, WPg 2006, 1452, Änderung WPg Suppl 1/2011, 1; IDW PS 900 Grundsätze für die prüferische Durchsicht von Abschlüssen, WPg 2001, 1078; IDW PH 9.200.1 Pflichten des Abschlussprüfers des Tochterunternehmens und des Konzernabschlussprüfers im Zusammenhang mit § 264 Abs. 3 HGB, WPg Suppl 2/2010, 47; IDW PH 9.200.2 Pflichten des Abschlussprüfers eines Tochter- oder Gemeinschaftsunternehmens und des Konzernabschlussprüfers im Zusammenhang mit § 285 Nr. 17 HGB, FN-IDW 2013, 304; IDW PH 9.330.2 Prüfung von IT-gestützten Geschäftsprozessen im Rahmen der Abschlussprüfung, WPg Suppl 1/2009, 27, Änderung WPg Suppl 1/2011, 1; IDW PH 9.330.3 Einsatz von Datenanalysen im Rahmen der Abschlussprüfung, WPg Suppl 1/2011, 35; IDW PH 9.520.1 Jahresabschlussprüfung bei Finanzdienstleistungsinstituten unter besonderer Berücksichtigung der aufsichtsrechtlichen Anforderungen, WPg Suppl 1/2012, 56.

Standards: IASB F The Conceptual Framework for Financial Reporting (rev 2010); IAS 12 Ertragsteuern *(Income Taxes)* (amend 2012); IAS 21 Auswirkungen von Wechselkursänderungen *(The Effects of Changes in Foreign Exchange Rates)* (amend 2012); IAS 28 Anteile an assoziierten Unternehmen und Gemeinschaftsunternehmen *(Investments in Associates and Joint Ventures)* (rev 2012); IFRS 10 Konzernabschlüsse *(Consolidated Financial Statements)* (amend 2013); IFRS 11 Gemeinsame Vereinbarungen *(Joint Arrangements)* (amend 2013).

A. Anwendungsbereich

1 Der **Anwendungsbereich** der Abs 1 bis 3 umfasst im Falle von Pflichtprüfungen nach § 316 grds den JA und den Lagebericht mittelgroßer und großer KapGes/KapCoGes (s § 316 Anm 1) sowie den KA und Konzernlagebericht von KapGes/KapCoGes (s § 316 Anm 15). Darüber hinaus verweisen andere gesetzliche Regelungen auf § 317 (zB § 340k für Kreditinstitute, § 341k für VersicherungsUnt, § 6 Abs 1 bzw § 14 Abs 1 PublG für bestimmte Unt, die unter das PublG fallen).

2 § 317 ist auch anwendbar für die Prüfung des IFRS-EA (§ 324a iVm 325 Abs 2a).

3 Im Falle **freiwilliger Abschlussprüfungen** können Gegenstand und Umfang der Prüfung grds zwischen AP und Ges frei vereinbart werden. Die Anwendbarkeit des § 317 ist somit von der vertraglichen Gestaltung abhängig. Sofern jedoch ein BVm gem § 322 erteilt werden soll, muss die Prüfung nach Art und Umfang einer Prüfung nach §§ 316ff entsprechen (IDW PS 400 Tz 5).

B. Jahresabschluss (Abs 1)

I. Gegenstand der Prüfung (S 1)

5 Zu prüfen sind der **Jahresabschluss mit seinen Pflichtbestandteilen** sowie der **Lagebericht** (§ 316). Der JA umfasst neben Bilanz und GuV (§ 242) auch

den Anhang (§ 264 Abs 1) sowie bei kapmarkt KapGes, die nicht zur Aufstellung eines KA verpflichtet sind, auch KFR und EK-Spiegel (§ 264 Abs 1 S 2). Sofern der JA freiwillig um eine SegBerE und/oder andere Rechenwerke ergänzt wird, sind auch diese prüfungspflichtig. In die Prüfung einzubeziehen sind die **Buchführung** und das **Inventar** (§ 317 Abs 1 S 1) als der JA-Erstellung zugrundeliegende Unterlagen (*Almeling/Boer/Küster* DB 2011, 1765). Zur Buchführung gehören nicht nur die Finanzbuchführung, sondern auch Nebenbuchführungen wie zB die Anlagenbuchführung, die Gehalts- und Lohnbuchführung und die Lagerbuchführung. Die **Kostenrechnung** ist nur insoweit zu berücksichtigen, als sie Grundlage der Ermittlung von Abschlussposten oder -angaben ist, bspw der HK selbst erstellter immaterieller VG des Anlagevermögens, der HK für die Erzeugnisse/Leistungen oder für andere aktivierte Eigenleistungen oder bei Vollkosten-Ansatz für Drohverlustrückstellungen im Absatzbereich, für Kulanzrückstellungen oder für unterlassene Instandhaltungen. Die Kostenstellen- und Kostenträgerrechnung muss für die Prüfung einer nach dem Umsatzkosten-Verfahren aufgestellten GuV (§ 275 Abs 3) herangezogen werden; ähnlich *ADS*[6] § 317 Anm 16.

Bei der **genossenschaftlichen Pflichtprüfung** ist der Prüfungsgegenstand **6** erweitert (§ 53 GenG); hierzu Vor § 339 Anm 10f; *Bausch/Kunellis* ZfgG 2012, 275ff. Auch andere Spezialgesetze sehen einen erweiterten Prüfungsumfang vor, so insb die **Eigenbetriebsgesetze** oder Eigenbetriebs-VO der Länder durch Einbeziehung der wirtschaftlichen Verhältnisse sowie § 53 HGrG für die Prüfung von Unt im Mehrheitsbesitz von Gebietskörperschaften durch Einbeziehung der Ordnungsmäßigkeit der Geschäftsführung (s IDW PS 720).

Kreditinstitute müssen gem § 330 Abs 2 und § 29 Abs 3, 4 KWG zusätzliche Vorschriften der Bankenaufsicht beachten; es gelten derzeit die RechKredV idF vom 11.12.1998 (BGBl I, 3658) zuletzt geändert am 9.6.2011 (BGBl I, 1041) und die VO über die Prüfung der JA der Kreditinstitute und Finanzdienstleistungsinstitute sowie die darüber zu erstellenden Berichte (PrüfbV) vom 23.11.2009 (BGBl I, 3793) zuletzt geändert am 18.2.2013 (BGBl I, 268). Gem § 29 Abs 1 KWG sind ua auch die wirtschaftlichen Verhältnisse des Instituts zu prüfen (s IDW 521 und 522, IDW PH 9.520.1).

Bei **Versicherungsunternehmen** haben die Aufsichtsbehörden gem § 57 Abs 2 S 1f VAG ebenfalls das Recht, derartige Bestimmungen zu erlassen; derzeit sind für VersicherungsUnt die RechVersV idF vom 8.11.1994 (BGBl I, 3378) zuletzt geändert am 20.12.2012 (BGBl I, 2751) in Kraft und die VO über den Inhalt der PrüfBer zu den JA von Versicherungs-Unt (PrüfV) vom 3.6.1998 (BGBl I, 1209) zuletzt geändert am 25.5.2009 (BGBl I, 1102).

Nicht zum **Gegenstand** der Prüfung nach § 317 gehören bspw: **7**
– die wirtschaftlichen Verhältnisse der Ges
– die Ordnungsmäßigkeit der Geschäftsführung
– der Versicherungsschutz (als Aufgabe der Geschäftsführung), ebenso *WPH*[14] I, Anm R 10
– der Bericht des AR gem § 171 Abs 2 AktG und ggf nach § 52 Abs 1 GmbHG iVm § 171 AktG (erst nach der JAP/Konzern-APr aufstellbar)
– die Offenlegung des JA (ggf auch des IFRS-EA, des Gewinnverwendungsvorschlags und -beschlusses; s auch IDW PS 201 Tz 10); jedoch ist ggf die Offenlegung der Vj-Unterlagen zu prüfen (dazu IDW PS 450 Tz 50). Sofern bei der Aufstellung des JA Erleichterungen gem § 264 Abs 3 ggf iVm Abs 4, gem § 264b oder gem § 285 Nr 17 2. Hs in Anspruch genommen wurden, können Inhalte und die Offenlegung von KA für die Prüfung von JA von Bedeutung sein (s § 264 Anm 171ff, IDW PH 9.200.1 bzw § 285 Anm 305, IDW PH 9.200.2).

- die unterjährige Zwischenberichterstattung
- die Erklärung zur UntFührung nach § 289a; s Anm 70 ff.

Zur Abgrenzung der JAP von der Unterschlagungsprüfung s Anm 18.

II. Umfang der Prüfung (S 2 und 3)

10   Als **Prüfungsumfang** werden die Tätigkeiten des AP bezeichnet, die dieser nach den Gegebenheiten des Einzelfalls für notwendig erachtet, um die geforderten Prüfungsaussagen mit der erforderlichen Sicherheit treffen zu können (ähnlich IDW PS 200 Tz 21). Die **Prüfungsaussagen** trifft der AP in PrüfBer und BVm (IDW PS 200 Tz 9). Die zentrale Prüfungsaussage bei der Prüfung des JA ist die Beurteilung, ob bei der Aufstellung des JA die **gesetzlichen Vorschriften** und sie ergänzende Bestimmungen im GesVertrag oder in der Satzung beachtet wurden (Abs 1 S 2, § 322 Abs 3 S 1, hier Anm 15, zu den bei der APr zu berücksichtigenden Rechnungslegungsgrundsätzen s IDW PS 201). Die Prüfungsaussagen trifft der AP mit hinreichender Sicherheit (IDW PS 200 Tz 9 und 24). Hierbei handelt es sich um ein hohes Maß an Sicherheit, jedoch nicht um absolute Sicherheit (s IDW PS 200 Tz 25; Anm 102; *Almeling* WPg 2011, 610 mwN).

11   Der AP hat den Prüfungsumfang im Rahmen der Eigenverantwortlichkeit nach **pflichtgemäßem Ermessen** zu bestimmen (IDW PS 200 Tz 18). Das Ermessen des AP wird insb durch die gesetzlichen Regelungen zum Prüfungsgegenstand, zur Prüfungsdurchführung und zu den Prüfungsaussagen (s IDW PS 200 Tz 10 f) begrenzt (IDW PS 200 Tz 18). In § 24b Abs 1 S 2 BS WP/vBP wird klargestellt, dass Umfang und Dokumentation der Prüfungsdurchführung im Rahmen der Eigenverantwortlichkeit nach pflichtgemäßem Ermessen in Abhängigkeit von Größe, Komplexität und Risiko des Prüfungsmandats zu bestimmen ist (**skalierte Prüfungsdurchführung**). „Art und Umfang der Prüfungsdurchführung bezieht sich insb auf die Bestimmung von Wesentlichkeiten, die Festlegung von Art und Anzahl von Prüfungsaktivitäten, den Umfang der Prüfungsnachweise sowie die Festlegung von Stichproben und Stichprobenverfahren." (*WPK* Erltext zu § 24b Abs. 1 BS WP/vBP – neu, http://www.wpk.de/pdf/WPK_Skalierte_Pruefungsdurchfuehrung_Erlaeuterungstext_zu_24b_Abs1_BS_WP-vBP.pdf). Während der Prüfungsgegenstand im HGB unmittelbar bestimmt ist (s Anm 5), war die **Prüfungsdurchführung** vor Einführung der Abs 5 und 6 durch das BilMoG nicht umfassend gesetzlich geregelt. Nach Abs 5 sind bei Durchführung der APr nun die **internationalen Prüfungsstandards** zu beachten, die von der Europäischen Kommission im Wege des sog Komitologieverfahrens angenommen worden sind (zu Einzelheiten s Anm 90 ff).

12   Bis zur Annahme der internationalen Prüfungsstandards durch die EU leiten sich gesetzliche Vorgaben für die Prüfungsdurchführung aus Abs 1 S 2 und 3 ab. Nach S 3 ist die Prüfung so anzulegen, dass Unrichtigkeiten und Verstöße gegen die in S 2 aufgeführten gesetzlichen Bestimmungen, die sich auf den JA wesentlich auswirken, bei gewissenhafter Berufsausübung erkannt werden. Die **Wesentlichkeit** wird dabei am Aussagewert der Rechnungslegung des Unt gemessen (s IDW PS 250 nF Tz 6).

13   Durch Hinweis auf die gewissenhafte Berufsausübung fordert S 3 außerdem die Anwendung berufsüblicher Prüfungsansätze und -verfahren. Soweit noch keine internationalen Prüfungsstandards von der EU-Kommission übernommen wurden, stellen die Prüfungsstandards des IDW die bei der APr zu beachtenden **Grundsätze ordnungsmäßiger Abschlussprüfung** dar (IDW PS 201 Tz 28; § 323 Anm 12). Zu den berufsüblichen Prüfungsansätzen zählt insb das risikoorientierte Prüfungsvorgehen, das hier in Abschn G (Anm 100 ff) ausführlich dargestellt wird.

14 Der **Prüfungsumfang** darf weder vom AP auf eigene Initiative noch durch Vereinbarungen mit dem Unt **eingeschränkt** werden (so auch *ADS*[6] § 317 Anm 22). Auf Wunsch der Ges oder des AR – soweit dieser für die Beauftragung des AP zuständig ist – kann vereinbart werden, bestimmte Teilbereiche des JA intensiver zu prüfen oder die Prüfung auf bestimmte Sachverhalte auszudehnen (zu weiteren Einzelheiten s *ADS*[6] § 317 Anm 23, *WPH*[14] *I,* R Anm 13; IDW PS 220 Tz 20). Der sachliche Umfang der JAP (auch für ein Rumpf-Gj) – und damit auch ein entspr angemessener Zeitbedarf – wird sich stets am **Einzelfall** orientieren. Er ist ua von der Zahl und der Bedeutung der Posten des JA, von dem Schwierigkeitsgrad der zu beurteilenden Fachfragen, vom Inhalt des vorgelegten Anhangs sowie von der Wirksamkeit der internen Kontrollen beim Unt und nicht zuletzt auch von Zahl und Bedeutung der getroffenen Feststellungen im Verlauf der Prüfung abhängig (s auch Anm 11 zur skalierten Prüfungsdurchführung).

15 Der AP muss bei der Prüfung des JA alle **gesetzlichen Vorschriften** über die Aufstellung des JA heranziehen: dies sind in erster Linie die §§ 242 bis 256a, außerdem die §§ 264 bis 288 und die Regelungen des EGHGB.

Ferner sind die **rechtsformspezifischen Bestimmungen** zu beachten
- für **AG und KGaA** gehören dazu namentlich §§ 150, 152, 158, 160, 161 und 58 AktG, auch die §§ 56, 71 bis 71e AktG; bei KGaA zusätzlich §§ 286, 288 AktG,
- für **GmbH** insb §§ 29 bis 33 und 42 GmbHG,
- für **KapCoGes** die §§ 120, 121, 167, 168 sowie § 264c und
- für **Genossenschaften** §§ 336 bis 338.

Hinzu treten für **Kreditinstitute** die §§ 340a bis 340h und für **Versicherungsunternehmen** die §§ 341a bis 341h.

Zu den gesetzlichen Vorschriften gehören gem § 243 Abs 1 auch die kodifizierten und nicht kodifizierten **Grundsätze ordnungsmäßiger Buchführung** (ebenso Begr RegE KonTraG in BR-Drs 872/97, 71 und *ADS*[6] § 317 Anm 26).

16 Die Darstellungen und Einzelangaben im **Anhang** sind vollständig prüfungspflichtig, ebenso freiwillige Zusatzangaben. Es empfiehlt sich, während der Prüfung der Posten des JA durch Aufzeichnungen bereits die Prüfung der entspr Anhangangaben vorzubereiten. Diese kann dann mit Hilfe dieser Unterlagen und einer Checkliste aE der JAP vorgenommen werden (s auch *ADS*[6] § 317 Anm 27).

17 Außerdem sind etwaige **Bestimmungen des Gesellschaftsvertrags** oder der Satzung des zu prüfenden Unt zu beachten. Diese beziehen sich häufig auf Rücklagendotierungen und gewinnabhängige Bezüge von Verwaltungsorganen. Solche Satzungsbestimmungen dürfen die gesetzlichen Vorschriften nur ergänzen, nicht jedoch mindern oder ändern. Satzungsbestimmungen außerhalb der Rechnungslegung sind für § 317 nicht Prüfungsgegenstand, ebenso *ADS*[6] § 317 Anm 111; über festgestellte schwerwiegende Verstöße der gesetzlichen Vertreter gegen die Satzung muss jedoch im Rahmen der Redepflicht des AP gem § 321 Abs 1 S 3 berichtet werden (s § 321 Anm 38 ff).

18 Entgegen vereinzelter Stimmen der Öffentlichkeit ist die APr ihrem Wesen nach nicht primär darauf ausgerichtet, **Untreuehandlungen, Unterschlagungen** uä aufzudecken (IDW PS 201 Tz 11). Gleichwohl ist im Rahmen der Planung der APr eine Risikobeurteilung hinsichtlich solcher Sachverhalte vorzunehmen (s im Einzelnen Anm 188 ff; IDW PS 210 Tz 22 ff; s auch *Marten/Quick/Ruhnke*[4], 428). Bei Vermutung oder Aufdeckung von Unregelmäßigkeiten oder anderen Gesetzesverstößen, muss der AP weitere Feststellungen treffen sowie die Geschäftsführung oder ggf auch den AR unterrichten. Außerdem ist im PrüfBer dazu Stellung zu nehmen.

19 Die Überprüfung der Einhaltung der Generalnorm des § 264 Abs 2 erfordert im Allgemeinen keine zusätzlichen Prüfungshandlungen, da ein den tatsächlichen Verhältnissen entspr Bild der VFE-Lage regelmäßig durch die Beachtung der gesetzlichen Vorschriften vermittelt werden kann, ggf sind jedoch zusätzliche Angaben im Anhang erforderlich; wie hier § 264 Anm 25 ff, 31, *ADS*[6] § 317 Anm 30, wohl auch *WPH*[14] I, F Anm 78.

20 Die Durchführung einer APr erfordert eine **sachgerechte Vorbereitung** der Prüfung und ein **planmäßiges Prüfungsvorgehen;** dazu insb IDW PS 240, IDW PS 261 nF sowie einige Hinweise in Anm 22 ff. Hierzu sind sowohl Kenntnisse über das rechtliche und wirtschaftliche Umfeld des Unt (IDW PS 230) als auch IT-Kenntnisse der Prüfer (IDW PS 330) erforderlich; ggf sind Spezialisten hinzuzuziehen (IDW PS 322; IDW EPS 322 nF). Zum Einsatz von Datenanalysen im Rahmen der Abschlussprüfung s IDW PH 9.330.3.

21 Zur Abgrenzung der JAP von der prüferischen Durchsicht s IDW PS 900 und *Winkeljohann/Küster* in Sonderbilanzen[4] G Anm 95 ff.

III. Hinweise zur Prüfungsdurchführung

22 Durch das BilMoG sind gem Abs 5 bei der Durchführung der APr die internationalen Prüfungsstandards zu beachten, die von der Europäischen Kommission im Wege des sog Komitologieverfahrens angenommen worden sind (zu Einzelheiten s Anm 91). Da internationale Prüfungsstandards noch nicht angenommen sind, wird von der aktuell gültigen Rechtslage, dh keine direkte Anwendbarkeit internationaler Prüfungsstandards, ausgegangen. Das HGB enthält – abgesehen von S 2 und 3 – **keine expliziten Vorschriften zur Prüfungsdurchführung.**

23 Die Verpflichtung zur Anwendung eines **risikoorientierten Prüfungsansatzes** und Regelungen zu **Prüfungsmethoden** sowie zu **Art und Umfang** der durchzuführenden **Prüfungshandlungen** ergeben sich aus den IDW Prüfungsstandards, die in Summe die Grundsätze ordnungsmäßiger Durchführung von APr bilden. Die bei der Durchführung der JAP festgestellten Fehler sind jeweils auf ihre Auswirkungen auf den JA zu überprüfen. Unklarheiten sowie wesentliche Fehler erfordern eine Ausdehnung der Prüfungshandlungen nach pflichtgemäßem Ermessen des zuständigen WP. Ferner hat eine Dokumentation aller Prüfungsschritte sowie der *einzelnen* Prüfungsergebnisse zu erfolgen (IDW PS 460 nF, zu weiteren Einzelheiten des risikoorientieren Prüfungsvorgehens s Anm 100 ff).

24 In der Praxis hängt die **Prüfungsdauer** insb von der Zuverlässigkeit des IKS, von der Qualität der Prüfungsunterlagen und des Belegwesens, von der Verfügbarkeit geeigneter Auskunftspersonen sowie von der rechtzeitigen Vorlage von Teilen des JA (einschl Anhang) und des Lageberichts ab.

Infolge der oft knappen Termine werden Teile der Prüfungstätigkeiten regelmäßig vor dem Bilanzstichtag im Rahmen einer **Vorprüfung** durchgeführt. Diese Arbeiten beziehen sich namentlich auf die Wirksamkeit der IKS (ua des Rechnungslegungssystems einschl des Buchführungssystems; zur Systemprüfung s IDW PS 261 nF, IDW PS 330, IDW PH 9.330.2, *Marten/Quick/Ruhnke*[4], 267 ff, *Heese/Kreisel* WPg 2010, 913 ff), die Überwachung einer unterjährig durchgeführten Aufnahme des Vorratsvermögens, die Einholung von Saldenbestätigungen (s IDW PS 302; IDW EPS 302 nF) sowie auf den Buchungsstoff des Gj bis zu diesem Zeitpunkt. Dadurch soll die spätere Prüfung sachlich und zeitlich entlastet werden.

Für den zweiten Prüfungsabschnitt **(Hauptprüfung)** verbleibt dann der Buchungsstoff für die restlichen Monate des Gj, die Kontrolle des Rücklaufs und des Inhalts der Saldenbestätigungen, die Überwachung einer zeitnah zum Abschlussstichtag durchgeführten Aufnahme des Vorratsvermögens sowie die oft zahlenmäßig umfangreichen Buchungen zum Jahresende, die größtenteils – Rückstellungen, Bewertungen von Beständen, Abschreibungen – erst Anfang des nächsten Gj durchgeführt werden können. Darüber hinaus sind Prüfungshandlungen bzgl Ereignissen nach dem Abschlussstichtag gem IDW PS 203 nF durchzuführen.

Neben der **Dokumentation der Prüfungshandlungen** in den Arbeitspapieren hat der AP auch über Art und Umfang sowie Ergebnis der Prüfung einen **Prüfungsbericht** zu erstellen (§ 321) und einen **Bestätigungsvermerk** zu erteilen (§ 322). Der BVm ist auch in den PrüfBer, der regelmäßig zum Abschluss der Prüfung erstellt wird, aufzunehmen (IDW PS 450 Tz 109). 25

Wird der JA oder der Lagebericht nach Vorlage des PrüfBer geändert, hat eine **Nachtragsprüfung** gem § 316 Abs 3 (s § 316 Anm 25 ff) stattzufinden. 26

C. Konzernabschluss (Abs 1 und 3)

I. Gegenstand und Umfang der Prüfung

Prüfungsgegenstand nach § 316 Abs 2 S 1 (s § 316 Anm 15 ff) ist der nach den deutschen handelsrechtlichen Grundsätzen bzw den von der EU übernommenen internationalen Rechnungslegungsstandards aufzustellende KA, bestehend aus Konzernbilanz, Konzern-GuV bzw Konzern-Gesamtergebnisrechnung, Konzernanhang, Konzern-KFR sowie Konzern-EK-Spiegel bzw Konzern-EK-Veränderungsrechnung. Sofern der KA freiwillig um eine SegBerE ergänzt wird, ist auch diese prüfungspflichtig. Die Ausführungen zum Prüfungsumfang in Anm 10 gelten auch für den KA. 30

Die Prüfung des KA hat das Ziel festzustellen, ob die **gesetzlichen Vorschriften** und sie ergänzende Bestimmungen im GesVertrag oder in der Satzung beachtet worden sind (Abs 1 S 2). Für einen KA sind dies insb die §§ 290 bis 315 bzw die in § 315a Abs 1 genannten internationalen Rechnungslegungsstandards und sonstigen Vorschriften (zum Anwendungsbereich s § 315a Anm 1). Darüber hinaus sind für nach deutschen handelsrechtlichen Grundsätzen aufzustellende KA die vom DSR des DRSC herausgegebenen und vom BMJ bekanntgegebenen Standards (Deutsche Rechnungslegungsstandards) – soweit sie den gesetzlichen Vorschriften nicht widersprechen oder nicht durch neue gesetzliche Vorschriften überholt sind – zu beachten (s auch *ADS*[6] § 317 Anm 133). 31

Durch die Prüfung müssen wie beim JA **Unrichtigkeiten** und **Verstöße** gegen die in S 2 aufgeführten Bestimmungen festgestellt werden, wenn die Unrichtigkeiten sich auf die Darstellung der VFE-Lage des Konzerns wesentlich auswirken und wenn sie bei gewissenhafter Berufsausübung erkannt werden (Abs 1 S 3). 32

Einen Schwerpunkt der Konzern-APr bildet die Prüfung der in den KA gem § 300 Abs 1 S 1 bzw IFRS 10.B86 **zusammengefassten Jahresabschlüsse des Mutterunternehmens sowie der Tochterunternehmen** (Abs 3 S 1). Die Prüfung ist so anzulegen, dass der Konzern-AP die erforderlichen Prüfungsurteile zu KA und Konzernlagebericht eigenverantwortlich und mit hinreichender Sicherheit treffen kann. Ist ein einbezogener JA von einem anderen AP geprüft worden, hat der Konzern-AP dessen Arbeit zu überprüfen (Abs 3 S 2). Bei der Prüfung des KA hat der Konzern-AP insb die Anpassungen der einbezogenen JA an einheitliche Rechnungslegungsgrundsätze und -methoden sowie die eigentlichen **Konsolidierungsmaßnahmen** nach §§ 301 ff (ebenso *ADS*[6] § 317 Anm 124 ff) bzw IFRS 10.B86 – diese bilden insgesamt die **konsolidierungsbe-** 33

dingten Anpassungen gem Abs 3 S 1 – zu prüfen. Näheres zur Prüfung der zusammengefassten JA s Anm 35 ff.

34 Ein wichtiger Bestandteil der Konzern-APr ist die Prüfung der zutreffenden und im Grundsatz stetigen Abgrenzung des **Konsolidierungskreises**. Dabei sind in den KA alle JA von TU im In- und Ausland einzubeziehen, soweit keine Einbeziehungswahlrechte (§ 296 und DRS 19 bzw IASB F. QC11) bestehen (zur Behandlung von UntErwerben s DRS 4 bzw IDW RS HFA 16); außerdem GemUnt (§ 310 sowie DRS 9 bzw IFRS 11 und assozUnt (§§ 311 f sowie DRS 8 bzw IAS 28). Der Konzern-AP muss selbst prüfen, ob für die tatsächlich nicht in den KA einbezogenen TU die Voraussetzungen dazu (gem § 296 bzw IASB F. QC11) in allen Fällen vorliegen und ob dort nicht Anteile an anderen TU gehalten werden und dadurch der KonsUmfang oder Angaben verändert werden. Gleiches gilt trotz hier fehlenden Auskunftsrechts für die Kons von GemUnt und die Bilanzierung von assozUnt.

II. Prüfung der zusammengefassten Jahresabschlüsse

35 Der Konzern-AP hat die im KA **zusammengefassten Jahresabschlüsse** gem Abs 3 S 1 zu prüfen. Unter JA iSd § 317 Abs 3 S 1 iVm § 300 Abs 1 S 1 bzw IFRS 10.B86 sind diejenigen Finanzinformationen, bestehend aus Vermögen, EK, Schulden und ggf RAP, Aufwendungen und Erträgen sowie erläuternden Angaben, für das MU und die einzubeziehenden TU zu verstehen, die im Rahmen der Erstellung des KA berücksichtigt werden, bevor KonsMaßnahmen gem §§ 301 ff bzw IFRS 10.B86 durchgeführt werden. Bei JA kann es sich um JA gem § 242 Abs 3, Zwischenabschlüsse gem § 299 Abs 2 S 2 bzw IFRS 10.B92, EA gem § 325 Abs 2a, (Teil-)KA oder nach speziellen Rechnungslegungsgrundsätzen (zB einer Konzernrichtl) aufgestellte Finanzinformationen (Formularblattsätze, *reporting packages*) handeln (so auch § 300 Anm 28). Finanzinformationen vor Anpassungen an konzerneinheitliche Rechnungslegungsgrundsätze und -methoden werden auch als **Handelsbilanzen I** (HB I) bezeichnet, Finanzinformationen nach Anpassungen an konzerneinheitliche Rechnungslegungsgrundsätze und -methoden, also JA iSd § 317 Abs 3 S 1 iVm § 300 Abs 1 S 1 bzw IFRS 10.B86, auch als **Handelsbilanzen II** (HB II) (so auch § 300 Anm 26 ff und 62).

36 Nach dem Wortlaut des Abs 3 S 1 sind die JA in entspr Anwendung des Abs 1 zu prüfen, was zunächst eine eigenständige und voll umfängliche Prüfung und damit einhergehend die Erteilung eines eigenen BVm sowie die Erstellung eines eigenen PrüfBer zum JA vermuten lassen würde. Da jedoch Gegenstand der Konzern-APr der KA als solcher ist, ist die **„Prüfung"** der JA dahingehend auszulegen, dass auf die JA die §§ 316 ff sinngemäß anzuwenden sind und insb eine eigene Berichterstattung darüber entbehrlich ist. Die primäre Ausrichtung der Konzern-APr auf den KA als Ganzen lässt es darüber hinaus gerechtfertigt erscheinen, bei der Prüfung der JA auch die Wesentlichkeitsgrenzen aus Konzernsicht zugrunde zu legen, so dass für den KA gänzlich unbedeutende TU nicht geprüft werden müssen. Aus den gleichen Gründen erscheint es auch zulässig, sich bei der Prüfung der JA von TU geringerer Bedeutung auf bestimmte Abschlussposten zu beschränken oder den Prüfungsumfang für diese JA – etwa auf den Umfang einer prüferischen Durchsicht nach IDW PS 900 – zu reduzieren (so auch IDW PS 320 nF Tz 24 ff, zum Konzept des risikoorientierten Prüfungsvorgehens bei Konzern-APr s Anm 195 ff). Insgesamt muss aber sichergestellt sein, dass für den KA als Ganzes hinreichende Prüfungssicherheit im Hinblick auf die geforderten Prüfungsurteile erreicht wird.

Der Prüfungsumfang hinsichtlich der im KA zusammengefassten JA hängt davon ab, inwieweit die JA durch **andere Abschlussprüfer** geprüft werden. Sofern JA durch andere AP geprüft wurden, hat der Konzern-AP nach Abs 3 S 2 die Arbeiten der anderen AP zu überprüfen (im Einzelnen Anm 195 ff). Art und Umfang der Überprüfung hängen von den Risikobeurteilungen des Konzern-AP, dem Verständnis des Konzern-AP von den anderen AP und der Bedeutung des jeweiligen TU ab (s IDW PS 320 nF Tz 5). Unter den Voraussetzungen des IDW PS 320 nF kann der Konzern-AP die Ergebnisse der Arbeiten anderer AP im Hinblick auf seine eigenen Prüfungsurteile verwerten. Sofern lediglich eine HB I, also bspw ein gesetzlicher Abschluss eines ausländischen TU, einer Prüfung durch einen anderen AP unterzogen wurde, hat der Konzern-AP neben der Überprüfung der Arbeiten des anderen AP die Überleitung von HB I auf HB II zu prüfen (Abs 3 S 2). 37

Da sich § 300 Abs 1 S 1 bzw IFRS 10.B86 nur auf die JA des MU und der einbezogenen TU bezieht, bleibt zu klären, wie sich der Prüfungsumfang in Bezug auf GemUnt und assozUnt darstellt. GemUnt werden in § 300 Abs 1 S 1 bzw IFRS 10.B86 nicht ausdrücklich genannt, bei quotaler Einbeziehung stehen sie jedoch den TU gleich (für handelsrechtliche KA ebenso zB ADS^6 § 317 Anm 191 ff). AssozUnt fallen dagegen dem Wortlaut nach nicht unter Abs 3 S 1, da es sich bei der Bilanzierung at equity nur um eine Bewertungsmethode von Bet und nicht um eine Zusammenfassung von JA handelt; damit muss der Konzern-AP diese JA nicht vollumfänglich prüfen (s auch ADS^6 § 317 Anm 196 f; zum Charakter der Equity-Methode s § 312 Anm 1 ff). Der Prüfungsumfang in Bezug auf Bet, die at equity bilanziert werden, hängt insb von dem aus der Bilanzierung resultierenden Fehlerrisiko für den KA ab. 38

III. Hinweise zur Prüfungsdurchführung

Das Vorgehen der Konzern-APr orientiert sich idR an der **Organisation** der Erstellung des KA durch das MU (so auch § 300 Anm 34). Typischerweise werden vom MU die durch die TU zu erfüllenden Berichterstattungsanforderungen in Form von Konzernrichtl geregelt. Diese Konzernrichtl dienen dazu, die durch die TU vorzunehmende Erstellung von Finanzinformationen nach konzerneinheitlichen Rechnungslegungsgrundsätzen und -methoden (HB II sowie die Meldung erforderlicher Zusatzinformationen, die bspw für die Erstellung des Konzern-Anhangs oder -Lageberichts benötigt werden) sicherzustellen. Die Berichterstattung der TU an das MU erfolgt idR in Form sog Formularblattsätze (s Anm 35; zum Vorgehen der Erstellung s § 300 Anm 31). 40

Über folgende Sachverhalte verschafft sich der Konzern-AP im Rahmen der Prüfungsplanung (s insb IDW PS 240 Tz 11 ff, IDW PS 261 nF Tz 13 ff, IDW PS 320 nF Tz 14 ff, 30 ff und Anhang 1, zum risikoorientierten Prüfungsvorgehen nach internationalen Prüfungsgrundsätzen s Anm 195 ff) typischerweise ein **Verständnis**: 41
– Konzernstruktur und rechtliches und wirtschaftliches Umfeld des MU und der einbezogenen TU
– Aktueller KonsKreis einschl der Qualifikation als TU (dazu ADS^6 § 317 Anm 126), GemUnt oder assozUnt, ggf der Voraussetzungen für Kons-Wahlrechte; Berücksichtigung von im Vergleich zum Vj höheren oder geringeren BetQuoten sowie der bisherigen Zugänge und Abgänge von TU, GemUnt oder assozUnt; s auch DRS 19, IDW RS HFA 44 Vorjahreszahlen im handelsrechtlichen Konzernabschluss und Konzernrechnungslegung bei Änderungen des Konsolidierungskreises FN-IDW 2011, 147.

- Vorkehrungen des MU für ErstKons bei Zugängen und der EndKons für Abgänge,
- Fortschreibung der Konzernrichtl,
- Konzernweite Kontrollen,
- KonsProzess einschl organisatorischer Vorkehrungen (einschl Kontrollmaßnahmen) zur Beachtung des maßgebenden Regelwerks der Rechnungslegung, zur Erfassung und Auswertung der eingehenden Unterlagen (insb Formularblattsätze) und zur Durchführung von KonsMaßnahmen,
- Terminplanung für die Vorlage der Formularblattsätze und weiterer Unterlagen (zB Fragebogen für Konzernanhang und Konzernlagebericht), ggf auch der BVm und PrüfBer
- Informationen über die für die Prüfung der einzelnen Formularblattsätze tätigen Prüfer (insb Fachkompetenz, Unabhängigkeit, Einbindungsmöglichkeit des Konzern-AP, regulatorisches Umfeld und Sitz iZm § 51b Abs 4a WPO; s auch IDW FN-IDW 2011, 431 f; IDW PS 320 nF Tz A49).

42 Danach hat der Konzern-AP die **Wesentlichkeitsgrenzen** für die Prüfung der einzelnen im KA zusammengefassten JA sowie für die Prüfung der Kons-Maßnahmen festzulegen (IDW PS 320 nF Tz 19) und eine **Prüfungsstrategie** zu entwickeln (IDW PS 240 Tz 14). Die Prüfungsstrategie beinhaltet auch die Festlegung des Prüfungsumfangs in Bezug auf die Formularblattsätze der einzelnen TU. Sofern andere AP die Prüfung der einbezogenen JA durchführen, hat der Konzern-AP die AP über den erforderlichen **Prüfungsumfang** zu informieren. Dies erfolgt typischerweise im Rahmen sog *audit instructions* (s für weitere Kommunikationspflichten IDW PS 320 nF Tz 37 f). Aufgrund der Regelung des § 51b Abs 4a WPO, nach der die WPK unter bestimmten Voraussetzungen vom Konzern-AP die Unterlagen über die Arbeit anderer externer Prüfer aus Drittstaaten iSd § 3 Abs 1 S 1 WPO (Drittstaatenprüfer) in Bezug auf in den KA einbezogene TU anfordern kann, hat sich der Konzern-AP während der Konzern-APr um eine Vereinbarung zur Überlassung solcher Unterlagen mit den Drittstaatenprüfern zu bemühen (s IDW PS 320 nF Tz A49).

43 Einen Schwerpunkt der Konzern-APr bildet die Prüfung der im KA zusammengefassten JA unter Berücksichtigung der durch andere AP durchgeführten Arbeiten (s Anm 35 ff). Sofern andere AP die Prüfung der einbezogenen JA durchführen, hat der Konzern-AP deren Arbeit zu überprüfen (Abs 3 S 2). Wesentliche Grundlage für die Überprüfung ist die **Berichterstattung** der anderen Prüfer an den Konzern-AP. Das Ergebnis der Prüfung der einbezogenen JA wird idR in nach den angewandten Prüfungsgrundsätzen erstellten Bescheinigungen *(interoffice reports, interfirm reports)* und in einem Dokument mit weiteren Erl zur Prüfung *(memorandum on examination)* zusammengefasst.

44 Aus Zeitgründen werden die einem KA zugrundeliegenden JA der einbezogenen Unt im Zeitpunkt ihrer Vorlage an den Konzern-AP erst teilweise von den Aufsichtsorganen beraten sowie auch nicht festgestellt worden sein; das gilt auch für den JA des MU. Hier wird und muss uE der Erklärung der Geschäftsführungen dieser Unt genügen, dass Hinderungsgründe nicht bekannt sind. Gleiches gilt grds für nicht festgestellte Vj-Abschlüsse. Bzgl des Zeitraums zwischen der Bescheinigung des TU und dem BVm zum KA s IDW PS 203 nF Tz 17.

45 Ein weiterer Schwerpunkt der Konzern-APr ist die Prüfung der Maßnahmen des MU zur **Vollständigkeit** der Ansätze für Aktiva und Schulden (§ 300 bzw IFRS 10 appendix A „group" und B86) und zur **einheitlichen Bewertung** (§ 308 bzw IFRS 10.19; s auch IDW RH HFA 1.018 Einheitliche Bilanzierung und Bewertung im handelsrechtlichen Konzernabschluss, FN-IDW 2013, 214) jeweils unter Beachtung der Stetigkeit. Alsdann sind die einzelnen **KonsMaß-**

nahmen unter Einbeziehung der vom MU eingerichteten Kontrollen zu prüfen, insb die Kons der EK-Posten, die Eliminierung von Zwischenergebnissen, die Durchführung der WähUm (§ 308a bzw IAS 21) und die Bilanzierung der Steuerabgrenzung (§§ 274, 306 bzw IAS 12).

D. Lagebericht, Konzernlagebericht (Abs 2)

I. Gegenstand und Umfang der Prüfung (S 1)

Der Prüfungsumfang für **Lagebericht** und **Konzernlagebericht** ist in Abs 2 **50** geregelt. Die Lageberichte der einzelnen KonzernUnt fallen nicht unter diese Prüfungspflicht (ebenso ADS^6 § 317 Anm 177 ff, 188). Der AP/Konzern-AP hat nach Abs 2 S 1 zu prüfen, ob der Lagebericht/Konzernlagebericht mit dem JA/KA bzw dem IFRS-EA sowie mit den bei der Prüfung gewonnenen Erkenntnissen in **Einklang** steht und insgesamt eine **zutreffende Vorstellung** von der Lage des Unt/Konzerns vermittelt. Darüber hinaus muss er prüfen, ob die **Chancen und Risiken der künftigen Entwicklung** zutreffend dargestellt sind (Abs 2 S 2); dazu Anm 65. Grds ist der Lagebericht mit der gleichen Sorgfalt zu prüfen wie der JA (s IDW PS 350 Tz 13). Dies beinhaltet auch, dass die Angaben im Lagebericht grds vollständig zu prüfen sind, auch wenn diese über den gesetzlich geforderten Umfang hinausgehen. Dies setzt allerdings voraus, dass die Angaben prüfbar sind, dh dass Darstellung und Erl der Angaben allgemeinen Grundsätzen genügen sowie ausreichende und angemessene Prüfungsnachweise gewonnen werden können. Der Lagebericht ist auch daraufhin zu prüfen, ob er den Grundsätzen der Lageberichterstattung (s auch DRS 16.12 ff) entspricht.

Aus § 321 Abs 2 S 1 ergibt sich, dass der AP auch die Einhaltung der für den **51** Lagebericht geltenden gesetzlichen und satzungsmäßigen Vorschriften prüfen muss. Die **gesetzlichen Vorschriften** zum Lagebericht sind in den §§ 289, 289a, 315 geregelt. Für Konzernlageberichte werden diese durch DRS 20 und DRS 17 konkretisiert (s IDW PS 350 Tz 2), deren Anwendung für den Lagebericht empfohlen wird (DRS 20.2, DRS 17.83). Prüfungspflichtig sind grds alle verpflichtenden sowie freiwilligen Angaben im Lagebericht (s IDW PS 350 Tz 13, zur Erklärung zur UntFührung s Anm 70 ff).

Schließlich hat der AP die **Beurteilung der Lage** des Unt/Konzerns durch **52** dessen Geschäftsführung zu **würdigen** und selbst eine Beurteilung des Fortbestands und der künftigen Entwicklung des Unt/Konzerns vorzunehmen (§ 321 Abs 1 S 2, § 322 Abs 2 S 3, IDW PS 350 Tz 8, IDW PS 270 Tz 22 ff und 34 ff). Die Ausführungen zum Prüfungsumfang in Anm 10 gelten auch für Lagebericht und Konzernlagebericht.

II. Hinweise zur Prüfungsdurchführung

Grds sind alle Angaben im Lagebericht darauf hin zu prüfen, ob sie in Einklang mit den Informationen, die sich im JA wiederfinden, sowie den sonstigen, im Rahmen der JAP gewonnenen Informationen stehen (s ADS^6 § 317 Anm 164 f). In den Teilgebieten des Lageberichts, die **prognostische Angaben** enthalten (§ 289 Abs 1 S 4), hat der AP zu prüfen, ob diese vor dem Hintergrund der JA-Angaben vollständig und plausibel erscheinen sowie ob die der Prognose zugrunde liegenden Annahmen und Wirkungszusammenhänge, die Art der Schätzung sowie deren Zeithorizont angegeben wurden (IDW PS 350 Tz 10).

56 Die beiden Prüfungsbereiche („in Einklang steht" und „zutreffende Vorstellung von der Lage des Unternehmens/Konzerns") richten sich nicht nach den Einzelvorschriften in § 289, sondern nach den jeweiligen Umständen und Informationen und müssen gleichgewichtig beurteilt werden: Werden im **Lagebericht** Zahlen genannt und beziehen sich diese auf die Zeit vor dem Testat-Datum, müssen diese Zahlen entweder mit den Unterlagen des Unt zum JA, den Arbeitspapieren des AP oder mit vorhandenen Statistiken abgestimmt werden.

57 Zur **Prüfungsdurchführung** enthält IDW PS 350 ua folgende Hinweise:
– Zu Beginn der einzelnen Prüfungsphasen sollte anhand der zu dieser Zeit vorliegenden Informationen vom AP eine vorläufige Lagebeurteilung vorgenommen werden – auch um Prüfungsrisiken zu erkennen und Prüfungsschwerpunkte zu setzen (IDW PS 350 Tz 15); uE ist dabei auch festzustellen, ob nach diesen Informationen von der Fortführung der KapGes/KapCo-Ges des Konzerns iSv § 252 Abs 1 Nr 2 ausgegangen werden kann oder nicht (s auch IDW PS 270 Tz 15; *Adam/Quick*, BFuP 2010, 250 ff; *Groß*, WPg 2010, 122 ff; *Mujkanovic*, WP Praxis 2012, 61 ff).
– Bei der Einschätzung der Lage und des Geschäftsverlaufs einschl des Geschäftsergebnisses des Unt sind insb folgende Aspekte zu berücksichtigen (dazu IDW PS 350 Tz 18 ff):
  • globale (ua gesamtwirtschaftliche und ökologische) Rahmenbedingungen der Unt-Tätigkeit,
  • Branchenentwicklung, Verhältnisse auf den Absatz- und Beschaffungsmärkten, wichtige Wettbewerber,
  • untinterne Faktoren wie Produktpalette, Beschaffungs- und Absatzpolitik, Rationalisierungsgrad, Finanz- und Kreditpotential – aber auch die interne Organisation und Entscheidungsfindung ,
  • Beziehungen zu nahe stehenden Personen sowie Geschäftsvorfälle mit diesen (hierbei können die Erkenntnisse aus der Prüfung der Angaben nach § 285 Nr 21 verwendet werden),
  • Veränderungen im Konzernkreis, der Beziehungen zu Großabnehmern oder wesentlichen Lieferanten.
– Ferner sind während der gesamten Prüfung Prognosen und andere zukunftsorientierte Wertungen des Unt kritisch zu würdigen (dazu Anm 55 und IDW PS 350 Tz 22 ff). Auch unter erschwerten Bedingungen für die Einschätzung zukünftiger Verhältnisse zB während einer Wirtschafts- und Finanzkrise ist die Prognoseberichterstattung im Lagebericht und deren Prüfung unverzichtbar (s OLG Frankfurt/M 24.11.2009 – DB 2009, 2773, *Gödel*, DB 2010, 431 ff, *WPK* WPK Magazin 1/2011, 26).

58 DRS 20 regelt die Grundsätze der Konzernlageberichterstattung. Im Gegensatz zu dem vormals gültigen DRS 15 enthält DRS 20 keine Empfehlungen zur inhaltlichen Ausgestaltung der Konzernlageberichterstattung, sondern fokussiert auf Mindestanforderungen.

59 Zur Prüfung der **besonderen Angaben im Lagebericht** geben wir folgende Hinweise:

– Die **Vorgänge von besonderer Bedeutung** (§ 289 Abs 2 Nr 1) betreffen den Zeitraum vom Bilanzstichtag bis zur Erteilung des Testats (s IDW PS 203 nF Tz 10). Hierbei ist in wertaufhellende und wertbegründende Ereignisse zu unterscheiden (IDW PS 203 nF Tz 9). Hinsichtlich ihrer Vollständigkeit und Richtigkeit muss sich der AP insb durch Einsichtnahme in vorliegende Unterlagen (zB Monatsberichte, Geschäftsleitungs-Protokolle, AR-Protokolle, Berichte der Innenrevision ua) überzeugen. Eine detaillierte Prüfung der Vorgänge im neuen Gj ist weder erforderlich noch mangels bisher erfolgter Wahl zum AP zulässig (ähnlich *ADS*[6] § 317 Anm 167 und IDW PS 350 Tz 27).

- Aus diesen Unterlagen (und ggf aus den Monatsberichten an die zuständige Wirtschaftsvereinigung) wird auch die **voraussichtliche Entwicklung im neuen Geschäftsjahr** für die Zeit vom Bilanzstichtag bis zur Erstellung des Lageberichts erkennbar sein. Werden im Lagebericht Prognosen für die Entwicklung des Unt für die nächsten Quartale gegeben, sind auch diese Unterlagen auf Plausibilität (Vergleich mit angemessenen Budgetzahlen) zu prüfen; hierzu *WPH*[14] I, R Anm 654 und *ADS*[6] § 317 Anm 168. Bei Prüfung dieser Prognosen sind zunächst die Zuverlässigkeit der Planungssysteme des Unt festzustellen und die den Prognosen zugrunde liegenden Annahmen auf Plausibilität, Widerspruchsfreiheit, Realitätsnähe und Vollständigkeit zu prüfen. Bei wirtschaftlichen Schwierigkeiten sind zusätzlich vom Unt mittelfristige Erfolgs- und Finanzplanungen vorzunehmen und zu überlegen, ob ggf einzelne Betriebsteile oder Geschäftsfelder aufgegeben werden müssen; die hieraus entstehenden Mehr-Ergebnisse sind – soweit Verluste nicht bereits bilanziert wurden – zu quantifizieren, da sie das nächste Gj belasten werden. S hierzu auch die Hinweise in IDW PS 350 Tz 22 bis 26 und IDW PS 314 nF.
- Zu den Angaben nach § 289 Abs 2 Nr 2 s § 289 Anm 65 ff; DRS 20.179 ff; *WPH*[14] I, R Anm 679 ff.
- Die Berichterstattung über den **Bereich Forschung und Entwicklung** (§ 289 Abs 2 Nr 3) betrifft mit Schwerpunkt die entspr Tätigkeiten im Gj selbst. Der wesentliche Inhalt der von § 289 Abs 2 Nr 3 im Regelfall geforderten Angaben ist in den Erl zu § 289 (Anm 85 ff) näher beschrieben; diese Angaben sind unter Berücksichtigung der Angaben nach § 285 Nr 22 auf Vollständigkeit und Richtigkeit zu prüfen. Eine Negativaussage halten wir nicht für nötig, zB bei fehlenden oder unbedeutenden Aufwendungen hierfür (aA *ADS*[6] § 317 Anm 169, *WPH*[14] I, R Anm 684). Ausbildungs- und Fortbildungsmaßnahmen fallen jedoch auch bei Dienstleistern (Kreditinstituten, VersicherungsUnt, Prüfungs- und BeratungsGes) nicht in diesen Bereich; sie gehören zu den freiwilligen Zusatzangaben (Anm 51).
- Zu **Zweigniederlassungen** (§ 289 Abs 2 Nr 4) der KapGes/KapCoGes im Inland und Ausland sind im Lagebericht Angaben erforderlich. Über den Umfang der Darstellung (nur Liste mit Orten oder Ländern, bzw auch Tätigkeitsschwerpunkte) bestehen unterschiedliche Auffassungen; näheres in § 289 Anm 90.
- Die Angaben zu den **Grundzügen des Vergütungssystems** der börsennotierten AG (§ 289 Abs 2 Nr 5) sind insb daraufhin zu prüfen, ob diese in Einklang mit den bei der APr gewonnenen Erkenntnissen stehen. Zu den Anforderungen an den Vergütungsbericht s § 289 Anm 93 ff; DRS 17.
- Zur Prüfung der Angaben **nichtfinanzieller Leistungsfaktoren** (§ 289 Abs 3) s *WPH*[14] I, R Anm 686 ff, zu den Anforderungen an deren Darstellung § 289 Anm 100 ff.
- Die **übernahmerechtlichen Angaben und Erläuterungen** (§ 289 Abs 4 und konkretisierend DRS 20.K188 ff) sind insb daraufhin zu überprüfen, ob diese zutreffend und vollständig sind.
- Zur Prüfung der Angaben zum internen **Kontroll- und Risikomanagementsystem** nach § 289 Abs 5 s *PwC* BilMoG Komm, S Anm 6 ff, zu den Anforderungen an dessen Beschreibung s § 289 Anm 156 ff.
- Die Prüfung der besonderen Angaben im Lagebericht beinhaltet auch die Feststellung, ob die nach § 289 Abs 4 S 2 erforderlichen **Verweise** auf den Anhang im Lagebericht enthalten sind.

In den Lagebericht ist auch die **Schlusserklärung** im **Abhängigkeitsbericht** des Vorstands einer AG aufzunehmen (§ 312 Abs 5 S 3 AktG), anderenfalls ist der BVm einzuschränken (§ 289 Anm 393; *WPH*[14] I, F Anm 1177, 1345, 1374). Zu den Pflichten des AP im Hinblick auf die **Erklärung zur Unternehmensführung** nach § 289a s Anm 30 f.

Bei der Prüfung des **Konzernlageberichts** sind nach IDW PS 350 Tz 37 ff zusätzlich die vorliegenden Lageberichte und PrüfBer von TU durchzusehen und im Übrigen weitergehende Informationen bei den TU anzufordern – insb, wenn diese gem § 264 Abs 3/§ 264b keine Lageberichte aufstellen müssen. Oft werden diese Informationen – ebenso wie für die Anhänge – formalisiert als Checklisten oder Formularblattsätze vom Konzern-AP angefordert. Auch bei der zulässigen

Zusammenfassung des Lageberichts des MU und Konzernlageberichts dürfen keine notwendigen Informationen wegfallen, zB zu Vorgängen von besonderer Bedeutung für den Konzern nach dem Konzernbilanzstichtag oder zur Forschungstätigkeit im Konzern.

III. Chancen und Risiken der künftigen Entwicklung (S 2)

65 Von den AP/Konzern-AP ist gem S 2 zu prüfen, ob die **Chancen und Risiken der künftigen Entwicklung** zutreffend im (Konzern-)Lagebericht dargestellt sind. Im BVm hat der AP/Konzern-AP eine entspr Prüfungsaussage zu treffen (§ 322 Abs 6 und dort Anm 33 ff). Gem § 289 Abs 1 S 4 bzw § 315 Abs 1 S 5 sind im Lagebericht/Konzernlagebericht die voraussichtliche Entwicklung der Ges/des Konzerns mit ihren wesentlichen Chancen und Risiken unter Angabe der zugrunde liegenden Annahmen darzustellen (sog Prognosebericht bzw Chancen- und Risikobericht; konkretisierende Regelungen enthält DRS 20). Bei den Ausführungen des Unt zu Chancen und Risiken der künftigen Entwicklung handelt es sich um prognostische und wertende Angaben. Nach IDW PS 350 Tz 22 hat der AP/Konzern-AP diese Angaben vor dem Hintergrund der Angaben im JA/KA auf deren Plausibilität und Übereinstimmung mit den bei der APr gewonnenen Erkenntnissen zu beurteilen. In diesem Zusammenhang hat der AP/Konzern-AP auch zu beurteilen, ob die Chancen und Risiken nach den bei der APr gewonnenen Erkenntnissen vollständig dargestellt sind. Zu weiteren Einzelheiten s *WPH*[14] *I,* R Anm 653 ff.

66 Neben den Anforderungen des S 2 wird der Prüfungsumfang in Bezug auf die Chancen und Risiken der künftigen Entwicklung auch dadurch bestimmt, welche Prüfungsaussagen in diesem Zusammenhang vom AP/Konzern-AP getroffen werden müssen (s Anm 10). Im Rahmen der Stellungnahme des AP/Konzern-AP zur Darstellung der Lage des Unt im **Prüfungsbericht** ist auch auf den Fortbestand und die künftige Entwicklung des Unt einzugehen (§ 321 Abs 1 S 2). Hierfür hat der AP/Konzern-AP eine eigene Beurteilung der Chancen und Risiken der künftigen Entwicklung vorzunehmen. Nach dem IDW PS 350 Tz 33 sollte diese eigene Beurteilung auch vorgenommen und „eigene Akzente" des AP/Konzern-AP gesetzt werden, wenn die Darstellungen im Lagebericht/Konzernlagebericht allen Anforderungen genügen. Näheres zum Inhalt der „Vorweg-Informationen" in § 321 Anm 15 ff.

67 Unabhängig von diesem Abschn des PrüfBer ist in dessen Hauptteil (Feststellungen zur Rechnungslegung) nochmals im Prüfungsergebnis eine Aussage zu treffen, ob der Lagebericht/Konzernlagebericht den **gesetzlichen Vorschriften** – ggf auch der Satzung – entspricht und zusammen mit dem JA/KA nach den GoB oder sonstigen maßgeblichen Rechnungslegungsgrundsätzen ein den tatsächlichen Verhältnissen entspr Bild der VFE-Lage der KapGes/KapCoGes vermittelt (§ 321 Abs 2 S 1 und 2 und dort Anm 58, 101 f).

68 Im **Bestätigungsvermerk** hat der AP/Konzern-AP neben dem Urteil zu den Chancen und Risiken der zukünftigen Entwicklung (Anm 65) auf Risiken, die den Fortbestand des Unt gefährden, gesondert einzugehen (§ 322 Abs 2 S 3, dort Anm 38 f).

IV. Erklärung zur Unternehmensführung (S 3)

70 Nach § 289a ist in den Lagebericht eine sog **Erklärung zur Unternehmensführung** aufzunehmen, welche die Erklärung nach § 161 AktG, relevante Angaben zu UntPraktiken und eine Beschreibung der Arbeitsweise von Vorstand und AR sowie der Zusammensetzung und Arbeitsweise von deren Ausschüssen umfasst (zu weiteren Einzelheiten s DRS 20.K224 ff). Nach § 289a Abs 1 haben die zur Angabe verpflichteten Unt ein Wahlrecht (s § 289a Anm 10), die Angaben in einen gesonderten Abschn des Lageberichts in Form einer Erklärung zur UntFührung aufzunehmen oder im Internet unter Aufnahme eines Hinweises im Lagebericht öffentlich zugänglich zu machen.

Nach Abs 2 S 3 sind die **Angaben** nach § 289a ausdrücklich nicht in die Prüfung einzubeziehen. Unter Berücksichtigung des Art 46a Abs 2 S 4 der Bilanzrichtl idF der Abänderungsrichtl, der in Abs 2 S 3 in deutsches Recht umgesetzt wurde, ergeben sich für den AP dennoch folgende Prüfungspflichten: 71
– für den Fall, dass die Erklärung zur UntFührung in den Lagebericht aufgenommen wird: Prüfung, ob der Lagebericht die nach § 289a Abs 2 geforderten **Pflichtbestandteile** enthält und ob diese in einem **gesonderten Abschnitt** zusammengefasst und somit klar von den zu prüfenden Informationen abgegrenzt sind;
– für den Fall, dass die Erklärung zur UntFührung nicht im Lagebericht, sondern im Internet zur Verfügung gestellt wird: Prüfung des **Vorhandenseins** des nach § 289a Abs 1 S 3 bzw Abs 2 Nr 3 zweiter Hs erforderlichen Hinweises im Lagebericht sowie der **Vollständigkeit** der Erklärung zur UntFührung im Internet.

Eine **inhaltliche Prüfung** der Erklärung zur UntFührung ist nicht erforderlich. Allerdings ist der AP nach IDW PS 202 verpflichtet, die im Lagebericht enthaltene Erklärung zur UntFührung **kritisch zu lesen**. Zu weiteren Einzelheiten s *PwC BilMoG Komm*, S Anm 11 ff. 72

E. Risikofrüherkennungssystem bei börsennotierten AG (Abs 4, § 91 Abs 2 AktG)

I. Anwendungsbereich

Nach Abs 4 hat der AP einer börsennotierten AG im Rahmen der Prüfung zu beurteilen, ob der Vorstand die ihm nach § 91 Abs 2 AktG obliegenden Maßnahmen in einer geeigneten Form getroffen hat und ob das danach einzurichtende Überwachungssystem seine Aufgaben erfüllen kann. Nach § 91 Abs 2 AktG hat der Vorstand geeignete Maßnahmen zu treffen, insb ein Überwachungssystem einzurichten, damit den Fortbestand der Ges gefährdende Entwicklungen früh erkannt werden **(Risikofrüherkennungssystem)**. Durch die Prüfung des Risikofrüherkennungssystems und die Berichterstattung im PrüfBer (s Anm 89) soll nach der Gesetzesbegr zum KonTraG eine verbesserte Unterrichtung des AR erreicht werden. 75

Die Prüfungspflicht des Abs 4 betrifft ausschließlich börsennotierte AG. Während die Vorschrift in § 91 Abs 2 AktG auch eine **„Ausstrahlungswirkung"** auf andere GesFormen hat (s BegrRegE KonTraG in BRat-Drs 872/97, 72; *ADS*[6] (ErgBd) § 91 AktG nF Anm 2 und 4) – wobei zu beachten ist, dass die Einrichtung eines Risikofrüherkennungssystems schon bisher als eine Aufgabe einer ordnungsgemäßen Geschäftsführung betrachtet wurde – ist eine Ausstrahlungswirkung der durch § 317 Abs 4 erweiterten Prüfungspflicht auf andere Ges nicht gegeben (so auch *WPH*[14] I, P Anm 73). Gleichwohl ist freiwillig eine Erweiterung des Prüfungsauftrags zulässig. Kritisch zur weiteren Ausdehnung der Regelungsvorschriften auf alle GesFormen äußern sich *Lenz/Ostrowski* (BB 1997, 1527). 76

II. Prüfungsgegenstand

80 Prüfungsgegenstand nach Abs 4 sind die vom Vorstand nach § 91 Abs 2 AktG getroffenen Maßnahmen zur Früherkennung von den Fortbestand der Ges gefährdenden Entwicklungen (**Risikofrüherkennungssystem**). Das Risikofrüherkennungssystem ist **Teil des Risikomanagementsystems** eines Unt, da unter einem RMS die Gesamtheit aller organisatorischen Regelungen und Maßnahmen zur Risikoerkennung und zum Umgang mit den Risiken unternehmerischer Betätigung bezeichnet wird (IDW PS 340 Tz 4). Nach dem IDW PS 340 wird unter **Risiko** allgemein die Möglichkeit ungünstiger Entwicklungen, insb im Hinblick auf die unternehmerische Betätigung, verstanden (IDW PS 340 Tz 3). Das Risikofrüherkennungssystem ist nicht auf sämtliche unternehmerische Risiken, sondern nur auf solche, die den **Fortbestand der Gesellschaft gefährden** können, ausgerichtet. Dies sind also Risiken, die bei ihrer Realisierung die Insolvenz für das Unt bedeuten können – also insb Zahlungsunfähigkeit, drohende Zahlungsunfähigkeit oder Überschuldung (§§ 17 ff InsO) – und deren Eintritt nicht lediglich mit einer geringen Wahrscheinlichkeit erwartet wird (§ 289 Anm 52; ADS^6 (ErgBd) § 289 nF Anm 12 und 14).

81 Das Risikofrüherkennungssystem umfasst die Maßnahmen zur **Erfassung, Analyse und Kommunikation** dieser bestandsgefährdenden Risiken, nicht dagegen die Reaktionen des Vorstands auf kommunizierte Risiken (IDW PS 340 Tz 6). Besondere Bedeutung haben die Maßnahmen, die Risiken für ein Unt so **frühzeitig** erkennen lassen, dass Reaktionen des Unt zur Abwehr von Risiken noch möglich sind. Zu weiteren Einzelheiten s IDW PS 340 Tz 3 ff. Das Risikofrüherkennungssystem umfasst auch das vom Vorstand einzurichtende **Überwachungssystem** gem § 91 Abs 2 AktG, welches die Einhaltung der Maßnahmen zur Erfassung, Analyse und Kommunikation bestandsgefährdender Risiken und deren Veränderung sicherstellen soll (IDW PS 340 Tz 15 ff mit weiteren Einzelheiten). Teil des Überwachungssystems sind sowohl **prozessintegrierte** Überwachungsmaßnahmen (zB in die Abläufe fest eingebaute Kontrollen) als auch **prozessunabhängige** Überwachungsmaßnahmen (insb die Interne Revision) (s IDW PS 340 Tz 15, IDW PS 261 nF Tz 20).

82 Das Risikofrüherkennungssystem ist auch **Teil des internen Kontrollsystems** eines Unt (IDW PS 261 nF Tz 24). Unter einem IKS werden die von der UntLeitung eingeführten Grundsätze, Verfahren und Maßnahmen verstanden, die auf die organisatorische Umsetzung der Entscheidungen der UntLeitung
– zur Sicherung der Wirksamkeit und Wirtschaftlichkeit der Geschäftstätigkeit,
– zur Ordnungsmäßigkeit und Verlässlichkeit der internen und externen Rechnungslegung sowie
– zur Einhaltung der für das Unt maßgeblichen rechtlichen Vorschriften gerichtet sind (IDW PS 261 nF Tz 19).

83 Der AP berücksichtigt im Rahmen der JAP das IKS, **soweit es sich auf die Rechnungslegung bezieht** (IDW PS 261 nF Tz 12). Die organisatorischen Maßnahmen nach § 91 Abs 2 AktG gehen zT über das bei einer JAP zu untersuchende IKS hinaus, da auch nicht rechnungslegungsbezogene Aspekte umfasst werden (IDW PS 261 nF Tz 24; ausführlich *Wolf* WPg 2010, 867 ff).

84 Zu den Pflichten des Vorstands gem § 91 Abs 2 AktG gehört es, die getroffenen Maßnahmen zur Erfassung, Analyse und Kommunikation der Risiken und die Organisation des Überwachungssystems zu dokumentieren (so auch LG München, U vom 5.4.2007, 5 HK O 15964/06). Dies kann zB in einem Risikohandbuch erfolgen. Art und Umfang der Dokumentation sind abhängig von der Größe und der Komplexität des Unt (s IDW PS 340 Tz 17). Die Dokumentation des Risikofrüherkennungssystems bildet die Grundlage für die Prüfung nach Abs 4. Eine **fehlende oder unvollständige Dokumentation** kann zu Zweifeln an der dauerhaften Funktionsfähigkeit der getroffenen Maßnahmen führen. Zum Nachweis der kontinuierlichen Anwendung der getroffenen Maßnahmen sollten die lfd Unterlagen des RMS über einen ausreichend langen Zeitraum aufbewahrt werden (vgl IDW PS 340 Tz 18).

III. Prüfungsumfang

Nach Abs 4 ist es Aufgabe des AP zu beurteilen, ob der Vorstand die ihm nach § 91 Abs 2 des AktG obliegenden Maßnahmen in einer geeigneten Form getroffen hat und ob das danach einzurichtende Überwachungssystem seine Aufgaben erfüllen kann. Da das Risikofrüherkennungssystem nicht vollständig durch das im Rahmen einer JAP zu untersuchende rechnungslegungsbezogene IKS abgedeckt ist (Anm 83) und in Bezug auf die Funktionsfähigkeit des Risikofrüherkennungssystems ggf zusätzliche Prüfungspflichten bestehen, müssen die im Rahmen der Prüfung nach Abs 4 vorzunehmenden Prüfungshandlungen bei der **Prüfungsplanung** (s IDW PS 240) berücksichtigt werden. In diesem Zusammenhang hat sich der AP ein ausreichendes Verständnis von den nach § 91 Abs 2 AktG getroffenen Maßnahmen, einschl der Einstellung der UntLeitung zur Risikosteuerung und des Risikobewusstseins der UntLeitung und der Mitarbeiter, zu verschaffen (IDW PS 340 Tz 22). 85

Bei der Prüfung nach Abs 4 handelt es sich um eine **Systemprüfung** und nicht um eine Geschäftsführungsprüfung (IDW PS 340 Tz 19). Diese ist in folgenden Schritten vorzunehmen (s IDW PS 340 Tz 24–31): 86
– Feststellung der von der Ges getroffenen Maßnahmen (Schritt 1),
– Beurteilung der Eignung der Maßnahmen (Schritt 2),
– Prüfung der Einhaltung der Maßnahmen (Schritt 3).
Die Schritte 1 und 2 stellen eine Aufbauprüfung iSd IDW PS 261 nF Tz 18, der Schritt 3 eine Funktionsprüfung iSd IDW PS 261 nF Tz 73 dar.

Der AP hat im Rahmen der Prüfungsdurchführung in einem ersten Schritt festzustellen, **ob und welche Maßnahmen** iSd § 91 Abs 2 AktG der Vorstand getroffen hat (IDW PS 340 Tz 24). Hierfür kann er die Dokumentation des Unt zugrunde legen. Liegt eine entspr Dokumentation nicht vor oder ist diese offensichtlich unvollständig, hat der AP selbst eine Aufnahme der getroffenen Maßnahmen vorzunehmen (IDW PS 340 Tz 25). Der AP hat über die fehlende bzw unvollständige Dokumentation gem § 321 Abs 4 zu berichten (s Anm 89).

In einem zweiten Schritt hat der AP zu beurteilen, ob die festgestellten Maßnahmen **geeignet** sind, die gesetzlichen Anforderungen zu erfüllen. Es ist zu prüfen, ob die getroffenen Maßnahmen bei sachgerechter Durchführung gewährleisten, dass potentiell bestandsgefährdende Risiken erfasst und kommuniziert werden. Dies hat so rechtzeitig zu erfolgen, dass der Vorstand in geeigneter Weise reagieren kann. Hierbei sollte beachtet werden, dass es idR unmöglich sein wird, die vollständige Erfassung potentieller Risiken zu garantieren. Zu weiteren Einzelheiten s IDW PS 340 Tz 26 ff. 87

Soweit von der UntLeitung geeignete Maßnahmen gem § 91 Abs 2 AktG getroffen wurden, sind vom AP in einem dritten Schritt die **Wirksamkeit** der getroffenen Maßnahmen und ihre **kontinuierliche Anwendung** im abgelaufenen Gj nach allgemeinen Grundsätzen zu prüfen. Die Einhaltung der getroffenen Maßnahmen lässt sich durch die Prüfung bisheriger Vorgänge sowie durch Befragung und Beobachtungen feststellen. Zu weiteren Einzelheiten s IDW PS 340 Tz 31. 88

89 Gem § 321 Abs 4 ist das Ergebnis der Prüfung nach Abs 4 in einem **besonderen Teil des Prüfungsberichts** darzustellen. Mängel bei den vom Vorstand nach § 91 Abs 2 AktG getroffenen Maßnahmen haben gem IDW PS 340 Tz 32 keine Auswirkungen auf den BVm, es sei denn, dass sie ein Prüfungshemmnis (iSv IDW PS 400 Tz 50) darstellen. Falls die UntLeitung ihrer Pflicht zur Einrichtung von Maßnahmen iSd § 91 Abs 2 AktG nicht nachgekommen ist oder nicht ausreichend dokumentiert hat, ist hierauf im PrüfBer hinzuweisen (s IDW PS 340 Tz 32; IDW PS 450 Tz 104–107; zu weiteren Einzelheiten s § 321 Anm 74).

Ein **Mutterunternehmen** hat – uU durch konzerneinheitliche Richtl und ggf durch ein BetControlling – Maßnahmen zu treffen, damit die Risikoerkennung, -analyse und -kommunikation im Konzern sichergestellt ist (vgl BegrRegE KonTraG in BRat-Drs 872/97, 36 f; *WPH*[14] I, P Anm 21). Vom AP ist das konzernweite Risikofrüherkennungssystem in die Prüfung nach Abs 4 beim MU einzubeziehen; s hierzu IDW PS 340 Tz 34 ff.

F. Internationale Prüfungsstandards (Abs 5 und 6)

90 Nach Abs 5 sind bei der Durchführung von APr die **internationalen Prüfungsstandards** anzuwenden, die von der Europäischen Kommission im Wege eines Komitologieverfahrens angenommen worden sind (s Art 26 Abs 1 der AP-Richtl). Bei den internationalen Prüfungsstandards handelt es sich um die von der IFAC herausgegebenen **International Standards on Auditing** (ISA). Darüber hinaus zählen gem Art 2 Nr 11 der AP-Richtl zu den Internationalen Prüfungsstandards auch damit zusammenhängende Stellungnahmen und Standards, soweit sie für die APr relevant sind. Hierunter fallen insb die ebenfalls von der IFAC herausgegebenen **International Auditing Practice Statements** (IAPS). Die International Standards on Review Engagements (ISRE), die International Standards on Assurance Engagements (ISAE) sowie die International Standards on Related Services (ISRS) betreffen nicht die APr und fallen daher nicht unter den Begriff der Internationalen Prüfungsstandards. Zu weiteren Einzelheiten s *PwC* BilMoG Komm, S Anm 17 ff.

91 Die **Annahme** internationaler Prüfungsstandards erfolgt durch die EU-Kommission im Wege des sog **Komitologieverfahrens** (Abs 5; Begr RegE BilMoG 191, s auch *Heininger* WPg 2010, 16 ff; *Olbrich/Weimann* BFuP 2012, 183 f). Voraussetzung für die Annahme eines internationalen Prüfungsstandards ist, dass er international allgemein anerkannt ist und unter vollständiger Einbeziehung aller interessierten Kreise in einem offenen und transparenten Verfahren erstellt wurde, dass er die Glaubwürdigkeit des JA und des konsol Abschlusses erhöht und dass er dem europäischen Gemeinwohl dient (Erwägungsgrund 14 der AP-Richtl). Mitunter werden Zweifel an einer kurzfristigen Annahme der ISA geäußert (s *Schruff* WPg 17/2010, I, *Plath* WPg 2010, 1139, *Plath* WPg 2012, 175). Im Rahmen der aktuellen Bestrebungen der EU-Kommission zur Reform der APr wird die unmittelbare Anwendbarkeit der ISA ohne vorherige Übernahme durch die EU diskutiert (s Vorschlag für eine Richtlinie des Europäischen Parlaments und des Rates zur Änderung der Richtlinie 2006/43/EG über Abschlussprüfungen von JA und konsolidierten Abschlüssen, KOM(2011) 778 endgültig, 2011/0389 (COD) Tz 137).

92 Sofern sich die Anwendungsbereiche der von der EU angenommenen **internationalen Prüfungsstandards** und **gesetzlicher Regelungen in Deutschland**, bspw des HGB, des AktG oder der WPO, überschneiden, ist bei richtlinienkonformer Auslegung des Art 26 Abs 1 S 2 der AP-Richtl der deutsche Gesetzgeber verpflichtet, die entspr gesetzlichen Regelungen außer Kraft zu setzen.

Obwohl in der Gesetzesbegr zum BilMoG angeführt wird, dass die Regelung des Art 26 Abs 1 S 2 der AP-Richtl in Deutschland keinen Anwendungsbereich hat, da bisher keine gesetzlich niedergelegten nationalen, sondern nur vom deutschen Berufsstand sich selbst auferlegte Prüfungsstandards existieren, können auch bestimmte gesetzliche Regelungen als nationale Prüfungsstandards angesehen werden, sofern diese die Durchführung der APr betreffen (hierunter fallen bspw die §§ 321 und 322). Sofern nach Annahme eines internationalen Prüfungsstandards eine Anpassung der entspr gesetzlichen Regelung noch nicht erfolgt ist, sind sämtliche Anforderungen vollständig zu erfüllen, soweit sich die Regelungen der internationalen Prüfungsstandards und die deutschen gesetzlichen Regelungen nicht widersprechen. Zu weiteren Einzelheiten s *PwC* BilMoG Komm, S Anm 27 ff.

Sofern sich die Anwendungsbereiche der von der EU angenommenen **internationalen Prüfungsstandards** und der Prüfungsstandards des IDW als **deutsche berufsständische Prüfungsstandards** überschneiden, ist aufgrund der gesetzlichen Bindungswirkung des Abs 5 in jedem Fall die Regelung des internationalen Prüfungsstandards zu beachten. Für die sich überschneidenden Bereiche ist die Beachtung der entspr Regelung für den IDW PS durch den AP nicht erforderlich. Bei der Durchführung einer APr unter Beachtung der ISA ist zu berücksichtigen, dass der Vorstand der WPK Hinweise zur skalierten Prüfungsdurchführung auf Grundlage der ISA gegeben hat (http://www.wpk.de/pdf/WPK_Skalierte_Pruefungsdurchfuehrung_Hinweis_auf_Grundlage_der_ISA.pdf). Sofern eine Annahme einzelner internationaler Prüfungsstandards noch aussteht oder die internationalen Prüfungsstandards für bestimmte Bereiche der APr, die auf nationale Besonderheiten (zB Prüfung des Risikofrüherkennungssystems gem § 91 Abs 2 AktG nach IDW PS 340, Prüfung des Lageberichts nach § 289 f nach IDW PS 350) zurückgehen, keine Regelung enthalten, ist weiterhin die bisherige berufsständische Regelung zu beachten.

Abs 6 ermächtigt das BMJ, durch **Rechtsverordnung** zusätzlich zu den bei der Durchführung der APr nach Abs 5 anzuwendenden internationalen Prüfungsstandards **weitere Abschlussprüfungsanforderungen** oder die **Nichtanwendung von Teilen der internationalen Prüfungsstandards** vorzuschreiben, wenn dies durch den Umfang der APr bedingt ist und den in Abs 1 bis 4 genannten Prüfungszielen dient. Erwägungsgrund 13 sowie Art 26 Abs 3 der AP-Richtl unterscheiden die Begriffe „Prüfungsanforderungen" *(requirements)* von „Prüfungsverfahren" *(procedures)*. Unter **Prüfungsverfahren** sind sowohl einzelne Prüfungshandlungen als auch Prüfungsmethodiken, dh insgesamt die Art und Weise der Prüfungstätigkeit, zu verstehen, die nach der Gesetzesbegr zum BilMoG (Begr RegE 191) weiterhin vom Berufsstand der WP geregelt werden sollen und somit nicht vom Ermächtigungsbereich des Abs 6 umfasst sind. Bei richtlinienkonformer Auslegung werden unter **Prüfungsanforderungen** in Abgrenzung zu Prüfungsverfahren (Prüfungshandlungen und -methodiken) zusätzliche **Prüfungsgegenstände** zu verstehen zu sein. Mit dem Erlass einer Rechtsverordnung nach Abs 6 wird frühestens nach Annahme internationaler Prüfungsstandards durch die EU (s Anm 91) zu rechnen sein.

G. Risikoorientiertes Prüfungsvorgehen

I. Zielsetzung der Abschlussprüfung

Der Vorstand (§ 91 Abs 1 AktG iVm § 264 Abs 1), die Geschäftsführer (§ 41 GmbHG iVm § 264 Abs 1) bzw die Mitglieder des vertretungsberechtigten Organs der vertretungsberechtigten Ges (§ 264a Abs 2) der zu prüfenden Ges sind für die **Aufstellung und den Inhalt des JA** verantwortlich, ebenso wie für die Einrichtung und Aufrechterhaltung eines rechnungslegungsbezogenen IKS (s IDW PS 200, Tz 31).

Der AP hat gem Abs 1 S 1 und 2 die Einhaltung der für die Rechnungslegung geltenden Vorschriften sowie der die Rechnungslegung betr ergänzenden Bestimmungen der Satzung oder des GesVertrags zu prüfen. Bei der Durchführung der Prüfung hat der AP nach Abs 5 die internationalen Prüfungsstandards (ISA) anzuwenden, die von der Europäischen Kommission angenommen worden sind (s Anm 90 ff). Bis zur Annahme der ISA sind die IDW PS zu beachten. Nur in begründeten Einzelfällen darf hiervon abgewichen werden (IDW PS 201, Tz 29).

Der AP ist verpflichtet, seine Prüfung so anzulegen, dass Verstöße gegen Abs 1 S 2, die eine wesentliche Auswirkung auf die Rechnungslegung des Unt haben, bei gewissenhafter Berufsausübung erkannt werden.

101 Die Rechnungslegung enthält eine Reihe expliziter und impliziter Aussagen, die der AP zu prüfen hat. Diese Aussagen werden nach IDW PS 300, Tz 7 wie folgt eingeteilt:

(1) **Aussagen über Arten von Geschäftsvorfällen und Ereignissen** innerhalb des Prüfungszeitraums
  (a) *Eintritt* eines Geschäftsvorfalls oder Ereignisses: erfasste Geschäftsvorfälle und Ereignisse haben stattgefunden und sind dem zu prüfenden Unt zuzurechnen;
  (b) *Vollständigkeit:* alle Geschäftsvorfälle und Ereignisse, die erfasst werden müssen, wurden auch erfasst;
  (c) *Genauigkeit:* die sich auf die erfassten Geschäftsvorfälle und Ereignisse beziehenden Beträge und sonstigen Daten werden zutreffend erfasst;
  (d) *Periodenabgrenzung:* Geschäftsvorfälle und Ereignisse wurden in der richtigen Berichtsperiode erfasst;
  (e) *Kontenzuordnung:* Geschäftsvorfälle und Ereignisse wurden auf den richtigen Konten erfasst.

(2) **Aussagen über die Kontensalden am Periodenende**
  (a) *Vorhandensein:* VG, Schulden und EK sind vorhanden;
  (b) *Zurechnung* zum Unt aufgrund bestehender Rechte an VG und Verpflichtungen;
  (c) *Vollständigkeit:* sämtliche VG, Schulden und EK-Positionen, die zu erfassen sind, wurden erfasst;
  (d) *Bewertung und Zuordnung:* VG, Schulden und EK sind im Abschluss mit den zutreffenden Beträgen enthalten und damit verbundene Anpassungen der Bewertung oder Zuordnung wurden angemessen vorgenommen.

(3) **Aussagen über Abschlussinformationen**
  (a) *Eintritt* eines Geschäftsvorfalls oder Ereignisses sowie die Zurechnung zum Unt aufgrund bestehender Rechte und Verpflichtungen: dargestellte Ereignisse, Geschäftsvorfälle und andere Sachverhalte haben stattgefunden oder bestehen und sind dem zu prüfenden Unt zuzurechnen;
  (b) *Vollständigkeit:* alle Angaben, die in der Rechnungslegung enthalten sein müssen, sind enthalten;
  (c) *Ausweis und die Verständlichkeit:* Rechnungslegungsinformationen sind angemessen dargestellt und erläutert und die Angaben sind deutlich formuliert;
  (d) *Genauigkeit und Bewertung:* Rechnungslegungs- und andere Informationen sind angemessen und mit den richtigen Beträgen angegeben.

102 Die Zielsetzung der JAP erfordert keine lückenlose Prüfung des gesamten Buchungsstoffs, weil die APr nicht darauf ausgerichtet ist, Prüfungsaussagen mit absoluter, sondern mit **hinreichender Sicherheit** zu treffen. Absolute Sicherheit ist bei der APr aufgrund der aus einer APr zu ziehenden begrenzten Erkenntnismöglichkeiten (zB weil Prüfungsnachweise ggf nicht den Tatsachen entsprechen) und aufgrund der Tatsache, dass die Tätigkeit des AP Ermessensentscheidungen einschließt, nicht zu erreichen (IDW PS 200, Tz 19, 24 ff). Deshalb ist eine vollständige Prüfung im Allgemeinen auch aus Wirtschaftlichkeitsgründen nicht angemessen.

Von der Prüfungssicherheit ist die **Prüfungsgenauigkeit** zu unterscheiden. 103 Die Prüfungsgenauigkeit bezeichnet, welche Fehler vom Prüfer maximal toleriert werden dürfen, dh, bis zu welcher Fehlerhöhe der Prüfungsgegenstand noch als ordnungsgemäß anzusehen ist. Diese Toleranzgrenze wird als Wesentlichkeitsgrenze bezeichnet. Zwischen **Wesentlichkeit** und Prüfungssicherheit besteht ein innerer Zusammenhang. Wird der maximal tolerierbare Fehler heraufgesetzt, steigt die Prüfungssicherheit, weil das Risiko, zu einem fehlerhaften Urteil zu kommen, sinkt. Der Grundsatz der Wesentlichkeit in der APr bedeutet, dass die Prüfung darauf auszurichten ist, mit hinreichender Sicherheit Unrichtigkeiten oder Verstöße aufzudecken, die wegen ihrer Größenordnung oder Bedeutung einen Einfluss auf den Aussagewert der Rechnungslegung für die Abschlussadressaten haben. Der AP hat sich also auf entscheidungserhebliche Sachverhalte zu konzentrieren (s IDW PS 250 nF, Tz 7 und 11). Bei der Auswertung der Prüfungsergebnisse sind die festgestellten Fehler in der Rechnungslegung daraufhin zu beurteilen, ob sie einzeln oder zusammen wesentlich sind. Dies erfordert vom AP eine Entscheidung darüber, in welchem Umfang Auslassungen oder Falschdarstellungen noch akzeptiert werden können, bevor der BVm zum JA eingeschränkt oder versagt werden muss (s auch IDW PS 400, Tz 50 ff).

Für Zwecke der Prüfungsplanung hat der AP eine sog *„performance materiality"* 104 festzulegen, die in IDW PS 250 nF als Toleranzwesentlichkeit bezeichnet wird. Die Toleranzwesentlichkeit trägt dem Aggregationsrisiko Rechnung, dh dem Risiko, dass mehrere für sich genommen unwesentliche Fehler zusammen betrachtet wesentlich sein können. Unter Berücksichtigung der Toleranzwesentlichkeit sind die Prüfungshandlungen so festzulegen, dass nicht nur Fehler oberhalb der Gesamtwesentlichkeitsgrenze entdeckt werden. Die Bestimmung der Toleranzwesentlichkeit liegt im prüferischen Ermessen und hängt ua von Art und Umfang der erwarteten Fehler im jeweiligen Prüffeld ab. Daher kann es sich auch anbieten, unterschiedliche Toleranzwesentlichkeiten für die einzelnen Prüffelder festzulegen. In der Praxis wird die Toleranzwesentlichkeit häufig durch einen Abschlag iHv 25%–50% von der Gesamtwesentlichkeitsgrenze berechnet. Legt der AP für einzelne Abschlussposten oder Arten von Geschäftsvorfällen spezielle Gesamtwesentlichkeitsgrenzen fest, sind jeweils auch Toleranzwesentlichkeiten zu bestimmen. Haben während einer Prüfung erlangte Informationen Auswirkungen auf die festgelegte Wesentlichkeit oder die Toleranzwesentlichkeit, sind diese entsprechend anzupassen (IDW PS 250 nF, Tz 18).

In der Prüfungspraxis werden verschiedene **Verfahren** zur Ermittlung quanti- 105 tativer **Wesentlichkeitsgrenzen** angewendet. Das folgende Schaubild gibt einen Überblick über mögliche Bezugsgrößen und Multiplikatoren (vgl zB *IDW*, Fragen und Antworten zur Festlegung der Wesentlichkeit und der Toleranzwesentlichkeit nach ISA 320 bzw. IDW PS 250, 15):

Multiplikator	Bezugsgröße
3–10%	Gewinn vor Steuern
0,25–4%	Bilanzsumme
0,5–2%	Umsatzerlöse

106 Letztlich ist bei der Wahl von Multiplikator und Bezugsgröße die Einzelfallbetrachtung entscheidend. So liegt es im prüferischen Ermessen des AP, auch höhere oder niedrigere Multiplikatoren sowie andere Bezugsgrößen zu wählen. Sind falsche Angaben nicht zweifelsfrei unbeachtlich, hat der AP diese Prüfungsdifferenzen zusammenzustellen. Hierbei kann er eine sog Nichtaufgriffsgrenze festlegen. Unrichtigkeiten und Verstöße, die unter dieser Grenze liegen, müssen nicht in die Aufstellung nicht korrigierter Prüfungsdifferenzen aufgenommen werden (IDW PS 250 nF, Tz 19). Durch die Vorgabe quantitativer und qualitativer Angabepflichten im Anhang und im Lagebericht hat der Gesetzgeber die Entscheidungsrelevanz dieser Angaben für die Rechnungslegungsadressaten unterstellt. Dies bedeutet, dass unterlassene Anhang- und Lageberichtsangaben zunächst grds als wesentlich anzusehen sind. Der AP darf von diesem Grundsatz nur abweichen, wenn er im Einzelfall zu dem Schluss gelangt, dass eine Angabe für die Rechnungslegungsadressaten nicht entscheidungsrelevant ist (IDW PS 250 nF, Tz 27).

Beurteilt der AP, ob eine unterlassene oder fehlerhafte Anhangangabe als wesentlich zu betrachten ist, kann er differenzieren, ob die Angabe originär nur im Anhang zu machen ist oder ob sie dem besseren Verständnis eines Bilanz- oder GuV-Postens dient. Wird eine Anhang- oder Lageberichtsangabe unterlassen, kann dies wie folgt beurteilt werden:
– Ist ein Bilanz- oder GuV-Posten selbst unwesentlich, weil für die Rechnungslegungsadressaten nicht entscheidungsrelevant, dann wird seine unterlassene oder fehlerhafte Aufgliederung bzw Erl grds ebenfalls nicht wesentlich sein.
– Ist der Bilanz- oder GuV-Posten dagegen wesentlich, wird eine unterlassene Angabe grds als wesentlich anzusehen sein; die Auswirkungen einer fehlerhaften Angabe sind unter Berücksichtigung der Entscheidungsrelevanz für die Rechnungslegungsadressaten zu würdigen (IDW PS 250 nF, Tz 28).

Diese Zusammenhänge sind in der folgenden Tabelle dargestellt (IDW PS 250 nF, Tz 28):

(Konzern-)Anhang	Originäre (Konzern-)Anhangangabe	Aufgliederung bzw. Erläuterung von (Konzern-)Bilanz- oder GuV-Posten
Quantitative Angaben	*Unterlassen von Angaben, die Einblick in die VFE-Lage gewähren:* Würdigung unter Berücksichtigung der Entscheidungsrelevanz für die Adressaten *Unterlassen von Angaben, die anderen Einblickszielen dienen:* grds wesentlich *Fehlerhafte Angaben:* Würdigung unter Berücksichtigung der Entscheidungsrelevanz für die Adressaten	Bilanz- oder GuV-Posten **unwesentlich:** unterlassene oder fehlerhafte Anhangangaben sind grds unwesentlich Bilanz- oder GuV-Posten **wesentlich:** – unterlassene Anhangangaben sind grds wesentlich – fehlerhafte Anhangangaben: Würdigung unter Berücksichtigung der Entscheidungsrelevanz für die Adressaten
Qualitative Angaben	*Unterlassen von Angaben, die Einblick in die VFE-Lage gewähren:* Würdigung unter Berücksichtigung der Entscheidungsrelevanz für die Adressaten	

(Konzern-) Anhang	Originäre (Konzern-) Anhangangabe	Aufgliederung bzw. Erläuterung von (Konzern-)Bilanz- oder GuV-Posten
	Unterlassen von Angaben, die anderen Einblickszielen dienen: grds wesentlich *Unvollständige oder fehlerhafte Aspekte:* Würdigung unter Berücksichtigung der Entscheidungsrelevanz für die Adressaten	

Anwendbar sind die dargestellten Grundsätze auf unterlassene, fehlerhafte oder unvollständige Lageberichtsangaben.

Stellt der AP während der Prüfung Fehler fest, muss er diese zusammenstellen, soweit sie nicht zweifelsfrei unbeachtlich sind. Er kann einen Betrag (Nichtaufgriffsgrenze) festlegen, unterhalb der die fehlerhaften Angaben als zweifelsfrei unbeachtlich gelten. „Zweifelsfrei unbeachtlich" darf nicht mit „nicht wesentlich" gleichgesetzt werden. Zweifelsfrei unbeachtliche Sachverhalte besitzen eine erheblich kleinere Größenordnung als die festgelegte Wesentlichkeit. Sie sind unabhängig von dem Kriterium (zB Größe, Art oder Umstand) nach dem sie beurteilt werden, einzeln und in Summe zweifelsfrei ohne praktische Folgen für die Rechnungslegung und die APr (IDW PS 250, nF Tz 19).

Die folgende Abbildung zeigt die Vorgehensweise bei der Beurteilung der Auswirkungen von festgestellten falschen Angaben in der Rechnungslegung (IDW PS 250 nF, Tz 20):

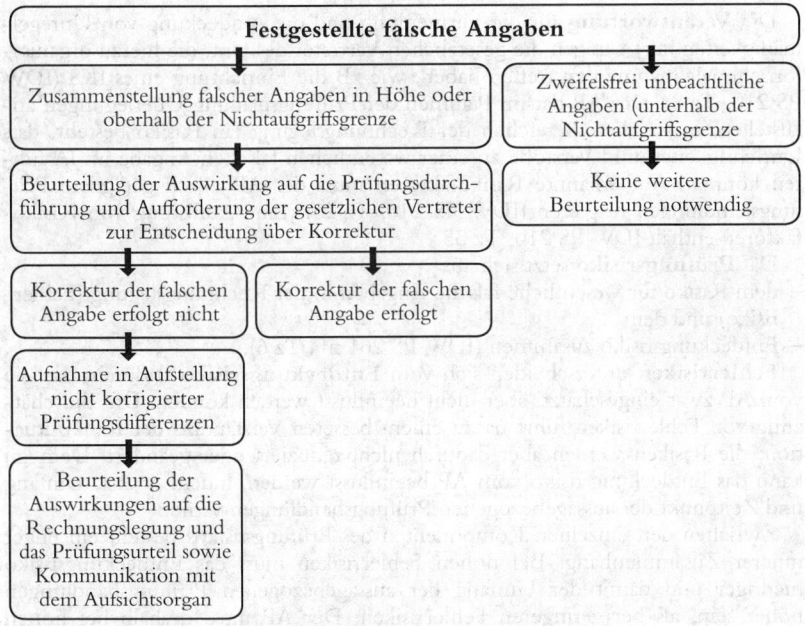

Im Fall von festgestellten und nicht bereinigten Unrichtigkeiten und Verstößen muss der AP die gesetzlichen Vertreter auffordern zu entscheiden, ob diese korrigiert werden sollen. Werden Unrichtigkeiten und Verstöße nicht von den gesetzlichen Vertretern korrigiert, muss der AP dies dem Aufsichtsorgan kommunizieren. Dies gilt auch für die Auswirkungen, die diese nicht korrigierten Fehler auf das Prüfungsurteil haben. So hat das Aufsichtsgremium die Möglichkeit, die gesetzlichen Vertreter zur Korrektur aufzufordern (IDW PS 250 nF, Tz 31).

107 Der AP hat zudem den **Grundsatz der Wirtschaftlichkeit** zu beachten (IDW PS 200, Tz 9). Dies bedeutet für den AP, dass er seine Prüfungshandlungen so auszurichten hat, dass er mit dem geringstmöglichen Aufwand unter Beachtung des Grundsatzes der Wesentlichkeit mit hinreichender Sicherheit zu einem abschließenden Urteil über die Rechnungslegung gelangt. Welche Prüfungshandlungen im Einzelfall vorzunehmen sind, hängt ua von der Größe des zu prüfenden Unt, dessen Organisation und der Qualität des Rechnungswesens ab. So ist es idR bei einem wirksamen rechnungslegungsbezogenen IKS wirtschaftlich, eine Systemprüfung bei gleichzeitig reduzierten aussagebezogenen Prüfungshandlungen vorzunehmen.

II. Das Prüfungsrisikomodell

1. Begriff und Komponenten des Prüfungsrisikos

108 Der Begriff **Prüfungsrisiko** umschreibt das Risiko des AP, einen unrichtigen BVm zum JA abzugeben. Er muss deshalb seine Prüfungshandlungen so gestalten und durchführen, dass das Prüfungsrisiko möglichst gering bleibt und er keinen uneingeschränkten BVm zu einem JA abgibt, der als Ganzes gesehen wesentliche **falsche Angaben** enthält. Falsche Angaben im JA können auf absichtliche Fehler (Verstöße) oder auf unabsichtliche Fehler (Unrichtigkeiten) zurückzuführen sein.

109 Die **Verantwortung** für die Vermeidung und die Aufdeckung von Unregelmäßigkeiten im JA tragen die gesetzlichen Vertreter des Unt, die hierzu organisatorische Maßnahmen zu treffen haben, wie zB die Einrichtung eines IKS (IDW PS 210, Tz 8). Der AP hat im Rahmen der Prüfungsplanung Überlegungen anzustellen, in welchen Bereichen der Rechnungslegung ein Risiko besteht, dass Unrichtigkeiten und Verstöße zu einer wesentlichen falschen Angabe im JA führen können. Auf erkannte Risikofaktoren muss der AP durch geeignete Prüfungshandlungen reagieren (IDW PS 210, Tz 23). Eine Auflistung von Risikofaktoren enthält IDW PS 210, Tz 35.

110 Das **Prüfungsrisiko** setzt sich aus
– dem Risiko für wesentliche falsche Angaben in der Rechnungslegung (Fehlerrisiko) und dem
– Entdeckungsrisiko zusammen (IDW PS 261 nF, Tz 6).

Fehlerrisiken unterscheiden sich vom **Entdeckungsrisiko** dadurch, dass sie vom AP zwar eingeschätzt, aber nicht beeinflusst werden können. Die Einschätzung von Fehlerrisiken führt ua zu einem besseren Verständnis der Risikosituation; die Risiken werden aber dadurch nicht reduziert oder geändert. Demggü kann das Entdeckungsrisiko vom AP beeinflusst werden, indem er Art, Umfang und Zeitpunkt der aussagebezogenen Prüfungshandlungen variiert.

111 Zwischen den einzelnen Komponenten des Prüfungsrisikos besteht ein enger innerer Zusammenhang. Bei hohen Fehlerrisiken muss das Entdeckungsrisiko niedriger und damit der Umfang der aussagebezogenen Prüfungshandlungen höher sein, als bei geringeren Fehlerrisiken. Der AP muss deshalb bei hohen

Fehlerrisiken das Entdeckungsrisiko durch Ausweitung der aussagebezogenen Prüfungshandlungen (s Anm 160 ff) soweit reduzieren, dass ein Prüfungsurteil mit hinreichender Sicherheit getroffen werden kann.

2. Fehlerrisiko

Bei dem **Fehlerrisiko** handelt es sich um das Risiko, dass die Rechnungslegung aufgrund inhärenter Risiken, deren Auswirkungen durch das IKS des Unt nicht mit hinreichender Sicherheit verhindert bzw aufgedeckt und beseitigt werden, wesentliche falsche Angaben enthält. Die Wirksamkeit der von der UntLeitung als Reaktion auf die inhärenten Risiken eingerichteten internen Kontrollen bestimmt das sog Kontrollrisiko. Im Prüfungsrisikomodell stellt sich das Fehlerrisiko als Funktion aus inhärenten und Kontrollrisiken dar. Der AP beurteilt **inhärente Risiken,** um mögliche Ursachen für wesentliche falsche Angaben in der Rechnungslegung zu identifizieren. Solche falschen Angaben können das Ergebnis von Bedingungen sein, die volkswirtschaftliche, branchentypische oder betriebliche Ursachen haben. Sie können aber auch das Ergebnis von Charakteristika sein, die einem Kontensaldo oder einer Geschäftsvorfallart besonders eigen sind. Der AP hat sich die für die Feststellung dieser Risiken notwendigen Kenntnisse über das zu prüfende Unt, die Geschäftstätigkeit sowie das wirtschaftliche und rechtliche Umfeld zu verschaffen (s IDW PS 230).

Zur Beurteilung der **Kontrollrisiken** werden Aufbau- und Funktionsprüfungen des IKS vorgenommen. Je besser das IKS auf die Begrenzung der inhärenten Risiken ausgerichtet ist, desto geringer sind die vom AP zu beurteilenden Kontrollrisiken und damit das Fehlerrisiko.

In vielen Fällen ist es wegen des **engen Zusammenhangs zwischen den inhärenten und den Kontrollrisiken** nicht sachgerecht, eine getrennte Beurteilung der Risiken vorzunehmen. Der AP muss das (zusammengefasste) Risiko wesentlicher falscher Angaben in der Rechnungslegung beurteilen.

3. Entdeckungsrisiko

Das **Entdeckungsrisiko** umschreibt das Risiko, dass falsche Angaben, die entweder einzeln oder gemeinsam wesentlich sind, vom AP im Rahmen seiner Prüfung nicht aufgedeckt werden. Der Prüfer vermindert das Entdeckungsrisiko, indem er **analytische Prüfungshandlungen** und **Einzelfallprüfungen** von Geschäftsvorfällen und Beständen vornimmt (s IDW PS 261 nF, Tz 6).

Es besteht immer das Risiko, dass der AP zu einer unangemessenen Schlussfolgerung kommt, nachdem er ein bestimmtes Prüfungsverfahren angewandt und die sich hieraus ergebenden Prüfungsergebnisse ausgewertet hat. Im Regelfall wird sich der AP auf Prüfungsnachweise verlassen müssen, die zwar überzeugend sind, aber kein Urteil mit 100 %-iger Sicherheit zulassen (IDW PS 300, Tz 9).

Das Entdeckungsrisiko hat zwei Bestandteile:
– das **Stichprobenrisiko,** das immer dann besteht, wenn die Prüfungen mittels Stichproben durchgeführt werden, und
– das **nicht stichprobenbezogene Entdeckungsrisiko,** das bei jedem angewandten Prüfungsverfahren besteht.

Die Prüfung ist idR nur in Stichproben wirtschaftlich durchzuführen, ohne dass hierdurch die erforderliche Prüfungssicherheit wesentlich eingeschränkt wird. Das **Stichprobenrisiko** besteht darin, dass auf Grund der Stichprobe der AP zu Schlussfolgerungen gelangen kann, die bei einer Prüfung aller Elemente der Grundgesamtheit anders ausgefallen wären. Zu den Verfahren der Stichprobenprüfung s Anm 173 ff.

Das **nicht stichprobenbezogene Entdeckungsrisiko** besteht darin, dass falsche Schlussfolgerungen hinsichtlich bestimmter Sachverhalte oder der bestehenden Fehlerrisiken gezogen werden. Ursachen dafür können sein:
- Weglassen wichtiger Prüfungshandlungen (zB keine Einsichtnahme in relevante Sitzungsprotokolle der Geschäftsleitung oder des Aufsichtsorgans);
- unangemessene Prüfungshandlungen (zB Saldenbestätigungen werden unter der Kontrolle des Unt eingeholt);
- Ausführung von ungeeigneten Prüfungshandlungen zu bestimmten Sachverhalten (zB Ausschließen einer ganzen Gruppe von Einkäufen aus den aussagebezogenen Prüfungshandlungen unter der unzutreffenden Annahme, das Prüfungsziel für alle Arten von Einkaufsvorgängen dennoch zu erreichen);
- Nichterkennen fehlerhafter Anwendung von Bilanzierungs- und Bewertungsvorschriften oder Angaben im Anhang;
- Unterlassen angemessener Reaktionen auf Prüfungsfeststellungen;
- Nichtbeachten oder Fehlinterpretation der vom Personal des Unt erhaltenen Informationen.

III. Risikoanalyse vor Annahme bzw Fortführung des Prüfungsauftrags

118 Bevor der AP den Prüfungsauftrag übernimmt, muss er nach § 32 Nr 2 der BS WP/vBP eine **Einschätzung der mit dem Mandanten und dem Auftrag verbundenen Risiken** vornehmen (*VO 1/2006* Tz 56 ff). Hierdurch soll gewährleistet werden, dass nur Mandate angenommen bzw fortgeführt werden, die in sachlicher, personeller und zeitlicher Hinsicht ordnungsgemäß abgewickelt werden können. Ergeben sich aus der Einschätzung der Auftragsrisiken Hinweise auf einen besonders risikobehafteten Auftrag, muss der AP vor Annahme des Auftrags sorgfältig abwägen, ob er den Auftrag annehmen kann (s auch IDW PS 220).

Folgende Sachverhalte sind vom AP insb zu untersuchen:
- Integrität des Mandanten,
- mit dem Auftrag verbundene Risiken (zB Haftungs- oder Reputationsrisiken),
- Verfügbarkeit von personellen Ressourcen,
- Einhaltung der allgemeinen Berufspflichten, insb der beruflichen Unabhängigkeit.

119 Hinsichtlich der **Integrität des Mandanten** sind ua folgende Aspekte von Bedeutung:
- Geschäfts- und Bilanzierungspraktiken (zB aggressive bilanzpolitische Maßnahmen),
- geschäftlicher Ruf der Mitglieder der UntLeitung und des Aufsichtsorgans sowie der HauptGester,
- Verhalten ggü dem AP (zB Versuch der Beschränkung notwendiger Prüfungshandlungen, besonderer Honorardruck oder häufiger Prüferwechsel) sowie
- Einhaltung gesetzlicher Vorschriften (zB Verdacht auf Verstöße gegen das Geldwäschegesetz oder Verwicklung in kriminelle Machenschaften).

120 Bei der Beurteilung der mit dem Auftrag verbundenen Risiken ist vor allem die Frage von Bedeutung, ob der Praxis des AP **ausreichende Ressourcen** zur sach- und zeitgerechten Abwicklung des Auftrags zur Verfügung stehen.

121 Vor Annahme oder Fortführung eines Auftrags muss der AP zudem feststellen, ob **Interessenkonflikte** bestehen oder ob die **Besorgnis der Befangenheit** begründet sein könnte. Werden entspr Risiken festgestellt, die nicht durch geeignete Maßnahmen beseitigt oder ausreichend begrenzt werden können, darf der Auftrag nicht angenommen werden (s Kommentierung zu §§ 319 ff).

IV. Feststellung und Beurteilung der Fehlerrisiken

1. Überblick

Eine ordnungsgemäße Durchführung der Prüfung erfordert ein **planvolles und risikoorientiertes Vorgehen** (s IDW PS 240). Ein solches Vorgehen setzt den AP in die Lage, die Risiken für wesentliche falsche Angaben in der Rechnungslegung zu erkennen und zu beurteilen sowie auf dieser Grundlage die erforderlichen Funktionsprüfungen des IKS und die aussagebezogenen Prüfungshandlungen auszuwählen und durchzuführen.

Zur Feststellung der Risiken für wesentliche falsche Angaben führt der AP sog „**Prüfungshandlungen zur Risikobeurteilung**" durch, die zum einen die Gewinnung von Kenntnissen über das Unt und dessen Umfeld sowie das rechnungslegungsbezogene IKS (Aufbauprüfung) und zum anderen die Klassifizierung der festgestellten Risiken nach Art und Bedeutung umfassen.

Bei der **Aufbauprüfung** des IKS handelt es sich um die Prüfung der Angemessenheit (Eignung) und der Implementierung (Einführung in die betrieblichen Prozesse) des IKS. Sie erfolgt im Rahmen der Entwicklung eines Verständnisses über das Unt und dessen Umfeld in einem kontinuierlichen Prozess.

Der AP hat die **festgestellten Risiken** für wesentliche falsche Angaben hinsichtlich ihrer Art, der möglichen Auswirkungen und der Eintrittswahrscheinlichkeit zu beurteilen. Dies umfasst insb die gesonderte Feststellung sog bedeutsamer Risiken und von Risiken, bei denen es nicht ausreicht, Prüfungsnachweise ausschließlich mit aussagebezogenen Prüfungshandlungen einzuholen, dh, bei denen die Funktion des IKS getestet werden muss, insb bei Routinetransaktionen. In diesen Fällen ist die Prüfung der Angemessenheit und der Implementierung der betr internen Kontrollen unerlässlich.

Auf der Grundlage der Risikobeurteilungen ist vom AP festzulegen, welche Prüfungshandlungen als Reaktion auf die Risiken durchzuführen sind. Es kommen grds Funktionsprüfungen des IKS und aussagebezogene Prüfungshandlungen (Einzelfallprüfungen und aussagebezogene analytische Prüfungshandlungen) in Betracht.

Immer dann, wenn sich der AP auf die **Wirksamkeit** des IKS stützen will, müssen Funktionsprüfungen des IKS durchgeführt werden. Dies gilt gleichermaßen für bedeutsame Risiken wie für sonstige Risiken falscher Angaben in der Rechnungslegung. Im Falle von Risiken, bei denen aussagebezogene Prüfungshandlungen von vornherein nicht ausreichen, insb bei Routinetransaktionen mit IT-gestützter Verarbeitung, müssen Funktionsprüfungen durchgeführt werden. Sind keine bedeutsamen Änderungen ggü dem Vorjahr eingetreten, kann der AP aus Gründen der Wirtschaftlichkeit ggf auf die Ergebnisse von Vj-Prüfungen zurückgreifen. Handelt es sich bei Fehlerrisiken um nicht bedeutsame Risiken, müssen unveränderte Kontrollmaßnahmen lediglich in jeder dritten aufeinander folgenden APr einer Funktionsprüfung unterzogen werden. Bei bedeutsamen Risiken reichen Funktionsprüfungen von für die APr relevanten Kontrollen in dreijährigem Turnus ebenfalls nicht aus; sie müssen jährlich getestet werden. Sollen zulässigerweise Prüfungsnachweise aus früheren APr verwendet werden, ist die Wirksamkeit einiger Kontrollen in der lfd APr zu prüfen. Dies dient der Verifizierung der Annahme, dass seit der letzten Durchführung von Funktionsprüfungen keine relevanten Änderungen in den Verhältnissen eingetreten sind (s IDW PS 261 nF, Tz 77 f; ISA 330.14 f hier Anm 157).

2. Durchführung von Prüfungshandlungen zur Feststellung von Fehlerrisiken

a) Allgemeines

128 Zur Gewinnung der erforderlichen Kenntnisse über das zu prüfende Unt und dessen Umfeld einschließlich des IKS mit dem Ziel der Feststellung der Fehlerrisiken hat der AP nach pflichtgemäßem Ermessen Befragungen, analytische und andere Prüfungshandlungen durchzuführen. Es können folgende **Bereiche** unterschieden werden, die für die Feststellung von Fehlerrisiken eine besondere Relevanz haben (IDW PS 261 nF, Tz 13 ff):
– UntUmfeld,
– Merkmale des Unt,
– Ziele, Strategien und Geschäftsrisiken,
– Erfolgskennzahlen und Erfolgsmessung sowie
– Internes Kontrollsystem.

b) Unternehmensumfeld

129 Unter dem UntUmfeld sind insb die volkswirtschaftlichen und rechtlichen Rahmenbedingungen sowie die für die Branche typischen Faktoren zu verstehen. Hierzu zählen auch die anzuwendenden Rechnungslegungsgrundsätze (zB IFRS). Folgende Beispiele für **relevante Faktoren** des UntUmfelds können genannt werden:
– **Makroökonomische Faktoren:** Geldpolitik, Lage am Arbeitsmarkt, konjunkturelle Lage, Inflation, Finanzierungsmöglichkeiten, Wechselkurse und Zinssätze. Eine rückläufige Konjunktur kann zB die Zahlungsfähigkeit der Kunden des zu prüfenden Unt derart beeinträchtigen, dass die Forderungen an diese Kunden zweifelhaft oder uneinbringlich werden.
– **Branchentypische Faktoren:** wirtschaftliche Lage in der Branche, Wettbewerbsintensität, Nachfrageentwicklung, Produktionskapazitäten, Technologietrends, strukturelle Verschiebungen (Standortfragen), Stellung des zu prüfenden Unt in seiner Branche, Verfügbarkeit von qualifiziertem Personal ua. Eine technologische Änderung, die zu nicht vertretbaren hohen Vorratsbeständen führt, könnte bspw zu Abwertungen Anlass geben.
– **Rechtliche Rahmenbedingungen:** Gesetze und sonstige Vorschriften mit erheblichen Auswirkungen auf den Geschäftsbetrieb, Zölle und Steuern, aufsichtsrechtliche Bestimmungen, Umweltauflagen, Rechnungslegungsgrundsätze etc. Änderungen im Bereich der Rechnungslegungsgrundsätze können das Fehlerrisiko erhöhen, wenn zB keine ausreichend qualifizierten Mitarbeiter mit den erforderlichen Kenntnissen zur Verfügung stehen.

Die Kenntnisse der Branche des Unt sollten die Bedingungen in diesem Umfeld (technische Entwicklungen und wichtige Konkurrenten) und die Position (Marktanteile) des Unt innerhalb der Branche umfassen. Für den Fall, dass das Unt in mehreren Branchen tätig ist, müssen Informationen über jede Branche, in der das Unt bedeutende Aktivitäten betreibt, beschafft werden.

130 Dem AP steht für diese Aufgabe eine Vielzahl von **Informationsquellen** zur Verfügung, wie zB:
– Gespräche mit der Geschäftsleitung;
– Planungsunterlagen und Berichte an den AR über den Geschäftsverlauf;
– Berichte von Kreditinstituten, VersicherungsUnt, Wertpapiermaklern, Effektenhändlern usw;
– Informationen der statistischen Ämter und der Wirtschaftsverbände;
– Wirtschafts- und Finanzmagazine;
– Publikationen und Broschüren des Unt (zB auf Homepages im Internet);

– Berichte der internen Revision, Berichte der steuerlichen Bp, Umwelt- bzw Nachhaltigkeitsberichte, CorpGov-Berichte, Erklärung zur UntFührung.

c) Merkmale des Unternehmens

Unternehmensspezifische Aspekte, deren Kenntnis für den AP von besonderer Bedeutung sind, umfassen ua die Art, Größe und Organisationsstruktur des Unt, die wirtschaftliche Lage, die Geschäftstätigkeit und die Betriebs- und Geschäftsabläufe, die Qualität des Managements und des Personals, die Bilanzierungspraktiken sowie die Anfälligkeit bestimmter Prüffelder für falsche Angaben in der Rechnungslegung. **131**

Die Kenntnisse des AP über die **Geschäftstätigkeit** sowie die **Betriebs- und Geschäftsabläufe** (IDW PS 230 Anhang) sollten die Erzeugnisgruppen, die Bezugsquellen, die Einkaufsmethoden, die Werbe- und Vertriebsmethoden des Unt, seine Finanzierungsquellen und Produktionsmethoden sowie die Investitionstätigkeiten einschließen. Der AP sollte sich außerdem über Standorte, Größe der Betriebsanlagen, Abteilungen und Niederlassungen des Unt sowie seine Führungsorganisation informieren (zB auf Grundlage eines Organigramms). **132**

Zum Verständnis des zu prüfenden Unt gehört auch, dass der AP die bei dem Unt **angewandten Bilanzierungspraktiken (Bilanzierungs- und Bewertungsmethoden)** kennt und sie dahingehend beurteilt, ob sie mit den anzuwendenden Rechnungslegungsgrundsätzen übereinstimmen. Wenn im Prüfungszeitraum die Bilanzierungs- und Bewertungsmethoden geändert worden sind, ist zu untersuchen, warum die Änderungen vorgenommen wurden (zB wegen geänderter Betriebs- oder Geschäftsabläufe oder einem Konzernwechsel) und ob solche Methodenänderungen vor dem Hintergrund der anzuwendenden Rechnungslegungsgrundsätze akzeptabel sind. Neuerungen zur Rechnungslegung sollten rechtzeitig mit der UntLeitung besprochen werden, damit geeignete Schritte unternommen werden können, um eine zutreffende Anwendung der Regelungen zu gewährleisten. **133**

Die aus der Durchsicht der **Prüfungsberichte und Arbeitspapiere von Vorjahresprüfungen** stammenden Kenntnisse helfen dem AP, die Wahrscheinlichkeit von Bilanzierungsfehlern zu erkennen und zu beurteilen. **134**

Bestimmte Kontensalden oder **Arten von Geschäftsvorfällen** sind durch sachliche Risikomerkmale gezeichnet, die eine besondere Anfälligkeit für wesentliche falsche Angaben in der Rechnungslegung mit sich bringen. Bspe für Prüffelder mit solchen Risikomerkmalen sind: **135**
– Kontensalden mit Vorgängen, die komplexe Entscheidungen erfordern, zB die vertragsgerechte Erfassung von Erträgen aus langfristiger Fertigung.
– Kontensalden zu VG, die bei Fehlen von strikten Kontrollen diebstahlgefährdet sind, zB Edelmetalle.
– Kontensalden, die überwiegend auf Schätzungen beruhen und bei denen besondere Ermessensspielräume bestehen, zB bestimmte Rückstellungen.

Die sachlich bedingten Risikomerkmale von Kontensalden oder Geschäftsvorfallarten ändern sich normalerweise nur, wenn sich Geschäfts- oder Betriebsabläufe des zu prüfenden Unt ändern. Bei wiederkehrenden Prüfungen muss der AP deshalb im Rahmen der Aktualisierung von Informationen über das zu prüfende Unt beurteilen, ob Änderungen in den Geschäfts- und Betriebsabläufen Auswirkungen auf solche Risikomerkmale hatten und ob das IKS des Unt entspr angepasst wurde.

d) Ziele, Strategien und Geschäftsrisiken

Der AP muss ein ausreichendes Verständnis der UntZiele und -Strategien sowie der damit verbundenen Geschäftsrisiken des Unt erlangen, die wesentliche **136**

falsche Angaben in der Rechnungslegung zur Folge haben können. Geschäftsrisiken sind Risiken, die der Erreichung der UntZiele und -Strategien entgegenstehen können. Obwohl die meisten Geschäftsrisiken iE finanzielle Konsequenzen für das Unt haben können, stellen nicht alle Geschäftsrisiken gleichzeitig Risiken für wesentliche falsche Angaben in der Rechnungslegung dar. Als **Beispiele** für Sachverhalte, die gleichzeitig Risiken für falsche Angaben bergen, können genannt werden:
– Verfügbarkeit von qualifizierten Mitarbeitern,
– Einführung neuer Produkte oder Dienstleistungen,
– Erweiterung des Geschäftsbetriebs (zB durch UntErwerbe),
– Erfüllung von Anforderungen, die mit Kreditgebern vertraglich vereinbart wurden („debt covenants"),
– Einführung neuer Informationstechnologien sowie
– Änderungen der Rechnungslegungspflichten.
Die Beurteilung der Geschäftsrisiken durch die UntLeitung ist ein Bestandteil des IKS des Unt (s Anm 239 ff).

e) Erfolgskennzahlen und Erfolgsmessung

137 Zum Verständnis des AP über das Unt zählt auch die Art und Weise, wie die UntLeitung den wirtschaftlichen Erfolg des Unt und damit die Erreichung der UntZiele überwacht. In vielen Unt werden zu diesem Zweck Erfolgskennzahlen („Key-Performance-Indikatoren") entwickelt. Die Analyse von Abweichungen zwischen Plan-Kennzahlen und den entspr Ist-Werten stellt eine Überwachungsmaßnahme der UntLeitung dar, die für das Geschäftsverständnis des AP von besonderer Bedeutung ist. ZB können sich für den AP Hinweise auf eine zielgerichtete Aufstellung des JA ergeben, wenn die Vergütung von Führungskräften von der Erreichung bestimmter Erfolgskennzahlen abhängt. Auch externe Analysen des wirtschaftlichen Erfolgs durch Analysten oder Rating-Agenturen können für den AP von Bedeutung sein, weil sie die Erwartungen von Marktteilnehmern zum Ausdruck bringen, die ggf von der UntLeitung bei der Aufstellung des JA berücksichtigt werden.

138 Informationen über die Finanzlage, verglichen mit den Finanzdaten aus dem Vj und mit den Plandaten für den lfd Zeitraum (zB auf Grundlage von Monatsabschlüssen), können den AP zB auf Folgendes aufmerksam machen:
– Günstige oder ungünstige betriebliche Trends;
– Bedeutsame Abweichungen von erwarteten Größen;
– Neuere Finanzierungs- und Investitionsaktivitäten.
Für die Ermittlung von Erfolgskennzahlen ist ein **internes Berichtswesen** erforderlich. Der AP muss sich mit den Grundlagen der betrieblichen Informationssysteme beschäftigen, um beurteilen zu können, ob die von der UntLeitung verwendeten Daten für die Erfolgsmessung relevant und verlässlich sind. Stellt der AP fest, dass das interne Berichtswesen verlässliche Informationen über die Entwicklung des Unt generiert, kann dieser Tatbestand bei der Entscheidung über Art und Umfang seiner auf die Frage der Ordnungsmäßigkeit der externen Rechnungslegung ausgerichteten Prüfungshandlungen berücksichtigt werden. Wenn internes Berichtswesen und externe Rechnungslegung auf denselben Systemen und derselben Datengrundlage basieren, können die für die Beurteilung der Verlässlichkeit des internen Berichtswesens eingeholten Prüfungsnachweise gleichzeitig bei der Beurteilung der externen Rechnungslegung verwendet werden.
Die folgende Tabelle vermittelt einen zusammenfassenden Überblick über die für den AP bedeutenden Aspekte des UntUmfelds und Unt:

Analysebereich	Faktoren
Umfeld	*Makroökonomisches Umfeld* – Gesamtwirtschaftliche Entwicklung – Bevölkerungsentwicklung – Technologische Entwicklung – Politisches Umfeld – Gesellschaftliches Umfeld
	Regulatorisches Umfeld – Aufsichtsrechtliche Bestimmungen – Sonstige für das Unt und die Branche bedeutende Rechtsvorschriften – Rechnungslegungsgrundsätze
	Branche – Marktpotential (Abnehmer, Marktwachstum, Marktsegmentierung usw) – Produkte und Dienstleistungen (Arbeitskosten, Materialkosten, Vertriebswege usw) – Branchenstruktur (Wettbewerbssituation, Ersatzprodukte)
	Stellung des Unternehmens in der Branche – Marktanteile – Produkt-/Dienstleistungsqualität – Innovationsfähigkeit – Wettbewerbsunterschiede – Kostensituation
Unternehmen	*Finanzwirtschaftliche Entwicklung* (Vermögen und Schulden, Umsatzerlöse, Personalkosten, Investitionen, Abschreibungen usw)
	Rechtliche Verhältnisse – Gesellschaftsrechtliche Verhältnisse (GesVertrag, Organe usw) – Beteiligungen – Dauerschuldverhältnisse – Rechtsstreitigkeiten
	Wirtschaftliche Verhältnisse – Leistungswirtschaft (Absatz, Produktion, Material, Forschung und Entwicklung, Personal usw) – Finanzwirtschaft (Finanzierungsformen, Kapitalbedarf, Sicherheiten usw) – VFE-Lage (EK-Quote, Verschuldungsgrad, Anlagenintensität, Cash Flow, stille Reserven usw)
	Steuerliche Verhältnisse (zB steuerliche Organschaften, Stand des Besteuerungsverfahrens, Betriebsprüfungen)
	Organisatorische Grundlagen – Aufbauorganisation – Ablauforganisation
	Rechnungswesen (intern und extern) – Buchführung und Berichtswesen (rechnungslegungsbezogenes Informationssystem)

Analysebereich	Faktoren
Unternehmensplanung	– Controlling – Bilanzierungsmethoden (zB Bilanzpolitik, Ausnutzung von Ermessensspielräumen, sachverhaltsgestaltende Maßnahmen, Bewertung bei bedeutenden Ermessensspielräumen)
	Unternehmensziele (Gesamtausrichtung des Unt, ökonomische und nichtökonomische Grundsätze und Verhaltensnormen)
	Strategische Planung (zB langfristige Leistungsprogrammplanung, Finanzplanung, Produktions- und Ressourcenplanung, Führungskräfteplanung, Geschäftsfeldstrategien)
	Operative Planung (zB Operationalisierung der strategischen Planung für die Unt-Bereiche und das Gesamtunt, kurz- und mittelfristige Produktionsprogrammplanung, operative Funktionsbereichsplanung, kalkulatorische Ergebnisplanung, bilanzielle Ergebnisplanung, Finanzplanung)
Erfolgsanalysen	*Kritische Erfolgsfaktoren* für die Erreichung der operativen Ziele
	Kennzahlen zur Messung der Erfolgs („Key-Performance-Indikatoren")
	Soll-/Ist-Vergleiche und *Abweichungsanalysen*

f) Internes Kontrollsystem

139 Die Untersuchung der Angemessenheit und der Implementierung des rechnungslegungsbezogenen IKS ist ein notwendiger Schritt zur Feststellung der Risiken für wesentliche falsche Angaben in der Rechnungslegung durch den AP. Nach vorherrschender Auffassung ist das IKS ein Prozess, der auf die Wirksamkeit und die Wirtschaftlichkeit des Geschäftsbetriebs in Übereinstimmung mit den von UntLeitung hierfür vorgegebenen Leitlinien, die Einhaltung der für das Unt geltenden gesetzlichen Bestimmungen und sonstigen Vorschriften sowie die Ordnungsmäßigkeit der Rechnungslegung ausgerichtet ist. Es setzt sich aus folgenden Bestandteilen zusammen (IDW PS 261 nF, Tz 29 ff, ISA 315.11 ff):
– Kontrollumfeld,
– Risikobeurteilungen der UntLeitung,
– Information und Kommunikation (einschl der rechnungslegungsrelevanten Informationssysteme),
– Kontrollaktivitäten sowie
– Überwachung des IKS.

140 Der AP hat sich zunächst einen Überblick über das IKS zu verschaffen und entscheidet anschließend nach pflichtgemäßem Ermessen, bei welchen Kontrollen eine **Aufbauprüfung,** dh eine Prüfung der Angemessenheit und der Implementierung, durchzuführen ist. Bei dieser Entscheidung ist die Relevanz der Kontrollen für die APr zu berücksichtigen, dh welche Bedeutung die einzelnen Kontrollen für die Verhinderung oder Aufdeckung von wesentlichen falschen Angaben in der Rechnungslegung haben. Dies wird bei Kontrollen, welche die Ordnungsmäßigkeit des Geschäftsbetriebs zum Ziel haben, im Unterschied zu unmittelbar auf die Rechnungslegung ausgerichteten Kontrollen, häufig nicht der Fall sein. Sind die Kontrollen dagegen für die APr relevant, ist deren Angemessenheit und Implementierung zu prüfen.

Der AP muss sich mit jedem Bestandteil des IKS befassen. Dies bedeutet, dass er zunächst das **Kontrollumfeld** beurteilen muss. Bei dieser Einschätzung sind insb folgende Aspekte zu berücksichtigen: **141**
- die UntKultur sowie das dadurch vermittelte Werteverständnis der Mitarbeiter,
- die Zuordnung von Weisungsrechten und Verantwortung,
- die Bedeutung von fachlicher und persönlicher Kompetenz im Unt,
- die Überwachungstätigkeit des Aufsichtsorgans,
- der Führungsstil der UntLeitung und
- die Personalpolitik.

Der **Risikobeurteilungsprozess** im Unt setzt die Definition von UntZielen und -strategien voraus (s Anm 136). Ziel ist es, die Geschäftsrisiken festzustellen, die der Erreichung der festgelegten Ziele entgegenstehen können. Der AP muss diesen Prozess verstehen, um einschätzen zu können, ob das Unt die Risiken wesentlicher falscher Angaben in der Rechnungslegung sachgerecht ermittelt. Mängel im Prozess der Risikobeurteilungen erhöhen das Risiko für wesentliche falsche Angaben. Der Prozess der Risikobeurteilungen umfasst die folgenden Schritte: **142**
- Feststellung der Risiken,
- Analyse der Risiken (Einschätzung der Bedeutung des Risikos und der Eintrittswahrscheinlichkeit) sowie
- Feststellung möglicher Maßnahmen als Reaktion auf die Risiken.
- Risiken, die sich auf die Ordnungsmäßigkeit der Rechnungslegung auswirken können, ergeben sich zB aus folgenden Sachverhalten:
  - Schnelles UntWachstum,
  - Veränderungen in den eingesetzten IT-Systemen und
  - Veränderungen in der Geschäftstätigkeit.

Bei der Erlangung von Kenntnissen über das **rechnungslegungsrelevante Informationssystem** ist vor allem auf folgende Aspekte abzustellen: **143**
- Aufbau des Buchführungssystems,
- Arten von Geschäftsvorfällen, die im Buchführungssystem erfasst und verarbeitet werden,
- Verfahren der Auslösung, Erfassung und Verarbeitung von Geschäftsvorfällen und deren Darstellung im zu prüfenden Abschluss (manuelle und IT-gestützte Verfahren),
- Führung von Haupt- und Nebenbüchern,
- Behandlung von Nicht-Routine-Transaktionen sowie
- Prozess der Aufstellung des JA.

Zum für den AP relevanten Teil des Informationssystems zählt auch die Kommunikation von Funktionen und Verantwortlichkeiten mit Bezug zur Rechnungslegung. Die Mitarbeiter müssen über ihre Pflichten – sowohl im regulären Geschäftsbetrieb als auch in ungewöhnlichen Situationen – informiert sein und die ihnen im IKS übertragenen Aufgaben kennen.

Unter **Kontrollaktivitäten** sind alle Regelungen und Verfahren zu verstehen, die die Einhaltung der Anweisungen der UntLeitung zum Ziel haben. Dies schließt die Kontrollen ieS ein (Funktionstrennung, Genehmigungskontrollen, Anwendungskontrollen usw). Die Analyse der Kontrollaktivitäten durch den AP umfasst auch die Frage der Angemessenheit und der Implementierung der als Reaktion auf die IT-Risiken eingerichteten IT-Kontrollen (s IDW PS 330). Kontrollaktivitäten mit Bezug zur Rechnungslegung sind zB: **144**
- Genehmigungskontrollen im Zusammenhang mit Einkaufsprozessen,
- Kontrollen zum Schutz des vorhandenen Vermögens,

- Trennung von genehmigenden, ausführenden und überwachenden Funktionen sowie
- Anwendungskontrollen (zB Eingabekontrollen und Vollständigkeitskontrollen).

145 Unter der **Überwachung** des IKS sind die in die einzelnen Geschäftsprozesse integrierten und die prozessunabhängigen Maßnahmen zu verstehen. Diese Maßnahmen sind erforderlich, um die Angemessenheit und die Wirksamkeit des IKS zu bewerten, damit erforderlichenfalls rechtzeitig Korrekturen vorgenommen werden können. Neben der Tätigkeit der internen Revision kommen als Überwachungsmaßnahmen zB der Abgleich betrieblicher Statistiken mit den Daten der Finanzbuchhaltung oder die Analyse der Ursachen von Verlusten in Betracht.

3. Beurteilung der festgestellten Fehlerrisiken

146 Der AP muss die im Rahmen der Entwicklung eines Verständnisses über das Unt und das UntUmfeld sowie das IKS festgestellten Risiken für wesentliche falsche Angaben in der Rechnungslegung daraufhin beurteilen, ob sie sich auf bestimmte Arten von Geschäftsvorfällen, Kontensalden oder Abschlussangaben beziehen oder auf den Abschluss insgesamt auswirken können. International werden vergleichbare Hinweise zur Identifikation und zum Umgang mit den festgestellten Risiken in ISA 315.25–.31 gegeben.

147 Diese Beurteilung umfasst auch eine **Klassifizierung der Fehlerrisiken** nach Art und Bedeutung in bedeutsame Risiken, Risiken, bei denen aussagebezogene Prüfungshandlungen nicht ausreichen, und sonstige Risiken für wesentliche falsche Angaben.

148 Fehlerrisiken, die aufgrund ihrer Art, des Umfangs der möglichen Auswirkungen oder der Eintrittswahrscheinlichkeit einer besonderen Würdigung durch den AP bedürfen, werden als **„bedeutsame Risiken"** bezeichnet. Bedeutsame Risiken hängen häufig mit außerhalb des gewöhnlichen Geschäftsbetriebs liegenden Transaktionen zusammen.

Folgende Aspekte sind für die Klassifizierung von Fehlerrisiken als bedeutsame Risiken zB von Bedeutung:
- Das Risiko bezieht sich auf Unterschlagungen oder Bilanzmanipulationen (Verstöße),
- das Risiko hängt mit Transaktionen des Unt mit nahestehenden Personen oder Unt zusammen,
- das Risiko bezieht sich auf Bereiche, bei denen erhebliche Ermessensspielräume bestehen,
- das Risiko bezieht sich auf besonders komplexe Geschäftsvorfälle.

Weiterhin können bedeutsame Fehlerrisiken bei Sachverhalten mit großen Ermessensspielräumen vorliegen (Schätzwerte; vgl zu Schätzwerten auch ISA 540). Risiken iZm Schätzwerten ergeben sich zB aus:
- der Komplexität der Rechnungslegungsgrundsätze für geschätzte Werte,
- der Komplexität oder Subjektivität der erforderlichen Beurteilungen oder der Notwendigkeit, Annahmen über die Auswirkungen zukünftiger Ergebnisse zu treffen (zB bei Zeitwerten; ISA 315.A121).

Der AP muss davon ausgehen, dass die **Umsatzrealisierung** regelmäßig ein bedeutsames Risiko darstellt; dies gilt auch für das **Risiko, dass interne Kontrollen durch Mitglieder der Geschäftsleitung außer Kraft gesetzt werden.** Zu den bedeutsamen Risiken zählen auch Risiken wesentlicher falscher Angaben aufgrund von Verstößen (IDW PS 210, Tz 38, 39 und 43).

Bei bedeutsamen Risiken kommt der Aufbauprüfung des IKS eine besondere Bedeutung zu. Die Eignung und die Implementierung der als Reaktion auf die bedeutsamen Risiken im Unt eingeführten Kontrollen sind in jedem Fall vom AP zu untersuchen.

Dies gilt auch für Risiken, bei denen der AP davon ausgeht, dass es nicht möglich oder nicht praktikabel ist, allein durch aussagebezogene Prüfungshandlungen ausreichende Prüfungsnachweise zu erlangen, um ein Urteil mit hinreichender Sicherheit treffen zu können. Dies kann zB bei intensiver Nutzung des E-Commerce oder allgemein bei Routinetransaktionen der Fall sein. 149

Die Risikobeurteilungen des AP sind ein **kontinuierlicher Prozess** und müssen ggf im Verlauf der Prüfung angepasst werden. 150

V. Prüfungshandlungen als Reaktion auf die beurteilten Risiken

1. Überblick

Im Anschluss an die Gewinnung ausreichender Kenntnisse über das Unt und dessen Umfeld sowie die Beurteilung der Risiken für wesentliche falsche Angaben in der Rechnungslegung und deren Klassifizierung muss der AP Prüfungshandlungen als Reaktion auf die erkannten Fehlerrisiken durchführen. 151

Bei der Festlegung dieser Prüfungshandlungen ist zwischen sog allgemeinen **Reaktionen auf Fehlerrisiken,** die die Rechnungslegung insgesamt und Prüfungshandlungen, mit denen auf Fehlerrisiken, die bestimmte Aussagen in der Rechnungslegung betreffen, reagiert wird. 152

Allgemeine Reaktionen können zB in der Betonung der notwendigen kritischen Grundhaltung der Mitglieder des Prüfungsteams, im Einsatz von Spezialisten im Prüfungsteam, in der Durchführung überraschender Prüfungshandlungen oder in besonderen Maßnahmen zur Qualitätssicherung iSe intensiveren Überwachung der Prüfung bestehen.

Bei den Prüfungshandlungen, mit denen auf das Risiko wesentlicher falscher Angaben auf **Ebene der Aussagen in der Rechnungslegung** reagiert wird, kann es sich um Funktionsprüfungen des IKS, um aussagebezogene Prüfungshandlungen oder eine Kombination daraus handeln.

2. Funktionsprüfungen des internen Kontrollsystems

Wenn der AP davon ausgeht, dass das IKS im Hinblick auf bestimmte Aussagen in der Rechnungslegung wirksam ist, müssen Funktionsprüfungen zur Validierung dieser Annahme durchgeführt werden. Zur notwendigen Prüfungssicherheit des AP können interne Kontrollen also nur beitragen, wenn ihre Funktion getestet wird. Funktionsprüfungen müssen nicht durchgeführt werden, wenn die Aufbauprüfungen ergeben haben, dass keine geeigneten Kontrollen eingeführt wurden. Die Funktionsprüfungen sind international in ISA 330.8–.17 geregelt. 153

Funktionsprüfungen sind auch bei allen Kontrollen durchzuführen, die mit Risiken zusammen hängen, bei denen der AP der Auffassung ist, dass die Durchführung ausschließlich aussagebezogener Prüfungshandlungen nicht ausreichend ist (s Anm 149). 154

Als Funktionsprüfungen kommen folgende Prüfungshandlungen in Betracht: 155
– Befragungen,
– Durchsicht von Dokumenten sowie
– Beobachtung von Abläufen.

Befragungen allein sind im Allgemeinen nicht ausreichend, so dass zB die Beobachtungen von Abläufen hinzukommen muss.

In vielen Fällen können aussagebezogene Prüfungshandlungen gleichzeitig Prüfungsnachweise für die Funktion des IKS ergeben; ebenso können durch die 156

Funktionsprüfung des IKS aussagebezogene Prüfungsnachweise erbracht werden („dual-purpose-tests").

157 Der AP muss berücksichtigen, dass einzelne Funktionsprüfungen einen Nachweis nur über die **Wirksamkeit der Kontrollen** zum jeweiligen Kontrollzeitpunkt erbringen. Wenn die Wirksamkeit von Kontrollen für einen Zeitraum getestet werden soll, müssen weitere Prüfungshandlungen durchgeführt werden.

Bei **Folgeprüfungen** kann der AP ggf die Ergebnisse von Funktionsprüfungen aus Vorperioden verwenden. Bei bedeutsamen Risiken ist die Wirksamkeit der betr Kontrollen allerdings jährlich zu testen. Bei anderen Kontrollen müssen zumindest in jedem dritten Jahr Funktionsprüfungen vorgenommen werden. Dies ermöglicht die Entwicklung eines mehrjährigen Prüfungsplans für die Funktionsprüfungen des IKS. Damit die Wirksamkeit von Kontrollen aber nicht vollständig aufgrund von Nachweisen aus früheren Prüfungen beurteilt wird, sind immer einige Funktionsprüfungen in der lfd Prüfung vorzunehmen. Dies gilt insb auch für Kontrollen in Bereichen, in denen aussagebezogene Prüfungshandlungen nicht ausreichen, um Prüfungsfeststellungen mit hinreichender Sicherheit zu treffen.

158 Der **Umfang der Funktionsprüfungen** bestimmt sich ua nach folgenden Kriterien:
– Bedeutung der Funktionsprüfung für die Gewinnung der notwendigen Prüfungssicherheit,
– Häufigkeit, mit der die betr Kontrollen durchgeführt werden,
– Zeitraum, für den die Wirksamkeit der Kontrollen untersucht wird,
– Erwartungen des AP zur Wirksamkeit der Kontrollen sowie
– Art der Kontrollen (manuelle Kontrollen oder IT-Kontrollen).

159 Handelt es sich um **IT-Kontrollen,** kann die Anzahl der Funktionsprüfungen im Allgemeinen geringer ausfallen als bei manuellen Kontrollen, wenn die Prüfung der IT-Funktionalitäten ergibt, dass die Kontrollroutinen ohne die Möglichkeit eines unbefugten Eingriffs in konsistenter Weise erfolgen.

3. Aussagebezogene Prüfungshandlungen

a) Allgemeines

160 Für alle wesentlichen Arten von Geschäftsvorfällen und Aussagen in der Rechnungslegung sind aussagebezogene Prüfungshandlungen durchzuführen. Dies gilt unabhängig von den Ergebnissen der Risikobeurteilungen und vom Umfang der durchgeführten Funktionsprüfungen. Diese haben aber einen wesentlichen Einfluss auf Art, Zeitpunkt und Umfang der aussagebezogenen Prüfungshandlungen.

161 Unter **aussagebezogenen Prüfungshandlungen** sind analytische Prüfungshandlungen und Einzelfallprüfungen zu verstehen.

Aussagebezogene Prüfungshandlungen müssen ua folgende Bereiche abdecken:
– Abstimmung des Abschlusses mit der zugrunde liegenden Buchführung,
– wesentliche Buchungen von Nicht-Routinetransaktionen sowie
– bedeutsame Risiken.

162 Werden aussagebezogene Prüfungshandlungen unterjährig – zB im Rahmen von **Zwischenprüfungen** – vorgenommen, muss der AP zusätzliche Prüfungshandlungen durchführen, um Prüfungsnachweise für den Zeitraum zwischen dem Prüfungszeitpunkt und dem Abschlussstichtag zu erlangen. Art und Umfang der für den verbleibenden Zeitraum durchzuführenden Prüfungshandlungen hängen vor allem von dem Risiko ab, dass wesentliche falsche Angaben vorliegen. Ist dieses Risiko aufgrund wirksamer interner Kontrollen niedrig, können auch analytische Prüfungshandlungen ausreichend sein.

Prüfungsergebnisse aus Vorperioden dürfen nur verwendet werden, wenn 163
der zu beurteilende Sachverhalt unverändert ist und die Prüfungsnachweise weiterhin relevant sind. Um eine solche Annahme treffen zu können, müssen im lfd Prüfungszeitraum Nachweise hierfür eingeholt werden.

Der **Umfang der aussagebezogenen Prüfungshandlungen** hängt vor 164
allem von der Höhe des Fehlerrisikos ab. Je höher dieses Risiko ist, desto umfangreichere aussagebezogene Prüfungshandlungen sind notwendig. Der Stichprobenumfang ist bei den Einzelfallprüfungen insb anhand folgender Kriterien zu bestimmen:
- Art des Stichprobenverfahrens (bewusste Auswahl oder mathematisch-statistische Stichprobenverfahren),
- Beitrag der Einzelfallprüfungen zur gesamten Prüfungssicherheit sowie
- Höhe der prüffeldbezogenen Wesentlichkeitsgrenze.

Die Frage, wie viel Prüfungssicherheit aus einer bestimmten aussagebezogenen Prüfungshandlung gewonnen werden kann, ist eine Ermessensfrage, deren Beantwortung Urteilsvermögen und Berufserfahrung voraussetzt. Unabhängig von der Höhe der Fehlerrisiken muss der AP aber zumindest in wesentlichen Prüffeldern, dh für wesentliche Arten von Geschäftsvorfällen, Kontensalden und Abschlussinformationen, aussagebezogene Prüfungshandlungen durchführen und darf sein Prüfungsurteil nicht ausschließlich auf die Ergebnisse der Beurteilung der inhärenten Risiken und der Prüfung des IKS stützen (IDW PS 300, Tz 22).

b) Analytische Prüfungshandlungen

Analytische Prüfungshandlungen (IDW PS 312, ISA 330.18–23, ISA 520) 165
umfassen die Beurteilung finanzieller Informationen durch eine Untersuchung der jeweils relevanten Beziehungen zwischen finanziellen und auch anderen Daten. Dabei wird eine Plausibilitätsprüfung durch Vergleich der gebuchten Beträge mit den vom AP entwickelten Erwartungen für bestimmte Kontensalden oder Geschäftsvorfallarten durchgeführt. Bspe sind Fluktuationsanalysen, Analysen von Trend-Verhältniszahlen und anderen Kennziffern, Vergleiche mit Vj-Zahlen oder von Monatszahlen untereinander sowie Branchen- und Soll-Ist-Vergleiche. Solche Plausibilitätsanalysen sollten mit einer Durchsicht der Konten auf ungewöhnliche oder mit den Erwartungen des AP nicht übereinstimmende Buchungen einhergehen. Zur Bedeutung und Durchführung von analytischen Prüfungshandlungen im Rahmen von prüferischen Durchsichten s *Winkeljohann/Küster* in Sonderbilanzen[4] G Anm 102 ff.

Grundvoraussetzung für die Anwendung analytischer Verfahren als aussage- 166
bezogene Prüfungshandlung ist, dass im konkreten Fall die Annahme bestimmter gegebener und fortdauernder Relationen zwischen einzelnen Daten gerechtfertigt ist, und zwar solange, als nicht Besonderheiten eine abw Beurteilung und die Vornahme von Einzelfallprüfungen erfordern (IDW PS 312, Tz 6). Dies kann zB bei ungewöhnlichen Ereignissen oder Geschäftsvorfällen, bei Änderungen im Rechnungswesen, im Produktionsprozess oder im Geschäftsumfang der Fall sein.

Um analytische Verfahren wirkungsvoll anwenden zu können, muss der AP 167
zunächst **Erwartungen** entwickeln. Das hierfür erforderliche Wissen hat sich der AP bereits im Rahmen der Erlangung von Kenntnissen über Betriebs- und Geschäftsabläufe beim Unt (s Anm 128 ff) angeeignet. Bei der Entwicklung von Erwartungen ist stets darauf zu achten, dass die Annahmen auf vollständigen und zutreffenden Unterlagen basieren.

Vor der Anwendung analytischer Verfahren muss der AP überlegen, ob sie im 168
Hinblick auf das angestrebte Ziel eine wirksame und rationale Prüfungsmethode darstellen. Wirksamkeit und Effizienz hängen ua davon ab, ob

- die untersuchte Relation für das Prüfungsziel relevant ist,
- die Zusammenhänge, die für die Entwicklung einer Erwartung benutzt werden, zutreffend sind und
- die Genauigkeit der Erwartungsgröße angemessen ist.

169 Die **Genauigkeit der Erwartungsgröße** hängt wesentlich davon ab, wie sorgfältig der AP die Einflussfaktoren untersucht und wie detailliert die für die Entwicklung seiner Erwartung benutzten Daten sind. Je detaillierter die Einflussfaktoren bei der Entwicklung der Erwartungsgrößen berücksichtigt werden, umso stärker kann sich der AP auf die Resultate der analytischen Verfahren verlassen (zB bei analytischen Prüfungshandlungen auf Geschäftsvorfallebene).

170 Die Ergebnisse analytischer Verfahren werden entweder die Erwartungen des AP bestätigen oder Anlass zu weitergehenden Untersuchungen geben, wenn die **Ergebnisse deutlich von den Erwartungen** abweichen. Wenn ungewöhnliche oder unerwartete Abweichungen auftreten, muss der AP sie in einem Umfang untersuchen, der ausreicht, ein Urteil über die Auswirkungen auf den untersuchten Saldo und – soweit relevant – auf andere, korrespondierende Konten zu fällen. Dabei kann die Einholung von Erklärungen seitens der Geschäftsleitung oder die Durchführung anderer Einzelfallprüfungen, je nach dem Ergebnis der Beurteilung, notwendig sein. Bei wesentlichen Posten darf der AP das Prüfungsurteil nicht ausschließlich auf die Ergebnisse analytischer Prüfungshandlungen stützen (IDW PS 312, Tz 12).

Hat der AP festgestellt hat, dass ein beurteiltes Fehlerrisiko ein bedeutsames Risiko darstellt, sind aussagebezogene Prüfungshandlungen durchzuführen, die speziell auf dieses Risiko ausgerichtet sind. Besteht der Ansatz, mit dem einem bedeutsamen Risiko begegnet werden soll, ausschließlich aus aussagebezogenen Prüfungshandlungen, müssen diese Prüfungshandlungen auch Einzelfallprüfungen umfassen (ISA 330.21).

c) Einzelfallprüfungen

171 **aa) Arten von Einzelfallprüfungen.** Folgende Arten von **Einzelfallprüfungen** können unterschieden werden (IDW PS 300, Tz 27):
- Einsichtnahme in Dokumente und Inaugenscheinnahme von VG,
- Beobachtung von Verfahren und Maßnahmen,
- Befragungen,
- Einholung von Bestätigungen und Erklärungen sowie
- rechnerische Überprüfungen
- Nachvollzug.

172 Die **Verlässlichkeit der** mittels der verschiedenen Arten von Prüfungshandlungen erlangten **Prüfungsnachweise** und damit ihr Beitrag zur notwendigen Prüfungssicherheit sind unterschiedlich. Prüfungsnachweise in Form von Dokumenten und schriftlichen Erklärungen sind verlässlicher als mündliche Erklärungen. Nachweise aus externen Quellen sind im Allgemeinen verlässlicher als interne Nachweise. Nachweise, die unmittelbar vom AP eingeholt werden, haben normalerweise eine höhere Qualität als solche, die über das Unt erlangt werden. Originaldokumente sind verlässlicher als Kopien.

173 **bb) Durchführung von Einzelfallprüfungen in Stichproben.** Die Entscheidung über den Einsatz **stichprobengestützter Prüfungsmethoden** fällt der AP im Rahmen der Prüfungsplanung. Stichprobengestützte Prüfungen können sowohl bei **aussagebezogenen Prüfungshandlungen** (in Form von Einzelfallprüfungen) als auch bei **Systemprüfungen** in Betracht kommen. Nach dem jeweils zur Anwendung kommenden Auswahlverfahren lassen sich zwei Gruppen von Stichprobenverfahren unterscheiden:

– Verfahren mit bewusster Auswahl;
– Verfahren mit zufallsgesteuerter Auswahl.

Bei der **bewussten Auswahl** trifft der AP auf der Grundlage von Vorinformationen und Erfahrungen eine gezielte Entscheidung über die in die Stichprobe aufzunehmenden Prüfungsfälle. Hierbei berücksichtigt er auch die im Rahmen der Vorinformationen gewonnenen Annahmen über die Fehler in dem zu prüfenden Bereich, um aufbauend auf dem Ergebnis seiner Einzelprüfungen zu einem Urteil über das Prüfungsgebiet (Grundgesamtheit) zu kommen (s *HFA 1/1988* WPg, 241). Demggü wird beim Einsatz der Verfahren mit zufallsgesteuerter Auswahl versucht, alle subjektiven Einflüsse bei der Auswahl der Stichprobe auszuschließen, um so ein für die Grundgesamtheit repräsentatives Ergebnis zu erzielen. **174**

Bei den bewussten Auswahlverfahren lassen sich drei verschiedene **Auswahlkriterien** unterscheiden:
– Auswahl nach der Bedeutung der zu prüfenden Elemente;
– Auswahl nach dem Fehlerrisiko;
– Auswahl typischer Fälle.

Bei der **Auswahl nach der Bedeutung der zu prüfenden Elemente** muss darauf geachtet werden, dass in die Stichprobe nur solche Elemente aufgenommen werden, die auf Grund ihres Gewichts oder ihrer Bedeutung das für das Prüffeld abzugebende Gesamturteil entscheidend beeinflussen können. Dieses Verfahren hat den Nachteil, dass wesentliche Unterbewertungen möglicherweise nicht aufgedeckt werden. Dagegen ist das Risiko, dass wesentliche Überbewertungen nicht entdeckt werden, als geringer einzuschätzen.

Bei der **Auswahl nach dem Fehlerrisiko** werden in die Stichprobe solche Elemente des Prüfgebiets einbezogen, bei denen Fehler am ehesten zu erwarten sind. Dieses Verfahren ist besonders wirkungsvoll, wenn EDV-gestützt sog Risikodatenbestände selektiert werden. Es kann zweckmäßig sein, die Auswahl nach dem Fehlerrisiko mit der Auswahl nach der Bedeutung des Prüfungsgegenstands zu kombinieren, indem in einem ersten Schritt die Auswahl der Elemente nach dem Fehlerrisiko und in einem zweiten Schritt die Auswahl nach der Bedeutung des Prüfungsgegenstands erfolgt (*HFA 1/1988* WPg 1988, 242).

Bei der **Auswahl typischer Fälle** konzentrieren sich die Prüfungshandlungen auf Geschäftsvorfälle, die im Prüfungsgebiet jeweils in gleicher Weise verarbeitet werden und für die Mehrheit der Geschäftsvorfälle repräsentativ sind. Dieses Auswahlverfahren bietet sich insb bei Systemprüfungen an (s *ADS*[6] § 317 Anm 151 ff).

Bei der **Zufallsauswahl** erfolgt die Auswahl der in die Stichprobe aufgenommenen Prüfungsfälle nach dem Zufallsprinzip. Dies ist erfüllt, wenn jedes Element des Prüffelds (Grundgesamtheit) eine berechenbare, von Null verschiedenbare Wahrscheinlichkeit besitzt, in die Stichprobe zu gelangen. Bei Anwendung von Zufalls-Stichproben-Verfahren versucht der AP auf der Grundlage der zufällig in die Stichprobe gelangten Elemente, Aussagen über die Grundgesamtheit zu erlangen. Hierbei bedient sich der AP des sog Repräsentationsschlusses; dh die festgestellte Fehlerstruktur ist repräsentativ und kann deshalb auf die Grundgesamtheit „hochgerechnet" werden. Voraussetzung hierfür ist, dass die Stichprobe ein repräsentatives Abbild der Grundgesamtheit darstellt. **175**

Folgende **Techniken der Zufallsauswahl** können angewendet werden:
– Auswahlverfahren mit **gleichen Auswahlwahrscheinlichkeiten**. Bei dieser Auswahltechnik muss jedes Element jeweils die gleich große Chance haben, in die Stichprobe zu gelangen. Hierzu können folgende Techniken Anwendung finden:
 – „Echte Zufallsauswahl" mit Zufallszahlentabellen;
 – Zufallsauswahl mit Zufallszahlengeneratoren;

- Systematische Zufallsauswahl (sog „unechte" Zufallsauswahl). Hier wird die Stichprobe in der Weise bestimmt, dass jedes x-te Element aufgenommen wird. Die Auswahl des ersten Elements muss zwingend zufällig erfolgen (zB mit Hilfe einer Zufallszahlentabelle);
- Schlussziffernverfahren, zB mit Auswahl nach Anfangsbuchstaben oder nach Geburtstagen.
- Zufallsauswahl mit unterschiedlichen **Auswahlwahrscheinlichkeiten** (sog „Wertproportionale Auswahl"). Diese als *„Monetary Unit Sampling"* bezeichneten Auswahltechniken können nur in den Fällen angewendet werden, in denen für jeden in der Grundgesamtheit vorhandenen Buchungsvorgang, Beleg oder für jedes Konto eine ausschließlich positive oder negative Wertgröße gegeben ist.

176 cc) **Einholung von Bestätigungen Dritter.** Die GoA sehen eine Reihe von Einzelfallprüfungen vor, die vom AP unter bestimmten Voraussetzungen durchgeführt werden. Hierzu zählen die **Bestätigungen von Dritten,** insb Saldenbestätigungen, Bankbestätigungen, Bestätigungen für von Dritten verwahrtes Vermögen und RA-Bestätigungen (s IDW EPS 302 nF). Der AP hat abzuwägen, ob Bestätigungen Dritter als aussagebezogene Prüfungshandlungen einzuholen sind. Hierzu hat er die Fehlerrisiken zu berücksichtigen. Auch ist zu berücksichtigen, ob durch anderweitige Prüfungshandlungen ausreichende und angemessene Prüfungsnachweise bei Nichteinholung von Bestätigungen Dritter erlangt werden können. Von der Einholung von Saldenbestätigungen darf **abgesehen** werden, wenn nach Art der Erfassung, Verwaltung und Abwicklung der Kontokorrente, des Ausmaßes des Fehlerrisikos der Nachweis in anderer Weise einfacher und mit mindestens gleicher Zuverlässigkeit erbracht werden kann.

Grds wird gemäß IDW EPS 302 nF, Tz 6 zwischen zwei verschiedenen **Methoden** der **Bestätigungsanfrage** unterschieden:
- **positive** Methode: Dem AP ist direkt mitzuteilen, ob die Informationen in der Anfrage zutreffend sind;
- **negative** Methode: Die Anfrage ist nur dann zu beantworten, wenn die Informationen nach Auffassung der Dritten nicht zutreffend sind.

Die Versendung und der Rücklauf der Saldenbestätigungen muss nach IDW PS 302 unter der **Kontrolle des Abschlussprüfers** stehen. Unter formalen Gesichtspunkten ist es nicht notwendig, dass schriftliche Antworten in Papierform abgegeben werden. Die Antworten können auch mittels eines elektronischen oder anderen Mediums erfolgen.

177 **Bankbestätigungen** sind mit Ausnahme der im Folgenden aufgeführten Sachverhalte für alle Arten der geschäftlichen Beziehungen des Unt mit Kredit- und Finanzdienstleistungsinstituten (bzw deren jeweiliger Niederlassung) einzuholen. In den folgenden Ausnahmefällen ist es vertretbar, keine Bankbestätigungen einzuholen:
- Es bestehen keine bedeutsamen Risiken (einschl Risiken für Unregelmäßigkeiten und Verstöße) in Bezug auf die vollständige und richtige Darstellung der Geschäftsbeziehungen zu Kreditinstituten in der Rechnungslegung.
- Es liegt eine Situation vor, aufgrund der die Einholung von Bankbestätigungen – gemessen an der dadurch erzielbaren und zu erzielenden Prüfungssicherheit – unpraktikabel und unwirtschaftlich ist.
- Die relevanten internen Kontrollen werden als wirksam beurteilt (zB Überwachung durch die Interne Revision, Genehmigungskontrollen sowie Festlegung von Art und Höhe zulässiger Geschäfte) (IDW EPS 302 nF, Tz 21). Als typisches Beispiel für eine mögliche Nichteinholung von Bankbestätigungen kann ein Einzelhandelsunt gelten. Dieses verfügt über eine große Anzahl von Verkaufsstellen, für die vor Ort jeweils eigene Bankkonten geführt werden, über die ausschließlich der Zahlungsverkehr abgewickelt wird und die arbeits-

täglich glattgestellt oder die über eine andere Bank des Unt so mit finanziellen Mitteln ausgestattet werden, dass keine Kreditgewährung erfolgt (IDW EPS 302 nF, Tz A31). Zur Prüfung der vollständigen Erfassung von finanziellen Verpflichtungen und latenten Risiken sind idR **Rechtsanwaltsbestätigungen** erforderlich. Hiermit werden Prüfungsnachweise darüber erlangt, ob alle wesentlichen Risiken aus drohenden und schwebenden Rechtsstreitigkeiten in der Rechnungslegung zutreffend berücksichtigt und dargestellt sind.

Aus dem gleichen Grund sollte sich der AP vom zuständigen **Steuerberater** des Unt Informationen über schwebende Steuerrechtsstreitigkeiten sowie über bestehende Steuerrisiken bestätigen lassen. Entspr gilt bei **sonstigen Risiken** (zB Umweltrisiken) durch Bestätigungen von Sachverständigen.

dd) Erklärungen der Unternehmensleitung. Nach den GoA hat der AP zum Ende der APr von den gesetzlichen Vertretern des geprüften Unt eine **Vollständigkeitserklärung** einzuholen (IDW PS 303 nF). Sie ist kein Ersatz für vorzunehmende Prüfungshandlungen, sondern eine umfassende Versicherung des geprüften Unt über die Vollständigkeit der erteilten Auskünfte und Nachweise. Die Vollständigkeitserklärung dient auch der Abgrenzung der Verantwortlichkeit der gesetzlichen Vertreter von der des AP. Falls der AP erhebliche Zweifel an der Integrität der gesetzlichen Vertreter hat und er deshalb zu dem Schluss gelangt, dass die Vollständigkeitserklärung nicht verlässlich ist, hat er den BVm zu versagen.

Weiterhin hat der AP schriftliche Erklärungen von den gesetzlichen Vertretern zu für die Rechnungslegung bedeutsamen Sachverhalten einzuholen. Bspe für solche Erklärungen sind:
– Erklärung der Angemessenheit von wesentlichen Annahmen, die der Bewertung zu Zeitwerten zugrunde liegen (IDW PS 314 nF, Tz 77 f),
– Erklärung über die Vollständigkeit der iZm Beziehungen zu nahe stehenden Personen zur Verfügung gestellten Informationen und zur Angemessenheit der Angaben hierzu in der Rechnungslegung (IDW PS 255, Tz 24),
– Erklärung zu den Maßnahmen, die das Unt zur Abwendung von bestandsgefährdenden Risiken plant (IDW PS 270, Tz 28) sowie
– Erklärung der gesetzlichen Vertreter, dass sie ihre Verantwortung für die Einrichtung eines IKS anerkennen, das geeignet ist, Unterschlagungen, Bilanzmanipulationen und andere Gesetzesverstöße zu verhindern bzw aufzudecken, und dass sie dem AP alle bekannten und vermuteten Unregelmäßigkeiten mitgeteilt haben (IDW PS 210, Tz 67).

ee) Verwertung der Arbeiten anderer Prüfer, von Spezialisten und der interne Revision. Der AP hat grds alle Prüfungshandlungen selbst oder durch *seine* Mitarbeiter vorzunehmen und die sich hieraus ergebenden Prüfungsfeststellungen selbst zu treffen. Dieser Verpflichtung steht es aber nicht entgegen, wenn der AP in bestimmten Fällen und in gewissem Umfang die **Prüfungsergebnisse von Teilbereichsprüfern** (IDW PS 320 nF) **und Untersuchungen Dritter zB die Arbeit von Sachverständigen** (IDW EPS 322 nF) verwendet. Voraussetzung hierfür ist, dass der AP die Qualifikation des Dritten und dessen Arbeitsergebnisse beurteilt.

Der AP kann sich bei Art, Umfang und Zeitpunkt seiner eigenen Prüfungshandlungen auf Arbeiten einer **internen Revision** stützen. Er hat hierzu eine Einschätzung der internen Revision vorzunehmen (IDW PS 321, Tz 14 ff).

ff) Einzelfallprüfungen in bestimmten Prüffeldern. Für einzelne Prüffelder regeln die GoA die Durchführung bestimmter Einzelfallprüfungen. So sind zB für den Fall, dass es sich um wesentliche Posten handelt, Saldenbestätigungen zu den Forderungen aus Lfg und Leistungen sowie Bankbestätigungen zu den Forderungen und Verbindlichkeiten ggü Kreditinstituten einzuholen (s Anm 176).

182 Darüber hinaus sind Einzelfallprüfungen im Rahmen der risikoorientierten Vorgehensweise ua in folgenden Prüffeldern vorzunehmen:
- Lagebericht (IDW PS 350, s Anm 57 ff),
- Risikofrüherkennungssystem (IDW PS 340, s Anm 75 ff),
- Vorratsvermögen (IDW PS 301),
- Zeitwerte und andere Schätzwerte (IDW PS 314, IDW PS 314 nF),
- Vergleichsangaben (IDW PS 318),
- Beziehungen zu nahestehenden Personen (IDW PS 255),
- Eröffnungsbilanzwerte (IDW PS 205) sowie
- Annahme der UntFortführung (IDW PS 270).

4. Abschließende Prüfungshandlungen

183 Auf der Grundlage der durchgeführten Prüfungshandlungen muss der AP abschließend würdigen, ob die im Verlauf der Prüfung getroffenen Einschätzungen zu den Risiken für wesentliche falsche Angaben in der Rechnungslegung und die als Reaktion auf diese Risiken vorgenommenen Prüfungshandlungen weiterhin angemessen sind. Ggf sind weitere Prüfungsnachweise einzuholen, wenn sich die Beurteilung der Risiken wesentlich geändert hat.

184 Vor Beendigung der Prüfung hat der AP zudem den JA als Ganzes vor dem Hintergrund der vorliegenden Prüfungsergebnisse **abschließend zu würdigen**. Hierzu dienen analytische Untersuchungen, eine kritische Durchsicht des JA und des Lageberichts in Hinblick auf angemessene und stetige Darstellung und Erl im Vergleich zum Vj sowie die zusammenfassende Würdigung aller Prüfungsfeststellungen. In diesem Zusammenhang sind die Wesentlichkeitsgrenzen noch einmal zu überdenken.

185 Durch **analytische Untersuchungen** vor dem Ende einer APr muss sich der AP vergewissern, ob die von ihm zu einem früheren Zeitpunkt gezogenen Schlussfolgerungen noch gültig sind. Dabei wird er nunmehr geprüfte Sachverhalte mit früheren Erwartungen und Annahmen hierzu vergleichen. Diese Arbeiten lassen sich zB unterstützen durch KFR sowie Kennzifferanalysen. Ungewöhnliche und unerwartete Relationen können auf bisher nicht identifizierte falsche Angaben im JA hinweisen und zusätzliche Prüfungshandlungen zur Klärung erforderlich machen (IDW PS 312 WPg 2001, 903 Tz 23).

186 Prüfungsfeststellungen, die einzeln oder insgesamt zu einer Einschränkung oder Versagung des BVm führen könnten, sind im Hinblick auf vorab bestimmte **Wesentlichkeitsgrenzen** zu würdigen; es ist abschließend zu beurteilen, ob diese wegen der Gesamtauswirkung auf den JA auf Grund der neueren Erkenntnisse noch Bestand haben. Eine Änderung der Wesentlichkeitsgrenzen sowie die Überschreitung von erwarteten Fehlerhöhen berühren idR den angestrebten Sicherheitsgrad, so dass zusätzliche Prüfungshandlungen erforderlich werden können.

187 **Ereignisse und Geschäftsvorfälle,** die **nach** dem Abschlussstichtag und vor dem Datum des BVm liegen (s hierzu IDW PS 203), können
- nachträgliche buchhalterische Konsequenzen im Rahmen der Abschlusserstellung erfordern und
- es in wesentlichen Fällen erforderlich machen, im Lagebericht auf Vorgänge dieser Art einzugehen.

Zur ersten Gruppe gehören solche Entwicklungen oder Erkenntnisse im neuen Gj, die die am Abschlussstichtag bestehende VFE-Lage lediglich weiter **aufhellen.** Zur zweiten Gruppe zählen solche Vorgänge von besonderer Bedeutung nach dem Abschlussstichtag, die zwar keinen Einfluss auf die am Stichtag bestehende VFE-Lage haben, deren Nicht-Aufnahme in den Lagebericht jedoch zu einer wesentlich **anderen Einschätzung** der Entwicklung der Lage des Unt und ggf der Risiken führen würde. Im Rahmen der APr ist es notwendig, sachdienliche Erkundigungen über wesentliche Ereignisse und Geschäftsvorfälle, die im Zeitraum nach dem Bilanzstichtag eingetreten sind, einzuholen und ggf zusätzliche Prüfungshandlungen durchzuführen. Der Zeitraum soll sich dabei bis zum Datum des BVm erstrecken.

Aus besonderen Gründen kann es vorkommen, dass zwischen dem Zeitpunkt, an dem die Prüfung des JA materiell abgeschlossen wurde, und der Fertigstellung und Aushändigung des Prüfungsberichts eine erhebliche Zeitspanne liegt. Auch in diesem Falle muss sich der AP vergewissern, ob sich in der Zwischenzeit Vorgänge von besonderer Bedeutung ergeben haben, die eine erhebliche Auswirkung auf die VFE-Lage des Unt haben oder haben könnten (IDW PS 203 nF, Tz 18f).

VI. Risikobeurteilungen und Prüfungshandlungen als Reaktion auf beurteilte Risiken für Verstöße

188 Die Feststellung und Beurteilung der Risiken für wesentliche falsche Angaben in der Rechnungslegung umfasst auch solche Risiken, die auf beabsichtigte Verstöße gegen rechtliche Vorschriften zurückzuführen sind *("fraud")*. Bei solchen Verstößen kann es sich zB um Vermögensschädigungen oder um bewusste Manipulationen der Rechnungslegung handeln. Die Verantwortung für die Verhinderung bzw Aufdeckung von Verstößen liegt bei der UntLeitung. Um dieser Verantwortung gerecht zu werden, muss die UntLeitung ein wirksames IKS einrichten (IDW PS 210, Tz 8).

189 Der AP muss im Rahmen seiner Prüfungshandlungen zur Risikofeststellung und -beurteilung auch das **Risiko wesentlicher falscher Angaben in der Rechnungslegung** aufgrund von Verstößen einschätzen und geeignete Prüfungshandlungen als Reaktion auf diese Risikoeinschätzung durchführen. Dabei ist zu berücksichtigen, dass die Wahrscheinlichkeit, wesentliche falsche Angaben aufzudecken, die auf Verstöße zurückzuführen sind, geringer ist, als die Wahrscheinlichkeit, falsche Angaben aufgrund von Unrichtigkeiten aufzudecken. Dies liegt daran, dass Verstöße im Allgemeinen verschleiert werden (Fälschungen, falsche Erklärungen usw). Wirken bei Verstößen mehrere Personen zusammen oder sind Führungskräfte in die Verstöße verwickelt *("management fraud")*, sind die Möglichkeiten des AP zur Aufdeckung solcher Verstöße besonders begrenzt. Soweit sich im Rahmen einer ordnungsgemäß und mit einer kritischen Grundhaltung durchgeführten APr keine Hinweise auf wesentliche falsche Angaben aufgrund von Verstößen ergeben, kann der AP die Rechnungslegung als ordnungsgemäß akzeptieren.

190 Eine ordnungsgemäße APr umfasst im Hinblick auf die Feststellung und Beurteilung von Risiken für wesentliche falsche Angaben aufgrund von Verstößen die **folgenden Prüfungshandlungen:**
– Erörterung der Anfälligkeit der Rechnungslegung für wesentliche falsche Angaben aufgrund von Verstößen im Prüfungsteam.
– Befragung der Mitglieder der UntLeitung zu deren Einschätzung des Risikos von Verstößen, zum Prozess der Beurteilung solcher Risiken im Unt, zu bekannt gewordenen und vermuteten Verstößen sowie zur Art und Weise, wie sich das Aufsichtsorgan mit der Verhinderung bzw Aufdeckung von Verstößen beschäftigt.
– Befragung von Mitgliedern des Aufsichtsorgans, von Mitarbeitern der internen Revision und anderer geeigneter Personen (zB aus dem Finanz- und Rechnungswesen), um festzustellen, ob sie Kenntnisse über Verstöße haben.

- Feststellung, wie das Aufsichtsorgan den Risikobeurteilungsprozess und die für die Verhinderung bzw Aufdeckung von Verstößen relevanten Bestandteile des IKS überwacht.
- Einschätzung, ob besondere Risikofaktoren vorliegen, die auf Verstöße hindeuten (zB Ergebnisdruck aufgrund von Erwartungen Dritter, bedeutende Bonuszahlungen für die Erreichung unrealistischer Gewinnziele).

191 Die festgestellten **Risiken für Verstöße** stellen grds **bedeutsame Risiken** dar (s Anm 148). Dies gilt auch für das Risiko, dass das IKS von Mitgliedern des Managements außer Kraft gesetzt wird *("management override of controls")*. Der AP muss deshalb die Angemessenheit und die Implementierung der betr zur Verhinderung bzw Aufdeckung und Korrektur von falschen Angaben in der Rechnungslegung eingerichteten internen Kontrollen beurteilen.

192 Als **Reaktion auf die beurteilten Risiken** für wesentliche falsche Angaben aufgrund von Verstößen muss der AP beurteilen, ob im Prüfungsteam ausreichende Erfahrungen vorliegen, um die notwendigen Prüfungshandlungen durchzuführen, oder ob Spezialisten (zB forensische Prüfer) eingesetzt werden müssen. Zudem hat der AP ein Überraschungselement in die weitere Prüfung einzubauen.

Zur **Feststellung, ob interne Kontrollen außer Kraft gesetzt worden sind,** muss der AP folgende Prüfungshandlungen durchführen:
- Prüfung der Ordnungsmäßigkeit von Buchungen, die im Rahmen der Aufstellung des JA vorgenommen wurden *("journal entry testing")*,
- Prüfung von Schätzwerten im Hinblick auf mögliche systematische Fehler sowie
- Prüfung des wirtschaftlichen Hintergrunds von bedeutenden Geschäftsvorfällen außerhalb der gewöhnlichen Geschäftstätigkeit.

Darüber hinaus sind **Funktionsprüfungen des IKS und aussagebezogene Prüfungshandlungen** als Reaktion auf die beurteilten Fehlerrisiken aufgrund von Verstößen nach den allgemeinen Regeln durchzuführen.

193 Entdeckt der AP eine **falsche Angabe in der Rechnungslegung,** hat er einzuschätzen, ob dieser Fehler auf einen Verstoß zurückzuführen ist.

194 Aufgedeckte Verstöße sind den gesetzlichen Vertretern des Unt unverzüglich **mitzuteilen.** Wenn die gesetzlichen Vertreter selbst in den Verstoß verwickelt sind, ist das Aufsichtsorgan zu informieren.

VII. Die risikoorientierte Konzernabschlussprüfung

195 Der **internationale Prüfungsstandard ISA 600** *"Special Considerations – Audits of Group Financial Statements (including the Work of Component Auditors)"* enthält Anforderungen und Anwendungshinweise für die risikoorientierte Prüfung von KA. Der Standard ist für APr nach den ISA für die Prüfung von Gj anzuwenden, die nach dem 14. Dezember 2009 beginnen. In Deutschland besteht eine Anwendungspflicht nach Abs 5 erst nach Annahme des Standards durch die EU-Kommission bzw nach Transformation durch das IDW in IDW Prüfungsstandards (s auch Anm 90 ff). IDW PS 320 nF Besondere Grundsätze für die Durchführung von KA-Prüfungen (einschließlich der Verwertung der Tätigkeit von Teilbereichsprüfern) setzt alle Anforderungen des ISA 600 um.

196 Der Konzern-AP hat sich im Rahmen der **Prüfungsplanung** ein Verständnis über den Konzern, seine Teilbereiche und sein Umfeld – einschl der konzernweiten internen Kontrollsystems – sowie den Prozess der Erstellung des KA zu verschaffen und dabei die für den KA bedeutenden Teilbereiche des Konzerns zu identifizieren.

197 **Teilbereiche, die aufgrund ihrer Größe für den Konzernabschluss bedeutend sind,** müssen in jedem Fall einer vollständigen Prüfung unterzogen werden. In den Anwendungshinweisen des ISA 600 wird beispielhaft ein Prozentsatz von 15% der konsolidierten VG, Schulden, Cash Flows, des Konzerngewinns oder der Konzernumsatzerlöse genannt, die für die Bestimmung von finanziell bedeutenden Teilbereiche verwendet werden können (ISA 600.A5).

Eine vollständige Prüfung ist auch bei **Teilbereichen** notwendig, **die aufgrund der Art ihres Geschäfts oder anderer Umstände bedeutsame Risiken enthalten,** die wesentliche falsche Angaben in der Konzernrechnungslegung zur Folge haben können. In Abhängigkeit von der Art der bedeutsamen Risiken kommt auch die Durchführung spezifischer Prüfungshandlungen in den Teilbereichen in Betracht.

Für **Teilbereiche, die auf Basis der Risikoeinschätzung nicht als bedeutsam eingestuft werden,** hat der Konzern-AP analytische Prüfungshandlungen auf Konzernebene durchzuführen. In Abhängigkeit von den Ergebnissen der analytischen Prüfungshandlungen hat der AP zu entscheiden, ob weitere Prüfungshandlungen erforderlich sind. Wenn mit dieser Vorgehensweise die Ordnungsmäßigkeit des KA nicht mit hinreichender Sicherheit beurteilt werden kann, sind weitere Teilbereiche auszuwählen, bei denen vollständige Prüfungen, prüferische Durchsichten (Reviews) oder spezifische Prüfungshandlungen durchzuführen sind. Das folgende Schaubild gibt einen Überblick über diese Vorgehensweise:

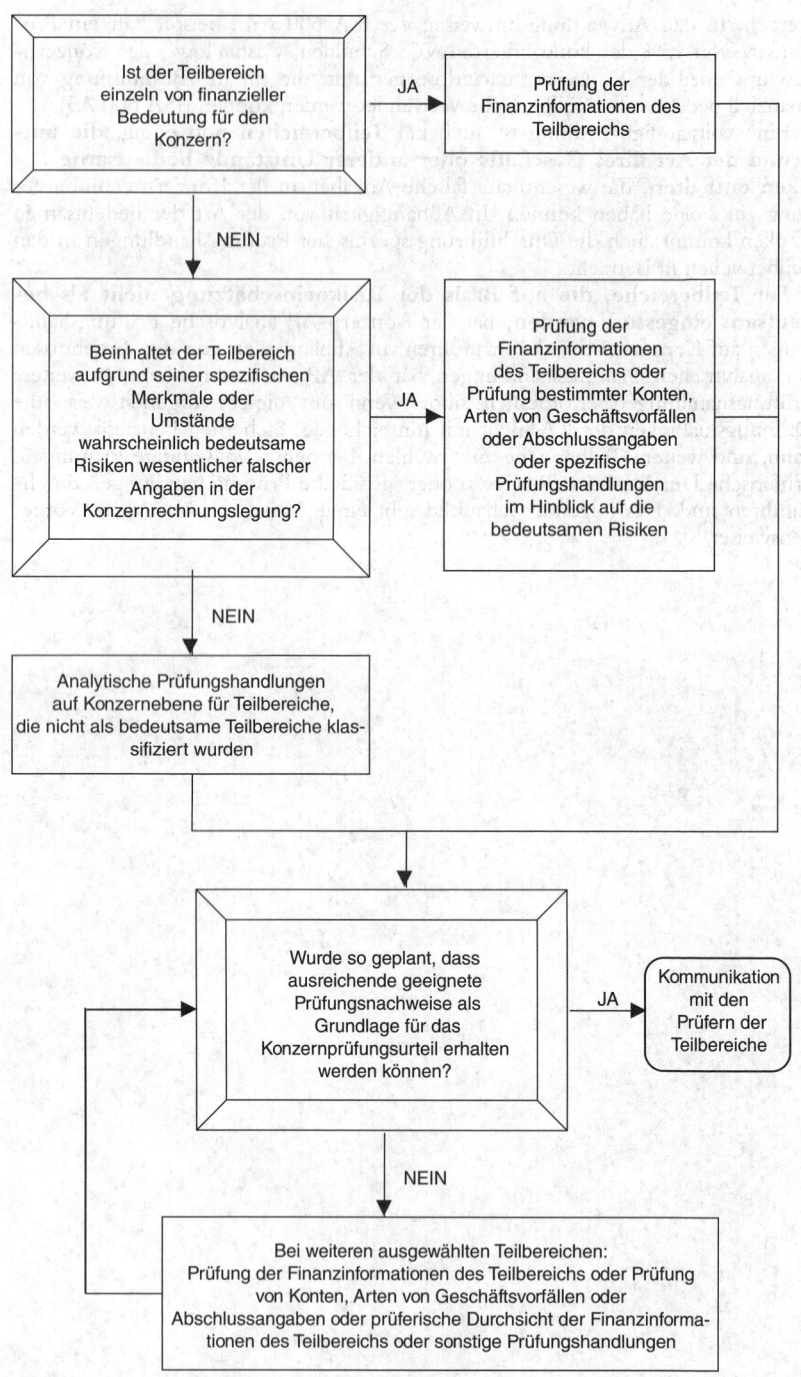

Abbildung: Bestimmung von Art und Umfang der Prüfungshandlungen in den Teilbereichen des Konzerns

Darüber hinaus werden in ISA 600 detaillierte Anforderungen an die **Verwertung der Arbeiten der Prüfer von Teilbereichen** festgelegt. So muss der Konzern-AP beurteilen, ob die Prüfer der Teilbereiche die für die Konzern-APr relevanten berufsständischen Anforderungen kennen und berücksichtigen, über ausreichende fachliche Kompetenzen und berufliche Erfahrungen verfügen und in einem regulatorischen Umfeld tätig sind, das eine wirksame Überwachung der Berufsausübung als AP gewährleistet. Diese Einschätzungen haben einen Einfluss auf Art und Intensität der Anleitung und Überwachung der Prüfer der Teilbereiche durch den Konzern-AP und dessen direkte Beteiligung an den in den Teilbereichen vorzunehmenden Prüfungshandlungen. Diese Beteiligung beginnt – nach Festlegung der Art der Prüfungshandlungen in den Teilbereichen durch den Konzern-AP – mit der **Festlegung der Wesentlichkeitsgrenzen, die von den Prüfern der Teilbereiche zu beachten sind.** **200**

Neben der Mitteilung der Wesentlichkeitsgrenzen sind die Prüfer der Teilbereiche mit *audit instructions* über die dem Konzern-AP bekannten bedeutsamen Risiken zu informieren, die für die Prüfung in den Teilbereichen relevant sind. Zudem hat der Konzern-AP eine vom Konzernmanagement erstellte Liste der nahestehenden Personen zur Verfügung zu stellen. Die Prüfer der Teilbereiche haben weitreichende Informationspflichten ggü dem Konzern-AP, die zB Anhaltspunkte für die einseitige Ausnutzung von Bilanzierungs- und Bewertungsspielräumen durch das Management des Teilbereichs, eine Beschreibung von Schwachstellen im IKS des Teilbereichs, Hinweise auf Unregelmäßigkeiten, Auflistungen von unkorrigierten Fehlern in der Rechnungslegung und Verstöße gegen gesetzliche Vorschriften betreffen. Der Konzern-AP hat wesentliche Sachverhalte mit den Prüfern der Teilbereiche zu besprechen. **201**

Bei bedeutenden Teilbereichen muss der Konzern-AP an den Prüfungshandlungen der Prüfer der Teilbereiche zur Risikobeurteilung direkt beteiligt sein. Dazu sind mindestens die folgenden Prüfungshandlungen vorzunehmen: **202**
- Erörterung der für den Konzern relevanten geschäftlichen Aktivitäten der Teilbereiche mit dem Prüfer oder Vertretern des Managements der jeweiligen Teilbereiche,
- Besprechung der Anfälligkeit des Teilbereichs für wesentliche falsche Angaben in der Rechnungslegung aufgrund von Unregelmäßigkeiten *(fraud)*,
- Durchsicht der Arbeitspapiere des Prüfers der Teilbereiche im Hinblick auf festgestellte bedeutsame Risiken.

Der Konzern-AP hat anschließend die **Angemessenheit der von den Prüfern der Teilbereiche geplanten prüferischen Reaktionen auf die bedeutsamen Risiken** zu beurteilen. Die Beteiligung an weiteren Prüfungshandlungen in den Teilbereichen entscheidet der Konzern-AP nach eigenem Ermessen unter Berücksichtigung seiner Einschätzung der anderen Prüfer. Abschließend muss der Konzern-AP entscheiden, ob es notwendig ist, Arbeitspapiere der Prüfer der Teilbereiche in den Bereichen durchzusehen, in denen er nicht selbst in die Prüfungshandlungen eingebunden war. Der Konzern-AP hat die Analyse der Bedeutung der Teilbereiche, die Bestimmung von Art und Umfang der Prüfungen in den Teilbereichen und die Zusammenarbeit mit den anderen Prüfern in seinen Arbeitspapieren zu dokumentieren. **203**

VIII. Dokumentation

Der AP hat in seinen **Arbeitspapieren** den Ablauf der Prüfung, die im Einzelnen vorgenommenen Prüfungshandlungen und die Prüfungsfeststellungen zu **204** dokumentieren (IDW PS 460 nF). ISA 315.32 und ISA 330.28–.30 umfassen die internationalen Regeln zur Dokumentation der risikoorientierten APr. Die Arbeitspapiere umfassen alle wesentlichen Aufzeichnungen des AP über seine bei der Prüfung angewandten Prüfungsmethoden, über die durchgeführten Stichproben und anderen Prüfungshandlungen, über die erhaltenen Informationen und die von ihm gezogenen Schlussfolgerungen.

205 Die Arbeitspapiere für den einzelnen Prüfungsauftrag, die Dauerarbeitspapiere und der PrüfBer sollen zusammen ein **Bild über die Prüfung als Ganzes** ergeben. Dabei sind die Arbeitspapiere so anzulegen, dass ein Prüfer, der nicht mit der Prüfung befasst war, sich in angemessener Zeit ein Verständnis über die Abwicklung der Prüfung und die Einhaltung der relevanten Prüfungsstandards machen kann.

206 Die Arbeitspapiere sind vom AP **sicher aufzubewahren.** Dies gilt auch für elektronisch geführte Arbeitspapiere, die nicht ausgedruckt und damit Bestandteil der lfd Arbeitspapiere oder der Dauerakte geworden sind. Es gilt nach § 51b Abs 2 S 1 WPO eine **Aufbewahrungsfrist von 10 Jahren.** Es ist zu beachten, dass die Lesbarkeit der Daten über diesen Zeitraum gewährleistet sein muss.

IX. Qualitätssicherung

207 Eine ordnungsgemäße APr erfordert, dass die gesetzlichen und berufsständischen **Anforderungen an die Qualitätssicherung der Auftragsabwicklung** beachtet werden (§§ 24 ff BS WP/vBP, VO 1/2006). ISQC 1 umfasst die internationalen Regeln zur Qualitätssicherung. Qualitätssicherungsmaßnahmen betreffen insb die Organisation der Prüfung, die Anleitung des Prüfungsteams, die Einholung von fachlichem Rat bei schwierigen Fragen der Rechnungslegung und Prüfung, die lfd Überwachung der Prüfung, die abschließende Durchsicht der Prüfungsergebnisse und die auftragsbezogene Qualitätssicherung durch prozessunabhängige Personen (Berichtskritik und auftragsbegleitende Qualitätssicherung).

208 Bei der **Organisation der Abschlussprüfung** ist neben der zeitlichen Planung vor allem die sachgerechte personelle Besetzung des Prüfungsteams von Bedeutung (§ 24a BS WP/vBP). Die Mitglieder des Prüfungsteams müssen insgesamt über die notwendigen praktischen Erfahrungen, Branchenkenntnisse und Fachkompetenz verfügen.

209 Die **Anleitung des Prüfungsteams** umfasst die Vorgabe klar verständlicher Prüfungsanweisungen und die Aufgabenzuordnung unter Berücksichtigung der beruflichen Erfahrungen und der Fachkenntnisse der Teammitglieder (§ 24b Abs 1 S 1 und 2 BS WP/vBP).

210 Bei schwierigen oder strittigen Fragen der Rechnungslegung und Prüfung sind Spezialisten innerhalb der Praxis des AP oder externe Spezialisten zu **konsultieren;** die Konsultationsergebnisse sind zu dokumentieren (§ 24b Abs 2 BS WP/vBP). Im Falle von **Meinungsverschiedenheiten** sind die hierfür in der Praxis des AP geltenden Eskalationsverfahren zu beachten.

211 Im Rahmen der **laufenden Überwachung** der Prüfung ist sicherzustellen, dass die Prüfungsanweisungen eingehalten werden (§ 24b Abs 1 S 3 BS WP/vBP). Der für die Durchführung der APr verantwortliche WP hat sich selbst in ausreichendem Umfang an der Prüfung zu beteiligen, damit er sich ein eigenständiges Urteil bilden und feststellen kann, dass die Mitglieder des Prüfungsteams die ihnen übertragenen Aufgaben sach- und zeitgerecht erfüllen (§ 24b Abs 3 BS WP/vBP).

212 Die Arbeiten, die Dokumentation und die geplante Berichterstattung müssen unter Beachtung des Vier-Augen-Prinzips durch den für die Prüfungsdurchfüh-

rung verantwortlichen WP oder ein anderes erfahrenes Mitglied des Prüfungsteams gewürdigt werden (**abschließende Durchsicht der Prüfungsergebnisse**). Schwerpunkte dieser Würdigung sind ua Bereiche mit erheblichen Risiken oder Beurteilungsspielräumen und die fachliche Konsultation bei bedeutenden Zweifelsfragen.

Bei allen APr muss nach § 24d Abs 1 BS WP/vBP vor Beendigung der Prüfung eine Überprüfung der Auftragsabwicklung und der Prüfungsergebnisse anhand des Entwurfs des Prüfungsberichts und ggf der Arbeitspapiere durch eine qualifizierte Person erfolgen (**Berichtskritik**). Diese Person darf nicht wesentlich an der APr und der Erstellung des Prüfungsberichts beteiligt gewesen sein. Häufig wird der sog Mitunterzeichner des BVm und des Prüfungsberichts diese Aufgabe übernehmen. Von einer Berichtskritik kann nach pflichtgemäßem Ermessen abgesehen werden, wenn eine solche Qualitätssicherungsmaßnahme aufgrund geringer mit der Prüfung verbundenen Risiken nicht notwendig ist. **213**

Bei APr von Unt iSd § 319a und bei sonstigen nach Maßgabe der internen Regelungen der APpraxis bestimmten Prüfungen ist über die Berichtskritik hinausgehend eine sog **auftragsbegleitende Qualitätssicherung** vorzunehmen (§ 24d Abs 2 BS WP/vBP). Die auftragsbegleitende Qualitätssicherung dient der Beurteilung, ob die Behandlung von bedeutsamen Sachverhalten der Rechnungslegung und Prüfung angemessen ist und ob Anhaltspunkte dafür vorliegen, dass der Auftrag nicht unter Beachtung der fachlichen Regeln und der gesetzlichen Vorschriften durchgeführt worden ist. Als auftragsbegleitender Qualitätssicherer kommt ausschließlich ein prozessunabhängiger WP in Betracht, der über ausreichende Fachkenntnisse und Erfahrung verfügt. Zur Sicherung der Objektivität des Qualitätssicheres darf dieser nicht vom für die Prüfung verantwortlichen WP bestimmt werden und darf nicht anderweitig an der Abwicklung der Prüfung beteiligt sein. Ein WP ist von der auftragsbegleitenden Qualitätssicherung ausgeschlossen, wenn er in 7 Fällen entweder den BVm unterzeichnet oder die auftragsbegleitende Qualitätssicherung durchgeführt hat. Nach einer Cooling-off-Periode von zwei Jahren kann die Aufgabe wieder übernommen werden. **214**

H. Publizitätsgesetz

I. Jahresabschluss und Lagebericht

Pflichtprüfungen von JA nach PublG entsprechen grds denjenigen bei KapGes Abs 1 und 2 sowie Abs 5 und 6 gelten hier sinngemäß (§ 6 Abs 1 PublG). Die Pflichtprüfungen nach dem PublG betreffen insb reine PersGes und Ekfl; außerdem wirtschaftliche Vereine, gewerblich tätige Stiftungen sowie Körperschaften des öffentlichen Rechts. Bei letzteren geht ggf abw Landesrecht vor (§ 263 HGB). **220**

Gegenstand der Prüfung sind für Vereine, Stiftungen und Körperschaften der JA mit Anhang sowie der Lagebericht. Reine PersGes und Ekfl sind jedoch davon befreit, einen Anhang und einen Lagebericht aufzustellen (§ 5 Abs 2 S 1 PublG). Gem § 5 Abs 2a PublG haben Unt iSd § 264d unabhängig von ihrer Rechtsform den JA um einen Anhang zu erweitern.

Rechnungslegung und Prüfung nach dem PublG werden nur gefordert (§ 2 PublG), wenn zwei der **Größenmerkmale** des § 1 PublG seit drei Jahren erreicht werden; nach Umw etc jedoch bereits zum nächsten Bilanzstichtag. Diese Pflichten enden erst, wenn die Merkmale dreimal hintereinander unterschritten werden; sie enden sofort nach Umw etc in KapGes/KapCoGes. Unt in Liquidation fallen nicht unter das PublG (dort § 3 Abs 3). Für alle JA nach PublG brauchen gem § 5 Abs 1 und 2 PublG einige Vorschriften für KapGes (zB § 264 **221**

Abs 2, § 285 Nr 6 und 14) nicht angewendet werden. Sie können uE insgesamt aber freiwillig beachtet werden, sofern das nachhaltig geschieht (dazu § 264 Anm 1). Vorschriften, die durch die Rechtsform des publizitätspflichtigen Unt oder durch seinen Geschäftszweig bedingt sind, müssen bei der Prüfung zusätzlich beachtet werden, § 5 Abs 1 S 3 PublG. Das gilt zB bei reinen PersGes insb für die Darstellung des EK (dazu IDW RS HFA 7 Tz 13 ff und 42 ff).

222 Im Hauptfall (große **Personenhandelsgesellschaften** und **Einzelkaufleute**) hat sich die APr auch darauf zu erstrecken, ob das „sonstige Vermögen des Ekfm oder der Gester (Privatvermögen)" weder in die Bilanz noch die dazugehörigen Aufwendungen und Erträge in die GuV aufgenommen worden sind (§ 6 Abs 2 iVm § 5 Abs 4 PublG). Denn auch bei diesen Unt ist **handelsrechtlich** lediglich für den betrieblichen Bereich Rechnung zu legen; Näheres in IDW RS HFA 7 Tz 11 ff. Der Umstand, dass dieses Privatvermögen der Gester oder des EKfm ertragsteuerrechtlich als notwendiges oder als gewillkürtes Vermögen behandelt wird, berechtigt nicht zur Aufnahme auch dieser Teile des Privatvermögens in die HB. Sämtliche Firmen eines EKfm gelten dabei als ein Unt (§ 1 Abs 5 PublG). Prüfungspflichtig ist stets die gesamte Bilanz und GuV, glA ADS^6 § 5 PublG Anm 78 mwN. Bei diesen reinen PersGes und EKfm dürfen andererseits bereits bei Aufstellung der GuV die betrieblichen Steuern und die sonstigen (betrieblichen) Aufwendungen zusammengefasst werden (§ 5 Abs 5 S 2 PublG).

223 Falls von reinen PersGes oder Ekfl beabsichtigt ist, nach § 9 Abs 2 PublG nur die Bilanz, nicht aber die GuV offen zu legen, sollten die dann zu publizierenden Angaben in einer „Anlage zur Bilanz" (§ 5 Abs 5 S 3 PublG) geprüft und diese Anlage in den PrüfBer aufgenommen werden, obwohl eine solche Prüfung sich auf den Wortlaut des offenzulegenden BVm nicht auswirkt (dazu ADS^6 § 9 PublG Anm 35 f mwN). Die Anlage zur Bilanz hat folgende Angaben zu enthalten:

– die Umsatzerlöse gem § 277 Abs 1,
– die Erträge aus Bet,
– die Gesamtbeträge aus Löhnen, Gehältern und Sozialabgaben sowie die Aufwendungen für AVers und Unterstützung und außerdem
– die Bewertungs- und Abschreibungsmethoden in der Bilanz einschl ihrer wesentlichen Änderungen und
– die Zahl der Beschäftigten (ermittelt aus dem Durchschnitt der Monatsendzahlen einschl der Arbeitnehmer im Ausland, § 1 Abs 2 S 5 PublG).

In einer solchen „Anlage zur Bilanz" sind uE auch die entspr Vj-Zahlen gegenüberzustellen; verneinend wohl nur ADS^6 § 5 PublG Anm 79 aE mwN. Zwar wird das in § 5 Abs 5 S 3 PublG nicht ausdrücklich gefordert; es gilt aber der gesamte § 265 (und damit dessen Abs 2: Angabe der Vj-Zahlen) gem § 5 Abs 1 S 2 PublG.
Zur Prüfung des Lageberichts s Anm 50 ff.

II. Konzernabschluss und Konzernlagebericht

224 Jeder KA und jeder Konzernlagebericht, die nach § 11 PublG aufgestellt werden müssen, sind gem § 14 Abs 1 S 1 PublG von einem AP zu prüfen. Dabei gilt der gesamte § 317 „sinngemäß" (§ 14 Abs 1 S 2 PublG), wobei Abs 4 nur börsennotierte AG betrifft – also keine unter das PublG fallende Unt. Der KonsKreis umfasst die Unt, auf die ein beherrschender Einfluss ausgeübt werden kann (§ 11 PublG). Beginn und Ende der Konzernrechnungslegungspflicht entsprechen den Vorschriften zum JA (§ 12 Abs 1 PublG, dort Anm 221) mit der Abweichung, dass auch Unt in Liquidation KA aufzustellen haben, weil § 11 PublG keine entspr Einschränkung enthält.

Obwohl für KA und Konzernlageberichte nach PublG grds sämtliche Vor- 225
schriften für KA und Konzernlageberichte von großen KapGes (§§ 294 bis 315a
bzw der IFRS; s § 315a Anm 20f) gelten, bestehen gem § 13 Abs 3 S 1 und 2
PublG folgende Erleichterungen, sofern nicht §§ 291, 292 vorgehen:

– In den Konzernanhang dürfen die Angaben zu Bezügen von oder Darlehen an Geschäftsführungen oder Aufsichtsorgane fehlen (§ 314 Abs 1 Nr 6).
– Reine PersGes und EKfl dürfen statt der Konzern GuV die „Anlage" gem Anm 223 offenlegen. Der von diesen aufgestellte KA braucht KFR und EK-Spiegel nicht zu umfassen.

Diese Erleichterungen dürfen angewandt werden, wenn dies nachhaltig geschieht (Anm 221). Für KA gilt – anders als für JA – jedoch gem § 297 Abs 2 auch § 264 Abs 2 mit den genannten Erleichterungen; glA *ADS*[6] § 13 PublG Anm 37, 43f. Die Erleichterungen gelten nicht nur für KA von reinen PersGes und Ekfl, sondern auch für die KA anderer Rechts- oder Unt-Formen, wie zB eG, Stiftungen. Abw Spezialvorschriften (§§ 337, 340i, 341i) gehen jedoch vor; § 13 Abs 2 S 2 PublG.

Auch **Einzelkaufleute** und **reine Personengesellschaften** als MU müssen 226
im Gegensatz zum JA nach PublG einen Konzernanhang und einen Konzernlagebericht aufstellen. Diese MU dürfen ferner in den KA (wie in ihren JA) – was § 13 Abs 3 S 2 iVm § 5 Abs 4 PublG ausdrücklich bestimmt – nicht das Privatvermögen des Kfm oder der Gester einbeziehen. Wie beim JA des MU darf aber die GuV in zusammengefasster Form aufgestellt und betriebliche Steuern in die sonstigen Aufwendungen einbezogen werden (§ 13 Abs 3 S 2; s Anm 222). Abweichungen zu KapGes ergeben sich ferner bei der Darstellung des EK der MU insb bei reinen PersGes, eG.
Zur Prüfung des Konzernlageberichts s Anm 50ff.

I. Rechtsfolgen einer Verletzung des § 317

Weder für § 317 noch für §§ 6 und 14 PublG bestehen Sanktionen. Sanktionen 230
bestehen jedoch hinsichtlich einer **unrichtigen Berichterstattung** gem §§ 321, 322 über das Ergebnis einer APr in § 332 und § 18 PublG sowie hinsichtlich der **Verschwiegenheitspflicht** des Prüfers (§§ 333 und 19 PublG). § 332 ahndet ausdrücklich auch die Erteilung eines inhaltlich **unrichtigen Bestätigungsvermerks**, während § 18 PublG diese Ergänzung nicht enthält. Sachlich besteht jedoch kein Unterschied, da der BVm auch in den PrüfBer aufgenommen werden muss (IDW PS 450 Tz 109). AP/Konzern-AP **haften** für Fehler oder bewusste Unterlassungen bei Pflichtprüfungen gem § 323 (s § 323 Anm 100ff).

§ 318 Bestellung und Abberufung des Abschlußprüfers

(1) [1]Der Abschlußprüfer des Jahresabschlusses wird von den Gesellschaftern gewählt; den Abschlußprüfer des Konzernabschlusses wählen die Gesellschafter des Mutterunternehmens. [2]Bei Gesellschaften mit beschränkter Haftung und bei offenen Handelsgesellschaften und Kommanditgesellschaften im Sinne des § 264a Abs. 1 kann der Gesellschaftsvertrag etwas anderes bestimmen. [3]Der Abschlußprüfer soll jeweils vor Ablauf des Geschäftsjahrs gewählt werden, auf das sich seine Prüfungstätigkeit erstreckt. [4]Die gesetzlichen Vertreter, bei Zuständigkeit des Aufsichtsrats dieser, haben unverzüglich nach der Wahl den Prüfungsauftrag zu erteilen. [5]Der Prüfungsauftrag kann nur widerrufen werden, wenn nach Absatz 3 ein anderer Prüfer bestellt worden ist.

§ 318

(2) ¹Als Abschlußprüfer des Konzernabschlusses gilt, wenn kein anderer Prüfer bestellt wird, der Prüfer als bestellt, der für die Prüfung des in den Konzernabschluß einbezogenen Jahresabschlusses des Mutterunternehmens bestellt worden ist. ²Erfolgt die Einbeziehung auf Grund eines Zwischenabschlusses, so gilt, wenn kein anderer Prüfer bestellt wird, der Prüfer als bestellt, der für die Prüfung des letzten vor dem Konzernabschlußstichtag aufgestellten Jahresabschlusses des Mutterunternehmens bestellt worden ist.

(3) ¹Auf Antrag der gesetzlichen Vertreter, des Aufsichtsrats oder von Gesellschaftern, bei Aktiengesellschaften und Kommanditgesellschaften auf Aktien jedoch nur, wenn die Anteile dieser Gesellschafter bei Antragstellung zusammen den zwanzigsten Teil des Grundkapitals oder einen Börsenwert von 500 000 Euro erreichen, hat das Gericht nach Anhörung der Beteiligten und des gewählten Prüfers einen anderen Abschlussprüfer zu bestellen, wenn dies aus einem in der Person des gewählten Prüfers liegenden Grund geboten erscheint, insbesondere wenn ein Ausschlussgrund nach § 319 Abs. 2 bis 5 oder §§ 319a und 319b besteht. ²Der Antrag ist binnen zwei Wochen nach dem Tag der Wahl des Abschlussprüfers zu stellen; Aktionäre können den Antrag nur stellen, wenn sie gegen die Wahl des Abschlussprüfers bei der Beschlussfassung Widerspruch erklärt haben. ³Wird ein Befangenheitsgrund erst nach der Wahl bekannt oder tritt ein Befangenheitsgrund erst nach der Wahl ein, ist der Antrag binnen zwei Wochen nach dem Tag zu stellen, an dem der Antragsberechtigte Kenntnis von den befangenheitsbegründenden Umständen erlangt hat oder ohne grobe Fahrlässigkeit hätte erlangen müssen. ⁴Stellen Aktionäre den Antrag, so haben sie glaubhaft zu machen, dass sie seit mindestens drei Monaten vor dem Tag der Wahl des Abschlussprüfers Inhaber der Aktien sind. ⁵Zur Glaubhaftmachung genügt eine eidesstattliche Versicherung vor einem Notar. ⁶Unterliegt die Gesellschaft einer staatlichen Aufsicht, so kann auch die Aufsichtsbehörde den Antrag stellen. ⁷Der Antrag kann nach Erteilung des Bestätigungsvermerks, im Fall einer Nachtragsprüfung nach § 316 Abs. 3 nach Ergänzung des Bestätigungsvermerks nicht mehr gestellt werden. ⁸Gegen die Entscheidung ist die Beschwerde zulässig.

(4) ¹Ist der Abschlußprüfer bis zum Ablauf des Geschäftsjahrs nicht gewählt worden, so hat das Gericht auf Antrag der gesetzlichen Vertreter, des Aufsichtsrats oder eines Gesellschafters den Abschlußprüfer zu bestellen. ²Gleiches gilt, wenn ein gewählter Abschlußprüfer die Annahme des Prüfungsauftrags abgelehnt hat, weggefallen ist oder am rechtzeitigen Abschluß der Prüfung verhindert ist und ein anderer Abschlußprüfer nicht gewählt worden ist. ³Die gesetzlichen Vertreter sind verpflichtet, den Antrag zu stellen. ⁴Gegen die Entscheidung des Gerichts findet die Beschwerde statt; die Bestellung des Abschlußprüfers ist unanfechtbar.

(5) ¹Der vom Gericht bestellte Abschlußprüfer hat Anspruch auf Ersatz angemessener barer Auslagen und auf Vergütung für seine Tätigkeit. ²Die Auslagen und die Vergütung setzt das Gericht fest. ³Gegen die Entscheidung findet die Beschwerde statt; die Rechtsbeschwerde ist ausgeschlossen. ⁴Aus der rechtskräftigen Entscheidung findet die Zwangsvollstreckung nach der Zivilprozeßordnung statt.

(6) ¹Ein von dem Abschlußprüfer angenommener Prüfungsauftrag kann von dem Abschlußprüfer nur aus wichtigem Grund gekündigt werden. ²Als wichtiger Grund ist es nicht anzusehen, wenn Meinungsverschiedenheiten über den Inhalt des Bestätigungsvermerks, seine Einschränkung oder Versagung bestehen. ³Die Kündigung ist schriftlich zu begründen. ⁴Der Abschlußprüfer hat über das Ergebnis seiner bisherigen Prüfung zu berichten; § 321 ist entsprechend anzuwenden.

(7) ¹Kündigt der Abschlußprüfer den Prüfungsauftrag nach Absatz 6, so haben die gesetzlichen Vertreter die Kündigung dem Aufsichtsrat, der nächsten

Hauptversammlung oder bei Gesellschaften mit beschränkter Haftung den Gesellschaftern mitzuteilen. ²Den Bericht des bisherigen Abschlußprüfers haben die gesetzlichen Vertreter unverzüglich dem Aufsichtsrat vorzulegen. ³Jedes Aufsichtsratsmitglied hat das Recht, von dem Bericht Kenntnis zu nehmen. ⁴Der Bericht ist auch jedem Aufsichtsratsmitglied oder, soweit der Aufsichtsrat dies beschlossen hat, den Mitgliedern eines Ausschusses auszuhändigen. ⁵Ist der Prüfungsauftrag vom Aufsichtsrat erteilt worden, obliegen die Pflichten der gesetzlichen Vertreter dem Aufsichtsrat einschließlich der Unterrichtung der gesetzlichen Vertreter.

(8) Die Wirtschaftsprüferkammer ist unverzüglich und schriftlich begründet durch den Abschlussprüfer und die gesetzlichen Vertreter der geprüften Gesellschaft von der Kündigung oder dem Widerruf des Prüfungsauftrages zu unterrichten.

Übersicht

	Anm
A. Bestellung des Abschlussprüfers (Abs 1 und 2)	
I. Allgemeines	1, 2
II. Wahl des Abschlussprüfers	
1. Wahlverfahren bei der AG	4
2. Wahlverfahren bei der KGaA und SE	5
3. Wahlverfahren bei der GmbH	6, 7
4. Wahlverfahren bei den KapCoGes	9
5. Wahlverfahren für den Konzernabschluss	10
III. Zeitpunkt der Wahl	11
IV. Wählbarer Personenkreis	12, 13
V. Prüfungsvertrag	
1. Rechtsnatur, Abschluss	14
2. Ablehnung	15
3. Inhalt, Widerruf	16
B. Gerichtliches Ersetzungsverfahren (Abs 3)	
I. Allgemeines	17
II. Antragsberechtigte	18, 19
III. Antragsfrist	20
IV. Antragsverfahren	21
V. Antragsgründe	22, 23
C. Gerichtliches Bestellungsverfahren (Abs 4)	
I. Allgemeines	26, 27
II. Antragsvoraussetzungen	
1. Fehlende Wahl des Abschlussprüfers	28
2. Sonstige Antragsgründe	29–31
D. Vergütung des gerichtlich bestellten Abschlussprüfers (Abs 5)	32
E. Kündigung des Prüfungsvertrags (Abs 6 und 7)	
I. Kündigungsgründe	34
II. Kündigungserklärung	35
III. Kündigungsfolgen	36, 37
F. Publizitätsgesetz	38, 39
G. Spezialgesetzliche Regelungen	40, 41
H. Unterrichtung der Wirtschaftsprüferkammer (Abs 8)	42, 43
I. Rechtsfolgen einer Verletzung des § 318	45

§ 318   1

Schrifttum: IDW PS 208 Zur Durchführung von Gemeinschaftsprüfungen (Joint Audit) FN-IDW 1999, 357; *Peemüller/Oehler* Referentenentwurf eines Bilanzreformgesetzes: Neue Regelung zur Unabhängigkeit des Abschlussprüfers BB 2004, 539; *Sultana/Willeke* Die überarbeiteten Unabhängigkeitsregeln für Abschlussprüfer StuB 2005, 158; *v Falkenhausen/Kocher* Erneute Bestellung desselben Abschlussprüfers durch das Registergericht ZIP 2005, 602; *Dißars* Kündigung des Auftrags zur gesetzlichen Abschlussprüfung aus wichtigem Grund BB 2005, 2231; *Gelhausen/Heinz* Der befangene Abschlussprüfer, seine Ersetzung und sein Honoraranspruch – Eine aktuelle Bestandsaufnahme auf der Grundlage des Bilanzrechtsreformgesetzes WPg 2005, 693; *Frings* Pflichtverletzung des Abschlussprüfers – ein Grund zur Besorgnis der Befangenheit? WPg 2006, 821; *Paal* Rechtsfolgen und Rechtsbehelfe bei Inhabilität des Abschlussprüfers DStR 2007, 1210; IDW PS 220 Beauftragung des Abschlussprüfers FN-IDW 2001, 316 und FN-IDW 2009, 533; *Hüffer* Bestellung, Mandatierung und Ersetzung von Abschlussprüfern in FS Hommelhoff, 483; *Marsch-Barner* Zur Anfechtung der Wahl des Abschlussprüfers wegen Verletzung von Informationsrechten in FS Hommelhoff, 691.

A. Bestellung des Abschlussprüfers (Abs 1 und 2)

I. Allgemeines

1   § 318 regelt **Zuständigkeit** und **Form** für die Bestellung und Abberufung des AP bei allen prüfungspflichtigen KapGes/KapCoGes sowie das Kündigungsrecht des AP. § 318 gilt unmittelbar für die Prüfung des JA und des KA, über die Verweisung in § 324a Abs 1 S 1 auch für die Prüfung des IFRS-EA. Die Regelungen über die Bestellung des AP sind auf die prüferische Durchsicht eines Halbjahresfinanzberichts entspr anzuwenden (§ 37w Abs 5 S 2 WpHG), **nicht** hingegen auf die eines Quartalsfinanzberichts (*Winkeljohann/Küster* in Sonderbilanzen[4] G Anm 90).

Die Bestellung/Beauftragung des AP erfolgt idR in **drei Rechtsakten:**
- Wahl durch die Gester in der HV/GesV (Anm 4 bis 13);
- Auftragserteilung durch die gesetzlichen Vertreter oder den AR (Anm 14) und
- Annahme des Auftrags durch den AP (Anm 14); erst hierdurch erhält der Prüfer den Status des gesetzlichen AP, wenn die Voraussetzungen der §§ 319ff an die Person des AP erfüllt sind (vgl Anm 14f).

Der Prüfer des KA kann – ebenso wie der Prüfer des JA – im Verfahren nach Abs 1 bestellt werden. Wird kein anderer zum Prüfer des KA bestellt, gilt nach Abs 2 der Prüfer des JA als Prüfer des KA. Eine analoge Anwendung des Abs 2 ist zu erwägen, falls die HV versäumt hat, durch gesonderte Beschlussfassung den Prüfer des Halbjahresfinanzberichts zu wählen (*Hüffer*[10] § 124 Anm 13). Als Prüfer des IFRS-EA gilt der für die Prüfung des JA bestellte Prüfer (§ 324a Abs 2 S 1).

Das **Wahlverfahren** ist bei AG, KGaA, SE, GmbH und KapCoGes unterschiedlich geregelt. Die Wahl durch die Anteilseigner ist bei der AG/KGaA/SE zwingendes, bei der GmbH/KapCoGes dispositives Recht, dh sie kann auf andere Gremien übertragen werden. Daneben gelten die aufsichtsrechtlichen Besonderheiten gem § 58 Abs 2 S 3 VAG, § 28 Abs 1 KWG.

Die **gerichtliche Bestellung** des AP ersetzt den gesamten Bestellungsakt (Abs 3 und 4, Anm 17ff, 26ff). Zweck dieser Regelung ist, die zeitnahe Durchführung der Pflichtprüfung sicherzustellen. Wenn der AP bis zum Ablauf des Gj nicht bestellt wurde, wird er auf Antrag durch das Gericht bestellt. Antragsberechtigt sind der AR und jeder Gester; die gesetzlichen Vertreter sind gem Abs 4 S 3 zur Antragstellung verpflichtet.

Eine **Kündigung** des angenommenen Prüfungsauftrags kann nur durch den AP und nur bei Vorliegen eines wichtigen Grunds erfolgen (Abs 6).

Gem § 111 Abs 2 S 3 AktG obliegt dem AR die **Erteilung** des Prüfungsauftrags bei der AG, der KGaA sowie grds bei GmbH, die einen AR gebildet haben. Der AR wird dadurch in die Lage versetzt, Erweiterungen des Prüfungsauftrags zu vereinbaren. Darüber hinaus wird die Unterstützungsfunktion des Prüfers für den AR betont. Ferner ist bei Kündigung des Prüfungsauftrags aus wichtigem Grund durch den AP der zu erstattende Bericht dem AR vorzulegen, wenn dieser den Prüfungsauftrag erteilt hat; in diesem Fall obliegt dem AR die Unterrichtung des Vorstands. Bei Kündigung oder Widerruf des Prüfungsauftrags ist die WPK zu unterrichten (Abs 8).

§ 318 gilt nur für gesetzliche Pflichtprüfungen. Die Vorschrift ist auf **freiwillige** oder **satzungsmäßige** Prüfungen grds **nicht anwendbar** (*Ebke* in Münch-Komm HGB[3] § 318 Anm 1; *ADS*[6] § 318 Anm 6). Sofern der GesVertrag oder GesBeschlüsse dem nicht entgegenstehen, kann daher auch der Geschäftsführer bzw Vorstand eine freiwillige APr ohne vorherigen Wahlbeschluss (Abs 1 S 1) veranlassen und in Auftrag geben (IDW PS 220, Tz 9). Auch gelten die gesetzlichen Restriktionen für eine vorzeitige Beendigung eines bestehenden Prüfungsauftrags (Abs 1 S 5, Abs 6) insoweit nicht (s Anm 16, 34). Eine gerichtliche Ersetzung (Abs 3) oder Bestellung (Abs 4) des AP kommt hier ebenfalls nicht in Betracht. – Zu Prüfungen nach dem **PublG** oder nach anderen **Spezialgesetzen** s Anm 38 f.

II. Wahl des Abschlussprüfers

1. Wahlverfahren bei der AG

Das AktG schreibt zwingend die **Wahl** des AP durch die HV vor (§ 119 Abs 1 Nr 4 AktG). Dieses Recht kann weder durch HV-Beschlüsse noch durch Satzungsbestimmungen beschränkt oder auf andere Gremien übertragen werden (glA *ADS*[6] § 318 Anm 104; *Baetge/Thiele* in HdR[5] § 318 Anm 4). Bei Versicherungs-AG bestimmt der AR den AP (§ 58 Abs 2 S 1 VAG). Nur für das erste Voll- oder Rumpf-Gj der Ges wird der AP nicht durch die HV gewählt, sondern durch die Gründer bestellt, vgl § 30 Abs 1 S 1 AktG. Die Wahl des AP findet idR in der ordentlichen HV statt, die über die Gewinnverwendung und Entlastung beschließt, ist aber auch in einer außerordentlichen HV zulässig. Das Wahlrecht der HV ist unbeschränkt; die HV ist nicht an die Vorschläge des AR oder Empfehlung des Prüfungsausschusses (§ 124 Abs 3 S 2 AktG) gebunden (*ADS*[6] § 318 Anm 107; *Baetge/Thiele* in HdR[5] § 318 Anm 8).

Der **Wahlvorgang** ist durch detaillierte aktienrechtliche Vorschriften (§§ 121 ff AktG) geregelt. Für die Einberufung der HV ist nach den allgemeinen Vorschriften der §§ 121 ff AktG der Vorstand zuständig, der den Vorschlag des AR zur Wahl des AP als Tagesordnungspunkt bekanntzumachen hat. Der Wahlvorschlag muss den Namen, ausgeübten Beruf sowie den Wohnort des AP (bei WPG den Sitz oder Ort der Niederlassung) enthalten (§ 124 Abs 3 S 1 und 3 AktG). Wahlvorschläge können auch von den Aktionären unterbreitet werden (§ 127 AktG). Der Wahlbeschluss muss mit einfacher Stimmenmehrheit gefasst werden (§ 133 Abs 1 AktG); allerdings kann die Satzung insoweit abw Regelungen enthalten, wie etwa Beschlussfassung durch relative Mehrheit oder Verhältniswahl (bei Wahl mehrerer AP). Der Wahlbeschluss muss im HV-Protokoll notariell beurkundet werden, es sei denn, es handelt sich um eine AG, deren Aktien nicht an der Börse gehandelt werden; insoweit reicht eine vom AR-Vorsitzenden unterschriebene Niederschrift (§ 130 Abs 1 S 3 AktG). Der Wahlbeschluss kann nach § 241 AktG nichtig oder nach §§ 243ff AktG anfechtbar sein. Mögliche Nichtigkeitsgründe sind zB: fehlerhafte Einberufung der HV, fehlende Beurkundung des Beschlusses oder Verstoß des Beschlusses gegen Vorschriften, die im öffentlichen Interesse erlassen wurden; zu diesen gehören auch die in § 319 Abs 1 geregelten Eignungsvoraussetzungen für den AP (*WPH*[14] I, U Anm 30 mwN). Für Gründe, die ein Verfahren nach Abs 3 rechtfertigen, sind Anfechtungs- und Nichtigkeitsklage jedoch ausgeschlossen (näher Anm 17).

2. Wahlverfahren bei der KGaA und SE

5   Die Wahl erfolgt auch bei der **KGaA** durch die HV (§ 285 Abs 1 AktG). Nach § 285 Abs 1 S 2 Nr 6 AktG dürfen die phG auf der HV kein Stimmrecht bei der Wahl des AP ausüben, was dazu dient, einen Einfluss der Komplementäre, die den JA aufstellen, auf die Wahl der AP auszuschließen. Sie dürfen das Stimmrecht auch nicht auf andere übertragen. Das Stimmverbot kann auch nicht durch die Satzung ausgeschlossen werden. Allerdings haben die Komplementäre das Recht, Widerspruch zu erheben und die Ersetzung des AP durch das Gericht gem Abs 3 zu betreiben. Die Wahl des AP durch die HV bedarf nicht der Zustimmung der phG (§ 285 Abs 2 S 2 AktG).

Auf die Wahl des AP ist bei der **SE** nach Art 52 S 2 SE-VO mangels spezieller Regelungen deutsches Aktienrecht anzuwenden, so dass die Wahl nach § 119 Abs 1 Nr 4 AktG zwingend durch die HV zu erfolgen hat (*Kiem* in Kölner Komm AktG[3] Art 52 SE-VO Anm 30; *Kubis* in MünchKomm AktG[3] Art 52 SE-VO Anm 19).

3. Wahlverfahren bei der GmbH

6   Auch bei GmbH wird der AP grds von den Gestern gewählt. Der **Gesellschaftsvertrag** kann – entspr der dem GmbH-Recht eigenen weitreichenden Gestaltungsfreiheit – diese Kompetenz auf ein **anderes** Gremium übertragen (Abs 1 S 2), zB auf einen (fakultativen) AR, Beirat, Gester-Ausschuss oder auf Senior-Gester (*Ebke* in MünchKomm HGB[3] § 318 Anm 6; *Müller* in Kölner Komm HGB § 318 Anm 9). Die berechtigten Interessen der Gester-Minderheit, der Gläubiger, der Arbeitnehmer oder der Allgemeinheit dürfen dadurch jedoch nicht beeinträchtigt werden. Gegen die Wahl des AP durch den AR oder Beirat bestehen keine grds Bedenken, selbst wenn der AR oder Beirat gleichzeitig die Kompetenz hat, den JA festzustellen, da hierdurch die Kooperation zwischen AR und AP verbessert werden kann. Statt eines AR oder Beirats kann auch ein besonderes Organ für die Wahl des AP eingesetzt werden, solange die Zuständigkeit für die Auflösung dieses Organs bei den Gestern verbleibt. Ob die Zuständigkeit zur Wahl des AP auch auf Geschäftsführer übertragen werden darf, ist str, sollte aber bejaht werden, da keine grds Besorgnis der Befangenheit gegen den von Geschäftsführern gewählten AP besteht, es sei denn, es treten besondere Gründe hinzu (glA *ADS*[6] § 318 Anm 125f; *Baetge/Thiele* in HdR[5] § 318 Anm 31; aA *Ebke* in MünchKomm HGB[3] § 318 Anm 6 mwN; *Habersack/ Schürnbrand* in Großkomm HGB[5] § 318 Anm 8). Sind in GmbH ausschließlich Gester-Geschäftsführer tätig, ergibt sich bereits wegen der identischen Interessenlage und gleichzeitig gegenseitigen Kontrolle aller beteiligten Organe kein Befangenheitsproblem.

7   Die **Ausgestaltung des Wahlvorgangs** liegt ebenfalls weitgehend in der Kompetenz der Gester bzw der Gestaltungsfreiheit des GesVertrags (Beschlüsse der Gester in Versammlungen, schriftliche Beschlussfassung, telefonischer Rundruf nebst nachträglicher schriftlicher Bestätigung). Gem § 47 Abs 1 GmbHG ist für die Fassung eines Wahlbeschlusses der GesV prinzipiell eine einfache Mehrheit der

Stimmen erforderlich. Bei mehreren Bewerbern kann der GesVertrag die relative Mehrheit genügen lassen. Der GesVertrag kann aber auch höhere Anforderungen an die erforderliche Mehrheit stellen. Ein Stimmverbot für Gester-Geschäftsführer besteht nicht (str). Umstritten sind die Folgen von Beschlussmängeln bei der Wahl des AP durch AR oder Beirat. Nach herkömmlicher Auffassung kann die Wahl bei Inhalts- oder Verfahrensfehlern, da der AR oder Beirat über eine von der GesV abgeleitete Zuständigkeit verfügt, wie ein GesterBeschluss durch Gester oder überstimmte Mitglieder des Wahlorgans mit der Nichtigkeits- oder Anfechtungsklage analog §§ 241ff AktG angefochten werden (*ADS*[6] § 318 Anm 130 mwN zur älteren Rspr); das neuere Schrifttum geht überwiegend davon aus, dass nur die Möglichkeit der Feststellung der Nichtigkeit im Wege der allgemeinen Feststellungsklage nach § 256 ZPO eröffnet ist (*Raiser/Heermann* in Großkomm GmbHG § 52 Anm 344; *Römermann* in Michalski[2] Anh § 47 Anm 625; *Zöllner* in Baumbach/Hueck GmbHG[19] Anh § 47 Anm 208).

4. Wahlverfahren bei den KapCoGes

9 Im Falle der KapCoGes (§ 264a), die einen JA nach den für KapGes geltenden Vorschriften – und ggf auch einen KA – aufstellen und prüfen lassen müssen, wird der AP sowohl bei der OHG als auch bei der KG von den Gestern gewählt, bei der KG unter Einbeziehung der Kommanditisten (BGH 24.3.1980 BB, 695; glA *Baetge/Thiele* in HdR[5] § 318 Anm 19; *Habersack/Schürnbrand* in Großkomm HGB[5] § 318 Anm 11). Allerdings ist die Kompetenzzuweisung an die Gester – wie für Ges in der Rechtsform der GmbH – als **dispositive** Regelung ausgestaltet (Abs 1 S 2). Es ist damit zulässig, die Auswahl des AP einer Minderheit der Gester, dem AR oder Beirat oder sogar den Geschäftsführern zu überlassen. Die Zuständigkeit zur Wahl des AP darf auch an bestimmte Gester oder Gester-Gruppen (Kommanditisten, Komplementäre) delegiert werden.

5. Wahlverfahren für den Konzernabschluss

10 Das Wahlverfahren nach Abs 1 S 1 2. HS **für Abschlussprüfer des Konzernabschlusses** ist identisch mit der Wahl des AP für den JA des MU; das gilt auch für Versicherungs-AG, § 341k Abs 2 S 1. Die Gester des MU wählen grds den Konzern-AP; für eine GmbH als MU gelten die Delegationsmöglichkeiten zum JA für den KA entspr (Anm 6f). Zu den Besonderheiten nach dem PublG s Anm 38f. Erfolgt bis zum Ende des Konzern-Gj keine gesonderte Wahl des Konzern-AP, gilt der Prüfer des JA des MU als bestellter Konzern-AP (Abs 2 S 1). Durch diese Fiktion wird ein gesonderter Wahlakt entbehrlich, während die Erteilung eines auf die Konzern-APr bezogenen Prüfungsauftrags erforderlich bleibt (*ADS*[6] § 318 Anm 302; *Habersack/Schürnbrand* in Großkomm HGB[5] Anm 43). Die Fiktion des Abs 2 S 1 gilt auch in den Fällen einer gerichtlichen Bestellung des AP des JA nach Abs 3 oder Abs 4 (*ADS*[6] § 318 Anm 291, 305; *Mattheus* in Bilanzrecht § 318 Anm 101).

III. Zeitpunkt der Wahl

11 Die Wahl des AP soll jeweils **vor Ablauf** des Gj erfolgen, auf das sich seine Prüfungstätigkeit erstreckt (Abs 1 S 3). Der AP soll dadurch in die Lage versetzt werden, an der ggf zum Abschlussstichtag stattfindenden Inventur teilzunehmen sowie bereits Prüfungshandlungen im Rahmen einer vorverlagerten Prüfung vorzunehmen. Die Wahl wird daher regelmäßig in der ordentlichen HV oder in der GesV durchgeführt, die über die Gewinnverwendung und die Entlastung für das vorangegangene Gj beschließt.

Der AP kann **nur für ein Gj** gewählt werden (*ADS*⁶ § 318 Anm 54; *Müller* in Kölner Komm HGB § 318 Anm 15). Auch bei GmbH/KapCoGes kann der GesVertrag nichts anderes vorsehen; Abs 1 S 2 ist insoweit keine Ermächtigung. Eine Wahl für **mehrere** Gj im voraus ist in Deutschland (anders zB in Italien, Luxemburg) nach hM unzulässig (so auch *Baetge/Thiele* in HdR⁵ § 318 Anm 38, *ADS*⁶ § 318 Anm 55, 138). Anderes gilt nur im Ausnahmefall, wenn ein Rumpf-Gj eingelegt wird (*ADS*⁶ § 318 Anm 55) oder die Wahl sich auf mehrere bereits abgelaufene Gj bezieht. Bei unterbliebener Wahl sind die gesetzlichen Vertreter nach Abs 4 verpflichtet, unmittelbar nach Ablauf des Gj beim Gericht einen Antrag auf Bestellung eines AP zu stellen. Die Wahl nach Ablauf des Gj ist aber solange zulässig, als eine gerichtliche Bestellung noch nicht erfolgt ist (ebenso *ADS*⁶ § 318 Anm 136; *Baetge/Thiele* in HdR⁵ § 318 Anm 37). Auch ein Antrag auf gerichtliche Bestellung schließt die Wahl durch das Wahlgremium nicht aus (so auch *ADS*⁶ § 318 Anm 404). Eine **nach** gerichtlicher Bestellung vorgenommene Wahl ist dagegen unwirksam (*ADS*⁶ § 318 Anm 405; *Müller* in Kölner Komm HGB § 318 Anm 14).

Die Wahl (und Beauftragung) des AP soll möglichst frühzeitig stattfinden, damit dem AP ausreichend Zeit für Planung, Vorbereitung und Durchführung der Prüfung zur Verfügung steht. Nur so wird dem AP eine frühzeitige Prüfungsplanung sowie eine angemessene Zeit für die erforderlichen Vorprüfungen eingeräumt, zB auch Beobachtung der Inventur (glA *ADS*⁶ § 318 Anm 134; *Baetge/Thiele* in HdR⁵ § 318 Anm 39).

IV. Wählbarer Personenkreis

12 Als AP wählbar ist der in § 319 Abs 1 genannte Personenkreis, also WP und WPG. Für die Prüfung mittelgroßer GmbH und KapCoGes dürfen auch vBP und BPG gewählt werden. Im Falle von kleinen KapGes/KapCoGes und sonstigen nicht prüfungspflichtigen Unt ist der Kreis der für die freiwillige APr in Frage kommenden Personen gesetzlich nicht beschränkt; eine einschränkende Regelung im GesVertrag ist aber zulässig. AP eines KA können nur WP oder WPG sein. Dies gilt auch für den Fall, dass eine mittelgroße GmbH/KapCoGes als MU einen KA aufstellen muss. Wenn ihre Gester einen vBP zum AP des JA wählen, darf dieser nicht zugleich auch den KA prüfen; die gesetzliche Fiktion des Abs 2 S 1 greift in diesem Fall nicht ein. Die Wahl von Personen, denen die nach § 319 Abs 1 erforderliche Berufsqualifikation fehlt, ist nichtig (§ 241 Nr 3 AktG; vgl *Müller* in Kölner Komm HGB § 318 Anm 19; *WPH*¹⁴ I, U Anm 30; *ADS*⁶ § 318 Anm 36).

Wählbar sind auch mehrere AP (§ 316 Anm 2) zur Durchführung einer **gemeinsamen Prüfung** (Joint Audit; hierzu IDW PS 208, Tz 4 ff). Bei einer gemeinsamen Prüfung müssen alle AP gleichzeitig gewählt werden. Denkbar ist auch die Wahl mehrerer AP mit dem Auftrag, voneinander unabhängig eine gesetzliche APr – mit der Folge gesonderter PrüfBer und BVm – durchzuführen (*ADS*⁶ § 318 Anm 86; aA ablehnend *Mattheus* in Bilanzrecht § 318 Anm 52). Auch in diesem Falle ist grds eine gleichzeitige Wahl erforderlich; wenn der zweite AP erst in einer späteren HV/GesV zum vorgesehenen gesetzlichen AP (hinzu-)gewählt wird, dürfte idR eine zusätzliche freiwillige APr anzunehmen sein (*ADS*⁶ § 318 Anm 84, 87). Möglich ist auch die vorsorgliche Wahl eines **Ersatzprüfers,** der erst bei Wegfall des zunächst gewählten AP an dessen Stelle tritt (*ADS*⁶ § 318 Anm 93; *Baetge/Thiele* in HdR⁵ § 318 Anm 52). Nicht zulässig ist die Wahl mehrerer AP mit der Maßgabe, dass die gesetzlichen Vertreter oder der AR daraus einen Prüfer auswählen und diesem den Auftrag erteilen können (glA IDW PS 208, Tz 5; *Ebke* in MünchKomm HGB³ § 318 Anm 16; *ADS*⁶ § 318 Anm 89). Ebenfalls unzulässig ist es, mehrere AP zu wählen, von denen jeder nur ein bestimmtes Teilgebiet des JA oder KA prüfen soll (IDW PS 208, Tz 5; *Baetge/Thiele* in HdR⁵ § 318 Anm 51).

Der Beschluss über die Wahl des AP kann so lange **geändert** oder **aufgehoben** werden, bis der gewählte AP den Prüfungsauftrag angenommen hat (*Ebke* in MünchKomm HGB³ § 318 Anm 20 mwN; *Hüffer* in FS Hommelhoff, 487 f). Danach haben die KapGes/KapCoGes und deren Gester nur noch die Möglichkeit, einen Ersetzungsantrag nach Abs 3 zu stellen.

Durch GesVertrag oder Satzung kann der wählbare Personenkreis weiter eingegrenzt werden. Diese **Einschränkungen** können zusätzliche Qualifikationen (zB zugleich RA oder CPA, besondere Sprachkenntnisse), Erfahrung in bestimmten Branchen oder auch Mindest-Kanzleigrößen vorgeben (so auch *ADS*⁶ § 318 Anm 52; *Ebke* in MünchKomm HGB³ § 318 Anm 15). Insb kann der GesVertrag einer mittelgroßen GmbH und KapCoGes auch vorsehen, dass als AP nur WP oder WPG gewählt werden dürfen (*ADS*⁶ § 318 Anm 52). Durch derartige Zusatzbedingungen darf aber die Wahl eines AP nicht so weit beschränkt werden, dass eine „echte" Auswahl nicht mehr möglich ist. Die namentliche Benennung eines AP oder eine Regelung, wonach eine Kombination von Merkmalen nur von einem ganz bestimmten AP erfüllt werden kann, ist mithin nicht zulässig (*ADS*⁶ § 318 Anm 53). Erweiterungen des wählbaren Personenkreises (zB Zulassung von Steuerberatern, RA etc) sind für die gesetzliche APr nicht zulässig, sondern können sich lediglich auf eine freiwillige APr beziehen (*ADS*⁶ § 318 Anm 52 mwN).

V. Prüfungsvertrag

1. Rechtsnatur, Abschluss

Beim Auftragsverhältnis zwischen gewähltem AP und zu prüfender KapGes/ KapCoGes handelt es sich um einen zivilrechtlichen Vertrag, dessen Inhalt durch die Vorschriften des Dritten Buchs des HGB sowie durch die WPO weitestgehend vorgegeben ist. Vertragsinhalt ist nach hM eine **Geschäftsbesorgung** (§ 675 BGB) mit überwiegend werkvertraglichen Elementen (glA *ADS*⁶ § 318 Anm 191 f; *WPH*¹⁴ I, A Anm 597; *Habersack* in MünchKomm AktG³ § 111 Anm 83).

Die gesetzlichen Vertreter der zu prüfenden KapGes/KapCoGes, bei Zuständigkeit des AR dieser, müssen dem gewählten AP **unverzüglich** nach dessen Wahl durch die HV oder GesV den **Prüfungsauftrag** erteilen (Abs 1 S 4). Die Beauftragung des AP hat danach ohne schuldhaftes Zögern (§ 121 Abs 1 BGB) zu erfolgen. Die unverzügliche Erteilung des Prüfungsauftrags liegt im Interesse der Ges, da der AP imstande sein muss, die Prüfung rechtzeitig zu beginnen und ggf vorverlagerte Prüfungshandlungen vorzunehmen; sie liegt aber auch im öffentlichen Interesse, um eine ordnungsgemäße und zeitgerechte Durchführung des Prüfungs-, Feststellungs- und Offenlegungsverfahrens zu gewährleisten (*ADS*⁶ § 318 Anm 140 mwN).

Der **Prüfungsvertrag** kann mündlich oder schriftlich abgeschlossen werden. Die Annahme des Auftrags durch den gewählten AP sollte aus Nachweisgründen in Form einer schriftlichen **Auftragsbestätigung** erfolgen (IDW PS 220, Tz 6, 15). Vor der Annahme des Prüfungsauftrags hat sich der AP zu vergewissern, dass Wahl und Beauftragung ordnungsgemäß erfolgt sind und keine Ausschlussgründe nach den §§ 319 ff entgegenstehen (IDW PS 220, Tz 11 f).

Die Stellung als **gesetzlicher Abschlussprüfer** erlangt der AP durch die Wahl und Annahme des Prüfungsauftrags (IDW PS 220, Tz 4; *ADS*⁶ § 318

Anm 187). Ein Tätigwerden als AP ohne Prüfungsauftrag allein auf Grund der Wahl kommt nicht in Betracht, zumal in diesem Fall keine Auskunftsrechte nach § 320 bestehen (*ADS*[6] § 318 Anm 187). Umgekehrt ist es in Fällen gebotener Eile (zB Wegfall des bisherigen AP) denkbar, dass der schuldrechtliche Prüfungsvertrag ausnahmsweise bereits **vor** der Wahl abgeschlossen wird; die Stellung als gesetzlicher AP mit allen Rechten und Pflichten erlangt der WP/vBP erst mit der nachfolgenden Wahl (vgl *ADS*[6] § 318 Anm 141, 190; *Habersack* in MünchKomm AktG[3] § 111 Anm 82; aA *Habersack/Schürnbrand* in Großkomm HGB[5] § 318 Anm 25, die die vorhergehende Wahl für zwingend halten). Möglich ist auch der Abschluss des Prüfungsvertrags unter der aufschiebenden Bedingung der späteren Wahl zum AP (vgl *Hopt/Roth* in Großkomm AktG[4] § 111 Anm 458; *Habersack* in MünchKomm AktG[3] § 111 Anm 82). Im Fall einer **Nachtragsprüfung** nach § 316 Abs 3 HGB lebt die Stellung als gesetzlicher AP für das betr Gj wieder auf, so dass weder eine besondere Wahl zum Nachtragsprüfer noch eine erneute förmliche Erteilung des Prüfungsauftrags erforderlich ist (vgl § 316 Anm 25; *ADS*[6] § 318 Anm 60).

Bei **AG** und **KGaA** erteilt der **Aufsichtsrat** den Prüfungsauftrag (§ 111 Abs 2 S 3 AktG). Es handelt sich hierbei um eine **zwingende** Regelung, die weder durch abw Regelungen in der Satzung noch durch einen Beschluss der HV abbedungen werden kann. Die Regelung soll die Unabhängigkeit des AP stärken. Der AR kann die Auswahl der Prüfungsschwerpunkte beeinflussen und dadurch seine eigene Überwachungstätigkeit intensivieren. Der **Aufsichtsrat** hat nach allgemeinen Verfahrensvorschriften (§ 108 AktG) über die Auftragserteilung zu beschließen. Eine ausdrückliche **Beschlussfassung** ist erforderlich, da lediglich stillschweigende oder konkludente Beschlüsse nicht zulässig sind (*Hüffer*[10] § 108 Anm 4). Der Beschluss über den Abschluss des Prüfungsvertrags muss daher Gegenstand einer AR-Sitzung oder einer schriftlichen, fernmündlichen oder in vergleichbarer Form vorgenommenen Beschlussfassung sein. Die Willensbildung erfolgt durch das **Gesamtgremium,** nicht lediglich durch den AR-Vorsitzenden allein. Die Übertragung der Kompetenz zur abschließenden Beschlussfassung auf einen **Aufsichtsratsausschuss** (insb den Prüfungsausschuss nach § 107 Abs 3 S 2 AktG) ist allerdings zulässig, da § 107 Abs 3 S 3 AktG dem nicht entgegensteht (glA *ADS*[6] § 318 Anm 169; *Habersack* in MünchKomm AktG[3] § 111 Anm 86; *Hüffer*[10] § 111 Anm 12c; aA *Drygala* in Schmidt/Lutter[2] § 111 Anm 38 mwN). Zudem können vorbereitende Arbeiten (zB Gespräche mit dem Prüfer über seinen Prüfungsansatz) einem Ausschuss oder einzelnen AR-Mitgliedern übertragen werden. Der Beschluss des AR muss sich auf die **wesentlichen Gegenstände** des Prüfungsauftrags beziehen, wozu auch die Bestimmung der Gegenleistung gehört. Dabei ist eine ausdrückliche und abschließende Festlegung der Höhe des zu vereinbarenden Honorars (zB Stundensätze) nicht zwingend erforderlich, sondern auch eine Festlegung der Größenordnung des Honorars zulässig (*ADS*[6] § 318 Anm 174).

Der Beschluss des AR bildet die Grundlage für die rechtsgeschäftliche **Erklärung** (Vertragsangebot) ggü dem AP. Diese muss nicht von sämtlichen Mitgliedern des AR abgegeben werden. Vielmehr kann der AR – in Ausführung des Beschlusses – einzelne seiner Mitglieder zur **Abgabe** der Willenserklärung ggü dem AP **ermächtigen.** Diese Ermächtigung kann in der Satzung enthalten sein oder durch besondere Beschlussfassung erteilt werden; eine stillschweigende oder konkludente Erteilung ist zulässig (*ADS*[6] § 318 Anm 176). Die Bevollmächtigung Dritter durch den AR ist unzulässig; nur hinsichtlich der Abgabe der Erklärung nach außen kommt nach allgemeinen Regeln auch eine Erklärungsvertretung durch einen außenstehenden Dritten oder Botenschaft eines Vorstandsmitglieds in Betracht (vgl *ADS*[6] § 318 Anm 177; *Habersack* in Münch-

Komm AktG³ § 112 Anm 26f). Entspr ist eine Beauftragung des gesetzlichen AP durch den **Vorstand** der AG nicht zulässig; nur bei einer freiwilligen oder satzungsgemäßen Prüfung kommt eine Auftragserteilung durch den Vorstand – ggf in Abstimmung mit dem AR – in Betracht (*ADS*⁶ § 318 Anm 147; *Spindler* in Spindler/Stilz² § 111 Anm 56).

Bei der **SE** mit dualistischem System wird der Prüfungsauftrag nach Art 61 SE-VO iVm § 111 Abs 2 S 3 AktG durch den **Aufsichtsrat** erteilt; bei der SE mit monistischem System ist nach § 22 Abs 4 S 3 SEAG zwingend der **Verwaltungsrat** für die Erteilung des Prüfungsauftrags zuständig (*WPH*¹³ II, J Anm 41).

Wenn eine **GmbH** der **Mitbestimmung** unterliegt und daher einen **Aufsichtsrat** bilden muss, ist aufgrund der Verweisung in § 25 Abs 1 S 1 Nr 2 MitbestG bzw § 1 Abs 1 Nr 3 DrittelbG die Vorschrift des § 111 Abs 2 S 3 AktG zwingend anzuwenden. Danach hat der AR dem AP den Prüfungsauftrag für den JA und KA zu erteilen. Andere, zB die Geschäftsführer, können den AR insoweit nicht vertreten, sondern allenfalls im Auftrag und mit gegenständlich beschränkter Ermächtigung des AR die Erklärung nach außen abgeben. Wird einem WP von den gesetzlichen Vertretern einer GmbH mit mitbestimmtem AR ein Prüfungsauftrag zur gesetzlichen APr erteilt, ist demzufolge diese Beauftragung nicht wirksam. Etwas anderes gilt, wenn der AR den dem WP erteilten Auftrag vor Beendigung der Prüfung genehmigt und damit als gesetzlichen Prüfungsauftrag qualifiziert (vgl *ADS*⁶ § 318 Anm 155). Sofern bei der GmbH ungeachtet der mitbestimmungsrechtlichen Vorschriften noch kein AR gebildet wurde, bleibt es allerdings bei der Zuständigkeit der Geschäftsführer; denn bis zur Durchführung eines Statusverfahrens besteht nach dem Kontinuitätsprinzip die bisherige Kompetenzordnung fort (vgl BAG 16.4.2008 DB, 1850).

Bei der GmbH mit **fakultativem Aufsichtsrat** wird durch die Vorschrift des § 52 Abs 1 GmbHG zwar ebenfalls auf § 111 AktG verwiesen, so dass der Prüfungsauftrag auch hier prinzipiell durch den AR erteilt wird. Allerdings hat § 52 GmbHG **dispositiven** Charakter, so dass im GesVertrag die Anwendung des § 111 AktG abbedungen werden kann. Ist hiervon Gebrauch gemacht worden oder besteht bei der GmbH auch kein fakultativer AR, sind die Geschäftsführer für die Erteilung des Prüfungsauftrags zuständig; diese können sich bei der Abgabe der Willenserklärung durch andere vertretungsberechtigte Personen (zB Prokuristen) vertreten lassen (vgl *ADS*⁶ § 318 Anm 181). Für eine GmbH, die anstelle eines AR einen **Beirat** hat, gilt § 52 GmbHG entspr, sofern der Beirat eine dem AR vergleichbare Aufgabe hat. Der Prüfungsauftrag ist dann vom Beirat zu erteilen, wenn der GesVertrag nichts anderes bestimmt.

Für die **OHG** und der **KG** existiert im HGB keine Verweisung auf § 111 AktG. Mangels planwidriger Regelungslücke kommt auch eine analoge Anwendung nicht in Betracht. Ein evtl bestehender AR oder Beirat ist somit nicht für die Erteilung des Prüfungsauftrags zuständig. Es bleibt daher bei der Auftragserteilung durch den oder die zur Vertretung berechtigten **persönlich haftenden Gesellschafter,** wenn der GesVertrag nichts abw regelt (IDW PS 220, Tz 5; *Ebke* in MünchKomm HGB³ § 318 Anm 26; *ADS*⁶ § 318 Anm 154). Dies gilt auch für die KapCoGes; für die Komplementär-GmbH/AG handelt deren Geschäftsführung bzw Vorstand, auch wenn diese über einen AR verfügt.

2. Ablehnung

Der AP kann nach freiem Ermessen entscheiden, ob er das Angebot zum Abschluss des Prüfungsauftrags annimmt. Will der gewählte AP das Angebot **nicht** annehmen, muss er dies dem Auftraggeber unverzüglich mitteilen; bei einer schuldhaften Verzögerung der Ablehnungserklärung macht er sich schadenersatzpflichtig (§ 51 WPO). Die Erklärung hat grds ggü dem für die Auftragserteilung zuständigen GesOrgan zu erfolgen (*ADS*[6] § 318 Anm 196). Der AP muss die Ablehnung des Prüfungsauftrags nicht begründen (*ADS*[6] § 318 Anm 196; *Baetge/Thiele* in HdR[5] § 318 Anm 55). Der AP muss den Prüfungsauftrag ablehnen, wenn er einen **Ausschlusstatbestand** iSd §§ 319 ff, § 49 WPO oder §§ 21, 22a BS WP/vBP erfüllt oder wenn er wegen fehlender spezieller Sachkunde oder mangelnder personeller oder zeitlicher Ressourcen nicht in der Lage ist, den Prüfungsauftrag ordnungsgemäß durchzuführen (vgl IDW PS 220, Tz 11; *Baetge/Thiele* in HdR[5] § 318 Anm 57). Hat der gewählte AP die Annahme des Prüfungsauftrags abgelehnt, kann das zuständige Wahlorgan (idR HV/GesV) einen anderen Prüfer wählen; alternativ besteht unter den Voraussetzungen des Abs 4 die Möglichkeit, die gerichtliche Bestellung eines anderen AP zu beantragen (*ADS*[6] § 318 Anm 198).

3. Inhalt, Widerruf

16   Aufgrund der **gesetzlichen Inhaltsvorgaben** der APr werden vom Auftraggeber idR zusätzlich nur die für notwendig gehaltenen **Prüfungstermine** und der Zeitpunkt für die späteste Auslieferung des Prüfungsberichts vereinbart. Seitens des gewählten AP werden die gesetzlichen Vorgaben üblicherweise durch die Einbeziehung der „Allgemeinen Auftragsbedingungen für Wirtschaftsprüfer und Wirtschaftsprüfungsgesellschaften" (gegenwärtig vom Stand 1.1.2002) ergänzt.

Ferner ist eine Vereinbarung über das **Honorar** zu treffen. Eine Gebührenordnung gibt es für WP/vBP nicht (*WPH*[14] I, A Anm 718 f). Der AP darf keine Vereinbarung schließen, in der die Höhe der Vergütung vom Ergebnis seiner Tätigkeit abhängig gemacht wird (sog Erfolgshonorar); bei einer gesetzlichen APr darf die Vergütung ferner nicht an weitere Bedingungen geknüpft oder von der Erbringung zusätzlicher Leistungen für das zu prüfende Unt beeinflusst sein (§ 55a Abs 1 S 1 und 2 WPO). Ein Pauschalhonorar darf für einen Prüfungsauftrag nur vereinbart werden, wenn dieses angemessen ist und eine Erhöhung des Honorars für den Fall festgelegt wird, dass sich der Prüfungsaufwand wegen Eintritts unvorhersehbarer Umstände im Bereich des Auftraggebers erheblich erhöht (§ 27 Abs 2 BS WP/vBP). Der Honorarvereinbarung liegen üblicherweise feste Beträge für angefallene Stunden nach Maßgabe der unterschiedlichen Qualifikation der eingesetzten Mitarbeiter zugrunde. Das aufgeschlüsselte Gesamthonorar für die vom AP für das Gj erbrachten Leistungen ist nach § 285 Nr 17 im Anhang der geprüften großen KapGes/KapCoGes anzugeben.

Eine wesentliche **Ausweitung** oder **Ergänzung** des Prüfungsauftrags, die über den gesetzlich vorgegebenen Leistungsinhalt der APr hinausgeht, stellt grds einen gesonderten Auftrag mit eigenen Konditionen dar; dies gilt insb, wenn der AP mit einer Unterschlagungsprüfung oder einer Sonderprüfung beauftragt wird. Sollen nur einzelne Prüffelder oder bestimmte Sachverhalte auf Wunsch des Auftraggebers intensiver geprüft werden, ist dieses „Mehr" als Bestandteil der JAP anzusehen. Eine vertragliche **Herabsetzung** der Prüfungsanforderungen unter die gesetzlichen Mindestanforderungen an eine APr ist nicht zulässig (§ 317 Anm 10 ff; IDW PS 220, Tz 28; *ADS*[6] § 318 Anm 209, § 317 Anm 22; *Habersack* in MünchKomm AktG[3] § 111 Anm 84). Auch spätere inhaltliche Änderung des Prüfungsauftrags (zB Anpassungen zu Prüfungsschwerpunkten oder Prüfungshonorar) sind nur im Rahmen der gesetzlichen Vorgaben zulässig; dabei sind für eine Änderungsvereinbarung grds die gleichen Organe der Ges zuständig wie für den ursprünglichen Vertragsabschluss (vgl *ADS*[6] § 318 Anm 161).

Der Prüfungsauftrag darf nach Abs 1 S 5 durch die zu prüfende Ges nur **widerrufen** werden, wenn nach Abs 3 ein anderer Prüfer gerichtlich bestellt worden ist (s Anm 17). Der Prüfungsvertrag darf von den Vertragsparteien weder ordentlich gekündigt noch einvernehmlich aufgehoben werden. Als Ausnahme erlaubt ist die Kündigung durch den AP aus wichtigem Grund (Abs 6). Es besteht jedoch die Möglichkeit, vor Erteilung oder Annahme des Auftrags den Wahlbeschluss abzuändern oder aufzuheben (*ADS*[6] § 318 Anm 261 mwN). Allerdings ist der WP gem § 51 WPO verpflichtet, unverzüglich die Annahme oder Ablehnung des Prüfungsauftrags zu erklären. Daher besteht die Möglichkeit nur für einen relativ kurzen Zeitraum. Der Prüfungsauftrag darf widerrufen werden in den Fällen der Nichtigkeit der Prüferwahl, des Wegfalls der Prüfungspflicht sowie des Wegfalls des AP iSv Abs 4 S 2, da insoweit die restriktive Vorschrift des Abs 1 S 5 nicht greift (vgl *ADS*[6] § 318 Anm 262; *Habersack/ Schürnbrand* in Großkomm HGB[5] § 318 Anm 34; weitergehend *Ebke* in MünchKomm HGB[3] § 318 Anm 37, der Widerruf auch zulässt, wenn der AP zum rechtzeitigen Abschluss der APr nicht in der Lage ist). Wenn durch gerichtliches Urteil ein anderer AP bestellt worden ist, darf der Prüfungsauftrag widerrufen werden, da die Stellung des ursprünglichen AP als gesetzlicher AP erlischt. Für den Widerruf des Prüfungsauftrags sind die gesetzlichen oder sonstigen Vertreter der Ges zuständig. Dies gilt grds auch für den Fall, dass der AR den Prüfungsauftrag erteilt hat; der AR ist dann jedoch ebenfalls zum Widerruf berechtigt.

Der Widerruf muss dem AP zugehen. Der Honoraranspruch des AP richtet sich im Falle des Widerrufs des Prüfungsauftrags nach § 628 BGB (*ADS*[6] § 318 Anm 267; *Ebke* in MünchKomm HGB[3] § 318 Anm 37, 92).

Bei einer **freiwilligen Prüfung des Jahresabschlusses** unterliegt der Prüfungsauftrag der privatrechtlichen Dispositionsfreiheit. Der Prüfungsauftrag kann sich daher zB auf Teilgebiete beziehen oder mit einem Auftrag zur Erstellung des JA verbunden sein (*ADS*[6] § 316 Anm 36). Eine Bezeichnung als freiwillige **Abschlussprüfung** kommt allerdings nur dann in Betracht, wenn Prüfungsanforderungen vereinbart werden, die den Bestimmungen einer gesetzlichen Pflichtprüfung (§§ 317 ff) entspr (IDW PS 220, Tz 18, 30; *ADS*[6] § 316 Anm 36); falls ein BVm iSv § 322 erteilt werden soll, muss die Prüfung nach **Art** und **Umfang** den Vorschriften über die Pflichtprüfung entspr (IDW PS 400, Tz 5; *ADS*[6] § 317 Anm 12). Im Übrigen kann bei einer freiwilligen APr der bestehende Prüfungsauftrag von beiden Parteien nach allgemeinen zivilrechtlichen Regeln **gekündigt** oder einvernehmlich **aufgehoben** werden. Die in Abs 1 S 5 und Abs 6 geregelten Einschränkungen, die dem Schutz der Unabhängigkeit des gesetzlichen AP dienen, sind auf freiwillige APr nicht anwendbar.

B. Gerichtliches Ersetzungsverfahren (Abs 3)

I. Allgemeines

Auf Antrag hat das **Gericht** einen anderen AP zu bestellen, wenn dies aus einem in der Person des gewählten AP liegenden Grund geboten erscheint, insb wenn ein Ausschlussgrund nach §§ 319 Abs 2 bis 5, 319a, 319b besteht (Abs 3 S 1). **Ersetzung** bedeutet, dass der bisherige AP abberufen und ein neuer bestellt wird. Das HGB hat die Möglichkeiten der KapGes/KapCoGes, den einmal gewählten AP wieder abzuwählen, auf die Ersetzung des AP durch das Registergericht reduziert. Der Antrag ist zudem fristgebunden (Abs 3 S 2 und 3).

Das gerichtliche Ersetzungsverfahren ist nur für die gesetzliche **Pflichtprüfung,** nicht jedoch für eine freiwillige oder satzungsmäßige APr eröffnet. Im letzteren Fall kann eine Abberufung des AP durch das gem Satzung/GesVertrag zuständige Wahlgremium, idR die Gester, beschlossen werden (BGH 23.9.1991 WM, 1951; *Mattheus* in Bilanzrecht § 318 Anm 112). Ein Ersetzungsbeschluss des satzungsmäßigen Gremiums ist nur im Hinblick auf eine ordnungsgemäße Stimmrechtsausübung gerichtlich überprüfbar (BGH 23.9.1991 WM, 1951).

Liegen Tatbestände vor, die ein Verfahren nach Abs 3 eröffnen, ist nach § 243 Abs 3 Nr 2 AktG eine **Anfechtungsklage** gegen den HV-Beschluss zur Wahl des AP **unzulässig** (*Hüffer*[10] § 243 Anm 44c; *Gelhausen/Heinz* WPg 2005, 697; *Frings* WPg 2006, 829). Die Anfechtungsklage kann daher nicht auf eine vorgebliche Befangenheit des gewählten AP gestützt werden (*Peemüller/Oehler* BB 2004, 539ff; RegE BilReG BT-Drs 15/3419, 36). Für den Fall, dass der Wahlbeschluss im Wege der Nichtigkeitsklage angegriffen werden soll, bestand nach § 249 Abs 1 S 1 AktG idF des BilReG eine Verweisung auf § 243 Abs 3 Nr 2 AktG. Zwar ist diese durch das UMAG wieder aufgehoben worden, aber es spricht alles dafür, dass es sich hierbei um ein gesetzgeberisches Redaktionsversehen handelt und an der angestrebten Priorität des Ersetzungsverfahrens nichts geändert werden sollte. Mit der hM ist daher davon auszugehen, dass im Anwendungsbereich des Abs 3 auch eine gegen den Wahlbeschluss erhobene **Nichtigkeitsklage unzulässig** ist (*Hüffer*[10] § 249 Anm 12a; *Schwab* in Schmidt/Lutter[2] § 249 Anm 5; *Ebke* in MünchKomm HGB[3] § 318 Anm 52; *Müller* in Kölner Komm HGB § 318 Anm 76; *Paal* DStR 2007, 1215). Eine Anfechtungs- oder Nichtigkeitsklage gegen den Wahlbeschluss aus anderen Gründen (zB Verstöße gegen Formalien der Beschlussfassung) bleibt allerdings zulässig (*WPH*[14] I, U Anm 103 mwN); denkbar ist auch eine Anfechtung der Wahl des AP wegen Informationspflichtverletzungen (hierzu ausführlich *Marsch-Barner* in FS Hommelhoff, 698ff mwN).

II. Antragsberechtigte

18 In Abs 3 S 1 und S 6 sind abschließend die Antragsberechtigten für das Ersetzungsverfahren genannt. Dies sind die gesetzlichen Vertreter, der AR und die Gester, ferner die Aufsichtsbehörde bei Unt, die der staatlichen Aufsicht unterliegen; das sind insb Unt in der Rechtsform einer Körperschaft, Anstalt oder Stiftung des öffentlichen Rechts, daneben auch Unt in der Rechtsform eines Vereins oder einer Stiftung des Privatrechts, die ihre Rechtsfähigkeit durch einen staatlichen Verleihungsakt erhalten (*ADS*[6] § 318 Anm 329). Das Antragsrecht steht dem jeweiligen **Organ** und nicht dessen Einzelmitgliedern zu, weshalb ein entspr Beschluss des Organs erforderlich ist (*ADS*[6] § 318 Anm 324; *Baetge/Thiele* in HdR[5] § 318 Anm 88). Der AP selbst ist im Verfahren nach Abs 3 nicht antragsberechtigt. Außerhalb des Verfahrens nach Abs 3 S 6 steht der BaFin nach § 28 Abs 2 KWG eine spezielles Antragsrecht ggü dem Registergericht zu.

Das Verfahren nach Abs 3 kann von jedem einzelnen Gester einer GmbH oder KapCoGes eingeleitet werden (*ADS*[6] § 318 Anm 326; *Baetge/Thiele* in HdR[5] § 318 Anm 91); bei **Aktionären** einer AG, SE oder KGaA müssen weitere Bedingungen erfüllt sein:
- sie müssen gegen die Wahl des AP bei der Beschlussfassung Widerspruch erklärt haben (Abs 3 S 2); aus Beweisgründen empfiehlt es sich, den Widerspruch zur Niederschrift zu erklären, dh in die Niederschrift über die HV aufzunehmen (*ADS*[6] § 318 Anm 335); der Widerspruch braucht in der HV nicht begründet zu werden, erforderlich ist jedoch, dass der Aktionär deutlich zum Ausdruck bringt, dass er sich aus in der Person des AP liegenden Gründen gegen den Wahlbeschluss wendet; wird die Erklärung des Widerspruchs in der HV nicht vorgenommen, ist die Stellung des Antrags auf gerichtliche Ersetzung nicht zulässig.

- ihre Anteile am Grundkapital müssen den zwanzigsten Teil (5%) des Grundkapitals oder einen Börsenwert von 500 T€ betragen (Abs 3 S 1) und
- sie müssen seit mindestens 3 Monaten vor dem Tag der Wahl des AP Inhaber dieser Aktien sein (Abs 3 S 4). Diese Anforderung soll verhindern, dass Aktien nur zum Zwecke der Stellung des Ersetzungsantrags erworben werden; die Glaubhaftmachung des dreimonatigen Aktienbesitzes kann durch Vorlage von Depotbescheinigungen, Abrechnungen, Schlussscheinen, eidesstattliche Versicherungen vor einem Notar oä erfolgen.

Durch diese Zusatzbedingungen soll das Antragsrecht auf eine qualifizierte Aktionärsminderheit beschränkt werden, die ein berechtigtes Interesse an der APr hat. Den mit geringer Quote beteiligten Aktionären soll dadurch die Möglichkeit entzogen werden, durch missbräuchlich oder mutwillig gestellte Anträge auf gerichtliche Ersetzung den ordnungsgemäßen Ablauf der APr und ihre zeitgerechte Beendigung zu verhindern (*ADS*[6] § 318 Anm 327; *Baetge/Thiele* in HdR[5] § 318 Anm 91). Das Gesetz schließt aber nicht aus, dass sich mehrere Aktionäre zusammenschließen, um den vorgeschriebenen Schwellenwert zu erreichen (*Müller* in Kölner Komm HGB § 318 Anm 81). Für das Antragsrecht nach Abs 3 gelten die allgemeinen Grenzen des **Rechtsmissbrauchs;** unzulässig ist daher die illoyale, grob eigennützige Rechtsausübung durch antragsberechtigte Gester, die sich den Lästigkeitswert ihres Antrags abkaufen lassen wollen (*Ebke* in MünchKomm HGB[3] § 318 Anm 70 mwN).

Während die Berechtigung zur Wahl des AP bei GmbH/KapCoGes dem Dispositionsrecht des GesVertrags unterliegt (Anm 7, 8), ist die **Antragsberechtigung** nicht auf andere Gremien übertragbar. Die gesetzlichen Bestimmungen sind eindeutig und abschließend (so auch *ADS*[6] § 318 Anm 322; *Baetge/Thiele* in HdR[5] § 318 Anm 93). Dadurch kann bei GmbH/KapCoGes ggf ein zur Wahl berechtigtes Gremium nicht selbst antragsberechtigt sein, auch wenn inzwischen Tatsachen bekannt werden, die den gewählten AP als ungeeignet erscheinen lassen.

Nach Eröffnung des **Insolvenzverfahrens** über das Vermögen der prüfungspflichtigen Ges (s Anm 41) ist das Verfahren nach Abs 3 ausgeschlossen, da der AP auf der Grundlage des § 155 Abs 3 S 1 InsO ausschließlich durch das Gericht bestellt wird und dessen Entscheidung nicht im Verfahren nach Abs 3 überprüft werden kann (*ADS*[6] § 318 Anm 328). Der Insolvenzverwalter dürfte jedoch zumindest subsidiär berechtigt sein, nach Abs 3 die gerichtliche Ersetzung eines vor Eröffnung des Insolvenzverfahrens durch die zuständigen Organe der Ges bestellten AP (§ 155 Abs 3 S 2 InsO) zu beantragen, wenn Ersetzungsgründe vorliegen (*Ebke* in MünchKomm HGB[3] § 318 Anm 66 mwN; weitergehend *Habersack/Schürnbrand* in Großkomm HGB[5] § 318 Anm 49, die Übergang des Antragsrechts auf den Insolvenzverwalter annehmen). Für APr während der lfd **Liquidation** bzw **Abwicklung** (hierzu *Förschle/Deubert* in Sonderbilanzen[4] T Anm 305) bleibt es bei der Anwendbarkeit des Abs 3; die Liquidatoren bzw Abwickler sind als gesetzliche Vertreter (§ 70 GmbHG, § 269 Abs 1 AktG) zur Antragstellung berechtigt.

Die Regelung in Abs 3 zielt darauf ab, für eine ordnungsgemäße APr durch einen nicht befangenen AP zu sorgen. Daher besteht grds eine **Antragspflicht** insb für die gesetzlichen Vertreter oder den AR, wenn sie konkrete Anhaltspunkte für das Vorliegen eines Ersetzungsgrunds beim bestellten AP haben (*Gelhausen/Heinz* WPg 2005, 698; *Frings* WPg 2006, 829; *Ebke* in MünchKomm HGB[3] § 318 Anm 64). Eine besondere gesetzliche Sanktion bei deren Nichtbefolgung besteht nicht (*Ebke* in MünchKomm HGB[3] § 318 Anm 68). Es ist zu vermuten, dass der Ges bei verspäteter Antragstellung ein Schaden entsteht, da die erhöhte Prüfungskosten für den alten und den neuen AP aufgewendet werden müssen (*ADS*[6] § 318 Anm 332). Liegt ein Ersetzungsgrund zweifelsfrei vor, wird es idR auch ausreichen, den AP zur Kündigung nach Abs 6 zu veranlassen.

III. Antragsfrist

20 Da das Ersetzungsverfahren nach Abs 3 darauf abzielt, eine rasche Klärung der Verhältnisse herbeizuführen (*Gelhausen/Heinz* WPg 2005, 698; *Ebke* in Münch-Komm HGB[3] § 318 Anm 67), sieht das Gesetz kurze Antragsfristen vor. Der Antrag ist binnen **zwei Wochen** „nach dem Tag der Wahl des Abschlussprüfers" zu stellen (Abs 3 S 2). Es handelt sich um eine zwingende Ausschlussfrist. Das hat zur Folge, dass eine Wiedereinsetzung in den vorigen Stand, eine Unterbrechung oder eine Hemmung der Frist im Falle der Fristversäumung nicht möglich sind. Die Berechnung der Frist erfolgt nach §§ 16 ff FamFG, § 187 Abs 1, § 188 Abs 2 BGB. Die Antragsfrist verschiebt sich, wenn ein Befangenheitsgrund erst nach der Wahl bekannt wird oder erst nach der Wahl eintritt (Abs 3 S 3). Der Antrag ist dann zwei Wochen nach dem Tag zu stellen, an dem der Antragsberechtigte Kenntnis von den die Befangenheit begründenden Umständen erlangt hat oder ohne grobe Fahrlässigkeit hätte erlangen können (vgl RegE BilReG BT-Drs 15/3419, 36).

IV. Antragsverfahren

21 Für den Antrag nach Abs 3 ist örtlich und sachlich das Amtsgericht am Sitz der zu prüfenden KapGes/KapCoGes zuständig (§ 377 Abs 1 FamFG). Mögliche Antragsteller sind die in Abs 3 S 1 oder S 6 genannten Personen. Antragsgegner ist die KapGes, vertreten durch den Vorstand (§ 78 Abs 1 AktG), die GmbH, vertreten durch den/die Geschäftsführer (§ 35 Abs 1 GmbHG), die KapCoGes, vertreten durch ihr jeweiliges Vertretungsorgan (§ 264a Abs 2); der Fall des ausnahmsweisen Übergangs der Vertretungsbefugnis auf den AR (§§ 112, 246 Abs 2 AktG) ist hier nicht gegeben (BayObLG 17.9.1987 WM, 1361 ff). Ebenfalls Beteiligter im materiellen Sinn ist der gewählte und bereits beauftragte AP (Abs 3 S 1). Allen Beteiligten ist rechtliches Gehör zu gewähren. Es hat auch eine Anhörung des AR zu erfolgen (wie bei der gerichtlichen Bestellung eines Sonderprüfers, § 142 Abs 5 AktG), weil die Bestellung eines anderen AP in die Geschäftsführungsaufgabe des AR eingreift.

Gibt das Gericht dem Antrag statt, hat es gleichzeitig einen AP zu bestellen. Es kann Vorschlägen der Antragsteller oder der Beteiligten folgen. Der Prüfungsvertrag kommt durch die gerichtliche Entscheidung und Annahme durch den neu bestellten AP zustande (*ADS*[6] § 318 Anm 378; *Baetge/Thiele* in HdR[5] § 318 Anm 113). Jedoch sollte das Gericht zuvor den vorgesehenen WP anhören, schon um Widerrufs-/Befangenheitsgründe auszuschließen. Da der gerichtliche Ersetzungsbeschluss die Rechtslage ex nunc gestaltet, dh die Wahl des bisherigen AP und seine bis zum Ersetzungszeitpunkt vorgenommenen Prüfungshandlungen grds wirksam bleiben, kann ein Antrag auf Ersetzung des AP nicht mehr gestellt werden, wenn dieser seine Prüfung bereits beendet und den geprüften **Jahresabschluss testiert** hat (Abs 3 S 7, RegE BilReG BT-Drs 15/3419, 36). Da das Prüfungsergebnis Bestand hat und die JA wirksam festgestellt werden kann (§ 256 Abs 1 Nr 3 AktG), kommt ein Ersetzungsverfahren danach nur noch für den Fall einer Nachtragsprüfung nach § 316 Abs 3 in Betracht (*Gelhausen/Heinz* WPg 2005, 698; *Ebke* in MünchKomm HGB[3] § 318 Anm 71). Wegen der Gebühren des durch Gericht bestellten AP s Anm 32. Gegen die gerichtliche Entscheidung ist Beschwerde nach den Bestimmungen des FamFG zulässig.

V. Antragsgründe

Abs 3 S 1 besagt, dass das Gericht einen anderen AP zu bestellen hat, wenn **22** dies aus einem in der Person des gewählten AP liegenden Grund geboten erscheint, insb wenn ein Ausschlussgrund nach § 319 Abs 2–5, § 319a oder § 319b besteht. Der Antrag an das Gericht muss die Gründe erläutern, deretwegen die Bestellung eines anderen AP verlangt wird. Der Antrag kann nur auf solche Gründe gestützt werden, die in der **Person** des gewählten AP liegen. Sie müssen Zweifel begründen, dass der AP eine ordnungsgemäße Durchführung der Prüfung im Interesse der Ges und der Öffentlichkeit gewährleistet.

Der Verweis in S 1 umfasst zum einen die in § 319 Abs 3–5, § 319a, § 319b abschließend geregelten **absoluten Ausschlussgründe;** liegt einer dieser Ausschlussgründe vor, wird eine Besorgnis der Befangenheit unwiderlegbar vermutet, so dass das Ersetzungsverfahren nach Abs 3 stets begründet ist (*Ebke* in MünchKomm HGB[3] § 318 Anm 54; *WPH*[14] I, A Anm 278; *Gelhausen/Heinz* WPg 2005, 697). Hinsichtlich der Tatbestände im Einzelnen wird auf die Kommentierung der entspr Normen verwiesen.

Zum anderen wird in S 1 auf den in § 319 Abs 2 geregelten relativen Ausschlussgrund der allgemeinen **Besorgnis der Befangenheit** verwiesen, die sich insb aus Beziehungen geschäftlicher, finanzieller oder persönlicher Art zwischen AP und zu prüfender Ges ergeben kann. Die Würdigung, ob von einer Besorgnis der Befangenheit auszugehen ist, muss im jeweiligen Einzelfall unter Berücksichtigung von Art und Bedeutung des Sachverhalts, des Gesamtzusammenhangs, der getroffenen Vermeidungs- und Schutzmaßnahmen und der zu erwartenden Auswirkungen aus der Sichtweise eines objektiven und verständigen Dritten erfolgen (s § 319 Anm 31; *Ebke* in MünchKomm HGB[3] § 318 Anm 56). Anhaltspunkte für diese Beurteilung liefern insb die berufsrechtlichen Regelungen zur Unbefangenheit in den §§ 21 ff der BS WP/vBP. Als eine Besorgnis der Befangenheit auslösende Momente kommen zB wirtschaftliche oder sonstige Eigeninteressen des AP, eine verbotene Selbstprüfung eigener Leistungen, eine Interessenvertretung für oder gegen die zu prüfende Ges, eine übermäßige persönliche Vertrautheit des AP zur UntLeitung oder besondere Einflussnahmen durch die zu prüfende Ges in Betracht (zu Einzelheiten s § 319 Anm 20 ff; *Ebke* in MünchKomm HGB[3] § 318 Anm 57 ff).

Aus dem Gesetzeswortlaut des S 1 („insbesondere") ist abzuleiten, dass auch **23** außerhalb der gesetzlichen Ausschlussgründe der §§ 319 Abs 2 bis 5, 319a, 319b in der Person des gewählten AP liegende **sonstige Gründe** ein Ersetzungsverfahren rechtfertigen können (*Ebke* in MünchKomm HGB[3] § 318 Anm 54 mwN). Allerdings ist der verbleibende praktische Anwendungsbereich gering, seitdem infolge der Gesetzesänderungen durch das BilReG auch die allgemeine Besorgnis der Befangenheit zu den gesetzlichen Ausschlussgründen zählt.

Mangelnde **fachliche Qualifikation** des AP kann ein Ersetzungsgrund sein, wenn im Einzelfall wegen fehlender branchenbezogener oder sonstiger Spezialkenntnisse und Erfahrungen des AP und seiner Mitarbeiter eine sachgerechte Durchführung der APr ernsthaft gefährdet ist (*ADS*[6] § 318 HGB Anm 372 mwN; *Ebke* in MünchKomm HGB[3] § 318 Anm 62; *Müller* in Kölner Komm HGB § 318 Anm 93). Entspr gilt, wenn der AP zB wegen einer schwerwiegenden Erkrankung an einer zeitgerechten Durchführung der APr gehindert ist. Auch die mangelnde **persönliche Zuverlässigkeit** des AP, die zB durch die Bestrafung in einem berufsrechtlichen Verfahren zum Ausdruck kommen kann, oder ein schwerwiegender **Vertrauensbruch** des AP ggü der zu prüfenden Ges (zB Verschwiegenheitspflichtverletzung, gezielte Abwerbung von Fachkräften) kann uU einen Ersetzungsgrund darstellen (*Ebke* in MünchKomm HGB[3] § 318 Anm 62; *ADS*[6] § 318 Anm 373).

Dagegen begründet die mangelnde **personelle oder sachliche Ausstattung** des AP idR keinen Ersetzungsgrund, solange die ordnungsgemäße Durchführung der APr durch die zulässige Inanspruchnahme von sachkundigen Dritten oder sonstigen Hilfskräften gesichert ist (*ADS*[6] § 318 Anm 374 mwN; *Baetge/ Thiele* in HdR[5] § 318 Anm 107).

C. Gerichtliches Bestellungsverfahren (Abs 4)

I. Allgemeines

26 Sinn und Zweck des gerichtlichen Bestellungsverfahrens ist es, die rechtzeitige Durchführung der APr zu gewährleisten. Der Vorrang der Bestellung durch die Ges gilt solange, bis das Gericht seinerseits einen AP bestellt hat. Das gerichtliche Verfahren ist eröffnet in den Fällen der Untätigkeit des Wahlorgans der Ges, der Unwirksamkeit der Wahl oder von sonstigen Ereignissen, die eine Durchführung der APr durch den gewählten AP verhindern. Abs 4 greift somit ein, wenn bis zum Ende des Gj kein AP gewählt ist (S 1), der gewählte AP den Auftrag ablehnt (S 2, erste Alternative), aus anderen Gründen wegfällt (S 2, zweite Alternative) oder verhindert ist (S 2, dritte Alternative). Abs 4 ist **zwingend;** es handelt sich nicht um eine Soll-Vorschrift.

Die gesetzlichen Vertreter sind gem Abs 4 S 3 verpflichtet, den Antrag unverzüglich nach Ablauf des Gj zu stellen, wenn ein Tatbestand nach Abs 4 S 1 oder S 2 gegeben ist. Während die gesetzlichen Vertreter den Antrag stellen müssen, ist die Antragstellung durch andere Antragsberechtigte fakultativ.

Gegen die Entscheidung des Gerichts kann sofortige Beschwerde eingelegt werden (Abs 4 S 4). Darüber hinaus ist eine Anfechtung der Bestellung des AP nicht zulässig. Bis zur Bestellung durch das Gericht kann ein AP durch eine – wenn auch verspätet einberufene – HV oder GesV gewählt werden (glA *Baetge/ Thiele* in HdR[5] § 318 Anm 129; *ADS*[6] § 318 Anm 405). Zulässig ist allerdings die Aufhebung der gerichtlichen Bestellung eines AP durch das Gericht (OLG Köln 3.1.2000 NJW-RR, 844f; s auch OLG Düsseldorf 3.8.1998 NJW-RR 1999, 832f, wonach die Beschwerde auch im Falle der Zurückweisung des Antrags, einen AP zu bestellen, zulässig ist).

27 Der **antragsberechtigte Personenkreis** umfasst die gesetzlichen Vertreter der Ges, den AR oder einzelne Gester (ohne dass es für ihre Antragsberechtigung auf die Höhe ihrer Kapitalbeteiligung oder ihre Stimmberechtigung ankommt). Abw zu Abs 3 steht das Antragsrecht damit jedem Aktionär zu, auch dem stimmrechtslosen Vorzugsaktionär. Der Kreis der Antragsberechtigten ist **abschließend.** Andere Personen als die genannten sind nicht antragsberechtigt, selbst wenn sie ein Interesse am Jahresergebnis der Ges und damit auch an der APr haben; dies gilt zB für Inhaber von Genussscheinen oder Obligationen oder für stille Gester (*ADS*[6] § 318 Anm 392; *Baetge/Thiele* in HdR[5] § 318 Anm 125). Zur gerichtlichen Bestellung im Falle der Insolvenz der Ges vgl Anm 41.

II. Antragsvoraussetzungen

1. Fehlende Wahl des Abschlussprüfers

28 Voraussetzung für den Antrag auf gerichtliche Bestellung ist, dass der AP bis zum Ablauf des Gj nicht gewählt worden ist (Abs 4 S 1). Dies ist der Fall, wenn das Wahlorgan untätig geblieben ist oder der Wahlbeschluss nichtig war oder erfolgreich angefochten worden ist. Die Anfechtung eines HV-Beschlusses muss im Verfahren nach § 246 AktG im Wege einer Anfechtungsklage geltend gemacht werden. Gem § 248 AktG steht infolge der Urteilswirkung dann fest, dass ein AP nicht wirksam gewählt wurde. Auf die GesterBeschlüsse einer GmbH finden die §§ 246f AktG analog Anwendung. Gegen die Beschlüsse einer KapCoGes steht dagegen keine Anfechtungsklage, sondern nur die allgemeine Feststellungsklage zur Verfügung (*Schmidt* in Scholz[10] Anh § 45 Anm 49 mwN).

Der Antrag auf gerichtliche Bestellung eines AP kann erst nach Ablauf des Gj gestellt werden, auch wenn abzusehen ist, dass das zuständige Organ sein Wahlrecht nicht fristgemäß ausüben wird (*Baetge/Thiele* in HdR[5] § 318 Anm 128; *ADS*[6] § 318 Anm 401; so grds auch *Ebke* in MünchKomm HGB[2] § 318 Anm 76; aA *v Falkenhausen/Kocher* ZIP 2005, 604; *Habersack/Schürnbrand* in Großkomm HGB[5] § 318 Anm 70).

Eine außerordentliche Haupt- oder GesV muss nicht zwangsläufig immer dann einberufen werden, wenn die ordentliche Haupt- oder GesV keinen Wahlbeschluss gefasst hat. Der Vorstand einer AG oder die Geschäftsführung einer GmbH oder die gesetzlichen Vertreter einer KapCoGes müssen vielmehr zwischen dem für die Einberufung und Abhaltung einer HV/GesV entstehenden Aufwand und der – allerdings erheblichen – Bedeutung der AP-Bestellung durch die Ges abwägen (*ADS*[6] § 318 Anm 402).

Da die Bestellung des AP nur erfolgen kann, wenn der AP bis zum Ablauf des Gj nicht gewählt wurde, muss ein Antrag auf Bestellung durch das Gericht abgewiesen werden, wenn er gestellt wurde, nachdem ein AP gewählt worden ist. Dies gilt nicht nur, wenn die Wahl vor Ablauf des Gj erfolgt, sondern auch dann, wenn die Wahl nach Ablauf des Gj zustande kommt (*ADS*[6] § 318 Anm 403; *Baetge/Thiele* in HdR[5] § 318 Anm 129). Die Erteilung des Prüfungsauftrags ist in diesem Zusammenhang nicht relevant; es wird lediglich auf die AP-Wahl abgestellt.

Die Wahlbefugnis des zuständigen GesOrgans endet mit der Bestellung des AP durch das Gericht. Eine danach durchgeführte Wahl ist unwirksam. Jedoch kann ein Ersatzprüfer gewählt werden für den Fall, dass der gerichtlich bestellte AP wegfällt. Maßgeblicher Zeitpunkt für das Erlöschen der Wahlbefugnis der Ges ist der Zeitpunkt der rechtskräftigen gerichtlichen Entscheidung, nicht bereits der der Antragstellung. Falls das Gericht von einem Wahlbeschluss der Ges nicht rechtzeitig Kenntnis erlangt und irrtümlich die Voraussetzungen für eine gerichtliche Bestellung des AP annimmt, bleibt die Wahl und auch die Bestellung durch die Ges grds wirksam. Da die Bestellung des AP durch das Gericht nicht mehr rückgängig gemacht werden kann, müssten beide AP, also der gerichtlich bestellte und der von der Ges gewählte, nebeneinander prüfen, wenn nicht die durch die Ges vorgenommene Bestellung widerrufen wird (*ADS*[6] § 318 Anm 405f).

2. Sonstige Antragsgründe

Nach Abs 4 S 2 liegen weitere Antragsgründe vor, wenn
- der gewählte AP die Auftragsannahme abgelehnt hat,
- der gewählte und ordnungsgemäß bestellte AP nachträglich weggefallen ist oder
- der gewählte und bestellte AP an der rechtzeitigen Beendigung der APr verhindert und ein anderer AP nicht gewählt worden ist.

Aufgrund des Verweises auf Abs 4 S 1 („gleiches gilt") kann der Antrag auf gerichtliche Bestellung aus sonstigen Gründen ebenfalls erst nach Ablauf des Gj gestellt werden (so grds auch *Ebke* in MünchKomm HGB[3] § 318 Anm 76; aA *Baetge/Thiele* in HdR[5] § 318 Anm 131; *Habersack/Schürnbrand* in Großkomm HGB[5]

§ 318 Anm 70). Die Kosten einer ao HV bei einer AG sind kein hinreichender Grund, den Aktionären die Wahlberechtigung vor Ablauf des Gj zu entziehen.

Die **Ablehnung des Prüfungsauftrags** muss gem § 51 WPO durch den AP unverzüglich erfolgen, so dass idR genügend Zeit für die Wahl eines anderen AP verbleibt.

30 Gründe für den **nachträglichen Wegfall** des gewählten Prüfers sind Tod, Geschäftsunfähigkeit, Erlöschen, Rücknahme oder Widerruf der Bestellung als WP (§§ 19, 20 WPO) sowie Kündigung gem Abs 6 (Anm 34 ff). Ist AP eine WPG, ist diese weggefallen, wenn sie ihre Anerkennung als WPG verloren hat. Dagegen ist im Falle der Verschmelzung auf eine andere WPG davon auszugehen, dass das Prüfungsmandat durch Gesamtrechtsnachfolge auf den übernehmenden Rechtsträger übergeht (*ADS*[6] § 319 Anm 33; LG München I 22.10.2011 AG 2012, 386).

31 Eine **nicht rechtzeitige Beendigung** der Prüfung kann sich durch Krankheit, Zeitmangel, Mitarbeitermangel oder anderweitigen Ausfall des AP ergeben (*Ebke* in MünchKomm HGB[3] § 318 Anm 77; *Müller* in Kölner Komm HGB § 318 Anm 111). Umstände, die der gewählte AP durch den Einsatz zusätzlicher geeigneter Mitarbeiter ausgleichen kann, sind kein Grund iSv Abs 4 S 2. Im Falle der Verhinderung des gewählten AP erlischt sein Mandat. Der durch das Gericht zu bestellende AP tritt grds an die Stelle des verhinderten AP. Allenfalls wenn der Prüfungsablauf bereits sehr weit fortgeschritten ist, kann das Gericht ausnahmsweise dem gewählten AP einen anderen zur Seite stellen, wenn der Ablauf dadurch beschleunigt und die Verwertung der bereits vorliegenden Prüfungsergebnisse ermöglicht wird (glA *ADS*[6] § 318 HGB Anm 413).

D. Vergütung des gerichtlich bestellten Abschlussprüfers (Abs 5)

32 Abs 5 regelt die Ansprüche des nach Abs 3 oder Abs 4 vom Gericht bestellten AP auf Vergütung und Auslagenersatz. Die Festsetzung durch das Gericht ersetzt die allgemeinen vertraglichen Regelungen in §§ 612, 632 BGB. Nach Bestellung durch das Gericht und Annahme durch den AP kommt zwischen der zu prüfenden KapGes/KapCoGes und dem AP ein Prüfungsvertrag zustande, der den üblichen Regelungen des Prüfungsvertrags (Anm 14 ff) entspricht.

Der gerichtlich bestellte AP wird idR wie der gewählte mit der KapGes/ KapCoGes **Vereinbarungen** über Vergütung und Auslagenersatz treffen. Es gilt der Grundsatz der Vertragsfreiheit. Wenn eine solche besondere Vergütungsvereinbarung besteht, entfällt regelmäßig die Veranlassung, das Beschlussverfahren nach Abs 5 zu beantragen. Im Falle der Nichtleistung der vereinbarten Vergütung durch die Ges ist die Forderung im Wege der Leistungsklage vor dem ordentlichen Gericht durchzusetzen. Die Festsetzung des Anspruchs auf Ersatz angemessener barer Auslagen und auf Vergütung der Tätigkeit durch das Gericht erfolgt nur auf Antrag, also nicht automatisch von Amts wegen (*ADS*[6] § 318 Anm 430; *Baetge/Thiele* in HdR[5] § 318 Anm 141; *Müller* in Kölner Komm HGB § 318 Anm 113). Auf Antrag des AP setzt das Gericht die Höhe von Auslagen und Vergütung fest; es gelten die Verfahrensgrundsätze des FamFG und der ZPO (*Baetge/Thiele* in HdR[5] § 318 Anm 143). Das Rechtsmittel ist die Beschwerde nach §§ 58 ff FamFG, die Rechtsbeschwerde ist ausgeschlossen (Abs 5 S 3).

Für den Fall der Beantragung der gerichtlichen Entscheidung ist die Geltendmachung des Vergütungsanspruchs im Wege der Leistungsklage insoweit ausgeschlossen. Wenn der AP die Leistungsklage nicht einlegen will, steht es ihm auch im Falle des Abschlusses einer Vergütungsvereinbarung frei, den Antrag auf gerichtliche Entscheidung zu stellen. Insoweit kann aber nur die sich nach Abs 5

S 1 ergebende Vergütung zugesprochen werden. Ein Anspruch auf eine darüber hinausgehende Vergütung kann nur im Klagewege geltend gemacht werden (*ADS*[6] § 318 Anm 431).

E. Kündigung des Prüfungsvertrags (Abs 6 und 7)

I. Kündigungsgründe

Der AP kann nur **aus wichtigem Grund** den Prüfungsvertrag kündigen (Abs 6 S 1). Von der zu prüfenden Ges kann der Prüfungsauftrag überhaupt nicht gekündigt werden (*ADS*[6] § 318 Anm 432; *Ebke* in MünchKomm HGB[3] § 318 Anm 81). Eine ordentliche Kündigung durch den AP ist ebenso wenig zulässig wie die einvernehmliche Aufhebung des Prüfungsvertrags (glA *Habersack/Schürnbrand* in Großkomm HGB[5] § 318 Anm 80; *Müller* in Kölner Komm HGB § 318 Anm 56 mwN). Auch eine vertragliche Erweiterung der Kündigungsgründe ist unzulässig (*Dißars* BB 2005, 2231; *Müller* in Kölner Komm HGB § 318 Anm 56). Der Begriff des „wichtigen Grundes" entspricht dem aus § 626 BGB, dh die Fortführung des Prüfungsauftrags muss nach den Umständen des Einzelfalls und unter Abwägung aller Interessen für den AP **unzumutbar** sein. Wegen der im öffentlichen Interesse liegenden Funktion der gesetzlichen APr ist hierbei ein **strenger Maßstab** anzulegen.

Meinungsverschiedenheiten über den Inhalt des BVm, seine Einschränkung oder Versagung sind nicht als wichtiger Grund anzusehen (Abs 6 S 2). **Sachliche Differenzen** zwischen AP und Ges im Hinblick auf die Durchführung und das Ergebnis der Prüfung oder den zu Grunde zu legenden Sachverhalt finden daher keine Berücksichtigung. Auch die punktuelle Verletzung von Auskunfts- und Vorlagepflichten (§ 320) stellt grds keinen Grund für eine ao Kündigung dar; anderenfalls hätte die Ges ein Druckmittel, die Ablösung eines unliebsamen AP zu provozieren (*ADS*[6] § 318 Anm 439; *Müller* in Kölner Komm HGB § 318 Anm 58; näheres s § 320 Anm 36). Der AP wird bei sachlichen Differenzen den BVm einschränken oder versagen müssen.

Persönliche Differenzen mit GesOrganen sind nur in Ausnahmefällen als Kündigungsgrund anerkannt. Nur in äußerst schwerwiegenden Fällen, wie zB bei Nötigungen oder massiven Behinderungen des AP bei der Durchführung der APr oder bei Wegfall der Vertrauensgrundlage wegen krimineller Betätigung der Ges oder ihrer Organe, kann ein wichtiger Grund für eine ao Kündigung angenommen werden (*Ebke* in MünchKomm HGB[3] § 318 Anm 86; *Müller* in Kölner Komm HGB § 318 Anm 59); entspr können auch wiederholte Täuschungen des AP oder solche wesentlichen Umfangs die Durchführung des Prüfungsauftrags unzumutbar machen (*Dißars* BB 2005, 2232; IDW PS 210, Tz 76). Auch die vertragswidrige Verweigerung vereinbarter Abschlagszahlungen kann einen wichtigen Kündigungsgrund darstellen (*Müller* in Kölner Komm HGB § 318 Anm 59).

Das Vorliegen von **Ausschlussgründen** iSd §§ 319 Abs 2 bis 5, 319a, 319b stellt stets einen Grund für eine ao Kündigung dar. Eine Kündigung ist allerdings nur dann statthaft, wenn der Ausschlussgrund nicht umgehend beseitigt wird, zB muss ein Mitarbeiter des AP, in dessen Person ein Ausschlussgrund eingetreten ist, unverzüglich von der APr entfernt oder ein schädlicher Anteilsbesitz kurzfristig wieder veräußert werden (glA *Baetge/Thiele* in HdR[5] § 318 Anm 149; *ADS*[6] § 318 Anm 442; *Dißars* BB 2005, 2232). Ein wichtiger Kündigungsgrund besteht auch dann, wenn mit der weiteren Durchführung des Prüfungsauftrags eine nicht anders abwendbare Verletzung der Berufspflichten als WP verbunden wäre (vgl § 49 WPO, §§ 4 Abs 4, 21 BS WP/vBP). Ein **sonstiger wichtiger Grund** liegt auch vor, wenn für den AP die Durchführung der APr aus tatsächlichen Gründen unmöglich ist, zB im Falle einer schweren Erkrankung (*Baetge/Thiele* in HdR[5] § 138 Anm 148; *Dißars* BB 2005, 2232).

Die Beschränkung der Kündigung des Prüfungsauftrags auf die Fälle der Kündigung durch den AP aus wichtigem Grund gilt allerdings nur für gesetzliche Pflichtprüfungen iSd § 316. Bei einer **freiwilligen** oder **satzungsgemäßen** APr kann daher der Prüfungsauftrag nach allgemeinen zivilrechtlichen Regeln von beiden Vertragsparteien ordentlich oder ao gekündigt oder einvernehmlich aufgehoben werden. Dies gilt auch dann, wenn infolge nachträglicher Inanspruchnahme der Befreiungen nach §§ 264 Abs 3, 264b, 291, 292 der Charakter als gesetzliche Pflichtprüfung vor Beendigung der Prüfung entfallen und eine Fortsetzung als freiwillige APr nicht gewünscht ist.

II. Kündigungserklärung

35   Der AP hat die Kündigung ggü der Ges zu erklären. Eine bestimmte Form ist hierfür nicht einzuhalten. Es muss deutlich werden, dass aus wichtigem Grund gekündigt wird. Die Kündigung kann nur bis zur Vorlage des PrüfBer einschl des BVm erklärt werden. Die Kündigung muss schriftlich begründet werden (Abs 6 S 3). Die Nichteinhaltung der Schriftform führt allerdings nicht zur Unwirksamkeit der Kündigung, da das Formerfordernis nur für die Begr der Kündigung, nicht aber für ihre Erklärung gilt (*ADS*[6] § 318 Anm 445; *Baetge/Thiele* in HdR[5] § 318 Anm 153; *Müller* in Kölner Komm HGB § 318 Anm 61). Eine Verletzung der Schriftform löst lediglich eine Schadensersatzpflicht aus (BGH 18.6.1984 NJW, 2689).

III. Kündigungsfolgen

36   Infolge der Kündigung aus wichtigem Grund **endet** sowohl der schuldrechtliche Prüfungsvertrag als auch die Stellung des gesetzlichen AP **ex nunc**. Einer besonderen Niederlegung des Mandats durch den AP bedarf es nicht, die Rechtsfolge tritt automatisch ein (glA *Ebke* in MünchKomm HGB[3] § 318 Anm 91; *Müller* in Kölner Komm HGB § 318 Anm 57). Dies gilt auch für den gerichtlich bestellten AP; dieser verliert durch die Kündigung seine Stellung.

Nach erklärter Kündigung hat der AP über das Ergebnis seiner bisherigen Prüfungshandlungen in entspr Anwendung des § 321 **Bericht** zu erstatten (Abs 6 S 4). Dieser PrüfBer muss schriftlich erstattet, unterzeichnet und den gesetzlichen Vertretern oder dem AR vorgelegt werden (*ADS*[6] § 318 Anm 451; *Ebke* in MünchKomm HGB[3] § 318 Anm 93). Die Berichtspflicht dient dazu sicherzustellen, dass die Feststellungen des bisherigen AP den zuständigen GesOrganen und dem neuen AP zur Verfügung stehen; letzterer hat sich über das Ergebnis der bisherigen APr zu informieren und soll zu diesem Zweck die Begründung der Kündigung und den Bericht einsehen (§ 26 Abs 1 und 2 BS WP/vBP); entspr sieht § 320 Abs 4 eine Berichtspflicht des bisherigen ggü dem neuen AP vor. Für die inhaltliche Gestaltung des Berichts gilt § 321 analog. Der AP hat zur Ordnungsmäßigkeit der Buchführung und der bereits geprüften Teile des JA und des Lageberichts Stellung zu nehmen, soweit dies nach dem Stand der bereits durchgeführten Prüfungsarbeiten und der vorhandenen Aufzeichnungen möglich ist. Wenn ein Lagebericht schon vorliegt, muss der Bericht auch die Lagebeurteilung durch den Vorstand/Geschäftsführung kommentieren. Ferner muss dargelegt werden, ob der Vorstand/Geschäftsführung die erforderlichen Aufklärungen und Nachweise erbracht hat. Eine Gesamtbeurteilung kann allerdings nicht in

Betracht kommen, da die Prüfungsarbeiten nicht abgeschlossen werden konnten. Der AP muss aber ggf auf solche Vorgänge besonders hinweisen, die nach dem Prüfungsstand noch nicht abschließend behandelt worden sind, deren Ordnungs- oder Gesetzmäßigkeit jedoch fraglich erscheint. Schließlich ist der scheidende AP verpflichtet, die von dem neuen AP verlangten Auskünfte zu erteilen. Er muss den Bericht auf Verlangen erläutern (§ 26 Abs 3 BS WP/vBP). Eine Berichtspflicht nach Abs 6 S 4 besteht für den bisherigen AP allerdings **nicht**, wenn sein Prüfungsauftrag infolge gerichtlicher Ersetzung (Abs 3) nach Abs 1 S 5 **widerrufen** worden ist (glA IDW PS 450, Tz 150; *ADS*[6] § 318 Anm 378; *Müller* in Kölner Komm HGB § 318 Anm 64).

Nach **Absatz 7 S 1** haben die gesetzlichen Vertreter nach Eingang der Kündigungserklärung die Kündigung dem AR, der nächsten HV oder bei GmbH/KapCoGes den Gestern mitzuteilen. Diese Mitteilung kann formlos erfolgen. Die Berechtigten haben einen Anspruch, die schriftlichen Kündigungsgründe auf Grund ihrer allgemeinen Informationsrechte und Aufsichtspflichten zu erfahren (*ADS*[6] § 318 Anm 457). **37**

Der meist zeitlich folgende Bericht des bisherigen AP ist **unverzüglich** dem AR vorzulegen (Abs 7 S 2). Jedes AR-Mitglied hat Anspruch, von diesem Bericht Kenntnis zu nehmen (Abs 7 S 3); der Bericht ist jedem AR-Mitglied oder, soweit der AR dies beschlossen hat, den Mitgliedern eines Ausschusses auszuhändigen (Abs 7 S 4). Ebenso haben die Gester einer GmbH/KapCoGes, für die Abs 7 hierzu keine besondere Regelung enthält, das Recht auf Kenntnisnahme und ggf Aushändigung des Berichts entspr § 42a Abs 1 S 2 GmbHG (glA *ADS*[6] § 318 Anm 461; *Habersack/Schürnbrand* in Großkomm HGB[5] § 318 Anm 89; *Müller* in Kölner Komm HGB § 318 Anm 70). Das folgt daraus, dass der Bericht demselben Interessentenkreis wie der PrüfBer offen stehen muss, da es seine Funktion ist, die bisherigen Prüfungsergebnisse den zuständigen GesOrganen bekannt zu machen. Hat der AR den Prüfungsauftrag erteilt, treffen diesen die Mitteilungspflichten ggü den anderen Organen (Abs 7 S 5).

Nach Kündigung ist durch das zuständige Gremium ein neuer AP zu wählen, soweit nicht schon ein Ersatzprüfer gewählt wurde. Geschieht dies bis zum Ende des Gj nicht oder kündigt der AP erst nach Ende des Gj, kommt auch eine gerichtliche Bestellung des AP in Betracht (Abs 4 und Anm 26).

F. Publizitätsgesetz

Nach § 6 Abs 3 S 1 PublG wird der AP bei reinen PersGes, soweit nicht Gesetz, Satzung oder GesVertrag etwas anderes vorsehen, grds von den Gestern gewählt. Sieht der GesVertrag nichts anderes vor, bedarf die Wahl des AP der Mitwirkung sämtlicher Gester, dh bei einer KG auch die der Kommanditisten (BGH 24.3.1980 BB, 695; *Baumbach/Hopt*[35] § 164 Anm 3 mwN). Bei **anderen Unternehmen,** die unter das PublG fallen (s § 3 Abs 1 PublG), wird der AP, sofern keine anderen Bestimmungen bestehen, vom AR gewählt; besteht kein AR, bestellen die gesetzlichen Vertreter den AP (§ 6 Abs 3 S 3 PublG). Zu diesen Unt gehören insb Stiftungen sowie Anstalten (als Kfl), sofern nicht abw Landesrecht vorgeht. **38**

Für den **Konzernabschluss** gelten bei reinen PersGes ua § 318 sowie § 6 Abs 3 PublG sinngemäß (§ 14 Abs 1 PublG). Unterliegt der KA der Pflichtprüfung nach dem PublG, wählen die Gester des MU den Konzern-AP, sofern GesVertrag oder Satzung keine anderweitige Regelung enthalten. Wird dieser nicht gesondert gewählt, gilt die Fiktion des Abs 2 S 1, der AP für den JA des MU ist also zugleich der Konzern-AP. Die Anwendung dieser Fiktion setzt aber voraus, **39** dass der AP des JA die Anforderungen nach § 319 Abs 1 erfüllt; zur Prüfung des KA sind nur WP und WPG berechtigt.

Besondere Regelungen bestehen nach § 14 Abs 2 PublG für die Bestellung des Konzern-AP bei eG als MU, dazu Vor § 339 Anm 11, 36.

G. Spezialgesetzliche Regelungen

40 Für Kreditinstitute (§ 340k) und für VersicherungsUnt (§ 341k) wird § 318 durch Spezialvorschriften ergänzt; außerdem gilt § 318 hier auch für andere Rechtsformen als KapGes. Bei **Kreditinstituten** ist nach § 28 Abs 1 KWG der gem § 318 gewählte AP der BaFin anzuzeigen. Die BaFin kann dann innerhalb eines Monats nach Zugang der Anzeige die Bestellung eines anderen AP verlangen, wenn dies zur Erreichung des Prüfungszwecks geboten ist. Schweigen der BaFin gilt als Zustimmung.

Nach § 341k Abs 2 wird bei **Versicherungsunternehmen** der AP durch den AR bestimmt. Dieser ist vom Vorstand der BaFin anzuzeigen, dem dann ebenfalls ein Widerspruchsrecht zusteht (§ 58 Abs 2 VAG). Im Übrigen gilt auch Abs 1 (ohne S 2, da VersicherungsUnt nicht in der Rechtsform der GmbH betrieben werden dürfen, § 7 Abs 1 VAG).

41 **Spezialgesetze** wie die Vorschriften über Verschmelzungsprüfungen (§ 10 Abs 1 UmwG) und über die Kapitalerhöhungs-Sonderbilanz (§§ 209 Abs 4 AktG, 57 f Abs 3 GmbHG) verweisen auf Bestimmungen des § 318. Nach § 30 Abs 1 AktG bestellen die Gründer einer AG den AP für das erste Voll- oder Rumpf-Gj; die Bestellung bedarf der notariellen Beurkundung.

Nach Eröffnung des **Insolvenzverfahrens** erfolgt die Bestellung des AP abw von § 318 Abs 1 nicht mehr durch die Organe der Ges, sondern ausschließlich durch das Registergericht auf Antrag des Insolvenzverwalters (§ 155 Abs 3 S 1 InsO). Der Prüfungsauftrag ist dann zwischen Insolvenzverwalter und gerichtlich bestelltem AP zu schließen (*WPH*[13] II, L Anm 416). Ist bereits vor Eröffnung des Insolvenzverfahrens ein AP durch die zuständigen Organe bestellt worden, wird die Wirksamkeit dieser Bestellung durch die nachfolgende Eröffnung des Insolvenzverfahrens nicht berührt (§ 155 Abs 3 S 2 InsO). Dies gilt für die erfolgte Bestellung als AP für das vor Verfahrenseröffnung liegende Rumpf-Gj, aber auch für die Bestellung als AP für vorangegangene reguläre Gj, für die die APr noch nicht beendet ist (*Kübler* in Kübler/Prütting/Bork InsO § 155 Anm 69; aA OLG Dresden 30.9.2009 NZG 2010, 397). Der Insolvenzverwalter ist nicht berechtigt, den wirksam bestellten gesetzlichen AP unter Umgehung der Regelungen des § 318 (s Anm 19) abzusetzen, indem er zB die Erfüllung des schwebenden Prüfungsauftrags nach § 103 InsO ablehnt (vgl OLG Frankfurt 4.12.2003 NZG 2004, 286; *ADS*[6] § 318 Anm 258; aA OLG Dresden 30.9.2009 NZG 2010, 396).

H. Unterrichtung der Wirtschaftsprüferkammer (Abs 8)

42 Der durch das **BilMoG** neu eingeführte Abs 8 verpflichtet den gesetzlichen AP und die gesetzlichen Vertreter der geprüften Ges, die Kündigung oder den Widerruf des Prüfungsauftrags der WPK mitzuteilen. Mit dieser Regelung wird Art 38 Abs 2 der Abschlussprüferrichtlinie in nationales Recht umgesetzt. Der **Zweck** der Vorschrift besteht darin, eine unzulässige und unbemerkte einvernehmliche Beendigung des lfd Prüfungsauftrags zu verhindern (RegE BilMoG, 192; *Müller* in Kölner Komm HGB § 318 Anm 72; *Ebke* in MünchKomm HGB[3]

§ 318 Anm 95). **Adressat** der Mitteilung ist die WPK, da dieser in Deutschland die Berufsaufsicht obliegt.

Von der Mitteilungspflicht erfasst werden die **Kündigung** des Prüfungsauftrags durch den AP aus wichtigem Grund (Abs 6) sowie der **Widerruf** des Prüfungsauftrags nach vorheriger gerichtlicher Ersetzung durch einen anderen AP (Abs 1 S 5, Abs 3). Nach den genannten Regelungen sind im Fall einer gesetzlichen APr die Möglichkeiten zur Beendigung eines bestehenden Prüfungsauftrags zum Schutz der Unabhängigkeit des AP sehr stark eingeschränkt. Mit der flankierenden Mitteilungspflicht soll einer möglichen Umgehung dieser gesetzlichen Restriktionen begegnet werden.

Keine Mitteilungspflicht besteht dann, wenn ein gewählter AP die Annahme des Prüfungsauftrags abgelehnt hat, weggefallen ist oder am rechtzeitigen Abschluss der Prüfung verhindert ist und deshalb nach Abs 4 S 2 ein anderer AP gerichtlich bestellt wurde. Ebenso findet Abs 8 im Falle einer **freiwilligen** APr keine Anwendung (glA *Baetge/Thiele* in HdR[5] § 318 Anm 161; *Mattheus* in Bilanzrecht § 318 Anm 228). Eine Mitteilungspflicht besteht auch dann nicht, wenn der Prüfungsauftrag beendet wird, nachdem infolge nachträglicher Inanspruchnahme der Befreiungen nach §§ 264 Abs 3, 264b, 291, 292 der Charakter als gesetzliche Pflichtprüfung entfallen ist.

Die Mitteilung an die WPK ist **unverzüglich,** dh ohne schuldhaftes Zögern 43 (§ 121 Abs 1 S 1 BGB) zu erstatten. Die Mitteilung hat **schriftlich begründet** zu erfolgen. Da die WPK in die Lage versetzt werden soll, die Rechtmäßigkeit der Beendigung des Prüfungsauftrags zu überprüfen, muss die Begr in einer Art und Weise ausgestaltet sein, die diese Prüfung ermöglicht (RegE BilMoG, 193). Die Darstellung der tatsächlichen Gründe, auf denen die Beendigung des Prüfungsauftrags beruht, sollte dabei so klar und aussagekräftig sein, dass die WPK ohne weiteres eine abschließende Beurteilung treffen kann (glA *PwC* BilMoG Komm, S Anm 42). Da bei der Kündigung durch den AP ohnehin eine schriftliche Begr erforderlich ist (Abs 6 S 3), wird es jedenfalls für den AP idR ausreichend sein, diese der WPK in Kopie zu übermitteln (glA *PwC* BilMoG Komm, S Anm 42; *Baetge/Thiele* in HdR[5] § 318 Anm 162). Entspr ist es im Fall des Widerrufs (Abs 1 S 5) durch die zu prüfende Ges idR ausreichend, den vorangegangenen gerichtlichen Ersetzungsbeschluss der WPK als Begr zu übermitteln (glA *Baetge/Thiele* in HdR[5] § 318 Anm 162).

Die **Verpflichtung** zur Mitteilung trifft sowohl den bestellten gesetzlichen AP als auch die gesetzlichen Vertreter der geprüften Ges. Durch die Darlegung der ggf unterschiedlichen Einschätzungen beider Seiten soll die WPK eine breitere Beurteilungsgrundlage erhalten, um die Rechtmäßigkeit der Beendigung des Prüfungsauftrags würdigen zu können (vgl RegE BilMoG, 193). Die Zusammenfassung in einer gemeinsamen Mitteilung kommt nur dann in Betracht, wenn divergierende Begr eindeutig kenntlich gemacht und zugeordnet werden (*Müller* in Kölner Komm HGB § 318 Anm 72; *Ebke* in MünchKomm HGB[3] § 318 Anm 95). Die Mitteilung an die WPK ist jedoch keine höchstpersönliche Angelegenheit der gesetzlichen Vertreter der geprüften Ges. Da es allein auf die Information der WPK ankommt, ist eine Delegation nach allgemeinen Grundsätzen zulässig (aA *Baetge/Thiele* in HdR[5] § 318 Anm 162). Entspr gilt für den AP, wenn es sich hierbei um eine WPG handelt.

I. Rechtsfolgen einer Verletzung des § 318

Es bestehen keine im HGB verankerten Sanktionen. Das noch in § 335 S 1 45 Nr 3 und 4 aF vorgesehene registergerichtliche **Zwangsgeldverfahren** zur

Vor § 319 Prüfung

Durchsetzung der Pflichten zur unverzüglichen Erteilung des Prüfungsauftrags (Abs 1 S 4) sowie zur Antragstellung auf gerichtliche Bestellung des AP (Abs 4 S 3) ist wegen seiner geringen praktischen Bedeutung durch das EHUG ersatzlos **aufgehoben** worden (vgl Begr RegE BT-Drs 16/960, 50).

Der neu hinzugefügte Abs 8 enthält ebenfalls keine Regelungen zu den **Sanktionen** im Falle einer unterlassenen, verspäteten oder unzureichend begründeten Mitteilung an die WPK. Im letztgenannten Fall wird die WPK die Beteiligten zunächst aufzufordern haben, eine hinreichende Begründung nachzuliefern. Für den AP in seiner Eigenschaft als WP/WPG kann eine Verletzung seiner Mitteilungspflicht ggf berufsrechtliche Sanktionen (vgl §§ 61a ff WPO) nach sich ziehen (glA *Baetge/Thiele* in HdR[5] § 318 Anm 163; *Müller* in Kölner Komm HGB § 318 Anm 73). Für die geprüfte Ges bleibt die Verletzung der Mitteilungspflicht sanktionslos (glA *Ebke* in MünchKomm HGB[3] § 318 Anm 96; *Müller* in Kölner Komm HGB § 318 Anm 73).

Vor § 319

Schrifttum: *Hommelhoff* Praktische Erfahrungen mit dem Abhängigkeitsbericht ZHR 1992, 295; *Hommelhoff* Thesen der Gutachter Teil 2, 27 (59. Deutscher Juristentag, Hannover 1992); *Lutter* Der doppelte Wirtschaftsprüfer in FS Semler, 835 f; *Moxter* Zur Abgrenzung von unzulässiger Mitwirkung und gebotener Einwirkung des AP bei der Abschlussprüfung (krit Würdigung zu OLG Karlsruhe vom 23. 11. 95) BB 1996, 683 f; *Schulze-Osterloh* Anm zu OLG Karlsruhe vom 23. 11. 95 (Vorinstanz zu BGH vom 21. 4. 97) EWiR 1996, 129 f; *Hommelhoff* Zur Mitwirkung des AP nach § 319 Abs 2 Nr 5 HGB Gedächtnisschrift Knobbe-Keuk 1997, 471 f; *Hommelhoff* Abschlussprüfung und Abschlussberatung (Besprechung BGH vom 21. 4. 97) ZGR 1997, 550; *Empfehlung der Kommission vom 16. Mai 2003,* Unabhängigkeit des Abschlussprüfers in der EU – Grundprinzipien, 2002/590/EG; *Gelhausen/Kuss* Vereinbarkeit von Abschlussprüfung und Beratungsleistungen durch den Abschlussprüfer NZG 9/2003, 424 ff; *Schmidt* Neue Anforderungen an die Unabhängigkeit des Abschlussprüfers: SEC-Verordnung im Vergleich mit den Empfehlungen der EU-Kommission und den Plänen der Bundesregierung BB 2003, 779 ff; SEC Final Rule: Strengthening the Commissions Requirements Regarding Auditor Independence, http://www.sec.gov/rules/final/33–8183.htm; *Baetge/Brötzmann* Neue Regelungen des Regierungsentwurfs zum Bilanzrechtsreformgesetz zur Stärkung der Unabhängigkeit des Abschlussprüfers, Der Konzern 2004, 724 ff; *Budde* Rechenschaftslegung im Spannungsfeld des Grundgesetzes in FS Moxter, 33 f; *Budde/Steuber* Rechnungslegung nach HGB und der verfassungsrechtliche Grundsatz der Gleichbehandlung in FS Baetge, 3 f; *Gelhausen* Stärkung der Unabhängigkeit des Abschlussprüfers durch das Bilanzrechtsreformgesetz, in: Freidank (Hrsg.), Reform der Rechnungslegung und Corporate Governance in Deutschland und Europa, 2004, 162 ff; *Pfitzer/Orth/Hettich* Stärkung der Unabhängigkeit des Abschlussprüfers? DStR 2004, 328 ff; *Polt/Winter* Der Honoraranspruch des Abschlussprüfers – zugleich Besprechung des Urteils des BGH vom 3.6.2004 WPg 2004, 1127 ff; *Ebke/Paal* Die Unabhängigkeit des gesetzlichen Abschlussprüfers: Absolute Ausschlussgründe und ihre Auswirkungen auf den Prüfungsvertrag, ZGR 2005, 894 ff; *Erle* Steuerberatung durch den Abschlussprüfer in FS Röhricht 2005, 859 ff; *Gelhausen/Heinz* Der befangene Abschlussprüfer – Eine aktuelle Bestandsaufnahme auf der Grundlage des Bilanzrechtsreformgesetzes WPg 2005, 693 ff; *Frings* Pflichtverletzungen des Abschlussprüfers – ein Grund zur Besorgnis der Befangenheit?, WPg 2006, 821 ff; *Henssler* M&A Beratung und Unabhängigkeit des Abschlussprüfers, ZHR 2007, 10 ff; *Ernst/Seidler* Der Regierungsentwurf eines Gesetzes zur Modernisierung des Bilanzrechts, in: ZGR 5/2008, 660 ff; *Fölsing* Unabhängigkeit in Prüfungs- und Beratungsnetzwerken, ZCG 2009, 76 ff; *Gelhausen/Fey/Kämpfer* Unabhängigkeit des Abschlussprüfers (§§ 319a, 319b HGB), in: Rechnungslegung und Prüfung nach dem Bilanzrechtsmodernisierungsgesetz, 2009, 661 ff; *Kämpfer/Gelhausen* Rechnungslegung und Prüfung nach dem Bilanzrechtsmodernisierungsgesetz (BilMoG), Unabhängigkeit des Abschlussprüfers (§§ 319a, 319b HGB), 2009; *Meuwissen/Quick* Gefährdungen und Maßnahmen zur Stärkung der Unabhängigkeit des Abschlussprüfers – Empirische Befunde einer Befragung von Aufsichtsräten –, ZCG

2009, 272 ff; *Petersen/Zwirner* Besondere Ausschlussgründe für Wirtschaftsprüfer bei Unternehmen von öffentlichem Interesse – Anmerkungen zu § 319a HGB, WPg 2009, 769 ff; *Petersen/Zwirner/Boecker* Bilanzrechtsmodernisierungsgesetz, Gesetze, Materialien, Erläuterungen, §§ 319, 319a, 319b HGB, 573 ff; *Berufssatzung WP/vBP:* Satzung der Wirtschaftsprüferkammer über die Rechte und Pflichten bei der Ausübung der Berufe des Wirtschaftsprüfers und des vereidigten Buchprüfers, Hrsg WPK, Düsseldorf 2010; *Petersen/ Zwirner/Boecker* Ausweitung der Ausschlussgründe für Wirtschaftsprüfer bei Vorliegen eines Netzwerks – Anmerkungen zu § 319b HGB, WPg 2010, 464 ff; *Quick/Niemeyer/ Sattler* Determinanten des Ausmaßes der vom Abschlussprüfer bezogenen Beratungsleistungen in FS Krawitz, 831 ff; *Quick/Sattler* Das Erfordernis der Umsatzunabhängigkeit und die Konzentration auf dem deutschen Markt für Abschlussprüferleistungen, ZfB 2011, 61 ff.; *Naumann* Europaweite Regulierung für die Abschlussprüfung – die EU-Kommission hat ihre Chance vertan, IRZ 2012, 5; *Winkeljohann/Scholz/Eibelshäuser* Tendenz zur Überregulierung durch den Regulierungsvorschlag zur Abschlussprüfung, DB 2012, 529 ff.

Rechtliche und konzeptionelle Grundlagen der Vorschriften zur Unabhängigkeit des Abschlussprüfers

Nach Art 22 der **8. EU-Richtlinie** (2006/43/EG) müssen die Mitgliedstaaten sicherstellen, dass AP und PrüfungsGes bei der Durchführung einer Pflichtprüfung von dem geprüften Unt unabhängig und nicht in das Treffen von dessen Entscheidungen eingebunden sind. Hierzu müssen die Mitgliedstaaten dafür sorgen, dass AP und PrüfungsGes die Annahme eines Prüfungsauftrags ablehnen, wenn zwischen ihnen oder ihrem Netzwerk und dem Unt unmittelbar oder mittelbar eine finanzielle oder geschäftliche Beziehung, ein Beschäftigungsverhältnis oder eine sonstige Verbindung, einschl der Erbringung bestimmter Nicht-Prüfungsleistungen, besteht, aus der ein objektiver, verständiger Dritter den Schluss ziehen würde, dass ihre Unabhängigkeit gefährdet ist. Ist die Unabhängigkeit durch Selbstprüfung, Eigeninteresse, Interessenvertretung, Vertrautheit oder Einschüchterung gefährdet, müssen der AP bzw die PrüfungsGes Schutzmaßnahmen ergreifen, um das Risiko zu mindern. Sind die Risiken im Vergleich zu den Schutzmaßnahmen so bedeutsam, dass die Gefährdung der Unabhängigkeit weiter besteht, darf bei Selbstprüfung und Eigeninteresse der Prüfungsauftrag nicht angenommen werden. Risiken und Schutzmaßnahmen sind vom AP bzw der PrüfungsGes zu dokumentieren. Art 24 verpflichtet die Mitgliedstaaten darüber hinaus, sicherzustellen, dass weder die Eigentümer und Anteilseigner noch die Mitglieder der Verwaltungs-, Leitungs- und Aufsichtsorgane einer PrüfungsGes in einer Weise in Pflichtprüfungen eingreifen, welche die Unabhängigkeit und Unparteilichkeit des verantwortlichen Prüfungspartners, der die APr für die PrüfungsGes durchführt, gefährdet.

Art 42 regelt, dass die Mitgliedstaaten bei AP und PrüfungsGes, die Pflichtprüfungen bei Unt von öffentlichem Interesse durchführen, sicherzustellen haben, dass der AP bzw die PrüfungsGes ggü dem Prüfungsausschuss des Unt jährlich schriftlich eine Unabhängigkeitserklärung abgibt, dass der Prüfungsausschuss jährlich über Dienstleistungen informiert wird, die der AP bzw die PrüfungsGes über die Pflichtprüfung hinausgehend ggü dem Unt erbracht hat und der AP bzw die PrüfungsGes die Unabhängigkeitsrisiken und die ergriffenen Schutzmaßnahmen mit dem Prüfungsausschuss erörtert. Weiterhin müssen die Mitgliedstaaten sicherstellen, dass bei Pflichtprüfungen von Unt von öffentlichem Interesse der verantwortliche Prüfungspartner spätestens 7 Jahre nach der Bestellung vom Prüfungsmandat abgezogen wird und frühestens nach Ablauf von 2 Jahren wieder zur Mitwirkung an der Prüfung berechtigt ist (Rotation). Des Weiteren ist sicherzustellen, dass der AP oder verantwortliche Prüfungspartner der PrüfungsGes für einen Zeitraum von mind 2 Jahren nach Rücktritt als AP bzw verantwortlicher Prüfungspartner keine wichtige Führungsposition im geprüften Unt übernehmen darf.

2   Der **deutsche Gesetzgeber** hat die 8. EU-Richtl mit dem **BilReG** und dem **BilMoG** umgesetzt. Die Unabhängigkeit gefährdende Faktoren sind Eigeninteressen des Prüfers, Selbstprüfung, Interessenvertretung, besondere Vertrautheit durch nahe Beziehungen zur UntLeitung sowie besondere Einflussnahmen des zu prüfenden Unt. Dabei wurde zwischen Unabhängigkeitsanforderungen, die bei allen Pflichtprüfungen gelten (§ 319) und solchen, die nur bei der Prüfung von Unt von öffentlichem Interesse zu beachten sind (§ 319a), unterschieden. Begründet wird dies mit dem erhöhten Schutzbedarf der Abschlussadressaten bei Unt von öffentlichem Interesse. Die Vorschrift der 8. EU-Richtl zur Zurechnung von bestimmten Ausschlussgründen, die von Mitgliedern eines Netzwerks erfüllt werden, wurde mit § 319b idF BilMoG umgesetzt.

3   In § 319 Abs 2 wurde der zentrale **Unabhängigkeitsgrundsatz** aufgenommen, nach dem ein(e) WP/WPG/vBP/BPG nicht AP sein darf, wenn Gründe vorliegen, nach denen **Besorgnis der Befangenheit** besteht. Bei diesen Gründen kann es sich insb um Beziehungen geschäftlicher, finanzieller und persönlicher Art handeln. Abs 3 und – bei Pflichtprüfungen von Unt von öffentlichem Interesse – § 319a konkretisieren die Generalklausel des Abs 2, indem einzelne besonders wesentliche Tatbestände festgelegt werden, bei deren Verwirklichung die unwiderlegbare Vermutung besteht, dass eine Besorgnis der Befangenheit vorliegt. Neben diesen Tatbeständen sind aber auch andere Konstellationen denkbar, die Anlass für eine Besorgnis der Befangenheit geben können. Dies ist unter Abwägung des jeweiligen Einzelfalls nach dem Gesamtbild der Verhältnisse zu entscheiden, wobei die Maßnahmen des/der WP/WPG/vBP/BPG zur Minderung oder Beseitigung der Besorgnis der Befangenheit zu berücksichtigen sind.

4   Entscheidend bei der Beurteilung, ob eine Besorgnis der Befangenheit nach § 319 Abs 2 vorliegt, ist nicht, ob tatsächlich Befangenheit gegeben ist oder der Prüfer sich selbst für befangen hält, sondern ob aus Sicht eines vernünftigen und verständigen Dritten objektive Tatbestände vorliegen, welche die Besorgnis der Befangenheit begründen.

5   In der *Begr RegE BilReG* wird darauf hingewiesen, dass mit der Vorschrift deutlich gemacht werden soll, dass der AR vor Erteilung des Auftrags nicht nur zu prüfen hat, ob konkrete Ausschlussgründe nach § 319 Abs 3 bzw § 319a vorliegen. Vielmehr muss er auch klären, ob sonstige Gründe vorliegen, welche die Unabhängigkeit des AP nach Abs 2 gefährden können. In diesem Zusammenhang bietet sich ein Gespräch mit dem vorgesehenen Prüfer an. Ziffer 7.2.1 des DCGK sieht vor, dass der AR bzw der Prüfungsausschuss vor Erteilung des Prüfungsauftrags eine **Unabhängigkeitserklärung** vom vorgesehenen AP einholt. Zudem soll mit dem AP vereinbart werden, dass er den Vorsitzenden des AR bzw des Prüfungsausschusses über während der Prüfung auftretende mögliche Befangenheitsgründe unterrichtet. In die Erklärung nach Ziffer 7.2.1 sollen auch Angaben über den Umfang sonstiger Leistungen insb aus dem Beratungssektor aufgenommen werden, die der AP im vorausgegangenen Gj für das Unt erbracht hat bzw für das zu prüfende Gj vertraglich vereinbart sind. Diese Angaben sollen dem AR bzw dem Prüfungsausschuss als eine Grundlage für die Entscheidung darüber dienen, ob solche Tätigkeiten aufgrund ihrer Art oder ihres Umfangs eine Besorgnis der Befangenheit begründen. Nach § 321 Abs 4a hat der AP seine Unabhängigkeit in einem besonderen Abschn des PrüfBer zu erklären.

6   §§ 319, 319a, 319b sind bei allen gesetzlichen APr zu beachten. Sofern bei freiwilligen APr die Anwendung von §§ 319, 319a, 319b nicht ausdrücklich vereinbart wird, sind WP berufsrechtlich verpflichtet, einen Auftrag abzulehnen, wenn die Besorgnis der Befangenheit besteht (§ 49 2. Alt WPO).

Mit der Änderung des § 319 und der Ergänzung der Vorschriften zur Unabhängigkeit um §§ 319a f durch das *BilReG* und das *BilMoG* wurde die bislang bestehende Rechtsunsicherheit bzgl des Verhältnisses zwischen § 319 und § 49 2. Alt WPO beseitigt *(Begr RegE BilReG).* Es sind daher nunmehr parallele Auslegungen der Besorgnis der Befangenheit im Berufsrecht (WPO) und bei der Frage der Auswahl des AP (HGB) geboten.

Mit dem *BilMoG* wird die Pflicht zur Rotation in Übereinstimmung mit den Vorschriften der 8. EU-Richtl erweitert. § 319a Abs 1 S 1 Nr 4 regelt, dass eine PrüfungsGes nicht AP sein darf, wenn sie bei der APr einen WP beschäftigt, der als verantwortlicher Prüfungspartner bereits in 7 Fällen oder mehr an der Prüfung mitgewirkt hat und seit der letzten Beteiligung nicht mind 2 Jahre vergangen sind. Als verantwortlicher Prüfungspartner gilt der Unterzeichner des BVm und der WP, der für die Durchführung der Prüfung vorrangig bestimmt worden ist. Verantwortlicher Prüfungspartner ist nach § 319a Abs 2 S 2 auch, wer auf der Ebene bedeutender TU als für die Durchführung von deren APr vorrangig verantwortlich bestimmt worden ist.

Zudem setzt das *BilMoG* mit der Einführung von § 319b die Vorschrift der 8. EU-Richtl in deutsches Recht um, nach der ein AP von der APr ausgeschlossen ist, wenn ein Mitglied seines Netzwerks bestimmte Ausschlussgründe erfüllt. Ein Netzwerk liegt nach § 319b Abs 1 S 3 vor, wenn Personen bei ihrer Berufsausübung zur Verfolgung gemeinsamer wirtschaftlicher Interessen für eine gewisse Dauer zusammenwirken.

Bei der Prüfung von JA/KA, bei der aufgrund vertraglicher Vereinbarung **7** (auch) die von der *International Federation of Accountants* herausgegebenen **International Standards on Auditing** beachtet werden sollen, ist neben den deutschen Prüfungsvorschriften zur Unabhängigkeit auch der *IESBA Code of Ethics* zu berücksichtigen. Der *Code of Ethics* enthält ua ausführliche Anforderungen an die Unabhängigkeit des AP. Diese Anforderungen entsprechen in allen wesentlichen Aspekten den Unabhängigkeitsvorschriften der 8. EU-Richtl. Dies zeigt auch die folgende Gegenüberstellung der handelsrechtlichen Regelungen zur Unabhängigkeit nach § 319 und der Regelungen des *IESBA Code of Ethics*.

Der *IESBA Code of Ethics for Professional Accountants* wurde vom **International** **8** **Ethics Standards Board for Accountants,** einem unabhängigen standardsetzenden Gremium innerhalb der *IFAC* erarbeitet. Der Code of Ethics formuliert Berufspflichten für Berufsangehörige – insb Anforderungen an die Unabhängigkeit des mit der APr beauftragten WP. Der *IESBA Code of Ethics* wurde im öffentlichen Interesse entwickelt und ist weltweit anwendbar. Eine Reihe von WPG haben sich dazu bekannt, keine Standards anwenden, deren Anforderungen inhaltlich hinter denen *des IESBA Code of Ethics* zurückbleiben, es sei denn, dass nationale Vorschriften der Einhaltung bestimmter Teile des Code of Ethics entgegenstehen (vgl Vorwort zum *IESBA Code of Ethics).*

Die folgende Tabelle stellt die wesentlichen Regelungen zur Unabhängigkeit **9** des *IESBA Code of Ethics* den entspr handelsrechtlichen bzw. berufsrechtlichen Regelungen ggü. Dies erleichtert den Anwendern die entspr Zuordnung der Vorschriften.

	IESBA Code of Ethics	HGB	BS WP/ vBP/WPO	Anm
Rahmenkonzept zur Unabhängigkeit	290.4 ff		§§ 21, 22 BS	
Netzwerke und Netzwerkmitglieder	290.13 ff	§ 319b		

	IESBA Code of Ethics	HGB	BS WP/ vBP/WPO	Anm
Einheiten von öffentlichem Interesse	290.25 f	§ 319a		
Dokumentation	290.29		§ 51b Abs 4 S 2 WPO	
Finanzielle Interessen	290.102 ff	§ 319 Abs 3 S 1 Nr 1		34–36
Kreditgeschäfte und Gewährleistungen	290.118 ff		§ 23 Abs 1 Nr 4 BS	23
Geschäftsbeziehungen	290.124 ff	§ 319 Abs 2	§ 23b Abs 2 BS	
Familiäre und persönliche Beziehungen	290.127 ff	§ 319 Abs 2	§ 24 BS	73
Beschäftigung bei einem APrMandanten	290.134 ff	§ 319 Abs 3 S 1 Nr 2		38–42
Tätigkeit als Mitglied eines Geschäftsführungs- oder Aufsichtsorgans eines APrMandanten	290.146 ff	§ 319 Abs 3 S 1 Nr 2		38–42
Langjährige Beziehungen leitender Mitarbeiter (einschl Partnerrotation) zu einem APrMandanten	290.150 ff	§ 319a Abs 1 S 1 Nr 4, S 4 bis 5, Abs 2 S 2	§ 24d Abs 2 S 5 BS	31–39, 41
Nichtprüfungsleistungen ggü APrMandanten, insb:	290.156 ff			
Managementaufgaben	290.162 ff	§ 319 Abs 3 S 1 Nr 3 Buchst c)	§ 23a Abs 5 BS	58–61
Erstellung von Rechnungslegungsunterlagen und Abschlüssen	290.167 ff	§ 319 Abs 3 S 1 Nr 3 Buchst a)	§ 23a Abs 3 BS	49–53
Bewertungsleistungen	290.175 ff	§ 319 Abs 3 S 1 Nr 3 Buchst d)	§ 23a Abs 6 BS	62–66
Steuerberatung/ Rechtsberatung	290.181 ff 290.209 ff	§ 319a Abs 1 S 1 Nr 2	§ 23a Abs 7 BS	11–16 (§ 319a)
Innenrevisionsleistungen	290.195 ff	§ 319 Abs 3 S 1 Nr 3 Buchst b)	§ 23a Abs 4 BS	58
IT-Dienstleistungen	290.201 ff	§ 319a Abs 1 S 1 Nr 3		21–27 (§ 319a)
Finanzdienstleistungen	290.216 ff	§ 319 Abs 3 S 1 Nr 3 Buchst c)	§ 23a Abs 5 BS	60, 61
Honorare	290.220 ff	§ 319 Abs 3 S 1 Nr 5; § 319a Abs 1 S 1 Nr 1	§ 23 Abs 1 Nr 2 u. 5 BS; § 55 Abs 1 WPO	70–72

	IESBA Code of Ethics	HGB	BS WP/ vBP/WPO	Anm
Regelungen zu Vergütung und Leistungsbeurteilung	290.228 f		§ 55c Abs 1 Nr 7 WPO iVm § 13b BS	
Tatsächliche oder drohende Rechtsstreitigkeiten	290.231		§ 23 Abs 2 Nr 2 BS	

Die ab 2014 geltenden **Änderungen** des IESBA CoE adressieren unter anderem den Umgang mit Verstößen gegen die Regelungen zur Unabhängigkeit des Abschn 290 des IESBA Code of Ethics. **10**

Im Falle der Aufdeckung eines Verstoßes vor Auslieferung des BVm sind zunächst dessen Bedeutung und die Ursachen zu analysieren. Wenn möglich, sind Maßnahmen zu ergreifen, mit denen die Ursachen oder Auswirkungen des Verstoßes begrenzt werden. Bei Unabhängigkeitsverstößen durch einzelne Mitglieder eines Prüfungsteams kommt zB der Ersatz dieser Person und die Durchsicht der Arbeitsergebnisse durch ein unabhängiges Teammitglied in Betracht. Wenn es sich um eine unzulässige Beratungsleistung handelt, stellt auch die Nachprüfung der Arbeiten durch einen externen WP eine mögliche Maßnahme dar. Bei bedeutenden Verstößen, bei denen solche Maßnahmen nicht ausreichen, ist der Auftrag wegen Vorliegens eines Ausschlussgrundes vorzeitig zu beenden, soweit dies rechtlich zulässig ist. Wenn die möglichen Maßnahmen die Ursachen bzw Auswirkungen des Verstoßes nicht ausreichend adressieren können, ist das Aufsichtsorgan des Mandanten zu informieren, dass der Auftrag vorzeitig beendet werden muss, wenn dies rechtlich zulässig ist. In anderen Fällen, in denen die geplanten Maßnahmen als ausreichend angesehen werden, ist das Aufsichtsorgan zu informieren und eine Abstimmung über die Eignung der Maßnahmen herbeizuführen. Betrifft der Verstoß bereits abgeschlossene Prüfungen, sind ebenfalls Ursachen und Auswirkungen zu analysieren sowie das Aufsichtsorgan zu informieren. Die Einhaltung der Vorschriften zum Umgang mit Verstößen ist zu dokumentieren.

Für die Prüfung von **Genossenschaften** durch den Prüfungsverband, dem die eG angehört, gilt nach § 55 GenG folgendes: Ein gesetzlicher Vertreter oder eine vom Verband beschäftigte Person, die das Ergebnis der Prüfung beeinflussen kann, ist von der Prüfung ausgeschlossen, wenn Gründe, insb Beziehungen geschäftlicher, finanzieller oder persönlicher Art, vorliegen, nach denen die Besorgnis der Befangenheit besteht. Dies ist nach § 55 Abs 2 S 2 GenG insb der Fall, wenn der Vertreter oder die vom Verband beschäftigte Person Mitglied, Mitglied des Vorstands, Mitglied des AR oder Arbeitnehmer der zu prüfenden eG ist sowie in den Fällen des § 319 Abs 3 Nr 3. Dies gilt nach § 55 Abs 2 S 2 GenG auch dann, wenn die betr Tätigkeiten von einem Unt für die zu prüfende eG ausgeübt werden, bei dem der gesetzliche Vertreter des Verbands oder die vom Verband beschäftigte Person als gesetzlicher Vertreter, Arbeitnehmer, Mitglied des AR oder Gester, der mehr als 20% der den Gestern zustehenden Stimmrechte besitzt, diese Tätigkeit ausübt oder deren Ergebnis beeinflussen kann. Auf Mitglieder des AR des Prüfungsverbands ist der Ausschlussgrund der Mitgliedschaft im Vorstand oder AR der zu prüfenden eG nicht anzuwenden, wenn sichergestellt ist, dass der Prüfer die Prüfung unabhängig von den Weisungen durch das Aufsichtsorgan durchführen kann. Die Vorschriften gelten jeweils auch für Ehegatten und Lebenspartner. Nimmt die zu prüfende eG einen organisierten Markt iSd § 2 Abs 5 WpHG in Anspruch, ist § 319a Abs 1 auf die Vertreter und Personen iSd § 55 Abs 2 S 1 GenG entspr anzuwenden. **11**

§ 319 Prüfung

Auf die JAP von **AG, GmbH und Ges, bei denen kein persönlich haftender Gester eine natürliche Person ist,** gilt nach Art 25 Abs 1 S 1 EGHGB, wenn die Anteils- und Stimmrechtsmehrheiten eG oder genossenschaftlichen Prüfungsverbänden zustehen, ist § 319 Abs 1 mit der Maßgabe anzuwenden, dass diese Unt sich auch von dem Prüfungsverband prüfen lassen dürfen. § 319 Abs 2 und 3 sowie § 319a Abs 1 sind in diesen Fällen auf die gesetzlichen Vertreter des Prüfungsverbands und auf alle vom Prüfungsverband beschäftigten Personen, die das Ergebnis der Prüfung beeinflussen können, entspr anzuwenden. § 319 Abs. 3 S 1 Nr 2 ist auf Mitglieder des Aufsichtsorgans des Prüfungsverbands nicht anzuwenden, wenn sichergestellt ist, dass der AP die Prüfung unabhängig von den Weisungen durch das Aufsichtsorgan durchführen kann (Art 25 Abs 1 S 3 EGHGB). Zur Anwendung der §§ 319 ff auf die Prüfung von eG s auch Vor § 339 Anm 32.

§ 319 Auswahl der Abschlussprüfer und Ausschlussgründe

(1) [1] Abschlussprüfer können Wirtschaftsprüfer und Wirtschaftsprüfungsgesellschaften sein. [2] Abschlussprüfer von Jahresabschlüssen und Lageberichten mittelgroßer Gesellschaften mit beschränkter Haftung (§ 267 Abs. 2) oder von mittelgroßen Personenhandelsgesellschaften im Sinne des § 264a Abs. 1 können auch vereidigte Buchprüfer und Buchprüfungsgesellschaften sein. [3] Die Abschlussprüfer nach den Sätzen 1 und 2 müssen über eine wirksame Bescheinigung über die Teilnahme an der Qualitätskontrolle nach § 57a der Wirtschaftsprüferordnung verfügen, es sei denn, die Wirtschaftsprüferkammer hat eine Ausnahmegenehmigung erteilt.

(2) Ein Wirtschaftsprüfer oder vereidigter Buchprüfer ist als Abschlussprüfer ausgeschlossen, wenn Gründe, insbesondere Beziehungen geschäftlicher, finanzieller oder persönlicher Art, vorliegen, nach denen die Besorgnis der Befangenheit besteht.

(3) [1] Ein Wirtschaftsprüfer oder vereidigter Buchprüfer ist insbesondere von der Abschlussprüfung ausgeschlossen, wenn er oder eine Person, mit der er seinen Beruf gemeinsam ausübt,
1. Anteile oder andere nicht nur unwesentliche finanzielle Interessen an der zu prüfenden Kapitalgesellschaft oder eine Beteiligung an einem Unternehmen besitzt, das mit der zu prüfenden Kapitalgesellschaft verbunden ist oder von dieser mehr als zwanzig vom Hundert der Anteile besitzt;
2. gesetzlicher Vertreter, Mitglied des Aufsichtsrats oder Arbeitnehmer der zu prüfenden Kapitalgesellschaft oder eines Unternehmens ist, das mit der zu prüfenden Kapitalgesellschaft verbunden ist oder von dieser mehr als zwanzig vom Hundert der Anteile besitzt;
3. über die Prüfungstätigkeit hinaus bei der zu prüfenden oder für die zu prüfende Kapitalgesellschaft in dem zu prüfenden Geschäftsjahr oder bis zur Erteilung des Bestätigungsvermerks
    a) bei der Führung der Bücher oder der Aufstellung des zu prüfenden Jahresabschlusses mitgewirkt hat,
    b) bei der Durchführung der internen Revision in verantwortlicher Position mitgewirkt hat,
    c) Unternehmensleitungs- oder Finanzdienstleistungen erbracht hat oder
    d) eigenständige versicherungsmathematische oder Bewertungsleistungen erbracht hat, die sich auf den zu prüfenden Jahresabschluss nicht nur unwesentlich auswirken,
sofern diese Tätigkeiten nicht von untergeordneter Bedeutung sind; dies gilt auch, wenn eine dieser Tätigkeiten von einem Unternehmen für die zu prü-

fende Kapitalgesellschaft ausgeübt wird, bei dem der Wirtschaftsprüfer oder vereidigte Buchprüfer gesetzlicher Vertreter, Arbeitnehmer, Mitglied des Aufsichtsrats oder Gesellschafter, der mehr als zwanzig vom Hundert der den Gesellschaftern zustehenden Stimmrechte besitzt, ist;
4. bei der Prüfung eine Person beschäftigt, die nach den Nummern 1 bis 3 nicht Abschlussprüfer sein darf;
5. in den letzten fünf Jahren jeweils mehr als dreißig vom Hundert der Gesamteinnahmen aus seiner beruflichen Tätigkeit von der zu prüfenden Kapitalgesellschaft und von Unternehmen, an denen die zu prüfende Kapitalgesellschaft mehr als zwanzig vom Hundert der Anteile besitzt, bezogen hat und dies auch im laufenden Geschäftsjahr zu erwarten ist; zur Vermeidung von Härtefällen kann die Wirtschaftsprüferkammer befristete Ausnahmegenehmigungen erteilen.

[2] Dies gilt auch, wenn der Ehegatte oder der Lebenspartner einen Ausschlussgrund nach Satz 1 Nr. 1, 2 oder 3 erfüllt.

(4) [1] Wirtschaftsprüfungsgesellschaften und Buchprüfungsgesellschaften sind von der Abschlussprüfung ausgeschlossen, wenn sie selbst, einer ihrer gesetzlichen Vertreter, ein Gesellschafter, der mehr als zwanzig vom Hundert der den Gesellschaftern zustehenden Stimmrechte besitzt, ein verbundenes Unternehmen, ein bei der Prüfung in verantwortlicher Position beschäftigter Gesellschafter oder eine andere von ihr beschäftigte Person, die das Ergebnis der Prüfung beeinflussen kann, nach Absatz 2 oder Absatz 3 ausgeschlossen sind. [2] Satz 1 gilt auch, wenn ein Mitglied des Aufsichtsrats nach Absatz 3 Satz 1 Nr. 2 ausgeschlossen ist oder wenn mehrere Gesellschafter, die zusammen mehr als zwanzig vom Hundert der den Gesellschaftern zustehenden Stimmrechte besitzen, jeweils einzeln oder zusammen nach Absatz 2 oder Absatz 3 ausgeschlossen sind.

(5) Absatz 1 Satz 3 sowie die Absätze 2 bis 4 sind auf den Abschlussprüfer des Konzernabschlusses entsprechend anzuwenden.

Übersicht

	Anm
A. Allgemeines	1–5
B. Voraussetzungen für die Auswahl als Abschlussprüfer (Abs 1)	
I. Personenkreis der Abschlussprüfer (Abs 1 S 1 und 2)	8–13
II. Teilnahme an der Qualitätskontrolle (Abs 1 S 3)	15–17
C. Ausschlussgründe (Abs 2 und 3)	
I. Allgemeiner Grundsatz: Besorgnis der Befangenheit (Abs 2)	20–31
II. Einzelne Ausschlussgründe für alle Unternehmen (Abs 3)	
1. Gemeinsame Berufsausübung (S 1)	32, 33
2. Finanzielle Interessen (Abs 3 S 1 Nr 1)	34–36
3. Funktionen in der zu prüfenden Kapitalgesellschaft (Abs 3 S 1 Nr 2)	38–42
4. Ausübung bestimmter Tätigkeiten (Abs 3 S 1 Nr 3)	
a) Allgemeines	46, 47
b) Buchführung und Aufstellung des Jahresabschlusses	49–53
c) Interne Revision	58
d) Unternehmensleitungs- und Finanzdienstleistungen	60, 61
e) Versicherungsmathematische und Bewertungsleistungen	62–66
5. Einsatz von befangenen Personen (Abs 3 S 1 Nr 4)	67, 68

	Anm
6. Umsatzabhängigkeit (Abs 3 S 1 Nr 5)	70–72
7. Ehegatten und Lebenspartner (Abs 3 S 2)	73
III. Ausschlussgründe für Prüfungsgesellschaften (Abs 4)	77–82
IV. Ausschlussgründe bei der Prüfung von Konzernabschlüssen (Abs 5)	87–89
D. Rechtsfolgen einer Verletzung des § 319	92–96

A. Allgemeines

1 Abs 1 bestimmt, wer AP sein darf, nämlich nur WP oder WPG sowie für bestimmte Unt auch vBP oder BPG. Diese müssen über eine Bescheinigung über die Teilnahme an der Qualitätskontrolle nach § 57a WPO oder eine Ausnahmegenehmigung der WPK verfügen. Liegen diese Voraussetzungen nicht vor, ist der Wahlbeschluss (§ 241 Nr 3 AktG) ggf nichtig. Nach § 256 Abs 1 Nr 3 AktG ist ein JA nichtig, wenn eine bestellte Person nicht AP sein darf (s Anm 92 ff). Diese Vorschrift ist auf Ges in der Rechtsform der GmbH analog anzuwenden (s auch *WPH*[14] I, U 178 f).

2 In Abs 2 und 3 S 1 sind die **Ausschlusstatbestände** festgelegt, die dazu führen, dass WP/vBP wegen Inhabilität (Unvereinbarkeit) nicht AP sein dürfen. Abs 2 enthält den allgemeinen Grundsatz, dass ein AP ausgeschlossen ist, wenn die Besorgnis der Befangenheit besteht.

Abs 3 S 1 konkretisiert den allgemeinen **Unabhängigkeitsgrundsatz,** indem einzelne nicht mit der Unabhängigkeit des AP zu vereinbarende Sachverhalte aufgeführt werden. Bei Vorliegen eines der in Abs 3 S 1 aufgeführten Sachverhalte besteht die unwiderlegbare Vermutung, dass ein WP, der tatbestandsmäßig handelt, als AP ausgeschlossen ist. Bei Sachverhalten, die nicht in der Liste des Abs 3 enthalten sind, aber gleichwohl von Abs 2 erfasst werden, ist nach den konkreten Umständen des Einzelfalls zu entscheiden, ob eine Besorgnis der Befangenheit vorliegt. Abs 4 überträgt die Ausschlusstatbestände der Abs 2 und 3 S 1 auf WPG und BPG. Abs 5 regelt die entspr Anwendung der Abs 2 bis 4 auf die KA-Prüfung.

3 Die WP/WPG/vBP/BPG haben vor Annahme eines jeden Mandats zur Durchführung einer APr zu prüfen, ob ein gesetzlicher Ausschlusstatbestand vorliegt. Das LG Köln (13.9.1991 DB 1992, 265) bestätigt eine *bis zur Beendigung der Prüfung* andauernde Verpflichtung des AP, sich zu vergewissern, dass er ordnungsgemäß bestellt ist (so auch § 21 Abs 5 BS).

4 Nach dem **DCGK** (Tz 7.2.1) soll der AR bzw der Prüfungsausschuss vor Unterbreitung des Wahlvorschlags an die HV eine Erklärung des vorgesehenen Prüfers einholen, ob und ggf welche beruflichen, finanziellen oder sonstigen Beziehungen zwischen dem Prüfer und seinen Organen und Prüfungsleitern einerseits und dem Unt und seinen Organmitgliedern andererseits bestehen, die Zweifel an seiner Unabhängigkeit begründen können. Der AR soll mit dem AP vereinbaren, dass der Vorsitzende des AR bzw des Prüfungsausschusses über während der Prüfung auftretende mögliche Ausschluss- oder Befangenheitsgründe unverzüglich unterrichtet wird, soweit diese nicht unverzüglich beseitigt werden. Nach § 321 Abs 4 hat der AP seine Unabhängigkeit zudem im **Prüfungsbericht** zu bestätigen.

5 § 319 ist **zwingendes Recht.** Die Satzung bzw der GesVertrag kann keine ausgeschlossenen Personen als AP zulassen. Über das HGB hinausgehende Bestimmungen im GesVertrag hinsichtlich des AP sind jedoch soweit zulässig, als sie mit dem Prüfungszweck im Einklang stehen und das Wahlrecht nicht wesentlich einengen (dazu § 318 Anm 13). Gesetzliche Sonderregelungen zur Auswahl des AP enthalten zB §§ 340k, 341k.

B. Voraussetzungen für die Auswahl als Abschlussprüfer (Abs 1)

I. Personenkreis der Abschlussprüfer (Abs 1 S 1 und 2)

Abs 1 lässt als AP generell nur WP und WPG zu sowie für die Prüfung mittelgroßer GmbH (§ 267 Abs 2) und mittelgroßer KapCoGes (§ 264a) auch vBP und BPG. WP werden öffentlich bestellt (§ 1 Abs 1 WPO). WPG unterliegen einem Anerkennungsverfahren (§ 1 Abs 3 WPO). 8

Wirtschaftsprüfungsgesellschaften können in der Rechtsform der AG, KGaA, GmbH, OHG, KG oder als PartGes anerkannt werden (§ 27 WPO). Voraussetzung dafür ist, dass die Mitglieder des Vorstands, die Geschäftsführer, die phG oder die Partner mehrheitlich WP sind. Neben WP dürfen als Organmitglieder vBP, StB und RA bestellt werden. Mit besonderer Genehmigung dürfen auch andere Fachleute und in einem ausländischen Staat bestellte Prüfer in die Geschäftsführung usw aufgenommen werden (zu Einzelheiten § 28 WPO). 9

Die **Bestellung** zum WP, die Anerkennung als WPG, die Bestellung zum vBP oder die Anerkennung als BPG muss nicht nur zum Zeitpunkt der Wahl, sondern *bis* zur Erteilung des BVm bzw Auslieferung des PrüfBer gegeben sein. 10

Eine **Sozietät** mehrerer WP oder vBP, die idR als BGB-Ges betrieben wird, darf nicht als AP gewählt werden, da eine BGB-Ges nicht als WPG anerkannt werden kann (§ 27 WPO). 11

Eine **Partnerschaftsgesellschaft** dagegen kann selbst als WPG anerkannt werden und ist dann als eigenes Rechtssubjekt wählbar (§§ 3 ff PartGG). 12

Nach Art 25 EGHGB darf als AP für Unt, die Ende 1989 als **gemeinnützige Wohnungsunternehmen** oder als **Organe der staatlichen Wohnungspolitik** anerkannt waren, auch der Prüfungsverband bestellt werden (dazu im Einzelnen Vor § 339 Anm 31 ff, 35 f). 13

II. Teilnahme an der Qualitätskontrolle (Abs 1 S 3)

WP/WPG/vBP/BPG sind nach § 57a Abs 1 WPO verpflichtet, sich einer **Qualitätskontrolle** zu unterziehen, wenn sie beabsichtigen, gesetzlich vorgeschriebene APr durchzuführen. Die Qualitätskontrolle dient der Überwachung, ob das praxisinterne Qualitätssicherungssystem (§ 55b WPO) angemessen ist und die Regelungen des Qualitätssicherungssystems eingehalten werden. Die Qualitätskontrolle wird von bei der WPK registrierten Prüfern für Qualitätskontrolle durchgeführt, die in einem Qualitätskontrollbericht über die Durchführung und die Ergebnisse der Qualitätskontrolle zu berichten haben. In einer Erklärung, die Bestandteil des Qualitätskontrollberichts ist, stellt der Prüfer für Qualitätskontrolle fest, ob das in der Prüfungspraxis eingeführte Qualitätssicherungssystem im Einklang mit den gesetzlichen Vorschriften und der BS steht und mit hinreichender Sicherheit eine ordnungsgemäße Abwicklung von Prüfungsaufträgen nach § 2 Abs 1 WPO, bei denen das Berufssiegel verwendet wird, gewährleistet. Die WPK erteilt nach Vorlage des Qualitätskontrollberichts eine Teilnahmebescheinigung, sofern die Erklärung des Prüfers für Qualitätskontrolle nicht versagt und 15 die Qualitätskontrolle unter Beachtung von § 57a Abs 3 S 1 und 5 WPO durchgeführt wurde. Nach § 57a Abs 6 S 8 WPO ist die Teilnahmebescheinigung grds auf einen Zeitraum von 6 Jahren befristet; bei Berufsangehörigen, die APr bei Unt von öffentlichem Interesse nach § 319a Abs 1 S 1 durchführen, ist die Bescheinigung auf drei Jahre zu befristen.

16 Nach Abs 1 S 3 müssen AP über eine wirksame **Bescheinigung** über die Teilnahme an der Qualitätskontrolle nach § 57a WPO verfügen. Dies gilt nicht für den Fall, dass die WPK eine **Ausnahmegenehmigung** von der Pflicht zur Teilnahme an diesem Verfahren erteilt hat. Die Festlegung der Teilnahme am Verfahren der Qualitätskontrolle als Voraussetzung für die Tätigkeit als gesetzlicher AP in Abs 1 tritt neben die berufsrechtliche Pflicht aus § 57a WPO und stellt sicher, dass sich die betroffenen Berufsangehörigen diesem Verfahren tatsächlich unterziehen.

17 Eine wirksame Bescheinigung über die Teilnahme an der Qualitätskontrolle oder eine Ausnahmegenehmigung der WPK muss spätestens zum Zeitpunkt der Annahme des Prüfungsauftrags vorliegen. Wird die Teilnahmebescheinigung vor Beendigung der APr nach § 57e Abs 2 S 3 oder Abs 3 S 2 WPO widerrufen, liegt ein wichtiger Grund nach § 318 Abs 6 für die Kündigung des Prüfungsauftrags vor.

C. Ausschlussgründe (Abs 2 und 3)

I. Allgemeiner Grundsatz: Besorgnis der Befangenheit (Abs 2)

20 Nach Abs 2 ist ein WP/vBP als AP ausgeschlossen, wenn Gründe, insb Beziehungen geschäftlicher, finanzieller oder persönlicher Art, vorliegen, nach denen die Besorgnis der Befangenheit besteht. Hierbei handelt es sich um den allgemeinen Grundsatz der Unabhängigkeit des AP. Diese gesetzliche Formulierung umschreibt die Lebenssachverhalte, aus denen sich die Besorgnis der Befangenheit ergeben kann, nicht jedoch den Wirkungsmechanismus, durch den die Freiheit der Urteilsbildung beeinträchtigt werden kann.

Folgende **Faktoren** sind bei der Beurteilung, ob **Besorgnis der Befangenheit** vorliegt, relevant (Begr RegE BilReG § 319 Abs 2):
– Wirtschaftliches oder sonstiges Eigeninteresse des AP von nicht nur untergeordneter Bedeutung am Ergebnis der Prüfung,
– Darstellungen im Abschluss, an deren Gestaltung der AP mitgewirkt hat (Selbstprüfung),
– Vertretung der Interessen für oder gegen das zu prüfende Unt durch den AP,
– übermäßiges Vertrauen bzw Vertrautheit des AP durch nahe Beziehungen zur UntLeitung sowie
– besondere Einflussnahmen durch das zu prüfende Unt.
Dies sind auch die Faktoren, die den Katalogtatbeständen in Abs 3 und § 319a zugrunde liegen.

21 Ob eine **Besorgnis der Befangenheit im Einzelfall** besteht, bestimmt sich nach der Sicht eines vernünftigen und sachverständigen Dritten und nach Art und Umfang objektiver Gründe, die bei dem Dritten Zweifel an der Unvoreingenommenheit des AP wecken können (s Begr RegE BilReG § 319 Abs 2). Es kann sich dabei nur um Sachverhalte handeln, die nicht im Katalog der einzelnen Ausschlussgründe nach Abs 3 und § 319a enthalten sind. Bei Vorliegen eines solchen Ausschlussgrunds besteht die unwiderlegbare Vermutung, dass Besorgnis der Befangenheit vorliegt. Der Anwendungsbereich des Abs 2 setzt sich damit

aus Sachverhalten zusammen, die entweder nicht in Abs 3 und § 319a genannt sind oder die zwar vom Grunde her erfasst sind, bei denen aber aufgrund des Nichterreichens von in diesen Vorschriften festgelegten quantitativen Grenzen (zB iZm den Vorschriften zur Umsatzabhängigkeit oder zur internen Rotation) eine unwiderlegbare Vermutung, dass die Besorgnis der Befangenheit besteht, nicht gegeben ist. Da der Gesetzgeber diese quantitativen Merkmale aber wohlüberlegt gewählt hat, müssen weitere Gefährdungen der Unabhängigkeit hinzukommen, um ggf zusammen mit dem Ausgangssachverhalt eine Besorgnis der Befangenheit zu begründen (*Gelhausen* Stärkung der Unabhängigkeit des AP durch das BilReG, 170). In § 22a Abs 3 BS wird hierzu angeführt, dass in Fällen, in denen die Tatbestandsmerkmale der Abs 3, § 319a nicht vollständig erfüllt sind, Besorgnis der Befangenheit nur dann bestehen kann, wenn zusätzliche Umstände (zB eine besondere wirtschaftliche Bedeutung des betr Sachverhalts) eine nicht unbedenkliche Gefährdung der Unbefangenheit begründen.

Nach § 21 Abs 2 S 4 BS können sich Umstände, die eine Besorgnis der Befangenheit begründen, insb aus Beziehungen geschäftlicher, finanzieller oder persönlicher Art ergeben. In § 21 Abs 2 S 2 werden als Umstände in diesem Sinne Eigeninteressen, Selbstprüfung, Interessenvertretung und persönliche Vertrautheit hervorgehoben. Es wird klargestellt, dass nur dann, wenn die Umstände selbst für die Urteilsbildung offensichtlich wesentlich oder auch unter Berücksichtigung von Schutzmaßnahmen insgesamt bedeutend sind, eine Beeinträchtigung der Unbefangenheit gegeben sein kann. In den Erl-Texten zur BS wird darauf hingewiesen, dass der in der EU-Empfehlung erwähnte Befangenheitsgrund der „Einschüchterung" berufsrechtlich nicht ausdrücklich geregelt werden muss. Auftragsrechtlich ist die Absicherung vor Einschüchterungsversuchen durch § 318 Abs 1 S 5 geregelt und somit wird der Befangenheitsgrund bereits durch handelsrechtliche Regelungen neutralisiert. Der *IESBA Code of Ethics* zählt den Tatbestand der Einschüchterung zu den Gefährdungen der Unabhängigkeit. Erläuternd hierzu zeigt der *IESBA Code of Ethics* 200.8 Bspe für Gegebenheiten, die für einen Berufsangehörigen zu Gefährdungen durch Einschüchterung führen können. Hierzu zählen zB die folgenden Sachverhalte
– Einer Praxis wird die Kündigung eines Auftrags des Mandanten angedroht.
– Ein APr-Mandant deutet an, dass er der Praxis einen geplanten Auftrag für Nichtprüfungsleistungen nicht erteilen wird, wenn die Praxis weiterhin nicht mit der Behandlung eines bestimmten Geschäftsvorfalls in der Rechnungslegung durch den Mandanten einverstanden ist.
– Einer Praxis wird durch den Mandanten ein Rechtsstreit angedroht.
– Eine Praxis wird bedrängt, den Umfang der durchzuführenden Arbeiten in unangemessener Weise einzuschränken, um dadurch die Honorare zu senken.
– Ein Berufsangehöriger fühlt sich dazu gedrängt, dem fachlichen Urteil eines Angestellten des Mandanten zuzustimmen, weil der Angestellte in der fraglichen Angelegenheit sachkundiger sei.

In § 23 BS werden Tatbestände genannt, bei denen **Eigeninteressen** finanzieller (Abs 1) und sonstiger Art (Abs 2) vorliegen können:

Eigeninteressen nach § 23	Tatbestand	Hinweise
Abs 1 Nr 1	Kapitalmäßige oder sonstige finanzielle Bindungen	s Anm 34 ff
Abs 1 Nr 2	Übermäßige Umsatzabhängigkeit	s Anm 70 ff

Eigeninteressen nach § 23	Tatbestand	Hinweise
Abs 1 Nr 3	Über den normalen Geschäfts- und Lieferverkehr mit Dritten hinausgehende Leistungsbeziehungen	Der Bezug von Gütern und Dienstleistungen vom geprüften Unt ist unschädlich, wenn dieser zu Bedingungen vereinbart wird, die denen unter fremden Dritten entsprechen; dies gilt auch für Rabatte, wenn sie auch Dritten gewährt werden. Den WP begünstigende ungewöhnliche Konditionen können dagegen schädlich sein.
Abs 1 Nr 4	Forderungen aus einem Kredit- oder Bürgschaftsverhältnis	Die *Gewährung von Krediten* an den Prüfungsmandanten kann eine Besorgnis der Befangenheit begründen, weil der AP in seinem Prüfungsurteil wegen der Befürchtung etwaiger negativer Konsequenzen auf die Solvenz des Schuldners beeinflusst sein könnte. Von Bedeutung sind hier vor allem die Geschäftstätigkeit des Mandanten, die Bedeutung des Betrags für die Vermögensverhältnisse des AP und bestehende Sicherheiten. Eine *Kreditaufnahme* ist nur dann schädlich, wenn der Mandant aufgrund besonderer Umstände (zB nicht festgelegter Konditionen) einen erheblichen wirtschaftlichen Druck auf den AP ausüben kann.
Abs 1 Nr 5	Erhebliche und über einen längeren Zeitraum offenstehende Honorarforderungen	Schädlich können nur solche lange offenstehenden Honorarforderungen sein, die für die Vermögensverhältnisse des AP bedeutend sind.
Abs 2 Nr 1	Pflichtverletzungen aus vorangegangenen Prüfungen bei bestehendem Verdeckungsrisiko	Die abstrakte Möglichkeit, dass der AP bei einer Vj-Prüfung seine Pflichten verletzt hat, führt nicht zur Besorgnis der Befangenheit, weil es sich um ein nicht auszuschließendes allgemeines Risiko handelt. Wenn aber der AP einen in einer Vj-Prüfung nicht erkannten wesentlichen Fehler in der Rechnungslegung, den er bei der laufenden Prüfung feststellt hat, nicht offenbart, besteht ein Verdeckungsrisiko bei der lfd oder anstehenden APr, das – bei erheblichem materiellen Gewicht – eine Besorgnis der Befangenheit begründen kann. Bei Fehlern, die dem AP und dem geprüften Unt bekannt sind, besteht die Besorgnis der Befangenheit nicht, wenn sie im Folgeabschluss beseitigt werden.
Abs 2 Nr 2	Offene Rechtsstreitigkeiten über Regress- oder Gewährleistungsfragen aus früheren Aufträgen	Eine Besorgnis der Befangenheit kann im Falle offener Rechtsstreitigkeiten begründet sein, wenn das zu prüfende Unt mit der Durchsetzung behaupteter Ansprüche für den Fall droht, dass der AP sich in kritischen Punkten nicht der Meinung des Unt anschließt. Es wird hier insb auf Art und Substantiierung der Vorwürfe sowie den Umfang möglicher Nachteile für den AP ankommen. Bei anhängigen Gerichtsverfahren muss auch berücksichtigt werden, dass auf die richterliche Entscheidung kein Einfluss ausgeübt werden kann; die Möglichkeiten Druck auszuüben, sind in diesem Fall wesentlich geringer.

§ 23a BS konkretisiert das **Selbstprüfungsverbot**. Eine Selbstprüfung liegt nach § 23a Abs 1 BS vor, wenn ein Sachverhalt zu beurteilen ist, an dessen Entstehung der Prüfer selbst unmittelbar beteiligt und diese Beteiligung nicht von untergeordneter Bedeutung war. In den Erl-Texten zur BS wird als Grund für das Selbstprüfungsverbot angeführt, dass in Fällen, in denen der WP selbst unmittelbar an der Entstehung des Prüfungsgegenstands mitgewirkt hat, die Gefahr besteht, dass bei der Prüfung Fehler nicht erkannt oder aber zur Vermeidung von Nachteilen nicht offenbart werden (fachliche Voreingenommenheit bzw Selbstschutz). Wenn es sich bei der früheren Tätigkeit um eine Prüfung gehandelt hat, kommt eine Besorgnis der Befangenheit im Allgemeinen nicht in Betracht (§ 23a Abs 2). Von einem generellen Verdeckungsrisiko bei Feststellung eines objektiven Fehlers im Rahmen einer Folgeprüfung kann nicht ausgegangen werden. **24**

§ 23a Abs 3 bis 4 BS behandeln weitere Tatbestände, bei denen ein Verstoß gegen das Selbstprüfungsverbot vorliegen kann. Diese Tatbestände entsprechen iW den in Abs 3 Nr 3 genannten Ausschlussgründen (vgl Anm 46 ff).

Zur **Interessenvertretung** wird in § 23b Abs 1 BS festgestellt, dass die Unbefangenheit dann gefährdet sein kann, wenn der WP in anderer Angelegenheit beauftragt war, Interessen für oder gegen das zu prüfende Unt zu vertreten. Nach Abs 2 liegt eine *Interessenvertretung für das zu prüfende Unt* insb vor, wenn der WP einseitig und nachhaltig für das zu prüfende Unt eintritt, für das Unt Werbung betreibt oder dessen Produkte vertreibt, weil dadurch persönliche Gewinn- und Honorarinteressen begründet werden und eine besonders enge berufliche Verflechtung mit dem Unt eingegangen wird. Als problematisch werden insb solche Fälle angesehen, in denen der WP als oder wie ein Generalbevollmächtigter des Unt auftritt. Steuerrechtliche und rechtliche Vertretung sind dagegen unschädlich. Eine *Interessenvertretung gegen das Unt* liegt insb bei einseitiger und nachhaltiger Wahrnehmung von gegen das Unt gerichteten Interessen Dritter oder von Treuhandfunktionen im Auftrag von einzelnen Gestern oder Gester-Gruppen vor. Unschädlich sind dagegen treuhänderische Tätigkeiten für alle Gester oder die Übernahme ergänzender Kontrollaktivitäten (zB Bucheinsicht nach § 166 HGB und § 51a GmbHG oder die Prüfung der Verwendung eingezahlter Gelder) im Auftrag einzelner Gester, sofern die anderen Gester ihre Zustimmung erteilt haben. **25**

Persönliche Vertrautheit liegt nach § 24 BS vor, wenn der WP enge persönliche Beziehungen zu dem zu prüfenden Unt, den Mitgliedern der UntLeitung oder Personen, die auf den Prüfungsgegenstand Einfluss haben, unterhält. Entscheidend ist nach den Erl zur BS das Gesamtbild der Verhältnisse, die zu der Annahme einer übermäßigen Vertrautheit, durch welche die Urteilsbildung des AP beeinflusst wird, führen kann; nicht alle Fälle persönlicher Vertrautheit werden erfasst. Es kommt vor allem auf die Art der Beziehung (zB nahe Verwandtschaft, Freundschaft oder Bekanntschaft), die Dauer und die Intensität der Beziehung an. Bedeutsam ist auch die Funktion, die von dem Anderen im zu prüfenden Unt in Bezug auf die APr ausgeübt wird. **26**

Bei einem Wechsel von Mitarbeitern des AP zum Prüfungsmandanten sind die bisherige Funktion im Prüfungsteam, die Umstände des Wechsels und die Zeit, die seit dem Wechsel vergangen ist, entscheidende Kriterien für die Beurteilung, ob die Besorgnis der Befangenheit begründet ist und Schutzmaßnahmen zu treffen sind. Nach § 43 Abs 3 WPO darf der verantwortliche WP bei einem Wechsel zum Mandanten zwei Jahre lang dort keine wichtige Führungsaufgabe ausüben.

Die BS weist in § 2 auf weitere Tatbestände hin, bei deren Vorliegen eine Besorgnis der Befangenheit zu prüfen ist: **27**

- Vereinbarung von Erfolgshonoraren (§ 2 Abs 2 Nr 1 iVm § 55 Abs 1 S 1 WPO),
- Vereinbarungen, nach denen die Vergütung für APr an weitere Bedingungen geknüpft wird (§ 2 Abs 2 Nr 2 iVm § 55a Abs 1 S 1, Abs 2 WPO),
- Bestimmung oder Beeinflussung der Vergütung für APr von der Erbringung zusätzlicher Leistungen für das geprüfte Unt (§ 2 Abs 2 Nr 3 iVm § 55a Abs 1 S 3 WPO),
- Entgegennahme oder Zahlung von Vermittlungsprovisionen (§ 2 Abs 2 Nr 4 iVm § 55 Abs 2 WPO),
- Übernahme von Mandantenrisiken (§ 2 Abs 2 Nr 5) sowie
- Annahme von Versorgungszusagen des zu prüfenden Unt (§ 2 Abs 2 Nr 6).

Im Hinblick auf Nicht-Prüfungsleistungen bei Prüfungsmandanten sieht der *IESBA Code of Ethics* in Tz 290.229 vor, dass ein verantwortlicher Prüfungspartner *(key audit partner)* nicht auf der Grundlage seines Erfolgs im Verkauf solcher Dienstleistungen beurteilt und vergütet wird.

28 Bei nicht von Abs 3 bzw § 319a erfassten Sachverhalten kann der vorgesehene AP **Schutzmaßnahmen** ergreifen, um der Besorgnis der Befangenheit entgegenzuwirken. Dies entspricht dem Konzept der *„risks and safeguards"*, das den Empfehlungen der EU-Kommission zur Unabhängigkeit der AP aus dem Jahr 2002 zugrunde liegt. Regelungen zu diesem Konzept finden sich auch im *IESBA Code of Ethics 200.3ff*. Hinweise zu den Gefährdungen in Form von Eigeninteresse, Selbstprüfung, Interessenvertretung, persönliche Vertrautheit und Einschüchterung finden sich im *IESBA Code of Ethics* 200.3–.8. Hinweise zu den Schutzmaßnahmen, die ergriffen werden können, sind im *IESBA Code of Ethics* 200.9–.15 verankert. In Fällen des Abs 3 u § 319a können Schutzmaßnahmen nicht berücksichtigt werden (§ 22a Abs 2 BS). Solche Schutzmaßnahmen sind zu unterscheiden von Maßnahmen, die den Grund für die Besorgnis der Befangenheit beseitigen (Vermeidungsmaßnahmen). Vermeidungsmaßnahmen verhindern die Erfüllung der Tatbestandsvoraussetzungen für die Besorgnis der Befangenheit und können sowohl im Geltungsbereich von Abs 2 als auch für Abs 3 und § 319a zum Tragen kommen. In der Empfehlung der EU-Kommission werden die Vermeidungs- und Schutzmaßnahmen unter dem Begriff *„safeguards"* zusammengefasst.

29 In **§ 22 Abs 1 BS** werden die folgenden Schutzmaßnahmen genannt, die nach § 22 Abs 2 BS im Einzelfall zu dokumentieren sind:
- Erörterungen mit dem Aufsichtsgremium des zu prüfenden Unt
- Erörterungen mit Aufsichtsstellen außerhalb des zu prüfenden Unt (zB BaFin oder Rechnungshöfe),
- Transparenzregelungen (zB Veröffentlichung von Honoraren),
- Einschaltung von Personen in den Prüfungsauftrag, die nicht schon anderweitig damit befasst sind,
- Beratung mit Kollegen, die in Fragen der Unbefangenheit erfahren sind, sowie
- personelle und organisatorische Maßnahmen, durch die sichergestellt wird, dass Informationen aus der zusätzlichen Tätigkeit, die zu einer Befangenheit als AP führen können, den für die APr Verantwortlichen nicht zur Kenntnis gelangen (sog *„Firewalls"*).

In den Erl zur BS wird ausgeführt, dass bei Einschaltung Dritter grds die Verschwiegenheitspflicht zu beachten ist. Eine ausdrückliche Entbindung von der Verschwiegenheitspflicht ist allerdings dann entbehrlich, wenn die Einschaltung des Dritten für die Durchführung des Auftrags erforderlich ist.

30 Die Wirkungsweise dieses Konzepts soll anhand der folgenden **Beispiele** verdeutlicht werden:

Tatbestand	Mögliche Begründung der Besorgnis der Befangenheit	Mögliche Vermeidungsmaßnahmen	Mögliche Schutzmaßnahmen
Mitglied des Prüfungsteams wechselt zum Mandanten und wird dort als Mitglied der Geschäftsführung unter Verstoß gegen § 43 Abs 3 WPO eine wichtige Führungstätigkeit im Finanz- und Rechnungswesen übernehmen	Vertrautheit	Einhaltung einer angemessenen Cooling-off-Periode vor Übernahme der Funktion beim APr-Mandanten	Bestimmung eines Mitarbeiters des Mandanten, der für den Kontakt mit dem AP insb bei schwierigen Fragen der Rechnungslegung zuständig ist; Nachschau der Prüfungsergebnisse des wechselnden Mitarbeiters; Besetzung des Prüfungsteams mit Personen ohne enge persönliche Beziehung zum wechselnden Mitarbeiter.
Mitarbeiter aus dem Rechnungswesen eines APr-Mandanten wechselt zum AP	Selbstprüfung, Vertrautheit	Einhaltung einer angemessenen Cooling-off-Periode, bevor der Mitarbeiter im betr Prüfungsteam eingesetzt wird	Einsatz des Mitarbeiters ausschließlich in Bereichen, für die er auf Seiten des Mandanten nicht zuständig war
Honorarforderungen des AP sind in für die Vermögensverhältnisse des AP bedeutender Höhe noch nicht beglichen (Darlehensgewährung)	Eigeninteresse		Durchführung einer auftragsbegleitenden Qualitätssicherung durch einen nicht an der Prüfung beteiligten WP; Erörterung des Sachverhalts mit dem Vorsitzenden des Aufsichtsorgans
Bezug von Waren und Dienstleistungen beim APr-Mandanten	Eigeninteresse	Sicherstellung, dass die Vertragsbedingungen denen entsprechen, die das Unt auch mit anderen Kunden vereinbart	
Ein naher Angehöriger des Prüfungsleiters wirkt an der Aufstellung des zu prüfenden Abschlusses mit (nicht Ehegatte oder Lebenspartner)	Selbstprüfung	Austausch des Prüfungsleiters gegen einen anderen qualifizierten Mitarbeiter	Stärkere Beteiligung eines anderen WP (zB des Mitunterzeichners) an Planung und Durchführung der APr
Vereinbarung eines Honorars, dessen Höhe vom Ergebnis der APr abhängt (Erfolgshonorar)	Eigeninteresse		Es steht keine Gegenmaßnahme zur Verfügung; die Vereinbarung eines Erfolgshonorars ist nach § 2 BS ausgeschlossen

Bei einem Wechsel von Mitarbeitern des AP zum Mandanten kommt es im Hinblick auf die Frage einer möglichen Befangenheit nach den Erl zu § 23a Abs 5 BS auf die bisherige Situation des Mitarbeiters (Mitglied des Prüfungsteams, Mitarbeiter in leitender Stellung, sonstiger Mitarbeiter), die Umstände, die zu dem Wechsel geführt haben, die Position, die der Betreffende beim zu prüfenden Unt bekleiden wird sowie auf die Zeit an, die seit dem Wechsel vergangen ist. Hinweise zur Beschäftigung von Mitgliedern des APr-Teams oder eines Partners beim APr-Mandanten gibt auch der *IESBA Code of Ethics* 290.134–.141.

31 Ob ein Sachverhalt nach Abs 2 die Besorgnis der Befangenheit begründet, entzieht sich einer typisierenden Betrachtungsweise. Diese Würdigung muss jeweils im Einzelfall unter Berücksichtigung von Art und Bedeutung des Sachverhalts, des dargestellten Bezugsrahmens, der getroffenen Vermeidungs- und Schutzmaßnahmen sowie der möglichen Auswirkungen des Sachverhalts auf die Sichtweise eines objektiven und verständigen Dritten erfolgen. Falls die Besorgnis der Befangenheit nicht durch Vermeidungs- oder Schutzmaßnahmen beseitigt oder in ausreichendem Maß gemindert werden kann, ist die Annahme bzw Fortführung des Prüfungsauftrags ausgeschlossen.

II. Einzelne Ausschlussgründe für alle Unternehmen (Abs 3)

1. Gemeinsame Berufsausübung (S 1)

32 Ein WP/vBP ist als AP ausgeschlossen, wenn er die Tatbestandsvoraussetzungen des Abs 3 erfüllt. Ein Ausschlussgrund gem Abs 3 liegt auch dann vor, wenn die Tatbestandsvoraussetzungen von einer Person erfüllt werden, mit der er seinen Beruf gemeinsam ausübt. Der Grund für diese **Sozietätsklausel,** die verhindern soll, dass die einzelnen Tatbestände des Abs 3 umgangen werden können, liegt in der Gleichrichtung der Interessen, die zwischen den in derselben Praxis freiberuflich oder im Angestelltenverhältnis tätigen WP und den bei den Prüfungen beschäftigten Personen für den Regelfall anzunehmen ist (*Begr RegE BiRiLiG-E,* 96). Nach ihrem Zweck ist die Sozietätsklausel auch auf RA, Steuerberater oder andere Angehörige freier Berufe, mit denen der WP-Beruf gemeinsam ausgeübt wird, anzuwenden (*ADS*[6] § 319 Anm 60), da zumindest bei vereinbartem Gewinn-Pooling eine Gleichrichtung der Interessen in wirtschaftlicher Hinsicht auch dann gegeben ist, wenn eine Sozietät mit einem Angehörigen eines anderen Berufs gebildet worden ist. Die Einbeziehung anderer Berufe hat zwar eine den Ausschluss erweiternde Wirkung; sie kann aber auch im Falle des Abs 3 Nr 5 entlastend wirken, weil es bei der Feststellung der Umsatzabhängigkeit auf den Gesamtumsatz der Sozietät ankommt. Eine gemeinsame Berufsausübung kommt auch mit einer juristischen Person in Betracht. Als gemeinsame Berufsausübung ist nach dem Zweck der Vorschrift jede Zusammenarbeit zu verstehen, in der eine Gleichrichtung des wirtschaftlichen Interesses durch ganzes oder teilweises Pooling der Einnahmen und Ausgaben erfolgt (*ADS*[6] § 319 Anm 58). Die gemeinsamen wirtschaftlichen Interessen sind jedoch nicht allein das entscheidende Kriterium, wesentlich ist auch ein gemeinsames Auftreten nach außen, zB als Sozietät (*ADS*[6] § 319 Anm 58).

Auf reine **Bürogemeinschaften** ist die Sozietätsklausel nicht anwendbar, soweit keine gemeinsamen Prüfungs- und Beratungstätigkeiten ausgeübt werden. Lediglich die gemeinsame Nutzung der Büroräume und der Infrastruktur begründet mangels gemeinsamer wirtschaftlicher Interessen keinen Ausschlussgrund (vgl auch Erl zu § 21 Abs 4 Nr 1 BS).

33 Für die Verwirklichung bestimmter Ausschlusstatbestände durch **Mitglieder eines Netzwerks** gilt die Vorschrift des § 319b.

2. Finanzielle Interessen (Abs 3 S 1 Nr 1)

34 AP darf nicht sein, wer Anteile oder andere nicht nur unwesentliche finanzielle Interessen an der zu prüfenden KapGes/KapCoGes oder eine Bet an einem Unt besitzt, das mit der zu prüfenden KapGes/KapCoGes verbunden ist oder von dieser mehr als 20% der Anteile besitzt.

35 Als Anteilsbesitz gilt jede **Beteiligung am gezeichneten Kapital** der zu prüfenden KapGes. Dies gilt auch für Bet an KapCoGes. Auf die Höhe der Bet kommt es dabei nicht an. Gester einer **Personenhandelsgesellschaft** sind die phG sowie die Kommanditisten.

Eine **stille Beteiligung** führt grds nicht zu Anteilsbesitz iSv Abs 3 S 1 Nr 1, da keine gesrechtliche Bet vorliegt. Etwas anderes kann bei atypischen stillen Bet gelten, wenn der stille Gester Rechte hat, die denen eines Gesters einer KapGes entsprechen (*ADS*[6] § 319 Anm 74f).

Das **Halten von Gesellschafts-Anteilen** durch den AP als **Treuhänder** erfüllt den Ausschlusstatbestand, weil er die Interessen des Treugebers zu vertreten hat und dadurch sein Urteil beeinflusst werden könnte. Anders ist die Situation im Falle der Sicherungstreuhand, bei der die Funktionen des Treuhänders beschränkt sind. Ist der WP Treugeber, sind ihm die vom Treuhänder gehaltenen Anteile zuzurechnen (*ADS*[6] § 319 Anm 81f).

Mittelbare Beteiligungen am zu prüfenden Unt können nach Abs 3 S 1 Nr 1 ebenfalls zum Ausschluss führen. Dies gilt allerdings nur dann, wenn es sich um Bet an einem Unt handelt, das mit der zu prüfenden KapGes/KapCoGes iSv § 271 Abs 2 verbunden ist oder von dieser mehr als 20 vH der Anteile besitzt. Der mittelbare Anteilsbesitz über Anteile an Wertpapier-Investmentfonds ist kein gesetzlicher Ausschlussgrund (glA *ADS*[6] § 319 Anm 71). Dies lässt sich damit begründen, dass die Inhaber solcher Anteile – soweit es sich um PublikumsGes handelt – keine Einflussmöglichkeiten auf die Anlageentscheidungen des Fonds haben; zudem werden die finanziellen Interessen im Allgemeinen wegen der Zusammensetzung des Fondsvermögens nicht wesentlich sein.

36 Unter **anderen finanziellen Interessen** sind zB Schuldverschreibungen, Schuldscheine, Optionen oder sonstige Wertpapiere zu verstehen. Solche finanziellen Interessen können nur dann die unwiderlegbare Vermutung der Besorgnis der Befangenheit begründen, wenn sie nicht unwesentlich sind. Nach der Sichtweise eines verständigen und objektiven Dritten wird es bei der Beurteilung der Wesentlichkeit insb darauf ankommen, ob es sich bei den finanziellen Interessen um unbedingte Forderungsrechte handelt oder ob die Höhe der Forderung von den wirtschaftlichen Verhältnissen des zu prüfenden Unt abhängt. Nach diesem Kriterium dürften gesicherte Forderungen (zB Pfandbriefe und Kommunalobligationen) im Allgemeinen als unwesentlich einzustufen sein (*Gelhausen*, 177). Andere kapitalmäßige oder finanzielle Bindungen, wie zB Darlehen oder langfristige Miet- und Leasingverträge erfüllen im Allgemeinen den Ausschlusstatbestand nicht, wenn die Vereinbarungen denen unter fremden Dritten entsprechen.

3. Funktionen in der zu prüfenden Kapitalgesellschaft (Abs 3 S 1 Nr 2)

38 WP/vBP sind von der Prüfung ausgeschlossen, wenn sie gesetzliche Vertreter, Mitglied des AR oder Arbeitnehmer der zu prüfenden KapGes/KapCoGes sind. Übt der AP diese Funktionen bei einem mit dem Mandanten verbundenen Unt (§ 271 Abs 2) oder einer Ges aus, an der die zu prüfende Ges zu mehr als 20 vH beteiligt ist, wird der Ausschlussgrund ebenfalls verwirklicht. Ist der AP Liquidator, Insolvenzverwalter oä, gilt Abs 3 Nr 2 ebenfalls, weil er in dieser Funktion gesetzlicher Vertreter ist.

39 Gesetzliche **Vertreter** sind bei AG die Vorstandsmitglieder (§ 76 AktG), bei GmbH die Geschäftsführer (§ 35 GmbHG), bei KGaA die Komplementäre (§ 282 AktG) und bei Vereinen die Vorstandsmitglieder. Für KapCoGes gelten als gesetzliche Vertreter die Mitglieder des vertretungsberechtigten Organs der vertretungsberechtigten Ges (§ 264a Abs 2). Bei PersGes erfasst die Vorschrift die Stellung als persönlich haftender Gester.

40 Die Mitgliedschaft in einem gesetzlich vorgeschriebenen (§ 30 Abs 1, § 95f AktG) oder fakultativen **Aufsichtsrat** schließt ebenfalls von der APr aus. AR iSd Abs 3 S 1 Nr 2 ist jedes unteigene Aufsichtsgremium, zB Beirat, Kuratorium, das untinterne Überwachungsfunktionen ausübt.

41 **Arbeitnehmer** sind alle Personen, die in einem festen Arbeitsverhältnis mit dem zu prüfenden Unt stehen (§ 611 BGB) und jeder Mitarbeiter in einem vergleichbaren Abhängigkeitsverhältnis (ADS[6] § 319 Anm 90). Eine kurzfristige Hospitanten- oder Praktikantentätigkeit sowie freiberufliche Tätigkeit werden grds nicht erfasst.

42 Die Beurteilung, ob bei einer Arbeitnehmerstellung, die vor der Bestellung als AP entfallen ist, eine Besorgnis der Befangenheit besteht, ist nach den in Abs 2 festgelegten Grundsätzen zu treffen. Entscheidende Kriterien für diese Beurteilung werden demnach die mögliche Vertrautheit mit der UntLeitung, das Eigeninteresse des AP und die Gefahr einer Selbstprüfung sein.

4. Ausübung bestimmter Tätigkeiten (Abs 3 S 1 Nr 3)

a) Allgemeines

46 Abs 3 S 1 Nr 3 stellt iW eine Konkretisierung des sog **Selbstprüfungsverbots** dar. WP/vBP dürfen danach als Prüfer einen Tatbestand nur beurteilen, wenn sie an dessen Zustandekommen über die Prüfungstätigkeit hinaus selbst nicht maßgeblich mitgewirkt haben. Daher darf der AP in dem zu prüfenden Gj und bis zur Erteilung des BVm nicht bei der Führung der Bücher oder der Aufstellung des JA sowie in verantwortlicher Position an der internen Revision mitwirken sowie keine Bewertungsleistungen erbringen, wenn diese sich auf den zu prüfenden JA nicht nur unwesentlich auswirken. Dies gilt nach Abs 3 S 1 Nr 3 Hs 2 auch dann, wenn solche Tätigkeiten von einem Unt für die zu prüfende KapGes/KapCoGes ausgeübt werden, auf das der WP/vBP einen maßgeblichen Einfluss hat (gesetzlicher Vertreter, Arbeitnehmer, Mitglied des AR oder Gester mit einem Stimmrechtsanteil von mehr als 20 vH). Durch diese Regelung soll eine Umgehung der Vorschriften verhindert werden. Nach dem Wortlaut der Vorschrift werden andere Formen eines maßgeblichen Einflusses (zB mittelbare Bet) nicht erfasst. Solche Gestaltungen können jedoch die Besorgnis der Befangenheit nach Abs 2 begründen.

47 Die unzulässige Mitwirkung an der Gestaltung des Prüfungsgegenstands ist von der zulässigen Beratung abzugrenzen. BGH 21.4.1997 (BGHZ 135, 244f) hat sich maßgebend zur **Abgrenzung zwischen erlaubter Beratung und unzulässiger Mitwirkung** bei gleichzeitiger JAP geäußert. Nach der BGH-Argumentation liegt bei einer eigenverantwortlichen (§§ 36, 41 GmbHG, §§ 76 Abs 1, 91 AktG) Entscheidung des Leitungsorgans eine unzulässige Mitwirkung, welche die Besorgnis der Befangenheit begründet, nicht vor. Ein Verstoß gegen das Selbstprüfungsverbot liegt demnach bei der Erbringung von Beratungs- und Bewertungsleistungen nur vor, wenn die Leistungen vom AP selbst erbracht und die erforderlichen Annahmen von ihm festgelegt werden. Eine Mitwirkung ist damit unzulässig, wenn der WP dem zu prüfenden Unt nicht nur Handlungsalternativen aufzeigt, sondern ganz oder teilweise eine unternehmerische Entscheidung selbst trifft und damit gegen seine funktionelle Zuständigkeit verstößt.

Kann aus faktischen Gründen keine Handlungsalternative aufgezeigt werden, ist auch ein – alternativloser – Entscheidungsvorschlag zulässig. In dem U v 25.11. 2002 (II ZR 49/01) hat der BGH diese Rspr fortentwickelt. Eine Besorgnis der Befangenheit kann demnach auch vorliegen, wenn sich aus einer Beratungstätigkeit des AP für den Prüfungsmandanten Haftungsrisiken ergeben, die den AP dazu bewegen können, im Rahmen der APr bestimmte Sachverhalte nicht pflichtgemäß zu würdigen, um mögliche Beratungsfehler zu verschleiern. Die Besorgnis der Befangenheit kann in solchen Fällen beseitigt werden, indem der Sachverhalt rechtzeitig ggü dem Auftraggeber offengelegt wird (*Gelhausen/Kuss*, 425).

b) Buchführung und Aufstellung des Jahresabschlusses

Nach Buchst a) führt eine Mitwirkung bei der **Führung der Bücher oder der Aufstellung des zu prüfenden Jahresabschlusses** zu einem Ausschluss als AP. Danach ist die Beratung bei der Entwicklung von Sollobjekten und von theoretischen Hinweisen zum Aufbau der **Arbeits- und Ablauforganisation** (*Claussen* Anmerkungen zum Urteil des OLG Düsseldorf v 16.11.1990, AG 1991, 321 ff), wie zB die Beratung bei der Ausgestaltung von Erfassungs-, Bearbeitungs- und Überwachungssystemen, die Beratung bei der Entwicklung von Kontenplänen, auch von allgemeinen Inventur- und Bilanzierungsanweisungen **zulässig**. Die Beratung darf sich auf **Organisationshilfen** richten, soweit diese nur konditional für die Buchung bestimmter Geschäftsvorfälle sind, zB die Zurverfügungstellung einer Beraternummer bei DATEV (*WPK-Magazin* 4/2004, 52), es sich aber nicht funktional um Mitwirkungshandlungen handelt.

Innerhalb der Prüfungstätigkeit muss auf **Fehler bei der Erstellung des Jahresabschlusses** hingewiesen werden; der AP darf beraten oder alternative Korrekturmöglichkeiten nennen, Hinweise geben oder Vorschläge machen (BGH 30.4.1992 DB, 1466). Dies ist unschädlich, wenn nach dem Gesamtbild der Verhältnisse die Verarbeitung des Buchungsstoffes beim Unt verbleibt; in diesem Fall ist auch eine größere Anzahl von Korrekturhinweisen unbedenklich. In den Erl zu § 23a Abs 3 BS wird dargelegt, dass eine Besorgnis der Befangenheit nicht ausgelöst wird, wenn der AP lediglich Hinweise zur möglichen oder rechtlich gebotenen Behandlung von Sachverhalten oder Geschäftsvorfällen gibt. Dabei ist es unerheblich, ob diese Hinweise im Rahmen einer prüfungsvorbereitenden oder prüfungsbegleitenden Beratung erteilt werden, wenn die Entscheidung im Verantwortungsbereich des zu prüfenden Unt bleibt. Dies gilt zB auch für Beratung im Bereich bilanzpolitischer Maßnahmen, dem Aufbau des IKS oder des RMS. Soweit sich die Tätigkeit auf allgemeine Vorgaben beschränkt, ist auch die Mitwirkung an der Ausgestaltung von Bilanzierungsrichtl und Buchungsanweisungen nicht zu beanstanden. Die Konkretisierung und Umsetzung der allgemeinen Vorgaben müssen aber dem zu prüfenden Unt obliegen.

Eine **unzulässige Mitwirkung** liegt nach Buchst a) vor, wenn der AP die lfd Geschäftsvorfälle kontiert, die Konten abschließt und in den JA überführt. Unzulässige Mitwirkung liegt auch vor, wenn der AP einen unfertigen JA selbst fertigstellt. Ferner ist ua unzulässig:
– Erstellen von Anhang oder Lagebericht,
– Führen des Anlagenverzeichnisses,
– Die verantwortliche Übernahme der gesamten Lohn- und Gehaltsabrechnung durch den AP ist grds ausgeschlossen,
– Berechnung der zum Bilanzstichtag erforderlichen Rückstellungen (s auch Anm 52),
– Berechnung der Abschreibungen auf das Anlagevermögen,
– Erstellung von KFR oder EK-Spiegel in den Fällen des § 264 Abs 1 S 2,

– Ermittlung der erforderlichen Abschreibungen auf das Umlaufvermögen und
– Durchführung (nicht aber Überwachung) der Vorratsinventur.

51 Die Mitwirkung bei der **Einrichtung von Rechnungslegungsinformationssystemen** kann ebenfalls unter dem Gesichtspunkt des Selbstprüfungsverbots unzulässig sein. Hierbei ist allerdings zu berücksichtigen, dass der Gesetzgeber in § 319a Abs 1 S 1 Nr 3 die grds Unvereinbarkeit der Entwicklung, Einrichtung und Einführung von Rechnungslegungsinformationssystemen ausdrücklich nur für die Pflichtprüfung bei Unt von öffentlichem Interesse festgeschrieben hat. Es kann deshalb davon ausgegangen werden, dass bei anderen Unt diese Beratungsleistungen grds weiterhin zulässig sind. Es ist aber in jedem Fall das Selbstprüfungsverbot zu beachten. Auch in Tz 290.203 ff des *IESBA Code of Ethics* wird in diesem Zusammenhang auf die Gefahr einer Selbstprüfung hingewiesen und es werden zahlreiche Safeguards aufgeführt. Zur Abgrenzung von zulässigen und unzulässigen Dienstleistungen des AP bei der Einführung von EDV-gestützten Systemen wird auf IDW PS 850 Projektbegleitende Prüfung bei Einsatz von Informationstechnologie verwiesen.

52 Auch für die Erbringung von **Steuerberatungsleistungen** hat der Gesetzgeber in § 319a eine Sonderregelung für Pflichtprüfungen bei Unt von öffentlichem Interesse geschaffen, so dass sich in anderen Fällen die Frage der Vereinbarkeit von Steuerberatung und APr nur ausnahmsweise stellt. Dies wird nur dann der Fall sein, wenn in wesentlichen Fällen ein Verstoß gegen das Selbstprüfungsverbot vorliegt. Wenn der AP die bilanziellen Auswirkungen von ihm ausgearbeiteter und von ihm beim Prüfungsmandanten eingeführter steuerrechtlicher Gestaltungen beurteilt, kann – falls die Auswirkungen wesentlich sind – hierin eine unzulässige Mitwirkung an der Aufstellung des JA gesehen werden. Grds gilt aber, dass APr und gleichzeitige Steuerberatung vereinbar sind (BGH 21.4.1997, WM, 1385). Wird neben der HB eine StB aufgestellt, sieht es der BGH auf Grund des Vorrangs der HB als unschädlich an, wenn der AP die StB erstellt, vorausgesetzt die HB wird vom Leitungsorgan der KapGes/KapCoGes alleinverantwortlich erstellt.

Die **Berechnung der Steuerrückstellungen** für die HB durch den AP wird im Allgemeinen eine unzulässige Mitwirkung darstellen; nicht aber die Beratung durch den AP zu der Frage, ob geplante Rückstellungen in bestimmter Höhe steuerrechtlich anerkannt werden; auch wenn der AP mit dieser Beratung erheblichen Einfluss auf die Gestaltung der Steuerrückstellungen nimmt: „Einfluss oder Auswirkung der Beratung sind nicht mit verbotener Mitwirkung gleichzusetzen" (BGH 21.4.1997, WM, 1385). Gleiches gilt auch für die Zurverfügungstellung von Hilfsmitteln für die Steuerberechnung, soweit diese der Erfassung und Strukturierung von für die Steuerberechnung notwendigen Informationen dienen.

53 Die Mitwirkung des AP bei der **Aufstellung des Vorjahresabschlusses** ist nicht unmittelbar von Buchst a) erfasst. Da die Prüfung des JA aber auch die Vergleichszahlen des Vj einschließt, muss im Einzelfall untersucht werden, ob die Besorgnis der Befangenheit nach Abs 2 begründet ist. Dies dürfte dann nicht der Fall sein, wenn der Vj-JA von einem anderen AP geprüft worden ist und damit einer unabhängigen Beurteilung unterlag.

c) Interne Revision

58 Nach Buchst b) ist die **Durchführung der internen Revision** in verantwortlicher Position mit der APr nicht vereinbar, weil es sich dabei um die Übernahme einer UntLeitungsaufgabe handelt. Damit ist nicht jede Art der Mitwirkung an der internen Revision ausgeschlossen, wohl aber deren vollständige

Übernahme durch den AP. Dies wird durch die Formulierung „in verantwortlicher Position" zum Ausdruck gebracht. Zulässig ist weiterhin die Übernahme einzelner Prüfungsaufträge im Auftrag der internen Revision und zwar unabhängig davon, ob sie im Rahmen der APr oder hiervon losgelöst durchgeführt werden. Unzulässig ist die Leitung oder Übernahme der internen Revision als Funktionseinheit durch den AP. Dies gilt auch für Entscheidungen des AP über Art, Zeitpunkt und Umfang der internen Revisionstätigkeiten. Ebenfalls unzulässig dürfte die verantwortliche Umsetzung von Empfehlungen der internen Revision durch den AP sein.

Im Rahmen der APr ist der AP aber verpflichtet, seine Tätigkeiten so weit wie möglich und sinnvoll mit der Arbeit der internen Revision zu koordinieren und die Arbeitsergebnisse der internen Revision zu verwerten (IDW PS 321 Interne Revision und Abschlussprüfung). In diesem Rahmen kann auch die Durchführung von Untersuchungen zusammen mit der internen Revision zweckmäßig sein, soweit hierdurch die Funktionen nicht vermischt werden. Es wird auf Anm 180 zu § 317 hingewiesen.

d) Unternehmensleitungs- und Finanzdienstleistungen

Buchst c) regelt, dass die Erbringung von **Unternehmensleitungs- und Finanzdienstleistungen** zu einem Ausschluss als AP führen, wenn sie nicht von untergeordneter Bedeutung sind. Es handelt sich hierbei um Tätigkeiten, mit denen häufig eine nach außen erkennbare Interessenwahrung des Mandanten verbunden ist *(Begr RegE BilReG)*. In der Begr zu § 319 Abs 3 wird zum Ausdruck gebracht, dass diese Vorschrift an die diesbzgl Regelungen des SOA aus dem Jahr 2003 angelehnt ist. Die SEC hat in Ausführung dieses Gesetzes im Januar 2003 ua die Dienstleistungen definiert, die vom AP nicht erbracht werden dürfen *(SEC, Final Rule: Strengthening the Commission's Requirements Regarding Auditor Independence, 23.1.2003)*. Danach ist die Übernahme der Funktion eines Vorstands, eines AR-Mitglieds und die Übernahme sonstiger Managementfunktionen, wie zB die Übernahme einer bedeutenden Funktion im IKS, unzulässig. Die Übernahme solcher Funktionen ist in Deutschland zum Teil bereits nach Abs 3 S 1 Nr 2 nicht mit der APr vereinbar.

Weiterhin sind nach den Regelungen der SEC folgende **Finanzdienstleistungen** für Prüfungsmandanten ausgeschlossen:
- Tätigkeiten eines *„broker-dealer"*,
- Entscheidungen über den Erwerb oder die Verwaltung von Finanzanlagen,
- Abwicklung von Geschäften über Kauf oder Verkauf von Finanzanlagen,
- Treuhandtätigkeiten sowie
- Werbung für Anlagen des Prüfungsmandanten.

Nach der Entstehungsgeschichte der deutschen Vorschriften ist davon auszugehen, dass diese Abgrenzung auch bei der Definition von Finanzdienstleistungen relevant ist. Insb die Anlage von Vermögenswerten des Unt ist schädlich, weil dem AP bei negativen Feststellungen im Rahmen der APr Vermögens- oder Reputationsschäden drohen können. Im Falle der Vermittlung oder der Übernahme von Anteilen des Unt liegt ein unmittelbares finanzielles Interesse an der wirtschaftlichen Lage des Unt vor, das die Besorgnis der Befangenheit begründet (vgl Erl zu § 23a Abs 5 BS WP/vBP). Treuhandtätigkeiten, die nach § 2 Abs 3 Nr 3 WPO zulässig sind, sind auch bei Prüfungsmandanten unschädlich, wenn es sich um eine Sicherungstreuhand handelt, bei der dem Treuhänder keine Ermessens- und Entscheidungsspielräume zustehen, weil hiermit keine Interessenvertretung verbunden ist. Die Beratung iZm dem Erwerb von Bet dürfte weiter zulässig sein *(Gelhausen, 179)*.

Auch bei den folgenden Dienstleistungen dürfte eine Besorgnis der Befangenheit nicht begründet sein, weil es sich nicht um Finanzdienstleistungen iSv Buchst c) handelt:
- Erarbeitung von Finanzierungskonzepten,
- Vorbereitung von Verhandlungen mit potenziellen Investoren,
- Shareholder-Value-Analysen, bei denen es sich nicht um Bewertungsleistungen mit unmittelbaren Auswirkungen auf die Rechnungslegung handelt,
- Wirtschaftlichkeitsanalysen im Bereich der Vermögensanlagen.

61 Die Übernahme von **Unternehmensleitungsfunktionen** begründet nach Buchst c) unwiderlegbar die Besorgnis der Befangenheit, weil mit solchen Funktionen eine Ausrichtung auf die Interessen des zu prüfenden Unt verbunden ist, die einer unbefangenen APr entgegensteht. Auch kann hier die Gefahr einer Selbstprüfung bestehen, wenn der AP die Auswirkungen von im Rahmen der Ausübung der UntLeitungsfunktion getroffenen Entscheidungen auf die Rechnungslegung zu beurteilen hat.

Die Übernahme von UntLeitungsfunktionen kann im Rahmen eines Dienstleistungsvertrags mit dem oder als Organ des zu prüfenden Unt erfolgen. Es kann sich um Führungsaufgaben in der UntLeitung oder in nachgeordneten Bereichen handeln. Bei der Frage, ob eine im Vj ausgeübte UntLeitungsfunktion schädlich sein kann, kommt es darauf an, ob sich aus der Tätigkeit unmittelbare Auswirkungen im zu prüfenden Gj ergeben. Auch wenn UntLeitungsfunktionen im Folgejahr vor Beendigung der APr übernommen werden, wird im Allgemeinen die Besorgnis der Befangenheit begründet sein.

In den Erl zu § 23a Abs 5 BS WP/vBP wird darauf hingewiesen, dass die Übernahme von UntLeitungsfunktionen durch einen beurlaubten Angestellten des AP unschädlich ist, wenn die vertraglichen Beziehungen ausschließlich zwischen dem beurlaubten Angestellten und dem Unt bestehen. In diesem Fall hat der AP weder negative Folgen aus möglichen Pflichtverletzungen zu erwarten noch ist er am Erfolg der Tätigkeit des beurlaubten Angestellten beteiligt.

e) Versicherungsmathematische und Bewertungsleistungen

62 Eigenständige **versicherungsmathematische** oder **Bewertungsleistungen,** die sich auf den JA nicht nur unwesentlich auswirken, sind nach Buchst d) ausgeschlossen, sofern sie nicht von untergeordneter Bedeutung sind. Die Berechnung der Pensionsrückstellungen oder – bei VersicherungsUnt – der Deckungsrückstellungen ist nach Buchst d) ausgeschlossen, wenn die Entwicklung und Umsetzung der Berechnungsmethodik sowie die Festlegung der maßgeblichen Annahmen in den Händen des AP liegt. Die formale Entscheidung der UntLeitung über die Übernahme der Werte in den Abschluss hat dann für die Frage der Besorgnis der Befangenheit keine Bedeutung (vgl Erl zu § 23a Abs 6 BS WP/vBP).

Der Auftrag zur **Ermittlung des Teilwerts der Pensionsverpflichtungen** gem § 6a EStG ist nicht mit der APr vereinbar, wenn hiermit ein Bilanzposten vom AP iW selbst bewertet wird. Sonstige Bewertungsleistungen der HB iZm der Erstellung der StB können insb dann schädlich sein, wenn die Bewertung zeitlich vor der APr vorgenommen wird und die Ergebnisse in die HB übernommen werden. Für die Abgrenzung zu Beratungs- und Hilfstätigkeiten s Anm 47. Versicherungsmathematische Dienstleistungen, die sich auf den JA nicht oder nur unwesentlich auswirken, sind von dieser Regelung nicht erfasst.

63 Bei **sonstigen Bewertungsleistungen,** die außerhalb der Prüfungstätigkeit erbracht werden, kann es sich bspw um Gutachten über den Wert von Bet handeln. Wird ein solcher Wert vom Prüfungsmandanten ohne weiteres bei der Ermittlung des niedrigeren beizulegenden Werts der Bet im handelsrechtlichen JA übernommen, ist die Besorgnis der Befangenheit begründet. Liegt der ermittelte Wert allerdings über den AK und werden im handelsrechtlichen JA die AK fortgeführt, ist die Bewertungsleistung unschädlich. Dies gilt auch für den Fall, dass ein Bewertungsgutachten zum Zwecke der Preisfindung bei einem geplanten UntVerkauf erstellt wird, die Bilanzierung des Anteilserwerbs anschließend aber nach den Grundsätzen über Tauschgeschäfte erfolgt.

Abs 3 behandelt nur Bewertungsleistungen im lfd Gj. Bewertungsleistungen, **64** die in einem früheren Gj erbracht wurden, sind daraufhin zu untersuchen, ob sie sich wesentlich auf den zu prüfenden JA auswirken. Je weiter die Bewertungsleistung in der Vergangenheit liegt, desto wahrscheinlicher ist es, dass notwendige Änderungen im bilanziellen Wertansatz auf Änderungen der zugrundeliegenden Sachverhalte und nicht auf mögliche Fehler bei der Erstattung des Bewertungsgutachtens zurückzuführen sind, die eine Besorgnis der Befangenheit begründen könnten. Im Übrigen sind gerade in einem solchen Fall Schutzmaßnahmen iSv Abs 2 relevant. Wenn zB aktuelle Wertindikationen von sachverständigen Dritten vorliegen, dürften die Bewertungsleistungen aus früheren Gj für die Frage der Besorgnis der Befangenheit keine Bedeutung mehr haben. Darüber hinaus ist zu berücksichtigen, ob zwischenzeitlich eine Prüfung des Bewertungsergebnisses durch einen anderen Prüfer erfolgt ist (zB im Rahmen der Prüfung des Vj-JA). In einem solchen Fall dürfte die Besorgnis der Befangenheit ebenfalls nicht begründet sein.

In den Erl zu **§ 23a Abs 6 BS** WP/vBP werden folgende **Bewertungsleis-** **65** **tungen** erörtert:

Bewertungsleistung	Würdigung im Hinblick auf die mögliche Begründung der Besorgnis der Befangenheit
Bewertung einer zur Veräußerung bestimmten Bet	Die Bewertung einer zur Veräußerung bestimmten Bet begründet im Allgemeinen nicht die Besorgnis der Befangenheit, weil sich das Bewertungsergebnis nicht unmittelbar auf den zu prüfenden Abschluss auswirkt. Wenn die Beteiligung zum Abschlussstichtag noch nicht veräußert ist, erfolgt die Bewertung zu fortgeführten AK. Wurde die Bet vor Ablauf des Gj veräußert, ist der erzielte Kaufpreis und nicht das Ergebnis der Bewertungsleistung für die Bilanzierung entscheidend. Die Bewertungsleistung wirkt sich in diesem Fall nicht unmittelbar auf den Abschluss aus. Sofern bei einer noch nicht veräußerten Bet aufgrund der Bewertungsleistung ein Abschreibungsbedarf ersichtlich wird, ist dies unschädlich, wenn das Unt die Höhe der Abschreibung letztlich selbst festlegt; dies wird aufgrund der unterschiedlichen Bewertungsstichtage im Allgemeinen der Fall sein.
Bewertung einer zu erwerbenden Bet	Die Bewertung einer zu erwerbenden Bet kann die Besorgnis der Befangenheit begründen, wenn der Kaufpreis in Höhe des Gutachtenwerts vereinbart wird. Im Rahmen der APr müsste dann der AP den von ihm selbst ermittelten Wert beurteilen (Selbstprüfung). Die Unabhängigkeitsgefährdung ist geringer oder ausgeschlossen, wenn die Bewertungsleistung keinen bestimmten Wert sondern eine größere Bandbreite von Werten beinhaltet. Dies gilt auch dann, wenn keine Wertermittlung erfolgt, sondern nur wesentliche Parameter für die Bewer-

Bewertungsleistung	Würdigung im Hinblick auf die mögliche Begründung der Besorgnis der Befangenheit
	tung ermittelt werden und wenn lediglich eine grobe, indikative Einschätzung des Werts vorgenommen wird.
Bewertung für Zwecke der APr	Für die APr notwendige Bewertungsleistungen sind grds unschädlich. Als Bsp kann die Beurteilung der Notwendigkeit außerplanmäßiger Abschreibungen genannt werden, um die Werthaltigkeit von bilanzierten Vermögenswerten zu prüfen. Eine solche Bewertungsleistung begründet auch dann keine Besorgnis der Befangenheit, wenn der Mandant selbst keine Bewertung vorgenommen hat. Stellt der AP Abschreibungsbedarf fest, kann aber eine unreflektierte Übernahme der Ergebnisse der Bewertungsleistung durch das Unt in den Abschluss schädlich sein.
Aufteilung eines Gesamtkaufpreises auf einzelne VG und Schulden	Die Aufteilung eines Gesamtkaufpreises auf einzelne VG und Schulden durch den AP begründet im Allgemeinen die Besorgnis der Befangenheit, weil sich das Ergebnis dieser Bewertungsleistung unmittelbar auf den zu prüfenden Abschluss auswirkt. Für die Unterstützung bei der Aufteilung in Form einer Erl möglicher Methoden und der Diskussion von Zweifelsfragen gilt dies allerdings nicht.
Prüfung der Werthaltigkeit von Sacheinlagen nach §§ 33f, 183 Abs 3 AktG	Bei der Prüfung der Werthaltigkeit von Sacheinlagen handelt es sich nicht um eine Bewertungsleistung, sondern um eine Prüfungstätigkeit. Die nochmalige Beurteilung des Prüfungsgegenstands im Rahmen der APr begründet für sich betrachtet keine Besorgnis der Befangenheit. Etwas Anderes gilt, wenn der AP den Wert der Sacheinlage selbst ermittelt und die Bilanzierung nicht nach den Tauschgrundsätzen erfolgsneutral erfolgt.
Bewertungsleistungen bei Umw-Vorgängen zur Ermittlung von Umtauschverhältnissen	Bewertungsleistungen zur Ermittlung von Umtauschverhältnissen können nur dann die Besorgnis der Befangenheit begründen, wenn sie sich unmittelbar auf die Bilanzierung des bewerteten Vermögens auswirken. Eine solche Auswirkung ergibt sich zB dann nicht, wenn von der Buchwertfortführung Gebrauch gemacht wird.

66 Die Frage, ob sich Bewertungsleistungen wesentlich auf den zu prüfenden Abschluss auswirken, ist für sämtliche Bewertungsleistungen mit Auswirkungen auf den Abschluss, die im Gj erbracht werden, einheitlich zu beantworten.

5. Einsatz von befangenen Personen (Abs 3 S 1 Nr 4)

67 Nach Abs 3 S 1 Nr 4 darf bei der Prüfung keine Person beschäftigt sein, die nach den Nrn 1–3 als AP ausgeschlossen ist. Bei der Prüfung beschäftigt ist eine Person, deren Tätigkeit der Prüfung eindeutig zugeordnet werden kann und die Einfluss auf Umfang, Ablauf oder Ergebnis der Prüfung hat (Prüfungsplanung, Bearbeitung einzelner Prüffelder, Berichterstattung). Diese Vorschrift bezieht sich damit in erster Linie auf diejenigen **Fachkräfte,** die als Mitglieder des Prüfungsteams bei der Durchführung der APr eingesetzt sind. Hierzu zählen die Prüfungsgehilfen, dh vom Prüfungsassistenten angefangen alle Mitarbeiter, die noch kein Fachexamen abgelegt haben und alle WP/vBP. Auch **Spezialisten,** die zB für die Durchführung von (IT-)Systemprüfungen, die Prüfung des Risikofrüherkennungssystems, für die Prüfung der steuerrechtlichen Verhältnisse und der Steuerrückstellungen oder der Pensionsrückstellungen sowie **Qualitätssicherer,** die im Rahmen von speziellen Qualitätssicherungsmaßnahmen (zB materielle Berichtskritik nach § 24d Abs 1 BS oder auftragsbegleitende Qualitätssicherung nach § 24d Abs 2 BS) oder von **Konsultationen** zu schwierigen fachlichen Fragen in die Prüfung eingebunden sind, können von der Vorschrift erfasst werden. Dies gilt allerdings nicht, wenn die Einflussmöglichkeiten auf die Ergebnisse der Prüfung, die bei der Frage der Besorgnis der Befangenheit die entscheidende Bedeutung haben, gering sind.

Die Vorschrift berücksichtigt, dass mit der Prüfung inhaltlich befasste Mitarbeiter (trotz der verantwortlichen Leitung der APr durch WP/vBP und ihrer angemessenen Beaufsichtigung und Kontrolle) einen nicht unerheblichen Einfluss auf das Ergebnis der Prüfung haben können (*ADS*[6] § 319 Anm 144). Lediglich formal mit der APr befasst sind **Verwaltungskräfte** (Schreib- und Sekretariatskräfte, Bibliothek, *formelle* Berichtskritik). Diese werden von der Vorschrift nicht erfasst. Als bei der Prüfung beschäftigte Personen können nicht nur Arbeitnehmer, sondern auch freie Mitarbeiter gelten (*ADS*[6] § 319 Anm 143).

Der Ausschlusstatbestand ist nur erfüllt, wenn der WP einen befangenen Arbeitnehmer im Rahmen der betr APr tatsächlich einsetzt. Die Tatsache, dass Mitarbeiter dadurch, dass sie in der gleichen Niederlassung beschäftigt sind, oder durch ihre hierarchische Stellung eine gewisse Nähe zu den bei einer Prüfung beschäftigten Mitarbeitern haben können, ist hier nicht relevant. Ein Ausschlussgrund liegt ebenfalls in Fällen nicht vor, in denen Mitarbeiter bei der Durchführung anderer Aufträge für den Prüfungsmandanten, nicht aber im Rahmen der APr, tätig werden.

Abs 3 S 1 Nr 4 enthält eine Verpflichtung für den einzelnen Mitarbeiter, sich **68** – sobald er einer Prüfung zugeordnet ist – zu vergewissern, dass er im Hinblick auf die von ihm (mit-)geprüfte KapGes/KapCoGes beruflich unabhängig ist und insb keine finanziellen Interessen an der KapGes/KapCoGes hat (Abs 3 Nr 1). Liegt eine mögliche Gefährdung seiner Unabhängigkeit vor, ist dies dem für die Prüfung verantwortlichen WP/vBP bzw der Praxisleitung unverzüglich mitzuteilen, damit hierauf rechtzeitig reagiert werden kann. Das interne Qualitätssicherungssystem der WP/vBP-Praxis muss für solche Fälle eine Analyse der möglichen Unabhängigkeitsgefährdung und Maßnahmen zu deren Beseitigung vorsehen. Im Zweifel darf die Fachkraft bei der betr Prüfung nicht eingesetzt werden.

6. Umsatzabhängigkeit (Abs 3 S 1 Nr 5)

Ein WP/vBP ist nach Abs 3 S 1 Nr 5 von der APr dann ausgeschlossen, wenn **70** er in den letzten fünf Jahren jeweils mehr als 30% der Einnahmen seiner beruflichen Tätigkeit aus der Prüfung und Beratung (§ 285 Nr. 17a–d) der KapGes/KapCoGes erzielt hat und auch im lfd Gj voraussichtlich erzielen wird. Bei Pflichtprüfungen von Unt von öffentlichem Interesse beträgt diese Quote nach § 319a Abs 1 S 1 Nr 1 15%. Die Vorschrift berücksichtigt das wirtschaftliche Eigeninteresse des Prüfers als mögliche Unabhängigkeitsgefährdung. Dem AP wird es umso schwerer fallen, bei Meinungsverschiedenheiten über die Richtigkeit des JA seine Auffassung durchzusetzen und notfalls die Beendigung des Auftragsverhältnisses in Kauf zu nehmen, je höher die damit verbundene finanzielle Einbuße ist (*Begr RegE* § 277 HGB idF BiRiLiG).

Als **Gesamteinnahmen** gelten alle Einnahmen, die aus der beruflichen Tätigkeit iSv § 2 bzw § 129 WPO erzielt werden. Besitzt der AP eine Zusatzqualifikation (zB RA) sind auch seine Einnahmen auf Grund dieser Qualifikation Teil der Gesamteinnahmen. Nicht erfasst werden sonstige Einnahmen aus Leistungsbeziehungen mit dem Mandanten, die nicht der beruflichen Tätigkeit zuzuordnen sind, zB Mieteinnahmen, sowie Auslagenersatz und USt (*ADS*[6] § 319 Anm 152, 158).

Bei **gemeinsamer Berufsausübung** sind aufgrund der Sozietätsklausel (Anm 32) die Einnahmen aller Personen, die mit dem AP den Beruf gemeinsam ausüben, zu addieren (*ADS*[6] § 319 Anm 161).

Maßgebend ist das gesamte aus dem **Bereich des geprüften Unternehmens** bezogene Honorar. Zu diesem Honorar gehört auch das Honorar von allen in- und ausländischen Unt, an denen die zu prüfende KapGes/KapCoGes mehr als 20 vH der Anteile besitzt, unabhängig davon, ob ein KA aufzustellen ist oder freiwillig aufgestellt wird. Denn die zu prüfende KapGes/KapCoGes könnte in diesen Unt die Auftragsvergabe beeinflussen (*ADS*[6] § 319 Anm 158). Zur Bestimmung des Anteilsbesitzes kommt eine Durchrechnung der Quote (zB Prüfungsmandat hält an Unt A 50%, Unt A an Unt B 30%; durchgerechnete Quote ist 15%) wohl nicht in Betracht. Als dem MU zustehende Rechte werden nach § 290 Abs 3 auch die einem TU zustehenden Rechte und die den für Rechnung des MU oder von TU handelnden Personen zustehenden Rechte berücksichtigt. Diese Vorschrift wird bei der Ermittlung des Gesamthonorars entspr anzuwenden sein (*ADS*[6] § 319 Anm 155).

71   Der **Ausschlussgrund entsteht im sechsten Jahr,** nachdem die Umsatzabhängigkeit fünf Jahre hintereinander bestanden hat. Damit wird dem AP eine genügend lange Frist eingeräumt, durch geeignete Maßnahmen die kritische Grenze zu vermeiden. Die „fünf Jahre" betreffen jeweils das Gj des Prüfers. Für das lfd Gj ist das erwartete Honoraraufkommen zu schätzen. Maßgebend für den Fristbeginn ist der Zeitpunkt der Wahl zum AP, nicht die Auftragsannahme (*ADS*[6] § 319 Anm 157). Wird die Umsatzgrenze zB im 6. Jahr unterschritten, kann in den folgenden 5 Jahren grds kein Ausschlussgrund nach Abs 3 S 1 Nr 5 eintreten. Dies gilt nicht, wenn durch gezielte Verschiebungen der Honorarzahlungen das Überschreiten der Schwelle in einem oder mehreren Jahr(en) bewusst verhindert wird. Die Art der Umsatzermittlung muss im Zeitablauf konsistent sein.

72   Zur **Vermeidung von Härtefällen** kann die WPK nach Nr 5 letzter Hs befristete Ausnahmegenehmigungen erteilen. Die Gewährung liegt im pflichtgemäßen Ermessen der WPK. Ein Härtefall kann insb bei Eröffnung, Verlegung oder Schließung einer Praxis vorliegen (*ADS*[6] § 319 Anm 163).

7. Ehegatten und Lebenspartner (Abs 3 S 2)

73   Nach Abs 3 S 2 der Vorschrift liegt ein Ausschlussgrund auch dann vor, wenn der Ehegatte oder der Lebenspartner einen Ausschlussgrund nach S 1 Nr 1–3 erfüllt. Nach § 1 Abs 1 S 1 LPartG sind Lebenspartner zwei Personen gleichen Geschlechts, die persönlich, gegenseitig und bei gleichzeitiger Anwesenheit unter Abgabe übereinstimmender Willenserklärungen erklären, miteinander eine Partnerschaft auf Lebenszeit führen zu wollen. Es ist unerheblich, zu welchem Zeitpunkt die Ehegemeinschaft oder die Lebenspartnerschaft eingegangen wird; es kommt ausschließlich darauf an, dass sie während der Prüfung bestanden hat. Wird die Ehegemeinschaft oder Lebenspartnerschaft vor Beendigung der Prüfung aufgehoben, entfällt der Ausschlussgrund nach Abs 3 S 2.

III. Ausschlussgründe für Prüfungsgesellschaften (Abs 4)

77   Mit der Vorschrift in Abs 4 werden die Anforderungen der Abs 2 und 3 auf WPG/BPG übertragen. WPG/BPG sind von der APr ausgeschlossen, wenn sie

selbst einen der in Abs 2 und 3 definierten Ausschlusstatbestände verwirklichen. Darüber hinaus führt die Verwirklichung solcher Tatbestände durch
- einen gesetzlichen Vertreter,
- einen Gester, der mehr als 20% der den Gestern zustehenden Stimmrechte besitzt,
- ein verbundenes Unt,
- einen bei der Prüfung in verantwortlicher Position beschäftigten Gester oder
- eine andere von ihr beschäftigte Person, die das Ergebnis der Prüfung beeinflussen kann,

zu einem Ausschluss der PrüfungsGes als AP.

Dies gilt auch, wenn ein Mitglied des AR nach Abs 3 S 1 Nr 2 ausgeschlossen ist (Organstellung beim Prüfungsmandanten, einem mit diesem verbundenen Unt oder einem Unt, von dem das zu prüfende Unt mehr als 20% der Anteile besitzt).

Der **Stimmrechtsanteil** eines Gesters errechnet sich aus den Stimmrechten aus den eigenen Anteilen und ggf ihm rechtlich oder wirtschaftlich zuzurechnenden Stimmrechten. Im Falle von Treuhandschaften sind die Anteile grds dem Treugeber zuzurechnen, es sei denn, der Treugeber verzichtet auf die Ausübung der ihm zustehenden Entscheidungs- und Weisungsrechte. Die Vorschrift ist nicht nur auf Fälle anzuwenden, in denen einzelne Gester, denen mehr als 20% der Stimmrechte zuzurechnen sind, einen Ausschlusstatbestand erfüllen. Sie ist auch anzuwenden auf mehrere Gester, die zusammen mehr als 20% der den Gestern zustehenden Stimmrechte besitzen, wenn diese jeweils einzeln oder zusammen einen der Ausschlusstatbestände nach Abs 2 oder 3 erfüllen. Hierdurch werden zB Fälle erfasst, in denen die Stimmrechte an der WPG/BPG von den Mitgliedern einer Sozietät gehalten werden und einzelne Mitglieder weniger als 20% der Stimmrechte besitzen. Erfüllt ein Mitglied mit weniger als 20% der Stimmrechte einen Ausschlusstatbestand nach Abs 2 oder 3, ist die WPG/BPG als AP ausgeschlossen, wenn die ihm zuzurechnenden Stimmrechte zusammen mit den Stimmrechten der übrigen Sozietätsmitglieder die Quote von 20% überschreiten. Aber auch wenn ein solcher Gester einen Ausschlusstatbestand nur zusammen mit den anderen Gestern erfüllt, führt dies zu einem Ausschluss der WPG/BPG. Dies gilt zB für die Ermittlung der finanziellen Interessen nach Abs 3 S 1 Nr 1 und die Bestimmung der Grenze für die Umsatzabhängigkeit nach Abs 3 S 1 Nr 5.

Zur Auslegung des Begriffs **verbundenes Unternehmen** ist § 271 Abs 2 heranzuziehen. Es handelt sich dabei um WPG/BPG, die als MU oder TU in den KA eines MU nach den Vorschriften über die VollKons einzubeziehen sind oder nach § 296 nicht einbezogen werden. Dies gilt unabhängig davon, ob die Aufstellung eines KA tatsächlich erfolgt. Für die Frage, ob die Erfüllung eines Ausschlusstatbestands durch eine WPG/BPG, die dem gleichen **Netzwerk** des AP angehört, eine Besorgnis der Befangenheit begründen kann, gilt § 319b.

Fraglich ist, welcher Personenkreis als bei der Prüfung **in verantwortlicher Position beschäftigte Gester** angesprochen ist. In verantwortlicher Position werden zunächst diejenigen Gester tätig sein, die nach den internen Regelungen der PrüfungsGes für die Abwicklung des Prüfungsauftrags vorrangig verantwortlich sind sowie die Unterzeichner des BVm (im Allgemeinen verantwortlicher Prüfungspartner und Mitunterzeichner, soweit es sich bei diesen um Gester der PrüfungsGes handelt). Verantwortlicher Prüfungspartner ist nach § 319a Abs 2 S 2 auch, wer bei Konzern-APr als WP auf der Ebene bedeutender TU als für die Durchführung der Prüfung als vorrangig verantwortlich bestimmt worden ist. Darüber hinaus dürften dem Personenkreis solche Gester zuzurechnen sein, die für bestimmte Teilbereiche der Prüfung verantwortlich sind, zB für (IT-)Systemprüfungen oder die Prüfung des Risikofrüherkennungssystems.

§ 319 80–87

80   Zudem erfasst Abs 4 S 1 **von der WPG/BPG beschäftigte Personen, die das Ergebnis der Prüfung beeinflussen können.** Hierbei handelt es sich um den gleichen Personenkreis, der in Abs 3 S 1 Nr 4 als „bei der Prüfung beschäftigt" bezeichnet wird. Es ist kein Grund ersichtlich, warum der Gesetzgeber in Abhängigkeit von der Organisationsform (Tätigkeit in eigener Praxis oder als WPG/BPG) die Ausschlussgründe für die Mitglieder des Prüfungsteams unterschiedlich festlegen sollte. Es werden damit alle Mitarbeiter erfasst, die dem Prüfungsteam angehören, einschl der im Rahmen der Prüfung eingesetzten Spezialisten für bestimmte Prüffelder oder für Bereiche, bei denen besondere Kenntnisse erforderlich sind (zB bei Risiken für Unregelmäßigkeiten oder bei Zweifeln an der Angemessenheit der Going-Concern-Annahme). Hierzu können auch Mitarbeiter aus fachlichen Kompetenzzentren zählen, wenn diese Stellungnahmen oder Gutachten zu Fachfragen erstellen und diese Mitwirkung über eine nur punktuelle Befassung hinausgeht (s im Übrigen Anm 64).

81   Für **Mitglieder des Aufsichtsrats** einer PrüfungsGes gilt nach Abs 4 S 2, dass ausschließlich die Übernahme der Funktion eines gesetzlichen Vertreters, die Mitgliedschaft im AR und die Stellung als Arbeitnehmer des zu prüfenden Unt zu einem Ausschluss der PrüfungsGes als AP führen.

82   Abs 4 enthält ausschließlich Zurechnungsvorschriften. Für die einzelnen **Ausschlusstatbestände** und deren Auslegung gelten die Ausführungen zu Abs 2 und 3. Durch den Verweis in Abs 4 auf die Ausschlussgründe nach Abs 3 ist auch bei WPG/BPG die **Sozietätsklausel** anzuwenden (s Anm 32). Dies bedeutet, dass eine WPG/BPG zB dann als AP ausgeschlossen ist, wenn mehr als 20 vH ihrer Stimmrechte von einem Gester gehalten werden, der gleichzeitig Sozius einer Anwaltssozietät ist, die den zu prüfenden JA erstellt hat.

Besorgnis der Befangenheit ist zu bejahen, wenn zB ein mit der WPG verbundenes Unt die Bücher des von der WPG zu prüfenden Unt geführt hat (Abs 4 S 1 iVm Abs 3 S 1 Nr 3 Buchst a) oder eine WPG mit zwei WP als Gester-Geschäftsführern eine KapGes/KapCoGes prüfen will, bei der eine SteuerberatungsGes, an der die Ehefrauen der beiden WP sämtliche Anteile besitzen, den zu prüfenden JA erstellt hat (Abs 4 S 1 iVm Abs 3 S 2, S 1 Nr 3 2. Hs, Nr 3 1. Hs Buchst a).

IV. Ausschlussgründe bei der Prüfung von Konzernabschlüssen (Abs 5)

87   Die Unvereinbarkeitsregelungen nach Abs 2 bis 4 gelten nach Abs 5 für den AP des KA entspr. Dies gilt auch für die Pflicht zur Teilnahme am Verfahren der **Qualitätskontrolle** nach § 57a WPO. AP müssen über eine wirksame Teilnahmebescheinigung oder eine Ausnahmegenehmigung der WPK verfügen (s Anm 15 f). Nach Abs 5 iVm Abs 2 bis 4 führen die Ausschlussgründe, die einen Ausschluss als AP des MU zur Folge haben, gleichzeitig zu einem Ausschluss als Konzern-AP. Fraglich könnte sein, ob diese Folge auch eintritt, wenn Ausschlussgründe in Bezug auf einzelne in den KA einbezogene TU vorliegen. Bei nicht in den KA einbezogenen TU stellt sich diese Frage nicht, weil hier aufgrund der eingeschränkten Prüfungspflichten (insb Prüfung der Abgrenzung des KonsKreises) eine Besorgnis der Befangenheit im Hinblick auf die Prüfung des KA nicht erkennbar ist.

Liegt in **Bezug auf ein einbezogenes Tochterunternehmen** ein Ausschlussgrund nach den Abs 2 bis 4 vor, dürfte dies grds einen Ausschluss als Konzern-AP zur Folge haben, weil sich Abs 5 auf die Prüfung des KA bezieht, der sich aus den Abschlüssen des MU und der TU zusammen setzt. Etwas anderes galt bislang, wenn der JA eines TU von einem **anderen Prüfer** unter Einhaltung der Voraussetzungen von § 317 Abs 3 S 2, 3 befreiend geprüft wird. Wenn in einem solchen Fall der Konzern-AP einen Ausschlusstatbestand bei diesem TU erfüllte, haben sich daraus keine Gefährdungen für seine Unabhängigkeit ergeben; seine Pflichten als Konzern-AP im Hinblick auf die JA solcher TU waren eher als gering anzusehen, so dass nach Sinn und Zweck der Vorschriften zur Unabhängigkeit eine Einbeziehung in die Vorschrift des Abs 5 nicht geboten erschien. Dies gilt nach § 317 Abs 3 S 2 nicht mehr. Mit § 317 Abs 3 wird das Modell der befreienden Prüfung durch andere AP abgeschafft. Der Konzern-AP hat die gesetzliche Pflicht, die Arbeiten der anderen AP zu überwachen und dies zu dokumentieren. Diese Überlegungen gelten im Grundsatz auch für die Prüfung der für Zwecke der Kons aufgestellten HB II von ausländischen TU.

Des Weiteren stellt sich die Frage, ob die Vorschriften der Abs 2 bis 4 auch **88** von den **Prüfern der Tochterunternehmen, die nicht Konzernabschlussprüfer sind,** eingehalten werden müssen. Wenn der JA von in den KA einbezogenen TU nach § 317 Abs 3 S 1 vom AP des KA zu prüfen ist und er zu diesem Zweck Arbeiten anderer Prüfer verwertet, sind die Anforderungen des IDW PS 320 nF. Besondere Grundsätze für die Durchführung von Konzernabschlussprüfungen (einschließlich der Verwertung der Tätigkeit von Teilbereichsprüfern) zu beachten (s § 317 Anm 180). Danach hat der Konzern-AP die anderen Prüfer über die bei der Prüfung anzuwendenden Rechnungslegungs- und Prüfungsvorschriften sowie die relevanten Unabhängigkeitsanforderungen zu unterrichten. Er muss sich in einer berufsüblichen Unabhängigkeitserklärung die Einhaltung dieser Anforderungen bestätigen lassen. Verstöße anderer Prüfer gegen die Unabhängigkeitsvorschriften in Abs 2 bis 4 sind dem Konzern-AP zuzurechnen. Dies gilt unabhängig davon, ob das TU seinen Sitz im Inland oder im Ausland hat. Auch unter der vor Inkrafttreten des *BilReG* geltenden Rechtslage wurde in der Literatur die Auffassung vertreten, dass die Ausschlussgründe auch vom AP eines ausländischen TU, der nicht auch Konzern-AP ist, eingehalten werden müssen (so *Thiessen* BB 1987, 1983).

In der Prüfungspraxis kann es sich für den Konzern-AP empfehlen, mit ausländischen Prüfern von in den KA einbezogenen TU die Einhaltung der Unabhängigkeitsregeln des *IESBA Code of Ethics* zu vereinbaren. Diese entspr in allen wesentlichen Aspekten den Empfehlungen der EU-Kommission zur Unabhängigkeit des AP vom Mai 2002 und den deutschen Unabhängigkeitsvorschriften. Auf eine ins Detail gehende Information der ausländischen Prüfer über die deutschen Unabhängigkeitsvorschriften kann in diesem Fall verzichtet werden.

Handelt es sich bei dem ausländischen Prüfer um ein Mitglied der Netzwerke der AP, ist § 319b zu beachten (s dort).

Zu den einzelnen Ausschlussgründen wird auf die Erl zu Abs 2 bis 4 verwiesen. **89**

D. Rechtsfolgen einer Verletzung des § 319

Hinsichtlich der Folgen eines Verstoßes gegen § 319 für Wahlbeschluss und JA **92** ist danach zu differenzieren, ob es bereits an der Qualifikation als WP bzw vBP nach Abs 1 fehlt oder ob ein Ausschlussgrund nach Abs 2 bis 4 gegeben ist. Wenn eine Person zum AP gewählt wird, die bereits die Voraussetzungen des Abs 1 (einschl der Bescheinigung über die Teilnahme am Qualitätskontrollverfahren) nicht erfüllt, ist der Wahlbeschluss nichtig. Ein von dieser Person geprüfter JA ist nach § 256 Abs 1 Nr 3 AktG ebenfalls nichtig (s Anm 1).

Für den Fall eines Verstoßes gegen Abs 2 bis 4 hat der Gesetzgeber demggü durch die §§ 243 Abs 3, 249 Abs 1 AktG klargestellt, dass gegen den Wahlbeschluss gerichtete Anfechtungs- und Nichtigkeitsklagen, die sich auf eine Be-

§ 319a   Prüfung

fangenheit des gewählten AP stützen, unzulässig sind. Die Prüfung einer möglichen Befangenheit des gewählten AP erfolgt unabhängig davon, ob die Befangenheit im Zeitpunkt der Wahl durch die HV oder erst später eingetreten ist, allein im Ersetzungsverfahren nach § 318 Abs 3 (s dort). Durch § 256 Abs 1 Nr 3 AktG wird zugleich klargestellt, dass ein Verstoß gegen Abs 2 bis 4 nicht zur Nichtigkeit des JA führt.

93   In allen Fällen eines Verstoßes gegen § 319 ergeben sich **Folgen für den Prüfungsauftrag.** Der AP verliert wegen der Nichtigkeit des schuldrechtlichen Prüfungsauftrags (§ 134 BGB) seinen vertraglichen Vergütungsanspruch. Die abw Rspr, die davon ausging, dass eine nur im berufsrechtlichen Bereich des § 49 WPO angesiedelte Befangenheit den Prüfungsvertrag und damit auch den Vergütungsanspruch unberührt lässt, ist durch die Aufnahme der Befangenheit als Ausschlussgrund in den Abs 2 idF des *BilReG* die Grundlage entzogen. Ein Anspruch aus Bereicherungsausgleich kommt gem § 817 S 2 BGB ebenfalls nicht in Betracht, wenn der AP gleichfalls vorsätzlich gegen ein gesetzliches Verbot verstoßen hat (BGH 30.4.1992, DB, 1466); dies dürfte in den eindeutigen Fällen des Abs 3 regelmäßig der Fall sein, während hinsichtlich eines Verstoßes gegen die allgemeine Befangenheitsvorschrift des Abs 2 wegen der Unbestimmtheit des verwendeten Rechtsbegriffs nicht zwangsläufig von vorsätzlichem Handeln ausgegangen werden kann; letzteres gilt auch für die Fälle des Abs 3, soweit diese durch Verwendung unbestimmter Rechtsbegriffe schwierige Abgrenzungsfragen aufwerfen.

94   Schadenersatzansprüche des Mandanten aus **Delikt** können sich in diesem Zusammenhang nur im Hinblick auf wirtschaftliche Nachteile wegen der notwendig gewordenen Bestellung eines anderen Prüfers ergeben, nicht dagegen aus inhaltlichen Prüfungsmängeln (vgl *ADS*[6] § 319 Anm 256). Entspr kommt eine Haftung ggü Dritten nicht in Betracht, zumal nicht zu erkennen ist, welchen Kausalbeitrag die Inhabilität des AP für einen Schaden eines Dritten haben könnte.

95   Nach § 334 Abs 2 handelt der AP ordnungswidrig, wenn er trotz Vorliegen eines Ausschlussgrunds einen BVm (vgl § 32 WPO) erteilt, und kann daher mit einem **Bußgeld** belegt werden. Der AP kann den Bußgeldtatbestand jedoch dadurch vermeiden, dass er bestehende Ausschlussgründe vor Erteilung des Testats beseitigt, sofern es sich nicht der Sache nach um nachwirkende Ausschlussgründe handelt (*ADS*[6] § 319 Anm 258). Die **Ordnungswidrigkeit** setzt Vorsatz voraus (§ 10 OWiG), wobei Eventualvorsatz genügt. Unkenntnis der gesetzlichen Ausschlussgründe exkulpiert nicht, weil diese Bestandteil der Berufsgrundsätze zur Unabhängigkeit sind, deren Unkenntnis nicht unvermeidbar (§ 11 Abs 2 OWiG) ist. Unkenntnis des unterzeichnenden WP über das Vorliegen von Tatbestandsvoraussetzungen kann den Vorsatz ausschließen; dies kann auch der Fall sein, wenn die Inhabilität begründende Tatsachen zwar der Geschäftsführung oder dem Vorstand einer WPG/BPG, nicht hingegen dem unterzeichnenden WP bekannt sind.

96   Die Erteilung eines BVm trotz Vorliegen eines Ausschlussgrunds dürfte darüber hinaus regelmäßig eine **Berufspflichtverletzung** darstellen, die nach §§ 67 ff WPO berufsgerichtlich geahndet wird.

§ 319a Besondere Ausschlussgründe bei Unternehmen von öffentlichem Interesse

(1) ¹Ein Wirtschaftsprüfer ist über die in § 319 Abs. 2 und 3 genannten Gründe hinaus auch dann von der Abschlussprüfung eines Unternehmens, das kapitalmarktorientiert im Sinn des § 264d ist, ausgeschlossen, wenn er

Besondere Ausschlussgründe bei Unternehmen § 319a

1. in den letzten fünf Jahren jeweils mehr als fünfzehn vom Hundert der Gesamteinnahmen aus seiner beruflichen Tätigkeit von der zu prüfenden Kapitalgesellschaft oder von Unternehmen, an denen die zu prüfende Kapitalgesellschaft mehr als zwanzig vom Hundert der Anteile besitzt, bezogen hat und dies auch im laufenden Geschäftsjahr zu erwarten ist,
2. in dem zu prüfenden Geschäftsjahr über die Prüfungstätigkeit hinaus Rechts- oder Steuerberatungsleistungen erbracht hat, die über das Aufzeigen von Gestaltungsalternativen hinausgehen und die sich auf die Darstellung der Vermögens-, Finanz- und Ertragslage in dem zu prüfenden Jahresabschluss unmittelbar und nicht nur unwesentlich auswirken,
3. über die Prüfungstätigkeit hinaus in dem zu prüfenden Geschäftsjahr an der Entwicklung, Einrichtung und Einführung von Rechnungslegungsinformationssystemen mitgewirkt hat, sofern diese Tätigkeit nicht von untergeordneter Bedeutung ist, oder
4. für die Abschlussprüfung bei dem Unternehmen bereits in sieben oder mehr Fällen verantwortlich war; dies gilt nicht, wenn seit seiner letzten Beteiligung an der Prüfung des Jahresabschlusses zwei oder mehr Jahre vergangen sind.

²§ 319 Abs. 3 Satz 1 Nr. 3 letzter Teilsatz, Satz 2 und Abs. 4 gilt für die in Satz 1 genannten Ausschlussgründe entsprechend. ³Satz 1 Nr. 1 bis 3 gilt auch, wenn Personen, mit denen der Wirtschaftsprüfer seinen Beruf gemeinsam ausübt, die dort genannten Ausschlussgründe erfüllen. ⁴Satz 1 Nr. 4 findet auf eine Wirtschaftsprüfungsgesellschaft mit der Maßgabe Anwendung, dass sie nicht Abschlussprüfer sein darf, wenn sie bei der Abschlussprüfung des Unternehmens einen Wirtschaftsprüfer beschäftigt, der als verantwortlicher Prüfungspartner nach Satz 1 Nr. 4 nicht Abschlussprüfer sein darf. ⁵Verantwortlicher Prüfungspartner ist, wer den Bestätigungsvermerk nach § 322 unterzeichnet oder als Wirtschaftsprüfer von einer Wirtschaftsprüfungsgesellschaft als für die Durchführung einer Abschlussprüfung vorrangig verantwortlich bestimmt worden ist.

(2) ¹Absatz 1 ist auf den Abschlussprüfer des Konzernabschlusses entsprechend anzuwenden. ²Als verantwortlicher Prüfungspartner gilt auf Konzernebene auch, wer als Wirtschaftsprüfer auf der Ebene bedeutender Tochterunternehmen als für die Durchführung von deren Abschlussprüfung vorrangig verantwortlich bestimmt worden ist.

Übersicht

	Anm
A. Anwendungsbereich der Vorschrift	1–3
B. Ausschlussgründe nach § 319 Abs 2 und 3	5
C. Bestimmte Ausschlussgründe bei Unternehmen von öffentlichem Interesse	
I. Sozietätsklausel (Abs 1 S 3)	7
II. Umsatzabhängigkeit (Abs 1 S 1 Nr 1)	9
III. Ausübung bestimmter Tätigkeiten	
1. Rechts- und Steuerberatungsleistungen (Abs 1 S 1 Nr 2)	11–16
2. Entwicklung, Einrichtung und Einführung von Rechnungslegungsinformationssystemen (Abs 1 S 1 Nr 3)	21–27
3. Verbundene Unternehmen und Beteiligungsunternehmen (Abs 1 S 2 iVm § 319 Abs 3 S 1 Nr 3 letzter Teilsatz)	30
IV. Interne Rotation (Abs 1 S 1 Nr 4, S 4 u 5, Abs 2 S 2)	31–39

	Anm
V. Ausschlussgründe bei Prüfungsgesellschaften (Abs 1 S 2 iVm § 319 Abs 4)	40
VI. Ausschlussgründe bei der Prüfung von Konzernabschlüssen (Abs 2)	41
D. Rechtsfolgen einer Verletzung des § 319a	**45**

A. Anwendungsbereich der Vorschrift

1 In § 319a werden bestimmte Ausschlussgründe definiert, die nur bei der APr von Unt beachtet werden müssen, die kapitalmarktorientiert iSd § 264d sind.

2 Nach § 264d ist eine KapGes kapitalmarktorientiert, wenn sie einen **organisierten Markt iSd § 2 Abs 5 WpHG** durch von ihr ausgegebene Wertpapiere iSd § 2 Abs 1 S 1 WpHG in Anspruch nimmt oder die Zulassung solcher Wertpapiere zum Handel an einem organisierten Markt beantragt hat. Bei einem organisierten Markt handelt es sich um einen Markt, der von staatlich anerkannten Stellen geregelt und überwacht wird, regelmäßig stattfindet und für das Publikum unmittelbar oder mittelbar zugänglich ist. An den deutschen Wertpapierbörsen erfüllen diese Kriterien die Marktsegmente des amtlichen und des geregelten Markts. Nicht erfasst sind damit Unt, deren Wertpapiere im Freiverkehr gehandelt werden. Zu den organisierten Kapitalmärkten zählen auch die übrigen geregelten Märkte iSd EU-Wertpapierdienstleistungs-Richtlinie (92/22/EWG). Ob ein Kapitalmarkt in einem Drittland die Anforderungen eines organisierten Markts erfüllt, muss im Einzelfall unter Zugrundelegung der Kriterien des § 2 Abs 5 WpHG entschieden werden.

3 Organisierte Kapitalmärkte werden von Unt **in Anspruch genommen,** indem von ihnen emittierte FinInst unter staatlicher Kontrolle auf diesen Märkten öffentlich gehandelt werden oder die Zulassung zum Handel beantragt wurde. Bei solchen FinInst kann es sich insb um Aktien, Schuldverschreibungen, Genussscheine, Optionsscheine und vergleichbare Wertpapiere handeln (§ 2 Abs 1 S 1 WpHG). Eine Inanspruchnahme ist nach dem Gesetzeswortlaut bei einem MU nicht allein deshalb anzunehmen, weil ein TU einen organisierten Kapitalmarkt in Anspruch nimmt.

B. Ausschlussgründe nach § 319 Abs 2 und 3

5 Auch bei der Pflichtprüfung von Unt von öffentlichem Interesse sind die allgemeinen Ausschlussgründe nach § 319 Abs 2 und 3 zu beachten (s dort). Danach sind WP von der APr ausgeschlossen, wenn Gründe vorliegen, nach denen die Besorgnis der Befangenheit besteht. Dies ist insb bei Beziehungen geschäftlicher, finanzieller und persönlicher Art anzunehmen, wobei die Sicht eines verständigen und objektiven Dritten entscheidend ist. Der WP kann in den Fällen des § 319 Abs 2 Vermeidungs- und Schutzmaßnahmen ergreifen, um die Besorgnis der Befangenheit zu beseitigen oder zu mindern. Stehen keine geeigneten Maßnahmen zur Verfügung, ist der WP von der APr ausgeschlossen. Dies gilt auch für die in § 319 Abs 3 festgelegten Ausschlussgründe, bei deren Verwirklichung die unwiderlegbare Vermutung besteht, dass Besorgnis der Befangenheit gegeben ist. Schutzmaßnahmen können in diesen Fällen die Besorgnis der Befangenheit nicht beseitigen. Wohl aber können Maßnahmen zur Vermeidung der Verwirklichung der Tatbestandsvoraussetzungen ergriffen werden (s § 319 Anm 23).

C. Bestimmte Ausschlussgründe bei Unternehmen von öffentlichem Interesse

I. Sozietätsklausel (Abs 1 S 3)

Nach Abs 1 S 3 gelten die Vorschriften des Abs 1 S 1 Nr 1 bis 3 auch, wenn 7 Personen, mit denen der WP seinen Beruf gemeinsam ausübt, die dort genannten Ausschlussgründe erfüllen. Da Abs 1 S 3 nicht auf die Rotationsvorschrift des Abs 1 S 1 Nr 4 verweist, kann ein Sozius ohne weiteres anstelle des ausgeschlossenen WP als APr bestellt werden. Zur sog Sozietätsklausel wird auf Anm 32 zu § 319 verwiesen.

II. Umsatzabhängigkeit (Abs 1 S 1 Nr 1)

Nach § 319 Abs 3 S 1 Nr 5 besteht Besorgnis der Befangenheit, wenn ein WP 9 in den letzten fünf Jahren mehr als 30% der Gesamteinnahmen aus seiner beruflichen Tätigkeit von der zu prüfenden KapGes oder von Unt, an denen die zu prüfende KapGes mehr als 20% der Kapitalanteile besitzt, bezogen hat und dies auch im lfd Gj erwartet wird. Bei Unt von öffentlichem Interesse ist der Gesetzgeber davon ausgegangen, dass bereits bei Überschreiten einer Quote von 15% Besorgnis der Befangenheit anzunehmen ist (Abs 1 S 1 Nr 1). Zu Einzelheiten s Anm 70ff zu § 319.

III. Ausübung bestimmter Tätigkeiten

1. Rechts- und Steuerberatungsleistungen (Abs 1 S 1 Nr 2)

Nach Abs 1 S 1 Nr 2 ist ein WP von der APr eines Unt von öffentlichem Interesse ausgeschlossen, wenn er in dem zu prüfenden Gj über die Prüfungstätigkeit hinaus Rechts- und Beratungsleistungen erbracht hat, die über das Aufzeigen von Gestaltungsalternativen hinausgehen und die sich auf die Darstellung der VFE-Lage in dem zu prüfenden JA unmittelbar und nicht nur unwesentlich auswirken. Nach der *Begr RegE BilReG* ist davon auszugehen, dass das Erbringen von Rechts- und Steuerberatungsleistungen im weitaus überwiegenden Umfang auch bei Unt von öffentlichem Interesse nach wie vor zulässig ist. Die Regelung der Nr 2 zielt insb darauf ab, die Beachtung des Selbstprüfungsverbots bei Rechts- und Steuerberatungsleistungen zu gewährleisten. Zur Vereinbarkeit von Beratung und APr hatte der BGH in U v 21.4.1997 (BGHZ 135, 244f) ausgeführt, dass eine unzulässige Tätigkeit dann nicht gegeben ist, wenn der WP die Grenzen seiner funktionellen Zuständigkeit beachtet. Dies bedeutet insb, dass der AP im Rahmen der Beratungstätigkeiten keine unternehmerischen Entscheidungen treffen darf, sondern sich auf das Aufzeigen von Handlungsalternativen beschränken muss (s im Einzelnen § 319 Anm 47). Mit der durch das *BilReG* eingeführten Regelung wird die Argumentation des BGH aufgegriffen und im Hinblick auf die Beachtung des Selbstprüfungsverbots bei Rechts- und Steuerberatungsleistungen, die ggü Unt von öffentlichem Interesse erbracht werden, weiter entwickelt und konkretisiert.

Bei Rechts- und Steuerberatung handelt es sich um alle Beratungsleistungen, die 12 dem Geltungsbereich des Rechtsdienstleistungs- und des Steuerberatungsgesetzes unterliegen, dh um alle dort definierten Arten von Hilfeleistung in steuerrechtlichen und rechtlichen Angelegenheiten. Diese Beratungsleistungen sind für die Feststellung, ob eine Besorgnis der Befangenheit nach Nr 1 vorliegt, nur relevant, wenn sie in dem zu prüfenden Gj erbracht worden sind. Beratungsleistungen, die in einem früheren Gj erbracht worden sind, können aber in Ausnahmefällen Anlass geben, eine Besorgnis der Befangenheit nach § 319 Abs 2 unter dem Gesichtspunkt der Selbstprüfung zu begründen.

13 Rechts- und Steuerberatungsleistungen können darüber hinaus nach Nr 2 nur dann schädlich sein, wenn sie **außerhalb der Prüfungstätigkeit** erbracht worden sind. Dies bedeutet, dass es sich im Allgemeinen um eigenständige Beratungsaufträge handelt, in denen der AP selbst gestaltend tätig wird und dem Mandanten ein Produkt liefert (*Begr RegE BilReG* zu § 319a Abs 1 S 1 Nr 1).

14 Des Weiteren müssen die Rechts- und Steuerberatungsleistungen über das **Aufzeigen von Gestaltungsalternativen** hinausgehen. In der *Begr RegE BilReG* wird hierzu ausgeführt, „dass die Regelung nur greift, wenn der AP Vorschläge und Empfehlungen gemacht und nicht lediglich Hinweise auf eine bestehende Rechtslage zu bestimmten Situationen gegeben hat, die ein Handeln des Mandanten nahe legen oder es – zur Wahrung von Vorteilen – sogar erfordern". In den Erl zu § 23a Abs 7 BS wird hierzu ausgeführt, dass keine Besorgnis der Befangenheit besteht, wenn der AP die Rechtslage abstrakt oder zu bestimmten Sachverhalten erläutert.

15 Liegen solche Tätigkeiten vor, die im Gj außerhalb der Prüfungstätigkeit durchgeführt wurden und die über das Aufzeigen von Gestaltungsalternativen hinausgehen, vor, ist zur Feststellung einer möglichen Besorgnis der Befangenheit im nächsten Schritt zu prüfen, ob sie sich auf die **Darstellung der Vermögens-, Finanz- und Ertragslage** des zu prüfenden JA auswirken. Denn nur in diesem Fall besteht das Risiko eines Verstoßes gegen das Selbstprüfungsverbot. Sind diese Voraussetzungen gegeben, muss festgestellt werden, ob die Auswirkungen unmittelbar und für die Darstellung der VFE-Lage nicht nur unwesentlich sind.

Rechts- und Steuerberatung wirken sich in den meisten Fällen mittelbar auf die im JA dargestellte VFE-Lage aus, da sie unternehmerische Entscheidungen unterstützen, deren Auswirkungen im JA abzubilden sind. Steuerrechtliche Beratungen haben im Allgemeinen Änderungen der Steuerlast des beratenen Unt zur Folge, welche im JA ausgewiesen wird. Für die Frage, ob das Selbstprüfungsverbot verletzt ist, hat der Gesetzgeber daher die zusätzlichen Kriterien der „Unmittelbarkeit" und der „Wesentlichkeit" eingeführt. Damit bleiben Rechts- und Steuerberatungsleistungen, die sich nur mittelbar auswirken, außer Betracht. Nach der *Begr RegE BilReG* sind damit Fälle angesprochen, in denen die Auswirkungen auf die im JA dargestellte VFE-Lage mit in die Gestaltung einbezogen werden. Es besteht dann die Besorgnis der Befangenheit, wenn der AP die bilanziellen Konsequenzen der von ihm entwickelten Konstruktion im Rahmen der APr nicht mehr unvoreingenommen beurteilen kann. Auf die Steuerberatung bezogen bedeutet dies, dass eine Besorgnis der Befangenheit wegen eines Verstoßes gegen das Selbstprüfungsverbot nur anzunehmen ist, wenn die Beratung unmittelbar auch eine bilanzielle Wirkung erzielen soll. Zu diesem Fall übernimmt der AP eine Gewähr für den Eintritt der abschlussgestaltenden Wirkungen.

Die Auswirkungen auf die Darstellung der VFE-Lage im JA müssen zudem nicht nur unwesentlich sein. Wesentlich sind solche Auswirkungen, wenn sie eine Relevanz für Entscheidungen der Abschlussadressaten haben. Hier kann auf die allgemeine Diskussion zur Wesentlichkeit von Abschlussinformationen verwiesen werden.

16 In Abhängigkeit von den Verhältnissen des Einzelfalls dürfte sich aus den folgenden Arten der steuerrechtlichen Beratung **keine Besorgnis der Befangenheit** nach Nr 2 ergeben:

- Erstellung von Steuererklärungen;
- Beratung zu bereits verwirklichten Sachverhalten (zB in Bp und Einspruchsverfahren);
- Beratung in steuerrechtlichen Fragen, soweit der Inhalt der Beratung in steuerrechtlichen Auskünften zu geplanten Maßnahmen des Mandanten besteht;
- Stellungnahmen zu Steuermodellen, die von anderen Beratern entwickelt wurden;
- USt-Beratung mit dem Schwerpunkt auf der Erfüllung und Optimierung von steuerrechtlichen Verpflichtungen;
- Steuerliche Due-diligence-Aufträge bei Kauf und Verkauf von Unt;
- Vertretung des Mandanten bei Bp;
- Vertretung in außergerichtlichen und gerichtlichen Rechtsbehelfsverfahren.

Bei Aufträgen zur Analyse und Darstellung der steuerrechtlichen Folgen von Gestaltungsmöglichkeiten oder Handlungsalternativen wird es entscheidend auch darauf ankommen, inwieweit das beratene Unt selbst in der Lage ist, die Ergebnisse der Beratung vor der Entscheidung über die Umsetzung zu würdigen (s auch Erl zu § 23a Abs 7 BS). Gerade bei größeren Unt ist im Allgemeinen davon auszugehen, dass hinreichende Ressourcen (zB Steuer- und Rechtsabteilungen, ggf auch anderer KonzernUnt) zur Verfügung stehen, um eine eigenständige Beurteilung der Beratungsergebnisse vorzunehmen und eine Entscheidung zur Umsetzung steuerrechtlicher Ratschläge vorzubereiten. Solange der Berater nicht den letztlich angestrebten Erfolg (Steueroptimierung) schuldet, sondern eine fachgerechte Analyse, ggf verbunden mit einer sorgfältigen Einschätzung der Chancen und Risiken steuerrechtlicher Zweifelsfragen, dürfte eine Besorgnis der Befangenheit nicht bestehen. Der Verkauf vorgefertigter Beratungsprodukte, bei denen die bilanziellen Auswirkungen unabhängig von einer Einzelfallbetrachtung in die Gestaltung einbezogen werden, ist – Wesentlichkeit vorausgesetzt – unter diesen Gesichtspunkten aber nicht zulässig.

Für Rechtsberatungsleistungen gelten die Überlegungen entspr.

2. Entwicklung, Einrichtung und Einführung von Rechnungslegungsinformationssystemen (Abs 1 S 1 Nr 3)

Ein WP ist von der APr eines Unt von öffentlichem Interesse auch ausgeschlossen, wenn er über die Prüfungstätigkeit hinaus an der Entwicklung, Einrichtung und Einführung von Rechnungslegungsinformationssystemen mitgewirkt hat, sofern diese Tätigkeit nicht von untergeordneter Bedeutung ist. Unter einem **Rechnungslegungsinformationssystem** sind alle manuellen und automatisierten Verfahren zu verstehen, mit denen die Geschäftsvorfälle und sonstige buchführungs- und berichtspflichtigen Sachverhalte des Unt erfasst, verarbeitet und sowohl für unternehmensinterne als auch für Zwecke der externen Rechnungslegung aufbereitet werden. Dies umfasst das Buchführungssystem (Finanz-, Material-, Anlagen- und Lohnbuchhaltung usw) und das interne Rechnungswesen (Kostenrechnung, UntPlanung, Budgetierung, Cash Management, Lager- und Produktionssteuerung, Management-Informationssystem usw), sowie die internen Kontrollen, welche die Ordnungsmäßigkeit der Rechnungslegung sicherstellen sollen (rechnungslegungsbezogenes IKS; s dazu § 289 Anm 152).

Die Vorschrift entspricht iW der auf der Grundlage des SOA von der SEC erlassenen *Final Rule zur Unabhängigkeit* des AP. Darin wird unter Bezugnahme auf eine mögliche Selbstprüfung angeführt, dass die Gestaltung und Implementierung von Finanzinformationssystemen nicht zulässig ist, wenn davon ausgegangen werden muss, dass das Ergebnis dieser Tätigkeit Gegenstand von Prüfungshandlungen im Rahmen der APr ist. Verboten sind danach die Gestaltung und

Implementierung von Hard- und Software, die der Erfassung oder Verarbeitung von Geschäftsvorfällen oder der Generierung von Informationen dient, wenn diese für die Rechnungslegung insgesamt wesentlich sind. Dies gilt auch nach Tz 290.206 *IESBA Code of Ethics*. Ausgeschlossen ist insb die Mitwirkung bei der **Entwicklung von integrierten Enterprise Resource Planning (ERP-) Systemen,** da diese die Grundlage des Finanzinformationssystems darstellen und die Tätigkeit deshalb eine besondere Bedeutung für die APr hat.

23 Unter **Entwicklung, Einrichtung und Einführung** sind ua folgende Projektphasen zu verstehen:
- Konzeption des Rechnungslegungsinformationssystems (Grob- und Feinkonzept);
- Einpassung in die vorhandene Systemumgebung;
- vorbereitende technische und organisatorischen Maßnahmen (zB Schulung der Mitarbeiter, Datenmigration);
- Sicherstellung der Einhaltung von Vorschriften zur Datensicherheit und zur Ordnungsmäßigkeit des Buchführungssystems;
- Durchführung von Hard- und Softwaretests;
- Freigabe des Systems für den produktiven Einsatz.

24 Eine nicht unbedeutende Mitwirkung an der Entwicklung, Einrichtung und Einführung von Rechnungslegungsinformationssystemen begründet eine **Besorgnis der Befangenheit,** weil deren Beurteilung Bestandteil der JAP ist. Dies kann wie folgt verdeutlicht werden:
- Das Buchführungssystem ist als Bestandteil des Rechnungslegungsinformationssystems nach § 317 Abs 1 S 1 in die Prüfung einzubeziehen;
- die Güte des Rechnungslegungsinformationssystems wirkt sich unmittelbar auf Art, Zeitpunkt und Umfang der vom AP durchzuführenden aussagebezogenen Prüfungshandlungen aus (risikoorientierte APr);

25 - das Management-Informationssystem liefert Informationen, die im Rahmen der Aufstellung des JA verwendet werden und vom AP zu prüfen sind (zB Gemeinkostenzuschläge, Planungen für die Beurteilung der Annahme der Unt-Fortführung, Risiken der künftigen Entwicklung für den Lagebericht, Soll-/Ist-Vergleiche als Grundlage für die Durchführung analytischer Prüfungshandlungen).

In der *Begr RegE BilReG* wird darauf hingewiesen, dass mit dieser Vorschrift auch entspr Vorschläge aus der **EU-Kommissionsempfehlung zur Unabhängigkeit** des AP in das deutsche Recht übernommen werden. Nach der EU-Empfehlung kann ein Verstoß gegen das Selbstprüfungsverbot vorliegen, wenn der AP mit der Gestaltung und Implementierung von Finanzinformationssystemen beauftragt ist, die zur Gewinnung von Informationen eingesetzt werden, die Bestandteil des JA des Prüfungsmandanten sind. Dies gilt dann nicht, wenn
- die UntLeitung schriftlich bestätigt, dass sie die Verantwortung für das gesamte IKS übernimmt,
- der AP sich vergewissert, dass sich die UntLeitung bei der Frage der Angemessenheit des IKS nicht in erster Linie auf die von ihm entwickelten bzw implementierten Bestandteile des Finanzinformationssystems stützt,
- die Entwicklung anhand von Spezifikationen erfolgt, die von der UntLeitung festgelegt wurden,
- es sich nicht um ein in sich vollständig abgeschlossenes Projekt handelt, das sowohl die Software-Entwicklung, die Hardware-Konfiguration als auch die Implementierung von Beidem einschließt, es sei denn, die UntLeitung erklärt schriftlich, die Verantwortung dafür zu übernehmen.

Es ist davon auszugehen, dass diese Hinweise nicht anwendbar sind und nach der deutschen Vorschrift eine Besorgnis der Befangenheit auch besteht, wenn die dargestellten Schutzmaßnahmen des AP durchgeführt werden (unwiderlegbare Vermutung). Unzulässigkeit ist nach dem Gesetzeswortlaut bereits gegeben, wenn der AP an der Entwicklung, Einrichtung oder Einführung von Rechnungslegungsinformationssystemen über die Prüfungstätigkeit hinaus mitgewirkt hat. Eine solche Mitwirkung lässt sich durch die in der EU-Empfehlung dargestellten Schutzmaßnahmen nicht beseitigen.

Ein Ausschlussgrund liegt allerdings nur dann vor, wenn die Tätigkeit nicht von **untergeordneter Bedeutung** ist. Bei der Frage der untergeordneten Bedeutung können vor allem die Bedeutung des Outputs des Rechnungslegungsinformationssystems für die Rechnungslegung und das Ausmaß der mit der Tätigkeit verbundenen möglichen Unabhängigkeitsrisiken eine Rolle spielen. Untergeordnet dürfte die Tätigkeit im Hinblick auf die zu prüfende Rechnungslegung dann sein, wenn der System-Output für den JA und damit die APr **nicht wesentlich** ist. Eine untergeordnete Bedeutung der Tätigkeit wäre auch dann gegeben, wenn eine Besorgnis der Befangenheit durch die Tätigkeit überhaupt nicht in Betracht kommt. In den Materialien zur SEC Independence Rule wird in diesem Zusammenhang auf das Ziel der Vorschrift eingegangen: Vermeidung der Gefahr, dass der AP Informationssysteme deshalb nicht prüft, weil er kein Interesse daran haben kann, Schwächen im von ihm selbst eingeführten System festzustellen. Eine solche Situation setzt aber voraus, dass überhaupt ein Risiko besteht, dass Daten im System fehlerhaft verarbeitet werden. Und dies setzt wiederum eine gewisse Komplexität der Anwendung und der Funktionalitäten voraus. Systeme mit simplen mechanischen Verarbeitungen dürften deshalb vom Zweck der Vorschrift nicht erfasst sein. 26

Zur **Abgrenzung von komplexen und weniger komplexen Systemen** gibt es keine allgemein anerkannte Auffassung. Es können aber bspw die folgenden Aspekte eine Rolle spielen:
– Anzahl und Integration von Teilsystemen,
– Anzahl und logische Verknüpfung der Verarbeitungsschritte,
– Schwierigkeitsgrad von Rechenoperationen,
– Einstellungs- bzw Änderungsmöglichkeiten im System sowie
– Umfang eines ggf erforderlichen Customizing.

Wenn aufgrund der geringen Komplexität des Systems das mit der Anwendung des Rechnungslegungsinformationssystems verbundene Fehlerrisiko als eher gering anzusehen ist, hat auch das Selbstprüfungsverbot im Hinblick auf das System inhaltlich keine Bedeutung. 27

Nicht ausgeschlossen sind sog **projektbegleitende Prüfungen**, bei denen vom AP im Vorfeld der APr festgestellt wird, ob bei der Einführung neuer oder der Umgestaltung bestehender Rechnungslegungsinformationssysteme die gesetzlichen Anforderungen beachtet werden. Hierbei hat sich der AP aber an den vom Berufsstand der WP entwickelten Grundsätzen zu orientieren, die auf eine Beachtung des Selbstprüfungsverbots bei solchen projektbegleitenden Prüfungen ausgerichtet sind (s IDW PS 850 Projektbegleitende Prüfung bei Einsatz von Informationstechnologie).

3. Verbundene Unternehmen und Beteiligungsunternehmen (Abs 1 S 2 iVm § 319 Abs 3 S 1 Nr 3 letzter Teilsatz)

Nach Abs 1 S 2 iVm § 319 Abs 3 S 1 Nr 3 letzter Teilsatz kann auch die Erbringung von Rechts- und Steuerberatungsleistungen sowie die Mitwirkung an der Entwicklung, Einrichtung und Einführung von Finanzinformationssystemen für die zu prüfende KapGes/KapCoGes durch ein Unt, bei dem der WP gesetzlicher Vertreter, Mitglied des AR oder Geter, der mehr als 20 % der 30 den Gestern zustehenden Stimmrechte besitzt, einen Ausschlusstatbestand darstellen.

IV. Interne Rotation (Abs 1 S 1 Nr 4, S 4 u 5, Abs 2 S 2)

31 Bereits mit dem KonTraG wurde eine Vorschrift in den § 319 eingeführt, wonach AP nicht sein durfte, wer in den vorhergehenden 10 Jahren den BVm nach § 322 in mehr als sechs Fällen gezeichnet hatte. Diese Vorschrift galt für die AP börsennotierter AG. Mit Inkrafttreten des BilReG wurde die Vorschrift zur internen Rotation in § 319a übernommen und ist daher für alle gesetzlichen APr bei Unt von öffentlichem Interesse zu beachten. Mit dem BilMoG wird der sog verantwortliche Prüfungspartner in den Regelungsbereich der Vorschriften zur Rotation einbezogen, sofern dieser nicht bereits deshalb der internen Rotation unterliegt, weil er den BVm unterzeichnet. Zudem wird die Pflicht zur internen Rotation bei Konzern-APr auf verantwortliche Prüfungspartner bedeutender TU ausgeweitet.

Nach Abs 1 S 1 Nr 4 ist ein WP von der APr eines kapmarkt Unt iSd § 264d ausgeschlossen, wenn er für die APr bei dem Unt bereits in sieben oder mehr Fällen verantwortlich war.

32 Nach dem BilMoG hat auch ein den BVm nicht unterzeichnender WP die Rotationsvorschriften zu beachten, wenn er als der für die **Durchführung der Abschlussprüfung verantwortliche Wirtschaftsprüfer** anzusehen ist. Dieser Fall dürfte allerdings nur ausnahmsweise eintreten, weil § 27a Abs 1 BS vorschreibt, dass gesetzlich vorgeschriebene BVm zumindest von dem für die Auftragsdurchführung Verantwortlichen iSd § 24a Abs 2 BS unterzeichnet werden müssen. In dem Ausnahmefall, in dem der für die Prüfung verantwortliche WP/vBP den BVm nicht unterzeichnet, kann es unter Berücksichtigung der in Deutschland weit verbreiteten Praxis, nach der zwei WP den BVm unterzeichnen, dazu kommen, dass bei einer APr drei WP von der internen Rotation betroffen sind. Nach § 24a Abs 2 BS sind WP verpflichtet, die Verantwortlichkeit für die Auftragsdurchführung festzulegen und zu dokumentieren. Die Person des für die APr verantwortlichen Prüfungspartners lässt sich dementspr den Arbeitspapieren zur APr entnehmen.

Andere **Mitglieder des Prüfungsteams** sind von der Rotationspflicht nicht betroffen. Dies gilt grds auch für WP, die nach den Unabhängigkeitsvorschriften der US-SEC als *„audit partner"* anzusehen sind, weil sie für wichtige Teilbereiche der Prüfung zuständig sind, ohne die Gesamtverantwortung für die Prüfung zu tragen. Eine Ausnahme stellen bei Konzern-APr die verantwortlichen Prüfungspartner bei bedeutenden TU dar, die nach Abs 2 S 2 der internen Rotation unterliegen.

33 Für die Feststellung, ob ein WP in **sieben Fällen,** dh bei APr für vergangene Gj, den BVm unterzeichnet hat bzw als verantwortlicher WP bestimmt war, gelten die folgenden Grundsätze:
– APr bei Rumpf-Gj stehen APr für ein Gj gleich;
– bei einer Verschmelzung von Unt ist die Tätigkeit als APr beim übertragenden Unt dem übernehmendem Unt zuzurechnen (OLG Düsseldorf 14.12.1006, NZG 2007, 235); sind die übertragenden Ges einzeln oder insgesamt bedeutsam für das übernehmende Unt, dürfte die Unterzeichnung des BVm bei den übertragenden Unt bei der Berechnung der 7-Jahres-Frist zu berücksichtigen sein;
– eine Tätigkeit als auftragsbegleitender Qualitätssicherer iSd § 24d Abs 2 BS dürfte für die Berechnung der 7-Jahres-Frist keine Bedeutung haben, weil Abs 1 Nr 4 hierauf keinen Bezug nimmt. Die deutsche Vorschrift weicht insoweit von

den Regeln des *IESBA Code of Ethics* (Tz 290.151) und den Unabhängigkeitsvorschriften der US-SEC ab, nach denen die Tätigkeiten als für die APr verantwortlicher Prüfungspartner und als Qualitätssicherer für die Berechnung der Rotationsfristen sowohl des verantwortlichen WP als auch des Qualitätssicherers gleichgesetzt werden. Dies gilt in Deutschland nach § 24d Abs 2 S 4 BS WP/vBP nur für den Qualitätssicherer, der von seiner Funktion ausgeschlossen ist, wenn er in sieben oder mehr Fällen entweder den BVm unterzeichnet oder die auftragsbegleitende Qualitätssicherung durchgeführt hat;
– entscheidend für die Bemessung des Rotationszeitraums sind nur Tätigkeiten ab dem Zeitpunkt der Bestellung als WP;
– war der verantwortliche AP auch schon in den Jahren vor der Kapitalmarktorientierung des Unt in dieser Funktion tätig, sind die APr dieser Jahre ebenso zu berücksichtigen.

Der Ausschlussgrund entfällt nach Abs 1 S 1 Nr 4, wenn seit der letzten Beteiligung des ausgeschlossenen WP an der Prüfung des JA zwei oder mehr Jahre vergangen sind (sog Cooling-off-Periode). Innerhalb dieser Karenzzeit muss jede nicht unbedeutende Beteiligung an der APr unterbleiben. Unzulässig dürften insb folgende Tätigkeiten sein:
– Einsatz als Mitglied des Prüfungsteams;
– Wahrnehmung von Mandantenkontakten, die im Rahmen der Prüfung erforderlich sind;
– Teilnahme und Berichterstattung in der Bilanzsitzung des AR iSd § 171 Abs 1 S 2 AktG (in Ausnahmefällen dürfte aber die Anwesenheit als Gast zulässig sein).

Dagegen ist es ohne weiteres zulässig, dass der ausgeschlossene WP dem Prüfungsteam zu einzelnen Fragen Auskünfte erteilt. Außerdem umfasst das Rotationsgebot nicht Leistungen für den Mandanten, die außerhalb der APr erbracht werden. Hierzu gehören insb Beratungsleistungen, Gutachten sowie sonstige betriebswirtschaftliche Prüfungen.

Nach § 37w Abs 5 S 2 WpHG sind die Vorschriften über die Bestellung des AP und damit auch die Rotationsvorschriften bei der Prüfung bzw prüferischen Durchsicht von **Halbjahresfinanzberichten** entspr anzuwenden. Die Prüfung bzw prüferische Durchsicht des Halbjahresfinanzberichts ist im Allgemeinen aber nicht völlig losgelöst von der APr, weil sie zum einen auf Erkenntnissen aus vorangegangenen APr aufbaut und zum anderen häufig Informationen liefert, die für die nächste APr von erheblicher Relevanz sein können. Die Prüfung bzw prüferische Durchsicht von Halbjahresfinanzberichten dürfte deshalb in der Karenz-Periode grds als unzulässige Beteiligung an der APr anzusehen sein.

Nach Abs 1 S 4 ist die Vorschrift zur internen Rotation auf eine **Wirtschaftsprüfungsgesellschaft** mit der Maßgabe anzuwenden, dass sie nicht AP sein darf, wenn sie bei der APr des Unt einen WP beschäftigt, der als verantwortlicher Prüfungspartner nach Abs 1 S 1 Nr 4 nicht AP sein darf. Dies bedeutet, dass nach der Rotation innerhalb der Karenzzeit keine Beschäftigung der Unterzeichner des BVm in den betr APr zulässig ist. Es reicht also nicht aus, die Unterschrift zu unterlassen; vielmehr darf der ausgeschlossene WP nicht mehr in einer Weise an der Durchführung der APr beteiligt sein, in der er Entscheidungsbefugnisse hat, die es ihm erlauben, das Prüfungsurteil maßgeblich zu beeinflussen.

Als **verantwortlicher Prüfungspartner** gilt nach Abs 1 S 5, wer den BVm gemäß § 322 unterzeichnet oder als WP von einer WPG als für die Durchführung einer APr vorrangig verantwortlich bestimmt worden ist. Bei dem verantwortlichen Prüfungspartner muss es sich um eine natürliche Person handeln. Diese Person muss aber nicht die Stellung eines Partners der WPG innehaben. Der Begriff Prüfungspartner stellt eine Übertragung des in der englischen Fassung der 8. EU-Richtl verwendeten Begriffs „*engagement partner*" dar. Es ist zu beachten, dass nach

§ 27a Abs 1 BS der gesetzliche BVm zumindest von dem für die Auftragsdurchführung Verantwortlichen unterzeichnet werden muss. Es ist also davon auszugehen, dass im Regelfall der Unterzeichner des BVm personenidentisch mit dem für die Durchführung der APr als vorrangig verantwortlich bestimmten WP ist. Wird der BVm von einem weiteren WP mit unterzeichnet, wird auch der Mitunterzeichner unmittelbar von der Vorschrift des Abs 1 S 5 erfasst.

37 Die Vorschriften zur internen Rotation sind nach Abs 2 auf den AP des **Konzernabschlusses** entspr anzuwenden. Die Rotationspflicht betrifft demnach die Unterzeichner des BVm zum KA sowie ggf den für die Konzern-APr verantwortlichen WP, sofern dieser den BVm ausnahmsweise nicht mit unterzeichnet.

Wenn die Pflicht zur Rotation eines WP bei der Konzern-APr besteht, kann dessen Beschäftigung im Rahmen der Prüfung von in den KA einbezogenen TU unzulässig sein, wenn hierin eine Beschäftigung bei der Prüfung des KA iSv Abs 2 S 1 iVm Abs 1 S 4 gesehen werden kann. Dies ist dann der Fall, wenn das Ergebnis der Prüfung des JA bzw des *„reporting package"* vom Konzern-AP verwertet wird, weil hier das Prüfungsergebnis zum JA in die Beurteilung des KA einfließt.

38 Mit Abs 2 S 2 wird der Anwendungsbereich der Rotationspflicht über diesen Personenkreis hinaus auf WP ausgeweitet, die auf der Ebene bedeutender **Tochterunternehmen** für die Durchführung von deren APr vorrangig verantwortlich bestimmt worden sind. Diese WP gelten als verantwortliche Prüfungspartner für den KA. Nach dem Gesetzeswortlaut ist es nicht relevant, welche Person den BVm zum JA auf der Ebene eines bedeutenden TU unterzeichnet, sondern ausschließlich, wer für die Prüfung vorrangig verantwortlich ist. Die (Mit-)Unterzeichnung des BVm der TU allein löst hier also nicht die Pflicht zur Rotation aus.

Nach Sinn und Zweck der Vorschrift dürften auch die für die Prüfung der HB II bzw des „reporting package" bedeutender TU als vorrangig verantwortlich bestimmten WP der Pflicht zur Rotation unterliegen, wenn ausnahmsweise für die Prüfung des JA ein anderer WP verantwortlich ist. In der Beschlussempfehlung des Rechtsausschusses zum *RegE BilMoG* v 24.3.2009 findet sich demggü die Aussage, dass eine Package-Prüfung allein keine Rotationspflicht auslöst. In der Begr zum *RegE BilMoG* wird zum Anwendungsbereich der Vorschrift ausgeführt, dass die Pflicht zur internen Rotation WP der mit der KA-APr beauftragten WPG betrifft, die mit der Prüfung bedeutender TU befasst sind. Hieraus kann geschlossen werden, dass WP, die einer anderen WPG oder einem anderen Netzwerk angehören, von der Rotationspflicht nicht erfasst sind. Dies entspricht nicht der Definition des Key Audit Partner des *IESBA Code of Ethics*. Dieser kann unter Berücksichtigung der vorliegenden Umstände die verantwortlichen WP bedeutender TU oder Mitglieder des Netzwerks mit in die Rotationspflicht einschließen.

TU sind alle Unt, die nach den anzuwendenden Rechnungslegungsvorschriften (§ 290 oder IAS 27 und SIC 12) in den KA einbezogen werden. Gem-Unt und assoz Unt sind daher von der Vorschrift nicht erfasst. Bei TU, die nicht in den KA einbezogen werden, stellt sich die Frage der Besorgnis der Befangenheit auf Konzernebene nicht. Die Vorschrift trifft zudem nach der Begr zum *RegE BilMoG* nur inländische TU. Der *IESBA Code of Ethics* nimmt diese Eingrenzung in Tz 290.150 ff nicht vor. Es wird dort auch nicht zwischen inländischen und ausländischen TU differenziert. Nach den Umständen des Einzelfalls können auch die verantwortlichen Prüfungspartner bedeutender ausländischer TU in die Rotationspflicht eingeschlossen werden.

39 Nach der Begr *RegE BilMoG* ist die Einstufung als **bedeutendes Tochterunternehmen** in jedem Fall gesondert zu beurteilen. Als Kriterien für die Beurteilung werden die Auswirkungen auf die VFE-Lage des Konzerns genannt, wobei TU dann bedeutend sind, wenn sie sowohl die Vermögens- als auch die Finanz- und Ertragslage des Konzerns erheblich beeinflussen. Davon ist nach der Gesetzesbegr regelmäßig auszugehen, wenn ein TU mehr als 20% zum Konzernvermögen oder zum Konzernumsatz beiträgt. In der Begr der Änderungen des BilMoG durch den Rechtsausschuss des Bundestages wird die Auffassung vertreten, dass hier Vermögen und Umsatz vor Kons gemeint sind. Hierin kann ein Widerspruch zur Gesetzesbegr gesehen werden, nach der in Übereinstimmung mit Sinn und Zweck der Vorschrift die Bedeutung von TU anhand der Auswirkungen auf die VFE-Lage im KA zu beurteilen ist. Der Rechtsausschuss hat weiterhin klargestellt, dass mehrere unbedeutende TU für die Wesentlichkeitsbetrachtung solange nicht zusammen gerechnet werden müssen, wie keine Personenidentität in der Geschäftsführung dieser TU besteht.

Die Einstufung als bedeutendes TU ist zu jedem Bilanzstichtag erneut zu beurteilen. Nach der Gesetzesbegr setzt die Rotationspflicht erst ein, wenn der WP das TU über einen Zeitraum von sieben Jahren in Folge geprüft hat und in jedem der sieben Jahre das TU als bedeutend einzustufen war. Wird ein TU in einzelnen Jahren als nicht bedeutend eingestuft, werden diese Jahre nicht mitgezählt. Nach der Begr *RegE BilMoG* beginnt mit der erneuten Klassifizierung als bedeutendes TU eine neue 7-Jahres-Periode.

Für die Berechnung des Zeitraums von sieben Jahren, nach dem der für die Konzern-APr verantwortliche WP von der Konzern-APr ausgeschlossen ist, sind die Fälle, in denen er verantwortlicher Prüfungspartner bei bedeutenden TU war, ohne gleichzeitig für die Konzern-APr verantwortlich zu sein, mitzurechnen. Ein WP, der zB drei Jahre lang den BVm zum KA unterzeichnet hat und anschließend vier Jahre lang die Rolle als verantwortlicher Prüfungspartner bei der APr eines bedeutenden inländischen TU wahrgenommen hat, darf in den folgenden zwei Jahren nicht mehr bei der Konzern-APr beschäftigt werden. Dies umfasst neben dem Einsatz als verantwortlicher Prüfungspartner bei der Konzern-APr auch Tätigkeiten bei APr von in den KA einbezogenen bedeutenden und unbedeutenden TU. Zulässig sein dürfte aber die Beschäftigung in Prüfungen bei TU des bedeutenden TU, wenn der WP nach Abs 2 S 2 von der APr bei diesem bedeutenden TU ausgeschlossen ist. Nach der Begr *RegE BilMoG* ist auch der Einsatz als verantwortlicher Prüfungspartner bei SchwesterGes oder anderen TeilkonzernGes ohne weiteres zulässig.

Die interne Rotation kann aber bei kleinen und mittelständischen WPG zu einer externen Rotation führen. Dies ist dann der Fall, wenn keine anderen Berufsträger innerhalb dieser WPG zur Verfügung stehen, die die Prüfung nach dem Wechsel durchführen könnten.

V. Ausschlussgründe bei Prüfungsgesellschaften
(Abs 1 S 2 iVm § 319 Abs 4)

Die Ausschlussgründe nach Abs 1 S 1 sind bei PrüfungsGes entspr anzuwenden. Dies entspricht der Systematik des § 319. Es kann insoweit auf § 319 Anm 77 ff verwiesen werden. Zur Anwendung des Rotationsgebots bei WPG s Anm 31 ff.

VI. Ausschlussgründe bei der Prüfung von Konzernabschlüssen
(Abs 2)

Abs 1 ist bei der Prüfung von KA entspr anzuwenden. Es wird auf § 319 Anm 87 ff verwiesen. Zur Anwendung des Rotationsgebots bei KA-APr s Anm 31 ff.

D. Rechtsfolgen einer Verletzung des § 319a

45 Zu den Rechtsfolgen einer Verletzung des § 319a wird auf § 319 Anm 92 ff verwiesen.

§ 319 b Netzwerk

(1) ¹Ein Abschlussprüfer ist von der Abschlussprüfung ausgeschlossen, wenn ein Mitglied seines Netzwerks einen Ausschlussgrund nach § 319 Abs. 2, 3 Satz 1 Nr. 1, 2 oder Nr. 4, Abs. 3 Satz 2 oder Abs. 4 erfüllt, es sei denn, dass das Netzwerkmitglied auf das Ergebnis der Abschlussprüfung keinen Einfluss nehmen kann. ²Er ist ausgeschlossen, wenn ein Mitglied seines Netzwerks einen Ausschlussgrund nach § 319 Abs. 3 Satz 1 Nr. 3 oder § 319a Abs. 1 Satz 1 Nr. 2 oder 3 erfüllt. ³Ein Netzwerk liegt vor, wenn Personen bei ihrer Berufsausübung zur Verfolgung gemeinsamer wirtschaftlicher Interessen für eine gewisse Dauer zusammenwirken.

(2) Absatz 1 ist auf den Abschlussprüfer des Konzernabschlusses entsprechend anzuwenden.

Übersicht

	Anm
A. Anwendungsbereich der Vorschrift (Abs 1, 2)	1–5
B. Netzwerkdefinition (Abs 1 S 3)	6–11
C. Widerlegbare Ausschlussgründe (Abs 1 S 1)	15–17
D. Unwiderlegbare Ausschlussgründe (Abs 1 S 2)	20, 21
E. Rechtsfolgen einer Verletzung des § 319b	25

A. Anwendungsbereich der Vorschrift (Abs 1, 2)

1 Nach § 319b ist ein AP von der APr ausgeschlossen, wenn ein Mitglied seines Netzwerks bestimmte Ausschlussgründe nach §§ 319 oder 319a erfüllt. Die mit dem BilMoG eingeführte Vorschrift setzt die entspr Bestimmungen des Art 22 Abs 2 der 8. EU-Richtl um, soweit sie nicht bereits im deutschen Recht verankert sind. So waren schon bisher Teile der EU-Norm insb durch die Sozietätsklausel nach § 319 Abs 3 S 1 und die Zurechnungsvorschriften für Prüfungs-Ges nach § 319 Abs 4 in Deutschland anzuwenden.

Erfüllt ein Mitglied eines Netzwerks, dem der WP angehört, einen in § 319b aufgeführten Ausschlusstatbestand, erfolgt unter bestimmten Voraussetzungen eine Zurechnung, die zu einem Ausschluss des WP von der APr führen kann. Die gesetzliche Vorschrift unterscheidet zwischen zwei Arten von Ausschlussgründen: Solchen mit widerlegbarer Vermutung, dass ein von einem Netzwerkmitglied erfüllter Ausschlussgrund die Besorgnis der Befangenheit des AP begründet, und solchen, bei denen diese Vermutung unwiderlegbar ist.

Bei den Fällen mit widerlegbarer Vermutung kann im Einzelfall der Nachweis geführt werden, dass das den Ausschlusstatbestand erfüllende Netzwerkmitglied keinen Einfluss auf das Ergebnis der APr nehmen kann. Solche Einflussmöglichkeiten können zum einen in Form von Weisungsrechten bestehen, zB wenn das Netzwerkmitglied aufgrund vertraglicher Gestaltungen auf die Entscheidungen des für die APr verantwortlichen WP direkt oder indirekt Einfluss nehmen kann.

Grenzen solcher Einflussmöglichkeiten ergeben sich aus der in § 43 Abs 1 WPO verankerten Berufspflicht der Eigenverantwortlichkeit. Zudem müsste das Netzwerkmitglied in den Leitungsstrukturen des Netzwerks einen wesentlichen Einfluss haben, um Entscheidungen tatsächlich beeinflussen zu können. Ein Kontrollgremium des Netzwerks wird im Allgemeinen keine Weisungsbefugnisse haben, die einen unmittelbaren Einfluss auf die Ergebnisse einzelner Prüfungen ermöglichen.

Zum anderen können sich Einflussmöglichkeiten aus der Tätigkeit im Rahmen einer APr ergeben, zB wenn ein Netzwerkmitglied für die Prüfung bestimmter Unt- oder Rechnungslegungsprozesse zuständig ist, die für die APr von Bedeutung sind. Dies gilt auch für den Einsatz von Partnern und Mitarbeitern von Netzwerkmitgliedern im Rahmen der APr als Mitglied des Prüfungsteams. In einem solchen Fall wird von einer Möglichkeit der Einflussnahme auf das Ergebnis der Prüfung ausgegangen werden müssen. **2**

Bestehen solche rechtlichen oder faktischen Einflussmöglichkeiten nicht, kann im Einzelfall die Vermutung der Besorgnis der Befangenheit widerlegt werden. Auf die tatsächliche Ausübung des Einflusses kommt es dabei nicht an. **3**

Für die Feststellung der Umsatzabhängigkeit nach §§ 319 Abs 3 Nr 5 und 319a Abs 1 Nr 1 sind die Umsätze von Netzwerkmitgliedern nicht relevant. Auch die Vorschrift zur internen Rotation nach § 319a Abs 1 Nr 4u Abs 2 S 2 ist auf Netzwerkmitglieder nicht anwendbar. Auf diese Vorschriften wird in § 319b nicht Bezug genommen.

Die Netzwerkklausel ist zudem nicht anzuwenden auf Sachverhalte, die durch spezielle Vorschriften geregelt sind. Dies betrifft insb den Anwendungsbereich der Sozietätsklausel nach § 319 Abs 3 S 1u § 319a Abs 1 S 3. Wenn die Tatbestandsvoraussetzungen der Sozietätsklausel erfüllt sind, kommt eine ergänzende Anwendung der Netzwerkklausel nicht in Betracht. **4**

Die Vorschrift bezieht sich sowohl auf die Prüfung von JA als auch auf KA-APr (Abs 2). Zur Sicherstellung der Einhaltung der Vorschrift werden die betroffenen Netzwerke einen ausreichenden Informationsaustausch zur Feststellung und Lösung von Unabhängigkeitsgefährdungen durch die in Abs 1 festgelegten Tatbestände organisieren müssen. **5**

B. Netzwerkdefinition (Abs 1 S 3)

Nach Abs 1 S 3 liegt ein Netzwerk vor, wenn Personen bei ihrer Berufsausübung zur Verfolgung gemeinsamer wirtschaftlicher Interessen für eine gewisse Dauer zusammenwirken. Diese Formulierung stellt eine Transformation der in Art 2 Nr 7 der 8. EU-Richtl enthaltenen Netzwerkdefinition dar, wonach es sich bei einem Netzwerk um eine auf Kooperation ausgerichtete breitere Struktur handelt, die auf Gewinn- oder Kostenteilung abzielt oder bei der die Mitglieder durch gemeinsame Faktoren wie Eigentum, Kontrolle, Geschäftsführung, Qualitätssicherungsmaßnahmen oder -verfahren, Geschäftsstrategie, Marke oder wesentliche Teile der fachlichen Ressourcen miteinander verbunden sind. Nach der Begr *RegE BilMoG* entspricht die deutsche Definition inhaltlich der 8. EU-Richtl. **6**

Die Definition stellt zunächst auf **Personen** ab, die zur Erreichung bestimmter Ziele zusammenwirken. Diese Personen werden in Abs 1 S 1u 2 als Mitglieder des Netzwerks bezeichnet. Der Begriff „Person" ist nach Sinn und Zweck der Vorschrift nicht auf natürliche und juristische Personen nach deutschem Rechtsverständnis begrenzt, sondern umfasst auch Subjekte, die in anderen Rechtskreisen rechtsfähig sind. **7**

8 Damit die Tatbestandsmerkmale eines Netzwerks erfüllt sind, müssen Personen **bei ihrer Berufsausübung zusammenwirken**. Eine gemeinsame Berufsausübung wird nicht vorausgesetzt. Unter Berufsausübung ist neben der Ausübung des Berufs als WP jede Betätigung zu verstehen, die nach der jeweiligen Rechtsordnung mit der Tätigkeit als WP vereinbar ist. Dies sind insb Steuer-, Unternehmens- und Rechtsberatung.

9 Die Berufsausübung muss der **Verfolgung gemeinsamer wirtschaftlicher Interessen** dienen. Dies schließt zB reine Bürogemeinschaften oder die gemeinsame Bet an einem Unt vom Anwendungsbereich der Netzwerkklausel aus, wenn nicht weitere Faktoren wie eine gemeinsame Erledigung von Dienstleistungen oder die Nutzung gemeinsamer Ressourcen hinzukommen. Eine Verfolgung gemeinsamer wirtschaftlicher Interessen liegt vor, wenn die Zusammenarbeit darauf ausgerichtet ist, den wirtschaftlichen Erfolg aller Beteiligten aus der beruflichen Betätigung zu steigern. Der wirtschaftliche Erfolg wird vor allem bestimmt durch die Art der angebotenen Dienstleistungen, den Kundenstamm, die Qualität der eingesetzten personellen und technischen Ressourcen, die Effizienz der für die Berufsausübung notwendigen Verfahren und Hilfsmittel sowie die Wahrnehmung der Qualität der Berufsausübung durch (potenzielle) Mandanten. Anhand dieser Faktoren wird im Einzelfall eine Beurteilung erfolgen müssen, ob gemeinsame wirtschaftliche Interessen verfolgt werden. Die 8. EU-Richtl enthält eine Aufzählung von Indikatoren für die Verfolgung gemeinsamer wirtschaftlicher Interessen:
– Gewinn- und Kostenteilung oder
– Verbindung durch gemeinsame Faktoren wie
  – Geschäftsstrategie,
  – Eigentum, Kontrolle und Geschäftsführung,
  – Qualitätssicherungsverfahren und -maßnahmen,
  – Marke,
  – Nutzung fachlicher Ressourcen.

10 Was eine gemeinsame Marke betrifft, wird das Tatbestandsmerkmal der Verfolgung gemeinsamer wirtschaftlicher Interessen in der Regel erfüllt sein, wenn die Marke im Außenauftritt verwendet wird. Dies gilt auch, wenn die Beteiligten selbst unter der Bezeichnung „Netzwerk" im Geschäftsverkehr auftreten.

11 Das Zusammenwirken bei der Berufsausübung muss schließlich für eine **gewisse Dauer** angelegt sein. Eine gelegentliche Zusammenarbeit oder die Durchführung von Gemeinschaftsprüfungen erfüllt damit nicht die Tatbestandsmerkmale eines Netzwerks.

Gemeinsame Interessen werden auch nicht verfolgt, wenn sich AP gegenseitig Mandanten vermitteln, die sie zB aus geographischen oder fachlichen Gründen nicht selbst betreuen können.

C. Widerlegbare Ausschlussgründe (Abs 1 S 1)

15 Nach Abs 1 S 1 ist ein WP von einer APr ausgeschlossen, wenn ein Mitglied seines Netzwerks einen in der Vorschrift genannten Ausschlussgrund erfüllt, es sei denn, dass das Netzwerkmitglied auf das Ergebnis der APr keinen Einfluss nehmen kann. Die Vorschrift ist bei gesetzlichen APr unmittelbar und bei freiwilligen APr über die berufsrechtliche Vorschrift des § 22a Abs 1 S 2 BS anzuwenden.

16 Abs 1 S 1 verweist bei den für Netzwerkmitglieder relevanten Ausschlussgründen auf § 319 Abs 4. Dies bedeutet, dass sich die Reichweite der Vorschrift bei Netzwerkmitgliedern, bei denen es sich um PrüfungsGes handelt, auf die gesetzlichen Vertreter, Gester mit mehr als 20% der Stimmrechte, verbundene Unt, bei der Prüfung verantwortlich beschäftigte Gester und andere von ihr beschäftige Personen, die das Ergebnis der Prüfung beeinflussen können, erstreckt. Dies gilt auch für Mitglieder des AR von Netzwerkmitgliedern, die wegen personeller Verflechtungen nach § 319 Abs 3 S 1 Nr 2 ausgeschlossen sind sowie für mehrere Gester eines Netzwerkmitglieds mit zusammen mehr als 20% der Stimmrechte, die einzeln oder zusammen nach Abs 2 oder 3 ausgeschlossen sind. Nach Abs 1 S 1 iVm § 319 Abs 3 S 2 bzw Abs 1 S 1 iVm § 319 Abs 1 S 1, 2 u 4 sind bei den Befangenheitstatbeständen nach Abs 4 sowohl die Zurechnungsvorschrift für Ehegatten und Lebenspartner als auch für Sozien zu beachten. Was die Ausschlussgründe im Einzelnen angeht, wird auf die Erl zu §§ 319 und 319a verwiesen.

In der folgenden Tabelle sind die einzelnen für Mitglieder eines Netzwerks **17** relevanten Ausschlussgründe nach Abs 1 S 1 und Informationen zu deren Reichweite aufgeführt.

Ausschlussgrund	Bedeutung				Schutzmaßnahmen
	Sachlich	Persönlich			
		Allgemein	Ehegatten/ Lebenspartner (Abs 1 S 1 iVm § 319 Abs 3 S 2)	Sozien (Abs 1 S 1 iVm § 319 Abs 1 S 1, 2 u 4)	
Allgemeine Besorgnis der Befangenheit (§ 319 Abs 2)	Geschäftliche, finanzielle oder persönliche Beziehungen zum zu prüfenden Unt	Mitglied des Netzwerks und Entscheidungsträger	ja	ja	möglich
Anteilsbesitz und wesentliche finanzielle Interessen (§ 319 Abs 3 S 1 Nr 1)	Halten von Anteilen unabhängig von der Höhe der Bet; jedwede sonstigen wesentlichen finanziellen Interessen am zu prüfenden Unt; Bet an Unt, das mit zu prüfenden Unt verbunden ist oder von diesem mehr als 20% der Anteile hält	Netzwerkmitglied; Partner und Mitarbeiter des Netzwerkmitglieds nur, wenn ein besonderer Zurechnungstatbestand greift	ja	ja	keine
Personelle Verflechtungen (§ 319 Abs 3 S 1 Nr 2)	Gesetzliche Vertreter, Mitglied des AR oder Arbeitnehmer des zu prüfenden Unt oder eines in § 319 Abs 3 Nr 2 beschriebenen Unt	Netzwerkmitglied; Partner und Mitarbeiter	ja	ja	keine

Ausschlussgrund	Bedeutung					Schutzmaßnahmen
	Sachlich	Persönlich				
		Allgemein	Ehegatten/Lebenspartner (Abs 1 S 1 iVm § 319 Abs 3 S 2)	Sozien (Abs 1 S 1 iVm § 319 Abs 1 S 1, 2 u 4)		
			des Netzwerkmitglieds nur, wenn ein besonderer Zurechnungstatbestand greift			
Beschäftigung einer befangenen Person (§ 319 Abs 3 S 1 Nr 4)	Beschäftigung einer Person, die Anteile oder wesentliche finanzielle Interessen am zu prüfenden Unt hält oder personell mit dem zu prüfenden Unt verflochten ist, bei der APr (relevant insb bei Konzern-APr); ansonsten bereits durch unmittelbare Anwendung von § 319 Abs 3 S 1 Nr 4 erfasst); dem Kriterium der möglichen Einflussnahme auf das Ergebnis der Prüfung wird hier eine besondere Bedeutung zukommen; der Verweis in Nr 4 auf die Mitwirkungsverbote der Nr 3 dürfte keine Bedeutung zukommen, weil der Gesetzgeber aus Praktikabilitätsgründen die Netzwerkklausel nicht auf § 319 Abs 3 S 1 Nr 3 bezogen hat und eine Einbeziehung über die Beschäftigung einer befangenen Person unsystematisch wäre	Netzwerkmitglied	nein	ja		keine

D. Unwiderlegbare Ausschlussgründe (Abs 1 S 2)

20 Abs 1 S 2 führt die unwiderlegbaren Ausschlussgründe auf, die zwingend zu einem Ausschluss als AP führen, wenn sie von einem Mitglied des Netzwerks verwirklicht werden. Hierbei handelt es sich um Fälle einer unzulässigen Mitwirkung bei der Führung der Bücher, der Aufstellung des zu prüfenden Abschlusses, der Entwicklung, Einrichtung und Einführung von Rechnungslegungsinformationssystemen sowie der Durchführung der internen Revision. Zudem erfasst Abs 1 S 2 bestimmte Rechts- und Steuerberatungsleistungen, die iZm dem zu prüfenden Abschluss stehen. Diese Ausschlussgründe setzen nicht voraus, dass ein Netzwerkmitglied das Ergebnis der APr beeinflussen kann. Ein Verweis auf § 319 Abs 4 ist in Abs 1 S 2 im Unterschied zu Abs 1 S 1 nicht enthalten. Dies ist wohl auf ein Redaktionsversehen im Gesetzgebungsverfahren zurückzuführen. Daher wird im Folgenden angenommen, dass die Entscheidungsträger von Netzwerkmitgliedern iSv § 319 Abs 4 von der Vorschrift erfasst sind. Was die Ausschlussgründe im Einzelnen angeht, wird auf die Erl zu §§ 319 und 319a verwiesen.

Im Folgenden werden die unwiderlegbaren Ausschlussgründe und deren Reichweite tabellarisch dargestellt:

Ausschlussgrund	Bedeutung				Schutzmaßnahmen
	Sachlich	Persönlich			
		Allgemein	Ehegatten/ Lebenspartner (Abs 1 S 1 iVm § 319 Abs 3 S 2)	Sozien (Abs 1 S 1 iVm § 319 Abs 1 S 1, 2u 4)	
Mitwirkung (§ 319 Abs 3 S 1 Nr 3)	Mitwirkung in verantwortlicher Position an – Führung der Bücher, – Aufstellung des zu prüfenden Abschlusses, – Durchführung der internen Revision sowie Erbringung von UntLeitungs- oder Finanzdienstleistungen sowie eigenständigen versicherungsmathematischen oder Bewertungsleistungen, die sich auf den zu prüfenden Abschluss nicht nur unwesentlich auswirken	Netzwerkmitglied	Nein (aber wegen § 319b Abs 1 S 1 iVm § 319 Abs 3 S 2 dann, wenn das Netzwerkmitglied auf das Ergebnis der Prüfung Einfluss nehmen kann)	ja	keine
Rechts- und Steuerberatung (§ 319a Abs 1 S 1 Nr 2)	Erbringung von Rechts- und Steuerberatungsleistungen im zu prüfenden Gj, die über das Aufzeigen von Gestaltungsalternativen hinausgehen und sich auf die VFE-Lage unmittelbar und nicht nur unwesentlich auswirken	Netzwerkmitglied	Nicht ausdrücklich (wohl Redaktionsversehen)	Nicht ausdrücklich (wohl Redaktionsversehen)	keine

Ausschluss-grund	Bedeutung			Schutzmaßnahmen
	Sachlich	Persönlich		
		Allgemein	Ehegatten/ Lebenspartner (Abs 1 S 1 iVm § 319 Abs 3 S 2)	Sozien (Abs 1 S 1 iVm § 319 Abs 1 S 1, 2 u 4)	
Rechnungslegungsinformationssysteme (§ 319a Abs 1 S 1 Nr 3)	Über die Prüfungstätigkeit hinausgehende Mitwirkung in nicht unwesentlichem Umfang bei der Entwicklung, Einrichtung und Einführung von Rechnungslegungsinformationssystemen im zu prüfenden Gj	Netzwerkmitglied	Nicht ausdrücklich (wohl Redaktionsversehen)	Nicht ausdrücklich (wohl Redaktionsversehen)	keine

E. Rechtsfolgen einer Verletzung des § 319b

25 Zu den Rechtsfolgen von Verstößen gegen § 319b wird auf § 319 Anm 92 ff verwiesen.

§ 320 Vorlagepflicht. Auskunftsrecht

(1) ¹Die gesetzlichen Vertreter der Kapitalgesellschaft haben dem Abschlußprüfer den Jahresabschluß und den Lagebericht unverzüglich nach der Aufstellung vorzulegen. ²Sie haben ihm zu gestatten, die Bücher und Schriften der Kapitalgesellschaft sowie die Vermögensgegenstände und Schulden, namentlich die Kasse und die Bestände an Wertpapieren und Waren, zu prüfen.

(2) ¹Der Abschlußprüfer kann von den gesetzlichen Vertretern alle Aufklärungen und Nachweise verlangen, die für eine sorgfältige Prüfung notwendig sind. ²Soweit es die Vorbereitung der Abschlußprüfung erfordert, hat der Abschlußprüfer die Rechte nach Absatz 1 Satz 2 und nach Satz 1 auch schon vor Aufstellung des Jahresabschlusses. ³Soweit es für eine sorgfältige Prüfung notwendig ist, hat der Abschlußprüfer die Rechte nach den Sätzen 1 und 2 auch gegenüber Mutter- und Tochterunternehmen.

(3) ¹Die gesetzlichen Vertreter einer Kapitalgesellschaft, die einen Konzernabschluß aufzustellen hat, haben dem Abschlußprüfer des Konzernabschlusses den Konzernabschluß, den Konzernlagebericht, die Jahresabschlüsse, Lageberichte und, wenn eine Prüfung stattgefunden hat, die Prüfungsberichte des Mutterunternehmens und der Tochterunternehmen vorzulegen. ²Der Abschlußprüfer hat die Rechte nach Absatz 1 Satz 2 und nach Absatz 2 bei dem Mutterunternehmen und den Tochterunternehmen, die Rechte nach Absatz 2 auch gegenüber den Abschlußprüfern des Mutterunternehmens und der Tochterunternehmen.

(4) Der bisherige Abschlussprüfer hat dem neuen Abschlussprüfer auf schriftliche Anfrage über das Ergebnis der bisherigen Prüfung zu berichten; § 321 ist entsprechend anzuwenden.

Vorlagenpflicht. Auskunftsrecht   1   § 320

Übersicht

	Anm
A. Allgemeines	1
B. Anwendungsbereich	4
C. Einzelabschluss	
I. Vorlagepflicht (Abs 1 S 1)	5
II. Auskunftsrechte	
1. Prüfungsrecht des Abschlussprüfers (Abs 1 S 2)	6–9
2. Aufklärungen und Nachweise (Abs 2 S 1)	11–13
3. Rechte vor Aufstellung des Jahresabschlusses (Abs 2 S 2)	14
4. Rechte gegenüber Mutter- und Tochterunternehmen (Abs 2 S 3)	16, 17
D. Konzernabschluss	
I. Vorlagepflicht (Abs 3 S 1)	20, 21
II. Auskunftsrechte (Abs 3 S 2)	25
E. Grenzen der Auskunftsrechte	30–32
F. Durchsetzung der Auskunftsrechte	
I. Gesetzliche Sanktionen	35
II. Folgen für Prüfung und Prüfungsauftrag	36
G. Berichtspflicht bei Ersetzung des Abschlussprüfers (Abs 4)	40–43

Schrifttum: *Budde/Steuber* Jahresabschluss – Was soll die Veranstaltung? in FS Claussen, 583; IDW PS 200 Ziele und allgemeine Grundsätze der Durchführung von Abschlußprüfungen FN-IDW 2000, 280; IDW PS 201 Rechnungslegungs- und Prüfungsgrundsätze für die Abschlußprüfung FN-IDW 2008, 172; IDW PS 300 Prüfungsnachweise im Rahmen der Abschlußprüfung FN-IDW 2006, 727; IDW PS 303 Erklärungen der gesetzlichen Vertreter gegenüber dem Abschlußprüfer FN-IDW 2009, 445; *Erchinger/Melcher* Zur Umsetzung der HGB-Modernisierung durch das BilMoG: Neuerungen im Hinblick auf die Abschlussprüfung und die Einrichtung eines Prüfungsausschusses DB Beilage 5/2009, 91; *Salvenmoser/Hauschka* Korruption, Datenschutz und Compliance NJW 2010, 331; *Gola/Schomerus* Bundesdatenschutzgesetz Kommentar, 11. Auflage, München 2012.

A. Allgemeines

Der **Zweck** der zwingenden Bestimmungen des § 320 besteht darin, die 1 Grundlage dafür zu schaffen, dass die APr entspr den gesetzlichen Vorgaben durchgeführt wird. Die gesetzlichen Vertreter der Ges sind verpflichtet, den JA und den Lagebericht vorzulegen, die Prüfungshandlungen zu gestatten, Informationen bereitzustellen und Nachweise zu beschaffen (so auch ADS[6] § 320 Anm 1). Entspr gilt sinngemäß für den KA. Diese Verpflichtung der gesetzlichen Vertreter kann **nicht** durch GesVertrag, GesterBeschluss oder entspr Gestaltung des Prüfungsauftrags **eingeschränkt** oder **aufgehoben** werden (ADS[6] § 320 Anm 69; *Ebke* in MünchKomm HGB[3] § 320 Anm 3).

Gem § 317 Abs 1 S 3 ist die Prüfung so durchzuführen, dass Unrichtigkeiten und Verstöße, die sich wesentlich auf die Darstellung der VFE-Lage auswirken, bei gewissenhafter Berufsausübung erkannt werden (müssen), ohne dass die JAP deshalb den Umfang einer Unterschlagungsprüfung annimmt (IDW PS 200, Tz 17ff; § 317 Anm 11f). Dies und die Pflicht des AP, über „Unrichtigkeiten oder Verstöße gegen gesetzliche Vorschriften" zu berichten (§ 321 Abs 1 S 3), also erkennbaren Betrug und Irrtum bei Durchführung der Prüfung aufzudecken (s § 317 Anm 12 f), setzt entspr Prüfungshandlungen und damit auch Einsicht in die maßgeblichen Unterlagen voraus. Das Gleiche gilt auf Grund der Aufgabe, das Risikofrüherkennungssystem zu beurteilen (§ 317 Abs 4).

Der AP muss eigenverantwortlich Art und Umfang der im Einzelfall erforderlichen Prüfungshandlungen nach pflichtgemäßem Ermessen bestimmen (IDW PS 200, Tz 18). Dabei hat er im Rahmen der APr von den gesetzlichen Vertretern der zu prüfenden KapGes/KapCoGes geeignete Erklärungen als Prüfungsnachweise einzuholen (IDW PS 303, Tz 8 f), wozu insb eine umfassende Versicherung der gesetzlichen Vertreter über die Vollständigkeit und Richtigkeit der erteilten Erklärungen und Nachweise gehört (s Anm 13). Abs 1 S 2 und Abs 2 S 1 verpflichten die GesOrgane zu einer aktiven Unterstützung der JAP und ihrer Vorbereitung. Durch das BilMoG ist die Regelung in Abs 4 um eine Berichtspflicht des bisherigen AP im Falle seiner Ersetzung ergänzt worden.

B. Anwendungsbereich

4   § 320 ist die grundlegende Vorschrift zu den Auskunftsrechten bei handelsrechtlichen Prüfungen. § 320 gilt unmittelbar für Prüfungen des **Jahresabschlusses, IFRS-Einzelabschlusses** und **Konzernabschlusses** von KapGes/KapCoGes (gleichgültig ob diese nach HGB-Vorschriften oder IFRS aufgestellt werden) und entspr für eine Nachtragsprüfung nach § 316 Abs 3 (dort Anm 25 ff). Die Vorschrift ist ferner anzuwenden für APr nach §§ 6 Abs 1, 14 Abs 1 PublG §§ 340k Abs 1, 341k Abs 1 und andere gesetzliche Pflichtprüfungen. Abs 1 S 2 und Abs 2 S 1 und 2 gelten sinngemäß zB auch für die Auskunftsrechte des AP bei der Prüfung des AbhBer nach § 313 Abs 1 AktG sowie bei der Verschmelzungsprüfung nach § 11 Abs 1 UmwG. Ferner ist § 320 bei der prüferischen Durchsicht eines Halbjahres- oder Quartalsfinanzberichts gem §§ 37w Abs 5 S 7, 37x Abs 3 S 3 WpHG entspr anzuwenden (*Winkeljohann/Küster* in Sonderbilanzen[4] G Anm 113).

Nicht anzuwenden ist die Vorschrift auf **freiwillige** APr. Insoweit besteht auch keine Berichtspflicht nach Abs 4 im Falle eines Prüferwechsels. Falls eine freiwillige APr durchgeführt wird, ist zur ordnungsgemäßen Durchführung der Prüfung erforderlich, dass die gesetzlichen Vertreter des Unt entspr Prüfungshandlungen zulassen und Auskünfte erteilen (*ADS*[6] § 320 Anm 5). Eine sinngemäße Geltung des § 320 sollte deshalb zweckmäßigerweise im Prüfungsauftrag vereinbart werden (glA *Ebke* MünchKomm HGB[3] § 320 Anm 2; IDW PS 303, Tz 10).

C. Einzelabschluss

I. Vorlagepflicht (Abs 1 S 1)

5   Nach **Aufstellung** des JA ist dieser unverzüglich dem AP vorzulegen. Neben Bilanz und GuV (§ 242 Abs 3) gehört bei KapGes/KapCoGes auch der Anhang zum JA (§ 264 Abs 1 S 1), im Fall des § 264 Abs 2 S 2 auch KFR und EK-Spiegel; der erstellte Lagebericht ist ebenfalls vorzulegen. Nach § 264 Abs 1 S 3 sind JA und Lagebericht in den ersten drei Monaten des Gj für das vergangene Gj aufzustellen. Spätestens mit Ablauf dieser Frist müssen die genannten Unterlagen dem AP vorgelegt werden. Erfolgt die Aufstellung früher, sind JA und La-

gebericht schon vor Ablauf der og Frist dem AP vorzulegen, um diesem einen angemessenen Zeitraum für die APr einzuräumen (glA *ADS*[6] § 320 Anm 12; *Ebke* in MünchKomm HGB[3] § 320 Anm 4).

Die Vorstellung, dass dem AP ein lückenloser, „fertig" aufgestellter JA zur Prüfung übergeben wird, ist nicht mehr zeitgemäß. Angesichts der erheblich zunehmenden Komplexität von JA und KA sowie des größeren Termindrucks (fast close) ist davon auszugehen, dass die Aufstellung des JA in der Weise stattfindet, dass sie iSe fortlaufenden Konkretisierung der UntDaten zeitlich parallel mit der Prüfung stattfindet. Damit ist der JA erst dann aufgestellt, wenn die Prüfung vor Ort mit der Schlussbesprechung abgeschlossen ist. Bis dahin dürfen die Organe der Ges dem AP bereits vorgelegte Unterlagen auch wieder ändern. Die Zulässigkeit dieser Betrachtungsweise folgt aus Abs 2 S 2, der es gestattet, dass die Prüfungstätigkeit bereits vor Vorlage des endgültig aufgestellten JA einsetzen darf (glA *ADS*[6] § 320 Anm 13, 14; *Ebke* in MünchKomm HGB[3] § 320 Anm 5). Selbstverständlich darf die parallele Aufstellung und Prüfung aber nicht dazu führen, dass der AP quasi und unbemerkt die Entscheidung über die Ausübung von Ansatz- und Bewertungswahlrechten trifft. Dies bleibt stets Angelegenheit der GesOrgane. Die Vorlagepflicht ist von den gesetzlichen Vertretern „unverzüglich", dh ohne schuldhaftes Zögern (§ 121 Abs 1 S 1 BGB), zu erfüllen. Dies gilt entspr auch für einzelne bereits fertiggestellte Teile des JA (vgl *Ebke* in MünchKomm HGB[3] § 320 Anm 5).

II. Auskunftsrechte

1. Prüfungsrecht des Abschlussprüfers (Abs 1 S 2)

Der AP kann seiner Aufgabe nur nachkommen, wenn ihm neben JA und Lagebericht auch die Buchhaltung und sämtliche schriftlich dokumentierten Informationen der Ges zugänglich sind, die nach seinem pflichtgemäßen Ermessen für die Erledigung des Prüfungsauftrags notwendig sind. Indessen ist das Informationsrecht nicht unbegrenzt; der AP hat kein Recht zur Zeugenvernehmung, Beschlagnahme oder Durchsuchung (vgl *Budde/Steuber* in FS Claussen, 583, 599).

Falls Prüfungshindernisse bestehen oder wenn die verpflichteten Organe keinen Zugang verschaffen, muss der Prüfer die Prüfung verschieben oder unterbrechen, es sei denn, das Prüfungshindernis besteht lediglich im Hinblick auf ganz unwesentliche Teile des Prüfungsstoffs.

Die Interessen des Unt werden durch die dem AP obliegende Verschwiegenheitspflicht (§ 43 Abs 1 WPO) geschützt, die auch für seine Gehilfen und Mitarbeiter gilt (§ 50 WPO, § 323 Abs 1 S 1). Diese Verpflichtung zur Verschwiegenheit ist strafbewehrt (§ 333, § 67 WPO).

Die Prüfung wird in den Geschäftsräumen der Ges durchgeführt, und zwar in der Hauptverwaltung ebenso wie ggf in Niederlassungen (oder Zweigniederlassung) oder Betriebsstätten mit selbständiger Buchhaltung. Der AP hat das Recht, zur Prüfung Einsicht in **Bücher und Schriften** zu nehmen, dazu gehört auch die Lesbarmachung von Daten, die EDV-gestützt bearbeitet werden. Die Begriffe „Bücher und Schriften" sind weit auszulegen. Es fallen hierunter nicht nur Handelsbücher mit Nebenbüchern, Unterlagen über die Bestandsaufnahmen, Belege, Handelsbriefe, Protokolle, Verträge und dgl, sondern auch Betriebsbuchhaltung, Kalkulation, Statistik (glA *ADS*[6] § 320 Anm 17 f; *Ebke* in MünchKomm HGB[3] § 320 Anm 9; *Baetge/Göbel/Brembt* in HdR[5] § 320 Anm 11 ff); ferner Organisationshandbücher, interne Richtlinien uä gem § 317 Abs 1 S 2.

Das Einsichtsrecht ist auch für **Planungsrechnungen,** wie zB Produktions-, Investitions- und Finanzplanungen, zu bejahen, da sie wesentliche Grundlagen insb für die Prüfung der Angaben im Anhang und im Lagebericht sowie ggf der Prämisse der UntFortführung darstellen (so auch *ADS*[6] § 320 Anm 18; *Baetge/ Göbel/Brembt* in HdR[5] § 320 Anm 11).

7 Das Prüfungsrecht bezieht sich nach S 2 auf alle VG und Schulden, dh auf alle **Aktiva** und **Passiva,** einschl des EK, der Rücklagen, der RAP sowie Bilanzvermerke und Haftungsverhältnisse (so auch *ADS*[6] § 320 Anm 24; *Baetge/Göbel/Brembt* in HdR[5] § 320 Anm 14; *Ebke* in MünchKomm HGB[3] § 320 Anm 12 f), ferner auf alle Angaben im Anhang und Lagebericht sowie ggf KFR und EK-Spiegel. Für die Bestandsprüfung werden in Abs 1 S 2 als Beispiele „die Kasse und die Bestände an Wertpapieren und Waren" aufgeführt. Die Bestandsprüfung umfasst zB das Inventar, die Inventurüberwachung und die Saldenlisten für Forderungen und Schulden und die Bewertung dieser Posten. Der Umfang der Prüfung wird durch die berufsüblichen Grundsätze bestimmt (§ 317 Anm 13 sowie IDW PS 201, Tz 24 ff). Der AP ist berechtigt, Betriebsbesichtigungen vorzunehmen, um die Existenz und den Zustand des Anlage- und Umlaufvermögens zu überprüfen (so auch *ADS*[6] § 320 Anm 25).

8 Das Recht der Einsichtnahme bezieht sich auch auf **vertrauliche Unterlagen,** wie zB Vorstands- und AR-Protokolle, soweit deren Inhalt für die Prüfung aus der Sicht des AP relevant ist oder sein kann (*ADS*[6] § 320 Anm 18; *Ebke* in MünchKomm HGB[3] § 320 Anm 11). Das Unt kann die Einsichtnahme (Abs 1 S 2) und das Auskunftsrecht (Abs 2) generell nicht unter Berufung auf Vertraulichkeit oder Geschäftsgeheimnisse verweigern (so auch *ADS*[6] § 320 Anm 81; *Baetge/Göbel/Brembt* in HdR[5] § 320 Anm 44; *Ebke* in MünchKomm HGB[3] § 320 Anm 22). Ggü dem AP gibt es kein Geschäfts- und Berufsgeheimnis, auch soweit ein solches die Ges selbst von Gesetzes wegen trifft.

9 Das Einsichtnahmerecht umfasst auch das Recht, von Dritten **Saldenbestätigungen** einzuholen (*ADS*[6] § 320 Anm 27; *Burg/Müller* in Kölner Komm HGB § 320 Anm 10). Der AP ist berechtigt, von den vorgelegten Unterlagen **Kopien anzufertigen** (*ADS*[6] § 320 Anm 75), um sie zu den Arbeitspapieren zu nehmen; denn mit diesen dokumentiert der AP den Prüfungshergang zu eigenen Zwecken.

2. Aufklärungen und Nachweise (Abs 2 S 1)

11 Das **Auskunftsrecht** nach Abs 2 S 1 umfasst die **Aufklärungen** und **Nachweise,** die zur Durchführung einer ordnungsgemäßen und sorgfältigen Prüfung notwendig sind. Sämtliche gesetzlichen Vertreter der Ges haben die Auskunftspflicht zu erfüllen. Nach hM können diese hiermit auch ihre sachkundigen **Angestellten** beauftragen; die von diesen erteilten Auskünfte gelten als verbindliche Auskünfte der gesetzlichen Vertreter (*ADS*[6] § 320 Anm 70; *Burg/Müller* in Kölner Komm HGB § 320 Anm 16). Die Verpflichtung der gesetzlichen Vertreter, auf Verlangen des AP wegen der Bedeutung der Frage **persönlich** Auskunft zu geben, wird dadurch jedoch nicht aufgehoben (glA *Ruhnke/Schmidt* in Bilanzrecht § 320 Anm 41).

12 Unter **Aufklärungen** sind insb Auskünfte, Erklärungen und Begr zu verstehen, die idR mündlich erteilt werden und vom AP schriftlich festgehalten werden sollten. **Nachweise** sind schriftliche Unterlagen, die vor allem auch als Beweis dienen (zB Verträge). Zu den Nachweisen gehören zB Unterlagen über die Rechtsverhältnisse an Grundstücken, Bürgschaftserklärungen, Patente, Steuerakten oä. Sie sind für eine **sorgfältige Prüfung** notwendig, wenn sie mit der Rechnungslegung in Verbindung stehen. Ferner gehören hierzu Unterlagen, an-

hand derer sich der AP selbständig davon überzeugen will, ob sie für die Rechnungslegung relevant sind, zB Einkaufs- oder Absatzverträge zur Beurteilung von Rückstellungen für drohende Verluste aus schwebenden Geschäften, Verträge über außerbilanzielle Geschäfte (§ 285 Nr 3) oder sonstige Nachweise zu internen Geschäftsvorfällen sowie Planungsunterlagen, die nach den Kriterien der Darstellungspflichten im Lagebericht zu beurteilen sein können (dazu auch Anm 30, 31).

In dem Umfang, in dem der AP Auskunft verlangt, hat die Ges die benötigten Unterlagen zu beschaffen oder ggf anzufertigen, wenn die Auskunft sinnvollerweise nur schriftlich erfolgen kann (*ADS*[6] § 320 Anm 28).

Nach den Grundsätzen ordnungsmäßiger Durchführung von APr ist der AP **13** gehalten, von dem Leitungsorgan des geprüften Unt am Ende der Prüfung eine sog **Vollständigkeitserklärung** einzuholen (IDW PS 303, Tz 23 ff). Für diese wird idR ein zT alternativ zu beantwortendes und frei ergänzbares Formular verwandt. Darin bestätigen die gesetzlichen Vertreter insb, dass die Bücher und Schriften vollständig sind, außerdem die Vollständigkeit der erteilten Auskünfte und Nachweise zum JA und Lagebericht, so zB zu schwebenden Prozessen und Haftungsverpflichtungen. Die Vollständigkeitserklärung ist von den gesetzlichen Vertretern in zur Vertretung erforderlicher Zahl eigenhändig zu unterschreiben (IDW PS 303, Tz 32), wobei unechte Gesamtvertretung genügt. Die Vollständigkeitserklärung, deren Verwendung langjähriger deutscher Prüfungspraxis entspricht, stellt keinen Ersatz für Prüfungshandlungen dar (*WPH*[14] I, R Anm 867; IDW PS 303, Tz 23); über deren Umfang hat der AP eigenverantwortlich und gewissenhaft zu entscheiden (§ 43 Abs 1 WPO). Sie gibt jedoch dem AP die Gewissheit hinsichtlich der Vollständigkeit der ihm gewährten Einsicht, die er nicht auf anderem Wege erzwingen kann.

Eine Verpflichtung der gesetzlichen Vertreter zur Abgabe einer solchen formularmäßigen Vollständigkeitserklärung lässt sich aus § 320 jedoch nicht ableiten (so auch *ADS*[6] § 320 Anm 34 mwN; *Baetge/Göbel/Brembt* in HdR[5] § 320 Anm 25; aA *Habersack/Schürnbrand* in Großkomm HGB[5] § 320 Anm 12). Bei Verwendung der AAB sind die gesetzlichen Vertreter der zu prüfenden Ges verpflichtet, ggü dem AP auf dessen Verlangen eine Vollständigkeitserklärung abzugeben. Der AP hat die Weigerung zur Abgabe der Erklärung im Einzelfall zu beurteilen und ist gehalten, wegen der sich daraus ergebenden Unsicherheiten weitere Prüfungshandlungen zu ergreifen (glA *WPH*[14] I, R Anm 886; *Ruhnke/Schmidt* in Bilanzrecht § 320 Anm 45). Der AP hat einen Hinweis auf die Auskunftsverweigerung in den PrüfBer aufnehmen (§ 321 Abs 2 S 6) und muss ggf das Testat einschränken oder versagen.

Nach allgemeiner Berufsübung wird das Ergebnis der APr in einer **Schlussbesprechung** zusammenfassend vorgetragen, ggf an Hand des Entwurfs des PrüfBer (sog Vorwegexemplare). Diese Besprechung gibt dem Vorstand bzw den Geschäftsführern und den benannten Auskunftspersonen Gelegenheit, ergänzende Auskünfte, auch zu aufgetretenen Zweifelsfragen, zu erteilen, § 321 Abs 5 S 2 (*WPH*[14] I, R Anm 895). Die Überlassung des Entwurfs des PrüfBer ist zugleich als **abschließendes Auskunftsersuchen** des AP an den betroffenen Personenkreis zu werten (*ADS*[6] § 321 Anm 156; *Ebke* in MünchKomm HGB[3] § 320 Anm 23).

Die Berichtspflicht des AP ggü dem AR (§ 171 Abs 1 S 2 AktG) besteht erst nach abgeschlossener JAP (§ 321 Abs 5). Im Rahmen der Redepflicht nach § 321 Abs 1 S 3 kann im Fall der Eilbedürftigkeit eine Vorabberichterstattung des AP angebracht sein (§ 321 Anm 45). Nach Ziff 7.2.3 des DCGK soll der AR mit dem AP vereinbaren, dass dieser über alle für die Aufgaben des AR wesentlichen Feststellungen und Vorkommnisse unverzüglich (also auch während der Prüfung) berichtet.

3. Rechte vor Aufstellung des Jahresabschlusses (Abs 2 S 2)

14 Abs 2 S 2 ist die Grundlage dafür, dass der AP von ihm als zweckmäßig oder erforderlich erachtete Prüfungshandlungen zeitlich vorziehen kann. Von der Möglichkeit, **Vorprüfungen** oder **Zwischenprüfungen** durchzuführen, wird in der Praxis häufig Gebrauch gemacht; insb auch deshalb, weil der JA der TU frühzeitig zum Zwecke der Kons beim (ggf ausländischen) MU vorliegen muss. Die Vorprüfungen dienen der zeitlichen Entlastung der Hauptprüfung, die erst nach der fertigen Erstellung von JA und Lagebericht abgeschlossen werden kann. In Vorprüfungen werden idR die Prüfung des IKS und RMS, andere Systemprüfungen (Risikofrüherkennungssystem gem § 91 Abs 2 AktG, ggf Umweltmanagement), Teile der Buchführung, Einholung von Saldenbestätigungen und der im lfd Gj bereits abgeschlossenen Sachverhalte vorgenommen.

In Abhängigkeit von der Größe der Ges und den (selbst) gesetzten Terminen für die Erstellung und Veröffentlichung der Abschlüsse sind Vor-(Zwischen-)Prüfungen unabdingbar. Die gesetzlichen Vertreter der Ges dürfen das Verlangen des AP gem Abs 1 S 2 und Abs 2 S 1 vor Aufstellung nur dann verweigern, wenn es in keinerlei Weise der Vorbereitung der APr dient oder wenn sie die angeforderten Unterlagen für die Erstellung des JA zunächst selbst benötigen (*ADS*[6] § 320 Anm 36; *Baetge/Göbel/Brembt* in HdR[5] § 320 Anm 27; *Burg/Müller* in Kölner Komm HGB § 320 Anm 26).

4. Rechte gegenüber Mutter- und Tochterunternehmen (Abs 2 S 3)

16 Die Auskunfts- und Nachweisrechte des AP ggü MU und TU (es handelt sich hier nicht um Prüfungsrechte) bestehen unter der Voraussetzung, dass die Informationen für eine sorgfältige Prüfung notwendig sind. Die Begriffe MU und TU sind identisch mit den in § 290 verwendeten (§ 290 Abs 20 ff). Auch MU oder TU mit Sitz im Ausland sind einzubeziehen (*Baetge/Göbel/Brembt* in HdR[5] § 320 Anm 32; *ADS*[6] § 320 Anm 49), wenn auch die Rechte des AP in diesen Fällen nicht durchsetzbar sind. Das Gleiche gilt für EnkelUnt (*Baetge/Göbel/Brembt* in HdR[5] § 320 Anm 30; *ADS*[6] § 320 Anm 43). § 290 Abs 1 bestimmt daher den Kreis der Unt, ggü denen ein Auskunfts- und Nachweisrecht besteht. Auf die Rechtsform des MU kommt es nicht an. Privatpersonen, die nicht Kfl und insoweit auch nicht rechnungslegungspflichtig sind, können keine MU iSd Abs 2 S 3 sein. Gebietskörperschaften können herrschende Unt iSd §§ 15 ff AktG, nicht aber MU gem § 290 (im Einzelnen *ADS*[6] § 320 Anm 39, 40). Ggü SchwesterUnt und BetUnt besteht das Auskunftsrecht nicht, da es infolge der Beschränkung auf MU bzw TU nur in auf- oder absteigender Linie geltend gemacht werden kann. Ggü GemUnt gem § 310 oder assozUnt nach § 311 besteht kein Auskunftsrecht, da diese nicht TU gem § 290 sind (*ADS*[6] § 320 Anm 41, 42). Der Zeitpunkt des Auskunftsverlangens ist nicht maßgebend. Maßgeblich ist allein, dass das Auskunftsverlangen Vorgänge aus der Zeit betrifft, in der die UntVerbindung bestand (*ADS*[6] § 320 Anm 50, 51).

Zur Auskunft verpflichtet sind die gesetzlichen Vertreter des MU oder TU; deren Verpflichtung steht gleichrangig neben der Verpflichtung der gesetzlichen Vertreter der zu prüfenden Ges. Der AP ist im Interesse einer effizienten Prüfung gehalten, zunächst eine Klärung der offenen Fragen bei der zu prüfenden Ges zu versuchen, bevor er sich an ein MU oder TU wendet (*ADS*[6] § 320 Anm 53).

17 **Auskunftsverpflichtet** sind diejenigen Mitglieder des gesetzlichen Vertretungsorgans, die zu dem Zeitpunkt des Auskunftsbegehrens im Amt sind. Eine Auskunftspflicht ausgeschiedener Organmitglieder, auch wenn die betr Vorgänge in ihre Amtszeit fielen, sieht § 320 nicht vor. In diesem Fall muss ggf die Ges aus dem nachwirkenden Anstellungsvertrag Auskunftsansprüche durchsetzen.

D. Konzernabschluss

I. Vorlagepflicht (Abs 3 S 1)

Die Rechte des Prüfers des KA entsprechen iW denen des Prüfers des JA für den JA. Abs 3 S 1 zählt die Unterlagen auf, die die gesetzlichen Vertreter einer Ges, die einen KA aufzustellen hat, dem AP vorlegen müssen. Die Regelung knüpft an die §§ 290 Abs 1, 294 Abs 3 und 297 Abs 1 an. Abs 3 S 1 ist auch zu beachten, wenn gem § 291 ein KA mit befreiender Wirkung aufgestellt werden soll. Bei **freiwilligen** KA ist § 320 nicht anwendbar, so dass der Konzern-AP sich die Einhaltung der Vorlagepflicht im gesetzlichen Umfang vertraglich ausbedingen muss (ADS^6 § 320 Anm 57).

Die Vorlagepflicht gem Abs 3 S 1 umfasst auch die nicht gesondert erwähnten **Zwischenabschlüsse** nach § 294 Abs 3 (glA ADS^6 § 320 Anm 59). Ferner vorzulegen sind die **Konsolidierungsunterlagen,** dh die Unterlagen aller Unt, die gem § 290 Abs 1 in den KA einzubeziehen sind einschl der Unterlagen ausländischer TU, ebenso die Konzern-Buchführung, falls eine solche vorliegt. Die Vorlagepflicht in diesem Umfang setzt nicht voraus, dass das TU tatsächlich in den KA einbezogen worden ist. Unterlagen betr GemUnt (§ 310) oder assozUnt (§ 311), die keine TU iSd § 290 sind, werden von der Vorlagepflicht nicht erfasst.

Im Gegensatz zu Abs 1 S 1 nennt Abs 3 S 1 keine Frist zur Vorlage, diese wird aber ebenso „unverzüglich" nach Aufstellung des KA zu erfolgen haben. In der Praxis laufen auch beim KA Aufstellungsvorgang und Prüfung parallel (vgl ADS^6 § 320 Anm 61).

II. Auskunftsrechte (Abs 3 S 2)

Der Konzern-AP hat die gleichen Auskunfts- und Nachweisrechte wie der AP des JA nach Abs 1 und 2 (Anm 6 ff). Auch der Konzern-AP muss die Bücher, Schriften, Unterlagen zu VG, Schulden und EK des MU und aller TU iSd § 290 einsehen, prüfen sowie weitere erforderliche Aufklärungen und Nachweise verlangen dürfen. Diese Rechte stehen ihm bereits vor endgültiger Aufstellung des KA, also auch bei Vor- und Zwischenprüfungen zu. Bedeutend sind für den Konzern-AP auch KonsVorgänge und Wertanpassungen, die in KonsHandbüchern und der zur Aufstellung des KA ggf eingesetzten Software dokumentiert sind. Diese Rechte sind von Bedeutung, da der Konzern-AP selbst verpflichtet ist, die in den KA einbezogenen JA zu prüfen (§ 317 Abs 3 S 1) bzw dann, wenn diese von einem anderen AP geprüft worden sind, dessen Arbeit zu überprüfen (§ 317 Abs 3 S 2).

Abs 3 S 2 (Halbs 2) gewährt dem Konzern-AP Auskunftsrechte auch ggü den **Abschlussprüfern** der betr JA; diese sind von ihrer Verschwiegenheitspflicht befreit, ohne dass es einer Entbindungserklärung bedarf (WPH^{14} I, A Anm 361). Diese Rechte bestehen auch, wenn der JA des TU freiwillig geprüft wird. Der Konzern-AP darf in dem Maße Auskunft verlangen, dass er die für den KA erforderlichen Folgerungen ziehen kann; dies gilt insb, wenn die AP der JA ihre Testate eingeschränkt oder versagt haben (ADS^6 § 320 Anm 66). Scheidet ein TU im Verlauf oder zum Ende des Konzern-Gj aus dem Konzern aus, enden damit auch die Auskunftsrechte des Konzern-AP (vgl zur Auskunftspflicht des TU § 294 Anm 26).

E. Grenzen der Auskunftsrechte

30 Grenzen der Auskunftsrechte ergeben sich aus der einschränkenden Formulierung in Abs 2 S 1 und S 3 „soweit für eine sorgfältige Prüfung **notwendig**". Die Einschränkung gilt sowohl bzgl des JA wie auch des KA. Die Ausübung der Rechte aus § 320 muss sich im Rahmen der Aufgaben des AP halten, wie sie in den §§ 316, 317 beschrieben sind und durch die Prüfungsgrundsätze des IDW (IDW PS/PH) konkretisiert werden. Da die Prüfung auch auf Risikoaspekte und künftige Entwicklungen (s (Konzern-)Lagebericht, §§ 289 Abs 1, 315 Abs 1) sowie Systeme (§ 289 Abs 2 Nr 2, Abs 5) gerichtet ist, kann der AP die Vorlage von Vorstands- oder AR-Protokollen idR verlangen, ohne stets begründen zu müssen, dass die darin behandelten Fragen für die Rechnungslegung und folglich für die APr von Bedeutung sind. Allein der AP beurteilt, welche Unterlagen für die Prüfung von Bedeutung sind.

31 Grds hat der AP die Rechte aus § 320 gem dem Grundsatz von Treu und Glauben (§ 242 BGB) auszuüben; ihre Grenze ist das **Schikaneverbot** (§ 226 BGB). Dies umfasst auch die Pflicht zur gegenseitigen Rücksichtnahme ua auf zeitliche und organisatorische Belange zwischen AP und Ges (Anm 14).

32 Die gesetzlichen Vertreter der zu prüfenden Ges dürfen die Auskunftserteilung nicht unter Berufung auf eine vereinbarte oder gesetzliche Vertraulichkeit oder **Geheimhaltung** verweigern, denn die Ges ist durch die straf- und haftungsbewehrte berufsrechtliche Verschwiegenheitspflicht des AP und seiner Gehilfen umfassend geschützt (glA *ADS*[6] § 320 Anm 81; *Ebke* in MünchKomm HGB[3] § 320 Anm 21 f). Entspr kann dem AP bei der APr von Kreditinstituten das Bankgeheimnis nicht entgegengehalten werden (*ADS*[6] § 320 Anm 81 mwN; *Burg/Müller* in Kölner Komm HGB § 320 Anm 10). Eine Auskunftserteilung kann auch nicht unter Hinweis auf die Schutzklauseln des § 286 (zB ein entgegenstehendes Bundes- oder Landeswohl) verweigert werden (glA *Burg/Müller* in Kölner Komm HGB § 320 Anm 18; *Ebke* in MünchKomm HGB[3] § 320 Anm 22). Ebenso scheidet aus, sich auf datenschutzrechtliche Hinderungsgründe zu berufen (*WPH*[13] II, G Anm 16 f; *Salvenmoser/Hauschka* NJW 2010, 332; ausführlich IDW FAIT sfH 2011/05). Daher kann auch der Datenschutzbeauftragte der zu prüfenden Ges einer Weitergabe von Informationen an den AP nicht widersprechen oder diese vom Abschluss einer Vereinbarung zur sog Datenverarbeitung im Auftrag nach § 11 BDSG abhängig machen (vgl *Gola/Schomerus* BDSG[11] § 28 Anm 5).

F. Durchsetzung der Auskunftsrechte

I. Gesetzliche Sanktionen

35 Wird die Erfüllung der Prüfungs- und Auskunftsrechte von dem geprüften Unt ganz oder teilweise verweigert, steht dem AP aus § 320 **kein einklagbarer Anspruch** zu, um die gesetzlichen Vertreter unmittelbar zu einem anderen Verhalten zu zwingen (glA *ADS*[6] § 320 Anm 82; *Ebke* in MünchKomm HGB[3] § 320 Anm 24; *Burg/Müller* in Kölner Komm HGB § 320 Anm 30, 42; aA *Habersack/Schürnbrand* in Großkomm HGB[5] § 320 Anm 32).

Das früher in § 335 Abs 1 Nr 5 aF vorgesehene registergerichtliche **Zwangsgeldverfahren** bei Nichtbefolgung der Pflichten nach § 320 ist durch das EHUG wegen seiner angeblich geringen praktischen Bedeutung ersatzlos **gestri-**

chen und auch von einer Aufnahme in die Bußgeldvorschriften des § 334 abgesehen worden (vgl Begr RegE BT-Drs 16/960 S 50). Nach § 331 Nr 4 machen sich die gesetzlichen Vertreter der zu prüfenden Ges **strafbar,** wenn sie ggü dem AP in Aufklärungen und Nachweisen nach § 320 unrichtige Angaben machen oder die Verhältnisse unrichtig wiedergeben oder verschleiern. Die gesetzwidrige Verweigerung von Auskünften ist hiernach nicht unter Strafe gestellt (glA *Quedenfeld* in MünchKomm HGB[3] § 331 Anm 79; *Pfennig* in HdR[5] § 331 Anm 29).

II. Folgen für Prüfung und Prüfungsauftrag

Nach § 321 Abs 2 S 6 ist der AP verpflichtet, im **Prüfungsbericht** festzuhalten, ob „die gesetzlichen Vertreter die verlangten Aufklärungen und Nachweise erbracht haben". Eine (ggf teilweise) Auskunftsverweigerung der gesetzlichen Vertreter wird hierdurch den Berichtsadressaten zur Kenntnis gebracht. Als Druckmittel wird dies aber uU nicht ausreichen. Der AP hat darüber hinaus jedoch den **Bestätigungsvermerk zu versagen** oder **einzuschränken,** wenn die unzureichende Erfüllung der Auskunfts- und Vorlagepflicht dazu führt, dass die Rechnungslegung oder wesentliche Teile hiervon nicht hinreichend sicher beurteilt werden können (s § 322 Abs 4), insb kommt ein Versagungsvermerk wegen Prüfungshemmnisses nach § 322 Abs 2 S 1 Nr 4 iVm Abs 5 in Betracht.

Ein vom AP angenommener Prüfungsauftrag kann von diesem nur aus wichtigem Grund **gekündigt** werden (§ 318 Abs 6). Umstritten ist, ob eine Weigerung der Geschäftsführung, ihre Pflichten aus § 320 zu erfüllen, ein solcher **wichtiger Grund** für den AP sein kann. Die hM lehnt dies grds mit der Begr ab, der öffentliche Auftrag des AP gebiete es, dass dieser auf eine Informationsverweigerung ausschließlich mit der Versagung oder Einschränkung des BVm reagiert (zB *ADS*[6] § 318 Anm 439 mwN; *Baetge/Göbel/Brembt* HdR[5] § 320 Anm 56; *Habersack/Schürnbrand* in Großkomm HGB[5] § 320 Anm 31; aA *Burg/Müller* in Kölner Komm HGB § 320 Anm 48; *Claussen/Korth* in Kölner Komm AktG[2] § 320 HGB Anm 27: Kündigungsgrund, wenn das Unt überhaupt keine Prüfungsbereitschaft zeigt). Eine Kündigung kommt jedenfalls dann in Betracht, wenn zur Auskunftsverweigerung weitere schwerwiegende Gründe hinzutreten (glA *Ebke* in MünchKomm HGB[3] § 318 Anm 86). Zu denken ist zB an massive Behinderungen von Prüfungshandlungen, Nötigungen, Täuschungshandlungen oä.

G. Berichtspflicht bei Ersetzung des Abschlussprüfers (Abs 4)

Die Regelung in Abs 4 zur Berichtspflicht des bisherigen an den neuen AP ist durch das **BilMoG** neu eingeführt worden. Diese Ergänzung wurde im Hinblick auf Art 23 Abs 3 der Abschlussprüferrichtlinie vorgenommen (RegE BilMoG, 199), der im Falle einer Ersetzung des AP vorsieht, dass der bisherige AP dem neuen AP **Zugang** zu allen relevanten **Informationen** über das geprüfte Unt gewährt. Die Informations- und Auskunftsrechte des neuen AP ggü den gesetzlichen Vertretern (§ 320 Abs 1 bis 3) werden hierdurch nicht berührt (vgl *Habersack/Schürnbrand* in Großkomm HGB[5] § 320 Anm 24). Hinsichtlich des **Anwendungsbereichs** stellt sich die Frage, ob sich Abs 4 allein auf die unterjährige Ersetzung eines bestellten AP bezieht oder ob eine Berichtspflicht des bisherigen AP auch im Falle eines regulären Prüferwechsels besteht, wenn ein anderer AP für das Folge-Gj bestellt wird. Letzteres ist zutreffend. Dem weit gefassten Gesetzeswortlaut ist keine Einschränkung des Anwendungsbereichs zu entnehmen.

Auch nach der GesetzesBegr betrifft die Vorschrift „sowohl den regulären wie den vorzeitigen" Wechsel des AP (RegE BilMoG, 199; glA *Ebke* in MünchKomm HGB³ § 318 Anm 29 mwN; *Habersack/Schürnbrand* in Großkomm HGB⁵ § 320 Anm 24). Die Berichtspflicht nach Abs 4 besteht auch beim Wechsel des Konzern-AP.

41 Durch die Regelung in Abs 4 erhält der neue AP ein unmittelbar ggü dem bisherigen AP wirkendes **Informationsrecht;** der bisherige AP ist verpflichtet, dem neuen AP über das Ergebnis seiner bisherigen Prüfung zu **berichten** (vgl RegE BilMoG, 199). Der bisherige AP ist im entspr Umfang von seiner Verschwiegenheitspflicht (§ 323 Abs 1 S 1) befreit (glA *PwC* BilMoG Komm, S Anm 43; *Burg/Müller* in Kölner Komm HGB § 320 Anm 40). Nach allgemeinen Grundsätzen darf jedoch der bisherige AP die Berichterstattung **verweigern,** wenn die Gefahr besteht, dass er sich hierdurch selbst belastet (RegE BilMoG, 199).

Der bisherige AP ist nicht dazu verpflichtet, die Informationen unaufgefordert an den neuen AP zu übermitteln. Voraussetzung für die Berichtspflicht des bisherigen AP ist nach dem Gesetzeswortlaut eine **schriftliche Anfrage** des neuen AP. Das Erfordernis der Schriftlichkeit ist jedenfalls bei Wahrung der gesetzlichen Schriftform durch eigenhändige Namensunterschrift (§ 126 Abs 1 BGB) des anfragenden AP sowie im Falle einer qualifizierten elektronischen Signatur (§ 126a BGB) erfüllt. Da hierbei die Informations- und Dokumentationsfunktion im Vordergrund stehen dürfte, erscheint auch eine Anfrage durch Telefax oder einfache E-Mail ausreichend, sofern die Identität des anfragenden neuen AP außer Zweifel steht (glA *PwC* BilMoG Komm, S Anm 47). Sobald der bisherige AP die Aufforderung erhalten hat, muss er seine Informationspflicht unverzüglich erfüllen (RegE BilMoG, 199).

42 Die **Berichterstattung** an den neuen AP hat schriftlich in entspr Anwendung des § 321 zu erfolgen. Der Inhalt der Berichterstattung ist auf die Erkenntnisse beschränkt, die der bisherige AP bis zur Beendigung seiner Prüfungstätigkeit erlangt hat. Im Rahmen des für den PrüfBer zum JA gesetzlich vorgesehenen Inhalts (s § 321 Anm 15 ff) hat der bisherige AP zur Ordnungsmäßigkeit der Buchführung sowie der bereits geprüften Teile des JA und des Lageberichts Stellung zu nehmen, soweit dies nach dem Stand der bisherigen Prüfung und der vorhandenen Unterlagen möglich ist. Ferner sind Erl zu Gegenstand, Art und Umfang der Prüfung sowie eine Darstellung erforderlich, inwieweit die gesetzlichen Vertreter ihre Aufklärungs- und Nachweispflichten erfüllt haben. Eine Gesamtbeurteilung kommt bei unvollendeter Prüfung allerdings nicht in Betracht.

Bei der **Kündigung** des Prüfungsauftrags aus wichtigem Grund bleibt die Berichtspflicht des bisherigen AP ggü den GesOrganen nach § 318 Abs 6 S 4 unberührt (RegE BilMoG, 199). Da in beiden Fällen § 321 entspr Anwendung findet, kann der bisherige AP seine Informationspflicht idR dadurch erfüllen, dass er seinen für die GesOrgane gefertigten Bericht auch an den neuen AP weiterleitet (glA *Ebke* in MünchKomm HGB³ § 318 Anm 32 mwN). Zu einer erweiterten oder ggf aktualisierten Berichterstattung ist der bisherige AP nicht verpflichtet (vgl RegE BilMoG, 199). Jedoch ist nach § 26 Abs 3 der BS WP/vBP der bisherige AP verpflichtet, dem Mandatsnachfolger auf dessen Verlangen den Bericht an die GesOrgane nach § 318 Abs 6 S 4 zu erläutern (vgl *Baetge/Göbel/ Brembt* HdR⁵ § 320 Anm 65; *Burg/Müller* in Kölner Komm HGB § 320 Anm 37, 40).

Bei der **gerichtlichen Ersetzung** des AP nach § 318 Abs 3 besteht nach hM keine Berichtspflicht des bisherigen AP ggü den GesOrganen analog § 318 Abs 6 S 4 (§ 318 Anm 36; IDW PS 450, Tz 150; *ADS*⁶ § 318 Anm 378). Es erscheint sinnwidrig und fernliegend, dass der Gesetzgeber gerade für diesen Ausnahmefall eine gesonderte Berichtspflicht ggü dem Folge-AP neu begründen wollte. Wird das Ersetzungsverfahren unmittelbar nach der Wahl des AP eingeleitet (Fall des § 318 Abs 3 S 2), wäre der Bericht auch inhaltsleer, da zu diesem frühen Zeitpunkt idR noch keine Prüfungsergebnisse vorliegen können. Zudem dürften im Hinblick darauf, dass gerichtlich das Vorliegen eines Ersetzungsgrunds beim bisherigen AP festgestellt wurde, Zweifel an der Aussagekraft eines solchen Berichts angebracht sein. Dies spricht gegen eine Anwendung des Abs 4 auch auf den Fall der gerichtlichen Ersetzung (glA *PwC* BilMoG Komm, S Anm 46; *Ruhnke/ Schmidt* in Bilanzrecht § 320 Anm 110.1; aA, für Berichtspflicht auch in diesem Fall *Baetge/Göbel/Brembt* HdR⁵ § 320 Anm 64; *Burg/Müller* in Kölner Komm HGB § 320 Anm 39).

Im Fall des **regulären Prüferwechsels** erfüllt der Vj-AP seine Berichtspflicht durch Übermittlung seines zum vorhergehenden JA gem § 321 erstatteten PrüfBer an den neuen AP (glA *Ebke* in MünchKomm HGB³ § 318 Anm 32 mwN). Zu einer Erl seines Berichts ist der bisherige AP nicht verpflichtet. Dem neuen AP bleibt unbenommen, im Rahmen seines Auskunftsrechts nach § 320 Abs 1 von den gesetzlichen Vertretern die Vorlage des PrüfBer des Vj-AP zu verlangen (dies voraussetzend IDW PS 205, Tz 12).

Der bisherige AP ist nicht verpflichtet, dem neuen AP seine **Arbeitspapiere** 43 zu überlassen oder Einsicht in diese zu gewähren (RegE BilMoG, 199). Eine freiwillige Einsichtsgewährung ist nicht ausgeschlossen (vgl *Erchinger/Melcher* DB Beilage 5/2009, 94; IDW PS 205, Tz 12 für den Fall des Prüferwechsels), erfordert aber eine Entbindung von der Verschwiegenheitspflicht durch die Ges. In der Praxis wird sie der bisherige AP nur gestatten, wenn durch entspr Vereinbarungen seine Verantwortung aus der Einsichtsgewährung limitiert wird.

§ 321 Prüfungsbericht

(1) ¹**Der Abschlußprüfer hat über Art und Umfang sowie über das Ergebnis der Prüfung schriftlich und mit der gebotenen Klarheit zu berichten.** ²In dem Bericht ist vorweg zu der Beurteilung der Lage des Unternehmens oder Konzerns durch die gesetzlichen Vertreter Stellung zu nehmen, wobei insbesondere auf die Beurteilung des Fortbestandes und der künftigen Entwicklung des Unternehmens unter Berücksichtigung des Lageberichts und bei der Prüfung des Konzernabschlusses von Mutterunternehmen auch des Konzerns unter Berücksichtigung des Konzernlageberichts einzugehen ist, soweit die geprüften Unterlagen und der Lagebericht oder der Konzernlagebericht eine solche Beurteilung erlauben. ³Außerdem hat der Abschlussprüfer über bei Durchführung der Prüfung festgestellte Unrichtigkeiten oder Verstöße gegen gesetzliche Vorschriften sowie Tatsachen zu berichten, die den Bestand des geprüften Unternehmens oder des Konzerns gefährden oder seine Entwicklung wesentlich beeinträchtigen können oder die schwerwiegende Verstöße der gesetzlichen Vertreter oder von Arbeitnehmern gegen Gesetz, Gesellschaftsvertrag oder die Satzung erkennen lassen.

(2) ¹Im Hauptteil des Prüfungsberichts ist festzustellen, ob die Buchführung und die weiteren geprüften Unterlagen, der Jahresabschluss, der Lagebericht, der Konzernabschluss und der Konzernlagebericht den gesetzlichen Vorschriften und den ergänzenden Bestimmungen des Gesellschaftsvertrags oder der Satzung entsprechen. ²In diesem Rahmen ist auch über Beanstandungen zu berichten, die nicht zur Einschränkung oder Versagung des Bestätigungsvermerks geführt haben, soweit dies für die Überwachung der Geschäftsführung und des geprüften Unternehmens von Bedeutung ist. ³Es ist auch darauf einzugehen, ob der Abschluss insgesamt unter Beachtung der Grundsätze ordnungsmäßiger

§ 321

Buchführung oder sonstiger maßgeblicher Rechnungslegungsgrundsätze ein den tatsächlichen Verhältnissen entsprechendes Bild der Vermögens-, Finanz- und Ertragslage der Kapitalgesellschaft oder des Konzerns vermittelt. ⁴Dazu ist auch auf wesentliche Bewertungsgrundlagen sowie darauf einzugehen, welchen Einfluss Änderungen in den Bewertungsgrundlagen einschließlich der Ausübung von Bilanzierungs- und Bewertungswahlrechten und der Ausnutzung von Ermessensspielräumen sowie sachverhaltsgestaltende Maßnahmen insgesamt auf die Darstellung der Vermögens-, Finanz- und Ertragslage haben. ⁵Hierzu sind die Posten des Jahres- und des Konzernabschlusses aufzugliedern und ausreichend zu erläutern, soweit diese Angaben nicht im Anhang enthalten sind. ⁶Es ist darzustellen, ob die gesetzlichen Vertreter die verlangten Aufklärungen und Nachweise erbracht haben.

(3) ¹In einem besonderen Abschnitt des Prüfungsberichts sind Gegenstand, Art und Umfang der Prüfung zu erläutern. ²Dabei ist auch auf die angewandten Rechnungslegungs- und Prüfungsgrundsätze einzugehen.

(4) ¹Ist im Rahmen der Prüfung eine Beurteilung nach § 317 Abs. 4 abgegeben worden, so ist deren Ergebnis in einem besonderen Teil des Prüfungsberichts darzustellen. ²Es ist darauf einzugehen, ob Maßnahmen erforderlich sind, um das interne Überwachungssystem zu verbessern.

(4a) Der Abschlussprüfer hat im Prüfungsbericht seine Unabhängigkeit zu bestätigen.

(5) ¹Der Abschlußprüfer hat den Bericht zu unterzeichnen und den gesetzlichen Vertretern vorzulegen. ²Hat der Aufsichtsrat den Auftrag erteilt, so ist der Bericht ihm vorzulegen; dem Vorstand ist vor Zuleitung Gelegenheit zur Stellungnahme zu geben.

Übersicht

	Anm
A. Aufgaben und Bedeutung des Prüfungsberichts (Abs 1 S 1)	1–7
B. Grundsätze ordnungsmäßiger Berichterstattung für den Jahresabschluss	
I. Allgemeine Berichtsgrundsätze	
1. Grundsatz der Klarheit	8, 9
2. Grundsatz der Wahrheit	10
3. Grundsatz der Vollständigkeit	11–13
4. Grundsatz der Unparteilichkeit	14
II. Gesetzlicher Mindestinhalt	
1. Stellungnahme zur Lagebeurteilung (Abs 1 S 2)	15–19
2. Berichterstattung über Unrichtigkeiten oder Verstöße sowie über entwicklungsbeeinträchtigende oder bestandsgefährdende Tatsachen (Abs 1 S 3)	
a) Allgemeines	20–22
b) Umfang und Grenzen der Berichtspflichten	25–31
c) Unrichtigkeiten oder Verstöße gegen gesetzliche Vorschriften	32, 33
d) Bestandsgefährdende oder entwicklungsbeeinträchtigende Tatsachen	34–37
e) Schwerwiegende Verstöße der gesetzlichen Vertreter oder Arbeitnehmer gegen Gesetz, Gesellschaftsvertrag oder Satzung	38–41
f) Form der Berichterstattung	42–46
3. Feststellungen zur Rechnungslegung (Abs 2 S 1)	47
a) Buchführung und die weiteren geprüften Unterlagen	48–50

	Anm
b) Jahresabschluss	53–55
c) Lagebericht	58
4. Beanstandungen ohne Einfluss auf den Bestätigungsvermerk (Abs 2 S 2)	59
5. Tatsächlichen Verhältnissen entsprechendes Bild (Abs 2 S 3)	60
6. Wesentliche Bewertungsgrundlagen und sachverhaltsgestaltende Maßnahmen (Abs 2 S 4)	61
7. Aufgliederung und Erläuterung der Jahresabschlussposten (Abs 2 S 5)	62–64
8. Aufklärungs- und Nachweispflicht der gesetzlichen Vertreter (Abs 2 S 6)	65
9. Erläuterung von Gegenstand, Art und Umfang der Prüfung (Abs 3)	66–68
10. Feststellungen zum Risikofrüherkennungssystem (Abs 4)	69–74
11. Bestätigung der Unabhängigkeit (Abs 4a)	75
III. Gliederung und Inhalt des Prüfungsberichts im Einzelnen	
1. Gliederung	76, 77
2. Inhalt der einzelnen Abschnitte des Prüfungsberichts nach der Gliederungsempfehlung des IDW	78–93
3. Erweiterte Berichterstattung für bestimmte Wirtschaftszweige	94–98
IV. Besonderheiten bei einem IFRS-Einzelabschluss (§ 325 Abs 2a)	99
C. Grundsätze ordnungsmäßiger Berichterstattung für den Konzernabschluss	
I. Vorbemerkung	100
II. Gesetzlicher Mindestinhalt	
1. Stellungnahme zur Lagebeurteilung (Abs 1 S 2)	101, 102
2. Berichterstattung über Unrichtigkeiten oder Verstöße sowie über entwicklungsbeeinträchtigende oder bestandsgefährdende Tatsachen (Abs 1 S 3)	103
3. Feststellungen zur Konzernrechnungslegung (Abs 2 S 1)	104
4. Beanstandungen ohne Einfluss auf den Bestätigungsvermerk (Abs 2 S 2)	105
5. Tatsächlichen Verhältnissen entsprechendes Bild (Abs 2 S 3)	106
6. Wesentliche Bewertungsgrundlagen und sachverhaltsgestaltende Maßnahmen (Abs 2 S 4)	107
7. Aufgliederung und Erläuterung der Posten des Konzernabschlusses (Abs 2 S 5)	108
8. Aufklärungs- und Nachweispflicht der gesetzlichen Vertreter (Abs 2 S 6)	109
9. Erläuterung von Gegenstand, Art und Umfang der Konzernabschlussprüfung (Abs 3)	110
10. Bestätigung der Unabhängigkeit (Abs 4a)	111
III. Gliederung und Inhalt des Konzernprüfungsberichts	
1. Gliederung	112
2. Inhalt	113–120
IV. Besonderheiten bei Konzernrechnungslegung nach internationalen Rechnungslegungsstandards (§ 315a)	121
V. Zusammengefasster Prüfungsbericht	122

	Anm
D. Grundsätze ordnungsmäßiger Berichterstattung bei freiwilligen Abschlussprüfungen	
I. Vorbemerkung	125
II. Erteilung eines Bestätigungsvermerks	126, 127
III. Erteilung einer Bescheinigung	128, 129
E. Unterzeichnung und Vorlage des Prüfungsberichts (Abs 5)	130–138
F. Sonderfragen der Berichterstattung	140–147
G. Rechtsfolgen einer Verletzung des § 321	148

Schrifttum: *Steiner* Der Prüfungsbericht des Abschlußprüfers, Köln 1991; *Hense* Der Prüfungsbericht hat zu viele Empfänger – auch ein Beitrag zur besseren Zusammenarbeit von Aufsichtsrat und Abschlußprüfer in FS Budde, 287; *Forster* Zur Lagebeurteilung im Prüfungsbericht nach dem Referentenentwurf zum KonTraG in FS Baetge, 935; *Baetge/Schulze* Möglichkeiten der Objektivierung der Lageberichterstattung über „Risiken der künftigen Entwicklung" DB 1998, 937; *Böcking/Orth* Kann das „Gesetz zur Kontrolle und Transparenz im Unternehmensbereich (KonTraG)" einen Beitrag zur Verringerung der Erwartungslücke leisten? – Eine Würdigung auf Basis von Rechnungslegung und Kapitalmarkt WPg 1998, 351; *Dörner* Ändert das KonTraG die Anforderungen an den Abschlußprüfer? DB 1998, 1; *Hommelhoff* Die neue Position des Abschlußprüfers im Kraftfeld der aktienrechtlichen Organisationsverfassung (Teil I und II) BB 1998, 2567, 2625; *Ludewig* Gedanken zur Berichterstattung des Abschlußprüfers nach der Neufassung des § 321 HGB WPg 1998, 595; *Schindler/Rabenhorst* Auswirkungen des KonTraG auf die Abschlußprüfung (Teil I und II) BB 1998, 1886, 1939; *Baetge/Linßen* Beurteilung der wirtschaftlichen Lage durch den Abschlußprüfer und Darstellung des Urteils im Prüfungsbericht und Bestätigungsvermerk BFuP 1999, 369; *Böcking/Orth* Mehr Kontrolle und Transparenz im Unternehmensbereich durch eine Verbesserung der Qualität der Abschlußprüfung BFuP 1999, 419; *Forster* Zum Zusammenspiel von Aufsichtsrat und Abschlußprüfer nach dem KonTraG AG 1999, 193; *Gelhausen* Aufsichtsrat und Abschlußprüfer – eine Zweckgemeinschaft BFuP 1999, 390; IDW PS 340 Die Prüfung des Risikofrüherkennungssystem nach § 317 Abs. 4 HGB WPg 1999, 658; *Matthess* Die gewandelte Rolle des Wirtschaftsprüfers als Partner des Aufsichtsrats nach dem KonTraG ZGR 1999, 682; IDW PS 200 Ziele und allgemeine Grundsätze der Durchführung von Abschlussprüfungen WPg 2000, 706; IDW PH 9.450.1 Berichterstattung über die Prüfung öffentlicher Unternehmen WPg 2000, 525; *Wiedmann* Abschlußprüfung zwischen Ordnungsmäßigkeitsprüfung und betriebswirtschaftlicher Überwachung in FS Börner, 443; *Kohl* Die Berücksichtigung der wirtschaftlichen Lage im Rahmen der Abschlussprüfung, Lohmar/Köln 2001; *Lange* Risikoberichterstattung nach KonTraG und KapCoRiLiG DStR 2001, 227; *Lück* Anforderungen an die Redepflicht des Abschlußprüfers BB 2001, 404; *Plendl* Prüfungsbericht in HWRuP³, Stuttgart 2002; *Pfitzer/Oser/Orth* Zur Reform des Aktienrechts, der Rechnungslegung und Prüfung durch das TransPubG DB 2002, 164; *Scheffler* Die Berichterstattung des Abschlussprüfers aus der Sicht des Aufsichtsrates WPg 2002, 1289; *Bormann/Gucht* Übermittlung des Prüfungsberichts an den Aufsichtsrat – ein Beitrag zu § 170 Abs 3 S 2 AktG BB 2003, 1887; *Pfitzer/Orth* Die Berichterstattung des Abschlussprüfers nach neuem Recht in Dörner/Menold/Pfitzer/Oser Reform des Aktienrechts, der Rechnungslegung und der Prüfung: KonTraG – Corporate Governance – TransPuG, Stuttgart 2003, 873; *Rabenhorst* Neue Anforderungen an die Berichterstattung des Abschlussprüfers durch das TransPuG DStR 2003, 436; *Windmöller/Hönsch* Abschlussprüfer in der Pflicht Zfbf 2003, 722; *Gross/Möller* Auf dem Weg zu einem problemorientierten Prüfungsbericht WPg 2004, 317; *Olbrich/Ludewig* Prüfungsberichterstattung in Förschle/Peemöller Wirtschaftsprüfung und Interne Revision, Heidelberg 2004; VO 1/2006 Gemeinsame Stellungnahme der WPK und des IDW: Anforderungen an die Qualitätssicherung in der Wirtschaftsprüferpraxis WPg 2006, 629; IDW PS 201 Rechnungslegungs- und Prüfungsgrundsätze für die Abschlussprüfung WPg Suppl 2/2008, 21, WPg

Suppl 4/2009, 1; IDW PS 350 Prüfung des Lageberichts WPg 2006, 1293, WPg Suppl 4/2009, 1; IDW PS 210 Zur Aufdeckung von Unregelmäßigkeiten im Rahmen der Abschlussprüfung WPg 2006, 1422, WPg Suppl 4/2010, 1, WPg Suppl 1/2013, 7; IDW PS 345 Auswirkungen des Deutschen Corporate Governance Kodex auf die Abschlussprüfung WPg Suppl 4/2009, 36, WPg Suppl 4/2010, 15, WPg Suppl 4/2012, 3; IDW PS 400 Grundsätze für die ordnungsmäßige Erteilung von Bestätigungsvermerken bei Abschlussprüfungen WPg Suppl 4/2010, 25, WPg Suppl 1/2013, 7, 31; IDW PS 318 Prüfung von Vergleichsangaben über Vorjahre WPg 2001, S 909, WPg Suppl 1/2011, 1; IDW PS 720 Berichterstattung über die Erweiterung der Abschlussprüfung nach § 53 HGrG WPg 2006, 1452, WPg Suppl 1/2011, 1; IDW Checkliste für die Anfertigung und Qualitätskontrolle von Prüfungsberichten, Düsseldorf 2012; IDW PS 450 Grundsätze ordnungsmäßiger Berichterstattung bei Abschlussprüfungen WPg 2006, 113, WPg Suppl 4/2009, 1, WPg Suppl 2/2012, 19; IDW PS 470 Grundsätze für die Kommunikation des Abschlussprüfers mit dem Aufsichtsorgan WPg 2003, 608, WPg Suppl 1/2009, 1, WPg Suppl 4/2010, 1, WPg Suppl 2/2012, 19; *IDW EPS 610* Prüfung von Energieversorgungsunternehmen WPg Suppl 1/2013, 32.

A. Aufgaben und Bedeutung des Prüfungsberichts (Abs 1 S 1)

Der AP hat über Art und Umfang sowie über das Ergebnis der Prüfung schriftlich zu **berichten.** Diese Aufgabe ergibt sich nach Abs 1 S 1 iVm § 316 Abs 1 als gesetzliche Verpflichtung des AP. Erst mit der Vorlage des unterzeichneten Berichts ist die Prüfung nachweislich beendet; erst danach kann der JA – abgesehen von der nicht prüfungspflichtigen KapGes/KapCoGes – festgestellt werden (§ 316 Abs 1 S 2). Maßgebend für die Frage, ob ein PrüfBer vorliegt, sind nicht die äußere Form und die Bezeichnung eines Schriftstücks, sondern dessen materieller Inhalt (*WPH*[14] I, Q Anm 11).

Das **Ergebnis der Prüfung** besteht nach § 321 außer in der Feststellung, ob die Prüfungsgegenstände (Buchführung, die weiteren geprüften Unterlagen, JA, Lagebericht, ggf KA, SegBerE, Konzernlagebericht) den gesetzlichen Vorschriften und den ergänzenden Bestimmungen des GesVertrags oder der Satzung entspr, der Abschluss insgesamt unter Beachtung der GoB ein den tatsächlichen Verhältnissen entspr Bild der VFE-Lage vermittelt und die gesetzlichen Vertreter die verlangten Aufklärungen und Nachweise erbracht haben (Abs 2 S 6), in problemorientierten Aussagen zur Darstellung der Lage durch die gesetzlichen Vertreter (Abs 1 S 2) sowie zu Unregelmäßigkeiten und bestandsgefährdenden oder entwicklungsbeeinträchtigenden Tatsachen (Abs 1 S 3) und zu Beanstandungen ohne Einfluss auf den BVm (Abs 2 S 2).

Unter bestimmten Voraussetzungen sind gem Abs 2 S 5 die **Abschlussposten aufzugliedern** und ausreichend **zu erläutern.** Weiterhin sind Gegenstand, Art und Umfang der Prüfung zu erläutern (Abs 3 S 1) und es ist auf die angewandten Rechnungslegungs- und Prüfungsgrundsätze einzugehen (Abs 3 S 2). Bei börsennotierten AG ist das Ergebnis der nach § 317 Abs 4 erforderlichen Beurteilung des Risikoüberwachungssystems darzustellen (Abs 4). Der AP hat seine Unabhängigkeit zu bestätigen (Abs 4a).

Die berufsübliche Verfahrensweise, dass nachteilige Veränderungen der VFE-Lage und wesentliche Verluste aufzuführen und zu erläutern sind („kleine Redepflicht") wird auch ohne besondere Erwähnung von § 321 erfasst (Anm 18). Schließlich ist nach § 322 Abs 7 S 2 der BVm unter den Vermerk über seine Untersagung auch in den PrüfBer aufzunehmen. Der AP hat den PrüfBer zu unterzeichnen und den gesetzlichen Vertretern bzw ggf dem AR vorzulegen (Abs 5).

Die Vorschriften zum PrüfBer (und BVm) verbessern die Informations- und Unterstützungsfunktion des PrüfBer. Inhalt und Aufbau des PrüfBer wurden jedoch nicht abschließend gesetzlich geregelt (wenn auch im § 321 einzelne Gliederungsvorgaben enthalten sind): **"Vorweg"-Stellungnahme** iSv Abs 1 S 2, **Hauptteil** gem Abs 2 S 1, **Besonderer Abschnitt** gem Abs 3 und 4a sowie **Besonderer Teil** gem Abs 4 S 1. Die Ausgestaltung des PrüfBer im Einzelnen liegt daher nach wie vor in der Verantwortung des AP, der sich dabei an den berufsständischen Verlautbarungen (insb IDW PS 450 und *WPH*[14] I) orientieren wird.

5 S 1 stellt klar, dass **schriftlich zu berichten** ist, eine mündliche Berichterstattung also nicht ausreicht. Nicht ausreichende Formen der Übermittlung sind rechtsunwirksam mit der Folge, dass die APr im Rechtssinne nicht beendet ist und der JA nicht festgestellt werden darf; ein dennoch festgestellter JA ist – bei gesetzlicher Prüfungspflicht – gem § 256 Abs 1 Nr 2 AktG nichtig (so auch *WPH*[14] I, Q Anm 29; § 256 Abs 1 AktG ist auch auf GmbH anzuwenden, vgl *ADS*[6] § 256 AktG Anm 99).

Etwaige **Sonderberichte** und gesonderte Prüfungsfeststellungen (zB in Form von sog Management-Letter; s Anm 39, 71), die neben dem PrüfBer erstattet werden, können diesen nicht ersetzen. Der PrüfBer ist – von Ausnahmen unter Wahrung des Informationsgehalts abgesehen – grds in **deutscher Sprache** zu erstatten, es sei denn, es ist etwas anderes vereinbart und es besteht keine Verpflichtung, den PrüfBer amtlichen deutschen Stellen vorzulegen (*ADS*[6] § 256 AktG Anm 99; vgl zB Anm 136).

6 Während der BVm in kurzer Form der Öffentlichkeit über das Prüfungsergebnis berichtet, ist der PrüfBer vom AP gem Abs 5 (auf Grund der Verschwiegenheitsverpflichtung gem § 323) nur dem **AR** bzw den gesetzlichen Vertretern der KapGes/KapCoGes **vorzulegen** (näher dazu sowie zum mittelbaren Empfängerkreis wie zB AR und Wirtschaftsausschuss Anm 134 ff), es sei denn, es bestehen andere *gesetzliche* Regelungen (zB § 26 Abs 1 KWG oder § 59 VAG).

Der PrüfBer ist von den gesetzlichen Vertretern gem §§ 150 Abs 4 AO, 60 Abs 3 S 1 EStDV mit der Abgabe der Steuererklärung bei der Finanzbehörde einzureichen. Das gilt nicht für den PrüfBer zu einem für Offenlegungszwecke aufgestellten IFRS-EA, einem KA sowie für einen AbhBer.

7 Die **Aufgaben** des PrüfBer bestehen iW in der Unterrichtung der gesetzlichen Vertreter (Vorstand, Geschäftsführer), des Kontrollorgans (AR) und der Gester von GmbH/KapCoGes über Art und Umfang sowie über das Ergebnis der Prüfung und dessen Herleitung und in der Information über die Rechnungslegung sowie in der Kontrolle der Beachtung der Rechnungslegungsvorschriften durch die gesetzlichen Vertreter (ebenso *WPH*[14] I, Q Anm 5; *Grewe* in Rechnungslegung § 321 Anm 19; *Kuhner/Päßler* in HdR[5] § 321 Anm 6 f; *Steiner*, 138).

Der **Geltungsbereich** von § 321 erstreckt sich auf alle prüfungspflichtigen (großen und mittelgroßen) KapGes, nicht aber auf kleine KapGes und Unt anderer Rechtsform, soweit diese nicht auf Grund anderer Vorschriften (§§ 264a, 340k, 341k, §§ 6, 14 PublG, §§ 53 ff GenG oder bei Kapitalerhöhungen aus GesMitteln § 209 AktG, § 57f GmbHG; Anm 94 ff) prüfungspflichtig sind. Er umfasst ferner APr des KA oder des IFRS-EA sowie freiwillige Prüfungen (Anm 125), die nach Art und Umfang einer Pflichtprüfung nach § 316 entspr. Bei **Sonder- und Gründungsprüfungen** (§§ 9 ff UmwG, §§ 34 Abs 2, 145 Abs 4 AktG) ist differenzierter zu verfahren (zur Umwandlung von AG *Beck* in FS Luik, Stuttgart 1991, 265; näher *Schaal* Der Wirtschaftsprüfer als Umwandlungsprüfer, Düsseldorf 2001; *Budde/Förschle/Winkeljohann* Sonderbilanzen[4] sowie *Engelmeyer* Die Wirtschaftsprüfer im Rahmen der Verschmelzungs- und Spaltungsprüfung WPg 1996, 732).

Zu den Rechtsfolgen bei Verstößen gegen § 321 vgl Anm 148.

B. Grundsätze ordnungsmäßiger Berichterstattung für den Jahresabschluss

I. Allgemeine Berichtsgrundsätze

1. Grundsatz der Klarheit

§ 321 enthält in Abs 1 S 1 neben dem Erfordernis der schriftlichen Berichterstattung die bereits in den Berufsgrundsätzen erhobene Forderung, dass mit „der gebotenen Klarheit" zu berichten ist. Der Grundsatz der Klarheit verlangt eine verständliche, eindeutige und problemorientierte Darlegung der berichtspflichtigen Sachverhalte (IDW PS 450, Tz 12). Dazu gehören eine übersichtliche, möglichst kontinuierliche Gliederung (IDW PS 450, Tz 14), ein sachlicher Stil und die Beschränkung auf das Wesentliche (IDW PS 450, Tz 13). Unter Berücksichtigung der gesetzlichen Vorgaben wird daher vom Berufsstand auch eine Mindestgliederung des PrüfBer empfohlen (IDW PS 450, Tz 12). Ein Verstoß gegen den Grundsatz der Klarheit liegt dann vor, wenn Aussagen nur verschlüsselt, versteckt oder beschönigend gemacht werden (*WPH*[14] I, Q Anm 66). Wiederholungen im PrüfBer, von zB Aufgliederungen und Erl von Abschlussposten im Anhang, sind zu vermeiden (*Ludewig* WPg 1998, 599 hingegen wendet sich aus Gründen der Klarheit gegen eine Beschränkung der Aufgliederungen und Erl im PrüfBer; vgl Anm 64). Auf eine zu umfangreiche Darstellung unbedeutender Sachverhalte sollte auch aus Gründen der Übersichtlichkeit verzichtet werden (ähnlich *WPH*[14] I, Q Anm 63).

Bei dem Grundsatz der Klarheit handelt es sich um einen unbestimmten Rechtsbegriff, der allerdings keinem Selbstzweck dient, sondern sich an dem Informationsbedürfnis der Empfänger auszurichten hat. Hauptadressaten sind gem Abs 5 die gesetzlichen Vertreter, der AR und ggf die Gester. Zielkonflikte können dadurch entstehen, dass der PrüfBer auch anderen Stellen mit unterschiedlicher Interessenlage zugeht bzw zur Einsichtnahme zur Verfügung steht (BaFin, FinVerw, Wirtschaftsausschuss, Betriebsrat, Kreditinstitute; näher hierzu s *Hense* in FS Budde, 288 f). Bzgl des AR ist festzuhalten, dass das in der Gesetzesbegr (*BR-Drs 872/97, 75*) genannte „nicht sachverständige Aufsichtsratsmitglied" keinen geeigneten Maßstab bildet, zumal die gesetzlich geforderte problemorientierte Berichterstattung über Gegenstand, Art und Umfang sowie über das Ergebnis der Prüfung hierzu in einem gewissen Widerspruch steht (so *Moxter* Die Vorschriften zur Rechnungslegung und Abschlußprüfung im Referentenentwurf eines Gesetzes zur Kontrolle und Transparenz im Unternehmensbereich BB 1997, 727; *Forster* WPg 1998, 50), sondern dass ein Grundverständnis für die wirtschaftlichen Gegebenheiten des Unt und für die Grundlagen der Rechnungslegung vorauszusetzen ist (IDW PS 450, Tz 15). Bei einer AG iSv § 264d muss mindestens ein unabhängiges Mitglied des AR über Sachverstand auf den Gebieten Rechnungslegung oder APr verfügen (§ 100 Abs 5, § 107 Abs 4 AktG). Erl zu erkennbar gemachten Sachverhalten, die über dieses Grundverständnis hinausgehen oder unterschiedlichen Interessen der Berichtsleser begegnen, können in der AR-Sitzung, an der die AP gem § 171 AktG obligatorisch teilzunehmen hat, oder in der GesV gegeben werden (*WPH*[14] I, Q Anm 36; IDW PS 450, Tz 15; *Böcking/Orth*, 426).

2. Grundsatz der Wahrheit

Nach diesem aus der Verpflichtung zur gewissenhaften Berufsausübung (§ 323 Abs 1; § 43 WPO) abgeleiteten Grundsatz muss der Inhalt des PrüfBer nach

Überzeugung des AP den tatsächlichen Gegebenheiten und/oder den von ihm festgestellten Sachverhalten entspr. Dazu hat der AP alle relevanten Sachverhalte im PrüfBer darzustellen. Der Bericht darf nicht den Eindruck erwecken, dass ein Sachverhalt geprüft wurde, obwohl seine Prüfung oder eine abschließende Beurteilung (noch) nicht möglich war (ebenso *WPH*[14] I, Q Anm 46). Verbleibende Zweifel des AP sind im PrüfBer zu nennen. Prüfungsergebnisse allein auf Grund von Auskünften, Stellungnahmen oder Gutachten Dritter sind besonders zu kennzeichnen (idS IDW PS 450, Tz 16). Dazu auch Anm 14.

3. Grundsatz der Vollständigkeit

11 Ein PrüfBer hat nach diesem – ebenfalls aus der Verpflichtung zur gewissenhaften Berufsausübung abgeleiteten – Grundsatz Angaben über alle wesentlichen Ergebnisse der Prüfung und alle in den jeweiligen gesetzlichen Vorschriften oder gesvertraglichen Vereinbarungen geforderten Feststellungen zu enthalten (Bezugnahme auf § 332 und § 403 AktG). **Wesentlich** sind dabei solche Tatsachen, die für eine ausreichende Information der Berichtsadressaten von Bedeutung sind (so IDW PS 450, Tz 10).

12 Problematisch erscheint in diesem Zusammenhang eine **Einschränkung der Berichterstattung.** Grds sind die für die Urteilsbildung der Berichtsempfänger erforderlichen Sachverhalte im PrüfBer darzustellen. Zur Vermeidung von Nachteilen (zB bzgl der Wahrung von Geschäfts- und Betriebsgeheimnissen) für das Unt kann erwogen werden, den Umfang der Berichterstattung einzuschränken; die Grundsätze der Klarheit (vgl Anm 8) und der Vollständigkeit dürfen allerdings nicht verletzt werden. Dies mag dazu führen, dass brisante Sachverhalte (zB evtl Steuerrisiken) nicht eingehend, sondern eher vorsichtig und zurückhaltend dargestellt werden. Der AP darf dem Wunsch nach Einschränkung der Berichterstattung nur insoweit nachkommen, als der Vollständigkeitsgrundsatz nicht verletzt wird. Eine Schutzklausel, wie sie zB § 286 für den Anhang vorsieht, besteht für den PrüfBer nicht; auch die Berichtsempfänger sind zur Verschwiegenheit verpflichtet (§ 93 Abs 1 S 2, § 116 S 2 AktG, die analog für GmbH und KapCoGes gelten, vgl aber auch § 51a Abs 2 GmbHG). Das Verschweigen erheblicher Umstände im PrüfBer ist ebenso wie die unrichtige Darstellung gem § 332, § 403 AktG strafbar und stellt eine Verletzung der Berufspflichten iSd § 43 Abs 1 WPO dar (idS *WPH*[14] I, Q Anm 48).

13 Der Grundsatz der Vollständigkeit bezieht sich auch auf die **Einheitlichkeit der Berichterstattung.** Danach ist der PrüfBer als einheitliches Ganzes anzusehen und muss ohne Heranziehung anderer Dokumente für sich lesbar und verständlich sein (IDW PS 450, Tz 17). Teilberichte, zB Haupt-, Zwischen- oder Vorabberichte, sind als Einheit anzusehen, soweit sie sich auf *einen* Prüfungszeitraum beziehen und Bestandteil *einer* Pflichtprüfung sind. Die Erstellung von Teilberichten ist nur insoweit zulässig, als sie durch besondere Umstände sachlicher oder zeitlicher Natur geboten erscheinen (zB Kreditprüfungen zum 30.9., vorgezogene Berichte über Unrichtigkeiten, Verstöße, bestandsgefährdende bzw entwicklungsbeeinträchtigende Tatsachen, Prüfung des EDV- oder eines Frühwarnsystems). Deren Gegenstand und wesentliche Ergebnisse müssen im Hauptbericht dargestellt werden; auf die Teilberichte ist entspr zu verweisen (IDW PS 450, Tz 17). Dies gilt nicht für die über die gesetzlichen Erfordernisse hinausgehende Berichterstattung, zB Management-Letter (Anm 5) und Zusatz-Berichte über die im Anhang angegebenen Organbezüge (so auch *ADS*[6] § 321 Anm 47). Das Ergebnis der Erweiterung der APr (zB freiwillige Prüfung der Ordnungsmäßigkeit der Geschäftsführung) ist mit derjenigen über die APr zusammenzufassen, auch wenn hierüber nach IDW PS 400, Tz 12 und IDW PS 450, Tz 19 im BVm nicht berichtet werden darf. Der Grundsatz der Einheitlichkeit bezieht sich allerdings nicht auf die Berichterstattung über unterschiedliche Prüfungsaufträge, zB bzgl des JA, des IFRS-EA, des KA und des AbhBer. Erfolgt hier eine getrennte Berichterstattung, ist es jedoch empfehlenswert, in den PrüfBer einen Hinweis auf die Prüfung des IFRS-EA oder des KA und die gesonderte Berichterstattung hierzu aufzunehmen (so auch *WPH*[14] I, Q Anm 59f).

4. Grundsatz der Unparteilichkeit

14 § 323 Abs 1 und § 43 Abs 1 S 2 WPO betonen den Grundsatz der Unparteilichkeit. Er verlangt, dass der AP alle getroffenen Feststellungen unter Berücksichtigung aller verfügbaren Informationen sachlich und unvoreingenommen darzulegen hat. Der AP hat sich jedweder einseitigen Kritik zu enthalten. Bei abw Auffassungen zwischen den gesetzlichen Vertretern des geprüften Unt und dem AP sind beide Auffassungen im PrüfBer darzustellen (so auch IDW PS 450, Tz 11; zur Unparteilichkeit bei Ausübung der Redepflicht nach Abs 1 S 3s Anm 44).

II. Gesetzlicher Mindestinhalt

1. Stellungnahme zur Lagebeurteilung (Abs 1 S 2)

15 Abs 1 S 2 verlangt vom AP **vorweg** eine Stellungnahme zur Beurteilung der Lage durch die gesetzlichen Vertreter (insb hinsichtlich des Fortbestands und der künftigen Entwicklung) unter Berücksichtigung des Lageberichts, soweit die geprüften Unterlagen und der Lagebericht dies erlauben. Auch wenn diese Vorschrift keinen GoB-Vorbehalt wie die Generalklausel des § 264 Abs 2 enthält, kann hieraus nicht geschlossen werden, dass der Gegenstand der Beurteilung die tatsächliche Lage (Realebene) statt der Lage im bilanzrechtlichen Sinne ist, da die Berichtspflicht nur besteht, „soweit die geprüften Unterlagen und der Lagebericht ... eine solche Beurteilung erlauben." Maßgeblich ist somit die relative, nicht die absolut richtige Lage (vgl insb IDW PS 450, Tz 28f; *WPH*[14] I, Q Anm 102f; *ADS*[6] § 321 Anm 59; *Kuhner/Päßler* in HdR[5] § 321 Anm 21 und *Gross/Möller*, 319). Aus der Betonung des Fortbestands und der künftigen Entwicklung ist – ebenso wie aus den Regelungen in den §§ 289 Abs 1 S 4, 315 Abs 1 S 5, 317 Abs 2 sowie 322 Abs 2 und 3 – die starke Zukunftsbezogenheit der Darstellung und Beurteilung durch die gesetzlichen Vertreter und der Stellungnahme des AP zu entnehmen.

16 Unter den geprüften Unterlagen sind zweifelsohne die Buchführung, der JA und der Lagebericht zu verstehen. Durch das BilReG wurde die Zukunftsorientierung des Lageberichts gem § 289 Abs 1 S 4 weiter verstärkt. Außer auf Risiken ist auch auf Chancen der voraussichtlichen Entwicklung sowie auf die bedeutsamsten finanziellen Leistungsindikatoren einzugehen; außerdem sind die wesentlichen Prämissen, die den zukunftsbezogenen Aussagen der UntLeitung zugrunde liegen, transparent zu machen. Darüber hinaus zählen zu den geprüften Unterlagen iSv Abs 1 S 2 auch jene Unterlagen, die der AP im Rahmen der Prüfung herangezogen hat (zB Kostenrechnung zur Ermittlung der HK, Planungsrechnungen, Verträge, ARprotokolle, Geschäftsführungsprotokolle und Berichterstattungen an den AR gem § 90 AktG bzw den Gester gem §§ 46 Nr 6, 51a Abs 1 GmbHG), auch wenn diese nicht in den §§ 316, 317 als Prüfungsgegenstand genannt werden (*Hommelhoff* BB 1998, 2571; IDW PS 450, Tz 32; enger *Schindler/Rabenhorst* BB 1998, 1939). Der Wille des Gesetzgebers, ua die Informations- und Unterstützungsfunktion (Anm 4) zu verbessern, würde nur eingeschränkt verfolgt, wenn die zukunftsorientierte Erweiterung des § 90 Abs 1

Nr 1 AktG um grds Fragen der UntPlanung (insb die Finanz-, Investitions- und Personalplanung sowie Planabweichungen) für die Lageberichtsprüfung nicht genutzt würde. Es ist nicht Aufgabe des AP, eine eigene Prognose an die Stelle der Prognose der gesetzlichen Vertreter zu setzen (so die Gesetzesbegr BR-Drs 872/97, 76) und diese im PrüfBer darzustellen, sondern vielmehr die der gesetzlichen Vertreter zu bewerten und ggf mit Fragezeichen zu versehen (*Dörner* DB 1998, 3). Die geprüften Unterlagen sind bei der Lageberichtsprüfung somit nicht nur als Prüfobjekt, sondern vielmehr auch als eine Komponente des Soll-Objekts zu verstehen, an dem die Lageberichtsdarstellung der gesetzlichen Vertreter gemessen wird.

17 Wenngleich diese Einbeziehung der Planungs- und Planabweichungsüberlegungen zu einer Erweiterung der Beurteilungsbasis des AP führt, bleibt die in Abs 1 S 2 formulierte Einschränkung des Einblicks auf Grund der geprüften Unterlagen und des Lageberichts grds bestehen. Der AP befasst sich mit der Abbildung von Sachverhalten in der Rechnungslegung und nicht etwa mit der Qualität des Managements und der Geschäftspolitik (so *Forster* in FS Baetge, 948), die für den Bestand und die Entwicklung des Unt sicherlich nicht von untergeordneter Bedeutung sind. Er ist kein „Obergutachter" (*Dörner* in FS Ludewig, 243). Sein Einblick ist daher insoweit begrenzt, was demnach zu einer Relativierung seiner Aussage (Stellungnahme) führt. Darauf sollte zweckmäßig in der **„Vorweg"-Stellungnahme** hingewiesen werden (so auch *Böcking/Orth* WPg 1998, 357).

18 Dort sollten auch die für die Berichtsadressaten **wesentlichen Einschätzungen** (Kernaussagen) der gesetzlichen Vertreter in JA und Lagebericht, zu denen der AP Stellung nimmt, **hervorgehoben, erläutert** und **beurteilt** werden (IDW PS 450, Tz 29; *WPH*[14] I, Q Anm 91f; *ADS*[6] § 321 Anm 57; *Kuhner/Päßler* in HdR[5] § 321 Anm 24). Die Stellungnahme dazu, die den Berichtsadressaten als Grundlage einer eigenen Beurteilung dienen soll, – *Hommelhoff* spricht in diesem Zusammenhang von einer Objektivierung der subjektiven Darstellungen des Vorstands (BB 1998, 2751) – ist iS einer gewissenhaften Berufsausübung auf eine sorgfältige **eigene betriebswirtschaftliche Analyse** der Lage (bzw der einzelnen Teilaspekte hierzu) zu gründen, die in einem gesonderten Berichtsabschn vorgenommen werden kann (näher hierzu Anm 84 ff). Da die eigene Analyse auch als Sollgröße für die Stellungnahme zur Lagebeurteilung dient, ist davon auszugehen, dass diese Analyse umfassender ist als die durch § 289 Abs 1 S 2 und 3 für den Lagebericht geforderte Analyse. Der AP gibt seine Stellungnahme somit auf Grund seiner Beurteilung der wirtschaftlichen Lage des Unt ab. Die positiven und negativen Aspekte der Lage und die voraussichtliche Entwicklung mit ihren Chancen und Risiken sind zu würdigen. Vorschläge zur Berücksichtigung von über die Vergangenheitsanalyse hinausgehenden Zukunftsaspekten hat *Forster* am Beispiel der Ertragslage unterbreitet (*Forster* in FS Baetge, 946). Bei wirtschaftlichen Schwierigkeiten sind die Prüfungsschwerpunkte (und damit auch Analyse und Berichterstattung) auf Grund einer sachgerechten Prüfungsstrategie entspr anzupassen (IDW PS 350, Tz 14 ff).

19 Der Gesetzgeber hebt insb die Stellungnahme zum Fortbestand des Unt hervor. Hierzu sind *vorweg* besondere Feststellungen zu treffen, auch wenn die Beurteilung durch die gesetzlichen Vertreter hierzu nicht ausdrücklich, sondern nur implizit erfolgt, etwa bei den Ausführungen zur voraussichtlichen Entwicklung. Dies gilt umso mehr, als die gesamte Bilanzierung und Bewertung maßgeblich von dieser (in § 252 Abs 1 Nr 2 genannten) vom AP zu verifizierenden Prämisse abhängt.

Wird zulässigerweise oder pflichtwidrig ein Lagebericht nicht aufgestellt, kann der AP zur Beurteilung der Lage des Unt durch die gesetzlichen Vertreter, wie sie ansonsten im Lagebericht zum Ausdruck kommt, nicht gem Abs 1 S 2 Stellung nehmen. Es ist nicht die Aufgabe des AP, die Angaben anstelle der gesetzlichen Vertreter zu machen (IDW PS 450, Tz 34). Eine Pflicht des AP zu einer eingeschränkten Stellungnahme unter Bezugnahme auf den JA kann dem Gesetzeswortlaut nicht entnommen werden. Diese Sichtweise wird dadurch bestätigt, dass es auch für den Fall, dass ein Lagebericht aufgestellt werden würde, genügt, wenn der AP darauf hinweist, dass im Lagebericht auf Risiken der voraussichtlichen Entwicklung gem § 289 Abs 1 S 4 nicht eingegangen wird, weil solche nach Auffassung der gesetzlichen Vertreter nicht bestehen; der AP ist nicht zu eigenständigem Nachforschen diesbzgl verpflichtet. Etwas anderes würde dann gelten, wenn der AP die Lagedarstellung der gesetzlichen Vertreter als nicht vertretbar beurteilt, weil offensichtlich Risiken bestehen oder gewichtige Anhaltspunkte für ihr Vorliegen sprechen oder aber unbrauchbare oder fragwürdige Aussagen gemacht werden. Soweit möglich, ist das Informationsdefizit durch den AP auszugleichen, indem er im PrüfBer die Angaben zur Lage des Unt entspr korrigiert bzw die Einschränkung des BVm begründet (IDW PS 450, Tz 33; *WPH*[14] I, Q Anm 101; *ADS*[6] § 321 Anm 62). Eine Berichterstattungspflicht des AP besteht somit insb, wenn die gesetzlichen Vertreter bei der Bilanzierung von der UntFortführung ausgehen und an dieser Voraussetzung aufgrund bestandsgefährdender Risiken Zweifel bestehen. Eine Aufnahme der Ausführungen in die „Vorweg"-Stellungnahme ist erforderlich, da sie – ebenso wie die Berichterstattung zur Lagebeurteilung durch die gesetzlichen Vertreter – für die Urteilsbildung der Berichtsadressaten grundlegend sind. Wegen ihrer Bedeutung sind bestandsgefährdende oder entwicklungsbeeinträchtigende Tatsachen auch von der Redepflicht gem Abs 1 S 3 betroffen und lösen die entspr Berichtspflichten aus (Anm 20 f).

Wird der Lagebericht unzulässigerweise nicht aufgestellt, ist in der „Vorweg"-Stellungnahme festzuhalten, dass die gesetzlichen Vertreter unzulässigerweise einen Lagebericht nicht aufgestellt haben und dass deshalb eine Stellungnahme zur Beurteilung der Lage durch die gesetzlichen Vertreter nach Abs 1 S 2 nicht möglich war (IDW PS 450, Tz 34; vgl im Übrigen Anm 32 f).

2. Berichterstattung über Unrichtigkeiten oder Verstöße sowie über entwicklungsbeeinträchtigende oder bestandsgefährdende Tatsachen (Abs 1 S 3)

a) Allgemeines

Die Redepflicht des AP wird allgemein als Teil eines gesetzlich vorgegebenen 20 internen **Frühwarnsystems** gewertet. Diese Auffassung leitet sich aus dem Zweck der Redepflicht ab, die Personen, für die in erster Linie der PrüfBer bestimmt ist, möglichst frühzeitig auf nach Abs 1 S 3 berichtspflichtige Tatsachen aufmerksam zu machen und ggf interne *Gegenmaßnahmen* auszulösen.

Gem § 29 Abs 3 KWG besteht ergänzend eine *unmittelbare* Redepflicht ggü 21 der BaFin und der DBB. Auch der AP von VersicherungsUnt ist nach § 341k Abs 3 verpflichtet, in den Fällen des Abs 1 S 3 die BaFin unverzüglich zu unterrichten; hier gilt zudem die Berichtspflicht nach § 57 Abs 1 S 4 VAG (Anm 96).

Bestandsgefährdende und entwicklungsbeeinträchtigende Risiken erfordern 22 bereits nach Abs 1 S 2 eine Hervorhebung in der „Vorweg"-Stellungnahme sowie eine Berücksichtigung im BVm (§ 322 Abs 2 S 2 und Abs 3 S 2).

b) Umfang und Grenzen der Berichtspflichten

Die **Berichtspflichten** beziehen sich auf Unrichtigkeiten, Verstöße und Tat- 25 sachen, die der AP „bei Durchführung der Prüfung" feststellt. Nach hM bedingt die Redepflicht im Grundsatz *keine* Ausweitung des Gegenstands der Prüfung nach § 317 (dort Anm 18 f) in dem Sinn, dass der AP seine Prüfung systematisch auf die Feststellung von Unrichtigkeiten, Verstößen und Tatsachen nach Abs 1 S 3 ausrichten muss (*WPH*[14] I, Q Anm 137 f). Die Problematik besteht darin, dass der Umfang der Prüfungspflicht nach § 317 und die besondere Berichtspflicht nach Abs 1 S 3 *nicht* ohne weiteres *deckungsgleich* sind; in gewisser Weise besteht der Widerspruch, dass die Berichtspflicht nach Abs 1 S 3 umfassender als die Prüfungspflicht ist. Maßstab sind die bei ordnungsgemäßer Durchführung der APr (s hierzu IDW PS 200 sowie die Kommentierung zu § 317) festgestellten Tatsachen (IDW PS 450, Tz 43). Hierbei ist zu berücksichtigen, dass die Prüfung gem § 317 Abs 1 S 3 problemorientiert so anzulegen ist, dass Unrichtigkeiten und Verstöße gegen gesetzliche Vorschriften (sowie GesVertrag bzw Satzung), die sich auf die VFE-Lage wesentlich auswirken, bei gewissenhafter Berufsausübung erkannt werden und dass Bestandteil des normalen Prüfungsumfangs die Feststellung ist, dass die Voraussetzungen der UntFortführung gem § 252 Abs 1 Nr 2 erfüllt sind (zur Prüfung dazu § 317 Anm 10 f); auch die Prüfung des Lageberichts (§ 317 Anm 50 ff) macht es erforderlich, dass der AP sich mit der *Lage* des Unt und seiner voraussichtlichen Entwicklung befasst.

26 Gewinnt der AP Anhaltspunkte für berichtspflichtige Unrichtigkeiten, Verstöße und Tatsachen, ist er zur Erfüllung seiner Redepflicht verpflichtet, sich zusätzliche Erkenntnisse durch geänderte oder erweiterte Prüfungshandlungen zu verschaffen (so auch IDW PS 200, Tz 22).

27 Im Übrigen folgt aus den Grundsätzen der Prüfungsdurchführung, dass sich die Prüfungsschwerpunkte und -intensitäten verändern, insb bei Unt mit angespannten wirtschaftlichen Verhältnissen und bei festgestellten Mängeln des internen Kontrollsystems (ähnlich IDW PS 200, Tz 20 ff). Insoweit kann aus der Redepflicht im konkreten Einzelfall eine *Ausweitung* des Prüfungsvorgehens folgen (näher hierzu § 317 Anm 18 f).

28 Es sind auch Unrichtigkeiten, Verstöße und Tatsachen einzubeziehen, die dem AP auf *andere* Weise bekannt werden, sofern sie nicht einer gesetzlichen **Verschwiegenheitspflicht** unterliegen (so auch IDW PS 450, Tz 37). Nach dieser Auslegung hat der AP dann keine Berichtspflicht, wenn er zB die Kenntnisse aus einer Tätigkeit für Dritte gewonnen hat. Hier geht seine Verschwiegenheitspflicht (nach § 323 Abs 1) der Redepflicht vor – es sei denn, er erfährt dieselben Tatsachen auch auf eine andere Weise. Es wird aber für den AP schwierig sein zu beweisen, dass er solche Tatsachen nicht unmittelbar bei der – ordnungsgemäßen – Durchführung der APr hat feststellen können (so zB *Grewe* in Rechnungslegung § 321 Anm 77).

29 In **zeitlicher Hinsicht** beschränkt sich die Redepflicht nicht auf Unrichtigkeiten, Verstöße und Tatsachen des *abgelaufenen* Gj; sie bezieht sich auch auf Unrichtigkeiten, Verstöße und Tatsachen, die *nach* dem Abschlussstichtag begründet wurden (*WPH*[14] I, Q Anm 143; *ADS*[6] § 321 Anm 71; *Kuhner/Päßler* in HdR[5] § 321 Anm 39). Berichtspflichtig sind somit auch Tatsachen, die erst nach dem Abschlussstichtag eingetreten sind (ebenso IDW PS 450, Tz 38). Es sind auch Unrichtigkeiten, Verstöße und Tatsachen einzubeziehen, die keine buchungspflichtigen Geschäftsvorfälle ausgelöst haben, zB Bestellobligo oder begonnene Investitionen (Anm 34 f).

30 Ferner sind berichtspflichtig auch Unrichtigkeiten, Verstöße und Tatsachen, die den gesetzlichen Vertretern, dem AR oder den Gestern **bekannt** sind, oder bei denen davon ausgegangen werden muss, dass sie diesen Personenkreisen bekannt sind; ebenso schon BGH vom 15.12.1954 sowie *Hense* in FS Budde, 309. Hieraus ist zu folgern, dass die Redepflicht auch dann zu erfüllen ist, wenn die Unrichtigkeiten, Verstöße und Tatsachen im Anhang oder im Lagebericht erwähnt werden (IDW PS 450, Tz 38; *WPH*[14] I, Q Anm 142).

Der AP hat „über ... festgestellte Unrichtigkeiten oder Verstöße ... sowie Tat- 31
sachen" *zu berichten*. Die Feststellung der Unrichtigkeiten, Verstöße und Tatsachen umfasst das **Erkennen** als solches und die **Beurteilung,** ob sie den Bestand des Unt gefährden, seine Entwicklung wesentlich beeinträchtigen können oder schwerwiegende Verstöße der gesetzlichen Vertreter oder von Arbeitnehmern gegen Gesetze oder GesVertrag bzw Satzung erkennen lassen sowie die **Berichterstattung.**

Die Entsprechenserklärung zum DCGK gem § 161 AktG ist in die Erklärung zur Untführung gem § 289a Abs 2 Nr 1 aufzunehmen; hierdurch wurde der Prüfungsgegenstand nicht ausgeweitet (§ 317 Abs 2 S 3), insb kann hieraus keine umfassende Geschäftsführungsprüfung mit entspr Berichterstattungspflicht abgeleitet werden (idS IDW PS 345, Tz 21 f). Allerdings wird die Redepflicht ausgelöst, wenn der AP erkennt, dass die Entsprechenserklärung inhaltlich unzutreffend ist (IDW PS 345, Tz 33, *WPH*[14] I, Q Anm 132).

c) Unrichtigkeiten oder Verstöße gegen gesetzliche Vorschriften

Unter den gesetzlichen Vorschriften iSv Abs 1 S 3 sind die für die Aufstellung 32
des JA und Lageberichts geltenden Rechnungslegungsnormen iSv § 317 Abs 1 S 2 zu verstehen (*WPH*[14] I, Q Anm 122; *ADS*[6] § 321 Anm 73; *Kuhner/Päßler* in HdR[5] § 321 Anm 29). Hierzu gehören alle für die Rechnungslegung geltenden Vorschriften einschl der GoB (Gesetzesbegr *BR-Drs 982/97,* 76) und ggf einschlägige Normen der Satzung oder des GesVertrags (IDW PS 450, Tz 45; IDW PS 201, Tz 5 ff).

Unrichtigkeiten iSd Vorschrift rühren aus *unbewussten* Fehlern her (Schreib- und Rechenfehler, Fehleinschätzungen, unbeabsichtigt falsche Anwendung von Rechnungslegungsgrundsätzen in Buchführung, JA und Lagebericht); **Verstöße** sind *bewusste* Handlungen und Unterlassungen, die im Widerspruch zu Gesetzen oder sonstigen Vorschriften stehen. Sie umfassen auch Täuschungen und Vermögensschädigungen (IDW PS 210, Tz 7).

Eine Berichterstattung über Unrichtigkeiten und Verstöße ist grds geboten, 33
wenn dadurch die **Rechnungslegungsnormen** iSv § 317 Abs 1 S 2 verletzt sind und die Überwachungsaufgaben der Berichtsadressaten berührt werden. Die Berichtspflicht wird durch folgende Tatbestände veranlasst (IDW PS 210, Tz 69 ff):
- bei *wesentlichen* Unrichtigkeiten oder Verstößen im Abschluss oder Lagebericht ist über die Auswirkungen, weitere Anhaltspunkte und Maßnahmen des AP zu berichten;
- ferner auch dann, wenn Beanstandungen sich nicht im BVm niedergeschlagen haben, aber für eine angemessene Information der Berichtsempfänger von Bedeutung sind;
- bei inzwischen behobenen Fehlern ergeben sich Hinweise auf Schwächen im IKS. Auch nach IDW PS 450, Tz 47, sind Verstöße und Unrichtigkeiten im JA und Lagebericht, die im Verlauf der Prüfung behoben wurden, grds nicht berichtspflichtig; anderes gilt, wenn die behobenen Unrichtigkeiten und Verstöße für die Wahrnehmung der Überwachungsfunktion des AR oder der Gester wesentlich sind (IDW PS 450, Tz 65; hierzu auch IDW PS 470, Tz 7a und 26);
- der AP kann trotz Auskunftsbereitschaft des geprüften Unt nicht abschließend feststellen, ob eine Täuschung, Vermögensschädigung oder ein Gesetzesverstoß vorliegt.

d) Bestandsgefährdende oder entwicklungsbeeinträchtigende Tatsachen

Der **Bestand** des geprüften Unt ist **gefährdet,** wenn die festgestellten Tat- 34
sachen seine Fortführung in Frage stellen, also zum **Insolvenzfall** oder zur Li-

quidation führen können (*WPH*[14] I, Q Anm 111; *Ebke* in MünchKomm HGB § 321 Anm 37). Eine solche Bestandsgefährdung berührt vor allem die Vermögenslage (hier insb die Überschuldung), die Finanzlage (hier insb die Liquidität) und die Ertragslage.

Als **Beispiele** (IDW PS 270 Die Beurteilung der Fortführung der Unternehmenstätigkeit im Rahmen der Abschlussprüfung WPg 2003, 775, WPg Suppl 4/ 2010, 1, Tz 11; *WPH*[14] I, Q Anm 112; *ADS*[6] § 321 Anm 75; *Kuhner/Päßler* in HdR[5] § 321 Anm 33) gelten insb wesentliche nicht kostendeckende Fertigungen, häufige Liquiditätsengpässe, drohender Abzug von FK ohne Ersatzaussichten, ständige Zuschüsse der Anteilseigner, erhebliche lfd Verluste, nachhaltige Preisveränderungen im Beschaffungs- oder Absatzbereich, aber auch der Ausfall beträchtlicher Forderungen durch Insolvenz bedeutender Kunden. Eine Unterbilanz oder der Verlust der Hälfte des Grund- oder Stammkapitals iSv § 92 Abs 1 AktG, § 49 Abs 3 GmbHG sowie eine „bilanzielle" Überschuldung müssen als „Indiz" einer Bestandsgefährdung angesehen werden, auf die im PrüfBer hinzuweisen ist.

35 Die Einbeziehung von Tatsachen, die die **Entwicklung** wesentlich **beeinträchtigen** können, bedeutet zuweilen eine Erweiterung des *Umfangs* der Redepflicht (*Grewe/Plendl* HWRuP[3] Sp 2006). Neben den bestandsgefährdenden Tatsachen fallen hierunter auch solche, die einen bisherigen positiven Trend unterbrechen oder ungünstig beeinflussen. Eine wesentliche Beeinträchtigung ist jedoch *nicht* gegeben, wenn es sich nur um Hinweise auf eine angespannte Lage des Unt handelt (*Grewe/Plendl* HWRuP[3] Sp 2006; *WPH*[14] I, Q Anm 109).

Beispiele für die Entwicklungsbeeinträchtigung sind zB voraussichtlich länger anhaltende Dividendenlosigkeit bei TU, stark rückläufige Auftragseingänge und -bestände, Verlust wesentlicher Marktanteile, Fehlplanung von oder Fehlmaßnahmen bei größeren Investitionen, kurzfristige Finanzierung von Investitionen ohne Umschuldungsspielraum, langfristige Vertragsbindungen mit nachteiligen Auswirkungen (weitere Beispiele bei *Grewe/Plendl* HWRuP[3] Sp 2006; *WPH*[14] I, Q Anm 110; *ADS*[6] § 321 Anm 77; *Kuhner/Päßler* in HdR[5] § 321 Anm 36).

36 Wenngleich sich viele die Entwicklung beeinträchtigende Tatsachen nur graduell von den bestandsgefährdenden Umständen unterscheiden, da es an einer objektivierbaren Abgrenzung fehlt, werden erstere häufig eine zeitliche **Vorstufe** der Bestandsgefährdung darstellen. Auch in diesem Fall ist so frühzeitig zu berichten, dass geeignete Maßnahmen durch die UntLeitung veranlasst werden können (glA *WPH*[14] I, Q Anm 114f).

37 Bei der Wertung solcher Tatsachen ist zu berücksichtigen, dass häufig erst das **Zusammenwirken** mehrerer solcher Tatsachen zur Bestandsgefährdung führen wird (so auch *WPH*[14] I, Q Anm 113). Besondere Aufmerksamkeit ist hierbei Termin- und sonstigen spekulativen Geschäften sowie bilanzpolitischen Maßnahmen und Sachverhaltsgestaltungen zu widmen (Teilabrechnungen, Realisation stiller Reserven, sale und lease back, außerbilanzielle Geschäfte, ZweckGes; so *Clemm* Der Abschlussprüfer als Krisenwarner und der Aufsichtsrat – Anmerkungen zu einem – wieder einmal – aktuellen Thema in FS Havermann, 100). *Baetge* definiert in FS Havermann, 19, unter Zugrundelegung von – aus der Vergangenheit abgeleiteten Kennzahlen des JA – eine entspr Risikoklasse als Maßstab (vgl auch *K. Baetge/J. Baetge/Kruse* Moderne Verfahren der Jahresabschlussanalyse: Das Bilanz-Rating DStR 1999, 1628). Jahresfehlbeträge, fehlende Gewinnausschüttungen oder -thesaurierungen (Dividendenlosigkeit) stellen Symptome von Bestands- oder Entwicklungsbeeinträchtigungen dar, die Stilllegung oder Veräußerung von Teilbetrieben können dagegen Sanierungsmaßnahmen und damit Gegenmaßnahmen darstellen. Eine Berichterstattungspflicht ist

somit nicht erst dann gegeben, wenn das Unt bereits gefährdet ist, sondern wenn Tatsachen vorliegen, die ernsthaft zu einer Bestandsgefährdung führen *können*.
Die Redepflicht umfasst nicht allgemeine politische und wirtschaftliche Gefahren und Ereignisse (*ADS*[6] § 321 Anm 79; *Kuhner/Päßler* in HdR[5] § 321 Anm 37).

e) Schwerwiegende Verstöße der gesetzlichen Vertreter oder Arbeitnehmer gegen Gesetz, Gesellschaftsvertrag oder Satzung

Tatsachen, die **schwerwiegende Verstöße** gegen Gesetz, GesVertrag oder Satzung erkennen lassen, sind ebenfalls berichtspflichtig. Die Verstöße müssen *Gesetze* betreffen, die das Unt oder ihre Organe als solche verpflichten (glA zB *WPH*[14] I, Q Anm 130). Verstöße im privaten Bereich der gesetzlichen Vertreter oder Arbeitnehmer fallen nicht hierunter. Ebenso wenig besteht eine Berichtspflicht bei *nicht schwerwiegenden* Gesetzes- oder Satzungsverstößen (glA *WPH*[14] I, Q Anm 134; *Kuhner/Päßler* HdR[5] § 321 Anm 47). **38**

Da über Verstöße gegen Bestimmungen zur Rechnungslegung bereits aufgrund des ersten in Abs 1 S 3 genannten Tatbestands (Unrichtigkeiten oder Verstöße gegen gesetzliche Vorschriften, s hierzu Anm 32 f) zu berichten ist, kommen als Verstöße gegen **Gesetze** nur solche in Betracht, die sich *nicht* auf die Rechnungslegung beziehen (IDW PS 450, Tz 48; *WPH*[14] I, Q Anm 129; *ADS*[6] § 321 Anm 83; *Kuhner/Päßler* in HdR[5] § 321 Anm 43). Dies sind vor allem Verstöße gegen AktG, GmbHG, WpHG, Geldwäschegesetz, Steuerrecht, Insolvenzrecht, Strafrecht (zB Untreue), Betriebsverfassungsrecht sowie das Gesetz gegen Wettbewerbsbeschränkungen, aber auch Verstöße gegen Aufstellungs- und Publizitätspflichten des HGB (IDW PS 210, Tz 57; IDW PS 450, Tz 50; *WPH*[14] I, Q Anm 135). Wenn der Vorstand einer AG kein Risikofrüherkennungssystem eingerichtet hat, liegt ein berichtspflichtiger Verstoß gegen § 91 Abs 2 AktG vor. Vergleichbare Berichtserfordernisse können sich aufgrund der Ausstrahlungswirkung der aktienrechtlichen Regelung auf den Pflichtenrahmen der Geschäftsführer von Ges in einer anderen Rechtsform ergeben (Gesetzesbegr in *BR-Drs 872/ 97*, 53; IDW PS 450, Tz 107; IDW PS 720, Tz 8). Über Feststellungen, die weder eine Redepflicht begründen noch zu einer Einschränkung des BVm führen (zB leichtere Mängel im IKS, verbesserungsfähige Planung, problembehaftete Systeme oder Abläufe, Schwachstellen im Management-Informations-System), ist gem Abs 2 S 2 (Anm 33 und 59) zu berichten, soweit dies für die Überwachung der Geschäftsführung und des geprüften Unt von Bedeutung ist; ansonsten genügt ein **Management Letter** (vgl Anm 71). **39**

Bei Verstößen gegen die **Satzung** oder den **GesVertrag** handelt es sich vor allem um Maßnahmen der gesetzlichen Vertreter, die als *zustimmungspflichtige* Geschäfte der Mitwirkung des AR oder der GesV bedürfen (ebenso *WPH*[14] I, Q Anm 133); das ist zB der Fall, wenn ein Grundstücks- oder BetKauf, obwohl vom AR abgelehnt, weiterbetrieben wird. Gleiches gilt bei schwerwiegenden Verstößen gegen den GesZweck oder gegen die Geschäftsordnung der Geschäftsführung/des Vorstands (*WPH*[14] I, Q Anm 133; *Kuhner/Päßler* in HdR[5] § 321 Anm 44; enger *ADS*[6] § 321 Anm 85). **40**

Kriterien für **schwerwiegende Verstöße** sind das für das Unt mit dem Verstoß verbundene Risiko, die Bedeutung der verletzten Rechtsnorm, der Grad des Vertrauensbruchs und die Informationsinteressen der Kontrollorgane (IDW PS 450, Tz 49; *Kuhner/Päßler* in HdR[5] § 321 Anm 45). Die Berichtspflicht setzt nicht voraus, dass dem Unt ein Nachteil zugefügt wurde (*WPH*[14] I, Q Anm 134). **41**

Der AP hat über festgestellte Tatsachen zu berichten, die schwerwiegende Verstöße der gesetzlichen Vertreter gegen Gesetz, GesVertrag oder Satzung *erken-*

nen lassen. Dadurch, dass die festgestellten Tatsachen die schwerwiegenden Verstöße nur „erkennen lassen" müssen, kann abgeleitet werden, dass keine unzweifelhaften Beweise für das Vorliegen solcher Verstöße erbracht werden müssen. Der AP muss somit zur Erfüllung seiner Redepflicht den Verdachtsmomenten für einen Gesetzesverstoß nicht bis zu deren abschließender Klärung nachgehen, ihn trifft keine Nachweispflicht. Es genügt vielmehr, „dass die dem AP bekannt gewordenen Tatsachen für einen schwerwiegenden Verstoß sprechen" (*ADS*[6] § 321 Anm 183; idS *Kuhner/Päßler* in HdR[5] § 321 Anm 46). Auf der Grundlage der Einschätzung des AP wird dem AR bzw den Gestern der GmbH/KapCoGes als Überwachungsorgan die Obliegenheit zugewiesen, weitere Feststellungen und Maßnahmen zu treffen.

f) Form der Berichterstattung

42 Grds ist der Redepflicht in einem *gesonderten* Unterabschn im **PrüfBer** nachzukommen (idS IDW PS 450, Tz 40); dies gilt sowohl für den PrüfBer zum JA als auch zum KA. Wird in einem gesonderten Teilbericht Bericht erstattet, ist dessen Inhalt vollständig in den PrüfBer zu übernehmen (IDW PS 450, Tz 41). Mit der Berichterstattung im PrüfBer werden die Tatsachen und ihre Wertung auch Institutionen zur Kenntnis gebracht, die nicht zu den vom HGB oder PublG vorgesehenen Adressaten gehören, also zB Kreditinstitute als Kreditgeber, ebenso der FinVerw im Rahmen der Vorlage des PrüfBer nach § 60 Abs 3 EStDV zusammen mit der Steuererklärung (s hierzu Anm 9; vgl *Lück* BB 2001, 407, der für eine Ausweitung der Publizität plädiert).

43 Eine **zusammengefasste Behandlung** der in Frage kommenden Tatsachen im PrüfBer ist gesetzlich nicht geregelt. Berichtsausführungen im Rahmen des Abs 1 S 3 müssen jedoch nach dem Sinn dieser Vorschrift und gem BGH vom 15.12.1954 als solche für den Adressaten erkennbar sein, insb hinsichtlich des *warnenden* Charakters. Eine Einbeziehung der Berichterstattung in die Stellungnahme zur Darstellung der Lage durch die gesetzlichen Vertreter unter ausdrücklichem Hinweis auf die gem Abs 1 S 3 berichtspflichtige Tatsache erscheint zulässig (IDW PS 450, Tz 40). Die Berichterstattung in einem gesonderten Unterabschn des PrüfBer mit entspr Überschrift ist aus Gründen der Klarheit aber vorzuziehen. Eine lediglich **mündliche** Berichterstattung ist *nicht* ausreichend. Bei einem solchen Vorgehen ist die Redepflicht nicht ausgeübt; die Schriftform für den PrüfBer (Abs 1 S 1) gilt auch hier (Anm 5).

44 Die **Berichterstattung** hat in der Weise zu erfolgen, dass die in Frage stehenden Sachverhalte und die aus der Sicht des AP notwendigen Folgerungen deutlich dargelegt werden (IDW PS 450, Tz 40); Beurteilungsrisiken sind aufzuzeigen. Vertreten die gesetzlichen Vertreter und der AP hinsichtlich der Tatsachen und ihrer Beurteilung unterschiedliche Auffassungen, wird es für den AP zweckmäßig sein, auf diese Abweichung hinzuweisen.

45 Ein zeitlich vorgezogener **Sonderbericht** – oder Bericht in Briefform – kommt unbeschadet der Berücksichtigung im PrüfBer zB in Frage, wenn wegen Eilbedürftigkeit bei besonders bedrohlicher Lage oder bei schwerwiegenden Verstößen der gesetzlichen Vertreter die AP unverzüglich, also *vor* Beendigung der Prüfung, informieren will (IDW PS 450, Tz 41; *WPH*[14] I, Q Anm 147; *ADS*[6] § 321 Anm 88; *Kuhner/Päßler* in HdR[5] § 321 Anm 41; *Lück/Hunecke* Zur Warnfunktion des Abschlussprüfers DB 1996, 4). Ein solches Vorgehen entspricht dem Zweck der Redepflicht, der UntLeitung oder dem AR bzw der GesV möglichst frühzeitig Gelegenheit zu geben, einer Bestandsgefährdung durch geeignete Maßnahmen zu begegnen (Anm 20). Besteht ein AR, ist der Sonderbericht dem Vorsitzenden vorzulegen und bei einer AG iSv § 264d dem unabhängigen Mitglied des AR mit Sachverstand auf den Gebieten Rechnungslegung oder APr (§ 100 Abs 5, § 107 Abs 4 AktG). Bei der GmbH ergibt sich die Besonderheit, dass auch der Sonderbericht *allen* Gestern, die zum Empfang des PrüfBer berechtigt sind, unmittelbar zuzuleiten ist; eine Zuleitung an den HauptGester allein reicht nicht aus (*WPH*[14] I, Q Anm 148; *ADS*[6] § 321 Anm 90). Zur Unterzeichnung eines Sonderberichts s Anm 138. Nach dem DCGK soll der AR vereinbaren, dass der AP über alle für die Aufgaben des AR wesentlichen Feststellungen und Vorkommnisse *unverzüglich* berichtet, die sich bei der Durchführung der APr ergeben. Der AR soll vereinbaren, dass der AP ihn informiert bzw im PrüfBer vermerkt, wenn er bei Durchführung der APr Tatsachen feststellt, die eine Unrichtigkeit der von Vorstand und AR abgegebenen Erklärung zum DCGK ergeben.

Eine **Negativfeststellung,** dass der AP bei Durchführung der Prüfung keine **46** berichtspflichtigen Tatsachen und Unregelmäßigkeiten in der Rechnungslegung festgestellt hat, ist nicht erforderlich.

3. Feststellungen zur Rechnungslegung (Abs 2 S 1)

Der Gesetzgeber sieht in Abs 2 S 1 vor, dass *festzustellen* ist, „ob die Buchfüh- **47** rung und die weiteren geprüften Unterlagen, der JA, der Lagebericht, der KA und der Konzernlagebericht den gesetzlichen Vorschriften und den ergänzenden Bestimmungen des Gesellschaftsvertrags oder der Satzung entsprechen." Dabei wird auf die Darstellung von unwesentlichen und unproblematischen Teilen des JA verzichtet werden können. Hierbei ist auch zu berücksichtigen, dass Wechselwirkungen zwischen der – vorrangigen – „Vorweg"-Stellungnahme gem Abs 1 S 2 und 3 (Stellungnahme zur dargestellten Lage sowie Redepflicht) und der Feststellung nach Abs 2 S 1 bestehen. Die Berichterstattung nach Abs 2 S 1 dürfte regelmäßig deutlich knapper ausfallen als die „Vorweg"-Stellungnahme (und die Erfüllung der Redepflicht), da die erstgenannte Vorschrift iW nur eine Feststellung der Gesetzmäßigkeit der Berichterstattung der gesetzlichen Vertreter verlangt. Die Ausführungen sollten zweckmäßigerweise mit den Ausführungen zu Abs 2 S 3 zusammengefasst werden (vgl Anm 60).

a) Buchführung und die weiteren geprüften Unterlagen

Verlangt wird eine Stellungnahme zur **Ordnungsmäßigkeit** der Buchfüh- **48** rung und der weiteren geprüften Unterlagen (iSv Abs 1 S 2, s Anm 16), jedoch nicht zum gesamten Rechnungswesen, sondern nur zur Buchführung (iSd Finanzbuchführung), soweit auf ihr der JA aufbaut (idS auch *WPH*[14] I, Q Anm 174; *ADS*[6] § 321 Anm 92). In Betracht kommen, soweit für die Berichtsempfänger von Interesse, Ausführungen zur Form der Buchführung (zB zum verwendeten EDV-Verfahren und seiner Kapazität), zum Belegwesen, zur Organisation und Ablage, zur vollständigen, fortlaufenden und zeitgerechten Erfassung der Geschäftsvorfälle, zu den Bestandsnachweisen, zur Ableitung des JA aus der Buchführung (und dem Inventar) sowie zum IKS. Dabei ist grds nur über die Finanzbuchhaltung zu berichten, was jedoch einen Rückgriff auf andere Bereiche des Rechnungswesens, insb auf die Kostenrechnung zur Beurteilung der Vorräte und der GuV nach dem Umsatzkostenverfahren sowie auf die für die Prüfung des Lageberichts bedeutsame Planungsrechnung (so IDW PS 450, Tz 32), nicht ausschließt.

Eine ins Detail gehende Darstellung der Buchführung und der sonstigen ge- **49** prüften Unterlagen ist nicht erforderlich. Die einzelnen Prüfungsfeststellungen, auf denen der AP sein Urteil über die Ordnungsmäßigkeit der Buchführung aufbaut, gehören regelmäßig in die Arbeitspapiere (vgl Anm 66).

50 Hat die Prüfung der Buchführung **keine Beanstandungen** ergeben und kann der AP die Gesetzmäßigkeit (und damit die Ordnungsmäßigkeit) der Buchführung feststellen, ist zusätzlich zu den obigen Ausführungen nur dies in den PrüfBer aufzunehmen. Soweit es für die Überwachung der Geschäftsführung und des geprüften Unt von Bedeutung ist, ist über Beanstandungen, die nicht zu einer Einschränkung oder Versagung des BVm geführt haben, gem Abs 2 S 2 zu berichten (Anm 39, 59). Bei kleineren Mängeln oder möglichen Verbesserungen der Buchhaltungsorganisation empfiehlt sich ein (gesonderter) schriftlicher Hinweis – etwa in Form eines Management Letter – an die Geschäftsführung (so auch IDW PS 450, Tz 17 und WPH[14] I, Q Anm 178). Ein Hinweis auf den Management Letter im PrüfBer erscheint sinnvoll, insb wenn Inhalte angesprochen werden, die einen Bezug zu IDW PS 470 haben (aA IDW PS 450, Tz 17).

b) Jahresabschluss

53 Die nach Abs 2 S 1 erforderliche Feststellung bezieht sich – außer auf die Feststellung zur Buchführung und zu dem Lagebericht – auf die **Gesetzmäßigkeit des Jahresabschlusses**. Der AP hat festzustellen, ob bei der Aufstellung des JA alle für die Rechnungslegung geltenden gesetzlichen Vorschriften einschl der GoB und aller größenabhängigen, rechtsformgebundenen oder wirtschaftszweigspezifischen Regelungen sowie die Normen der Satzung oder des GesVertrags beachtet wurden. Ggf hat der AP auch über eine den JA betr Erweiterung der APr auf Grund gesetzlicher Vorschriften oder zusätzlicher Beauftragung zu berichten (IDW PS 450, Tz 67). Für den **Anhang** ist zweckmäßigerweise gesondert festzustellen, ob dieser alle gesetzlich vorgeschriebenen Pflichtangaben (nach HGB, AktG usw) enthält.

Diesen Feststellungen werden zweckmäßigerweise zusammenfassende Angaben zu den Grundlagen des JA, dh zu der ordnungsgemäßen Ableitung von Bilanz und GuV aus der Buchführung und den weiteren geprüften Unterlagen, zur Ordnungsmäßigkeit der Ansätze, der Gliederung und der Bewertung vorangestellt. Da der Gesetzgeber der Vergleichbarkeit des JA einen sehr hohen Stellenwert einräumt (§ 265 Abs 2, IDW PS 318), ist – ähnlich Abs 2 S 4 (Anm 61) – auch auf die Frage der Darstellungsstetigkeit einzugehen, die sich sowohl auf die Ausübung von Bewertungsmethoden als auch auf die Inanspruchnahme von Ausweiswahlrechten bezieht (IDW PS 450, Tz 74).

54 Über Unrichtigkeiten und Verstöße gegen die Rechnungslegungsvorschriften ist ua dann zu berichten, wenn sie im Abschluss nicht korrigiert wurden; zu den weiteren Fällen der Berichtspflicht in diesem Zusammenhang s Anm 32 f und Anm 59. Eine aA des AP zu IDW RS ist schriftlich im PrüfBer darzustellen und ausführlich zu begründen (IDW PS 201, Tz 13).

55 Hat das geprüfte Unt von § 286 oder § 160 Abs 2 AktG (Unterlassen von Angaben) Gebrauch gemacht, ist hierauf sowie auf die Berechtigung der Inanspruchnahme der Schutzklausel einzugehen (IDW PS 450, Tz 69; WPH[14] I, Q Anm 187).

c) Lagebericht

58 Der Lagebericht ist nicht Bestandteil des JA. Er ist aber gem §§ 316 Abs 1, 317 Prüfungsgegenstand und im BVm sind ausdrücklich bestimmte Ausführungen zu machen. Entspr den in § 317 Abs 2 geregelten Prüfungsanforderungen (dazu § 317 Anm 50 ff) ist die Gesetzmäßigkeit der Berichterstattung im Lagebericht festzustellen (die Vorschrift ist also deutlich enger als die die „Vorweg"-Stellungnahme gem Abs 1 S 2 Betreffende) und ob der Lagebericht mit dem JA sowie den bei der Prüfung gewonnenen Erkenntnissen des AP in Einklang steht und ob der Lagebericht insgesamt eine zutreffende Vorstellung von der Lage des Unt vermittelt. Dabei ist auch zu prüfen, ob die voraussichtliche Entwicklung mit ihren wesentlichen Chancen und Risiken beurteilt und erläutert wurde sowie die bedeutsamsten finanziellen Leistungsindikatoren erläutert wurden. Darüber hinaus ist es ggf zweckmäßig, darzustellen, ob Vorgänge von besonderer Bedeutung, die nach dem Schluss des Gj eingetreten sind, dem AP bekannt wurden und ob hierüber ausreichend im Lagebericht berichtet worden ist sowie ob dem Berichtserfordernis bzgl der sonstigen Angaben ordnungsgemäß nachgekommen wurde (IDW PS 450, Tz 71; IDW PS 350, Tz 21; *WPH*[14] I, Q Anm 194f).

Ist dies nach Auffassung des AP nicht der Fall (zB bei wirtschaftlichen Schwierigkeiten des betr Unt) oder bestehen sonstige Einwendungen (zB fehlende oder unzutreffende Angaben über die Leistungsindikatoren oder die voraussichtliche Entwicklung mit ihren wesentlichen Chancen und Risiken), sind diese bereits bei der „Vorweg"-Stellungnahme (Anm 15f) oder bei den Ausführungen zur Redepflicht (Anm 34f) gesondert darzustellen; an dieser Stelle ist zusammenfassend die *fehlende* Gesetzmäßigkeit des Lageberichts festzustellen.

Auf die Berücksichtigung der Schlusserklärung eines AbhBer im Lagebericht sollte hingewiesen werden (vgl hierzu § 289 Anm 160). Ggf ist auch zur Berechtigung der Inanspruchnahme der für den Lagebericht nicht vorgesehenen, aber in der Literatur bejahten Schutzklausel Stellung zu nehmen (so auch *WPH*[14] I, Q Anm 198; *ADS*[6] § 289 Anm 54; *Kajüter* in HdR[5] § 289 Anm 57; *Kuhner/Päßler* in HdR[5] § 321 Anm 52).

4. Beanstandungen ohne Einfluss auf den Bestätigungsvermerk (Abs 2 S 2)

Die Berichtspflicht auch über solche Beanstandungen, die nicht zu einer Einschränkung oder Versagung des BVm führen, soweit dies für die Überwachung des geprüften Unt von Bedeutung ist, hat in den Berufsgrundsätzen eine lange Tradition. Abs 2 S 2 kommt somit einerseits klarstellende Bedeutung zu, andererseits greift der Gesetzgeber partiell Einzelregelungen aus berufsständischen Standards auf, die dort bereits Bestandteil eines umfassenden und geschlossenen Berichtskonzepts sind (*Pfitzer/Oser/Orth* DB 2002, 164). Zur Abgrenzung zum Management-Letter vgl Anm 39 und 50.

Stellt der AP **nicht nur unwesentliche Mängel** fest, so hatte er auch bisher schon auf diese einzugehen, selbst wenn sie nicht zu einer Einschränkung oder Versagung des BVm führen (ähnlich *WPH*[14] I, Q Anm 178). Wann der AP im Hinblick auf die geringe Auswirkung der Mängel von einer Erwähnung im PrüfBer absehen darf, hängt von der Bedeutung für die Kenntnis der Berichtsempfänger ab (so *WPH*[14] I, Q Anm 189).

Auch über **bereits behobene wesentliche Mängel** ist wegen des Zeitraumbezugs der Buchführung zu berichten (IDW PS 450, Tz 65; *ADS*[6] § 321 Anm 95; *Kuhner/Päßler* in HdR[5] § 321 Anm 50), insb bei gewichtigen Fehlern, die auf organisatorische Schwächen im System des Rechnungswesens hindeuten. Die Berichterstattung soll Hinweise zur Überwachung der UntLeitung geben. Über die Mängel ist im Abschn zur Buchführung und zu den weiteren geprüften Unterlagen zu berichten (Abs 2 S 1), ggf sind die Beanstandungen auch mit den Ausführungen zu Unrichtigkeiten oder Verstößen gegen gesetzliche Vorschriften zusammenzufassen (vgl Anm 32f).

5. Tatsächlichen Verhältnissen entsprechendes Bild (Abs 2 S 3)

Nach Abs 2 S 3 ist auch darauf einzugehen, ob der JA insgesamt unter Beachtung der GoB ein den tatsächlichen Verhältnissen entspr Bild der VFE-Lage vermittelt. Hierbei ist zu berücksichtigen, dass Wechselwirkungen zwischen der – wohl vorrangigen – „Vorweg"-Stellungnahme gem Abs 1 S 2 und 3 (Stellungnahme zur dargestellten Lage sowie Redepflicht) und der Feststellung nach Abs 2 S 3 bestehen. Die Berichterstattung nach Abs 2 S 3 dürfte wie die Berichterstattung nach Abs 2 S 1 regelmäßig deutlich knapper ausfallen als die „Vorweg"-Stellungnahme (und die Erfüllung der Redepflicht), da die erstgenannte Vorschrift auf eine knappe Feststellung reduziert werden darf. Zur Vermeidung von Wiederholungen darf bei den Feststellungen zur Vermittlung eines den tatsächlichen Verhältnissen entspr Bilds auf die Ausführungen in der „Vorweg"-Stellungnahme verwiesen werden. Die Ausführungen zu Abs 2 S 3 sollten zweckmäßigerweise mit den Ausführungen zu Abs 2 S 1 zusammengefasst werden (vgl Anm 47).

Gem Abs 2 S 3 ist eine Gesamtaussage zu treffen, ob der Abschluss insgesamt – unter Beachtung der GoB und sonstigen maßgeblichen Rechnungslegungsgrundsätzen – ein den tatsächlichen Verhältnissen entspr Bild der VFE-Lage vermittelt. Die Notwendigkeit der Beachtung der sonstigen maßgeblichen Rechnungslegungsgrundsätze trägt nach der Begr zum BilReG dem Umstand Rechnung, dass im Anwendungsbereich der Verordnung (EG) Nr 1606/2002 und der §§ 315a, 325 Abs 2a der IFRS-EA Gegenstand der gesetzlichen APr wurde.

Für die APr maßgebliche Rechnungslegungsgrundsätze können sich nach IDW PS 201 auf deutsche, internationale oder international anerkannte sowie andere nationale Grundsätze beziehen. Der AP hat die maßgeblichen Rechnungslegungsgrundsätze zu benennen und hierbei insb darauf zu achten, dass bei einem nach internationalen oder international anerkannten Rechnungslegungsgrundsätzen aufgestellten Abschluss die gesetzlichen Anforderungen erfüllt sein müssen, insb dass die in EU-Recht übernommenen internationalen Rechnungslegungsstandards vollständig angewendet und die ggf ergänzend anwendbaren Vorschriften berücksichtigt worden sind. Um Überschneidungen zu vermeiden, sollten detaillierte Ausführungen zu einzelnen Rechnungslegungsgrundsätzen innerhalb der Ausführungen zu Abs 2 S 4 gebracht werden (s Anm 61). Nicht zuzustimmen ist *Pfitzer/Oser/Orth* (Offene Fragen und Systemwidrigkeiten des Bilanzrechtsreformgesetzes (BilReG) DB 2004, 2593), die eine Berichtspflicht des AP nur sehen, wenn die wesentlichen Auswirkungen von Änderungen oder sachverhaltsgestaltenden Maßnahmen nicht aus der Rechnungslegung ersichtlich sind.

Durch die eindeutige Bezugnahme auf die GoB ist sichergestellt, dass sich die Gesamtaussage nur auf den JA und KA bezieht, dass die Berichtspflicht nicht zugleich auch auf die Lagedarstellung im Lagebericht Bezug nimmt und die Berichtspflicht des AP nicht über die Pflichten der gesetzlichen Vertreter nach § 264 Abs 2 hinausgeht (*WPH*[14] I, Q Anm 201, kritisch zu dieser Vorschrift *ADS*[6] § 321 Anm 108f). Der AP soll ausdrücklich die Übereinstimmung oder Nichtübereinstimmung des JA mit der Generalnorm des § 264 Abs 2 bestätigen. Auch zur Begr dieser Beurteilung ist – wie bereits zu der nach Abs 1 S 2 geforderten „Vorweg"-Stellungnahme (s Anm 15f) – eine eingehende **Analyse der VFE-Lage** erforderlich, auch wenn die VFE-Lage hier nicht darzustellen ist (IDW PS 450, Tz 72; ähnlich *Pfitzer/Orth* in Bilanzrecht, § 321 Rz 93; Näheres s Anm 84f).

6. Wesentliche Bewertungsgrundlagen und sachverhaltsgestaltende Maßnahmen (Abs 2 S 4)

61 Abs 2 S 4 schreibt dem AP vor, im Rahmen der Berichterstattung zur Gesamtaussage des JA bzw KA auch auf wesentliche Bewertungsgrundlagen sowie

darauf einzugehen, welchen Einfluss Änderungen in den Bewertungsgrundlagen sowie sachverhaltsgestaltende Maßnahmen auf die Darstellung der VFE-Lage haben; der Umfang der Ausführungen sollte vor dem Hintergrund der Berichterstattung im Anhang gewichtet werden. Damit wurde eine bereits seit Jahren bestehende und in den Verlautbarungen des IDW dokumentierte Berichterstattungspraxis gesetzlich fixiert. Unter **Bewertungsgrundlagen** sind Bilanzierungs- und Bewertungsmethoden sowie die für Bewertung von VG und Schulden maßgebenden Faktoren (Parameter, Annahmen und die Ausübung von Ermessensspielräumen) zu verstehen (IDW PS 450, Tz 78), also allgemeine und den Bilanzierungs- und Bewertungswahlrechten übergeordnete Bewertungsgrundsätze, wie zB das Fortführungs-, Einzelbewertungs-, Vorsichts-, Realisations-, Wertaufhellungs- und Stetigkeitsprinzip (vgl im Einzelnen *Ballwieser* in HWRuP[3], 353; *Bertram* in Haufe HGB § 321 Rz 107). Einzugehen ist insb auf damit zusammenhängende Anwendungsprobleme, etwa auf die Abbildung von Sicherungsgeschäften oder die Gewinnrealisation bei Langfristfertigung.

Explizite (in den Rechnungslegungsvorschriften offen eingeräumte) und implizite Wahlrechte (ergeben sich aus fehlenden, unklaren oder nicht eindeutigen Rechnungslegungsvorschriften) eröffnen dem Rechnungslegenden einen **Ermessensspielraum**. **Bilanzierungswahlrechte** beziehen sich darauf, ob ein Geschäftsvorfall als Aktivum oder Passivum abzubilden ist oder nicht (zB Passivierungswahlrecht für mittelbare Pensionsverpflichtungen gem Art 28 Abs 1 S 2 EGHGB). **Bewertungswahlrechte** beziehen sich darauf, einem Bilanzposten einen von mind zwei möglichen Werten zuzuordnen (zB Ermittlung des Erfüllungsbetrags gem § 253 Abs 1, Bestimmung des Abschreibungsverfahrens und Schätzung der Nutzungsdauer sowie des Restwerts von abnutzbaren Anlagen, Konkretisierung des beizulegenden Werts gem § 253 Abs 3, Beurteilung der Wahrscheinlichkeit der Inanspruchnahme aus Rückstellungen, Bildung von Bewertungseinheiten). Vgl im Einzelnen *Schildbach* in HWRuP[3], 2607. Wertbestimmende **Parameter** sind zB Wechsel- oder Börsenkurse, Zinssätze usw; wertbestimmende **Annahmen,** aus denen sich Ermessensspielräume ergeben können, sind zB Nutzungsdauern oder Restwerte (IDW PS 450, Tz 82f).

Durch **sachverhaltsgestaltende Maßnahmen** (IDW PS 450, Tz 94f) kann die Momentaufnahme des JA über die Bilanzierungs- und Bewertungswahlrechte hinaus zielorientiert beeinflusst werden. Hinzuweisen ist in diesem Zusammenhang – auch durch quantitative Angaben – auf die Wahl von Zahlungsterminen (Einzug von Forderungen, Ausgleich von Verbindlichkeiten, Anforderung bzw Leistung von An- und Vorauszahlungen), auf das Instrument der Beschaffungspolitik (Beeinflussung des Lagerab- bzw -zugangs, der Anschaffung von VG oder GWG) sowie auf die Bildung oder Auflösung stiller Reserven oder auf Besonderheiten der Kreditpolitik insb im Konzernverbund (Gewährung von Krediten durch KonzernUnt kurz vor, Rückzahlung wenige Tage nach dem Bilanzstichtag), Sale-and-Lease-Back-Verträge (vgl § 285 Nr 3) und Factoring. Vgl im Einzelnen IDW ERS HFA 13 nF Einzelfragen zum Übergang von wirtschaftlichem Eigentum und zur Gewinnrealisierung nach HGB WPg Suppl 1/2007, 69; *Bertram* in Haufe HGB § 321 Rz 116f; *Hoffmann* Prüfungsbedingte Grenzen sachverhaltsgestaltender Jahresabschlusspolitik BB 1995. Beil 4, 1. Im PrüfBer ist auch auf eine gleichgerichtete Ausübung von zulässigen Bilanzierungs- und Bewertungsmethoden, durch die wesentliche Änderungen und Entwicklungen der wirtschaftlichen Lage verborgen werden, sowie auf die Auswirkungen bilanzpolitisch motivierter Sachverhaltsgestaltungen einzugehen (Anm 62). *Pfitzer* in Dörner/Menold/Pfitzer/Oser, 887, ist zuzustimmen, dass bei sachgerechter Abgrenzung der Verantwortlichkeiten, die Berichtspflichten des Abs 2 S 4 den gesetzlichen Vertretern wegen ihrer originären Verantwortung für die Informationsversorgung und nicht dem AP hätten auferlegt werden müssen.

7. Aufgliederung und Erläuterung der Jahresabschlussposten (Abs 2 S 5)

62 Nach Abs 2 S 5 sind die Posten des JA aufzugliedern und ausreichend zu erläutern, *soweit* dadurch die Darstellung der VFE-Lage wesentlich verbessert wird und diese Angaben im Anhang nicht enthalten sind. In die Aufgliederung und Erl sind auch die gem § 289 Abs 1 S 3 mit Bezugnahme auf die im JA ausgewiesenen Beträge und Angaben erläuterten wesentlichen finanziellen Leistungsindikatoren einzubeziehen. Abs 2 S 5 stellt die Aufgliederung und Erl der Posten des JA und des KA in einen engeren Kontext zu der nach Abs 2 S 3 und S 4 geforderten Beurteilung der Gesamtaussage des Abschlusses. Damit sind im PrüfBer die Aufgliederungen und Erl problem- bzw zielorientierter zu formulieren. Auf für die Darstellung der VFE-Lage nicht erforderliche „Zahlenfriedhöfe" ist iS einer aussagefähigen Darstellung im PrüfBer zu verzichten. Der Gesetzgeber begrenzte die Pflichtangaben zur VFE-Lage im PrüfBer auf die Erl gem Abs 2 S 3 und 5 (so auch *Pfitzer/Orth* in Bilanzrecht, § 321 Rz 93 und 97.1). Die Erl gem Abs 2 S 5 sind im Rahmen der „Aufgliederungen und Erläuterungen" (*WPH*[14] I, Q Anm 70, IDW PS 450, Tz 97 f) zu machen. Über Abs 2 S 5 hinausgehende Erl sollten zur besseren Abgrenzung in eine Anlage aufgenommen werden; die nach IDW PS 450, Tz 102 mögliche Aufnahme in einen gesonderten Berichtsabschn erscheint wegen der Gefahr einer Vermischung weniger sachgerecht.

Die Erl des Abs 2 S 5 stellen einen Teil der **Analyse der VFE-Lage** des AP dar (Einzelheiten s Anm 84f). Durch die Beschränkung auf das Wesentliche und die Grenzziehung („hierzu" und „soweit") in Abs 2 S 5 soll die Lesbarkeit des PrüfBer unterstützt werden (vgl zur Informations- und Unterstützungsfunktion Anm 4; ähnlich *Pfitzer/Orth* in Bilanzrecht, § 321 Rz 97.1; *Ebke* in Münch-Komm HGB[3] § 321 Anm 58f). Die Verpflichtung zur Aufgliederung und Erl gilt nur für die **wesentlichen Posten** des JA. Das Interesse an einer vollständigen und übersichtlichen, dh *nicht* auf Anhang und PrüfBer aufgeteilten Aufgliederung und Erl mag Veranlassung dafür sein, bei den diesbzgl Angaben im PrüfBer das gesetzliche Mindestmaß zu überschreiten (ähnlich auch *Ludewig* WPg 1998, 599 f). Daneben steht es dem Unt frei, den Inhalt und Umfang der darüber hinausgehenden *fakultativen* Darstellungen zur VFE-Lage oder des *klassischen* Erl-Teils (alle oder nur ausgewählte Posten, Umfang der Erl) mit dem AP individuell abzustimmen; auch dieser ErlTeil ist zur besseren Abgrenzung von den Erl gem Abs 2 S 5 in eine Anlage („Erläuterungen zum JA") aufzunehmen (so auch *Gross/Möller*, 323, die aber auch einen gesonderten Berichtsabschn für zulässig halten). Die Auffassung von *Stolberg/Zieger* (Neuerungen beim Prüfungsbericht und beim Bestätigungsvermerk nach § 321 f HGB in Investororientierte Unternehmenspublizität Wiesbaden 2000, 449) einen so verstandenen ErlTeil „in die nach § 321 Abs 2 S 2 – *gemeint ist wohl S 5* – erforderliche Darstellung der VFE-Lage" einzubeziehen, muss restriktiv gedeutet werden. Die in den PrüfBer oder seine Anlagen aufgenommenen Aufgliederungen und Erl unterliegen der Prüfung nach den allgemeinen Grundsätzen; der AP hat sich somit durch analytische und durch Systemprüfungshandlungen davon zu überzeugen, dass die Angaben in die eigene Verantwortung übernommen werden können (IDW PS 450, Tz 103; *Gross/Möller*, 323).

Falls die zu prüfende Ges keinen Anhang aufstellt (zB nach § 5 Abs 1 PublG), hat der AP „die Aufgliederungen und Erl vorzunehmen, die im Interesse einer Einschätzung der Lage des Unt" von den Berichtsadressaten benötigt werden

(IDW PS 450, Tz 75); eine Ausweitung seiner Informationsverpflichtung ist damit allerdings nicht verbunden.

Auch bei eigenständigen Anhangangaben, wie sie zB bzgl der sonstigen finanziellen Verpflichtungen gem § 285 Nr 3, 3a zu außerbilanziellen Geschäften zu machen sind, kommt – soweit im Anhang nicht enthalten – eine Aufgliederung oder Erl im PrüfBer in Betracht. **63**

„**Aufgliederung**" bedeutet, den Inhalt eines ggf heterogen zusammengesetzten Postens soweit anzugeben, als dies für die Beurteilung durch die Berichtsempfänger notwendig ist; ggf sind verständnisnotwendige zahlenmäßige Angaben zu machen (*ADS*[6] § 321 Anm 114; *Kuhner/Päßler* in HdR[5] § 321 Anm 63).

Eine ausreichende **Erläuterung** der Posten erfordert neben Angaben zu den Rechten Dritter ein Eingehen auf die angewandten Bilanzierungs- und Bewertungsmethoden sowie auf wesentliche Veränderungen ggü dem Vj (so auch IDW PS 450, Tz 98). Ggf sind Durchbrechungen des Stetigkeitsgrundsatzes gem § 252 Abs 2 darzustellen. In Betracht kommen auch Angaben zu den wirtschaftlichen Verhältnissen von BetGes und Kursreserven bei Wertpapieren.

Aufgliederung und Erl der einzelnen Posten von Bilanz, GuV und ggf Anhang im PrüfBer sind für die Berichtsempfänger nur dann sinnvoll, wenn dadurch die Darstellung der VFE-Lage wesentlich verbessert wird und zusätzliche, über die Angaben im Anhang hinausgehende Informationen vermittelt werden. Insgesamt muss gewährleistet sein, dass der AR und bei der GmbH/KapCoGes auch die Gester über den Inhalt (der einzelnen Posten) des JA ausreichend unterrichtet sind. Denn diese Personenkreise müssen sich mit Hilfe des PrüfBer bei Feststellung des JA sowie bei der Beschlussfassung über die Gewinnverwendung ein eigenes Urteil über die Ausübung von Ermessensspielräumen und Wahlrechten beim Ansatz und bei der Bewertung von Aktiv- und Passivposten bilden können (*WPH*[14] I, Q Anm 233; *ADS*[6] § 321 Anm 112). **64**

8. Aufklärungs- und Nachweispflicht der gesetzlichen Vertreter (Abs 2 S 6)

Diese Pflicht der gesetzlichen Vertreter des geprüften Unt umfasst alle Aufklärungen und Nachweise, die zur sorgfältigen Prüfung notwendig sind (§ 320), analog dürfte dies auch für den AR gelten. Der AP hat in seinem PrüfBer zunächst zusammenfassend zur Erfüllung dieser Verpflichtungen Stellung zu nehmen. In diesem Zusammenhang steht auch die Einholung der berufsüblichen **Vollständigkeitserklärung** (so auch IDW PS 450, Tz 59). Zusätzlich zu dieser allgemeinen Erklärung kann der AP zu einzelnen Prüfungsbereichen im PrüfBer detailliert auf den Umfang der jeweiligen Erfüllung der Aufklärungs- und Nachweispflichten eingehen, insb Vorgänge und Sachverhalte im Ausland betr. **65**

Sind die gesetzlichen Vertreter ihren Auskunfts- und Nachweispflichten nur unzureichend nachgekommen, hat der AP darzulegen, inwieweit sich dadurch Auswirkungen auf eine abschließende und verlässliche Beurteilung des JA und des Lageberichts ergeben (ebenso IDW PS 303 nF Erklärungen der gesetzlichen Vertreter ggü dem AP WPg Suppl 4/2009, 19, WPg 2006, 854; IDW PS 450, Tz 59; *WPH*[14] I, Q Anm 170; *ADS*[6] § 321 Anm 106; *Kuhner/Päßler* in HdR[5] § 321 Anm 74). Wegen Einzelheiten sowie zu Auswirkungen auf den BVm wird auf § 320 Anm 36 verwiesen.

9. Erläuterung von Gegenstand, Art und Umfang der Prüfung (Abs 3)

Die Angaben sollen eine bessere Beurteilung des JA und der APr ermöglichen, so dass der AR bzw die Gester die für die Erfüllung ihrer eigenen Über- **66** wachungsfunktion erforderlichen Konsequenzen ziehen können (IDW PS 450, Tz 51, 56). Die maßgeblichen Bewertungsgrundsätze und die jeweiligen Prüfungsschwerpunkte sind darzustellen. Eine Begr des Prüfungsvorgehens im Einzelnen ist jedoch nicht erforderlich (IDW PS 450, Tz 57; *ADS*[6] § 321 Anm 134; *Kuhner/Päßler* in HdR[5] § 321 Anm 75). Die Angaben dienen nicht dem Nachweis der durchgeführten Prüfungshandlungen. Diese Funktion erfüllen die Arbeitspapiere des AP (IDW PS 460 nF Arbeitspapiere des Abschlussprüfers WPg Suppl 2/2008, 27, WPg Suppl 4/2009, 1; IDW PS 450, Tz 51: *WPH*[14] I, Q Anm 151).

67 Der Information der Berichtsadressaten dienen folgende Angaben zu einzelnen Aspekten der Prüfung:
 – **Gegenstand** der Prüfung ist gem § 317 die Gesetz- und Ordnungsmäßigkeit von Buchführung, JA und Lagebericht. Erweiterungen kommen auf Grund größenabhängiger, rechtsformabhängiger, wirtschaftszweigspezifischer Vorschriften oder auf Grund der Auftragserteilung sowie der Anwendung abw, zB internationaler Rechtsnormen, in Betracht (IDW PS 450, Tz 52 f). Hierzu gehören auch Angaben zur evtl Prüfung eines Risikofrüherkennungssystems gem § 317 Abs 4 (über das *Ergebnis* ist gem Abs 4 gesondert zu berichten). Hinzuweisen ist auch ggf auf die Prüfung eines IFRS-EA, KA oder AbhBer.
 Um keine falsche Vorstellung über den Prüfungsgegenstand zu erwecken, empfiehlt sich ein Hinweis darauf, dass die Angaben nach § 289a gem § 317 Abs 2 S 3 nicht in die Prüfung einzubeziehen sind (IDW PS 450, Tz 52a).

68 – Zu **Art und Umfang** ist auf die Berufsgrundsätze Bezug zu nehmen; vgl in diesem Zusammenhang auch die ISA und die Prüfungsstandards des IDW. Eine darauf beschränkte Standardformulierung wird jedoch nicht für ausreichend gehalten (so *Emmerich* in Bericht über die Fachtagung des IDW 1997, Düsseldorf 1998, 339), sondern es sind Angaben zur – risikoorientierten – *Prüfungsstrategie* (Prüfung des rechnungslegungsbezogenen IKS, Angabe der Prüfungsschwerpunkte, Wesentlichkeitsgrenzen, Zielsetzung und Verwendung stichproben-gestützter Prüfungsverfahren usw) sowie zu evtl Abweichungen von den Prüfungsgrundsätzen (Inventurbeobachtungen, Bestätigungen Dritter) und zu den durchgeführten Ersatzprüfungshandlungen sowie Auswirkungen aus dem VjAbschluss auf die Prüfungsdurchführung erforderlich (IDW PS 450, Tz 57; *WPH*[14] I, Q Anm 163; *ADS*[6] § 321 Anm 133; *Kuhner/Päßler* in HdR[5] § 321 Anm 73).
 Zur **Art** der Prüfung gehören Angaben über den Einsatz stichproben- oder EDV-gestützter Prüfungsverfahren, zur Inventurbeobachtung, zur Einholung von Bestätigungen Dritter (Kriterien, Verfahrensweise), zum Vorgehen bei Prüfungshemmnissen bzw -erschwernissen.
 Letztere – etwa auf Grund von Verletzungen der Auskunfts- bzw Nachweispflichten (Anm 65) – und deren Auswirkungen auf das Prüfungsergebnis sind darzustellen; auf ernsthafte Zweifel an der Richtigkeit der Auskünfte ist hinzuweisen (IDW PS 450, Tz 59).
 Bzgl der **Bestandsnachweise** sollten Angaben zum Anlagevermögen (Anlagenkartei, Grundbuchauszüge, BetDokumente), zu den Vorräten (Inventurverfahren, Beobachtung durch den AP), den Forderungen und Verbindlichkeiten (Saldenlisten, Saldenbestätigungen, RABestätigungen), den flüssigen Mitteln (Bestandsaufnahmen, Bankbestätigungen, Depotbestätigungen) und zu den Rückstellungen (zB bzgl der Pensionsverpflichtungen Zusammenstellung der Anspruchsberechtigten und Höhe der Zusagen) sowie zu den Unterlagen gemacht werden, die für die Angaben nach § 285 Nr 19 (zB Erfassung solcher schwebender Geschäfte), Nr 21 (nahestehende Unt und Personen) und Nr 23 (BewEinh) erforderlich sind.

Bzgl des **Umfangs** ist über den Prüfungszeitraum, die Prüfung von Zweigniederlassungen/Werken/Betriebsstätten, die Berücksichtigung von Ergebnissen Dritter (IDW PS 302 Bestätigungen Dritter, WPg 2013, 872, IDW EPS 322 nF Verwertung der Arbeit eines für den Abschlussprüfer tätigen Sachverständigen, WPg Suppl 3/2012, 3), projektbegleitende Prüfungen (IDW PS 850 Projektbegleitende Prüfung bei Einsatz von Informationstechnologie WPg Suppl 4/2008, 12) und die Zusammenarbeit mit der internen Revision zu informieren (IDW PS 321 Interne Revision und APr WPg 2002, 686, WPg Suppl 4/2010, 1, *WPH*[14] I, Q Anm 163 ff).

Nach IDW PS 201, Tz 4 können die für die APr maßgeblichen **Rechnungslegungsgrundsätze** sich auf deutsche, internationale oder international anerkannte sowie andere nationale Grundsätze beziehen.

Zu den **deutschen** Rechnungslegungsgrundsätzen gehören alle für die Rechnungslegung geltenden Vorschriften einschl der GoB und ggf einschlägiger Normen der Satzung oder des GesVertrags.

Die gesetzlichen Vorschriften umfassen nach IDW PS 201, Tz 6 insb die Vorschriften des HGB über die Buchführung und das Inventar (§§ 238 bis 241a), über den Ansatz, die Bewertung und die Gliederung der Posten des JA (§§ 242 bis 278) über die Angaben in Anhang und Lagebericht (§§ 284 bis 289) und ergänzende gesetzliche Vorschriften zur Konzernrechnungslegung (§§ 290 bis 315). Ferner können wirtschaftszweigspezifische (zB §§ 340 ff und §§ 341 ff) sowie Rechtsform bezogene Vorschriften (zB §§ 150 bis 160 AktG) und gesterbezogene Vorschriften (zB § 42 Abs 3 GmbHG) zu beachten sein. Die gesetzlich normierten GoB werden ergänzt durch nicht gesetzlich festgeschriebene GoB, die durch die Verweisung in § 238 für die Buchführung, in § 243 Abs 1 und § 264 Abs 2 für den JA sowie in § 297 Abs 2 für den KA den Rang gesetzlicher Vorschriften haben; hierzu gehören auch die gem § 342 Abs 2 im BAnz bekanntgemachten Standards des DSRC. Die APr erstreckt sich deshalb auch auf die Einhaltung dieser Grundsätze (IDW PS 201, Tz 7).

Zu den **internationalen Rechnungslegungsgrundsätzen** gehören die vom International Accounting Standards Committee/Board (IAS C und IASB) verabschiedeten International Accounting Standards/International Financial Reporting Standards (IAS und IFRS). **International anerkannte nationale Rechnungslegungsgrundsätze** sind wegen ihrer internationalen Verbreitung auch die US-amerikanischen Rechnungslegungsgrundsätze (US-GAAP).

Bzgl der Angabe der **Prüfungsgrundsätze** hat die Änderung nur klarstellenden Charakter, da diese bereits von Abs 3 S 1 erfasst wurden und Gegenstand von IDW PS 450, Tz 51 ff waren. Der AP hat dabei auf §§ 316 ff und auf die vom IDW entwickelten Grundsätze ordnungsmäßiger APr, auf die ISA (International Standards on Auditing) oder ggf auf andere vereinbarte Prüfungsgrundsätze Bezug zu nehmen.

Die deutschen Prüfungsgrundsätze umfassen als Prüfungsnormen nach IDW PS 201, Tz 22 alle unmittelbar und mittelbar für die APr geltenden gesetzlichen Vorschriften und als sonstige Prüfungsgrundsätze insb die IDW Prüfungsstandards, die IDW Prüfungshinweise und generell die ISA. Zu den sonstigen Prüfungsgrundsätzen zählt auch die *VO 1/2006*, 629. Im Falle freiwilliger APr kann aufgrund gesonderter Beauftragung eine APr auch unter ausschließlicher Anwendung der von der IFAC herausgegebenen ISA durchgeführt und bestätigt werden, da diese Grundsätze inhaltlich mit den deutschen Grundsätzen übereinstimmen, soweit dem nicht die deutschen gesetzlichen Vorschriften entgegenstehen. Durch eine entspr Beauftragung verzichtet der Auftraggeber auf die Anwendung weitergehender Prüfungsgrundsätze dort, wo die deutschen Prüfungsgrundsätze über die ISA hinausgehen (zB PrüfBer). Entspr gilt für die Anwendung von anderen international anerkannten Prüfungsgrundsätzen, soweit diese nach dem Urteil des AP mit den vom IDW festgestellten Grundsätzen ordnungsmäßiger APr vereinbar sind (IDW PS 201, Tz 23).

10. Feststellungen zum Risikofrüherkennungssystem (Abs 4)

69 § 91 Abs 2 AktG schreibt vor, dass der Vorstand einer **AG** geeignete Maßnahmen zu treffen, insb ein Überwachungssystem (= Risikofrüherkennungssystem) einzurichten hat, damit bestandsgefährdende Entwicklungen früh erkannt werden. § 317 Abs 4 sieht für **börsenorientierte AG** eine entspr Erweiterung des Umfangs der APr vor: Der AP hat zu beurteilen, ob der Vorstand die Maßnahmen in geeigneter Form getroffen hat und ob das Risikofrüherkennungssystem seine Aufgaben erfüllen kann. In diesem Fall hat der AP nach Abs 4 in einem besonderen Teil seines PrüfBer das Ergebnis dieser Prüfung darzustellen und darauf einzugehen, ob Maßnahmen zur Verbesserung des internen Überwachungssystems erforderlich sind.

Damit sollen dem AR zur Unterstützung seiner Überwachungsaufgabe „wesentliche Informationen und Erkenntnisse über mögliche Fehlerquellen oder Schwachstellen in der Unternehmensorganisation gegeben werden" (Gesetzesbegr BR-Drs 872/97, 77). Die Pflicht zur Prüfung und Berichterstattung ist nur für börsenorientierte AG konstituiert und kann darüber hinaus nur durch entspr Auftragserteilung begründet werden.

70 Das in § 91 AktG angesprochene **Risikomanagementsystem** gliedert sich nach IDW PS 340, Tz 4, und *Lück* DB 1998, 8 in das interne Überwachungssystem, das Controlling und das Frühwarnsystem. Der (prüfungs- und berichtspflichtige) Bereich ist also deutlich umfassender als das herkömmliche IKS (so auch *Böcking/Orth*, 359); das zu prüfende Risikofrüherkennungssystem ist allerdings auch nur ein Teil des umfasseneren RMS (*Eggemann/Konradt* Risikomanagement nach KonTraG aus dem Blickwinkel des Wirtschaftsprüfers BB 2000, 503; sowie *DRS 5, 5–10, 5–20*).

Gem § 289 Abs 5 haben KapGes iSv § 264d im Lagebericht die wesentlichen Merkmale des IKS und RMS im Hinblick auf den Rechnungslegungsprozess zu beschreiben; zur Abgrenzung der Anforderungen zu § 91 Abs 2 AktG vgl die Ausführungen zu § 289 Anm 150 ff.

Zur Prüfung des Risikofrüherkennungssystems s § 317 Anm 80 ff und IDW PS 340.

71 Die vom IDW für den Fall eines **positiven Prüfungsergebnisses** vorgeschlagene **Formulierung** in dem besonderen Teil des PrüfBer oder in einem zum PrüfBer erstellten Teilbericht hat folgenden Wortlaut (IDW PS 450, Tz 105): „Unsere Prüfung hat ergeben, dass der Vorstand die nach § 91 Abs 2 AktG geforderten Maßnahmen, insbesondere zur Einrichtung eines Überwachungssystems, in geeigneter Weise getroffen hat und dass das Überwachungssystem geeignet ist, Entwicklungen, die den Fortbestand der Gesellschaft gefährden, frühzeitig zu erkennen." Eine Darstellung des RMS ist nicht erforderlich. Die Berichterstattung im PrüfBer kann nicht den Charakter eines detaillierten Organisationsgutachtens haben (IDW PS 450, Tz 104). Weitergehende Ausführungen können ggf in einem **Management-Letter** gemacht werden.

72 Der AP hat festzustellen, ob das Risikofrüherkennungssystem dazu geeignet ist, den Fortbestand der Ges gefährdende Entwicklungen frühzeitig zu erkennen, und ob Maßnahmen zu dessen Verbesserung erforderlich sind (hierzu IDW PS 340). Ferner hat er die Bereiche zu benennen, in denen Verbesserungsbedarf besteht. Konkrete Verbesserungsvorschläge sind nicht Gegenstand der Berichterstattungspflicht nach Abs 4 (IDW PS 450, Tz 106; *WPH*[14] I, Q Anm 266; *ADS*[6]

§ 321 Anm 140; *Kuhner/Päßler* in HdR[5] § 321 Anm 78). Insoweit würde es sich vielmehr um eine über die Prüfung hinausgehende Beratungstätigkeit handeln. Die Feststellung von Mängeln oder Lücken im Risikofrüherkennungssystem stellt noch keinen Gesetzesverstoß iSv Abs 1 S 3 dar und erfordert keine Redepflicht im PrüfBer (*WPH*[14] I, Q Anm 270).

Wurde kein Risikofrüherkennungssystem eingerichtet, ist hierauf hinzuweisen. 73 Ein fehlendes oder nicht geeignetes Risikofrüherkennungssystem oder „offenkundig völlig unzureichende Maßnahmen" (*Kuhner/Päßler* in HdR[5] § 321 Anm 78) stellen einen Gesetzesverstoß gegen § 91 Abs 2 AktG dar und lösen die Berichterstattungspflicht gem Abs 1 S 3 aus (IDW PS 450, Tz 106; *WPH*[14] I, Q Anm 269; *ADS*[6] § 321 Anm 140; s auch Anm 39).

Auf Grund der *Ausstrahlungswirkung* der aktienrechtlichen Regelung (*Ludewig* 74 in FS Kropff, 97; *Klar* Auswirkungen des Gesetzesvorhabens zur Kontrolle und Transparenz im Unternehmensbereich (KonTraG) auf die Prüfung von Nicht-Aktiengesellschaften DB 1997, 686; *Ernst* KonTraG und KapAEG sowie aktuelle Entwicklungen zur Rechnungslegung und Prüfung in der EU WPg 1998, 1027) auf den Pflichtenrahmen der Geschäftsführer von Ges in einer anderen Rechtsform (IDW PS 340, Tz 1 und IDW PS 720, Tz 3 und 8) kommen auch bei diesen Ges bei einem fehlenden oder nicht geeigneten Risikofrüherkennungssystem entspr Angaben im Rahmen der Redepflicht von Abs 1 S 3 unter den sonstigen Unregelmäßigkeiten in Betracht (IDW PS 450, Tz 107; vgl Anm 39).

11. Bestätigung der Unabhängigkeit (Abs 4a)

Durch Abs 4a wird der AP verpflichtet, die Einhaltung seiner gesetzlichen und 75 berufsrechtlichen Pflichten in Bezug auf seine Unabhängigkeit ausdrücklich zu bestätigen. Abs 4a ist gem § 66 Abs 2 EGHGB erstmals auf JA und KA für nach dem 31.12.2008 beginnende Gj anzuwenden. Die Vorschrift ist nicht auf die APr von kapmarktUnt beschränkt, sondern gilt ebenso für freiwillige APr, die aufgrund vertraglicher Vereinbarung nach § 317 durchgeführt werden (*RegE BilMoG*, 200).

Die **Unabhängigkeitsbestätigung** bezieht sich auf die im Rahmen der APr zu beachtenden gesetzlichen und berufsrechtlichen Regelungen (vgl §§ 319 ff, §§ 43 und 49 WPO sowie §§ 20 ff BS WP/vBP; Formulierungsempfehlung in IDW PS 450, Tz 23a). Darüber hinaus können bei bestimmten Unt (zB bei der APr von Unt, die der Aufsicht der SEC unterliegen) zusätzliche Regelungen zu beachten sein. Die Aussage, dass der AP nach den gesetzlichen und berufsrechtlichen Regelungen unabhängig ist, erscheint ausreichend. Da die Unabhängigkeitsbestätigung der Selbstvergewisserung des AP und nicht der inhaltlichen Überprüfung durch Dritte dient, ist es nicht erforderlich, den Personenkreis (WP, WPG, dessen Organmitglieder, Prüfungspartner, Prüfungsassistenten usw), für den diese Regelungen erfüllt sein müssen, zu nennen oder darauf einzugehen, auf welchen Personenkreis auf Mandantenseite sich die Bestätigung bezieht.

Da die Unabhängigkeitsbestätigung unselbständiger Bestandteil des PrüfBer ist, ist sie nicht gesondert zu datieren oder zu unterzeichnen. Wegen der sachlogischen Nähe erscheint es sachgerecht, die Unabhängigkeitsbestätigung im Abschn Prüfungsauftrag aufzunehmen. Mit der Bestätigung soll auch gewährleistet werden, dass der AP seine Unabhängigkeit und die des von der Bestätigung erfassten Personenkreises während der gesamten Dauer der APr sicherstellt und überwacht (vgl *VO 1/2006* Anm 32 ff und 86 ff); die Dauer der Apr dürfte hierbei umfassend zu verstehen sein und vom Zeitpunkt der Wahl zum AP bis zur Auslieferung des PrüfBer reichen. Bereits bisher war es üblich, die Erklärung nach Ziffer 7.2.1 des DCGK über die Unabhängigkeit in den PrüfBer aufzunehmen.

III. Gliederung und Inhalt des Prüfungsberichts im Einzelnen

1. Gliederung

76 § 321 enthält Vorschriften zur Gliederung: Abs 1 S 2 sieht (für wesentliche Prüfungsfeststellungen) eine **„Vorweg"-Stellungnahme** vor; Abs 2 behandelt den **Hauptteil,** in dem das Prüfungsergebnis darzustellen ist; Abs 3 verlangt (für die Erl von Gegenstand, Art und Umfang der Prüfung) einen **besonderen Abschnitt;** Abs 4 spricht (bzgl der Feststellungen zum Risikofrüherkennungssystem) von einem **besonderen Teil** des PrüfBer (vgl Anm 4).

77 Unter Berücksichtigung der gesetzlichen Vorgaben empfiehlt IDW PS 450 in Tz 12, den PrüfBer entspr den nachfolgend aufgeführten Versalien zu gliedern.

Prüfungsbericht
A. Prüfungsauftrag
B. Grundsätzliche Feststellungen *(„Vorweg"-Stellungnahme")*
  I. Lage des Unternehmens
    1. Stellungnahme zur Lagebeurteilung der gesetzlichen Vertreter
    2. Entwicklungsbeeinträchtigende oder bestandsgefährdende Tatsachen
  II. Unregelmäßigkeiten
    1. Unregelmäßigkeiten in der Rechnungslegung
    2. Sonstige Unregelmäßigkeiten
C. Gegenstand, Art und Umfang der Prüfung *(„besonderer Abschnitt")*
D. Feststellungen und Erläuterungen zur Rechnungslegung *(„Hauptteil")*
  I. Ordnungsmäßigkeit der Rechnungslegung
    1. Buchführung und weitere geprüfte Unterlagen
    2. Jahresabschluss
    3. Lagebericht
  II. Gesamtaussage des Jahresabschlusses
    1. Feststellungen zur Gesamtaussage des Jahresabschlusses
    2. Wesentliche Bewertungsgrundlagen
    3. Änderungen in den Bewertungsgrundlagen
    4. Sachverhaltsgestaltende Maßnahmen
    5. Aufgliederungen und Erläuterungen
E. Feststellungen zum Risikofrüherkennungssystem *(„besonderer Teil")*
F. Feststellungen aus Erweiterungen des Prüfungsauftrags
G. Bestätigungsvermerk

Anlagen zum Prüfungsbericht
Obligatorische Anlagen:
Bilanz, GuV, Anhang, Lagebericht, AAB
Fakultative Anlagen:
Rechtliche Verhältnisse, Wirtschaftliche Grundlagen, umfassende Aufgliederungen und Erl der Posten des JA

Die Gliederungspunkte E und F entfallen, wenn die Prüfung sich nicht auf das Risikofrüherkennungssystem bezog bzw mit dem Auftraggeber keine Erweiterung des Prüfungsauftrags vereinbart wurde.

In der **Berichterstattungspraxis** wird auch folgender Berichtsaufbau verwendet, bei der ua der BVm als wesentlicher Unterschied zur Gliederungsempfehlung des IDW in Abschn B integriert ist; die gesetzlich geforderten Angaben der Vorabberichterstattung bleiben hierbei erkennbar:

Prüfungsbericht
A. Prüfungsauftrag
B. Grundsätzliche Feststellungen
   I. Stellungnahme zur Lagebeurteilung des Vorstands/der Geschäftsführung
   II. Bestandsgefährdende oder entwicklungsbeeinträchtigende Tatsachen
   III. Beanstandungen zur Rechnungslegung und sonstige Verstöße gegen Gesetz oder Gesellschaftsvertrag/Satzung
      1. Beanstandungen zur Rechnungslegung
      2. Sonstige Verstöße gegen Gesetz oder Gesellschaftsvertrag/Satzung
   IV. Wesentliche Geschäftsvorfälle und bilanzpolitische Maßnahmen
   V. Sonstige für die Überwachung des Unternehmens bedeutsame Feststellungen
   VI. Wiedergabe des Bestätigungsvermerks
C. Gegenstand, Art und Umfang der Prüfung
D. Feststellungen zur Rechnungslegung
   I. Ordnungsmäßigkeit der Rechnungslegung
      1. Buchführung und weitere Unterlagen
      2. Jahresabschluss
      3. Lagebericht
   II. Gesamtaussage des Jahresabschlusses
   III. Weitere Erläuterungen zur Vermögens-, Finanz- und Ertragslage
E. Feststellungen gemäß § 53 HGrG
F. Feststellungen zum Risikofrüherkennungssystem
G. Ergebnis der Prüfung des Berichtes des Vorstandes über die Beziehungen der Gesellschaft zu verbundenen Unternehmen (Abhängigkeitsbericht)
H. Feststellungen zur Entflechtung in der internen Rechnungslegung
I. Feststellungen aus anderen Erweiterungen des Prüfungsauftrags
J. Schlussbemerkung

2. Inhalt der einzelnen Abschnitte des Prüfungsberichts nach der Gliederungsempfehlung des IDW

Einleitend sind in Abschn **A. Prüfungsauftrag** folgende Angaben zu machen (IDW PS 450, Tz 22 ff): Nennung der Firma des geprüften Unt, Angabe des Abschlussstichtags/(Rumpf-)Gj, AP mit der Berufsbezeichnung „Wirtschaftsprüfer" oder „Wirtschaftsprüfungsgesellschaft", Ausführungen zur Wahl/Bestellung/Auftragserteilung des AP, Hinweis auf die APr nach § 316, Bezugnahme auf IDW PS 450 „Grundsätze ordnungsmäßiger Berichterstattung bei Abschlussprüfungen", Angabe der zugrunde gelegten Auftragsbedingungen (mit Geltung auch im Verhältnis zu Dritten), Unabhängigkeitsbestätigung, Auswirkungen der Einstufung als kleine, mittelgroße oder große KapGes/KapCoGes. Die Angaben nach IDW PS 450, Tz 22 können alternativ in ein dem PrüfBer vorangestelltes Deckblatt aufgenommen werden; zu den Voraussetzungen vgl IDW PS 450, Tz 25.

In Abschn **B. Grundsätzliche Feststellungen** hat der AP *vorweg* zu der Beurteilung der Lage, des Fortbestands sowie der künftigen Entwicklung des Unt durch die gesetzlichen Vertreter Stellung zu nehmen (im Einzelnen hierzu Anm 15 ff). Die Stellungnahme des AP erfordert eine Analyse der wirtschaftlichen Lage, die im Detail an anderer Stelle des Berichts (s Anm 84 ff) dargestellt wird, deren Ergebnisse aber in die „Vorweg"-Stellungnahme einfließen.

In diesem Abschn ist auch zu berichten, wenn bei Durchführung der Prüfung **bestandsgefährdende oder entwicklungsbeeinträchtigende Tatsachen** (Anm 34 ff), **Unrichtigkeiten oder Verstöße** gegen gesetzliche Vorschriften zur Rechnungslegung (Anm 32 f) oder sonstige schwerwiegende Verstöße der gesetz-

§ 321 81–85

lichen Vertreter oder von Arbeitnehmern gegen Gesetz, GesVertrag oder Satzung (Anm 38 ff) festgestellt wurden. In diesem Zusammenhang ist ferner auf die Nichtbeachtung von Offenlegungsvorschriften hinzuweisen, falls dem AP im Verlauf der Prüfung bekannt wird, dass das Unt seinen diesbzgl Verpflichtungen (VjAbschluss, KA) nicht nachgekommen ist und damit gegen gesetzliche Vorschriften verstoßen hat (IDW PS 450, Tz 50).

81 In Abschn **C. Gegenstand, Art und Umfang der Prüfung** ist die in Abs 3 geforderte Erl zu *Gegenstand, Art und Umfang der Prüfung* (Anm 66 ff sowie IDW PS 450, Tz 51 ff), zur Erfüllung der *Aufklärungs- und Nachweispflichten der gesetzlichen Vertreter* gem Abs 2 S 6 (s Anm 65) sowie den angewandten Rechnungslegungs- und Prüfungsgrundsätzen (Anm 68) zu formulieren.

82 Abschn **D. Feststellungen und Erläuterungen zur Rechnungslegung** muss unter Abschn **D. I. Ordnungsmäßigkeit der Rechnungslegung** die in Abs 2 S 1 geforderten Angaben zur *Ordnungsmäßigkeit und Aussagefähigkeit von Buchführung, JA und Lagebericht* und die in Abs 2 S 2 geforderte Berichterstattung über *Beanstandungen ohne Einfluss auf den BVm* enthalten. Wegen der Angaben zur *Buchführung und weiteren geprüften Unterlagen* s Anm 47 ff. Bzgl der Bestandsnachweise (s Anm 48 f) ist auch anzugeben, in welcher Weise diese vom AP geprüft wurden (zB Inventurbeobachtung, Versendung und Rücklaufkontrolle von Saldenbestätigungen).

83 Abschn **D. II. Gesamtaussage des Jahresabschlusses** hat neben den *Feststellungen zur Ordnungsmäßigkeit* gem Abs 2 S 1 auch die in Abs 2 S 3 geforderte **Gesamtaussage** (Anm 60) zu enthalten. In diesem Zusammenhang ist gem Abs 2 S 4 auf wesentliche Bewertungsgrundlagen und deren Änderungen, Bilanzierungs- und Bewertungswahlrechte sowie sachverhaltsgestaltende Maßnahmen einzugehen (Anm 61), und gem Abs 2 S 5 sind die Posten des JA und des KA aufzugliedern und ausreichend zu erläutern (Anm 62).

84 Die Gesamtaussage in diesem Abschn und die Stellungnahme des AP zur Beurteilung der Lage, des Fortbestands und der voraussichtlichen Entwicklung des Unt durch die gesetzlichen Vertreter, die Feststellung bestandsgefährdender oder entwicklungsbeeinträchtigender Tatsachen, die Bestätigung des – unter Beachtung der GoB – den tatsächlichen Verhältnissen entspr Bilds der VFE-Lage in PrüfBer und BVm setzen eine sorgfältige **Analyse der VFE-Lage** sowohl auf der Grundlage der Zahlen des JA als auch unter Berücksichtigung der im Lagebericht gem § 289 Abs 1 S 3 und 4 dargestellten voraussichtlichen Entwicklung der Ges und der hierfür bedeutsamsten finanziellen Leistungsindikatoren voraus (*WPH*[14] I, Q Anm 232). Wegen ihrer Bedeutung ist die Analyse unverzichtbar und das Ergebnis in den PrüfBer aufzunehmen (*WPH*[14] I, Q Anm 70; *ADS*[6] § 321 Anm 120; *Kuhner/Päßler* in HdR[5] § 321 Anm 54; IDW PS 450, Tz 97, der jedoch noch mehr die Aufgliederung und Erl der Posten des JA betont); der Gesetzgeber begrenzte die Pflichtangaben zur VFE-Lage im PrüfBer allerdings auf die gesetzlich geforderten Erl gem Abs 2 S 3 und 5 (so auch *Pfitzer/Orth* in Bilanzrecht, § 321 Rz 93). Der Umfang der Darstellungen zur VFE-Lage wird maßgebend durch die wirtschaftliche Lage und deren Entwicklung im Zeitablauf sowie durch den Informationsstand der Berichtsempfänger bestimmt. In Ausnahmefällen, in denen auftragsgemäß auf Darstellungen zur VFE-Lage verzichtet wird, sind aussagefähige Darstellungen im Anhang oder Lagebericht erforderlich (vgl *WPH*[14] I, Q Anm 234).

85 IDW PS 450 unterscheidet klar zwischen den in Abs 2 S 5 gesetzlich geforderten Aufgliederungen und Erl (IDW PS 450, Tz 97 f) und den freiwilligen, darüber hinausgehenden, Aufgliederungen und Erl (IDW PS 450, Tz 99–101). Für letztere wird gefordert, dass diese zur besseren Abgrenzung von den gesetzlich geforderten Erl in einen eigenständigen Abschn des PrüfBer oder eine Anla-

ge zum PrüfBer aufgenommen werden (IDW PS 450, Tz 102). In der Praxis werden diese fakultativen Erl idR im Abschn **Weitere Erläuterungen zur VFE-Lage** gemacht (ähnlich *Pfitzer/Orth* in Bilanzrecht, § 321 Rz 98.2).

Die Darstellung der **Vermögenslage** (*WPH*[14] I, Q Anm 238 ff; *ADS*[6] § 321 Anm 120 ff; *Kuhner/Päßler* in HdR[5] § 321 Anm 68) wird üblicherweise damit eingeleitet, dass der in zusammengefasster Form und in gerundeten Zahlen sowie ggf nach betriebswirtschaftlichen Gesichtspunkten gegliederten Bilanz jeweils die vergleichbaren Vj-Zahlen ggü gestellt werden. Dabei sollten auch Veränderungen und Prozentzahlen angegeben werden. **86**

Es ist üblich, die Bilanzzahlen nach Fristigkeiten (kurzfristig, mittelfristig, langfristig) und nach betriebswirtschaftlichen Grundsätzen sowie nach EK und FK zu gliedern und Kennzahlen (zB EK-Quote, Deckungsgrad des Anlagevermögens, Umschlagshäufigkeit der Vorräte und des Kapitals sowie Außenstandsdauer der Forderungen) anzugeben. Anschließend folgen Erl zur **Strukturbilanz.** Dabei ist vor allem auf die Ursachen wesentlicher Veränderungen und auf die Zusammensetzung der bedeutenden Posten einzugehen (vgl Anm 62), wobei, soweit möglich und im Einzelfall sinnvoll, den unternehmensbezogenen Kennzahlen auch branchenbezogene Kennzahlen ggüestellt werden können.

Bewährte Formen zur Darstellung der **Finanzlage** sind die **Kapitalflussrechnung** (vgl *DRS 2, 2–10, 2–20*) und die Ermittlung des **Cash-flow,** wobei die Bilanzzahlen ggf durch entspr finanzwirtschaftliche Größen aus der Buchhaltung (zB Kreditaufnahmen, Kapitalbewegungen, Bildung langfristiger Rückstellungen) ergänzt werden müssen. Auch können **stichtagsbezogene Liquiditätskennzahlen** (gegliedert etwa nach Barliquidität, einzugs- und umsatzbedingter Liquidität), ergänzt um Angaben zu wesentlichen finanziellen Verpflichtungen (zB Investitionsvorhaben, Einzahlungsverpflichtungen auf Anteile) und verfügbaren Kreditrahmen, zur Darstellung der Finanzlage herangezogen werden. Der JA einer KapGes iSv § 264d, die nicht zur Aufstellung eines KA verpflichtet ist, ist gem § 264 Abs 1 S 2 um eine KFR und einen EK-Spiegel und wahlweise um eine SegBerE zu erweitern. **87**

Zur Ermittlung der **Ertragslage** ist eine Gegenüberstellung der Erträge und Aufwendungen erforderlich. Die Zahlen der GuV – üblicherweise gruppenweise zusammengefasst und gerundet – werden jeweils den vergleichbaren Vj-Zahlen ggügestellt. Hierzu gehören auch die prozentualen Anteile der einzelnen Aufwands- und Ertragsarten an den Umsatzerlösen bzw an der Gesamtleistung sowie deren Veränderungen. Danach sollte der AP wesentliche Erträge und Aufwendungen sowie Ergebniskomponenten (Betriebs-, Zins-, Bet-Ergebnis, neutrales oder ao Ergebnis, jeweils vor Steuern) erörtern und auf Ursachen von wesentlichen Veränderungen ggü dem Vj sowie auf wesentliche Gewinne und Verluste (von UntBereichen, Teilmärkten, Großaufträgen) eingehen (*WPH*[14] I, Q Anm 244 ff). In diesem Zusammenhang bieten sich auch Übersichten über die Entwicklung wesentlicher Ergebniskomponenten der letzten Gj (idR für einen Zeitraum von 5 Jahren) an. Für die Darstellung der Ertragslage ist uU eine Anlehnung an die gemeinsame Empfehlung der DVFA/SG zur Ermittlung Prognose fähiger Ergebnisse geboten (DB 2004, 1913; s auch *Förschle* in FS Baetge, 499 und Anm 37 zum Rating von Unt). Zur VFE-Lage s auch § 264 Anm 37. **88**

Die vom AP verlangten Aussagen zur künftigen Entwicklung (insb auch zu den Risiken der voraussichtlichen Entwicklung) setzen auch eine Befassung mit den Planungsüberlegungen und **Planungsrechnungen** des Unt voraus, die auf ihre Glaubwürdigkeit und Plausibilität hin zu beurteilen sind und um die die Angaben zur VFE-Lage zu ergänzen sind.

Zu Abschn **E. Feststellungen zum Risikofrüherkennungssystem:** Erstreckt sich die Prüfung (gem § 317 Abs 4 oder auf Grund entspr Auftragsertei- **89**

§ 321 90–92   Prüfung

lung) auch auf diesen Bereich, sind die diesbzgl Angaben in einen besonderen Abschn des PrüfBer aufzunehmen; zu Einzelheiten Anm 69 ff.

90 In Abschn F ist gesondert über **Feststellungen aus Erweiterungen des Prüfungsauftrags** zu berichten, die sich aus dem GesVertrag oder aus der Satzung des geprüften Unt ergeben können oder mit dem Auftraggeber vereinbart wurden und die sich nicht auf den JA oder Lagebericht beziehen (zB Prüfung der Ordnungsmäßigkeit der Geschäftsführung und der wirtschaftlichen Verhältnisse oder Prüfung der Angaben zum DCGK). In diesem Fall erscheint es auch sinnvoll, die Überschrift des Abschn in **Feststellungen gem § 53 HGrG** zu präzisieren. In diesem gesonderten Abschn sind die wesentlichen Prüfungsergebnisse darzustellen; ferner ist auf die Beantwortung der betr Fragen des Fragenkatalogs zur Prüfung der Ordnungsmäßigkeit der Geschäftsführung und der wirtschaftlichen Verhältnisse nach § 53 HGrG zu verweisen. Hier sind auch Ausführungen zur Berücksichtigung der Beanstandungen und Empfehlungen des Vj aufzunehmen (IDW PH 9.450.1, Tz 5, IDW PS 720, Tz 15). Bei Unt, die nach § 53 HGrG zu prüfen sind, ist regelmäßig auch das Risikofrüherkennungssystem zu prüfen (IDW PS 720, Tz 8); über das Ergebnis der Prüfung ist in diesem Abschn zu berichten und nicht in Abschn E, da kein *unmittelbarer* Auftrag zur Prüfung des Risikofrüherkennungssystems erteilt wurde. Im Übrigen sind den aus Erweiterungen des Prüfungsauftrags resultierenden Feststellungen zweckmäßigerweise die gesetzlichen oder vertraglichen Grundlagen voranzustellen.

In einem gesonderten Berichtsabschn (zB „Ergebnis der Prüfung des Berichts des Vorstands über die Beziehungen der Gesellschaft zu verbundenen Unternehmen (Abhängigkeitsbericht)") sollte auf die gesonderte Berichterstattung über die Prüfung des AbhBer hingewiesen und der BVm gem § 313 Abs 3 AktG wiedergegeben werden (*St HFA 3/1991* Zur Aufstellung und Prüfung des Berichts über Beziehungen zu verbundenen Unternehmen (Abhängigkeitsbericht nach § 312 AktG) WPg 1992, 91; § 289 Anm 160).

Über das Ergebnis aus der Erweiterung des Prüfungsgegenstandes um die Prüfung der Entflechtung der Rechnungslegung gem § 6b Abs 3 EnWG ist in einem gesonderten Berichtsabschn (zB „Feststellungen zur Entflechtung in der internen Rechnungslegung") zu berichten (IDW EPS 610 nF).

91 In Abschn **G. Bestätigungsvermerk** ist gem § 322 Abs 5 S 2 der BVm im PrüfBer wiederzugeben. Eine Zusammenfassung des Prüfungsergebnisses nebst Schlussbemerkung ist in Anbetracht der jetzt erforderlichen (zusammenfassenden) „Vorweg"-Stellungnahme und der Ausgestaltung des BVm (in Richtung Bestätigungsbericht) nicht sachgerecht. Es erscheint daher zweckmäßig, den BVm als letzten Gliederungspunkt innerhalb der grds Feststellungen (Abschn B) aufzunehmen, da er die Zusammenfassung (finales Ergebnis) der diesem Berichtsabschn vorangestellten Feststellungen ist (vgl die in Anm 77 enthaltene Alternativgliederung).

92 Der **(obligatorische) Anlagenteil** des PrüfBer enthält – auch wegen der Identifikation der geprüften Fassung – den geprüften JA, den geprüften Lagebericht (ähnlich IDW PS 450, Tz 110 sowie *WPH*[14] I, Q Anm 70) und die dem Prüfungsauftrag zu Grunde gelegten Auftragsbedingungen. Ist die APr nach § 53 HGrG erweitert worden, ist der Fragenkatalog zur Prüfung der Ordnungsmäßigkeit der Geschäftsführung und der wirtschaftlichen Verhältnisse in eine Anlage aufzunehmen (IDW PS 720, Tz 13).

Der **(fakultative) Anlagenteil** umfasst insb die für die Prüfung und das Verständnis der Rechnungslegung benötigten Angaben zu den rechtlichen Verhältnissen und wirtschaftlichen Grundlagen sowie ggf umfassende und mit dem Auftraggeber abgestimmte **Aufgliederungen und Erläuterungen der Posten des Jahresabschlusses** (iS eines ErlTeils) oder eine **weitergehende Analyse der wirtschaftlichen Lage** durch den AP auf der Grundlage der bei der Prüfung gewonnenen Erkenntnisse (zB detaillierte Analyse der Umsatzerlöse oder der Materialaufwendungen), soweit diese Darstellungen nicht bereits in den PrüfBer aufgenommen wurden (Anm 86, IDW PS 450, Tz 102).

Innerhalb der Ausführungen zu den **rechtlichen Verhältnissen** ist insb bei Erstprüfungen regelmäßig eine umfassende Schilderung der **Rechtsverhältnisse** des geprüften Unt, also der wesentlichen Bestimmungen der Satzung oder des GesVertrags (zB Gegenstand des Unt, Kapitalverhältnisse, Zusammensetzung der Organe) erforderlich. Zweckmäßig sind in diesem Abschn auch Angaben zu den steuerlichen Grundlagen (Organschaft, Stand steuerlicher Außenprüfungen). Bei Folgeprüfungen ist der Umfang der Darstellung vom Informationswert für die Berichtsempfänger abhängig.

IdR genügt es, nur auf die **Veränderungen** der rechtlichen Verhältnisse im Berichtsjahr (und in wichtigen Fällen auch bis zum Ende der Prüfung) einzugehen (IDW PS 450, Tz 113). Dazu gehören Hinweise auf wesentliche Satzungsänderungen sowie sonstige rechtserhebliche Tatbestände von wesentlicher Bedeutung, zB wichtige Leasing- und Lizenzverträge, Treuhandverhältnisse, schwebende Prozesse, Veränderungen in der UntLeitung und im AR.

Die Ausführungen zu den **wirtschaftlichen Grundlagen** sollen folgende **93** Angaben enthalten (ähnlich *WPH*[14] I, Q Anm 296):
– Geschäftsbereiche,
– Beschäftigungs-, Produktions- und Umsatzzahlen sowie deren Veränderungen ggü dem Vj,
– Auftragsbestand (einschl Vergleich mit den Vj-Zahlen),
– Investitionen und deren Finanzierung,
– wirtschaftliche Entwicklung von wesentlichen Bet.

Stehen allen Berichtsempfängern (Anm 134) anderweitig und gleichzeitig mit dem PrüfBer, zB im Anhang oder Lagebericht, ausreichende und zutreffende Informationen über die wirtschaftliche Situation zur Verfügung, braucht bei ausdrücklichem Hinweis auf diese Quellen darauf nicht *detailliert* im PrüfBer eingegangen zu werden. Gleichwohl sollte der AP erwähnen, dass er sich dem Inhalt und Ergebnis dieser Informationen anschließt.

Über die Beifügung weiterer Anlagen (zB Aufstellung der Anlagenzugänge, Aufgliederung von Forderungen, Übersicht über den bestehenden Versicherungsschutz) ist im Einzelfall nach Zweckmäßigkeit zu entscheiden (so auch *Steiner*, 195).

3. Erweiterte Berichterstattung für bestimmte Wirtschaftszweige

Für **Kredit- und Finanzdienstleistungsinstitute** ergibt sich eine erweiterte **94** Berichterstattungspflicht für den AP (näher dazu *WPH*[14] I, Q Anm 871 ff). Hier sei auf § 29 Abs 1 KWG bzgl der Einhaltung der Anzeigepflichten von Großkrediten (§ 13 ff KWG) usw verwiesen.

Weitere Einzelheiten zur Gliederung und zum Inhalt des PrüfBer für **Kre- 95 ditinstitute** sind der Prüfungsberichtsverordnung – PrüfbV vom 23.11.2009, BGBl I, 3793, zuletzt geändert durch G v 22.12.2011, BGBl 1, 2959, zu entnehmen. Für Berichte über die Prüfung von WertpapierdienstleistungsUnt gilt die WpDPV vom 16.12.2004, BGBl I, 3515, zuletzt geändert durch VO v 24.10.2007, BGBl I, 2499. Nach § 26 Abs 1 S 3 KWG hat der AP den Bericht über die Prüfung des JA eines Kreditinstituts (auch) bei der BaFin und bei der DBB einzureichen.

Von besonderer Bedeutung iZm der Prüfung von Kreditinstituten ist die Beurteilung und Berichterstattung über das gesamtgeschäftsbezogene RMS. Diese setzt voraus, dass sich der AP durch geeignete Prüfungshandlungen ein angemessenes Verständnis über das IKS, zB hinsichtlich des Handels- und Kreditgeschäfts und deren Einzelprozesse, verschafft hat (IDW PS 525 Die Beurteilung des Risikomanagementsystems von Kreditinstituten im Rahmen der Abschlussprüfung WPg Suppl 3/2010, 4).

96 Für **Versicherungsunternehmen** ergibt sich ebenfalls eine erweiterte Berichterstattungspflicht für den AP (näher dazu *WPH*[14] I, Q Anm 947 ff). Hier sei auf § 55a Abs 1 S 1 Nr 3 VAG verwiesen, wonach das BMF bzw die BaFin durch Rechts-VO Bestimmungen über den Inhalt der PrüfBer von VersicherungsUnt erlassen kann. Außerdem muss hier der AP die Aufsichtsbehörde auf Verlangen unterrichten, wenn *bei der Prüfung* Tatsachen bekannt werden, die gegen eine ordnungsmäßige Durchführung der Geschäfte sprechen (§ 57 Abs 1 S 4 VAG).

97 Bzgl des PrüfBer für **Versicherungsunternehmen** ist die vom BAV unter dem 3.6.1998 erlassene Prüfungsberichteverordnung (BGBl I, 1209, zuletzt geändert durch Art 13 Abs 18 des G v 25.5.2009, BGBl I, 1102) zu beachten (hierzu *Graf von Treuberg/Angermayer* Die Ausgestaltung des Prüfungsberichts des Abschlussprüfers von Versicherungsunternehmen nach der neuen Prüfungsberichteverordnung WPg 1998, 839 ff). Der PrüfBer eines VersicherungsUnt ist von dessen Vorstand gem § 59 VAG dem BaFin vorzulegen.

98 Auch bei der Prüfung von **Unt im Mehrheitsbesitz von Gebietskörperschaften** kann sich eine erweiterte Berichterstattung ergeben (so *WPH*[14] I, Q Anm 1048 ff; IDW PH 9.450.1), etwa wenn die Ordnungsmäßigkeit der Geschäftsführung geprüft wurde, zur Einhaltung der öffentlichen Zwecksetzung und Zweckerreichung Stellung zu nehmen ist (§ 109 Abs 2 Nr 2 GO NW) oder der AP beauftragt ist, über die Entwicklung der Vermögens-, Ertrags- und Liquiditätslage zu berichten (dazu § 53 Abs 1 Nr 1, Nr 2 HGrG; IDW PS 720). Eine Berichterstattung über die wirtschaftlichen Verhältnisse ist auch nach den gem § 263 maßgeblichen landesrechtlichen Vorschriften für kommunale Eigenbetriebe (zB Verkehrs- und Versorgungsbetriebe) vorgeschrieben. Zum Bericht über die Pflichtprüfung von **Genossenschaften** s Vor § 339 Anm 17.

Über das Ergebnis aus der Erweiterung des Prüfungsgegenstands um die Prüfung der Entflechtung der Rechnungslegung gem § 6 b Abs 3 EnWG bei Unt, die gem § 6b Abs 1 EnWG iSv § 3 Nr 38 EnWG zu einem **vertikal integrierten Energieversorgungsunternehmen** verbunden sind, ist gesondert zu berichten (vgl IDW EPS 610 nF). Der Auftraggeber hat gem § 6b Abs 7 S 1 EnWG den PrüfBer nebst Teilberichten unverzüglich nach Feststellung des JA der Regulierungsbehörde einzureichen. Der der Regulierungsbehörde von den Betreibern von Gas- oder Elektrizitätsversorgungsnetzen vorzulegende **Bericht über die Ermittlung der Netzentgelte** muss gem § 28 Abs 1 Nr 5 GasNEV bzw StromNEV auch den PrüfBer nebst allen Ergänzungsbänden enthalten.

Gem § 11 Abs 4 ReitG hat der AP ua festzustellen, ob die Berechnung der Streubesitzquote und des maximalen Anteilsbesitzes je Aktionär nach § 11 Abs 1 und 4 ReitG durch die **REIT-AG** mit den Meldungen nach § 11 Abs 5 ReitG zum Bilanzstichtag übereinstimmt. Das Prüfungsergebnis hat der AP in einem besonderen Vermerk zusammenzufassen. Vgl. IDW PH 9.950.2 Besonderheiten bei der Prüfung einer REIT-Aktiengesellschaft nach § 1 Abs. 4 REIT-Gesetz, einer Vor-REIT-Aktiengesellschaft nach § 2 Satz 3 REIT-Gesetz und der Prüfung nach § 21 Abs. 3 Satz 3 REIT-Gesetz WPg Suppl 1/2011, 61.

IV. Besonderheiten bei einem IFRS-Einzelabschluss (§ 325 Abs 2a)

99 Der durch das BilReG eingefügte § 325 Abs 2a gestattet an Stelle eines JA einen IFRS-EA, der nach den in § 315a Abs 1 bezeichnete internationalen Rech-

nungslegungsstandards aufgestellt worden ist, offen zu legen. Gem § 324a Abs 1 gilt für den IFRS-EA § 321. Für den PrüfBer zum IFRS-EA ergeben sich folgende Besonderheiten:
– Die zur Anwendung in der EU übernommenen Rechnungslegungsgrundsätze sind anzugeben;
– Als Prüfungsgegenstand sind die nach den diesen Rechnungslegungsgrundsätzen geforderten Unterlagen zu nennen, also insb auch die KFR, der EK-Spiegel, ggf die SegBerE, aber auch der Lagebericht;
– Es ist festzustellen, ob nach Abs 2 S 1 der IFRS-EA ordnungsgemäß aufgestellt wurde und insb die geprüften Unterlagen den jeweiligen internationalen Rechnungslegungsgrundsätzen entspr und ob die gem § 325 Abs 2a S 3 genannten Vorschriften beachtet wurden;
– Die Berichterstattung ist darauf auszurichten, dass ein IFRS-EA nicht an die GoB gebunden ist. Insoweit ist ausschließlich darauf einzugehen, ob der IFRS-EA unter Beachtung der jeweiligen Rechnungslegungsgrundsätze ein den tatsächlichen Verhältnissen entspr Bild der VFE-Lage vermittelt;
– Die Verpflichtung des AP zur Stellungnahme zu der Beurteilung der Darstellung der Lage der Ges durch die gesetzlichen Vertreter gemäß § 321 Abs 1 S 2 bezieht sich auf den Lagebericht gem § 289 iVm § 325 Abs 2a S 4, der in erforderlichen Umfang auch auf den IFRS-EA Bezug nehmen muss.
– Der PrüfBer zum IFRS-EA darf gem §§ 324a Abs 2 S 2, 325 Abs 3a S 2 mit dem PrüfBer zum JA, KA oder IFRS-KA zusammengefasst werden.

C. Grundsätze ordnungsmäßiger Berichterstattung für den Konzernabschluss

I. Vorbemerkung

Die Regelungen zum PrüfBer für den KA finden sich ebenso wie die Vorschriften für den PrüfBer zum JA in § 321. Die Grundsätze ordnungsmäßiger Berichterstattung für den JA (Anm 8 bis 75) gelten daher für den PrüfBer zum KA sinngemäß, soweit dem nicht Besonderheiten des KA entgegenstehen. Über die APr des KA ist *grundsätzlich* – unabhängig von der Berichterstattung über die APr des JA des MU – selbstständig schriftlich zu berichten (Abs 1 S 1). Es besteht jedoch nach § 325 Abs 3a die Möglichkeit, unter bestimmten Voraussetzungen den PrüfBer zum JA des MU mit dem PrüfBer zum KA zusammenzufassen (dazu Anm 122 und 142).

II. Gesetzlicher Mindestinhalt

1. Stellungnahme zur Lagebeurteilung (Abs 1 S 2)

Die „Vorweg"-Stellungnahme zur Lage, insb zum Fortbestand und zur künftigen Entwicklung, ist nicht nur im PrüfBer für den JA, sondern entspr der ausdrücklichen Gesetzesbestimmung auch im PrüfBer zum KA geboten. Es gelten daher die hierfür maßgeblichen allgemeinen Grundsätze (s Anm 15 ff), die auch die für die Stellungnahme des AP erforderliche **Analyse der wirtschaftlichen Lage** des Konzerns bestimmen.

Die für den Erkenntnishorizont gem Abs 1 S 2 ausschlaggebenden „geprüften Unterlagen" beziehen sich allerdings auch auf die JA der in den KA einbezogenen Unt (IDW PS 450, Tz 120). Hierbei ist zu beachten, dass auf Grund von

§ 317 Abs 3 die einbezogenen JA nicht nur bzgl der Einhaltung der GoB, sondern vollumfänglich, problem- und risikoorientiert gem § 317 Abs 1 zu prüfen sind. Die Feststellungen aus den Prüfungen der einbezogenen Unt sind daher hinsichtlich ihrer Relevanz für die Angaben im PrüfBer zum KA zu würdigen. Dazu ist eine kritische Durchsicht dieser – nach § 320 Abs 3 dem KonzernAP vorzulegenden (auch ausländischen) – PrüfBer und ergänzenden Konzernangaben (Konzernmeldungen) erforderlich.

2. Berichterstattung über Unrichtigkeiten oder Verstöße sowie über entwicklungsbeeinträchtigende oder bestandsgefährdende Tatsachen (Abs 1 S 3)

103 Auch die Berichterstattungspflicht betr Unrichtigkeiten und Verstöße (hier auch gegen Konzern-Rechnungslegungsvorschriften), bestandsgefährdende und entwicklungsbeeinträchtigende Tatsachen sowie schwerwiegende Verstöße der gesetzlichen Vertreter oder Arbeitnehmer bezieht sich nicht nur auf das einzelne Unt, sondern gem Abs 1 S 3 auch auf den Konzern. Die „Konsolidierung" diesbzgl Prüfungsfeststellungen zu den JA der einbezogenen Unt in dem zuvor besprochenen Sinne (s Anm 102) ist daher auch hier von Bedeutung, denn die Pflicht zur Berichterstattung bezieht sich entspr auf die bei dem MU und den einbezogenen Unt festgestellten Tatsachen (so auch IDW PS 450, Tz 121).

3. Feststellungen zur Konzernrechnungslegung (Abs 2 S 1)

104 Die Darstellungen zur *Ordnungsmäßigkeit der Rechnungslegung* bedingen die Berücksichtigung der für den KA spezifischen Besonderheiten. Hierzu gehören Aussagen zur zutreffenden Abgrenzung des Konzernkreises, zu abw Abschlussstichtagen, zur Ordnungsmäßigkeit der einbezogenen Abschlüsse, zur konzerneinheitlichen Bewertung und zu den angewandten KonsMethoden bzw den diesbzgl und darüber hinaus erforderlichen Angaben im Anhang und Konzernlagebericht (Einzelheiten hierzu s Kommentierung zu § 314).

Bei den Angaben zu den *Aufklärungs- und Nachweispflichten* der gesetzlichen Vertreter ist hervorzuheben, dass der KonzernAP die nach § 320 Abs 3 eingeräumten weitergehenden Rechte ggü dem MU und den TU auch ggü den AP dieser Unt wahrgenommen hat (näher hierzu § 320 Anm 20 ff). Die Pflichten gem § 320 Abs 3 beziehen sich nur auf TU und nach dem Gesetzeswortlaut nicht auf anteilmäßig kons Unt (§ 310) oder assozUnt (§ 312). Diesbzgl Feststellungen sind im PrüfBer daher nicht erforderlich (aA *WPH*[14] I, Q Anm 695, wenn diese Informationen für eine ordnungsmäßige Prüfungsdurchführung erforderlich sind oder um Konsequenzen für den KA kenntlich zu machen). Auch im PrüfBer zum KA ist die nach Abs 2 S 3 erforderliche Gesamtaussage zur Einhaltung der Generalnorm zu formulieren (IDW PS 450, Tz 136).

4. Beanstandungen ohne Einfluss auf den Bestätigungsvermerk (Abs 2 S 2)

105 Konzernspezifische Besonderheiten können sich insb wegen leichteren Mängeln im IKS, in der KonsTechnik, in der Konzernbuchführung sowie wegen einer verbesserungsfähigen Konzernplanung, problembehafteter Systeme oder Abläufe sowie Schwachstellen im Management-Informationssystem ergeben. Daneben sind die in den PrüfBer der einbezogenen TU aufgeführten Beanstandungen aufzunehmen, soweit sie für den KA von Bedeutung sind. Vgl im Übrigen Anm 59.

5. Tatsächlichen Verhältnissen entsprechendes Bild (Abs 2 S 3)

Der KonzernAP hat auch auf die im BVm abzugebende Erklärung einzugehen, ob der KA nach seiner Beurteilung unter Beachtung der GoB ein den tatsächlichen Verhältnissen entspr Bild der VFE-Lage des Konzerns vermittelt. Hierbei ist entpr Abs 2 S 2 auf die Gesamtaussage des KA, wie sie sich aus dem Zusammenwirken von Konzernbilanz, Konzern-GuV, Konzernanhang, KFR, EK-Spiegel und ggf SegBerE ergibt, abzustellen (vgl IDW PS 450, Tz 136). Bei der Beurteilung, ob der KA unter Beachtung der GoB ein den tatsächlichen Verhältnissen entspr Bild der VFE-Lage des Konzerns vermittelt, kann der KonzernAP auf seine im Rahmen der Aufgliederung und Erl der Posten des KA gemachten Ausführungen zur VFE-Lage des zu prüfenden Konzerns Bezug nehmen. Vgl im Übrigen Anm 60.

6. Wesentliche Bewertungsgrundlagen und sachverhaltsgestaltende Maßnahmen (Abs 2 S 4)

Besonderheiten können sich insb aus den konzernspezifischen Bilanzierungs- und Bewertungswahlrechten ergeben (zB Ermittlung, Zuordnung und Abschreibung des aktiven Unterschiedsbetrags) oder aus konzernspezifisch erweiterten Möglichkeiten bei den sachverhaltsgestaltenden Maßnahmen. Vgl *Greth* Konzernbilanzpolitik, Wiesbaden 1996 und im Übrigen Anm 61.

7. Aufgliederung und Erläuterung der Posten des Konzernabschlusses (Abs 2 S 5)

Besonderer ErlBedarf kann sich auf Grund der durchgeführten KonsMaßnahmen zu aus der Kons resultierenden Posten (zB GFW, AusglPo aus der KapKons), den angewandten Bilanzierungs- und Bewertungsmethoden, der SchuldenKons, der Zwischenergebniseliminierung, der WähUm, der Steuerabgrenzung (IDW PS 450, Tz 137; *WPH*[14] I, Q Anm 715) sowie bei Abweichungen zwischen Konzern- und Jahresergebnis des MU ergeben. Im Übrigen gelten für die Aufgliederungen und Erl die gesetzlichen Vorbehalte bzgl der wesentlichen Verbesserung der Darstellung der VFE-Lage und der Berücksichtigung der Anhangangaben auch für den PrüfBer zum KA (s Anm 62 und 84 f).

8. Aufklärungs- und Nachweispflicht der gesetzlichen Vertreter (Abs 2 S 6)

Besonderheiten ergeben sich insb aus den gem § 320 Abs 2 S 3 und Abs 3 erweiterten Aufklärungs- und Nachweispflichten beim KA ggü dem MU und TU. Vgl im Übrigen Anm 65.

9. Erläuterung von Gegenstand, Art und Umfang der Konzernabschlussprüfung (Abs 3)

Über die allgemeinen Angaben hinaus (s Anm 66 ff) ergeben sich konzernspezifische Besonderheiten hinsichtlich der Rechnungslegungsgrundsätze (HGB, IFRS oder US-GAAP und ggf PublG), des KonsKreises, der KonsGrundsätze, der Prüfung einbezogener Unt (einschl der Überleitung von unter Inanspruchnahme der Erleichterungen gem § 264 Abs 3, § 264b aufgestellten JA).

10. Bestätigung der Unabhängigkeit (Abs 4a)

Die **Unabhängigkeitsbestätigung** gem Abs 4a ist auch in den PrüfBer zum KA aufzunehmen (vgl dazu Anm 75).

III. Gliederung und Inhalt des Konzernprüfungsberichts

1. Gliederung

112 In Anlehnung an die für den PrüfBer zum JA vorgeschlagene Gliederung (Anm 77) könnte der (getrennte) Bericht über die Prüfung des KA wie folgt gegliedert werden:

Prüfungsbericht
A. Prüfungsauftrag
B. Grundsätzliche Feststellungen (*„Vorweg"-Stellungnahme*)
   I. Lage des Konzerns
      1. Stellungnahme zur Lagebeurteilung der gesetzlichen Vertreter
      2. Entwicklungsbeeinträchtigende oder bestandsgefährdende Tatsachen
   II. Unregelmäßigkeiten
      1. Unregelmäßigkeiten in der Konzern-Rechnungslegung
      2. Sonstige Unregelmäßigkeiten
C. Gegenstand, Art und Umfang der Prüfung (*„besonderer Abschnitt"*)
D. Feststellungen und Erläuterungen zur Konzernrechnungslegung (*„Hauptteil"*)
   I. Konsolidierungskreis und Konzernabschlussstichtag
   II. Ordnungsmäßigkeit der in den Konzernabschluss einbezogenen Abschlüsse
   III. Konzernabschluss
      1. Ordnungsmäßigkeit des Konzernabschlusses
      2. Gesamtaussage des Konzernabschlusses
   IV. Konzernlagebericht
E. Feststellungen zum Risikofrüherkennungssystem (*„besonderer Teil"*)
F. Feststellungen aus Erweiterungen des Prüfungsauftrags
G. Bestätigungsvermerk

Anlagen zum Prüfungsbericht
Obligatorische Anlagen:
Konzernbilanz, Konzern-GuV, Konzernanhang, Konzernlagebericht, AAB; ggf KFR, EK-Spiegel und ggf SegBerE.
Fakultative Anlagen:
Rechtliche Verhältnisse, Wirtschaftliche Grundlagen, umfassende Aufgliederungen und Erl der Posten des KA.

Unter Berücksichtigung der obigen Anm zum PrüfBer für den JA, wird in der **Berichterstattungspraxis** auch folgender Berichtsaufbau verwendet:

Prüfungsbericht
A. Prüfungsauftrag
B. Grundsätzliche Feststellungen
   I. Stellungnahme zur Lagebeurteilung des Vorstands/der Geschäftsführung
   II. Entwicklungsbeeinträchtigende oder bestandsgefährdende Tatsachen
   III. Beanstandungen zur Rechnungslegung und sonstige Verstöße gegen Gesetz oder Gesellschaftsvertrag/Satzung
      1. Beanstandungen zur Rechnungslegung
      2. Sonstige Verstöße gegen Gesetz und Gesellschaftsvertrag/Satzung
   IV. Wesentliche Geschäftsvorfälle und bilanzpolitische Maßnahmen
   V. Sonstige für die Überwachung des Konzerns bedeutsame Feststellungen
   VI. Wiedergabe des Bestätigungsvermerks
C. Gegenstand, Art und Umfang der Prüfung

D. Feststellungen zur Konzernrechnungslegung
  I. Ordnungsmäßigkeit der Konzernrechnungslegung
    1. Rechtsgrundlagen
    2. Konsolidierungskreis und Konsolidierungsstichtag
    3. Konsolidierungsgrundsätze
    4. Konzernbuchführung
    5. In den Konzernabschluss einbezogene Abschlüsse
    6. Konzernabschluss
    7. Konzernlagebericht
  II. Gesamtaussage des Konzernabschlusses
  III. Weitere Erläuterungen zur Vermögens-, Finanz- und Ertragslage des Konzerns
E. Feststellungen aus Erweiterungen des Prüfungsauftrags
F. Schlussbemerkung

2. Inhalt

Maßstab für den Umfang der Berichterstattung ist auch im PrüfBer zum KA – abgesehen von dem gesetzlichen Mindestinhalt – der notwendige Informationsstand der Berichtsempfänger unter Berücksichtigung der Angaben im Konzernanhang und Konzernlagebericht.

In Abschn **A. Prüfungsauftrag** sind die Wahl/Bestellung bzw. die Bestellungsfiktion gem § 318 Abs 2 und die Auftragserteilung zu nennen.

Bzgl der Berichterstattung zur dargestellten Lage und Redepflicht in Abschn **B. Grundsätzliche Feststellungen** s im Einzelnen die Ausführungen in Anm 79ff.

Abschn **C. Gegenstand, Art und Umfang der Prüfung:** Der erforderliche Hinweis auf die Verwertung von wesentlichen Arbeiten anderer externer Prüfer sowie die Verwertung und Einschätzung von für die Beurteilungen wesentlichen Untersuchungen Dritter (IDW PS 450, Tz 57) bedingt ggf einen zusätzlichen Hinweis, wenn die JA einbezogener Unt durch andere AP geprüft wurden. In Bezug auf JA ausländischer Unt sollte dabei auch angegeben werden, in welcher Weise den Anforderungen des § 317 Abs 3 S 3 (Prüfung ausländischer TU) entsprochen wurde (so auch *WPH*[14] I, Q Anm 692).

In Abschn **D. Feststellungen und Erläuterungen zur Konzernrechnungslegung,** der die Angaben zur Ordnungsmäßigkeit gem Abs 2 S 1, die Berichterstattung über Beanstandungen ohne Einfluss auf den BVm gem Abs 2 S 2 und Angaben zur Vermittlung des unter Beachtung der GoB den tatsächlichen Verhältnissen entspr Bilds der VFE-Lage gem Abs 3 S 3 enthalten muss, ist auf konzernspezifische Besonderheiten einzugehen (IDW PS 450, Tz 125 ff; *WPH*[14] I, Q Anm 696; *ADS*[6] § 321 Anm 193; *Kuhner/Päßler* in HdR[5] § 321 Anm 89).

Die organisatorischen Vorkehrungen für die Aufstellung des KA sind kurz darzulegen. Dazu ist auf das Formular- und Berichtswesen einzugehen und auf interne Richtl für den KA (ggf auf einen einheitlichen Kontenplan) hinzuweisen. Außerdem ist – im Hinblick auf die prinzipiell geforderte einheitliche Bilanzierung und Bewertung – kurz das System der Umformung und Anpassung der einzelnen Posten der JA („HB II") zu umreißen (idS auch IDW PS 450, Tz 128 ff). Zur Diskussion über die Notwendigkeit einer Konzern-Buchführung s zB *Ruhnke* Grundsätze ordnungsmäßiger Konzernbuchführung ZfB 1993, 753 ff.

Im Rahmen der Besprechung des KA muss zunächst auf die Richtigkeit der Angaben im Konzernanhang zum **KonsKreis** eingegangen werden. Ggf sind Ausführungen hinsichtlich der Berechtigung einer Nichteinbeziehung von TU und der zutreffenden Behandlung von Zugängen und Abgängen von TU erforderlich. Weiterhin ist auf die Stetigkeit der Abgrenzung des KonsKreises sowie auf die Herstellung der Vergleichbarkeit aufeinander folgender KA iSv § 294 Abs 2 (so auch *WPH*[14] I, Q Anm 697 f) einzugehen. Ferner ist die zutreffende Anwendung der **KonsMethoden** darzulegen (IDW PS 450, Tz 133, *WPH*[14] I, Q Anm 709).

116 Bei **Einbeziehung ausländischer Unt** ist hierunter schließlich auch über die Besonderheiten bei der Beurteilung der Ordnungsmäßigkeit und die Sicherstellung der einheitlichen Bilanzierung und Bewertung sowie über etwaige Ausnahmen hierzu zu berichten (idS IDW PS 450, Tz 131).

117 Im KonzernPrüfBer ist auch auf die Ergebnisse der Prüfung nach § 317 Abs 3 einzugehen. Überdies sind Ausführungen zur **ordnungsgemäßen Entwicklung des Konzernabschlusses** aus den JA der einbezogenen Unt erforderlich. Der KonzernAP hat die Arbeiten der anderen AP zu überprüfen und zu dokumentieren, um ein eigenverantwortliches Prüfungsurteil abgeben zu können. Die Ordnungsmäßigkeit der in den KA einbezogenen JA ist festzustellen; ggf ist auf Mängel einzugehen.

Ist das Konzernergebnis durch Änderung von Bilanzierungs- oder Bewertungsmethoden oder durch Sondervorgänge *wesentlich* beeinflusst, ist auch hierüber zu berichten; s Anm 61.

Weitere Erl zur **VFE-Lage des Konzerns** s Anm 84f. Eine Analyse der VFE-Lage des Konzerns ist insb dann erforderlich, wenn hierdurch wesentliche zusätzliche Erkenntnisse ggü der Erl des JA des MU gewonnen werden können (ähnlich *WPH*[14] I, Q Anm 716). Dies gilt insb dann, wenn der KA den Abschluss des MU und den PrüfBer an Bedeutung und Aussagefähigkeit übertrifft (zB bei HoldingGes s *Leker/Cratzius* Erfolgsanalyse von Holdingkonzernen BB 1998, 362) oder wenn sich der KonsKreis durch Zugänge oder Abgänge von TU wesentlich verändert hat; dann ist auch die Anpassung der Vj-Zahlen nötig (*St HFA 3/1995* Konzernrechnungslegung bei Änderungen des Konsolidierungskreises WPg 1995, 697). Geeignete Ansatzpunkte für die Analyse der wirtschaftlichen Lage bieten auch die gem § 297 Abs 1 vorgeschriebene KFR, der EK-Spiegel und ggf die SegBerE.

118 Die Darstellung der Pflichtangaben zum **Konzernlagebericht** (§ 315 Abs 1, 2) im PrüfBer entspricht weitgehend derjenigen für den Lagebericht des JA (§ 289);
119 hierzu Anm 58. Die **Abschn E und F** sind in den PrüfBer zum KA nur dann aufzunehmen, wenn beim MU entspr Berichtserfordernisse bestehen und gem § 325 Abs 3a ein zusammengefasster PrüfBer erstellt wird (Anm 122). Bzgl Berichtsabschn **G. Bestätigungsvermerk** wird auf die Ausführungen in Anm 91, die sinngemäß auch hier gelten, verwiesen.

120 Als obligatorische **Anlagen** sind dem PrüfBer zum KA zunächst der KA, der Konzernlagebericht, die KFR, der EK-Spiegel und ggf die SegBerE sowie die zu Grunde gelegten AAB beizufügen. Zum Verständnis der Konzernrechnungslegung und der Prüfungsaussagen (insb in der sog „Vorweg"-Stellungnahme) gehören auch, soweit nicht anderweitig (etwa im Konzernlagebericht) enthalten, Angaben zu den **rechtlichen Verhältnissen und wirtschaftlichen Grundlagen** (s hierzu die Ausführungen zum JA in Anm 93).

IV. Besonderheiten bei Konzernrechnungslegung nach internationalen Rechnungslegungsstandards (§ 315a)

121 § 315a verpflichtet MU, unter bestimmten Voraussetzungen den KA nach internationalen Rechnungslegungsstandards aufzustellen. MU, die nicht unter § 315a Abs 1 oder 2 fallen, dürfen ihren KA nach den in § 315a Abs 1 genann-

ten internationalen Rechnungslegungsstandards aufstellen. Vgl wegen Besonderheiten des PrüfBer zum IFRS-KA sinngemäß die Ausführungen zum IFRS-EA (Anm 99).

V. Zusammengefasster Prüfungsbericht

Wird der KA zusammen mit dem JA des MU oder mit einem von diesem aufgestellten IFRS-EA bekannt gemacht, dürfen auch die PrüfBer (und die BVm) gem § 325 Abs 3a S 2 zusammengefasst werden (Anm 99, 121 und 142). Dies dürfte vor allem für solche Unt in Frage kommen, in denen der KA durch den JA oder den IFRS-EA des MU geprägt wird. Der zusammengefasste PrüfBer muss alle Angaben enthalten, die auch bei getrennter Berichterstattung in Betracht kommen, insb auch die Feststellungen gem Abs 1 S 2 und 3 sowie Abs 2 sowohl für die Rechnungslegung im JA des MU als auch für die Konzernrechnungslegung (so auch IDW PS 450, Tz 138). Die Art der Zusammenfassung, nämlich unmittelbare Zusammenfassung (zB bzgl der Auftragserteilung und Durchführung der Prüfung), parallele Berichterstattung (zB bei der Darstellung der wirtschaftlichen Verhältnisse) oder gesonderte Berichterstattung (bei den Feststellungen zum Risikoüberwachungssystem oder der Angabe der KonsMethoden), hängt weitgehend vom Einzelfall ab; so auch *WPH*[14] I, Q Anm 734. 122

Eine zusammenfassende Berichterstattung für den JA oder IFRS-EA eines TU und den KA des MU ist nach dem Gesetzeswortlaut nicht zulässig, auch wenn es sich bei dem MU um eine Holding handelt und die Zahlen des wichtigsten TU den KA beherrschen; gleiches gilt, wenn der JA und der KA von verschiedenen AP geprüft wurden. Es ist strittig, ob eine zusammenfassende Berichterstattung auch in den Fällen zulässig ist, in denen die gesetzlichen Voraussetzungen nicht erfüllt sind, der Auftraggeber dies aber wünscht oder dieser zustimmt (s *WPH*[14] I, Q Anm 731).

D. Grundsätze ordnungsmäßiger Berichterstattung bei freiwilligen Abschlussprüfungen

I. Vorbemerkung

Freiwillige APr kommen bei Unt vor, die **keiner gesetzlichen Prüfungspflicht** unterliegen. Hierbei handelt es sich zB um Ekfl, PersGes und Unt von Stiftungen, soweit diese unterhalb der Größenkriterien des PublG bleiben, um kleine KapGes/KapCoGes iSd § 267 Abs 1 (§ 316 Abs 1) sowie um Teilkonzerne, deren TeilKA in einen KA höherer Stufe eines MU innerhalb der EU einbezogen werden und die deshalb nach § 291 Abs 1 von der Aufstellung eines KA befreit sind. Ferner kommen TU in Betracht, welche die Voraussetzungen von § 264 Abs 3 oder Abs 4 sowie § 264b erfüllen (s auch IDW RS HFA 7 Handelsrechtliche Rechnungslegung bei Personenhandelsgesellschaften WPg Suppl 1/2012, 73; *Dörner/Wirth* Die Befreiung von Tochter-Kapitalgesellschaften nach § 264 Abs 3 HGB idF des KapAEG hinsichtlich Inhalt, Prüfung und Offenlegung des Jahresabschlusses DB 1998, 1525). 125

Art und Umfang der Prüfung werden nach dem zwischen Auftraggeber und AP vereinbarten Auftrag unter Beachtung etwaiger Bestimmungen der Satzung oder des GesVertrags und der Berufsübung bestimmt. Dabei ist zu differenzieren, ob ein (dem handelsrechtlichen BVm gem § 322 nachgebildeter) BVm erteilt (Anm 126 f) oder lediglich eine Bescheinigung ausgestellt werden soll (Anm 128 f).

II. Erteilung eines Bestätigungsvermerks

126 Ist (zB auf Grund des GesVertrags) vorgeschrieben, dass der JA des Unt nach Art und Umfang gem §§ 316 ff zu prüfen ist, hat sich die Berichterstattung an den für Pflichtprüfungen geltenden Grundsätzen und Vorschriften auszurichten (§ 317 Anm 30 ff). Eine Einschränkung der Berichterstattung ggü dem gesetzlichen Mindestinhalt kann nicht vereinbart werden (IDW PS 450, Tz 20; WPH[14] I, Q Anm 840; ADS[6] § 321 Anm 228).

Sind auf Grund der Rechtsform die Vorschriften für KapGes/KapCoGes nicht anzuwenden und werden sie auch nicht freiwillig angewendet, kommt die Aussage gem Abs 2 S 3 bzgl der Generalklausel (Vermittlung eines unter Beachtung der GoB den tatsächlichen Verhältnissen entspr Bilds der VFE-Lage) nicht in Betracht. Auch die Feststellungen zum Risikoüberwachungssystem gem Abs 4 entfallen, wenn auf das Unt die Prüfungsvorschrift des § 317 Abs 4 nicht anzuwenden ist.

127 Die Grundsätze der „Vorweg"-Stellungnahme (Abs 1 S 2 bzgl des Fortbestands und der künftigen Entwicklung sowie S 3 bzgl der „Redepflicht") sind – auch als Ausdruck allgemeiner Prüfungspflichten – bei einer mit einem BVm abschließenden freiwilligen Prüfung zu beachten, wenngleich die Beurteilungsgrundlage hier (die „geprüften Unterlagen" umfassen ggf nicht den Anhang) schmaler ist; vgl für den Fall eines fehlenden Lageberichts Anm 19.

Falls das Unt keinen Anhang aufstellt, ist zu berücksichtigen, dass die Entlastungswirkung bzgl des PrüfBer nicht eintritt. Dies betrifft die Aufgliederung und Erl der Posten des JA einschl der Angaben zu den angewandten Bilanzierungs- und Bewertungsmethoden und ggf bestehenden Erleichterungen, soweit diese Informationen zur Beurteilung der Lage des Unt iS von § 242 Abs 1 für den Berichtsempfänger erforderlich und demgemäß in den PrüfBer (vgl Anm 84) aufzunehmen sind.

III. Erteilung einer Bescheinigung

128 Ist auftragsgemäß die Prüfung eines JA oder KA nicht nach Art und Umfang der Pflichtprüfung für KapGes/KapCoGes oder vereinbarungsgemäß nur eine Teilprüfung durchgeführt worden (zB ohne Vorräte, ohne Anhang oder ggf ohne Lagebericht, wobei allerdings zu berücksichtigen ist, dass ein Lagebericht nach § 264 Abs 1 von kleinen KapGes/KapCoGes nicht aufzustellen ist), kann nur eine Bescheinigung erteilt werden (IDW PS 400, Tz 5; WPH[14] I, Q Anm 1352; ADS[6] § 322 Anm 422).

Die Erstellung eines PrüfBer ist dabei nur erforderlich, falls es nicht möglich ist, Gegenstand, Art, Umfang und Ergebnis der Prüfung in der Bescheinigung ausreichend zu umschreiben (idS WPH[14] I, Q Anm 851). Wird ein PrüfBer nicht erstellt, muss die Bescheinigung als **Mindestangaben** enthalten: Adressat, Auftrag, Auftragsbedingungen, Gegenstand sowie Art und Umfang der eingeschränkten Tätigkeit, Durchführungsgrundsätze, zugrunde liegende Rechtsvorschriften und Unterlagen sowie die Prüfungsfeststellungen (dazu St HFA 4/1996 Grundsätze für die Erstellung von Jahresabschlüssen durch Wirtschaftsprüfer WPg 2006, 1456 und IDW PS 900 Grundsätze für die prüferische Durchsicht von Abschlüssen WPg 2001, 1078).

Wird ein PrüfBer erstellt, sind diese Mindestangaben obligatorisch. Im Übrigen ist in diesem Bericht deutlich herauszustellen, inwieweit sich die Prüfung nach Art und Umfang von einer Pflichtprüfung iS der §§ 316ff unterscheidet und warum zu diesem JA kein BVm erteilt wurde. Berichte zur Erstellung von JA durch WP dürfen nicht den Anschein eines PrüfBer erwecken (IDW S 7 Grundsätze für die Erstellung von Jahresabschlüssen WPg Suppl 1/2010, 100, Tz 69).

Die **Haftung** aus derartigen Bescheinigungen reicht ebenso weit, wie der Berufsangehörige nach dem Wortlaut seiner Bescheinigung die Verantwortung für die Richtigkeit übernommen hat (dazu § 323 Anm 190 mwN). **129**

E. Unterzeichnung und Vorlage des Prüfungsberichts (Abs 5)

Unterzeichnen bedeutet, dass der AP eigenhändig durch Unterschrift unter Verwendung der (alleinigen) Berufsbezeichnung *Wirtschaftsprüfer(in)* gem § 18 WPO oder *vereidigte(r) Buchprüfer(in)* gem § 128 WPO den PrüfBer unterschreiben muss (§ 126 Abs 1 BGB), und zwar üblicherweise am Schluss des PrüfBer unter Angabe von Ort und Datum, wobei sich eine Zusammenfassung mit der Wiedergabe des BVm empfiehlt. Wird der BVm als Teil des Prüfungsergebnisses innerhalb der grds Feststellungen (Abschn B) wiedergegeben (Anm 91), ist am Schluss des PrüfBer eine vom AP zu unterschreibende Schlussbemerkung aufzunehmen, die zweckmäßigerweise auch die Bestätigung der Übereinstimmung mit dem IDW PS 450 enthalten sollte. Als Berichtsdatum sollte in Übereinstimmung mit der Datierung des BVm der Zeitpunkt der materiellen Beendigung der Prüfung gewählt werden, auch wenn dies idR nicht identisch mit der Fertigstellung des PrüfBer ist (IDW PS 450, Tz 116; so auch *WPH*[14] I, Q Anm 282; *ADS*[6] § 321 Anm 168; *Kuhner/Päßler* in HdR[5] § 321 Anm 85). **130**

Bei gesetzlich vorgeschriebenen Prüfungen besteht nach §§ 48 Abs 1, 130 WPO die Pflicht zur **Siegelführung** (IDW PS 450, Tz 114; *WPH*[14] I, Q Anm 279). Regelmäßig werden PrüfBer **vervielfältigt.** Hierbei genügt es, dass nur ein ausgehändigtes Berichtsexemplar handschriftlich vom AP unterzeichnet wird (IDW PS 450, Tz 115; *WPH*[14] I, Q Anm 281; *ADS*[6] § 321 Anm 162), während die Unterschrift in allen weiteren Exemplaren vervielfältigt werden darf. Die Anzahl der Berichtsausfertigungen wird mit dem Auftraggeber vereinbart. Nach den AAB (Stand 1.1.2002) hat der Auftraggeber Anspruch auf 5 Exemplare. **131**

Gem § 32 WPO dürfen BVm **nur von Wirtschaftsprüfern, nicht** von sonstigen zeichnungsberechtigten Personen einer **Wirtschaftsprüfungsgesellschaft unterzeichnet** werden. § 32 WPO gilt nach seinem Wortlaut zwar nur für die Unterzeichnung von BVm. Sinn und Zweck des § 32 WPO erfordern aber, dass auch der PrüfBer einer WPG nur von (zeichnungsberechtigten) WP unterschrieben werden darf. Dies ergibt sich daraus, dass der BVm gem § 322 Abs 5 S 2 auch in den PrüfBer aufzunehmen ist. Deshalb kann für die Unterschrift unter den PrüfBer nichts anderes gelten als für die Unterschrift unter den BVm (ebenso *WPH*[14] I, Q Anm 280; IDW PS 400, Tz 84; *ADS*[6] § 321 Anm 164; aA ohne Begr *Grewe* in Rechnungslegung[2] § 321 Anm 89). Das entspricht auch den in § 32 WPO niedergelegten Grundsätzen, welche die berufsrechtliche Verantwortlichkeit in WPG (anders als nach § 332) nur den WP zuschreiben und verlangen, dass auch im Außenverhältnis diese Verantwortung für die Prüfung offen erkennbar ist. Zur Rechtslage bei **Genossenschaften** im Einzelnen Vor § 339 Anm 17f. **132**

§ 321 133, 134

Auch **vereidigte Buchprüfer** und eine **Buchprüfungsgesellschaft** dürfen, wenn sie gem § 319 Abs 1 S 2 zum gesetzlichen AP einer mittelgroßen GmbH/KapCoGes bestellt werden, PrüfBer unterzeichnen (§ 32 WPO).

133   Der Bericht/die Bescheinigung über eine freiwillige, also gesetzlich nicht vorgeschriebene APr (Anm 125 ff) darf entspr der Berufsübung außer von einem WP auch von einem zeichnungsberechtigten **Nicht-Wirtschaftsprüfer** unterzeichnet werden.

134   Abs 5 S 1 bestimmt die **Vorlage** an die gesetzlichen Vertreter, sofern nicht die Auftragserteilung durch den AR erfolgt. In diesem Fall ist der PrüfBer – nach Stellungnahme durch den Vorstand (zum Berichtsentwurf) – dem **Aufsichtsrat** vorzulegen. § 111 Abs 2 S 3 AktG sieht für den JA und den KA einer AG die Auftragserteilung durch den AR vor. Darin und in der nach § 171 Abs 1 S 2 AktG obligatorischen Teilnahme des AP an der Bilanzsitzung des AR oder Prüfungsausschusses kommt die beabsichtigte engere Zusammenarbeit zwischen AR, Prüfungsausschuss und AP zum Ausdruck (IDW PS 470). Diese Regelung gilt durch Verweisung in § 25 Abs 1 Nr 2 MitbestG, § 77 Abs 1 S 2 BetrVG auch für GmbH, die einen mitbestimmten AR haben, sowie auf Grund von § 52 Abs 1 GmbHG für GmbH mit einem fakultativen AR, soweit nicht (im letztgenannten Falle) im GesVertrag etwas anderes bestimmt ist. Der Prüfungsausschuss ist von KapGes iSv § 264d, die keinen AR oder Verwaltungsrat haben, gem § 324 – von Ausnahmen abgesehen – einzurichten; AG mit AR steht es gem § 107 Abs 3 S 2 AktG frei, ob sie einen Prüfungsausschuss bilden (vgl *AK Schmalenbach* Anforderungen an die Überwachungsaufgaben von Aufsichtsrat und Prüfungsausschuss nach § 107 Abs 3 Satz 2 AktG idF des BilMoG DB 2009, 1279; *Nonnenmacher/Pohle/von Werder* Aktuelle Anforderungen an Prüfungsausschüsse DB 2009, 1447; § 324 Anm 3 ff).

Der PrüfBer ist dem AR-Vorsitzenden zuzuleiten bzw die Zuleitung mit diesem abzustimmen (IDW PS 450, Tz 117). Der Vorsitzende kann die Verteilung selbst vornehmen oder bestimmen, dass die Zustellung an die einzelnen AR-Mitglieder sowie an den Vorstand bzw die Geschäftsführung direkt erfolgt. Der AR kann auch beschließen, dass der PrüfBer nicht jedem AR-Mitglied, sondern nur den Mitgliedern eines AR-Ausschusses auszuhändigen ist (§ 170 Abs 3 S 2 AktG). Dies dürfte bei Bildung eines Prüfungsausschusses oder Audit Committee (s hierzu *Coenenberg/Reinhart/Schmitz* Audit Committees – Ein Instrument zur Unternehmensüberwachung DB 1997, 989) bedeutsam sein. *Hommelhoff* (BB 1998, 2573) fasst die Regelung dahingehend auf, dass die Berichte ggf *zunächst* dem Prüfungsausschuss vorzulegen sind; die Feststellungen der „Vorweg"-Stellungnahme (Anm 15 f) müssten jedenfalls dem gesamten AR zugeleitet werden. Nach *Bormann/Gucht* (BB 2003, 1890) dürfen die nicht im Prüfungsausschuss vertretenen AR-Mitglieder nur dann auf eine eigene Lektüre des PrüfBer verzichten, wenn ihnen der Ausschuss einen schriftlichen Bericht vorlegt, der den wesentlichen Inhalt des PrüfBer referiert und der darlegt, wie der Ausschuss den Bericht geprüft hat.

Das Gesetz sieht die *Aushändigung* und nicht nur die Vorlage des Berichts zur kurzfristigen Einsichtnahme vor, und zwar nicht erst auf ausdrückliches Verlangen hin. Eine Übereignung zum endgültigen Verbleib ist damit allerdings nicht intendiert. Einzelheiten kann der AR intern regeln (Gesetzesbegr *BR-Drs 872/97*, 57; vgl insb *WPH*[14] I, Q Anm 14).

Bzgl der Bestimmung, dass dem Vorstand vor Zuleitung an den AR Gelegenheit zur Stellungnahme zu geben ist, gehen die hM und die Praxis davon aus (*WPH*[14] I, Q Anm 14), dass dies durch die berufsübliche Zuleitung des Lese-/Vorwegexemplars (s Anm 141; ähnlich auch *Dörner* DB 1998, 5) und die Schlussbesprechung erfüllt werde. *Hommelhoff* (BB 1998, 2628) geht angesichts der gesetzlich vorgeschriebenen direkten Vorlage an den AR davon aus, dass dem Vorstand kein Berichtsentwurf, sondern der abgeschlossene und unterschriebene Bericht zugeleitet wird und dass die Vorlage an den AR zeitgleich mit der Stellungnahme des Vorstands erfolgt. In Anbetracht der von *Hommelhoff* vorgebrachten gewichtigen Argumente bzgl des Verhältnisses von AP und AR/Gester einerseits sowie Vorstand bzw Geschäftsführung andererseits erscheint diese Auffassung nicht abwegig (so auch *Ebke* in MünchKomm HGB² § 321 Anm 82 ff).

Erteilt nicht der AR den Auftrag (§ 111 Abs 2 S 3 AktG wurde abbedungen), ist der Bericht den **gesetzlichen Vertretern** vorzulegen. Gesetzliche Vertreter idS sind der Vorstand bzw der/die Geschäftsführer und bei KapCoGes die Geschäftsführer der Komplementär-Ges. **135**

Der PrüfBer wird gewöhnlich den gesetzlichen Vertretern in ihrer Gesamtheit, einem dazu Bevollmächtigten (zuständiger Geschäftsführer) oder einem dafür gebildeten Gremium übersandt oder übergeben. Der Ausschluss eines Mitglieds der Geschäftsführung ist hierbei nicht zulässig. Die Weitergabe an den (fakultativen) AR – wenn § 111 Abs 2 S 3 AktG abbedungen wurde – bzw die Gester (bei GmbH/KapCoGes) zur Feststellung des JA ist Sache der gesetzlichen Vertreter (glA *WPH*¹⁴ I, Q Anm 18). TU haben gem § 294 Abs 3 den PrüfBer auch dem MU einzureichen. Der PrüfBer kann auf Verlangen auch dem **Wirtschaftsausschuss** vorzulegen sein, sofern es hierfür zu einer Einigung gem § 109 BetrVG zwischen UntLeitung und Betriebsrat kommt oder der Spruch der Einigungsstelle diese ersetzt (*WPH*¹⁴³, Q Anm 25). Dem entgegen steht ggf das berechtigte Interesse des Unt, Betriebs- und Geschäftsgeheimnisse nicht zu gefährden (*BAG* 8.8.1989 DB 1989, 2621). Der PrüfBer ist nicht zum HR einzureichen.

Bei **Kreditinstituten** ist der PrüfBer gem § 26 Abs 1 S 3 KWG vom AP unmittelbar der BaFin und der DBB einzureichen. **Versicherungsunternehmen** haben den PrüfBer der BaFin vorzulegen (§ 59 VAG). Bei **Betreibern von Gas- oder Elektrizitätsversorgungsnetzen** muss der der Regulierungsbehörde vorzulegende Ber über die Ermittlung der Netzentgelte gem § 28 Abs 1 Nr 5 GasNEV bzw StromNEV auch den PrüfBer nebst allen Ergänzungsbänden enthalten. **136**

Bedeutsam ist Abs 5 insofern, als er die **Beendigung der Prüfung** iSd § 316 Abs 1 S 2 festlegt. Erst mit *Unterzeichnung* durch den AP *und Zugang* des PrüfBer bei der KapGes/KapCoGes ist die Prüfung iSd § 316 Abs 1 S 2 beendet. Erst dann kann der JA wirksam festgestellt werden (dazu *WPH*¹⁴ I, Q Anm 10; *ADS*⁶ § 316 Anm 48; s im Übrigen auch Anm 5). *Bormann/Gucht* (BB 2003, 1890) weisen auf die Möglichkeit der Nichtigkeit des JA gem § 256 Abs 2 AktG wegen nicht ordnungsgemäßer Mitwirkung des AR und nicht rechtzeitiger Übermittlung des PrüfBer hin. **137**

Abs 5 gilt auch für die – notwendigerweise – schriftliche Berichterstattung über die Redepflicht gem Abs 1 S 3, sofern sie vor Ausfertigung des PrüfBer oder sonstwie getrennt vom PrüfBer ausgeübt wird; zu Letzterem s Anm 42 f. **138**

F. Sonderfragen der Berichterstattung

Meist wird der PrüfBer hinsichtlich der überwiegenden Teile **während der örtlichen Prüfung** erstellt. Nach der Schlussbesprechung (§ 320 Anm 13) sollten am PrüfBer nur noch Restarbeiten erledigt werden. **140**

Es entspricht den Anforderungen an die Qualitätssicherung (§§ 37 ff der BS der WPK; *VO 1/2006*, 629; IDW PS 140 Die Durchführung von Qualitätskontrollen in der Wirtschaftsprüferpraxis WPg Suppl 2/2008, 1) und ist berufsüb- **141** lich, den PrüfBer *vor* Auslieferung an den Mandanten von Mitarbeitern mit längerer Berufserfahrung, die an der Prüfung nicht mitgewirkt haben, im Rahmen der sog **Berichtskritik** kritisch durchsehen zu lassen.

Es entspricht auch der Berufsübung, vor der endgültigen Fertigstellung des PrüfBer dem geprüften Unt üblicherweise einen Berichtsentwurf – als **Vorwegoder Leseexemplar** gekennzeichnet – zur Durchsicht zuzustellen, um die richtige und vollständige Erfassung der im PrüfBer berücksichtigten Sachverhalte iS eines letzten Auskunfts-Ersuchens sicherzustellen (ähnlich *ADS*[6] § 321 Anm 156 und 172) und die nach Abs 5 S 2 vorgesehene Stellungnahme des Vorstands bzw der Geschäftsführung zu ermöglichen. Es wird zT in Frage gestellt, ob diese Handhabung, wonach der *Berichtsentwurf* Grundlage für die in Abs 5 vorgeschriebene Stellungnahme des Vorstands sein kann (s Anm 134), beibehalten werden kann (unklar IDW PS 450, Tz 117). *Kuhner/Päßler* in HdR[5] Anm 87 lehnen die Verfahrensweise ab, dass der UntLeitung „ein Entwurfsexemplar zugeleitet werden soll, welches im Lichte seiner Stellungnahme möglicherweise noch abgeändert werden kann".

142   Nach § 325 Abs 3a S 2 dürfen die **PrüfBer** und **BVm zum Jahresabschluss des Mutterunternehmens und zum Konzernabschluss zusammengefasst** werden, wenn der KA zusammen mit dem JA des MU oder mit einem von diesem aufgestellten IFRS-EA bekannt gemacht werden. Dies gilt nach § 315 Abs 3 auch für die Zusammenfassung von Konzernlagebericht und Lagebericht des MU. Eine Verpflichtung zur Zusammenfassung der beiden PrüfBer besteht jedoch nicht. Wegen Einzelheiten zur zusammengefassten Berichterstattung s Anm 122; zur Zusammenfassung des BVm vgl § 322 Anm 145 ff. Es empfiehlt sich, das Wahlrecht zur Zusammenfassung von PrüfBer und BVm einheitlich (*WPH*[14] I, Q Anm 731) und nach Möglichkeit stetig auszuüben.

143   Wird auf Grund einer Änderung des bereits geprüften JA oder KA, Lageberichts oder Konzernlageberichts eine **Nachtragsprüfung** durchgeführt (§ 316 Abs 3, § 173 Abs 3 AktG), ist hierüber Bericht zu erstatten. Hier wird meistens ein eigenständiger **Nachtragsbericht** erstellt, wobei im zweiten Bericht auf die *ausschließlich gemeinsame* Verwendung mit dem ersten Bericht hingewiesen werden muss (IDW PS 450, Tz 145). Die in der Praxis auch vorkommende Ergänzung der ursprünglichen Berichterstattung setzt die Rückgabe *aller* Exemplare des ersten Berichts voraus. Diese Regelung gilt auch für den Widerruf des BVm (idS auch *WPH*[14] I, Q Anm 608 f).

144   Bei Durchführung von **Gemeinschaftsprüfungen (Joint Audit;** s hierzu IDW PS 208 Zur Durchführung von Gemeinschaftsprüfungen (Joint Audit) WPg 1999, 707, WPg Suppl 1/2011, 1) kommt normalerweise auch eine einheitliche (gemeinsame) Berichterstattung in Betracht. Diese Handhabung setzt allerdings voraus, dass beide Prüfer zu einem übereinstimmenden abschließenden Prüfungsergebnis gelangen. Falls abw Beurteilungen der AP *klar abgrenzbare Einzelfragen* betreffen, halten wir dennoch einen einheitlichen PrüfBer für zulässig, dann *aber* mit einem **Zusatzkapitel** zu diesen Fragen und ihren Auswirkungen auf den JA/KA *und* entspr Angaben bzw Verweisen im PrüfBer; auch nach *WPH*[14] I, Q Anm 320 sind Meinungsverschiedenheiten im PrüfBer zum Ausdruck zu bringen. Falls der BVm eines AP abweicht, ist das in einem Zusatzkapitel ausdrücklich hervorzuheben.

145   Prüfungen von TU nach **internationalen,** zB englischen, US-amerikanischen oder kanadischen **Grundsätzen** folgen den dort maßgeblichen Grundsätzen auch hinsichtlich der Berichterstattung, die die Vorschriften des § 321 nicht tangieren und unabhängig davon vereinbart werden können.

146   Prüfung und Berichterstattung beziehen sich bei **Erstprüfungen** auch auf die im JA angegebenen Vj-Zahlen; bei mangelnder Vergleichbarkeit ist ein entspr

Hinweis erforderlich (IDW PS 205 Prüfung von Eröffnungsbilanzwerten im Rahmen von Erstprüfungen WPg 2001, 150, WPg Suppl 4/2010, 1; IDW PS 318 sowie IDW RS HFA 39 Vorjahreszahlen im handelsrechtlichen Jahresabschluss WPg Suppl 1/2012, 90).

Kündigt der AP den Prüfungsauftrag gem § 318 Abs 6 und 7 aus wichtigem Grund, ist – unter Hinweis auf die **Kündigung** – über das Ergebnis der bisherigen Prüfung ggü den Organen der zu prüfenden Ges zu berichten (§ 318 Abs 6 S 4). Der bisherige AP hat dem neuen AP auf schriftliche Anfrage über das Ergebnis der bisherigen Prüfung zu berichten (§ 320 Abs 4). Auf nicht abschließend beurteilbare Vorgänge mit möglicher Auswirkung auf die Ordnungsmäßigkeit der Rechnungslegung ist hinzuweisen. Im Übrigen gelten die allgemeinen Berichtsgrundsätze (IDW PS 450, Tz 150; *WPH*[14] I, Q Anm 322). **147**

G. Rechtsfolgen einer Verletzung des § 321

Enthält der PrüfBer **Sachverhaltsfehler** oder fachliche **Mängel**, hat der Auftraggeber nach allgemeinem Vertragsrecht Anspruch auf Beseitigung der Mängel durch den AP (§ 633 BGB). Sämtliche mängelbehafteten Ausfertigungen des PrüfBer sind durch mängelfreie Berichtsexemplare zu ersetzen. Für Schäden, die unmittelbar durch den Mangel des PrüfBer entstehen, und für Mangelfolgeschäden enthält § 323 eine abschließende Sonderregelung (*WPH*[14] I, Q Anm 327 Nr. 8 AAB; vgl auch *Graf* Neue Strafbarkeitsrisiken für den Wirtschaftsprüfer durch das KonTraG BB 2001, 562). **148**

Neben den zivilrechtlichen Schadensersatzpflichten gem § 323 kommen berufsrechtlich ggf die Maßnahmen nach §§ 67, 68 WPO in Betracht. Strafrechtlich sind die mit Freiheits- oder Geldstrafen bewehrten Vorschriften von § 332 und § 403 AktG zu beachten; eine Verletzung der Verschwiegenheitsverpflichtung ist durch § 333 unter Strafe gestellt; s jeweils dort.

§ 321a Offenlegung des Prüfungsberichts in besonderen Fällen

(1) ¹Wird über das Vermögen der Gesellschaft ein Insolvenzverfahren eröffnet oder wird der Antrag auf Eröffnung des Insolvenzverfahrens mangels Masse abgewiesen, so hat ein Gläubiger oder Gesellschafter die Wahl, selbst oder durch einen von ihm zu bestimmenden Wirtschaftsprüfer oder im Falle des § 319 Abs. 1 Satz 2 durch einen vereidigten Buchprüfer Einsicht in die Prüfungsberichte des Abschlussprüfers über die aufgrund gesetzlicher Vorschriften durchzuführende Prüfung des Jahresabschlusses der letzten drei Geschäftsjahre zu nehmen, soweit sich diese auf die nach § 321 geforderte Berichterstattung beziehen. ²Der Anspruch richtet sich gegen denjenigen, der die Prüfungsberichte in seinem Besitz hat.

(2) ¹Bei einer Aktiengesellschaft oder einer Kommanditgesellschaft auf Aktien stehen den Gesellschaftern die Rechte nach Absatz 1 Satz 1 nur zu, wenn ihre Anteile bei Geltendmachung des Anspruchs zusammen den einhundertsten Teil des Grundkapitals oder einen Börsenwert von 100 000 Euro erreichen. ²Dem Abschlussprüfer ist die Erläuterung des Prüfungsberichts gegenüber den in Absatz 1 Satz 1 aufgeführten Personen gestattet.

(3) ¹Der Insolvenzverwalter oder ein gesetzlicher Vertreter des Schuldners kann einer Offenlegung von Geheimnissen, namentlich Betriebs- oder Geschäftsgeheimnissen, widersprechen, wenn die Offenlegung geeignet ist, der Gesellschaft einen erheblichen Nachteil zuzufügen. ²§ 323 Abs. 1 und 3 bleibt im Übrigen unberührt. ³Unbeschadet des Satzes 1 sind die Berechtigten nach

Absatz 1 Satz 1 zur Verschwiegenheit über den Inhalt der von ihnen eingesehenen Unterlagen nach Absatz 1 Satz 1 verpflichtet.

(4) **Die Absätze 1 bis 3 gelten entsprechend, wenn der Schuldner zur Aufstellung eines Konzernabschlusses und Konzernlageberichts verpflichtet ist.**

Übersicht

	Anm
A. Einsichtnahme in den Prüfungsbericht in besonderen Fällen (Abs 1)	1–12
B. Begrenzung des Einsichtsrechts (Abs 2)	13, 14
C. Verschwiegenheitspflicht bei Einsichtnahme (Abs 3)	15–19
D. Ausweitung der Einsichtnahme auf Prüfungsberichte zu Konzernabschlüssen (Abs 4)	20

Schrifttum: *Forster/Gelhausen/Möller* Das Einsichtsrecht nach § 321a HGB in Prüfungsberichte des gesetzlichen Abschlussprüfers WPg 2007, 191; IDW PS 450 Grundsätze für die ordnungsmäßige Erteilung von Bestätigungsvermerken bei Abschlussprüfungen WPg 2006, 113, WPg Suppl 4/2009, 1, WPg Suppl 2/2012, 19.

A. Einsichtnahme in den Prüfungsbericht in besonderen Fällen (Abs 1)

1 § 321a regelt für den Fall der Eröffnung eines Insolvenzverfahrens (§ 11 InsO) oder der Abweisung eines Insolvenzverfahrens mangels Masse (§ 26 InsO) ein besonderes Einsichtsrecht in den PrüfBer für betroffenen Ges; hiermit korrespondiert das Recht des AP den PrüfBer ggü den Einsichtsberechtigten zu erläutern. Das Einsichtsrecht soll der Prüfung dienen, ob der AP seinen gesetzlichen Berichtspflichten ggü den Adressaten des PrüfBer nachgekommen ist und diese ihr Verhalten entspr ausgerichtet haben und die ggf erforderlichen Maßnahmen ergriffen haben. IZm einer unerwarteten UntSchieflage kann sich der AP von einem ggf in der Öffentlichkeit geäußerten Vorwurf der unzureichenden Prüfung oder Berichterstattung entlasten (IDW PS 450, Tz 152a).

2 Voraussetzung für das Einsichtsrecht gem Abs 1 ist die Eröffnung eines Insolvenzverfahrens (§ 11 InsO) oder die Abweisung eines Insolvenzverfahrens mangels Masse (§ 26 InsO); das Einsichtsrecht besteht auch bei der Einstellung des eröffneten Insolvenzverfahrens mangels Masse gem § 207 InsO (*Forster/Gelhausen/Möller* WPg 2007, 192). Die Offenlegung gem § 321a ist keine Offenlegung iSd § 325, sondern gewährt lediglich einen *Rechtsanspruch* auf Einsichtnahme.

3 Dieser Rechtsanspruch besteht für **Gläubiger** oder **Gester,** denen ein berechtigtes Interesse an den Ursachen für die Eröffnung des Insolvenzverfahrens zuzubilligen ist; bei diesen Personengruppen ist generell ein berechtigtes Interesse anzunehmen (*Begr RegE* v 21.4.2004, 93). Ein berechtigtes Interesse ist nicht anzunehmen, wenn der Gläubiger Aussicht auf vollständige Befriedigung hat oder der Gester noch keine Einzahlungen geleistet hat (so auch *Forster/Gelhausen/Möller* WPg 2007, 193). Ist eine juristische Person berechtigt, kann das Einsichtsrecht auch durch einen Mitarbeiter ausgeübt werden (*Forster/Gelhausen/Möller* WPg 2007, 197). Der Gläubiger oder Gester kann sein Einsichtsrecht ohne Begr auf einen WP oder im Falle des § 319 Abs 1 S 2 auf einen vBP delegieren; nach der *Begr RegE* v 21.4.2004, 93, darf auch eine WPG oder BPG beauftragt werden. Klarstellend sei darauf hingewiesen, dass der einsichtnehmende WP oder vBP nicht der AP des Unt ist, sondern dieser lediglich über die Formalqualifikation

(WP oder vBP) verfügen muss. Andere Sachverständige können nicht mit der Einsichtnahme beauftragt werden.

Das **Einsichtsrecht beschränkt** sich auf PrüfBer über die aufgrund gesetzlicher Vorschriften durchzuführende Prüfung des JA der letzten drei Gj, soweit sich diese auf die nach § 321 geforderte Berichterstattung beziehen. Der jüngste zur Einsichtnahme heranzuziehende PrüfBer dürfte derjenige sein, der den gesetzlichen Vertretern als letzter vom AP übergeben wurde (vgl zur Diskussion um den zeitlichen Anwendungsbereich *Orth* in Bilanzrecht, § 321a Rz 15 und *Forster/Gelhausen/Möller* WPg 2007, 201). 4

Das Einsichtsrecht ist auf die Berichtsteile beschränkt, die nach § 321 vorgeschrieben sind (*WPH*[14] I, Q Anm 28). Da mit § 321a ein Einsichtsrecht in den einer nur sehr eingeschränkten Publizität unterliegenden PrüfBer geschaffen wurde, ist davon auszugehen, dass sich das Einsichtsrecht auch auf den JA und Lagebericht erstreckt, auch wenn diese nicht nach § 325 offengelegt wurden (glA *Forster/Gelhausen/Möller* WPg 2007, 195; *Ebke* in MünchKomm HGB[2] § 321a Anm 7). 5

§ 321a Abs 1 gewährt ein Einsichtsrecht in den PrüfBer zum JA und Abs 4 in den PrüfBer zum KA; daraus ergibt sich auch ein Einsichtsrecht in den zusammengefassten PrüfBer. PrüfBer zu EA unterliegen durch den Verweis in § 324a Abs 1 auch dem Einsichtsrecht (*Heni* in Rechnungslegung § 321a Anm 8). Da das Einsichtsrecht in den KA auf Gester und Gläubiger des MU begrenzt ist, können Textpassagen ggf unleserlich gemacht werden (*Orth* in Bilanzrecht, § 321a Rz 11; *Forster/Gelhausen/Möller* WPg 2007, 200). Ein Einsichtsrecht in Arbeitspapiere oder Management-Letter besteht nicht (so auch *Ebke* in MünchKomm HGB[2] § 321a Anm 7; vgl zur Diskussion *Heni* in Rechnungslegung § 321a Anm 8). 6

Das Einsichtsrecht erfasst keine aufgrund anderer (zB wirtschaftszweig- oder rechtsformspezifischer) Vorschriften vorgeschriebenen Berichtsteile, da diese weitere, über die eigentliche APr hinausgehende Regelungsbereiche betreffen und regelmäßig weniger an die unternehmensinternen Überwachungsträger als vielmehr an staatliche Überwachungsstellen gerichtet sind. So enthält zB der PrüfBer im Fall der Prüfung eines Kreditinstituts entspr § 29 Abs 4 KWG iVm § 59 PrüfbV auch Ausführungen zu den wirtschaftlichen Verhältnissen einzelner Kreditnehmer, deren eigentlicher Adressat die BaFin ist (*Begr RegE* v 21.4.2004, 94). 7

Etwas anderes dürfte im Fall der gem **§ 53 HGrG** erweiterten APr und für den „Fragenkatalog zur Prüfung der Ordnungsmäßigkeit der Geschäftsführung und der wirtschaftlichen Verhältnisse nach § 53 HGrG" (IDW PS 720, Berichterstattung über die Erweiterung der APr nach § 53 HGrG WPg 2006, 1452, WPg Suppl 1/2011, 1) gelten, auch wenn das Recht diese Prüfung zu verlangen, der Gebietskörperschaft zusteht und primär für deren Überwachungsinteressen erbracht wird. Für die Berichtsausführungen zu den Prüfungsgegenständen gem § 53 HGrG – die wirtschaftlichen Verhältnisse der Ges und die Ordnungsmäßigkeit der Geschäftsführung – ist aber festzustellen, dass sich gem Abs 1 S 1 „diese auf die nach § 321 geforderte Berichterstattung beziehen." Diese Berichtsbestandteile können deshalb nicht vom Einsichtsrecht ausgenommen werden, da der AP zB gem § 321 Abs 2 S 3 darauf einzugehen hat, ob der Abschluss ein den tatsächlichen Verhältnissen entspr Bild der VFE-Lage vermittelt und er gem § 321 Abs 1 S 2 zu der Beurteilung der Lage, des Fortbestands und der Entwicklung des Unt durch die gesetzlichen Vertreter Stellung zu nehmen hat; außerdem hat der AP im Rahmen der Redepflicht gem § 321 Abs 1 S 3 über bei Durchführung der APr festgestellte Unrichtigkeiten oder Verstöße gegen gesetzliche Vorschriften oder schwerwiegende Verstöße der ges Vertreter zu berichten (glA 8

§ 321a 9–12   Prüfung

Orth in Bilanzrecht § 321a Rz 44; aA *Bertram* in Haufe HGB § 321a Rz 25; *Forster/Gelhausen/Möller* WPg 2007, 196, die das Einsichtsrecht auf Abschn beschränken wollen, die in § 321 als Inhalt des PrüfBer vorgeschrieben sind).

9   Eine Ausweitung des Einsichtsrechts auf PrüfBer zu **freiwilligen Prüfungen** erscheint nicht sachgerecht, da dies die Bereitschaft zu einer freiwilligen Prüfung mindern könnte und damit vor dem Gesetzeshintergrund kontraproduktiv wäre (so auch mit anderer Begr *Weber/Keßler* in HdR[5] Vor Kap 1 Anm 83; *Bertram* in Haufe HGB § 321a Rz 25; IDW PS 450, Tz 152c).

10   Durch die Einsichtnahme in die PrüfBer, in denen zB **Aussagen zu Gegenstand, Art und Umfang der Prüfung** und zu einzelnen Prüfungsfeststellungen enthalten sind, soweit sie sich auf die nach § 321 geforderte Berichterstattung beziehen, wird es auch außerhalb des AR nachvollziehbar, ob der AP seiner gesetzlichen Berichtspflicht, insb der geforderten Stellungnahme zur Lagebeurteilung durch die gesetzlichen Vertreter des Unt (§ 321 Abs 1 S 2) und der Berichterstattung über Entwicklungsbeeinträchtigungen und Bestandsgefährdungen, die er im Verlauf der Prüfung festgestellt hat (§ 321 Abs 1 S 3), nachgekommen ist. Auf Grund der gesetzlichen Verschwiegenheitspflicht hatte der AP bislang keine Möglichkeiten, zu in der Öffentlichkeit geäußerten Vermutungen bzgl einer mangelhaften Prüfung oder Berichterstattung bei UntSchieflagen Stellung zu nehmen. Das Recht zur Einsichtnahme in die PrüfBer gem § 321a fordert und unterstützt eine § 321 entspr Darstellung im PrüfBer in kritischen UntSituationen (vgl *Heni* in Rechnungslegung § 321a Anm 1).

11   Die **Erläuterungen des AP** können sich ggf an IDW PS 470 (Grundsätze für die Kommunikation des Abschlussprüfers mit dem Aufsichtsorgan WPg 2003, 608, WPg Suppl 4/2009, 1, WPg Suppl 4/2010, 1, WPg Suppl 2/2012, 19) orientieren. Bei seinen Erl kann der AP den Einfluss einzelner besonders bedeutsamer Geschäftsvorfälle sowie wesentlicher Bewertungsgrundlagen und ihrer Änderungen einschließl der Ausübung von Bilanzierungs- und Bewertungswahlrechten und der Ausnutzung von Ermessensspielräumen sowie von sachverhaltsgestaltenden Maßnahmen auf die Darstellung der VFE-Lage erläutern. Dabei kann es hilfreich sein, Einzelposten (zB das ao Ergebnis), welche die Darstellung der VFE-Lage wesentlich beeinflussen, zu erläutern. Es besteht jedoch keine Pflicht, den PrüfBer überhaupt oder insgesamt zu kommentieren. Da durch die Erl kein Vertragsverhältnis zustande kommt, besteht idR kein Schadensersatzanspruch gegen den AP (glA *Forster/Gelhausen/Möller* WPg 2007; *Ebke* in MünchKomm HGB[2] § 321a Anm 7, empfiehlt unmissverständliche Klarstellung, dass kein vertragliches oder sonstiges Schuldverhältnis eingegangen wird); Dritthaftungsansprüche sind in Ausnahmefällen denkbar (vgl *Orth* in Bilanzrecht, § 321a Rz 8).

12   Der **Rechtsanspruch zur Einsichtnahme** richtet sich gemäß Abs 1 S 2 gegen denjenigen, der die PrüfBer in seinem Besitz hat. Dies wird im Falle der Eröffnung des Insolvenzverfahrens idR der Insolvenzverwalter sein (§ 36 Abs 2 S 1 InsO). In sonstigen Fällen wird es vom Ausgang des Insolvenzverfahrens abhängig sein, wer die PrüfBer im Besitz hat. Zu berücksichtigen ist hierbei auch, dass zB auch der AR, der AP oder auch Dritte (Banken, Behörden) im Besitz des PrüfBer sein können. Diese sind nicht zur Gewährung der Einsichtnahme verpflichtet, zumal nur für den Insolvenzverwalter oder den gesetzlichen Vertreter des Schuldners ein Widerspruchsrecht zur Einsichtnahme gem Abs 3 S 3 besteht (so auch *Pfitzer/Oser/Orth* Offene Fragen und Systemwidrigkeiten des Bilanzrechtsreformgesetzes (BilReG) DB 2004, 2601; *Weber/Keßler* in HdR[5] Vor Kap 1 Anm 84; *Forster/Gelhausen/Möller* WPg 2007, 194f; *Heni* in Rechnungslegung § 321a Anm 11). Das Einsichtsrecht besteht in Sonderfällen auch gegen Gester (zB Ablehnung der Insolvenzeröffnung mangels Masse oder bei führungsloser

Ges; vgl *Orth* in Bilanzrecht, § 321a Rz 54; *Heni* in Rechnungslegung § 321a Anm 12; ähnlich *Forster/Gelhausen/Möller* WPg 2007, 194).

B. Begrenzung des Einsichtsrechts (Abs 2)

Wegen der erheblichen Zahl von Kleinaktionären und um das Verfahren der Einsichtnahme praktikabel zu halten, steht das Einsichtsrecht nach Abs 1 S 1 nach der Einschränkung in Abs 2 S 1 nur solchen Aktionären einer AG oder KGaA zu, deren Aktien einen bestimmten Grenzwert übersteigen. Der **Grenzwert** entspricht dem einhundertsten Teil des Grundkapitals oder einem Börsenwert von 100 000 Euro und beträgt ein Fünftel des Werts nach § 318 Abs 3. Dies erscheint gerechtfertigt, da die dort vorgesehenen Maßnahmen (Bestellung eines anderen AP) schwerwiegender sind als die Einsichtnahme in den PrüfBer. Der Grenzwert entspricht den Werten der §§ 142 Abs 2, 4 und 148 Abs 1 AktG. Es ist ausreichend, wenn der Grenzwert nur im Zeitpunkt der Geltendmachung erreicht wird. Auch wenn der Kurs infolge der Insolvenz stark gesunken ist, kommt es nur auf den aktuellen Kurs und nicht auf den letzten Kurs vor Eröffnung des Insolvenzverfahrens an (*Forster/Gelhausen/Möller* WPg 2007, 194). Es ist auch nicht ausgeschlossen, dass sich mehrere Gester zusammenschließen, um den vorgeschriebenen Grenzwert zu erreichen. Für GmbH und KapCoGes besteht keine Grenzwertregelung. 13

Eine **weitergehende Begrenzung** des Einsichtsrechts wird nicht ausgesprochen. Damit ist es auch Konkurrenten gestattet, die zugleich Gläubiger oder Gester des Unt sind, von ihrem Einsichtsrecht Gebrauch zu machen. Die Verpflichtung zur Verschwiegenheit gem § 321 Abs 3 S 3 geht in diesem Fall ins Leere. Vor dem Hintergrund, dass jedem Gläubiger oder Gester ein Einsichtsrecht gewährt wird, erscheint es zweifelhaft, ob Arbeitnehmer bewusst ausgeschlossen werden sollten, denn auch diesen Personen wird zweifellos ein berechtigtes Interesse an den Ursachen für die Eröffnung des Insolvenzverfahrens zugestanden werden müssen (aA *Heni* in Rechnungslegung § 321a Anm 4). 14

C. Verschwiegenheitspflicht bei Einsichtnahme (Abs 3)

Abs 3 S 1 soll sicherstellen, dass der Insolvenzverwalter oder ein gesetzlicher Vertreter des Schuldners der Offenbarung von Geheimnissen, namentlich Betriebs- oder Geschäftsgeheimnissen, widersprechen kann, wenn die Offenlegung geeignet ist, der Ges einen erheblichen **Nachteil** zuzufügen; der Begriff des Nachteils ist eng auszulegen (*Forster/Gelhausen/Möller* WPg 2007, 196). 15

Der Insolvenzverwalter oder der gesetzliche Vertreter kann gem Abs 3 S 1 der Offenlegung von Geheimnissen ggü den Einsichtsberechtigten widersprechen, wenn die Offenlegung geeignet ist, der Ges einen „erheblichen Nachteil" zuzufügen. Eine Eignung der Geheimnisoffenlegung zur Nachteilzufügung reicht aus; sie muss jedoch zur Vermeidung einer missbräuchlichen Ausnutzung des Widerspruchrechts mit großer Wahrscheinlichkeit gegeben oder zumindest plausibel sein (vgl *Heni* in Rechnungslegung § 321a Anm 18). Dabei kommt es auf die vernünftige kfm Beurteilung als Maßstab für den erheblichen Nachteil an. Zum Begriff der vernünftigen kfm Beurteilung vgl § 253 Anm 154, s auch § 286 Abs 3 S 1 Nr 2, Anm 9. 16

Das **Widerspruchsrecht** des Insolvenzverwalters oder des gesetzlichen Vertreters ginge ins Leere, wenn es nicht mit der dem AP gem Abs 2 S 2 gestatteten Erl des PrüfBer korrespondieren würde. Es ist somit eine Abstimmung zwischen 17 dem AP und dem Insolvenzverwalter oder dem gesetzlichen Vertreter erforderlich, **welche Betriebs- oder Geschäftsgeheimnisse** nicht Gegenstand der Erl sein sollen (so auch IDW PS 450, Tz 152g); Einsichtsberechtigte sollten sich daher zunächst an den Insolvenzverwalter wenden (IDW PS 450, Tz 152g; *Ebke* in MünchKomm HGB[2] § 321a Anm 9).

18 Abs 2 S 2 gestattet dem AP bei der Einsichtnahme im Bedarfsfall die Erl des PrüfBer ggü den in Abs 1 S 1 genannten Personen. Die Verantwortlichkeit gem § 323 und damit die Verschwiegenheitspflicht des AP werden allerdings nicht hier, sondern iZm dem Widerspruchrecht des Insolvenzverwalters oder des gesetzlichen Vertreters des Schuldners in Abs 3 S 2 angesprochen. Zu Abs 3 S 2 unterstreicht der Rechtsausschuss, dass mit dem Verweis auf § 323 Abs 1 und 3 sichergestellt werden soll, dass auch bei Einsichtnahme in die PrüfBer die Pflicht des AP zur Wahrung von Geschäfts- und Betriebsgeheimnissen unberührt bleibt. Es sollen keine über § 323 hinausgehenden Haftungsansprüche geschaffen werden (BT-Drs 15/4054, 78). Vor diesem Hintergrund wird der AP das ihm gestattete ErlRecht des Abs 2 S 2 auch im Eigeninteresse interpretieren müssen. Die Erl des AP dürfen nicht über die Ausführungen im PrüfBer hinausgehen, wohl aber sind Erl zu wertaufhellenden Sachverhalten denkbar (vgl Anm 11).

19 S 3 verpflichtet auch die Einsichtsberechtigten zur Verschwiegenheit über den Inhalt der von ihnen eingesehenen Unterlagen und die Erl des AP (so auch *Forster/Gelhausen/Möller* WPg 2007, 200), auch wenn es sich hierbei nicht um Betriebs- oder Geschäftsgeheimnisse handelt. Die Verschwiegenheitspflicht betrifft auch Informationen über fehlende oder pflichtwidrige Berichterstattung oder Hinweise des AP („negativer Inhalt"; vgl *Forster/Gelhausen/Möller* WPg 2007, 200).

D. Ausweitung der Einsichtnahme auf Prüfungsberichte zu Konzernabschlüssen (Abs 4)

20 Abs 4 sieht eine entspr Anwendung der Abs 1 bis 3 für den Fall vor, dass der Schuldner zur Aufstellung eines KA und eines Konzernlageberichts verpflichtet ist bzw war. Das Einsichtsrecht gem Abs 4 steht den Gester und Gläubigern des Unt gem Abs 1 zu, das als MU auch einen KA aufgestellt hat. Ein Einsichtsrecht der Gester und Gläubiger eines insolventen TU in den KA des nicht insolventen MU besteht nicht, da das MU kein Schuldner iSd Abs 4 ist (so auch *Forster/Gelhausen/Möller* WPg 2007, 200; *Heni* in Rechnungslegung § 321a Anm 22). Es besteht auch kein Einsichtsrecht in die PrüfBer der einbezogenen TU, da diese nicht unmittelbar von der Insolvenz des MU betroffen sind (so auch *Pfitzer/Oser/Orth* Offene Fragen und Systemwidrigkeiten des Bilanzrechtsreformgesetzes (BilReG) DB 2004, 2601; *Weber/Keßler* in HdR[5] Vor Kap 1 Anm 86). Für den Fall, dass das Unt von § 264 Abs 3 oder 264b Gebrauch macht, erscheint es sachgerecht, von einem Einsichtsrecht in den KA auszugehen (ähnlich *Forster/Gelhausen/Möller* WPg 2007, 200).

§ 322 Bestätigungsvermerk

(1) [1]Der Abschlussprüfer hat das Ergebnis der Prüfung in einem Bestätigungsvermerk zum Jahresabschluss oder zum Konzernabschluss zusammenzufassen. [2]Der Bestätigungsvermerk hat Gegenstand, Art und Umfang der Prüfung zu beschreiben und dabei die angewandten Rechnungslegungs- und Prüfungsgrund-

Bestätigungsvermerk § 322

sätze anzugeben; er hat ferner eine Beurteilung des Prüfungsergebnisses zu enthalten.

(2) ¹Die Beurteilung des Prüfungsergebnisses muss zweifelsfrei ergeben, ob
1. ein uneingeschränkter Bestätigungsvermerk erteilt,
2. ein eingeschränkter Bestätigungsvermerk erteilt,
3. der Bestätigungsvermerk aufgrund von Einwendungen versagt oder
4. der Bestätigungsvermerk deshalb versagt wird, weil der Abschlussprüfer nicht in der Lage ist, ein Prüfungsurteil abzugeben.

²Die Beurteilung des Prüfungsergebnisses soll allgemein verständlich und problemorientiert unter Berücksichtigung des Umstandes erfolgen, dass die gesetzlichen Vertreter den Abschluss zu verantworten haben. ³Auf Risiken, die den Fortbestand des Unternehmens oder eines Konzernunternehmens gefährden, ist gesondert einzugehen. ⁴Auf Risiken, die den Fortbestand eines Tochterunternehmens gefährden, braucht im Bestätigungsvermerk zum Konzernabschluss des Mutterunternehmens nicht eingegangen zu werden, wenn das Tochterunternehmen für die Vermittlung eines den tatsächlichen Verhältnissen entsprechenden Bildes der Vermögens-, Finanz- und Ertragslage des Konzerns nur von untergeordneter Bedeutung ist.

(3) ¹In einem uneingeschränkten Bestätigungsvermerk (Absatz 2 Satz 1 Nr. 1) hat der Abschlussprüfer zu erklären, dass die von ihm nach § 317 durchgeführte Prüfung zu keinen Einwendungen geführt hat und dass der von den gesetzlichen Vertretern der Gesellschaft aufgestellte Jahres- oder Konzernabschluss aufgrund der bei der Prüfung gewonnenen Erkenntnisse des Abschlussprüfers nach seiner Beurteilung den gesetzlichen Vorschriften entspricht und unter Beachtung der Grundsätze ordnungsmäßiger Buchführung oder sonstiger maßgeblicher Rechnungslegungsgrundsätze ein den tatsächlichen Verhältnissen entsprechendes Bild der Vermögens-, Finanz- und Ertragslage des Unternehmens oder des Konzerns vermittelt. ²Der Abschlussprüfer kann zusätzlich einen Hinweis auf Umstände aufnehmen, auf die er in besonderer Weise aufmerksam macht, ohne den Bestätigungsvermerk einzuschränken.

(4) ¹Sind Einwendungen zu erheben, so hat der Abschlussprüfer seine Erklärung nach Absatz 3 Satz 1 einzuschränken (Absatz 2 Satz 1 Nr. 2) oder zu versagen (Absatz 2 Satz 1 Nr. 3). ²Die Versagung ist in den Vermerk, der nicht mehr als Bestätigungsvermerk zu bezeichnen ist, aufzunehmen. ³Die Einschränkung oder Versagung ist zu begründen. ⁴Ein eingeschränkter Bestätigungsvermerk darf nur erteilt werden, wenn der geprüfte Abschluss unter Beachtung der vom Abschlussprüfer vorgenommenen, in ihrer Tragweite erkennbaren Einschränkung ein den tatsächlichen Verhältnissen im Wesentlichen entsprechendes Bild der Vermögens-, Finanz- und Ertragslage vermittelt.

(5) ¹Der Bestätigungsvermerk ist auch dann zu versagen, wenn der Abschlussprüfer nach Ausschöpfung aller angemessenen Möglichkeiten zur Klärung des Sachverhalts nicht in der Lage ist, ein Prüfungsurteil abzugeben (Absatz 2 Satz 1 Nr. 4). ²Absatz 4 Satz 2 und 3 gilt entsprechend.

(6) ¹Die Beurteilung des Prüfungsergebnisses hat sich auch darauf zu erstrecken, ob der Lagebericht oder der Konzernlagebericht nach dem Urteil des Abschlussprüfers mit dem Jahresabschluss und gegebenenfalls mit dem Einzelabschluss nach § 325 Abs. 2a oder mit dem Konzernabschluss in Einklang steht und insgesamt ein zutreffendes Bild von der Lage des Unternehmens oder des Konzerns vermittelt. ²Dabei ist auch darauf einzugehen, ob die Chancen und Risiken der zukünftigen Entwicklung zutreffend dargestellt sind.

(7) ¹Der Abschlussprüfer hat den Bestätigungsvermerk oder den Vermerk über seine Versagung unter Angabe von Ort und Tag zu unterzeichnen. ²Der Bestätigungsvermerk oder der Vermerk über seine Versagung ist auch in den Prüfungsbericht aufzunehmen.

§ 322

Prüfung

Übersicht

	Anm
A. Allgemeines	1–4
B. Anwendungsbereich	5
C. Bedeutung des Bestätigungsvermerks	
I. Aussagefähigkeit des Bestätigungsvermerks	6–10
II. Rechtliche Wirkung des Bestätigungsvermerks	11–16
D. Vermerk zum Jahresabschluss von Kapitalgesellschaften und Kapital-Gesellschaften & Co	
I. Bestandteile des uneingeschränkten Bestätigungsvermerks	17
1. Überschrift	18, 19
2. Einleitender Abschnitt (Abs 1 S 2)	20
3. Beschreibender Abschnitt (Abs 1 S 2)	21, 22
4. Beurteilung durch den Abschlussprüfer	
a) Arten von Beurteilungen des Prüfungsergebnisses (Abs 2 S 1)	23
b) Grundsätze zur Formulierung des Urteils (Abs 2 S 2)	24, 25
c) Urteil im Falle eines uneingeschränkten Bestätigungsvermerks (Abs 3 S 1)	26–31
d) Urteil zum Lagebericht (Abs 6)	32–35
5. Hinweis zur Beurteilung des Prüfungsergebnisses (Abs 3 S 2)	36, 37
6. Hinweis auf Bestandsgefährdungen (Abs 2 S 3 und 4)	38, 39
7. Formulierungsmuster	40
II. Einschränkung und Versagung (Abs 4)	
1. Begriff der Einwendungen (Abs 4 S 1)	41–47
2. Begründung von Einschränkung und Versagung und Darstellung der Tragweite der Einschränkungen (Abs S 2, 3 und 4)	49
a) Begründung und Darstellung der Tragweite von Einschränkungen	50–52
b) Begründung des Versagungsvermerks	53, 54
c) Abgrenzung zwischen Einschränkung und Versagung	55, 56
3. Eingeschränkter Bestätigungsvermerk (Wortlaut und typische Einwendungen)	57–64
4. Versagung aufgrund von Einwendungen (Abs 4 S 1–3)	67, 68
5. Versagung aufgrund fehlender Möglichkeit zur Beurteilung (Abs 5)	70–72
E. Vermerk zum Einzelabschluss nach § 325 Abs 2a	75–78
F. Bestätigungsvermerk bei Unternehmen, die dem PublG unterliegen	80–86
G. Besonderheiten bei freiwilligen Abschlussprüfungen	
I. Bestätigungsvermerk bei freiwilliger Vollprüfung	90–95
II. Bescheinigungen	110–112
H. Vermerk zu Konzernabschlüssen	
I. Uneingeschränkter Bestätigungsvermerk	115
1. Einleitender Abschnitt	116, 117
2. Beschreibender Abschnitt	118
3. Urteil des Abschlussprüfers	119
II. Einschränkung oder Versagung des Bestätigungsvermerks	
1. Eingeschränkter Bestätigungsvermerk	120
2. Versagungsvermerk	122

	Anm
III. Besonderheiten von Einwendungen	125
IV. Formulierungs-Muster	
1. Uneingeschränkter Bestätigungsvermerk bei Konzernabschlussprüfungen	130
2. Bestätigungsvermerk bei einem nach § 315a in Übereinstimmung mit den zur Anwendung in der Europäischen Union übernommenen Rechnungslegungsgrundsätzen bzw mit den IFRS aufgestellten Konzernabschluss	135–142
I. Zusammengefasster Bestätigungsvermerk	145, 146
J. Bestätigungsvermerke bei Abschlussprüfungen, die unter ergänzender Beachtung der ISA durchgeführt wurden	150–152
K. Unterzeichnung des Bestätigungsvermerks/Versagungsvermerks (Abs 7)	155–158
L. Sonstige Einzelfragen	
I. Erstprüfung	160
II. Nachtragsprüfung	162–165
III. Widerruf des Bestätigungsvermerks	170–177
IV. Bedingte Erteilung des Bestätigungsvermerks	180–185
M. Rechtsfolgen einer Verletzung des § 322	190

Schrifttum: *Ältere Literatur s Voraufl* – *Erle* Der Bestätigungsvermerk des Abschlussprüfers, Diss Düsseldorf 1990; *Kropff* Rechtsfragen in der Abschlussprüfung in FS Havermann, 321; *Elkart/Naumann* Zur Fortentwicklung der Grundsätze für die Erteilung von Bestätigungsvermerken bei Abschlussprüfungen nach § 322 HGB WPg 1995, 357 und 402; *Beisse* Zehn Jahre „True and fair view" in FS Clemm, 27; *Sarx* Ausgewählte Einzelfragen zum Bestätigungsvermerk beim Einzelabschluss in FS Clemm, 337; *Moxter* Die Vorschriften zur Rechnungslegung und Abschlussprüfung im Referentenentwurf eines Gesetzes zur Kontrolle und Transparenz im Unternehmensbereich BB 1997, 722; *Böcking/Orth* Kann das „Gesetz zur Kontrolle und Transparenz im Unternehmensbereich (KonTraG)" einen Beitrag zur Verringerung der Erwartungslücke leisten? – Eine Würdigung auf Basis von Rechnungslegung und Kapitalmarkt WPg 1998, 351; *Ernst* KonTraG und KapAEG sowie aktuelle Entwicklungen zur Rechnungslegung und Prüfung in der EU WPg 1998, 1025; *Forster* Abschlussprüfung nach dem Regierungsentwurf des KonTraG WPg 1998, 41; *Jacob* KonTraG und KapAEG – die neuen Entwürfe des Hauptfachausschusses zum Risikofrüherkennungssystem, zum Bestätigungsvermerk und zum Prüfungsbericht WPg 1998, 1043; *Richter* Jahresabschlussprüfung und Prüfungsanforderungen in der Europäischen Union, Diss Baden-Baden 2003; *Schruff* Zur Aufdeckung von Top-Management-Fraud durch den Wirtschaftsprüfer im Rahmen der Jahresabschlussprüfung WPg 2003, 901; *Bärenz* Haftung des Abschlussprüfers bei Bestätigung fehlerhafter Jahresabschlüsse gemäß § 323 Abs. 1 S. 3 HGB BB 2003, 1781; *Pfitzer/Orth* Die Berichterstattung des Abschlussprüfers nach neuem Recht in Dörner/Menold/Pfitzer; *Gross* Die Wahrung, Einschätzung und Beurteilung des „Going-Concern" in den Pflichten- und Verantwortungsrahmen von Unternehmensführung und Abschlussprüfung (Teil 2) WPg 2004, 1433; *Gross* Die Wahrung, Einschätzung und Beurteilung des „Going-Concern" in den Pflichten- und Verantwortungsrahmen von Unternehmensführung und Abschlussprüfung (Teil 1) WPg 2004, 1357; *Lanfermann* Vorschlag der EU-Kommission zur Modernisierung der EU-Prüferrichtlinie DB 2004, 609; *Mika/Müller/Rätsch/Schruff* Zur Beurteilung des Fraud-Risikos im Rahmen der Abschlussprüfung WPg 2004, 1057; *Siebert* Zur Anwendung der IDW Prüfungsstandards auf die Abschlussprüfung kleiner und mittelgroßer Unternehmen WPg 2004, 973; *Pfitzer/Oser/Orth* Offene Fragen und Systemwidrigkeiten des Bilanzrechtsreformgesetzes (BilReG). Erste Handlungsempfehlungen für eine normkonforme Umsetzung DB 2004, 2593; *Lange*

Berichterstattung in Lagebericht und Konzernlagebericht nach dem geplanten Bilanzrechtsreformgesetz ZIP 2004, 981; *O.V.* Bilanzrechtsreformgesetz – Seine Bedeutung für den Einzel- und Konzernabschluß der GmbH GmbHR 2004, 145; *Arbeitskreis Bilanzrecht der Hochschullehrer Rechtswissenschaft* Stellungnahme zum Referentenentwurf eines Bilanzrechtsreformgesetzes BB 2004, 546; *Hüttemann* BB-Gesetzgebungsreport: Internationalisierung des deutschen Handelsbilanzrechts im Entwurf des Bilanzrechtsreformgesetzes BB 2004, 203; *Kajüter* Berichterstattung über Chancen und Risiken im Lagebericht BB 2004, 427; *Peemöller/Oehler* Regierungsentwurf des BilReG: Änderungen gegenüber dem Referentenentwurf BB 2004, 1158; *Peemöller/Oehler* Referentenentwurf eines Bilanzrechtsreformgesetzes: Neue Regelung zur Unabhängigkeit des Abschlussprüfers BB 2004, 539; *Schön* Kompetenzen der Gerichte zur Auslegung von IAS/IFRS BB 2004, 763; *Veltins* Verschärfte Unabhängigkeitsanforderungen an Abschlussprüfer DB 2004, 445; *Hülsmann* Stärkung der Abschlussprüfung durch das Bilanzrechtsreformgesetz – Neue Bestimmungen zur Trennung von Beratung und Prüfung DStR 2005, 166; *Wendlandt/Knorr* Das Bilanzrechtsreformgesetz. Zeitliche Anwendung der wesentlichen bilanzrechtlichen Änderungen des HGB und Folgen für die IFRS-Anwendung in Deutschland KoR 2005, 53; *Gelhausen* Organisation der Abschlussprüfung, Unterzeichnung von Bestätigungsvermerken und berufsrechtliche Verantwortung WPK Magazin 2007, 58; *Ruhnke* Prüfungsdifferenzen – State of the art und Ergebnisse einer empirischen Untersuchung deutscher Prüfungsaufträge WPg 2009, 677; *Groß* Zur Beurteilung der „handelsrechtlichen Fortführungsprognose" durch den Abschlussprüfer WPg 2010, 119; *Adam/Quick* Das Going-Concern-Prinzip – Konzeption und praktische Implikationen BFuP 2010, 243; *Schruff* Weiterentwicklung der IDW Prüfungsstandards WPg 17/2010, I; *Kämpfer/Kayser/Schmidt* Das Grünbuch der EU-Kommission zur Abschlussprüfung DB 2010 2457; *Plath* Aktuelle Entwicklungen in Abschlussprüfung und Rechnungslegung WPg 2010, 1137; *Almeling/Boer/Küster* Erstellung von Abschlüssen nach deutschen und internationalen Normen – Entwicklungen und Vergleiche DB 2011, 1761; *Almeling* Internationale Grundsätze für die Durchführung von Assurance-Aufträgen WPg 2011, 607, 653; *Wader/Stäudle* Geänderte Rechnungslegungs- und Offenlegungsvorschriften für Kleinstkapitalgesellschaften durch das MicroBilG WPg 2013, 249; *Gewehr/Böhm/Herkendell* Prüfung von Abschlüssen für einen speziellen Zweck und von Finanzaufstellungen und deren Bestandteilen WPg 2013, 343; *IFAC (Hrsg)* Handbook of International Quality Control, Auditing, Review, Other Assurance, and Related Services Pronouncements New York 2013.

IDW Prüfungsstandards und Entwürfe von IDW Prüfungsstandards: IDW PS 201 Rechnungslegungs- und Prüfungsgrundsätze für die Abschlussprüfung WPg Suppl 2/2008, 21, Änderung WPg Suppl 4/2009, 1; IDW PS 202 Die Beurteilung von zusätzlichen Informationen, die von Unternehmen zusammen mit dem Jahresabschluß veröffentlicht werden WPg 2001, 121, Änderung WPg Suppl 4/2009, 1; IDW PS 205 Prüfung von Eröffnungsbilanzwerten im Rahmen von Erstprüfungen WPg 2001, 150, Änderung FN IDW 2010, 423; IDW PS 208 Zur Durchführung von Gemeinschaftsprüfungen (Joint Audit) WPg 1999, 707, Änderung FN IDW 2011, 113; IDW PS 210 Zur Aufdeckung von Unregelmäßigkeiten im Rahmen der Abschlussprüfung WPg 2006, 1422, Änderung FN IDW 2010, 423; IDW PS 250 nF Wesentlichkeit im Rahmen der Jahresabschlussprüfung WPg Suppl 1/2013, 1; IDW PS 270 Die Beurteilung der Fortführung der Unternehmenstätigkeit im Rahmen der Abschlussprüfung WPg 2003, 775, Änderung FN IDW 2010, 423; IDW PS 302 Bestätigungen Dritter WPg 2003, 872; IDW PS 303 Erklärungen der gesetzlichen Vertreter gegenüber dem Abschlußprüfer WPg 2002, 680, Änderung WPg 2006, 854; IDW EPS 303 nF Erklärung der gesetzlichen Vertreter gegenüber dem Abschlussprüfer WPg Suppl 4/2009, 19; IDW PS 314 Die Prüfung von geschätzten Werten in der Rechnungslegung WPg 2001, 906; IDW PS 314 nF Die Prüfung von geschätzten Werten in der Rechnungslegung einschließlich von Zeitwerten WPg Suppl 4/2009, 23; IDW EPS 320 nF Grundsätze für die Durchführung von Konzernabschlussprüfungen (einschließlich der Tätigkeit von Teilbereichsprüfern) FN IDW 2011, 267; IDW EPS 322 nF Verwendung der Arbeit eines für den Abschlussprüfers tätigen Sachverständigen WPg Suppl 3/2012, 3; IDW PS 345 Auswirkungen des Deutschen Corporate Governance Kodex auf die Abschlussprüfung WPg Suppl 4/2012, 3; IDW PS 350 Prüfung des Lageberichts WPg 2006, 1293, Änderung WPg Suppl 4/2009, 1; IDW PS 400 Grundsätze für die ordnungsmäßige Erteilung von Bestätigungsvermerken bei Abschlussprüfungen WPg

Bestätigungsvermerk 1–4 § 322

Suppl 4/2010, 25, Änderung WPg Suppl 1/2013, 7; IDW PS 450 Grundsätze ordnungsmäßiger Berichterstattung bei Abschlussprüfungen WPg 2006, 601, Änderung WPg Suppl 4/2009, 1 WPg Suppl 2/2012, 19; IDW EPS 480 Prüfung von Abschlüssen für einen speziellen Zweck WPg Suppl 1/2013, 8; IDW EPS 490 Prüfung von Finanzaufstellungen oder deren Bestandteilen WPg Suppl 1/2013, 21; IDW PS 610 Prüfung von Energieversorgungsunternehmen WPg Suppl 1/2013, 32; IDW PS 900 Grundsätze für die prüferische Durchsicht von Abschlüssen WPg 2001, 1078.

A. Allgemeines

§ 322 regelt zusammenfassend die Grundlagen des BVm zum JA, zum KA 1
und zum IFRS-EA. Die Vorschrift wurde zuletzt durch das BilReG sprachlich grundlegend, nicht jedoch materiell überarbeitet (zur Anwendbarkeit der ISA vgl § 317 Anm 90 ff).

Der BVm ist seiner Konzeption nach ein **frei zu formulierender Bestäti-** 2
gungsbericht mit einem einleitenden und einem beschreibenden Abschn, dem Prüfungsurteil zu JA oder KA, dem Prüfungsurteil zum Lagebericht sowie der Angabe bestandsgefährdender Risiken. Sind Einwendungen zu erheben, ist der BVm mit Begr einzuschränken oder zu versagen. Ist der AP nach Ausschöpfung aller angemessenen Möglichkeiten nicht in der Lage, ein Prüfungsurteil abzugeben, ist auch in diesem Fall der BVm zu versagen. Der beschreibende Teil hat Angaben zu Gegenstand, Art und Umfang der Prüfung und in diesem Rahmen, sofern noch nicht im einleitenden Abschn enthalten, Angaben über die angewandten Rechnungslegungs- und Prüfungsgrundsätze zu enthalten.

Das Prüfungsurteil bezieht sich auf die Übereinstimmung mit den gesetzlichen Vorschriften sowie auf die Vermittlung eines unter Beachtung der GoB oder sonstiger maßgeblicher Rechnungslegungsgrundsätze den tatsächlichen Verhältnissen entspr Bilds der VFE-Lage. Hinsichtlich des Lageberichts ist darauf einzugehen, ob dieser mit dem JA und ggf mit dem IFRS-EA oder mit dem KA in Einklang steht, ob dieser insgesamt ein zutreffendes Bild von der Lage des Unt oder des Konzerns vermittelt und ob die Chancen und Risiken der zukünftigen Entwicklung zutreffend dargestellt sind. Vermittelt ein JA/KA bzw IFRS-EA unter Beachtung der GoB kein den tatsächlichen Verhältnissen entspr Bild der VFE-Lage, ist der BVm einzuschränken oder zu versagen. Eine Einschränkung des BVm kommt in Betracht, wenn sich der Fehler auf einen abgrenzbaren Teil des JA/KA bzw IFRS-EA bezieht. Die Einschränkung ist so abzufassen, dass ihre Tragweite erkennbar wird. Lässt sich die Einwendung nicht abgrenzen, ist der BVm zu versagen. Die Versagung ist nicht als BVm zu bezeichnen.

Durch diese Konzeption ist zugleich Spielraum gegeben für die Berücksichti- 3
gung **internationaler Einflüsse,** wie sie etwa von den durch die **IFAC** verlautbarten Prüfungsgrundsätzen ausgehen (hier insb *ISA 700* Forming an Opinion and Reporting on Financial Statements). Dem wird auch durch die im Rahmen der Umsetzung der EG-RL 2003/51/EG ausdrücklich in den § 322 aufgenommene Möglichkeit Rechnung getragen, einen Hinweis auf Umstände aufnehmen zu können, auf die der AP in besonderer Weise aufmerksam macht, ohne den BVm einzuschränken.

Das IDW hat die „Grundsätze für die ordnungsmäßige Erteilung von Bestäti- 4
gungsvermerken bei Abschlussprüfungen" als IDW PS 400 verlautbart. Zur Übereinstimmung mit ISA 700 bzw Abweichung aufgrund nationaler Besonderheiten s IDW PS 400, Tz 116 f. Zu möglichen Auswirkungen einer verpflichtenden Anwendung internationaler Prüfungsstandards (§ 317 Anm 90 ff) auf den BVm s *PwC* BilMoG Komm, S Anm 60 ff.

B. Anwendungsbereich

5 § 322 gilt sachlich für die Pflichtprüfung nach dem Dritten Buch des HGB, also für die Prüfung des JA der prüfungspflichtigen **Kapitalgesellschaft** sowie der dieser gleichgestellten PersGes (KapCoGes) (§ 316 Anm 1) und des prüfungspflichtigen KA (§ 316 Anm 15). Bei dem zu prüfenden KA kann es sich sowohl um einen KA nach handelsrechtlichen Grundsätzen als auch um einen (IFRS-)KA nach den zur Anwendung in der EU übernommenen Rechnungslegungsgrundsätzen unter Beachtung der ergänzenden Regelungen des § 315a Abs 1 handeln. Weiterhin ist § 322 auch für die Prüfung eines IFRS-EA, der nach § 325 Abs 2a offengelegt wird, anwendbar (s auch § 324a).

Die Vorschriften zum BVm gelten auch für die Abschlüsse von *Kreditinstituten* (§ 340k) und von *VersicherungsUnt* (§ 341k). Zur sinngemäßen Anwendung auf Abschlüsse von Unt, die unter das PublG fallen, s Anm 80, zur Anwendung bei eG Vor § 339 Anm 19. Zudem gelten die Vorschriften zum BVm für APr, die freiwillig nach §§ 316 ff durchgeführt werden und somit nach Art und Umfang einer gesetzlichen AP entsprechen (s Anm 90 ff).

C. Bedeutung des Bestätigungsvermerks

I. Aussagefähigkeit des Bestätigungsvermerks

6 Der AP hat das Ergebnis seiner Prüfung in einem BVm zum JA oder KA zusammenzufassen (Abs 1 S 1). Je nach dem abschließenden Ergebnis der Prüfung ist ein uneingeschränkter BVm, ein eingeschränkter BVm oder ein **Versagungsvermerk** zu erteilen. Ein Versagungsvermerk ist auch dann zu erteilen, wenn der AP nicht in der Lage ist, ein Prüfungsurteil abzugeben. In Abgrenzung zum PrüfBer, dessen Adressat der AR, ggf die Geschäftsführung oder die GesV sind (im Einzelnen § 321 Anm 134 ff), richtet sich der BVm im Regelfall auch **nach außen,** also an die Öffentlichkeit und damit an einen Personenkreis, dem der PrüfBer idR nicht zugänglich ist. Der BVm ist Gegenstand der **Offenlegung** des JA/KA bzw des IFRS-EA (§ 325 Anm 6).

7 Die **Aussagefähigkeit** des BVm muss an der gesetzlichen Aufgabenstellung der Prüfung des JA bzw IFRS-EA oder KA (Ordnungs- bzw Gesetzmäßigkeit, Einhaltung der Generalklausel unter Beachtung der GoB oder sonstiger maßgeblicher Rechnungslegungsgrundsätze) und der Aussagefähigkeit der Rechnungslegung gemessen werden (hierzu auch *Böcking/Orth* WPg 1998, 356). Bzgl des Lageberichts ist eine Einklangprüfung und Beurteilung der zutreffenden Darstellung der VFE-Lage (einschl der Chancen und Risiken der zukünftigen Entwicklung) – ohne GoB-Vorbehalt – vorgesehen. Auf bestandsgefährdende Risiken ist im BVm ggf gesondert einzugehen. Unabhängig davon besteht die sog Redepflicht des AP im PrüfBer und damit ggü dessen Adressaten (§ 321 Anm 22). Über die Prüfung des Überwachungssystems bei börsennotierten AG (§ 317 Abs 4) ist (nur) im PrüfBer gesondert zu berichten. Besonderheiten können sich aus Spezialgesetzen (z B Prüfung der Geschäftsführung, § 53 GenG, § 53 HGrG) oder aus der Redepflicht (§ 321 Abs 1 S 3) ergeben.

8 Mit dem uneingeschränkten oder eingeschränkten BVm erklärt der AP – im Fall von Prüfungshemmnissen nur eingeschränkt (s Anm 47) –, dass die **Prüfung** des JA bzw IFRS-EA oder des KA – jeweils einschl Lagebericht – nach den **berufsüblichen Grundsätzen,** die in den IDW PS niedergelegt sind und die GoA verkörpern (s § 317 Anm 13), durchgeführt worden ist und die Rechnungslegung uneingeschränkt oder mit Einschränkungen unter Beachtung der GoB oder sonstiger maßgeblicher Rechnungslegungsgrundsätze ein den tatsächlichen Verhältnissen entspr Bild der VFE-Lage bzw der Lage des Unt oder des Konzerns vermittelt („Beurteilung durch den Abschlussprüfer"). Weiterhin wird die Aussage getroffen, dass der JA oder KA den gesetzlichen Vorschriften entspricht. Weitere Aussagen ergeben sich aus dem beschreibenden Abschn (Art und Umfang), aus der Angabe bestandsgefährdender Risiken sowie aus Hinweisen auf Umstände, auf die der AP aufmerksam macht, ohne den BVm einzuschränken. Der uneingeschränkte, aber auch der eingeschränkte BVm bringt einen zusammenfassenden sog *„Positivbefund"* der Rechnungslegung zum Ausdruck.

Die ausdrückliche Bestätigung, dass der JA/KA unter Beachtung der GoB **9** oder sonstiger maßgeblicher Rechnungslegungsgrundsätze ein den tatsächlichen Verhältnissen entspr Bild der **Vermögens-, Finanz- und Ertragslage** vermittelt, bedeutet, dass die wirtschaftliche Lage der KapGes/KapCoGes oder des Konzerns im Rahmen der jeweiligen Rechnungslegungsvorschriften einschl GoB von dem AP in die Betrachtung und in seine Aussage einzubeziehen ist.

Auch der uneingeschränkte BVm stellt aber kein von der Rechnungslegung losgelöstes **„Gesundheitstestat"** oder „Gütesiegel" dar (so auch *Sarx* in FS Clemm, 339; *Beisse* in FS Clemm, 44; IDW PS 400, Tz 8). Eine ungünstige wirtschaftliche Entwicklung des Unt oder des Konzerns – auch eine konkrete Bestandsgefährdung – muss der Bilanzersteller zwar im Rahmen der Vorschriften zur Bewertung sowie im Anhang berücksichtigen und im Lagebericht darstellen. Ist dies zutreffend der Fall, ist insoweit für eine Einschränkung oder Versagung des BVm kein Raum. Auf bestandsgefährdende Risiken ist – in Abstimmung mit den Angaben im Lagebericht – unabhängig davon gesondert einzugehen.

Nach hM erlauben die Rechnungslegungsvorschriften nur in begrenztem Umfang eine **Darstellung der tatsächlichen Lage** der KapGes/KapCoGes oder des Konzerns, was sich bei Anwendung der handelsrechtlichen Vorschriften insb aus dem Vorsichtsprinzip mit AK-, Realisations- sowie Imparitätsprinzip herleitet; hierzu § 264 Anm 25 ff sowie *Forster* Gedanken beim Unterzeichnen eines Bestätigungsvermerks in FS Moxter, 953. Auch einem Abschluss, der nach internationalen Rechnungslegungsgrundsätzen aufgestellt wird und demnach nicht in gleicher Weise den oben genannten Prinzipien der GoB unterworfen ist, sind im Hinblick auf die Darstellung der tatsächlichen Lage der KapGes/KapCoGes oder des Konzerns Grenzen gesetzt. **In diesen Grenzen** muss aber die Lage des Unt iSd Aussage der Generalklausel zutreffend wiedergegeben sein.

Ein Vermerk zur **Versagung** des BVm aufgrund von Einwendungen bezieht sich auf (oft mehrere) sehr gravierende Mängel der Rechnungslegung, nicht hingegen auf die wirtschaftliche Lage des Unt.

Es ist zu beobachten, dass zwischen den Erwartungen der Öffentlichkeit und den **10** an den begrenzten Möglichkeiten der Rechnungslegung ausgerichteten Aussagen des BVm eine Diskrepanz besteht (**„Erwartungslücke"**). Da die zur Öffentlichkeit gehörenden Personengruppen (Investoren, Kunden, Lieferanten, Arbeitnehmer, Journalisten, Hochschullehrer) spezifische, teilweise konfliktäre Zielsetzungen verfolgen, sind gruppenbezogene Erwartungslücken zu unterscheiden (so *Ruhnke/Deters* Die Erwartungslücke bei der Abschlussprüfung ZfB 1997, 923 ff, die nach Prüfer-, Normen- und Öffentlichkeitsversagen differenzieren).

Auf internationaler und europäischer Ebene gibt es auch aus den oben dargestellten Gründen Bestrebungen, den BVm aussagekräftiger zu gestalten. So haben sowohl der IAASB (vgl WPg 2013, 786) als auch das PCAOB (vgl WPg 2013, 86) dazu einen Standardentwurf vorgelegt. Auch die EU-Kommission beabsichtigt Änderungen beim BVm, über diese bzw Änderungsanträge dazu hat mittlerweile auch der Rechtsausschuss des Europäischen Parlaments abgestimmt

(WPg 2013, 453). Alle drei Vorschläge gehen trotz vieler Unterschiede in den Detailanforderungen und -formulierungen in die gleiche Richtung. Durch zusätzliche Informationen über sog *Key Audit Matters* (IAASB) bzw *Critical Audit Matters* (PCAOB) und über die Annahme der gesetzlichen Vertreter über die Fortführung der Unternehmenstätigkeit soll der Informationswert des BVm für den Adressatenkreis erhöht werden. Ob dieses bei der damit einhergehenden Erhöhung des Umfangs des BVm gelingen wird, bleibt abzuwarten. Mit einer verpflichtenden Anwendung der bislang nur im Entwurfsstadium vorliegenden Standards ist frühestens im Jahr 2015 zu rechnen.

II. Rechtliche Wirkung des Bestätigungsvermerks

11 Mit dem BVm oder dem Versagungsvermerk wird nach außen zum Ausdruck gebracht, dass die Prüfungspflicht nach § 316 Abs 1 oder 2 erfüllt worden ist und zu welchem Ergebnis die Prüfung geführt hat bzw ob und warum ein Prüfungsurteil nicht möglich ist. Das Datum des BVm entspricht dem des PrüfBer (IDW PS 400, Tz 80) und markiert den Zeitpunkt, zu dem die APr materiell abgeschlossen ist (IDW PS 400, Tz 81; s auch Anm 155 ff). Das Vorliegen des PrüfBer und die Erteilung des BVm bzw Versagungsvermerks sind Voraussetzung für die Feststellung des JA prüfungspflichtiger Ges und für die Billigung des KA und des IFRS-EA; daraus ergeben sich insb für den JA gravierende Rechtsfolgen wie zB die Wirksamkeit des Gewinnverwendungsbeschlusses. Eine Einschränkung oder Versagung des BVm hat grds für die Feststellung und den Gewinnverwendungsbeschluss keine unmittelbare rechtliche Wirkung (§ 316 Anm 10).

12 Bei der **Änderung eines Jahresabschlusses** ist Voraussetzung für die Beibehaltung eines ehemals uneingeschränkt erteilten BVm, dass die Nachtragsprüfung selbst für die Änderungen keine Einwendungen iSe Einschränkung ergibt. § 316 Abs 3 erfordert nicht, dass bei einem bisher eingeschränkten BVm eine Änderung des JA auch die bisherigen Mängel beseitigt und insgesamt für den JA ein uneingeschränkter BVm erteilt wird. Ohne Mängelbeseitigung bleibt die bisherige Einschränkung erhalten und wirksam.

13 Die Wirksamkeit einer **Kapitalerhöhung aus Gesellschaftsmitteln** setzt für die zugrunde gelegte Bilanz ua einen uneingeschränkten BVm voraus (§ 209 Abs 1 und 3 AktG, § 57 f Abs 2 GmbHG).

14 Ein eingeschränkter BVm oder ein Versagungsvermerk wirkt sich häufig nachteilig bei der **Entlastung der Gesellschaftsorgane** (hierzu §§ 120, 93, 116 AktG; §§ 46, 43, 52 GmbHG) aus. Auch im Verhältnis zu Gestern, Gläubigern und der weiteren Öffentlichkeit können sich Folgerungen ergeben. Insoweit soll der BVm einen indirekten Zwang zu einer ordnungsmäßigen Rechnungslegung bewirken und zwar zur Rechnungslegung in ihren sämtlichen Bestandteilen (so WPH[14] I, Q Anm 357).

15 Das geprüfte Unt hat **Anspruch** auf einen BVm oder Versagungsvermerk, wie er inhaltlich dem Prüfungsergebnis entspricht. Soweit beim AP Ausschlussgründe nach § 319 Abs 2–4 oder § 319a vorliegen, führt dies nicht zur Nichtigkeit des JA (§ 256 Abs 1 Nr 3 AktG), insoweit sind auch eine Anfechtungs- bzw Nichtigkeitsklage gegen den Wahlbeschluss ausgeschlossen (§§ 243 Abs 3 Nr 2, 249 Abs 1 S 1 AktG). Entspr wird auch die Wirksamkeit des erteilten BVm nicht berührt. Hat der AP nicht die Qualifikation iSv § 319 Abs 1 (gilt auch bei fehlender Teilnahmebescheinigung nach § 57a WPO), ist der von ihm „geprüfte" JA nichtig (§ 256 Abs 1 Nr 3 AktG). Ein von einer iSv § 319 Abs 1 unqualifizierten Person erteilter „BVm" kann folglich keine Rechtswirkungen entfalten. Hingegen bleibt ein erteilter BVm wirksam, auch wenn die gerichtliche Bestellung zum AP später aufgehoben wird (OLG Düsseldorf v 26.2.1996 DB, 1178).

Die Erteilung eines inhaltlich unrichtigen BVm – so auch eine Einschränkung **16** ohne hinreichenden Grund – oder eines Versagungsvermerks ist mit der **Strafvorschrift** nach § 332 belegt (dort Anm 25). Zum Widerruf eines erteilten BVm s Anm 170 ff.

D. Vermerk zum Jahresabschluss von Kapitalgesellschaften und Kapital-Gesellschaften & Co

I. Bestandteile des uneingeschränkten Bestätigungsvermerks

Der **BVm** ist in Form eines Bestätigungsberichts zu erteilen, dessen (Min- **17** dest-)Bestandteile – Beschreibung von Gegenstand, Art und Umfang unter Angabe der angewandten Rechnungslegungs- und Prüfungsgrundsätze, Urteil zum JA, Urteil zum Lagebericht und Hinweis auf Risiken, die den Bestand gefährden – gesetzlich vorgegeben sind. Gesetzlich nicht geregelt ist jedoch, ob die Bestätigung – unter Berücksichtigung der (Mindest-)Bestandteile – frei zu formulieren ist oder ob standardisierte BVm verwendet werden dürfen (s *Ernst* WPg 1998, 1030 sowie *Jacob* WPg 1998, 1049). Die Antwort hierauf ist von nicht unerheblicher Bedeutung, geht doch die Gesetzesbegr zum KonTraG (BR-Drs 872/97, 78) davon aus, dass es dem AP ermöglicht werden solle, „durch eine vorbildliche Formulierung die Erwartungslücke zu schließen". Dieses Argument dürfte tatsächlich ausschlaggebend sein und für eine Standardisierung sprechen, denn bei freier Formulierung ist anzunehmen, dass der Adressat eine auf seine individuellen Bedürfnisse zugeschnittene Information erwartet. Dies ist indessen in Anbetracht der Interessenpluralität nicht möglich und würde eher zu einer Vergrößerung der Erwartungslücke führen. *Böcking/Orth* (WPg 1998, 356) sehen auch die Gefahr einer Beeinflussung der prüferischen Unabhängigkeit durch die Unt-Leitung. Für eine Standardisierung spricht auch der Gesichtspunkt einer erhöhten Verkehrsfähigkeit (*Forster* WPg 1998, 1). Ein standardisierter (uneingeschränkter) BVm hätte immer die gleiche Bedeutung, während (zB im Zeitablauf) abw Formulierungen zu Unklarheiten führen könnten.

In der Praxis hat sich die vom IDW in PS 400 Anhang 1 dargelegte **Standardformulierung** für den uneingeschränkten BVm durchgesetzt. Sie gliedert sich wie folgt:
– Überschrift
– Einleitender Abschn
– Beschreibender Abschn
– Beurteilung durch den AP
– Ggf Hinweis zur Beurteilung des Prüfungsergebnisses (sonstiger Hinweis)
– Ggf Hinweis auf Bestandsgefährdung.

1. Überschrift

Der BVm ist als solcher zu kennzeichnen. Sofern ein uneingeschränkter oder **18** ein eingeschränkter BVm erteilt wird, ist dieser mit der Überschrift „Bestätigungsvermerk" zu versehen, entspr internationaler Übung kann auch „Bestätigungsvermerk des Abschlussprüfers" verwendet werden. Versagungsvermerke sind ebenfalls als solche zu kennzeichnen; die Verwendung des Begriffs „Bestätigungsvermerk" ist in diesem Fall nicht zulässig (Abs 4 S 2). Bei freiwilligen Prüfungen von JA/KA ist eine Verwendung des Begriffs „Bestätigungsvermerk" nur zulässig, sofern Prüfungsgegenstand und -umfang einer Pflichtprüfung entsprechen (s IDW PS 400, Tz 5).

19 Eine **Adressierung** des BVm ist bei gesetzlichen JAP nicht erforderlich, da sich die Adressaten bereits aus der gesetzlichen Regelung ergeben (IDW PS 400, Tz 22).

2. Einleitender Abschnitt (Abs 1 S 2)

20 Im einleitenden Abschn ist der **Prüfungsgegenstand** zu beschreiben. Dies ist im Regelfall der JA unter Einbeziehung der Buchführung sowie der Lagebericht für das entspr Gj. Bei der Beschreibung des Prüfungsgegenstands sind die Bestandteile des JA und die angewandten Rechnungslegungsgrundsätze anzugeben. Ferner ist die **Verantwortung des Abschlussprüfers** von der der gesetzlichen Vertreter abzugrenzen (IDW PS 400, Tz 25).

3. Beschreibender Abschnitt (Abs 1 S 2)

21 Im beschreibenden Abschn sind entspr Abs 1 S 2 **Art** und **Umfang** der Prüfung zu beschreiben (zum Prüfungsumfang s § 317 Anm 10 ff). Hierbei ist auf die angewandten Prüfungsgrundsätze Bezug zu nehmen (IDW PS 400, Tz 30). Bei gesetzlichen APr gem §§ 316 ff sind neben einer Bezugnahme auf § 317 auch die vom IDW festgestellten GoA (IDW PS 201, Tz 27 ff) zu nennen.

22 Zur **Beschreibung des Prüfungsumfangs** ist neben der Nennung der angewandten Prüfungsgrundsätze folgende Formulierung vorgesehen: „Danach ist die Prüfung so zu planen und durchzuführen, dass Unrichtigkeiten und Verstöße, die sich auf die Darstellung des durch den Jahresabschluss unter Beachtung der Grundsätze ordnungsmäßiger Buchführung und durch den Lagebericht vermittelten Bilds der Vermögens-, Finanz- und Ertragslage wesentlich auswirken, mit hinreichender Sicherheit erkannt werden. Bei der Festlegung der Prüfungshandlungen werden die Kenntnisse über die Geschäftstätigkeit und über das wirtschaftliche und rechtliche Umfeld der Gesellschaft sowie die Erwartungen über mögliche Fehler berücksichtigt. Im Rahmen der Prüfung werden die Wirksamkeit des rechnungslegungsbezogenen internen Kontrollsystems sowie Nachweise für die Angaben in Buchführung, Jahresabschluss und Lagebericht überwiegend auf der Basis von Stichproben beurteilt. Die Prüfung umfasst die Beurteilung der angewandten Bilanzierungsgrundsätze und der wesentlichen Einschätzungen der gesetzlichen Vertreter sowie die Würdigung der Gesamtdarstellung des Jahresabschlusses und des Lageberichts." (IDW PS 400, Tz 36).

Auf im Einzelfall notwendige besondere Prüfungshandlungen (zB wegen fehlender Inventurbeobachtung oder eines nicht geprüften Vj-Abschlusses) ist nur im PrüfBer, nicht hingegen im BVm hinzuweisen (IDW PS 400, Tz 33). Verweisungen im BVm auf die Arbeiten eines externen Prüfers oder Sachverständigen, die im Rahmen der APr verwendet wurden, werden als nicht sachgerecht erachtet (IDW PS 400, Tz 34).

Erweiterungen aufgrund wirtschaftszweigspezifischer und ähnlicher Regelungen, Bestimmungen in Satzung/GesVertrag, besonderen Auftragsbestimmungen dürfen im BVm nur berücksichtigt werden, soweit sie sich auf die Rechnungslegung beziehen. Zusätzliche Beauftragungen (zB Prüfung der Geschäftsführung) sollen nicht im BVm berücksichtigt werden, sondern sind ggf im PrüfBer gesondert darzustellen (strenger IDW PS 400, Tz 12).

4. Beurteilung durch den Abschlussprüfer

a) Arten von Beurteilungen des Prüfungsergebnisses (Abs 2 S 1)

23 Nach Abs 2 S 1 muss die Beurteilung des Prüfungsergebnisses – iVm der eindeutigen Kennzeichnung des Vermerks entweder als „Bestätigungsvermerk" oder „Versagungsvermerk", s Anm 18 – zweifelsfrei ergeben, ob ein

– uneingeschränkter BVm
– eingeschränkter BVm
– Versagungsvermerk aufgrund von Einwendungen
– Versagungsvermerk aufgrund fehlender Möglichkeit zur Beurteilung
erteilt wurde. Der Inhalt eines uneingeschränkten BVm einschl einer möglichen Muster-Formulierung wird in Anm 40 dargestellt.

b) Grundsätze zur Formulierung des Urteils (Abs 2 S 2)

Um die Verkehrsfähigkeit des BVm sicherzustellen, ist es erforderlich, das Prüfungsurteil klar und unmissverständlich zum Ausdruck zu bringen. Abs 2 S 2 bestimmt, dass die Beurteilung des Prüfungsergebnisses allgemein verständlich und problemorientiert unter Berücksichtigung des Umstands zu erfolgen hat, dass die gesetzlichen Vertreter den JA zu verantworten haben. Evtl Einschränkungen der Prüfbarkeit (Prüfungshemmnisse) und Prüfungserschwernisse erfordern zusätzliche Ausführungen. IdS ist es sachgerecht, im Berufsstand für die im Gesetz genannten „Eckpunkte" Standardformulierungen zu verwenden, wie dies international üblich ist (*Forster* WPg 1998, 53). 24

Über **Erweiterungen** des Prüfungsgegenstands ist im BVm nur zu berichten, wenn eine gesetzliche Regelung eine Aussage zu dem erweiterten Prüfungsgegenstand im BVm vorsieht (IDW PS 400, Tz 11 und 70). Als Beispiele sind zu nennen: 25
– § 34 Krankenhausgesetz Nordrhein-Westfalen; zur Erteilung des BVm bei Krankenhäusern s IDW PH 9.400.1 WPg Suppl 2/2008, 33 und
– § 6b Abs 5 EnWG, zur Prüfung von EVU s IDW PS 610.

c) Urteil im Falle eines uneingeschränkten Bestätigungsvermerks (Abs 3 S 1)

Sind vom AP keine Einwendungen zu erheben (zum Begriff der Einwendungen s Anm 41 ff), hat er nach Abs 3 S 1 zu erklären, dass 26
– die von ihm nach § 317 durchgeführte Prüfung zu keinen Einwendungen geführt hat und
– der von den gesetzlichen Vertretern aufgestellte Abschluss aufgrund der bei der Prüfung gewonnenen Erkenntnisse nach seiner Beurteilung
  – den gesetzlichen Vorschriften entspricht und
  – unter Beachtung der GoB oder sonstiger maßgeblicher Rechnungslegungsgrundsätze ein den tatsächlichen Verhältnissen entspr Bild der VFE-Lage vermittelt.

Ein gesondertes Urteil im BVm zur Buchführung, die nach § 317 Abs 1 S 1 in die Prüfung des JA einzubeziehen ist, wird nach § 322 nicht gefordert.

Das Prüfungsurteil bezieht sich im Hinblick auf den Anhang grds auch auf freiwillige Angaben, die über die Mindestangaben hinaus in den Anhang aufgenommen werden. Als Bestandteile des Anhangs sind sie Gegenstand der JAP nach § 317 Abs 1 und deshalb mit dem Anhang offenlegungspflichtig. Zu den freiwilligen Angaben im Einzelnen § 284 Anm 80 ff. Eine Ausnahme von der Prüfungspflicht gilt gem § 317 Abs 2 S 3 für die Erklärung zur UntFührung gem § 289a (s § 317 Anm 70 ff), auch wenn diese entgegen § 289a statt in den Lagebericht in den Anhang aufgenommen wird. 27

Mit dem Prüfungsurteil wird auch die Einhaltung der **Generalklausel** nach § 264 Abs 2 S 1 zum Ausdruck gebracht. Die Einhaltung der Generalklausel gehört zu den gesetzlichen Erfordernissen des JA der KapGes/KapCoGes und ggf anderer prüfungspflichtiger Unt; andernfalls sind nach § 264 Abs 2 S 2 zusätzliche Angaben im Anhang zu machen (zum Grundproblem § 264 Anm 48 ff). Mit 28 der Aufnahme in den BVm soll die Bedeutung der Generalklausel unterstrichen werden.

Es ist hM, dass die Bestätigung des den tatsächlichen Verhältnissen entspr Bilds der VFE-Lage sich auf die gesetzlich geforderte Darstellung, nicht auf die tatsächliche Lage, bezieht (*Moxter* BB 1997, 730; *Beisse* in FS Clemm, 44). Gesetzliche Vorschriften zur Bilanzierung und Bewertung (AK-, Realisations-, Imparitätsprinzip) beeinträchtigen das durch den JA vermittelte Bild der tatsächlichen Lage. Hier zeigt sich die aus der Natur des JA resultierende Begrenztheit der Aussagekraft. Die Berufsgrundsätze stellen daher – der Gesetzesvorgabe entspr – das Prüfungsurteil zum JA unter den Vorbehalt der GoB (IDW PS 400, Tz 46) oder sonstiger maßgeblicher Rechnungslegungsgrundsätze.

29 Muss davon ausgegangen werden, dass die **Fortführung** des Unt **nicht** mehr unterstellt werden kann (zB bei insolvenzrechtlicher Überschuldung oder (drohender) Zahlungsunfähigkeit), muss die **Bewertung** unter Veräußerungsgesichtspunkten mit Hinweisen im Anhang vorgenommen und die Situation im Lagebericht dargestellt werden (vgl IDW RS HFA 17 FN-IDW 2011, 438). Nur unter diesen Voraussetzungen kann – unbeschadet der Nennung bestandsgefährdender Risiken gem Abs 2 S 3 im BVm (s Anm 38) – in einem solchen Fall ein uneingeschränkter BVm erteilt werden (hierzu auch IDW PS 270, Tz 40; IDW PS 400, Tz 77; *WPH*[14] I, Q Anm 552 ff). Werden diese Voraussetzungen nicht erfüllt, ist der BVm im Regelfall zu versagen.

30 Besondere Fragen ergeben sich für das Prüfungsurteil bei Branchen, für die nach **Spezialnormen** abw Bewertungsvorschriften gelten, also insb Kreditinstitute, VersicherungsUnt und eG. Die für KapGes/KapCoGes vorgeschlagene Formulierung des BVm ist unverändert zu verwenden, wenn nach den Spezialgesetzen die Vorschriften des § 322 entspr anzuwenden sind. Dies gilt vor allem für § 58 Abs 2 GenG, § 340k und § 341k. Auch IDW PS 400 (Tz 47) geht von dieser Auffassung aus. Es wird unterstellt, dass die nach den Spezialvorschriften zulässigen Bewertungserleichterungen keinen Verstoß gegen die allgemeine Generalnorm des § 264 Abs 2 – hier im Vergleich zu den strengeren Bewertungsvorschriften für KapGes/KapCoGes der Industrie, der Dienstleistungen und des Handels – darstellen. Allerdings gilt dies nur, sofern entspr Anhangangaben gemacht werden. Zum BVm bei Unt, die dem PublG unterliegen, s Anm 80 ff.

31 Auf die Einhaltung ergänzender Bestimmungen zum JA im **Gesellschaftsvertrag** oder in der **Satzung** – deren Beachtung ist gem § 317 Abs 1 S 1 in die Prüfung einzubeziehen – kann hingewiesen werden (vgl *ADS*[6] § 322 Anm 177 ff). Als solche Bestimmungen kommen bspw in Frage:
– Bei **GmbH:** Bestimmungen über die **Gewinnverwendung** und -verteilung, hier also auch Entnahmen aus Kapitalrücklagen, Einstellungen in und Entnahmen aus anderen Gewinnrücklagen, Rücklagenbildung trotz Bestehens eines Ergebnisabführungsvertrags.
– Bei **AG/KGaA:** Bestimmungen über die **Verwendung des Jahresüberschusses** (§ 58 Abs 1 und 2 AktG), zB Einstellung in die Gewinnrücklagen, Entnahmen aus Gewinnrücklagen (ohne gesetzliche Rücklage mit Kapitalrücklage), Rücklagenbildung trotz Bestehens eines Ergebnisabführungsvertrags.

Hält der AP solche Bestimmungen in dem GesVertrag bzw der Satzung für **nicht rechtswirksam,** entfällt der Hinweis auf die Übereinstimmung. Zur Auswirkung einer angenommenen Nichtigkeit im Rahmen der Rechnungslegung s auch Anm 45 f.

d) Urteil zum Lagebericht (Abs 6)

32 Nach Abs 6 S 1 ist im BVm darauf einzugehen, ob der **Lagebericht** mit dem JA in Einklang steht, ob der Lagebericht insgesamt ein **zutreffendes Bild** von der Lage des Unt vermittelt und ob die Chancen und Risiken der zukünftigen Entwicklung zutreffend dargestellt sind. Diese Aussage knüpft an den in § 317 Abs 2 festgelegten Umfang der Prüfung an (s § 317 Anm 50 ff). Maßstäbe für die Prüfung des Lageberichts bietet IDW PS 350. Zur Prüfung von geschätzten Werten in der Rechnungslegung s IDW PS 314 nF. Zu den Pflichten des AP bzgl der Angaben gem § 289a s § 317 Anm 70 ff).

Da im BVm insb auch darauf einzugehen ist, ob die **Chancen und Risiken der zukünftigen Entwicklung** im Lagebericht zutreffend dargestellt sind, ist diesen Aspekten besondere Aufmerksamkeit zuzuwenden. Es besteht weitgehende Übereinstimmung darüber, dass unter den vom Gesetzgeber in § 289 Abs 1 S 4 angesprochenen Risiken der zukünftigen Entwicklung – über die bilanzierungspflichtigen und von § 289 Abs 2 Nr 2 erfassten Risiken hinaus – diejenigen Risiken zu verstehen sind, die den Fortbestand des Unt gefährden (sog bestandsgefährdende Risiken iSv Abs 2 S 3) oder die wesentlichen Einfluss auf die VFE-Lage haben können (sog entwicklungsbeeinträchtigende Risiken). 33

Hinsichtlich der **Abgrenzung der berichtspflichtigen Tatbestände** ist davon auszugehen, dass **zusätzliche Angaben** zulässig sind. Ebenso sind auch freiwillige Angaben im Anhang denkbar, wenn dessen Übersichtlichkeit nicht beeinträchtigt wird (§ 284 Anm 20). In der Praxis kann ferner das Bedürfnis bestehen, weitere **freiwillige Informationen** zu geben, die weder dem JA – hier besonders dem Anhang – noch dem Lagebericht zuzuordnen sind. Diese sollten dann in den „Geschäftsbericht" mit aufgenommen werden, wobei jedoch sichergestellt sein muss, dass diese freiwillig und nicht prüfungspflichtigen Berichterstattungen für den Leser stets äußerlich erkennbar losgelöst vom JA und Lagebericht drucktechnisch dargestellt werden. Der AP muss diese zusätzlichen Informationen kritisch lesen; Regelungen dazu enthält IDW PS 202. 34

Fehlt ein erforderlicher Lagebericht oder ist er in wesentlichen Teilen unvollständig, hat dies eine Einschränkung des BVm zur Folge (IDW PS 350, Tz 36 sowie IDW PS 400, Tz 63 f). Wurde ein Lagebericht zulässigerweise nicht erstellt, entfällt die entspr Formulierung im BVm (IDW PS 400, Tz 43). 35

5. Hinweis zur Beurteilung des Prüfungsergebnisses (Abs 3 S 2)

Der AP hat nach Abs 3 S 2 die Möglichkeit, im BVm auf Umstände hinzuweisen, auf die er in besonderer Weise aufmerksam machen will. Dieses erfolgt durch die Aufnahme eines Hinweises zur Beurteilung des Prüfungsergebnisses, der auch im Sprachgebrauch als „Sonstiger ergänzender Hinweis" bezeichnet wird. 36

Neben dem nach Abs 2 S 3 verpflichtenden Hinweis im Falle von bestandsgefährdenden Risiken (vgl hierzu Anm 38 f) können ergänzende Hinweise aufgenommen werden, sofern wesentliche Unsicherheiten über Sachverhalte bestehen, deren Klärung von künftigen Ereignissen abhängig ist und die Auswirkungen auf Abschluss oder Lagebericht haben könnten. Weiterhin sind Situationen denkbar, in denen der AP im BVm auf Sachverhalte hinweist, die keine Auswirkungen auf Abschluss oder Lagebericht haben. Dabei kann es sich bspw um Informationen handeln, die zusammen mit dem JA oder KA veröffentlicht werden, jedoch im Widerspruch zu diesen stehen. 37

Ein ergänzender Hinweis hat keine Auswirkungen auf das Urteil des AP. Um dies zu verdeutlichen, wird im Regelfall der Abschn durch die Formulierung „Ohne diese Beurteilung einzuschränken..." eingeleitet werden. Bei einem ergänzenden Hinweis handelt es sich nicht um Beanstandungen des JA, des Lageberichts oder der Buchführung. Er darf daher nicht iSe abgeschwächten Einschränkung verwendet werden.

Ein ergänzender Hinweis sollte auf Ausführungen im Anhang oder im Lagebericht Bezug nehmen, die den Sachverhalt genauer darstellen. Er darf keine Darstellungen oder Erl zum Gegenstand haben, die in der Verantwortung der UntLeitung liegen. Weiterhin dürfen keine Aussagen an Stelle der UntLeitung getroffen werden.

6. Hinweis auf Bestandsgefährdungen (Abs 2 S 3 und 4)

38 Gem Abs 2 S 3 hat der AP im BVm auf Risiken, die den Fortbestand des Unt oder eines Konzernunt gefährden, **(bestandsgefährdende Risiken)** gesondert einzugehen. Bei bestandsgefährdenden Risiken handelt es sich ua um Risiken, die bei ihrer Realisierung die Insolvenz für das Unt bedeuten können – also insb Zahlungsunfähigkeit, drohende Zahlungsunfähigkeit oder Überschuldung (§§ 17 ff InsO) – und deren Eintritt nicht lediglich mit einer geringen Wahrscheinlichkeit erwartet wird (§ 289 Anm 52; *ADS*[6] (ErgBd) § 289 nF Anm 12 und 14). Zur weiteren Abgrenzung der bestandsgefährdenden Risiken, die sich typischerweise auf einen Zeitraum von 24 Monaten gerechnet ab Aufstellung des Lageberichts beziehen, sowie Umfang und Grenzen der Feststellungspflichten durch den AP wird auf die Kommentierung zu § 321 (Anm 22 und 34 ff) verwiesen. Zu Form und Inhalt der Berichterstattung im PrüfBer s § 321 Anm 42 ff.

Mit der Verpflichtung des Abs 2 S 3 wird die in § 321 Abs 1 S 3 verankerte, vom AP im PrüfBer wahrzunehmende sog Redepflicht für den Fall bestandsgefährdender Risiken auf den idR an die Öffentlichkeit gerichteten BVm ausgedehnt. Der Hinweis auf Bestandsgefährdungen ist grds iZm den Berichtspflichten der gesetzlichen Vertreter im Lagebericht zu sehen (§ 289 Abs 1 S 4). Die im BVm anzugebenden bestandsgefährdenden Risiken sind ausführlich im Lagebericht darzustellen. Deshalb wird sich der AP bei dem Hinweis im BVm auf eine kurze Charakterisierung der betr Risiken beschränken und im Übrigen auf die Ausführungen im Lagebericht Bezug nehmen. Eine entspr Formulierung in einem gesonderten Abs des BVm könnte wie folgt lauten **(Musterformulierung):**

„Pflichtgemäß weisen wir darauf hin, dass der Bestand der Gesellschaft durch Risiken bedroht ist, die in Abschnitt ... des Lageberichts dargestellt sind. Dort ist ausgeführt, dass die Liquiditätslage der Gesellschaft angespannt ist und die Gesellschafter zur Aufrechterhaltung der Zahlungsfähigkeit der Gesellschaft eine befristete Liquiditätsausstattungsgarantie abgegeben haben. Der Fortbestand ist von der unveränderten finanziellen Unterstützung durch die Gesellschafter abhängig."

Sofern das Unt den JA unter der Annahme der UntFortführung aufgestellt hat, obwohl hiervon aufgrund rechtlicher oder tatsächlicher Gegebenheiten nicht ausgegangen werden kann, ist der BVm zu versagen (s Anm 67). Wegen der grundlegenden Bedeutung des § 252 Abs 1 Nr 2 ist eine Ergänzung des BVm (Positivurteil) um einen Hinweis auf bestandsgefährdende Risiken nicht ausreichend.

39 Neben dem gesetzlich verpflichtenden Hinweis im Falle von bestandsgefährdenden Risiken hat der AP die Möglichkeit, im BVm auf Umstände hinzuweisen, auf die er in besonderer Weise aufmerksam machen will, ohne den BVm einzuschränken (vgl hierzu Anm 36 f). Aus diesem Grunde ist im Falle bestandsgefährdender Risiken uE die teilweise anstelle von „Pflichtgemäß weisen wir darauf hin ..." verwendete Formulierung „Ohne diese Beurteilung einzuschränken ..." nicht sachgerecht, da für die Öffentlichkeit nicht deutlich genug der Unterschied zwischen einem (gesetzlich geforderten) Hinweis auf Bestandsgefährdung und einem (freiwilligen, sonstigen) Hinweis zur Beurteilung des Prüfungsergebnisses iSd Abs 3 S 2 verdeutlicht wird. Wird die Risikosituation entgegen der gesetzlichen Verpflichtung im Lagebericht nicht oder unzutreffend dargestellt, hat der AP den BVm mit Risikoangabe einzuschränken (IDW PS 400, Tz 78; IDW PS 270, Tz 37 und 39).

7. Formulierungsmuster

Ein uneingeschränkter BVm bei gesetzlichen JAP (ohne Hinweis auf Bestandsgefährdung und ohne sonstige Hinweise) kann wie folgt formuliert werden, IDW PS 400 Anhang 1 **(Musterformulierung):** 40

„*Bestätigungsvermerk des Abschlussprüfers*

Ich habe/Wir haben den Jahresabschluss – bestehend aus Bilanz, Gewinn- und Verlustrechnung sowie Anhang – unter Einbeziehung der Buchführung und den Lagebericht der ... Gesellschaft für das Geschäftsjahr vom ... bis ... geprüft. Die Buchführung und die Aufstellung von Jahresabschluss und Lagebericht nach den deutschen handelsrechtlichen Vorschriften (und den ergänzenden Bestimmungen des Gesellschaftsvertrags/der Satzung) liegen in der Verantwortung der gesetzlichen Vertreter der Gesellschaft. Meine/Unsere Aufgabe ist es, auf der Grundlage der von mir/uns durchgeführten Prüfung eine Beurteilung über den Jahresabschluss unter Einbeziehung der Buchführung und über den Lagebericht abzugeben.

Ich habe meine/Wir haben unsere Jahresabschlussprüfung nach § 317 HGB unter Beachtung der vom Institut der Wirtschaftsprüfer (IDW) festgestellten deutschen Grundsätze ordnungsmäßiger Abschlussprüfung vorgenommen. Danach ist die Prüfung so zu planen und durchzuführen, dass Unrichtigkeiten und Verstöße, die sich auf die Darstellung des durch den Jahresabschluss unter Beachtung der Grundsätze ordnungsmäßiger Buchführung und durch den Lagebericht vermittelten Bilds der Vermögens-, Finanz- und Ertragslage wesentlich auswirken, mit hinreichender Sicherheit erkannt werden. Bei der Festlegung der Prüfungshandlungen werden die Kenntnisse über die Geschäftstätigkeit und über das wirtschaftliche und rechtliche Umfeld der Gesellschaft sowie die Erwartungen über mögliche Fehler berücksichtigt. Im Rahmen der Prüfung werden die Wirksamkeit des rechnungslegungsbezogenen internen Kontrollsystems sowie Nachweise für die Angaben in Buchführung, Jahresabschluss und Lagebericht überwiegend auf der Basis von Stichproben beurteilt. Die Prüfung umfasst die Beurteilung der angewandten Bilanzierungsgrundsätze und der wesentlichen Einschätzungen der gesetzlichen Vertreter sowie die Würdigung der Gesamtdarstellung des Jahresabschlusses und des Lageberichts. Ich bin/Wir sind der Auffassung, dass meine/unsere Prüfung eine hinreichend sichere Grundlage für meine/unsere Beurteilung bildet.

Meine/Unsere Prüfung hat zu keinen Einwendungen geführt.

Nach meiner/unserer Beurteilung aufgrund der bei Prüfung gewonnenen Erkenntnisse entspricht der Jahresabschluss den gesetzlichen Vorschriften (und den ergänzenden Bestimmungen des Gesellschaftsvertrags/der Satzung) und vermittelt unter Beachtung der Grundsätze ordnungsmäßiger Buchführung ein den tatsächlichen Verhältnissen entsprechendes Bild der Vermögens-, Finanz- und Ertragslage der Gesellschaft. Der Lagebericht steht in Einklang mit dem Jahresabschluss, vermittelt insgesamt ein zutreffendes Bild von der Lage der Gesellschaft und stellt die Chancen und Risiken der zukünftigen Entwicklung zutreffend dar.

(Ort)
(Datum)
(Unterschrift)
Wirtschaftsprüfer"

II. Einschränkung und Versagung (Abs 4)

1. Begriff der Einwendungen (Abs 4 S 1)

Der AP hat den BVm einzuschränken oder zu versagen, soweit **Einwendungen** zu erheben sind (Abs 4 S 1). Der Begriff der Einwendungen ist im HGB nicht definiert. Es werden darunter Beanstandungen verstanden, die sich im Rahmen der Prüfungsdurchführung gegen die Rechnungslegung (insb JA und Lagebericht) ergeben und bis zur Beendigung der Prüfung vom Abschlussersteller nicht behoben werden. Es ist hM, dass nur wesentliche, nicht jedoch geringfügige Beanstandungen zu Einwendungen führen können (so auch IDW PS 400, Tz 50ff). 41

42 Die Abgrenzung zwischen unwesentlichen und **wesentlichen Beanstandungen** ist vom AP im Einzelfall nach Kriterien vorzunehmen, für die nur allgemeine Rahmengrundsätze gelten (so ua IDW PS 400, Tz 51; s auch IDW PS 250). Für die Wertung von Mängeln sind in quantitativer Hinsicht zur Gewichtung der relativen Bedeutung Bezugsgrößen wie Betrag der betroffenen JA-Posten, Jahresergebnis, EK oder Bilanzsumme heranzuziehen und die **Auswirkung auf die Vermögens-, Finanz- und Ertragslage** zu beurteilen; es ist also eine **Gesamtbeurteilung** vorzunehmen (ebenso IDW PS 400, Tz 51). Eine qualitative Komponente bilden Verstöße gegen **bestimmte Einzelvorschriften,** die auch aus anderen Gründen besondere Bedeutung haben können. Hierzu gehören zB alle Verstöße gegen Vorschriften über eigene Aktien sowie die Unterlassung von Angaben im Anhang – wie zB die Angaben zu den Organbezügen oder zum Honorar des AP – und erhebliche Verstöße gegen die Vorschriften zur Mindestdarstellung im Lagebericht (IDW PS 400, Tz 54 sowie IDW PS 350, Tz 36).

43 Verstöße gegen das **Steuerrecht** oder sonstige Rechtspflichten führen nur dann zu Einwendungen, wenn sich diese auf die Rechnungslegung auswirken, wenn zB iZm dem Verstoß notwendige Rückstellungen nicht gebildet oder latente Steuern nicht ermittelt werden oder aus dem Gesetzesverstoß resultierende Berichterstattung hierüber im Lagebericht unterbleibt. Unabhängig davon ist bei solchen Verstößen vom AP die Frage der Redepflicht nach § 321 Abs 1 S 3 zu beurteilen. Werden Mängel bis zur Beendigung der Prüfung beseitigt, entfällt die Einwendung (IDW PS 400, Tz 52).

44 Die Gewichtung eines Mangels als unwesentlich oder wesentlich hat der AP nach **pflichtgemäßem Ermessen** vorzunehmen (so auch *WPH*[14] I, Q Anm 470 ff). Dasselbe gilt für die Gewichtung der Einwendungen im Hinblick auf **Einschränkung** oder **Versagung** des BVm. Als allgemeiner Maßstab zur Abgrenzung zwischen Einschränkung und Versagung gilt, dass bei mehreren gravierenden Einwendungen dann die Möglichkeit der Einschränkung entfällt, wenn für wesentliche Teile der Rechnungslegung kein Positivbefund mehr abgegeben werden kann (glA zB *WPH*[14] I, Q Anm 457, 473, 493; *ADS*[6] § 322 Anm 227 ff).

45 Betreffen die Einwendungen einen Sachverhalt, der zur **Nichtigkeit des Jahresabschlusses** nach § 256 AktG führen könnte – analoge Anwendung bei der GmbH, so auch *Gessler* in FS Goerdeler, 127 –, ist abzuwägen, ob eine Einschränkung ausreicht oder eine Versagung des BVm notwendig ist. Es besteht jedoch keine unmittelbare Verknüpfung zwischen möglicher Nichtigkeit und Einschränkung/Versagung des BVm (*WPH*[14] I, Q Anm 527 ff).

46 In den Fällen, in denen die Nichtigkeit des JA eindeutig gegeben ist, ist bei der Begr der Einschränkung oder Versagung ein Hinweis auf die Nichtigkeitsfolge möglich (so auch *WPH*[14] I, Q Anm 529; *Kropff* Rechtsfragen in der Abschlussprüfung in FS Havermann, 341).

47 Ist der AP nicht in der Lage, ein – positives oder negatives – Prüfungsurteil abzugeben **(Prüfungshemmnis)**, hat er den BVm einzuschränken oder zu versagen (IDW PS 400, Tz 50 und 68a). Für FormulierungsBsp im BVm s im Falle einer Einschränkung IDW PS 400, Tz 61 und im Falle einer Versagung IDW PS 400, Tz 70.

2. Begründung von Einschränkung und Versagung und Darstellung der Tragweite der Einschränkungen (Abs 4 S 2, 3 und 4)

49 Die nach Abs 4 S 3 und 4 erforderlichen Angaben (Begr, Tragweite von Einschränkungen) sind prägnant, eindeutig und verständlich zu fassen. Hinweise auf den PrüfBer sind nicht zulässig, da dieser nicht allen Adressaten des BVm zugänglich ist.

a) Begründung und Darstellung der Tragweite von Einschränkungen

Ein eingeschränkter BVm darf nach Abs 4 S 3 nur dann erteilt werden, wenn **50** trotz der Einschränkung der geprüfte Abschluss iW ein den tatsächlichen Verhältnissen entspr Bild der VFE-Lage vermittelt. Das bedeutet, dass eine Einschränkung geboten ist, wenn ein Positivbefund lediglich zu abgrenzbaren Teilen der Rechnungslegung nicht (mehr) möglich ist, gleichwohl aber wesentliche Teile der Rechnungslegung (noch) positiv beurteilt werden können (so auch WPH^{14} I, Q Anm 459). Die teilweise Aufhebung des Positivbefunds muss daher im Prüfungsurteil so zum Ausdruck gebracht (mit dem Positivbefund so verbunden) werden, dass dieser nicht für sich allein steht.

Begr und Darstellung der Tragweite sind unter Verwendung des Wortes „Ein- **51** schränkung" mit dem Prüfungsurteil zur Aussage ohne Einwendungen zu verknüpfen. Die Bezeichnung „Einschränkung" ist dann, wenn und soweit Einwendungen gegen die Aussagefähigkeit von JA und/oder Lagebericht bestehen, in den diesbzgl Folgesätzen zu wiederholen. Die Begr von Einschränkungen ist so zu formulieren, dass ihre **Tragweite** erkennbar wird (Abs 4 S 4). Dieser Forderung wird zB entsprochen, soweit im Einzelfall sachgerecht, wenn bzgl des betroffenen Prüfungsgegenstands (zB fehlende Rückstellung oder unterlassene Anhangangabe) durch Zahlenangaben oder durch Verwendung von Bezugsgrößen die Größenordnung und relative Bedeutung erkennbar gemacht werden kann (so auch IDW PS 400, Tz 58). Dies dient insb dem Ziel, den Adressaten die Einwendungen verständlicher zu machen. Die Begr und Darstellung der Tragweite hat aber nicht die Aufgabe, die Mängel der Rechnungslegung zu kompensieren.

Nicht ausreichend für die Begr der Einschränkung(en) ist die ausschließliche **52** **Angabe der verletzten Gesetzesbestimmung** (WPH^{14} I, Q Anm 479). Ebenso ist es nicht zulässig, hinsichtlich der Begr auf den **Prüfungsbericht zu verweisen** oder eine Einschränkung durch **Weglassen von Teilen** des BVm zum Ausdruck zu bringen (so auch WPH^{14} I, Q Anm 483).

b) Begründung des Versagungsvermerks

Versagung bedeutet, dass aufgrund der Vielzahl bzw Bedeutung der Einwen- **53** dungen nach dem Prüfungsergebnis ein Positivbefund nicht mehr, auch nicht in Form eines eingeschränkten BVm, abgegeben werden kann (so auch IDW PS 400, Tz 65 f). Nach Abs 4 S 2 ist über die Versagung ein Vermerk zum JA, der nicht als BVm bezeichnet werden darf, zu erteilen. Dieser ist nach Abs 4 S 3 zu begründen. Sofern die Versagung auf verschiedene einzelne Einwendungen zurückzuführen ist, wird die **Begründung im Versagungsvermerk** zumindest die wichtigsten Gründe enthalten müssen (so auch WPH^{14} I, Q Anm 499; für ein FormulierungsBsp s Anm 68).

Die ausdrückliche **Verpflichtung zur Erteilung** eines Versagungsvermerks **54** bei zu verneinendem Positivbefund dient der Klarstellung und Abgrenzung zum (ggf mehrfach) eingeschränkten BVm.

c) Abgrenzung zwischen Einschränkung und Versagung

Ausschlaggebend für die Entscheidung zwischen Einschränkung und Versa- **55** gung, die dem pflichtgemäßen Ermessen des AP unterliegt, ist das Gewicht der Einwendungen, gemessen an dem Umstand, ob ein **Positivbefund** zur Rechnungslegung insgesamt noch möglich ist oder nicht, dh ob der Abschluss iW noch ein den tatsächlichen Verhältnissen entspr Bild der VFE-Lage vermittelt. Dafür ist neben der Anzahl der Einwendungen maßgeblich, ob sich diese auf klar abgrenzbare Teile der Rechnungslegung oder Tatbestände beziehen. In Zweifelsfällen kann eine Einschränkung vorzuziehen sein, da der Informationsgehalt durch die vom Gesetz hierfür geforderte Angabe der Tragweite größer ist (*Elkart/Naumann* WPg 1995, 402 f).

56 Das mitunter in die Betrachtung einbezogene Kriterium der **Nichtigkeit** (*Sarx* in FS Clemm, 341; *Kropff* in FS Havermann, 341) ist indessen weniger gut geeignet: Die Schlussfolgerungen aus den Einwendungen, unabhängig ob diese zu einer Einschränkung oder Versagung geführt haben, haben die Adressaten der Rechnungslegung bzw ggf die Gerichte (vgl zB OLG Stuttgart 11.2.2004, ZIP, 909) und nicht der AP zu ziehen (*Erle*, 172; *Elkart/Naumann* WPg 1995, 403).

3. Eingeschränkter Bestätigungsvermerk
(Wortlaut und typische Einwendungen)

57 Einschränkungen sind nach Abs 4 S 3 zu **begründen** und nach Abs 4 S 4 so darzustellen, dass ihre Tragweite erkennbar wird. Das Wort „Einschränkung" ist ausdrücklich in den BVm aufzunehmen (glA IDW PS 400, Tz 58 f). Die Einschränkung ist in das Prüfungsurteil zur Aussage ohne Einwendungen (Abs 3 S 1) wie folgt aufzunehmen **(Musterformulierung):**

„Meine/Unsere Prüfung hat mit Ausnahme der folgenden Einschränkung zu keinen Einwendungen geführt: ..."

Das Wort „Einschränkung" ist im Prüfungsurteil zur Gesetzesmäßigkeit des JA bzw zur Vermittlung eines unter Beachtung der GoB oder sonstiger maßgeblicher Rechnungslegungsgrundsätze den tatsächlichen Verhältnissen entspr Bildes der VFE-Lage zu wiederholen (im Einzelnen IDW PS 400, Tz 62). Dasselbe gilt für die Aussage bzgl des Lageberichts, falls sich die Einschränkung auch auf diesen auswirkt. Die Einwendungen können sich auch **nur auf den Lagebericht** beziehen, zB bei unzureichender Berichterstattung über Chancen und Risiken der zukünftigen Entwicklung (§ 289 Abs 1 S 4), wichtige Ereignisse im Folgejahr (§ 289 Abs 2 Nr 1) oder unterbliebener bzw unzulänglicher Berichterstattung über FinInst (§ 289 Abs 2 Nr 2); ebenso bei fehlender Wiedergabe der Schlusserklärung des Vorstands einer abhängigen AG aus dem sog AbhBer (§ 312 Abs 3 AktG).

58 Fraglich ist, ob Verstöße gegen den Katalog der **Bußgeldvorschriften** nach § 334 Abs 1 (dort im Einzelnen Anm 11 ff) zugleich jeweils eine Einschränkung des BVm erfordern. In den Bußgeldbestimmungen, die Vorsatz voraussetzen, sind fast sämtliche Ansatz- und Bewertungsvorschriften sowie die Pflichtangaben im Anhang und im Lagebericht (§ 289 Abs 1, 4 oder Abs 5) aufgeführt. Für die Einschränkung spricht zunächst, dass § 334 dem Schutz der Offenlegung sachgerechter JA und Lageberichte dient und auch der Zweck der JAP sich aus dem Schutz der Publizität ableitet. Zu dieser Frage s auch § 334 Anm 1.

59 Bei der Verletzung von Bußgeldvorschriften ist jedoch ein solcher „Schematismus" abzulehnen (s *Sarx* in FS Clemm, 341 f). Ob eine Zuwiderhandlung eine notwendige Einschränkung des BVm zur Folge hat, muss vom AP im Einzelfall beurteilt werden. Dies gilt insb auch bei unterlassenen oder unvollständigen Angaben im Anhang, die die Generalklausel des § 264 Abs 2 nicht oder nur unwesentlich berühren, so zB wenn die Zahl der Beschäftigten nicht nach Gruppen getrennt aufgeführt wird (§ 285 Nr 7).

60 Die nach Abs 3 S 1 zu bestätigende Einhaltung der **Generalklausel** nach § 264 Abs 2 ergibt für Grenzfälle die Zweifelsfrage, ob Einwendungen zu erheben sind, obwohl gegen die Einzelvorschriften und die GoB nicht verstoßen wurde. Wird zB im JA durch bilanzpolitisch gezielte Ausnutzung von Wahlrechten oder Sachverhaltsgestaltungen vor dem Bilanzstichtag die tatsächliche Ertragslage der KapGes/KapCoGes so wesentlich beeinflusst, dass ein den tatsächlichen Verhältnissen entspr Bild „verdeckt" wird, sind seitens des Unt Angaben nach § 264 Abs 2 S 2 zwingend geboten. Andernfalls ergeben sich Einwendungen, die eine Einschränkung bewirken.

Wesentliche Verstöße oder Mängel in den nachfolgenden **Teilbereichen** 61 können zur Einschränkung führen:
- **Buchführung** (§§ 238, 239): zB Fehlen erforderlicher **Handelsbücher** (*WPH*[14] I, Q Anm 463), Mängel der Ordnungsmäßigkeit, unzureichende Abstimmung bei mehreren EDV-Kreisen, Differenzen zwischen Haupt- und Nebenbüchern, Verstöße gegen die Inventarvorschriften (§§ 240f), zB mangelhafte Bestandsnachweise. Diese Mängel sind für den BVm relevant, soweit sie am Ende der Prüfung noch bestehen (IDW PS 400, Tz 52) und Auswirkungen auf die Rechnungslegung haben.
- **Gliederungsvorschriften:** zB kein gesonderter Ausweis der Kapitalrücklage (§ 272 Abs 2, auch Verstoß nach § 334 Abs 1 Nr 1 Buchstabe c).
- **Ansatzvorschriften:** zB keine Bildung von notwendigen Rückstellungen für drohende Verluste aus schwebenden Geschäften, bedeutet Überbewertung (Verstoß nach § 334 Abs 1 Nr 1 Buchstabe a), ggf auch nach § 256 Abs 5 Nr 1 AktG).
- **Bewertungsvorschriften:** zB Überbewertung durch Nicht-Beachtung des Niederstwertprinzips nach § 253 Abs 4 (Verstoß nach § 334 Abs 1 Nr 1 Buchstabe b) und ggf nach § 256 Abs 5 Nr 1 AktG); wesentliche Unterbewertungen.
- **Gesetzliche** und **satzungsmäßige** Regelung zur Bildung und Auflösung von offenen **Rücklagen:** zB § 150 AktG, Unterlassung oder zu niedrige Dotierung oder unberechtigte Auflösung (Verstoß nach § 256 Abs 1 Nr 4 AktG).
- **Berichterstattung im Anhang:** zB unvollständige, unzutreffende oder unterlassene Angaben nach § 284 (Verstoß nach § 334 Abs 1 Nr 1 Buchstabe d) und § 285.
- Falsche bzw fehlende Angaben des MU zum Konzernverhältnis bei **fehlendem Konzernabschluss.**
- **Lagebericht** (§ 289): zB unvollständige, unrichtige oder irreführende Berichterstattung, soweit dadurch die Lage und/oder die voraussichtliche Entwicklung mit ihren wesentlichen Chancen und Risiken nicht zutreffend dargestellt sind (s auch IDW PS 270, Tz 37; *WPH*[14] I, Q Anm 463).
- **Generalnorm** nach § 264 Abs 2 S 1: dazu Anm 60.
- Gesrechtliche **Gläubigerschutzvorschriften,** wie zB Verbot der Rückgewähr von Einlagen oder Verzinsung von Einlagen (§ 57 AktG, § 30 GmbHG), Verstoß nach § 256 Abs 1 Nr 1 AktG.
- bei AG/KGaA: ein **Abhängigkeitsbericht** nach § 312 AktG wird nicht erstellt oder die Schlusserklärung aus dem AbhBer nicht in den Lagebericht aufgenommen (§ 312 Abs 3 S 3 AktG; § 289 Anm 393).
- **Prüfungshemmnisse** aufgrund unzureichender Erfüllung der Vorlage- und Auskunftspflichten der Geschäftsführung (§ 320), mangelnder Aufklärbarkeit von Unregelmäßigkeiten (IDW PS 210, Tz 7), zur Einholung von Saldenbestätigungen (s hierzu IDW PS 302, Tz 34ff), verweigerte direkte Kontaktaufnahme mit dem Anwalt des betr Unt, soweit diese Hemmnisse nicht durch alternative Prüfungshandlungen behoben werden können (IDW PS 400, Tz 56) und die Sachverhalte für die Urteilsbildung des AP wesentlich sind. Gelangt der AP nicht mit hinreichender Sicherheit zu einer (ggf eingeschränkt) iW positiven Gesamtaussage, ist der BVm zu versagen (IDW PS 400, Tz 68a). Zur Interpretation von „im Wesentlichen" s Anm 42.

62 Bei Prüfungshemmnissen und nicht abschließend beurteilbaren Risiken sind vom AP die **Auswirkungen auf die Rechnungslegung** zu würdigen, zB ob bei schwer übersehbaren Rechtsstreitigkeiten eine angemessene Rückstellungsbildung vorgenommen wurde oder Rückstellungen für drohende Verluste aus schwebenden Geschäften entspr den übersehbaren Sachverhalten in ausreichendem Umfang gebildet wurden. Auch in Fällen, in denen die Wertansätze von Bet an in- oder ausländischen Unt nicht ausreichend oder gar nicht geprüft werden konnten, stellt sich die Frage der Auswirkung auf den BVm. Hinweise im Anhang oder im Lagebericht allein sind hierfür nicht ausreichend. Auch hier ist eine Einschränkung des BVm im Regelfall erforderlich.

63 Befindet sich das Unt in einer **bestandsgefährdenden Lage,** ist hierüber – unbeschadet der Berichterstattungspflicht im PrüfBer nach § 321 Abs 1 S 2 und der nach Abs 2 S 3 erforderlichen Angabe im BVm – durch die gesetzlichen Vertreter im Lagebericht zu berichten (zusätzlich zu den notwendigen Bewertungskonsequenzen). Unterbleibt eine klare Berichterstattung hierüber im Lagebericht, ist eine Einschränkung des BVm zum Lagebericht oder eine Versagung erforderlich (s IDW PS 270, Tz 34 ff).

Kann die **Fortführung des Unternehmens** nicht mehr unterstellt werden und erfolgte die Bewertung im JA nicht unter den in IDW RS HFA 17 (FN-IDW 2011, 438) genannten Gesichtspunkten, ist der BVm trotz einer entspr Darstellung im Anhang oder Lagebericht zu versagen (s Anm 29).

64 Die **Einschränkung** des Urteils kann sich sowohl auf die Gesetzmäßigkeit des JA, auf die Vermittlung eines unter Beachtung der GoB oder sonstiger maßgeblicher Rechnungslegungsgrundsätze den tatsächlichen Verhältnissen entspr Bildes der VFE-Lage als auch auf die Aussagefähigkeit des Lageberichts beziehen. Im Falle einer Beeinträchtigung der **Gesetzmäßigkeit** des JA kann die **Formulierung** des Prüfungsurteils in Anlehnung an IDW PS 400, Tz 61a ff wie folgt lauten **(Musterformulierungen):**

„Nach meiner/unserer Beurteilung aufgrund der bei der Prüfung gewonnenen Erkenntnisse entspricht der Jahresabschluss mit der genannten Einschränkung den gesetzlichen Vorschriften (und den ergänzenden Bestimmungen des Gesellschaftsvertrags/der Satzung). Der Jahresabschluss vermittelt unter Beachtung der Grundsätze ordnungsmäßiger Buchführung ein den tatsächlichen Verhältnissen entsprechendes Bild der Vermögens-, Finanz- und Ertragslage der Gesellschaft."

Bezieht sich die Einschränkung auch auf die Vermittlung eines den tatsächlichen Verhältnissen entspr Bildes der **Vermögens-, Finanz- und Ertragslage,** kann das Prüfungsurteil wie folgt formuliert werden:

„Mit dieser Einschränkung entspricht der Jahresabschluss nach meiner/unserer Beurteilung aufgrund der bei der Prüfung gewonnenen Erkenntnisse den gesetzlichen Vorschriften (und den ergänzenden Bestimmungen des Gesellschaftsvertrags/der Satzung) und vermittelt unter Beachtung der Grundsätze ordnungsmäßiger Buchführung ein den tatsächlichen Verhältnissen entsprechendes Bild der Vermögens-, Finanz- und Ertragslage der Gesellschaft."

Beeinträchtigt der der Einschränkung zugrunde liegende Sachverhalt auch die Aussagefähigkeit des **Lageberichts,** muss sich dies im Urteil zum Lagebericht widerspiegeln, zB:

„Mit der genannten Einschränkung steht der Lagebericht in Einklang mit einem den gesetzlichen Vorschriften entsprechenden Jahresabschluss, vermittelt insgesamt ein zutreffendes Bild von der Lage der Gesellschaft und stellt die Chancen und Risiken der zukünftigen Entwicklung zutreffend dar."

Wurde entgegen der gesetzlichen Vorschrift ein Lagebericht nicht aufgestellt, kann die Formulierung wie folgt lauten:

"Meine/Unsere Prüfung hat mit Ausnahme der folgenden Einschränkung zu keinen Einwendungen geführt: Entgegen der gesetzlichen Verpflichtung ist ein Lagebericht nicht aufgestellt worden.

...
Da ein Lagebericht nicht aufgestellt worden ist, vermittelt die Rechnungslegung insoweit kein zutreffendes Bild von der Lage der Gesellschaft und stellt die Chancen und Risiken der zukünftigen Entwicklung nicht dar."

Zur Formulierung des Prüfungsurteils im Falle von Einschränkungen aufgrund von **Prüfungshemmnissen** s IDW PS 400, Tz 61.

4. Versagung aufgrund von Einwendungen (Abs 4 S 1–3)

Beispielhafte **Einzelgründe,** bei denen eine Versagung in Betracht zu ziehen ist, sind:

Im Bereich der Buchführung: Wesentliche nicht behebbare Mängel wie zB unvollständige Erfassung von wichtigen Geschäftsvorfällen (*Sarx* in FS Clemm, 344) bzw Unmöglichkeit einer sicheren Beurteilung wegen fehlender Beweiskraft (*WPH*[14] I, Q Anm 510).

Im Bereich der Gliederungsvorschriften: Einwendungen führen zu einer Versagung, wenn die Klarheit und Übersichtlichkeit des JA insb bei mehreren Verstößen nicht mehr gegeben ist (*Elkart/Naumann* WPg 1995, 404).

Im Bereich der Bewertung: Wesentliche **Überbewertung** bei den Aktivposten oder Unterbewertung von Passivposten mit gravierender Auswirkung auf das Bilanzergebnis (insb auch Rückstellungen bzw zu niedrige Bewertung von Rückstellungen ua, s *Sarx* in FS Clemm, 344).

Bei fehlender Grundlage für die Annahme der Fortführung der Unternehmenstätigkeit: Sofern die Ges nach der Einschätzung des AP nicht in der Lage sein wird, ihre UntTätigkeit fortzuführen und der JA dennoch unter der Annahme der Fortführung der UntTätigkeit (§ 252 Abs 1 Nr 2) aufgestellt wurde, ist der BVm zu versagen (IDW PS 270, Tz 41). Für FormulierungsBsp s Anm 68.

Im Bereich der Aufklärungs- und Nachweispflichten (§ 320): Kann sich der AP mangels Aufklärungen und Nachweisen trotz alternativer Prüfungshandlungen kein Gesamturteil über die Rechnungslegung bilden, ist der BVm zu versagen (IDW PS 400, Tz 68a; Formulierungsvorschläge finden sich dort in Anhang 14).

Abgesehen von den vorstehend genannten Einzelgründen für eine Versagung kommt diese auch in Frage, wenn **mehrere Verstöße** vorliegen, die jeder für sich gesehen nur eine Einschränkung rechtfertigen, aber in der Gesamtbeurteilung eine Einschränkung nicht mehr als ausreichend erscheinen lassen – insb wenn bei der KapGes/KapCoGes die Generalnorm wesentlich verletzt ist.

Für die Abfassung des Versagungsvermerks kommt folgende – auf die unzulässige Annahme der UntFortführung bezogene beispielhafte **Formulierung** in Betracht, s IDW PS 400 Anhang 13 **(Musterformulierung):**

„Versagungsvermerk des Abschlussprüfers

Ich habe/Wir haben den Jahresabschluss – bestehend aus Bilanz, Gewinn- und Verlustrechnung sowie Anhang – unter Einbeziehung der Buchführung und den Lagebericht der ... Gesellschaft für das Geschäftsjahr vom ... bis ... geprüft. Die Buchführung und die Aufstellung von Jahresabschluss und Lagebericht nach den deutschen handelsrechtlichen Vorschriften (und den ergänzenden Bestimmungen des Gesellschaftsvertrags/der Satzung) liegen in der Verantwortung der gesetzlichen Vertreter der Gesellschaft. Meine/Unsere Aufgabe ist es, auf der Grundlage der von mir/uns durchgeführten Prüfung eine Beurteilung über den Jahresabschluss unter Einbeziehung der Buchführung und den Lagebericht abzugeben.

Ich habe meine/Wir haben unsere Jahresabschlussprüfung nach § 317 HGB unter Beachtung der vom Institut der Wirtschaftsprüfer (IDW) festgestellten deutschen Grundsätze ordnungsmäßiger Abschlussprüfung vorgenommen. Danach ist die Prüfung so zu planen und durchzuführen, dass Unrichtigkeiten und Verstöße, die sich auf die Darstellung des durch den Jahresabschluss unter Beachtung der Grundsätze ordnungsmäßiger Buchführung und durch den Lagebericht vermittelten Bildes der Vermögens-, Finanz- und Ertragslage wesentlich auswirken, mit hinreichender Sicherheit erkannt werden. Bei der Festlegung der Prüfungshandlungen werden die Kenntnisse über die Geschäftstätigkeit und über das wirtschaftliche und rechtliche Umfeld der Gesellschaft sowie die Erwartungen über mögliche Fehler berücksichtigt. Im Rahmen der Prüfung werden die Wirksamkeit des rechnungslegungsbezogenen internen Kontrollsystems sowie Nachweise für die Angaben in Buchführung, Jahresabschluss und Lagebericht überwiegend auf der Basis von Stichproben beurteilt. Die Prüfung umfasst die Beurteilung der angewandten Bilanzierungsgrundsätze und der wesentlichen Einschätzungen der gesetzlichen Vertreter sowie die Würdigung der Gesamtdarstellung des Jahresabschlusses und des Lageberichts. Ich bin/Wir sind der Auffassung, dass meine/unsere Prüfung eine hinreichend sichere Grundlage für meine/unsere Beurteilung bildet.

Meine/Unsere Prüfung hat zu folgender Einwendung geführt: Der Jahresabschluss wurde unzulässigerweise unter der Annahme der Fortführung der Unternehmenstätigkeit aufgestellt, obwohl wegen der ungesicherten Liquiditätsausstattung der Gesellschaft hiervon nicht ausgegangen werden kann. Aufgrund der Bedeutung dieser Einwendung versage ich/versagen wir den Bestätigungsvermerk.

Nach meiner/unserer Beurteilung aufgrund der bei Prüfung gewonnenen Erkenntnisse entspricht der Jahresabschluss nicht den gesetzlichen Vorschriften (und den ergänzenden Bestimmungen des Gesellschaftsvertrags/der Satzung) und vermittelt kein unter Beachtung der Grundsätze ordnungsmäßiger Buchführung den tatsächlichen Verhältnissen entsprechendes Bild der Vermögens-, Finanz- und Ertragslage der Gesellschaft. Der Lagebericht steht nicht in Einklang mit einem den gesetzlichen Vorschriften entsprechenden Jahresabschluss, vermittelt insgesamt kein zutreffendes Bild von der Lage der Gesellschaft und stellt die Chancen und Risiken der zukünftigen Entwicklung nicht zutreffend dar.

(Ort)
(Datum)
(Unterschrift)
Wirtschaftsprüfer"

5. Versagung aufgrund fehlender Möglichkeit zur Beurteilung (Abs 5)

70 Neben der Versagung aufgrund von Einwendungen und dem damit verbundenen Negativurteil zur Rechnungslegung kann es in bestimmten Fällen vorkommen, dass der BVm versagt werden muss, da nach Ausschöpfung aller angemessenen Möglichkeiten zur Klärung des Sachverhalts der AP nicht in der Lage ist, ein Urteil zur Rechnungslegung abzugeben. Ein Bsp hierfür ist eine weitgehende Auskunftsverweigerung der gesetzlichen Vertreter eingeschlossen einer Nichtabgabe einer Vollständigkeitserklärung In diesem Fall werden die Auswirkungen des Prüfungshemmnisses auf den JA als so weitreichend erachtet, dass eine Einschränkung der Positivaussage zur Rechnungslegung nicht ausreicht. Der AP hat im einleitenden Abschn zu verdeutlichen, dass er zwar den Auftrag zur Durchführung einer APr erhalten hat, diesem aber nicht nachkommen konnte. Der einleitende Abschn könnte wie folgt formuliert werden **(Musterformulierung):**

„Ich wurde/Wir wurden beauftragt, den Jahresabschluss – bestehend aus Bilanz, Gewinn- und Verlustrechnung sowie Anhang – unter Einbeziehung der Buchführung und den Lagebericht der ... Gesellschaft für das Geschäftsjahr vom ... bis ... zu prüfen. Die Buchführung und die Aufstellung von Jahresabschluss und Lagebericht nach den deutschen handelsrechtlichen Vorschriften (und den ergänzenden Regelungen im Gesellschaftsvertrag/in der Satzung) liegen in der Verantwortung der gesetzlichen Vertreter der Gesellschaft."

Da die als notwendig erachteten Prüfungshandlungen nicht vollständig durch- **71** geführt werden können, entfällt die Beschreibung der Verantwortung des AP und der beschreibende Abschn des BVm.

Für die **Erläuterung des Prüfungshemmnisses** und die Beurteilung des **72** Prüfungsergebnisses kann eine Formulierung entspr dem folgenden Bsp verwendet werden:

> „Als Ergebnis meiner/unserer Prüfung stelle ich/stellen wir fest, dass ich/wir nach Ausschöpfung aller angemessenen Möglichkeiten zur Klärung des Sachverhalts aus folgendem Grund nicht in der Lage war(en), ein Prüfungsurteil abzugeben: Durch die Unternehmensleitung wurde die Einsichtnahme in die Kalkulationsunterlagen zur Ermittlung der Herstellungskosten der unfertigen und fertigen Erzeugnisse sowie das Einholen von Saldenbestätigungen zu Forderungen aus Lieferungen und Leistungen verweigert. Aus diesem Grund war es nicht möglich, eine hinreichende Sicherheit über die tatsächliche Höhe der Vorratsbestände und Forderungen zu erzielen, die im Jahresabschluss in Höhe von etwa 80 % der Bilanzsumme ausgewiesen sind. Aufgrund der Bedeutung des dargestellten Prüfungshemmnisses versage ich/versagen wir den Bestätigungsvermerk.
>
> Aussagen darüber, ob der Jahresabschluss den gesetzlichen Vorschriften (und den ergänzenden Bestimmungen des Gesellschaftsvertrags/der Satzung) entspricht und ein unter Beachtung der Grundsätze ordnungsmäßiger Buchführung den tatsächlichen Verhältnissen entsprechendes Bild der Vermögens-, Finanz- und Ertragslage der Gesellschaft vermittelt, sind wegen des dargestellten Prüfungshemmnisses nicht möglich. Ebenso kann nicht beurteilt werden, ob der Lagebericht in Einklang mit einem den gesetzlichen Vorschriften entsprechenden Jahresabschluss steht, insgesamt ein zutreffendes Bild von der Lage der Gesellschaft vermittelt und die Chancen und Risiken der zukünftigen Entwicklung zutreffend darstellt."

E. Vermerk zum Einzelabschluss nach § 325 Abs 2a

Große KapGes iSd § 267 Abs 3 haben nach § 325 Abs 2a die Möglichkeit, an **75** Stelle des JA einen EA im BAnz offen zu legen, der nach den in § 315a Abs 1 bezeichneten internationalen Rechnungslegungsstandards aufgestellt worden ist. Hintergrund dieser Regelung ist es, Unt die Möglichkeit zu bieten, zu Informationszwecken einen IFRS-EA zu veröffentlichen. Für die Zwecke der gesrechtlichen Kapitalerhaltung und Ausschüttungsbemessung, der Maßgeblichkeit der HB für die StB und der staatlichen Beaufsichtigung bestimmter Wirtschaftszweige, insb der Kreditinstitute und VersicherungsUnt, bleibt die Pflicht zur Aufstellung eines JA nach den Vorschriften des HGB unberührt.

Nach § 325 Abs 2b muss, um die befreiende Wirkung zu erreichen, ua statt **77** des vom AP zum JA erteilten BVm oder des Vermerks über dessen Versagung der entspr Vermerk zum IFRS-EA in die Offenlegung einbezogen werden. Für die Prüfung eines IFRS-EA, einschl der Berichterstattung in BVm und PrüfBer, gelten gem § 324a Abs 1 die Bestimmungen der §§ 316 ff, die sich auf den JA beziehen, grds entspr. Im einleitenden Abschn sind nach Abs 1 S 2 die angewandten Rechnungslegungsgrundsätze anzugeben. Dabei ist auf die zur Anwendung in der EU übernommenen Rechnungslegungsgrundsätze bzw die IFRS Bezug zu nehmen. Bzgl der Auswirkungen auf den BVm, die sich aufgrund der Tatsache ergeben, dass die Ges im Anhang die Übereinstimmung des EA mit den IFRS erklärt, verweisen wir auf Anm 135 ff.

Ein entspr BVm könnte wie folgt formuliert werden **(Musterformulierung):** **78**

„Bestätigungsvermerk des Abschlussprüfers
Ich habe/Wir haben den Einzelabschluss – bestehend aus Bilanz, Gesamtergebnisrechnung, Eigenkapitalveränderungsrechnung, Kapitalflussrechnung und Anhang – und den Lagebericht der ... Gesellschaft für das Geschäftsjahr vom ... bis ... geprüft. Die Aufstel-

lung des Einzelabschlusses nach den IFRS, wie sie in der EU anzuwenden sind, und den ergänzend nach § 325 Abs. 2a HGB anzuwendenden handelsrechtlichen Vorschriften (sowie den ergänzenden Bestimmungen des Gesellschaftsvertrags/der Satzung) und des Lageberichts nach den deutschen handelsrechtlichen Vorschriften liegt in der Verantwortung der gesetzlichen Vertreter der Gesellschaft. Meine/Unsere Aufgabe ist es, auf der Grundlage der von mir/uns durchgeführten Prüfung eine Beurteilung über den Einzelabschluss und über den Lagebericht abzugeben.

Ich habe meine/Wir haben unsere Abschlussprüfung nach § 317 HGB unter Beachtung der vom Institut der Wirtschaftsprüfer (IDW) festgestellten deutschen Grundsätze ordnungsmäßiger Abschlussprüfung vorgenommen. Danach ist die Prüfung so zu planen und durchzuführen, dass Unrichtigkeiten und Verstöße, die sich auf die Darstellung des durch den Einzelabschluss unter Beachtung der anzuwendenden Rechnungslegungsvorschriften und durch den Lagebericht vermittelten Bildes der Vermögens-, Finanz- und Ertragslage wesentlich auswirken, mit hinreichender Sicherheit erkannt werden. Bei der Festlegung der Prüfungshandlungen werden die Kenntnisse über die Geschäftstätigkeit und über das wirtschaftliche und rechtliche Umfeld der Gesellschaft sowie die Erwartungen über mögliche Fehler berücksichtigt. Im Rahmen der Prüfung werden die Wirksamkeit des rechnungslegungsbezogenen internen Kontrollsystems sowie Nachweise für die Angaben in Einzelabschluss und Lagebericht überwiegend auf der Basis von Stichproben beurteilt. Die Prüfung umfasst die Beurteilung der angewandten Bilanzierungsgrundsätze und der wesentlichen Einschätzungen der gesetzlichen Vertreter sowie die Würdigung der Gesamtdarstellung des Einzelabschlusses und des Lageberichts. Ich bin/Wir sind der Auffassung, dass meine/unsere Prüfung eine hinreichend sichere Grundlage für meine/unsere Beurteilung bildet.

Meine/Unsere Prüfung hat zu keinen Einwendungen geführt.

Nach meiner/unserer Beurteilung aufgrund der bei der Prüfung gewonnenen Erkenntnisse entspricht der Einzelabschluss den IFRS, wie sie in der EU anzuwenden sind, und den ergänzend nach § 325 Abs. 2a HGB anzuwendenden handelsrechtlichen Vorschriften (sowie den ergänzenden Bestimmungen des Gesellschaftsvertrags/der Satzung) und vermittelt unter Beachtung dieser Vorschriften ein den tatsächlichen Verhältnissen entsprechendes Bild der Vermögens-, Finanz- und Ertragslage der Gesellschaft. Der Lagebericht steht in Einklang mit dem Einzelabschluss, vermittelt insgesamt ein zutreffendes Bild von der Lage der Gesellschaft und stellt die Chancen und Risiken der zukünftigen Entwicklung zutreffend dar.

(Ort)
(Datum)
(Unterschrift)
Wirtschaftsprüfer"

F. Bestätigungsvermerk bei Unternehmen, die dem PublG unterliegen

80   Für die Prüfung von Unt, die dem **PublG** unterliegen, gilt nach § 6 Abs 1 (JA), § 9 Abs 1 S 1 (IFRS-EA) bzw § 14 Abs 1 PublG (KA) § 322 sinngemäß. Da diese Unt nicht verpflichtet sind, sämtliche ergänzenden HGB-Vorschriften für KapGes zum JA anzuwenden, kommt für den uneingeschränkten BVm die vollständige Fassung gem § 322 nur in Frage, wenn sie freiwillig nach den Vorschriften für KapGes Rechnung legen. Dies gilt auch für Unt, die nach § 5 Abs 2 PublG den JA um einen Anhang erweitern und einen Lagebericht (§ 289) aufstellen müssen; diese Verpflichtung besteht nicht für den JA von Unt in der Rechtsform einer reinen PersGes oder des EKfm.

81   Für den uneingeschränkten BVm ergibt sich daher folgende Abstufung: Der JA ohne Anhang darf grds nur bzgl der Übereinstimmung mit den für das Unt maßgeblichen gesetzlichen Vorschriften (und ggf des GesVertrags) testiert werden. Der für Pflichtprüfungen maßgebliche BVm darf nur verwendet werden, wenn auch ein Anhang erstellt wird bzw Bilanz und GuV entspr Angaben ent-

halten und wenn das Unt freiwillig den JA unter Beachtung der Generalnorm nach § 264 Abs 2, also auch unter Anwendung der besonderen Einzelvorschriften für KapGes aufstellt; abgesehen von den Gliederungsvorschriften, die nach § 5 Abs 1 S 2 PublG (JA) ohnehin sinngemäß gelten und für den EK-Ausweis an die jeweilige Rechtsform anzupassen sind. Eine Aussage hinsichtlich des Lageberichts kommt nur in Frage, wenn das Unt einen Lagebericht nach § 289 aufstellen muss oder einen solchen Lagebericht freiwillig aufstellt (IDW PS 400, Tz 43).

Entspr Grundsätze gelten für den BVm zum **Konzernabschluss** nach § 13 PublG. **82**

Als **Bestimmungen im Gesellschaftsvertrag,** die die Rechnungslegung betreffen und auf die ggf in den Ergänzungen des Prüfungsurteils hinzuweisen ist, kommen bei den reinen **Personenhandelsgesellschaften** besonders in Frage: Regelungen zur Bildung offener Rücklagen, Behandlung stiller Rücklagen, Entnahmeregelungen, Ausweis von Kapital- und Privatkonten, GuV-Ausweis von Aufwendungen und Erträgen, die die Gester betreffen, zB Gehaltsbezüge, Zinsen auf Forderungen oder Darlehen. **83**

Macht das Unt von den **Offenlegungserleichterungen** des § 9 Abs 2 und 3 PublG Gebrauch und soll die Inanspruchnahme ebenfalls geprüft werden, ist hierfür eine gesonderte Bescheinigung auszustellen (IDW PS 400, Tz 71). **84**

Im Falle einer **Nachtragsprüfung** bleibt der bereits erteilte BVm grds wirksam und muss ggf entspr ergänzt werden (WPH^{14} I, Q Anm 827). **85**

Erkennt der AP, dass das Geschäftsvermögen des EKfm durch **private Schulden** erheblich gefährdet ist, ist dies im BVm gem der Hinweispflicht nach Abs 2 S 3 anzugeben (WPH^{14} I, Q Anm 819). **86**

G. Besonderheiten bei freiwilligen Abschlussprüfungen

I. Bestätigungsvermerk bei freiwilliger Vollprüfung

Nicht prüfungspflichtige Unt (KleinstKapGes iSv § 267a, kleine KapGes, TU iSv § 264 Abs 3 oder § 264b, EKfl, reine PersGes unterhalb der Größenmerkmale des PublG) erteilen zuweilen **freiwillig** den Auftrag zur Durchführung einer **Abschlussprüfung,** die nach den für die Pflichtprüfung geltenden Grundsätzen (§§ 316 ff) durchzuführen ist („Vollprüfung"). Hierzu kann bspw der GesVertrag bzw die Satzung Anlass geben (§ 316 Anm 30). Werden solche Aufträge an WP oder vBP erteilt, haben diese die APr nach **berufsüblichen Grundsätzen** (s § 317 Anm 13) durchzuführen. Eine solche nach Art und Umfang einer Prüfung gem §§ 316 ff entspr APr umschließt dann auch die Erstattung eines PrüfBer sowie die Erteilung eines BVm (IDW PS 400, Tz 5). **90**

Fraglich ist, ob der JA einer **kleinen KapGes/KapCoGes** vor dem Hintergrund von Aufstellungserleichterungen die Generalnorm des § 264 Abs 2 erfüllen kann und somit ein diesbezügliches Prüfungsurteil möglich ist. Die Aufstellungserleichterungen für kleine KapGes/KapCoGes nach § 266 Abs 1 S 3 (Bilanz) und nach § 276 (GuV) sind nur hinsichtlich der für die Bilanz zulässigen Postenzusammenfassungen kritisch zu würdigen. Von größerer Bedeutung ist, dass im **Anhang** kleiner KapGes/KapCoGes als weitere **Aufstellungserleichterung** eine größere Zahl von Angaben entfallen darf, und zwar gem § 274a und § 288 Abs 1. **91**

Macht eine kleine KapGes/KapCoGes von den **Aufstellungserleichterungen keinen Gebrauch,** darf für den BVm die Generalklausel unverändert übernommen werden. Dies gilt auch, wenn nur solche Erleichterungen in Anspruch ge- **92** nommen werden, die für die Beurteilung der VFE-Lage keinen wesentlichen Aussagewert haben. Wird eine größere Anzahl solcher Erleichterungen zu der Bilanz und dem Anhang oder werden sämtliche dieser Erleichterungen angewandt, muss für die Verwendung der Generalnorm des § 264 Abs 2 als Maßstab dienen, ob der JA auch in der jeweils verkürzten Form ein den tatsächlichen Verhältnissen entspr Bild der VFE-Lage vermittelt (ebenso IDW PS 400, Tz 43).

93 Bei dieser Einschätzung ist zu berücksichtigen, dass die Erleichterungen zum Anhang insb den Einblick in die **Finanzlage** (zB Fristigkeit der einzelnen Verbindlichkeiten oder keine Angabe der sonstigen nicht bilanzierungs- oder vermerkpflichtigen Geschäfte/Verbindlichkeiten, § 285 Nr 2, 3 und 3a) reduzieren. Kommt der AP zu der Einschätzung, dass der JA vor dem Hintergrund der in Anspruch genommenen Aufstellungserleichterungen die Generalnorm des § 264 Abs 2 nicht erfüllt, **beschränkt** sich das Prüfungsurteil auf die Einhaltung der gesetzlichen Vorschriften.

Eine Besonderheit ergibt sich für KleinstKapGes/KleinstKapCoGes. Sofern diese von der Erleichterung des § 264 Abs 1 Nr 5 zutreffend Gebrauch machen, wird nach § 264 Abs 2 S 4 vermutet, dass ein unter Berücksichtigung dieser Erleichterung aufgestellter JA den Erfordernissen des § 264 Abs 2 S 1 (Vermittlung eines den tatsächlichen Verhältnissen entspr Bildes der VFE-Lage der KapGes unter Beachtung der GoB) entspricht. Aus diesem Grunde kann für KleinstKapGes/KleinstKapCoGes der BVm die Aussage enthalten, dass der JA unter Beachtung der GoB sowie der Inanspruchnahme der Erleichterung für KleinstKapGes/KleinstKapCoGes gemäß § 264 Abs 1 S 5 ein den tatsächlichen Verhältnissen entspr Bild der VFE-Lage der Ges vermittelt.

94 Da die kleine KapGes/KapCoGes einen **Lagebericht** nicht aufzustellen hat (§ 264 Abs 1 S 4), kommt – wenn ein solcher nicht freiwillig erstellt und geprüft wird – eine entspr Aussage im BVm nicht in Betracht.

95 Für Einschränkung, Versagung und Widerruf sowie für eine evtl Nachtragsprüfung gelten die Ausführungen unter Anm 41 ff, 162 ff, 170 ff sinngemäß.

II. Bescheinigungen

110 Bescheinigungen bzw Prüfungsvermerke werden statt BVm immer dann erteilt, wenn die vom WP und vBP durchgeführten prüferischen Tätigkeiten (JAP, prüferische Durchsichten und sonstige betriebswirtschaftliche Prüfungen in Abgrenzung zu den gutachterlichen und beratenden Tätigkeiten) nach Art und Umfang **nicht den einer gesetzlichen Abschlussprüfung entsprechen,** oder der Prüfungsgegenstand in Art und Umfang einem gesetzlichen Abschluss nicht entspricht (IDW PS 400, Tz 5). Der Angabe von Art und Umfang der Prüfung kommt hierbei insb in Bezug auf die **Haftung** des WP Bedeutung zu (OLG Köln 1.7.1994 FN- 1995, 264).

111 Außerhalb der klassischen JAP werden immer häufiger Aufträge zur Prüfung vergangenheitsorientierter Finanzinformationen erteilt, die entweder für einen speziellen Zweck erstellt werden und/oder nur ausgewählte Abschlussbestandteile (wie zB nur eine Bilanz) aufweisen. Zu den Besonderheiten dieser Prüfungen s IDW EPS 480 und IDW EPS 490. Im Zusammenhang mit diesen Verlautbarungen wurde der Begriff des Prüfungsvermerks neu eingeführt. Er verdeutlicht die mit der Prüfung zu erzielende hinreichende Prüfungssicherheit ist vom BVm abzugrenzen, der nach wie vor nur erteilt werden darf, wenn gesetzliche Vorschriften oder andere IDW Verlautbarungen dies vorsehen (so auch *Gewehr/Böhm/ Herkendell* WPg 2013, 347. Auf der anderen Seite ist der Begriff des Prüfungsvermerks abzugrenzen von von Bescheinigungen über eine prüferische Durchsicht oder einer Berichterstattung über vereinbarte Untersuchungshandlungen.

Bei einer prüferischen Durchsicht **(Review)** erlangt der WP Nachweise insb **112** durch Befragungen und analytische Prüfungshandlungen (s IDW PS 900, Tz 10; s auch *Winkeljohann/Küster* in Sonderbilanzen[4] Abschn G Anm 90 ff). Über das Ergebnis ist – ebenso wie nach internationalen Grundsätzen – eine negativ formulierte Aussage des WP zu treffen, IDW PS 900, Tz 26 **(Musterformulierung)**:

„Auf der Grundlage meiner/unserer prüferischen Durchsicht sind mir/uns keine Sachverhalte bekannt geworden, die mich/uns zu der Annahme veranlassen, dass der Jahresabschluss in wesentlichen Belangen nicht in Übereinstimmung mit den deutschen handelsrechtlichen Vorschriften aufgestellt worden ist."

Für eine Bescheinigung über die prüferische Durchsicht eines JA bei mittelgroßen KapGes/KapCoGes ohne Feststellung von Beanstandungen wird in IDW PS 900 Anhang 2 folgende Formulierung vorgeschlagen **(Musterformulierung)**:

„Bescheinigung nach prüferischer Durchsicht
An die ... Gesellschaft

Ich habe/Wir haben den Jahresabschluss und den Lagebericht der ... Gesellschaft für das Geschäftsjahr vom ... bis ... einer prüferischen Durchsicht unterzogen. Die Aufstellung des Jahresabschlusses und des Lageberichts nach den deutschen handelsrechtlichen Vorschriften liegen in der Verantwortung der gesetzlichen Vertreter der Gesellschaft. Meine/Unsere Aufgabe ist es, eine Bescheinigung zu dem Jahresabschluss und dem Lagebericht auf der Grundlage meiner/unserer prüferischen Durchsicht abzugeben.

Ich habe/Wir haben die prüferische Durchsicht des Jahresabschlusses und des Lageberichts unter Beachtung der vom Institut der Wirtschaftsprüfer (IDW) festgestellten deutschen Grundsätze für die prüferische Durchsicht von Abschlüssen vorgenommen. Danach ist die prüferische Durchsicht so zu planen und durchzuführen, dass ich/wir bei kritischer Würdigung mit einer gewissen Sicherheit ausschließen kann/können, dass der Jahresabschluss in wesentlichen Belangen nicht in Übereinstimmung mit den deutschen handelsrechtlichen Vorschriften aufgestellt worden ist oder ein unter Beachtung der Grundsätze ordnungsmäßiger Buchführung den tatsächlichen Verhältnissen entsprechendes Bild der Vermögens-, Finanz- und Ertragslage nicht vermittelt oder der Lagebericht insgesamt eine zutreffende Vorstellung von der Lage der Gesellschaft nicht gibt oder die Chancen und Risiken der künftigen Entwicklung nicht zutreffend darstellt. Eine prüferische Durchsicht beschränkt sich in erster Linie auf Befragungen von Mitarbeitern der Gesellschaft und auf analytische Beurteilungen und bietet deshalb nicht die durch eine Abschlussprüfung erreichbare Sicherheit. Da ich/wir auftragsgemäß keine Abschlussprüfung vorgenommen habe/haben, kann ich/können wir einen Bestätigungsvermerk nicht erteilen.

Auf der Grundlage meiner/unserer prüferischen Durchsicht sind mir/uns keine Sachverhalte bekannt geworden, die mich/uns zu der Annahme veranlassen, dass der Jahresabschluss in wesentlichen Belangen nicht in Übereinstimmung mit den deutschen handelsrechtlichen Vorschriften aufgestellt worden ist oder ein unter Beachtung der Grundsätze ordnungsmäßiger Buchführung den tatsächlichen Verhältnissen entsprechendes Bild der Vermögens-, Finanz- und Ertragslage nicht vermittelt oder der Lagebericht insgesamt eine zutreffende Vorstellung von der Lage der Gesellschaft nicht gibt oder die Chancen und Risiken der künftigen Entwicklung nicht zutreffend darstellt.

(Ort)
(Datum)
(Unterschrift)
Wirtschaftsprüfer"

H. Vermerk zu Konzernabschlüssen

I. Uneingeschränkter Bestätigungsvermerk

§ 322 enthält eine gemeinsame Regelung des BVm für JA und KA. Die Aus- **115** führungen zum BVm für den JA gelten daher – soweit sich aus der Erstellung und Prüfung des KA keine Besonderheiten ergeben – grds auch für den BVm zum KA. Die Besonderheiten des KA wirken sich auf die einzelnen Bestandteile des BVm (Anm 17) folgendermaßen aus:

1. Einleitender Abschnitt

116 Gegenstand der Prüfung ist der KA, ggf erweitert um die SegBerE (§ 297 Abs 1 S 2) und der Konzernlagebericht. Der Hinweis auf Buchführung, JA und Lagebericht ist entspr zu ersetzen. Demzufolge und entspr der Differenzierung des Gegenstands der Prüfung in § 317 Abs 1 enthält der BVm **keinen Hinweis auf die Buchführung**. Da es keinen Gesetzeszwang für eine Konzernbuchführung gibt, ist Gegenstand der Prüfung hauptsächlich die Prüfung der oft nur statistischen Unterlagen und Fortschreibungen für die einzelnen KonsVorgänge (§§ 300–309). Regelmäßig erfordert die Fortschreibung der Umbewertungen und der Ausschaltung von Zwischenergebnissen entweder umfangreiche EDV-Tabellierungen oder zur Fehlerbegrenzung die Einrichtung einer internen Kons-Buchführung sowie die Erstellung von sog HB II (näher hierzu s § 300 Anm 26 ff). Ein Hinweis auf derartige Unterlagen darf jedoch in den BVm nicht aufgenommen werden.

117 Wird der KA gem § 315a Abs 1 nach den in der **Europäischen Union anzuwendenden IFRS** bzw. nach den IFRS insgesamt aufgestellt, sind diese gem Abs 1 S 2 anzugeben.

2. Beschreibender Abschnitt

118 Die Beschreibung des Umfangs der Prüfung ist um Angaben zum KonsKreis, den KonsGrundsätzen sowie zu den einbezogenen Abschlüssen zu ergänzen. Ergeben sich infolge abw Stichtage und fehlender Zwischenabschlüsse Unsicherheiten im Hinblick auf den Inhalt der Prüfung und die Tragweite des BVm, die praktisch systembedingt sind, ist hierauf in geeigneter Form, zB durch einen ergänzenden Hinweis, aufmerksam zu machen.

Werden die Prüfungsergebnisse von anderen **Abschlussprüfern** verwertet (JA von TU), ist ein entspr Hinweis – entgegen vereinzelter internationaler Handhabung – nicht sachgerecht (IDW PS 400, Tz 93; zur Verwertung der Arbeiten anderer AP s IDW PS 320).

3. Urteil des Abschlussprüfers

119 Wie zum JA ist nach Abs 3 S 1 zu bestätigen, dass der KA unter Beachtung der GoB oder sonstiger maßgeblicher Rechnungslegungsgrundsätze ein den tatsächlichen Verhältnissen entspr Bild der VFE-Lage des Konzerns vermittelt. Die grds Ausführungen zu Abs 2 S 2 (Formulierung des Prüfungsergebnisses, Anm 24), Abs 2 S 3 (Hinweis auf Bestandsgefährdungen, Anm 38 ff), Abs 6 (Lagebericht mit der Darstellung der Chancen und Risiken der zukünftigen Entwicklung, Anm 32 ff) gelten auch hier. In Abs 2 S 3 wird klargestellt, dass auf Risiken, die den Fortbestand der einzelnen KonzernGes gefährden, einzugehen ist. Nach Abs 2 S 4 braucht in Anlehnung an § 296 Abs 2 auf Risiken, die den Fortbestand eines TU gefährden, nicht eingegangen zu werden, wenn das TU für die Vermittlung eines den tatsächlichen Verhältnissen entspr Bilds der VFE-Lage des Konzerns nur von untergeordneter Bedeutung ist.

II. Einschränkung oder Versagung des Bestätigungsvermerks

1. Eingeschränkter Bestätigungsvermerk

120 Für den Wortlaut der Einschränkung(en) gelten die Erl unter Anm 57 ff entspr. Die Einschränkung ist zunächst unter Berücksichtigung der höheren

Konzern-Größenordnung (Wesentlichkeit) zu gewichten und dann wie beim JA zu begründen (Abs 4 S 3) und um Angaben zur Tragweite zu ergänzen.

2. Versagungsvermerk

Der Versagungsvermerk kann in Anlehnung an die Formulierung unter **122** Anm 68 gefasst werden. Die Versagung ist zu begründen (Abs 4 S 3). Ein Versagungsvermerk zu einem einbezogenen JA ist im Hinblick auf den KA zu beurteilen. Den KA dominierende, aber fehlerhafte JA, deren Mängel im KA nicht beseitigt wurden, führen zur Versagung des BVm auch für den KA.

III. Besonderheiten von Einwendungen

Einwendungen zur Einschränkung oder Versagung des BVm betreffen als Be- **125** sonderheiten beim KA zB wesentliche Verstöße gegen die IFRS im Falle des § 315a und wesentliche Verstöße gegen die KonsVorschriften, zB:
- Abgrenzung des **Konsolidierungskreises** (§§ 294 Abs 1, 296).
- Allgemeine **Konsolidierungsgrundsätze** und **Vollständigkeitsgebot** (§ 300): zB KapKons (§ 301), SchuldenKons (§ 303), Innenumsatz- und ErfolgsKons (§§ 304, 305): zB keine Ausschaltung wesentlicher Zwischenergebnisse.
- **Latente Steuern** (§ 306).
- **Einheitliche Bewertung** (§ 308): zB Übernahme von nach abw ausländischen Recht bewerteten Posten.
- **Währungsumrechnung** (§ 308a).
- **Assoziierte Unternehmen** (§§ 311, 312): zB Verstoß gegen die Vorschriften zum Wertansatz der Beteiligungen (§ 312).
- **Gliederungsvorschriften** (§ 298 Abs 1 iVm den Einzelvorschriften zum JA).
- **Konzernanhang** (§§ 313, 314).
- **Konzernlagebericht** (§ 315); s Anm 32 ff.
- **Vorlagepflicht** oder **Auskunftsrecht** des Konzern-AP in Bezug auf das MU und die TU (§ 320 Abs 3).

Einwendungen gegen einbezogene Abschlüsse sind nur dann für die Konzern-APr von Bedeutung, wenn sie nicht im Zuge der Kons behoben wurden und auch aus der Sicht des KA wesentlich sind (IDW PS 400, Tz 95). Die **Nichtbeachtung** von **DRS-Regelungen,** die gesetzliche Wahlrechte einschränken, begründet keine Einwendung, jedoch ist im PrüfBer auf die Nichteinhaltung hinzuweisen (IDW PS 450, Tz 134).

IV. Formulierungs-Muster

1. Uneingeschränkter Bestätigungsvermerk bei Konzernabschlussprüfungen

Ein uneingeschränkter BVm bei Konzern-APr kann in Anlehnung an IDW **130** PS 400 Anhang 2 unter Berücksichtigung der durch das BilReG geforderte Änderungen zur Prüfungsaussage wie folgt formuliert werden:

„Bestätigungsvermerk des Abschlussprüfers

Ich habe/Wir haben den von der ... Gesellschaft aufgestellten Konzernabschluss – bestehend aus Bilanz, Gewinn- und Verlustrechnung, Anhang, Kapitalflussrechnung und Eigenkapitalspiegel – und den Konzernlagebericht für das Geschäftsjahr vom ... bis ... geprüft. Die Aufstellung von Konzernabschluss und Konzernlagebericht nach den deutschen handelsrechtlichen Vorschriften (und den ergänzenden Bestimmungen des Gesellschaftsvertrags/der Satzung) liegen in der Verantwortung der gesetzlichen Vertreter der Gesellschaft. Meine/Unsere Aufgabe ist es, auf der Grundlage der von mir/uns durchgeführten Prüfung eine Beurteilung über den Konzernabschluss und den Konzernlagebericht abzugeben.

Ich habe meine/Wir haben unsere Konzernabschlussprüfung nach § 317 HGB unter Beachtung der vom Institut der Wirtschaftsprüfer (IDW) festgestellten deutschen Grundsätze ordnungsmäßiger Abschlussprüfung vorgenommen. Danach ist die Prüfung so zu planen und durchzuführen, dass Unrichtigkeiten und Verstöße, die sich auf die Darstellung des durch den Konzernabschluss unter Beachtung der Grundsätze ordnungsmäßiger Buchführung und durch den Konzernlagebericht vermittelten Bildes der Vermögens-, Finanz- und Ertragslage wesentlich auswirken, mit hinreichender Sicherheit erkannt werden. Bei der Festlegung der Prüfungshandlungen werden die Kenntnisse über die Geschäftstätigkeit und über das wirtschaftliche und rechtliche Umfeld des Konzerns sowie die Erwartungen über mögliche Fehler berücksichtigt. Im Rahmen der Prüfung werden die Wirksamkeit des rechnungslegungsbezogenen internen Kontrollsystems sowie Nachweise für die Angaben im Konzernabschluss und Konzernlagebericht überwiegend auf der Basis von Stichproben beurteilt. Die Prüfung umfasst die Beurteilung der Jahresabschlüsse der in den Konzernabschluss einbezogenen Unternehmen, der Abgrenzung des Konsolidierungskreises, der angewandten Bilanzierungs- und Konsolidierungsgrundsätze und der wesentlichen Einschätzungen der gesetzlichen Vertreter sowie die Würdigung der Gesamtdarstellung des Konzernabschlusses und des Konzernlageberichts. Ich bin/Wir sind der Auffassung, dass meine/unsere Prüfung eine hinreichend sichere Grundlage für meine/unsere Beurteilung bildet.

Meine/Unsere Prüfung hat zu keinen Einwendungen geführt.

Der Konzernabschluss entspricht nach meiner/unserer Beurteilung aufgrund der bei der Prüfung gewonnenen Erkenntnisse den gesetzlichen Vorschriften (und den ergänzenden Bestimmungen des Gesellschaftsvertrags/der Satzung) und vermittelt unter Beachtung der Grundsätze ordnungsmäßiger Buchführung ein den tatsächlichen Verhältnissen entsprechendes Bild der Vermögens-, Finanz- und Ertragslage des Konzerns. Der Konzernlagebericht steht in Einklang mit dem Konzernabschluss, vermittelt insgesamt ein zutreffendes Bild von der Lage des Konzerns und stellt die Chancen und Risiken der zukünftigen Entwicklung zutreffend dar.

(Ort)
(Datum)
(Unterschrift)
Wirtschaftsprüfer"

2. Bestätigungsvermerk bei einem nach § 315a in Übereinstimmung mit den zur Anwendung in der Europäischen Union übernommenen Rechnungslegungsgrundsätzen bzw mit den IFRS aufgestellten Konzernabschluss

135 Ist eine Ges verpflichtet, einen **Konzernabschluss nach § 315a Abs 1** aufzustellen, oder stellt sie einen solchen freiwillig auf, muss dieser in Übereinstimmung mit den Rechnungslegungsgrundsätzen stehen, die nach den Art 2, 3 und 6 der Verordnung (EG) Nr 1606/2002 des Europäischen Parlamentes und des Rates vom 19. Juli 2002 betreffend die Anwendung internationaler Rechnungslegungsstandards (ABl EG Nr L 243 S 1) zur Anwendung übernommen wurden. Im BVm muss daher auf die IFRS, wie sie in der EU anzuwenden sind, Bezug genommen werden. Ein uneingeschränkter BVm kann wie folgt lauten IDW PS 400 Anhang 5 **(Musterformulierung):**

136 „*Bestätigungsvermerk des Abschlussprüfers*

Ich habe/Wir haben den von der ... Gesellschaft aufgestellten Konzernabschluss – bestehend aus Bilanz, Gesamtergebnisrechnung, Eigenkapitalveränderungsrechnung, Kapitalflussrechnung und Anhang – sowie den Konzernlagebericht für das Geschäftsjahr vom ... bis ... geprüft. Die Aufstellung von Konzernabschluss und Konzernlagebericht nach den IFRS, wie sie in der EU anzuwenden sind, und den ergänzend nach § 315a Abs. 1 HGB anzuwendenden handelsrechtlichen Vorschriften (sowie den ergänzenden Bestimmungen des Gesellschaftsvertrags/der Satzung) liegt in der Verantwortung der gesetzlichen Vertreter der Gesellschaft. Meine/Unsere Aufgabe ist es, auf der Grundlage der von mir/uns durchgeführten Prüfung eine Beurteilung über den Konzernabschluss und den Konzernlagebericht abzugeben.

Ich habe meine/Wir haben unsere Konzernabschlussprüfung nach § 317 HGB unter Beachtung der vom Institut der Wirtschaftsprüfer (IDW) festgestellten deutschen Grundsätze ordnungsmäßiger Abschlussprüfung vorgenommen. Danach ist die Prüfung so zu planen und durchzuführen, dass Unrichtigkeiten und Verstöße, die sich auf die Darstellung des durch den Konzernabschluss unter Beachtung der anzuwendenden Rechnungslegungsvorschriften und durch den Konzernlagebericht vermittelten Bildes der Vermögens-, Finanz- und Ertragslage wesentlich auswirken, mit hinreichender Sicherheit erkannt werden. Bei der Festlegung der Prüfungshandlungen werden die Kenntnisse über die Geschäftstätigkeit und über das wirtschaftliche und rechtliche Umfeld des Konzerns sowie die Erwartungen über mögliche Fehler berücksichtigt. Im Rahmen der Prüfung werden die Wirksamkeit des rechnungslegungsbezogenen internen Kontrollsystems sowie Nachweise für die Angaben im Konzernabschluss und Konzernlagebericht überwiegend auf der Basis von Stichproben beurteilt. Die Prüfung umfasst die Beurteilung der Jahresabschlüsse der in den Konzernabschluss einbezogenen Unternehmen, der Abgrenzung des Konsolidierungskreises, der angewandten Bilanzierungs- und Konsolidierungsgrundsätze und der wesentlichen Einschätzungen der gesetzlichen Vertreter sowie die Würdigung der Gesamtdarstellung des Konzernabschlusses und des Konzernlageberichts. Ich bin/Wir sind der Auffassung, dass meine/unsere Prüfung eine hinreichend sichere Grundlage für meine/ unsere Beurteilung bildet.

Meine/Unsere Prüfung hat zu keinen Einwendungen geführt.

Nach meiner/unserer Beurteilung aufgrund der bei der Prüfung gewonnenen Erkenntnisse entspricht der Konzernabschluss den IFRS, wie sie in der EU anzuwenden sind, und den ergänzend nach § 315a Abs. 1 HGB anzuwendenden handelsrechtlichen Vorschriften (sowie den ergänzenden Bestimmungen des Gesellschaftsvertrags/der Satzung) und vermittelt unter Beachtung dieser Vorschriften ein den tatsächlichen Verhältnissen entsprechendes Bild der Vermögens-, Finanz- und Ertragslage des Konzerns. Der Konzernlagebericht steht in Einklang mit dem Konzernabschluss, vermittelt insgesamt ein zutreffendes Bild von der Lage des Konzerns und stellt die Chancen und Risiken der zukünftigen Entwicklung zutreffend dar.

(Ort)
(Datum)
(Unterschrift)
Wirtschaftsprüfer"

I. Zusammengefasster Bestätigungsvermerk

Wird der KA zusammen mit dem JA des MU oder mit dem IFRS-EA offengelegt, dürfen die BVm zum JA bzw zum IFRS-EA des MU und zum KA zusammengefasst werden (§ 325 Abs 3a 1. Hs). Dies gilt auch bei Anwendung unterschiedlicher Rechnungslegungsgrundsätze wie zB in den Fällen eines nach handelsrechtlichen Grundsätzen aufgestellten JA und eines nach den IFRS, wie sie in der EU anzuwenden sind, aufgestellten KA, obwohl uE in diesen Fällen der Klarheit wegen auf eine Zusammenfassung der BVm verzichtet werden sollte. Eine über § 325 Abs 3a hinausgehende Zusammenfassung von BVm ist nicht zulässig.

Eine Zusammenfassung ist auch bei **Einschränkung bzw Versagung** des BVm zum JA bzw IFRS-EA und/oder KA zulässig. Bezieht sich eine Einschränkung bzw Versagung nur auf den JA bzw den IFRS-EA des MU (oder nur auf den KA), muss klar erkennbar sein, auf welchen Abschluss (JA bzw IFRS-EA oder KA) sich die Einschränkung bzw Versagung erstreckt. Sollte eine klare Darstellung des Sachverhalts im zusammengefassten BVm nicht möglich sein, ist eine getrennte Erteilung der BVm bzw des BVm und des Versagungsvermerks geboten.

J. Bestätigungsvermerke bei Abschlussprüfungen, die unter ergänzender Beachtung der ISA durchgeführt wurden

150 Wird die Prüfung des JA oder KA nach den deutschen GoA und unter ergänzender Beachtung der ISA durchgeführt, hat der BVm neben den Anforderungen des § 322 auch den Anforderungen zur Erteilung eines Vermerks zum Abschluss nach den ISA zu entsprechen. Konkret zu beachten sind hierbei *ISA 700 Forming an Opinion and Reporting on Financial Statements*, *ISA 705 Modifications to the Opinion in the Independent Auditor's Report* und *ISA 706 Emphasis of Matter Paragraphs and other Matter Paragraphs in the Independent Auditor's Report*.

151 ISA 700 verlangt eine Trennung der Prüfungsaussage zum JA bzw KA von den Prüfungsaussagen zu sog zusätzlich zum Abschluss dargestellten Informationen (Zweiteilung des Vermerks, vgl *ISA 700*, Tz 46). Dieser Trennung steht § 322, der von einem frei zu formulierenden Bestätigungsbericht ausgeht (vgl Tz 2) nicht entgegen. Für den Regelfall einer Pflichtprüfung einer KapGes bedeutet dieses im Ergebnis, dass im Anschluss an die Aussagen zum JA (Vermerk zum Abschluss) die Aussagen zum Lagebericht in einem separaten Unterabschn (Vermerk zum Lagebericht) erfolgen.

152 Für den Fall eines uneingeschränkten BVm über die gesetzliche APr eines nach § 315a und den IFRS aufgestellten KA und des zugehörigen Konzernlageberichts die unter ergänzender Beachtung der ISA durchgeführt wurde, gibt IDW PS 400 im Anhang 4a ein Formulierungsmuster vor. Dabei wird von dem Regelfall ausgegangen, dass ergänzende Bestimmungen des GesVertrags bzw der Satzung nicht zur Anwendung kommen.

„Bestätigungsvermerk des unabhängigen Abschlussprüfers
An die ... [Gesellschaft]

Vermerk zum Konzernabschluss

Wir haben den beigefügten Konzernabschluss der ... [Gesellschaft] und ihrer Tochtergesellschaften – bestehend aus Konzernbilanz, Konzerngesamtergebnisrechnung, Konzerneigenkapitalveränderungsrechnung, Konzernkapitalflussrechnung und Konzernanhang für das Geschäftsjahr vom ... bis zum ... – geprüft.

Verantwortung der gesetzlichen Vertreter für den Konzernabschluss

Die gesetzlichen Vertreter der ... [Gesellschaft] sind verantwortlich für die Aufstellung dieses Konzernabschlusses. Diese Verantwortung umfasst, dass dieser Konzernabschluss in Übereinstimmung mit den IFRS, wie sie in der EU anzuwenden sind, und den ergänzend nach § 315a Abs. 1 HGB anzuwendenden deutschen gesetzlichen Vorschriften aufgestellt wird und unter Beachtung dieser Vorschriften ein den tatsächlichen Verhältnissen entsprechendes Bild der Vermögens-, Finanz- und Ertragslage des Konzerns vermittelt. Die gesetzlichen Vertreter sind auch verantwortlich für die internen Kontrollen, die sie als notwendig erachten, um die Aufstellung eines Konzernabschlusses zu ermöglichen, der frei von wesentlichen – beabsichtigten oder unbeabsichtigten – falschen Darstellungen ist.

Verantwortung des Abschlussprüfers

Unsere Aufgabe ist es, auf der Grundlage unserer Prüfung ein Urteil zu diesem Konzernabschluss abzugeben. Wir haben unsere Abschlussprüfung in Übereinstimmung mit § 317 HGB unter Beachtung der vom Institut der Wirtschaftsprüfer (IDW) festgestellten deutschen Grundsätze ordnungsmäßiger Abschlussprüfung sowie unter ergänzender Beachtung der International Standards on Auditing (ISA) durchgeführt. Danach haben wir die Berufspflichten einzuhalten und die Abschlussprüfung so zu planen und durchzuführen, dass hinreichende Sicherheit darüber erlangt wird, ob der Konzernabschluss frei von wesentlichen falschen Darstellungen ist.

Eine Abschlussprüfung umfasst die Durchführung von Prüfungshandlungen, um Prüfungsnachweise für die im Konzernabschluss enthaltenen Wertansätze und sonstigen Angaben zu erlangen. Die Auswahl der Prüfungshandlungen liegt im pflichtgemäßen Ermessen des Abschlussprüfers. Dies schließt die Beurteilung der Risiken wesentlicher – beabsichtigter oder unbeabsichtigter – falscher Darstellungen im Konzernabschluss ein. Bei der Beurteilung dieser Risiken berücksichtigt der Abschlussprüfer das interne Kontrollsystem, das relevant ist für die Aufstellung eines Konzernabschlusses, der ein den tatsächlichen Verhältnissen entsprechendes Bild vermittelt. Ziel hierbei ist es, Prüfungshandlungen zu planen und durchzuführen, die unter den gegebenen Umständen angemessen sind, jedoch nicht, ein Prüfungsurteil zur Wirksamkeit des internen Kontrollsystems des Konzerns abzugeben. Eine Abschlussprüfung umfasst auch die Beurteilung der Angemessenheit der angewandten Rechnungslegungsmethoden und der Vertretbarkeit der von den gesetzlichen Vertretern ermittelten geschätzten Werte in der Rechnungslegung sowie die Beurteilung der Gesamtdarstellung des Konzernabschlusses.

Wir sind der Auffassung, dass die von uns erlangten Prüfungsnachweise ausreichend und geeignet sind, um als Grundlage für unser Prüfungsurteil zu dienen.

Prüfungsurteil

Gemäß § 322 Abs. 3 Satz 1 HGB erklären wir, dass unsere Prüfung des Konzernabschlusses zu keinen Einwendungen geführt hat.

Nach unserer Beurteilung aufgrund der bei der Prüfung gewonnenen Erkenntnisse entspricht der Konzernabschluss in allen wesentlichen Belangen den IFRS, wie sie in der EU anzuwenden sind, und den ergänzend nach § 315a Abs. 1 HGB anzuwendenden deutschen gesetzlichen Vorschriften und vermittelt unter Beachtung dieser Vorschriften ein den tatsächlichen Verhältnissen entsprechendes Bild der Vermögens- und Finanzlage des Konzerns zum ... [Datum] sowie der Ertragslage für das an diesem Stichtag endende Geschäftsjahr.

Vermerk zum Konzernlagebericht

Wir haben den beigefügten Konzernlagebericht der ... [Gesellschaft] für das Geschäftsjahr vom ... [Datum] bis ... [Datum] geprüft. Die gesetzlichen Vertreter der ... [Gesellschaft] sind verantwortlich für die Aufstellung des Konzernlageberichts in Übereinstimmung mit den nach § 315a Abs. 1 HGB anzuwendenden deutschen gesetzlichen Vorschriften. Wir haben unsere Prüfung in Übereinstimmung mit § 317 Abs. 2 HGB und unter Beachtung der für die Prüfung des Konzernlageberichts vom Institut der Wirtschaftsprüfer (IDW) festgestellten deutschen Grundsätze ordnungsmäßiger Abschlussprüfung durchgeführt. Danach ist die Prüfung des Konzernlageberichts so zu planen und durchzuführen, dass hinreichende Sicherheit darüber erlangt wird, ob der Konzernlagebericht mit dem Konzernabschluss sowie mit den bei der Abschlussprüfung gewonnenen Erkenntnissen in Einklang steht, insgesamt ein zutreffendes Bild von der Lage des Konzerns vermittelt und die Chancen und Risiken der zukünftigen Entwicklung zutreffend darstellt.

Gemäß § 322 Abs. 3 Satz 1 HGB erklären wir, dass unsere Prüfung des Konzernlageberichts zu keinen Einwendungen geführt hat.

Nach unserer Beurteilung aufgrund der bei der Prüfung des Konzernabschlusses und Konzernlageberichts gewonnenen Erkenntnisse steht der Konzernlagebericht in Einklang mit dem Konzernabschluss, vermittelt insgesamt ein zutreffendes Bild von der Lage des Konzerns und stellt die Chancen und Risiken der zukünftigen Entwicklung zutreffend dar.

(Ort des Abschlussprüfers)
(Datum des Bestätigungsvermerks des Abschlussprüfers)
(Unterschrift des Abschlussprüfers)
Wirtschaftsprüfer"

K. Unterzeichnung des Bestätigungsvermerks/Versagungsvermerks (Abs 7)

155 Der BVm oder der Versagungsvermerk zum JA und zum KA ist nach Abs 7 S 1 unter Angabe von Ort und Tag zu **unterzeichnen**. Der BVm oder Versagungsvermerk ist auch in den PrüfBer aufzunehmen (Abs 7 S 2), ist dort aber nicht nochmals zu unterzeichnen (WPH[14] I, Q Anm 276; zur Wiedergabe des Vermerks über die JAP im PrüfBer s IDW PH 9.450.2 WPg 2000, 439). Wurde die APr auftragsgemäß als Gemeinschaftsprüfung durchgeführt, haben beide AP den BVm gemeinsam zu unterzeichnen (IDW PS 208, Tz 28). Bei abw Auffassungen beider AP sind getrennte BVm erforderlich (IDW PS 208, Tz 29).

Die Unterzeichnung hat (gem § 48 WPO mit Siegelung) eigenhändig unter Angabe der Berufsbezeichnung „WP" oder – bei mittelgroßen KapGes/KapCoGes – „vBP" (§§ 18, 32 WPO) zu erfolgen. Der BVm ist auf dem Abschluss anzubringen bzw mit ihm zu verbinden (IDW PS 400, Tz 80).

156 Für die Angabe des **Tages der Unterzeichnung** ist von Bedeutung, dass der BVm oder Versagungsvermerk nach dem abschließenden Ergebnis der Prüfung erteilt wird, dh zeitlich also im Regelfall am Tag der Beendigung der örtlichen Prüfung des Abschlusses und des Lageberichts/Konzernlageberichts, häufig iVm der sog Schlussbesprechung (so auch IDW PS 400, Tz 81), gleichzeitig oder nach dem Datum der Aufstellung von Abschluss und Lagebericht. Formelle Nachlaufarbeiten von kurzer Dauer, wie zB Reinschrift des PrüfBer, können dabei unberücksichtigt bleiben.

157 Wesentlich ist, dass alle bis zum **Zeitpunkt der Erteilung** des BVm (Datum des BVm) dem AP bekannt gewordenen wesentlichen Ereignisse im neuen Gj materiell im Abschluss und/oder Lagebericht Berücksichtigung gefunden haben (IDW PS 203 nF, Tz 11 ff; so auch WPH[14] I, Q Anm 569). Dies sollte auch für das Datum der sog Vollständigkeitserklärung gelten, die nach berufsüblichen Prüfungsgrundsätzen von den gesetzlichen Vertretern ggü dem AP schriftlich abgegeben wird (ebenso IDW PS 400, Tz 81; WPH[14] I, R Anm 884f, IDW PS 303 nF, Tz 24).

158 Die Formvorschriften für die Unterzeichnung gelten auch für den BVm bei einer **Nachtragsprüfung** nach § 316 Abs 3.

L. Sonstige Einzelfragen

I. Erstprüfung

160 **Erstprüfungen** sind APr (vgl IDW PS 205, Tz 1),
- bei denen der Abschluss des Vj ungeprüft ist (zB wenn eine kleine KapGes/KapCoGes die Größenmerkmale einer mittelgroßen KapGes/KapCoGes erreicht hat),
- bei denen der Abschluss des Vj durch einen anderen AP geprüft worden ist,
- bei Unt, die erstmals einen Abschluss aufstellen (zB UntGründung, Umw, Wechsel von Einnahmenüberschussrechnung (§ 241a) zum JA (§ 242), Begr von Konzernverhältnissen; vgl IDW PS 205, Tz 11).

Der AP muss bei Erstprüfungen durch eine Ausdehnung seiner Prüfungshandlungen ausreichende und angemessene Prüfungsnachweise hinsichtlich der EB-Werte einholen (näheres hierzu s IDW PS 205, Tz 10 ff).

Die Prüfung der EB-Werte wird im BVm nicht gesondert bestätigt. Auswirkungen auf den BVm ergeben sich jedoch zB in folgenden Fällen:

- Bei **Einwendungen gegen den Vorjahresabschluss** (Einschränkung/Versagung des oder Hinweis im BVm des Vj), die auch für den zu prüfenden Abschluss zutreffend und wesentlich sind.
  Folge: Einschränkung/Versagung des oder Hinweis im BVm des zu prüfenden Jahres, vgl IDW PS 400, Tz 52.
- Das **Stetigkeitsgebot** wurde unzulässigerweise durchbrochen oder die Durchbrechung war zulässig, wurde jedoch nicht angemessen angegeben und erläutert.
  Folge: Einschränkung/Versagung des BVm, vgl IDW PS 400, Tz 54.
- Der AP ist nicht in der Lage, ausreichende und angemessene Prüfungsnachweise hinsichtlich der EB-Werte zu erlangen.
  Folge: Einschränkung/Versagung des BVm aufgrund von **Prüfungshemmnissen**, vgl IDW PS 400, Tz 50 und 68af (ausführlich hierzu s IDW PS 205, Tz 17).
  Zu den Auswirkungen auf den PrüfBer s IDW PS 205, Tz 18.

II. Nachtragsprüfung

Werden JA/IFRS-EA/KA, Lagebericht oder Konzernlagebericht nach Erteilung des BVm **geändert**, hat der AP diese Unterlagen erneut zu prüfen, „soweit es die Änderung erfordert" (§ 316 Abs 3 S 1). Über diese Nachtragsprüfung (§ 316 Anm 25ff) ist zu berichten und nach dem Ergebnis dieser Prüfung der BVm entspr zu ergänzen (§ 316 Abs 3 S 2 2. Hs). Einen Formulierungsvorschlag bei uneingeschränkter Bestätigung der Änderungen enthält IDW PS 400, Tz 108.

Unter bestimmten Voraussetzungen (ursprüngliche APr und Nachtragsprüfung liegen zeitlich eng beieinander; die Änderung wurde vor Feststellung des JA bzw vor Billigung des IFRS-EA oder KA durchgeführt) ist ein Hinweis auf die Nachtragsprüfung entbehrlich (s IDW PS 400, Tz 108).

Werden durch die Änderung **bisherige Einwendungen** des AP **nicht beseitigt,** muss in der Ergänzung darauf hingewiesen werden, so dass der alte Wortlaut mit dem Hinweis auf die vorherigen Einwendungen erhalten bleibt. Ergeben sich aus der Nachtragsprüfung Einwendungen, die zu einer **Einschränkung** oder **Versagung** des BVm führen, gelten die Ausführungen zur Einschränkung (Anm 41ff) oder Versagung (Anm 53ff) entspr. Ggf ist auch § 173 Abs 3 AktG zu beachten (§ 316 Anm 28; zu weiteren Einzelheiten zu der Frist nach § 173 Abs 3 AktG bei der AG/KGaA sowie nach § 8 Abs 3 PublG s Vor § 325 Anm 84). Das Prüfungsurteil ist neu zu formulieren und in einem gesonderten Abs um einen Hinweis auf die Änderung zu ergänzen.

Lassen die Änderungen **Einwendungen entfallen,** die bis dahin zu einem eingeschränkten BVm geführt hatten, muss das Prüfungsurteil ebenfalls neu formuliert und in einem gesonderten Abs auf die Änderung hingewiesen werden (vgl IDW PS 400, Tz 109).

Der BVm wird sowohl mit dem Datum der Beendigung der ursprünglichen APr als auch mit dem Datum der Beendigung der Nachtragsprüfung versehen (Doppeldatum, s IDW PS 400, Tz 110). Bei der zweiten Datumsangabe muss dargestellt werden, auf welche Änderung des ursprünglichen Abschlusses sich das zweite Datum bezieht (vgl IDW PS 203 nF, Tz 24).

III. Widerruf des Bestätigungsvermerks

Der Widerruf eines uneingeschränkten oder eingeschränkten BVm ist mit Rücksicht auf das öffentliche Interesse und das Vertrauen der Beteiligten unter

§ 322   171–177

bestimmten Voraussetzungen geboten (so auch *Sarx* in FS Clemm, 345 ff; *Erle*, 284 und *WPH*[14] I, Q 608 f). Da der Widerruf gesetzlich nicht geregelt ist, vollzieht er sich nach allgemeinen Rechtsgrundsätzen.

171   Der AP ist zum Widerruf verpflichtet, wenn er nach Erteilung des BVm erkennt, dass die Voraussetzungen für die Erteilung nicht vorgelegen haben, und der betr Abschluss nicht geändert wird (IDW PS 400, Tz 111).

172   Die Zulässigkeit eines Widerrufs ist nur in **engen Grenzen** gegeben. Ein Widerruf ist nur zulässig bei gesicherten Erkenntnissen neuer Tatsachen (so auch *WPH*[14] I, Q Anm 611) und bei Täuschung des AP durch das Unt (ebenso zB *Sarx* in FS Clemm, 346). Unrichtige Wertung von Tatsachen oder Übersehen von Tatsachen durch den AP rechtfertigen ebenfalls einen Widerruf (so auch *Lück* in HdR[5] § 322 Anm 62 ff; *WPH*[14] I, Q Anm 611). Auch die Erkenntnis, dass der BVm unvollständig ist und zB keinen Hinweis auf bestandsgefährdende Risiken enthält (Abs 2 S 3), kann einen Widerruf begründen und ggf erforderlich machen (s *ADS*[6] § 322 Anm 363).

Der Widerruf ist bei Vorliegen der Voraussetzungen in das pflichtgemäße **Ermessen** des AP gestellt (so auch *WPH*[14] I, Q Anm 608). Es handelt sich um eine Einzelfallentscheidung, bei der die Einschränkung vor der Möglichkeit des Widerrufs aus Gründen der Rechtssicherheit für das geprüfte Unt Vorrang haben kann (*Sarx* in FS Clemm, 346). Er ist nicht erforderlich, wenn der falsche Eindruck aufgrund des Prüfungsergebnisses auf andere Weise korrigiert (offene Korrektur der Mängel im Folgeabschluss unter Berücksichtigung von Ausweis- und Erl-Pflichten etc; IDW PS 400, Tz 112) oder anderweitig öffentlich kommuniziert wird. Die Einholung rechtlichen Rats kann geboten sein (IDW PS 400, Tz 115).

173   Keine Begr für einen Widerruf bieten wertaufhellende Informationen, die erst nach Beendigung der Aufstellungsphase des Abschlusses bekannt wurden und die der AP erst nach Erteilung des BVm erhält (mit Begr *ADS*[6] § 322 Anm 366).

174   Die **rechtliche Wirkung** eines Widerrufs besteht darin, dass das geprüfte Unt den bisherigen BVm sowie den PrüfBer ab dem Zeitpunkt des Widerrufs nicht mehr aktiv verwenden darf (*WPH*[14] I, Q Anm 619). Die Feststellung des JA vor dem Widerruf wird durch diesen nicht unwirksam (so zB *WPH*[14] I, Q Anm 619).

175   Erfolgt der Widerruf **vor Feststellung des Jahresabschlusses,** vor der Billigung des IFRS-EA oder KA bzw vor dem Gewinnverwendungsbeschluss, kann die Prüfung im Einvernehmen mit dem Unt erneut aufgenommen und der BVm – nunmehr eingeschränkt – neu erteilt oder versagt werden. Steht nur noch die **Offenlegung** nach §§ 325 ff aus, sollte der Widerruf mit der Neuerteilung eines eingeschränkten (bisher uneingeschränkten) BVm oder eines Versagungsvermerks verbunden werden, damit die Offenlegung vollzogen werden kann (ebenso *Sarx* in FS Clemm, 346). Ist auch die Offenlegung schon vollzogen, muss auch der Widerruf durch die Ges entspr offengelegt werden (*WPH*[14] I, Q Anm 621). Darüber hinaus müssen über den Widerruf alle Personen informiert werden, die von dem BVm in Kenntnis gesetzt wurden, wie etwa Kreditinstitute, die darauf ihre Kreditentscheidungen stützen (IDW PS 400, Tz 115; *ADS*[6] § 322 Anm 370).

176   Der Widerruf wird **schriftlich** vorgenommen und ist zu **begründen.** Nach IDW PS 400, Tz 115 ist der schriftliche Widerruf an den Auftraggeber zu richten.

177   Für den Widerruf des BVm zum **Konzernabschluss** gelten die Ausführungen zum Widerruf beim JA entspr. Eine Besonderheit für den KA kann sich dadurch ergeben, dass für ein in den KA einbezogenes TU der bisherige BVm widerrufen wird. Ob ein solcher Vorgang einen Widerruf des BVm zum KA auslösen kann, muss im Einzelfall nach dem wirtschaftlichen Einfluss der nachträglichen Einwendungen auf den Aussagewert des KA beurteilt werden (so *Sarx* in FS Clemm, 347).

IV. Bedingte Erteilung des Bestätigungsvermerks

Ein Vorbehalt zum BVm – iSe aufschiebenden Bedingung – kommt in Betracht, wenn in dem geprüften Abschluss bereits Sachverhalte berücksichtigt wurden, die erst nach Prüfungsende abgeschlossen werden, jedoch auf den Abschluss zurückwirken. Es wird gefordert, dass es sich hierbei um formgebundene Verfahren handelt und der Eintritt der Bedingung mit an Sicherheit grenzender Wahrscheinlichkeit angenommen werden kann. Mit Eintritt der Bedingung wird der BVm wirksam (IDW PS 400, Tz 100). 180

Typische BspFälle hierfür stellen die zeitlich mit Rückbeziehung bilanzierte **vereinfachte Kapitalherabsetzung** mit oder ohne Kapitalerhöhung nach §§ 234, 235 AktG oder §§ 58e, 58f GmbHG dar; beide Maßnahmen bedürfen dann jeweils noch der Beschlussfassung durch die HV (GesV) und Einhaltung bestimmter Fristen (s auch § 272 Anm 100 ff; ausführlich dazu auch *Förschle/Heinz* in Sonderbilanzen[4] Q Anm 87 ff). 181

Auch wenn der Vj-JA noch nicht festgestellt wurde, die Feststellung jedoch ansteht, kann zum aktuellen JA ein bedingter BVm erteilt werden (IDW PS 400, Tz 99). Gleiches gilt im Falle aktienrechtlicher Nachgründungstatbestände, die zu ihrer Wirksamkeit noch der Zustimmung der HV und der Eintragung in das HR bedürfen (s *Kohl* Die Prüfung des Jahresabschlusses unter Berücksichtigung von aktienrechtlichen Nachgründungstatbeständen BB 1995, 139). 182

In diesem Zusammenhang sind auch **Sanierungen** zu nennen, deren Durchführung Voraussetzung für die Bilanzierung unter der Annahme des Fortbestands der Ges ist, jedoch erst nach Erteilung des BVm erfolgt (ausführlich dazu *Förschle/Heinz* in Sonderbilanzen[4] Kapitel Q). Der Inhalt der Sanierungsmaßnahmen muss allerdings schon feststehen und ihre Rechtswirksamkeit darf nur noch von der Erfüllung formaler Voraussetzungen abhängen (IDW PS 400, Tz 103). 183

Die aufschiebende Bedingung ist vor dem BVm aufzuführen (IDW PS 400, Tz 101): 184

„Unter der Bedingung, dass die im Jahresabschluss berücksichtigte vereinfachte Kapitalherabsetzung mit anschließender Kapitalerhöhung beschlossen und im Handelsregister eingetragen wird, erteile ich/erteilen wir den nachstehenden Bestätigungsvermerk:

Bestätigungsvermerk des Abschlussprüfers
.......".

Wurden im Abschluss Sachverhalte berücksichtigt, die erst nach dem Abschlussstichtag eintreten, aber *nicht* auf den Abschluss zurückwirken (zB Ausbuchung einer Verbindlichkeit, für die ein **Forderungsverzicht** erst **nach dem Bilanzstichtag** erklärt wird), ist der BVm entspr einzuschränken (IDW PS 400, Tz 102). 185

M. Rechtsfolgen einer Verletzung des § 322

Für einen unrichtigen BVm haftet der AP nach Maßgabe von § 323 (s dort Anm 100 ff; hierzu auch BGH 2.4.1998, BB, 1152). AP oder ihre Gehilfen, die vorsätzlich einen inhaltlich unrichtigen BVm erteilen, können nach § 332 mit 190 einer Freiheitsstrafe oder einer Geldstrafe bestraft werden. Die **Auswirkungen eines Widerrufs** des BVm auf die Haftung des AP können nur im Einzelfall beurteilt werden.

§ 323 Verantwortlichkeit des Abschlußprüfers

(1) ¹Der Abschlußprüfer, seine Gehilfen und die bei der Prüfung mitwirkenden gesetzlichen Vertreter einer Prüfungsgesellschaft sind zur gewissenhaften und unparteiischen Prüfung und zur Verschwiegenheit verpflichtet; § 57b der Wirtschaftsprüferordnung bleibt unberührt. ²Sie dürfen nicht unbefugt Geschäfts- und Betriebsgeheimnisse verwerten, die sie bei ihrer Tätigkeit erfahren haben. ³Wer vorsätzlich oder fahrlässig seine Pflichten verletzt, ist der Kapitalgesellschaft und, wenn ein verbundenes Unternehmen geschädigt worden ist, auch diesem zum Ersatz des daraus entstehenden Schadens verpflichtet. ⁴Mehrere Personen haften als Gesamtschuldner.

(2) ¹Die Ersatzpflicht von Personen, die fahrlässig gehandelt haben, beschränkt sich auf eine Million Euro für eine Prüfung. ²Bei Prüfung einer Aktiengesellschaft, deren Aktien zum Handel im regulierten Markt zugelassen sind, beschränkt sich die Ersatzpflicht von Personen, die fahrlässig gehandelt haben, abweichend von Satz 1 auf vier Millionen Euro für eine Prüfung. ³Dies gilt auch, wenn an der Prüfung mehrere Personen beteiligt gewesen oder mehrere zum Ersatz verpflichtende Handlungen begangen worden sind, und ohne Rücksicht darauf, ob andere Beteiligte vorsätzlich gehandelt haben.

(3) Die Verpflichtung zur Verschwiegenheit besteht, wenn eine Prüfungsgesellschaft Abschlussprüfer ist, auch gegenüber dem Aufsichtsrat und den Mitgliedern des Aufsichtsrats der Prüfungsgesellschaft.

(4) **Die Ersatzpflicht nach diesen Vorschriften kann durch Vertrag weder ausgeschlossen noch beschränkt werden.**

Übersicht

	Anm
A. Allgemeines	
I. Regelungsinhalt	1, 2
II. Anwendungsbereich	3–5
B. Pflichten des Abschlussprüfers	
I. Gewissenhafte und unparteiische Prüfung (Abs 1 S 1)	
1. Prüfung	10
2. Gewissenhaftigkeit	11–14
3. Unparteilichkeit	25–27
II. Verschwiegenheitspflicht (Abs 1 S 1, Abs 3)	30
1. Umfang und Grenzen	31–39
2. Redepflicht	40–45
3. Rederecht	46, 47
III. Verwertungsverbot (Abs 1 S 2)	50–54
IV. Verpflichteter Personenkreis	60–63
C. Haftung des Abschlussprüfers	
I. Voraussetzungen (Abs 1 S 3)	100
1. Pflichtverletzung	101, 102
2. Verschulden	103–106
3. Schadenseintritt und Kausalität	107–110
4. Ersatzpflichtige und ersatzberechtigte Personen (Abs 1 S 3)	112–117
5. Mitverschulden	121–124

	Anm
II. Haftungsbegrenzung	
1. Gesetzliche Haftungsobergrenze (Abs 2)	130–134
2. Weitere vertragliche Haftungsvereinbarungen (Abs 4)	135, 136
III. Verjährung	140–144
IV. Deliktische Haftung nach §§ 823 ff BGB	155
D. Verantwortlichkeit bei freiwilligen Abschlussprüfungen	160, 161
I. Art und Umfang der Pflichten	162–164
II. Folgen bei Pflichtverstößen	165–168
E. Haftung des Abschlussprüfers gegenüber Dritten	170
I. § 323 HGB	171
II. Deliktische Haftung nach §§ 823 ff BGB	172
1. § 823 Abs 1 BGB	173
2. § 823 Abs 2 BGB	174–178
3. § 824 BGB	181, 182
4. § 826 BGB	183–187
5. § 831 BGB	188
6. § 839a BGB	189
III. Schuldrechtliche Ansprüche	190–193
1. Vertrag mit Schutzwirkung zugunsten Dritter	194–209
2. Auskunftsvertrag	210–213
3. Ansprüche aus Schuldverhältnissen nach § 311 BGB	220–227
IV. Prospekthaftung	230–234

Schrifttum: *Ebke* Wirtschaftsprüfer und Dritthaftung, Bielefeld 1983; *Schlechtriem* Summenmäßige Haftungsbeschränkungen in AGB BB 1984, 1177; *Hopt* Die Haftung des Wirtschaftsprüfers WPg 1986, 461, 498; *Lang* Zur Dritthaftung der Wirtschaftsprüfer WPg 1989, 57; *Lang* Zur Dritthaftung der Wirtschaftsprüfer, Mannheimer Vorträge zur Versicherungswirtschaft, Karlsruhe 1991; *Ebke/Scheel* Die Haftung des Wirtschaftsprüfers für fahrlässig verursachte Vermögensschäden Dritter WM 1991, 389; *Streck* Haftungsfall Testat StB 1991, 98; *Müller* Grenzen und Begrenzbarkeit der vertragsrechtlichen Dritthaftung für Prüfungsergebnisse des Abschlussprüfers in FS Forster, 451; *Quick* Die Haftung des handelsrechtlichen Abschlussprüfers BB 1992, 1675; *Schmitt* Probleme des Zeugnisverweigerungsrechts (§ 53 Abs 1 Nr 3 StPO, § 386 Abs 1 Nr 6 ZPO) und des Beschlagnahmeverbots (§ 97 StPO) bei Beratern juristischer Personen – zugleich ein Beitrag zu der Entbindungsbefugnis des Konkursverwalters wistra 1993, 9; *Poll* Die Verantwortlichkeit des Abschlussprüfers nach § 323 HGB, DZWiR 1995, 95; *Ebke* Keine Dritthaftung des Pflichtprüfers für Fahrlässigkeit nach den Grundsätzen des Vertrags mit Schutzwirkung für Dritte BB 1997, 1731; *Zugehör* Berufliche „Dritthaftung" – insb der Rechtsanwälte, Steuerberater, Wirtschaftsprüfer und Notare – in der deutschen Rechtsprechung NJW 2000, 1601; *Canaris* Die Reform des Rechts der Leistungsstörungen JZ 2001, 499; *Möllers* Zu den Voraussetzungen einer Dritthaftung des Wirtschaftsprüfers bei fahrlässiger Unkenntnis der Testatverwertung JZ 2001, 909; *Heppe* Nach dem Vertrauensverlust – Ist es an der Zeit, die Dritthaftung deutscher Abschlussprüfer zu verschärfen WM 2003, 714 u 753; *Hilber/Hartung* Auswirkungen des Sarbanes-Oxley Act auf deutsche WP-Gesellschaften: Konflikte mit der Verschwiegenheitspflicht der Wirtschaftsprüfer und dem Datenschutzrecht BB 2003, 1054; *Quick* Geheimhaltungspflicht des Abschlussprüfers: strafrechtliche Konsequenzen BB 2004, 1490; *Assmann* Die Prospekthaftung beruflicher Sachkenner de lege lata und de lege ferenda AG 2004, 435; *Janert/Schuster* Dritthaftung des Wirtschaftsprüfers am Beispiel der Haftung für Prospektgutachten BB 2005, 987; *Zugehör* Die neue Rechtsprechung des Bundesgerichtshofs zur zivilrechtlichen Haftung der Rechtsanwälte und steuerlichen Berater, WM Sonderbeilage Nr 3/2006; *Zugehör* Uneinheitliche Rechtsprechung des BGH zum (Rechtsberater-)Vertrag mit Schutzwirkung zu Gunsten Dritter

NJW 2008, 1105; *Fischer* Vertragliche Dritthaftung von Rechtsanwälten, Steuerberatern und Wirtschaftsprüfern DB 2012, 1489; *Meyer-Goßner*[55] Strafprozessordnung (Komm), München 2012.

A. Allgemeines

I. Regelungsinhalt

1 § 323 normiert die Pflichten des AP sowie der in Abs 1 S 1 genannten Personen bei der gesetzlich vorgeschriebenen APr (**Pflichtprüfung**) und regelt die zivilrechtlichen Folgen ihrer Verletzung.

Abs 1 S 1 und 2 führen folgende **Pflichten und Verbote** auf:
– Pflicht zur gewissenhaften und unparteiischen Prüfung,
– Pflicht zur Verschwiegenheit,
– Verbot der unbefugten Verwertung von Geschäfts- und Betriebsgeheimnissen.

Zur Einhaltung der vorgenannten Pflichten ist der WP/vBP unabhängig von § 323 bereits durch Berufsrecht verpflichtet. § 43 Abs 1 WPO (für vBP iVm § 130 WPO) enthält hierzu folgende Regelung, die durch die Bestimmungen der Berufssatzung (Satzung über die Rechte und Pflichten bei der Ausübung der Berufe des Wirtschaftsprüfers und des vereidigten Buchprüfers v 11.6.1996 idF v 12.10.2012) konkretisiert wird:

„Der WP hat seinen Beruf unabhängig, gewissenhaft, verschwiegen und eigenverantwortlich auszuüben. Er hat sich insb bei der Erstattung von PrüfBer und Gutachten unparteiisch zu verhalten."

2 Über die Festlegung der zwingenden Pflichten des AP und der in Abs 1 S 1 genannten Personen hinaus, enthält § 323 für den Fall der Verletzung dieser Pflichten in Abs 1 S 3 und 4, Abs 2 und 4 eine spezifisch ausgestaltete **zivilrechtliche Haftungsregelung** nach der abw von den schuldrechtlichen Regelungen insb Folgendes gilt:
– Die Haftung für fahrlässige Pflichtverletzungen ist auf € 1 bzw € 4 Mio beschränkt (Abs 2).
– Die Ersatzpflicht kann durch Vertrag weder ausgeschlossen noch (weiter) beschränkt werden (Abs 4).
– Die Ersatzpflicht trifft auch die Gehilfen des AP und bei einer WPG/BPGes die an der Prüfung mitwirkenden gesetzlichen Vertreter persönlich, obwohl zwischen ihnen und der zu prüfenden Ges kein Vertragsverhältnis besteht.
– Anspruchsberechtigter kann auch ein mit der zu prüfenden Ges verbundenes Unt sein, obwohl es nicht Partei des Prüfungsvertrags ist.

II. Anwendungsbereich

3 Der **Anwendungsbereich des § 323** umfasst sämtliche nach Maßgabe des HGB durchzuführende Prüfungen von JA/IFRS-EA/KA sowie Lageberichten und Konzernlageberichten (für Kreditinstitute iVm § 340k, für VersicherungsUnt iVm § 341k). Darüber hinaus erstreckt sich § 323 durch zahlreiche gesetzliche Verweisungen auch auf andere Prüfungen und prüfungsnahe Tätigkeiten. Als wesentliche Anwendungsbereiche zu nennen sind: Prüfungen nach §§ 6, 14 **PublG**, Prüfungen nach dem **AktG** und **GmbHG** – namentlich Gründungs-, Nachgründungs- und Sonderprüfungen (vgl §§ 49, 53, 144, 258 Abs 5 S 1 AktG) sowie Prüfungen iZm Kapitalerhöhungen aus GesMitteln (vgl § 209 Abs 4 S 2 AktG,

§ 57f Abs 3 S 2 GmbHG), UntVerträgen (§ 293d Abs 2 AktG) und Eingliederungen (§ 320 Abs 3 AktG) – sowie Prüfungen nach dem **UmwG** (vgl § 11 Abs 2 S 2 UmwG) und dem **KAGB** (vgl bspw §§ 47, 102, 136 KAGB).

§ 323 gilt auch für die Prüfung bzw prüferische Durchsicht von Finanzinformationen nach §§ 37w ff **WpHG,** namentlich von Abschlüssen und Zwischenlageberichten, die Bestandteile von Halbjahres- oder Quartalsfinanzberichten sind. Gleiches gilt für die prüferische Durchsicht von Zwischenabschlüssen nach §§ 10, 10a **KWG**.

Über diese selbständigen Prüfungen hinaus, gilt § 323 auch für gesetzlich vorgeschriebene Prüfungen und Tätigkeiten, die iZm der gesetzlichen APr vom AP durchzuführen sind, wie bspw die Prüfung des **Abhängigkeitsberichts** (§ 313 AktG), die Prüfungen nach § **53 HGrG** und § 1 Abs 3 **REITG** sowie die Prüfungen und Tätigkeiten nach dem **KWG** (§ 29 KWG) und **KAGB** (§ 38 KAGB).

Sofern gesetzliche Verweisungen fehlen, dürfte § 323 idR wegen der vergleichbaren Interessenlage auch bei anderen gesetzlich angeordneten Prüfungen anzuwenden sein (so auch *ADS*[6] § 323 Anm 7). Dies gilt bspw, wenn Abschlüsse oder Lageberichte zum Zweck der **befreienden Wirkung** (vgl §§ 264b, 291) geprüft werden. Unmittelbar gilt § 323 zudem in den Fällen, in denen eine Ges gesetzliche Befreiungen nicht oder nur teilweise in Anspruch nimmt und von ihr aufgestellte Abschlüsse oder Lageberichte einer Prüfung durch den gesetzlichen AP unterziehen lässt. **4**

§ 323 gilt *nicht* für **freiwillige APr** sowie sonstige (Prüfungs-)Leistungen, mit deren Durchführung der AP zwar iZm der APr von der Ges beauftragt wird, die aber nicht mehr als Teil der (gesetzlich vorgeschriebenen) APr anzusehen sind (*Ebke* in MünchKomm HGB[3] § 323 Anm 17, siehe dazu auch Anm 161). **5**

B. Pflichten des Abschlussprüfers

I. Gewissenhafte und unparteiische Prüfung (Abs 1 S 1)

1. Prüfung

Abs 1 S 1 bezieht die Pflicht, gewissenhaft und unparteiisch vorzugehen, auf die Prüfung insgesamt. Damit sind alle Tätigkeiten des AP gemeint, die in den §§ 316 ff im Unterabschn „Prüfung" zusammengefasst sind oder hiermit in unmittelbarem Zusammenhang stehen (bspw Berichtspflicht an AR gem § 171 AktG). Zu nennen sind hier insb **10**

– die eigentlichen **Prüfungshandlungen** im Rahmen der Prüfung gem § 317 (einschl der vom Aufsichtsorgan der geprüften Ges gesetzten Prüfungsschwerpunkte);
– die Entgegennahme von **Unterlagen** und die Einholung von **Auskünften** nach § 320;
– die **Berichterstattung** über die Prüfung nach § 321 einschl der sog **Redepflicht** nach § 321 Abs 1 S 3 sowie gesetzlich erweiterter Berichtspflichten (vgl § 171 AktG);
– die Erteilung des **Bestätigungsvermerks** bzw seine Einschränkung oder Versagung nach § 322.

2. Gewissenhaftigkeit

Mit dem Tatbestandsmerkmal „gewissenhaft" werden keine zusätzlichen oder erhöhten Anforderungen an die Sorgfaltspflicht des AP begründet; es wird nur deklaratorisch das Maß an Sorgfalt bezeichnet, das sich schon nach den allgemeinen Grundsätzen des BGB ergeben würde. **11**

Aufgrund des Prüfungsauftrags (§ 318) ist der AP verpflichtet, die Prüfung mit der „im Verkehr erforderlichen Sorgfalt" durchzuführen (Umkehrschluss aus

§ 276 Abs 1 S 2 BGB). Hierbei gilt, anders als im Strafrecht, kein individueller, sondern ein auf die allgemeinen Verkehrsbedürfnisse ausgerichteter objektiver Sorgfaltsmaßstab (vgl *Grüneberg* in Palandt[72] § 276 Anm 15). Entscheidend ist danach bei Tätigkeiten, die besondere Kenntnisse oder Erfahrungen erfordern und deswegen besonderen Berufen vorbehalten sind, auf das Maß an Umsicht und Sorgfalt abzustellen, dass „entsprechend dem Urteil besonnener und gewissenhafter Angehöriger des in Betracht kommenden engeren Verkehrskreises" zu fordern ist. Maßgeblich ist jedoch nicht, was insoweit etwa üblich sein mag, sondern allein das, was nach Sinn und Zweck der gesetzlichen Regelungen über die APr *erforderlich* ist (*Ebke* in MünchKomm HGB³ § 323 Anm 44).

12 Die **Anforderungen** an eine „gewissenhafte" APr sind abhängig von Gegenstand und Umfang der Prüfung (§ 317), anzuwendenden Prüfungsstandards (§ 317 Abs 5) sowie den gesetzlichen Berichts- (vgl §§ 321, 322) und Auskunftspflichten (vgl § 320 sowie bspw § 171 AktG) anhand der gesetzlichen Vorgaben sowie der konkreten Verhältnisse des Einzelfalls zu bestimmen.

a) Konkretisierungen hierzu enthalten die **Verlautbarungen des IDW zu Fragen der Abschlussprüfung.** Zielrichtung der Verlautbarungen ist es vor allem, dem AP im Rahmen seiner beruflichen Pflichten einen Bestand an anerkannten Regeln aufzuzeigen. Grundlegend hierfür sind die IDW Prüfungsstandards (IDW PS) sowie die hierauf beruhenden Prüfungshinweise (IDW PH). Die Verlautbarungen des IDW werden zunächst als Entwürfe (gekennzeichnet als IDW EPS oder IDW EPH) mit der Bitte um Stellungnahme interessierter Kreise veröffentlicht; nach einer Kommentierungsfrist wird der endgültig festgestellte Standard oder Hinweis veröffentlicht. Innerhalb des Entwurfszeitraums wird den Berufsangehörigen die Anwendung des neuen oder überarbeiteten Standards idR empfohlen.

Jeder AP muss die **Verlautbarungen des IDW** kennen und sich zumindest bei solchen, die die **Berufsauffassung** zur APr darlegen, sehr sorgfältig überlegen, ob er davon abweichen darf. Gleichzeitig ist aber festzustellen, dass die PS und PH für den einzelnen AP nicht unmittelbar rechtlich verbindlich sind; sie enthalten insb **keine Weisungen,** denen der AP ohne weiteres zu folgen verpflichtet wäre. Es dürfte deswegen auch zu weit gehen, die Verlautbarungen des IDW als *Mindest*anforderungen an die APr anzusehen und zu fordern, dass sie vom AP im Einzelfall eingehalten werden müssen (so aber *Hopt* WPg 1986, 503). Ein solches Verständnis wäre im Übrigen auch mit den Grundsätzen der Unabhängigkeit und Eigenverantwortlichkeit des WP/vBP (§ 43 Abs 1 S 1 WPO, §§ 20–27a BS) unvereinbar. Ein AP, der die Verlautbarungen des IDW bei einer APr beachtet, wird sich aber grds von dem Vorwurf der mangelnden Gewissenhaftigkeit entlasten können. Dagegen kann damit, dass ein AP bewusst von einer solchen Verlautbarung abgewichen ist, noch nicht der Nachweis geführt werden, er habe die APr nicht gewissenhaft durchgeführt – denn für die Abweichung kann es durchaus sachliche Gründe geben (zB atypischer Sachverhalt).

13 b) Nach Inkrafttreten der sog **Abschlussprüferrichtlinie** (RiLi 2006/43/EG vom 17. Mai 2006 EU ABl 157/87) und der darauf beruhenden Neuregelung in **§ 317 Abs 5** wird zukünftig den **International Standards on Auditing** (ISA) eine erheblich weitreichendere Bedeutung zukommen. Ähnlich der Übernahme der internationalen Rechnungslegungsvorschriften (IFRS) in Europäisches Recht ist vorgesehen, die ISA in **EU-Recht** zu transformieren, wodurch den ISA – anders als den Verlautbarungen des IDW – Gesetzeskraft zukommt. Dies bedeutet, dass diejenigen ISA, die zur Anwendung in der EU übernommen worden sind (EU-ISA), den vom AP bei der gesetzlichen APr einzuhaltenden Sorgfaltsmaßstab bestimmen. Diese Bestimmung ist, soweit der Anwendungsbereich der EU-ISA reicht, abschließend, so dass der AP mit Einhaltung der ISA – vorbehaltlich abw VO-Regelungen nach § 3 Abs 6 – stets den Anforderungen an eine gewissenhafte Prüfung nachkommt. Da die EU-ISA allerdings nicht alle gesetzlichen Prüfungsgegenstände, wie bspw den AbhBer, umfassen, wird den durch das IDW konkretisierten deutschen Prüfungsgrundsätzen auch weiterhin erhebliche Bedeutung zukommen.

Solange die Übernahme der ISA in EU-Recht noch nicht abgeschlossen ist, sind die ISA unter dem Gesichtspunkt der Gewissenhaftigkeit nur dann heranzuziehen, wenn die APr ausdrücklich unter (ergänzender) Beachtung dieser Grundsätze durchgeführt wird. Normgeber der International Standards on Auditing (ISA) ist die International Federation of Accountants (IFAC). Die von dessen Gremium, dem International Auditing and Assurance Standards Board (IAASB), entwickelten und verlautbarten Standards richten sich in erster Linie an die nationalen Mitglieder der IFAC, für Deutschland IDW und WPK, die sich verpflichtet haben, die einzelnen Berufsangehörigen über diese Verlautbarungen zu informieren und diese im Rahmen des rechtlich Möglichen in die nationalen Prüfungsstandards zu transformieren. Aufgrund dieser Zielrichtung entfalten die ISA eine unmittelbare Bindungswirkung für deutsche Berufsangehörige bislang nur dann, wenn sie bei der APr ausdrücklich (ergänzend) angewendet werden (vgl zur Bindungswirkung der ISA: *Ebke* in MünchKomm HGB[3] § 323 Anm 33; IDW PS 201, Tz 32, WPg Suppl 2/2008, 21). Für die Auslegung nationaler Standards sind sie idR nicht geeignet, da die nationalen Prüfungsregeln von den ISA abweichen können.

Über den Anwendungsbereich der APr hinausgehende Anforderungen an eine gewissenhafte Berufsausübung enthalten die berufsrechtlichen Vorschriften der **WPO** sowie der hierauf beruhenden **Berufssatzung**. Zwar begründen diese Regelungen keine unmittelbaren Pflichten des AP ggü dessen Auftraggeber, sie sind aber geeignet, die Pflichtenstellung nach § 323 im Einzelfall festzustellen. Das Merkmal der **Gewissenhaftigkeit** wird in § 4 BS wie folgt konkretisiert: **14**

§ 4 Gewissenhaftigkeit

(1) WP/vBP sind bei der Erfüllung ihrer Aufgaben an das Gesetz gebunden, haben sich über die für ihre Berufsausübung geltenden Bestimmungen zu unterrichten und diese und fachliche Regelungen zu beachten.

(2) WP/vBP dürfen Leistungen nur anbieten und Aufträge nur übernehmen, wenn sie über die dafür erforderliche Sachkunde und die zur Bearbeitung nötige Zeit verfügen.

(3) WP/vBP haben durch eine sachgerechte Gesamtplanung aller Aufträge die Voraussetzung dafür zu schaffen, dass die übernommenen und erwarteten Aufträge unter Beachtung der Berufsgrundsätze ordnungsgemäß durchgeführt und zeitgerecht abgeschlossen werden können.

(4) Treten nach Auftragsannahme Umstände ein, die zur Ablehnung des Auftrages hätten führen müssen, ist das Auftragsverhältnis zu beenden.

Diese allgemeine Berufspflicht wird ergänzt durch die besonderen Berufspflichten bei der Durchführung von Prüfungen und Erstattung von Gutachten (§§ 20 ff BS), insb den Regelungen über die Prüfungsplanung bzw Auftragsabwicklung (§§ 24 a ff BS) und über die ordnungsgemäße Berichterstattung (§ 25 BS), sowie die Bestimmungen zur Qualitätssicherung (§§ 31 ff BS; vgl dazu auch VO 1/2006 Gemeinsame Stellungnahme der WPK und des IDW: Anforderungen an die Qualitätssicherung in der Wirtschaftsprüferpraxis).

3. Unparteilichkeit

Bei der Durchführung von APr gibt es keine eigentlichen Parteien, zu denen sich der AP „unparteiisch" verhalten muss. Dies vorausgeschickt, wird man Abs 1 S 1 dahingehend verstehen müssen, dass der AP bei der APr weder die **25** besonderen Interessen der geprüften Ges noch einzelner interessierter Gruppen (Organe, Arbeitnehmer, Gläubiger) zu berücksichtigen hat, sondern die Prüfung so anzulegen ist, dass sie **frei von der Einflussnahme Dritter** zu einer objektiven Feststellung führt.

26 Der Grundsatz der Unparteilichkeit bedeutet deswegen namentlich, dass der AP einzelne Gruppeninteressen auszuschließen hat und sich insb von den Organen der Ges nicht darin beeinflussen lassen darf, in welcher Weise er die Prüfung vorzunehmen oder das Prüfungsergebnis darzustellen hat (ähnlich *ADS*[6] § 323 Anm 28). Dies schließt allerdings weder die Aushändigung eines **Entwurfs des Prüfungsberichts** an die Geschäftsführung der Ges und die Berücksichtigung sachlich begründeter Hinweise hierzu aus, denn diese „Lesestücke" sind lediglich ein letztes Auskunftsersuchen des AP gem § 320 vor Auslieferung des endgültigen PrüfBer (s § 321 Anm 141). Noch wird durch den Grundsatz der Unparteilichkeit ausgeschlossen, dass das zuständige GesOrgan (idR der AR) den AP bittet, bestimmte **Prüfungsschwerpunkte** zu setzen und hierüber im PrüfBer zu berichten (vgl *ADS*[6] § 323 Anm 29).

27 Inhaltlich deckt sich die Pflicht aus § 323 mit der aus § 43 Abs 1 S 2 WPO, sich bei der Erstattung von PrüfBer (und Gutachten) unparteiisch zu verhalten. In § 20 Abs 1 BS heißt es dazu:

„WP/vBP haben sich insb bei der Erstattung von PrüfBer und Gutachten unparteiisch zu verhalten (§ 43 Abs 1 S 2 WPO), dh keinen der Beteiligten zu benachteiligen oder zu bevorzugen. Dazu ist es erforderlich, den Sachverhalt vollständig zu erfassen, unter Abwägung der wesentlichen Gesichtspunkte fachlich zu beurteilen und bei der Berichterstattung alle wesentlichen Gesichtspunkte vollständig wiederzugeben."

IZm dem Grundsatz der Unparteilichkeit steht die Pflicht zur Wahrung der **Unabhängigkeit** (§ 43 Abs 1 WPO, § 2 BS) sowie zur Versagung der Tätigkeit, wenn der WP/vBP bei der Durchführung der APr nicht unbefangen ist oder die Besorgnis der Befangenheit besteht (§ 21 Abs 1 BS). Für die gesetzliche APr besonders normiert wird das Gebot der Unabhängigkeit in §§ 319, 319a, 319b, die absolute Ausschlussgründe vorsehen (vgl §§ 21 ff BS).

II. Verschwiegenheitspflicht (Abs 1 S 1, Abs 3)

30 Aufgrund seiner besonderen Vertrauensstellung und zum Ausgleich des umfassenden gesetzlichen Auskunfts- und Einsichtsrechts ist der AP umfassend zur Verschwiegenheit verpflichtet. Diese über § 323 hinaus in Teilen auch strafrechtlich (§ 333) sanktionierte Pflicht greift nur dann nicht, wenn (1.) die Weitergabe von Informationen zur Durchführung der APr erforderlich ist, (2.) eine gesetzliche Pflicht zur Auskunftserteilung besteht, (3.) eine Entbindung von der Verschwiegenheitspflicht erteilt wurde oder (4.) im Ausnahmefall ein berechtigtes Interesse an der Weitergabe erhaltender Informationen besteht. Da die Redebefugnis allerdings die Ausnahme von der Regel ist, wird der zur Verschwiegenheit Verpflichtete idR die Voraussetzungen für ihr Vorliegen darzulegen und zu beweisen haben.

1. Umfang und Grenzen

31 Abs 1 S 1 erlegt dem AP ganz allgemein die Pflicht zur Verschwiegenheit auf; diese Pflicht bezieht sich deswegen grds auf alles, was ihm iZm mit der Durchführung der APr übermittelt oder in sonstiger Weise bekannt geworden ist. Nur bei dieser weiten Auslegung ist das umfassende Einsichts- und Informationsrecht des AP (§ 320) vertretbar. Die Pflicht zur Verschwiegenheit, die über die Been-

digung des Prüfungsauftrags hinaus gilt, entspricht inhaltlich der aus § 43 WPO und wird in § 9 BS wie folgt konkretisiert:

„(1) WP/vBP dürfen Tatsachen und Umstände, die ihnen bei ihrer Berufstätigkeit anvertraut oder bekannt werden, nicht unbefugt offenbaren.
(2) WP/vBP haben dafür Sorge zu tragen, dass Tatsachen und Umstände iSv Abs 1 Unbefugten nicht bekannt werden. Sie haben entspr Vorkehrungen zu treffen.
(3) Die Pflichten nach Abs 1 und 2 bestehen nach Beendigung eines Auftragsverhältnisses fort."

Nach Sinn und Zweck gilt die Verschwiegenheitspflicht für alle Tatsachen und **32** Umstände, die nicht allgemein bekannt oder jedermann ohne weiteres zugänglich sind. **Allgemein bekannt** ist insb alles, was von der Ges offiziell bekannt gemacht worden ist. Dies gilt neben Informationen, die nach § 325 offengelegt wurden, bspw auch für Informationen auf der Homepage der Ges sowie in Presseberichten, die von der Ges erkennbar veranlasst oder bestätigt worden sind. Bei anderen Presseberichten oder Publikationen Dritter ist dagegen Zurückhaltung geboten, weil Informationen durch den AP eine Erhärtung oder Bestätigung darstellen können, die zusätzlichen Informationswert hat.

Nicht allgemein bekannt, aber **jedermann ohne weiteres zugänglich** sind sämtliche Angaben im **Handelsregister** (§ 8) sowie **elektronischen Unternehmensregister** (§ 8b), da sie von jedermann eingesehen werden können (§ 9). Dies gilt dagegen nicht für die Eintragungen im **Grundbuch** und dorthin eingereichte Unterlagen, weil diese nur bei einem berechtigten Interesse einsehbar sind (§ 12 Abs 1 S 1 GBO).

Der Verschwiegenheitspflicht des AP unterliegen alle Tatsachen oder Umstän- **33** de, die nach dem Willen der Ges Dritten nicht bekannt werden sollen. Entscheidend für die Reichweite der Verschwiegenheitspflicht ist der **kundgegebene oder mutmaßliche Wille** der Ges (vgl *ADS*[6] § 323 Anm 30). Wenn der Wille zur Geheimhaltung von den Organen der Ges ausdrücklich bekundet oder jedenfalls erkennbar ist, kommt es allein hierauf an. Nicht maßgeblich ist in diesem Fall, ob ein objektives Geheimhaltungsinteresse gegeben ist. Soweit der tatsächliche Wille der Ges nicht ausdrücklich geäußert wurde, kommt es auf den *mutmaßlichen* Geheimhaltungswillen an, der, sofern keine konkreten Anhaltspunkte vorliegen, nach der jeweiligen objektiven Interessenlage zu bestimmen ist.

Weitere Grenzen der Verschwiegenheitspflicht ergeben sich nach Sinn und **34** Zweck des § 323 im Verhältnis von AP zu geprüfter Ges bzw den an der Prüfung beteiligten Personen. In diesem Verhältnis kann nämlich eine Informationsweitergabe aus verschiedenen Gründen geboten sein, ohne dass hierdurch die nach „außen" gerichtete Verschwiegenheitspflicht verletzt wird. Welche Informationen an welche Personen weitergegeben werden dürfen, ist dem Grunde nach zwar anhand der Umstände des Einzelfalls zu entscheiden, man wird aber folgende Fallgruppen bilden können:

Ggü den Mitgliedern des **gesetzlichen Vertretungsorgans** der geprüften **35** Ges besteht iZm der APr keine Verschwiegenheitspflicht. Im Allgemeinen wird dies damit begründet, dass diesen nach § 321 Abs 5 der PrüfBer als eine innerbetriebliche Angelegenheit vorzulegen ist (so *ADS*[6] § 323 Anm 44). Zutreffender dürfte es sein, dass jede dieser Personen auf Grund ihrer *umfassenden* Zuständigkeit und Verantwortung für die Ges berechtigt sein muss, sich über sämtliche Verhältnisse dieser Ges zu informieren.

Ebenfalls keine Verschwiegenheitspflicht besteht ggü **Überwachungsorga-** **36** **nen** der Ges (AR, GesV), sofern diesen der PrüfBer vorzulegen ist. Das betrifft bei AG oder KGaA den AR (§ 170 Abs 3 S 2 AktG), bei anderen Rechtsformen idR die GesV (vgl zur GmbH § 42a Abs 1 S 2 GmbHG) sowie obligatorische oder entspr aktienrechtlichen Vorschriften gebildete AR (vgl bspw § 52 GmbHG iVm § 170 AktG). Hat die Ges einen Prüfungsausschuss eingerichtet (vgl § 324 HGB, § 107 Abs 3 AktG), besteht auch diesem ggü keine Verschwiegenheitspflicht. Die Verpflichtung zur Information besteht allerdings nur ggü dem jeweiligen Überwachungsorgan als Einheit. Ggü *einzelnen* Mitgliedern dieser Organe besteht somit eine Verschwiegenheitpflicht, sofern sie nicht von dem Organ ermächtigt worden sind, Erklärungen des AP entgegenzunehmen; Letzteres wird idR auf den Vorsitzenden des betr Organs zutreffen (zB *ADS*[6] § 323 Anm 45).

37   Im Verhältnis zwischen AP und **Prüfungsgehilfen** sowie sonstigen Personen, die der AP bei der APr einsetzt (wegen anderer Mitarbeiter s Anm 38), sowie zwischen diesen Personen untereinander besteht keine Verschwiegenheitspflicht.

Ist eine **Prüfungsgesellschaft** AP, gilt das zuvor Gesagte auch ggü den **bei der Prüfung mitwirkenden gesetzlichen Vertretern** der WPG/BPGes. Damit sind im Zweifel alle Mitglieder des gesetzlichen Vertretungsorgans gemeint, da jedes von ihnen eine allumfassende Zuständigkeit und Verantwortlichkeit für die WPG/BPGes besitzt und deswegen befugt sein muss, sich über ihre Prüfungstätigkeit zu informieren (ähnlich auch *ADS*[6] Anm 18).

Ausdrücklich etwas **anderes** gilt dagegen ggü den **Mitgliedern des Aufsichtsrats** einer WPG/BPGes; ihnen ggü ist nach Abs 3 die Verschwiegenheit zu wahren, auch wenn dadurch deren Aufsicht eingeschränkt wird. Gleiches gilt dem Schutzzweck des § 323 nach ggü den Mitgliedern eines Beirats sowie den **Gestern der Prüfungsgesellschaft** (*Ebke* in MünchKomm HGB[3] § 323 Anm 54), da das Überwachungs- und Kollisionsinteresse innerhalb der PrüfungsGes hinter die Interessen der zu prüfenden Ges zurücktritt (*Poll* DZWiR 1995, 95 ff).

38   Ggü anderen Personen (**Mitarbeitern** oder **sonstigen Beauftragten**) im Bereich des AP, die *nicht unmittelbar* an der APr mitwirken, besteht dem Grunde nach ebenfalls eine umfassende Verschwiegenheitspflicht. Diese gilt jedoch insoweit nicht, wie ein sachlicher Grund für die Einschaltung dieser Personen besteht. Zu denken ist zum einen an Personen, die zur Administration und technischen Abwicklung eines Auftrags erforderlich sind, sowie zum anderen an Personen, die zur Sicherstellung der beruflichen Unabhängigkeit sowie der internen Qualitätskontrolle eingesetzt werden, da dies den unmittelbaren Bereich der APr betrifft. Sofern diese Personen nicht bereits kraft Gesetzes zur Verschwiegenheit verpflichtet sind, hat der WP/vBP sie allerdings gem § 50 WPO zur Verschwiegenheit zu verpflichten.

39   Auf eine besondere Grenze der Pflicht zur Wahrung der Verschwiegenheit wird in Abs 1 S 1 2. Hs („§ 57b der Wirtschaftsprüferordnung bleibt unberührt") für das in der **WPO** verankerten Qualitätskontrollverfahren **(Peer Review)** Bezug genommen. In diesem Verfahren werden Praxen von WP/vBP, die gesetzliche APr durchführen, durch externe WP/vBP als Prüfer für Qualitätskontrolle überprüft. Obwohl Gegenstand dieser (System)Prüfung die Grundsätze und Maßnahmen der internen Qualitätssicherung sind und es sich somit nicht gleichsam um eine zweite APr handelt, erlangen im Rahmen einer solchen Prüfung die am Qualitätskontrollverfahren Beteiligten gleichwohl Kenntnisse über Tatsachen und Umstände, die der Verschwiegenheitspflicht aus § 323 unterliegen. Damit der Peer Review in der gesetzlich vorgesehenen Art und Weise durchgeführt werden kann, wird die Verschwiegenheitspflicht des AP soweit aufgehoben, wie dies für die Durchführung des Qualitätskontrollverfahrens *erforderlich* ist (§ 57b Abs 3 WPO). Das Gleiche gilt für die Angehörigen anderer sozietätsfähiger Berufe, mit denen der WP/vBP in einer Sozietät oder PartGes verbunden ist. Die Prüfer für Qualitätskontrolle, ihre Gehilfen, die Mitglieder der Qualitätskontrollkommission, die Mitglieder des Qualitätskontrollbeirats und

die Mitglieder der Geschäftsstelle Qualitätskontrolle bei der WPK sind ihrerseits nach § 57b Abs 1 WPO zur Verschwiegenheit verpflichtet. Das gilt auch nach Beendigung ihrer Tätigkeit. Entspr gilt gem § 57f Abs 4 WPO für Mitglieder der Abschlussprüferaufsichtskommission (APAK).

2. Redepflicht

Keine Verschwiegenheitspflicht besteht, wenn der AP *gesetzlich* verpflichtet **40** ist, über Tatsachen und Umstände, die der Verschwiegenheitspflicht unterliegen, zu sprechen. Die Fallgruppen, in denen der AP anderen als den GesOrganen ggü zur Auskunft verpflichtet ist, wurden in den letzten Jahren sukzessive erweitert; insb zu nennen sind:

- Auskunftspflicht ggü dem Konzern-AP gem § 320 Abs 3 S 2 sowie dem Folgeprüfer gem § 320 Abs 4;
- Auskunftspflicht ggü dem Sonderprüfer bei einer AG gem § 258 Abs 5 S 2 AktG in Verbindung mit § 145 Abs 2 AktG;
- Pflicht zur Offenlegung des PrüfBer nach § 321a;
- Pflicht zur Vorlage von PrüfBer sowie zur Erteilung von Auskünften an Aufsichtsbehörden (bspw §§ 26, 29 KWG);
- Pflicht zur Auskunftserteilung und Vorlage von Unterlagen an die BaFin nach § 26 Abs 3 WpPG sowie nach § 4 WpHG oder § 40 WpÜG, wobei bei letzteren die Verschwiegenheitspflicht aus § 323 ausdrücklich unberührt bleibt;
- Pflicht zur Auskunftserteilung und Vorlage von Unterlagen in berufsrechtlichen Verfahren (§ 62 WPO);
- Pflicht zur Auskunftserteilung in Verfahren zur Überwachung von UntAbschlüssen (sog Enforcement-Verfahren) durch die BaFin (§ 37o Abs 4 WpHG); nicht aber im Verfahren nach §§ 342b ff durch die Prüfstelle.

Über diese speziellen Regelungen hinaus kann sich eine Redepflicht für den **41** AP als Zeuge im Rahmen eines Verfahrens vor staatlichen **Gerichten oder Ermittlungsbehörden** ergeben. Wie jede natürliche Person ist der AP verpflichtet, als Zeuge vor Gericht oder der Staatsanwaltschaft zu erscheinen und auszusagen (s zB §§ 48, 51, 161a StPO). Steht diese Aussagepflicht allerdings im Widerspruch zur Verschwiegenheitspflicht, hat die Verschwiegenheitspflicht Vorrang. Prozessual wurde deswegen dem AP in allen in Betracht kommenden Verfahren ein **Zeugnisverweigerungsrecht** eingeräumt, wie zB

- im **Zivilprozess** nach § 383 Abs 1 Nr 6 ZPO;
- im **Strafprozess** nach § 53 Abs 1 Nr 3 StPO; dieses Zeugnisverweigerungsrecht besteht auch im staatsanwaltlichen Ermittlungsverfahren (§ 161a Abs 1 S 2 StPO);
- im **Steuerermittlungs- und Finanzgerichtsverfahren** nach § 102 Abs 1 Nr 3b AO bzw. § 84 FGO iVm. § 102 Abs 1 Nr 3b AO.

Das Zeugnisverweigerungsrecht ist prozessual als „Recht" ausgestaltet; erst aus **42** Abs 1 S 1 ergibt sich für den AP die **Pflicht,** von diesem Recht Gebrauch zu machen. Der AP braucht über sein Zeugnisverweigerungsrecht nicht belehrt zu werden, weil man davon ausgeht, dass er seine Rechte kennt (so *Meyer-Goßner*[55] § 53 StPO Anm 44). Wird der AP von der Verschwiegenheitspflicht befreit, entfällt zugleich auch das prozessuale Zeugnisverweigerungsrecht. Der AP ist dann zur Aussage verpflichtet.

Die **Entbindung von der Verschwiegenheitspflicht** erfolgt durch Erklärung **43** ggü dem AP. Sie kann sich auf alle Tatsachen und Umstände, die der Schweigepflicht unterliegen, oder nur auf einen Teil von ihnen beziehen; je nachdem ist der AP zur Offenbarung befugt. Entspr gilt für den Personenkreis, ggü dem der AP zur Weitergabe von Informationen berechtigt ist. Aus Gründen des Nachweises empfiehlt es sich, eine schriftliche Erklärung einzuholen, die Gegenstand und Umfang der Entbindung festlegt. **Befugt,** den AP von seiner Verschwiegenheitspflicht **zu entbinden,** ist derjenige, zu dessen Gunsten die Verschwiegenheitspflicht besteht. Dies ist idR der Auftraggeber; bei mehreren Auftraggebern steht die Befugnis diesen gemeinsam zu.

44 Besteht die Verschwiegenheitspflicht wie bei der Pflichtprüfung zugunsten der geprüften Ges, sind die **Mitglieder des gesetzlichen Geschäftsführungsorgans** (Vorstand, Geschäftsführung, phG) in der für die Vertretung der Ges erforderlichen Anzahl berechtigt, die Entbindung von der Verschwiegenheitspflicht zu erklären. Ihre Berechtigung umfasst grds alle Informationen, die dem AP im Rahmen der Prüfung des JA oder KA bekannt werden; allein in Fällen, in denen der AP selbst nach § 320 Informationen bei einem **Mutter- oder Tochterunternehmen** eingeholt hat, kann insoweit auch die Entbindung durch dieses Unt erforderlich sein. Die Befugnis des Geschäftsführungsorgans besteht auch in den Fällen, in denen der Prüfungsauftrag gem § 111 Abs 2 S 3 AktG vom AR erteilt wurde, da es sich bei der Entbindung um eine Geschäftsführungsmaßnahme handelt. Etwas anderes dürfte nur dann gelten, wenn die Entbindung für die Erfüllung der Überwachungsaufgabe des AR unerlässlich ist. Im Insolvenzfall geht die Befugnis zur Entbindung von der Verschwiegenheit idR auf den Insolvenzverwalter über (dazu auch *Schmitt* wistra 1993, 9 ff mwN).

45 Die Entbindung von der Verschwiegenheitspflicht durch die Ges genügt ausnahmsweise nicht, wenn ein Organmitglied ein selbständiges, **schutzwürdiges Interesse** an der Verschwiegenheit des Berufsangehörigen besitzt (vgl BGH 30.11.1989 WM 1990, 121). Dies wird dann als gegeben angesehen, wenn der Betroffene bei der Beauftragung nicht ausschließlich als Organ für die Ges, sondern ausdrücklich auch für sich gehandelt hat (so zB LG Krefeld 14.5.1982 ZIP, 861; OLG Schleswig 2.6.1983 ZIP, 968) oder es um Tatsachen aus der persönlichen Sphäre dieser Person geht (dazu auch *Schmitt* wistra 1993, 13 mwN). Letzteres kann insb in **Strafverfahren** gegen (vormalige) Organmitglieder (Vorstandsmitglieder, Geschäftsführer, phG) der Fall sein, so dass nach wohl hM in solchen Fällen die alleinige Befreiung durch die Ges bzw den Insolvenzverwalter nicht ausreicht (zB *Meyer-Goßner*[55] § 53 StPO Anm 46; aA OLG Nürnberg 18.6.2009 ZIP 2010, 386; zum Diskussionsstand *Priebe* Die Entbindung des Wirtschaftsprüfers und des Steuerberaters von der Schweigepflicht durch den Insolvenzverwalter, ZIP 2011, 312). Wirkt der Betroffene an der Entbindung durch die Ges mit, reicht dies aus; in allen anderen Fällen muss er gesondert entbinden (aA *Schmitt* wistra 1993, 13, der die Befugnis zur Entbindung ausschließlich dem seinerzeit handelnden Betroffenen zuweist). Hiergegen spricht, dass das Handeln des Organs der juristischen Person zugerechnet wird, § 31 BGB, weshalb stets auch diese zustimmen muss).

3. Rederecht

46 Eine Pflicht zur Verschwiegenheit besteht nicht, wenn der AP zwar keine Pflicht aber ein Recht zur Weitergabe von Informationen hat. Der wichtigste Anwendungsfall dafür ist die **Entbindung** von der Verschwiegenheitspflicht (Anm 43 ff).

47 Die Befugnis des AP, Informationen weiterzugeben, kann sich auch aus der **Wahrnehmung berechtigter Interessen** ergeben. Dieser allgemeine Rechtsgrundsatz, der seinen gesetzlichen Niederschlag ua in §§ 34, 193 StGB gefunden hat, kann insb bei Regressprozessen und uU auch bei Honorarstreitigkeiten mit der geprüften Ges zum Zuge kommen (glA *Ebke* in MünchKomm HGB[3] § 323 Anm 58). Dabei bleibt der AP aber weiter verpflichtet, auch die Interessen des geprüften Unt an der Geheimhaltung zu berücksichtigen. Er hat daher seine

Angaben auf das zur Erreichung *seiner* prozessualen Ziele *notwendige* Maß zu beschränken (Grundsatz der Verhältnismäßigkeit – so zB *ADS*[6] § 323 Anm 60f).

III. Verwertungsverbot (Abs 1 S 2)

Das Verbot für den AP, Geschäfts- und Betriebsgeheimnisse, die er *bei seiner* **50** *Tätigkeit* erfahren hat, unbefugt zu verwerten, steht in engem Zusammenhang mit seiner Verschwiegenheitspflicht. Während Letztere ggü Dritten besteht, bedeutet das Verwertungsverbot gewissermaßen eine „Verschwiegenheitspflicht gegen die eigene Person": Der AP hat sich außerhalb der APr so zu verhalten, als wisse er von den ihm bekannt gewordenen Vorgängen nichts.

Der **Umfang** des Verwertungsverbots ist vom Wortlaut her enger als der der **51** Verschwiegenheitspflicht, da Ersteres nur Geschäfts- und Betriebsgeheimnisse erfasst, während Letztere alle Tatsachen und Umstände schützt, die dem AP bei der APr anvertraut oder bekannt wurden. Materiell besteht aber kein wesentlicher Unterschied, da der Begriff des Geschäfts- und Betriebsgeheimnisses weit zu verstehen ist und letztlich alle Tatsachen und Umstände erfasst, die mit dem Geschäft oder Betrieb der Ges zusammenhängen (*Baumbach/Hopt*[35] § 323 Anm 5) und nach dem Willen der Ges geheim gehalten werden sollen. Die hiervon nicht erfassten Restfälle (zB Geheimnisse aus dem persönlichen Bereich eines Gesters) kommen für eine Verwertung iSd Abs 1 S 2 praktisch nicht in Betracht. Sie sind aber Gegenstand der Verschwiegenheitspflicht gem S 1.

Verwertung ist jede Ausnutzung des Geschäfts- oder Betriebsgeheimnisses, die **52** nach der Vorstellung des Handelnden unmittelbar darauf gerichtet ist, für sich oder einen anderen einen Vermögensvorteil herbeizuführen (vgl *Ebke* in MünchKomm HGB[3] § 323 Anm 66). Eigennütziges Handeln des AP ist nicht erforderlich.

Streitig scheint, ob jede Verwertung eines Geschäfts- oder Betriebsgeheimnisses zugleich **unbefugt** iSd Abs 1 S 2 ist oder ob insb eine Gestattung der Verwertung durch die geschützte Ges dieses Tatbestandsmerkmal entfallen lässt. Für Letzteres spricht die grds Dispositionsbefugnis der Ges über alle ihre Geschäfts- oder Betriebsangelegenheiten, wobei es iE dahinstehen kann, ob eine Einwilligung durch die Ges bereits den Tatbestand des *Geheimnisses* entfallen lässt oder die Verwertung nicht mehr *unbefugt* macht.

Ein weiteres, neben Abs 1 S 2 anwendbares Verwertungsverbot enthält **§ 14** **54** **WpHG.** Hiernach ist es verboten, unter Verwendung einer **Insiderinformation** (§ 13 WpHG) Insiderpapiere (§ 12 WpHG) für eigene oder fremde Rechnung oder für einen anderen zu erwerben oder zu veräußern (Nr 1), einem anderen eine Insiderinformation unbefugt mitzuteilen oder zugänglich zu machen (Nr 2) oder einem anderen auf der Grundlage einer Insiderinformation den Erwerb oder die Veräußerung von Insiderpapieren zu empfehlen (Nr 3). Da die Regeln der Insiderüberwachung dem Schutz des ordnungsgemäßen Funktionierens der in § 12 WpHG genannten Märkte (regulierter Markt und Freiverkehr in Deutschland sowie EU/EWR organisierte Märkte iSd § 2 Abs 5 WpHG) dienen, steht der betroffenen Ges insoweit anders als bei § 323 **keine Dispositionsbefugnis** über die Verwertung oder Weitergabe der vom Schutzbereich der §§ 12ff WpHG umfassten Informationen zu.

Berufsrechtlich wird das Verwertungsverbot, das über das Auftragsverhältnis hinaus andauert, über § 43 Abs 1 S 1 WPO iVm § 10 BS abgesichert.

IV. Verpflichteter Personenkreis

Die Pflichten aus Abs 1 S 1 und S 2 treffen den AP, seine Gehilfen und die bei **60** der Prüfung mitwirkenden gesetzlichen Vertreter einer WPG/BPGes.

61 **Abschlussprüfer** idS ist die Person oder WPG/BPGes (§§ 27, 128 WPO), die gem § 318 Abs 1 von den zuständigen Organen der zu prüfenden Ges oder gem § 318 Abs 3, 4 vom Gericht zum AP bestellt worden ist. Eine WPG/BPGes kann zwar nur durch ihre Organe handeln; das ändert aber nichts daran, dass sie selbst – und nicht ihre Organe – der AP ist.

62 **Gehilfen** sind alle Personen, die vom AP zur Durchführung der (materiellen) APr herangezogen werden, insb also die im Rahmen der APr eingesetzten WP, Prüfungsleiter, Prüfer und Prüfungsassistenten – unabhängig davon, ob sie in einem Anstellungsverhältnis zum AP stehen oder dessen freie Mitarbeiter sind. Nicht zu den Prüfungsgehilfen gehören das Büropersonal des AP (ADS[6] § 323 Anm 16), sofern es allein technische Hilfsdienste erbringt, sowie die gesetzlichen Vertreter einer WPG/BPGes.

63 **Gesetzliche Vertreter** sind diejenigen Personen, denen nach dem jeweiligen GesStatut die gesetzliche Vertretung zukommt. Für sie gelten die Pflichten des Abs 1 S 1 und 2 (nur), wenn sie bei der Prüfung mitwirken. Hierzu bedarf es allerdings keiner materiellen Befassung mit der APr (vgl auch ADS[6] § 323 Anm 14), ausreichend ist vielmehr bereits die Auswahl und Überwachung der Prüfungsgehilfen einschl der zuständigen WP/vBP.

C. Haftung des Abschlussprüfers

I. Voraussetzungen (Abs 1 S 3)

100 Wer vorsätzlich oder fahrlässig seine Pflichten bei Durchführung einer **Pflichtprüfung** verletzt, ist der geprüften Ges (ggf auch einem mit ihr verbundenen Unt) zum Ersatz des daraus entstehenden Schadens verpflichtet. (Zur Verantwortlichkeit für anlässlich einer Pflichtprüfung übernommene „*freiwillige*" zusätzliche Prüfungshandlungen s Anm 160 ff.)

1. Pflichtverletzung

101 Die Schadensersatzpflicht trifft denjenigen, der gegen „seine Pflichten" verstoßen hat. Aufbau und Zusammenhang in Abs 1 zeigen, dass damit die Pflichten gem Abs 1 S 1 und 2 gemeint sind, dh die Pflicht zu gewissenhafter und unparteiischer Prüfung, die Verschwiegenheitspflicht und das Verbot der unbefugten Verwertung von Geschäfts- und Betriebsgeheimnissen. Da der Begriff *Prüfung* umfassend zu verstehen ist, sind neben den eigentlichen Prüfungshandlungen iSd § 317 auch die übrigen in den §§ 316 ff im Unterabschn „Prüfung" genannten Pflichten (s dazu Anm 10) erfasst (iE glA *Ebke* in MünchKomm HGB[3] § 323 Anm 24 mwN). Ein Verstoß gegen andere Berufspflichten führt *nicht* zur Haftung nach § 323.

102 Im Regressprozess trägt der Anspruchsteller die **Darlegungs- und Beweislast** für die Pflichtverletzung. Wegen der komplexen Verhältnisse bei der APr, für die keine typischen Geschehensabläufe festgelegt werden können, besteht nur ausnahmsweise die Möglichkeit, aus dem Eintritt eines Schadens nach den Grundsätzen des sog Anscheinsbeweises eine Pflichtverletzung abzuleiten (glA ADS[6] § 323 Anm 101 mwN). Der Anspruchsteller muss also darlegen und ggf beweisen, dass etwa bei Vornahme der nach den Umständen *erforderlichen* Prüfungshandlungen ein bestimmter Sachverhalt (zB Überbewertung) aufgedeckt worden wäre.

2. Verschulden

Eine Pflichtverletzung löst nur dann eine Ersatzpflicht aus, wenn sie schuldhaft (also vorsätzlich oder fahrlässig) begangen worden ist, wobei sich das Verschulden allein auf die Pflichtverletzung nicht aber auf den Schaden beziehen muss. **103**

Vorsatz des AP ist anzunehmen, wenn dieser mit Wissen und Wollen (direkter Vorsatz) gegen seine Pflichten verstoßen hat. Der Vorsatz umfasst auch den **bedingten Vorsatz,** für den es bereits ausreicht, dass der AP seine Pflichtverletzung als möglich erkannt hat, diese Möglichkeit dann aber billigend in Kauf nimmt (so *Grüneberg* in Palandt[72] § 276 Anm 10 mwN). **104**

Fahrlässigkeit liegt vor, wenn der AP die im Verkehr erforderliche Sorgfalt außer Acht lässt (§ 276 Abs 2 BGB). Das Verhalten des AP wird dabei nicht an seinen individuellen Fähigkeiten, Kenntnissen und Erfahrungen gemessen, sondern es wird ein objektiver (typisierter) Maßstab angelegt, der sich nach der Sorgfalt bestimmt, mit der ein gewissenhafter Berufsangehöriger vorgeht (Anm 11). Ob der AP leicht oder grob fahrlässig handelt, ist für § 323 ohne Bedeutung (s Anm 131). Das Gleiche gilt für die Frage, ob der AP schuldhaft überhaupt nicht mit einer Pflichtverletzung rechnet (unbewusste Fahrlässigkeit) oder nur schuldhaft zu Unrecht darauf vertraut, dass schon kein Pflichtverstoß vorliege (bewusste Fahrlässigkeit). Wegen der Abgrenzung zwischen (bewusster) Fahrlässigkeit und (bedingtem) Vorsatz, die für die gesetzliche Haftungs*ober*grenze gem Abs 2 eine Rolle spielt, s Anm 131. **105**

Wen die **Darlegungs- und Beweislast** für das Verschulden des AP trifft, ist str. Nach § 280 Abs 1 S 2 BGB obliegt es dem Schuldner zu beweisen, dass er die Pflichtverletzung nicht zu vertreten hat. Hieraus wird teilweise auch für Ansprüche aus § 323 gefolgert, dass die Beweislast beim AP liegt (glA *Habersack/Schürnbrand* in Großkomm HGB[5] Anm 42). Ob dies zutreffend ist, erscheint allerdings wegen der Eigenständigkeit der Anspruchsgrundlage aus § 323 fraglich. Anders als in § 280 Abs 1 BGB ist nämlich das Verschulden des AP als anspruchsbegründende Voraussetzung und nicht als Einwendung formuliert, was den Schluss nahelegt, dass die Beweislast beim Anspruchsteller liegt. Dies entspricht nicht nur der wohl hM vor Änderung des Leistungsstörungsrechts des BGB (vgl *Ebke*, 81; *ADS*[6] § 323 Anm 102f), sondern auch der gesetzgeberischen Wertungsentscheidung, das Haftungsrisiko des AP angemessen zu begrenzen. Die vom HGB mit der Haftungsbegrenzung bei Fahrlässigkeit verfolgten Zwecke würden weitgehend vereitelt, wenn der AP unbegrenzt haften würde, nur weil er fehlenden Vorsatz nicht beweisen kann (ebenso *ADS*[6] § 323 Anm 103f; zur gesetzlichen Haftungshöchstgrenze s unten Anm 130ff). **106**

3. Schadenseintritt und Kausalität

Liegt eine schuldhafte Pflichtverletzung vor, sind die hieraus (adäquat kausal und zurechenbar) entstandenen Schäden zu ersetzen. Als **Schaden,** der durch eine Pflichtverletzung des AP entstehen kann, kommt nur ein Vermögensschaden der geprüften Ges (bzw eines mit dieser verbundenen Unt) in Betracht, dh der Wert des Vermögens dieser Ges muss infolge der Pflichtverletzung geringer sein, als er es ohne die Pflichtverletzung wäre. Dies kann bspw der Fall sein, wenn der AP pflichtwidrig den uneingeschränkten BVm für den JA einer AG erteilt, obwohl dieser JA statt des ausgewiesenen Bilanzgewinns einen Bilanzverlust hätte ausweisen müssen, in der Folge dieser Bilanzgewinn ausgeschüttet wird und die ausgeschüttete Dividende von den Aktionären nicht zurückverlangt werden kann (§ 62 Abs 1 S 2 AktG), so dass das EK der AG nachhaltig geschädigt ist. Nach dem Schutzzweck der Norm wird eine Ersatzpflicht allerdings auszuschließen sein, wenn die Ges ein intaktes EK aufweist. **107**

108 Der Schaden muss ferner durch die **Pflichtwidrigkeit des AP** verursacht worden sein. Dies bedeutet zum einen, dass nicht jede Pflichtverletzung bei der Prüfungsdurchführung geeignet ist, einen ersatzfähigen Schaden zu begründen. Erforderlich ist insoweit vielmehr, dass sich der Prüfungsfehler im Prüfungsurteil (BVm) oder der Berichterstattung über die Prüfung (bspw im PrüfBer) niedergeschlagen hat und infolge dessen ein Schaden verursacht wurde. Zum anderen folgt daraus, dass Schäden, die bei der geprüften Ges zum Zeitpunkt der APr bereits eingetreten sind (hervorgerufen bspw durch fehlerhafte Handlung von Mitarbeitern der Ges), vom AP selbst dann nicht zu ersetzen sind, wenn er die Schädigung pflichtwidrig nicht erkannt hat, da in einem solchen Fall der Nachteil bei der Ges unabhängig von der Pflichtverletzung des AP eingetreten ist.

109 Die **Ursächlichkeit** allein reicht für die Schadenszurechnung nicht aus, weil sonst eine unangemessene Ausweitung der Schadensersatzpflicht eintreten könnte. Deshalb sind nach der im Zivilrecht herrschenden **Adäquanztheorie** zumindest solche Schäden, die nach der Lebenserfahrung außerhalb aller Wahrscheinlichkeit liegen, nicht zu ersetzen (s dazu *Grüneberg* in Palandt[72] Vorbem vor § 249 Anm 26ff). Eine weitere Einschränkung erfährt die Zurechnung von Pflichtverletzung und Schaden nach dem **Schutzzweck der Norm**. Diese von der Rspr für alle Anspruchsgrundlagen anerkannte Beschränkung ist auch bei § 323 anwendbar. Aus ihr folgt, dass nur solche Nachteile zu ersetzen sind, zu deren Abwendung die verletzte Norm erlassen oder die verletzte Pflicht übernommen worden ist.

In Rspr und Literatur ist streitig, ob bei der Schadenszurechnung berücksichtigt werden darf, dass derselbe Schaden später auf Grund eines Geschehensablaufs, der nichts mit der Pflichtverletzung (hier Pflichtverletzung aus der APr) zu tun hat, eingetreten wäre **hypothetische Kausalität**, Reserveursache). Dies wird von der hM wohl zumindest für Schäden anerkannt, die nicht in unmittelbarem Zusammenhang mit der Pflichtverletzung stehen (vgl dazu allg *Grüneberg* in Palandt[72] Vorbem vor § 249 Anm 55ff mwN). Beachtlich dagegen ist in jedem Fall der Einwand des rechtmäßigen Alternativverhaltens (der Schaden wäre auch entstanden, wenn der Schädiger sich rechtmäßig verhalten hätte; vgl dazu *Grüneberg* in Palandt[72] Vorbem vor § 249 Anm 64) und kann zum Ausschluss der Ersatzpflicht führen (*Ebke* in MünchKomm HGB[3] § 323 Anm 69).

110 Nach den allgemeinen Regeln trifft die geprüfte Ges bei Erhebung eines Schadensersatzanspruchs die **Darlegungs- und Beweispflicht,** dass
– ihr ein Schaden entstanden ist *und*
– dieser Schaden durch die Pflichtverletzung (adäquat) verursacht worden ist.

Der Anspruchsteller muss grds die verursachenden Umstände konkret darlegen und beweisen. Anscheinsbeweis dürfte nur selten möglich sein (*ADS*[6] § 323 Anm 101).

4. Ersatzpflichtige und ersatzberechtigte Personen (Abs 1 S 3)

112 **Ersatzpflichtig** nach Abs 1 S 3 ist, wer seine ihm aus § 323 obliegenden Pflichten verletzt. Ersatzpflichtige Personen können somit der AP sowie dessen Gehilfen und, wenn eine WPG/BPGes AP ist, deren bei der APr mitwirkende gesetzliche Vertreter sein (vgl zum Kreis der verpflichteten Personen oben Anm 60ff).

113 Anders als die übrigen Personen haftet der AP nicht nur für von ihm selbst begangene Pflichtverletzungen, sondern unmittelbar aus dem Prüfungsauftrag nach § 278 BGB auch für Pflichtverletzungen der **Prüfungsgehilfen** und sonstigen Mitarbeiter, derer er sich zur Erfüllung des ihm erteilten Prüfungsauftrags bedient. Ist der AP eine WPG/BPGes haftet er zudem für das Verschulden seiner gesetzlichen Vertreter (§ 31 BGB).

Die unmittelbare Haftung des AP auch für Pflichtverstöße seiner Prüfungsge- 114 hilfen (und der gesetzlichen Vertreter bei WPG/BPGes) lässt die eigene Einstandspflicht der Gehilfen bzw gesetzlichen Vertreter nicht entfallen. Alle Ersatzpflichtigen haften *neben* dem AP **als Gesamtschuldner** (Abs 1 S 4), dh der Ersatzberechtigte (Anm 118 ff) kann *nach seiner Wahl* von *jedem* Ersatzpflichtigen den *gesamten* Schadensersatzbetrag oder einen Teil davon verlangen, den Gesamtbetrag aber insgesamt nur einmal fordern (§ 421 BGB).

Soweit einer dieser Gesamtschuldner den Gläubiger befriedigt, hat er uU ei- 115 nen gesetzlichen **Ausgleichsanspruch** gegen den/die anderen Gesamtschuldner gem § 426 BGB; die Aufteilung im Innenverhältnis richtet sich dabei grds entspr § 254 BGB nach dem jeweiligen Maß der Schadensverursachung und in zweiter Linie nach dem Grad des Verschuldens (*Grüneberg* in Palandt[72] § 426 Anm 14). Für den angestellten Prüfungsgehilfen ist dabei zu beachten, dass seine Ausgleichspflicht im Innenverhältnis nach arbeitsrechtlichen Grundsätzen stark gekürzt oder völlig ausgeschlossen sein kann.

Ersatzberechtigt sind nach Abs 1 S 3 die **geprüfte Ges** sowie die mit dieser 116 **verbundenen Unternehmen** (es gilt die Definition des § 271 Abs 2), soweit sie durch den Verstoß gegen eine ihnen ggü zu wahrende Pflicht aus Abs 1 geschädigt worden sind. Die Einbeziehung der verbundenen Unt in den Kreis der Ersatzberechtigten ist das Korrelat zur Vorlage- und Auskunftspflicht dieser Unt an den AP gem § 320 Abs 2 und 3 (s auch *ADS*[6] § 323 Anm 154). Auf die Einbeziehung des verbundenen Unt als TU in den KA des MU kommt es somit nicht an.

Nach Sinn und Zweck des § 323 haftet der AP daher ggü verbundenen Unt, wenn er seine unmittelbar diesen ggü bestehenden Pflichten iZm dem gesetzlichen Auskunftsrecht gem § 320 verletzt hat (s *ADS*[6] § 323 Anm 154; *Quick* BB 1992, 1675 ff; *Müller*, 459 mwN).

Anderen Personen als der geprüften Ges und mit ihr verbundenen Unt haf- 117 tet der AP aus § 323 nicht (vgl dazu Anm 171).

5. Mitverschulden

Nach wohl hM kann gem § 254 Abs 1 BGB die Schadensersatzpflicht des AP 121 ggü der geprüften Ges ganz oder teilweise entfallen, wenn die Ges, vertreten durch ihre Organe oder Mitarbeiter, den Schaden mitverursacht hat (so auch *ADS*[6] § 323 Anm 134 ff; *Hopt* WPg 1986, 461 ff; *Ebke* in MünchKomm HGB[3] § 323 Anm 74 mwN zur aA; zur grds Anwendbarkeit auf alle Anspruchsgrundlagen *Grüneberg* in Palandt[72] § 254 Anm 2). Ob ein Ersatzanspruch entfällt bzw in welchem Umfang er einzuschränken ist, hängt von dem Grad des Mitverschuldens im Einzelfall ab.

Typischerweise können folgende **Fallkonstellationen** unterschieden werden: 122

a) Wird der JA von gesetzlichen Vertretern oder Mitarbeitern der geprüften Ges *vorsätzlich* fehlerhaft erstellt und wird dies vom AP fahrlässig nicht bemerkt, ist es in Abhängigkeit von den Umständen des Einzelfalls wegen des überwiegenden Verschuldensanteils sachgerecht, die Schadensersatzpflicht des AP entfallen zu lassen oder doch zumindest stark zu mindern (vgl zum Mitverschulden von gesetzlichen Vertretern BGH 10.12.2009 WM 2010, 185). Diese Wertung entspricht dem Grundsatz von Treu und Glauben, nach dem es treuwidrig ist, Ersatz für einen Schaden zu verlangen, den man selbst vorsätzlich verursacht hat (Verbot des *venire contra factum proprium*).

b) Handeln Organe oder Mitarbeiter der geprüften Ges dagegen *fahrlässig* und verstößt der AP vorsätzlich gegen die ihm obliegenden Prüfungspflichten, wird das Verschulden des AP als derart überwiegend anzusehen sein, dass keine Minderung der Schadensersatzpflicht nach § 254 Abs 1 BGB in Betracht kommt.

c) Handeln die gesetzlichen Vertreter oder Mitarbeiter der Ges bei der Erstellung sowie der AP bei der APr, also *beide, vorsätzlich,* kommt nach § 254 Abs 1 BGB zumindest bei bedingtem Vorsatz des AP im Zweifel eine Schadensteilung in Betracht. Ob dies auch bei kollusivem Handeln zum Schaden der Ges gilt, dürfte dagegen mangels Schutzwürdigkeit des AP zweifelhaft sein.

123 **d)** Das größte Problem entsteht, wenn sowohl von der geprüften Ges als auch von dem AP jeweils *(nur) fahrlässig* gehandelt wird. Für diesen Fall wird dem AP eine Berufung auf das Mitverschulden der Ges in der Literatur teilweise versagt, weil es gerade die Aufgabe der APr sei, Fehler in der Rechnungslegung der Ges zu erkennen (vgl *Habersack/Schürnbrand* in Großkomm HGB[5] § 323 Anm 37). Dem kann allerdings in dieser Allgemeinheit nicht zugestimmt werden, da spiegelbildlich die Ges verpflichtet ist, einen ordnungsgemäßen Abschluss aufzustellen und ihr somit eigene nach § 254 Abs 1 BGB berücksichtigungsfähige Sorgfaltspflichten obliegen. Lehnt man daher zurecht eine Anwendung des § 254 Abs 1 BGB für APr nicht grds ab, liegt die sachgerechte Lösung darin, den Grad des zu berücksichtigenden Mitverschuldens der Ges anhand des Vergleichs der von den Vertretern und Mitarbeitern der Ges anzuwendenden Sorgfalt einerseits und der Sorgfaltspflicht des AP andererseits zu bestimmen. Allein dieser in § 254 BGB angelegte Vergleich dürfte zu einer systematisch tragfähigen Beurteilung führen. Ausgehend hiervon wird es idR bspw richtig sein, ein eher überwiegendes Verschulden des AP anzunehmen, soweit es um Fehler bei der fachlichen Beurteilung bilanzieller Sachverhalte geht. Hierin liegt gerade die besondere Expertise des AP, so dass an dessen Sorgfalt höhere Anforderungen zu stellen sind als an die Sorgfalt, die die Vertreter oder Mitarbeiter der geprüften Ges anzuwenden haben. Andererseits wird es im Zusammenhang mit Verstößen gegen die gesetzlichen Vorlage- und Auskunftspflichten (§ 320) idR zutreffend sein, das Mitverschulden der Ges gleichrangig im Verhältnis zu einem etwaigen Verschulden des AP zu berücksichtigen (vgl iE wohl ähnlich *Ebke* in MünchKomm HGB[3] § 323 Anm 75).

124 Ohne Beschränkung anwendbar ist § 254 Abs 2 BGB, wonach der Geschädigte zur Schadensminderung verpflichtet ist, da diese Pflicht der geschädigten Ges nach allgemeinen Grundsätzen obliegt und unabhängig von den Pflichten des AP oder etwaigen Besonderheiten der APr besteht.

II. Haftungsbegrenzung

1. Gesetzliche Haftungsobergrenze (Abs 2)

130 Die Haftung der nach Abs 1 S 3 ersatzpflichtigen Personen für die fahrlässige Verletzung von Pflichten nach Abs 1 ist auf € 1 Mio für eine Prüfung, bei Prüfung einer AG, deren Aktien zum Handel im regulierten Markt zugelassen sind, auf € 4 Mio für eine Prüfung beschränkt.

Regulierter Markt im Sinne des Abs 2 S 2 ist jeder bei einer deutschen Börse eingerichtete regulierte Markt im Sinne des § 32 BörsG; nicht von dieser Regelung umfasst sind ausländische Märkte oder der deutsche Freiverkehr (§ 48 BörsG). Fraglich erscheint, ab welchem Zeitpunkt Abs 2 S 2 für APr von Ges Anwendung findet, deren Aktien vor Einführung des regulierten Markts zum vormaligen geregelten Markt, nicht aber – wie von Abs 2 S 2 aF vorausgesetzt – zum Handel im amtlichen Markt zugelassen waren. Obwohl die Neuregelung **ohne Übergangsvorschrift** am 1. November 2007 in Kraft getreten ist, erscheint es sachgerecht, allein solche APr zu erfassen, die nach Inkrafttreten der Neuregelung beauftragt wurden, da sich die Pflichten aus § 323 nicht nur auf das Prüfungsergebnis, sondern auch die durchzuführenden Tätigkeiten beziehen und für den AP zudem vor Auftragsannahme das mit der APr verbundene Risiko erkennbar sein muss. Abzustellen ist damit (spätestens) auf den Abschluss des Prüfungsvertrags.

Die **Haftungsbeschränkung** nach Abs 2 gilt für jede Form der fahrlässigen Pflichtverletzung und umfasst demnach die einfache wie die grobe Fahrlässigkeit. Eine unbeschränkte Haftung des AP bzw der übrigen in § 323 genannten Personen kommt allein für vorsätzliche Pflichtverletzungen in Betracht, womit der **Abgrenzung von grober Fahrlässigkeit und bedingtem Vorsatz** für die Bestimmung der Haftungshöchstgrenze im Einzelfall erhebliche Bedeutung zukommt. Da sich das Verschulden im Rahmen des § 323 nicht auf den Schaden, sondern allein die Pflichtverletzung beziehen muss, richtet sich die Abgrenzung danach, ob der AP einen Pflichtenverstoß im Einzelfall zwar für möglich gehalten hat, aber darauf vertraute, dass sein Handeln pflichtgemäß sei oder er den für möglich erkannten Pflichtenverstoß und damit die Pflichtwidrigkeit seines Handelns billigend in Kauf genommen hat. **Bewusste Fahrlässigkeit** und kein bedingter Vorsatz wäre danach gegeben, wenn der AP zwar die Pflichtwidrigkeit seines Handelns – zB Unterlassen weiterer Prüfungshandlungen – für möglich hält, er aber dennoch darauf vertraut, dass sein Handeln trotz Unterlassens der möglicherweise erforderlichen weiteren Prüfungshandlungen pflichtgemäß ist. Entspr gilt, wenn der AP unter grober Außerachtlassung beruflicher Regeln, einen Pflichtenverstoß erst gar nicht für möglich hält. Rechnet der AP dagegen mit der möglichen Pflichtwidrigkeit seines Handelns und nimmt er den darin liegenden Pflichtenverstoß billigend in Kauf, wird dieses Verhalten als **bedingt vorsätzlich** zu werten sein.

Das Handeln eines **Prüfungsgehilfen** muss sich der AP grds nach § 278 BGB zurechnen lassen. Für die Bestimmung der Haftungsobergrenze nach § 323 wird man diesen Grundsatz allerdings nur eingeschränkt anwenden können, wenn der Prüfungsgehilfe vorsätzlich handelt, der AP jedoch nicht. In diesem Fall wird es wegen der Regelung in Abs 2 S 3, wonach jede verpflichtete Person nur für ihr eigenes Verschulden haftet, sachgerecht sein, dass der AP allein im Rahmen der gesetzlichen Haftungsobergrenze haftet, während der vorsätzlich handelnde Prüfungsgehilfe unbeschränkt eintreten muss (so auch *ADS*[6] § 323 Anm 131). Im Verhältnis von WPG/BPGes zu deren gesetzlichen Vertretern gilt dies wegen der Organstellung letzterer allerdings nicht.

Die gesetzliche **Haftungsobergrenze** gilt gem Abs 2 S 1 jeweils für *eine* APr und gem Abs 2 S 3 unabhängig davon, ob im Rahmen dieser APr mehrere Pflichtverletzungen begangen worden sind oder mehrer Personen an der APr beteiligt waren. Ebenso umfasst die einheitliche Obergrenze zugleich auch alle gesetzlichen Prüfungen, die iZm der APr durchzuführen sind, wie bspw die Prüfung des AbhBer (vgl *ADS*[6] § 323 Anm 128).

Wie § 316 Abs 1 und 2 zeigen, sind dagegen die Prüfungen des **Jahresabschlusses** und des **Konzernabschlusses** eines MU zwei getrennte APr mit der Folge, dass die gesetzliche Haftungssumme dem Grunde nach für jede APr gesondert zur Verfügung steht. Eine Kumulierung der Haftungssummen kommt allerdings nur dann in Betracht, wenn Pflichtenverstöße bei Prüfung des KA und des JA vorliegen und jeder dieser Pflichtenverstöße zu einem zurechenbar verursachten Schaden geführt hat; zu beachten ist dabei, dass die Pflichten bei Prüfung des KA diejenigen bei Prüfung des JA nicht umfassen, sondern ergänzen, so dass im Zweifel – auch unter Beachtung der Neuregelung in § 317 Abs 3 S 2 – nur eine Pflichtverletzung bzw ein adäquat verursachter Schaden und zwar bei Prüfung des JA vorliegt. Entspr gilt für das Verhältnis von Prüfung des JA und des IFRS-EA. Wird ein Prüfungsfehler mehrere Jahre hintereinander in verschiedenen APr fortgeführt, kommt eine Kumulierung der Haftungssummen nur in

Betracht, wenn jeder der Prüfungsfehler – und nicht nur der letzte – zu einem ersatzfähigen Schaden geführt hat.

Die Haftungsbegrenzung nach Abs 2 gilt einheitlich für jede Prüfung unabhängig davon, ob ein ersatzfähiger Schaden bei der geprüften Ges und/oder einem mit ihr verbundenen Unt iSd Abs 1 S 3 eingetreten ist (ebenso *ADS*[6] § 323 Anm 125). Liegen Schäden bei beiden Ges vor, steht diesen die gesetzliche Haftungshöchstsumme als Gesamtgläubigern (§ 428 BGB) zur Verfügung.

134 Die Frage der Haftung des AP für gesetzliche APr ist seit längerer Zeit Gegenstand von Diskussionen und Reformüberlegungen auf EU-Ebene. In diesem Zusammenhang hat die **Europäische Kommission** im Januar 2007 eine öffentliche Konsultation zu der Frage eingeleitet, ob die Rechtsvorschriften für die Haftung von AP in der EU reformiert werden müssen und welche möglichen Haftungsbeschränkungskonzepte denkbar sind. Die Konsultation erfolgte im Anschluss an verschiedene unabhängige Studien über die wirtschaftlichen Auswirkungen der aktuellen Haftungsregelungen für AP in den EU-Mitgliedstaaten und wurde im März 2007 mit einem zusammenfassenden Bericht abgeschlossen. Der Bericht zeigt, dass eine Beschränkung der Haftung des AP überwiegend für sinnvoll gehalten wird. In der Folge hat die Europäische Kommission im Juni 2008 eine an die EU-Mitgliedstaaten gerichtete **Empfehlung zur Beschränkung der zivilrechtlichen Haftung von Abschlussprüfern und Prüfungsgesellschaften** iZm der APr kapmarkt Ges ausgesprochen. (Die Empfehlung sowie die vorgenannten Berichte und Studien sind unter http://ec.europa.eu/internal_market/auditing/liability/index_de.htm#consultation abrufbar.)

2. Weitere vertragliche Haftungsvereinbarungen (Abs 4)

135 In Abs 4 ist gleichsam als Gegengewicht zur gesetzlichen Haftungsobergrenze festgelegt, dass die Ersatzpflicht nach § 323 weder ausgeschlossen noch beschränkt werden kann. Diese Restriktion bezieht sich sowohl auf die Tatbestandsvoraussetzungen als auch auf die Rechtsfolgen des § 323 (so auch *Quick* BB 1992, 1675 ff). Eine unzulässige Beschränkung liegt also nicht nur dann vor, wenn die Haftungssumme reduziert wird, sondern bspw auch dann, wenn der Haftungstatbestand eingeschränkt wird, wie dies bspw der Fall ist, wenn der AP die eigene Haftung für das Fehlverhalten seiner Erfüllungsgehilfen gem § 278 BGB ausschließt oder beschränkt. Gleiches gilt für Abreden, wonach die geprüfte Ges bereits bei Auftragserteilung auf die Geltendmachung etwaiger Ersatzansprüche verzichtet. Keine unzulässige Einschränkung iSd Abs 4 liegt allerdings vor, wenn ein nach § 323 Anspruchsberechtigter auf einen bereits entstandenen Anspruch verzichtet, da seine Dispositionsbefugnis insoweit nicht eingeschränkt ist (ebenso *ADS*[6] § 323 Anm 148). Wird eine **vertragliche Einschränkung** vereinbart, ist diese gesetzwidrig und nach § 134 BGB nichtig.

136 Eine vertragliche **Erweiterung der Haftung** des AP ist dem Wortlaut des § 323 nach nicht ausgeschlossen, sie verstößt aber gegen die in § 16 BS normierte Berufsauffassung, wonach eine gesetzliche Haftungsbegrenzung nicht abbedungen werden darf. Durch dieses berufsrechtliche Verbot soll vermieden werden, dass sich einzelne Berufsangehörige über die Erhöhung von Haftungssummen einen Wettbewerbsvorteil verschaffen und damit letztlich andere WP/vBP aus dem Markt verdrängen (vgl Begr zu § 16 BS).

III. Verjährung

140 Für die Verjährung von Ansprüchen aus § 323 gilt – nach Aufhebung des Abs 5 durch das Gesetz zur Reform des Zulassungs- und Prüfungsverfahrens des

Wirtschaftsprüferexamens vom 1.12.2003 (BGBl I 2003, 2446) – seit dem 1.1.2004 das allgemeine zivilrechtliche Verjährungsrecht (§§ 194 BGB ff). Danach beträgt die regelmäßige Verjährungsfrist 3 Jahre (§ 195 BGB). Diese regelmäßige Verjährungsfrist beginnt nach § 199 Abs 1 BGB mit dem Schluss des Jahres, in dem (1.) der Anspruch entstanden ist und (2.) der Gläubiger von den den Anspruch begründenden Umständen und der Person des Schuldners Kenntnis erlangt oder ohne grobe Fahrlässigkeit hätte erlangen müssen. Liegen die Voraussetzungen von § 199 Abs 1 BGB nicht vor, verjähren die Ansprüche nach § 199 Abs 3 BGB ohne Rücksicht auf die Kenntnis oder grob fahrlässige Unkenntnis in 10 Jahren, im Übrigen in 30 Jahren von ihrer Entstehung an.

Im Einzelfall kann fraglich sein, wann der Anspruch aus § 323 iSd § 199 Abs 1 BGB entstanden ist. Nach der Rspr des BGH zu § 323 Abs 5 aF ist diese Voraussetzung erst dann gegeben, wenn die **Vermögenslage** des Betroffenen infolge der Handlung im Vergleich mit dem früheren Vermögensstand schlechter geworden ist. Zwar genüge es, dass die Verschlechterung sich wenigstens dem Grunde nach verwirklicht habe; sei jedoch noch offen, ob pflichtwidriges Verhalten zu einem Schaden führe, sei die Verjährungsfrist noch nicht in Lauf gesetzt. Eine lediglich risikobehaftete Lage stelle regelmäßig eine bloße Gefährdung dar, die sich noch nicht in der Bewertung des Gesamtvermögens niederschlage und daher nicht einem Schadenseintritt gleichstehe (vgl BGH 28.10.1993 WM 1994, 33 mwN). Mit dieser Begr hat der BGH für den Beginn der Verjährung des AP wegen fehlerhafter Prüfung nach § 323 auf den **Tag des Gewinnverwendungsbeschlusses** abgestellt und insoweit anders als ein Teil der Literatur nicht bereits die Auslieferung des PrüfBer oder die Feststellung des geprüften Abschlusses für ausreichend gehalten. **141**

Eine weitere Voraussetzung für den Beginn der regelmäßigen Verjährung ist die **Kenntnis bzw grob fahrlässige Unkenntnis** der anspruchsbegründenden Umstände und der Person des Schädigers. Eine hinreichende Kenntnis beider Umstände liegt nach der Rspr vor, wenn der Geschädigte soviel über den Schaden und dessen Verursachung weiß, dass er eine hinreichend aussichtsreiche Klage (ggf auf Feststellung der Schadensersatzpflicht dem Grunde nach) erheben kann (vgl BGH 17.2.2000 WM, 1345; BGH 6.2.2003 WM, 2242), wobei komplexe Sach- oder Rechtslagen den Verjährungsbeginn hinausschieben können (vgl dazu *Zugehör* WM Sonderbeilage 3/2006, 37 mwN). Ist der Geschädigte eine juristische Person, kommt es zur Bestimmung der hinreichenden Kenntnis auf den innerbetrieblich Zuständigen an, wobei Organisationsmängel innerhalb der juristischen Person allerdings grobe Fahrlässigkeit iSd § 199 BGB begründen können (vgl *Ellenberger* in Palandt[72] § 199 Anm 25). **142**

Der AP hat keine Pflicht den Mandant über einen drohenden Verjährungseintritt aufzuklären. Eine **Aufklärungspflicht,** wie sie vor Änderung des berufsrechtlichen Verjährungsrechts von der Rspr für RA und Steuerberater angenommen wurde, trifft den AP nicht, da für die Verjährung von Haftungsansprüchen gegen AP/WP keine vom allgemeinen Zivilrecht abw Sonderregelungen gelten, auf die der Mandant hinzuweisen wäre. (Zur Rspr vor Aufhebung des § 51a WPO vgl BGH 6.11.1980 WM 1981, 92.) **143**

Das allgemeine zivilrechtliche Verjährungsrecht gilt für alle Ansprüche, die seit dem 1.1.2004 entstanden sind. Für ältere Ansprüche, die zu diesem Zeitpunkt noch nicht verjährt waren, enthält Art 55 EGBGB eine **Übergangsvorschrift,** nach der zwei Besonderheiten gelten: Zum einen wird die regelmäßige Verjährungsfrist nach § 195 BGB unabhängig vom Entstehen des Anspruchs vom 1.1.2004 an berechnet und zum anderen findet auf derartige Ansprüche weiterhin das alte Verjährungsrecht Anwendung, wenn die Verjährungsfrist nach § 323 Abs 5 aF früher als die Verjährungsfrist nach § 195 BGB abläuft. Für Ansprüche, **144** die bis zum 31.12.2003 entstanden sind, bedeutet dies, dass die Verjährung entweder nach § 323 Abs 5 aF oder § 199 BGB eintritt, je nach dem welche Frist eher abläuft. Dies gilt auch für Ansprüche, die nach Inkrafttreten des Gesetzes zur Modernisierung des Schuldrechts (BGBl I 2001, 3138) am 1.1.2002 entstanden sind, da die Sondervorschrift in § 323 aF hierdurch nicht berührt wurde.

Wegen der unterschiedlichen Tatbestandsvoraussetzungen in § 323 Abs 5 aF und § 199 Abs 1 BGB (nach alter Rechtslage verjährten Ansprüche unabhängig von der Kenntnis der den Anspruch begründenden Umstände oder der Person des Schuldners nach 5 Jahren, wohingegen dies nach § 199 Abs 2 BGB nunmehr erst nach 10 Jahren der Fall ist) werden die Übergangsvorschriften noch für einige Zeit Bedeutung haben.

IV. Deliktische Haftung nach §§ 823 ff BGB

155   Pflichtverstöße bei der APr können auch den Tatbestand einer unerlaubten Handlung iSd BGB erfüllen. Ob die §§ 823 ff BGB als Anspruchsgrundlage der geprüften Ges ggü dem AP durch die Sonderregelung des § 323 verdrängt werden (dafür zB *Ebke*, 37 Fn 15; ADS[6] § 323 Anm 175), kann offen bleiben, da dies für die Haftung des AP ohne praktische Bedeutung ist; denn sämtliche Vorschriften des BGB, nach denen eine deliktische Haftung des AP ggü der geprüften Ges in Betracht kommen könnte, setzen **vorsätzliches** Handeln voraus (s dazu Anm 172 ff), was auch nach § 323 eine unbegrenzte Haftung auslöst. Darüber hinaus bestehen nach §§ 823 ff BGB größere Möglichkeiten als bei § 323, sich für das Fehlverhalten von Prüfungsgehilfen zu entlasten (Möglichkeit der Exkulpation nach § 831 BGB statt der unmittelbaren Zurechnung nach § 278 BGB; *Zugehör* NJW 2000, 1601 ff). Zu den einzelnen Anspruchsgrundlagen sowie § 831 BGB vgl unten Anm 172 ff.

D. Verantwortlichkeit bei freiwilligen Abschlussprüfungen

160   In diesem Abschn wird (nur) die Verantwortlichkeit des AP ggü **dem geprüften Unternehmen** behandelt. Wegen der Haftung ggü Dritten s Anm 170 ff. Für APr oder sonstige Prüfungen, die gesetzlich nicht vorgeschrieben sind (freiwillige Prüfungen), begründet § 323 keine Pflichten, keine Haftung und auch keine Haftungsobergrenze (vgl *Ebke* in MünchKomm HGB[3] § 323 Anm 15). Die Pflichten, die den AP bei freiwilligen Prüfungen treffen, und die Rechtsfolgen aus ihrer Verletzung ergeben sich allein aus den vertraglichen Vereinbarungen **(Prüfungsauftrag)** zwischen AP und geprüfter Ges sowie den allgemeinen zivilrechtlichen Regelungen. Dementspr gilt auch eine Haftungsbeschränkung insoweit nur, wenn diese vertraglich vereinbart wird, was uU auch konkludent möglich ist (s ADS[6] § 323 Anm 151; *Streck* StB 1991, 98 ff).

161   Gleiches gilt für Tätigkeiten, die der AP zwar im Zusammenhang mit der gesetzlichen APr übernimmt, die aber nicht Teil der gesetzlichen APr sind oder nicht selbst aufgrund gesetzlicher Anordnung in den Anwendungsbereich des § 323 fallen (vgl dazu oben Anm 3 ff). Ob eine Tätigkeit Teil der gesetzlichen APr ist (vgl dazu Anm 10), muss anhand der Umstände des Einzelfalls unter Berücksichtigung des gesetzlichen Gesamtkonzepts der gesetzlichen APr beurteilt werden. Eine gesonderte Auftragserteilung oder -bestätigung, Berichterstattung, Abrechnung uä können wertvolle, allerdings in keinem Fall allein ausreichende Hinweise für die Abgrenzung sein.

I. Art und Umfang der Pflichten

Bei freiwilligen Prüfungen steht es den Beteiligten grds frei, Gegenstand, Art **162** und Umfang der Prüfung, dh insb die vorzunehmenden Prüfungshandlungen und die Form der Berichterstattung, festzulegen. Der WP/vBP darf allerdings keinen Prüfungsauftrag übernehmen, der es ihm nicht gestattet, alle berufsrechtlichen Pflichten (zB Gewissenhaftigkeit, Unparteilichkeit etc – § 43 WPO) zu beachten.

Aufgrund der weitgehenden Vertragsfreiheit ist bei einer freiwilligen Prüfung **163** **im Einzelfall** *sehr sorgfältig zu vereinbaren*, welche Prüfungspflichten der AP ggü seinem Auftraggeber übernimmt. Im Fall einer freiwilligen APr wird es idR naheliegen, Prüfungsgegenstand und -umfang in Anlehnung an die Pflichtprüfung (Anm 10 ff) festzulegen, da es sich dabei um einen „Standard" handelt, der allgemeine Akzeptanz genießt. Wenn die freiwillige APr mit einem BVm abschließen soll, der § 322 nachgebildet ist, ist es nach Auffassung des Berufsstands der WP/vBP zwingend, dass die Prüfung nach Art und Umfang der einer Pflichtprüfung entspricht (IDW PS 400, WPg Suppl 4/2010, 25). Das Gleiche gilt im Zweifel, wenn der Auftrag für eine freiwillige APr durch Bezugnahme auf die Vorschriften des HGB (insgesamt oder auf §§ 316 ff) erteilt wird.

Für eine Prüfung, deren Gegenstand und Umfang nicht denen einer gesetzlichen **164** chen APr entsprechen, darf nach den berufsständischen Vorgaben kein BVm, sondern lediglich eine **Bescheinigung** erteilt werden (IDW PS 400, Tz 5, WPg Suppl 4/2010, 25, WPg Suppl 1/2013, 7; *ADS*[6] § 322 Anm 422). Mit Rücksicht auf den „Standardcharakter" der gesetzlichen APr ist es in einem solchen Fall zudem geboten, dass der AP in seiner Berichterstattung auf den eingeschränkten Gegenstand oder Umfang seiner Tätigkeit hinweist. Je nach Auftragsinhalt wird der AP zudem zu entscheiden haben, ob seine Tätigkeit überhaupt als Prüfung bezeichnet werden kann und wie das abschließende Urteil zu formulieren ist, um Fehlvorstellungen beim Adressaten zu vermeiden.

II. Folgen bei Pflichtverstößen

Die **Folgen** etwaiger Pflichtverletzungen richten sich bei freiwilligen Prüfun- **165** gen allein nach den im Prüfungsauftrag getroffenen Vereinbarungen sowie den allgemeinen zivilrechtlichen Regelungen (Anm 160). § 323 ist selbst dann nicht anwendbar, wenn sich die vertraglichen Pflichten des AP *inhaltlich* mit den Pflichten zur Durchführung einer gesetzlichen APr (Anm 163) decken.

Verstöße des AP gegen mit dem Prüfungsauftrag übernommene Pflichten, die bei dem geprüften Unt zu Schäden geführt haben, sind nach dem Leistungsstörungsrecht des BGB zu beurteilen. Im Ergebnis besteht ebenso wie nach § 323 eine Pflicht zum Ersatz des Schadens, der durch die Verletzung der mit dem Prüfungsauftrag übernommenen Pflichten zurechenbar verursacht worden ist. Folgende Regelungen des § 323 gelten allerdings nicht:

- Die Ersatzpflicht trifft bei freiwilligen APr weder die **Prüfungsgehilfen** noch die **gesetzlichen Vertreter** einer WPG/BPGes (Anm 62 f); ersatzpflichtig ist **allein der Abschlussprüfer**, der den Prüfungsauftrag übernommen hat.
- Ein mit dem geprüften Unt **verbundenes Unternehmen** ist – da nicht am Prüfungsauftrag beteiligt – Dritter und deswegen nicht unmittelbar anspruchsberechtigt (zur Dritthaftung s Anm 170 ff).
- Die gesetzliche Beschränkung der **Haftung bei Fahrlässigkeit** auf einen Höchstbetrag von € 1 Mio bzw € 4 Mio gilt weder unmittelbar noch analog (*Baumbach/Hopt*[35] § 323 Anm 9; *Streck* StB 1991, 98 ff; aA *Schlechtriem* BB 1984, 1177 ff). Eine Haftungsober-

grenze muss vielmehr vertraglich vereinbart werden, wobei WP/vBP aus berufsrechtlichen Gründen keine Haftungsobergrenzen unterhalb der in § 54a WPO genannten Beträge vereinbaren dürfen.

166 Insb die an *sich* unbegrenzte Haftung bei freiwilligen APr hat die WP/vBP seit langem veranlasst, ihren Aufträgen **allgemeine Geschäftsbedingungen** zugrunde zu legen und hierdurch die Haftung für fahrlässige Pflichtverstöße zu beschränken. Die Zulässigkeit einer unter Verwendung von allgemeinen Geschäftsbedingungen vereinbarten Haftungsbeschränkungen für jede Form der Fahrlässigkeit (dh auch der groben Fahrlässigkeit) ergibt sich aus § 54a Abs 1 Nr 2 WPO, der insoweit eine Sonderregelung zu den Vorschriften des BGB (§§ 307 ff BGB) darstellt. Nach der WPO können Ansprüche des Auftraggebers aus dem Vertragsverhältnis auf den Ersatz jedes fahrlässig verursachten Schadens durch vorformulierte Vertragsbedingungen beschränkt werden. Voraussetzung ist allerdings, dass
- sich die durch vorformulierte Vertragsbedingungen vereinbarte Haftungssumme auf mind den vierfachen Betrag der Deckungssumme nach § 54 Abs 1 S 2 WPO beläuft (dh mind € 4 Mio beträgt) und
- insoweit Versicherungsschutz besteht; das Bestehen des Versicherungsschutzes ist Wirksamkeitsvoraussetzung für die Haftungsbegrenzung, so dass ohne entspr Versicherungsschutz die vertraglich vereinbarte Haftungsbeschränkung unwirksam ist.

167 Unter Beachtung der Anforderungen aus § 54a WPO werden in der Praxis vielfach die vom IDW-Verlag herausgegebenen „Allgemeinen Auftragsbedingungen für Wirtschaftsprüfer und Wirtschaftsprüfungsgesellschaften vom 1. Januar 2002" (AAB) verwendet. Diese sehen in Nr 9 Abs 2 für Tätigkeiten außerhalb gesetzlich vorgeschriebener Prüfungen iW folgende Regelungen vor:
- Die **Haftungsobergrenze** für jeden durch den WP fahrlässig verursachten einzelnen Schadensfall beträgt gem § 54a Abs 1 Nr 2 WPO € 4 Mio, in Ausnahmefällen (bei sog Serienschäden) € 5 Mio, wobei Schäden aus der Verletzung von Leben, Leib und Körper von der Haftungsbegrenzung ausgenommen sind.
- Sofern eine Haftung ggü anderen Personen als dem Auftraggeber begründet sein sollte, gilt die Haftungsbeschränkung auch diesen Personen ggü.

168 **Individualvertragliche Vereinbarungen** einer Haftungsbeschränkung für fahrlässig verursachte Schäden sind nach § 54a Abs 1 Nr 1 WPO durch schriftliche Vereinbarung bis zur Mindesthöhe der gesetzlichen Deckungssumme (€ 1 Mio) zulässig. In der Praxis werden solche Individualvereinbarungen allerdings vielfach wegen der Gefahr vermieden, dass die mehrfache Verwendung gleicher Regelungen als Verwendung vorformulierter Vertragsbedingungen gewertet werden kann und damit die (vermeintlich individualvertragliche) Regelung nur wirksam ist, wenn die Grenzen aus § 54a Abs 1 Nr 2 WPO eingehalten werden. Diese Gefahr besteht allerdings nur, wenn eine Regelung mehrfach verwendet wird oder über die Regelung keine **tatsächliche Verhandlung** zwischen dem AP und dessen Auftraggeber stattfindet.

E. Haftung des Abschlussprüfers gegenüber Dritten

170 Die Frage der Haftung des AP ggü Dritten, dh Personen, die nicht selbst Partei des Prüfungsauftrags sind und bei Pflichtprüfungen nicht zu dem von § 323 geschützten Personenkreis gehören, ist seit langer Zeit Gegenstand intensiver Diskussionen, da auch Dritte in mittelbarer Folge fehlerhafter Leistungen des

AP/WP Vermögensschäden erleiden können, eine explizite Haftungsregelung wie in § 323 zu ihren Gunsten aber nicht besteht.

I. § 323 HGB

Dritten stehen nach Abs 1 S 3 bei Pflichtverletzungen des AP keine Ansprüche gegen diesen zu. Dies ergibt sich aus dem Wortlaut sowie dem entstehungsgeschichtlich belegbaren Willen des Gesetzgebers. So hat der Rechtsausschuss des BT im Gesetzgebungsverfahren zum KonTraG den Vorschlag des Bundesrats (BT-Drucks 13/9712 S 35), § 323 Abs 1 um einen (klarstellenden) Satz zu ergänzen, wonach der AP anderen als den in Abs 1 S 3 genannten Personen für eine fahrlässige Pflichtverletzung nicht haftet, mit der Begr abgelehnt, dass eine Regelung zur sog Dritthaftung nicht erforderlich sei, da Ansprüche eines Dritten schon vom Wortlaut des § 323 her ausgeschlossen seien (BT-Drucks 13/10038 S 25; vgl zum Wortlaut *ADS*[6] § 323 Anm 177).

Dieser gesetzgeberische Hintergrund zeigt, dass die Haftung des AP grds allein ggü der geprüften Ges besteht. Nur wenn bei der APr ein verbundenes Unt geschädigt worden ist, haftet der AP auch diesem ggü, obwohl es nicht Partei des Prüfungsauftrags ist. Diese Einbeziehung der verbundenen Unt erfolgte lediglich als notwendige Folge des umfassenden Einsichts- und Auskunftsrechts des AP (Anm 116) und darf daher nicht auf sonstige prüfungsvertragsfremde Personen im Wege der Auslegung oder Analogie erstreckt werden. Eine Haftung des AP ggü Dritten, namentlich ggü Aktionären/Gestern oder Gläubigern der geprüften Ges, wird durch § 323 bewusst nicht begründet, einerseits um das Haftungsrisiko des AP nicht zu sehr zu erhöhen und andererseits die geprüfte Ges nicht der Gefahr auszusetzen, ihre nach Abs 2 bestehenden Ansprüche mit fremden Geschädigten teilen zu müssen. Aus § 323 lassen sich daher keine Ansprüche Dritter herleiten (hM *ADS*[6] § 323 Anm 177; *Baumbach/Hopt*[35] § 323 Anm 8; *Lang* WPg 1989, 57; *Fischer* DB 2012, 1495; OLG Düsseldorf 7.4.2000 OLGR Düsseldorf, 335; LG Frankfurt 8.4.1997 BB, 1682). Dem hat sich auch der BGH angeschlossen (vgl BGH 6.4.2006 WM, 1052; BGH 2.4.1998 DB, 1073) und in seiner neueren Entscheidung unter Hinweis auf die stete Rspr festgestellt, dass ungeachtet der auf Publizität und Vertrauensbildung angelegten Funktion der APr der Gesetzgeber die Verantwortlichkeit des AP für eine Pflichtprüfung wegen einer vorsätzlichen oder fahrlässigen Verletzung von Pflichten nach § 323 Abs 1 S 3 auf Ansprüche der in § 323 genannten Personen beschränkt hat. Gläubigern wie Aktionären ggü haftete der AP nach § 323 nicht. (Zur BGHRspr zu vertraglichen oder vertragsähnlichen Ansprüchen Dritter s Anm 190 ff.)

II. Deliktische Haftung nach §§ 823 ff BGB

Eine deliktische Haftung des AP ggü Dritten kommt in Betracht, wenn Dritte infolge einer (schuldhaften) Handlung des AP einen Schaden erleiden. Die Anwendung der §§ 823 ff BGB ist auch iZm Pflichtprüfungen nicht ausgeschlossen, da § 323 insoweit nach allgemeiner Meinung keine absolute Sperrwirkung entfaltet (*Ebke* in MünchKomm HGB[3] § 323 Anm 92 mwN; *ADS*[6] § 323 Anm 179). Allerdings wird auch bei der Beurteilung, ob eine schuldhafte Pflichtverletzung bei der APr zum Schadensersatz nach §§ 823 ff BGB führt, die gesetzgeberische Wertung aus § 323 (Pflichtenmaßstab, geschützter Personenkreis) zu berücksichtigen sein.

1. § 823 Abs 1 BGB

173 Verletzt der AP vorsätzlich oder fahrlässig eines der in § 823 Abs 1 BGB genannten Rechtsgüter, ist er zum Ersatz des hierdurch verursachten Schadens verpflichtet. Nicht zu den von § 823 Abs 1 BGB geschützten Rechtsgütern gehört allerdings das **Vermögen** als solches. Aus diesem Grunde sind bspw Nachteile Dritter, die diese dadurch erleiden, dass sie im Vertrauen auf die Richtigkeit eines geprüften Abschlusses ein Recht an/ggü der geprüften Ges (Bet, Forderungen etc) erwerben, das sich nach Erwerb als nicht werthaltig erweist, keine nach § 823 Abs 1 BGB ersatzfähigen Schäden, da das Beteiligungs- oder Gläubigerrecht in seinem *rechtlichen* Bestand unberührt besteht und lediglich eine wertmäßige Vermögensminderung beim Erwerber vorliegt. Das Vermögen als solches wird im Rahmen der Vorschriften über die unerlaubten Handlungen (Delikte) allein durch die §§ 823 Abs 2, 824 und 826 BGB geschützt.

2. § 823 Abs 2 BGB

174 Wer gegen ein den *Schutz* eines anderen bezweckendes Gesetz (Schutzgesetz) verstößt, ist dem anderen nach § 823 Abs 2 BGB zum Ersatz des daraus entstehenden Schadens verpflichtet. **Schutzgesetze** sind alle Rechtsnormen, die (zumindest auch) dazu dienen sollen, den Einzelnen oder einzelne Personenkreise gegen die Verletzung ihrer Rechtsgüter zu schützen. Die Ersatzpflicht nach § 823 Abs 2 BGB tritt nur bei schuldhaftem Handeln ein. Der Verschuldensmaßstab ergibt sich vorrangig aus dem Schutzgesetz. Ist allerdings nach dessen Inhalt ein Verstoß auch ohne Verschulden möglich, setzt eine Haftung nach § 823 Abs 2 BGB eine zumindest fahrlässige Verletzungshandlung voraus.

175 Als **Schutzgesetze** iSd § 823 Abs 2 BGB, die bei der APr verletzt werden können, kommen neben den vermögensschützenden Vorschriften des StGB insb die Strafvorschriften des HGB sowie des PublG, VAG und GenG in Betracht.

– Strafvorschriften bei Verletzung von **Berichtspflichten:** Nach § 332 ist strafbar, wer im **Prüfungsbericht** (§ 321) erhebliche Umstände verschweigt oder einen **inhaltlich unrichtigen Bestätigungsvermerk** (§ 322) erteilt. Da § 332 der Sicherung der ordnungsgemäßen Berichterstattung dient, sind in seinen Schutzbereich alle (gesetzlich vorgesehenen) Adressaten des jeweiligen Berichtsinstruments einbezogen (vgl ADS[6] § 323 Anm 182). Entspr gilt für die vergleichbaren Regelungen in § 18 PublG, § 137 VAG und § 150 GenG.

– Strafvorschriften bei Verletzung von **Geheimhaltungspflichten:** Nach § 333 ist strafbar, wer als AP oder dessen Gehilfe ein Betriebs- oder Geschäftsgeheimnis unbefugt offenbart oder verwertet. In den Schutzbereich dieser Vorschrift einbezogen sind alle Personen, deren Geheimnisse nach dieser Vorschrift geschützt werden sollen. Dies sind namentlich die in § 333 genannten Unt. Dort nicht genannte Dritte (wie bspw Gester und Gläubiger dieser Unt) sind hingegen nicht vom Schutz des § 333 umfasst (s dazu auch ADS[6] § 323 Anm 182; ebenso *Ebke*, 46 mwN). Entspr gilt für die vergleichbaren Regelungen in § 19 PublG, § 138 VAG und § 151 GenG.

Ebenfalls Schutzgesetze sind die Strafvorschriften in §§ 403, 404 **AktG** (so BGH 25.4.1961 BB, 652). Sie treten allerdings bei der gesetzlichen APr aus Konkurrenzgründen hinter §§ 332, 333 zurück und sind damit allein bei sonstigen Pflichtprüfungen einschlägig (s § 332 Anm 50 ff, § 333 Anm 25 ff).

Zu den als Schutzgesetz iSd § 823 Abs 2 anerkannten vermögensschützenden Regelungen des **StGB** gehören – jeweils auch in Verbindung mit den Vorschriften über die Beihilfe (§ 27 StGB) – insb § 203 (Verletzung von Privatgeheimnissen), § 263 (Betrug), § 264 (Subventionsbetrug), § 264a (Kapitalanlagebetrug), § 266 (Untreue), § 267 (Urkundenfälschung) sowie §§ 283 bis 283d (Konkursvergehen). Die Fälle, in denen das Fehlverhalten bei der APr unter eine dieser Bestimmungen subsumiert werden kann, sind allerdings ausgesprochen selten.

Alle zuvor genannten Strafvorschriften setzten **vorsätzliches Handeln** oder in gesetzlich bestimmten Ausnahmefällen (vgl § 264 Abs 4 StGB) zumindest leichtfertiges Handeln voraus, wobei sich Vorsatz oder Leichtfertigkeit idR allein auf die Verletzung des Verbotstatbestands beziehen, nicht aber auch die Schädigung der geschützten Person/Personengruppe umfassen müssen.

Kein Schutzgesetz iSd § 823 Abs 2 BGB ist **§ 323** (OLG Celle 5.1.2000, NZG, 613, *ADS*[6] § 323 Anm 184 mwN). Eine aA würde die Grundwertungen des Gesetzgebers, die Haftung des AP auf Ansprüche der geprüften Ges und der in S 3 genannten Personen zu begrenzen (Anm 171), unterlaufen (*Quick* BB 1992, 1675 ff). Dementspr haben auch §§ 321, 322 keinen drittschützenden Charakter (vgl OLG Düsseldorf 7.4.2000 OLGR Düsseldorf, 335). 176

Kein den AP verpflichtendes Schutzgesetz ist § 18 KWG (bei größeren Krediten hat sich ein Kreditinstitut die wirtschaftlichen Verhältnisse der Kreditnehmer, insb durch Vorlage von JA, offenlegen zu lassen), da sich diese Vorschrift nicht an den AP, sondern allein an die Geschäftsleiter der betr Kreditinstitute richtet. Sie begründet keine Verpflichtungen für den AP ggü einem kreditgebenden Institut (BGH 5.12.1972 NJW 1973, 321). 177

Die **berufsrechtlichen Bestimmungen** der **WPO** regeln den Inhalt der Tätigkeit des WP, dessen Berufspflichten sowie dessen Praxisorganisation. Die hierdurch begründeten Standespflichten (vgl bspw §§ 2, 43 WPO) richten sich allein an den Berufsangehörigen, ohne (wie für § 823 Abs 2 BGB erforderlich) den Schutz *bestimmter* Personen zu bezwecken, die aus der Verletzung dieser Pflichten Ersatzansprüche ableiten könnten (vgl OLG Saarbrücken 12.7.1978 BB, 1434 unter Bezugnahme auf BGH 5.12.1972 NJW 1973, 321; OLG Düsseldorf 7.4.2000 OLGR Düsseldorf, 335; *Ebke*, 50; *ADS*[6] § 323 Anm 185). Gleiches gilt für die Regelungen der **Berufssatzung,** die die Berufspflichten nach der WPO näher konkretisiert (§ 57 Abs 4 WPO). 178

3. § 824 BGB

Nach § 824 BGB ist schadensersatzpflichtig, wer der Wahrheit zuwider eine Tatsache behauptet oder verbreitet, die geeignet ist, den Kredit eines anderen zu gefährden oder sonstige Nachteile für dessen Erwerb oder Fortkommen herbeizuführen. Dieser Tatbestand kann iZm der Durchführung einer APr zulasten Dritter erfüllt sein, wenn zB der AP die Versagung oder Einschränkung des **Bestätigungsvermerks** mit einer Begr verbindet, die den Tatbestand des § 824 BGB erfüllt (so auch *ADS*[6] § 323 Anm 189), oder er in den **Prüfungsbericht** unwahre Tatsachen iSd § 824 BGB aufnimmt. 181

Nach § 824 Abs 1 BGB muss der Handelnde die Unrichtigkeit der behaupteten oder verbreiteten Tatsache nicht unbedingt kennen, es reicht auch fahrlässige Unkenntnis aus. Letzteres gilt nach § 824 Abs 2 BGB allerdings nicht, wenn der Handelnde ein **berechtigtes Interesse** an der Mitteilung hat, was iZm einer APr im Zweifel anzunehmen sein wird, da der AP bei seiner Berichterstattung über die APr auch Risiken aus Rechtsverhältnissen der geprüften Ges zu Dritten zu berücksichtigen hat. Eine Haftung des AP aus § 824 BGB kommt somit nur bei Vorsatz in Betracht (so iE auch *ADS*[6] § 323 Anm 189 mwN). 182

4. § 826 BGB

Nach § 826 BGB ist schadensersatzpflichtig, wer in einer gegen die guten Sitten verstoßenden Weise einem anderen *vorsätzlich* Schaden zufügt. 183

184 Voraussetzung für einen Schadensersatzanspruch ist zunächst ein **sittenwidriges Verhalten**. IZm der APr ist dies anzunehmen, wenn der AP bewusst einen unrichtigen BVm erteilt oder bewusst im PrüfBer falsch berichtet. Ein sittenwidriges Verhalten wird aber auch dann angenommen, **wenn** der AP derart **leichtfertig** handelt, dass sein Verhalten als **gewissenlos** zu werten ist (BGH 26.9.2000 WM, 2114 mwN; OLG Bremen 30.8.2006 OLGR Bremen, 856 mwN). Nachdem der Geschäftsverkehr von einem hohen Maß an Kenntnissen, Erfahrungen und Sorgfalt bei einem WP/vBP ausgeht, hat die Rspr die Anforderungen an die Sittenwidrigkeit (Leichtfertigkeit und Gewissenlosigkeit) stark herabgesetzt (s dazu *Ebke/Scheel* WM 1991, 389 ff). Im Ergebnis wird hieraus eine starke Annäherung der Haftung aus § 826 BGB an die für grobe Fahrlässigkeit gefolgert (*Lang*, 7).

Nach der Rspr zur Haftung aus § 826 wird man von einem leichtfertigen und gewissenlosen Verhalten ausgehen müssen, wenn der AP einen (unrichtigen) BVm erteilt,
– ohne eine Prüfung durchgeführt zu haben;
– nachdem er die Durchführung der APr in vollem Umfang einem anderen überlassen und dessen Prüfungsergebnisse unbesehen übernommen hat (vgl BGH 5.12.1972 NJW 1973, 321; OLG Karlsruhe 7.2.1985 ZIP, 409);
– obwohl das Rechnungswesen schwere Mängel aufweist, welche die Aufstellung eines zuverlässigen JA nicht gestatten (vgl zur Haftung eines Steuerberaters BGH 26.11.1986 WM 1987, 257);
– obwohl er *wichtige* Angaben des Unt, die überprüfbar waren und mit Rücksicht auf ihre Bedeutung unbedingt hätten überprüft werden müssen, ungeprüft übernommen hat (zur Haftung eines Steuerbevollmächtigten BGH 17.9.1985 NJW 1986, 180; vgl zu allen vorgenannten Fallgruppen OLG Düsseldorf 19.11.1998 NZG 1999, 902);
– wobei er sich grob fahrlässig der Einsicht in die Unrichtigkeit seines Prüfungsurteils verschließt (BGH 26.9.2000 WM, 2114).

Nicht ausreichend als Indiz für die Annahme eines leichtfertigen und gewissenlosen Verhaltens ist allerdings das alleinige Vorliegen eines fehlerhaften Prüfungsurteils (BGH 26.9.2000 WM, 2114; OLG Düsseldorf 7.4.2000 OLGR Düsseldorf 2000, 335), da weder die APr darauf gerichtet ist, jede Fehlerhaftigkeit des zugrunde liegenden Abschlusses aufzudecken, noch jeder (auch grob fahrlässige) Prüfungsfehler zugleich ein sittenwidriges Verhalten darstellt.

185 Ist sittenwidriges Verhalten gegeben, ist der AP grds allen Dritten (zB Gestern, Gläubigern, Investoren) zum Ersatz des Schadens verpflichtet, der ihnen durch den (unrichtigen) BVm entstanden ist. Eine Begrenzung der **Schadensersatzpflicht** tritt nur dadurch ein, dass der bei dem Dritten eingetretene Schaden durch das Verhalten des AP adäquat verursacht sein muss; das ist sicher gegeben, wenn der zu Unrecht erteilte BVm bestimmt war, die Kreditgewährung durch einen Dritten zu beeinflussen (OLG Oldenburg 6.3.1980 VersR 1981, 88). Die Adäquanz wird verneint, wenn der Schaden dadurch entstanden ist, dass ein gesetzlicher Vertreter der geprüften Ges die auf Grund von testierten JA und Lageberichten entstandenen und fortdauernden Geschäftsverbindungen zu strafbaren Handlungen zum Nachteil Dritter nutzt (OLG Karlsruhe 7.2.1985 ZIP, 409, bestätigt von BGH 14.1.1986 ZIP Aktuell, III Anm 22. Zur Begrenzung der „Reichweite" des § 826 BGB s auch BGH 20.2.1979 WM, 428).

186 Für § 826 BGB ist weiterhin **Vorsatz** im Hinblick auf den Schaden des Dritten erforderlich. Dabei genügt auch bedingter Vorsatz, dh es reicht aus, wenn der AP sich vorstellt, dass ein Dritter im Vertrauen auf seinen BVm Vermögensdispositionen vornimmt, und er dadurch eintretende Schäden des Dritten billigend in Kauf nimmt (BGH 26.11.1986 DB, 828; s auch *ADS*[6] § 323 Anm 192 mwN).

Eine Schädigungsabsicht ist nicht erforderlich. Ebenso braucht sich der Vorsatz auch nicht auf das konkrete Schadensopfer zu erstrecken (BGH 13.7.1956 BB, 857f). Erforderlich ist allerdings, dass Art und Richtung des Schadens vorhersehbar sind und zumindest billigend in Kauf genommen werden (vgl BGH 14.6.2000 NJW, 2896). Die bloße (auch erhebliche) Fehlerhaftigkeit des JA lässt für sich allein keinen Schluss auf einen Schädigungsvorsatz zu (OLG Düsseldorf 19.11.1998 NZG 1999, 902); ebenso reicht selbst grobe Fahrlässigkeit nicht für die Annahme des Schädigungsvorsatzes aus (OLG Bremen 30.8.2006 OLGR Bremen, 856 mwN).

Der Vorsatz hinsichtlich des Schadens ist *unabhängig und gesondert* von der Leichtfertigkeit und Gewissenlosigkeit des Vorgehens festzustellen. Aus einem leichtfertigen und gewissenlosen Verhalten des AP kann uU aber gefolgert werden, dass dieser die Schädigung des Dritten billigend in Kauf genommen haben muss (so BGH 14.4.1986 WM, 904; enger OLG Köln 14.12.1990 NJW-RR 1992, 1184; allg BGH 20.3.1995 WM, 882).

Der für § 826 BGB erforderliche Vorsatz umfasst nicht das Bewusstsein der **187** Sittenwidrigkeit; ausreichend ist vielmehr die **Kenntnis** der die Sittenwidrigkeit begründenden Umstände (aA *Quick* BB 1992, 1675ff, der auf eine Erkennbarkeit abstellt – dies ist wegen einer Verschiebung der Grenze zur Fahrlässigkeit abzulehnen). Dementspr braucht der AP zB auch nicht zu wissen, dass sein BVm unrichtig ist; es reicht die Kenntnis der Umstände aus, die sein Verhalten als leichtfertig und gewissenlos qualifizieren (vgl BGH 17.9.1985 NJW 1986, 180).

5. § 831 BGB

Für unerlaubte Handlungen seiner Prüfungsgehilfen haftet der AP allein nach **188** Maßgabe des § 831 BGB. Hiernach besteht eine Haftung des AP nur, wenn ihm bezogen auf seine Verrichtungsgehilfen ein eigenes Auswahl- oder Überwachungsverschulden trifft. Das Verschulden der Prüfungsgehilfen selbst wird ihm – anders als nach § 278 BGB – nicht zugerechnet.

6. § 839a BGB

Erstattet ein vom Gericht ernannter Sachverständiger vorsätzlich oder grob **189** fahrlässig ein unrichtiges Gutachten, ist er nach § 839a BGB zum Ersatz des Schadens verpflichtet, der einem Verfahrensbeteiligten durch eine gerichtliche Entscheidung entsteht, die auf diesem Gutachten beruht. Diese Norm bietet nahezu die einzige Möglichkeit, im Rahmen eines falschen gerichtlichen Sachverständigengutachtens Rückgriff auf den Gutachter zu nehmen. Da § 839a BGB an die Sonderstellung des gerichtlich bestellten Sachverständigen anknüpft, ist weder eine direkte, noch eine analoge Anwendung bzgl der AP-Haftung zulässig (*Heppe* WM 2003, 714 u 753).

III. Schuldrechtliche Ansprüche

Schuldrechtliche Ansprüche Dritter gegen den AP/WP können sich aus (1.) ei- **190** nem Vertrag mit Schutzwirkung zugunsten Dritter, (2.) einem Auskunftsvertrag oder (3.) einem rechtsgeschäftsähnlichen Schuldverhältnis iSv § 311 BGB ergeben.

Anders als die zuvor dargestellte deliktische Haftung des AP/WP setzen schuldrechtliche Anspruchsgrundlagen im Regelfall keinen Vorsatz des AP/WP voraus. Ein Anspruch kann somit bereits infolge einer fahrlässigen Pflichtverletzung seitens des AP/WP begründet sein. Zudem unterscheiden sich diese Anspruchsgrundlagen von den zuvor erörterten durch die Möglichkeit der unmittelbaren Zurechnung des Fehlverhaltens von Mitarbeitern des AP/WP (Prüfungsgehilfen) nach § 278 BGB.

191 Schuldrechtliche Ansprüche Dritter gegen den AP können sich dem Grunde nach sowohl im Bereich der freiwilligen Tätigkeit wie auch im Bereich der **Pflichtprüfung** ergeben. § 323 entfaltet nach der Rspr insoweit **keine absolute Sperrwirkung,** mit der Folge, dass eine schuldrechtliche Dritthaftung des AP auch iZm Pflichtprüfungen in Betracht kommt (BGH 2.4.1998 DB, 1073; vgl auch BGH 6.4.2006 WM, 1052).

192 Der BGH (2.4.1998 DB, 1073) betont allerdings die in § 323 zum Ausdruck kommende gesetzgeberische Intention, das Haftungsrisiko des AP nach dem Kreis der Anspruchsberechtigten, aber auch der Höhe nach angemessen zu begrenzen. Daher komme bspw die Einbeziehung einer unbekannten Vielzahl von Gläubigern, Gestern oder Anteilserwerbern in den Schutzbereich des Prüfungsauftrags nicht in Betracht. Auch könne die Haftung ggü Dritten inhaltlich keinen größeren Umfang haben als die Primärhaftung ggü dem Auftraggeber. Diese Tendenz hat der BGH auch in späteren Entscheidungen beibehalten (vgl BGH 15.12.2005 WM 2006, 423; BGH 6.4.2006 WM, 1052).

193 Da dieser von der Rspr bewusst eng gezogene Haftungsrahmen bei Pflichtprüfungen nicht durch rechtliche Konstruktionen zugunsten Dritter unterlaufen werden darf (dazu *Quick* BB 1992, 1675 ff; *Schlechtriem* BB 1984, 1177 ff; *ADS*[6] § 323 Anm 177; *Ebke* BB 1997, 1731; grds zustimmend BGH 2.4.1998 DB, 1073; ebenso OLG Düsseldorf 9.11.1998 NZG 1999, 901; OLG Bamberg 19.10.2004 NZG 2005, 186), ist bei der Beurteilung, ob sich aus Pflichtverstößen iZm Pflichtprüfungen schuldrechtliche Ansprüche Dritter ergeben, stets die gesetzgeberische Grundentscheidung des § 323 zu beachten. Aus dieser folgt nach der Rspr insb,
- dass sich die schuldrechtliche Haftung des gesetzlichen AP ohne Hinzutreten von Sonderumständen abschließend aus § 323 ergibt,
- dass durch richterliche Rechtsfortbildung das Konzept von § 323 nicht ausgehöhlt werden darf,
- dass im Regelfall nicht davon ausgegangen werden kann, dass der AP bereit ist, eine über § 323 hinausgehende Verantwortung zu übernehmen und
- dass die in § 323 normierten Haftungsgrenzen auch im Verhältnis zu Dritten zu berücksichtigen sind.

1. Vertrag mit Schutzwirkung zugunsten Dritter

194 Schon seit langer Zeit billigt die Rspr unter bestimmten Umständen Personen, die nicht Vertragspartei sind, eigene vertragliche Ansprüche auf Grund der Verletzung ihnen ggü angenommener Schutzpflichten aus Verträgen mit Schutzwirkung zugunsten Dritter (VSD) zu. Nach diesem in seiner dogmatischen Begr streitigen Rechtsinstitut kann eine Vertragspartei einem Dritten zum Schadensersatz verpflichtet sein, wenn sie eine ihr obliegende vertragliche Pflicht verletzt, diese Pflicht nach dem Willen der Vertragsparteien auch den Dritten schützen soll und dem Dritten ein Schaden entsteht, der durch die Pflichtverletzung zurechenbar verursacht worden ist.

Als **Voraussetzung für die Annahme eines Vertrags mit Schutzwirkung zugunsten Dritter** werden in Rspr und Literatur namentlich die folgenden Umstände genannt (s dazu mit Nachweisen zur Rspr *Grüneberg* in Palandt[72] § 328 Anm 16 ff mwN; *Gottwald* in MünchKomm BGB[5] § 328 Anm 120 ff; *Zugehör* NJW 2008, 1105 f; *Fischer* DB 2012, 1489 ff):
- Vertrags- oder **Leistungsnähe des Dritten,** dh der Dritte kommt mit der Leistung des Schuldners an den Gläubiger typischerweise und nicht nur zufäl-

lig in Berührung, es muss sich somit um ein Vertragsverhältnis handeln, dass seiner Natur nach drittbezogen ist;
- **Einbeziehungsinteresse des Gläubigers,** dh die Leistung soll nach dem Parteiwillen *auch* dem Dritten zugutekommen;
- **Erkennbarkeit** für den Schuldner, dh die mögliche Einbeziehung von Dritten in die Schutzbereich des Vertrags sowie der Kreis der einzubeziehenden Dritten muss erkennbar sein;
- **Schutzbedürftigkeit des Dritten,** dh es muss ein Bedürfnis für den Schutz des Dritten geben, was ausgeschlossen sein kann, wenn der Dritte einen inhaltsgleichen Anspruch gegen eine andere Person, bspw die andere Vertragspartei (Gläubiger) hat.

Die Grundsätze des VSD gelten nach der Rspr auch für Tätigkeiten des AP/ WP, so dass sowohl Aufträge zur Durchführung gesetzlicher und freiwilliger APr als auch sonstige Prüfungs-, Gutachten- und Beratungsaufträge dem Grunde nach VSD sein können. Die Rspr hat zwar viele Jahre für den Prüfungsauftrag zwischen AP und geprüftem Unt eine Schutzwirkung zugunsten Dritter abgelehnt, wenn zwischen Auftraggeber und Drittem (idR einem Kreditgeber des Unt) keine durch eine Fürsorgepflicht gekennzeichnete Beziehung bestand, bzw die **Interessen** von Auftraggeber (Kreditnehmer) und Drittem (Kreditgeber) erkennbar **gegenläufig** waren (so noch BGH 5.12.1972 WM 1973, 141). Der BGH ist von dieser Rspr später aber zunehmend dadurch abgerückt, dass er die Anforderungen an das Merkmal „**Schutzpflicht**" abschwächte. Unabhängig von Fürsorgepflichten und (ggf gegenläufigen) Interessenlagen komme es allein darauf an, ob die Vertragsparteien einen Dritten in den Schutzbereich **einbeziehen wollten.** (Vgl dazu die zu Gutachten gerichtlich bestellter und vereidigter Grundstückssachverständiger entwickelte Rspr: BGH 28.4.1982 WM, 762; BGH 29.9.1982 WM 1983, 177; BGH 2.11.1983 WM 1984, 34; BGH 23.1.1985 WM, 450; sowie zur erstmaligen Anwendung für die steuerberatenden und wirtschaftsprüfenden Berufe: BGH 19.3.1986 WM, 711.)

Basierend auf der Rspr des BGH ist für die Einbeziehung des Dritten in den Schutzbereich des Vertrags der – ggf durch Auslegung zu ermittelnde – **Wille der Vertragsparteien** maßgeblich (*Zugehör*, WM Sonderbeilage 3/2006, 40), insb ob nach dem Willen des Auftraggebers die **Leistung eines beruflichen Sachkenners** (auch) einem Dritten zukommen soll, der hierauf gestützt eine eigene Vermögensdisposition trifft, und ob dies für den **Auftragnehmer erkennbar** ist. Der so begründete Schutzbereich beschränkt sich zum Schutze des beruflichen Sachkenners damit auf die Personen (Dritten), in deren Interesse die Leistung nach ausdrücklicher oder stillschweigender Vereinbarung der Vertragspartner (zumindest auch) erbracht werden soll (*Zugehör*, WM Sonderbeilage 3/2006, 40).

Ob der Auftraggeber ein Interesse an der Einbeziehung eines Dritten hat, ist stets anhand des Einzelfalls zu entscheiden. Zwar geht die Rspr davon aus, dass derjenige, der bei einem beruflichen Sachkenner eine berufliche Stellungnahme in Auftrag gebe, um davon Dritten ggü Gebrauch zu machen, idR daran interessiert sei, dass der Experte diese Aufgabe nach bestem Wissen und Gewissen durchführe und als solcher auch dem Dritten ggü dafür einstehe (so BGH 26.11.1986 WM 1987, 257f, 259; s zur Haftung von Bausachverständigen auch BGH 10.11.1994 DB 1995, 209ff; BGH 13.11.1997 WM 1998, 440). Diese Rspr darf aber nicht pauschal dahin verstanden werden, dass allein aus der Tatsache, dass ein Experte (dh eine Person mit vom Staat anerkannter besonderer Sachkunde) beauftragt wird, abgeleitet werden kann, dass die erbetene berufliche Äußerung auch im Interesse Dritter eingeholt wird. Es muss vielmehr ein konkretes Interesse des Auftraggebers an der Einbeziehung des Dritten bestehen, wobei dieses Schutzinteresse nicht weiterreichen dürfte als die eigene (vertragliche) Schutzpflicht des Auftraggebers ggü dem Dritten.

198 Das **konkrete Interesse des Auftraggebers an der Einbeziehung des Dritten** muss für den Experten **erkennbar** sein (vgl BGH 26.11.1986 WM 1987, 257; BGH 2.4.1998 DB, 1073). Für den Bereich der APr folgt daraus, dass für den AP zunächst erkennbar sein muss, dass der BVm bzw der PrüfBer überhaupt Dritten vorgelegt wird (s dazu Anm 202). Für den AP muss es ferner erkennbar sein, dass der Dritte die sachverständige Äußerung zur Grundlage seiner eigenen Vermögensdisposition machen will (*Quick* BB 1992, 1675 ff, dazu auch BGH 16.10.1990 DB, 2516). Die Person dieses Dritten muss dem AP/WP zwar nicht namentlich bekannt sein, zur Vermeidung unübersehbarer Haftungsrisiken ist es jedoch erforderlich, dass der Kreis der Dritten überschaubar und objektiv abgrenzbar ist (vgl zur Haftung von Grundstückssachverständigen BGH 2.11. 1983 NJW 1984, 355 ff; BGH 23.1.1985 WM, 450). Da mit dem VSD keine Haftung des Experten ggü jedermann hergestellt werden kann und soll, kommt ohne die Begrenzung auf einen bestimmten Inhalt und Personenkreis die Annahme eines VSD nicht in Betracht (s hierzu *Lang*, 8 f). Dies entspricht der Ansicht des BGH, der für den Bereich der APr mehrfach feststellt, dass regelmäßig nicht angenommen werden kann, dass der AP ein so weitreichendes Haftungsrisiko zu übernehmen bereit ist, wie es sich aus der Einbeziehung einer unbekannten Vielzahl von Gläubigern, Gestern oder Anteilserwerbern in den Schutzbereich eines Vertrags ergäbe (BGH 15.12.2005 WM 2006, 423 mwN; siehe dazu auch OLG Stuttgart 13.5.2008 WM, 1303 mit Hinweis auf die Versicherbarkeit einer Leistung als Schranke für die Annahme eines VSD).

199 Ihre **Grenze** findet die Einbeziehung Dritter im erkennbar entgegenstehenden Willen der Vertragsparteien. Sofern sich also aus der Beauftragung nicht zwingend etwas anderes ergibt, ist für die Annahme eines VSD nur dann Raum, wenn zwischen Auftraggeber und AP/WP ein ausdrückliches oder stillschweigendes Einverständnis über die Erweiterung des vertraglichen Schutzbereichs zugunsten eines Dritten besteht, da andernfalls das von der Rspr verfolgte Konzept der vertraglichen Schutzbereichsbestimmung verlassen würde (vgl *ADS*[6] § 323 Anm 202).

200 Der Auftrag zur **Durchführung einer gesetzlichen Abschlussprüfung** stellt in aller Regel keinen VSD dar. Zwar ist die gesetzliche APr darauf gerichtet, das Vertrauen der Öffentlichkeit in die zu prüfenden Unterlagen zu stärken (vgl IDW PS 200, WPg 2000, 706), ihr Zweck ist aber nicht, die Vermögensinteressen einzelner Dritter zu schützen. Hierzu hat der BGH zurecht festgestellt, dass der Gesetzgeber ungeachtet der auf Publizität und Vertrauensbildung angelegten Funktion der APr die Verantwortung des AP für eine Pflichtprüfung wegen einer vorsätzlichen oder fahrlässigen Verletzung von Pflichten nach Abs 1 S 3 auf Ansprüche der in Abs 1 S 3 genannten Personen beschränkt hat und der AP Gläubigern wie Aktionären ggü nach dieser Bestimmung nicht haftet (BGH 6.4.2006 WM, 1052; vgl auch *Zugehör*, WM Sonderbeilage 3/2006, 41).

Aus diesem Grunde kann ein gesetzlicher Prüfungsauftrag nur bei **Hinzutreten besonderer Umstände** als VSD qualifiziert werden. Nach Ansicht des BGH kann dies der Fall sein, wenn sich für den AP hinreichend deutlich ergibt, dass von ihm anlässlich der APr eine **besondere Leistung** begehrt wird, von der ggü einem Dritten, der auf die Sachkunde des AP vertraut, Gebrauch gemacht werden soll (vgl BGH 2.4.1998 DB, 1073). Einschränkend weist der BGH allerdings darauf hin, dass auch im Rahmen der vertraglichen Dritthaftung die gesetzgeberische Intention, das Haftungsrisiko des AP angemessen zu begrenzen, zu beachten sei und die Einbeziehung einer unbekannten Vielzahl von Personen in den Schutzbereich des Prüfungsauftrags dieser (gesetzlichen) Tendenz zuwiderliefe. In seiner weiteren Rspr weist der BGH darauf hin, dass an die Annahme einer vertraglichen Einbeziehung eines Dritten in den Schutzbereich **strenge Anforderungen** gestellt werden müssten (BGH 6.4.2006 WM, 1052; vgl auch BGH 30.10.2008 WM, 2244). Ausgehend von dieser Rspr ist allein die Kenntnis des AP, dass der gesetzliche BVm bzw der gesetzliche PrüfBer einem bestimmten Dritten als Grundlage für eine Vermögensdisposition zugänglich gemacht wird, für die Begründung eines VSD nicht ausreichend, da der AP mit Auslieferung der vorgenannten Arbeitsergebnisse an die Ges allein seiner gesetzlichen Berichterstattungspflicht nachkommt und daher keine besondere, über die APr hinausgehende Leistung erbringt. Dies gilt umso mehr, als Abschluss und BVm pflichtig offenzulegen sind, so dass der AP keine Möglichkeit hat, dem Dritten den Zugang zu seinem Prüfungsergebnis zu untersagen. Mit dem vorgenannten Ansatz in der Rspr wird man in Fällen der Pflichtprüfung einen VSD nur dann annehmen können, wenn der AP Erklärungen abgibt, die zugunsten bestimmter oder zumindest bestimmbarer Dritter bewusst und erkennbar über die gesetzlichen Berichtspflichten (BVm und PrüfBer) hinausgehen.

Bei Aufträgen zur Durchführung einer **freiwilligen Abschlussprüfung** wird idR ebenfalls nicht davon auszugehen sein, dass sämtliche Dritte, denen das Prüfungsergebnis vom Unt zugänglich gemacht wird, in den Schutzbereich des Prüfungsauftrags einbezogen sind. Vielmehr muss die Auslegung des Prüfungsvertrags ergeben, dass ein bestimmter Dritter in den Schutzbereich einbezogen werden soll (vgl OLG Bremen 30.8.2006 OLGR Bremen, 856). Dieses Verständnis liegt auch der Entscheidung des BGH zugrunde, wonach Zeichnungsinteressenten einer Anlage bei Prüfungsurteilen, die denen einer gesetzlichen APr nachgebildet sind, billigerweise keinen weitergehenden Drittschutz erwarten können, als dieser bei einer Pflichtprüfung gegeben wäre (BGH 15.12.2005 WM 2006, 423). Im weiteren hat der BGH im zu entscheidenden Fall wegen der von vornherein unüberschaubaren Vielzahl von Anlegern keine Anhaltspunkte dafür gesehen, dass der AP bei Abschluss des Prüfungsvertrags bereit gewesen sei, diesen ggü eine Haftung zu übernehmen (vgl auch *Zugehör*, WM Sonderbeilage 3/2006, 42; *Fischer* DB 2012, 1495).

Eine Ausnahme von der grds Nicht-Einbeziehung Dritter in den Schutzbereich eines Prüfungsauftrags zwischen Unt und AP wird man mit der Rspr annehmen müssen, wenn die APr vor allem auf Betreiben des Dritten durchgeführt wird (vgl BGH 21.1.1993 NJW-RR, 944 zur Haftung eines Steuerberaters ggü Kreditgebern des Mandanten wegen fehlerhafter Bilanzerstellung). Dies kann bspw der Fall sein, wenn anlässlich einer geplanten Veräußerung von Anteilen an einem nicht prüfungspflichtigen Unt eine freiwillige APr beauftragt wird mit dem Ziel, den geprüften Abschluss dem **Anteilskaufvertrag** zwischen Verkäufer und Käufer zugrunde zu legen, oder wenn ein solcher freiwilliger Abschluss auf Betreiben eines Kreditinstituts geprüft wird, das die **Kreditvergabe** vom Ergebnis der APr abhängig machen will. In beiden Fallgruppen erscheint es sachgerecht, die Dritten in den Schutzbereich des Vertrags einzubeziehen, da sie bei wirtschaftlicher Betrachtung die eigentlichen Adressaten des Prüfungsergebnisses sind. Dies gilt allerdings nur, wenn die vorgenannte Zielrichtung dem AP bei Auftragsannahme erkennbar ist. Ist dies nicht der Fall, wird man auch bei einer *freiwilligen* APr davon ausgehen müssen, dass die Prüfung allein im Interesse der beauftragenden Ges erfolgt und nicht darauf gerichtet ist, Dritten als Grundlage für eigene Vermögensentscheidungen zu dienen.

Zweifelhaft ist daher der Ansatz, wonach eine Einbeziehung in den Schutzbereich des Prüfungsauftrags für kreditgebende Banken anzunehmen sei, wenn der AP eine deutlich größere Anzahl von PrüfBer ausliefere, als für das geprüfte Unt selbst erforderlich sei, so dass er wegen § 18 KWG davon ausgehen müsse, dass sein BVm und **Prüfungsbericht** auch für die kreditgebenden Banken bestimmt sei (so im Ergebnis *Hopt* WPg 1986, 461). Gegen eine aus der Auslieferung einer Mehrzahl von PrüfBer abgeleiteten Annahme des Einverständnisses zu einer Obligoübernahme spricht nicht nur, dass dies bei APr allgemein üblich ist (*Müller*, 461 f), sondern auch, dass für den AP bei Auslieferung weder Verwendungszweck noch Empfängerkreis hinreichend bestimmbar sind (vgl mit zusätzlichem Hinweis auf die Wertungsentscheidung in § 323 OLG Bremen 30.6.2006, OLGR Bremen, 856). Zu beachten ist in diesem Zusammenhang zudem, dass ein Kreditinstitut mit Einblick in die Prüfungsunterlagen eigenen Prüfungspflichten nachkommt und insoweit der PrüfBer nicht für das Kreditinstitut im Sinne eines VSD bestimmt ist. Aus diesem Grunde ist es auch unangemessen, dem AP die Beweislast dafür aufzuerlegen, dass das Prüfungsergebnis nur für eigene Zwecke des Prüfungsmandanten bestimmt war (so *Ebke/Scheel* WM 1991, 389 ff; *Müller*, 462). Ausgeschlossen sein dürfte die Annahme, dass in der Auslieferung von Mehrstücken des BVm oder PrüfBer eine konkludente Einbeziehung Dritter in den Schutzbereich des Prüfungsauftrags liegt, wenn der AP im zugrunde liegenden Prüfungsvertrag vereinbart, dass eine Weitergabe seines Arbeitsergebnisses an Dritte nur mit seiner ausdrücklichen Zustimmung erfolgen darf, da hierdurch der Kreis derer, für die das Arbeitsergebnis bestimmt ist, klar begrenzt wird (vgl ausdrücklich zu IDW AAB OLG Bremen 30.6.2006 OLGR Bremen, 856).

203 Bedient sich eine **staatliche (Aufsichts)Behörde** zur Erfüllung ihrer eigenen hoheitlichen Aufgaben eines WP, stellt der zugrunde liegende Vertrag zwischen Behörde und WP keinen VSD zugunsten der durch das Verwaltungshandeln betroffenen Personen dar, da der WP in diesem Fall allein als Hilfsperson des Hoheitsträgers zur Erfüllung dessen eigener hoheitlicher Pflichten handelt und damit das Vertragsverhältnis zwischen Behörde und WP bereits seiner Natur nach nicht drittbezogen im Sinne eines VSD ist. Dementspr hat der BGH den drittschützenden Charakter eines Vertrags zwischen BaFin (vormals BAK) und WP in dem Fall verneint, in dem die BaFin eine **Sonderuntersuchung nach § 44 KWG** angeordnet hat und diese nicht durch eigenes Personal, sondern den von ihr beauftragten WP durchführen ließ (BGH 26.6.2001 DB, 2090; s auch OLG Stuttgart 13.5.2008 WM, 1303, BGH 7.5.2009 DB, 1400).

Entspr gilt im umgekehrten Fall, in dem ein Unt den AP/WP beauftragt, Unterlagen zu prüfen, die das Unt **aufgrund gesetzlicher oder behördlicher Anordnung** einer staatlichen Behörde vorzulegen hat. Ein solcher Auftrag ist nicht als VSD zugunsten der Behörde zu qualifizieren, da der Behörde originär eigene Untersuchungs- und Aufklärungspflichten obliegen und aufgrund des Subordinationsverhältnisses zwischen staatlicher Behörde und Unt nicht angenommen werden kann, dass die Vertragsparteien eine drittschützende Wirkung zugunsten der Behörde vereinbart haben. Zudem dürfte es an einer hinreichenden Schutzbedürftigkeit der Behörde fehlen, da diese ihre Ansprüche idR im Wege des Verwaltungszwangs ggü dem Unt durchsetzen kann. (Vgl iZm § 4h EStG: *Hennrichs* Zinsschranke, IFRS Rechnungslegung und prüferische Durchsicht oder Prüfung, DStR 2007, 1926 ff.)

204 Der Auftrag zur **Erstellung eines Jahresabschlusses** (IDW S 7, WPg Suppl 1/2010, 100) kann (nur) dann ein VSD sein, wenn für den WP erkennbar ist, dass der von ihm erstellte JA unter Hinweis auf seine Tätigkeit einem bestimmten Dritten vorgelegt werden soll, der diesen JA zur Grundlage eigener Vermögensentscheidungen machen will (zur Haftung eines Steuerberaters BGH 21.1.1993 WM, 897). Fehlt es an einer solchen für den WP erkennbaren besonderen Zielrichtung, wird man zugunsten des WP davon ausgehen müssen, dass die Erstellung allein im Interesse des aufstellungspflichtigen Unt erfolgt und daher die Verantwortlichkeit des WP auch allein dem Unt als Auftraggeber ggü besteht (vgl zur Haftung eines Steuerberaters BGH 18.2.1987 VersR 1988, 178). Allein der Umstand, dass solche JA im Regelfall auch Dritten zugänglich gemacht werden, rechtfertigt keine andere Einschätzung, da allein die Kenntnis eines solchen regelmäßigen Verlaufs nicht ausreicht, den Kreis der potentiellen Empfänger des JA als hinreichend bestimmbar iSd VSD anzusehen. Dies gilt auch dann, wenn der WP Erstellungsaufträge mit Plausibilitätsbeurteilungen oder mit umfassenden Prüfungshandlungen/Beurteilungen iSd berufsständischen Verlautbarungen durchführt.

Ob ein Vertrag zur Erstellung eines **Gutachtens** einen VSD darstellt, hängt maßgeblich davon ab, ob das Gutachten nach dem Willen der Vertragsparteien allein im Interesse des Auftraggebers oder auch im Interesse eines Dritten erstellt wird. Gutachten, die allein im Interesse des Auftraggebers erstellt werden, stellen mangels Einbeziehung Dritter in den Schutzbereich selbst dann keinen VSD dar, wenn sie später Dritten zu Informationszwecken vorgelegt werden. Etwas anderes dürfte gelten, wenn ein Gutachten (auch) im Interesse eines Dritten beauftragt wird, sofern die vorgenannte Zielrichtung für den WP erkennbar ist und dem Dritten das Gutachten vereinbarungsgemäß zur Vorbereitung eigener Vermögensentscheidungen zugänglich gemacht werden soll. Auf die Frage, ob Auftraggeber und Dritter gleichgerichtete oder **gegenläufige Interessen** verfolgen, kommt es dabei nach der Rspr nicht an, da das Interesse beider auf eine objektive Begutachtung gerichtet ist (vgl BGH 10.11.1994 WM 1995, 204).

Vor diesem Hintergrund kann nach Ansicht des BGH insb ein **Vertrag zur Beurteilung von Verkaufsprospekten** (IDW S 4, WPg 2006, 919) nach den Grundsätzen des VSD Haftungsansprüche von Anlegern begründen, die sich auf das Beurteilungsergebnis verlassen haben (vgl mwN BGH 14.6.2007, III ZR 300/05, WM, 1507). Voraussetzung hierfür ist allerdings, dass der einzelne Anleger Kenntnis von dem Inhalt des Prospektgutachtens, nicht notwendigerweise allerdings des Namens des WP (vgl BGH 14.6.2007, III ZR 125/06, WM, 1503), erlangt und von dem Inhalt des Prospektgutachtens zum Zweck der Anlageentscheidung Gebrauch gemacht hat (BGH 14.6.2007, III ZR 300/05, WM, 1507). Allein die abstrakte Kenntnis des Vorliegens eines solchen Gutachtens reicht nach Ansicht des BGH nicht aus, einen Anspruch aus VSD zu begründen (BGH 14.6.2007, III ZR 125/06, WM, 1503; vgl weitergehend OLG München 11.9.2007 WM, 249, wonach es mangels konkreten Vertrauens des Anlegers ebenfalls nicht ausreicht, wenn das Gutachten allein dem Anlagevermittler vorliegt). Zu Ansprüchen aus Prospekthaftung vgl unten Anm 230.

Die Einbeziehung eines Dritten in den Schutzbereich eines Vertrags erscheint mangels Einbeziehungsinteresse des Auftraggebers ausgeschlossen, wenn der WP der Natur des Auftrags nach keine neutrale Stellung zwischen seinem Auftraggeber und dem Dritten einnimmt (s dazu BGH 18.2.1987 VersR 1988, 178). Dies gilt insb für **wirtschafts- oder steuerberatende Tätigkeiten,** die erkennbar darauf gerichtet sind, die Interessen des Mandanten ggü Dritten im Rahmen des gesetzlich Zulässigen wahrzunehmen. (Zur Haftung aus § 311 Abs 3 iVm 280 BGB s Anm 220).

Etwas anderes kann bei einer wirtschafts- oder steuerberatenden Tätigkeit in Bezug auf die **Geschäftsführer** oder **Gesellschafter** des Auftraggebers gelten. Diese können im Ausnahmefall in den Schutzbereich eines Vertrags einbezogen sein, wenn die Tätigkeit des WP erkennbar nicht nur zugunsten des Auftraggebers, sondern auch **im besonderen Interesse dieser Personen** erbracht wird. Ein solcher Fall kann – bezogen auf die Geschäftsführung eines Unt – bspw dann vorliegen, wenn der Auftragsinhalt erkennbar darauf gerichtet ist, den Mitgliedern des Geschäftsführungsorgans als Grundlage für Entscheidungen zu dienen, die sie aufgrund ihrer originär eigenen Pflichtenstellung, wie der Pflicht zur Stellung eines Insolvenzantrags, zu treffen haben (vgl zur neueren Rspr BGH 14.6.2012, DB, 1559).

207 Ist ein Dritter in den VSD einbezogen, sind **Inhalt und Umfang des Drittschutzes** durch Auslegung dieses Vertrags zu ermitteln. Hierbei gilt der Grundsatz, dass die Schutzpflicht des Schuldners ggü dem Dritten nicht weiterreicht als ggü dem Vertragspartner. Für die APr bedeutet dies, dass die immanenten Grenzen einer jeden APr, wonach bspw Unterschlagungen und andere Unregelmäßigkeiten nicht notwendigerweise durch die Prüfung offen gelegt werden, auch im Verhältnis zum Dritten die **Grenzen der Verantwortlichkeit des AP** bestimmen. Gleiches gilt für das Ziel der APr (vgl § 317), die unter Beachtung von Wesentlichkeitsgrundsätzen allein darauf gerichtet ist, eine Gesamtaussage zu dem geprüften Abschluss zu treffen, nicht aber darauf, jeden Abschlussposten zu bestätigen oder eine Aussage über die Bonität, Kreditwürdigkeit oder Rentabilität des geprüften Unt abzugeben (vgl IDW PS 200, WPg 2000, 706).

208 Schadensersatzansprüchen des in den VSD einbezogenen Dritten kann der Schuldner entspr **§ 334 BGB** alle Einwendungen entgegenhalten, die ihm im Verhältnis zu seinem Auftraggeber zustehen (vgl BGH 10.11.1994 BB 1995, 170 mwN sowie *Grüneberg* in Palandt[72] § 328 Anm 20). Dies gilt namentlich für den Einwand des Mitverschuldens des Auftraggebers sowie den Einwand gesetzlicher oder vertraglich vereinbarter Haftungsbeschränkungen (vgl mwN *Gottwald* in MünchKomm BGB[5] § 328 Anm 132f). Insb hinsichtlich der gesetzlichen Haftungsbeschränkung nach § 323 hat der BGH festgestellt, dass diese auch dann zu berücksichtigen ist, wenn ein gesetzlicher Prüfungsauftrag ausnahmsweise Schutzwirkung für Dritte entfaltet (BGH 2.4.1998 DB, 1073), wobei offen bleibt, ob die gesetzliche Haftungssumme aus Abs 2 dem geprüften Unt und dem Dritten gemeinschaftlich oder gesondert zusteht. Für erstes spricht, dass die Einbeziehung des Dritten in den Schutzbereich nach den Grundsätzen des VSD dem Interesse des geprüften Unt entsprechen muss und es somit in der Dispositionsbefugnis des geprüften Unt liegt, den gesetzlichen Haftungsanspruch mit dem Dritten zu teilen. Entspr gilt nach den Grundsätzen des VSD für vertraglich vereinbarte Haftungsbeschränkungen.

Die Möglichkeit der Erhebung von Einwendungen nach § 334 BGB besteht nicht, wenn § 334 BGB im Verhältnis zum Dritten abbedungen ist. Eine solche **Abbedingung von § 334 BGB** ist nach der Rspr nicht nur ausdrücklich, sondern auch stillschweigend möglich, wenn sich dies aus der Natur des individuellen Vertrags ergibt (vgl BGH 10.11.1994 BB 1995, 170 sowie BGH 13.11.1997 BB 1998, 339). Letzteres kann nach zutreffender Ansicht des BGH bezogen auf den **Einwand des Mitverschuldens des Auftraggebers** der Fall sein, wenn ein Experte (in den vorgenannten Urteilen Bausachverständige) seinem Gutachten ohne weitere Prüfung fehlerhafte Informationen seitens des Auftraggebers zugrunde legt, auf deren Überprüfung es dem Dritten, für den das Gutachten (auch) bestimmt ist, erkennbar ankommt. Ist nämlich ein Auftrag erkennbar darauf gerichtet, die Prüfung bestimmter vom Auftraggeber bereitgestellter Unterlagen im Interesse des Dritten durchzuführen, lässt sich vertreten, dass der Auftragsinhalt gerade darin besteht, Erstellungsfehler zu erkennen und über diese dem Dritten zu berichten. Ob allerdings eine solche besondere Zielrichtung gegeben ist, wird anhand der Umstände des konkreten Einzelfalls zu entscheiden sein. Nur wenn die Auslegung des zugrundeliegenden Auftrags eine solche besondere Schutzrichtung ergibt, wird man annehmen können, dass § 334 BGB stillschweigend abbedungen worden ist. Nicht ausreichend wird insoweit allerdings allein der Umstand sein können, dass das Arbeitsergebnis des Experten überhaupt Dritten zugänglich gemacht wird, da im Regelfall nicht angenommen werden kann, dass der Experte dem Dritten ggü

Pflichten übernehmen will, die er seinem Auftraggeber ggü nicht zu übernehmen bereit ist.

Richtigerweise wird in der Rspr (vgl dazu BGH 13.11.1997 BB 1998, 339) in diesem Zusammenhang zudem festgestellt, dass fehlerhafte Angaben des Auftraggebers dem Dritten entgegengehalten werden können, wenn der Experte in seinem Arbeitsergebnis darauf hingewiesen hat, dass diese Angaben ungeprüft übernommen worden sind. Allerdings dürfte dieser Einwand nicht erst auf Ebene des Mitverschuldens relevant sein, sondern bereits bei der Frage, ob überhaupt eine Pflichtverletzung vorliegt. Hat der Experte nämlich zulässigerweise Informationen ungeprüft übernommen und hierauf hingewiesen, liegt bereits kein haftungsbegründender Pflichtverstoß vor.

Im Hinblick auf die **Einwendung einer gesetzlichen oder vertraglichen Haftungsbeschränkung** wird man nach der Rspr des BGH im Regelfall davon ausgehen müssen, dass kein stillschweigender Verzicht auf § 334 BGB vorliegt. Dies gilt auch, wenn das betroffene Vermögensinteresse des Dritten die vereinbarte Haftungsgrenze erheblich übersteigt, da dies die Natur des zugrundeliegenden Auftragsverhältnisses nicht betrifft. Ausgeschlossen sein dürfte die Annahme einer stillschweigenden Abbedingung des § 334 BGB in Fällen der gesetzlichen Pflichtprüfung, da nicht angenommen werden kann, dass der AP entgegen den Anforderungen aus § 16 BS eine über die gesetzliche Höchstgrenze hinausgehende Haftung übernimmt. Entspr gilt, wenn der AP/WP seinem Auftrag die berufsüblichen AAB des IDW zugrunde legt. Hierin (Nr 1 Abs 2) wird ausdrücklich geregelt, dass die in den AAB enthaltenen **Haftungsregelungen** auch ggü Dritten gelten, wenn im Ausnahmefall eine vertragliche Beziehung zwischen dem AP/WP und einem Dritten begründet sein sollte. Eine solche Einbeziehung des Dritten in die Haftungsbeschränkung ist dem Dritten ggü auch nicht unsachgerecht, da sich für den Dritten auch dann keine bessere Position ergäbe, wenn er selbst (Mit-)Auftraggeber wäre.

Ein eigenes **Mitverschulden des Dritten** ist auch beim VSD beachtlich. Dies gilt insb für die Verpflichtung des Dritten zur Schadensminderung. Hierüber hinaus kann ein Schadensersatzanspruch mangels Zurechnungszusammenhang zwischen Pflichtverletzung des Schuldners und Vermögensschaden des Dritten auch ganz entfallen. Dies gilt bspw, wenn der in den VSD einbezogene Dritte die Mangelhaftigkeit des Arbeitsergebnisses des Schuldners kannte, bzw ernstliche Zweifel an dessen Richtigkeit hatte und dennoch eine zum Schaden führende Vermögensdisposition traf, da in einem solchen Fall nicht mehr angenommen werden kann, dass die Vermögensentscheidung auf dem fehlerhaften Arbeitsergebnis beruht (vgl *Zugehör*, WM Sonderbeilage 3/2006, 41 mit Hinweis auf BGH 17.10.2000 WM 2001, 527).

2. Auskunftsvertrag

Eine unmittelbare vertragliche Verantwortung des AP/WP ggü einem Dritten entsteht, wenn der AP/WP dem Dritten ggü Erklärungen abgibt, dh Auskünfte erteilt, und dieser Auskunftserteilung ein ausdrücklicher oder stillschweigend geschlossener (Auskunfts)Vertrag zwischen den beiden Parteien zugrunde liegt. Ob ein solcher ausdrücklicher oder stillschweigender Vertrag besteht, ist durch Auslegung zu ermitteln.

Haben sich AP/WP und Dritter nicht offen über den Abschluss eines Auskunftsvertrags geeinigt, ist unter Berücksichtigung der Umstände des Einzelfalls durch Auslegung zu ermitteln, ob ggf ein stillschweigender Auskunftsvertrag zustande gekommen ist. Hierbei ist entscheidend darauf abzustellen, ob die Gesamtumstände unter Berücksichtigung der Verkehrsauffassung und des Verkehrsbedürfnisses den Schluss zulassen, dass **beide Teile** (Auskunftsgeber und Auskunftsempfänger) nach dem objektiven Inhalt ihrer Erklärungen die Auskunft zum **Gegenstand vertraglicher Rechte und Pflichten** gemacht haben (BGH 13.2.1992 NJW, 2080; BGH 17.9.1985 WM, 1531).

Zur Beurteilung, ob ein solcher Verpflichtungswille vorliegt, haben sich in der Rspr verschiedene **Indizien** herausgebildet. So stellt der BGH bei seiner Beurteilung, ob ein stillschweigender Auskunftsvertrag zustande gekommen ist, in steter Rspr maßgeblich darauf ab, ob der Auskunftsgeber **besonders sachkundig** ist, die Auskunft für den Empfänger erkennbar von **erheblicher Bedeutung** ist und der Empfänger die Auskunft zur Grundlage wesentlicher Entschlüsse machen will. Diese Umstände allein reichen nach Ansicht des BGH allerdings nicht aus, einen stillschweigenden Auskunftsvertrag anzunehmen, vielmehr müssen zur Vermeidung einer unangemessenen Ausweitung der vertraglichen Haftung von Hilfspersonen **zusätzliche Umstände** vorliegen, aus denen sich ein Verpflichtungswille des Auskunftsgebers ergibt (vgl BGH 13.2.1992 NJW, 2080; BGH 19.9.1985 WM 1531). Solche Umstände können nach der Rspr – jeweils unter Berücksichtigung der besonderen Umstände des Einzelfalls – ein eigenes wirtschaftliches Interesse des Auskunftsgebers an dem Geschäftsabschluss (BGH 5.7.1962 WM, 1110), sein persönliches Engagement in der Form von Zusicherungen nach Art einer Garantieübernahme (BGH 13.6.1962 NJW, 1500), das Versprechen eigener Nachprüfung der Angaben des Geschäftspartners des Auskunftsempfängers (BGH 7.1.1965 WM, 287), die Hinzuziehung des Auskunftsgebers zu Vertragsverhandlungen auf Verlangen des Auskunftsempfängers (BGH 25.10.1966 WM, 1283), die Einbeziehung in solche Verhandlungen als unabhängige neutrale Person (BGH 18.1.1972 WM, 466) sowie eine bereits anderweitig bestehende Vertragsbeziehung zwischen Auskunftsgeber und Auskunftsempfänger (BGH 14.11.1968 WM 1969, 36) sein. Die Nichtvereinbarung einer Vergütung schließt die Annahme eines Auskunftsvertrags dagegen nicht (zwingend) aus (BGH 4.3.1987 WM, 1987; aA als Indiz für einen fehlenden Rechtsbindungswillen BGH 7.12.1972 WM 1973, 141), wohingegen die Hinzuziehung eigener sachkundiger Berater auf Seiten des Auskunftsempfängers ein Indiz gegen einen konkludenten Vertragsschluss sein kann (vgl BGH 13.2.1992 WM, 1031; OLG Düsseldorf 7.4.2000 OLG Report Düsseldorf, 335).

Für Erklärungen des AP/WP folgt aus der vorgenannten Rspr, dass weder die Berufsqualifikation noch das wirtschaftliche Interesse des Dritten an einer Auskunft allein ausreichen, einen stillschweigenden Auskunftsvertrag zwischen AP/WP und Drittem anzunehmen. Erforderlich ist vielmehr, dass besondere Umstände vorliegen, aus denen geschlossen werden kann, dass sich der AP/WP ggü dem Dritten vertraglich binden und für seine Auskunft einstehen will. Letzteres dürfte bspw dann gegeben sein, wenn der AP/WP einem Dritten ggü Erklärungen in der Weise abgibt, dass der Dritte diese als Art Garantieerklärung oder Zusicherung zu seinen Gunsten verstehen muss. Nicht ausreichend dürfte es dagegen sein, dass der AP/WP Dritten über Ergebnisse von Tätigkeiten berichtet, die er in der Vergangenheit bzw in anderem Sachzusammenhang für den Mandanten durchgeführt hat. Dies gilt bspw für Auskünfte über das Ergebnis regulärer APr iZm sog *Due-Diligence-Untersuchungen* durch andere WP oder sonstige Dritte im Rahmen von UntTransaktionen. In einer derartigen Konstellation kann nicht angenommen werden, dass der AP/WP über sein eigentliches (ggf bereits abgeschlossenes) Auftragsverhältnis hinaus in ein Vertragsverhältnis mit dem Auskunftsempfänger eintreten und diesem ggü für seine in anderem Zusammenhang beauftragte und durchgeführte Tätigkeit einstehen will. Gleiches gilt, wenn der AP/WP Dritten Einsicht in seine (internen) *Arbeitspapiere* gewährt, da auch in einem solchen Fall nicht erwartet werden kann, dass der AP/WP durch Gestattung der Einsichtnahme eine ansonsten nicht bestehende vertragliche Verantwortung für deren inhaltliche Richtigkeit und Vollständigkeit begründen will.

Die **Grenze der Auslegung** ist daher erreicht, wenn der Auskunftsgeber erkennbar (ausschließlich) auf Grundlage eines Auftragsverhältnisses mit einem anderen handelt (bspw der AP aufgrund des Prüfungsauftrags mit seinem Mandanten; vgl dazu OLG Bremen 30.8.2006 OLG Report Bremen, 856; OLG Düsseldorf 7.4.2000 OLG Report Düsseldorf, 335) oder nach dem Erklärungsinhalt (bspw Abgabe einer reinen Wissenserklärung) nicht anzunehmen ist, dass der Auskunftsgeber dem Dritten für die Vollständigkeit und/oder Richtigkeit ggü (vertraglich) einstehen will (vgl auch BGH 13.2.1992 WM, 1031). Gleiches dürfte gelten, wenn der Auskunftsgeber den Abschluss eines Auskunftsvertrags ausdrücklich ablehnt. (Zu einer gleichwohl denkbaren Haftung aus einem Schuldverhältnis nach § 311 BGB siehe Anm 220.)

Eine weitere Voraussetzung für die Annahme eines (stillschweigenden) Auskunftsvertrags ist ein hinreichender rechtsgeschäftlicher Kontakt zwischen dem Auskunftsgeber und dem Empfänger. Allein **mittelbare Kontakte** reichen mangels konkreter Anhaltspunkte für einen Verpflichtungswillen seitens des Auskunftsgebers für die Annahme eines Auskunftsverhältnisses im Regelfall nicht aus (so iE auch zur Vorlage eines Testats an eine kreditgebende Bank iZm § 18 KWG BGH 5.12.1972 NJW 1973, 321 ff). Eine gegenteilige Ansicht würde gerade iZm Tätigkeiten des AP/WP dazu führen, dass jede schriftliche Äußerung eines beruflichen Sachkenners, die an mandatsfremde Dritte weitergegeben wird, als Angebot auf Abschluss eines Auskunftsvertrags „mit dem, den es angeht" verstanden werden könnte. Letzteres würde nicht nur zu unabsehbaren Haftungsgefahren für den AP/WP führen (vgl für RAe: *Zugehör*, WM Sonderbeilage 3/2006, 43), sondern auch die Grenzen der zulässigen Auslegung von Willenerklärungen überschreiten, da nicht unterstellt werden kann, dass der AP/WP mit jedem Empfänger seiner schriftlichen Arbeitsergebnisse ein neben dem eigentlichen Mandatsverhältnis stehendes Auskunftsverhältnis begründen will. (Vgl zu einer ggf in Betracht kommenden Haftung aus VSD Anm 194.)

Aufgrund des Erfordernisses eines hinreichenden Kontakts reicht für die Annahme eines stillschweigenden Auskunftsvertrags – ohne Hinzutreten weiterer Umstände – bspw die Weitergabe des PrüfBer an den Dritten durch das geprüfte Unt nicht aus; ebensowenig genügt es, wenn der AP den PrüfBer aus rein praktischen Gründen im Auftrag des Mandanten direkt an den Dritten versendet, sofern er bei Übersendung nicht weitergehende Erklärungen abgibt, aus denen auf einen Rechtsbindungswillen geschlossen werden muss. In beiden Fällen fehlt es ohne Hinzutreten von Sonderumständen sowohl an einem entspr Rechtsbindungswillen des AP ggü dem Dritten als auch an Umständen, aus denen der Empfänger des PrüfBer auf einen solchen schließen könnte.

Liegt im Einzelfall ein ausdrücklicher oder stillschweigender Auskunftsvertrag vor, setzt eine Haftung des AP/WP ggü dem Dritten nach § 280 BGB eine nach den allgemeinen Regeln des BGB zu beurteilende schuldhafte Pflichtverletzung des AP/WP und einen hierdurch zurechenbar verursachten Schaden des Dritten voraus. Ob eine schuldhafte Pflichtverletzung vorliegt, ist anhand der Pflichtenstellung des Auskunftsgebers im Einzelfall zu entscheiden, wobei idR allein zu fordern sein wird, dass der Auskunftsgeber eine subjektiv richtige und vollständige Auskunft erteilt und ihm weitergehende Nachforschungs- oder Beratungspflichten nur im Ausnahmefall obliegen. Trifft den Dritten ein Mitverschulden, kann ihm dies nach § 254 BGB entgegengehalten werden. Ein relevantes Mitverschulden des Auskunftsempfängers hat die Rspr bspw angenommen, wenn er sich mit einer erkennbar unvollständigen Auskunft begnügt (BGH 27.6.1989 WM, 1409) oder Warnungen anderer nicht berücksichtigt hat (BGH 13.5.1993

WM, 1238). Eine Haftungsbeschränkung greift, wenn diese im Auskunftsvertrag wirksam vereinbart ist; ist dies nicht der Fall, haftet der Auskunftsgeber nach allgemeinen zivilrechtlichen Grundsätzen der Höhe nach unbeschränkt auf das negative Interesse des Auskunftsempfängers (vgl *Zugehör*, WM Sonderbeilage 3/ 2006, 43).

3. Ansprüche aus Schuldverhältnissen nach § 311 BGB

220 Eine schuldrechtliche Haftung des AP/WP als beruflichem Sachkenner kann in Ausnahmefällen aus einem Schuldverhältnis nach § 311 Abs 3 BGB folgen. Diskutiert wird eine solche Haftung – in Anlehnung an die Rspr zur *culpa in contrahendo* (c.i.c.) – insb in Fällen, in denen der AP/WP für seinen Mandanten an Vertragsverhandlungen mit einem Dritten teilnimmt und hierdurch die Vertragsverhandlung oder den Vertragsschluss erheblich beeinflusst.

221 Nach § 311 Abs 3 BGB kann ein Schuldverhältnis nach § 241 Abs 2 BGB auch zwischen Personen entstehen, die nicht selbst Vertragspartei werden sollen. Ein solches Schuldverhältnis entsteht nach dieser Regelung insb, wenn der Dritte in besonderem Maße Vertrauen für sich in Anspruch nimmt und dadurch die Vertragsverhandlungen oder den Vertragsschluss erheblich beeinflusst.

222 Die **Inanspruchnahme besonderen persönlichen Vertrauens** iSd § 311 Abs 3 BGB setzt den Handeln eines beruflichen Sachkenners voraus, dass dieser über seine Sachkunde und die normale Verhandlungsführung für den eigenen Auftraggeber hinaus eine besondere in seiner Person liegende Gewähr im Hinblick auf das zu begründende Vertragsverhältnis übernimmt und hierdurch bei dem Dritten einen eigenen Vertrauenstatbestand setzt (vgl zu den Voraussetzungen einer Haftung nach c.i.c. BGH 3.4.1990 WM, 966; BGH 17.10.1989 NJW 1990, 506). Dies kann zulasten eines AP/WP bspw dann angenommen werden, wenn dieser die Richtigkeit von Informationen unter Hinweis auf seine Person und seine Tätigkeit gleichsam *garantiert* und hierdurch ein besonderes persönliches Vertrauen in Anspruch nimmt. Handelt der AP/WP dagegen zwar in seiner Berufseigenschaft und gibt in dieser auch Informationen (bspw über eine von ihm durchgeführte APr) an den Dritten weiter, ohne hierbei aber eine besondere „Gewähr" für seine Auskünfte zu übernehmen, kommt eine Haftung nach § 311 Abs 3 iVm §§ 280, 241 BGB mangels Inanspruchnahme eines besonderen persönlichen Vertrauens nicht in Betracht, so dass sich Ansprüche des Dritten allenfalls aus den Grundsätzen des VSD (s dazu Anm 194 ff) ergeben können (vgl zur Erstattung eines Sachverständigengutachtens *Grüneberg* in Palandt[72] § 311 Anm 60). Gleiches dürfte im Regelfall gelten, wenn der Mandant des AP/WP seinem Verhandlungspartner schriftliche Arbeitsergebnisse des AP/WP vorlegt. Eine Haftung aus § 311 Abs 3 iVm §§ 280, 241 BGB kann in solchen Fällen, in denen der AP/WP an den Vertragsverhandlungen nicht unmittelbar teilnimmt, allenfalls dann in Betracht kommen, wenn das Arbeitsergebnis zur Vorlage in den Vertragsverhandlungen erstellt worden ist und sich aus dem Arbeitsergebnis ergibt, dass der Ersteller ein besonderes persönliches Vertrauen dem Dritten ggü in Anspruch nimmt (sehr weitgehend insoweit BGH 26.9.2000 WM, 2447, wonach im Sonderfall der Einbindung eines WP in ein Kapitalanlagemodell eine Haftung aus c.i.c. für möglich gehalten wird.)

223 Über die vorgenannte Fallgruppe hinaus wird das Entstehen eines Schuldverhältnisses iSd § 311 Abs 3 BGB auch dann angenommen, wenn der berufliche Sachkenner ein erhebliches **eigenes wirtschaftliches Interesse** an dem Vertragsschluss hat, er also wirtschaftlich gleichsam in eigener Sache (als Quasipartei) tätig wird (*Grüneberg* in Palandt[72] § 311 Anm 61). Da ein bloß mittelbares Interesse, wie bspw das Honorar für die Verhandlungstätigkeit, nicht ausreicht, ein

hinreichendes eigenes wirtschaftliches Interesse zu begründen (vgl BGH 17.10. 1989 NJW 1990, 506), kommt eine Haftung des AP/WP, der (ausnahmsweise) Verhandlungen für seinen Mandanten führt oder an solchen Verhandlungen als beruflicher Sachkenner teilnimmt, nach den vorgenannten Grundsätzen in aller Regel nicht in Betracht.

Liegen die Voraussetzungen von § 311 Abs 3 BGB vor, kommt zwischen dem **224** AP/WP und dem Dritten ein Schuldverhältnis iSd § 241 Abs 2 BGB zustande, aus dem nach seinem Inhalt jede Vertragspartei zur Rücksicht auf die Rechte, Rechtsgüter und Interessen der anderen Vertragspartei verpflichtet ist. Verletzt der AP/WP schuldhaft die ihm obliegenden Pflichten, ist er dem Dritten nach § 280 BGB zum Ersatz eines hierdurch zurechenbar verursachten Schadens verpflichtet.

Streitig scheint, ob § 311 Abs 3 BGB über die oben genannten Fallgruppen **225** hinaus eine weitergehende allgemeine Dritt- oder Vertrauenshaftung begründet. Ein Teil der Literatur, der einer sog *Expertenhaftung* den Weg zu ebnen versucht (vgl *Canaris* JZ 2001, 520), hält § 311 Abs 3 S 1 BGB für so offen formuliert, dass er *alle* „Drittfälle" erfasse. Auch S 2 sei so weit gefasst, dass er auf alle Fälle vertrauensrechtlich begründeter Dritthaftung passe. Ob die Rspr einer derart weiten Auslegung folgen wird, bleibt abzuwarten. Gegen eine solche Annahme spricht allerdings, dass die neuere Rspr Fälle der sog *Expertenhaftung* iW nach den Grundsätzen des VSD beurteilt. Dies ist dem Grunde nach richtig, da der an einer Vertragsverhandlung teilnehmende berufliche Sachkenner im Regelfall auf Grundlage eines Vertragsverhältnisses mit seinem Mandanten tätig wird und daher die Übernahme einer Verantwortung ggü einem Dritten nur dann sachgerecht erscheint, wenn der Dritte in den Schutzbereich dieses Vertrags einbezogen ist (VSD) oder der berufliche Sachkenner einen besonderen, über seine Sachkunde und mandatsbezogene Tätigkeit hinausgehenden Vertrauenstatbestand zugunsten des Dritten setzt (§ 311 Abs 3 BGB).

Gegen ein weiter gefasstes und über die bisherige Rspr hinausgehendes Verständnis spricht auch die Entstehungsgeschichte zu § 311 BGB. Bei der Kodifizierung des § 311 Abs 3 BGB wendet sich der im Gesetzgebungsverfahren letztbefasste Rechtsausschuss des BT in seiner Beschlussempfehlung und in seinem Bericht (BT-Drs 14/7052, 25) der Frage zu, ob und wie sich Abs 3 der Vorschrift auf die sog *Due-Diligence*-Prüfung von *Rechtsanwälten* iZm UntÜbernahmen negativ auswirken könnte. Er sieht solche Auswirkungen nicht, denn der RA nehme besonderes Vertrauen iSv § 311 Abs 3 S 2 BGB seines Mandanten und nicht das besondere Vertrauen eines Vertragspartners seines Mandanten in Anspruch. **226**

Nach diesem Verständnis der Norm, dem sich auch die Literatur anschließt **227** (vgl *Grüneberg* in Palandt[72] § 311 Anm 60 ff) kommt eine Dritthaftung des AP/ WP somit nur in Betracht, wenn durch einen besonderen, in der Person des Sachkenners liegenden Umstand ein schutzwürdiger Vertrauenstatbestand gesetzt wird. Nicht allein ausreichend ist dagegen, dass er in seiner speziellen Funktion oder als Zugehöriger einer bestimmten Berufsgruppe handelt. Hierzu kommt für den Fall der Pflichtprüfung die Wertungsentscheidung des Gesetzgebers aus § 323, den Kreis der Anspruchsberechtigten zu beschränken und damit keinen Raum für die Begründung einer allgemeinen Dritthaftung zu eröffnen.

IV. Prospekthaftung

Eine viel erörterte Grundlage für Ansprüche Dritter ggü dem AP/WP ist die **230** sog *Prospekthaftung*. Sie wird in Form (1.) der spezialgesetzlichen Prospekthaftung, (2.) der Prospekthaftung ieS sowie (3.) der Prospekthaftung iwS insb für Fälle diskutiert, in denen ein BVm oder ein sonstiges Arbeitsergebnis (Bescheinigung, Gutachten) des AP/WP in ein Verkaufs- oder Angebotsdokument (Prospekt) aufgenommen wird. Ob durch die Aufnahme eines Arbeitsergebnisses in einen Prospekt ein Prospekthaftungsanspruch begründet sein kann, hängt wesentlich davon ab, ob das jeweilige Dokument einer spezialgesetzlichen Prospekthaftung unterliegt.

231 Wird ein BVm oder eine Bescheinigung des AP/WP in einen Prospekt aufgenommen, der einer **spezialgesetzlichen Prospekthaftung** unterliegt (bspw §§ 21ff WpPG, §§ 20f VermAnlG, § 306 KAGB, § 12 WpÜG), kommen gesetzliche Prospekthaftungsansprüche Dritter gegen den AP/WP im Regelfall nicht in Betracht, da der AP/WP nicht Prospektverantwortlicher iSd gesetzlichen Regelungen ist.

Prospektverantwortlicher iSd WpPG und VermAnlG sind diejenigen, die für den Prospekt die Verantwortung übernommen haben oder von denen der Erlass des Prospekts ausgeht. Zu einer der vorgenannten Personengruppen gehört der AP/WP, dessen Arbeitsergebnis in den Prospekt aufgenommen wird, nicht. Weder geht von ihm der Erlass des Prospekts aus, noch übernimmt er mit Auslieferung eines Arbeitsergebnisses die Verantwortung für den Prospekt (vgl BGH 26.9.2000 WM, 2447 mwN; *Janert/Schuster* BB 2005, 987; *Assmann* AG 2004, 435). Entspr gilt für Angebotsunterlagen nach dem WpÜG sowie für Prospekte nach dem KAGB. Die nach außen gerichtete Prospektverantwortung obliegt den in den gesetzlichen Regelungen genannten Personen, nicht aber begleitenden RA oder AP/WP.

Auch kommt **keine analoge Anwendung** der spezialgesetzlichen Prospekthaftungsregeln zulasten des AP/WP in Betracht. Der Gesetzgeber hat die Prospektverantwortung – wie auch die Neufassung des BörsG, fortgeführt durch das WpPG, und die Diskussion um das sog Kapitalmarktinformationshaftungsgesetz (vgl dazu NZG 2004, 1042) zeigen – bewusst abschließend geregelt, so dass es an einer analogiebegründenden planwidrigen und ausfüllungsbedürftigen Regelungslücke fehlt. Entspr gilt für Ansprüche nach den Grundsätzen der Prospekthaftung ieS (s dazu Anm 232). Die Anwendung dieses richterrechtlich entwickelten Rechtsinstituts scheidet im Bereich der spezialgesetzlich geregelten Prospekte aus (*Assmann* AG 2004, 435; ebenso *Meyer*, Aspekte der Reform der Prospekthaftung, WM 2002, 1309 sowie *Schwark* in Schwark/Zimmer, Kapitalmarktrechts-Kommentar[4], BörsG §§ 44,45 Anm 12 mit Hinweis auf aA), da es auch insoweit an einer gesetzlichen Regelungslücke fehlt, die durch richterliche Rechtsfortbildung zu schließen wäre.

Sofern spezialgesetzliche Haftungsnormen **vertragliche Ansprüche** ausdrücklich unberührt lassen (§ 25 Abs. 2 WpPG, § 12 Abs 6 WpÜG), betrifft dies Ansprüche aufgrund individueller Veräußerungs-/Erwerbsvorgänge von Wertpapieren, nicht aber Ansprüche wegen inhaltlicher Fehler in einem Prospekt. Aus diesem Grunde wäre es bereits im Ansatz verfehlt, eine vertragliche Dritthaftung des AP/WP ggü Anlegern aufgrund des Abdrucks von Arbeitsergebnissen in einem Prospekt zu konstruieren, da dies der gesetzgeberischen Entscheidung zuwider liefe, wonach Prospekthaftungsansprüche wegen inhaltlicher Mängel des Prospekts allein infolge vorsätzlichen oder grob fahrlässigen Verhaltens von Prospektverantwortlichen diesen ggü bestehen (vgl *Schwark* in Schwark/Zimmer, Kapitalmarktrechts-Kommentar[4], BörsG §§ 44, 45 Anm 12).

232 Wird das Arbeitsergebnis eines AP/WP in einen Prospekt aufgenommen, der keiner spezialgesetzlichen Prospekthaftung unterliegt, kommt eine Haftung nach den Grundsätzen der **Prospekthaftung ieS** in Betracht. Nach diesem von der Rspr entwickelten Rechtsinstitut haftet ein beruflicher Sachkenner für das von ihm in Anspruch genommene typisierte Vertrauen als sog *Prospektgarant,* wenn er nach außen erkennbar an der Erstellung des Prospekts (oder Teilen von diesem) mitgewirkt hat und eine Erklärung von ihm mit seinem Wissen und Wollen in den Prospekt einbezogen ist (vgl *Janert/Schuster* BB 2005, 987). Allerdings beschränkt sich diese Haftung auf die dem Experten selbst zuzurechnenden Prospektaussagen (vgl BGH 14.6.2007 NJW-RR, 1479 mwN).

Ob bereits die Duldung des **Abdrucks eines Bestätigungsvermerks** ausreicht, einen solchen Tatbestand zu begründen, erscheint allerdings fraglich, da hierdurch zumindest dann vom AP/WP kein besonderer Vertrauenstatbestand gesetzt wird, wenn die Prüfung nicht erkennbar für die Zwecke des Prospekts durchgeführt worden ist (vgl zum besonderen Vertrauenstatbestand BGH 14.6.2007, WM, 1503; zum Sonderfall einer zusätzlichen Erklärung BGH 15.12.2005, WM 2006, 423). Ausgeschlossen erscheint eine Haftung wegen des Abdrucks eines gesetzlichen BVm. Hiergegen spricht nicht nur die Wertungsentscheidung aus § 323, sondern auch, dass der gesetzliche BVm zwingend offenzulegen (§ 325) und damit unabhängig von der Aufnahme in einen Prospekt jedermann zugänglich ist.

Etwas anderes gilt für Gutachten infolge einer **Prospektbeurteilung** (IDW S 4, WPg 2006, 919). Hierzu hat die Rspr festgestellt, dass derartige gutachterliche Stellungnahmen dem Grunde nach geeignet sind, eine unmittelbare Haftung des WP ggü Anlegern zu begründen (vgl BGH 8.6.2004 WM, 1869), sofern das Gutachten ganz oder teilweise in den Prospekt aufgenommen wird. Da es nach der Rspr für die Begründung einer Prospekthaftung im Zweifel nicht erforderlich ist, dass der Experte namentlich genannt wird, sofern seine Tätigkeit und berufliche Qualifikation deutlich wird (BGH 31.5.1990 WM, 1276; aA noch BGH 14.4.1986 WM 1986, 904), empfiehlt IDW S 4 im Prospekt nicht auf das Vorliegen eines Prospektgutachtens und die Tätigkeit des WP hinzuweisen. Nicht ausreichend eine Haftung zu begründen, ist die bloße Ankündigung der Erstellung eines solchen Gutachtens, da hierdurch kein relevantes Anlegervertrauen begründet werden kann (vgl so iE BGH 14.6.2007 NJW-RR, 1479 mwN). Allerdings kann in einem solchen Fall eine **Haftung aus Vertrag mit Schutzwirkung zugunsten Dritter** begründet werden, wenn der Anleger in den Schutzbereich des Vertrags zur Prospektbeurteilung einbezogen ist, das Gutachten erhält und hiervon Gebrauch macht (vgl BGH 14.6.2007, WM, 1507 mwN sowie Anm 205). Liegen die Tatbestandsvoraussetzungen beider Anspruchsgrundlagen vor, können Ansprüche aus VSD auch neben Ansprüche aus Prospekthaftung ieS treten (vgl dazu BGH 8.6.2004 WM, 1869).

Welche Dokumente außerhalb des spezialgesetzlich geregelten Bereichs einen Prospekt darstellen, ist in der Literatur im Einzelnen höchst streitig (vgl *Meyer* WM 2003, 1301 ff). Nach allen Auffassungen maßgeblich ist allerdings, dass es sich um ein Dokument handelt, das geeignet ist, eine Anlageentscheidung herbeizuführen. Hiervon ausgehend können bspw **Jahres- und Zwischenabschlüsse,** die Unt im Rahmen ihrer Regelpublizität veröffentlichen, nicht als Prospekte qualifiziert werden, da diese Unterlagen weder dazu bestimmt noch geeignet sind, Anlegern alle Umstände offenzulegen, die erforderlich sind, eine Anlageentscheidung zu treffen (so iE auch mwN *Gelhausen* in Krieger/Schneider, Handbuch der Managerhaftung[2], § 33 Anm 26; *Mülbert/Steup,* Emittentenhaftung für fehlerhafte Kapitalmarktinformation am Beispiel der Regelpublizität, WM 2005, 1633; mwN zur aA *Mülbert/Steup* in Habersack/Mülbert/Schlitt, Unternehmensfinanzierung am Kapitalmarkt[2], § 33 Anm 147). Fehlerhafte BVm/Bescheinigungen, die zusammen mit den vorgenannten Unterlagen des Unt offengelegt oder veröffentlicht werden, können daher keine Ansprüche aus Prospekthaftung ieS begründen.

234 Neben die Grundsätze der gesetzlichen Prospekthaftung und der Prospekthaftung ieS tritt die **Prospekthaftung iwS**. Hiernach haftet eine Person, die ein besonderes persönliches Vertrauen in Anspruch nimmt (vgl unter dem Begriff „uneigentliche Prospekthaftung" *Grüneberg* in Palandt[72] § 311 Anm 71). Voraussetzung dieser nunmehr in § 311 Abs 2 und 3 BGB iVm § 280 Abs 1 BGB normierten Haftung ist allerdings, dass zwischen den Beteiligten ein persönlicher Kontakt zustande gekommen ist, was im Verhältnis von AP/WP und Anleger idR nicht der Fall sein dürfte. Allein der Abdruck eines Arbeitsergebnisses in einem Prospekt reicht hierfür nicht aus (vgl dazu Anm 220 ff).

§ 324 Prüfungsausschuss

(1) ¹**Kapitalgesellschaften im Sinn des § 264d, die keinen Aufsichts- oder Verwaltungsrat haben, der die Voraussetzungen des § 100 Abs. 5 des Aktiengesetzes erfüllen muss, sind verpflichtet, einen Prüfungsausschuss im Sinn des Absatzes 2 einzurichten, der sich insbesondere mit den in § 107 Abs. 3 Satz 2 des Aktiengesetzes beschriebenen Aufgaben befasst.** ²**Dies gilt nicht für**
1. **Kapitalgesellschaften im Sinn des Satzes 1, deren ausschließlicher Zweck in der Ausgabe von Wertpapieren im Sinn des § 2 Abs. 1 Satz 1 des Wertpapierhandelsgesetzes besteht, die durch Vermögensgegenstände besichert sind; im Anhang ist darzulegen, weshalb ein Prüfungsausschuss nicht eingerichtet wird;**
2. **Kreditinstitute im Sinn des § 340 Abs. 1, die einen organisierten Markt im Sinn des § 2 Abs. 5 des Wertpapierhandelsgesetzes nur durch die Ausgabe von Schuldtiteln im Sinn des § 2 Abs. 1 Satz 1 Nr. 3 Buchstabe a des Wertpapierhandelsgesetzes in Anspruch nehmen, soweit deren Nominalwert 100 Millionen Euro nicht übersteigt und keine Verpflichtung zur Veröffentlichung eines Prospekts nach dem Wertpapierprospektgesetz besteht.**

(2) ¹**Die Mitglieder des Prüfungsausschusses sind von den Gesellschaftern zu wählen.** ²**Mindestens ein Mitglied muss die Voraussetzungen des § 100 Abs. 5 des Aktiengesetzes erfüllen.** ³**Der Vorsitzende des Prüfungsausschusses darf nicht mit der Geschäftsführung betraut sein.** ⁴**§ 124 Abs. 3 Satz 2 und § 171 Abs. 1 Satz 2 und 3 des Aktiengesetzes sind entsprechend anzuwenden.**

Übersicht

	Anm
A. Allgemeines	1, 2
B. Anwendungsbereich	
I. Betroffene Unternehmen (Abs 1 S 1)	3–8
II. Befreiungen (Abs 1 S 2 Nr 1 und 2)	9–11
III. Übergangsfrist	12–14
IV. Prüfungsausschuss im Konzern	15
C. Bestellung des Prüfungsausschusses (Abs 2 S 1), Anzahl der Mitglieder, Amtszeit und Abberufung	16–21
D. Personelle Besetzung (Abs 2 S 2 und 3)	22–29
E. Aufgaben des Prüfungsausschusses (Abs 1 S 1 2. Hs iVm § 107 Abs 3 S 2 AktG)	30–38
F. Prüfungsausschuss und Abschlussprüfung (Abs 2 S 4)	39–43
G. Rechtsfolgen einer Verletzung des § 324	44–46

Schrifttum: Empfehlung der Kommission 2005/162/EG zu den Aufgaben von nicht geschäftsführenden Direktoren/Aufsichtsratsmitgliedern/börsennotierter Gesellschaften sowie zu den Ausschüssen des Verwaltungs-/Aufsichtsrats (ABl L52 S 51–63) vom 25.2.2005 (AR-Empfehlung); Richtlinie 2006/43/EG des Europäischen Parlaments und des Rates über Abschlussprüfungen von Jahresabschlüssen und konsolidierten Abschlüssen, zur Änderung der Richtlinien 78/660/EWG und 83/349/EWG des Rates und zur Aufhebung der Richtlinie 84/253/EWG vom 17.5.2006 (AP-Richtl); *Arbeitskreis Externe und Interne Überwachung der Unternehmung der Schmalenbach-Gesellschaft für Betriebswirtschaft e.V. (AKEIÜ)* Der Prüfungsausschuss nach der 8. EU-Richtlinie: Thesen zur Umsetzung in deutsches Recht, DB 2007, 2129; *Habersack* Aufsichtsrat und Prüfungsausschuss nach dem BilMoG, AG 2008, 98; *Quick/Höller/Koprivica* Prüfungsausschüsse in deutschen Aktiengesellschaften, ZCG 2008, 25; *Nonnenmacher/Pohle/v. Werder* Aktuelle Anforderungen an Prüfungsausschüsse, DB 2009, 1447; *KPMG* Auf einen Blick: Corporate Governance nach dem BilMoG, Audit Committee Sonderpublikation 2009; *Erchinger/Melcher* Zur Umsetzung der HGB-Modernisierung durch das BilMoG: Neuerungen im Hinblick auf die Abschlussprüfung und die Einrichtung eines Prüfungsausschusses, DB 2009, Beilage 5, 91; *Vetter* Prüfungsausschuss in der AG nach dem BilMoG, ZGR 2010, 751; *Warncke* Prüfungsausschuss und Corporate Governance, Berlin 2010; *Bayer* Grundsatzfragen der Regulierung der aktienrechtlichen Corporate Governance, NZG 2013, 1.

A. Allgemeines

§ 324 „Prüfungsausschuss" ist die nationale Umsetzung der AP-Richtl 2006/43/EG vom 17. Mai 2006 sowie die Reaktion auf die Empfehlung der Kommission 2005/162/EG vom 15. Februar 2005. Zweck der AP-Richtl ist eine Harmonisierung der Anforderungen an die APr auf hohem Niveau (AP-Richtl Erwägungsgrund 5). Die Empfehlung der Kommission zielt auf eine Verbesserung der UntLeitung und -Kontrolle börsennotierter Ges ab (*AR-Empfehlung* Erwägungsgrund 6). Beide Bestrebungen sollen ua durch den § 324 stärker Eingang im deutschen Recht finden.

einstweilen frei

B. Anwendungsbereich

I. Betroffene Unternehmen (Abs 1 S 1)

Ein Prüfungsausschuss nach § 324 ist einzurichten von kapmarktKapGes nach § 264d, die *keinen* AR oder Verwaltungsrat haben, der die Voraussetzungen des § 100 Abs 5 AktG (Unabhängigkeit und Sachverstand mind eines Mitglieds) erfüllen *muss*.

§ 264d definiert eine KapGes als kapmarkt, wenn sie einen organisierten Markt im Inland, in einem EU-Mitgliedsstaat oder in einem anderen Vertragsstaat des Abkommens über den EWR durch von ihr ausgegebene Wertpapiere iSd § 2 Abs 1 S 1 WpHG in Anspruch nimmt oder die Zulassung dieser Wertpapiere zum Handel an einem organisierten Markt beantragt hat. Ein organisierter Markt ist ein Markt, der von staatlich anerkannter Stelle geregelt und überwacht wird, regelmäßig stattfindet und für das Publikum mittelbar oder unmittelbar zugänglich ist (*Begr RegE BilMoG*, 92). Die AP-Richtl spricht hier von **„Unternehmen von öffentlichem Interesse"**, wobei dieser Begriff neben dem zuvor geschilderten Anwendungsbereich auch kapmarkt Kreditinstitute und VersicherungsUnt einschließt, welche nach deutschem Recht zT ausgenommen werden (Abs 1 Nr 2).

5 § 100 Abs 5 AktG verlangt, dass bei kapmarktKapGes *zwingend* mind ein unabhängiges Mitglied des AR über Sachverstand auf den Gebieten Rechnungslegung oder APr verfügen muss. Hiermit soll sichergestellt werden, dass im Aufsichtsgremium die notwendige Kompetenz zur Ausübung der Überwachungsfunktion vorhanden ist.

6 Die aktienrechtlichen Vorschriften zum AR sind zwingend zu befolgen von **AG** nach § 1 AktG. Bestehende Verweise vergrößern den Anwendungsbereich des AktG auf die **KGaA** (§ 278 Abs 3 AktG), die **dualistisch verfasste SE** (Art 9 Abs 1 lit c SE-VO Nr (EG) 2157/2001), die **mitbestimmte GmbH** (§ 6 Abs 2 S 1, § 25 Abs 1 S 1 Nr 2 MitbestG, § 3 Abs 2 Montan-MitbestG, § 1 Abs 1 Nr 3 DrittelbG) und die **als GmbH verfasste Kapitalanlagegesellschaft** (§ 6 Abs 2 S 1 und 2 InvG). Über Parallelvorschriften, die auf die Voraussetzungen des § 100 Abs 5 AktG Bezug nehmen, sind auch die **Genossenschaft** (§ 36 Abs 4 GenG), die **europäisch verfasste Genossenschaft** (§ 19 Abs 1 S 3 SCEAG) sowie die **monistisch verfasste SE** (§ 27 Abs 1 S 4 SEAG) einbezogen (*Begr RegE BilMoG*, 91 f). Diese Ges *müssen* § 100 Abs 5 AktG erfüllen und damit entspr Fachkompetenz vorweisen können, womit sie *nicht in den Anwendungsbereich des § 324 fallen* (*Begr RegE BilMoG*, 91 f).

7 Hauptanwendungsbereich des § 324 ist die **mitbestimmungsfreie kapitalmarktorientierte GmbH**. Hier gilt § 324, wenn der GesVertrag nach § 52 Abs 1 GmbHG keine Einrichtung eines AR, Beirats oder ähnlichen Gremiums vorsieht oder wenn bei Einrichtung eines solchen Organs vom eingeräumten Vorrang einer von §§ 100 Abs 5 und 107 Abs 4 AktG abw vertraglichen Vereinbarung Gebrauch gemacht wird (*Begr RegE BilMoG*, 92). Dh es gilt § 324, wenn ein durch den GesVertrag geschaffenes Überwachungsorgan kein unabhängiges und sachverständiges Mitglied aufweist und auch ein evtl eingerichteter Prüfungsausschuss über kein solches Mitglied verfügt.

8 Zudem gilt § 324 als Auffangnorm für **OHG** und **KG iSd § 264a**, durch § 340k für **Kreditinstitute in der Rechtsform der PersGes** und durch § 341k Abs 4 für **VersicherungsUnt in der Rechtsform des VVaG**. Stets muss die Kapitalmarktorientierung gem § 264d erfüllt sein und es darf keine Befreiung gem Abs 1 S 2 vorliegen.

II. Befreiungen (Abs 1 S 2 Nr 1 und 2)

9 Von der Einrichtung eines Prüfungsausschusses befreit werden KapGes, welche die Merkmale eines betroffenen Unt (s Abschn B I) aufweisen, deren ausschließlicher Zweck aber in der Ausgabe von Wertpapieren liegt, welche durch VG besichert sind *(asset backed securities)*. Die Emittenten von *asset backed securities* kaufen VG (idR Forderungen) und refinanzieren sich über die Ausgabe von Wertpapieren (idR Schuldverschreibungen) am Kapitalmarkt. Diese Unt sind von der Pflicht zur Einrichtung eines Prüfungsausschusses befreit, müssen aber im Anhang darlegen, weshalb ein solcher nicht eingerichtet wird.

10 Eine weitere Befreiung betrifft Kreditinstitute iSd § 340 Abs 1, die den organisierten Markt nur durch die Ausgabe von bestimmten Schuldtiteln mit einem Nominalwert von maximal 100 Mio € (gemessen am Abschlussstichtag) in Anspruch nehmen. Zudem darf keine Verpflichtung zur Veröffentlichung eines Prospekts nach dem Wertpapierprospektgesetz bestehen. Schuldtitel sind gem § 2 Abs 1 Nr. 3 WpHG insb Genussscheine, Inhaberschuldverschreibungen, Orderschuldverschreibungen und Zertifikate, die Schuldtitel vertreten. Da Kreditinstitute meist über einen AR oder Verwaltungsrat verfügen, der § 100 Abs 5 AktG erfüllen muss, hat diese Befreiung nur einen geringen Anwendungsbereich (*Begr RegE BilMoG*, 95 f.).

Handelt es sich um ein Unt, welches unter die in Anm 7–8 geschilderten **11** Rechtsformen fällt, aber **freiwillig** einen AR oder Verwaltungsrat eingerichtet hat, der die Voraussetzungen des § 100 Abs 5 AktG erfüllt, so darf auf die Einrichtung eines Prüfungsausschusses verzichtet werden (*Begr RegE BilMoG*, 91). Die Aufgaben des Prüfungsausschusses (Abschn **E**) sind dann vom AR oder Verwaltungsrat im Plenum zu erfüllen. Diese Vorgehensweise ist insb für kleine Überwachungsorgane mit drei bis sechs Mitgliedern sinnvoll.

III. Übergangsfrist

Die Neuerungen durch das BilMoG sind zu unterschiedlichen Zeitpunkten **12** erstmalig anzuwenden. Dadurch ergeben sich teilweise untindividuelle Übergangsfristen.

Die Pflicht zur Einrichtung eines Prüfungsausschusses beginnt am 1.1.2010. **13** Hingegen tritt § 100 Abs 5 AktG, also die verpflichtende Besetzung eines AR mit einem unabhängigen und sachverständigen Mitglied, erst ein, wenn mind ein Mitglied des AR nach Inkrafttreten des BilMoG neu bestellt wird (Art 66 Abs 4, HS 2 iVm § 12 Abs 4 EGAktG). Da die Amtszeit eines Mitglieds im AR bis zu fünf Jahre ohne erneute Bestellung andauern kann, können bis zu fünf Jahre vergehen, bis ein AR tatsächlich mit einem sachverständigen und unabhängigen Mitglied besetzt ist, ohne dass gegen § 100 Abs 5 AktG verstoßen wird.

Beruft sich nun ein Unt der in Anm 7–8 geschilderten Rechtsformen ab dem **14** 1.1.2010 zur Befreiung vom Prüfungsausschuss darauf, freiwillig einen AR eingerichtet zu haben, muss dieser erst nach der Neubestellung mind eines Mitglieds nach Inkrafttreten des BilMoG ein unabhängiges und sachverständiges Mitglied aufweisen. Für Ges die unter § 324 HGB fallen, existiert ebenfalls eine Übergangsregelung die besagt, dass § 324 in der Fassung des BilMoG erstmals ab 1.1.2010 anzuwenden ist (Art 66 Abs 4 Hs 2 EGHGB iVm § 12 Abs 4 EGAktG).

IV. Prüfungsausschuss im Konzern

Die in Art 41 Abs 6 lit a der AP-Richtl vorgesehene Befreiungsmöglichkeit **15** von der Pflicht zur Einrichtung eines Prüfungsausschusses für Unt, die **TU in einem Konzern mit Prüfungsausschuss** an der Konzernspitze sind, ist nicht in nationales Recht übertragen worden. Demnach muss ein TU, wenn es zum Anwenderkreis des § 324 gehört, unabhängig vom Vorliegen eines Prüfungsausschusses auf Ebene der Konzernspitze einen eigenen Prüfungsausschuss einrichten (*Begr RegE BilMoG*, 97). Begründet wird dies mit der erheblichen Bedeutung des TU für den Kapitalmarkt, auch wenn es in einen Konzern einbezogen wird. Ziel ist, die „fernen" KapGes besser zu überwachen und die unter Anm 36 ff beschriebenen Aufgaben wirkungsvoller auszuführen, damit vermeidbare Risiken tatsächlich vermieden werden (*Begr RegE BilMoG*, 97).

C. Bestellung des Prüfungsausschusses (Abs 2 S 1), Anzahl der Mitglieder, Amtszeit und Abberufung

Besteht die Pflicht zur Einrichtung eines Prüfungsausschusses nach § 324, ist **16** dies ein *eigenständiger, vom AR unabhängiger* Prüfungsausschuss (arg ex *Begr RegE BilMoG*, 94). Die Mitglieder des eigenständigen Prüfungsausschusses werden direkt durch die **GesV** gewählt (s auch *KPMG*, 3). Es handelt sich somit *nicht* um einen Ausschuss, welcher sich ausschließlich aus Mitgliedern des AR zusammensetzt. Wählbar ist jede Person, solange sie die im folgenden Abschn beschriebenen Voraussetzungen erfüllt. Eine Übertragung der Aufgaben des Prüfungsausschusses auf die GesV ist unzulässig (*Begr RegE BilMoG*, 94).

17 § 324 enthält keine Angaben zur **Anzahl der Mitglieder.** Die *Begr RegE BilMoG* verweist aber bei **Regelungslücken,** die auch durch Satzung der Ges oder GesVertrag nicht geschlossen werden, allgemein auf die **Vorgaben des AktG** (*Begr RegE BilMoG*, 94). Dieses sieht in § 108 Abs 2 S 3 AktG zur Beschlussfassung im AR eine Mindestgröße von drei Mitgliedern vor. Eine Größe von drei bis fünf Mitgliedern wird auch in der Literatur als sinnvoll angesehen (vgl *Quick/Höller/Koprivica*, 27). Bei Prüfungsausschüssen von AG in der Praxis sind zwei bis sechs Mitglieder die Regel.

18 Zur **Amtszeit** äußert sich § 324 ebenfalls nicht. In analoger Auslegung nennt der § 102 Abs 1 AktG eine maximale Amtszeit für AR-Mitglieder von vier Gj zzgl des Gj, in dem die Tätigkeit aufgenommen wurde. Legt die Ges keine abw Dauer fest, ist demnach bei der Amtszeit für Prüfungsausschussmitglieder auf die aktienrechtliche Amtsperiode des AR abzustellen. Zur Wiederbestellung enthält das Gesetz keine Angaben. Eine solche ist aber nach hM zulässig (*Hüffer*[10] § 102 Anm 6; *Habersack* in MünchKomm AktG[3] § 102 Anm 20).

19 Weiterhin fehlen Angaben zur **Abberufung** von Mitgliedern durch die Ges. Es liegt wiederum im Ermessen der Ges, in Satzung oder GesVertrag die entspr Regelungen zu treffen. Enthalten Satzung oder GesVertrag keine entspr Angaben, sollte auch hier analog die aktienrechtliche Regelung des § 103 Abs 1 S 2 AktG Anwendung finden und der Beschluss zur Abberufung der Mitglieder mit einer Mehrheit von mind drei Viertel der abgegebenen Stimmen gefasst werden müssen.

20 Aktienrechtlich zulässig ist die Abberufung eines AR-Mitglieds nach § 103 AktG. Derjenige, der über die Bestellung eines AR-Mitglieds entscheidet, hat das Recht zur **jederzeitigen und anlassunabhängigen Abberufung.** Es muss weder ein sachlicher Grund, noch ein wichtiger Grund in der Person des betr AR-Mitglieds vorliegen – der Entzug des Vertrauens in diese Person (per Beschluss des bestellenden Gremiums) ist ausreichend (*Habersack* in MünchKomm AktG[3], § 103 Anm 12). In Bezug auf den Prüfungsausschuss bedeutet dies, dass die GesV, welche die Mitglieder des Prüfungsausschusses direkt wählt, auch zur Abberufung nach Mehrheitsbeschluss berechtigt ist.

21 Des Weiteren sieht § 103 Abs 3 AktG vor, dass ein AR-Mitglied auf Antrag des AR mit einfacher Mehrheit gerichtlich abberufen werden kann, wenn in dessen Person ein **wichtiger Grund** vorliegt. Zur Definition eines wichtigen Grundes ist § 84 Abs 3 S 2 AktG heranzuziehen (*Habersack* in MünchKomm AktG[3], § 103 Anm 39). Als wichtiger Grund in Betracht kommen grobe Pflichtverletzungen und Unfähigkeit zur ordnungsmäßigen Wahrnehmung der AR-Aufgaben. Die Fortsetzung des Amtsverhältnisses bis zum Ablauf der Amtszeit muss für die Gesellschaft unzumutbar sein (*Hüffer*[10] § 103 Anm 39). Die Anwendung der aktienrechtlichen Regelungen auf den Prüfungsausschuss bedeutet, dass auch die Mitglieder des Prüfungsausschusses mit Mehrheitsbeschluss die Abberufung eines Mitglieds ihres Ausschusses beantragen können, sofern ein wichtiger Grund in der Person des Mitglieds vorliegt.

D. Personelle Besetzung (Abs 2 S 2 und 3)

22 Abs 2 S 2 verlangt, dass dem eigenständigen Prüfungsausschuss mind ein Mitglied angehören muss, welches die Voraussetzungen des § 100 Abs 5 AktG erfüllt. Demnach muss dem Prüfungsausschuss **mind ein unabhängiges Mitglied** angehören, welches über **Sachverstand** auf den Gebieten Rechnungslegung oder APr verfügt.

Ein Mitglied gilt als **unabhängig,** wenn es in keiner geschäftlichen, persönlichen oder sonstigen Beziehung zu der Ges, deren Organen, einem kontrollierenden Aktionär oder einem mit diesem verbundenen Unt steht, die einen wesentlichen und nicht nur vorübergehenden *Interessenkonflikt* begründen kann, (DCGK Ziff 5.4.2 S 2; s auch *Bayer,* 11). Die *AR-Empfehlung* konkretisiert, dass es nicht zu einem Interessenkonflikt kommen darf, der das *Urteilsvermögen beeinflussen* könnte (*AR-Empfehlung* Art 13.1). Abhängigkeit liegt demnach vor, wenn eine Beziehung, also eine Verbindung mit dem Zweck der Verschaffung gegenseitiger Vorteile, besteht, welche zu einem Interessenkonflikt führen kann. Dieser muss derart sein, dass er das Potenzial zur Beeinflussung des Urteilsvermögens besitzt. Hieraus resultiert eine **Besorgnis zur Befangenheit** (s § 319, Anm 20 ff), welche der ordnungsgemäßen Wahrnehmung der Aufsichtsfunktion eines Prüfungsausschussmitglieds entgegensteht (*Begr RegE BilMoG,* 101). 23

Die *AR-Empfehlung* schlägt vor, dass die Mehrheit der Mitglieder unabhängig sein sollte; (*AR-Empfehlung* Anhang I Nr 4.1). Eine „cooling off"-Periode, wie sie im angloamerikanischen Audit Committee vorgeschrieben und im Anhang II Nr 1a–b der *AR-Empfehlung* vorgesehen ist, wurde im deutschen Recht für den AR börsennotierter Ges durch das VorstAG im Jahr 2009 eingeführt.. (vgl hierzu auch Anm 28). 24

Mit der Forderung nach **Sachverstand** soll den hohen spezifischen Anforderungen, resultierend aus den Aufgaben des Prüfungsausschusses, Rechnung getragen werden. Eine Definition von Sachverstand enthält das HGB nicht. Vielmehr wird in der *Begr RegE BilMoG* aufgeführt, bei welchen Personen Sachverstand zu vermuten ist, nämlich bei Personen, die in der Vergangenheit beruflich mit Rechnungslegung oder APr betraut waren. Dies sind bspw Angehörige der steuerberatenden und wirtschaftsprüfenden Berufe, Personen mit spezieller beruflicher Ausbildung, Finanzvorstände, fachkundige Angestellte aus den Bereichen Rechnungswesen und Controlling, Analysten, langjährige Mitarbeiter in Prüfungsausschüssen sowie Betriebsräte, die sich diese Fähigkeit im Zuge ihrer Tätigkeit durch Weiterbildung angeeignet haben (*Begr RegE BilMoG,* 102). Die Rspr ergänzt, dass die Mitglieder ihre schwerpunktmäßige Tätigkeit nicht in diesem Bereich haben müssen (OLG München 23 U 5517/09). 25

Für alle Mitglieder neben dem Sachverständigen gelten die gleichen Anforderungen, die für den AR und seine Ausschüsse bestehen. Demnach muss ein Mitglied jene Mindestkenntnisse und -fähigkeiten besitzen oder sich aneignen, die benötigt werden, um alle normalerweise anfallenden Geschäftsvorgänge auch ohne fremde Hilfe verstehen und sachgerecht beurteilen zu können (BGH 15.11.1982 II ZR 27/82, auch **Gebot persönlicher und eigenverantwortlicher Amtsausübung**). Bei Übernahme einer Mitgliedschaft ohne Mindestkenntnisse liegt ein haftungsbegründendes Übernahmeverschulden vor (ua *Warncke,* 126 f; *Kremer* in DCGK-Komm Anm 1003). 26

Die *AR-Empfehlung* sieht gründliche Fachkenntnisse als unabdingbar an für eine Mitgliedschaft im Prüfungsausschuss (*AR-Empfehlung* Erwägungsgrund 16). Durch eine Einführung für neue Mitglieder und regelmäßige Schulungen sollten die Ausschussmitglieder umfassende Informationen über geseigene Besonderheiten bzgl Rechnungslegung, Finanzinformationen und Abläufe erhalten (*AR-Empfehlung* Anhang I Nr 4.3). *Quick / Höller / Koprivica* konkretisieren, dass die übrigen Mitglieder ein **solides Grundverständnis** der Rechnungslegung, allgemeine Managementerfahrung bzgl untzbezogener Überwachung und Kontrollmechanismen, analytisches Denkvermögen, ein gutes Zahlenverständnis und 27

Kenntnisse über die Besonderheiten des Unt und der Branche vorweisen können sollten (*Quick/Höller/Koprivica,* 28; glA *AR-Empfehlung* Art 11.2).

28 Der Vorsitzende des Prüfungsausschusses darf nicht mit der Geschäftsführung betraut sein (Abs 2 S 3).Der DCGK konkretisiert zudem, dass er unabhängig und kein ehemaliges Vorstandsmitglied der Ges sein soll, dessen Bestellung vor weniger als zwei Jahren endete (DCGK Ziff 5.3.2 S 3).

Zur Wahl des Vorsitzenden enthalten § 324 sowie die *Begr RegE BilMoG* keine Angaben, weshalb wiederum das AktG heranzuziehen ist. In der AG bestellt der AR den mehrheitlich von ihm gewählten Ausschussvorsitzenden, kann die Wahl aber auch dem Ausschuss selbst überlassen (*Habersack* in MünchKomm AktG[3] § 107 Anm 121). Bei Übertragung auf § 324 bedeutet dies, dass der Vorsitzende eines eigenständigen Prüfungsausschusses entweder von der GesV oder – wenn von der GesV/Satzung so vorgesehen – von den Mitgliedern des Prüfungsausschusses selbst gewählt wird. Der Sachverständige muss nicht zwingend der Vorsitzende des Prüfungsausschusses sein. Der DCGK konkretisiert zudem, dass der Vorsitzende über besondere Kenntnisse oder Erfahrungen in der Anwendung von Rechnungslegungsgrundsätzen und internen Kontrollverfahren verfügen soll (DCGK Ziff 5.3.2 S 2).

29 Es wird empfohlen, dass allein der Prüfungsausschuss entscheidet, ob und wann andere Mitglieder der UntLeitung, interne sowie externe Prüfer an den **Sitzungen** teilnehmen (*AR-Empfehlung* Anhang I Nr 4.3.3). Ein solches Vorgehen sichert die Eigenständigkeit und Objektivität des Ausschusses. Bei Rechts-, Prüfungs- und sonstigen Fragen sollte es dem Prüfungsausschuss gestattet sein, externe Berater hinzuzuziehen (*AR-Empfehlung* Anhang I Nr 4.3.7).

E. Aufgaben des Prüfungsausschusses
(Abs 1 S 1 2. Hs iVm § 107 Abs 3 S 2 AktG)

30 Grds ist es Aufgabe eines Ausschusses, Beschlüsse des Aufsichtsorgans qualifiziert vorzubereiten. Auch der eigenständige Prüfungsausschuss ist kein Gremium, welches den AR/Verwaltungsrat oder die GesV ersetzt. Vielmehr ist es ein fachliches Gremium, das aufgrund seiner Kompetenz auf einem bestimmten Gebiet Aufgaben effizienter und effektiver ausführen kann und das Aufsichtsgremium unterstützt. Das Aufsichtsgremium bleibt für die Entscheidungen in seinem Zuständigkeitsbereich voll verantwortlich (*AR-Empfehlung* Art 6.1).

31 Abs 1 S 1 gibt im 2. Hs vor, dass der eigenständige Prüfungsausschuss sich *insb* mit den in § 107 Abs 3 S 2 AktG beschriebenen Aufgaben zu befassen hat. Das **Aufgabenspektrum** ist somit nicht zwingend auf die dort genannten Aufgaben beschränkt. § 107 Abs 3 S 2 AktG fordert:
– Überwachung des Rechnungslegungsprozesses,
– Überwachung der Wirksamkeit des internen Kontrollsystems (IKS),
– Überwachung der Wirksamkeit des Risikomanagementsystems (RMS),
– Überwachung der Wirksamkeit des internen Revisionssystems,
– Überwachung der Wirksamkeit der Abschlussprüfung.

32 Überwachung bezeichnet die zielgerichtete Beobachtung und Informationserhebung zu Sachverhalten oder Prozessen. Neben dem Soll-Ist-Vergleich ist die Ausgestaltung und Funktionsfähigkeit des jeweiligen Systems kritisch zu hinterfragen. Es ist zu ermitteln, ob Ergänzungen, Erweiterungen oder Verbesserungen notwendig sind (*Begr RegE BilMoG,* 102). *Warncke* nennt als praktische Tätigkeit des Prüfungsausschusses die sorgfältige und systematische Durchsicht der vorgelegten Unterlagen, das Stellen gezielter Fragen sowie die Erarbeitung eines tiefen Verständnisses über den Abschluss und die daran beteiligten Personen (*Warncke,* 264 f).

Der **Rechnungslegungsprozess** umfasst die Dokumentation der betrieblichen Vorgänge für externe Zwecke, welche letztlich in der Erstellung regelmäßiger Finanzinformationen (JA, HalbJA usw) mündet. Die *AR-Empfehlung* konkretisiert, dass eine Überwachung der Verlässlichkeit und Vollständigkeit der vorgelegten Finanzinformationen stattfinden sollte. Dies sollte insb geschehen durch Überprüfung der Relevanz und Kontinuität der von der Ges angewandten Rechnungslegungsmethoden (*AR-Empfehlung* Anhang I Nr 4.2.1). 33

Als **internes Kontrollsystem (IKS)** wird nach IDW PS 261 Tz 19 ein Prozess definiert, der auf die Sicherung der Wirksamkeit und Wirtschaftlichkeit der Geschäftstätigkeit abzielt. Das IKS soll die Ordnungsmäßigkeit und Verlässlichkeit der internen sowie externen Rechnungslegung und die Einhaltung der für das Unt maßgeblichen rechtlichen Vorschriften gewährleisten. Es umfasst alle vom Management in einem Unt installierten strategischen und operativen Kontrollen (s § 317 Anm 139 ff). Zu Überwachen sind insb Angemessenheit (bzgl Größe, Struktur, Risikoprofil der Ges), Effektivität und Effizienz der Kontrollen (*AKEIÜ*, 2132). In der *Begr RegE BilMoG* wird außerdem betont, dass die Überwachungsfunktion über die für die Rechnungslegung relevanten Bereiche hinausgeht (*Begr RegE BilMoG*, 103). 34

Das Risikomanagementsystem (RMS) hat die systematische Erfassung zumindest derjenigen Risiken zur Aufgabe, die sich auf die künftige Entwicklung der VFE-Lage des Unt ungünstig auswirken und ein Erreichen der Ziele des Unt gefährden bzw sogar zu einer Gefährdung des UntBestands führen können. Das RiskMa ist allgemeiner Natur und nicht auf die Rechnungslegung beschränkt (*Begr RegE BilMoG*, 102). Dieser Prozess des RiskMa wird gelebt durch Überwachungs- und Leitungsorgane sowie die Mitarbeiter des Unt. Die Aufgabe des Prüfungsausschusses liegt vor allem in der Prüfung von Design und Funktionsfähigkeit des von der Geschäftsführung zu installierenden Systems. 35

Inhalt des **internen Revisionssystems** ist die organisatorisch verankerte Überprüfung von im Unt stattfindenden Prozessen und Handlungen im Hinblick auf ihre Ordnungsmäßigkeit und ihr Optimierungspotenzial. Demnach unterstützt die Interne Revision das Unt durch Bewertung und Verbesserung der Effektivität des zuvor erläuterten RMS und des IKS. Aufgabe des Prüfungsausschusses ist es, sich ein Urteil über die Wirksamkeit dieses internen Kontrollorgans zu bilden. Zur Gewährleistung der Effizienz der internen Revision hat der Prüfungsausschuss Empfehlungen zur Auswahl, Bestellung und Entlastung des Leiters der internen Revision abzugeben. Ebenso sollte sich der Prüfungsausschuss zur Mittelausstattung der internen Revision äußern. Ferner soll er verfolgen, wie die Geschäftsführung der Ges auf die Feststellungen und Empfehlungen der internen Revision reagiert. Gibt es keine interne Revision, ist die Notwendigkeit der Einrichtung einer solchen zu diskutieren (*AR-Empfehlung* Anhang I Nr 4.2.1). Der Prüfungsausschuss sollte über das Arbeitsprogramm des internen Prüfers informiert werden (*AR-Empfehlung* Anhang 1 Nr 4.3.5). 36

Neben dem im Gesetz und oa Aufgabenspektrum wird vom Prüfungsausschuss auch die Überwachung der Corporate Compliance gefordert. Diese Aufgabe wird aus der Pflicht des AR, gem § 111 Abs 1 AktG den Vorstand auf Verfolgung der untinternen Richtl zu überwachen hergeleitet (s auch DCGK Ziff 4.1.3); der DCGK weist in Ziff 5.3.2 S 1 diese Aufgabe dem Prüfungsausschuss zu, falls kein anderer Ausschuss damit betraut ist. 37

Bzgl der **Abschlussprüfung** sind insb die Unabhängigkeit des AP und die vom AP zusätzlich erbrachten Leistungen zu beleuchten (s Abschn F). Des Weiteren überwacht der Prüfungsausschuss die APr (zum Gegenstand der APr s § 317 Anm 5). Diese Tätigkeit beginnt mit dem Wahlvorschlag an die HV, bei der sich der AR (§ 324 Abs 2 Satz 4 HGB i. V. m. § 124 Abs 3 S 2 AktG) auf die

Empfehlung des Prüfungsausschusses zu stützen hat (*Vetter*, 772) und reicht bis zur Beendigung des Prüfungsauftrags, welcher auch Nachtrags- und Sonderprüfungen beinhalten kann (*Begr RegE BilMoG*, 103).

38 Die zuvor genannten Aufgaben des Prüfungsausschusses entbinden die Geschäftsführung nicht von ihrer Verantwortung (AP-Richtl Art 41 Abs 2 S 1). So verbleibt bspw die Verpflichtung zur Einrichtung eines Risikofrüherkennungssystems gem § 76 Abs 1, 93 Abs 1 AktG beim Vorstand, der über das „Ob" und „Wie" zu entscheiden hat. Dem Prüfungsausschuss kommt nur die Aufgabe zu, die *Wirksamkeit* des von der Geschäftsführung eingerichteten RMS zu *überprüfen* oder, wenn kein solches System besteht, eine *Stellungnahme* zur Notwendigkeit der Einrichtung eines solchen abzugeben (*Begr RegE BilMoG*, 103). Eine Verpflichtung zur Einrichtung der zuvor genannten Systeme fordert § 107 Abs 3 S 2 AktG nicht vom Prüfungsausschuss.

F. Prüfungsausschuss und Abschlussprüfung (Abs 2 S 4)

39 Abs 2 S 4 gibt vor, dass die §§ 124 Abs 3 S 2 und 171 Abs 1 S 2 und 3 AktG auch für die von § 324 betroffenen Unt gelten. § 124 Abs 3 S 2 AktG regelt, dass der AR seinen **Vorschlag zur Wahl des AP** auf die **Empfehlung des Prüfungsausschusses** zu stützen hat. Eine elementare Aufgabe des Prüfungsausschusses ist daher die Auswahl des AP. Der Prüfungsausschuss als Schnittstelle zwischen AP und AR (bzw Gester, wenn es keinen AR gibt) kann am besten beurteilen, welcher AP für die Ges geeignet ist. Er ist für den AP der wichtigste Ansprechpartner (*AR-Empfehlung* Anhang I Nr 4.3.4). AR bzw Gester sind berechtigt, in Ausnahmefällen von der Empfehlung des Prüfungsausschusses abzuweichen, was zu begründen ist (*Begr RegE BilMoG*, 104).

40 Eine weitere mögliche Aufgabe des Prüfungsausschusses ist die Festlegung von Prüfungsschwerpunkten aufgrund der Information durch Vorstand, interner Revision und AP sowie aufgrund eigener Kenntnisse und Erfahrungen. Ebenso könnte die Festlegung des Prüfungshonorars dem Prüfungsausschuss übertragen werden (*Nonnenmacher/Pohle/v. Werder*, 1450). Letztlich obliegt es dem AR oder den Gestern, die genaue Aufgabenstellung des Prüfungsausschusses in Mandat/Geschäftsordnung des Ausschusses zu definieren (s § 289a Anm 38).

41 Gem § 171 Abs 1 S 2 AktG besteht eine **verbindliche Auskunftspflicht des AP ggü dem Prüfungsausschuss** (und nur ggü diesem Ausschuss!) oder dem AR. Der AP hat an den Verhandlungen des Prüfungsausschusses über JA oder KA teilzunehmen. Er ist verpflichtet über die wesentlichen Ergebnisse seiner Prüfung, insb über wesentliche Schwächen des IKS und des RMS, bezogen auf den Rechnungslegungsprozess, zu berichten. Zwar wird der Berichtsumfang konkretisiert, doch es handelt sich um eine Schwerpunktsetzung, nicht um einen maximalen Berichtsumfang.

42 § 171 Abs 1 S 3 AktG befasst sich mit der **Unabhängigkeit des AP,** deren Überprüfung eine zentrale Aufgabe des Prüfungsausschusses ist. Unabhängigkeit des AP bedeutet, dass dieser bei der Durchführung seiner APr von dem geprüften Unt unabhängig (s auch § 2 Satzung der WPK) und nicht in das Treffen von UntEntscheidungen eingebunden ist (AP-Richtl Art 22 Abs 1). Eine Gefährdung der Unabhängigkeit wird gesehen, wenn zwischen der geprüften Ges und dem AP oder dessen Netzwerk unmittelbar oder mittelbar eine *finanzielle oder geschäftliche Beziehung,* ein *Beschäftigungsverhältnis* oder eine *sonstige Verbindung* besteht, aus der ein objektiver, sachverständiger und informierter Dritter schluss-

folgern würde, dass die Unabhängigkeit des AP gefährdet wäre (AP-Richtl Art 22 Abs 2). Ein Netzwerk ist gegeben, wenn Personen bei ihrer Berufsausübung zur Verfolgung gemeinsamer wirtschaftlicher Interessen für eine gewisse Dauer zusammenwirken (§ 319b Abs 1 S 3). Eine sonstige Verbindung ist vor allem die Erbringung prüfungsfremder Leistungen.

Gem § 171 Abs 1 S 3 AktG informiert der AP den Prüfungsausschuss über **43** Umstände/Risiken, die eine Befangenheit des AP herbeiführen könnten. Dies umfasst die zuvor geschilderten Aspekte der Unabhängigkeit. Außerdem hat der AP über die Leistungen, die er zusätzlich zur Apr erbracht hat, zu berichten (§ 171 Abs 1 S 3 AktG) Der Informationspflicht zur Unabhängigkeit ist jährlich in einer Erklärung im Rahmen des Prüfungsberichts schriftlich nachzukommen (§ 321 Abs 4a HGB). Des Weiteren haben AP oder WPG die von ihnen eingesetzten Schutzmaßnahmen zur Minderung dieser Risiken zu dokumentieren (AP-Richtl Art 22 Abs 3; s auch § 21 Abs 5 Satzung der WPK).

G. Rechtsfolgen einer Verletzung des § 324

§ 324 selbst enthält keine Angaben zu Sorgfaltspflichten und Verantwortlich- **44** keiten, die zur Sicherstellung einer ordnungsgemäßen Tätigkeit des Prüfungsausschusses notwendig sind und auch für die Mitglieder dieses Ausschusses gelten müssen. Die *Begr RegE BilMoG* beschränkt sich auf den Hinweis, dass bei Regelungslücken die aktienrechtlichen Vorschriften zum AR herangezogen werden können (*Begr RegE BilMoG*, 94).

Nach § 116 AktG iVm §§ 93 AktG haben auch die Mitglieder des AR ihre **45** Aufgabe sorgfältig und gewissenhaft auszuführen. Hierzu gehört die Einhaltung der Verschwiegenheitspflicht. Da die Mitglieder des Prüfungsausschusses Aufgaben übernehmen, die ein AR/Verwaltungsrat bei vorhandener fachlicher Kompetenz gem § 100 Abs 5 AktG auch selbst ausführen könnte, sind sie haftungsrechtlich analog zum AR zu behandeln. Gem § 93 Abs 2 S 1 AktG sind sie bei einer Pflichtverletzung ggü der Ges **schadensersatzpflichtig**.

Ein weiterer rechtlicher Aspekt gilt der **Wahl der Prüfungsausschussmit-** **46** **glieder**. Gem § 243 Abs 1 AktG S 1 ist eine Wahl anfechtbar, wenn bei der Zusammensetzung gegen das Gesetz verstoßen wird. Gesetzlich verpflichtend ist gem Abs 2 S 2 im § 100 Abs 5 AktG, dass dem Prüfungsausschuss mind ein unabhängiges und sachverständiges Mitglied angehören muss. Ist diese Voraussetzung nach der Wahl nicht erfüllt, ist die Wahl anfechtbar (*Habersack*, 106). Ebenso ist die Wahl des Vorsitzenden anfechtbar, wenn jener der Geschäftsführung angehört, da dies einen Verstoß gegen Abs 2 S 3 darstellt.

§ 324a Anwendung auf den Einzelabschluss nach § 325 Abs. 2a

(1) ¹Die Bestimmungen dieses Unterabschnitts, die sich auf den Jahresabschluss beziehen, sind auf einen Einzelabschluss nach § 325 Abs. 2a entsprechend anzuwenden. ²An Stelle des § 316 Abs. 1 Satz 2 gilt § 316 Abs. 2 Satz 2 entsprechend.

(2) ¹Als Abschlussprüfer des Einzelabschlusses nach § 325 Abs. 2a gilt der für die Prüfung des Jahresabschlusses bestellte Prüfer als bestellt. ²Der Prüfungsbericht zum Einzelabschluss nach § 325 Abs. 2a kann mit dem Prüfungsbericht zum Jahresabschluss zusammengefasst werden.

Übersicht

	Anm
A. Allgemeines	1
B. Prüfungspflicht (Abs 1 S 1)	2
C. Rechtsfolgen unterlassener Prüfung (Abs 1 S 2)	3, 4
D. Abschlussprüfer (Abs 2 S 1)	5
E. Zusammengefasster Prüfungsbericht (Abs 2 S 2)	6–8
F. Rechtsfolgen einer Verletzung des § 324a	9

Schrifttum: *Pfitzer/Oser/Orth* Offene Fragen und Systemwidrigkeiten des Bilanzrechtsreformgesetzes (BilReG) DB 2004, 2593.

A. Allgemeines

1 § 324a ist die grundlegende Regelung zur Anwendung der Vorschriften zur Prüfung auch auf den **freiwilligen IFRS-EA** nach § 325 Abs 2a. Der **Geltungsbereich** betrifft, sofern freiwillig von der Offenlegung eines IFRS-EA nach § 325 Abs 2a im eBAnz Gebrauch gemacht wird, unmittelbar große KapGes/KapCoGes (§ 325 Abs 2 iVm § 325 Abs 2a), Kreditinstitute (§ 340l Abs 1 S 1) und VersicherungsUnt (§ 341l Abs 1). Das PublG verweist mit § 9 Abs 1 S 1 PublG auf § 325 Abs 2a. Auch KleinstKapGes/KapCoGes sowie kleine und mittelgroße KapGes/KapCoGes können das Wahlrecht nach § 325 Abs 2a nutzen, neben ihrem JA eine IFRS-EA aufzustellen, ggf freiwillig prüfen zu lassen und im eBAnz bekannt zu machen. Zur Einreichung beim Betreiber des eBAnz ist nur der JA zugelassen (*Begr RegE BilReG* BR-Drs 326/04, 46). Zweck der Vorschrift ist zu gewährleisten, dass auch ein freiwillig aufgestellter, veröffentlichter IFRS-EA nach § 325 Abs 2a das Vertrauen der Adressaten in seine Aussagekraft wie der gesetzlich vorgeschriebene JA genießen kann.

B. Prüfungspflicht (Abs 1 S 1)

2 Abs 1 S 1 schreibt vor, dass die Bestimmungen des „Dritten Unterabschnitts Prüfung", die sich auf den JA beziehen, auf den freiwillig offengelegten IFRS-EA nach § 325 Abs 2a entspr anzuwenden sind. Dies sind folgende Bestimmungen, sofern in Abs 1 S 2 und Abs 2 nichts anderes bestimmt ist:

§ 316 Abs 1 S 1	(Prüfungspflicht)
§ 316 Abs 3	(Nachtragsprüfungspflicht)
§ 317 Abs 1 und 2	(Gegenstand und Umfang der Prüfung)
§ 318 Abs 1, 3 bis 8	(Bestellung und Abberufung des AP)
§ 319, §§ 319a und b	(Auswahl der AP und Ausschlussgründe)
§ 320 Abs 1, 2 und 4	(Vorlagepflicht, Auskunftsrecht)
§ 321	(PrüfBer)
§ 321a Abs 1 bis 3	(Offenlegung des PrüfBer in besonderen Fällen)
§ 322	(BVm)
§ 323	(Verantwortlichkeit des AP)

C. Rechtsfolgen unterlassener Prüfung (Abs 1 S 2)

3 Hiernach ist anstelle von § 316 Abs 1 S 2 für die Folgen einer fehlenden Prüfung § 316 Abs 2 S 2 entspr anzuwenden. Ein IFRS-EA nach § 325 Abs 2a un-

Anwendung auf den Einzelabschluss 4–6 § 324a

terliegt nicht der Feststellung, sondern – wie der KA – nur der **Billigung** durch das zuständige Organ/die zuständige Stelle (AR bei AG § 171 Abs 4 S 1 iVm § 171 Abs 2 S 4 AktG; AR bei GmbH § 52 Abs 1 GmbHG iVm § 171 AktG, wenn im GesVertrag nicht anderes bestimmt ist; AR bei Unt, die nach dem PublG publizitätspflichtig sind § 7 S 4 2. Hs PublG iVm § 171 Abs 4 S 1 AktG; GesV bei GmbH ohne AR § 46 Nr 1a GmbHG; GesV bei OHG/KG nach Maßgabe der Bestimmungen des GesVertrags), darf aber ohne Prüfung durch den AP nicht gebilligt werden.

Ein **nicht geprüfter und nicht gebilligter IFRS-EA** nach § 325 Abs 2a 4 entfaltet keine befreiende Wirkung der Offenlegung iSv § 325 Abs 2a S 1, Abs 2b, da er rechtlich nicht existent ist. Das Gleiche gilt für einen nicht geprüften, gebilligten IFRS-EA nach § 325 Abs 2a (vgl LG Berlin 1.12.2006, GmbHR 2007, 92).

Ein vom AP **geprüfter,** aber vom AR **nicht gebilligter IFRS-EA** nach § 325 Abs 2a darf von den gesetzlichen Vertretern nicht offengelegt werden (§ 171 Abs 4 S 2 AktG; § 52 Abs 1 GmbHG iVm § 171 AktG). Bei allen übrigen Ges darf ein geprüfter IFRS-EA nach § 325 Abs 2a ohne Billigung durch die zuständige Stelle mit befreiender Wirkung offengelegt werden, da eine dem § 171 Abs 4 S 2 AktG vergleichbare Vorschrift in den einschlägigen Bestimmungen der anderen Gesetze fehlt. Das Gleiche gilt im Fall der nachträglichen Änderung des IFRS-EA.

D. Abschlussprüfer (Abs 2 S 1)

Diese Vorschrift bestimmt, dass als AP des IFRS-EA nach § 325 Abs 2a der für 5 die **Prüfung des JA bestellte Prüfer als bestellt gilt.** An dem Fehlen des Zusatzes von § 318 Abs 2 S 1 für den AP des KA, „wenn kein anderer Prüfer bestellt wird", in der sonst wortgleichen Regelung des Abs 2 S 1 ist zu schließen, dass die Bestellung eines AP für den JA ggf auch die Bestellung zur Prüfung eines offenzulegenden IFRS-EA nach § 325 Abs 2a einschließt (*Begr RegE BilReG* BR-Drs 326/04, 97). Einer gesonderten Bestellung bedarf es nicht. Allerdings ist der Prüfungsauftrag in einem gesonderten schuldrechtlichen Vertrag zu vereinbaren (vgl *Ebke* in MünchKomm HGB[10] § 324a Anm 5) Ein anderer AP (zB der AP des KA) darf nicht gewählt bzw bestellt werden. Viemehr erscheint eine einheitliche Prüfung des gesetzlichen JA und des freiwillig offenzulegenden IFRS-EA nach § 325 Abs 2a auch im Hinblick auf einen gemeinsamen Lagebericht nach § 325 Abs 2a S 4 sachgerecht (*RegBegr* aaO, 97). Wurde gleichwohl ein anderer als der für die Prüfung des JA bestellte AP für die Prüfung des IFRS-EA bestellt und führt dieser eine Prüfung durch, gilt der IFRS-EA als nicht geprüft und darf nicht gebilligt werden (s Anm 4).

E. Zusammengefasster Prüfungsbericht (Abs 2 S 2)

Diese Vorschrift gestattet dem AP, den PrüfBer zum JA mit dem PrüfBer zum 6 IFRS-EA nach § 325 Abs 2a zusammenzufassen. Dieses **Wahlrecht** findet seinen Sinn im Hinblick auf den einheitlichen Lagebericht zu beiden Abschlüssen (§ 325 Abs 2a S 4) und die einheitliche Prüfung durch denselben AP (*Begr RegE BilReG,* BR-Drs 326/04, 97). Bei einer solchen zusammengefassten Berichterstattung, die sich auf zwei verschiedenartige Rechnungslegungssysteme (HGB und IFRS) zu beziehen hat, darf die Klarheit und Übersichtlichkeit der Darstellung sowie die Vollständigkeit der jeweiligen Berichterstattung nicht beeinträchtigt werden. Die Vorschriften des § 321 sind sowohl für die Prüfung des JA als auch des IFRS-EA zu beachten. Gleiche Sachverhalte dürfen zusammengefasst werden, um Wiederholungen und Doppeldarstellungen zu vermeiden, wenn sie gleichermaßen beide Abschlüsse betreffen. Abweichungen für Einzelheiten und jeweilige Besonderheiten müssen erwähnt werden und dem jeweiligen Abschluss eindeutig zugeordnet werden. Während sich die Besonderheiten einer ordnungsmäßigen PrüfBerErstattung von IFRS-EA und IFRS-KA aus IDW PS 450 Tz 139–143 ergeben, fehlen entspr berufständische Grundsätze ordnungsmäßiger PrüfBerErstattung für zusammengefasste PrüfBer nach Abs 2 S 2. *Pfitzer/Oser/ Orth* (DB 2004, 2602) empfehlen daher bis zu deren Verabschiedung auf eine Zusammenfassung der PrüfBer zu verzichten.

7   Aus dem Gesetzeswortlaut kann nicht gefolgert werden, dass auch die BVm zusammengefasst werden dürfen. Dies hat seinen Grund darin, dass der JA mit seinem BVm und der IFRS-EA nach § 325 Abs 2a mit seinem BVm getrennt offen zu legen sind, um die befreiende Wirkung der **Offenlegung** des IFRS-EA nach § 325 Abs 2a zu erzielen; nach § 325 Abs 2b Nr 1 ist der BVm zum IFRS-EA in die Offenlegung einzubeziehen, während nach § 325 Abs 2b Nr 3 der JA mit seinem BVm beim Betreiber des eBAnz einzureichen ist.

8   Andererseits darf der PrüfBer zum IFRS-EA eines MU, wenn er nicht mit dem zum JA zusammengefasst wurde, gem § 325 Abs 3a S 2 2. Hs mit dem PrüfBer zum KA zusammengefasst werden, vorausgesetzt, KA und IFRS-EA des MU werden zusammen bekannt gemacht. In diesem Fall dürfen auch die BVm oder Versagungsvermerke zu beiden Abschlüssen zusammengefasst werden (§ 325 Abs 3a S 2 1. Hs). Die Zusammenfassung der PrüfBer und Vermerke bietet sich an, wenn auch der KA und Konzernlagebericht nach § 315a aufgestellt werden. Dann muss eine Zusammenfassung der PrüfBer zum JA und zum IFRS-EA entfallen, da in einem zusammengefassten PrüfBer nicht drei Abschlüsse dargestellt werden können.

F. Rechtsfolgen einer Verletzung des § 324a

9   Straf- und Bußgeldvorschriften sowie die Bestimmungen über Zwangsgelder gem §§ 331 bis 335b enthalten keine direkten Sanktionen für die Nicht-Einhaltung von § 324a. Denn es werden nur Verweise, Fiktionen und ein Wahlrecht iZm einem freiwillig offen zu legenden IFRS-EA nach § 325 Abs 2a geregelt.

10 Indirekt kann ein Ordnungsgeldverfahren nach § 335 Abs 1 Nr 1 ausgelöst werden, sofern die befreiende Wirkung einer Offenlegung eines IFRS-EA nach § 325 Abs 2a nicht eintritt, und somit eine fehlende Offenlegung nach § 325 Abs 2 vorliegt. Das ist immer dann der Fall, wenn
– der IFRS-EA nicht geprüft worden ist (Anm 3f),
– der IFRS-EA geprüft, aber nicht vom AR gebilligt worden ist (Anm 4),
– der IFRS-EA von einem anderen (bestellten) AP als den für die Prüfung des JA bestellten AP geprüft worden ist (Anm 5).

Vierter Unterabschnitt. Offenlegung. Prüfung durch den Betreiber des elektronischen Bundesanzeigers

Vor § 325
Prüfung durch den Aufsichtsrat. Feststellung des Jahresabschlusses. Gewinnverwendung

Kapitelübersicht
Detaillierte Übersichten befinden sich vor den einzelnen Kapiteln

	Anm
Vorschriften für AG und KGaA	
A. Vorlage an den Aufsichtsrat, Prüfung durch den Aufsichtsrat (§§ 170, 171 AktG)	
I. Vorlage an den Aufsichtsrat (§ 170 AktG)	1–13
II. Prüfung durch den Aufsichtsrat (§ 171 AktG)	20–36
B. Verwendung des Jahresüberschusses, Abschlagszahlung auf den Bilanzgewinn (§§ 58, 59 AktG)	
I. Verwendung des Jahresüberschusses (§ 58 AktG)	40–60
II. Abschlagszahlung auf den Bilanzgewinn (§ 59 AktG) ...	61–66
C. Feststellung des Jahresabschlusses (§§ 172, 173 AktG)	
I. Feststellung durch Vorstand und Aufsichtsrat (§ 172 AktG)	70–77
II. Feststellung durch die Hauptversammlung (§ 173 AktG)	80–85
D. Gewinnverwendung (§ 174 AktG)	91–99
E. Ordentliche Hauptversammlung (§§ 175, 176 AktG)	
I. Einberufung (§ 175 AktG)	101–107
II. Vorlagen, Anwesenheit des Abschlussprüfers (§ 176 AktG)	110–116
Vorschriften für die GmbH	
A. Vorlage an den Aufsichtsrat, Prüfung durch den Aufsichtsrat	120
B. Gewinnverteilung (§ 29 GmbHG), Feststellung des Jahresabschlusses und Gewinnverwendung (§ 42a GmbHG)	
I. Ergebnisverwendung (§ 29 GmbHG)	121–129
II. Vorlage und Feststellung des Jahresabschlusses, Gewinnverwendung (§ 42a GmbHG)	130–133
Vorschriften nach dem PublG	
A. Prüfung durch den Aufsichtsrat (§§ 7, 14 PublG)	140–142
B. Feststellung des Jahresabschlusses (§ 8 PublG)	145–149
Vorschriften für Personenhandelsgesellschaften	
Feststellung des Jahresabschlusses, Gewinn- und Verlustermittlung	
A. Offene Handelsgesellschaft (§ 120 HGB)	150–154
B. Kommanditgesellschaft (§ 167 HGB)	155–157
C. Vorschriften für Einzelkaufleute	160

Grottel/H. Hoffmann

Schrifttum: *Hommelhoff* Die Ergebnisverwendung in der GmbH nach dem Bilanzrichtliniengesetz, ZGR 1986, 418; *Forster* MG, Schneider, Balsam und die Folgen – was können Aufsichtsräte und Abschlussprüfer gemeinsam tun?, AG 1995, 1; *Rürup* Möglichkeiten verbesserter Kontrolle und Beratung der Geschäftsführung durch den Aufsichtsrat mit Hilfe des Wirtschaftsprüfers, AG 1995, 219; *Hommelhoff* Die neue Position des Abschlussprüfers im Kraftfeld der aktienrechtlichen Organisationsverfassung, BB 1998, 2567 sowie 2625; *Forster* Zum Zusammenspiel von Aufsichtsrat und Abschlußprüfer nach dem KonTraG, AG 1999, 193; *Kau/Kukat* Haftung von Vorstands- und Aufsichtsratsmitgliedern bei Pflichtverletzungen nach dem Aktiengesetz, BB 2000, 1045; *Dörner* Zusammenarbeit von Aufsichtsrat und Wirtschaftsprüfer im Lichte des KonTraG, DB 2000, 101; *Priester* Änderung von Gewinnverwendungsbeschlüssen, ZIP 2000, 261, 424; *Müller* Die Änderungen im HGB und die Neuregelung der Sachdividende durch das Transparenz- und Publizitätsgesetz, NZG 2002, 752; *Bork/Oepen* Schutz des GmbH-Minderheitsgesellschafters vor der Mehrheit bei der Gewinnverteilung, ZGR 2002, 241; DB 2005, 2007; *Velte* Beschränkung der Informationsrechte des Aufsichtsrats in Bezug auf die Rechnungslegungsunterlagen des Vorstandes und den Prüfungsbericht des Abschlussprüfers, NZG 2009, 737; *Hommelhoff* Anmerkungen zum Ergebnisverwendungs-Entscheid der GmbH-Gesellschafter, GmbHR 2010, 1328; *Kiefner* Wenn BilMoG und ARUG sich in die Quere kommen – der erläuternde Bericht zu den Angaben nach §§ 289 IV, 315 IV HGB, NZG 2010, 692; *Peltzer* Der Aufsichtsratbericht an die Hauptversammlung: Mehr als nur eine Formalie, NZG 2010, 976 *Bormann* Zusammenspiel von Abschlussprüfung und Prüfung durch den Aufsichtsrat, DStR 2011, 368; *von der Linden* Darstellung von Interessenkonflikten im Bericht des Aufsichtsrats an die Hauptversammlung, GWR 2011, 407; *Priester* Interessenkonflikte im Aufsichtsrat – Offenlegung versus Vertraulichkeit, ZIP 2011, 2081; *Litzenberger* Verstoß gegen Berichtspflichten bei der Ausnutzung genehmigten Kapitals unter Bezugsrechtsausschluss und fehlerhafte Entsprechenserklärungen zum DCGK – Die Deutsche Bank Hauptversammlung 2009, NZG 2011, 1019; *Priester* Gewinnthesaurierung im Konzern, ZHR 2012, 268.

Vorschriften für AG und KGaA

A. Vorlage an den Aufsichtsrat, Prüfung durch den Aufsichtsrat (§§ 170, 171 AktG)

I. Vorlage an den Aufsichtsrat (§ 170 AktG)

§ 170 AktG Vorlage an den Aufsichtsrat

(1) ¹Der Vorstand hat den Jahresabschluß und den Lagebericht unverzüglich nach ihrer Aufstellung dem Aufsichtsrat vorzulegen. ²Satz 1 gilt entsprechend für einen Einzelabschluss nach § 325 Abs. 2a des Handelsgesetzbuchs sowie bei Mutterunternehmen (§ 290 Abs. 1, 2 des Handelsgesetzbuchs) für den Konzernabschluss und den Konzernlagebericht.

(2) ¹Zugleich hat der Vorstand dem Aufsichtsrat den Vorschlag vorzulegen, den er der Hauptversammlung für die Verwendung des Bilanzgewinns machen will. ²Der Vorschlag ist, sofern er keine abweichende Gliederung bedingt, wie folgt zu gliedern:

1. Verteilung an die Aktionäre ....
2. Einstellung in Gewinnrücklagen ....
3. Gewinnvortrag ....
4. Bilanzgewinn ....

(3) ¹Jedes Aufsichtsratsmitglied hat das Recht, von den Vorlagen und Prüfungsberichten Kenntnis zu nehmen. ²Die Vorlagen und Prüfungsberichte sind auch jedem Aufsichtsratsmitglied oder, soweit der Aufsichtsrat dies beschlossen hat, den Mitgliedern eines Ausschusses zu übermitteln.

Übersicht

	Anm
1. Unverzügliche Vorlage an den Aufsichtsrat (Abs 1)	1, 2
2. Vorschlag für die Verwendung des Bilanzgewinns (Abs 2)	
a) Das gesetzliche Gliederungsschema	3
aa) Verteilung an die Aktionäre (Nr 1)	4, 5
bb) Einstellung in Gewinnrücklagen (Nr 2)	6
cc) Gewinnvortrag (Nr 3)	7
dd) Bilanzgewinn (Nr 4)	8
b) Abweichungen vom und Ergänzungen zum gesetzlichen Gliederungsschema	9
3. Rechte der Aufsichtsratsmitglieder (Abs 3)	
a) Kenntnisnahme (S 1)	10
b) Übermittlung (S 2)	11
4. Vorlage an den Aufsichtsrat bei der KGaA	12
5. Rechtsfolgen einer Verletzung des § 170 AktG	13

1. Unverzügliche Vorlage an den Aufsichtsrat (Abs 1)

Der Vorstand hat die von ihm aufgestellten Abschlüsse und Lageberichte dem **1** AR **vorzulegen**, Abs 1.

Die Vorlage der **Prüfungsberichte** an den AR erfolgt direkt durch den AP (§ 321 Abs 5 S 2). Da der AR gem § 111 Abs 2 S 3 AktG den Prüfungsauftrag erteilt, wird der Bericht direkt an ihn ausgehändigt.

Die Auftragserteilung an den AP ist von der Bestellung zu unterscheiden:

(1) Zuerst erfolgt die **Bestellung** des AP grds durch Beschluss der HV (§ 119 Abs 1 Nr 4 AktG; anders bei VersicherungsUnt, s § 341k Abs 2 S 1 HGB: Bestellung durch AR). Der AR hat ein Vorschlagsrecht (§ 124 Abs 3 S 1 AktG).

(2) Sodann erfolgt in Ausführung dieses Beschlusses die **Erteilung des Prüfungsauftrags** an den AP (schuldrechtlicher Dienstvertrag) durch den AR, idR durch den AR-Vorsitzenden oder bei entspr Delegation auf Prüfungsausschuss durch diesen (vgl § 107 Abs 3 S 2 AktG sowie § 107 Abs 3 S 3 AktG, der die in § 111 Abs 2 S 3 geregelte Aufgabe nicht nennt; *Hüffer*[10] § 111 Anm 12c). Der Gesetzgeber beabsichtigte mit dieser Regelung die Reduzierung der Einwirkungsmöglichkeiten des Vorstands auf den AP. Gleichzeitig kann dadurch erreicht werden, dass der AR bei der Erfüllung seiner Überwachungspflichten den AP verstärkt einbindet (s Anm 22).

Erfolgt die Auftragserteilung nicht durch den AR, sondern auf Grund dessen Delegierung durch den Vorstand, ist das Auftragsverhältnis gleichwohl zustande gekommen; es liegt keine Nichtigkeit auf Grund gesetzlichen Verbots nach § 134 BGB vor (anders, wenn die Bestellung des AP durch Beschluss der HV fehlt: vgl § 256 Abs 1 Nr 3 AktG). Auswirkungen hat die fehlerhafte Auftragserteilung jedoch im Falle des Erfordernisses einer **gesetzlichen Prüfung** nach § 316 (JA und Lagebericht von mittelgroßen und großen AG/KGaA sowie KA und Konzernlagebericht, ggf IFRS-EA): Die auf Grund eines nicht nach den gesetzlichen Vorschriften erteilten Auftrags durchgeführte Prüfung ist keine gesetzliche Prüfung iSd § 316 Abs 1 S 2, so dass für den JA ein **Feststellungshindernis** vorliegt. Allerdings hat der AP bei einer gesetzlichen Prüfung die Erfüllung der Voraussetzungen des § 316 sowie des § 111 Abs 2 S 3 AktG zu prüfen, so dass das Versäumnis durch nachträgliche Bestellung und Auftragserteilung behoben werden kann.

Eine Vorlagepflicht des Vorstands besteht entspr bei einer abhängigen AG für den vom Vorstand erstellten **Abhängigkeitsbericht** (§ 314 Abs 1 AktG, dazu 5. Aufl § 289 Anm 200 ff).

Der Vorstand hat die aufgeführten Unterlagen **unverzüglich**, dh „ohne **2** schuldhaftes Zögern" (§ 121 Abs 1 BGB), vorzulegen, sobald der Prozess der Aufstellung endgültig abgeschlossen ist. Eingang des PrüfBer ist nicht abzuwarten, weil Prüfer den Bericht unmittelbar dem AR vorlegt (*Hüffer*[10] § 170 Anm 3). Der späteste Vorlagetermin ergibt sich aus der **3- bzw 6-Monats-Frist** des § 264 Abs 1 S 3, 4. Die Vorlagepflicht des Vorstands besteht ggü dem AR-Gremium als Organ der Ges. Ausreichend ist die Übergabe **an den Aufsichtsrats-Vorsitzenden**. Im Falle dessen Verhinderung ist an den stellvertretenden AR-Vorsitzenden zu übermitteln. Das Recht des einzelnen AR-Mitglieds auf Kenntnisnahme nach § 170 Abs 3 AktG steht dem nicht entgegen, weil dieses auch als ein Recht auf Weiterleitung ggü dem AR-Vorsitzenden verstanden werden kann. Es bestehen aber keine Bedenken, dass der Vorstand die Vorlagen an alle AR-Mitglieder versendet. Kommt der AR-Vorsitzende seinen Verpflichtungen zur Weitergabe erhaltener Unterlagen oder der erforderlichen Informationen nicht nach, haben die AR-Mitglieder gegen ihn und nicht gegen den Vorstand vorzugehen. § 103 Abs 3 S 2 AktG lässt zu, dass durch eine Regelung in der Geschäftsordnung oder einen Beschluss des AR das Recht auf Übermittlung dem individuellen Mitglied entzogen und auf einen oder mehrere Ausschüsse übertragen wird; diese Einschränkung ist teleologisch auf die Prüfungsberichte zu beschränken (*Drygala* in Schmidt/Lutter[2] § 170 Anm 18f).

2. Vorschlag für die Verwendung des Bilanzgewinns (Abs 2)

Weist der JA keinen Bilanzgewinn, sondern einen Bilanzverlust oder ein ausgeglichenes Ergebnis (insb bei EAV) aus, ist für einen Gewinnverwendungsvorschlag kein Raum. Ist jedoch ein Bilanzgewinn vorhanden, muss der Vorstand dem AR seinen Gewinnverwendungsvorschlag zur Prüfung vorlegen.

a) Das gesetzliche Gliederungsschema

3   Der **Gewinnverwendungsvorschlag** ist, sofern er keine abw Gliederung bedingt, zu gliedern in (1) Verteilung an die Aktionäre, (2) Einstellung in Gewinnrücklagen, (3) Gewinnvortrag und (4) Bilanzgewinn. Es darf nur eine solche Gewinnverwendung vorgeschlagen werden, die die HV auf Grund von Gesetz oder Satzung auch beschließen darf.

4   **aa) Verteilung an die Aktionäre (Nr 1).** Die Verteilung an die Aktionäre beruht auf § 58 Abs 4 AktG. Danach haben die Aktionäre Anspruch auf den Bilanzgewinn, soweit er nicht nach Gesetz oder Satzung, durch HV-Beschluss nach § 58 Abs 3 AktG oder als zusätzlicher Aufwand auf Grund des Gewinnverwendungsbeschlusses (§ 174 Abs 2 Nr 5 AktG) von der Verteilung unter die Aktionäre ausgeschlossen ist (hierzu Anm 56).

5   **Abschlagszahlungen** auf den Bilanzgewinn (§ 59 AktG) mindern den Betrag des an die Aktionäre zu verteilenden Gewinns nicht, sie sind in einer Vorspalte des Postens anzugeben.

Zu berücksichtigen sind im Gewinnverwendungsvorschlag etwaige **Sonderrechte für Vorzugsaktien** (§ 11 AktG) sowie bestehende **Ausschüttungssperren** gem § 268 Abs 8 (s § 268 Anm 140).

Der AG selbst stehen aus **eigenen Aktien** gem § 71b AktG keine Rechte und damit kein Gewinnbezugsrecht zu. Entspr gilt für die nach § 71d AktG den eigenen Aktien gleichstehenden Aktien (§ 71d S 4 AktG).

Werden für **qualifizierte Beteiligungen** an der AG die Mitteilungen nach § 20 Abs 1 oder 4 AktG nicht gemacht, besteht nach § 20 Abs 7 AktG für diese Aktien kein Gewinnbezugsrecht, es sei denn, die Mitteilung wurde nicht vorsätzlich unterlassen und wurde nachgeholt (§ 20 Abs 7 S 2 AktG). Das Gleiche gilt gem § 28 WpHG für unterlassene Mitteilungen nach § 21 Abs 1 oder Abs 1a WpHG. Die Frage, ob im Falle des Fehlens der Mitteilung am Tag der HV die Dividendenansprüche endgültig erlöschen oder lediglich aufgeschoben sind, kann im Rahmen des Gewinnverwendungsvorschlags dahingestellt bleiben, da nicht ausgeschlossen werden kann, dass bis zur HV, also bis zur Beschlussfassung, eine entspr Mitteilung noch eingeht.

bb) Einstellung in Gewinnrücklagen (Nr 2). Bei der **Einstellung in** **6** **Gewinnrücklagen** handelt es sich um den Vorschlag des Vorstands für eine gem § 58 Abs 3 S 1 AktG von der HV zu beschließende weitere Einstellung in Gewinnrücklagen (hierzu Anm 52).

cc) Gewinnvortrag (Nr 3). Nach § 58 Abs 3 S 1 AktG kann die HV den **7** Bilanzgewinn auch ganz oder teilweise als Gewinn vortragen. Der **Gewinnvortrag** steht im Folgejahr – soweit er nicht mit einem etwaigen Jahresfehlbetrag zu verrechnen ist – im Rahmen des Bilanzgewinns wiederum zur Disposition der HV. IdR enthält der Posten allerdings lediglich einen im Rahmen des Gewinnverwendungsvorschlags nicht verteilbaren Spitzenbetrag.

dd) Bilanzgewinn (Nr 4). Der Posten „Bilanzgewinn" enthält die Summe **8** der vorangehenden Posten Nr 1 und 3. Der Betrag muss identisch sein mit dem nach § 268 Abs 1 S 2 in der Bilanz und nach § 158 Abs 1 S 1 Nr 5 AktG in der GuV auszuweisenden oder nach § 158 Abs 1 S 2 AktG im Anhang anzugebenden Bilanzgewinn.

b) Abweichungen vom und Ergänzungen zum gesetzlichen Gliederungsschema

Enthält der Gewinnverwendungsvorschlag des Vorstands Bestandteile, die das **9** gesetzliche Gliederungsschema nicht vorsieht, ist von dem Schema abzuweichen (§ 170 Abs 2 S 2 AktG). In Betracht kommen satzungsgemäß festgelegte, der HV vorbehaltene (§ 58 Abs 3 S 2 AktG) andere Gewinnverwendungen wie zB Zuwendungen an gemeinnützige Stiftungen (*ADS*[6] § 170 AktG Anm 47). Erweiterungen oder Ergänzungen des gesetzlichen Schemas können auch zur Klarstellung einzelner Gewinnverwendungsposten erforderlich sein, zB bei unterschiedlicher Gewinnbeteiligung der Aktionäre, Abschlagszahlungen auf den Bilanzgewinn gem § 59 AktG, Sachausschüttung gem § 58 Abs 5 AktG oder Einstellungen in verschiedene Gewinnrücklagen und die Wertaufholungsrücklage nach § 58 Abs 2a AktG (*ADS*[6] § 170 AktG Anm 47 ff).

3. Rechte der Aufsichtsratsmitglieder (Abs 3)

a) Kenntnisnahme (S 1)

Das Recht jedes AR-Mitgliedes gem § 170 Abs 3 S 1 AktG, von den Vorla- **10** gen und den PrüfBer Kenntnis zu nehmen, ist Voraussetzung für die Erfüllung seiner Prüfungspflicht gem § 171 AktG. Dieses Recht auf Kenntnisnahme ist im Zusammenhang zu sehen mit der Überwachungsaufgabe des AR gem § 111 Abs 1 AktG und der sich daraus ergebenen Haftung nach § 116 S 1 AktG iVm § 93 AktG. In der jüngeren Vergangenheit ist deutlich geworden, dass an die Überwachungsaufgabe des AR seitens der Rspr höhere Anforderungen gestellt werden (*LG Bielefeld* 16.11.1999, AG 2000, 136 „Balsam-AG"; *LG München I* 31.5.2007, AG 2007, 827; s grds zur Haftung von AR-Mitgliedern *Kau/Kukat* BB 2000, 1045). Das Recht auf Kenntnisnahme kann weder durch Satzung noch durch Beschlüsse der HV und/oder des AR eingeschränkt werden (*Brönner* in Großkomm AktG[4] § 170 Anm 21, *ADS*[6] (ErgBd) § 170 AktG Anm 24). Deshalb darf die Kenntnisnahme der Unterlagen nicht einem Ausschuss vorbehalten werden. Auch wenn der AR-Vorsitzende oder der Prüfungsausschuss in der Praxis die Bilanzsitzung vorbereitet, hat jedes AR-Mitglied unabhängig davon ein Recht auf persönliche Kenntnisnahme der Unterlagen; zu den Rechten der AR-Mitglieder *ADS*[6] ErgBd § 170 AktG Anm 24 mwN. Zur sorgfältigen, pflichtgemäßen Kenntnisnahme muss ein **ausreichender Zeitraum** zur Vfg stehen. Die Angemessenheit der Frist hängt von den Umständen des Einzelfalls, also insbesondere von der Komplexität der zu prüfenden Unterlagen und dem Grad der Vorbefassung durch AR ab. Ausreichend ist jedenfalls die reguläre Einberufungsfrist für AR-Sitzungen oder zumindest eine Frist von zwei Wochen (*Hüffer*[10] § 170 Anm 14).

b) Übermittlung (S 2)

11 Die **Vorlagen** und die **PrüfBer** sind grds jedem AR-Mitglied zu übermitteln. Nach § 103 Abs 3 S 2 AktG kann die Übermittlung auf einen oder mehrere Ausschüsse beschränkt werden. Das individuelle Recht eines jeden AR-Mitglieds auf Kenntnisnahme bleibt davon aber unberührt. Die Beschränkung der Übermittlung setzt eine Regelung in der Geschäftsordnung oder einen Beschluss des AR voraus. Sie ist auf Kritik gestoßen (s Nachweise bei *Hüffer*[10] § 170 Am 13, *Drygala* in Schmidt/Lutter[2] § 170 Anm 19, *ADS*[6] (ErgBd) § 170 AktG Anm 30; *Velte* NZG 2009, 737). Sachlich kann sich die Beschränkung nur auf die **PrüfBer** beziehen. JA, Lagebericht und Gewinnverwendungsvorschlag des Vorstands, KA, Konzernlagebericht und ggf IFRS-EA sind ohnehin zwingend dem AR vorzulegen, der sie zu prüfen hat (§ 171 Abs 1 S 1 AktG).

Es ist ausreichend, zunächst einen (finalen) Entwurf des PrüfBer an den AR zu übermitteln, sofern zZt des Billigungsbeschlusses des AR die unterschriebene Endfassung vorliegt (*OLG Stuttgart* 5.11.2008, DB 2009, 1521 ff; krit *Bormann*, DStR 2011, 368, BGH 21.6.2010, BB 2010, 2397).

Satzung oder Geschäftsordnung können eine Rückgabeverpflichtung für den Fall des Ausscheidens des AR-Mitgliedes vorsehen (*Hüffer*[10] § 170 Anm 14).

4. Vorlage an den Aufsichtsrat bei der KGaA

12 Die KGaA hat wie die AG einen AR. Gem § 278 Abs 3 AktG gelten für die Prüfung des JA durch den AR die Vorschriften für die AG sinngemäß. Bei der KGaA haben die phG die Vorlagepflichten ggü dem AR zu erfüllen (§ 283 Nr 9 AktG).

5. Rechtsfolgen einer Verletzung des § 170 AktG

13 Legt der Vorstand die vorgeschriebenen Unterlagen nicht rechtzeitig oder nicht vollständig vor, ist er hierzu gem § 407 Abs 1 AktG vom Registergericht durch Festsetzung von **Zwangsgeld** anzuhalten. Ferner kann ggü der Ges **Schadensersatzpflicht** gem § 93 Abs 2 AktG bestehen. Schließlich kommt auch der **Widerruf der Bestellung zum Vorstand** aus wichtigem Grund in Betracht (§ 84 Abs 3 AktG).

II. Prüfung durch den Aufsichtsrat (§ 171 AktG)

§ 171 AktG Prüfung durch den Aufsichtsrat

(1) ¹Der Aufsichtsrat hat den Jahresabschluß, den Lagebericht und den Vorschlag für die Verwendung des Bilanzgewinns zu prüfen, bei Mutterunternehmen (§ 290 Abs. 1, 2 des Handelsgesetzbuchs) auch den Konzernabschluß und den Konzernlagebericht. ²Ist der Jahresabschluss oder der Konzernabschluss durch einen Abschlussprüfer zu prüfen, so hat dieser an den Verhandlungen des Aufsichtsrats oder des Prüfungsausschusses über diese Vorlagen teilzunehmen und über die wesentlichen Ergebnisse seiner Prüfung, insbesondere wesentliche Schwächen des internen Kontroll- und des Risikomanagementsystems bezogen

auf den Rechnungslegungsprozess, zu berichten. ³Er informiert über Umstände, die seine Befangenheit besorgen lassen und über Leistungen, die er zusätzlich zu den Abschlussprüfungsleistungen erbracht hat.

(2) ¹Der Aufsichtsrat hat über das Ergebnis der Prüfung schriftlich an die Hauptversammlung zu berichten. ²In dem Bericht hat der Aufsichtsrat auch mitzuteilen, in welcher Art und in welchem Umfang er die Geschäftsführung der Gesellschaft während des Geschäftsjahrs geprüft hat; bei börsennotierten Gesellschaften hat er insbesondere anzugeben, welche Ausschüsse gebildet worden sind, sowie die Zahl seiner Sitzungen und die der Ausschüsse mitzuteilen. ³Ist der Jahresabschluß durch einen Abschlußprüfer zu prüfen, so hat der Aufsichtsrat ferner zu dem Ergebnis der Prüfung des Jahresabschlusses durch den Abschlußprüfer Stellung zu nehmen. ⁴Am Schluß des Berichts hat der Aufsichtsrat zu erklären, ob nach dem abschließenden Ergebnis seiner Prüfung Einwendungen zu erheben sind und ob er den vom Vorstand aufgestellten Jahresabschluß billigt. ⁵Bei Mutterunternehmen (§ 290 Abs. 1, 2 des Handelsesetzbuchs) finden die Sätze 3 und 4 entsprechende Anwendung auf den Konzernabschluss.

(3) ¹Der Aufsichtsrat hat seinen Bericht innerhalb eines Monats, nachdem ihm die Vorlagen zugegangen sind, dem Vorstand zuzuleiten. ²Wird der Bericht dem Vorstand nicht innerhalb der Frist zugeleitet, hat der Vorstand dem Aufsichtsrat unverzüglich eine weitere Frist von nicht mehr als einem Monat zu setzen. ³Wird der Bericht dem Vorstand nicht vor Ablauf der weiteren Frist zugeleitet, gilt der Jahresabschluß als vom Aufsichtsrat nicht gebilligt; bei Mutterunternehmen (§ 290 Abs. 1, 2 des Handelsgesetzbuchs) gilt das Gleiche hinsichtlich des Konzernabschlusses.

(4) ¹Die Absätze 1 bis 3 gelten auch hinsichtlich eines Einzelabschlusses nach § 325 Abs. 2a des Handelsgesetzbuchs. ²Der Vorstand darf den in Satz 1 genannten Abschluss erst nach dessen Billigung durch den Aufsichtsrat offen legen.

Übersicht

	Anm
1. Prüfung (Abs 1, Abs 4)	
a) Prüfungspflicht des Aufsichtsrats (Abs 1 S 1)	
aa) Pflicht zur Prüfung	20
bb) Gegenstand und Umfang der Prüfung	21–25
b) Teilnahme-, Berichts- und Offenlegungspflicht des Abschlussprüfers (Abs 1 S 2, 3)	26
2. Bericht des Aufsichtsrats (Abs 2)	27–31
3. Vorlage des Berichts (Abs 3)	32
4. Prüfung durch den Aufsichtsrat der KGaA	33
5. Rechtsfolgen einer Verletzung des § 171 AktG	34–36

1. Prüfung (Abs 1, Abs 4)

a) Prüfungspflicht des Aufsichtsrats (Abs 1 S 1)

aa) Pflicht zur Prüfung. Die Prüfungspflicht gem Abs 1 S 1 obliegt dem 20 gesamten AR *und* jedem einzelnen AR-Mitglied. Sie kann nicht mit befreiender Wirkung für die übrigen AR-Mitglieder auf einen Ausschuss oder bestimmte Mitglieder übertragen werden. Das **einzelne Aufsichtsrats-Mitglied** muss sich **auf Grund eigener Prüfung** selbst ein U bilden, die *generelle* Delegierung dieser Aufgabe auf externe Sachverständige widerspricht § 111 Abs 5 AktG.

In der Praxis wird die Bilanzsitzung des AR idR durch einen entspr Ausschuss *vorbereitet*. Soweit diese Aufgabe bei kapmarktGes (§ 264d) vom Prüfungsausschuss wahrgenommen wird (§ 324), hat diesem mind ein Mitglied anzugehören, das unabhängig ist und über Sachverstand auf den Gebieten Rechnungslegung oder APr verfügt (§ 100 Abs 5 AktG). Zur Bilanzsitzung können gem § 109 Abs 1 S 2 AktG Sachverständige hinzugezogen werden. Das ist grds sinnvoll und nicht zu beanstanden, wenn sichergestellt ist, dass die anderen Mitglieder des AR das Ergebnis des Ausschusses bzw des Sachverständigen nachprüfen und es sich entweder zu eigen machen oder ablehnen können. Für die Prüfung und die U-Bildung steht in erster Linie der **Bericht des Abschlussprüfers** zur Vfg und falls erforderlich, der AP mit weiteren Informationen. Gem § 111 Abs 2 S 2 AktG besteht die Möglichkeit, mit bestimmten Aufgaben – zB der Prüfung bestimmter Geschäftsvorfälle und ihrer Auswirkungen – externe Sachverständige zu beauftragen. Auch ein einzelnes AR-Mitglied darf wohl einen zur Verschwiegenheit verpflichteten **externen Sachverständigen** zur Klärung schwieriger Einzelfragen im Vorfeld der Bilanzsitzung des AR beiziehen, wenn andernfalls seine gesetzliche Prüfungspflicht nicht erfüllt werden kann.

21 bb) **Gegenstand und Umfang der Prüfung. Gegenstand** der Prüfung sind Abschluss, Lagebericht und Gewinnverwendungsvorschlag. **Umfang** und Ziele der Prüfung durch den AR werden dagegen **gesetzlich nicht festgelegt;** anders als bei der Prüfung durch den AP: Hier legt § 317 (s § 317 Anm 5, 10) sowohl Gegenstand als auch Umfang fest. Aus dem Fehlen einer solchen Vorschrift und auf Grund der allgemeinen Überwachungsaufgabe des AR (§ 111 AktG) besteht demnach eine **uneingeschränkte Prüfungspflicht** (*ADS*[6] § 171 AktG Anm 17), dh Prüfung von **Rechtmäßigkeit** und **Zweckmäßigkeit**.

22 Die Prüfung des AR erstreckt sich zunächst auf die **Einhaltung** der gesetzlichen und satzungsmäßigen **Vorschriften für** die **Erstellung** der Unterlagen. Insoweit überschneidet sich der Umfang der Prüfung inhaltlich mit dem Aufgabengebiet des AP. Der AP soll den AR in seiner Prüfungsaufgabe unterstützen. Keinesfalls aber können die Prüfungsergebnisse der AP die eigene Prüfung und das daraus resultierende U des AR ersetzen: Auch ein positiver Bericht der AP ohne Einschränkungen hinsichtlich der Gesetz- und Ordnungsmäßigkeit und ohne besondere Prüfungsfeststellungen hat lediglich Indizwirkung und entbindet nicht von der Prüfungspflicht (s dazu *Hüffer*[10] § 171 Anm 5, 9). Die AR-Mitglieder können *und sollen* aber Fragen an den bei der Bilanzsitzung anwesenden AP stellen (s Anm 26). Der AR muss gleichzeitig auch eventuelle andere Erkenntnisquellen für seine Prüfung (zB Sonderwissen; Tagespresse) nutzen. Besondere Schwierigkeiten entstehen, wenn der Vorstand den AR nicht verlässlich unterrichtet oder sogar täuscht. Bestehen Anhaltspunkte für eine falsche Unterrichtung oder Täuschung, ist der AR zu konkreter Aufklärung verpflichtet. Unterlässt ein AR-Mitglied eine danach erforderliche Maßnahme, kann er der Ges für den ab diesem Zeitpunkt entstehenden Schaden haften (*LG Bielefeld* 16.11.1999, AG 2000, 136 „Balsam-AG").

Bei kleinen AG und für – auch börsennotierte – TU-AG *jeder Größe,* sofern für sie eine Pflicht zur JA-Prüfung gem § 264 Abs 3 nicht besteht, muss sich der AR ohnehin auf Grund eigener Prüfungshandlungen – uU unter Zuhilfenahme von Sachverständigen – von der Gesetz- und Ordnungsmäßigkeit des JA überzeugen.

Anders als der AP hat der AR nicht nur eine Gesetz- und Ordnungsmäßigkeitsprüfung durchzuführen, sondern auch eine Zweckmäßigkeitsprüfung der Bilanzpolitik des Vorstands. Hierzu gehören zB die Ausübung von **Bilanzierungs- und Bewertungswahlrechten** und die Bildung und Auflösung von **Rücklagen**. Ferner hat der AR zu prüfen, ob **Probleme, Risiken** und **Geschäftsvorfälle**, die ihm auf Grund der lfd Informationen durch die Verwaltung bekannt sind (§ 90 Abs 1 AktG), im JA ihren ausreichenden Niederschlag gefunden haben.

Das heutige Verständnis der **Zusammenarbeit zwischen Aufsichtsrat und Abschlussprüfer** legt eine vertiefte Zusammenarbeit, auch über die Teilnahme an der Bilanzsitzung hinaus, nahe. So soll bspw gem DCGK Ziff 7.2.3 der AP den AR unverzüglich und damit auch schon vor der Bilanzsitzung über wesentliche Feststellungen und Vorkommnisse informieren. Allgemeingültige Grundsätze gibt es nicht, die Zusammenarbeit muss je nach den Unt-Verhältnissen zwischen AR und AP abgestimmt werden (zur Unterstützung des AR durch den AP s *Forster* AG 1995, 1; *Rürup* AG 1995, 219; s auch *ADS*[6] (ErgBd) § 171 AktG Anm 34ff; *Dörner* DB 2000, 101).

Der **Konzernabschluss und der Konzernlagebericht** sind zu prüfen und 23 zu billigen. Die Prüfungspflicht umfasst nicht nur KA nach HGB, sondern auch befreiende KA (US-GAAP; IFRS; hierzu s *ADS*[6] (ErgBd) § 171 AktG Anm 7ff). Dies gilt auch für den **IFRS-EA** nach § 325 Abs 2a.

Der **Gewinnverwendungsvorschlag** ist nicht Gegenstand der Prüfung 24 durch den AP; nur der AR hat die **Einhaltung der gesetzlichen und satzungsmäßigen Bestimmungen** zu prüfen. Daneben muss er auch prüfen, ob der Vorschlag **sachgerecht** ist, dh den Interessen des Unt, ggf des Konzerns, *und* der Aktionäre Rechnung trägt (Rechtmäßigkeit *und* Zweckmäßigkeit).

Gem § 314 AktG hat der AR zudem den vom Vorstand einer abhängigen AG 25 aufgestellten **Abhängigkeitsbericht** (§ 312 AktG) in seine Prüfung einzubeziehen (s Exkurs zu § 289). Besondere Bedeutung kommt hier der Prüfung der Vollständigkeit des Berichts durch den AR zu, da diese bei der Prüfung durch den AP (§ 313 AktG) nicht Gegenstand einer *gezielten* Prüfung ist; es besteht lediglich eine Berichtspflicht des AP nach § 313 Abs 2 S 2 AktG, wenn er Merkmale feststellt, die darauf schließen lassen, dass der Bericht unvollständig ist (*ADS*[6] § 171 AktG Anm 42 und § 313 AktG Anm 46).

b) Teilnahme-, Berichts- und Offenlegungspflicht des Abschlussprüfers (Abs 1 S 2, 3)

Der AP hat **zwingend** an den Verhandlungen über die Vorstandsvorlagen 26 **teilzunehmen.** Schließt der AR ihn von den Sitzungen aus, handelt der AR, nicht der AP pflichtwidrig. AP muss über das wesentliche Ergebnis und Gesamtzusammenhänge seiner JA- bzw KA-Prüfung dem AR-Plenum und/oder Prüfungsausschuss berichten und für ergänzende Fragen zur Vfg stehen (*Hommelhoff* BB 1998, 2625). Zu berichten ist insb über wesentliche Schwächen des IKS und RMS bezogen auf den Rechnungslegungsprozess (s zu den Merkmalen dieser Systeme § 289 Anm 150ff). Zur Steigerung der Transparenz und einer damit verbundenen besseren Überwachung des AR ist dieser gem Abs 1 S 3 verpflichtet, über Umstände, die seine Befangenheit (s dazu zB § 319 Anm 20ff und § 319b Anm 1ff) besorgen lassen und über Leistungen, die er zusätzlich zu den AP-Leistungen erbracht hat, zu informieren.

Es unterliegt dem Dispositionsrecht des AR, ob der AP nur an der **Sitzung des Ausschusses** oder an der **Plenumssitzung** oder an beiden teilnehmen soll. Dem AR insgesamt wird damit die Möglichkeit gegeben, im Rahmen der Prüfungsaufgabe zusätzliche Auskünfte und Erl vom AP zu erlangen. Zu Einzelheiten s IDW PS 470. Dies betr insb Erl zur KA-Prüfung, da dann auch der JA eines an sich nicht prüfungspflichtigen TU nach § 317 Abs 3 zu prüfen ist. Auch an den Verhandlungen des AR über den **AbhBer** hat der AP zwingend teilzunehmen und über die wesentlichen Ergebnisse der Prüfung zu berichten.

2. Bericht des Aufsichtsrats (Abs 2)

Der AR hat über das Ergebnis seiner Prüfung **schriftlich** an die HV zu be- 27 richten. Die Berichtspflicht obliegt dem AR als Organ, sie kann gem § 107 Abs 3 S 2 AktG nicht auf einen Ausschuss übertragen (wohl aber durch ihn vorbereitet) werden. Der AR muss seinen Bericht durch förmlichen Beschluss feststellen und dessen Urschrift muss zumindest durch den Aufsichtsratsvorsitzenden **unterschrieben** werden (BGH 21.6.2010, DB 2010, 1697; *Peltzer* NZG 2010, 976). Über die Gestaltung des AR-Berichts bestehen keine gesetzlichen Vorschriften. Es sind **ausführliche** und **individuelle AR-Berichte** erforderlich (*LG München I* 10.3.2005, DB 2005, 878; *OLG München* 25.7.2005 AG 2006, 592; *OLG Stuttgart* 15.3.2006, WM 2006, 863; krit *Drygala* in Schmidt/Lutter[2] § 171 Anm 16). Noch weitergehende Anforderungen an die Berichterstattung sind zu stellen, wenn der AR gegen den JA Einwendungen erhebt oder die Feststellung der HV überlassen will. Dabei ist zu beachten, dass die Vorgänge im AR (insbes Abstimmungen, Beratungen) grds einer umfassenden Vertraulichkeit unterliegen, weshalb Angaben dazu, warum bestimmte Maßnahmen *nicht* ergriffen wurden, nicht gefordert werden können (s *Drygala* in Schmidt/Lutter[2] § 171 Anm 14 ff; aA *OLG Stuttgart* aaO; vgl. auch *Priester* ZIP 2011, 2081 zur Berichterstattung über Interessenkonflikte im AR).

28   Der Bericht umfasst folgende Bestandteile:
(1) Das **Ergebnis der Prüfung** des Abschlusses, Lageberichts und Gewinnverwendungsvorschlags (Abs 2 S 1).
(2) Die **Mitteilung,** in welcher **Art** und in welchem **Umfang** der AR die **Geschäftsführung** der Ges während des Gj **selbst geprüft** hat (§ 171 Abs 2 S 2 HS 1 AktG). Hierbei ist ein detailliertes Eingehen auf Einzelmaßnahmen erforderlich. Angabepflichtig ist insb außergewöhnliche Prüfungsmaßnahmen (*Claussen* in Kölner Komm-AktG[3] § 171 Anm 14).
Bei **börsennotierten Gesellschaften** sind auch Art und Zahl der Ausschüsse sowie die Anzahl der Sitzungen von AR und Ausschüssen mitzuteilen. Diese erweiterte Rechenschaftspflicht (Abs 2 S 2 2. Hs) soll dazu beitragen, dass vermehrt Ausschüsse eingerichtet werden und generell die Sitzungsfrequenz des AR erhöht wird.

29   (3) Ferner die **Stellungnahme** des AR zum **Ergebnis der Prüfung durch den Abschlussprüfer** (§ 171 Abs 2 S 3, 5 AktG), sofern Prüfungspflicht besteht. Ist der BVm uneingeschränkt erteilt und stimmt der AR mit der Auffassung des AP überein, wird in der Praxis lediglich in einem Satz auf die zustimmende Kenntnisnahme des AR hingewiesen. Eine ausführliche Stellungnahme des AR ist dagegen erforderlich, wenn der BVm versagt oder eingeschränkt wurde oder die Auffassung des AP zu wesentlichen Fragen im PrüfBer nicht geteilt wird.

30   (4) Die **Erklärung** am Schluss des Berichts, ob nach dem abschließenden Ergebnis der Prüfung **Einwendungen** zu erheben sind und ob die vom Vorstand aufgestellten Abschlüsse und Lageberichte gebilligt werden.
– Mit der Erklärung der **Billigung des Jahresabschlusses** durch den AR ist der JA **festgestellt,** sofern nicht Vorstand und AR gemeinsam beschließen, die Feststellung der HV zu überlassen (§ 172 S 1 AktG).
– Billigt er den **Konzernabschluss** nicht, entscheidet die HV über die Billigung (§ 173 Abs 1 S 2 AktG).
– Demggü sieht § 175 AktG vor, dass die Entscheidung über den **IFRS-Einzelabschluss** nach § 325 Abs 2a nicht an die HV übertragen werden kann (der Gesetzgeber hat keine Regelung entspr dem für den KA geltenden § 173 Abs 1 S 2 AktG eingefügt). Erfolgt daher keine Billigung durch den AR, so ist der IFRS-EA durch den Vorstand zu ändern (§ 171 Abs 4 AktG).

31   Hat der AR einen **Abhängigkeitsbericht** zu prüfen (Anm 25), muss er der HV auch über das Ergebnis dieser Prüfung berichten. In diesem Falle enthält der Bericht des AR weitere Bestandteile: Das **Ergebnis der eigenen Prüfung** des AbhBer durch den AR (§ 314 Abs 2 S 1 AktG), die **Stellungnahme** des AR

zum Ergebnis der Prüfung des AbhBer durch den AP (§ 314 Abs 2 S 2 AktG), die **Wiedergabe des** vom AP erteilten BVm oder die Mitteilung über die Versagung des BVm (§ 314 Abs 2 S 3 AktG) und schließlich die **Erklärung des Aufsichtsrats,** ob nach dem abschließenden Ergebnis *seiner* Prüfung **Einwendungen** gegen die Erklärung des Vorstands am Schluss des AbhBer zu erheben sind (§ 314 Abs 3 AktG).

Aus Abs 2 dürfte sich keine allgemeine Verpflichtung des AR ergeben, über alle für die Beurteilung der für die Rechtmäßigkeit des Verhaltens des AR relevanten Umstände wie zB Interessenkonflikte zu berichten (*OLG München* v 24.9.2008, WM 2009, 265). Allerdings muss nach DCGK Ziff 5.5.3. der AR in seinem Bericht an die HV über Interessenkonflikte und deren Behandlung berichten. Diese Empfehlung unterliegt der Entsprechenserklärung nach § 161 AktG (vgl hierzu sowie zu den Anforderungen an die Entsprechenserklärung und den Folgen deren Nichteinhaltung: OLG Frankfurt a. M. 5.7.2011, NZG 1029; 16.2.2009, II ZR 185/07; BGH 21.9.2009, BGHZ 182, 272; BGH 10.7.2012, II ZR 48/11; *Litzenberger* NZG 2011, 1019; *von der Linden* GWR 2011, 407).

3. Vorlage des Berichts (Abs 3)

Der AR hat seinen Bericht **innerhalb eines Monats,** nachdem ihm die Vorlagen zugegangen sind, dem Vorstand zuzuleiten (§ 171 Abs 3 S 1 AktG). Wird diese Frist nicht eingehalten, hat der Vorstand dem AR unverzüglich, dh ohne schuldhaftes Zögern, eine weitere Frist **(Nachfrist)** von nicht mehr als einem Monat zu setzen (§ 171 Abs 3 S 2 AktG). Danach gilt der JA/KA/IFRS-EA als vom AR *nicht* gebilligt (§ 171 Abs 3 S 3 AktG); die Feststellung des JA bzw die Billigung des KA hat nunmehr durch die **Hauptversammlung** zu erfolgen (§ 173 Abs 1 AktG). Der Vorstand hat unverzüglich die HV einzuberufen (§ 175 Abs 1 AktG).

4. Prüfung durch den Aufsichtsrat der KGaA

Für die Prüfung durch den AR der KGaA gelten die Vorschriften für AG sinngemäß (§ 278 Abs 3 AktG). Zu beachten ist aber, dass trotz Billigungserklärung durch den AR der JA *nicht festgestellt* ist, da die Feststellung bei der KGaA zwingend der HV und den phG vorbehalten ist (§ 286 Abs 1 AktG).

5. Rechtsfolgen einer Verletzung des § 171 AktG

Zur Bestimmung der **Nachfrist** und ggf zur anschließenden Einberufung der **Hauptversammlung** kann der **Vorstand** vom Registergericht durch die Festsetzung von **Zwangsgeld** angehalten werden (§ 407 Abs 1 AktG).

Zwangsgeld gem § 407 AktG kann gegen den **Aufsichtsrat nicht** festgesetzt werden. Wegen der gesetzlichen Fiktion der nicht erfolgten Billigung nach § 171 Abs 3 S 3 AktG kommt auch eine **Klage der Gesellschaft** gegen den AR praktisch **nicht** in Betracht.

Die Verletzung der Prüfungs- und Berichtspflicht kann **Schadenersatzpflicht** des AR gem §§ 116, 111, 93 AktG auslösen. Ferner kann die Pflichtverletzung einen Grund für die **Versagung der Entlastung** des AR darstellen. Werden die Verhältnisse der Ges im Bericht des AR unrichtig dargestellt oder verschleiert, droht Bestrafung nach § 400 Abs 1 und 2 AktG.

Kommt der AP seiner Verpflichtung zur Teilnahme nicht nach und entsteht der Ges daraus ein Schaden, ist er zum **Schadensersatz** verpflichtet (§ 323 Abs 1).

B. Verwendung des Jahresüberschusses, Abschlagszahlung auf den Bilanzgewinn (§§ 58, 59 AktG)

I. Verwendung des Jahresüberschusses (§ 58 AktG)

§ 58 AktG Verwendung des Jahresüberschusses

(1) ¹Die Satzung kann nur für den Fall, daß die Hauptversammlung den Jahresabschluß feststellt, bestimmen, daß Beträge aus dem Jahresüberschuß in andere Gewinnrücklagen einzustellen sind. ²Auf Grund einer solchen Satzungsbestimmung kann höchstens die Hälfte des Jahresüberschusses in andere Gewinnrücklagen eingestellt werden. ³Dabei sind Beträge, die in die gesetzliche Rücklage einzustellen sind, und ein Verlustvortrag vorab vom Jahresüberschuß abzuziehen.

(2) ¹Stellen Vorstand und Aufsichtsrat den Jahresabschluß fest, so können sie einen Teil des Jahresüberschusses, höchstens jedoch die Hälfte, in andere Gewinnrücklagen einstellen. ²Die Satzung kann Vorstand und Aufsichtsrat zur Einstellung eines größeren oder kleineren Teils des Jahresüberschusses ermächtigen. ³Auf Grund einer solchen Satzungsbestimmung dürfen Vorstand und Aufsichtsrat keine Beträge in andere Gewinnrücklagen einstellen, wenn die anderen Gewinnrücklagen die Hälfte des Grundkapitals übersteigen oder soweit sie nach der Einstellung die Hälfte übersteigen würden. ⁴Absatz 1 Satz 3 gilt sinngemäß.

(2a) ¹Unbeschadet der Absätze 1 und 2 können Vorstand und Aufsichtsrat den Eigenkapitalanteil von Wertaufholungen bei Vermögensgegenständen des Anlage- und Umlaufvermögens und von bei der steuerrechtlichen Gewinnermittlung gebildeten Passivposten, die nicht im Sonderposten mit Rücklageanteil ausgewiesen werden dürfen, in andere Gewinnrücklagen einstellen. ²Der Betrag dieser Rücklagen ist entweder in der Bilanz gesondert auszuweisen oder im Anhang anzugeben.

(3) ¹Die Hauptversammlung kann im Beschluß über die Verwendung des Bilanzgewinns weitere Beträge in Gewinnrücklagen einstellen oder als Gewinn vortragen. ²Sie kann ferner, wenn die Satzung sie hierzu ermächtigt, auch eine andere Verwendung als nach Satz 1 oder als die Verteilung unter die Aktionäre beschließen.

(4) Die Aktionäre haben Anspruch auf den Bilanzgewinn, soweit er nicht nach Gesetz oder Satzung, durch Hauptversammlungsbeschluß nach Absatz 3 oder als zusätzlicher Aufwand auf Grund des Gewinnverwendungsbeschlusses von der Verteilung unter die Aktionäre ausgeschlossen ist.

(5) Sofern die Satzung dies vorsieht, kann die Hauptversammlung auch eine Sachausschüttung beschließen.

Übersicht

	Anm
1. Rücklagendotierung bei der Feststellung des Jahresabschlusses	
a) Rücklagendotierung durch die Hauptversammlung (Abs 1) ..	40–44
b) Rücklagendotierung durch Vorstand und Aufsichtsrat (Abs 2)	45–50
c) Einstellung in die Wertaufholungsrücklage (Abs 2a)	51
2. Rücklagenbildung im Rahmen der Gewinnverwendung (Abs 3)	52–55
3. Anspruch der Aktionäre auf den Bilanzgewinn (Abs 4)	56

	Anm
4. Sachausschüttung (Abs 5)	57
5. Rücklagenbildung bei der KGaA	58
6. Besonderheiten bei der REIT-AG	59
7. Rechtsfolgen einer Verletzung des § 58 Abs 1 und 2 AktG	60

1. Rücklagendotierung bei der Feststellung des Jahresabschlusses

a) Rücklagendotierung durch die Hauptversammlung (Abs 1)

Stellt die HV – ausnahmsweise (vgl §§ 173 Abs 1, 234 Abs 2, 270 Abs 2 **40** AktG) – den JA fest, darf sie nur die Beträge in Gewinnrücklagen einstellen, die nach Gesetz oder Satzung einzustellen sind (§ 173 Abs 2 S 2 AktG). Ohne eine entspr Satzungsbestimmung **darf** demnach die HV **bei der Feststellung des JA nur** die gesetzliche Rücklage (§ 150 AktG), die Rücklage für Anteile an einem herrschenden oder mit Mehrheit beteiligten Unt (§ 272 Abs 4) oder die Rücklage nach § 232 AktG dotieren (zur Berücksichtigung der nach Gesetz oder Satzung in die Gewinnrücklagen einzustellenden Beträge bereits bei Aufstellung des JA s § 270 Anm 15 ff). Die Bildung von anderen Gewinnrücklagen ist dann allerdings nach Feststellung des JA im Rahmen der Gewinnverwendung (§§ 58 Abs 3, 174 Abs 1 AktG) möglich. Die Trennung zwischen Rücklagendotierung bei Feststellung des JA (Abs 1) bzw bei Gewinnverwendungsbeschluss (Abs 3) hat Bedeutung für das Anfechtungsrecht gem § 254 AktG: Nur der Gewinnverwendungsbeschluss, nicht der Feststellungsbeschluss kann angefochten werden.

Zusätzlich zu dieser – den Schutz der Minderheitsaktionäre vor „Aushunge- **41** rung" durch die Mehrheit bezweckenden – Regelung kann die **Satzung** bestimmen, dass Beträge aus dem Jahresüberschuss in **andere Gewinnrücklagen** einzustellen *sind*. Nach dem Wortlaut des § 58 Abs 1 S 1 AktG muss es sich bei der Satzungsbestimmung um eine zwingende Verpflichtung und nicht bloß eine Ermächtigung zur Rücklagenbildung handeln (*ADS*[6] § 58 AktG Anm 37). Auch die Höhe der Rücklagenzuweisung muss durch die Satzungsbestimmung zwingend vorgeschrieben sein; dies ergibt sich aus dem Wortlaut des § 173 Abs 2 S 2 AktG (str; *ADS*[6] § 58 AktG Anm 38 mwN). Diesem Erfordernis ist Rechnung getragen, wenn die Höhe der einzustellenden Beträge eindeutig bestimmbar ist. Diese Einstellung wird bereits bei Aufstellung des JA gefordert (§ 270 Anm 3).

Aufgrund der Satzungsbestimmung darf höchstens die **Hälfte des Jahres-** **42** **überschusses** in andere Gewinnrücklagen eingestellt werden (§ 58 Abs 1 S 2 AktG). Eine Satzungsbestimmung, die diese Höchstgrenze überschreitet, ist zwar deshalb nicht nichtig. In solchen Fällen ist aber die HV nur zur Rücklagendotierung in Höhe der Hälfte des Jahresüberschusses berechtigt und verpflichtet.

Für die Ermittlung der Höchstgrenze des S 2 sind Beträge, die in die **gesetz-** **43** **liche Rücklage** einzustellen sind, und ein **Verlustvortrag** vorab vom Jahresüberschuss **abzuziehen** (§ 58 Abs 1 S 3 AktG). Zur Bildung der gesetzlichen Rücklage vgl § 272 Anm 235 ff. Zu berücksichtigen sind dabei nur die in § 150 Abs 2 AktG genannten Zuweisungen aus dem Jahresüberschuss. Darüber hinausgehende **freiwillige Zuweisungen** zur gesetzlichen Rücklage sind im Rahmen der Feststellung des JA **unzulässig**. Sie können nur im Rahmen des Gewinnverwendungsbeschlusses (§§ 58 Abs 3, 174 AktG) vorgenommen werden.

Der nach Abs 1 S 3 abzuziehende **Verlustvortrag** ist identisch mit dem in **44** § 158 Abs 1 Nr 1 AktG aufgeführten Verlustvortrag aus dem Vj. *Nicht einzubeziehen* in den für die Rücklagendotierung maßgebenden Jahresüberschuss ist dagegen ein **Gewinnvortrag** aus dem Vj. Da er bereits früher Bestandteil eines Jahresüberschusses und damit in der Berechnungsgrundlage nach § 58 AktG enthalten war, darf er nicht nochmals bei der Ermittlung dieser Rücklagenzuführung berücksichtigt werden; vielmehr steht er allein den Aktionären für die Gewinnverwendung (§ 174 AktG) zur Vfg. *Nicht zu mindern ist* auch der für die Rücklagenbildung maßgebende Jahresüberschuss um die Einstellung in die **Rücklage für Anteile an einem herrschenden oder mit Mehrheit beteiligten Unternehmen** (§ 272 Abs 4; s § 272 Anm 300ff), die **Ausschüttungssperren** nach § 268 Abs 8, Art 53 Abs 2 EGHGB sowie die Bildung von etwaigen **satzungsmäßigen Rücklagen**. *Gemindert* wird der maßgebende Jahresüberschuss dagegen durch die vom Vorstand und AR gem § 58 Abs 2a AktG wahlweise zu bildende **Wertaufholungsrücklage** (Anm 51). Erträge aus höherer Bewertung auf Grund einer **Sonderprüfung** nach §§ 258ff AktG rechnen dagegen gem § 261 Abs 3 S 1 AktG für die Anwendung des § 58 nicht zum Jahresüberschuss. Über ihre Verwendung entscheidet nur die HV im Rahmen der Gewinnverwendung.

b) Rücklagendotierung durch Vorstand und Aufsichtsrat (Abs 2)

45 Stellen Vorstand und AR den JA fest (Regelfall des § 172 AktG), dürfen sie einen Teil des Jahresüberschusses, **höchstens** jedoch **die Hälfte, in andere Gewinnrücklagen** einstellen (S 1). Die Vorschrift enthält zwingendes Recht, die Satzung kann die gesetzliche Dispositionsfreiheit von Vorstand und AR hinsichtlich der Rücklagenbildung weder beseitigen oder einschränken noch zu einer Verpflichtung ausgestalten. Für den in § 58 Abs 2 AktG verwendeten **Begriff des Jahresüberschusses** gilt die Ermittlungsvorschrift des § 58 Abs 1 S 3 AktG sinngemäß (Anm 43).

46 Die **Satzung** kann jedoch Vorstand und AR zur Einstellung eines **größeren oder kleineren Teils** als der Hälfte des Jahresüberschusses **ermächtigen,** nicht verpflichten (S 2). Der Umfang der Ermächtigung muss sich aus der Satzungsbestimmung eindeutig ergeben. Die Gesetzesvorschrift enthält keine prozentuale Ober- oder Untergrenze.

47 Der Schutz der Aktionäre ggü übermäßiger Beschränkung ihres Gewinnbezugsrechts wird durch die in § 58 Abs 2 S 3 AktG enthaltene **Höchstgrenze** sichergestellt, wonach Vorstand und AR von der satzungsmäßigen Ermächtigung zur erhöhten Rücklagenbildung keinen Gebrauch machen dürfen, wenn die anderen **Gewinnrücklagen die Hälfte des** (gezeichneten) **Grundkapitals** übersteigen oder soweit sie nach der Einstellung die Hälfte übersteigen würden. **Andere Gewinnrücklagen** meint solche iSd § 158 Abs 1 Nr 3d u 4d AktG. Nicht dazu gehören die **gesetzliche Rücklage,** die Rücklage für **Anteile an einem herrschenden oder mehrheitlich beteiligten Unt** und die satzungsmäßigen Rücklagen. In der Literatur ist teilweise umstritten, welche **satzungsmäßigen Rücklagen** bei der Bestimmung der Höchstgrenze nach § 58 Abs 2 S 3 AktG nicht zu berücksichtigen sind. Mit der hM (*ADS*[6] § 272 Anm 151 mwN) wird man hierunter nur die auf einer bindenden Verpflichtung, nicht die auf einer bloßen Ermächtigung beruhenden Rücklagen verstehen (§ 272 Anm 250). Hiervon abw ist die gem § 58 Abs 1 AktG bei Feststellung des JA durch die HV kraft Satzungsbestimmung zwingend zu bildende Rücklage nach dem Gesetzeswortlaut eine andere Gewinnrücklage und keine satzungsmäßige Rücklage iS dieser Vorschrift. Sie ist daher in die Ermittlung der Höchstgrenze für die Rücklagenbildung einzubeziehen.

Die kraft ausdrücklicher Vorschrift unabhängig von der Rücklagenbildung nach Abs 1 oder 2 wahlweise zu bildende **Wertaufholungsrücklage nach Abs 2a** ist – dem Wortlaut der Vorschrift entspr – auch bei der Ermittlung der Höchstgrenze außer Ansatz zu lassen; ebenso eine etwaige Pflichtzuführung zur Kapitalrücklage gem § 232 AktG.

Einschränkungen hinsichtlich der Rücklagenbildung durch Vorstand und 48
AR können sich auf Grund einer nach Ablauf des Gj auf den voraussichtlichen
Bilanzgewinn an die Aktionäre geleisteten **Abschlagszahlung** (§ 59 AktG) ergeben (dazu Anm 65), eine weitere Begrenzung kann aus § 204 Abs 3 AktG
folgen (Deckung der zu leistenden Einlage aus dem Jahresüberschuss bei Ausgabe
von Aktien an Arbeitnehmer).

Das Bestehen eines **Gewinnabführungsvertrags** hindert die Verwaltung der 49
Organ-Ges nicht, im Rahmen des Vertrags andere Gewinnrücklagen zu bilden
(§ 301 S 2 AktG, § 14 Abs 1 Nr 4 KStG). Sind außenstehende Aktionäre vorhanden, sind die Einschränkungen für die Rücklagenbildung nach § 58 Abs 2
AktG zu beachten.

Umstritten ist die Frage, ob § 58 Abs 2 AktG auf die **Rücklagenbildung bei** 50
der Konzernmutter-Gesellschaft (AG) im Hinblick auf die bei den Konzern-
unterGes (AG) gebildeten Rücklagen analog angewendet werden darf (zum
Meinungsstand *Hüffer*[10] § 58 Anm 16; *ADS*[6] § 58 AktG Anm 82 f). Nicht zu
bestreiten ist, dass mangels einer ausdrücklichen Regelung der Rücklagenbildung
im Konzern die Möglichkeit besteht, die Gewinnverwendungskompetenz der
HV des MU dadurch auszuhöhlen, dass Gewinne der KonzernGes dort thesauriert werden.

c) Einstellung in die Wertaufholungsrücklage (Abs 2a)

§ 58 Abs 2a AktG erlaubt, den **Eigenkapitalanteil von Wertaufholungen** 51
in andere Gewinnrücklagen einzustellen. Soweit in der HB gem § 253 Abs 5 S 1
Wertaufholungen durch Zuschreibungen vorgenommen werden, darf der nach
Abzug des Ertragsteueranteils verbleibende EK-Anteil in andere Gewinnrücklagen eingestellt werden (dazu § 253 Anm 661 ff). Die Bildung der Wertaufholungsrücklage erfolgt durch Vorstand und AR. Ein fehlender Jahresüberschuss
schließt die Rücklagenberechnung aus und erfordert eine Nachdotierung in späteren Überschussjahren (*ADS*[6] § 58 AktG Anm 95 ff). Eine Anrechnung auf die
übrigen Maßnahmen der Rücklagenbildung nach Abs 1 und 2 erfolgt nach ausdrücklichem Gesetzeswortlaut nicht. Das Wahlrecht soll es Vorstand und AR
ermöglichen, die Zuschreibungen als Gewinnrücklage im Unt zu halten. Zu der
Einschränkung der Zulässigkeit der Teilwertabschreibung in der StB s § 253
Anm 317.

Der Rücklagenbetrag ist entweder in der Bilanz („Davon-Vermerk", *ADS*[6]
§ 58 AktG Anm 107) gesondert auszuweisen oder im Anhang (§§ 284 ff) anzugeben.

2. Rücklagenbildung im Rahmen der Gewinnverwendung
(Abs 3)

Die Beschlussfassung über die **Verwendung des Bilanzgewinns** ist nach 52
§ 174 AktG in jedem Fall **Aufgabe der HV**. Sie ist dabei an den Gewinnverwendungsvorschlag des Vorstands nicht gebunden. § 58 Abs 3 AktG gewährt der
HV neben der Möglichkeit der Gewinnausschüttung, des Gewinnvortrags und
einer anderen Verwendung auf Grund einer Satzungsbestimmung (zB Erfüllung
gemeinnütziger Zwecke) das Recht zur Einstellung des Bilanzgewinns in **Gewinnrücklagen**. Im Rahmen dieser Dotierung der Gewinnrücklagen ist auch
eine freiwillige zusätzliche Einstellung in die **gesetzliche Rücklage** möglich.
Der Gewinnverwendungsbeschluss bedarf der einfachen Mehrheit, es sei denn,
dass die Satzung etwas anderes bestimmt. Zur Gewinnthesaurierung im Konzern
s *Priester*, ZHR 2012, 268 ff.

53 Den **Schutz der Minderheitsaktionäre** gegen eine übermäßige Thesaurierungspolitik der Mehrheit soll § 254 AktG bieten. Er gewährt einer Minderheit, deren Anteile zusammen 5% des Grundkapitals oder den anteiligen Betrag von € 500 000 erreichen (§ 254 Abs 2 S 3 AktG), das Recht zur **Anfechtung** des Gewinnverwendungsbeschlusses, falls die gebildeten Rücklagen oder der Gewinnvortrag bei vernünftiger kfm Beurteilung nicht notwendig sind, um die Lebens- und Widerstandsfähigkeit der Ges zu sichern. Bei Vorliegen dieser Voraussetzungen beläuft sich der Mindestanspruch der Aktionäre auf 4% des eingezahlten Grundkapitals (§ 254 Abs 1 AktG).

54 Fraglich ist, inwieweit die gesetzliche Dispositionsfreiheit der HV über Ausschüttung und Rücklagenbildung durch **Satzungsbestimmung** eingeschränkt werden kann. Die Begr eines **Ausschüttungszwangs,** eines Verbots oder der Einschränkung der Rücklagenbildung wird allgemein für zulässig gehalten (*ADS*[6] § 58 AktG Anm 133). Für den umgekehrten Fall des Zwangs zur Rücklagenbildung oder des **Ausschüttungsverbots** werden in der Literatur unterschiedliche Auffassungen vertreten (dazu *ADS*[6] § 58 AktG Anm 134 mwN); uE sprechen für die Zulässigkeit eines Ausschüttungsverbots die überzeugenderen Gründe (vgl *ADS*[6], § 58 AktG Anm 135 ff).

55 Eine Einschränkung der Rücklagendotierung durch die HV kann sich ergeben, wenn und soweit eine rechtmäßige **Abschlagszahlung** auf den voraussichtlichen Bilanzgewinn nach § 59 AktG an die Aktionäre erfolgt ist. Im Gewinnverwendungsbeschluss ist die Abschlagszahlung zu berücksichtigen.

3. Anspruch der Aktionäre auf den Bilanzgewinn (Abs 4)

56 Die Aktionäre haben **Anspruch auf den Bilanzgewinn,** soweit er nicht nach Gesetz oder Satzung (Anm 54), durch Beschluss der HV nach Abs 3 oder als zusätzlicher Aufwand auf Grund des Gewinnverwendungsbeschlusses (vgl Anm 4) von der Verteilung unter die Aktionäre ausgeschlossen ist.

Ausschüttungsverbote für den Bilanzgewinn ergeben sich aus §§ 225 Abs 2, 233 AktG iZm Maßnahmen der Kapitalherabsetzung sowie auf Grund der in § 268 Abs 8 geforderten Ausschüttungssperren.

4. Sachausschüttung (Abs 5)

57 Abs 5 lässt eine Sachausschüttung bei entspr Satzungsvorschrift zu. Die Satzung kann weitere Voraussetzungen für die Sachdividende fordern oder ihren Umfang einschränken (Verhältnis von Bar- zu Sachdividende, Ausschließlichkeit der Sachdividende). Zulässig ist auch eine gemischte Dividende aus Bar- und Sachausschüttung, wobei ggf das Vertrauen der Minderheitsaktionäre auf Barausschüttung zu berücksichtigen ist. Für die **Bewertung der Sachausschüttung** ist nach dem Grundsatz der Kapitalerhaltung der auszuschüttende Gegenstand nach hM mit seinem Verkehrswert anzusetzen (hierzu *Hüffer*[10] § 58 Anm 33; *Müller* NZG 2002, 752; aA *Bayer* in MünchKommAktG³, § 58 Anm 109: Alternativ Bewertung zu Buchwerten). Für weitere Einzelheiten s § 278 Exkurs 2 Anm 135 ff.

Beispiel: Bilanzgewinn 100, Buchwert des auszuschüttenden Gegenstands 60, Verkehrswert 90. Bei einer Vollausschüttung des Bilanzgewinns ist der Gegenstand mit 90 anzusetzen, so dass zusätzlich nur noch iHv 10 eine Barausschüttung erfolgen darf.

Dabei gelten die allgemeinen Bewertungsregeln, so dass zB im Falle der Ausschüttung von Wertpapieren deren Börsenkurs nur ein Indiz für den tatsächlichen Verkehrswert ist. Insb dann, wenn das für die Ausschüttung verwendete Aktienpaket nicht nur einen unbedeutenden Zwerganteil an einer AG repräsentiert, wird eine tatsächliche Bewertung nach einem anerkannten Verfahren erforderlich sein (Ertragswertermittlung).

5. Rücklagenbildung bei der KGaA

58 Die Vorschriften über die KGaA enthalten für die Rücklagenbildung keine Sondervorschriften, deshalb sind grds die Vorschriften für die AG entspr anzuwenden (§ 278 Abs 3 AktG). Über die Feststellung des JA beschließt bei der KGaA stets die HV. Der Beschluss bedarf jedoch der Zustimmung der phG (§ 286 Abs 1 AktG; Anm 85). Die Anwendung des § 58 Abs 1 AktG kommt demnach bei der KGaA nicht in Betracht, da bei ihr nicht die HV allein, sondern zwei Ges-Organe gemeinsam über die Feststellung des JA beschließen. Dagegen ist die entspr Anwendung des § 58 Abs 2 AktG zulässig (str, *ADS*[6] § 286 AktG Anm 66ff und § 58 AktG Anm 72).

6. Besonderheiten bei der REIT-AG

59 Bei einer Immobilien-AG (sog REIT-AG; REITG) ist für die Ermittlung des auszuschüttenden Gewinns grds auf den handelsrechtlichen Jahresüberschuss (§ 275) abzustellen. Von diesem sind jedoch gem § 13 Abs 1 S 1 REITG mind 90% an die Aktionäre auszuschütten. Die Verpflichtung zur Bildung einer gesetzl Rücklage (§ 150 AktG) greift nicht (§ 13 Abs 1 S 2 REITG). Planmäßige Abschreibungen sind darüber hinaus nur in linearer Form zulässig. Es empfiehlt sich eine satzungsmäßige Regelung (vgl *Fleischer* in Schmidt/Lutter[2] § 58 Anm 56). Bei Missachtung der Vorgaben des § 13 Abs 1 REITG durch den Vorstand/AR bleibt der JA wirksam; Organmitglieder sind aber schadensersatzpflichtig (§§ 93 Abs 2, 116 S 1 AktG). Str ist, ob die Ausschüttungspflicht (§ 13 Abs 1 REITG) durch Gewinnthesaurierung bei TU umgangen werden kann (s *Fleischer* in Schmidt/Lutter[2], 2008, AktG, § 58 Anm 56 mwN).

7. Rechtsfolgen einer Verletzung des § 58 Abs 1 und 2 AktG

60 Gem § 256 Abs 1 Nr 4 AktG ist ein festgestellter JA einer AG bzw KGaA ua dann nichtig, wenn bei seiner Feststellung die Bestimmungen des AktG oder der Satzung über die Einstellung von Beträgen in Kapital- oder Gewinnrücklagen verletzt worden sind. Für die Geltendmachung der Nichtigkeit gilt die 6-Monats-Frist des § 256 Abs 6 AktG.

II. Abschlagszahlung auf den Bilanzgewinn (§ 59 AktG)

§ 59 AktG Abschlagszahlung auf den Bilanzgewinn

(1) **Die Satzung kann den Vorstand ermächtigen, nach Ablauf des Geschäftsjahrs auf den voraussichtlichen Bilanzgewinn einen Abschlag an die Aktionäre zu zahlen.**

(2) [1]**Der Vorstand darf einen Abschlag nur zahlen, wenn ein vorläufiger Abschluß für das vergangene Geschäftsjahr einen Jahresüberschuß ergibt.** [2]**Als Abschlag darf höchstens die Hälfte des Betrags gezahlt werden, der von dem Jahresüberschuß nach Abzug der Beträge verbleibt, die nach Gesetz oder Satzung in Gewinnrücklagen einzustellen sind.** [3]**Außerdem darf der Abschlag nicht die Hälfte des vorjährigen Bilanzgewinns übersteigen.**

(3) **Die Zahlung eines Abschlags bedarf der Zustimmung des Aufsichtsrats.**

Vor § 325 61–65 Feststellung, Gewinnverwendung

Übersicht

	Anm
1. Voraussetzungen der Abschlagszahlung	61–63
2. Höhe der Abschlagszahlung	64
3. Rechtsfolgen der Abschlagszahlung	65, 66

1. Voraussetzungen der Abschlagszahlung

61 Voraussetzung einer Abschlagszahlung auf den voraussichtlichen Bilanzgewinn ist eine entspr **Ermächtigung** an den Vorstand **in der Satzung** (Abs 1). Eine Verpflichtung zur Abschlagszahlung kann durch die Satzung nicht begründet werden. Die Satzung kann weitere Voraussetzungen für die Leistung des Abschlags fordern oder – über die gesetzlichen Begrenzungen hinaus (Anm 64) – dessen Umfang einschränken; eine Befreiung von den gesetzlichen Voraussetzungen und der gesetzlichen Höchstgrenze ist durch die Satzung nicht zulässig. Abschlagszahlungen sind erst **nach Ablauf des Geschäftsjahrs** (auch eines Rumpf-Gj) zulässig. § 59 AktG gilt auch für die **Kommandit-Aktionäre einer KGaA**. Die Aufgaben des Vorstands nehmen die phG als Geschäftsleiter wahr (§ 283 Nr 3, 9 AktG).

62 Voraussetzung für eine Abschlagszahlung ist weiter, dass ein **vorläufiger Abschluss** für das vergangene Gj vorliegt (Abs 2 S 1). Es muss sich um einen JA iSd HGB handeln, nicht eine bloße Schätzung des Jahresergebnisses. Bei AG gehört zum JA gem § 264 Abs 1 neben Bilanz und GuV auch der Anhang. Dem Zweck des § 59 AktG entspr, der eine ordnungsgemäße, wenn auch vorläufige und noch nicht geprüfte Ermittlung des Jahresüberschusses verlangt, wird man hier aber auf das Vorhandensein des Anhangs verzichten können. Vorabausschüttungen auf den voraussichtlichen Bilanzgewinn des laufenden Gj bzw echte Zwischendividenden sind nicht zulässig.

63 Die Abschlagszahlung setzt ferner einen zu erwartenden **Jahresüberschuss** voraus (Abs 2 S 1). Eine Abschlagszahlung aus dem Gewinnvortrag oder auf der Grundlage vorgesehener Entnahmen aus Gewinnrücklagen ist nicht zulässig, da deren Verwendung durch die Verwaltung die frühere Entscheidung der HV entgegensteht. Erforderlich sind ferner ein Beschluss des Gesamtvorstands (§ 59 Abs 2 S 1 AktG) sowie ein vorheriger Zustimmungsbeschluss des gesamten AR (§§ 59 Abs 3, 107 Abs 3 S 2 AktG). Die Übertragung auf einzelne Mitglieder des Vorstands oder auf einen Ausschuss des AR ist unzulässig.

2. Höhe der Abschlagszahlung

64 Die Höhe der Abschlagszahlung ist begrenzt: Es darf höchstens die Hälfte des Betrags gezahlt werden, der von dem vorläufigen Jahresüberschuss nach Abzug der nach Gesetz oder Satzung einzustellenden Gewinnrücklagen (§ 150 AktG, § 58 Abs 1 AktG) übrig bleibt. Die Höhe der Abschlagszahlung ist außerdem durch Abs 2 S 3 begrenzt, wonach nicht mehr als die Hälfte des vorjährigen Bilanzgewinns ausgezahlt werden darf. Die Abschlagszahlung wird vom Gesamtvorstand vorgeschlagen; sie bedarf gem Abs 3 der vorherigen Zustimmung des AR.

3. Rechtsfolgen der Abschlagszahlung

65 Rechtmäßig vorgenommene Abschlagszahlungen binden Vorstand und AR bei der Rücklagenbildung nach § 58 Abs 2 AktG und die HV bei der Verwendung des Bilanzgewinns gem § 58 Abs 3 AktG in der Weise, dass die geleisteten Zahlungen als Gewinnausschüttungen an die Aktionäre zu berücksichtigen sind.

Sind die Voraussetzungen des § 59 AktG nicht gegeben, liegen **rechtswidrige Leistungen** an die Aktionäre vor (§ 57 Abs 3 AktG), die gem § 62 Abs 1 S 2 AktG dann zurückzugewähren sind, wenn *die Aktionäre* wussten oder infolge von Fahrlässigkeit nicht wussten, dass sie zum Bezug der Abschlagszahlungen nicht berechtigt waren. Mitglieder von Vorstand und AR, die schuldhaft eine rechtswidrige Abschlagszahlung veranlassen, sind nach §§ 93, 116 AktG zum **Schadensersatz** verpflichtet.

Die Vorschriften über **Rückgewähr** und **Haftung** der Aktionäre finden entspr Anwendung, wenn die Abschlagszahlung rechtmäßig zustande gekommen war und sich nachträglich herausstellt, dass die Zahlung durch den endgültigen Bilanzgewinn nicht gedeckt ist (zB auf Grund Insolvenz eines Hauptkunden). Die Aktionäre werden sich jedoch in einem solchen Fall ggf auf den Gutglaubensschutz des § 62 Abs 1 S 2 AktG berufen können, sofern sie nicht dem Vorstand oder AR angehören oder phG einer KGaA bzw Aktionär einer Einmann-AG sind. **66**

C. Feststellung des Jahresabschlusses (§§ 172, 173 AktG)

I. Feststellung durch Vorstand und Aufsichtsrat (§ 172 AktG)

§ 172 AktG Feststellung durch Vorstand und Aufsichtsrat

¹Billigt der Aufsichtsrat den Jahresabschluß, so ist dieser festgestellt, sofern nicht Vorstand und Aufsichtsrat beschließen, die Feststellung des Jahresabschlusses der Hauptversammlung zu überlassen. ²Die Beschlüsse des Vorstands und des Aufsichtsrats sind in den Bericht des Aufsichtsrats an die Hauptversammlung aufzunehmen.

Übersicht

	Anm
1. Alternativen	70, 71
2. Feststellung durch Vorstand und Aufsichtsrat	72, 73
3. Änderung festgestellter Jahresabschlüsse	74
4. Überlassung der Feststellung an die Hauptversammlung	75
5. Rücklagenbildung bei Änderung der Feststellungszuständigkeit	76, 77

1. Alternativen

Die Feststellung, durch die der JA als richtig anerkannt und für das Unt und die Gester als verbindlich erklärt wird, ist ein rechtsgeschäftlicher Akt, der durch Willenserklärung der an der Feststellung Beteiligten zustande kommt (*ADS*[6] § 172 AktG Anm 13). **70**

Über die bei der AG bestehenden Alternativen der Feststellung – durch die Verwaltung (§ 172 AktG) oder die HV (§ 173 AktG) – entscheidet praktisch der **AR:** **71**

– billigt er den vom Vorstand vorgelegten (und falls erforderlich, geprüften) JA, ist der JA festgestellt (§ 172 S 1 1. Hs AktG);
– einigt er sich mit dem Vorstand über die Feststellung durch die HV, stellt diese den JA fest (§§ 172 S 1 2. Hs, 173 Abs 1 1. Hs AktG);
– billigt er den JA nicht, stellt die HV den JA fest (§ 173 Abs 1 2. Hs AktG);
– leitet er den Bericht über seine Prüfung des JA nicht innerhalb der vom Vorstand gesetzten Nachfrist dem Vorstand zu, gilt der JA gem § 171 Abs 3 S 3 AktG als nicht gebilligt. Auch dann hat die HV den JA festzustellen (§ 173 Abs 1 2. Hs AktG).

Der Normalfall und in der Praxis häufigste Fall ist die Feststellung des JA durch die Verwaltung (dh Vorstand und AR) gem § 172 AktG. Der Lagebericht ist nicht Gegenstand der Feststellung.

Bei der **KGaA** ist Feststellungsorgan nur die HV mit Zustimmung der phG (§ 286 Abs 1 AktG). Der AR wirkt nicht mit (Anm 85).

2. Feststellung durch Vorstand und Aufsichtsrat

72 Die Feststellung bedarf bei der AG des Zusammenwirkens von Vorstand und AR. Die Mitwirkung des Vorstands an dem Feststellungsakt erfolgt durch die **Vorlage** (Grundlage: Vorstandsbeschluss) des von ihm aufgestellten JA an den AR (§ 170 Abs 1 S 1 AktG), mit der der Vorstand den AR konkludent zur Billigung des JA auffordert. Die **Billigungserklärung durch den AR** erfolgt gem §§ 107 Abs 3, 108 Abs 1 AktG durch Beschluss des gesamten AR normalerweise in der Bilanz-Sitzung, unter den Voraussetzungen des § 108 Abs 4 AktG auch außerhalb der Sitzung. Sie ist gem § 171 Abs 2 S 4 AktG in den Bericht des AR aufzunehmen. Die Prüfung des JA durch den AR ist nicht Bestandteil der Billigung, entscheidend für die ordnungsgemäße Mitwirkung des AR ist allein die Wirksamkeit des Billigungsbeschlusses (*OLG Stuttgart* v. 1.7.2009, DB, 1521).

73 Eine Billigung des JA **unter Vorbehalt oder Auflagen** ist nicht zulässig (*Brönner* in Großkomm AktG[4] § 172 Anm 15). Das gebietet die Rechtssicherheit. Die Billigung des JA unter der **Bedingung der Feststellung durch die HV** erscheint als unbedenklich, da die erforderliche Zustimmungserklärung des Vorstands gem § 172 S 2 AktG in den Bericht des AR an die HV aufzunehmen ist und damit bis zur Einberufung der HV in jedem Falle klargestellt ist, dass sie den JA festzustellen hat.

3. Änderung festgestellter Jahresabschlüsse

74 Vor Einberufung der HV ist einvernehmliche Änderung des unveröffentlichten JA durch Vorstand und AR grds uneingeschränkt möglich (*ADS*[6] § 172 AktG Anm 47; aA *Brönner* in Großkomm AktG[4] § 172 Anm 10). Sie führt ggf zu einer Nachtragsprüfung gem § 316 Abs 3. Die Änderung eines fehlerfreien JA ist bei Vorliegen gewichtiger wirtschaftlicher Gründe auch nach seiner Veröffentlichung im Einzelfall zulässig (*ADS*[6] § 172 AktG Anm 49). Gleiches gilt, wenn vor Einberufung der HV der wesentliche Inhalt des JA veröffentlicht worden ist.

4. Überlassung der Feststellung an die Hauptversammlung

75 Die bilanzfeststellende Wirkung der Billigungserklärung des AR tritt nicht ein, wenn Vorstand und AR beschließen, die Feststellung des JA der HV zu überlassen (§ 172 S 1 AktG). Voraussetzung sind zwei übereinstimmende, den Formvorschriften (§§ 77, 108 AktG) entspr Beschlüsse des Vorstands und des AR. Die Beschlüsse können bis zur Einberufung der HV gefasst und nur bis zu diesem Zeitpunkt wieder geändert werden (§ 175 Abs 4 AktG).

Der Beschluss, die Feststellung der HV zu überlassen, kann nur für jeweils einen JA und erst nach dessen Vorlage an den AR erfolgen. Eine generelle Übertragung des Feststellungsrechts auf die HV durch die Satzung oder durch Grundsatzbeschluss von Vorstand und AR würde der im AktG getroffenen Regelung der Feststellung widersprechen und ist daher unzulässig (*ADS*[6] § 172 AktG Anm 21).

5. Rücklagenbildung bei Änderung der Feststellungszuständigkeit

76 Für die Einstellungen in Gewinnrücklagen gelten bei Aufstellung des JA unterschiedliche Vorschriften, je nachdem ob der JA von **Vorstand und AR** (§ 58

Abs 2 AktG; Anm 45) oder **HV** (§ 58 Abs 1 AktG; Anm 40) festgestellt wird. Ändert sich die der JA-Aufstellung zugrunde liegende Feststellungszuständigkeit (Anm 73), ist darauf zu achten, dass die Rücklagenbildung den für die betr Feststellungsorgane geltenden gesetzlichen Bestimmungen entspricht. Ggf muss der JA geändert und eine **Nachtragsprüfung** durchgeführt werden (dazu § 316 Anm 25 ff).

Ein **Verstoß** bei der Feststellung gegen die im Rahmen der JA-Aufstellung 77 geltenden **Bestimmungen über die Rücklagenbildung** führt zur **Nichtigkeit** des JA (§ 256 Abs 1 Nr 4 AktG).

II. Feststellung durch die Hauptversammlung (§ 173 AktG)

§ 173 AktG Feststellung durch die Hauptversammlung

(1) ¹Haben Vorstand und Aufsichtsrat beschlossen, die Feststellung des Jahresabschlusses der Hauptversammlung zu überlassen, oder hat der Aufsichtsrat den Jahresabschluß nicht gebilligt, so stellt die Hauptversammlung den Jahresabschluß fest. ²Hat der Aufsichtsrat eines Mutterunternehmens (§ 290 Abs. 1, 2 des Handelsgesetzbuchs) den Konzernabschluss nicht gebilligt, so entscheidet die Hauptversammlung über die Billigung.

(2) ¹Auf den Jahresabschluß sind bei der Feststellung die für seine Aufstellung geltenden Vorschriften anzuwenden. ²Die Hauptversammlung darf bei der Feststellung des Jahresabschlusses nur die Beträge in Gewinnrücklagen einstellen, die nach Gesetz oder Satzung einzustellen sind.

(3) ¹Ändert die Hauptversammlung einen von einem Abschlußprüfer auf Grund gesetzlicher Verpflichtung geprüften Jahresabschluß, so werden vor der erneuten Prüfung nach § 316 Abs. 3 des Handelsgesetzbuchs von der Hauptversammlung gefaßte Beschlüsse über die Feststellung des Jahresabschlusses und die Gewinnverwendung erst wirksam, wenn auf Grund der erneuten Prüfung ein hinsichtlich der Änderungen uneingeschränkter Bestätigungsvermerk erteilt worden ist. ²Sie werden nichtig, wenn nicht binnen zwei Wochen seit der Beschlußfassung ein hinsichtlich der Änderungen uneingeschränkter Bestätigungsvermerk erteilt wird.

Übersicht

	Anm
1. Zuständigkeit der Hauptversammlung (Abs 1)	80
2. Verfahren der Feststellung	81
3. Anwendung der Vorschriften für die Aufstellung des Jahresabschlusses (Abs 2 S 1)	82
4. Einstellung in Gewinnrücklagen (Abs 2 S 2)	83
5. Nachtragsprüfung (Abs 3)	84
6. Feststellung bei der KGaA	85

1. Zuständigkeit der Hauptversammlung (Abs 1)

Zuständig für die Feststellung des JA bzw die Billigung des KA einer AG ist 80 die **Hauptversammlung** nur, wenn

– Vorstand und AR die Feststellung des JA durch übereinstimmende Beschlüsse der HV übertragen haben (§ 172 S 1 AktG) oder
– der AR den vom Vorstand vorgelegten JA bzw KA nicht gebilligt hat oder
– der JA bzw KA wegen nicht fristgerechter Vorlage des Berichts des AR als nicht gebilligt gilt (§ 171 Abs 3 S 3 AktG).

Weitere Fälle sind in § 234 Abs 2 AktG (Feststellung des JA bei rückwirkender Kapitalherabsetzung) und in § 270 Abs 2 AktG (Feststellung des JA während der Abwicklung der AG) geregelt. In allen anderen Fällen erfolgt die Feststellung des JA gem § 172 AktG durch die Verwaltung.

Hat die HV die Billigungszuständigkeit für den KA erhalten, kann sie den vom Vorstand vorgelegten, vom AR nicht gebilligten KA entweder billigen oder ablehnen.

2. Verfahren der Feststellung

81 Die Feststellung durch die HV erfolgt durch Beschluss mit **einfacher Mehrheit** der abgegebenen Stimmen, sofern die Satzung nicht eine größere Mehrheit bestimmt (§ 133 Abs 1 AktG). Gem § 175 Abs 3 S 2 AktG sollen die Verhandlungen über die Feststellung des JA und über die **Verwendung des Bilanzgewinns** verbunden werden. Den Aktionären stehen auf Grund ihrer Feststellungskompetenz **erweiterte Auskunftsrechte** ggü dem Vorstand hinsichtlich der stillen Reserven (§ 131 Abs 3 Nr 3 AktG) sowie hinsichtlich der Bilanzierungs- und Bewertungsmethoden (§ 131 Abs 3 Nr 4 AktG) zu. Zur Anwesenheit des AP nach § 176 Abs 2 AktG s Anm 115.

3. Anwendung der Vorschriften für die Aufstellung des Jahresabschlusses (Abs 2 S 1)

82 Die HV ist bei der Feststellung an den vom Vorstand aufgestellten JA *nicht* gebunden – anders als der AR, der den ihm vorgelegten JA von sich aus nur billigen, sich enthalten oder ablehnen kann. Bei der Feststellung sind aber die für die Aufstellung des JA maßgeblichen Vorschriften des Dritten Buches des HGB sowie des AktG anzuwenden (zB §§ 242–256a, 264–288 HGB; §§ 58, 150, 152, 158, 160 AktG). Die Feststellung des JA und etwaige Änderungen ggü dem Vorschlag des Vorstands betr auch den Anhang, nicht aber den Lagebericht, der stets allein vom Vorstand erstattet wird (§ 289).

4. Einstellung in Gewinnrücklagen (Abs 2 S 2)

83 Die HV darf bei der Feststellung des JA nur die Beträge in Gewinnrücklagen einstellen, die nach Gesetz oder Satzung einzustellen *sind*. Es handelt sich hierbei um die Einstellung in die gesetzliche Rücklage (§ 150 Abs 2 AktG), in die Rücklage für Anteile an einem herrschenden oder mehrheitlich beteiligten Unt (§ 272 Abs 4) sowie Einstellungen in satzungsmäßige Rücklagen (§ 158 Abs 1 S 1 Nr 4c AktG), sofern in der Satzung die Rücklagenbildung zwingend festgelegt ist (§ 58 Abs 1 AktG; Anm 41, und sofern dies nicht nach § 270 Abs 2 schon bei der Aufstellung des JA geschah). Weitere freiwillige Einstellungen in Gewinnrücklagen – etwa auf Grund einer Satzungsermächtigung – sind der HV im Rahmen der Bilanz-Feststellung zwar nicht gestattet; sie können aber im Gewinnverwendungsbeschluss (§§ 58 Abs 3, 174 AktG) erfolgen. Wurde der JA unter der Annahme seiner Feststellung durch die Verwaltung aufgestellt und geht die Feststellungsbefugnis auf die HV über, muss ggf die Rücklagenbildung geändert werden (Anm 75 f).

5. Nachtragsprüfung (Abs 3)

84 Ändert die HV den vom Vorstand vorgelegten und von einem AP auf Grund gesetzlicher Verpflichtung geprüften JA, hat der gewählte AP gem § 316 Abs 3 eine Nachtragsprüfung durchzuführen, soweit es die Änderung erfordert; § 316 Anm 25 ff. Über das Ergebnis der Prüfung ist zu berichten und der BVm zu ergänzen. Im Falle der Änderung des JA durch die HV ist das Wirksamwerden des Feststellungs- und des Gewinnverwendungsbeschlusses gem Abs 3 davon abhängig, dass hinsichtlich der beschlossenen Änderungen vom AP ein uneingeschränkter BVm erteilt wird. Bis dahin sind die gefassten HV-Beschlüsse schwebend unwirksam. Wird der uneingeschränkte BVm nicht binnen zwei Wochen seit der Beschlussfassung erteilt, werden die Beschlüsse nichtig. Der JA ist nach § 256 Abs 1 Hs 1 AktG nichtig; dieser besondere Nichtigkeitsgrund kann nicht nach § 256 Abs 6 AktG geheilt werden.

6. Feststellung bei der KGaA

Gem § 286 Abs 1 AktG beschließt die HV über die Feststellung des JA. Der **85** Beschluss bedarf der Zustimmung der phG. Aus der Gesetzesformulierung ist ein Vorrecht der HV nicht abzuleiten; der JA wird durch gleichrangige übereinstimmende Erklärungen der HV und der phG festgestellt. Da der JA der KGaA von der Gesamtheit der phG aufzustellen ist (§ 283 Nr 9 AktG, § 264 Abs 1), wird im Regelfall in der Vorlage des ordnungsgem aufgestellten JA die Zustimmungserklärung der phG liegen (*ADS*[6] § 286 AktG Anm 16, 21).

D. Gewinnverwendung (§ 174 AktG)

§ 174 AktG [Gewinnverwendung]

(1) ¹Die Hauptversammlung beschließt über die Verwendung des Bilanzgewinns. ²Sie ist hierbei an den festgestellten Jahresabschluß gebunden.

(2) In dem Beschluß ist die Verwendung des Bilanzgewinns im einzelnen darzulegen, namentlich sind anzugeben
1. der Bilanzgewinn;
2. der an die Aktionäre auszuschüttende Betrag oder Sachwert;
3. die in Gewinnrücklagen einzustellenden Beträge;
4. ein Gewinnvortrag;
5. der zusätzliche Aufwand auf Grund des Beschlusses.

(3) **Der Beschluß führt nicht zu einer Änderung des festgestellten Jahresabschlusses.**

Übersicht

	Anm
1. Zuständigkeit der Hauptversammlung (Abs 1)	91, 92
2. Beschluss über die Gewinnverwendung (Abs 2)	93
3. Inhalt des Gewinnverwendungsbeschlusses	94–96
4. Folgen des Gewinnverwendungsbeschlusses (Abs 3)	97
5. Die Gewinnverwendung bei der KGaA	98
6. Nichtigkeit und Anfechtbarkeit des Gewinnverwendungsbeschlusses	99

1. Zuständigkeit der Hauptversammlung (Abs 1)

Über die Verwendung des im festgestellten JA ausgewiesenen Bilanzgewinns **91** entscheidet ausschließlich die HV. Die Zuständigkeitsregelung ist **zwingendes Recht**. Die Zuständigkeit kann auch nicht durch die Satzung modifiziert werden, insb kann das Verfügungsrecht nicht auf andere Organe übertragen werden. Einschränkungen des VfgRechts der HV können sich aus dem Abschluss von Gewinngemeinschafts-, Gewinnabführungs- und Teilgewinnabführungsverträgen

(§§ 291, 292 AktG) ergeben; zu ihrer Wirksamkeit ist nach § 293 AktG die Zustimmung der HV erforderlich. Zur Frage, welche satzungsmäßigen Einschränkungen des VfgRechts der HV für zulässig gehalten werden, s Anm 54.

92 Zu beachten sind bei der Vfg über den Bilanzgewinn die gesetzliche **Ausschüttungssperren** (§ 268 Abs 8). Die HV hat auch auf eine von Vorstand und AR gem § 59 AktG geleistete **Abschlagszahlung** auf den Bilanzgewinn Rücksicht zu nehmen. Bei ihrem Beschluss über die Verwendung des Bilanzgewinns ist die HV an den – von der Verwaltung oder von ihr selbst – festgestellten JA gebunden (*ADS*[6] § 174 AktG Anm 16). Eine **Veränderung** des ausgewiesenen Bilanzgewinns – etwa durch veränderte **Rücklagendotierung** – ist **nicht zulässig**. An den **Gewinnverwendungsvorschlag des Vorstands** ist die HV dagegen nicht ge-bunden (*ADS*[6] § 174 AktG Anm 17). Sie darf, soweit nicht gesetzliche oder satzungsmäßige Beschränkungen dem entgegenstehen, frei über die Verwendung des Bilanzgewinns verfügen; dazu auch Anm 52 ff, 83.

2. Beschluss über die Gewinnverwendung (Abs 2)

93 Der Beschluss über die Verwendung des Bilanzgewinns erfolgt mit **einfacher Mehrheit**, soweit nicht die Satzung etwas anderes bestimmt (§ 133 AktG, s Anm 81). Der Gewinnverwendungsbeschluss wird in der ordentlichen HV gefasst (§ 175 AktG), die Verhandlungen darüber sollen mit den Verhandlungen über die Entlastung der Mitglieder des Vorstands und des AR (§ 120 Abs 3 S 1 AktG) sowie ggf mit den Verhandlungen über die Feststellung des JA (§ 175 Abs 3 S 2 AktG) verbunden werden.

3. Inhalt des Gewinnverwendungsbeschlusses

94 In dem Beschluss ist die Verwendung des Bilanzgewinns im Einzelnen darzulegen, namentlich sind anzugeben (1) der **Bilanzgewinn,** (2) der an die Aktionäre **auszuschüttende Betrag oder Sachwert,** (Gewinnverteilung, § 170 Abs 2 Nr 1 AktG), (3) die in **Gewinnrücklagen** einzustellenden Beträge, (4) ein **Gewinnvortrag** und (5) der **zusätzliche Aufwand** auf Grund des Beschlusses. Wegen der einzelnen Gewinnverwendungsarten, die auch im gesetzlichen Schema für den Gewinnverwendungsvorschlag des Vorstands (§ 170 Abs 2 S 2 AktG) enthalten sind, s Anm 3 ff.

95 Für Wj ab 1.1.2007 ist der Gewinnverwendungsvorschlag nicht mehr Grundlage für die Berechnung des KSt-Aufwands im JA, so dass es nicht mehr zu einer KSt-Erhöhung oder -Minderung iZm einer Ausschüttung kommen kann. Daher kann ein Abweichen der HV vom Gewinnverwendungsvorschlag grds nicht mehr zu zusätzlichem KSt-Aufwand oder -Ertrag führen (für Einzelheiten zur Rechtslage für Gj vor 1.1.2007 s 6. Aufl Anm 95).

Ein zusätzlicher Aufwand (bzw. Ertrag) ergibt sich bei **ausschüttungsabhängigem Aufwand (bzw Ertrag)** (Tantiemen etc, s *ADS*[6] § 174 AktG Anm 43), wenn die HV eine höhere (bzw niedrigere) Gewinnausschüttung beschließt, als im Gewinnverwendungsvorschlag des Vorstands vorgesehen war.

96 Bei einem **zusätzlichen Ertrag** ist zu beachten, dass das gesetzliche Schema für den Gewinnverwendungsbeschluss einen Posten „zusätzlicher Ertrag" nicht vorsieht. Die zusätzliche Aufnahme des Ertrags in den Gewinnverwendungsbeschluss ist nicht zulässig; die HV kann nur über den ausgewiesenen Bilanzgewinn beschließen und verfügen (§§ 174 Abs 1, 58 Abs 5 AktG). Möglich ist dagegen ein Vermerk des zusätzlichen Ertrags im Beschluss ohne Berücksichtigung im Rahmen der Gewinnverwendung. Der auf Grund des Gewinnverwendungsbeschlusses entstehende Ertrag erhöht den Jahresüberschuss des Folgejahres (*ADS*[6] § 174 AktG Anm 47 f).

4. Folgen des Gewinnverwendungsbeschlusses (Abs 3)

Der Gewinnverwendungsbeschluss führt **nicht** zu einer **Änderung des JA**. 97
Er tritt als selbstständige Ergänzung zum JA und Lagebericht und ist gem § 325 ebenfalls beim Betreiber des eBAnz einzureichen und (von mittleren und großen AG) im eBAnz bekannt zu machen. Die Folgen des Gewinnverwendungsbeschlusses sind im JA des Folgejahres zu berücksichtigen. Die Gewinnrücklagen erscheinen erst in dieser Bilanz in der Höhe, die sie durch den Gewinnverwendungsbeschluss erreicht haben. Die durch die HV aus dem Bilanzgewinn eingestellten Beträge sind in der Bilanz oder im Anhang gesondert anzugeben (§ 152 Abs 3 Nr 1 AktG).

Mit der Beschlussfassung über die Gewinnverwendung, die eine Gewinnausschüttung an die Aktionäre vorsieht, entsteht der Anspruch des Aktionärs auf Auszahlung der Dividende in bar und infolgedessen eine Verbindlichkeit der Ges. Der unentziehbare Anspruch auf Dividendenzahlung wird grds fällig, sobald die Ausschüttung beschlossen und die zur Auszahlung nötige Zeit verstrichen ist. Die HV kann aber auch beschließen, dass die Dividende erst später ganz oder in Raten ausgezahlt werden soll (*ADS*[6] § 174 AktG Anm 58 mwN). Der Anspruch auf Dividendenzahlung ist ab Beschluss vom Mitgliedschaftsrecht getrennt und separat verkehrsfähig.

Fraglich ist, ob eine **Änderung von bereits gefassten Gewinnverwendungsbeschlüssen** zulässig ist. Zunächst muss unterschieden werden, ob es sich um Ausschüttungs- oder Thesaurierungsbeschlüsse handelt. Wurde eine *Ausschüttung* beschlossen, ist damit der Anspruch des Aktionärs auf den Gewinn entstanden. Um diesen Anspruch aufzuheben, bedarf es eines nach allgemeinen schuldrechtlichen Regeln zu beurteilenden Erlassvertrags zwischen AG und Aktionären. Wird ein nachfolgender Aufhebungs- oder Thesaurierungsbeschluss mit Zustimmung *aller* Aktionäre gefasst, ist darin ein schlüssiges Angebot auf Abschluss eines solchen Erlassvertrags zu sehen. *Thesaurierungsbeschlüsse* (Einstellung in Rücklagen oder Gewinnvortrag) lassen individuelle Ansprüche nicht entstehen, sie können daher mehrheitlich aufgehoben oder geändert werden. Dem steht auch die Feststellungskompetenz der Verwaltung nicht entgegen, da der zugrunde gelegte JA durch den Gewinnverwendungsbeschluss unberührt bleibt. Dies gilt auch für den Sonderfall des § 217 Abs 2 AktG, s hierzu *Priester* ZIP 2000, 261.

5. Die Gewinnverwendung bei der KGaA

Für die KGaA gilt gem § 278 Abs 3 AktG die Vorschrift des § 174 AktG sinngemäß. Die HV beschließt demnach über die Verwendung des Bilanzgewinns. Sie ist dabei an den mit Zustimmung der phG festgestellten JA gebunden. Eine Mitwirkung der phG bei der Beschlussfassung über die Gewinnverwendung sieht das AktG nicht vor. 98

6. Nichtigkeit und Anfechtbarkeit des Gewinnverwendungsbeschlusses

Der Gewinnverwendungsbeschluss kann aus den allgemeinen Nichtigkeitsgründen des § 241 AktG nichtig sein. Er ist außerdem dann nichtig, wenn die Feststellung des JA, auf welcher der Gewinnverwendungsbeschluss beruht, nichtig ist (§ 253 Abs 1 AktG), sowie in den Fällen der §§ 173 Abs 3, 217 Abs 2 AktG. Für die Anfechtung des Gewinnverwendungsbeschlusses gilt neben den allgemeinen Anfechtungsgründen (§ 243 AktG) die Sondervorschrift des § 254 AktG, die den Schutz der Minderheitsaktionäre gegen eine vollständige Gewinnthesaurierung durch die Aktionärsmehrheit bewirken soll (s Anm 53). 99

E. Ordentliche Hauptversammlung
(§§ 175, 176 AktG)

I. Einberufung (§ 175 AktG)

§ 175 AktG Einberufung

(1) ¹Unverzüglich nach Eingang des Berichts des Aufsichtsrats hat der Vorstand die Hauptversammlung zur Entgegennahme des festgestellten Jahresabschlusses und des Lageberichts, eines vom Aufsichtsrat gebilligten Einzelabschlusses nach § 325 Abs. 2a des Handelsgesetzbuchs sowie zur Beschlußfassung über die Verwendung eines Bilanzgewinns, bei einem Mutterunternehmen (§ 290 Abs. 1, 2 des Handelsgesetzbuchs) auch zur Entgegennahme des vom Aufsichtsrat gebilligten Konzernabschlusses und des Konzernlageberichts, einzuberufen. ²Die Hauptversammlung hat in den ersten acht Monaten des Geschäftsjahrs stattzufinden.

(2) ¹Der Jahresabschluß, ein vom Aufsichtsrat gebilligter Einzelabschluss nach § 325 Abs. 2a des Handelsgesetzbuchs, der Lagebericht, der Bericht des Aufsichtsrats und der Vorschlag des Vorstands für die Verwendung des Bilanzgewinns sind von der Einberufung an in dem Geschäftsraum der Gesellschaft zur Einsicht der Aktionäre auszulegen. ²Auf Verlangen ist jedem Aktionär unverzüglich eine Abschrift der Vorlagen zu erteilen. ³Bei einem Mutterunternehmen (§ 290 Abs. 1, 2 des Handelsgesetzbuchs) gelten die Sätze 1 und 2 auch für den Konzernabschluss, den Konzernlagebericht und den Bericht des Aufsichtsrats hierüber. ⁴Die Verpflichtungen nach den Sätzen 1 bis 3 entfallen, wenn die dort bezeichneten Dokumente für denselben Zeitraum über die Internetseite der Gesellschaft zugänglich sind.

(3) ¹Hat die Hauptversammlung den Jahresabschluss festzustellen oder hat sie über die Billigung des Konzernabschlusses zu entscheiden, so gelten für die Einberufung der Hauptversammlung zur Feststellung des Jahresabschlusses oder zur Billigung des Konzernabschlusses und für das Zugänglichmachen der Vorlagen und die Erteilung von Abschriften die Absätze 1 und 2 sinngemäß. ²Die Verhandlungen über die Feststellung des Jahresabschlusses und über die Verwendung des Bilanzgewinns sollen verbunden werden.

(4) ¹Mit der Einberufung der Hauptversammlung zur Entgegennahme des festgestellten Jahresabschlusses oder, wenn die Hauptversammlung den Jahresabschluß festzustellen hat, der Hauptversammlung zur Feststellung des Jahresabschlusses sind Vorstand und Aufsichtsrat an die in dem Bericht des Aufsichtsrats enthaltenen Erklärungen über den Jahresabschluß (§§ 172, 173 Abs. 1) gebunden. ²Bei einem Mutterunternehmen (§ 290 Abs. 1, 2 des Handelsgesetzbuchs) gilt Satz 1 für die Erklärung des Aufsichtsrats über die Billigung des Konzernabschlusses entsprechend.

Übersicht

	Anm
1. Allgemeines	101
2. Ordentliche Hauptversammlung ohne Feststellung des Jahresabschlusses oder ohne Billigung des Konzernabschlusses (Abs 1)	
a) Gegenstand der ordentlichen Hauptversammlung (Abs 1 S 1)	102
b) Zeitraum für die Abhaltung der ordentlichen Hauptversammlung (Abs 1 S 2)	103
3. Auslage der Vorlagen und Erteilung von Abschriften (Abs 2)	104

	Anm
4. Ordentliche Hauptversammlung mit Feststellung des Jahresabschlusses oder mit Billigung des Konzernabschlusses (Abs 3)	105
5. Bindung von Vorstand und Aufsichtsrat an die Erklärungen über den Jahresabschluss und den Konzernabschluss (Abs 4)	106
6. Rechtsfolgen einer Verletzung des § 175 AktG	107

1. Allgemeines

Als „ordentliche HV" bezeichnet das AktG – dem Sprachgebrauch folgend – **101** die jährlich wiederkehrende HV, deren Gegenstand oft die Entgegennahme des festgestellten JA und des Lageberichts sowie des KA und des Konzernlageberichts, ggf IFRS-EA, und stets die Beschlussfassung über die Verwendung des Bilanzgewinns, die Entlastung der Mitglieder des Vorstands und des AR (§ 120 AktG) sowie die Wahl des AP (§ 318) ist. Gegenstand der ordentlichen HV können aber auch alle anderen im Gesetz (§§ 119, 173 AktG) oder der Satzung eingeräumten Rechte sein. Für Einberufung und Durchführung gelten die §§ 118 ff AktG sowie § 176 AktG (hierzu Anm 110).

2. Ordentliche Hauptversammlung ohne Feststellung des Jahresabschlusses oder ohne Billigung des Konzernabschlusses (Abs 1)

a) Gegenstand der ordentlichen Hauptversammlung (Abs 1 S 1)

Für den Regelfall des durch Vorstand und AR festgestellten JA (§ 172 AktG) **102** ist die Aufgabe der HV auf die **Entgegennahme des Jahresabschlusses** und des Lageberichts, des KA und des Konzernlageberichts, des IFRS-EA sowie die **Beschlussfassung über die Verwendung des Bilanzgewinns** beschränkt. Gem § 120 Abs 3 S 1 AktG soll die Verhandlung über die **Entlastung der Organe mit** der Verhandlung über die **Gewinnverwendung** verbunden werden.

b) Zeitraum für die Abhaltung der ordentlichen Hauptversammlung (Abs 1 S 2)

Der Vorstand hat die HV **unverzüglich** nach Eingang des Berichts des AR **103** einzuberufen. Leitet der AR dem Vorstand seinen Bericht nicht zu (§ 171 Abs 3 AktG), hat der Vorstand nach Ablauf der **Nachfrist** von **einem Monat** die HV (zwecks Feststellung des JA und Billigung des KA) einzuberufen (Anm 32). Die ordentliche HV hat **in den ersten 8 Monaten** des (neuen) Gj stattzufinden (§ 175 Abs 1 S 2). Eine Verlängerung dieser gesetzlichen Frist durch die Satzung ist nicht zulässig. Für die Einberufung ist die Fristenregelung des § 123 Abs 1 AktG (mind 30 Tage vor dem Tage der HV) zu beachten.

3. Auslage der Vorlagen und Erteilung von Abschriften (Abs 2)

Der genaue Wortlaut von § 175 Abs 2 ist unsicher, da die im Rahmen des **104** ARUG beabsichtigte Streichung des Passus *„und bei börsennotierten Aktiengesellschaften ein erläuternder Bericht zu den Angaben nach § 289 Abs 4 Nr. 1 bis 5 und Abs 5 sowie § 315 Abs 4 des Handelsgesetzbuches"* möglicherweise nicht wirksam erfolgte. Da sich aus der Gesetzesbegründung zum ARUG ergibt, dass der Gesetzgeber die Auslegung des erläuternden Berichts in den Geschäftsräumen für entbehrlich gehalten hat, erscheint es richtig, den Verweis in § 175 Abs 2 auf den erläuternden Bericht nach § 289 Abs 4 Nr. 1 bis 5, Abs 5 sowie § 315 HGB als gestrichen zu behandeln (vgl hierzu *Kiefner* NZG 2010, 692, *Drygala* in Schmidt/Lutter[2] § 175 Anm 4). Vom Zeitpunkt der Einberufung an sind die Unterlagen nach S 1 in dem Geschäftsraum der Ges **zur Einsicht** der Aktionäre **auszule-**

gen. Soll die HV den JA feststellen oder den KA billigen, ist die Beschlussvorlage auszulegen. Die Auslegung der Originalvorlagen ist nicht erforderlich, es genügen **Abschriften**. Die Auslegung hat in einem Geschäftsraum der Hauptverwaltung der AG zu erfolgen; die Auslegung auch in den **Geschäftsräumen von Niederlassungen** ist nicht vorgeschrieben (ADS^6 § 175 AktG Anm 17). Nicht auszulegen ist der Bericht des AP.

Auf Verlangen ist jedem Aktionär unverzüglich eine Abschrift der Vorlagen zu erteilen (Abs 2 S 2). Die **Kosten** für die Anfertigung und die Versendung der Abschriften hat die AG zu tragen (ADS^6 § 175 AktG Anm 21 mwN). Die Pflicht zur Auslage der Unterlagen und zur Übersendung einer Abschrift besteht nicht, wenn die Dokumente im Auslegungszeitraum über die Internetseite der Ges zugänglich sind (Abs 2 S 4).

4. Ordentliche Hauptversammlung mit Feststellung des Jahresabschlusses oder mit Billigung des Konzernabschlusses (Abs 3)

105 In den Fällen des § 173 AktG (bzw bei der KGaA gem § 286 Abs 1 AktG) beschließt die HV über die Feststellung des JA oder die Billigung des KA. Es gelten hier die gleichen Bestimmungen über die Einberufung, die Auslage der Vorlagen und die Erteilung von Abschriften (Anm 103, 104). Nach Abs 3 S 2 sollen die Verhandlungen über die Feststellung des JA **und** die **Gewinnverwendung** miteinander **verbunden** werden, desgl die Verhandlung über die Entlastung der Organe (§ 120 Abs 3 S 1 AktG). Das Gleiche gilt für die Entlastung der phG und des AR einer **KGaA** (§ 278 Abs 3 AktG) sowie für weitere HV-Beschlüsse, denen ggf die phG zustimmen müssen (zB Feststellung des JA, § 286 Abs 1 S 2 AktG). Zum **Auskunftsrecht** der Aktionäre in der HV s Anm 110f.

5. Bindung von Vorstand und Aufsichtsrat an die Erklärungen über den Jahresabschluss und den Konzernabschluss (Abs 4)

106 Ab dem Zeitpunkt der Einberufung der HV sind Vorstand und AR an die in den Berichten des AR enthaltenen Erklärungen gebunden. Diese Erklärungen betreffen die Feststellung des JA, entweder durch Vorstand und AR (§ 172 AktG) oder durch die HV (§ 173 Abs 1 AktG), die Billigung des KA durch den AR (§ 171 Abs 2 S 4, 5 AktG) oder durch die HV (§ 173 Abs 1 AktG) sowie die Billigung des IFRS-EA (§ 171 Abs 4 AktG). Die Bindung hinsichtlich der für die Feststellung des JA getroffenen Entscheidung der Verwaltung soll verhindern, dass nachträglich die einmal getroffene Entscheidung über die Zuständigkeit für die Feststellung des JA oder die Feststellung selbst (Anm 105) bzw die Billigung des KA oder IFRS-EA geändert wird. Eine weitergehende Bindung der Verwaltung tritt nach hM nicht ein; insb verbietet Abs 4 der *Verwaltung* nicht, den vom Vorstand und AR festgestellten JA oder vom AR gebilligten KA oder IFRS-EA ggf künftig (zB nach einer Bp) inhaltlich zu ändern (s ADS^6 § 175 AktG Anm 26; zur Bilanzänderung s § 253 Anm 830 ff).

6. Rechtsfolgen einer Verletzung des § 175 AktG

107 Hält der Vorstand die **8-Monats-Frist** nicht ein, ist er hierzu gem § 407 Abs 1 AktG vom Registergericht durch Festsetzung von **Zwangsgeld** anzuhalten. Wird die 8-Monats-Frist überschritten, hat dies keine materiellrechtlichen Konsequenzen für die von der HV gefassten Beschlüsse (*Brönner* in Großkomm AktG⁴ § 175 Anm 11); insb ist die verspätete Abhaltung der HV kein Anfechtungsgrund. Möglich ist aber eine Schadensersatzverpflichtung des Vorstands nach § 93 AktG.

Die Durchsetzung der **Aktionärsrechte auf Einsicht und Erteilung von Abschriften** kann über die Anrufung des Registergerichts und die Festsetzung von **Zwangsgeldern** gegen den Vorstand (§ 407 AktG) erzwungen werden. Daneben kommt auch eine **Klage** gegen die AG in Betracht. Ob auch der **Erlass einer einstweiligen Anordnung** verlangt werden kann, ist – im Hinblick auf die Erzwingbarkeit nach § 407 AktG – streitig (s *ADS*[6] § 175 AktG Anm 22 mwN). In Betracht kommt ferner das **Anfechtungsrecht** nach §§ 243, 254 AktG, wenn der Verstoß gegen die Aktionärsrechte für den HV-Beschluss ursächlich gewesen sein *kann*.

II. Vorlagen, Anwesenheit des Abschlussprüfers (§ 176 AktG)

§ 176 AktG Vorlagen. Anwesenheit des Abschlußprüfers

(1) [1]Der Vorstand hat der Hauptversammlung die in § 175 Abs. 2 genannten Vorlagen sowie bei börsennotierten Gesellschaften einen erläuternden Bericht zu den Angaben nach § 289 Abs. 4, § 315 Abs. 4 des Handelsgesetzbuchs zugänglich zu machen. [2]Zu Beginn der Verhandlung soll der Vorstand seine Vorlagen, der Vorsitzende des Aufsichtsrats den Bericht des Aufsichtsrats erläutern. [3]Der Vorstand soll dabei auch zu einem Jahresfehlbetrag oder einem Verlust Stellung nehmen, der das Jahresergebnis wesentlich beeinträchtigt hat. [4]Satz 3 ist auf Kreditinstitute nicht anzuwenden.

(2) [1]Ist der Jahresabschluß von einem Abschlußprüfer zu prüfen, so hat der Abschlußprüfer an den Verhandlungen über die Feststellung des Jahresabschlusses teilzunehmen. [2]Satz 1 gilt entsprechend für die Verhandlungen über die Billigung eines Konzernabschlusses. [3]Der Abschlußprüfer ist nicht verpflichtet, einem Aktionär Auskunft zu erteilen.

Übersicht

	Anm
1. Vorlage- und Erläuterungspflicht (Abs 1)	
a) Vorlagepflicht (Abs 1 S 1)	110, 111
b) Erläuterungen durch den Vorstand	112, 113
c) Erläuterung durch den Aufsichtsrat (Abs 1 S 2 2. Alt)	114
2. Anwesenheit des Abschlussprüfers (Abs 2)	115
3. Rechtsfolgen einer Verletzung des § 176 AktG	116

1. Vorlage- und Erläuterungspflicht (Abs 1)

a) Vorlagepflicht (Abs 1 S 1)

Der Vorstand hat der **Hauptversammlung** die in § 175 Abs 2 AktG genannten Unterlagen **vorzulegen**. Hierzu gehört bei börsennotierten AG auch der erläuternde Bericht zu den Angaben nach § 289 Abs 4 (zu sämtlichen Nr., nur Nr. 1 bis 5), § 315 Abs 4. Zwar sind die entspr Angaben bereits Bestandteil des nach § 175 Abs 2 S 1 AktG vorzulegenden Lageberichts, § 176 AktG verlangt aber darüber hinaus eine Erl der entsprechenden Angaben (*Drygala* in Schmidt/Lutter[2] § 176 Anm 4). Da der Verweis auf den durch BilMoG eingefügten § 289 Abs 5 (Beschreibung der wesentlichen Merkmale des IKS und RMS im Hinblick auf Rechnungslegungsprozess) fehlt, muss der erläuternde Bericht insoweit keine Erläuterungen enthalten (*Kiefner* NZG 2010, 692; aA *Drygala* in Schmidt/Lutter[2] § 176 Anm 7). Macht die AG bei der Aufstellung des JA von den Erleichterungen der §§ 266 Abs 1 S 3, 274a, 276, 288 Gebrauch (verkürzte Bilanz bei kleinen AG gem § 267 Abs 1, ua kein Anlagegitter, keine

110

Abgrenzung latenter Steuern, Zusammenfassung des Rohergebnisses in der GuV und Wegfall bestimmter Anhangangaben für kleine und mittelgroße AG), kann jeder Aktionär gem § 131 Abs 1 S 3 AktG verlangen, dass ihm **in der Hauptversammlung der Jahresabschluss** in ungekürzter Form vorgelegt wird. § 131 Abs 1 S 3 AktG gilt nicht für die Auslegung der Vorlagen und Abschriftserteilung gem § 175 Abs 2 AktG.

111 „Vorlegen" bedeutet, dass die schriftlichen Vorlagen **während der Hauptversammlung** in ausreichender Anzahl zur Einsichtnahme durch die Aktionäre zur Vfg zu stellen sind. Die Verlesung ist nicht erforderlich. Die gesetzliche Vorlagepflicht des Vorstands besteht auch dann, wenn die HV keine Beschlüsse zum JA zu fassen hat, zB weil der JA von der Verwaltung festgestellt wurde und ein zu verwendender Bilanzgewinn nicht vorhanden ist. Bei einer KGaA haben die phG die Pflichten des Vorstands gem § 283 Nr 6 AktG. Damit korrespondiert auch die Pflicht zur Erl der Vorlagen gem Abs 1 S 2 (s Anm 112f).

b) Erläuterungen durch den Vorstand

112 Zu Beginn der Verhandlung soll der Vorstand seine **Vorlagen erläutern** (Abs 1 S 2). Bzgl des Umfangs der Erl enthält das AktG keine Bestimmungen. Im Hinblick auf die Erl des JA im Anhang (§§ 284 ff) und die Darstellung des Geschäftsverlaufs einschl des Geschäftsergebnisses, der Lage und der voraussichtlichen Entwicklung mit ihren wesentlichen Chancen und Risiken der Ges im Lagebericht (§ 289 Abs 1) kommt für die zusätzlichen mündlichen Erl des Vorstands **keine bloße Wiederholung** der Angaben in den Vorlagen in Betracht. Stattdessen soll eine nach Schwerpunkten zusammenfassende und insb **aktualisierte Berichterstattung** namentlich auch der künftigen Entwicklung erfolgen. Im Mittelpunkt der Erl soll die **Begründung des Gewinnverwendungsvorschlags** (Dividendenpolitik, Rücklagenbildung) stehen (*Claussen* in Kölner Komm-AktG[3] § 176 Anm 5).

113 Gem Abs 1 S 3 soll der Vorstand auch zu einem Jahresfehlbetrag oder einem Verlust Stellung nehmen, der das Jahresergebnis wesentlich beeinträchtigt hat. Die Frage, wann eine **wesentliche Beeinträchtigung** durch Verluste vorliegt, ist im Einzelfall vom Vorstand nach pflichtgemäßem Ermessen zu entscheiden. In Betracht kommen einzelne wesentliche Verlustfälle, soweit sie nicht schon im Anhang oder Lagebericht erläutert werden. Auf Kreditinstitute ist Abs 1 S 3 nicht anzuwenden (Abs 1 S 4). Zwischen der Stellungnahme des Vorstands zu einem Verlust und der **Erläuterungspflicht** im Bericht **des Abschlussprüfers** für Verluste im Gj oder solche, die die künftige Entwicklung des Unt gefährden (§ 321 Abs 1 S 2), besteht wegen der unterschiedlichen Interessenlage der Informationsempfänger (Aktionäre, Vorstand und AR) keine Parallelität. Die Erl-Pflicht des AP geht über die Berichterstattungspflicht des Vorstands an die Aktionäre hinaus (*ADS*[6] § 176 AktG Anm 17); sie endet aber früher – nämlich mit der Auslieferung des PrüfBer. Nur in der HV haben die Aktionäre einer AG oder KGaA die Auskunftsrechte nach §§ 131, 283 Nr 9 AktG.

c) Erläuterung durch den Aufsichtsrat (Abs 1 S 2 2. Alt)

114 Der AR-Vorsitzende soll den Bericht des AR erläutern. Welche zusätzlichen Erl er geben will, steht in seinem pflichtgemäßen Ermessen. Zulässig und üblich ist es, dass die Auffassung des AR zur Lage und Entwicklung der Ges dargelegt wird (*Claussen* in Kölner Komm-AktG[3] § 176 Anm 10). Von besonderer Bedeutung ist die Erl-Pflicht, wenn der AR den JA/KA/IFRS-EA nicht gebilligt oder sich enthalten hat (§§ 173 Abs 1, 171 Abs 3 S 3 AktG) oder einen abw Gewinnverwendungsvorschlag macht. Die Erl des Vorstands (Anm 112 f) und des AR-

Vorsitzenden dienen auch der Meinungsbildung der HV zur Entlastung der Verwaltung (glA *ADS*[6] § 176 AktG Anm 23).

2. Anwesenheit des Abschlussprüfers (Abs 2)

Ist der JA/KA von einem AP zu prüfen (§ 316 Abs 1), hat der AP an den Verhandlungen über die Feststellung des JA bzw die Billigung des KA teilzunehmen. Die **Teilnahmepflicht des Abschlussprüfers** auf der HV besteht bei der AG aber nur in den Ausnahmefällen der Feststellung des JA bzw der Billigung des KA durch die HV (§ 173 Abs 1 AktG), außerdem stets bei der KGaA (§ 286 Abs 1 AktG). Sinn und Zweck der Anwesenheitspflicht des AP ergeben sich in erster Linie aus der bei Änderung des geprüften JA durch die HV (§ 173 Abs 3 AktG) erforderlich werdenden **Nachtragsprüfung** (§ 316 Abs 3). Der in der HV anwesende AP kann prüfen, ob eine Nachtragsprüfung erforderlich ist und diese uU an Ort und Stelle vornehmen (mit schriftlichem, unterzeichnetem Bericht, § 321 Abs 5; für Ausnahmen aA *ADS*[6] § 316 Anm 70) oder vorbereiten. In der Praxis entspricht es guter Übung, dass der AP an der ordentlichen HV teilnimmt, unabhängig davon, ob die HV den JA festzustellen oder den KA zu billigen hat.

Der AP ist ohne Entbindung von seiner Schweigepflicht nicht verpflichtet, einem Aktionär **Auskunft** zu erteilen (§ 176 Abs 2 S 3 AktG), da die Unterrichtung der Aktionäre nicht im Rahmen seines Prüfungsauftrags liegt. Die Auskunftspflicht in der HV trifft allein den Vorstand (§ 131 AktG). Wenn *und soweit* der Vorstand hierzu ermächtigt, ist der AP berechtigt (aber nicht verpflichtet), einem Aktionär Auskunft zu erteilen. Diese Ermächtigung kann auch durch den Vorsitzenden des AR erteilt werden, der gem § 111 Abs 2 S 3 AktG den Prüfungsauftrag vergibt. Der AP erteilt die Auskunft dann nach Entbindung von der Verschwiegenheitspflicht (§ 323 Abs 1 S 1) im Auftrag des Vorstands bzw des AR. Der AP ist verpflichtet, auf Fragen des Vorstands und im Kompetenzbereich des AR auf Fragen des AR-Vorsitzenden zu antworten. Der AP hat kein eigenes Rederecht. Er hat den Vorstand nur intern auf eine evtl Falschdarstellung hinzuweisen (s *Drygala* in Schmidt/Lutter[2] § 176 Anm 17f).

3. Rechtsfolgen einer Verletzung des § 176 AktG

Eine Verletzung der Vorlagepflicht macht die zu den Tagesordnungspunkten der HV gefassten Beschlüsse idR anfechtbar. Die Erl-Pflichten des **Vorstands** und des **Aufsichtsrats-Vorsitzenden** sind als Sollvorschriften ausgestaltet, ihre Nichtbeachtung ist nicht mit Sanktionen nach § 407 AktG verbunden. Unrichtige Darstellungen der Verhältnisse der Ges oder Verschleierungen sind aber nach § 400 Abs 1 AktG mit Freiheitsstrafe bis zu drei Jahren oder mit Geldstrafe bedroht.

Die **Verletzung der Teilnahmepflicht** des AP an der Verhandlung über die Feststellung des JA stellt idR einen Grund zur Anfechtung des JA-Feststellungsbeschlusses nach §§ 243, 257 AktG dar (*ADS*[6] § 176 AktG Anm 34; *Claussen* in Kölner Komm-AktG[3] § 176 Anm 18; *Brönner* in Großkomm AktG[4] § 176 Anm 18).

Vorschriften für die GmbH

A. Vorlage an den Aufsichtsrat, Prüfung durch den Aufsichtsrat

Soweit bei GmbH ein AR kraft gesetzlicher Vorschriften zu bilden ist (zB §§ 1 Abs 1 Nr. 3 DrittelbG, 1 Abs 1, 6 Abs 1 MitbestG, 6 Abs 2 S 1 InvG), besteht eine Prüfungspflicht des AR entspr § 171 AktG (dazu Anm 20 ff) und damit auch eine Vorlagepflicht der Geschäftsführer. Eine ausdrückliche Verweisung auf § 170 AktG fehlt, auf Grund des Sachzusammenhangs mit § 171 ist aber von einer entspr Anwendbarkeit auszugehen. Somit gilt auch § 170 Abs 3 AktG (Recht auf Aushändigung der Vorlagen und des PrüfBer) für die mitbestimmte GmbH. Die Vorlage des PrüfBer erfolgt durch den AP, da auch § 111 Abs 2 S 3 AktG gilt. Ohne weiteres gelten auch die Regelungen zur Prüfung iSd § 171 AktG; § 171 Abs 1 S 1 AktG schreibt die Prüfung des KA durch den AR des MU vor; nach § 171 Abs 1 S 2 AktG hat grds der AP an den Verhandlungen über die Vorlagen teilzunehmen. Für den fakultativen AR einer GmbH bestimmt § 52 Abs 1 GmbHG die entspr Anwendung der §§ 170, 171 AktG (Anm 1–36), soweit nicht im GesVertrag etwas anderes bestimmt ist.

B. Gewinnverteilung (§ 29 GmbHG), Feststellung des Jahresabschlusses und Gewinnverwendung (§ 42a GmbHG)

I. Ergebnisverwendung (§ 29 GmbHG)

§ 29 GmbHG Ergebnisverwendung

(1) ¹Die Gesellschafter haben Anspruch auf den Jahresüberschuß zuzüglich eines Gewinnvortrags und abzüglich eines Verlustvortrags, soweit der sich ergebende Betrag nicht nach Gesetz oder Gesellschaftsvertrag, durch Beschluß nach Absatz 2 oder als zusätzlicher Aufwand auf Grund des Beschlusses über die Verwendung des Ergebnisses von der Verteilung unter die Gesellschafter ausgeschlossen ist. ²Wird die Bilanz unter Berücksichtigung der teilweisen Ergebnisverwendung aufgestellt oder werden Rücklagen aufgelöst, so haben die Gesellschafter abweichend von Satz 1 Anspruch auf den Bilanzgewinn.

(2) Im Beschluß über die Verwendung des Ergebnisses können die Gesellschafter, wenn der Gesellschaftsvertrag nichts anderes bestimmt, Beträge in Gewinnrücklagen einstellen oder als Gewinn vortragen.

(3) ¹Die Verteilung erfolgt nach Verhältnis der Geschäftsanteile. ²Im Gesellschaftsvertrag kann ein anderer Maßstab der Verteilung festgesetzt werden.

(4) ¹Unbeschadet der Absätze 1 und 2 und abweichender Gewinnverteilungsabreden nach Absatz 3 Satz 2 können die Geschäftsführer mit Zustimmung des Aufsichtsrats oder der Gesellschafter den Eigenkapitalanteil von Wertaufholungen bei Vermögensgegenständen des Anlage- und Umlaufvermögens und von bei der steuerrechtlichen Gewinnermittlung gebildeten Passivposten, die nicht im Sonderposten mit Rücklageanteil ausgewiesen werden dürfen, in andere Gewinnrücklagen einstellen. ²Der Betrag dieser Rücklagen ist entweder in der Bilanz gesondert auszuweisen oder im Anhang anzugeben.

Übersicht

	Anm
1. Gewinnbezugsrecht der Gesellschafter (Abs 1)	121–123
2. Rücklagenbildung durch Gesellschafterbeschluss (Abs 2)	124, 125
3. Gewinnverteilungsmaßstäbe (Abs 3)	126
4. Wertaufholungsrücklage (Abs 4)	127
5. Altgesellschaften	128, 129

1. Gewinnbezugsrecht der Gesellschafter (Abs 1)

121 Es gilt grds die **uneingeschränkte Dispositionsfreiheit der Gester-Mehrheit** über den Jahresüberschuss (S 1)/Bilanzgewinn (S 2). (Zur Übergangsrege-

lung für AltGes, die vor dem 1.1.1986 ins HR eingetragen wurden, s Anm 128.) Durch Gester-Beschluss kann bereits während des lfd Gj ein **Vorschuss** auf den Gewinn gewährt werden, wenn ein entspr Jahresüberschuss voraussehbar ist und wenn das Stammkapital nicht angegriffen wird. Zur Feststellung einer entspr Ergebniserwartung ist eine plausible Berechnung – möglichst in der Form eines JA – vorzunehmen (*Lutter/Hommelhoff*[18] § 29 Anm 45). Als Vorabausschüttung steht die Zahlung unter Vorbehalt eines entspr Jahresüberschusses. Wird der erforderliche Jahresüberschuss dann nicht erzielt, sind Rücklagen aufzulösen. Reichen diese nicht aus, entsteht ein Anspruch gegen die Gester auf **Rückzahlung**, der von der Ges zu aktivieren ist. Im Gegensatz zur AG (Anm 65f) besteht kein Vertrauensschutz, da die Gester mit der möglichen Erstattungspflicht rechnen müssen (*Lutter/Hommelhoff*[18] § 29 Anm 46).

Als **gesetzlicher Ausschluss des Gewinnbezugsrechts** kommt – da es bei der 122 GmbH eine gesetzliche Rücklage nicht gibt – lediglich die Bildung der Rücklage für Anteile an einem herrschenden oder mehrheitlich beteiligten Unt in Betracht (§ 272 Abs 4); ferner bestehen Ausschüttungssperren gem § 268 Abs 8.

Von der Gewinnverteilung ausgeschlossen sind ferner die gem § 29 Abs 2 123 GmbHG durch die **Gester-Mehrheit** beschlossenen **Einstellungen in Rücklagen** (Anm 124f).

2. Rücklagenbildung durch Gesellschafterbeschluss (Abs 2)

Abs 2 weist Zuständigkeit für Rücklagenbildung den Gestern zu. Im Gewinn- 124 verwendungsbeschluss dürfen die Gester, wenn der GesVertrag nichts anderes bestimmt, Beträge in **Gewinnrücklagen** einstellen oder als Gewinn vortragen (zu Mängeln bei Beschlussfass s *OLG Stuttgart*, DStR 2004, 1972).

Nach dem Gesetzeswortlaut ist die Möglichkeit der Gester, Rücklagen zu bilden, **unbeschränkt**. Da die GesterBeschlüsse grds mit einfacher Mehrheit (§ 47 Abs 1 GmbHG) gefasst werden, besteht die Gefahr, dass eine GesterMinderheit durch entspr Mehrheitsbeschlüsse „ausgehungert" wird. Eine Mindestschutzvorschrift, wie sie mit § 254 AktG für die Minderheitsaktionäre einer AG besteht (Anm 53), besteht jedoch im GmbHG nicht (hM; aA *Hueck/Fastrich* in Baumbach/Hueck GmbHG[19] § 29 Anm 31).

Es gelten daher die allgemeinen Grds für den gesrechtlichen **Minderheiten-** 125 **schutz**, die aus der **Treuepflicht der Gester** untereinander und zur Ges abgeleitet werden. Erforderlich ist im Einzelfall die Abwägung zwischen dem Interesse der Gester an einer angemessenen Mindestdividende und dem GesInteresse an der Rücklagenbildung. Grds ist dabei von einem weiten Ermessensspielraum der MehrheitsGester auszugehen, so dass nur in ganz **offensichtlichen Missbrauchsfällen** eine Anfechtungsklage der Minderheit gegen den Gewinnverwendungsbeschluss Erfolg verspricht (vgl *OLG Nürnberg* 9.7.2008, DB 2008, 2415; *Hommelhoff* GmbHR 2010, 1328; *OLG Brandenburg* 31.3.2009, GmbHR 2009, 825). In der Praxis sind demnach die MinderheitsGester darauf angewiesen, dass ihre Mindest-Gewinnbezugsrechte im GesVertrag verankert werden. Zur Durchsetzung des Gewinnanspruchs aus der Sicht der MinderheitsGester *Gutbrod*, GmbHR 1995, 551. In der Literatur werden verschiedene Vorschläge zu einem erweiterten Minderheitenschutz gemacht (vgl *Lutter/Hommelhoff*[18] § 29 Anm 21 ff mwN; *Hueck* in Baumbach/Hueck GmbHG[19] § 29 Anm 29 ff, 35 ff; *Hommelhoff*, ZGR 1986, 418 ff; *Bork/Oepen*, ZGR 2002, 241).

3. Gewinnverteilungsmaßstäbe (Abs 3)

Die Gewinnverteilung erfolgt nach dem Verhältnis der Geschäftsanteile 126 (Nennbetrag). Der Gewinnverteilungsmaßstab kann im **GesVertrag** anders festgesetzt werden (zB völliger oder teilweiser Ausschluss aller oder einzelner Gester mit deren Zustimmung, Vorzugsdividenden für einzelne Gester, Öffnungsklauseln für Einzelfälle, etc; s *BayObLG*, GmbHR 2001, 728; OLG München 18.5.2011, 31 Wx 210/11).

4. Wertaufholungsrücklage (Abs 4)

127   Die Voraussetzungen und der materielle Inhalt entsprechen der Regelung in § 58 Abs 2a AktG (Näheres in Anm 51). Der GesVertrag kann andere Regelungen treffen (*Hueck* in Baumbach/Hueck GmbHG[19] § 29 Anm 18 ff). **Zuständig** für die Einstellung der Sonderrücklage sind zwar die **Geschäftsführer** (§§ 242, 270 Abs 2). Sie bedürfen aber der **Zustimmung** des AR oder der Gester. Aus § 46 Nr 1 GmbHG, nach dem die Gester den JA festzustellen haben, ist zu schließen, dass die **Entscheidung** über die Bildung der Sonderrücklage tatsächlich von der **Gesellschafterversammlung** getroffen wird, während den Geschäftsführern nur das Vorschlagsrecht und dem AR das Recht zur Stellungnahme zusteht (*Hommelhoff*, ZGR 1986, 436).

5. Altgesellschaften

128   Es gilt die gesetzliche Gewinnverwendungsregelung, die von einer Vollausschüttung ausgeht, soweit nicht der GesVertrag eine andere Regelung trifft (Art 12 § 7 Abs 1 GmbHÄndG). Diese Sondervorschrift ist auch heute noch praktisch relevant. Ausführlich *Hueck* in Baumbach/Hueck GmbHG[19] § 29 Anm 97 ff.

129   Die entspr Änderung des GesVertrags kann entgegen § 53 Abs 2 S 1 GmbHG mit einfacher Mehrheit beschlossen werden (§ 7 Abs 2 S 2 GmbHGÄndG).

II. Vorlage und Feststellung des Jahresabschlusses, Gewinnverwendung (§ 42a GmbHG)

§ 42a GmbHG Vorlage des Jahresabschlusses und des Lageberichts

(1) ¹Die Geschäftsführer haben den Jahresabschluß und den Lagebericht unverzüglich nach der Aufstellung den Gesellschaftern zum Zwecke der Feststellung des Jahresabschlusses vorzulegen. ²Ist der Jahresabschluß durch einen Abschlußprüfer zu prüfen, so haben die Geschäftsführer ihn zusammen mit dem Lagebericht und dem Prüfungsbericht des Abschlußprüfers unverzüglich nach Eingang des Prüfungsberichts vorzulegen. ³Hat die Gesellschaft einen Aufsichtsrat, so ist dessen Bericht über das Ergebnis seiner Prüfung ebenfalls unverzüglich vorzulegen.

(2) ¹Die Gesellschafter haben spätestens bis zum Ablauf der ersten acht Monate oder, wenn es sich um eine kleine Gesellschaft handelt (§ 267 Abs. 1 des Handelsgesetzbuchs), bis zum Ablauf der ersten elf Monate des Geschäftsjahrs über die Feststellung des Jahresabschlusses und über die Ergebnisverwendung zu beschließen. ²Der Gesellschaftsvertrag kann die Frist nicht verlängern. ³Auf den Jahresabschluß sind bei der Feststellung die für seine Aufstellung geltenden Vorschriften anzuwenden.

(3) Hat ein Abschlußprüfer den Jahresabschluß geprüft, so hat er auf Verlangen eines Gesellschafters an den Verhandlungen über die Feststellung des Jahresabschlusses teilzunehmen.

(4) ¹Ist die Gesellschaft zur Aufstellung eines Konzernabschlusses und eines Konzernlageberichts verpflichtet, so sind die Absätze 1 bis 3 entsprechend anzuwenden. ²Das Gleiche gilt hinsichtlich eines Einzelabschlusses nach § 325

Abs. 2a des Handelsgesetzbuchs, wenn die Gesellschafter die Offenlegung eines solchen beschlossen haben.

Übersicht

Anm
1. Vorlagepflicht der Geschäftsführer (Abs 1) 130
2. Feststellung des Jahresabschlusses und Ergebnisverwendungsbeschluss (Abs 2) 131
3. Teilnahme des Abschlussprüfers (Abs 3) 132
4. Konzernabschluss, Konzernlagebericht und IFRS-Einzelabschluss (Abs 4) 133

1. Vorlagepflicht der Geschäftsführer (Abs 1)

Vorzulegen sind JA und Lagebericht. Keine Vorlagepflicht besteht bzgl EB **130** (*Haas* in Baumbach/Hueck GmbHG[19] § 42a Anm 3). Bei kleinen und mittelgroßen Ges ist JA unter Berücksichtigung der Erleichterungen gem §§ 266 Abs 1 S 3, 274a, 276, 288 HGB vorzulegen, es sei denn, der GesVertrag schreibt etwas Anderes vor oder die Gester verlangen Vorlage des JA ohne Erleichterungen (*Paefgen* in Großkomm GmbHG § 42a Anm 6). § 42a GmbHG geht davon aus, dass die Feststellung des JA und die Beschlussfassung über die Gewinnverwendung Aufgaben der Gester sind (§ 46 Nr 1 GmbHG) und bestimmt daher die Vorlagepflicht der Geschäftsführer an die Gester. § 46 GmbHG ist aber, wie sich aus § 45 Abs 2 GmbHG ergibt, insoweit dispositiv, dh, der GesVertrag kann diese Zuständigkeiten auch anders regeln (zB Übertragung auf AR, GesterBeirat, Geschäftsführer (letzteres hM, aber str)). In diesem Fall besteht die gesetzliche Vorlagepflicht an das satzungsmäßig bestimmte Organ (*Crezelius* in Scholz[10] § 42a Anm 7). Je nachdem, ob die GmbH prüfungspflichtig ist oder nicht, einen AR hat oder nicht, ist der **Umfang** der vorzulegenden Unterlagen unterschiedlich. Der Mindestumfang – JA und Lagebericht – erweitert sich ggf (auch bei kleiner GmbH wenn freiwillige APr) um die Berichte des AR und den PrüfBer. Wird bei den Regelungen über die Tätigkeit des AR (Anm 120) auf §§ 111, 170 AktG verwiesen, entfällt die Vorlage des PrüfBer, da der Prüfungsauftrag an den AP vom AR erteilt wird. Der Geschäftsführung ist jedoch vorab Gelegenheit zur Stellungnahme zu geben (entspr § 321 Abs 5 S 2; s dort Anm 141).

2. Feststellung des Jahresabschlusses und Ergebnisverwendungsbeschluss (Abs 2)

Die Gester-Beschlüsse über die Feststellung des JA und die Gewinnverwen- **131** dung müssen spätestens bis zum Ablauf der ersten 8 Monate (11 Monate bei der kleinen GmbH iSd § 267 Abs 1) gefasst werden. (Zur Anfechtbarkeit der Feststellung analog § 256 Abs 1 Nr 4 AktG).
Diese **Frist** kann im GesVertrag nicht verlängert werden. Bei der Feststellung sind auf den JA die für seine Aufstellung geltenden Vorschriften anzuwenden. Das entspricht § 173 Abs 2 S 1 AktG (Anm 82). Ändern die Gester im Rahmen der Feststellung den vom AP geprüften JA, ist eine **Nachtragsprüfung** gem § 316 Abs 3 durchzuführen, soweit die Änderung erfordert (§ 316 Anm 25 ff). Die Feststellung des JA ist die Verbindlicherklärung der Bilanz im Verhältnis Gester zu Ges und untereinander und kann je nach Einzelfall deklaratorisches Anerkenntnis oder abstraktes Schuldanerkenntnis von Ansprüchen und Verbindlichkeiten der Gester ggü der Ges sein (BGH 2.3.2009, WM, 986). Mit der Beschlussfassung über die Ergebnisverwendung entsteht für die Gester ein Anspruch

auf Gewinnauszahlung, der den Gestern nicht mehr ohne deren Zustimmung genommen werden kann.

3. Teilnahme des Abschlussprüfers (Abs 3)

132 Ist der JA von einem AP geprüft worden, hat er auf (ggü Geschäftsführer zu erklärendem) **Verlangen** eines Gesters oder eines Mitglieds des für die Feststellung zuständigen anderen GesOrgans an den Verhandlungen über die Feststellung des JA teilzunehmen. Wird bei den Regelungen über die Tätigkeit eines AR (Anm 120) auf §§ 171 Abs 1 S 2 AktG verwiesen, ist die Teilnahme des AP an der Bilanz-Sitzung des AR **verpflichtend**.

Eine dem § 176 Abs 2 S 3 AktG (Anm 115) entspr Regelung, wonach der AP nicht verpflichtet ist, einem Aktionär Auskunft zu erteilen, fehlt im GmbHG. Um den Gestern eine sachgerechte Ausübung ihres Feststellungsrechts zu ermöglichen, ist die **Auskunftspflicht** des AP in der GesV zu bejahen (*Crezelius* in Scholz[10] § 42a Anm 52; *ADS*[6] § 42a GmbHG Anm 60). Sie beschränkt sich aber auf den Umfang des erteilten Prüfungsauftrags; Fragen, die keinerlei Bezug zur erfolgten Prüfungstätigkeit haben, brauchen vom AP nicht beantwortet zu werden. Für die Einschränkung der Auskunftspflicht ist § 51a Abs 2 GmbHG analog anzuwenden; dh der AP darf die Auskunft verweigern, wenn zu befürchten ist, dass der Gester sie zu gesellschaftsfremden Zwecken verwenden und dadurch der GmbH einen Nachteil zufügen wird. Nach hM (vgl etwa *Haas* in Baumbach/Hueck GmbHG[19] § 42a Anm 45) erfolgt die Auskunftsverweigerung allerdings nicht aus eigenem Recht, sondern nur, wenn die Gester dies mit einfacher Mehrheit beschließen (aA *Crezelius* in Scholz[10] § 42a Anm 54, Weigerung aus ausschließlich eigenem Recht des AP).

4. Konzernabschluss, Konzernlagebericht und IFRS-Einzelabschluss (Abs 4)

133 Für die GmbH, die nach § 290 einen KA und Konzernlagebericht aufzustellen hat, begründet Abs 4 die Vorlagepflicht der Geschäftsführer entspr Abs 1 (Anm 130). Vorzulegen sind auch der Konzern-PrüfBer (§ 316 Abs 2; außer der AR ist durch Verweis auf § 111 Abs 2 S 3 AktG selbst Berichtsempfänger, s Anm 130) und – soweit dies der GesVertrag vorsieht – der Bericht des AR. Der (vorgelegte oder ein abw) KA und der IFRS-EA sind von der GesV zu billigen.

Vorschriften nach dem PublG

A. Prüfung durch den Aufsichtsrat (§§ 7, 14 PublG)

§ 7 PublG Prüfung durch den Aufsichtsrat

[1] Hat das Unternehmen einen Aufsichtsrat, so haben die gesetzlichen Vertreter unverzüglich nach Eingang des Prüfungsberichts der Abschlußprüfer den Jahresabschluß, den Lagebericht und den Prüfungsbericht der Abschlußprüfer dem Aufsichtsrat vorzulegen. [2] Der Aufsichtsrat hat den Jahresabschluß und den Lagebericht zu prüfen; er hat über das Ergebnis seiner Prüfung schriftlich zu berichten. [3] § 170 Abs. 3, § 171 Abs. 1 Satz 2 und 3, Abs. 2 Satz 2 bis 4, Abs. 3 des Aktiengesetzes gelten sinngemäß. [4] Die Sätze 1 bis 3 gelten auch für einen Einzelabschluss nach § 9 Abs. 1 Satz 1 dieses Gesetzes in Verbindung mit § 325 Abs. 2a des Handelsgesetzbuchs; für einen solchen Abschluss gilt ferner § 171 Abs. 4 Satz 1 des Aktiengesetzes sinngemäß.

§ 14 PublG Prüfung des Konzernabschlusses

(1), (2) ...

(3) ¹Hat das Mutterunternehmen einen Aufsichtsrat, so haben die gesetzlichen Vertreter den Konzernabschluß oder den Teilkonzernabschluß, den Konzernlagebericht oder den Teilkonzernlagebericht und den Prüfungsbericht des Abschlußprüfers des Konzernabschlusses unverzüglich nach Eingang des Prüfungsberichts dem Aufsichtsrat zur Kenntnisnahme vorzulegen. ²Jedes Aufsichtsratsmitglied hat das Recht, von den Vorlagen Kenntnis zu nehmen. ³Die Vorlagen sind auch jedem Aufsichtsratsmitglied auf Verlangen auszuhändigen, soweit der Aufsichtsrat nichts anderes beschlossen hat.

Übersicht

	Anm
1. Vorlage an den Aufsichtsrat (§§ 7 S 1, 14 PublG)	140
2. Prüfung und Prüfungsbericht (§ 7 S 2 PublG)	141, 142

1. Vorlage an den Aufsichtsrat (§§ 7 S 1, 14 PublG)

Hat das dem PublG unterliegende Unt einen AR oder ein entspr Überwachungsorgan (§ 4 Abs 2 PublG), haben die gesetzlichen Vertreter (iSd § 4 Abs 1 PublG) unverzüglich nach Eingang des PrüfBer des AP den JA, den Lagebericht und den PrüfBer des AP dem AR vorzulegen. Entspr gilt für die Vorlage von Unterlagen an den AR eines zur **Konzernrechnungslegung** verpflichteten MU (§ 14 Abs 3 S 1 PublG). **140**

2. Prüfung und Prüfungsbericht (§ 7 S 2 PublG)

Für die **Prüfung** durch den AR gelten die folgenden aktienrechtlichen Vorschriften sinngemäß: § 170 Abs 3 AktG – Recht des einzelnen AR auf Kenntnisnahme von den Vorlagen und dem PrüfBer, ggf Aushändigung dieser Vorlagen (Anm 11), § 171 Abs 1 S 2 AktG – Teilnahmepflicht des AP und § 171 Abs 1 S 3 AktG – Offenlegung Befangenheitsgründe (Anm 26). Über das Ergebnis dieser Prüfung hat der AR schriftlich zu berichten. Die Vorschriften des § 171 Abs 2 S 2–4 AktG über den Inhalt des Berichts (Anm 27 ff) gelten sinngemäß. **141**

Auch die in § 171 Abs 3 AktG genannte **Frist** und Nachfrist für die Prüfung (Anm 32) gelten im PublG. Wird der Bericht des AR nicht vor Ablauf der von den gesetzlichen Vertretern gesetzten Nachfrist diesem zugeleitet, gilt der JA als vom AR nicht gebilligt (§ 171 Abs 3 S 3 AktG). Welche Rechtsfolgen sich aus der Nichtbilligung durch den AR ergeben, ist der Satzung oder dem GesVertrag des dem PublG unterliegenden Unt zu entnehmen, da gesetzliche Sanktionen fehlen (glA *ADS*⁶ § 7 PublG Anm 8). **142**

B. Feststellung des Jahresabschlusses (§ 8 PublG)

§ 8 PublG Feststellung des Jahresabschlusses

(1) ¹Bedarf es zur Feststellung des Jahresabschlusses der Entscheidung oder Mitwirkung einer anderen Stelle als der gesetzlichen Vertreter und des Aufsichtsrats, so haben die gesetzlichen Vertreter den Jahresabschluß, wenn das Unternehmen einen Aufsichtsrat hat, unverzüglich nach Eingang seines Prüfungsberichts (§ 7), wenn das Unternehmen keinen Aufsichtsrat hat, unverzüglich nach Eingang des Prüfungsberichts der Abschlußprüfer der zuständigen Stelle vorzulegen. ²Bedarf es zur Feststellung des Jahresabschlusses einer Ver-

sammlung der Gesellschafter, so ist die Versammlung unverzüglich nach dem Eingang des Prüfungsberichts des Aufsichtsrats oder der Abschlußprüfer einzuberufen; berufen die für die Einberufung zuständigen Stellen die Versammlung nicht unverzüglich ein, so haben die gesetzlichen Vertreter sie einzuberufen.

(2) Auf den Jahresabschluß sind bei der Feststellung die für seine Aufstellung geltenden Vorschriften anzuwenden.

(3) ¹Wird der Jahresabschluss nach Vorlage des Prüfungsberichts geändert, so hat der Abschlussprüfer diese Unterlagen erneut zu prüfen, soweit es die Änderung erfordert. ²Über das Ergebnis der Prüfung ist zu berichten; der Bestätigungsvermerk ist entsprechend zu ergänzen. ³Eine vor der erneuten Prüfung getroffene Entscheidung über die Feststellung des Jahresabschlusses wird erst wirksam, wenn auf Grund der erneuten Prüfung ein hinsichtlich der Änderung uneingeschränkter Bestätigungsvermerk erteilt worden ist. ⁴Sie wird nichtig, wenn nicht binnen zwei Wochen seit der Entscheidung ein hinsichtlich der Änderung uneingeschränkter Bestätigungsvermerk erteilt wird.

(4) Der festgestellte Jahresabschluß ist der Jahresabschluß im Sinne der für die Rechtsform des Unternehmens geltenden Vorschriften.

Übersicht

	Anm
1. Allgemeines	145
2. Feststellungsverfahren (Abs 1)	146, 147
3. Änderung des Jahresabschlusses (Abs 3)	148
4. Festgestellter Jahresabschluss (Abs 4)	149

1. Allgemeines

145 Im Hinblick auf die unterschiedlichen Rechtsformen der in Betracht kommenden Unt wird die Feststellung des JA iSd PublG definiert als „die Billigung des JA durch die zuständige Stelle, und wenn es sich um das Unt eines EKfm handelt, die Billigung durch den Inhaber" (§ 4 Abs 3 PublG).

2. Feststellungsverfahren (Abs 1)

146 Das Feststellungsverfahren wird in § 8 Abs 1 PublG unterschiedlich geregelt je nachdem, ob der JA der Entscheidung oder Mitwirkung einer anderen zuständigen Stelle – zB AR, Beirat – bedarf (S 1) oder ob zur Feststellung eine Versammlung der Gester erforderlich ist (S 2). Im ersten Fall ist der JA unverzüglich nach Eingang des Berichts des AR bzw, wenn ein solcher nicht vorhanden ist, nach Eingang des PrüfBer des AP der zuständigen Stelle vorzulegen. Im zweiten Falle ist nach Eingang des Berichts des AR oder des PrüfBer des AP unverzüglich die GesV einzuberufen.

147 Bei der Feststellung des JA sind die für die Aufstellung geltenden Vorschriften anzuwenden (Anm 82).

3. Änderung des Jahresabschlusses (Abs 3)

148 Die Vorschrift über das Änderungsverfahren übernimmt den Inhalt des § 316 Abs 3 S 1 u 2 über die Nachtragsprüfung und den Inhalt des § 173 Abs 3 AktG (Anm 84) über die schwebende Unwirksamkeit eines Feststellungsbeschlusses.

4. Festgestellter Jahresabschluss (Abs 4)

149 Abs 4 bestimmt, dass der nach den Vorschriften des PublG festgestellte JA auch der JA ist iSd für die jeweilige Rechtsform geltenden Vorschriften (§§ 242, 264; § 5 Abs 1 PublG). Eine doppelte Rechnungslegung entfällt daher.

Bei **Konzernabschlüssen** (§ 11 PublG) ist keine förmliche Feststellung oder Billigung vorgesehen.

Vorschriften für Personenhandelsgesellschaften

Feststellung des Jahresabschlusses, Gewinn- und Verlustermittlung

A. Offene Handelsgesellschaft (§ 120 HGB)

§ 120 [Gewinn- und Verlustermittlung]

(1) Am Schlusse jedes Geschäftsjahrs wird auf Grund der Bilanz der Gewinn oder der Verlust des Jahres ermittelt und für jeden Gesellschafter sein Anteil daran berechnet.

(2) Der einem Gesellschafter zukommende Gewinn wird dem Kapitalanteile des Gesellschafters zugeschrieben; der auf einen Gesellschafter entfallende Verlust sowie das während des Geschäftsjahrs auf den Kapitalanteil entnommene Geld wird davon abgeschrieben.

Übersicht

	Anm
1. Feststellung des Jahresabschlusses	
a) Allgemeines	150
b) Feststellung des Jahresabschlusses	151
2. Gewinn- und Verlustermittlung	152, 153
3. Kapitalkonten	154

1. Feststellung des Jahresabschlusses

a) Allgemeines

Für das **Rechtsverhältnis** der Gester untereinander (Innenverhältnis) gilt nach **150** § 109 in erster Linie der **Gesellschaftsvertrag.** Erst in zweiter Linie kommen die Vorschriften der §§ 110 bis 122 und ergänzend hierzu gem § 105 Abs 3 die Vorschriften über das Innenverhältnis der BGB-Ges (§§ 705 ff BGB) zum Zuge. Soweit auf Grund dieser **Vertragsfreiheit** Regelungen zB für die Mitwirkung eines AR oder Beirats und eine freiwillige JAP getroffen werden, sind diese Vorschriften einzuhalten. (Für mittelgroße und große KapCoGes gilt nach §§ 264a, 316 Prüfungspflicht, soweit sie nicht nach § 264b befreit sind.) Zu den Bestimmungen für die dem PublG unterliegenden Unt Anm 140 ff.

b) Feststellung des Jahresabschlusses

Während die **Aufstellung** des JA, ggf unter zusätzlicher Berücksichtigung der **151** §§ 264 bis 289, zu den Aufgaben der geschäftsführenden Gester gehört, ist seine **Feststellung,** dh die verbindliche Festlegung des JA als Grundlage für die sich daraus ergebenden Ansprüche auf Ergebnisbeteiligung und Entnahmen sowie für die Aufstellung des JA des folgenden Gj, Aufgabe sämtlicher Gester der OHG vorbehaltlich einer anderweitigen Regelung im GesVertrag. Die Feststellung des

JA einer PersGes stellt dabei eine Angelegenheit der lfd Verwaltung dar und wird regelmäßig von einer allgemeinen Mehrheitsklausel im GesVertrag gedeckt (BGH 15.1.2007, BGHZ 170, 283, „OTTO"). Nach § 245 S 2 haben alle phG den JA zu unterzeichnen. Die Unterzeichnung hat bloße Beweisfunktion, ihr Fehlen macht den JA nicht unwirksam (*Baumbach/Hopt*[35] § 245 Anm 1). Können sich die Gester bei der Feststellung nicht einigen, ist der Anspruch auf Feststellung im Wege der Klage durchzusetzen.

2. Gewinn- und Verlustermittlung

152 Der Gewinn oder Verlust der OHG wird auf Grund des JA ermittelt, für den die §§ 242 bis 256a gelten (soweit es sich nicht um eine KapCoGes handelt, für die auch die §§ 264 bis 289 gelten). Durch die Ausnutzung gesetzlicher Ansatz- und Bewertungswahlrechte können bei der Aufstellung des JA **stille Reserven** (Ermessensreserven) gebildet werden.

153 Für die Bildung von **offenen Rücklagen** enthält das Recht der OHG, falls es sich um eine reine PersGes handelt (für KapCoGes ist § 272 anzuwenden), keine gesetzlichen Vorschriften. Ihre Bildung ist **mit Zustimmung aller Gester** bei der Feststellung des JA oder im Rahmen einer vom HGB (§ 121) und ggf vom GesVertrag abw Gewinnverteilung unbeschränkt zulässig. Streitig ist jedoch, ob und in welchem Umfang bei fehlender Satzungsbestimmung durch **Mehrheitsbeschluss** offene Rücklagen gebildet bzw ob gesvertragliche Gewinnverteilungsregeln durch Mehrheitsbeschluss zugunsten einer stärkeren Rücklagenbildung geändert werden dürfen. Nach BGH 10.5.1976, BB 1976, 948 ist die Frage zu bejahen, wenn der GesVertrag Vertragsänderungen dieser Art mit einfacher Mehrheit zulässt und es sich außerdem um **notwendige Rücklagen** handelt, dh solche, die erforderlich erscheinen, um das Unt für die Zukunft lebens- und widerstandsfähig zu erhalten (s dazu auch *Priester* in MünchKomm HGB[3] § 120 Anm 81 f; ferner BGH 29.3.1996, BB 1996, 1105 sowie Anm 156).

3. Kapitalkonten

154 Nach § 120 Abs 2 werden Gewinne dem Kapitalanteil des Gesters zugeschrieben und Verluste sowie Entnahmen davon abgeschrieben. Die vom Gesetz vorgesehenen variablen Kapitalkonten haben ua den Nachteil, dass mit den sich ständig – auch unterjährig – ändernden Kapitalanteilen weder vernünftig Gewinnanteile noch Stimmrechte verbunden werden können (*Priester* in MünchKomm HGB[3] § 120 Anm 100).

In der Praxis wird daher häufig ein Zwei-, Drei- oder Vier-Konten-Modell im Gesellschaftsvertrag vereinbart, das den Besonderheiten der Ges Rechnung trägt. Das Kapitalkonto I weist die Pflichteinlage aus und spiegelt als Festkapitalkonto die Beteiligungsquote (Beteiligung am Stimmrecht, Gewinn und Verlust) wieder. Beim Zwei-Konten-Modell gibt es daneben ein zweites Kapitalkonto (zB Kapitalkonto II), bei dem als variablem Konto Gewinne, Verluste, Entnahmen und Einlagen des Gesters verbucht werden. Beim Drei-Konten-Modell wird neben dem Kapitalkonto I als Festkapitalkonto ein Kapitalkonto II geführt, das die sonstigen Einlagen, nicht entnahmefähigen Gewinnanteile und Verluste enthält, während auf dem dritten Konto (zB Darlehenskonto) die entnahmefähigen Gewinnanteile, Entnahmen sowie sonstige Forderungen und Verbindlichkeiten aus dem GesVerhältnis erfasst werden. Beim Vier-Konten-Modell werden die Verlustanteile nicht dem Rücklagenkonto, sondern einem Verlustvortragskonto belastet (vgl *Zimmermann* in Hesselmann/Tillmann/Mueller-Thuns, Handbuch GmbH & Co KG § 8 Anm 115 ff).

B. Kommanditgesellschaft (§ 167 HGB)

§ 167 [Gewinn und Verlust]

(1) Die Vorschriften des § 120 über die Berechnung des Gewinns oder Verlustes gelten auch für den Kommanditisten.

(2) Jedoch wird der einem Kommanditisten zukommende Gewinn seinem Kapitalanteil nur so lange zugeschrieben, als dieser den Betrag der bedungenen Einlage nicht erreicht.

(3) An dem Verluste nimmt der Kommanditist nur bis zum Betrage seines Kapitalanteils und seiner noch rückständigen Einlage teil.

Übersicht

	Anm
1. Feststellung des Jahresabschlusses	155, 156
2. Gewinnverteilung (Abs 2 und 3)	157

1. Feststellung des Jahresabschlusses

155 Für die KG gelten gem § 161 Abs 2, soweit in den §§ 161–177a nichts anderes vorgeschrieben ist, die für die OHG geltenden Bestimmungen (Anm 150). Für dem PublG unterliegende KG s Anm 140 ff. Die Aufstellung des JA ist Aufgabe des phG. Nach § 245 S 2 sind lediglich die phG zur Unterschrift unter den JA verpflichtet. § 166 berechtigt den Kommanditist, die abschriftliche Mitteilung des JA zu verlangen und dessen Richtigkeit (selbst oder durch einen vertrauenswürdigen und geeigneten Sachverständigen) unter Einsichtnahme in die Bücher und Papiere (auf seine Kosten) zu prüfen.

156 Der Beschluss über die **Feststellung des Jahresabschlusses** einer Personengesellschaft ist nur wirksam, wenn alle Gester ihr Einverständnis erklären, wenn der GesVertrag nicht anderes bestimmt. Die Feststellung des JA einer Personengesellschaft ist als den Gestern obliegende Angelegenheit der laufenden Verwaltung regelmäßig von einer allgemeinen Mehrheitsklausel im GesVertrag gedeckt. Der mehrheitlich beteiligte Komplementär darf deswegen die Feststellung – einschließlich der Bestimmung der Höhe der Thesaurierung – treffen, seine Entscheidung unterliegt auf der zweiten Stufe der gebotenen Prüfung von Mehrheitsentscheidungen der Treupflichtkontrolle. Die Minderheit hat den Nachweis einer treupflichtwidrigen Mehrheitsentscheidung zu führen (BGH 15.1.2007, GmbHR 2007, 437, „OTTO"; BGH 7.7.2008, DStR 2009, 1544). Bei der **Gewinnverwendung** haben alle Gester einer KG ihre Ausschüttungsinteressen gegen die Bedürfnisse der KG zur Selbstfinanzierung und Zukunftssicherung abzuwägen. Werden durch den GesVertrag die Rechte der Kommanditisten einem **Beirat** übertragen, müssen sich die phG mit der Beiratsmehrheit einigen. Zur Bildung von **stillen Reserven** s Anm 152, zur Bildung von **offenen Rücklagen** s Anm 153.

2. Gewinnverteilung (Abs 2 und 3)

157 Abs 2 beschränkt Gutschriften aus festgestellten JA auf den *Kapital*konten insoweit, als abweichend von § 120 Abs 2 diese Gutschriften nur bis zur Höhe der bedungenen Einlage zulässig sind. Darüber hinaus gehende Gewinne werden dem Kommanditisten auf sein Privatkonto gutgeschrieben (*Baumbach/Hopt*[35] § 167 Anm 2f). Nach Abs 3 dürfen hingegen einem Kommanditisten Verluste nur bis zum Betrag seines (eingezahlten) Kapitalanteils zzgl seiner etwa noch rückständigen Einlage zugerechnet werden (dh also bis zur Höhe seines gezeichneten Kapitals).

C. Vorschriften für Einzelkaufleute

160   Für den JA des EKfm kommen besondere Vorschriften über die Feststellung des JA und die Gewinnverwendung nicht in Betracht. Als **Feststellung** iSd PublG ist gem § 4 Abs 3 PublG die Billigung des JA durch den Inhaber der Einzelfirma anzusehen. Gem § 245 S 1 ist der JA vom EKfm zu unterzeichnen. Zur gesetzlichen Folge s Anm 151. Vorstehendes gilt nicht für die Einmann-AG und die Einmann-GmbH. Für diese Einpersonen-Ges gelten die Ausführungen in den Anm 1–116 bzw 120–133.

Vierter Unterabschnitt. Offenlegung. Prüfung durch den Betreiber des Bundesanzeigers

§ 325 Offenlegung

(1) [1]Die gesetzlichen Vertreter von Kapitalgesellschaften haben für diese den Jahresabschluss beim Betreiber des Bundesanzeigers elektronisch einzureichen. [2]Er ist unverzüglich nach seiner Vorlage an die Gesellschafter, jedoch spätestens vor Ablauf des zwölften Monats des dem Abschlussstichtag nachfolgenden Geschäftsjahrs, mit dem Bestätigungsvermerk oder dem Vermerk über dessen Versagung einzureichen. [3]Gleichzeitig sind der Lagebericht, der Bericht des Aufsichtsrats, die nach § 161 des Aktiengesetzes vorgeschriebene Erklärung und, soweit sich dies aus dem eingereichten Jahresabschluss nicht ergibt, der Vorschlag für die Verwendung des Ergebnisses und der Beschluss über seine Verwendung unter Angabe des Jahresüberschusses oder Jahresfehlbetrags elektronisch einzureichen. [4]Angaben über die Ergebnisverwendung brauchen von Gesellschaften mit beschränkter Haftung nicht gemacht zu werden, wenn sich anhand dieser Angaben die Gewinnanteile von natürlichen Personen feststellen lassen, die Gesellschafter sind. [5]Werden zur Wahrung der Frist nach Satz 2 oder Absatz 4 Satz 1 der Jahresabschluss und der Lagebericht ohne die anderen Unterlagen eingereicht, sind der Bericht und der Vorschlag nach ihrem Vorliegen, die Beschlüsse nach der Beschlussfassung und der Vermerk nach der Erteilung unverzüglich einzureichen. [6]Wird der Jahresabschluss bei nachträglicher Prüfung oder Feststellung geändert, ist auch die Änderung nach Satz 1 einzureichen. [7]Die Rechnungslegungsunterlagen sind in einer Form einzureichen, die ihre Bekanntmachung nach Absatz 2 ermöglicht.

(2) Die gesetzlichen Vertreter der Kapitalgesellschaft haben für diese die in Absatz 1 bezeichneten Unterlagen jeweils unverzüglich nach der Einreichung im Bundesanzeiger bekannt machen zu lassen.

(2a) [1]Bei der Offenlegung nach Absatz 2 kann an die Stelle des Jahresabschlusses ein Einzelabschluss treten, der nach den in § 315a Abs. 1 bezeichneten internationalen Rechnungslegungsstandards aufgestellt worden ist. [2]Ein Unternehmen, das von diesem Wahlrecht Gebrauch macht, hat die dort genannten Standards vollständig zu befolgen. [3]Auf einen solchen Abschluss sind § 243 Abs. 2, die §§ 244, 245, 257, § 264 Abs. 2 Satz 3, § 285 Nr. 7, 8 Buchstabe b, Nr. 9 bis 11a, 14 bis 17, § 286 Abs. 1, 3 und 5 sowie § 287 anzuwenden. [4]Der Lagebericht nach § 289 muss in dem erforderlichen Umfang auch auf den Abschluss nach Satz 1 Bezug nehmen. [5]Die übrigen Vorschriften des Zweiten Unterabschnitts des Ersten Abschnitts und des Ersten Unterabschnitts des Zweiten Abschnitts gelten insoweit nicht. [6]Kann wegen der Anwendung des § 286 Abs. 1

Offenlegung § 325

auf den Anhang die in Satz 2 genannte Voraussetzung nicht eingehalten werden, entfällt das Wahlrecht nach Satz 1.

(2b) **Die befreiende Wirkung der Offenlegung des Einzelabschlusses nach Absatz 2a tritt ein, wenn**
1. statt des vom Abschlussprüfer zum Jahresabschluss erteilten Bestätigungsvermerks oder des Vermerks über dessen Versagung der entsprechende Vermerk zum Abschluss nach Absatz 2a in die Offenlegung nach Absatz 2 einbezogen wird,
2. der Vorschlag für die Verwendung des Ergebnisses und gegebenenfalls der Beschluss über seine Verwendung unter Angabe des Jahresüberschusses oder Jahresfehlbetrags in die Offenlegung nach Absatz 2 einbezogen werden und
3. der Jahresabschluss mit dem Bestätigungsvermerk oder dem Vermerk über dessen Versagung nach Absatz 1 Satz 1 bis 4 offen gelegt wird.

(3) Die Absätze 1, 2 und 4 Satz 1 gelten entsprechend für die gesetzlichen Vertreter einer Kapitalgesellschaft, die einen Konzernabschluss und einen Konzernlagebericht aufzustellen haben.

(3a) Wird der Konzernabschluss zusammen mit dem Jahresabschluss des Mutterunternehmens oder mit einem von diesem aufgestellten Einzelabschluss nach Absatz 2a bekannt gemacht, können die Vermerke des Abschlussprüfers nach § 322 zu beiden Abschlüssen zusammengefasst werden; in diesem Fall können auch die jeweiligen Prüfungsberichte zusammengefasst werden.

(4) ¹Bei einer Kapitalgesellschaft im Sinn des § 264d, die keine Kapitalgesellschaft im Sinn des § 327a ist, beträgt die Frist nach Absatz 1 Satz 2 längstens vier Monate. ²Für die Wahrung der Fristen nach Satz 1 und Absatz 1 Satz 2 ist der Zeitpunkt der Einreichung der Unterlagen maßgebend.

(5) Auf Gesetz, Gesellschaftsvertrag oder Satzung beruhende Pflichten der Gesellschaft, den Jahresabschluss, den Einzelabschluss nach Absatz 2a, den Lagebericht, den Konzernabschluss oder den Konzernlagebericht in anderer Weise bekannt zu machen, einzureichen oder Personen zugänglich zu machen, bleiben unberührt.

(6) Die §§ 11 und 12 Abs. 2 gelten für die beim Betreiber des Bundesanzeigers einzureichenden Unterlagen entsprechend; § 325a Abs. 1 Satz 3 und § 340l Abs. 2 Satz 4 bleiben unberührt.

Übersicht

	Anm
A. Allgemeines	1–5
B. Pflicht zur Einreichung und Bekanntmachung (Abs 1)	
I. Offenlegungspflichtige Unterlagen	
1. Allgemeine Regelung	6–20
2. Erleichterungen für bestimmte GmbH und KapCoGes (Abs 1 S 4)	21
3. Befreiung von Tochterunternehmen (§ 264 Abs 3, § 264b)	22, 23
II. Art und Ort der Offenlegung	28, 29
1. Einreichung beim Betreiber des elektronischen Bundesanzeigers (Abs 1 S 1)	30
2. Bekanntmachung im elektronischen Bundesanzeiger (Abs 2)	31
III. Verpflichtete Personen	32, 33
IV. Form und Inhalt der offen zu legenden Unterlagen	34–37
V. Zeitpunkt der Offenlegung	38–44
VI. Fristwahrung durch Offenlegung in Stufen (Abs 1 S 5)	45–47
VII. Nachreichung von Änderungen (Abs 1 S 6)	48–51

§ 325
Offenlegung. Prüfung

	Anm
VIII. Offenlegungszeitpunkt bei vereinfachter Kapitalherabsetzung und anhängigen Klageverfahren	52
C. Umsetzung der IAS-VO in Bezug auf den Einzelabschluss (Abs 2a)	
I. Allgemeines	56–60
II. Anforderungen an den IFRS-Einzelabschluss	64–68
D. Formale Voraussetzungen der begrenzt befreienden Offenlegungswirkung des IFRS-Einzelabschlusses (Abs 2b)	70, 71
E. Offenlegung der Konzernrechnungslegung (Abs 3)	
I. Allgemeines	75
II. Pflichtbekanntmachung im elektronischen Bundesanzeiger	76
III. Verpflichtete Personen	77
IV. Umfang und Form der Offenlegung	80–87
V. Zeitpunkt der Offenlegung und Fristwahrung	90–92
VI. Nachträgliche Änderungen offenlegungspflichtiger Unterlagen	95
VII. Fristgerechte Offenlegung befreiender Abschlüsse ausländischer Konzernleitungen	98
F. Offenlegung bei verbundener Berichterstattung über die Jahres- und Konzernrechnungslegung (Abs 3a)	100
G. Einreichungszeitpunkt beim elektronischen Bundesanzeiger als maßgebender Offenlegungszeitpunkt (Abs 4)	103
H. Bekanntmachungen in anderer Weise (Abs 5)	105, 106
I. Prüfung der Offenlegung durch den Abschlussprüfer	107
J. Rechtsfolgen bei Verstößen gegen die Offenlegungsvorschriften	108–110
K. Offenlegung nach dem Publizitätsgesetz	
I. Offenlegung der Rechnungslegung von Unternehmen (§ 9 PublG)	
1. Allgemeine Regelung (Abs 1)	112
2. Anwendung auf Unternehmen bestimmter Größenmerkmale und Rechtsformen	113
3. Umfang der Offenlegung	
a) Allgemeine Regelung	114
b) Erleichterungen für reine Personenhandelsgesellschaften und Einzelkaufleute	115–117
4. Verpflichtete Personen	118
II. Offenlegung des Konzernabschlusses (§ 15 PublG)	
1. Allgemeine Regelung (Abs 1 und 2)	119, 120
2. Anwendung auf Mutterunternehmen als reine Personenhandelsgesellschaften mit bestimmten Konzerngrößenmerkmalen	121, 122
3. Offenlegungspflichtige Unterlagen	
a) Allgemeine Regelung	123, 124
b) Erleichterungen für Mutterunternehmen in der Rechtsform einer Personenhandelsgesellschaft oder eines Einzelkaufmanns	126–128
L. Spezielle Vorschriften für besondere Rechtsformen und Branchen	140–142

Offenlegung   1 § 325

Schrifttum zu §§ 325–327: *Heni* Transformation der GmbH & Co-Richtlinie – Neuer Schub für die Konzernrechnungslegung, DStR 1999, 912; *Wiechmann* Der Jahres- und Konzernabschluß der GmbH & Co KG, WPg 1999, 916; *Bitter/Grashoff* Anwendungsprobleme des Kapitalgesellschaften- und Co-Richtlinie-Gesetzes, DB 2000, 833; *Theile* Publizität des Einzel- oder Konzernabschlusses bei der GmbH & Co KG nach neuem Recht, GmbHR 2000, 215; *WPK,* Stellungnahme zu dem Regierungsentwurf eines Gesetzes zur Einführung internationaler Rechnungslegungsstandards und zur Sicherung der Qualität der Abschlussprüfung (Bilanzrechtsreformgesetz – BilReG), WPK Magazin 4/2001, 31; *Schlagheck* Unternehmenssteuerreform und Verstoß gegen die Prüfungspflicht des Jahresabschlusses einer GmbH, GmbHR 2002, 682; *Noack,* Elektronische Publizität im Aktien- und Kapitalmarktrecht in Deutschland und Europa – Medien für Unternehmensinformation im Wandel, Die Aktiengesellschaft 2003, 537; *Marten/Zorn* Prüfungsbefreiung für den Einzelabschluss im Konzern – keine Erleichterung in der Praxis, BB 2004, 1615; *Kuntze-Kaufold* Verschärfung der Jahresabschlusspublizität und Publizitätswegfall bei Einbeziehung in den Konzernabschluss eines gebietsfremden Mutterunternehmens, BB 2006, 428; *Meyding/Bödeker* Gesetzentwurf über elektronische Handelsregister und Genossenschaftsregister sowie das Unternehmensregister (EHUG-E) – Willkommen im Online-Zeitalter!, BB 2006, 1009; *Deilmann* EHUG: Neuregelung der Jahresabschlusspublizität und mögliche Befreiung nach § 264 Abs 3 HGB, BB 2006, 2347; *Strieder/Kuhn* Die Offenlegung der jährlichen Entsprechenserklärung zum Deutschen Corporate Governance Kodex sowie die zukünftigen Änderungen durch das EHUG, DB 2006, 2247; *Seibert/Decker* Das Gesetz über elektronische Handelsregister und Genossenschaftsregister sowie das Unternehmensregister (EHUG) – Der „Big Bang" im Recht der Unternehmenspublizität, DB 2006, 2446; *Grashoff* Offenlegung von Jahres- und Konzernabschlüssen nach dem in Kraft getretenen EHUG: Sanktionen und steuerliche Folgen, DB 2006, 2641; *Schmidt* Digitalisierung der Registerführung und Neuregelung der Unternehmenspublizität: Was bringt das EHUG?, DStR 2006, 2272; *Liebscher/Scharff* Das Gesetz über das elektronische Handelsregister und Genossenschaftsregister sowie das Unternehmensregister, NJW 2006, 3745; *Leuering/Nießen* Die Pflicht zur Offenlegung von Unternehmensdaten bekommt Krallen, NJW Spezial 2006, 411; *Noack* Das EHUG ist beschlossen – elektronische Handels- und Unternehmensregister ab 2007 NZG, 2006, 801; *Grashoff* Die geplante Offenlegung von Jahres- und Konzernabschlüssen nach Einführung des digitalen Unternehmensregisters ab 2007 DB, 2006, 513; *Schlotter* Das EHUG ist in Kraft getreten: Das Recht der Unternehmenspublizität hat eine neue Grundlage, BB 2007, 1; *Schlauß* Das Neue Ordnungsgeldverfahren bei Verletzung der Publizitätspflicht, DB 2007, 2191; *Noack* Das neue Gesetz über elektronische Handels- und Unternehmensregister – EHUG, Köln 2007; *Wenzel* Ordnungsgeldverfahren nach § 335 HGB wegen unterlassener Offenlegung von Jahresabschlüssen BB 2008, 769; *Stollenwerk/Kurpat* Ordnungsgeldverfahren nach dem EHUG BB-Rechtsprechungsreport 2009, 150; *LG Bonn* Beschluss vom 16.6.2009 – Keine Ordnungsgeldfestsetzung wegen Nichtoffenlegung des Jahresabschlusses mit Eröffnung des Insolvenzverfahrens; *Zwirner/Petersen/König* Erweiterung der handelsrechtlichen Berichtspflichten, DB 2012, 61; *Zwirner* Erweiterung der Bilanzierungs- und Offenlegungserleichterungen für Kleinstkapitalgesellschaften fraglich, BB 2012, 2231; *Hoffmann* Der deregulierte Jahresabschluss der Kleinstkkapitalgesellschaft, StuB, 729 ff; *Küting/Eichenlaub* Verabschiedung des MicoBilG – Der „vereinfachte" Jahresabschluss für Kleinstkapitalgesellschaften, DStR 2012, 2615 ff; *Fey/Deubert/Lewe/Roland* Erleichterungen nach dem MicroBilG – Einzelfragen zur Anwendung der neuen Vorschriften, BB 2013, 107 ff; *Theile* Erleichterungen bei der Bilanzierung durch das MicroBilG, BBK 2013, 107 ff; *Müller/Kreipl* Rechnungslegungserleichterungen für Kleinstkapitalgesellschaften und Tochterunternehmen ausländischer Konzernmütter durch das MicroBilG, DB 2013, 73 ff; *Theile* Jahresabschluss der Klein- und Kleinstkapitalgesellschaften, Herne 2013.

A. Allgemeines

Der vierte Unterabschnitt (§§ 325 bis 329) enthält die von allen KapGes zu 1
beachtenden Offenlegungs- und Veröffentlichungsvorschriften der Unterlagen
zur Rechnungslegung. Diese Vorschriften sind nach den Regelungen in § 264a
auch auf **PersGes** anzuwenden, bei denen nicht wenigstens ein persönlich haf-

§ 325   2

Offenlegung. Prüfung

tender Gester eine natürliche Person ist **(KapCoGes);** zu Einzelheiten s § 264a Anm 1 ff. Das HGB versteht unter dem Begriff „Offenlegung" die Einreichung beim Betreiber des eBAnz und die Bekanntmachung im eBAnz (zur Abgrenzung ggü der Veröffentlichung und Vervielfältigung s § 328 Anm 2). Der elektronische Bundesanzeiger wird durch die Bundesanzeiger Verlagsgesellschaft mbH betrieben. Der Sitz der Redaktion des eBAnz befindet sich in Bonn, s auch www.ebundesanzeiger.de.

Die Daten des eBAnz, des HR, der Genossenschafts- und Partnerschaftsregister, sowie weitere veröffentlichungspflichtige Daten können über das UntReg (www.unternehmensregister.de) eingesehen werden. Das UntReg dient als Datenportal, das den Zugriff auf Informationen anderer Institutionen, zB Einträge im HR, ermöglicht (vgl *Noack* NZG 2006, 804 ff). Eine abschließende Aufzählung der Informationen, die über das UntReg eingesehen werden können bzw darüber zugänglich gemacht werden, findet sich in § 8b Abs 2, 3.

In § 325 sind die Grundformen und der Umfang der Offenlegungspflichten umschrieben, für GmbH ist die Offenlegung der Ergebnisverwendung unter bestimmten Voraussetzungen erleichtert (Abs 1 S 4). Für KleinstKapGes/KleinstKapCoGes, kleine und mittelgroße KapGes/KapCoGes sehen die §§ 326, 327 größenabhängige Erleichterungen vor. Unt, die nur bestimmte Schuldtitel begeben, können Erleichterungen gem § 327a in Anspruch nehmen. KapGes sind gem § 264 Abs 3 und KapCoGes gem § 264b bei Einbeziehung in einen befreienden KA und Erfüllung bestimmter unterschiedlicher Anforderungen von der Offenlegung befreit (dazu § 264 Anm 101 ff bzw § 264b Anm 10 ff).

Formvorschriften für die Offenlegung wie auch für Veröffentlichung und/oder Vervielfältigung sind in § 328 enthalten (s dort Anm 1 ff). Die dem Betreiber des eBAnz obliegende begrenzte **Prüfungspflicht** regelt § 329 (s dort Anm 1 ff). Die Offenlegung von **Zweigniederlassungen ausländischer** KapGes/KapCoGes ist in § 325a gesondert geregelt, s dort.

2 Alle KapGes/KapCoGes unterliegen nach Abs 2 der **Publizität des eBAnz**. **Offenlegungspflichtige Unterlagen** sind nach Abs 1 der JA, der Lagebericht, der Bericht des AR und die Ergebnisverwendung (oder der Vorschlag hierzu) sowie von prüfungspflichtigen Ges der BVm oder Versagungsvermerk, hinzu kommt die Entsprechenserklärung iSd § 161 AktG; für die Angaben zur Ergebnisverwendung kann die Ausnahmeregelung zum Schutz natürlicher Gester in Anspruch genommen werden (Anm 21). Zu den unterschiedlich ausgestalteten Erleichterungen für mittelgroße, kleine KapGes/KapCoGes und KleinstKapGes/KapCoGes, die bis zu einer Teiloffenlegung reichen, s Erl zu §§ 326, 327; zu Erleichterungen für bestimmte kapmarktUnt s Erl zu § 327a.

Davon unabhängig räumen §§ 264 Abs 1 S 4, 266 Abs 1 S 3, 274a, 276, 288 Abs 1 kleinen und §§ 276, 288 Abs 2 mittelgroßen KapGes/KapCoGes **Erleichterungen für die Aufstellung** des JA ein. Gem § 267a Abs 2 gelten die Erleichterungen für kleine KapGes/KapCoGes entspr auch für KleinstKapGes/KapCoGes, sofern nicht von für diese Ges besonderen Erleichterungen gem § 264 Abs 1 S 5, § 266 Abs. 1 S 4, § 275 Abs 5 Gebrauch gemacht wird. Außerdem darf die Angabe von Bezügen gem § 285 Nr 9a und 9b auch bei bestimmten KapGes/KapCoGes unter bestimmten Voraussetzungen unterbleiben (§ 286 Abs 4 und 5, dort Anm 16 ff). Alle Erleichterungen dürfen – soweit sie nicht bereits bei Aufstellung in Anspruch genommen wurden – auch nur (nachträglich) für die Offenlegung genutzt werden (Näheres in § 326 Anm 14–16 und § 327 Anm 13–15).

Bzgl der für **Tochter-KapGes** in § 264 Abs 3 und **Tochter-KapCoGes** in § 264b jeweils aller Größenklassen wahlweise eingeräumten Erleichterung der Nichtanwendung von Vorschriften für die Offenlegung vgl Anm 22.

Über den Verweis in § 5 Abs 7 PublG wird auch den vom PublG erfassten Unt die Möglichkeit eingeräumt, einen IFRS-EA aufzustellen und offenzulegen; über § 11 Abs 6 Nr 2 PublG gilt die obligatorische IFRS-Rechnungslegung für den KA, wenn die Größenmerkmale des § 11 Abs 1 PublG erfüllt sind (s § 11 Abs 5 PublG).

Zur **Konzernrechnungslegung** verpflichtete KapGes/KapCoGes müssen **3** gem § 325 Abs 3 den KA mit BVm oder Versagungsvermerk und den Konzernlagebericht in gleicher Weise wie den JA einer großen KapGes/KapCoGes offen legen; Erleichterungen sind nicht vorgesehen – auch nicht aus Gründen des Datenschutzes hinsichtlich der Angabe von Bezügen gem § 314 Abs 1 Nr 6a, 6b; s aber § 314 Anm 52. Zu Offenlegungserleichterungen bei verbundener Berichterstattung über die Jahres- und Konzernrechnungslegung s Erl unter Anm 75 ff.

Die **Offenlegungszeitpunkte** ergeben sich für alle KapGes/KapCoGes aus **4** Abs 1, 4. Die Offenlegung hat unverzüglich nach Vorlage des JA (wie auch des KA) an die Gester zu erfolgen, jedoch spätestens vor Ablauf des zwölften Monats des folgenden Gj (s Anm 38). Bei KapGes iSd § 264d, die keine KapGes iSd § 327a sind, beträgt die Frist nach Abs 1 S 2 längstens vier Monate (vgl Abs 4). Zur Fristwahrung genügt die Offenlegung des JA und Lageberichts und/oder KA und Konzernlageberichts, sofern die BVm und ggf weitere Unterlagen (AR-Bericht, Ergebnisverwendungsvorschlag oder der diesbzgl Gester-Beschluss) noch nicht vorliegen. Fehlende und nachträglich geänderte Unterlagen sind, sobald sie vorliegen, offen zulegen.

Werden die Offenlegungspflichten des § 325 (ggf erleichtert gem §§ 326, 327, **5** 327a) nicht beachtet, bestehen im Vergleich zur Einhaltung der Aufstellungs-, Bilanzierungs- und Bewertungsvorschriften geringere **Sanktionen**. Allerdings ist das pflichtwidrige Unterlassen der Offenlegung nach § 335 mit Ordnungsgeld bedroht und wird durch die Änderungen des EHUG seit 2007 von Amts wegen verfolgt. Für Einzelheiten s § 329 Anm 1 ff und § 335 Anm 1 ff.

Zur EU-Rechtskonformität der Pflicht zur Offenlegung des JA einer GmbH & Co KG s *EuGH* v 23.9.2004, DB 2004, 2413.

B. Pflicht zur Einreichung und Bekanntmachung (Abs 1)

I. Offenlegungspflichtige Unterlagen

1. Allgemeine Regelung

Die offenlegungspflichtigen **Unterlagen** zum **Jahresabschluss** sind in Abs 1 **6** (für Zweigniederlassungen ausländischer KapGes/KapCoGes in § 325a) abschließend aufgeführt. Umfang und Inhalt können bei Offenlegung variieren, wenn einzelne Unterlagen nicht verlangt werden (für KleinstKapGes/KleinstKapCoGes, kleine KapGes/KapCoGes, Bericht des AR bei Ges ohne AR) und/oder weil auf Grund von Ausnahmeregelungen (Anm 1, 14, 22) größenspezifische Offenlegungserleichterungen (§§ 326, 327) oder Aufstellungserleichterungen (Anm 2) in Anspruch genommen werden. Nach Abs 1 sind in elektronischer Form offen zu legen:
– der **Jahresabschluss**, bestehend aus Bilanz, GuV und Anhang, sowie ggf KFR und EK-Spiegel, sofern § 264 Abs 1 S 2 einschlägig ist (bei ggf freiwilliger) SegBerE ist diese ebenfalls Bestandteil des JA für solche Unt);
– der **Lagebericht**;

– bei prüfungspflichtigen KapGes/KapCoGes der **Bestätigungsvermerk oder Versagungsvermerk** des AP;
– der **Bericht des Aufsichtsrats** (bei KapGes, sofern ein obligatorischer AR besteht, und bei GmbH mit fakultativem AR iSv § 171 Abs 2 AktG iVm § 52 GmbHG (zur Ausgestaltung s *Lutter/Hommelhoff* GmbHG[18] § 52 Anm 3–36), nicht dagegen von KapCoGes mit freiwillig gebildetem AR, s auch Anm 11, 12), bei MU iSv § 290 mit obligatorischem oder fakultativem AR einschl des Ergebnisses der Prüfung des KA und Konzernlageberichts;
– der Vorschlag für die **Verwendung des Ergebnisses** und der **Beschluss über seine Verwendung** unter Angabe des Jahresüberschusses oder Jahresfehlbetrags – soweit sich diese nicht aus dem JA ergeben (Ausnahmen für GmbH Anm 14, 22 und für KapCoGes Anm 14, 22);
– bei börsennotierten KapGes die **Entsprechenserklärung** (§ 161 AktG) zum Corporate Governance Kodex;
– ggf **Änderungen des JA** auf Grund des Feststellungsbeschlusses;
– ggf **Änderungen des BVm** bzw Versagungsvermerks auf Grund einer Nachtragsprüfung.

Keine Erwähnung in § 325 findet die Erklärung nach § 264 Abs 2 S 3, § 289 Abs 1 S 5 bzw § 297 Abs 2 S 4, § 315 Abs 1 S 6 („**Bilanzeid**"), die die gesetzlichen Vertreter von KapGes abzugeben haben, die Inlandsemittenden iSd § 2 Abs 7 WpHG und keine KapGes iSd § 327a sind. Hierbei ist jedoch von einem redaktionellen Versehen des Gesetzgebers auszugehen. Nach § 37v Abs 1 S 1 WpHG sollten solche Unt von der gesonderten Erstellung und Veröffentlichung eines Jahresfinanzberichts befreit werden, sofern sie nach handelsrechtlichen Vorschriften zur Offenlegung der in § 37v Abs 2 WpHG genannten Rechnungslegungsunterlagen verpflichtet sind. Da diese Rechnungslegungsunterlagen auch die Erklärung der gesetzlichen Vertreter umfassen, kann die Befreiung nur dann ihre Wirkung entfalten, wenn die handelsrechtlichen Offenlegungspflichten sich auch auf die Erklärung der gesetzlichen Vertreter erstrecken.

7   Diese Unterlagen (ausgenommen ggf AR-Bericht und die Angaben zur Ergebnisverwendung bei GmbH sowie die Entsprechenserklärung) sind nur von großen KapGes/KapCoGes vollständig offenzulegen.

KleinstKapGes/KleinstKapCoGes brauchen nur die Bilanz beim Betreiber des eBAnz elektronisch zur dauerhaften Hinterlegung einzureichen (§ 326 Anm 40 ff).

Kleine KapGes/KapCoGes dürfen auf die Offenlegung der GuV und der die GuV betreffenden Angaben im Anhang, eines freiwillig aufgestellten Lageberichts (§ 264 Abs 1 S 3), etwaiger Angaben zur Ergebnisverwendung und ggf des AR-Berichts verzichten (§ 326 Anm 3 ff).

Mittelgroße KapGes/KapCoGes dürfen Verkürzungen bei der Offenlegung von Bilanz und Anhang und bei GmbH zum Schutz natürlicher Gester bei der Ergebnisverwendung gem Anm 21 in Anspruch nehmen (§ 327 Anm 1 ff); KapCoGes brauchen Angaben zur Ergebnisverwendung nicht offe nzulegen (Anm 14).

Nicht zu den offenlegungspflichtigen Unterlagen iSd Abs 1 gehören die öffentlich beglaubigte Abschrift der **Niederschrift über die Hauptversammlung** und ihrer Anlagen (§ 130 Abs 5 AktG) und die **Gesellschafterliste** (§ 40 S 1 GmbHG) mit den erforderlichen Angaben sowie die Erklärung nach § 289a.

8   Zu **Form und Inhalt** der Unterlagen bei der Offenlegung sowie evtl erforderlich werdenden weiteren Hinweisen s die Erl zu § 328.

9   Zum offen zu legenden **Jahresabschluss** gehören **nicht Sonderbilanzen** wie zB Eröffnungs- oder Gründungsbilanz (§ 242 Abs 1), Umwandlungsbilanz nach AktG oder UmwG, Verschmelzungsbilanz, Liquidations-Schlussbilanz usw,

wohl aber der JA, der zugleich Schlussbilanz einer übertragenden Ges ist, die Abwicklungs-Eröffnungsbilanz, Jahresbilanzen im Liquidationsstadium und der Abschluss für ein Rumpf-Gj.

Nach dem HGB ist die Offenlegung nicht von der Feststellung des JA abhängig. Ein nachträglich gefasster Feststellungsbeschluss, der den eingereichten JA nicht ändert, ist nicht offen zu legen, weil er für die Öffentlichkeit ohne Interesse ist (ebenso *ADS*[6] § 325 Anm 81; s auch Anm 48 f). Erfolgt bei KleinstKapGes/ KleinstKapCoGes bzw kleinen KapGes/KapCoGes eine Prüfung des JA auf Grund des GesVertrags oder freiwillig durch einen AP, besteht keine Notwendigkeit für eine Offenlegung des Bestätigungsvermerks. Mit einem pflichtwidrig nicht geprüften JA kann der Offenlegungspflicht nicht entsprochen werden, vgl aber § 328 Abs 1 Nr 2. 10

Besteht bei einer **GmbH** ein obligatorischer **Aufsichtsrat** (§ 4 Abs 1 DrittelbG, § 25 Abs 1 Nr 2 MitbestG, §§ 2, 3 Abs 1 S 2 MitbestErgG, § 3 KAGG), ist dessen **Bericht** (zur Prüfungsaufgabe des AR und zum Inhalt des Berichts wird auf § 171 AktG, Vor § 325 Anm 21, verwiesen) nach § 42a Abs 1 S 3 GmbHG den Gestern vorzulegen und nach Abs 1 S 3 offen zu legen. Entspr gilt für den Bericht des fakultativen AR auf Grund des Verweises durch § 52 Abs 1 GmbHG auf Anwendung der aktienrechtlichen Vorschriften zum AR, sofern nicht der GesVertrag ein anderes (hier den Ausschluss der Prüfung und Berichterstattung entspr § 171 AktG) bestimmt (s auch Vor § 325 Anm 120). Auch ein Verwaltungsrat/Beirat/Gester-Ausschuss bei der GmbH kann fakultativer AR sein, wenn die Kompetenz zur Überwachung gegeben ist. Obliegt diesem auch eine Prüfungspflicht entspr § 171 Abs 1 S 1 AktG, ist der entspr Bericht nach Abs 1 S 3 offen zu legen. 11

Bei **KapCoGes** kann freiwillig ein AR oder ein anders benanntes Aufsichtsgremium bestellt werden. Es bestehen hierzu jedoch keine gesetzlichen Verpflichtungen (wie zB für KapGes das DrittelbG und MitbestG oder für die GmbH die Regelung nach § 52 GmbHG zum fakultativen AR), so dass keine Berichtspflicht besteht. Auch ein freiwillig erstellter Bericht des Aufsichtsgremiums ist nicht offenlegungspflichtig. 12

Dem Vorstand der **AG** gibt § 170 Abs 2 AktG die Verpflichtung auf, einen **Vorschlag für die Verwendung des Bilanzgewinns** zu erstellen; dieser ist nach Abs 1 S 3 offen zu legen. 13

Dagegen ist der Geschäftsführer einer **GmbH** ohne AR eine solche Verpflichtung nicht durch das GmbHG aufgegeben (aA weil dispositiv *Lutter/ Hommelhoff* GmbHG[18] § 42a Anm 6); die Offenlegung eines Vorschlags entfällt daher, auch wenn freiwillig oder auf Grund des GesVertrags eine Vorlage an die Gester erfolgt (Vor § 325 Anm 130 f; *ADS*[6] § 325 Anm 48). Besteht bei GmbH ein obligatorischer oder fakultativer AR, ist ein Ergebnisverwendungsvorschlag vor- und offen zu legen, wenn § 170 Abs 2 AktG zur Anwendung gelangt. Für den obligatorischen AR sehen dies zwar die wesentlichen Verweisungsvorschriften (Anm 11) nicht vor; aber im Falle des fakultativen AR verlangt § 52 Abs 1 GmbHG die Anwendung des § 170 AktG, sofern dies nicht statutarisch ausgeschlossen ist (glA *ADS*[6] § 325 aaO, Vor § 325 aaO). Der Vorschlag für die Verwendung des Ergebnisses darf im **Anhang** des JA – dann allerdings klar erkennbar – angeführt werden (ebenso *ADS*[6] § 325 Anm 51). Zum Schutz natürlicher GmbH- und uE auch KapCoGes-Gester braucht die Ergebnisverwendung nicht offen gelegt zu werden, Anm 21. 14

Für **KapCoGes** fehlt eine dem § 170 Abs 2 AktG entspr Regelung über die Vorlage des Ergebnisverwendungsvorschlags an einen (freiwillig bestellten) AR; auch eine entspr Anwendung dieser Vorschrift ist gesetzlich nicht vorgesehen. Damit braucht ein Ergebnisverwendungsvorschlag von der KapCoGes uE nicht offen gelegt zu werden.

15 Der offen zu legende **Beschluss über die Verwendung des Ergebnisses** bezieht sich bei **AG** und **KGaA** immer auf den Bilanzgewinn (§ 174 AktG und Vor § 325 Anm 91 ff) und bei GmbH – soweit nicht auf diese Offenlegung verzichtet werden darf (Anm 21) – auf das Jahresergebnis (Jahresüberschuss zuzüglich Gewinnvortrag bzw abzüglich Verlustvortrag) bzw den Bilanzgewinn (§ 29 GmbHG und Vor § 325 Anm 122 ff). Offen zu legen ist nur ggf der Beschluss, der sich auf die **Ergebnisverwendung** durch **Hauptversammlung oder Gesellschafterversammlung** bezieht und nicht eine Ergebnisverwendung durch die Verwaltung oder auf Grund statutarischer Regeln oder gesetzlicher Vorschriften. Bei **KapCoGes** kommen ein Beschluss über die Verwendung des (unverteilten) Jahresüberschusses und seine (freiwillige) Offenlegung nur in Betracht, wenn die Gewinnverwendung auf Grund gesvertraglicher Regelungen einen GesterBeschluss erfordert (vgl auch *WPH*[14]I, F 139 und zur Bilanzierung IDW RS HFA 7).

16 Die Gliederung des Ergebnisverwendungsbeschlusses ist nur für die **AG** in § 174 Abs 2 AktG vorgeschrieben; soweit ein vom Verwendungsvorschlag abw Beschluss zu einem zusätzlichen Aufwand führt, ist dieser anzuführen. Bei **GmbH** wird bei anderweitiger Beschlussfassung zumindest die Angabe des zusätzlichen Aufwands auf Grund des Beschlusses entspr § 174 Abs 2 Nr 5 AktG für angezeigt gehalten (glA *ADS*[6] § 325 Anm 59).

17 Die gem Abs 1 S 3 verlangte Angabe von **Jahresüberschuss** oder **Jahresfehlbetrag** ist nur erforderlich, wenn die Angabe nicht aus dem eingereichten JA ersichtlich ist (so auch *Fehrenbacher* in *MünchKomm HGB*[3] § 325 Anm 37; *ADS*[6] § 325 Anm 61) und nicht auf die Offenlegung der Ergebnisverwendung verzichtet werden darf (s dazu Anm 21). Das ist nur bei KleinstKapGes/KleinstKapCoGes bzw kleinen KapGes/KapCoGes der Fall, die den JA nach teilweiser oder vollständiger Verwendung des Jahresergebnisses bzw bei KapCoGes unter Zuschreibung der Gewinnanteile auf die Kapitalkonten der Gester aufstellen (§ 268 Abs 1 S 1) und zugleich die GuV auf Grund von § 326 (dort Anm 9 ff) nicht offen legen.

18 Sofern ein **Bilanzverlust** oder bei GmbH auch ein negatives (Gesamt-)Ergebnis (Jahresüberschuss/-fehlbetrag zzgl Gewinnvortrag bzw abzgl Verlustvortrag) vorliegt, entfallen Vorschlag und Beschluss über die Ergebnisverwendung und damit ihre Offenlegung meistens, da dann weder Ausschüttungen noch Rücklagendotierungen stattfinden werden. Es bedarf auch **keiner Fehlanzeige**; ebenso *ADS*[6] § 325 Anm 60. Entspr gilt beim **Ergebnisabführungsvertrag**. Die zur Gewinnabführung verpflichtete bzw zur Verlustdeckung berechtigte Ges weist regelmäßig ein ausgeglichenes Jahresergebnis aus, so dass ein Ergebnisverwendungsbeschluss entfällt (s § 275 Anm 262).

19 Die vom Vorstand und AR einer börsennotierten AG gem § 161 AktG jährlich abzugebende **Entsprechenserklärung** zum CorpGov Kodex (vgl auch § 285 Anm 281 f) ist gem Abs 1 S 3 mit den übrigen Unterlagen offen zu legen. Außerdem ist die Erklärung auf der Internetseite der Gesellschaft dauerhaft öffentlich zugänglich zu machen. Darüber hinaus sollte, wenn auch gesetzlich nicht vorgesehen, die Erklärung bzw die Darstellung der unternehmensindividuellen Praxis zu den betr Empfehlungen des Kodexes in den Geschäftsbericht aufgenommen werden (*RegE TransPuG* BT-Drs 14/8769, 52).

20 **Änderungen** des **Jahresabschlusses** auf Grund nachträglicher Prüfung oder Feststellung sind dem Betreiber des eBAnz nachzureichen (Abs 1 S 6) und im eBAnz bekannt zu machen (dazu auch Anm 48 ff). Dies gilt auch für Änderungen aller übrigen Unterlagen, zB ggf für den Lagebericht oder eine geänderte Ergebnisverwendung (ähnlich *Lutter/Hommelhoff* GmbHG[18] Anhang § 42a Anm 21, 22). Unabhängig vom Umfang der Änderung ist die geänderte Unterlage **insgesamt** nachzureichen, also der gesamte JA/Lagebericht (so auch *ADS*[6] § 325 Anm 85). Erfordert die Änderung eine **Nachtragsprüfung** nach § 316

Abs 3, ist zugleich der **ergänzte Bestätigungsvermerk** oder Versagungsvermerk vorzulegen. Bei abw Gewinnverwendung ist der Beschluss über die Ergebnisverwendung einzureichen. Zum Wahlrecht für personenbezogene GmbH s Anm 21 und für KapCoGes Anm 14. Für alle vorstehend genannten „Nachträge" ist außerdem eine neue Bekanntmachung im eBAnz nötig (s Anm 48). – Zu weiteren Einzelheiten bei Änderungen s Anm 48 ff.

2. Erleichterungen für bestimmte GmbH und KapCoGes (Abs 1 S 4)

GmbH brauchen unabhängig von ihrer Größe gem dem in Abs 1 S 4 eingeräumten Wahlrecht **Angaben** über die **Ergebnisverwendung** nicht zu machen, wenn sich anhand dieser Angaben die Gewinnanteile von *natürlichen Personen*, die Gester sind, feststellen lassen. Durch Einblicke in die beim HR einzureichende GesterListe (§ 40 S 1 GmbHG) und den dort vorliegenden GesVertrag (§ 8 Abs 1 Nr 1 GmbHG) sind die Namen der Gester, ihre Stammeinlagen und die Regelung zur Gewinnverteilung und damit im Falle der Offenlegung der Ergebnisverwendung auch der Gewinnanteil jedes Gesters feststellbar. Aus diesem Grund besteht uE das Wahlrecht, die Ergebnisverwendung nicht offen zu legen bereits dann, wenn auch nur eine natürliche Person an einer GmbH beteiligt ist (so auch *ADS*[6] § 325 Anm 64). 21

Natürliche Personen sind:
– Privatpersonen,
– Ekfl,
– Stille Ges oder BGB-Gester (soweit nicht als KapGes, Genossenschaft, Stiftung oder in einer anderen Rechtsform organisiert),
– PhG von OHG, KG oder KGaA (soweit nicht als KapGes usw organisiert).

Auch wenn diese Personen als **Treuhänder** fungieren, UnterBet einräumen, Geschäftsanteile verpfänden oder mit Nießbrauch belasten, bleibt ihre Eigenschaft als natürliche Person erhalten (glA *Pfitzer/Wirth* DB 1994, 1940). Unberührt bleiben von dieser Erleichterung gem Abs 5 Publizitätspflichten in anderer Weise, die auf Gesetz, GesVertrag oder Satzung beruhen (Anm 105). **KapCoGes** brauchen Angaben zur Ergebnisverwendung ohnehin nicht offen zu legen (Anm 14) und deshalb auch das Wahlrecht nach Abs 1 S 4 nicht in Anspruch zu nehmen. *Kuntze-Kaufhold* BB 2006, 429 f sieht, basierend auf einem U des EuGH (*EuGH* v 23.9.2004, BB 2004, 2456), die Publizität eingeschränkt bei sensiblen UntDaten.

3. Befreiung von Tochterunternehmen (§ 264 Abs 3, § 264b)

Eine KapGes, die **Tochterunternehmen** eines nach § 290 zur Aufstellung eines KA verpflichteten MU ist, braucht gem § 264 Abs 3 die Vorschriften über den JA und Lagebericht der KapGes (§§ 264–289; für börsennotierte AG gelten die §§ 264–289a, s dort), über die Prüfung (§§ 316–324) und die **Offenlegung** (§§ 325–329) unter bestimmten Voraussetzungen, die kumulativ erfüllt sein müssen, nicht anzuwenden, s § 264 Anm 105 ff. Für die in einen befreienden KA einbezogene KapCoGes regelt § 264b, unter welchen Voraussetzungen ein solches Unt von den für KapGes geltenden ergänzenden Vorschriften (§§ 264 ff) über Inhalt, Prüfung und Offenlegung von JA und Lagebericht befreit sind (s hierzu § 264b Anm 10 ff). Bei Erfüllung der Voraussetzungen kann das TU die Befreiung in unterschiedlichem Umfang in Anspruch nehmen und zB nur die Nichtanwendung der Vorschriften über die Offenlegung (§§ 325–329) wählen. 22

Das in § 264 Abs 3 eingeräumte Wahlrecht kann gem § 264 Abs 4 auch von KapGes, die **Tochterunternehmen** eines nach § 11 des PublG zur Aufstellung 23 eines KA verpflichteten MU sind, angewendet werden; Voraussetzungen hierfür sind, dass das MU gem § 11 PublG zur Aufstellung eines KA verpflichtet ist und entspr dem Wahlrecht in § 13 Abs 3 S 1 PublG den § 314 Abs 1 Nr 6 (Pflichtangaben über Gesamtbezüge usw für aktive und ehemalige Organmitglieder des MU und deren Hinterbliebene) beachtet. Zu weiteren Einzelheiten über den Anwendungsbereich von § 264 Abs 3, den Kreis der befreiten Unt und die einzelnen Voraussetzungen s § 264 Anm 105 ff; ausführlich dazu auch *Dörner/Wirth*, DB 1998, 1225 ff; zur begrenzten Regelung **für besondere Rechtsformen**.

II. Art und Ort der Offenlegung

28 Die Grundform (Art) der Offenlegung ist durch Abs 1 S 1–4 bestimmt. Demnach müssen KapGes/KapCoGes aller Größenklassen die offen zu legenden Unterlagen (Anm 6) beim Betreiber des eBAnz in elektronischer Form einreichen und unverzüglich im Anschluss hieran im eBAnz (Anm 31) bekannt machen lassen. Nur KleinstKapGes/KleinstKapCoGes können auf die Bekanntmachung verzichten, sofern sie die Bilanz in elektronischer Form zur dauerhaften Hinterlegung beim eBAnz einreichen (s § 326 Anm 40).

29 Unberührt bleiben nach Abs 5 andere Vorschriften, die eine bestimmte Form der **Bekanntmachung** vorschreiben, zB auf Grund GesVertrag oder Satzung (dazu Anm 105 f).

1. Einreichung beim Betreiber des elektronischen Bundesanzeigers (Abs 1 S 1)

30 Die offen zu legenden Unterlagen sind beim Betreiber des eBAnz einzureichen. Bestehen **Zweigniederlassungen** *deutscher* KapGes/KapCoGes, ist ebenso zu verfahren. Zum Einreichungszeitpunkt und zur Fristwahrung durch Offenlegung in Stufen s Anm 45 ff, zu Formerfordernissen Anm 34 ff. Die Offenlegung von deutschen **Zweigniederlassungen ausländischer KapGes/KapCoGes** ist in § 325a geregelt, s dort.

2. Bekanntmachung im elektronischen Bundesanzeiger (Abs 2)

31 Unverzüglich nach der Einreichung der Unterlagen beim Betreiber des eBAnz haben die gesetzlichen Vertreter (Anm 32) diese im eBAnz bekannt machen zu lassen. Die Differenzierung zwischen der Einreichung der Unterlagen der Rechnungslegung auf der einen Seite und der Willenserklärung zur Bekanntmachung auf der anderen Seite wird in der Praxis keine große Bedeutung zukommen, da mit der Einreichung auch die konkludente Willenserklärung zur Bekanntmachung der Unterlagen verbunden sein wird (*Maul/Seidler* in *Noack* Das neue Gesetz über elektronische Handels- und Unternehmensregister – EHUG, S 140). Etwas anderes gilt lediglich für den Fall eines IAS-EA nach § 325 Abs 2a, bei dem allein auf die Bekanntmachung nach Abs 2 Bezug genommen wird, ohne dass hiermit ein materieller Unterschied verbunden wäre. Bzgl der Möglichkeit des Verzichts auf eine Bekanntmachung für KleinstKapGes/KleinstKapCoGes s § 326 Anm 40.

III. Verpflichtete Personen

32 Nach Abs 1 S 1 trifft die Pflicht zur Offenlegung (Einreichung und Bekanntmachung) die **gesetzlichen Vertreter** der KapGes/KapCoGes, vgl *OLG Stuttgart* 13.7.2000, GmbHR 2001, 301. Bei einer AG haben die Vorstandsmitglieder (§ 78 Abs 1 AktG), bei einer KGaA die phG (§ 278 Abs 2 AktG iVm §§ 161 Abs 2, 125 Abs 1), bei einer GmbH die Geschäftsführer (§ 35 Abs 1 GmbHG) und bei einer KapCoGes (§ 264a Abs 2) die Mitglieder des vertretungsberechtigten Organs der vertretungsberechtigten KapGes (dies sind bei OHG grds alle Gester, wobei § 125 Abs 1 Einzelvertretung vorsieht und bei KG der/die Komplementäre, s auch § 264a Anm 55 ff) für die Offenlegung zu sorgen; nach hM wird die Pflicht zur Offenlegung durch die Liquidation nicht berührt, *KG Berlin* 6.5.2003, GmbHR, 1357 mwN (zu den Personen bei Liquidation s die Erl unter § 264 Anm 11). Für den Fall der Eröffnung eines Insolvenzverfahrens ist der Beschluss des *LG Bonn* vom 16.6.2009 zu beachten, demzufolge die Erfüllung der Offenlegungsverpflichtung spätestens mit der Eröffnung des Insolvenzverfahrens unmöglich wird und eine Ordnungsgeldfestsetzung wegen unterlassener Offenlegung unzulässig ist. Die Offenlegung muss nicht durch sämtliche gesetzlichen Vertreter höchstpersönlich wahrgenommen werden. Die Aufgabe kann **einem Mitglied** des vertretungsberechtigten Organs übertragen werden. Alle übrigen gesetzlichen Vertreter bleiben jedoch verpflichtet, auf eine ordnungsgemäße und fristgerechte Offenlegung hinzuwirken (zu den Rechtsfolgen einer Verletzung der Pflichten s Anm 108 ff).

Von den Mitgliedern des vertretungsberechtigten Organs einer KapGes/Kap- **33** CoGes sind Bestimmungen der Satzung bzw des GesVertrags zu einer „anderen"Art der Bekanntmachung nur zu befolgen, soweit diese **zusätzliche** Offenlegungsverpflichtungen vorschreiben. Dies ergibt sich klarstellend aus Abs 5 (Anm 105).

IV. Form und Inhalt der offen zu legenden Unterlagen

Der **JA** ist grundsätzlich **vollständig** und einschl des gesamten Anhangs **offen** **34** **zu legen.** Seine Form und sein Inhalt brauchen aber nur den für ihre Aufstellung maßgeblichen Vorschriften zu entsprechen; es dürfen also Aufstellungserleichterungen nachgeholt werden (§ 328 Abs 1 Nr 1 S 1 und § 326 Anm 14 ff, § 327 Anm 13 ff). Der Lagebericht und ggf der Bericht des AR, der BVm des AP sowie ggf Vorschlag und Beschluss zur Gewinnverwendung sind gleichfalls im Wortlaut offen zu legen. **Abweichungen** sind nur zulässig, wenn Offenlegungserleichterungen für natürliche GmbH-/KapCoGes-Gester (Anm 21) oder nach §§ 326, 327, 327a und/oder Nachholungen von Aufstellungserleichterungen in Anspruch genommen werden. Bewusste oder unbewusste **Fehler** in der Offenlegung müssen berichtigt werden (§ 328 Anm 25).

Alle offenlegungspflichtigen Unterlagen sind beim Betreiber des eBAnz in **35** elektronischer Form (s Anm 28 ff) einzureichen. Der **JA/IFRS-EA** sowie ggf der Vorschlag und Beschluss über die Ergebnisverwendung (soweit sich diese nicht unmittelbar aus dem JA ergeben), der BVm bzw der Versagungsvermerk des AP (§ 322 Abs 7 S 1) und der Bericht des AR oder ggf Verwaltungsrats/Beirats müssen in elektronischer Form eingereicht werden.

Zu **Form und Inhalt** der Unterlagen bei Offenlegung, Veröffentlichung und **37** Vervielfältigung im Einzelnen s Erl zu § 328. Zu den vom Betreiber des eBAnz für die Prüfung und Veröffentlichung der elektronisch einreichungspflichtigen Unterlagen erhobenen Gebühren s Preisliste des eBAnz (http://www.bundesanzeiger.de/) und § 329 Anm 3.

V. Zeitpunkt der Offenlegung

Nach Abs 1 S 1 hat die Einreichung der Unterlagen beim Betreiber des **38** eBAnz **unverzüglich**, dh ohne schuldhaftes Zögern (§ 121 Abs 1 S 1 BGB), **nach der Vorlage** des JA an die Gester, also nach HV/GesV, zu erfolgen, spätestens jedoch vor Ablauf von **zwölf Monaten** nach dem Abschlussstichtag. Bei KapGes iSd § 264d beträgt die Frist längstens vier Monate (s Anm 42). Im **An-**

schluss hieran ist nach Abs 2 wiederum **unverzüglich** die **Bekanntmachung** (Anm 31) im eBAnz zu vollziehen. Maßgebend für die Fristwahrung ist das Datum der Einreichung der Unterlagen beim Betreiber des eBAnz und nicht der Veröffentlichungszeitpunkt im eBAnz (s Anm 103).

39 Das HGB stellt den Zeitpunkt der Offenlegung einheitlich auf die Vorlage an die Gester ab (ebenso *Hütten* in HdR[5] § 325 Anm 63). Die Fristbegrenzung auf zwölf bzw vier Monate (s Anm 38) verhindert, dass eine evtl verspätete Vorlage an die Gester den Offenlegungszeitpunkt zu sehr beeinflusst. Die Vorlage an die Gester erfolgt bei **AG/KGaA** zur ordentlichen HV (§ 176 Abs 1 S 1 AktG) in den ersten acht Monaten des Gj (§ 175 Abs 1 S 2 AktG; zu Ausnahmen bei VersicherungsUnt § 341a Abs 5). Bei **GmbH/KapCoGes** ist der Zeitpunkt der Vorlage an die Gester abhängig von der zeitlichen Vorgabe für die Abschlussaufstellung (s § 264 Anm 17 ff) und davon, ob die Unterlagen zunächst einem AP und/oder AR/Beirat/Verwaltungsrat (Anm 11, 12) vorzulegen sind (zu Einzelheiten s Vor § 325 Anm 130 f).

40 Wenn der Feststellungsbeschluss und ggf der Ergebnisverwendungsbeschluss **unmittelbar nach** der Vorlage getroffen werden und dann innerhalb kurzer Zeit sämtliche erforderlichen (Anm 6) Unterlagen geschlossen offen gelegt werden, halten wir Letzteres für zulässig (ähnlich *ADS*[6] § 325 Anm 19 ff; nach *Lutter/Hommelhoff* GmbHG[18] Anhang § 42a Anm 9, 11 und 24 ist praktisch zeitgleich mit der Vorlage an die Gester offen zu legen). Zu der im Schrifttum teilweise extensiveren Auslegung, nach der die Feststellung des JA innerhalb der gesetzlich bestimmten maximalen Offenlegungsfrist von zwölf Monaten abgewartet werden darf, s *Hartmann* Bilanzrecht der GmbH, 238; wohl auch zustimmend *Hütten* in HdR[5] § 325 Anm 64. Sollten die Gester ihren Feststellungsbeschluss **nicht unmittelbar nach** der Vorlage treffen, ist der JA mit den übrigen vorgelegten Unterlagen unter dem Hinweis offen zu legen, dass die Feststellung noch aussteht (§ 328 Abs 1 Nr 2).

41 Um in der Praxis einen abändernden Feststellungsbeschluss mit der Folge einer Nachtragsveröffentlichung (Anm 48) zu vermeiden, können die Gester der GmbH/KapCoGes über die Ausübung ihres Rechts auf Vorabvorlage (zB des JA vor Abschluss der Prüfung, um wiederum auch Nachtragsprüfungen auszuschließen) ua die Bewertungs- und Rücklagenpolitik bedenken und ggf Abschlussänderungen innerhalb der gesetzlichen Grenzen „vorab" veranlassen.

Eine schwebende **Anfechtungs- oder Nichtigkeitsklage** rechtfertigt, auch wenn Vorstand bzw Geschäftsführer die Klage für aussichtsreich halten, nicht die Aufschiebung der Offenlegung bis zur Entscheidung des Rechtsstreits. Spätestens nach der HV/GesV ist der JA offen zu legen; ein Hinweis auf die anhängige Klage ist hierbei grds nicht erforderlich (ebenso *ADS*[6] § 325 Anm 26). Erfolgt jedoch später eine Änderung des JA, muss auch der geänderte JA offen gelegt werden (s auch Anm 50).

42 Das HGB hat einen **äußersten Termin** für die Offenlegung bestimmt. Die offenlegungspflichtigen Unterlagen sind nach Abs 1 S 2 spätestens vor Ablauf von zwölf Monaten nach dem Abschlussstichtag bekannt zu machen. KapGes iSd § 264d, die keine KapGes iSd § 327a sind, müssen die offenlegungspflichtigen Unterlagen spätestens vor Ablauf von vier Monaten nach dem Abschlussstichtag bekannt machen lassen (Abs 4). Auch dann sind ggf zur Fristwahrung zunächst JA und Lagebericht mit Hinweis auf die noch fehlenden Unterlagen offen zu legen (zur Offenlegung in Stufen s Anm 45 ff). Hierdurch soll gewährleistet werden, dass der JA im Zeitpunkt seiner Offenlegung nicht durch Zeitablauf seine Aussagekraft zumindest teilweise eingebüßt hat.

43 Wenn die Abschlussunterlagen (Anm 6) nicht unverzüglich nach Vorlage an die Ges bzw spätestens innerhalb von zwölf bzw vier Monaten nach dem Ab-

schlussstichtag offen gelegt werden, liegt ein Verstoß gegen § 325 vor, jedoch hat es die KapGes/KapCoGes bei einem Verfahren nach § 335 in der Hand, durch Offenlegung innerhalb der vom BfJ bestimmten Frist (sechs Wochen) eine Festsetzung von Ordnungsgeld zu vermeiden; die Verfahrensgebühr in Höhe von 50 € (§ 329 Anm 6; § 335 Anm 1 ff) wird dennoch fällig.

Zum Offenlegungszeitpunkt bei **Änderungen** auf Grund nachträglicher Prüfung oder Feststellung s Anm 48 ff. 44

VI. Fristwahrung durch Offenlegung in Stufen (Abs 1 S 5)

Abs 1 S 5 erlaubt allen KapGes/KapCoGes zur Wahrung der jeweils in Frage 45 kommenden Offenlegungsfrist (Ende der Fristen nach Abs 1 S 2 bzw Abs 4 unverzüglich nach Vorlage an die Gester bzw spätestens vor Ablauf von zwölf bzw vier Monaten nach dem Abschlussstichtag; Anm 38 und 42) eine **Offenlegung** unvollständiger Unterlagen **in** (mehreren) **Stufen**. Zumindest sind der ungeprüfte und/oder nicht festgestellte JA und Lagebericht (bzw KA und Konzernlagebericht; Anm 75) mit dem Hinweis auf die noch fehlenden Unterlagen (§ 328 Abs 1 Nr 2) offen zu legen. Es genügt nicht, lediglich anzugeben, dass der JA und der Lagebericht „vorab" eingereicht wurden (*ADS*[6] § 325 Anm 80).

Nach dem Gesetzeswortlaut müsste *jede* außerhalb des JA, Lageberichts (KA, 46 Konzernlageberichts) noch fehlende Unterlage dann bei Vorliegen unverzüglich nachgereicht (offen gelegt) werden. Wenn die fehlenden Unterlagen in einem eng begrenzten zeitlichen Rahmen nachgereicht werden können, wird es nicht zu beanstanden sein, wenn abgewartet wird, bis sämtliche fehlende Unterlagen vorliegen und in einer zweiten Stufe in einem Block offen gelegt werden. Sofern die Unterlagen nicht vollständig in diesem Zeitrahmen vorliegen, ist die Ges verpflichtet, die Unterlagen jeweils einzeln einzureichen, da ansonsten die Unterlagen nicht „unverzüglich" eingereicht werden (nach *ADS*[6] § 325 Anm 82 kommt eine gemeinsame Einreichung nachzureichender Unterlagen nur in Betracht, wenn sie noch „unverzüglich" ist). Befürwortet wird diese Handhabung für *alle* KapGes (analog anwendbar für gleichgestellte KapCoGes), damit der Betreiber des eBAnz die erforderliche Prüfung in einem Arbeitsgang vornehmen kann und weil anderenfalls sowohl der eBAnz überlastet als auch dessen Leser irritiert werden könnten.

Zu **Änderungen** des JA im Falle einer Voraboffenlegung zur Fristwahrung 47 (S 5) s Anm 48 ff.

VII. Nachreichung von Änderungen (Abs 1 S 6)

Bei einer Änderung bereits offen gelegter Unterlagen (Anm 20), zB auf Grund 48 nachträglicher Feststellung und/oder Prüfung oder im Fall des § 37q WpHG, müssen auch diese Änderungen nach S 6 beim Betreiber des eBAnz nachgereicht und jeweils in üblicher Weise (Anm 28 ff) im eBAnz bekannt gemacht werden. Obwohl nach dem Gesetzeswortlaut nur „die Änderung nach S 1 einzureichen" ist, kann dem Sinn und Zweck der Vorschrift idR nur durch Offenlegung der **geänderten Unterlage insgesamt** entsprochen werden. Auch hier kommt eine geschlossene Offenlegung aller Änderungen (Anm 46) in Frage.

Ein nachträglicher Feststellungsbeschluss ist dann offen zu legen, wenn er zu 49 einer Änderung des JA führt (glA *ADS*[6] § 325 Anm 81; auch hier Anm 10).

Im Falle einer möglichen **Bilanzänderung** nach Jahren (zB rückwirkende 50 HB-Änderungen nach einer Bp) ist Abs 1 S 6 entspr anzuwenden. Eine Offenlegung des geänderten JA kommt grds erst in Betracht, wenn dieser festgestellt ist (ebenso *ADS*[6] § 325 Anm 87).

51 Abs 1 S 6 regelt nicht ausdrücklich den Fall des **Widerrufs** eines veröffentlichten BVm. Der Widerruf ist ebenso wie der BVm über eine Nachtragsprüfung eines bereits offen gelegten JA vom vertretungsberechtigten Organ offen zu legen (dazu auch § 322 Anm 162 ff).

VIII. Offenlegungszeitpunkt bei vereinfachter Kapitalherabsetzung und anhängigen Klageverfahren

52 Wenn im JA einer AG oder KGaA die Rückbeziehung einer vereinfachten Kapitalherabsetzung (§§ 229 ff AktG) ohne oder mit gleichzeitiger Kapitalerhöhung gem §§ 234, 235 AktG ausgewiesen wird, muss die HV zugleich auch den JA feststellen. Nach der **Sonderregelung** des **§ 236 AktG** darf dieser JA erst offen gelegt werden, wenn im Falle des § 234 AktG der Beschluss über die Kapitalherabsetzung bzw im Falle des § 235 AktG die Beschlüsse über die Kapitalherabsetzung und Kapitalerhöhung sowie die Durchführung der Kapitalerhöhung im HR eingetragen worden sind und damit das neue Grundkapital und die neuen Rücklagen erbracht sind. Die Eintragungsfrist des § 234 Abs 3 S 1 AktG beträgt drei Monate nach Beschlussfassung.

Fraglich ist, ob bei einer Ablaufhemmung der Frist, zB wegen einer **Anfechtungs- oder Nichtigkeitsklage**, die Offenlegung bis zur Entscheidung des Rechtsstreits hinausgeschoben werden darf. UE rechtfertigen schwebende Verfahren solcher Art nicht die Verschiebung der Offenlegung (Anm 41). Bei der Offenlegung ist aber ein Hinweis auf die ggf noch fehlende Eintragung im HR und über den Hinderungsgrund notwendig; wohl ebenso *Fehrenbacher* in *MünchKomm HGB*[3] § 325 Anm 69, der die Regelung des § 236 AktG auch dahingehend auslegungsfähig ansieht, dass eine Sonderregelung nur für den Fristbeginn vorliegt und somit beim Fehlen der Eintragung der Beschlüsse in das HR auf Grund einer Anfechtungs- oder Nichtigkeitsklage im Ergebnis eine Offenlegungsfrist nicht zu laufen beginnt und hier dann regelmäßig spätestens zwölf Monate nach Ablauf des (dem Beginnzeitpunkt der Hemmung der Frist) vorausgehenden Gj offen zu legen ist.

C. Umsetzung der IAS-VO in Bezug auf den Einzelabschluss (Abs 2a)

I. Allgemeines

56 Art 5 der IAS-VO (Verordnung (EG) Nr 1606/2002 des Europäischen Parlaments und des Rates v 19.7.2002) ermächtigt die Mitgliedstaaten, die Anwendung der IFRS auch auf den **Einzelabschluss** ungeachtet der KapmarktOrientierung zu gestatten oder gar vorzuschreiben. Der Schritt der EU hin zur Übernahme der IFRS soll die Rechnungslegung insb im KA an international anerkannte Grundsätze anpassen, um die Vergleichbarkeit der Rechnungslegung auf den in hohem Maße globalisierten Kapitalmärkten zu stärken.

57 Der deutsche Gesetzgeber hat sich vor dem Hintergrund, dass der IFRS-Abschluss Informationszwecken dient, aber weder als Ausschüttungsbemessungsgrundlage noch als Grundlage für die Besteuerung geeignet ist, für folgenden Ansatz entschieden:
– Die Anwendung der IFRS im **Einzelabschluss** aus Gründen der Informationsverbesserung erfolgt **ausschließlich auf freiwilliger** Basis;
– der JA nach HGB bleibt daneben für Zwecke des Ges- und des Steuerrechts erforderlich;

Das bedeutet, dass KapGes, die freiwillig einen IFRS-EA (dh, nach den in das EU-Recht übernommenen und von Abs 2a S 1 iVm § 315a Abs 1 in Bezug genommenen IFRS) aufstellen, diesen **IFRS-EA anstelle des HGB-JA im eBAnz bekannt machen dürfen.** Der IFRS-EA kann den HGB-JA nicht ersetzen (vgl Anm 70 f).

Die Regelungen zur Prüfung (§§ 316–324) gelten für den IFRS-EA gem § 324a (s dort) entspr. 60

II. Anforderungen an den IFRS-Einzelabschluss

Pflichtbestandteile des IFRS-EA sind Bilanz, GuV, EK-Spiegel, KFR und Anhang (mit den in Abs 2a genannten Angaben nach HGB sowie den rechtsformspezifischen Anhangangaben des AktG und des GmbHG). Bei kapmarktUnt haben der Anhang eine SegBerE und die GuV Angaben zu earnings per share zu enthalten. 64

Gem S 2 müssen die in das EU-Recht (im Wege des sog „Komitologieverfahrens") übernommenen Standards vollständig befolgt werden, eine Mischung aus IFRS und HGB im EA ist unzulässig. 65

S 3 regelt, welche Vorschriften des HGB auch auf den IFRS-EA Anwendung finden. Die Aufzählung ist abschließend und S 5 erklärt die übrigen Vorschriften des Zweiten Unterabschn des Ersten Abschn (§§ 242–256) und des Ersten Unterabschn des Zweiten Abschn (§§ 264–289) für nicht anwendbar. Ein Lagebericht nach § 289 ist, da der IFRS-EA nur kumulativ zum HGB-JA erstellt wird, stets erforderlich (§§ 264, 264a); in diesem muss „in dem erforderlichen Umfang" auf den IFRS-EA Bezug genommen werden, vgl Abs 2a S 4. Wesentliche Unterschiede zwischen HGB-JA und IFRS-EA werden zu erläutern sein (soweit nicht aus dem Anhang erkennbar), im Übrigen vgl Anm 1 zu § 289. 66

Die für anwendbar erklärten Vorschriften des HGB beanspruchen Geltung unabhängig von den maßgeblichen Rechnungslegungsgrundsätzen (§ 243 Abs 2: Grds der Klarheit und Übersichtlichkeit; § 244: Sprache und Währung; § 245: Unterzeichnung; § 257: Aufbewahrung) oder dienen dem öffentlichen Interesse (§ 286) oder zur Vervollständigung von Angaben, die für den Abschlussleser relevant sind (bestimmte Anhangangaben des § 285). 67

Der IFRS-EA ist gem § 170 Abs 1 S 2, § 171 Abs 4 AktG dem AR vor Offenlegung zur Billigung vorzulegen; der entspr Bericht des AR (§ 325 Abs 1 S 3) ist offen zu legen. Die Regelung in Abs 2a S 6 vermeidet, dass ein den IFRS-EA nicht vollständig entspr EA nach Abs 2a Gegenstand einer Pflichtveröffentlichung des Unt wird: Werden Angaben im Anhang gem § 286 Abs 1 aufgrund vorrangigen öffentlichen Interesses vorenthalten, ist die befreiende Offenlegung des IFRS-EA unzulässig, das Wahlrecht des S 1 darf nicht ausgeübt werden, dh die Verpflichtung zur Bekanntmachung des HGB-JA besteht fort.

Gem § 46 Nr 1a GmbHG beschließt die GesV der GmbH über die Offenlegung (und damit Erstellung) eines IFRS-EA; in diesem Fall gelten die Regelungen in § 42a GmbHG für den IFRS-EA entspr, § 42a Abs 4 S 2 GmbHG. KapCoGes sind über § 264a iVm Abs 2 gleichgestellt. 68

D. Formale Voraussetzungen der begrenzt befreienden Offenlegungswirkung des IFRS-Einzelabschlusses (Abs 2b)

Abs 2b präzisiert die formalen Voraussetzungen, die für die befreiende Wirkung des IFRS-EA, dh die Befreiung des Unt von der eBAnz-Publizität des HGB-JA, **kumulativ** erfüllt sein müssen: 70

1. der BVm des AP zum IFRS-EA muss anstelle des BVm zum HGB-JA in die Offenlegung nach Abs 2 einbezogen werden (Nr 1);
2. Ergebnisverwendungsvorschlag und ggf -beschluss sind unter Angabe des Jahresüberschusses oder -fehlbetrags in die eBAnz-Offenlegung einzubeziehen; der IFRS-EA ersetzt die Offenlegung der Ausschüttungsbemessungsgrundlage nicht (Nr 2);
3. der HGB-JA mit dem BVm/Versagungsvermerk nach Abs 1 S 1 bis 4 wird beim Betreiber des eBAnz eingereicht (Nr 3).

71 Der Gesetzgeber sieht Kapitalerhaltung und Ausschüttungsbemessung als zentrale Informationsbedürfnisse des GesGläubigers an, an die auch zahlreiche Bestimmungen im AktG und GmbHG anknüpfen; die Offenlegung des IFRS-EA durch Bekanntmachung im eBAnz kann vor diesem Hintergrund nur eine begrenzt befreiende Offenlegungswirkung des IFRS-EA entfalten, da der HGB-JA zwingend beim eBAnz eingereicht werden muss auf Grund seiner Funktionen im Hinblick auf die Kapitalerhaltung und die Ausschüttungsbemessung. Auch die Prüfungspflicht bleibt unberührt, §§ 316ff iVm § 324a.

E. Offenlegung der Konzernrechnungslegung (Abs 3)

I. Allgemeines

75 Die **Rechnungslegung eines Konzerns** ist in der gleichen Art wie der JA und der Lagebericht einer KapGes/KapCoGes beim Betreiber des eBAnz offen zu legen. Die Vorschriften über die Einreichung beim Betreiber des eBAnz (Abs 1), die Bekanntmachung im eBAnz (Abs 2) und die für kapmarktUnt auf vier Monate verkürzte Frist (Abs 4 S 1) gelten entspr für die gesetzlichen Vertreter eines KapGes/KapCoGes-MU, die zur Aufstellung eines KA und eines Konzernlageberichts verpflichtet sind.

II. Pflichtbekanntmachung im elektronischen Bundesanzeiger

76 Nach Abs 3 muss der KA eines KapGes/KapCoGes-MU, das zur Aufstellung nach § 290 (dort Anm 1 ff) verpflichtet ist, zusammen mit dem Konzernlagebericht, dem BVm (Versagungsvermerk) und dem Bericht des AR (zur wahlweisen Zusammenfassung mit dem AR-Bericht über den JA s Anm 80 ff) beim Betreiber des eBAnz eingereicht und anschließend im eBAnz bekannt gemacht werden. Das Verfahren ist identisch mit demjenigen für die JA aller KapGes/KapCoGes.

III. Verpflichtete Personen

77 Die Offenlegung trifft die gesetzlichen Vertreter der **aufstellungspflichtigen** KapGes/KapCoGes. Das ist im Regelfall diejenige (inländische) KapGes/Kap CoGes, die den KA und Konzernlagebericht nach §§ 290, 315a oder nach § 291 als befreienden KA und Konzernlagebericht aufgestellt hat. Für den befreienden KA und Konzernlagebericht einer **ausländischen Konzernleitung** (§§ 291, 292; § 11 Abs 3 PublG) obliegt die Offenlegungspflicht den gesetzlichen Vertretern desjenigen befreiten Unt, das bei Mehrstufigkeit im Inland auf höchster Ebene steht (hierzu auch § 291 Anm 10 f; *WPH*[14] Bd I, M Anm 102).

IV. Umfang und Form der Offenlegung

Zu den offenlegungspflichtigen **Unterlagen** gehören nach Abs 1, 2, 4 S 1 (vgl Abs 3): **80**
- der **Konzernabschluss,** bestehend aus Konzernbilanz, Konzern-GuV und Konzernanhang, KFR und EK-Spiegel (§ 297 Abs 1 S 1); soweit auch SegBerE (§ 297 Abs 1 S 2); oder der KA nach § 315 a
- der **Konzernlagebericht** (§ 315);
- der **Bestätigungsvermerk** oder Versagungsvermerk des AP;
- der **Bericht des Aufsichtsrats** wahlweise eine Zusammenfassung der Berichterstattung des AR über JA und KA in einem offen gelegten Dokument erfolgt, genügt ein Hinweis hierauf);
- ggf **Änderungen** des KA nach Vorliegen des PrüfBer (§ 316 Abs 3) mit geändertem Testat;

Der KA unterliegt **keiner Feststellung** durch die Organe der Ges, so dass die **82** Offenlegung entspr Unterlagen entfällt; s § 297 Anm 1. Für die AG ist allerdings die **Billigung** des KA durch den AR vorgesehen (§ 171 Abs 2 S 5 AktG); billigt dieser nicht, entscheidet die HV über die Billigung (§ 173 Abs 1 S 2 AktG). Die Billigung des AR ist im offen zu legenden Bericht des AR zu erklären.

Über die Verweisung in § 52 Abs 1 GmbHG gilt für die GmbH mit AR **83** § 171 AktG entspr; die Billigung des KA der GmbH obliegt grds der GesV, § 46 Nr 1b GmbHG.

Zur **Vereinfachung** darf nach § 298 Abs 3 der Anhang des KA mit dem An- **84** hang des MU **zusammengefasst** werden. Entspr gilt nach § 315 Abs 3 iVm § 298 Abs 3 auch für den Konzernlagebericht und den Lagebericht des MU. In der Praxis sind dann einheitlich nur ein Anhang oder/und ein Lagebericht aufzustellen, in denen die einzelnen Berichterstattungen zum KA und JA textlich zusammengefasst werden dürfen. Näheres in § 298 Anm 105 ff, § 313 Anm 28 und § 315 Anm 40.

Nach § 298 Abs 3 S 2 sind bei solchen **Zusammenfassungen** der KA und der JA des MU *gemeinsam* offen zu legen.

Der KA einer **ausländischen Konzernleitung,** der ein inländisches MU **87** von der Aufstellung eines Teil-KA **befreit,** muss gem § 291 Abs 1 S 1 nach den inländischen Vorschriften (Form wegen § 293 wie für große KapGes) in deutscher Sprache im eBAnz veröffentlicht werden (hierzu auch *WPH*[14] I, M Anm 102). Nicht erforderlich sind in diesen Fällen eine Umrechnung ausländischer Währungen in Euro oder die Angabe von Stichtagskursen und eine Beglaubigung der Übersetzung (ebenso *ADS*[6] § 325 Anm 115). Zu den Vorschriften über Form und Inhalt der offenlegungspflichtigen Unterlagen s die Erl unter § 328 Anm 5 ff.

V. Zeitpunkt der Offenlegung und Fristwahrung

Alle Regelungen zum Offenlegungszeitpunkt der Konzernrechnungslegung **90** entsprechen über den Entsprechensverweis des Abs 3 denjenigen für den JA der KapGes/KapCoGes.

Zu den Regelungen und anderen Fristen für **Versicherungsunternehmen** **91** s § 341l Abs 1. Für **Kreditinstitute** ist die Offenlegung durch § 340l erweitert.

Für **GmbH** als MU wird der Vorlagezeitpunkt von KA und Konzernlagebericht durch § 42a Abs 4 iVm dessen Abs 1 S 2 GmbHG bestimmt. Vorzulegen ist unverzüglich nach Eingang des Prüfungsberichts des AP. In der Praxis werden jedoch idR die Unterlagen zum KA unter Beachtung der für den JA geltenden

Endfristen erarbeitet, so dass eine gemeinsame Vorlage und Offenlegung zulässig ist (glA *ADS*[6] § 325 Anm 106).

92   Zur **Fristwahrung** ist der Zeitpunkt der Einreichung der Unterlagen beim Betreiber des eBAnz maßgebend (Anm 103). Fehlt zum Endtermin noch der BVm, ist zweistufig unter Hinweis auf die fehlende Unterlage offen zu legen (Anm 45).

VI. Nachträgliche Änderungen offenlegungspflichtiger Unterlagen

95   Alle Änderungen von KA, Konzernlagebericht und BVm nach Vorlage des PrüfBer sind beim Betreiber des eBAnz einzureichen und im eBAnz bekannt zu machen, da Abs 1 S 5, 6 auch für den KA gilt (s Anm 75). Änderungen des KA können sich auch durch Änderungen einbezogener JA sowie der Bewertung von Beteiligungen nach der Equity-Methode ergeben. Daher wird im Schrifttum empfohlen, möglichst schon auf Grundlage testierter JA (sofern diese (noch) nicht vorliegen -zumindest auf Grundlage testierter Reporting-Packages) zu konsolidieren.

Wird ein nach Beendigung der APr durch den AP testierter **KA** und/oder **Konzernlagebericht geändert** (nach Inhalt und/oder Form, ausgenommen sind Korrekturen von Schreib-, Druck- und Rechenfehlern oder redaktionelle Änderungen ohne materielle Bedeutung; s hierzu *ADS*[6] § 316 Anm 65), ist eine Nachtragsprüfung erforderlich (Näheres unter § 316 Anm 25 ff). Der grds wirksam bleibende BVm ist zu ergänzen. Offen zu legen ist die geänderte, zeitentspr Fassung (ebenso *ADS*[6] § 328 Anm 122). Die Offenlegung des geänderten (oder auch alten) KA/Konzernlageberichts mit dem ursprünglichen Testat (ohne die erforderliche Ergänzung) verstößt gegen den Grundsatz der Richtigkeit (s § 328 Abs 1 Nr 1 S 3), da sich der BVm nicht auf den offen gelegten KA bezieht (so *ADS*[6] § 328 Anm 122 mwN). Zu den Sanktionen s § 329 Anm 12. Gleiches gilt im Fall der **Änderung** eines **JA** und/oder **Lageberichts** (s Anm 48 ff).

VII. Fristgerechte Offenlegung befreiender Abschlüsse ausländischer Konzernleitungen

98   Einem befreiten MU obliegt auch die Pflicht zur Offenlegung im eBAnz (hier Anm 76 und § 291 Anm 10 f). Diese muss vor Ablauf des zwölften bzw vierten Monats (Anm 38) nach dem Stichtag des zu befreienden Unt erfolgen (§ 291 Abs 1 S 1 iVm Abs 1, 2, 4 S 1). Probleme können jedoch bei ausländischen MU mit inländischen TU auftreten, da im Ausland möglicherweise unterschiedliche Fristen gelten; deshalb sind inländische TU uU nicht in der Lage, einen befreienden KA innerhalb von zwölf bzw vier Monaten vorzulegen. Möglicherweise ist ein ausländisches MU auf Grund des geltenden ausländischen Rechts nicht in der Lage, ihrem deutschem TU innerhalb der Zwölfmonatsbzw Viermonatsfrist einen zur Veröffentlichung freigegebenen KA zur Verfügung zu stellen. Da die Fristen in Abs 3 nicht auf die 7. EG-Richtl zurückgehen (vgl *ADS*[6] § 325 Anm 15), müssen in solchen Fällen begründete Verzögerungen hingenommen werden Es bestehen zumindest Zweifel an der Durchsetzbarkeit von Sanktionierungen (vgl *Fehrenbacher* in *MünchKomm HGB*[3] § 325 Anm 111).

F. Offenlegung bei verbundener Berichterstattung über die Jahres- und Konzernrechnungslegung (Abs 3a)

100   Abs 3a fasst Regelungen zur Offenlegung bei verbundener Berichterstattung über die Jahres- und Konzernrechnungslegung zusammen. Sofern das MU den

Konzernanhang und den Anhang des JA des MU (§ 298 Abs 3) und/oder den Konzernlagebericht mit dem Lagebericht des MU zusammenfasst, ist eine gemeinsame Offenlegung erforderlich. Die gemeinsame Offenlegung ist auch Voraussetzung dafür, dass die Vermerke der AP und die Prüfungsberichte der beiden Abschlüsse zusammengefasst werden können. Dabei ergibt sich wiederum in der Praxis die Schwierigkeit, dass zum Zeitpunkt der Zusammenfassung der Vermerke der AP und der PrüfBer, die erforderlichen Voraussetzungen hierfür naturgemäß noch nicht vorliegen können.

G. Einreichungszeitpunkt beim elektronischen Bundesanzeiger als maßgebender Offenlegungszeitpunkt (Abs 4)

Abs 4 regelt den Offenlegungszeitpunkt für kapmarktUnt. KapGes iSd § 264d, **103** die gleichzeitig keine KapGes iSd § 327a sind, müssen innerhalb von vier Monaten nach dem Abschlussstichtag offen legen. Des Weiteren stellt Abs 4 klar, dass nicht zu beeinflussende technisch bedingte Verzögerungen bei der Veröffentlichung im eBAnz (Wartezeit) nicht zu Lasten der KapGes/KapCoGes gehen dürfen (ebenso *ADS*^{6} § 325 Anm 91) und alleine der Zeitpunkt der Einreichung der Unterlagen beim eBAnz für die Fristwahrung maßgebend ist.

H. Bekanntmachungen in anderer Weise (Abs 5)

Das HGB stellt hier klar, dass *andere* Publizitätspflichten durch die Regelungen **105** der §§ 325 ff nicht aufgehoben werden. Es spricht von Pflichten zur Bekanntmachung von JA, IFRS-EA, Lagebericht, KA oder Konzernlagebericht „in anderer Weise, die auf Gesetz, GesVertrag oder Satzung beruhen". Die Aufzählung der Gegenstände (zB JA) und Grundlagen (zB Satzung) der Bekanntmachung ist beispielhaft. Es können Offenlegungspflichten jeder Art ggü internen und externen Adressaten sein, die zB durch GesterBeschluss begründet werden (ebenso *Fehrenbacher* in *MünchKomm HGB*^{3} § 325 Anm 117).

Andere gesetzliche Pflichten sind zB angeführt in § 339 für eG (s dort), in §§ 9 und 15 PublG für offenlegungspflichtige GroßUnt bzw KonzernMU (Anm 112 ff, 119 ff); außerdem in § 340l für Kreditinstitute, § 341l für VersicherungsUnt, im BörsG sowie der BörsZVo. In den §§ 131 AktG, 51a GmbHG sind interne Informationspflichten der Geschäftsführung an Gester und in den §§ 118, 166 Kontrollrechte der Gester geregelt.

Alle diese Pflichten können gesetzliche Regelungen *nicht* einschränken, aber **106** ergänzen und erweitern. In Betracht kommen zB über die JA-Unterlagen hinaus regelmäßige Zusatzinformationen an die Gester oder freiwillige Erweiterungen des Anhangs und Lageberichts für interessierte Kreise der Öffentlichkeit (vgl § 284 Anm 80 ff; § 289 Anm 106; § 289a Anm 15 ff). Da mittelgroße und große KapGes/KapCoGes nur einen einheitlichen **Lagebericht** aufzustellen haben, darf seine freiwillige Erweiterung über die Offenlegung nicht gesetzlichen Vorschriften hinaus nicht wieder verkürzt werden, zumal hier die §§ 326, 327 keine Erleichterungen gewähren; bei KleinstKapGes/KleinstKapCoGes bzw kleinen KapGes/KapCoGes ist der Lagebericht fakultativ (Anm 7). Ähnliches gilt für den JA, in welchem teilweise Verkürzungen gesetzlich erlaubt sind. *Nicht geprüfte* Zusatzinformationen müssen in einem „Geschäftsbericht" (vgl § 284 Anm 82) kenntlich gemacht oder optisch von den gesetzlich vorgeschriebenen Teilen getrennt werden, damit ihre Einreichung beim Betreiber des eBAnz bzw ihre Bekanntmachung im eBAnz nicht erfolgen muss (§ 328 Anm 16 mwN). Nicht zulässig wäre ein Verzicht auf die kennzeichnenden Überschriften „Lagebericht" und „Anhang" (so auch *Reuter* FS Goerdeler, 436).

I. Prüfung der Offenlegung durch den Abschlussprüfer

107 Eine Prüfung der ordnungsgemäßen Offenlegung nach den §§ 325 bis 328 durch den AP ist gesetzlich nicht vorgeschrieben (glA *WPH*[14] I, Q Anm 627). Erfährt der AP anlässlich seiner Prüfung von *unzutreffenden* Veröffentlichungen (die nicht lediglich Einzelheiten, wie Vorspaltenvermerke, betreffen) unter Verwendung seines BVm bzw Versagungsvermerks, hat er einen zivilrechtlichen Anspruch auf Unterlassung; außerdem ist er gehalten, eine Richtigstellung zu veranlassen (IDW PS 400 Tz 16). Wird dem AP im Rahmen seiner Prüfung bekannt, dass die Offenlegungspflichten *nicht erfüllt* wurden, hat er im PrüfBer darauf hinzuweisen (so IDW PS 450 Tz 50).

J. Rechtsfolgen bei Verstößen gegen die Offenlegungsvorschriften

108 Verstöße gegen die Offenlegungspflichten nach § 325 stellen weder einen Grund zur **Anfechtung** des JA noch einen **Nichtigkeitsgrund** dar (ebenso *ADS*[6] § 325 Anm 146).

109 Das BfJ droht nach § 335 Abs 1, 2 ein Ordnungsgeld an, nachdem es von dem Betreiber des eBAnz darüber informiert wurde (vgl § 329 Abs 4), dass die notwendigen Rechnungslegungsunterlagen nicht, bzw nicht vollständig eingereicht oder Erleichterungen nach den §§ 326 bis 327a zu Unrecht in Anspruch genommen wurden. Kommt das Unt seiner gesetzlichen Offenlegungspflicht innerhalb von sechs Wochen nicht nach, wird das Ordnungsgeld vom BfJ festgesetzt (§ 335, zu Einzelheiten wie auch der wiederholten Androhung eines erneuten Ordnungsgelds s dort Anm 1 ff; § 329 Anm 1 ff). Das Ordnungsgeld beträgt dabei mindestens 2500 € und höchstens 25 000 €.

110 Den Mitgliedern des vertretungsberechtigten Organs der KapGes/KapCoGes kann bei unterlassener Offenlegung aus § 823 Abs 2 BGB iVm § 325 eine **deliktische Schadenersatzhaftung** ggü den Gläubigern drohen, die Gester haften nach § 830 BGB ggf als Mittäter oder Beteiligte (*Lutter/Hommelhoff* GmbHG[18] Anhang § 42a Amn 36). Bei Verletzung der (erweiterten) Offenlegungspflichten für **Kreditinstitute** gem § 340l setzt das BfJ gegen gesetzliche Vertreter oder gegen das Unt selbst ein Ordnungsgeld nach § 335 fest; das Gleiche gilt nach § 340o S 1 Nr 1 lit a und Nr 2 für Geschäftsleiter iSd § 1 Abs 2 S 1 KWG und für Geschäftsleiter von Zweigstellen iSd § 53 Abs 1 KWG. – § 21 S 1 PublG enthält bei Unterlassung der Bekanntmachung im eBAnz Ordnungsgeldvorschriften für UntLeiter oder gesetzliche Vertreter (Näheres § 335 Anm 35); § 20 Abs 1 Nr 5 ahndet Zuwiderhandlungen gegen § 328 als Ordnungswidrigkeit (§ 328 Anm 35).

Für die gesetzlichen Vertreter oder Hauptbevollmächtigten von **Versicherungsunternehmen** gelten die Ordnungsgeldvorschriften des § 335 ebenfalls (§ 341o).

K. Offenlegung nach dem Publizitätsgesetz

I. Offenlegung der Rechnungslegung von Unternehmen (§ 9 PublG)

1. Allgemeine Regelung (Abs 1)

Unt, die nach §§ 1, 2 PublG zur Rechnungslegung verpflichtet sind, müssen gem § 9 Abs 1 S 1 PublG unter sinngemäßer Anwendung des § 325 Abs 1, 2, 2a, 2b, 4 bis 6 und § 328 den **Jahresabschluss und die sonst in § 325 Abs 1 bezeichneten Unterlagen** (Anm 80) – soweit sie aufzustellen sind – offen legen. **112**

Zu **Verfahren und Form** der Offenlegung kann daher verwiesen werden, und zwar bezüglich:
- der **Art** der Offenlegung auf Anm 28 ff,
- der **Form** der offen zu legenden Unterlagen auf Anm 34 ff und § 328 Anm 6 ff,
- des **Zeitpunkts** der Offenlegung und der Fristwahrung durch Offenlegung in Stufen auf Anm 38 ff und 45 ff.
- der Nachreichung von **Änderungen** auf Anm 48 ff.

2. Anwendung auf Unternehmen bestimmter Größenmerkmale und Rechtsformen

Zur Rechnungslegung und damit auch zur Offenlegung sind Unt (nach Ablauf der Wartezeit von zwei Gj, § 2 Abs 1 PublG) verpflichtet, die bestimmte in § 1 Abs 1 PublG genannte Größenmerkmale überschreiten und außerdem eine der in § 3 Abs 1 PublG angeführten Rechtsform aufweisen. Zur **Größenklasseneinteilung** des § 1 Abs 1 PublG und den Sonderregelungen zur Bestimmung der Größenmerkmale nach § 1 Abs 2 PublG s § 266 Anm 30. **113**

§ 3 Abs 1 PublG zählt die unter die Regelungen des PublG zum JA fallenden **Rechtsformen** abschließend auf:
- PersGes (OHG, KG), für die kein Abschluss nach § 264a oder § 264b aufgestellt wird;
- EKfm;
- Verein, dessen Zweck auf einen wirtschaftlichen Geschäftsbetrieb gerichtet ist;
- rechtsfähige Stiftung des bürgerlichen Rechts, wenn sie ein Gewerbe betreibt;
- Körperschaft, Stiftung oder Anstalt des öffentlichen Rechts, die Kfm nach § 1 sind oder als Kfm in HR eingetragen sind.

Zu den befreiten **Rechtsformen** und Unt s § 3 Abs 2 PublG (eG, Eigenbetriebe, Zweckverbände, VerwertungsGes). Für JA und KA von Kreditinstituten und VersicherungsUnt jeder Rechtsform gilt das HGB (§§ 340, 341). Gleichfalls entfallen gem § 3 Abs 3 PublG für Unt in **Abwicklung** (= Liquidation) die Pflichten zur Rechnungslegung nach den Vorschriften des PublG (ebenso WPH[14] I, H Anm 8).

3. Umfang der Offenlegung

a) Allgemeine Regelung

Gem § 9 Abs 1 S 1 PublG sind der JA und die sonst in § 325 Abs 1 bezeichneten Unterlagen, soweit sie aufzustellen sind, offen zu legen. Der **Umfang** der aufzustellenden Unterlagen ist durch § 5 PublG bestimmt (hierzu Erl unter § 264 Anm 190). Da reine PersGes und Ekfl einen Anhang und Lagebericht nicht auf- **114**

stellen müssen und ihnen außerdem § 9 Abs 2 PublG Offenlegungserleichterungen einräumt, haben die **sonstigen** dem PublG unterworfenen Unt (in den übrigen Rechtsformen nach § 3 Abs 1 Nr 2 bis 5 PublG) **folgende Unterlagen offen zu legen:**
- den JA nach § 242 (§ 5 Abs 1 PublG) bestehend aus Bilanz und GuV;
- den Anhang zum JA (§ 5 Abs 2, 2a PublG);
- den BVm oder Versagungsvermerk des AP;
- den Lagebericht (§ 5 Abs 2, 2a PublG);
- den Bericht des AR, sofern ein AR besteht (§ 7 PublG);
- den Vorschlag für die Verwendung des Ergebnisses und der Beschluss über seine Verwendung unter Angabe des Jahresüberschusses oder Jahresfehlbetrags – soweit sich diese nicht aus dem JA ergeben (Ausnahme: Schutz natürlicher Personen als Gester, hier Anm 21);
- ggf die Änderungen des BVm bzw Versagungsvermerks auf Grund einer Nachtragsprüfung;
- ggf die Änderungen des JA auf Grund des Feststellungsbeschlusses.

Siehe im Übrigen Anm 6 ff.

b) Erleichterungen für reine Personenhandelsgesellschaften und Einzelkaufleute

115 Für reine PersGes (iSv § 3 Abs 1 Nr 1 PublG) und Ekfl sieht § 9 PublG Offenlegungserleichterungen vor, die aber nicht in Anspruch genommen werden müssen (Wahlrecht): § 9 Abs 2 PublG erlaubt, anstelle der Offenlegung der GuV und des Beschlusses über die Verwendung des Ergebnisses eine **Anlage zur Bilanz** zu veröffentlichen, die nach § 5 Abs 5 S 3 PublG **folgende Angaben** enthalten muss:
- die Umsatzerlöse iSv § 277 Abs 1;
- die Erträge aus Bet;
- die Löhne, Gehälter, sozialen Abgaben sowie Aufwendungen für Avers und Unterstützung;
- die Bewertungs- und Abschreibungsmethoden einschl wesentlicher Änderungen sowie
- die Zahl der Beschäftigten.

Ferner gestattet § 9 Abs 3 PublG, in der offen zu legenden Bilanz von reinen PersGes alle Posten mit **Eigenkapitalcharakter** zusammenzufassen und in einem Posten „Eigenkapital" auszuweisen. Hierzu gehören:
- Kapitalanteile der Gester;
- Rücklagen (Kapital- und Gewinnrücklagen);
- Gewinnvortrag oder Verlustvortrag;
- Gewinn und Verlust (unter Abzug der nicht durch Vermögenseinlagen gedeckten Verlustanteile von Gestern; s auch *ADS*[6] § 9 PublG Anm 37 f).

Das ist für **OHG und KG** iSv § 3 Abs 1 Nr 1 PublG eine stärkere Zusammenfassung als für die Aufstellung des JA (dazu IDW RS HFA 7). Beim **Einzelkaufmann** gelten alle Firmen als ein Unt (§ 1 Abs 5 PublG); auch hier wird das EK zu einem Posten zusammengefasst (§ 247 Anm 155).

116 Demnach **müssen** *Personenhandelsgesellschaften* und *Einzelkaufleute* iSv § 3 Abs 1 Nr 1 PublG folgende Unterlagen offen legen:
- die Bilanz (§ 5 Abs 1 und 4, § 9 Abs 3 PublG);
- die GuV (§ 5 Abs 5 PublG) oder alternativ eine Anlage zur Bilanz (§ 9 Abs 2 PublG; zum Inhalt s Anm 115);
- den BVm oder Versagungsvermerk des AP;
- den Bericht des AR, sofern ein AR besteht (§ 7 PublG);

- Vorschlag für die Verwendung des Ergebnisses und den Beschluss über seine Verwendung unter Angabe des Jahresüberschusses oder Jahresfehlbetrags – soweit sich diese nicht aus dem JA ergeben (glA ADS^6 § 9 PublG Anm 33); diese Angaben brauchen nicht offen gelegt zu werden, wenn eine Anlage zur Bilanz veröffentlicht wird; die Erleichterung für personenbezogene GmbH (Anm 21) ist *nicht* anwendbar, da GmbH nicht vom PublG erfasst werden;
- ggf die Änderungen des BVm bzw Versagungsvermerks auf Grund einer Nachtragsprüfung;
- ggf die Änderungen des JA auf Grund des Feststellungsbeschlusses.

Reine PersGes und Ekfl sind *nicht* zur Aufstellung eines Anhangs und Lageberichts verpflichtet (§ 5 Abs 2 PublG). Eine Offenlegung ist daher auch nicht erforderlich, wenn Anhang und/oder Lagebericht freiwillig aufgestellt werden. Werden dagegen Angaben statt in der Bilanz/GuV wahlweise im Anhang gemacht, ist dieser *vollständig* offen zu legen (hM, vgl ADS^6 § 9 PublG Anm 20).

4. Verpflichtete Personen

Zur Offenlegung der Rechnungslegung sind nach § 9 Abs 1 S 1 PublG die *gesetzlichen Vertreter* des Unt verpflichtet. Das sind nach § 4 Abs 1 PublG bei einer juristischen Person die Mitglieder des vertretungsberechtigten Organs, bei einer reinen PersGes der oder die vertretungsberechtigten Gester und bei dem Unt eines Ekfm sinngemäß der Ekfm oder sein gesetzlicher Vertreter (s Ordnungs- und Bußgeldvorschriften der §§ 20 Abs 1, 21 PublG).

II. Offenlegung des Konzernabschlusses (§ 15 PublG)

1. Allgemeine Regelung (Abs 1 und 2)

Mutterunternehmen, die nach § 11 PublG zur Konzernrechnungslegung verpflichtet sind, müssen gem § 15 Abs 1 PublG den KA oder Teil-KA, den BVm oder Versagungsvermerk und den Konzernlagebericht oder Teilkonzernlagebericht in sinngemäßer Anwendung Abs 3 bis 6 offen legen. Nach § 15 Abs 2 PublG gilt für die Offenlegung, Veröffentlichung und Vervielfältigung § 328 (s dort Anm 1 ff).

Durch den Verweis auf die Vorschriften des HGB ist die Rechnungslegung eines unter das PublG fallenden **Konzerns** in der gleichen Weise wie der KA einer KapGes/KapCoGes offen zu legen. Es wird hinsichtlich Form und Inhalt der Offenlegung daher verwiesen, und zwar bzgl:
- Art der Offenlegung auf Anm 76;
- verpflichtete Personen auf Anm 77 und 118;
- Form der Offenlegung auf Anm 80 ff;
- Zeitpunkt der Offenlegung und Fristenwahrung auf Anm 90 ff;
- nachträgliche Änderungen offenlegungspflichtiger Unterlagen auf Anm 95.

2. Anwendung auf Mutterunternehmen als reine Personenhandelsgesellschaften mit bestimmten Konzerngrößenmerkmalen

Die **Verpflichtung** zur Aufstellung und Offenlegung eines KA nach dem PublG trifft ein inländisches MU als reine PersGes (hier Anm 113 und § 290 Anm 100 ff), wenn für drei aufeinander folgende Abschlussstichtage bestimmte **Größenmerkmale** (hierzu § 293 Anm 41 ff) zutreffen (§§ 11 und 12 iVm § 15 Abs 1 PublG). Stehen Unt mittelbar oder unmittelbar unter dem beherrschenden Einfluss eines Unt mit Sitz im Ausland, ist das in der Konzern-Hierarchie der

Konzern-Leitung am nächsten stehende Konzern-Unt mit Sitz im Inland verpflichtet, einen Teil-KA aufzustellen und offen zu legen (§ 11 Abs 3 PublG). In **Abwicklung** befindliche MU sind zur Aufstellung (*WPH*[14] I, O Anm 16) und Offenlegung eines KA verpflichtet.

122 Für Kreditinstitute und VersicherungsUnt gelten stets – unabhängig von Größe und Rechtsform – die Vorschriften der §§ 340l oder 341l.

3. Offenlegungspflichtige Unterlagen

a) Allgemeine Regelung

123 MU, **ausgenommen** in der Rechtsform der reinen PersGes oder des Ekfm, haben gem § 15 Abs 1 iVm § 13 PublG folgende **Unterlagen offen zu legen:**
– den KA oder Teil-KA (§§ 294–314);
– den Konzernlagebericht oder Teilkonzernlagebericht (§ 315);
– den BVm oder Versagungsvermerk des AP;
– ggf die Änderungen des KA, Teil-KA oder (Teil-)Konzernlageberichts nach Vorliegen des PrüfBer mit geändertem Testat.

124 § 315a (KA nach internationalen Rechnungslegungsstandards) hat keine Auswirkung auf den Umfang der offenlegungspflichtigen Unterlagen.

b) Erleichterungen für Mutterunternehmen in der Rechtsform einer Personenhandelsgesellschaft oder eines Einzelkaufmanns

126 MU als reine PersGes oder Ekfl (iSv § 3 Abs 1 Nr 1 PublG) wird neben Aufstellungserleichterungen (ggf vereinfachte Gliederung) die Möglichkeit für den JA (§ 9 Abs 2 PublG) und KA (§ 13 Abs 3 S 2 PublG) eingeräumt, eine Anlage zur Bilanz, die bestimmte Angaben gem § 5 Abs 5 S 3 PublG enthält, anstelle der GuV offen zu legen. Diese Erleichterung gilt jedoch nicht für die Zwecke der Aufstellung, sondern ausschließlich für die Offenlegung (glA *ADS*[6] § 13 PublG Anm 60; vgl auch *WPH*[14] I, O Anm 91). Im Übrigen sind die unter Anm 123 genannten Unterlagen offen zu legen.

127 Dagegen gilt die diesen Unt für den JA eingeräumte Befreiung von der Aufstellung eines **Anhangs** und **Lageberichts** (§ 5 Abs 1 S 1; Abs 2 S 1 PublG) **nicht** für den KA. Für Zwecke der Offenlegung kann mE dagegen ein „verkürzter" Konzernlagebericht verwendet werden, da es nicht sachgerecht erscheint, dass im Konzernlagebericht nach § 315 Abs 1 S 1 (zahlenmäßige) Angaben und eine Beschreibung über das Geschäftsergebnis zu berichten sein soll, wenn auf die Offenlegung einer KonzernGuV vollständig verzichtet werden kann (§ 13 Abs 3 Satz 2 iVm § 5 Abs 5 PublG). Gleiches gilt für die Angabe von finanziellen Leistungsindikatoren nach § 315 Abs 1 S 3. Da im Konzernanhang ausschließlich jene Angaben, die sich auf die KonzernGuV beziehen, nicht offen gelegt werden müssen, um die vom Gesetzgeber eingeschränkte Publizität der KonzernGuV nicht durch den Konzernanhang wieder aufzuheben (vgl *WPH*[14] I, O Anm 105), gilt dies uE auch für den Konzernlagebericht (vgl Auszug aus dem Protokoll der zweiten Beratung im Deutschen Bundestag zu § 13 PublG, veröffentlicht in: Gesetz über die Rechnungslegung von bestimmten Unternehmen und Konzernen (PublG), bearb von Herbert Biener, Düsseldorf 1973). Dafür spricht auch, dass der Gesetzgeber PersGes und Ekfl, die nach PublG zur Rechnungslegung verpflichtet sind, von der Aufstellung einer KonzernKFR und eines EK-Spiegel befreit (§ 13 Abs 3 S 2, 2. Hs PublG). Besondere Angaben, zB über das Jahresergebnis, aber dann im Konzernlagebericht zu fordern, würden daher mE dem Sinn und Zweck der Aufstellungsbefreiung widersprechen.

Insoweit kann deshalb uE auf die Quantifizierung der Ergebnisentwicklung 128
(„Geschäftsergebnis" nach § 315 Abs. 1 Satz 1 HGB, IDW RH HFA 1.007,
Tz 6) im Konzernlagebericht ausschließlich für Offenlegungszwecke verzichtet
werden. Des Weiteren kann auf die Beschreibung der finanziellen Leistungsindikatoren (Kennziffern) verzichtet werden (§ 315 Abs. 1 Satz 3 HGB, IDW RH
HFA 1.007, Tz 8), soweit diese sich auf Beträge und Angaben im Konzernabschluss beziehen, die nach PublG gerade nicht offen zulegen sind, und dadurch
anderenfalls bekannt würden, z. B. wegen der nach IDW RH HFA 1.007, Tz 8
geforderten Überleitung. Für die Aufstellung bleiben jedoch die Angabepflichten
in vollem Umfang bestehen, so dass es sich in der Praxis anbietet, diese Angaben
in einem gesonderten Abschn im Konzernlagebericht darzustellen.

L. Spezielle Vorschriften für besondere Rechtsformen und Branchen

Kreditinstitute sind gem § 340l nach den §§ 325, 328 offenlegungspflichtig. 140
Zu den zusätzlichen Offenlegungspflichten für Kreditinstitute mit Zweigstellen
in anderen EU-Mitgliedstaaten und für deutsche Zweigstellen von Kreditinstituten oder Finanzinstituten mit Sitz in einem anderen Staat sowie für deutsche
Zweigstellen von Finanzinstituten mit Sitz in einem anderen Staat, die Bankgeschäfte iSd KWG betreiben, s *Krumnow*[2] Rechnungslegung der Kreditinstitute
§ 340l Anm 86 ff. Finanzdienstleistungsinstitute in der Rechtsform einer KapGes
unterliegen ebenfalls den für Kreditinstitute geltenden Offenlegungsvorschriften
des § 340l (§ 340 Abs 4 S 4).

Alle **Versicherungsunternehmen** haben die geltenden Offenlegungsvor- 141
schriften unmittelbar bzw entspr anzuwenden (§ 341l iVm §§ 325, 328, 329
Abs 1); ggf mit verlängerter Frist. Zusätzlich müssen VersicherungsUnt gem § 55
Abs 3 VAG jedem Versicherten auf Verlangen den JA und Lagebericht übersenden. KA und Konzernlagebericht (dazu Anm 80) sind – ggf mit längerer Frist
gem § 341l Abs 2 – beim Betreiber des eBAnz elektronisch einzureichen, die
eingeschränkte Publizität für kleinere VVaG gem § 341l Abs 2 dürfte nicht vorkommen. Die Versicherten haben gem § 55 Abs 3 VAG nur Anspruch auf den
JA, nicht auf den KA.

Tochter-KapGes und Tochter-KapCoGes, die Kreditinstitute oder 142
Versicherungsunternehmen eines nach § 290 zur Aufstellung eines KA verpflichteten MU sind, dürfen im Falle wahlweiser Anwendung von § 264 Abs 3
bzw § 264b (s Anm 22) *nur* die Erleichterung der Nichtanwendung von Vorschriften über die Offenlegung in Anspruch nehmen (§ 340a Abs 2 S 4 bzw
§ 341a Abs 2 S 4).

§ 325a Zweigniederlassungen von Kapitalgesellschaften mit Sitz im Ausland

(1) [1]Bei inländischen Zweigniederlassungen von Kapitalgesellschaften mit Sitz
in einem anderen Mitgliedstaat der Europäischen Union oder Vertragsstaat des
Abkommens über den Europäischen Wirtschaftsraum haben die in § 13e Abs. 2
Satz 4 Nr. 3 genannten Personen oder, wenn solche nicht angemeldet sind, die
gesetzlichen Vertreter der Gesellschaft für diese die Unterlagen der Rechnungslegung der Hauptniederlassung, die nach dem für die Hauptniederlassung maßgeblichen Recht erstellt, geprüft und offengelegt oder hinterlegt worden sind, nach
den §§ 325, 328, 329 Abs. 1 und 4 offenzulegen. [2]Die Unterlagen sind in deutscher Sprache einzureichen. [3]Soweit dies nicht die Amtssprache am Sitz der
Hauptniederlassung ist, können die Unterlagen der Hauptniederlassung auch

§ 325a 1 Offenlegung. Prüfung

1. in englischer Sprache oder
2. in einer von dem Register der Hauptniederlassung beglaubigten Abschrift oder,
3. wenn eine dem Register vergleichbare Einrichtung nicht vorhanden oder diese nicht zur Beglaubigung befugt ist, in einer von einem Wirtschaftsprüfer bescheinigten Abschrift, verbunden mit der Erklärung, dass entweder eine dem Register vergleichbare Einrichtung nicht vorhanden oder diese nicht zur Beglaubigung befugt ist,

eingereicht werden; von der Beglaubigung des Registers ist eine beglaubigte Übersetzung in deutscher Sprache einzureichen.

(2) Diese Vorschrift gilt nicht für Zweigniederlassungen, die von Kreditinstituten im Sinne des § 340 oder von Versicherungsunternehmen im Sinne des § 341 errichtet werden.

(3) ¹Bei der Anwendung von Absatz 1 ist für die Einstufung einer Kapitalgesellschaft als Kleinstkapitalgesellschaft (§ 267a) und für die Geltung von Erleichterungen bei der Rechnungslegung das Recht des anderen Mitgliedstaates der Europäischen Union oder das Recht des Vertragsstaates des Abkommens über den Europäischen Wirtschaftsraum maßgeblich. ²Darf eine Kleinstkapitalgesellschaft nach dem für sie maßgeblichen Recht die Offenlegungspflicht durch die Hinterlegung der Bilanz erfüllen, darf sie die Offenlegung nach Absatz 1 ebenfalls durch Hinterlegung bewirken. ³ § 326 Absatz 2 gilt entsprechend.

Übersicht

	Anm
A. Allgemeines	1–4
B. Anwendungsbereich	11–13
C. Pflicht zur Offenlegung der Rechnungslegungsunterlagen der Hauptniederlassung (Abs 1)	
I. Verpflichtete Personen	20–23
II. Offenlegungspflichtige Unterlagen	30–33
III. Art, Ort und Zeitpunkt der Offenlegung	40, 41
IV. Form und Inhalt der offen zu legenden Unterlagen	50–52
V. Prüfungspflicht des Betreibers des elektronischen Bundesanzeigers	55, 56
D. Branchenbesonderheiten (Abs 2)	60
E. Kleinstkapitalgesellschaften (Abs 3)	65
F. Rechtsfolgen einer Verletzung des § 325a	70

Schrifttum: BT-Drs 14/6456 v 27.6.2001 und 14/7081v 10.10.2001 zum Euro-Bilanzgesetz; im Übrigen siehe auch Schrifttum zu § 325.

A. Allgemeines

1 § 325a schließt an §§ 13d–13g an und dehnt die für KapGes und nach § 264a gleichgestellten KapCoGes (Anm 12; aA *Fehrenbacher* in *MünchKomm HGB*³ § 325a Anm 4, der keine Erweiterung der Offenlegungspflichten durch das KapCoRiLiG auf Zweigniederlassungen kapitalistischer PersGes mit Sitz in anderen Ländern sieht) geltende Pflicht der Offenlegung bestimmter Rechnungslegungsunterlagen auf (unselbstständige) **inländische Zweigniederlassungen von KapGes/KapCoGes mit Sitz (Hauptniederlassung) in einem ande-**

ren Staat der EU oder Vertragsstaat des Abkommens über den Europäischen Wirtschaftsraum aus; sog Drittstaaten werden nicht erwähnt. Der Gesetzgeber hat insoweit die EU-Richtl nicht korrekt umgesetzt.

Die Offenlegung eines auf die eigene Tätigkeit der Zweigniederlassung bezogenen handelsrechtlichen JA wird damit nicht verlangt (vgl ADS[6] § 325a Anm 21, anders nur gem Sonderrecht unter bestimmten Voraussetzungen von Zweigniederlassungen ausländischer Kreditinstitute und VersicherungsUnt, Anm 3). 2

Wegen der **Ausnahmeregelung des Abs 2** findet Abs 1 keine Anwendung auf Zweigniederlassungen von Kreditinstituten iSd § 340 oder von VersicherungsUnt iSd § 341. Für diese Zweigniederlassungen bestehen erweiterte Offenlegungspflichten, s hierzu Anm 60. 3

Ziel der Regelungen ist der Schutz von Personen, die über eine Zweigniederlassung mit einer Ges in Beziehung treten (BT-Drs 12/3908, 1). 4

B. Anwendungsbereich

Zum Geltungsbereich s Anm 1 und 3.

Als **Zweigniederlassung** iSd Abs 1 S 1 ist eine rechtlich unselbstständige, räumlich getrennte Niederlassung eines Kfm gemeint, in der er und/oder die Mitarbeiter teilweise oder ganz selbstständig tätig werden. (*Baumbach/Hopt*[35] § 13 Anm 3). 11

Kapitalgesellschaften iSd Vorschrift sind solche ausländischen Ges, deren Rechtsformen mit AG, KGaA und GmbH vergleichbar sind (vgl ADS[6] § 325a Anm 12; BT-Drs 12/3808, 15). Für Ges aus anderen **EU-Staaten** sind die vergleichbaren GesFormen in Art 1 der 4. EG-Richtl (78/660/EWG v 25.7.1978 idF v 2012) angeführt; für **Vertragsstaaten des Abkommens über den Europäischen Wirtschaftsraum** bestimmt sich die vergleichbare Rechtsform im Wege der Substitution (*Baumbach/Hopt*[35] §§ 13e Anm 1, 13d Anm 3), wobei eine Übereinstimmung in wesentlichen Merkmalen, wie zB Organisationsstrukturen, Vermögensverhältnisse, Haftungsverhältnisse ua typbestimmende Merkmale, genügt (vgl ADS[6] § 325a Anm 13). Die **KapCoGes** iSd Vorschrift sind ausländische Ges, deren Rechtscharakter einer deutschen KapGes & Co entspricht (§ 264a Anm 39). 12

Der **tatsächliche Verwaltungssitz** der KapGes/KapCoGes (Hauptniederlassung) musste bislang nach der Sitztheorie in einem anderen EU-Mitglied- oder EWR-Vertragsstaat (zu zugehörigen Staaten s § 291 Anm 1) bestehen, ein rein statutarischer Sitz genügte nicht (ebenso ADS[6] § 325a Anm 14; aA Gründungstheorie, Nachweise bei *Großfeld*, IntGesR 33, 124). Hier ist zwischenzeitlich ein grundlegender Wandel der Rspr zu verzeichnen (weg von der Sitz- und hin zur Gründungstheorie): als eintragungsfähig werden auch Zweigniederlassungen von KapGes angesehen, die in einem EU-Mitgliedstaat wirksam gegründet werden, auch wenn der tatsächliche Verwaltungssitz der Ges von Beginn an in Deutschland liegt (EuGH 5.11.2002 – Überseering –, GmbHR, 1137; BGH 13.3.2003 BGHZ 154, 185; OLG *Zweibrücken* 26.3.2003 BB, 864). 13

C. Pflicht zur Offenlegung der Rechnungslegungsunterlagen der Hauptniederlassung (Abs 1)

I. Verpflichtete Personen

Nach Abs 1 S 1 trifft die Pflicht zur Offenlegung (Einreichung und Bekanntmachung, Anm 41) die in § **13e Abs 2 S 4 Nr 3** genannten **Personen** oder, wenn 20 solche nicht angemeldet sind, die **gesetzlichen Vertreter oder Mitglieder des vertretungsberechtigten Organs der ausländischen Ges** (Anm 21). Vorrangig sind demnach solche Personen verpflichtet, die befugt sind, als ständige Vertreter für die Tätigkeit der Zweigniederlassung die Ges gerichtlich und außergerichtlich zu vertreten. Dazu gehören (Filial-)Prokuristen und Handlungsbevollmächtigte mit ständiger genereller Vertretungsmacht und Prozessführungsbefugnis nach § 54 Abs 2 (s auch *ADS*[6] § 325a Anm 15 ff und *Baumbach/Hopt*[35] § 13e Anm 2).

21 Eine Ernennung von Personen mit genereller Vertretungsmacht für eine Zweigniederlassung ist jedoch nicht erforderlich; es sind dann die gesetzlichen Vertreter der KapGes/KapCoGes im EU- oder EWR-Staat zur Offenlegung verpflichtet. Gesetzliche Vertreter des Hauptsitzes sind die dem Vorstand oder der Geschäftsführung vergleichbaren Personen, zB Mitglieder eines executive boards bzw executive directors. Sollte dennoch eine ausländische generelle Vertretungsvollmacht erteilt werden, ist das deutsche Zivilrecht auf diese Vollmacht anzuwenden, da das anwendbare Recht an das Land gebunden ist, in dem die Vollmacht ihre Wirkung entfaltet (sog Wirkungsland, *ADS*[6] § 325a Anm 17).

22 Zur möglichen Übertragung der Offenlegungsaufgabe ggf auf einzelne Vertreter s § 325 Anm 32.

23 Zu dem von den zur Offenlegung verpflichteten Personen zu beachtenden Grundsatz der **richtigen und vollständigen Wiedergabe** der Rechnungslegungsunterlagen s Anm 50 ff und die Erl zu § 328.

II. Offenlegungspflichtige Unterlagen

30 Offenlegungspflichtig sind nach Abs 1 S 1 die **Unterlagen der Rechnungslegung der Hauptniederlassung des Unt – unabhängig von seiner Größenklasse –,** die nach dort maßgeblichem Recht erstellt, geprüft und offen gelegt worden sind.

31 Für Umfang und Inhalt der offen zu legenden Unterlagen ist das für die ausländische Hauptniederlassung geltende Recht maßgebend. Dieses entspricht in allen EU-Staaten ebenso wie das deutsche Recht den einschlägigen gesrechtlichen EG-Richtl (1., 4., 7. und 8. EG-Richtl), so dass im Ergebnis nach materiell gleichwertigen Rechtsvorschriften **erstellt, geprüft** und **offen gelegt** wird (BT-Drs 12/5170, 16; ebenso *ADS*[6] § 325a Anm 21). Dies gilt auch für die Rechnungslegungsunterlagen von Hauptniederlassungen aus EWR-Vertragsstaaten, die sich im Abkommen über den europäischen Wirtschaftsraum (BGBl 1993 II, 267, idF des Anpassungs-Protokolls vom 17.3.1993, BGBl II, 1294) zur vollständigen Durchführung der einschlägigen EG-Richtl verpflichten und insoweit den heutigen EU-Staaten gleichzustellen sind (BT-Drs 12/5170, 15).

32 Zu den Unterlagen der Rechnungslegung gehören der JA, der Lagebericht, bei prüfungspflichtigen Hauptniederlassungen der BVm oder Versagungsvermerk des AP (im Ausland oft als „Bericht" bezeichnet), der Bericht des AR sowie der Vorschlag zur Verwendung des Ergebnisses und der Beschluss über seine Verwendung (Ergebnis des GesamtUnt), soweit letztere nach dem für die Hauptniederlassung geltendem Recht Bestandteil der offenlegungspflichtigen Unterlagen sind.

Da für mittelgroße, KleinstKapGes/KleinstKapCoGes und kleine KapGes/ KapCoGes (Hauptniederlassung) stufenweise Erleichterungen zugelassen sind, können uE im Einzelfall **Umfang** und **Inhalt** der Rechnungslegungsunterlagen **variieren** (zu weiteren Einzelheiten § 325 Anm 6 ff; ebenso *ADS*[6] § 325a Anm 25). Die Unterlagen der Rechnungslegung umfassen auch einen **Kon-**

zernabschluss, den die Hauptniederlassung ggf aufzustellen hat oder der von ihr als befreiender KA aufgestellt wurde, mit den zugehörigen Unterlagen (ebenso ADS⁶ § 325a Anm 24; s auch § 325 Anm 80). Ist die Hauptniederlassung in einen KA mit befreiender Wirkung einbezogen (§ 291 Abs 1), ist dieser offen zu legen.

Außerdem sind **Änderungen** des JA, KA oder (Konzern-)Lageberichts mit jeweils geändertem Testat offen zu legen (glA *ADS*⁶ § 325a Anm 27). Hat die Hauptniederlassung ihre Unterlagen der Rechnungslegung über die gesetzlichen Vorschriften hinaus *freiwillig* erweitert und offen gelegt, ist eine **Verkürzung** für die Offenlegung im eBAnz nicht zulässig. Anders bei Unterlagen, die von der Hauptniederlassung insgesamt freiwillig aufgestellt und offen gelegt worden sind, wie zB ein Teil-KA (für den alle Befreiungsvoraussetzungen vorliegen); ihre Offenlegung ist am Sitz der Zweigniederlassung nicht erforderlich, da freiwillige Aufstellungen nicht offenlegungspflichtig sind. S aber Anm 60.

Es gelten die nationalen Vorschriften über die Prüfung (und Prüfungspflicht) **33** des Unt. Um die Pflichtprüfungen von JA, KA und (Konzern-)Lagebericht gleichwertig zu machen, sind in der 8. EG-Richtl Qualifikationsvoraussetzungen für den AP geregelt. Die in den Mitgliedstaaten zugelassenen Prüfer sind in einem öffentlich zugänglichen Verzeichnis zu führen (vgl auch *Fehrenbacher* in *MünchKomm HGB*³ § 325a Anm 14). §§ 325, 328 verlangen auch die Wiedergabe des Wortlauts des BVm (Anm 32). Dieser ist zusammen mit dem JA mit Lagebericht bzw dem KA mit Konzernlagebericht für das GesamtUnt offen zu legen – auch wenn der BVm eingeschränkt oder versagt wurde.

III. Art, Ort und Zeitpunkt der Offenlegung

Abs 1 S 1 letzter Hs verlangt, dass nach den §§ 325, 328, 329 Abs 1 und 4 of- **40** fen zu legen ist. Wegen des globalen Verweises auf § 325 kann bzgl der Art und des Orts der Offenlegung auf § 325 Anm 6ff verwiesen werden. Die offen zu legenden Unterlagen sind gem Abs 1 S 2 beim Betreiber des eBAnz in elektronischer Form einzureichen (s § 325 Anm 28).

Zum **Zeitpunkt der Offenlegung** bei KapGes/KapCoGes (Hauptniederlas- **41** sungen) s § 325 Anm 38ff, wobei in allen Fällen – abw von § 325 – zunächst die Offenlegung der ausländischen Hauptniederlassung im Ausland selbst abgewartet werden darf, sofern diese die nach ihrem Recht geltenden Offenlegungsfristen nicht überschreitet. Bei Überschreitung gilt § 325 Abs 1 S 5, wonach in Stufen und dabei zumindest der ungeprüfte und/oder nicht festgestellte JA und Lagebericht (bzw ungeprüfte und/oder nicht gebilligte KA und Konzernlagebericht) offen zu legen sind (im Ergebnis ebenso *ADS*⁶ § 325a Anm 35f und *Fehrenbacher* in *MünchKomm HGB*³ § 325a Anm 19; s auch § 325 Anm 45).

IV. Form und Inhalt der offen zu legenden Unterlagen

Die **Unterlagen der Rechnungslegung** der (ausländischen) Hauptniederlas- **50** sung sind gem Abs 1 S 1 letzter Hs nach § 328 offen zu legen, der sowohl für den Fall der Pflichtpublizität als auch für die Fälle sonst gesetzlich oder freiwillig vorgeschriebener Veröffentlichungen und Vervielfältigungen von den Anforderungen an Form und Inhalt der Unterlagen regelt und von ihrer **richtigen und vollständigen Wiedergabe** ausgeht. Ihre Form und ihr Inhalt müssen aber dem für ihre Aufstellung maßgeblichen Recht entsprechen (§ 328 Abs 1 Nr 1 S 1). **Abweichungen** sind nicht zulässig, da gem Abs 1 S 1 letzter Hs so offen zu legen ist, wie nach (im Ausland) maßgeblichem Recht erstellt, geprüft und offen gelegt worden ist – dieses Recht muss aber den EG-Richtl entsprechen. Für die Einhaltung der Anforderungen an Form und Inhalt der offenlegungspflichtigen Unterlagen sind die zur Offenlegung verpflichteten Personen (Anm 20) verantwortlich.

51 Gem Abs 1 S 2 sind die Unterlagen der Hauptniederlassung in **deutscher Sprache** einzureichen. Nur wenn Deutsch nicht Amtssprache am Sitz der Hauptniederlassung ist, dürfen die Unterlagen wahlweise in englischer Sprache oder in der Amtssprache am Sitz der Hauptniederlassung eingereicht werden. Werden Unterlagen in einer anderen Sprache als deutsch oder englisch eingereicht, ist eine Beglaubigung des ausländischen Registers erforderlich, dass die Unterlagen mit der bei dem ausländischen Register eingereichten Version übereinstimmen. Von dieser Beglaubigung wiederum ist eine beglaubigte deutsche Übersetzung einzureichen, Abs 1 S 3 Nr 3. Nachdem nur eine Übersetzung verlangt wird, ist eine Umrechnung in Euro nicht erforderlich.

52 Zu **Form und Inhalt** der Unterlagen bei Offenlegung, Veröffentlichung und Vervielfältigung im Einzelnen s die Erl zu § 328.

V. Prüfungspflicht des Betreibers des elektronischen Bundesanzeigers

55 Nach Abs 1 S 1 letzter Hs ist unter Beachtung von § 329 Abs 1, 4 offen zu legen. Die Formulierung ist missglückt, da § 329 nicht die Offenlegung, sondern die Prüfungspflicht des Betreibers des eBAnz regelt. Zu Einzelheiten der Prüfungspflicht s die Erl zu § 329.

56 Bei der **Prüfung** der **Vollzähligkeit** der Unterlagen kann sich der Betreiber des eBAnz auf eine vom Register der Hauptniederlassung beglaubigte Abschrift der im Ausland offen gelegten Unterlagen verlassen, da das Registergericht bzw die zuständige Behörde im jeweiligen Staat die ordnungsgemäße Einreichung bereits geprüft hat (BT-Drs 12/5170, 16).

D. Branchenbesonderheiten (Abs 2)

60 Nach Abs 2 findet Abs 1 keine Anwendung auf Zweigniederlassungen, die von Kreditinstituten iSd § 340 oder von VersicherungsUnt iSd § 341 errichtet werden. Für diese Zweigniederlassungen bestehen erweiterte Offenlegungspflichten (§ 340l Abs 2 bzw §§ 341l, 341 Abs 2), wobei auch Zweigniederlassungen von Unt mit Sitz in Drittstaaten (§ 340 Abs 1 bzw § 341 Abs 2) in den Anwendungsbereich einbezogen sind. Neben der Pflicht zur Offenlegung der Rechnungslegungsunterlagen der Hauptniederlassung nach den für große KapGes/KapCoGes geltenden Vorschriften (JA, KA usw) sind die deutschen Zweigniederlassungen von Kreditinstituten und VersicherungsUnt mit Sitz in Drittstaaten unter bestimmten Voraussetzungen auch zur Offenlegung eines auf die Tätigkeit der deutschen Zweigniederlassung bezogenen und stets nach HGB geprüften/zu prüfenden Abschlusses verpflichtet (zu Einzelheiten für Kreditinstitute: *Krumnow*[2] Rechnungslegung der Kreditinstitute § 340l Anm 74 ff und *Seitz* in Beck Vers-Komm, München 1998, § 341l Anm 35–37).

E. Kleinstkapitalgesellschaften (Abs 3)

65 Bei der Klassifizierung, ob ein Unt als KleinstKapGes/KleinstKapCoGes anzusehen ist, haben die Regelungen des Herkunftsstates desjenigen Unt, das eine

Erleichterungen für kleine Kapitalgesellschaften § 326

Zweigstelle in Deutschland betreibt, Vorrang vor den Regelungen des § 267a. In diesem Fall gilt § 326 Abs 2 entspr (s dort Anm 40 ff). Mit Abs 3 wird klargestellt, dass eine KleinstKapGes/KleinstKapCoGes die nach § 325a Abs 1 vorgeschriebene Offenlegung der Rechnungslegungsunterlagen der Hauptniederlassung der KapGes auch für inländische Zweigniederlassungen durch Hinterlegung iSv § 326 Abs 2 bewirken kann, sofern sie nach dem für sie maßgeblichen Recht zur Hinterlegung der Bilanz berechtigt ist. Die Vertreter einer deutschen Zweigniederlassung einer britischen private limited company haben somit – sofern keine entspr Regelungen für KleinstKapGes in Großbritannien umgesetzt worden sind – auch weiterhin Rechnunglegungsunterlagen zu veröffentlichen.

F. Rechtsfolgen einer Verletzung des § 325a

Die Erfüllung der Offenlegungspflichten für die Unterlagen der Hauptniederlassung, zu denen JA und ggf KA mit (Konzern-)Lagebericht (Anm 32) gehören, hat das BfJ gem § 335 Abs 1 durch Festsetzung von **Ordnungsgeld** gegen die Mitglieder des vertretungsberechtigten Organs der Ges oder gegen die Ges selbst von Amts wegen durchzusetzen (Näheres s § 329 Anm 1 ff). Sind ständige Vertreter für die Tätigkeit der Zweigniederlassung angemeldet, ist das Ordnungsgeld gegen sie zu richten. Die Anmeldung ständiger Vertreter kann wiederum nach § 14 durch Zwangsgeld erzwungen werden (vgl *Wiedmann* in Ebenroth/Boujong/Joost § 325a Anm 4). 70

§ 326 Größenabhängige Erleichterungen für kleine Kapitalgesellschaften und Kleinstkapitalgesellschaften bei der Offenlegung

(1) ¹Auf kleine Kapitalgesellschaften (§ 267 Abs. 1) ist § 325 Abs. 1 mit der Maßgabe anzuwenden, daß die gesetzlichen Vertreter nur die Bilanz und den Anhang einzureichen haben. ²Der Anhang braucht die die Gewinn- und Verlustrechnung betreffenden Angaben nicht zu enthalten.

(2) ¹Die gesetzlichen Vertreter von Kleinstkapitalgesellschaften (§ 267a) können ihre sich aus § 325 ergebenden Pflichten auch dadurch erfüllen, dass sie die Bilanz in elektronischer Form zur dauerhaften Hinterlegung beim Betreiber des Bundesanzeigers einreichen und einen Hinterlegungsauftrag erteilen. ²§ 325 Absatz 1 Satz 2 und 6 ist entsprechend anzuwenden. ³Kleinstkapitalgesellschaften dürfen von dem in Satz 1 geregelten Recht nur Gebrauch machen, wenn sie gegenüber dem Betreiber des Bundesanzeigers mitteilen, dass sie zwei der drei in § 267a Absatz 1 genannten Merkmale für die nach § 267 Absatz 4 maßgeblichen Abschlussstichtage nicht überschreiten.

Übersicht

	Anm
A. Allgemeines	1–5
B. Anwendungsbereich	6–8
C. Erleichterungen für kleine KapGes/KapCoGes (Abs 1)	
I. Offenlegungserleichterungen (Satz 1)	9–13
II. Aufstellungserleichterungen bei der Offenlegung	14–16
III. Alternativen für die Offenlegung der Bilanz	17–23
IV. Verkürzung des Anhangs und Mindestumfang (Satz 2)	24–28
V. Zeitpunkt der Offenlegung (Satz 1)	33

D. Erleichterungen für KleinstKapGes/KleinstKapCoGes (Abs 2)

	Anm
I. Offenlegungserleichterungen (Satz 1)	40–44
II. Aufstellungserleichterungen bei der Offenlegung	
1. Allgemeine Regelung	50
2. Verkürzte Bilanz	55–58
3. Verkürzte GuV	60–68
4. Verzicht auf Anhang	70–76
III. Ausschluss der Zeitwertbewertung	80
IV. Zeitpunkt der Offenlegung (Satz 2)	85
E. Rechtsfolgen einer Verletzung des § 326	90–91

Schrifttum: Siehe § 325.

A. Allgemeines

1 § 326 Abs 1 räumt kleinen KapGes/KapCoGes und § 326 Abs 2 KleinstKapGes/KapCoGes bestimmte **Erleichterungen** bei der Offenlegung ihres JA ein, die aber nicht in Anspruch genommen werden müssen.

Eine faktische **Pflicht** zur Inanspruchnahme der Erleichterungen kann allerdings, wenn entspr statutarische Bestimmungen fehlen, für die gesetzlichen Vertreter uU auf Grund der Interessenlage der Ges/Gester gegeben sein (so auch ADS⁶ § 326 Anm 10; aA *Langenmayr* in Rechnungslegung § 326 Anm 4). Der Umfang der Offenlegungspflicht kleiner KapGes/KapCoGes verstößt nicht gegen höherrangiges Recht, wie insb das durch Art 2 Abs 1 iVm Art 1 Abs 1 GG gewährleistete Recht auf informationelle Selbstbestimmung (*BayObLG* 24.11. 1994, DB 1995, 316; sa *EuGH* 23.9.2004, DB, 2413). Gleiches ist für die KleinstKapGes/KleinstKapCoGes anzunehmen, da diese eine Teilmenge der kleinen KapGes/KapCoGes darstellen.

2 Nach Abs 1 sind die in § 325 Abs 1 enthaltenen allgemeinen Vorschriften mit der Maßgabe anzuwenden, dass von **kleinen KapGes/KapCoGes** nur die **Bilanz** und der wahlweise verkürzt aufgestellte (Anm 3 und §§ 274a, 276 S 2, 286 Abs 4, 288 Abs 1) **Anhang** eingereicht (offen gelegt) werden müssen. S 2 erlaubt, den Anhang ohne die GuV betr Angaben einzureichen. Größenabhängig brauchen demnach von kleinen KapGes/KapCoGes nicht eingereicht (offen gelegt) werden: die **Gewinn- und Verlustrechnung** und diese betr **Angaben im Anhang**, der **Lagebericht**, der **Bericht des Aufsichtsrats** (§ 325 Anm 7) sowie die Angaben zur **Ergebnisverwendung** (§ 325 Anm 14, 21).

3 Der **Zeitpunkt der Offenlegung** bestimmt sich nach § 325 Abs 1 (§ 325 Anm 38).

4 Von der **Aufstellung** der in Anm 2 genannten Unterlagen und ihrer Vorlage an die HV bzw GesV sind die kleinen KapGes/KapCoGes – mit Ausnahme der fakultativen Aufstellung des Lageberichts – dagegen nicht befreit (§ 176 Abs 1 AktG, § 42a GmbHG, bei OHG und KG: § 264 iVm § 264a und GesVertrag). Jedoch gelten die **Aufstellungserleichterungen** der §§ 264 Abs 1 S 4, 266 Abs 1 S 3, 274a, 276, 286 Abs 4, 288 Abs 1 auch für die Offenlegung. Macht eine kleine **AG** von diesen Aufstellungserleichterungen Gebrauch, darf jeder Aktionär gem § 131 Abs 1 S 3 AktG die sofortige Vorlage eines JA in der HV in der Form verlangen, die er ohne Anwendung dieser Erleichterungen hätte (§ 266 Anm 20); das gilt jedoch nicht für die Erleichterungen gem § 274a (dort

Anm 1). Für kleine **GmbH/KapCoGes** fehlt eine dem § 131 AktG vergleichbare Regelung, da den Gestern durch § 51a Abs 1 GmbHG bzw §§ 118, 166 weitgehende Auskunfts- und Einsichtsrechte eingeräumt werden. Bzgl der für **Tochter-KapGes/-KapCoGes** in § 264 Abs 3 bzw § 264b wahlweise eingeräumten Erleichterung der Nichtanwendung von Vorschriften über die Offenlegung vgl § 325 Anm 22, 130.

Nach Abs 2 wird den gesetzlichen Vertretern von **KleinstKapGes/** 5
KleinstKapCoGes die Möglichkeit eingeräumt, ihren Offenlegungspflichten aus § 325 dadurch gerecht zu werden, dass nur die Bilanz dauerhaft beim Betreiber des eBAnz einzureichen und zu hinterlegen ist. Eine Bekanntmachung im BAnz gem § 325 Abs 2 entfällt. Da KleinstKapGes/KleinstKapCoGes eine Teilmenge der kleinen KapGes/KapCoGes darstellt, gelten für sie die für kleine KapGes/ KapCoGes vorgesehenen gesetzlichen Regelungen, soweit nichts anderes geregelt ist (§ 267a Anm 5 f). Außerdem sind für KleinstKapGes/KleinstKapCoGes besondere Aufstellungserleichterungen für den Anhang (§ 264 Abs 1 S 5), die Bilanz (§ 266 Abs 1 S 4) und die GuV (§ 275 Abs 5) vorgesehen.

B. Anwendungsbereich

Die Erleichterungen in Bezug auf den Umfang offenlegungspflichtiger Unter- 6
lagen gelten nur für **kleine KapGes/KapCoGes** iSd § 267 Abs 1 bzw Kleinst-KapGes/KleinstKapCoGes iSd § 267a. Für den **Konzernabschluss** (§ 325 Abs 3) gilt § 326 nicht. Eine **KapGes/KapCoGes** ist nur dann **als kleine KapGes/ KapCoGes bzw KleinstKapGes/KleinstKapCoGes** zu behandeln, wenn die maßgebenden Schwellenwerte des § 267 Abs 1 bzw des § 267a Abs 1 an den Abschlussstichtagen von zwei aufeinander folgenden Gj unterschritten werden (s § 267 Anm 14,§ 267a Anm 3) und sie nicht gem § 267 Abs 3 S 2 wegen ihrer Kapitalmarktorientierung als große KapGes/KapCoGes gilt. **Kreditinstitute** und **Versicherungsunternehmen** dürfen § 326 gem §§ 340l, 341l nicht anwenden (§ 325 Anm 128 f).

Für die Vorlage des JA an den **Betriebsrat/Wirtschaftsausschuss** dürfen die 7
Offenlegungserleichterungen ebenfalls nicht in Anspruch genommen werden (s § 267 Anm 30, § 267a Anm 12).

Das Wahlrecht der Inanspruchnahme größenabhängiger Erleichterungen der 8
Offenlegung (Anm 1) wird grds **nicht** durch **§ 65 Abs 1 Nr 4 BHO** und auch nicht durch entspr landesrechtliche Vorschriften (wie zB § 65 Abs 1 Nr 4 LHO Bayern, GVBl 1987 S 221) beeinträchtigt, so dass auch Unt, an denen Bund oder Länder beteiligt sind, Erleichterungen des § 326 in Anspruch nehmen dürfen (ebenso *ADS*[6] § 326 Anm 9).

Die Inanspruchnahme größenabhängiger Offenlegungserleichterungen (§§ 326, 327) kann durch **GesVertrag/Satzung** teilweise oder vollständig vorgeschrieben oder ausgeschlossen werden (glA *ADS*[6] § 326 Anm 11).

C. Erleichterungen für kleine KapGes/KapCoGes (Abs 1)

I. Offenlegungserleichterungen (Satz 1)

Kleine KapGes/KapCoGes müssen nach S 1 und 2 folgende Unterlagen beim 9
Betreiber des eBAnz einreichen:
– die **Bilanz**;
– den **Anhang** ohne die GuV betr Angaben.

§ 326 10–15

10 Die weiteren in § 325 genannten Unterlagen müssen von kleinen KapGes/ KapCoGes **nicht eingereicht (offen gelegt)** werden.

11 Durch den Hinweis in S 1 auf **Anwendung** des **§ 325 Abs 1** gelten im Übrigen die dort erläuterten Pflichten und das Verfahren der Offenlegung (dazu im Einzelnen § 325 Anm 28 ff).

12 Zur Mindestgliederung der **Bilanz** und der Anwendung von Einzelvorschriften s Anm 17 ff, zum Mindestumfang des **Anhangs** s Anm 24 ff.

13 Zu der von **AG** nach § 130 Abs 5 AktG einzureichenden Abschrift der **Niederschrift** über die HV und der von **GmbH** nach § 40 GmbHG einzureichenden **Liste der Gesellschafter** s § 325 Anm 7.

II. Aufstellungserleichterungen bei der Offenlegung

14 Unabhängig von den Offenlegungserleichterungen dürfen **kleine KapGes/ KapCoGes** bereits bei der **Aufstellung des JA** folgende Erleichterungen in Anspruch (Wahlrecht) nehmen:
- Aufstellung einer zur Normalgliederung nach § 266 **verkürzten Bilanz**, die nur die in § 266 Abs 2 und 3 mit Buchstaben und römischen Zahlen bezeichneten Posten umfasst, § 266 Abs 1 S 3;
- Aufstellung der **GuV** unter Zusammenfassung der Posten nach § 275 Abs 2 Nr 1 bis 5 (Gesamtkostenverfahren) oder Abs 3 Nr 1 bis 3 und 6 (Umsatzkostenverfahren) unter der Bezeichnung **„Rohergebnis"**, § 276 S 1;
- Aufstellung der **Bilanz** oder des **Anhangs** ohne die Darstellung der Entwicklung der einzelnen Posten des Anlagevermögens (Anlagegitter), § 274a Nr 1;
- Aufstellung des **Anhangs** ohne die Angaben zu rechtlich noch nicht entstandenen Forderungen, § 274a Nr 2;
- Aufstellung des **Anhangs** ohne Erl zu rechtlich noch nicht entstandenen Verbindlichkeiten, § 274a Nr 3;
- Aufstellung der **Bilanz** oder des **Anhangs** ohne gesonderten Ausweis bzw alternativer Angabe des mit Hinweis auf § 250 Abs 3 abgegrenzten Unterschiedsbetrags, § 274a Nr 4;
- Aufstellung des **Anhangs** ohne die Erl der Steuerabgrenzung, § 274a Nr 5;
- Aufstellung des **Anhangs** ohne Erl von ao Erträgen und ao Aufwendungen sowie der einem anderen Gj zuzurechnenden Erträge und Aufwendungen, § 276 S 2;
- Aufstellung des **Anhangs** gem § 288 Abs 1 ohne die Angaben nach § 284 Abs 2 Nr 4, § 285 Nr 2 bis 8 Buchstabe a, Nr 9 Buchstabe a und b sowie Nr 12, 17, 19, 21, 22 und 29.

15 Soweit diese Erleichterungen für die Aufstellung des JA nicht oder nur teilweise in Anspruch genommen werden, stellt sich die Frage, ob die „Verkürzungen" *ausschließlich* für den Zweck der **Offenlegung** vollständig oder teilweise wahrgenommen werden dürfen und ob dies eine Änderung des JA mit der Folge einer erneuten Feststellung darstellt. Das HGB lässt diese Frage in §§ 326, 327 offen. Die Frage kann auch nicht mit einem Hinweis auf § 328 Abs 1 Nr 1 S 1 beantwortet werden, der eine Wiedergabe des JA und des KA entspr „den für ihre Aufstellung maßgeblichen Vorschriften" fordert.

Offen bleibt hier, ob so offen zu legen ist, **wie aufgestellt wurde** (damit hätte die Vorschrift lediglich klarstellende Bedeutung) oder **wie aufgestellt werden dürfte**. Eine hier zu bejahende Gesetzeslücke kann durch Rückgriff auf die EG-Richtl geschlossen werden. Zweifellos wollte das HGB den Art 47 der 4. EG-Richtl unverändert umsetzen. Nach dessen Abs 2 können die Mitgliedstaaten kleinen KapGes gestatten, eine verkürzte Bilanz und einen verkürzten Anhang offen zu legen. Die Richtl geht insoweit nicht von einem Junktim zwischen Aufstellung und Feststellung des JA einerseits und der Offenlegung andererseits aus. Eine analoge Anwendung des Art 47 steht daher dem Sinn und Zweck der Erleichterungen in §§ 326, 327 nicht entgegen: Soweit bei der Aufstellung und Feststellung des JA nicht angewandt, dürfen diese **Erleichterungen** in beliebigem Umfang auch **ausschließlich** für die Offenlegung (Einreichung beim Betreiber des eBAnz) wahrgenommen werden (im Ergebnis ebenso *ADS*[6] § 326 Anm 21; *Lutter/Hommelhoff* GmbHG[18] Anhang § 42a Anm 15 und 20; vgl *Farr* AG 1996, 145, 158).

Umgekehrt dürfen verkürzt aufgestellte und festgestellte JA von kleinen und mittelgroßen KapGes/KapCoGes unverkürzt offen gelegt werden, da die Vorschriften der §§ 325 ff freiwillig verschärft (dazu § 325 Abs 5), umgekehrt jedoch nicht aus eigenem Ermessen erleichtert werden dürfen (hier Anm 1 und 8).

III. Alternativen für die Offenlegung der Bilanz

Kleine KapGes/KapCoGes dürfen für die Aufstellung und Feststellung der Bilanz die Normalgliederung gem § 266 (nach großem Bilanzschema, § 266 Abs 1 S 2) oder auch eine verkürzte Bilanz (nach kleinem Bilanzschema, § 266 Abs 1 S 3) zugrunde legen. Die aufgezeigte Möglichkeit, Verkürzungen auch nur für den Zweck der Offenlegung wahrzunehmen (Anm 14 ff), führt zu folgenden Alternativen bei der Offenlegung der Bilanz kleiner KapGes/KapCoGes:
Aufstellung und Feststellung
– nach dem **großen** Bilanzschema und Offenlegung in gleicher Form oder auch nach kleinem oder mittelgroßem Bilanzschema (s § 327 Anm 14 und § 266 Anm 8),
– nach dem **kleinen** Bilanzschema und Offenlegung in gleicher Form oder auch nach mittelgroßem und großem Bilanzschema.

Weitere Alternativen bzw Abwandlungen ergeben sich auf Grund der Möglichkeit, Aufstellungserleichterungen nur **teilweise** anzuwenden bzw rückgängig zu machen. Auch freiwillige weitere Untergliederungen der Posten (§ 265 Abs 5) dürfen bei der Offenlegung wahrgenommen werden; dagegen ist ihre Beseitigung bei Offenlegung nur zulässig, wenn diese durch die Anwendung wahrnehmbarer Aufstellungserleichterungen entfallen.

Zusammenfassungen unter den Voraussetzungen des § 265 Abs 7 (dort Anm 17) sind dagegen keine Aufstellungserleichterungen, so dass solche Zusammenfassungen bereits in dem aufgestellten (und dem festgestellten) JA Berücksichtigung finden *müssen*, wenn sie auch bei der Offenlegung angewandt werden sollen.

Für die **Mindestgliederung** der von kleinen KapGes/KapCoGes aufzustellenden und auch offen zu legenden Bilanz müssen stets **folgende Sonderausweise auf Grund von Einzelvorschriften** (gesonderte Ausweise von oder Angaben zu Bilanzposten) beachtet werden; ihre Anwendung darf *nicht* entfallen:

– § 268 Abs 1: Vermerk des Gewinn-/Verlustvortrags, sofern im Bilanzgewinn/Bilanzverlust einbezogen;
– § 268 Abs 3: Nicht durch EK gedeckter Fehlbetrag;
– § 268 Abs 4 S 1: Vermerk der Restlaufzeit bei Forderungen;
– § 268 Abs 5 S 1: Vermerk der Verbindlichkeiten mit einer Restlaufzeit bis zu einem Jahr;
– § 268 Abs 7 iVm § 251: Ausweis oder Angabe von Haftungsverhältnissen;

Zusatzangaben von **kleinen AG und KGaA**:

- § 272 Abs 1a S 1: Nennbetrag/rechnerischer Wert von erworbenen eigenen Anteilen ist in der Vorspalte offen von dem „Gezeichneten Kapital" als Kapitalrückzahlung abzusetzen;
- § 152 Abs 1 AktG: Angaben zu dem auf jede Aktiengattung entfallenden Betrag des Grundkapitals, Nennbetrag des bedingten Kapitals, Gesamtstimmenzahl etwaiger Mehrstimmrechtsaktien und die der übrigen Aktien (s § 284 Anm 74);
- § 152 Abs 2 AktG: Zur Kapitalrücklage: Betrag der Einstellung und Entnahme (alternativ Angabe im Anhang zulässig; s § 284 Anm 71);
- § 152 Abs 3 AktG: Bewegung der einzelnen Posten der Gewinnrücklagen (s § 284 Anm 72).

22 Kleine GmbH müssen gesondert ausweisen:

- § 42 Abs 2 S 2 und 3 GmbHG: Eingeforderte Nachschüsse und die entspr Rücklage (§ 272 Anm 215);
- § 42 Abs 3 GmbHG: Ausweis oder Angabe bzw Zugehörigkeitsvermerk von Ausleihungen, Forderungen und Verbindlichkeiten ggü Gestern (s § 284 Anm 58).

23 Besondere Bestimmungen für **kleine KapCoGes:**

§ 264c Abs 1: Ausweis oder Angabe bzw Zugehörigkeitsvermerk von Ausleihungen, Forderungen und Verbindlichkeiten ggü Gestern;
§ 264c Abs 2: Aufgliederung des EK in Kapitalanteile, Rücklagen, Gewinn-/Verlustvortrag u Jahresüberschuss/-fehlbetrag;
§ 264c Abs 4 S 2: In Höhe des aktivierten Betrags für Anteile an KomplementärGes ist ein AusglPo für eigene Anteile zu passivieren;

IV. Verkürzung des Anhangs und Mindestumfang (Satz 2)

24 Der Anhang zum JA muss die gesetzlich erforderlichen Pflichtangaben (§ 284 Anm 35 ff) enthalten und kann daneben freiwillige (Zusatz-)Angaben aufnehmen.

Gem Abs 1 **Satz 2** brauchen kleine KapGes/KapCoGes, die die **Gewinn- und Verlustrechnung betreffenden Angaben** des Anhangs nicht offen legen, da sie auch die GuV nicht beim Betreiber des eBAnz einreichen müssen (Anm 3). Angaben zur GuV im Anhang sind aber nur solche, die entweder in § 265 oder in Einzelvorschriften zur GuV im HGB stehen.

25 Außerdem dürfen bereits bei der Aufstellung des Anhangs die Erleichterungen nach §§ 274a, 288 Abs 1 in Anspruch genommen werden. Bestimmte Pflichtangaben entfallen (Anm 14), und zwar auch nur für den Zweck der Offenlegung (Anm 15). Sollen bei der Offenlegung des Anhangs die GuV-Angaben entfallen und/oder Aufstellungsverkürzungen wahrgenommen werden, *müssen* diese Erl bei der Aufstellung in einem gesonderten Abschn des Anhangs gebracht werden, der dann für die Einreichung beim Betreiber des eBAnz leicht abgetrennt werden kann (ebenso halten *ADS*[6] § 326 Anm 31 es für empfehlenswert, die Angaben in einem gesonderten Kapitel zu bringen).

26 **Folgende Pflichtangaben** des Anhangs kleiner KapGes/KapCoGes zur GuV **dürfen** (teilweise oder vollständig) bei der **Offenlegung entfallen:**
Angaben von KapGes und KapCoGes:

- § 265 Abs 1 S 2: Abweichungen in der Darstellung, insb der Gliederung der GuV im Vergleich zum Vj;
- § 265 Abs 2 S 2 und 3: Angaben über nicht vergleichbare oder angepasste Vj-Zahlen der GuV;
- § 265 Abs 4 S 2: Angaben und Begründungen zur Gliederung nach der für andere Geschäftszweige vorgeschriebenen Gliederung der GuV;
- § 265 Abs 7 Nr 2: Gesonderter Ausweis von in der GuV zusammengefassten Posten (weil die GuV insgesamt nicht offen gelegt zu werden braucht);

Erleichterungen für kleine Kapitalgesellschaften 27–42 § 326

- § 277 Abs 4 S 2 und 3: Erl zu außerordentlichen Erträgen und Aufwendungen sowie zu periodenfremden Erträgen;
- § 284 Abs 2 Nr 1: Angaben über die gewählte Form der GuV (zB Gesamtkostenverfahren) und die auf die Posten der GuV angewandten Bilanzierungs- und Bewertungsmethoden;
- § 284 Abs 2 Nr 2: Grundlagen der Währungsumrechnung für Posten der GuV;
- § 285 Nr 8b: Angabe des Personalaufwands bei Anwendung des Umsatzkostenverfahrens.

Hinzu kommt die Angabe, die *alternativ* zur GuV im Anhang gegeben werden kann:

- § 277 Abs 3 S 1: Außerplanmäßige Abschreibungen auf Posten des Umlaufvermögens.

Zusatzangaben von AG und KGaA: 27

- § 240 S 3 AktG: Verwendung der aus einer vereinfachten Kapitalherabsetzung oder aus der Auflösung von Gewinnrücklagen gewonnenen Beträge.

Bei der Aufstellung gemachte **freiwillige Zusatzangaben** dürfen bei der 28 Offenlegung nur insoweit weggelassen werden, als es sich um Erl zur GuV (Anm 25), Angaben zur Ergebnisverwendung oder um Erl zu solchen Angaben handelt, die bei Wahrnehmung von Aufstellungserleichterungen entfallen.

V. Zeitpunkt der Offenlegung (Satz 1)

Alle KapGes/KapCoGes und somit auch kleine KapGes/KapCoGes müssen 33 ihrer Offenlegungspflicht gem § 325 Abs 1 unverzüglich nach der Vorlage des JA an die HV/GesV, spätestens jedoch vor Ablauf von zwölf Monaten, nachkommen. Insoweit wird auf die Erl unter § 325 Anm 38 ff verwiesen.

D. Erleichterungen für KleinstKapGes/KleinstKapCoGes (Abs 2)

I. Offenlegungserleichterungen (Satz 1)

KleinstKapGes/KleinstKapCoGes haben gem Abs 2 S 1 die Wahl, ob sie ihre 40 Offenlegunspflichten nach § 325 durch eine Veröffentlichung des JA (Einreichung beim Betreiber des eBAnz und Bekanntmachung) erfüllen oder dadurch erfüllen, dass sie – unabhängig davon, ob sie tatsächlich einen Anhang aufstellen – **nur die Bilanz** beim Betreiber des eBAnz elektronisch einreichen und einen **Hinterlegungsauftrag** erteilen. Dadurch kann die Offenlegungspflicht durch Bekanntmachung im eBAnz gem § 325 Abs 2 vermieden werden. Die Bilanz einer KleinstKapGes/KleinstKapCoGes kann insofern nicht von jedermann über die Internetseite des eBAnz abgerufen werden, sondern ist gem § 9 Abs 6 S 3 nur auf Antrag durch Übermittlung einer Kopie verfügbar (*Thiele* BBK 2013, 109; *Küting/Eichenlaub* DStR 2012, 2618). Dennoch bleibt jedem die Möglichkeit der Antragstellung ohne besondere Begr oder einen Nachweis über ein berechtigtes Interesse für die Einsichtnahme offen (*Müller/Kreipl* DB 2013, 76).

Um von der Offenlegungserleichterung nach S 1 Gebrauch machen zu kön- 42 nen, haben die gesetzl Vertreter der KleinstKapGes/KleinstKapCoGes nach § 325 dem Betreiber des eBAnz mitzuteilen, dass zwei der drei Größenmerkmale des § 267a Abs. 1 nicht überschritten werden. Die Mitteilung nach S 2 und der Hinterlegungsauftrag nach S 1 können iZm der Einreichung im Wege eines begleitenden Anschreibens erfolgen.

44 Obwohl § 326 Abs 2 nur die Hinterlegung der Bilanz vorschreibt, ist str, ob die Hinterlegungspflicht auch für die Vermerke unter der Bilanz gilt (*Küting/ Eichenlaub* DStR 2012, 2619). Neben den Angaben des § 264 Abs 1 S 5 für den Fall, dass auf einen Anhang verzichtet werden soll (s Anm 70), fallen unter die Vermerkpflicht unter der Bilanz die Angaben, die für die Darstellung eines den tatsächlichen Verhältnissen entspr Bild der VFE-Lage notwendig werden (§ 264 Abs 2 S 3; s Anm 74). Da eine KleinstKapGes/KleinstKapCoGes einer derartigen Hinterlegungspflicht von Vermerken unter der Bilanz dadurch entgehen kann, dass sie einen Anhang erstellt, der wegen der Offenlegungserleichterung nicht zu hinterlegen ist (Anm 40), ist eine Hinterlegungspflicht für die Vermerke unter der Bilanz uE nicht sachgerecht. Denn das würde zu einer imparitätischen Behandlung in Abhängigkeit der gewählten Erleichterungen führen (glA *Küting/ Eichenlaub* DStR 2012, 2619).

II. Aufstellungserleichterungen bei der Offenlegung

1. Allgemeine Regelung

50 Auch wenn die 4. EG-Richtl noch keine KleinstKapGes/KleinstKapCoGes kannte, erscheint es sachlogisch konsistent, wenn KleinstKapGes/KleinstKapCoGes ebenfalls Aufstellungserleichterungen in beliebigem Umfang für Zwecke der Offenlegung nachholen dürfen, da die KleinstKapGes/KleinstKapCoGes eine Teilmenge der kleinen KapGes/KapCoGes darstellt. Damit dürfen KleinstKapGes/KleinstKapCoGes gem § 267a Abs 2 dieselben Aufstellungserleichterungen bereits bei der **Aufstellung des JA** in Anspruch (Wahlrecht) nehmen wie kleine KapGes/KapCoGes(s hierfür Anm 9 ff) sofern nichts anderes geregelt ist (*Küting/Eichenlaub* DStR 2012, 2615 f). Außerdem sind für KleinstKapGes/ KleinstKapCoGes weitere Aufstellungserleichterungen für den Anhang (§ 264 Abs 1 S 5, Anm 70), die Bilanz (§ 266 Abs 1 S 4, Anm 55) und die GuV (§ 275 Abs 5, Anm 60) vorgesehen. Die vorgesehenen **Offenlegungs- und Aufstellungserleichterungen** müssen nicht kumulativ angewendet werden, sondern können *selektiv* in Anspruch genommen werden (sog *cherry-picking*), soweit das Gesetz nicht etwas anderes vorsieht (zB Vorschriften für die Angaben nach §§ 152 und 158 AktG) (*Hoffmann* StuB 2012, 729; *Thiele* BBK 2013, 109, 113).

2. Verkürzte Bilanz

55 KleinstKapGes/KleinstKapCoGes dürfen für eine **verkürzte Bilanz gem § 266 Abs 1 S 4** optieren. Daraus folgen besondere Aufstellungserleichterungen für die Bilanz:
- Wegfall der **Mitzugehörigkeitsvermerke** nach § 265 Abs 3 S 1 mangels Überschneidungsfälle aufgrund des gekürzten Bilanzschemas (*Fey/Deubert/Lewe/ Roland* BB 2013, 109);
- Aufstellung einer zur Normalgliederung nach § 266 **verkürzten Bilanz,** die nur die in § 266 Abs 2 und 3 mit Buchstaben bezeichneten Posten umfasst;
- Wegfall der Angabe eines **Ergebnisvortrags aus dem Vorjahr** nach § 268 Abs 1 S 2 2. Hs, sofern die Bilanz unter Berücksichtigung der teilweisen Verwendung des Jahresergebnisses aufgestellt wird (*Fey/Deubert/Lewe/Roland* BB 2013, 109);
- Wegfall des gesonderten Ausweises des Betrags der **Forderungen mit einer Restlaufzeit von mehr als einem Jahr** nach § 268 Abs 4 S 1, da Forderungen nicht gesondert ausgewiesen werden, sondern lediglich der Posten „Umlaufvermögen" (glA *Theile* BBK 2013, 114);

- Wegfall des **Ausweises latenter Steuern** bei Nutzung der größenabhängigen Erleichterung für kleine KapGes/KapCoGes des § 274a Nr 5 iVm, § 267a Abs 2;
- Wegfall des **gesonderten Ausweises von Ausleihungen, Forderungen und Verbindlichkeiten ggü Gester** bei einer **KleinstKapCoGes** nach § 264c Abs 1 iVm § 264c Abs 5, da dieser Posten alternativ im Anhang angegeben werden können und gem § 264 Abs 1 S 5 auf die Aufstellung eines Anhangs verzichtet werden kann (*Theile* BBK 2013, 114; *Küting/Eichenlaub* DStR 2012, 2617; *Fey/Deubert/Lewe/Roland* BB 2013, 109; *Müller/Kreipl* DB 2013, 76);
- Wegfall des **gesonderten Ausweises von Ausleihungen, Forderungen und Verbindlichkeiten ggü Gester** bei einer **KleinstKapGmbH** nach § 42 Abs 3 GmbHG, da dieser Posten alternativ im Anhang angegeben werden können und gem § 264 Abs 1 S 5 auf die Aufstellung eines Anhangs verzichtet werden kann (im Ergebnis glA *Theile* BBK 2013, 114; *Küting/Eichenlaub* DStR 2012, 2617; *Fey/Deubert/Lewe/Roland* BB 2013, 109; *Müller/Kreipl* DB 2013, 76);
- Wegfall der Angaben **der Einstellung des Eigenkapitalanteils von Wertaufholungen** bei VG des Anlage- und Umlaufvermögens und **von bei der steuerrechtlichen Gewinnermittlung gebildeten Passivposten** in andere Gewinnrücklagen bei einer **KleinstAG/KleinstGmbH** nach § 58 Abs 2a S 2 AktG bzw § 29 Abs 4 S 2 GmbHG (*Fey/Deubert/Lewe/Roland* BB 2013, 109);
- Darstellung des **Eigenkapitals von KleinstKapCoGes** iSv § 264a Abs 1 gem § 266 Abs 3 A **in einer Summe** und Verzicht auf die Untergliederungen des § 264c Abs 2 nach § 264c Abs 5 S 1. Die Möglichkeit der Darstellung des EK in einer Summe lässt die Vorgaben des § 264c Abs 1–4 im Übrigen unberührt, § 264c Abs 5 S 2;
- Verzicht auf die Anwendung der **Gliederungs- und Angabevorschriften** des § 152 Abs 1–3 AktG bzgl des **Eigenkapitals einer KleinstAG/KleinstKGaA** gem § 152 Abs 4 AktG).

Trotz verkürzter Darstellung der Bilanz gem § 266 Abs 1 S 4 führen folgende Sachverhalte zu einem gesonderten Ausweis in der Bilanz:
- „**Aktiver Unterschiedsbetrag aus der Vermögensverrechnung**", sofern die Voraussetzungen zur Saldierung von Deckungsvermögen gem § 246 Abs 2 gegeben sind;
- Gesonderter Ausweis auf der Aktivseite eine **nicht durch Eigenkapital gedeckten Fehlbetrags** (§ 268 Abs 3) (*Müller/Kreipl* DB 2013, 76);
- Gesonderter „**davon"-Vermerk für Verbindlichkeiten mit einer Restlaufzeit bis zu einem Jahr** (§ 268 Abs 5 S 1) (aA *Theile* BBK 2013, 114, der jedoch verkennt, dass Verbindlichkeiten im Gegensatz zu den Forderungen gesondert in der verkürzten Bilanz ausgewiesen werden);
- Erweiterung der Passivseite um einen „**Sonderposten mit Rücklagenanteil**", sofern nach BilMoG erforderlich.

Ebenso sind die Vorschriften über die Ausschüttungssperre (§ 268 Abs 8) anzuwenden.

3. Verkürzte GuV

KleinstKapGes/KleinstKapCoGes können auch für eine verkürzte GuV gem § 275 Abs 5 optieren. Anstelle der Gliederung der GuV nach dem Gesamtkosten- (§ 275 Abs 2) oder Umsatzkostenverfahren (§ 275 Abs 3) sieht sieht § 275 Abs 5 für KleinstKapGes/KleinstKapCoGes eine dem Gesamtkostenverfahren angelehnte dritte Form der Gliederung vor, bei der Posten wie Bestandsveränderungen, sonstige betriebliche Aufwendungen und Erträge, Zinsaufwendungen und -erträge sowie ao Erträge und Aufwendungen den neu eingeführten Posten "sonstige Erträge" bzw „sonstige Aufwendungen" zuzuordnen sind. Die verkürzte GuV sieht gem § 275 Abs 5 folgende Posten vor:

1. Nettoumsatzerlöse,
2. sonstige Erträge,
3. Materialaufwand,
4. Personalaufwand,
5. Abschreibungen,
6. sonstige Aufwendungen,
7. Steuern,
8. Jahresüberschuss/Jahresfehlbetrag.

62 Wurde bisher das Umsatzkostenverfahren angewandt, ist auch hier eine Umschlüsselung der GuV-Posten nach Umsatzkostenverfahren in die Staffelung nach § 275 Abs 5 vorzunehmen, die dann zu einer „Aufdeckung" von Material- und Personalaufwand sowie der Abschreibungen führt.[64]

64 Sofern eine KleinstKapGes/KleinstKapCoGes von dem Wahlrecht des § 275 Abs 5 Gebrauch macht, ergeben sich folgende **Auswirkungen auf Aufstellungserleichterungen:**
– Die Anwendung der größenabhängigen Erleichterung nach § 276 S 1 ist ausgeschlossen (§ 276 S 3). Der **Ausweis eines Rohergebnisses** gem § 276 S 1 ist somit unzulässig.
– Wegen des Wegfalls der größenabhängigen Erleichterungen nach § 276 S 2 (§ 276 S 3) müssen grundsätzlich die in § 277 Abs 4 S 2 und 3 verlangten **Erl über außerordentliche Erträge und Aufwendung** gemacht werden. Da die Gliederung nach § 275 Abs 5 jedoch die Posten „ao Erträge" und „ao Aufwendungen" nicht enthält, geht die Aufhebung der größenabhängigen Erleichterung hier ins Leere. Bei Inanspruchnahme des Wahlrechts nach § 264 Abs 1 S 5, keinen Anhang aufzustellen, entfallen diese Erl ohnehin (glA *Theile* BBK 2013, 115). Allerdings sind ggf außerordentliche Sachverhalte unter der Bilanz gem § 264 Abs 2 S 3 anzugeben (*Theile* BBK 2013, 115; vgl zur Offenlegung von Angaben unter der Bilanz, Anm 44).
– Auch auf den in § 277 Abs 3 S 1 geforderten gesonderten **Ausweis außerplanmäßiger Abschreibungen** in der GuV kann verzichtet werden, da diese alternativ im Anhang angegeben werden können und § 264 Abs 1 S 5 den Verzicht auf die Aufstellung eines Anhangs ermöglicht.
– Zusätzliche **Erl zu Zinsen und Beträgen aus der Währungsumrechnung** (§ 277 Abs 5) fallen weg, da die entspr Posten nicht mehr auszuweisen sind;
– Verzicht auf die Anwendung der Vorschriften zur **„Fortschreibung" der GuV** nach § 158 Abs 1 und 2 AktG für KleinstAG gem § 158 Abs 3 AktG (*Müller/Kreipl* DB 2013, 77).

66 Aufwendungen und Erträge aus **Unternehmensverträgen** (§ 277 Abs 3 S 2) sind dagegen auch von KleinstKapGes/KleinstKapCoGes gesondert auszuweisen.

68 Der Gebrauch des Wahlrechts einer verkürzten GuV gem § 275 Abs 5 sollte im Hinblick auf den damit einhergehenden Verzicht der Aufstellungserleichterung des § 276 S 1 (Ausweis des Rohergebnisses) beurteilt werden. Denn KleinstKapGes/KleinstKapCoGes können einen separaten Ausweis (und damit eine Offenlegung) der Umsatzerlöse nur vermeiden, indem sie von der Erleichterung einer verkürzten GuV gem § 275 Abs 5 keinen Gebrauch machen und gleichzeitig nach § 276 S 1 ein Rohergebnis ausweisen. Da die GuV einer KleinstKapGes/KleinstKapCoGes gem § 326 Abs 2 nicht offen gelegt werden muss, wird eine Offenlegung der Umsatzerlöse vermieden (*Küting/Eichenlaub* DStR 2012, 2617).

4. Verzicht auf Anhang

Gem § 264 Abs 1 S 5 braucht eine KleinstKapGes/KleinstKapCoGes den JA 70
nicht um einen Anhang erweitern, wenn sie folgende Angaben unter der Bilanz
machen:
– Angaben zu Haftungsverhältnissen nach §§ 251, 268 Abs 7,
– Angaben zu Vorschüssen und Krediten an Mitglieder des Geschäftsführungsorgans, eines AR, Beirats oder ähnlichen Einrichtung sowie zusätzliche Informationen hierzu nach § 285 Nr 9c und
– im Falle einer KleinstAG oder KleinstKGaA die in § 160 Abs 1 Nr 2 AktG genannten Angaben zu eigenen Aktien.

Soweit eine KleinstAG von den Erleichterungen des § 264 Abs 1 S 5 Ge- 72
brauch macht, müssen die **Anhangangaben nach § 160 Abs 1 AktG** (mit
Ausnahme der Angabe nach § 160 Abs 1 Nr 2 AktG) nicht gemacht werden
(§ 160 Abs 3 AktG).

Macht eine KleinstKapGes/KleinstKapCoGes von der Erleichterung des § 264 74
Abs 1 S 5 Gebrauch, sind nach § 264 Abs 2 S 2 ggf erforderliche **Zusatzangaben unter der Bilanz** zu machen (§ 264 Abs 2 S 3), sofern besondere Umstände dazu führen, dass der JA kein den tatsächlichen Verhältnissen entspr Bild
der VFE-Lage vermittelt (*Küting/Eichenlaub* DStR 2012, 2618). Ausweislich der
Gesetzesbegr betrifft dies zB die Angabe von Fehlbeträgen für Pensionsverpflichtungen nach Art 28 Abs 2 EGHGB.

§ 264 Abs 2 S 4 enthält eine gesetzliche Vermutung, nach der der verkürzte 76
JA einer KleinstKapGes/KleinstKapCoGes auch ohne einen Anhang ein den
tatsächlichen Verhältnissen entsprechendes Bild der VFE-Lage vermittelt.
Einer freiwilligen Angabe zusätzlicher Informationen unter der Bilanz steht jedoch nichts entgegen (*Küting/Eichenlaub* DStR 2012, 2618). Die gesetzliche
Vermutung bleibt auf den Anwendungsfall einer KleinstKapGes/KleinstKapCoGes beschränkt und gilt nicht für Abschlüsse nach § 264 Abs 3, sofern die Ges
nicht die Größenkriterien einer KleinstKapGes erfüllt.

III. Ausschluss der Zeitwertbewertung

Gem § 253 Abs 1 S 5 darf eine KleinstKapGes/KleinstKapCoGes eine Bewer- 80
tung von Deckungsvermögen für AVersVerpflichtungen zum beizZW nicht vornehmen, wenn sie von einer vorgesehenen Erleichterung des § 264 Abs 1 S 5
(Verzicht auf Anhang, Anm 70), § 266 Abs 1 S 4 (verkürzte Bilanz, Anm 55),
§ 275 Abs 5 (verkürzte GuV, Anm 60), § 326 Abs 2 (Offenlegungserleichterung,
Anm 40) Gebrauch macht (*Küting/Eichenlaub* DStR 2012, 2619). Im Falle einer
Inanspruchnahme *bereits nur einer* der Erleichterungen erfolgt die Bewertung der
VG nach § 253 Abs 1 S 1 zu fortgeführten AK/HK (Buchwert), auch soweit
eine Verrechnung des Deckungsvermögens mit den Verpflichtungen nach § 246
Abs 2 S 2 erfolgt (*Küting/Eichenlaub* DStR 2012, 2619). Entspr findet dann auch
die Ausschüttungssperre nach § 268 Abs 8 S 3 keine Anwendung (*Müller/Kreipl*
DB 2013, 75).

IV. Zeitpunkt der Offenlegung (Satz 2)

Alle KapGes/KapCoGes müssen ihrer Offenlegungspflicht gem § 325 Abs 1 85
S 2 unverzüglich nach der Vorlage des JA an die HV/GesV, spätestens jedoch vor
Ablauf von zwölf Monaten, nachkommen. Gem § 326 Abs 2 S 2 gilt die Einreichungsfrist nach § 325 Abs 1 S 1 auch für KleinstKapGes/KleinstKapCoGes In-

§ 327 Offenlegung. Prüfung

soweit wird auf die Erl unter § 325 Anm 38 ff verwiesen. Sofern die Bilanz einer KleinstKapGes/KleinstKapCoGes nachträglich geändert wird, ist die geänderte Bilanz ebenfalls nach Feststellung beim Betreiber des eBAnz unverzüglich zu hinterlegen (§ 325 Abs 1 S 1 iVm § 326 Abs 2 S 2).

E. Rechtsfolgen einer Verletzung des § 326

90 Sofern ein Unt ungerechtfertigt die Erleichterungen gem § 326 in Anspruch nimmt, muss das betroffene Unt mit einem Ordnungsgeld nach § 335 Abs 1 rechnen.

91 Der Betreiber des eBAnz prüft bei Einreichung der offen zu legenden Unterlagen ggf auch die Rechtmäßigkeit der Inanspruchnahme der Erleichterungen gem § 326. Falls diese Prüfung auf eine ungerechtfertigte Inanspruchnahme der Erleichterungen hindeutet, kann der Betreiber des eBAnz von dem jeweiligen Unt weitere Angaben zur Eigenschaft als KapGes iSd § 326 fordern. Sollten solche Angaben von dem jeweiligen Unt nicht zur Verfügung gestellt werden können, sind die Erleichterungen als zu Unrecht in Anspruch genommen anzusehen (vgl § 329 Anm 10).

Sofern eine KleinstKapGes/KleinstKapCoGes von einer vorgesehenen Erleichterung des § 264 Abs 1 S 5 (Verzicht auf Anhang, Anm 70), § 266 Abs 1 S 4 (verkürzte Bilanz, Anm 55), § 275 Abs 5 (verkürzte GuV, Anm 60), § 326 Abs 2 (Offenlegungserleichterung, Anm 40) Gebrauch macht und nicht gem § 253 Abs 1 S 5 auf die Bewertung zum beizZW verzichtet hat, handelt es sich um eine Ordnungswidrigkeit gem § 334 Abs 1 Nr 1b, die mit einem Bußgeld bis zu 50 000 € belegt werden kann (§ 334 Abs 3).

§ 327 Größenabhängige Erleichterungen für mittelgroße Kapitalgesellschaften bei der Offenlegung

Auf mittelgroße Kapitalgesellschaften (§ 267 Abs. 2) ist § 325 Abs. 1 mit der Maßgabe anzuwenden, daß die gesetzlichen Vertreter
1. die Bilanz nur in der für kleine Kapitalgesellschaften nach § 266 Abs. 1 Satz 3 vorgeschriebenen Form beim Betreiber des Bundesanzeigers einreichen müssen. ²In der Bilanz oder im Anhang sind jedoch die folgenden Posten des § 266 Abs. 2 und 3 zusätzlich gesondert anzugeben:
Auf der Aktivseite
A I 1   Selbst geschaffene gewerbliche Schutzrechte und ähnliche Rechte und Werte;
A I 2   Geschäfts- oder Firmenwert;
A II 1   Grundstücke, grundstücksgleiche Rechte und Bauten einschließlich der Bauten auf fremden Grundstücken;
A II 2   technische Anlagen und Maschinen;
A II 3   andere Anlagen, Betriebs- und Geschäftsausstattung;
A II 4   geleistete Anzahlungen und Anlagen im Bau;
A III 1   Anteile an verbundenen Unternehmen;
A III 2   Ausleihungen an verbundene Unternehmen;
A III 3   Beteiligungen;
A III 4   Ausleihungen an Unternehmen, mit denen ein Beteiligungsverhältnis besteht;
B II 2   Forderungen gegen verbundene Unternehmen;
B II 3   Forderungen gegen Unternehmen, mit denen ein Beteiligungsverhältnis besteht;
B III 1   Anteile an verbundenen Unternehmen.

Erleichterungen für mittelgroße KapGes bei der Offenlegung 1, 2 § 327

Auf der Passivseite
C 1 Anleihen,
       davon konvertibel;
C 2 Verbindlichkeiten gegenüber Kreditinstituten;
C 6 Verbindlichkeiten gegenüber verbundenen Unternehmen;
C 7 Verbindlichkeiten gegenüber Unternehmen, mit denen ein Beteiligungsverhältnis besteht;
2. den Anhang ohne die Angaben nach § 285 Nr. 2 und 8 Buchstabe a, Nr. 12 beim Betreiber des Bundesanzeigers einreichen dürfen.

Übersicht

	Anm
A. Allgemeines	1
B. Anwendungsbereich	2
C. Offenlegung mittelgroßer Kapitalgesellschaften und Gesellschaften iSv § 264a	3–7
D. Zulässige Inhaltsverkürzungen offenlegungspflichtiger Unterlagen	
I. Bilanz (Nr 1)	8–10
II. Anhang (Nr 2)	11, 12
III. Wahrnehmung von Aufstellungserleichterungen	13, 14
IV. Gewinn- und Verlustrechnung	16
V. Prüfung der in Anspruch genommenen Erleichterungen	17
E. Rechtsfolgen einer Verletzung des § 327	20, 21

Schrifttum: siehe § 325.

A. Allgemeines

Mittelgroße KapGes/KapCoGes müssen alle in § 325 Abs 1 angeführten Unterlagen offen legen; zur rechtsformspezifischen Ausnahme für die mittelgroße (und große) GmbH gem § 325 Abs 1 S 4, nach der die Angaben zur Ergebnisverwendung entfallen können, s § 325 Anm 21, und zum Wahlrecht für KapCoGes jeder Größenklasse s § 325 Anm 14. § 327 räumt aber als **Wahlrecht** inhaltliche **Erleichterungen für die Offenlegung** des JA ein. Es ist zulässig, nach S 1 nur eine Bilanz in der für kleine KapGes/KapCoGes maßgebenden verkürzten Form nach § 266 Abs 1 S 3 einzureichen. Nach S 2 Nr 1 sind dann allerdings zusätzlich bestimmte Posten des Gliederungsschemas nach § 266 Abs 2 und 3 gesondert in der Bilanz oder im Anhang anzugeben. S 2 Nr 2 erlaubt, den Anhang um die Postenangaben nach § 285 S 1 Nr 2 und 8 Buchstabe a und Nr 12 zu verkürzen. 1

Bzgl der für **Tochter-KapGes/-KapCoGes** in § 264 Abs 3 bzw § 264b wahlweise eingeräumten Erleichterung der Nichtanwendung von Vorschriften über die Offenlegung vgl § 325 Anm 22, 130.

B. Anwendungsbereich

Die größenabhängigen Erleichterungen gelten für **mittelgroße KapGes/** 2 **KapCoGes** iSd § 267 Abs 2, sofern diese nicht gem § 267 Abs 3 S 2 als große

§ 327 3–8   Offenlegung. Prüfung

KapGes/KapCoGes gelten. § 327 gilt auch für Unt, an denen der Bund oder Länder beteiligt sind (§ 326 Anm 8). Für die Vorlage des JA an den Betriebsrat/ Wirtschaftsausschuss gelten die Ausführungen unter § 326 Anm 7. Die Erleichterungen beziehen sich nicht auf Kreditinstitute und VersicherungsUnt (§ 325 Anm 128 f) und auch nicht auf dem PublG unterliegende Unt (§ 325 Anm 112 ff).

C. Offenlegung mittelgroßer Kapitalgesellschaften und Gesellschaften iSv § 264 a

3   Mittelgroße KapGes/KapCoGes müssen
    – den **Jahresabschluss (Bilanz, GuV, Anhang),**
    – den **Lagebericht,**
    – den **Bestätigungsvermerk** oder Versagungsvermerk des AP,
    – den **Bericht des Aufsichtsrats** (bei GmbH, sofern ein AR besteht, hierzu § 325 Anm 11, 12; für KapCoGes ist die Offenlegung freiwillig, § 325 Anm 14),
    – den **Vorschlag für die Verwendung des Ergebnisses** und den **Beschluss über seine Verwendung** unter Angabe des Jahresüberschusses oder Jahresfehlbetrags – soweit sich diese nicht aus dem JA ergeben. Diese Angaben zur Ergebnisverwendung brauchen (Wahlrecht) GmbH nicht zu machen (Anm 1), wenn sich dadurch die Gewinnanteile natürlicher Personen, die Gester sind, feststellen lassen (§ 325 Anm 14, 21),
    – ggf **Änderungen** des JA, Lageberichts oder BVm offen legen.

4   § 327 räumt mittelgroßen KapGes/KapCoGes jedoch bestimmte **Erleichterungen** in Form inhaltlicher Verkürzungen der **Bilanz** (Anm 8 ff) ein, die als Wahlrecht *nur* für die Offenlegung, dh bei der Einreichung beim Betreiber des eBAnz in Anspruch genommen werden dürfen. Aufzustellen ist dagegen der JA nach den hierfür maßgeblichen Vorschriften; zB die Bilanz nach dem großen Bilanzschema (s auch § 326 Anm 15).

5   In der aufstellungspflichtigen Form ist der JA ggf durch den AR festzustellen und der HV oder GesV vorzulegen. Die für mittelgroße KapGes/KapCoGes in den §§ 276, 286 Abs 4, 288 Abs 2 vorgesehenen **Aufstellungserleichterungen** dürfen danach wahlweise nur bei der Offenlegung in Anspruch genommen werden (Anm 14 f). Für mittelgroße AG kann es wegen des Auskunftsrechts der Aktionäre nach § 131 Abs 1 S 3 AktG zweckmäßig sein, die Aufstellungserleichterungen bei der Vorlage an die HV nicht in Anspruch zu nehmen (dazu § 326 Anm 5). Ähnliches gilt gem § 51a GmbHG.

6   Das Weglassen von **freiwilligen Zusatzangaben** in den aufgestellten Unterlagen ist bei der Offenlegung nur dann zulässig, wenn diese Sachverhalte betreffen, die wiederum bei der Offenlegung entfallen dürfen (Näheres § 326 Anm 25, 28).

7   Durch den ausdrücklichen Hinweis in S 1 auf Anwendung des § 325 Abs 1 gelten im Übrigen die dort geregelten Pflichten und das Verfahren der Offenlegung.

D. Zulässige Inhaltsverkürzungen offenlegungspflichtiger Unterlagen

I. Bilanz (Nr 1)

8   Nach S 1 Nr 1 darf die nach großem Bilanzschema aufgestellte Bilanz bei der Offenlegung an sich so weit verkürzt werden, dass sie derjenigen Form ent-

spricht, wie sie von kleinen KapGes/KapCoGes aufgestellt und eingereicht werden muss (kleines Bilanzschema, § 266 Anm 20). Wird so verkürzt, sind jedoch die in S 2 angeführten, mit *arabischen* Zahlen versehenen Posten in der Bilanz oder im Anhang zusätzlich gesondert anzugeben.

Eine Angabe im Anhang wäre am einfachsten. Werden die gesondert auszuweisenden Einzelposten in der Bilanz zusätzlich und gesondert aufgeführt, kommen zwei Möglichkeiten in Frage (ebenso *ADS*[6] § 327 Anm 13): Einmal können diese Posten in der Bilanz entspr eingegliedert und die Beträge in der Hauptspalte aufgeführt werden. Bei den hierdurch aufgegliederten Hauptposten ist dann noch ein Posten „sonstige ..." bzw „übrige ..." einzufügen. Es ist auch die Aufnahme der Posten in das Gliederungsschema in der Form eines Davon-Vermerks zulässig. Vorteilhaft ist diese Lösung, weil die Posten „sonstige ..." bzw „übrige ..." nicht ergänzt werden müssen. 9

Die bei Verkürzung der Bilanz zusätzlich aufzuführenden Posten des Anlagevermögens müssen nach § 268 Abs 2 in das Anlagegitter aufgenommen werden; Erleichterungen sind hier nicht vorgesehen. 10

II. Anhang (Nr 2)

Nach S 2 Nr 2 dürfen bei **Offenlegung** des Anhangs **weggelassen** werden: **Angaben nach § 285:** 11

Nr 2: Aufgliederung des Gesamtbetrags der Verbindlichkeiten mit einer Restlaufzeit von mehr als fünf Jahren sowie der durch Pfandrechte oder ähnliche Rechte gesicherten Verbindlichkeiten auf die einzelnen Posten der Verbindlichkeiten (§ 285 Anm 5 ff); Nr 8: Buchstabe a: Betrag des Materialaufwands und seine Aufgliederung bei Anwendung des Umsatzkostenverfahrens (§ 285 Anm 150 ff); Nr 12: Erläuterung nicht gesondert ausgewiesener sonstiger Rückstellungen (§ 285 Anm 260 f).

Offen zu legen sind somit – wenn vorliegend – **mindestens** die Angaben nach § 285 Nr 1, 3, 3a, 6, 7, 8b, 9a, 9b, 9c, 10, 11, 11a, 13, 14, 18, 19, 20, 22–28 und von KapCoGes auch Nr 15. Jedoch dürfen auch die Angaben nach Nr 9a S 1–4 und 9b entfallen, falls die Voraussetzungen des § 286 Abs 4 gegeben sind (dort Anm 15 ff). 12

III. Wahrnehmung von Aufstellungserleichterungen

Auch mittelgroßen KapGes/KapCoGes werden als Wahlrechte Aufstellungserleichterungen eingeräumt, allerdings nur für die GuV (§ 276 S 1) und den Anhang (§§ 286 Abs 4, 288 Abs 2). Durch vollständige oder teilweise Wahrnehmung dieser Wahlrechte dürfen die Erleichterungen auch nur bei der Offenlegung genutzt werden (dazu im Einzelnen § 326 Anm 14 ff). Eine erneute bzw zweite Feststellung des JA ist dann nicht erforderlich (§ 326 Anm 15). 13

Folgende Aufstellungserleichterungen sind zulässig: 14
– Verkürzung der **Gewinn- und Verlustrechnung (§ 276 S 1)** unter Zusammenfassung der Posten nach § 275 Abs 2 Nr 1 bis 5 (Gesamtkostenverfahren) oder Abs 3 Nr 1 bis 3 und 6 (Umsatzkostenverfahren) unter der Bezeichnung „Rohergebnis" (§ 276 Anm 1);
– Verkürzung des **Anhangs (§§ 286 Abs 4, 288 Abs 2)** um die Angaben nach § 285 Nr 3 über die Darstellung von Risiken und Vorteilen, nach § 285 Nr 4 über die Aufgliederung der Umsatzerlöse nach § 285 Nr 29 über die Erl zu latenten Steuern und deren Bewertung, ggf auch um die Angabe von Bezügen gem Nr 9a S 1–4, 9b, Angaben nach § 285 Nr 17 zum AP Honorar, Angaben

§ 327a Offenlegung. Prüfung

nach § 285 Nr 21 zu marktunüblichen Geschäften mit dem Hauptgester oder Mitgliedern des Geschäftsführungs-, Aufsichts- oder Verwaltungsorgans.

IV. Gewinn- und Verlustrechnung

16 Verkürzungen der GuV nur bei Offenlegung sind für mittelgroße KapGes/ KapCoGes nicht vorgesehen. Verkürzungen können ggf durch die Wahrnehmung der Aufstellungserleichterung nach § 276 Abs 1 S 1 (Anm 13, 14) in Frage kommen.

V. Prüfung der in Anspruch genommenen Erleichterungen

17 Der AP hat nach § 316 die Pflicht, den JA und Lagebericht in der Form zu prüfen, wie er aufgestellt ist. Für einen danach in verkürzter Form offen gelegten JA besteht keine gesetzliche Prüfungspflicht (ebenso WPH[14] I, Q Anm 627). Die verkürzte Fassung darf jedoch wegen der sonst bestehenden Hinweispflicht nach § 328 Abs 1 Nr 1 freiwillig in den Prüfungsauftrag einbezogen werden (WPH[14] I, Q Anm 629).

E. Rechtsfolgen einer Verletzung des § 327

20 Sofern ein Unt ungerechtfertigt die Erleichterungen gem § 327 in Anspruch nimmt, muss das betroffene Unt mit einem Ordnungsgeld nach § 335 Abs 1 rechnen.

21 Der Betreiber des eBAnz prüft bei Einreichung der offen zu legenden Unterlagen ggf auch die Rechtmäßigkeit der Inanspruchnahme der Erleichterungen gem § 327. Falls diese Prüfung auf eine ungerechtfertigte Inanspruchnahme der Erleichterungen hindeutet, kann der Betreiber des eBAnz von dem jeweiligen Unt weitere Angaben zur Eigenschaft als KapGes iSd § 327 fordern. Sollten solche Angaben von dem jeweiligen Unt nicht zur Verfügung gestellt werden können, sind die Erleichterungen als zu Unrecht in Anspruch genommen anzusehen (vgl § 329 Anm 10).

§ 327a Erleichterung für bestimmte kapitalmarktorientierte Kapitalgesellschaften

§ 325 Abs. 4 Satz 1 ist auf eine Kapitalgesellschaft nicht anzuwenden, wenn sie ausschließlich zum Handel an einem organisierten Markt zugelassene Schuldtitel im Sinn des § 2 Abs. 1 Satz 1 Nr. 3 des Wertpapierhandelsgesetzes mit einer Mindeststückelung von 50 000 Euro oder dem am Ausgabetag entsprechenden Gegenwert einer anderen Währung begibt.

Übersicht

	Anm
A. Allgemeines	1
B. Anwendungsvoraussetzungen	5–9
C. Rechtsfolgen einer Verletzung des § 327a	15, 16

Schrifttum: *Versteegen* in KölnerKomm WpHG Anm 24 ff.

A. Allgemeines

Dieser Paragraf ist als Erweiterung der §§ 326, 327 – größenabhängige Erleichterungen bei der Offenlegung für KleinstKapGes/KleinstKapCoGes, kleine und mittelgroße KapGes/KapCoGes – zu verstehen (s dort). Ermöglicht wurde die Ausnahmeregelung des § 327a durch Art 8 Abs 1 lit b der RiLi 2004/109/EG. 1

B. Anwendungsvoraussetzungen

KapGes/KapCoGes iSd § 327a sind Unt, die an einem organisiertem Markt iSd § 2 Abs 5 WpHG zugelassene Schuldtitel iSd § 2 Abs 1 S 1 Nr 3 WpHG mit einer Mindeststückelung von 50 000 € oder dem entspr Gegenwert in einer anderen Währung am Ausgabetag begeben. Für diese KapGes/KapCoGes sieht § 327a Erleichterungen hinsichtlich der Offenlegungsfrist vor. Die Offenlegungsfrist von vier Monaten gem § 325 Abs 4 S 1 entfällt für diese Unt. Stattdessen beträgt die Frist bis zur Offenlegung dieser Ges – nach § 325 Abs 1 S 2 – maximal zwölf Monate nach dem Abschlussstichtag. 5

Ein **organisierter Markt** ist ein in Deutschland, in der EU oder in einem Vertragsstaat des EWR betriebenes oder verwaltetes, durch staatliche Stellen genehmigtes, geregeltes und überwachtes multilaterales System, das die Interessen einer Vielzahl von Personen am Kauf und Verkauf von dort zum Handel zugelassenen Finanzinstrumenten innerhalb des Systems und nach festgelegten Bestimmungen in einer Weise zusammenbringt oder das Zusammenbringen fördert, die zu einem Vertrag über den Kauf dieser Finanzinstrumente führt (vgl § 2 Abs 5 WpHG). Der organisierte Markt umfasst in Deutschland den regulierten Markt. Der Freiverkehr hingegen stellt keinen organisierten Markt iSd § 2 Abs 5 dar, auch wenn dieser Freiverkehr den Regelungen und der Überwachung eines Börsenträgers unterliegt. In diesem Fall findet das öffentliche Recht keine Anwendung, da die Regelungen und Überwachung auf privatrechtlichen Vereinbarungen basieren (vgl *Versteegen* in KölnerKomm WpHG Anm 181). 6

Schuldtitel iSd § 2 Abs 1 S 1 Nr 3 WpHG sind Schuldverschreibungen (vor allem Inhaber- und Orderschuldverschreibungen), Genussscheine, Optionsscheine und Zertifikate, die diese Schuldtitel vertreten. Genuss- und Optionsscheine, die das WpHG einzeln als Schuldtitel aufführt, sind als Untergruppe zu den Schuldverschreibungen zu sehen. Die Unterscheidung im Gesetz resultiert wohl aus praktischen Gründen, da beim Handel mit Wertpapieren zumindest begrifflich zwischen Schuldverschreibungen, Genuss- und Optionsscheinen unterschieden wird (vgl *Versteegen* in KölnerKomm WpHG Anm 24). 7

Schuldverschreibungen repräsentieren Forderungen, die nicht verbrieft sein müssen; eine Forderung ist als Schuldverschreibung – und damit als Wertpapier – einzustufen, wenn sie sich zur Veräußerung an einem Markt eignet; beispielhaft hierfür seien Bundesanleihen und Industrieobligationen genannt (vgl *Versteegen* in KölnerKomm WpHG Anm 25 f). Zu den Industrieobligationen zählen insbesondere Wandelschuldverschreibungen nach § 221 AktG und Gewinnschuldverschreibungen.

Genussscheine, die in unterschiedlichen Formen auftreten, bilden nachrangige Forderungen ggü anderen Gläubigern des Emittenten; inhaltlich sind sie den Vermögensrechten der Gester des Emittenten nachempfunden (vgl *Versteegen* in KölnerKomm WpHG Anm 27).

Optionsscheine repräsentieren am Markt handelbare bedingte Termingeschäfte zum Kauf bzw Verkauf einer bestimmten Menge eines Basiswerts zu einem vereinbarten Basispreis einräumen (vgl *Versteegen* in KölnerKomm WpHG Anm 27, 47).

8   Gemäß § 2 Abs 1 S 1 Nr 3 WpHG sind Schuldtitel als Wertpapiere zu betrachten, wenn sie an einem Markt gehandelt werden können; für Merkmale der Handelbarkeit am Markt s *Versteegen* in KölnerKomm WpHG Anm 32 ff. Emittenten iSd § 327a müssen allerdings zum Handel an einem organisiertem Markt zugelassen sein (iSd § 2 Abs 1 S 1 WpHG stellt dies kein Kriterium der Handelbarkeit dar).

9   § 327a stellt auf eine Mindeststückelung von 50 000 € oder dem entspr Gegenwert in einer anderen Währung am Ausgabetag ab. Hierdurch entfällt eine regelmäßige Überprüfung des Gegenwerts der Wertpapiere.

C. Rechtsfolgen einer Verletzung des § 327a

15 Sofern ein Unt ungerechtfertigt die Erleichterungen gem § 327a in Anspruch nimmt, muss das betroffene Unt mit einem Ordnungsgeld nach § 335 Abs 1 rechnen.

16 Der Betreiber des eBAnz prüft bei Einreichung der offenzulegenden Unterlagen ggf auch die Rechtmäßigkeit der Inanspruchnahme der Erleichterungen gem § 327a. Falls diese Prüfung auf eine ungerechtfertigte Inanspruchnahme der Erleichterungen hindeutet, kann der Betreiber des eBAnz von dem jeweiligen Unt weitere Angaben zur Eigenschaft als KapGes iSd § 327a fordern. Sollten solche Angaben von dem jeweiligen Unt nicht zur Verfügung gestellt werden können, sind die Erleichterungen als zu Unrecht in Anspruch genommen anzusehen (vgl § 329 Anm 10).

§ 328 Form und Inhalt der Unterlagen bei der Offenlegung, Veröffentlichung und Vervielfältigung

(1) Bei der vollständigen oder teilweisen Offenlegung des Jahresabschlusses, des Einzelabschlusses nach § 325 Abs. 2a oder des Konzernabschlusses und bei der Veröffentlichung oder Vervielfältigung in anderer Form auf Grund des Gesellschaftsvertrags oder der Satzung sind die folgenden Vorschriften einzuhalten:

1. [1] Abschlüsse sind so wiederzugeben, daß sie den für ihre Aufstellung maßgeblichen Vorschriften entsprechen, soweit nicht Erleichterungen nach §§ 326, 327 in Anspruch genommen werden oder eine Rechtsverordnung des Bundesministeriums der Justiz nach Absatz 4 hiervon Abweichungen ermöglicht; sie haben in diesem Rahmen vollständig und richtig zu sein. [2] Ist der Abschluss festgestellt oder gebilligt worden, so ist das Datum der Feststellung oder Billigung anzugeben. [3] Wurde der Abschluss auf Grund gesetzlicher Vorschriften durch einen Abschlußprüfer geprüft, so ist jeweils der vollständige Wortlaut des Bestätigungsvermerks oder des Vermerks über dessen Versagung wiederzugeben; wird der Jahresabschluß wegen der Inanspruchnahme von Erleichterungen nur teilweise offengelegt und bezieht sich der Bestätigungsvermerk auf den vollständigen Jahresabschluß, so ist hierauf hinzuweisen.

2. Werden der Jahresabschluß oder der Konzernabschluß zur Wahrung der gesetzlich vorgeschriebenen Fristen über die Offenlegung vor der Prüfung oder Feststellung, sofern diese gesetzlich vorgeschrieben sind, oder nicht gleichzeitig mit beizufügenden Unterlagen offengelegt, so ist hierauf bei der Offenlegung hinzuweisen.

Form und Inhalt der Unterlagen bei der Offenlegung § 328

(2) ¹Werden Abschlüsse in Veröffentlichungen und Vervielfältigungen, die nicht durch Gesetz, Gesellschaftsvertrag oder Satzung vorgeschrieben sind, nicht in der nach Absatz 1 vorgeschriebenen Form wiedergegeben, so ist jeweils in einer Überschrift darauf hinzuweisen, daß es sich nicht um eine der gesetzlichen Form entsprechende Veröffentlichung handelt. ²Ein Bestätigungsvermerk darf nicht beigefügt werden. ³Ist jedoch auf Grund gesetzlicher Vorschriften eine Prüfung durch einen Abschlußprüfer erfolgt, so ist anzugeben, zu welcher der in § 322 Abs. 2 Satz 1 genannten zusammenfassenden Beurteilungen des Prüfungsergebnisses der Abschlussprüfer in Bezug auf den im gesetzlicher Form erstellten Abschluss gelangt ist und ob der Bestätigungsvermerk einen Hinweis nach § 322 Abs. 3 Satz 2 enthält. ⁴Ferner ist anzugeben, ob die Unterlagen bei dem Betreiber des Bundesanzeigers eingereicht worden sind.

(3) ¹Absatz 1 Nr. 1 ist auf den Lagebericht, den Konzernlagebericht, den Vorschlag für die Verwendung des Ergebnisses und den Beschluß über seine Verwendung entsprechend anzuwenden. ²Werden die in Satz 1 bezeichneten Unterlagen nicht gleichzeitig mit dem Jahresabschluß oder dem Konzernabschluß offengelegt, so ist bei ihrer nachträglichen Offenlegung jeweils anzugeben, auf welchen Abschluß sie sich beziehen und wo dieser offengelegt worden ist; dies gilt auch für die nachträgliche Offenlegung des Bestätigungsvermerks oder des Vermerks über seine Versagung.

(4) Die Rechtsverordnung nach § 330 Abs. 1 Satz 1, 4 und 5 kann dem Betreiber des Bundesanzeigers Abweichungen von der Kontoform nach § 266 Abs. 1 Satz 1 gestatten.

(5) Für die Hinterlegung der Bilanz einer Kleinstkapitalgesellschaft (§ 326 Absatz 2) gilt Absatz 1 entsprechend.

Übersicht

	Anm
A. Allgemeines	1–4
B. Pflichtpublizität (Abs 1)	
I. Überblick	5
II. Form und Inhalt (Abs 1 Nr 1)	
1. Vollständigkeit und Richtigkeit (Nr 1 Satz 1)	6–9
2. Datum der Feststellung oder Billigung (Nr 1 Satz 2)	10
3. Bestätigungsvermerk (Nr 1 Satz 3)	11–13
III. Besonderheiten bei Offenlegung vor Beendigung der Prüfung oder vor Feststellung (Abs 1 Nr 2)	14
C. Freiwillige Publizität (Abs 2)	
I. Überblick	15–17
II. Einzelerfordernisse	18
D. Offenlegung sonstiger Unterlagen (Abs 3)	20–25
E. Abweichende Form (Abs 4)	30
F. Hinterlegung der Bilanz bei KleinstKapGes (Abs 5)	32
G. Rechtsfolgen einer Verletzung des § 328	35

Schrifttum: *Reuter* Die Publizität der Kapitalgesellschaft nach neuem Bilanzrecht, FS *Goerdeler*, 427; *Heni* Transformation der GmbH & Co-Richtlinie – Neuer Schub für die Konzernrechnungslegung, DStR 1999, 912; *Wiechmann* Der Jahres- und Konzernabschluß der GmbH & Co KG, WPg 1999, 916. Siehe auch Schrifttum zu § 325.

A. Allgemeines

1 § 328 regelt die Anforderungen an **Form und Inhalt** der Unterlagen bei der Offenlegung, Veröffentlichung und Vervielfältigung. Abs 1, der die **Pflichtpublizität** für den JA, des IFRS-EA und KA betrifft, wird durch Abs 3 ergänzt, der sich auf die Offenlegung der sonstigen Unterlagen bezieht. In Abs 2 werden die bei der **freiwilligen Publizität** notwendigen Hinweise in den Veröffentlichungen und Vervielfältigungen, soweit diese in Form und Inhalt von Abs 1 abweichen, aufgeführt. Abs 4 ermöglicht es dem Betreiber des eBAnz, auf Grundlage einer RVO Abweichungen von der Kontoform zu gestatten (s Anm 6). Abs 5 verweist darauf, dass für die Hinterlegung der Bilanz einer KleinstKapGes Abs 1 entspr gilt (s Anm 32).

2 **Offenlegung** ist nur die Pflichtpublizität, also die gesetzlich vorgeschriebene Einreichung der Unterlagen (s § 325 Anm 1 ff). Es wird zwischen *vollständiger* und *teilweiser* Offenlegung unterschieden. Diese Unterscheidung ist durch die nach §§ 326, 327 eingeräumten größenabhängigen Erleichterungen für KleinstKapGes/KleinstKapCoGes, kleine und mittelgroße KapGes/KapCoGes (nur) für die Offenlegung bedingt (s aber Anm 7). Der Umfang der beim Betreiber des eBAnz einzureichenden Unterlagen ergibt sich für KapGes/KapCoGes aus §§ 325 bis 327. Die Offenlegung von **Zweigniederlassungen ausländischer KapGes/KapCoGes** ist in § 325a geregelt, s dort. Zu der Ausnahme für den Fall der Eröffnung eines Insolvenzverfahrens, s § 325 Anm 32.

Die **Veröffentlichung** ist begrifflich von der Offenlegung abgegrenzt und betrifft nach HGB die Bekanntgabe an die Öffentlichkeit außerhalb der gesetzlichen Offenlegung; die „Öffentlichkeit" wird als unbegrenzter Personenkreis verstanden (*ADS*[6] § 328 Anm 15; *Langenmayr* in Rechnungslegung § 328 Anm 4). **Vervielfältigungen** sind mechanische Reproduktionen für einen bestimmten Personenkreis (*ADS*[6] § 328 Anm 15; *Langenmayr* Rechnungslegung § 328 Anm 4). Solche Vervielfältigungen sind zB nach §§ 175 Abs 2 S 2, 176 Abs 1 AktG als gesetzliche Vorlagen vorgesehen.

Zusätzliche Veröffentlichungen auf Grund **anderer gesetzlicher** Vorschriften (zB an Aufsichtsbehörden; auf Grund von Börsenzulassungsvorschriften oder auf Grund von Satzung/GesVertrag an Genussscheininhaber) fallen nach dem Wortlaut weder unter Abs 1 noch unter Abs 2. Für diese Pflichtpublikationen sollte aber auch Abs 1 angewandt werden (so auch *ADS*[6] § 328 Anm 23 ff).

3 § 328 kann als **zwingendes Recht** durch den GesVertrag oder die Satzung nicht abgeändert werden (ebenso *ADS*[6] § 328 Anm 12; *Langenmayr* aaO § 328 Anm 2). Bei Publizitätspflicht nur auf Grund des GesVertrags oder der Satzung darf allerdings von Abs 1 abgewichen werden; damit kann die freiwillige Publizität mit dem größeren praktischen Gestaltungsrahmen zur Anwendung kommen, für die dann nur Abs 2 gilt (so im Ergebnis auch *ADS*[6] § 328 Anm 12).

4 Der **Anwendungsbereich** des § 328 bezieht sich auf KapGes, KapCoGes und auch eG (§ 339 Abs 2), dem PublG unterliegende Unt (§§ 9 Abs 1 S 1, 15 Abs 2 PublG), Kreditinstitute (§ 340l Abs 2) sowie VersicherungsUnt (§ 341l Abs 1). Der Verweis in § 9 Abs 1 S 1 PublG bezieht sich zudem nur auf die Offenlegung (JA mit Unterlagen), dagegen nicht auf satzungsmäßige oder freiwillige Veröffentlichungen und Vervielfältigungen (so auch *ADS*[6] § 328 Anm 7), anders dagegen in § 15 Abs 2 PublG (KA oder Teil-KA mit Unterlagen). Nach § 55 Abs 3 VAG sind zudem JA mit Lageberichten an jeden Versicherten zu übermitteln. Zur Offenlegung eines befreienden KA und Konzernlageberichts nach § 325, s § 291 Anm 10.

B. Pflichtpublizität (Abs 1)

I. Überblick

Abs 1 betrifft **Form und Inhalt** der vollständigen und teilweisen Offenlegung 5
des JA, des IFRS-EA und des KA nach anderen gesetzlichen Vorschriften
(§§ 325 bis 327) sowie bei der Veröffentlichung oder Vervielfältigung dieser Abschlüsse auf Grund des GesVertrags oder der Satzung (Anm 2). Ergänzend hierzu
ist in Abs 3 S 1 bestimmt, dass Abs 1 auf die Offenlegung der dort bezeichneten
anderen Unterlagen (Lagebericht, Konzernlagebericht und Ergebnisverwendung,
Anm 20) entspr anzuwenden ist; Abs 3 S 2 gilt *nur* für die gesetzliche Offenlegung, *nicht* für die Veröffentlichung und Vervielfältigung dieser anderen Unterlagen (Anm 22).
Die Verwendung des „oder" in Abs 1 S 1 stellt klar, dass eine **kumulative**
Veröffentlichung des JA und des IFRS-EA **nicht** verlangt wird.

II. Form und Inhalt (Abs 1 Nr 1)

1. Vollständigkeit und Richtigkeit (Nr 1 Satz 1)

Für Form und Inhalt der Wiedergabe des JA, des IFRS-EA und des KA bei 6
der Pflichtpublizität gilt das Gebot der **Vollständigkeit** und **Richtigkeit**. Bei
großen KapGes/KapCoGes bedeutet dieser Grundsatz, dass der JA, der IFRS-EA
und der KA nach Form und Inhalt in der Fassung wiederzugeben sind, die „den
für ihre Aufstellung maßgeblichen Vorschriften" entspricht; eine entspr Fassung
(Anm 7) ist unverändert zu übernehmen. Soweit von den *übrigen* KapGes/KapCoGes Erleichterungen nach §§ 326, 327 in Anspruch genommen werden, ist
die insoweit verkürzte Fassung maßgebend; soweit KapGes/KapCoGes Abweichungen von der in § 266 Abs 1 S 1 vorgeschriebenen Kontoform aufgrund
einer RVO des BMJ nach Abs 4 in Anspruch nehmen, ist diese abw Fassung der
entspr Rechnungslegungsunterlagen maßgebend. Für beide Fälle gilt ein entspr
abgewandeltes Gebot der Vollständigkeit und Richtigkeit.
Fehler in der **Originalfassung,** zB unrichtige Postenbezeichnung, Über- 7
oder Unterbewertungen, sind nach dem Gebot der Richtigkeit (Anm 9) nicht zu
berichtigen (ebenso *ADS*[6] § 328 Anm 28 f). Auch bei rechtmäßig in Anspruch
genommenen Erleichterungen dürfen solche Fehlerkorrekturen nicht durchgeführt werden (so auch *ADS*[6] § 328 Anm 31). Dagegen dürfen im Rahmen der
erleichterten Offenlegung nach §§ 326, 327 **Aufstellungserleichterungen**
(§§ 264 Abs 1 S 4 f, 266 Abs 1 S 3 f, 274a, 275 Abs 5 oder 276, 286 Abs 4, 288)
bzw Abweichungen von der Kontoform nach Abs 4 – nur für Zwecke der Offenlegung – nachgeholt werden (dazu § 326 Anm 14 ff und § 327 Anm 8, 9).
Der Grundsatz der Vollständigkeit und Richtigkeit gilt dann für die Fassung des
JA mit Offenlegungserleichterungen und rechtmäßig nachgeholten Aufstellungserleichterungen (glA *ADS*[6] § 328 Anm 32, 42). Hat sich die **Firma des Unternehmens** nach dem Bilanzstichtag **geändert**, ist unter der neuen Firma aufzustellen, festzustellen und zu publizieren; wurde noch unter der früheren Firma
festgestellt, muss bei der Offenlegung auf die neue Firma hingewiesen werden.
Bei (anderen) **Pflichtveröffentlichungen und -vervielfältigungen** (§ 325 8
Abs 5) dürfen die **Erleichterungen** nach §§ 326, 327 bzw Abweichungen von
der Kontoform nach Abs 4 nicht in Anspruch genommen werden, da diese beiden Vorschriften nur für die gesetzliche Offenlegung anzuwenden sind (ebenso

§ 328   9, 10   Offenlegung. Prüfung

ADS[6] § 328 Anm 33). Danach müssen zB Vorlagen an Aktionäre nach § 120 Abs 3 S 3, § 131 Abs 1 S 3, § 175 Abs 2 und § 176 Abs 1 AktG in der Fassung des JA ohne Offenlegungserleichterungen wiedergegeben werden.

9   Der Grundsatz der **Vollständigkeit** bedeutet, dass keine Kürzungen des JA, des IFRS-EA oder KA vorgenommen werden dürfen (ebenso *ADS*[6] § 328 Anm 30; *Langenmayr* in Rechnungslegung § 328 Anm 5; *Hütten* in HdR[5] § 328 Anm 21). Einzelangaben in der Originalfassung, wie zB Davon-Vermerke oder der Vermerk für Haftungsverhältnisse (§§ 251, 268 Abs 7), dürfen nicht weggelassen werden sowie Aufgliederungen in Bilanz oder GuV nicht in den Anhang übernommen werden – und umgekehrt. Auch eine bei der Aufstellung des Abschlusses gewählte weitere Untergliederung von Posten der Bilanz oder GuV (§ 265 Abs 5) darf nicht wegfallen, um die Identität der Wiedergabe des JA mit der Originalfassung sicherzustellen.

Die **Richtigkeit** bezieht sich auf die Wiedergabe des JA, des IFRS-EA oder KA in der aufgestellten Form, beim JA ggf in der Form mit Offenlegungs- und nachgeholten Aufstellungserleichterungen; sie bedingt, dass beabsichtigte oder nicht beabsichtigte Fehler in der Wiedergabe, die nicht in der Originalfassung vorkommen, zu berichtigen sind (Anm 25). Sind Fehler schon in der aufgestellten, uU festgestellten Originalfassung enthalten, müssen diese Fehler auch in der Wiedergabe enthalten sein; dies gilt insb bei Abschlüssen, die mit einem eingeschränkten BVm versehen wurden (ebenso *ADS*[6] § 328 Anm 29).

Wenn bei der Offenlegung im eBAnz ein bei der Aufstellung in Euro gerundeter JA (IFRS-EA) (mit entspr Anhangzahlen) in Tsd Euro oder in Mio Euro publiziert wird, liegt nach *ADS*[6] § 328 Anm 43 hierin noch keine Änderung dieses JA (IFRS-EA). Wurden nach § 298 Abs 3 S 1 Konzernanhang und Anhang des JA (IFRS-EA) des MU zusammengefasst, ist diese Form auch für die Offenlegung zu übernehmen. Ebenso ist bei **Zusammenfassung** von Konzernlagebericht und Lagebericht des MU (§ 315 Abs 3 iVm § 298 Abs 3) diese Fassung offenzulegen.

Offenlegung, Veröffentlichung und Vervielfältigung müssen in **deutscher Sprache** erfolgen, auch wenn dies ausdrücklich nur für die Offenlegung des befreienden KA in § 291 Abs 1 S 1 (§ 325 Anm 67) vorgeschrieben ist (ebenso *ADS*[6] § 328 Anm 46). Ausnahmen gelten für Zweigniederlassungen von KapGes/KapCoGes mit Sitz im Ausland, vgl § 325a Abs 1 S 3.

Außerhalb § 328 dürfen **Übersetzungen** von JA, IFRS-EA, KA und der anderen Unterlagen in fremde Sprachen erfolgen; zB für freiwillige Informationen an Aktionäre, Gester und die Öffentlichkeit, aber auch für gem GesVertrag oder Satzung vorgeschriebene Verlautbarungen. Bei vollständiger Übersetzung von JA, IFRS-EAoder KA und der anderen Unterlagen ist auch der BVm zu übersetzen.

2. Datum der Feststellung oder Billigung (Nr 1 Satz 2)

10   Das Datum einer bereits beschlossenen Feststellung des JA oder Billigung im Falle des IFRS-EA und des KA ist anzugeben, sofern sich diese Angabe nicht ohnehin aus den sonstigen Unterlagen gem Abs 3 ergibt, zB aus dem Bericht eines AR. Die Datumsangabe zur Feststellung bzw Billigung wird im Interesse der Rechtssicherheit gefordert (so *Begr RegE*, 99); die Formulierung, zB „im April 20..", genügt also nicht. Die notwendige eindeutige Datierung grenzt auch die Verantwortung für spätere Verlustursachen ab; dazu § 316 Anm 33. Wird der JA, IFRS-EA oder KA vor seiner Feststellung bzw Billigung veröffentlicht (zB aus Fristgründen, § 325 Anm 45), muss hierauf hingewiesen werden. Die Datumsangabe der Feststellung oder Billigung ist aus Gründen der Rechtssicherheit später ebenfalls offen zu legen.

3. Bestätigungsvermerk (Nr 1 Satz 3)

Bei JA, IFRS-EA und KA, die auf Grund gesetzlicher Vorschriften geprüft wurden, ist der vollständige **Wortlaut** des BVm oder des Versagungsvermerks wiederzugeben, also ggf mit Ergänzungen, Begr einer Einschränkung oder Versagung, soweit es sich hierbei um einen Bestandteil des Vermerks handelt (im Einzelnen § 322 Anm 49 ff). Hierzu gehören auch Ort und Datum der Unterzeichnung mit Namensangaben des/der AP (§ 322 Anm 155 ff). Dasselbe gilt für einen zusammengefassten BVm zum JA und KA nach § 298 Abs 3 S 3 sowie zum IFRS-EA und KA nach § 315a (§ 325 Abs 3a). Hat eine Nachtragsprüfung stattgefunden, ist der auf Grund dieser Prüfung erteilte BVm wiederzugeben (ebenso *ADS*[6] § 328 Anm 53; s auch § 325 Anm 48 ff). Bei **teilweiser Offenlegung**, also bei in Anspruch genommenen Offenlegungserleichterungen und ggf auch rechtmäßig nachgeholten Aufstellungserleichterungen (Anm 7), bezieht sich der BVm auf den vollständigen JA; hierauf ist bei der Wiedergabe des BVm hinzuweisen; s hierzu auch IDW PS 400 Tz 15. Die Beifügung des Hinweises, wie er nach Nr 1 S 3 Hs 2 gefordert wird, obliegt dem Unt (ebenso *ADS*[6] § 328 Anm 61, 62); er dient der Klarstellung, dass der wiedergegebene Vermerk zu dem vollständigen JA erteilt wurde und nicht die Fassung des offen gelegten JA betrifft.

Erteilt jedoch der AP auf Grund eines gesonderten Auftrags eine **Bescheinigung**, dass die zur Offenlegung verkürzte Fassung (§ 327) nach seinen Feststellungen den gesetzlichen Vorschriften entspricht, darf die Wiedergabe der unterzeichneten Bescheinigung dem Wortlaut des BVm zu dem vollständigen JA vorangestellt werden; zum Wortlaut der Bescheinigung s auch *WPH*[14] I, Q Anm 629 sowie Q Anm 826 bei Inanspruchnahme der Offenlegungserleichterungen des § 9 PublG. Diese Handhabung ersetzt den Hinweis nach Abs 1 Nr 1 S 3 Hs 2 (s auch *ADS*[6] § 328 Anm 59). Alle Publikationen von **„Kurzfassungen"** fallen unter Abs 2 (Anm 15 ff).

Bei **freiwilligen Abschlussprüfungen** (zB bei kleinen KapGes/KapCoGes), die sich aus dem GesVertrag oder der Satzung herleiten oder ohne solche Bindung kraft Auftrags der Geschäftsführung vorgenommen worden sind, besteht keine Verpflichtung zur Wiedergabe des BVm.

III. Besonderheiten bei Offenlegung vor Beendigung der Prüfung oder vor Feststellung (Abs 1 Nr 2)

Werden zur Fristwahrung der JA, IFRS-EA oder KA *vor* Beendigung einer Pflichtprüfung oder *vor* Feststellung oder nicht gleichzeitig mit den beizufügenden „sonstigen" Unterlagen offen gelegt, muss nach Nr 2 bei der Einreichung beim Betreiber des eBAnz und bei der Bekanntmachung im eBAnz darauf hingewiesen werden.

Beim JA von KleinstKapGes/KapCoGes bzw kleinen KapGes/KapCoGes bedarf es keines Hinweises auf die Prüfung. Ebenso kommt beim KA kein Hinweis zur Feststellung in Frage. Eine Billigung des KA durch den AR (s Anm 10) ist im offen zu legenden Bericht des AR zu erklären; bei der Billigung (durch die Gester) eines, von den Geschäftsführern aufgestellten, KA nach § 46 Nr 1b GmbHG, ist eine entspr Anmerkung bei der Veröffentlichung im eBAnz zu empfehlen. Ein Hinweis auf andere beizufügende Unterlagen bezieht sich nur auf solche, die *offenlegungspflichtig* sind. Zur nachträglichen Offenlegung der sonstigen Unterlagen und des BVm nach Abs 3s Anm 22–24.

Für **Genossenschaften** sind diese Teiloffenlegungen in § 339 Abs 1 und Abs 3 in gleicher Weise geregelt; dazu § 339 Anm 5 ff.

Die **Hinweispflicht** nach Nr 2 besteht nach dem Wortlaut nur auf die gesetzliche Offenlegung, also nicht auf „sonstige" Veröffentlichungen und Vervielfältigungen auf Grund des GesVertrags oder der Satzung; hier *dürfen* die Hinweise ggf analog aufgenommen werden (so auch *ADS*[6] § 328 Anm 72).

C. Freiwillige Publizität (Abs 2)

I. Überblick

15 Abs 2 regelt die nicht durch Gesetz, Satzung oder GesVertrag vorgeschriebene Wiedergabe des JA, des IFRS-EA und des KA in **Veröffentlichungen** und **Vervielfältigungen,** bei denen nicht die Form der Offenlegung nach Abs 1 verwendet werden muss und auch tatsächlich nicht verwendet wird. Die Ausgestaltungen solcher Wiedergaben dürfen mit Erweiterungen oder Kürzungen vorgenommen werden, für die eine besondere Form nicht vorgeschrieben wird (zB sog Finanzanzeigen, veröffentlichte Kurzfassungen); sie bedürfen jedoch nach Abs 2 bestimmter Hinweise und Angaben (ebenso *ADS*[6] § 328 Anm 74, 89 ff). Der Lagebericht und der Konzernlagebericht brauchen nicht in die freiwillige Publizität einbezogen zu werden, da Abs 3 für diese Unterlagen nur die Pflichtpublizität regelt (ebenso *Fehrenbacher* in *MünchKomm HGB*[3] § 328 Anm 27); Lagebericht und Konzernlagebericht dürfen bei freiwilliger Publizität auch in gekürzter Form wiedergegeben werden ohne Hinweis nach S 1.

16 Freiwillige **Zusatzinformationen,** zB in der Form eines „**Gesamtgeschäftsberichts",** können mit der Wiedergabe des JA, IFRS-EA, KA, Lageberichts, Konzernlageberichts, des Berichts des AR usw verbunden werden (ebenso *Hütten* in HdR[5] § 328 Anm 51 ff; *Reuter* FS Goerdeler, 435). Es handelt sich um eine nach Abs 2 zulässige Erweiterung (so auch *ADS*[6] § 328 Anm 85), für die aber die Einzelerfordernisse nach Abs 2 gelten. Wird dieser „Geschäftsbericht" zugleich auch für die Erfüllung der Pflichtpublizität verwendet, bedürfen die Zusatzinformationen einer besonderen äußerlichen Kennzeichnung, zB durch eine gesonderte Papierfarbe oder durch eine Druckbeilage (ebenso *Fehrenbacher* in *MünchKomm HGB*[3] § 328 Anm 29; *Reuter* FS Goerdeler, 435). Dies ist auch für die Beifügung des vollständigen Wortlauts des BVm notwendig, weil erkennbar sein muss, auf welchen Teil des in dieser Weise erweiterten Lageberichts (wohl seltener auch Anhang) sich die APr erstreckt hat (s auch § 322 Anm 29 ff). Wird hingegen für die Erweiterung den Erfordernissen des Abs 2 entsprochen (zB durch klaren Hinweis in der Überschrift, keine Wiedergabe des Wortlauts des BVm), bedarf es keiner weiteren Kenntlichmachung (ebenso *ADS*[6] § 328 Anm 85).

17 Es sind bei freiwilliger Bekanntmachung jedoch auch **Kürzungen** zulässig. So dürfen Posten der Bilanz oder GuV in gekürzter oder zusammengefasster Form aufgeführt werden, auch zB in Tsd Euro. Ebenso darf auch zB die GuV weggelassen werden, wie auch umgekehrt die Bilanz (ebenso *ADS*[6] § 328 Anm 86; *Langenmayr* in Rechnungslegung § 328 Anm 11). Zulässig sind auch Formen, bei denen nur der Anhang gekürzt wird und die Bilanz sowie die GuV vollständig wiedergegeben werden (so auch *ADS*[6] § 328 Anm 86).

Inhaltlich gilt bei freiwilligen Veröffentlichungen oder Vervielfältigungen somit nicht das Gebot der Vollständigkeit gem Abs 1 Nr 1 S 1. Die **Grenzen** solcher auszuweisenden oder verkürzten Wiedergaben sind darin zu sehen, dass es sich noch um einen JA, IFRS-EA oder KA (bzw Bilanz oder GuV) handeln muss; der Abschluss muss als solcher noch erkennbar sein. Die zentralen Aussagen des dargestellten Abschlusses dürfen nicht so verändert sein, dass sie den Adressaten täuschen, *Hütten* in HdR[5] § 328 Anm 51. Andernfalls dürfen diese Bezeichnungen in der Wiedergabe nicht verwendet werden, sondern zB „Zahlen aus unserem Jahresabschluss", „Überblick", „Kennzahlen" (so auch *ADS*[6] § 328 Anm 88). Diese Grenzziehung verbietet ua auch die Vornahme unzulässiger Saldierungen oder Textänderungen, solange noch die Bezeichnungen „Bilanz" usw verwendet werden (ebenso *ADS*[6] § 328 Anm 88).

II. Einzelerfordernisse

Bei freiwilligen, nach Anm 17 erlaubten verkürzten oder auszugsweisen Wiedergaben, ebenso bei Erweiterungen (Anm 16) – ohne die Form nach Abs 1 – sind nach Abs 2 folgende Anforderungen zu beachten: **18**
- In der **Überschrift** ist darauf hinzuweisen, dass es sich *nicht* um eine der gesetzlichen Offenlegungspflicht entspr Form handelt (S 1), zB Hinweis „Kurzfassung" oder „Kurzfassung unserer Bilanz".
- Ein **Bestätigungsvermerk** darf nicht aufgenommen werden (S 2). Bei *gesetzlicher* Prüfungspflicht ist jedoch anzugeben, zu welcher der in § 322 Abs 2 S 1 genannten zusammenfassenden Beurteilung des Prüfungsergebnisses der AP gelangt ist und ob der BVm einen Hinweis nach § 322 Abs 3 S 2 enthält.
- Es ist anzugeben, ob die Unterlagen beim Betreiber des **eBAnz** eingereicht worden sind (S 4).

Bei in **Tageszeitungen** veröffentlichten Kurzfassungen von JA, IFRS-EA, oder KA (ohne Anhänge) ist es üblich und zulässig, auf Folgendes hinzuweisen: „Der vollständige JA/IFRS-EA/KA hat den uneingeschränkten/eingeschränkten BVm des AP (bzw WP X oder der WPG Y) erhalten; die Bekanntmachung ist für den [Datum] im eBAnz vorgesehen."

Veröffentlichungen im Rahmen von **Börsenzulassungsprospekten** müssen jedoch den gesamten JA mit vollständigem Anhang und den BVm, nicht jedoch den Lagebericht, umfassen (vgl WertpapierprospektG mit zugehöriger EU-VO, die detaillierte Angabepflichten für alle Arten von Emissionen regelt).

D. Offenlegung sonstiger Unterlagen (Abs 3)

In Abs 3 **Satz 1** sind in Ergänzung zu Abs 1 die Offenlegung zu den **sonstigen Unterlagen,** nämlich Lagebericht, Konzernlagebericht, Vorschlag für die Verwendung des Ergebnisses und Beschluss über seine Verwendung, geregelt. **20**

Die entspr Anwendung (S 1) des Abs 1 Nr 1 bedeutet insb: **21**
- **Lagebericht und Konzernlagebericht:** Die Wiedergabe hat den Fassungen nach § 289 bzw § 325 Abs 2a S 4 oder § 315 zu entsprechen. Maßgebend ist das Gebot der Vollständigkeit und Richtigkeit (Anm 6 ff). Offenlegungserleichterungen bestehen nicht; kleine KapGes/KapCoGes brauchen nach § 264 Abs 1 S 3 keinen Lagebericht aufzustellen, können aber auch lediglich nach § 326 Abs 1 von der Offenlegung des Lageberichts absehen; das Gleiche gilt für KleinstKapGes/KapCoGes gem §§ 264 Abs 1 S 3, 326 Abs 1 iVm § 267a Abs 2. Ein zusammengefasster Anhang nach § 298 Abs 3 S 1 (Anhang des JA des MU und Konzernanhang) ist unverändert zu übernehmen; dasselbe gilt bei Zusammenfassung von Lagebericht und Konzernlagebericht (§ 315 Abs 3). Die nach Abs 1 Nr 1 S 2 notwendige Angabe zur Feststellung des JA entfällt beim Lagebericht, da dieser nicht in die Feststellung einzubeziehen ist. Eine Billigung des KA durch den AR oder bei GmbH ohne AR durch die Gester

führt anders als beim JA nicht zu einer Feststellung (s Anm 10) und umfasst auch nicht den Konzernlagebericht. Das Gleiche gilt für einen IFRS-EA. Der BVm (Abs 1 Nr 1 S 3) bezieht sich beim JA/IFRS-EA und KA (§ 322 Abs 1 bis 3) auch auf den Lagebericht oder Konzernlagebericht.

– **Vorschlag für die Verwendung des Ergebnisses und Gewinnverwendungsbeschluss:** Der Vorschlag für die Verwendung des Ergebnisses ist inhaltlich unverändert aus der entspr internen Vorlage zu übernehmen und muss bei AG/KGaA für einen Bilanzgewinn die Angaben nach §§ 170 Abs 2, 174 Abs 2 AktG enthalten – es sei denn, dass GmbH diese Angaben unterlassen dürfen (§ 325 Anm 21). Bei einer GmbH mit einem AR (§ 52 GmbHG) ist ebenso zu verfahren. Für den Inhalt des Gewinnverwendungsbeschlusses bestehen bei KapGes keine besonderen Formvorschriften; er darf auch im Anhang des JA von mittelgroßen und großen KapGes aufgeführt werden, der offenzulegen ist (§ 325 Anm 34). Dagegen sind für alle KapCoGes Offenlegungen zur Ergebnisverwendung freiwillig (§ 325 Anm 7).

Die in §§ 325 und 328, ebenso zB auch in §§ 268 Abs 1 und 270 Abs 2 gebrauchte Bezeichnung „*Ergebnis*"-Verwendung – statt *Gewinn*-Verwendung – meint, dass im Vorschlag zur Ergebnisverwendung auch anzugeben ist, ob ein ausgewiesener Jahresfehlbetrag durch dafür verfügbare Rücklagen ausgeglichen wird oder zunächst auf neue Rechnung vorzutragen ist (dazu § 268 Anm 2).

Der **Bericht des Aufsichtsrats** ist zwar in § 325, nicht hingegen in § 328 Abs 3 S 1 aufgeführt, wobei es sich um ein Redaktionsversehen handeln dürfte (so auch *ADS*[6] § 328 Anm 100). Für seine Offenlegung gelten gleichfalls die Gebote der Vollständigkeit und Richtigkeit (Anm 6ff).

22   Zur **nachträglichen Offenlegung** (Anm 14) der „sonstigen Unterlagen" bestimmt Abs 3 **Satz 2** in Ergänzung zu Abs 1 Nr 2, dass bei ihrer Bekanntmachung im eBAnz anzugeben ist,
– auf welchen Abschluss (JA oder KA) sie sich beziehen und
– wo dieser offen gelegt worden ist.
Dies gilt auch für den nachträglich erteilten BVm oder Versagungsvermerk zur APr oder zu einer Nachtragsprüfung.

Abs 3 S 2 ist – abw von Satz 1 – *nur* auf die Offenlegung, *nicht* hingegen auf die anderen Veröffentlichungen und Vervielfältigungen nach Ges-Vertrag oder Satzung anzuwenden (so auch *ADS*[6] § 328 Anm 115).

23   Die **eBAnz-Publizität** erfordert zunächst die Einreichung beim Betreiber des eBAnz und anschließend die Bekanntmachung im eBAnz (s Offenlegungsverfahren § 325 Anm 28 bis 44; für Besonderheiten bei KleinstKapGes/KleinstKapCoGes s Anm 32, § 267a Anm 10, § 326 Anm 40ff).

24   Für den **Bestätigungsvermerk** oder Versagungsvermerk kann die gesonderte Wiedergabe mit Hinweis auf den entspr JA/IFRS-EA oder KA als ausreichend angesehen werden, dh es bedarf nicht einer erneuten Einreichung oder **Bekanntmachung** des JA/IFRS-EA oder KA mit diesem Vermerk (so *ADS*[6] § 328 Anm 119). Die Frage ist str; nach *Lutter/Hommelhoff* GmbHG[18] (Anhang 42a Anm 21, 27) darf der BVm wegen der Einheit zwischen JA/Lagebericht und BVm (Versagungsvermerk) *nicht* getrennt eingereicht werden, vielmehr nur zusammen mit dem betroffenen JA/Lagebericht; dies müsste dann ggf auch für die Bekanntmachung im eBAnz gelten. Für die **Einreichung beim Betreiber des eBAnz** ergibt sich die Notwendigkeit der Beifügung des JA oder KA auch dadurch, dass der AP den BVm nicht getrennt von dem entspr Abschluss erteilt – wozu er bereits berufsrechtlich gehalten ist (so auch *ADS*[6] § 328 Anm 119).

25   **Fehler** in der **Wiedergabe** der Unterlagen (JA, IFRS-EA, KA und sonstige Unterlagen) müssen bei der Pflichtpublizität nach dem Erfordernis der Richtigkeit korrigiert oder behoben werden, zB Druckfehler im eBAnz, Auslassungen

und andere versehentliche Unvollständigkeiten (*ADS*[6] § 328 Anm 136; aA *Hütten* in HdR[5] § 328 Anm 86). Solche Fehlerkorrekturen können durch einen entspr Hinweis oder ggf Nachholung ausgelassener Druckzeilen erfolgen. Ist eine Korrektur aber als solche nicht ausreichend verständlich (zB Weglassungen im BVm), ist die Wiedergabe der betroffenen Unterlage insgesamt zu wiederholen (so auch *ADS*[6] § 328 Anm 137). Bei der freiwilligen Publizität ist entspr zu verfahren.

E. Abweichende Form (Abs 4)

Abs 4 ermöglicht es dem Betreiber des eBAnz, Abweichungen von der Kontoform (§ 266 Abs 1 S 1) zu gestatten, sofern eine RVO des BMJ dies erlaubt (vgl Abs 1 S 1). Siehe insb § 330 Anm 1 ff. 30

F. Hinterlegung der Bilanz bei KleinstKapGes (Abs 5)

KleinstKapGes/KleinstKapCoGes iSd § 267a dürfen ihre Offenlegungspflicht durch Bekanntmachung der Bilanz (§ 325 Abs 2) alternativ durch Hinterlegung der Bilanz beim Betreiber des eBAnz erfüllen (§ 326 Anm 40). Abs 5 stellt klar, dass, sofern von diesem Wahlrecht Gebrauch gemacht wird, Abs 1 entspr gilt. Siehe insb § 267a Anm 10, § 326 Anm 3, 14 ff. 32

G. Rechtsfolgen einer Verletzung des § 328

Eine Zuwiderhandlung gegen die Einhaltung des § 328 wird bei vorsätzlichem Handeln nach § 334 Abs 1 Nr 5 als **Ordnungswidrigkeit** geahndet (dazu im Einzelnen § 334 Anm 15). Diese Bußgeldvorschrift bezieht sich auf den gesamten Inhalt des § 328, also auf die Pflichtpublizität und die freiwillige Publizität. Verantwortlich sind alle Mitglieder des vertretungsberechtigten Organs. Die Einhaltung des § 328 ist vom Betreiber des eBAnz nicht zu prüfen (§ 329 Anm 5). Eine Anwendung des § 334 Abs 1 Nr 5 setzt voraus, dass *zuvor* der JA/ IFRS-EA/KA nach §§ 325 ff offen gelegt wurde. Dies wird ggf durch § 335 Abs 1 S 1 Nr 1 mit Ordnungsgeld sanktioniert (§ 325 Anm 108 f). 35

Ein Verstoß gegen § 328 hat keine Auswirkungen auf die **Rechtswirksamkeit** des JA, IFRS-EA, KA oder übriger Unterlagen. Eine unrichtige Vorabveröffentlichung hindert die spätere Feststellung bzw Billigung nicht, eine fehlerhafte Publikation nach Feststellung bzw Billigung berührt deren Wirksamkeit nicht. Das gilt auch für den BVm, der seine Wirksamkeit nach dem Inhalt der Erteilung und nicht nach einer evtl abw Bekanntmachung entfaltet (*ADS*[6] § 328 Anm 135; *Fehrenbacher* in *MünchKomm HGB*[3] § 328 Anm 42).

§ 329 Prüfungs- und Unterrichtungspflicht des Betreibers des Bundesanzeigers

(1) [1]Der Betreiber des Bundesanzeigers prüft, ob die einzureichenden Unterlagen fristgemäß und vollzählig eingereicht worden sind. [2]Der Betreiber des Unternehmensregisters stellt dem Betreiber des Bundesanzeigers die nach § 8b Abs. 3 Satz 2 von den Landesjustizverwaltungen übermittelten Daten zur Verfügung, soweit dies für die Erfüllung der Aufgaben nach Satz 1 erforderlich ist.
[3]Die Daten dürfen vom Betreiber des elektronischen Bundesanzeigers nur für die in Satz 1 genannten Zwecke verwendet werden.

§ 329 1, 2   Offenlegung. Prüfung

(2) ¹Gibt die Prüfung Anlass zu der Annahme, dass von der Größe der Kapitalgesellschaft abhängige Erleichterungen oder die Erleichterung nach § 327a nicht hätten in Anspruch genommen werden dürfen, kann der Betreiber des Bundesanzeigers von der Kapitalgesellschaft innerhalb einer angemessenen Frist die Mitteilung der Umsatzerlöse (§ 277 Abs. 1) und der durchschnittlichen Zahl der Arbeitnehmer (§ 267 Abs. 5) oder Angaben zur Eigenschaft als Kapitalgesellschaft im Sinn des § 327a verlangen. ²Unterlässt die Kapitalgesellschaft die fristgemäße Mitteilung, gelten die Erleichterungen als zu Unrecht in Anspruch genommen.

(3) In den Fällen des § 325a Abs. 1 Satz 3 und des § 340l Abs. 2 Satz 4 kann im Einzelfall die Vorlage einer Übersetzung in die deutsche Sprache verlangt werden.

(4) Ergibt die Prüfung nach Absatz 1 Satz 1, dass die offen zu legenden Unterlagen nicht oder unvollständig eingereicht wurden, wird die jeweils für die Durchführung von Ordnungsgeldverfahren nach den §§ 335, 340o und 341o zuständige Verwaltungsbehörde unterrichtet.

Übersicht

	Anm
A. Allgemeines	1–3
B. Prüfung der fristgemäßen Einreichung und der Vollzähligkeit (Abs 1)	4–6
C. Informationsrecht des Betreibers des elektronischen Bundesanzeigers (Abs 2)	
I. Umfang (Abs 2 S 1)	7–9
II. Rechtsfolgen bei Unterlassung der Angaben (Abs 2 S 2)	10
D. Verlangen der Vorlage einer deutschen Übersetzung (Abs 3)	11
E. Rechtsfolgen einer Verletzung des § 329 (Abs 4)	12

Schrifttum: Siehe Schrifttum zu § 325.

A. Allgemeines

1 Die **Prüfungspflicht** des Betreibers des eBAnz erstreckt sich nach Abs 1 auf die fristgemäße Einreichung und die Vollzähligkeit der Unterlagen (Anm 4). Nach Abs 2 besteht eine Ermittlungspflicht des Betreibers des eBAnz, ob möglicherweise von der Größe der KapGes/KapCoGes abhängige Erleichterungen nicht hätten in Anspruch genommen werden dürfen. Eine Unterrichtspflicht des Betreibers des eBAnz an die zuständige Verwaltungsbehörde (BfJ in Bonn) ist nur gegeben, wenn der Verdacht besteht, dass offen zu legende Unterlagen nicht oder nur teilweise eingereicht bzw offen gelegt wurden

2 Der **Anwendungsbereich** des § 329 bezieht sich unmittelbar auf KapGes/KapCoGes und im Übrigen durch „sinngemäße" Verweise in den Spezialgesetzen auf nach dem PublG offenlegungspflichtige Unt (§ 9 Abs 1 S 2 PublG betr JA: nur Verweis auf § 329 Abs 1 und Abs 4; § 15 Abs 2 PublG betr KA, Verweis auf § 329 Abs 1 und Abs 4). Für Kreditinstitute enthält § 340l eine weitergehende Re-

gelung (Offenlegung auch in den jeweiligen EWR-Staaten, in denen Zweigniederlassungen unterhalten werden). Bei VersicherungsUnt gilt gem § 3411 nur § 329 Abs 1 und Abs 4, da größenabhängige Erleichterungen – ebenso wie für Kreditinstitute – (Abs 2 Anm 7 ff) entfallen.

Nach den AGB (https://www.bundesanzeiger.de/download/D042_agb-ebanz. **3** pdf) des eBAnz iVm der Preisliste (https://www.bundesanzeiger.de/download/D045_Preisliste.pdf) ist die **Kostenpflicht** für die Prüfung und Veröffentlichung der beim Betreiber des eBAnz einzureichenden Unterlagen geregelt.

B. Prüfung der fristgemäßen Einreichung und der Vollzähligkeit (Abs 1)

Die Prüfung der **Vollzähligkeit** erstreckt sich auf die Unterlagen, die ggf **4** unter Berücksichtigung von größenabhängigen Erleichterungen einzureichen sind. Die Prüfung der **fristgemäßen Einreichung** beschränkt sich auf die rechtzeitige Einreichung der Unterlagen. Für beide Prüfungen stellt das Unt-Register dem Betreiber des eBAnz die von den Landesjustizverwaltungen nach § 8b Abs 3 S 2 übermittelten Daten (s § 8b Abs 2 Nr 1 bis 3) zur Verfügung. Der Umfang der beim Betreiber des eBAnz einzureichenden Unterlagen ergibt sich aus § 325 Abs 1, 2, 3 und 3a: **Jahresabschluss** (ggf nur Bilanz und verkürzter Anhang bei kleinen KapGes bzw keinen Anhang bei KleinstKapGes/KleinstKapCoGes), ggf Lagebericht, Vorschlag oder Beschluss zur Ergebnisverwendung, ggf BVm, ggf Bericht des AR; **Konzernabschluss** und Konzernlagebericht mit BVm. Der Betreiber des eBAnz prüft ebenfalls, ob die Bestimmungen des § 325 Abs 2, 2a, 2b, 3 eingehalten wurden; dies gilt für den JA, ggf IFRS-EA und den KA.

Die Prüfungspflicht des Betreibers des eBAnz umschließt **nicht** den **mate- 5 riellen Inhalt** der eingereichten Unterlagen, also zB die Berücksichtigung von Aufstellungserleichterungen (§§ 264 Abs 1 S 4f, 266 Abs 1 S 3f, 274a, 275 Abs 5 oder 276, 286 Abs 4, 288) und die Einhaltung der Form nach § 328. Bzgl eines IFRS-EA prüft der Betreiber des eBAnz die formalen Voraussetzungen des § 325 Abs 2b für die befreiende Wirkung der Offenlegung, nicht jedoch die materielle Richtigkeit des IFRS-EA iSd Einhaltung der in § 325 Abs 2a genannten Standards und Vorschriften. Auch soweit nach § 326 (kleine KapGes/KapCoGes und KleinstKapGes/KleinstKapCoGes), und § 327 (mittelgroße KapGes/KapCoGes) Erleichterungen für den Inhalt der Unterlagen erst bei der Offenlegung wahrgenommen werden, sind diese nicht Gegenstand der Prüfung durch den Betreiber des eBAnz. Zur Prüfung des materiellen Inhalts ist somit der Betreiber des eBAnz weder verpflichtet noch berechtigt.

Unterbleibt eine Einreichung der Unterlagen oder werden die Rechnungs- **6** legungsunterlagen nicht vollständig eingereicht, hat der Betreiber des eBAnz gem Abs 4 die zuständige Verwaltungsbehörde (BfJ in Bonn) zu unterrichten und die zugehörigen UntDaten in elektronischer Form zu übermitteln. Daraufhin wird das BfJ von Amts wegen tätig und droht ein Ordnungsgeld nach § 335 Abs 3 S 1 an. Die Bandbreite für das Ordnungsgeld liegt zwischen 2500 € und 25 000 €. Zur Festsetzung des Ordnungsgelds vgl § 335 Anm 1 ff.

Sofern die Einreichung der Unterlagen für mehrere Abschlussstichtage unterblieben ist, obwohl eine Offenlegungspflicht bestand, tritt mangels Verjährungsvorschrift keine Verjährung ein. Dh die Rechnungslegungsunterlagen sind für sämtliche Abschlussstichtage einzureichen. Entspr ist mit der Festsetzung eines Ordnungsgelds für jeden noch nicht eingereichten Jahrgang zu rechnen.

C. Informationsrecht des Betreibers des elektronischen Bundesanzeigers (Abs 2)

I. Umfang (Abs 2 S 1)

7 Kommt der Betreiber des eBAnz bei Prüfung nach Abs 1 zu der Annahme, dass größenabhängige Aufstellungs- oder Offenlegungserleichterungen nicht hätten in Anspruch genommen werden dürfen, darf er von der KapGes/KapCoGes die **Mitteilung** der Umsatzerlöse (§ 277 Abs 1) und der durchschnittlichen Zahl der Arbeitnehmer (§ 267 Abs 5) verlangen. Dieses Informationsrecht bezieht sich nur auf den Prüfungsumfang nach Abs 1 (Vollzähligkeit der Unterlagen).

Von der Größe der KapGes/KapCoGes abhängige **Aufstellungserleichterungen** für den JA enthalten die §§ 264 Abs 1 S 4f, 266 Abs 1 S 3f, 274a, 275 Abs 5 oder 276, 286 Abs 4, 288 (s dort). Zusätzliche **Offenlegungserleichterungen** sind für den JA:
- Erleichterungen für **KleinstKapGes/KleinstKapCoGes** nach § 326 Abs 2 (Wahlrecht zur Hinterlegung der Bilanz beim Betreiber des eBAnz anstatt der Bekanntmachung der Bilanz, s § 326 Anm 1 ff);
- Erleichterungen für **kleine KapGes/KapCoGes** nach § 326 Abs 1 (keine Einreichungspflicht für die GuV mit Anhangangaben dazu, den Lagebericht und ggf den Bericht des AR);
- Erleichterungen für **mittelgroße KapGes/KapCoGes** nach § 327 (Einreichung der Bilanz in der für kleine Ges maßgeblichen Form und Einreichung des Anhangs ohne die Angaben nach § 285 Nr 2, 8 lit a, 12).
- Erleichterungen für **bestimmte kapmarktUnt** nach § 327a (§ 325 Abs 4 S 1 entfällt, wenn ein Unt an einem organisierten Markt Schuldtitel iSd § 2 Abs 1 S 1 Nr 3 WpHG mit einer Mindeststückelung von 50 000 € oder dem am Ausgabetag entspr Gegenwert einer anderen Währung begibt).
- keine Einreichung eines BVm (Versagungsvermerks) bei **KleinstKapGes und kleinen KapGes/KapCoGes,** weil keine Prüfungspflicht nach § 316 Abs 1 S 1 besteht.

Für den KA und den Konzernlagebericht bestehen an sich keine größenabhängigen Erleichterungen; jedoch befreit § 293 von der Aufstellung, falls bestimmte Größenmerkmale nicht erreicht werden.

8 Das Informationsrecht nach Abs 2 setzt voraus, dass sich bei der Prüfung nach Abs 1 ein Anlass zu der **Annahme** ergibt, dass größenabhängige Erleichterungen nicht hätten in Anspruch genommen werden dürfen. Dabei muss es sich um eine begründete Annahme handeln, dass die Grenze der §§ 267a bzw 267 Abs 1 oder 2 überschritten sein könnte. Daraus ist wiederum zu folgern, dass der Anlass idR aus der Höhe der Bilanzsumme abgeleitet wird (so *Amelung* WPK-Mitt 1989, 54; *Lück* GmbHR 1987, 47; *Röder* Rechtspfleger 1986, 167). Ist die Bilanzsumme nicht überschritten, können sich jedoch auch andere ausreichende Gründe für das Informationsrecht in Bezug auf die beiden anderen Größenmerkmale (Umsatzerlöse, Arbeitnehmerzahl) ergeben. Die Richtigkeit der von dem Unt im Rahmen von Abs 2 S 1 auf Anfrage gemachten Angaben werden vom Betreiber des eBAnz nicht geprüft (*Ziegler* Rechtspfleger 1988, 233). Eine Kontrolle des Betreibers des eBAnz, ob auch **Prüfungspflicht** nach § 316 Abs 1 (und Abs 2) besteht und demzufolge BVm/Versagungsvermerk einzureichen ist (Anm 4), lässt sich aus Abs 2 S 1 nicht ableiten. Hier kommt es nur auf die tatsächliche Größenklasse an und nicht auf etwaige Auffassungsunterschiede.

Formblattermächtigung. Weitere Ermächtigungen   § 330

Die dem Betreiber des eBAnz auf Verlangen gemachten Angaben zu den Um- 9
satzerlösen und der Zahl der Arbeitnehmer unterliegen nicht der Einsicht in das
HR, die gem § 9 jedem gestattet ist (*Amelung* WPK-Mitt 1989, 54).

II. Rechtsfolgen bei Unterlassung der Angaben (Abs 2 S 2)

Werden die vom Betreiber des eBAnz gem Abs 2 S 1 verlangten Angaben 10
nicht oder nicht fristgerecht eingereicht, gilt nach S 2 die gesetzliche **Fiktion,**
dass die Erleichterungen zu Unrecht in Anspruch genommen worden sind. Diese
besagt, dass die Publizitätspflicht als nur unvollständig erfüllt angenommen wird.
Zweifelhaft ist, ob bei Fristversäumnis eine Wiedereinsetzung in den vorherigen
Stand möglich ist (*ADS*[6] § 329 Anm 26). Aufgrund der Fiktion muss die Ges
fehlende Unterlagen nachreichen oder die Bekanntmachung nachholen (ebenso
ADS[6] § 329 Anm 24, 27 und *Fehrenbacher* in *MünchKomm HGB*[3] § 329 Anm 17).
In diesen Fällen setzt das BfJ ebenfalls ein Ordnungsgeld fest (s Anm 1, 6), da ein
Verstoß gegen § 325 vorliegt.

D. Verlangen der Vorlage einer deutschen Übersetzung (Abs 3)

Gem §§ 325a Abs 1 S 3, 340l Abs 2 S 5 dürfen die von deutschen Zweignie- 11
derlassungen ausländischer Unt bzw Zweigniederlassungen ausländischer Kreditinstitute offen zu legenden Unterlagen in englischer Sprache oder in einer vom
Register der Hauptniederlassung beglaubigten Abschrift der fremdsprachlichen
Originalversion eingereicht werden.
Um dem Betreiber des eBAnz die Prüfung gem Abs 1 zu erleichtern, kann er
im Einzelfall die Vorlage einer deutschen Übersetzung verlangen. Das Abstellen
auf den „Einzelfall" verbietet dem Betreiber des eBAnz eine generelle Anforderung von deutschen Übersetzungen; nur soweit zur Prüfung erforderlich, ist das
Verlangen gerechtfertigt. Dies dürfte dann zB der Fall sein, wenn der Betreiber
des eBAnz Anlass zur Vermutung hat, dass Pflichtbestandteile der Unterlagen
fehlen. Die Beglaubigung der Übersetzung sieht Abs 3 nicht vor.

E. Rechtsfolgen einer Verletzung des § 329 (Abs 4)

Bei vollständiger oder teilweiser Verletzung der Offenlegungspflicht ist das 12
Ordnungsgeldverfahren nach §§ 335, 340n, 341n vorgesehen. Die Festsetzung
von **Ordnungsgeld** bei Nichtbefolgung der Pflicht zur Offenlegung nach § 325
(JA, Lagebericht, KA, Konzernlagebericht und andere Unterlagen der Rechnungslegung) durch das BfJ erfolgt von Amts wegen (vgl § 335 Anm 1 ff; hier
Anm 1, 6; *Wenzel* BB 2008, 769 ff; *Stollenwerk/Kurpat* BB-Rechtsprechungsreport 2009, 150 ff).

Fünfter Unterabschnitt. Verordnungsermächtigung für Formblätter und andere Vorschriften

§ 330 [Formblattermächtigung. Weitere Ermächtigungen]

(1) [1]Das Bundesministerium der Justiz wird ermächtigt, im Einvernehmen
mit dem Bundesministerium der Finanzen und dem Bundesministerium für
Wirtschaft und Technologie durch Rechtsverordnung, die nicht der Zustim-

mung des Bundesrates bedarf, für Kapitalgesellschaften Formblätter vorzuschreiben oder andere Vorschriften für die Gliederung des Jahresabschlusses oder des Konzernabschlusses oder den Inhalt des Anhangs, des Konzernanhangs, des Lageberichts oder des Konzernlageberichts zu erlassen, wenn der Geschäftszweig eine von den §§ 266, 275 abweichende Gliederung des Jahresabschlusses oder des Konzernabschlusses oder von den Vorschriften des Ersten Abschnitts und des Ersten und Zweiten Unterabschnitts des Zweiten Abschnitts abweichende Regelungen erfordert. ²Die sich aus den abweichenden Vorschriften ergebenden Anforderungen an die in Satz 1 bezeichneten Unterlagen sollen den Anforderungen gleichwertig sein, die sich für große Kapitalgesellschaften (§ 267 Abs. 3) aus den Vorschriften des Ersten Abschnitts und des Ersten und Zweiten Unterabschnitts des Zweiten Abschnitts sowie den für den Geschäftszweig geltenden Vorschriften ergeben. ³Über das geltende Recht hinausgehende Anforderungen dürfen nur gestellt werden, soweit sie auf Rechtsakten des Rates der Europäischen Union beruhen. ⁴Die Rechtsverordnung nach Satz 1 kann auch Abweichungen von der Kontoform nach § 266 Abs. 1 Satz 1 gestatten. ⁵Satz 4 gilt auch in den Fällen, in denen ein Geschäftszweig eine von den §§ 266 und 275 abweichende Gliederung nicht erfordert.

(2) ¹Absatz 1 ist auf Kreditinstitute im Sinne des § 1 Abs. 1 des Gesetzes über das Kreditwesen, soweit sie nach dessen § 2 Abs. 1, 4 oder 5 von der Anwendung nicht ausgenommen sind, und auf Finanzdienstleistungsinstitute im Sinne des § 1 Abs. 1a des Gesetzes über das Kreditwesen, soweit sie nach dessen § 2 Abs. 6 oder 10 von der Anwendung nicht ausgenommen sind, sowie auf Institute im Sinne des § 1 Absatz 2a des Zahlungsdiensteaufsichtsgesetzes, nach Maßgabe der Sätze 3 und 4 ungeachtet ihrer Rechtsform anzuwenden. ²Satz 1 ist auch auf Zweigstellen von Unternehmen mit Sitz in einem Staat anzuwenden, der nicht Mitglied der Europäischen Gemeinschaft und auch nicht Vertragsstaat des Abkommens über den Europäischen Wirtschaftsraum ist, sofern die Zweigstelle nach § 53 Abs. 1 des Gesetzes über das Kreditwesen als Kreditinstitut oder als Finanzinstitut gilt. ³Die Rechtsverordnung bedarf nicht der Zustimmung des Bundesrates; sie ist im Einvernehmen mit dem Bundesministerium der Finanzen und im Benehmen mit der Deutschen Bundesbank zu erlassen. ⁴In die Rechtsverordnung nach Satz 1 können auch nähere Bestimmungen über die Aufstellung des Jahresabschlusses und des Konzernabschlusses im Rahmen der vorgeschriebenen Formblätter für die Gliederung des Jahresabschlusses und des Konzernabschlusses sowie die Zwischenabschlusses gemäß § 340a Abs. 3 und des Konzernzwischenabschlusses gemäß § 340i Abs. 4 aufgenommen werden, soweit dies zur Erfüllung der Aufgaben der Bundesanstalt für Finanzdienstleistungsaufsicht oder der Deutschen Bundesbank erforderlich ist, insbesondere um einheitliche Unterlagen zur Beurteilung der von den Kreditinstituten und Finanzdienstleistungsinstituten durchgeführten Bankgeschäfte und erbrachten Finanzdienstleistungen zu erhalten.

(3) ¹Absatz 1 ist auf Versicherungsunternehmen nach Maßgabe der Sätze 3 und 4 ungeachtet ihrer Rechtsform anzuwenden. ²Satz 1 ist auch auf Niederlassungen im Geltungsbereich dieses Gesetzes von Versicherungsunternehmen mit Sitz in einem anderen Staat anzuwenden, wenn sie zum Betrieb des Direktversicherungsgeschäfts der Erlaubnis durch die deutsche Versicherungsaufsichtsbehörde bedürfen. ³Die Rechtsverordnung bedarf der Zustimmung des Bundesrates und ist im Einvernehmen mit dem Bundesministerium der Finanzen zu erlassen. ⁴In die Rechtsverordnung nach Satz 1 können auch nähere Bestimmungen über die Aufstellung des Jahresabschlusses und des Konzernabschlusses im Rahmen der vorgeschriebenen Formblätter für die Gliederung des Jahresabschlusses und des Konzernabschlusses sowie Vorschriften über den Ansatz und die Bewertung von versicherungstechnischen Rückstellungen, insbesondere die Näherungsverfahren, aufgenommen werden. ⁵Die Zustimmung des Bundesrates

Formblattermächtigung. Weitere Ermächtigungen § 330

ist nicht erforderlich, soweit die Verordnung ausschließlich dem Zweck dient, Abweichungen nach Absatz 1 Satz 4 und 5 zu gestatten.

(4) ¹In der Rechtsverordnung nach Absatz 1 in Verbindung mit Absatz 3 kann bestimmt werden, daß Versicherungsunternehmen, auf die die Richtlinie 91/674/EWG nach deren Artikel 2 in Verbindung mit Artikel 3 der Richtlinie 73/239/EWG oder in Verbindung mit Artikel 2 Nr. 2 oder 3 oder Artikel 3 der Richtlinie 79/267/EWG nicht anzuwenden ist, von den Regelungen des Zweiten Unterabschnitts des Vierten Abschnitts ganz oder teilweise befreit werden, soweit dies erforderlich ist, um eine im Verhältnis zur Größe der Versicherungsunternehmen unangemessene Belastung zu vermeiden; Absatz 1 Satz 2 ist insoweit nicht anzuwenden. ²In der Rechtsverordnung dürfen diesen Versicherungsunternehmen auch für die Gliederung des Jahresabschlusses und des Konzernabschlusses, für die Erstellung von Anhang und Lagebericht und Konzernanhang und Konzernlagebericht sowie für die Offenlegung ihrer Größe angemessene Vereinfachungen gewährt werden.

(5) Die Absätze 3 und 4 sind auf Pensionsfonds (§ 112 Abs. 1 des Versicherungsaufsichtsgesetzes) entsprechend anzuwenden.

Übersicht

	Anm
A. Allgemeines	1–4
B. Inhalt der generellen Ermächtigung (Abs 1 S 1, 4, 5)	10–19
C. Formblatt-Verordnungen	20, 21
D. Gleichwertigkeits-Grundsatz (Abs 1 S 2)	25–28
E. Weitergehende Anforderungen der EU (Abs 1 S 3)	30–32
F. Zusatzermächtigungen für Institute, Versicherungsunternehmen und Pensionsfonds (Abs 2–5)	
I. Erweiterter Geltungsbereich des Abs 1	40, 41
II. Institute (Abs 2)	45–48
III. Versicherungsunternehmen und Pensionsfonds (Abs 3–5)	
1. Größere Unternehmen	50–53
2. Kleinunternehmen	55–57
3. Pensionsfonds (Abs 5)	58
G. Rechtsfolgen bei Verletzung von Formblatt-VO	
I. Bußgeld, Zwangsgeld	59
II. Nichtigkeit	60

Schrifttum zu den in Anm 20 genannten VO:
a) **Allgemein:** *ADS*[6] § 330.
b) **Kreditinstitute:** IDW PS 520 Besonderheiten und Problembereiche bei der Abschlussprüfung von Finanzdienstleistungsinstituten WPg 2001, 982 ff; *Krumnow* ua Rechnungslegung der Kreditinstitute[2], Stuttgart 2004; *Becker/Wolf*, Prüfungen in Kreditinstituten und Finanzdienstleistungsunternehmen, Stuttgart 2005.
c) **Versicherungsunternehmen:** *Budde* ua (Hrsg) Beck'scher Versicherungsbilanz-Kommentar, München 1998; *Rockel/Helten/Loy/Ott/Sauer* Versicherungsbilanzen[3], Stuttgart 2012.
d) **Verkehrsunternehmen:** *Schnappauf* Gliederung der Jahresabschlüsse von Verkehrsunternehmen WPg 1988, 532 ff.
e) **Wohnungsunternehmen:** *GdW* Bundesverband deutscher Wohnungs- und Immobilienunternehmen *eV* Erläuterungen zur Rechnungslegung der Wohnungsunternehmen[2], Planegg 2012; *GdW* Bundesverband deutscher Wohnungs- und Immobilienunternehmen *eV*[7] Kommentar zum Kontenrahmen der Wohnungswirtschaft, Hamburg 2005.

f) **Krankenhäuser:** IDW-KHFA 1/1990 WPg, 121 ff zur Krankenhaus-Buchführungs-VO; *Munk* et al Der Jahresabschluss des Krankenhauses, Loseblatt-Handbuch, Essen oJ; vgl auch IDW ERS KHFA-1 Einzelfragen zur Rechnungslegung von Krankenhäusern WPg 2004, 365 ff und IDW RS KHFA WPg 2005, 524 ff; *Hentze/Kehres* Buchführung und Jahresabschluss in Krankenhäusern[3], Stuttgart 2007; *WPH*[14] I, L 42 ff.

A. Allgemeines

1 § 330 gilt für KapGes, KapCoGes, eG (336 Abs 3) und Unt des PublG (§§ 5 Abs 3, 13 Abs 4 PublG). Für Kreditinstitute, Finanzdienstleister, Zahlungsinstitute, E-Geld-Institute iSv § 1a Abs 1 Nr 5 ZAG (kurz: Institute, Abs 2), für VersicherungsUnt (Abs 3, 4) und Pensionsfonds (Abs 5) ist die Ermächtigung auf alle Rechtsformen erweitert (Anm 40 f). Die Ermächtigungen beziehen sich ausdrücklich auch auf die Konzernrechnungslegung. Abs 2 S 1 geändert (9. 3. 11) durch Gesetz zur Umsetzung der Zweiten E-Geld-Richtlinie (BGBl I, 288).

2 Die VO zu § 330 (Anm 20) bedürfen nur für Abs 3 (mit Abs 4) der Mitwirkung des BR. Das ist in § 330 ausdrücklich klargestellt. Keine Mitwirkung des BR ist aber in den den Fällen des Abs 1 S 4 und 5 erforderlich.

Die Formblatt-VO werden vom BdJ erlassen. Zuvor ist jedoch Einvernehmen mit dem BdF und für Abs 1 auch mit dem BMWI herzustellen. Die Zuständigkeit des BdJ soll die Auseinanderentwicklung der „tätigkeitsbezogenen" Rechnungslegung im Verhältnis zur „allgemeinen" Rechnungslegung vermeiden (BT-Drs 10/317, 100) und auch die Struktur der VO einander annähern. Bei Abs 2 bedarf es des Benehmens der DBB.

3 § 330 gilt insb für die externe Rechnungslegung bestimmter Wirtschaftszweige; Ermächtigungen in Spezialgesetzen (KWG, VAG) werden insoweit durch Erweiterungen des § 330 ersetzt. Belange der Aufsichtsbehörden verbleiben in den Spezialgesetzen; auf Grund solcher Ermächtigungen sind für Institute und VersicherungsUnt eine größere Zahl von VO ergangen.

4 Die VO zu § 330 setzen für bestimmte Wirtschaftszweige (Anm 20) ein einheitliches Recht. Um branchentypische Besonderheiten in Industrie (zB Bauindustrie, Bergbau) oder Handel Rechnung zu tragen, enthält § 265 Abs 4 oder 5 eine unternehmensindividuelle Abweichungsnorm.

B. Inhalt der generellen Ermächtigung (Abs 1 S 1, 4, 5)

10 Die Ermächtigung bezieht sich darauf,
- **Formblätter** vorzuschreiben oder andere Vorschriften **für die Gliederung** des JA und des KA zu erlassen
- sowie Vorschriften für den **Inhalt** des Anhangs, des Konzernanhangs, alt des Lageberichts und des Konzernlageberichts zu erlassen.

Abs 1 gilt jedoch nur, wenn der Geschäftszweig Regelungen **erfordert,** die von den **Gliederungen** nach § 266 (mit § 268) und § 275 (mit § 277) für den JA, den KA oder von den Vorschriften des Ersten Abschn (Buchführung, allgemeine Bestimmungen zum JA) sowie vom Ersten oder Zweiten Unterabschn des Zweiten Abschn (JA usw und KA usw der KapGes) **abweichen.** Für Institute ist dies in § 340a Abs 2 und für VersicherungsUnt in § 341a Abs 2 konkretisiert. Nach Abs 1 S 4, 5 kann von der in § 266 Abs 1 S 1 vorgeschriebenen Kontoform für die Bilanz abgewichen werden, wenn ein besonderer Geschäftszweig dies nicht erfordert. Dies soll bspw dann geboten sein, wenn die elektronische Darstellung der Bilanz so erleichtert wird (BT-Drs 16/2781, 82).

Formblattermächtigung. Weitere Ermächtigungen   11–16   § 330

Abs 1 ist durch § 336 Abs 3 auf den JA von eG erweitert; der gesamte § 330 gilt für JA und KA nach dem **PublG** (§§ 5 Abs 3, 13 Abs 4 PublG) sowie für KapCoGes. Die Ermächtigungen für Institute (Abs 2), für VersicherungsUnt (Abs 3, 4) und Pensionsfonds (Abs 5) gehen teilweise wesentlich über die hier dargestellten Grundsätze hinaus (Anm 45 ff, 50 ff).

Keine Abweichungen gestattet Abs 1 von den **Ansatzvorschriften** oder den **Bewertungsvorschriften,** von den Vorschriften über die **Prüfung,** über die **Offenlegung** und auch nicht von den **Sanktionen** (Bußgelder usw); anders bei VersicherungsUnt (Anm 50 ff). Die Offenlegung ist für TU iSv § 264 Abs 3 erleichtert. Gleiches gilt in den Fällen des § 264b; §§ 340a Abs 2 S 4, 341a Abs 2 S 4.   11

Ein qualitativer Unterschied zwischen „Formblättern" einerseits und „anderen Vorschriften über die Gliederung" andererseits besteht nicht. Letztere beziehen sich auf Inhalt und Abgrenzung der Formblatt-Posten zueinander – ggf einschl der Fußnoten oder Anm in den einzelnen Formblättern.   12

Da stets jeweils die Vorschriften für große KapGes anzuwenden sind (Anm 18, 25), müssen auch alle Formblatt-Vorschriften die Erfüllung des Leitbilds des JA gem § 264 Abs 2 S 1 oder des KA gem § 297 Abs 2 S 2 sicherstellen. Das gilt anders als bei Industrie- und HandelsUnt auch für TU (iSv § 264 Abs 3, § 264b) von Instituten und VersicherungsUnt.   13

Abs 1 S 1 ermächtigt (nur) dann zu abw Vorschriften, wenn der Geschäftszweig abw Regelungen **erfordert.** Es muss dabei jeweils der Leitbild-Funktion des Wirtschaftszweigs entsprochen werden. Auch Aufsichtserfordernisse können einheitliche Formblätter oder andere Abweichungen sinnvoll erscheinen lassen. Im Übrigen haben die allgemeinen Vorschriften zu gelten, so dass die nicht branchenbezogenen Bilanz- oder GuV-Posten in die Branchen-Formblätter übernommen werden müssen.   14

In §§ 300 Abs 2 S 3, 308 Abs 2 S 2 und in § 13 Abs 2 PublG ist geregelt, wie zu verfahren ist, wenn FormblattUnt in Abschlüsse von **Konzernen anderer Branchen** einzubeziehen sind. Wenn umgekehrt Unt anderer Branchen in formblattgebundene Konzerne einzubeziehen sind, gelten die §§ 340 ff oder 341 ff. Gehört ein formblattgebundenes Unt zum Konzern eines anderen formblattgebundenen Unt, sind beide Formblätter nach dem Grundsatz des § 265 Abs 4 zu kombinieren (*ADS*[6] § 330 Anm 35 ausdrücklich für eine Ges mit mehreren Geschäftszweigen). Wegen der gesetzlichen Tätigkeitsbegrenzungen von Formblatt-Unt dürfte das für JA kaum vorkommen.   15

Die Formblatt-VO (Anm 20) regeln die **Leerposten** nicht, weil § 265 Abs 8 auch für FormblattUnt gilt. Auch formblattgebundene Unt dürfen daher Leerposten weglassen. Dagegen bestimmen die Formblatt-VO, ob Bilanz- oder GuV-Posten auf ihren tatsächlichen Inhalt verkürzt werden dürfen.

Nach **Art 80 Abs 1 GG** müssen Inhalt, Zweck und Ausmaß einer Ermächtigung im Gesetz selbst bestimmt sein, außerdem muss jede VO auf das Gesetz verweisen. Das ist für § 330 in folgender Weise verwirklicht: 16

Inhalt. Dieser ist durch die Aufzählung in Abs 1 S 1 – Anm 10 – eindeutig umschrieben, zumal der etwas ungenaue Begriff „andere Vorschriften" durch die Sätze 2 und 3 des Abs 1 begrenzt wird; dazu auch Anm 25 ff.

Zweck. Es dürfen VO nach § 330 nur für bestimmte, weitgehend gleichgebliebene bzw gleichbleibende Geschäftszweige erlassen werden. Zudem ist durch die zentrale Zuständigkeit des BMJ sichergestellt, dass alle derartigen VO für jeden in Betracht kommenden Wirtschaftszweig jeweils einheitliches Recht setzen. Dadurch werden gleichartige Sachverhalte möglichst wortgleich formuliert. Das gilt auch für die Konkretisierungen des Abs 1 in Abs 2 und 3.

Ausmaß. Es ist durch die „Erfordernisse des (jeweiligen) Geschäftszweigs" bedingt und durch die „Gleichwertigkeit" gemäß Abs 1 S 2 begrenzt. Alle

Formblätter dürfen abw Postenbezeichnungen nur für die branchentypischen Posten fordern. Andere Regelungen müssen sich auf branchentypische Gewohnheiten beziehen. Im Übrigen haben alle Formblätter den Gliederungsbestimmungen des HGB zu entsprechen (Anm 14, ähnlich ADS^6 § 330 Anm 7 zum Informationsbedürfnis). Im Hinblick auf den Bestimmtheitsgrundsatz mag von Abs 1 S 5 (keine Erforderlichkeit der Abweichungen) nur begrenzt Gebrauch gemacht werden. Diese Grundsätze des Art 80 Abs 1 GG gelten auch für Formblatt-VO, die in die Zuständigkeit der Länder fallen (Anm 21).

17   Im Rahmen der Grundsätze des § 265 Abs 5, die für die jeweiligen Formblatt-VO gelten (Anm 20), darf jedes „formblattgebundene" Unt freiwillig die Einzelposten untergliedern und neuartige Posten einfügen. § 330 ermächtigt nicht dazu, ergänzend zum **Haushaltsgrundsätze-Gesetz** für staatlich kontrollierte Unt oder für Unt mit MU oder Hauptsitz im Ausland spezielle Sondervorschriften zu erlassen. Gehören solche Unt jedoch „Formblatt-Branchen" an, gelten die Formblätter unmittelbar auch für sie (soweit nicht die Länder zuständig sind).

18   Durch §§ 340a Abs 2, 341a Abs 2 (Anm 10) ist konkretisiert, welche HGB-Bestimmungen durch Formblatt-VO ersetzt werden (mit eingeschränkter Gestaltungsfreiheit für den betr Wirtschaftszweig). Ferner sind die generell für große KapGes maßgebenden Bestimmungen zum JA (hauptsächlich für Einzelangaben im Anhang gem § 285) erheblich reduziert. § 330 gilt auch für **geschäftsleitende Holdings** von Instituten, Finanzinstituten und VersicherungsUnt (§§ 340i Abs 3, 341i Abs 2).

19   **Erleichterungen** für **Kleinunternehmen** sind in § 31 KWG und in § 61f RechVersV enthalten.

C. Formblatt-Verordnungen

20   Aufgrund von § 330 gelten derzeit folgende VO zu den JA:

		BGBl I
6. 3. 1987	Geänderte VO über Formblätter für die Gliederung des JA für **Wohnungsunternehmen** (auch erlassen für eG gem § 336 Abs 3) vom 22.9.1970 (BGBl I, 1334), geändert durch VO 6.3.1987, zuletzt geändert durch BilMoG Art 13 (5), BGBl I 2009, 1102	1987, 770
24. 3. 1987	Neufassung der **Krankenhaus-Buchführungsverordnung**, zuletzt geändert am 27.12.2012, Art 7 Abs 1, BGBl I 2012, 2751, 2754	1987, 1045
11. 12. 1998	Neufassung der VO über die Rechnungslegung der **Kreditinstitute und Finanzdienstleistungsinstitute** (RechKredV), zuletzt geändert durch VO 9.6.2011 Art 3, BGBl I 2011, 1041	1998, 3658
8. 11. 1994	VO über die Rechnungslegung von **Versicherungsunternehmen** (RechVersV), zuletzt geändert am 27.12.2012, Art 7 Abs 2, BGBl I 2012, 2751, 2754	1994, 3378
22. 11. 1995	VO über die Rechnungs- und Buchführungspflichten der **Pflegeeinrichtungen** (Pflege-Buchführungsverordnung – PBV), zuletzt geändert am 27.12.2012, Art 7 Abs 3, BGBl I 2012, 2751, 2755	1995, 1528
13. 7. 1988	Geänderte VO über die Gliederung des JA von **Verkehrsunternehmen**	1988, 1057

25. 2. 2003 VO über die Rechnungslegung von **Pensionsfonds**
(Pensionsfonds-Rechnungslegungsverordnung –
RechPensV), zuletzt geändert durch VO 9.6.2011
Art 5, BGBl I 2011, 1041   2003, 246
2. 11. 2009 VO über die Rechnungslegung der **Zahlungsinstitute** (Zahlungsinstituts-Rechnungslegungsverordnung – RechZahlV), zuletzt geändert durch VO
9.6.2011 Art 2, BGBl I 2011, 1041   2009, 3680

Die RechKredV und die RechVersV enthalten auch Vorschriften zur **Konzernrechnungslegung**. In beiden VO sind besondere Formblätter für Spezialinstitute enthalten (zB WohnungsUnt mit Spareinrichtung, Lebens- oder KrankenversicherungsUnt).

Für **kommunale Betriebe** (Regiebetriebe oder -Ges) – insb Versorgungs- 21
Betriebe – gilt nach dem Grundgesetz Landesrecht. Die einzelnen Bundesländer haben inzwischen ihre Eigenbetriebs-Gesetze (oder -VO) an das HGB angepasst; Näheres in § 263 Anm 2. Auch für **öffentlich-rechtliche** Kreditinstitute oder VersicherungsUnt sowie für Unt dieser Branchen mit örtlich begrenztem Wirkungskreis sind die Aufsichtsbehörden der Länder zuständig. Sie folgen häufig dem Bundesrecht (§ 55 Abs 1 VAG, s § 52 KWG).

D. Gleichwertigkeits-Grundsatz (Abs 1 S 2)

Die abweichenden Vorschriften sollen den Anforderungen des HGB für große 25
Kapitalgesellschaften gleichwertig sein. Dafür ist eine **Gleichwertigkeit insgesamt** zu erreichen (*RegE* BT-Drs 10/3440, 46). Erleichterungen für kleinere Unt setzen Sondervorschriften voraus (Anm 18, 56).

Die Vielfalt regelungsbedürftiger Sachverhalte für die in Anm 20 und 21 ge- 26
nannten Geschäftszweige muss dazu führen, dass Einzelvorschriften für diese Branchen teilweise über die Bestimmungen im HGB hinausgehen. Dafür müssen dann aber andere Regelungen die Vorschriften für IndustrieUnt unterschreiten: „Der Verordnungsgeber soll Anforderungen stellen, die denen gleichwertig sind, die für große prüfungspflichtige Unternehmen allgemein gelten" (BT-Drs 10/3440, 46).

Entscheidend ist, dass jede Formblatt-VO insgesamt die gleiche Klarheit und 27
Übersichtlichkeit herbeiführt, die § 243 Abs 2 für alle Kfl vorsieht und die der Generalnorm des § 264 Abs 2 S 1 entspricht (Anm 13). Die Informationsqualität soll dieselbe sein (*ADS*[6] § 330 Anm 7). Auch das spricht für eine Gesamtwürdigung der Formblätter und der Vorschriften in den VO.

Die Notwendigkeit, durch weitere Aufgliederung branchentypischer Posten 28
zuweilen das Industrie-Schema zu überschreiten, führt dazu, dass andererseits Einschränkungen durch Wahlrechte für die Anwendung der Pflicht-Normen des HGB enthalten sind; dazu die Konkretisierungen in §§ 340a Abs 2, 341a Abs 2 (Anm 10). Es kommen in den Formblättern auch Zusammenfassungen von HB-Posten vor.

E. Weitergehende Anforderungen der EU (Abs 1 S 3)

Rechtsakte des Rates der Europäischen Union können über das geltende 30
Recht hinausgehende Anforderungen stellen. Damit soll das in Gesetzen und Rechts-VO niedergelegte Recht jedoch nicht auch für den Fall festgeschrieben werden, dass die künftigen Richtl der EU weniger weitgehende Vorschriften vorsehen (BT-Drs 10/3440, 46).

31 Zum geltenden Recht zählen das Bilanzrecht des HGB mit den ergänzenden Spezialgesetzen und die VO zu § 330, soweit sie den Erfordernissen des Art 80 Abs 1 GG (Anm 16) entsprechen. Ergänzend zu diesen Gesetzen gehören zum geltenden Recht außerdem die **allgemein anerkannten Übungen** in dem entspr Wirtschaftszweig. Diese können in aufsichts- oder steuerrechtlichen Bestimmungen (§§ 20, 21, 21a, 21b KStG) niedergelegt sein oder sonst herrschende Überzeugung darstellen. Zum geltenden Recht gehören ferner noch zu erlassende bundesgesetzliche Regelungen. Denn § 330 bezieht sich nur auf den Inhalt von VO, schränkt aber nicht den Gesetzgeber selbst ein.

32 **Weitergehende Anforderungen** müssen auf Rechtsakten der EU beruhen. Wenn Rechtsakte der EU ordnungsgemäß zustande kommen, dürfen sie das geltende Recht (Anm 31) erweitern. Anderenfalls bestehen Zweifel an ihrer Wirksamkeit. Abs 1 S 3 verweist implizit auch auf **künftige Rechtsakte** des Rates der EU. Derartige sog dynamische Verweisungen sind aber verfassungsrechtlich bedenklich (BVerfG 1.3.1978 NJW, 1475 und *Sachs* Die dynamische Verweisung als Ermächtigungsnorm NJW 1981, 1651 mwN). Deswegen wurden §§ 340ff wohl ausdrücklich auf Finanzdienstleistungsinstitute und deren Zweigstellen begrenzt, § 340 Abs 4.

F. Zusatzermächtigungen für Institute, Versicherungsunternehmen und Pensionsfonds (Abs 2–5)

I. Erweiterter Geltungsbereich des Abs 1

40 Für Kreditinstitute, Finanzdienstleister, Zahlungsinstitute, E-Geld-Institute iSv § 1a Abs 1 Nr 5 ZAG (Abs 2), für VersicherungsUnt (Abs 3) und P-Fonds iSv § 112 Abs 1 VAG sind die Ermächtigungen des Abs 1 jeweils auf alle anderen Rechtsformen erweitert (Abs 2 S 1, Abs 3 S 1), soweit diese nach KWG oder VAG zulässig sind. Die Formblatt-Ermächtigungen beziehen sich gem Abs 2 S 2 bei Instituten auch auf Zweigstellen (Repräsentanzen) von Unt mit Sitz in Drittstaaten, sofern diese nach KWG als Institute gelten.

Auch bei VersicherungsUnt erstrecken sich die Ermächtigungen auf Niederlassungen von Unt, die in EU-, EWR- oder in Drittstaaten ansässig sind, soweit für das Direktgeschäft eine Erlaubnis des BAV/der BaFin erforderlich ist (Abs 3 S 2). Die jeweiligen Rechts-VO bedürfen der Zustimmung des BdF, jedoch nicht der Beteiligung des BMWI, bei Instituten auch des Benehmens (der Anhörung) der DBB (Abs 2 S 3, Abs 3 S 3).

Zweigstellen oder Niederlassungen von Instituten und VersicherungsUnt mit Sitz in einem anderen EU- oder EWR-Staat legen hingegen in Deutschland den JA des MU offen (*ADS*[6] § 330 Anm 10).

41 Die im KWG oder VAG enthaltenen zahlreichen Ermächtigungen betreffen nunmehr VO zum Inhalt der internen Rechnungslegung, Berichte der AP und andere Aufsichtsbefugnisse. Diese VO der Aufsichtsbehörden haben indirekt erhebliche Auswirkungen auf das Zahlenwerk der JA und KA, ohne deren äußere Form zu beeinflussen.

II. Institute (Abs 2)

45 Die Zusatzermächtigungen gem Abs 2 S 4 betreffen – über Abs 1 S 1 (Anm 10ff) hinausgehend – auch nähere Bestimmungen über die Aufstellung der

JA, KA oder von Zwischenabschluss/Konzern-Zwischenabschluss im Rahmen der Formblätter und anderer Vorschriften. Diese Zusatzermächtigungen gelten jedoch nur, **soweit** die zusätzlichen Bestimmungen zur Erfüllung der Aufgaben der BaFin oder der DBB **erforderlich** sind. Das soll insb sicherstellen, einheitliche Unterlagen zur Beurteilung der durchgeführten Institutsgeschäfte und erbrachten Finanzdienstleistungen zu erhalten. § 1 Abs 1b KWG verwendet als Sammelbezeichnung für Kreditinstitute und Finanzdienstleistungsinstitute den Begriff „Institut" isd KWG. „Institute" isd ZAG sind Zahlungsinstitute (§ 1 Abs 1 Nr 5 ZAG) und E-Geld-Institute (§ 1a Abs 1 Nr 5 ZAG), vgl § 1 Abs 2a ZAG.

Die RechKredV gilt gem § 340 Abs 1 S 1 nicht für die in § 2 Abs 1, 4 oder 5 KWG genannten Sonderinstitute. Diese gelten gem § 2 Abs 6 KWG ua auch nicht als Finanzdienstleistungsinstitute (zB DBB, KfW). Die Rechnungslegung solcher Sonderinstitute richtet sich nach den jeweiligen Spezialgesetzen.

Zur Aufstellung der vorgenannten Abschlüsse ist die RechKredV (Anm 20) ergangen, die im Rahmen der „anderen Vorschriften" gem Abs 1 S 1 auch den Inhalt der einzelnen Posten der Bilanz- und GuV-Formblätter umschreibt.

Die BaFin kann gem § 31 Abs 2 KWG einzelne Institute von den Pflichten zur Vorlage der JA freistellen, insb wenn das wegen der Art oder des Umfangs der betriebenen Geschäfte angezeigt ist.

Alle Formblätter sowie die VO zur Prüfung der JA für Kreditinstitute vom 21.7.1994 (BGBl I, 1803) werden im *WPH*[14] I, J 51 ff, 556, 1032 f, M 225 erläutert.

Für Institute ist am 17. 12. 98 (BGBl I, 3690) die **PrüfBerV** auf Grund von § 29 Abs 4 KWG ergangen. Nach § 36 WpHG ist am 6. 1. 99 die VO über die Prüfung von Wertpapier-Dienstleistungsunternehmen veröffentlicht worden (BGBl I, 4).

III. Versicherungsunternehmen und Pensionsfonds (Abs 3–5)

1. Größere Unternehmen

Die über Abs 1 hinausgehenden Ermächtigungen des **Abs 3** S 4 beziehen sich auf Vorschriften
– zur Aufstellung der JA und des KA im Rahmen der Formblätter und anderer Vorschriften und außerdem
– zu Ansatz und Bewertung versicherungstechnischer Rückstellungen (einschl Näherungsverfahren).

Die VO v 8.11.1994 (Anm 20) umschreibt (wie bei Banken, Anm 46) den Inhalt der einzelnen Formblatt-Posten für Bilanz und GuV. Außerdem regelt sie im Rahmen der §§ 341e bis 341h Ansatz, Bewertung und Näherungsverfahren zu versicherungstechnischen Rückstellungen. In einer Anlage zu dieser VO ist die Berechnung der Schwankungsrückstellung festgelegt. Diese gilt über § 20 Abs 1 KStG auch für die StB. Im Gegensatz zu Abs 2 S 4 (Banken) ist die Ermächtigung für VersicherungsUnt nicht auf Belange der Aufsicht begrenzt. Die VO regelt schließlich Art und Umfang der Befreiungen für kleine VersicherungsUnt (Anm 55). Sie ist mit Zustimmung des Bundesrats ergangen.

Alle Formblätter für größere VersicherungsUnt sowie die VO zur Aufstellung von JA und KA werden im *WPH*[13] I, K 63 ff, 629 ff, 664, *WPH*[14] I, M 225 erläutert.

Für die interne Berichterstattung ggüb dem BAV gilt gem § 55a VAG die BerVersV (v 29.3.2006, BGBl I, 622).

§ 330 55–59   VO-Ermächtigung für Formblätter und andere Vorschriften

Zudem gilt die PrüfV vom 3.6.1998 (BGBl I, 1209), zuletzt geändert durch das BilMoG Art 13 (18).

2. Kleinunternehmen

55 Für P-Kassen oder für andere VersicherungsUnt mit örtlich oder sachlich begrenzten Mitgliedschaften gelten die Versicherungs-Richtl der EG aus 1973, 1979 und 1991 und deren Umsetzungen nicht. Es war daher nahe liegend, die schon bisher im VAG enthaltenen Vereinfachungen der Rechnungslegung, ggf sogar zum Verzicht auf eine kfm Buchführung, durch **Abs 4** in veränderter Form fortzuführen.

56 Für diese Klein-VersicherungsUnt
- sind ganz oder teilweise Befreiungen von den Vorschriften in den §§ 341 bis 341o zulässig, sofern dadurch im Verhältnis zur Größe solcher Versicherungs-Unt unangemessene Belastungen vermieden werden (Abs 4 S 1 Hs 1);
- gleichzeitig entfällt die Gleichwertigkeit zu den Vorschriften für große KapGes gem Abs 1 S 2 (Abs 4 S 1 Hs 2);
- außerdem dürfen gem Abs 4 S 2 im Verhältnis zur Größe solcher Unt auch Vereinfachungen gewährt werden für die Gliederung des JA und für den Anhang (ggf KA und Konzernanhang, für den Lagebericht ggf KonzernLagebericht) und für die Offenlegung dieser Unterlagen.

In §§ 61, 62 der RechVersV vom 8.11.1994 (Anm 20) sind die Ermächtigungen des Abs 4 durch größenabhängige Befreiungen und ggf die Erfolgsermittlung bis zu einem Fünfjahres-Turnus umgesetzt.

57 Aufsichtsrechtliche Vorschriften erleichtern die Kapitalausstattung für kleinere VersicherungsUnt (§ 156a VAG) und für kleinere VVaG auch die Rechnungslegung (§ 157 VAG). Kleinst-VVaG mit geringer Mitgliederzahl und niedrigen Beitragsaufkommen können sogar aufsichtsfrei gestellt werden (§ 157a VAG).

Die BAV-AnO für die Rechnungslegung von KleinstUnt (Fassung vom 27.1.1988 BGBl I, 104 mit späteren Änderungen) gilt nur noch für die Prüfung des Geschäftsbetriebs und der Vermögenslage mind in jedem dritten Jahr. Für die externe Rechnungslegung sind jetzt §§ 61, 62 der RechVersV (Anm 56) maßgebend und für die Berichterstattung an die Aufsichtsbehörde gem § 55a VAG die Vereinfachungen gem §§ 21, 22 BerVersV, Anm 53.

3. Pensionsfonds (Abs 5)

58 Die VO vom 25.2.2003 (Anm 20) ist auf P-Fonds iSv § 112 Abs 1 VAG anzuwenden, für die nach § 341 Abs 4 die §§ 341 ff grds entspr anzuwenden sind. Sie umschreibt für P-Fonds den Inhalt der einzelnen Formblatt-Posten für Bilanz und GuV. Sofern sich nicht aus der VO Besonderheiten ergeben, sollten angesichts des eindeutigen Wortlauts des Abs 5 die Erl zu VersicherungsUnt in Anm 50 ff entspr gelten. Für die Berichterstattung gilt die BerPensV vom 25.10. 2006 (BGBl I, 3048) auf der Grundlage von §§ 113 Abs 1, 55a VAG.

G. Rechtsfolgen bei Verletzung von Formblatt-VO

I. Bußgeld, Zwangsgeld

59 Nur für den Fall, dass eine VO zu § 330 für einen bestimmten Tatbestand auf die **Bußgeldvorschrift** des § 334 verweist, können Mitglieder des vertretungsberechtigten Organs oder ihres AR gem § 334 Abs 1 Nr 6 mit Geldbuße belegt werden. Diese für KapGes erlassene Vorschrift ist durch die §§ 340o (Institute)

Unrichtige Darstellung § 331

oder 341o (VersicherungsUnt) hinsichtlich der Adressaten auf Organe anderer Rechtskörper (zB Komplementär einer Instituts-KG oder Organe von VVaG, Versicherungs-Anstalten, Hauptbevollmächtigte oder Repräsentanten) ausgedehnt worden. Die Formblatt-VO (Anm 20) führen weitere mit Bußgeld bewehrte Tatbestände auf.

Die **Zwangsgeldvorschriften** der §§ 340o bzw 341o sichern die in § 335 genannten Pflichten zur Aufstellung des JA und KA, zur Erteilung des Prüfungsauftrags, zu Vorlagen und Auskünften an den AP sowie zur Offenlegung. Sie verweisen weitgehend auf § 335 (s dort). Wie bei den Bußgeldvorschriften ist der Kreis der Adressaten erweitert.

II. Nichtigkeit

Bei den zivilrechtlichen Sanktionen steht die Nichtbeachtung von Formblättern jeweils den Verstößen gegen Gliederungsvorschriften gleich, § 256 Abs 4 AktG, § 33 Abs 2 GenG. Für GmbH sind lt BGH 1.3.1982, BGHZ 83, 347 die Nichtigkeitsbestimmungen des AktG im Grundsatz entspr anzuwenden. Für große VVaG gilt das AktG (§ 36 S 2 VAG). Entspr Nichtigkeitsvorschriften bei Nichtbeachtung von Formblättern durch PersGes und Ekfl oder Klein-VVaG bestehen nicht. Hier gelten die jeweiligen Vorschriften des HGB oder BGB über Nichtigkeit oder Anfechtbarkeit von Gester-Beschlüssen. S hierzu § 331 Anm 1. 60

Sechster Unterabschnitt.
Straf- und Bußgeldvorschriften. Ordnungsgelder

§ 331 Unrichtige Darstellung

Mit Freiheitsstrafe bis zu drei Jahren oder mit Geldstrafe wird bestraft, wer
1. als Mitglied des vertretungsberechtigten Organs oder des Aufsichtsrats einer Kapitalgesellschaft die Verhältnisse der Kapitalgesellschaft in der Eröffnungsbilanz, im Jahresabschluß, im Lagebericht oder im Zwischenabschluß nach § 340a Abs. 3 unrichtig wiedergibt oder verschleiert,
1a. als Mitglied des vertretungsberechtigten Organs einer Kapitalgesellschaft zum Zwecke der Befreiung nach § 325 Abs. 2a Satz 1, Abs. 2b einen Einzelabschluss nach den in § 315a Abs. 1 genannten internationalen Rechnungslegungsstandards, in dem die Verhältnisse der Kapitalgesellschaft unrichtig wiedergegeben oder verschleiert worden sind, vorsätzlich oder leichtfertig offen legt,
2. als Mitglied des vertretungsberechtigten Organs oder des Aufsichtsrats einer Kapitalgesellschaft die Verhältnisse des Konzerns im Konzernabschluß, im Konzernlagebericht oder im Konzernzwischenabschluß nach § 340i Abs. 4 unrichtig wiedergibt oder verschleiert,
3. als Mitglied des vertretungsberechtigten Organs einer Kapitalgesellschaft zum Zwecke der Befreiung nach § 291 Abs. 1 und 2 oder einer nach § 292 erlassenen Rechtsverordnung einen Konzernabschluß oder Konzernlagebericht, in dem die Verhältnisse des Konzerns unrichtig wiedergegeben oder verschleiert worden sind, vorsätzlich oder leichtfertig offenlegt,
3a. entgegen § 264 Abs. 2 Satz 3, § 289 Abs. 1 Satz 5, § 297 Abs. 2 Satz 4 oder § 315 Abs. 1 Satz 6 eine Versicherung nicht richtig abgibt,
4. als Mitglied des vertretungsberechtigten Organs einer Kapitalgesellschaft oder als Mitglied des vertretungsberechtigten Organs oder als vertretungsberech-

§ 331 Straf- und Bußgeldvorschriften. Ordnungsgelder

tigter Gesellschafter eines ihrer Tochterunternehmen (§ 290 Abs. 1, 2) in Aufklärungen oder Nachweisen, die nach § 320 einem Abschlußprüfer der Kapitalgesellschaft, eines verbundenen Unternehmens oder des Konzerns zu geben sind, unrichtige Angaben macht oder die Verhältnisse der Kapitalgesellschaft, eines Tochterunternehmens oder des Konzerns unrichtig wiedergibt oder verschleiert.

Übersicht

	Anm
A. Allgemeines	
I. Aufbau des Sechsten Unterabschnitts	1–5
II. Systematik des § 331	6
B. Voraussetzungen der Strafbarkeit	
I. Unrichtige Darstellung in der Eröffnungsbilanz, im Jahresabschluss, im Lagebericht oder im Zwischenabschluss nach § 340a Abs 3 (Nr 1)	
1. Unrichtige Darstellung	10
a) Unrichtige Wiedergabe	11–14
b) Verschleierung	15
2. Verhältnisse der Gesellschaft	16, 17
3. Betroffener Personenkreis	18
4. Täuschungsmittel	19
5. Erheblichkeit	20, 21
6. Vollendung	22
7. Vorsatz	23
II. Offenlegung unrichtiger Darstellung im Einzelabschluss nach § 325 Abs 2a S 1, Abs 2b (Nr 1a)	25–27
III. Unrichtige Darstellung im Konzernabschluss, im Konzernlagebericht oder im Konzernzwischenabschluss nach § 340i Abs 4 (Nr 2)	30
IV. Offenlegung unrichtiger Darstellung im „befreienden" Konzernabschluss oder Konzernlagebericht (Nr 3)	31–33
V. Unrichtige Versicherung im Jahresabschluss, Lagebericht, Konzernabschluss oder Konzernlagebericht – „Bilanzeid" (Nr 3a)	
1. Pflicht zur Versicherung	34
2. Abgabe unrichtiger Versicherung	35–37
3. Subjektiver Tatbestand	38
VI. Unrichtige Angaben oder unrichtige Darstellung gegenüber Abschlussprüfern (Nr 4)	39
C. Folgen	40
D. Weitere Vorschriften in Spezialgesetzen	50
I. Aktiengesetz	51
II. GmbH-Gesetz	55
III. Publizitätsgesetz	60, 61
IV. Kreditwesengesetz	70, 71
V. Versicherungsaufsichtsgesetz	75, 76
VI. Genossenschaftsgesetz	80
VII. Umwandlungsgesetz	82
VIII. Strafgesetzbuch	85, 86
IX. Wertpapierhandelsgesetz	90

Schrifttum: *Maul* Geschäfts- und Konzernlagetäuschungen als Bilanzdelikte, DB 1989, 185; *Schüppen* Systematik und Auslegung des Bilanzstrafrechts, Köln 1993; *Siegmann/Vogel* Die Verantwortlichkeit des Strohmanngeschäftsführers einer GmbH, ZIP 1994, 1821 ff; *Dannecker* in HGB-Bilanzrecht, 2. Teilband §§ 290–342a, Berlin 2002; *Spatscheck/Wulf* Straftatbestände der Bilanzfälschung nach dem HGB, DStR 2003, 172; *Heldt/Ziemann* Sarbanes-Oxley in Deutschland, NZG 2006, 652; *Deutsches Aktieninstitut (DAI)* Stellungnahme zum Regierungsentwurf eines Transparenzrichtlinie-Umsetzungsgesetzes (TUG), NZG 2006, 696; *Knierim* in Volk, Münchner Anwalts Handbuch, Wirtschafts- und Steuerstrafsachen, München 2006; *Schulze-Osterloh/ Servatius* in Baumbach/Hueck GmbHG[18], München 2006; *Fleischer* Der deutsche „Bilanzeid" nach § 264 Abs. 2 Satz 3 HGB, ZIP 2007, 97; *Park* Einführung in das Kapitalmarktstrafrecht, JuS 2007, 712; *Ziemann* Der strafbare „Bilanzeid" nach § 331 Nr. 3a HGB, wistra 2007, 292; *Altenhain* Der strafbare falsche Bilanzeid, WM 2008, 1141; *Abendroth* Der Bilanzeid – sinnvolle Neuerung oder systematischer Fremdkörper?, WM 2008, 1147; *Park* Der strafbare Bilanzeid gem. § 331 Nr 3a HGB, FS Egon Müller, Baden-Baden 2008, S 531 ff; *Schmidt* GmbH-Reform auf Kosten der Geschäftsführer?, GmbHR 2008, 449; *Sorgenfrei* Zweifelfragen zum „Bilanzeid", wistra 2008, 329; *Tödtmann/Schauer* Der Corporate Governance Kodex zieht scharf, ZIP 2009, 995; *Ransiek* Strafrecht zur Regulierung der Wirtschaft, ZGR 2009, 157; *Sorgenfrei* in MünchKomm StGB, Bd 6/1, München 2010; *Grau/Frick/Blechschmidt* Stärken und Schwächen des reformierten Adhäsionsverfahrens, NStZ 2010, 662; *Eisolt* Strafbare unrichtige Darstellung (§ 331 HGB) im Fall der sofortigen Vereinnahmung von Mietgarantiegebühren, StuB 2010, 533; *Schönke/Schröder* Strafgesetzbuch Kommentar[28], München 2010; *Schaal* in MünchKomm AktG[3], Bd 6, München 2011; *Quedenfeld* in MünchKomm HGB[3], Bd 4, München 2011, *Becker/Endert* Außerbilanzielle Geschäfte, Zweckgesellschaften und Strafrecht, ZGR 2012, 699; *Fischer*[59] Strafgesetzbuch und Nebengesetze, München 2012; *Waßmer* in MünchKomm Bilanzrecht, Bd 2, München 2012; *Park* (Hrsg), Kapitalmarktstrafrecht, Baden Baden 2013.

A. Allgemeines

I. Aufbau des Sechsten Unterabschnitts

Die §§ 331 bis 335b enthalten **Sanktionen** für die Verletzung der in §§ 242 bis 330 niedergelegten gesetzlichen Verpflichtungen. Diese Sanktionen greifen zunächst nur bei KapGes und über § 335b für KapCoGes (OHG und KG ohne natürliche Person als unmittelbar oder mittelbar phG, vgl Erl zu § 335b Anm 1); die §§ 340m–340p und 341m–341p erweitern die Anwendung jedoch für Kreditinstitute und VersicherungsUnt auch für andere Rechtsformen (hierzu einige Hinweise in den Anm 70 und 75). § 331 Nr 3a gilt eingeschränkt nur für kapmarktUnt iSv § 2 Abs 7 WpHG. Bei anderen Unt gelten diese oder ähnliche Sanktionen nur aufgrund besonderer Vorschriften (zB §§ 17 ff PublG, vgl Anm 60 ff) oder bei besonderen Umständen wie zB Bankrott (Anm 85). Aufgrund solcher spezialgesetzlicher Regelungen kann auch die Verletzung der in den §§ 331 bis 335b nicht geschützten Buchführungspflichten nach den §§ 238 bis 241 zu strafrechtlichen Sanktionen führen (Anm 85).

Nach Einfügung einer einheitlichen Regelung des Bilanzstrafrechts für alle KapGes in das HGB sind vergleichbare Sanktionen in verschiedenen **Spezialgesetzen** (zB AktG, GmbHG, GenG, VAG) verblieben und ggü den Strafvorschriften des HGB überwiegend subsidiär ausgestaltet worden, weil die von ihnen erfassten Tatbestände mit denen der §§ 331 ff nicht immer deckungsgleich sind und auch rechtsformspezifischen Besonderheiten Rechnung tragen. Auch sind ähnliche Sachverhalte im Bereich der Rechnungslegung durch entspr Straf- und Bußgeldvorschriften in neueren Spezialgesetzen vergleichbar sanktioniert worden, z.B für das Umwandlungsrecht im UmwG (Anm 82).

2 §§ 331 bis 334 unterscheiden sich in der **Zielrichtung** grundlegend von § 335. §§ 331 bis 334 umschreiben Straftaten (§§ 331 bis 333) oder Ordnungswidrigkeiten iSd § 1 OWiG (§ 334). Die *Strafe* und das *Bußgeld* sollen mittelbar von der Verletzung der dort genannten Vorschriften abhalten. Der § 335 schafft demggü die Möglichkeit, durch die – ggf wiederholte – Festsetzung von *Ordnungsgeldern* bestimmte Verhaltensweisen unmittelbar zu erzwingen.

3 Die §§ 331–335 sind **echte Sonderdelikte** und haben folgende **Adressaten:**
a) § 331, § 334 Abs 1 und § 335:
die Mitglieder des jeweils vertretungsberechtigten Organs (insb Vorstandsmitglied, Geschäftsführer, phG einer KGaA),
b) § 331 Nr 1 und 2, § 334 Abs 1:
die Mitglieder des AR der KapGes;
c) § 332, § 333, § 334 Abs 2:
den AP und seine Mitarbeiter.

4 Für die **EB gem § 242 Abs 1 S 2** gelten die Sanktionen der §§ 331 bis 335 nur dann, wenn die EB in diesen Vorschriften ausdrücklich genannt oder Teil einer Sammelbezeichnung ist.
Das bedeutet für die EB:
– Es **gelten** § 331 Nr 1 und (ergänzend nur bei der AG, vgl Anm 51) § 400 Abs 1 Nr 1 AktG („Übersichten über den Vermögensstand");
– Es **gelten nicht** §§ 331 Nrn 1a bis 4, 332, 333 und auch nicht §§ 334, 335. Ebenfalls gilt nicht § 82 Abs 2 Nr 2 GmbHG („öffentliche Mitteilung" über „die Vermögenslage"). Die Sanktionsvorschriften der §§ 17 bis 21 PublG erwähnen gleichfalls nicht die EB, weil die Rechnungslegung nach PublG frühestens zum nächsten Bilanzstichtag beginnt.

5 Für die **Auslegung** der Bestimmungen in §§ 331 ff ist besonders Art 103 Abs 2 GG zu beachten. Es handelt sich um unechte Blankettgesetze. Die Auslegung mit einem Analogieschluss zu Lasten des Beschuldigten ist unzulässig. Besonders bei diesen Normen ist dem Bestimmtheitsgebot folgend in Zweifelsfällen *in dubio pro reo* zu entscheiden. Es gibt abschlussrechtliche Fragen, die nicht einfach mit „richtig" oder „falsch" beantwortet werden können. Verschiedene Auffassungen im Rahmen des Vertretbaren sind daher vom Strafrecht zu akzeptieren (KG 11.2.2010 – VIII ZR 145/09 (KG), ZIP 2010, 1447).

II. Systematik des § 331

6 § 331 schützt das Vertrauen in die Vollständigkeit und Richtigkeit der Informationen über die Verhältnisse der Ges und sanktioniert hierzu die unrichtige Darstellung oder Verschleierung der Verhältnisse
– in der EB, im JA, im Lagebericht oder im Zwischenabschluss nach § 340a Abs 3 (Nr 1),
– im KA (auch in dem nach § 315a), im Konzernlagebericht oder im Konzern-Zwischenabschluss nach § 340i Abs 4 (Nr 2),
– ggü dem AP bzw Konzern-AP (Nr 4),
die Offenlegung
– eines unrichtigen befreienden IFRS-EA im eBAnz (Nr 1a)
– eines unrichtigen befreienden KA oder Konzernlageberichts (Nr 3)
sowie die unrichtige Abgabe einer Versicherung
– im JA, im Lagebericht, im KA oder im Konzernlagebericht, sog Bilanzeid (Nr 3a).
Nr 3 hat hierbei lückenfüllende Funktion. Eine unrichtige Darstellung in befreienden KA oder Konzernlageberichten auf „höherer Ebene" könnte sonst nicht erfasst werden.

Ein bestimmter Erfolg, wie zB ein Vermögensschaden oder eine Vermögensgefährdung ist nicht erforderlich, § 331 ist ein abstraktes Gefährdungsdelikt. Die Strafvorschriften in den Spezialgesetzen haben nur noch Bedeutung für unrichtige Darstellungen, die *nicht* im JA (einschl EB) oder im Zwischenabschluss nach § 340a Abs 3 erfolgen; durch entspr Zusätze ist dies in diesen Spezialgesetzen ausdrücklich klargestellt.

B. Voraussetzungen der Strafbarkeit

I. Unrichtige Darstellung in der Eröffnungsbilanz, im Jahresabschluss, im Lagebericht oder im Zwischenabschluss nach § 340a Abs 3 (Nr 1)

1. Unrichtige Darstellung

Eine unrichtige Darstellung kann in einer unrichtigen Wiedergabe oder Verschleierung der Verhältnisse der KapGes/KapCoGes liegen. Die Abgrenzung zwischen diesen beiden Tatbeständen ist umstritten, in der Praxis jedoch ohne große Bedeutung (*Quedenfeld* in MünchKomm HGB[3] § 331 Anm 40). Die Übergänge sind fließend. Beide Tatbestände stehen gleichrangig nebeneinander.

a) Unrichtige Wiedergabe

Die Verhältnisse der KapGes/KapCoGes werden unrichtig wiedergegeben, wenn die **Darstellung** ihrer Lage **mit der Wirklichkeit nicht übereinstimmt** (*Quedenfeld* in MünchKomm HGB[3] § 331 Anm 78). Die Darstellung muss dabei mit der objektiven Sachlage verglichen werden, nicht mit der subjektiven Vorstellung des Handelnden.

Die unrichtige Wiedergabe beschränkt sich nicht auf **unwahre Angaben**. Unrichtig können nicht nur Aussagen über **Tatsachen,** sondern auch – evtl auf zutreffenden Tatsachen beruhende – **Schlussfolgerungen,** wie Bewertungen, Schätzungen und Prognosen sein (*Schaal* in MünchKomm AktG[3] § 400 Anm 35).

Im Hinblick auf die bei der Rechnungslegung eingeräumten Bewertungs- und Beurteilungsspielräume (relative Bilanzwahrheit, vgl §§ 252 ff und §§ 308 ff) muss allerdings die Strafbarkeit von **Falsch-Bewertungen** und **Falsch-Beurteilungen** aus Gründen der Rechtssicherheit eingegrenzt werden. Der Tatbestand einer unrichtigen Wiedergabe ist daher nur in solchen Fällen erfüllt, in denen der Fehler nach dem übereinstimmenden U der Fachleute *eindeutig* feststeht und die Darstellung daher schlechthin unvertretbar ist (so auch LG Düsseldorf 4.8.2009, 7 O 274/09, BeckRS 2009, 87169; *Tiedemann* in Scholz[9] Vor §§ 82 ff Anm 74; *Schulze-Osterloh/Servatius* in Baumbach/Hueck GmbHG[18] Anhang § 82 Anm 6; *Quedenfeld* in MünchKomm HGB[3] § 331 Anm 42 f; *Becker/Endert* ZGR 2012, 699, 714 f. Auch eine spätere Änderung von JA/KA lässt nicht zwingend den Schluss auf einen früheren Verstoß zu (LG Düsseldorf 4.8.2009, 7 O 274/09 BeckRS 2009, 87169).

Die Verhältnisse der KapGes/KapCoGes werden vor allem unrichtig dargestellt, wenn sie ein zu günstiges Bild vermitteln **(Schönfärberei).** Das ergibt sich aus dem Gläubigerschutz und auch aus dem öffentlichen Interesse an der Verhinderung von drohenden UntZusammenbrüchen. Dem entspricht, dass in Fällen der **Überbewertung** von Bilanzposten die Folge der Nichtigkeit des JA gem (bzw bei GmbH analog) § 256 Abs 5 Nr 1 AktG eintritt, ohne dass die unrichtige Wiedergabe der Vermögenslage noch besonders festgestellt werden müsste. Neben Überbewertungen kommt als Fall der zu günstigen Darstellung der Lage der KapGes/ KapCoGes insb der Ansatz von **fiktiven Aktivposten oder unterlassener Ansatz von Schulden** in Betracht, zB die Aktivierung von Forderungen und anderen VG, die nicht existieren oder zumindest nicht zum Vermögen der KapGes/KapCoGes gehören (vgl *Quedenfeld* in MünchKomm HGB³ § 331 Anm 41).

13 Dass auch in einer zu **pessimistischen Darstellung** der Situation der KapGes/KapCoGes eine unrichtige Darstellung zu sehen ist, ist hM. Mittelbar ergibt sich das für den Fall einer **Unterbewertung** auch aus der Nichtigkeitsvorschrift des § 256 Abs 5 Nr 2 AktG. Eine zu ungünstige Darstellung tritt auch beim **unterlassenen Ansatz** von VG ein; vgl *Schulze-Osterloh/Servatius* in Baumbach/Hueck GmbHG[18] Anhang § 82 Anm 6. Eine ungünstige Bewertung oder Einschätzung, die durch das Vorsichtsprinzip (§ 252 Abs 1 Nr 4) veranlasst wird, ist aber nicht unrichtig und kann daher keine Strafbarkeit auslösen.

14 Eine unrichtige Darstellung kann auch durch das **Verschweigen von Tatsachen** begangen werden. Ein Verschweigen (Unterlassen) kann aber nach allgemeinen strafrechtlichen Kriterien einer falschen aktiven Darstellung (positives Tun) nur gleichgestellt werden, wenn eine Rechtspflicht zum Handeln (§ 13 StGB), dh hier eine Pflicht zur Darstellung, besteht. Dies ist insb dann der Fall, wenn gesetzlich eine bestimmte Angabe oder Information gefordert wird, wie zB Pflichtangaben im Anhang gem §§ 284, 285 und im Lagebericht nach § 289.

Darüber hinaus kommt eine Tatbestandsverwirklichung durch **Unterlassen** in Betracht, wenn ein vertretungsberechtigtes Organ- oder ein Aufsichtsratsmitglied nachträglich von einer noch korrigierbaren unrichtigen Darstellung erfährt, die Korrektur aber unterlässt. Die erforderliche Rechtspflicht zum Handeln ergibt sich dabei aus den mit seiner Organstellung verbundenen Überwachungspflichten (*Dannecker* in HGB-Bilanzrecht § 331 Anm 53; aA *Spatscheck/Wulf* DStR 2003, 173, 176).

Das Unterlassen muss, um als unrichtige Darstellung iSv Nr 1 behandelt werden zu können, weiterhin den Eindruck erwecken, dass der betr Sachverhalt nicht gegeben ist. Wegen § 265 Abs 8 kann man aus dem regelmäßigen Fehlen von Posten in der **Bilanz** und der **GuV** jedoch ohne weiteres ableiten, dass diese nicht vorhanden sind.

Entspr kann auch für das Unterlassen einer Pflichtangabe im **Anhang** gelten – nämlich, dass der entspr Sachverhalt nicht existiert. Im Einzelfall muss hier jedoch unterschieden werden: Werden zB die angewandten Bilanzierungs- und Bewertungsmethoden gem § 284 Abs 2 Nr 1 überhaupt nicht im Anhang angegeben, kann darin noch keine unrichtige Darstellung gesehen werden, weil die Nicht-Angabe gar keine Aussage und damit auch keine unzutreffende Aussage enthält. Werden dagegen Abweichungen von den bisherigen Bilanzierungs- und Bewertungsmethoden entgegen § 284 Abs 2 Nr 3 nicht angegeben, wird im Zweifel der Eindruck erweckt, als seien Abweichungen von den bisherigen Bilanzierungs- und Bewertungsmethoden nicht gegeben. Eine Strafbarkeit wegen Verschweigens von Umständen kann deshalb überhaupt nur dann zu bejahen sein, wenn von der lückenhaften Darstellung ein Täuschungseffekt ausgehen kann. Dies gilt entspr auch beim Unterlassen von Pflichtangaben im Lagebericht nach § 289.

Unrichtige Darstellungen in Entwürfen oder vorläufigen Versionen sind nicht geeignet den Tatbestand des § 331 zu erfüllen (vgl ausdrücklich für § 400 Abs 1 Nr 1 AktG LG Düsseldorf 4.8.2009 7 O 274/09 BeckRS 2009, 87169).

b) Verschleierung

15 Eine Verschleierung ist gegeben, wenn Tatsachen zwar objektiv richtig, jedoch so undeutlich oder unkenntlich wiedergegeben werden, dass sich der wirkliche

Tatbestand nur schwer oder überhaupt nicht erkennen lässt, etwa bei unzulässigen Saldierungen (*Quedenfeld* in MünchKomm HGB³ § 331 Anm 46). Nach überwiegender Auffassung hat die Strafbarkeit der Verschleierung vor allem eine beweiserleichternde Funktion in der Praxis; dem Täter soll der Einwand abgeschnitten werden, seine Darstellung sei zwar geschickt, aber nicht unwahr (*Dannecker* in HGB-Bilanzrecht § 331 Anm 50).

2. Verhältnisse der Gesellschaft

Die unrichtige Darstellung muss sich auf die Verhältnisse der KapGes/KapCo- 16
Ges beziehen. Der Ausdruck „Verhältnisse" ist von einer verfassungsrechtlich nicht unbedenklichen Unbestimmtheit (vgl etwa *Otto* in Heymann² § 331 Anm 21), wurde aber vom BVerfG als verfassungsgem angesehen (BVerfG 15.8.2006, NJW-RR, 1627). Der Begriff **Verhältnisse** umfasst in Weiterführung der Rspr des *RG* (24.11.1932 RGSt 66, 426 mwN) sämtliche Tatsachen, Vorgänge, Umstände und Daten, die für die Beurteilung der gegenwärtigen Lage und – wegen der Einbeziehung des Lageberichts – auch der voraussichtlichen Entwicklung der KapGes/KapCoGes von Bedeutung sind oder sein können (*Quedenfeld* in MünchKomm HGB³ § 331 Anm 47 f). Dazu gehören auch die Beziehungen zu verbundenen Unt (*Schulze-Osterloh/Servatius* in Baumbach/Hueck GmbHG¹⁸ Anhang § 82 Anm 5).

Bei den Verhältnissen der KapGes/KapCoGes, die in der EB, dem JA, dem 17
Zwischenabschluss nach § 340a Abs 3 oder dem Lagebericht unrichtig dargestellt sein müssen, muss es sich in erster Linie um ihre **wirtschaftlichen Verhältnisse** handeln. Da das HGB aber – anders als etwa § 265b StGB (Kreditbetrug) – eine Beschränkung auf die wirtschaftlichen Verhältnisse nicht ausdrücklich bestimmt hat, erfasst der Begriff auch die *sozialen, politischen und sonstigen* Umstände, die für die gegenwärtige Situation der Ges oder ihre voraussichtliche Entwicklung von Bedeutung sind oder von Bedeutung sein können (BVerfG 15.8.2006, NJW-RR, 1627), wie zB die Aufgliederung der Arbeitnehmer nach Gruppen gem § 285 Nr 7 oder die Namen der Mitglieder des Geschäftsführungsorgans und des AR gem § 285 Nr 10.

Die weitgehende Erfassung aller Verhältnisse der KapGes/KapCoGes ist mit dem Gläubigerschutzgedanken allein nicht zu rechtfertigen. Die Vorschrift soll auch im Interesse der Gester, der Arbeitnehmer und letztlich der Öffentlichkeit mit dafür sorgen, dass die Verhältnisse der KapGes/KapCoGes im JA etc „richtig", dh vor allem unter Beachtung des HGB und seiner Nebengesetze, dargestellt werden, maW Schutzgut ist das öffentliche Vertrauen in die Richtigkeit des zu publizierenden JA (*Schüppen*, 113).

3. Betroffener Personenkreis

Das Vergehen gem § 331 Nr 1 ist ein echtes Sonderdelikt und kann nur von 18
einem Mitglied des vertretungsberechtigten Organs oder des AR der KapGes/KapCoGes, deren Verhältnisse unrichtig wiedergegeben worden sind, begangen werden („taugliche Täter"). § 331 manifestiert als eigenständige Strafvorschrift die originäre und zentrale Verantwortung der Organmitglieder für die richtige Darstellung der UntSituation; die Organmitglieder sind *nicht* lediglich untergeordnete Zuarbeiter externer Berater und Kontrolleure (StB, AP), auf die sie Verantwortlichkeit abwälzen können.

Mitglieder des **vertretungsberechtigten Organs** sind bei der
– AG: die Vorstandsmitglieder (§ 78 AktG), auch stellvertretende (§ 94 AktG),
– KGaA: die phG (§ 283 AktG),

– GmbH: die Geschäftsführer (§ 35 GmbHG), auch stellvertretende (§ 44 GmbHG),
– KapCoGes: gem § 264a Abs 2 die Mitglieder des vertretungsberechtigten Organs der vertretungsberechtigten Ges,
– KapGes/KapCoGes iL: jeweils die Abwickler bzw Liquidatoren (§ 265 Abs 1 AktG, § 290 Abs 1 AktG, § 71 Abs 4 GmbHG)
– SE: bei der gem § 15 ff SEAG dualistisch strukturierten SE die Vorstandsmitglieder, bei der gem §§ 20 ff SEAG monistisch strukturierten SE die geschäftsführenden Direktoren des Verwaltungsrates (*Quedenfeld* in MünchKomm HGB[3] § 331 Anm 10, *Waßmer* in MünchKomm Bilanzrecht § 331 Anm 9),
– Private Company Limited by Shares: Str, ob die Directors einer inländisch tätigen Limited von § 331 erfasst sind; dies ist zumindest der Fall, sofern eine Niederlassung, ein Verwaltungssitz oder eine Geschäftsleitung in Deutschland besteht (*Quedenfeld* in MünchKomm HGB[3] § 331 Anm 13, vgl auch *Merkt* in Baumbach/Hopt[35] § 238 Anm 9). Mitglied des vertretungsberechtigten Organs kann insoweit auch sein, wer eine solche Stellung tatsächlich einnimmt und ausübt, ohne rechtswirksam bestellt zu sein (faktische Organstellung), sei es, weil zB
– die KapGes (noch) nicht rechtswirksam entstanden und/oder eingetragen ist,
– eine förmliche Bestellung (noch) nicht vorliegt und/oder noch nicht eingetragen oder nicht gewollt ist. Hierzu ausführlich *Dannecker* in HGB-Bilanzrecht § 331 Anm 14 ff, auch *Schüppen*, 146 ff; *Siegmann/Vogel* ZIP 1994, 1821 ff. Interne Zuständigkeitsverteilungen bei mehrköpfigen Organen berühren die Strafbarkeit grds nicht, können aber im Einzelfall bei der Frage des subjektiven Tatbestands relevant sein (*Spatscheck/Wulf* DStR 2003, 173, 174 mwN).

Mitglieder des **AR** fallen stets unter § 331, wenn es sich um einen obligatorischen AR handelt. Ein obligatorischer Aufsichtsrat besteht bei der AG (§§ 95 ff AktG), der dualistischen SE, der KGaA (§ 278 Abs. 3 AktG) und bei der GmbH, wenn diese idR mehr als 500 (§ 1 Nr. 3 DrittelbG) bzw mehr als 2.000 (§§ 1, 6 Mitbestimmungsgesetz) Arbeitnehmer beschäftigt. Auch für ihre strafrechtliche Verantwortlichkeit reicht faktische Organstellung.

Dagegen fallen die Mitglieder eines fakultativen Aufsichtsrats einer GmbH nur dann unter § 331, wenn ihnen die Prüfungspflichten gem §§ 171, 337 AktG übertragen sind. Dies ist der Fall, wenn im Gesellschaftsvertrag nichts anderes vereinbart ist, § 52 GmbHG. Sonstige fakultative Aufsichtsgremien – zB Beirat, Verwaltungsrat, Prüfungsausschuss, Gesellschafterausschuss – fallen hingegen nicht unter § 331 (*Quedenfeld* in MünchKomm HGB[3] § 331 Anm 34 f, *Sorgenfrei* in MünchKomm StGB § 331 Anm 32 f, *Waßmer* in MünchKomm Bilanzrecht § 331 Anm 21 f). Bei einem freiwilligen AR ist aber ggf eine Strafbarkeit gem § 82 Abs 2 Nr 2 GmbHG gegeben (Anm 55).

Andere Personen, wie zB leitende Angestellte, WP oder Gester kommen auch dann nicht als Täter in Betracht, wenn sie eine Schlüsselrolle beim Tatgeschehen hatten, jedoch nicht wirksam bestelltes (oder faktisches) Organ und damit nicht Träger der von § 331 Nr 1 sanktionierten höchstpersönlichen organschaftlichen Sonderpflicht sind. Diese kann ihnen auch nicht durch besondere Beauftragung iSv § 14 Abs 2 StGB übertragen werden (*Quedenfeld* in MünchKomm HGB[3] § 331 Anm 15). Andere Personen können allerdings uU wegen Anstiftung oder Beihilfe (§§ 26, 27 StGB) belangt werden, zB können Gester Anstifter sein (*Waßmer* in MünchKomm Bilanzrecht § 331 Anm 132), falls diese bei Feststellung den JA unrichtig verändern (ebenso kann sich ein Dritter als Beihelfer strafbar machen, wenn er vorsätzlich unrichtige Saldenbestätigungen mit dem Zwecke der Unterstützung der Bilanzfälschung ausstellt (OLG München 27.7.2009 19 U 2039/09 BeckRS 2009, 26427).

4. Täuschungsmittel

Die unrichtige Darstellung muss in der EB (§ 242 Abs 1), im JA (§§ 242 **19** Abs 3, 264 Abs 1), im Zwischenabschluss eines Kreditinstituts nach § 340a Abs 3 oder im Lagebericht (§ 289) der KapGes/KapCoGes vorgenommen werden; andere Zwischenabschlüsse, zB nach § 299, werden nicht erfasst. Da der Anhang zum JA mit der Bilanz und der GuV eine Einheit bildet, können in ihm enthaltene Angaben auch taugliche Tatmittel iSv § 331 Nr 1 sein, wenn sie die Richtigkeit, Vollständigkeit und Klarheit von Bilanz und GuV betreffen (*Quedenfeld* in MünchKomm HGB[3] § 331 Anm 56, *Sorgenfrei* in MünchKomm StGB § 331 Anm 44). Nicht erfasst sind (Zwischen-)Berichte aufgrund anderer gesetzlicher Verpflichtungen, zB nach §§ 37v, 37w WpHG. Die Vollendung des § 331 Nr 1 setzt nicht voraus, dass der JA festgestellt worden ist. Es reicht seine Aufstellung und Zugang bei einem Dritten, für den er (ggf auch) bestimmt ist, aus; zB bei Zugang beim AR, Aktionär, Gesellschafter, Banken.

5. Erheblichkeit

Jede Verletzung von *Rechnungslegungsvorschriften* führt bei weiter Auslegung im **20** Zweifel dazu, dass die Verhältnisse der KapGes/KapCoGes unrichtig wiedergegeben wurden. Dennoch kann nicht in sämtlichen Fällen ein Handeln iSv § 331 Nr 1 und damit eine Strafbarkeit angenommen werden.

Das HGB hat mit § 334 Abs 1 zum Ausdruck gebracht, dass es die Verletzung der dort aufgeführten Einzelvorschriften zum JA und zum KA (Nrn 1 und 2) sowie über den Inhalt des Lageberichts und Konzernlageberichts (Nr 3 und 4) *nur* als Ordnungswidrigkeiten behandeln will. Schon daraus ist abzuleiten, dass von der Strafvorschrift der Nr 1 nur eine **erhebliche** bzw. **wesentliche Verletzung** von Rechnungslegungsvorschriften im HGB, AktG, GmbHG erfasst wird (BVerfG, NJW-RR 2006, 1627). Könnten schon „schlichte" Verstöße gegen Rechnungslegungsvorschriften nach § 331 geahndet werden, hätte es der Einführung eines § 334 HGB nicht bedurft. Dies wird auch durch den Schutzzweck der Vorschrift bestätigt, denn die Interessen der Gläubiger, der Arbeitnehmer und der Gester werden durch unwesentliche Verletzungen der Rechnungslegungsvorschriften nicht berührt (vgl *Quedenfeld* in MünchKomm HGB[3] Anm 49 f; *Schulze-Osterloh/Servatius* in Baumbach/Hueck GmbHG[18] Anhang § 82 Anm 6).

Eine generelle Abgrenzung zwischen erheblichen und unerheblichen Verstö- **21** ßen ist nicht möglich. Bei Gliederungsverstößen wird man allerdings für die Frage der Erheblichkeit die Nichtigkeitsvorschrift des § 256 Abs 4 AktG heranziehen können, weil für Verstöße, die *nicht* zur Nichtigkeit des JA führen, eine Bestrafung der zuständigen Organe unangemessen wäre. Die Verletzung von Gliederungsvorschriften ist daher nicht strafbar, wenn dadurch Klarheit und Übersichtlichkeit des JA nicht wesentlich beeinträchtigt sind (so auch *Schulze-Osterloh/Servatius* in Baumbach/Hueck GmbHG[18] Anhang § 82 Anm 7 mwN). Allgemein genügt ein Bagatellverstoß, der das Gesamtbild der Lage der Ges nicht beeinträchtigt (zB geringfügige Über- oder Unterbewertung) nicht für eine Strafbarkeit gem § 331 Nr 1 (*Schulze-Osterloh/Servatius* in Baumbach/Hueck GmbHG[18] Anhang § 82 Anm 6 mwN).

6. Vollendung

Ein Vergehen nach Nr 1 ist nur strafbar, wenn es vollendet worden ist. Der **22** bloße **Versuch** bleibt **straflos**, da eine Versuchsstrafbarkeit nicht ausdrücklich gesetzlich geregelt ist (§ 23 Abs 1 iVm § 12 Abs 2 StGB). Die Tat ist vollendet, wenn sämtliche Tatbestandsmerkmale erfüllt sind (*Fischer*[59] § 22 Anm 4). Dies ist bei der unrichtigen Darstellung bereits der Fall, wenn die unrichtigen oder verschleierten Angaben in der EB, im JA, im Zwischenabschluss nach § 340a Abs 3 oder im Lagebericht einem möglichen **Adressaten** (AP, AR, Banken, Gester, Gläubiger) **zugegangen** sind. Nicht notwendig ist, dass dieser sich dadurch tatsächlich über die Verhältnisse der KapGes/KapCoGes täuschen lässt (sog Äußerungsdelikt, *Otto* in Heymann[2] § 331 Anm 37; *Schulze-Osterloh/Servatius* in Baumbach/Hueck GmbHG[18] Anhang § 82 Anm 16 mwN). Die für den Verjährungsbeginn maßgebliche Beendigung der Tat tritt mit Kenntnisnahme des Empfängers ein (*Quedenfeld* in MünchKomm HGB[3] § 331 Anm 94).

7. Vorsatz

23 Ein Mitglied des vertretungsberechtigten Organs oder des AR (Anm 18) macht sich gem Nr 1 nur strafbar, wenn es *vorsätzlich* gehandelt hat. Ein fahrlässiges Handeln, dh der Vorwurf des „Erkennenkönnens" wird nicht bestraft, da es nicht ausdrücklich unter Strafe gestellt ist (§ 15 StGB). Für eine Strafbarkeit genügt allerdings bereits **bedingter Vorsatz,** da sich aus dem HGB nichts anderes ergibt (vgl *Fischer*[59] § 15 Anm 5). Dieser ist anzunehmen, wenn der Täter ernsthaft mit der Möglichkeit rechnet, die Darstellung könne unrichtig wiedergegeben oder verschleiert sein, und diese Möglichkeit bewusst und billigend in Kauf nimmt (vgl zur billigenden Inkaufnahme *Fischer*[59] § 15 Anm 9–9c). Bei einem aus mehreren Personen bestehenden Geschäftsführungsorgan ist also nicht nur derjenige strafbar, der den JA selbst wissentlich unrichtig erstellt hat, sondern auch, wer *trotz Erkennens als möglich und nicht ganz fernliegend der Fehlerhaftigkeit* keine weitere Überprüfung vornimmt und die Unrichtigkeit des JA hinzunehmen bereit ist; vgl *Fischer*[59] § 15 Anm 9b; *Otto* in Heymann[2] § 331 Anm 33.

II. Offenlegung unrichtiger Darstellung im Einzelabschluss nach § 325 Abs 2a S 1, Abs 2b (Nr 1a)

25 Nr 1a folgt konzeptionell dem Vorbild der Nr 3. Die objektiven Tatbestandsmerkmale der unrichtigen Wiedergabe und Verschleierung entsprechen denen aus Nr 1 (Anm 10 ff), wobei sich der materielle Maßstab aus § 315a ergibt. Zum Normadressaten s Anm 18.

26 **Offenlegung** bedeutet Erfüllung der beiden sich aus § 325 ergebenden Pflichten: Einreichung der dort genannten Unterlagen beim Betreiber des eBAnz **in elektronischer Form** gem § 325 Abs 1 S 1 und anschließende, unverzügliche Bekanntmachung im eBAnz (www.ebundesanzeiger.de) gem § 325 Abs 2.

27 Als subjektiver Tatbestand ist im Unterschied zu Nr 1, 2, 3a und 4 nicht notwendigerweise Vorsatz erforderlich, Leichtfertigkeit genügt. Leichtfertigkeit ist eine gesteigerte Fahrlässigkeit, dh eine besondere Nachlässigkeit in Form grob achtlosen Handelns, entspr der groben Fahrlässigkeit im Zivilrecht (*Schönke/ Schröder*[28] § 15 Anm 205; *Fischer*[59] § 15 Anm 20 mwN). Darüber hinaus muss Befreiungsabsicht vorliegen, dh die Offenlegung zum Zwecke der Befreiung nach § 325 Abs 2a S 1, Abs 2b HGB erfolgen.
Vollendung tritt mit Erfüllung des § 325 Abs 2 ein. Es gibt keine Versuchsstrafbarkeit.

III. Unrichtige Darstellung im Konzernabschluss, im Konzernlagebericht oder im Konzernzwischenabschluss nach § 340i Abs 4 (Nr 2)

30 Nr 2 zielt auf die unrichtige Darstellung bei Aufstellung des KA, Konzern-Zwischenabschlusses oder Konzernlageberichts. Es müssen dementspr die Ver-

hältnisse des Konzerns (iS § 290 HGB) unrichtig wiedergegeben oder verschleiert worden sein. Diese Vorschrift erfasst auch den KA nach § 315a. Die objektiven Tatbestandsmerkmale der unrichtigen Wiedergabe und Verschleierung entsprechen denen aus Nr 1 (Anm 10 ff). Zum Normadressaten s Anm 18. Vorsatz ist erforderlich. Es gibt keine Versuchsstrafbarkeit.

IV. Offenlegung unrichtiger Darstellung im „befreienden" Konzernabschluss oder Konzernlagebericht (Nr 3)

Falls ein MU auf höherer Stufe diese Unterlagen für seinen Konzern in deutscher Sprache offenlegt, braucht ein TU, das selbst MU auf niedrigerer Stufe ist, unter bestimmten Voraussetzungen entgegen § 290 keinen KA und Konzernlagebericht für den Teilkonzern aufstellen (§ 291 Anm 4, § 292 Anm 5). Wenn aber in dem zum Zwecke der Befreiung offengelegten KA und Konzernlagebericht die Verhältnisse des Teilkonzerns **unrichtig wiedergegeben** oder **verschleiert** werden, ist dies genauso strafbar wie sonst die unrichtige Aufstellung eines KA.

Die Offenlegung gem §§ 291, 292 kann **durch das befreite TU** (MU auf niedrigerer Stufe) erfolgen, insb wenn dessen MU seinen Sitz im Ausland hat. Täter können in diesem Fall die Mitglieder des vertretungsberechtigten Organs der befreiten KapGes/KapCoGes sein. Die Offenlegung kann aber auch **durch das obere MU** vorgenommen werden, das den KA und den Konzernlagebericht auf der höheren Stufe aufgestellt hat. Ist dieses MU als KapGes/KapCoGes gem § 290 selbst zur Konzernrechnungslegung verpflichtet, können bei der Offenlegung eines unrichtigen KA und Konzernlageberichts die Tatbestände der Nr 2 und Nr 3 nebeneinander verwirklicht werden (s auch *Maul* in HdKR² Anm 1656). Die Tat begehen dann die gesetzlichen Vertreter des MU auf der höheren Stufe, AR von MU und TU werden hingegen von Nr 3 nicht erfasst.

Als Schuldform reicht in beiden Fällen anders als bei Nr 1, 2, 3a und 4 neben **Vorsatz** (Anm 23) auch **Leichtfertigkeit** aus (Anm 27). Hinsichtlich des Merkmals „zum Zwecke der Befreiung" ist Absicht erforderlich, es muss dem Täter gerade auf die Befreiung ankommen (vgl zu Absicht *Fischer*[59] § 15 Anm 6). **Vollendet** ist die Tat, wenn der KA und der Konzernlagebericht in der gem § 325 Abs 3 vorgeschriebene Weise offengelegt ist (s Anm 26). Mit Kenntnisnahme des Adressaten ist die Tat **beendet** (so auch *Waßmer* in MünchKomm Bilanzrecht § 331 Anm 122, aber aA *Quedenfeld* in MünchKomm HGB³ § 331 Anm 97, wonach bereits mit Offenlegung die Tat beendet ist). Es gibt keine Versuchsstrafbarkeit.

V. Unrichtige Versicherung im Jahresabschluss, Lagebericht, Konzernabschluss oder Konzernlagebericht – „Bilanzeid" (Nr 3a)

1. Pflicht zur Versicherung

Nr 3a geht auf den Gedanken des US-amerikanischen Sarbanes-Oxley Act 2002 zurück und sanktioniert die Abgabe einer falschen Versicherung iSd §§ 264 Abs 2 S 3, 289 Abs 1 S 5, 297 Abs 2 S 4, 315 Abs 1 S 6. Danach haben die gesetzlichen Vertreter der KapGes (s Anm 18), die Inlandsemittenten iSv § 2 Abs 7 WpHG sind, zu versichern, dass JA, Lagebericht, KA und Konzernlagebericht nach bestem Wissen ein den tatsächlichen Verhältnissen entspr Bild der VFE-Lage des Unt vermitteln (**Bilanzeid**). Die Versicherung ist zwingender Teil des Jahres- und Halbjahresfinanzberichts, § 37v Abs 2 Nr 3, § 37w Abs 2 Nr 3

WpHG. Mit Einführung des **Bilanzeides** kommt der Gesetzgeber seiner Verpflichtung zur Umsetzung der europäische Transparenzrichtl (RichtL 2004/109/ EG v 15.12.2004, ABlEU Nr L 390, S 0038 ff) nach, geht mit der Normierung einer **Strafbarkeit** allerdings über die Verpflichtungen der Richtl hinaus, vgl Art 28 I TRL (zur Kritik an der Regelung vgl *Fleischer* ZIP 2007, 97 ff). Inhaltlich handelt es sich trotz der anderslautenden Bezeichnung nicht um ein Eidesdelikt, sondern um eine an § 153 StGB orientierte falsche Versicherung, allerdings ohne die dort vorgesehene Rücktrittsmöglichkeit (§ 158 StGB); vgl zum Hintergrund ausführlich *Park* in FS Müller, S 532 ff. Der deutsche Bilanzeid weicht insoweit von dem US-amerikanischen Vorbild des SOX ab, als dass nicht nur CEO und CFO in die Pflicht genommen werden, sondern die Gesamtverantwortung der gesetzlichen Vertreter beibehalten wird (s *Park* in FS Müller, S 538). Nur die schriftliche Versicherung ist hierbei relevant.

Die Versicherungspflichten sind in §§ 264 Abs 2 S 3, 289 Abs 1 S 5, 297 Abs 2 S 4, 315 Abs 1 S 6 für JA, Lagebericht, KA und Konzernlagebericht inhaltlich ausgestaltet, allerdings in unterschiedlichem Ausmaß. Während sich die Versicherungspflichten der §§ 264 Abs 2 S 3, 297 Abs 2 S 4 auf die (aktuelle) VFE-Lage der KapGes beschränkt (vgl jeweils Abs 2 S 1), erstreckt sich die Versicherungspflicht der §§ 289 Abs 1 S 5, 315 Abs 1 S 6 (Lagebericht, Konzernlagebericht) auf eine zutreffende Darstellung des Geschäftsverlaufs einschl des Geschäftsergebnisses sowie der voraussichtlichen Entwicklung einschl ihrer wesentlichen Chancen und Risiken. Diese Anknüpfung der Strafbarkeit an Prognoseentscheidungen hinsichtlich ungewisser zukünftiger Geschäftsentwicklungen (bezogen auf die nächsten zwei Jahre, vgl § 289 Anm 37) ist problematisch (vgl auch grds kritisch *Park* in FS Müller, 542 ff). Dies gilt umso mehr, als die Berichterstattung über wesentliche Chancen und Risiken auch die Darstellung und Bewertung spekulativer zukünftiger Chancen und Risiken, die zu Gewinnen oder Verlusten führen können (vgl § 289 Anm 48) umfasst.

2. Abgabe unrichtiger Versicherung

35 Vergleichbar den Aussagedelikten der §§ 153 ff StGB ist nur die Abgabe einer falschen Versicherung strafbar. Die im RegE (BT-Drs 16/2498, S 54 f) vorgesehene Strafbarkeit der Nichtabgabe des Bilanzeids wurde nicht übernommen. Die Nichtabgabe wird gem §§ 37v Abs 2 Nr 3, 37w Abs 2 Nr 3, 39 Abs 2 Nr 24 u 25 WpHG lediglich als Ordnungswidrigkeit geahndet.

36 Die Versicherung ist unrichtig, wenn nicht die tatsächlichen Verhältnisse der Ges bzw deren Geschäftsverlauf sowie deren wesentlichen Risiken und Chancen wiedergegeben werden. Maßgeblich ist somit zunächst die objektive Unrichtigkeit des jeweiligen Berichts. Die Unrichtigkeit der Versicherung muss sich allerdings an den Tatbestandsmerkmalen der unrichtigen Wiedergabe und Verschleierung gem Nr 1 bis 3, 4 orientieren (Anm 10 ff); die zugrunde liegenden JA, KA, Lagebericht und Konzernlagebericht müssen daher **erhebliche Unrichtigkeiten** enthalten (*Quedenfeld* in MünchKomm HGB³ Anm 75). Insb hinsichtlich der Prognose für die voraussichtliche Entwicklung sind daher nicht allzu strenge Anforderungen zu stellen; Unrichtigkeit ist hier nur dann anzunehmen, wenn die zugrunde liegenden Daten oder die Prognosen **evident** fehlerhaft sind.

37 Eine weitere Einschränkung erfährt Nr 3a durch das in §§ 264 Abs. 2 S 3, 289 Abs 1 S 5, 297 Abs 2 S 5, 315 Abs 1 S 6 enthaltene Tatbestandsmerkmal **„nach bestem Wissen"** (*Fleischer* ZIP 2007, 99). Auf eine objektive Unrichtigkeit alleine kann daher nicht abgestellt werden. Anderseits ist auch nicht nur das präsente Wissen, sondern ein redliches Erklärungs- und Informationsverhalten heranzuziehen; der Täter darf die Augen nicht bewusst verschließen oder ins Blaue hinein erklären (*Südbeck* in Park³ 3, Kapitel 7 A § 331 Anm 83; *Altenhain* WM 2008, 1141).

Vollendung tritt mit Abgabe der schriftlichen Versicherung ein (aA *Quedenfeld* in MünchKomm HGB³ § 331 Anm 98, mit Zugang der Versicherung an den berechtigen Adressatenkreis). Inhaltliche Kenntnisnahme ist aufgrund der Ausgestaltung als abstraktes Gefährdungsdelikt nicht erforderlich. Bei Kenntnisnahme tritt jedoch Beendigung ein. Es gibt keine Versuchsstrafbarkeit.

3. Subjektiver Tatbestand

Strafbar nach Nr 3a ist nur vorsätzliches Handeln, ausreichend ist auch hier *bedingter Vorsatz* (Anm 23; für direkten Vorsatz vgl *Park* in FS Müllert 548). **38**

VI. Unrichtige Angaben oder unrichtige Darstellung gegenüber Abschlussprüfern (Nr 4)

Wenn die dem AP erteilten Aufklärungen oder Nachweise unrichtige Angaben enthalten *oder* die Verhältnisse der KapGes/KapCoGes (auch als MU), eines TU oder des Konzerns unrichtig wiedergegeben oder verschleiert worden sind (Anm 10 ff), kommt eine Strafbarkeit gem Nr 4 in Betracht. Bei den Aufklärungen und Nachweisen handelt es sich um diejenigen, die der AP gem § 320 Abs 2 von den gesetzlichen Vertretern der geprüften KapGes/KapCoGes und, soweit notwendig, auch von einem MU oder einem TU verlangen kann (§ 320 Anm 11 ff, 25 ff). Erfasst werden damit alle mündlichen und schriftlichen Erklärungen und Unterlagen, die zur Durchführung der APr relevante Informationen enthalten oder zur Klärung und Vermeidung von Zweifelsfragen erforderlich sind (*Südbeck* in Park³ 3, Kapitel 6, D, § 331 Anm 306). Die Praxis des AP der Einholung einer **Vollständigkeitserklärung** beruht nicht auf der gesetzlichen Grundlage des § 320 Abs 2 sondern auf Prüfungsstandards und vertraglichen Vereinbarungen (vgl § 320 Anm 13); eine Strafbarkeit ergibt sich bei unrichtiger Vollständigkeitserklärung unmittelbar daher nicht. Denkbar ist jedoch im Einzelfall ein einhergehendes indirektes Verschleiern anderer Verhältnisse der KapGes/KapCoGes. **39**

Das Verweigern von Auskünften erfüllt den Tatbestand nicht, da keine Unrichtigkeit oder Verschleierung vorliegt. Das Verschweigen von **erheblichen** Umständen macht hingegen die übrigen Angaben regelmäßig unrichtig und ist strafbar (*Südbeck* in Park³ 3, Kapitel 6 D, § 331 Anm 305).

Täter können zum einen die gesetzlichen Vertreter der KapGes/KapCoGes sein, die den JA und den Lagebericht oder den KA und den Konzernlagebericht aufgestellt haben, aber auch die gesetzlichen Vertreter jedes TU. Die Tat ist vollendet, wenn die Aufklärungen oder Nachweise dem AP bzw seinem Mitarbeiter oder Prüfungsgehilfen zugegangen sind. Nr 4 ist ein abstraktes Gefährdungsdelikt, so dass es nicht zu einem Irrtum des AP gekommen sein muss. Mit der Kenntnisnahme durch den AP/Prüfungsgehilfen ist die Tat beendet. Vorsatz (Anm 23) ist erforderlich. Es gibt keine Versuchsstrafbarkeit.

C. Folgen

Jeder Verstoß gegen § 331 wird mit **Freiheitsstrafe** bis zu 3 Jahren oder mit **40** **Geldstrafe** geahndet. Das Mindestmaß der Freiheitsstrafe beträgt einen Monat (§ 38 Abs 2 StGB); die Geldstrafe beträgt mind 5 und höchstens 360 Tagessätze (§ 40 Abs 1 StGB). Die Höhe eines Tagessatzes richtet sich grds nach dem durchschnittlichen täglichen Nettoeinkommen des Täters, der einzelne Tagessatz wird auf mindestens einen und höchstens 30 000 Euro festgesetzt (§ 40 Abs 2 StGB).

Die **Verjährungsfrist,** nach deren Ablauf die Ahndung der Tat ausgeschlossen ist, beträgt 5 Jahre (§ 78 Abs 3 Nr 4 StGB). Sie beginnt mit der Beendigung der Tat (§ 78a StGB), kann aber gem § 78c StGB unterbrochen werden. Die absolute Verjährung nach § 78c Abs. 3 S 2 StGB beträgt 10 Jahre.

§ 331 ist anders als §§ 238ff, 264 oder IFRS ein **Schutzgesetz** iSd § 823 Abs 2 BGB (BGH, NJW 2001, 3622; OLG Düsseldorf 4.3.2010 6 U 94/09 BeckRS 2010, 15745; OLG Düsseldorf 7.4.2011 6 U 7/10 Beck RS 2011, 18 920) zugunsten der Gläubiger, Arbeitnehmer und Gester (Aktionäre). Wenn solche Personen durch eine Straftat gem § 331 einen Vermögensschaden erlitten haben, können sie von dem Täter **Schadensersatz** verlangen; dies ist auch im strafrechtlichen Adhäsionsverfahren nach §§ 403ff StPO möglich (ausführlich *Grau/Blechschmidt/Frick* NStZ 2010, 662). Wird zusammen mit § 331 auch ein Betrugsdelikt verwirklicht (s Anm 85) kommt zusätzlich die Anordnung eines Vermögensverfalls nach § 73 StGB in Betracht (BGH 29.6.2010, NStZ 2011, 83).

Der JA einer AG ist unter den Voraussetzungen des § 256 AktG **nichtig.** Bei einer Straftat gem § 331 sind in aller Regel (Anm 12f, 21) auch die Voraussetzungen von § 256 Abs 1 Nr 1, Abs 4 oder 5 AktG erfüllt. Für die GmbH kommt § 256 AktG analog zur Anwendung (BGH 1.3.1982, BGHZ 83, 341).

D. Weitere Vorschriften in Spezialgesetzen

50   Die §§ 331 bis 333, 335 gelten für KapGes, KapCoGes, Kreditinstitute und VersicherungsUnt (§§ 340m, 340o, 341m, 341o; Anm 1). Darüber hinaus enthalten das AktG und das GmbHG ergänzende Regelungen.

Für andere Unt bedarf es besonderer, nachstehend genannter Vorschriften (uU auch als Verweisungen auf die §§ 331 bis 335), um für die Verletzung dieser Vorschriften über die Rechnungslegung Strafen, Bußgelder oder Zwangsgelder verhängen zu können.

I. Aktiengesetz

51   **§ 400 Abs 1 Nr 1 AktG** ist nur anwendbar, soweit § 331 Nr 1 und 1a nicht eingreifen. Abgesehen von falschen Vorträgen und Auskünften in der HV ist Strafbarkeit nach § 400 Abs 1 Nr 1 AktG nur gegeben, wenn die unrichtige Wiedergabe oder Verschleierung der Verhältnisse der AG (KGaA, § 407 AktG) einschl ihrer Beziehungen zu verbundenen Unt *nicht* in der EB, im JA (einschl Lagebericht) oder im Zwischenabschluss von Kreditinstituten nach § 340a Abs 3, sondern in *anderen* Darstellungen oder Übersichten über den Vermögensstand (zB Quartalsbericht, Zwischenabschluss gem § 92 Abs 1 AktG, §§ 37w, 37x WpHG, um den Verlust des halben Grundkapitals festzustellen) erfolgt. Sofern die Darstellungen allerdings nicht verbindlich, sondern zB „vorläufig" sind und nur Erwartungen enthalten, scheidet § 400 Abs 1 Nr 1 AktG aus (LG Düsseldorf 4.8.2009 7 O 274/09 BeckRS 2009, 87 169).

§ 400 Abs 1 Nr 2 AktG stellt falsche Angaben ggü Prüfern unter Strafe. Auch diese Vorschrift ist nur anwendbar, wenn die Tat nicht nach § 331 Nr 4 mit Strafe bedroht ist. Sie ist daher nur bei anderen gesetzlichen Prüfungen als JAP, dh zB für Sonderprüfungen iSv §§ 142, 258 AktG, von Bedeutung.

II. GmbH-Gesetz

Die dem § 400 Abs 1 Nr 1 AktG ähnliche Vorschrift des **§ 82 Abs 2 Nr 2 GmbHG** ist ebenfalls nur anwendbar, soweit § 331 Nr 1 oder Nr 1a nicht greifen. Die unrichtige Darstellung oder Verschleierung der Vermögenslage fällt demnach nur dann unter § 82 Abs 2 Nr 2 GmbHG, wenn sie *nicht* im Rahmen einer EB, eines JA (einschl Lagebericht) oder im Zwischenabschluss nach § 340a Abs 3 erfolgt. Hauptanwendungsfälle werden auch hier andere Zwischenabschlüsse (zB gem § 49 Abs 3 GmbHG, §§ 37w, 37x WpHG und Zwischenabschlüsse zwecks Feststellung einer Unterbilanz) sein.

§ 82 Abs 2 Nr 2 GmbHG setzt außerdem eine „öffentliche Mitteilung" voraus. Anders als bei der AG reicht deswegen insb eine unrichtige Darstellung in der GesV nicht aus. Anders als § 331 Nr 1 richtet sich § 82 Abs 2 Nr 2 GmbHG auch an die Mitglieder eines freiwilligen Aufsichtsorgans (dazu näher Anm 18). Bei der Offenlegung eines unrichtigen JA ergibt sich die Strafbarkeit uE für die Mitglieder eines freiwilligen AR aus § 82 Abs 2 Nr 2 GmbHG.

55

III. Publizitätsgesetz

Nur für die vom **PublG** hinsichtlich Größe und Rechtsform erfassten Unt (§ 1 Abs 1, § 3 Abs 1, 3 und § 11 Abs 1, 5; insb reine PersGes, große Ekfl, Stiftungen) sind die sowohl vom System wie auch in der konkreten Ausgestaltung aus den §§ 331 bis 335 abgeleiteten §§ 17 bis 21 PublG vorrangige *leges speciales* (aA *Quedenfeld* in MünchKomm HGB³ § 331 Anm 111, *Waßmer* in Münch-Komm Bilanzrecht § 331 Anm 138). Für KapGes verbleibt es bei der Anwendbarkeit von §§ 331 ff. Es entsprechen dabei:

60

§§ PublG	§§ HGB	
17	331	(Unrichtige Darstellung)
18	332	(Verletzung der Berichtspflicht)
19	333	(Verletzung der Geheimhaltungspflicht)
20	334	(Bußgeldvorschriften)
21	335	(Festsetzung von Ordnungsgeld)

Als Adressaten für §§ 17, 20 Abs 1, 21 PublG werden (nur) „gesetzliche Vertreter eines Unternehmens oder eines Mutterunternehmens", beim Kfm „der Inhaber oder dessen gesetzlicher Vertreter" (zB bei minderjährigen Ekfl) genannt; anders als bei den KapGes (Anm 18) kann sich eine Strafbarkeit der AR-Mitglieder deswegen nur aufgrund besonderer Vorschriften oder Verweisungen in Spezialgesetzen – VAG, GenG – ergeben (Anm 76, 80).

61

Ausgehend von dieser grds Übereinstimmung von PublG und HGB (Anm 60) ist auf die folgenden **Besonderheiten bei § 17 PublG** hinzuweisen:

a) § 17 Nr 1 PublG erwähnt anders als § 331 Nr 1 als Täuschungsmittel für die unrichtige Darstellung der Verhältnisse des Unt nicht die EB, weil das PublG oft frühestens für den 3. JA eines Unt gilt (§ 2 PublG). Für eine unrichtige EB gibt es also nach § 17 Nr 1 PublG keine strafrechtliche Ahndungsmöglichkeit.

b) Wenn § 17 Nr 2 PublG – anders als § 331 Nr 2 – zusätzlich zum Konzern auch den Teilkonzern, Teil-KA und Teilkonzernlagebericht nennt, hängt dies allein mit der sich aus § 11 Abs 3 PublG ergebenden Besonderheit (einheitliche Leitung im Ausland) zusammen.

c) In § 17 Nr 4 PublG wird § 320 (Pflicht zu Vorlagen und Auskünften an den AP und Konzern-AP) nicht direkt, sondern nur über §§ 6 Abs 1 S 2 und 14 Abs 1 S 2 PublG in Bezug genommen; damit ist kein inhaltlicher Unterschied verbunden.

d) Wenn in § 17 Nr 4 PublG auch auf § 145 Abs 2 und 3 AktG (aktienrechtliche Sonderprüfung) verwiesen wird, gilt dies hingegen nur für die einer Sonderprüfung vergleichbare Prüfung nach § 2 Abs 3 S 1 oder nach § 12 Abs 3 S 1 PublG (ob die Größenmerkmale für den JA oder KA nach PublG erfüllt sind).

IV. Kreditwesengesetz

70   Die **Kreditinstitute** betr Sanktionen **hinsichtlich der Rechnungslegung** befinden sich in den §§ 340m bis 340o sowie dem § 38 der VO über die Rechnungslegung der Kreditinstitute und Finanzdienstleistungsinstitute (**RechKredV**), die auch den Anwendungsbereich der §§ 331 bis 333, 335 regeln.
Das **KWG** enthält für die in den zuletzt genannten Vorschriften geregelten Tatbestände keine eigenen Strafvorschriften. Für alle Kreditinstitute iSv **§ 1 Abs 1 KWG,** insoweit auch zB für Kreditinstitute als öffentliche Einrichtungen, gelten die Strafvorschriften des HGB, also auch § 331. Nach § 2 Abs 1 Nr 2 KWG gilt die Kreditanstalt für Wiederaufbau nicht als Kreditinstitut iSd KWG. Nach § 9 Abs 1 des Gesetzes über die Kreditanstalt für Wiederaufbau sind jedoch auf diese die §§ 340a bis 340o entspr anzuwenden, so dass auch insoweit die Strafvorschriften des HGB, also auch § 331, Anwendung finden.

71   **Aufsichtsbezogene** Regelungen belegen mit Sanktionen nur Verstöße gegen aufsichtsrechtliche Pflichten. Nach **§ 26 Abs 1 und 3 KWG** haben alle Kreditinstitute die Pflicht, ihren JA und KA bei der BaFin und der Deutschen Bundesbank einzureichen; die AP und Konzern-AP müssen die diesbezüglichen PrüfBer dort einreichen. Auch Zwischenabschlüsse und Konzern-Zwischenabschlüsse zur Ermittlung von Zwischenergebnissen iSv § 10 Abs 3 S 3 KWG und dazugehörige PrüfBer sind nach § 10 Abs 3 S 3, S 4 KWG dort einzureichen.
Vorsätzliche oder leichtfertige Verstöße gegen diese Pflichten durch Inhaber, Geschäftsleiter oder nachgeordnete Personen, die hinreichend für die Erfüllung solcher Aufgaben qualifiziert und denen diese Aufgaben übertragen worden sind, stellen Ordnungswidrigkeiten nach **§ 56 Abs 2 Nr 5 KWG** dar. Für entspr Ermittlungen ist die BaFin zuständig (§ 36 Abs 1 OWiG iVm § 60 Abs 1 KWG), in deren pflichtgemäßem Ermessen auch die Verfolgung diesbezüglicher Ordnungswidrigkeiten liegt.

V. Versicherungsaufsichtsgesetz

75   Die VersicherungsUnt betr Sanktionen **hinsichtlich der Rechnungslegung** befinden sich in den §§ 341m bis 341o. Diese regeln den Anwendungsbereich von §§ 331 ff. § 63 der VO über die Rechnungslegung von VersicherungsUnt (**RechVersV**) sieht weitere Ordnungswidrigkeitentatbestände vor.
Gem § 341m ist § 331 auch auf nicht als KapGes betriebene VersicherungsUnt (zB VVaG) anzuwenden; § 331 greift auch bei entspr Pflichtverletzungen durch Hauptbevollmächtigte (**§ 106 Abs 3 VAG**) ein.
Gem **§ 55 Abs 1 VAG** gelten die Strafvorschriften des HGB, also auch § 331, für öffentlich-rechtliche Unt, die den Betrieb von Versicherungsgeschäften zum Gegenstand haben, entspr.

76   Von den Straf- und Bußgeldvorschriften des **VAG** hat lediglich **§ 143** (Verschleierung von bestimmten Darstellungen) Bezug zur Rechnungslegung. Danach ist strafbar (Vergehen) im Bereich der **VVaG** die unrichtige Wiedergabe oder Verschleierung der Verhältnisse (des Vermögensstands) des Vereins ggü dessen oberster Vertretung sowie falsche Angaben oder unrichtige Wiedergabe oder Verschleierung der Verhältnisse des Vereins ggü Prüfern des VVaG durch Mitglieder des Vorstands oder AR, durch Hauptbevollmächtigte oder Liquidatoren.

Die Vorschrift ist § 400 Nr 1 und Nr 2 AktG (Anm 51) nachgebildet und greift nur ein, wenn die Tat nicht von § 331 Nr 1, Nr 1a oder Nr 4 erfasst wird.

VI. Genossenschaftsgesetz

Bei eG bestehen den §§ 331 bis 335 entspr Sanktionen grds nur in der Form der §§ 17 bis 21 PublG (Anm 60), wenn und soweit das PublG für eG gilt (KA). **80**

Für JA von eG, die *nicht* unter das PublG fallen, werden mit **§ 147 Abs 2 GenG** die Strafvorschriften auf zwei Tatbestände beschränkt, die sich an § 400 Abs 1 Nrn 1 und 2 AktG anlehnen. Strafbar sind

– nach Nr 1 die unrichtige Wiedergabe oder Verschleierung der Verhältnisse der eG (außerdem Angaben zu den Mitgliedern und den Haftsummen) in Darstellungen und Übersichten über den Vermögensstand sowie in Vorträgen oder Auskünften in der Generalversammlung, wobei *hier* zum „Vermögensstand" auch die EB und der JA gehören;
– nach Nr 2 unrichtige Angaben ggü einem Prüfer der eG im Rahmen einer Prüfung nach den §§ 53 ff GenG.

In beiden Fällen gehen § 331 Nr 1, 1a und 4 für Kreditinstitute vor. Für als eG betriebene Kreditinstitute tritt jedoch § 147 Abs 2 Nr 1 GenG (unwahre Darstellung der Verhältnisse der eG) hinzu. § 147 Abs 2 GenG gilt im Gegensatz zu § 17 PublG auch für Mitglieder des AR, wenn eG einen KA nach PublG aufzustellen haben.

VII. Umwandlungsgesetz

Das **UmwG** enthält Sanktionen für Verstöße gegen Pflichten aus dem Umwandlungsrecht. **82**

In **§ 313 UmwG** (unrichtige Darstellung) werden falsche Angaben bei einer Umw unter Strafe gestellt. Die Vorschrift entspricht weitgehend § 400 Abs 1 AktG, § 82 GmbHG, § 147 GenG, § 143 VAG.

§ 313 Abs 1 UmwG erfasst – rechtsformunabhängig – alle zur Vertretung berechtigten Personen (Geschäftsführer, Vorstandsmitglieder, Komplementäre, vertretungsberechtigte Gester, Partner einer PartGes), Mitglieder eines AR sowie Abwickler.

§ 313 Abs 1 Nr 1 UmwG sanktioniert die unrichtige Wiedergabe oder die Verschleierung der Verhältnisse eines beteiligten Unt (einschl seiner Beziehungen zu verbundenen Unt) in Verschmelzungs-, Spaltungs-, Übertragungs- und Umwandlungsberichten, sowie in Darstellungen oder Übersichten über den Vermögensstand und in Vorträgen oder Auskünften in der Versammlung der Anteilsinhaber, wenn die Tat nicht bereits unter § 331 Nr 1 oder 1a fällt.

§ 313 Abs 1 Nr 2 UmwG sanktioniert unrichtige Angaben oder unrichtige Wiedergabe oder Verschleierung der Verhältnisse eines beteiligten Unt (einschl seiner Beziehungen zu verbundenen Unt) ggü Umwandlungsprüfern. Strafvorschriften in anderen Gesetzen zu Angaben ggü anderen Prüfern bleiben unberührt (zB § 332).

§ 313 Abs 2 UmwG betrifft Geschäftsführer, Mitglieder des Vorstands, Komplementär einer KGaA oder Abwickler einer KapGes und sanktioniert unrichtige Angaben oder Erklärungen anlässlich von Anmeldungen zum HR
– bei Verschmelzung hinsichtlich der Zustimmung der Gester der beteiligten Ges, § 52 Abs 1 UmwG, oder
– bei Abspaltung oder Ausgliederung hinsichtlich der gesetzlichen oder gesvertraglichen (satzungsrechtlichen) Voraussetzungen hierfür im Zeitpunkt der Anmeldung, §§ 140, 146 Abs 1 UmwG.

VIII. Strafgesetzbuch

85 Auch Vorschriften des StGB ahnden unter bestimmten weiteren Voraussetzungen die Vorlage unrichtiger JA, die Verletzung der Buchführungspflicht etc (und zwar zT härter). Zu nennen sind hier insb:

- Vorlage unrichtiger oder unvollständiger Bilanz, GuV etc bei Kreditverhandlungen (Kreditbetrug), § 265b StGB
- Unterlassene oder verschleiernde Führung sowie Beiseiteschaffen, Verheimlichung, Zerstörung, Beschädigung, unterlassene Aufbewahrung von Handelsbüchern etc bei Überschuldung oder Zahlungsunfähigkeit (Bankrott), §§ 283, 283a StGB
- Unterlassene oder verschleiernde Führung sowie Beiseiteschaffen, Verheimlichung, Zerstörung, Beschädigung, unterlassene Aufbewahrung von Handelsbüchern etc, wenn es später zur Zahlungseinstellung, Eröffnung eines Insolvenzverfahrens oder Abweisung mangels Masse kommt (Verletzung der Buchführungspflicht), § 283b StGB
- Verwendung von unrichtigem oder unvollständigem JA, Bilanz, GuV etc zur Erlangung einer Subvention, Kapitalanlage, sonstigen Leistung. §§ 263, 264, 264a StGB

86 Diese Delikte beziehen wegen § 14 StGB (Handeln für einen anderen) auch Arbeitnehmer und andere Dritte (zB Berater) ein, wenn sie von dem Unt beauftragt worden sind, die Führung der Handelsbücher zu übernehmen und mit der Ausführung begonnen haben. Eine Übersicht über die bilanzrechtlich relevanten Delikte des StGB mit beispielhaften Tathandlungen findet sich bei *Maul* DB 1989, 191 und *Park*[3], 3, Kapitel 1.

IX. Wertpapierhandelsgesetz

90 Die §§ 37v Abs 2 Nr 3, 37w Abs 2 Nr 3, 37y Nr 1 **WpHG** verweisen auf den Bilanzeid iSd Abs 3a (vgl Anm 34 ff).

§ 332 Verletzung der Berichtspflicht

(1) Mit Freiheitsstrafe bis zu drei Jahren oder mit Geldstrafe wird bestraft, wer als Abschlußprüfer oder Gehilfe eines Abschlußprüfers über das Ergebnis der Prüfung eines Jahresabschlusses, eines Einzelabschlusses nach § 325 Abs. 2a, eines Lageberichts, eines Konzernabschlusses, eines Konzernlageberichts einer Kapitalgesellschaft oder eines Zwischenabschlusses nach § 340a Abs. 3 oder eines Konzernzwischenabschlusses gemäß § 340i Abs. 4 unrichtig berichtet, im Prüfungsbericht (§ 321) erhebliche Umstände verschweigt oder einen inhaltlich unrichtigen Bestätigungsvermerk (§ 322) erteilt.

(2) Handelt der Täter gegen Entgelt oder in der Absicht, sich oder einen anderen zu bereichern oder einen anderen zu schädigen, so ist die Strafe Freiheitsstrafe bis zu fünf Jahren oder Geldstrafe.

Übersicht

	Anm
A. Allgemeines	1, 2
B. Voraussetzungen der Strafbarkeit	3, 4
I. Die drei Tatbestände des Abs 1	
1. Unrichtige Berichterstattung	5–16

	Anm
2. Verschweigen erheblicher Umstände	20–22
3. Erteilung eines inhaltlich unrichtigen Bestätigungsvermerks	25–28
II. Betroffener Personenkreis	30
1. Abschlussprüfer	32–35
2. Prüfungsgehilfen	36–39
III. Vollendung und Beendigung	40
IV. Vorsatz	41, 42
V. Qualifizierte Tatbestände (Abs 2)	45–48
C. Strafrahmen	49
D. Regelungen in Spezialgesetzen	50–56

Schrifttum: *Dierlamm* Verletzung der Berichtspflichten nach § 332 HGB, NStZ 2000, 130; *Graf* Neue Strafbarkeitsrisiken für den Wirtschaftsprüfer durch das KonTraG, BB 2001, 562 ff; *Dannecker* in HGB-Bilanzrecht, 2. Teilband §§ 290–342a, Berlin 2002; *Hoffmann/Knierim* Falsche Berichterstattung des Abschlussprüfers, BB 2002, 2275; *Spatscheck/Wulf* Straftatbestände der Bilanzfälschung nach dem HGB, DStR 2003, 172; *Knierim* in Volk, Münchner Anwalts Handbuch, Wirtschafts- und Steuerstrafsachen, München 2006; *Sorgenfrei* in MünchKomm StGB, Bd 6/1, München 2010; *Fischer* Strafgesetzbuch und Nebengesetze[59], München 2012; *Schaal* in MünchKomm AktG³, Bd 6, München 2011; *Waßmer* in MünchKomm Bilanzrecht, Bd 2, München 2012; *Quedenfeld* in MünchKomm HGB³, Bd 4, München 2013; *Park* (Hrsg.) Kapitalmarktstrafrecht, Baden-Baden 2013.

A. Allgemeines

§ 332 hält den gesetzlichen AP und seine Gehilfen auch mit strafrechtlichen **1** Mitteln an, den Pflichten bei der Prüfung eines JA, eines IFRS-EA nach § 325 Abs 2a, eines Lageberichts, eines KA, eines Konzernlageberichts, eines Zwischenabschlusses nach § 340a Abs 3 und eines Konzern-Zwischenabschlusses gem § 340i Abs 4 nachzukommen. Das bezieht sich allerdings nicht auf die gesamte Tätigkeit im Rahmen einer JAP, sondern nur auf die Ergebnisse, nämlich die Berichtspflicht (§ 321) und die Erteilung des BVm (§ 322).

Im Übrigen ist ein Fehlverhalten des AP bei der gesetzlichen JAP (s § 323, Verantwortlichkeit des AP) strafrechtlich unerheblich – es sei denn, es wirkt sich auch auf den PrüfBer und den BVm aus oder ist nach anderen Vorschriften (zB § 333, § 404 AktG, §§ 203 ff StGB) strafbar. Der AP wird über § 332 auch nicht zum *Garanten* für die objektive Richtigkeit von JA, KA, Lagebericht und Konzernlagebericht, insb entlässt er das vertretungsberechtigte Organ nicht aus seiner primären Verantwortung (s § 331 Anm 18). Das pflichtwidrige Nicht-Erstellen eines PrüfBer ist ebenfalls nach § 332 straflos.

§ 332 gilt nicht für jeden Prüfer eines JA oder KA, sondern nur für solche AP, **2** die eine der im HGB **vorgeschriebenen Jahres- und Konzernabschlussprüfungen** (Zwischenabschlussprüfungen) durchführen, vgl §§ 316, 264a, 341k, §§ 1, 6 PublG; §§ 53 ff GenG, §§ 2 Abs 1 25 Abs 3 KAGG, §§ 1 Abs 3, 13 BausparkG. § 332 erfasst somit *nicht eine freiwillige* JAP, zB bei einer kleinen KapGes oder Ges des Kap-CoGes oder einer nicht unter das PublG fallenden PersGes. § 403 AktG bezieht sich hingegen auf aktienrechtlich geregelte gesetzliche **Gründungsprüfungen, Sonderprüfungen** und Prüfungen des **AbhBer** (Anm 50).

Für **freiwillige APren** und für nicht gesetzlich vorgeschriebene Sonderprüfungen, zB *due-diligence*-Untersuchungen, ist der WP/vBP oder die WPG/BPG nur nach den Regeln des Berufsrechts (insb §§ 43, 130 WPO und §§ 4, 20 der Berufssatzung der WPK) verantwortlich.

B. Voraussetzungen der Strafbarkeit

3   § 332 Abs 1 enthält für gesetzliche APr **drei Tatbestände:**
– unrichtige Berichterstattung (Anm 5–16),
– Verschweigen erheblicher Umstände im PrüfBer (Anm 20–22),
– Erteilung eines unrichtigen BVm (Anm 25–28).
Diese drei Tatbestände werden unter dem Begriff „Verletzung der Berichtspflicht" zusammengefasst. Außerdem ist stets Vorsatz notwendig (Anm 41f).

4   § 332 Abs 2 nennt drei **besondere Umstände:**
– Handeln gegen Entgelt (Anm 45),
– Bereicherungsabsicht (Anm 46),
– Schädigungsabsicht (Anm 47),
die die Tat als besonders schwerwiegend erscheinen lassen und deswegen eine erhöhte Strafandrohung vorsehen.

I. Die drei Tatbestände des Abs 1

1. Unrichtige Berichterstattung

5   Der AP macht sich nach Abs 1 strafbar, wenn er über das Ergebnis der gesetzlichen Prüfung eines JA, eines IFRS-EA, Lageberichts, KA und Konzernlageberichts (oder eines Zwischenabschlusses nach § 340a Abs 3 oder eines Konzern-Zwischenabschlusses gem § 340i Abs 4) unrichtig berichtet.

6   Die unrichtige Berichterstattung muss, wenn sie strafbar sein soll, **im PrüfBer** erfolgt sein. Der Gesetzeswortlaut enthält eine Beschränkung auf den PrüfBer ausdrücklich zwar nur beim Verschweigen erheblicher Umstände (Anm 20ff), sie muss jedoch bei der (positiv) unrichtigen Berichterstattung gleichermaßen gelten, um sinnwidrige Unterscheidungen zu vermeiden und lässt sich aus der allgemeinen Definition gem § 321 Abs 1 S 1 ableiten, wonach der AP in einem PrüfBer berichtet (im Ergebnis ebenso *Otto* in Heymann[2] § 332 Anm 18).

7   Der PrüfBer stellt die abschließende und umfassende Berichterstattung des AP über das von ihm ermittelte Prüfungsergebnis dar, die durchweg auch ausdrücklich als PrüfBer (§ 321) bezeichnet ist. Es macht deswegen keine Schwierigkeiten festzustellen, ob es sich bei dem Bericht des AP um den PrüfBer oder eine andere Meinungsäußerung handelt.

8   Wird ausnahmsweise über Komplexe, die auch zum PrüfBer gehören, außerhalb des PrüfBer berichtet – dies kann sich vor allem für die Ausübung der Redepflicht nach § 321 Abs 1 S 3 bei Gefahr im Verzug ergeben – gilt § 332 auch für diesen vorab oder getrennt übermittelten „Teil-PrüfBer". Ebenso ist der Nachtragsprüfbericht (§ 316 Abs 3 S 2) von § 332 erfasst, da er eine Ergänzung des ursprünglichen PrüfBer darstellt und ausschließlich mit diesem zusammen zu verwenden ist (*Waßmer* in MünchKomm Bilanzrecht, Bd 2, § 332 Anm 12).

9   Der PrüfBer ist nach § 321 Abs 1 S 1 schriftlich zu erstatten; die Strafbarkeit kann sich damit auch nur auf Unrichtigkeiten in diesem schriftlichen Bericht (Anm 7, 8) beziehen. Mündliche Äußerungen sind daher vom Straftatbestand des § 332 nicht erfasst, sie stellen keine Berichterstattung iSd §§ 321, 332 dar. Dies gilt auch für die unrichtige Erl des PrüfBer ggü dem AR (§ 171 Abs 1 S 2 und 3 AktG) oder eine unrichtige Auskunft zum Prüfungsergebnis in der HV, sofern allein darauf die Anwendung des § 332 gestützt wird (ebenso *Otto* in Heymann[2] § 332 Anm 18).

Eine **Verletzung der Berichtspflicht** setzt eine Pflicht zur Berichterstattung voraus; diese besteht nur in dem von § 321 Abs 1 bis 4a bestimmten Umfang und ggü den in § 321 Abs 5 genannten Personen. § 332 gilt deswegen auch nicht für die Erteilung von anderen Auskünften, sei es mündlich oder schriftlich.

§ 332 setzt voraus, dass über das „Ergebnis der Prüfung" berichtet worden ist. 10 Das Prüfungsergebnis kann erst bei Beendigung der JAP feststehen. Deshalb sind vorläufige schriftliche Feststellungen und Stellungnahmen des AP, die vor dem Ende der APr ergehen, jedenfalls dann unbeachtlich, wenn die Vorläufigkeit erkennbar ist; s aber Anm 8.

Der AP berichtet unrichtig, wenn er seine tatsächlichen Feststellungen und die 11 daraus gezogenen Schlussfolgerungen im PrüfBer anders darstellt als sie sich für ihn bei der Prüfung ergeben haben. Für die **Unrichtigkeit der Berichterstattung** ist allein entscheidend, ob das Ergebnis der Prüfung sich mit dem Inhalt des PrüfBer deckt (ebenso *Otto* in Heymann[2] § 332 Anm 15; *Quedenfeld* in MünchKomm HGB[3] § 332 Anm 17).

§ 332 will (nur) gewährleisten, dass der AP „ehrlich" das berichtet, was er festgestellt hat. Es ist deswegen die objektive Richtigkeit oder Unrichtigkeit des PrüfBer, dh ob dessen Inhalt mit den tatsächlichen Verhältnissen übereinstimmt, *ohne* Bedeutung. Ein AP, der einen objektiv unrichtigen PrüfBer erstellt, macht sich daher nicht strafbar, wenn er den Bericht das tatsächlich angefallene, (sei es auch aufgrund von Prüfungsfehlern) aber unrichtige Prüfungsergebnis zutreffend wiedergibt (OLG Celle, 5.1.2000, NZG 2000, 613) *Quedenfeld* in MünchKomm HGB[3] § 332 Anm 18). Ob hingegen trotz eines *objektiv richtigen* PrüfBer der Tatbestand des § 332 verwirklicht sein kann, wenn der Inhalt des PrüfBer nicht das Prüfungsergebnis darstellt, der PrüfBer also nur mehr oder weniger zufällig richtig ist, ist str; dogmatisch läge Strafbarkeit vor, dem Schutzzweck der Norm entspr spräche einiges für Vorliegen eines (nicht strafbaren) Versuchs (mit guten Gründen gegen Strafbarkeit: *Dierlamm* NStZ 2000, 130, 132); in der Praxis dürfte dieser Fall schon aus Beweisgründen wenig relevant sein.

Die unrichtige Berichterstattung kann sich sowohl auf die tatsächlichen **Feststellungen** wie auch auf die daraus abgeleiteten **Schlussfolgerungen** beziehen; auch soweit also das Prüfungsergebnis **Werturteile** des AP enthält, dürfen diese im PrüfBer nicht unrichtig dargestellt werden (ebenso *Quedenfeld* in MünchKomm HGB[3] § 332 Anm 18; *Otto* in Heymann[2] § 332 Anm 16). In der Praxis ergibt sich hierbei allerdings das Problem, dass selbst objektiv unvertretbare Wertungen des AP nicht strafbar sind, solange der AP diese nicht selbst als unvertretbar beurteilt hat (ebenso *Spatscheck/Wulf* DStR 2003, 173, 178).

Da die JAP erst mit Erstattung des PrüfBer und Erteilung des BVm beendet ist 12 kann die Urteilsbildung des AP erst zu diesem Zeitpunkt abgeschlossen sein. Eine Auffassung des AP im PrüfBer, die von evtl früher getroffenen Aussagen abweicht, gibt deshalb idR noch keinen Hinweis darauf, dass der AP über das Ergebnis seiner Prüfung unrichtig berichtet.

Nach dem Wortlaut reicht jede unrichtige Berichterstattung aus. Da jedoch 13 beim Verschweigen (Anm 20 ff) gefordert wird, dass **„erhebliche Umstände"** verschwiegen werden, sind sinnwidrige Ergebnisse nur zu vermeiden, wenn sich auch die Strafbarkeit der unrichtigen Berichterstattung auf erhebliche Unrichtigkeiten beschränkt (so auch *Dierlamm* NStZ 2000, 130, 132; *Otto* in Heymann[2] § 332 Anm 17). Dies ergibt sich daraus, dass § 332 als sog unechte Blankettvorschrift grds restriktiv auszulegen ist, um noch verfassungsmäßig zu sein (KG, 11.2.2010, ZIP 2010, 1447, s auch § 331 Anm 5 u 20).

Geringfügige Unrichtigkeiten im PrüfBer sind daher strafrechtlich unbeacht- 14 lich, wenn hindurch das im Übrigen zutreffend wiedergegebene Prüfungsergebnis nicht beeinflusst wird.

Die **Erheblichkeit** bestimmt sich nicht lediglich nach allgemeinen Kriterien, sondern der unrichtig dargestellte Umstand muss für den konkreten PrüfBer eine ins Gewicht fallende Bedeutung haben (*Quedenfeld* in MünchKomm HGB³ § 332 Anm 21).

15 Soweit das HGB für den AP eine konkrete Berichtspflicht ausdrücklich regelt, kann von einer Erheblichkeit der entspr Umstände grds ausgegangen werden. Zu nennen sind hier insb alle in § 321 Abs 1 bis 4a genannten Komplexe (Pflichtinhalte des PrüfBer). Offenkundig erheblich ist auch die in § 321 Abs 1 S 3 geregelte Rede- und Warnpflicht des AP bei Feststellung von Tatsachen, die den Bestand des geprüften Unt oder des Konzerns gefährden oder seine Entwicklung wesentlich beeinträchtigen können oder die schwerwiegende Verstöße der gesetzlichen Vertreter oder von Arbeitnehmern gegen Gesetz, GesVertrag oder Satzung erkennen lassen.

Wenn § 321 Abs 2 S 5 verlangt, dass die Posten des JA aufzugliedern und hinreichend zu erläutern sind, ist damit noch nicht gesagt, dass sämtliche dazu gehörenden Ausführungen im PrüfBer erheblich sind; das folgt auch aus § 321 Abs 2 S 3, wonach darauf einzugehen ist, ob der Abschluss *insgesamt* unter Beachtung der GoB oder sonstiger maßgeblicher Rechnungslegungsgrundsätze ein den tatsächlichen Verhältnissen entspr Bild der VFE-Lage vermittelt, sowie aus § 321 Abs 2 S 4, wonach ua auf *wesentliche* Bewertungsgrundlagen einzugehen ist. Auch insoweit wird es auf die Bedeutung des betr Postens, das Maß der Unrichtigkeit und auch auf die dadurch ausgelösten Änderungen des Bilds der VFE-Lage ankommen.

16 Im Falle eines **Prüferwechsels** (vgl § 320 Anm 40ff) besteht für den bisherigen AP eine weitere Berichtspflicht gem § 320 Abs 4, auf die § 321 entspr anzuwenden ist. Auch diese Berichtspflicht unterliegt der Strafbarkeit nach § 332, da der AP mit gleicher gesetzlicher Schutzrichtung „berichtet".

2. Verschweigen erheblicher Umstände

20 Umstände werden **verschwiegen,** wenn sie unter Verstoß gegen die Redepflicht nicht erwähnt werden. Tathandlung ist also hier, dass über Umstände, die während der APr bekannt geworden sind, nicht berichtet wird. Da es auch hier auf die Diskrepanz zwischen dem Wissen des AP und der Darstellung im PrüfBer ankommt (Anm 11), können (an sich berichtspflichtige) Umstände, die dem AP nicht bekannt geworden sind, nicht iSd § 332 verschwiegen werden.

§ 321 Abs 4a enthält den ausdrücklich erheblichen Umstand der **Unabhängigkeit** des AP (vgl § 321 Anm 75). Verschweigt der AP, dass er nicht unabhängig ist und bestätigt sogar im PrüfBer vorsätzlich unrichtig seine Unabhängigkeit, macht er sich strafbar.

21 Das Verschweigen muss im **PrüfBer** erfolgen. Dazu muss ein PrüfBer (Anm 6ff) erstattet worden sein. Wenn und solange ein PrüfBer noch nicht erstattet oder gar verweigert worden ist, kann der Straftatbestand (noch) nicht erfüllt sein.

22 Da es auf das **Verschweigen im Bericht** ankommt, kann sich der AP objektiv nicht dadurch entlasten, dass er die verschwiegenen Umstände mündlich oder außerhalb des PrüfBer schriftlich mitteilt. Möglicherweise liegt dann aber ein vorsatzausschließender Tatbestandsirrtum (§ 16 StGB) vor.

Für die Strafbarkeit ist nach dem Gesetzeswortlaut das Verschweigen **erheblicher Umstände** erforderlich (dazu Anm 13ff).

3. Erteilung eines inhaltlich unrichtigen Bestätigungsvermerks

25 Anders als § 403 AktG betrifft Abs 1 zusätzlich die Erteilung eines inhaltlich unrichtigen BVm gem § 322. Damit ist klargestellt, dass der an die Öffentlichkeit

gerichtete BVm denselben Schutz genießt wie der nur an die gesetzlichen Vertreter und/oder an den AR gerichtete PrüfBer.

Der notwendige Inhalt des uneingeschränkten BVm ergibt sich aus § 322 **26** Abs 1 bis 3 und 6. Ein in dieser Form erteiltes Testat ist inhaltlich unrichtig, wenn nach dem Ergebnis der pflichtgemäßen Prüfung ein entspr U über die Buchführung, den JA und den Lagebericht (bzw den KA und den Konzernlagebericht, ggf den IFRS-EA, den Zwischenabschluss nach § 340a Abs 3 oder den Konzern-Zwischenabschluss gem § 340i Abs 4) nicht abgegeben werden durfte, sondern eine Einschränkung oder Versagung gem § 322 Abs 4 hätte erfolgen müssen. Eine inhaltliche Unrichtigkeit ist auch im umgekehrten Fall gegeben, wenn nämlich das Testat nur in eingeschränkter Form erteilt wurde, obwohl nach dem abschließenden Ergebnis der APr keine Einwendungen zu erheben waren und damit die Voraussetzungen für eine uneingeschränkte Erteilung vorlagen.

Für die **inhaltliche Unrichtigkeit** des erteilten BVm ist auch hier erforder- **27** lich, dass das Ergebnis der Prüfung, wie es sich für den AP darstellte, dem erteilten BVm nicht entsprach (Anm 11). War der erteilte BVm dagegen zwar objektiv unrichtig, dies dem AP aber aufgrund seiner Feststellungen nicht bekannt, ist eine „inhaltliche Unrichtigkeit" nicht gegeben.

Dagegen liegt keine „inhaltliche Unrichtigkeit" vor, wenn der BVm zu Un- **28** recht unter Hinweis auf § 322 Abs 4 versagt worden ist. Die Versagung ist nach § 322 Abs 4 S 2 kein BVm, sondern ein Versagungsvermerk (zustimmend *Quedenfeld* in MünchKomm HGB[3] § 332 Anm 27; aA *Otto* in Heymann[2] § 332 Anm 27). Wenn die entspr Voraussetzungen erfüllt sind, kann aber ggf eine Strafbarkeit als unrichtige Berichterstattung (Anm 5 ff) gegeben sein.

Bloß formale Fehler wie etwa die falsche Angabe von Ort oder Datum sind unerheblich. Für die Strafbarkeit nach § 332 ist lediglich die inhaltliche Übereinstimmung von Prüfungsergebnis und Bestätigungsvermerk maßgeblich (*Qudenfeld* in MünchKomm HGB[3] § 332 Anm 28; *Waßmer* in MünchKomm Bilanzrecht § 332 Anm 32).

II. Betroffener Personenkreis

Nach dem Wortlaut des Abs 1 können sich sowohl der (Zwischen-)AP wie **30** auch seine Gehilfen wegen unrichtiger Berichterstattung nach allen drei Alternativen gem Anm 3 strafbar machen.

1. Abschlussprüfer

AP ist gem § 319 Abs 1 ein WP, vBP, eine WPG oder eine BPG. Bei einer **32** gemeinschaftlichen APr mehrerer AP ist für jeden gesondert seine schuldhafte Verantwortlichkeit individuell zu prüfen. Ist AP eine **natürliche Person** (WP/vBP), ist sie unmittelbar betroffen.

Ist AP eine **Prüfungsgesellschaft,** kann diese nicht bestraft werden. Die straf- **33** rechtliche Verantwortlichkeit verlagert sich dann gem § 14 Abs 1 StGB (Handeln für einen anderen) auf ihre gesetzlichen Vertreter, dh bei KapGes auf die Mitglieder des vertretungsberechtigten Organs (Vorstand, Geschäftsführer, phG), bei PersGes (OHG, KG und PartGes nach dem PartGG) auf deren vertretungsberechtigte Gester, die im Rahmen ihrer Zuständigkeit bei der JAP mitwirken und die den PrüfBer bzw den BVm unterzeichnen.

Für den WP, der zwar im Rahmen der APr persönlich handelt, ggf den BVm **34** unterzeichnet, aber nicht gesetzlicher Vertreter der WPG/BPG ist, ergibt sich eine Strafbarkeit aus der Gehilfenstellung, nach aA führt § 14 Abs 2 Nr 2 StGB zu dem gleichen Ergebnis (s Anm 36).

35 Es ist nicht erforderlich, dass der AP rechtlich wirksam gem § 318 Abs 1 gewählt oder gerichtlich bestellt (§ 318 Abs 3, 4) ist. Es ist deswegen unerheblich, ob ein Wahlbeschluss wegen Verletzung des Gesetzes oder der Satzung/Ges-Vertrag (nach Anfechtung) nichtig ist oder gar überhaupt nicht gefasst worden ist. Für den Fall, dass überhaupt kein Wahlbeschluss vom zuständigen Organ gem § 318 Abs 1 gefasst wurde, fehlt nach aA die Tätereigenschaft, vgl *Quedenfeld* in MünchKomm HGB³ § 332 Anm 8 und *Janssen* in Park³ 3, Kapitel 8, A, § 332 Anm 22.

Für die Strafbarkeit als AP ist erforderlich, aber auch ausreichend, dass der Täter tatsächlich eine APr iSd § 316 vorgenommen hat und einen PrüfBer erstattet und den BVm erteilt hat. Daher kann sich zB auch ein vBP, der wegen § 319 Abs 1 nicht zum AP einer AG oder einer großen GmbH/KapCoGes gewählt werden darf, gem § 332 strafbar machen, wenn er entspr Prüfungshandlungen durchgeführt hat; anders allerdings mangels Vertrauensschutz bei offensichtlichem Fehlen der Prüferqualifikation iSv § 319 Abs 1 (vgl *Quedenfeld* in Münch-Komm HGB³ § 332 Anm 7, aA *Spatscheck/Wulf* DStR 2003, 173, 177). Entspr gilt bei Erstattung eines PrüfBer und Erteilung eines BVm unter Verstoß gegen eines der Tätigkeitsverbote gem § 319 Abs 2 bis 5 und § 319a, die ebenfalls zur Nichtigkeit des Wahlbeschlusses führen. Auch wenn die Berichtspflicht nicht verletzt wurde, sind Verstöße gegen § 319 Abs 2, 3 und 5, § 319a und § 319b durch § 334 Abs 2 als Ordnungswidrigkeit sanktioniert (s dazu § 334 Anm 26 ff).

2. Prüfungsgehilfen

36 Auch Prüfungsgehilfen können sich nach § 332 strafbar machen. Der Begriff des Prüfungsgehilfen ist dabei grds derselbe wie in § 323, dh es gehören dazu alle Angestellten und freien Mitarbeiter des AP, die von diesem im Rahmen der APr herangezogen werden (§ 323 Anm 62). Auch WP, die für die APr verantwortlich, aber nicht vertretungsberechtigtes Organ sind, sind Prüfungsgehilfen der WPG als AP. Will man davon abw in einem bei einer WPG in leitender Position angestellten WP keinen „bloßen" Prüfungsgehilfen sehen, ergäbe sich dessen Strafbarkeit jedenfalls aus § 14 Abs 2 Nr 2 StGB als iS dieser Vorschrift Beauftragtem (*Schaal* in MünchKomm AktG³ § 403 Anm 13; *Janssen* in Park³ 3, Kapitel 8, A, § 332 Anm 21).

Ein Großteil der Prüfungsgehilfen hat allerdings auf die Ausgestaltung des PrüfBer und die Erteilung des BVm keinen Einfluss und berichtet nicht im eigentlichen Sinne. Sie können deswegen die Straftat des § 332 auch nicht begehen. Dies gilt insb für alle Büro- und Schreibkräfte des AP sowie für andere Prüfungsgehilfen, die nur mit untergeordneten Tätigkeiten betraut waren. Eine Strafbarkeit nach § 332 kommt deswegen nur für solche Prüfungsgehilfen in Betracht, die die Berichterstattung und die Erteilung des BVm mit ihrer Tätigkeit oder durch ihr Unterlassen beeinflussen können und im konkreten Fall auch dahingehend beeinflusst haben, dass ein unrichtiger PrüfBer oder BVm erteilt worden ist – also die bei der unmittelbaren Prüfung Mitwirkenden (ebenso *Quedenfeld* in MünchKomm HGB³ § 332 Anm 9) oder die zB als interne Berichtskritiker potentiell erheblich indirekt Einflussnehmenden.

37 **Kennt der AP die Unrichtigkeit** des PrüfBer oder BVm, kann der Prüfungsgehilfe entweder als (Mit-)Täter oder als Gehilfe zu behandeln sein. **Mittäterschaft** ist gegeben, wenn mehrere die Tat gemeinschaftlich begehen (§ 25 Abs 2 StGB). **Beihilfe** wird geleistet, wenn jemand einem anderen zu dessen rechtswidriger Tat Hilfe leistet (§ 27 Abs 1 StGB). Wesentliche Anhaltspunkte für die Abgrenzung zwischen Mittäterschaft und Beihilfe sind dabei das eigene Interesse am Tatertolg, der Umfang der Tatbeteiligung und der Wille zur Tatherrschaft (so *Fischer*[59] Vor § 25 Anm 2 ff mit Überblick über die Rspr). Bei Anwendung dieser Kriterien liegt es nahe, dass der Prüfungsgehilfe eher Beihilfe zu einer Straftat des AP nach § 332 leistet und nur in Ausnahmefällen mit diesem „gemeinschaftlich" die Tat begeht. Dies gilt aber nicht für solche Prüfungsgehilfen, die als WP für eine WPG/BPG den PrüfBer und/oder BVm unterzeichnen. Hier wird man davon ausgehen müssen, dass sie bei Bösgläubigkeit immer als Täter anzusehen sind, da sie die Tat „selbst" begehen (§ 25 Abs 1 StGB).

Kennt der AP die Unrichtigkeit des PrüfBer oder BVm **nicht**, kommt 38 eine Beihilfe des Prüfungsgehilfen schon deswegen nicht in Betracht, weil es an der vorsätzlich begangenen rechtswidrigen Tat eines anderen (§ 27 Abs 1 StGB) fehlt, zu der die Beihilfe geleistet wird. In diesem Fall wird der Prüfungsgehilfe, der eine unrichtige Berichterstattung oder die Erteilung eines unrichtigen BVm veranlasst oder pflichtwidrig nicht verhindert hat, als (alleiniger) Täter in **mittelbarer Täterschaft** anzusehen sein, weil er die Tat „durch einen anderen" (§ 25 Abs 1 StGB), dh den AP, begeht.

Unterzeichnet der Prüfungsgehilfe, der kein WP/vBP ist, den BVm einer 39 WPG/BPG für eine Pflichtprüfung, ist für diesen Verstoß gegen § 32 WPO nicht er, sondern der gesetzliche Vertreter der WPG/BPG berufsrechtlich verantwortlich. § 332 ist nicht zusätzlich tangiert.

III. Vollendung und Beendigung

Ein Vergehen nach Abs 1 ist nur strafbar, wenn es vollendet wurde. Der Versuch wird nicht bestraft, da in § 332 nichts Gegenteiliges festgelegt ist (§ 23 Abs 1 iVm § 12 Abs 1 StGB). Die Grenze vom Versuch zur Vollendung der Straftat ist bei der unrichtigen Berichterstattung oder beim Verschweigen noch nicht überschritten, wenn der PrüfBer fertiggestellt oder auch schon unterschrieben ist, sondern erst dann, wenn der PrüfBer dem (den) gesetzlichen Adressaten gem § 321 Abs 5 zugegangen ist (ebenso *Otto* in Heymann[2] § 332 Anm 30; *Janssen* in Park[3] 3, Kapitel 8, A, § 332 Anm 36). Ein Erfolgseintritt ist hingegen nicht erforderlich, da es sich um ein abstraktes Gefährdungsdelikt handelt (*Quedenfeld* in MünchKomm HGB[3] § 332 Anm 3; *Janssen* in Park[3] 3, Kapitel 8, A, § 332 Anm 22 Fußnote 21. 40

Für den inhaltlich unrichtigen BVm ist gleichfalls der Zugang bei den gesetzlichen Empfängern (§ 321 Abs 5) erforderlich; mit der Unterzeichnung eines unrichtigen BVm gem § 322 Abs 5 ist die Straftat noch nicht vollendet.

Strafrechtliche Beendigung liegt hingegen erst bei Kenntnisnahme durch alle Empfänger des PrüfBer vor.

IV. Vorsatz

Alle drei Tatbestände des Abs 1 (Anm 3) sanktionieren vorsätzliches Handeln; 41 fahrlässiges Handeln ist nicht strafbar (§ 15 StGB). Es genügt bedingter Vorsatz. Dazu muss der Täter die Gefahr der unrichtigen Berichterstattung, des Verschweigens erheblicher Umstände bzw der Erteilung eines inhaltlich unrichtigen BVm erkannt und dies billigend in Kauf genommen haben. Bedingter Vorsatz liegt deswegen auch vor, wenn der AP bestimmte weitere Prüfungshandlungen nicht vornimmt, obwohl er damit rechnet, dabei für die Berichterstattung wesentliche Vorgänge aufzudecken (ebenso *Otto* in Heymann[2] § 332 Anm 29). Strafbar ist nicht die Verletzung der Prüfungspflicht ieS gem §§ 316, 317, da diese nicht von § 332 umfasst wird (Anm 1), sondern die anschließende Verletzung der Berichtspflicht gem § 321 durch Nichtaufnahme der entspr Verdachtsmomente im Rahmen der APr in den PrüfBer.

42 Irrt der Täter, finden die allgemeinen Grundsätze des Strafrechts über den Tatbestandsirrtum nach § 16 StGB und den Verbotsirrtum nach § 17 StGB Anwendung. Als Tatbestandsirrtum kommt insb der Irrtum über die Erheblichkeit eines Umstands in Betracht (*Quedenfeld* in MünchKomm HGB[3] § 332 Anm 36).

V. Qualifizierte Tatbestände (Abs 2)

45 In Abs 2 sind zusätzliche Tatbestandsmerkmale normiert, die die Tat besonders schwerwiegend erscheinen lassen und deshalb mit einer erhöhten Strafandrohung verbunden sind. Der AP bzw der Prüfungsgehilfe **handelt gegen Entgelt**, wenn er für sein Verhalten eine in einem Vermögensvorteil bestehende Gegenleistung erhält (§ 11 Abs 1 Nr 9 StGB). Dabei ist es ohne Bedeutung, ob der Vermögensvorteil vor oder nach dem Handeln des Täters diesem zugeflossen ist. Entscheidend ist aber, dass der Vermögensvorteil gerade für das nach Abs 1 strafbare Verhalten geleistet wird. Diese Voraussetzung ist nicht gegeben, wenn der AP nur das für seine Prüfungstätigkeit übliche Honorar erhält (*Schaal* in MünchKomm AktG[3] § 403 Anm 36).

Daneben kommt ein Handeln gegen Entgelt auch in Betracht, wenn der Täter im Hinblick auf einen erwarteten Vermögensvorteil gehandelt hat. Es reicht daher die vor seinem Tätigwerden getroffene Vereinbarung eines besonderen Entgelts aus; ein Zufluss dieses Vermögensvorteils muss nicht tatsächlich eingetreten sein (*Schaal* in MünchKomm AktG[3] § 403 Anm 36).

46 Die zwei weiteren Qualifikationsmerkmale, das Handeln mit Bereicherungsbzw Schädigungsabsicht, stellen besondere persönliche Merkmale iSv § 28 Abs 2 StGB dar (str, vgl *Janssen* in Park[3] 3, Kapitel 8, A, § 332 Anm 41 f; *Quedenfeld* in MünchKomm HGB[3] § 332 Anm 4; aA Sorgenfrei in MünchKomm StGB, Bd 6/1, IX, § 332 Anm 34, *Waßmer* in MünchKomm Bilanzrecht § 332 Anm 34). Dagegen stellt das Handeln gegen Entgelt kein besonderes persönliches Merkmal dar.

47 Der Täter handelt mit **Bereicherungsabsicht**, wenn es ihm darauf ankommt, durch die Tat für sich oder einen anderen einen rechtswidrigen Vermögensvorteil zu erlangen (ebenso *Otto* in Heymann[2] § 332 Anm 34). Der angestrebte Vermögensvorteil braucht durch das Handeln des Täters nicht tatsächlich eingetreten zu sein.

48 Für die **Schädigungsabsicht** ist ebenfalls zielgerichtetes Handeln erforderlich, dh es muss dem Täter bei seinem Tätigwerden wesentlich darauf ankommen, einem anderen einen Schaden zuzufügen. Der beabsichtigte Nachteil muss nicht notwendig in einem Vermögensschaden bestehen, es genügt zB ein ideeller Schaden; auch aus dem Zusammenhang mit den anderen beiden qualifizierenden Tatbeständen des Abs 2 lässt sich diese Einschränkung nicht ableiten (so auch *Quedenfeld* in MünchKomm HGB[33] § 332 Anm 48; *Schaal* in MünchKomm AktG[3] § 403 Anm 40 aA *Otto* in Heymann[2] § 332 Anm 37). Die Schädigungsabsicht braucht nicht gegen die geprüfte KapGes/KapCoGes gerichtet zu sein; sie kann auch *jeden anderen* betreffen, wie sich aus dem Wortlaut des Abs 2 ergibt.

C. Strafrahmen

49 Ein Verstoß gegen einen oder mehrere der drei Tatbestände des Abs 1 (Anm 3) wird mit Freiheitsstrafe bis zu drei Jahren oder mit Geldstrafe bestraft. Bei Verstößen gegen mehrere Tatbestände liegt nur *eine* Verletzung der Berichtspflicht vor (ebenso *Otto* in Heymann[2] § 332 Anm 43).

Wenn außerdem eines oder mehrere qualifizierte Tatbestandsmerkmale des
Abs 2 erfüllt sind, kann die Freiheitsstrafe auf höchstens fünf Jahre angehoben
werden. Zur Bemessung der Geldstrafe nach Tagessätzen und zur Verjährungsfrist
s § 331 Anm 40. Bei Bereicherung des Täters kann die Geldstrafe auch neben
einer Freiheitsstrafe verhängt werden (§ 41 StGB).

§ 332 ist ein Schutzgesetz iSd § 823 Abs 2 BGB, seine Verletzung führt unter
den Voraussetzungen des § 823 Abs 2 BGB zu Schadensersatzansprüchen, s
§ 323 Anm 174 f. Nach überwiegender Ansicht sind vom Schutzbereich neben
der Gesellschaft und dem Konzern auch alle Personen erfasst, die mit der Gesellschaft oder dem Konzern in wirtschaftlicher und/oder rechtlicher Beziehung
stehen oder in eine solche Beziehung eintreten wollen, dh aktuelle oder potenzielle Gesellschafter, Arbeitnehmer und Vertragspartner (*Sorgenfrei* in Münch-
Komm StGB, Bd 6/1, IX, § 332, Anm 6; *Quedenfeld* in MünchKomm HGB³,
§ 332, Anm 2; aA OLG Dresden 30.6.2011, 8 U 1215/09, wonach § 323 HGB
nicht den einzelnen Anleger schützt).

D. Regelungen in Spezialgesetzen

Auch nach § 403 Abs 1 **AktG** wird ein AP oder sein Gehilfe bestraft, wenn er **50**
über das Ergebnis einer (gesetzlichen) Prüfung falsch berichtet oder erhebliche
Umstände verschweigt. Ebenso wie in Abs 2 tritt nach § 403 Abs 2 AktG eine
Qualifizierung ein, wenn der Täter gegen Entgelt sowie in Bereicherungs- oder
Schädigungsabsicht handelt. Die Strafrahmen gem § 403 AktG entsprechen jeweils denen des § 332 (Anm 49).

§ 332 geht als spezielle Vorschrift dem § 403 AktG vor. Obwohl § 403 AktG
mit unverändertem Wortlaut weiter besteht, ist er nur noch für die im AktG
verbliebenen besonderen gesetzlichen Prüfungen (zB Gründungsprüfung gem
§ 33 AktG, Sonderprüfungen gem §§ 142 ff AktG, Prüfung des AbhBer gem
§ 313 AktG) einschlägig (*Quedenfeld* in MünchKomm HGB³ § 332 Anm 51),
obwohl im Gegensatz zu § 404 AktG in § 403 AktG ein entspr ausdrücklicher
Hinweis fehlt. Der BVm ist in § 403 AktG nicht aufgeführt, weil dieser bei solchen besonderen Prüfungen nicht erteilt wird.

Für Pflichtprüfungen im Bereich des **PublG** findet sich in § 18 PublG die **51**
dem § 332 entspr Strafvorschrift (s § 331 Anm 60). § 18 PublG hat fast den gleichen Wortlaut wie der seinerzeit allein geltende § 403 AktG. § 18 PublG stellt
jedoch wie § 403 AktG nicht die Erteilung eines inhaltlich unrichtigen BVm
unter Strafe. Unter dem PublG kann diese daher nur strafbar sein, wenn darin –
wie wohl stets – (zugleich) eine unrichtige Berichterstattung über das Ergebnis
der Prüfung oder das Verschweigen erheblicher Umstände gesehen werden kann
(s Anm 5 ff, 20 ff). Im Übrigen gelten die Erl unter Anm 3 bis 49 entspr.

§ 150 **GenG** entspricht § 18 PublG und § 403 AktG; s daher Anm 50 f. **52**

§ 137 **VAG** ist inhaltlich ebenfalls gleich mit § 403 AktG, wird jedoch im **53**
Anwendungsbereich von § 341m durch § 332 insgesamt verdrängt.

Das **GmbH-Gesetz** enthält keine Sondervorschriften. Es bleibt daher bei den **54**
Strafvorschriften des HGB (Anm 3 ff).

Das **KWG** enthält keine § 332 entspr Spezialvorschrift. Für Kreditinstitute, auf **55**
die die Vorschriften der §§ 340 ff anzuwenden sind, gilt § 332 gem § 340m auch
dann, wenn sie nicht als KapGes betrieben werden.

Das **UmwG** sanktioniert in § 314 UmwG Verletzung der Berichtspflicht **56**
durch Prüfer und ihre Gehilfen bei Verschmelzungs-, Spaltungs- und Übertragungsprüfungen nach dem UmwG. Die Vorschrift entspricht in ihrem Wortlaut
weitgehend § 403 AktG, § 150 GenG, § 137 VAG und stellt das falsche Berich-

§ 333 Straf- und Bußgeldvorschriften. Ordnungsgelder

ten oder Verschweigen erheblicher Umstände in dem Bericht einer aus Anlass einer Umw erforderlichen *Sonderprüfung* als Vergehen unter Strafe, vgl daher Erl Anm 3 bis 49. § 314 Abs 2 UmwG normiert zusätzliche Tatbestandsmerkmale, die die Tat besonders schwerwiegend erscheinen lassen.

§ 333 Verletzung der Geheimhaltungspflicht

(1) **Mit Freiheitsstrafe bis zu einem Jahr oder mit Geldstrafe wird bestraft, wer ein Geheimnis der Kapitalgesellschaft, eines Tochterunternehmens (§ 290 Abs. 1, 2), eines gemeinsam geführten Unternehmens (§ 310) oder eines assoziierten Unternehmens (§ 311), namentlich ein Betriebs- oder Geschäftsgeheimnis, das ihm in seiner Eigenschaft als Abschlußprüfer oder Gehilfe eines Abschlußprüfers bei Prüfung des Jahresabschlusses, eines Einzelabschlusses nach § 325 Abs. 2a oder des Konzernabschlusses bekannt geworden ist, oder wer ein Geschäfts- oder Betriebsgeheimnis oder eine Erkenntnis über das Unternehmen, das ihm als Beschäftigter bei einer Prüfstelle im Sinne von § 342b Abs. 1 bei der Prüftätigkeit bekannt geworden ist, unbefugt offenbart.**

(2) ¹**Handelt der Täter gegen Entgelt oder in der Absicht, sich oder einen anderen zu bereichern oder einen anderen zu schädigen, so ist die Strafe Freiheitsstrafe bis zu zwei Jahren oder Geldstrafe.** ²**Ebenso wird bestraft, wer ein Geheimnis der in Absatz 1 bezeichneten Art, namentlich ein Betriebs- oder Geschäftsgeheimnis, das ihm unter den Voraussetzungen des Absatzes 1 bekannt geworden ist, unbefugt verwertet.**

(3) **Die Tat wird nur auf Antrag der Kapitalgesellschaft verfolgt.**

Übersicht

	Anm
A. Allgemeines	1–4
B. Voraussetzungen der Strafbarkeit	
I. Unbefugtes Offenbaren von Geheimnissen (Abs 1)	
1. Geheimnis	5–8
2. Besondere Umstände der Kenntniserlangung	10–12
3. Unbefugtes Offenbaren	13
4. Qualifizierte Begehungsweisen (Abs 2 S 1)	14
II. Unbefugtes Verwerten von Geheimnissen (Abs 2 S 2)	15
III. Betroffener Personenkreis	16, 17
IV. Vollendung und Beendigung	18
V. Vorsatz	19, 20
VI. Antrag (Abs 3)	21
C. Strafrahmen	22, 23
D. Regelungen in Spezialgesetzen	25–31

Schrifttum: *Quick* Geheimhaltungspflicht des Abschlussprüfers: Strafrechtliche Konsequenzen bei Verletzung, BB 2004, 1490; *Kiethe* Prozessuale Zeugnisverweigerungsrechte in der Insolvenz, NZI 2006, 267; *Wiedmann* in Ebenroth/Boujong/Joost/Strohn HGB², Bd 1 München 2008; *Senge* in Karlsruher Komm StPO⁶, München 2008; *Dierlamm* Strafverteidigung im Rechtsstaat, FS DAV, Baden-Baden 2009, S 428 ff; *Gutman* Anspruch auf Herausgabe von Arbeitspapieren des Wirtschaftsprüfers, BB 2010, 171; *Passarge* Zur Entbindung der Berufsgeheimnisträger von Zeugnisverweigerungsrechten durch juristische Personen, BB 2010, 591; *Meyer-Goßner* Strafprozessordnung⁵⁵, München 2012; *Waßmer* in MünchKomm Bilanzrecht, München 2012; *Köhler* in Köhler/Bornkamm UWG³¹ München 2013; *Quedenfeld* in MünchKomm HGB³, Bd 4, München 2013.

A. Allgemeines

§ 333 fasst unter dem Begriff der „Verletzung der Geheimhaltungspflicht" 1
zwei unterschiedliche, wenn auch eng zusammenhängende Tatbestände zusammen:
- das unbefugte Offenbaren von Geheimnissen (Abs 1), das bei Handeln gegen Entgelt und in Bereicherungs- oder Schädigungsabsicht mit erhöhter Strafe bedroht ist (Abs 2 S 1),
- das unbefugte Verwerten von Geheimnissen (Abs 2 S 2), das immer mit erhöhter Strafe bedroht ist.
Es ist stets Vorsatz (Anm 19f) erforderlich.

Diese Vorschrift bewehrt damit auch strafrechtlich zwei weitere Pflichten des 2
AP, Es sind die Verschwiegenheitspflicht und das Verwertungsverbot, zu deren Beachtung der AP bereits zivilrechtlich (Schadensersatzpflicht) durch § 323 Abs 1 S 3 iVm S 1 und S 2 und berufsrechtlich durch § 43 Abs 1 S 1 WPO (iVm §§ 9, 10 der Berufssatzung der WPK) angehalten wird (§ 323 Anm 1). § 333 umfasst auch die Beschäftigten der Prüfstelle für Rechnungslegung (§ 342b), die nach § 342c Abs 1 einer gesonderten Verschwiegenheitspflicht unterliegen.

§ 333 bezieht sich nur auf Prüfungen, die das HGB vorschreibt (s § 332 3
Anm 2 und § 316 Anm 1ff). Die strafrechtliche Verantwortung des Prüfers bei freiwilligen JA-, Sonder- oder sonstigen Prüfungen ergibt sich für AG/KGaA aus § 404 Abs 1 Nr 2 AktG, für GmbH ggf aus den Vorschriften des allgemeinen Strafrechts (§§ 203 Abs 1 Nr 3, Abs 3, 5; 204 StGB). Bei allen genannten Vorschriften ist zur Verfolgung ein Antrag erforderlich (Abs 3, §§ 404 Abs 3 AktG, 205 StGB). Weitere Strafvorschriften werden in Anm 25ff genannt. § 333 ist für gesetzliche JAP eine Spezialregelung insb zu § 404 AktG (vgl § 404 Abs 1 Hs 2), danach ggf zu §§ 203, 204 StGB. Ergänzend ist das BDSG zu beachten.

Für die Beschäftigten der Prüfstelle für Rechnungslegung stellt § 342c Abs 1 4
S 2 klar, dass gesetzlich begründete Mitteilungspflichten keine Verletzung der Verschwiegenheitspflicht darstellen.

B. Voraussetzungen der Strafbarkeit

I. Unbefugtes Offenbaren von Geheimnissen (Abs 1)

1. Geheimnis

Der Begriff „Geheimnis" iSd § 333 umfasst vom Grundsatz her dieselben 5
Angelegenheiten, die der Verschwiegenheitspflicht des AP und seiner Gehilfen nach § 323 Abs 1 unterliegen. Es muss sich um Angaben und Informationen handeln, die noch nicht allgemein bekannt (offenkundig) oder jedermann zugänglich sind. Weiterhin muss die Geheimhaltung mit dem wirklichen oder mutmaßlichen Willen der Ges, also ihrer gesetzlichen Vertreter im Einklang stehen (s zur Geheimhaltung § 323 Anm 31ff; vgl auch *Köhler* in Köhler/Bornkamm, UWG³¹, § 17 Anm 4ff).

Anders als bei § 323 ist im Rahmen des § 333 aber nicht in jedem Fall der tat- 6
sächlich geäußerte Wille der Ges entscheidend. Eine willkürliche, durch keinerlei sachliche Gründe gebotene Geheimniskrämerei verdient keinen strafrechtlichen Schutz (ebenso *Fischer*[59] § 203 Anm 6). Zusätzlich zu dem wirklichen oder

mutmaßlichen Geheimhaltungswillen muss daher für die Anwendung des § 333 ein nach objektiven Kriterien festzustellendes Geheimhaltungsinteresse bejaht werden (s auch *Otto* in Heymann[2] § 333 Anm 7). An dieses dürfen nicht zu strenge Anforderungen gestellt werden. Im Regelfall wird davon ausgegangen werden können, dass der geäußerte Wunsch der Ges nach Geheimhaltung auch deren objektivem Interesse entspricht.

7   Die besondere Hervorhebung des Geschäfts- oder Betriebsgeheimnisses als Unterfall des Geheimnisses hat keine materielle Bedeutung; denn für die Strafbarkeit genügt bereits die Verletzung irgendeines Geheimnisses der Ges. Allerdings sind kaum Fälle denkbar, in denen ein Geheimnis der Ges nicht auch mit dem Betrieb oder dem Geschäft zusammenhängt, also kein Betriebs- oder Geschäftsgeheimnis ist (so auch § 323 Anm 51).

8   Durch § 333 werden nicht nur Geheimnisse der geprüften Ges geschützt, sondern auch **Geheimnisse eines TU** iSd § 290 Abs 1 und 2, eines GemUnt nach § 310 oder eines assozUnt gem § 311. Bei diesen Unt, die keine KapGes zu sein brauchen, handelt es sich sämtlich um solche, die in den KA einbezogen werden müssen oder einbezogen werden dürfen. Zum KonsKreis s §§ 294, 296.

Die Geheimnisse der genannten TU und anderen Unt stellen grds auch Geheimnisse des MU dar. Abweichungen können sich zwar theoretisch ergeben, wenn zB der Geheimhaltungswille eines TU weiter geht als der des MU. Letztlich ist für die Strafbarkeit aber der Wille des MU entscheidend, da nur dieses den Strafantrag nach Abs 3 stellen darf (dazu Anm 21).

Obwohl das MU und dessen AP Auskunftsrechte nur ggü TU haben (§§ 294 Abs 3, 320 Abs 3), nicht aber ggü GemUnt oder assozUnt, ist es wegen der notwendigen Mitwirkung eines KonzernUnt bei der Geschäftspolitik letzterer Unt möglich, dass Geheimnisse auch von GemUnt oder assozUnt den KonzernUnt bekannt werden.

2. Besondere Umstände der Kenntniserlangung

10 Dem AP oder seinem Gehilfen, bzw dem Beschäftigten der Prüfstelle (= „Täter") muss das Geheimnis **„in dieser Eigenschaft"** bekannt geworden sein. § 333 setzt damit voraus, dass einer dieser Täter in dem **Zeitpunkt,** in dem er Kenntnis von dem Geheimnis erlangt, (bereits oder noch) AP, dessen Gehilfe oder Prüfstellenbeschäftigter ist. Kein Fall des § 333 liegt deswegen vor, wenn der Täter bei Offenbarung bzw Verwertung des Geheimnisses zwar Täterqualität hat, diese Funktion aber im Zeitpunkt der Kenntnisnahme noch nicht oder nicht mehr innehatte. Es ist dann aber möglicherweise eine Strafbarkeit gem § 203 StGB gegeben, wenn der Täter das Geheimnis entweder als WP/vBP, als Mitglied des Organs einer WPG/BPG oder als deren *berufsmäßig* tätiger Gehilfe erfahren hat.

11 Mit dem Zusatz **„bei Prüfung"** wird weiter klargestellt, dass die Preisgabe von Kenntnissen, die zeitlich während einer Prüfung, aber außerhalb des **Prüfungsauftrags** (zB bei gleichzeitiger Steuer- oder UntBeratung) erlangt wurden, keine Ahndung nach § 333 auslösen kann. Demggü genügt etwa für § 404 AktG, § 203 StGB, dass das Geheimnis „ihm *in seiner Eigenschaft als* ... Prüfer oder Gehilfe eines Prüfers bekannt worden ist" bzw „anvertraut worden ist".

12 „Bei Prüfung" werden alle Geheimnisse bekannt, deren Kenntnisnahme im sachlichen Zusammenhang mit der Prüfung steht. Zur Prüfung gehören alle in den §§ 316 bis 324a geregelten Tätigkeiten. § 333 (und § 404 AktG) schützen also nicht nur Geheimnisse, die der Täter im Rahmen der eigentlichen Prüfungshandlungen iSd § 317 unmittelbar erfahren hat. Zur Prüfung gehört zB auch die Anfertigung des PrüfBer. Deshalb ist als **Gehilfe** des AP iSv § 333

Verletzung der Geheimhaltungspflicht 13 § 333

– anders als bei § 332, der eine Qualifizierung durch die Anforderung als „Berichtender" bzw „BVm Erteilender" erfährt – nicht nur der Prüfungsgehilfe ieS zu verstehen, sondern alle Personen, die der AP unterstützend einsetzt, zB auch Sekretärinnen, Berichtsschreiberinnen, Archivangestellte; dies entspricht auch dem Sinn und Zweck der Regelung, da das durch § 333 geschützte „Geheimnis" durch diesen Personenkreis genauso gefährdet wird (ebenso *Waßmer* in MünchKomm Bilanzrecht § 333 Anm 6, *Wiedmann* in Ebenroth/Boujong/Joost/Strohn HGB² § 331 Anm 1, aA aber *Quedenfeld* in MünchKomm HGB³ § 333 Anm 7) und diese Hilfskräfte in gleicher Weise in das Geheimnis und den Vertrauensbereich einbezogen sind (vgl auch *Fischer*[59] § 203 Anm 21, 21a).

3. Unbefugtes Offenbaren

Beim **Offenbaren** gibt der AP, der Gehilfe bzw der Beschäftigte der Prüfstelle 13 das Geheimnis, sei es schriftlich oder mündlich, an eine oder mehrere Personen weiter, die bisher davon noch keine Kenntnis hatten. Dabei genügt bereits, dass die Information dem Dritten zugänglich gemacht wird, ohne dass es auf die tatsächliche Kenntnisnahme durch diesen ankommt (so auch *Janssen* in Park³ 3, Kapitel 9, A, § 333 Anm 20, *Otto* in Heymann² § 333 Anm 23).

Das Offenbaren ist **unbefugt,** wenn der AP, der Gehilfe oder Prüfstellenbeschäftigte zur Weitergabe des Geheimnisses weder berechtigt noch verpflichtet ist. Es gelten insoweit die gleichen Grundsätze wie für die Verschwiegenheitspflicht nach § 323 Abs 1 S 1 (§ 323 Anm 30 ff). Ein Offenbaren im Rahmen der gesetzlichen Berichterstattung gem §§ 317, 321 ist **nicht „unbefugt"** iSv §§ 333, 404 AktG, 203 StGB. So ist der AP ua verpflichtet, in seinen Berichten namentlich die Finanz- und die Ertragslage, aber auch die Vermögenslage des geprüften Unt zu erörtern. Auch eine Verdachtsmeldepflicht im Rahmen des Geldwäschegesetzes (§ 3 Abs 1 Nr 2) schließt insoweit unbefugtes Handeln aus. Dagegen sollte der AP sich bei der Bezeichnung von Produktions-Segmenten (zB Rüstungsaufträge) ggf zurückhalten. Das Gleiche gilt für die Berichterstattung über die Ergebnisse freiwilliger Prüfungen. Hinsichtlich der Verschwiegenheitspflicht im Rahmen des Qualitätskontrollverfahrens **(Peer Review)** für WP und vBP s Anm 31.

Praktisch bedeutsam (insb bei Zeugenaussagen in Ermittlungsverfahren) ist die Berechtigung zur **Entbindung von der Pflicht zur Verschwiegenheit** bei juristischen Personen bei Wechsel der Organe der Geschäftsführung (und insb bei Insolvenz). Nach derzeit noch immer überwiegend vertretener Ansicht ist sowohl eine Entbindungserklärung der aktuellen wie früheren Geschäftsführung (bzw Vorstands) notwendig, zumindest dann, wenn auch das Vertrauensverhältnis nicht nur zur Ges, sondern auch zum früheren Organmitglied berührt ist (vgl OLG Celle 2.9.1985, wistra 1986, 83; OLG Koblenz NStZ 1985, 426; OLG Düsseldorf 14.12.1992, wistra 1993, 120; AG Bonn NJW 2010, 1390; *Meyer-Goßner*[55] § 53 Anm 46; *Dierlamm,* in FS DAV, S 428 ff; *Senge* in Karlsruher Komm StPO⁶ § 53 Anm 46). Zur Zeugenpflicht des WP im berufsrechtlichen Aufsichtsverfahren vor der WPK vgl jedoch die abw Regelung in § 62 Abs 2 S 1 und Abs 3 S 1 WPO, die in den dort genannten Konstellationen die Verschwiegenheitspflicht gesetzlich durchbricht. Der neuere Trend der Rspr lässt hingegen auch eine Entbindung nur durch die aktuelle Geschäftsleitung bzw den Insolvenzverwalter zu (OLG Nürnberg 18.6.2009, NJW 2010, 690; OLG Oldenburg, NJW 2004, 2176; *Passarge* BB 2010, 591, der allerdings zugesteht, dass die hM anderer Auffassung ist). Wegen Auswirkungen auf die verfassungsrechtlichen Rechte des AP nach Art 12 Abs 1 GG und der divergierenden Auffassungen der OLG sowie großer Zurückhaltung bei der Akzeptanz der neuen Tendenz bei

Berufskammern ist eine baldige abschließende Klärung wünschenswert (zum Meinungsstand ausführlich: *Kiethe* NZI 2006, 267 ff und *Dierlamm* aaO).

4. Qualifizierte Begehungsweisen (Abs 2 S 1)

14   Wie bei § 332 wurde es auch in Abs 2 für erforderlich gehalten, bei bestimmten zusätzlichen Tatbestandsmerkmalen eine erhöhte Strafandrohung anzuordnen. Ein schwerer Fall des unbefugten Offenbarens ist gegeben beim Handeln gegen Entgelt oder mit Bereicherungsabsicht oder mit Schädigungsabsicht. Es handelt sich somit um dieselben Merkmale wie in § 332 Abs 2 (s dort Anm 45 ff).

Eine entspr Qualifikation findet sich auch in § 404 Abs 2 AktG und § 203 Abs 5 StGB.

II. Unbefugtes Verwerten von Geheimnissen (Abs 2 S 2)

15   Der Begriff „**Geheimnis**" iSd Abs 2 S 2 ist identisch mit dem in Abs 1, wie sich aus der Verweisung ergibt; s Anm 5 ff.

Das **Verwerten** iSd Abs 2 S 2 deckt sich mit dem Verwerten gem § 323 Abs 1 S 2; s dort Anm 52.

Das Verwerten ist nur unter den gleichen Voraussetzungen wie in § 323 Abs 1 S 2 „befugt"; s daher dort Anm 53.

§ 404 Abs 2 S 2 AktG und § 204 StGB sanktionieren das „Verwerten" in gleicher Weise.

III. Betroffener Personenkreis

16   § 333 kann nur vom **AP**, seinen **Gehilfen** (Anm 12) und von den **Beschäftigten der Prüfstelle für Rechnungslegung (§ 342b)** begangen werden (Anm 10 ff). Für die Abgrenzung dieses Personenkreises gelten die gleichen Grundsätze wie in § 323; s dort Anm 60 ff. Eine (faktische) Eingrenzung des Kreises der Prüfungsgehilfen wie in § 332 (s dort Anm 36) ist nicht geboten (dazu Anm 12).

17   Die sich aus § 333 ergebende Geheimhaltungspflicht und das Verwertungsverbot bestehen zeitlich unbegrenzt, also auch nach Mandatsbeendigung. Für § 333 ist allein entscheidend, dass dem Täter das Geheimnis bei der Prüfung und in seiner Eigenschaft als AP oder als Prüfungsgehilfe oder als Beschäftigter der Prüfstelle bekannt geworden ist (Anm 10 ff).

IV. Vollendung und Beendigung

18   Nur die **vollendete** Verletzung der **Geheimhaltungspflicht** ist strafbar; der bloße Versuch ist strafrechtlich unbeachtlich (§ 23 Abs 1 iVm § 12 Abs 2 StGB).

Beim **Offenbaren** liegt eine vollendete Tat vor, wenn die Information dem Empfänger zugänglich gemacht worden ist (Anm 13). Der Täter hat dann alles seinerseits Erforderliche für die Kenntnisnahme durch den Empfänger getan. Ob dieser die Information tatsächlich aufnimmt und auch versteht, ist unbeachtlich (*Quedenfeld* in MünchKomm HGB³ § 333 Anm 44), da es sich um ein abstraktes Gefährdungsdelikt handelt. Mit Kenntnisnahme des Empfängers von dem Geheimnis liegt Beendigung vor.

Die **Verwertung** eines Geheimnisses ist vollendet, wenn der Täter alles getan zu haben glaubt, um das Geheimnis wirtschaftlich zu nutzen und die von ihm angestrebte Gewinnerzielung unmittelbar bevorsteht (*Quedenfeld* in Münch-Komm HGB[3] § 333 Anm 45, *Waßmer* in MünchKomm Bilanzrecht § 333 Anm 36) Dies kann zB durch den Auftrag an eine Bank geschehen, wenn der Täter seine Kenntnisse für Börsenspekulationen ausnutzen will (so *Otto* in Heymann[2] § 333 Anm 30). Für die Vollendung ist ohne Bedeutung, ob der Täter die mit der Verwertung beabsichtigten Ziele auch tatsächlich erreicht hat. Tritt der erstrebte Erfolg ein, ist die Tat beendet.

V. Vorsatz

§ 333 greift nur ein, wenn die unbefugte Offenbarung bzw Verwertung auch **vorsätzlich** begangen worden ist, da fahrlässiges Handeln nicht ausdrücklich mit Strafe bedroht ist (§ 15 StGB). Bedingter Vorsatz ist im Hinblick auf das *Offenbaren* möglich und ausreichend, wenn der Täter zB geheime Unterlagen nicht sicher verwahrt, die tatsächlich erfolgte Einsichtnahme durch Nichtberechtigte dadurch ermöglicht hat und dies billigend in Kauf genommen hat. Für die *Verwertung* ist ein lediglich bedingter Vorsatz nicht denkbar, insoweit ist zielgerichtetes Handeln erforderlich (*Waßmer* in MünchKomm Bilanzrecht § 333 Anm 30). 19

Ein Irrtum über Tatumstände lässt gem § 16 StGB den Vorsatz und damit auch die Strafbarkeit entfallen. Ein solcher Fall ist insb denkbar, wenn der Täter irrtümlich annimmt, die Ges habe auf die Geheimhaltung bzgl der weitergegebenen Information gänzlich verzichtet, ein Geheimnis sei also gar nicht gegeben (ähnlich *Tiedemann* in Scholz[10] § 85 Anm 31). 20

Wenn der Täter dagegen den Geheimnischarakter erkennt, aber irrtümlich meint, ihm sei die Befugnis zur Offenbarung (durch Einwilligung der Ges) erteilt, liegt ein Irrtum über einen Rechtfertigungsgrund vor, hinsichtlich dessen zu differenzieren ist: Hat der Täter versehentlich die tatsächlichen Voraussetzungen des Rechtfertigungsgrunds als gegeben angesehen, wird dadurch entspr § 16 StGB sein Vorsatz ausgeschlossen. Zieht er dagegen aus der richtigen Kenntnis der Umstände den falschen Schluss, er sei zur Offenbarung befugt, handelt es sich um einen Verbotsirrtum gem § 17 StGB (so auch *Fischer*[59] § 203 Anm 48 mwN). Der Verbotsirrtum schließt die Schuld des Täters und damit dessen Strafbarkeit nur aus, wenn er unvermeidbar war; im Übrigen kommt eine Strafmilderung gem § 49 Abs 1 StGB in Betracht.

VI. Antrag (Abs 3)

Die Verletzung der Geheimhaltungspflicht wird gem Abs 3 nur auf **Antrag** der **KapGes** (bzw über § 335b auch der **KapCoGes**) verfolgt. Ohne diesen Antrag kann daher der AP und/oder der Prüfungsgehilfe oder der Beschäftigte der Prüfstelle nicht bestraft werden, selbst wenn ein besonderes öffentliches Interesse an einer Ahndung besteht (absolutes Antragsdelikt). 21

Der Antrag muss durch das gesetzliche Vertretungsorgan (Vorstand, Geschäftsführer, phG einer KGaA, in § 264a Abs 2 genannten Personen) oder durch einen rechtsgeschäftlichen Vertreter, zB Prokuristen der geprüften Ges bzw der Ges, die den KA aufzustellen hat, gestellt werden. Eine Antragsbefugnis auch der in den KA einbezogenen Unt (also TU und die in Abs 1 genannten GemUnt und assozUnt) ist nicht in das HGB aufgenommen worden.

Der Strafantrag ist innerhalb einer Frist von 3 Monaten ab Kenntnis des gesetzlichen Organs von der Tat und der Person des Täters zu stellen (§ 77b Abs 1, 2 StGB). Bei einem aus mehreren Personen bestehenden Organ ist die Kenntnis aller Mitglieder erforderlich, falls sie ihre Vertretung nur gemeinschaftlich ausüben können.

Der Antrag ist bei einem Gericht oder der Staatsanwaltschaft schriftlich oder zu Protokoll einzureichen, bei einer anderen Behörde schriftlich (§ 158 Abs 2 StPO). Er kann bis zum rechtskräftigen Abschluss des Strafverfahrens zurückgenommen werden. Das hat die Einstellung des Verfahrens zur Folge; ein erneuter Antrag ist dann nicht mehr zulässig (§ 77d Abs 1 S 3 StGB).

C. Strafrahmen

22 Liegen die Voraussetzungen des unbefugten *Offenbarens* vor und ist ein Strafantrag gem Abs 3 gestellt, kann eine Freiheitsstrafe bis zu einem Jahr oder eine Geldstrafe verhängt werden. Zur Bemessung der Geldstrafe und zur Verjährung s § 331 Anm 40. Die Verjährungsfrist beträgt hier aber lediglich 3 Jahre (§ 78 Abs 3 Nr 5 StGB).

Bei Vorliegen der Qualifikationen des Abs 2 S 1 (Anm 14) erhöht sich die Strafandrohung auf Freiheitsstrafe bis zu 2 Jahren oder Geldstrafe. Dieses Strafmaß gilt auch für das unbefugte *Verwerten* nach Abs 2 S 2. Die Verjährungsfrist verlängert sich in beiden Fällen auf 5 Jahre (§ 78 Abs 3 Nr 4 StGB). Mit dem gleichen Strafrahmen sanktionieren § 404 AktG und §§ 203 Abs 1, 5, 204 Abs 1 StGB derartige Vergehen.

23 Für **zivilrechtliche Schadensersatzansprüche** nach § 823 Abs 2 BGB ist § 333 ein Schutzgesetz, jedoch dem Schutzzweck der Regelung nach sowie aufgrund des beschränkten Antragsrechts nach Abs 3 nur zu Gunsten der Ges (ebenso *Janssen* in Park[3] 3, Kapitel 8, A, § 333 Anm 5), also nicht zu Gunsten Dritter, zB Gläubiger. Das unbefugte Offenbaren (Anm 13) führt deswegen zu einer **Schadensersatzpflicht** des AP, des Prüfungsgehilfen oder des Prüfstellenbeschäftigten ggü der KapGes/KapCoGes. Die gleiche Schadenersatzverpflichtung ergibt sich allerdings schon aus § 323 Abs 1 S 3.

D. Regelungen in Spezialgesetzen

25 Auch nach § 404 Abs 1 Nr 2 **AktG** wird ein Prüfer oder sein Gehilfe in gleicher Weise wie gem § 333 bestraft, wenn er Geheimnisse einer AG/KGaA unbefugt offenbart; ausdrücklich davon ausgenommen sind jedoch die Fälle des § 333. Das Gleiche gilt nach § 404 Abs 2 S 2 AktG für das unbefugte Verwerten solcher Geheimnisse. § 404 Abs 1 Nr 2 AktG gilt deswegen nur für andere im AktG genannte (also gesetzliche) Pflichtprüfungen (Gründungsprüfung, Sonderprüfungen) oder für Geheimnisse, die dem Prüfer bzw Gehilfen zwar *in seiner Eigenschaft als* Prüfer bzw Gehilfe aber nicht *bei der Prüfung* bekannt geworden sind (vgl Anm 11).

Das **GmbHG** enthält keine einschlägige spezielle Vorschrift für den Prüfer, Gehilfen oder Prüfstellenbeschäftigten (vgl aber für andere Täter § 85 GmbHG), so dass auch bei gesetzlichen JAP von GmbH nur § 333 in Betracht kommt.

Für *freiwillige* JA- und andere *freiwillige* Prüfungen bei KapGes/KapCoGes oder bei dem PublG unterliegenden Unt sind die §§ 203 bis 205 StGB maßgebend (Anm 3). Das Gleiche gilt für derartige Prüfungen bei Kreditinstituten, VersicherungsUnt oder eG (s Anm 27 ff).

26 Im Verhältnis zu § 19 PublG ist § 331 lex specialis (*Quedenfeld* in MünchKomm HGB[3] § 333 Anm 49, *Waßmer* in MünchKomm Bilanzrecht § 333 Anm 60).

§ 333 gilt unmittelbar für alle KapGes und gem § 341m auch für nicht als 27
KapGes betriebene **VersicherungsUnt** im Anwendungsbereich des § 341 (zB
VVaG).

Im **VAG** sanktioniert § 138 Abs 1 Nr 1 VAG als Vergehen das unbefugte Offenbaren von Geheimnissen durch den Prüfer oder seinen Gehilfen nach § 341k
iVm § 319 und in Abs 2 S 2 deren unbefugte Verwertung, jeweils in *anderen* Fällen als denen des § 333 oder des § 404 AktG. Das unbefugte Offenbaren kann
höher bestraft werden, wenn der Täter gegen Entgelt oder in Bereicherungs-
oder Schädigungsabsicht handelt (§ 138 Abs 2 S 1 VAG). § 138 VAG ist – abgesehen von seinem Anwendungsbereich – praktisch identisch mit § 333, so dass
Anm 5 bis 23 weitestgehend auch dafür gelten (vgl aber Anm 11, 25).

Für **Kreditinstitute,** auch wenn sie nicht als KapGes betrieben werden, gilt 28
gem § 340m § 333. Das **KWG** enthält keine mit dem VAG vergleichbare Sanktionsvorschrift.

Im **GenG** deckt sich § 151 Abs 1 Nr 2, Abs 2 und Abs 3 GenG (abgesehen 29
von seinem Anwendungsbereich) weitgehend mit § 404 AktG bzw § 333, so
dass auch insoweit weitestgehend auf Anm 5 bis 23 verwiesen werden kann.

Die Verletzung der Geheimhaltungspflicht durch Prüfer oder deren Gehilfen
bei *Kreditinstituten* in der Rechtsform der **eG** wird in § 151 GenG nur insoweit
sanktioniert, als die Tat nicht in § 340m iVm § 333 mit Strafe bedroht ist.

Das **UmwG** sanktioniert in § 315 die Verletzung von Geheimnissen eines an 30
einer Umw beteiligten Rechtsträgers, insb von Betriebs- und Geschäftsgeheimnissen, durch
– Mitglieder eines Vertretungsorgans, vertretungsberechtigte Gester, Mitglieder
   eines AR oder Abwickler eines an einer Umw beteiligten Rechtsträgers, jeweils in dieser Eigenschaft,
– Verschmelzungs-, Spaltungs- oder Übertragungsprüfer bzw deren Gehilfen,
   jeweils in dieser Eigenschaft,
wenn die Tat nicht in § 85 GmbHG, § 404 AktG, § 151 GenG, § 138 VAG oder
hinsichtlich der AP oder deren Gehilfen in § 333 mit Strafe bedroht ist. Wegen
des Vorrangs anderer Vorschriften liegt die Bedeutung des § 315 UmwG insb im
Geheimnisschutz an der Umw beteiligter PersGes, Vereine und Stiftungen.

Bei unbefugter Offenbarung geschützter Geheimnisse gegen Entgelt oder in
Bereicherungs- oder Schädigungsabsicht sowie bei unbefugter Verwertung wird
ein erhöhtes Strafmaß angedroht. Die Tat wird jeweils nur auf Antrag verfolgt.

Weitere strafrechtliche Sanktionen für die Verletzung von Geheimhaltungspflichten sehen, wenn auch nicht speziell auf den Prüfer zugeschnitten, so doch
ggf anwendbar, §§ 203, 204 **StGB** (s lfd Kommentierung im Text oben ua in
Anm 3) und, soweit es sich um Daten natürlicher Personen handelt, §§ 43, 44
BDSG vor.

Das in § 57a **WPO** verankerte Qualitätskontrollverfahren **(Peer Review)** für 31
WP und vBP, die gesetzliche JAP durchführen, führt zu einer externen Kontrolle
deren Praxen durch andere WP/vBP als Prüfer für Qualitätskontrolle. Dabei
handelt es sich um eine Systemprüfung, bei der die Grundsätze und Maßnahmen
der internen Qualitätssicherung in den überprüften WP/vBP-Praxen auf ihre
Angemessenheit und Funktionstüchtigkeit überprüft werden. Es handelt sich also
nicht gleichsam um eine zweite JAP der vom AP vorgenommenen gesetzlichen
JAP, sondern um eine Überprüfung der Methodik des AP.

Gleichwohl erlangen im Rahmen einer solchen Prüfung die am Qualitätskontrollverfahren Beteiligten Kenntnisse über Auftraggeber des überprüften AP und
deren Verhältnisse. Damit insoweit der AP im Rahmen seiner Überprüfung im
Qualitätskontrollverfahren keine Geheimnisse aus den von ihm vorgenommenen
JAP *unbefugt* offenbart, wird seine Verschwiegenheitspflicht ggü seinen Mandan-

ten teilweise aufgehoben: Soweit für die Durchführung des Qualitätskontrollverfahrens *erforderlich*, ist die Pflicht des AP zur Verschwiegenheit gem § 43 Abs 1 S 1 WPO, § 323 Abs 1 S 1 nach § 57b Abs 3 WPO *eingeschränkt*. Das Gleiche gilt für die Angehörigen anderer sozietätsfähiger Berufe, mit denen der WP/vBP in einer Sozietät oder PartGes verbunden ist. Offenbart der AP mehr als für die Durchführung der Qualitätskontrolle erforderlich, macht er sich nach Maßgabe des § 333 strafbar.

Der Prüfer für Qualitätskontrolle, seine Gehilfen, die Mitglieder der Qualitätskontrollkommission und die Bediensteten der WPK sind nach § 57b Abs 1 WPO zur Verschwiegenheit verpflichtet. Das gilt auch nach Beendigung ihrer Tätigkeit.

Das gem § 66b Abs 2 WPO für Mitglieder der APAK normierte Verbot der Offenbarung und *Verwertung* von fremden Geheimnissen, die ihnen bei ihrer Aufsichtstätigkeit bekannt geworden sind, wird strafrechtlich durch die §§ 133a und 133b WPO sanktioniert. Verstöße gegen die Verschwiegenheitspflicht aller anderen vorstehend genannten Beteiligten an der Qualitätskontrolle sind gem §§ 203 Abs 1 und 2, 204 StGB strafbar.

§ 334 Bußgeldvorschriften

(1) Ordnungswidrig handelt, wer als Mitglied des vertretungsberechtigten Organs oder des Aufsichtsrats einer Kapitalgesellschaft
1. bei der Aufstellung oder Feststellung des Jahresabschlusses einer Vorschrift
    a) des § 243 Abs. 1 oder 2, der §§ 244, 245, 246, 247, 248, 249 Abs. 1 Satz 1 oder Abs. 2, des § 250 Abs. 1 oder 2, des § 251 oder des § 264 Abs. 2 über Form oder Inhalt,
    b) des § 253 Absatz 1 Satz 1, 2, 3, 4, 5 oder Satz 6, Abs. 2 Satz 1, auch in Verbindung mit Satz 2, Abs. 3 Satz 1, 2 oder 3, Abs. 4 oder 5, des § 254 oder des § 256a über die Bewertung,
    c) des § 265 Abs. 2, 3, 4 oder 6, der §§ 266, 268 Abs. 2, 3, 4, 5, 6 oder 7, der §§ 272, 274, 275 oder des § 277 über die Gliederung oder
    d) des § 284 oder des § 285 über die in der Bilanz, unter der Bilanz oder im Anhang zu machenden Angaben,
2. bei der Aufstellung des Konzernabschlusses einer Vorschrift
    a) des § 294 Abs. 1 über den Konsolidierungskreis,
    b) des § 297 Abs. 2 oder 3 oder des § 298 Abs. 1 in Verbindung mit den §§ 244, 245, 246, 247, 248, 249 Abs. 1 Satz 1 oder Abs. 2, dem § 250 Abs. 1 oder dem § 251 über Inhalt oder Form,
    c) des § 300 über die Konsolidierungsgrundsätze oder das Vollständigkeitsgebot,
    d) des § 308 Abs. 1 Satz 1 in Verbindung mit den in Nummer 1 Buchstabe b bezeichneten Vorschriften, des § 308 Abs. 2 oder des § 308a über die Bewertung,
    e) des § 311 Abs. 1 Satz 1 in Verbindung mit § 312 über die Behandlung assoziierter Unternehmen oder
    f) des § 308 Abs. 1 Satz 3, des § 313 oder des § 314 über die im Anhang zu machenden Angaben,
3. bei der Aufstellung des Lageberichts einer Vorschrift des § 289 Abs. 1, 4 oder Abs. 5 oder des § 289a über den Inhalt des Lageberichts,
4. bei der Aufstellung des Konzernlageberichts einer Vorschrift des § 315 Abs. 1 oder 4 über den Inhalt des Konzernlageberichts,
5. bei der Offenlegung, Hinterlegung, Veröffentlichung oder Vervielfältigung einer Vorschrift des § 328 über Form oder Inhalt oder

Bußgeldvorschriften 1 § 334

6. einer auf Grund des § 330 Abs. 1 Satz 1 erlassenen Rechtsverordnung, soweit sie für einen bestimmten Tatbestand auf diese Bußgeldvorschrift verweist, zuwiderhandelt.

(2) Ordnungswidrig handelt, wer zu einem Jahresabschluss, zu einem Einzelabschluss nach § 325 Abs. 2a oder zu einem Konzernabschluss, der aufgrund gesetzlicher Vorschriften zu prüfen ist, einen Vermerk nach § 322 Abs. 1 erteilt, obwohl nach § 319 Abs. 2, 3, 5, § 319a Abs. 1 Satz 1, Abs. 2, § 319b Abs. 1 Satz 1 oder 2 oder nach § 319 Abs. 4, auch in Verbindung mit § 319a Abs. 1 Satz 2, oder § 319a Abs. 1 Satz 4, 5, § 319b Abs. 1 die Wirtschaftsprüfungsgesellschaft oder die Buchprüfungsgesellschaft, für die er tätig wird, nicht Abschlussprüfer sein darf.

(3) Die Ordnungswidrigkeit kann mit einer Geldbuße bis zu fünfzigtausend Euro geahndet werden.

(4) Verwaltungsbehörde im Sinn des § 36 Abs. 1 Nr. 1 des Gesetzes über Ordnungswidrigkeiten ist in den Fällen der Absätze 1 und 2 das Bundesamt für Justiz.

(5) Die Absätze 1 bis 4 sind auf Kreditinstitute im Sinn des § 340 und auf Versicherungsunternehmen im Sinn des § 341 Abs. 1 nicht anzuwenden.

Übersicht

	Anm
A. Allgemeines	1–3
B. Die Voraussetzungen der Ordnungswidrigkeiten	
I. Verstöße nach Abs 1	10
1. Aufstellung und Feststellung des Jahresabschlusses (Nr 1)	11
2. Aufstellung des Konzernabschlusses (Nr 2)	12
3. Verweis bei Konzernabschluss nach IFRS	13
4. Aufstellung des Lageberichts (einschließlich Erklärung zur Unternehmensführung) und des Konzernlageberichts (Nrn 3 und 4)	14
5. Form und Inhalt der Offenlegung (Nr 5)	15
6. Formblätter (Nr 6)	16
7. In Abs 1 nicht erwähnte Vorschriften	17–25
II. Verstöße gegen Abs 2	26, 27
III. Voraussetzungen und Verfahrensfragen	
1. Vorwerfbarkeit	28
2. Zuständigkeit für die Verfolgung	29
3. Opportunitätsprinzip	30
C. Folgen (Abs 3)	40–43
D. Weitere Vorschriften in Spezialgesetzen	45–52

Schrifttum: *de Weerth* Die Bilanzordnungswidrigkeiten nach § 334 HGB unter besonderer Berücksichtigung der europarechtlichen Bezüge, Pfaffenweiler 1994; *Ries* Durchsetzbarkeit von Offenlegungspflichten und Ordnungsgeldbewehrung nach EHUG trotz Insolvenz?, ZInsO 2008, 536; *Göhler* Gesetz über Ordnungswidrigkeiten[16], München 2009; *Quedenfeld* in MünchKomm HGB[3], Bd 4, München 2013.

A. Allgemeines

§ 334 ahndet Verstöße gegen bestimmte Vorschriften zum JA/KA/IFRS-EA und zum Lagebericht/Konzernlagebericht von KapGes/KapCoGes als Ordnungswidrigkeiten mit Geldbuße. Das HGB behandelt diese Verstöße als (bloße) 1

§ 334 2, 3   Straf- und Bußgeldvorschriften. Ordnungsgelder

Ordnungswidrigkeiten, weil diesen nur ein geringer Unrechtsgehalt zukommt. Deshalb werden auch der Versuch oder fahrlässige Verstöße nicht sanktioniert und die angedrohte Geldbuße ist nicht als Strafe, sondern nach der Rspr des BVerfG „lediglich als eine nachdrückliche Pflichtenmahnung" (BVerfG 16.7.1969, BVerfGE 27, 33) anzusehen.

Mit Geldbuße bedroht werden Detailverstöße bzw weniger gravierende Zuwiderhandlungen gegen bestimmte Rechnungslegungsvorschriften. Bei unbedeutenden Verstößen wird das im Ordnungswidrigkeitenrecht maßgebliche **Opportunitätsprinzip** (§ 47 Abs 1 **OWiG**) einer Ahndung entgegenstehen (Anm 30).

Bei schweren Verstößen oder Mehrfachverstößen gegen die in Abs 1 genannten Vorschriften kommt hingegen auch eine Strafbarkeit nach § 331 Nr 1 in Betracht. Zur Abgrenzung der Straftaten von den Ordnungswidrigkeiten s § 331 Anm 20.

Erfüllt eine Ordnungswidrigkeit nach § 334 zugleich einen Straftatbestand des § 331, kommt gem § 21 OWiG nur die Strafvorschrift zur Anwendung; § 334 ist im Verhältnis zu § 331 subsidiär.

2   Nach § 14 Abs 1 S 1 OWiG wird im Ordnungswidrigkeitenrecht nicht zwischen Täter und Beteiligten unterschieden; auch nicht zwischen Anstifter, Mittäter und Gehilfen (sog Einheitstäterlösung). Jede Form der Teilnahme wird als Täterschaft gewertet, auch dann, wenn besondere persönliche Merkmale, die die Möglichkeit der Ahndung erst begründen, nur bei einem, dem sog tauglichen Täter vorliegen (§ 14 Abs 1 S 2 OWiG).

Verantwortlich nach § 334 Abs 1 sind zunächst die Vorstände (AG) oder die Geschäftsführer (GmbH), die natürliche Personen sein müssen, §§ 76 Abs 3 AktG, 6 Abs 2 GmbHG. Falls die phG von KGaA juristische Personen sind, sind deren Vorstände oder Geschäftsführer verantwortlich ggf neben Mittätern und Gehilfen. Bei OHG und KG, bei denen keine natürliche Person unmittelbar oder mittelbar phG ist, richtet sich die Bußgeldandrohung an die Mitglieder des vertretungsberechtigten Organs der vertretungsberechtigten Ges (s Erl zu §§ 264a Abs 2, 335b). Weiterhin können Mitglieder eines obligatorischen AR ordnungswidrig nach Abs 1 handeln. Abs 2 sanktioniert Fehlverhalten des AP.

3   Bei § 334 handelt es sich um eine blankettartige Bestimmung, die auf andere Vorschriften verweist. Die Tathandlungen werden durch Verweise auf die entspr Vorschriften zu JA/KA/IFRS-EA, Lagebericht und Konzernlagebericht konkretisiert.

Abs 1 führt die Einzelvorschriften auf, deren Verletzung durch Mitglieder des vertretungsberechtigten Organs oder des AR von KapGes/KapCoGes Ordnungswidrigkeiten darstellen; sie betreffen in
– Nr 1 den JA,
– Nr 2 den KA,
– Nr 3 den Lagebericht,
– Nr 4 den Konzernlagebericht,
– Nr 5 die Offenlegung etc,
– Nr 6 die Formblätter (sofern VO nach § 330 Abs 1 einen Tatbestand mit Bußgeld bewehren).

Abs 2 richtet sich an den AP einer prüfungspflichtigen KapGes/KapCoGes, der einen BVm erteilt, obwohl er nach § 319 Abs 2, 3, 5, § 319a Abs 1 S 1, Abs 2, § 319b Abs 1 S 1 oder S 2 nicht AP sein darf. § 319 Abs 4, auch iVm § 319a Abs 1 S 2, bzw 319a Abs 1 S 4, S 5, § 319b Abs 1 erstrecken die Ordnungswidrigkeit auf Prüfer, die bei WPG/BPG beschäftigt sind, die ihrerseits nicht AP sein dürfen.

Abs 3 regelt die Folgen einer Zuwiderhandlung – Geldbuße bis 50 000 €.

Abs 4 verweist die Verfolgungszuständigkeit für Fälle der Abs 1 und 2 an das BAJ in Bonn (§ 36 Abs 1 Nr 1 OWiG).

Bußgeldvorschriften 10, 11 § 334

Abs 5 bestimmt, dass § 334 auf Kreditinstitute (iSd § 340) und auf VersicherungsUnt (iSd § 341 Abs 1) nicht anzuwenden ist. Für diese Geschäftszweige enthalten § 340n bzw § 341n ähnliche Bußgeldvorschriften (Anm 48, 49) für die Organe dieser Unt *jeder Rechtsform* einschl inländischer Zweigniederlassungen von ausländischen Ges.

B. Die Voraussetzungen der Ordnungswidrigkeiten

I. Verstöße nach Abs 1

Betroffen sind die Mitglieder des vertretungsberechtigten Organs einer KapGes (s § 331 Anm 18). Das Gleiche gilt für die Mitglieder eines obligatorischen AR bei der AG, nicht hingegen bei der GmbH (vgl dazu § 331 Anm 18, *Quedenfeld* in MünchKomm HGB[3] § 334 Anm 15). Denn der obligatorische AR hat nur bei der AG die gesetzliche Aufgabe, den JA festzustellen (§ 172 AktG), beim obligatorischen AR der GmbH wird in entsprechenden Verweisungsvorschriften für die Anwendung des Aktienrechts gerade nicht auf § 172 AktG verwiesen (*Quedenfeld* in MünchKomm HGB[3] § 334 Anm 16). Eine § 82 Abs 2 Nr 2 GmbHG entspr Vorschrift für freiwillige AR, Beiräte etc („ähnliches Organ" s § 331 Anm 18) fehlt für den Bereich des Ordnungswidrigkeitsrechts, es sei denn, dem fakultativen AR ist die Feststellung des JA durch den GesVertrag zugewiesen (*Quedenfeld* in MünchKomm HGB[3] § 334 Anm 16). 10

1. Aufstellung und Feststellung des Jahresabschlusses (Nr 1)

a) Vorschriften über Form oder Inhalt 11

§ 243 Abs 1	: GoB;
§ 243 Abs 2	: Klarheit und Übersichtlichkeit;
§ 244	: Sprache; Währungseinheit;
§ 245	: Unterzeichnung;
§ 246	: Vollständigkeit, Verrechnungsverbot;
§ 247	: Inhalt der Bilanz;
§ 248	: Bilanzverbote;
§ 249 Abs 1 S 1	: Rückstellungen für ungewisse Verbindlichkeiten und drohende Verluste aus schwebenden Geschäften;
Abs 2	: Keine Rückstellungen für andere Zwecke, Auflösungsverbot bei fortbestehendem Grund;
§ 250 Abs 1	: Aktive RAP;
Abs 2	: Passive RAP;
§ 251	: Haftungsverhältnisse;
§ 264 Abs 2	: Grundsatz des *true and fair view*, zusätzliche Angaben im Anhang. Da die Generalnorm des § 264 Abs 2 S 1 auf das Gesamtbild der tatsächlichen Verhältnisse der KapGes/KapCoGes abstellt, dürfte jedoch bei einem Verstoß gegen diese Vorschrift oft zugleich der Tatbestand des § 331 erfüllt sein. Da § 334 ggü § 331 subsidiär ist, hat § 334 insoweit praktisch nur bei Auslegungsfragen und außerdem für S 2 (Anhang-Ergänzung) Bedeutung.

b) Vorschriften über die Bewertung

§ 253 Abs 1 S 1	: Wertansätze für VG;
§ 253 Abs 1 S 2–6	: Bewertung von Verbindlichkeiten und Rückstellungen;
§ 253 Abs 2 S 1 ggf iVm S 2	: Abzinsung von Rückstellungen;

§ 253 Abs 3 S 1, 2o 3 : planmäßige und außerplanmäßige Abschreibungen auf Gegenstände des Anlagevermögens;
§ 253 Abs 4 : Abschreibungen auf Gegenstände des Umlaufvermögens;
§ 253 Abs 5 : Wertaufholung bei Wegfall früherer außerplanmäßiger Abschreibungsgründe; Wertbeibhaltungspflicht bei entgeltlich erworbenen GFW;
§ 254 : Bildung von BewEinh;
§ 256a : Umrechnungsverpflichtung von VeG und Verbindlichkeiten in Fremdwährungen;

c) Vorschriften über die Gliederung der Bilanz und GuV

§ 265 Abs 2 : Angabe vergleichbarer Beträge des vorhergehenden Gj;
Abs 3 : Vermerk der Mitzugehörigkeit zu mehreren Posten;
Abs 4 : Einheitliche Gliederung des JA mit Ergänzungen bei mehreren Geschäftszweigen;
Abs 6 : Pflicht zu abw Gliederung und Bezeichnung zwecks Klarheit und Übersichtlichkeit;
§ 266 : Gliederung der Bilanz;
§ 268 Abs 2 : Darstellung der Entwicklung des Anlagevermögens;
Abs 3 : Ausweis eines nicht durch EK gedeckten Fehlbetrags;
Abs 4, 5 : Vermerk bestimmter Restlaufzeiten bei Forderungen und Verbindlichkeiten, besondere Erl rechtlich noch nicht entstandener Forderungen und Verbindlichkeiten, Ausweis für Anzahlungen auf Bestellungen;
Abs 6 : Gesonderter Ausweis eines aktivierten Disagios im aktiven RAP (§ 250 Abs 3);
Abs 7 : Besondere Bilanzvermerke für Haftungsverhältnisse gegenüber verbundenen Unt;
§ 272 : Ausweis des EK (gezeichneten Kapitals, der Kapitalrücklage, der Gewinnrücklagen sowie der Rücklage für Anteile an einem herrschenden oder mit Mehrheit beteiligten Unt);
§ 274 : Abgrenzung passiver und aktiver latenter Steuern;
§ 275 : Gliederung der GuV;
§ 277 : Ausweisregeln für einzelne Posten der GuV;

d) Vorschriften über weitere Angaben in der Bilanz oder im Anhang

§ 284 : Erl zur Bilanz und zur GuV;
§ 285 : sonstige Pflichtangaben im Anhang.

Durch die Aufnahme des gesamten § 284 werden nicht nur die Pflichtangaben gem § 284 Abs 2 bußgeldbewehrt. Die Sanktion ist auch für Verstöße möglich, die unter die als Blankettnorm wirkende Vorschrift des § 284 Abs 1 fallen; dazu gehören alle Vorschriften,

– die Angaben zu den einzelnen Posten der Bilanz und GuV vorschreiben; dies sind außer den in Nr 1 genannten Vorschriften insb die § 265 Abs 1 S 2, Abs 7 Nr 2, Art 28 Abs 2, 48 Abs 6, 67 Abs 2 EGHGB.
– wonach Angaben im Anhang zu machen sind, weil sie in Ausübung eines Wahlrechts nicht in die Bilanz oder in die GuV aufgenommen wurden; dies ist insb § 268 Abs 1 S 2.
– s hierzu die Liste der Pflichtangaben im Anhang nach HGB und EGHGB in § 284 Anm 40 sowie die Liste der Pflichtangaben, die wahlweise im Anhang oder an anderer Stelle im JA zu machen sind in § 284 Anm 55.

2. Aufstellung des Konzernabschlusses (Nr 2)

12 Nr 2 zählt mit Bußgeld zu ahndende Verstöße gegen Vorschriften über die Aufstellung des KA auf. Da der KA nicht festgestellt, sondern nur gebilligt wird, ist hier die „Feststellung" nicht erwähnt. Im Einzelnen:

Bußgeldvorschriften 13 § 334

a) Vorschriften über den Konsolidierungskreis

§ 294 Abs 1 : Grundsätze für die Einbeziehung des MU und dessen TU;

b) Vorschriften über Inhalt oder Form

§ 297 Abs 2 : Generalnorm für den KA (Klarheit und Übersichtlichkeit, *true and fair view*), zusätzliche Angaben im Konzernanhang;
Abs 3 : Behandlung der einbezogenen KonzernUnt als wirtschaftliche Einheit, Angaben für ausnahmsweise nicht beibehaltene KonsMethoden im Konzernanhang;
§ 298 Abs 1 iVm : Anwendung folgender Vorschriften auf den KA:
§ 244 Sprache, Währungseinheit;
§ 245 : Unterzeichnung;
§ 246 : Vollständigkeit, Verrechnungsverbot;
§ 247 : Inhalt der Bilanz;
§ 248 : Bilanzierungsverbote;
§ 249 Abs 1 S 1 : Rückstellungen für ungewisse Verbindlichkeiten und drohende Verluste aus schwebenden Geschäften;
Abs 2 : Keine Rückstellungen für andere Zwecke; Auflösungsverbot bei fortbestehendem Grund;
§ 250 Abs 1 : Aktive RAP;
§ 251 : Haftungsverhältnisse;

c) Konsolidierungsgrundsätze und Vollständigkeitsgebot

§ 300 : Ansatz der dem MU gehörenden Anteile mit den VG und Schulden etc der einbezogenen TU, vollständige Aufnahme der VG, Schulden etc der TU, Neu-Ausübung von Bilanzierungswahlrechten (Anm 18);

d) Vorschriften über die Bewertung

§ 308 Abs 1 S 1 : Einheitliche Bewertung der VG und Schulden der TU nach den Bewertungsmethoden des MU (iVm §§ 253, 254, 256a);
§ 308 Abs 2 : Neubewertung von abw bewerteten Bilanzposten der TU;
§ 308a : Umrechnung von Abschlüssen in fremder Währung und Ausweis von Differenzen;

e) Vorschriften über assoziierte Unternehmen

§ 311 Abs 1 S 1 iVm § 312 : Ausweis der Beteiligungen an assozUnt unter einem besonderen Posten, Bewertung solcher Beteiligungen mit dem Buchwert oder dem anteiligen EK, Berechnung beider Größen;

f) Vorschriften über die Angaben im Konzernanhang

§ 308 Abs 1 S 3 : Angabe abw Bewertungsmethoden im KA von denen des MU im Konzernanhang;
§ 313 : Erl zur Konzernbilanz und zur Konzern-GuV, Angaben zum Anteilsbesitz; s auch die Liste der Pflichtangaben im Konzernanhang nach HGB und EGHGB in § 313 Anm 34 und die Liste der Pflichtangaben, die wahlweise im Konzernanhang oder im übrigen KA zu machen sind, in § 313 Anm 42;
§ 314 : Sonstige Pflichtangaben.

3. Verweis bei Konzernabschluss nach IFRS

§ 315a Abs 1 verweist auf einige Vorschriften des Zweiten bis Achten Titels, 13 daher kommen auch hier Ordnungswidrigkeiten nach Abs 1 Ziff 2b (§ 315a

Abs 1 S 1 iVm § 297 Abs 2 S 4, § 298 Abs 1 iVm den §§ 244, 245) sowie § 334 Abs 1 Ziff 2f (§ 315a Abs 1 S 1 iVm § 313 Abs 2 bis 4 und § 314 Abs 1 Nr 4, 5, 8 und 9 und Abs 2 S 2) in Betracht.

4. Aufstellung des Lageberichts (einschließlich Erklärung zur Unternehmensführung) und des Konzernlageberichts (Nrn 3 und 4)

14   Nr 3 und 4 beziehen sich auf den Pflichtinhalt des Lageberichts (§ 289 Abs 1, Abs 4, Abs 5) und des Konzernlageberichts (§ 315 Abs 1, Abs 4) sowie der Erklärung zur Unternehmensführung (Corporate Governance Kodex, vgl § 289a) und wollen damit die Einhaltung des *true and fair view* sichern (s jeweils Erl zu §§ 289, 289a, 315). Die Bußgeldsanktionen sollen eine ausgewogene und umfassende Analyse des Geschäftsverlaufs einschl des Geschäftsergebnisses und der Lage verbunden mit einer Beurteilung und Erl der voraussichtlichen Entwicklung unter Berücksichtigung ihrer wesentlichen Chancen und Risiken gewährleisten. Der jeweilige Verweis auf Abs 4 der §§ 289 und 315 unterstreicht die Bedeutung der zusätzlich geforderten Pflichtangaben bei kapmarktUnt.

KapmarktKapGes iSd § 264d sind ferner ausdrücklich zur Beschreibung der wesentlichen Merkmale des IKS und internen RMS in Hinblick auf den Rechnungslegungsprozess verpflichtet. Ein Verstoß ist über den Verweis auf § 289 Abs 5 bußgeldbewehrt, allerdings nur für den Einzelabschluss. Auf die entspr Regelung auf Konzernebene, § 315 Abs 2 Nr 5, erstreckt sich der Verweis nicht, da dies nur eine Soll- und keine Pflichtvorgabe ist. Bußgeldbewehrt ist durch den § 289a auch eine unterlassene oder fehlerhafte Erklärung zur Unternehmensführung im Lagebericht.

5. Form und Inhalt der Offenlegung (Nr 5)

15   Nr 5 betrifft Verstöße gegen § 328 über Form und Inhalt der offenzulegenden Unterlagen bei gesetzlichen Offenlegungen und bei sonstigen Hinterlegungen, Veröffentlichungen oder Vervielfältigungen.

§ 334 Abs 1 Nr 5 setzt eine bereits erfolgte Offenlegung voraus. Unterlässt ein Organ die Offenlegung, erfüllt dies nicht den Bußgeldtatbestand, sondern kann lediglich zu einem Ordnungsgeld nach § 335 führen; s Erl zu § 335.

6. Formblätter (Nr 6)

16   Nr 6 betrifft Verstöße gegen Formblatt-VO gem § 330 Abs 1 S 1, soweit diese für bestimmte Tatbestände auf § 334 verweisen. Zur Liste derartiger VO s § 330 Anm 20. Verstöße gegen Formblatt-VO für Kreditinstitute oder Versicherungs-Unt werden speziell durch §§ 340n, 341n sanktioniert (Anm 48f).

7. In Abs 1 nicht erwähnte Vorschriften

17   Eine große Anzahl der in den §§ 242ff enthaltenen Vorschriften ist in Abs 1 nicht erwähnt. Nach allgemeinen rechtsstaatlichen Grundsätzen (s auch Art 101 GG, § 3 OWiG) kommt deswegen die Ahndung eines Verstoßes gegen diese Vorschrift mit einem Bußgeld nicht in Betracht.

Die Gründe dafür, warum diese Vorschriften nicht mit Geldbuße bewehrt wurden, sind vielfältig. Bis auf wenige Ausnahmen lassen sich die Gründe oder die Vorschriften jedoch in die folgenden Gruppen einteilen:

18   – Eine größere Zahl dieser Vorschriften enthalten **Definitionen** ohne Handlungspflicht; andere enthalten **Befreiungen, Erleichterungen** oder **Wahlrechte**. Wurden bei der Ausübung der Befreiung etc die dafür genannten An-

forderungen nicht eingehalten, kommt eine Ahndung als Ordnungswidrigkeit allenfalls für die Grundnorm in Betracht.
- Vorschriften, die **Pflichten für andere Personen** als die Mitglieder des vertretungsberechtigten Organs oder des AR einer KapGes/KapCoGes begründen, können nicht zu den Ordnungswidrigkeiten nach Abs 1 zählen. Dazu gehören insb auch diejenigen Vorschriften der §§ 242 bis 254, die durch spezielle Vorschriften für KapGes/KapCoGes verdrängt werden. 19
- Vorschriften, die bereits mit einer **anderen Sanktion** versehen sind, bedürfen keiner (zusätzlichen) Bewehrung mit Geldbuße nach § 334. Dies gilt insb für die Tatbestände, die mit Strafen (§§ 331 bis 333) oder Ordnungsgeld (§ 335) sanktioniert sind. Dies betrifft ua die Vorschriften zur Aufstellung des JA nach § 242, da die Aufstellung zwingende Voraussetzung für die Offenlegung gem § 325 ist und inzident mitgeahndet werden kann (vgl § 335 Anm 20). 20
- Der Verstoß gegen eine Bestimmung, die nur ein **Unterfall** einer mit Bußgeld bewehrten (zwingenden) Vorschrift ist, stellt als mittelbarer Verstoß gegen die Grundnorm ebenfalls eine Ordnungswidrigkeit dar. Der Unterfall bedurfte danach keiner ausdrücklichen Aufnahme in Abs 1. 21
- Von den Vorschriften, die zu **Angaben im Anhang** verpflichten, werden nur wenige in Nr 1d) und Nr 2f) genannt. Dennoch sind eine Reihe weiterer Pflicht-Vorschriften zum Anhang bußgeldbewehrt, weil sie
  a) an anderer Stelle in Abs 1 genannt sind (zB § 265 Abs 2 in Nr 1c) oder
  b) durch die als Blankettnormen wirkenden Vorschriften des § 284 Abs 1 und des § 313 Abs 1 einbezogen wurden.
Verstöße gegen die davon nicht erfassten Vorschriften mit Pflichten zum Anhang können allerdings nicht mit Bußgeld geahndet werden (dazu Anm 17). 22
- Sanktioniert beim **Lagebericht** sind nur Verstöße gegen die **Pflichtangaben** (§ 289 Abs 1, Abs 4, Abs 5, § 315 Abs 1, Abs 4), nicht jedoch gegen Sollangaben (§ 289 Abs 2, § 315 Abs 2), wobei die nicht finanzielle Pflichtangabe nach § 289 Abs 3 mangels direkter Verweisung von der Sanktionierung des § 334 nicht erfasst wird (verfassungsrechtliches Bestimmtheitsgebot, Art 103 Abs 2 GG). 23
- Ebenfalls nicht erfasst werden Pflichten, die der Aufstellung oder Feststellung nachgelagert sind, etwa **Gewinnverwendungssperren** wie § 268 Abs 8. 24
Schließlich ist eine Sanktionierung mit **Geldbuße** (oder gar Strafe) nur das **letzte Mittel** zur Durchsetzung der Einhaltung einer Norm (ultima ratio); nicht jede in den §§ 242 ff enthaltene Vorschrift bedarf der Bewehrung mit Geldbuße. 25

II. Verstöße gegen Abs 2

Es handelt sich um Verstöße des AP gegen die erweiterten gesetzlichen Ausschlussgründe gem § 319 Abs 2 und 3 sowie § 319a Abs 1 S 1, die durch Erstreckung auf Netzwerkkonstellationen (§ 319b Abs 1 S 1 und S 2) und WPG/BPG-Konstellationen (§ 319 Abs 4; § 319a Abs 1 S 2, S 4, S 5) erweitert werden. Gem § 319 Abs 5 und § 319a Abs 2 sind die **Unabhängigkeitsanforderungen** auch beim KA entspr anzuwenden. 26
Ordnungswidrig handelt, wer als AP tätig ist, obwohl die **Besorgnis seiner Befangenheit** besteht (§ 319 Abs 2 und 3, s Erl dort im Detail) oder gegen die **besonderen Ausschlussgründe** des § 319a Abs 1 S 1 Ziff 1 bis 4 (Mandatsumsatzbegrenzung, unerlaubte Beratung, interne Rotation; s Erl dort im Detail) verstößt.
Der an sich in eigener Person nicht befangene oder gegen besondere Ausschlussgründe verstoßende WP/vBP handelt auch ordnungswidrig, wenn er ei-

nen Vermerk erteilt, obwohl die WPG oder BPG für die er tätig ist nicht AP sein darf, weil diese über die Regelungen des § 319 Abs 4 (auch iVm § 319a Abs 1 S 2) oder des § 319a Abs 1 S 4, 5 einen der vorgenannten Befangenheits- oder Ausschlussgründe trifft. Durch Verweis auf § 319b Abs 1 verhält sich der Vermerk erteilende WP/vBP ebenfalls ordnungswidrig, wenn zwar weder er, noch seine WPG/vBP selbst befangen oder ausgeschlossen ist, ein Befangenheits- oder Ausschlussgrund aber bei einem Netzwerkmitglied vorliegt. § 319b Abs 1 unterscheidet zwischen absoluten (Verweis des § 319b Abs 1 S 2 auf § 319 Abs 3 S 1 Nr 3 oder § 319a Abs 1 S 1 Nr 2) und relativen Ausschlussgründen (Verweis des § 319b Abs 1 S 1 auf § 319 Abs 2, Abs 3 S 1 Nr 1, 2 oder Nr 4, Abs 3 S 2 oder Abs 4). Bei relativen Ausschlussgründen ist Voraussetzung, dass das Netzwerkmitglied Einfluss auf das Ergebnis der APr nehmen können muss. Bei absoluten Ausschlussgründen genügt die Tätigkeit unabhängig von der Einflussmöglichkeit, zB bei Beratungstätigkeit; Korrektiv ist hierbei jedoch, dass eine untergeordnete und sich nur unwesentlich auswirkende Tätigkeit nicht genügt (s im Detail Erl zu § 319b).

Die (durch das BilMoG eingeführte) Bußgeldbewehrung für Netzwerksachverhalte ist insoweit überraschend und systemfremd, als § 334 nach wie vor keinen Verweis auf § 319a Abs 1 S 3 enthält. Dies führt zu dem absurden Ergebnis, dass sich zwar ein WP ordnungswidrig gem Abs 2 iVm § 319b Abs 1 S 2 verhält, wenn er einen BVm erteilt, obwohl ein anderes Netzwerkmitglied zB nicht nur unwesentliche Beratungsleistungen nach § 319a Abs 1 S 1 Nr 2 erbracht hat. Erbringt hingegen dieselben Beratungsleistungen ein unmittelbarer Sozietätskollege, mit dem der WP seinen Beruf gemeinsam ausübt, fällt mangels Einbeziehung des § 319a Abs 1 S 3 kein Bußgeld an. Ebenfalls systemwidrig ist, dass die Netzwerkausschlussklausel für Konzernabschlussprüfungen mangels Verweis auf § 319b Abs 2 nicht im Rahmen des Ordnungswidrigkeitensanktionierung anwendbar ist.

27 Gegen Abs 2 können nur WP und vBP verstoßen und diese auch nur dann, wenn sie entweder selbst AP sind oder, bei Tätigwerden für eine WPG/BPG, als gesetzliche Vertreter oder Prüfungsgehilfen für diese den BVm erteilen und unterzeichnen. Andere gesetzliche Vertreter oder Prüfungsgehilfen kommen dafür nicht in Betracht, da sie nicht einen BVm „erteilen". Jedoch ist Tatbeteiligung durch jedermann möglich (Anm 2) und könnte insb iSv Anstiften praktisch relevant werden. Die Erteilung eines BVm durch eine Person, die nicht AP ist oder für eine WPG/BPG als AP handelt, ist nicht tatbestandsmäßig (*Quedenfeld* in MünchKomm HGB[3] § 334 Anm 43; *Dannecker* in HGB-Bilanzrecht § 334 Anm 89). Die Erstellung eines PrüfBer durch einen ausgeschlossenen Prüfer wird von Abs 2 nicht erfasst (*Quedenfeld* in MünchKomm HGB[3] § 334 Anm 43).

III. Voraussetzungen und Verfahrensfragen

1. Vorwerfbarkeit

28 Wegen des geringen Unrechtsgehalts von Ordnungswidrigkeiten vermeidet das OWiG den Begriff „Schuld" und spricht stattdessen von einer rechtswidrigen und vorwerfbaren Handlung (§ 1 OWiG). Da § 334 fahrlässiges Handeln nicht ausdrücklich mit Geldbuße bedroht, kann hier nur vorsätzliches und bedingt vorsätzliches (*Otto* in Heymann[2] § 334 Anm 31) Verhalten als Ordnungswidrigkeit verfolgt werden (§ 10 OWiG). Leichtfertigkeit, also grob fahrlässiges Verhalten, reicht *nicht* aus.

Die Abgrenzung von Vorsatz (einschl bedingtem Vorsatz) und Fahrlässigkeit entspricht dem Strafrecht. Das Gleiche gilt weitgehend für die Relevanz eines etwaigen Irrtums; s § 332 Anm 42.

2. Zuständigkeit für die Verfolgung

Abs 4 bestimmt als die für die Verfolgung von Fällen des Abs 1 und 2 zuständige 29 Verwaltungsbehörde iSd § 36 Abs 1 Nr 1 OWiG das BAJ in Bonn. Im Banken- und Versicherungsbereich gehen die speziellen Ordnungswidrigkeitenvorschriften der §§ 340n und 341n vor; Abs 4 regelt dort jeweils, dass die zuständige Verwaltungsbehörde die BaFin mit Dienstsitzen in Bonn und Frankfurt ist.

3. Opportunitätsprinzip

Das BAJ entscheidet gem § 47 Abs 1 OWiG nach seinem pflichtgemäßen Er- 30 messen, ob es die Ordnungswidrigkeit verfolgt (Opportunitätsprinzip). Die Verfolgung geschieht dann von Amts wegen, ein Antrag ist nicht erforderlich. Das BAJ kann das Verfahren selbständig einstellen, solange es bei ihr anhängig ist. Sofern es schon bei Gericht anhängig ist, kann das Gericht das Verfahren mit Zustimmung der Staatsanwaltschaft einstellen, sofern es eine Ahndung nicht für geboten hält.
Die Ahndung erfolgt grds durch Bußgeldbescheid, § 65 OWiG. Gegen diesen Bescheid kann der Betroffene innerhalb von zwei Wochen nach Zustellung schriftlich oder zur Niederschrift beim BAJ Einspruch einlegen, § 67 OWiG. Das BAJ kann weitere Ermittlungen anstellen und sodann den Bußgeldbescheid zurücknehmen oder muss den Einspruch bei Aufrechterhaltung des Bußgeldbescheids über die Staatsanwaltschaft dem gem § 68 OWiG zuständigen Amtsgericht Bonn zur Entscheidung zuleiten. Gegen die Entscheidung des Amtsgerichts ist Rechtsbeschwerde zum OLG möglich (zum Verfahren vgl §§ 67ff OWiG).

C. Folgen (Abs 3)

Jede von § 334 sanktionierte Ordnungswidrigkeit kann nach Abs 3 mit einer 40 Geldbuße bis zu 50 000 € geahndet werden.
Grundlagen für die „Bemessung der Geldbuße" sind die Bedeutung der Ordnungswidrigkeit und die Schwere des Vorwurfs gegen den Täter (Anm 10ff). Auch die wirtschaftlichen Verhältnisse des Täters kommen in Betracht (§ 17 Abs 3 OWiG). Die Geldbuße soll den wirtschaftlichen Vorteil des Täters aus der Ordnungswidrigkeit übersteigen. Reicht das gesetzliche Höchstmaß hierzu nicht aus, kann es überschritten werden (§ 17 Abs 4 OWiG).
Eine Abschöpfung des wirtschaftlichen Vorteils setzt voraus, dass ein solcher *gerade dem Täter* aus der Ordnungswidrigkeit entstanden ist. Mit Verstößen gem § 334 wird allerdings regelmäßig kein konkreter wirtschaftlicher Vorteil verbunden sein.
Eine Geldbuße kann auch gegen die KapGes/KapCoGes sowie im Falle des 41 Abs 2 gegen die WPG/BPG verhängt werden (§ 30 OWiG). Voraussetzung dafür ist, dass ein Mitglied des vertretungsberechtigten Organs einer KapGes/KapCoGes eine Ordnungswidrigkeit begeht, durch die Pflichten der KapGes/KapCoGes verletzt werden oder die KapGes/KapCoGes bereichert wird. Bei der Pflicht zur Rechnungslegung sind die Voraussetzungen des § 30 OWiG bei Ordnungswidrigkeiten gegen Abs 1 erfüllt. Für die Höhe der Geldbuße gegen die KapGes/KapCoGes gilt Anm 40.

42 Ist der gesetzliche Vertreter einer Zweigniederlassung verantwortlich, kann die Geldbuße gegen ihn und daneben gegen die ausländische KapGes/KapCoGes, im Inland vertreten durch die Zweigniederlassung, verhängt werden.

42 Ob die Geldbuße gegen das Organmitglied, gegen die KapGes/KapCoGes oder gegen beide festgesetzt wird, hängt vom Einzelfall ab; auch darüber entscheidet das BAJ nach pflichtgemäßem Ermessen. Eine Geldbuße gegen die KapGes/KapCoGes kommt insb in Betracht, wenn eine Geldbuße gegen das Organmitglied aufgrund dessen wirtschaftlicher Verhältnisse der Höhe nach nicht ausreicht, um die Tat angemessen zu ahnden. In Einzelfällen kann es sogar angemessen sein, eine Geldbuße nur gegen die KapGes/KapCoGes zu verhängen (*Göhler*[16] § 30 Anm 35).

43 Aus der Bußgeldbewehrung einer Vorschrift in **Abs 1** folgt bei entspr Verstößen nicht ohne weiteres die Nichtigkeit eines festgestellten JA der KapGes: Soweit sie die **Gliederung** und **Bewertung** (einschl Ansatz) betreffen, führen Verstöße nicht zur Nichtigkeit des JA nach § 256 Abs 1 AktG. Insoweit gehen § 256 Abs 4 und 5 AktG vor, die die Nichtigkeit bei solchen Verstößen regeln.

Als Vorschriften, die dem **Gläubigerschutz** iSv § 256 Abs 1 Nr 1 AktG dienen und deren Verletzung zur Nichtigkeit des JA führen können (soweit sie nicht unwesentlich sind), kommen die Vorschriften über den Inhalt des JA in Betracht, zB § 264 Abs 2 (BGH 15.11.1993 NJW 1994, 520, 522; *WPH*[14] Bd I, U Anm 164).

Verstöße des WP gegen **Abs 2** führen aufgrund ausdrücklicher Klarstellung in § 256 Abs 1 Nr 3 AktG nicht zur Nichtigkeit des JA.

D. Weitere Vorschriften in Spezialgesetzen

45 Das **PublG** (§ 20 Abs 1) folgt im Inhalt und Aufbau streng den Regeln des Abs 1.

Die in **Abs 1 Nr 1** aufgeführten Vorschriften für alle Kfl (§§ 243–256a) sind mit Ausnahme des § 256a in § 20 Abs 1 Nr 1 PublG vollständig aufgeführt, § 254 jedoch nur insoweit wie § 285 Nr 23 darauf verweist. Die übrigen in **Abs 1 Nrn 1 bis 6** genannten Vorschriften werden in § 20 Abs 1 Nrn 1 bis 6 nur insoweit in Bezug genommen, als sie auch im PublG gelten.

46 § 20 PublG enthält demggü keine **Abs 2** entspr Bestimmung über Ordnungswidrigkeiten des AP. Obwohl § 319, der die Ausschlussgründe für die Tätigkeit als gesetzlicher AP aufzählt, im Bereich des PublG nach §§ 6 Abs 1 S 2 oder 14 Abs 1 S 2 PublG sinngem gilt, ist deswegen ein Verstoß dagegen nicht als Ordnungswidrigkeit zu ahnden. Berufsrechtliche Folgen bleiben jedoch weiterhin möglich.

47 § 334 deckt die Bußgeldvorschriften zur Rechnungslegung der KapGes/KapCoGes vollständig ab. Das **AktG** enthält deswegen keine eigene Regelung. Das Gleiche gilt für das **GmbHG**.

48 Die **Kreditinstitute** betr Bußgeldvorschriften hinsichtlich der externen Rechnungslegung sind in § 340n und § 38 der VO über die Rechnungslegung der Kreditinstitute und Finanzdienstleistungsinstitute (**RechKredV**) abschließend geregelt. Das **KWG** enthält *insoweit* keine eigenen oder ergänzenden Vorschriften. Verstöße des AP iSv Abs 2 werden durch den nahezu wortgleichen § 340n Abs 2 geahndet. Außerdem kann ein AP vor Prüfungsbeginn von der BaFin abgelehnt werden (§ 28 KWG).

49 Die **VersicherungsUnt** betr Bußgeldvorschriften hinsichtlich der externen Rechnungslegung sind in § 341n und § 63 der VO über die Rechnungslegung von Versicherungsunt (**RechVersV**) abschließend geregelt. Das **VAG** enthält *insoweit* keine eigenen oder ergänzenden Vorschriften. Verstöße des AP iSv Abs 2

Festsetzung von Ordnungsgeld § 335

werden durch den wortgleichen § 341n Abs 2 geahndet. Außerdem kann ein AP vor Prüfungsbeginn von der BaFin abgelehnt werden (§ 58 Abs 2 VAG).

Auf **Genossenschaften** ist wegen § 3 Abs 2 Nr 1 PublG nur der 2. Abschn 50 des PublG (KA) anwendbar. Insoweit gilt dann nur § 20 Abs 1 Nrn 2 und 4 bis 6 PublG. Verstöße gegen die Vorschriften über den JA können daher, soweit es sich nicht um eine Straftat nach § 147 Abs 2 GenG handelt (s § 331 Anm 80), nur nach § 160 **GenG** mit Zwangsgeld geahndet werden.

AP, die bei eG eine Pflichtprüfung unter Verstoß gegen § 319 Abs 2 und 3 51 durchführen, können nicht mit Bußgeld belegt werden (s Anm 46); für AP von Kreditgenossenschaften gilt § 340n Abs 2 (Anm 48).

Das **WpHG** sieht erweiterte Pflichten zur Veröffentlichung des Jahresfinanz- 52 berichts, Halbjahresfinanzberichts und Zwischenmitteilungen der Geschäftsführung in §§ 37v ff WpHG vor, ggf iVm KA-Pflichten gem § 37y WpHG deren Verletzung mit einem Bußgeld nach § 39 Abs 2 Nr 24 Abs 3 Nr 12 WpHG sanktioniert ist.

§ 335 Festsetzung von Ordnungsgeld

(1) [1] Gegen die Mitglieder des vertretungsberechtigten Organs einer Kapitalgesellschaft, die

1. § 325 über die Pflicht zur Offenlegung des Jahresabschlusses, des Lageberichts, des Konzernabschlusses, des Konzernlageberichts und anderer Unterlagen der Rechnungslegung oder
2. § 325a über die Pflicht zur Offenlegung der Rechnungslegungsunterlagen der Hauptniederlassung

nicht befolgen, ist wegen des pflichtwidrigen Unterlassens der rechtzeitigen Offenlegung vom Bundesamt für Justiz (Bundesamt) ein Ordnungsgeldverfahren nach den Absätzen 2 bis 6 durchzuführen; im Fall der Nummer 2 treten die in § 13e Abs. 2 Satz 4 Nr. 3 genannten Personen, sobald sie angemeldet sind, an die Stelle der Mitglieder des vertretungsberechtigten Organs der Kapitalgesellschaft. [2] Das Ordnungsgeldverfahren kann auch gegen die Kapitalgesellschaft durchgeführt werden, für die die Mitglieder des vertretungsberechtigten Organs die in Satz 1 Nr. 1 und 2 genannten Pflichten zu erfüllen haben. [3] Dem Verfahren steht nicht entgegen, dass eine der Offenlegung vorausgehende Pflicht, insbesondere die Aufstellung des Jahres- oder Konzernabschlusses oder die unverzügliche Erteilung des Prüfauftrags, noch nicht erfüllt ist. [4] Das Ordnungsgeld beträgt mindestens zweitausendfünfhundert und höchstens fünfundzwanzigtausend Euro. [5] Eingenommene Ordnungsgelder fließen dem Bundesamt zu.

(2) [1] Auf das Verfahren sind die §§ 15 bis 19, § 40 Abs. 1, § 388 Abs. 1, § 389 Abs. 3, § 390 Abs. 2 bis 6 des Gesetzes über das Verfahren in Familiensachen und in den Angelegenheiten der freiwilligen Gerichtsbarkeit sowie im Übrigen § 11 Nr. 1 und 2, § 12 Abs. 1 Nr. 1 bis 3, Abs. 2 und 3, §§ 14, 15, 20 Abs. 1 und 3, § 21 Abs. 1, §§ 23 und 26 des Verwaltungsverfahrensgesetzes nach Maßgabe der nachfolgenden Absätze entsprechend anzuwenden. [2] Das Ordnungsgeldverfahren ist ein Justizverwaltungsverfahren. [3] Zur Vertretung der Beteiligten sind auch Wirtschaftsprüfer und vereidigte Buchprüfer, Steuerberater, Steuerbevollmächtigte, Personen und Vereinigungen im Sinn des § 3 Nr. 4 des Steuerberatungsgesetzes sowie Gesellschaften im Sinn des § 3 Nr. 2 und 3 des Steuerberatungsgesetzes, die durch Personen im Sinn des § 3 Nr. 1 des Steuerberatungsgesetzes handeln, befugt.

(2a) [1] Für eine elektronische Aktenführung und Kommunikation sind § 110a Abs. 1, § 110b Abs. 1 Satz 1, Abs. 2 bis 4, § 110c Abs. 1 sowie § 110d des Gesetzes über Ordnungswidrigkeiten entsprechend anzuwenden. [2] § 110a Abs. 2

§ 335

Satz 1 und 3 sowie § 110b Abs. 1 Satz 2 und 4 des Gesetzes über Ordnungswidrigkeiten sind mit der Maßgabe entsprechend anzuwenden, dass das Bundesministerium der Justiz die Rechtsverordnung ohne Zustimmung des Bundesrates erlassen kann; es kann die Ermächtigung durch Rechtsverordnung auf das Bundesamt für Justiz übertragen.

(3) ¹Den in Absatz 1 Satz 1 und 2 bezeichneten Beteiligten ist unter Androhung eines Ordnungsgeldes in bestimmter Höhe aufzugeben, innerhalb einer Frist von sechs Wochen vom Zugang der Androhung an ihrer gesetzlichen Verpflichtung nachzukommen oder die Unterlassung mittels Einspruchs gegen die Verfügung zu rechtfertigen. ²Mit der Androhung des Ordnungsgeldes sind den Beteiligten zugleich die Kosten des Verfahrens aufzuerlegen. ³Der Einspruch kann auf Einwendungen gegen die Entscheidung über die Kosten beschränkt werden. ⁴Wenn die Beteiligten nicht spätestens sechs Wochen nach dem Zugang der Androhung der gesetzlichen Pflicht entsprochen oder die Unterlassung mittels Einspruchs gerechtfertigt haben, ist das Ordnungsgeld festzusetzen und zugleich die frühere Verfügung unter Androhung eines erneuten Ordnungsgeldes zu wiederholen. ⁵Wenn die Sechswochenfrist nur geringfügig überschritten wird, kann das Bundesamt das Ordnungsgeld herabsetzen. ⁶Der Einspruch gegen die Androhung des Ordnungsgeldes und gegen die Entscheidung über die Kosten hat keine aufschiebende Wirkung. ⁷Führt der Einspruch zu einer Einstellung des Verfahrens, ist zugleich auch die Kostenentscheidung nach Satz 2 aufzuheben.

[Absatz 3 idF des Gesetzes zur Änderung des Handelsgesetzbuchs]

(3) ¹Den in Absatz 1 Satz 1 und 2 bezeichneten Beteiligten ist unter Androhung eines Ordnungsgeldes in bestimmter Höhe aufzugeben, innerhalb einer Frist von sechs Wochen vom Zugang der Androhung an ihrer gesetzlichen Verpflichtung nachzukommen oder die Unterlassung mittels Einspruchs gegen die Verfügung zu rechtfertigen. ²Mit der Androhung des Ordnungsgeldes sind den Beteiligten zugleich die Kosten des Verfahrens aufzuerlegen. ³Der Einspruch kann auf Einwendungen gegen die Entscheidung über die Kosten beschränkt werden. ⁴Der Einspruch gegen die Androhung des Ordnungsgeldes und gegen die Entscheidung über die Kosten hat keine aufschiebende Wirkung. ⁵Führt der Einspruch zu einer Einstellung des Verfahrens, ist zugleich auch die Kostenentscheidung nach Satz 2 aufzuheben.

(4) *Gegen die Entscheidung, durch die das Ordnungsgeld festgesetzt oder der Einspruch oder der Antrag auf Wiedereinsetzung in den vorigen Stand verworfen wird, sowie gegen die Entscheidung nach Absatz 3 Satz 7 findet die Beschwerde nach den Vorschriften des Gesetzes über das Verfahren in Familiensachen und in den Angelegenheiten der freiwilligen Gerichtsbarkeit statt, soweit sich nicht aus Absatz 5 etwas anderes ergibt.*

[Absatz 4 idF des Gesetzes zur Änderung des Handelsgesetzbuchs]

(4) ¹Wenn die Beteiligten nicht spätestens sechs Wochen nach dem Zugang der Androhung der gesetzlichen Pflicht entsprochen oder die Unterlassung mittels Einspruchs gerechtfertigt haben, ist das Ordnungsgeld festzusetzen und zugleich die frühere Ver- fügung unter Androhung eines erneuten Ordnungsgeldes zu wiederholen. ²Haben die Beteiligten die gesetzliche Pflicht erst nach Ablauf der Sechswochenfrist erfüllt, hat das Bundesamt das Ordnungsgeld wie folgt herabzusetzen:

1. auf einen Betrag von 500 Euro, wenn die Beteiligten von dem Recht einer Kleinstkapitalgesellschaft nach § 326 Absatz 2 Gebrauch gemacht haben;
2. auf einen Betrag von 1 000 Euro, wenn es sich um eine kleine Kapitalgesellschaft im Sinne des § 267 Absatz 1 handelt;
3. auf einen Betrag von 2 500 Euro, wenn ein höheres Ordnungsgeld angedroht worden ist und die Voraussetzungen der Nummern 1 und 2 nicht vorliegen, oder

Festsetzung von Ordnungsgeld   § 335

4. jeweils auf einen geringeren Betrag, wenn die Beteiligten die Sechswochenfrist nur geringfügig überschritten haben. ³ Bei der Herabsetzung sind nur Umstände zu berücksichtigen, die vor der Entscheidung des Bundesamtes eingetreten sind.

(5) ¹ *Die Beschwerde ist binnen einer Frist von zwei Wochen einzulegen; über sie entscheidet das für den Sitz des Bundesamts zuständige Landgericht.* ² *Die Landesregierung des Landes, in dem das Bundesamt seinen Sitz unterhält, wird ermächtigt, zur Vermeidung von erheblichen Verfahrensrückständen oder zum Ausgleich einer übermäßigen Geschäftsbelastung durch Rechtsverordnung die Entscheidung über die Rechtsmittel nach Satz 1 einem anderen Landgericht oder weiteren Landgerichten zu übertragen.* ³ *Die Landesregierung kann diese Ermächtigung auf die Landesjustizverwaltung übertragen.* ⁴ *Ist bei dem Landgericht eine Kammer für Handelssachen gebildet, so tritt diese Kammer an die Stelle der Zivilkammer.* ⁵ *Entscheidet über die Beschwerde die Zivilkammer, so sind die §§ 348 und 348a der Zivilprozessordnung entsprechend anzuwenden; über eine bei der Kammer für Handelssachen anhängige Beschwerde entscheidet der Vorsitzende.* ⁶ *Die Rechtsbeschwerde findet nicht statt.* ⁷ *Das Landgericht kann nach billigem Ermessen bestimmen, dass die außergerichtlichen Kosten der Beteiligten, die zur zweckentsprechenden Rechtsverfolgung notwendig waren, ganz oder teilweise aus der Staatskasse zu erstatten sind.* ⁸ *Satz 7 gilt entsprechend, wenn das Bundesamt der Beschwerde abhilft.* ⁹ *§ 91 Abs. 1 Satz 2 und die §§ 103 bis 107 der Zivilprozessordnung gelten entsprechend.* ¹⁰ *Absatz 2 Satz 3 ist anzuwenden.* ¹¹ *Die sofortige Beschwerde ist bei dem Bundesamt einzulegen.* ¹² *Hält das Bundesamt die sofortige Beschwerde für begründet, hat es ihr abzuhelfen; anderenfalls ist die sofortige Beschwerde unverzüglich dem Beschwerdegericht vorzulegen.*

[Absatz 5 idF des Gesetzes zur Änderung des Handelsgesetzbuchs]

(5) ¹ Waren die Beteiligten unverschuldet gehindert, in der Sechswochenfrist nach Absatz 4 Einspruch einzulegen oder ihrer gesetzlichen Verpflichtung nachzukommen, hat ihnen das Bundesamt auf Antrag Wiedereinsetzung in den vorigen Stand zu gewähren. ² Das Verschulden eines Vertreters ist der vertretenen Person zuzurechnen. ³ Ein Fehlen des Verschuldens wird vermutet, wenn eine Rechtsbehelfsbelehrung unterblieben ist oder fehlerhaft ist. ⁴ Der Antrag auf Wiedereinsetzung ist binnen zwei Wochen nach Wegfall des Hindernisses schriftlich beim Bundesamt zu stellen. ⁵ Die Tatsachen zur Begründung des Antrags sind bei der Antragstellung oder im Verfahren über den Antrag glaubhaft zu machen. ⁶ Die versäumte Handlung ist spätestens innerhalb sechs Wochen nach Wegfall des Hindernisses nachzuholen. ⁷ Ist innerhalb eines Jahres seit dem Ablauf der Sechswochenfrist nach Absatz 4 weder Wiedereinsetzung beantragt noch die versäumte Handlung nachgeholt worden, kann Wiedereinsetzung nicht mehr gewährt werden. ⁸ Die Wiedereinsetzung ist nicht anfechtbar. ⁹ Haben die Beteiligten Wiedereinsetzung nicht beantragt oder ist die Ablehnung des Wiedereinsetzungsantrags bestandskräftig geworden, können sich die Beteiligten mit der Beschwerde nicht mehr darauf berufen, dass sie unverschuldet gehindert waren, in der Sechswochenfrist Einspruch einzulegen oder ihrer gesetzlichen Verpflichtung nachzukommen.

(5a) [aufgehoben durch Gesetz zur Änderung des HGB: ¹ *Für die elektronische Aktenführung des Gerichts und die Kommunikation mit dem Gericht nach Absatz 5 sind § 110a Abs. 1, § 110b Abs. 1 Satz 1, Abs. 2 bis 4, § 110c Abs. 1 sowie § 110d des Gesetzes über Ordnungswidrigkeiten entsprechend anzuwenden.* ² *§ 110a Abs. 2 Satz 1 und 3 sowie § 110b Abs. 1 Satz 2 und 4 des Gesetzes über Ordnungswidrigkeiten sind mit der Maßgabe anzuwenden, dass die Landesregierung des Landes, in dem das Bundesamt seinen Sitz unterhält, die Rechtsverordnung erlassen und die Ermächtigung durch Rechtsverordnung auf die Landesjustizverwaltung übertragen kann.*]

(6) ¹ *Liegen dem Bundesamt in einem Verfahren nach den Absätzen 1 bis 3 keine Anhaltspunkte über die Einstufung einer Gesellschaft im Sinn des § 267 Abs. 1, 2 oder Abs. 3 oder § 267a vor, ist den in Absatz 1 Satz 1 und 2 bezeichneten Beteiligten zugleich mit der*

§ 335

Androhung des Ordnungsgeldes aufzugeben, im Fall des Einspruchs die Bilanzsumme nach Abzug eines auf der Aktivseite ausgewiesenen Fehlbetrags (§ 268 Abs. 3), die Umsatzerlöse in den ersten zwölf Monaten vor dem Abschlussstichtag (§ 277 Abs. 1) und die durchschnittliche Zahl der Arbeitnehmer (§ 267 Abs. 5) für das betreffende Geschäftsjahr und für diejenigen vorausgehenden Geschäftsjahre, die für die Einstufung nach § 267 Abs. 1, 2 oder Abs. 3 oder § 267a erforderlich sind, anzugeben. ²Unterbleiben die Angaben nach Satz 1, so wird für das weitere Verfahren vermutet, dass die Erleichterungen der §§ 326 und 327 nicht in Anspruch genommen werden können. ³Die Sätze 1 und 2 gelten für den Konzernabschluss und den Konzernlagebericht entsprechend mit der Maßgabe, dass an die Stelle der §§ 267, 326 und 327 der § 293 tritt.

[Absatz 6 idF des Gesetzes zur Änderung des Handelsgesetzbuchs]

(6) ¹Liegen dem Bundesamt in einem Verfahren nach den Absätzen 1 bis 5 keine Anhaltspunkte über die Einstufung einer Gesellschaft im Sinne des § 267 Absatz 1 bis 3 oder des § 267a vor, kann es den in Absatz 1 Satz 1 und 2 bezeichneten Beteiligten aufgeben, die Bilanzsumme nach Abzug eines auf der Aktivseite ausgewiesenen Fehlbetrags (§ 268 Absatz 3), die Umsatzerlöse (§ 277 Absatz 1) und die durchschnittliche Zahl der Arbeitnehmer (§ 267 Absatz 5) für das betreffende Geschäftsjahr und für diejenigen Geschäftsjahre, die für die Einstufung erforderlich sind, anzugeben. ²Unterbleiben die Angaben nach Satz 1, so wird für das weitere Verfahren vermutet, dass die Erleichterungen der §§ 326 und 327 nicht in Anspruch genommen werden können. ³Die Sätze 1 und 2 gelten für den Konzernabschluss und den Konzernlagebericht entsprechend mit der Maßgabe, dass an die Stelle der §§ 267, 326 und 327 der § 293 tritt.

Übersicht

	Anm
A. Allgemeines	1
B. Voraussetzungen für die Festsetzung von Ordnungsgeld	
I. Betroffener Personenkreis	10
II. Mit Ordnungsgeld bewehrte Pflichten	11
1. Die Pflichten aus § 325	12
2. Die Pflichten aus § 325a	13
3. Offenlegung	14
4. Rechtzeitigkeit	15
III. Verschulden	16
C. Ordnungsgeldverfahren	20
I. Amtsermittlung	21
II. Androhung von Ordnungsgeld	22
III. Einspruch gegen die Androhung	23
IV. Festsetzung	24
V. Rechtsmittel gegen Festsetzung oder Zurückweisung des Einspruchs	25
D. Folgen	30
E. Weitere Vorschriften in Spezialgesetzen	35–38
F. Änderungen durch das Gesetz zur Änderung des Handelsgesetzbuchs	40–44

Schrifttum: *de Werth* Europarechtliche Sanktionierung der unterlassenen Offenlegung des Jahresabschlusses?, BB 1998, 366; *Zimmer/Eckhold* Das Kapitalgesellschaft & Co.-Richtlinien-Gesetz, NJW 2000, 1361; *Grashoff* Die handelsrechtliche Rechnungslegung durch den Insolvenzverwalter nach Inkrafttreten des EHUG, NZI 2008, 65; *Schlauß* Neues

Ordnungsgeldverfahren wegen Verletzung von Jahresabschluss-Publizitätspflichten: erste Erfahrungen und Praxistipps aus dem Bundesamt für Justiz, BB 2008, 938; *Stollenwerk/ Krieg* Das Ordnungsgeldverfahren nach dem EHUG, GmbHR 2008, 575; *Wenzel* Ordnungsgeldverfahren nach § 335 HGB wegen unterlassener Offenlegung von Jahresabschlüssen, BB 2008, 769; *Ries* Durchsetzbarkeit von Offenlegungspflichten und Ordnungsgeldbewehrung nach EHUG trotz Insolvenz?, ZInsO 2008, 536.; *Quedenfeld* in MünchKomm HGB³, Bd 4, München 2013; *Haack* NWB direkt 2013, 778.

A. Allgemeines

§ 335 dient der Durchsetzung der Offenlegungspflichten aus den §§ 325 und 1 325a. Im Unterschied zu den repressiven Sanktionen der §§ 331, 334 sollen die Adressaten der Offenlegungspflicht zunächst durch Androhung und anschließender, ggf mehrfacher Festsetzung eines Ordnungsgeldes zur Erfüllung ihrer Pflichten angehalten werden.

Das BVerfG hat dem Interesse der Allgemeinheit an der Offenlegung ausdrücklich ein erhebliches Gewicht zum Zwecke eines effektiven Schutzes des Wirtschaftsverkehrs durch Informationen der Marktteilnehmer beigemessen und die Sanktionierung von Verstößen gegen die Offenlegungspflicht als verfassungsgemäß bestätigt (BVerfG, 2 BvR 1236/10 BeckRS 2011, 47 827).

B. Voraussetzungen für die Festsetzung von Ordnungsgeld

I. Betroffener Personenkreis

Die Ordnungsgeldandrohung richtet sich gegen Mitglieder des **vertretungs-** 10 **berechtigten Organs** der KapGes/KapCoGes (Nr 1), bei **Zweigniederlassungen** von KapGes/KapCoGes mit Sitz im Ausland gegen die ständigen Vertreter iSd § 13e Abs 2 S 4 Nr 3, sobald sie angemeldet sind (Nr 2). Bis zu deren Anmeldung bleibt es bei der Verpflichtung der gesetzlichen Vertreter (*Quedenfeld* in MünchKomm HGB³ § 335 Anm 3). Im Falle der **Insolvenz** hat zwar der Insolvenzverwalter nach den Vorgaben des § 155 Abs 1 S 2 InsO bzgl der Insolvenzmasse Buchführungs- und Offenlegungspflichten, aufgrund des eindeutigen Wortlauts von § 335 Abs 1 S 1 kann ihm gleichwohl kein Ordnungsgeld auferlegt werden (*Grashoff* NZI 2008, 65, 69; LG Frankfurt, ZIP 2007, 2325).

Die Vorschriften des § 335 gelten gem § 335b auch für KapCoGes. Bei diesen Ges richtet sich die Ordnungsgeldandrohung gem § 264a Abs 2 an die Mitglieder des vertretungsberechtigten Organs der vertretungsberechtigten Ges.

Die verpflichteten Personen können auch einen Dritten, etwa StB, mit der Pflichterfüllung beauftragen und dürfen dann von einer ordnungsgemäßen Pflichterfüllung ausgehen, wobei sich ihre originäre Pflicht zu einer Überwachungspflicht wandelt, etwa in eine Pflicht zur Wiedervorlage oder Rückfrage (vgl LG Bonn 21.3.2011, DStR, 780).

Gem § 335 Abs 1 S 2 kann das Ordnungsgeldverfahren (seit Inkrafttreten des EHUG) auch unmittelbar gegen die KapGes/KapCoGes durchgeführt werden. Hierdurch soll sichergestellt werden, dass die Zustellung, die auch in diesem Fall an die gesetzlichen Vertreter zu erfolgen hat, stets am Geschäftssitz erfolgen kann (BT/Drs 16/2781, S 82). Das Ordnungsgeld kann jedoch nur entweder gegen die Organmitglieder oder *alternativ,* dh nicht gleichzeitig, gegen die Ges verhängt werden (BT/Drs 16/2781, S 82; *Wenzel* BB 2008, 769, 770).

II. Mit Ordnungsgeld bewehrte Pflichten

11 Die Offenlegungspflichten, deren Verletzung gem Nrn 1 und 2 mit Ordnungsgeld sanktioniert werden kann, sind in den §§ 325, 325a, geregelt (s ergänzend Erl dort).

1. Die Pflichten aus § 325

12 Abs 1 Nr 1 sanktioniert den Verstoß gegen die in § 325 aufgestellte Verpflichtung zur Veröffentlichung von JA, Lagebericht, KA und Konzernlagebericht. Die „anderen Unterlagen", die zusätzlich in Abs 1 Nr 1 genannt werden, sind die in § 325 Abs 1 S 3 aufgezählten (Vorschlag für die Verwendung des Ergebnisses und Verwendungsbeschluss, die nach § 161 AktG vorgesehene Erklärung, BVm oder Vermerk über dessen Versagung und Bericht des AR). Auch Änderungen des JA oder BVm gehören dazu. Nicht gesetzlich, sondern in der Satzung geregelte Publikationspflichten sind nicht geschützt. Wegen Einschränkungen der Offenlegungspflichten bei GmbH und TU s § 325 Anm 21 ff.

Abs 1 Nr 1 verweist lediglich auf § 325, ohne die größenhabhängigen Erleichterungen nach §§ 326, 327 zu erwähnen. Daraus lässt sich nicht ableiten, dass kleine KapGes/KapCoGes, deren Offenlegungspflicht sich *auch* nach § 326 und *nicht allein* nach § 325 bestimmt, nicht unter die Ordnungsgeldvorschriften fallen. Wenn § 326 die Anwendung von § 325 Abs 1 lediglich mit bestimmten Maßgaben (Erleichterungen) vorsieht, ändert dies nichts daran, dass § 325 Abs 1 die Offenlegungspflicht für alle KapGes/KapCoGes konstituiert und § 326 nur ihren Umfang regelt. Ähnliches gilt für § 327 (mittelgroße KapGes/KapCoGes) und § 326 Abs 2 (KleinstKapGes/KleinstKapCoGes. Mit Ordnungsgeld bedroht kann nur eine Verletzung *der* Offenlegungspflicht sein, wie sie vom Handelsrecht für die jeweilige KapGes/KapCoGes konkret ausgesprochen wird; bei der kleinen KapGes/KapCoGes kann also zB nicht die Einreichung einer nach § 326 Abs 1 nicht erforderlichen GuV erzwungen werden, obwohl § 325 Abs 1 vom JA insgesamt spricht. Wegen Befreiungen und Vereinfachungen s § 325 Anm 84 f. Zum IFRS-EA s § 325 Anm 56 ff.

Bei einem *Konzern* sind neben KA, Konzernlagebericht, BVm uU auch der Abschluss eines nicht einbezogenen Unt und nachträgliche Änderungen des KA offenzulegen.

2. Die Pflichten aus § 325a

13 Nach § 325a müssen bei inländischen Zweigniederlassungen von KapGes/KapCoGes mit Sitz in einem anderen Mitgliedstaat der EU oder einem EWR-Vertragsstaat die Unterlagen der Rechnungslegung der **Hauptniederlassung** nach den Maßgaben der §§ 325, 328, 329 Abs 1 offengelegt werden. Gegenstand der Offenlegung sind die nach dem Recht der (ausländischen) Hauptniederlassung (KapGes/KapCoGes) erstellten, geprüften und offengelegten Pflichtunterlagen der Rechnungslegung. Zwischen kleinen und mittelgroßen und großen KapGes (Abs 2) wird hierbei nicht unterschieden. Für Zweigniederlassungen sind die Erleichterungen gem §§ 326, 327 mangels Verweis nicht anwendbar.

3. Offenlegung

14 Offenlegung bedeutet Erfüllung der beiden sich aus § 325 ergebenden Pflichten: Einreichung der dort genannten Unterlagen beim Betreiber des eBAnz (Bundesanzeiger Verlag) **in elektronischer Form** gem § 325 Abs 1 S 1 und anschließende, unverzügliche Bekanntmachung im eBAnz (www.ebundesanzeiger.de)

gem § 325 Abs 2. Das gilt für alle KapGes mit Ausnahme von § 264 Abs 3 sowie gem § 335b iVm § 264a Abs 1 für alle KapCoGes mit Ausnahme von § 264b, gem § 340o für die nicht in der Rechtsform der KapGes betriebenen Kredit- und Finanzdienstleistungsinstitute und ebenso gem § 341o für VersicherungsUnt, die nicht in der Rechtsform der KapGes betrieben werden. Für Zweigniederlassungen von KapGes/KapCoGes mit Sitz im Ausland ist durch Verweis des § 325a Abs 1 S 1 auf § 325 die Offenlegung entspr vorzunehmen. Für Zweigniederlassungen von ausländischen Kreditinstituten oder Versicherungsinstituten ist § 325a gem Abs 2 nicht anwendbar, die Offenlegungsverpflichtungen richten sich nach den Spezialvorschriften §§ 340l und 341l, wobei Verstöße entspr § 335 gem §§ 340o und 341o mit Ordnungsgeld sanktioniert werden können. Eine weitere Pflicht zur Einreichung zum HR besteht nicht.

4. Rechtzeitigkeit

Nach § 325 Abs 1 S 2, ggf iVm Abs 3 für KA und Konzernlagebericht, sind die einzureichenden Unterlagen unverzüglich (dh ohne schuldhaftes Zögern iSd § 121 Abs 1 S 1 BGB) nach ihrer Vorlage an die Gester, spätestens vor Ablauf des 12. Monats des dem Abschlussstichtag nachfolgenden Gj beim Betreiber des eBAnz einzureichen; die Bekanntmachung muss sodann ebenfalls unverzüglich veranlasst werden. Diese Frist gilt für alle offenlegungspflichtigen Ges mit Ausnahme der kapmarktGes gem § 264d (Rückausnahme: § 327a), für diese beträgt die Frist nicht längstens 12, sondern nur vier Monate, vgl § 325 Abs 4 S 1. Gem § 325 Abs 1 S 5 ist zur Fristwahrung auch eine Offenlegung in Stufen zulässig (s § 325 Anm 45 ff), dies ist bei der Zulässigkeit der Verhängung von Ordnungsgeldern gem § 335 zu berücksichtigen. Für die Pflichten aus § 325a gilt über § 325a Abs 1 S 1 hinsichtlich der Rechtzeitigkeit das gleiche wie bei § 325. 15

III. Verschulden

Die Festsetzung eines Ordnungsgeldes erfordert aufgrund des strafähnlichen Charakters ein Verschulden des Normadressaten bzw des zur Vertretung berechtigten Organmitglieds bei einem Ordnungsgeld gegen die Ges (vgl LG Bonn 27.3.2012, GmbHR 2012, 803; LG Bonn 21.3.2011, DStR, 780; LG Bonn 22.4.2008, ZIP, 1082, 1083; LG Hagen 11.5.2007, NZI 2008, 112, 113; aA *Quedenfeld* in MünchKomm HGB[3] § 335 Anm 16). Verschulden im strafrechtlichen Sinne setzt mind bedingten Vorsatz voraus (vgl § 331 Anm 23), wobei die Maßstäbe nicht zu hoch anzusetzen sind und den Betroffenen eine sekundäre Darlegungslast für die Gründe der nicht fristgerechten Offenlegung trifft (LG Bonn 21.3.2011, DStR, 780). 16

C. Ordnungsgeldverfahren

Das Ordnungsgeldverfahren ist in Abs 2 bis 6 geregelt, die dem zum 1.9.2009 durch das FGG-Reformgesetz vom 17.12.2008 (BGBl I S 2586) novellierten FamFG weitestgehend nachgebildet sind, zT wird auch darauf verwiesen. 20

Anlass für ein Ordnungsgeldverfahren ist die fehlende Offenlegung für jeweils ein Gj bzw RumpfGj. Die Offenlegung eines Folgeabschlusses verhindert nicht ein Verfahren wegen unterbliebener Offenlegung hinsichtlich eines früheren Gj.

Das Ordnungsgeldverfahren kann auch durchgeführt werden, wenn vorangehende Verpflichtungen, insb die Aufstellung des JA und KA, noch nicht erfüllt sind (*Quedenfeld* in MünchKomm HGB³ Vor § 335 Anm 7). Insofern werden diesbezügliche Pflichtverletzungen durch den § 335 inzident mitgeahndet.

I. Amtsermittlung

21 Es ist kein Antrag erforderlich, das BAJ ermittelt Offenlegungsverstöße von Amts wegen. Hierbei wird es durch den Betreiber des eBAnz unterstützt, der gem § 329 Abs 1 S 1, Abs 4 eine Unterrichtungspflicht bei Verstößen hat.

II. Androhung von Ordnungsgeld

22 Für das BAJ besteht eine Pflicht zum Tätigwerden bei Vorliegen eines Offenlegungsverstoßes, es besteht kein Ermessen. Ein Ermessen besteht jedoch hinsichtlich der Höhe des Ordnungsgelds, das bereits in der Androhung konkretisiert werden muss. Die Androhung muss ferner die genaue Bezeichnung der nachzukommenden Pflicht sowie einen ausdrücklichen Hinweis auf die 6-Wochen-Frist und einen Hinweis auf die Zulässigkeit des Einspruchs enthalten. Gem Abs 3 S 2 sind schon mit der Androhung des Ordnungsgeldes den Beteiligten die Kosten des Verfahrens aufzuerlegen. Liegen dem BAJ keine Anhaltspunkte für die Größe der Ges iSd §§ 267, 267a vor, hat es gem Abs 6 bereits mit der Androhung aufzugeben, entspr Angaben im Falle eines Einspruchs zu machen.

III. Einspruch gegen die Androhung

23 Gegen die Androhungsverfügung ist gem Abs 3 der **Einspruch** zulässig. In dem Einspruch muss die Unterlassung der Offenlegung gerechtfertigt werden. Der Einspruch kann zB darauf gestützt werden, dass größenklassenbezogene Erleichterungen zu Recht in Anspruch genommen wurden oder die Voraussetzungen des § 264a Abs 1 nicht mehr vorliegen oder nach § 264 Abs 3 oder § 264b vorliegen. Der Einspruch kann gem Abs 3 S 3 auf Einwände gegen die Kosten begrenzt werden. Ein Einspruch hat keine aufschiebende Wirkung, dh das angedrohte Ordnungsgeld wird festgesetzt, sobald die Frist abgelaufen ist. Führt der Einspruch zur Rechtfertigung der Unterlassung der Offenlegung, hat das BAJ das Verfahren einzustellen und die mit der Androhung verbundene Kostenentscheidung aufzuheben.

IV. Festsetzung

24 Die zur Offenlegung Verpflichteten haben innerhalb von sechs Wochen der Aufforderung nachzukommen oder die Nichtoffenlegung im Wege des Einspruchs zu rechtfertigen. Geschieht dies nicht, ist das Ordnungsgeld unverzüglich festzusetzen; zugleich ist die ursprüngliche Verfügung unter Androhung eines erneuten Ordnungsgelds zu wiederholen.

V. Rechtsmittel gegen Festsetzung oder Zurückweisung des Einspruchs

25 Gegen die Entscheidung über die Festsetzung des Ordnungsgelds, gegen die Entscheidung, mit der der Einspruch gegen die Androhung von Ordnungsgeld verworfen wird, und bei Unterlassen der Aufhebung der Kostenentscheidung im

Falle einer Einstellung des Verfahrens nach Abs 3 S 7, ist die **sofortige Beschwerde** zum LG, das für den Sitz des BAJ zuständig ist (hier Kammer für Handelssachen beim LG Bonn), gegeben. Zur Vermeidung von erheblichen Verfahrensrückständen kann die Landesregierung NRW durch Rechtsverordnung auch andere Landgerichte mit der Zuständigkeit betrauen. Das Verfahren richtet sich gem Abs 4 nach Abs 5 und dem FamG. Eine weitere Rechtsbeschwerde gegen die Entscheidung des LG findet nicht statt, der Instanzenzug endet beim LG. Ein angerufenes OLG würde ein Rechtsmittel als unzulässig verwerfen (OLG Köln, 2 Wx 68/11 v 1.4.2011). Abs 5a lässt auch die elektronische Aktenführung im Gerichtsverfahren zu.

D. Folgen

Das Ordnungsgeld beträgt **mindestens 2.500 €** und **höchstens 25.000 €** und kann wegen derselben Sache wiederholt festgesetzt werden. Die Festsetzung des Ordnungsgelds kann nicht zurückgenommen werden, wenn die gesetzlichen Vertreter ihrer Verpflichtung nach Ablauf der 6-Wochen-Frist nachgekommen sind (LG Bonn 21.3.2011, DStR, 780). Auch allgemeine Billigkeitsgesichtspunkte rechtfertigen eine Herabsetzung nicht (BVerfG, 2 BvR 1236/10 BeckRS 2011, 47827). Es ist aber in das Ermessen des BMJ gestellt, bei einer geringfügigen Überschreitung von maximal zwei Wochen der Sechs-Wochen-Frist das Ordnungsgeld herabzusetzen (Abs 3 S 5).

Jedoch ist das Ordnungsgeld in der Regel auf den Mindestbetrag von 2500 € herabzusetzen, wenn der Veröffentlichungspflicht nachgekommen wurde, da dann die Beugefunktion des Ordnungsgeldes nicht mehr greifen kann. Dies gilt unabhängig davon, ob vor oder nach der Ordnungsgeldentscheidung veröffentlicht wurde (LG Bonn 2.3.2012, BeckRS 2012, 09107).

E. Weitere Vorschriften in Spezialgesetzen

Bei Verstößen gegen die Offenlegungspflichten aus § 9 Abs 1, § 15 Abs 1 **PublG** enthält § 21 PublG iVm § 335 eine entspr Ordnungsgeldregelung.

Für **VersicherungsUnt** in der Rechtsform der KapGes/KapCoGes gilt § 335 unmittelbar. § 341o regelt die Festsetzung von Ordnungsgeld für VersicherungsUnt anderer Rechtsformen einschl der Zweigniederlassungen (Nr 2). Diese Vorschrift soll zur Offenlegung gem § 341 Abs 1 anhalten.

§ 55 **VAG** bestimmt ergänzend, dass §§ 341ff auch auf öffentlich-rechtliche VersicherungsUnt Anwendung finden, soweit sie nicht Träger der Sozialversicherung sind oder nach § 341 Abs 1 S 2 (ggf auch Abs 2) ausdrücklich davon ausgenommen sind.

Für **Kreditinstitute** in der Rechtsform der KapGes/KapCoGes gilt § 335 unmittelbar, während § 340o die Festsetzung von Ordnungsgeld bei Kreditinstituten in anderen Rechtsformen einschl Zweigniederlassungen regelt und sich an deren Geschäftsleiter (auch von Zweigstellen) und an Inhaber einzelkfm betriebener Kreditinstitute richtet.

§ 339 enthält Sondervorschriften für die Offenlegung bei eG, auf die § 335 sich nicht erstreckt. Bei eG beschränken sich Erzwingungsmöglichkeiten auf die Zwangsgeldverhängung nach § 160 Abs 1 **GenG** für dort aufgeführte Pflichten.

Falls eG **Konzernabschlüsse** aufzustellen haben, finden §§ 15 Abs 1, 21 PublG Anwendung (Anm 35).

§ 335a Straf- und Bußgeldvorschriften. Ordnungsgelder

Für die zusätzlichen Veröffentlichungspflichten aus dem **WpHG** s § 334 Anm 52.

F. Änderungen durch das Gesetz zur Änderung des Handelsgesetzbuchs

40 Am 27.6.2013 hat der BT das Gesetz zur Änderung des Handelsgesetzbuchs verabschiedet. Der Bundesrat hat am 20.9.2013 auf eine Anrufung des Vermittlungsausschusses verzichtet. Die Änderungen sind erstmals für Gj anzuwenden, die nach dem 30.12.2012 enden (Art 70 Abs 1 iVm Abs 3 S 1 EGHGB nF).

Durch die Änderungen werden die Sanktionen bei Offenlegungsverstößen entschärft, wodurch kleinste und kleine Ges mit geringeren Ordnungsgeldern bei Verstößen gegen Offenlegungspflichten rechnen können. Daneben gibt es Neuerungen zur Wiedereinsetzung in den vorigen Stand und zum Rechtsmittelverfahren (s § 335a Anm 3f).

42 Da der Umfang der Offenlegungspflichten bereits **nach der Größe** des Unternehmens **abgestuft** ist, sollen nun auch hinsichtlich der **Sanktionen** wegen nicht erfüllter Offenlegungspflichten nach diesen Kriterien – KleinstKapGes, kleine KapGes oder größere KapGes – differenziert werden. Für KleinstKapGes gilt demnach ein Betrag von 500 Euro, für kleine KapGes ein Betrag von 1 000 Euro oder im Übrigen ein Betrag von 2 500 Euro, wenn die Ges ihre gesetzliche Pflicht erst nach Ablauf der Frist von sechs Wochen nach Zugang der Androhung erfüllt haben (Abs 4 nFGB). Bei einer lediglich geringfügigen Überschreitung der Sechswochenfrist ist ein geringerer Betrag zu verhängen (Abs 4 S 2 Nr 4 nF).

44 Eine weitere Neuerung ist das Recht der Unt, Wiedereinsetzung in den vorigen Stand zu beantragen, soweit eine **unverschuldete Fristversäumnis** vorliegt (§ 335 Abs 5 HGB). Dieser Antrag ist binnen zwei Wochen nach Wegfall des Hindernisses schriftlich beim BAJ zu stellen und die Tatsachen zur Begr des Antrags sind bei der Antragstellung oder im Verfahren über den Antrag glaubhaft zu machen. Ist innerhalb eines Jahres seit dem Ablauf der Sechswochenfrist weder Wiedereinsetzung beantragt noch die versäumte Handlung nachgeholt worden, kann Wiedereinsetzung nicht mehr gewährt werden. Die Wiedereinsetzung ist nicht anfechtbar. Die versäumte Handlung ist spätestens sechs Wochen nach Wegfall des Hindernisses nachzuholen.

§ 335a Beschwerde gegen die Festsetzung von Ordnungsgeld; Rechtsbeschwerde; Verordnungsermächtigung

(1) **Gegen die Entscheidung, durch die das Ordnungsgeld festgesetzt oder der Einspruch oder der Antrag auf Wiedereinsetzung in den vorigen Stand verworfen wird, sowie gegen die Entscheidung nach § 335 Absatz 3 Satz 5 findet die Beschwerde nach den Vorschriften des Gesetzes über das Verfahren in Familiensachen und in den Angelegenheiten der freiwilligen Gerichtsbarkeit statt, soweit sich aus den nachstehenden Absätzen nichts anderes ergibt.**

(2) [1]Die Beschwerde ist binnen einer Frist von zwei Wochen einzulegen; über sie entscheidet das für den Sitz des Bundesamtes zuständige Landgericht. [2]Zur Vermeidung von erheblichen Verfahrensrückständen oder zum Ausgleich einer übermäßigen Geschäftsbelastung wird die Landesregierung des Landes, in dem das Bundesamt seinen Sitz unterhält, ermächtigt, durch Rechtsverordnung die Entscheidung über die Rechtsmittel nach Satz 1 einem anderen Landgericht

oder weiteren Landgerichten zu übertragen. ³Die Landesregierung kann diese Ermäch- tigung auf die Landesjustizverwaltung übertragen. ⁴Ist bei dem Landgericht eine Kammer für Handelssachen gebildet, so tritt diese Kammer an die Stelle der Zivilkammer. ⁵Entscheidet über die Beschwerde die Zivilkammer, so sind die §§ 348 und 348a der Zivilprozessordnung entspre- chend anzuwenden; über eine bei der Kammer für Handelssachen anhängige Beschwerde entscheidet der Vorsitzende. ⁶Das Landgericht kann nach billigem Ermessen bestimmen, dass den Beteiligten die außergerichtlichen Kosten, die zur zweckentsprechenden Rechtsverfolgung notwendig waren, ganz oder teilweise aus der Staatskasse zu erstatten sind. Satz 6 gilt entsprechend, wenn das Bundesamt der Beschwerde abhilft. ⁷§ 91 Absatz 1 Satz 2 und die §§ 103 bis 107 der Zivilprozessordnung gelten entsprechend. ⁸§ 335 Absatz 2 Satz 3 ist anzuwenden.

(3) ¹Gegen die Beschwerdeentscheidung ist die Rechtsbeschwerde statthaft, wenn das Landgericht sie zugelassen hat. ²Für die Rechtsbeschwerde gelten die Vorschriften des Gesetzes über das Verfahren in Familiensachen und in den Angelegenheiten der freiwilligen Gerichtsbarkeit entsprechend, soweit sich aus diesem Absatz nichts anderes ergibt. ³Über die Rechtsbeschwerde entscheidet das für den Sitz des Landgerichts zuständige Oberlandesgericht. ⁴Die Rechtsbeschwerde steht auch dem Bundesamt zu. ⁵Vor dem Oberlandesgericht müssen sich die Beteiligten durch einen Rechtsanwalt vertreten lassen; dies gilt nicht für das Bundesamt. ⁶Absatz 2 Satz 6 und 8 gilt entsprechend.

(4) ¹Für die elektronische Aktenführung des Gerichts und die Kommunikation mit dem Gericht nach den Absätzen 1 bis 3 sind § 110a Absatz 1, § 110b Absatz 1 Satz 1, Absatz 2 bis 4, § 110c Absatz 1 sowie § 110d des Gesetzes über Ordnungswidrigkeiten entsprechend anzuwenden. ²§ 110a Absatz 1 Satz 1 und 3 sowie § 110b Absatz 1 Satz 2 und 4 des Gesetzes über Ordnungswidrigkeiten sind mit der Maßgabe anzuwenden, dass die Landesregierung des Landes, in dem das Bundesamt seinen Sitz unterhält, die Rechtsverordnung erlassen und die Ermächtigung durch Rechtsverordnung auf die Landesjustizverwaltung übertragen kann.

Schrifttum: s § 335.

§ 335a wurde aufgehoben durch Art 1 EHUG v 10.11.2006 (BGBl. I S 2553). 1
Zu den Erläuterungen hierzu s 6. Auflage.

Am 27.6.2013 hat der BT das Gesetz zur Änderung des Handelsgesetzbuchs verabschiedet. Der Bundesrat hat am 20.9.2013 auf eine Anrufung des Vermittlungsausschusses verzichtet. Die Änderungen sind erstmals für Gj anzuwenden, die nach dem 30.12.2012 enden (Art 70 Abs 1 iVm Abs 3 S 1 EGHGB nF). Mit dem Gesetz zur Änderung des Handelsgesetzbuchs wird der § 335a neu gefasst.

Nach der Neufassung regelt die Vorschrift nun die Beschwerde gegen die Fest- 2
setzung von Ordnungsgeld sowie die Rechtsbeschwerde. Es wurde hierdurch ein Verfahren zur Gewährleistung einer einheitlichen Rspr des LG Bonn in Ordnungsgeldverfahren eingeführt. In diesem Rahmen besteht nun eine zweite gerichtliche Instanz in Form der Rechtsbeschwerde gegen Entscheidungen des LG, über die das OLG entscheidet. Bisher war ein Rechtsmittel gegen Entscheidungen des LG Bonn, als bundesweit allein zuständigem Gericht über Beschwerden gegen Ordnungsgeldentscheidungen, nicht statthaft. Allerdings ist die Rechtsbeschwerde auch nur dann statthaft, wenn das LG Bonn sie ausdrücklich zulässt, wofür erforderlich ist, dass die Rechtssache grds Bedeutung hat und zur Sicherung einer einheitlichen Rechtsprechung erforderlich ist.

Die Einführung der Rechtsbeschwerde ist erstmals auf Ordnungsgeldverfahren 3
anzuwenden, die nach dem 31.12.2013 eingeleitet werden (Art 70 Abs 3 S 2 EGHGB).

§ 335b Anwendung der Straf- und Bußgeld- sowie der Ordnungsgeldvorschriften auf bestimmte offene Handelsgesellschaften und Kommanditgesellschaften

¹Die Strafvorschriften der §§ 331 bis 333, die Bußgeldvorschrift des § 334 sowie die Ordnungsgeldvorschrift des § 335 gelten auch für offene Handelsgesellschaften und Kommanditgesellschaften im Sinn des § 264a Abs 1. ²Das Verfahren nach § 335 ist in diesem Fall gegen den persönlich haftenden Gesellschafter oder gegen die Mitglieder der vertretungsberechtigten Organe der persönlich haftenden Gesellschaft zu richten. ³Es kann auch gegen die offene Handelsgesellschaft oder gegen die Kommanditgesellschaft gerichtet werden.

Anmerkungen

1 § 335b bestimmt, dass die Straf-, Bußgeld-, und Ordnungsgeldvorschriften der §§ 331 ff auch für OHG und KG iSd § 264a gelten. Das bedeutet, dass PersGes, Stiftungen und Genossenschaften, bei denen eine KapGes phG ist (in der Praxis relevant vor allem für die weit verbreitete GmbH & Co KG), den KapGes bzgl der strengen Abschlussvorschriften der Aufstellung, Prüfung und Offenlegung bis hin zum KA gleichgestellt sind. Adressaten iSd §§ 331, 334, 335 sind dann jeweils die Mitglieder des vertretungsberechtigten Organs der persönlich haftenden KapGes, Stiftung oder eG, die die OHG oder KG vertritt. Insoweit kann hinsichtlich der Einzelheiten möglicher Tatbestandsverwirklichungen im Übrigen auf die Kommentierung der genannten Vorschriften Bezug genommen werden.

Dritter Abschnitt.
Ergänzende Vorschriften für eingetragene Genossenschaften

§ 336 Pflicht zur Aufstellung von Jahresabschluß und Lagebericht

(1) ¹Der Vorstand einer Genossenschaft hat den Jahresabschluß (§ 242) um einen Anhang zu erweitern, der mit der Bilanz und der Gewinn- und Verlustrechnung eine Einheit bildet, sowie einen Lagebericht aufzustellen. ²Der Jahresabschluß und der Lagebericht sind in den ersten fünf Monaten des Geschäftsjahrs für das vergangene Geschäftsjahr aufzustellen.

(2) ¹Auf den Jahresabschluß und den Lagebericht sind, soweit in den folgenden Vorschriften nichts anderes bestimmt ist, § 264 Abs. 1 Satz 4 Halbsatz 1, Abs. 2, §§ 265 bis 289 über den Jahresabschluß und den Lagebericht entsprechend anzuwenden; § 277 Abs. 3 Satz 1, § 285 Nr. 6 und 17 brauchen jedoch nicht angewendet zu werden. ²Sonstige Vorschriften, die durch den Geschäftszweig bedingt sind, bleiben unberührt. ³Die Erleichterungen für Kleinstkapitalgesellschaften (§ 267a) sind auf Genossenschaften nicht anzuwenden.

(3) § 330 Abs. 1 über den Erlaß von Rechtsverordnungen ist entsprechend anzuwenden.

Übersicht

	Anm
A. Vorbemerkungen zum Dritten Abschnitt	1–3
B. Aufstellung des Jahresabschlusses und des Lageberichts (Abs 1)	10, 11
C. Inhalt von Jahresabschluss und Lagebericht (Abs 2 S 1)	
I. Anzuwendende Vorschriften	13
1. Grundsatz (Halbsatz 1)	14–16
2. Ausnahmen–Wahlrechte (Halbsatz 2)	17, 18
II. Größenabhängige Erleichterungen	25–27
D. Formblätter und Sondervorschriften für bestimmte Wirtschaftszweige (Abs 2 S 2, Abs 3)	28, 29
E. Konzernabschluss von Genossenschaften	30, 31
F. Sanktionen zum Jahresabschluss und zum Konzernabschluss	32
G. Steuerliche Gewinnermittlung bei Genossenschaften	34–39

Schrifttum zu §§ 336 bis 339: *Spanier* Lagebericht der Kreditgenossenschaft. Neuerungen durch das KonTraG Bank Information 2000, 53; *Beuthien* Der genossenschaftliche Geschäftsanteil AG 2002, 266, *Gschrey* Genossenschaftliche Prüfungsverbände in Förschle/Peemöller, 84; *Gschrey* Prüfung von Genossenschaften in Förschle/Peemöller, 484; *Geschwandtner/Helios* Neues Recht für die eingetragene Genossenschaft NZG 2006, 691; *Esser/Hillebrand/Walter* Unabhängigkeit der genossenschaftlichen Prüfungsverbände ZfgG 2006, 26; *Leuschner/Schorr* Neuerungen zur Qualitätskontrolle bei genossenschaftlichen Prüfungsverbänden WPK Magazin 2/2007, 38; *Pöhlmann/Fandrich/Bloehs* Genossenschaftsgesetz, 3. Aufl, München 2007; *GdW Bundesverband deutscher Wohnungs- und Immobilienunternehmen eV* Neufassung der Mustersatzungen und Mustergeschäftsordnungen für Wohnungsgenossenschaften 2007 (GdW Arbeitshilfe 55 Bd 1 und 2), Hamburg 2007; *Fentz/*

§ 336 1   Eingetragene Genossenschaften

von Voigt Eigenkapital bei Genossenschaften im IFRS-Abschluss KoR 2007, 23; IDW RS HFA 6 Änderung von Jahres- und Konzernabschlüssen WPg Supl 2/2007, 77; *Schlauß* Neues Ordnungsgeldverfahren wegen Verletzung von Jahresabschluss-Publizitätspflichten: erste Erfahrungen und Praxistipps aus dem Bundesamt für Justiz BB 2008, 938; *Beuthien/ Dierkes/Wehrheim* Die Genossenschaft – mit der Europäischen Genossenschaft, Berlin 2008; *Beuthien* Ist die Genossenschaftsrechtsreform geglückt? NZG 2008, 210; *Rückle* Das Eigenkapital der Personengesellschaften IRZ 2008, 227; *Zwirner/Reinholdt* Einordnung von Gesellschaftsanteilen als Eigenkapital nach IAS 32 (rev. 2008) IRZ 2008, 325; *Spanier* Anforderungen an die genossenschaftlichen Prüfungsverbände ZfgG 2008, 279; *Bösche* Die Zukunft der genossenschaftlichen Pflichtprüfung ZfgG 2008, 98; *Keßler/Kühnberger* Die Reform der genossenschaftlichen Pflichtprüfung bei Kleinunternehmen ZfgG 2008, 144; *Frankenberger/Hüttl* Von Schulze-Delitzsch bis zur EU-Abschlussprüferrichtlinie – Historische Entwicklung der Genossenschaftsrevision im Zeitraffer ZfgG 2008, 163; *Löw/ Antonakopoulos* Die Bilanzierung ausgewählter Gesellschaftsanteile nach IFRS unter Berücksichtigung der Neuregelungen nach IAS 32 (rev. 2008) KoR 2008, 261; *Bömelburg/Landgraf/Luce* Die Auswirkungen der Eigenkapitalabgrenzung nach IAS 32 (rev. 2008) auf deutsche Personengesellschaften PiR 2008, 143; *Weidenhammer* Die Eigenkapitalqualität kündbarer Anteile nach dem Amendment zu IAS 32 – Diskussion von Zweifelsfragen PiR 2008, 213; *Petersen/Zwirner* IAS 32 (rev. 2008) – Endlich (mehr) Eigenkapital nach IFRS? DStR 2008, 1060; *Baetge/Winkeljohann/Haenelt* Die Bilanzierung des gesellschaftsrechtlichen Eigenkapitals von Nicht-Kapitalgesellschaften nach der novelierten Kapitalabgrenzung des IAS 32 (rev. 2008) DB 2008, 1518; *Schmidt* IAS 32 (rev. 2008): Ergebnisstatt Prinzipienorientierung BB 2008, 434; *Heß* Die Pflichtmitgliedschaft in den Prüfungsverbänden auf dem Prüfstand ZfgG 2009, 285; *Blisse/Schäff* Zum Beteiligungsfonds bei (Kredit-)Genossenschaften ZfgG 2009, 260; Beck'sches Handbuch der Genossenschaft, München 2009; *Meurer/Tamm* Neues Eigenkapital durch RIC 3 IRZ 2010, 269; *Beuthien* Genossenschaftsgesetz-Kommentar, 15. Aufl, München 2011; *Lang/Weidmüller* Genossenschaftsgesetz, 37. Aufl, Berlin 2011; *Beuthien* Wer hat insolvente Genossenschaften zu prüfen? ZIP 2011, 497; *Faerber/Garbe* Doppelmitgliedschaft in Prüfungsverbänden und die gesetzliche Pflichtprüfung – Welcher Prüfungsverband nimmt die Prüfung vor und wer darf innerhalb der Genossenschaft darüber entscheiden?, ZfgG 2011, 277; *Beuthien* Wer prüft, wenn eine Genossenschaft mehreren Prüfungsverbänden angehört? WPg 2012, 715, IDW PS 320 Besondere Grundsätze für die Durchführung von Konzernabschlussprüfungen (einschließlich der Verwertung der Tätigkeit von Teilbereichsprüfern) WPg Suppl 2/2012, 29; IDW PS 400 Grundsätze für die ordnungsmäßige Erteilung von Bestätigungsvermerken bei Abschlussprüfungen WPg Suppl 4/2010, 25ff, geändert durch WPg Suppl 1/2013, 7 und 31.

A. Vorbemerkungen zum Dritten Abschnitt

1   **Genossenschaften gelten** nach § 17 Abs 2 GenG **als Kaufleute** iSd HGB. Daher gelten grundlegend für **Buchführung und Inventar** die §§ 238 bis 241a, die **Aufbewahrungs- und Vorlage-Vorschriften** der §§ 257 bis 261 und für den **Jahresabschluss** alle Bestimmungen der §§ 242 bis 256a, s Anm 10ff.

Darüber hinaus legt der mit „Ergänzende Vorschriften für eingetragene Genossenschaften" überschriebene Dritte Abschn des Dritten Buchs des HGB zusätzliche Vorschriften zur **Aufstellung** von **Jahresabschluss und Lagebericht** (§ 336), der **Bilanz** (nur zu den Geschäftsguthaben und zu den Ergebnisrücklagen, § 337) und zum **Anhang** (weitere Pflichtangaben und Einschränkungen hinsichtlich der Bezüge der Verwaltungsorgane, § 338) der eG fest und enthält eine eigenständige Regelung zur **Offenlegung** bei eG (§ 339 anstelle von § 325). Die Vorschriften der §§ 336 bis 339 sind auf sog SCE mit Sitz im Inland entspr anzuwenden (s §§ 1, 32, 33 SCEAG).

Für die **Gewinn- und Verlustrechnung** und grds für den **Lagebericht** sind die Bestimmungen für KapGes maßgebend; wegen Sondervorschriften für bestimmte Wirtschaftszweige s Anm 28 sowie § 330.

Wird anstelle eines JA ein **IFRS-EA** offengelegt (dazu § 339 Anm 17, s auch § 325 Anm 56 ff) hat dieser anstelle der GuV eine sog **Gesamtergebnisrechnung** sowie als weitere Pflichtbestandteile einen **Eigenkapital-Spiegel** sowie eine **Kapitalflussrechnung** zu enthalten; bei kapmarktUnt sind darüber hinaus ein SegBer sowie Angaben zu EPS erforderlich.

Für die **Prüfung** des JA durch den jeweils zuständigen Prüfungsverband, die **Feststellung** und die **Ergebnisverwendung** ist das GenG maßgebend, welches jeweils dem Bilanzrecht für KapGes angenähert ist. Für Einzelheiten s Vor § 339.

Für **Kreditinstitute** in der Rechtsform der eG gelten die §§ 336 bis 339 nicht, da die Spezialvorschriften in den §§ 340 ff vorgehen und zT Sondervorschriften für Kredit-eG enthalten (zB § 340k Abs 2: Prüfung durch den zuständigen Prüfungsverband). Dies gilt mit Ausnahme von § 340k Abs 3 (Prüfung von Sparkassen durch den Sparkassen- und Giroverband) und 4 (Möglichkeit der Prüfung kleinerer Finanzdienstleistungsinstitute durch vBP und BPG) auch für Kredit-SCE, s §§ 32, 33, 34 jeweils Abs 2 SCEAG. Dagegen sind für Wohnungs-eG mit Spareinrichtungen, die im Übrigen den Vorschriften des KWG unterliegen, auf Grund der besonderen Regelung in § 340 Abs 3 die §§ 336 bis 339 anzuwenden.

B. Aufstellung des Jahresabschlusses und des Lageberichts (Abs 1)

Das Recht bzgl des JA der eG ist im HGB eigenständig geregelt, obwohl viele Vorschriften für KapGes auch für eG gelten; Anm 13 und 15. Der **Jahresabschluss** von eG besteht aus Bilanz, GuV (§ 242 Abs 3) und dem Anhang (§ 336 Abs 1 S 1), die zusammen eine Einheit bilden. Außerdem haben eG – soweit sie nicht „klein" iSv § 267 Abs 1 sind – einen **Lagebericht** aufzustellen. Zur Aufstellung von JA und Lagebericht ist der **Vorstand** der eG (bzw die geschäftsführenden Direktoren, s § 27 SCEAG) verpflichtet (§ 33 Abs 1 GenG). Alle (auch überstimmten) Vorstandsmitglieder müssen den JA mit Anhang unterzeichnen. Die Unterzeichnung auch des Lageberichts ist nicht zwingend, erscheint jedoch geboten (s hierzu auch § 264 Anm 16).

Für die **Aufstellung** von JA und Lagebericht gelten die §§ 242 bis 245. Jedoch ist für den Zeitraum der Aufstellung statt der Worte „innerhalb der einem ordnungsmäßigen Geschäftsgang entsprechenden Zeit" eine feste **Frist** von fünf Monaten gesetzt (S 2).

C. Inhalt von Jahresabschluss und Lagebericht (Abs 2 S 1)

I. Anzuwendende Vorschriften

Die Vorschriften zur **Gliederung** von Bilanz und GuV entsprechen weitgehend denjenigen für KapGes, während für **Ansatz** und **Bewertung** nur die allgemeinen Vorschriften für Kfl gelten – die Sondervorschriften hierzu für KapGes dürfen, „brauchen jedoch nicht" angewendet werden; Anm 17.

Gesetzestechnisch wurde dies dadurch erreicht, dass – zusätzlich zu den aufgrund der KfmEigenschaft der eG (hierzu *Förschle/Kropp/Schellhorn* in Sonderbilanzen[4] D Anm 1) anzuwendenden allgemeinen Vorschriften für Kfl – Abs 2 S 1 sowohl **zwingend anzuwendende** als auch wahlweise von eG anwendbare Einzelvorschriften aus dem Bilanzrecht der KapGes einzeln aufführt. **Geschäfts-**

zweigspezifische **Vorschriften** bleiben im Übrigen unberührt (Abs 2 S 2). Die Erleichterungen für KleinstKapGes (§ 267a) gelten für eG nicht.

1. Grundsatz (Halbsatz 1)

14 In erster Linie sind von eG **zwingend** §§ 264 Abs 1 S 4 Hs 1, Abs 2, 265 bis 289 „entsprechend anzuwenden" und außerdem – soweit fortgeltend – die relevanten Bestimmungen des EGHGB; **eingeschränkt** durch die in Anm 17 f aufgelisteten Wahlrechte und Anhangerleichterungen.

15 Für die **Rechnungslegung von eG** gelten im Einzelnen folgende Vorschriften des HGB, sofern nicht Sonderbestimmungen gem §§ 337, 338 vorgehen:
Bestimmungen für alle Kaufleute
– *Buchführung, Inventar* (§§ 238 bis 241; § 241a gilt nur für Ekfl und ist insofern auf eG nicht anwendbar, s § 241a Anm 2);
– *Eröffnungsbilanz, Jahresabschluss* (§§ 242 bis 245);
– *Ansatzvorschriften* (§§ 246 bis 251);
– *Bewertungsvorschriften* (§§ 252 bis 256a);
– *Aufbewahrungsvorschriften* (§§ 257 bis 261).
Ergänzende Vorschriften für Kapitalgesellschaften
– *Generalnorm* für JA mit Anhang (§ 264 Abs 2);
– *Gliederungsvorschriften* (§§ 265 bis 278);
– Vorschriften zum *Anhang* mit Einschränkungen (Anm 17);
– Vorschriften zum *Lagebericht* (§ 264 Abs 1 S 4 Hs 1, § 289); ausführlich zum Lagebericht der Kreditgenossenschaft *Spanier* Bank Information 2000, 53.

Zu Übergangsvorschriften für früher gebildete Aufwandsrückstellungen nach § 249 Abs 1 S 3 und Abs 2 aF (vgl 6. Aufl § 249 Anm 101 ff und 300 ff) s Art 66 Abs 5 EGHGB.

16 Die Worte „**entsprechend anzuwenden**" im Abs 2 S 1 weisen auf den besonderen Charakter der eG als Mischform zwischen KapGes und PersGes hin.

2. Ausnahmen-Wahlrechte (Halbsatz 2)

17 Die eG dürfen, brauchen aber nicht, anwenden:
– § 277 Abs 3 S 1: gesonderte **Angabe** von **außerplanmäßigen Abschreibungen** nach § 253 Abs 3 S 3 und 4 – ggf im Anhang;
– § 285 Nr 6: **Zuordnung der Ertragsteuern** zum Ergebnis der gewöhnlichen Geschäftstätigkeit und zum ao Ergebnis;
– § 285 Nr 17: **Angabe des vom AP für das Gj berechneten Gesamthonorars** für APr-Leistungen, andere Bestätigungs-, Steuerberatungs- oder sonstige Leistungen, soweit die Angaben nicht in einem das Unt einbeziehenden KA enthalten sind (s § 285 Anm 290 ff).

18 Es entfallen ferner alle Angaben im Anhang zu den **Bezügen** der Verwaltungsorgane; für die **Kredite** an diese Verwaltungsorgane sind nur **Gesamtbeträge** vorgeschrieben (dazu § 338 Anm 9).

II. Größenabhängige Erleichterungen

25 Nach § 336 Abs 2 S 1 iVm § 266 Abs 1 können sich gem § 267 *kleine eG* bei Aufstellung und Offenlegung der **Bilanz** auf die mit Buchstaben und römischen Zahlen bezeichneten Posten, also zB A I, A II usw, beschränken. § 274a „befreit" ferner *kleine eG* von folgenden Vorschriften: Aufstellung eines Anlagegitters, Details zu am Bilanzstichtag rechtlich noch nicht entstandenen Forderungen oder Verbindlichkeiten, Bildung von Disagio-Posten, Bildung von latenten Steuern nach § 274.

Für *mittelgroße eG* gibt es für die Bilanz (wie bei KapGes) nur Erleichterungen für die Offenlegung s § 339 Anm 16.

Die **Gewinn- und Verlustrechnung** kann von *kleinen* und *mittelgroßen eG* vereinfacht aufgestellt werden, indem bestimmte Posten nach § 336 Abs 2 S 1 iVm § 276 S 1 unter der Bezeichnung „**Rohergebnis**" zusammengefasst werden; s § 276 Anm 1 ff. Außerdem dürfen kleine eG auf Anhangangaben zu den **außerordentlichen Aufwendungen oder Erträgen** verzichten (§ 276 S 2).

Beim **Anhang** brauchen gem § 336 Abs 2 S 1 iVm § 288 Abs 1 *kleine eG* keine Angaben zu machen:

- zu erheblichen Abweichungen zum Börsen- oder Marktpreis bei Anwendung der Gruppenbewertung oder von Verbrauchsfolgeverfahren,
- zu Art und Zweck sowie Risiken und Vorteilen von wesentlichen nicht in der Bilanz enthaltenen Geschäften,
- zu den sonstigen finanziellen Verpflichtungen,
- zur Aufgliederung der Umsatzerlöse,
- zur durchschnittlichen Arbeitnehmerzahl,
- zu den sonstigen Rückstellungen,
- zu derivativen FinInst,
- zu nicht zu marktüblichen Bedingungen zustande gekommenen Geschäften mit nahe stehenden Unt und Personen,
- zur Ursache latenter Steuern und den ihrer Bewertung zugrunde liegenden Steuersätzen,
- im Falle der Aktivierung nach § 248 Abs 2 zum Gesamtbetrag der FuE-Kosten im Gj sowie dem davon auf selbst geschaffene immaterielle VG des Anlagevermögens entfallenden Betrag,
- bei Anwendung des Umsatzkostenverfahrens zum Materialaufwand im Gj sowie
- zu den *detaillierten* Sonderangaben zu den Verbindlichkeiten (§ 288 Anm 2 ff).

Mittelgroße eG brauchen gem § 336 Abs 2 S 1 iVm § 288 Abs 2 über Anm 17 hinaus bei der Angabe nach § 285 Nr 3 (Angabe von Art und Zweck sowie Risiken und Vorteilen von nicht in der Bilanz enthaltenen Geschäften, soweit für die Beurteilung der Finanzlage notwendig) die Risiken und Vorteile nicht darzustellen, die Umsatzerlöse nicht nach Tätigkeitsbereichen und nach geographisch bestimmten Märkten aufzugliedern, keine Angaben zur Ursache latenter Steuern und den ihrer Bewertung zugrunde liegenden Steuersätzen sowie keine Angaben zu nicht zu marktüblichen Bedingungen zustande gekommenen Geschäften mit nahe stehenden Unt und Personen zu machen; dazu § 288 Anm 5 ff.

Größenunabhängig entfallen für eG die Anhangangaben gem § 285 Nr 6 (Steuern für ao Posten; Wahlrecht nach Abs 2 idS Hs 2) sowie alle Angaben zu Bezügen von Vorstand und AR einschl Pensionszusagen für diese Personen gem § 285 Nr 9a, 9b (§ 338 Abs 3). Hinsichtlich der zusätzlich eingeschränkten Angaben über Organkredite für *alle eG* s § 338 Anm 9.

Kreditgenossenschaften sind jedoch gem §§ 340a Abs 2, 34 RechKredV zu allen vorstehenden Anhangangaben verpflichtet – unabhängig von ihren Größenmerkmalen.

Eine über das HGB oder GenG hinausgehende **Offenlegung** des JA für die Mitglieder der eG in der Generalversammlung, in der Form, die er ohne Anwendung og Erleichterungen hätte, ist (anders als nach § 131 AktG) *nicht* vorgesehen; dazu Vor § 339 Anm 47 f.

Einer **jährlichen Abschlussprüfung** unterliegen eG nur dann, wenn ihre Bilanzsumme € 1 Mio und ihre Umsatzerlöse € 2 Mio übersteigen, § 53 Abs 2 iVm § 164 GenG. Ein **Bestätigungsvermerk** nach § 322 wird allerdings nur für gem § 267 Abs 3 **große eG** verlangt (eine Ausnahme gilt für Wohnungs-eG mit Spareinrichtungen, die diesbzgl den Vorschriften für Kreditinstitute unterliegen und unabhängig von den Größenkriterien des § 267 Abs 3 einen BVm erhalten). Zu Einzelheiten dazu s Vor § 339 Anm 10 ff.

D. Formblätter und Sondervorschriften für bestimmte Wirtschaftszweige (Abs 2 S 2, Abs 3)

28   Die Ermächtigung des § 330 Abs 1 durch Rechts-VO für KapGes Formblätter für bestimmte Wirtschaftszweige zu erlassen, gilt auch für eG (Abs 3). Sie enthält das Recht, Vorschriften zur Gliederung des JA oder KA oder den Inhalt des Anhangs, des Konzernanhangs, des Lageberichts oder des Konzernlageberichts zu erlassen. Zu abw **Ansatzvorschriften** oder **Bewertungsnormen** enthält § 330 Abs 1 keine Ermächtigung.

Die VO nach § 330 Abs 1 betreffen bei eG **Wohnungsunternehmen**; zu Einzelheiten s § 330 Anm 20. § 330 Abs 2 gilt für Kreditinstitute jeder Rechtsform, deren Rechnungslegung gesondert – im Vierten Abschn des HGB – geregelt ist; s Anm 3. Für Kredit-eG enthält das KWG weitere Ermächtigungen, zB zum Erlass einer VO zum Gegenstand der Prüfung und zum Inhalt der PrüfBer (sog Prüfungsberichtsverordnung, derzeit vom 23.11.2009 BGBl I, 3793; zuletzt geändert durch Art 3 SEPA-Begleitgesetz vom 3.4.2013 BGBl I, 610). S zu den Ermächtigungen für Kreditinstitute auch § 330 Anm 45 ff.

29   Im Übrigen bleiben „sonstige Vorschriften, die durch den Geschäftszweig (einer eG) bedingt sind, ... unberührt" (Abs 2 S 2). Damit wird klargestellt, dass die in Anm 14 ff genannten Vorschriften zurücktreten, soweit **Spezialgesetze** Bilanzierungsnormen enthalten, zB §§ 340a ff für Kredit-eG. Der Hinweis auf den Geschäftszweig ergänzt außerdem die auch für eG geltenden allgemeinen Gliederungsgrundsätze des § 265 Abs 4 bis 6.

E. Konzernabschluss von Genossenschaften

30   **Genossenschaften gelten** nach § 17 Abs 2 GenG **als Kaufleute** iSd HGB. Sie sind daher als Unt iSd PublG zur Konzernrechnungslegung verpflichtet, falls sie die Größenmerkmale des § 11 PublG erfüllen (§ 3 Abs 2 PublG schließt nämlich lediglich die Anwendbarkeit des Ersten Abschn des PublG auf eG aus). § 14 Abs 2 PublG regelt für diese Fälle, dass der Prüfungsverband gesetzlicher Konzern-AP ist; außerdem präzisiert § 14 Abs 2 PublG die Anwendung der §§ 291 und 292. Hinsichtlich der Prüfung von TU einer eG s Art 25 EGHGB und Vor § 339 Anm 31 ff.

Bei Erfüllung der Voraussetzungen des § 315a Abs 1 oder 2 (s § 315a Anm 9 ff) ist auch von eG zwingend ein KA nach den IFRS zu erstellen. Darüber hinaus ist die freiwillige Erstellung eines IFRS-KA nach § 315a Abs 3 (hierzu Anm 315a Anm 14) zulässig.

Die Sondervorschriften des § 264 Abs 3 iVm Abs 4 sind auf Tochter-*Kapitalgesellschaften* beschränkt, so dass eine eG als MU einen für eine Tochter-KapGes befreienden KA aufstellen kann, dies im umgekehrten Fall jedoch nicht zulässig ist, weil weder die besonderen Vorschriften für die eG auf die Anwendbarkeit von § 264 Abs 3 und 4 verweisen, noch § 5 Abs 6 PublG anwendbar ist (s § 3 Abs 2 PublG).

31   Für **Kreditgenossenschaften** ergibt sich die Konzernrechnungslegungspflicht bereits aus § 340i, der insofern dem PublG vorgeht; auch hier ist der Prüfungsverband AP und Konzern-AP (§ 340k Abs 2).

F. Sanktionen zum Jahresabschluss und zum Konzernabschluss

Für den **Jahresabschluss** enthält das GenG **Strafvorschriften** (§§ 147 bis 32 151 GenG; auch sinngemäß anwendbar auf SCE lt § 36 SCEAG) und **Zwangsgeldbestimmungen** (§ 160 GenG), aber keine **Bußgeldandrohungen**. Das bedeutet, dass *kleinere* Verstöße gegen Aufstellungs-, Gliederungs- und Bewertungsvorschriften des HGB für eG nicht sanktioniert sind. Zur Abgrenzung zwischen Bußgeld- und Strafvorschriften s §§ 334, 335.

Bei den **Strafvorschriften** zum JA entsprechen
- §§ 147 Abs 2, 150 und 151 GenG weitgehend den §§ 331 bis 333 und
- § 148 GenG dem § 401 AktG. S dazu auch Vor § 339 Anm 75.

Die **Zwangsgeldbestimmungen** des § 160 GenG beziehen sich – soweit JA und Lagebericht betroffen sind –
- auf die Vorlage an AR (sofern nicht bei eG mit nicht mehr als 20 Mitgliedern nach § 9 Abs 1 GenG auf einen AR verzichtet wird) und Generalversammlung und auf dessen rechtzeitige Auslegung oder sonstige Kenntnismachung bzw Übersendung an die Mitglieder (§ 48 Abs 3 GenG) sowie
- auf die bestehende Verpflichtung der Liquidatoren, zu Beginn der Liquidation eine EB sowie für den Schluss eines jeden Jahres einen JA und ggf Lagebericht zu erstellen (§ 89 GenG).

Auf den **Konzernabschluss** sind die Straf- und Bußgeldvorschriften der §§ 17 bis 21 PublG anzuwenden.

Für **Kreditgenossenschaften** gehen die bankrechtlichen Bestimmungen der §§ 340m bis 340o vor (ebenso für SCE, s § 33 Abs 2 SCEAG).

G. Steuerliche Gewinnermittlung bei Genossenschaften

§ 22 KStG Genossenschaftliche Rückvergütung

(1) ¹Rückvergütungen der Erwerbs- und Wirtschaftsgenossenschaften an ihre Mitglieder sind nur insoweit als Betriebsausgaben abziehbar, als die dafür verwendeten Beträge im Mitgliedergeschäft erwirtschaftet worden sind. ²Zur Feststellung dieser Beträge ist der Überschuss
1. bei Absatz- und Produktionsgenossenschaften im Verhältnis des Wareneinkaufs bei Mitgliedern zum gesamten Wareneinkauf,
2. bei den übrigen Erwerbs- und Wirtschaftsgenossenschaften im Verhältnis des Mitgliederumsatzes zum Gesamtumsatz

aufzuteilen. ³Der hiernach sich ergebende Gewinn aus dem Mitgliedergeschäft bildet die obere Grenze für den Abzug. ⁴Überschuss im Sinne des Satzes 2 ist das um den Gewinn aus Nebengeschäften geminderte Einkommen vor Abzug der genossenschaftlichen Rückvergütungen und des Verlustabzugs.

(2) ¹Voraussetzung für den Abzug nach Absatz 1 ist, dass die genossenschaftliche Rückvergütung unter Bemessung nach der Höhe des Umsatzes zwischen den Mitgliedern und der Genossenschaft bezahlt ist und dass sie
1. auf einem durch die Satzung der Genossenschaft eingeräumten Anspruch des Mitglieds beruht oder
2. durch Beschluss der Verwaltungsorgane der Genossenschaft festgelegt und der Beschluss den Mitgliedern bekannt gegeben worden ist oder
3. in der Generalversammlung beschlossen worden ist, die den Gewinn verteilt.

²Nachzahlungen der Genossenschaft für Lieferungen oder Leistungen und Rückzahlungen von Unkostenbeiträgen sind wie genossenschaftliche Rückvergütungen zu behandeln.

34 Inländische eG sowie SCE gehören zu den unbeschränkt KStpflichtigen Unt iSv § 1 Abs 1 KStG; für Wohnungs-eG besteht eine partielle Steuerpflicht, die von der Struktur der Einnahmen abhängig ist. Weitere Ausnahmen bestehen iZm Land- und Forstwirtschaft (s ausführlich zur steuerlichen Behandlung von eG *Beuthien/Dierkes/Wehrheim*, 113 ff). Der vorstehende § 22 KStG enthält Sondervorschriften zur steuerlichen Gewinnermittlung, die in KStR 70 erläutert sind.

§ 22 KStG gilt für eG jeder Art, also im Gegensatz zu §§ 336 bis 339 auch für Kredit-eG; dort allerdings auf Basis der HB gem §§ 340a ff.

35 Als genossenschaftliche **Rückvergütung** (oft auch Warenrückvergütung genannt) wird eine nicht unter § 19 oder andere Regelungen des GenG fallende Art der Überschussverteilung bezeichnet, bei der der Geschäftsüberschuss ganz oder zT im Verhältnis des mit der eG getätigten Umsatzes an die Mitglieder ausgeschüttet wird. Hierdurch sollen iSd Fördergedankens der eG, nicht benötigte „Ersparnisse" der eG wieder an die Mitglieder zurückgeführt werden. Die Rückvergütung findet zeitlich vor einer Gewinnverteilung iSv § 19 GenG statt. Ihre Festsetzung ist Angelegenheit des Vorstands (§ 27 Abs 1 S 1 GenG), sofern nicht die Satzung anderes bestimmt.

Ausschüttungen an Nicht-Mitglieder, die im Falle des § 8 Abs 1 Nr 5 GenG (satzungsmäßige Ausdehnung des Geschäftsbetriebs auf Personen, welche nicht Mitglieder der eG sind), erfolgen können, stellen keine im Mitgliedergeschäft erwirtschafteten Ersparnisse und insofern keine Rückvergütungen dar. Sie sind daher stets **Betriebsausgaben**.

36 Dagegen sind **genossenschaftliche Rückvergütungen** nur dann als Betriebsausgaben abziehbar, wenn sie auf einem satzungsmäßigen Anspruch, auf einem bekannt gegebenen Beschluss der Verwaltungsorgane der eG oder auf Beschluss der Generalversammlung beruhen (§ 22 Abs 2 KStG).

Die eingeschränkte Abziehbarkeit von genossenschaftlichen Rückvergütungen als Betriebsausgaben ist außerdem auf Rückvergütungen aus dem Mitgliedergeschäft beschränkt (§ 22 Abs 1 KStG). **Rabatte, Boni** und ähnliche **Sofortnachlässe** zählen nicht zu den genossenschaftlichen Rückvergütungen und sind daher stets Betriebsausgaben – unabhängig, ob an Mitglieder oder an Nicht-Mitglieder gewährt; hier steht der Liefer- und Leistungsverkehr wie mit Dritten im Vordergrund. KStR 70 Abs 2 gibt dafür die Begr, dass diese Nachlässe bereits vor oder bei Abschluss des Rechtsgeschäfts vereinbart werden und sie somit zum (Kauf-)Vertrag gehören, während Rückvergütungen aus dem Mitgliedergeschäft erst nach Ablauf des Wj beschlossen und somit Dividenden ähnlich sind. Jede entgegen den Regeln des § 22 KStG gewährte Rückvergütung an Mitglieder ist eine vGA (KStR 70 Abs 13).

37 Der Abzug von genossenschaftlichen Rückvergütungen setzt voraus, dass das Mitglied über die Gutschrift verfügen kann. Deshalb dürfen Zuführungen zu Rückstellungen für spätere Auszahlungen nur abgezogen werden, wenn die Verpflichtung spätestens bei Feststellung des JA durch die Generalversammlung dem Grunde nach beschlossen und die Verpflichtung insofern konkretisiert wird, KStR 70 Abs 4 S 1. Weitere Voraussetzung ist, dass die Rückvergütungen grds spätestens bis zum Ablauf von 12 Monaten nach dem Ende des Wj gezahlt oder gutgeschrieben werden (KStR 70 Abs 4 S 2). Maßstab für die genossenschaftliche Rückvergütung ist stets die HB. Mehrgewinne aus einer steuerlichen **Betriebsprüfung** können zur Rückvergütung erst nach Übernahme in eine HB verwendet werden (KStR 70 Abs 6 S 1).

38 In **Rücklagen** eingestellte Bilanzgewinne dürfen gem KStR 70 Abs 6 S 2 und 3 nicht mehr zu Rückvergütungen verwendet werden; dieses Recht sei „verwirkt" (Ausnahmen gelten für bisher nach § 5 Abs 1 Nr 14 KStG steuerbefreite eG, die steuerpflichtig werden, s KStR 70 Abs 6 S 4). Diese Auffassung der FinVerw folgt daraus, dass genossenschaftliche Rückvergütungen nicht als Ausschüttungen angesehen werden.

Je nach Art der eG (§ 1 Abs 1 GenG) – Absatz-eG, Produktions-eG, Konsum- 39 verein oder auch Kredit-eG – sind Maßstab der als Betriebsausgaben abziehbaren Rückvergütung der Umsatz, die Anlieferung, der Verkauf oder die Kreditinanspruchnahme; § 22 Abs 1 S 2 Nrn 1 und 2 KStG.

Grds müssen die Rückvergütungen nach der Höhe des Umsatzes (Einkaufs) bemessen und diese allen Mitgliedern in gleichen Prozentsätzen des Umsatzes gewährt werden (KStR 70 Abs 5 S 1). Ein Bsp zur Ermittlung der steuerlich abziehbaren Rückvergütungen findet sich in KStR 70, KStH 70.

§ 337 Vorschriften zur Bilanz

(1) ¹An Stelle des gezeichneten Kapitals ist der Betrag der Geschäftsguthaben der Mitglieder auszuweisen. ²Dabei ist der Betrag der Geschäftsguthaben der mit Ablauf des Geschäftsjahrs ausgeschiedenen Mitglieder gesondert anzugeben. ³Werden rückständige fällige Einzahlungen auf Geschäftsanteile in der Bilanz als Geschäftsguthaben ausgewiesen, so ist der entsprechende Betrag auf der Aktivseite unter der Bezeichnung „Rückständige fällige Einzahlungen auf Geschäftsanteile" einzustellen. ⁴Werden rückständige fällige Einzahlungen nicht als Geschäftsguthaben ausgewiesen, so ist der Betrag bei dem Posten „Geschäftsguthaben" zu vermerken. ⁵In beiden Fällen ist der Betrag mit dem Nennwert anzusetzen. ⁶Ein in der Satzung bestimmtes Mindestkapital ist gesondert anzugeben.

(2) An Stelle der Gewinnrücklagen sind die Ergebnisrücklagen auszuweisen und wie folgt aufzugliedern:
1. Gesetzliche Rücklage;
2. andere Ergebnisrücklagen; die Ergebnisrücklage nach § 73 Abs. 3 des Genossenschaftsgesetzes und die Beträge, die aus dieser Ergebnisrücklage an ausgeschiedene Mitglieder auszuzahlen sind, müssen vermerkt werden.

(3) Bei den Ergebnisrücklagen sind in der Bilanz oder im Anhang gesondert aufzuführen:
1. Die Beträge, welche die Generalversammlung aus dem Bilanzgewinn des Vorjahrs eingestellt hat;
2. die Beträge, die aus dem Jahresüberschuß des Geschäftsjahrs eingestellt werden;
3. die Beträge, die für das Geschäftsjahr entnommen werden.

Übersicht

	Anm
A. Allgemeines	1
B. Geschäftsguthaben, rückständige fällige Einzahlungen (Abs 1)	2–6
C. Gliederung und Entwicklung der Ergebnisrücklagen	
I. Gliederung (Abs 2)	7–9
II. Entwicklung (Abs 3)	10–12
D. Abweichungen der IFRS	13–18

Schrifttum: S die zu § 336 angegebene Literatur.

A. Allgemeines

1 Abs 1 gibt Bilanzierungsvorschriften für die **Geschäftsguthaben** und ersetzt §§ 266 Abs 3 A I und 272 Abs 1. Abs 2 enthält eine auf eG abgestellte *Gliederung* der **Ergebnisrücklagen,** die den *Gewinnrücklagen* gem § 272 Abs 3 entsprechen. Damit konnten die bei eG üblichen Rücklagenbegriffe beibehalten werden. Nach Abs 3 müssen eG die *Entwicklung* jeder *einzelnen Ergebnisrücklage* in der Bilanz oder im Anhang darstellen (ebenso wie AG nach § 152 Abs 3 AktG). Ebenfalls denkbar ist eine *Kapitalrücklage* gem § 272 Abs 2 für Zuzahlungen, die Mitglieder in das EK, über die Einzahlungen auf Geschäftsanteile hinaus, leisten (zB für Eintrittsgelder, die lt Satzung erhoben werden, Strafgelder, verlorene Baukostenzuschüsse uä, s *Spanier* in Münch Komm HGB[3] § 337 Anm 27f). Da bei eG – ebenso wie bei PersGes – der **Erwerb eigener Anteile** gesetzlich nicht vorgesehen ist, entfällt § 272 Abs 1a, 1b und Abs 4.

B. Geschäftsguthaben, rückständige fällige Einzahlungen (Abs 1)

2 Alle eG weisen an Stelle des „gezeichneten Kapitals" den Betrag der **Geschäftsguthaben** der Mitglieder aus (Abs 1 S 1). Dabei ist der Betrag der Geschäftsguthaben aller am Bilanzstichtag ausscheidender Mitglieder gesondert anzugeben, ggf einschl der ohne Erben Verstorbenen (Abs 1 S 2, ebenso *Gschrey* in Rechnungslegung § 337 Anm 7). Für Kredit-eG wird außerdem verlangt, den Betrag der Geschäftsguthaben aus *gekündigten* Geschäftsanteilen gesondert auszuweisen (§ 34 Abs 2 Nr 3c) RechKredV). Eine solche oder weitere freiwillige Untergliederungen sind auch für andere eG zulässig (für gekündigte Geschäftsanteile empfohlen von *Theurl/Henze* in Bilanzrecht § 337 Anm 33).

3 Das GenG unterscheidet folgende Begriffe:

– Den **Geschäftsanteil:** Geschäftsanteil bezeichnet den (Höchst-)Betrag, bis zu welchem sich die einzelnen Mitglieder mit Einlagen beteiligen können (§ 7 Nr 1 GenG). Die Satzung der eG kann jedoch erlauben oder zur Pflicht machen, sich mit mehreren Geschäftsanteilen zu beteiligen (§§ 7a, 15b GenG) – zuvor müssen regelmäßig die vorher übernommenen Geschäftsanteile voll eingezahlt sein.

– Das **Geschäftsguthaben:** Das Geschäftsguthaben setzt sich zusammen aus der tatsächlichen Einzahlung auf den Geschäftsanteil, die gem § 7 Nr 1 GenG mind 10% des Geschäftsanteils betragen muss, zzgl späterer Gewinn- und Zinsgutschriften, abzgl Verlustanteile.

– Die **Haftsumme** gem §§ 119 ff GenG: Die Satzung *kann* bestimmen, dass die Mitglieder, beschränkt auf diese Haftsumme, Nachschüsse zur Insolvenzmasse zu leisten haben. Die Haftsumme darf nicht niedriger als der Geschäftsanteil festgesetzt werden.

4 Wird eine fällige Einzahlung weder geleistet noch durch Gewinngutschriften erbracht, können diese **rückständigen fälligen Einzahlungen** (zur Berechnung s *Theurl/Henze* in Bilanzrecht § 337 Anm 39) gem Abs 1 S 3 auf der Aktivseite als „Rückständige fällige Einzahlungen auf Geschäftsanteile" gesondert unter den Forderungen ausgewiesen werden (s auch *Strieder* in Beck'sches Handbuch der Genossenschaft § 6 Anm 32). In diesem Fall enthält der auf der Passivseite als Geschäftsguthaben ausgewiesene Betrag diese aktivierten rückständigen Einzahlungen (Bruttoausweis). Alternativ ist es gem Abs 1 S 4 zulässig, die rückständigen Einzahlungen nicht als Geschäftsguthaben auszuweisen, sondern nur nachrichtlich auf der Passivseite bei dem Posten Geschäftsguthaben zu vermerken. In beiden Fällen sind sie mit dem **Nennwert** anzusetzen (Abs 1 S 5). Der og Bruttoausweis entspricht der Vorgehensweise für KapGes für den Ausweis der eingeforderten aber noch nicht eingezahlten Einlagen auf das gezeichnete Kapital als Forderung gem § 272 Abs 1 S 3.

Sofern in der Satzung ein **Mindestkapital** vorgeschrieben wird (für SCE verpflichtend gem Art 3 Abs 1 EG-VO 1435/2003), ist dieses gesondert auszuweisen (Abs 1 S 6). Durch diese in das GenG eingefügte Möglichkeit des Ausweises eines Mindestkapitals, welches durch die Auszahlung von Auseinandersetzungsguthaben an ausgeschiedene Mitglieder bzw an Mitglieder, die einzelne Geschäftsanteile gekündigt haben, nicht unterschritten werden darf (s § 8a GenG), wird es denjenigen eG, die nach den IFRS bilanzieren, ermöglicht, in Höhe dieses Mindestkapitals EK auszuweisen (ausführlich hierzu Anm 13f). Notwendige **Abwertungen** auf rückständige Einzahlungen (wegen Zahlungsunfähigkeit einzelner Mitglieder) sind wie bei KapGes durch Absetzungen bei dem entspr Aktivposten vorzunehmen (glA § 272 Anm 36, *ADS*[6] § 272 Anm 70f). In der Praxis werden solche Abwertungen selten sein, da der Geschäftsanteil herabgesetzt werden kann (§ 22 GenG) oder eine Übertragung des Geschäftsguthabens auf ein anderes Mitglied, mit der Folge des Austritts aus der eG ohne Auseinandersetzung bzw der Verringerung der Anzahl der Geschäftsanteile, möglich ist (§§ 73, 76 GenG).

Die „Geschäftsguthaben der Mitglieder" werden in ihrer **Entwicklung** nicht in der Bilanz gezeigt. Dazu sind Angaben im Anhang vorgeschrieben; § 338 Anm 5.

Wird der Geschäftsanteil überzahlt oder ist ein weiterer Geschäftsanteil noch nicht eingetragen (Vorauszahlung), ist der Zahlungseingang als Verbindlichkeit zu führen; ebenso *Gschrey* in Rechnungslegung § 337 Anm 6. Zu den Schulden gehören ferner die Auseinandersetzungsguthaben und noch auszuzahlende Dividenden; gl A *Gschrey* in Rechnungslegung § 337 Anm 8.

C. Gliederung und Entwicklung der Ergebnisrücklagen

I. Gliederung (Abs 2)

Für eG sieht Abs 2 folgende Ergebnisrücklagen vor:

- Die **gesetzliche Rücklage (Abs 2 Nr 1)** gem § 7 Nr 2 GenG, deren Zuführung und Höhe die Satzung der eG jeweils bestimmt und
- **andere Ergebnisrücklagen (Abs 2 Nr 2)**, wobei die Ergebnisrücklage nach § 73 Abs 3 GenG (Anm 8) und die Beträge, die aus dieser Ergebnisrücklage an ausgeschiedene Mitglieder auszuzahlen sind, vermerkt werden müssen. Zu den anderen Ergebnisrücklagen zählen alle satzungsmäßig vorgeschriebenen oder aufgrund eines Generalversammlungsbeschlusses gebildeten offenen Rücklagen. Falls mehrere dieser Ergebnisrücklagen vorhanden sind, dürfen und sollten sie in der Bilanz aufgegliedert werden. Eine Aufgliederung ist jedoch nicht zwingend vorgeschrieben.

Die Bet ausscheidender Mitglieder an der **besonderen Ergebnisrücklage** (auch BetFonds genannt) gem § 73 Abs 3 GenG ist – mit Ausnahme von Wohnungsbau-eG – zulässig (kritisch hierzu *Schulte* in Lang/Weidmüller[37] § 73 Anm 24). Die besondere Ergebnisrücklage wird aus dem Jahresüberschuss gebildet. Ihr Zweck muss sein, ausscheidenden Mitgliedern einen Anspruch auf Auszahlung eines Anteils an dieser Ergebnisrücklage einzuräumen (§ 73 Abs 3 S 1 GenG); dies kann durch Satzung oder durch Gewinnverwendungsbeschluss der Generalversammlung erfolgen (Anm 9). Voraussetzung einer solchen Zusatzausschüttung ist ferner die Volleinzahlung des Geschäftsanteils und ggf einschränkende Anforderungen lt Satzung, zB Mindestdauer der Mitgliedschaft. Für weitere Einzelheiten zu dieser Sonderrücklage s *Beuthien*[15] § 73 Anm 15 ff; *Pöhlmann/Fandrich/Bloehs*[3] § 73 Anm 7 sowie *Schulte* in Lang/Weidmüller[37] § 73 Anm 19 ff.

Nach dem Ausscheiden von an der besonderen Ergebnisrücklage beteiligten Mitgliedern müssen die zum Bilanzstichtag noch nicht regulierten Beträge in der Bilanz entweder als Vorspaltenvermerk gezeigt oder als besonderer Unterposten ausgewiesen werden. Nach einem *Beschluss* über derartige Ausschüttungen handelt es sich um Verbindlichkeiten. In der Praxis dürfte diese besondere Ergebnisrücklage selten und die Abfindung zum Buchwert – also nur Auszahlung der Geschäftsguthaben – die Regel sein.

9 Die Generalversammlung einer eG kann im **Gewinnverwendungsbeschluss** Zuführungen zu anderen **(ungebundenen)** Ergebnisrücklagen oder auch Sonderzuführungen zur gesetzlichen Rücklage beschließen. Die Satzung oder die den JA feststellende Generalversammlung kann ferner vorschreiben, zu welchen *bestimmten* Zwecken diese weiteren Ergebnisrücklagen gebunden sind. In solchen Fällen dürfen aus solchen Rücklagen nur Beträge für die bestimmten Zwecke entnommen werden; anderenfalls ist zuvor eine Umwidmung durch dasjenige Organ vorzunehmen, welches früher diese Zweckbindung bestimmt hat.

II. Entwicklung (Abs 3)

10 Es sind mind die folgenden im HGB genannten Beträge der *einzelnen* Ergebnisrücklagen (s Anm 7) gesondert in der Bilanz aufzuführen:

- **Einstellungen** aus dem **Bilanzgewinn** des *Vorjahrs* (durch die Generalversammlung),
- **Einstellungen** aus dem **Jahresüberschuss** des *Geschäftsjahrs* – soweit die Satzung es vorsieht,
- **Entnahmen** innerhalb des *Geschäftsjahrs*.

Darüber hinaus kommen als weitere Posten insb noch Umgliederungen zwischen einzelnen Ergebnisrücklagen in Frage (zB Einstellung von Teilen der Ergebnisrücklagen in die **besondere Ergebnisrücklage** nach § 73 Abs 3 GenG; dazu Anm 8.

11 **Entnahmen aus Rücklagen** kommen namentlich vor

- zur **Auffüllung der Geschäftsguthaben** bis zur Höhe des Geschäftsanteils; das entspricht im Ergebnis einer Kapitalerhöhung aus GesMitteln bei KapGes (hierzu *Förschle/Kropp* in Sonderbilanzen[4] E Anm 43 ff),
- zur **Einstellung in andere Ergebnisrücklagen** (ggf mit Zweckbindung),
- aus der gesetzlichen Rücklage oder aus anderen Ergebnisrücklagen zur **Deckung eines Bilanzverlusts** gem Satzung (Vor § 339 Anm 63).

Auch hierfür gelten die Zuständigkeitsregeln der Satzung und § 270 Abs 2 (Anm 9). Nach *Gschrey* in Rechnungslegung § 337 Anm 19 kann die Satzung Vorwegzuweisungen aus dem Jahresüberschuss (bis zum Feststellungsbeschluss als „Vorschläge") zulassen.

12 Es ist für eG nicht vorgesehen, die Entwicklung der *einzelnen* Ergebnisrücklagen statt in der Bilanz wahlweise auch im Anhang darzustellen. Da größere Entwicklungs-Darstellungen bei den Rücklagen die Übersichtlichkeit des Bilanzbilds beeinträchtigen können, dürfte es uE nach dem Grundgedanken des § 265 Abs 7 Nr 2 zulässig sein, in diesen Fällen nur die Entwicklung der *gesamten* Einstellungen und Entnahmen aus allen Ergebnisrücklagen in der Bilanz zu zeigen und alle *Details* zu den einzelnen Ergebnisrücklagen gem Anm 7 ff im Anhang darzustellen.

D. Abweichungen der IFRS

Schrifttum: *Fentz/von Voigt* Künftige Probleme hinsichtlich der Berechnung des Eigenkapitals bei Regionalbanken KoR 2004, 520; *Breker/Harrison/Schmidt* Die Abgrenzung von Eigen- und Fremdkapital – Der gegenwärtige IASB-Ansatz und Verbesserungsvorschläge KoR 2005, 469; *Isert/Schaber* Zur Abgrenzung von Eigenkapital und Fremdkapital nach IAS 32 (revised 2003) – Teil I – KoR 2005, 299; *Pawelzik* Kommen Personengesellschaften durch den „ownership approach" nach IFRS wieder zu Eigenkapital? KoR 2006, 153; *Rammert/Meurer* Geplante Änderungen in der Eigenkapitalabgrenzung nach IAS 32 – eine Erleichterung für deutsche Unternehmen? PiR 2006, 1; *Fentz/von Voigt* Eigenkapital bei Genossenschaften im IFRS-Abschluss KoR 2007, 23; *Hennrichs/Dettmeier/Pöschke/Schubert* Geplante Änderungen der Kapitalabgrenzung nach ED IAS 32: „Neues Eigenkapital für Personenhandelsgesellschaften" KoR 2007, 61; *Geschwandtner/Müller* Genossenschaftsrechtliche Kunstgriffe für einen Eigenkapitalausweis nach IAS 32, ZfgG 2008, 119; *Bornemann/Schaaff/Pfingsten* Genossenschaftliches Eigenkapital im HGB und den IFRS – ökonomische und regulatorische Implikationen für Kreditgenossenschaften ZfgG 2009, 18; *Meurer* Abgrenzung des bilanziellen Eigenkapitals, Hamburg 2010; *Herzberg* Zulässigkeit und Grenzen statutarischer Beschränkungen der Auszahlung des Auseinandersetzungsguthabens ZfgG 2012, 225.

Standards: IAS 32 Finanzinstrumente: Darstellung *(Financial Instruments: Presentation)* (amend May 2011); IFRIC 2 Geschäftsanteile an Genossenschaften und ähnliche Instrumente *(Members' Shares in Co-operative Entities and Similar Instruments)* (amend October 2010); RIC 3 Auslegungsfragen zu den Amendments to IAS 32 Financial Instruments: Presentation and IAS 1 Presentation of Financial Statements – Puttable Financial Instruments and Obligations Arising on Liquidation.

Was nach den IFRS als EK gilt, regelt grundlegend IAS 32 (hierzu ausführlich § 247 Anm 165 ff sowie *Meurer*, 231 ff). Hiernach handelt es sich grds immer dann um FK, wenn das Unt eine Zahlungsverpflichtung hat, der es sich nicht entziehen kann. Da der IASB erkannte, dass die Anwendung dieser Regelung auf die Geschäftsanteile von eG und ähnliche Instrumente (insb auch Anteile an PersGes) dazu geführt hätte, dass eG aufgrund der nach § 65 GenG bestehenden Kündigungsmöglichkeit der Genossen mit der Folge der Entstehung eines Abfindungsanspruchs in Höhe des Geschäftsguthabens (§ 73 Abs 2 S 2 GenG) keinerlei EK ausweisen könnten, wurde im Jahr 2004 ergänzend IFRIC 2 veröffentlicht (s IFRIC 2.2). Hiernach führt das vertragliche Recht der Mitglieder einer eG, die Rückzahlung ihrer Geschäftsanteile zu verlangen, dann nicht zu einer Klassifizierung dieser Geschäftsanteile als FK, wenn:

– die eG ein uneingeschränktes Recht auf Ablehnung der Rücknahme der Geschäftsanteile hat (IFRIC 2.7) oder
– die Rücknahme aufgrund lokaler Gesetze, Vorschriften oder der Satzung der eG uneingeschränkt verboten ist (IFRIC 2.8). Dabei kann es sich um ein absolutes Verbot (Verbot aller Rücknahmen) als auch um ein teilweises Verbot (Verbot insoweit, als durch die Rücknahme die Anzahl der Geschäftsanteile oder die Höhe des auf die Geschäftsanteile eingezahlten Kapitals einen bestimmten Mindestbetrag unterschreitet) handeln (IFRIC 2.9).

Die gesetzliche Voraussetzung, Geschäftsanteile als EK auszuweisen, wurde durch die Einfügung der §§ 8a, 73 Abs 4 GenG geschaffen (s hierzu auch *Geschwandtner/Müller*, 124 ff; der Auffassung von *Schulte* in Lang/Weidmüller[37] § 8a Anm 2, wonach diese Möglichkeit nur kapmarktUnt zusteht, wird aufgrund fehlenden entspr Gesetzeswortlauts nicht gefolgt). Gem § 8a GenG wird es eG ermöglicht, in der Satzung ein Mindestkapital zu bestimmen (Verpflichtung für SCE gem Art 3 Abs 1 EG-VO 1435/2003), welches durch die Auszahlung von Auseinandersetzungsguthaben nicht unterschritten werden darf. Sofern ein solches Mindestkapital in der Satzung bestimmt ist, kann somit in entspr Höhe EK ausgewiesen werden.

15 Um eG darüber hinaus, dh ohne Einführung eines Mindestkapitals (aA *Herzberg* ZfgG 2012, 225 ff, die die Satzungsregelungen iSd § 73 Abs 4 GenG nur iZm der Einführung eines Mindestkapitals nach § 8a GenG als zulässig ansieht) die Möglichkeit zu geben, den Anspruch ausscheidender Mitglieder auf das Auseinandersetzungsguthaben zu beschränken und somit Geschäftsguthaben als EK auszuweisen, wurde § 73 Abs 4 GenG eingeführt. Hiernach ist es zulässig, Satzungsbestimmungen zu schaffen, die die Voraussetzungen, Modalitäten und Fristen für die Auszahlung von Auseinandersetzungsguthaben abw von den gesetzlichen Bestimmungen (§ 73 Abs 2 S 2 GenG) regeln. Entspr gilt für den Fall der Kündigung von Geschäftsanteilen nach § 67b GenG (sog Teilauseinandersetzung, *Schulte* in Lang/Weidmüller[37] § 73 Anm 17). S auch Begr RegE zum Gesetz zur Einführung der europäischen Genossenschaft und zur Änderung des Genossenschaftsrechts, BT-Drs 16/1025, 93. Wird hiernach eine Satzungsbestimmung eingeführt, nach der beim Ausscheiden von Mitgliedern bzw der Kündigung einzelner Geschäftsanteile die Auszahlung des Auseinandersetzungsguthabens seitens der eG verweigert werden kann, können die Geschäftsguthaben entspr als EK ausgewiesen werden. Eine reine Fristverlängerung der Auszahlung genügt hingegen nicht für einen EK-Ausweis. Da beide genannten Satzungsbestimmungen einen Eingriff in die Rechtsposition der Mitglieder darstellen, bedürfen sie einer qualifizierten Mehrheit in der Generalversammlung (§ 16 Abs 2 S 1 Nr 9 und 10 GenG). Darüber hinaus bestehen bei Satzungsänderung ao Kündigungsrechte nach § 67a Abs 1 GenG sowie das Verbot der Beschränkung einer Übertragung von Geschäftsanteilen (§ 76 Abs 2 GenG).

16 Ob es für eG auch ohne eine der og Satzungsbestimmungen zulässig ist, EK nach den IFRS auszuweisen, erscheint eher fraglich. Die im Februar 2008 veröffentlichte Änderung des IAS 32 zu kündbaren FinInst *(puttable instruments)*, die es ermöglicht, unter bestimmten definierten Bedingungen derartige FinInst als EK auszuweisen (hierzu § 247 Anm 165 sowie insb auch die Auslegung zur Anwendung auf PersGes durch RIC 3), erscheint – obwohl ein entspr Verweis auf diese Vorschriften in IFRIC 2 aufgenommen wurde – grds nicht anwendbar. So dürften zwar die den Mitgliedern der eG nach § 19 GenG zustehenden Gewinnentnahmerechte (zur Gewinnverwendung Vor § 339 Anm 60 ff) unter entspr Anwendung der Auslegung des RIC 3.20 ff (kein „individueller Auszahlungsanspruch", da Gewinnthesaurierung im Rahmen der Feststellung des JA möglich; § 48 Abs 1 GenG) für die Qualifizierung ihrer kündbaren Anteile an der eG als EK nach IFRS unschädlich sein (ausführlich zur entspr Auslegung für PersGes durch RIC 3 und Kritik hieran § 247 Anm 166), die Bedingung des IAS 32.16A(e), wonach der gesamte Zahlungsstrom aus dem kündbaren FinInst substanziell auf dem buchhalterischen oder ökonomischen UntErfolg nach IFRS basieren muss, dürfte jedoch idR nicht gegeben sein, da bei eG der Buchwert der nach handelsrechtlichen Vorschriften ermittelten Geschäftsguthaben die Obergrenze für eine Abfindung darstellt (§ 73 Abs 2 S 3 GenG; *Meurer*, S 268).

17 Fraglich ist, ob durch die Bildung einer besonderen Ergebnisrücklage nach § 73 Abs 3 GenG (s Anm 8) und entspr Bet der Mitglieder der eG an den Ergebnisrücklagen, eine substanzielle Bet der Mitglieder der eG am buchhalterischen UntErfolg erreicht und somit ein EK-Ausweis ermöglicht wird (zustimmend *Bornemann/Schaaff/Pfingsten*, S 25; *Schmidt*, S 437; *Pawelzik*, S 157 mit Verweis auf *Breker/Harrison/Schmidt*, S 476; ablehnend *Rammert/Meurer*, S 6; *Meurer*, S 268; *Baetge/Winkeljohann/Haenelt* DB 2008, 1521 mit Hinweis auf ggf wesentliche nicht auskehrbare gesetzliche Rücklagen sowie die zwingende Notwendigkeit der Berechnung der „buchhalterischen Performance" nach IFRS-Vorschriften).

Die reine Tatsache einer bisher fortlaufenden Ausschüttung wesentlicher Be- 18
standteile des Jahresüberschusses an Mitglieder der eG ohne Bildung von Ergebnisrücklagen, genügt jedoch keinesfalls der Bedingung einer substanziellen Bet
am buchhalterischen oder ökonomischen UntErfolg und kann somit nicht als
Begr einer EK-Klassifikation von Geschäftsguthaben herangezogen werden. Dies,
da IAS 32.16A(e) auf den Zahlungsstrom während der gesamten Laufzeit des
kündbaren FinInst abzielt und es im Ermessen der Generalversammlung liegt, die
Ausschüttungspolitik in der Zukunft zu ändern und vermehrt Thesaurierungen
vorzunehmen (*Baetge/Winkeljohann/Haenelt* DB 2008, 1521).

§ 338 Vorschriften zum Anhang

(1) ¹Im Anhang sind auch Angaben zu machen über die Zahl der im Laufe
des Geschäftsjahrs eingetretenen oder ausgeschiedenen sowie die Zahl der am
Schluß des Geschäftsjahrs der Genossenschaft angehörenden Mitglieder. ²Ferner
sind der Gesamtbetrag, um welchen in diesem Jahr die Geschäftsguthaben sowie die Haftsummen der Mitglieder sich vermehrt oder vermindert haben, und
der Betrag der Haftsummen anzugeben, für welche am Jahresschluß alle Mitglieder zusammen aufzukommen haben.

(2) Im Anhang sind ferner anzugeben:
1. Name und Anschrift des zuständigen Prüfungsverbandes, dem die Genossenschaft angehört;
2. alle Mitglieder des Vorstands und des Aufsichtsrats, auch wenn sie im Geschäftsjahr oder später ausgeschieden sind, mit dem Familiennamen und
mindestens einem ausgeschriebenen Vornamen; ein etwaiger Vorsitzender des
Aufsichtsrats ist als solcher zu bezeichnen.

(3) ¹An Stelle der in § 285 Nr. 9 vorgeschriebenen Angaben über die an Mitglieder von Organen geleisteten Bezüge, Vorschüsse und Kredite sind lediglich
die Forderungen anzugeben, die der Genossenschaft gegen Mitglieder des Vorstands oder Aufsichtsrats zustehen. ²Die Beträge dieser Forderungen können für
jedes Organ in einer Summe zusammengefaßt werden.

Übersicht

	Anm
A. Allgemeines	1–3
B. Zusatzangaben gem Abs 1	4–6
C. Zusatzangaben gem Abs 2	7
D. Angaben zu Forderungen an Vorstand und Aufsichtsrat (Abs 3)	8, 9

Schrifttum: S die zu § 336 angegebene Literatur.

A. Allgemeines

Über den grundlegenden Verweis in § 336 Abs 2 auf §§ 265 bis 289 gelten für 1
eG grds die gleichen Pflicht- und Wahlangaben im Anhang wie für KapGes. Zu
Ausnahmen von den Pflichtangaben s § 336 Anm 17 f.

Für **Kreditgenossenschaften** gehen die §§ 340a Abs 2 und andere Vorschrif- 2
ten zum Anhang, zB §§ 34 bis 36 RechKredV, dem § 338 vor oder sie treten
hinzu (auch für SCE, s § 32 Abs 2 SCEAG), da gem § 336 Abs 2 S 2 sonstige geschäftszweigspezifische Vorschriften unberührt bleiben. Neben den sich
aus § 336 Abs 2 ergebenden Angabepflichten müssen eG jeder Größe die zusätz-

lichen Bestimmungen des § 338 erfüllen, woraus sich weitere Pflichtangaben (Abs 1 und 2) als auch Angabeerleichterungen (Abs 3) ergeben.

3   Anhangangaben über Fehlbeträge bei den **Pensionsrückstellungen** oder über Verpflichtungen aus mittelbaren Versorgungszusagen werden von eG uE nicht verlangt, da Art 28 Abs 2 EGHGB auf KapGes/KapCoGes beschränkt ist (ebenso *ADS*[6] Art 28 EGHGB Anm 44 und *WPH*[14] I, G Anm 18; *Spanier* in Münch Komm HGB[3] § 336 Anm 13 hält jedoch eine Angabe im Falle wesentlicher Beträge für erforderlich, um nicht gegen § 264 Abs 2 zu verstoßen). Davon unberührt haben eG die Angabepflichten zu Über- bzw Unterdeckungen aufgrund der geänderten Bewertung der lfd Pensionen oder Anwartschaften etc nach Art 67 Abs 1 iVm Abs 2 EGHGB zu beachten.

B. Zusatzangaben gem Abs 1

4   Für die Angabe der **Zahl der Mitglieder** ist von Bedeutung, dass ein Mitglied der eG erst *angehört*, wenn es seine Mitgliedschaft durch eine schriftliche, unbedingte Beitrittserklärung und die Zulassung des Beitritts durch die eG erworben hat (§ 15 Abs 1 S 1 GenG). Die danach unverzüglich durch den Vorstand der eG durchzuführende Eintragung in die Mitgliederliste (§ 15 Abs 2, S 1 GenG) hat lediglich deklaratorischen Charakter (s *Spanier* in Münch Komm HGB[3] § 338 Anm 6). Die Mitgliedschaft eines Mitglieds bei der eG *endet* durch ordentliche oder ao Kündigung sowie durch Ausschluss nach Maßgabe der §§ 65 ff GenG. Der Austritt eines Mitglieds wird durch Eintragung der Kündigung oder Ausschluss gem § 68 GenG durch Eintrag in die Mitgliederliste und stets nur zum Schluss eines Gj der eG wirksam; für die ordentliche Kündigung kann die Satzung längere Fristen vorsehen (grds höchstens fünf Jahre (§ 65 Abs 2 Satz 2 GenG); zur ggf längeren Kündigungsfrist nach § 65 Abs 2 Satz 3 GenG s *Beuthien*[15] § 65 Anm 10).

5   Hinsichtlich der **Entwicklung der Zahl der Mitglieder** sind getrennt anzugeben

- die Zahl der im Laufe des Gj eingetretenen Mitglieder,
- die Zahl der im Gj (zum Jahresende) ausgeschiedenen Mitglieder und
- die Zahl der am Schluss des Gj der eG angehörenden Mitglieder.

Ergänzend hierzu sind im Anhang ferner zu nennen

- der Gesamtsaldo, um den sich die **Geschäftsguthaben** der Mitglieder im letzten Gj erhöht oder vermindert haben; in der Praxis werden die Veränderungen für die *verbleibenden* Mitglieder angegeben,
- der Gesamtsaldo, um welchen sich die **Haftsummen** der Mitglieder verändert (erhöht oder vermindert) haben sowie
- der Gesamtbetrag der **Haftsummen,** für welche alle Mitglieder am Ende des Gj **Nachschüsse** im Falle einer Insolvenz der eG zu leisten haben.

6   Der **Gesamtbetrag der Haftsummen** der (verbleibenden) Mitglieder am Ende jeden Gj darf nicht niedriger sein als die Summe ihrer Geschäftsanteile. Jedoch kann die Satzung die Haftsummen höher als den Geschäftsanteil festsetzen; § 119 GenG und § 337 Anm 3. Veränderungen in der Zahl der **Geschäftsanteile** brauchen nicht angegeben zu werden (ebenso *Gschrey* in Rechnungslegung § 338 Anm 3; *Spanier* in MünchKomm HGB[3] § 338 Anm 10 weist jedoch darauf hin, dass die Angabe der Transparenz und Nachvollziehbarkeit der Angaben zu den Haftsummen diene).

C. Zusatzangaben gem Abs 2

Zwecks besserer Unterrichtung der Mitglieder über die Verwaltungsorgane 7
und die Kontrollinstanz ihrer eG sind von jeder eG stets anzugeben:

- Name und Anschrift des zuständigen **Prüfungsverbands,** dem die eG angehört (dazu Vor § 339 Anm 12 ff),
- alle Mitglieder des **Vorstands** und des **Aufsichtsrats** der eG (auch wenn sie im Gj oder später ausgeschieden sind) mit ihrem Familiennamen und mind je einem ausgeschriebenen Vornamen; dabei ist ein etwaiger Vorsitzender des *Aufsichtsrats* zu kennzeichnen.

Die Angabe des von den Organmitgliedern ausgeübten Berufs wird nicht für erforderlich gehalten (abw *Gschrey* in Rechnungslegung § 338 Anm 9), da Abs 2 Nr 2 als Spezialvorschrift für eG iVm § 336 Abs 2 S 1 Hs 1 der Regelung des § 285 Nr 10 vorgeht (s auch *Theurl/Henze* in Bilanzrecht § 338 Anm 53, *Spanier* in Münch Komm HGB³ § 338 Anm 13; *Wiedmann* in Ebenroth/Boujong/Joost/ Strohn² § 338 Anm 8). Die grds gebotene Angabe des Vorstandsvorsitzenden sowie von Stellvertretern des AR-Vorsitzenden erübrigt sich, da diese Funktionen dem eG-Recht fremd sind.

D. Angaben zu Forderungen an Vorstand und Aufsichtsrat (Abs 3)

Von eG aller Größenklassen brauchen die **Bezüge** des Vorstands und des AR 8
(auf diesen können eG, die nicht mehr als 20 Mitglieder haben gem § 9 Abs 1 GenG verzichten) **nicht genannt** zu werden. Es kann ferner die Angabe der Bezüge ehemaliger Mitglieder dieser Organe (praktisch des Vorstands der eG und seiner Hinterbliebenen) und der Pensionsrückstellungen für diese Personen unterbleiben; damit entfällt auch § 286 Abs 4. Für **Kreditgenossenschaften** besteht jedoch Angabepflicht gem § 340a und § 34 Abs 1 RechKredV.

Die für KapGes in § 285 Nr 9c geforderten **Angaben** zu den *Vorschüssen* und 9
Krediten (Zinssätze, wesentliche Bedingungen usw) ist für eG (außer Kredit-eG) **abgewandelt auf „Forderungen ...,** die der eG gegen Mitglieder des Vorstands oder Aufsichtsrats zustehen ...". Dabei wird lediglich verlangt, den **Gesamtbetrag** der Forderungen an Vorstandsmitglieder und (getrennt davon) den **Gesamtbetrag** der Forderungen an Mitglieder des AR zu nennen. Gemeint sind die Forderungen am Bilanzstichtag. Die Angabepflicht beschränkt sich daher auf die Organmitglieder an diesem Tage, also ohne ehemalige Organmitglieder und Hinterbliebene (ebenso *Gschrey* in Rechnungslegung § 338 Anm 11).

Es dürfen zudem Kredite und Vorschüsse zusammengefasst werden. Zu den Forderungen gehören uE aber auch Ansprüche aus Warenlieferungen üblicher Art, die bei KapGes nach hM nicht zu den Krediten gehören (§ 285 Anm 214) – bei Waren-eG aber häufiger vorkommen. Denn der Begriff „Forderungen" (ausführlich hierzu *Spanier* in Münch Komm HGB³ § 338 Anm 15 ff, der auch Eventualforderungen unter die Angabepflicht subsumiert) ist weitergehend als die Unterart „Vorschüsse und Kredite". Das Wort „lediglich" in Abs 3 S 1 bezieht sich uE auf den Begriff „Bezüge" gem § 285 Nr 9a, 9b, deren Angabe für eG aller Größenklassen entfällt. *Kreditgenossenschaften* haben jedoch § 34 Abs 2 Nr 2 RechKredV zu beachten.

Vor § 339
Vorlage des Jahresabschlusses. Abschlussprüfung.
Feststellung des Jahresabschlusses. Gewinnverwendung

Übersicht

	Anm
A. Vorlage des Jahresabschlusses	1–4
B. Pflichtprüfung	
I. Ordnungsprüfung und Jahresabschluss/Konzernabschluss	10–23
II. Verbandsprüfung bei Tochtergesellschaften oder bei Wohnungsunternehmen	30
1. Tochtergesellschaften	31–33
2. Wohnungsunternehmen	35, 36
C. Feststellung des Jahresabschlusses	45–54
D. Gewinnverwendung	60–65
E. Rechtsfolgen einer Verletzung der §§ 336–338	70–75

Schrifttum: S die Literatur zu § 336.

A. Vorlage des Jahresabschlusses

§ 33 GenG Buchführung; Jahresabschluss und Lagebericht
(1) ... ²Der Jahresabschluss und der Lagebericht sind unverzüglich nach ihrer Aufstellung dem Aufsichtsrat und mit dessen Bemerkungen der Generalversammlung vorzulegen. ...

§ 38 GenG Aufgaben des Aufsichtsrats
(1) ... ⁵Der Aufsichtsrat hat den Jahresabschluss, den Lagebericht und den Vorschlag für die Verwendung des Jahresüberschusses oder die Deckung des Jahresfehlbetrags zu prüfen; über das Ergebnis der Prüfung hat er der Generalversammlung vor der Feststellung des Jahresabschlusses zu berichten.

(1a) ¹Der Aufsichtsrat kann einen Prüfungsausschuss bestellen, der sich mit der Überwachung des Rechnungslegungsprozesses sowie der Wirksamkeit des internen Kontrollsystems, des Risikomanagementsystems und des internen Revisionssystems befasst. ²Richtet der Aufsichtsrat einer Genossenschaft, die kapitalmarktorientiert im Sinn des § 264d des Handelsgesetzbuchs ist, einen Prüfungsausschuss ein, so muss diesem mindestens ein Mitglied angehören, welches die Voraussetzungen des § 36 Abs. 4 erfüllt.
...

§ 89 GenG Rechte und Pflichten der Liquidatoren
¹Die Liquidatoren haben die aus den §§ 26, 27, 33 Abs. 1 Satz 1, §§ 34, 44 bis 47, 48 Abs. 3, §§ 51, 57 bis 59 sich ergebenden Rechte und Pflichten des Vorstands und unterliegen gleich diesem der Überwachung des Aufsichtsrats. ²Sie haben für den Beginn der Liquidation eine Bilanz (Eröffnungsbilanz) sowie für den Schluss eines jeden Jahres einen Jahresabschluss und erforderlichenfalls einen Lagebericht aufzustellen. ³Die Eröffnungsbilanz ist zu veröffentlichen; die Bekanntmachung ist zu dem Genossenschaftsregister einzureichen.

1 Unverzüglich nach Aufstellung (§ 336 Anm 11) sind der um den Anhang erweiterte JA und der Lagebericht (nicht erforderlich bei kleinen eG) dem AR der eG vorzulegen (§ 33 Abs 1 S 2 GenG). Nach Prüfung dieser Unterlagen hat der AR der eG sie mit seinen Bemerkungen der Generalversammlung vorzulegen (§ 38 Abs 1 S 5 GenG).

Der **Aufsichtsrat** hat nicht nur den JA und den Lagebericht zu prüfen, sondern gem § 38 Abs 1 S 5 GenG auch den Vorschlag für die Verwendung des Jahresüberschusses oder die Deckung des Jahresfehlbetrags.

Über das Ergebnis dieser eigenen Prüfungen hat der AR schriftlich (§ 38 Abs 1 S 5 iVm § 48 Abs 3 GenG) der Generalversammlung zu berichten; erst danach – jedoch unabhängig vom Ende der JAP – ist die Feststellung des JA von eG jeder Größe zulässig (dazu Anm 45 ff).

Zur Einreichung des festgestellten JA beim Betreiber des BAnz s § 339 Anm 5 ff.

Nach Auflösung einer eG haben die **Liquidatoren** die Rechte und Pflichten des Vorstands, soweit nicht andere Vorschriften bestehen (§ 87 Abs 1 GenG). Das ist für die Rechnungslegung in § 89 GenG zT erweitert: Die Liquidatoren haben eine Liquidations-EB zu erstellen, diese in den in der Satzung bestimmten Blättern bekannt zu machen und danach beim Genossenschaftsregister einzureichen. Diese EB ist uE nicht prüfungspflichtig; sie ist aber im folgenden Liquidationszeitraum bei der nächsten JAP nachträglich zu würdigen. Gem § 89 GenG unterliegen die Liquidatoren ebenfalls der Überwachung durch den AR. Die Liquidations-EB ist jedoch aufgrund fehlenden Verweises auf § 33 Abs 1 S 2 GenG nicht dem AR vorzulegen. Nach *Beuthien* ist sie der Generalversammlung zur Kenntnisnahme vorzulegen (*Beuthien*[15] § 89 Anm 5); nach *Cario* (in Lang/Weidmüller[37] § 89 Rn 6) ist sie von dieser festzustellen.

B. Pflichtprüfung

I. Ordnungsprüfung und Jahresabschluss/Konzernabschluss

Vorschriften zur Ordnungsprüfung und zum Jahresabschluss:

§ 53 GenG Pflichtprüfung

(1) [1]Zwecks Feststellung der wirtschaftlichen Verhältnisse und der Ordnungsmäßigkeit der Geschäftsführung sind die Einrichtungen, die Vermögenslage sowie die Geschäftsführung der Genossenschaft einschließlich der Führung der Mitgliederliste mindestens in jedem zweiten Geschäftsjahr zu prüfen. [2]Bei Genossenschaften, deren Bilanzsumme 2 Millionen Euro übersteigt, muss die Prüfung in jedem Geschäftsjahr stattfinden.

(2) [1]Im Rahmen der Prüfung nach Absatz 1 ist bei Genossenschaften, deren Bilanzsumme eine Million Euro und deren Umsatzerlöse 2 Millionen Euro übersteigen, der Jahresabschluss unter Einbeziehung der Buchführung und des Lageberichts zu prüfen. [2]§ 316 Abs. 3, § 317 Abs. 1 Satz 2 und 3, Abs. 2 des Handelsgesetzbuchs sind entsprechend anzuwenden. [3]Bei der Prüfung großer Genossenschaften im Sinne des § 58 Abs. 2 ist § 317 Abs. 5 und 6 des Handelsgesetzbuchs entsprechend anzuwenden.

(3) Für Genossenschaften, die kapitalmarktorientiert im Sinn des § 264d des Handelsgesetzbuchs sind und keinen Aufsichtsrat haben, gilt § 324 des Handelsgesetzbuchs entsprechend.

§ 57 GenG Prüfungsverfahren

(1) [1]Der Vorstand der Genossenschaft hat dem Prüfer die Einsicht der Bücher und Schriften der Genossenschaft sowie die Untersuchung des Kassenbestandes und der Bestände an Wertpapieren und Waren zu gestatten; er hat ihm alle Aufklärungen und Nachweise zu geben, die der Prüfer für eine sorgfältige Prüfung benötigt. [2]Das gilt auch, wenn

es sich um die Vornahme einer vom Verband angeordneten außerordentlichen Prüfung handelt.

(2) ¹Der Verband hat dem Vorsitzenden des Aufsichtsrats der Genossenschaft den Beginn der Prüfung rechtzeitig anzuzeigen. ²Der Vorsitzende des Aufsichtsrats hat die übrigen Mitglieder des Aufsichtsrats von dem Beginn der Prüfung unverzüglich zu unterrichten und sie auf ihr Verlangen oder auf Verlangen des Prüfers zu der Prüfung zuzuziehen.

(3) Von wichtigen Feststellungen, nach denen dem Prüfer sofortige Maßnahmen des Aufsichtsrats erforderlich erscheinen, soll der Prüfer unverzüglich den Vorsitzenden des Aufsichtsrats in Kenntnis setzen.

(4) ¹In unmittelbarem Zusammenhang mit der Prüfung soll der Prüfer in einer gemeinsamen Sitzung des Vorstands und des Aufsichtsrats der Genossenschaft über das voraussichtliche Ergebnis der Prüfung mündlich berichten. ²Er kann zu diesem Zwecke verlangen, dass der Vorstand oder der Vorsitzende des Aufsichtsrats zu einer solchen Sitzung einladen; wird seinem Verlangen nicht entsprochen, so kann er selbst Vorstand und Aufsichtsrat unter Mitteilung des Sachverhalts berufen.

(5) Ist nach der Satzung kein Aufsichtsrat zu bilden, werden die Rechte und Pflichten des Aufsichtsratsvorsitzenden nach den Absätzen 2 bis 4 durch einen von der Generalversammlung aus ihrer Mitte gewählten Bevollmächtigten wahrgenommen.

§ 58 GenG Prüfungsbericht

(1) ¹Der Verband hat über das Ergebnis der Prüfung schriftlich zu berichten. ²Auf den Prüfungsbericht ist, soweit er den Jahresabschluss und den Lagebericht betrifft, § 321 Abs. 1 bis 3 sowie 4a des Handelsgesetzbuchs entsprechend anzuwenden.

(2) Auf die Prüfung von Genossenschaften, die die Größenmerkmale des § 267 Abs. 3 des Handelsgesetzbuchs erfüllen, ist § 322 des Handelsgesetzbuchs über den Bestätigungsvermerk entsprechend anzuwenden.

(3) ¹Der Verband hat den Prüfungsbericht zu unterzeichnen und dem Vorstand der Genossenschaft sowie dem Vorsitzenden des Aufsichtsrats vorzulegen; § 57 Abs. 5 ist entsprechend anzuwenden. ²Jedes Mitglied des Aufsichtsrats hat den Inhalt des Prüfungsberichts zur Kenntnis zu nehmen.

(4) ¹Über das Ergebnis der Prüfung haben Vorstand und Aufsichtsrat der Genossenschaft in gemeinsamer Sitzung unverzüglich nach Eingang des Prüfungsberichts zu beraten. ²Verband und Prüfer sind berechtigt, an der Sitzung teilzunehmen; der Vorstand ist verpflichtet, den Verband von der Sitzung in Kenntnis zu setzen.

§ 59 GenG Prüfungsbescheinigung; Befassung der Generalversammlung

(1) ¹Der Vorstand hat eine Bescheinigung des Verbandes, dass die Prüfung stattgefunden hat, zum Genossenschaftsregister einzureichen und den Prüfungsbericht bei der Einberufung der nächsten Generalversammlung als Gegenstand der Beschlussfassung anzukündigen. ²Jedes Mitglied hat das Recht, Einsicht in das zusammengefasste Ergebnis des Prüfungsberichts zu nehmen.

(2) In der Generalversammlung hat sich der Aufsichtsrat über wesentliche Feststellungen oder Beanstandungen der Prüfung zu erklären.

(3) Der Verband ist berechtigt, an der Generalversammlung beratend teilzunehmen; auf seinen Antrag oder auf Beschluss der Generalversammlung ist der Bericht ganz oder in bestimmten Teilen zu verlesen.

§ 60 GenG Einberufungsrecht des Prüfungsverbandes

(1) Gewinnt der Verband die Überzeugung, dass die Beschlussfassung über den Prüfungsbericht ungebührlich verzögert wird oder dass die Generalversammlung bei der Beschlussfassung unzulänglich über wesentliche Feststellungen oder Beanstandungen des Prüfungsberichts unterrichtet war, so ist er berechtigt, eine außerordentliche Generalversammlung der Genossenschaft auf deren Kosten zu berufen und zu bestimmen, über welche Gegenstände zwecks Beseitigung festgestellter Mängel verhandelt und beschlossen werden soll.

(2) In der von dem Verband einberufenen Generalversammlung führt eine vom Verband bestimmte Person den Vorsitz.

§ 63b GenG Rechtsform, Mitglieder und Zweck des Prüfungsverbandes

(1) Der Verband soll die Rechtsform des eingetragenen Vereins haben.

(2) [1] Mitglieder des Verbandes können nur eingetragene Genossenschaften und ohne Rücksicht auf ihre Rechtsform solche Unternehmen oder andere Vereinigungen sein, die sich ganz oder überwiegend in der Hand eingetragener Genossenschaften befinden oder dem Genossenschaftswesen dienen. [2] Ob diese Voraussetzungen vorliegen, entscheidet im Zweifelsfall die Aufsichtsbehörde [3] Sie kann Ausnahmen von der Vorschrift des Satzes 1 zulassen, wenn ein wichtiger Grund vorliegt.

(3) Mitglieder des Verbandes, die nicht eingetragene Genossenschaften sind und anderen gesetzlichen Prüfungsvorschriften unterliegen, bleiben trotz ihrer Zugehörigkeit zum Verband diesen anderen Prüfungsvorschriften unterworfen und unterliegen nicht der Prüfung nach diesem Gesetz.

(4) [1] Der Verband muss unbeschadet der Vorschriften des Absatzes 3 die Prüfung seiner Mitglieder und kann auch sonst die gemeinsame Wahrnehmung ihrer Interessen, insbesondere die Unterhaltung gegenseitiger Geschäftsbeziehungen zum Zweck haben. [2] Andere Zwecke darf er nicht verfolgen.

(5) [1] Dem Vorstand des Prüfungsverbandes soll mindestens ein Wirtschaftsprüfer angehören. [2] Gehört dem Vorstand kein Wirtschaftsprüfer an, so muss der Prüfungsverband einen Wirtschaftsprüfer als seinen besonderen Vertreter nach § 30 des Bürgerlichen Gesetzbuchs bestellen. [3] Die Aufsichtsbehörde kann den Prüfungsverband bei Vorliegen besonderer Umstände von der Einhaltung der Sätze 1 und 2 befreien, jedoch höchstens für die Dauer eines Jahres. [4] In Ausnahmefällen darf sie auch eine Befreiung auf längere Dauer gewähren, wenn und solange nach Art und Umfang des Geschäftsbetriebes der Mitglieder des Prüfungsverbandes eine Prüfung durch Wirtschaftsprüfer nicht erforderlich ist.

(6) Mitgliederversammlungen des Verbandes dürfen nur innerhalb des Verbandsbezirkes abgehalten werden.

§ 64c GenG Prüfung aufgelöster Genossenschaften

Auch aufgelöste Genossenschaften unterliegen den Vorschriften dieses Abschnitts.

Vorschriften zum Konzernabschluss von Genossenschaften

§ 14 PublG Prüfung des Konzernabschlusses

(1) [1] Der Konzernabschluß oder Teilkonzernabschluß ist unter Einbeziehung des Konzernlageberichts oder des Teilkonzernlageberichts durch einen Abschlußprüfer zu prüfen. [2] § 316 Abs. 3, §§ 317 bis 324 des Handelsgesetzbuchs über die Prüfung sowie § 6 Abs. 2, 3 dieses Gesetzes gelten sinngemäß.

(2) [1] Ist das Mutterunternehmen eine Genossenschaft, so ist der Prüfungsverband, dem die Genossenschaft angehört, auch Abschlußprüfer des Konzernabschlusses. [2] Der von einem Prüfungsverband geprüfte Konzernabschluß oder Teilkonzernabschluß hat befreiende Wirkung nach § 291 des Handelsgesetzbuchs oder einer nach § 13 Abs. 4 dieses Gesetzes in Verbindung mit § 292 des Handelsgesetzbuchs erlassenen Rechtsverordnung nur, wenn das befreite Tochterunternehmen, das gleichzeitig Mutterunternehmen ist, seinen Konzernabschluß oder Teilkonzernabschluß von dieser Person hätte prüfen lassen können.

(3) [1] Hat das Mutterunternehmen einen Aufsichtsrat, so haben die gesetzlichen Vertreter den Konzernabschluß oder den Teilkonzernabschluß, den Konzernlagebericht oder den Teilkonzernlagebericht und den Prüfungsbericht des Abschlußprüfers des Konzernabschlusses unverzüglich nach Eingang des Prüfungsberichts dem Aufsichtsrat zur Kenntnisnahme vorzulegen. [2] Jedes Aufsichtsratsmitglied hat das Recht, von den Vorlagen Kenntnis zu nehmen. [3] Die Vorlagen sind auch jedem Aufsichtsratsmitglied auf Verlangen auszuhändigen, soweit der Aufsichtsrat nichts anderes beschlossen hat.

Gem § 53 Abs 2 GenG sind bei eG, deren Bilanzsumme 1 Mio € und deren Umsatzerlöse 2 Mio € übersteigen, Buchführung, JA und Lagebericht, also die

Vor § 339 11–13 Eingetragene Genossenschaften

Unterlagen zum JA, „*im Rahmen der Prüfung nach Absatz 1*" zu prüfen – die Aufgabenstellung reicht also wesentlich weiter als nach HGB. Es sind nämlich gem § 53 Abs 1 GenG auch die **Einrichtungen** und die **Geschäftsführung** zwecks Feststellung der wirtschaftlichen Verhältnisse und der Ordnungsmäßigkeit der Geschäftsführung zu untersuchen.

11 Die erweiterte Prüfung gem § 53 Abs 1 GenG hat grds jährlich stattzufinden. Eine Ausnahme besteht für **kleine eG** mit einer (Vj-)Bilanzsumme von bis zu 2 Mio €; diese müssen die erweiterte Prüfung nur **mindestens** in jedem **zweiten** Gj durchführen lassen. Bei dieser Regelung steht die Sicherung des Vermögens der eG und der Fördergedanke ihrer Mitglieder im Vordergrund. Die Prüfung der Ordnungsmäßigkeit der Geschäftsführung ist ab einem Bilanzvolumen von 2 Mio € nur sinnvoll bei einer jährlichen Prüfung. Dabei braucht zu Beginn der Prüfung der JA der eG noch nicht vorzuliegen. Die abschließenden Gespräche sowie die Schlussbesprechung (dazu Anm 16) sind jedoch erst nach Fertigstellung eines zeitnahen JA, dessen Abschlussstichtag idR nicht länger als 12 Monate vor dem Zeitpunkt der Prüfung liegen soll (hierzu auch *Hunger* in Rechnungslegung § 53 GenG Anm 46), sinnvoll. Bzgl des Umfangs der Prüfung und der anzuwendenden Prüfungsstandards verweist § 53 Abs 2 S 2 GenG auf die §§ 316 Abs 3, 317 Abs 1 S 2 und 3, Abs 2, die entspr anzuwenden sind. Für große eG iSd § 58 Abs 2 GenG sind darüber hinaus die Bestimmungen der Abs 5 und 6 des § 317 hinsichtlich der Anwendung internationaler Prüfungsstandards entspr anzuwenden (§ 53 Abs 2 S 3 GenG).

Wird vom AP/Konzern-AP festgestellt, dass Unrichtigkeiten oder Verstöße vorliegen, besteht *Redepflicht* des Prüfungsverbands gem § 58 Abs 1 GenG iVm § 321 Abs 1 S 3. Das Gleiche gilt, wenn bei der Prüfung andere Mängel von Bedeutung oder Verstöße gegen Rechnungslegungsvorschriften festgestellt werden; dazu § 321 Anm 20 bis 46.

Der **Konzernabschluss** einer eG als MU darf ebenfalls nur vom Prüfungsverband geprüft werden (§ 14 Abs 2 PublG); dabei sind gleichfalls die vorstehenden erweiterten Aufgaben des AP zu beachten. Vorgezogene Prüfungsarbeiten erstrecken sich hier auf organisatorische Vorbereitungen (zB Überprüfung der Bilanzierungsrichtlinien für die TU) und auf die Überprüfung der Abgrenzung des KonsKreises und der Bewertungsmethoden für den KA durch das MU (s dazu § 317 Anm 41). Zur Prüfung von JA einbezogener TU Anm 31.

12 Es **entfallen Auswahl** und **Wahl der Abschlussprüfer** (§§ 318, 319), da jede eG einem Prüfungsverband angehören muss (§ 54 GenG; auch anwendbar auf SCE nach Art 71 der EG-VO 1435/2003; kritisch zur Pflichtmitgliedschaft *Heß* ZfgG 2008, 285 ff, die Pflichtmitgliedschaft befürwortend *Esser/Hillebrand/Walter* ZfgG 2006, 35; zum vereinsrechtlich möglichen Beitritt zu mehreren Prüfungsverbänden ohne Änderung der Prüfungspflicht durch den ersten Prüfungsverband *Beuthien* WPg 2012, 715 ff (aA *Faerber/Garbe* ZfgG 2011, 277 ff)), der sich bereits vor Eintragung einer eG in das Genossenschaftsregister gutachtlich äußern muss (§ 11 Abs 2 Nr 3 GenG). Ein Verbandswechsel wird gerichtlich kontrolliert (§ 54a GenG).

Mitglieder eines Prüfungsverbands können auch Unt anderer Rechtsformen sein, „die sich ganz oder überwiegend in der Hand eingetragener Genossenschaften befinden oder dem Genossenschaftswesen dienen" (§ 63b Abs 2 S 1 GenG). Diese Mitgliedschaft befreit jedoch nicht von anderen Pflichtprüfungen gem HGB, PublG etc (§ 63b Abs 3 GenG; s Anm 31 ff).

13 Damit haben eG-Prüfer **folgende wesentliche Aufgaben:**

– die „*Unterlagen zum JA*" (Anm 10) und ggf zum KA (Anm 11) wie bei KapGes zu würdigen,

- die *wirtschaftlichen Verhältnisse* im Gj, zum Bilanzstichtag (und für wichtige Ereignisse auch danach) zu beurteilen und dabei zu prüfen, ob bei der Berichterstattung auch die Risiken der künftigen Entwicklung zutreffend dargestellt sind,
- die Prüfung so anzulegen, dass die VFE-Lage im Rahmen der GoB in allen wesentlichen Elementen zutreffend im JA und KA wiedergegeben wird,
- die *Geschäftsführung* im Gj hinsichtlich ihrer Ordnungsmäßigkeit zu prüfen, also insb zu deren Organisation („Einrichtungen"), zum IKS und zu Finanz-, Investitions- und Ertragsplanungen sowie zu wichtigen Geschäftsvorfällen Stellung zu nehmen. Fehlen zB insb bei kleinen eG solche Management-Instrumente oder sind diese nicht genügend wirksam, müssen die AP ihre Einrichtung oder Verbesserung anregen.

Um diese wesentlich **erweiterte Aufgabenstellung** erfüllen zu können, kann der Prüfungsverband **außerordentliche Prüfungen** anordnen (§ 57 Abs 1 S 2 GenG). Der Verband zieht zur Erfüllung seiner Aufgaben im Genossenschaftswesen erfahrene angestellte WP, Revisoren und Assistenten (§ 55 Abs 1 GenG), erforderlichenfalls (zur Gewährleistung einer gesetzesmäßigen sowie sach- und termingerechten Prüfung, § 55 Abs 1 S 1; hierzu genauer *Spanier* ZfgG 2008, 281 ff) auch einen anderen Prüfungsverband oder für eG zugelassene WP/WPG heran (§ 55 Abs 3 S 2). In diesem Fall ist der andere Prüfungsverband oder WP Erfüllungsgehilfe des zuständigen Prüfungsverbands, der Träger der Prüfung bleibt (folgt aus § 55 Abs 3 S 1 GenG); glA *Beuthien*[15] § 55 Anm 13, § 56 Anm 8
- anders nur, wenn das Prüfungsrecht des zuständigen Verbands gem § 56 Abs 1 GenG gesetzlich ruht. Es gelten die Grundsätze für die Verwertung von Prüfungsergebnissen und Untersuchungen Dritter gem IDW PS 320.

Zur Vermeidung von Interessenkollisionen legt § 55 Abs 2 GenG (ähnlich wie § 319) **Ausschlussgründe** fest, wonach gesetzliche Vertreter des Prüfungsverbands sowie vom Verband beschäftigte Personen, die das Ergebnis der Prüfung beeinflussen können, von der Prüfung einer eG ausgeschlossen sind, wenn Gründe, insb Beziehungen geschäftlicher, finanzieller oder persönlicher Art, vorliegen, die Besorgnis zur Befangenheit geben. Dies betrifft nach § 55 Abs 2 S 2 GenG insb Personen, die Mitglieder, Mitglieder des Vorstands, des AR oder Arbeitnehmer der zu prüfenden eG sind sowie Personen, die,

- über die Prüfungstätigkeit hinaus bei der Führung der Bücher oder Aufstellung des zu prüfenden JA mitgewirkt haben,
- bei der Durchführung der internen Revision in verantwortlicher Position mitgewirkt haben,
- Unternehmensleitungs- oder Finanzdienstleistungen erbracht haben oder
- eigenständige versicherungsmathematische oder Bewertungsleistungen erbracht haben, die sich auf den zu prüfenden JA nicht nur unwesentlich auswirken,

sofern die erbrachten Tätigkeiten nicht nur von untergeordneter Bedeutung sind. Alle genannten Ausschlussgründe gelten auch, sofern sie von einem Ehegatten oder Lebenspartner der og Personen erfüllt werden (§ 55 Abs 2 S 4) als auch für den Fall, in dem eine der og Tätigkeiten von einem Unt für die zu prüfende eG ausgeübt wird, bei dem der gesetzliche Vertreter des Prüfungsverbands oder die vom Verband beschäftigte Person als gesetzlicher Vertreter, Arbeitnehmer, Mitglied des AR oder Ges mit mehr als 20% Stimmrechten, diese Tätigkeit ausübt oder deren Ergebnis beeinflussen kann (§ 55 Abs 2 S 2 GenG).

Für Mitglieder des Aufsichtsorgans des Prüfungsverbands, die gleichzeitig Mitglied des Vorstands oder AR oder Arbeitnehmer der zu prüfenden eG sind, gilt die Besonderheit, dass hier der Ausschlussgrund nicht greift, wenn sichergestellt ist, dass der Prüfer die Prüfung unabhängig von den Weisungen durch das Aufsichtsorgan durchführen kann (§ 55 Abs 2 S 3 GenG). Nimmt die zu prüfende eG einen organisierten Markt iSd § 2 Abs 5 WpHG in Anspruch, ist darüber hinaus § 319a Abs 1 zu beachten (§ 55 Abs 2 S 5 GenG); hierzu § 319a Anm 7 ff). Die dort genannten Ausschlussgründe sind nicht nur auf die Prüfer selbst, sondern entspr auf den Prüfungsverband anzuwenden. Dies ergibt sich aus § 319a Abs 1 S 2 iVm § 319 Abs 4; s auch § 319 Anm 77 ff (aA *Spanier* in Münch Komm HGB[3] Vor § 339 Anm 16, nach dessen Ansicht das Umsatzkriterium des § 319a Abs 1 S 1 Nr 1 für eG nicht zum Tragen kommt, da § 55 Abs 2 S 5 nur auf die Vertreter und Personen des Verbands und somit nicht auf den Prüfungsverband, dem jedoch die Umsätze zustehen, hinwiese).

Darüber hinaus ruht das Prüfungsrecht des Verbands, wenn dieser über keine wirksame Bescheinigung über die Teilnahme an der nach § 63e Abs 1 GenG erforderlichen, im Abstand von drei Jahren durchzuführenden externen Qualitätskontrolle (sog *Peer Review*, ausführlich *Spanier* in Münch Komm HGB[3] Vor § 339 Anm 37 ff) verfügt (§ 56 Abs 1 GenG). Sonstige Verbandsaufgaben, insb Beratungsleistungen ggü der eG werden durch das Ruhen des Prüfungsrechts nach § 56 Abs 1 GenG nicht eingeschränkt (*Beuthien*[15] § 56 Anm 10). Die **Auskunftsrechte** der Verbandsprüfer sind in § 57 Abs 1 GenG ähnlich zu § 320 formuliert; sie beziehen sich auf die umfassendere Aufgabenstellung (Anm 13), gehen sonst aber nicht weiter (aM *Hunger* in Rechnungslegung § 57 GenG Anm 1: „weit hinaus"). *Beuthien*[15] § 57 Anm 7 weist darauf hin, dass dem Prüfungsverband ein im Klagewege durchsetzbarer vereinsrechtlicher oder prüfungsvertraglicher Anspruch auf Gewährung der Auskunfts- und Einsichtsrechte zusteht sowie er darüber hinaus seine Prüfungsbefugnisse auch über das registergerichtliche Zwangsgeldverfahren nach § 160 Abs 1 S 1 GenG durchsetzen kann.

15 Im Gegensatz zu anderen Pflichtprüfungen ist bei eG die **Prüfungszeit** nicht in die Fristen zur Verabschiedung des JA integriert. So ist die Beschlussfassung der Organe einschl der Generalversammlung bei eG unabhängig von der Vorlage des PrüfBer geregelt; es ist ggf auch die **Hinterlegung** von JA und Lagebericht erforderlich, bevor die Prüfung dieser Unterlagen „abgeschlossen" ist (§ 339 Anm 5 ff).

16 Darüber hinaus ist bei eG ausdrücklich vorgesehen, dass **Gesprächspartner** der AP nicht nur der Vorstand (und dessen Mitarbeiter), sondern auch der **Aufsichtsrat** ist. Der Prüfungsverband hat daher den Prüfungsbeginn dem Vorsitzenden des AR „rechtzeitig anzuzeigen"; dieser muss die übrigen AR-Mitglieder unterrichten (§ 57 Abs 2 GenG), damit diese ggf mit den Prüfern sprechen können. Nach *Beuthien*[15] § 57 Anm 8 schließt das Überraschungsprüfungen nicht aus, wenn der AR-Vorsitzende bzw bei AR-losen kleinen eG (§ 9 Abs 1 GenG) der Bevollmächtigte der Generalversammlung (§ 9 Abs 1 GenG iVm § 57 Abs 5 GenG) „mit Beginn der Prüfung benachrichtigt wird".

Von wichtigen Feststellungen ist der **Aufsichtsratsvorsitzende bzw Bevollmächtigte der Generalversammlung unverzüglich zu unterrichten** (§ 57 Abs 3 GenG), zB von einem möglichen größeren Verlust (Anm 63 f). Auch das voraussichtliche Prüfungsergebnis soll „der Prüfer" – also der die örtliche Prüfung Leitende, aber als Träger der Prüfung auch der Prüfungsverband – in einer gemeinsamen Sitzung dem Vorstand und AR der eG *mündlich* vortragen (§ 57 Abs 4 GenG) und mit diesen Organen erörtern, ebenso *Beuthien*[15] § 57 Anm 10. Bei eG ist somit die „Schlussbesprechung" (s § 320 Anm 13), ggf auch ein Zwischenbericht, im Gegensatz zum HGB ausdrücklich geregelt.

Dieser **„Zwischenbericht"** ist nicht nur bei wichtigen Feststellungen im Verlauf der Prüfung sinnvoll, sondern insb auch *kurz vor* der Generalversammlung, falls bis dahin weder die JAP abgeschlossen noch ein BVm erteilt ist. Für KA-Prüfungen ist zwar ein Zwischenbericht gesetzlich nicht geregelt; eine gleichartige Handhabung halten wir aber für sachgerecht.

17 Der **Prüfungsbericht** über das *(abschließende)* Ergebnis ist schriftlich abzufassen und – abw von § 321 Abs 5 – sowohl dem Vorstand der eG als auch dem AR-Vorsitzenden bzw Bevollmächtigten der Generalversammlung vorzulegen

(§ 58 Abs 3 S 1 GenG). Darüber hinaus haben sämtliche Mitglieder des AR (bei AR-losen eG sämtliche Mitglieder) den Inhalt des PrüfBer zur Kenntnis zu nehmen. Alsdann *muss* das Prüfungsergebnis zwischen Vorstand und AR der eG – ggf nochmals – beraten werden (§ 58 Abs 4 GenG); eine Vorabstimmung im Vorstand halten wir für zulässig, ggf für notwendig. Für weitere Einzelheiten zu diesen Fragen s *Beuthien*[15] § 58 Anm 7 ff.

Für diejenigen *Teile* des PrüfBer, die JA und Lagebericht behandeln, gelten § 321 Abs 1 bis 3 sowie 4a (§ 58 Abs 1 GenG) entspr; zu Einzelheiten § 321 Anm 1 ff.

Nach Prüfungsende hat der Prüfungsverband gem § 59 Abs 1 GenG in einer **Bescheinigung** zu erklären, dass die Prüfung gem §§ 53 ff GenG durchgeführt wurde, ohne deren Ergebnis zu erwähnen. Diese Bescheinigung ist vom Vorstand der eG zum Genossenschaftsregister einzureichen. Außerdem ist der PrüfBer als Gegenstand der Beschlussfassung bei der Berufung der nächsten Generalversammlung anzukündigen. Jedem Mitglied steht darüber hinaus das Recht zu, Einblick in das vom Prüfungsverband erstellte zusammengefasste Ergebnis des PrüfBer zu nehmen (§ 59 Abs 1 S 2 GenG).

Ein **Bestätigungsvermerk** (ggf Versagungsvermerk) ist – zusätzlich zur Bescheinigung gem Anm 18 – **gesetzlich** nur für gem § 267 Abs 3 große eG, für Kredit-eG (§ 340k Abs 1 iVm § 322; § 26 Abs 1 Satz 2 KWG) und für Wohnungs-eG mit Spareinrichtungen vorgesehen (§ 58 Abs 2 GenG). Für andere (kleinere) eG kann freiwillig ein BVm erteilt werden, wenn die Prüfung in der durch § 53 Abs 1 GenG vorgeschriebenen Art und Umfang durchgeführt wurde (IDW PS 400, Tz 5).

BVm der genossenschaftlichen Prüfungsverbände dürfen von zeichnungsberechtigten Vertretern dieser Verbände gem § 44 Abs 2 WPO „mitgezeichnet" werden. Gehört dem Vorstand eines Prüfungsverbands kein WP an, muss der Verband einen WP „als seinen besonderen Vertreter (§ 30 BGB) bestellen" (§ 63b Abs 5 S 2 GenG). Aufgrund dieser und einer ähnlichen Vorschrift in Art 25 Abs 2 EGHGB (Anm 33) haben viele Prüfungsverbände bisher angestellte WP zu Vorstandsmitgliedern bestellt. Für den BVm gilt § 322 entspr (§ 58 Abs 2 GenG).

In der (nächsten) *Generalversammlung* muss sich der AR über **wesentliche Feststellungen** oder Beanstandungen der Prüfer **erklären** (§ 59 Abs 2 GenG). Der Prüfungsverband ist berechtigt, beratend an der Generalversammlung teilzunehmen. Erforderlichenfalls ist auf seinen Antrag der PrüfBer ganz oder teilweise vorzutragen (§ 59 Abs 3); s auch Anm 49. Sofern die Prüfung erhebliche Mängel ergeben hat, sollte der die Prüfung tatsächlich Leitende (Anm 16) als Vertreter des Prüfungsverbands teilnehmen (zwingend nach *Beuthien*[15] § 59 Anm 5).

Werden *wesentliche* Feststellungen oder Beanstandungen nicht ausreichend in der Generalversammlung vorgetragen oder eine Beschlussfassung über den PrüfBer dort ungebührlich verzögert, kann der Prüfungsverband eine **außerordentliche Generalversammlung** der eG einberufen und deren Vorsitz bestimmen (§ 60 GenG).

Die **Verschwiegenheitspflicht** der Prüfungsorgane (§ 62 Abs 1 GenG) besteht zum AR-Vorsitzenden einer PrüfungsGes sowie dessen Stellvertreter **nicht** (§ 62 Abs 4 S 2 GenG). Diese dürfen jedoch den Inhalt nur insoweit verwerten, als es die gesetzliche Überwachungspflicht des AR erfordert.

Der **Maximalbetrag der Haftung** für fahrlässiges Handeln aller Prüfer (auch Assistenten) bei eG beträgt 1 Mio € (§ 62 Abs 2 GenG).

Die Regelungen über die APr und den BVm bei eG werden für **bestimmte Geschäftszweige** durch Spezialvorschriften ergänzt oder ersetzt; insb durch §§ 340a ff (Genossenschaftsbanken) und Art 25 EGHGB (dazu Anm 30 ff).

II. Verbandsprüfung bei Tochtergesellschaften oder bei Wohnungsunternehmen

Art. 25 EGHGB [Abschlussprüfer und Konzernabschlussprüfer bei Wohnungsunternehmen, Tochter-AG oder -GmbH]

(1) ¹ Auf die Prüfung des Jahresabschlusses
1. von Aktiengesellschaften, Gesellschaften mit beschränkter Haftung und Gesellschaften, bei denen kein persönlich haftender Gesellschafter eine natürliche Person ist, wenn die Mehrheit der Anteile und die Mehrheit der Stimmrechte an diesen Gesellschaften Genossenschaften oder zur Prüfung von Genossenschaften zugelassenen Prüfungsverbänden zusteht, oder
2. von Unternehmen, die am 31. Dezember 1989 als gemeinnützige Wohnungsunternehmen oder als Organe der staatlichen Wohnungspolitik anerkannt waren und die nicht eingetragene Genossenschaften sind,

ist § 319 Abs. 1 des Handelsgesetzbuchs mit der Maßgabe anzuwenden, daß diese Gesellschaften oder Unternehmen sich auch von dem Prüfungsverband prüfen lassen dürfen, dem sie als Mitglied angehören, sofern mehr als die Hälfte der geschäftsführenden Mitglieder des Vorstands dieses Prüfungsverbands Wirtschaftsprüfer sind und dem Prüfungsverband nur zwei Vorstandsmitglieder, so muß einer von ihnen Wirtschaftsprüfer sein. ³ § 319 Abs. 2 und 3 sowie § 319a Abs. 1 des Handelsgesetzbuchs sind auf die gesetzlichen Vertreter des Prüfungsverbandes und auf alle vom Prüfungsverband beschäftigten Personen, die das Ergebnis der Prüfung beeinflussen können, entsprechend anzuwenden; § 319 Abs. 3 Satz 1 Nr. 2 ist auf Mitglieder des Aufsichtsorgans des Prüfungsverbandes nicht anzuwenden, wenn sichergestellt ist, dass der Abschlussprüfer die Prüfung unabhängig von den Weisungen durch das Aufsichtsorgan durchführen kann.

(2) ¹ Bei der Prüfung des Jahresabschlusses der in Absatz 1 bezeichneten Gesellschaften oder Unternehmen durch einen Prüfungsverband darf der gesetzlich vorgeschriebene Bestätigungsvermerk nur von Wirtschaftsprüfern unterzeichnet werden. ² Die im Prüfungsverband tätigen Wirtschaftsprüfer haben ihre Prüfungstätigkeit unabhängig, gewissenhaft, verschwiegen und eigenverantwortlich auszuüben. ³ Sie haben sich insbesondere bei der Erstattung von Prüfungsberichten unparteiisch zu verhalten. ⁴ Weisungen dürfen ihnen hinsichtlich ihrer Prüfungstätigkeit von Personen, die nicht Wirtschaftsprüfer sind, nicht erteilt werden. ⁵ Die Zahl der im Verband tätigen Wirtschaftsprüfer muß so bemessen sein, daß die den Bestätigungsvermerk unterschreibenden Wirtschaftsprüfer die Prüfung verantwortlich durchführen können.

(3) Ist ein am 31. Dezember 1989 als gemeinnütziges Wohnungsunternehmen oder als Organ der staatlichen Wohnungspolitik anerkanntes Unternehmen als Aktiengesellschaft, Kommanditgesellschaft auf Aktien oder als Gesellschaft mit beschränkter Haftung zur Aufstellung eines Konzernabschlusses und eines Konzernlageberichts nach dem Zweiten Unterabschnitt des Zweiten Abschnitts des Dritten Buchs des Handelsgesetzbuchs verpflichtet, so ist der Prüfungsverband, dem das Unternehmen angehört, auch Abschlußprüfer des Konzernabschlusses.

30 Die Regelungen in Art 25 EGHGB sind zeitlich nicht befristet. Die ehemals gemeinnützigen *Wohnungsunternehmen* – sofern sie nicht weiterhin eG blieben – konnten den Prüfungsverband durch einmaliges Sonderkündigungsrecht nur zum 31.12.1991 verlassen.

Die Formulierung in Abs 1 S 3 2. Hs ist auf Grund der Organisationsstrukturen der Prüfungsverbände nicht ganz unproblematisch.

1. Tochtergesellschaften

31 Als TU gelten nach Art 25 Abs 1 S 1 Nr 1 EGHGB auch AG und GmbH, sowie Ges, bei denen kein persönlich haftender Gester eine natürliche Person ist, wenn sowohl die Mehrheit der Anteile als auch die Mehrheit der Stimmrechte an diesen Ges entweder eG oder ihren Prüfungsverbänden zustehen (diese Regelung gilt für eG oder Prüfungsverbände *jeder* Art einschl der Kredit-eG, § 340k Abs 2).

Als Ausnahme zu § 319 Abs 1 *darf* ein genossenschaftlicher Prüfungsverband nach Art 25 Abs 1 S 1 Nr 1 EGHGB die JA dieser TU dann prüfen, wenn diese ihm als Mitglied angehören, mehr als die Hälfte der geschäftsführenden Vorstandsmitglieder des Prüfungsverbands WP sind (bei zwei Vorständen genügt ein WP) und dem Prüfungsverband vor dem 29. Mai 2009 das Prüfungsrecht verliehen worden ist. Die Einschränkung der Zulassung auf Prüfungsverbände, denen das Prüfungsrecht vor diesem Tag verliehen wurde (kritisch hierzu *Bösche* in ZfgG 2008, 105), folgt aus Regelungen der AP-Richtl (ABl EU 2006, L 157/ 87 ff). Hiernach kommt die Neuzulassung genossenschaftlicher Prüfungsverbände als AP iSd § 319 Abs 1 nur noch in Betracht, wenn die Mehrheit der Mitglieder des Vorstands dieses Prüfungsverbands WP/WPG sind. Genossenschaftliche Prüfungsverbände, denen vor Inkrafttreten dieser Regelung das Prüfungsrecht verliehen wurde, behalten jedoch ihr Prüfungsrecht unter og sonstigen Bedingungen bei. Der Prüfungsverband ist gem § 14 Abs 2 S 1 PublG oder § 340k Abs 2 S 4 außerdem Konzern-AP.

Mit Art 25 EGHGB wurde § 63b Abs 2, 3 GenG ergänzt, wonach Unt jeder Rechtsform, „die sich ganz oder überwiegend in der Hand eingetragener Genossenschaften befinden oder dem Genossenschaftswesen dienen" zwar Mitglied eines Prüfungsverbands sein können, es aber für sie bei den jeweiligen anderen gesetzlichen Prüfungsvorschriften verbleibt.

Die Prüfungsrechte der Prüfungsverbände bestehen *neben* den allgemeinen **32** Prüfungsrechten nach § 319 Abs 1 durch WP oder WPG, dh Art 25 EGHGB lässt – in Ergänzung von § 319 Abs 1 – den zuständigen Prüfungsverband als *weiteren* AP oder Konzern-AP für bestimmte TU von eG und WohnungsUnt zu. Voraussetzung für seine Anwendung ist, dass Prüfungspflicht besteht oder freiwillig nach den Grundsätzen der §§ 316 ff geprüft wird.

Bei Prüfungen gem Anm 31 gelten nach Art 25 Abs 1 S 3 EGHGB für die gesetzlichen Vertreter des Prüfungsverbands und alle von ihm beschäftigten Personen, die das Ergebnis der Prüfung beeinflussen können, die **Ausschlussgründe** nach §§ 319 Abs 2 und 3, 319a Abs 1 (s § 319 Anm 20 ff und § 319a Anm 7 ff). § 319 Abs 3 S 1 Nr 2 (insb Ausschluss, wenn gleichzeitig gesetzlicher Vertreter oder AR-Mitglied bei der zu prüfenden KapGes, s genauer § 319 Anm 38 ff) ist jedoch auf Mitglieder des Aufsichtsorgans des Prüfungsverbands nicht anzuwenden, wenn sichergestellt ist, dass der AP die Prüfung unabhängig und frei von den Weisungen durch das Aufsichtsorgan durchführen kann (Art 25 Abs 1 S 3 2. Hs EGHGB). Eine gleichlautende Vorschrift für Kredit-eG findet sich in § 340k Abs 2 S 3 2. Hs.

Genossenschaftliche Prüfungsverbände unterliegen wegen ihrer andersartigen **33** Aufgaben (Anm 13) im Gegensatz zu den WP und den Geschäftsleitungen von WPG *nicht* der Überwachung durch die WPK (§ 58 Abs 2 iVm § 57 WPO). Es musste daher in **Abs 2** des Art 25 EGHGB die Eigenverantwortlichkeit der in den Prüfungsverbänden tätigen oder dort zu Organen bestellten WP (auch) für die durch die Abs 1 und 3 des Art 25 EGHGB erweiterten Aufgaben dieser WP gesichert werden. Dies geschah in Anlehnung an die WPO durch folgende Vorschriften:

- BVm müssen vom WP unterzeichnet werden (S 1, § 32 WPO);
- Unabhängigkeit, Gewissenhaftigkeit, Verschwiegenheit und Eigenverantwortlichkeit der „im Prüfungsverband tätigen" WP bei ihrer Prüfungstätigkeit (S 2, §§ 43 Abs 1 S 1, 44 WPO);
- Unparteiische Berichterstattung, insb im PrüfBer (S 3, § 43 Abs 1 S 2 WPO);

- Weisungsfreiheit für die Prüfungstätigkeit (§ 44 Abs 1 WPO), in S 4 eingeschränkt auf Weisungen durch Nicht-WP und
- ausreichende Zahl von WP zur verantwortlichen Durchführung der Pflichtprüfungen (S 5; die jetzt geltende Berufssatzung der WPK enthält in § 12 und in der Begr dazu nur Grundsätze zur „Führung von Mitarbeitern").

Die nach § 44 Abs 2 WPO zugelassene Mitzeichnung des PrüfBer durch einen Nicht-WP als zeichnungsberechtigten Vertreter eines Prüfungsverbands usw bezieht sich nicht auf den BVm (§ 32 WPO).

Hofbauer in Rechnungslegung (Art 25 EGHGB Anm 14) weist darauf hin, dass die **ausreichende Zahl von WP** nach der Struktur der Prüfungsverbände bestimmt werden muss.

2. Wohnungsunternehmen

35   Nach Aufhebung des Wohnungsgemeinnützigkeitsgesetzes gilt für WohnungseG das GenG. Für WohnungsUnt in anderen Rechtsformen (zB GmbH) ist in Art 25 **Abs 1 Nr 2** EGHGB geregelt, dass sie sich weiterhin von einem Prüfungsverband prüfen lassen *dürfen*, sofern dieser die Voraussetzungen des Art 25 Abs 1 und 2 EGHGB erfüllt (Anm 31, 33).

Die WohnungsUnt können – wie die TU von WohnungsUnt – auch von WP oder WPG geprüft werden.

36   Ein nach Art 25 Abs 1 EGHGB bestellter Prüfungsverband ist bei WohnungsUnt, die als *KapGes* organisiert sind und einen **Konzernabschluss** aufzustellen haben, zugleich Konzern-AP nach HGB (Art 25 **Abs 3** EGHGB). Das ergänzt § 318 Abs 2.

WohnungsUnt *in anderen Rechtsformen* als KapGes haben ihre KA nach PublG aufzustellen, wobei höhere Mindestgrößen (§ 11 Abs 1 PublG) und ggf Erleichterungen (§ 13 Abs 3 PublG) gelten. Für die Prüfung eines KA sind stets die Vorschriften des HGB (§§ 290 bis 315; 316 bis 324a) maßgebend, da sich die Sonderregelungen im GenG nur auf den JA beziehen. Ist das MU eine eG, so ist der Prüfungsverband, dem die eG angehört, jedoch auch Konzern-AP (§ 314 Abs 2 PublG).

C. Feststellung des Jahresabschlusses

§ 48 GenG Zuständigkeit der Generalversammlung

(1) [1]Die Generalversammlung stellt den Jahresabschluss fest. [2]Sie beschließt über die Verwendung des Jahresüberschusses oder die Deckung eines Jahresfehlbetrags sowie über die Entlastung des Vorstands und des Aufsichtsrats. [3]Die Generalversammlung hat in den ersten sechs Monaten des Geschäftsjahrs stattzufinden.

(2) [1]Auf den Jahresabschluss sind bei der Feststellung die für seine Aufstellung geltenden Vorschriften anzuwenden. [2]Wird der Jahresabschluss bei der Feststellung geändert und ist die Prüfung nach § 53 bereits abgeschlossen, so werden vor der erneuten Prüfung gefasste Beschlüsse über die Feststellung des Jahresabschlusses und über die Ergebnisverwendung erst wirksam, wenn auf Grund einer erneuten Prüfung ein hinsichtlich der Änderung uneingeschränkter Bestätigungsvermerk erteilt worden ist.

(3) [1]Der Jahresabschluss, der Lagebericht sowie der Bericht des Aufsichtsrats sollen mindestens eine Woche vor der Versammlung in dem Geschäftsraum der Genossenschaft oder an einer anderen durch den Vorstand bekannt zu machenden geeigneten Stelle zur Einsichtnahme der Mitglieder ausgelegt oder ihnen sonst zur Kenntnis gebracht werden. [2]Jedes Mitglied ist berechtigt, auf seine Kosten eine Abschrift des Jahresabschlusses, des Lageberichts und des Berichts des Aufsichtsrats zu verlangen.

(4) [1]Die Generalversammlung beschließt über die Offenlegung eines Einzelabschlusses nach § 339 Abs. 2 in Verbindung mit § 325 Abs. 2a des Handelsgesetzbuchs. [2]Der Be-

schluss kann für das nächstfolgende Geschäftsjahr im Voraus gefasst werden. ³Die Satzung kann die in den Sätzen 1 und 2 genannten Entscheidungen dem Aufsichtsrat übertragen. ⁴Ein vom Vorstand auf Grund eines Beschlusses nach den Sätzen 1 bis 3 aufgestellter Abschluss darf erst nach seiner Billigung durch den Aufsichtsrat offen gelegt werden.

Den JA einer eG **stellt** die **Generalversammlung fest** (§ 48 Abs 1 S 1 GenG); **45** bei großen eG kann eine Vertreterversammlung diese Aufgabe wahrnehmen (Anm 50).

Zuvor hat der **Aufsichtsrat** der eG den JA mit Anhang, den Lagebericht **46** (entfällt bei kleinen eG entspr § 336 Abs 2 S 1 iVm § 264 Abs 1 S 4) und den Gewinnverwendungsvorschlag (bzw die Deckung eines Jahresfehlbetrags) zu **prüfen** und über das Ergebnis dieser Prüfung der Generalversammlung vor Feststellung des JA schriftlich zu **berichten** (§§ 38 Abs 1 S 5, 48 Abs 3 GenG).

Der JA mit Anhang, der Lagebericht sowie der schriftliche Bericht des AR **47** hierzu (Anm 1, 46) sollen mind eine Woche vor der Generalversammlung **ausgelegt** oder den Mitgliedern anderweitig *zur Kenntnis gebracht* werden. Jedes Mitglied der eG ist berechtigt, auf seine Kosten eine Abschrift dieser Unterlagen zu verlangen (§ 48 Abs 3 GenG). Das kann vom Genossenschaftsregister *ohne* Antrag erzwungen werden (§ 160 Abs 1 S 2 GenG); Anm 70 f.

Mitglieder der eG haben *kein* Recht auf **Einsichtnahme** in **Bücher** und **48** **Schriften** der eG. Vielmehr steht dieses Recht lediglich dem AR der eG bzw dessen Prüfungsausschuss zu (§ 38 Abs 1 S 2, Abs 1a GenG), für den PrüfBer ergänzt durch § 58 Abs 3 GenG, der nunmehr explizit die Kenntnisnahme des PrüfBer durch den AR fordert.

In der Generalversammlung hat sich der AR auch „über wesentliche Feststel- **49** lungen oder Beanstandungen" der Prüfung gem §§ 53 ff GenG „zu erklären", § 59 Abs 2 GenG. Auf Antrag des Prüfungsverbands oder auf Beschluss der Generalversammlung ist der PrüfBer aus Gründen seiner Vertraulichkeit in Teilen, selten ganz, zu verlesen (§ 59 Abs 3 GenG).

Bei der Beschlussfassung haben natürliche Personen regelmäßig eine **Stimme**, **50** höchstens drei Stimmen. Die Satzung der eG darf diese Stimmrechtsregelungen nur verschärfen (§ 43 Abs 2 und 3 GenG). Ein Depotstimmrecht der Banken gibt es im Gegensatz zum AktG nicht, jedoch Minderheitenrechte (§ 45 GenG). Die Generalversammlung muss spätestens 6 Monate nach Schluss des Gj tagen (§ 48 Abs 1 S 3 GenG).

Bei eG mit mind 1500 Mitgliedern kann die Generalversammlung als **Vertreterversammlung** stattfinden. Die Mitglieder haben dann mind 50 Vertreter zu wählen (§ 43a Abs 1, 3 GenG). Stimmrechtsvollmachten an andere Mitglieder sind beschränkt (§§ 43a Abs 4 S 2, 43 Abs 4, 5 GenG).

Die Vorschrift, dass auf die Feststellung eines JA die für dessen Aufstellung gel- **51** tenden Vorschriften anzuwenden sind (§ 48 Abs 2 S 1 GenG), will **Bilanzänderungen** auf die Fälle begrenzen, die auch im Rahmen der Aufstellung zulässig wären. Zuständig für Bilanzänderungen und für die Korrektur von Bilanzierungsfehlern vor Feststellung des JA durch die Generalversammlung ist der Vorstand unter Billigung durch den AR. Nach Feststellung kann nur die Generalversammlung den JA nachträglich durch Beschluss ändern (*Beuthien*¹⁵ § 48 Anm 6). Für die Änderung ist zwischen fehlerfreien und fehlerhaften JA zu differenzieren. Während erstere nur bei Vorliegen gewichtiger rechtlicher, wirtschaftlicher oder steuerrechtlicher Gründe geändert werden dürfen, ist eine Änderung fehlerhafter JA auch ohne diese Voraussetzung möglich (hierzu IDW RS HFA 6, Tz 6 ff). Sofern die Prüfung des fehlerhaften JA bereits abgeschlossen war, ist eine Nachtragsprüfung mit neuem BVm erforderlich (§ 48 Abs 2 S 2 GenG). Auch ein Gewinnverteilungsbeschluss (Anm 60) darf geändert werden; die Gewinnanteile der Mitglieder dürfen hierdurch jedoch nicht mehr gekürzt werden, so *Beuthien*¹⁵ § 48 Anm 6.

52 Die Generalversammlung kann auch einen **noch nicht geprüften** – oder einen noch in der Prüfung befindlichen – **Jahresabschluss feststellen** (und dabei ggf die Vorlage des Vorstands ändern). Das ergibt sich als Umkehrschluss aus § 48 Abs 2 S 2 GenG; eine Änderung des JA bei seiner Feststellung wird aber erst nach dem Ende einer Nachtragsprüfung wirksam. Hinsichtlich der Änderungen des JA durch die Generalversammlung muss zuvor ein uneingeschränkter BVm erteilt worden sein. Bei als eG organisierten **Kreditinstituten** gehen die Vorschriften des § 340k und des KWG vor.

53 Auch bei eG soll die Verhandlung über den JA mit derjenigen über die **Entlastung** des Vorstands und AR verbunden werden (§ 48 Abs 1 S 2 GenG).

54 Das Recht zur **Anfechtung des Jahresabschlusses** ist für eG ähnlich wie für AG (§ 256 Abs 4 AktG) eingeschränkt; § 33 Abs 2 GenG: Eine Anfechtung darf nicht mit einer Verletzung von Gliederungsvorschriften und der ihnen gleichgestellten Nichtbeachtung von Formblättern begründet werden; das gilt aber nicht, wenn die Klarheit des JA (§ 243 Abs 2) **wesentlich** beeinträchtigt ist. Auch andere Nichtigkeitsvorschriften im AktG zum JA (Überbewertung, Mängel bei der Feststellung) sollten sicherheitshalber sinngemäß für eG angewendet werden, obwohl insoweit § 51 Abs 1 S 1 GenG schweigt (s hierzu *Beuthien*[15] § 51 Anm 3 ff mwN).

D. Gewinnverwendung

§ 48 GenG Zuständigkeit der Generalversammlung

(1) [1]Die Generalversammlung stellt den Jahresabschluss fest. [2]Sie beschließt über die Verwendung des Jahresüberschusses oder die Deckung eines Jahresfehlbetrags sowie über die Entlastung des Vorstands und des Aufsichtsrats. ...

§ 19 GenG Gewinn- und Verlustverteilung

(1) [1]Der bei Feststellung des Jahresabschlusses für die Mitglieder sich ergebende Gewinn oder Verlust des Geschäftsjahres ist auf diese zu verteilen. [2]Die Verteilung geschieht für das erste Geschäftsjahr nach dem Verhältnis ihrer auf den Geschäftsanteil geleisteten Einzahlungen, für jedes folgende nach dem Verhältnis ihrer durch die Zuschreibung von Gewinn oder die Abschreibung von Verlust zum Schluss des vorhergegangenen Geschäftsjahres ermittelten Geschäftsguthaben. [3]Die Zuschreibung des Gewinns erfolgt so lange, als nicht der Geschäftsanteil erreicht ist.

(2) [1]Die Satzung kann einen anderen Maßstab für die Verteilung von Gewinn und Verlust aufstellen und bestimmen, inwieweit der Gewinn vor Erreichung des Geschäftsanteils an die Mitglieder auszuzahlen ist. [2]Bis zur Wiederergänzung eines durch Verlust verminderten Guthabens findet eine Auszahlung des Gewinns nicht statt.

§ 20 GenG Ausschluss der Gewinnverteilung

[1]Die Satzung kann bestimmen, dass der Gewinn nicht verteilt, sondern der gesetzlichen Rücklage und anderen Ergebnisrücklagen zugeschrieben wird. [2]Die Satzung kann ferner bestimmen, dass der Vorstand einen Teil des Jahresüberschusses, höchstens jedoch die Hälfte, in die Ergebnisrücklagen einstellen kann.

§ 21 GenG Verbot der Verzinsung der Geschäftsguthaben

(1) Für das Geschäftsguthaben werden vorbehaltlich des § 21a Zinsen von bestimmter Höhe nicht vergütet, auch wenn das Mitglied Einzahlungen in höheren als den geschuldeten Beträgen geleistet hat.

(2) Auch können Mitglieder, welche mehr als die geschuldeten Einzahlungen geleistet haben, im Falle eines Verlustes andere Mitglieder nicht aus dem Grunde in Anspruch nehmen, dass von letzteren nur diese Einzahlungen geleistet sind.

60 Die Generalversammlung beschließt auch über die **Verwendung des Jahresüberschusses** oder die Deckung eines Jahresfehlbetrags (§ 48 Abs 1 S 2 GenG). In diesem Gewinnverwendungsrecht ist die Generalversammlung an die Satzung und an Spezialgesetze (zB § 45 KWG) gebunden. Die Satzung **muss** die Bildung einer **gesetzlichen Rücklage** zur Deckung späterer Verluste (§ 7 Nr 2 GenG) und **kann** weitere Ergebnisrücklagen vorsehen; für Einzelheiten s § 337 Anm 7 ff. Im Übrigen besteht keine Bindung an Vorschläge des Vorstands. Zur Deckung eines Jahresfehlbetrags s Anm 63.

Bevor mit der „Verteilung", dh der Auszahlung von Gewinnen begonnen wird, sollten gem § 19 Abs 1 GenG Gewinne solange den Geschäftsguthaben zugeschrieben werden, bis diese den Betrag des Geschäftsanteils erreichen. Die Sicherung des Förderzwecks jeder eG verlange, dass die Auffüllung der Geschäftsguthaben vorgehe und nur der hierfür und zur Rücklagenbildung nicht benötigte „Jahresüberschussrest" ausgezahlt werde, so *Beuthien*[15] § 19 Anm 2.

Änderungen der Maßstäbe für die Zuführungen zur und die Höhe der gesetzlichen Rücklage sind zulässig. Sie sind aber erst gültig, wenn sie mit einer Mehrheit von 75% der abgegebenen Stimmen beschlossen und in das Genossenschaftsregister eingetragen sind (§ 16 Abs 4 und 6 GenG).

§ 20 S 1 GenG erlaubt nach seinem Wortlaut („der Gewinn", nicht *Teile* des Gewinns) auch eine Satzungsregelung, den **gesamten Gewinn** den **Rücklagen** zuzuschreiben. Nach *Beuthien*[15] § 20 Anm 1 meint § 20 aber nicht den Jahresüberschuss iSv § 48 Abs 1 S 2 GenG, sondern nur den „Jahresüberschussrest" nach gesetzlich vorgeschriebener Auffüllung der Geschäftsguthaben (§ 19 Abs 1 GenG). Außerdem dürften über § 20 GenG keine „kapitalverfetteten" eG entstehen, *Beuthien*[15] § 20 Anm 2. § 20 S 2 GenG eröffnet den eG die Möglichkeit, den Vorstand durch eine Satzungsbestimmung zu ermächtigen, höchstens die Hälfte des Jahresüberschusses in die Ergebnisrücklagen einzustellen.

61 Die Basis-Vorschrift zur **Gewinnaufteilung** in § 19 GenG enthält folgende Grundsätze:

– *Regelmäßig* soll ein Gewinn nach dem **Verhältnis** der **Geschäftsguthaben** verteilt werden.
Die Geschäftsguthaben umfassen die Einzahlungen der Mitglieder sowie spätere Gewinnzuschreibungen oder Verlustabschreibungen, so dass sich für das erste Gj eine Verteilung nach dem Verhältnis der auf die Geschäftsanteile geleisteten Einzahlungen ergibt. Die Zuschreibung des Gewinns zu den Geschäftsguthaben erfolgt so lange, als nicht der Geschäftsanteil erreicht ist.
– Die Satzung darf **andere Maßstäbe** für die Verteilung des nach der Rücklagendotierung verbleibenden Gewinns aufstellen.
– Die Satzung kann auch regeln, dass Gewinne bereits vor Erreichen des Nennbetrags eines Geschäftsanteils ausgezahlt werden; letzteres ist so lange unzulässig, als eingezahlte Geschäftsguthaben noch durch Verlustabschreibungen gemindert sind.

An dieser Gewinnaufteilung (zur Verlustübernahme Anm 63) nehmen die Mitglieder teil, die im Zeitpunkt des Gewinnverwendungsbeschlusses der Generalversammlung (§ 48 Abs 1 S 2 GenG) Mitglied der eG waren (*Beuthien*[15] § 19 Anm 5).

62 Die Satzung kann eine **Verzinsung** von Geschäftsguthaben zulassen; dann gelten die Regeln des § 21a Abs 1 GenG. Allgemein werden jedoch die Geschäftsguthaben nicht verzinst, § 21 GenG. Nach der Satzung zulässige Zinsen auf Geschäftsguthaben dürfen solange nicht gezahlt werden, als die Bilanz einen Jahresfehlbetrag oder Verlustvortrag ausweist, der nicht ausreichend durch Ergebnisrücklagen, einen Jahresüberschuss oder einen Gewinnvortrag gedeckt ist (§ 21a Abs 2 GenG). Steuerlich werden diese Zinsen den Dividenden gleichgestellt (§ 20 Abs 1 Nr 1 EStG).

63 Ein **Jahresfehlbetrag** kann entweder aus verfügbaren Ergebnisrücklagen, aus der gesetzlichen Rücklage (Anm 60) gedeckt, auf neue Rechnung vorgetragen oder – notfalls – gem § 19 Abs 1 GenG durch Abschreibung der Geschäftsguthaben auf die Mitglieder verteilt werden. Verlustdeckungspflichtig sind dabei nur Mitglieder, die im Zeitpunkt des Gewinnverwendungsbeschlusses nach § 48 Abs 1 S 2 und 3 GenG Mitglied der eG waren und über Geschäftsguthaben verfügten. Da eine Verlustverteilung nur solange zulässig ist, bis die Geschäftsguthaben auf 0 € abgeschrieben sind, weist *Beuthien* darauf hin, dass, um Ungerechtigkeiten zwischen den Mitgliedern zu vermeiden, für Zwecke der Verlustverteilung fällige, noch nicht geleistete Pflichteinzahlungen als schon geleistet gelten sollten bzw eine solche Bestimmung in die Satzung aufgenommen werden sollte (*Beuthien*[15] § 19 Anm 12).

64 Ist der **Bilanzverlust** (einschl Vorträge) einer eG höher als der Gesamtbetrag sämtlicher bilanzierten Rücklagen zzgl der Hälfte aller am (Zwischen-)Bilanzstichtag eingezahlten Geschäftsguthaben, muss – wie bei KapGes – unverzüglich die Generalversammlung einberufen werden (§ 33 Abs 3 GenG; §§ 18 Abs 4, 22 Abs 3 SCEAG). Fraglich ist, ob die Einberufung unterbleiben kann, wenn verbindliche Sanierungszusagen vorliegen (zB des Garantiefonds für Banken, Bürgschaft einer Zentralbank). Dem Wortlaut und Schutzzweck der Vorschriften entspr, erscheint eine Einberufung der Generalversammlung auch in diesen Fällen unabdingbar (glA *Beuthien*[15] § 33 Anm 40; aA *Schaffland* in Lang/Weidmüller[37] § 33 Anm 51, allerdings nur für die Fälle, in denen kurzfristig über die Sanierungsanträge entschieden wird und die Sanierungsmaßnahmen zur umgehenden Beseitigung des Verlusts führen). Bzgl der Pflichten des Vorstands für die Eröffnung des Insolvenzverfahrens s § 99 GenG.

65 Die Satzung setzt fast immer eine **Haftsumme** fest, §§ 119 und 98 Nr 1 GenG. Das ist der Betrag, den die Mitglieder zur Insolvenzmasse nachschießen müssen (§ 337 Anm 3 und § 119 GenG).

E. Rechtsfolgen einer Verletzung der §§ 336–338

70 Wie in § 336 Anm 32 erwähnt, können bestimmte Aufstellungs- und Vorlagepflichten sowie die Sicherstellung der Prüfungen bei eG durch **Zwangsgelder** gem § 160 GenG erzwungen werden. Es sind dies:

GenG
§ 33 Abs 1 S 2: Vorlage von JA und Lagebericht unverzüglich nach Aufstellung an den AR und mit dessen Stellungnahme an die Generalversammlung (§ 160 Abs 1 S 2 GenG)
§ 48 Abs 3: Auslegung der zuvor genannten Unterlagen vor der Generalversammlung in den Geschäftsräumen der eG (§ 160 Abs 1 S 2 GenG)
§ 56 Abs 2: Bestellung eines anderen Prüfungsverbands, eines WP oder einer WPG in Sonderfällen (§ 160 Abs 1 S 2 GenG)
§ 57 Abs 1: Auskunfts- und Einsichtsrechte des Prüfers (§ 160 Abs 1 S 1 GenG)
§ 59 Abs 1: Einreichung der Bescheinigung des Prüfungsverbands (WP, WPG) zum Genossenschaftsregister und Ankündigung der Vorlage des PrüfBer zur Beschlussfassung durch die nächste Generalversammlung (§ 160 Abs 1 S 1 GenG)

71 Es gelten die allgemeinen Verfahrensvorschriften des HGB (§ 160 Abs 2 GenG), namentlich §§ 388 ff FamFG (Amtsverfahren). Verstöße gegen die Einzelvorschriften der §§ 336 bis 338 werden nur geahndet, wenn ihre Schwere eine Freiheitsstrafe erfordert (Anm 75). Bußgeldvorschriften bestehen hierfür nicht (Anm 74).

72 **Art 25 EGHGB** Abs 1 und 3 erweitert die Prüfungsbefugnisse genossenschaftlicher Prüfungsverbände für bestimmte Fälle; hier Anm 31 ff. Werden die dafür erforderlichen Bedingungen nicht eingehalten, war der Prüfer nicht ordnungsgemäß gewählt oder bestellt. Es gelten dann die Sanktionen zu § 319 durch § 334 Abs 2 (Bußgeld). Wegen der Folgen einer Verletzung der §§ 6 oder 14 PublG durch AP s § 334 Anm 46.

Die **Sicherung unabhängiger Abschlussprüfung** durch Angestellte oder 73 Organe genossenschaftlicher Prüfungsverbände richtet sich nach Landesrecht; diese Verbände werden durch die Aufsichtsbehörde (Landeswirtschaftsministerium) überwacht (welche ihnen das Prüfungsrecht verleiht und entzieht); §§ 63, 64, 64a GenG. Die Möglichkeit der Übertragung dieser Rechtsaufsicht auf eine andere Behörde, der Errichtung einer gemeinsamen Behörde mehrerer Länder bzw der Ausweitung der Zuständigkeit einer Behörde über die Landesgrenzen hinaus (§ 63 S 2 und 3 GenG) wurde bisher nicht in Anspruch genommen. Der **Sicherung der Qualität** dienen die §§ 63e bis g GenG. Gem § 63e Abs 1 sind die Prüfungsverbände dazu verpflichtet, sich im Abstand von drei Jahren einer externen Qualitätskontrolle (sog *Peer Review*) zu unterziehen. Wird hiergegen verstoßen bzw eine Teilnahmebescheinigung nicht erteilt, ruht das Prüfungsrecht des Verbands gem § 56 Abs 1 GenG. In Extremfällen kann die Aufsichtsbehörde dem Prüfungsverband nach § 64a GenG das Prüfungsrecht entziehen.

Geldbußen bei eG betreffen nur Vorgänge bei Abstimmungen in der Gene- 74 ralversammlung, der Vertreterversammlung oder bei der Wahl der Vertreter (§ 152 GenG). Einzelvorschriften zum Ansatz, zur Bewertung und zur Gliederung sind bei eG entgegen § 334 nicht bußgeldbewehrt (anders bei Kredit-eG; § 340n).

Die **Strafvorschriften** im GenG sind dem AktG nachgebildet. Sie betreffen 75 ua
– die unrichtige Darstellung der Verhältnisse der eG in Übersichten zum Vermögensstand usw (auch Vorträge und Auskünfte in der Generalversammlung); § 147 Abs 2 Nr 1 GenG – für Kredit-eG geht § 340m vor,
– falsche Angaben in Aufklärungen oder Nachweisen an einen Prüfer der eG; § 147 Abs 2 Nr 2 GenG,
– die Verletzung der Pflichten bei Verlusten am EK (§ 33 Abs 3 GenG) oder zur Insolvenz-Anmeldung (§ 99 Abs 1 S 1 iVm S 2 GenG); § 148 GenG,
– falsche Berichte über das Ergebnis einer Prüfung; § 150 GenG,
– die Verletzung von Geheimhaltungspflichten (Verfolgung nur auf Antrag); § 151 GenG.

Die *Freiheitsstrafe* gem §§ 147, 148 oder 150 GenG beträgt grds bis zu drei Jahren, in schweren Fällen des Verstoßes gegen § 150 GenG bis zu fünf Jahren. Verstöße gegen § 151 GenG sind mit Freiheitsstrafe bis zu einem Jahr, in schweren Fällen bis zu zwei Jahren sanktioniert. Alternativ kann in allen Fällen eine **Geldstrafe** verhängt werden.

§ 339 Offenlegung

(1) ¹**Der Vorstand hat unverzüglich nach der Generalversammlung über den Jahresabschluß, jedoch spätestens vor Ablauf des zwölften Monats des dem Abschlussstichtag nachfolgenden Geschäftsjahrs, den festgestellten Jahresabschluß, den Lagebericht und den Bericht des Aufsichtsrats beim Betreiber des Bundesanzeigers elektronisch einzureichen.** ²Ist die Erteilung eines Bestätigungsvermerks nach § 58 Abs. 2 des Genossenschaftsgesetzes vorgeschrieben, so ist dieser mit dem Jahresabschluß einzureichen; hat der Prüfungsverband die Bestätigung des Jahresabschlusses versagt, so muß dies auf dem eingereichten Jahresabschluß vermerkt und der Vermerk vom Prüfungsverband unterschrieben sein. ³Ist die Prüfung des Jahresabschlusses im Zeitpunkt der Einreichung

der Unterlagen nach Satz 1 nicht abgeschlossen, so ist der Bestätigungsvermerk oder der Vermerk über seine Versagung unverzüglich nach Abschluß der Prüfung einzureichen. ⁴Wird der Jahresabschluß oder der Lagebericht nach der Einreichung geändert, so ist auch die geänderte Fassung einzureichen.

(2) § 325 Abs. 1 Satz 7, Abs 2, 2a und 6 sowie die §§ 326 bis 329 sind entsprechend anzuwenden.

Übersicht

	Anm
A. Allgemeines	1–3
B. Offenlegung	
I. Unterlagen zur Einreichung beim Betreiber des Bundesanzeigers und Vorlagefristen (Abs 1)	5–10
II. Offenlegungserleichterungen; Vervielfältigungsgrundsätze; Prüfung durch Betreiber des Bundesanzeigers (Abs 2)	15–19
C. Rechtsfolgen einer Verletzung des § 339	22

Schrifttum: S die zu § 336 angegebene Literatur.

A. Allgemeines

1 Die Vorschriften zur Offenlegung sind für eG in § 339 eigenständig formuliert, weil die beim Betreiber des BAnz einzureichenden Unterlagen von den gem § 325 einzureichenden Unterlagen zum JA abweichen. Stets sind diese Unterlagen (Anm 5) nach Feststellung des JA einzureichen (Abs 1). Die einzureichenden Unterlagen als auch deren Bekanntmachung sind gem § 8b Abs 2 Nr 4 über die Internetseite des UntReg öffentlich zugänglich. Gem Abs 2 sind die Vorschriften der §§ 326 bis 329 über die größenabhängigen Erleichterungen bei der Offenlegung, über Form und Inhalt der Unterlagen bei der Offenlegung, Veröffentlichung und Vervielfältigung sowie über die Prüfungspflicht des Registergerichts entspr anzuwenden.

2 Für KA sind die Vorschriften des § 325 Abs 3–6 von eG über den Verweis in § 15 PublG sinngemäß anzuwenden. Für eG bestehen zusätzliche Offenlegungspflichten iSd § 325 Abs 5, da § 6 Nr 5 GenG vorschreibt, dass jedes Statut einer eG bestimmen muss, in welchen öffentlichen Blättern (sonstige) Bekanntmachungen zu publizieren sind. Darüber hinaus muss die Berufung der Generalversammlung grds durch unmittelbare Benachrichtigung sämtlicher Genossen oder durch Bekanntmachung in einem öffentlichen Blatt erfolgen; eine Bekanntmachung nur im BAnz genügt nicht (§ 6 Nr 4 GenG).

3 Für **Kreditgenossenschaften** ist § 339 – einheitlich für alle Kreditinstitute – durch § 340l ersetzt (§ 340l Abs 3).

B. Offenlegung

I. Unterlagen zur Einreichung beim Betreiber des Bundesanzeigers und Vorlagefristen (Abs 1)

5 *Unverzüglich* nach jeder Generalversammlung über den JA (§ 48 GenG), jedoch spätestens zwölf Monate nach dem Bilanzstichtag, sind durch den Vorstand

Offenlegung 6–15 § 339

von eG an den Betreiber des BAnz folgende „Unterlagen" elektronisch einzureichen (zu größenabhängigen Erleichterungen s Anm 15 ff):

– der festgestellte JA mit Anhang (anstelle des JA kann ein IFRS-EA treten, hierzu Anm 17),
– der Lagebericht und
– der Bericht des AR;
– außerdem *ggf* der BVm des Prüfungsverbands (Anm 6 ff).

Im Gegensatz zu § 325 Abs 1 braucht somit weder der **Gewinnverwendungsvorschlag** noch der **Gewinnverwendungsbeschluss** eingereicht zu werden; das GenG enthält keine entspr Vorschrift.

Die Pflicht zur Einreichung des **Bestätigungsvermerks** beschränkt sich nach 6 Abs 1 S 2 ausdrücklich auf BVm nach § 58 Abs 2 GenG, also auf **große Genossenschaften.** Mittelgroße und kleine eG *dürfen* jedoch nach allgemeinen Grundsätzen einen auf Grund freiwilliger oder satzungsgemäßer Prüfung erteilten BVm mit einreichen, wenn Art und Umfang der Prüfung §§ 53 ff GenG und §§ 316 ff entsprechen (IDW PS 400, Tz 5). Das gilt auch für einen mit Zusatz oder mit Einschränkung erteilten BVm oder ggf für den Versagungsvermerk nach § 322 Abs 4 – für eG jeder Größe.

Ist die **Prüfung** des JA **noch nicht abgeschlossen,** wenn die in Anm 5 ge- 7 nannten Unterlagen dem Betreiber des BAnz vorgelegt werden, ist der BVm/Versagungsvermerk *unverzüglich* nach seiner Erteilung an den Betreiber des BAnz *nachzureichen* (Abs 1 S 3).

Wird der **JA** anlässlich seiner Feststellung durch die Generalversammlung **ge-** 8 **ändert** (und war die Prüfung nach § 53 GenG *vorher* abgeschlossen), bleibt auch bei eG der Feststellungsbeschluss zunächst schwebend unwirksam. Dieser Beschluss wird erst durch eine Nachtragsprüfung hinsichtlich der Änderungen und der Erteilung eines uneingeschränkten BVm zu den Änderungen wirksam, § 48 Abs 2 S 2 GenG. In diesem Fall ist gem § 339 auch die geänderte Fassung des JA mit Anhang und ggf der geänderte Lagebericht an den Betreiber des BAnz nachzureichen; Abs 1 S 4.

Die Einreichung og Unterlagen beim Betreiber des BAnz hat nicht automa- 9 tisch deren **Bekanntmachung** zur Folge. Hierzu müssen die gesetzlichen Vertreter der eG gem § 325 Abs 2, der entspr anzuwenden ist, unverzüglich nach Einreichung einen Auftrag erteilen. Da die Bekanntmachung in elektronischer Form erfolgt, sind die bekanntzumachenden Unterlagen bereits elektronisch einzureichen (Verweis auf § 325 Abs 1 S 7).

Nach Bekanntmachung im BAnz sind die nach den §§ 325 und 339 übermit- 10 telten Daten und deren Bekanntmachung an das UntReg zu übermitteln (§ 8b Abs 3 Nr 1). Sie können dann sowohl über die Internetseite des UntReg (§ 8b Abs 2 Nr 4) als auch über den BAnz abgerufen werden. Diese UntPublizität führt dazu, dass die offenlegungspflichtigen JA-Daten sämtlicher eG extern bekannt gemacht werden.

II. Offenlegungserleichterungen; Vervielfältigungsgrundsätze; Prüfung durch Betreiber des Bundesanzeigers (Abs 2)

Für die **Einreichung** an den Betreiber des **Bundesanzeigers** (Anm 5) gelten 15 die größenabhängigen Erleichterungen der §§ 326 und 327 entspr.

Kleine eG müssen lediglich die Bilanz (sowie die dazu gehörenden Angaben im Anhang) einreichen; die Einreichung von GuV und die sie betr Anhangan-

Försche 2525

gaben – und ggf auch des Lageberichts entfallen. Kleine eG können bei dieser Offenlegung ferner ihre Bilanz auf die in § 266 Abs 2, 3 mit Großbuchstaben und römischen Ziffern bezeichneten Gruppenzahlen beschränken.

16 **Mittelgroße eG** brauchen bei Vorlage an den Betreiber des BAnz nur die Gruppenzahlen (§ 266 Abs 2 und 3 A I, A II usw) und bestimmte in § 327 genannte Unterposten entweder auf der Aktiv- und der Passivseite der Bilanz oder im Anhang gesondert anzugeben. Im Anhang dürfen ferner die Angaben zu den einzelnen Verbindlichkeiten, zur Angabe des Materialaufwands gegliedert nach § 275 Abs 2 Nr 5 bei Anwendung des Umsatzkostenverfahrens und zu den Rückstellungen (§ 285 Nrn 2, 8a, 12) fehlen. Für die Offenlegung der GuV dieser eG bestehen keine Erleichterungen.

17 **Große eG** müssen Bilanz, GuV und Anhang ungekürzt einreichen und bekannt machen (Anm 9).

Aufgrund des Verweises in Abs 2 auf § 325 Abs 2a („entsprechend anzuwenden"), kann anstelle des JA auch ein IFRS-EA treten. Auf einen Verweis auf § 325 Abs 2b, der für KapGes die befreiende Wirkung der Offenlegung eines IFRS-EA ua von der weiteren Einreichung des JA und BVm beim Betreiber des BAnz abhängig macht, konnte verzichtet werden, da dieser gem Abs 1 zwingend dort einzureichen ist.

18 Für **Form und Inhalt** der Unterlagen bei der **Einreichung** und damit **Veröffentlichung** und für alle übrigen **Vervielfältigungen** des JA oder ggf IFRS-EA jeder eG gilt § 328 „entsprechend" – also ohne weitere Erleichterungen. Dazu gehören auch Veröffentlichungen auf Grund der Satzung einer eG; § 6 Nr 5 GenG.

19 Die Prüfungspflicht über die fristgemäße und vollzählige Einreichung der einzureichenden Unterlagen liegt beim **Betreiber des Bundesanzeigers** (§ 329 Abs 1 S 1). Fällt die Prüfung negativ aus, unterrichtet dieser das für die Durchführung von Ordnungsgeldverfahren zuständige BAJ.

C. Rechtsfolgen einer Verletzung des § 339

22 Die Erzwingung einer ordnungsgemäßen Offenlegung ist im **Ordnungsgeldverfahren von Amts wegen** vorgesehen. Sofern die Prüfung durch den Betreiber des BAnz (s Anm 19) ergibt, dass die offenzulegenden Unterlagen (hierzu Anm 5, 15 ff) nicht fristgemäß oder unvollständig eingereicht wurden, obliegt ihm nunmehr nach § 329 Abs 4 die Pflicht, die für die Durchführung von Ordnungsgeldverfahren nach § 335 (bzw für Kredit-eG nach § 340o) zuständige Verwaltungsbehörde, das BAJ, zu unterrichten. Diesem obliegt dann die Pflicht zur Festsetzung eines Ordnungsgelds nach § 335 Abs 1 S 1 iHv mind € 2500 und höchstens € 25 000. Das Ordnungsgeld kann entweder gegen die eG oder gegen deren gesetzliche Vertreter festgesetzt werden (§ 335 Abs 1 S 1 und 2). Es muss zunächst angedroht werden. Wird die Offenlegungspflicht nicht innerhalb einer Frist von sechs Wochen nach Androhung erfüllt bzw ist das Unterlassen nicht mittels Einspruch gerechtfertigt, wird das Ordnungsgeld festgesetzt und kann bei Nichtbefolgung der Offenlegungspflicht wiederholt festgesetzt werden (zum Verfahren s § 335 Anm 20 ff).

Zum **Konzernabschluss** von eG (Anm 2) ist das Ordnungsgeld in § 21 PublG geregelt.

Vorschriften zur Festsetzung von Ordnungsgeld bei Verstößen gegen Offenlegungsvorschriften von JA und KA bei **Kreditgenossenschaften** finden sich in § 340o, der ebenfalls auf die Vorschriften des § 335 verweist.

Vierter Abschnitt. Ergänzende Vorschriften für Unternehmen bestimmter Geschäftszweige

Erster Unterabschnitt. Ergänzende Vorschriften für Kreditinstitute und Finanzdienstleistungsinstitute (§§ 340–340o)

Zweiter Unterabschnitt. Ergänzende Vorschriften für Versicherungsunternehmen und Pensionsfonds (§§ 341–341p)

Benutzerhinweis: Die §§ 340–340o (Ergänzende Vorschriften für Kreditinstitute und Finanzdienstleistungsinstitute) sowie die §§ 341–341o (Ergänzende Vorschriften für Versicherungsunternehmen und Pensionsfonds) sind im *Bilanz-Kommentar* nicht abgedruckt und kommentiert.

Fünfter Abschnitt. Privates Rechnungslegungsgremium; Rechnungslegungsbeirat

Vor § 342

Schrifttum zu Vor § 342, § 342 und § 342a: *Ernst* KonTraG und KapAEG sowie aktuelle Entwicklungen zur Rechnungslegung und Prüfung in der EU WPg 1998, 1025; *Budde/Steuber* Normsetzungsbefugnis eines deutschen Standard Setting Body DStR 1998, 1181; *Böcking/Orth* Offene Fragen und Systemwidrigkeiten bei den neuen Rechnungslegungs- und Prüfungsvorschriften des KonTraG und des KapAEG DB 1998, 1873; *Zitzelsberger* Überlegungen zur Einrichtung eines nationalen Rechnungslegungsgremiums in Deutschland WPg 1998, 246; *Hommelhoff/Schwab* Gesellschaftliche Selbststeuerung im Bilanzrecht – Standard Setting Bodies und staatliche Regulierungsverantwortung nach deutschem Recht BFuP 1998, 38; *Spanheimer* Spezifische Problemfelder des gesetzlichen Standardisierungsauftrages an den DSR gemäß § 342 Abs. 1 Nr. 1 HGB WPg 2000, 997; *Löw* Deutsches Rechnungslegungs Standards Committee ZBB 2001, 19; *Baetge/Krumnow* Das „Deutsche Rechnungslegungs Standards Committee" (DRSC) DB 2001, 769; *Scheffler* Neue Entwicklungen auf dem Gebiet der Rechnungslegung in FS Strobel, 5; *Küting/Dürr/Zwirner* Das Deutsche Rechnungslegungs Standards Committee – Standortbestimmung und künftige Aufgabenschwerpunkte BuW 2003, 133; *Burger/Sing/Ulbrich* Notwendige Reform der Finanzierung des DRSC KoR 2005, 123; IDW PS 201 Rechnungslegungs- und Prüfungsgrundsätze für die Abschlussprüfung FN-IDW 11/2009, 533; *DRSC* DRSC: Bilanzierungsgremium schafft Möglichkeit für nationale Neuordnung, DRSC-Pressemitteilung vom 28.6.2010; *DGRV* Neuausrichtung des DRSC – Stärkung des Mittelstands, Schreiben an das BMJ vom 11.10.2010; *DRSC* Eckpunkte einer Neukonzeption des deutschen Standardsetzers, DRSC-Quartalsbericht Q4/2010, 4; *Zwirner* Zur Notwendigkeit eines unabhängigen Rechnungslegungsgremiums in Deutschland StuB 2010, 627; *Haller* DRSC – No Future? KoR 2010, 1; *DRSC* Zum Stand der Neuordnung DRSC-Quartalsbericht Q1/2011, 4; Börsen-Zeitung vom 19.4.2011 Hoffnungsschimmer für Bilanzgremium DRSC, *DRSC* DRSC: die Zukunft ist gesichert DRSC-Pressemitteilung vom 30.5.2011; Börsen-Zeitung vom 31.5.2011 Zukunft des Bilanzgremiums DRSC gesichert; *DRSC* Neuer Verwaltungsrat konstituiert sich DRSC-Pressemitteilung vom 26.9.2011; *DRSC* Umsetzung der Neuordnung abgeschlossen DRSC-Quartalsbericht Q4/2011, 4; IDW PS 450 Grundsätze ordnungsmäßiger Berichterstattung bei Abschlussprüfungen) WPg 2006, 113 iVm WPg Suppl 4/2009, 1 und WPg Suppl 2/2012, 19; IDW PS 400 Grundsätze für die ordnungsmäßige Erteilung von Bestätigungsvermerken bei Abschlussprüfungen FN-IDW 12/2010, 537 ff iVm FN-IDW 1/2013, 11.

§ 342 wurde durch das KonTraG in das HGB eingefügt. Hierdurch wurde die **1** Möglichkeit geschaffen, ein **privates Rechnungslegungsgremium (Standard Setter)** durch Vertrag vom BMJ anerkennen zu lassen und diesem die Aufgabe zu übertragen, Empfehlungen zur Anwendung der Grundsätze über die Konzernrechnungslegung zu entwickeln. Aufgrund der Tatsache, dass der Aufgabenbereich des Standard Setter ausdrücklich auf die Konzernrechnungslegung beschränkt wurde (§ 342 Abs 1 S 1 Nr 1), wurde die Regelung in einen neu geschaffenen fünften Abschn des HGB aufgenommen.

Zum **Hintergrund für die Einführung** der §§ 342, 342a s 7. Aufl Vor **2** § 342 Anm 2, *Böcking/Dutzi* in Bilanzrecht § 342 Anm 2 ff).

Nachdem das DRSC im Dezember 2010 den mit dem BMJ geschlossenen **3** Standardisierungsvertrag kündigte und damit seine seit September 1998 bestehende Aufgabe als privates Rechnungslegungsgremium iSd § 342 niederlegte (s zum Hintergrund Voraufl § 342 Anm 3 sowie zum DRSC als ehemaliger Standardsetter

Vor § 342 4   Privates Rechnungslegungsgremium; Rechnungslegungsbeirat

7. Aufl § 342 Anm 1 ff), wurde mit *Standardisierungsvertrag* vom 2.12.2011 das neustrukturierte DRSC wiederum vom BMJ gem § 342 „als die zuständige Standardisierungsorganisation für Deutschland" anerkannt.

4   Das in der neu verabschiedeten Satzung festgelegte **Organisationsmodell** des DRSC besteht aus folgenden Organen und Gremien (vgl §§ 6 ff DRSC-Satzung vom 27.3.2012):
– **Mitgliederversammlung:** Mitglieder sind Unt und Verbände. Damit wurde der Kritik am vorherigen DRSC Rechnung getragen, in welchem nur große Unt und WPG, nicht aber Verbände als Interessenvertreter auch des Mittelstandes, vertreten waren. Die Aufgaben der Mitgliederversammlung bestehen in der Wahl, Abberufung und Entlastung der Mitglieder des Verwaltungsrats und Nominierungsausschusses sowie in der Bestimmung über Satzungsänderungen. Darüber hinaus ist sie zuständig für die Festsetzung der Höhe des Jahresbeitrags, den Wirtschaftsplan, die Feststellung des JA sowie Wahl des AP, alle wesentlichen Geschäftsführungsmaßnahmen, die Auflösung des Vereins und die Verwendung des Vermögens.
– **Verwaltungsrat:** Diesem gehören 20 ehrenamtliche Mitglieder an, die die Segmente kapitalmarktorientierte IndustrieUnt (10 Sitze), nichtkapitalmarktorientierte IndustrieUnt (2 Sitze), Banken (3 Sitze), Versicherungen (2 Sitze) und WP (3 Sitze) widerspiegeln. Der Verwaltungsrat legt die Grundsätze und Leitlinien für die Arbeit des Vereins, insb der Fachausschüsse und des Präsidiums fest (die aktuelle Fassung der Grundsätze und Leitlinien wurde am 22.11.2012 verabschiedet). Er wählt die Mitglieder der Fachausschüsse und kann diese beraten, ohne weisungsbefugt zu sein. Darüber hinaus bestellt, berät und überwacht er das Präsidium und kann beschließen, dass bestimmte Arten von Geschäften vom Präsidium nur mit seiner Zustimmung vorgenommen werden dürfen.
– **Nominierungsausschuss:** Dem Nominierungsausschuss gehören 7 ehrenamtlich tätige Mitglieder aus allen Segmenten an. Seine Aufgabe besteht in der Besetzung des Präsidiums, der Fachausschüsse sowie des Wissenschaftsbeirats.
– **Präsidium:** Das Präsidium besteht aus 2 hauptamtlichen Mitgliedern (Präsident und Vizepräsident) aus dem Bereich der Rechnungslegung. Diese sind die gesetzlichen Vertreter des Vereins gem § 26 BGB und leiten jeweils ohne Stimmrecht einen der beiden Fachausschüsse sowie nach Absprache den Wissenschaftsbeirat.
– **Fachausschüsse:** Es bestehen zwei unabhängige Fachausschüsse (für einerseits IFRS- und andererseits HGB-Fragestellungen) aus jeweils 7 ehrenamtlich tätigen Mitgliedern, die über besondere Fachkompetenz und Erfahrung auf dem Gebiet der Rechnungslegung verfügen müssen. Das BMJ hat in beiden Ausschüssen Gaststatus ohne Stimmrecht. Die Aufgaben des IFRS-Ausschusses bestehen in der Erarbeitung von Interpretationen zu IFRS-Fragestellungen iSd § 342 Abs 1 Nr 4 und Stellungnahmen zu IASB-Entwürfen. Dem HGB-Ausschuss obliegt die Erarbeitung von Rechnungslegungsstandards iSd § 342 Abs 1 Nr 1. Beide (IFRS-Ausschuss für kapmarktUnt, HGB-Ausschuss für nicht kapmarktUnt) sind darüber hinaus zuständig für die Zusammenarbeit mit der EFRAG, die Beratung (des BMJ) bei Gesetzgebungsvorhaben und zur Umsetzung von EU-Richtl (s § 342 Abs 1 Nr 2) sowie die Erarbeitung von Stellungnahmen zu EU-Richtl.
– **Wissenschaftsbeirat:** Aufgabe des Wissenschaftsbeirats, der vom Verwaltungsrat eingesetzt werden kann (diese Option wurde bislang, Stand September 2013, noch nicht in Anspruch genommen), ist die Beratung der Fachausschüsse. Die Mitglieder des Wissenschaftsbeirats müssen eine herausragende wissenschaftliche Fachkompetenz und Erfahrung im Bereich der Rechnungslegung haben.

Darüber hinaus besteht ein Mitarbeiterstab, der die Fachausschüsse unterstützt und Arbeitsgruppen bildet.
Die bisherigen zentralen Gremien des DRSC, der Deutsche Standardisierungsrat (DSR) sowie das Rechnungslegungs Interpretations Committee (RIC) übergaben in einer gemeinsamen Sitzung vom 19. und 20.12.2011 ihre Arbeit an die Mitglieder der beiden Fachausschüsse.

§ 342 Privates Rechnungslegungsgremium

(1) ¹Das Bundesministerium der Justiz kann eine privatrechtlich organisierte Einrichtung durch Vertrag anerkennen und ihr folgende Aufgaben übertragen:
1. Entwicklung von Empfehlungen zur Anwendung der Grundsätze über die Konzernrechnungslegung,
2. Beratung des Bundesministeriums der Justiz bei Gesetzgebungsvorhaben zu Rechnungslegungsvorschriften,
3. Vertretung der Bundesrepublik Deutschland in internationalen Standardisierungsgremien und
4. Erarbeitung von Interpretationen der internationalen Rechnungslegungsstandards im Sinn des § 315a Abs. 1.

²Es darf jedoch nur eine solche Einrichtung anerkannt werden, die aufgrund ihrer Satzung gewährleistet, daß die Empfehlungen und Interpretationen unabhängig und ausschließlich von Rechnungslegern in einem Verfahren entwickelt und beschlossen werden, das die fachlich interessierte Öffentlichkeit einbezieht.
³Soweit Unternehmen oder Organisationen von Rechnungslegern Mitglied einer solchen Einrichtung sind, dürfen die Mitgliedschaftsrechte nur von Rechnungslegern ausgeübt werden.

(2) Die Beachtung der die Konzernrechnungslegung betreffenden Grundsätze ordnungsmäßiger Buchführung wird vermutet, soweit vom Bundesministerium der Justiz bekanntgemachte Empfehlungen einer nach Absatz 1 Satz 1 anerkannten Einrichtung beachtet worden sind.

Übersicht

	Anm
A. Vorbemerkung	1
B. Aufgaben des Standardisierungsgremiums (Abs 1 S 1 Nr 1–4)	
I. Entwicklung von Standards (Abs 1 S 1 Nr 1)	8, 9
II. Beratung des BMJ (Abs 1 S 1 Nr 2)	10
III. Vertretung der Bundesrepublik Deutschland in internationalen Standardisierungsgremien (Abs 1 S 1 Nr 3)	11
IV. Erarbeitung von Interpretationen der internationalen Rechnungslegungsstandards im Sinne des § 315a Abs 1 (Abs 1 S 1 Nr 4)	12–13
C. Zusammensetzung, Unabhängigkeit und öffentliche Beteiligung (Abs 1 S 2 und 3)	15, 16
D. Bekanntmachung der Standards durch das BMJ (Abs 2)	17, 18
E. Vermutung der Richtigkeit (Abs 2)	19

Schrifttum: S Literatur zu Vor § 342

§ 342 1–10   Privates Rechnungslegungsgremium; Rechnungslegungsbeirat

A. Vorbemerkung

1   Das BMJ hat mit Standardisierungsvertrag vom 2.12.2011 das DRSC als privatrechtlich organisierte Einrichtung gem Abs 1 anerkannt und ihm die Aufgaben nach Abs 1 Nr 1–4 übertragen.

B. Aufgaben des Standardisierungsgremiums (Abs 1 S 1 Nr 1–4)

I. Entwicklung von Standards (Abs 1 S 1 Nr 1)

8   Abs 1 S 1 Nr 1 nennt an erster Stelle die Entwicklung von Empfehlungen zur Anwendung der Grundsätze über die Konzernrechnungslegung (*Scheffler* in FS Strobel, 5 ff regt an, den Aufgabenkreis auch auf den JA auszudehnen). § 4 Abs 1–5 des Standardisierungsvertrags bestimmt hierzu weitgehend das formale Prozedere im Hinblick auf die Einbeziehung der Öffentlichkeit, Ablauf der Verabschiedung von Standards und Interpretationen, Einhaltung bestehender Rechtsvorschriften sowie die Zusammensetzung des zuständigen Rechnungslegungsgremiums (hier: HGB-Ausschuss, s Vor § 342 Anm 4 und § 22 DRSC-Satzung idF vom 27.3.2012).

9   Nach dem Gesetzeswortlaut sollen die Empfehlungen/Standards inhaltlich die **Grundsätze über die Konzernrechnungslegung** weiterentwickeln. Darunter sind nicht nur die KonsGrundsätze (s § 300 Anm 1 ff), sondern allgemein die über § 297 Abs 2 auch im KA anzuwendenden (allgemeinen) GoB zu verstehen (zu Begriff, Rechtsnatur und Ermittlungsverfahren der GoB s § 243 Anm 1 ff). Eine strikte Trennung zwischen JA-GoB und Konzern-GoB ist über die Grundsatzvorschrift des § 297 Abs 2 nicht möglich (s auch *Böcking/Orth* DB 1998, 1877, *Spanheimer* WPg 2000, 1001). Insofern können die bislang entwickelten Standards, denen durch Bekanntmachung durch das BMJ eine Vermutungswirkung als „die Konzernrechnungslegung betreffende GoB" zukommt (Abs 2, hierzu ausführlich Anm 17 ff) auch eine Ausstrahlungswirkung auf die GoB für den JA haben.

Die vom BMJ bekannt gemachten Standards gelten nur für HGB-KA, woraus sich auch die inhaltliche Zuständigkeit des HGB-Ausschusses ableitet. Für nach § 315a erstellte IFRS-KA finden die Standards keine Anwendung, da hier direkt internationale Vorschriften zur Geltung kommen.

II. Beratung des BMJ (Abs 1 S 1 Nr 2)

10   Abs 1 S 1 Nr 2 nennt als weitere Aufgabe die Beratung des BMJ. Diese Verpflichtung ist in §§ 2, 5 und 6 des Standardisierungsvertrags ebenfalls festgeschrieben. Hier verpflichten sich das DRSC und das BMJ insb zur gegenseitigen Information über Vorgänge im Bereich der Rechnungslegung (nationales und internationales Standardisierungsgeschehen, wesentliche Vorgänge und Entwicklungen auf dem Gebiet des Vorschriftenwesens und der EU-Richtlinien im Bereich Rechnungslegung sowie wesentliche Vorgänge und Entwicklungen bei zwischenstaatlichen Vereinbarungen und der Tätigkeit amtlicher, zwischenstaatlicher Organisationen, die sich mit Fragen der Standardisierung beschäftigen). Darüber hinaus verpflichtet sich das DRSC aber auch, sein Rechnungslegungsgremium für Beratungen und gutachtliche Stellungnahmen auf dem Gebiet der Rechnungslegung auf Wunsch unentgeltlich zur Verfügung zu stellen. Die Beratungspflicht nach Abs 1 Nr 2 und auch in der Umsetzung durch den Standardisierungsvertrag ist dabei – im Gegensatz zur Aufgabe nach Abs 1 Nr 1 – inhaltlich nicht auf Fragen der Konzernrechnungslegung beschränkt. Dass auch das DRSC seine Aufgabenstellung über Konzernrechnungslegungsfragen hinausgehend sieht, zeigt dessen Satzung, die als Zweck des Vereins „die Beratung bei Gesetzgebungsvorhaben auf nationaler und EU-Ebene zu Rechnungslegungsvorschriften" sowie ganz allgemein „die Erhöhung der Qualität der Rechnungslegung" aufführt (s § 2 Abs 1b) und e) DRSC-Satzung). Die Beratungsaufgabe betrifft dabei sowohl HGB- (Zuständigkeit des HGB-Ausschusses, s § 22 DRSC-Satzung) als auch IFRS-Fragestellungen (Zuständigkeit des IFRS-Ausschusses, s § 21 DRSC-Satzung). Zur grds nicht möglichen Trennung reiner Konzern-GoB von JA-GoB s oben Anm 9.

III. Vertretung der Bundesrepublik Deutschland in internationalen Standardisierungsgremien (Abs 1 S 1 Nr 3)

Nach Abs 1 S 1 Nr 3 vertritt das privatrechtliche Rechungslegungsgremium Deutschland in internationalen Standardisierungsgremien. Dabei handelt es sich um eine reine Interessenrepräsentanz (*Böcking/Dutzi* in Bilanzrecht § 342 Anm 48), dh Aufgabe ist es, deutsche Interessen in internationalen Standardisierungsgremien zu vertreten. Nicht gewollt und zulässig ist die Übertragung exekutiver oder legislativer Kompetenzen vom BMJ an das Rechnungslegungsgremium (hierzu *Böcking/Dutzi* in Bilanzrecht § 342 Anm 47 mwN). Um welche internationalen Gremien es sich im Einzelnen handeln soll, wurde weder im Gesetz noch im Standardisierungsvertrag oder der DRSC-Satzung festgelegt, was *Böcking/ Dutzi* in Bilanzrecht § 342 Anm 46 als „zweckdienlich" bezeichnen, um der Dynamik der Institutionen gerecht werden zu können. In der Satzung ausdrücklich erwähnt wird jedoch die Zusammenarbeit mit der EFRAG (§ 21c), § 22b)). Diese wird auch in den am 22.11.2012 vom Verwaltungsrat verabschiedeten „Grundsätzen und Leitlinien für die Arbeit des DRSC" als „wichtiges Forum für die internationale Arbeit des DRSC" genannt, darüber hinaus wird dort aber auch ausgeführt, dass das DRSC „auch unmittelbar den Dialog mit dem IASB suchen" soll und sich auch aktiv mit anderen nationalen und internationalen Standardsettern austauschen soll (genannt werden hierbei explizit CFSS (EFRAG Consultative Forum of Standard Setters) sowie IFASS (International Forum of Accounting Standard Setters)). Nach § 6 des Standardisierungsvertrags verpflichtet sich das DRSC, das BMJ auf dessen Antrag in internationalen Organisationen zu vertreten und die hierfür anfallenden Kosten zu tragen.

IV. Erarbeitung von Interpretationen der internationalen Rechnungslegungsstandards im Sinne des § 315a Abs 1 (Abs 1 S 1 Nr 4)

Gem Abs 1 S 1 Nr 4 kommt dem privatrechtlichen Rechnungslegungsgremium auch die Aufgabe zu, Interpretationen der IFRS iSv § 315a Abs 1 zu erarbeiten. Hierfür ist nach § 21 DRSC-Satzung der IFRS-Ausschuss (s Vor § 342 Anm 4) zuständig. Da die Erarbeitung von Interpretationen der IFRS prinzipiell dem IFRS IC obliegt, können hierunter nur Fragestellungen fallen, die von diesem nicht behandelt werden, da ihnen entweder nur nationale Bedeutung zukommt oder eine allgemeinverbindliche Interpretationen durch das IFRS IC aufgrund unterschiedlicher rechtlicher Rahmenbedingungen in den einzelnen Ländern nicht möglich ist (als Probleme mit rein nationaler Bedeutung nennt die Begr RegE BilMoG beispielhaft ua iZm dem Insolvenzrecht aufgetretene Probleme bei der bilanzbefreienden Übertragung von Pensionsverpflichtungen auf Treuhänder; s zu weiteren Bsp Begr RegE BilMoG, S 213). IdS wird in den „Grundsätzen und Leitlinien für die Arbeit des DRSC" auch ausgeführt, dass das DRSC nur dann eigene Interpretationen erarbeitet, „wenn nationale deutsche Sachverhalte identifiziert werden, die nicht vom IFRS IC behandelt werden" und die „Zusammenarbeit mit und die Beratung des IFRS IC" die eigentlich „angestrebte Vorgehensweise" sei.

Gem der Begr RegE BilMoG (S 213) wird es dabei als selbstverständlich angesehen, dass die Erarbeitung der genannten Interpretationen in enger Zusammenarbeit mit dem IFRS IC erfolgen muss.

13   Bei den Interpretationen iSd Abs 1 S 1 Nr 4 handelt es sich nicht um Empfehlungen iSd Abs 2 (Begr RegE BilMoG, S 214). Ihre Bedeutung ist geringer als die von Standards. Deshalb sind Interpretationen auch nicht durch das BMJ bekannt zu machen, noch haben sie die Vermutung für sich, GoB der Konzernrechnungslegung zu sein (hierzu Anm 9).

C. Zusammensetzung, Unabhängigkeit und öffentliche Beteiligung (Abs 1 S 2 und 3)

15   Die Regelungen des Abs 1 S 2 und 3 sollen gewährleisten, dass die vom Rechnungslegungsgremium entwickelten Empfehlungen und Interpretationen „unabhängig und ausschließlich von Rechnungslegern" unter Einbeziehung der „fachlich interessierten Öffentlichkeit" entwickelt und beschlossen werden (S 2). Dabei dürfen die Mitgliedschaftsrechte an einem vom BMJ anerkannten Rechnungslegungsgremium nur von natürlichen Personen, nicht jedoch von Unt oder Organisationen von Rechnungslegern ausgeübt werden (S 3). Zu den Personen, die als Rechnungsleger gelten, zählen dabei (vgl Beschlussempfehlung und Bericht des Rechtsausschusses zum KonTraG, BT-Drs 13/10038) Personen, die als Dipl-Kfl, Dipl-Vw oder mit entspr Qualifikation die Handelsbücher oder die sonstigen in § 257 Abs 1 Nr 1 bezeichneten Unterlagen führen sowie Personen, die als WP, vBP, StB oder RA bei der Aufstellung der vorgeschriebenen JA oder KA handels- oder steuerrechtlich beraten oder Pflichtprüfungen von solchen Unterlagen durchführen. Auch inbegriffen sind Personen mit vergleichbaren Qualifikationen, die auf dem Gebiet der Rechnungslegung oder Prüfung, auch im Hochschul- oder staatlichem Bereich tätig sind.

16   Nur eine Organisation, die die in Anm 15 genannten Anforderungen aufgrund ihrer Satzungsbestimmungen gewährleistet, darf vom BMJ als Standardisierungsgremium anerkannt werden. Dieser Anforderung wird durch Regelungen der DRSC-Satzung zum Konsultationsprozess (§ 20 Abs 3), sowie zur notwendigen Fachkompetenz (§ 19 Abs 1) und zur Unabhängigkeit der Fachausschüsse (§ 19 Abs 2) Rechnung getragen. Die vom Verwaltungsrat verabschiedeten „Grundsätze und Leitlinien für die Arbeit des DRSC" führen in diesem Zusammenhang aus, dass die Mitglieder der Fachausschüsse „ihr Fachwissen unabhängig von Interessen (ihrer Arbeit- oder Auftraggeber, Verbänden, Lobbygruppen etc.) einbringen sollen", jedoch dennoch „die spezifischen Interessen der unterschiedlichen an der Rechnungslegung beteiligten Parteien im Blick zu halten" hätten.

D. Bekanntmachung der Standards durch das BMJ (Abs 2)

Um Verbindlichkeit zu erlangen, müssen die Standards vom BMJ bekannt gemacht werden (Abs 2). Die bislang bekannt gemachten DRS behielten damit auch nach der Kündigung des ersten Standardisierungsvertrags durch das DRSC (hierzu Vor § 342 Anm 3) bis zu einer etwaigen Änderung oder Aufhebung durch das BMJ ihre Gültigkeit und somit ihre Vermutungswirkung als GoB für die Konzernrechnungslegung (hierzu Anm 9). Das Gesetz lässt offen, ob das **BMJ** iZm der Bekanntmachung einen eigenen **Entscheidungsspielraum behält,** dh die Empfehlungen inhaltlich nochmals überprüfen kann oder muss und nur dann bekannt macht, wenn sie auch seinen materiell-rechtlichen Vorstellungen entsprechen oder ob keine oder höchstens eine formale Prüfung durch das BMJ stattfindet. Diese Frage ist auch in der GesetzesBegr nicht angesprochen; diese wiederholt nur die Erwartungshaltung der Praxis, dass das Gremium eigenverantwortlich Empfehlungen entwickelt und beschließt, die das BMJ bekannt macht (BT-Drs 13/10038 4.3.1998). Die Betonung der Eigenverantwortlichkeit des Standardisierungsrats spricht gegen eine gewollte, inhaltliche Mitwirkung des BMJ. Aus verfassungsrechtlichen und staatsrechtlichen Gründen müsste das BMJ jedoch mind eine **Kontrolle** vornehmen, ob die Standards und ihre Begr mit den gesetzlichen Zielen und Prioritäten übereinstimmen (*Hommelhoff/Schwab* BFuP 1998, 51; *Böcking/Dutzi* in Bilanzrecht § 342 Anm 84 sprechen sich für eine Ergebnisendkontrolle iSd Prüfung eines Verstoßes gegen zwingende handelsrechtliche Vorschriften aus).

Mit der **Bekanntmachung** haben die Standards die **Vermutung für sich, GoB für Konzernrechnungslegung** zu sein, erlangen aber keine Gesetzeskraft (*Ernst* WPg 1998, 1030; *Hommelhoff/Schwab* BFuP 1998, 45/47; *Budde/Steuber* DStR 1998, 1186), denn die Normsetzungsbefugnis obliegt allein dem Gesetzgeber (Art 20 Abs 2 S 1, Art 70 GG), der sie nur in dem engen verfassungsrechtlichen Rahmen des Art 80 Abs 1 GG auf die Exekutive delegieren kann. Eine Ermächtigung eines privatrechtlichen Rechnungslegungsgremiums zur Normsetzung besteht nicht und wäre aus verfassungsrechtlichen Gründen auch unzulässig (*Ernst* WPg 1998, 1030; *Budde/Steuber* DStR 1998, 1185; *Hommelhoff/Schwab* BFuP 1998, 43). Die gesetzliche Vermutungswirkung kann die Gerichte bei ihrer Auslegung der GoB nicht unwiderruflich binden (*Hommelhoff/Schwab* BFuP 1998, 42; *Ernst* WPg 1998, 1031).

E. Vermutung der Richtigkeit (Abs 2)

Abs 2 besagt, dass die Beachtung der bekannt gemachten Empfehlungen/Standards die Vermutung beinhaltet, dass das Unt damit die GoB, soweit sie die Konzernrechnungslegung betreffen, beachtet hat, dh im Konzern ordnungsgemäß Rechnung gelegt hat. Die Vermutung der Richtigkeit unterliegt umfangreicher, vor allem verfassungsrechtlicher und gesetzessystematischer Kritik (*Hommelhoff/Schwab* BFuP 1998, 42; *Budde/Steuber,* DStR 1998, 1184; *Zitzelsberger* WPg 1998, 253). Die Vermutung der Richtigkeit könnte dahin zu verstehen sein, dass den Standards eine über das Gesetz hinausgehende Wirkung beigemessen wird; das ist unzulässig. Ob die Empfehlungen/Standards im Einzelfall zu einer richtigen, gesetzmäßigen und damit ordnungsgemäßen Konzernbilanzierung geführt haben, kann im Rahmen unserer Rechtsordnung letztlich nur von den Gerich-

§ 342a Privates Rechnungslegungsgremium; Rechnungslegungsbeirat

ten entschieden werden (*Ernst* WPg 1998, 1031; *Böcking/Dutzi* in Bilanzrecht § 342 Anm 85 mwN, die jedoch in Anm 86 bei Abweichungen von bekannt gemachten DRS, die über das geltende Recht hinausgehen oder gesetzliche Wahlrechte einschränken, von einer erhöhten BegrPflicht ausgehen). Diese Entscheidung kann nicht „vermutet" werden. Rechtssystematisch besteht die Vermutung der Richtigkeit nur bis zum Gegenbeweis (*Hommelhoff/Schwab* BFuP 1998, 42; *Ebke/Paal* in MünchKomm HGB[22] § 342 Anm 24). Die praesumptio ist auch deshalb systemwidrig, weil sie sich auf die ordnungsmäßige Beachtung der GoB zur Konzernrechnungslegung bezieht, dh auf eine auslegungsfähige Rechtsfolge und nicht auf eine Tatsache, die allein, gem der Rechtsregel, einem Gegenbeweis zugänglich ist (*Hommelhoff/Schwab* BFuP 1998, 42). Hinzu kommt, dass ein Gegenbeweis bei Konzernrechnungslegungsfragen ohnehin nicht möglich ist, weil der KA – trotz der Pflicht zur Billigung – mangels formeller Feststellung (§ 172 AktG) weder anfechtbar ist (OLG Köln 17.2.1998 DB, 1855) noch nichtig sein kann; § 256 Abs 1, § 257 AktG (*Budde/Steuber* DStR 1998, 1184). Die Vermutung der Richtigkeit kann also allenfalls eine Beweiserleichterung sein (*Hommelhoff/Schwab* BFuP 1998, 42).

Trotz dieser rechtssystematischen Kritik kommt den bislang bekannt gemachten DRS über die in Abs 2 kodifizierte Vermutungswirkung als GoB eine *Bindungswirkung für den Berufsstand* zu (s IDW PS 201, Tz 12), so dass Verstöße gegen die DRS zu Konsequenzen für den BVm führen können (für Hinweise im BVm *Spanheimer* WPg 2000, 1006). Hierbei ist jedoch uE folgendermaßen zu differenzieren:

- Sofern die DRS *gesetzliche Regelungslücken* hinsichtlich der Konzernrechnungslegung durch Auslegung schließen (zB das Erfordernis der Zwischenergebniseliminierung auch bei downstream-Lieferungen gem DRS 8.30 f) und diese Auslegung im Einzelfall auch gerechtfertigt ist, führen wesentliche Verstöße nach § 322 Abs 4 iVm IDW PS 400 zu Konsequenzen für den BVm sowie den PrüfBer gem § 321 Abs 1 S 3, da sich der gesetzliche Prüfungsauftrag auch auf die Beachtung der (Konzern-)GoB bezieht.
- Sofern die DRS gesetzliche *Wahlrechte einschränken* (zB Gebot zur Zwischenergebniseliminierung entspr der bestehenden Beteiligungsquote gem DRS 8.30 iVm § 312 Abs 5 S 4), führt dies nach IDW PS 450, Tz 134 lediglich zur Berichterstattung im Prüfungsbericht, nicht jedoch zu Auswirkungen auf den BVm.
- Sofern die DRS *über das Gesetz hinausgehende* (oder in Ausnahmefällen – nicht durch den Auftrag des DSR gedeckte – gegen das Gesetz verstoßende) *Anforderungen* stellen (zB Erfordernis zusätzlicher Anhangangaben wie *Earnings Per Share* gem DRS 4.56 sowie Vorschriften zum JA), führt die Nichtbeachtung dieser Vorschriften zu keinerlei Konsequenzen für den BVm. Es sollte jedoch ein entspr Hinweis über die Nichtbeachtung dieser Vorschriften in den PrüfBer aufgenommen werden (so jetzt auch *Böcking/Dutzi* in Bilanzrecht § 342 Anm 93).

§ 342a Rechnungslegungsbeirat

(1) Beim Bundesministerium der Justiz wird vorbehaltlich Absatz 9 ein Rechnungslegungsbeirat mit den Aufgaben nach § 342 Abs. 1 Satz 1 gebildet.

(2) Der Rechnungslegungsbeirat setzt sich zusammen aus
1. **einem Vertreter des Bundesministeriums der Justiz als Vorsitzendem sowie je einem Vertreter des Bundesministeriums der Finanzen und des Bundesministeriums für Wirtschaft und Technologie,**

2. vier Vertretern von Unternehmen,
3. vier Vertretern der wirtschaftsprüfenden Berufe,
4. zwei Vertretern der Hochschulen.

(3) ¹Die Mitglieder des Rechnungslegungsbeirats werden durch das Bundesministerium der Justiz berufen. ²Als Mitglieder sollen nur Rechnungsleger berufen werden.

(4) ¹Die Mitglieder des Rechnungslegungsbeirats sind unabhängig und nicht weisungsgebunden. ²Ihre Tätigkeit im Beirat ist ehrenamtlich.

(5) Das Bundesministerium der Justiz kann eine Geschäftsordnung für den Beirat erlassen.

(6) Der Beirat kann für bestimmte Sachgebiete Fachausschüsse und Arbeitskreise einsetzen.

(7) ¹Der Beirat, seine Fachausschüsse und Arbeitskreise sind beschlußfähig, wenn mindestens zwei Drittel der Mitglieder anwesend sind. ²Bei Abstimmungen entscheidet die Stimmenmehrheit, bei Stimmengleichheit die Stimme des Vorsitzenden.

(8) Für die Empfehlungen des Rechnungslegungsbeirats gilt § 342 Abs. 2 entsprechend.

(9) Die Bildung eines Rechnungslegungsbeirats nach Absatz 1 unterbleibt, soweit das Bundesministerium der Justiz eine Einrichtung nach § 342 Abs. 1 anerkennt.

Übersicht

	Anm
A. Allgemeines (Abs 1 und 9)	1
B. Die Aufgaben des Rechnungslegungsbeirats (Abs 1)	2
C. Personelle Zusammensetzung (Abs 2 und 3)	3
D. Unabhängigkeit und Organisationsvorgaben (Abs 4–7)	4
E. Verbindlichkeit der Empfehlungen (Abs 8)	5

Schrifttum: s Vor § 342.

A. Allgemeines (Abs 1 und 9)

Abs 1 iVm Abs 9 weist die Bildung eines öffentlich-rechtlichen Rechnungslegungsbeirats als subsidiäre Alternative zur Einrichtung eines (privatrechtlichen) Rechnungslegungsgremiums iSd § 342 aus. Da das BMJ am 2.12.2011 das DRSC erneut als privatrechtliches Rechnungslegungsgremium iSd § 342 anerkannt hat, unterbleibt infolgedessen die Bildung eines derartigen öffentlich-rechtlichen Rechnungslegungsbeirats.

B. Die Aufgaben des Rechnungslegungsbeirats (Abs 1)

Der Rechnungslegungsbeirat hätte dieselben Aufgaben wie das Rechnungslegungsgremium; Abs 1 verweist auf § 342 Abs 1 S 1 (vgl § 342 Anm 8 ff).

C. Personelle Zusammensetzung (Abs 2 und 3)

Abs 2 gibt die Gesamtzahl der durch das BMJ zu berufenden (Abs 3) Personen vor sowie die proportionale Zusammensetzung des Beirats aus Vertretern der

§ 342a 4, 5   Privates Rechnungslegungsgremium; Rechnungslegungsbeirat

Unt, Hochschulen, wirtschaftsprüfenden Berufe und Ministerien. Die Beteiligung jeweils eines Vertreters von BMJ, BMF und BMW (3 von 13) würde den Beirat vom jetzigen privatrechtlichen Rechnungslegungsbeirat, dem DRSC, (s Vor § 342 Anm 3 f) unterscheiden, in dem die Bundesministerien nicht vertreten sind.

D. Unabhängigkeit und Organisationsvorgaben (Abs 4–7)

4   Abs 4 fordert von den Mitgliedern des Beirats eine unabhängige und nicht weisungsgebundene Aufgabenerfüllung und bestimmt die Tätigkeit im Beirat als ehrenamtlich. Letzteres ist für einen privatrechtlichen Standardisierungsrat nach § 342 nicht vorgeschrieben. Abs 5–7 enthalten Organisationsvorgaben, wonach das BMJ eine Geschäftsordnung für den Beirat erlassen kann (Abs 5) und dieser berechtigt ist, für bestimmte Sachgebiete Fachausschüsse und Arbeitskreise einzusetzen (Abs 6). Darüber hinaus werden feste Vorgaben für die Beschlussfähigkeit des Beirats sowie seiner Fachausschüsse und Arbeitskreise festgelegt (Abs 7).

E. Verbindlichkeit der Empfehlungen (Abs 8)

5   Da für die Empfehlungen des Rechnungslegungsbeirats § 342 Abs 2 entspr gilt (Abs 8), heißt das, dass diese ebenfalls vom BMJ bekannt zu machen wären und dass bei ihrer Beachtung durch die rechnungslegungs- und prüfungspflichtigen KonzernUnt die Vermutung der Richtigkeit bestünde. Diese rechtliche Folge, der bzgl der Empfehlungen/Standards des bisherigen privaten Rechnungslegungsgremiums/DRSC allenfalls die Wirkung einer Beweiserleichterung zukommt (vgl § 342 Anm 19), hätte bzgl der Empfehlungen des Rechnungslegungsbeirats uU eine andere rechtliche Wirkung. Zum möglichen *Normcharakter* von Empfehlungen eines Rechnungslegungsbeirats nach § 342a s zB *Budde/Steuber* DStR 1998, 1181; *Hommelhoff/Schwab* BFuP 1998, 52.

Sechster Abschnitt.
Prüfstelle für Rechnungslegung

§ 342 b Prüfstelle für Rechnungslegung

(1) ¹Das Bundesministerium der Justiz kann im Einvernehmen mit dem Bundesministerium der Finanzen eine privatrechtlich organisierte Einrichtung zur Prüfung von Verstößen gegen Rechnungslegungsvorschriften durch Vertrag anerkennen (Prüfstelle) und ihr die in den folgenden Absätzen festgelegten Aufgaben übertragen. ²Es darf nur eine solche Einrichtung anerkannt werden, die aufgrund ihrer Satzung, ihrer personellen Zusammensetzung und der von ihr vorgelegten Verfahrensordnung gewährleistet, dass die Prüfung unabhängig, sachverständig, vertraulich und unter Einhaltung eines festgelegten Verfahrensablaufs erfolgt. ³Änderungen der Satzung und der Verfahrensordnung sind vom Bundesministerium der Justiz im Einvernehmen mit dem Bundesministerium der Finanzen zu genehmigen. ⁴Die Prüfstelle kann sich bei der Durchführung ihrer Aufgaben anderer Personen bedienen. ⁵Das Bundesministerium der Justiz macht die Anerkennung einer Prüfstelle sowie eine Beendigung der Anerkennung im amtlichen Teil des Bundesanzeigers bekannt.

(2) ¹Die Prüfstelle prüft, ob der zuletzt festgestellte Jahresabschluss und der zugehörige Lagebericht oder der zuletzt gebilligte Konzernabschluss und der zugehörige Konzernlagebericht sowie der zuletzt veröffentlichte verkürzte Abschluss und der zugehörige Zwischenlagebericht eines Unternehmens im Sinne des Satzes 2 den gesetzlichen Vorschriften einschließlich der Grundsätze ordnungsmäßiger Buchführung oder den sonstigen durch Gesetz zugelassenen Rechnungslegungsstandards entspricht. ²Geprüft werden die Abschlüsse und Berichte von Unternehmen, deren Wertpapiere im Sinne des § 2 Abs. 1 Satz 1 des Wertpapierhandelsgesetzes an einer inländischen Börse zum Handel im regulierten Markt zugelassen sind. ³Die Prüfstelle prüft,
1. soweit konkrete Anhaltspunkte für einen Verstoß gegen Rechnungslegungsvorschriften vorliegen,
2. auf Verlangen der Bundesanstalt für Finanzdienstleistungsaufsicht oder
3. ohne besonderen Anlass (stichprobenartige Prüfung).

⁴Im Fall des Satzes 3 Nr. 1 unterbleibt die Prüfung, wenn offensichtlich kein öffentliches Interesse an der Prüfung besteht; Satz 3 Nr. 3 ist auf die Prüfung des verkürzten Abschlusses und des zugehörigen Zwischenlageberichts nicht anzuwenden. ⁵Die stichprobenartige Prüfung erfolgt nach den von der Prüfstelle im Einvernehmen mit dem Bundesministerium der Justiz und dem Bundesministerium der Finanzen festgelegten Grundsätzen. ⁶Das Bundesministerium der Finanzen kann die Ermächtigung zur Erteilung seines Einvernehmens auf die Bundesanstalt für Finanzdienstleistungsaufsicht übertragen.

(3) ¹Eine Prüfung des Jahresabschlusses und des zugehörigen Lageberichts durch die Prüfstelle findet nicht statt, solange eine Klage auf Nichtigkeit gemäß § 256 Abs. 7 des Aktiengesetzes anhängig ist. ²Wenn nach § 142 Abs. 1 oder Abs. 2 oder § 258 Abs. 1 des Aktiengesetzes ein Sonderprüfer bestellt worden ist, findet eine Prüfung ebenfalls nicht statt, soweit der Gegenstand der Sonderprüfung, der Prüfungsbericht oder eine gerichtliche Entscheidung über die abschließenden Feststellungen der Sonderprüfer nach § 260 des Aktiengesetzes reichen.

(4) ¹Wenn das Unternehmen bei einer Prüfung durch die Prüfstelle mitwirkt, sind die gesetzlichen Vertreter des Unternehmens und die sonstigen Personen, derer sich die gesetzlichen Vertreter bei der Mitwirkung bedienen, verpflichtet,

§ 342b   Prüfstelle für Rechnungslegung

richtige und vollständige Auskünfte zu erteilen und richtige und vollständige Unterlagen vorzulegen. ²Die Auskunft und die Vorlage von Unterlagen kann verweigert werden, soweit diese den Verpflichteten oder einen seiner in § 52 Abs. 1 der Strafprozessordnung bezeichneten Angehörigen der Gefahr strafgerichtlicher Verfolgung oder eines Verfahrens nach dem Gesetz über Ordnungswidrigkeiten aussetzen würde. ³Der Verpflichtete ist über sein Recht zur Verweigerung zu belehren.

(5) ¹Die Prüfstelle teilt dem Unternehmen das Ergebnis der Prüfung mit. ²Ergibt die Prüfung, dass die Rechnungslegung fehlerhaft ist, so hat sie ihre Entscheidung zu begründen und dem Unternehmen unter Bestimmung einer angemessenen Frist Gelegenheit zur Äußerung zu geben, ob es mit dem Ergebnis der Prüfstelle einverstanden ist.

(6) ¹Die Prüfstelle berichtet der Bundesanstalt für Finanzdienstleistungsaufsicht über:
1. die Absicht, eine Prüfung einzuleiten,
2. die Weigerung des betroffenen Unternehmens, an einer Prüfung mitzuwirken,
3. das Ergebnis der Prüfung und gegebenenfalls darüber, ob sich das Unternehmen mit dem Prüfungsergebnis einverstanden erklärt hat.
²Ein Rechtsbehelf dagegen ist nicht statthaft.

(7) Die Prüfstelle und ihre Beschäftigten sind zur gewissenhaften und unparteiischen Prüfung verpflichtet; sie haften für durch die Prüfungstätigkeit verursachte Schäden nur bei Vorsatz.

(8) ¹Die Prüfstelle zeigt Tatsachen, die den Verdacht einer Straftat im Zusammenhang mit der Rechnungslegung eines Unternehmens begründen, der für die Verfolgung zuständigen Behörde an. ²Tatsachen, die auf das Vorliegen einer Berufspflichtverletzung durch den Abschlussprüfer schließen lassen, übermittelt sie der Wirtschaftsprüferkammer.

Übersicht

	Anm
A. Grundlagen und Verfassung der Prüfstelle (Abs 1)	
I. Allgemeines	1–7
II. Anerkennung des Vereins	8
III. Innere Organisation des Vereins	9–12
B. Gegenstand und Anlass der Prüfung (Abs 2)	
I. Gegenstand der Prüfung	
1. Sachlich	13, 14
2. Zeitlich	15, 16
3. Prüfungsmaßstab	17
4. Prüfungsanlässe	19
a) Anlassprüfung (Abs 2 S 3 Nr 1)	20–22
b) Auf Verlangen der BaFin (Abs 2 S 3 Nr 2)	23
c) Stichprobenprüfung (Abs 2 S 3 Nr 3)	24–26
5. Ankündigung der Prüfung und ad hoc-Publizität	27–31
C. Verfahrensvorrang von Nichtigkeitsklage und Sonderprüfung (Abs 3)	
Subsidiarität des Enforcement	32–35
D. Auskunfts- und Offenlegungspflichten bei Mitwirkung des Unternehmens (Abs 4)	36–41
E. Mitteilung des Prüfungsergebnisses (Abs 5)	
I. Keine Korrekturvorgaben durch die Prüfstelle	42–44

Prüfstelle für Rechnungslegung § 342b

Anm

II. Rechtsfolgen festgestellter Fehler in der Rechnungslegung
1. Jahresabschluss 45, 46
2. Konzernabschluss 47
3. Stellungnahme des Unternehmens zum Prüfungsergebnis 48, 49
4. Keine Mitteilung an Dritte 51

F. **Berichterstattung der Prüfstelle an die BaFin (Abs 6)**
I. Mitteilungspflichten der Prüfstelle 52–55
II. Kein Rechtsbehelf 59

G. **Unabhängigkeit der Beschäftigten der Prüfstelle und Haftungsbegrenzung (Abs 7)**
I. Gewissenhafte und unparteiische Prüfung 60, 61
II. Haftung der Prüfstelle und ihrer Beschäftigten 62–65

H. **Anzeigepflicht der Prüfstelle bei Verdachtsmomenten (Abs 8)** 67, 68

I. **Fallbezogene Voranfragen bei der DPR** 80–84

J. **Bisherige Prüfungsschwerpunkte der DPR** 90–96

Schrifttum: *Mattheus/Schwab* Rechtsschutz für Aktionäre beim Rechnungslegungsenforcement, DB 2004, 1976; *Baetge/Lienau* Änderungen der Berufsaufsicht der Wirtschaftsprüfer, DB 2004, 2277; *WPK* Stellungnahme zu dem Regierungsentwurf eines Gesetzes zur Kontrolle von Unternehmensabschlüssen v 21.4.2004, WPK-Magazin 4/2004, 31; *Ernst* Regierungsentwurf des BilKoG, BB 2004, 936; *Großfeld* Bilanzkontrollgesetz – Offene Fragen und etwas Optimismus, NZG 2004, 105; *Leuzen/Kleinert* Bilanzkontrollgesetz, GmbHR 2004, R 049; *Hennrichs* Fehlerhafte Bilanzen, Enforcement und Aktienrecht, ZHR 2004, 383; *Müller* Prüfverfahren und Jahresabschlussnichtigkeit nach dem Bilanzkontrollgesetz, ZHR 2004, 414; *Mattheus/Schwab* Fehlerkorrektur nach dem Rechnungslegungs-Enforcement: Private Initiative vor staatlicher Intervention, BB 2004, 1099; *Kämpfer* Enforcementverfahren und Abschlussprüfer, BB 2005 Beilage 3, 13; *Gelhausen/Hönsch* Das neue Enforcement-Verfahren für Jahres- und Konzernabschlüsse, AG 2005, 511; *Mock* Bindung einer Aktiengesellschaft an einen im Enforcement-Verfahren festgestellten Fehler in nachfolgenden aktienrechtlichen Verfahren?, DB 2005, 987; *Seidel* Amtshaftung für fehlerhafte Bilanzkontrolle, DB 2005, 651; *Bräutigam/Heyer* Das Prüfverfahren durch die Deutsche Prüfstelle für Rechnungslegung, AG, 2006, 188; *Gahlen/Schäfer* Bekanntmachung von fehlerhaften Rechnungslegungen im Rahmen des Enforcementverfahrens: Ritterschlag oder Pranger?; *Scheffler* Auslegungs- und Ermessensfragen beim Enforcement, BB Special zu Heft 17, 2006, 2; *Heininger/Bertram* Der Referentenentwurf zur 7. WPO-Novelle (BARefG), DB 2006, 905; *DRSC* Stellungnahme zum Diskussionsentwurf eines Gesetzes der EU-Transparenzrichtlinie (TUG-E) vom 3. Mai 2006; *DRSC* Stellungnahme zum Regierungsentwurf eines Gesetzes zur Umsetzung der EU-Transparenzrichtlinie (TUG-E) vom 28. Juni 2006; *Gros* Enforcement der Rechnungslegung – Die DPR aus Sicht des Chief Financial Officers, DStR 2006, 246; *OLG Frankfurt a.M.* Vorlage von Arbeitspapieren des Abschlussprüfers im Enforcementverfahren vom 12.2.2007, BB 2007, 1383; *OLG Frankfurt a.M.* Anlassprüfung der Konzernrechnungslegung durch DPR – Widerspruch gegen Anordnung der BaFin, Fehler in Rechnungslegung zu veröffentlichen – Gerichtliche Prüfung der Rechtmäßigkeit der Anordnung im Wege des vorläufigen Rechtsschutzes, DB 2007, 1913; *Paal* Zur Vorlagepflicht von Arbeitspapieren des Abschlussprüfers im Enforcementverfahren, BB 2007, 1775; *Zülch/Pronobis* Gewährung einstweiligen Rechtsschutzes betreffend die Anordnung der Fehlerveröffentlichung im Enforcementverfahren, StuB 2007, 863; *Fölsing* Mitwirkungspflichten des Abschlussprüfers im Rechnungslegungsenforcement, StuB 2008, 391; *Kumm* Voraussetzungen der Fehlerfeststellung und Fehlerveröffentlichung im Enforcementverfahren, DB 2009, 333; *Zülch/Hoffmann* Voraussetzungen der Fehlerfeststellung und Fehlerveröffentlichung im Enforcement-Verfahren, StuB 2009, 209; *Zülch/Hoffmann*, Fehlen eines Prognoseberichts als wesentlicher Fehler der Rechnungslegung, StuB 2010, 83; *Zülch/Hoffmann* Rechtsprechung zum Rechnungslegungs-Enforcement in Deutschland – ein erster Überblick, DStR 2010, 945; DPR-Tätigkeitsberichte 2006–2010.

A. Grundlagen und Verfassung der Prüfstelle (Abs 1)

I. Allgemeines

1 §§ 342b–e schreiben ein zweistufiges „Enforcement-Verfahren" zur Überprüfung der Rechtmäßigkeit von UntAbschlüssen vor. Ziel dieses ergänzenden Verfahrens zur Prüfung der Ordungsmäßigkeit der Rechnungslegung von kapmarkt-Unt ist es, die Qualität der Rechnungslegung (präventiv) zu verbessern, Unregelmäßigkeiten aufzudecken und dadurch das Vertrauen in den Kapitalmarkt zu stärken.

2 Im ersten Schritt obliegt dem privatrechtlichen *Deutsche Prüfstelle für Rechnungslegung DPR e. V.* („Prüfstelle") die Überprüfung der Einhaltung nationaler und internationaler Rechnungslegungsvorschriften durch die Unt; die Prüfstelle ist dabei auf die freiwillige Mitwirkung der Unt angewiesen. Der Verein wurde noch während des Gesetzgebungsverfahrens mit Sitz in Berlin gegründet und am 10.9.2004 in das Vereinsregister eingetragen. International tritt der Verein unter der Bezeichnung „Financial Reporting Enforcement Panel" (FREP) auf. Im Falle von Verstößen oder fehlender Mitwirkung des betroffenen Unt setzt die BaFin auf der sog zweiten Stufe ggf die Prüfung und Veröffentlichung von Bilanzfehlern mit hoheitlichen Mitteln durch. Dieses Recht besteht auch, wenn die BaFin erhebliche Zweifel an der Richtigkeit des Prüfungsergebnisses der Prüfstelle oder an der ordnungsgemäßen Durchführung der Prüfung hat, § 37p Abs 1 WpHG. Die Verbindung von privatrechtlichem mit staatlichem *Oversight* soll den kapmarktUnt die Möglichkeit geben, Unstimmigkeiten über Bilanzierungsfragen auf privatrechtlicher Ebene mit einem Gremium qualifizierter Fachleute, aus denen sich die Prüfstelle zusammensetzt, zu lösen (s BT-Drs 15/3421, 11 ff).

3 Mit den internationalen Gepflogenheiten entspr unabhängigen Enforcement-Institution in Form von Prüfstelle und BaFin besteht eine „dritte Säule" im System der Überprüfung von JA neben dem Aufsichtsrat (interne Kontrolle) und dem AP (externe Kontrolle). Damit können auch Verstöße gegen die Konzernrechnungslegungsvorschriften aufgegriffen werden (das System der §§ 256 ff AktG ist auf die Überprüfung des JA beschränkt). Das TUG, das der Umsetzung der Transparenzrichtlinie (Richtl 2004/109/EG) dient, ermöglicht erstmalig die Überprüfung der Halbjahresfinanzberichte iSd § 37w WpHG (vgl BR-Drs 579/06, 132) im zweistufigen Enforcement-Verfahren.

4 Flankiert wird die öffentliche Kontrolle des Kapitalmarkts durch das Abschlussprüferaufsichtsgesetz („APAG") v 27.12.2004 (BGBl I, 3846) und durch das Berufsaufsichtsreformgesetz („BARefG") v 3.9.2007 (BGBl I, 2178). Das APAG unterstellt die AP sowie die WPK einer letztverantwortlichen, berufsstandsunabhängigen Abschlussprüferaufsichtskommission in modifizierter Selbstverwaltung (zum APAG s *Schmidt/Kaiser* Öffentliche Aufsicht über Abschlussprüfer, WPK Magazin 3/2004, 38).
Als zentrale Neuregelung der Berufsaufsicht verpflichtet das BARefG die WPK bei konkreten Hinweisen, anlassunabhängige Sonderuntersuchungen bei WP und WPG durchzuführen, die gesetzliche APr bei kapmarktUnt iSd § 319a durchführen (vgl *Heininger/Bertram* DB 2006, 905 ff).

5 In §§ 342b–e ist die erste Stufe des Enforcement-Verfahrens, dh die Prüfstelle, die Verschwiegenheitspflicht ihrer Beschäftigten, ihre Finanzierung sowie die

Sanktion bei Verstoß gegen Mitwirkungspflichten, geregelt; die zweite Stufe, dh Befugnisse der BaFin sowie Verfahrensregelungen, ist in einem neu eingefügten „Abschnitt 11 Überwachung von Unternehmensabschlüssen" im WpHG (§§ 37 n–u WpHG) geregelt.

Die Prüfstelle wird nicht hoheitlich beliehen, sie übt keine Hoheitsbefugnisse aus; „Zweck des Vereins ist 7
- die Trägerschaft einer weisungsunabhängigen Prüfstelle nach §§ 342b bis 342e;
- die fachliche Zusammenarbeit der Prüfstelle mit nationalen Enforcement-Einrichtungen im Ausland und entspr internationalen Organisationen im Rahmen des Gesetzes" (§ 2 Abs 1 der Satzung, veröffentlicht auf der Homepage der Prüfstelle, http://www.frep.info).

II. Anerkennung des Vereins

Die Tätigkeit der Prüfstelle wurde durch das BMJ im Einvernehmen mit dem 8
BMF anerkannt. Der Anerkennungsvertrag wurde mit Datum v 30.3.2005 abgeschlossen.

III. Innere Organisation des Vereins

Gründungsmitglieder waren 15 Berufs- und Interessenvertretungen (derzeit 9
17 Mitglieder) aus dem Bereich der Rechnungslegung, wobei die Mitgliedschaft auch weiteren Vereinigungen von Rechnungslegern und Rechnungslegungsnutzern offen steht; Unt, WPG und natürliche Personen sind von der Mitgliedschaft ausgeschlossen. Während der Anerkennungsvertrag die in Abs 1 S 2 niedergelegten Mindestbedingungen regelt, die der Verein im Hinblick insb auf seine personelle Zusammensetzung zu erfüllen hat, ist die Verfahrensordnung die materielle Grundlage für die Prüftätigkeit der Prüfstelle, in der die wesentlichen Eckpunkte der Durchführung der im Anerkennungsvertrag übertragenen Aufgaben geregelt sind. Auf der Grundlage der Verfahrensordnung werden die Prüfprogramme für die drei Arten der Prüfungen bzw Prüfungsanlässe entwickelt (s Abs 2 S 3).

Organe des Vereins sind Vorstand, Nominierungsausschuss, Prüfstelle sowie 10
die mind jährlich tagende Mitgliederversammlung (zu den jeweiligen Zusammensetzungen und Aufgaben der Organe s §§ 6–12 der Satzung). Änderungen der Satzung und der Verfahrensordnung, die nach Abschluss des Anerkennungsvertrags erfolgen sollen, bedürfen der Genehmigung des BMJ im Einvernehmen mit dem BMF.

Die privatrechtliche erste Stufe ist allerdings keine zwingende Voraussetzung 11
für die Erreichung des Gesetzeszwecks, nämlich der Einführung eines Enforcement-Verfahrens in Deutschland: Würde der Anerkennungsvertrag gekündigt, weil der Verein die im Gesetz verankerten Voraussetzungen für eine Anerkennung nicht erfüllen kann, zB aufgrund fehlender finanzieller Mittel, würde die erste Stufe ersatzlos entfallen und die BaFin die Befugnisse der Prüfstelle übernehmen (s § 37n WpHG).

Abs 1 S 4 stellt klar, dass sich die Prüfstelle zur Durchführung ihrer Prüfungen 12
auch anderer Personen, zB von ihr beauftragter WP, bedienen kann (wie auch die BaFin). Da die finanziellen Möglichkeiten der Prüfstelle beschränkt sind, ist das Vorhalten eines großen Personalstamms nicht möglich; das Ausweichen auf externe WP und WPG erlaubt den flexiblen Einsatz von Fachleuten. Insoweit folgt der deutsche Gesetzgeber nicht dem Beispiel der USA, wo die Prüfung von UntAbschlüssen der SEC zugewiesen ist und diese ausschließlich eigenes Personal einsetzt.

B. Gegenstand und Anlass der Prüfung (Abs 2)

I. Gegenstand der Prüfung

1. Sachlich

13   Der Überprüfung unterliegen alle Teile des zuletzt festgestellten JA und des zugehörigen Lageberichts, des zuletzt gebilligten KA und Konzernlageberichts, des zuletzt veröffentlichten verkürzten Abschlusses und des zugehörigen Zwischenlageberichts (inkl des Vorliegens des Bilanzeides; vgl BR-Drs 579/06, 128) derjenigen Unt, deren Wertpapiere iSd § 2 Abs 1 S 1 WpHG an einer inländischen Börse zum Handel im regulierten Markt zugelassen sind. Nicht erfasst sind damit Unt, deren Wertpapiere im Freiverkehr gehandelt werden. Die Aufzählung der Prüfungsgegenstände ist als abschließend anzusehen; damit sind Abschlüsse von TU, sonstige Sonderberichte wie Bericht des Verschmelzungsprüfers, § 12 UmwG, oder Bericht über die Angemessenheit der Barabfindung gem § 327c Abs 2 AktG ausgeschlossen. Einbezogen sind auch die KFR und der EK-Spiegel (§§ 264 Abs 1 S 2, 297 Abs 1 S 1), in den Fällen der §§ 264 Abs 1 S 2 Hs 2, § 297 Abs 1 S 2 auch die SegBerE sowie alle freiwilligen Angaben, soweit sie eine nicht nur völlig untergeordnete Informationsfunktion haben.

Im Hinblick auf den Lagebericht bzw Konzernlagebericht ist ein Urteil des OLG Frankfurt zu beachten, demzufolge der Prognosebericht einen essenziellen Bestandteil des jeweiligen (Konzern-)Lageberichts darstellt. Das Fehlen bzw die Nichtstellung eines Prognoseberichts konstituiere einen wesentlicher Fehler und würde dementsprechend zu Recht durch die DPR (und durch die BaFin auf der zweiten Enforcement-Verfahrensstufe) festgestellt. Das Gericht weist in seiner Urteilsbegründung darauf hin, dass auch erschwerte Umstände (zB Finanz- und Wirtschaftskrise) nicht als Begr für die Nichterstellung eines Prognoseberichts dienen könnten (vgl OLG Frankfurt 24.11.2009, DB 2009, 2773 ff; *Zülch/Hoffmann* StuB 2010, 83 ff; *Zülch/Hoffmann*, DStR 2010, 945 ff).

14   Da alle kapmarktUnt der Prüfung unterworfen sind, erstreckt sich das Enforcement auch auf ausländische Unt, deren Wertpapiere im Sinne des § 2 Abs 1 S 1 des WpHG (insb Aktien, Schuldtitel) an einer deutschen Börse zum Handel im regulierten Markt (ggf zusätzlich zu einem Listing im Herkunftsland) zugelassen sind. Zumindest auf der ersten Stufe ergeben sich hier keine Verfahrensprobleme, da die Prüfstelle mangels hoheitlicher Befugnisse nur bei freiwilliger Mitwirkung des Unt prüfen darf. Nicht geregelt ist die Zusammenarbeit der Prüfstelle mit einer Aufsichtsbehörde im Herkunftsland. § 2 Abs 1 (b) der Vereinssatzung weist der Prüfstelle allerdings die fachliche Zusammenarbeit mit nationalen Enforcement-Einrichtungen im Ausland zu.

2. Zeitlich

15   Die Prüfung ist auf den **zuletzt festgestellten** JA mit Lagebericht oder den **zuletzt gebilligten** KA mit Konzernlagebericht sowie auf den **zuletzt veröffentlichten** verkürzten Abschluss und den zugehörigen Zwischenlagebericht beschränkt. Allerdings gibt es keine Frist, innerhalb derer die Prüfung eingeleitet werden muss, wie zB bei Antrag auf Bestellung eines Sonderprüfers, § 258 Abs 2 S 1 AktG. Die Beschränkung auf den zuletzt festgestellten JA bzw gebilligten KA sowie den zuletzt veröffentlichten verkürzten Abschluss soll dem Interesse des Kapitalmarkts an endgültigen UntAbschlüssen und Rechtssicherheit dienen.

16   Andererseits kann die Beschränkung auch zu einer „überholenden Erledigung" des Prüfverfahrens durch Verabschiedung des Folge-JA/-KA führen, wenn

Feststellung bzw Billigung durch AR bereits erfolgt ist und als zunächst unternehmensinterner Vorgang der Prüfstelle nicht bekannt ist, s *Müller* ZHR 2004, 415. Entscheidend ist insoweit eine nach außen erkennbare Verfahrenseinleitung durch die Prüfstelle, deren Regelung in der Verfahrensordnung niedergelegt ist. Ein anhängiges Prüfungsverfahren kann dann nicht mehr durch Verabschiedung des Folgeabschlusses außer Kraft gesetzt werden.

3. Prüfungsmaßstab

Geprüft wird gem Abs 2 S 1 **ausschließlich** die Einhaltung der für die Rechnungslegung geltenden gesetzlichen Vorschriften einschl GoB oder der sonstigen durch Gesetz zugelassenen Rechnungslegungsstandards, insb IFRS, vgl § 325 Abs 2a, § 315a. Für den (Konzern-)Lagebericht soll die Prüfung entspr § 317 Abs 2 erfolgen, wobei ausweislich der Gesetzesbegr der Prüfungsmaßstab aber nicht identisch mit dem der JAP sein soll. Insb ist § 317 Abs 4 nicht Prüfungsmaßstab. Die Bestimmungen der Satzung, die Rechnungslegungsrelevanz haben, sind Prüfungsmaßstab. Der Gesetzeswortlaut stellt keine Anforderungen an die Schwere der Verstöße (mit Ausnahme von Abs 2 S 4, s dazu Anm 22); dh, es gibt keine Beschränkung der Prüfung auf Fehler, die gem § 256 AktG zur Nichtigkeit des JA führen würden.

4. Prüfungsanlässe

Es gibt zwei Fälle **reaktiver Kontrolle,** nämlich bei Vorliegen konkreter Anhaltspunkte für einen Verstoß gegen Rechnungslegungsvorschriften und auf Verlangen der BaFin sowie einen Fall **proaktiver Kontrolle** ohne besonderen Anlass, dh stichprobenartig, Abs 2 S 3. Eine stichprobenartige Prüfung verkürzter Zwischenabschlüsse und Zwischenlageberichte findet allerdings nicht statt. Ferner bleiben Zwischenmitteilungen nach § 37x WpHG von der Kontrolle ausgenommen, da lt Gesetzesbegr diese als nicht geeignet für die Prüfung durch die DPR angesehen werden (vgl BR-Drs 579/06, 128). Eine freiwillige Prüfung auf Initiative des Unt ist nicht zulässig, die Aufzählung in Abs 2 ist abschließend. Es gibt keinen Anspruch auf verbindliche Auskunft (s auch Anm 84).

a) Anlassprüfung (Abs 2 S 3 Nr 1)

Die Prüfstelle prüft, „soweit" konkrete Anhaltspunkte für Verstöße vorliegen. Das „soweit" ist als sachliche Begrenzung des Prüfungsgegenstands zu verstehen und verdeutlicht, dass sich die Prüfung auf Sachverhalte beschränkt, hinsichtlich derer Anhaltspunkte für Verstöße bestehen (keine nochmalige JAP, s Anm 17) oder im Rahmen einer Prüfung weitere solche Sachverhalte bekannt werden.

Das BMJ und die Gesetzesbegr wollen zwar Anhaltspunkte durch Hinweise von zB Aktionären, Gläubigern, Arbeitnehmern („whistleblowing") oder Berichte der Wirtschaftspresse ausreichen lassen (s Presseerklärung des BMJ v 29.10.2004 zur Verabschiedung des BilKoG), aber bloße Unterstellungen dürfen aus UntSchutzgründen nicht ausreichend sein. Die Gesetzesbegr verlangt „konkrete Umstände tatsächlicher Art..., bloße Vermutungen, Spekulationen oder Hypothesen reichen nicht aus", s BT-Drs 15/3421, 14 (aA *Bräutigam/Heyer* AG 2006, 188, die eine Ermittlung bis zur Feststellung eines Anfangsindizes analog zur StPO als zulässig ansehen). Aus diesem Grund kann die Prüfstelle eine Vorprüfung durchführen, um entscheiden zu können, ob es sich um einen konkreten Anhaltspunkt handelt. Die Prüfstelle verfügt zu diesem Zweck über einen Vorprüfungsausschuss, „der über das Vorliegen der Voraussetzungen für die Einleitung einer Prüfung entscheidet" (*Bräutigam/Heyer* AG 2006, 188); (vgl § 3 Abs 1 Nr 3 und § 17 Abs 1 S 1 Verfahrensordnung).

22   Abs 2 S 4 sieht vor, dass die Anlassprüfung unterbleibt, wenn kein öffentliches Interesse daran besteht. Die Gesetzesbegr verneint das öffentliche Interesse bei offensichtlich unwesentlichen Verstößen gegen Rechnungslegungsvorschriften, die eine Information an den Kapitalmarkt nicht erforderlich erscheinen lassen (BT-Drs 15/3421, 14). Nach *Hennrichs* ZHR 2004, 403 muss das fehlende Interesse an der Prüfung „offensichtlich" sein. Unter dem Gesichtspunkt des mit der Errichtung der Prüfstelle verfolgten Zwecks ist dem zuzustimmen. Ein lückenloses Nachgehen jedes Hinweises als Konsequenz ist bei der derzeitigen Personalaustattung der Prüfstelle nicht möglich.

Nach *Seidel* DB 2005, 651 besteht bei konkreten Anhaltspunkten eine Amtspflicht zum Tätigwerden sowohl der Prüfstelle als auch der BaFin, bei Verstoß sollen Amtshaftungsansprüche geschädigter Investoren drohen.

b) Auf Verlangen der BaFin (Abs 2 S 3 Nr 2)

23   Die BaFin kann unter den Voraussetzungen des § 37o Abs 1 WpHG („konkrete Anhaltspunkte für Rechnungslegungsverstöße") gem § 37p Abs 2 WpHG die Einleitung einer Prüfung auf der ersten Stufe verlangen.

Ein **originäres** Prüfungsrecht hat die BaFin sonst nur dort, wo Doppelprüfungen nach § 44 Abs 1 S 2 KWG oder § 83 Abs 1 Nr 2 VAG (aufsichtsrechtliche Sonderprüfungen der BaFin einerseits und Enforcement-Prüfungen andererseits) zulässig sind und aus Gründen der Verfahrensökonomie vermieden werden sollen.

c) Stichprobenprüfung (Abs 2 S 3 Nr 3)

24   Die stichprobenartige Auswahl von Unt zur Prüfung ohne besonderen Anlass unterstreicht das präventive Element des Enforcement-Verfahrens. **Grundsätze** für die stichprobenartige Prüfung wurden durch die Prüfstelle im Einvernehmen mit dem BMJ und dem BMF am 5.9.2005 festgelegt und mittlerweile durch die Grundsätze vom 20.4.2009 ersetzt. Danach wurde den **Anlassprüfungen der Vorrang vor Stichprobenprüfungen** eingeräumt. Stichprobenprüfungen erfolgen nur in dem Umfang, soweit die Kapazitäten der DPR nicht durch Anlassprüfungen in Anspruch genommen sind. Als Auswahlverfahren für die Stichprobenprüfungen wurde ein kombinertes System aus risikoorientierter Auswahl und Zufallsauswahl bestimmt (s auch Grundsätze für die stichprobenartige Prüfung der DPR unter http://www.frep.info/docs/2009-04-20_grundsaetze_stich probenartige_pruefung.pdf). Die beabsichtigten Prüfungsintervalle der Prüfstelle betragen für DAX-, MDAX-, TecDax und SDAX-Unt maximal vier bis fünf Jahre und für andere kapmarktUnt maximal acht bis zehn Jahre (vgl *Scheffler* BB Special 2006, 6). Gem Abs 2 S 6 kann das BMF seine diesbzgl Kompetenz auf die BaFin übertragen. Abs 2 S 4 sieht vor, dass die Stichprobenprüfung bei dem verkürzten Abschluss und dem zugehörigen Zwischenlagebericht unterbleibt.

25   Der Umfang der Prüfungen – und damit auch ihre Präventivwirkung – steht in unmittelbarer Korrelation zur finanziellen Ausstattung der Prüfstelle. Gleiches gilt für die Prüfungstiefe – es soll keine zweite JAP geben –, aber je größer und komplexer das zu prüfende Unt ist, desto abhängiger ist die Prüfstelle von dem ihr gewährten Budget.

26   Eine Vorgabe des Gesetzgebers für die festzulegenden Grundsätze ist eine Schichtung der Unt in verschiedene Gruppen, etwa nach Umsatzgröße oder Börsenwert, Risikoklasse – wie bspw erstmaliges Börsenlisting, kritische Entwicklungen der Branche oder starke Veränderungen der Geschäftstätigkeit (vgl *Scheffler*

BB Special 2006, 6) – oder Zugehörigkeit zu einer DAX-Gruppe. Schließlich soll lt Gesetzesbegr ein themenbezogener Ansatz gewählt werden.

5. Ankündigung der Prüfung und ad hoc-Publizität

Das Gesetz macht der Prüfstelle keine verfahrensmäßigen Vorgaben. Die Verfahrensregeln sind in der Verfahrensordnung der Prüfstelle festgelegt (s Anm 9). Allerdings enthalten die Verfahrensregeln **keine** Regelung zur Handhabung der Ankündigung der Prüfung oder der ad hoc-Publizität. Die Praxis hat jedoch gezeigt, dass die Prüfstelle die Unt in der Regel ca zwei Wochen vor der Einleitung einer Prüfung informiert. Das Unt hat nach Erhalt der Ankündigung einer Prüfung die Wahl, ob es mit der Prüfstelle kooperieren möchte. Die Frist von zwei Wochen kann insbesondere bei Stichprobenprüfungen unterschritten werden. 27

Dies kann zumindest nicht generell für die Anlassprüfung nach Nr 1 gelten, da der Prüfungserfolg durchaus auch vom **Überraschungseffekt** abhängen kann. Andererseits stehen der Prüfstelle keine hoheitlichen Mittel zu, und sie ist auf die freiwillige Mitwirkung der Unt angewiesen, so dass ein ankündigungsloser Prüfungsbeginn auch im Fall der Nr 1 nicht zulässig sein kann. Dem Unt muss ein Mindestmaß an Zeit eingeräumt werden, die eigene rechtliche Position zu analysieren und die Verhaltensweise (Mitwirkung oder nicht) festzulegen. Hierfür wird man mind zehn Arbeitstage gewähren müssen. 28

Die Prüfungsankündigung sollte dem Unt eine **Frist** zur Erklärung seiner Mitwirkungsbereitschaft setzen, ansonsten ist nicht klar, ab welchem Zeitpunkt im Prüfungsprozess die Auskunftspflicht nach Abs 4 gilt (s Anm 36 ff). Verweigert das Unt seine Bereitschaft zur Mitwirkung, informiert die Prüfstelle die BaFin über diese Verweigerung. Die BaFin wird dann im eigenen pflichtgemäßen Ermessen auf der zweiten Stufe des Enforcements eine Prüfung hoheitlich anordnen. 29

Unter den verschärften Grundsätzen zur ad hoc-Publizität kann die Bekanntgabe der Einleitung eines Prüfungsverfahrens ein für das Unt **bekanntmachungspflichtiges,** da potenziell kursbeeinflussendes, Ereignis darstellen (s § 342c Anm 3). Nach Ziff IV. 2.2.4. des Emittentenleitfadens der BaFin v 27.4.2009 kann der Verdacht auf Bilanzmanipulation eine veröffentlichungspflichtige Insiderinformation darstellen. 30

Zumindest in den Prüfungsfällen der Nrn 1 und 2 ist eine negative Publizität mit möglicherweise schwerwiegenden Folgen für das Unt zu erwarten, was die Anforderungen an die Sorgfalt der Prüfstelle, aber auch an die Qualität ihrer Prüfungen und der eingesetzten Prüfer unterstreicht. 31

C. Verfahrensvorrang von Nichtigkeitsklage und Sonderprüfung (Abs 3)

Subsidiarität des Enforcement

Abs 3 regelt die Subsidiarität des Enforcement im Verhältnis zu Sonderprüfungen (§§ 142 ff, 258 ff AktG) und zur Nichtigkeitsklage (§ 256 AktG). Die Sperrwirkung der aktienrechtlichen Institute soll die Gefahr divergierender Entscheidungen ausschließen und ist deshalb sachgerecht. 32

Die Prüfstelle erfährt durch die BaFin von anhängigen Sonderprüfungen oder Nichtigkeitsklagen, § 37p Abs 3 WpHG; §§ 142 Abs 7, 256 Abs 7, 261a AktG normieren die vorgeschaltete Benachrichtigungspflicht ggü der BaFin. Allerdings sind die Verfahren im Hinblick auf Voraussetzungen, Zielrichtung und Rechts- 33 folgen nicht zwingend deckungsgleich, was im Einzelfall zu Rechtsproblemen und ungewollter Ausdehnung der Sperrwirkung führen kann (vgl *Müller* ZHR 2004, 414, 419; *Hennrichs* ZHR 2004, 383, 404 ff). Die Sperrwirkung des Abs 3 erfasst KA und verkürzte Zwischenabschlüsse nicht, da die aktienrechtlichen Institute nur für den JA gelten.

34 Ein bereits eingeleitetes Prüfverfahren ist zu unterbrechen, wenn eine Nichtigkeitsklage, die nicht fristgebunden ist, sondern lediglich innerhalb der Heilungsfristen des § 256 Abs 6 AktG erhoben werden muss, prozessanhängig wird.

Führt die Nichtigkeitsklage rechtskräftig nicht zum Erfolg, kann die Prüfstelle ihre Prüfung wieder aufnehmen und ggf zu einem anders lautenden Ergebnis gelangen. Ein solches Nacheinander von Klage und Prüfung muss wegen der rechtzeitigen Anhängigkeit der Prüfung auch zulässig sein, wenn zwischenzeitlich der Folgeabschluss festgestellt wurde, Abs 2 S 1. Umgekehrt kann aber auch nach Abschluss des Prüfverfahrens noch Nichtigkeitsklage erhoben werden.

Bei erfolgreicher Nichtigkeitsklage dürfte kein öffentliches Interesse an einer Fortsetzung des Prüfverfahrens bestehen; allerdings sollte das Unt aus Gründen der Rechtssicherheit von der Prüfstelle entspr informiert werden. Eine Bindung des Gerichts an die Entscheidung der Prüfstelle besteht nicht. Andererseits wirkt ein rechtskräftiges Nichtigkeitsurteil ggü jedermann und bindet damit auch die Prüfstelle zumindest für den streitgegenständlichen Abschluss.

35 Der Vorrang der Nichtigkeitsklage ist inhaltlich absolut, aber zeitlich begrenzt („*solange* ... anhängig ist"; aA *Mattheus/Schwab* BB 2004, 1099, 1105, da nur externe Kontrollen stattfinden sollen, wenn interne Kontrollmechanismen versagen.). Der Vorrang der Sonderprüfung ist dagegen eng auf den Gegenstand der Sonderprüfung begrenzt („*soweit* der Gegenstand ... reicht"). Gegen diese ungleiche Sperrwirkung mit gutem Grund *Müller* ZHR 2004, 414, 416.

D. Auskunfts- und Offenlegungspflichten bei Mitwirkung des Unternehmens (Abs 4)

36 Die Auskunfts- und Offenlegungspflicht, deren Verletzung gem § 342e als Ordnungswidrigkeit mit einer Geldbuße bis zu € 50 000 geahndet werden kann, besteht *nur*, wenn das Unt sich zuvor zur Mitwirkung bei der Prüfung entschlossen hat und dies für die Prüfstelle erkennbar geworden ist.

37 Da die Prüfung auf erster Stufe freiwillig ist, bleibt es dem Unt unbenommen, nicht mit der Prüfstelle zu kooperieren (was nicht eine Sanktion der Prüfstelle, aber die Abgabe des Verfahrens auf die zweite Stufe zur BaFin nach sich ziehen wird, § 37p Abs 1 S 2 Nr 1 WpHG). In diesem Fall greift Abs 4 nicht.

38 Die Mitwirkungspflicht umfasst die wahrheitsgemäße und vollständige Auskunftserteilung und Unterlagenvorlage. Durch eine Ergänzung von § 93 Abs 1 AktG wird der Vorstand ggü der Prüfstelle ausdrücklich von seiner Verschwiegenheitspflicht entbunden. Um Zweifel auszuschließen, bis zu welchem Zeitpunkt in einem anhängigen Prüfverfahren das Unt seine Mitwirkung verweigern kann, ist eine Bestimmbarkeit des „offiziellen" Prüfungsbeginns und eine verbindliche Erklärung des Unt, ob es mitwirken will, erforderlich. Dies ist in der Verfahrensordnung geregelt, s Anm 27 ff.

39 Zu den sonstigen Personen iSd Abs 4 wie zB Angestellte des Unt gehört auch der AP. Seine Mitwirkung ist allerdings erst nach erfolgter Entbindung von der Verschwiegenheit durch das Unt möglich, auch wenn diese eine faktische Pflicht darstellt, sofern sich das Unt zur freiwilligen Mitarbeit bereit erklärt. Erst in der zweiten Stufe vor der BaFin wird der AP, ungeachtet einer Entbindung, als Auskunftsperson in das Verfahren einbezogen, § 37o Abs 4 WpHG. Allerdings sieht

das Enforcement-Verfahren keine Rechtsfolge für den AP vor, wenn er auf der ersten Stufe des Verfahrens seine Mitarbeit verweigert, obwohl eine Entbindung von der Schweigepflicht durch das Unt erfolgt ist. Eine Rechtsfolge tritt daher erst bei Verweigerung der Mitarbeit auf der zweiten Stufe des Enforcement-Verfahrens ein.

Eine Einbeziehung des AP von Beginn der Prüfung an ist stets sinnvoll, da 40 ihm der Aufgriffsgrund während der JAP aufgefallen sein könnte und zudem seine Sachkunde in das Prüfungsverfahren einbezogen werden sollte, zumal eine mögliche Änderung eines JA/Lageberichts aufgrund von Beanstandungen im Enforcement-Verfahren wieder seiner Prüfung bzw Nachtragsprüfung iSd § 316 Abs 3 unterliegen wird. *Müller* ZHR 2004, 414, 418 weist darauf hin, dass die Beurteilung eines streitigen Sachverhaltes durch Prüfstelle oder BaFin keine Bindungswirkung für den AP hat.

Str ist, ob auf der ersten Stufe des Enforcement-Verfahrens nach erfolgter Ent- 41 bindung des AP, von der **Auskunfts- und Vorlagepflicht** grds auch die Arbeitspapiere des AP betroffen sind. *Bräutigam/Heyer* AG 2006, 191 ff sehen die Vorlagepflicht der Arbeitspapiere als gegeben an. *Paal* BB 2007, 1775 ff dagegen sieht keine Vorlagepflicht der Arbeitspapiere des AP im Prüfverfahren der DPR, da es sich um ein zivilrechtliches Verfahren handelt.

Auf der zweiten Stufe des Verfahrens durch die BaFin ist der AP zur **Herausgabe** der Arbeitspapiere verpflichtet, sofern diese Informationen enthalten, die dem AP im Rahmen der APr bekannt geworden sind und der Klärung konkreter Fragen bzw Beanstandungen der BaFin dienen (vgl *OLG Frankfurt* 12.2.2007, BB 2007, 1383 ff; *Paal* BB 2007, 1775 ff). Darüber hinaus muss das Verlangen nach Auskunft ggü dem AP dem Erforderlichkeitsgrundsatz genügen, dh die Anordnung der BaFin auf Herausgabe der Arbeitspapiere sollte nachweislich ein besseres Prüfungsergebnis ermöglichen (vgl *OLG Frankfurt* 29.11.2007, DB 2008, 629 ff; *Fölsing* StuB 2008, 391 ff; *Zülch/Hoffmann* DStR 2010, 945 ff), als dies ohne Einsichtnahme in die Arbeitspapiere des AP zu erzielen wäre. Es müsse ebenfalls dargelegt werden, dass ein äquivalentes Prüfungsergebnis durch die BaFin nicht durch weniger beeinträchtigende Maßnahmen erlangt werden könne (vgl *Zülch/Hoffmann,* DStR 2010, 945 ff).

Der AP muss die Arbeitspapiere dagegen nicht vorlegen, wenn er sich selbst oder einen Angehörigen iSd § 383 Abs 1 Nr 1–3 ZPO durch die Vorlage der Arbeitspapiere belasten würde und dadurch sich oder einen Angehörigen einer straf- oder ordnungswidrigkeitsrechtlichen Verfolgung gem § 37o Abs 4 S 3 WpHG iVm § 4 Abs 9 S 1 WpHG aussetzen würde (vgl *Paal* BB 2007, 1776).

E. Mitteilung des Prüfungsergebnisses (Abs 5)

I. Keine Korrekturvorgaben durch die Prüfstelle

Die Prüfstelle teilt dem Unt das Ergebnis ihrer Prüfung mit und begründet 42 dieses, gibt aber keine konkreten Korrekturmaßnahmen vor.

Die Veröffentlichung des festgestellten Fehlers auf Anordnung der BaFin durch 43 das Unt (§ 37q Abs 2 WpHG) wird als ausreichende Sanktionsmaßnahme angesehen. Anforderungen an die Art der Fehlerkorrektur sind ohnehin den materiellen Rechnungslegungsgrundsätzen zu entnehmen bzw aus diesen abzuleiten (s zB IDW RS HFA 6 „Änderung von JA und KA").

Konkret stellt das *OLG Frankfurt* dazu fest, dass ausschließlich der festgestellte Fehler und wichtige Erl, die zu der Fehlerfeststellung geführt haben, zu veröffentlichen seien. Darüber hinaus wird durch das OLG festgehalten, dass ein öffentliches Interesse an einer Fehlerveröffentlichung nur in äußerst seltenen Fällen nicht vorliege; dies könnte bspw dann der Fall sein, wenn der gesamte festgestellte Fehler als unwesentlich anzusehen ist (vgl *OLG Frankfurt* 14.6.2007, DB 2007, 1913 ff; *Zülch/Pronobis* StuB 2007, 863 ff; *Zülch/Hoffmann* DStR 2010, 945 ff). Hierbei ist zu beachten, dass die Wesentlichkeitsgrenzen der DPR bzw der BaFin von denjenigen Grenzen abweichen können, die für die Zwecke der APr eines Unt festgelegt worden sind.

Zusätzlich ist – nach Ansicht des OLG Frankfurt – zu beachten, dass eine Teilveröffentlichung von Fehlern nicht zulässig sei. Eine potenzielle Verschlechterung des Aktienkurses des geprüften Unt reiche ebenfalls nicht aus, um eine Veröffentlichung zu verhindern (vgl *OLG Frankfurt* 22.1.2009, DB 2009, 333 ff; *Zülch/Hoffmann* StuB 2009, 209 ff; *Zülch/Hoffmann* DStR 2010, 945 ff). Eine Nichtveröffentlichung wäre nach Ansicht des *OLG Frankfurt* nur dann geboten, wenn die Fehlerveröffentlichung eine „atypische Folgewirkung" für das betroffene Unt hätte. Als Beispiel werden Existenz bedrohende Zustände für ein Unt, auf Grund der Fehlerveröffentlichung, genannt.

Es gibt auch keine Feststellung der Prüfstelle (oder auf zweiter Stufe der BaFin), dass/ob der JA nichtig ist. Die Wirkung der Fehlerfeststellung erschöpft sich in der Feststellung eines Verstoßes gegen die anwendbaren Rechnungslegungsvorschriften.

44 Der Gesetzgeber umgeht damit zahlreiche komplexe aktienrechtliche Folgefragen, die Fehlerfeststellung bleibt zunächst ohne Auswirkung auf gesrechtliche Ansprüche (zB Dividendenansprüche), die sich aus dem beanstandeten JA ergeben; ua würde die Vorgabe der Art der Fehlerkorrektur mit der – alleinigen und strafbewehrten – Verantwortung der Organe der AG für die Abschlusserstellung in einen unlösbaren Konflikt geraten. Der Gesetzgeber lässt das Primat des Gesellschaftsrechts über das Bilanzrecht unangetastet: Unmittelbare rechtsgestaltende Wirkung kommt den Feststellungen der Prüfstelle oder der BaFin nicht zu. Auf die Feststellung eines Fehlers kann aber eine Nichtigkeitsklage gestützt werden, § 256 AktG.

II. Rechtsfolgen festgestellter Fehler in der Rechnungslegung

1. Jahresabschluss

45 Bei Feststellung von Fehlern in der Rechnungslegung, die einen Nichtigkeitsgrund iSd § 256 AktG darstellen, muss der JA neu aufgestellt (und geprüft) werden, eine Korrektur in lfd Rechnung ist grds nicht ausreichend, *Müller* ZHR 2004, 414, 423. Allerdings kann auch der Fall eintreten, dass ein JA zwar nichtig ist, aber die Nichtigkeit durch Zeitablauf nicht mehr geltend gemacht werden kann. In diesem Fall genügt eine Berichtigung in laufender Rechnung (s IDW RS HFA 6 Tz 15 WPg 2007, Supplement 2); Gleiches gilt, wenn es sich um einen Ausweisfehler, einen Fehler mit ergebnismindernder Wirkung oder einen Fehler mit ergebniserhöhender Wirkung handelt, sofern die Aktionäre die Dividende in gutem Glauben bezogen haben und eine Rückforderung ausgeschlossen ist und keine sonstigen materiellen Folgewirkungen eine Rückwärtsänderung erforderlich machen (IDW RS HFA 6 Tz 16 WPg 2007, Supplement 2).

46 Zwangsmittel zur Durchsetzung der Fehlerkorrektur stehen weder der Prüfstelle noch der BaFin zu (zum Feststellungsinteresse anderer als der in § 249 AktG genannten Personen, s *Hüffer* AktG[10], § 256 Anm 31 mwN). Soweit der Fehler keinen Nichtigkeitsgrund iSd § 256 AktG darstellt, genießt der JA Bestandsschutz (auch hier käme es zum Konflikt mit der aktienrechtlichen Kompe-

tenzverteilung für die Abschlusserstellung, vgl Anm 44) und der Fehler wird grds in lfd Rechnung zu korrigieren sein. Die Berichtigung und ihre Auswirkungen auf die VFE-Lage sind angemessen im Anhang zu erläutern, IDW RS HFA 6 Tz 15 WPg 2007, Supplement 2.

2. Konzernabschluss

Die Überlegungen zu Nichtigkeit und Neuaufstellung im Falle aufgedeckter Fehler sind auf den KA, der bei dem betroffenen UntKreis stets nach IFRS aufzustellen ist, nicht übertragbar. 47

Nach hM ist § 256 AktG nicht analog anwendbar, da der KA weder festgestellt wird noch die Funktionen eines JA (Kapitalerhaltung; Ausschüttungsbemessungsgrundlage) hat; er dient vielmehr reinen Informationszwecken, so dass eine Korrektur in lfd Rechnung für zulässig gehalten werden kann; es sei denn, dass eine rückwirkende Änderung nach den Grundsätzen von IAS 8.41 ff erforderlich ist.

3. Stellungnahme des Unternehmens zum Prüfungsergebnis

Gem § 17 Nr 6 der Verfahrensordnung der Prüfstelle informiert diese das Unt über das Ergebnis der Prüfung. Sofern die Prüfstelle einen Fehler in der Rechnungslegung festgestellt hat, wird das Ergebnis der Prüfung begründet und dem Unt eine angemessene Frist zur Erklärung eingeräumt, ob es mit dem Ergebnis der Prüfung einverstanden ist. Veröffentlichungspflichten bestehen nach § 342b nicht. Ist das Unt mit dem Prüfergebnis nicht einverstanden, wird das Verfahren an die BaFin abgegeben, § 37p Abs 1 S 2 Nr 1 WpHG. 48

Die Angemessenheit der Frist sollte sich an den Einspruchsfristen der im weitesten Sinne vergleichbaren außergerichtlichen Rechtsbehelfe orientieren; ein Monat erscheint damit in jedem Fall als angemessen. Ein Sonderfall und die Notwendigkeit einer längeren Frist wäre gegeben, wenn die HV über die Annahme der Fehlerkorrektur zu entscheiden hätte; dann wären aufgrund der Einberufungsfristen zwei Monate als Minimum anzusetzen. Indes kann der Meinung nicht zugestimmt werden, nicht nur die Fehlerkorrektur, sondern auch die Fehleranerkennung bedürften zwingend der Mitwirkung der Aktionäre, da in deren Rechtsposition eingegriffen wird (so *Mattheus/Schwab* DB 2004, 1975). Einmal kann es keinen Anspruch der Aktionäre auf einen fehlerhaften JA geben, und der Vorstand ist allein für die Aufstellung des JA verantwortlich, § 264 Abs 1 iVm § 170 Abs 1 AktG; hierzu gehört auch die Fehleranerkennung. Zur Rechtsqualität des *Einvernehmens*, vgl *Müller* ZHR 2004, 414, 421. 49

4. Keine Mitteilung an Dritte

Nur dem Unt und der BaFin (s Anm 52) wird das Ergebnis der Prüfung mitgeteilt, nicht etwa auch außenstehenden Hinweisgebern oder der Öffentlichkeit. UU könnte eine Mitteilung an Dritte auch einen Verstoß gegen die Verschwiegenheitspflicht der Prüfstellen-Beschäftigten iSd § 342c begründen (s § 342c Anm 2 f). Andererseits wird das Unt zu einer ad hoc-Mitteilung verpflichtet sein, insb wenn man von einer ad hoc-Mitteilungspflicht der Einleitung eines Prüfungsverfahrens ausgeht (s Anm 30 und § 342c Anm 3). 51

F. Berichterstattung der Prüfstelle an die BaFin (Abs 6)

I. Mitteilungspflichten der Prüfstelle

Die Berichtspflichten der Prüfstelle ggü der BaFin betreffen 52

– die Absicht, eine Prüfung einzuleiten. Dies hat vor Benachrichtigung des betroffenen Unt zu erfolgen. Erst mit Kenntnis des Prüfungsziels kann die BaFin der Prüfstelle gem § 37p Abs 3 WpHG darüber Mitteilung geben, ob die Einleitung des Prüfverfahrens ggf wegen anhängiger aktienrechtlicher Verfahren gesperrt ist (s Anm 33).
– die Weigerung des betroffenen Unt, an einer Prüfung mitzuwirken. Diese Mitteilung ist Voraussetzung, dass die BaFin die Prüfung auf der zweiten Stufe gem § 37p Abs 1 S 2 Nr 1 WpHG an sich zieht und selbst die Prüfung anordnen und ggf auch mit hoheitlichen Mitteln durchsetzen kann.
– das Ergebnis der Prüfung und ob sich das Unt mit dem Prüfungsergebnis einverstanden erklärt hat.

53 Ist das Unt mit der Fehlerfeststellung einverstanden, ordnet die BaFin die Bekanntmachung des Ergebnisses nach § 37q Abs 2 WpHG an. Das Unt selbst hat den Fehler samt den wesentlichen Teilen der Begr unverzüglich im eBAnz zu veröffentlichen und in einem der für die Veröffentlichung von ad hoc-Mitteilungen gem § 15 Abs 1 WpHG vorgesehenen Medium.

54 Die Veröffentlichungspflicht kann in Bagatellfällen unterbleiben (die Überlegungen zu Abs 2 S 4 (s Anm 22) gelten entspr) oder auf Antrag des Unt, wenn die Veröffentlichung geeignet ist, dessen berechtigten Interessen zu schaden (s Anm 43).

55 Wird von der Prüfstelle ein Fehler nicht festgestellt, erfolgt die Mitteilung an die BaFin dennoch. Diese hat dann die Möglichkeit, das Verfahren gem § 37p Abs 1 S 2 Nr 2 WpHG bei erheblichen Zweifeln an der Richtigkeit des Prüfungsergebnisses der Prüfstelle oder an der ordnungsgemäßen Durchführung der Prüfung an sich zu ziehen.

II. Kein Rechtsbehelf

59 Das gesamte Prüfungsverfahren auf der ersten Stufe spielt sich im privatrechtlichen Bereich ab. Es wird weder mit einer förmlichen Entscheidung der Prüfstelle eingeleitet noch abgeschlossen und ist damit auch keinen Rechtsmitteln zugänglich. Das geprüfte Unt kann die Mitteilungen nach S 1 an die BaFin damit nicht blockieren. Erst auf der zweiten Stufe erfolgt die Prüfung durch die BaFin dann im Rahmen eines regulären Verwaltungsverfahrens und kann uneingeschränkt mit Rechtsbehelfen angefochten werden, s §§ 37t, u WpHG; aufschiebende Wirkung haben die Rechtsbehelfe nicht (vgl *OLG Frankfurt* 12.2.2007, BB 2007, 1383 ff).

G. Unabhängigkeit der Beschäftigten der Prüfstelle und Haftungsbegrenzung (Abs 7)

I. Gewissenhafte und unparteiische Prüfung

60 S 1 normiert die „allgemeinen Berufspflichten" der Beschäftigten der Prüfstelle in Anlehnung an § 43 Abs 1 WPO. Eine nähere Ausgestaltung hat gem § 9 Abs 5 der Satzung der Prüfstelle in der Verfahrensordnung zu erfolgen; die in § 13 der Verfahrensordnung dargestellten Regelungen zur Unabhängigkeit orientieren sich an den Befangenheitsgründen der §§ 319, 319a. Weiter ist die Unabhängigkeit der Mitglieder der Prüfstelle durch ihre Weisungsungebundenheit ggü dem Vorstand des DPR eV gesichert.

61 Neben diesen generellen Anforderungen ist bei der Zusammensetzung der Prüfungsteams für konkrete Prüfungen (idR unter Einbeziehung externer WP,

Abs 1 S 4) auf die Unabhängigkeit jedes einzelnen Teammitglieds im Verhältnis zu dem zu prüfenden Unt zu achten. Aufgrund der Vergleichbarkeit der Situation sollte dabei auf die Grundsätze der §§ 319, 319a zurückgegriffen werden.

II. Haftung der Prüfstelle und ihrer Beschäftigten

Die Haftung für durch die Prüfungstätigkeit verursachte Schäden ist auf Vorsatz beschränkt. Im Gesetzgebungsverfahren noch kontrovers diskutiert, hat sich der Gesetzgeber für dieses Haftungsprivileg insb deshalb entschieden, um nicht kompetente Experten an der Mitarbeit bei der Prüfstelle wegen des Haftungsrisikos abzuhalten. Dieses Haftungsrisiko ist offensichtlich: Ein falsches Ergebnis einer Prüfung könnte wegen der damit verbundenen adversen Publizität Schadensersatzansprüche des Unt auslösen. 62

Die verbliebene Vorsatzhaftung muss deliktisch sein, da zum einen mangels Vertragsbeziehung vertragliche Ansprüche und mangels hoheitlichen Handelns öffentlich-rechtliche Ansprüche ohnehin ausgeschlossen sind. Ggü dem Unt kommt eine Haftung aus §§ 826, 823 Abs 2 BGB iVm § 342b Abs 2, 7 in Betracht. Wegen der fehlenden Drittschutzwirkung des § 342b ist eine Haftung ggü Dritten ausgeschlossen. 63

Das Haftungsprivileg des Abs 7 muss insb auch bei fehlerhaftem Nichtaufgreifen von Hinweisen und folglich unterlassener Anlassprüfung gem Abs 2 S 3 Nr 1 gelten; anderenfalls wäre die Prüfstelle aus Selbstschutzgründen gezwungen, jedem noch so vagen – offenen oder anonymen – Hinweis auf mögliche Rechnungslegungsfehler nachzugehen, und die Funktionsfähigkeit der dafür personell nicht ausgestatteten Prüfstelle wäre ernsthaft gefährdet. 64

Die Gesetzesbegr weist zur Rechtfertigung des Haftungsprivilegs zutreffend darauf hin, dass die Unt nicht zur Mitwirkung bei der Prüfung verpflichtet sind und auch das Prüfungsergebnis nicht akzeptieren müssen. Auf der ersten Stufe wird das Verfahren aber nur im Fall des Einverständnisses des Unt mit dem Prüfungsergebnis abgeschlossen (ansonsten wird es an die BaFin abgegeben), so dass es widersprüchlich erscheinen würde, einer (fehlerhaften) Beurteilung durch die Prüfstelle zunächst zuzustimmen, um danach Schadensersatzansprüche geltend zu machen (s BT-Drs 15/3421, 15). 65

Zur Amtshaftung bei fehlerhafter Bilanzkontrolle, s Anm 22.

H. Anzeigepflicht der Prüfstelle bei Verdachtsmomenten (Abs 8)

Die Prüfstelle hat eine Anzeigepflicht bei Verdacht auf strafbare Handlungen iZm der Rechnungslegung eines Unt ggü den zuständigen Behörden. Hierzu gehört nicht die BaFin (die Mitteilungspflicht ihr ggü ergibt sich aus Abs 6). Auch Verdachtsmomente gegen den AP wegen möglicher Berufspflichtverletzungen müssen angezeigt werden; zuständige Behörde ist auch nach Inkrafttreten des APAG die WPK, deren Entscheidungen unterliegen aber der Fachaufsicht durch die APAK. 67

Hauptanwendungsfall für Verfehlungen des AP, die im Rahmen eines Prüfverfahrens aufgedeckt werden, dürfte die Erteilung eines uneingeschränkten Bestätigungsvermerks für einen fehlerhaften JA/Lagebericht/KA/Konzernlagebericht sein. Da der gesetzliche Auftrag der Prüfstelle auf die Suche nach Rechnungslegungsfehlern beschränkt ist, darf sie die Einhaltung der Unabhängigkeitsvorschriften der §§ 319, 319a nicht zum primären Prüfungsgegenstand machen. 68

I. Fallbezogene Voranfragen bei der DPR

80 Die DPR bietet seit Ende 2009 fallbezogene Voranfragen für Unt an, deren Wertpapiere im Sinne des § 2 Abs 1 S 1 des WpHG (insb Aktien, Schuldtitel) an einer deutschen Börse zum Handel im regulierten Markt zugelassen sind und damit in den Zuständigkeitsbereich der DPR fallen. Dieses Instrument bietet Unternehmen die Möglichkeit, für individuelle bzw äußerst komplexe Bilanzierungssachverhalte eine Stellungnahme der DPR zu erhalten, bevor es zu einer Prüfung durch die DPR oder die BaFin kommt. Hierdurch wird eine weitere Säule in der präventiven Arbeit der DPR begründet.

82 Um eine solche Anfrage stellen zu können, müssen Unt verschiedene Voraussetzungen erfüllen:

a) Der in Frage kommende bilanzielle bzw jahresabschlussrelevante Sachverhalt muss von dem jeweiligen Unt hinreichend konkretisiert werden.
b) Das Unt selbst muss eine bilanzielle Würdigung vorschlagen und entspr begründen.
c) Der AP des anfragenden Unt muss eine Stellungnahme zur bilanziellen Würdigung des in Frage kommenden Sachverhalts abgeben.

Bei den genannten Voraussetzungen handelt es sich um Mindestvoraussetzungen, dh die Erfüllung dieser Voraussetzungen garantiert noch keine Annahme der fallbezogenen Voranfrage durch die DPR. Vielmehr muss das anfragende Unt zusätzlich seine Zustimmung zu folgenden Punkten geben (vgl „Fallbezogene Voranfragen" unter http://www.frep.info/docs/fallbezogene_voranfragen/Informationen%20zu%20Fallbezogenen%20Voranfragen.pdf):

a) Eine Erklärung seitens der DPR, ob und weshalb ggf eine fallbezogene Voranfrage angenommen wird, ist nicht erforderlich.
b) Die DPR kann ohne Angabe von Gründen eine bereits akzeptierte Voranfrage einstellen.
c) Die DPR informiert die BaFin über erhaltene fallbezogene Voranfragen.
d) Im Falle eines festgestellten „übergeordneten Interesses" behält sich die DPR das Recht vor, Voranfragen auf europäischer Ebene – iRd European Enforcement Coordination Sessions – zu diskutieren.
e) Das anfragende Unt ist verpflichtet, ggü Dritten über die ggf geäußerten Auffassungen der DPR im Rahmen der Voranfrage Stillschweigen zu bewahren. AP sind in diesem Fall nicht als Dritte anzusehen.
f) Das anfragende Unt wird ggü der DPR keine Ansprüche geltend machen.

Sofern die DPR eine Anfrage annimmt, wird ein Gespräch mit UntVertretern stattfinden, an dessen Anschluss die DPR dem Unt ihre Meinung zu dem angefragten Sachverhalt mitteilt.

84 Die Antwort der DPR an das jeweilige Unt darf aus rechtlichen Gründen weder bindenden noch abschließenden Charakter haben, da die DPR ein eingetragener Verein ist, dessen Prüfungen auf der freiwilligen Mitarbeit der Unt basieren und daher nicht im hoheitsrechtlichen Raum stattfinden.

Im Jahr 2012 haben vier Unt die Möglichkeit einer fallbezogenen Voranfrage in Anspruch genommen; im Jahr 2011 hat ein Unt eine fallbezogene Voranfrage gestellt. Im Hinblick auf diese Anfragen wird im Tätigkeitsbericht der DPR für das Jahr 2012 deutlich gemacht, dass sämtliche eingereichten Unterlagen äußerst hohe Qualitätsstandards und somit die Kriterien zur Annahme der jeweiligen Anfrage durch die DPR erfüllten.

Seit Einführung der fallbezogenen Voranfragen im Jahr 2009 wurden elf Voranfragen gestellt. Bei sieben Anfragen schloss sich die DPR der Meinung der

Unt an; dagegen hielt sie in vier Fällen „die vorgeschlagene Bilanzierung der Unt für nicht vertretbar" (DPR-Tätigkeitsbericht 2012).

J. Bisherige Prüfungsschwerpunkte der DPR

Während ihrer achtjährigen Tätigkeit hat die DPR ca 850 kapmarktUnt ge- 90
prüft. Im Durchschnitt prüft die DPR folglich pro Jahr ca 105 Unt. Die Fehlerquote bei den geprüften Unt liegt insgesamt bei ca 20 Prozent.

Die Fehlerquoten hängen allerdings von der Prüfungsart ab: So lag bspw die normalisierte Gesamtfehlerquote im Kalenderjahr 2012, in dem 113 Prüfungen (Vj: 110) durchgeführt wurden, bei 16 Prozent (Vj: 19 Prozent). Für die im Jahr 2012 durchgeführten 110 Stichprobenprüfungen (Vj: 90) ergab sich eine Fehlerquote iHv 14 Prozent (Vj: 13 Prozent). Dagegen lagen die Fehlerquoten sowohl für die beiden durchgeführten Anlassprüfungen (Vj: sechs) als auch für die auf Verlangen der BaFin durchgeführte Prüfung (Vj: 14) bei 100 Prozent (Vj: 100 bzw 64 Prozent) (DPR-Tätigkeitsbericht 2012).

Die häufigsten Themenbereiche, bei denen von der DPR 2012 Fehler festge- 96
stellt wurden, sind:
a) Unttransaktionen (insb Goodwill),
b) Angaben zur Berichterstattung,
c) FinInstr,
d) Werthaltigkeit von Bet/sonstige VG,
e) Kons und
f) Anhangangaben (allgemein).

Die DPR veröffentlicht jährlich die Prüfungsschwerpunkte für anstehende Prüfungen. Hierbei ist anzumerken, dass die DPR bei der Festlegung ihrer jeweiligen Prüfungsschwerpunkte für das folgende Jahr insb die Prüfungsschwerpunkte der European Securities and Markets Authority (ESMA) beachtet. Wiederkehrende Prüfungsschwerpunkte waren in jüngerer Vergangenheit ua:
a) Werthaltigkeit von Vermögenswerten (inkl Goodwill),
b) Unttransaktionen,
c) Bilanzierung und Bewertung von FinInstr,
d) Konzernlagebericht einschl Chancen- und Risikoberichterstattung und
e) Bewertung von als Finanzinvestition gehaltenen und zum Fair Value bilanzierten Immobilien.

Die DPR-Prüfungsschwerpunkte für 2013 sind:
a) Wertminderung von Vermögenswerten (inkl Goodwill),
b) Bilanzierung von leistungsorientierten Pensionsverpflichtungen und
c) nicht zahlungswirksame Aufwendungen und Erträge (insb aus Restrukturierungsrückstellungen, nachträglichen Kaufpreisanpassungen, sukzessiven UntEr werben und negativem Goodwill),
d) Konzernlagebericht (insb Darstellen der Ertragslage und der wesentlichen Risiken, Prognoseberichterstattung iZm Segmenten),
e) Fehlerkorrekturen.

§ 342c Verschwiegenheitspflicht

(1) ¹Die bei der Prüfstelle Beschäftigten sind verpflichtet, über die Geschäfts- und Betriebsgeheimnisse des Unternehmens und die bei ihrer Prüftätigkeit bekannt gewordenen Erkenntnisse über das Unternehmen Verschwiegenheit zu bewahren. ²Dies gilt nicht im Fall von gesetzlich begründeten Mitteilungs-

pflichten. ³Die bei der Prüfstelle Beschäftigten dürfen nicht unbefugt Geschäfts- und Betriebsgeheimnisse verwerten, die sie bei ihrer Tätigkeit erfahren haben. ⁴Wer vorsätzlich oder fahrlässig diese Pflichten verletzt, ist dem geprüften Unternehmen und, wenn ein verbundenes Unternehmen geschädigt worden ist, auch diesem zum Ersatz des daraus entstehenden Schadens verpflichtet. ⁵Mehrere Personen haften als Gesamtschuldner.

(2) ¹Die Ersatzpflicht von Personen, die fahrlässig gehandelt haben, beschränkt sich für eine Prüfung und die damit im Zusammenhang stehenden Pflichtverletzungen auf den in § 323 Abs. 2 Satz 2 genannten Betrag. ²Dies gilt auch, wenn an der Prüfung mehrere Personen beteiligt gewesen oder mehrere zum Ersatz verpflichtende Handlungen begangen worden sind, und ohne Rücksicht darauf, ob andere Beteiligte vorsätzlich gehandelt haben. ³Sind im Fall des Satzes 1 durch eine zum Schadensersatz verpflichtende Handlung mehrere Unternehmen geschädigt worden, beschränkt sich die Ersatzpflicht insgesamt auf das Zweifache der Höchstgrenze des Satzes 1. ⁴Übersteigen in diesem Fall mehrere nach Absatz 1 Satz 4 zu leistende Entschädigungen das Zweifache der Höchstgrenze des Satzes 1, so verringern sich die einzelnen Entschädigungen in dem Verhältnis, in dem ihr Gesamtbetrag zum Zweifachen der Höchstgrenze des Satzes 1 steht.

(3) ¹Die §§ 93 und 97 der Abgabenordnung gelten nicht für die in Absatz 1 Satz 1 bezeichneten Personen, soweit sie zur Durchführung des § 342b tätig werden. ²Sie finden Anwendung, soweit die Finanzbehörden die Kenntnisse für die Durchführung eines Verfahrens wegen einer Steuerstraftat sowie eines damit zusammenhängenden Besteuerungsverfahrens benötigen, an deren Verfolgung ein zwingendes öffentliches Interesse besteht, und nicht Tatsachen betroffen sind, die von einer ausländischen Stelle mitgeteilt worden sind, die mit der Prüfung von Rechnungslegungsverstößen betraut ist.

Übersicht

	Anm
A. Allgemeines	1
B. Umfang der Verschwiegenheitpflicht; ad hoc-Mitteilungspflicht gem § 15 WpHG (Abs 1)	2–5
C. Adressaten der Verschwiegenheitspflicht	6
D. Strafrechtliche Sanktion bei Verstößen	7
E. Zivilrechtliche Ersatzpflicht bei Verstößen und Haftungsbegrenzung (Abs 2)	8–10
F. Auskunfts- und Vorlagepflichten nach §§ 93, 97 AO (Abs 3)	11, 12

Schrifttum: s § 342b.

A. Allgemeines

1   Die Einführung einer Verschwiegenheitspflicht wurde vom Gesetzgeber als unerlässlich angesehen, um das für eine freiwillige Mitwirkung nötige Vertrauen der Unt zu erlangen, aber auch, um die internationale Akzeptanz der Prüfstelle sicherzustellen.

B. Umfang der Verschwiegenheitspflicht; ad hoc-Mitteilungspflicht gem § 15 WpHG (Abs 1)

2   Die Verschwiegenheitspflicht und das Verwertungsverbot sind § 323 Abs 1 nachgebildet und umfassen sämtliche Geschäfts- und Betriebsgeheimnisse des

Unt und die bei der Prüfungstätigkeit bekannt gewordenen Erkenntnisse, einschl des von der Prüfstelle gefundenen Prüfungsergebnisses. In der Gesetzesbegr ausdrücklich abgelehnt wird die Ausdehnung der Verschwiegenheitspflicht auf die Tatsache, *dass* eine Prüfung durchgeführt wird.

Insoweit wird das Informationsbedürfnis der Öffentlichkeit über ein mögliches 3 Interesse des Unt an einer „lautlosen" Prüfungsdurchführung gestellt. Andererseits besteht **keine Pflicht** der Prüfstelle, die Öffentlichkeit über eine Prüfung zu informieren; anders verhält es sich für das Unt, das möglicherweise nach Abwägung aller Umstände gem § 15 Abs 1, 3 WpHG zu einer ad hoc-Mitteilung und, mit der Mitteilung einhergehend, zur Übermittlung der Informationen an das UntReg iSd § 8b verpflichtet sein könnte. Die Übermittlung an das UntReg hat jedoch nicht vor der Veröffentlichung der ad hoc-Mitteilung zu erfolgen (vgl § 15 Abs 1 S 1 WpHG). Die Einleitung und Durchführung einer Anlassprüfung iSd § 342b Abs 2 S 3 Nr 1 kann zumindest als potenziell kursrelevante Insiderinformation iSd § 13 WpHG anzusehen sein (s § 342b Anm 30); allein die Einleitung des Verfahrens impliziert, dass ein öffentliches Interesse an der Prüfung besteht, arg ex § 342b Abs 2 S 4; s auch *Lenzen/Kleinert* GmbHR 2004, R 050. *Müller* ZHR 2004, 414, 417 stellt für die Mitteilungspflicht auf die Realisierungswahrscheinlichkeit und auf die Wesentlichkeit der Beanstandung ab. Eine erhebliche Auswirkung kann sich wegen der Gut- und Bösgläubigkeit der Aktionäre bei Dividendenausschüttungen der Ges auf Basis eines fehlerhaften (Folge-)JA ergeben: Nur im Falle der Bösgläubigkeit sind die Aktionäre zur Rückzahlung verpflichtet, § 62 Abs 1 S 2 AktG.

Da auch die BaFin die Bekanntmachung des festgestellten Fehlers (einschl 4 der wesentlichen Teile der Begr der Feststellung; vgl OLG Frankfurt 14.6.2007, DB, 1913 ff; *Zülch/Hoffmann* DStR 2010, 945 ff) grds anordnen wird (s §§ 342b Abs 6 iVm 37q Abs 2 WpHG), ist der Gesetzesbegr zuzustimmen, die ebenfalls eine grds Veröffentlichung der Fehlerfeststellung vorsieht (BilKoG-RefE vom 8.12.2003, 35). Ausgenommen hiervon sind lediglich Fehlerveröffentlichungen, denen es an öffentlichem Interesse mangelt, zB bei unwesentlichen Fehlerfeststellungen. Die Gesetzesbegr spricht auch von einer Nichtveröffentlichung auf Antrag des Unt, um das berechtigte Interesse an der Geheimhaltung zu schützen (BilKoG-RefE vom 8.12.2003, 35). Letzterem kann vor dem Hintergrund der jüngeren Rspr des OLG Frankfurt grds nicht zugestimmt werden (vgl § 342b Anm 42 ff).

Abs 1 S 2 bezieht sich insb auf § 342b Abs 6, 8; die Übertragung des Verfahr- 5 rens an die BaFin sowie allgemein gesetzlich begründete Mitteilungspflichten setzen die Verschwiegenheitspflicht stets außer Kraft.

C. Adressaten der Verschwiegenheitspflicht

Normadressaten sind alle bei der Prüfstelle beschäftigten Personen, wobei die 6 Verschwiegenheitspflicht über die Beendigung der Beschäftigung hinaus gilt (insoweit gleiche Situation wie bei den Beschäftigten der BaFin, wenngleich eine dem § 8 Abs 1 S 1 WpHG vergleichbare gesetzliche Regelung fehlt). Ebenfalls verpflichtet sind die Personen, derer sich die Prüfstelle bei der Durchführung ihrer Aufgaben bedient, § 342b Abs 1 S 4, zB externe WP.

D. Strafrechtliche Sanktion bei Verstößen

Mit Freiheitsstrafe bis zu einem Jahr oder mit Geldstrafe werden Verstöße ge- 7 gen die Verschwiegenheitspflicht geahndet, § 333 Abs 1; in qualifizierten Fällen

§ 342d

oder bei unbefugter Verwertung von Geschäfts- und Betriebsgeheimnissen reicht das Strafmaß bis zu zwei Jahren Freiheitsstrafe, § 333 Abs 2 Die Straftat wird nur auf Antrag der betroffenen KapGes verfolgt, § 333 Abs 3.

E. Zivilrechtliche Ersatzpflicht bei Verstößen und Haftungsbegrenzung (Abs 2)

8   Zur Sicherung der Attraktivität und Versicherbarkeit einer Tätigkeit bei oder für die Prüfstelle und damit zur Sicherung ihrer Funktionsfähigkeit insgesamt hat der Gesetzgeber gegen den Widerstand insb des BRat an einer Haftungsbegrenzung bei fahrlässiger Verletzung des Verschwiegenheitsgebots und des Verwertungsverbots festgehalten.

9   Die Regelung lehnt sich in Ausgestaltung und Höchstgrenze an die für AP gem § 323 Abs 2 geltende Haftungsbegrenzung an (Haftungshöchstbetrag 4 Mio Euro). Darüber hinaus wird eine Verdoppelung des Haftungshöchstbetrages auf (derzeit) 8 Mio Euro für „Serienschäden" festgelegt, Abs 2 S 3, ggf mit anteiliger Kürzung und Aufteilung bei mehreren Personen bzw geschädigten Unt.

10 „Personen" iSd Abs 2 sind sowohl natürliche als auch juristische Personen, dh uU auch die Prüfstelle selbst oder von dieser zugezogene WPG.

F. Auskunfts- und Vorlagepflichten nach §§ 93, 97 AO (Abs 3)

11 Abs 3 stellt den Gleichklang mit § 8 Abs 2 WpHG her; die Verschwiegenheitspflicht der Beschäftigten der Prüfstelle gilt auch ggü den Finanzbehörden, soweit sie im Rahmen ihrer Aufgaben nach § 342b tätig werden.

12 S 2 setzt die Verschwiegenheitspflicht allerdings im Rahmen von Steuerstrafverfahren und damit zusammenhängender Besteuerungsverfahren außer Kraft, soweit nicht Tatsachen betroffen sind, die von einer ausländischen Enforcement-Stelle mitgeteilt wurden; hier wird der vertraulichen und vertrauensvollen Zusammenarbeit der Prüfstelle mit zuständigen internationalen Stellen Vorrang eingeräumt, um eine grenzüberschreitende Zusammenarbeit bei der einheitlichen Anwendung von IFRS zu unterstützen.

§ 342d Finanzierung der Prüfstelle

[1] Die Prüfstelle hat über die zur Finanzierung der Erfüllung ihrer Aufgaben erforderlichen Mittel einen Wirtschaftsplan für das Folgejahr im Einvernehmen mit der Bundesanstalt für Finanzdienstleistungsaufsicht aufzustellen. [2] Der Wirtschaftsplan ist dem Bundesministerium der Justiz und dem Bundesministerium der Finanzen zur Genehmigung vorzulegen. [3] Die Bundesanstalt für Finanzdienstleistungsaufsicht schießt der Prüfstelle die dieser nach dem Wirtschaftsplan voraussichtlich entstehenden Kosten aus der gemäß § 17d Abs. 1 Satz 3 des Finanzdienstleistungsaufsichtsgesetzes eingezogenen Umlageauszahlung vor, wobei etwaige Fehlbeträge und nicht eingegangene Beträge nach dem Verhältnis von Wirtschaftsplan zu dem betreffenden Teil des Haushaltsplanes der Bundesanstalt für Finanzdienstleistungsaufsicht anteilig zu berücksichtigen sind. [4] Nach Ende des Haushaltsjahres hat die Prüfstelle ihren Jahresabschluss aufzustellen. [5] Die Entlastung erteilt das zuständige Organ der Prüfstelle mit Zustimmung des Bundesministeriums der Justiz und des Bundesministeriums der Finanzen.

Schrifttum: s § 342b.

Bußgeldvorschriften 1 § 342e

Anmerkung: Liquidität wird der Prüfstelle durch die BaFin bereitgestellt, finanziert wird sie tatsächlich von den kapitalmarktorientierten, dh dem Enforcement unterliegenden Unt, §§ 17 a–d Finanzdienstleistungsaufsichtsgesetz (FinDAG). Die Art der Finanzierung unterstreicht die Vorschaltfunktion der Prüfstelle im Enforcement-Prozess. Über die (Mindest-)Höhe der Finanzierung enthält das Gesetz keine Regelung. Diese wird aber entscheidend für Funktionsfähigkeit und Qualität der Prüfstelle sowie für ihre Wahrnehmung in der Öffentlichkeit sein. Die Kosten werden auf die Unt umgelegt. Der Umlagebetrag pro Jahr beträgt mind € 250 und höchstens € 40 000 (vgl § 7 BilKoUmV).

§ 342e Bußgeldvorschriften

(1) Ordnungswidrig handelt, wer vorsätzlich oder fahrlässig entgegen § 342b Abs. 4 Satz 1 der Prüfstelle eine Auskunft nicht richtig oder nicht vollständig erteilt oder eine Unterlage nicht richtig oder nicht vollständig vorlegt.

(2) Die Ordnungswidrigkeit kann mit einer Geldbuße bis zu fünfzigtausend Euro geahndet werden.

(3) Verwaltungsbehörde im Sinne des § 36 Abs. 1 Nr. 1 des Gesetzes über Ordnungswidrigkeiten ist bei Ordnungswidrigkeiten nach Absatz 1 die Bundesanstalt für Finanzdienstleistungsaufsicht.

Schrifttum: s § 342b.

Anmerkung: Die Vorschrift sanktioniert Verstöße gegen die Auskunfts- und Offenlegungspflicht des § 342b Abs 4. Ein Verstoß kann in zwei Fällen vorliegen: a) unrichtige bzw unvollständige Auskunft oder b) unrichtige oder unvollständige Vorlage von Unterlagen. Voraussetzung für die Sanktionierung ist vorsätzliches oder fahrlässiges Verhalten. Zur Bußgeldverhängung kann es nur kommen, wenn das Unt zuvor seine Mitwirkungsbereitschaft erklärt hat; anderenfalls fehlt es an einer Verpflichtung iSd § 342b Abs 4 (s § 342b Anm 36 f). Normadressaten sind die in § 342b Abs 4 genannten Personen, dh die gesetzlichen Vertreter des Unt und die sonstigen Personen, derer sich die gesetzlichen Vertreter bei der Mitwirkung bedienen.

Neunundzwanzigster Abschnitt. Übergangsvorschriften zum Bilanzrechtsmodernisierungsgesetz

Art. 67 EGHGB [Übergangsvorschriften zum Bilanzrechtsmodernisierungsgesetz]

(1) ¹Soweit auf Grund der geänderten Bewertung der laufenden Pensionen oder Anwartschaften auf Pensionen eine Zuführung zu den Rückstellungen erforderlich ist, ist dieser Betrag bis spätestens zum 31. Dezember 2024 in jedem Geschäftsjahr zu mindestens einem Fünfzehntel anzusammeln. ²Ist auf Grund der geänderten Bewertung von Verpflichtungen, die die Bildung einer Rückstellung erfordern, eine Auflösung der Rückstellungen erforderlich, dürfen diese beibehalten werden, soweit der aufzulösende Betrag bis spätestens zum 31. Dezember 2024 wieder zugeführt werden müsste. ³Wird von dem Wahlrecht nach Satz 2 kein Gebrauch gemacht, sind die aus der Auflösung resultierenden Beträge unmittelbar in die Gewinnrücklagen einzustellen. ⁴Wird von dem Wahlrecht nach Satz 2 Gebrauch gemacht, ist der Betrag der Überdeckung jeweils im Anhang und im Konzernanhang anzugeben.

(2) Bei Anwendung des Absatzes 1 müssen Kapitalgesellschaften, Kreditinstitute und Finanzdienstleistungsinstitute im Sinn des § 340 des Handelsgesetzbuchs, Versicherungsunternehmen und Pensionsfonds im Sinn des § 341 des Handelsgesetzbuchs, eingetragene Genossenschaften und Personenhandelsgesellschaften im Sinn des § 264a des Handelsgesetzbuchs die in der Bilanz nicht ausgewiesenen Rückstellungen für laufende Pensionen, Anwartschaften auf Pensionen und ähnliche Verpflichtungen jeweils im Anhang und im Konzernanhang angeben.

(3) ¹Waren im Jahresabschluss für das letzte vor dem 1. Januar 2010 beginnende Geschäftsjahr Rückstellungen nach § 249 Abs. 1 Satz 3, Abs. 2 des Handelsgesetzbuchs, Sonderposten mit Rücklageanteil nach § 247 Abs. 3, § 273 des Handelsgesetzbuchs oder Rechnungsabgrenzungsposten nach § 250 Abs. 1 Satz 2 des Handelsgesetzbuchs in der bis zum 28. Mai 2009 geltenden Fassung enthalten, können diese Posten unter Anwendung der für sie geltenden Vorschriften in der bis zum 28. Mai 2009 geltenden Fassung, Rückstellungen nach § 249 Abs. 1 Satz 3, Abs. 2 des Handelsgesetzbuchs auch teilweise, beibehalten werden. ²Wird von dem Wahlrecht nach Satz 1 kein Gebrauch gemacht, ist der Betrag unmittelbar in die Gewinnrücklagen einzustellen; dies gilt nicht für Beträge, die der Rückstellung nach § 249 Abs. 1 Satz 3, Abs. 2 des Handelsgesetzbuchs in der bis zum 28. Mai 2009 geltenden Fassung im letzten vor dem 1. Januar 2010 beginnenden Geschäftsjahr zugeführt wurden.

(4) ¹Niedrigere Wertansätze von Vermögensgegenständen, die auf Abschreibungen nach § 253 Abs. 3 Satz 3, § 253 Abs. 4 des Handelsgesetzbuchs oder nach den §§ 254, 279 Abs. 2 des Handelsgesetzbuchs in der bis zum 28. Mai 2009 geltenden Fassung beruhen, die in Geschäftsjahren vorgenommen wurden, die vor dem 1. Januar 2010 begonnen haben, können unter Anwendung der für sie geltenden Vorschriften in der bis zum 28. Mai 2009 geltenden Fassung fortgeführt werden. ²Wird von dem Wahlrecht nach Satz 1 kein Gebrauch gemacht, sind die aus der Zuschreibung resultierenden Beträge unmittelbar in die Gewinnrücklagen einzustellen; dies gilt nicht für Abschreibungen, die im letzten vor dem 1. Januar 2010 beginnenden Geschäftsjahr vorgenommen worden sind.

(5) ¹Ist im Jahresabschluss für ein vor dem 1. Januar 2010 beginnendes Geschäftsjahr eine Bilanzierungshilfe für Aufwendungen für die Ingangsetzung

Art 67 EGHGB Übergangsvorschriften zum BilMoG

und Erweiterung des Geschäftsbetriebs nach § 269 des Handelsgesetzbuchs in der bis zum 28. Mai 2009 geltenden Fassung gebildet worden, so darf diese unter Anwendung der für sie geltenden Vorschriften in der bis zum 28. Mai 2009 geltenden Fassung fortgeführt werden. [2] Ist im Konzernabschluss für ein vor dem 1. Januar 2010 beginnendes Geschäftsjahr eine Kapitalkonsolidierung gemäß § 302 des Handelsgesetzbuchs in der bis zum 28. Mai 2009 geltenden Fassung vorgenommen worden, so darf diese unter Anwendung der für sie geltenden Vorschriften in der bis zum 28. Mai 2009 geltenden Fassung beibehalten werden.

(6) [1] Aufwendungen oder Erträge aus der erstmaligen Anwendung der §§ 274, 306 des Handelsgesetzbuchs in der Fassung des Bilanzrechtsmodernisierungsgesetzes vom 25. Mai 2009 (BGBl. I S. 1102) sind unmittelbar mit den Gewinnrücklagen zu verrechnen. [2] Werden Beträge nach Absatz 1 Satz 3, nach Absatz 3 Satz 2 oder nach Absatz 4 Satz 2 unmittelbar mit den Gewinnrücklagen verrechnet, sind daraus nach den §§ 274, 306 des Handelsgesetzbuchs in der Fassung des Bilanzrechtsmodernisierungsgesetzes entstehende Aufwendungen und Erträge ebenfalls unmittelbar mit den Gewinnrücklagen zu verrechnen.

(7) Aufwendungen aus der Anwendung des Artikels 66 sowie der Absätze 1 bis 5 sind in der Gewinn- und Verlustrechnung gesondert unter dem Posten „außerordentliche Aufwendungen" und Erträge hieraus gesondert unter dem Posten „außerordentliche Erträge" anzugeben.

(8) [1] Ändern sich bei der erstmaligen Anwendung der durch die Artikel 1 bis 11 des Bilanzrechtsmodernisierungsgesetzes vom 25. Mai 2009 (BGBl. I S. 1102) geänderten Vorschriften die bisherige Form der Darstellung oder die bisher angewandten Bewertungsmethoden, so sind § 252 Abs. 1 Nr. 6, § 265 Abs. 1, § 284 Abs. 2 Nr. 3 und § 313 Abs. 1 Nr. 3 des Handelsgesetzbuchs bei der erstmaligen Aufstellung eines Jahres- oder Konzernabschlusses nach den geänderten Vorschriften nicht anzuwenden. [2] Außerdem brauchen die Vorjahreszahlen bei erstmaliger Anwendung nicht angepasst werden; hierauf ist im Anhang und Konzernanhang hinzuweisen.

Übersicht

	Anm
A. Überblick	1–4
B. Übergangsregelung für Pensionsrückstellungen (Abs 1 S 1)	5–9
C. Wertbeibehaltungswahlrecht für Rückstellungen (Abs 1 S 2–4)	10–12
D. Fehlbetragsangabe für Pensionsrückstellungen (Abs 2)	13
E. Beibehaltungswahlrecht für Aufwandsrückstellungen, Sonderposten mit Rücklageanteil und Rechnungsabgrenzungsposten (Abs 3)	15
F. Wertbeibehaltungswahlrecht für steuerrechtliche Abschreibungen und bestimmte andere Abschreibungen (Abs 4)	18–20
G. Beibehaltungswahlrecht für Aufwendungen für die Ingangsetzung und Erweiterung des Geschäftsbetriebs (Abs 5 S 1)	21
H. Beibehaltungswahlrecht einer Kapitalkonsolidierung bei Interessenzusammenführung im Konzernabschluss (Abs 5 S 2)	22
I. Verrechnungsgebot von Aufwendungen und Erträgen aus latenten Steuern im Erstanwendungsjahr (Abs 6)	23
J. Ausweis von Aufwendungen und Erträgen aus der Erstanwendung der neuen Vorschriften (Abs 7)	25
K. Stetigkeit und Vorjahreszahlen im Übergangsjahr (Abs 8)	26, 27
L. Anwendung auf Konzernabschlüsse	28

Übergangsvorschriften zum BilMoG 1–4 **Art 67 EGHGB**

Schrifttum: S im Einzelnen die einschlägigen §§ *Gelhausen/Fey/Kämpfer,* Rechnungslegung und Prüfung nach dem Bilanzrechtsmodernisierungsgesetz, Düsseldorf 2009; *Dettmeier* Das Schicksal des Sonderpostens mit Rücklageanteil und steuerrechtlicher Abschreibungen nach dem BilMoG DB 2009, 2124; *Petersen/Zwirner/Künkele* Umstellung auf das neue deutsche Bilanzrecht: Übergangsregelungen des BilMoG nach IDW RS HFA 28, DB 2010 Beilage 4 zu Heft 17,3; *Gelhausen/Fey/Kirsch* Übergang auf die Rechnungslegungsvorschriften des Bilanzrechtsmodernisierungsgesetzes, WPg 2010, 24; *Briese/Suermann,* Sonderposten mit Rücklageanteil und steuerliche Abschreibungen im Jahresabschluss nach BilMoG, DB 2010, 121; *Romberg/Rehbock* Die Fortführung der Abschreibungen nach § 253 Abs. 4 HGB aF nach den Rechnungslegungsvorschriften des BilMoG, DStR 2011, 327; *Melcher/David/Skowronek* Überdotierte Rückstellungen im Zeitpunkt des Übergangs auf das BilMoG Fallstudie zu den Konsequenzen aus der Ausübung des Beibehaltungswahlrechts, KoR 2011, 382;*Rimmpelspacher/Fey* WPg 2012, 421; *Melcher/David/Skowronek* Rückstellungen in der Praxis, Weinheim 2013, 1. Aufl.

Standard: IDW RS HFA 28 Übergangsregelungen des Bilanzrechtsmodernisierungsgesetzes.

A. Überblick

Während Art 66 EGHGB die erstmalige Anwendung der geänderten und **1** neuen Vorschriften des BilMoG regelt, normiert Art 67 EGHGB Beibehaltungs- und Fortführungswahlrechte für bestimmte Bilanzposten nach alter Rechtslage (Abs 1–5), die Verrechnung von Aufwendungen und Erträgen aus der Erstanwendung neuer Vorschriften (Abs 6 und 7) sowie Erleichterungen in Bezug auf den Stetigkeitsgrundsatz (Abs 8). Im Folgenden wird nur auf die Vorschriften eingegangen, die Auswirkungen auf die dem Übergangsjahr folgenden Gj haben. Zur Anwendung von Art 67 EGHGB im Übergangsjahr s 7. Aufl Art 67 EGHGB Anm 1.

Art 67 gestattet, nach altem Recht zulässige Bilanzposten und Wertansätze, die **2** am Ende des letzten Gj vor dem Übergang auf das neue Recht bilanziert waren, beizubehalten und nach den für sie geltenden bisherigen Vorschriften fortzuführen, obwohl diese nach den neuen Vorschriften des BilMoG nicht mehr zulässig sind. Das Beibehaltungswahlrecht ist eine **Bewertungsmethode** iSd §§ 284 Abs 2 S 1 und 313 Abs 1 Nr 1 und deshalb entspr im (Konzern-)Anhang solange angabepflichtig, wie der Bilanzposten bzw der Wertansatz nach altem Recht bilanziert werden.

Wurde das Beibehaltungswahlrecht im Übergangsjahr in Anspruch genommen, ist die Ges nach Maßgabe des **Stetigkeitsgrundsatzes** (§§ 246 Abs 3, 252 Abs 1 Nr 6) für die Folgejahre gebunden.

Art 67 gilt generell für **alle Kfl** unabhängig von ihrer Rechtsform, es sei **3** denn, es ist etwas anderes bestimmt. Die Wahlrechte des Art 67 durften nur im Übergangsjahr angewendet werden, also für den JA/KA 2010 bzw 2010/11 oder für ein RumpfGj 2010.

Die Wahlrechte nach Art 67 gestatteten die Wahl zwischen der Beibehaltung **4** des (Wert-)Ansatzes und der Verrechnung mit den Gewinnrücklagen. Bei **Verrechnung mit den Gewinnrücklagen** können die auf diese Weise gebildeten Gewinnrücklagen weiterbestehen, unabhängig vom Schicksal der zugrundeliegenden Bilanzposten, oder sie konnten auch bereits im Übergangsjahr entnommen und zur Ausschüttung (unter Berücksichtigung von § 268 Abs 8) verwendet werden (IDW RS HFA 28 Tz 21), soweit diese Gewinnrücklagen nicht durch Gesetz oder Satzung/GesVertrag für andere Zwecke gebunden sind.

B. Übergangsregelung für Pensionsrückstellungen (Abs 1 S 1)

5 Abs 1 S 1 regelt den Übergang auf die neuen Bewertungsvorschriften der §§ 253 Abs 1 S 2, Abs 2 ausschließlich für Pensionsrückstellungen (s auch § 249 Anm 208). Ergab sich auf Grund der geänderten Bewertung eine **Zuführung zu den Pensionsrückstellungen,** ist dieser Betrag bis spätestens zum 31.12.2024 in jedem Gj zu mind einem Fünfzehntel anzusammeln. Der Zuführungsbetrag ergibt sich aus der Gegenüberstellung des nach altem Recht berechneten Rückstellungsbetrags mit dem Rückstellungsbetrag gem den neuen Vorschriften im Übergangsjahr. Das Wahlrecht beinhaltet eine langfristige Übergangsregelung, die zum Ende des Übergangszeitraums zum 31.12.2024 endet.

6 Hinsichtlich des **Zeitpunkts der Ermittlung** des zusätzlichen Zuführungsbetrags besteht ein Wahlrecht, den Beginn oder das Ende des Erstanwendungsjahrs (1.1.2010 bzw 31.12.2010) zugrunde zu legen (Ber Merz ua, 127, IDW RS HFA 28 Tz 42; § 249 Anm 208). Abs 1 S 1 schreibt eine **Mindestzuführung** von $1/15$ pa des auf diese Weise ermittelten Zuführungsbetrags vor. Damit besteht ein faktisches Wahlrecht, auch einen höheren Betrag zuzuführen, um den Ansammlungszeitraum zu verkürzen (Ber Merz ua, 126). Der Verteilung des gesamten Zuführungsbetrags auf den (verkürzten) Ansammlungszeitraum braucht kein im Voraus festgelegter Plan zugrunde gelegt werden (IDW RS HFA 28 Tz 44). Der Mindestbetrag pa darf jedoch nicht unterschritten werden. Damit war auch eine Zuführung des gesamten Differenzbetrags im Übergangsjahr zulasten des Jahresergebnisses zulässig. Der jährliche Ansammlungsbetrag ist zu Lasten des Jahresergebnisses gem Abs 7 gesondert unter dem Posten „ao Aufwendungen" auszuweisen. Eine Umbuchung zu Lasten der Gewinnrücklagen ist unzulässig.

7 Abs 1 S 1 gilt auch entspr für Pensionsrückstellungen, deren **Zusagen an Wertpapiere** des Anlagevermögens **gebunden** sind und die gem § 253 Abs 1 S 3 mit dem beizZW dieser Wertpapiere zu bewerten sind, sofern sich im Erstanwendungsjahr ein notwendiger Zuführungsbetrag aus der Differenz zwischen dem höheren beizZW der gebundenen Wertpapiere und dem niedrigeren Betrag aus der Rückstellungsbewertung nach altem Recht ergibt. Zur aktuellen Diskussion der Behandlung des Unterschiedsbetrags bei Änderung des BilMog-Wertes vgl *Rimmelspacher/Fey* WPg 2012, 422. *Melcher/David/Skowronek* Rückstellungen in der Praxis, 398 ff. schlagen eine weiter Variante vor, die im Fall einer teilauflösung der Pensionsrückstellung ebenso eine entsprechende Verringerung des Unterschiedsbetrags vorsieht.

8 Ist § 246 Abs 2 S 2 **(Saldierung von Pensionsrückstellungen mit zweckgebundenem Deckungsvermögen)** erstmals im Gj 2010 anzuwenden, ist bei der Errechnung des notwendigen anzusammelnden Zuführungsbetrags ebenfalls die Saldierung zu berücksichtigen. Der Ansammlungsbetrag ergabt sich aus der Gegenüberstellung der nach neuem Recht bewerteten Pensionsrückstellungen abzgl der nach altem Recht bewerteten Pensionsrückstellungen und dem beizZW des Deckungsvermögens gem § 253 Abs 1 S 4 iVm § 255 Abs 4 abzgl dessen letztem Buchwert nach altem Recht (vgl IDW RS HFA 28 Tz 48).

9 Die **Fehlbeträge** gem Abs 1 S 1 sind jeweils im **(Konzern-)Anhang** anzugeben (s Anm 10).

Ergibt sich bei Anwendung von § 253 Abs 1 S 2, 3, Abs 2 bei den Pensionsrückstellungen eine Überdeckung, greifen die Wahlrechte nach Abs 1 S 2 (s Anm 10 ff). Eine Übergangsregelung mit Ansammlung der Unterdeckung bei Pensionsrückstellungen in 15 Jahren besteht für **andere Rückstellungen** nicht. Ergibt sich bei im Übergangsjahr bestehenden Rückstellungen auf Grund der geänderten Bewertungsvorschriften gem § 253 Abs 1 S 2, Abs 2 eine Unterdeckung, ist diese im Übergangsjahr aufwandswirksam zu erfassen und als ao Posten in der GuV auszuweisen (Abs 7; vgl IDW RS HFA 28 Tz 40).

C. Wertbeibehaltungswahlrecht für Rückstellungen (Abs 1 S 2–4)

Abs 1 S 2 eröffnet ein Beibehaltungs- und Fortführungswahlrecht für die Rückstellungen (nicht nur Pensionsrückstellungen), bei deren Neubewertung nach neuem Recht sich im Übergangsjahr eine erforderliche **Auflösung** ergibt. Die Vorschrift betrifft nur die geänderte Bewertung, nicht den Rückstellungsansatz dem Grunde nach, für den § 249 Abs 2 S 2 weiter gilt. S 2 betrifft dem Wortlaut nach „Verpflichtungen, die die Bildung einer Rückstellung erfordern" weshalb Aufwandsrückstellungen, denen der Außenverpflichtungscharakter fehlt nicht hierunter fallen; für sie besteht die Spezialvorschrift des Abs 3 (s Anm 15). Der Auflösungsbetrag errechnet sich nach denselben Grundsätzen wie der Zuführungsbetrag (s Anm 5). Die nach altem Recht bewerteten Rückstellungen dürfen beibehalten werden, soweit der aufzulösende Betrag bis spätestens 31.12.2024 wieder zugeführt werden müsste. Das Beibehaltungswahlrecht umfasst demnach nur denjenigen (Teil-)Betrag einer an sich aufzulösenden Rückstellung, der bis zu dem im Gesetz genannten Zeitpunkt wieder zugeführt werden müsste. Darüber hinausgehende Beträge sind erfolgswirksam aufzulösen. Für die Beurteilung der Notwendigkeit der Zuführung bis zum 31.12.2024 kommt es auf den Einzelfall an (IDW RS HFA 28 Tz 38), wobei der hypothetische Zuführungsbetrag neben den Effekten aus der Aufzinsung auch wertbegründende Ereignisse zu berücksichtigen sind (IDW RS HFA 28 Tz 37).

Für die Beurteilung der Notwendigkeit der zukünftigen Zuführungen bei den Pensionsrückstellungen war nach IDW RS HFA 28 Tz 46 eine **Gesamtbetrachtung** anzustellen, nach der sich Auflösung und spätere Zuführung nicht auf dieselbe einzelne Pensionsverpflichtung oder dieselbe Gruppe von Pensionsverpflichtungen beziehen müssen, wobei auch Effekte aus der Aufzinsung, aus erwarteten Steigerungen des Erfüllungsbetrags und zukünftige Versorgungszusagen (IDW RS HFA 28 Tz 47) zu berücksichtigen waren. Bei den anderen überdotierten Rückstellungen entfällt die Überdotierung, sobald der nach den Bewertungsvorschriften des BilMoG ermittelte Betrag der jeweiligen Rückstellung den nach aF bilanzierten Rückstellungsbetrag erreicht (*Melcher/David/Skowronek* KoR 2011, 382), wobei zwischenzeitlichen Inanspruchnahmen der jeweiligen Rückstellung zu berücksichtigen sind.

Ist vom Beibehaltungswahlrecht Gebrauch gemacht worden, sind für die Fortführung des beibehaltenen Rückstellungsbetrags zu jedem Abschlussstichtag der Folgejahre im Übergangszeitraum bis zum 31.12.2024 die gesetzlichen Vorschriften zu beachten. Ergibt sich eine zweckentspr Inanspruchnahme, ist der beibehaltene Rückstellungsbetrag entspr zu mindern (*Melcher/David/Skowronek* KoR 2011, 382). Stellt sich heraus, dass der beibehaltene Rückstellungsbetrag bis spätestens zum 31.12.2024 nicht mehr erreicht werden wird, ist die insoweit festgestellte, nicht mehr auszugleichende Überdeckung (Differenz zwischen dem beibehaltenen bilanzierten und dem niedrigeren maximal erreichbaren Rückstellungsbetrag) zugunsten des Ergebnisses aufzulösen (§ 249 Abs 2 S 2; IDW RS HFA 28 Tz 37; *Melcher/David/*Skowronek Rückstellungen in der Praxis, 383. Dies gilt auch für den Fall, dass der Grund für die beibehaltene Rückstellung entfallen ist.

Stellt sich in einem Folgejahr aufgrund veränderter Verhältnisse heraus, dass der beibehaltene bzw nach vorgenannten Grundsätzen fortgeführte Rückstellungsbetrag den Erfüllungsbetrag nach § 253 Abs 1 S 2 und Abs 2 unterschreitet, darf der Differenzbetrag solange nicht zugeführt werden, bis die bestehende Überdeckung beseitigt ist (*Melcher/David/Skowronek* aaO, 383). Erst dann ist der Erfüllungsbetrag nach BilMoG anzusetzen und der Zuführungsbetrag aufwandswirksam zu erfassen (IDW RS HFA 28 Tz 40; *Melcher/David/Skowronek* Rückstellungen in der Praxis, 163; aA *Rimmelspacher/Fey* WPg 2012, 425).

Wurde von dem Wahlrecht nach S 2 Gebrauch gemacht, ist nach S 4 der Betrag der **Überdeckung** im **(Konzern-)Anhang** brutto anzugeben, dh ohne Abzug fiktiver latenter Steuern. Der anzugebende Betrag der Überdeckung ergibt sich zu jedem Bilanzstichtag (IDW RS HFA 28 Tz 39 durch Gegenüberstellung des im Übergangsjahr nach alter Rechtslage festgestellten Rückstellungsbetrags (Rückzahlungsbetrag ohne Abzinsung ggf unter Fortführung nach Maßgabe vorgenannter Grundsätze) mit der nach § 253 Abs 1 S 2, Abs 2 bewerteten Rückstellung. Dabei sind alle betroffenen Rückstellungen je Bilanzposten zusammen zu fassen, wobei das Wahlrecht nur einheitlich je Bilanzposten ausgeübt werden durfte (IDW RS HFA 28 Tz 14; *Gelhausen/Fey/Kirsch* WPg 2010, 27).

12 Wurde im Übergangsjahr vom Beibehaltungswahlrecht bei Rückstellungen nach Abs 1 S 2 Gebrauch gemacht, stellt sich die Frage, ob in einem Folgejahr ein freiwilliger vorzeitiger Übergang auf die Bewertungsvorschriften des BilMoG (§ 253 Abs 1 S 2, Abs 2) zulässig ist und somit die Überdeckung vorzeitig aufgelöst werden darf. IDW RS HFA 28 Tz 12, *Gelhausen/Fey/Kirsch* WPg 2010,27 halten die Durchbrechung des Gebots der Bewertungsstetigkeit (§ 252 Abs 1 Nr 6) grds für zulässig, da ein Übergang auf das BilMoG regelmäßig eine bessere Darstellung der VFE-Lage des Unt bewirkt. Nach *Melcher/DavidSkowronek* Rückstellungen in der Praxis, 164/165: vorzeitiger Übergang möglich, wenn für alle beibehaltenen Rückstellungen das Beibehaltungswahlrecht aufgegeben wird. Zudem sind Anhangangaben aufgrund der Durchbrechung der Stetigkeit nach § 284 Abs 2 Nr erforderlich.

Wird iSv § 252 Abs 2 das Abweichen vom Grundsatz der Bewertungsstetigkeit in diesem Fall als begründet angesehen, darf der Überdeckungsbetrag nur insgesamt aufgelöst werden, wobei der Auflösungsertrag der gesamten Überdeckung nicht unmittelbar in die Gewinnrücklagen eingestellt werden darf, sondern als ao Ertrag (Abs 7) ergebniswirksam auszuweisen ist, und es sind die entspr Anhangangaben nach § 284 Abs 2 Nr 3 zu machen (IDW RS HFA 28 Tz 12; *Gelhausen/ Fey/Kirsch* WPg 2010, 27).

D. Fehlbetragsangabe für Pensionsrückstellungen (Abs 2)

13 Ergibt sich auf Grund der durch das BilMoG geänderten Bewertung der Pensionsrückstellungen gem Abs 1 S 1 ein Fehlbetrag, ist dieser im **(Konzern-) Anhang** anzugeben. Angabepflichtige Unt sind: KapGes, KapCoGes, Kredit- und Finanzdienstleistungsinstitute iSd § 340, VersicherungsUnt und P-Fonds iSd § 341, eG sowie nach § 22 Abs 3 PublG die anhangpflichtigen Unt der § 3 Abs 1 iVm § 5 Abs 2, 2a PublG. Nicht unter Abs 2 fallen demnach Ekfl und Pers-Ges, da sie keinen Anhang aufzustellen haben (s jedoch § 251 Anm 50). Der anzugebende Fehlbetrag umfasst jeweils die zum Bilanzstichtag noch ausstehenden Zuführungsbeträge auf der Basis der im Übergangsjahr ermittelten Unterdeckung. Der Fehlbetrag nach Abs 1 S 1 darf nicht mit dem Fehlbetrag nach Art 28 Abs 2 bzw Art 48 Abs 6 EGHGB bzgl der Altzusagen (s § 249 Anm 260 ff) zusammenge-

fasst werden, da er einen anderen Charakter hat (Art 28/48 EGHGB Ansatzvorschrift; Art 67 EGHGB Bewertungsvorschrift) und einen unterschiedlichen Ansammlungszeitraum betrifft. Diese anzugebenden Fehlbeträge dürfen auch nicht mit einer angabepflichtigen Überdeckung von Rückstellungen nach Abs 1 S 4 verrechnet werden.

E. Beibehaltungswahlrecht für Aufwandsrückstellungen, Sonderposten mit Rücklageanteil und Rechnungsabgrenzungsposten (Abs 3)

Abs 3 S 1 gestattete den Unt, bestimmte Bilanzposten, die am Ende des letzten Gj vor dem Übergang auf die neuen Vorschriften des BilMoG bilanziert waren, und deren Vorschriften durch das BilMoG aufgehoben wurden, beizubehalten und nach den bisherigen Vorschriften bis zum Ende des Übergangszeitraums bis zum 31.12.2024 fortzuführen. Diese Wahlrechte konnten nur im Übergangsjahr ausgeübt werden (Ber Merz ua, 127).

Die Regelung betrifft folgende Bilanzposten, die am Ende des Gj vor dem Übergangsjahr bestanden:
- **Rückstellungen für unterlassene Instandhaltung** gem § 249 Abs 1 S 3 aF; zum Wahlrecht im Übergangsjahr s 7. Aufl Art 67 EGHGB Anm 15.
- **Aufwandsrückstellungen** gem § 249 Abs 2 aF. Abs 3 S 1 Hs 2 gestattete auch eine nur teilweise Beibehaltung, wobei diese sich auf den gesamten Bilanzposten Aufwandsrückstellungen beziehen musste, während eine teilweise Beibehaltung einzelner sachverhaltsbezogener Aufwandsrückstellungen nicht zulässig war (*Gelhausen/Fey/Kirsch* WPg 2010, 27; IDW RS HFA 28 Tz 14). Der beibehaltene Betrag ist weiterhin stichtagsbezogen nach alter Rechtslage zu bewerten und nicht abzuzinsen (Ber Merz ua, 127), bestimmungsgemäß zu verbrauchen oder nach § 249 Abs 2 S 2 aufzulösen. Eine Erhöhung der Aufwandsrückstellung oder eine weitere Ansammlung ist nicht zulässig (IDW RS HFA 28 Tz 17). In der Literatur wird eine vorzeitige freiwillige Auflösung unter Beachtung des Gebots der Stetigkeit akzeptiert (s *Rimmelspacher/Fey* WPg 2012, 427). *Melcher/David/Skowronek* Rückstellungen in der Praxis, 168/169 halten zudem eine sachverhaltsbezogene Auflösung für möglich, da der Grundsatz der Stetigkeit bei Ansatzwahlrechten nach HGB aF nicht galt.
- **Sonderposten mit Rücklageanteil** gem §§ 247 Abs 3, 273 aF. Zu den in Frage kommenden steuerrechtlichen Rücklagen s *Briese/Suermann* DB 2010, 121. Wurden Sonderposten im Übergangsjahr beibehalten, sind sie nach den jeweiligen steuerrechtlichen Vorschriften iVm den entspr handelsrechtlichen Vorschriften (§ 247 Abs 3 aF Ausweis und Auflösung nach Maßgabe des Steuerrechts; § 270 Abs 1 S 2 aF Auflösungen; § 273 aF umgekehrte Maßgeblichkeit, Ausweis und Angabepflichten für Bilanz oder Anhang; § 281 Abs 2 S 2 aF: gesonderte Angabe der Erträge aus der Auflösung von Sonderposten mit Rücklageanteil; § 285 S 1 Nr 5 aF: Angabe des Ausmaßes der Beeinflussung des Jahresergebnisses und erheblicher künftiger Belastungen durch die Bildung eines Sonderpostens nach § 273; zu den einzelnen weiterhin anzuwendenden Vorschriften s 6. Aufl) fortzuführen, nach den steuerrechtlichen Vorschriften zu verwenden oder aufzulösen (s im Einzelnen 6. Aufl § 247 Anm 601 ff). Im Falle der späteren Übertragung unversteuerter Rücklagen auf einen Ersatz-VG ist dieser entspr in der HB außerplanmäßig abzuschreiben (IDW RS HFA 28 Tz 18; aA, am Gesetzeswortlaut orientiert, *Dettmeier* DB 2009, 2126). Beibehaltene Sonderposten mit Rücklageanteil dürfen in einem Folgejahr vorzeitig

freiwillig aufgelöst werden, da der Übergang auf die Vorschriften des BilMoG zu einem besseren Bild der VFE-Lage des Unt führt, weshalb ein Abweichen vom Grundsatz der Bewertungsstetigkeit (§ 252 Abs 1 Nr 6 iVm Abs 2) zulässig ist (*Gelhausen/Fey/Kämpfer* D Anm 40). Die Erträge aus der Auflösung sind als ao Ertrag (Abs 7) auszuweisen und es sind die entspr Anhangangaben nach § 284 Abs 2 Nr 3 zu machen. Die vorzeitige freiwillige Auflösung kann bei unterstellter Weitergeltung der umgekehrten Maßgeblichkeit iSd § 5 Abs 1 S 2 EStG aF für Altfälle zu einer Auflösung des Postens auch in der StB führen (*Gelhausen/Fey/Kämpfer* aaO).
 – **Rechnungsabgrenzungsposten** gem § 250 Abs 1 S 2 aF.
Sind Zölle und Verbrauchsteuern, soweit sie auf VG des Vorratsvermögens entfallen (§ 250 Abs 1 S 2 Nr 1 aF), oder USt auf erhaltene Anzahlungen (§ 250 Abs 1 S 2 Nr 2 aF) zum Ende des letzten Gj vor dem Übergangsjahr aktiv abgegrenzt worden, durften die RAP beibehalten werden und sind aufzulösen, sobald die zugehörigen Bilanzposten nicht mehr bilanziert werden.

F. Wertbeibehaltungswahlrecht für steuerrechtliche Abschreibungen und bestimmte andere Abschreibungen (Abs 4)

18 Abs 4 normiert ein Wertbeibehaltungs- und Fortführungswahlrecht für bestimmte niedrigere Wertansätze, deren Rechtsgrundlage durch das BilMoG aufgehoben wurde. Das Wahlrecht bezieht sich ausschließlich auf VG des Anlage- und Umlaufvermögens die am Ende des letzten Gj vor dem Übergangsjahr bzw am ersten Abschlussstichtag nach neuem Recht noch vorhanden sind, somit nicht auf im Übergangsjahr zugegangene VG. Es handelt sich um niedrigere Wertansätze, die unter Anwendung der für sie geltenden Vorschriften in der bis 28.5.2009 geltenden Fassung fortgeführt werden dürfen, auf Grund folgender Vorschriften:
 – § 253 Abs 3 S 3 aF: niedrigerer Wertansatz von VG des Umlaufvermögens wegen zukünftiger Wertschwankungen/Wertminderungen; ein solcher Wertansatz darf von Ekfl und reinen PersGes solange beibehalten werden, bis der VG ausgeschieden ist oder Wertminderungen in der nächsten Zukunft (2 Folgejahre, s 6. Aufl § 253 Anm 620) nicht mehr zu erwarten sind.
 – § 253 Abs 4 aF: Ermessensabschreibungen auf VG des Anlage- und Umlaufvermögens von Ekfl und reinen PersGes (auch wenn sie dem PublG unterliegen, § 5 Abs 1 S 3 PublG); die aufgrund solcher Abschreibungen gebildeten stillen Reserven dürfen solange beibehalten werden, bis die VG ausgeschieden sind oder die tatsächlichen Verhältnisse oder konkrete Anhaltspunkte zu einer anderen vernünftigen kfm Beurteilung führen. Wurden die Ermessensabschreibungen zulässigerweise pauschal vorgenommen und nicht einzelnen VG zugeordnet (s *ADS*[6] § 253 Anm 585), können diese Pauschalbeträge beibehalten werden, soweit entspr andere VG im die Pauschalbeträge übersteigenden Wert vorhanden sind (*Romberg/Rehbock* DStR 2011, 328). Insoweit kann auch eine spätere bewusste bilanzpolitische Auflösung der stillen Reserven in Betracht kommen (wie hier *Romberg/Rehbock* aaO).
 – §§ 254 aF, 279 Abs 2 aF: Abschreibungen auf einen nur steuerrechtlich zulässigen niedrigeren Wert, wenn umgekehrte Maßgeblichkeit bestand, bei VG des Anlage- und Umlaufvermögens von Unt aller Rechtsformen; ein solcher Wertansatz darf solange beibehalten werden, bis der VG ausgeschieden ist oder von dem Wertaufholungswahlrecht nach § 253 Abs 5 aF von Ekfl und reinen PersGes Gebrauch gemacht wird oder von KapGes/KapCoGes gem § 280

Abs 1 S 1 aF iVm § 6 Abs 1 Nr 1 S 4, Nr 2 S 3 EStG eine Wertaufholung wegen Wegfalls der Gründe vorgenommen werden muss. Bei Ausweis dieser Abschreibungen als Wertberichtigungen in den Sonderposten mit Rücklageanteil sind die Angabepflichten nach § 281 Abs 1 S 1 aF zu berücksichtigen.

Ist von Abs 4 S 1 Gebrauch gemacht worden, sind die Angabepflichten im Anhang nach § 285 S 1 Nr 5 aF (s dazu 6. Aufl) zu beachten (IDW RS HFA 28 Tz 19). Im Falle der Beibehaltung der niedrigeren Wertansätze nach aF ist es nicht zulässig, die vorgenommenen Abschreibungen zu erhöhen oder weitere Abschreibungen nach Vorschriften aF vorzunehmen (IDW RS HFA 28 Tz 19; *Gelhausen/Fey/Kirsch* WPg 2010, 27), da nach Ber Merz ua, 127 die Anwendung der bisherigen Vorschriften nur für die Abwicklung der entspr Posten gelten soll. Ein vorzeitiger freiwilliger Übergang auf eine Bewertung nach § 253 Abs 3 S 3 und 4 und Abs 4 ist in einem Folgejahr zulässig mit der Maßgabe, dass die Zuschreibungserträge als ao Ertrag (Abs 7) auszuweisen und die Anhangangaben nach § 284 Abs 2 Nr 3 zu machen sind (IDW RS HFA 28 Tz 12 und 27; *Gelhausen/Fey/Kirsch* WPg 2010, 27). UE kann auch ein Ausweis im operativen Ertrag erfolgen, da Art 67 Abs 7 einen Ausweis im ao Ergebnis nur vorschreibt, wenn diese auf die Anwendung des Art 66 oder des Art 67 Abs 1 bis 5 zurückzuführen ist. Bei Durchbrechung einer Stetigkeit ist dies jedoch nicht der Fall (nach IDW RS HFA 38 Auflösung im operativen Ergebnis mit entsprechenden Anhangangaben). Diese Sichtweise ist auf entsprechende Auflösungen in Folge eines freiwilligen Übergangs auf die Bilanzwerte nach BilMoG übertrgbar (s auch *Melcher/David/Skowronek* Rückstellungen in der Praxis, 171).

Das Wertbeibehaltungswahlrecht des Abs 4 setzt das Wertaufholungsgebot des § 253 Abs 5 S 1 für am Beginn des Übergangsjahrs vorhandene VG des Anlage- und Umlaufvermögens außer Kraft, nicht jedoch für KapGes/KapCoGes wegen § 279 Abs 2 aF iVm § 6 Abs 1 Nr 1 S 4, Nr 2 S 3 EStG.

G. Beibehaltungswahlrecht für Aufwendungen für die Ingangsetzung und Erweiterung des Geschäftsbetriebs (Abs 5 S 1)

Ist am Ende des letzten Gj vor dem Übergangsjahr eine Bilanzierungshilfe nach § 269 aF bilanziert und wurde der Wertansatz zu Beginn des Übergangsjahrs beibehalten, ist diese nach Maßgabe des § 282 aF weiter planmäßig abzuschreiben. Auch die übrigen Vorschriften (§ 269 S 1 Hs 2 (Anlagengitter), S 2 aF (Ausschüttungssperre)) sind bis zum Ende des Abschreibungszeitraums zu beachten.

H. Beibehaltungswahlrecht einer Kapitalkonsolidierung bei Interessenzusammenführung im Konzernabschluss (Abs 5 S 2)

Ist im Gj vor dem Übergangsjahr im KA zulässigerweise die KapKons nach der Methode der Interessenzusammenführung gem § 302 aF durchgeführt worden, darf diese bis zur EndKons des nach § 302 konsolidierten TU beibehalten werden, wobei auch die Behandlung des Unterschiedsbetrags nach § 302 Abs 2 aF beibehalten werden darf. Die Anhangangabepflichten nach § 302 Abs 3 aF bzgl Name und Sitz des TU sowie dieser angewandten Konsmethode bestehen grds weiter, ebenso hinsichtlich der Veränderungen der Rücklagen (Abs 2) bei EndKons des TU.

I. Verrechnungsgebot von Aufwendungen und Erträgen aus latenten Steuern im Erstanwendungsjahr (Abs 6)

23   S hierzu 7. Aufl Art 67 EGHGB Anm 23.

J. Ausweis von Aufwendungen und Erträgen aus der Erstanwendung der neuen Vorschriften (Abs 7)

25   Abs 7 regelt den Ausweis aller Aufwendungen und Erträge aus der Anwendung des Art 66 EGHGB und der Abs 1 bis 5 in der GuV. Das sind die Aufwendungen und Erträge, die aus der erstmaligen Anwendung der neuen Vorschriften des BilMoG resultieren. Die entspr Aufwendungen sind gesondert unter dem Posten „ao Aufwendungen", die entspr Erträge hieraus gesondert unter dem Posten „ao Erträge" anzugeben mit entspr ErlPflichten im Anhang (§ 277 Abs 4 S 2). Ein saldierter Ausweis ist nach dem Wortlaut nicht zulässig. Erfolgswirksam zu erfassende latente Steuern auf Umstellungsdifferenzen fallen nicht unter Abs 7, der Abs 6 nicht in Bezug nimmt, sondern sind im Steuerergebnis auszuweisen (*Gelhausen/Fey/Kirsch* WPg 2010, 25, 31). Die Vorschrift ist auch von EkfI und reinen PersGes entspr anzuwenden, da eine Bezugnahme auf § 275 fehlt. Die Pflicht zum gesonderten Ausweis macht es erforderlich, die Anpassungsbeträge durch einen Vergleich der Wertansätze nach altem und neuem Recht zum Abschlussstichtag des Übergangsjahrs zu ermitteln. Nach dem Wortlaut des Abs 7 gilt der ao Ausweis auch für alle dem Übergangsjahr folgenden Gj, in denen zulässiger Weise auf das neue Recht übergegangen wird (IDW RS HFA 28 Tz 26; *Gelhausen/Fey/Kirsch* WPg 2010, 27), zB für die Verteilung der Zuführungsbeträge für Pensionsrückstellungen nach Abs 1 (*Hasenburg/Hausen* DB Beilage 5/2009, 45).

K. Stetigkeit und Vorjahreszahlen im Übergangsjahr (Abs 8)

26   Diese Erleichterungsvorschrift bestimmt in S 1 folgendes:
- der Grundsatz der formellen Stetigkeit für Darstellung und Gliederung des JA (§ 265 Abs 1) gilt nicht im Übergangsjahr für den ersten JA nach neuem Recht.
- Der Grundsatz der Bewertungsstetigkeit gem § 252 Abs 1 Nr 6 gilt ebenfalls nicht für den ersten JA nach neuem Recht im Übergangsjahr, erst wieder im Folgejahr.
- Die Angabe- und Begründungspflichten im Anhang nach § 284 Abs 2 Nr 3 für Abweichungen bei Bilanzierungs- und Bewertungsmethoden ggü dem VjAbschluss entfallen für den ersten Anhang von KapGes/KapCoGes nach neuem Recht im Übergangsjahr.

Nach S 2 brauchen außerdem die Vj-Zahlen nicht angepasst zu werden, worauf im **Anhang** hinzuweisen ist. Werden sie freiwillig angepasst, ist gem § 265 Abs 2 S 3 auch dies im Anhang anzugeben. Da durch das BilMoG der Grundsatz der Ansatzstetigkeit (§ 246 Abs 3) erstmals kodifiziert wurde, war dessen Suspendierung für das Übergangsjahr durch eine Übergangsvorschrift nicht erforderlich.

27   Die Suspendierung des Gebots der Bewertungsstetigkeit für das Übergangsjahr gem Abs 8 S 1 stellt einen begründeten Ausnahmefall iSd § 252 Abs 2 dar. Es

stellt sich die Frage, ob Abs 8 S 1 auch andere Bewertungsmethodenänderungen, bei der erstmaligen Anwendung der neuen Vorschriften gestattet. Im Hinblick auf die weite Auslegung, die die wortgleichen Vorschriften der Art 24 Abs 5, 48 Abs 4 EGHGB gefunden haben, ist dies im Falle anderer begründeter Ausnahmen (s dazu § 252 Anm 73 ff) zulässig.

L. Anwendung auf Konzernabschlüsse

Die durch Abs 1 S 1–3, Abs 3–5 gewährten Beibehaltungs- und Fortführungswahlrechte gelten auch für den KA, da Art 67 eine für den KA geltende Vorschrift über den JA iSd § 298 Abs 1 ist. Ferner sind diese Wahlrechte auf den JA des MU anwendbare Ansatz- und Bewertungsmethoden iSd §§ 300 Abs 2 bzw 308 Abs 1. Außerdem sind die Ausweis- und Anhangvorschriften des Abs 1 S 4, Abs 2 und 6 für das Übergangsjahr ebenfalls auf den KA anzuwenden; das ergibt sich unmittelbar aus dem Wortlaut bzw durch Bezugnahme auf KA-Vorschriften.

28

Die Suspendierung des **Grundsatzes der Stetigkeit** und die gewährten Erleichterungen zu den Vj-Zahlen und die Aufhebung der Angabepflichten im Konzernanhang nach § 313 Abs 1 Nr 3 dürfen im Übergangsjahr (Abs 8) auch für den KA in Anspruch genommen werden, da sie für den JA geltende Vorschriften iSd § 298 Abs 1 sind.

Zweiunddreißigster Abschnitt
Übergangsvorschriften zu Kleinstkapitalgesellschaften –
Bilanzänderungsgesetz

Artikel 70 EGHGB

(1) [1]Die Erleichterungen für Kleinstkapitalgesellschaften bei der Rechnungslegung nach § 264 Absatz 1, § 266 Absatz 1, den §§ 267a, 275 Absatz 5, § 325a Absatz 2, § 326 Absatz 2 und die Änderungen in den §§ 8b, 9, 253, 264 Absatz 2, der §§ 264c, 276, 328, 334 und 335 des Handelsgesetzbuches in der Fassung des Kleinstkapitalgesellschaften-Bilanzrechtsänderungsgesetzes vom 20. Dezember 2012 (BGBl. I S. 2751) gelten erstmals für Jahres- und Konzernabschlüsse, die sich auf einen nach dem 30. Dezember 2012 liegenden Abschlussstichtag beziehen. [2]Für Jahres- und Konzernabschlüsse, die sich auf einen vor dem 31. Dezember 2012 liegenden Abschlussstichtag beziehen, bleiben die in Satz 1 genannten Vorschriften des Handelsgesetzbuchs in der Fassung zum 27. Dezember 2012 geltenden Fassung weiterhin anwendbar.

(2) [1]§ 264 Absatz 3 und § 290 Handelsgesetzbuch in der Fassung des Kleinstkapitalgesellschaften-Bilanzrechtsänderungsgesetzes sind erstmals auf Jahres- und Konzernabschluss für Geschäftsjahre anzuwenden, die nach dem 31. Dezember 2012 beginnen. [2]Für Jahres- und Konzernabschlüsse für Geschäftsjahre, die vor dem 1. Januar 2013 beginnen, bleiben die Vorschriften des Handelsgesetzbuchs in der bis zum 27. Dezember 2012 geltenden Fassung weiterhin anwendbar.

(3) [1]Für die §§ 264, 335, 335a Absatz 1, 2 und 4, die §§ 340o und 341o des Handelsgesetzbuchs in der Fassung des Gesetzes zur Änderung des Handelsgesetzbuchs vom 4. Oktober 2013 (BGBl. I S. 3746) gilt Absatz 1 entsprechend. [2]§ 335a Absatz 3 des Handelsgesetzbuchs in der Fassung des Gesetzes zur Änderung des Handelsgesetzbuchs vom 4. Oktober 2013 (BGBl. I S. 3746) ist erstmals auf Ordnungsgeldverfahren anzuwenden, die nach dem 31. Dezember 2013 eingeleitet werden.

… **Art 70 EGHGB** 1, 2 Übergangsvorschriften BilanzänderungsG

Übersicht

	Anm
A. Überblick	1–3
B. Erleichterungen für KleinstKapGes	4
C. Übergangsregelungen (Abs 1)	5
D. Gesonderte Übergangsregelung für KleinstKapGes iSd § 264 Abs 3 (Abs 2)	6
E. Neuregelung des handelsrechtlichen Ordnungsgeldverfahrens (Abs 3)	7–9

A. Überblick

1 Mit dem MicroBilG vom 20.12.2012 wurde die Richtl 2016/6/EU vom 14.3.2012 in deutsches Recht transformiert und entsprechend das HGB, das GmbHG und das AktG (sowie weitere einzelne Vorschriften) geändert. Die Änderungen betreffen KapGes sowie bestimmte PersGes iSv § 264a.

2 Mit der Änderung wird das Ziel verfolgt, besonders kleine KapGes von den umfangreichen Vorgaben für die Rechnungslegung zu entlasten und dazu die Optionen der Richtl 2012/6/EU des Europäischen Parlaments und des Rates vom 14.3.2012 zur Änderung der Richtl 78/660/EWG des Rates über den JA von Ges bestimmter Rechtsformen hinsichtlich Kleinstbetrieben (Micro-Richtl; ABl L 81 vom 21.3.2012, S 3) zu nutzen. Kleinstbetriebe, die in der Rechtsform einer KapGes oder einer PersGes ohne voll haftende natürliche Personen organisiert sind, unterlagen umfangreichen Vorgaben für die Rechnungslegung. Diese Vorgaben sind darauf ausgerichtet, dass Gester, Geschäftspartnern, Kreditgebern und anderen Nutzern der JA die notwendigen Informationen gegeben werden, um das betriebsnotwendige Vermögen und die zur Ausschüttung zur Verfügung stehende Liquidität zu ermitteln. Bei Unt mit sehr geringen Umsätzen und Vermögenswerten wurden diese Vorgaben überwiegend als Belastung wahrgenommen, gleichzeitig beschränken sich die Personen, die die JA nutzen, auf die Nachfrage weniger Kennzahlen.

Das Interesse der Gester und der Allgemeinheit an einer detaillierten Rechnungslegung, durch die das betriebsnotwendige Vermögen von Kleinstbetrieben bestimmt wird, ist eher gering. Kleinstbetriebe, die in anderen Rechtsformen organisiert sind, müssen schon heute weniger strenge Vorgaben erfüllen. So sind freiberufliche Selbstständige und PartGes nicht zur handelsrechtlichen Buchführung und nicht zur Aufstellung und Offenlegung von JA verpflichtet. Mit dem BilMoG 2009 wurden zudem Kleinstbetriebe in der Rechtsform des eingetragenen Kfm oder der eingetragenen Kauffrau (sog. Kleinstgewerbetreibende) von der Pflicht zur handelsrechtlichen Buchführung und zur Aufstellung von JA befreit. Kleinstbetriebe in Form einer PersGes mit wenigstens einer voll haftenden natürlichen Person müssen zwar Handelsbücher führen und JA aufstellen, sind aber nicht zur Beachtung der für KapGes bestehenden Sondervorschriften und nicht zur Offenlegung der JA verpflichtet. Mit der Gesetzesänderung sollen nunmehr auch die Vorgaben für die Rechnungslegung für Kleinstbetriebe, die in der Rechtsform einer KapGes organisiert sind, maßvoll abgeschwächt werden, ohne die berechtigten Informationsinteressen zurückzustellen. Dazu wird der Informationsgehalt der JA auf das im Hinblick auf die Unternehmensgröße notwendige Maß beschränkt. Zudem soll die Offenlegung der JA im BAnz durch die Hinterlegung der Bilanz ersetzt werden. Für Nutzer der JA verbleibt neben der Anfrage beim aufstellenden Kleinstbetrieb auch die Möglichkeit, eine Kopie der Bilanz über das UntReg zu erhalten. Gestern einer KleinstKapGes ist es über ihre gesellschaftsrechtlichen Informations- und Einsichtsrechte weiterhin möglich, genauere Kenntnis über die VFE-Lage des Unt zu erhalten.

Das Interesse der Gester und der Allgemeinheit an einer detaillierten Rechnungslegung, durch die das betriebsnotwendige Vermögen von Kleinstbetrieben bestimmt wird, ist eher gering. Kleinstbetriebe, die in anderen Rechtsformen organisiert sind, müssen schon heute weniger strenge Vorgaben erfüllen. So sind freiberufliche Selbstständige und PartGes nicht zur handelsrechtlichen Buchführung und nicht zur Aufstellung und Offenlegung von JA verpflichtet. Mit dem BilMoG 2009 wurden zudem Kleinstbetriebe in der Rechtsform des eingetragenen Kfm oder der eingetragenen Kauffrau (sog. Kleinstgewerbetreibende) von der Pflicht zur handelsrechtlichen Buchführung und zur Aufstellung von JA befreit. Kleinstbetriebe in Form einer PersGes mit wenigstens einer voll haftenden natürlichen Person müssen zwar Handelsbücher führen und JA aufstellen, sind aber nicht zur Beachtung der für KapGes bestehenden Sondervorschriften und nicht zur Offenlegung der JA verpflichtet. Mit der Gesetzesänderung sollen nunmehr auch die Vorgaben für die Rechnungslegung für Kleinstbetriebe, die in der Rechtsform einer KapGes organisiert sind, maßvoll abgeschwächt werden, ohne die berechtigten Informationsinteressen zurückzustellen. Dazu wird der Informationsgehalt der JA auf das im Hinblick auf die Unternehmensgröße notwendige Maß beschränkt. Zudem soll die Offenlegung der JA im BAnz durch die Hinterlegung der Bilanz ersetzt werden. Für Nutzer der JA verbleibt neben der Anfrage beim aufstellenden Kleinstbetrieb auch die Möglichkeit, eine Kopie der Bilanz über das UntReg zu erhalten. Gestern einer KleistKapGes ist es über ihre gesellschaftsrechtlichen Informations- und Einsichtsrechte weiterhin möglich, genauere Kenntnis über die VFE-Lage des Unt zu erhalten.

B. Erleichterungen für KleinstKapGes

Vgl Kommentierung zu § 267a und § 326 Anm 40 ff.

C. Übergangsregelung (Abs 1)

Die Einfügung des zweiunddreißigsten Abschn im EGHGB führt Übergangsregelungen im Zusammenhang mit den in Art 1 des Micro-BilG enthaltenen Änderungen des HGB ein.

Die Umsetzung der Micro-Richtl erfolgt stichtagsbezogen. Wie im Bilanzrecht üblich, wird dabei auf einen Abschlussstichtag abgestellt, der nach dem Inkrafttreten des Gesetzes bzw. der umzusetzenden EU-Richtl liegt. Da die meisten Unt in Deutschland zum Ende des Kj bilanzieren, wird der 31.12. als maßgeblicher Stichtag definiert. Dem Umstand, dass einzelne Unt zu einem abweichenden Stichtag bilanzieren, trägt die Regelung dadurch Rechnung, dass es sich um den frühesten Umstellungstermin handelt. Beginnt das Gj später, erfolgt dementsprechend auch die Umstellung zu einem späteren Zeitpunkt. Die Rückwirkung auf Gj, die nach dem 30.12.2012 enden, hat ihren Grund darin, dass die Micro-Richtl im April 2012 und damit während dieser Gj in Kraft getreten ist. Die Bezugnahme auf einen Abschlussstichtag und nicht auf den Beginn eines Gj erfolgt mit Blick auf verkürzte Berichtsperioden und unterjährige Abschlussstichtage vor dem Hintergrund der Vorbereitungsmaßnahmen, die für eine Umstellung auf die Hinterlegungsoption beim Betreiber des BAnz und beim BMJ notwendig sind.

D. Gesonderte Übergangsregelung für KleinstKapGes iSv § 264 Abs 3 (Abs 2)

6 Eine gesonderte Übergangsvorschrift besteht für KleinstKapGes, die in den KA eines MU mit Sitz in einem Mitgliedstaat oder EU oder einem anderen Vertragsstaat des Abkommens über den Europäischen Wirtschaftsraum einbezogen sind (s § 264 Anm 101 ff).

Die Änderungen in § 264 Abs 3 und in § 290 sind nicht in der Micro-Richtl angelegt und können auch kapitalmarktorientierte Unt betreffen, die nach § 325 Abs 4 ihre JA in einer Frist von maximal vier Monaten nach dem Abschlussstichtag offenzulegen haben. Um eine einheitliche Umstellung zu ermöglichen, werden diese Regelungen erstmals auf Gj angewendet, die nach dem 31.12.2012 beginnen.

E. Neuregelung des handelsrechtlichen Ordnungsgeldverfahrens (Abs 3)

7 **Gesetzesentwicklung.** Der BT hat in seiner Sitzung am 27.6.2013 den Entwurf eines Gesetzes zur Änderung des HGB (BT Gesetzesentwurf DrS 17/13221) angenommen. Der Bundesrat hat am 20.9.2013 auf eine Anrufung des Vermittlungsausschusses verzichtet. Das Gesetz sieht im Anschluss an die bereits Ende 2012 im MicroBilG geschaffene Entlastungen für KleinstKapGes nunmehr auch Änderungen im Verfahren vor dem BAJ vor, wenn kleinste und kleine KapGes zwar ihren handelsrechtlichen Publizitätspflichten nachkommen, dabei aber Fristen versäumen. Ziel dieses Gesetzes ist nach der RegBegr die Regelungen des EHUG-Ordnungsgeldverfahrens zu modernisieren, um einerseits das aufgrund zwingender europäischer Vorgaben notwendige effektive Verfahren weiterhin zu gewährleisten andererseits in Einzelfällen Härten zu mildern (s RegBegr DrS 17/13221, S 1).

8 **Zeitliche Anwendung:** Durch das Gesetz zur Änderung des HGB wurde dem Art 70 EGHGB ein Abs 3 angefügt. Nach Abs 3 S 1 werden die Neuregelungen betreffend

1. § 264 (Änderung zur Beseitigung eines Redaktionsversehens)
2. § 335 (Regelung des Ordnungsgeldverfahrens des BAJ, Einzelheiten s § 335 Anm 40 ff)
3. § 335a Abs 1, 2 und 4 (Regelung des gerichtlichen Verfahrens zur Überprüfung von Entscheidungen des BAJ, Einzelheiten s § 335a Anm 3)
4. § 340o (Ergänzung der Regelungen zur Festsetzung von Ordnungsgeld für Kreditinstitute und Finanzdienstleistungsinstitute durch Verweis auf §§ 335 bis 335b)
5. § 341o (Ergänzung der Regelungen Festsetzung von Ordnungsgeld für Versicherungsunternehmen und Pensionsfonds durch Verweis auf §§ 335 bis 335b)

wie das MicroBilG erstmals für das am oder nach dem 31.12.2013 endende Gj wirksam.

9 In § 335a Abs 3 HGB wird die neue, zulassungsbedürftige Rechtsbeschwerde im Ordnungsgeldverfahren geregelt. Damit erhalten die Beteiligten des Verfahrens die Möglichkeit, in grundsätzlichen Rechtsfragen eine Klärung durch das OLG zu erreichen. Auch das BAJ soll die Möglichkeit erhalten, Rechtsbeschwerde zu erheben, um bei divergierender Rspr eine einheitliche Entscheidung der Rechtsfrage zu ermöglichen. Dahinter steht die Überlegung, dass das

BAJ als für Verfahren nach § 335 allein zuständige Behörde an allen Beschwerdeverfahren beteiligt ist und deshalb in der Regel besser als die übrigen Beteiligten erkennen kann, wie sich die Rspr fallübergreifend entwickelt (s RegBegr DrS 17/13 221, S 10).

Die Einführung der Rechtsbeschwerde soll nach **Abs 3 S 2** hingegen für alle Ordnungsgeldverfahren gelten, die nach dem 31.12.2013 eingeleitet werden, da es sich insoweit um eine prozessuale Regelung handelt. Mit der Übergangsfrist wird erreicht, dass sich die Unternehmen, das BAJ und die Landsjustiz in Nordrhein-Westfahlen auf die Änderungen einstellen können.

Dreiunddreißigster Abschnitt
Übergangsvorschriften zum AIFM-Umsetzungsgesetz

Artikel 71 EGHGB

(1) ¹Die in § 8b Absatz 2 Nummer 8, § 285 Nummer 26, § 290 Absatz 2 Nummer 4 Satz 2 und § 314 Absatz 1 Nummer 18 des Handelsgesetzbuchs jeweils in Bezug genommenen Bestimmungen des Investmentgesetzes sind die bis zum 21. Juli 2013 geltenden Fassung dieser Bestimmung.

(2) ¹§ 285 Nummer 26, § 290 Absatz 2 Nummer 4 Satz 2, § 314 Absatz 1 Nummer 18 und § 341b Absatz 2 des Handelsgesetzbuchs in der Fassung des AIFM-Umsetzungsgesetzes sind erstmals auf die Jahres- und Konzernabschlüsse für die nach dem 21. Jul 2013 beginnende Geschäftsjahre anzuwenden. ²Für Jahres- und Konzernabschlüsse für Geschäftsjahre, die vor dem 22. Juli 2013 beginnen, bleiben die Vorschriften des Handelsgesetzbuchs in der bis zum 21. Juli 2013 geltenden Fassung weiterhin anwendbar.

Übersicht

	Anm
A. Überblick	1
B. Änderung des HGB durch das AIFM-UmsG	2
C. Bezugnahme aus das InvG (Abs 1)	3
D. Übergangsvorschrift (Abs 2)	4

A. Überblick

Am 22.7.2013 ist das Gesetz zur Umsetzung der EU-Richtl 2011/61/EU über die Verwalter alternativer Investmentfonds (Alternative Investment Fund Manager – AIFM) in Kraft getreten. Mit dem AIFM-UmsG wurde das InvG aufgehoben und durch das Kapitalanlagegesetzbuch ersetzt. Ziel der Richtl war, gemeinsame Anforderungen für die Zulassung von und die Aufsicht über Verwalter alternativer Investmentsfonds festzulegen, um für den Umgang mit damit zusammenhängenden Risiken für Anleger und Märkte in der Union ein kohärentes Vorgehen zu gewährleisten (s RegBegr BGBl 2013, Teil I Nr 35, S 1981). 1

B. Änderungen des HGB durch das AIFM-UmsG

Durch das AIFM-UmsG ergaben sich im HGB die folgenden Änderungen: 2
1. In § 8b Absatz 2 Nummer 8 werden die Begriffe „inländische Kapitalanlagegesellschaften und Investmentaktiengesellschaften" durch die Begriffe „Kapitalverwaltungsgesellschaften und extern verwalteten Investmentgesellschaften nachdem Kapitalanlagegesetzbuch" ersetzt.

2. Der Wortlaut des § 285 Nr 26 wurde geändert: Die Formulierung „zu Anteilen oder Anlageaktien an inländischen Investmentvermögen im Sinn des § 1 des InvG oder vergleichbaren ausländischen Investmentanteilen im Sinn des § 2 Abs 9 des InvG von mehr als dem zehnten Teil, aufgegliedert nach Anlagezielen, deren Wert im Sinn des § 36 des InvG" wurde durch die Formulierung „zu Anteilen an Sondervermögen im Sinn des § 1 Abs 10 des Kapitalanlagegesetzbuchs oder Anlageaktien an InvAG mit veränderlichem Kapital im Sinn der §§ 108 bis 123 des Kapitalanlagegesetzbuchs oder vergleichbaren EU-Investmentvermögen oder vergleichbaren ausländischen Investmentvermögen von mehr als dem zehnten Teil, aufgegliedert nach Anlagezielen, deren Wert im Sinn der § 168, 278 des Kapitalanlagegesetzbuchs oder des § 36 des InvG" ersetzt.

3. § 290 Abs 2 Nr 4 S 2 wurde neu gefasst. Nunmehr können Zweckgesellschaften neben Unt auch sonstige juristische Personen des Privatrechts oder unselbständige Sondervermögen des Privatrechts sein, ausgenommen Spezial-Sondervermögen im Sinn des § 2 Abs 3 des InvG oder vergleichbare ausländische Investmentvermögen oder als Sondervermögen aufgelegte offene inländische Spezial-AIF mit festen Anlagebedingungen im Sinn des § 284 des Kapitalanlagegesetzbuches oder vergleichbare EU Investmentvermögen oder ausländische Investmentvermögen, die den als Sondervermögen aufgelegten offenen inländischen Spezial-AIF mit festen Anlagebedingungen im Sinn des § 284 des Kapitalanlagegesetzbuchs vergleichbar sind.

C. Bezugnahme auf das InvG (Abs 1)

3 Da das InvG durch Art 2 des AIFM-UmsG aufgehoben wurde, regelt Abs 1, dass die Bezugnahmen in
§ 8b Abs 2 Nr 8 (*UntReg*)
§ 285 Nr 28 (*Gesamtbetrag der Beträge nach § 268 Abs 8 – Ausschüttungssperre für bestimmte VG*)
§ 290 Abs 2 Nr 4 S 2 (*Berechnung der Stimmrechte*)
§ 314 Abs 1 Nr 18 (*Angabe zu Anteilen oder Anlageaktien an Investmentvermögen im Konzernlagebericht*)
auf Vorschriften des InvG jeweils Bezugnahmen auf die Vorschriften des Investmentgesetzes in der **vor** dem Inkrafttreten des AIFM-UmsG geltenden Fassung.

D. Übergangsregelung (Abs 2)

4 Abs 2 ist eine Übergangsregelung. Danach sind die im AIFM-UmsG in Art 8 vorgenommenen Änderungen in
§ 285 Nr 26 (*Angabe zu Anteilen oder Anlageaktien an Investmentvermögen im Lagebericht*)
§ 290 Abs 2 Nr 4 S 2 (*Berechnung der Stimmrechte*)
§ 314 Abs 1 Nr 18 (*Angabe zu Anteilen oder Anlageaktien an Investmentvermögen im Konzernlagebericht*)
erstmals auf JA und KA für **nach dem 21.7.2013** beginnenden Gj anzuwenden. Für JA und KA für zu diesem Zeitpunkt laufende Gj gelten damit noch die § 285 Nr 26, § 290 Abs 2 Nr 4 S 2 und § 314 Abs 1 Nr 18 in der bis zum Inkrafttreten dieses Gesetzes geltenden Fassung.

Stichwortregister

Die fetten Ziffern bezeichnen die Paragraphen,
die mageren Ziffern die Anmerkungen

Abbruchabsicht bei Gebäudeerwerb
255 373 f.
Abbruchkosten
Abbruchkosten-Urteil **255** 366
Anschaffungskosten **255** 325
Herstellungskosten **255** 400
Rückstellung **249** 100
Abfälle, Begriff **266** 93
Abfallkosten als HK **255** 470
Abfärbetheorie 247 714
Abfindungen
Personalaufwand **275** 131
Rückstellung **249** 100
Abführungsperre latente Steuern **274** 42
Abfüllanlagen, Abschreibung **253** 413
Abfüllkosten, HK **255** 452, 470
Abgänge
Begriff Abgang **268** 51
Finanzanlagen **268** 65
geringwertige Wirtschaftsgüter **268** 54
Geschäfts- und Firmenwert **268** 25
immaterielle VG **268** 25 ff.
nachträgliche AK/HK **268** 52
Sachanlagen **268** 51 ff.
Umgliederung/Umbuchung vom
Anlage- ins Umlaufvermögen **268** 53
Wertschöpfung **268** 26
Abgangsfiktion, AK bis 60 Euro **268** 34
Abgangsverfahren,
Gängigkeitsabschreibung **253** 530
Abgespaltene AK 255 108
Abhängigkeitsbericht 289 200 ff.
Abhängigkeitsverhältnis
– Abhängigkeitsvermutung **289** 227 ff.,
233
– Begriff **289** 226 ff.
– Berichterstattung EnkelGes **289** 230
– mehrfache Abhängigkeit **289** 231
– mehrstufige Abhängigkeit **289** 229
– mittelbare Abhängigkeit **289** 228 f.
– unterjähriger Wegfall **289** 246
Abschlussstichtagsprinzip **289** 245
Anwendungsbereich **289** 210 ff.
Aufstellungspflicht **289** 220 ff.
– Adressaten der Aufstellung **289** 220 f.
– Beherrschungsvertrag **289** 212, 248
– Fristen **289** 223 f.
– Verlustübernahmevertrag **289** 212
Auskunftsrecht des Aktionärs **289** 376
Begriff herrschendes Unt **289** 235 ff.
Berichtsinhalt **289** 261 ff.

Berichtspflicht **289** 202
– ggü HV **Vor 325** 31
berichtspflichtige Beziehung **289** 275 ff.
– mit öffentlicher Hand **289** 278
berichtspflichtige Vorgänge **289** 279 ff.
– Aktionärsinteressemaßnahmen
289 315
– Aufhebungsverträge **289** 292
– Benennung aller wesentlichen
Gesichtspunkte **289** 316
– Erfüllungsgeschäfte **289** 294
– fremde Rechnung **289** 295
– Gesellschafterbeschlüsse **289** 296
– Gestaltungserklärungen **289** 293, 298
– HV-Beschluss veranlasste Maßnahmen
289 313
– Interessenmaßnahmen **289** 309, 314
– kritische Fallentwicklungen **289** 297
– Leistungs-/Gegenleistungsangabe
289 297
– Maßnahmen **289** 279 ff., 305 ff.
– Nachholung **289** 285
– passive Konzerneffekte **289** 308
– Personalmaßnahmen **289** 307
– Rahmenverträge **289** 292
– Rechtsgeschäfte **289** 279 ff., 290 f.
– Sukzessivlieferungsverträge **289** 292
– Unterlassungsverpflichtungen
289 292, 306
– Veranlassungsmaßnahmen **289** 309 f.
– Vollwertigkeit von
Rückgewähransprüchen **289** 292
– Vorstandsinteressemaßnahmen
289 315
– Vorteile/Nachteile **289** 317
– Vorvertrag/letter of intent **289** 292
– Zeitfaktor **289** 284
Dokumentationsfunktion **289** 203, 264
Einschränkung des BVm bei Verstoß
322 61
herrschendes Unt (Begriff) **289** 275 ff.
Informationsfunktion **289** 203
Klarheitsgebot **289** 266, 268
Nachteilsausgleich **289** 325 ff.
– Formulierungsmuster **289** 341
Negativbericht **289** 260
– Formulierungsmuster **289** 341
keine Offenlegung **289** 375 ff.
Organisationspflicht **289** 264
Prüfung
– Abschlussprüfer **289** 350 ff.

2577

Abkaufverpflichtung

fette Ziffer = Paragraphen

- Aufsichtsrat **289** 360 ff.; **Vor 325** 25
- Bestätigungsvermerk **289** 355
- Prüfungsbericht **289** 354
- Prüfungsdurchführung **289** 353
- Prüfungsgegenstand **289** 352
- Prüfungspflicht **289** 350 f.
- Sonderprüfung **289** 365 ff.
Rechenschaftslegungsfunktion **289** 203
Rechtsfolgen bei Verletzung **289** 390 ff.
Regelungszweck **289** 200 ff.
Schlusserklärung **289** 337 ff., 378
- Anhangangabe **289** 343
- Formulierungsmuster **289** 341
- Lageberichtaufnahme **289** 342 f.
Teilnahme des AP an Verhandlungen **Vor 325** 26
Übersichtlichkeitsgebot **289** 266 ff.
Veränderung im Gj **289** 245 ff.
- Abspaltung/Ausgliederung **289** 255
- Abwicklung **289** 256
- Beherrschungsvertrag/EAV **289** 248
- Formwechsel **289** 251 f.
- Insolvenzverfahren **289** 257
- Verschmelzung/Spaltung **289** 255
verbundene Unt (Begriff) **289** 275 ff.
Vollständigkeitsgebot **289** 263 ff.
Vorlage an Aufsichtsrat **Vor 325** 1 f.
Wahrheitsgebot **289** 262
Abkaufverpflichtung, Haftungsvermerk **251** 34
Abladekosten als Anschaffungsnebenkosten **255** 71
Abnahmeverpflichtungen langfristige, Angaben im Anhang **285** 65
Abnahmeverzug bei Werkverträgen, Gewinnrealisierung **247** 96
Abnutzbarkeit von VG **253** 213 ff.
Abraumbeseitigungsrückstellungen 249 111
Abrechnungskosten, Rückstellung **249** 100
Abrechnungsverpflichtung, Rückstellung **249** 100
Absatzbereich, Angaben im Lagebericht **289** 20
Absatzgeschäfte
Drohverlustrückstellung **249** 74, 78
schwebende A. *s dort*
Absatzmarkt, Grundlage zur Bestimmung des beizulegenden Werts **253** 516 ff.
Abschlagszahlungen auf Bilanzgewinn *s dort*
Abschluss
s Jahresabschluss
s Konzernabschluss
s Zwischenabschluss
Abschlussgebühren
RAP **250** 43
Rückstellung für Bausparverträge **249** 100

Abschlussprüfer
s auch Prüfungen
Abhängigkeitsbericht **289** 350 ff.; *s iEinz dort*
allgemeine Geschäftsbedingungen bei freiwilligen Prüfungen **323** 166
Auskunftsrechte **320** 1 ff., 11 ff.; *s iEinz dort*
Auskunftsvertrag **323** 210 ff.
Ausschlussgründe **319** 32 ff.
- Aufstellung des Vj-Abschlusses **319** 53
- Berechnung der Steuerrückstellungen **319** 52
- Beteiligungsunternehmen **319a** 30
- Bewertungsleistungen (mit tabellarischer Übersicht) **319** 62 ff.
- Bürogemeinschaften **319** 32
- Durchführung der internen Revision **319** 52
- Ehegatten/Lebenspartner **319** 73
- Einrichtung von Rechnungslegungsinformationssystemen **319** 51; **319a** 21 ff.
- Einsatz befangener Personen **319** 67 f.
- Finanzdienstleistungen **319** 60
- finanzielle Interessen **319** 34 ff.
- Funktionen in der zu prüfenden KapGes **319** 38 ff.
- interne Rotationen **319a** 31 ff.
- KA-Prüfungen **319** 87 ff.
- Mitwirkung bei JA-Aufstellung **319** 49 ff.
- Netzwerkmitglieder **319** 33
- Rechtsberatung **319a** 11 ff.
- Rechtsfolgen bei Verstößen **319** 92 ff.
- Selbstprüfungsverbot **319** 46 f.
- Sozietätsklausel **319** 32; **319a** 7
- Steuerberatung **319** 52; **319a** 11 ff.
- Umsatzabhängigkeit **319** 70 ff.; **319a** 9
- Unternehmen verbundene **319a** 30
- Unternehmen von öffentlichem Interesse **319a** 1 ff.
- Unternehmensleitung **319** 60
- Unternehmensleitungsfunktionen **319** 61
- versicherungsmathematische Leistungen **319** 62
Auswahl **319** 1 ff., 8 ff.
Berichtspflicht bei AP-Ersetzung **320** 40 ff.
Berichtspflichtverletzung **332** 32 ff.; *s iEinz dort*
Besorgnis der Befangenheit **319** 20 ff.
Bestellung **319** 10
- zum AP bei IFRS-EA **324a** 5
Bestellung durch Gericht **318** 1, 26 ff.
- Antragsberechtigte **318** 27
- Antragsgründe **318** 28 ff.
- Antragsverfahren **318** 21

magere Ziffern = Anmerkungen   **Abschlussprüfer**

- Antragsvoraussetzungen 318 28 ff.
- Vergütung des AP 318 32
Bestellung durch Gesellschafter 318 1 ff.
- Einschränkung des Personenkreises 318 13
- Rechtsakte der Bestellung 318 1
- wählbarer Personenkreis 318 12
- Wahlverfahren bei AG 318 4
- Wahlverfahren bei GmbH 318 6 f.
- Wahlverfahren bei KA 318 10
- Wahlverfahren bei KapCo-Ges 318 9
- Wahlverfahren bei KGaA 318 5
- Wahlverfahren bei SE 318 5
- Zeitpunkt der Wahl 318 11
Definition des A. 323 61
Ersatzprüfer 318 12
Ersetzung eines anderen AP durch Gericht 318 17 ff.
- Antragsberechtigte 318 18
- Antragsfrist 318 20
- Antragsgründe 318 22 f.
- Ausschließungsgründe 318 22
- Besorgnis der Befangenheit 318 22
- mangelnde fachliche Qualifikation 318 23
Geheimhaltungspflichten 333 16 f.
Genossenschaften, Sanktionen 334 51; 336 32
Gewissenhaftigkeit 323 10 ff.
- Abschlussprüferrichtlinie 323 13
- Abschlussprüfungsrichtlinie 323 13
- Bedeutung der IdW-Verlautbarungen 323 12 ff.
- Berufssatzung 323 14
Haftung des AP 323 2, 100 ff., 165 ff.
- Darlegungs- und Beweislast 323 102, 106, 110
- deliktische Haftung 323 155
- ersatzberechtigte Personen 323 116
- ersatzpflichtige/-berechtigte Personen 323 112 ff.
- Erweiterung der Haftung 323 136
- fahrlässiges Verschulden 323 105
- gesamtschuldnerische H. 323 114 f.
- gesetzliche Vertreter 323 114
- Haftungsbegrenzung s unten
- Kausalität des Schadens 323 109
- Mitverschulden des Geschädigten 323 121 ff.
- Pflichtverletzung 323 101 ff.
- Pflichtwidrigkeit des AP 323 108
- Prüfungsgehilfe als Erfüllungsgehilfe 323 113
- Schadenseintritt als Voraussetzung 323 107
- schuldrechtliche Ansprüche s unten
- aus Schuldverhältnissen (§ 311 BGB) 323 220 ff.

- Verjährung der Ansprüche 323 140 ff.
- vertragliche Haftungsvereinbarungen 323 135 f.
- Voraussetzungen 323 100 ff.
- vorsätzliches Verschulden 323 104
Haftung des AP ggü Dritten 323 170 ff.
- nach § 323 HGB 323 171
- nach §§ 823 ff. BGB 323 172 ff.
- Erfüllungsgehilfenhaftung (§ 831 BGB) 323 188
- Prospekthaftung 323 230 ff.
- Sachverständiger 323 189
- unrichtige Tatsachenbehauptung (§ 824 BGB) 323 181 f.
- Verstoß gegen gute Sitten (§ 826 BGB) 323 183 ff.
- Verstoß gegen Schutzgesetze (§ 823 BGB) 323 173 ff.
Haftungsbegrenzung 323 130 ff.
- Abgrenzung Vorsatz/Fahrlässigkeit 323 131
- gesetzliche Haftungsobergrenze 323 130 ff.
- Handeln des Prüfungsgehilfen 323 132
- vertragliche Haftungsvereinbarungen 323 135 f.
Insiderwissen des AP 323 54
Konzernabschlussprüfer s dort
Kreditinstitute 318 40
- Sanktionen 334 51
Kündigung des Prüfungsauftrags 318 34 ff.
- Arbeitspapiereüberlassung 320 43
- Berichtspflicht des bisherigen an neuen AP 320 42
- Folgen der K. 320 36
- Kündigungserklärung 318 35
- Kündigungsfolgen 318 36 f.
- Kündigungsgründe 318 34
Nachweispflichten 320 11 ff.
Personenkreis 319 1 ff., 8 ff.
Pflichten des A., freiwillige Prüfungen 323 162 ff.
Pflichten und Verbote des A. 323 1 ff.
Pflichtprüfungen 316 2
Prüfungsauftrag s dort
Prüfungsbericht 321 1 ff.
Prüfungsgegenstand s dort
Prüfungsrechte 320 6 ff.; s iEinz dort
Prüfungsumfang s dort
Prüfungsvertrag s dort
publizitätspflichtige Unt 318 38 f.
Qualitätskontrolle 319 15 ff.
Redepflicht 323 40 ff.
Sanktionen bei Verstoß gegen Bestellung 318 45
Schlussbesprechung und Vorabberichterstattung 320 13

2579

Abschlussprüferhonorar

fette Ziffer = Paragraphen

schuldrechtliche Ansprüche an AP **323** 190 f.
– Auskunftsvertrag **323** 210 ff.
– Haftungsbeschränkungen **323** 208
– Mitverschulden des Geprüften/des Dritten **323** 208 f.
– Vertrag mit Schutzwirkung für Dritte **323** 194 ff.
Siegelführungspflicht **321** 131
Teilnahme
– Abhängigkeitsberichtsverhandlung **Vor 325** 26
– Berichtspflicht **Vor 325** 26
Teilnahmepflicht an
– Hauptversammlung der AG **Vor 325** 115
– JA-Feststellung der GmbH **Vor 325** 132
Unabhängigkeit
– Bestätigung der U. **321** 75
– Grundlagen-Darstellung **Vor 319** 1 ff.
– ISA-Regelungen **Vor 319** 9
Unparteilichkeit **323** 25 ff.
unrichtige Angaben ggü AP **331** 39
Unterzeichnungsberechtigung des Prüfungsberichts **321** 132 f.
Verantwortlichkeit **323** 1 ff.
– bei freiwilligem AP **323** 160 ff.
Vergütung des gerichtlich bestellten AP **318** 32
verpflichteter Personenkreis **323** 60 ff.
Verschwiegenheitspflicht **323** 30 ff.
– allg bekannte Sachverhalte **323** 32
– Außenwirkung **323** 34
– EA-Berichterstattung **321** 28
– Entbindung von der V. **323** 43 f.
– ggü Gesellschaftern der PrüfungsGes **323** 37
– ggü Mitarbeitern/Beauftragten **323** 38
– ggü Organen der Ges **323** 35 f.
– Peer Review **323** 39
– ggü Prüfungsgehilfen **323** 37
– Redepflicht **323** 40 ff.
– Rederecht **323** 46 f.
– Strafverfahren **323** 45
– Umfang und Grenzen **323** 31 ff.
– Verhältnis zum Verwertungsverbot **323** 50
– Wahrnehmung berechtigter Interessen **323** 47
– Zeugnisverweigerungsrecht **323** 41 f.
Versicherungen **318** 40
Verwertungsverbot **323** 50 ff.
– Begriff der Verwertung **323** 52
– Insiderwissen des AP **323** 54
– Umfang **323** 51
– unbefugtes Handeln **323** 53

– Verhältnis zur Verschwiegenheitspflicht **323** 50
Vollständigkeitserklärung **320** 13
Vorlagepflichten **320** 1 ff.; *s iEinz dort*
Wahlverfahren **318** 1 ff.
Zeugnisverweigerungsrecht **323** 41 f.
Abschlussprüferhonorar
Abschlussprüfungsleistungen **285** 301
andere Bestätigungsleistungen **285** 302
anzugebende Tätigkeitsbereiche **285** 300 ff.
sonstige Leistungen **285** 304
Steuerberatungsleistungen **285** 303
Zusatzangaben im Anhang **285** 290 ff.
Abschlussprüferrichtlinie,
Gewissenhaftigkeit des AP **323** 13
Abschlussprüfungen *s* Prüfungen
Abschlussstichtag *s* Stichtagsprinzip
Abschreibungen
s auch Abschreibungen außerplanmäßige
s auch Degressive Abschreibungen
s auch Gängigkeitsabschreibungen
s auch Teilwertabschreibungen
Abfüllanlagen **253** 413
Abschreibungsmethoden **253** 238 ff.; *s iEinz dort*
Abschreibungsplan **253** 221 ff.; *s iEinz dort*
Abschreibungsplan-Änderungen **253** 258 ff.; *s iEinz dort*
Abstandszahlungen **253** 385
AfA-Tabellen **253** 422
AK/HK als Obergrenze **253** 222
Angaben im Anhang **284** 107
Angaben im Konzernanhang **314** 129
Anlagen **253** 412 ff.
Anlagen im Bau **253** 448 ff.
– außerplanmäßige A. **253** 450 ff.
– planmäßige A. **253** 449
Anlagengitter
– Angaben **268** 12
– GuV-Ausweis **275** 142
Anlagevermögen **253** 201 ff.; *s iEinz unter den Einzelstichworten*
Anwendungsbereich **253** 201 ff.
Aufwands- und Ertragskonsolidierung auf Anteile **305** 49
Außenanlagen **253** 410
Aussetzen der A. in einem Jahr **253** 239
Ausweis **253** 209 f.
– AfA auf Sachanlagen **268** 55
– bei fertigen und unfertigen Erzeugnissen **275** 77
Beginn der A. **253** 224 f.
– *s auch* Abschreibungsdauer
– Sonderregelungen **253** 276
Begriff **275** 145
Bemessungsgrundlage-Veränderungen **253** 260

magere Ziffern = Anmerkungen

Abschreibungen

Bergwerkseigentum **253** 392
Bewertung einheitliche im KA **308** 40 ff.
Bewertungsstetigkeit **253** 220
Bodenbefestigungen **253** 410
Bodenschätze **253** 215, 390, 393
Dauer *s* Abschreibungsdauer
degressive A. **253** 242 ff.; *s iEinz dort*
Dienstbarkeiten **253** 383
Disagio **250** 45 ff.
Einfriedungen **253** 410
Einlage aus PV **253** 222
Einzelbewertungsgrundsatz **253** 221
Ende der A. **253** 229 ff.
– *s auch* Abschreibungsdauer
– neuere Entwicklungen **253** 234
– Produktionsumstellungen **253** 234
– rechtliche Gründe **253** 233
– Schätzungskriterien **253** 230 ff.
– technische Gründe **253** 230 ff.
– wirtschaftliche Gründe **253** 234 ff.
Erbbaurechte **253** 383, 392
Fertigungsstraßen **253** 413
Finanzanlagen **253** 215, 460
– Ausweis der A. **268** 66
– GuV-Ausweis **275** 200 ff.
Forderungen *s dort*
Formen **253** 413
Gebäudeabschreibungen **253** 394 ff.
– Außenanlagen, Einfriedungen, Bodenbefestigungen **253** 410
– außerplanmäßige AfA **253** 409
– Bestandteile mit eigener Abschreibung **253** 396
– degressive Abschreibungen **253** 405 f.
– einheitlicher Nutzungs- und Funktionszusammenhang **253** 398
– Fabrikgebäude **253** 403
– Gebäudeteile mit unterschiedl. Nutzung **253** 397
– Grundsatz der Einheitlichkeit **253** 396 f.
– lineare Abschreibungen **253** 402
– nachträgliche AK/HK **253** 407
– Nutzungsdauer **253** 402
– pro rata temporis im Jahr der Veräußerung **253** 408
– „sonstige" bauliche Maßnahmen **253** 410 f.
– „sonstige Gebäude" **253** 404
– steuerrechtliche Abschreibungen **253** 399
– Wechsel der AfA-Methode **253** 405
– Wirtschaftsgebäude **253** 403
Gebäudebestandteile
– außerplanmäßige Abschreibung **253** 401
– unterschiedliche Nutzung **253** 397 ff.
geleistete Anzahlungen **253** 215, 388, 447 ff.

– außerplanmäßige A. **253** 450 ff.
– planmäßige A. **253** 449
geringwertige VG/WG **253** 275 ff.;
   s iEinz dort
Gesamtkostenverfahren **275** 140 ff.
Geschäftsjahrabschreibung **268** 12, 16
Geschäftswert **253** 671 ff.; *s iEinz unter* Geschäftswert
gewerbliche Schutzrechte **253** 381 ff.
Großanlagen **253** 413
Grundstücke **253** 390 ff.
grundstücksgleiche Rechte **253** 392
Güterverkehrskonzessionen **253** 384
GuV-Ausweis **275** 140 ff.
– HK des Umsatzes **275** 274
– VG des Umlaufvermögens **275** 143
immaterielle VG *s dort*
Jahr des Zugangs **284** 108
Kapital-Folgekonsolidierung **301** 240
Kiesabbaurechte **253** 393
Kombinationsformen **253** 247
Komponentenansatz **253** 278
Konzessionen **253** 382
Lehmabbaurechte **253** 393
Leistungsabschreibung **253** 245
lineare A. **253** 241
Lizenzen **253** 382
Markenrechte **253** 385
Maschinen **253** 412 ff.
Maßgeblichkeitsgrundsatz **253** 370 f.
Mindestbetrag pro Gj **253** 239
Mineralabbaurechte **253** 393
Nutzungsdauer *s* Abschreibungsdauer
Nutzungsrechte **253** 385
Planmäßigkeit der A. **253** 219 f.
progressive Abschreibungen **253** 246
Restwert (Schrottwert-)berücksichtigung **253** 223
Sachanlagen **253** 389 ff.
Sachanlagevermögen **253** 214
Sandabbaurechte **253** 393
Schuldenkonsolidierung **303** 15
Segmentberichterstattung **297** 169
Software **253** 213
„sonstige" bauliche Maßnahmen **253** 394
Taxikonzessionen **253** 384
Teile von VG **253** 215
Transportkonzessionen **253** 384
Überleitung HB/StB **274** 196 ff.
Umlaufvermögen **253** 501 ff.
Verkehrskonzessionen **253** 384
Verlagswert **253** 384
Vertriebskosten **275** 285
Verwertungserlös **253** 223
Vornahme der A. **253** 209 f.
Wechsel der Abschreibungsmethoden **253** 240
Wegerechte **253** 213

Abschreibungen

fette Ziffer = Paragraphen

Werteverzehr des Anlagevermögens
 255 428
Wertpapiere, GuV-Ausweis 275 143,
 200 ff.
zeitanteilige A. bei Abgang im Wj
 253 228
Zwangsabschreibungen 253 622
Abschreibungen außerplanmäßige
 253 203
s auch Wertminderungen
Abgrenzung zu Teilwertabschreibungen
 253 317
Abweichungen HB/StB 243 119
Abwertungspflicht 253 300, 312 ff.
aktive latente Steuern 274 31
Angaben im Anhang 284 109
Anlagen im Bau 253 450 ff.
Begriff 275 142
– niedrigerer Wert 253 306
beizulegender Wert 253 308
Bewertungszeitpunkt 253 311
dauernde Wertminderung 253 300 ff.,
 312 ff.
Disagio 250 49 ff.
Drohverlustrückstellungen 249 68
Ermittlung des niedrigeren Werts
 253 307
Ertragswert 253 310 f.
Finanzanlagen 253 350 ff., 460
Gebäude, Gebäudeteile 253 401, 409
geleistete Anzahlungen 253 450 ff.
Geschäfts- oder Firmenwert aus
 Kapitalkonsolidierung 309 13
gesonderter Ausweis 277 3 ff.
Gewinnungsrechte 253 386
Grundstücke 253 391
GuV-Ausweis 275 142
– gesonderter Ausweis 277 3 ff.
– HK des Umsatzes 275 274
immaterielle VG 253 386
Instandhaltungsaufwendungen 249 102
Kurs-/Konjunkturschwankungen
 253 313 ff.
nicht dauernde Wertminderungen
 253 350 ff.
Rechnungsabgrenzungsposten 250 32
Sachanlagevermögen, IFRS-
 Abweichungen 253 714
Stilllegung von Betriebsteilen 253 313 ff.
Teilwertabschreibung, Abgrenzungs-
 fragen 253 317; *s iEinz dort*
Überleitung HB/StB 274 200 ff.
Veräußerungswert 253 309
Vertriebskosten 275 285
Werteverzehr des Anlagevermögens
 255 428
Abschreibungen planmäßige 253 219 f.
Abschreibungen steuerrechtliche
 253 250 ff.

s auch Teilwertabschreibungen
dauernde Wertminderungen 253 316
Einlage aus PV 253 222
Fertigstellung eines Gebäudes 253 225
Gebäude 253 400
GuV-Ausweis der HK des Umsatzes
 275 274
Sonderabschreibungen 253 251 ff.
Wertbeibehaltungswahlrecht
 67 EGHGB 18 ff.
zulässige A. 253 250 ff.
Zuschreibungen 253 316
Abschreibungsdauer 253 224 ff.
AfA-Tabellen 253 231
Ausscheiden eines nicht abgeschriebenen
 VG 253 228
Beginn der Abschreibung 253 224 ff.
betriebsindividuelle Nutzungsdauer
 253 229
Ende der Abschreibung 253 229 ff.
– Schätzungskriterien 253 230 ff.
– technische Gründe 253 230 ff.
Erwerb gebrauchter Gegenstände
 253 232
Fehleinschätzung der Nutzungsdauer
 253 260
Halbjahresregel 253 276
mehrere Bestandteile/Spezialbestandteile
 eines VG 253 236
Mehrschichtbetrieb 253 232
Nachfrageveränderungen 253 235
neuere Entwicklungen 253 234
Nutzungsbeschränkungen 253 233
Nutzungsdauer von VG 253 212 ff.
Produktionsumstellungen 253 234
Prognosespielraum 253 229
Stillstandzeiten 253 224
Umweltbelastungen 253 232
Verlängerung der betrieblichen
 Nutzungsdauer 253 235
voraussichtliche Nutzungsdauer 253 229
wirtschaftliche Gründe 253 234 ff.
Abschreibungsmethoden 253 238 ff.
s auch Abschreibungsplan-Änderungen
Abweichungen 284 157
Angaben im Anhang 284 107
degressive Abschreibung 253 242 ff.; *s
 iEinz dort*
freiwillige Änderung der A. 253 270
Geschäftswert 253 674
Kombinationsformen 253 247
Leistungsabschreibung 253 245
lineare Abschreibung 253 241
Überleitung HB/StB 274 172 ff.
Vorsichtsprinzip 253 239
Wechsel der A.
– handelsrechtlich 253 272
– bei Neuzugängen 253 240
– Zeitpunkt der Wirkung 253 273

2582

magere Ziffern = Anmerkungen

Aktien

Werteverzehr/periodengerechte
Aufwandsverteilung 253 239
Abschreibungsplan 253 221 ff.
AK/HK als Obergrenze 253 222
Änderung des A. *s* Abschreibungsplan-
Änderungen
Einzelbewertungsgrundsatz 253 221
Nutzungsdauer der A.
s Abschreibungsdauer
Prognosespielraum 253 229
Verbindlichkeit des A. 253 258
Abschreibungsplan-Änderungen
253 258 ff.
s auch Abschreibungsmethoden
Berichtigungen des Abschreibungsplans
253 260 ff.
bewusst unterlassene AfA 253 264
Bilanzberichtigung 253 261 f.
erhebliche Abweichungen 253 260
Fehleinschätzungen der Nutzungsdauer
253 260
steuerrechtlicher Korrekturzwang
253 263 ff.
– Nachholungsverbot 253 263 ff.
unzutreffende Verteilung 253 260
Veränderungen der Bemessungsgrundlage 253 260
versehentlich unterlassene WG-
Bilanzierung 253 264
Wechsel der Abschreibungsmethoden
253 270 ff.
Wertkorrekturen zum Bilanzstichtag
253 262
Wiederbeschaffungskosten steigende
253 260
zu geringe Abschreibungen 253 263
Abschreibungsspiegel
Aufnahme in Anhang 268 17
Zuschreibungen als Gegenposten der
kumulierten Abschreibungen 268 20
Abschreibungstabellen 253 422
Nutzungsdauer der Abschreibungen
253 231
Abspaltung *s unter* Spaltungen
Abstandszahlungen
Abschreibung 253 385
Anschaffungskosten 255 106, 325
an Mieter als HK 255 400
ABS-Transaktionen 246 29 ff.
Ankaufsvereinbarungen 246 32
Ausbuchung 246 31, 180 ff.
Bonitätsrisiko 246 32
Marktüblichkeit 246 32
Off-Balance-Effekt 246 29
rückwirkende Anpassungsmöglichkeit
246 34
Verfügungsbefugnis 246 31
Abtretung, Zahlungsrealisierung
247 112

Abwärtseliminierung bei
Assoziierungsverhältnissen 312 80 f.
Abwertungspflicht, dauernde
Wertminderung 253 300, 312 ff.
Abwertungswahlrecht, Finanzanlagen
253 460
Abwicklungen, Wechsel der
Vermögensart 247 361
Abwicklungsbilanzen, Bilanzgliederung/
Bilanzierungsschema 266 3
Abzinsung
Ausweis von Erträgen/Aufwendungen
253 189
Forderungen und Verbindlichkeiten,
einheitliche Bewertung im KA 308 43
GuV-Ausweis von Erträgen und
Aufwendungen 277 26
Rentenverbindlichkeiten 253 180b ff.,
188 f.
Rückstellungen 253 180b ff., 188 f.
– Ausweis der Erträge/Aufwendungen
253 180b
– Folgebewertung 253 180b
– Restlaufzeiten 253 180b
sonstige finanzielle Verpflichtungen
285 55
Abzinsungsverbot
latente Steuern 274 64
Rückstellungen in der StB 253 181
Ad hoc-Mitteilungspflicht der Prüfstelle
342c 2 f.
Ad hoc-Prüfung, Prüfstelle für
Rechnungslegung 342b 27 ff.
Additive Gewinnermittlung der
Mitunternehmerschaft 247 733
AfA-Tabellen *s* Abschreibungstabellen
Afs-Rücklage
Abführungssperre 274 17
IFRS-Bewertung 272 491 f.
Agio *s* Aufgeld
„**Ähnliche**" Rechte
Angaben im Anhang 285 11
Konzernanhang 313 36
selbst geschaffene 247 372 ff.; *s iEinz*
Gewerbliche Schutzrechte
„**Ähnliche**" **Verpflichtungen** 249 162 f.
Akkreditiv
Deckungskonten 266 155
Haftungsvermerk 251 44
Akquisitionskosten als Sondereinzelkosten 255 456
Aktien
Angabe- und Vermerkpflichten 272 16
Angaben im Anhang 284 41, 74
Ausschluss des Bezugsrechts bei
Altaktionären 255 308
Bestandsbewegungen von Aktien 284 42
Beteiligungsdefinition 271 13
Bilanzausweis 266 80

2583

Aktienbuch

fette Ziffer = Paragraphen

dauernde Wertminderung **253** 316
Erwerbsgründe **284** 42
Erwerbszeitpunkte chronologisch **284** 42
Aktienbuch 238 114
Aktiengesellschaft (AG)
AP-Bestellung **318** 4
Ergebnisverwendung
– GuV-Ausweis **268** 3
– teilweise E. **268** 6
– Vorabausschüttungen **268** 7
Ergebnisverwendungsbeschluss
Vor 325 91 ff.; *s iEinz dort*
Geheimhaltungspflichten **333** 25
Gewinnrücklagen
– Einstellungen und Entnahmen
272 265 ff.
– Einstellungen/Auflösungen **270** 15 ff.
GuV-Ausweis der Veränderungen der
Kapital- und Gewinnrücklagen **270** 7;
275 311 f.
Konzernabschluss
– Gewinnverwendungsrechnung **298** 84
– rechtsformspezifische Vorschriften
298 80 f.
Offenlegung der Ergebnisverwendung
325 13 ff.
Pflichtangaben
– im Anhang **284** 56 ff.
– weitere Pf. **284** 70 ff.
Prüfungsumfang **317** 15
unrichtige Wiedergabe oder
Verschleierung der Verhältnisse der
AG **331** 51 f.
Unternehmensführungserklärung
289a 2 ff.
Unterzeichnung des JA **245** 2
Vorlagepflichten des Aufsichtsrats
Vor 325 1 ff.; *s iEinz unter* Vorlage
zusätzliche Angaben **289** 160
Aktienoptionspläne
mit Barausgleich **272** 510 ff.
mit Erfüllung mit bedingtem Kapital
272 501 ff.
mit Erfüllung zurück zu erwerbender
Aktien **272** 515
IFRS-Regelung **272** 500 ff.
mit Wahlrecht
Aktienerfüllung/Barausgleich
272 520 ff.
Aktienoptionsprogramme,
Rückstellung **249** 100
Aktionäre
Anspruch auf Bilanzgewinn **Vor 325** 56
Ausgleichsleistungen an außenstehende
A. **277** 13
Aktiver Unterschiedsbetrag
s Unterschiedsbetrag
Aktivierte Eigenleistungen
Begriff **275** 80

Brutto-Methode **275** 81
Gesamtkostenverfahren **275** 80 ff.
GuV-Ausweis **275** 80 ff.
– nach IFRS **275** 339
nachträglich aktivierte E. früherer
Geschäftsjahre **275** 82
Netto-Methode **275** 81
selbsterzeugte Roh-, Hilfs- und
Betriebsstoffe **275** 82
Zulieferungen Dritter **275** 81
Aktivierungsgebote,
Maßgeblichkeitsgrundsatz **243** 113
Aktivierungspflicht
immaterielle VG
– entgeltlich erworbene **247** 389, 391 ff.
– Umlaufvermögen **248** 14
Rechnungsabgrenzungsposten **250** 28
– Disagio **250** 41
Schutzrechte selbst geschaffene uÄ
266 60
Aktivierungsverbote 248 1 ff.
s auch Bilanzierungsverbote
Forschungs- und Entwicklungskosten
255 486
immaterielle VG
– Aufwendungen für
Versicherungsvertragsabschlüsse **248** 7
– selbst geschaffene VG des AV **248** 63 ff.
selbst geschaffene VG des AV **248** 38 ff.
unentgeltlich erworbene des AV
248 35 ff.
Vertriebskosten **255** 448 ff.; *s iEinz dort*
Aktivierungswahlrechte
immaterielle VG/WG **266** 59
– unentgeltlich erworbene **248** 11 ff.
Konzessionen **266** 60
Maßgeblichkeitsgrundsatz **243** 114 ff.
Rechnungsabgrenzung, Disagio **250** 40
Akzepte
Bilanzausweis **266** 241 f.
Gefälligkeitsakzept **251** 17
Alarmanlagen, HK **255** 400
Altersfreizeit, Rückstellung **249** 100
Altersmehrurlaub, Rückstellung **249** 100
Altersteilzeit
Abfindungscharakter **249** 154
Personalaufwand **275** 132
Rückstellung **249** 100
Altersversorgung *s* Betriebliche
Altersversorgung
Altfahrzeuge 249 100
„Produktverantwortung"
Altlastensanierung, Rückstellung
249 100
Altreifen, Rückstellung **249** 100
Altzusagen *s* Pensionsrückstellungen
Amortisationsverträge 247 452 f.
Anfechtbarkeit des Gewinnverwendungsbeschlusses **Vor 325** 99

2584

magere Ziffern = Anmerkungen

Anhang

Anfuhrkosten, Anschaffungsnebenkosten 255 71
Angaben im Anhang *s* Anhang
Angaben im Konzernanhang
 s Konzernanhang
Angabepflichten *s* Vermerkpflichten
Angemessenheitsprinzip, HK 255 436 ff.
Anhaltswert 240 100
Anhang 284 1 ff.
 s auch Vermerkpflichten
 ABC-Übersicht der möglichen sonstigen finanziellen Verpflichtungen 285 80
 Abnahmeverpflichtungen langfristige 285 65
 Abschreibungen
 – außerplanmäßige 277 3 ff.; 284 109
 – auf niedrigeren Wert 284 117
 – planmäßige 284 107
 Abschreibungsmethoden 284 107
 – Abweichungen 284 157
 Abschreibungssätze/Nutzungsdauer 284 107
 Abschreibungsspiegel 268 17
 Abweichungen in der Jahresabschlussgliederung 265 4
 Abweichungen von Bilanzierungs- und Bewertungsmethoden 284 143 ff.
 – Aufwands- und Ertragsperiodisierung 284 156
 – Begriff der Abweichungen 284 143
 – Bewertungsstetigkeit 284 157
 – Darstellung des Einflusses auf die VFE-Lage 284 170
 – Einzelbewertung 284 154
 – Going-concern-concept 284 153
 – Realisationsprinzip 284 147
 – Regelfallabweichung 284 144
 – Verrechnungsverbot 284 149
 – Vollständigkeitsgrundsatz 284 148
 – Vorsichtsprinzip 284 155
 – Wertidentität 284 152
 „ähnliche" Rechte 285 11
 Aktien 284 41, 74
 Aktienbezugsrechte 284 44
 Änderungen 284 15
 Anforderungen an die Berichterstattung 284 10 ff.
 Angaben
 – *s auch* Pflichtangaben
 – Begründungspflicht 265 13
 – Bewertungsmethoden 284 100 ff.
 – Bewertungsvereinfachungsverfahren 256 46
 – Bilanzangaben 284 85 ff.
 – Bilanzierungsmethoden 284 86 ff.
 – Festwertausweis 240 116 ff.
 – Geschäfte außerhalb der Bilanz 285 21 ff.
 – GuV-Rechnung 284 85 ff.

 – Hafteinlagen nicht geleistete 264c 60 f.
 Anlagengitter 268 17
 Ansatzwahlrechte 284 87 f.
 Anschaffungskosten
 – Anlagevermögen 284 106
 – Umlaufvermögen 284 116
 Anteile/Anlageaktien an Investmentvermögen 285 440 ff.
 – Einzelangaben 285 444 ff.
 Anteilsbesitz 285 230 ff.
 – Aufstellung 287 1
 – Berechnung der Beteiligungsquote 285 233
 – Eigenkapital 285 247
 – Einzelangaben 285 240 ff.
 – Ergebnis des Gj 285 249 f.
 – Höhe des Anteils am Kapital 285 246
 – Kreis der zu berichtenden Unt 285 231 ff.
 – Name und Sitz 285 245
 – Unterlassen von Angaben 286 7 ff.
 antizipative Verbindlichkeiten 268 107 ff.
 Arbeitnehmerzahl durchschnittliche während Geschäftsjahr 285 140 ff.
 – Gruppenbildung 285 144
 Aufgabe des Anhangs 284 6
 Aufgliederung
 – Begriff 284 36
 – Gesamtbetrag der Verbindlichkeiten 285 16 ff.
 – Umsatzerlöse 285 90 ff.
 Aufsichtsratsbezüge 285 161 ff.
 Ausleihungen an Gesellschafter 284 58
 Ausnahmeregelungen (Einzelfälle) 286 5 ff.
 Ausschüttungssperre 268 140
 außerordentliche Aufwendungen und Erträge 275 224 ff.
 Ausweis
 – Begriff 284 36
 – Unterschiedsbeträge 284 180 ff.
 Beachtung der GoB 284 10
 bedingt rückzahlbare Zuwendungen/ Zuschüsse 285 78
 Befreiung von der Angabe
 – Einbeziehung in KA 285 305
 – Gesamtbezüge 285 160
 Begründungspflicht (Begriff) 284 36
 Beiratsbezüge 285 162
 Berichterstattungspflichten 284 36
 Beschäftigungsgrad 284 111, 116
 Besserungsscheine 284 45; 285 78
 Bestandteil des Jahresabschlusses 284 6
 Bestätigungsvermerk, Einschränkung 322 61
 Beteiligungen 284 46 f.
 Beteiligungsbesitz 285 230 ff.; *s iEinz* Anteilsbesitz

2585

Anhang

fette Ziffer = Paragraphen

Bewertungseinheiten nach § 254 HGB 285 400 ff.
- Alternativangabe im Lagebericht 285 410
- Effektivitätsangaben 285 405 ff.
- Einzelangaben 285 401 ff.
- erwartete Transaktionen 285 409
- Grundgeschäftsangaben 285 401
Bewertungsmethoden 284 85, 100 ff.
- Abweichungen 284 140 ff.
- Passivposten 284 126 ff.
- Wahlrechte und Abweichungen 284 157
Bewertungsstetigkeit, Abweichungen 284 157
Bewertungsvereinfachungsverfahren
- Ausweis von Unterschiedsbeträgen 284 180
- IFRS-Abweichungen 256 112
Bewertungswahlrechte 284 101
- Abweichungen 284 157
- Anlagevermögen 284 111, 116
- Bewertungseinheiten 284 119
- Umlaufvermögen 284 119
Bezugsrechte auf Aktien, Anzahl der ausgegebenen B. 285 180
Bilanzeid-Platzierung 264 78 f.
Bilanzierungsmethoden 284 85 ff.
- Abweichungen 284 140 ff.
Bilanzierungswahlrechte 284 87 f.
Bild der tatsächlichen Verhältnisse 284 12
börsennotierte AG/KGaA 284 47
börsennotierte KapGes 285 253 ff.
Covenants-Vereinbarung 285 7
Darstellung, Begriff 284 36
Dauerschuldverhältnisse 285 67
Davon-Vermerk zu Ausleihungen, Forderungen, Verbindlichkeiten an Gesellschafter 284 58
derivative Finanzierungsinstrumente s dort
Deutsche Sprache 284 28
Devisentermingeschäfte 285 65
Disagio 250 44; 268 112 f.
Diskrepanz zwischen JA und VFE-Lage 264 48 ff.
eigene Aktien 284 42
Eigenkapitalfehlbetrag 268 77
Einlage eines stillen Gesellschafters 284 59
Einzahlungsverpflichtungen 285 71
Einzelangaben (Allgemeines) 285 1
Einzelangabepflicht 285 31 ff.
- Art und Zweck 285 31
- Dauer 285 39
- Umfang und Wesentlichkeit 285 36 ff.
Einzelangabepflicht Risiken und Vorteile 285 32 ff.
Einzelbewertungsprinzip, Abweichungen 284 154

Entsprechenserklärung zum Corporate Governance Kodex 285 281
Ergebnisverwendung 275 310 ff.
Erläuterung (Begriff) 284 36
Erträge und Aufwendungen eines anderen Geschäftsjahrs 277 25
Ertragsteuerspaltung 285 120 ff.
- Berichterstattung über Spaltung 285 134
Euro-Währung-Aufstellung 284 28
fertige und unfertige Erzeugnisse 284 116
Festwerte 284 110
Festwertverfahren 240 73
Finanzierungszuschüsse, Ansatzwahlrecht 255 117
Finanzinstrumente s dort
flüssige Mittel 284 119
Forderungen 284 119
- Erleichterungen für kleine KapGes 274a 3
- ggü Gesellschaftern 284 58
Form des Anhangs 284 25 ff.
formelle Stetigkeit 284 26
Forschungs- und Entwicklungskosten 285 390 ff.
- Begriff und Umfang der Gesamtbetragskosten 285 392 ff., 390
- Gesamtkostenbetrag eines Gj 285 390 ff.
- selbst geschaffene immaterielle VG des AV 285 395 f.
freiwillige Angaben 284 3, 20, 35, 80 ff.
Fremdkapitalzinsen 284 111, 116
- Angaben über Einbeziehung in die HK 284 190
Fremdwährungsumrechnung 256a 270 ff.; 284 135 f.
Garantierückstellungen, Abweichungen 284 157
Geltungsbereich 284 1
genehmigtes Kapital 284 43
Generalüberholungen 285 63
Genossenschaften s dort
Genussrechte (-scheine) 284 45
Genussscheinkapital 284 59
geringwertige Wirtschaftsgüter 284 107
Gesamtbetrag der Erträge 285 460 ff.
- Aktivierung latenter Steuern 285 465
- anzugehende Beträge 285 461
- Aufgliederung des Gesamtbetrags 285 462
- selbst geschaffene immaterielle VG des AV 285 463
- Vermögensgegenstände zum beizZW 285 464
Gesamtschuldverhältnisse 285 75
Geschäfts- oder Firmenwertabschreibung 285 265

magere Ziffern = Anmerkungen **Anhang**

Geschäftsführerbezüge 285 161 ff.
Geschäftsjahrabschreibungen 268 12
Gesellschafterdarlehen mittelbare 284 59
Gesellschafterversammlung 285 162
Gewinnabführungsvertrag 285 250
Gewinnrücklagen 272 259, 277; 284 72
Gewinnschuldverschreibungen 284 44 f.
größenabhängige Erleichterungen
288 1 ff.
Grundsatz der Unternehmensfortführung (going-concern-concept),
Abweichungen 284 153
Gruppenbewertung, Ausweis von
Unterschiedsbeträgen 284 180
GuV-Zusatzaufgliederung 275 17
Haftungsverhältnisse 285 70 ff., 455 ff.
– bedingte Verbindlichkeiten 285 77 ff.
– für eigene Verbindlichkeiten 285 71 ff.
– für fremde Verbindlichkeiten 285 74 ff.
– gegenüber Organmitgliedern 285 215
Herstellungskosten
– Anlagevermögen 284 111
– Beschäftigungsgrund 284 116
– Umlaufvermögen 284 116
Hochinflationsländer 284 136
IFRS-Abweichungen 284 200 ff.; s iEinz
dort
Inhalt des Anhangs 284 35 ff.
Instandhaltungsaufwendungen 285 63
Jahr-für-Jahr-Erläuterungen 284 14
KapCo-Ges, Mindestpflichtangaben
288 3
Kapitalerhöhung bedingte 272 66
Kapitalherabsetzungen 272 100 f.; 284 48
Kapitalrücklagen 284 207; 284 71
Kennzeichnung als Anhang 284 27
Klarheitsgrundsatz 284 11, 25
– freiwillige Angaben 284 81
kleine Kapitalgesellschaften
– Mindestpflichtangaben 288 3
– verkürzter Anhang 288 2 ff.
Kleinst-KapGes/Kleinst-KapCo-Ges
326 70 ff.
Kleinst-Kapitalgesellschaften 267a 9
– Verzicht auf Anhang 264 61
Konsortialhaftungen 285 76
Konzernanhang s dort
Kredite an Organmitglieder 285 214,
216 ff.
Lagerrisiken 284 117
latente Steuern 274 80; 284 121, 134;
285 470 ff.
– nach IFRS 274 115
Leerpostenwegfall 284 22
Materialaufwand 285 150 f.
mehrere Industriegliederungen 265 12
Mindestumfang 284 20
Mitglieder des Geschäftsführungsorgans
und des Aufsichtsrats 285 220 ff.

mittelgroße KapGes, verkürzter Anhang
288 5 ff.
Mitzugehörigkeitsausweis 265 9
Mutterunternehmen 285 270 ff.
Nachschusspflichten 285 72
nahestehende Unternehmen/Personen
s dort
Optionsanleihen 284 44
Ordnungswidrigkeiten 334 11
Organmitglieder 285 160 ff.
– Abfindungen 285 203 f.
– ehemalige O. und Hinterbliebene
285 200 ff.
– Gesamtbezüge in einer Summe
285 167 ff.
– Kredittilgungen 285 218
– Pensionsrückstellungen 285 206 ff.
– Personengruppen 285 161 ff.
– tätige O. 285 167 ff.
– Umfang der GesLeistungen 285 172 f.
– Vorschüsse, Kredite und
Haftungsverhältnisse 285 210 ff.
– wesentliche Bedingungen 285 217
Pensionsrückstellungen 284 126 ff.;
285 206 ff., 415 ff.
– Über-/Unterbewertung 284 128
Pensionsübergangsregelungen
249 271 ff.; s iEinz dort
Personalaufwand 285 150, 152
persönlich haftende Gesellschafter
285 258
Pfandrechte 285 10, 12
Pflichtangaben 284 35, 40 ff.
– für AG in Bilanz, GuV und Anhang
284 70 ff.
– für GmbH in Bilanz, GuV und Anh
284 57 ff.
– nach HGB in Bilanz, GuV und
Anhang 284 56
– nach HGB und EGHGB 284 40
– KapCo-Gesellschaften 285 1
– kleine und mittelgroße KapGes 285 1
– Schutzklausel 285 1
– sonstige Pflichtangaben 285 1 ff.
– wahlweise Angabe im Anh oder
anderer Stelle im JA 284 55 ff.
– weitere Pflichtangaben für AG 284 41 ff.
Prüfungsberichtfeststellungen 321 53
Prüfungsumfang 317 16
publizitätspflichtige Unt 284 2
– Erleichterungen 288 17
Realisationsprinzip, Abweichungen
284 147
Rechnungsabgrenzung 284 120
Rentenverbindlichkeiten 285 6
Roh-, Hilfs-, Betriebsstoffe 284 116
Roll-over-Kredit 285 6
Rücklage für eigene Anteile 272 304
Rückstellungen 266 202; 284 131

2587

Anlageaktion

fette Ziffer = Paragraphen

- für drohende Verluste aus schwebenden Geschäften **284** 132
- nicht ausgewiesene R. **249** 256
- nicht gesondert ausgewiesene R. **285** 260 f.

Sanktionen **284** 195
Schlusserklärung des Abhängigkeitsberichts **289** 343
Schuldverschreibungen **284** 44
Schutzklausel **285** 1
- Unterlassen von Angaben **286** 2 ff.

Sicherheiten von Verbindlichkeiten **285** 9 ff.
Sonderprüfung wegen unzulässiger Unterbewertung **284** 49
sonstige finanzielle Verpflichtungen (Gesamtbetrag) **285** 41 ff.; s *iEinz dort*
Stetigkeitsgrundsatz **265** 2 ff.
Steuerrückstellungen **284** 130
Struktur und Gestaltung **284** 30
Strukturierung nach sachlichen Gesichtspunkten **284** 25
Teil des Jahresabschlusses **264** 5 f.
Übersichtlichkeitsgrundsatz **284** 12, 25
- freiwillige Angaben **284** 81
Umfang des Anhangs **284** 20 ff.
Umlaufvermögen **284** 116 ff.
Umsatzerlöse, Unterlassen der Aufgliederung **286** 5 f.
Umsatzkostenverfahren, Material- und Personalaufwand **275** 31
unrichtige Darstellung **331** 14
Unterlassen von Angaben **286** 1 ff.
- Anteilsbesitz **286** 7 ff.
- bei erheblichen Nachteilen **286** 9
- Gesamtbezüge der Organmitglieder **286** 15 ff.
- nicht offenlegungspflichtige Unt **286** 10 f.

Unternehmensverträge **285** 66
Unterschiedsbetrag aus Vermögensberechnung **284** 122
Unterstützungskassen **284** 128
Unterzeichnung **284** 27
Veränderungen der Kapital- und Gewinnrücklagen **275** 311
Verbindlichkeiten
- Aufgliederung des Gesamtbetrags **285** 16 ff.
- Bewertungsmethoden **284** 133
- ggü Gesellschaftern **284** 58
- gesicherte V. **285** 9 ff.
- rechtlich noch nicht entstandene **268** 107 ff.
- Restlaufzeit von mehr als fünf Jahren **285** 5 f.
- Umfang der Angabepflicht **285** 12
Verbindlichkeiten, Erleichterungen für kleine KapGes **274a** 4

Verbindlichkeitenspiegel **285** 18
Vergleichszahlen des Vorjahrs **284** 21
Verhältnis zum Konzernanhang **313** 23 ff.
Vermittlung der tatsächlichen Verhältnisse **284** 10, 12
Verpflichtungen
- ggü GmbH-Gesellschaftern **285** 59
- aus Investitionsvorhaben/Folgeinvestitionen **285** 61 f.
- ggü KapCo-Gesellschaftern **285** 59
- zu künftigen Aufwendungen **285** 68
- aus künftigen Großreparaturen **285** 63
- aus Miet- und Pachtverträgen **285** 60
- aus öffentlich-rechtlichen Auflagen **285** 69
- aus schwebenden Geschäften **285** 65
- aus Umweltschutzmaßnahmen **285** 64
- ggü verbundenen Unt **285** 58
Verrechnung von Forderungen und Schulden **284** 119
Verrechnung von VG und Schulden **285** 430 ff.
Verrechnungsverbot, Abweichungen **284** 149
Vertragsstrafen **285** 73
Verwendung des Jahresüberschusses/Jahresfehlbetrags **284** 73
Vollständigkeitsgebot **284** 11
- Abweichungen **284** 148
Vorlagepflicht **320** 5
Vorratsaktien **284** 41
Vorratsvermögen **284** 116
Vorsichtsprinzip, Abweichungen **284** 155
Vorstandsbezüge individuelle **285** 182 ff.; s *iEinz* unter Vorstandsbezüge
Wahrheitsgebot **284** 11
Wandelschuldverschreibungen **285** 44
Waren **284** 116
Warentermingeschäfte **285** 65
wechselseitige Beteiligungen **284** 46
Wertaufholungen **284** 110, 118
Wertaufholungsrücklagen **284** 57, 70
Wertpapiere **284** 44, 119
Wesentlichkeitsgrundsatz **284** 13
Zusammenfassung
- von Bilanzposten **265** 17
- mit Konzernanhang **298** 105 ff.
Zusatzangaben
- Abschlussprüfergesamthonorar **285** 290 ff.; s *iEinz*
Abschlussprüferhonorar
- KapCo-Gesellschaften **285** 280
Zuschreibungen **284** 110
Zuschreibungsspiegel **268** 20
Anlageaktion an InvVermögen, Anhangangaben **285** 440 ff.

magere Ziffern = Anmerkungen

Annahmeverzug

Anlagen
„andere Anlagen" **247** 500
unfertige A. als unfertige Erzeugnisse
  266 96
Anlagen im Bau
Abschreibung **253** 448 ff.
– außerplanmäßige A. **253** 450 ff.
– planmäßige A. **253** 449
Bilanzausweis **266** 68
Sachanlagen **247** 561
Anlagen maschinelle 253 412 ff.
Abgrenzung zu Gebäude- und
  Grundstücksbestandteilen **253** 414 ff.
Abschreibungen **253** 412 ff., 422
Abschreibungsmethoden **253** 422
AfA-Tabellen **253** 422
Begriff und Abgrenzungsfragen
  253 413 ff.
Bilanzausweis **266** 66
feste Verbindung (Begriff) **253** 415
Nutzungs- und Funktionszusammenhang
  253 416 ff.
Anlagen technische
Abgrenzung zu Betriebs- und
  Geschäftsausstattung **253** 424
Aktivierung (Beispiele) **247** 480 ff.
Betriebsvorrichtungen,
  Abgrenzungsfragen **253** 414 ff.
Bilanzausweis **266** 66
Anlagenbuchhaltung 238 113
Anlagengitter/-spiegel 268 10 ff.
Abgänge und Zugänge zu historischen
  Bruttowerten **268** 15
Abschreibungen
– GuV-Ausweis **275** 142
– kumulierte A. **268** 12
AK/HK als Ausgangspunkt **268** 10
Anzahl der Spalten **268** 14
Aufzeigen der Postenentwicklung im
  Anhang **268** 17
Begriff **268** 10
Bruttomethode, direkte **268** 10
Darstellungsform **268** 13
E-Bilanz **266** 331
Erleichterungen für kleine KapGes
  274a 2
Festwertverfahren **240** 74
freiwillige Erweiterung des A. **268** 20
Geschäftsjahrabschreibungen **268** 12
– Definitionen **268** 16
immaterielle VG **268** 28
KapCo-Ges Erleichterungen **264c** 140 ff.
Nachaktivierungen **268** 19
Reihenfolge der Spalten **268** 14
Wertaufholungen **268** 19
Zuschreibungen **268** 18 ff.
Anlagevermögen 247 350 ff.
Abgrenzung zum Umlaufvermögen
  247 52 f., 350 f.

Abschreibungen **253** 201 ff.
– Bewertung, einheitliche im KA
  308 40
Anlagengitter/-spiegel s *dort*
Ausleihungen **247** 357
Ausstellungsmöbel **247** 354
Begriff **247** 350, 353 ff.
Beibehaltungswahlrecht von KapCoGes
  264c 105 ff.
Beteiligungen **271** 5
Bilanzausweis/-gliederung **266** 50 ff.
„Dauernd dienen" (Definition) **247** 353 f.
Entwicklung des AV **268** 10 ff.
– IFRS-Regelung **268** 161 f.
Ersatzteile **247** 352
Finanzanlagen **247** 356
Gebrauchsgut **247** 352
Gliederung/Mindestgliederung **247** 370
Grundstücksparzellierungen **247** 361
GuV-Ausweis
– Abgangsverlust **275** 157 f.
– außerplanmäßige Abschreibungen auf
  das Anlagevermögen **277** 3 ff.
immaterielle Vermögensgegenstände
  247 372 ff.; s *iEinz dort*
Leasing-Gegenstände **247** 355
Mietwagen **247** 354
Musterhäuser, -küchen, -elektrogeräte
  247 354
Nutzung im Betrieb (Begriff) **247** 354
Reparaturmaterialien **247** 352
Sachanlagen s *dort*
selbst geschaffene immaterielle VG/WG
  248 10 ff.; s *iEinz Immaterielle
  VG/WG*
sonstige VG **247** 124
Spezialreserveteile **247** 352
Umgliederung ins Umlaufvermögen
  247 361
Vorführwagen **247** 354
Wechsel der Vermögensart **247** 360 f.
Werkzeuge **247** 352
Wertpapiere **247** 357
Anlassprüfung für Prüfstelle **342b** 20 ff.
Anleihen
Agiobehandlung **253** 90
Begriff und Arten **266** 212
Bewertung **253** 90 ff.
Bilanzausweis **266** 212 ff.
– konvertible A. **266** 248
Schuldenkonsolidierung **303** 36
Anleihestücke, Bilanzausweis **266** 219
Anlieferungskosten,
Anschaffungsnebenkosten **255** 71
Anliegerbeiträge, Anschaffungsneben-
kosten **255** 71
Annahmekosten als HK **255** 470
Annahmeverzug bei Kaufverträgen,
Gewinnrealisierung **247** 85

2589

Anpassungsverpflichtung

fette Ziffer = Paragraphen

Anpassungsverpflichtung, Rückstellung 249 100
Anpassungswahlrecht bei assoziierten Unternehmen 312 61 ff.
Ansammlungsrückstellung 249 35
echte A. 253 164
unechte A. 253 165
Ansammlungsverfahren, Pensionsverpflichtungen 249 198
Ansatzstetigkeit 246 125
Konzernabschluss 298 18
Ansatzverbote 246 87 f.
Ansatzvorschriften 246 ff.
Einschränkung des BVm bei Verstoß 322 61
handelsrechtliche Ansatzwahlrechte/ -verbote 243 114 ff.
IFRS-Abweichungen 246 156 ff.
Konzernabschluss 298 16 ff.
Maßgeblichkeitsgrundsatz 243 113 ff.
Verrechnungsverbot 246 100 ff.; s iEinz dort
Vollständigkeitsgebot 246 2 ff.; s iEinz dort
zwingendes Handelsrecht 243 113
Ansatzwahlrechte
Angaben im Anhang 284 87 f.
Investitionszulagen/-zuschüsse 255 121 f.
Konzernabschluss 300 50
Konzern-HK 304 13
Tausch 255 40
Überblick über bestehende A. 246 86
Vollständigkeitsgebot 246 85 f.
Zuschüsse 255 115 ff.
Anschaffung s unter Anschaffungskosten
Anschaffungsgeschäfte auf Rentenbasis 253 185
Anschaffungskosten 255 1 ff.
ABC der Anschaffungskosten 255 325
abgespaltene AK 255 108
Abgrenzung Anschaffung/Herstellung 255 35 ff.
Abstandszahlungen 255 106
Angaben im Anhang
− Anlagevermögen 284 106
− Umlaufvermögen 284 116
Anschaffungsbegriff 255 20
Anschaffungspreis s dort
Anschaffungspreisänderungen s dort
Anschaffungspreiserhöhungen 255 65
Anschaffungspreisminderungen 255 61 ff.
Anschaffungsvorgang als Vermögensumschichtung 255 20
Anwachsung 255 45
Auf- und Abspaltungen 255 46 f.
Aufteilung nach der Restwertmethode 255 84 f.
Ausleihungen 255 180
bebautes Grundstück, Kaufpreisaufteilung 255 81 f.

Begriff 255 20 ff.
beizulegender Zeitwert 255 520 ff.
Beteiligungen 255 141 ff.; s iEinz dort
Bewertung, einheitliche im KA 308 44
Bonus 255 62
Durchschnittsbewertung 255 209 f.
Earn-Out-Kauseln 255 64, 66
echte/unechte Auftragsposition 255 38
Einbringungen 255 49
Erbauseinandersetzung 255 96 ff.
− privater Anlass 255 107
Erwerb
− durch Erbfall 255 104
− durch Erbgang 255 96 ff.
− aus privatem Anlass 255 107
Erwerb unentgeltlicher s dort
finale Betriebsbereitschaft 255 24
Finanzanlagen 255 141 ff.; s iEinz dort
Finanzinstrumente 255 177
flüssige Mittel 255 320 ff.
Forderungen 255 250 ff.; s iEinz dort
Formwechsel 255 43, 48
Fremdkapitalzinsen 255 501
Fremdwährungsforderungen 255 258
ganzes Unt mit Restwert 255 84
gebrauchte erworbene Gegenstände 255 25
Gesamtkaufpreis-Aufteilung 255 79 ff.
− nach der Restwertmethode 255 84 f.
− unaufgeteilter Gesamtkaufpreis 255 81 ff.
− im Verhältnis der Teilwerte 255 83
− im Verhältnis der Verkehrswerte 255 82
− vertraglich vereinbarte Aufteilung 255 80
Gleichstellungsgelder 255 106
Grenze von 60 Euro 268 34
IFRS-Abweichungen 255 570 ff.
immaterielle VG 255 109
Inhaberschuldverschreibung 255 254
Investitionszulagen/-zuschüsse 255 120 ff.; s iEinz dort
Kapitalherabsetzungen 255 171 f.
Kapitalrückzahlungen 255 171
Kaufpreisanpassungsklauseln 255 64
Konsenspreisermittlung 255 81
Konzernabschluss, Wertansatz 298 44
Konzernanschaffungskosten s dort
Kosten
− der Erlangung der Betriebsbereitschaft 255 23 ff.
− des Erwerbs 255 21 ff.
mittelbarer Anschaffungszweck 255 22
nach UmwStG 255 46 ff.
nachträgliche Anschaffungskosten 255 75 ff.
− Abgang 268 52
− Ergänzungsbeträge 255 78

2590

magere Ziffern = Anmerkungen

Anteilsbesitz

- öffentliche Abgaben **255** 77
- Zugang im Entstehungsjahr **268** 37
nachträgliche Preiskorrekturen **255** 65
Nutzungsrechte, erstmalige Begründung
  255 36
objektiver Anschaffungszweck **255** 22
Rabatte **255** 61
Realteilung **255** 96f., 104
retrograde Wertermittlung **255** 211
Rückstellung für künftige AK **249** 100
Schadenersatzzahlungen **255** 61
Skonti **255** 63f.
Tausch **255** 39ff.
überhöhte AK **255** 20
Übernahme von Verdindlichkeiten
  255 56
Umfang der A. **255** 50ff.
Umrüstungskosten **255** 25
Umsatzsteuerbehandlung **255** 51
Umwandlungen **255** 44ff.
unentgeltlicher Erwerb eines Betriebs
  255 103
UntUmstrukturierungen **255** 42ff.
urheberrechtlich geschützte Werte
  255 109
Vermögensübertragung gegen
  Versorgungsleistungen **255** 106
Verschmelzungen **255** 46ff.
Vorräte **255** 201ff.; *s iEinz* dort
vorweggenommene Erbfolge **255** 106
Wertpapiere **255** 175ff., 300ff.; *s iEinz*
  dort
Wertsicherungsklausel **255** 65
Wesensänderung **255** 38
wirtschaftliche Verfügungsmacht **255** 31
Zeitraum der AK **255** 33f.
Zero-Bonds **255** 311
Zuschüsse und Subventionen **255** 113ff.;
  s iEinz unter Zuschüsse
Zuzahlungen des Veräußerers, Verbot der
  Zuzahlung **255** 26
Anschaffungskosten-/HK-Methode,
  IFRS-Abweichungen **253** 704ff.
Anschaffungskostenprinzip,
  Bewertungsvereinfachungsverfahren
  256 35
Anschaffungsmaßstäbe, AK/HK
  255 1ff.
Anschaffungsnahe Aufwendungen
  s Aufwendungen
Anschaffungsnebenkosten 255 70ff.
  Anlieferungskosten **255** 71
  Anschaffungsvorgang **255** 72
  Begriff **255** 70
  Begutachtungs-/Besichtigungskosten
    255 71
  Einkaufskosten **255** 71
  Einzelfälle **255** 71ff.
  Erwerb durch Kaufoption **255** 74

extern anfallende Nebenkosten **255** 71
Grunderwerbsteuer **255** 72
innerbetrieblich anfallende Nebenkosten
  255 73
Lieferbereitschaftskosten **255** 71
Maklerprovisionen **255** 72
öffentliche Abgaben **255** 71
Roh-, Hilfs- und Betriebsstoffe
  255 201ff.
Steuern **255** 71
- Ausweis als A. **275** 248
Treuhanderwerb **255** 72
Waren **255** 201ff.
- länger lagernde W. **255** 207
Wertpapiere **255** 301
Anschaffungspreis 255 51ff.
  ausländische Währung **255** 52ff.
  Deckungsgeschäft (Währungskauf)
    255 54ff.
  Fremdwährungsumrechnung **255** 52
  Kreditkauf in Fremdwährung **255** 55
  Umsatzsteuerbehandlung **255** 51
Anschaffungspreisänderungen 255 60ff.
  Erhöhungen **255** 65
  Minderungen **255** 61ff.
  - AK bei Wertpapieren **255** 301, 306
  - Zuschüsse **255** 117
Anschaffungszeitpunkt 255 31ff.
  Fremdwährungsumrechnung **255** 32
  wirtschaftliche Verfügungsmacht **255** 31
Anschlussbeiträge, AK **255** 325
Ansprüche als sonstige VG **247** 120
Anstalten als Wirtschaftsbetriebe **238** 39
Anteile
  s auch Beteiligungen
  s auch Eigene Anteile
  Abgrenzung ggü Forderungen **271** 13
  Beteiligungsdefinition **271** 13ff.
  konsolidierende A. **301** 10ff.; *s iEinz
    unter* Kapital-Erstkonsolidierung
  unverbriefte Anteile **271** 21
  verbriefte Anteile **271** 22
Anteile an Investmentvermögen,
  Anhangangaben **285** 440ff.
Anteile an verbundenen Unternehmen
  Bilanzausweis
  - Anlagevermögen **266** 72ff.
  - Beteiligungsunternehmen **271** 7
  - Umlaufvermögen **266** 135ff.
  Zwischenergebniseliminierung beim KA
    304 36
Anteilsbesitz
  Angaben im Anhang **285** 230ff.
  - Berechnung der Beteiligungsquote
    285 233ff.
  - Eigenkapital **285** 247
  - Einzelangaben **285** 240ff.
  - Ergebnis des Gj **285** 249f.
  - Höhe des Kapitalanteils **285** 246

2591

Anteilsmäßige Konsolidierung

fette Ziffer = Paragraphen

- KapCo-Gesellschafter **285** 248, 258
- Kreis der zu berichtenden Unt **285** 231 ff.
- Name und Sitz **285** 245
- Unterlassen von Angaben **286** 7 ff.
Aufstellung des A. **287** 1
Konzernanhang-Angaben **313** 172 ff., 189 ff.; s *iEinz* Konzernanhang
Konzernanteilsbesitz s *dort*
Anteilsmäßige Konsolidierung
s Quotenkonsolidierung
Antizipative Hedges, Bewertungseinheiten **254** 54
Antizipative Posten 250 4
Dividendenansprüche **268** 95
Forderungen **268** 93 f.
RAP als sonstige VG **247** 121
Steuererstattungsansprüche **268** 95
Umsatzprämien ohne Rechtsanspruch **268** 95
Verbindlichkeiten **268** 107 ff.
Anwachsung
Anschaffungskosten **255** 45
Größenklassenbestimmung **267** 29
Anwartschaft auf Pensionszahlungen **249** 156
Anwendungsregelungen
s *auch* Übergangsregelungen
Beibehaltungswahlrechte (Art 24 EGHGB) **253** 681
BilMoG **253** 682 f.
Passivierungswahlrechte für Pensionsverpflichtungen (Art 28 EGHGB) **249** 256
Anwendungssoftware, selbstständiger VG **247** 386
Anzahlungen
s *auch* Erhaltene Anzahlungen
s *auch* Geleistete Anzahlungen
Anlage-/Umlaufvermögen **247** 360
Anschaffungskosten **255** 325
Haftungsvermerk für Garantien **251** 31
immaterielle VG **247** 430
Schuldenkonsolidierung **303** 11
verlorene A. als HK **255** 400
Währungsumrechnung **255** 53
Anzeigepflicht der Prüfstelle **342b** 67 f.
Apothekenwarenbewertung,
Gängigkeitsabschlag **253** 557
Äquivalenzziffernrechnung,
Herstellungskostenermittlung **255** 470
Arbeitgeberehegatten, Pensionszusagen **249** 246
Arbeitnehmer
Angaben im Anhang über durchschnittliche Zahl **285** 140 ff.
- Gruppenbildung **285** 144
Begriff und Abgrenzungsfragen **267** 9 ff.
Rückstellung für ArbG-Risiken **249** 100

Arbeitnehmerbelange,
Zusatzberichterstattung **289** 104
Arbeitnehmerdarlehen, Bewertung zinsloser Darlehen **253** 594
Arbeitnehmererfindungen, Aktivierungspflicht **247** 391
Arbeitnehmervertretungen,
Informationsrechte hinsichtlich Größenklasseneinteilung der KapGes **267** 30
Arbeitnehmerzahl
Angaben über durchschnittliche A. im Konzernanhang **314** 30 ff.
Ermittlung der durchschnittlichen A. **267** 12; **293** 10 f., 44
- publizitätspflichtige Unt **267** 33
Größenmerkmalsbestimmung der KapGes **267** 9 ff.
Arbeitsbühnen 247 480
Arbeitsgemeinschaften 310 21
Abgrenzung von Gewinnabführungsverträgen **277** 11
Anteile als sonstige VG **247** 124
Grundtypen von A. **275** 56 ff.
Umsatzerlöse **275** 56 ff.
Arbeitsgeräte 247 500
Arbeitslosengeld, Rückstellung **249** 100
Arbeitsmaschinen 247 480
Arbeitspapiere
Prüfungsdokumentation **317** 204 ff.
Überlassung bei AP-Kündigung **320** 43
ARGEN s Arbeitsgemeinschaften
Arithmetisch degressive Abschreibung 253 244
Arzneimittelhersteller, Rückstellung **249** 100
Asset backed securities 247 113
Asset backed Transaktionen
s ABS-Transaktionen
Assoziierte Unternehmen
Abgrenzung von GemUnt, KonzernUnt/verbundenen Unt **311** 5
Angaben im Konzernanhang **313** 80 f., 122, 163 f.
- Unterlassen der Equity-Kons **313** 203
Assoziierungsvermutung **311** 16
- Widerlegung der Vermutung **311** 17
Begriff **311** 1 ff.
- Abgrenzungen **311** 5
Beteiligungen an assoz Unt s *dort*
BVm-Einwendungen **322** 125
Darlehen an assoziierte Unt **311** 26
Einbeziehungswahlrechte **311** 6 f.
Einfluss auf Unt/Beteiligung **311** 10
Equity-Konsolidierung
- Nichtanwendung bei untergeordneter Bedeutung **311** 20
- Wertansatz nur in KonzernBil **311** 2
Geheimhaltungspflichten **333** 8

magere Ziffern = Anmerkungen

Aufsichtsrat

gesonderter Ausweis der Beteiligungen 311 25
Höhe des Beteiligungsausweises 311 26
IFRS-Abweichungen 311 40 f.
Informationserfordernisse 311 18
Konzernlagebericht 315 10
maßgeblicher Einfluss auf Geschäfts- und Finanzpolitik 311 15
Ordnungswidrigkeiten 334 12
Postenbezeichnung 311 25 f.
publizitätspflichtige Unt 311 30
Rechtsfolgen bei Verstoß 311 35
untergeordnete Bedeutung der Beteiligung 311 20 f.
Atomanlagen, Rückstellung 249 100
Atypisch stille Gesellschaft *s unter* Stille Gesellschaft
Aufbewahrungsfristen 257 5
DV-gestützte Buchführungssysteme 239 41
Einzelkaufleute 257 1
geordnete Aufbewahrung 257 2
Gesamtrechtsnachfolge 257 1
handelsrechtliche A. 257 25
Liquidationsende 257 30 f.
steuerrechtliche A. 257 26
Übersicht 257 27
Aufbewahrungspflichten 257 1 ff.
Abgrenzung zu steuerrechtlichen A. 257 4
AR- und Vorstandsprotokolle 257 17
Arbeitsanweisungen uÄ 257 13
aufzubewahrende Unterlagen 257 10 ff.
Bild-/Datenträgeraufbewahrung 257 20
bildliche Übereinstimmung 257 20
Buchungsbelege 257 14
Geschäftsbriefe 257 16
Halbjahres-/Quartalsfinanzberichte 257 17
Handelsbriefe 257 15
inhaltliche Übereinstimmung 257 20
Inventurunterlagen 257 12
Jahresabschlüsse 257 11
Konzernrechnungslegung 257 10
Mikroverfilmung 257 21
neuere technische Entwicklungen 257 22
Ort der Aufbewahrung 257 18
Prüfer 257 1
Prüfungsberichte 257 17
Rückstellungsbildung 249 100
Sanktionen bei Verstoß 257 35
für steuerliche Zwecke 257 23
Telefaxeingänge, E-Mails uÄ 257 15
Übersicht über Aufbewahrungsfristen 257 27
Verfahrensdokumentationen bei EDV 257 13
Auffüllrechte, WG-Fähigkeit 247 13

Auffüllverpflichtung, Rückstellung 249 100
Aufgabe eines Gewerbebetriebs, Rückstellung 249 100
Aufgeld (Agio)
Begriff 272 170
Bezugsaktien 272 182
Einstellungen in Kapitalrücklage 272 170 f.
Genussrechte 272 183
Genussscheinkapital 266 191
Kapitalrücklage bei Aktienverkäufen 272 241 f.
mittelbares Bezugsrecht 272 173
Sacheinlagen 272 174
Schuldverschreibungen 272 180 f.
Steuerbilanzausweis 272 222
Verbot der Verrechnung mit Gründungskosten 248 1
Verschmelzungen 272 175
Vorratsaktien 272 173
Wandelschuldverschreibungen 253 91
Wandlungs-/Optionsscheine 272 183
Aufgliederung
Umsatzerlöse 285 90 ff.
– nach geographischen Märkten 285 95 ff.
– nach Tätigkeitsbereichen 285 91 ff.
Aufklärungspflichten
s auch Nachweispflichten
Aufklärungen ggü AP **320** 11 f.
BVm-Versagung bei Verstoß **322** 67
gesetzlicher Vertreter ggü AP **321** 65
Auflage, Abgrenzung zur gemischten Schenkung 255 93 ff.
Auflösung
Kapitalrücklage *s dort*
passiver Unterschiedsbetrag aus Kapitalkonsolidierung 309 21 ff.
Rücklage für eigene Anteile 272 307
Rückstellungen 249 21 ff.
Aufräumungsarbeiten, HK 255 470
Aufrechnung, Zahlungsrealisierung 247 110
Aufsichtsrat
Angaben
– Bezüge im Anhang 285 161 ff.
– Mitglieder im Anhang 285 220 ff.
Aufsichtsorganbegriff 290 52
Berichtspflicht ggü HV **Vor 325** 27 ff.
– Einwendungen gegen Prüfung **Vor 325** 30
– Prüfung der Geschäftsführung **Vor 325** 28
– Prüfung des Abhängigkeitsberichts **Vor 325** 31
– Stellungnahme zur JA-Prüfung **Vor 325** 29
Berichtsvorlage an Vorstand **Vor 325** 32

2593

Aufsichtsratsbezüge

fette Ziffer = Paragraphen

- Rechtsfolgen bei Verletzung **Vor 325** 34 ff.
- Beschreibung der Arbeitsweise **289a** 22 f.
- Bindung an Erklärungen über Jahresabschluss **Vor 325** 106
- Erläuterungspflicht ggü HV **Vor 325** 114
- Feststellung des JA **Vor 325** 72 f., 76
- Konzernanhang **314** 52 ff.
- Offenlegung des Berichts **325** 6; **328** 21
- GmbH **325** 11
- publizitätspflichtige Unt **325** 114
- Prüfungspflichten **Vor 325** 20
- Abhängigkeitsbericht **289** 360 ff.; **Vor 325** 25
- Gewinnverwendungsbeschluss **Vor 325** 21
- Gewinnverwendungsvorschlag **Vor 325** 24
- Jahresabschluss **Vor 325** 20, 21 f.
- KGaA **Vor 325** 33
- Lagebericht **Vor 325** 21
- Recht- und Zweckmäßigkeitsprüfung **Vor 325** 21 f.
- Teilnahme- und Berichtspflicht des AP **Vor 325** 26
- Umfang der Prüfung **Vor 325** 21 ff.
- Recht auf Kenntnis der Vorlagen **Vor 325** 10 f.
- Rechtsfolgen bei Verletzung der Erläuterungspflichten **Vor 325** 116
- Rücklagendotierung **Vor 325** 45 ff.
- Unternehmensführungserklärung **289a** 9
- Vorlage des Jahresabschlusses etc.
- Aktiengesellschaft **Vor 325** 1 f.; *s iEinz unter* Vorlage
- publizitätspflichtige Unt **Vor 325** 140 ff.

Aufsichtsratsbezüge, Personalaufwand **275** 130

Aufsichtsratsprotokolle, Aufbewahrungspflicht **257** 17

Aufsichtsratsvergütung, Rückstellung **249** 100

Aufspaltungen *s unter* Spaltungen

Aufstellung
Anteilsbesitz **287** 1
Jahresabschluss von KapGes **264** 11 ff.
Lagebericht **264** 11 ff.

Aufstellungsfrist für Inventar 240 66 ff.

Aufstellungsfrist für Jahresabschluss 243 91 ff.; **264** 17 ff.
Geltungsbereich für einzelne Rechtsformen **243** 91
handelsrechtliche Auslegung **243** 92 f.
IFRS-Abweichungen **243** 140
publizitätspflichtige Unt **264** 192
Sanktionen bei Nichteinhaltung **243** 95
steuerrechtliche Auslegung **243** 94

Aufteilung eines Gesamtkaufpreises 255 80 ff.

Auftragseingang/Auftragsbestand, Angaben im Lagebericht **289** 20

Auftragsproduktion, HK **255** 334

Auftragsvorbereitungskosten als Sondereinzelkosten **255** 456

Aufwand, Rechnungsabgrenzung **250** 20

Aufwands- und Ertragskonsolidierung 297 200; **305** 1 ff.
Abschreibungen und Zuschreibungen auf Anteile **305** 49
andere aktivierte Eigenleistungen **305** 34
andere Erträge aus Lieferungen und Leistungen **305** 30 ff.
- erfolgsneutrale Konsolidierungen **305** 30 ff.
- ergebniswirksame Konsolidierungen **305** 40 ff.
Angaben im Konzernanhang **305** 51
- Abweichungen von der Aufwands-Kons **313** 124
anteilsmäßig konsolidierte Gemeinschaftsunternehmen **305** 3
außerordentlicher Ergebnisbereich **305** 33
ergebnisneutrale Verrechnung **305** 2
ergebniswirksame Konsolidierung **305** 2
Erträge aus Beteiligung konsolidierter Unternehmen **305** 45 f.
- zeitgleiche Gewinnvereinnahmung **305** 45
- zeitverschobene Gewinnvereinnahmung **305** 46
Finanzergebnisbereich **305** 32
Fremdwährungsumrechnung **308a** 95 f.
Gesamtkostenverfahren
- Leistungen **305** 19
- Lieferungen **305** 15 ff.
- Überblick **305** 11
- Zwischenergebniseliminierung **305** 15
Gewinne/Verluste aus der Veräußerung von Anlagevermögen **305** 47 f.
IFRS-Abweichungen **305** 65
latente Steuern **306** 26
publizitätspflichtige Unt **305** 55
Sanktionen bei Verstoß **305** 60
Überblick **305** 10 f.
Umsatzerlöse
- Gesamtkostenverfahren **305** 15 ff.
- Umsatzkostenverfahren **305** 20 ff.
Umsatzkostenverfahren
- Leistungen-Umsatzerlöse **305** 22
- Lieferungen-Umsatzerlöse **305** 21
- Überblick **305** 11
Verzicht bei untergeordneter Bedeutung **305** 50 f.

Aufwandsperiodisierung 252 51 ff.
Abweichungen **284** 156

magere Ziffern = Anmerkungen

Ausgleichsposten

Ausnahmen **252** 54
Erfolgszurechnungskriterium **252** 52
IFRS-Abweichungen **252** 85
Periodenabgrenzung **252** 53
Aufwandsrückstellung 249 4, 300
Beibehaltungsrecht **67 EGHGB** 15 ff.
Instandhaltungsrückstellungen *s dort*
Kapitalkonsolidierung **301** 65, 70
Komponentenansatz **249** 302
Übergangsvorschrift **249** 301
Aufwärtsgewinneliminierung bei Assoziierungsverhältnissen **312** 78
Aufwendungen
s auch Sonstige betriebliche Aufwendungen
Abgrenzung zu
– Ausgaben **247** 611
– Kosten **247** 612
„ähnliche" Aufwendungen
– Gesamtkostenverfahren **275** 204 ff.
– Umsatzkostenverfahren **275** 308
anschaffungsnahe Aufwendungen **255** 388
– Gebäude **243** 119
aperiodische A., Erläuterung im Anhang **275** 227
außerordentliche A. *s dort*
Begriff **247** 610 f.; **249** 101
Erläuterungspflicht von A. eines anderen Geschäftsjahres **277** 25
gewöhnlicher Geschäftsbetrieb **275** 155
GuV-Ausweis nach IFRS **275** 337 ff.
GuV-Ausweis von A. aus Verlustübernahme **277** 20 ff.
Periodenverschiebungen (Beispiele) **252** 51 ff.
sachliche Zurechnung **246** 91
Verpflichtungen zu künftigen A. **285** 68
Aufwendungen für bezogene Leistungen, GuV-Ausweis **275** 115 ff., 122
Aufwendungen für bezogene Waren, GuV-Ausweis **275** 121
Aufwendungen für Ingangsetzung des Geschäftsbetriebs 269 1
Aufwendungen für Versicherungsvertragsabschlüsse 248 7
Aufwendungsersatz, Personalaufwand **275** 131
Aufzeichnungspflichten, drohende Verluste aus schwebenden Geschäften **249** 79
Aufzinsung, GuV-Ausweis von Erträgen und Aufwendungen **277** 26
Aufzüge, Betriebsvorrichtungen **247** 461
Ausbietungsgarantien, Haftungsvermerk **251** 44

Ausbildungskosten
Anschaffungskosten **255** 470
Rückstellung **249** 100
Ausbildungsplatzzuschüsse 255 119
Ausfallrisiken
als Bestimmungsfaktor für
Pauschalabwertung **253** 577
Bewertungseinheiten **254** 14
bei Forderungen **247** 97
Ausfallrisiko, Finanzinstrumente **289** 77 f.
Ausfuhrzölle, GuV-Ausweis **275** 246
Ausgabekosten
Abzugsfähigkeit **272** 115
Ausgabe von Geschäftsanteilen **272** 115
Begriff und handelsrechtliche Behandlung **272** 172
Bilanzierungsverbot **248** 3
Rechnungsabgrenzung **250** 42
Ausgaben
Abgrenzung zu Aufwendungen **247** 611
Begriff **247** 610
Rechnungsabgrenzung **250** 18
Ausgewogenheitsgrundsatz, Konzernlagebericht **315** 4
Ausgleichsansprüche *s* Handelsvertreter-Ausgleichsansprüche
Ausgleichsposten 307 1 ff.
Abgrenzung der einzubeziehenden Anteile **307** 7 ff.
aktivierte eigene Anteile **266** 185
Ausweis
– anteiliges Jahresergebnis in Konzern-GuV **307** 80 ff.
– garantierte Ausgleichszahlungen **307** 16
berücksichtigungsfähige Anteile (Einzelfälle) **307** 8
Bezeichnung und Ausweis **307** 75 ff.
Doppelansatz von Vermögen im KA **307** 9
Ermittlung des Abgangswerts **307** 45
Ermittlung des Ausgleichspostens **307** 15 ff.
– Behandlung von Ergebnisdifferenzen **307** 18
– Buchwertmethode **307** 49
– einstufiger Konzern **307** 15 ff.
– Endkonsolidierung **307** 45 ff.
– Equity-Konsolidierung **307** 53 ff., 67
– Erwerbsmethode **307** 45
– Folgekonsolidierung **307** 28
– Konzerneigenkapital als Basis **307** 17
– mehrstufiger Konzern **307** 35 ff.
– Neubewertungsmethode **307** 26 ff., 37, 49 f.
– Schuldenkonsolidierung **307** 60 ff.
– ZwischenergebnisKons **307** 53 ff., 60 ff.
IFRS-Abweichungen **307** 90 ff.

2595

Ausgleichsverpflichtung

fette Ziffer = Paragraphen

Organschaft, Einkommenszurechnung **271** 138
publizitätspflichtige Unt **307** 86
Rechtsfolgen bei Verstoß **307** 88
Ausgleichsverpflichtung 255 97, 325
Ausgleichszahlungen
Ausweis im Ausgleichsposten **307** 16
Gewinnabführungs-/Beherrschungs-
vertrag **271** 134; **307** 16
GuV-Ausweis **275** 187
– Zahlungen an Minderheitsgesell-
schafter **277** 13
Organeinkommensermittlung **271** 142
Ausgliederungen *s unter* Spaltungen
Auskunftspflichten
Organmitglieder ggü AP **320** 17
Prüfstelle für Rechnungslegung
342b 36 ff.; **342c** 11 f.
TU ggü MU **294** 20 ff.
Auskunftsrechte
Abschlussprüfer **320** 11 ff.
– ggü MU und TU **320** 16 ff., 25
Aktionär bei Abhängigkeitsbericht
289 376
Durchsetzung der A. mit Sanktionen
320 35
Grenzen aus Gründen sorgfältiger
Prüfung **320** 30 ff.
Konzernabschlussprüfer **320** 25 ff.
Auskunftsvertrag des AP **323** 210 ff.
Auslagenersatz, Personalaufwand
275 131
Ausländische Steuern, GuV-Ausweis
275 238
Ausländische Unternehmen
Buchführungspflicht inländischer
Zweigniederlassungen **238** 46
Kaufmannseigenschaft **238** 46 f.
Konzernanhangsverpflichtung **313** 4
Mitunternehmerschaften **247** 728
Ausleihungen
Anlage-/Umlaufvermögen **247** 357
Ansatz zinsloser A. mit dem Barwert
268 64
Anschaffungskosten **255** 180
Bilanzausweis **266** 82
Finanzanlagen **255** 180
gegenüber Gesellschaftern
– Angaben im Anh **284** 58
– Bilanzausweis **266** 70, 126
GuV-Ausweis der Erträge von A.
275 185 ff.
**Ausleihungen an Unternehmen mit
Beteiligungsverhältnis,** Bilanzausweis
266 79
**Ausleihungen an verbundene
Unternehmen**
Bilanzausweis **266** 77
Schuldenkonsolidierung **303** 14 f.

Auslösungen *s* Reisekosten und
Auslösungen
Aussageäquivalenz einer Stichprobe
241 22 f.
Ausschlussgründe
Wirtschaftsprüfer **319** 32 ff.; *s iEinz unter*
Abschlussprüfer
Wirtschaftsprüfungsgesellschaften
319 77 ff.; *s iEinz unter*
Wirtschaftsprüfungsgesellschaften
Ausschüsse, Beschreibung von
Zusammensetzung und Arbeitsweise
289a 25 ff.
Ausschüttungen
Ertragsteueraufwandskorrektur bei
konzerninternen A. **298** 35
Gewinnabführungsvertrag **271** 134
Sachausschüttung **Vor 325** 57
verdeckte Gewinnausschüttungen *s dort*
Vorabausschüttungen als
Ergebnisverwendung **268** 7
auf Wertpapiere, GuV-Ausweis **275** 187
Ausschüttungsbelastung
Ergebnisverwendungsbeschluss **278** 10 ff.
verdeckte Gewinnausschüttung **278** 113
Ausschüttungssperre
Anhangsangaben **268** 140
bestimmte VG/Sonderposten **268** 140 ff.
Ergebnisabführungsvertrag **268** 144
Ergebnisverwendungsvorschlag
Vor 325 5
Gewinnverwendungsbeschluss
Vor 325 92
IFRS-Regelung **268** 170
Kapitalrücklage **272** 206
latente Steuern **274** 17, 42
passive latente Steuern **274** 17
Rücklage für Anteile an herrschendem
Unt **272** 301
Verzicht des TU auf A. **264** 110
Ausschüttungsverbote Vor 325 56
Außenanlagen, Abschreibung **253** 410
Außengesellschaft, Begriff **247** 702
Außensteuergesetz
Gewinnkorrektur bei verdeckten
Einlagen **272** 420
vGA und AStG **278** 133
Außerordentliche Aufwendungen
aperiodische Aufwendungen **275** 227
Begriff und Auslegungsfragen **275** 217 ff.
Beispiele **275** 222 f.
Erläuterungspflicht im Anhang
275 224 ff.
Gesamtkostenverfahren **275** 215 ff.
GuV-Ausweis **275** 215 ff.
periodenfremde A. **275** 218
Außerordentliche Erträge
aperiodische Erträge **275** 227
Begriff und Auslegungsfragen **275** 217 ff.

magere Ziffern = Anmerkungen

Bedingtes Kapital

Beispiele **275** 222 f.
Erläuterungspflicht im Anhang
 275 224 ff.
Gesamtkostenverfahren **275** 215 ff.
GuV-Ausweis **275** 215 ff.
periodenfremde E. **275** 218
Außerordentliches Ergebnis
Gesamtkostenverfahren **275** 230
GuV-Ausweis **275** 230
– nach IFRS **275** 352
Außerplanmäßige Abschreibungen
s Abschreibungen außerplanmäßige
Ausstehende Einlagen
Agiobeträge **272** 30
Bilanzausweis **266** 123, 171
Eigenkapital der KGaA **272** 325
Fälligkeit **272** 31
Kapitalkonsolidierung **301** 41
Schuldenkonsolidierung mit
 eingeforderten E. **303** 10
steuerliche Besonderheiten **272** 40 ff.
Ausstehende Einlagen auf das gezeichnete Kapital 272 30 ff.
s auch Gezeichnetes Kapital
Ausweiswahlrecht und Bewertung
 272 35 f.
Bareinlagen **272** 30 f.
Kapitalerhöhung gegen Einlagen *s dort*
steuerliche Besonderheiten **272** 40 ff.
verdeckte Gewinnausschüttung **272** 42
Verzinsungspflicht für eingeforderte
 Bareinlagen **272** 41 f.
Ausstehende Rechnungen, Rückstellung **249** 100
Ausstellungsmöbel, Anlagevermögen **247** 354
Ausstrahlungsrechte 255 325
Austauschmotor, Erhaltungsaufwand **255** 400
Ausübungsmethode 254 75
Ausweis 266 1 ff.
Anteile an KomplementärGes **264c** 80 ff.
Ausgleichszahlungen im
 Ausgleichsposten **307** 16
Eigenkapital von OHG/KG **264c** 15 ff., 65 ff.
Erträge aus Beteiligungen an assoziierten
 Unternehmen **312** 42 ff.
gezeichnetes Kapital **272** 15 ff.
latente Steuern im KA **306** 37 f.
latente Steuern nach IFRS **274** 115
Stammkapital der GmbH **272** 20
Wahlrecht bei ausstehenden Einlagen auf
 das gezeichnete Kapital **272** 35 f.
Ausweisstetigkeit, Umsatzerlöse **275** 53
Auszahlungen, Begriff **247** 610
Autowaschhalle als Gebäude **253** 395
Avalprovision, Rückstellung **249** 100

Badwill *s* Geschäftswert (negativer)
Bagger 247 480
Bahnanlagen, Festwertbildung **240** 125
Bankguthaben
Bilanzausweis **266** 154
Niederstwertprinzip **253** 620
Verrechnungsverbot **266** 157
Bankobligationen, Bilanzausweis **266** 80
Bankrisiken, aktive latente Steuern **274** 38
Bankspesen, Wertpapiere **255** 301
Banküberweisungen,
Zahlungsrealisierung **247** 110
Bareinlagen 247 172
ausstehende Einlagen auf das gezeichnete
 Kapital **272** 30 f.
Erwerb von Anteilen **255** 145
verdeckte Einlagen **272** 401
Barwert
gewinnrealisierende Forderung **255** 256
Pensionsleistungen **249** 210 ff.
Rentenverpflichtungen **253** 185
Barzahlungen
Rabatte als Anschaffungspreisminderung
 255 63 f.
Währungsumrechnung **255** 53
Baugerüste, GWG **253** 441
Baulastverpflichtung, Rückstellung **249** 100
Bausparkassenguthaben, Bilanzausweis **266** 156
Bauspartechnische Abgrenzung,
Rückstellung **249** 100
Bausparverträge, Rückstellung für
 Abschlussgebühren **249** 100
Baustellencontainer 247 500
Bauten
Begriff und Abgrenzungsfragen
 253 394 f.
Gebäudeabschreibung **253** 394 ff.; *s iEinz*
 unter Abschreibungen
Sachanlagen **247** 450 ff.
sonstige bauliche Maßnahmen **253** 410 f.
unfertige Bauten **266** 96
Bauten auf fremdem Grund und Boden
Bilanzausweis **266** 65
Sachanlagen **247** 450 ff.
Bauunternehmen
Bestandsveränderungen **275** 79
unfertige Leistungen **247** 65
Bauzeitzinsen, AK **255** 501
Bauzuschüsse bei
 Energieversorgungsanlagen **275** 54
Bearbeitungsentgelt,
Rechnungsabgrenzung **250** 43
Bedingte Kapitalerhöhung
s Kapitalerhöhung bedingte
Bedingtes Kapital, Angaben im Anhang
 272 16

2597

Befangenheit

fette Ziffer = Paragraphen

Befangenheit s Besorgnis der Befangenheit
Beförderungskosten
Anschaffungsnebenkosten **255** 325
im Betrieb **255** 206
Herstellungskosten **255** 470
Befreiende JA-Aufstellung für KapCo-Gesellschaften s unter KapCo-Gesellschaften
Befreiender Konzernabschluss
s Konzernabschluss befreiender
Befreiender Konzernlagebericht
s Konzernlagebericht befreiender
Beherrschender Einfluss im Konzern 290 20 f.; s iEinz unter Konzern
Beherrschungsvertrag
Ausgleichszahlungen **307** 16
beherrschender Einfluss **290** 58 ff.
Einstellungen in gesetzliche Rücklagen **272** 287
Beibehaltungsgebot
Form der Darstellung in Bilanz und GuV **243** 65
Quotenkonsolidierung **310** 8
Beibehaltungswahlrechte
Anwendungsregelung **253** 681
BilMoG-Übergangsregelungen **67 EGHGB** 1 ff.
Herstellungskosten **255** 332
KapCo-Gesellschaften, Anlage-/Umlaufvermögen **264c** 105 ff.
Überblick über bestehende B. **246** 86
Vollständigkeitsgebot **246** 85 f.
Wertaufholungsgebot **253** 645
Beibehaltungswahlrechte im Konzernabschluss 308 22 ff.
Ausnahmefälle der Neubewertung **308** 31 ff.
– Angabe und Begründung im Konzernanhang **308** 34
– Unmöglichkeit **308** 32
– unverhältnismäßige Verzögerung **308** 32
– Widerspruch zu vorrangiger Norm **308** 33
– wirtschaftliche Unzumutbarkeit **308** 32
Auswirkung von untergeordneter Bedeutung **308** 28 ff.
Bewertungsmethoden, Ausnahmen **308** 31 ff.
Bewertungsstetigkeit **308** 23
Einzelfragen/Einzelfälle **308** 40 ff.
Kreditinstitute **308** 24 f.
Versicherungsunternehmen **308** 24, 26
Beihilfen, Rückstellung **249** 100
Beirat, Angaben über Bezüge im Anhang **285** 162; **314** 52 ff., 58
Beitragsgedanke bei Sondervergütungen des Mitunternehmers **247** 771

Beizulegender Wert
Ermittlung **253** 308
fertige Erzeugnisse und Waren **253** 521
Nebenkosten **253** 308
Roh-, Hilfs- und Betriebsstoffe **253** 543
Umlaufvermögen **253** 515, 516
Beizulegender Zeitwert 255 511 ff.
Ausschüttungssperre **268** 140 ff.
Begriff **255** 511 f.
Bewertung zu AK/HK **255** 520 ff.
Börsen-/Marktpreis **255** 512
Finanzinstrumente **255** 511 ff.
Forschungs- und Entwicklungskosten **255** 597 f.
Kapitalkonsolidierung **301** 75 ff.
Kleinst-Kapitalgesellschaften **267a** 11
Marktpreis **255** 513
– aktiver Markt **255** 514 ff.
– Fehlen eines Marktes **255** 518 f.
Steuerbilanz **255** 513, 523 ff.
Bekanntmachung im Bundesanzeiger 325 28 f., 31
Unverzüglichkeit **325** 38
Belegprinzip 238 128 ff.
DV-gestützte Buchführung **239** 27
Inventarisierung **240** 29
Beleuchtungsanlagen, selbstständiger Gebäudeteil **253** 398
Belieferungsrechte, AK **255** 325
Belüftungsanlage, Betriebsvorrichtung **253** 421
Beratungsgebühren, Bilanzierungsverbot **248** 2
Beratungskosten, AK **255** 325
Bergschäden, Rückstellung **249** 100
Bergwerkseigentum
Abschreibung **253** 392
grundstücksgleiches Recht **247** 457 f.
Berichterstattung
Chancen und Risiken **289** 43 ff.
Intensität der B. **289** 49
der Prüfstelle an BaFin **342b** 52 ff.
Risikoberichterstattung s dort
Transparenzfunktion **289** 48
Verhältnis zu Geheimhaltungspflichten **333** 13
Vollständigkeitsgebot **289** 61
voraussichtliche Entwicklung **289** 36 ff.
Zusatzberichterstattung über nichtfinanzielle Leistungsindikatoren **289** 100 ff.
Berichterstattungspflicht
s Prüfungsbericht
Berichtspflicht
Abhängigkeitsbericht **289** 202
Aufsichtsrat ggü HV **Vor 325** 27 ff.; s iEinz unter Aufsichtsrat
Ersetzung des AP **320** 40 ff.
Prüfungsbericht **321** 25 ff.

magere Ziffern = Anmerkungen

Bestätigungsvermerk

Berichtspflichtverletzung 332 1 ff.
  Bereicherungsabsicht 332 46
  betroffener Personenkreis 332 30 ff.
  Handeln *gegen* Entgelt 332 45
  inhaltlich unrichtiger
    Bestätigungsvermerk 332 25 ff.
  Prüfungsgehilfen 332 36 ff.
  Schädigungsabsicht 332 47
  Spezialgesetzregelungen 332 50 ff.
  Strafrahmen 332 49
  Tatbestandsvoraussetzungen der
    Strafbarkeit 332 3 ff.
  unrichtige Berichterstattung 332 5 ff.
  – erhebliche Unrichtigkeit 332 13
  – Erheblichkeit der Umstände 332 14
  – Feststellungen, Schlussfolgerungen,
    Werturteile 332 11
  – Prüferwechsel 332 16
  Verschweigen erheblicher Umstände
    332 20 ff.
  – Verschweigen *im* Bericht 332 21
  Vollendung/Beendigung 332 40
  Vorsatz 332 41 f.
Berichtsvorlage des Aufsichtsrats an
  Vorstand **Vor 325** 32
Berufsgenossenschaftsbeiträge,
  Rückstellung 249 100
Beschaffungsbereich, Angaben im
  Lagebericht 289 18
Beschaffungsgeschäfte schwebende
  s Schwebende Beschaffungsgeschäfte
Beschaffungsmarkt zur Bestimmung des
  beizulegenden Werts 253 516 ff.
Beschäftigte *s* Arbeitnehmer
Beschäftigungsgrad, Angaben im
  Anhang 284 111, 116
Bescheinigung über freiwillige
  Abschlussprüfung 321 128
Beschluss über Ergebnisverwendung
  s Ergebnisverwendungsbeschluss
Beschränkte Steuerpflicht, Anwendung
  der E-Bilanz 266 313
Besichtigungskosten, AK 255 325
Besitzpersonengesellschaften,
  nichtgewerbliche Tätigkeit 271 105
Besitzunternehmen *s unter*
  Betriebsaufspaltung
Besitzwechsel, Bilanzausweis 266 115
Besorgnis der Befangenheit
  319 20 ff.
  Befangenheitsgründe 318 22
  Bestellung eines anderen AP durch
    Gericht 318 22
  Bewertungsleistungen 319 62 ff.
  Eigeninteressen 319 23
  Interessenvertretung 319 25
  persönliche Vertrautheit 319 26
  Schutzmaßnahmen 319 28 ff.
  Selbstprüfungsverbot 319 24

Besserungsscheine
  Angaben im Anhang 284 45; 285 78
  Angaben im Konzernanhang 313 36
  Bilanzierung 247 237 f.
  Haftungsverhältnisse 251 50
  Sanierungsleistungen 272 417 f.
  Zuzahlung in Kapitalrücklage 272 197 f.
Bestandserhöhungen, HK des Umsatzes
  275 266
Bestandserneuerungen 255 386
Bestandsgefährdungen
  Formulierungsmuster 322 38
  Hinweis im BVm 322 38 f.
Bestandsminderungen, HK des
  Umsatzes 275 266
Bestandsnachweise
  Inventur 240 5; *s iEinz* Inventar,
    Inventur
  Prüfungsberichterstellung 321 68
Bestandsveränderungen
  Abschreibungen 275 77
  Bauunternehmen 275 79
  Bewertungsveränderungen 275 77
  Dienstleistungsbetriebe 275 79
  fertige und unfertige Erzeugnisse
    275 75 ff.
  Gesamtkostenverfahren 275 75 ff.
  Mengenveränderungen 275 77
  selbsthergestellte Roh-, Hilfs- und
    Betriebsstoffe 275 78
Bestandszuverlässigkeit der
  Lagerbuchhaltung 241 25 ff.
Bestätigungsvermerk 322 1 ff.
  Abhängigkeitsprüfungsbericht 289 355
  Adressat 322 6
  Adressierung 322 19
  Änderung des JA 322 12
  Anspruch auf B. 322 15
  Anwendungsbereich 322 5
  Aussagefähigkeit 322 6 ff., 7
  Außenwirkung 322 6
  bedingte Erteilung 322 180 ff.
  berufsübliche Grundsätze 322 8
  beschreibender Abschnitt 322 21 f.
  Bestandteile des uneingeschränkten BVm
    322 17 ff.
  Bestätigungsvermerk, IAS-Abschluss
    322 152
  Beurteilung durch AP 322 23 ff.
  – Arten von Beurteilungen 322 23
  – eingeschränkter BVm 322 26 ff.
  – Erweiterungen 322 25
  – Formulierungsgrundsätze 322 24 f.
  – Hinweis auf Bestandsgefährdungen
    322 38 f.
  – Hinweis auf Prüfungsergebnis
    322 36 f.
  – Lagebericht 322 32 ff.
  Darstellung der tatsächlichen Lage 322 9

2599

Bestätigungsvermerk

fette Ziffer = Paragraphen

einleitender Abschnitt **322** 20
Einschränkung des BVm **322** 41 ff.
– Abgrenzung zur Versagung **322** 55 f.
– Begriff der Einwendungen **322** 41 ff.
– Begründung/Darstellung **322** 50 ff.
– Begründung/Versagung **322** 49
– bestandsgefährdende Lage **322** 63
– Beurteilung durch AP **322** 26 ff.
– Einhaltung der Generalklausel **322** 60
– Ermessensabwägung **322** 44
– fehlende Beurteilungsmöglichkeit **322** 70
– Forderungsverzicht nach Bilanzstichtag **322** 185
– Formulierungsmuster **322** 64
– Gesamtbeurteilung **322** 42
– Nachtragsprüfung **322** 163
– Nichtigkeit des JA **322** 45 ff.
– Rechnungslegungsauswirkungen **322** 62
– typische Einwendungsfälle **322** 61
– Verletzung von Anhangvorschriften **284** 195
– Verstoß gegen Bußgeldvorschriften **322** 58 f.
– Verstoß gegen Steuerrecht oder sonstige Rechtspflichten **322** 43
– Verstoß gegen VFE-Lage **264** 59
– wesentliche/unwesentliche E. **322** 42
– Wortlaut/typische Einwendungen **322** 57 ff.
Einwendungen gegen JA und Lagebericht **322** 41 ff.
Einzelabschluss **322** 75 ff.
– Formulierungsmuster **322** 78
Erstprüfung **322** 160
– Umfang **322** 160
„Erwartungslücke" **322** 10
Formulierungsmuster **322** 40
– uneingeschränkter BVm **322** 136
freie Formulierung **322** 2
freiwillige Abschlussprüfungen
s Bestätigungsvermerk bei freiwilliger A.
freiwillige Publizität **328** 18
Genossenschaften **336** 27
– Pflichtprüfung **Vor 339** 19 f.
„Gesundheitstestat" **322** 9
IFRS-Konzernabschluss **322** 135 ff.
inhaltlich unrichtiger B. **332** 25 ff.
internationale Einflüsse **322** 3
Jahresabschluss **322** 17 ff.
Jahresabschlussfeststellungen **321** 91
Kernfassung des BVm,
  Generalklauselaussage **322** 60
Konzernabschlüsse
  s Bestätigungsvermerk zu KA
Kreditinstitute **322** 5
Nachtragsprüfung **322** 162 ff.

– Einschränkung/Versagung des BVm **322** 163
– Einwendungen **322** 164 f.
– Unterzeichnung des B. **322** 158
Offenlegung **322** 6; **325** 6; **328** 24
– Konzernrechnungslegung **325** 80
– nachträgliche Änderung des B. **325** 20
– publizitätspflichtige Unt **325** 114
Prüfungshemmnis **322** 47, 72
publizitätspflichtige Unternehmen
  s Bestätigungsvermerk bei p. U.
rechtliche Wirkung **322** 11 ff.
Sanktionen bei Verstoß **322** 16, 190
Überschrift **322** 18
Unterzeichnung des BVm **322** 150 ff.
– Angabe des Tages **322** 156
– Nachtragsprüfung **322** 158
Unterzeichnung durch AP **321** 132
Vermittlung der VFE-Lage **322** 9
Versagung des B. s Versagungsvermerk
Versicherungsunternehmen **322** 5
Widerruf des BVm **322** 170 ff.
– Adressat des W. **322** 176
– Ermessen des Prüfers **322** 172
– vor Feststellung des JA **322** 175
– Konzernabschluss **322** 177
– rechtliche Wirkung **322** 174
– Schriftform und Begründungspflicht **322** 176
Wirksamkeitsvoraussetzung für
  Kapitalerhöhung aus
  Gesellschaftsmitteln **322** 13
Wirkung für Entlastung der
  Gesellschaftsorgane **322** 14
Wortlautwiedergabe bei Offenlegung **328** 11 ff.
Zeitpunkt der Erteilung **322** 157
Bestätigungsvermerk bei freiwilliger Abschlussprüfung 321 126 f.; **322** 90 ff.
Bescheinigungen **322** 110
Durchführung einer Vollprüfung **322** 90
kleine Kapitalgesellschaften
– Aufstellungserleichterung **322** 91 f.
– Einschränkung des BVm **322** 95
– Erleichterungen zum Anh **322** 91 f.
– Lageberichtaufstellung **322** 94
kleine/kleinste Kapitalgesellschaften **322** 91 f.
Review **322** 112
Bestätigungsvermerk bei publizitätspflichtigen Unternehmen 322 80 ff.
Besonderheiten bei PerGes **322** 83
BVm zu Konzernabschlüssen s dort
Nachtragsprüfung **322** 85
Offenbarungserleichterungen **322** 84
uneingeschränkter BVm **322** 81

2600

magere Ziffern = Anmerkungen

Bestätigungsvermerk zu Konzernabschlüssen 321 119; **322** 82, 115 ff.
Abgrenzung des Konsolidierungskreises **322** 125
assoziierte Unternehmen **322** 125
Besonderheiten von Einwendungen **322** 125 f.
einheitliche Bewertung **322** 125
Einschränkung des BVm **322** 120
Formulierungsmuster **322** 130 ff.
Gliederungsvorschriften **322** 125
ISA-Abschlussprüfungen **322** 150 ff.
Konsolidierungsgrundsätze und Vollständigkeitsgebot **322** 125
latente Steuern **322** 125
uneingeschränkter BVm **322** 115 ff., 130 ff.
– beschreibender Abschnitt **322** 118
– einleitender Abschnitt **322** 116 f.
– Urteil des Abschlussprüfers **322** 119
Versagung des BVm **322** 122
Vorlagepflicht/Auskunftsrecht des Prüfers **322** 125
Währungsumrechnung **322** 125
Widerruf des BVm **322** 177
zusammengefasste BVm **322** 145 f.
– Einschränkungen **322** 146
– Versagungen **322** 146
Bestecke, Festwertbildung **240** 125
Bestellobligo aus Investitionsvorhaben/ Folgeinvestitionen **285** 61 f.
Beteiligungen 255 141 ff.
s auch Beteiligungen an KapGes
s auch Beteiligungen an PersGes
Abgrenzung gegenüber
– sonstigen Anteilen **271** 5 ff.
– verbundenen Unt **271** 3
Angaben im
– Anhang **284** 46 f.; **285** 230 ff.; *s iEinz unter* Anteilsbesitz
– Lagebericht bei (wechselseitigen) B. **284** 46
Anlage-/Umlaufvermögen **271** 5 f.
Ausweis als Finanzanlagen **271** 5
Begriff *s* Beteiligungsdefinition
Beteiligungsarten **271** 9
Beteiligungsdefinition *s dort*
Beteiligungsvermutung *s dort*
Bilanzausweis **266** 78
Drohverlustrückstellung **249** 71
Einlagen als AK **255** 143 ff.
Erwerb durch Tausch **255** 142
Konzernabschlussgliederung **298** 70
nachträgliche Aufwendungen **255** 162 ff.
Quotenkonsolidierung *s dort*
verdeckte Einlagen **255** 162 ff.; *s iEinz dort*
Zwischenergebniseliminierung beim Konzernabschluss **304** 36

Beteiligungen

Beteiligungen an assoziierten Unternehmen 312 1 ff.
Abschlussstichtag **312** 87 ff.
Anpassungswahlrecht bei abweichenden Ansatz- und Bewertungsmethoden **312** 61 ff.
Darstellung der Beteiligungsbuchwerte im Konzern-Anlagengitter **312** 53 f.
Eigenkapitalveränderungen **312** 35 ff.
Equity-Methode
– Ausweis im Konzernanlagenspiegel **312** 53 f.
– Ergebnisausweis in Konzernerfolgsrechnung **312** 42 ff.
– Ermittlung des Beteiligungsergebnisses in Folgejahren **312** 35 ff.
– Ertragsteuerbehandlung **312** 44 f.
– Fortschreibung des Equity-Wertansatzes **312** 35 ff.
– Grundkonzeption **312** 1 ff.
erfolgsneutrale Veränderungen **312** 49
Erstkonsolidierungszeitpunkte, abw Abschlussstichtag des assoz Unt **312** 25
Ertragsteuerbehandlung **312** 44 f.
Fortschreibung des Equity-Wertansatzes **312** 35 ff.
Fortschreibung des Unterschiedsbetrags
– aktiver Unterschiedsbetrag **312** 29 ff.
– passiver Unterschiedsbetrag **312** 32
IFRS-Abweichungen **312** 100 ff., 117 f.
Jahresfehlbeträge/-überschüsse **312** 36 ff.
Kapitalmaßnahmen beim assoz Unt **312** 51
Konsolidierungszeitpunkt **312** 18 ff.
Konzernanhang, Ansatz- und Bewertungsmethodenwahlrecht **312** 68
konzerneinheitliche Bewertung und Anpassungswahlrecht **312** 61 ff.
maßgeblicher Abschluss des assoz Unt **312** 87 ff.
– abweichender Abschlussstichtag **312** 91
– KA als Grundlage **312** 92
– übereinstimmender Abschlussstichtag **312** 89 f.
– Zwischenabschluss als Grundlage **312** 91
mengenmäßige Änderungen im Konzernanlagespiegel **312** 53
Methodenstetigkeit **312** 65
partielle Konsolidierung **312** 4
publizitätspflichtige Unt **312** 95
Sanktionen bei Verstoß **312** 97
Statusveränderungen **312** 57 f.
stille Reserven und Firmenwerte
– Berücksichtigung **312** 5 ff.
– Buchwertmethode **312** 6 ff.
untergeordnete Bedeutung **312** 21

2601

Beteiligungen

fette Ziffer = Paragraphen

Unterschiedsbetrag
- Buchwertmethode **312** 6 ff.
- Equity-Methode **312** 1 f.
- bei erstmaligem Ausweis **312** 1 ff.
- Konsolidierungszeitpunkt **312** 18 ff.
- stille Reserven und Firmenwerte **312** 5 ff.
Unterschiedsbetrag negativer (passiver) **312** 12 ff.
- Angabe im Konzernanhang **312** 15
Unterschiedsbeträge, Anpassungswahlrecht **312** 61 ff.
wertmäßige Änderungen im Konzernanlagenspiegel **312** 54
Zwischenerfolgseliminierung **312** 71 ff.
- Downstream- oder Abwärtseliminierung **312** 80 f.
- Satelliteneliminierung **312** 83
- Upstream- oder Aufwärtseliminierung **312** 78
- Vereinfachungen und Ausnahmen **312** 75
- Wahlrecht der quotalen Eliminierung **312** 85
Beteiligungen an Kapitalgesellschaften
Bareinlagen **255** 145
Erwerb gegen Einlagen **255** 144; s *iEinz dort*
Nutzungseinlagen **255** 154 f.
Sacheinlagen **255** 146 ff.; s *iEinz dort*
verdeckte Einlagen **255** 162 ff.; s *iEinz dort*
Beteiligungen an Personengesellschaften
Anschaffungskosten **255** 141
Sacheinlagen **255** 158 ff.; s *iEinz dort*
Beteiligungsdefinition 271 1, 8 ff.
Aktien **271** 13
Anlagevermögenszweck **271** 20
Anteilsbegriff **271** 13 ff.
Anteilsrechte allgemein **271** 13
Anwendungsbereich des Begriffs Beteiligungen **271** 4
Arten von Beteiligungen **271** 9
Bruchteilsgemeinschaft **271** 12
dauerhafte Verbindung **271** 16
„eigenem Geschäftsbetrieb dienen" **271** 8
Einflussnahme auf Geschäftsführung **271** 17 f.
GbR-Anteile **271** 12
Genossenschaftsmitgliedschaft **271** 10
Genussrechte **271** 15
GmbH-Anteile **271** 13
Halteabsicht des Bilanzierenden **271** 23
IFRS-Abweichungen **271** 45 ff.
Investmentfonds **271** 12
Joint ventures **271** 12
mittelbare Verbindung **271** 19

objektive Merkmale **271** 8
persönlich haftende Gesellschafter und ihr Verhältnis zur PersGes **271** 14
Rechtsfolgen bei Verletzung **271** 40
stille Beteiligungen **271** 15
subjektive Merkmale **271** 8, 23
Unternehmensbeteiligungen **271** 9 ff.
unverbriefte Anteile **271** 21
verbriefte Anteile **271** 22
Zweckbestimmung der Beteiligungen **271** 16 ff.
Beteiligungserträge s Erträge aus Beteiligungen
Beteiligungsgesellschaften
Ausweisfragen **271** 7
Bilanzgliederung bei EkfI und PersGes **247** 8
der öffentlichen Hand (Begriff) **238** 40
Beteiligungsverhältnis, Forderungen gegen Unt mit B. **253** 597 ff.
Beteiligungsvermutung 271 24 ff.
Anknüpfung an Anteilsquote **271** 26
dauernde Verbindung zum anderen Unternehmen **271** 25
Folgen beim Bilanzausweis **271** 27
Widerlegung der Vermutung **271** 25
Betriebliche Altersversorgung
Altersversorgungsaufwendungen **275** 137 f.
- Abweichungen HB/StB **243** 119
Bewertungseinheiten **254** 11
GuV-Ausweis **275** 135 ff.
- Rückstellungsvertrag/-aufwand **275** 193
Herstellungskosten **255** 470
Merkmale der betrieblichen A. **249** 152
Personalaufwand **275** 135 ff.
Überleitung HB/StB **274** 207 ff.
Betriebliche Erträge s Sonstige betriebliche Erträge
Betriebs- und Geschäftsausstattung 253 423 ff.
Abgrenzung zu technischen Anlagen **253** 424
Aktivierung (Beispiele) **247** 500 f.
Begriff **253** 423
Bilanzausweis **266** 67
Einrichtungsgegenstände **253** 430
Festwertbildung **240** 125
Gebäudeeinbauten **253** 424 ff.; s *iEinz dort*
geringwertige VG/WG **253** 434 ff.
Scheinbestandteile **253** 425 f.
Betriebsaufspaltung 247 831 ff.
Anteile minderjähriger Kinder und sonstiger Verwandter **247** 845
Beendigung **247** 850
Begriff **247** 831 ff.

magere Ziffern = Anmerkungen

Bewertung

Beherrschungsidentität 247 842
- Ehegatten 247 844
Besitz-PerGes, nichtgewerbliche
  Tätigkeit 271 105
Besitzunternehmen
- notwendiges Betriebsvermögen
  247 849
- Rechtsformen 247 836
- sachliche Verflechtung 247 831, 839 f.
Beteiligungserträge 247 849
Beteiligungsidentität 247 842
Betriebsunternehmen
- personelle Verflechtung 247 831, 841
- Rechtsformen 247 837
Betriebsvermögen des Besitzunternehmens 247 849
Bewertung von Sachwertforderungen 253 608
echte B. 247 833
- Rechtsfolgen 247 846
Ehegattenbeteiligung 247 844
einheitlicher geschäftlicher Betätigungswille 247 831, 841
gleichgerichtete wirtschaftliche
  Interessen (Indizien) 247 844
Interessengegensätze 247 843
kapitalistische B. 247 834
korrespondierende Bilanzierung 253 56
mitunternehmerische B. 247 834
- Begriff 247 837
Organträgerschaft des Betriebsunternehmens 271 105
Personengruppentheorie 247 842
Rechtsfolgen der B. 247 846 ff.
- Betriebsvermögenszuordnung
  247 849
- korrespondierende Bilanzierung
  247 848
- Rechtsgrundlagen 247 832
- selbstständige gewerbliche Unt
  247 847
Sonderbetriebsvermögen 247 849
Tatbestandsvoraussetzungen 247 836 ff.
Überlassung wesentlicher Betriebsunterlagen 247 840
umgekehrte B. 247 834
unechte B. 247 833
Verflechtung von Unternehmen
  247 839 ff.
- personelle V. 247 841
- sachliche V. 247 839 f.
Wegfall der B. 247 851
Wiesbadener Modell 247 844
Betriebsausgaben,
  Sonderbetriebsausgaben 247 790 f.
Betriebsbereitschaftskosten 255 363
Betriebsbuchhaltung 238 115
Betriebseinnahmen, Sonderbetriebseinnahmen 247 789 f.

Betriebsergebnis, GuV-Ausweis nach
  IFRS **275** 347
Betriebsführungsverträge, Passivierung
  246 50
Betriebsleitungskosten, HK **255** 470
Betriebsprüfungskosten, Rückstellung
  249 100
Betriebsprüfungsrisiko, Rückstellung
  249 100
Betriebsratsaufwendungen,
  Verwaltungskosten **255** 470
Betriebsstätten
  Buchführung **238** 136
  E-Bilanz-Anwendung **266** 323
  Fremdwährungsumrechnung bei ausl. B.
    256a 240 ff.
  Organgesellschaft als B. des Organträgers
    271 154
  Sprache und Währungseinheit der Bilanz
    ausländischer B. **244** 7
Betriebssteuern, GuV-Ausweis **275** 167
Betriebsstoffe s Roh-, Hilfs- und
  Betriebsstoffe
Betriebsübergang,
  Pensionsrückstellungen **249** 219 f.
Betriebsunternehmen s unter
  Betriebsaufspaltung
Betriebsvermögen
  Begriff **246** 58 ff.
  gemischte Nutzung **246** 62
  gewillkürtes Betriebsvermögen (Begriff)
    246 61
  Personengesellschaften **247** 738 ff.
  Sonderbetriebsvermögen s dort
  unentgeltliche Übertragungen **247** 192
Betriebsverpachtung,
  Sachwertdarlehensbewertung **253** 55
Betriebsvorrichtungen
  Abgrenzung zu
  - Gebäudebestandteilen **247** 461;
    253 414 ff.
  - Grundstücksbestandteilen **253** 414 ff.
  Begriff **253** 417
  Einzelfälle **253** 418 f.
  Nutzungs- und Funktionszusammenhang
    253 416 ff.
Beurteilungsangaben für Lagebericht
  289 11
Bewegungsbilanz im LBer **289** 165
Beweiskraft
  Handelsbücher **258** 6; **259** 5
  Unterschrift unter Jahresabschluss
    245 6
Beweislast/Feststellungslast
  Haftung des AP **323** 102, 106, 110
  Teilwertvermutungen **253** 327
Bewertung
  Abweichungen von den Bewertungsgrundsätzen **252** 72 ff.

2603

Bewertung

fette Ziffer = Paragraphen

Anhangangaben bei erheblichen Bewertungsunterschieden **284** 180, 182
Anleihen **253** 90 ff.
Ausgleichsposten s dort
Bewertung einheitliche im KA s dort
Bewertungseinheit **252** 23 ff.
Bewertungsstetigkeit **252** 55 ff.; s iEinz dort
Bilanzidentität **252** 3 ff.
Deckungsvermögen **253** 180
Devisenbestände **255** 321
Durchschnittsbewertung bei Vorräten **255** 209 f.
Einlagen und Entnahmen **247** 190 ff.
Einzelbewertungsprinzip **252** 22 ff.
erhaltene Anzahlungen auf Bestellungen **253** 94 ff.
flüssige Mittel **255** 320 ff.
Folgebewertung s dort
Forderungen s dort
Fremdwährungsguthaben **255** 322
Going-concern-concept **252** 9 ff.; s iEinz dort
Gruppenbewertung s dort
Guthaben bei Kreditinstituten **255** 322
Haftungsverhältnisse **251** 10 f.
Kassenbestand **255** 321
Maßgeblichkeitsgrundsatz **243** 119 ff.
Optionsanleihen **253** 91 f.
Ordnungswidrigkeiten **334** 11
Pensionsverpflichtungen **249** 195 ff.; s iEinz unter Pensionsverpflichtungen
Rentenverpflichtungen **253** 183 ff.
retrograde Bewertung
– Roh-, Hilfs-, Betriebsstoffe **253** 545
– Vorratsvermögen **253** 521
Schecks **255** 320
sonstige finanzielle Verpflichtungen **285** 55 ff.
Unternehmenseinstellung **252** 19
Unternehmensfortführungsgrundsatz **252** 9 ff.; s iEinz Going-concern-concept
Verbindlichkeiten s Bewertung von Verbindlichkeiten
verlustfreie B. fertiger und unfertiger Erzeugnisse **253** 547
Vermögensgegenstände s Bewertung von Vermögensgegenständen
Vorratsbewertung s dort
Wandelschuldverschreibungen **253** 91
Wechselverbindlichkeit **253** 100
Wegfall der Going-concern-Prämisse **252** 18 ff.
Wertansatzwahlrechte **252** 56
Wertpapiere **253** 609 ff.; **255** 300 ff.
Zugangsbewertung s dort
Zweischneidigkeit der Bilanz **252** 4

Bewertung einheitliche im KA **308** 1 ff.
Abschreibungen
– abnutzbares AV **308** 40
– Forderungen **308** 41
– Vorräte **308** 42
Abzinsung von Forderungen und Verbindlichkeiten **308** 43
Anschaffungskosten **308** 44
anwendbare Methoden des MU **308** 4 ff.
Beibehaltungswahlrechte im Konzernabschluss **308** 22 ff.; s iEinz dort
Bewertungsanpassungen bei Erst- und Endkonsolidierung **308** 57
Bewertungsmethoden
– abweichende Bewertung **308** 22 ff.
– Angabe von Abweichungen im Konzernanhang **308** 14 ff.
– anwendbare B. **308** 4
– Begründung von Abweichungen im Konzernanhang **308** 17
– einheitliche Anwendung **308** 7 ff.
– gleiche Rechengrößen **308** 8
– ungleichartige VG **308** 8 ff.
– wertbestimmende Bedingungen **308** 9
Bewertungsvereinfachungsverfahren **308** 46
Bewertungswahlrechte **308** 12
Festbewertung **308** 47
Garantierückstellungen **308** 48
geringwertige Wirtschaftsgüter **308** 49
Gruppenbewertung **308** 47
Herstellungskosten
– beziehendes Unt **308** 50
– herstellendes Unt **308** 50
IFRS-Regelungen **308** 60 f.; s iEinz dort
latente Steuern **308** 52
Neubewertung **308** 18
– Ausnahmefälle **308** 32 ff.
Pensionsrückstellungen **308** 51
publizitätspflichtige Unt **308** 56
Rechtsfolgen bei Verletzung **308** 58
Bewertung von Rückstellungen **253** 151 ff.
Ansammlungsrückstellungen **253** 164 f.
Berücksichtigung künftiger Vorteile **253** 157
Bewertungsgrundsätze **253** 151 ff.
Brutto-/Nettobilanzierung **253** 157
Dienstleistungsverpflichtungen **253** 159 ff.
Einzelbewertung **253** 162
Erfüllungsbetrag **253** 151
Ersatzansprüche **253** 157
Fast-Close-Abschlüsse **253** 156
Fixkosteneinbeziehung **253** 160
Gruppenbewertung **253** 162
Höchstwertprinzip **253** 152
IFRS-Abweichungen **253** 745 ff.

2604

magere Ziffern = Anmerkungen

Bewertungsgrundsätze

Kostensteigerungen **253** 161, 174
Pauschalbewertung **253** 162 ff.
Preis- und Kostensteigerungen künftige **253** 158
Rechtsfolgen bei Verletzung **249** 330
Sachleistungsverpflichtungen **253** 159 ff.
Sammelbewertung **253** 162 f.
Schätzmaßstab, vernünftige kfm Beurteilung **253** 154 ff.
steuerrechtliche Bewertung **253** 153
Ungewissheit von Prognosen **253** 156
Verteilungsrückstellungen **253** 164 f.
Vorsichtsprinzip **253** 155
Wahrscheinlichkeit der Inanspruchnahme **253** 154
Zugangswert **253** 152
Bewertung von Verbindlichkeiten **253** 51 ff.
Anleihen **253** 90 ff.
Anschaffungsgeschäfte mit zinsloser Kaufpreisstundung **253** 66
bedingte Verzinsung **253** 63
Bewertungsgrundsätze **253** 51 ff.
Drohverlustrückstellung **253** 60
Erfüllungsbetrag **253** 51 ff.
– verdeckte Zinszahlungen **253** 53, 64, 66 ff.
erhaltene Anzahlungen auf Bestellungen **253** 94 ff.
IFRS-Abweichungen **253** 741 ff.
Nennwert **253** 52
nicht marktübliche Verzinsung **253** 60 ff.
Null-Prozent-Darlehen **253** 63
Ratenkauf **253** 67
Sachleistungsverpflichtungen **253** 54 ff.
Sachwertdarlehen bei Betriebsverpachtung **253** 55
steigende Verzinsung **253** 68
steuerrechtlicher Ansatz **253** 52
Teilwert **253** 52, 61
Überverzinslichkeit **253** 60 ff.
Un-/Unterverzinslichkeit **253** 63 ff.
Verbindlichkeiten
– ggü Kreditinstituten **253** 93
– Lieferungen u. Leistungen **253** 98
Verfügungsbetrag **253** 53
Wandelschuldverschreibungen **253** 91
Wechselverbindlichkeiten **253** 100
Wertsicherungsklauseln **253** 57 ff.
zeitweise Verzinsung **253** 63
Zero-Bonds **253** 65
Zinssatz in der Steuerbilanz **253** 63 f.
Zuwachssparen **253** 68
Bewertung von Vermögensgegenständen **253** 1 ff.
handelsrechtliche B. **253** 1
steuerrechtliche B. **253** 10
Bewertungseinheiten 254 1 ff.
Altersversorgungsverpflichtungen **254** 11

Angaben im Anhang **284** 119; **285** 400 ff.
antizipative Hedges **254** 54
Auflösung **254** 57
Ausfallrisiken **254** 14
bilanzielle Behandlung **254** 50 ff.
– Durchbuchungsmethode **254** 53
– kompensatorische Bewertungsmethode **254** 52
– quantitative Belegung **254** 51
Derivate **254** 22
Effizienzgraderfordernis **254** 29, 42 f.
Einzelbewertungsprinzip *s dort*
einzelne Risikofälle **254** 25
ergebniswirksame Erfassung **254** 58
erwartete Transaktionen **254** 12
Fair-Value-Hedges **254** 64
Finanzinstrumente **254** 20 f.
Finanz-/Werthaltigkeitsgarantien **254** 23
Fremdwährungsumrechnung
– Einzelabschluss **256a** 250
– Konzernabschluss **308a** 105 ff.
ganzes/partielles Sicherungsgeschäft **254** 28
Geschäftswert **254** 10
gleichartige Risikoarten **254** 27
Going-concern-Prinzip **252** 23 ff.
Grundgeschäfte **254** 10 ff.
IFRS-Abweichungen **254** 60 ff.
Konzernabschluss **298** 42
Konzernanhang **314** 118
Kreditrisikenbewertung **254** 52
Makro-Hedges **254** 4, 55, 61 ff.
Mikro-Hedges **254** 4, 61 ff.
Nachweis-/Dokumentationspflichten **254** 40 ff.
Niederstwertprinzip **253** 622
partielle Absicherungen **254** 13
Portfolio-Hedges **254** 4, 55, 61 ff.
Rechtsfolgen bei Verletzung **254** 59
Sicherungsabsicht **254** 27, 40
Sicherungsgeschäfte **254** 20 ff.
steuerrechtliche Maßgeblichkeit **254** 6
Teilrisiken **254** 26
Überleitung HB/StB **274** 211 ff.
Versicherungsverträge **254** 23
Wahlrecht oder Normverpflichtung **254** 5
Waren(termin)kontrakte **254** 24
Wert-/Zahlungsänderungsrisiken **254** 25
Bewertungsgrundsätze 252 1 ff.
s auch Bewertungsmethoden
Abweichungen von den B. **252** 72 ff.
Aufwandsperiodisierung **252** 51 ff.;
  s iEinz dort
Bewertungsstetigkeit **252** 55 ff.; *s iEinz dort*
Bilanzidentität **252** 3 ff.; *s iEinz dort*
Einzelbewertungsprinzip **252** 22 ff.;
  s iEinz dort

2605

Bewertungshilfen

fette Ziffer = Paragraphen

Ertragsperiodisierung **252** 51 ff.; *s iEinz dort*
Going-concern-concept **252** 9 ff.; *s iEinz dort*
IFRS-Abweichungen **252** 81 ff.
Konzernabschluss **298** 38; **308** 1 ff.
Methodenbestimmtheit **252** 67
Rückstellungen **253** 151 ff.
Sanktionen bei Verstoß **252** 80
Verbindlichkeiten **253** 51 ff.
Vorrang der Einzelvorschriften **252** 65 f.
Vorsichtsprinzip **252** 29 ff.; *s iEinz dort*
Wertaufholung **252** 67
Wesentlichkeit **252** 70 f.
Willkürverbot **252** 68 f.
Bewertungshilfen
Eigenkapitalzinsen **255** 510
Fremdkapitalzinsen **255** 502 ff.
Bewertungsmaßstäbe, AK/HK 255 1 ff.
Bewertungsmethoden
s auch Bewertungsgrundsätze
Angaben im Anhang **284** 100 ff.
– Abweichungen **284** 140 ff.
– Abweichungen im Konzernanhang **313** 111 ff.
– Bewertung assoz Unt **312** 68
– für Passivposten **284** 126 ff.
– Verbindlichkeiten **284** 133
anwendbare B. im KA **308** 4
– Angabe von Abweichungen im Konzernanhang **308** 14 ff.
– Begründung von Abweichungen im Konzernanhang **308** 17
– einheitliche Anwendung **308** 7 ff.
– gleiche Rechengrößen **308** 8
– ungleichartige VG **308** 8 ff.
– wertbestimmende Bedingungen **308** 9
Begriff **284** 86, 100
– Bewertungsstetigkeit **252** 56
IFRS-Abweichungen **275** 375 ff.
Konzernanhang-Angaben **313** 72 ff.
Methodenbestimmtheit **252** 67
Pensionsverpflichtungen **249** 197 ff.
Segmentberichterstattung **297** 160 f.
Stetigkeit im Bewertungsvereinfachungsverfahren **256** 56
verbale Berichterstattung **284** 100
Wahlrechte **284** 102
– Abweichungen **284** 157
Wertansatzwahlrechte **252** 56
Zwischenzeitwertansatz **252** 67
Bewertungsprinzipien *s* Grundsätze ordnungsmäßiger Buchführung
Bewertungsstetigkeit 252 55 ff.
Abschreibungen **253** 220
Abweichungen **284** 157
– von den Bewertungsgrundsätzen **252** 72 ff.

Änderung im System der Kostenrechnung **252** 76
Ausnahmefälle/Durchbrechung des Stetigkeitsgebots **252** 59 ff.
Begriff **252** 55
Beibehaltung der Bewertungsmethoden **252** 56
Beibehaltungswahlrechte im KA **308** 23
Bewertungsvereinfachungsverfahren **256** 34
Erstreckung auf VG und Schulden **252** 58
IFRS-Abweichungen **252** 86
Maßgeblichkeit für Steuerbilanz **252** 63
nichtiger Vorjahresabschluss **252** 78
Teilgewinnrealisierung bei langfristiger Fertigung **255** 464
Übergang von der Einzel- zur Gruppenbewertung **252** 76
Umwandlungen **252** 74
Verbesserung in der Darstellung der VFE-Lage **252** 77
Bewertungsveränderungen, Gesamtkostenverfahren in der GuV **275** 77
Bewertungsvereinfachungsverfahren 256 1 ff.
Abschreibungen für gesamte Gruppe **256** 33
Angaben im Anhang, IFRS-Abweichung **256** 112
Anhangangabepflichten **256** 33, 46
Anschaffungskostenprinzip **256** 35
Anwendung für
– Fertigungslohnbestandteile **256** 17
– Kostenbestandteile **256** 17
– Materialbestandteile **256** 17
Ausweis von Unterschiedsbeträgen **284** 180
Auswirkungen auf Ausweis der VFE-Lage **256** 45 f.
Beachtung der Inventurvorschriften **256** 15
Bestimmtheit der Zugangs- und Abgangsfolge **256** 41 f.
Bewertung nach unterschiedlichen Verfahren **256** 25
Bewertungsmethodenstetigkeit **256** 34, 56
Dollar-Value-Methode **256** 72
Einzelbewertung **256** 2, 31
Endbestand gleich Anfangsbestand **256** 50
Endbestand größer Anfangsbestand **256** 49
Endbestand kleiner Anfangsbestand **256** 51
Festbewertung **256** 78 ff.
– im Konzernabschluss **308** 46
Festwertanwendung **256** 5

2606

Fifo-Verfahren **256** 59
– IFRS-Abweichungen **256** 111
Fiktion der tatsächlichen
  Übereinstimmung **256** 16, 41 f.
Gegenüberstellung von Gesamtbestand
  und Layer **256** 53
gewogener Durchschnittswert **256** 5
gleichartige VG des Vorratsvermögens
  256 4
Gleichartigkeit **256** 21
Gleichwertigkeit **256** 23
GoB-Entsprechung **256** 3, 13, 28 ff.
– Lifo-Verfahren **256** 94 f.
Gross-Profit-Methode **256** 72
Gruppenbewertung **256** 78 ff.
– VG des Vorratsvermögens **256** 5
Gruppenbildung **256** 21
– steuerrechtliche Behandlung
  256 96
– Wesentlichkeitsgrundsatz **256** 24
Handels-/Steuerbilanz **274** 230
IFRS-Abweichungen **256** 107 ff., 111
Indexverfahren **256** 66 ff.
individuell angefertigte Erzeugnisse
  256 26
KapCo-Ges **256** 18, 29
Konzernabschluss **298** 46; **308** 46
Lagerbuchführung als Voraussetzung
  256 12
Layerbildung **256** 49 ff.
Lifo-Verfahren **256** 62 f., 85 ff.
– IFRS Abweichungen **256** 111
Methodenbestimmtheitsgrundsatz
  256 36
Niederstwertprinzip **256** 32, 100
permanente/periodische Ausgestaltung
  256 14
Preis- oder Kostengleichheit **256** 22
Qualitätsunterschiede **256** 96
Retail-Lifo-Methode **256** 72
steuerrechtliche Besonderheiten
  256 83 ff.
– Aufgabe des Lifo-Verfahrens **256** 104
– erstmaliger Übergang zum Lifo-
  Verfahren **256** 102
– Lifo-Bewertung **256** 98
– niedrigerer Teilwert **256** 100
Verfahren bei zu-/abnehmenden
  Beständen **256** 49
Vollständigkeitsgebot **256** 30
Vorsichtsprinzip **256** 32
Wertaufholungsgebot **256** 33, 100
Wertpapiere **255** 305
Wesentlichkeitsgrundsatz **256** 38
Willkürverbot **256** 37
Wirtschaftlichkeitsgrundsatz **256** 9
Zielsetzung **256** 8 f.
Zugangserfassung **256** 8
zulässige Zeitperioden **256** 14

Zulässigkeit bei
– Bestandsschwankungen **256** 16
– regelmäßiger völliger Lagerräumung
  256 16
Zuschreibungen **256** 109
Bewertungsvorbehalt, steuerlicher B.
  243 119 f.
Bewertungsvorschriften 252 ff.
Bestätigungsvermerk, Versagung **322** 67
Bewertung einheitliche im
  Konzernabschluss **308** 1 ff.; s iEinz dort
Einschränkung des BVm **322** 61
Konzernabschluss **298** 37 ff.
Rechtsfolgen einer Verletzung **253** 685;
  255 550
Vorrang der Einzelvorschriften **252** 65 f.
Bewertungswahlrechte
Abweichungen **284** 157
Angaben im Anhang
– Anlagevermögen **284** 111, 116
– Umlaufvermögen **284** 119
Ausübung von B. im KA **308** 12
Einzelfälle **284** 101
Konzernanhanghinweise **308** 27
Konzernherstellungskosten **304** 13
Steuerbilanz der PersGes **247** 736
unentgeltlich erworbene
  Vermögensgegenstände **255** 100
Bezugsaktien
Agio **272** 182
Angabe der Anzahl im Konzernanhang
  314 66
Ausgabe gegen Wandelschuld-
  verschreibungen **272** 66
bedingte Kapitalerhöhung **272** 66
Bezugsanteile, Begriff **272** 171
Bezugsgrößenkalkulation bei HK
  255 349
Bezugsrechte auf Aktien
Angabe der Anzahl **285** 180; s iEinz unter
  Vorstandsbezüge
Angaben im Anhang **284** 44
Ausschluss des B. bei Altaktionären
  255 308
Kapital-Folgekonsolidierung **301** 270 ff.
Bezugsrechtserlöse, GuV-Ausweis
  275 187
BGB-Gesellschaft s Gesellschaft
  bürgerlichen Rechts
Bibliothek, GWG **253** 444
Bierlieferungsrechte, VG **247** 13
Biersteuer
GuV-Ausweis **275** 246
Herstellungskosten **255** 453
Bietungsgarantien, Haftungsvermerk
  251 31
Bilanz 247 1 ff.
s auch Jahresabschluss
s auch Steuerbilanz

Bilanzänderung

fette Ziffer = Paragraphen

s *auch* Steuerbilanz der PersGes
Abgrenzung Anlage-/Umlaufvermögen
  247 53
Abweichungen
  – Handels-/Steuerbilanz **243** 119
  – IFRS-Zielsetzung **247** 590 ff.
Anlagevermögen **247** 350 ff.; s *iEinz dort*
Ansatzstetigkeit **246** 125
Aufstellungsfrist **243** 91 ff.
  – Genossenschaften **336** 11
Aufstellungspflicht **242** 1, 5 ff.
  – IFRS-Abweichungen **242** 15
Ausweisgrundsatz **247** 1 ff.
Bilanzgliederung s *dort*
E-Bilanz s *dort*
Eigenkapital **247** 150 ff.; s *iEinz dort*
Eigenkapitalausweis **247** 150 ff.
Eröffnungsbilanz s *dort*
Genossenschaftsbilanz **337** 1 ff.
Gliederung s Bilanzgliederung
Hinterlegung KleinstKapGes/
  KleinstKapCo-Ges **328** 32
Kontoform **247** 7
latente Steuern in der HB **306** 7 ff.
Mindestgliederung **247** 1 ff., 55
Pflichtangaben im Anhang
  – nach HGB **284** 56
  – weitere Pf. für GmbH **284** 57 ff.
Rechtsfolgen festgestellter Fehler
  342b 45 ff.
Staffelform **247** 7
Stichtagsprinzip **242** 6
Treugutausweis **246** 10 ff.
Umlaufvermögen **247** 51 ff.; s *iEinz dort*
unrichtige Darstellung **331** 14
verkürzte Bilanz
  – s *dort*
  – Fristen **266** 26
  – KapCo-Gesellschaften **266** 18
  – kleine KapGes/Kleinst-KapGes
    266 20
  – mittelgroße KapGes **266** 18
  – Offenlegung **266** 25
Verrechnungsverbot **246** 100 ff.
  – Ausnahmen **246** 105 ff.
Wertaufhellung **242** 6
Zweischneidigkeit der B. **252** 4
Bilanzänderung 253 830 ff.
  Anpassung Handelsbilanz an Steuerbilanz
    253 817
  Ansprüche Dritter **253** 837
  Begriff **253** 830 f.
  enger Zusammenhang mit
    Bilanzberichtigung **253** 845
  Erfassung von zusätzlichem
    Steueraufwand **253** 820
  Gründe für B. **253** 835
  IFRS-Abweichungen **253** 850 ff.
  JA/KA-Änderung **253** 801

Konzernabschluss **253** 846
Unzulässigkeit **253** 836 f.
Willkürverbot **253** 835
Zulässigkeit nach
  – Handelsrecht **253** 835 f.
  – Steuerrecht **253** 845
Bilanzansatzwahlrechte,
Anpassungswahlrecht bei assoz Unt
  312 63
Bilanzauffassungen 264 35
Bilanzaufstellung, Ergebnisverwendung
  s *dort*
Bilanzausweis
s *auch* Bilanzgliederung
aktiver Unterschiedsbetrag aus
  Vermögensverrechnung **266** 162
„andere Anlagen" **266** 67
Anlagen im Bau **266** 68
Anlagevermögen **266** 50 ff.; **268** 10 ff.
Anleihen **266** 212 ff.
Anleihestücke **266** 219
Anteile an verbundenen Unternehmen
  – Anlagevermögen **266** 72 ff.
  – Umlaufvermögen **266** 135 ff.
Ausleihungen an
  – GmbH-Gesellschafter **266** 70, 126
  – Unternehmen mit
    Beteiligungsverhältnis **266** 79
  – verbundene Unt **266** 77
ausstehende Einlagen **266** 171
Bankguthaben **266** 154
Bauten auf fremdem Grund und Boden
  266 65
Beteiligungen **266** 78
Betriebs-/Geschäftsausstattung **266** 67
Bilanzgewinn/Bilanzverlust **266** 183
Bundesbankguthaben **266** 150 ff.
Bundesschatzwechsel **266** 143
Disagio **268** 111 ff.
Eigenkapital **266** 170 ff.
eigenkapitalähnliche Posten **266** 190 ff.
eingeforderte Nachschüsse **266** 126
eingefordertes Kapital **266** 123
Einlagen zur Kapitalerhöhung **266** 190
erhaltene Anzahlungen auf Bestellungen
  266 223 ff.
fertige Erzeugnisse **266** 104 ff.
Festwert **240** 116 ff.
Finanzanlagen **266** 69 ff.
  – nach IFRS **266** 284
„flüssige Mittel" **266** 150
Forderungen
  – gegen GmbH-Gesellschafter **266** 126
  – aus Lieferungen und Leistungen
    266 112 ff.
  – und sonstige VG **266** 112 ff.
  – gegen Unt mit Beteiligungsverhältnis
    266 122
  – gegen verbundene Unt **266** 118 ff.

2608

magere Ziffern = Anmerkungen   **Bilanzeid**

geleistete Anzahlungen **266** 64, 68, 109 ff.
geleistete Einlagen **266** 175
Genossenschaftsgeschäftsguthaben **337** 2 ff.
Genussscheine **266** 214 ff.
Genussscheinkapital **266** 191
Geschäfts- oder Firmenwert **266** 61 f.
Gesellschafterdarlehen **266** 193
Gesellschafterdarlehen mit Rangrücktrittsvereinbarung **266** 255
getrennter Ausweis der Bilanzposten **266** 5
gewerbliche Schutzrechte selbst geschaffene uÄ **266** 60
Gewinnrücklagen **266** 177 ff.
Gewinnschuldverschreibungen **266** 213
Gewinnvortrag **266** 181
gezeichnetes Kapital **266** 170 ff.
Grundkapital der AG/KGaA **266** 172
Grundstücke und grundstücksgleiche Rechte **266** 65
Guthaben bei Kreditinstituten **266** 150 ff.
immaterielle VG **266** 59 ff.
Inhaberpapiere **266** 80
Jahresfehlbetrag **266** 182
Jahresüberschuss **266** 182
kapitalersetzende Darlehen **266** 255
Kapitalmarktpapiere **266** 80
Kapitalrücklage **266** 176
Kassenbestand **266** 150 ff.
konvertible Anleihen **266** 248
latente Steuern **266** 161, 201; **274** 75 f.
Lizenzen **266** 60
Maschinen und technische Anlagen **266** 66
nichtverbriefte Anteile **266** 136, 142
Obligationen **266** 213
Optionsschuldverschreibungen **266** 213
Orderpapiere **266** 80
passive latente Steuern **266** 262
Rechnungsabgrenzung, passive R. **266** 260 f.
Roh-, Hilfs-, Betriebsstoffe **266** 90 ff.
Rückstellungen **266** 200 ff.
Sachanlagen **266** 65 ff.
Schecks **266** 150 ff.
Schuldscheindarlehen **266** 220
Schuldverschreibungen **266** 213
Sonderposten
– nach DMBilG **266** 184
– bei Forderungen **266** 123 ff.
sonstige Ausleihungen **266** 82
sonstige Verbindlichkeiten (Einzelfälle) **266** 246
sonstige VG **266** 128 ff.
Sozialverbindlichkeiten **266** 250 ff.
Steuerverbindlichkeiten **266** 250 ff.
stille Gesellschafter-Einlagen **266** 192

Umlaufvermögen **266** 90 ff.
unfertige Erzeugnisse **266** 93 ff.
unfertige Leistungen **266** 100 ff.
Untergliederung der Finanzanlagen **266** 69
Verbindlichkeiten **266** 210 ff.
– gegenüber Gesellschaftern **266** 254 ff.
– gegenüber Kreditinstituten **266** 221 f.
– aus Lieferungen und Leistungen **266** 228 ff.
– gegenüber Unternehmen mit Beteiligungsverhältnis **266** 245
– gegenüber verbundenen Unt **266** 244
Verlustvortrag **266** 181
Vermögensgegenstandsbegriff **247** 10
Vermögenswerte nach IFRS **266** 281 ff.
Vorräte **266** 90 ff.
Vorratsaktien **266** 135
Wandelschuldverschreibungen **266** 213
Waren **266** 104 ff.
Wechselverbindlichkeiten **266** 240 ff.
Wertpapiere
– Anlagevermögen **266** 80 f.
– sonstige Wertpapiere **266** 142 ff.
– Umlaufvermögen **266** 135 ff.
Bilanzberichtigung 253 800 ff.
Abschreibungsplanänderungen **253** 261 f.
Anpassung der HB an StB **253** 815
Begriff
– handelsrechtlich **253** 800
– steuerrechtlich **253** 802
nach Bilanzaufstellung **253** 806
Durchführung nach
– Handelsbilanz **253** 806 ff.
– Steuerbilanz **253** 809 ff.
Gewährung steuerlicher Vergünstigungen **253** 811
Grundsatz des Bilanzzusammenhangs **253** 810 ff.
– Durchbrechung **253** 813
– Verhältnis zur Festsetzungsverjährung **253** 814
IFRS-Abweichungen **253** 850 ff.
Konzernabschluss **253** 846
Maßgeblichkeit für Fehlerhaftigkeit **253** 803 ff.
Nachversteuerung **253** 812
Nichtigkeit des JA **253** 806
objektiver/subjektiver Fehlerbegriff **253** 805
Organzuständigkeit für B. **253** 808
nach Rechtskraft der Veranlagung **253** 810 ff.
Rückwärtsberichtigung **253** 806
Umfang der Berichtigung **253** 807
Bilanzeid 264 65 ff.; **297** 189; **331** 34
Anhang-Platzierung **264** 78 f.
Anwendungsbereich **264** 68 ff.

2609

Bilanzformate
fette Ziffer = Paragraphen

Ausnahme für KapitalmarktGes **264** 69
Begriff **264** 66
„bei der Unterzeichnung" (Begriff) **264** 75
Emittenten (Begriff) **264** 68
Formulierung/Wortlaut **264** 81
Freistellung durch Versicherungen **264** 74
gesetzliche Vertreter **264** 70
höchstpersönliche Pflicht **264** 71
Konzernlagebericht **315** 24
Lagebericht **289** 56 ff.
LBer-Ordnungsmäßigkeit **264** 79
„nach bestem Wissen" (Begriff) **264** 73
Offenlegung **264** 82; **325** 6
„räumliche" Dimension **264** 77
Rechtsfolgen bei Verletzung **264** 83
Schriftlichkeit (Begriff) **264** 72
„zeitliche" Dimension **264** 76
Bilanzformate
E-Bilanz **266** 300 ff.; s *iEinz* E-Bilanz
Kapitalgesellschaften **266** 1 ff.
Bilanzgewinn
s *auch* Ergebnisverwendung
s *auch* Ergebnisverwendungsvorschlag
s *auch* Jahresüberschuss-Verwendung
Abschlagszahlungen auf B. bei AG **Vor 325** 5, 61 ff.
– Höhe **Vor 325** 64
– Rechtsfolgen **Vor 325** 65 f.
– Voraussetzungen **Vor 325** 61 ff.
Anspruch der Aktionäre auf B. **Vor 325** 56
Ausschüttungsverbote **Vor 325** 56
Bilanzausweis **266** 183
Definition des Postens B. **Vor 325** 8
Gewinnverwendungsvorschlag **Vor 325** 3 ff.
Gewinnvortrag durch HV **Vor 325** 7
Verteilung an Aktionäre **Vor 325** 4
Bilanzgliederung
s *auch* Bilanzausweis
Abweichungen für bestimmte Geschäftszweige **266** 10
Anlagevermögen **266** 50 ff.
Bedeutung für Sonderbilanzen **266** 3
Bilanzschema für große und mittelgroße KapGes **266** 8 ff.
Bundesbankguthaben **266** 150 ff.
Eigenkapital **266** 170 ff.
Einzelkaufleute **247** 8
Finanzanlagen **266** 69 ff.
„flüssige Mittel" **266** 150
Forderungen und sonstige Vermögensgegenstände **266** 112 ff.
Formblattermächtigung **330** 10 ff.
freiwillige Anwendung für andere Kaufleute **266** 15 f.
Genossenschaften **266** 2; **336** 13, 25

Gliederungsgrundsätze
– abweichende Gliederung und Bezeichnung **265** 16
– Angabe der Vorjahresbeträge **265** 5 f.
– Ausweis von Leerposten **265** 18
– formelle Stetigkeit **265** 2 ff.
– Gliederung bei mehreren Geschäftszweigen **265** 11 ff.
– mehrfache Zuordnung eines VG oder einer Schuld **265** 7 ff.
– Rechtsfolgen bei Verletzung **265** 20 ff.
– weitere Untergliederung und neue Posten **265** 14 f.
– Zusammenfassung mehrerer Posten **265** 17
große Kapitalgesellschaften **266** 8 ff.
Grundsätze ordnungsmäßiger Buchführung **247** 5
Guthaben bei Kreditinstituten **266** 150 ff.
Holdinggesellschaften **266** 16
IFRS-Gliederung **266** 280 ff.
immaterielle VG **266** 59 ff.
KapCo-Gesellschaften **266** 8 ff.
Kassenbestand **266** 150 ff.
Keinst-Kapitalgesellschaften **266** 1
Klarheitsgrundsatz **266** 15
kleine KapGes **266** 1
– Offenlegung der verkürzten Bilanz **266** 25 f.
kleine KapGes/kleine KapCo-Ges
– Offenlegung der Bilanz **326** 1 ff.
– Offenlegungserleichterungen **326** 9 f.
kleine KapGes/Kleinst-KapGes **266** 20 ff.
Kontoform **266** 1, 5
Konzernabschluss
s Konzernabschlussgliederung
Mindestnormcharakter für Bilanzvorlage an Gesellschafter **266** 6
mittelgroße KapGes **266** 8 ff.
– Erleichterungen bei der Offenlegung **266** 18
Passivseite **266** 170 ff.
Personengesellschaften **247** 8
publizitätspflichtige Unt **266** 2, 30
Rechnungsabgrenzung, passive R. **266** 260 f.
Rückstellungen **266** 200 ff.
Sachanlagen **266** 65 ff.
Sanktionen bei Verletzung **266** 265
Schecks **266** 150 ff.
Sonderposten, aktive S. (Übersicht) **266** 163
Sondervorschriften
– im AktG **266** 12
– im GmbHG **266** 13
– für Personengesellschaften **266** 13
Staffelform **266** 5
Stetigkeitsgebot **266** 9

magere Ziffern = Anmerkungen

steuerrechtliche Bedeutung **266** 35
Übersichtlichkeitsgrundsatz **266** 15
Umlaufvermögen **266** 90 ff.
Verbindlichkeiten **266** 210 ff.
Vermerke als Teil der Bilanz **266** 7
Vermögenswerte nach IFRS **266** 281 ff.
Vorräte **266** 90 ff.
Wertpapiere des
– Anlagevermögens **266** 80 f.
– Umlaufvermögens **266** 135 ff.
zusätzlich vorgesehene Posten im Gliederungsschema **266** 11
zwingende Gliederungsvorschriften **266** 5
Bilanzgruppen 247 4
Bilanzidentität 252 3 ff.
IFRS-Abweichungen **252** 81
Bilanzierung
Bewertungseinheiten **254** 50 ff.
einheitliche Bilanzierung des Konzernabschlusses *s dort*
Bilanzierungsgebote,
Maßgeblichkeitsgrundsatz **243** 113
Bilanzierungshilfen
Geschäfts- oder Firmenwert **247** 400
Inventarisierung **240** 22
Bilanzierungsmethoden
Angaben im Anhang **284** 86 ff.
– Abweichungen **284** 140 ff.
Angaben im Konzernanhang **313** 60, 65 ff.
– Abweichungen **313** 109
Begriff **284** 86
IFRS-Abweichungen **275** 375 ff.
Segmentberichterstattung **297** 160 f.
Zeitpunkt der Bilanzierung **284** 89
Bilanzierungsverbote 248 1 ff.
Aktivierungsverbote
– Ausgabekosten **248** 3
– Börseneinführungskosten **248** 3
– EK-Beschaffungskosten **248** 1 ff.
– Gründungskosten **248** 1 ff.
– immaterielle VG des Anlagevermögens **248** 10 ff.; *s iEinz* Immaterielle VG/WG
– Kapitalerhöhungskosten **248** 3
IFRS-Abweichungen **248** 55 ff.
Konzernabschluss **298** 25
Maßgeblichkeitsgrundsatz **243** 113
Rechtsfolgen **248** 50
Bilanzierungswahlrechte 248 1 ff.
Angaben im Anhang **284** 87 f.
gesonderter Ausweis **284** 89 f.
Konzernabschluss **298** 26
Maßgeblichkeitsgrundsatz **243** 113, 114 ff.
Steuerbilanz der PersGes **247** 736
Vollständigkeitsgebot **246** 85 f.
Bilanzinhalt 247 1 ff.

Börsennotierte Konzerne

Bilanzklarheit *s* Klarheitsgrundsatz
Bilanzkontinuität 252 3 ff.
Bilanzposten
getrennter Ausweis **266** 5
Überleitung des Inventars auf B. **240** 52 f.
Bilanzrechtsmodernisierungsgesetz (BilMoG)
Anwendungsregelungen **253** 682 f.
Übergangsregelungen **67 EGHGB** 1 ff.
Bilanzrichtlinie-Gesetz, Anwendung auf KapCo-Gesellschaften **264a** 1 ff., 10 ff.
Bilanzschema *s* Bilanzgliederung
Bilanzstichtagsprinzip *s* Stichtagsprinzip
Bilanzstrukturanalyse im Prüfungsbericht **321** 86
Bilanzsumme
Größenmerkmale für KapGes **267** 6
– Befreiung **293** 10 f.
Bilanzverlust, Bilanzausweis **266** 183
Bilanzvermerke
s auch Vermerkpflichten
Haftungsverhältnisse **247** 320
Steuernachzahlungen erhebliche **247** 644
Bilanzzusammenhang
Bilanzberichtigung nach Steuerrecht **253** 810 ff.
Durchbrechung des B. **253** 813
Bildträger
Aufbewahrungspflicht **257** 20
Vorlegung von Unterlagen **261** 1 ff.
Biological asset Definition **266** 284
Biometrische Rechnungsgrundlagen
Pensionsrückstellungen **249** 209, 222
– Änderung der Grundlagen **249** 229
Pensionsverpflichtungen **249** 202
Bodenbefestigungen, Abschreibung **253** 410
Bodenschätze, Abschreibung **253** 215, 390, 393
Bonifikationen bei Wertpapieren **255** 301
Bonus
Anschaffungspreisminderung **255** 62
Erlösschmälerungen **275** 63
Rückstellung **249** 100
Bonusaktien, AK **255** 325
Bonusansprüche als sonstige VG **247** 124
Börseneinführungskosten,
Bilanzierungsverbot **248** 3
Börsenkurs, Ermittlung von Unterschiedsbeträgen **284** 184 ff.
Börsennotierte Kapitalgesellschaften
264d 6 f.; *s iEinz* Kapitalmarktorientierte KapGes **Börsennotierte Konzerne**
Angaben im Anhang **285** 253 ff.
Angaben über Vorstandsbezüge **285** 182
Vergütungsbericht **289** 93 ff.
Börsennotierte Konzernunternehmen,
Konzernzusatzangaben **313** 178

2611

Börsenpreis

fette Ziffer = Paragraphen

Börsenpreis
Begriff **253** 510 f.
beizulegender Zeitwert **255** 512
niedrigerer Wert **253** 308
Wiederbeschaffungskosten bei Roh-, Hilfs- und Betriebsstoffen **253** 542
Börsentermingeschäfte
 s Termingeschäfte
Börsenzulassungsprospekte, freiwillige Publizität **328** 18
Branntweinsteuer, GuV-Ausweis **275** 246
Briefkopien, Buchführung **238** 140 ff.
Briefkurs, Begriff **256a** 14, 35
Bringschulden, Forderungsrealisierung **247** 82
Bruchteilsgemeinschaft 247 703
Unternehmenseigenschaft **271** 12
Bruttoergebnis vom Umsatz, Umsatzkostenverfahren **275** 280
Bruttomethode
aktivierte Eigenleistungen **275** 81
Anlagengitter **268** 10 f.; **298** 63
Einkommensermittlung der Organgesellschaft **271** 142
Größenmerkmale beim KA **293** 2, 12
Bruttospanne bei Errechnung der AK/HK **255** 211
Bücher, Einsichtrechte des Abschlussprüfers **320** 6
Buchführung
 s auch Handelsbücher
allgemeine Anforderung an Buchhaltung **238** 100 ff.
Anforderungen an bestimmte Buchführungsformen **239** 18 ff.
ausländische Niederlassungen **238** 135
Begriff und Zweck der kfm B. **238** 90 ff.
Belegprinzip **238** 128 ff.
Bestätigungsvermerk
 – Einschränkung **322** 61
 – Versagung **322** 67
Betriebsstätten **238** 136
Beurteilungsmaßstab des „sachverständigen Dritten" **238** 100 f.
Beweisfunktion **238** 107
Briefkopien **238** 140 ff.
Buchführungsformen **238** 124 f.
Buchführungssysteme **238** 118 ff.
doppelte Buchführung **238** 119
Durchschreibebuchführung **238** 125
EDV-Buchführung **238** 124, 129
einfache Buchführung **238** 120
elektronische B. **238** 137
Fernbuchführung **238** 133
– computergestützte **238** 133
Geschäftsvorfälle **238** 95 ff.
Gläubiger- und Schuldnerschutz **238** 107
Haftungsfunktion **238** 107
Handelsbriefe **238** 141

Handelsbücher
– äußere Form und sonstige Aufzeichnungen **239** 1 ff.
– Begriff und Arten **238** 109 ff.
Handelsgeschäfte **238** 97 f.
Informationsfunktion **238** 107
inländische Niederlassungen **238** 134
intersubjektive Nachprüfbarkeit **238** 100 ff.
Journalbuchführung **238** 125
kameralistische Buchführung **238** 121
Lose-Blatt-Buchführung **238** 125
organisatorische Vorkehrungen **238** 97
Ort der B. **238** 132 f.
Prüfungsgegenstand **317** 5
Risikofrüherkennungssystem **238** 115
schwebende Geschäfte **238** 97
Sicherungsfunktion **238** 107
Überblick über Geschäftsvorfälle und Lage des Unt **238** 107 ff.
Übertragungsbuchführung **238** 125
Verlegung ins Ausland **238** 133
vollständige Wiedergabe der Urschrift **238** 142
Währungsbuchhaltungen **239** 7
Buchführungsarbeiten, Rückstellung **249** 100
Buchführungsarten 238 118 ff.
Buchführungsfeststellungen im Prüfungsbericht **321** 48 ff.
Buchführungsformen 238 124 f.
Anforderungen an bestimmte B. **239** 18 ff.
DV-gestützte Buchführung **239** 22 ff.
Offene-Posten-Buchführung **239** 20
Buchführungspflicht 238 1 ff.
Abwicklungsgesellschaft **238** 81
Befreiung **241a** 1 ff.
– Einzelkaufleute **241a** 2
– Gewinnermittlungsart-Übergang **241a** 9
– IFRS-Abweichungen **241a** 11
– Rechtsfolgen **241a** 6 ff.
– Schwellenwerte **241a** 4 f.
– steuerliche Bedeutung **241a** 10
Befreiungsregelungen **238** 4; s auch Buchführungsverpflichtete
Beginn **238** 70 ff.
Eigenbetriebe **238** 61
Ende **238** 78 ff.
Folgen der Verletzung **238** 85 ff.
– handels- und steuerrechtliche Vorschriften **238** 88
Grundsätze ordnungsmäßiger Dokumentation **238** 2
Kreis der Verpflichteten **238** 6 ff.
landesrechtliche Besonderheiten **238** 61
öffentlich-rechtliche Verpflichtung **238** 85
steuerrechtliche Regelungen **238** 3, 63 f.

2612

magere Ziffern = Anmerkungen **Cash-Flow**

Buchführungssysteme 238 118 ff.
Buchführungsverpflichtete 238 6 ff.
Einzelfragen der Abgrenzung **238** 43 ff.
Handelsgesellschaften **238** 57
Hilfspersonen **238** 58
Kaufmann als verpflichtete Person
 238 57
Kaufmannsbegriff **238** 6 ff.
Buchhaltung *s* Buchführung
Buchhandel
Gängigkeitsabschlag **253** 557
Gewinnrealisierung bei Rückgaberecht **247** 92 f.
Buchinventur 240 6 ff.; **241** 30; *s iEinz*
Inventur
Buchprüfungsgesellschaften
Definition der gesetzlichen Vertreter **323** 63
Haftung der gesetzlichen Vertreter **323** 114
Buchungen, GoDV-gestützte Buchführung **239** 29
Buchungsbelege, Aufbewahrungspflicht **257** 14
Buchwertabschreibung 253 243
Buchwertfortführung bei unentgeltlichem Betriebserwerb **247** 192; **255** 103
Buchwertklausel, Abgrenzung zur Schenkung **255** 92
Buchwertmethode
Ausgleichspostenermittlung **307** 49
Beteiligungen an assoz Unt,
 Unterschiedsbetrag **312** 6 ff.
Kapitalkonsolidierung **301** 4
Übergangsfälle **307** 30
Bundesanleihen, Bilanzausweis **266** 80
Bundesanzeiger/Bundesanzeiger elektronischer
befreiender KA **264b** 60 ff.
Einreichung, offenzulegende Unterlagen **325** 30
Prüfungspflicht bei Offenlegung **329** 1 ff.
– Informationsrecht des eBAnz **329** 7 ff.
– keine materielle Inhaltsprüfung **329** 5
– Kostenregelung **329** 3
– Prüfung der fristgerechten
 Einreichung **329** 4
– Prüfung der größenabhängigen
 Erleichterungen **329** 7 f.
– publizitätspflichtige Unt **329** 2
– Rechtsfolgen bei Unterlassung der
 Angaben **329** 6, 10
– Sanktionen bei Verletzung der
 Offenlegungspflicht **329** 12
– Umfang der Prüfungspflicht **329** 1
– Vorlage deutscher Übersetzungen
 329 11
– Zweigniederlassungen im Ausland
 325a 55 f.

Bundesanzeigerpublizität 325 2
s auch Offenlegung
Bekanntmachung **325** 31
freiwillige Publizität **328** 18
Konzernrechnungslegung **325** 76
Offenlegung bei eG **339** 1
offenlegungspflichtige Unterlagen **328** 23
Pflichtpublizität **328** 2
Zweigniederlassungen im Ausland
 325a 40 f.
Bundesbankguthaben, Bilanzausweis **266** 150 ff., 154
Bundesobligationen, Bilanzausweis **266** 80
Bundesschatzbriefe, Bilanzausweis **266** 80
Bürgschaften
Anschaffungskosten **255** 325
Arten von B. **251** 21 ff.
ausländische Bürgschaften **251** 21
bürgschaftsähnliche Rechtsverhältnisse **251** 21, 41
Drittbürgschaften **251** 24
Haftungsvermerk **251** 21 ff.
– Haftungen für B. **251** 32
– verunglückte B. **251** 31
Kreditauftrag **251** 21, 32
Patronatserklärungen **251** 41 ff.
Rückstellung **247** 100
– Schuldenkonsolidierung **303** 31
Schuldenkonsolidierung **303** 40
Wechselbürgschaften **251** 22
Bürgschaftsverbindlichkeiten
gesonderter Ausweis **268** 123
Sammelrückstellung **253** 163
Bürgschaftsversprechen,
Haftungsvermerk **251** 33
Bürocontainer als Gebäude **253** 421
Büroeinrichtungen, Betriebs- und Geschäftsausstattung **247** 500; **253** 430
Bürogemeinschaften als Ausschlussgrund für WP **319** 32
Business Combinations, IFRS-Abweichungen **301** 400
Bußgelder, GuV-Ausweis **275** 247
Bußgeldvorschriften 334 1 ff.
s auch Ordnungswidrigkeiten
s auch Sanktionen
Anwendung auf KapCoGes **335b** 1
Bewertungsvorschriften **253** 685
Bilanzaufstellungspflichtverstoß **242** 12
Einschränkung des Bestätigungsvermerks
 bei Verstoß **322** 58 f.
Prüfstelle für Rechnungslegung **342e** 1
Voraussetzungen der
 Ordnungswidrigkeiten **334** 10 ff.

Cap 254 91 ff.
Cash-Flow
Ermittlung der Finanzlage **321** 87

2613

Cash-Pooling fette Ziffer = Paragraphen

Haftungsvermerk für Ausgleichsverpflichtung nach Cash-Flow **251** 43
Konzernkapitalflussrechnung **297** 61 ff.
Periodenergebnis **297** 62
Cash-Pooling 297 58
Certificates of Deposit, Bilanzausweis **266** 80, 143
Chancen und Risiken
Berichterstattung im LBer **289** 43 ff.
Beurteilung und Erläuterung im Konzern **315** 22
Chemieanlagen 247 480
Collar 254 92
Computerbestandteile, GWG **253** 442
Computerprogramme
s Softwareprogramme
Corporate Governance Kodex
Angaben zur Entsprechenserklärung **314** 89
Entsprechungserklärung **285** 281
Courtage, Anschaffungsnebenkosten **255** 71
Covenants-Vereinbarung 285 7
Cross-Border-Leasingverhältnisse 246 167
Current asset, Definition **266** 281
Current liability, Definition **266** 286

Dacherneuerung, HK **255** 400
Dachgeschossausbau, nachträgliche HK **255** 400
Damnum s Disagio
Darlehen
AK bei zinslosen D. **255** 325
assoziierte Unternehmen **311** 26
Bewertung zinsloser D. an Arbeitnehmer oder Handelsvertreter **253** 594
Gesellschafter/Gesellschaft **253** 602
Null-Prozent-Darlehen **253** 63
sonstige Vermögensgegenstände **247** 124
Darlehenskonten, Abgrenzung zu Kapitalkonten **247** 163
Darlehensvergütungen als Sondervergütungen des Mitunternehmers **247** 785 f.
Darlehenszinsen, Rückstellung **249** 100
Dateien, Zuordnungsfragen **247** 388
Datenschutz, Rückstellung **249** 100
Datensicherheit, GoDV-gestützte Buchführung **239** 35
Datenträger
Aufbewahrungspflicht **257** 20
Vorlegung von Unterlagen **261** 1 ff.
Datenzugriff, Rückstellungsbildung **249** 100
Datumsangabe beim JA **245** 3
Dauerbeschaffungsgeschäfte,
Drohverlustrückstellung **249** 77
Dauernde Wertminderungen s unter Wertminderungen

Dauernutzungsrecht,
grundstücksgleiches Recht **247** 457 f.
Dauerschuldverhältnisse
Angaben im Anhang **285** 67
Drohverlustrückstellung **249** 54, 76 ff.
Haftungsvermerk bei Beitritt zu D. **251** 30
Realisationszeitpunkt **252** 47
Restwertbetrachtung **249** 76
Schuldenkonsolidierung **303** 23
– Verluste aus schwebenden D. **303** 29
Dauerwohnrecht, grundstücksgleiches Recht **247** 457 f.
Davon-Vermerk
Ausleihungen, Forderungen und Verbindlichkeiten an Gesellschafter **266** 126, 255; **284** 58
Ausweis von Leerposten **265** 18
Erträge aus verbundenen Unternehmen
– Beteiligungen **275** 175
– Wertpapiere und Ausleihungen **275** 185 ff.
– Zinserträge **275** 190
Haftungsverhältnisse **251** 13; **268** 125
mehrfache Zuordnung eines VG oder einer Schuld **265** 7
Personalaufwendungen bei Einzelunternehmen und PersGes **247** 663
sonstige VG **266** 128
weitere Bilanzuntergliederung und Ausweis neuer Posten **265** 14
Zinsaufwendungen verbundener Unternehmen **275** 211 f.
Debitorenversicherung,
Wertberichtigung von Forderungen **253** 590
Debitorische Kreditoren als sonstige Vermögensgegenstände **247** 124
Deckenverkleidung, Betriebsvorrichtung **253** 420
Deckungsbeitragsrechnung, HK **255** 348
Deckungsgeschäfte, Währungskauf **255** 54 ff.
Deckungsvermögen
Bewertung **253** 180
Kleinst-Kapitalgesellschaften **253** 180a
Verrechnung VG/Schulden **285** 434
Verrechnungsverbot **246** 120
Deferred method 274 60
Degressive Abschreibungen 253 242 ff.
arithmetisch degressive A. **253** 244
Begriff **253** 242
Buchwertabschreibung **253** 243
digitale Abschreibung **253** 244
Gebäude, Gebäudeteile **253** 405 f.
geometrisch-degressive A. **253** 243
Restbuchwertbehandlung **253** 243

magere Ziffern = Anmerkungen

Dokumentationspflichten

Wechsel auf lineare AfA (mit Beispiel) 253 243
Delkredereversicherung, Wertberichtigung von Forderungen 253 590
Depotwechsel
Begriff und Bilanzausweis 266 242
Haftungsvermerk 251 17
Deputate, Rückstellung 249 100
Derivate, Drohverlustrückstellung 253 175
Derivative Finanzinstrumente
Angaben bei nicht zum beizZW bilanzierten F. 285 320 ff.
angewandte Bewertungsmethode 285 333 f.
beizulegender Zeitwert, fehlende Bestimmbarkeit 285 337
beizuliegender Zeitwert 285 328 ff.
Bewertungseinheiten 254 23
Buchwert- und Bilanzpostenangabe 285 336
Einzelangaben 285 325 ff.
– Art und Umfang 285 327
Konzernanhang 314 100 f.
Schuldenkonsolidierung 303 54 f.
sonstige betriebliche Aufwendungen 275 168
sonstige betriebliche Erträge 275 108
Deutlichkeitsgebot im LBer 289 12
Deutsche Sprache
Anhangangaben 284 28
Hauptniederlassungsunterlagen 325a 51
Jahresabschluss 244 1 ff.
Konzernanhang 313 19
Offenlegung des befreienden Konzernabschlusses 291 10
offenlegungspflichtige Unterlagen 328 9
Prüfungsbericht 321 5
Devisen, Begriff 256a 13
Devisenbestände, Bewertung 255 321
Devisenkassakurs, Fremdwährungsumrechnung 256a 36
Devisenkassamittelkurs 256a 14
Devisentermingeschäfte
s auch Termingeschäfte
Angaben im Anhang 285 66
Begriff und Bilanzierung 254 102 ff.
Rückstellung 249 100
Dienstbarkeiten, Abschreibung 253 383
Dienstleistungen
Einlagen 247 172
Entnahmen 247 177
Forderungsrealisierung 247 99 f.
Sacheinlagen 255 156 f.
verdeckte Einlagen 272 402
Dienstleistungsbetriebe
Bestandsveränderungen 275 79
Umsatzerlöse 275 52 f.
unfertige Leistungen 247 66

Vorräte (Begriff) 247 60
Dienstleistungserlöse 275 54
Dienstleistungsverpflichtungen, Bewertung bei Rückstellungsbildung 253 159 ff.
Digitale Abschreibung 253 244
Dingliche Lasten
Anschaffungskosten 255 325
Befreiung von – 255 325
Dingliche Sicherungsrechte, wirtschaftliches Eigentum 246 19 f.
Direktversicherungen
Pensionsübergangsregelungen 249 267; s iEinz dort
Prämien als Personalaufwand 275 135
Rückstellungen 249 255
Disagio
Abschreibung
– außerplanmäßige 250 53 ff.
– handelsrechtliche 250 46
– planmäßige 250 45 ff.
– steuerrechtliche 250 46
aktive latente Steuern 274 31
Angaben im Anhang 250 44; 268 112 f.
Anleihen 253 90
Genussscheinkapital 266 191
gesonderter Bilanzausweis 268 110 ff.
– Erleichterungen bei kleinen KapGes 274a 5
GuV-Ausweis 275 206
Maßgeblichkeitsgrundsatz 243 115
Optionsanleihen 253 91 f.; 272 180 f.
Rechnungsabgrenzung 250 35 ff.; 255 254
– passive R. 266 261
Discontinued operation 275 356 ff.; 297 233
Dividenden
Maßgeblichkeitsgrundsatz 243 115
Sachdividenden 278 135 ff.
Dividendenansprüche als antizipative Forderungen 268 95
Dividendenausschüttungen, Organschaft im GewStRecht 271 155
Dividendenerträge, GuV-Ausweis 275 187
Dividendenforderungen, Überleitung HB/StB 274 216
Dividendengarantien
Haftungsvermerk 251 44
Verrechnungsmöglichkeiten 277 13
Dividendenscheine, Bilanzausweis 266 145
Divisionskalkulation 255 413
Herstellungskostenermittlung 255 470
DM-Eröffnungsbilanz, Bilanzausweis von Sonderposten 266 184
Dokumentationspflichten
s Nachweispflichten

2615

Dollar-Value-Methode

fette Ziffer = Paragraphen

Dollar-Value-Methode, Bewertungsvereinfachungsverfahren **256** 72
Domain-Name, immaterieller VG **247** 385
Doppelstöckige PersGes
  BiRiLiG-Anwendung **264a** 35 ff.
  Ergänzungsbilanz **247** 750
Doppelte Buchführung 238 119
Downstream-Eliminierung bei Assoziierungsverhältnissen **312** 80 f.
Downstream-mergers
  Kapitalrücklage **272** 196
  Verschmelzung MU auf TU **272** 360
Drainageanlagen, Betriebsvorrichtung **253** 419
Drittschuldverhältnisse
  Angabe des Konsolidierungswahlrechts im Konzernanhang **313** 120
  Schuldenkonsolidierung **303** 45 f.
Drohverlustrückstellung 247 206; **249** 3, 51 ff.; **253** 167 ff.
  Abzinsung **253** 175
  Angaben im Anhang **284** 132
  angeschaffte D. **249** 85
  Anwendungsfälle (ABC) **249** 100
  Beginn und Ende des Schwebezustands **249** 55 f.
  Derivate **253** 175
  Handelsbilanz **249** 60 ff.
  – Abgrenzung zur Abschreibung **249** 68
  – Abgrenzung zur Verbindlichkeitsrückstellung **249** 67
  – Absatzgeschäfte **249** 74, 78
  – Aufzeichnungspflichten **249** 79
  – Ausgeglichenheitsvermutung **249** 62
  – Beschaffungsgeschäfte **249** 69 ff., 73 f.
  – Beteiligungen **249** 71
  – bewusster Geschäftsabschluss **249** 61
  – Dauerbeschaffungsgeschäfte **249** 77
  – Dauerschuldverhältnisse **249** 76 ff.
  – auf einmalige Leistung gerichtete Geschäfte **249** 69 ff.
  – Einzelbewertung und Bewertungseinheit **249** 65
  – Kausalitätszusammenhang **249** 64
  – Kompensationsgedanke **249** 63 ff.
  – Konkurrenzverhältnis **249** 66 f.
  – objektive Verlusterwartung **249** 60 ff.
  – schuldrechtliches Synallagma **249** 64
  IFRS-Abweichungen **249** 338 ff.
  Imparitätsprinzip **249** 58
  künftige Kostensteigerungen **253** 174
  langfristige Fertigung **253** 524
  Rückstellungsrelevanz **249** 57 f.
  Sammelrückstellung **253** 163
  Schuldenkonsolidierung **303** 28 f.
  schwebende Absatzgeschäfte **253** 168 f.;
  s iEinz dort

schwebende Geschäfte
  – Begriff **249** 52 ff.
  – Beschaffungsgeschäfte **253** 167
  – Dauerschuldverhältnisse **249** 54
  Steuerbilanz, außerplanmäßige Abschreibung **249** 68
  steuerbilanzielles Verbot **249** 85
  steuerrechtliche Unzulässigkeit **249** 14
  Sukzessivlieferungsvertrag **249** 54
  Überleitung HB/StB **274** 222
  überverzinsliche Verbindlichkeiten **253** 60
  Verlustantizipation **249** 51
  Voll- oder Teilkostenansatz **253** 169
  zeitlicher Umfang **249** 55 ff.
  Zinsoptionsgeschäfte **254** 83
DRSC-Verlautbarungen 243 23 f.;
  Vor **342** 1 f.; **342** 1 ff.
  s auch IFRS-Rechnungslegung
  Bekanntmachung durch BMJ **342** 17 f.
  Beratung des BMJ **342** 10
  Grundsätze der Konzernrechnungslegung (GoK) **342** 9
  Grundsätze ordnungsmäßiger Buchführung (GoB) **243** 131
  Interpretationen der IFRS **342** 12 f.
  Rechnungslegungsbeirat **342a** 1 ff.;
  s iEinz dort
  Rechtscharakter **342** 18
  Richtigkeitsvermutung **342** 19
  Standardisierungsrat **342** 8 ff.
  Vertretung der BRD in internationalen Standardisierungsgremien **342** 11
  Vorbemerkung **342** 1
  Zusammensetzung/Unabhängigkeit **342** 15 f.
Druckbeihilfen, Rückstellung **249** 100
Druckstöcke 247 500
Drucktitel, Aktivierungsverbot **248** 17
Due Diligence, AK **255** 325
Durchbuchungsmethode, Bewertungseinheiten **254** 53
Durchschnittliche Arbeitnehmerzahl
  s unter Arbeitnehmerzahl
Durchschnittsbewertung
  Abweichungen **284** 157
  IFRS-Abweichungen **255** 573 f.
  Vorräte **255** 209 f.
  Wertpapiere **255** 303
Durchschnittskurs, Begriff **256a** 14
Durchschreibebuchführung 238 125
DV-gestützte Buchführung *s* Grundsätze ordnungsmäßiger DV-gestützter Buchführungssysteme

Earnings per share 275 385 ff.
Earn-Out-Kauseln, AK-Erhöhung/AK-Minderung **255** 64, 66
E-Bilanz 266 300 ff.
  Anlagenspiegel **266** 331

magere Ziffern = Anmerkungen

Eigenkapital

Anwendungsbereich
- beschränkte StPfl **266** 313
- Betriebe gewerblicher Art **266** 323
- Betriebsstätten **266** 323
- Bilanz/GuV-Rechnung **266** 317 ff.
- Erstanwendung **266** 304 ff.
- Härteregelung **266** 314 f.
- Nichbeanstandungsregelung **266** 307 ff.
- persönlicher **266** 312 ff.
- sachlicher **266** 317 ff.
- steuerbegünstigte Körperschaften **266** 323
- Überleitungsrechnung **266** 317 ff.

Berichtsbestandteile **266** 325 ff.
Ergänzungsbilanzen **266** 328
E-Taxation-Wertschöpfungskette **266** 303
Kapitalkontenentwicklung **266** 328
keine Überschussrechnungsanwendung **266** 316
Kerntaxonomie/Branchentaxonomien **266** 333 f.
Mindestumfang **266** 336 ff.
Sonderbilanzen **266** 328
Stammdaten-Modul/JA-Modul **266** 326 f.
Steuer-Taxonomie/Taxonomie-Begriff, Begriff **266** 301
Taxonomie, Rechtsgrundlage **266** 302
Taxonomie-Arten **266** 332 f.
Taxonomie-Kennzeichnungen **266** 335
- Auffang-/Davon-Positionen **266** 335
- Mussfelder **266** 335
- notwendige/unzulässige Positionen **266** 335

zusätzliche Unterlagen **266** 324

Edelmetallmünzen als Kassenbestand **266** 153
EDV-Buchführung 238 124, 129
EDV-Hardware
Aktivierung **247** 500
Betriebs-/Geschäftsausstattung **253** 430
EDV-Software/EDV-Programme
s Softwareprogramme
Effizienzgrad bei Bewertungseinheiten **254** 29, 42 f.
Ehegatten, Betriebsaufspaltung **247** 844
Eigenbetriebe
Anwendung der Rechnungslegungsvorschriften **263** 1 ff.
Buchführungspflicht **238** 61
Formblätter **330** 21
IFRS-Abweichungen **263** 7
kommunale, Begriff **238** 39
Krankenhäuser **263** 5
Prüfungsgegenstand **317** 6
steuerliche Vorschriften **263** 6

Eigene Aktien
Angaben im Anhang **284** 42
IFRS-Abweichungen **272** 493 ff.
Eigene Anteile
s auch Anteile
Angaben im Konzernanhang **314** 84 ff.
Ausgleichsposten bei Aktivierung **266** 185
Ausweis **265** 10
Erwerb eigener A. s dort
Gewinnabführungsvertrag **271** 134
Kapitalrücklage **270** 17
Konzerneigenkapitalspiegel **297** 108 f.
Mehrerträge bei Wiederkauf **270** 9
Rücklage für Anteile an herrschendem Unt s dort
Überleitung HB/StB **274** 218 f.
Veräußerung eigener s dort
Eigengesellschaft der öffentl Hand, Begriff **238** 40
Eigeninteressen des AP **319** 23
Eigenkapital 272 1 ff.
Abgrenzung zum Fremdkapital
- nach HGB **247** 160 ff.
- nach IFRS **247** 165 ff.

Änderungen des E. durch Umwandlungen **272** 350 ff.
Angaben im Anhang **285** 247
Anwendungsbereich und Ergänzungsposten **272** 1
ausstehende Einlagen auf das gezeichnete Kapital s dort
Ausweis **266** 170 ff.
- im KA, OHG/KG **264c** 15 ff., 65 ff.

Bewertung **247** 190 f.
Bilanzierungsverbot für Beschaffungskosten **252** 50
eingefordertes Kapital **272** 10
Einlagen **247** 170 ff.; s iEinz dort
EK-korrespondierende Posten **272** 5
Entnahmen **247** 174 ff.; s iEinz dort
Fremdwährungsumrechnung **256a** 158
Gewinnrücklagen s dort
gezeichnetes Kapital s dort
IFRS-Abweichungen **272** 450 ff.
Kapitalrücklage s dort
KGaA s Eigenkapital der KGaA
konsolidierendes E. **301** 35 ff.; s iEinz unter Kapital-Erstkonsolidierung
Konzernabschluss, Gliederung und Ausweis **298** 72
Konzerneigenkapitalspiegel s dort
korrespondierende Aktivposten **272** 5 ff.
Mindestgliederung **272** 5 ff.
Nichtigkeit des JA bei Verstößen gegen zutreffenden Ausweis **272** 390 ff.
publizitätspflichtige Unt **264c** 95
Rücklage für Anteile an herrschendem Unt s dort

2617

Eigenkapital

fette Ziffer = Paragraphen

Veränderungen bei Beteiligungen an assoz Unt **312** 35 ff.
verdeckte Einlagen *s dort*
Eigenkapital der KGaA 272 320 ff.
ausstehende Einlagen **272** 325
Ausweis der Kapitalanteile
– Inhaber-Kapitalanteile **272** 325
– persönlich haftende Geschäftsinhaber **272** 330 ff.
– persönlich haftender Gesellschafter **272** 323
Besonderheiten der Rechnungslegung **272** 320 ff.
Feststellung des JA **272** 321
Gewinnrücklagen **272** 340 ff.
gezeichnetes Kapital **272** 325
Kapitalrücklage **272** 335
Vergütungen an die Komplementäre **272** 322
Eigenkapitalähnliche Posten,
Bilanzausweis **266** 190 ff.
Eigenkapitalanteile anderer Gesellschafter *s* Ausgleichsposten
Eigenkapitalausweis 247 150 ff.
Abgrenzung Kapital- und Darlehenskonten **247** 163
Einzelkaufmann **247** 155
Forderungen **247** 160 ff.
Gesellschafterrechte **247** 195 f.
Kapitalgesellschaften **247** 150
Personengesellschaften **247** 150
steuerliche Fragen **247** 162
Verbindlichkeiten **247** 160 ff.
Eigenkapitalbeschaffungskosten
Aktivierungsverbot **248** 1 ff.
Begriff und Umfang **248** 1
handelsrechtliche Behandlung **248** 1 ff.
IFRS-Abweichungen **248** 56
steuerrechtliche Behandlung **248** 5
Eigenkapitalfehlbetrag 268 75 ff.
Beispiele **268** 80 ff.
buchmäßige Überschuldung **268** 76
eigene Anteile **268** 83
Erläuterung im Anhang **268** 77
IFRS-Regelung **268** 163
nicht eingeforderte Einlagen **268** 82
nicht gedeckter E. **268** 75 ff.
Eigenkapitalgliederung nach IFRS **266** 288
Eigenkapitalspiegel,
Konzerneigenkapitalspiegel *s dort*
Eigenkapitalveränderungsrechnung 297 240 ff.
IFRS-Darstellungserfordernisse **264** 207
Eigenkapitalzinsen
Aktivierung **255** 509
Bewertungshilfen **255** 510
Herstellungskosten **255** 400

Eigenkapital-Zuzahlung,
Kapitalkonsolidierung **301** 71
Eigenleistungen aktivierte *s* Aktivierte Eigenleistungen
Eigentum, wirtschaftliches Eigentum *s dort*
Eigentumsvorbehalt
Haftungsvermerk **251** 5; **268** 126
Zurechnung **246** 19 f.
Eigentumswohnungen, Anlage-/Umlaufvermögen **247** 360
Eigenverbrauchsteuer, GuV-Ausweis **275** 246
Einbauküche, Betriebsvorrichtung **253** 419
Einbaumöbel
Betriebsvorrichtung **253** 419
feste Verbindung **253** 415
Einbauten *s* Gebäudeeinbauten
Einbeziehungswahlrechte
Herstellungskosten **255** 359
im Konsolidierungskreis **296** 1 ff.
Einbezogene Unternehmen
s Konzernabschlussstichtag
Einbringungen, AK **255** 49
Einbringungen in PersGes, Behandlung in einer Ergänzungsbilanz **247** 751 ff.
Einfache Buchführung 238 120
Einfriedungen, Abschreibung **253** 410
Eingangszölle, Anschaffungsnebenkosten **255** 71; **275** 248
Eingeforderte Nachschüsse
Bilanzausweis **266** 126
gesonderter Ausweis **272** 215 ff.
Eingefordertes Kapital 272 10
Bilanzausweis **266** 123
Eingezogene Kapitalgesellschaften
s Tochterunternehmen
Eingliederung in Organschaft
s Organschaft
Einheit des Jahresabschlusses 264 8 f.
Einheitliche Bilanzierung im Konzernabschluss 300 1, 11 ff.
s auch Konsolidierungsgrundsätze
Abweichungen **300** 16
Anhang **300** 15
Ausnahmen **300** 39 ff.
Bilanzierung (Begriff) **300** 13
Einheitstheorie **300** 14
Ergänzungsrechnung **300** 30 f.
Forderungen, Schulden, RAP, Beteiligungsbuchwerte, Jahresergebnisse **300** 40
Gesamtkonzernabschluss im mehrstufigen Konzern **300** 17
Grundsatz der JA-Zusammenfassung **300** 11 f.
GuV-Rechnung **300** 15
Kapitalflussrechnung **300** 15

magere Ziffern = Anmerkungen

Konzereigenkapitalspiegel **300** 15
MU KapGes/KapCo-Ges **300** 18 f.
Neubewertung von Vermögen und
 Schulden **300** 30
nach Recht des Mutterunternehmens
 300 13
Rückstellungen für einbezogene
 Unternehmen **300** 29
Segmentberichterstattung **300** 15
Überleitung HB I in HB II **300** 26 ff.
Vollständigkeit der Bilanz **300** 13, 43
Einheits-GmbH & Co. KG 247 815
Einheitstheorie
gemischte Schenkung **255** 94
KA-Bilanzierung **300** 14
Konzernabschluss **297** 190 ff.; **298** 3
Einkaufskommission, wirtschaftliches
 Eigentum **246** 23
Einkaufskosten
Anschaffungsnebenkosten **255** 71
Herstellungskosten **255** 470
Einklangprüfung, befreiender KA bei
 KapCo-Gesellschaften **264b** 44
Einkommensermittlung bei Organschaft
 271 140 ff.
Einkommenszurechnung bei
 Organschaft **271** 137 ff.
Einlagen 247 170 ff.
s auch Verdeckte Einlagen
Abgrenzung offene/verdeckte E.
 255 144
Aktivierung steuerrechtliche **248** 45 f.
ausstehende Einlagen (auf das
 gezeichnete Kapital) *s dort*
Bareinlagen **247** 172
– Erwerb von Anteilen **255** 145
Begriff
– im Handelsrecht **247** 170
– im Steuerrecht **247** 173
Beteiligungserwerb **255** 143 ff.
Bilanzierung von E. stiller Gesellschafter
 247 233 f.
Dienstleistungen **247** 172
Einlagefähigkeit **247** 172
– Vermögensgegenstände **272** 401 f.
geleistete Einlagen *s dort*
Kapitalerhöhungseinlagen, Bilanzausweis
 266 190
nicht eingeforderte E. **268** 82
Nutzungseinlagen **255** 154 f.
Sacheinlagen **247** 172
– Bewertung in der HB **247** 190
– Bewertung in der Steuerbilanz **247** 191
– Erwerb von Anteilen **255** 146 ff.
sachliche Zurechnung
– Einzelkaufleute **246** 92
– Kapitalgesellschaften **246** 93
– PersonenhandelsGes **246** 93
verdeckte Einlagen *s dort*

Einzelbewertungsprinzip

Einlagerungsinventur 241 34 ff.
Einmalrückstellung,
 Pensionsverpflichtungen **249** 213
Einnahmen
Abgrenzung zu Erträgen **247** 614
Begriff **247** 613
Rechnungsabgrenzung **250** 18
Einnahme-Überschuss-Rechnung
Befreiung bei Buchführung und Inventar
 241a 7
E-Bilanz-Anwendung **266** 316
Einrechnungsverbot von Vertriebskosten
 255 456
Einreden gegenüber Verbindlichkeiten
 247 221
Einrichtungen, Betriebsvorrichtung
 253 420
Einrichtungsgegenstände
Betriebs- und Geschäftsausstattung
 253 430
geringwertige WG **253** 444
Einschüsse, sonstige VG **247** 124
Einsichtnahmerecht 320 6 ff.
Handelsbücher **259** 2
Offenlegung des Prüfungsberichts im
 Insolvenzverfahren **321a** 4 ff.; *s iEinz
 dort*
Saldenbestätigungeinholung **320** 9
vertrauliche Unterlagen **320** 8
Einstandskosten, GuV-Ausweis **275** 267
Einstellplätze, HK **255** 400
Einstellungen in Gewinnrücklagen
s Gewinnrücklagen
Einstellungen in Kapitalrücklage
s Kapitalrücklage
Einstufer Konzern *s* Konzern
Eintragungskosten, Bilanzierungsverbot
 248 2
Einzahlungen, Begriff **247** 613
Einzahlungsverpflichtungen
Angaben im Anhang **285** 71
Bilanzausweis bei KGaA **266** 124
Einzelabschluss *s* Jahresabschluss
Einzelabschreibung von Forderungen
s Einzelwertberichtigung
Einzelbewertung
Abschreibungsplan **253** 221
Aufteilung eines Gesamtkaufpreises
 255 80 f.
Bewertungsvereinfachungsverfahren
 256 2, 31
Rückstellungen **253** 162
Wertpapiere **255** 302
Einzelbewertungsprinzip 252 22 ff.
Abgrenzung der Einzelposten **252** 23
Abschlussstichtagsprinzip **252** 27
Abweichungen **284** 154
Ausnahmen bei Rückstellungen **252** 26
Bewertungseinheiten *s dort*

Einzelfundamente

fette Ziffer = Paragraphen

europarechtliches E. **253** 162
feste Leistungsbeziehungen **252** 24
Festwertermittlungen **252** 26
Firmenwert derivativer **252** 25
IFRS-Abweichungen **252** 83
Inventarisierung **240** 27
Nutzungs- und Funktionszusammenhang **252** 23
Selbstständigkeit eines Vermögensgegenstands **252** 23
Verbrauchsfolgeverfahren **252** 26
vereinfachte Bewertungsverfahren **252** 26
wertaufhellende und wertbeeinflussende Ereignisse **252** 28
Einzelfundamente, Betriebsvorrichtung **253** 419
Einzelkaufleute
Aufbewahrungspflichten **257** 1
Aufstellungsfrist für JA **243** 91
Befreiung
– Buchführung und Inventarerstellung **241a** 2
– JA-Aufstellungsverpflichtung **242** 14
Bilanzgliederung **247** 8
Bürgschaft als Gesellschafter einer PersGes **253** 601
Eigenkapitalausweis **247** 155
Geltung der Jahresabschluss-Gliederungsgrundsätze **265** 19
Gesamtkostenverfahren **247** 662 ff., 666 f.
Gewinnrücklagen **270** 21
GuV-Gliederungsvorschriften **275** 324 ff.
GuV-Rechnung **247** 600 ff.
Haftungsverhältnisse **251** 1
handelsrechtliche Zurechnung
– Verbindlichkeiten **246** 70
– Vermögensgegenstände **246** 56 f.
Inventaraufstellungsfrist **240** 69
Jahresabschlussfeststellung **Vor 325** 160
Klarheitsgrundsatz **243** 54 f.
Kontenplan **247** 630
Konto- oder Staffelform **247** 660 f., 666 f.
Konzernanhangabgaben **313** 53
latente Steuern, Anwendung **274** 85 f.
Offenlegung nach dem PublG **325** 113
– Erleichterungen **325** 115 ff.
rechtsformspezifische Rechnungsegungsvorschriften **242** 9 ff.
Rückstellungsgliederung in der Handelsbilanz **249** 15
sachliche Zurechnung von Einlagen und Entnahmen **246** 92
Schuldengliederung **247** 240
Steuerausweis **247** 641
steuerrechtliche Zurechnung
– Verbindlichkeiten **246** 71 ff.
– Vermögensgegenstände **246** 58 ff.

Umsatzkostenverfahren **247** 662 ff.
Unterzeichnung des JA **245** 2
VFE-Anhangangabepflichten **256** 46
Einzelkosten
s auch Sondereinzelkosten
Aktivierbarkeit
– Roh-, Hilfs- und Betriebsstoffe **255** 204
– Vorräte **255** 204
– Waren **255** 204
Bezugsgrößen- oder Verrechnungssatzkalkulation **255** 349
Deckungsbeitragsrechnung **255** 348
Herstellungskosten **255** 347 ff.
Kostenträger-Einzelkosten **255** 347
Pauschalierung von Roh-, Hilfs- und Betriebsstoffen **255** 202
überhöht angefallene E. **255** 350
Vertriebskosten **255** 449
Einzelunternehmen s Einzelkaufleute
Einzelwertberichtigung von Forderungen 253 567 ff.
s auch Pauschalwertberichtigungen von Forderungen
aufrechenbare betriebliche Verbindlichkeiten **253** 575
bestehende Sicherheiten **253** 570
Bewertungsgruppen einzelner Forderungen **253** 572
Debitoren-/Delkredereversicherung **253** 590
Gewährung längerer Zahlungsfristen und Ausfallrisiko **253** 571
passive RAP **253** 574
Umsatzsteuerkürzung **253** 589
Verhältnis zu Pauschalwertberichtigungen **253** 579
Weiterbelieferung trotz Zahlungsschwierigkeiten **253** 571
Wertberichtigungen wegen Länderrisiken **253** 573
zweifelhafte Umstände **253** 570
Elektroinstallation, Betriebsvorrichtung **253** 421
Elektromotoren, GWG **253** 442
Elektronischer Bundesanzeiger
s Bundesanzeiger elektronischer
Elektroschrott, Rückstellung **249** 100
Emissionskosten s Ausgabekosten
Emissionsrechte/-pflichten
Anschaffungskosten **255** 325
Ansprüche als sonstige VG **247** 124
bilanzielle Behandlung **248** 70 ff.
IFRS-Abweichungen **248** 76 ff.
Rückstellung **249** 100
Endkonsolidierung s Kapital-Endkonsolidierung
Energiekosten, HK **255** 470
Energiesteuer, GuV-Ausweis **275** 246

magere Ziffern = Anmerkungen

Ergänzungsbeiträge

Energieversorgungsunternehmen
Buchführungspflicht **238** 53
Erleichterungen für Konzern-TU
264 107
Forderungen aus Lieferungen und
Leistungen **266** 114
Prüfungsbericht **321** 98
Enforcement, Subsidiarität ggü
Sonderprüfung **342b** 32 ff.
Entdeckungsrisiken 317 115 ff.
Entfernungsverpflichtungen,
Rückstellung **249** 100
Entgeltsenkung, Rückstellung **249** 100
Entgeltumwandlung, Pensionszusage
249 157
Entkontaminierungsarbeiten, HK
255 400
Entlüftungsanlage, Betriebsvorrichtung
253 421
Entnahmen 247 174 ff.
Begriff **247** 174
berechtigte E. **247** 178
Bewertung in der Steuerbilanz **247** 191
Dienstleistungen **247** 177
Entnahmerecht
– Abgrenzung von Schuldverhältnissen
247 177
– Kommanditist **247** 176
– OHG **247** 175
Gewinnrücklagen **270** 15 ff.; **272** 275
guter Glaube **247** 179
Kapitalrücklage **270** 10 f.; **272** 205 ff.
Nutzungen **247** 177
sachliche Zurechnung
– Einzelkaufleute **246** 92
– Kapitalgesellschaften **246** 93
– PersonenhandelsGes **246** 93
Sachwerte **247** 177
steuerrechtliche Beurteilung **247** 180
unzulässige E. **247** 178
Entsorgungsverpflichtungen,
Rückstellung **249** 100
Entsprechenserklärung
Corporate Governance Kodex
285 281
Offenlegung **325** 6, 19
Entwicklungskosten s Forschungs- und
Entwicklungskosten
EPS-Ermittlung 275 386 ff.
**Equity-Methode/Equity-
Konsolidierung 297** 200
Abgrenzung zur
– Quotenkonsolidierung **310** 8
– Vollkonsolidierung **312** 3
Anwendung **312** 5 ff.
Ausgleichspostenermittlung **307** 53 ff., 67
Ausweis im Konzern-Anlagenspiegel
312 53 f.

Beteiligungen an assoz Unt
– maßgeblicher Abschluss des assoz Unt
312 87 ff.
– Zwischenerfolgseliminierung
312 71 ff.; s iEinz dort
Einbeziehung in Konsolidierungskreis
296 46
Ergebnisausweis in Konzern-
Erfolgsrechnung **312** 42 ff.
Ergebnisse einbezogener Beteiligungen
275 351
Fortschreibung des Wertansatzes
312 35 ff.
Fremdwährungsumrechnung **308a** 60 ff.
Grundkonzeption **312** 1
IFRS-Abweichungen **312** 100 ff., 107 ff.
Kapitalkonsolidierungsübergang
301 340 f.
latente Steuern **306** 13
Unterlassen der E. bei assoziierten
Unternehmen **313** 203
ERA-Anpassungsfonds, Rückstellung
249 100
Erbauseinandersetzung
AK/HK **255** 104 ff.
Anschaffungskosten **255** 96 ff.
– privater Anlass **255** 107
Ausgleichsverpflichtungen **255** 97
Erbbaurechte
Abschreibung **253** 383, 392
Anschaffungskosten **255** 325
Bilanzierung **247** 457
grundstücksgleiches Recht **247** 457
Rückstellung **249** 100
Erbengemeinschaft, AK bei
unentgeltlichem Erwerb **255** 103
Erbfall/Erbfolge
Anschaffungskosten **255** 104
– vorweggenommene E. **255** 106
Organschaftsrechtsnachfolge **271** 128
Erbgang
Anschaffungskosten **255** 96 ff.
– privater Anlass **255** 107
Erbschaftsauseinandersetzung,
Vorlegung der Handelsbücher **260** 1 ff.
Erfolgsausweis auf Grund GuV-
Rechnung **275** 40 ff.
Erfolgskonsolidierung,
Quotenkonsolidierung **310** 69
Erfolgsprämien, Rückstellung **249** 100
Erfüllungsbetrag
Bewertung von Rückstellungen **253** 151
erhaltene Anzahlungen **253** 94
künftige Preis- und Kostensteigerungen
(Kriterien) **253** 158
Verbindlichkeiten **253** 51 ff.
verdeckte Zinszahlungen **253** 64
Ergänzungsbeiträge, Erhaltungsaufwand
255 400

2621

Ergänzungsbilanzen
fette Ziffer = Paragraphen

Ergänzungsbilanzen 247 744 ff.
Abspaltung auf PersGes **247** 751 ff.
Ausgliederung auf PersGes **247** 751 ff.
Begriff und Anwendungsbereich
247 744 ff.
doppel-/mehrstöckige PersGes **247** 750
Einbringung eines Betriebs, Teilbetriebs
oder Mitunternehmeranteils
247 751 ff.
Einzelfälle **247** 745
entgeltlicher Erwerb von Mitunter-
nehmeranteilen **247** 748 ff.
Fortschreibung der Wertansätze **247** 747
negative E. **247** 749
positive E. **247** 749
Rücklagen nach § 6b EStG **247** 755 f.
Teil des Gesamtgewinns der
Mitunternehmerschaft **247** 732
Verschmelzung von
Personengesellschaften **247** 751 ff.
Zusammenwirken von Steuerbilanz und
E. **247** 746
Ergänzungsfunktion, Lagebericht **289** 4
Ergänzungsrechnung für
Konzernabschluss **300** 30 f.
**Ergebnis aus aufgegebener Geschäfts-
tätigkeit,** GuV-Ausweis nach IFRS
275 356 ff.
**Ergebnis aus fortgesetzter Geschäfts-
tätigkeit,** GuV-Ausweis nach IFRS
275 355
**Ergebnis aus gewöhnlicher Geschäfts-
tätigkeit,** GuV-Ausweis **275** 213 f.
Ergebnisabführungsvertrag
s Gewinnabführungsvertrag
Ergebnisbeteiligungen,
Herstellungskosten **255** 470
Ergebnisermittlung s Gewinnermittlung
Ergebnisrücklagen der Genossenschaften
s dort
Ergebnisverwendung
s auch Bilanzgewinn
s auch Jahresüberschuss-Verwendung
Abgrenzung zur Ergebnisfeststellung
268 2
Aktiengesellschaft
– GuV-Ausweis **268** 3
– teilweise Ergebnisverwendung **268** 6
Angaben im Anhang **275** 310 ff.
– bei Aktiengesellschaft **268** 3
Aufstellung der Bilanz
– nach Ergebnisverwendung **268** 1 ff.
– vor Ergebnisverwendung **268** 1
Begriff **268** 2
Berücksichtigung in der GuV-Rechnung
268 3
Bilanzaufstellung
– nach Ergebnisverwendung **268** 1 ff.
– vor Ergebnisverwendung **268** 1

– nach Ergebnisverwendung (IFRS-
Regelung) **268** 160
– Kleinst-Kapitalgesellschaften **267a** 7
Erleichterungen für bestimmte
GmbH/KapCo-Ges **325** 21
GmbH
– GuV-Ausweis **268** 3
– Verpflichtung zur E. **268** 5
– vollständige Ergebnisverwendung
268 8
Jahresüberschuss/Jahresfehlbetrag als
Ausgangspunkt **275** 262
Peronengesellschaften **268** 5
teilweise E. **268** 4 ff.
vollständige E. **268** 8 ff.
Vorabausschüttungen bei AG oder
GmbH **268** 7
Zwischenabschlüsse **299** 15
Ergebnisverwendungsbeschluss 278 1 ff.
s auch Jahresabschluss-Feststellung
Abweichung vom
Gewinnverwendungsvorschlag **278** 20
Aktiengesellschaft **Vor 325** 91 ff.
– Abschlagszahlungen auf Bilanzgewinn
Vor 325 92
– Änderung des bereits gefassten E.
Vor 325 97
– Ausschüttungssperren **Vor 325** 92
– Beschluss mit einfacher Mehrheit
Vor 325 93
– Folgen des Beschlusses **Vor 325** 97
– Inhalt des Beschlusses **Vor 325** 94 ff.
– Nichtigkeit und Anfechtbarkeit des
Beschlusses **Vor 325** 99
– Zuständigkeit der HV **Vor 325** 91 f.
Ausschüttungsbelastung oder -entlastung
278 10 ff.
Berechnungsgrundlagen für
Gewinnsteuern **278** 10 ff.
Gewinnbezugsrecht der Gesellschafter
Vor 325 121 ff.
Gewinnrücklagen, Einstellung durch die
HV **Vor 325** 83
Gewinnvortrag durch HV **Vor 325** 7
gleichmäßige Auszahlung des KSt-
Guthaben **278** 13 f.
GmbH **Vor 325** 121 ff.
– Altgesellschaften **Vor 325** 128 f.
– Ausschluss des Gewinnbezugsrechts
Vor 325 122
– Dispositionsfreiheit der
Gesellschaftermehrheit **Vor 325** 121
– Frist für Beschlussfassung **Vor 325** 131
– gesellschaftsvertragliche
Einschränkungen **Vor 325** 123
– Gewinnverteilungsmaßstab
Vor 325 126
– Gewinnvorschuss **Vor 325** 121
– Minderheitenschutz **Vor 325** 125

magere Ziffern = Anmerkungen **Erträge**

- Rücklagenbildung **Vor 325** 124
- Rückzahlungsanspruch ggü Gesellschafter **Vor 325** 121
- Wertaufholungsrücklage **Vor 325** 127
GuV-Ausweis des Steueraufwands **278** 1 ff.
IFRS-Abweichungen **278** 150 ff.
Kommanditgesellschaft aA **Vor 325** 98
nachträgliche Änderung des E. **278** 25
Offenlegung **325** 6; **328** 21
- Beschluss über Ergebnisverwendung **325** 15
- publizitätspflichtige Unt **325** 114
- Vorschlag für Ergebnisverwendung **325** 13 f.
vorgeschriebene Gliederung für AG **325** 16
Ergebnisverwendungsrechnung, KA von AG/KGaA **298** 84
Ergebnisverwendungsvorschlag
s auch Bilanzgewinn
Ausschüttungssperren **Vor 325** 5
Einstellung in Gewinnrücklagen **Vor 325** 6
Gewinnbezugsrecht bei eigenen Aktien **Vor 325** 5
Gliederung des E. **Vor 325** 3
- Abweichungen und Ergänzungen **Vor 325** 9
Prüfungspflicht durch AR **Vor 325** 21
qualifizierte Beteiligungen **Vor 325** 5
Sonderrechte für Vorzugsaktien **Vor 325** 5
Erhaltene Anzahlungen
Bewertung **253** 94 ff.
Erfüllungsbetrag **253** 94
gesonderter Ausweis **268** 106
verzinsliche/unverzinsliche Anzahlungen **253** 95
Erhaltene Anzahlungen auf Bestellungen
Bilanzausweis **266** 111, 223 ff.
entstandene Zinsverbindlichkeiten bis Bilanzstichtag **266** 227
Umsatzsteuerbehandlung **266** 226
Erhaltungsaufwand
Abgrenzung zur Generalüberholung **255** 376
Begriff **255** 390
Herstellungskosten **255** 470
Rückstellungsfähigkeit **249** 102
Erhöhte Abschreibungen
Überleitung HB/StB **274** 164 f.
Werteverzehr des Anlagevermögens **255** 428
Erholungsheime, Erlöse betrieblicher E. **275** 54
Erklärung zur Unternehmensführung
s Unternehmensführungserklärung

Erläuterungen der Bilanz und GuV-Rechnung s Anhang
Erläuterungspflichten
Aufsichtsrat **Vor 325** 114
Rechtsfolgen bei Verletzung **Vor 325** 116
Vorstand **Vor 325** 112 f.
Erleichterungen
Ergebnisverwendung **325** 21
größenabhängige E. **276** 1 ff.
- bei Angaben im Anhang **288** 1 ff.
Jahresabschlussprüfung **264** 170 ff.
Konzern-TU **264** 101 ff.; s iEinz unter Tochterunternehmen
Offenlegung, kleine KapGes/KapCo-Ges **326** 3
publizitätspflichtige Unt **264** 102
Erlösschmälerungen
Absetzung von Umsatzerlösen **275** 47
sonstige betriebliche Erträge **275** 96
Umsatzerlöse **275** 62 ff.
Vorratsbewertung **253** 522
Ermächtigungstreuhand 246 15 f.
Erneuerungsverpflichtung, Rückstellung **249** 100
Eröffnungsbilanz
Aufbewahrungspflichten **257** 11
Befreiung von JA-Aufstellungspflichten **242** 14
Begriff und Umfang **242** 3 f.
Bilanzgliederung (-schema) **266** 3
Identität mit Schlussbilanz **252** 3 ff.
Pflicht zur Aufstellung **242** 1 ff.
Sanktionen **331** 4
unrichtige Darstellung **331** 10 ff.
Ersatzbeschaffung
Anschaffungskosten **255** 325
Herstellungskosten **255** 400
Ersatzteile
Aktivierungswahlrecht **247** 352
Betriebsstoffe **266** 91
selbsterzeugte E. als fertige Erzeugnisse **266** 104
Erschließungsbeiträge
Anschaffungskosten **255** 325
Anschaffungsnebenkosten **255** 71
Erschließungskosten, HK 255 400
Erstkonsolidierung s Kapital-Erstkonsolidierung
Erstprüfungen
Bestätigungsvermerk **322** 160
Prüfungsbericht **321** 146
Erträge
s auch Sonstige betriebliche Erträge
Abgrenzung zu Einnahmen **247** 614
Anhangangaben zum Gesamtbetrag **285** 460 ff.; s iEinz unter Anhang
aperiodische E., Erläuterung im Anhang **275** 227

Erträge fette Ziffer = Paragraphen

außerordentliche Erträge *s dort*
Begriff **247** 613 f.
Erläuterungspflicht von E. eines anderen Geschäftsjahrs **277** 25
GuV-Ausweis **275** 190 ff.
– nach IFRS **275** 337 ff.
Periodenverschiebungen (Beispiele) **252** 51 ff.
Rechnungsabgrenzung **250** 20
sachliche Zurechnung **246** 91
Erträge aus Beteiligungen
Ausweis von Beteiligungserträgen aus assoz Unt **312** 42
Begriff **275** 175 f.
Gesamtkostenverfahren **275** 175 ff.
GuV-Ausweis **275** 175 ff.
Holdinggesellschaften **275** 54
in KA einbezogene **275** 351
Erträge aus Gewinnabführungsverträgen, GuV-Ausweis **277** 8 ff.
Erträge aus Gewinngemeinschaften, GuV-Ausweis **277** 8 ff.
Erträge aus Interessengemeinschaften, GuV-Ausweis **277** 8 ff.
Ertragskonsolidierung *s* Aufwands- und Ertragskonsolidierung
Ertragslage *s* Vermögens-, Finanz- und Ertragslage
Ertragsperiodisierung 252 51 ff.
Abweichungen **284** 156
Ausnahmen **252** 54
Erfolgszurechnungskriterium **252** 52
IFRS-Abweichungen **252** 85
Periodenabgrenzung **252** 53
Ertragsteuern
Begriff **275** 238
GuV-Ausweis **275** 238
– nach IFRS **275** 353 ff., 370
Ertragsteuerspaltung
Angaben im Anhang **285** 120 ff.
Berechnung **285** 130 ff.
Berichterstattung über Spaltung **285** 134
Gewerbesteueraufspaltung **285** 132
Kapitalertragsteueraufspaltung **285** 133
Körperschaftsteueraufspaltung **285** 131
Ertragswert, Ermittlung **253** 310 f.
Erweiterungsaufwendungen
Ausweis vor Anlagevermögen **268** 21
Ausweis vor dem Anlagevermögen **266** 50
Beibehaltungswahlrecht **67 EGHGB** 21 ff.
nachträgliche HK **255** 380 f.
Erwerb aus betrieblichem Anlass 255 107
Erwerb eigener Anteile 272 130 ff.
Anschaffungsnebenkosten **272** 132
Auszahlungen bei GmbH/UG **272** 136

Ergebnisverwendungsrechnung **272** 135
Kapitalschutzfragen bei AG, SE, KGaA **272** 134
Rücklagenverwendung **272** 133
steuerliche Behandlung **272** 150
Erwerb unentgeltlicher
Abgrenzungskriterien **255** 91 ff.
Anschaffungskosten **255** 90 ff.
– unentgeltlicher Betriebserwerb **255** 103
Anwendungsfälle **255** 90 ff.
Begriff **255** 90
Betrieb/Teilbetrieb/MUeranteil **255** 103
Bewertungsobergrenze **255** 101
Bewertungswahlrecht **255** 100
Buchwertfortführung **255** 103
einzelne Vermögensgegenstände
– aus betrieblichen Gründen **255** 107
– aus privaten Gründen **255** 107
einzelne Wirtschaftsgüter **255** 107
handelsrechtliche AK **255** 99 ff.
steuerrechtliche AK **255** 103 ff.
Erwerbsbilanzierung vorläufige bei Kapitalkonsolidierung **301** 115 ff.
Erwerbsmethode 301 2; *s iEinz* Kapitalkonsolidierung
Ausgleichspostenermittlung **307** 45
Erwerbsverpflichtungen,
Haftungsvermerk **251** 34
Erzeugnisse fertige und unfertige
s Fertige und unfertige Erzeugnisse
EU/EWR, Konzernabschluss befreiender *s dort*
Euro-Angabe
Jahres-/Konzernabschluss **244** 5 ff.
Konzernanhang **313** 19
Euro-Notes, Bilanzausweis **266** 143
Europäische Gesellschaft (SE)
AP-Bestellung **318** 5, 14
Kaufmannseigenschaft **238** 29
Unterzeichnung des JA **245** 2
Eurowährung-Aufstellung,
Anhangangaben **284** 28
Eventualverbindlichkeiten
Haftungsvermerk **251** 25
IFRS-Abweichungen **249** 337
Schuldenkonsolidierung **303** 38 ff.
EWIV, Kaufmannseigenschaft **238** 29
Exporteurgarantien, Haftungsvermerk **251** 31
Extraordinary items 275 219

Fabrikgebäude, Abschreibung **253** 403
Factoring, Zahlungsrealisierung **247** 112 f.
Fahrstuhl, Betriebsvorrichtung **253** 419
Fahrstuhlschacht, Betriebsvorrichtung **247** 461; **253** 419
Fahrzeuge, Betriebs- und Geschäftsausstattung **253** 430

magere Ziffern = Anmerkungen

Feststellung des JA

Fair-Value-Hedges 254 64
FAIT-Verlautbarungen 239 24
**Faktische Mitunternehmerschaften
247** 729
Faktische Verbindlichkeiten
  Gewährleistungsrückstellung **249** 112, 116
  Rückstellungsbildung **249** 31
Familienangehörige s Nahe stehende Unternehmen/Personen
Familien-GmbH & Co. KG, Anerkennung sowie Angemessenheit der Gewinnverteilung **247** 812
Familien-KG 247 802 ff.
  s auch Familienpersonengesellschaften
  Ausgestaltung der gesellschaftsvertraglichen Rechtsposition **247** 805
  Gewinnverteilung **247** 808 ff.
  – Angemessenheit entgeltlich erworbener KG-Anteile **247** 811
  – Angemessenheit schenkweise übertragener Anteile **247** 810
  – Fremdvergleich **247** 808 f.
  Mitunternehmerschaftsanerkennung **247** 802 ff.
  – Folgen der steuerrechtlichen Versagung **247** 806 f.
  tatsächliche Durchführung des Gesellschaftsvertrags **247** 804
  zivilrechtliche Wirksamkeit des Vertrags **247** 803 f.
Familien-OHG, Anerkennung sowie Angemessenheit der Gewinnverteilung **247** 813
**Familienpersonengesellschaften
247** 800 ff.
  atypische stille Beteiligungen **247** 814
  Begriff **247** 800
  Familien-GmbH & Co. KG **247** 812
  Familien-KG **247** 802 ff.; s iEinz dort
  Familien-OHG **247** 813
  steuerlicher Fremdvergleich **247** 801
  Unterbeteiligungen **247** 814
Fassaden, Scheinbestandteile **253** 426
Fast-Close-Abschlüsse,
  Rückstellungsbewertung **253** 156
Fehlbetrag
  Kapitalkonsolidierung bei nicht gedecktem F. **301** 38
  nicht gedeckter Fehlbetrag im KA **298** 67
Fehlbetragsangabe
  Pensionsrückstellungen **67** EGHGB 13
  Pensionsübergangsregelungen **249** 271; s iEinz dort
Fehlerkorrekturen der Offenlegung **328** 25
Fehlerrisiken in der Prüfung **317** 112 ff.; s iEinz unter Prüfungsrisiko

Fehlinvestitionen, Teilwertabschreibung **253** 332
Fernbuchführung 238 133
  Zulässigkeit **239** 10
Fernsprechanlagen 247 501
Fertige und unfertige Erzeugnisse
  Abgrenzungsfragen **247** 62
  – Roh-,/Hilfs-/Betriebsstoffe **266** 92
  Angaben im Anhang **284** 116
  Ausweis von Abschreibungen **275** 77
  Begriff **247** 62 f.
  beizulegender Wert **253** 516 f., 521
  Bestandsveränderungen **275** 75 ff.
  Bilanzausweis
  – fertige Erzeugnisse **266** 104 ff.
  – unfertige Erzeugnisse **266** 93 ff.
  fertige Erzeugnisse, Begriff **266** 104
  immaterielle VG **266** 95
  künftige Lagerkosten **253** 549
  langfristige Fertigung **275** 75
  Maßgeblichkeitsprinzip doppeltes **253** 526
  retrograde Bewertung **253** 521, 545
  Selbstkosten **253** 547, 549
  Teilwert niedrigerer **253** 544 ff.
  Überbestände **253** 527
  unfertige Bauten und Anlagen **266** 96
  unfertige Erzeugnisse, Begriff **266** 93
  Unternehmergewinn **253** 547
  Veredelung **266** 94
  Verkaufserlöse voraussichtliche **253** 548
  verlustfreie Bewertung **253** 524, 547
  Vollkostenrechnung **253** 546, 549
  Wieder-HK **253** 526 ff., 544
Fertige und unfertige Leistungen,
  Ausweisverbot **247** 67
Fertigung
  Abgrenzung Fertigung/Vertrieb **255** 452
  langfristige F./Teilgewinnrealisierung **255** 457 ff.; s iEinz Langfristige Fertigung
Fertigungsanlagen, Reinigungskosten als Fertigungsgemeinkosten **255** 470
Fertigungseinzelkosten, HK **255** 352
Fertigungsgemeinkosten 255 423
Fertigungslöhne, HK **255** 352
Fertigungsmaterialannahme,
  Herstellungskosten **255** 470
Fertigungsmaterialprüfung als Fertigungsgemeinkosten **255** 470
Fertigungsstraßen, Abschreibung **253** 413
Fertigungsvorbereitung,
  Fertigungskosten **255** 470
Festbewertung
  s Bewertungsvereinfachungsverfahren
Festgelder, Bilanzausweis **266** 156
Feststellung des Jahresabschlusses
  s Ergebnisverwendungsbeschluss

2625

Feststellungslast

fette Ziffer = Paragraphen

Feststellungslast s Beweislast
Festwerte
 Abweichungen 284 157
 Angaben im Anhang 284 110
 einheitliche Bewertung im KA 308 47
 Festwerterhöhungen
 – Zugang 268 38
 – Zuschreibungen 268 38
 geringwertige VG 253 441
 GuV-Ausweis der Roh-, Hilfs- und Betriebsstoffe 275 119
Festwertverfahren 240 71 ff.
 Änderungen in der Zusammensetzung 240 108
 Angaben im Anhang 240 73, 116 ff.
 Anhaltswert 240 100
 Anpassungen bei Mehr- und Mindermengen 240 104 ff.
 Anwendungsbeschränkung 240 82
 Anwendungsfälle 240 125
 Ausweis im Anlagengitter 240 74
 Bahn- und Gleisanlagen 240 125
 Bestandsverzeichnis 240 76
 Bestecke, Geschirr und Wäsche 240 125
 Betriebs-/Geschäftsausstattung 240 125
 Bilanzausweis 240 116 ff.
 dauerhafte Veränderungen 240 112
 Durchschnittswertermittlung 240 75, 100 f.
 erstmalige Bildung des Festwerts 240 98
 Festmenge zu Festpreisen 240 72
 Formen und Modelle 240 125
 Funktionsgleichheit des Bestands 240 91
 in Gebrauch befindliche VG 240 100
 geringwertige Wirtschaftsgüter 240 113
 Gerüst- und Schalungsteile 240 125
 Größe des Bestands 240 89
 GuV-Ausweis 240 116 ff.
 IFRS-Abweichungen 240 145
 körperliche Bestandsaufnahme 240 93
 Laboratoriumseinrichtungen 240 125
 Mehrmengenfeststellung 240 105
 Mengengerüstermittlung 240 98
 Mess- und Prüfgeräte 240 125
 Mindermengenfeststellung 240 106
 Minderungen/Erhöhungen 240 118 f.
 Preisschwankungen erhebliche 240 90
 Roh-, Hilfs-, Betriebsstoffe 240 101, 126
 – Anwendungsbereich 240 77
 Sachanlagevermögen 240 74 ff.
 – Altbestand/Mehrbestand 240 107
 – Ausgangsgrundlage 240 100
 – Festwertausweis 240 116 ff.
 Schlüsselgrößen 240 98
 Schreib-/Rechenmaschinen 240 125
 Stanzen 240 125
 Steuerbilanz 240 74
 – Regelungen der StB als Maßstab 240 100

Übergang zur Einzelbewertung 240 108
Voraussetzungen
 – geringe Veränderungen 240 89 ff.
 – nachrangige Bedeutung des Gesamtwertes 240 86 ff.
 – regelmäßige körperliche Bestandsaufnahme 240 93
 – regelmäßiger Ersatz der VG 240 84
 – Überblick 240 80
 Wahlrecht 240 74
 Werkzeuge 240 125
 Wertansatz des Festwerts 240 89, 98 ff.
 wesentliche Mengenänderungen 240 111
 Zweck 240 71 ff.
Fiduziarische Treuhand 246 10 ff.
Fifo-Verfahren
 Abweichungen HB/StB 243 119
 Bewertungsvereinfachungsverfahren 256 59
 IFRS-Abweichungen 255 573 f.
 passive latente Steuern 274 25
Fiktion der wirtschaftlichen Einheit des Konzerns 297 190 ff.
Fiktivkaufleute 238 21 ff.
Filialbuchhaltung, Buchführungspflicht 238 45
Financial Futures, Begriff 254 100
Finanzanlagen 247 570; 255 141 ff.; 266 69 ff.
 Abgänge 268 65
 Abschreibungen 253 215, 460; 268 66
 Anhangsangaben zu Finanzinstrumenten 285 310 ff.
 Anlage-/Umlaufvermögen 247 356
 Anschaffungskosten 255 141 ff.
 außerplanmäßig AfA 253 350 ff.
 Begriff und Abgrenzungsfragen 266 69
 Beteiligungen 255 141 ff.; s iEinz dort; 271 5
 Bilanzausweis 266 69 ff.
 Bilanzgliederung 266 69 ff.
 Folgebewertung 256a 100 ff.
 Fremdwährungsumrechnung 256a 90 ff.
 Gesamtwertmethode bei Abgängen 268 65
 Gewinnanteile an Personengesellschaften, Zugang 268 63
 Gratisanteile auf Grund Kapitalerhöhung, Zugang 268 61
 GuV-Ausweis
 – Abschreibungen auf F. 275 200 ff.
 – Erträge aus F. 275 185 ff.
 Herstellungskosten 255 405
 IFRS-Abweichungen 253 721 ff.
 IFRS-Ausweis 266 284
 Kapitalerhöhung gegen Zuzahlung, Zugang 268 62
 Kapitalkonsolidierung 301 82
 Niederstwertprinzip gemildertes 253 350

magere Ziffern = Anmerkungen

Forderungen

Wertminderungen **253** 460
Wertpapiere **255** 175 ff.
Zugänge **268** 61 ff.
Zugangsbewertung **256a** 91 ff.
Zuschreibungen **268** 61 ff.
Finanzberichte zu Halbjahres- und Quartalsbilanzen **257** 17
Finanzderivate s Finanzinnovationen
Finanzdienstleistungsinstitute, Formblattermächtigungen **330** 20
Finanzielle Eingliederung, bei Organschaft **271** 109 ff.
Finanzielle Interessen als Ausschlussgründe für WP **319** 34 ff.
Finanzielle Verpflichtungen s Sonstige finanzielle Verpflichtungen
Finanzierung
Angaben im Lagebericht **289** 21
auftragsbezogene F. **255** 506 f.
Finanzierungserträge, IFRS-GuV-Ausweis **275** 348 ff.
Finanzierungskosten
Anschaffungskosten **255** 325
Herstellungskosten **255** 400, 470
IFRS-GuV-Ausweis **275** 348 ff.
Finanzierungsleasing 246 168
Zurechnungsfragen **246** 39; **247** 355
Finanzierungsschätze, Bilanzausweis **266** 80
Finanzinnovationen 254 70 ff.; s unter den einzelnen Stichworten
Finanzinstrumente
Angaben im Konzernanhang **314** 95 f.
– Handelsbestandfinanzinstrumente **314** 105
Anschaffungskosten **255** 177
Begriff **289** 66
beizulegender Zeitwert **255** 511 ff.; s iEinz dort
– Angaben zur Bilanzierung **285** 350 ff.
Bewertungseinheiten **254** 20 f.
Derivative F. s dort
Einzelangaben **285** 350 ff.
– beizZW der derivativen F. **285** 354 ff.
– beizZW des Handelsbestands **285** 352 f.
Finanzanlagen **285** 310 ff.
– Einzelangaben **285** 315 f.
IFRS-Regelungen **254** 130 ff.
– Ausbuchung von F. **254** 139
– Zugangs- und Folgebewertung **254** 132
Risikoberichterstattung über F. s dort
Überleitung HB/StB **274** 228 f.
Finanzinstrumentebericht 289 65
Finanzlage s Vermögens-, Finanz- und Ertragslage
Finanzpolitikbestimmung im Konzern **290** 25 ff., 30 ff.

Finanzwechsel, Begriff und Bilanzausweis **266** 241
Firmenwert s Geschäftswert
Firmware, Zuordnungsfragen **247** 385
Flachpaletten als GWG **253** 444
Flaschen/Flaschenkästen
Bilanzausweis von Leergut **266** 105
GWG **253** 444
Floors 254 92 ff.
Flüssige Mittel
Angaben im Anhang **284** 119
Bewertung **255** 320
Bilanzausweis **266** 150
Folgebewertung **256a** 151 ff.
Fremdwährungsumrechnung **256a** 150 ff.
Niederstwertprinzip **253** 620
Umlaufvermögen **247** 130 ff.
Zugangsbewertung **256a** 155 ff.
Folgebewertung bei Währungsumrechnung **256a** 3, 30 f., 37 f., 65 f., 75 ff., 100 ff., 115 ff., 125 ff., 145, 155 f., 185 ff., 292
Folgekonsolidierung s Kapital-Folgekonsolidierung
Fondsmittelveränderung s unter Kapitalflussrechnung
Förderbänder 247 480
Forderungen 247 75 ff.
s auch Sonstige Vermögensgegenstände
Abschreibungen **253** 558 f.
– Bewertung einheitliche im KA **308** 41
– Forderungen des UV **275** 161
– GuV-Ausweis **275** 161
Angaben im Anhang **284** 119
Angaben zu antizipativen F. **268** 93 f.
Anschaffungskosten **255** 250 ff.
– Barwert **255** 256
– bestehende F. **255** 250, 255
– Disagioeinbehaltung und Rechnungsabgrenzung **255** 254
– gewinnrealisierende F. **255** 252, 256
– Inhaberschuldverschreibungen **255** 250
– nicht gewinnrealisierende F. **255** 254, 257
– originär entstehende F. **255** 251 ff.
– Skontoinanspruchnahme **255** 253
– un-/minderverzinsliche F. **255** 255 ff.
– wertpapierverbriefte F. **255** 250
Bewertung
– Forderungen gegen Unt mit Beteiligungsverhältnis **253** 597 ff.
– Forderungen gegen verbundene Unt **253** 597 ff.
– Sachforderungen **253** 607 f.
– un- und unterverzinsliche F. **253** 597 ff.
Eigenkapitalausweis **247** 160 ff.
Einstehen für abgetretene oder verkaufte F. **251** 29

Forderungen

fette Ziffer = Paragraphen

Einzelwertberichtigungen **253** 567 ff.; s
  iEinz dort
Folgebewertung **256a** 125 ff.
Forderungen aus Lieferungen und
  Leistungen *s dort*
Fremdwährungsdarlehen **256a** 120
Fremdwährungsforderungen *s dort*
Fremdwährungsumrechnung **256a** 120 ff.
IFRS-Abweichungen **253** 731
Kapitalkonsolidierung **301** 82
Niederstwertprinzip **253** 558 ff.
Niedrigverzinslichkeit (Begriff) **253** 596
Realisationsprinzip **255** 252
Rechnungsabgrenzung **250** 18
sonstige Vermögensgegenstände **247** 124
stichtagsbezogene Teilwertfeststellung
  253 559
un- und unterverzinsliche F. **253** 592 ff.
Vermerkpflicht für F.
– antizipative F. **268** 93 f.
– IFRS-Regelung **268** 164
– Restlaufzeit von mehr als einem Jahr
  268 90 ff.
Verrechnungsverbot **246** 105 ff.
Wertberichtigungen wegen Länderrisiken
  253 573
Wertminderung dauernde **253** 559
Zugangsbewertung **256a** 120 ff.
Zuschreibung **253** 559
Forderungen an Gesellschafter
  Angaben im Anhang **284** 58
  Bilanzausweis **266** 126
Forderungen an Unternehmen mit
Beteiligungsverhältnis
  Bewertung **253** 597 ff.
  Bilanzausweis **266** 122
  uneinbringliche Forderung gegen
    Gesellschafter **253** 603
Forderungen an verbundene
Unternehmen
  Aktivierung der Forderung auf den
    Beteiligungsertrag **266** 120
  Bewertung **253** 597 ff.
  Bilanzausweis **266** 118 ff.
  – unter anderen Posten **265** 8; **266** 119
  Darlehensrückführungen **303** 20 f.
  Forderungen an Gesellschafter **266** 119
  Fremdwährungsgeschäft **303** 17 ff.
  Schuldenkonsolidierung **303** 17 ff.
  steuerbilanzielle Behandlung **266** 121
  Stichtagskursmethode **303** 19
Forderungen aus Lieferungen und
Leistungen 247 75 ff.
  s auch Forderungen
  Abgangszeitpunkt
  – Abtretung **247** 112
  – Aufrechnung **247** 110
  – Banküberweisung **247** 110
  – Factoring **247** 112 f.

– Scheckzahlung **247** 110
– Uneinbringlichkeit **247** 114
– Wechsel **247** 111
aufschiebend/auflösend bedingte
  Forderungen **247** 77
Ausweisumfang in der Bilanz **247** 75
Bilanzausweis **266** 112 ff.
Forderungen mit längerem Zahlungsziel
  247 76
Forderungsrealisierung **247** 80 ff.
Gewinnrealisierung **247** 80 ff.
– Abnahmeverzug **247** 96
– Annahmeverzug **247** 85
– Ausfallrisiko **247** 97
– Bringschuld/Schickschuld **247** 82
– Dienstleistungen **247** 99 f.
– Erbringung von Nebenleistungen
  247 83
– Gewährleistungsrisiken **247** 97
– Kaufverträge **247** 82 ff.
– Sukzessivlieferungsvertrag **247** 88
– Teilgewinnrealisierung **247** 86 f.
– Teil(werk)leistungen **247** 98
– Verkauf auf Probe **247** 94
– Verkauf mit Rückgaberecht **247** 90 ff.
– Verkaufskommission **247** 89
– bei Werkverträgen **247** 95 ff.
– wirtschaftliche Vertragserfüllung **247** 84
IFRS-Untergliederung **266** 284
interne „Forderungen" an
  Zweigniederlassungen **247** 75
Zeitpunkt des
– Abgangs **247** 110 ff.
– Zugangs **247** 120 ff.
zweifelhafte Forderungen **247** 75
Forderungserlass, Zuzahlung in
  Kapitalrücklage **272** 197 f.
Forderungsrealisierung *s unter*
  Forderungen aus Lieferungen und
  Leistungen
Forderungsrücktrittserklärungen,
  Haftungsvermerk **251** 35
Forderungsverkauf *s* Factoring
Forderungsverzicht, Herstellungskosten
  255 405
Formblätter
  Erleichterungen für Kleinunternehmen
    330 19
  Gliederung für bestimmte
    Geschäftszweige **330** 10 ff.
  Inhalt der Ermächtigung **330** 10 ff.
  Ordnungswidrigkeiten **334** 16
Formblatt-Ermächtigung 330 1 ff.
  Inhalt der Ermächtigung **330** 10 ff.
Formblatt-Unternehmen,
  Konzernabschluss **298** 90 ff.
Formblatt-Verordnungen 330 20 ff.
  Formblätter für bestimmte
    Kapitalgesellschaften **330** 20

2628

magere Ziffern = Anmerkungen

Genossenschaften **336** 28
Gleichwertigkeitsgrundsatz **330** 25 ff.
Institute **330** 40 ff.
Kreditinstitute **330** 45 ff.
Pensionsfonds **330** 50 ff.
Rechtsfolgen bei Verletzung
– Bußgeld **330** 59
– Nichtigkeit **330** 60
Übersicht **330** 20
Versicherungsunternehmen **330** 50 ff.
weitergehende Anforderungen der EU **330** 30 ff.
Formen 247 500
Abschreibungen **253** 413
Festwertbildung **240** 125
Formkaufleute
Begriff **238** 28
Buchführungspflicht **238** 48
Buchführungspflichtige **238** 80
Formkostenzuschüsse 255 119
Formulierungsmuster
s Musterformulierungen
Formwechsel
Anschaffungskosten **255** 43, 48
BiRiLiG-Anwendung **264a** 29
Eigenkapitaländerungen **272** 355 ff.
ergänzende Hinweise **272** 385
KapGes in KapGes **272** 356
KapGes in PersGes **272** 358
PersGes in KapGes **272** 357
Forschungs- und Entwicklungskosten 255 425, 480 ff.
Aktivierungsverbot für Forschungskosten **255** 486
Angaben im Anhang **285** 390 ff.
im Auftrag Dritter **255** 426
Begriffe **255** 485 f., 487 f.
– Entwicklung **289** 85 ff.
– Forschung **289** 86
Grundlagen-/Zweckforschung **255** 485
GuV-Ausweis bei sonstigen betrieblichen Aufwendungen **275** 307
Herstellungskosten **255** 480 ff.
IFRS-Abweichungen **255** 593
Konzernanhang **314** 115
Konzernlagebericht **315** 32
Lagebericht **289** 85 ff.
mehrjährige Entwicklung **255** 489
Rechnungsabgrenzung **250** 23
steuerrechtliche Behandlung **255** 492
Umfang und schutzwürdiges Interesse **289** 88
Fortschreibungsverfahren der Stichtagsinventur **241** 53
Frachtkosten, Anschaffungsnebenkosten **255** 71
Freiberufliche Tätigkeit
Abgrenzung zum Gewerbe **238** 14
gewerbliche Tätigkeit **247** 713

Fremdwährungskauf

Freimengen, Erlösschmälerungen **275** 64
Freistellungsverpflichtungen 251 29
Freiwillige Angaben
Anhang **284** 20, 35, 80 ff.
Geschäftsbericht **284** 82
Konzernanhang **313** 49
Konzernlagebericht **315** 38
Lagebericht **284** 81; **289** 165
Freiwillige Prüfungen 321 125 ff.; *s iEinz unter* Prüfungsbericht
Freiwillige Publizität *s unter* Offenlegung
Fremdherstellung 255 334
Fremdkapital
Abgrenzung zum Eigenkapital
– nach HGB **247** 160 ff.
– nach IFRS **247** 165 ff.
Aktivierungsfähigkeit von Beschaffungskosten **248** 4
Fremdkapitalzinsen 255 500 ff.
Angaben im Anhang **284** 111, 116
– Einbeziehung in HK **284** 190
Anschaffungskosten **255** 501
auftragsbezogene Finanzierung **255** 506 f.
auftragsbezogene Verwendung **255** 504 f.
Ausnutzung einer Kreditlinie **255** 505
Bewertungshilfe **255** 502 ff.
GuV-Ausweis im Umsatzkostenverfahren **275** 274
Herstellungskosten **255** 502 ff.
IFRS-Abweichungen **255** 595 f.
zeitraumbezogene Herstellung **255** 508
Fremdreparaturen, GuV-Ausweis **275** 123
Fremdwährungen
IFRS-Abweichungen **255** 577
Konzernabschluss **298** 12
Schecks **255** 320
Währungsderivate, GuV-Ausweis **275** 172
Wechselkursänderungen bei KA **298** 66
Wertpapier-AK **255** 309
Fremdwährungsbuchhaltung 256a 1
Fremdwährungseinheit
Darstellung von Finanzinformationen **244** 12
IFRS-Abweichungen **244** 10 ff.
Jahresabschlussaufstellung, Rechtsfolgen bei Nichtbeachtung **244** 9
Rundung im JA/KA **244** 6 ff.
Fremdwährungsforderungen
Anschaffungskosten **255** 258
Kurssicherung **255** 258
passive latente Steuern **274** 26
Fremdwährungsgeschäft
Begriff **256a** 10
Schuldenkonsolidierung **303** 18, 21
Fremdwährungsguthaben, Bewertung **255** 322
Fremdwährungskauf 255 54 ff.

2629

Fremdwährungsposten

fette Ziffer = Paragraphen

Fremdwährungsposten, Abweichungen HB/StB **243** 119
Fremdwährungsrücklage, IFRS-Abweichungen **272** 485 f.
Fremdwährungstransaktionen, Konzernabschluss **298** 48
Fremdwährungsumrechnung im JA 256a 1 ff.
Angaben im Anhang **284** 135 f.
Anhang, Grundlagenangaben **256a** 270 ff.
Anschaffung gegen Bar-/Vorauszahlung **255** 53
Anschaffungspreis **255** 52
Anschaffungszeitpunkt **255** 32
ausländische Betriebsstätten **256a** 240 ff.
Begriffsabgrenzungen **256a** 10 ff.
Bewertungseinheiten **256a** 250
Deckungsgeschäft (Währungskauf) **255** 54
Devisenkassakurs **256a** 36
Eigenkapital **256a** 158
einzelne Bilanzposten **256a** 60
erfolgsneutraler Vorgang **256a** 38
Finanzanlagen **256a** 90 ff.
flüssige Mittel **256a** 150 ff.
Folgebewertung **256a** 3, 30 f., 37 f., 65 f., 75 ff., 100 ff., 115 ff., 125 ff., 145, 155 f., 185 ff., 292
Forderungen **256a** 120 ff.
Geltungsbereich **256a** 3
Grundsätze der F. **256a** 30 ff.
GuV-Ausweis von Erträgen und Aufwendungen **277** 26
GuV-Rechnung **256a** 220 ff.
Haftungsverhältnisse **256a** 210
Hochinflation **256a** 260
IFRS-Abweichungen **256a** 290 ff.
immaterielle Vermögensgegenstände **256a** 70 ff.
Kleinst-Kapitalgesellschaften **256a** 231
Kreditkauf **255** 55
Kurssicherung **255** 54 ff.
Lagebericht **256a** 276 f.
latente Steuern **256a** 39, 200 f.
Liquidierung eines Fremdwährungspostens **256a** 30
Rechnungsabgrenzungsposten **256a** 40, 190
Rechtsfolgen bei Verletzung **256a** 280
Rückstellungen **256a** 39, 160 ff.
Schulden **256a** 160 ff.
Sonstige Vermögensgegenstände **256a** 120 ff.
steuerliche Beachtung **256a** 4
Überleitung HB/StB **274** 226 f.
Umrechnungsdifferenz **256a** 16
Verbindlichkeiten **256a** 30 ff., 180 ff.
– Restlaufzeit mehr als ein Jahr **256a** 33, 50 ff.

Vermögensgegenstände **256a** 30 ff., 61 ff.
– sonstige VG **256a** 120 ff.
Verzicht bei Währungsbuchhaltung **256a** 1
Vorräte **256a** 110 ff.
Währungsdifferenzen **256a** 230 ff.
Wertpapiere des UV **256a** 140 f.
Zugangsbewertung **256a** 3, 30 f., 34, 38, 61 f., 70 ff., 91 ff., 110 ff. 120 ff., 140, 151 f., 181 ff., 190, 291
Fremdwährungsumrechnung im KA 308a 1 ff.
Aktiv- und Passivposten **308a** 30 ff.
Angaben im Konzernanhang **313** 92 ff.
Aufwands- und Ertragskonsolidierung **308a** 95 f.
Ausscheiden eines TU **308a** 45 ff.
Bewegungsspiegel **308a** 128
Bewertungseinheiten **308a** 105 ff.
EK-Gliederung im KA **298** 74
Equity-Bewertung **308a** 60 ff.
Erstkonsolidierung **308a** 32
funktionale Währung **308a** 150
Geschäftswert **308a** 70 ff.
GuV-Posten **308a** 35 f.
Hochinflationsländer **308a** 3, 115 ff.
– Konzernanhang **313** 95
IFRS-Rechnungslegung **308a** 150 ff.; s iEinz dort
Kapitalkonsolidierung **308a** 50 ff.
Konzernanhang/-lagebericht **308a** 130 ff.
Konzernanlagengitter **308a** 127
Konzern-EK-Spiegel **308a** 125
Konzernkapitalflussrechnung **297** 75 ff.; **308a** 126
latente Steuern **308a** 100 ff.
– im Konzernabschluss **306** 9 f.
modifizierte Stichtagskursmethode **308a** 2
Quotenkonsolidierung **308a** 55
Rechtsfolgen bei Verletzung **308a** 140
Rückumrechnung **313** 96
Schuldenkonsolidierung **308a** 80 ff.
Segmentberichterstattung **308a** 129
stille Reserven **308a** 72
Umrechnungsdifferenzen **308a** 40 f.
Vollkonsolidierung **308a** 50 ff.
Zwischenergebniseliminierung **308a** 90 ff.
Fremdwährungsverbindlichkeiten
Haftungsvermerk **251** 10
passive latente Steuern **274** 26
sonstige finanzielle Verpflichtungen **285** 57
Freundschaftskauf 255 92
Full good will method 307 92
Funktionale Währung 308a 150
Funktionsänderung, HK **255** 400
Funktionskosten, GuV-Ausweis nach IFRS **275** 345

magere Ziffern = Anmerkungen

Geheimhaltungspflichten

Funktionsprüfungen des IKS **317** 153 ff.
Fußgängerstraße, AK 255 325
Futures 255 312
Begriff **254** 100
Future-Style-Verfahren 254 81

Gängigkeitsabschreibungen 253 529 ff.
angewandte Verfahren **253** 530
Einzelfälle **253** 557
künftige Lagerkosten **253** 531
Lagerbestände **253** 529 ff.
steuerrechtliche Anerkennung **253** 555 ff.
Vorratsvermögen **253** 554 ff.
Garantieleistungen, HK **255** 470
Garantien
  s auch Gewährleistungen
  Ausbietungsgarantien **251** 44
  Dividendengarantien **251** 44
  eigene Leistungen **251** 26 ff.
  Einzelfälle **251** 31
  fremde Leistungen **251** 29 ff.
  Haftungsvermerk für G. Dritter **251** 32
  Kursgarantien **251** 44
  Rentabilitätsgarantien **251** 44
  Rentengarantien **251** 44
  sonstige Gewährleistungen **251** 44
Garantierückstellungen 249 100
  Abweichungen **284** 157
  Bewertung einheitliche im KA **308** 48
Garantieversprechen, Haftungsvermerk **251** 33
Garantieverträge, Haftungsvermerk einzelner Garantien **251** 31
Gärbeckenanlage 247 461
Gasanschlussbeiträge, AK 255 325
Gasbehälter 247 480
Gasheizungsanlage, Betriebsvorrichtung **253** 421
Gaststätteneinbauten
  Scheinbestandteile **253** 426
  selbstständiger Gebäudeteil **253** 398
GbR *s* Gesellschaft bürgerlichen Rechts
Gebäude
  Abschreibungen *s dort*
  anschaffungsnahe HK **243** 119
  Begriff **247** 456
  Erweiterung als nachträgliche Herstellungskosten **255** 380 f.
  auf fremdem Grund und Boden (Begriff) **247** 459
  Gebäudeteile selbstständige **253** 398
  Sachanlagen **247** 456 ff.
  Teileigentum **247** 459
  wesentliche Verbesserungen **255** 382 ff.
  Wohnungseigentum **247** 459
  Zugang mit Fertigstellung **268** 35
Gebäudeabbruch, HK **255** 400
Gebäudeabschreibungen *s unter* Abschreibungen

Gebäudebestandteile
  s auch Gebäudeeinbauten
  Abgrenzung zu
  – Gebäudeeinbauten **253** 427 ff.
  – technischen Anlagen und Betriebsvorrichtungen **253** 414 ff.
  Abschreibungen **253** 397 ff.
  – außerplanmäßige **253** 401, 409
  Begriff **247** 460 f.
  Nutzungsdauer **253** 400
  Sachanlagen **247** 460 f.
  selbstständige Aktivierung und Abschreibung (Voraussetzungen) **253** 398
  selbstständige G. **253** 398
Gebäudeeinbauten 253 424 ff.
  s auch Gebäudebestandteile
  Abgrenzung zu Gebäudebestandteilen **253** 427 ff.
  Begriff und Abgrenzungsfragen **253** 425
  Betriebs- und Geschäftsausstattung **247** 501
  Mieterein- und -umbauten **253** 428 f.
Gebäudeherstellung 255 370 ff.
  Erwerb
  – in Abbruchabsicht **255** 373 f.
  – in Umbauabsicht **255** 374
  Planungskosten **255** 370
  – vergebliche **255** 371 f.
  vorbereitende Kosten **255** 370
Gebietskörperschaftsunternehmen, Prüfungsbericht **321** 98
Gebrauchsgegenstände, Begriff **247** 352
Gebraucht erworbene Gegenstände, Anschaffungskosten **255** 25
Gebührensenkung Rückstellung **249** 100; *s auch* Entgelt
Gefälligkeitsakzepte, Haftungsvermerk **251** 17
Gefälligkeitsindossament, Haftungsvermerk **251** 17
Gefälligkeitsleistungen, Rückstellung **249** 114
Gehaltsbuchhaltung 238 113
Geheimbuchhaltung 238 113
Geheimhaltungspflichten 333 1 ff.
  Berichterstattung **333** 13
  betroffener Personenkreis **333** 16 f.
  gegenüber Tochterunternehmen **333** 8
  Kenntniserlangung *bei* der Prüfung **333** 10 ff.
  Peer Review **333** 31
  qualifizierte Begehungsweise **333** 14
  Schadensersatzpflicht des Prüfers **333** 23
  Spezialgesetzregelungen **333** 25 ff.
  Strafantrag bei Verletzung **333** 21
  Strafbarkeitsvoraussetzungen **333** 5 ff.
  Strafrahmen bei Verletzung **333** 22 f.
  unbefugtes Offenbaren von Geheimnissen
  – Begriff „Geheimnis" **333** 5 ff.

2631

Geldbeschaffungskosten

- Begriff „unbefugt" **333** 5 ff.
- Begriff „unbefugtes Offenbaren" **333** 13
unbefugtes Verwerten von Geheimnissen **333** 15
Vollendung/Beendigung **333** 18
Vorsatz bei Verletzung **333** 19 f.

Geldbeschaffungskosten,
Anschaffungskosten **255** 325

Geldbußen
Festsetzungsfragen **334** 40 ff.
Rückstellung **249** 100

Geldkurs, Begriff **256a** 14, 35

Geleistete Anzahlungen
Abgangszeitpunkt **247** 551
Abgrenzung von RAP **247** 549
Abschreibung **253** 388, 447 ff.
- außerplanmäßige A. **253** 450 ff.
- immaterielle VG **253** 215
- planmäßige A. **253** 449
- wegen Unverzinslichkeit **253** 452
- wegen Wertminderung des VG **253** 453
Begriff **247** 70; **253** 447
Bilanzansatz **253** 447
Bilanzausweis **266** 64, 68, 109 ff.
Provisionszahlungen an Handelsvertreter **247** 123
Sachanlagen **247** 545 ff.
schwebendes Geschäft **247** 545 f.
sonstige VG **247** 122 f.
- mit Vorleistungscharakter **247** 549
Tauschvorgänge **247** 548
Übernahme einer Verbindlichkeit **247** 548
Umgliederung auf „sonstige VG" **253** 450
Umgliederung auf „Sonstige VG" bei Rückforderung **247** 553
Umsatzsteuerbehandlung **247** 554
Verzinsung **247** 555
Vorleistungen **247** 545
- Begriff **247** 545
Zugangszeitpunkt **247** 550

Geleistete Einlagen
Bilanzausweis **266** 175
steuerliche Besonderheiten **272** 40 ff.

Gemeinkosten 255 422 ff., 442 ff.
Abfüllkosten **255** 452
Angemessenheitsprinzip **255** 436 ff.
Fertigungsgemeinkosten **255** 423
Herstellungskosten **255** 353 ff., 422 ff., 470
- des Umsatzes **275** 273
Kosten der Unterbeschäftigung **255** 438 f.
Leerkosten **255** 438 f.
Materialgemeinkosten **255** 422
Notwendigkeitsprinzip **255** 436 ff.

fette Ziffer = Paragraphen

Sonderkosten der Fertigung **255** 424 ff.
Sozialaufwendungen **255** 434 f.
Umfang **255** 412
Vertriebsgemeinkosten **275** 284
Vertriebskosten **255** 449, 451
Verwaltungskosten **255** 431
Vorräte **255** 422 ff.
Wertverzehr des Anlagevermögens **255** 427 ff.

Gemeinschaftsunternehmen 310 10 ff.
Abgrenzung zum assozUnt **311** 5
Abgrenzung zum KonzernUnt **310** 23
anteiliger Einbezug **310** 12
anteilsmäßige Konsolidierung **305** 3
Argen **310** 21
Begriff **310** 10
Beteiligungsverhältnisse der Gesellschafterunternehmen **310** 30 ff.
- Anwendung und Auswirkung der Zurechnungsvorschriften **310** 30 f.
- Vorrang der VollKons **310** 37 ff.
- zulässige B. im Konzern **310** 34 f.
Einbeziehung in KA **311** 7
gemeinschaftliche Führung **310** 15 ff.
- Begrenzung der Gesellschafterzahl **310** 26
- Beteiligungscharakter der Anteile **310** 20 ff.
- Gleichmäßigkeit der Beteiligungsverhältnisse **310** 25
- tatsächliche Führung **310** 15 ff.
- untergeordnete Bedeutung **310** 27
- vorgeschaltete GbR **310** 17
- Zweckbestimmung **310** 16
IFRS-Abweichungen **310** 90 ff.
Kennzeichen des G. **310** 11
QuoKons **310** 50 ff.; s *iEinz* dort
rechtliche UntEigenschaft **310** 10
Schuldenkonsolidierung **310** 62 f.
Wechsel des KonsVerfahrens **310** 73 f.

Genauigkeitsgrundsatz, Prüfungsziel **317** 103

Genehmigtes Kapital
Angaben im Anhang **272** 16; **284** 43
Kapitalerhöhung **272** 70
steuerliche Folgen **272** 114
Wirksamkeit der Kapitalerhöhung **272** 25

Genehmigungsgebühren,
Bilanzierungsverbot **248** 2

Generalüberholungen
Abgrenzung zum Erhaltungsaufwand **255** 376
Angaben im Anhang **285** 63
Herstellungskosten **255** 400
- nachträgliche H. **255** 376

Genossenschaften
Abweichungen nach IFRS **337** 13 ff.
Anhang **336** 25; **338** 1 ff.
- Aufsichtsratsmitglieder **338** 7

magere Ziffern = Anmerkungen

Genossenschaften

- Bezüge an Vorstand und AR **338** 8
- Entwicklung der Zahl der Mitglieder **338** 5
- Geschäftsanteileveränderungen **338** 6
- Geschäftsguthabensaldo **338** 5
- Haftsummen **338** 5 f.
- Kredite an Vorstand und AR **338** 8 f.
- Pflichtangaben **338** 1 ff.
- Prüfungsverbandsanschrift **338** 7
- Vorstandsmitglieder **338** 7
- Wahlangaben **338** 1 ff.
- Zusatzangaben **338** 4 ff., 7 f.

Aufbewahrungspflichten **336** 1
Aufsichtsrat, Vorlage des JA **Vor 339** 1 ff.
Aufstellungsfrist für JA **243** 91
Bilanzgliederung **266** 2
Bilanzverluste **Vor 339** 64
Bilanzvorschriften **337** 1 ff.
Büchereinsichtnahmerecht von Genossen **Vor 339** 48
Buchführung und Inventar **336** 1
Buchführungspflicht **238** 57
Bußgeldfestsetzungen **334** 50
Bußgeldvorschriften **334** 50
Eigenkapitaldarstellung **272** 1
Ergebnisrücklagen **337** 1 ff., 7 ff.
- Einstellungen **337** 10
- Entnahmen **337** 11
- Gliederung und Arten **337** 7 ff.
Ergebnisverwendung **336** 2
Formblattverordnungen **336** 28
Geheimhaltungspflichten **333** 29
Geldbußen/Strafvorschriften **Vor 339** 74 f.
Generalversammlung
- Befugnis zur JA-Feststellung **Vor 339** 45 ff.
- als Vertreterversammlung **Vor 339** 50
Geschäftsanteil (Begriff) **337** 3
Geschäftsguthaben **337** 2 ff.
- Abwertungen **337** 4
- Begriff **337** 3
- rückständige fällige Einzahlungen **337** 4
- Verzinsung **Vor 339** 62
Gewinnverwendung **Vor 339** 60 ff.
- Basis für Gewinnaufteilung **Vor 339** 61
- Bildung gesetzlicher Rücklage **Vor 339** 60
größenabhängige Erleichterungen **336** 25 ff.
GuV-Rechnung **336** 25 f.
- entsprechende Anwendung **275** 10
Haftsumme
- Begriff **337** 3
- Festsetzung durch Statut **Vor 339** 65
Inventaraufstellungsfrist **240** 69
Jahresabschluss **336** 10 ff.
- Aufstellung **336** 10 f.

- Feststellung **336** 2
- Inhalt **336** 13 ff.
- Prüfung **336** 2
Jahresabschlussfeststellung **336** 2; **Vor 339** 45 ff.
- Anfechtung bei wesentlicher Beeinträchtigung **Vor 339** 54
- Auslegung des Abschlusses mit Anh **Vor 339** 47
- Bilanzänderungen **Vor 339** 51
- Entlastung von Vorstand und AR **Vor 339** 53
- Feststellung durch Generalversammlung **Vor 339** 45
- Vorprüfung durch AR **Vor 339** 46
Jahresabschlussvorlage **Vor 339** 1 ff.
Jahresfehlbetrag **Vor 339** 63
Kaufmannseigenschaft **238** 33; **336** 1, 30
Konzernabschluss **336** 30 f.
Kreditinstitute **336** 4
Lagebericht **336** 10 f.
- Aufstellung **336** 10 f.
- Inhalt **336** 13 ff.
Mindestkapital **337** 4
Offenlegung **336** 26; **339** 1 ff.
- Bekanntmachung der Unterlagen **339** 8 f.
- Einreichung des Bestätigungsvermerks **339** 6
- Erleichterungen **339** 15 ff.
- für kleine G. **339** 15
- für mittelgroße G. **339** 16
- geänderter Jahresabschluss **339** 8
- Prüfungspflicht des eBAnz **339** 19
- Sanktionen bei Verstoß **339** 22
- Teiloffenlegung **328** 14
- Unterlagen zur Einreichung an eBAnz **339** 5 ff.
- Vervielfältigungsgrundsätze **339** 18
Ordnungsprüfung **Vor 339** 10 ff.
Pflichtprüfung **Vor 339** 10 ff.
- Aufgaben des Genossenschaftsprüfers **Vor 339** 13
- Auskunftsrechte **Vor 339** 14
- Ausschlussgründe **Vor 339** 14
- außerordentliche Prüfungen **Vor 339** 14
- Bescheinigung **Vor 339** 18
- Bestätigungsvermerk **336** 27; **Vor 339** 19 f.
- Gesprächspartner des Prüfers **Vor 339** 16
- Haftung des Prüfers **Vor 339** 22
- kleinere Genossenschaften **Vor 339** 11
- Konzernabschluss **Vor 339** 11
- Prüfungszeit **Vor 339** 15
- Spezialregelungen für bestimmte Geschäftszweige **Vor 339** 23
- Umfang **Vor 339** 10 ff.

2633

Genossenschaftsanteile

fette Ziffer = Paragraphen

- Unterrichtung der
  Generalversammlung **Vor 339** 20
- Unterrichtung des AR **Vor 339** 16
- Verpflichtung zur Prüfung **336** 27
- Verschwiegenheitspflicht der
  Prüfungsorgane **Vor 339** 21
- Zwischenbericht **Vor 339** 16

Prüfungsbericht **Vor 339** 17
Prüfungsgegenstand **317** 6
Prüfungsumfang **317** 15
Rechnungslegungsvorschriften **336** 15 f.
- Wahlrechte **336** 17
rechtsformspezifische Rechnungs-
  legungspflichten **242** 9 ff.
rückständige Einzahlungen **337** 4
Sanktionen **Vor 339** 70 f.
steuerliche Gewinnermittlung **336** 34 ff.
- Ausschüttungen an Nichtmitglieder
  336 35
- genossenschaftliche Rückvergütungen
  336 35 ff.
Strafen, Bußgelder, Zwangsgelder
  336 32
unrichtige Darstellung der Verhältnisse
  331 80
Unterzeichnung des JA **245** 2
Verbandsprüfung bei
- Tochtergesellschaften **Vor 339** 31 ff.
- Wohnungsunternehmen **Vor 339** 35 ff.
Vorlagevorschriften **336** 1

Genossenschaftsanteile
Beteiligungsdefinition **271** 10
GuV-Ausweis **275** 187
sonstige VG **247** 124; **266** 129
Genossenschaftsprüfer Vor 339 10 ff.; s
  iEinz unter Genossenschaften bei
  „Pflichtprüfung"
Genossenschaftsregister
einzureichende Unterlagen **339** 5 ff.
geänderter Jahresabschluss **339** 8
Offenlegungserleichterungen **339** 15 ff.
Genussrechte
Agio **272** 183
Angaben im Anhang **284** 45
Angaben im Konzernanhang **313** 36
Anschaffungskosten **255** 177
Ausschüttungen auf G. **247** 229 f.
Beteiligungsdefinition **271** 15
Eigenkapitalausweis von G. **275** 311
GuV-Ausweis **275** 187
Genussrechtskapital
Bilanzierung **247** 227 ff.
- Kriterien **247** 228
Gegenleistung für Kapitalüberlassung
  247 228
Umqualifizierung in Fremdkapital
  247 228
Genussscheine
Angaben im Anhang **284** 45

Begriff **266** 214
Bilanzausweis **266** 80, 214 ff.
GuV-Ausweis **275** 205
Offenlegungserleichterungen **327a** 7
Genussscheinkapital
Agio **266** 191
Angaben im Anhang **284** 59
Bilanzausweis **266** 191
bilanzielles Eigenkapital **272** 1
Disagio **266** 191
Geographisch bestimmte Märkte,
Aufgliederung der Umsatzerlöse
  285 95 ff.; **314** 24 ff.
Geometrisch-degressive Abschreibung
  253 243
Geräte, Betriebs- und Geschäftsausstattung
  253 430
Gerichtskosten, Anschaffungsnebenkosten
  des Grund und Bodens **255** 71
Geringfügig Beschäftigte,
Pensionsanspruch **249** 187
**Geringwertige
Vermögensgegenstände/Wirtschafts
güter 253** 434 ff.
Abschreibung (Sofortabschreibung)
- handelsrechtlich **253** 434
- steuerrechtlich **253** 435
aktive latente Steuern **274** 31
Angaben im Anhang **284** 107
Betriebs- und Geschäftsausstattung
  253 434 ff.
Bewertung einheitliche im KA
  308 49
Festwertbildung **253** 441
Festwertvereinfachungsregel **253** 275
geringwertige **253** 275
geringwertige **253** 275
GWG-Sammelposten **268** 54
Sachgesamtheiten **253** 441 f.
- Beispiele **253** 442
Sammelposten **253** 275
selbstständige Aktivier- und Bewert-
  barkeit **253** 437 ff., 443
selbstständige/unselbstständige
  Nutzungsfähigkeit **253** 435 f., 440
Überleitung HB/StB **274** 177
vorübergehender Zusammenbau
  253 440 f.
Gerüstteile 247 500
Festwertbildung **240** 125
Gesamtbezüge, Angabenbefreiung
  286 15 ff.
Gesamtbezüge von Organmitgliedern
  s Konzernanhang, Organmitglieder-
  Gesamtbezüge
Gesamtergebnisrechnung, Ertragslage
  nach IFRS **275** 330 ff.
Gesamtgeschäftsbericht, freiwillige
Zusatzinformationen **328** 16

magere Ziffern = Anmerkungen   **Geschäftswert**

Gesamthandsvermögen
Mitunternehmerschaft 247 738 ff.
Übertragungen zwischen PersGes und
    PV des Gesellschafters 247 794
Gesamtkaufpreis, Aufteilung auf mehrere
    VG 255 80 ff.
Gesamtkosten, Ergebnis der gewöhn-
    lichen Geschäftstätigkeit 275 213 f.
Gesamtkostenverfahren 275 26 ff.
    Abschreibungen 275 140 ff.
    – Finanzanlagen 275 200 ff.
    – Wertpapiere des UV 275 200 ff.
    Abweichung postenmäßige ggü
        Umsatzkostenverfahren 275 27
    „ähnliche" Aufwendungen 275 204 ff.
    „ähnliche" Erträge 275 190 ff.
    aktivierte Eigenleistungen 275 80 ff.
    Aufwands- und Ertragskonsolidierung im
        Überblick 305 11
    außerordentliche Aufwendungen
        275 215 ff.
    außerordentliche Erträge 275 215 ff.
    außerordentliches Ergebnis 275 230
    Bestandsveränderungen an fertigen/
        unfertigen Erzeugnissen 275 75 ff.
    Definition 275 30
    Einzelunternehmen 247 662 ff., 666 f.
    Erträge aus
        – Ausleihungen 275 185 ff.
        – Finanzanlagen 275 185 ff.
        – Wertpapieren 275 185 ff.
    Erträge aus Beteiligungen 275 175 ff.;
        s iEinz dort
    fertige und unfertige Erzeugnisse
        275 75 ff.
    Genossenschaftsanteile 275 187
    Gleichwertigkeit mit
        Umsatzkostenverfahren 275 36
    größenabhängige Erleichterungen für
        GuV-Aufstellung 276 1 ff.
    GuV-Ausweis außerplanmäßiger
        Abschreibungen 277 4
    GuV-Rechnung bei PersGes und
        EinzelUen 247 662 ff., 666 f.
    IFRS-Abweichungen 275 335 ff.
    Inhalt der einzelnen GuV-Posten
        275 45 ff.
    Jahresüberschuss/Jahresfehlbetrag
        275 261 ff.
    Kons der Umsatzerlöse 305 15 ff.
    Konzern-GuV-Gliederung 298 75 f.
    Konzern-GuV-Rechnung 298 98
    Materialaufwand 275 115 ff.; s iEinz dort
    PersGes 247 642, 662 ff., 666 f.
    Personalaufwand 275 125 ff.; s iEinz dort
    Produktionserfolgsrechnung 275 30
    sonstige betriebliche Aufwendungen
        275 155 ff.; s iEinz dort
    sonstige betriebliche Erträge 275 90 ff.

Stetigkeitsgrundsatz 275 26
Steuern 275 235 ff.
Umsatzerlöse 275 45 ff.; s iEinz dort
Unterscheidung ggü
    Umsatzkostenverfahren 275 29 ff.
Vorteile des G. 275 34
Zinsaufwendungen 275 204 ff.
Zinserträge 275 190 ff.
Zwischensummenbildung 275 112
Gesamtschuldverhältnisse
Angaben im Anhang 285 75
Verrechnungsverbot 246 109
Gesamtwertmethode,
Finanzanlagenabgänge 268 65
Geschäfte schwebende s Schwebende
Geschäfte
Geschäftsbericht
freiwillige Angaben 284 82
freiwillige Zusatzinformationen durch
    „Gesamtgeschäftsbericht" 328 16
Geschäftsbriefe, Aufbewahrungspflicht
257 16
Geschäftsführer, Angaben über Bezüge
im Anhang 285 161 ff.
Geschäftsführung, Angabe der Mitglieder
im Anhang 285 220 ff.
Geschäftsguthaben der
Genossenschaften 337 2 ff.
Abwertungen 337 4
Begriff 337 3
rückständige fällige Einzahlungen 337 4
Verzinsung **Vor** 339 62
Geschäftsjahr
s auch Wirtschaftsjahr
Abschreibungen des G. 268 12, 16
Inventar bei abweichendem G. 240 60 ff.
Konzerngeschäftsjahr s dort
Rumpfgeschäftsjahr s dort
Geschäftslokaleinbauten 247 501
Geschäftspolitikbestimmung im
Konzern 290 25 ff., 30 ff.
Geschäftsrisiko, Pauschalwertberichtigung
253 584
Geschäftsunterlagen, Rückstellung für
Aufbewahrungspflichten 249 100
Geschäftsverlauf
Analyse im Lagebericht 289 25 ff.
Angaben im Lagebericht 289 15 ff.
Geschäftsverlegung, Rückstellung
249 100
Geschäftsvorfälle
Begriff 238 95
Buchführung 238 97 f.
Geschäftswert 247 400 ff.
Abgang 268 25
Abgrenzung zu
– immateriellen VG 247 408
– Kundenstamm 247 410
– Praxiswert 247 410

2635

Geschäftswertähnliche WG   fette Ziffer = Paragraphen

Abschreibungen **253** 671 ff.
– Abschreibungsmethode **253** 674
– Nutzungsdauer **253** 672 f.
– steuerrechtlich **253** 675
Abschreibungen nach Handelsrecht
– Abschreibungsbeginn **309** 11
– Abschreibungsmethode **309** 11
– Abschreibungsplan **309** 11
– Abweichung ggü StB **243** 119
– außerplanmäßige AfA **309** 13
– kleinste wirtschaftliche Einheit **309** 14
– Minderheitenbeteiligung **309** 14
– notwendiger Umfang **309** 14
– Nutzungsdauerschätzung **309** 12
– planmäßige Abschreibung **309** 10 ff.
– Zuschreibungen **309** 16
aktive latente Steuern **274** 31
Aktivierungsvoraussetzungen **247** 420 ff.
Angaben im Anhang bzgl Abschreibung **285** 265; **314** 129
Ansatz- und Bewertungswahlrechte **274** 193 ff.
Begriff **247** 405 ff.; **309** 5
Beteiligungen an assoz Unt, Buchwertmethode **312** 6 ff.
Bewertungseinheiten **254** 10
Bilanzausweis **266** 61 f.
Bilanzierungshilfe **247** 400
entgeltlich erworbener Praxiswert **253** 675
entgeltlicher/unentgeltlicher Erwerb **247** 422
Fremdwährungsumrechnung, Konzernabschluss **308a** 70 ff.
Gegenleistungsvoraussetzung **247** 420 ff., 424
geschäftswertbildende Faktoren **247** 409
IFRS-Abweichungen **309** 35 ff.
immaterielle VG **247** 400 ff.
– Abgrenzungsfragen **247** 408
Kapital-Endkonsolidierung **301** 308
Kapitalkonsolidierung **301** 68, 83
– passiver Unterschiedsbetrag **301** 200
– verbleibender Unterschiedsbetrag **301** 150 ff.
Konzernabschluss, Aktivierungspflicht **298** 20 f.
latente Steuern im KA **306** 12
Mitunternehmeranteil **247** 423
negativer G. **247** 407
– IFRS-Abweichungen **309** 45 ff.
– Vermögensgegenstand **247** 15
steuerrechtlicher Ansatz **247** 400
Teilbetriebsübernahme **247** 423
Teilwertabschreibung **253** 675
Übernahme eines Unt **247** 420 ff.
verdeckte Einlagen **272** 402
Vermögensgegenstand **247** 14 f.
Vollständigkeitsgebot **246** 82 f.

Wertaufholungsverbot **253** 671 ff., 676; **309** 16
zeitlich begrenzt nutzbarer VG **247** 400
Zugang zum G. **268** 23
Geschäftswertähnliche WG 247 411
Ansatz und Bewertung **253** 675
Kapitalkonsolidierung **301** 67
Geschäftswertbildende Faktoren 247 409
Geschenkartikel, fertige Erzeugnisse **266** 104
Geschirr
Festwertbildung **240** 125
geringwertige Wirtschaftsgüter **253** 444
Gesellschaft ausländische als Mitunternehmerschaft **247** 728
Gesellschaft bürgerlichen Rechts (GbR)
Arbeitsgemeinschaften *s dort*
Beteiligungsdefinition **271** 12
Rechnungslegungspflichten **247** 704
Unterbeteiligung **247** 703
Unternehmenseigenschaft **271** 12
Gesellschaft mit beschränkter Haftung (GmbH)
AP-Bestellung **318** 6 f.
Ergebnisverwendung
– GuV-Ausweis **268** 3
– Verpflichtung zur E. **268** 5
– vollständige E. **268** 8
– Vorabausschüttungen **268** 7
Ergebnisverwendungsbeschluss **Vor 325** 121 ff.; *s iEinz dort*
Erleichterungen bei Ergebnisverwendung **325** 21
Geheimhaltungspflichten **333** 25
Gewinnabführungsvertrag **271** 131
Gewinnbezugsrecht der Gesellschafter **Vor 325** 121 ff.
Gewinnrücklagen, Einstellungen und Entnahmen **272** 267, 277
Gewinnverteilungsmaßstab **Vor 325** 126
GuV-Ausweis, Veränderung der Kapital-Gewinnrücklagen **275** 311
Jahresabschlussfeststellung **Vor 325** 131; *s iEinz dort*
Jahresüberschuss/Jahresfehlbetrag **275** 263
Kapitalherabsetzung, GuV-Ausweis **272** 104
Kapitalrücklage **270** 7
Konzernabschluss
– Forderungen und Verbindlichkeiten an Gesellschafter **298** 85
– rechtsformspezifische Vorschriften **298** 82
Offenlegung der Ergebnisverwendung **325** 14, 16
Pflichtangaben (weitere) **284** 57 ff.

magere Ziffern = Anmerkungen

Gewerbesteuer

Prüfungsumfang **317** 15
unrichtige Darstellung oder Verschleierung der Vermögenslage **331** 55
Unterzeichnung des JA **245** 2
Vorlagepflichten der Geschäftsführer
Vor 325 120 ff., 130 ff.; s *iEinz* dort
Gesellschafter
Bewertung von Forderungen gegen Gesellschaften **253** 597 ff.
Gewinnansprüche an außenstehende G. **271** 134
latente Steuern **274** 73 f.
Pensionsrückstellungen für G. von PersGes **249** 243 f.
Pflichtangaben bei Ausleihungen, Forderungen und Verbindlichkeiten an GmbH-G. **284** 58; **298** 85
Rechte bei JA-Aufstellung **247** 195 f.
Gesellschafterdarlehen
Angaben im Anhang **284** 59
Bilanzausweis **266** 193
Rangrücktrittsvereinbarung, Bilanzausweis **266** 255
Gesellschaftergeschäftsführer,
Pensionsrückstellungen **249** 178, 241
Gesellschafterliste, keine Offenlegung **325** 7
Gesellschafterverbindlichkeiten
Angabe der Haftungsverhältnisse **268** 129
Bilanzausweis **266** 254 ff.
Gesellschafterversammlung, Abgaben m Anhang **285** 162
Gesellschaftliche Reputation, Zusatzberichterstattung **289** 106 ff.
Gesellschaftsanteile
s Beteiligungen an Kapitalgesellschaften
s Beteiligungen an PersGes
Gesellschaftsteilungssachen, Vorlegung der Handelsbücher **260** 1 ff.
Gesetzliche Rücklagen s Rücklagen gesetzliche
Gesetzliche Vertreter, Bilanzeid **264** 70
Gestaltungsrechte gegenüber Verbindlichkeiten **247** 222
Gestionsgebühren, Umsatzerlöse **275** 54
Getränkekästen, GWG **253** 444
Gewächshäuser, Gebäude **253** 395
Gewährleistungen
s auch Garantien
s auch Gewährleistungsverträge
Aufwendungen als Umsatzerlösschmälerung **275** 63
Beitritt zu Dauerschuldverhältnissen **251** 30
Haftungsvermerk **251** 25 ff.; **268** 123
– Garantien für eigene Leistungen **251** 26 ff.
– Garantien für fremde Leistungen **251** 29 ff.

– Garantien für sonstige Gewährleistungen **251** 44
Negativerklärungen **251** 28
Schuldmitübernahmen **251** 30
Gewährleistungsrisiken,
Gewinnrealisierung **247** 97
Gewährleistungsrückstellung 249 10, 100, 112 ff.
Ausweis **249** 115
Bildung von G. in der
– Handelsbilanz **249** 112 ff.
– Steuerbilanz **249** 116
faktische Verpflichtungen **249** 112, 116
freiwillige Kulanzleistungen **249** 113, 116
Gefälligkeitsleistungen **249** 114
Maßgeblichkeitsgrundsatz **249** 116
Schuldenkonsolidierung **303** 30
Voraussetzung für Bildung **249** 113, 116
Gewährleistungsverbindlichkeit,
gesonderter Ausweis **268** 123
Gewährleistungsverträge
s auch Gewährleistungen
Abkaufverpflichtungen **251** 34
Ausbietungsgarantien **251** 44
Ausweis bei KapGes **268** 123
Begriff **251** 25
bindende Versprechen **251** 33
Bürgschaftsversprechen **251** 33
Dividendengarantie **251** 44
Einzelfälle **251** 30
Erwerbsverpflichtungen **251** 34
Forderungsrücktrittserklärungen **251** 35
Garantieversprechen **251** 33
Kursgarantien **251** 44
Patronatserklärungen **251** 41 ff.
Pensionsverpflichtungen **251** 37
Rangrücktrittserklärungen **251** 35
Rentabilitätsgarantien **251** 44
Rentengarantien **251** 44
Schuldbefreiungsversprechen **251** 33
Schuldenkonsolidierung **303** 40
selbstständige G. **251** 27
Gewerbebetrieb
Abfärbe-/Infektionstheorie **247** 714
Begriff **247** 713
Mitunternehmerschaft **247** 713
ruhender Gewerbebetrieb **247** 731
Gewerbesteuer
abweichendes Wirtschaftsjahr **275** 240
Aufspaltung im Anhang **285** 132
Ausweis bei EinzelUnt/PersGes **247** 640 f.
Ermittlung **275** 239
GuV-Ausweis **275** 239 ff.
Herstellungskosten **255** 470
Organschaft im Gewerbesteuerrecht **271** 153 ff.
Rückstellung **249** 100

2637

Gewerbetreibender

fette Ziffer = Paragraphen

Gewerbetreibender
Kleingewerbetreibender **238** 18
mehrere Unternehmen **238** 15
Gewerbetrieb, Begriff **238** 9 ff.
Gewerblich geprägte Personengesellschaft
Begriff **247** 715
Innengesellschaften **247** 716
Umqualifizierung von Einkünften **247** 714
Gewerbliche Schutzrechte
Abschreibungen **253** 381 ff.
Bilanzausweis **266** 60
entgeltlich erworbene, Aktivierung **247** 383 ff.
selbst geschaffene
– Aktivierung **247** 372 ff.
– Aktivierungsvoraussetzungen **247** 376 ff.
– Aktivierungswahlrecht **247** 375
– Aktivierungszeitpunkt **247** 380
– IFRS-Behandlung **247** 379 ff.
Zwischenergebniseliminierung beim KA **304** 30
Gewinn je Aktie, GuV-Ausweis nach IFRS **275** 385 ff.
Gewinn- und Verlustrechnung *s* GuV-Rechnung
Gewinnabführungsorganschaft,
Gewinn während Abwicklungszeitraum **271** 136
Gewinnabführungsverträge 271 130 ff.
s auch Unternehmensverträge
Abgrenzung von Arbeitsgemeinschaften, Gewinnpoolungen, Syndikatsabrechnungen **277** 11
Angaben im Anhang **285** 250
Ausgleichszahlungen **271** 134; **307** 16
Ausschüttungssperre **268** 144
außenstehende Gesellschafter **271** 134
außerordentliche Aufwendungen und Erträge **277** 24
Ausweis der Aufwendungen und Erträge im Gliederungsschema **277** 6 ff., 19
Begriff **271** 130; **277** 9
Dividendengarantieverrechnung **277** 13
eigene Anteile **271** 134
Einstellungen in gesetzliche Rücklagen **272** 287
Fünfjahreszeitraum **271** 132 f.
gesetzliche Rücklagen **271** 134
gewerbesteuerliche G. **271** 153
Gewinnrücklagenbildung **272** 285
GuV-Ausweis von Erträgen **277** 8 ff.
handels- und steuerrechtliche Unwirksamkeit **271** 131
Handelsregistereintragung **271** 130
JA mit fehlerhaften Bilanzansätzen **271** 134

Jahresüberschuss/Jahresfehlbetrag **275** 262
körperschaftsteuerliche G. **271** 130 ff.
Leg-Ein-Hol-Zurück-Verfahren **271** 130
nachvertragliche Rücklagen **271** 134
Nichtabführung von Gewinnen **271** 135
Nichtübernahme von Verlusten **271** 135
Offenlegung **325** 18
Rücklagenveränderung **275** 313 ff.
Rumpfwirtschaftsjahr **271** 133
Sonderposten mit Rücklageanteil **271** 134
ständige Verluste der OrganGes **271** 134
Steuerausweis **275** 257
steuerschädliche Maßnahmen **271** 135
steuerunschädliche Maßnahmen **271** 134
Unternehmensvertrag **271** 130
verdeckte Gewinnausschüttung **271** 134
Verlustübernahmeverpflichtung **271** 130
Verrechnungsverbot von Aufwendungen und Erträgen **277** 14 f.
Vertragsdauer **277** 16
verunglückte Organschaft **271** 136
Voraussetzungen bei GmbH **271** 131
vorhandener Verlustvortrag **271** 134
vorvertragliche G.
– Ausschüttungen **271** 134
– Rücklagen und Gewinnvorträge **271** 134 f., 135
vorzeitige Vertragsbeendigung **271** 135
Zeitpunkt der Vereinnahmung **277** 17 f.
Zuführung zu den freien Rücklagen **271** 135
Zweifelsfragen **271** 134
Gewinnabhängige Verpflichtung,
Rückstellung **249** 100
Gewinnausschüttung
s auch Erträge aus Beteiligungen
Ergebnisverwendung **268** 2
Gewinnbeteiligung
Arbeitnehmerbeteiligung und Fertigungslohnzurechnung **255** 470
Einsichtsrecht aufgrund besonderer Rechtsverhältnisse **259** 4
Gewinnbezugsrecht
Anschaffungskosten **255** 325
eigene Aktien **Vor 325** 5
GmbH-Gesellschafter **Vor 325** 121 ff.
Gewinnermittlung
ergebnisabhängige Aufwendungen **268** 2
steuerliche G. bei Genossenschaften **336** 34 ff.
Gewinnermittlungsfunktion der GuV **275** 7
Gewinnerzielungsabsicht 238 12
Mitunternehmer **247** 721 f.
Wirtschaftsbetriebe der öffentlichen Hand **238** 40

magere Ziffern = Anmerkungen

Gewinngemeinschaften
Ausweis der Erträge im
  Gliederungsschema **277** 19
Begriff **277** 8
GuV-Ausweis von Erträgen **277** 8 ff.
Gewinnpoolung
Abgrenzung von
  Gewinnabführungsverträgen **277** 11
Umsatzerlösausweis **275** 55
Gewinnrealisierung
Forderungen aus Lieferungen und
  Leistungen **247** 80 ff.; *s iEinz dort*
Tausch **255** 41
Teilgewinnrealisierung bei langfristiger
  Fertigung **255** 457 ff.
Zuschüsse **255** 117
Gewinnrücklage 270 15 ff.; **272** 230 ff.
Angaben im Anhang **272** 259, 277;
  284 72
Arten von G. **272** 235 ff.
Auflösung von G.
– Aktiengesellschaft **272** 277
– GmbH **272** 275
Auflösungsvermerk bei Bildung **270** 17;
  s iEinz dort
Ausschüttung als AK-Minderung
  255 171
Ausweis der Veränderungen in der GuV
  275 310 f.
Begriff **270** 15
Besonderheiten bei Gewinnabführungs-
  vertrag **272** 285
Bilanzausweis **266** 177 ff.
Bildung von G. hinsichtlich der
  Organzuständigkeit **270** 15 ff.;
  272 256 f.
Dispositionsrecht bei AG und GmbH
  270 15
Eigenkapitalanteil von Wertaufholungen
  272 258
Einstellung in G. **270** 15 ff.; **272** 265 ff.
– Aktiengesellschaft **272** 265 ff.;
  Vor 325 6
– Auflösung als Ergebnisverwendung
  268 2
– bei Feststellung des Jahresabschlusses
  272 266
– GmbH **272** 267; **Vor 325** 124
– GuV-Ausweis **275** 313
– durch Hauptversammlung
  Vor 325 41 f., 83
– steuerrechtliche Auswirkung **275** 313
– durch Vorstand und AR **Vor 325** 45
Entnahmen aus G. **270** 15 ff.; **272** 275 ff.
– GuV-Ausweis **275** 314 ff.
Ergebnisrücklagen *s unter*
  Genossenschaften
Folgen bei Verstoß gegen richtigen
  Ausweis **272** 390

Gezeichnetes Kapital

„freie" Gewinnrücklagen **272** 255 ff.
gesetzliche Rücklagen **272** 235 ff.; *s
  iEinz* Rücklagen gesetzliche
IFRS-Abweichungen **272** 470 ff.
Kapitalerhöhung aus Gesellschaftsmitteln
  272 56 ff.
Kapitalrücklage *s dort*
Kommanditgesellschaft a. A. **272** 340 ff.
Konzernabschlussgliederung **298** 68, 73
publizitätspflichtige Unt **270** 20 f.
Rechtsfolgen bei Verletzung **270** 23
Rücklagenbildung *s dort*
satzungsmäßige Rücklagen **272** 250 f.
Steuerbilanz **270** 22
steuerliche Beurteilung **275** 315
vororganschaftliche Rücklagen **272** 285;
  275 316
Gewinnschuldverschreibungen
Angaben im Anhang **284** 44 f.
Bilanzausweis und Begriff **266** 80, 213
Gewinnsteuern
Abweichen vom Gewinnverwendungs-
  beschluss **278** 20
Berechnungsgrundlagen **278** 10 ff.
KSt-Guthaben, gleichmäßige
  Auszahlung **278** 13 f.
Gewinnungsrechte, Abschreibung,
  außerplanmäßige **253** 386
Gewinnverteilung, KG **Vor 325** 157
Gewinnverteilungsabrede bei
  Personengesellschaften **247** 648, 651
Gewinnverwendung
  s Ergebnisverwendung
Gewinnverwendungsbeschluss
  s Ergebnisverwendungsbeschluss
Gewinnverwendungsvorschlag
  s Ergebnisverwendungsvorschlag
Gewinnvortrag
Bilanzausweis **266** 181
Ergebnisverwendung **268** 2
durch Hauptversammlung **Vor 325** 7
Rumpfgeschäftsjahr **266** 181
Gewinnzuschlag bei Vorratsbewertung
  253 523
Gewissenhaftigkeit des AP *s unter*
  Abschlussprüfer
Gezeichnetes Kapital
s auch Ausstehende Einlagen auf das
  gezeichnete Kapital
ausstehende Einlagen **272** 10
Ausweis **266** 170 ff.; **272** 15 ff.
– Maßgeblichkeit der HR-Eintragung
  272 25
Begriff und Abgrenzungen **272** 10 ff.
Eigenkapital der KGaA **272** 325
eingefordertes Kapital **272** 10
Geschäftsguthaben der Genossenschaften
  s unter Genossenschaften
Grundkapital der AG **272** 10; *s iEinz dort*

2639

Gießereien

fette Ziffer = Paragraphen

IFRS-Abweichungen **272** 455 ff.
Nichtigkeit des Jahresabschlusses bei
  Verstoß des zutreffenden Ausweises
  272 390
Stammkapital der GmbH **272** 10; *s iEinz*
  dort
Gießereien 247 480
Girosammeldepot, Wertpapiere **255** 303
Glattstellungsmethode 254 75
Gläubigerschutzfunktion des
  Jahresabschlusses **264** 35
Gläubigerschutzvorschriften, BVm-
  Einschränkung bei Verstoß **322** 61
Gleichstellungsgelder,
  Anschaffungskosten **255** 106
Gleichverteilungsverfahren,
  Pensionsverpflichtungen **249** 198
Gleisanlagen, Festwertbildung **240** 125
Gleitzeitüberhänge, Rückstellung
  249 100
Gliederung
  Anlagevermögen **247** 370
  Bilanzgliederung *s dort*
  Eigenkapital **272** 5 ff.
  GuV-Ausweis/GuV-Gliederung *s dort*
  Konzernabschlussgliederung *s dort*
  Mindestgliederung der GuV-Rechnung
  247 630 ff.; **275** 13
  Steuer-Taxonomie/E-Bilanz **266** 301;
  s iEinz E-Bilanz
  Umlaufvermögen **247** 55
Gliederung des Konzernabschlusses
  s Konzernabschlussgliederung
Gliederungsgrundsätze des
  Jahresabschlusses *s* Jahresabschluss-
  Gliederungsgrundsätze
Gliederungsvorschriften
  Bestätigungsvermerk
  – Einschränkung **322** 61
  – Konzernabschlussprüfung **322** 125
  – Versagung **322** 67
GmbH & Co. KG 247 815 ff.
  Änderung der Gewinnverteilungsabrede
  247 830
  Angemessenheit der Gewinnverteilung
  247 826 ff.
  – Fremdvergleich **247** 826
  – kapitalmäßige Beteiligung **247** 827
  – kapitalmäßige Nichtbeteiligung
  247 828
  Ausgestaltungsformen **247** 815
  Familien-GmbH & Co. KG **247** 812
  KapCo-Gesellschaften *s dort*
  Komplementär-GmbH
  – Mitunternehmereigenschaft **247** 816
  – Sonderbetriebsvermögen **247** 817
  mehrstöckige GmbH & Co. KG **247** 717
  Mitunternehmerschaftsanerkennung
  247 815 ff.

Sonderbetriebsvermögen
  – Kommanditisten **247** 818 ff.
  – Komplementär-GmbH **247** 817
Tätigkeitsvergütungen Komplementär-
  GmbH-Geschäftsführers **247** 821 ff.
Unterzeichnung des JA **245** 2
GmbH-Anteile
  Beteiligungsdefinition **271** 13
  Bilanzausweis **266** 81
  sonstige VG **266** 128
GmbH-Geschäftsführer,
  Tätigkeitsvergütungen des G. der
  Komplementär-GmbH **247** 821 ff.
GmbH-Gesellschafter, Verpflichtungen
  ggü GmbH-Gesellschafter **266** 254 ff.;
  285 59; **298** 85
GoB *s* Grundsätze ordnungsmäßiger
  Buchführung
GoBS *s* Grundsätze ordnungsmäßiger DV-
  gestützter Buchführungssysteme
Going-concern-concept 252 9 ff.
  Abweichung **284** 153
  Aufgabe der Going-concern-Prämisse
  (Beispiele) **252** 15
  betriebliche Umstände **252** 15
  Bewertung bei Fortführung der
  Unternehmenstätigkeit **252** 17
  entgegenstehende Gegebenheiten
  252 14 ff.
  entgegenstehende rechtliche Umstände
  252 16
  finanzielle Umstände **252** 15
  gesetzlicher Regelfall **252** 9 ff.
  IFRS-Abweichungen **252** 82
  Kapitalverlust **252** 15
  Prüfungsgegenstand **252** 13
  Verhältnisse am Abschlussstichtag **252** 12
  Wegfall der Going-concern-Prinzips
  – Bewertungsbesonderheiten **252** 18 ff.
  – geplante Unt-Einstellung **252** 19 ff.
  Wegfall des Going-concern-Prinzips bei
  Betriebsteilen **252** 21
  Zahlungsunfähigkeit **252** 15
  Zeitraum der Fortführung **252** 11
GoK *s* Grundsätze ordnungsmäßiger
  Konzernrechnungslegung
Goodwill *s* Geschäftswert
Gratifikationen, Rückstellung **249** 100
Gratisanteile, Zugang **268** 61
Großanlagen, Abschreibung **253** 413
Große Kapitalgesellschaften
  Angaben zu Geschäften außerhalb der
  Bilanz **285** 21 ff.
  anzuwendende Vorschriften beim
  Konzernabschluss **298** 1 ff.
  Bilanzgliederung (-schema) **266** 8 ff.
  Größenklasseneinteilung **267** 4
  JA-Aufstellungsfrist **264** 17
  Rückstellungen, Bilanzausweis **266** 200

magere Ziffern = Anmerkungen **Grundsatz der Übersichtlichkeit**

Unterlassen von Angaben
– Angaben über Anteilsbesitz 286 7 ff.
– Aufgliederung der Umsatzerlöse
  286 5 f.
Zusatzberichterstattung 289 100 ff.
Größenabhängige Erleichterungen
s auch Größenmerkmale
bei Angaben im Anhang 288 1 ff.
Genossenschaften 336 25 ff.
kleine/kleinste KapGes 274a 1 ff.
Größenklasseneinteilung 267 1 ff.
Besonderheiten bei Neugründung und
Umwandlung 267 21 ff.
große Kapitalgesellschaften 267 4
Größenmerkmale beim KA s dort
Größenmerkmale der KapGes s dort
Informationsrechte der
Arbeitnehmervertretungen 267 30
kleine Kapitalgesellschaften 267 2
mittelgroße Kapitalgesellschaften 267 3
publizitätspflichtige Unternehmen
  267 33; 290 110 f.; 293 40 ff.
Rechtsfolgen einer Verletzung 267 31
Schwellenwerte
– Ranggleichheit 267 5
– zeitliche Voraussetzungen 267 14 ff.
steuerlich ohne Bedeutung 267 32
tabellarische Übersicht der
Fallkombinationen 267 20
Verbindlichkeiten 266 210 f.
zeitliche Voraussetzungen der
Klassifizierung 267 14 ff.; 293 15 ff.
**Größenmerkmale bei publizitäts-
pflichtigen Unternehmen 267** 33;
290 110 f.; **293** 40 ff.; s iEinz unter
Größenmerkmale beim KA
**Größenmerkmale beim Konzern-
abschluss 293** 1 ff.
Befreiungsmerkmale nach HGB
  293 10 ff.
– Abschlussstichtag maßgebender 293 14
– Arbeitnehmerzahl 293 11
– Bilanzsumme 293 11 f.
– Konzerne mehrerer Wirtschaftszweige
  293 17
– Kreis der einzubeziehenden TU 293 13
– Rumpfgeschäftsjahre 293 25
– Umsatzerlöse 293 11 f.
– Wegfall der Aufstellungspflicht 293 15
Brutto-/Netomethode 293 2, 12
Gruppen von Größenmerkmalen 293 2
Härteklausel 293 20 ff.
IFRS-Rechnungslegung 293 60
Konsolidierungskreisveränderungen
  293 26
publizitätspflichtige Unternehmen
– Außenumsatzerlöse 293 44
– Durchschnittszahl der AN 293 44
– konsolidierte Bilanzsumme 293 44

– Kreditinstitute 293 55
– Mindestgrößen für die
  Aufstellungspflicht 293 41
– Teilkonzernabschluss 293 45
– Versicherungsunternehmen 293 55
Sanktionen bei Verstoß 293 58
Schwellenmerkmale
– nach HGB 293 2
– nach PublG 293 41
Tannenbaum-Prinzip 293 4
Teilkonzern 290 116
Wegfall der Befreiung 293 35 f.
**Größenmerkmale der Kapitalgesell-
schaften 267** 6 ff.
s auch Größenklasseneinteilung
Anwachsungen 267 29
Arbeitnehmerzahl 267 9 ff.
Begriff und Abgrenzung des
Arbeitnehmers 267 9 ff.
Berechnung der Arbeitnehmerzahl
  293 44
Bilanzsumme 267 6
Einbeziehung der Erträge einer
Holdinggesellschaft 267 7
IFRS-Abweichungen 267 34
Rumpfwirtschaftsjahr
– Berechnung der Arbeitnehmerzahl
  267 13
– Bestimmung der Größenmerkmale
  267 8
– Klassifizierung der Schwellenwerte
  267 14
– Umwandlung 267 28
Umsatzerlöse 267 7 f.
Gross-Profit-Methode, Bewertungsver-
einfachungsverfahren 256 72
Großreparaturverpflichtungen,
Angaben im Anhang 285 63
Grubenversatzverpflichtung,
Rückstellung 249 100
Grundbücher 238 111
Grunderwerbsteuer,
Anschaffungsnebenkosten 255 71 f., 325;
275 248
Grundgeschäfte, Bewertungseinheiten
254 10 ff.
Grundkapital der AG 272 10
Ausweis 272 15 ff.
Begriff 272 15
Bilanzausweis 266 172
Stückaktien 272 15
Vermerkpflichten in der Bilanz 272 16
Grundpfandrechte, Haftungsvermerk
251 45
Grundsatz der Klarheit
s Klarheitsgrundsatz
Grundsatz der Übersichtlichkeit
243 51 ff.; s iEinz unter
Klarheitsgrundsatz

2641

Grundsätze

fette Ziffer = Paragraphen

Grundsätze der Konzernrechnungslegung (GoK) **342** 9
Grundsätze ordnungsmäßiger Berichterstattung
Einzelabschluss **321** 8 ff.; s *iEinz* Prüfungsbericht
freiwillige Abschlussprüfungen **321** 125 ff.; s *iEinz* unter Prüfungsbericht
Konzernabschluss **321** 100 ff.; s *iEinz* unter Prüfungsbericht
Grundsätze ordnungsmäßiger Buchführung bei IT-Einsatz (GoBIT) **239** 24
Grundsätze ordnungsmäßiger Buchführung (GoB) **243** 1 ff.
Abschreibungsmethoden **253** 240 ff.
Anhang **284** 10
Anpassungswahlrecht bei assoziierten Unternehmen **312** 64
Auslegungsfragen und Reihenfolge der Rechtsanwendung **264** 32 ff.
Begriff und Anwendungsbereiche der GoB **243** 1 ff.
Begriff und Zweck der Buchführung **238** 90 ff.
Bewertungsmethoden-Wahlrechte **284** 102
Bewertungsprinzipien **243** 20; **252** 17 ff., 29 ff.
Bewertungsvereinfachungsverfahren **256** 3, 13, 28
Bilanzgliederung **247** 5
deduktive Ableitung **243** 14 ff.
DRSC-Verlautbarungen **243** 23 f.
Generalnorm des Konzernabschlusses, Abgrenzung von GoB **297** 186 f.
gesetzliche Verankerung **243** 4
Grundsätze ordnungsmäßiger Konzernrechnungslegung (GoK) **300** 1
hermeneutische Methode **243** 18
IFRS-Abweichungen **243** 130 ff.; s *iEinz* dort
induktive Ableitung **243** 12 ff.
interdisziplinäre Methode **243** 18
Inventurgrundsätze **240** 17 ff.; s *iEinz* dort
Klarheitsgrundsatz **243** 51 ff.; s *iEinz* dort
Kleinst-Kapitalgesellschaften **243** 34
Konzernabschluss **243** 22, 37, 67
Konzernanhang **313** 13
Maßgeblichkeitsgrundsatz **243** 111 ff.; s *iEinz* dort
matching principle **243** 35
normierte GoB im HGB (Überblick) **243** 31 ff.
Prüfungsumfang **317** 15
Rechnungsabgrenzung **250** 24
Rechtsnatur der GoB **243** 11 ff.

Stichprobeninventur **241** 17 ff.
true and fair view **264** 32 ff.
Übersichtlichkeitsgrundsatz **243** 51 ff.; s *iEinz* Klarheitsgrundsatz
Grundsätze ordnungsmäßiger Buchführung und Aufbewahrung von Büchern sowie zum Datenzugriff (GoBD) **239** 24
Grundsätze ordnungsmäßiger Dokumentation (GoD) **238** 2
Grundsätze ordnungsmäßiger DV-gestützter Buchführungssysteme (GoBS) **239** 22 ff.
Aufbewahrungsfristen **239** 41
Beleg-, Journal- und Kontenfunktion **239** 27
Belegprinzip **239** 27
Buchung **239** 29
Datensicherheit **239** 35
Dokumentation und Prüfbarkeit **239** 37 ff.
Folgen der Verletzung **239** 45
Internes Kontrollsystem (IKS) **239** 31 ff.
Journalfunktion **239** 27
Kontenfunktion **239** 27
Verfahrensprüfung **239** 37
Wiedergabe der auf Datenträgern geführten Unterlagen **239** 43
Grundsätze ordnungsmäßiger Inventur (GoI) s Inventurgrundsätze
Grundsätze ordnungsmäßiger Konzernrechnungslegung (GoK) **300** 1
Grundschulden, Haftungsvermerk **251** 45; **268** 126
Grundsteuer, Herstellungskosten **255** 470
Grundstücke
Abschreibung **253** 390 ff.
– außerplanmäßige **253** 391
Aufteilung eines Gesamtkaufpreises bei Erwerb eines bebauten G. **255** 81 f.
Bilanzansatz **247** 455
Bilanzausweis **266** 65
Sachanlagen **247** 450 ff.
Zugänge **268** 31 f.
Grundstücksbestandteile, Abgrenzung zu technischen Anlagen **253** 414 ff.
Grundstücksgleiche Rechte
Abschreibung **253** 392
Begriff **247** 457
Bilanzausweis **266** 65
Sachanlagen **247** 450 ff.
Zugänge **268** 31 f.
Grundstücksparzellierungen, Anlage-/Umlaufvermögen **247** 361
Gründung einer Kapitalgesellschaft
Begriff und Arten **267** 23
Größenklassenbestimmung **267** 21 ff.

magere Ziffern = Anmerkungen

Gründungskosten
Begriff und Umfang **248** 2
Bilanzierungsverbot **248** 1 ff.
Bilanzierungsverbote **252** 50
handelsrechtliche Behandlung **248** 1 ff.
IFRS-Abweichungen **248** 55
steuerliche Behandlung **248** 5
Verbot der Verrechnung mit Ausgabeaufgeld **248** 1
Gründungsprüfungen, Prüfungsbericht **321** 7
Gründungsprüfungskosten,
Bilanzierungsverbot **248** 2
Grundvermögen, Begriff und Umfang **247** 450
Gruppenbewertung 240 130 ff.
annähernde Gleichwertigkeit **240** 137
Anwendungsbereich **240** 134
Ausweis von Unterschiedsbeträgen **284** 180
bewegliches Anlage- und Umlaufvermögen **240** 134
Bewertung einheitliche im KA **308** 47
Bewertungsvereinfachungsverfahren *s dort*
Durchschnittswert gewogener **240** 131, 138 f.
Gleichartigkeit **240** 135 f.
IFRS-Abweichungen **240** 145
Niederstwertprinzip **240** 132
Rückstellungen **253** 162
– zusammengefasste R. **240** 140
steuerliche Anerkennung **240** 141
Voraussetzungen **240** 135 ff.
Vorratsvermögen **240** 131, 134
Wertpapiere **255** 304
Gütergemeinschaftsauseinandersetzung, Vorlegung der Handelsbücher **260** 1 ff.
Güterverkehrskonzessionen
Abschreibung **253** 384
GWG **247** 411
Guthaben bei Kreditinstituten
Begriff **266** 154
Bewertung **255** 322
Bilanzausweis **266** 150 ff.
Umlaufvermögen **247** 132
Gutschriften, Erlösschmälerungen **275** 64
GuV-Ausweis/GuV-Gliederung 275 11 ff.
s auch GuV-Rechnung
abweichende Gliederung **275** 16 ff.
Änderung der Gliederung und Bezeichnung **275** 15
Ausgleichszahlungen an Minderheitsgesellschafter **277** 13
Beibehaltung von Gliederung und Ausweis **275** 38

GuV-Rechnung

Einzelunternehmen **247** 630 ff.
Ergebnisverwendung **275** 312
Festwertausweis **240** 116 ff.
Gesamtkostenverfahren *s dort*
Gliederungsgrundsätze
– abweichende Gliederung und Bezeichnung **265** 16
– Angabe der Vorjahresbeträge **265** 5 f.
– Ausweis von Leerposten **265** 18
– formelle Stetigkeit **265** 2 ff.
– Gliederung bei mehreren Geschäftszweigen **265** 11 ff.
– Mitzugehörigkeitsausweis **265** 9
– Rechtsfolgen bei Verletzung **265** 20 ff.
– weitere Untergliederung und neue Posten **265** 14 f.
– Zusammenfassung mehrerer Posten **265** 17
IFRS-Abweichungen **275** 330 ff.
Kleinst-Kapitalgesellschaften **267a** 8
– mit verkürzter GuV **275** 317 ff.
Kontoform **275** 11
Konzernabschlussgliederung *s dort*
Kurzbezeichnung von Posten **275** 22
latente Steuern **274** 76
Leerposten **275** 21
Mindestgliederung nach IFRS **275** 333 ff.
Mindestgliederungsgebot **275** 13
Ordnungswidrigkeiten **334** 11
PersGes/PersHandelsGes **247** 630 ff.; *s iEinz dort*
publizitätspflichtige Unt **275** 324 ff.
Rechtsfolgen bei Verletzung **275** 326 ff.
Reihenfolgegebot **275** 19
Staffelform **275** 11 ff.
– IFRS-Rechnungslegung **275** 334
Stetigkeitsgrundsatz **275** 23
Umsatzkostenverfahren *s dort*
Veräußerungsgewinne **275** 180
Währungsderivate **275** 172
Währungsumrechnungsertrag/-aufwand **275** 172
weitergehende Gliederung **275** 17
Zusammenfassung einzelner Posten **275** 18
zusätzliche Aufgliederung im Anhang **275** 17
Zwischensummenbildung **275** 20
GuV-Rechnung 275 1 ff.
s auch GuV-Ausweis/GuV-Gliederung
Abschreibungen **275** 140 ff.
– Ausweis außerplanmäßiger A. **277** 3 ff.
– Finanzanlagen **275** 200 ff.
– Forderungen des UV **275** 161
– Wertpapiere des UV **275** 200 ff.
– „ähnliche" Aufwendungen
– Gesamtkostenverfahren **275** 204 ff.
– Umsatzkostenverfahren **275** 308

2643

GuV-Rechnung

fette Ziffer = Paragraphen

„ähnliche" Erträge **275** 190 ff.
aktivierte Eigenleistungen **275** 80 ff.
allgemeine Verwaltungskosten **275** 290 ff.
Altersversorgungsaufwendungen
 275 135 ff.
Altersversorgungsrückstellungen **275** 193
Angaben im Anhang **284** 85 ff.
Aufgliederung, Umsatzerlöse im Anhang
 285 90 ff.
Aufstellungsgrundsätze **247** 620 ff.
Aufstellungspflicht **242** 8
Aufwendungen
– für Roh-, Hilfs- und Betriebsstoffe
 275 115 ff.
– an verbundene Unt **275** 204 ff.
– aus Verlustübernahme **277** 20 ff.
Aufwendungsbegriff **247** 610 f.
Ausgleichszahlungen an
 Minderheitsgesellschafter **277** 13
außerordentliche Aufwendungen
 275 215 ff.
außerordentliche Erträge **275** 215 ff.
außerordentliches Ergebnis **275** 230
Begriff **247** 610 ff.
Bestandsveränderungen an
 fertigen/unfertigen Erzeugnissen
 275 75 ff.
Bruttoergebnis vom Umsatz **275** 280
Bußgelder **275** 247
Dividendengarantieverrechnung bei
 Organschaft **277** 13
Einzelunternehmen **247** 600 ff.
Erfolgsspaltungsmöglichkeiten **275** 40 ff.
Ergebnis der gewöhnlichen
 Geschäftstätigkeit **275** 213 f.
Ergebnisverwendung **268** 3
Erträge aus
– Ausleihungen **275** 185 ff.
– Beteiligungen **275** 175 ff.; *s iEinz dort*
– Finanzanlagen **275** 185 ff.
– Gewinnabführungsverträgen **277** 8 ff.
– Gewinngemeinschaften **277** 8 ff.
– Interessengemeinschaften **277** 8 ff.
– verbundenen Unternehmen
 275 175 ff.
– Wertpapieren **275** 185 ff.
Erträge und Aufwendungen aus
– Ab- und Aufzinsung **277** 26
– Währungsumrechnung **277** 26
Ertragsbegriff **247** 613 f.
fertige/unfertige Erzeugnisse **275** 75 ff.
Form der GuV **275** 7 ff.
Formblätter für bestimmte
 Kapitalgesellschaften **275** 10
Fremdreparaturen **275** 123
Fremdwährungsumrechnung
– Einzelabschluss **256a** 220 ff.
– Konzernabschluss **308a** 35 f.
Genossenschaften **275** 10; **336** 25 f.

Gesamtkostenverfahren *s dort*
Gewinnermittlungsfunktion **275** 7
Gewinne/Verluste (abgeführte) aus
 Verlustübernahme **277** 23
Gewinnrücklagenveränderung
 275 313 ff.
– Ausweis **275** 310 f.
Grundsätze ordnungsmäßiger
 Buchführung (Überblick) **247** 620
Grundstruktur (Strukturelemente)
 247 622
Herstellungskosten des Umsatzes *s dort*
Informationsfunktion **275** 7
Inhalt der einzelnen GuV-Posten
– Gesamtkostenverfahren **275** 45 ff.
– Umsatzkostenverfahren **275** 265 ff.;
 s iEinz dort
Inhalt der GuV **275** 7 ff.
Jahresüberschuss/Jahresfehlbetrag
 275 261 ff.
Kapitalrücklage, Ausweis der Verände-
 rungen **275** 310 f.
Klarheitsgrundsatz bei PersGes
 247 623 ff.
Kleinst-Kapitalgesellschaften **247** 622
Kontenplanbedeutung **247** 630
Konto- oder Staffelform bei PersGes/
 Einzelunternehmen **247** 660 f., 666 f.
Kreditinstitute **275** 10
Löhne und Gehälter **275** 126 ff.
Materialaufwand **275** 115 ff.; *s iEinz dort*
Mietaufwendungen **275** 123
Mindestgliederung **247** 9
PersGes/PersonenhandelsGes **247** 600 ff.;
 s iEinz dort
Personalaufwand **275** 125 ff.; *s iEinz dort*
Pflichtangaben im Anhang
– nach HGB **284** 56
– weitere Pf. für GmbH **284** 57 ff.
Postenzusammenfassungen bei PersGes
 247 621
publizitätspflichtige Unt **247** 601
Rechtsfolgen bei Verletzung **275** 326 ff.
Rücklagenveränderung bei Organschaft
 mit EAV **275** 313 ff.
sachliche Zurechnung von
 Aufwendungen und Erträgen **246** 91
saldierter Steuerausweis **275** 253 f.
Skontibehandlung **275** 192
Sonder-GuV-Rechnung **247** 758
sonstige betriebliche Aufwendungen
 275 155 ff., 305 ff.; *s iEinz dort*
sonstige betriebliche Erträge **275** 90 ff.,
 300 ff.; *s iEinz dort*
Sozialabgaben **275** 133 ff.
Stetigkeitsgrundsatz bei PersGes **247** 625
Steuern **275** 235 ff.
Steuerstrafen **275** 247
Teil des Jahresabschlusses **275** 1 f.

magere Ziffern = Anmerkungen

Übersichtlichkeitsgrundsatz bei PersGes **247** 623 ff.
Umsatzerlöse **275** 45 ff.; *s iEinz dort*
Umsatzkostenverfahren *s dort*
unrichtige Darstellung **331** 14
verkürzte GuV-Rechnung *s dort*
Verrechnungsverbot **246** 100 ff.
– Ausnahmen **246** 115; **275** 9
– Personengesellschaften **247** 626
– sonstige Zinsen und ähnliche Erträge **275** 193
– Währungsgewinne mit Währungsverlusten **275** 171
– Zinserträge mit Zinsaufwendungen **275** 205
Versicherungsunternehmen **275** 10
Verspätungszuschläge **275** 247
Vertriebskosten **275** 281 ff.
Vollständigkeitsgebot **246** 90 ff.; **275** 8
– Personengesellschaften **247** 626
Vorschriften zu einzelnen Posten **277** 1 ff.
Wertminderungsausweis **275** 148
Zinsaufwendungen
– Gesamtkostenverfahren **275** 204 ff.
– Umsatzkostenverfahren **275** 308
Zinserträge **275** 190 ff.
Zinszuschüsse **275** 194
Zwangsgelder **275** 247
Zwischensummenbildung **247** 623
GWG *s* Geringwertige Vermögensgegenstände/Wirtschaftsgüter

Haftpflichtverbindlichkeit, Rückstellung **249** 100
Haftung
Abschlussprüfer **323** 100 ff.; *s iEinz dort*
Begrenzung der Haftung für Prüfstelle **342c** 8 ff.
Prüfstelle **342b** 62 ff.
Haftungsübernahmen 251 29
BiRiLiG-Anwendung **264a** 20 ff.
Haftungsverhältnisse 251 1 ff.; **268** 120 ff.
Abgrenzung von Verbindlichkeiten und Rückstellungen **251** 2
Abkaufsverpflichtungen **251** 34
Akkreditiv unwiderrufliches **251** 44
Angaben im Anhang **285** 70 ff.
– bedingte Verbindlichkeiten **285** 77 ff.
– für eigene Verbindlichkeiten **285** 71 ff.
– für fremde Verbindlichkeiten **285** 74 ff.
– gegenüber Organmitgliedern **285** 215
Angaben im Konzernanhang, nicht einbezogene TU **314** 21
Angabepflichten **268** 120 ff.
– *s auch* Davon-Vermerk
– Pfandrechte und Sicherheiten **268** 126
– Rechtsfolgen bei Verletzung **268** 150 f.

Haftungsverhältnisse

– Vorjahreszahlen **268** 124
– zusätzliche Angaben bei bestimmten H. **268** 125
– zwingende Doppelangabe **268** 125 f.
Anhangangaben **285** 455 ff.
Anzahlungsgarantien **251** 31
Ausbietungsgarantien **251** 44
Ausschluss anderer H. **251** 4
Ausweis der H. **251** 7 ff.
bedingt rückzahlbare Zuschüsse **251** 50
bedingte Haftungsverhältnisse **251** 6
bedingte Verbindlichkeiten **285** 77 ff.
Begriff **251** 2
Beitritt zu Dauerschuldverhältnissen **251** 30
Besserungsscheine **251** 50
betriebs- und branchenübliche H. **251** 5
Bewertung **251** 10 f.
Bietungsgarantien **251** 31
Bilanzvermerk **247** 320
Bilanzvermerk bei Nichtqualifizierbarkeit **251** 11
bindende Versprechen **251** 33
Bürgschaften **251** 21 ff.
– Haftungen für B. **251** 32
– verunglückte B. **251** 31
bürgschaftsähnliche Rechtsverhältnisse **251** 21, 41
Bürgschaftsversprechen **251** 33
Cash-flow-Ausgleichsverpflichtung **251** 43
Davon-Vermerk **251** 13; **268** 125 f.
Dividendengarantie **251** 44
Doppelausweisverbot **251** 11
doppeltes Haftungsverhältnis **251** 4
Drittbürgschaften **251** 24
eigene Haftungsverhältnisse **251** 2
eigene Verbindlichkeiten **251** 3 f.
Eigentumsvorbehalte **251** 5
Einzahlungsverpflichtungen **285** 71
Einzelfälle **251** 14 ff.
erweiterte Vermerke **251** 13
Erwerbsverpflichtungen **251** 34
Eventualverbindlichkeiten **251** 25
Exporteurgarantien **251** 31
Forderungsrücktrittserklärungen **251** 35
Fremdwährungsumrechnung **251** 10; **256a** 210
Garantien Dritter **251** 32
Garantieversprechen **251** 33
Garantieverträge (Einzelfälle) **251** 31
Gesamtschuldverhältnisse gesetzliche **285** 75
Gesamtschuldvermerk **251** 10
Gesellschafterverpflichtungen **268** 129
gesetzliche Haftungen **251** 5
– eigene und fremde Verbindlichkeiten **251** 4
gesetzliche Pfandrechte **251** 5

2645

Haftungsvermerk

fette Ziffer = Paragraphen

gesonderter Ausweis bestimmter H.
  268 123 ff.
Gewährleistungen 251 25 ff.
— für eigene Leistungen 251 26 ff.
— für fremde Leistungen 251 29 ff.
— sonstige G. 251 44
Grundpfandrechte 251 45
Grundschulden 251 45
Hypotheken 251 45
IFRS-Abweichungen 251 60
IFRS-Regelung 268 169
Inkassoweitergabe 251 16
In-substance-defeasance-Gestaltung
  251 30
Konsortialhaftungen 251 4; 285 76
Konzernabschluss 298 30
Konzernanhang 314 79 ff., 127
Kreditauftrag 251 21, 32
Kreditgarantien 251 31
künftige H. 251 6
Kursgarantien 251 44
Liefer- und Leistungsgarantien 251 31
Mitvertragspartnerschaft 251 30
Nachschusspflichten 285 72
Nebenkosten und Zinsen 251 10
Negativerklärungen 251 28
nichtvermerkungspflichtige Zusagen
  251 42
Patronatserklärungen 251 41 ff.
Pensionsanwartschaften 251 36
Pensionsrückstellungsfehlbeträge 251 50
Pensionsverpflichtungen 251 37
Pfandbestellung an beweglichen Sachen
  und Rechten 251 45
publizitätspflichtige Unternehmen,
  Ausweis und Angabe 268 120 ff.
Rangrücktrittserklärungen 251 35
Rechtsfolgen bei Verletzung 251 55
Rentabilitätsgarantien 251 44
Rentengarantien 251 44
Rentenschulden 251 45
Rückgriffsforderungen und
  Vermerkpflicht 251 12
Saldierungsverbot 251 12
Schätzbetrag 251 11
Scheckbürgschaften 251 22
Schiffshypotheken 251 45
Schuldbefreiungsversprechen 251 33
Schuldenkonsolidierung 303 7, 38 ff.
Schuldmitübernahmen 251 30
Sicherheiten für
— eigene Verbindlichkeiten 251 4
— fremde Verbindlichkeiten 251 45
Sicherungsabtretung und -übereignung
  251 45
steuerrechtliche H. 251 5
Strittigkeit eines H. 251 4
Teilpassivierung des Haftungsrisikos
  251 3

Tilgungsgarantien 251 31
treuhänderische Übereignung 251 5
Umfang der Vermerkpflicht 251 4 ff.
Vermerk
— in einem Betrag 251 8 f.
— unter der Bilanz 266 263
Vermerkpflichten 251 1 ff.
Vermerkpflichtgrundsätze 251 3 ff.
Verpflichtung ggü verbunden
  Unternehmen 268 127 f.; 271 31
Vertragserfüllungsgarantien 251 31
Vertragsstrafen 285 73
Vorrang der Passivierung 251 3
Vorschriften zu beachtende 268 124
Wahlrecht des gesonderten oder
  zusammengefassten Vermerks 251 8
Wechselverbindlichkeiten 251 14 ff.
zusätzliche Bilanzvermerke 251 50
Haftungsvermerk, Nachhaftung bei
  Spaltungen 251 36
Halbfertige Arbeiten,
  Wiederherstellungskosten 253 544 ff.
Halbjahresbilanz, Bilanzgliederung 266 3
Halbjahresfinanzberichte,
  Aufbewahrungspflicht 257 17
Halbjahresregel, Abschreibungsende
  253 276
Handelsbilanz *s* Bilanz
Handelsbriefe 238 141
  Aufbewahrungspflicht 257 15
Handelsbücher
  Abkürzungen, Ziffern, Buchstaben,
    Symbole 239 8
  Abrechnungsperiodenzurechnung 239 12
  Anforderungen an bestimmte
    Buchführungsformen 239 18 ff.
  Aufbewahrungspflicht 257 10
  äußere Form und sonstige
    Aufzeichnungen 239 1 ff.
  Begriff und Arten 238 109 ff.
  Beweisaufnahme vor dem Prozessgericht
    259 5
  Beweiskraft 258 6
  Einsichtnahme 259 1 ff.
  Fernbuchführung 239 10
  geordnete Vornahme der Eintragungen
    239 13
  Grundbücher 238 111
  Hauptbücher 238 112
  Hilfsbücher 238 113 ff.
  Internes Kontrollsystem 239 14
  lebende Sprache 239 5 f.
  Lesbarmachen von Unterlagen auf Bild-
    oder Datenträgern 261 1 ff.
  Nachprüfbarkeitserfordernis 239 13
  Nebenbücher 238 113 ff.; 239 10
  Offenlegung vor Gericht 259 3
  Richtigkeit 239 11
  Unveränderlichkeitsgrundsatz 239 16

magere Ziffern = Anmerkungen

Herstellungskosten

Vollständigkeitsgebot **239** 10
Vorlegung
– im Rechtsstreit **258** 1 ff.
– bei Vermögensauseinandersetzungen **260** 1 ff.
zeitgerechte Erfassung **239** 12
Handelsgeschäfte, Buchführung **238** 97 f.
Handelsgesellschaften
Begriff **238** 28 ff.
Buchführungspflicht **238** 57
Handelsgewerbe
s auch Kaufmannseigenschaft
Begriff und Kriterien **238** 8 ff.
kraft Eintragung **238** 18 ff.
Kleingewerbetreibende **238** 18
Handelsregister
Gewinnabführungsvertrag **271** 130
Handelsgewerbe kraft Eintragung **238** 18 ff.
Handelsunternehmen
Umsatzerlöse **275** 50
Vorräte (Begriff) **247** 60
Handelsvertreter, Pensionszusagen **249** 240
Handelsvertreter-Ausgleichsansprüche
aktive latente Steuern **274** 35
Maßgeblichkeitsgrundsatz **243** 116
Rückstellung **249** 100
Handelsvertreter-Provisionen
Aktivierung als geleistete Anzahlungen **247** 123
Gewinnrealisierung **247** 99
Handelswaren
beizulegender Wert **253** 516
GuV-Ausweis der Einstandskosten **275** 267
Maßgeblichkeitsprinzip doppeltes **253** 519, 526
Härteklausel
Anwendung der E-Bilanz **266** 314 f.
Größenmerkmale beim Konzernabschluss **293** 20 ff.
Hauptbücher 238 112
Hauptniederlassung, Offenlegung der Unterlagen von Zweigniederlassungen **325a** 30 ff.
Hauptversammlung
Auslage der Vorlagen zur Einsicht der Aktionäre **Vor 325** 104
Begriff der ordentlichen HV **Vor 325** 101
Berichtspflicht des Aufsichtsrats **Vor 325** 27 ff.; s iEinz unter Aufsichtsrat
Bindung von Vorstand und Aufsichtsrat an die JA-Erklärungen der HV **Vor 325** 106
Einberufung der ordentlichen HV **Vor 325** 101 ff.

Erläuterungspflicht
– des Aufsichtsrats **Vor 325** 114
– des Vorstands **Vor 325** 112 f.
Erteilung von Abschriften an Aktionäre **Vor 325** 104
Feststellung des Jahresabschlusses **Vor 325** 75 f.; s iEinz unter Jahresabschluss-Feststellung
Gegenstand der Hauptversammlung **Vor 325** 102
Gewinnverwendung
s Ergebnisverwendungsbeschluss
keine Offenlegung der Niederschrift **325** 7
ordentliche Hauptversammlung **Vor 325** 101 ff.
Rechtsfolgen bei Verletzung der
– Einberufung **Vor 325** 107
– Erläuterungspflichten **Vor 325** 116
Rücklagenbildung, Einschränkung der Dispositionsfreiheit **270** 15 ff.
Rücklagendotierung **Vor 325** 40 ff.
– Einschränkung der Dispositionsfreiheit **Vor 325** 54
– im Rahmen der Gewinnverwendung **Vor 325** 52 ff.
Rückstellung **249** 100
Teilnahmepflicht des Abschlussprüfers **Vor 325** 115
Vorlagepflicht des Vorstands **Vor 325** 110 ff.
Zeitraum für Abhaltung der HV **Vor 325** 103
Hausanschlüsse, GWG **253** 442
Heimfallverpflichtung, Rückstellung **249** 100
Hermeneutische GoB, Ermittlung **243** 18
Hermes-Versicherung, Wertberichtigung von Forderungen **253** 591
Herstellung
s auch Herstellungskosten
Abgrenzung Herstellung/Vertrieb **255** 452
Anschaffung/Herstellung **255** 35 ff.
Beginn der H. **255** 419
Begriff **255** 330 ff.
– finaler Herstellungsbegriff **255** 362
Einzelkostenbegriff **255** 347 ff.
Ende der H. **255** 420
Erscheinungsformen der Herstellung **255** 330
Fremdherstellung **255** 334
Wiederherstellung eines VG **255** 377
Herstellungskosten 255 1 f., 330 ff.
s auch Herstellung
s auch Herstellungskosten des Umsatzes
Abbruchkosten-Urteil **255** 366

2647

Herstellungskosten

fette Ziffer = Paragraphen

ABC der Herstellungskosten
- Sachanlagen 255 400
- Vorräte 255 470
Abfolge von Anschaffungsvorgängen 255 37
Ablösung einer Stellplatzverpflichtung 255 381
Angaben im Anhang
- Anlagevermögen 284 111
- Umlaufvermögen 284 116
angemessene/notwendige 255 359
Angemessenheitsprinzip 255 436 ff.
Ansatzpflichten nach HGB/EStR/IFRS, Überblick 255 345
anschaffungsnaher Aufwand 255 388
Äquivalenzziffernkalkulation 255 470
Auftragsproduktion unechte 255 334
Bauunternehmerinsolvenz 255 334
Begriff 255 330 ff.
- „HK des Umsatzes" s dort
Beibehaltungswahlrechte 255 332
beizulegender Zeitwert 255 520 ff.
Bestandserneuerungen 255 386
Betriebsbereitschaftskosten 255 363
Bewertung einheitliche im KA 308 50
Bezugsgrößen- oder Verrechnungssatzkalkulation 255 349
Deckungsbeitragsrechnung 255 348
Divisionskalkulation 255 470
Divisionskalkulationen 255 413
Drei-Stufengliederung der einzubeziehenden Kosten 255 341 ff., 345
Durchschnittsbewertung 255 209 f.
echte/unechte Auftragsposition 255 38
Eigenkapitalzinsen 255 509
Einbeziehungswahlrechte 255 359
Einzelfragen 255 361 ff.
Erhaltungsaufwand 255 390 f.
Ermittlung beim Umsatzkostenverfahren 275 33
ersparte Aufwendungen 255 372
Erweiterung als nachträgliche HK 255 380 f.
Fertigungseinzelkosten 255 352
Fertigungslöhne 255 352
Finanzanlagen 255 405
Forderungsverzicht 255 405
Forschungs- und Entwicklungskosten 255 480 ff.; s iEinz dort
Fremdkapitalzinsen 255 502 ff.
- Angaben über Einbeziehung 284 190
Gebäudeherstellung 255 370 ff.; s iEinz dort
Gemeinkosten 255 353 ff., 410 f., 422 ff.; s iEinz dort
Generalüberholung/Vollverschleiß 255 376

Handels-/Steuerbilanz 274 203 ff.
Herstellung
- im eigenen Unternehmen 255 333
- im fremden Unternehmen 255 334
Herstellungs-/Erhaltungsaufwand 255 392
Herstellungsrisiko 255 38
Herstellungsvorgang 255 332 ff.
IFRS-Abweichungen 255 585 ff.
- selbst hergestellte VG 255 589
- Verhältnis zu Erhaltungsaufwand 255 590
immaterielle Vermögensgegenstände des Anlagevermögens 255 361
Investitionszulagen/-zuschüsse s dort
Komponentenansatz 255 391
Konzernherstellungskosten s dort
Kostenbestandteile 255 340 ff.
Kostenrechnungssysteme 255 414
Kostenstufen 255 341 ff.
Kostenverteilungsmethode 255 470
Kuppel(produkt)kalkulationen 255 413, 470
Marktwertmethode 255 470
Maßgeblichkeitsgrundsatz 255 359
Materialeinzelkosten 255 351
nachträgliche HK 255 375 ff.
- Abgang im Entstehungsjahr 268 52
- Zugang 268 37
Notwendigkeitsprinzip 255 436 ff.
Obergrenze der HK 255 358 f.
- steuerrechtlich 255 360
Päckchen-Deckungsbeträge 255 470
pagatorischer Kostenbegriff 255 335
Produktionsbegriff 255 332
Realisationsprinzip 255 332
Redaktionskosten-Urteil 255 365
Restwertmethode 255 470
retrograde Wertermittlung 255 211
Rückstellung 249 100
Sachanlagen 255 362 ff.; s iEinz dort
Sanierungszuschüsse 255 405
Substanzmehrung 255 380
Teilgewinnrealisierung bei langfristiger Fertigung 255 457 ff.
Überleitung HB/StB 274 178 ff.
Umfang der HK 255 340 ff.
- Umsatzkostenverfahren 275 269 ff.
Untergrenze der HK
- nach Handelsrecht 255 346 ff.
- nach Steuerrecht 255 357
Verbrauchsteuern 255 453
verdeckte Einlagen 255 405
Veredelungsrechnung 255 470
Vertriebskosten 255 442 ff.; s iEinz dort
Vorprodukt unfertiges 255 37
Vorräte 255 410 f.; s iEinz dort
Wertverzehr 255 356
Wesensänderung 255 38

magere Ziffern = Anmerkungen

IFRS-Rechnungslegung

Wesensänderung eines Vermögens-
gegenstands 255 378 f.
wesentliche Verbesserungen 255 382 ff.
Zeitraum der Herstellung 255 359
Zuschlagskalkulation 255 410 f., 470
Zuschüsse 255 345
Herstellungskosten des Umsatzes
275 265 ff.
Abschreibungen, GuV-Ausweis 275 274
Begriff und Abgrenzungsfragen
275 268 ff.
Bestandsminderungen und Bestands-
erhöhungen 275 266
Einstandskosten der Handelswaren
275 267
Gemeinkosten 275 273
Herstellungskosten noch nicht
abgesetzter Produkte/Leistungen
275 276
Leistungen zur Erzielung der
Umsatzerlöse 275 266 ff.
Posteninhalt 275 273 ff.
sonstige betriebliche Aufwendungen
275 305
Unterbeschäftigungskosten 275 273
Verwaltungskosten 275 275
Herstellungskostenbeiträge, Rück-
stellung für Kundenzuschüsse 249 100
Hilfsbücher 238 113 ff.
Hilfsstoffe s Roh-, Hilfs- und
Betriebsstoffe
Hinterbliebenen-
Organmitgliederbezüge 314 70 ff.
Hochbehälter, Betriebsvorrichtung
253 395
Hochinflationsländer
Angaben im Anhang 284 136
Fremdwährungsumrechnung 308a 3,
115 ff.
Rechnungslegung 256a 260
Währungsumrechnung, Konzernanhang
313 95
Hochöfen 247 480
Hochregallager 241 35
Betriebsvorrichtung 247 461; 253 419
Höchstwertprinzip, Bewertung von
Rückstellungen 253 152
Hofbefestigung, Betriebsvorrichtung
253 419
Hoheitsbetrieb, Begriff 238 40
Holdinggesellschaften
Beteiligungserträge 275 54
Bilanzgliederung 266 16
Einbeziehung bei Bestimmung der
Größenmerkmale 267 7
geschäftsleitende Holding 271 105
Organträger 271 105
vermögensverwaltende Holding 271 105
Zwischenholdinggesellschaften 271 105

Honorar, Zusatzangaben über AP-
Gesamthonorar 285 290 ff.; s iEinz
Abschlussprüferhonorar
Hotelschwimmbad, Gebäudeteil 253 421
Hundesteuer, GuV-Ausweis 275 246
Hypotheken, Haftungsvermerk 251 45;
268 126

IAS s IFRS
IAS-Verordnung
ergänzende Vorschriften für Pflicht-
anwender 315a 9 ff.
Gleichstellung Antragsteller/
Pflichtanwender 315a 12 f.
KA von Kapitalmarkt-MU 315a 3 ff.
PublG-Regelungen 315a 20 f.
Sanktionen bei Verstoß 315a 22
Übergangsregelungen, Pflichtanwender
315a 15
Übernahme in EU-Recht 315a 8
Umstellung von HGB/IFRS 315a 16
Wahlrecht für MU 315a 14
Wahlrechte 315a 6
IdW-Verlautbarungen,
Gewissenhaftigkeit 323 12 ff.
IFRS-Bilanz, Zusammensetzung 247 592
IFRS-Rechnungslegung 249 302
Abgrenzung Eigen-/Fremdkapital
247 165 ff.
ABS-Transaktionen, Ausbuchung
246 180 ff.
Aktienoptionspläne 272 500 ff.
aktiver Unterschiedsbetrag aus
Vermögensverrechnung 266 284
Angaben im Anhang 284 200 ff.
– Angabepflichten 284 201 ff., 205 ff.
– Anhangsanforderungen 284 203 f.
– Pflichtangaben 284 205
– Pflichtangabensynopse HGB/IFRS
284 201
– systematische Darstellung/Quer-
verweise 284 204
– weitergehende Pflichtangaben
284 210 ff.
Anlagevermögen, Entwicklung
268 161 f.
Ansatzregelungen 246 156 ff.
Anschaffungskosten 255 570 ff.
– vereinfachte Verfahren 255 573 f.
Anschaffungskosten-/Herstellungs-
kostenmethode 253 704 ff.
assoziierte Unternehmen 311 40 f.
Aufwands- und Ertragskonsolidierung
305 65
Ausbuchung von Vermögenswerten
246 180 ff.
Ausgleichsposten 307 90 ff.
Ausschüttungssperre für bestimmte VG
268 170

2649

IFRS-Rechnungslegung

fette Ziffer = Paragraphen

Ausweis der Vermögenswerte **266** 281 ff.
Ausweis und Angabe
– Forderungen **268** 164
– Haftungsverhältnisse **268** 169
– nicht durch EK gedeckter Fehlbetrag **268** 163
– Unterschiedsbeträge **268** 168
– Verbindlichkeiten **268** 165 ff.
Befreiung von Buchführungs- und Inventarerstellungspflicht **241a** 11
Beherrschung ohne Gegenleistungstransfer **301** 510 f.
beispielhafte Gesamtergebnisrechnung **275** 371
beizulegender Zeitwert **255** 597 f.
Berichterstattung im KA **321** 121
Bestandteile des Jahresabschlusses **242** 15
Bestätigungsvermerk für KA **322** 135 ff.
Beteiligungen an assoziierten Unternehmen **312** 100 ff., 117 f.
– besondere Angabe- und Ausweispflichten **312** 122
Beteiligungsdefinitionen **271** 45 ff.
Bewertung von Rückstellungen **253** 745 ff.
– Erstbewertung **253** 746
– Folgebewertung **253** 747
Bewertung von Verbindlichkeiten **253** 741 ff.
– Erstbewertung **253** 742
– Folgebewertung **253** 743
Bewertungsannahmen **275** 375 ff.
Bewertungseinheiten **254** 60 ff.
Bewertungsfehler **275** 375 ff.
Bewertungsgrundsätze **252** 81 ff.
Bewertungsmethoden **275** 375 ff.
Bewertungsvereinfachungsverfahren **256** 107 ff., 111
– Angaben im Anhang **256** 112
– Lifo-Verfahren **256** 111
Bilanzänderung **253** 850 ff.
Bilanzaufstellung nach Ergebnisverwendung **268** 160
Bilanzberichtigung **253** 850 ff.
Bilanzgliederung **266** 280 ff.
Bilanzierungsannahmen **275** 375 ff.
Bilanzierungsfehler **275** 375 ff.
Bilanzierungsmethoden **275** 375 ff.
Bilanzierungsverbote **248** 55 ff.
Bilanzzusammenhang **247** 590 ff.
biological asset (Definition) **266** 284
Buchführung **238** 103 ff.
current asset/non-current asset **266** 281 f.
current liability-definition **266** 286
discontinued operation **297** 233
Drohverlustrückstellungen **249** 338 ff.
Eigenkapital **272** 450 ff.
– Afs-Rücklage **272** 491 f.

– andere Rücklagen **272** 485 ff.
– Ausgabe neuer Aktien **272** 463 f.
– Bestandteile **272** 455 ff.
– eigene Aktien **272** 493 ff.
– Fremdwährungsrücklage **272** 485 f.
– Neubewertungsrücklage **272** 487 ff.
– Veränderungsrechnung **297** 240 ff.
– Wandelanleihen **272** 466
Eigenkapitalgliederung **266** 288
Emmissionsrechte/-pflichten **248** 76 ff.
Equity-Methode **312** 100 ff., 107 ff.
Ergebnis aus aufgegebener Geschäftstätigkeit **275** 355 ff.
Ergebnisverwendung **278** 150 ff.
Ertragslagedarstellung
– Anforderungen **275** 330 ff.
– Gesamtergebnisrechnung **275** 330 ff.
Eventualschulden **249** 337
Festwertverfahren **240** 145
Fettdruck-Bedeutung **243** 133
Finanzanlagen
– Erstbewertung **253** 722
– Folgebewertung **253** 723
finanzielle Verbindlichkeiten **254** 138
finanzielle Vermögenswerte **254** 137
Finanzierungsleasing **246** 168 ff.
Finanzinstrumente **254** 130 ff.
Folgebewertung **256a** 291
Forderungen aus Lieferungen und Leistungen, Untergliederung **266** 284
Forderungen und sonstige Vermögensgegenstände **253** 731
Forschungs- und Entwicklungskosten **255** 593
Framework-Bedeutung **243** 133
Fremdkapitalkosten **255** 595 f.
Fremdwährungsgeschäfte **255** 577
Fremdwährungsumrechnung
– Einzelabschluss **256a** 290 ff.
– Eliminierung konzerninterner Geschäftsvorfälle **308a** 158
– Fremdwährungsabschlüsse **308a** 150 ff.
– Fremdwährungsabschlüsse bei Hyperinflation **308a** 153 ff.
– Konzernabschluss **308a** 150 ff.
– Nettoinvestitionen in Auslandsbetrieb **308a** 159
– outside basis differences **308a** 157
full good will method **307** 92
Gemeinschaftsunternehmen **310** 90 ff.
Genossenschaften **337** 13 ff.
Gesamtkostenverfahren **275** 335 ff.
Geschäfts- und Firmenwert **309** 35 ff.
– negativer GFW **309** 45 ff.
gewerbliche Schutzrechte, selbst geschaffene **247** 379 ff.
Gewinn je Aktie **275** 385 ff.
Gewinnrücklagen **272** 470 ff.
gezeichnetes Kapital **272** 455 ff.

magere Ziffern = Anmerkungen

IFRS-Rechnungslegung

Gliederung der Vermögenswerte
266 281 ff.
Größenklasseneinteilung/Größenklassen
267 34
– Konzernabschluss **293** 60
Grundsätze ordnungsmäßiger Buchführung
– Aufstellungsfrist **243** 140
– Klarheitsgrundsatz **243** 135 f.
– Rechtsnatur und Ermittlung
 243 130 f.
– Übersichtlichkeitsgrundsatz **243** 135 f.
Gründungs- und Kapitalbeschaffungskosten **248** 55
Gruppenbewertung **240** 145
GuV-Mindestgliederung **275** 333
GuV-Posten im Einzelnen **275** 335 ff.
Haftungsverhältnisse **251** 60
Herstellungskosten **255** 585 ff.
immaterielle Vermögensgegenstände
 246 157; **253** 700 ff.; **255** 589
– Erstbewertung **253** 701
– fehlende Nutzung und Abgang
 253 708
– Folgebewertung **253** 702, 704
– IFRS-Definition **266** 284
– Neubewertungsmethode **253** 702
Inventurvereinfachungsverfahren **241** 73
Inventurzeitraum **240** 145
Jahresabschluss
– Anwendungsumfang **264** 200 ff.
– Gliederungsgrundsätze **265** 23
– Rechtsfolgen bei Verletzung der JA-Erstellung **264** 220 ff.
Kapitalflussrechnung **297** 230 ff.
Kapitalkonsolidierung **301** 400 ff.
– AK bedingte **301** 477 f.
– Anhangangaben **301** 468
– Ansatz erworbener Vermögenswerte und Schulden **301** 420 ff.
– Anwendung **301** 402, 405 ff.
– Auftragsbestand **301** 425
– Bewertung erworbener Vermögenswerte und Schulden **301** 438 ff.
– Business Combinations **301** 400
– Endkonsolidierung **301** 490 ff.
– Erwerbsbilanzierung **301** 412 f.
– Erwerbsbilanzierung vorläufige
 301 460 ff.
– Erwerbszeitpunkt **301** 416 f.
– Eventualschulden **301** 432 f.
– Folgekonsolidierung **301** 470 ff.
– Gegenleistungen für Unternehmenszusammenschlüsse **301** 445 ff., 452, 455 ff.
– günstige/ungünstige Verträge
 301 427 f.
– Kundenstamm **301** 426
– latente Steuern **301** 431
– Leasingverträge **301** 430

– Restrukturierungsrückstellungen
 301 429
– sukzessiver Unternehmenszusammenschluss **301** 507 ff.
– Übergangskonsolidierung **301** 502 ff.
– umgekehrter Unternehmenserwerb
 301 514 ff.
– Unternehmen unter gemeinsamer Beherrschung **301** 524 ff.
– Veränderungen der Beteiligungsquote des MU **301** 482 ff.
Kapitalrücklage **272** 460 ff.
Kleinst-Kapitalgesellschaften **267a** 14
kommunale Eigenbetriebe **263** 7
Konsolidierungsgrundsätze **300** 60 ff.
Konsolidierungskreis **294** 42 f.
– Einbeziehungswahlrecht **296** 52 ff.
Konzernabschluss **297** 220 ff.
– befreiender **291** 45 ff.; **292** 60
– Kapitalmarkt-MU **315a** 3 ff.; s *iEinz*
 IAS-Verordnung
Konzernabschlusspflicht **290** 130 f.
Konzernabschlussstichtag **299** 48 ff.
Konzernanhang **313** 230 f.
konzerneinheitliche Bewertung **308** 60 f.
Konzernlagebericht **315** 50
– befreiender **292** 60
Konzern-Segmentberichterstattung
 297 250 ff.
Lagebericht **264** 212; **289** 175
latente Steuern **274** 100 ff.; s *iEinz unter*
 Latente Steuern im JA
– im Konzern **306** 45 ff.
Leasingverhältnisse **246** 165 ff.
– Neuregelung **246** 174
Management Approach **297** 251
Maßgeblichkeitsgrundsatz **243** 145 ff.
Minderheitenanteile **307** 90 ff.
nachträgl HK/Erhaltungsaufwand
 255 590
noch nicht eingezahltes Kapital **272** 457
non-current-liability (Definition)
 266 286
Normensystem der IFRS **243** 133
Offenlegung des EA **325** 57 ff., 70 f.
Pensionsrückstellungen **249** 291 ff.
– leistungsorientierte Pensionspläne
 249 292 ff.
– Verpflichtungen ggü ArbN **249** 299
Preface-Bedeutung **243** 133
Prüfungsbericht des IFRS-EA **321** 99
Prüfungspflicht des IFRS-EA **316** 1;
 324a 1 ff.
– Abschlussprüferbestellung **324a** 5
– Rechtsfolgen bei Verstößen **324a** 9 f.
– Rechtsfolgen unterlassener Prüfung
 324a 3 f.
– zusammengefasster Prüfungsbericht
 324a 6 ff.

2651

Immaterielle VG/WG

fette Ziffer = Paragraphen

Quotenkonsolidierung **310** 90 ff.
Rechnungsabgrenzung **250** 58 ff.
– Ausweis **266** 284
Regelungslücken **243** 133
Rekultivierungsverpflichtungen **249** 339
Risk and Reward Approach **297** 253 f.
Rückstellungen **249** 331 ff., 340 f.
– IFRS-Umstellung **249** 100
Sachanlagevermögen **253** 709 ff.
– außerplanmäßige Abschreibungen **253** 714
– Erstbewertung **253** 710
– fehlende Nutzung und Abgang **253** 717
– als Finanzinvestition gehaltene Immobilien **253** 711
– Folgebewertung **253** 711 ff.
– Neubewertungsmethode **253** 711
– planmäßige Abschreibungen **253** 713
Sachdividendenbehandlung **278** 155 ff.
Sale-and-lease-back-Verträge **246** 173
Schuldenkonsolidierung **303** 90 ff.
sonstige Gewinne und Verluste **275** 342 ff.
sonstige Periodenergebnis-Ermittlung **275** 365 ff.
Standards (Begriff) **243** 133
steuerrechtlicher (Nicht-)Einfluss **243** 146 f.
Tausch von Sachanlagen **255** 572
Teilgewinnrealisierung **255** 600 ff.
true and fair view **264** 215 f.
Umklassifizierungen in der GV **275** 367 ff.
Umlaufvermögen-Bewertung **253** 726 ff.
Umsatzkostenverfahren **275** 335 ff.
Umstellung der Rückstellung **249** 100
Untergliederung in kurz- und langfristige Vermögenswerte **266** 283
Unterscheidung in kurz- und langfristige Schulden **266** 285, 287
Unterzeichnung des JA **245** 7
Verbindlichkeitsrückstellungen **249** 332 ff.
verbundene Unternehmen **271** 45 ff.
Vermögenswerte mit staatlicher Konzessionierung **246** 175 ff.
Verrechnungsverbot **346** 185 ff.
Versicherungsvertrags-Abschlussaufwendungen **248** 58 ff.
Vertriebskosten **255** 587
Verwaltungskosten **255** 586
VFE-Lage **264** 215 f.
Vierteljahresangaben **264** 210
Vollständigkeitsgebot **246** 150 ff.
– Aktiva **246** 152
– GuV-Posten **246** 155
– Passiva **246** 153
Vorratsaufgliederung **298** 120 ff.

Vorratsvermögen **253** 726 ff.
– Aufgliederung **266** 284
– Erstbewertung **253** 727
– Folgebewertung **253** 728
Vorzugsaktien **272** 458 f.
Währungseinheit bei JA **244** 10 ff.
Währungsumrechnungsdifferenzen **256a** 293
Wertaufholung(sgebot) **253** 668, 750
Wertminderungen
– nachhaltige **254** 133, 140 f.
– Wertaufholungsgebot **254** 133, 140 f.
Wertminderungstest **253** 706
Wertpapierausweis **266** 284
Zugangsbewertung **256a** 291
Zuschreibungen **253** 707, 716, 729
Zuwendungen der öff Hand **255** 580 f.
Zwischengewinneliminierung **304** 80; **312** 112 f.
IKS *s* Internes Kontrollsystem
Immaterielle Vermögensgegenstände/ Wirtschaftsgüter 247 372 ff.; **253** 380 ff.
Abgänge **268** 25 ff.
– mit Vollabschreibung **268** 27
– durch Wertschöpfung **268** 26
Abnutzbarkeit **253** 213
Abschreibungen **253** 213, 380 ff.
– außerplanmäßige A. **253** 386
Abschreibungsfähigkeit **253** 213
ähnliche Rechte und Werte selbst geschaffene **247** 372 ff.; *s iEinz* Gewerbliche Schutzrechte
Aktivierungspflicht
– bei entgeltlichem Erwerb **247** 389, 391 ff.; **266** 60
– bei selbstständiger Verkehrs-/Bewertungsfähigkeit **247** 389 f.
Aktivierungsverbot selbstgeschaffener VG/WG **248** 10 ff.
Aktivierungsvoraussetzungen **247** 389 ff.
Aktivierungswahlrecht bei selbst geschaffenen VG **266** 60
Aktivierungswahlrecht selbstgeschaffener VG/WG **248** 10 ff.
Anlagengitter **268** 28
Anschaffungskosten **255** 109
Anzahlungen **247** 430
Ausschüttungssperre **268** 140 ff.
Begriff **248** 10
Begriffsbestimmung **247** 372, 383 ff.; **253** 380
Beispielsfälle **247** 383 ff.
Bilanzausweis **266** 59 ff.
Bilanzgliederung **266** 59 ff.
Bild-, Ton- und Datenträger **247** 384
Bruttoanlagengitterangaben **304** 30
Domain-Name **247** 385
Einbringung als Sacheinlage **247** 394

2652

magere Ziffern = Anmerkungen

entgeltlicher Erwerb **247** 391
entgeltlicher/unentgeltlicher Erwerb
  247 392 f.
– Provisionszahlungen **247** 393
fertige und unfertige Erzeugnisse **266** 95
Folgebewertung **256a** 75 ff.
Fremdwährungsumrechnung **256a** 70 ff.
Geschäfts- oder Firmenwert **247** 400 ff.
geschäftswertähnliche WG **247** 411
gewerbliche Schutzrechte
– entgeltlich erworbene **247** 383 ff.
– selbst geschaffene **247** 372 ff.; s *iEinz*
  Gewerbliche Schutzrechte
IFRS-Abweichungen **253** 700 ff., 708;
  255 589
– Bewertung **253** 700 ff.
IFRS-Definition **266** 284
Instandhaltungsrückstellung **249** 103
Kapitalkonsolidierung **301** 82
Konzessionen entgeltlich erworbene
  247 383 ff.
Kundenstamm **247** 410
Lizenzen, entgeltlich erworbene
  247 383 ff.
Nebenkosten einer Sachanlage **247** 388
Rechte und Rechtspositionen **247** 383
Sacheinlagen **255** 153
Sammelpostenmethode **253** 382
selbst geschaffene des AV **248** 10 ff.
– aktivierungsfähige/-pflichtige Kosten
  248 67
– Aktivierungsverbot für Marken **248** 15
– Aktivierungsverbot nach IFRS
  248 63 ff.
– Begriff **248** 13
selbst geschaffene VG des AV,
  Aktivierungsverbot steuerrechtliches
  248 38 ff.
selbst hergestellte V. **255** 361
selbstständige Verkehrs-/Bewertungs-
  fähigkeit **247** 389 f.
Softwareprogramme **247** 385 ff.
Überleitung HB/StB **274** 191 f.
unentgeltlich erworbene des AV
– Aktivierungsverbot steuerrechtliches
  248 35 ff.
– Aktivierungswahlrecht **248** 11 ff.
Untergang (Anlagengitter) **268** 25
Vollabschreibung als Abgang **268** 27
wirtschaftlicher Wert **247** 389
Zugänge selbst geschaffener VG **268** 22 f.
Zugangsbewertung **256a** 70 ff.
Zusatzberichterstattung **289** 105
Zwischenergebniseliminierung im
  Konzernabschluss **304** 30 f.
Immobilienfondsanteile, Bilanzausweis
  266 80
Immobilien-Leasing
  Bilanzierung **247** 452

Insiderwissen

Teilamortisation **247** 453
Vollamortisation **247** 452
Imparitätsprinzip 252 34 ff.
  s auch Vorsichtsprinzip
Begriff **252** 34
Bewertungseinheiten **254** 50
Drohverlustrückstellungen **249** 58
feststehende und nicht vorhersehbare
  Risiken und Verluste **252** 36
Geltung für die Steuerbilanz **252** 40
gesetzliche Regelungen **252** 41
Niederstwertprinzip **253** 506
Rückstellungen **249** 3
Schätzungen **252** 42
Schulden **247** 206
vorhersehbare Risiken und Verluste
  252 35, 37
wertaufhellende und wertbeeinflussende
  Tatsachen **252** 38 f.
Index-Verfahren,
  Bewertungsvereinfachungsverfahren
  256 66 ff.
Individualprogramme, immaterielle
  Vermögensgegenstände **247** 386
Indossament
  Gefälligkeitsindossament **251** 17
  Pfandindossament **251** 15
  Vollmachtindossament **251** 15
Industrie-Gliederungen des JA bei
  mehreren Geschäftszweigen **265** 12
Industriehallen, Gebäude **253** 395
Industrieobligationen, Bilanzausweis
  266 80
Infektionstheorie 247 714
Inflationsländer *s* Hochinflationsländer
Informationsabstufungsgrundsatz,
  Konzernlagebericht **315** 4
Informationsfunktion
  GuV-Rechnung **275** 7
  Konzernabschluss **297** 1
  Konzernlagebericht **315** 3
  Lagebericht **289** 4
Ingangsetzungsaufwendungen 269 1 ff.
  Ausweis vor Anlagevermögen **268** 21
  Ausweis vor dem Anlagevermögen
    266 50
  Beibehaltungswahlrecht
    67 EGHGB 21 ff.
Inhaberklausel, Pensionszusagen
  249 101
Inhaberpapiere, Bilanzausweis **266** 80
Inhaberschuldverschreibungen,
  Anschaffungskosten **255** 250, 254
Initial margin 254 100 f.
Innengesellschaften
  Begriff **247** 702
  gewerblich geprägte PersGes **247** 716
  Organträgereigenschaft **271** 105
Insiderwissen, Geltung für AP **323** 54

Insolvenz

fette Ziffer = Paragraphen

Insolvenz
Herstellungsleistungen **255** 334
Verbindlichkeitenbestand **247** 235
Insolvenzfall, Verrechnungsverbot
246 122
Insolvenzverfahren
Abhängigkeitsbericht **289** 257
Buchführungspflicht **238** 59
Offenlegung des Prüfungsberichts im I.
321a 1 ff.; s *iEinz dort*
Inspektionsverpflichtungen,
Rückstellung **249** 100
Instandhaltungsaufwendungen
Begriff Instandhaltung **249** 101
Teilwertabschreibung **249** 102
Instandhaltungsrückstellung 249 100
Abschreibung außerplanmäßige **249** 102
Ausweis **249** 108
Bildung von I. in der
– Handelsbilanz **249** 104 ff.
– Steuerbilanz **249** 109
immaterielle VG **249** 103
Maßgeblichkeitsgrundsatz **249** 109
Sachanlagen abnutzbare **249** 103
unterlassene I. **249** 101 ff.
Voraussetzungen für Bildung **249** 105 ff.
Instandhaltungsverpflichtungen,
Angaben im Anhang **285** 63
Instandsetzungsaufwendungen,
Angaben im Anhang **285** 63
Institute
Formblattermächtigungen **330** 40 ff.
Prüfungsberichtsverordnung **330** 48
Instrumentarium eines Arztes als GWG
253 444
In-substance-defeasance-Gestaltung,
Haftungsvermerk **251** 30
Interessengemeinschaften
Begriff **277** 8
GuV-Ausweis von Erträgen **277** 8 ff.
Interessentheorie des KA **297** 191
Interessenvertretung und Besorgnis der
Befangenheit **319** 25
Interessenzusammenführungsmethode
302 1
Beibehaltungswahlrecht **67 EGHGB** 22
Kapitalkonsolidierung **301** 7 f.
International Accounting Standards
s IFRS
Internationale Prüfungsstandards
317 90 ff.
Interne Rotationen, AP-
Ausschlussgründe **319a** 31 ff.
Internes Kontrollsystem (IKS) 239 31 ff.
Abschlussprüfung **317** 139 ff.
Funktionsprüfungen **317** 153 ff.
Handelsbücher **239** 14
Lagebericht **289** 150 ff.
Prüfungsausschuss **324** 34

Internes Revisionssystem,
Prüfungsausschuss **324** 36
Internetseite des Unternehmens,
Unternehmensführungserklärung
289a 10 f.
Invaliditätswahrscheinlichkeiten für
Pensionsrückstellungsberechnung
249 222
Inventar 240 1 ff.
s auch Inventur
abweichendes Geschäftsjahr **240** 60 ff.
Aufstellung eines besonderen I. **241** 51 f.
Aufstellungsfristen **240** 66 ff.
Aufstellungsverpflichtung **240** 1
Befreiung von Erstellungspflicht
241a 1 ff.
– Einzelkaufleute **241a** 2
– IFRS-Abweichungen **241a** 11
– keine Anwendungsrückwirkung
241a 8
– Rechtsfolgen **241a** 6 ff.
– Schwellenwerte **241a** 4 f.
– steuerliche Bedeutung **241a** 10
Begriff **240** 1, 12
Bestandsnachweise **240** 5
Bilanzierungshilfen **240** 22
Eigentumsvorbehalt und andere
Rechtsinstitute **240** 21
Festwertverfahren s dort
Gruppenbewertung s dort
Prüfungsgegenstand **317** 5
Rumpfgeschäftsjahr **240** 60 ff.
Sonderposten mit Rücklageanteil **240** 22
Überleitung des I. auf Bilanzposten
240 62 f.
Vermögensgegenstandsbegriff **240** 2
Wirtschaftsgutsbegriff **240** 3
Inventarisierung
Leasinggegenstand **240** 57
unterwegs befindliche Ware **240** 58
wirtschaftliches Eigentum **240** 56 f.
Inventur
s auch Inventar
s auch Inventurgrundsätze
s auch Inventurvenfachungsverfahren
s auch Stichtagsinventur
Begriff **240** 12
Buchinventur **240** 6 ff.
Inventurdifferenzen **240** 49
Pensionsverpflichtungen **249** 169 ff.
permanente Inventur **241** 31 ff.; s *iEinz dort*
Stichprobeninventur **241** 5 ff.; s *iEinz dort*
Stichtagsinventur **240** 40 ff., 48 ff.
Vereinfachungsverfahren **240** 9
Vollerhebung **241** 70 ff.
warenwirtschaftsystemgestützte I.
241 40 ff.

2654

magere Ziffern = Anmerkungen

Jahresabschluss

Inventurgrundsätze (GoI) 240 17 ff.
Belegprinzip 240 29
Einzelerfassung/-lbewertung 240 27
Klarheitsgrundsatz 240 26
Lesbarkeit 240 29
Nachprüfbarkeitsgebot 240 25
Richtigkeitsgrundsatz 240 23 f.
Vollständigkeitsgebot 240 19
wirtschaftliche Betrachtung 240 20
Wirtschaftlichkeitsgrundsatz 240 28
zeitgerechte Erfassung 240 29
Zugriffsmöglichkeit 240 29
Inventurplanung 240 35 ff.
Personalplanung 240 38
räumliche Planung 240 37
zeitliche Planung 240 36
Inventurunterlagen,
Aufbewahrungspflicht 257 12
Inventurvereinfachungsverfahren
Anwendungsbereich 241 1
Aufnahme besonderer Bestände 241 70 ff.
Buchinventur 241 30
Einlagerungsinventur 241 34 ff.
Hochregallager 241 35
IFRS-Abweichungen 241 73
Kombination der Inventurverfahren 241 60 ff.
permanente Inventur 241 31 ff.
Schulden 241 62
Stichprobeninventur 241 5 ff.; s iEinz dort
Stichtagsinventur 241 50 ff.; s iEinz dort
systemgestützte Werkstattinventur 241 37 ff.
Vermögensgegenstände 241 62
Vorräte 241 62
Inventurverfahren 241 1 ff.
Inventurzeitraum, IFRS-Abweichungen 240 145
Investitionen, Angaben im Lagebericht 289 21
Investitionsabzüge, Überleitung HB/StB 274 157 ff.
Investitionsvorhaben/Folgeinvestition, Angaben im Anhang 285 61 f.
Investitionszulagen/-zuschüsse 255 120 ff.
aktive latente Steuern 274 37
Ansatzwahlrecht 255 121 f.
Anschaffungs-/Herstellungskostenbehandlung 255 121
Krankenhausinvestitionszuschüsse 255 123
sonstige Vermögensgegenstände 247 124
Investmentanteile
Bilanzausweis 266 80
Konzernanhang 314 126
Teilwert niedrigerer 253 614
Investmentfonds,
Unternehmereigenschaft 271 12

Investmentproperty, IFRS-Definition 266 284
Investmentvermögen, Anhangangaben zu Anteilen/Anlageaktien 285 440 ff.
Inzahlungnahme, Rückstellung für drohende Verluste 249 100
Istkaufmann 238 7
Istkostenrechnung 255 415, 417

Jahresabschluss
s auch Bilanz
s auch Jahresabschluss der KapGes
s auch Steuerbilanz
Abschlussstichtag 252 27
Anhang s dort
Ansatzvorschriften 246 ff.
Aufbewahrungspflichten 257 11
Aufstellungsbefreiung für EkfI 242 14
Aufstellungsfrist für JA 243 91 ff.; s iEinz dort
Aufstellungspflicht 242 5 ff.
– rechtsform-, größen- und geschäftszweigspezifische Regelungen 242 9 ff.
Bestätigungsvermerk 322 17 ff., 75 ff.
Billigung der Jahresabschlussfeststellung durch AR **Vor** 325 72 f.
Datum der Jahresabschlussfeststellung 245 3
– Jahresabschlussbilligung 328 10
Deutsche Sprache 244 1 ff.
einbezogene Unternehmen
s Konzernabschlussstichtag
Ergebnisverwendungsbeschluss s dort
Feststellung des J. s Jahresabschluss-Feststellung
Genossenschaften s dort
Gesellschafterrechte 247 195 f.
Gewinnverteilung der KG **Vor** 325 157
Gliederungsgrundsätze 265 1 ff.
– abweichende Gliederung und Bezeichnung 265 16
– Änderung der Darstellungsform 265 3
– Angabe der Abweichungen im Anh 265 4
– Angabe der Vorjahresbeträge 265 5 f.
– Ausweis von Leerposten 265 18
– Davon-Vermerke 265 7, 14, 18
– Formblattmächtigkeit 330 10 ff.
– formelle Stetigkeit 265 2 ff.
– Geltung für Nicht-KapGes 265 19
– Gliederung bei mehreren Geschäftszweigen 265 11 ff.
– Hinzufügung neuer Posten 265 15
– keine Bedeutung für StB 265 1
– Klarheitsgrundsatz 265 7, 14, 17, 18
– Kurzbezeichnungen 265 16
– mehrere Industriegliederungen 265 12

2655

Jahresabschluss

fette Ziffer = Paragraphen

- mehrfache Zuordnung eines VG oder einer Schuld **265** 7 ff.
- Ordnungswidrigkeiten **334** 11
- Rechtsfolgen bei Verletzung **265** 20 ff.
- weitere Untergliederung und neue Posten **265** 14 f.
- Zusammenfassung mehrerer Posten **265** 17

GuV-Rechnung *s dort*
IFRS-Abweichungen
- Bestandteile **264** 205 ff.
- Gliederungsgrundsatz **265** 23
- Umfang des JA **264** 200 ff.

IFRS-Einzelabschluss-Offenlegung **325** 57 ff., 70 f.
kapitalmarktorientierte KapGes **264d** 4
Konzernabschluss *s dort*
Nachtragsprüfung bei Änderung des JA **278** 20; **316** 25 ff.
Offenlegung *s dort*
Ordnungswidrigkeiten bei Auf- und Feststellung des JA **334** 11 ff.
Pflichtprüfungen **316** 1 ff.; *s unter* Prüfungen
Prüfungsgegenstand *s dort*
Prüfungspflicht
- Aufsichtsrat **Vor 325** 20 ff.; **Vor 339** 20
- Genossenschaften **Vor 339** 1 ff.

Prüfungsumfang *s dort*
publizitätspflichtige Unt **264** 190 ff.
Rechtsfolgen bei Verstoß gegen Feststellung **247** 580
Richtigkeitsgrundsatz **328** 6 ff.
unrichtige Darstellung **331** 10 ff., 25 ff.
unrichtige Versicherung **331** 34 ff.
Unterzeichnung **245** 1 ff.
- geänderter Abschluss **245** 5
Versagungsvermerk *s dort*
Vollständigkeitsgebot **246** 2 ff.; **328** 6 ff.
Vorlage, Rechte der AR-Mitglieder **Vor 325** 10 f.
Vorlage an
- AR publizitätspflichtiger Unt **Vor 325** 140 ff.
- Aufsichtsrat der AG **Vor 325** 1 f.
- Aufsichtsrat der KGaA **Vor 325** 12
- GmbH-Gesellschafter **Vor 325** 120
Vorlage- und Auskunftspflichten der TU ggü MU **294** 21 ff.
Vorlagepflicht **320** 5; *s iEinz dort*
Währungsangabe **244** 5 ff.
Zwischenabschlüsse *s dort*

Jahresabschluss der Genossenschaften
s unter Genossenschaften

Jahresabschluss der KapCo-Gesellschaften 264a 1 ff., 10 ff.; *s iEinz unter* KapCo-Gesellschaften

Jahresabschluss der KapGes 264 1 ff.
s auch Jahresabschluss
Adressaten des JA **264** 36
Anhang als Bestandteil des JA **264** 5
Aufstellung und Unterzeichnung **264** 12 ff.
Aufstellungsfrist
- große KapGes **264** 17
- kleine KapGes **264** 17
- mittelgroße KapGes **264** 17
aufstellungsverpflichtete Personen **264** 11 f.
Bestandteile des JA **264** 5 ff.
Bilanzauffassungen **264** 35
Bilanzeid **264** 65 ff.; *s iEinz dort*
Einheit des JA **264** 8 f.
Erleichterungen für Konzern-TU **264** 101 ff.; *s iEinz unter* Tochterunternehmen
erweiterter JA **264** 5 ff.
freiwillige Zusatzbestandteile **264** 7
Funktionen des JA **264** 35
Gläubigerschutzfunktion **264** 35
Gliederungsgrundsätze **265** 1 ff.; *s iEinz unter* JA der KapGes
LBer und Verhältnis zum JA **264** 10
Rechtsfolgen bei
- IFRS-Nichtbeachtung **264** 220 ff.
- nicht rechtzeitiger Aufstellung **264** 20
VFE-Lage *s dort*

Jahresabschluss des KapGes,
einbezogene KapGes
s Tochterunternehmen

Jahresabschlussfeststellung
Vor 325 70 ff.
s auch Ergebnisverwendungsbeschluss
Änderung des JA **Vor 325** 74
Aufgliederung u. Erläuterung der JA-Posten **321** 62 ff.
Begriff der Feststellung **Vor 325** 70 f.
Billigungserklärung des Aufsichtsrats **Vor 325** 72
Bußgeldbewehrung **334** 10 ff.
Einzelkaufleute **Vor 325** 160
Feststellung bei der KGaA **Vor 325** 85
Feststellung durch Hauptversammlung **Vor 325** 80 ff., 105
- anwendbare Vorschriften **Vor 325** 82
- Einstellung in Gewinnrücklagen **Vor 325** 83
- Nachtragsprüfung bei JA-Änderung **Vor 325** 84
- Verfahren **Vor 325** 81
- Zuständigkeit **Vor 325** 80
Feststellung durch Vorstand und Aufsichtsrat **Vor 325** 72 f., 76
Gesellschafterrechte **247** 196
Gesetzesmäßigkeit des JA **321** 53 ff.

2656

magere Ziffern = Anmerkungen

GmbH
- Frist für Beschlussfassung **Vor 325** 131
- Nachtragsprüfung **Vor 325** 131
- Teilnahme des AP **Vor 325** 132
Kommanditgesellschaft aA **Vor 325** 58
Nichtigkeit 316 11
Personenhandelsgesellschaften
  Vor 325 150 ff.
- Feststellung durch Ges **Vor 325** 151, 155
- GuV-Ermittlung **Vor 325** 152 f.
- Kapitalkonten **Vor 325** 154
- KommanditGes **Vor 325** 155 f.
- Rücklagenbildung **Vor 325** 153
publizitätspflichtige Unternehmen
  Vor 325 145 ff.
- Änderung des JA **Vor 325** 148
- anwendbare Vorschriften **Vor 325** 147
- festgestellter JA **Vor 325** 149
- Feststellungsverfahren **Vor 325** 146
Rechtsfolgen bei Verstoß 316 10 ff.;
  Vor 325 60, 77
Rücklagenbildung bei Änderung der
  Feststellungszuständigkeit
  Vor 325 76 f.
Überlassung der F. an HV **Vor 325** 75 f.
Jahresabschlusskosten, Rückstellung
249 100
Jahresergebnis
Angaben im Anhang 285 249
Ausweis bei PersGes 247 652 f.
Jahresfehlbetrag
Angaben im Anhang über Verwendung
  284 73
Ausgleich durch gesetzliche Rücklage
  272 240
Bedeutung des J. 275 262
Bilanzausweis 266 182
Ergebnisverwendung 275 262
Gesamtkostenverfahren 275 261 ff.
GuV-Ausweis 275 261 ff.
Offenlegung 325 17
Jahresüberschuss
Abschlagszahlungen auf Bilanzgewinn
  Vor 325 63
Angaben im Anhang über Verwendung
  284 73
Bedeutung des J. 275 262
Bilanzausweis 266 182
Ergebnisverwendung 275 262
Gesamtkostenverfahren 275 261 ff.
GuV-Ausweis 275 261 ff.
Offenlegung 325 17
Jahresüberschussverwendung
  Vor 325 40 ff.
gesetzliche Rücklage **Vor 325** 40, 43
REIT-Gesellschaften **Vor 325** 59
Rücklagenbildung 270 15 ff.; *s iEinz dort*
satzungsmäßige Rücklagen **Vor 325** 41 f.

KapCo-Gesellschaften

Schutz der Minderheitsaktionäre
  Vor 325 53
Joint Audit 321 144
Joint Ventures
Anteile als sonstige VG 247 124
Begriff 310 10
gemeinsame Führung 310 16
konsolidierendes Eigenkapital 301 47
Unternehmereigenschaft 271 12
Journalbuchführung 238 125
Journalfunktion, DV-gestützte
Buchführung 239 27
Jubiläumsaufwendungen, aktive latente
Steuern 274 35
Jubiläumszuwendungen, Rückstellung
249 100
Juristische Personen döR
Begriff 238 38 ff.
Buchführungspflicht 238 51, 61
Juristische Personen privaten Rechts,
Buchführungspflicht 238 48

Kameralistische Buchführung 238 121
Kanaldielen, GWG 253 441
Kannkaufmann 238 18, 25 f.
Beginn der Buchführungspflicht
  238 71
Ende der Buchführungspflicht 238 79
Kantinenerlöse 275 54
KapCo-Gesellschaften
s auch GmbH & Co KG
Angaben zu Finanzinstrumenten
  285 310 ff.
Angaben zu Geschäften außerhalb der
  Bilanz Geschäften außerhalb der
  Bilanz 285 21 ff.
Anhang verkürzter 288 2 ff., 5 ff.
Anhangzusatzangaben 285 280
Anlagegittererleichterungen **264c** 140 ff.
Anlagengitterbefreiung 268 11
Anteilsbesitz, Angaben im Anhang
  285 248, 258
Anwendung des BiRiLiG, gesetzlicher
  Vertreter **264a** 55 ff.
Anwendungsbereich ergänzender
  Vorschriften 264 1
Anwendungsregelungen **264c** 100 ff.
- Bewehrungsvorschriften **335b** 1
- BiRiLiG **264a** 1 ff., 10 ff., 45 ff.
- Konzernabschlüsse **264c** 160 ff.
AP-Bestellung 318 9
Aufgliederung
- Umlaufvermögen 247 55
- Umsatzerlöse 285 90 ff.
Aufstellungsbefreiung **264b** 1 ff.
Aufstellungsfrist für JA 243 91
Ausweis
- Anteile von OHG/KG **264c** 80 ff.
- Kapitalanteile 266 173

2657

Kapital

fette Ziffer = Paragraphen

- Verpflichtungen ggü Gesellschaftern 268 129 f.
- BAnz und Anhangskürzungen 288 16
- Befreiung von JA-Aufstellung 264b 1 ff.
- Anforderungen an befreienden KA 264b 40 ff.
- Angabe im Konzernanhang 264b 50 ff.
- BAnz-Befreiungsmitteilung 264b 60 ff.
- befreiender KA des MU 264b 20 ff.
- befreiender KA des phG 264b 24 ff.
- Befreiungsumfang 264b 10 ff.
- Einbeziehung in befreienden KA 264b 20 ff.
- Einklangprüfung 264b 44
- Prüfung 264b 46, 80 ff.
- Sanktionen 264b 100
- Vollkonsolidierungserfordernis 264b 33 ff.
- Voraussetzungen 264b 20 ff.
beherrschender Einfluss 290 57
Bewertungsvereinfachungsverfahren 256 18, 29
Bilanzgliederung
- Erleichterungen bei der Offenlegung 266 18
- Schema 266 8 ff.
Einzahlungen auf Kapitalkonten 266 176
Ergebnisverwendungserleichterungen 325 21
Erleichterungen für Konzern-TU 264 102
Ertragsteuerspaltung 285 120
Fehlbetragsangabe für Pensionsrückstellungen 264c 150 ff.
Gewinnrücklagenbildung 266 177 ff.
GuV-Gliederungsvorschriften 275 324 ff.
Haftungsverhältnisse 251 1
- Ausweis 268 123
Haftungsverpflichtungen ggü verbundenen Unt 268 127 f.
JA-Aufstellungsfrist 264 17
kleine KapCo-Ges s dort
Kleinst-KapCo-Gesellschaften s dort
Konzernabschluss
- Beziehungen Gesellschaft/Gesellschafter 298 86
- Gliederung 298 59
- Minderheitenschutz 291 36
Konzernabschlusspflicht 290 1
Konzernanhang 313 1 ff.
Lageberichtaufstellung 289 1
MU im Anhang 285 270 ff.
Offenlegung 325 1
- freiwillige AR-Bestellung 325 12
- mittelgroße KapCo-Ges 327 3 ff.
Offenlegungserleichterungen 326 1 ff.
Pflichtangaben im Anhang 284 56 ff.; 285 1

Prüfungsumfang 317 15
Rohergebnis nach Gesamtkosten- und Unsatzkostenverfahren 276 5
Sanktionen 264a 65
Stetigkeit/Regelung im Übergangsjahr 264c 129 ff.
Umsatzerlöse, gesonderter Ausweis 275 46
Unterlassen von Angaben 286 1 ff.
- Angaben über Anteilsbesitz 286 7 ff.
- Aufgliederung der Umsatzerlöse 286 5 f.
verkürzte Bilanz 266 18
Verpflichtungen ggü KapCo-Ges 285 59
VFE-Anhangangabepflichten 256 46
Wertbeibehaltungsrecht, Anlage-/ Umlaufvermögen 264c 105 ff.
Zusatzberichterstattung 289 100 ff.
Kapital
Angabe-/Vermerkpflichten bei bedingtem K. 272 16
genehmigtes Kapital s dort
gezeichnetes Kapital s dort
Kapitalanpassungsmethode,
Betriebsaufspaltung 247 857
Kapitalanteil, persönlich haftende Geschäftsinhaber einer KGaA 272 330 ff.
Kapital-Endkonsolidierung 301 5, 300 ff.
Abspaltung der TU-Anteile vom MU 301 318
Anhangsangaben 301 333
Ausgleichspostenermittlung 307 45 ff.
Bewertungsanpassungen im KA 308 57
Endkonsolidierungszeitpunkt 301 325 ff.
Ermittlung des Endkonsolidierungserfolgs 301 310
Konzern-Bilanzzusammenhang 301 303
latente Steuern 306 28
Neubewertungsbilanz-Ableitung, Vorräte 301 82
Schuldenkonsolidierung 303 80
Übergang auf Equity-Kons 301 340 f.
Übergang auf QuotenKons 301 355
Übergang zur AK-Bewertung 301 350
Übergangskonsolidierung 301 340 ff.
vollständige Veräußerung der Anteile 301 305 ff.
- Abgangswertermittlung 301 305 ff.
- Ausweis im KA 301 330 ff.
- Einzelveräußerungsfiktion 301 307 ff.
- eliminierte Zwischenergebnisse 301 314
- Endkonsolidierungszeitpunkt 301 325 ff.
- fremde Gesellschafter 301 311
- Geschäfts- oder Firmenwert 301 308
- latente Steuern 301 316
- Schuldenkonsolidierung 301 315

magere Ziffern = Anmerkungen

Währungsumrechnungsdifferenzen
   301 317
Wechsel der KonsMethode 301 340 ff.
Kapitalerhöhung
   bedingte 272 65 f.; s *iEinz dort*
   Bilanzierungsverbot für Kosten der K.
      248 3
   gegen Einlagen 272 50 ff.; s *iEinz dort*
   genehmigtes Kapital 272 70; 284 43
   aus Gesellschaftsmitteln 272 55 ff.; s
      iEinz dort
   Kapital-FolgeKons 301 260 ff.
   steuerliche Besonderheiten 272 110 ff.
   gegen Zuzahlung 268 62
Kapitalerhöhung aus
Gesellschaftsmitteln 272 55 ff.
   AK der neuen Anteile 255 308
   Begriff 272 55
   Entnahmen aus der Kapitalrücklage
      270 13
   Erleichterungen für Konzern-TU
      264 108
   formale Voraussetzungen für
      Umwandlungsfähigkeit 272 58
   aus gesetzlicher Rücklage 272 241 f.
   Jahres- oder Zwischenbilanz als
      Grundlage 272 58
   Schütt-aus-Hol-zurück-Verfahren
      272 58
   steuerliche Folgen 272 110 ff.
   umwandlungsfähige Kapital- und
      Gewinnrücklagen 272 56
   vorherige Kürzung von Verlust/
      Verlustvortrag 272 57
   Wirksamkeit der K. 272 25, 55
   zweckgebundene Gewinnrücklagen
      272 57
Kapitalerhöhung bedingte 272 65 f.
   Begriff 272 65
   Bezugsaktien 272 66
   – gegen Wandelschuldverschreibungen
      272 66
   Bilanzierung 272 66
   – der bedingten K. 272 66
   fehlende Regelung für GmbH 272 66
   gesonderter Ausweis im Anhang 272 66
   Sacheinlagen 272 65
   steuerliche Folgen 272 113
   Wirksamkeit der K. 272 25
Kapitalerhöhung gegen Einlagen
272 50 ff.
   Ausweisfragen 272 51
   Bilanzausweis 266 190
   Handelsregistereintragung 272 50
   verdeckte Sacheinlagen 272 50
   Wirksamkeit der K. 272 25, 50
Kapitalerhöhungsbilanzen,
   Bilanzgliederung 266 3
Kapitalersetzende Darlehen

Kapital-Erstkonsolidierung

Bilanzausweis 266 255
insolvenzrechtliche Lösung 247 231
Kapital-Erstkonsolidierung 301 5, 10 ff.
   Abgrenzung der aufzurechnenden
      Bilanzposten 301 10 ff.
   Ansatz latenter Steuern für stille
      Reserven 306 11
   Behandlung verbleibender
      Unterschiedsbeträge 301 150 ff.
   – Angaben im Konzernanhang
      301 160 f.
   – Geschäfts- oder Firmenwert
      301 150 ff.
   Bewertungsanpassungen im KA 308 57
   Fortschreibung des Unterschiedsbetrags
      309 1
   Geschäftswertaufteilung auf Geschäfts-
      felder 301 380 ff.
   konsolidierende Anteile 301 10 ff.
   – Abschreibungen 301 32 f.
   – AK-Veränderungen 301 28 ff.
   – Anteile vollkonsolidierter Unt 301 20
   – Ausweis 301 13
   – Bewertungszeitpunkt 301 27
   – dauerhafte Wertminderung 301 33
   – konzerninterne Einbringung 301 23
   – MU-Anteile 301 12
   – negativer Kaufpreis 301 21
   – Sacheinlagenbewertung 301 25
   – schuldrechtliche Ansprüche 301 14
   – steuerrechtlich motivierte
      Bewertungen 301 34
   – TU-eigene Anteile 301 15 ff.
   – Wert der Gegenleistung 301 21
   – Wertansatz 301 20 ff.
   – Wertansatz bei Tausch 301 22
   – wirtschaftliches Eigentum 301 11
   – Zeitwertansatz 301 24
   konsolidierendes Eigenkapital 301 35 ff.
   – ausstehende Einlagen bei
      einbezogenem TU 301 41
   – ausstehende Einlagen des MU 301 42
   – Berechnung der Beteiligungsquote
      301 48
   – Forderungen ggü TU 301 46
   – Investitionszulagen 301 44
   – Joint Ventures 301 47
   – Kapitalgesellschaften 301 36
   – nicht gedeckter Fehlbetrag 301 38
   – Personenhandelsgesellschaften 301 37
   – Rückbeteiligungen 301 39
   – Sonderposten mit Rücklageanteil
      301 44
   – Verbindlichkeiten ggü MU 301 45
   – Wandlungs- und
      Optionsrechteausgabe 301 40
   – Zweckgesellschaften 301 49
   latente Steuern im KA 306 11
   MU/TU-Teilkonzernerwerb 301 374 ff.

Kapitalertragsteuer

fette Ziffer = Paragraphen

Neubewertungsbilanz-Ableitung **301** 53 ff.
- Alt-Pensionsverpflichtungen **301** 62
- Aufwandsrückstellung **301** 65, 70
- aufzunehmende Bilanzposten **301** 60 ff.
- beizulegender Zeitwert **301** 75 ff.
- Besserungsscheinverpflichtungen **301** 63
- Bewertungsmaßstäbe **301** 75 ff.
- Dokumentationsanforderungen **301** 56
- Eigenkapital-Zuzahlung **301** 71
- Entschädigungsleistungen **301** 64
- Finanzanlagen **301** 82
- Forderungen **301** 82
- Geschäfts- oder Firmenwert **301** 68, 83
- geschäftswertähnliche Vermögenswerte **301** 67
- Handelsbilanz II als Ausgangspunkt **301** 54
- immaterielle VG **301** 61, 82
- Konzernanlagegitter **301** 57
- latente Steuern **301** 95 ff.
- Leasingverträge **301** 60
- Neubewertungsrücklage **301** 55
- Restrukturierungsrückstellung **301** 65 f.
- Rückstellung-Bewertungsausnahmen **301** 90 f.
- Sachanlagen **301** 82
- TU ohne MU-Kapitalbeteiligung **301** 110 ff.
- Umgehung von Bilanzierungsverboten **301** 69
- Verbindlichkeiten **301** 82
- werterhellende Informationen **301** 76
- Zeitwerte einzelner Bilanzposten **301** 82

Rückbeteiligungen von TU an MU **301** 165 f.
Sonderrücklagen nach DM-BilG **301** 43
TU erwirbt Beteiligung an TU **301** 373
vorläufige Erwerbsbilanzierung **301** 115 ff.
Zeitpunkt der Konsolidierung **301** 125 ff.
- Erwerbszeitpunkt von Anteilen **301** 131
- Umwandlungsvorgänge **301** 132
- Vereinfachungsmöglichkeiten **301** 135 ff.
- zeitunterschiedliche Anteilswerte **301** 128
- Zeitwertbewertung **301** 127
- Zwischenabschluss **301** 129

Kapitalertragsteuer
Aufspaltung im Anhang **285** 133
GuV-Ausweis **275** 238

verdeckte Gewinnausschüttungen **278** 114
Kapitalflussrechnung 297 52 ff.
Aufbau der KFR **297** 54 ff.
Begriff, Aufgaben und Ziele **297** 52 f.
Cashflow aus
- Investitions- und Finanzierungstätigkeit **297** 66 ff.
- lfd Geschäftstätigkeit **297** 61 ff.
Cash-Pooling **297** 58
Darstellung der Finanzlage im Prüfungsbericht **321** 87
EBITDA als Ausgangsgröße **297** 63
einheitliche Bilanzierung im KA **300** 15
Finanzmittelfonds
- Abgrenzung **297** 58 f.
- bewertungsbedingte Änderungen **297** 72
- konsolidierungskreisbedingte Änderungen **297** 72
- Mittelveränderung **297** 54 ff.
- Verwendungsbeschränkung **297** 59
- wechselkursbedingte Veränderungen **297** 72, 76 f.
Fondsveränderung aus
- Disagioberücksichtigung **297** 70
- Finanzierungstätigkeit **297** 68
- Investitionstätigkeit **297** 67
- Spesenberücksichtigung **297** 69
- Transaktionskosten **297** 71
Fremdwährungsumrechnung im KA **308a** 126
IFRS-Erfordernis **264** 207
IFRS-Rechnungslegung **297** 230 ff.
Konsolidierungskreisänderungen **297** 78
- Auszahlungen **297** 79 ff.
- Erstkonsolidierung/Kaufpreiszahlung **297** 82
- Minderheitsgesellschafter **297** 83
- Unternehmenserwerb durch Aktienausgabe **297** 81
konzernspezifische Besonderheiten **297** 73 ff.
Kürzung um fällige Bankverbindlichkeiten **297** 60
Offenlegung im Anhang **297** 84
Sicherungszweck-Zahlungen **297** 65
Stetigkeitsgrundsatz **297** 57
Währungsumrechnung im Konzern **297** 75 ff.
Zinsen, Dividenden, Ertragsteuern **297** 64
Kapital-Folgekonsolidierung 301 5, 180 ff.
Abschreibungen **301** 240
Anlagevermögen **301** 190 f.
Ausgleichspostenermittlung **307** 28
Behandlung aufgedeckter stiller Reserven und Lasten **301** 190 ff.

magere Ziffern = Anmerkungen

Kapitalherabsetzung

Behandlung des Geschäftswerts **301** 200
Beteiligungsveränderung des MU
 301 205 ff.
Bezugsrechteausgabe **301** 270 ff.
Erfolgswirksamkeit **301** 180
Erwerb zusätzlicher Anteile **301** 215 ff.
– an bewerteten Unt **301** 225 ff.
– Gemeinschaftsunternehmen **301** 230 f.
– sonstige Buchwertveränderungen
 301 240 ff.
Kapitalerhöhungen
– mit Änderung der Beteiligungsquote
 301 265 ff.
– ohne Änderung der Beteiligungsquote
 301 260 ff.
Kapitalveränderungen beim TU
 301 260 ff.
Kettenkonsolidierung **301** 384 f.
konzerninterne Umwandlungsvorgänge
 301 290 ff.
nachträgliche Anpassungen des
 Anteilspreises **301** 250 ff.
Neubewertungsfolgebilanz **301** 181
Pensionsrückstellungen **301** 194 f.
Rücklagenveränderung beim TU
 301 280 ff.
Übergang von IFRS auf HGB
 301 297 ff.
Umlaufvermögen **301** 192 f.
Veräußerung oder Einzug eigener TU-
 Anteile **301** 285 f.
Veräußerung von Anteilen
 vollkonsolidierter TU **301** 235 ff.
Zuschreibungen **301** 245 ff.
Kapitalgesellschaften
analoge Anwendung ergänzender
 Vorschriften **264** 1
Angaben börsennotierter KapGes
 285 253 ff.
Anhang *s dort*
Aufstellungsfrist für JA **243** 91
Beginn der Buchführungspflicht **238** 73
Bewertung von Forderungen gegen
 KapGes **253** 597 ff.
Bilanzformate **266** 1 ff.
Bundesanzeigerpublizität **325** 2
Eigenkapital konsolidierendes **301** 50
Eigenkapitalausweis **247** 150
Ende der Rechtspersönlichkeit **238** 31
Entstehung **238** 30
ergänzende Vorschriften **264** ff.
Erträge aus Beteiligungen, GuV-Ausweis
 275 177 ff.
große Kapitalgesellschaften *s dort*
größenabhängige Erleichterungen
 267 1 ff.; **276** 1 ff.
Größenklasseneinteilung *s dort*
Größenmerkmale der K. *s dort*
Haftungsverhältnisse **251** 1; **268** 120 ff.

handelsrechtliche Zurechnung
– Verbindlichkeiten **246** 77
– Vermögensgegenstände **246** 66
Inventaraufstellungsfrist **240** 69
Jahresabschluss der KapGes *s dort*
kapitalmarktorientierte KapGes *s dort*
Klarheitsgrundsatz **243** 66 f.
kleine Kapitalgesellschaften *s dort*
Kleinst-Kapitalgesellschaften *s dort*
Lagebericht *s dort*
mittelgroße Kapitalgesellschaften *s dort*
rechtsformspezifische Rechnungs-
 legungsvorschriften **242** 9 ff.
Registerpublizität **325** 2
Rückstellungsgliederung in der
 Handelsbilanz **249** 15
sachliche Zurechnung von Einlagen und
 Entnahmen **246** 93
steuerrechtliche Zurechnung
– Verbindlichkeiten **246** 77
– Vermögensgegenstände **246** 66
Kapitalherabsetzung **272** 75 ff.
Angaben im Anhang **284** 48
Anschaffungspreisminderung **255** 171 f.
Ausweis der K. in der GuV **272** 100 f.
effektive K.
– Kapitalrückzahlung und Steuerfolgen
 272 120 f.
– steuerrechtliche Folgen **272** 120 f.
Einreichung unentgeltlicher Aktien
 255 172
Erläuterung im Anhang **272** 100 f.
Kapitalersetzung durch Einziehung von
 Anteilen **272** 95; *s iEinz dort*
Kapitalherabsetzung ordentliche
 272 75 ff.; *s iEinz dort*
Kapitalherabsetzung vereinfachte
 272 80 ff.; *s iEinz dort*
Stückaktien **272** 103
**Kapitalherabsetzung durch Einziehung
 von Aktien,** Bilanzierung **272** 102 ff.
**Kapitalherabsetzung durch Einziehung
 von Anteilen** **272** 95 f.
Einziehung
– unentgeltlich oder zu Lasten des
 BilGewinns **272** 95
– gegen Zahlung eines Entgelts **272** 95
Kapitalrücklagenbildung **272** 95
Regelung bei GmbH **272** 96
Wirksamkeit der K. **272** 25, 95
Kapitalherabsetzung ordentliche
272 75 ff.
Begriff **272** 75
GmbH **272** 76
Handelsregistereintragung **272** 75
Sperrjahr **272** 76
Wirksamkeit der K. **272** 25, 75 f.
Kapitalherabsetzung vereinfachte
272 80 ff.

Kapitalkonsolidierung fette Ziffer = Paragraphen

Begriff **272** 80
Beschränkung auf bestimmte Zwecke
 272 81
Bestätigungsvermerk mit
 Musterformulierung **322** 181, 184
Bilanzierung **272** 102 ff.
Entnahmebeschränkung für
 Kapitalrücklage **272** 206
Feststellung des letzten JA durch
 HV/Gesellschafter **272** 86
Gestaltungsmöglichkeiten **272** 85
gleichzeitige Kapitalerhöhung **272** 83
– gegen Bareinlagen **272** 81, 83
Handelsregistereintragung **272** 84
Offenlegungszeitpunkt **325** 52
Rückbeziehung auf früheren
 Jahresabschluss **272** 82
Wirksamkeit **272** 25
Kapitalkonsolidierung 297 200;
 301 1 ff.
Ausgleichspostenermittlung,
 Erwerbsmethode **307** 45
Buchwertmethode **301** 4
DRS-Empfehlungen **301** 6
Equity-Methode **301** 340 f.
Erstkonsolidierung s Kapital-
 Erstkonsolidierung
Erwerbsmethode **301** 2
Folgekonsolidierung s Kapital-
 Folgekonsolidierung
Fremdwährungsumrechnung **308a** 50 ff.
Grundlagen der K. **301** 1 ff.
IFRS-Abweichungen **301** 400 ff.
Interessenzusammenführung(smethode)
 301 7 f.; **302** 1
Kapital-Endkonsolidierung s dort
Kapital-Erstkonsolidierung s dort
Kettenkonsolidierung **301** 371
latente Steuern im KA **306** 11 ff.
– Erstkonsolidierung **306** 11
– Personengesellschaften **306** 16
Matrixverfahren **301** 389
mehrstufiger Konzern **301** 370 ff.
– Abbildung besonderer
 Beteiligungsstrukturen **301** 387 ff.
Neubewertung von Vermögen und
 Schulden **300** 30
Neubewertungsmethode **301** 3
publizitätspflichtige Unternehmen
 301 392
purchase method **301** 2
Quotenkonsolidierung **310** 60
Rechtsfolgen bei Verstoß **301** 395
Simultankonsolidierung **301** 371
Unterschiedsbetrag aus K. **309** 20 ff.;
 s iEinz dort
Kapitalkonten
Abgrenzung zu Darlehenskonten
 247 163

Jahresabschlussfeststellung bei OHG
 Vor 325 154
Personengesellschaften **247** 709
**Kapitalmarktorientierte Kapital-
 gesellschaft 264d** 1 ff.
Angaben im Konzernanhang **313** 168
Anwendungsbereich **264d** 1
AP-Gesamthonorar im Anhang
 285 290 ff.
zu beachtende Vorschriften **264d** 4
Begriff **324** 4 ff.
– Kapitalmarkt **327a** 1 ff.
– verwandte Begriffe **264d** 5 ff.
– Wertpapiere **264d** 3
Erleichterungen für Konzern-TU
 264 107
JA-Erweiterungsangaben **264** 5
Konzernanhang **313** 50
Konzernlagebericht **315** 12
Offenlegungserleichterungen **327a** 1 ff.
organisierter Markt (Begriff) **264d** 2
Pflichtangaben **285** 1
Prüfungsausschussbildung **324** 3 ff.
Rechnungslegungsstandards für KA
 315a 3 ff.; s iEinz IAS-VO
übernahmerechtliche Zusatzangaben
 315 45 ff.
Kapitalmarktpapiere, Begriff und
 Bilanzausweis **266** 80
Kapitalrücklage 270 1 ff.; **272** 160 ff.
Abgrenzungsfragen zur Behandlung
 bestimmter Leistungen **272** 195
Angaben im Anhang **272** 207; **284** 71
Aufgeld
– aus Ausgabe von Aktien **272** 170 f.
– Wandelschuldverschreibungen **253** 91
Auflösung der K.
– bei AG **270** 12
– Begriff der A. **270** 3
– Ergebnisverwendung **268** 2
– durch Gesetz/Gesellschaftervertrag
 270 3
– bei GmbH **270** 12
– zur Verlustabdeckung, steuerliche
 Folgen **272** 223
Ausgabekosten **272** 172
Ausschüttung als AK-Minderung **255** 171
Ausschüttungssperre **272** 206
Ausweis
– eingeforderte Nachschüsse bei GmbH
 272 215 ff.
– Veränderungen in der GuV **275** 310 f.
bedingtes Kapital **272** 200
Bezugsanteile **272** 171
Bilanzausweis **266** 176
Down-stream-mergers **272** 196
Einstellungen in K. **270** 7, 9; **272** 165 ff.
– erfolgsneutrale/-wirksame Vornahme
 275 311

magere Ziffern = Anmerkungen

- durch Gesetz oder Gesellschaftervertrag **270** 3
- Kommanditgesellschaft a. A. **272** 335
- Zeitpunkt der E. **270** 2
Entnahmen aus K. **270** 10 f.; **272** 205 ff.
- AG/KGaA **272** 205
- Entnahmebeschränkungen **272** 206
- GmbH **272** 205 f.
- Kommanditgesellschaft aA **272** 335
Folgen bei Verstoß gegen richtigen Ausweis **272** 390
Forderungserlass mit Besserungsschein **272** 197 f.
freiwillige Leistungen **272** 195
gesonderter Ausweis **272** 165
Gewinnrücklagen *s dort*
Gewinnverwendungsrechnung **270** 3
IFRS-Abweichungen **272** 460 ff.
Kapitalerhöhung aus Gesellschaftsmitteln **270** 13; **272** 56 ff.
Kapitalherabsetzung
- Einziehung von Anteilen **272** 95
- vereinfachte K. **272** 81
Konzernabschlussgliederung **298** 68, 73
Konzerneigenkapital **297** 106
Mitarbeiteraktienoptionen **272** 184
aus Nachschusspflicht **272** 215 ff.
Optionsrechte **272** 180 ff.
Organzuständigkeit **270** 2
publizitätspflichtige Unt **270** 20 f.
Rechtsfolgen bei Verletzung **270** 23
Rücklage für eigene Anteile **270** 17
Sanierungszuschüsse **270** 8
Sonderregelungen **270** 4
- für AG **270** 7
- für GmbH **270** 7
Sonderrücklage **272** 200, 221
Steuerbilanz **270** 22
steuerrechtliche Besonderheiten **272** 220 ff.
steuerrechtliche Einlagen **272** 220
Umbuchungen **270** 14
Veränderungen der K. **270** 7 ff.
Wandlungsrechte **272** 180 ff.
Zuführungen von außen **270** 7
Zuzahlungen **272** 190, 195
Kapitalrückzahlung
Anschaffungspreisminderung **255** 171
Steuerfolgen **272** 120 f.
Kapital-Übergangskonsolidierung **301** 5, 340 ff.
latente Steuern **306** 28
Kapitalveränderungen
beim gezeichneten Kapital **272** 50 ff.
Kapitalerhöhung **272** 50 ff.; *s iEinz dort*
Kapitalherabsetzung **272** 75 ff.; *s iEinz dort*
steuerliche Besonderheiten **272** 110 ff.

Klarheitsgrundsatz

Kapitalverlust, Going-concern-concept **252** 15
Kapitalzusage, Pensionsverpflichtung **249** 155
Kassakurs, Begriff **256a** 12
Kassenbestand
Begriff **266** 151
Bewertung **255** 321
Bilanzausweis **266** 150 ff.
Umfang **247** 131
Kassenbuchhaltung **238** 113
Kassenhäuschen, Gebäude **253** 395
Kassettendecke, Betriebsvorrichtung **253** 420
Kauf auf Probe, Rückstellung **249** 100
Kaufmann
Buchführungspflicht **238** 57
Ende der Buchführungspflicht **238** 79
Kaufmannseigenschaft
s auch Handelsgewerbe
ausländische Unternehmen **238** 46 f.
Beendigung **238** 16
Begründung **238** 16
eingerichteter Geschäftsbetrieb **238** 8
Fiktivkaufleute kraft Eintragung **238** 21 ff.
Istkaufmann **238** 7
Kannkaufmann **238** 18, 25 f.
Kaufmannsbegriff **238** 6 ff.
Kleingewerbetreibende **238** 7, 18
Kaufoptionen
Anschaffungsnebenkosten **255** 74
Bilanzierung **254** 72
als sonstige VG **247** 124
wirtschaftliches Eigentum **247** 451
Kaufpreis, Aufteilung eines Gesamtkaufpreises **255** 80 ff.
Kaufpreisrenten, AK **255** 325
Kaufverträge, Forderungsrealisierung **247** 80 ff.; *s iEinz unter* Forderungen aus Lieferungen und Leistungen
Kautionen, sonstige VG **247** 124
Kautionswechsel
Begriff und Bilanzausweis **266** 242
Haftungsvermerk **251** 17
Kennzahlen zur JA-Analyse **289** 27
Kernkraftwerk-Stilllegung **249** 100
„Atomanlagen"
Kettenkonsolidierung im mehrstufigen Konzern **301** 371
KGaA *s* Kommanditgesellschaft auf Aktien
Kiesabbaurechte, Abschreibung **253** 393
Kirchensteuer, GuV-Ausweis **275** 246
Klarheitsgrundsatz **243** 51 ff.
Abhängigkeitsbericht **289** 266, 268
Abweichungen vom gesetzlichen Gliederungsschema **243** 55 f.
Anhang **284** 11, 25
- bei freiwilligen Angaben **284** 81

2663

Kleine Kapitalgesellschaften fette Ziffer = Paragraphen

– bei Kapitalgesellschaften **243** 67
Aufrundung von Summen **243** 64
Ausweis von Leerposten **265** 18
Beibehaltung der Form der Darstellung **243** 65; **265** 2 ff.
Bezeichnungsänderung der einzelnen Posten **243** 57
Bilanzgliederung **266** 15
Einzelkaufleute und Personenhandelsgesellschaften **243** 54 ff.
Erweiterung des gesetzlichen Gliederungsschemas **243** 61; **265** 14 ff.
gesonderter Ausweis **243** 59
GuV-Rechnung bei PersGes **247** 623 ff.
IFRS-Abweichungen **243** 135 f.
Inventarisierung **240** 26
Kapitalgesellschaften **243** 66 f.
Konzernabschluss **297** 180 ff.
Konzernanhang **297** 183; **313** 13, 19
Konzernlagebericht **315** 4
Lagebericht **289** 12
mehrfache Zuordnung eines VG oder einer Schuld **265** 7 ff.
Posten mit fehlendem Betragsausweis **243** 63
Prüfungsbericht **321** 8 f.
Rechtsfolgen einer Verletzung **243** 68 f.
Rechtslage nach dem PublG **243** 71
Reihenfolgeänderung der einzelnen Posten **243** 58
Saldierungsverbot **243** 60
steuerrechtliche Bedeutung **243** 70
Untereinandersetzen der Posten **243** 62
Wahlmöglichkeiten der Darstellung **243** 53
weitere Bilanzuntergliederung und Ausweis neuer Posten **265** 14
Zusammenfassung mehrerer Bilanzposten **265** 17
Kleine Kapitalgesellschaften
Anhang verkürzter **288** 2 ff.
Anhangserleichterungen **284** 1
Anlagegitter-Befreiung **268** 11
Aufgliederung
– Umlaufvermögen **247** 55
– Umsatzerlöse **285** 90
Aufstellungsfrist für JA **243** 91
Befreiung der Angabe von Gesamtbezügen **285** 160
Bestätigungsvermerk bei freiwilliger Abschlussprüfung **322** 91 ff.;
s *iEinz dort*
Bilanzgliederung (-schema) **266** 1, 20 ff.
– Sonderausweis auf Grund von Einzelvorschriften **266** 21
– Vermerk der Postenmitzugehörigkeit **266** 22
Erleichterungen
– größenabhängige **274a** 1 ff.

– GuV-Aufstellung **276** 1 ff.
– Offenlegung **326** 1 ff.
Größenklasseneinteilung **267** 2
Haftungsverhältnisse, Ausweis **268** 123
Haftungsverpflichtungen ggü verbundenen Unt **268** 127 f.
JA-Aufstellungsfrist **264** 17
Kleinst-Kapitalgesellschaften *s dort*
latente Steuern, Anwendung **274** 86
Lageberichtaufstellung **289** 1
Mindestgliederung **272** 5
MU im Anhang **285** 270
Offenlegungspflichten **325** 7
Pflichtangaben **285** 1
Rohergebnis nach Gesamtkosten- und Umsatzkostenverfahren **276** 5
Rückstellungen, Bilanzausweis **266** 205
Umsatzerlöse, gesonderter Ausweis **275** 46
Unterlassen von Angaben **286** 1
verkürzte Bilanz **266** 20 ff.
Kleingeräte, GWG **253** 444
Kleingewerbetreibende 238 18
Beginn der Buchführungspflicht **238** 71
Ende der Buchführungspflicht **238** 79
Kleinst-KapCo-Gesellschaften
Anhangverzicht **326** 70 ff.
Ausschluss der Zeitwertbewertung **326** 80
Bilanzhinterlegung **328** 32
Offenlegungserleichterungen **326** 40 ff.
Offenlegungspflichten **325** 7
verkürzte Bilanz **264c** 90; **326** 55 ff.
verkürzte GuV-Rechnung **326** 60 ff.
Kleinst-Kapitalgesellschaften 267a 1 ff.
Angaben zu Geschäften außerhalb der Bilanz **285** 21 ff.
Anhang
– Anteilsbesitz **285** 230
– Erleichterungen **288** 1
– Finanzinstrumente **285** 311, 361
– Forschungs- und Entwicklungskosten **285** 390
– Gesamtbetragsangaben **285** 460
– Haftungsverhältnisse **285** 455
– Pensionsrückstellungen **285** 415
– Verrechnung von VG und Schulden **285** 430
– Verzicht auf A. **264** 61; **284** 58, 72
– zusätzlche Angaben **264** 62 f.
Anhangaufstellung **267a** 9
Anhangserleichterungen **284** 1
Anhangverzicht **326** 70 ff.
Anlagengitterbefreiung **268** 11
Anwendbarkeit **267a** 2
Aufstellungsfrist für JA **243** 91
Ausschluss der Zeitwertbewertung **326** 80

2664

magere Ziffern = Anmerkungen

beizulegender Zeitwert **267a** 11
Bilanzaufstellung vereinfachte **267a** 7
Bilanzgliederung **266** 1
Bilanzgliederung (-schema) **266** 20 ff.
– Sonderausweis auf Grund von
  Einzelvorschriften **266** 21
Bilanzhinterlegung **328** 32
Deckungsvermögen **253** 180a
Erleichterungen, größenabhängige
  274a 1 ff.
GoB-Anwendung **243** 34
GuV-Aufstellung, verkürzte **275** 317 ff.
GuV-Aufstellung vereinfachte **267a** 8
GuV-Rechnung **247** 622
Haftungsverhältnisse, Ausweis **268** 123
Haftungsverpflichtungen ggü
  verbundenen Unt **268** 127 f.
IFRS-Abweichungen **267a** 14
Informationsrechte der Arbeitnehmer
  267a 12
Offenlegung **267a** 10 ff.
Offenlegungserleichterungen **326** 40 ff.
Offenlegungspflichten **325** 7
Pflichtangaben **285** 1
Rohergebnis nach Gesamtkosten- und
  Unsatzkostenverfahren **276** 6
Schwellenwerte **267a** 3 f.
Steuerrrecht **267a** 13
Umlaufvermögen **247** 55
Umsatzerlöse **285** 90
verkürzte Bilanz **266** 20 ff.; **326** 55 ff.
verkürzte GuV-Rechnung **326** 60 ff.
Währungsumrechnungsangaben
  256a 231
Zweigniederlassungen im Ausland
  325a 65
Klimaanlage
Betriebsvorrichtung **253** 419
Herstellungskosten **255** 400
Klischees bei Verlagen,
Herstellungskosten **255** 470
Know-how
Anschaffungskosten **255** 325
Überlassung als verdeckte Einlagen
  272 401
Kodexänderung, unterjährige **289a** 14
Kohlebunker 247 480
Kokereien 247 480
**Kommanditgesellschaft auf Aktien
(KGaA)**
Abschlagszahlungen auf Bilanzgewinn
  Vor 325 61
Abschlussprüferbestellung **318** 5
aktive Sonderposten **272** 331
Ausweis
– Kapitalteile des persönlich haftenden
  Geschäftsinhabers **272** 330 ff.
– Veränderungen der Kapital- und
  Gewinnrücklagen **275** 311 f.

Kommunale Eigenbetriebe

Besonderheiten der Rechnungslegung
  s Eigenkapital der KGaA
Bilanzausweis von
  Einzahlungsverpflichtungen **266** 124
Eigenkapital der KGaA *s* dort
Eigenkapitalbilanzierung **272** 320 ff.
Eigenkapitalfehlbetrag **268** 84
Feststellung des JA **Vor 325** 85
gesetzliche Rücklagen **272** 340
Gewinnrücklagen **272** 340 ff.
– Organzuständigkeit für Bildung und
  Auflösung **272** 341
Gewinnverwendungsbeschluss
  Vor 325 98
JA-Feststellung **Vor 325** 58
JA-Vorlage an Aufsichtsrat **Vor 325** 12
Kapitalherabsetzung, Ausweis in der
  GuV **272** 100
Kapitalrücklage **272** 335
Konzernabschluss
– Gewinnverwendungsrechnung
  298 84
– rechtsformspezifische Vorschriften
  298 80 f.
Mitunternehmerschaft zw
  Komplementär und KGaA **247** 852
Organmitglieder-Gesamtbezüge **314** 55
Prüfungspflichten, Aufsichtsrat
  Vor 325 33
Prüfungsumfang **317** 15
Rücklagenbildung **Vor 325** 58
– für Anteile an herrschendem Unt
  272 342
satzungsmäßige Rücklagen **272** 341
Unterzeichnung des JA **245** 2
Kommanditgesellschaft (KG)
s auch Personengesellschaften/
  Personenhandelsgesellschaften
Anwendung
– Bewehrungsvorschriften **335b** 1
– KapCoRiLiG **264c** 100 ff.
BiRiLiG-Anwendung **264a** 17 f., 45 ff.
Familien-GmbH & Co. KG **247** 812
Gewinnverteilung **Vor 325** 157
GmbH & Co. KG *s* dort
Jahresabschlussfeststellung **Vor 325** 155 f.
Unterzeichnung des JA **245** 2
Kommanditisten
Ausweis der Kapitalanteile **264c** 30 ff.
Entnahmerecht **247** 176
Gewinn- und Verlusterfassung
  264c 50 ff.
Kommission, Gewinnrealisierung bei
  Verkaufskommission **247** 89
Kommissionsgeschäfte
Umsatzerlöse **275** 519
wirtschaftliches Eigentum **246** 21 ff.
Kommunale Eigenbetriebe
s Eigenbetriebe

2665

Kommunalobligationen

fette Ziffer = Paragraphen

Kommunalobligationen, Bilanzausweis 266 80
Kompensationsgeschäfte, Umsatzerlöse 275 48
Komplementärgesellschaften, Ausweis von Anteilen 264c 80 ff.
Komponentenansatz
Abschreibungen 253 278
Aufwandsrückstellung 249 302
Herstellungskosten 255 391
Konjunkturrisiko,
Pauschalwertberichtigung 253 584
Konjunkturschwankungen,
außerplanmäßige Abschreibungen 253 313 ff.
Konkurs *s* Insolvenz
Konsenspreisermittlung 255 81
Konsolidierung
Aufwands-/Ertragskonsolidierung *s dort*
Equity-Konsolidierung *s dort*
Kapitalkonsolidierung *s dort*
mehrstufiger Konzern 301 370 ff.
Quotenkonsolidierung *s dort*
Schuldenkonsolidierung *s dort*
Zwischenergebniseliminierung *s dort*
Konsolidierungsbewertungsmethoden
s auch Bewertung einheitliche
Buchwertmethode bei Ausgleichspostenermittlung 307 49
Erwerbsmethode bei Ausgleichspostenermittlung 307 45
Neubewertungsmethode bei Ausgleichspostenermittlung 307 26 ff., 49 f.
Konsolidierungsgrundsätze 300 1 ff.
s auch Einheitliche Bilanzierung des KA
Angabe von Abweichungen im Konzernanhang 313 118
BVm-Einwendungen 322 125
Grundsätze ordnungsmäßiger Konzernrechnungslegung (GoK) 300 1
IFRS-Abweichungen 300 60 ff.
Kreditinstitute 300 52 f.
Ordnungswidrigkeiten 334 12
publizitätspflichtige Unt 300 55
Rechtsfolgen bei Verstoß 300 58
Unabhängigkeit der Konzernbilanzierung 300 43 ff.
unterjährige Änderungen im KonsKreis 300 44 ff.
Verschmelzungsvorgänge 300 47
Versicherungsunternehmen 300 52 f.
Vollständigkeitsgrundsatz des KA 300 43 ff.
Wirtschaftlichkeit des KA 297 195 ff.
zeitanteilige Aufteilung 300 46
Zeitpunkt der Erstkonsolidierung 300 48
Zwischenabschluss 300 45
Konsolidierungskreis
Abgrenzungsfragen 294 1

Angaben im Anhang 313 145 ff.
– *s auch* Konzernanhang
– Abweichungen im K-Anh 313 124
– Kreis der zu berichtenden Unt 313 151 ff.
Anwendung der Equity-Methode 296 46
Auswirkung der Änderungen 294 14 ff.
Befreiung von Konzernrechnungslegungspflicht 294 2
Beschränkungen in der Ausübung der Rechte 296 5 ff.
BVm-Einwendungen 322 125
Einbeziehungswahlrecht
– Anwendungsfälle 296 11 ff.
– Begründung im K-Anh 296 41 ff.
– Entherrschungsvertrag 296 11
– gemeinnützige GmbH 296 11
– hohe Kosten oder Verzögerung bei Angabenbeschaffung 296 15 ff.
– IFRS-Abweichungen 296 52 ff.
– Liquidation eines TU 296 11
– Publikumsfonds 296 31
– staatliche Zwangsmaßnahmen 296 11
– Stimmbindungsvertrag 296 11
– substantive participating rights 296 11
– TU in Insolvenz 296 11
– TU von untergeordneter Bedeutung 296 33 ff.
– Unternehmensvertrag mit MU 296 11
– Veräußerung von Anteilen 296 11
– Vermögensrechte-Beschränkungen 296 8
– Weiterveräußerungsabsicht 296 23 ff.
– Zweckgesellschaften 296 12, 22
Einbeziehungswahlrechte 296 1 ff.;
s iEinz dort
einzubeziehende Unt 294 1 ff.
Folgejahrauswirkungen 294 10
IFRS-Regelung 294 42 f.
Konzernkapitalflussrechnung 297 78
Ordnungswidrigkeiten 334 12
Pro-Forma-Zahlen 294 15
publizitätspflichtige Unternehmen 294 36
– Einbeziehungswahlrecht 296 48
– Einbeziehungswahlrecht 296 50
Unterlassen von Angaben im Konzernanhang 313 219 f.
Vorlage- und Auskunftspflichten der TU 294 20 ff.
Vorliegen eines Mutter-Tochterverhältnisses 294 5
wesentliche Änderungen 294 8 ff.
zusätzliche Angaben im KA 294 13 ff.
Konsolidierungsmaßnahmen, latente Steuern im KA 306 11 ff.
Konsolidierungsmethoden
Arten und Umfang 297 200

magere Ziffern = Anmerkungen **Konzern**

Aufwandskonsolidierung **297** 200
Bewertungsstetigkeit **297** 200
Darstellungsstetigkeit **297** 200
Equity-Konsolidierung **297** 200
Ertragskonsolidierung **297** 200
Interessenzusammenführungsmethode
  302 1
Kapitalkonsolidierung **297** 200
Konzernanhang
– Abweichungen vom Stetigkeitsgebot
  297 202; **313** 127
– Angabe von Abweichungen
  313 117 ff.
– Klarheit und Übersichtlichkeit
  297 183
Quotenkonsolidierung **297** 200
Schuldenkonsolidierung **297** 200
Stetigkeit der K. **297** 200 ff.
– Abweichungen **297** 202
– sachliche Stetigkeit **297** 201
– zeitliche Stetigkeit **297** 201
Wahlrechte, Angabe von Abweichungen
  im K-Anh **313** 119, 128
Zwischenergebniseliminierung
  297 200
Konsolidierungstechniken
  s Quotenkonsolidierung
Konsolidierungsunterlagen,
  Vorlagepflicht **320** 21
Konsolidierungsverfahren
  s Quotenkonsolidierung
Konsortialhaftungen
  Angaben im Anhang **285** 76
  Haftungsvermerk **251** 4
Konsortialverträge, beherrschender
  Einfluss **290** 85
Konstruktionskosten 255 425
Kontenfunktion, DV-gestützte
  Buchführung **239** 27
Kontenpläne 238 112
  Aufbewahrungspflicht **257** 13
  Bedeutung für GuV-Rechnung **247** 630
  Gliederung **247** 603
Kontenregister, Aufbewahrungspflicht
  257 13
Kontierung 238 112
Kontoform
  Abweichungen **328** 30
  Bilanz **247** 7
  Bilanzgliederung **266** 1, 5
  EkfI und PersGes **247** 660 f., 666 f.
  GuV-Gliederung **275** 11
Kontokorrentbuchhaltung 238 113
Kontokorrentkonto
  Vermutung betrieblicher Veranlassung
  246 72
  Verrechnungsverbot **246** 110
Kontrollmanagementsystem
  s Risikomanagementsystem

Konvertible Anleihen, Bilanzausweis
  266 248
Konzern
Abgrenzung von assozUnt **311** 5
Abschlussprüfung s Konzernabschluss-
  prüfung
beherrschender Einfluss
– aktienrechtliche Meldepflichten
  290 48
– Aufsichtsorganbegriff **290** 52
– Ausübungsbeschränkungen dingliche
  290 48
– Begriff **290** 20 f.
– Beherrschungsvertrag **290** 58 ff.
– Bestellungs- und Abberufungsrechte
  290 52 ff.
– Bestimmung der Finanz- und
  Geschäftspolitik **290** 25 ff.
– Beurteilung eines Control-
  Verhältnisses **290** 81
– faktische Beherrschung **290** 50 f.
– Gesellschafterstellung **290** 56
– KapCo-Gesellschaften **290** 57
– Konsortialverträge **290** 85
– Leitungsorganbegriff **290** 52
– Mindestmachtbefugnisse des Organs
  290 55
– Organe **290** 52
– Poolverträge **290** 85
– Präsenzmehrheit **290** 50 f.
– publizitätspflichtige Unt **290** 102
– Risiken und Chancen einer
  ZweckGes **290** 65 ff., 75
– Satzungsbestimmung mit
  Weisungsrechten uA **290** 60
– Stimmbindungsverträge/-vollmacht
  290 46 f., 85
– Stimmrechtsbegriff **290** 41
– Stimmrechtsberechnung **290** 42 f.,
  90 ff.
– Stimmrechtsbeschränkung **290** 45 ff.
– Stimmrechtsmehrheit **290** 40 ff.
– unwiderlegbare
  Beherrschungstatbestände **290** 30 ff.
– Verwaltungsorganbegriff **290** 52
– wechselseitige Beteiligungen **290** 49
– Zurechnung/Abzug von Rechten
  290 80 ff.
– Zweckgesellschaften **290** 65 ff.
Bilanzgliederung **266** 2
einstufiger Konzern/Ausgleichsposten-
  errechnung **307** 15 ff.
Gestionsgebühren **275** 54
mehrstufige Konzerne
– Angaben im K-Anh **313** 182 ff.
– Ausgleichspostenermittlung **307** 35 ff.
– Kapitalkonsolidierung **301** 370 ff.
Mutterunternehmen
– Stimmrechtsberechnung **290** 90 ff.

2667

Konzernabschluss

fette Ziffer = Paragraphen

– Zurechnung/Abzug von Rechten **290** 80 ff.
Pensionszusagen **249** 190
Prüfungsausschuss **324** 15
Konzernabschluss
Abschreibungen, Geschäftswert **309** 1 ff.
Aktiengesellschaften
– Gewinnverwendungsrechnung **298** 84
– rechtsformspezifische Vorschriften **298** 80 f.
Angabe der Vj-Zahlen **297** 17
Angaben im Anhang über Mutterunternehmen **285** 270 ff.
Anlagengitter *s* Konzernanlagengitter
Ansatzstetigkeit **298** 18
Ansatzwahlrechte **300** 50
Anwendungsregelung KapCoGes **264c** 160 ff.
anzuwendende Vorschriften **298** 1 ff.
– Rechtsfolgen bei Verletzung **298** 115 f.
– Verhältnis zum PublG **298** 110 f.
assoziierte Unternehmen *s dort*
Aufstellungsfristen **243** 91
Aufstellungspflicht
 s Konzernabschlusspflicht
Ausgleichsposten *s dort*
Ausschüttungen und Ertragsteueraufwandskorrektur **298** 35
Befreiungen
– *s* Größenmerkmale beim Konzernabschluss
– *s* Konzernabschluss befreiender
Beibehaltungswahlrechte im Konzernabschluss *s dort*
Bestandteile des KA **297** 10 ff.
Bestätigungsvermerk zu Konzernabschlüssen *s dort*
Bewertung einheitliche im K. **308** 1 ff.; *s iEinz dort*
Bewertungseinheiten **298** 42
Bewertungsvereinfachung **298** 46
Bewertungsvorschriften, anzuwendende B. **298** 37 ff.
Bilanzänderung/-berichtigung **253** 846
Bilanzeid **297** 189
Bilanzierungsverbote **298** 25
Bilanzierungswahlrechte **298** 26; **300** 50 ff.
Bilanzinhalt **298** 23
BilMoG-Übergangsregelung **67 EGHGB** 28
Deutsche Sprache **244** 5
EAV-Erträge/-Aufwendungen **298** 79
Eigenkapital
– Ausweis von OHG/KG **264c** 65 ff.
– Gliederung und Ausweis **298** 72
einheitliche Bilanzierung des K. *s dort*
Einheitstheorie **298** 3

Einschränkung des BVm bei fehlendem KA **322** 61
Einsichtnahme in Prüfungsbericht bei Insolenz **321a** 20
Ergänzungsrechnung **300** 30 f.
Ergebnisvortrag-Anpassungen **298** 61
Erleichterungen
– Konzern-TU **264** 101 ff.
– Rechtsfolgen bei Verletzung **298** 115 f.
– Verhältnis zum PublG **298** 110 f.
– beim Vorratsausweis **298** 95 ff.
Ermessensspielräume **300** 51
Euro-Angabe **244** 5
Fehlbetragsangabe im Anhang; Pensionsübergangsregelungen **249** 286 ff.; *s iEinz dort*
fertige und unfertige Erzeugnisse, Zusammenfassung **298** 99
Feststellung des KA **Vor 325** 149
– Rechtsfolgen **316** 21 ff.
Formblatt-Unternehmen **298** 90 ff.
Fremdwährungstransaktion **298** 48
Genossenschaften **336** 30 f.
geschäftsspezifische Vorschriften **298** 90 ff.
Geschäftswert, Aktivierungspflicht **298** 20 f.
Gliederung *s* Konzernabschlussgliederung
GmbH
– Forderungen und Verbindlichkeiten ggü Gesellschaftern **298** 85
– rechtsformspezifische Vorschriften **298** 82
GoB-Anwendung **243** 22, 37, 67
Größenmerkmale bei K. *s dort*
Grundsatz der entspr Anwendung **298** 1 ff.
Grundsätze für KA **297** 180 ff.
Haftungsverhältnisse **298** 30
IFRS-Abweichungen **297** 220 ff.
Informationsfunktion **297** 1
Inhalt des K. **297** 1 ff.
nach internationalen Standards **315a** 1 ff.; *s iEinz* IAS-Verordnung
Kapital-Endkonsolidierung **301** 300 ff.; *s iEinz dort*
Kapitalflussrechnung **297** 52 ff.; *s iEinz dort*
kapitalmarktorientierte KapGes **264d** 4
Klarheitsgrundsatz **297** 180 ff.
Kommanditgesellschaft aA (KGaA)
– Gewinnverwendungsrechnung **298** 84
– rechtsformspezifische Vorschriften **298** 80 f.
Konsolidierung *s dort*
Konzernanhang
– Klarheit und Übersichtlichkeit **297** 183

2668

magere Ziffern = Anmerkungen

– zusätzliche Angaben zur VFE-Lage
 297 188
Kreditinstitute **298** 90 ff.
latente Steuern **306** 1 ff.; *s iEinz* Latente
 Steuern im KA
 „Materiality"-Begriff **297** 197
Neubewertung **308** 18
– Abweichungen **308** 32 ff.
nicht durch Eigenkapital gedeckter
 Fehlbetrag **298** 67
Offenlegung **325** 80
Ordnungswidrigkeiten
– Aufstellung des KA **334** 12
– IFRS-Konzernabschluss **334** 13
Pflicht zur Aufstellung des K.
 s Konzernabschlusspflicht
Postenbezeichnungen, Änderung
 297 181
Prüfungsgegenstand **317** 30 ff.
Prüfungsumfang **317** 30 ff.
publizitätspflichtige Unternehmen *s dort*
Quotenkonsolidierung *s dort*
Rechnungsabgrenzungsposten **298** 28
Rechnungslegungsvorschriften
 anzuwendende **298** 7 ff.
Rechtsfolgen festgestellter Fehler
 342b 47
rechtsformspezifische Vorschriften
 298 80 f.
– ausländische Gesellschaften **298** 93
Richtigkeitsgrundsatz **328** 6 ff.
Rückstellungen **298** 28
– Wertansatz **298** 40
Rundung von Beträgen **297** 184
Schulden, Wertansatz **298** 39
Schuldenkonsolidierung **298** 55
Segmentberichterstattung **297** 151 ff.;
 s iEinz dort
Sprache **298** 12
Stetigkeit der Konsolidierungsmethoden
 297 200 ff.
Steuerberechnung und -ansatz **298** 34 f.
Stichtag *s* Konzernabschlussstichtag
Teilkonzernabschluss **299** 7
Übersichtlichkeitsgrundsatz **297** 180 ff.
Unabhängigkeit der
 Konzernbilanzierung **300** 43 ff.
unrichtige Darstellung **331** 30 ff.
unrichtige Versicherung **331** 34 ff.
Unterschiedsbetrag, passiver aus
 Kapitalkonsolidierung **309** 20 ff.;
 s iEinz dort
Unterzeichnung **245** 4; **298** 14
Vergleichbarkeit aufeinander folgender
 KA **294** 8 ff.
Verhältnis zum PublG **297** 210
Verrechnungsverbot **298** 17
Versicherungsunternehmen **298** 90 ff.
VFE-Lage **297** 185 ff.

Konzernabschluss

– Generalnorm **297** 186 f.
– zusätzliche Angaben im K-Anh
 297 188; **313** 11 f.
VG-Wertansatz **298** 39
Vollständigkeitsgebot **298** 16; **328** 6 ff.
Vorjahreszahlen-Anpassung **298** 51 ff.
Vorlagepflicht **320** 20 ff.
– an GmbH-Gesellschafter **Vor 325** 133
– TU ggü MU **294** 21 ff.
Vorräte
– Anzahlungen **298** 97
– Zusammenfassungen **298** 95 f.
Vorratsausweis
– Erleichterungen **298** 95 ff.
– IFRS-Abweichungen **298** 120 ff.
Währung **298** 12
Wertansatz zu AK/HK **298** 44
werterhellende Informationen **298** 38
Zahlenverweis zw Konzernbilanz/-GuV
 und Konzernanhang **297** 183
zusätzliche Angaben im KA **294** 13 ff.
Zwischenergebniskonsolidierung *s dort*
Konzernabschluss befreiender 291 1 ff.;
 292 1 ff.
Aktiennotierung an einem geordneten
 Markt **291** 31
Anforderungen **291** 15 ff.
Angaben im Anhang **291** 28
BAnz-Befreiungsmitteilung **264b** 60 ff.
Befreiungstatbestand **290** 95
Besonderheiten für obere MU
 264b 90 ff.
Einbeziehung des (unteren) MU in den
 Konzernabschluss **291** 15 ff.
Einklangprüfung **264b** 44
IFRS-Rechnungslegung **291** 45 ff.;
 292 60
Inhalt des Abschlusses **291** 21 ff.
Inhalt und Gliederung **291** 7
internationaler KA **264b** 45
KonzernabschlussbefreiungsVO **292** 1
maßgebliches Recht **291** 21
Minderheitenschutz
– Antragsverfahren **291** 32 ff.
– gesetzliche Regelungen **291** 30
– KapCo-Gesellschaften **291** 36
Nicht-EG-Staaten kraft
 Rechtsverordnung **292** 1 ff.
– Abschlussprüfung **292** 28 ff.
– Anforderungen **292** 15 ff.
– Angaben im Anh **292** 35 f.
– AP-Qualifikation und AP-
 Gleichwertigkeit **292** 30
– Einbeziehung **292** 15
– Gleichwertigkeitserfordernis **292** 2
– grundsätzliche Erfordernisse **292** 5 f.
– Inhalt des Abschlusses **292** 20 ff.
– maßgebliches Recht **292** 22 ff.
– Minderheitenschutz **292** 40

2669

Konzernabschlussgliederung

fette Ziffer = Paragraphen

- Mutter-Tochter-Verhältnis **292** 7 f.
- Offenlegung **292** 10 f.
- Publizitätsgesetz **292** 45
Offenlegung **264b** 47
Prüfung durch Abschlussprüfer **291** 25
Publizitätsgesetzregelungen **291** 40 ff.
- Minderheitenschutz **291** 43
publizitätspflichtige Unt **264b** 70 ff.
Sanktionen **291** 44
- bei Nicht-EG-Staaten kraft RVO **292** 50
Voraussetzungen **291** 4 ff.
- Begriff des MU/TU **291** 6 ff.
- Offenlegung in deutscher Sprache **291** 10
- Zeitpunkt des Vorliegens eines MU-/TU-Verhältnisses **291** 8
Wegfall der Befreiungsmöglichkeit **291** 30 ff.
Weltabschlussprinzip **291** 1 f.
Konzernabschlussgliederung 298 50 ff.
Gliederung der Bilanz **298** 58 ff.
- Anlagenspiegel **298** 63 ff.
- Beteiligungen **298** 70
- Eigenkapital **298** 72
- EK aus Währungsumrechnung **298** 74
- Gewinnrücklagen **298** 68, 73
- Grundschema **298** 58
- KapCo-Gesellschaften **298** 59
- Kapitalrücklage **298** 68, 73
- Konzerngewinn/-verlust **298** 61
- verbundene Unternehmen **298** 70
Gliederung der GuV-Rechnung **298** 75 ff.
- Gesamtkosten-/Umsatzkostenverfahren **298** 75 f.
- Grundschema **298** 75 f.
- Vorschriften zu den einzelnen Posten **298** 78
Gliederungsgrundsätze allgemein **298** 50 ff.
Konzernabschlusspflicht 290 1 ff.
Befreiungstatbestand **290** 95
Größenklassen **293** 1 ff.
IFRS-Abweichungen **290** 130 f.
KapCo-Gesellschaften **290** 1
publizitätspflichtige Unternehmen **290** 100 ff.; *s iEinz dort*
Sitz im Inland **290** 1
Teil-Konzernabschluss **290** 2, 112 ff.
Teil-Lagebericht **290** 2
Weltabschlussprinzip **290** 3
Konzernabschlussprüfer
Auskunftsrechte **320** 25 ff.; *s iEinz dort*
befreiender Konzernabschluss **291** 25
Bestellung durch Gesellschafter **318** 10
Gesamthonorarangabe im Konzernanhang **314** 90 ff.

Konzernabschlussprüfung 317 30 ff.
s auch Prüfungsbericht
Ausschlussgründe **319** 87 ff.
- interne AP-Rotationen **319a** 41
befreiender Konzernabschluss **291** 25
Bestätigungsvermerk zu Konzernabschlüssen *s dort*
gesetzlicher Mindestinhalt **321** 101 ff.
Grundsätze ordnungsmäßiger Berichterstattung **321** 100 ff.
LBer und Konz-LBer **317** 50 ff.
- besondere LBer-Angaben (Einzelfälle) **317** 59
- Chancen, Risiken und künftige Entwicklung **317** 65 ff.
- Prüfungsdurchführung **317** 57
- Prüfungsumfang **317** 50 ff.
- Schlusserklärung im Abhängigkeitsbericht **317** 60 ff.
- Unternehmensführungserklärung **317** 70 ff.
Prüfungsdurchführung **317** 40 ff., 55 ff.
- Berichterstattung des JA-AP an KA-AP **317** 43
- Festlegung der Wesentlichkeitsgrenzen **317** 42
- Prüfungsstrategie **317** 42
- Vollständigkeit/einheitliche Bewertung **317** 45
- Vorbereitungen **317** 41
Prüfungsgegenstand **317** 30 ff.
Prüfungspflicht **316** 15 ff.
Prüfungsumfang **317** 30 ff.
Rechtsformen **316** 15 ff.
Risikofrüherkennungssystem **317** 75 ff.; *s iEinz dort*
risikoorientierte **317** 195 ff.
zusammengefasste JA von MU und TU **317** 33, 35 ff.
zusammengefasster Prüfungsbericht **321** 122
Konzernabschlussstichtag 299 1 ff.
Dauer des Konzern-Gj **299** 3
Einbeziehung auf Basis abw Stichtags **299** 25 ff.
einbezogene Unternehmen **299** 8 ff.
- Konzern-LBer **315** 10
- Stichtag des KA **299** 8
- Zwischenabschlüsse **299** 10 ff.; *s iEinz dort*
IFRS-Abweichungen **299** 48 ff.
Konzernanhang, Vorgänge von besonderer Bedeutung **299** 40
Rechtsfolgen einer Verletzung **299** 45
Rumpfgeschäftsjahr **299** 4
Verhältnis zum PublG **299** 42 f.
Vorgänge von besonderer Bedeutung **299** 30 ff.
- Angabe im K-Anh **299** 40

magere Ziffern = Anmerkungen

Konzernanhang

- Berücksichtigung in Konzernbilanz und Konzern-GuV 299 37 ff.
- Geschäftsvorfälle zw konsolidierten Unt 299 38
- zeitliche Komponente 299 30 ff.
- zu beachtende Geschäftsvorfälle mit Dritten 299 38 f.
Zwischenabschlüsse 299 10 ff.; s iEinz dort
Konzernanhang 313 1 ff.; **314** 1 ff.
Änderung des gebilligten KA 313 17
Anforderungen an Berichterstattung 313 13
Angabe und Begründung von Methodenabweichungen 313 103 f.
Angabebefreiungen für Konzern-TU 264 150 ff.
Angaben
- Aktienbezugsrechte 314 66
- Aktienbezugsrechte, Unterlassen der Angaben 314 136
- im Anhang des MU 313 6
- nicht vorzunehmende 314 2
- zu Geschäften außerhalb Konzernbilanz 314 12
Ansatzvorschriften 298 16 ff.
Anteilsbesitz
- Angaben 313 172 ff., 189 ff.
- Anteil am Kapital 313 193 ff.
- anteilsmäßig einbezogene Unt 313 204
- assoziierte Unt 313 203
- Eigenkapital und Ergebnis „anderer" Unt 313 206 ff.
- Einbeziehung von TU 313 200
- gemeinsame Angaben für alle Unt 313 192 ff.
- Konzernanteilsbesitz s dort
- Name und Sitz 313 192
- nicht offenlegungspflichtige Unt 313 216
- Nichteinbeziehung von TU 313 202
- Unt von untergeordneter Bedeutung 313 212 f.
- Unterlassen von Angaben zum Konzernanteilsbesitz 313 219 f.
- weitere Angaben zu einzelnen Unt 313 200
anteilsmäßig einbezogene Unternehmen, durchschnittliche Arbeitnehmerzahl 314 35 ff.
Arbeitnehmerzahl durchschnittliche 314 30 ff.
- einbezogene Unternehmen 314 32
- Gruppenbildung 314 33
assoziierte Unternehmen, Angabe der Einbeziehung 313 122
Aufgliederung der Umsatzerlöse nach Tätigkeitsbereichen und Märkten 314 24 ff.

aufstellungspflichtige Kapitalgesellschaften 313 2 ff.
Aufwands- und Ertragskonsolidierung 305 51
- Angabe von Abweichungen 313 124
ausländisches Mutterunternehmen 313 4
Auswirkungen von Abweichungen auf die VFE-Lage 313 136
Befreiung
- von Angabepflichten 314 135
- KapCoGes von JA-Aufstellung 264b 50 ff.
Beibehaltungswahlrechte im Konzernabschluss, Ausnahmefälle 308 34
Bestandteil der MU-Rechnungslegung 313 1 ff.
Bestandteil des KA 313 11
Beteiligungen an assoziierten Unt 312 15
- Ansatz- und Bewertungsmethodenwahlrecht 312 68
Beurteilung der Finanzlage 314 17
Bewertungseinheiten 314 118
Bewertungsmethoden 313 72 ff.
- Angaben und Begründung von Abweichungen 308 14 ff.; 313 111 ff.
- Bewertung assoziierter Unt 312 68
Bilanzeid 297 189
Bilanzierungsmethoden 313 60, 65 ff.
- Angaben zu Abweichungen 313 109
börsennotierte Konzernunternehmen 313 178
derivative Finanzinstrumente 314 100 f.
Deutsche Sprache 313 19
Drittschuldverhältnisse, Angabe des Konsolidierungswahlrechts 313 120
Durchbrechung der Stetigkeit der Konsolidierungsmethoden 297 203
eigene Anteile 314 84 ff.
Einbeziehung assoz Unt 313 80 f.
einbezogene KG iSv § 264a HGB 313 19
Einblick in VFE-Lage 313 11
einheitliche Bilanzierung 300 15
Einheitsgrundsatz, Abweichung 313 123
Einheitstheorie 297 190 ff.
- Abweichung 297 193
Entsprechenserklärung zum Corporate Governance Kodex 314 89
Euro-Angabe 313 19
Fehlanzeigen 314 1
Fiktion der wirtschaftlichen Einheit 297 190 ff.
Fiktion der wirtschaftlichen Konzerneinheit 313 12
Finanzinstrumente des Handelsbestands 314 105
Form des K. 313 19 f.

2671

Konzernanhang

fette Ziffer = Paragraphen

Forschungs- und Entwicklungskosten **314** 115
freiwillige Angaben **313** 15, 49
freiwillige Aufstellung des KA **313** 130
Fremdwährungsumrechnung **308a** 130 ff.
– Angabe der Grundlagen **313** 92 ff.
Gesamtbetrag
– bestimmte Verbindlichkeiten **314** 8 ff.
– Bezüge von Organmitgliedern **314** 52 ff.
– sonstige finanzielle Verpflichtungen **314** 14 ff.
Gesamtbezüge von Organmitgliedern
  s unten Organmitglieder-Gesamtbezüge
Gesamthonorarangabe des AP **314** 90 ff.
Geschäftswertabschreibungen **314** 129
Gestaltungsfreiheit **313** 19
GoB-Grundsätze **313** 13
größenabhängige Erleichterungen **313** 2
Grundsatz der einheitlichen Bilanzierung **313** 66
Haftungsverhältnisse **314** 127
– ggü nichteinbezogenen TU **314** 21
IFRS-Abweichungen **313** 230 f.
– Kapitalkonsolidierung **301** 468
Inhalt des K. **313** 33 ff.
Interessentheorie **297** 191
Investmentbeteiligungen **314** 126
jährliche Aufstellung **313** 13
KapCo-Gesellschaften **313** 1 ff.
Kapital-Endkonsolidierung **301** 333
Kapitalkonsolidierung verbleibender
  Unterschiedsbeträge **301** 160 f.
kapitalmarktorientierte MU **313** 50
Kennzeichnung als K. **313** 19
Klarheitsgrundsatz **297** 183; **313** 19
Konsolidierungskreis
– Einbeziehungswahlrecht **296** 41 ff.
– wesentliche Änderungen **294** 8 ff.
Konsolidierungskreis-Angaben
– anteilsmäßig einbezogene Unt **313** 168 f.
– assoziierte Unt **313** 163 f.
– Entfallen von KonsGrundangaben von TU **313** 200 f.
– Erweiterung/Verminderung **313** 124
– in KA einbezogene Unt **313** 156 f.
– in KA nicht einbezogene TU **313** 160
– Kapitalmarktunternehmen **313** 168
– bei mehrstufigen Konzernen **313** 180 ff.
– Unternehmen mit mind 20%igem Anteilsbesitz **313** 172 ff.
– zu Unternehmensarten (Überblick) **313** 145 ff.
Konsolidierungsmethoden
– Abweichungen von der Stetigkeit **313** 127
– Angaben zu Abweichungen **313** 117 ff.
– Erläuterung **297** 183

– Wahlrechte, Angabe von Abweichungen **313** 128
Konzernabschluss **313** 148
Konzernanteilsbesitz, Unterlassen von Angaben **313** 219 f.
Konzernbilanzangaben **313** 60 ff.
Konzern-GuV-Angaben **313** 60 ff.
Konzern-Kapitalflussrechnung **297** 84
Konzern-Verbindlichkeitenspiegel **314** 11
Kreditinstitute **313** 3
latente Steuern **314** 130 f.
– Angabe des Wahlrechts der Zusammenfassung **313** 121
Leerposten **313** 15
Liste der Pflichtangaben **313** 34
Mindestumfang **313** 15
nahe stehende Personen/Unternehmen **314** 106 ff.
Ordnungswidrigkeiten **334** 12
Organmitglieder-Gesamtbezüge **314** 52 ff.
– Angabe der Pensionsrückstellungen **314** 76
– börsennotierte AG als MU **314** 52
– für ehemalige Organmitglieder **314** 70 ff.
– für Hinterbliebene **314** 70 ff.
– KGaA **314** 55
– Personengruppen **314** 58
– für tätige Organmitglieder **314** 60 ff.
– Vorschüsse, Kredite und Haftungsverhältnisse **314** 79
Pensionsrückstellungen **314** 120 ff.
Personal- und Materialaufwand im Gj **314** 39 f.
Pflichtangaben
– ähnliche Rechte **313** 36
– Genussrechte **313** 36
– Rechte aus Besserungsscheinen **313** 36
– rechtsformspezifische Pflichtangaben **313** 35 f., 44 f.
– sonstige **314** 1 ff.
– wahlweise im Konzernanhang oder im übrigen KA **313** 40 ff.
– Wandelschuldverschreibungen **313** 36
– Wertpapiere **313** 36
publizitätspflichtige Unt **313** 3, 51 ff.
– sonstige Pflichtangaben **314** 3
Quotenkonsolidierung **310** 75 ff.; **313** 122
Rechtsfolgen bei Verstoß **313** 225
Sanktionen **314** 138
Schuldenkonsolidierung **303** 8
Schutzklausel **313** 5
– sonstige Pflichtangaben **314** 5
sonstige finanzielle Verpflichtungen **314** 14 ff.

2672

magere Ziffern = Anmerkungen

Stetigkeit formelle **313** 19
Struktur des K. **313** 20
Übersichtlichkeitsgrundsatz **297** 183; **313** 19
Umfang des K. **313** 15 f.
Unterschiede zum JA-Anh **313** 24 f.
Unterschiedsbetrags-Auflösung **313** 79
Unterzeichnung **245** 4; **298** 14
Verbindlichkeiten
– Gesamtbetrag der V. mit Restlaufzeit von mehr als 5 Jahren **314** 8 ff.
– gesicherte V. **314** 10 ff.
Vergleichszahlen des Vorjahres **313** 15
Verhältnis des Konzernanhangs zum Anhang des MU **313** 23 ff.
Verrechnung von VG/Schulden **314** 125
Versicherungsunternehmen **313** 3
Verweise auf Anh des MU **313** 16
VFE-Lage, zusätzliche Angaben **297** 188
Vorgänge von besonderer Bedeutung **299** 40
Wesentlichkeitsgrundsatz **297** 195 ff.; **313** 104
Zusammenfassung
– Konzernanhang mit Anhang des MU **313** 28, 131
– Konzernanhang und MU-Anhang **298** 105 ff.
Zusatzangaben
– Finanzinstrumente in Finanzanlagen **314** 95 f.
– Honorar des Konzern-AP **314** 90 ff.
– individualisierte Vorstandsbezüge **314** 67
Zweck des K. **313** 11 f.
Zwischenabschlüsse, Einbeziehung in Konzernabschluss **313** 119
Konzernanlagengitter 298 63 ff.
Änderungen im KonsKreis **298** 65
Beteiligungen an assoziierten Unternehmen **312** 53 f.
Bruttomethode **298** 63
Eliminierung von Ab- und Zugängen **298** 64
Fremdwährungsumrechnung **308a** 127
Höhe der historischen AK **298** 64
Kapital-Endkonsolidierung **301** 330
Konzernanlagespiegel s dort
konzerninterne Übertragung als Umbuchungsausweis **298** 64; **312** 53 f.
Neubewertungsbilanz-Ableitung **301** 57
Quotenkonsolidierung **310** 74
Wechselkursänderungen **298** 66
Konzernanschaffungskosten
Anschaffungs(neben)kosten **304** 12
Ermittlung **304** 11 f.
Konzernanteilsbesitz
Anteilsbesitz s dort

Konzern-GuV-Rechnung

Unterlassen von Angaben im Konzernanhang **313** 219 f.
Konzernbilanz
Angaben zur K. im Konzernanhang **313** 60 ff.
Bilanzgliederung (-schema) **266** 2
Pflichtangaben
– nach HGB **313** 42
– rechtsformspezifische Pf. **313** 44 f.
Konzernbilanzierungsrichtlinie 298 8
Konzernbilanzpolitik, einheitliche Bewertung **308** 1 ff.
Konzerneigenkapital
Kapitalrücklage **297** 106
MU-zugehörige Posten **297** 105 ff.
Konzerneigenkapitalspiegel 297 100 ff.; **300** 15
Darstellung der Entwicklung **297** 102
eigene Anteile **297** 108 f.
Eigenkapitaldifferenz aus Währungsumrechnung **297** 111
erwirtschaftetes Konzerneigenkapital **297** 107
Fremdwährungsumrechnung **308a** 125
gezeichnetes Kapital des MU **297** 104
Konzerngesamtergebnis **297** 117
kumuliertes übriges Konzernergebnis **297** 110 ff., 116
Minderheitenkapital **297** 113 ff.
nicht eingeforderte Einlagen **297** 105
NichtKapGes/Kreditinstitute **297** 103
zusätzliche Erläuterungspflichten **297** 118 ff.
Konzerneinheitliche Bewertung, Anpassungswahlrecht bei assoziierten Unternehmen **312** 61 ff.
Konzerneröffnungsbilanz 298 9
Konzerngeschäftsjahr
Dauer **299** 3
Rumpfgeschäftsjahr **299** 4
Umstellung durch Satzungsänderung **299** 5
Konzerngewinn, KA-Ausweis **298** 61
Konzern-GuV-Rechnung
Angaben zur Konzern-GuV im Konzernanhang **313** 60 ff.
Aufwands- und ErtragsKons s dort
Ausgleichsposten, Ausweis des anteiligen Jahresergebnisses **307** 80 ff.
beispielhafte Darstellung nach IFRS **275** 363
einheitliche Bilanzierung **300** 15
Ergebnisausweis aus assoziierten Unternehmen **312** 42 ff.
Gesamtkostenverfahren **298** 98
Gliederung der GuV-Rechnung s unter Konzernabschlussgliederung
Kapital-Endkonsolidierung **301** 331 f.

2673

Konzernherstellungskosten fette Ziffer = Paragraphen

Pflichtangaben
– nach HGB **313** 42
– weitere rechtsformspezifische Pf.
313 44 f.
Sonstiges Periodenergebnis nach IFRS
275 365 ff.
Umsatzkostenverfahren **298** 98
Vorjahreskorrektur **298** 56
Konzernherstellungskosten
Bewertungswahlrechte **304** 13
einheitliche Bewertungsmethoden
304 14
eliminierungspflichtiger Zwischen-
gewinn/Zwischenverlust **304** 16
Ermittlung **304** 13 ff.
Konzern als fiktive rechtliche Einheit
304 15
Wertansatzwahlrechte **304** 13
Konzernhöchstwert 304 16 f.
Konzernkapitalflussrechnung
s Kapitalflussrechnung
aufstellungspflichtige Unternehmen
297 13 f.
Konzernlagebericht 315 1 ff.
assoziierte Unternehmen **315** 10
Ausgewogenheitsgrundsatz **315** 4
Auskunftspflichten TU ggü MU
294 21 ff.
befreiender K. *s* Konzernlagebericht
befreiender
Bilanzeid **315** 24
Chancen- und Risikenbeurteilung
315 22
einbezogene Unternehmen **315** 10
Einheitsgrundsatz des Konzerns **315** 9
Einzelangaben **315** 26 ff.
finanzielle/nichtfinanzielle Leistungs-
indikatoren **315** 18, 20
Forschung und Entwicklung **315** 32
freiwillige Berichterstattungen **315** 38
Fremdwährungsumrechnung
308a 130 ff.
Gesamtheitsbetrachtung **315** 11
Geschäftsverlauf des Konzerns **315** 13
– Analyse **315** 15
IFRS-Abweichungen **292** 60; **315** 50
Informationsabstufungsgrundsatz **315** 4
Informationsfunktion **315** 3
Inhalt **315** 8 ff.
kapitalmarktorientierte KapGes **264d** 4
Kapitalmarktunternehmen **315** 12
Klarheitsgrundsatz **315** 4
Konzernabschlussprüfung **317** 50 ff.;
s iEinz dort
Lage des Konzerns **315** 13
– Analyse **315** 15
Mindestumfang **315** 8
Offenlegung **325** 80; **328** 21
Ordnungswidrigkeiten **334** 14

Prüfungspflicht **316** 15 ff.
publizitätspflichtige Unt **315** 2
Rechenschaftsfunktion **315** 3
Rechtsfolgen bei Verstoß **315** 49
Risikoberichterstattung über
Finanzinstrumente **315** 30
Schutzklausel **315** 5
Übersichtlichkeitsgrundsatz **315** 4
unrichtige Darstellung **331** 30 ff.
unrichtige Versicherung **331** 34 ff.
Vergütungsbericht über
Vorstandsvergütungssystem **315** 34
Verlässlichkeit **315** 4
Vollständigkeitsgrundsatz **315** 4
Vorgänge besondere nach dem
KonzernGj **315** 27
Vorlagepflicht
– an GmbH-Gesellschafter **Vor 325** 133
– TU ggü MU **294** 21 ff.
Wesentlichkeitsgrundsatz **315** 4
Zusammenfassung mit Lagebericht des
MU **298** 107; **315** 40
Zusatzberichterstattung
– internes Kontroll-/Risikomanagement
315 36
– Kapitalmarkt-MU bei Übernahmen
315 45 ff.
Konzernlagebericht befreiender
291 1 ff.; **292** 1 ff.
Abgrenzung des KonsKreises **291** 15
Aktiennotierung an einem geordneten
Markt **291** 31
Anforderungen **291** 15 ff.
Angaben im Konzernanhang **291** 28
Einbeziehung des (unteren) MU in
Konzernabschluss **291** 15 ff.
Inhalt des Abschlusses **291** 21 ff.
Inhalt und Gliederung **291** 7
maßgebliches Recht **291** 21
Minderheitenschutz
– Antragsverfahren **291** 32 ff.
– gesetzliche Regelungen **291** 30
Nicht-EG-Staaten kraft
Rechtsverordnung **292** 1 ff.
– Abschlussprüfung **292** 28 ff.
– Anforderungen **292** 15 ff.
– Einbeziehung **292** 15
– Gleichwertigkeitserfordernis **292** 2
– grundsätzliche Erfordernisse **292** 5 f.
– Inhalt des Abschlusses **292** 20 ff.
– maßgebliches Recht **292** 22 ff.
– Mutter-Tochter-Verhältnis **292** 7 f.
– Offenlegung **292** 10 f.
Prüfung durch AP **291** 25; **292** 28 ff.
Publizitätsgesetzregelungen **291** 40 ff.
– Minderheitenschutz **291** 43
Sanktionen **291** 44; **292** 50
Voraussetzungen **291** 4 ff.; **292** 5 ff.
– Begriff des MU/TU **291** 6 ff.

magere Ziffern = Anmerkungen

Kreditinstitute

- Offenlegung in deutscher Sprache
291 10
- Zeitpunkt des Vorliegens eines MU-/
TU-Verhältnisses 291 8
Wegfall der Befreiungsmöglichkeit
291 30 ff.
Weltabschlussprinzip 291 1 f.
Konzernmindestwert 304 16 f.
Konzernperiodenergebnis sonstiges,
nach IFRS 275 365 ff.
Konzernprüfungsbericht s unter
Prüfungsbericht
Konzernrechnungslegung
Anpassungswahlrecht bei assoz Unt
312 61 ff.
aufzubewahrende Unterlagen 257 10
Einheitstheorie 297 190 ff.
- Abweichung 297 193
Interessentheorie 297 191
Kreditgenossenschaften 336 31
Offenlegung s Offenlegung der
Konzernrechnungslegung
Vorlage an Aufsichtsrat **Vor 325** 140
Konzernrechnungslegungspflicht
s Konzernabschlusspflicht
Konzernsegmentberichterstattung
s Segmentberichterstattung
Konzernstichtag, Stetigkeitsgrundsatz
299 6
Konzerntochterunternehmen
s Tochterunternehmen
Konzernumlagen, Umsatzerlöse 275 54
Konzernverbindlichkeitenspiegel
314 11
Konzernverlust, KA-Ausweis 298 61
Konzessionen
Abschreibung 253 382
Aktivierung entgeltlich erworbener K.
247 383 ff.
Aktivierungswahlrecht selbst geschaffener
K. 266 60
Konzessionierungsvermögenswerte,
IFRS-Bilanzierung 246 175 ff.
Kooperationsgesellschaft, Kaufmannseigenschaft 238 33
Körperschaften döR, Offenlegung nach
dem PublG 325 113
Körperschaftsteuer
Aufspaltung im Anhang 285 131
Guthaben als sonstige VG 247 124
GuV-Ausweis 275 242 f.
KSt-Guthaben, gleichmäßige
Auszahlung 278 13 f.
Organschaft im Körperschaftsteuerrecht
271 104 ff.; s iEinz dort
Rückstellung 249 100
Tarifbelastung 275 243
Korrespondenzprinzip, verdeckte
Gewinnausschüttungen 278 117

Korrespondierende Bilanzierung bei
Mitunternehmerschaft 247 733
Kosten
Aktivierung von Fremdkapitalbeschaffungskosten 248 4
Begriff 247 612
Eigenkapitalbeschaffungskosten s dort
Gründungskosten s dort
Kostenbestandteile der
Herstellungskosten 255 340 ff.
Kostenrechnung, Prüfungsgegenstand
317 5
Kostenrechnungssysteme 255 414
Kostensteigerungen
Drohverlustrückstellungen 253 174
Rückstellung 253 158, 161, 174
Kostenstufen der HK **255** 341 ff.
Kostenträgereinzelkosten, HK **255** 347
Kostenverteilungsmethode,
Herstellungskostenermittlung 255 470
Kraftanlagen 247 481
Kraftfahrzeuge, Betriebs- und
Geschäftsausstattung **247** 500
Kraftfahrzeugsteuer
Fertigungsgemeinkosten 255 470
GuV-Ausweis 275 246
Kraftversorgungsanlagen 247 480
Krane 247 480
**Krankenhaus-Buchführungs-
verordnung,** Formblattverordnung
330 20
Krankenhäuser, Eigenbetriebsführung
263 5
Krankenhausfinanzierungszuschüsse
255 123
Kreditauftrag, Haftungsvermerk 251 21, 32
Kredite an Organmitglieder, Angaben
285 214, 216 ff.; **314** 79 ff.
Kreditgarantien, Haftungsvermerk
251 31
Kreditgenossenschaften
Anhangsangaben 336 25
Konzernrechnungslegungspflicht 336 31
Pflichtangaben 338 1
Kreditinstitute
Abschlussprüferbestellung 318 40
Anlagengitterbefreiung 268 11
Anschaffungskosten bestehender
Forderungen 255 255
Aufstellungsfrist für JA 243 91
Befreiung von JA-Aufstellung **264b** 15
Begriff 266 221
Beibehaltungswahlrechte im KA **308** 24 f.
Berichtspflichten im Prüfungsbericht
321 95
Bestätigungsvermerk **322** 5
Bewertung
- Guthaben 255 322
- Verbindlichkeiten 253 93

2675

Kreditkauf

fette Ziffer = Paragraphen

Bilanzausweis
- flüssige Mittel **266** 150
- Guthaben **266** 150 ff.
- Verbindlichkeiten ggü K. **266** 221 f.
Bundesanzeigerprüfung **329** 2
Bußgeldfestsetzungen **334** 48
Bußgeldvorschriften **334** 48
Eigenkapitaldarstellung **272** 1
Erleichterungen für Konzern-TU
 264 107
Formblätter **275** 10
Formblattermächtigungen **330** 20, 45 ff.
Geheimhaltungspflichten **333** 28
Genossenschaften **336** 4
Größenmerkmale beim KA nach PublG
 293 55
JA-Aufstellungsfrist **264** 18
Konsolidierungsgrundsätze **300** 52 f.
Konzernabschluss **298** 90 ff.
Konzernanhangsverpflichtung **313** 3
Offenlegung
- Form und Inhalt **328** 4
- Pflicht zur O. **325** 140, 142
Pflichtangaben **285** 1
Prüfungsgegenstand **317** 6
Prüfungsumfang **317** 15
rechtsformspezifische
 Rechnungslegungspflichten **242** 9 ff.
unrichtige Darstellung der Verhältnisse
 331 70 f.
Wertberichtigungen wegen Länderrisiken
 253 573
Zusammenfassung von Konzernanhang
 und MU-Anhang **298** 100
Kreditkauf in Fremdwährung **255** 55
Kreditoren debitorische, als sonstige VG
 247 124
Kreditrisiko, Bestimmungsfaktor für
 Pauschalabwertung **253** 577
Kühlkanäle, GWG **253** 442
Kühlzellen, Betriebsvorrichtung
 253 395
Kulanzrückstellung 249 100, 113, 116
Kundenlisten, Aktivierungsverbot
 248 19
Kundenskonti
 Erlösschmälerungen **275** 65
 GuV-Ausweis **275** 192, 208
Kundenstamm, Abgrenzung zum
 Geschäftswert **247** 410
Kuppelkalkulation 255 413, 470
 Kostenrechnungssysteme **255** 414
Kuppelprodukte,
 Herstellungskostenermittlung **255** 470
Kupplungsgerüste, GWG **253** 441
Kursgarantien, Haftungsvermerk **251** 44
Kurssicherung 255 54 ff.
 Fremdwährungsforderungen **255** 258
Kursverluste, GuV-Ausweis **275** 159

Laboratoriumseinrichtungen,
 Festwertbildung **240** 125
Ladefläche, Betriebsvorrichtung **253** 419
Ladeneinbauten
 Betriebsvorrichtung **253** 420
 Herstellungskosten **255** 400
 Scheinbestandteile **253** 426
Ladenlokale, Anlage-/Umlaufvermögen
 247 360
Ladentheken, Betriebs- und
 Geschäftsausstattung **253** 430
Ladenumbauten, selbstständiger
 Gebäudeteil **253** 398
Lagebericht 264 10 ff.; **289** 1 ff.
 Absatzbereich **289** 20
 Aktiengesellschaften, zusätzliche
 Angaben im L. **289** 160
 aufstellungsverpflichtete Personen
 264 11 f.
 Auftragseingang/-bestand **289** 20
 Auskunftspflichten TU ggü MU **294** 21 ff.
 Begrenzung der Berichterstattung **289** 14
 Berichterstattungsintensität **289** 49
 Berichtszeitraum **289** 64
 Beschaffungsbereich **289** 18
 Bestätigungsvermerk
 - Beurteilung durch AP **322** 32 ff.
 - Einschränkung **322** 61
 Beteiligungen (wechselseitige),
 Veränderung **284** 46
 Beurteilungsangaben **289** 11
 Bewegungsbilanz **289** 165
 Bewertungseinheiten nach § 254 HGB
 285 410
 Bezugnahme auf IFRS-EA **289** 1
 Bilanzeid **264** 79; **289** 56 ff.
 börsennotierte AG/KGaA **284** 47
 branchentypische Besonderheiten **289** 13
 Cash-Flow-Rechnung **289** 21
 Deutlichkeit **289** 12
 Eigenständigkeit **289** 4
 Einzelangaben **289** 60 ff.
 Ergänzungsfunktion **289** 4
 Erleichterungen für Konzern-TU
 264 101 ff.; s *iEinz unter*
 Tochterunternehmen
 Euroaufstellung **289** 7
 Fehlanzeigen **289** 13
 Finanzierung und Investitionen **289** 21
 Finanzplanung **289** 21
 Forschung und Entwicklung **289** 85 ff.
 - Umfang und schutzwürdiges Interesse
 289 88
 freiwillige
 - Angaben **284** 81
 - Aufstellung **289** 7
 - Berichterstattung **289** 165
 Fremdwährungsumrechnung, Einzel-
 abschluss **256a** 276 f.

2676

magere Ziffern = Anmerkungen

Lagebericht

Frist zur Aufstellung **264** 17 f.
Genossenschaften **336** 10 f.; s *iEinz dort*
Geschäftsergebnisanalyse **289** 25 ff.
Geschäftsjahrereignisse wichtige **289** 23
Geschäftsverlauf **289** 15 ff.
Geschäftsverlaufanalyse **289** 25 ff.
Geschäftsvorfälle
– von besonderer Bedeutung der G.
  289 63
– Einzelfälle **289** 62
Gesetzesübersicht **289** 3
Gewinnanalyse **289** 21
gewissenhafte Rechenschaftslegung
  289 40
Gliederung nach Geschäftsbereichen
  289 13
Gliederungsgrundsätze, formelle
  Stetigkeit **265** 2 ff.
Grundsätze der Berichterstattung **289** 8 ff.
IFRS-Abweichungen **264** 212; **289** 175
Informationsfunktion **289** 4
Inhalt des L. **289** 15 ff.
Internes Kontrollsystem (IKS) **289** 150 ff.
JA-Analyse mittels Kennzahlen **289** 27
jährliche Erstellung **289** 5
Kapitalflussrechnung **289** 21
kapitalmarktorientierte KapGes **264d** 4
Kennzeichnungspflicht als L. **289** 6
Klarheitsgebot **289** 12
Konzernlagebericht s *dort*
Lage der Gesellschaft **289** 25 ff.
Lage der Kapitalgesellschaft **289** 15 ff.
Leistungsindikatoren finanzielle
  289 30 ff.
Maßgröße **289** 4
Mindestumfang **289** 5
Nachtragsbericht **289** 62
Offenlegung s *dort*
Ordnungswidrigkeiten **334** 14
Pflichtprüfungen **316** 1 ff.
Produktionsbereich **289** 19
Prüfungsberichtsfeststellungen **321** 58
Prüfungsgegenstand **317** 5
Prüfungspflicht des Aufsichtsrats
  Vor 325 21
publizitätspflichtige Unt **264** 191; **289** 2
Rechenschaftsfunktion **289** 4
Rechtsfolgen festgestellter Fehler
  342b 45 ff.
Risiken über Fortbestand der Ges **289** 54
Risikoberichterstattung über Finanz-
  instrumente **289** 65 ff.; s *iEinz dort*
Risikomanagementsystem **289** 150 ff.
Rohgewinnaufgliederung **289** 21
Sanktionen **289** 170
Scheingewinnrechnung **289** 165
Schlusserklärung des Abhängigkeits-
  berichts **289** 342 f.
Sollcharakter der Vorschrift **289** 60 f.

Sprache **289** 7
Stetigkeitsgebot **289** 13
Stichtagsdarstellung **289** 17
Substanzerhaltungsrechnung **289** 165
Tatsachenangaben **289** 11
true and fair view **289** 4
Überblick über Rahmenbedingungen
  289 17
Übernahme-Angaben **289** 110 ff.
– Aktieninhaber mit Sonderrechten
  289 128
– Aktienstimmrechte-Beschränkungen
  289 119 ff.
– ArbN-Aktienstimmrechtskontrolle
  289 129
– Entschädigungsvereinbarungen
  289 144 ff.
– gezeichnetes Kapital **289** 115 ff.
– indirekte Beteiligungen **289** 124
– Kapitalbeteiligungen mehr als 10 %
  289 123 ff.
– Kontrollwechsel-Vereinbarungen
  289 136 ff.
– Satzungsänderungen **289** 130 f.
– Vorstandsbefugnisse Aktienausgabe/
  -rücklauf **289** 132 ff.
– Vorstandsernennung und -abberufung
  289 130 f.
Übersichtlichkeit **289** 12
unrichtige Darstellung **331** 10 ff.
unrichtige Versicherung **331** 34 ff.
Unternehmensführungserklärung
  289a 10, 12
Unterzeichnung **264** 16; **289** 7
Verhältnis zum Jahresabschluss **264** 10
Verlaufs- und Zustandsangaben **289** 11
VFE-Lage **289** 16
Vollständigkeitsgebot **289** 9 f., 61 f.
voraussichtliche Entwicklung **289** 35 ff.
Vorgänge nach Schluss des Gj **289** 62 ff.
Vorlage
– an Aktionäre **Vor 325** 110
– an AR publizitätspflichtiger Unt
  Vor 325 140
– an Aufsichtsrat der AG **Vor 325** 1 f.
– an GmbH-Gesellschafter **Vor 325** 120
Vorlagepflicht **320** 5; s *iEinz dort*
Wahrheitsgebot **289** 11
Wertschöpfungsrechnung **289** 165
wesentliche Chancen und Risiken
  289 43 ff.
Wesentlichkeitsgebot **289** 9 f.
wirtschaftliche Gesamtbeurteilung **289** 4
Zusammenfassungen **289** 13
– mit KonzernLBer **298** 107; **315** 40
Zusatzberichterstattung über
  nichtfinanzielle Leistungsindikatoren
  289 100 ff.
Zweigniederlassungen des KA **289** 90

2677

Lagerbehälter

fette Ziffer = Paragraphen

Lagerbehälter 247 480
Lagerbestände,
Gängigkeitsabschreibungen **253** 529 ff.
Lagerbuchführung,
Bestandszuverlässigkeit **241** 25 ff.
Lagerbuchhaltung 238 113
Bewertungsvereinfachungsverfahren **256** 12
Lagereinrichtungen, Betriebs- und Geschäftsausstattung **253** 430
Lagerkosten
fertige und unfertige Erzeugnisse **253** 549
Materialgemeinkosten **255** 470
Lagerrisiken, Angaben im Anhang **284** 117
Land- und Forstwirtschaft
Abgrenzung von Gewerbe **238** 14
Begriff **238** 25
gewerbliche Tätigkeit **247** 713
Länderrisiken, Einzelwertberichtigungen wegen Forderungen **253** 573
Landesrechtliche Vorschriften, Vorbehalt **263** 1 ff.
Langfristige Fertigung
Rückstellungen **249** 100
– für drohende Verluste **253** 524
Teilgewinnrealisierung **255** 457 ff.
Lastenaufzüge
Betriebsvorrichtung **253** 419
Betriebsvorrichtungen **247** 461
Herstellungskosten **255** 400
technische Anlagen **247** 481
Latente Steuern im JA 274 1 ff.
Abführungssperre **274** 42
Abzinsungsverbot **274** 64
aktive latente Steuern **274** 30 ff.
– Abschreibungen im Umlaufvermögen **274** 31
– ausschüttungsgleiche Investmentfondserträge **274** 32
– außerplanmäßige Abschreibungen **274** 31
– Bankrisiken **274** 38
– Beispiele für Aktivseite **274** 31
– Beispiele für Passivseite **274** 35
– Bilanzierung/Bewertung auf Aktivseite **274** 31 ff.
– Bilanzierung/Bewertung auf der Passivseite **274** 35
– Disagiobeträge **274** 31
– drohende Verluste aus schwebenden Geschäften **274** 35
– Geschäfts-/Firmenwert **274** 31
– GWG **274** 31
– Handelsvertreter-Ausgleichsansprüche **274** 35
– Investitionszulagen steuerfreie **274** 35
– Jubiläumsaufwendungen **274** 35

– nichtabziehbare Aufwendungen **274** 37
– Pensionsrückstellungen/-verpflichtungen **274** 35
– Rekultivierungs- und Entsorgungspflichten **274** 35
– Rückstellungen **274** 35
– Sachleistungsverpflichtungen **274** 35
– Schutzrechterückstellung **274** 35
– Steuernachforderungen aufgrund Bp **274** 39
– steuerpflichtige Zuschüsse **274** 33
– Tausch von Anlagengegenständen **274** 31
– Unterstützungskassen, Deckungslücke **274** 35
– Urlaubsrückstellungen **274** 35
– Verbindlichkeiten **274** 35
– Verwertungsverpflichtungen **274** 35
– Wertaufholungsverbot **274** 31
– Wertpapieranleihe **274** 37
– Zölle und VerbrauchSt **274** 31
aktive Steuerabgrenzung
– einheitliche Bewertung im KA **308** 52
– GuV-Ausweis **275** 244
Aktivierungs- und Saldierungswahlrecht **274** 14 ff.
Angaben im Anhang **274** 80; **284** 121, 134; **285** 470 ff.
Ansatz- und Berechnungsmethode **274** 55 f.
asset deal **274** 11
Ausschüttungssperre **268** 140 ff.; **274** 17, 42
Ausweis **274** 75 f.
– als Gewinnsteuern **275** 244
Berechnung der St.
– deferred method **274** 60
– liability method **274** 60
– Überprüfung der Steuergrenze **274** 65
– in Verlustjahren **274** 66 ff.
Bewertung und Prognose **274** 60 ff.
Bilanzausweis **266** 161
Bilanzierungsziele **274** 4
effektive Steuerbelastung **274** 61 ff.
erfolgsneutral entstandene Differenzen **274** 10 ff.
Erläuterung im Anhang, Erleichterungen für kleine KapGes **274a** 6 f.
Fremdwährungsumrechnung **256a** 39, 200 f.
Fünfjahreszeitraum **274** 44
Geltungsbereich der Vorschrift **274** 85 f.
Gesellschafter **274** 73 f.
GuV-Rechnung **274** 76
IFRS-Rechnungslegung **274** 100 ff.
– Aktivierungs-/Passivierungsgebot **274** 104 ff.
– Anhangangaben **274** 115

magere Ziffern = Anmerkungen **Leasing**

- Ansatz **274** 102 ff.
- Ausweis **274** 115
- Bewertung **274** 110 ff.
- Ermittlungskonzept/-methode **274** 101 ff.
- Offenlegungspflichten **274** 116
- Zinsschranke **274** 103
liability-method **274** 101
Organschaft **274** 70
passive latente Steuern **274** 20 ff.
- Abschreibungen auf selbst geschaffene VG **274** 25
- Beispiele für Aktivseite **274** 25
- Beispiele für Passivseite **274** 21
- Bilanzausweis **266** 262
- Bilanzierung/Bewertung auf Aktivseite **274** 25
- Bilanzierung/Bewertung auf Passivseite **274** 20 f.
- Fifo-Bewertung **274** 25
- Fremdwährungsforderungen/-verbindlichkeiten **274** 26
- HB/StB-Divergenz bei Dividendenansprüchen **274** 27
- HB/StB-Divergenz bei KapGes-Beteiligungen **274** 27
- Pensionsrückstellungen **274** 21
sonstige Rückstellungen **274** 21
- Übertragung stiller § 6b-Reseren **274** 25
- unterschiedliche HB-/StB-Wertansätze **274** 25
- Unterstützungskassenzuwendungen **274** 21
permanente Differenzen **274** 13 ff.
Personengesellschaften **274** 73 f.
quasi-permanente Differenzen **274** 13 ff.
Rechtsfolgen der Verletzung **274** 95
Rücklage für Ersatzbeschaffung **274** 21
Rückstellungen **253** 190
Sacheinlagen **274** 11
Sonderposten mit Rücklageanteil **274** 21
Steuergestaltungsmöglichkeiten **274** 43
Steuerplanung **274** 42
Steuersatz **274** 60 ff.
temporäre Differenzen **274** 45
temporary concept **274** 5 ff., 101
timing concept **274** 7 f.
Überleitung HB/StB, kein StB-Ausweis **274** 220 f.
Übertragung stiller Reserven **274** 21
Verlustvorträge **274** 16
auf Verlustvorträge **274** 40 f., 45
Verrechnungsverbot **67 EGHGB** 23 f.
Zinsschranke **274** 51
Zinsvorträge **274** 50 ff.
Zwischenabschlüsse **299** 21
Latente Steuern im KA 298 32; **306** 1 ff.

aktiver Steuerabgrenzungsposten, Angaben im K-Anh **313** 121
Anpassung der Bilanzansätze an einheitliche Bewertung **306** 7
Ansatz
- aufgedeckte stille Reserven **306** 11
- Geschäftswerts **306** 12
- steuerliche Verlustvorträge **306** 36
- steuerliche Zinsvorträge **306** 36
Ansatzwahlrecht für aktive latente Steuern **306** 8
Anwendung der Equity-Methode **306** 13
Aufwands- und Ertragskonsolidierung **306** 26
Ausweis gesonderter **306** 37 f.
Berechnung der latenten Steuern **306** 30 ff.
- Ansatz- und Berechnungsmethode **306** 30
- Bewertung mit individuellen Steuersätzen **306** 32 f.
- liability method **306** 32
- Prognose und jährliche Überprüfung **306** 35 f.
- Verlustsituationen **306** 35
dreistufiger Prozess **306** 3 f.
DRS-Regelung **306** 1
Eliminierung von Zwischenergebnissen **306** 24
Ent- und Übergangskonsolidierung **306** 28
Fremdwährungsumrechnung, Konzernabschluss **308a** 100 ff.
IFRS-Abweichungen **306** 45 ff.
Kapitalkonsolidierung **301** 95 ff.; **306** 11 ff.
- Personengesellschaften **306** 16
Konsolidierungsmaßnahmen **306** 5, 11 ff.
Konzept der Ermittlung latenter Steuern **306** 2 ff.
Konzernanhang **314** 130 f.
outside basis differences **306** 29
Sanktionen bei Verletzung **306** 44
Überleitungsrechnung **285** 474
Währungsumrechnung **306** 9 f.
zeitgleiche Ergebnisvereinnahmung in KA und JA **306** 14
Layerbildung
Begriff **256** 49
im Bewertungsvereinfachungsverfahren **256** 49 ff.
Gegenüberstellung mit Gesamtbestand **256** 53
Niederstwertvergleich **256** 53
Leasing
Anlage-/Umlaufvermögen von Leasinggegenständen **247** 355
echte Miet- und Pachtverträge **246** 38

2679

Lebende Sprache

fette Ziffer = Paragraphen

Finanzierungsverträge **246** 39
GuV-Ausweis von L. **275** 208
HK bei Leasingraten **255** 470
IAS-Abweichungen **246** 165 ff.
Immobilien-Leasing **247** 452
Inventarisierung von
 Leasinggegenständen **240** 57
Leasingverträge
– ohne/mit Kaufoption **246** 42 f.
– ohne/mit Mietverlängerungsoption **246** 42 f., 44
– Rückstellung **249** 100
– Spezial-Leasing-Verträge **246** 46
– Teilamortisationsverträge **246** 47
– Wertsteigerungszurechnung nach Mietende **246** 47
Personalleasing **275** 131
Realisationszeitpunkt **252** 47
Rechnungsabgrenzung **250** 12
– Auflösung der RAP **250** 31
sale-and-lease-back **246** 40
steuerliche Zurechnung von Leasinggegenständen **246** 41 ff.
Zurechnungsfragen **246** 37 ff.
Lebende Sprache der Buchführung **239** 5 f.
Lebensversicherungsprämien, Personalaufwand **275** 135
Leergut
Betriebs- und Geschäftsausstattung bei Brauereien **247** 500
Bilanzausweis **266** 105
Rückstellung **249** 100
Leerkosten 255 438 f.
Leerposten
Anhang **284** 22
Ausweis **265** 18
GuV-Gliederung **265** 18; **275** 21
Konzernanhang **313** 15
Leg-Ein-Hol-Zurück-Verfahren 271 130
Legitimationspapiere, Bilanzausweis **266** 81
Lehmabbaurechte, Abschreibung **253** 393
Leibrenten, AK **255** 325
Leihemballagen, Anlagevermögen **266** 105
Leistungen
abgenommene/nicht abgenommene Leistungen **266** 107 f.
Begriff **247** 615
fertige Leistungen **247** 67
– Bilanzausweis **266** 107 f.
Teilwert niedrigerer **253** 544 ff.
unfertige Leistungen
– abweichende Postenbezeichnung **266** 103
– Begriff **247** 64 ff.

– Bilanzausweis **266** 100 ff.
– als Vorräte **247** 64 ff.
Wiederherstellungskosten **253** 526 ff.
Leistungsabschreibungen 253 245
Leistungsindikatoren
Angaben im KonzernLBer **315** 18, 20
Berichterstattung über nichtfinanzielle L. **289** 100 ff.
Einbeziehung und Erl im LBer **289** 30 ff.
Leitungsnetze 247 480
Liability method 274 60, 101
latente Steuern im Konzern **306** 32
Liefer- und Leistungsgarantien,
Bilanzvermerk **251** 31
Lieferantenkonti
GuV-Ausweis **275** 192, 209
Minderung der AK **253** 98
Lieferbereitschaftskosten,
Anschaffungsnebenkosten **255** 71
Lieferungen und Leistungen
Bewertung von Verbindlichkeiten **253** 98
Forderungen aus Lieferungen und Leistungen *s dort*
unangemessene Preise, verdeckte Einlage **255** 166 f.
Verbindlichkeiten aus Lieferungen und Leistungen *s dort*
Lifo-Verfahren
Aufgabe mit Zustimmung des FA **256** 104
Bewertungsvereinfachungsverfahren **256** 62 f., 85 ff.
– erstmaliger Übergang **256** 102
– GoB-Entsprechung **256** 94 f.
IFRS-Abweichungen **256** 573 f.
Maßgeblichkeitsgrundsatz **256** 90 f.
Roh-, Hilfs- und Betriebsstoffe **240** 101
Stichtagsinventur **241** 55
Lineare Abschreibungen 253 241
Liquidationen, Aufbewahrungsfristen **257** 30 f.
Liquidationsgesellschaften,
Organträgerschaft **271** 105
Liquidationsverfahren,
Buchführungspflicht **238** 59
Liquiditätsgarantien 251 29
Liquiditätsrisiko, Finanzinstrumente **289** 77 f.
Liquiditätszahlen zur Darstellung der Ertragslage **321** 87 f.
Lithographien, GWG **253** 442
Lizenzen
Abschreibung **253** 382
Aktivierung entgeltlich erworbener L. **247** 383 ff.
Anschaffungskosten **255** 325
Bilanzausweis **266** 60
Zwischenergebniseliminierung beim KA **304** 30

magere Ziffern = Anmerkungen

Lizenzerlöse 275 54
Lizenzgebühren, HK 255 470
Lohnbuchhaltung 238 113
Löhne und Gehälter
  Abfindungen 275 131
  Aufsichtsratsbezüge 275 130
  Auslagen- und Aufwendungsersatz
    275 131
  Begriff und Umfang 275 127
  GuV-Ausweis 275 126 ff.
  Personalleasing 275 131
  Sachwertbezüge 275 128
  Sozialabgaben, Arbeitgeberanteil
    275 133
  Sozialplanleistungen 275 131
  Unterstützungsaufwendungen 275 136
  Vorschüsse 275 126
  Vorstandsbezüge 275 129
Lohnfortzahlung im Krankheitsfall,
  Rückstellung 249 100
Lohnkosten, HK 255 470
Lohnnebenkosten, HK 255 470
Lohnsteuer
  GuV-Ausweis 275 246
  Rückstellungen 249 100
Lotteriesteuer, GuV-Ausweis 275 246

Magazinverkaufserlöse 275 54
Maklergebühren
  Anschaffungskosten 255 325
  Anschaffungsnebenkosten 255 71, 72
Maklervertrag, Gewinnrealisierung
  247 99
Makro-Hedges 254 4, 55, 61 ff.
Management Approach 297 152
  IFRS-Rechnungslegung 297 251
Mängelbeseitigung, HK 255 400
Margins als sonstige VG 247 124
Marken/Markenrechte
  Abschreibung 253 385
  Aktivierungsverbot 248 16
  Vermögensgegenstände 247 13
Markise, Gebäudeteile 253 421
Marktbewertungsrücklage
  s Afs-Rücklage
Markthallen, Gebäude 253 395
Marktpreis
  Begriff 253 510, 512
  beizulegender Zeitwert 255 512; s *iEinz dort*
  Ermittlung von Unterschiedsbeträgen
    284 184 ff.
  niedrigerer Wert 253 308
  Wiederbeschaffungskosten bei Roh-,
    Hilfs- und Betriebsstoffen 253 542
Marktwertmethode, HK-Ermittlung
  255 470
Maschinelle Anlagen s Anlagen maschinelle

Materialaufwand

Maschinen
  Abschreibung 253 412 ff.
  Aktivierung (Beispiele) 247 480 ff.
  Bilanzausweis 266 66
  Sachanlagen 247 480 ff.
Maßgeblichkeit des wirtschaftlichen
  Eigentums 246 5 ff.
Maßgeblichkeitsgrundsatz 243 111 ff.
  s auch Maßgeblichkeitsgrundsatz
    umgekehrter
  Abschreibungen 253 370 f.
  Ansatzvorschriften 243 113 ff.
  autonome Ausübung steuerrechtl
    Wahlrechte 243 112
  Begriff 243 111 ff.; 274 121
  Betriebsvermögen bei MU'schaft
    247 738
  Bewertungseinheiten 254 6
  Bewertungsstetigkeit 252 63
  Bewertungsvorschriften 243 119 ff.
  Bilanzgliederung 266 35
  Bilanzierungsgebote/-verbote 243 113
  Bilanzierungswahlrechte 243 114 ff.
  Disagio 243 115
  Dividenden eines abhängigen Unternehmens 243 115
  doppelter M. bei Handelswaren 253 519, 526
  fertige und unfertige Erzeugnisse
    253 526
  formelle Maßgeblichkeit 274 121
  Gewährleistungsrückstellungen 249 116
  handelsrechtliches
    Ansatzgebot/steuerrechtliches
    Wahlrecht 243 120
  Handelsvertreterausgleichsanspruch
    243 116
  Herstellungskosten 255 359
  IFRS-Abweichungen 243 145 ff.
  Instandhaltungsrückstellungen 249 109
  Lifo-Verfahren 256 90 f.
  materielle Maßgeblichkeit 274 121
  Pensionsrückstellungen 243 117;
    249 161
  Rückstellung, Einschränkungen 249 14
  subsidiäre Maßgeblichkeit 274 122 ff.
  unklare Rechtslage HB/StB 243 118
Maßgeblichkeitsgrundsatz
  umgekehrter, Begriff 243 121;
    274 125 ff.
Matching principle 243 35
Materialaufwand
  Angaben im Anhang 285 150 f.
  Angaben im Konzernanhang 314 39 f.
  Aufwendungen für bezogene Leistungen
    275 115 ff., 122
  Ausweis von Fremdreparaturen in der
    GuV 275 123
  Gesamtkostenverfahren 275 115 ff.

2681

Materialeinzelkosten

fette Ziffer = Paragraphen

GuV-Ausweis **275** 115 ff.
– nach IFRS **275** 345
Materialeinzelkosten, Herstellungskosten
255 351
Materialgemeinkosten 255 422
Roh-, Hilfs- und Betriebsstoffe **255** 205
Vorräte **255** 205
Waren **255** 205
„**Materiality**"-**Begriff** im Konzernrecht
297 197
Matrixverfahren bei KapKons im
mehrstufigen Konzern **301** 389
Mehrkomponentengeschäfte 252 44
Mehrmütterbeherrschungsvertrag,
beherrschender Einfluss **290** 59
Mehrstimmrechtsaktien,
Vermerkpflichten **272** 16
Mehrstöckige GmbH & Co. KG 247 717
Mehrstöckige Personengesellschaften
BiRiLiG-Anwendung **264a** 35 ff.
Ergänzungsbilanz **247** 750
Mehrstufiger Konzern s Konzern
Mehrwertsteuer s Umsatzsteuer
Mengennotierung, Begriff **256a** 11, 14
Mengenveränderungen,
Gesamtkostenverfahren **275** 77
Mess- und Prüfgeräte, Festwertbildung
240 125
Methodenbestimmtheitsgrundsatz
252 67
Bewertungsvereinfachungsverfahren
256 36
Mietaufwendungen
GuV-Ausweis **275** 123
Herstellungskosten **255** 470
Mieteinnahmen, Umsatzerlöse **275** 54
Mietereinbauten/Mieterumbauten
Begriff und Abgrenzungsfragen
253 428 f.
Herstellungskosten **255** 400
Mieterlöse aus Werkswohnungen **275** 54
Mieterzuschüsse
Anschaffungskosten **255** 325
Schnellbaukosten **255** 119
Mietforderungen als sonstige VG **247** 124
Mietrechte, AK **255** 325
Mietverträge
Angaben der Verpflichtungen im Anhang
285 60
Realisationszeitpunkt **252** 47
Rückstellung **249** 100
Zurechnungsfragen **246** 38
Mietwagen, Anlagevermögen **247** 354
Mikrofilme als Datenträger **257** 21
Mikro-Hedges 254 4, 61 ff.
Minderheitenschutz
Ausgleichszahlungen an Minderheiten-
gesellschafter
– GuV-Ausweis **277** 13

– Verrechnungsmöglichkeiten **277** 13
befreiender Konzernabschluss **291** 30 ff.
– Antragsverfahren **291** 32 ff.
– KapCo-Gesellschaften **291** 36
– publizitätspflichtige Unt **291** 43
GmbH-Gewinnverwendung
Vor 325 125
Minderheitsaktionäre/-gesellschafter
Anfechtung des Gewinnverwendungs-
beschlusses **Vor 325** 53
Ausweis des Minderheitenkapitals
297 113 ff.
KA-Angaben **298** 85
Zuordnung von Ein- und Auszahlungen
297 83
Minderung s Gewährleistung
Mindestgliederung s Gliederung
Mineralabbaurecht, Abschreibung
253 393
Mineralölabgaben, HK **255** 453
Mineralölsteuer
GuV-Ausweis **275** 246
Herstellungskosten **255** 453
Mitgliedschaftsrechte,
Anschaffungskosten **255** 175
Mittelbare Beteiligungen, finanzielle
Eingliederung bei Organschaft
271 112 ff.
Mittelgroße Kapitalgesellschaften
Angaben zu Geschäften außerhalb der
Bilanz **285** 21 ff.
Anhangserleichterungen **284** 1
Aufgliederung der Umsatzerlöse **285** 90
BAnz und Anhangkürzungen **288** 16
Bilanzgliederung
– Erleichterungen für Zwecke der
Offenlegung **266** 18
– Schema **266** 8 ff.
Erleichterungen bei GuV-Aufstellung
276 1 ff.
Ertragsteuerspaltung **285** 120
Größenklasseneinteilung **267** 3
JA-Aufstellungsfrist **264** 17
Lageberichtaufstellung **289** 1
MU im Anhang **285** 270
Offenlegungspflichten **325** 7
Pflichtangaben **285** 1
Rohergebnis nach Gesamtkosten- und
Umsatzkostenverfahren **276** 1 ff.
Rückstellungen, Bilanzausweis **266** 200
Umsatzerlöse, gesonderter Ausweis
275 46
Unterlassen von Angaben **286** 1
verkürzte Bilanz **266** 18
verkürzter Anhang **288** 5 ff.
Mittelkurs, Begriff **256a** 14
Mitunternehmer
s auch Personengesellschaften/
Personenhandelsgesellschaften

magere Ziffern = Anmerkungen

Begriff **247** 720
Beitragsgedanke **247** 771
Darlehensvergütungen **247** 785 f.
freiberufliche Leistungen als
  Sondervergütungen **247** 780
Gewinnerzielungsabsicht **247** 721 f.
Nutzungsvergütungen **247** 787
Pensionsrückstellungen für frühere
  Arbeitnehmer **247** 784
personenbezogene Steuerver-
  günstigungen **247** 754 ff.
Rücklage nach § 6b EStG **247** 755 f.
Sonderbetriebsausgaben **247** 790 f.
Sonderbetriebseinnahmen **247** 789 f.
Sondervergütungen des M. *s dort*
Subsidiaritätsthese **247** 772
Tatbestandsmerkmale **247** 719 ff.
Tätigkeitsvergütungen *s unter*
  Sondervergütungen des M.
Typusbegriff **247** 720
Übertragungen zw M. **247** 795 ff.
Unternehmerinitiative **247** 720
Unternehmerrisiko **247** 720
Mitunternehmeranteil
Ergänzungsbilanz bei entgeltlichem
  Erwerb **247** 748 ff.
Geschäftswert **247** 423
Mitunternehmerische
Betriebsaufspaltung 247 837
Mitunternehmerschaften 247 710 ff.
s auch Personengesellschaften/
  Personenhandelsgesellschaften
„andere Gesellschaften" iSv § 15 Abs. 1
  S. 1 Nr. 2 **247** 712
Arten von Mitunternehmerschaften
  247 723 ff.
atypisch stille Gesellschaft **247** 724
Beginn der M. **247** 730
Begriff **247** 711 ff.
Betriebsaufspaltung *s dort*
Betriebseinstellung/Betriebsunter-
  brechung **247** 731
Betriebsvermögen **247** 738 ff.
Bilanz *s* Steuerbilanz der PersGes
Bilanzierungs- und
  Bewertungswahlrechte **247** 736
Einkünftequalifikation **247** 711 ff.
Einzelwirtschaftsgütübertragung
  247 799
Ende der M. **247** 731
Ergänzungsbilanzen *s dort*
faktische/verdeckte M. **247** 729
Familienpersonengesellschaften *s dort*
Gesamtgewinn, Begriff **247** 732
Gesamthandsvermögen **247** 738 ff.
Gesellschaften ausländischen Rechts
  247 728
Gewerbebetriebsbegriff **247** 713
gewerblich geprägte PersGes **247** 715

Musterformulierungen

Gewinnbegriff **247** 722
GmbH & Co. KG *s dort*
mehrstöckige GmbH & Co. KG **247** 717
Mitunternehmerschaft
  Komplementär/KGaA **247** 852
Nießbrauch **247** 727
Personengesellschaft als
  Mitunternehmerschaft **247** 723 ff.
Realteilung einer MU'schaft **247** 853 ff.;
  255 104; *s iEinz dort*
Rechtsbeziehungen
  MU'schaft/Gesellschafter **247** 737
Rücklage nach § 6b EStG **247** 755 f.
Sonderbetriebsvermögen *s dort*
Sonderbilanzen **247** 732 ff.; *s iEinz dort*
Sondervergütungen des
  Mitunternehmers *s dort*
Treuhandverhältnisse **247** 726
Übertragungen
  – im Mitunternehmerbereich **247** 792 ff.
  – zwischen Mitunternehmerschaft mit
    MU-Identität **247** 799
  – zwischen Sonder- und Privatvermögen
    247 798
  – Wirtschaftsgut aus Betriebsvermögen
    in MUerschaft **255** 41
Umqualifizierung von Einkünften
  247 714
Unterbeteiligungen **247** 725
verdeckte MU'schaft **247** 719
Möbel, GWG **253** 444
Möbellager, Betriebsvorrichtung **253** 419
Mobilienleasing 246 43 f.
Mobilisierungswechsel,
  Haftungsvermerk **251** 17
Modelle 247 500
Festwertbildung **240** 125
Modernisierungsmaßnahmen,
  wesentliche Verbesserungen **255** 382 ff.
Monetäre Posten, Begriff **256a** 15
Monopolabgaben, Erlösschmälerungen
  275 66 f.
Montagekosten,
  Anschaffungsnebenkosten **255** 325
Mühlenstrukturgesetz, Zuschüsse
  255 119
Musikalienhandel, Gängigkeitsabschlag
  253 557
Musterelektrogeräte/-häuser/-küchen
  als Anlagevermögen **247** 354
Musterformulierungen
Bestandsgefährdungen **322** 38
Bestätigungsvermerk **322** 40
  – eingeschränkter BVen **322** 57
  – Einschränkung des BVm **322** 64
  – Einzelabschluss **322** 78
  – Erläuterung eines Prüfungshemmnisses
    322 72
  – IAS-Abschluss **322** 150 ff.

2683

Mustervorbehalte

fette Ziffer = Paragraphen

- Kapitalherabsetzung **322** 184
- uneingeschränkter BVm **322** 136
Bestätigungsvermerk zu KA **322** 130 ff.
Review **322** 112
Versagungsvermerk **322** 68, 70
Mustervorbehalte, Pensionszusagen **249** 181, 184
Mutterschutz, Rückstellung **249** 100
Mutterunternehmen
Angaben im Anhang **285** 270 ff.; **313** 6
Ausweis drohender Verlustübernahmen **277** 18
Konzernanhang **313** 3
- ausländisches MU **313** 4
- kapitalmarktorientierte MU **313** 50
Rechte des AP **320** 16 ff., 25
Stimmrechtsberechnung **290** 90 ff.
Verhältnis des Konzernanhangs zum MU-Anhang **313** 23 ff.
Verweise im Konzernanhang auf MU-Anhang **313** 16
Zurechnung/Abzug von Rechten **290** 80 ff.
Zusammenfassung des Konzernanhang mit MU-Anhang **313** 28

Nachbetreuungsleistungen, Rückstellung **249** 100
Nachhaltige Tätigkeit, Begriff **238** 11
Nachholung, Rückstellungen unterlassene **249** 19 f.
Nachholungsverbot
Pensionsrückstellungen **249** 191
unterlassene Abschreibungen **253** 263 ff.
Nachprüfbarkeitsgrundsatz der Inventarisierung **240** 25
Nachprüfung 318 14
Nachschüsse
Bilanzausweis eingeforderter N. **266** 126
Rückzahlung an GmbH-Gesellschafter **272** 223
Nachschusspflichten 272 215 ff.
Angaben im Anhang **285** 72
Nachteilsausgleich
Abhängigkeitsbericht **289** 325 ff.
verdeckte Einlagen **272** 408 f.
Nachtragsbericht zum LBer **289** 62
Nachtragsprüfungen
Änderung des Jahresabschlusses **278** 20
- durch Hauptversammlung **Vor 325** 84
Bestätigungsvermerk **322** 162 ff.; s iEinz dort
ergänzender BVm **316** 325
Gegenstand und Umfang der N. **316** 27
Prüfungsdurchführung **317** 26
Prüfungspflicht **316** 25 ff.
Zeitraumbestimmung für N. **316** 27
Nachtragsprüfungsbericht 316 28; **321** 143
schriftliche Berichterstattung **316** 28

Nachweispflichten
s auch Aufklärungspflichten
Bewertungseinheiten **254** 40 ff.
BVm-Versagung bei Verstoß **322** 67
Durchführung der Abschlussprüfung **320** 11 ff.
gesetzlicher Vertreter ggü AP **321** 65
unrichtige Angaben ggü AP **331** 39
Nahe stehende Unternehmen/ Personen
Anhangsangaben der Geschäfte **285** 360 ff.
anzugebende Geschäfte **285** 370 ff.
Begriff **285** 364 f.
Einzelangaben **285** 377 ff.
- Art der Beziehung **285** 378
- Art und Wert der Geschäfte **285** 379
- Kriterien zur Beurteilung der Finanzlage **285** 380
freiwillige erweiterte Angaben **285** 386
Konzernanhang **314** 106 ff.
Marktüblichkeit der Geschäfte **285** 374 ff.
Schuldenkonsolidierung **303** 57
Umfang der Angabepflicht **285** 381
Unterlassen der Angaben **285** 382 ff.
Zeitpunkt des Nahestehens **285** 367
Zusammenfassung von Geschäften **285** 385
Namensschuldverschreibungen,
Bewertung und Ausweis **255** 310
Nebenbücher 238 113 ff.
Zulässigkeit **239** 10
Nebenkosten, extern anfallende **255** 71
Negativbericht
Abhängigkeitsbericht **289** 260
Prüfungsbericht **321** 46
Negativer Geschäftswert s unter Geschäftswert
Negativerklärungen, Haftungsvermerk **251** 28
Negatives Kapitalkonto, Verlustabzug **247** 858 ff.
Nennbetragsaktien,
Mindestausgabebetrag **272** 170
Nennwert, Verbindlichkeiten **253** 52
Neonbeleuchtungsanlagen,
geringwertige Wirtschaftsgüter **253** 442
Nettomethode
aktivierte Eigenleistungen **275** 81
Größenmerkmale **293** 2, 12
Umsatzsteuer auf erhaltene Anzahlungen **266** 226
Netzwerk
Ausschluss von der Prüfung **319b** 1 ff.
- Rechtsfolgen bei Verstößen **319b** 25
- widerlegbare Ausschlussgründe **319b** 15 ff.

magere Ziffern = Anmerkungen

– nicht widerlegbare Ausschlussgründe
  319b 20 f.
Definition eines Netzwerks **319b** 6 ff.
Neubewertung im Konzernabschluss,
  Ausnahmefälle **308** 32 ff.
Neubewertungsbilanz-Ableitung,
  Kapital-Erstkonsolidierung **301** 53 ff.;
  s iEinz dort
Neubewertungs-Folgebilanz, Kapital-
  Folgekonsolidierung **301** 181
Neubewertungsmethode
  Ausgleichspostenermittlung **307** 26 ff.,
  49 f.
  – mehrstufiger Konzern **307** 37
  IFRS-Abweichungen **253** 702, 711
  Kapitalkonsolidierung **301** 3
  Konzernabschluss **308** 18
Neubewertungsrücklage
  IFRS-Abweichungen **272** 487 ff.
  Kapital-Erstkonsolidierung **301** 55
Neugründung einer Kapitalgesellschaft
  s Gründung einer Kapitalgesellschaft
Nichtabziehbare Aufwendungen, aktive
  latente Steuern **274** 37
Nicht-Arbeitnehmer, Pensionszusagen
  249 240
Nichtigkeit
  Gewinnverwendungsbeschluss
  Vor 325 99
  Jahresabschluss **316** 11
  – Verstoß gegen zutreffenden Ausweis
  des Eigenkapitals **272** 390 ff.
Nichtverbriefte Anteile, Bilanzausweis
  266 136, 142
Nichtvermarktungsprämien 255 119
Niederlassungen, Sprache und
  Währungseinheit der Bilanz
  ausländischer N. **244** 7
Niederstwertprinzip 253 506 ff.
  Abgrenzung zur retrograden Werter-
  mittlung **255** 212
  Anteile an verbundenen Unternehmen
  253 612
  Bedeutung für die Steuerbilanz
  253 532 ff.
  beizulegender Wert **253** 515, 516
  Berücksichtigung von Zufallskursen
  253 514
  Bewertungseinheiten **253** 622
  Bewertungsvereinfachungsverfahren
  256 32, 100
  Börsenpreis **253** 510 f.
  Finanzanlagen beim gemilderten N.
  253 350
  flüssige Mittel **253** 620
  Forderungen **253** 558 ff.
  – un- und unterverzinsliche F.
  253 592 ff.
  – gegen verbundene Unt **253** 597 ff.

Nutzungsrechte

Gruppenbewertung **240** 132
Imparitätsprinzip **253** 506
Marktpreis **253** 510, 512
Optionen **253** 605
sonstige VG **253** 558 ff.
Termingeschäfte **253** 606
Umlaufvermögen **253** 506 ff.
Verkaufswert **253** 515, 518
Vorratsvermögen **253** 521 ff.
Wertmaßstäbe **253** 510 ff.
Wertpapiere **253** 609 ff.
Wiederbeschaffungswert **253** 515
Wiederherstellungskosten bei
  Erzeugnissen und Leistungen
  253 526 ff.
Zwischenergebniseliminierung **304** 18
Niederstwertvorschrift
  s Niederstwertprinzip
Niedrigerer Wert/Wertansatz
  außerplanmäßige Abschreibungen
  253 306 ff.
  beizulegender Wert **253** 308
  BilMoG-Anwendung **253** 683
  Börsenpreis **253** 308
  Ermittlung **253** 307
  Ertragswert **253** 310 f.
  Marktpreis **253** 308
  Reproduktionswert **253** 308
  Veräußerungswert **253** 309
  Wertaufholung **253** 635 f.
  Wiederbeschaffungswert **253** 308
Nießbrauch
  s auch Nutzungsrechte
  Abschreibung **253** 385
  Mitunternehmerschaft **247** 727
  Zurechnungsfragen **246** 48
Nießbrauchsbestellung, finanzielle
  Eingliederung bei Organschaft **271** 110
Nießbrauchsrechte, AK **255** 325
Non-current asset, Definition **266** 281 f.
Non-current liability, IFRS-Definition
  266 286
Normalkostenrechnung 255 415, 417
Notarkosten
  Anschaffungsnebenkosten **255** 71
  Bilanzierungsverbot **248** 2
Note Issuance Facilities (NIF's)
  268 103
Notstromaggregate 247 481
Notwendigkeitsprinzip 255 436 ff.
Null-Kupon-Anleihen *s* Zero-Bonds
Null-Prozent-Darlehen 253 63
Nutzungsdauer als Grundlage der
  Abschreibung *s* Abschreibungsdauer
Nutzungseinlagen, Einbringung in
  Gesellschaften **255** 154 f.
Nutzungsentnahmen 247 177
Nutzungsrechte
  s auch Nießbrauch

2685

Nutzungsüberlassungen

fette Ziffer = Paragraphen

Abschreibung **253** 385
Anschaffung bei erstmaliger Begründung **255** 36
Anschaffungskosten **255** 325
Wirtschaftsgut des Sonderbetriebsvermögens **247** 761
Nutzungsüberlassungen, verdeckte Einlagen **272** 402

Obligationen, Bilanzausweis **266** 213
Offene Handelsgesellschaft (OHG)
s auch Personengesellschaften/Personenhandelsgesellschaften
Anwendung
– Bewehrungsvorschriften **335b** 1
– KapCoRiLiG **264c** 100 ff.
BiRiLiG-Anwendung **264a** 15 f., 45 ff.
Entnahmerecht **247** 175
Familien-OHG **247** 813
Jahresabschlussfeststellung
Vor **325** 150 ff.
Kapitalrückzahlung **247** 175
Offene-Posten-Buchführung 239 20
Offenlegung 325 1 ff.
s auch Bundesanzeigerpublizität
s auch Offenlegungspflichten
s auch Offenlegungspflichtige Unterlagen
s auch Registerpublizität
s auch Veröffentlichung
Abhängigkeitsbericht **289** 375 ff.
Änderungen des JA oder BVm **325** 20
Art und Ort der O. **325** 28 ff.
Befreiung für TU **325** 22, 142
Begriff **325** 1; **328** 2
Bekanntmachung im BAnz **325** 28 f., 31
– in anderer Weise **325** 105 f.
Bekanntmachungspflicht **325** 6 ff.
Bericht des Aufsichtsrats bei GmbH **325** 11
Bilanzeid **264** 82
Bilanz-/Ergebnisverlust **325** 18
Bundesanzeigereinreichung **325** 30
Bundesanzeigerpublizität **325** 2
Einreichungspflicht **325** 6 ff.
Entsprechenserklärung **325** 19
Ergebnisabführungsvertrag **325** 18
Ergebnisverwendung
– Beschluss über E. **325** 15
– Vorschlag für E. **325** 12 f.
Erleichterungen
– JA-Aufstellung **325** 2
– kapitalmarktorientierte Unt **327a** 1 ff.
– kleine KapGes/kleine KapCo-Ges s unten
– Kleinst-KapCo-Ges **326** 40 ff.
– Kleinst-KapGes **326** 40 ff.
– mittelgroße KapGes s unten
freiwillige Publizität **328** 1, 15 ff.
– Einzelerfordernisse **328** 18

– Kürzungen der Informationen **328** 17
– Sanktionen bei Verstoß **328** 35
– Verbot der Aufnahme eines BVm **328** 18
– Vollständigkeitsgebot **328** 17
– Zusatzinformationen **328** 16
Genossenschaften **336** 26; s iEinz dort
Handelsbücher vor Gericht **259** 3
Jahresabschluss
– IFRS-Einzelabschluss **325** 57 ff., 70 f.
– nachträgliche Änderung **325** 20
Jahresüberschuss/Jahresfehlbetrag **325** 17 f.
KapCo-Gesellschaften
– freiwillige AR-Bestellung **325** 12
– mittelgroße KapCo-Ges **327** 3 ff.
Kapitalgesellschaften,
Offenlegungszeitpunkt **325** 42
kapitalmarktorientierte Unternehmen
– Offenlegung **327a** 1 ff.
– Verstoß gegen Offenlegungserleichterungen **327a** 15 f.
kleine KapGes/kleine KapCo-Ges **326** 1 ff.
– Alternativen für die O. der Bil **326** 17 ff.
– Anhang mit verkürzten Angaben **326** 14
– Anwendungsbereich der Erleichterungen **326** 6 ff.
– Aufstellungserleichterungen **326** 4, 14 ff.
– Begriff der „kleinen KapGes" **326** 6
– Bilanz mit verkürzter Aufstellung **326** 14
– Bilanzeinreichung beim BAnz **326** 5
– Bilanz-Mindestgliederung und Sonderausweise **326** 20
– einzureichende Unterlagen **326** 2
– entfallende Angaben von KapGes **326** 26
– entfallende Zusatzangaben von AG/KGaA **326** 27
– Erleichterungen **326** 2
– freiwillige Zusatzangaben und Offenlegung **326** 28
– gesonderter Ausweis (Nachschüsse bei GmbH) **326** 22
– GuV-Verkürzungen **326** 14
– Kreditinstitute und Versicherungen **326** 6
– Mindestumfang **326** 24 ff.
– nicht einzureichende Unterlagen **326** 2
– Offenlegungserleichterungen **326** 1 ff., 9 ff.
– Pflicht zur Inanspruchnahme von Erleichterungen **326** 1

2686

magere Ziffern = Anmerkungen

Offenlegung

- Regelungen durch GesVertrag oder Satzung **326** 8
- Verkürzung des Anh **326** 24 ff.
- Vorlage an Betriebsrat/Wirtschaftsausschuss **326** 7
- Vorlage der Unterlagen an Ges **326** 4
- Zusatzangaben von kleinen AG/KGaA **326** 21

kleine Kapitalgesellschaften
- Erleichterungen im Anh **288** 4
- Offenlegungserleichterungen **288** 4
- verkürzte Bilanz **266** 25

Kleinst-KapCo-Gesellschaften
- Aufstellungserleichterungen **326** 50
- Erleichterungen **326** 40 ff.

Kleinst-Kapitalgesellschaften **267a** 10 ff.
- Aufstellungserleichterungen **326** 50
- Erleichterungen **326** 40 ff.
- Offenlegung der verkürzten Bilanz **266** 25 f.
- verkürzte Bilanz **266** 25

Konzerne *s* Offenlegung der Konzernrechnungslegung
Lagebericht **325** 6; **328** 21
- publizitätspflichtige Unt **325** 114

mittelgroße KapGes **327** 1 ff.
- Anh mit verkürzten Angaben **327** 11 f.
- Aufstellungserleichterungen **327** 4 f., 13 f.
- Bilanz mit verkürzter Aufstellung **327** 8 ff.
- größenabhängige Erleichterungen **327** 2
- GuV-Verkürzungen **327** 16
- Offenlegungserleichterungen **327** 1 ff.
- offenzulegende Unterlagen **327** 3 ff.
- Prüfung der angewandten Erleichterungen **327** 17
- Rechtsfolgen bei Verstößen **326** 90 ff.
- Verstoß gegen Offenlegungserleichterungen **327** 20 f.
- Wahlrecht bei Erleichterungen **327** 1

Nachreichung von Änderungen **325** 48 ff.
nachträgliche Feststellung des JA **325** 10
Offenlegung in Stufen **325** 45 f.
offenlegungspflichtige Unterlagen *s* dort
Offenlegungszeitpunkte *s* dort
Ordnungsgeld
- inl Zweigniederlassung **335** 13
- bei Verstoß **335** 11 ff.
Pflichtpublizität **328** 1, 5 ff.
Prüfung der O. durch AP **325** 107
Prüfungspflicht des Bundesanzeiger *s* unter Bundesanzeiger
publizitätspflichtige Unternehmen *s* Offenlegung nach dem PublG
Sonderbilanzen **325** 9

verpflichtete Personen **325** 32 ff.
- Konzernrechnungslegung **325** 77
vollständige und teilweise O. **328** 2
Vorlage der Unterlagen an Gesellschafter **325** 39 ff.
Zweigniederlassungen im Ausland **325a** 1 ff.
- Anwendungsbereich **325a** 11 ff.
- Art, Ort und Zeitpunkt **325a** 40 f.
- Branchenbesonderheiten **325a** 60
- Form und Inhalt **325a** 50 ff.
- Kleinst-Kapitalgesellschaften **325a** 65
- offenlegungspflichtige Unterlagen **325a** 30 ff.
- Prüfungspflicht des eBAnz **325a** 55 f.
- Sanktionen bei Verstoß **325a** 70
- Sprache **325a** 51
- verpflichtete Personen **325a** 20 ff.

Offenlegung der Konzernrechnungslegung 325 3, 75 ff.
Änderungen des KA **325** 80
Aufsichtsratsbericht **325** 80
befreiender JA **264b** 47
befreiender KA in deutscher Sprache **291** 10
Bestätigungsvermerk **325** 80
Bundesanzeigerpublizität **325** 76
fristgerechte Offenlegung befreiender Abschlüsse ausländischer K. **325** 98
Fristwahrung der Einreichung **325** 92
Konzernabschluss **325** 80
- einer ausländischen Konzernleitung **325** 87
Konzernlagebericht **325** 80
nachträgliche Änderungen der Unterlagen **325** 95
Offenlegungszeitpunkt **325** 90 f.
offenzulegende Unterlagen **325** 80
publizitätspflichtige Unt *s* unter Offenlegung nach dem PublG
Umfang und Form **325** 80 ff.
verbundene Berichterstattung **325** 100
verpflichtete Personen **325** 77
Versagungsvermerk **325** 80
zusammengefasste Aufstellungen von MU und TU **325** 84 f.

Offenlegung des Prüfungsberichts im Insolvenzverfahren 321a 1 ff.
Einsichtnahmerecht **321a** 20
- Begrenzungen **321a** 13 f.
- Beschränkungen **321a** 4 ff.
- Rechtsanspruch **321a** 12
- Verschwiegenheitspflicht **321a** 15 ff.
Erläuterungen des AP **321a** 11
freiwillige Prüfungen **321a** 9

Offenlegung nach dem PublG 325 112 ff.
Änderungen des JA oder BVm **325** 114
Anhang zum JA **325** 114

2687

Offenlegungsfristen

fette Ziffer = Paragraphen

Bericht des Aufsichtsrats **325** 114
Bestätigungsvermerk **325** 114
Ergebnisverwendungsbeschluss **325** 114
Erleichterungen **242** 13
– PersGes und Ekfl **325** 115 ff.
Form und Inhalt **325** 112; **328** 4
Jahresabschluss **325** 114
Konzernabschluss **325** 119 ff.
Konzernrechnungslegung
– Erleichterungen für MU als PersGes
  oder Ekfl **325** 126 ff.
– Form und Inhalt **325** 120
– MU als reine PersGes **325** 121 f.
– offenzulegende Unterlagen **325** 123 f.
Lagebericht **325** 114
nachträgliche Änderungen **325** 112
Offenlegungszeitpunkt **325** 112
offenzulegende Unterlagen **325** 114
– PersGes und Ekfl **325** 115 ff.
rechnungslegungspflichtige
  Unternehmen **325** 112 f.
Umfang der O. **325** 114 ff.
Unternehmen bestimmter
– Größenmerkmale **325** 113
– Rechtsformen **325** 113
verpflichtete Personen **325** 118
Versagungsvermerk **325** 114
Offenlegungsfristen
s Offenlegungszeitpunkte
Offenlegungspflichten
andere Publizitätspflichten **325** 105 f.
gesetzliche Vertreter **325** 32
GuV von Einzelkaufleuten und
  Personengesellschaften **275** 326
Jahresabschluss JA **316** 13
Kreditinstitute **325** 140, 142
latente Steuern nach IFRS **274** 116
Ordnungswidrigkeiten **334** 15
Prüfstelle für Rechnungslegung **342b** 36 ff.
Sanktionen bei Verstoß **325** 5, 108 ff.
– Zweigniederlassungen im Ausland
  325a 70
Versicherungsunternehmen **325** 141 f.
Offenlegungspflichtige Unterlagen
325 2, 6 ff., 7
Änderungen des JA oder BVm **325** 6, 114
Bericht des Aufsichtsrats **325** 6; **328** 21
Besonderheiten bei O. vor Beendigung
  der Prüfung/Feststellung **328** 14
Bestätigungsvermerk **322** 6; **325** 6;
  328 24
Bilanzeid **325** 6
Bundesanzeigerpublizität **328** 23
deutsche Sprache **328** 9
Einzelabschluss **325** 6
Entsprechenserklärung **325** 6
Ergebnisverwendungsbeschluss **325** 6;
  328 21
– publizitätspflichtige Unt **325** 114

Fehlerkorrekturen **328** 25
Form und Inhalt **325** 8; **328** 1 ff.
– Abdingbarkeit **328** 3
– Änderung der Firma nach
  Bilanzstichtag **328** 7
– Anwendungsbereich **328** 4
– Bescheinigung über JA-Feststellung
  328 12
– Datum der JA-Feststellung **328** 10
– Fehler in der Originalfassung **328** 7
– Inanspruchnahme von
  Erleichterungen **328** 8
– Kreditinstitute **328** 4
– Nachholung von
  Aufstellungserleichterungen **328** 7
– Pflichtpublizität **328** 5
– publizitätspflichtige Unt **328** 4
– Richtigkeitsgrundsatz **328** 6 ff.
– Sanktionen bei Verstoß **328** 35
– VersicherungsUnt **328** 4
– Vollständigkeitsgebot **328** 6 ff.
– Wortlautwiedergabe des BVm
  328 11 ff.
Gesellschafterliste **325** 7
Jahresabschluss **325** 6
Konzernlagebericht **328** 21
Lagebericht **325** 6; **328** 21
Niederschrift der HV **325** 7
sonstige Unterlagen **328** 20 ff.
– nachträgliche Offenlegung **328** 22 f.
Teiloffenlegungen für Genossenschaften
  328 14
Übersetzungen **328** 9
Versagungsvermerk **325** 6
Wiedergabe freiwillig geprüfter
  Abschlüsse **328** 13
Offenlegungspflichtige Unternehmen
325 7
Offenlegungsprüfung 325 107
Offenlegungszeitpunkte 325 4, 38 ff.;
  326 33 ff.
anhängige Klageverfahren **325** 52
äußerster Termin der Offenlegung
  325 42
Einrichtungszeitpunkt beim BAnz als
  maßgebender O. **325** 103
Fristwahrung durch Offenlegung in
  Stufen **325** 45 f.
Kapitalgesellschaften, äußerster Termin
  325 42
kleine KapGes **325** 38; **326** 33 ff.
Konzernrechnungslegung **325** 90 f.
publizitätspflichtige Unternehmen
  325 112
schwebende Anfechtungs- oder
  Nichtigkeitsklage **325** 41
unverzügliche Vorlage **325** 38
Vorlage der Unterlagen an Gesellschafter
  325 39 ff.

2688

magere Ziffern = Anmerkungen

Zeitpunkt bei vereinfachter
Kapitalherabsetzung **325** 52
Öffentliche Abgaben,
Anschaffungsnebenkosten **255** 71
Öffentlich-rechtliche Auflagen,
Angaben im Anhang **285** 69
Offenzulegende Unterlagen
Einreichung zum BAnz **325** 30
Einzelunternehmen **325** 115 ff.
Form und Inhalt **325** 34 ff.
– Abweichungen und Fehler **325** 34
kleine KapGes/kleine KapCo-Ges
326 9 ff.
Konzernrechnungslegung **325** 80
mittelgroße KapGes **327** 3 ff.
Nachreichung von Änderungen
325 48 ff.
PersonenhandelsGes **325** 115 ff.
publizitätspflichtige Unt **325** 114
Vorlage an Gesellschafter **325** 39 ff.
Operating-Leasing, Zurechnung
247 355
Opportunitätsprinzip bei Verfolgung von
Ordnungswidrigkeiten **334** 30
Optionen
Begriff und Aktivierung **254** 71 ff.
Future-Style-Verfahren **254** 81
Kaufoptionen **254** 72
niedrigerer Wert **253** 606
Transaktionskosten **254** 72, 101
Verkaufsoptionen **254** 78 f.
Zinsoptionen **254** 80 ff.
Optionsanleihen
Angaben im Anhang **284** 44
Bewertung **253** 91 f.
Disagio **272** 180 f.
steuerrechtliche Behandlung **253** 92
Optionsgeschäfte
Rechnungsabgrenzung **250** 26
Rückstellung **249** 100
Optionsrechte
Anschaffungskosten **255** 325
Kapitalrücklage **272** 180 ff.
Optionsscheine
Agio **272** 183
Bilanzausweis **266** 80
Offenlegungserleichterungen **327a** 7
Optionsschuldverschreibungen,
Bilanzausweis **266** 213
Orderpapiere, Bilanzausweis **266** 80
Ordnungsgeld 335 1 ff.
Androhung von O. **335** 22
betroffener Personenkreis **335** 10 ff.
Festsetzung **335** 24
Festsetzungsvoraussetzungen **335** 10 ff.
Höhe **335** 30
Offenlegung
– Begriff **335** 14
– bewehrte Pflichten **335** 11 ff.

Organeinkommen

– Rechtzeitigkeit der O. **335** 15
– Verschulden **335** 16
spezialgesetzliche Regelungen **335** 35 ff.
Verstoß gegen Offenlegungspflicht
329 12
Ordnungsgeldverfahren 335 20 ff.
Amtsermittlung **335** 21
Androhung von Ordnungsgeld **335** 22
Einspruchsverfahren **335** 23, 25
Ordnungswidrigkeiten 334 1 ff.
s auch Bußgeldvorschriften
s auch Sanktionen
Anhang **334** 11
Bewertungsverletzung **255** 550
– Rückstellungen **249** 330
Bewertungsvorschriften **253** 685; **334** 11
Bilanzaufstellungspflichtverstoß **242** 12
Bilanzgliederungsverletzung **266** 265
Bilanzpostenangabepflichten **268** 150 f.
bußgeldbewehrte Vorschriften
– im Handelsgesetzbuch **334** 10 ff.
– in Spezialgesetzen **334** 45 ff.
bußgeldfreie Vorschriften des HGB
334 17 ff.
Formblattverstoß **334** 16
Geldbußenfestsetzung **334** 40 ff.
Genossenschaften **334** 50
GuV-Gliederungsgrundsätze **334** 11
Jahresabschlussaufstellung **247** 580;
334 11 ff.
Konzernabschluss nach IFRS **334** 13
Konzernabschlussaufstellung **334** 12
Konzern-Anhang **334** 12
Konzern-Lagebericht **334** 14
Kreditinstitute **334** 48
Lageberichtaufstellung **334** 14
Offenlegungspflicht **334** 15
Opportunitätsprinzip **334** 30
Rechnungsabgrenzungsposten **250** 57
Rechtsfolgen **334** 40 ff.
Verfahrensfragen **334** 28 ff.
Verfolgungszuständigkeit **334** 29
Versicherungsunternehmen **334** 49
Verstöße gegen gesetzliche
Ausschlussgründe **334** 26 f.
Voraussetzungen **334** 10 ff., 28 ff.
Vorwerfbarkeit **334** 28 ff.
Organeinkommen 271 141 f.
Auflösung stiller Reserven **271** 141
Ausgleichszahlungen **271** 142
Besonderheiten bei der
Einkommensermittlung der
Organgesellschaft **271** 142
Bruttomethode **271** 142
Freistellungsregelung für
Veräußerungsgewinne **271** 141
Rücklage nach § 6b EStG **271** 141
Sonderposten mit Rücklageanteil
271 141

2689

Organgesellschaft

steuerrechtliche Wahlrechte **271** 141
Steuerumlagen **271** 141
Verlustabzug **271** 142
Organgesellschaft
Begriff **271** 108
GmbH als O. **272** 286
Personengesellschaften **271** 108
Steuerausweis **275** 257
Vorgesellschaften **271** 108
Vorgründungsgesellschaften **271** 108
Zweigniederlassung als O. **271** 108
Organisierter Markt, Begriff **264d** 2
Organmitglieder
Angaben im Anhang **285** 160 ff.
– ehemalige O. und Hinterbliebene **285** 200 ff.
– Personengruppen **285** 161 ff.
– tätige Organmitglieder **285** 167 ff.
– Umfang der GesLeistungen **285** 172 f.
– Vorschüsse, Kredite und Haftungsverhältnisse **285** 210 ff.
Angaben im Konzernanhang *s* Konzernanhang
Befreiung der Angabe von Gesamtbezügen **285** 160; **286** 15 ff.
Gesamtbezüge, Bestandteile der G. **285** 175
Gesamtbezüge für tätige O. **285** 167 ff.
Organschaft/Organschaftsverhältnis **271** 100 ff.
Begriff **271** 100
Beendigung **274** 70
Beteiligungsveräußerung **271** 127
Dividendengarantieverrechnung **277** 13
Einkommensermittlung **271** 140 ff.
– Organeinkommen **271** 141 f.; *s iEinz dort*
Einkommenszurechnung **271** 137 ff.
– Ausgleichsposten in der Steuerbilanz **271** 138
– beim Organträger **271** 138
– PerGes als Organträger **271** 139
Entlastung der OrganGes von GewSt als Einlage des Organträgers **271** 155
finanzielle Eingliederung **271** 101, 109 ff.
– mittelbare/unmittelbare Beteiligungen **271** 112 ff.
– natürliche Person als Organträger **271** 119
– Nießbrauchsbestellung **271** 110
– Pensionsgeschäfte **271** 110
– PersGes als Organträger **271** 115
– Pfändung und Verpfändung **271** 110
– schuldrechtlicher Übertragungsanspruch **271** 110
– Sicherungsübereignung **271** 110
– Stimmrechtsmehrheit **271** 111

– wirtschaftliche Betrachtungsweise **271** 110
Gesellschafterwechsel bei PersGes als Organträger **271** 129
Gesetzesvereinfachungen **271** 101
Gewerbeertragermittlung **271** 155
– Dividendenausschüttungen **271** 155
– getrennte Ermittlung für Organträger und OrganGes **271** 155
– Mieten und Zinsen **271** 155
– Veräußerungsgewinne **271** 155
gewerbesteuerliche Organschaft **271** 153 ff.
gewerbesteuerlicher Verlustausgleich im Konzern **271** 154
Gewerbeverluste während Organschaft **271** 157
Gewinnabführungsverträge *s iEinz dort*
körperschaftsteuerliche O. **271** 104 ff.
– verdeckte Einlagen **272** 419
nachorganschaftliche Gewerbeverluste der Organschaft **271** 158
negative Gewerbeerträge **271** 156 ff.
Organgesellschaft als Betriebsstätte des Organträgers **271** 154
Organschaft im KSt-Recht **271** 104 ff.
Organträgereinkommen **271** 143 ff.; *s iEinz dort*
Pensionszusagen **249** 190
Rechtsfolgen der O. **271** 102
Rücklagenbildung und verdeckte Einlagen **272** 419
Rücklagenveränderung bei O. mit Ergebnisabführungsvertrag **275** 313 ff.
Steuerausweis in der GuV **275** 255 ff.
steuerrechtliche Rechtsfolgen **271** 137 ff.
Steuerschuldner **275** 255
Steuerumlagen **275** 256 f.
Steuerumlagevertrag **274** 72
Teilbetriebsausgliederung **271** 127
Teileinkünfteverfahren **271** 103
Übergang des Organträgers durch Erbfolge oder Schenkung **271** 128
Unterbrechung der Eingliederung **271** 128
verbundene Unternehmen *s dort*
Verschmelzung oder Umwandlung **271** 128
verunglückte Organschaft **271** 136
vGA **278** 132
Voraussetzungen **271** 101, 104 ff.
vororganschaftliche O.
– Gewerbeverluste der Organgesellschaft **271** 156
– Gewinnrücklagen **272** 285
– steuerliche Behandlung **275** 316
zeitliche Eingliederungsvoraussetzungen **271** 126 ff.

magere Ziffern = Anmerkungen

Organträger
ausländische gewerbliche Unternehmen 271 106
Begriff **271** 104
Besitz(personen)gesellschaften bei Betriebsaufspaltung **271** 105
Betriebsunternehmen bei Betriebsaufspaltung **271** 105
Einkommenszurechnung **271** 138
Holdinggesellschaften **271** 105
inländisches gewerbliches Unternehmen **271** 105
Innengesellschaften **271** 105
Liquidationsgesellschaften **271** 105
natürliche Person **271** 119
Nicht-Steuerbefreiung des Organträgers **271** 107
Personengesellschaft
– Einkommenszurechnung **271** 139
– finanzielle Eingliederung **271** 115
– Gesellschafterwechsel **271** 129
– Organträgereinkommen **271** 149
Steuerausweis **275** 258
Organträgereinkommen 271 143 ff.
Anrechnung von Steuerabzugsbeträgen **271** 152
ausländische Organträger **271** 151
beschränkt steuerpflichtige Gesellschafter **271** 150
PersGes als Organträger **271** 149
Steuerermäßigungen und Steuerabzüge **271** 146
Weitergabe von Tarifvorschriften **271** 147 ff.
Zurechnung **271** 144
Outsourcing, Leasingverhältnisse/Nutzungsrechte **246** 166

Pachteinnahmen, Umsatzerlöse **275** 54
Pachtrechte, Anschaffungskosten **255** 325
Pachtverträge
Realisationszeitpunkt **252** 47
Zurechnungsfragen **246** 38
Pachtvertragsverpflichtungen, Angaben im Anhang **285** 60
Päckchen-Deckungsbeiträge, HK-Ermittlung **255** 470
Pagatorischer Kostenbegriff 255 335
Paletten, Bilanzausweis **266** 105
Parkplatz, Betriebsvorrichtung **253** 419
Parteien, Buchführungspflicht **238** 54
Partnerschaftsgesellschaft
kein Handelsgewerbe **238** 29
als WP-Gesellschaft **319** 12
Parzellierung von Grundstücken für Wohngebäude **247** 361
Passagen, Scheinbestandteile **253** 426
Passivierungsgebote, Maßgeblichkeitsgrundsatz **243** 113

Pauschalwertberichtigung

Passivierungspflicht
Pensionsanwartschaften **249** 166
Pensionsverpflichtungen unmittelbare **249** 166
Rechnungsabgrenzungsposten **250** 28
Rückstellungen **249** 6
Passivierungsverbote
s Bilanzierungsverbote
Passivierungswahlrechte
Maßgeblichkeitsgrundsatz **243** 114 ff.
Pensionsaltzusagen **249** 192 ff.
Pensionsverpflichtungen
– für Altzusagen **249** 260 ff.
– Anwendungsregelung (Art 28 EGHGB) **249** 256
– mittelbare und „ähnliche" **249** 166
Patenterlöse 275 54
Patentverletzung, Rückstellung **249** 100
Patronatserklärungen
Haftungsvermerk **251** 41 ff.
Rückstellung **249** 100
Schuldenkonsolidierung **303** 41
Pauschalabschreibung von Forderungen
s Pauschalwertberichtigung von F.
Pauschalabwertung
s Pauschalwertberichtigung
Pauschalbewertung, Verbindlichkeiten **253** 162
Pauschalrückstellungen, Steuerbilanz **253** 163
Pauschalwertberichtigung von Forderungen 253 576 ff.
s auch Einzelwertberichtigungen von Forderungen
Abgrenzung zu
– Einzelwertberichtigungen **253** 579
– Teilwert **253** 578
– wertmindernden Faktoren **253** 582 ff.
Ausfall- und Kreditrisiko als Bestimmungsfaktor **253** 577
Ausschluss einzelner Forderungen **253** 580
berücksichtigungsfähige Kosten uÄ **253** 582
Debitoren-/Delkredereversicherung **253** 590
Entwicklungsmöglichkeiten **253** 584
Erfahrung der Vergangenheit **253** 588
Folgen verspäteter Zahlungseingänge **253** 581
Geschäftsrisiken **253** 584
Hermes-Versicherung **253** 591
Höhe der Pauschalabwertung **253** 585 ff.
Konjunkturrisiken **253** 584
künftige Ereignisse **253** 584
mittelbare wirtschaftliche Folgen **253** 584

Peer Review

fette Ziffer = Paragraphen

nichtberücksichtigungsfähige Faktoren
253 584
rückstellungsbedrohte Verpflichtungen
253 583
Schätzung und Schätzungsrahmen
253 586 ff.
Umsatzsteuerkürzung 253 589
Verpflichtung zur Bildung 253 578
Peer Review
Geheimhaltungspflichten 333 31
Verschwiegenheitspflicht des AP 323 39
Pensionsanspruch
Geringfügig Beschäftigte 249 187
Teilzeitarbeit 249 187
Pensionsanwartschaften
Barwert
– der aufrechterhaltenen Anwartschaft
249 211
– der künftigen Pensionsleistungen
249 210
– der laufenden Pension 249 211
Betriebsübergang 249 219 f.
Bewertung mit dem Teilwert 249 210 ff.
fiktive Nettoprämien 249 210
Passivierungspflicht 249 166
pro rata temporis-Barwert 249 212
quotierter Barwert 249 212
Pensionsberechtigte 249 189
Pensionsfonds
Formblattermächtigungen 330 20, 50 ff.
Rückstellungen für Zuwendungen
249 254
Pensionsgeschäfte
Begriff 246 24 ff.
echte P. 246 25
finanzielle Eingliederung bei Organschaft
271 110
gemischte P. 246 27
steuerliche Zurechnung 246 28
unechte P. 246 26
Pensionskassen
Pensionsübergangsregelungen 249 267;
s iEinz dort
Rückstellung für Zuwendungen 249 254
Pensionsrückstellungen 249 151 ff.
s auch Pensionsanwartschaften
s auch Pensionsverpflichtungen
s auch Pensionszusagen
Abweichungen HB/StB 243 119
Altersgrenze 249 224 f.
Altzusagen, steuerliche Behandlung
249 161
Angaben im Anhang 285 415 ff.
– Bewertungsmethoden 284 126 ff.
– für ehemalige Organmitglieder
285 206 ff.
Angaben im Konzernanhang für Organe
314 76
Anpassungsprüfung 249 211

Anrechnung von Vordienstzeiten
249 217 f.
Arbeitgeber-Ehegatten 249 246
Arbeitnehmer als Gesellschafter 249 244
Arten der Pensionsverpflichtungen
249 152 ff.
Auflösung der P. 249 235 ff.
– in besonderen Fällen 249 239
– bei Bestehen von Fehlbeträgen
249 238
– bei technischen Rentnern 249 236
– versicherungsmathematische A.
249 235
Begriff 249 151
– „ähnliche Verpflichtungen" 249 162
Betriebsübergang 249 219 f.
Bewertung
– biometrische Rechnungsgrundlagen
249 222, 229
– einheitliche im KA 308 51
Bilanzierung ausländischer TU 249 190
BilMoG-Anwendungsregelungen
67 EGHGB 5 ff.
Direktversicherungen 249 255
Einmalrückstellungen 249 213
Fehlbetragsangabe 67 EGHGB 13
– bei KapCoGes 264c 150 ff.
Gesellschafter von PersGes 249 243 f.
Gesellschafter-Geschäftsführer 249 241
Haftungsverhältnisse bei Fehlbeträgen
251 50
Handelsvertreter 249 240
IFRS-Abweichungen 249 291 ff.
Insolvenzsicherungsverpflichtungen
249 163
Invaliditätswahrscheinlichkeiten
249 222
Kapital-Folgekonsolidierung 301 194 f.
Konzernanhang 314 120 ff.
leistungsorientierte Pensionspläne
249 292 ff.
Maßgeblichkeitsgrundsatz 243 117;
249 161
Mitunternehmer mit früherer
Arbeitnehmerstellung 247 784
Nachholverbot 249 20
Neuzusagen, steuerrechtliche
Behandlung 249 161
passive latente Steuern 274 21
Pensionskassen-Zuwendungen 249 254
Pensionsübergangsregelungen 249 275;
s iEinz dort
Pensionszusagen an Nicht-Arbeitnehmer
249 240
pro rata temporis-Barwert 249 212
quotierter Barwert 249 212
Rechnungszinsfuß 249 223
Rückdeckungsversicherung 249 247 f.
Schriftformerfordernis 249 186 f.

magere Ziffern = Anmerkungen

Pensionsübergangsregelungen

Sonderfälle von P. **249** 240 ff.
spätere Erhöhungen der Pensionszusage
249 213
Sterbewahrscheinlichkeiten **249** 222
steuerrechtliche Behandlung
– Auflösung von P. **249** 193
– Barwert der aufrechterhaltenen
Anwartschaft **249** 211
– Barwert der künftigen
Pensionsleistungen **249** 210
– Barwert der laufenden Pension
249 211
– Begriff **249** 161
– betriebliche Übung **249** 186
– Bewertung **249** 209 ff.
– Doppelarbeitsverhältnis **249** 190
– Einzelbewertungsprinzip **249** 192 f.
– Gesellschafter-Geschäftsführer **249** 178
– gewinnabhängige
Pensionsverpflichtungen **249** 176
– Gleichbehandlung **249** 186
– Haftungsbeschränkung **249** 180, 182
– Inhaberklausel **249** 180
– Konzernvoraussetzungen **249** 190
– Mustervorbehalte **249** 181, 184
– Nachholung unterlassener
Zuführungen **249** 191
– Nachholverbot **249** 191
– Organschaftsverhältnis **249** 190
– Passivierungswahlrecht **249** 192 ff.
– Pensionsberechtigte **249** 189
– Pensionserhöhungen auf Grund
Anpassungsprüfung **249** 176
– persönliche Voraussetzungen
249 188 ff.
– Rechtsanspruch auf
Pensionsleistungen **249** 176 ff.
– Rückdatierungen **249** 176
– rückstellungsberechtigte
Unternehmen **249** 188
– schädliche Vorbehalte **249** 180
– Schrifttumserfordernis **249** 186
– Sonderfälle **249** 216 ff.
– subsidiäre Pensionsverpflichtungen
249 177
– Teilwert **249** 210 ff.
– Übergangsbezüge **249** 178
– Übertragungsvereinbarung auf
U-Kasse **249** 180
– umsatzabhängige
Pensionsverpflichtungen **249** 176
– umstrukturierende/ablösende
Betriebsvereinbarung **249** 185
– unschädliche Vorbehalte **249** 181
– Unverfallbarkeit/Insolvenz-
sicherungsfähigkeit **249** 178
– verunglückte Vorbehalte **249** 183
– Voraussetzungen **249** 175 ff.
– Widerrufsvorbehalte **249** 179 ff.

technischer Rentner **249** 234
Teilwert **249** 210 ff.
– Ermittlung *nach* Beendigung des
Dienstverhältnisses **249** 221
– Ermittlung *vor* Beendigung des
Dienstverhältnisses **249** 213 ff.
– Sonderfälle der Teilwertermittlung
249 216 ff.
Teilwert-Splittingverfahren **249** 218
Teilwert-Tabellen **249** 227
Überleitung HB/StB **274** 166 ff.
unmittelbare Pensionsverpflichtungen
249 7
Unterbrechung des Dienstverhältnisses
249 216
Unterstützungskassen-Zuwendungen
249 252
Verhältnisse am Bilanzstichtag **249** 226
Vermerk nicht bilanzierter P. im Anhang
249 256
versicherungsmathematische Berechnung
249 222 ff.
Verwaltungskosten zur Durchführung der
BetrAV **249** 163
Vorruhestandsgelder **249** 162
Wahlrecht hinsichtlich Altersgrenze
249 225
Zuführungen zu P. **249** 230 ff.
– besonders hohe Z. **249** 232
– erstmalige Z. **249** 231
– regelmäßige Z. **249** 230
– Verteilung von Sonderzuführungen
249 231 f.
Pensions-Sicherungs-Verein,
Rückstellung für Beitragsverpflichtung
249 100
Pensionsübergangsregelungen
ähnliche Verpflichtungen **249** 268
Angaben im Anhang
– angabepflichtige Unt **249** 271 f.
– Art und Umfang der Angabe
249 274 f.
– Berechnung des F. **249** 279 ff.
– Fehlbetrag **249** 271 ff.
– Jahresabschluss **249** 271 ff.
– Konzernabschluss **249** 286 ff.
ausstehende Zuführungsbeträge **249** 284
Direktversicherungen **249** 267
Pensionskassen **249** 267
– Saldierung von Fehlbeträgen **249** 287
Pensionsrückstellungen **249** 275
– Fehlbetragsberechnung **249** 279 ff.
Pensionsverpflichtungen
– ähnliche Verpflichtungen **249** 266 ff.
– mittelbare P. **249** 266 ff.
– unmittelbare P. **249** 260 ff.
– Wahlrecht bei Altzusagen **249** 260 ff.
Unterstützungskassen **249** 267
– Fehlbetragsangabe **249** 272

2693

Pensionsverpflichtungen

fette Ziffer = Paragraphen

– Fehlbetragsberechnung **249** 283, 288
Vorruhestand **249** 268
Pensionsverpflichtungen
s auch Pensionsanwartschaften
s auch Pensionsrückstellungen
s auch Pensionszusagen
Abfindungen **249** 154
Abgrenzung zu
– Abfindungszahlungen **249** 154
– Vorruhestandsgeldern **249** 154
aktive latente Steuern **274** 35
Altersteilzeitregelungen **249** 154
Altzusagen **249** 167 f.
Anpassungsprüfung **249** 211
Ansammlungsverfahren **249** 198
Anwartschaft **249** 156
arbeitnehmerfinanzierte Pensionszusagen **249** 157
Arten **249** 152 ff.
Auflösung von P. **249** 193
Auslandszuschläge **249** 154
Begriff **249** 154 f.
beitrags- und aufwandsorientierte Leistungszusagen **249** 160
betriebliche Übung **249** 158
Betriebsübergang **249** 219 f.
– Gesamtrechtsnachfolge **249** 219
– Rentnergesellschaft **249** 219
Betriebsvereinbarung/Tarifvertrag/Besoldungsordnung **249** 158
Bewertung
– Abzinsungsmethode **249** 196
– Abzinsungssätze **249** 200
– Anforderungen an Bewertungsprogramm **249** 203
– biometrische Rechnungsgrundlagen **249** 202, 209
– Durchführungswegänderung **249** 207
– Erfüllungsbetragansatz **249** 195
– nach Handelsrecht **249** 195 ff.
– Mischfinanzierungen **249** 207
– mittelbare P. **249** 206
– Rechtsgrundlagen **249** 200 ff.
– RückstellungsabzinsungsVO **249** 196
– nach Steuerrecht **249** 209 ff.
– Verrechnung zweckgebundener VG **249** 205
– versicherungsmathematische Wahrscheinlichkeiten **249** 201
– Verteilung nach Art. 67 EGHGB **249** 208
– wertpapiergebundene Zusagen **249** 204
– Zusatzversorgungsanspruch. **249** 206
Bewertungsmethode **249** 197 ff.
Bilanzänderung **249** 194
Blankettzusagen **249** 160
Datenstammsatz **249** 171
Einmalzahlungen **249** 152, 155

Einzel- oder Gesamtzusage **249** 158
Einzelbewertungsprinzip **249** 192 f.
Entstehung **249** 158 ff.
Gleichbehandlung **249** 158
Gleichverteilungsverfahren **249** 198
Haftungsvermerk **251** 37
Höhe der P. **249** 160
Inventur **249** 169 ff.
– personelle Unterlagen **249** 171
– vertragliche und rechtliche Grundlagen der P. **249** 170
– Vorverlegung/Nachverlegung **249** 169
Kapitalzusage **249** 155
kollektive Vereinbarungen **249** 159
laufende Pensionen **249** 152
mittelbare Verpflichtungen **249** 164, 166
mündliche Zusagen **249** 158
Neuzusagen **249** 166
Passivierungspflicht für unmittelbare P. **249** 166
Passivierungswahlrecht für mittelbare und „ähnliche" P. **249** 166
Pensionsübergangsregelungen **249** 260 ff.; s iEinz dort
Schuldbeitritt **249** 220
steuerrechtliche Voraussetzungen **249** 175 ff.; s iEinz unter Pensionsrückstellungen
Stichtagsprinzip und Stichtagsinventur **249** 169
Treuezahlungen **249** 154
Übergangsbezüge **249** 154
Übergangsgelder/-zahlungen **249** 154
Umfang der P. **249** 160
unmittelbare Verpflichtungen **249** 164, 166
Verhältnis zum Arbeitsentgelt **249** 160
Wertsicherungsklausel **249** 160
Zeitpunkt der Entstehung **249** 159
Pensionszusagen
s auch Pensionsverpflichtungen
Altzusagen, regelmäßige Zuführungen **249** 230
Änderungen der Zusagen **249** 215
Arbeitgeber-Ehegatten **249** 246
arbeitnehmerfinanzierte P. **249** 157
betriebliche Übung **249** 186 f.
Doppelarbeitsverhältnis **249** 190
Entgeltumwandlung **249** 157
Gesellschafter von PersGes **249** 243 f.
Gesellschafter-Geschäftsführer von KapGes **249** 241
Gleichbehandlung **249** 186
Haftungsbeschränkung **249** 180, 182
Handelsvertreter **249** 240
Inhaberklausel **249** 180
Konzernvoraussetzungen **249** 190
Mustervorbehalte **249** 181, 184
Nicht-Arbeitnehmer **249** 240

magere Ziffern = Anmerkungen

Organschaftsverhältnis **249** 190
Passivierungswahlrecht **249** 192 ff.
Pensionsberechtigte **249** 189
persönliche Voraussetzungen **249** 188 ff.
rückstellungsberechtigte Unt **249** 188
schädliche Vorbehalte **249** 180
Übertragungsvereinbarung auf U-Kasse **249** 180
umstrukturierende/ablösende Betriebsvereinbarung **249** 185
unschädliche Vorbehalte **249** 181
verunglückte Vorbehalte **249** 183
Vorschaltzeiten **249** 214
Wartezeiten **249** 214
Widerrufsvorbehalte **249** 179 ff.
Witwerrentenanspruch **249** 187
Zusage
– mit Dienstantritt **249** 213
– nach Dienstantritt **249** 213
Periodenabgrenzung 252 53
Periodenergebnis 297 62
GuV-Ausweis nach IFRS **275** 362 f.
Periodenverschiebungen 252 51
Permanente Inventur 241 31 ff.
Ordnungsgrundsätze **241** 32
Personalaufwand
s auch Löhne und Gehälter
Altersteilzeitaufwendungen **275** 132
Altersversorgungsaufwendungen **275** 137 f.
Angaben im Anhang **285** 150, 152
Angaben im Konzernanhang **314** 39 f.
Begriff und Umfang **275** 127
Direktversicherungsprämien **275** 135
fremdgestellte Arbeitskräfte, Auslagenersatz **275** 131
Gesamtkostenverfahren **275** 125 ff.
Gnaden-/Überbrückungsgehälter **275** 135
GuV-Ausweis **275** 125 ff.
Lebensversicherungsprämien **275** 135
Rückdeckungsversicherungsprämien **275** 135
Sozialabgaben **275** 133 ff.
Unterstützungsaufwendungen **275** 136
Personalleasing, Personalaufwand **275** 131
Personengesellschaften/Personenhandelsgesellschaften
s auch Kommanditgesellschaft
s auch Mitunternehmerschaft
s auch Offene Handelsgesellschaft
s auch publizitätspflichtige Unternehmen
Abgrenzung zu
– nichtrechtsfähigem Verein **247** 703
– Unterbeteiligung **247** 703
Anhangsangabe nicht geleisteter Hafteinlagen **264c** 60 f.
Anhangzusatzangaben **285** 280

Personengesellschaften

Anwendung des BiRiLiG **264a** 10 ff., 45 ff.
– gesetzliche Vertreter **264a** 55 ff.
Arten von PersGes **247** 701
Aufstellungsfrist für JA **243** 91
Ausweis
– Ansprüche und Verbindlichkeiten ggü Gesellschaftern **264c** 5 ff.
– Anteile am KomplementärGes **264c** 80 ff.
– Betriebsvermögen/Privatvermögen **264c** 70 ff.
– Eigenkapital **264c** 15 ff.
– Ergebnisverwendung **268** 5
– fiktiver Steueraufwand **264c** 70 ff.
– Gewinn- und Verlusterfassung **264c** 40 ff.
– Jahresergebnis **242** 7
– Kommanditisten s dort
– persönlich haftende Gesellschafter s dort
– Privatvermögen **264c** 70 ff.
– stille Gesellschafter **264c** 8
Begriff **247** 700
Betriebsaufspaltung s dort
Bewertung von Forderungen gegen PersGes **253** 597 ff.
Bilanzgliederung **247** 8, 708
bilanzierbare VG **247** 706
Buchführungspflicht, Beginn der B. **238** 72
Buchwertklausel **255** 92
Eigenkapital konsolidierendes **301** 50
Eigenkapitalausweis **247** 150
– im Konzernabschluss **264c** 65 ff.
Ende der Buchführungspflicht **238** 80
Erträge aus Beteiligungen, GuV-Ausweis **275** 177 ff.
Familienpersonengesellschaften s dort
Geltung der Jahresabschluss-Gliederungsgrundsätze **265** 19
Gesamtkostenverfahren **247** 642, 662 ff., 666 f.
Gewinnanteil **268** 63
Gewinnrücklagen **270** 21
GmbH & Co. KG s dort
GuV-Gliederungsvorschriften (PublG) **275** 324 ff.
GuV-Rechnung **247** 600 ff.
– alternative Gliederungsformen und -verfahren **247** 660 ff.
– Aufstellungsgrundsätze **247** 631 ff.
– ergebnisabhängige Vergütungen und Vergütungsverzichte **247** 648 ff.
– Gesamtkostenverfahren **247** 642, 662 ff., 666 f.
– Gliederungsschemata **247** 664 ff.
– Jahresergebnisausweis **247** 652 f.
– Kontenplanbedeutung **247** 630

2695

Persönlich haftende Geschäftsführer   fette Ziffer = Paragraphen

- Konto- oder Staffelform **247** 660 f., 666 f.
- Mindestgliederung **247** 630 ff.
- Sonderfragen **247** 640
- Steueraufwandsausweis **247** 640 ff.
- Umsatzkostenverfahren **247** 642, 662 ff.
- Vergütungen (Gesellschafter) **247** 645 ff.

Haftungsverhältnisse **251** 1
handelsrechtliche Zurechnung
- Verbindlichkeiten **246** 75 f.
- Vermögensgegenstände **246** 63 f.

Inventaraufstellungsfrist **240** 69
Jahresabschlussfeststellung
 Vor 325 150 ff.; *s iEinz dort*
Kapitalkonsolidierung/latente Steuern
 306 16
Kapitalkonten **247** 709
Kapitalrücklagen **270** 21
Klarheitsgrundsatz **243** 54 ff.
Kontenplan **247** 630
Konto-/Staffelform **247** 660 f., 666 f.
Konzernanhangangaben **313** 53
latente Steuern **274** 73 f
- Anwendung **274** 85 f.
Offenlegung nach dem PublG **325** 113
- Erleichterungen **325** 115 ff.
Organgesellschaftsfähigkeit **271** 108
Organträgereinkommen **271** 139, 149
Rechnungslegungspflichten **247** 705 ff.
- Beziehungen PersGes/Gesellschafter **247** 707
rechtsformspezifische Rechnungs-
 legungsvorschriften **242** 9 ff.
Rückstellungsgliederung in der
 Handelsbilanz **249** 15
sachliche Zurechnung von Einlagen und
 Entnahmen **246** 93
Schuldengliederung **247** 240 f.
Steuerausweis **247** 640 ff.
Steuerbilanz der PerGes *s dort*
steuerrechtliche Behandlung **247** 710 ff.;
 s iEinz unter Mitunternehmerschaften
steuerrechtliche Zurechnung von
 Vermögensgegenständen **246** 65
Umqualifizierung von Einkünften
 247 714
Umsatzkostenverfahren **247** 642, 662 ff.
Unterzeichnung des JA **245** 2
Vergütungen an Gesellschafter
- bilanzielle Behandlung **247** 645 ff.
- ergebnisabhängige V. **247** 648 ff.
Vergütungsverzichte **247** 649
Persönlich haftende Geschäftsführer,
 Ausweis der KGaA-Anteile **272** 330 ff.
Persönlich haftende Gesellschafter
Anwendung des BiRiLiG **264a** 20 ff.
Ausweis der Kapitalanteile **264c** 20 ff.

Befreiung von JA-Aufstellung **264b** 24 ff.
Gewinn- und Verlusterfassung
 264c 40 ff.
Zusatzangaben im Anhang **285** 258
Pfand, Rückstellung **249** 100
Pfandbestellung, Haftungsvermerk
 251 45; **268** 126
Pfandbriefe, Bilanzausweis **266** 80
Pfandindossament, Haftungsvermerk
 251 15
Pfandrechte
Angabe der Haftungsverhältnisse **268** 126
Angaben im Anhang **285** 10, 12
Pfändung, finanzielle Eingliederung bei
 Organschaft **271** 110
Pflegeeinrichtungen
Buchführungspflicht **238** 52
Formblattermächtigungen **330** 20
Pflichtangaben
Anhang **284** 35, 40 ff., 55 f.; *s iEinz dort*
- weitere Pf. für AG **284** 70 ff.
Bilanz **284** 56 ff.
- weitere Pf. für AG **284** 70 ff.
Genossenschaften *s dort unter* Anhang
GmbH, weitere Pf. **284** 57 ff.
GuV-Rechnung **284** 56 ff.
- weitere Pf. für AG **284** 70 ff.
Liste der Pf. im Konzernanhang
 313 34 ff., 42 f.; *s iEinz dort*
sonstige Pflichtangaben **285** 1 ff.; *s iEinz unter* Anhang
Pflichtprüfungen *s unter* Prüfungen
Plankostenrechnung 255 415
Planmäßige Abschreibungen 253 219 f.
Planungskosten vergebliche bei
 Gebäuden **255** 371 f.
Poolverträge, beherrschender Einfluss
 290 85
Portfolio-Hedges 254 4, 55, 61 ff.
Postenzusammenfassungen bei GuV
von PersGes **247** 621
Prämien, Erlösschmälerungen **275** 64
Präsenzmehrheit, Stimmrechtsmehrheit
 im Konzern **290** 50 f.
Praxiswert
Abgrenzung zu Geschäftswert **247** 410
Abschreibung **253** 675
Preisänderungsrisiko bei
 Finanzinstrumenten **289** 77 f., 78
Preiskorrekturen, nachträgliche **255** 65
Preisnachlässe
Abgrenzung zur Schenkung **255** 92
Erlösschmälerungen **275** 64
Rückstellung **249** 100
Preisnotierung, Begriff **256a** 11
Preissteigerungen, Rückstellung
 253 158
Primärfunktion von true and fair view
 264 25 ff.

2696

magere Ziffern = Anmerkungen

Prüfungen

Privates Rechnungslegungsgremium
   s DRSC-Verlautbarungen
Privatvermögen
   Begriff **246** 60
   gemischte Nutzung **246** 62
Probeverkauf, Gewinnrealisierung **247** 94
Produkthaftung 249 100
Produktionsbegriff 255 332
Produktionsbereich, Angaben im Lagebericht **289** 19
Produktionserfolgsrechnung 275 30
Produktionsumstellungen, Änderung der Abschreibungsdauer **253** 234
Produktionsunternehmen
   Umsatzerlöse **275** 51
   Vorräte (Begriff) **247** 60
Produktverantwortung, Rückstellung **249** 100
Produzentenhaftung, Rückstellung **249** 100
Pro-Forma-Zahlen, Änderungen des KonsKreises **294** 15
Progressive Abschreibungen 253 246
Prospekthaftung, AP-Haftung ggü Dritten **323** 230 ff.
Provisionen
   Anschaffungsnebenkosten **255** 71
   Herstellungskosten **255** 470
   Wertpapiere **255** 301
Provisionsforderungen, Gewinnrealisierung **247** 99
Provisionsnachlässe, Anschaffungsnebenkosten **255** 325
Provisionsverpflichtungen, Rückstellungen **249** 100
Provisionszahlungen, kein entgeltlicher Erwerb **247** 393
Prozesskosten
   Anschaffungskosten **255** 325
   Rückstellung **249** 100
Prüfer *s* Abschlussprüfer
Prüfstelle für Rechnungslegung 342b 1 ff.
   ad hoc-Prüfung **342b** 27 ff.
   ad-doc-Mitteilungspflicht **342c** 2 f.
   Anzeigepflicht bei Verdachtsmomenten **342b** 67 f.
   Auskunfts- und Offenlegungspflichten von Unt **342b** 36 ff.
   Auskunfts- und Vorlagepflichten **342c** 11 f.
   Berichterstattung an BaFin **342b** 52 ff.
   Bußgeldvorschriften **342e** 1
   Finanzierung der P. **342d** 1
   Haftung der Prüfstelle **342b** 62 ff.
   Haftungsbegrenzung **342c** 8 ff.
   Mitteilung des Prüfungsergebnisses **342b** 42 ff.
   Organisation der P. **342b** 9 ff.

Prüfungsankündigung **342b** 27 ff.
Prüfungsanlässe **342b** 19 ff.
Prüfungsgegenstand **342b** 13 ff.
Prüfungsmaßstab **342b** 17
rechtliche Anerkennung **342b** 8
Rechtsbehelfsausschluss **342b** 59
Rechtsfolgen festgestellter Fehler **342b** 45 ff.
Sanktionen bei Verstoß **342c** 7
Stichprobenprüfung **342b** 24 ff.
Subsidiarität des Enforcements **342b** 32 ff.
Unabhängigkeit der Prüfstellenprüfer **342b** 60 f.
Unternehmensstellungnahme zum Prüfungsergebnis **342b** 48 f.
Verschwiegenheitspflicht **342c** 1 ff.
– Adressaten **342c** 6
Voranfragen fallbezogene **342b** 80 ff.
Vorrang von Wichtigkeitslage und Sonderprüfung **342b** 32 ff.
zivilrechtliche Ersatzpflicht **342c** 8 ff.
Prüfungen
   s auch Abschlussprüfer
   Aktiengesellschaften, Prüfungsumfang **317** 15
   Auskunftsvertrag **323** 210 ff.
   Befreiung der KapCoGes von JA-Aufstellung **264b** 80 ff.
   Bestätigungsvermerk
   – Erstprüfungen **322** 160
   – IAS-Abschluss **322** 150 ff.
   Dauer der Abschlussprüfungen **317** 24
   Erleichterungen für Konzern-TU **264** 170 ff.
   freiwillige Prüfungen
   – allgemeine Geschäftsbedingungen **323** 166
   – Art und Umfang der Pflichten **323** 162 ff.
   – Berichtspflichtverletzung **332** 1 f.
   – Bestätigungsvermerk **322** 5
   – Folgen bei Pflichtverstößen **323** 165 ff.
   – Haftung bei Fahrlässigkeit **323** 165 ff.
   – Haftung der Prüfungsgehilfen **323** 165
   – Haftung des gesetzlichen Vertreters **323** 165
   – Haftung des Prüfers **323** 165 ff.
   – Haftungsbegrenzungen **323** 166 ff.
   – Pflichtverletzungen **323** 165 ff.
   – Prüfungsumfang **317** 3
   – keine Rechtsfolgen bei Verletzung **316** 31 f.
   – Verantwortlichkeit des Abschlussprüfers **323** 160 ff.
   – Verantwortlichkeit des AP **323** 160 ff.
   – Vertrag mit Schutzwirkung für Dritte **323** 194 ff.

2697

Prüfungsauftrag

fette Ziffer = Paragraphen

- Wortlaut des BVm **328** 13
Genossenschaften *s dort*
gewissenhafte und unparteiische P.
323 10 ff.
GmbH, Prüfungsumfang **317** 15
Haftungsfragen **317** 230
Hauptprüfung **317** 24
IFRS-Einzelabschluss **316** 1 ff.
internationale Prüfungsstandards
317 90 ff.
Jahresabschlussprüfungen **316** 1 ff.
KapCo-Ges **317** 15
KGaA-Prüfungsumfang **317** 15
Konzernabschlussprüfung *s dort*
Konzernlagebericht **316** 15 ff.
Kreditinstitute-Prüfungsumfang **317** 15
Lagebericht **316** 1 ff.
Nachtragsprüfung **318** 14
Nachtragsprüfungen **316** 25 ff.; *s iEinz
dort*
Offenlegungspflichten **316** 13
Pflichtprüfungen **316** 1 ff.
- Anwendungsbereich **316** 1 ff.
- Genossenschaften *s dort*
Prüfungsdurchführung *s dort*
Prüfungsfrist **316** 23
Prüfungsgegenstand *s dort*
Prüfungspflicht *s dort*
Prüfungsrechte *s dort*
Prüfungsrisiko *s dort*
Prüfungsumfang *s dort*
Prüfungsvertrag *s dort*
nach dem PublG **317** 220 ff.
Publizitätsgesetz **316** 33 ff.
- Abschlussprüferbestellung **318** 38 f.
risikoorientiertes Prüfungsvorgehen
s Prüfungsrisiko
Sanktionen, Gegenstand und Umfang
der Prüfung **317** 230
satzungsmäßige P. **316** 30
Schlussbesprechung und Vorabbericht-
erstattung **320** 13
Verhältnis zu Prüfungsausschuss
324 39 ff.
Versicherungsunternehmen,
Prüfungsumfang **317** 15
vertragliche Ansprüche ggü
Abschlussprüfer **323** 190 ff.
Vorprüfungen **317** 24; **320** 14
Zielsetzung der P. **317** 100 ff.
Zwischenprüfungen **320** 14
Prüfungsauftrag
s auch Prüfungsvertrag
Berichterstattungspflichten bei
bestimmten Wirtschaftszweigen
321 94
freiwillige Prüfungen **318** 16
Kündigung **321** 147
- Folgen für P. **320** 36

Rechtsnatur **318** 14
spezialgesetzliche Regelungen **318** 41
Prüfungsausschuss 324 1 ff.
Abberufung der Mitglieder **324** 19 ff.
Amtszeit der Mitglieder **324** 18
Anzahl der Mitglieder **324** 17
Aufgaben **324** 30 ff.
Ausschusseinrichtung **324** 3 ff.
Befreiungsregelungen **324** 9 ff.
Bestellung **324** 16 ff.
betroffene Unternehmen **324** 3 ff.
Corporate Compliance-Überwachung
324 37
internes Kontrollsystem **324** 34
internes Revisionssystem **324** 36
Kapitalmarktunternehmen (Begriff)
324 4 ff.
im Konzern **324** 15
personelle Besetzung **324** 22 ff.
Rechtsfolgen bei Pflichtverletzungen
324 44 ff.
Risikomanagement **324** 35
Übergangsfrist für Einrichtung **324** 12 ff.
Verhältnis zu Abschlussprüfung **324** 39 ff.
Prüfungsbericht 321 1 ff.
Abschlussprüfer **321** 1 ff.
Analyse der VFE-Lage **321** 84 ff.
Anhangfeststellungen **321** 53
Aufbewahrungspflicht **257** 17
Aufgaben **321** 7
Aufgliederung und Erläuterung der
Posten **321** 3 f.
Aufklärungs- und Nachweispflicht des
gesetzlichen Vertreters **321** 65
Aushändigung an AR **Vor 325** 11
Bedeutung **321** 1 ff.
Beendigungsakt der Prüfung **321** 137
Berichterstattung für EA **321** 8 ff.
- bestandsgefährdende Tatsachen
321 34 ff.
- Bestandsnachweise **321** 68
- Buchführungsbeanstandungen **321** 50
- Buchführungsunterlagen **321** 48 ff.
- Einheitlichkeit der B. **321** 13
- Einschränkung der B. **321** 12
- entwicklungsbeeinträchtigende
Tatsachen **321** 34 ff.
- Erkennen und
Auswirkungsbeurteilung **321** 31
- Form und Umfang **321** 42 ff.
- mündliche B. **321** 43
- Negativbericht. **321** 46
- Rechnungslegungs- und
Prüfungsgrundsätze **321** 66 ff.
- Rechnungslegungsfeststellungen
321 47 ff.
- Sonderbericht **321** 45
- Stellungnahme zur Lagebeurteilung
321 15 ff.

magere Ziffern = Anmerkungen

Prüfungsbericht

- Umfang und Grenzen 321 25 ff.
- Unrichtigkeiten und Verstöße 321 20 ff., 32 f.
- Verschwiegenheitspflicht 321 28
- Verstöße der gesetzl Vertreter oder Arbeitnehmer 321 38 ff.
- Verstöße gegen Gesetz, Satzung, GesVertrag 321 39 ff.
- Verstöße gegen Rechnungslegungsnormen 321 32
- Vorweg-Stellungnahme 321 17
- wesentliche Einschätzungen 321 18
Berichterstattung für KA 321 100 ff.
- Aufgliederung und Erläuterung der KA-Posten 321 108
- Aufklärungs- und Nachweispflicht der gesetzl Vertreter 321 109
- Beanstandungen ohne BVm-Einfluss 321 105
- Bestätigung der Unabhängigkeit 321 111
- Gegenstand, Art und Umfang der Prüfung 321 110
- IFRS-Abweichungen 321 121
- Konzernrechnungslegung 321 104
- Rechnungslegungs- und Prüfungsgrundsätze 321 110
- tatsächlichen Verhältnissen entspr Bild 321 106
- Unrichtigkeiten und Verstöße 321 103
- wesentliche Bewertungsgrundlagen/ sachverhaltsgestaltende Maßnahmen 321 107
Berichterstattungspflichten
- ggü bestimmten Wirtschaftszweigen 321 94
- Kündigung des Auftrags 321 147
Berichtsgrundsätze 321 8 ff.
Berichtskritik 321 141
Berichtspflichtverletzung 332 1 ff.; s iEinz dort
Bewertungsgrundlagen wesentliche 321 61
Bilanzierungswahlrechte 321 61
Bilanzstrukturanalyse 321 86
Cash-flow-Ermittlung 321 87
Deutsche Sprache 321 5
Energieversorgungsunternehmen 321 98
Ergebnis der Prüfung 321 2 ff.
Erstprüfungen 321 146
freiwillige Abschlussprüfungen 321 125 ff.
- Art und Umfang 321 125
- Erteilung einer Bescheinigung 321 128
- Erteilung eines BVm 321 126 f.
Gebietskörperschaftsunternehmen, erweiterte Berichterstattungspflicht 321 98

Geltungsbereich des HGB 321 7
Gemeinschaftsprüfungen/Joint Audit 321 144
Genossenschaften **Vor** 339 17
gesetzlicher Mindestinhalt
- Aufgliederung und Erläuterung der JA-Posten 321 62 ff.
- Einzelabschluss 321 15 ff.
- Konzernabschluss 321 101 ff.
Gliederung
- EA-Prüfungsbericht 321 76
- Konzernprüfungsbericht 321 112
Grundsätze ordnungsmäßiger Berichterstattung
- Einzelabschluss 321 8 ff.
- freiwillige Abschlussprüfungen 321 125 ff.
- Konzernabschluss 321 100 ff.
Gründungsprüfungen 321 7
IdW-Gliederungsempfehlung 321 77 ff.
IFRS-Einzelabschluss 321 99
Inhalt des EA-Prüfungsberichts 321 78 ff.
- Anlagenteil 321 92
- Bestätigungsvermerk 321 91
- Erweiterungen des Prüfungsauftrags 321 90
- Gegenstand, Art und Umfang 321 81
- Gesamtaussage des JA 321 83
- grundsätzliche Feststellungen 321 79 ff.
- Ordnungsmäßigkeit der Rechnungslegung 321 82
- Prüfungsauftrag 321 78
- Risikofrüherkennungssystem 321 89
Inhalt des KA-Prüfungsberichts 321 113 ff.
- Anlagenteil 321 120
- Bestätigungsvermerk 321 119
- Darstellung VFE-Lage 321 117
- Einbeziehung ausländischer Unternehmen 321 116
- Gegenstand, Art, Umfang 321 113
- grundsätzliche Feststellungen 321 113
- Konsolidierungskreis 321 115
- Konsolidierungsmethoden 321 115
- Konzernlagebericht 321 118
- Konzernrechnungslegungsfestellungen 321 114 ff.
- ordnungsgemäße KA-Entwicklung 321 117
- Prüfungsauftrag 321 113
- Zusammenfassung von EA und KA 321 142
Jahresabschlussfeststellungen 321 53 ff.
- Analyse der VFE-Lage 321 60, 62
- Aufgliederung/Erläuterung der JA-Posten 321 62 ff.
- wirtschaftliche Grundlagen 321 93
Kapitalflussrechnung 321 87

2699

Prüfungsdurchführung

fette Ziffer = Paragraphen

Klarheitsgrundsatz **321** 8 f.
Konzernabschlussberichterstattung **321** 100 ff.
– zusammengefasster PBer **321** 122
Kreditinstitute, erweiterte Berichterstattungspflichten **321** 95
Lageberichtfeststellungen **321** 58
Liquiditätszahlen zur Darstellung der Ertragslage **321** 87 f.
Mängelbeseitigungsanspruch **321** 148
Nachtragsprüfungsbericht **316** 28; **321** 143
Offenlegung des P. im Insolvenzverfahren **321a** 1 ff.; *s iEinz dort*
Prüfung nach internationalen Grundsätzen **321** 145
Rechtsverhältnisprüfung **321** 92
sachverhaltsgestaltende Maßnahmen **321** 61
Schlussbesprechung
– Vorwegexemplar eines P. **320** 13
– weitere Prüfungsarbeiten **321** 140
schriftliche Berichtspflicht **321** 5
Siegelführungspflicht **321** 131
Sonderfragen der Berichterstattung **321** 140 ff.
Sonderprüfungen **321** 7
Stellungnahme zur Lagebeurteilung **321** 101 ff.
Unparteilichkeitsgrundsatz **321** 14
Unterzeichnung **321** 130 ff.
– Wirtschaftsprüfer/vBP **321** 132
unwesentliche/behobene Mängel **321** 59
Verhältnis zu
– Bestätigungsvermerk **321** 6
– Sonderberichten **321** 5
Versicherungsunternehmen, erweiterte Berichterstattungspflichten **321** 96 f.
Vervielfältigung **321** 131
Vollständigkeitserklärung **321** 65
Vollständigkeitsgrundsatz **321** 11 ff.
Vorlage
– an AR publizitätspflichtiger Unt **Vor 325** 141 f.
– an Aufsichtsrat **321** 134
– an Aufsichtsrat der AG **Vor 325** 1 f.
– an gesetzlichen Vertreter **321** 135 f.
– an GmbH-Gesellschafter **Vor 325** 120
Vorlage- und Auskunftspflichten der TU und MU **294** 21 ff.
Vorwegexemplar/Leseexemplar **321** 141
Wahrheitsgebot **321** 10
zusammengefasster P. **321** 122
– IFRS-EA **324a** 6 ff.
Zusatzkapitel **321** 144
Prüfungsdurchführung 317 22 ff.
Art und Umfang der Prüfungshandlungen **317** 23

Dauer der Abschlussprüfung **317** 24
Hauptprüfung **317** 24
Hinweise zum P. **317** 55 ff.
Konzernabschlussprüfung **317** 40 ff.; *s iEinz dort*
Vorprüfung **317** 24
Prüfungsgegenstand 317 1 ff.; *s auch* Prüfungsumfang
Anwendungsbereich **317** 1 ff.
Buchführung **317** 5
Eigenbetriebe **317** 6
freiwillige Prüfungen **317** 3
genossenschaftliche Pflichtprüfungen **317** 6
Inventar **317** 5
Jahresabschluss **317** 5
Konsolidierungskreisabgrenzung **317** 34
Konzernabschluss **317** 30 ff.
Kostenrechnung **317** 5
Kreditinstitute **317** 6
Lagebericht **317** 5
keine Prüfungsgegenstände **317** 7
Versicherungsunternehmen **317** 6
Prüfungsgehilfen
Berichtspflichtverletzung **332** 36 ff.
Definition des P. **323** 62
Geheimhaltungspflicht **333** 16 f.
Haftung **323** 113
– freiwillige Prüfungen **323** 165
Verschwiegenheitspflicht ggü Aufsichtsrat **323** 37
Prüfungshandlungen, Dokumentation der P. **317** 25
Prüfungshemmnisse, Einschränkung des Bestätigungsvermerks **322** 61
Prüfungskosten, Rückstellung für Jahresabschlusskosten **249** 100
Prüfungspflicht
AR-Prüfungspflichten **Vor 325** 20 ff.; *s iEinz unter* Aufsichtsrat
Berichterstattung für EA
– Gegenstand, Art und Umfang der Prüfung **321** 66 ff.
– Risikofrüherkennungssystem **321** 69 ff.
– Risikomanagementsystem **321** 69 ff.
einzelne Rechtsformen **316** 3 ff.
IFRS-Einzelabschluss **324a** 2
– Rechtsfolgen unterlassener Prüfung **324a** 3 f.
Konzernabschluss/-anhang **Vor 325** 23
Offenlegung durch Bundesanzeiger *s* Registergericht
Unternehmensführungserklärung **289a** 30 ff.
Prüfungsrechte
Abschlussprüfer **320** 6 ff.
Auskunftsrecht, Sanktionen **320** 35
Einsichtnahmerecht **320** 6 ff.
– alle Aktiva und Passiva **320** 7

magere Ziffern = Anmerkungen **Publizitätspflichtige Unternehmen**

- Planungsrechnungen 320 6
- vertrauliche Unterlagen 320 8
  Rechte vor JA-Aufstellung 320 14 f.
Prüfungsrisiko 317 108 ff.
abschließende Prüfungshandlungen
  317 183 ff.
analytische Prüfungshandlungen
  317 165 ff.
Arbeitspapier Dokumentation 317 204 ff.
aussagebezogene Prüfungshandlungen
  317 160 ff.
Begriff und Komponenten 317 108 ff.
Bestätigungen Dritter 317 176 f.
Dokumentation 317 204
Einzelfallprüfungen 317 171 ff.
- bestimmte Prüffelder 317 181 f.
Entdeckungsrisiken 317 115 ff.
Erklärungen der Unternehmensleitung
  317 178 f.
Fehlerrisiken 317 112 ff.
- Beurteilung der festgestellten F.
  317 146 ff.
- Erfolgskennzahlen und -messung
  317 137 f.
- Feststellung und Beurteilung 317 122 ff.
- inhärente Risiken 317 112
- internes Berichtswesen 317 138
- internes Kontrollsystem 317 139 ff.
- Kontrollrisiko 317 113 f.
- Prüfungshandlungen zur
  Risikofeststellung 317 128 ff.
- Unternehmensmerkmale 317 131 ff.
- Unternehmensumfeld 317 129 f.
- Ziele, Strategien und Geschäftsrisiken
  317 136
Funktionsprüfungen des IKS 317 153 ff.
Organverantwortung 317 109
Prüfungshandlungen als Reaktion auf
  Risikobeurteilung 317 151 ff.
Prüfungshandlungen als Reaktion auf
  Verstöße 317 188 ff.
Prüfungsrisikomodell 317 108 ff.
Qualitätssicherung 317 207 ff.
Risikoanalyse vor
  Prüfungsauftragsannahme 317 118 ff.
Risikobeurteilungen 317 188 f.
risikoorientierte KA-Prüfung 317 195 ff.
risikoorientiertes Prüfungsvorgehen
  317 100 ff.
Stichprobenprüfungen 317 173 ff.
Teilbereiche bei KA-Prüfung 317 197 ff.
Verwertung der Arbeit anderer 317 180
Voraussetzungen 317 110
Prüfungsstandards, internationale
  317 90 ff.
Prüfungsumfang 317 1 ff.; *s auch*
  Prüfungsziele, 10 ff.
Anhangprüfung 317 16
Einzelfallprüfung 317 14

freiwillige Prüfungen 317 3
gesellschaftsvertragliche Bestimmungen
  317 17
gesetzliche Vorschriften 317 15
GoB 317 15
Grundsätze ordnungsmäßiger APr
  317 13
Jahresabschluss 317 10 ff.
Konzernabschlussprüfung 317 30 ff.
- LBer und Konz-LBer 317 50 ff.
pflichtgemäßes Ermessen 317 11
rechtsformspezifische Bestimmungen
  317 15
sachgerechte Vorbereitung/planmäßiges
  Prüfungsvorgehen 317 20
skalierte Prüfungsdurchführung 317 11
Unterschlagung/Untreue 317 18 f.
Wesentlichkeitsgrundsatz 317 12
Prüfungsverfahren, Nachtragsprüfung
  317 26
Prüfungsvertrag 318 14 ff.
s auch Prüfungsauftrag
Ablehnung 318 15
Abschluss des P. 318 14
Honorarvereinbarung 318 16
Inhalt des P. 318 16
Kündigung 318 34 ff.
- Unterrichtung der WP-Kammer
  318 42 f.
Rechtsnatur des P. 318 14
Widerruf des P. 318 16
- Unterrichtung der WP-Kammer
  318 42 f.
Prüfungsvorschriften für landesrechtliche
  Eigenbetriebe 263 4
Prüfungsziele 317 100 ff.
Genauigkeitsgrundsatz 317 103
Sicherheitsgrundsatz 317 102
Vollständigkeitskontrolle 317 101
Wesentlichkeitsgrundsatz 317 103 ff.
Wirtschaftlichkeitsgrundsatz 317 107
Publikumsfonds, Einbeziehungswahl-
  recht im KonsKreis 296 31
Publikums-GmbH & Co. KG 247 815
Publizität *s* Offenlegung
Publizitätspflichtige Unternehmen
s auch Einzelkaufleute
s auch Personengesellschaften
Abschlussprüferbestellung 318 38 f.
Abschlussprüfungen 316 33 ff.
Anhangsprüfung 284 2
- Erleichterungen 288 17
assoziierte Unternehmen 311 30
Aufwands- und Ertragskonsolidierung
  305 55
Ausgleichspostenermittlung 307 86
befreiender Konzernabschluss 291 40 ff.
- Minderheitenschutz 291 43
- bei Nicht-EG-Staaten 292 45

2701

Purchase-method fette Ziffer = Paragraphen

Befreiung von JA-Aufstellung
 264b 70 ff.
Bestätigungsvermerk *s dort*
Beteiligungen an assoz Unt **312** 95
Bewertung einheitliche im KA **308** 56
Bilanzgliederung **266** 2, 30
Eigenkapitalgliederung **264c** 95
Erleichterungen **264** 102
Gebietskörperschaften **290** 105
Geheimhaltungspflichten nach dem
 PublG **333** 26
Gewinnrücklagen **270** 20 f.
Größenklasseneinteilung **267** 33
Größenmerkmale bei
 publizitätspflichtigen Unternehmen
 293 40 ff.; *s iEinz dort*
GuV-Gliederungsvorschriften **275** 324 ff.
GuV-Rechnung **247** 601
Haftungsverhältnisse, Ausweis und
 Angabe **268** 120 ff.
IAS-Verordnung **315a** 20 f.
Inventuraufstellungsfrist **240** 69
Jahresabschlussfeststellung **264** 190 ff.;
 Vor 325 145 ff.; *s iEinz dort*
– Aufstellungsverpflichtung **264** 191
Kapitalkonsolidierung **301** 392
Kapitalrücklage **270** 20 f.
Kaufmannseigenschaft **290** 105 f.
Klarheitsgrundsatz **243** 71
Konsolidierungsgrundsätze **300** 55
Konsolidierungskreis **294** 36
– Einbeziehungswahlrecht **296** 48
Konzernabschluss **290** 100 ff.; **297** 210
– anzuwendende Vorschriften,
 298 110 f.
Konzernabschlussbefreiung **290** 103
Konzernabschlusspflicht **290** 102
– aufstellungspflichtige Unt **290** 104
– Größenmerkmale **290** 110 f.
– Niederlassung im Ausland **290** 115
– Sanktionen bei Verstoß **290** 120
– Tannenbaumprinzip **290** 108
– Teilkonzern **290** 112 ff.
– Unternehmensbegriff **290** 104 ff.
Konzernabschlussstichtag **299** 42 f.
Konzernanhangsverpflichtung **313** 3,
 51 ff.
– Angabe eigener Anteile **314** 84
– sonstige Pflichtangaben **314** 3
Konzernlagebericht **315** 2
Lagebericht **289** 2
– Aufstellungsverpflichtung **264** 191
Offenlegung *s* Offenlegung nach dem
 PublG
Ordnungswidrigkeiten **334** 45 f.
Pflicht zur Aufstellung von Bilanz und
 GuV-Rechnung **242** 13
Prüfungen nach dem PublG
– Jahresabschluss **317** 220 ff.

– Konzernabschluss/-lagebericht
 317 224 ff.
Prüfungspflicht, BAnz bei Offenlegung
 329 2
Quotenkonsolidierung **310** 80
Schuldenkonsolidierung **303** 85
sonstige Pflichtangaben **314** 3
Teilkonzern
– Größenmerkmale **290** 116
– Umfang des T. **290** 112 ff.
unrichtige Darstellung der Verhältnisse
 331 60 f.
Unterschiedsbetrag aus
 Kapitalkonsolidierung **309** 33
VerbrauchSt/Monopolabgaben **275** 67
verbundene Unternehmen **271** 30
Vorlagepflichten des Aufsichtsrats
 Vor 325 140 ff.; *s iEinz unter* Vorlage
Zwischenergebniseliminierung **304** 70
Purchase-method, KapKons **301** 2

Qualitätskontrolle, Wirtschaftsprüfer
 319 15 ff.
Quartalsbilanz, Bilanzgliederung **266** 3
Quartalsfinanzberichte,
 Aufbewahrungspflicht **257** 17
Quellensteuern, Begriff **275** 235 f.
Quotenkonsolidierung 297 200;
 310 1 ff., 50 ff.
– Abgänge/Zugänge im Konzernsinne
 310 74
– Abgrenzung zu
– Anteilsbewertung nach der Equity-
 Methode **310** 8
– Vollkonsolidierung **310** 5 ff.
Angaben im Konzernanhang **310** 75 ff.;
 313 122
– Anwendung der VollKonsVorschriften
 310 75
– qualitative Angaben **310** 76
– quantitative Angaben **310** 77
Anwendung der Vollkonsolidierungs-
 vorschriften **310** 50
Begriff **310** 2
Beibehaltungsgebot **310** 8
Fremdwährungsumrechnung **308a** 55
Gemeinschaftsunternehmen **310** 10 ff.;
 s iEinz dort
IFRS-Abweichungen **310** 90 ff.
KonsErleichterungen **310** 71 f.
Konsolidierungstechniken **310** 60 ff.
– Erfolgskonsolidierung **310** 69
– KapitalKons **310** 60
– SchuldenKons **310** 62 f.
– Zwischenergebniseliminierung
 310 65 f.
Konsolidierungsverfahren **310** 53 ff.
– Anwendung der Anteilsquote am
 Konzern **310** 55 ff.

magere Ziffern = Anmerkungen

- Ausgangspunkt der Kons **310** 54
- Darstellung im Anlagengitter
  310 74
- Ermittlung der Anteilsquote des Konzerns **310** 55 ff.
- Wechsel des K. **310** 73 f.

publizitätspflichtige Unt **310** 80
Rechtsfolgen bei Verstoß **310** 85
Zebragesellschaft **310** 5

Rabatte
Anschaffungspreisminderung **255** 61
Erlösschmälerungen **275** 64
Raffinerien 247 480
Rangrücktrittserklärungen,
Haftungsvermerk **251** 35
**Rangrücktrittsverbindlichkeiten
247** 232, 238
Ratenkauf, Rückzahlungsbetrag **253** 67
Raumhöhenänderung, HK **255** 400
Raumteiler, Scheinbestandteile **253** 426
Realisationsprinzip 252 43 ff.
s auch Vorsichtsprinzip
Abweichungen **284** 147
Begriff **252** 43
Bewertungseinheiten **254** 50
Dauerschuldverhältnisse **252** 47
Durchbrechungen **252** 49
Forderungen **247** 80 ff.; **255** 252
Herstellungskosten **255** 332
Leasingverträge **252** 47
Leistungserbringungszeitpunkt **252** 44
Miet- und Pachtverträge **252** 47
Percentage-of-completion-Methode
  252 44
Realisationszeitpunkt **252** 44
Rechnungserteilung und
  Ertragsrealisation **252** 48
Schulden **247** 205
Tauschgeschäfte **252** 49
Teilgewinnrealisierung bei langfristiger
  Fertigung **255** 458
Vorausrechnungen ohne Leistung bis
  Bilanzstichtag **252** 48
Realisationszeitpunkt
Mehrkomponentengeschäfte **252** 44
öffentliche Zuwendungen **252** 45
Sachausschüttungen **252** 49
Sale-buy-back-Gestaltungen **252** 44
Reallasten, Haftungsvermerk **268** 126
Realteilung
Anschaffungskosten **255** 96 f., 104
Mitunternehmerschaft **255** 104
**Realteilung einer
Mitunternehmerschaft 247** 853 ff.
Begriff **247** 853
Kapitalanpassungsmethode **247** 857
mit Wertausgleich **247** 856
mit/ohne Betriebsfortführung **247** 854

Rechnungsabgrenzungsposten

zwingende Buchwertfortführung
  247 855 f.
Rebstöcke, GWG **253** 442
Rechenschaftsfunktion
Konzernlagebericht **315** 3
Lagebericht **289** 4
Rechenschaftslegung, gewissenhafte und
  getreue **289** 40
Rechnungen, ausstehende **249** 100
Rechnungsabgrenzungsposten 250 1 ff.
Abgrenzung von geleisteten
  Anzahlungen **247** 549
Abschlussgebühren **250** 43
Abschreibungen außerplanmäßige
  250 32
- Disagio **250** 49 ff.
Abschreibungen planmäßige des Disagio
  250 45 ff.
aktive Rechnungsabgrenzung
- Ausgabekosten **250** 42
- Begriff **250** 16
- Unterschiedsbetrag (Disagio)
  250 35 ff.
Angaben im Anhang **284** 120
- Disagio **250** 44
antizipative Posten **250** 4
- sonstige VG **247** 121
Anwendungsbereich **250** 6 ff.
Art der Bilanzposten **250** 14 ff.
Auflösung **250** 31
Aufwand/Ertrag nach Abschlussstichtag
  250 20
Ausweis, Disagio **250** 44
Bearbeitungsentgelte **250** 43
Begriffe
- Ausgaben **250** 18
- bestimmte Zeit **250** 21 ff.
- Einnahmen **250** 18
Beibehaltungswahlrecht
  67 EGHGB 15 ff.
Bestimmbarkeit der Zeit **250** 21 ff.,
  24 ff.
betriebsgewöhnliche Nutzungsdauer
  250 23
Bewertung/Berechnung **250** 29
Bilanzausweis, passive RAP **266** 260 f.
Bilanzierungspflicht **250** 28
dingliche Pflichten **250** 7
Disagio bei
- Anleihen **253** 90
- nicht gewinnrealisierenden Forderungen **255** 254
Einbuchung von Forderungen/Verbindlichkeiten **250** 18
Einmalentgelt **250** 25
Einzelwertberichtigung von Forderungen
  253 574
Entgeltleistungen in Teilen oder
  insgesamt **250** 10 f.

Rechnungslegungsbeirat

Entwicklungskosten **250** 23
Fremdwährungsumrechnung **256a** 40, 190
Gegenleistung ohne Wert **250** 30
GoB **250** 24
Höhe **250** 29 f.
– Disagio **250** 42
IFRS-Abweichungen **250** 58 ff.
IFRS-Ausweis **266** 284
Konzernabschluss **298** 28
Leasinggeschäft **250** 12
Lebenserwartung **250** 23
Leistungen an einen Dritten **250** 9
öffentlich-rechtliche Verpflichtungen **250** 8
Optionsgeschäfte **250** 26
passive Rechnungsabgrenzung
– Begriff **250** 16
– Bestimmbarkeit **250** 24
– Disagio **250** 53 ff.
Rechtsfolgen bei Verletzung **250** 57
Reklameaufwendungen **250** 23
Saldierungsverbot **250** 17
Schuldenkonsolidierung **303** 23 ff.
Teilwertabschreibung **250** 32
transitorische Posten **250** 23
Übergang von RAP zu VG und Verbindlichkeiten **250** 16
Überleitung HB/StB **274** 217
Vermögensgegenstand **247** 11
Vertragsabschlusserfordernis **250** 7
Verwaltungsgebühren **250** 43
Vollständigkeitsgebot **246** 80
Voraussetzungen **250** 18 ff.
Wahlrecht in der Handelsbilanz, Disagio **250** 38 ff.
Zahlungsvorgänge vor/am Abschlussstichtag **250** 19
zeit(raum)bezogene Gegenleistungen **250** 6
Zugangsbewertung **256a** 190
Rechnungslegungsbeirat 342a 1 ff.
Aufgaben **342a** 2
Empfehlungsverbindlichkeit **342a** 5
personelle Zusammensetzung **342a** 3
Unabhängigkeit **342a** 4
Rechnungslegungsgremium privates
s DRSC-Verlautbarungen
Rechnungslegungspflicht, stille Gesellschaften 247 704
Rechnungslegungsprüfstelle 342b 1 ff.;
s iEinz Prüfstelle für Rechnungslegung
Rechnungslegungssonderfälle
GbR **247** 704
Konzernrechnungslegungspflicht
s Konzernabschlusspflicht
Rechnungszinsfuß,
Pensionsrückstellungen **249** 223
Rechte als verdeckte Einlagen **272** 401

Rechtmäßigkeitsprüfung des Aufsichtsrats **Vor 325** 21 f.
Rechtsberatung, Ausschlussgründe für AP **319a** 11 ff.
Rechtsfolgen bei Verletzung von Rechnungslegungsvorschriften
s Sanktionen
Rechtsfolgen bei Verletzung
s Sanktioen
Rechtsformspezifische Pflichtangaben, Konzernanhang **313** 35 f., 44 f.
Rechtsstreit
Vorlegung von Handelsbüchern **258** 1 ff.
Vorlegung von Urkunden **258** 3 ff.
Rechtsverhältnisprüfung 321 92
Recycling, Rückstellung **249** 100
Redaktionskosten
Herstellungskosten **255** 470
Redaktionskosten-Urteil **255** 365
Redepflicht des Abschlussprüfers **323** 40 ff.
Rederecht des Abschlussprüfers **323** 46 f.
Regalteile, GWG **253** 440
Regenwasserauffanganlage, Betriebsvorrichtung **253** 421
Regenwasserhebeleitung, Betriebsvorrichtung **253** 421
Regiebetriebe, Begriff **238** 39
Registergericht
Maßgeblichkeit der Eintragung des Grund- oder Stammkapitals **272** 25
Prüfungspflicht bei Offenlegung, Zweigniederlassungen im Ausland **325a** 40 f.
Registerpublizität 325 28
Verschmelzungen/Spaltungen **272** 385
Zweigniederlassungen im Ausland **325a** 40 f.
Reichweitenverfahren,
Gängigkeitsabschreibung **253** 530
Reinigungskosten von Fertigungsanlagen und Materiallagern als Fertigungsgemeinkosten **255** 470
Reisekosten und Auslösungen
Anschaffungskosten **255** 325
Bilanzierungsverbot der R. der Gründer **248** 2
Herstellungskosten **255** 470
REIT-Gesellschaften,
Gewinnverwendung **Vor 325** 59
Reklameaufwendungen,
Rechnungsabgrenzung **250** 23
Rekultivierungskosten, Rückstellung **249** 100
Rekultivierungsverpflichtung
aktive latente Steuern **274** 35
IFRS-Abweichungen **249** 339
Rennwettsteuer, GuV-Ausweis **275** 246
Rentabilitätsgarantien, Haftungsvermerk **251** 44

magere Ziffern = Anmerkungen

Rentenbarwert 253 185
Anschaffungsgeschäfte auf Rentenbasis
   253 185
Rentengarantien, Haftungsvermerk
   251 44
Rentenkauf, Anschaffungskosten **255** 325
Rentenschulden, Haftungsvermerk
   268 126
Rentenverbindlichkeiten
Angaben im Anhang **285** 6
Haftungsvermerk **251** 45
Rentenverpflichtungen
Abzinsung **253** 180b ff.
Abzinsungssatz **253** 188 f.
Barwertansatz **253** 185
Bewertung **253** 183 ff.
gleichwertige Gegenleistungserwartung
   253 186
Wertsicherungsklausel **253** 185
Rentnergesellschaft 249 219
Reparaturmaterialien
Aktivierungswahlrecht **247** 352
Betriebsstoffe **266** 91
Reproduktionswert
niedrigerer Wert **253** 308
Teilwertvermutung **253** 329
Reserveteile, Aktivierungswahlrecht
   247 352
Restaurantausstattungen 247 501
Restbuchwert als Teilwert **253** 331
Restbuchwertabschreibung,
geometrisch-degressive Abschreibung
253 243
Restlaufzeit
Verbindlichkeiten **285** 6
– Vermerkpflicht **285** 18
Restlaufzeitvermerk 268 101 ff.; *s auch*
Vermerkpflichten
Restrukturierungsrückstellung,
Kapitalkonsolidierung **301** 65 f.
Restwertabschreibung 253 223
Restwertmethode
Aufteilung eines Gesamtkaufpreises
255 84 f.
Herstellungskostenermittlung **255** 470
Retail-Lifo-Methode,
Bewertungsvereinfachungsverfahren
256 72
Retrograde Wertermittlung
fertige und unfertige Erzeugnisse
253 545
Gewinnzuschlag **253** 523
IFRS-Abweichungen **255** 573 f.
Vorratsbewertung **253** 521; **255** 211
Review, Formulierungsvorschlag **322** 112
**Revolving Underwriting Facilities
(RUFs) 268** 103
Richtigkeitsgrundsatz
Aufzeichnungen **239** 11

Roh-, Hilfs- und Betriebsstoffe

Inventarisierung **240** 23 f.
JA und KA bei Offenlegung **328** 6 ff.
Stichprobeninventur **241** 20
Risiken
Angabepflicht im Anhang **285** 32 ff.
Berichterstattung im LBer **289** 43 ff.
Risikoanalyse, Annahme/Fortführung des
Prüfungsauftrags **317** 118 ff.
Risikoberichterstattung über
Finanzinstrumente 315 30
Ausfallrisiko **289** 77 f.
berichterstattungspflichtige
   Finanzinstrumente **289** 66
Lagebericht **289** 65 ff.
Preisänderungsrisiko **289** 77 f., 78
Risikomanagementmethoden **289** 70,
72 ff.
Risikomanagementziele **289** 70 f.
Wesentlichkeitsgrundsatz **289** 67
Zahlungsstromschwankungsrisiko
289 77
Risikofrüherkennungssystem
Buchführung **238** 115
JA-Feststellungen **321** 69 ff., 89
KA-Prüfung **317** 75 ff.
– Berichtdarstellung **317** 89
– Prüfungsgegenstand **317** 80 ff.
– Prüfungsumfang **317** 85 ff.
Risikokompensation, LBer-Beurteilung
289 46
Risikomanagement, Prüfungsausschuss
324 35
Risikomanagementmethoden bei
Finanzinstrumenten **289** 70, 72 ff.
Risikomanagementsystem
Buchführung **238** 115
Jahresabschlussfeststellungen **321** 69 ff.
Lagebericht **289** 150 ff.
Zusatzberichterstattung bei
   Kapitalmarkt-Unt **315** 36
Risikomanagementziele bei
Finanzinstrumenten **289** 70 f.
Risikoorientiertes Prüfungsvorgehen
s Prüfungsrisiko
Risk and Reward Approach 297 253 f.
Roh-, Hilfs- und Betriebsstoffe
Abgrenzung zu fertigen und unfertigen
   Erzeugnissen **266** 92
Aktivierbarkeit von Einzelkosten
   255 204
Aktivierungsverbot für Gemeinkosten
   255 201
Angaben zur Bewertung **284** 116
Anschaffungsnebenkosten **255** 201 ff.
Beförderungskosten **255** 206
Begriff **247** 61
beizulegender Wert **253** 516 f., 543
Bestandsveränderungen **275** 78
Betriebsstoffe (Begriff) **266** 91

2705

Rohergebnis fette Ziffer = Paragraphen

Bilanzausweis **266** 90 ff.
Durchschnittsbewertung **255** 209 f.
Fertigungsgemeinkosten **255** 470
Festwertverfahren **240** 126
– Anwendungsbereich **240** 77
– Bildung des Festwerts **240** 101
Formel zur Bestimmung der Höhe des Aufwands **275** 120
GuV-Ausweis **275** 115 ff.
– bei Festwertbildung **275** 119
Herstellungskosten **255** 470
Hilfsstoffe **266** 90 ff.
Magazinverkaufserlöse **275** 54
Materialgemeinkosten **255** 205
Nebenkosten bei länger lagernder Ware **255** 207
Pauschalierung von Einzelkosten **255** 202
retrograde Wertermittlung **255** 211
Rohstoffe (Begriff) **266** 90
Teilwert niedrigerer **253** 542 f.
Verfahren zur Anschaffungskostenermittlung **255** 208 ff.
Wiederbeschaffungskosten **253** 542 f.
Rohergebnis
GuV-Ausweis bei KapCo-Ges **276** 5
GuV-Ausweis bei kleinen und mittelgroßen KapGes **276** 1 ff.
GuV-Ausweis bei Kleinst-KapGes **276** 6
Rohgewinnaufschlag bei Warenbewertung **253** 550 f.
Rohrleitungen 247 480
Rohrpostanlagen 247 501
Rollbahnen, Betriebsvorrichtung **253** 419
Rollgelder, Anschaffungsnebenkosten **255** 71
Roll-over-Kredit 268 103
Angaben im Anhang **285** 6
Rolltreppe, Betriebsvorrichtung **253** 421
Rückbauverpflichtung, Rückstellung **249** 100
Rückdeckungsversicherung
Pensionsrückstellungen **249** 247 f.
Prämien als Personalaufwand **275** 135
Rückgewähransprüche, verdeckte Gewinnausschüttungen **278** 119 ff.
Rückgriffsansprüche als sonstige VG **247** 124
Rückkaufswerte als sonstige VG **247** 124
Rücklage für Anteile an herrschendem Unternehmen 272 300 ff.
Angaben im Anhang **272** 304
Auflösung **272** 307
Ausschüttungssperre **272** 301
Bildung der R. aus frei verfügbaren Rücklagen **272** 302
Höhe der Rücklage **272** 305
Kommanditgesellschaft a. A. **272** 342
Nichtigkeitsfolge des JA **272** 306

steuerliche Besonderheiten **272** 315
Zeitpunkt der Bildung **272** 303
Rücklage für Ersatzbeschaffung
passive latente Steuern **274** 21
Überleitung HB/StB **274** 162 f.
Rücklage nach § 6b EStG, passive latente Steuern **274** 25
Organeinkommen **271** 141
Überleitung HB/StB **274** 153, 157 ff.
Veräußerung eines Wirtschaftsguts durch Mitunternehmer **247** 755 f.
Rücklagen
Einschränkung des BVm bei Verstoß **322** 61
Einstellung in Wertaufholungsrücklage (Wertaufholung) **Vor 325** 51
Gewinnabführungsvertrag **271** 134
Gewinnrücklagen *s* dort
Kapitalrücklage *s* dort
Rücklage für Anteile an herrschendem Unt *s* dort
satzungsmäßige Rücklagen **Vor 325** 41 f.
Unterschiedsbetrag passiver aus Kapitalkonsolidierung **309** 30 ff.
Rücklagen gesetzliche 272 235 ff.
Ausgleich eines
– Jahresfehlbetrags **272** 240
– Verlustvortrags **272** 240
Berechnungsgrundlage für R. **272** 237
Bildung gesetzlicher R. **Vor 325** 40, 43
Einstellungen in gesetzliche R. **272** 265
– Gewinnabführungs- und Beherrschungsvertrag **272** 287
Entnahmen aus gesetzlicher R. **272** 275
Inhalt **272** 235
über Jahreszuführung hinausgehende Zuführungen **272** 238
Kommanditgesellschaft a. A. **272** 340
Nichtigkeit des Jahresabschlusses bei Verstoß **272** 236
Verpflichtung zur Bildung **272** 235
Verwendung zur Kapitalerhöhung aus Gesellschaftsmitteln **272** 241 f.
Verwendungsvarianten bei Auflösung der R. **272** 239 ff.
Rücklagen satzungsmäßige 272 250 f.
Begriff **272** 250
Einstellung in satzungsmäßige R. **272** 265
Entnahmen aus satzungsmäßigen R. **272** 275
Kommanditgesellschaft a. A. **272** 341
Unterstützungskassen, Mehrbetrag des Kassenvermögens **272** 251
Zweckbestimmung **272** 251
Rücklagenbildung
Änderung der Feststellungszuständigkeit **Vor 325** 76 f.
Einstellung in Wertaufholungsrücklage **Vor 325** 51

magere Ziffern = Anmerkungen

Rückstellung

Gewinnrücklagen 270 15 ff.
– durch Vorstand und Aufsichtsrat
 270 15 ff.
durch Hauptversammlung **Vor 325** 40 ff.
– abzuziehender Verlustvortrag
 Vor 325 43
– Einschränkung der Dispositionsfreiheit
 Vor 325 54
– im Rahmen der Gewinnverwendung
 Vor 325 52 ff.
– Umfang der Einbeziehung
 Vor 325 44
Jahresüberschussverwendung
 Vor 325 40 ff.; s *iEinz dort*
KGaA **Vor 325** 58
Personenhandelsgesellschaften
 Vor 325 153
Schutz der Minderheitsaktionäre
 Vor 325 53
durch Vorstand und Aufsichtsrat
 Vor 325 45 ff.
– bestehender GAV **Vor 325** 49
– Einschränkungen **Vor 325** 48
– Höchstgrenze **Vor 325** 47
– Rücklagen bei Konzern-MU
 Vor 325 50
Rücklagendotierung s Rücklagenbildung
Rücknahmeverpflichtung, Rückstellung
 249 100
Rückrechnungsverfahren der
Stichtagsinventur 241 53
Rückstellung 249 1 ff.
ABC der Rückstellungen **249** 100
Abraumbeseitigung **249** 111
Abweichungen HB/SB **243** 119
Abzinsung **253** 180 b ff.
Abzinsungssatz **253** 188 f.
aktive latente Steuern **274** 35
Angaben im Anhang **266** 202; **284** 131
– nicht gesondert ausgewiesene R.
 285 260 f.
Ansammlungsrückstellung **249** 35
Auflösung von R. **249** 21 ff.
Auflösungsverbot bei fortbestehendem
Grund **249** 326 f.
Aufwandsrückstellungen s *dort*
Begriffe und Merkmale **249** 1 ff.
Bewertung von R. s *dort*
Bewertungseinheiten **254** 10
Bilanzausweis **266** 200
drohende Verluste aus schwebenden
 Geschäften s Drohverlustrückstellung
Entfernungsverpflichtungen **249** 100
Erträge aus Auflösungen **275** 102 f.
Fremdwährungsumrechnung **256a** 39,
 160 ff.
– steuerliche Behandlung **256a** 163
Handelsbilanz
– Auflösung von R. **249** 21 ff.

– Gliederung der R. **249** 15
– Nachholung von R. **249** 19
Handels-/Steuerbilanz **274** 223 f.
IFRS-Abweichungen **249** 331 ff., 340 f.
Imparitätsprinzip **249** 3
Kapitalkonsolidierung **301** 90 f.
Konzernabschluss **298** 28
– Wertansatz **298** 40
latente Steuern **253** 190
Maßgeblichkeitsgrundsatz,
 Einschränkungen **249** 14
Nachholung unterlassener R. **249** 19 f.
passive latente Steuern **274** 21
passivierungspflichtige R. **249** 6
Rechtsfolgen bei Verletzung **249** 330
Rückstellungsverbot „für andere
 Zwecke" **249** 11
Schuldenkonsolidierung **303** 27 ff.
Steuerbilanz
– Auflösung von R. **249** 21 f.
– Nachholung von R. **249** 20
– zulässige Rückstellungen **249** 14
ungewisse Verbindlichkeiten
 s Rückstellungen für ungewisse
 Verbindlichkeiten
Verbot der Bildung von R. für andere
 Zwecke **249** 325
Verpflichtungsrückstellungen **249** 16
Wechselobligorückstellungen **251** 19
wertaufhellende Tatsachen **249** 17
wertbeeinflussende Tatsachen **249** 17
wertbegründende Tatsachen **249** 17
Wertbeibehaltungsrecht
 67 EGHGB 10 ff.
Wesentlichkeitsgrundsatz **249** 18
Zeitpunkt der Bildung **249** 16
Zuwendungen an Unterstützungskassen,
 Pensionskassen und Direktver-
 sicherungen s Pensionsrückstellungen
**Rückstellung für drohende Verluste
aus schwebenden Geschäften**
 s Drohverlustrückstellung
Rückstellung für Gewährleistungen
 s Gewährleistungsrückstellung
**Rückstellung für Pensionen und
ähnliche Verpflichtungen**
 s Pensionsrückstellungen
**Rückstellung für ungewisse
Verbindlichkeiten**
Abgrenzung zu Verbindlichkeiten
 249 2
Anwendungsfälle (ABC) **249** 100
Außen- und Innenverpflichtung
 249 26 ff.
betriebliche Veranlassung **249** 41
Bewertung **249** 35
bürgerlich-rechtliche Verpflichtungen
 249 30
faktische Verpflichtungen **249** 31

Rückstellung

fette Ziffer = Paragraphen

Konkretisierungserfordernis 249 33
Nebenleistungen unselbstständige 249 27
öffentlich-rechtliche Verpflichtungen
 249 29
Passivierungsgrundsatz 249 24 f.
rechtliche Begründung einer
 Verpflichtung 249 29
rechtliche Verursachung 249 34
Verteilungsrückstellung 249 35 ff.
Wahrscheinlichkeit der Inanspruchnahme
 249 42
wirtschaftliche Verursachung 249 36
**Rückstellung für unterlassene
Instandhaltung**
s Instandhaltungsrückstellungen
RückstellungsabzinsungsVO 249 196
Rückvergütungen, genossenschaftliche
336 35 ff.
Rumpfgeschäftsjahr
Angaben im Anhang 285 249
Berechnung der Arbeitnehmerzahl zur
 Größenklassenbestimmung 267 13
Bestimmung der Größenmerkmale der
 Kapitalgesellschaften 267 8
Gewinnabführungsvertrag 271 133
Gewinnvortrag 266 181
Größenmerkmale beim KA 293 25
Inventaraufstellung 240 60 ff.
Klassifizierung der Schwellenwerte
 267 14
Konzerngeschäftsjahr 299 4

Sachanlagen 247 450 ff.; 266 65 ff.;
268 30 ff.
ABC der Herstellungskosten 255 400
Abgänge 268 51 ff.
– nachträgliche AK/HK 268 52
Abschreibungen 253 389 ff.
„andere Anlagen" 247 500 f.
Anlagen im Bau 247 561
Ausweis der Abschreibungen 268 55
Bauten 247 450 ff.
– auf fremdem Grund und Boden
 247 450 ff.
Beginn der Herstellung 255 362 ff.
– Abbruchkosten-Urteil 255 366
– Anschaffung von Rohstoffen 255 366
– finaler Herstellungsbegriff 255 362
– Gebäudeherstellung 255 370 ff.;
 s iEinz dort
– Redaktionskosten-Urteil 255 365
– Vorbereitungsmaßnahmen 255 364
Betriebs- und Geschäftsausstattung
 247 500 f.
Betriebsbereitschaftskosten 255 363
Bilanzausweis 266 65 ff.
Bilanzgliederung 266 65 ff.
Ende der Herstellung 255 367 f.
Erhaltungsaufwand 255 390 f.

Erweiterung als nachträgliche
 Herstellungskosten 255 380 f.
Fertigstellung des VG 255 367 f.
Gebäude und Gebäudebestandteile
 247 456 ff.
geleistete Anzahlungen 247 545 ff.
Generalüberholung/Vollverschleiß
 255 376
Grundstücke, grundstücksgleiche Rechte
 247 450 ff.
– Zugänge 268 31
Grundvermögen 247 450
Herstellungskosten 255 362 ff.
IFRS-Abweichungen 255 572
IFRS-Definition 266 284
Instandhaltungsrückstellung 249 103
Kapitalkonsolidierung 301 82
Maschinen 247 480 ff.
nachträgliche HK 255 375 ff.
Substanzmehrung 255 380
technische Anlagen 247 480 ff.
Umbuchungen 268 50
Umgliederung/Umbuchung vom
 Anlage- ins Umlaufvermögen 268 36
Wesensänderung eines VG 255 378 f.
Wiederherstellung eines
 Vermögensgegenstands 255 377
wirtschaftliches Eigentum 247 451
Zeitpunkt der Fertigstellung 255 367 f.
Zugänge 268 30 ff.
– nachträgliche Anschaffungs-/
 Herstellungskosten 268 37
– Vorvertrag/Anwärtervertrag 268 32
Zuschreibungen 268 45 ff.
Zwischenergebniseliminierung beim
 Konzernabschluss 304 32 ff.
Sachanlagevermögen
Abschreibungen 253 214
Bewertung, IFRS-Abweichungen
 253 709 ff.
Festwertverfahren 240 74 ff.
Sachausschüttung Vor 325 57
Realisationszeitpunkt 252 49
Sachdividenden 278 135 ff.
Bewertung 278 135 ff.
IFRS-Abweichungen 278 155 ff.
Sacheinlagen 247 172
Agio 272 174
ausstehende Einlagen auf das gezeichnete
 Kapital 272 30
bedingte Kapitalerhöhung 272 65
Beteiligungen, Personengesellschaften
 255 158 ff.
Beteiligungen an KapGes 255 146 ff.
Bewertung in der
– Handelsbilanz 247 190
– Steuerbilanz 247 191
Dienstleistungen 255 156 f.
Erwerb von Anteilen 255 146 ff.

magere Ziffern = Anmerkungen

Gesellschaften 255 146 ff.
immaterielle VG 247 394; 255 153
Nutzung von Sachen und Rechten
  255 154
Personengesellschaften 255 158 ff.
verdeckte Einlagen 272 401, 404
Sachen, verdeckte Einlagen 272 401
Sachgesamtheiten
  GWG 253 441 f.
  – Beispiele 253 442
  Vermögensgegenstand 247 13
Sachleistungsverpflichtungen
  aktive latente Steuern 274 35
  Bewertung 253 54 ff.
  – bei Rückstellungsbildung 253 159 ff.
Sachverständiger, Haftung nach § 839b
  BGB 323 189
Sachwertbezüge, Personalaufwand
  275 128
Sachwertdarlehen, Bewertung bei
  Betriebsverpachtung 253 55
Sachwertforderungen, Bewertung
  253 607 f.
Sachwertschulden, Angaben im Anhang
  285 42
Saldierter Steuerausweis 275 253 f.
Saldierungsverbot *s* Verrechnungsverbot
Sale-and-lease-back-Verträge 246 173
  Zurechnungsfragen 246 40
Sammelbewertung von Rückstellungen
  253 162
Sammelheizungsanlage, selbstständiger
  Gebäudeteil 253 398
Sammelpostenbildung für für
  geringwertige Wirtschaftsgüter 253 275
Sammelpostenmethode, immaterielle
  WG 253 382
Sammelrückstellungen 253 162 f.
Sandabbaurechte, Abschreibung
  253 393
Sanierung
  Abgrenzung zur verdeckten Einlage
  272 417 f.
  Besserungsschein 272 417
  Bestätigungsvermerk 322 183
Sanierungszuschüsse
  Herstellungskosten 255 405
  Kapitalrücklage 270 8
Sanktionen
  s auch Bußgeldvorschriften
  s auch Ordnungswidrigkeiten
  Abhängigkeitsbericht 289 390 ff.
  Abschlussprüferbestellung 318 45
  Abschlussprüfungen, Gegenstand und
    Umfang der Prüfung 317 230
  Anhang, Verletzung zwingender
    Vorschriften 284 195; 313 225
  assoziierte Unternehmen 311 35
  Aufbewahrungspflichten 257 35

Sanktionen

Aufwands- und Ertragskonsolidierung
  305 60
Ausgleichspostenermittlung 307 88
Auskunftsrechte 320 35
  – Durchsetzung mit S. 320 35
Ausschlussgründe für AP/WPG
  319 92 ff.
  – Netzwerk 319b 25
  Berichtsvorlage des Aufsichtsrats an
    Vorstand **Vor** 325 34 ff.
  besondere Ausschlussgründe 319a 45
  Bestätigungsvermerk 322 16, 190
  – Einschränkung des B. 284 195
  Beteiligungen an assoz Unt 312 97
  Beteiligungsdefinition 271 40
  Bewertung einheitliche 308 58
  Bewertungseinheiten 254 59
  Bewertungsgrundsätze 252 80
  Bewertungsverletzung 249 330; 255 550
  Bewertungsvorschriften 253 685
  Bilanzeid 264 83
  Bilanzgliederungsverletzung 266 265
  Bilanzierungsverbote 248 50
  Eigenkapitalausweis 272 390 ff.
  Erläuterungspflichten von Vorstand und
    Aufsichtsrat **Vor** 325 116
  Erleichterungen für Konzern-TU
    264 175
  Formblatt-Verordnungen, Verletzung
    330 59 f.
  Fremdwährungsumrechnung
  – Einzelabschluss 256a 280
  – Konzernabschluss 308a 140
  Genossenschaften 334 50; 336 32;
    Vor 339 70 f.
  Gewinnrücklagen 270 23; 272 390 ff.
  Größenklasseneinteilung von
    Kapitalgesellschaften 267 31
  GuV-Gliederung 275 326 ff.
  Haftungsverhältnisse 251 55
  Hauptversammlung, Verstoß gegen
    Einberufungspflicht **Vor** 325 107
  IAS-Verordnung 315a 22
  Jahresabschluss
  – Feststellung des JA **Vor** 325 60
  – Gliederungsgrundsätze 265 20 ff.
  – nicht rechtzeitige Aufstellung 264 20
  – Währungseinheit 244 9
  KapCo-Gesellschaften 264a 85
  – Befreiung von JA-Aufstellung
    264b 100
  Kapitalkonsolidierung 301 395
  Kapitalrücklage 270 23; 272 390 ff.
  Konsolidierungsgrundsätze 300 58
  Konsolidierungskreis 294 38 ff.
  – Einbeziehungswahlrecht 296 50
  Konzernabschluss
  – Größenmerkmale 293 58
  – publizitätspflichtige Unt 290 120

2709

Satelliteneliminierung   fette Ziffer = Paragraphen

- strafrechtliche Folgen bei Verstoß
  297 215; **298** 115
- zivilrechtliche Folgen bei Verstoß
  297 216; **298** 116
Konzernabschluss befreiender **291** 44
- bei Nicht-EG-Staaten **292** 50
Konzernabschlussstichtag **299** 45
Konzernanhang **314** 138
Konzernlagebericht **315** 49
Kreditinstitute **334** 48
Lagebericht **289** 170
latente Steuern **274** 95; **306** 44
Offenlegungspflichten **325** 5, 108 ff.
- Genossenschaften **339** 22
- Kapitalmarktunternehmen **327a** 15 f.
- kleine KapGes **326** 90 ff.
- mittelgroße KapGes **327** 20 f.
- Verstoß gegen Form und Inhalt
  328 35
- Zweigniederlassungen im Ausland
  325a 70
Prüfungsbericht des IFRS-EA **324a** 9 f.
Prüfungspflicht des Bundesanzeigers bei
  Offenlegung **329** 12
Quotenkonsolidierung **310** 85
Rückstellungsbewertung **249** 330
Schuldenkonsolidierung, Verstoß **303** 87
true and fair view **264** 56 ff., 60
unrichtige Darstellung im JA oder LBer
  331 40
Unternehmensführungserklärung
  289a 32 ff.
Unterschiedsbetrag aus Kapital-
  konsolidierung **309** 34
verbundene Unternehmen **271** 40
Versicherungsunternehmen **334** 49
Verstoß gegen Verschwiegenheitspflicht
  342c 7
Vorlagepflichten **320** 35
- Vorstand ggü Aufsichtsrat **Vor 325** 13
Wertaufholungspflicht **253** 667
Zwischenergebniseliminierung **304** 75
Satelliteneliminierung bei
  Assoziierungsverhältnissen **312** 83
Satzungsmäßige Prüfungen 316 30
Satzungsmäßige Rücklagen
  s Rücklagen satzungsmäßige
Satzungs-/Steuerklauseln
  s Satzungs-/Steuerklauseln
Rückgewähr verdeckter Gewinnaus-
  schüttungen **278** 121, 122
  verdeckte Einlagen **272** 414
Schachtversatzrückstellung 249 100
  „Gruben- und Schachtversatz"
Schadenbearbeitungskosten,
  Rückstellung **249** 100
Schadenersatz, Rückstellung **249** 100
Schadensersatzansprüche, sonstige
  Vermögensgegenstände **247** 124

Schadensersatzverpflichtungen,
  Verletzung der Geheimhaltungspflicht
  333 23
Schalterhallen
  Einrichtungen als Scheinbestandteile
    253 426
  selbstständiger Gebäudeteil **253** 398
Schalungsteile 247 500
  Festwertbildung **240** 125
  geringwertige Wirtschaftsgüter **253** 441
Schätzverfahren 241 8 f.
  freie/gebundene Hochrechnung **241** 10
Schatzwechsel, Bilanzausweis **266** 143
Schaufensteranlagen
  Betriebsvorrichtung **253** 419
  Scheinbestandteile **253** 426
  selbständiger Gebäudeteil **253** 398
Schaumweinsteuer, GuV-Ausweis
  275 246
Scheckbürgschaften
  gesonderter Ausweis **268** 123
  Haftungsvermerk **251** 22; **268** 123
Schecks
  Begriff **266** 158
  Bewertung **255** 320
  Bilanzausweis **266** 150 ff.
  Fremdwährung **255** 320
  Zahlungsrealisierung **247** 110
Scheck-Wechsel-Verfahren,
  Haftungsvermerk **251** 17
Scheinbestandteile
  Einzelbeispiele **253** 426
  selbstständige VG **253** 425
Scheingewinnrechnung im Lagebericht
  289 165
Schenkung
  s auch Erwerb teilentgeltlicher
  s auch Erwerb unentgeltlicher
  Anschaffungskosten **255** 90 ff.
  Begriff und Abgrenzungskriterium
    255 91
  Organschaftsrechtsnachfolge **271** 128
  Preisnachlass **255** 92
Schenkung gemischte
  Begriff und Abgrenzungskriterium
    255 93 ff.
  Einheits-/Trennungstheorie **255** 94
Schickschulden, Forderungsrealisierung
  247 82
Schiffshypotheken, Haftungsvermerk
  251 45; **268** 126
Schlussbesprechung des AP-Ergebnisses
  320 13
Schlusserklärung, Abhängigkeitsbericht
  289 337 ff., 378
Schreibmaschinen, Festwertbildung
  240 125
Schriftminima, GWG **253** 444
Schriftliche Versicherung s Bilanzeid

magere Ziffern = Anmerkungen

Schrotterlöse 275 54
Schrottwert, Abschreibung 253 223
Schuldbefreiungsversprechen,
Haftungsvermerk 251 33
Schuldbeitritt, Pensionsverpflichtungen
249 220
Schulden 247 201 ff.
Anschaffungskosten 255 325
Außenverpflichtung 247 202 f.
Bewertungseinheiten 254 10
bilanzrechtlicher Schuldbegriff
247 201 ff.
faktische Verpflichtungen 247 204
Fremdwährungsumrechnung 256a 160 ff.
Gliederung 247 240
Imparitätsprinzip 247 206
Inventurvereinfachungsverfahren 241 62
Konzernabschluss, Wertansatz 298 39
Realisationsprinzip 247 205
Unterscheidung nach IFRS 266 285,
287
Verbindlichkeiten 247 221 ff.; s iEinz dort
Verbindlichkeitsrückstellung 247 205
Wahrscheinlichkeit der Inanspruchnahme
247 207
wirtschaftliche Belastung 247 205
Schuldenersatzzahlungen, als AK
255 61
Schuldenkonsolidierung 297 200;
303 1 ff.; 306 20 ff.
Abschreibungen/Zuschreibungen 303 15
Anleihen 303 36
Anwendungsbereich 303 2
Anzahlungen 303 11
Aufrechnungsunterschiede
– echte A. 303 60, 66 ff.
– unechte A. 303 60, 62 f.
Ausgleichspostenermittlung 307 53 ff.
Ausleihungen an verbundene
Unternehmen 303 14 f.
außerbilanzielle Geschäfte 303 49
Bilanzposten einbeziehbare 303 6
Bürgschaften 303 31, 40
Darlehen unter Disagioeinbehalt 306 20
Dauerschuldverhältnisse 303 23
– Verluste aus schwebenden D. 303 29
derivative Finanzierungsinstrumente
303 54 f.
Disagio in aktivem RAP 303 24
Drittschuldverhältnisse 303 45 f.
eingeforderte ausstehende Einlagen
303 10
Endkonsolidierungen 303 80
erstmalige/letztmalige Sch. 303 80
Eventualverbindlichkeiten 303 38 ff.
Forderungen
– abgeschriebene oder abgezinste F.
306 20
– ggü verbundenen Unt 303 17 ff.

Schutzklausel

Forfaitierung der Forderung 303 25
Fremdwährungsumrechnung 308a 80 ff.
Gesamtbetrag der Verbindlichkeiten
314 9
Geschäfte mit nahestehenden
Unt/Personen 303 57
Gewährleistungsrückstellungen 303 30
Gewährleistungsverträge 303 40
Haftungsverhältnisse 303 7, 38 ff.
IFRS-Abweichungen 303 90 ff.
Konsolidierungspflicht 303 6 ff.
Konzernanhang 303 8
Patronatserklärungen 303 41
publizitätspflichtige Unt 303 85
Quotenkonsolidierung 310 62 f.
Rechnungsabgrenzungsposten 303 23 ff.
Rückstellungen 303 27 ff.; 306 20
– für drohende Verluste aus
schwebendem Geschäften 303 28 f.
Sanktionen bei Verstoß 303 87
Schuldverhältnisse 303 6 ff.
Sicherheiten 303 42
Sonstige finanzielle Verpflichtungen
303 51 f.
Stetigkeitsgebot 303 75
Verbindlichkeiten ggü verbundenen
Unternehmen 303 17 ff.
Verlustausgleichsverpflichtungen 303 34
Verzicht auf Schuldenkonsolidierung,
vollständiger oder teilweiser V. 303 73 f.
Vorjahreskorrektur 298 55
Wechselobligo 303 39
wechselrechtliches Haftungsrisiko 303 32
Werthaltigkeitsgarantien 303 33
Wesentlichkeitsgrundsatz 303 70 ff.
Zurechnung von Ergebniskorrekturen
307 60 ff.
Zuschreibungen auf Grund
Wertaufholungsgebot 303 17
Schuldmitübernahmen,
Haftungsvermerk 251 30
Schuldscheindarlehen, Bilanzausweis
266 220
Schuldtitel, Offenlegungserleichterungen
327a 7
Schuldübernahme, Bilanzierung der
befreienden Sch. 247 239
Schuldverschreibungen
Agio 272 180 f.
Angaben im Anhang 284 44
Bilanzausweis und Begriff 266 213
Offenlegungserleichterungen 327a 7
Schutzklausel
Anhang 285 1
Konzernanhang 313 5
– sonstige Pflichtangaben 314 5
Konzernlagebericht 315 5
Unterlassen von Angaben im Anhang
286 2 ff.

2711

Schutzrechte

fette Ziffer = Paragraphen

Schutzrechte s Gewerbliche Schutzrechte
Schutzrechteverletzung
latente Steuern **274** 35
Rückstellung **249** 100
Schwebende Absatzgeschäfte 253 168 f.
Voll- oder Teilkostenansatz **253** 169
Schwebende Beschaffungsgeschäfte,
Rückstellungen **253** 167
Schwebende Geschäfte
Angaben im Anhang **285** 65
Begriff **249** 52 ff.
Bewertungseinheiten **254** 12
Buchführung **238** 97
Dauerschuldverhältnisse **249** 54
drohende Verluste/latente Steuern **274** 35
Drohverlustrückstellungen s dort
Einteilung (Übersicht) **249** 53
geleistete Anzahlungen **247** 545 f.
kursgesicherte Forderungen **255** 258
letter of intent **249** 55
Swapgeschäfte **254** 110
Vorvertrag **249** 55
zeitlicher Umfang **249** 55 ff.
Schwellenwerte
Befreiung von Buchführung und Inventarerstellung **241a** 4 f.
Klassifizierung einer Kapitalgesellschaft s unter Größenklasseneinteilung
Kleinst-Kapitalgesellschaften **267a** 3 f.
Konzernabschluss nach HGB **293** 2
Konzernabschluss nach PublG **293** 41
Schwerbehinderten-Pflichtplätze,
Rückstellung **249** 100
SE s Europäische Gesellschaft (SE)
Segmentberichterstattung 297 151 ff.
Abgrenzung der Segmente **297** 152 ff.
Abschreibungen **297** 169
allgemeine Angabepflichten **297** 162 ff.
anzugebende Segmentinformationen **297** 166 ff.
Aufbau der S. **297** 152 ff.
Aufgaben der S. **297** 151
Bilanzierungs- und Bewertungsmethoden **297** 160 f.
Chancen- und Risikostrukturspiegelung **297** 153
einheitliche Bilanzierung im KA **300** 15
IFRS-ergänzende Erläuterzungen **264** 209
Fremdwährungsumrechnung im KA **308a** 129
geographische Segmente **297** 154
IFRS-Rechnungslegung **297** 250 ff.
Management Approach **297** 152
operative Segmente **297** 154, 156
– Zusammenfassung **297** 156
produktorientierte Segmente **297** 154
Segmentergebnis **297** 168 ff.

Segment-Größenkriterien **297** 155
Segmentschulden **297** 172
Segmentvermögen **297** 170 f.
sonstiges Segment **297** 157
Stetigkeitsgrundsatz **297** 159
Überleitungsrechnung **297** 173 f.
Umsatzerlöse **297** 166 f.
– Aufgliederung **297** 177
Vergleichszahlenangabe **297** 175
Vorperiode-Segment **297** 158
zusätzliche Erläuterungen **297** 176
Selbstkosten, fertige und unfertige Erzeugnisse **253** 547, 549
Selbstprüfungsverbot des AP 319 24
Mitwirkung an Buchführung **319** 49 ff.
Selbstständige Tätigkeit, Begriff **238** 10
Sequentialtest 241 11 ff.
Sicherheiten
Angabe von
– Sicherheiten für Verbindlichkeiten im Anh **285** 9 ff.
– Sicherheiten von Verbindlichkeiten im Konzernanhang **314** 10 f.
Haftungsvermerk für fremde S. **251** 45
Schuldenkonsolidierung **303** 42
Sicherheitsgrundsatz, Prüfungsziel **317** 102
Sicherheitsinspektionen, Rückstellung **249** 100
Sicherungsabtretung/-übereignung
Bilanzausweis **246** 20
finanzielle Eingliederung bei Organschaft **271** 110
Haftungsvermerk **251** 45; **268** 126
Sicherungsgeschäfte,
Bewertungseinheiten **254** 20 ff.
Sicherungsrechte, dingliche,
wirtschaftliches Eigentum **246** 19 f.
Sicherungswechsel, Begriff und Bilanzausweis **266** 242
Sichtwechsel, Haftungsvermerk **251** 20
Siegelführungspflicht 321 131
Signale, Festwertbildung **240** 125
Silos 247 480
Betriebsvorrichtung **253** 419
Simultankonsolidierung im mehrstufigen Konzern **301** 371
Skonti
Anschaffungspreisminderung **255** 63 f.
GuV-Ausweis **275** 192
Inanspruchnahme bei Warenforderungen **255** 253
Lieferantenskonti **253** 98
Societas Europaea s Europäische Gesellschaft (SE)
Sofortabschreibung
geringwertige VG/WG **253** 434 f.
Sachanlagevermögen, IFRS-Abweichungen **253** 713

magere Ziffern = Anmerkungen

Software
Anschaffungskosten **255** 325
Umstellung als HK **255** 400
Softwareprogramme
Abschreibbarkeit **253** 213
immaterielle VG **247** 385 ff.
Solawechsel, Begriff und Bilanzausweis **266** 242
Sonderabschreibungen
s auch Abschreibungen steuerrechtliche Überleitung HB/StB **274** 157 ff.
Werteverzehr des Anlagevermögens **255** 428
Sonderbericht, Berichterstattung für EA des AP **321** 45
Sonderbetriebsausgaben 247 790 f.
Begriff **247** 791
Sonderbetriebseinnahmen 247 789
Begriff **247** 789
Sondervergütungen des Mitunternehmers **247** 789 f.
Sonderbetriebsvermögen 247 760 ff.
Beendigung der Bilanzierung **247** 767
Buchführungspflicht **238** 55
Entnahme eines WG **247** 767 f.
Gesellschafter der GmbH & Co. KG **247** 817 ff.
gewillkürtes S. **247** 762 ff.
mitunternehmerische Betriebsaufspaltung **247** 763
notwendiges S. **247** 760 f.
Nutzungsänderung des S. **247** 767 f.
Nutzungsrecht an WG **247** 761
Nutzungsüberlassung
– zu fremdüblichen Konditionen **247** 764 f.
– zw SchwesterPersGes **247** 765
Sondervergütungen des Mitunternehmers s dort
Subsidiaritätsthese **247** 763
Überführung eines Wirtschaftsguts in private Nutzung **247** 767
Übertragungen im Mitunternehmensbereich
– zw Ges und Mitunternehmer **247** 793 f.
– zw Mitunternehmern **247** 795 ff.
– zwischen MU'schaft mit MU'schaft-Identität **247** 799
– zwischen Sonder- und Privatvermögen **247** 798
Verbindlichkeiten **247** 761
Verlust der Mitunternehmereigenschaft **247** 767
Zurechnungskollisionen **247** 763 ff.
Sonderbilanzen 247 757 ff.
Ausweis **247** 757
Bilanzgliederung **266** 3

Sondervergütungen

Erleichterungen für Konzern-TU **264** 107
Forderungen Gesellschafter gegen PersGes **247** 759
Offenlegung **325** 9
Sonderbetriebsausgaben **247** 790 f.
Sonderbetriebseinnahmen **247** 789 f.
Sonderbetriebsvermögen **247** 760 ff.;
s iEinz dort
Sonder-GuV-Rechnung **247** 758
Steuerbilanz der PersGes **247** 732 ff.
Übertragungen im Mitunternehmer(ns)-bereich **247** 792 ff.; s iEinz unter Sonderbetriebsvermögen
Unterzeichnung **245** 1
Zurechnungen zur Mitunternehmerschaft s Sondervergütungen des Mitunternehmers
Sondereinzelkosten 255 424
Akquisitionskosten **255** 456
Aktivierung **255** 450 f.
Kosten der Auftragserlangung **255** 456
Kosten der Auftragsvorbereitung **255** 456
Vertriebskosten **255** 444, 450 f.; **275** 283
– bei langfristiger Fertigung **255** 454 ff.
Sonder-GuV-Rechnung 247 758
Sonderkosten der Fertigung 255 424 ff.
Sonderposten auf Aktivseite (Übersicht) **266** 163
Sonderposten bei Forderungen,
Bilanzausweis **266** 123 ff.
Sonderposten mit Rücklageanteil 273 1
Beibehaltungswahlrecht **67 EGHGB** 15 ff.
Gewinnabführungsvertrag **271** 134
Inventarisierung **240** 22
Kapitalkonsolidierung **301** 44
Organeinkommen **271** 141
passive latente Steuern **274** 21
Sonderposten nach DMBilG,
Bilanzausweis **266** 184
Sonderprüfungen
Abhängigkeitsbericht **289** 365 ff.
Prüfungsbericht **321** 7
Sonderrücklagen nach DMBilG,
konsolidierendes Eigenkapital **301** 43
Sondervergütungen des Mitunternehmers 247 769 ff.
Beitragsgedanke **247** 771
Darlehensvergütungen **247** 785 f.
Folge der Umqualifikation **247** 781 f.
korrespondierende Bilanzierung **247** 774
Nutzungsvergütungen für Überlassung von Wirtschaftsgütern **247** 787 f.
Pensionsrückstellung bei früherer Arbeitnehmerstellung **247** 784
Sonderbetriebseinnahmen **247** 789 f.

2713

Sondervermögen

fette Ziffer = Paragraphen

Tätigkeitsvergütungen **247** 780 ff.
– Geschäftsführer der Komplementär-GmbH **247** 821 ff.
– Leistungen auf Grund Arbeitsvertrag **247** 783
– Pensionszahlungen **247** 783
Umqualifizierung in gewerbliche Einkünfte **247** 770
Vergütungen bei
– mittelbarer Beteiligung und unmittelbarer Leistung **247** 775 f.
– unmittelbarer Beteiligung und mittelbarer Leistung **247** 777 f.
zeitliche Anwendung der S. **247** 773
Zurechnungszeitpunkt **247** 774
Sondervermögen nichtrechtsfähige, Begriff **238** 39
Sonstige betriebliche Aufwendungen
Abschreibungen auf Forderungen des Umlaufvermögens **275** 161
Begriff **275** 155
Betriebsteuern **275** 167
derivative Finanzinstrumente **275** 168
Einzelfälle (Übersicht) **275** 156
Forschungskosten **275** 307
Gesamtkostenverfahren **275** 155 ff.
GuV-Ausweis
– Gesamtkostenverfahren **275** 155 ff.
– nach IFRS **275** 341
– übrige betriebliche Aufwendungen **275** 171
– Umsatzkostenverfahren **275** 305 ff.
Kursverluste **275** 159
Umsatzkostenverfahren **275** 305 ff.
Verluste aus Abgang von Gegenständen
– des Anlagevermögens **275** 157 f.
– des Umlaufvermögens **275** 159 ff.
Sonstige betriebliche Erträge
Abgang von Anlagevermögen **275** 95
Ausweis in der GuV
– Gesamtkostenverfahren **275** 90 ff.
– Umsatzkostenverfahren **275** 300 ff.
Begriff und Einzelfälle **275** 90 f.
Bestandserhöhungen, GuV-Ausweis **275** 300
Eigenleistungen, GuV-Ausweis **275** 300
Erträge aus
– Auflösung von Rückstellungen **275** 102 f.
– derivativen Finanzierungsinstrumenten **275** 108
– Zuschreibungen zu Vermögensgegenständen **275** 98
Gesamtkostenverfahren (Einzelposten) **275** 90 ff.
GuV-Ausweis nach IFRS **275** 341
Kürzung um Erlösschmälerungen **275** 96
Rückdeckungsversicherungsleistungen **275** 97

Steuererstattungen **275** 111
Umsatzkostenverfahren **275** 300 ff.
Verrechnungsverbot **275** 102
Versicherungsentschädigungen **275** 97
Wertänderungen **275** 301
Sonstige finanzielle Verpflichtungen
ABC-Übersicht **285** 80
Abzinsungsverbot **285** 55
Abzug von Zuschüssen und Versicherungsleistungen **285** 54
Angaben im Anhang
– Gesamtbetrag **285** 41 ff.
– Umfang der Angabepflicht **285** 51
Angaben im Konzernanhang **314** 14 ff.
Ansatz der Erfüllungsbeträge **285** 55
außerhalb des laufenden Geschäftsbetriebs **285** 52
Begriff **285** 42 f.
Bewertung **285** 55 ff.
Bilanzauswels **266** 246
Bilanzstichtagsprinzip **285** 53
Dauerschuldverhältnisse **285** 67
Einzelfälle **266** 246
– finanzielle Verpflichtungen **285** 60 ff.
Gesamtbetragsangabe **285** 54
Großreparaturen künftige **285** 63
Investitionsvorhaben/Folgeinvestitionen **285** 61 f.
Miet- und Pachtverträge **285** 60
öffentlich-rechtliche Auflagen **285** 69
Restlaufzeit **285** 56
Sachwertschulden **285** 42
Salidierungsverbot **285** 54
Schätzung der Höhe **285** 55
Schuldenkonsolidierung **303** 51 f.
schwebende Geschäfte **285** 65
sonstige Haftungsverhältnisse **285** 70 ff.
Umrechnung bei Fremdwährungsverbindlichkeiten **285** 57
Umweltschutzmaßnahmen **285** 64
Verpflichtungen
– ggü GmbH-Gesellschaftern **285** 59
– ggü KapCo-Gesellschaftern **285** 59
– zu künftigen Aufwendungen **285** 68
– ggü verbundenen Unt **285** 58
Wesentlichkeitsgrundsatz **285** 51
Sonstige Gewinne und Verluste nach IFRS **275** 342 ff.
Sonstige Steuern 275 246 ff.
s *iEinz unter* Steuern
GuV-Ausweis
– Gesamtkostenverfahren **275** 246 ff.
– nach IFRS **275** 353 ff.
– Umsatzkostenverfahren **275** 309
Sonstige Vermögensgegenstände 247 120 ff.
Anhangsangaben **266** 130
Ansprüche **247** 120
antizipative aktive RAP **247** 121

magere Ziffern = Anmerkungen

Bilanzausweis **266** 128 ff.
Davon-Vermerk **266** 128
Einzelbeispiele **247** 124
Folgebewertung **256a** 125 ff.
Fremdwährungsumrechnung **256a** 120 ff.
geleistete Anzahlungen **247** 122 f.
Genossenschaftsanteile **266** 129
GmbH-Anteile **266** 128
Niederstwertprinzip **253** 558 ff.
Zugangsbewertung **256a** 120 ff.
Sortimentsbuchhandel,
Gängigkeitsabschlag **253** 557
Sozialabgaben
Gemeinkosten **255** 434 f.
GuV-Ausweis **275** 133 ff.
Personalaufwand **275** 133 ff.
Soziallasten, Rückstellung **249** 100
Sozialplan
Leistungen als Personalaufwand **275** 131
Rückstellung **249** 100
Sozialverbindlichkeiten, Bilanzausweis **266** 250 ff.
Sozialversicherungsabgabe,
Rückstellung **249** 100
Sozietät, mehrere WP als GbR **319** 11
Sozietätsklausel als Ausschlussgrund **319** 32, 82; **319a** 7
Spaltungen
Abspaltung **272** 375
Anschaffungskosten **255** 46 f.
Aufspaltung **272** 370
Ausgliederungen **272** 380
– auf Personengesellschaft **247** 751 ff.
Eigenkapitaländerungen **272** 370 ff.
ergänzende Hinweise **272** 385
Ertragsteuerspaltung *s dort*
Haftungsvermerk für Nachhaftung **251** 36
Spaltungsstichtag **268** 39
Spaltungsbilanzen, Bilanzgliederung (-schema) **266** 3
Sparbücher, Bilanzausweis **266** 81
Sparkassen, Wirtschaftsbetriebe **238** 39
Speditionserträge 275 55
Speditionskosten,
Anschaffungsnebenkosten **255** 71
Speicherbuchführung *s* Grundsätze ordnungsmäßiger Speicherbuchführung (GoS)
Spendenaufkommen, Umsatzerlöse **275** 54
Sperrjahr bei ordentlicher Kapitalherabsetzung der GmbH **272** 76
Spinnkannen, GWG **253** 444
Sprache
Einzelabschluss (Jahresabschluss) **244** 1 ff.
Konzernabschluss **298** 12
lebende Sprache bei Buchführung **239** 5 f.

Steuerberatung

Sprinkleranlagen
Betriebsvorrichtung **253** 419, 421
Herstellungskosten **255** 400
Staffelform
Bilanz **247** 7
Bilanzgliederung **266** 5
Ekfl und PersGes **247** 660 f., 666 f.
GuV-Gliederung **275** 11 f.
– nach IFRS **275** 334
Umsatzerlöse **275** 45
Stahlregalteile, GWG **253** 440
Stammkapital der GmbH 272 10, 20
Ausweis **272** 20
Standardisierungsrat 342 8 ff.
Standardprogramme, immaterielle Vermögensgegenstände **247** 386
Stanzen, Festwertbildung **240** 125
Statement of Competensive income approach 275 330 ff.
Stellplatzverpflichtung, Ablösung als nachträgliche HK **255** 381
Sterbewahrscheinlichkeiten 249 222
Stetigkeitsgrundsatz
Anhang **284** 26
Anpassungswahlrecht bei assoziierten Unternehmen **312** 65
Aufgliederung der Umsatzerlöse **285** 90
Bilanzschemaanwendung **266** 9
Gesamtkostenverfahren **275** 26
Gliederung des JA **265** 2 ff.
GuV-Gliederung **275** 23
GuV-Rechnung bei PersGes **247** 625
KapCo-Gesellschaften im Übergangsjahr **264c** 129 ff.
Kapitalflussrechnung **297** 57
Konsolidierungsmethoden **297** 200 ff.
– Angabe von Abweichungen im Konzernanhang **313** 127
Konzernanhang **313** 19
Konzernstichtag **299** 6
Lagebericht **289** 13
Schuldenkonsolidierung **303** 75
Segmentberichterstattung **297** 159
Steuerabgrenzung *s* Latente Steuern
Steueraufwand fiktiver, Ausweis bei OHG/KG **264c** 70 ff.
Steuerausweis 275 235 f., 309
abweichender St. **275** 249
Gewinnabführungsvertrag **275** 257
GuV-Rechnung von Personengesellschaften **247** 640 ff.
Organgesellschaft **275** 257
Organschaft **275** 255 ff.
Organträger **275** 258
saldierter St. **275** 253 f.
Steuerumlagen **275** 256 f.
Steuerberatung
Abschlussprüferhonorar **285** 303

2715

Steuerbilanz

fette Ziffer = Paragraphen

Ausschlussgründe für AP **319** 52;
319a 11 ff.
Steuerbilanz
s auch Bilanz
s auch Jahresabschluss
s auch Steuerbilanz der PersGes
Abgrenzung Anlage-/Umlaufvermögen
247 52 f.
Ableitung des Umlaufvermögens aus
dem Verkaufswert **253** 520
Abweichungen zur HB **243** 119
Agioausweis bei Ausgabe von Anteilen
272 222
Aufstellung der Steuerbilanz
– Ableitung des zu versteuernden
Einkommens aus der HB **274** 243 f.
– eigenständige StB-Buchhaltung
274 245 ff.
– gesetzliche Grundlagen **274** 231 ff.
– Konsequenzen für Ermittlung latenter
Steuern **274** 249 f.
– methodisches Vorgehen **274** 243 ff.
Aufstellungsfrist **243** 94
beizulegender Zeitwert **255** 513, 523 ff.
Bewertung
– Entnahmen **247** 191
– Rückstellungen **253** 153
– Sacheinlagen **247** 191
– überverzinsliche Forderungen **253** 61
Bewertungsstetigkeit **252** 63
Bilanzberichtigung **253** 810 ff.
Bilanzgliederung und
Maßgeblichkeitsgrundsatz **266** 35
dauerhafte Wertminderung **253** 533
Drohverlustrückstellungsverbot **249** 85
E-Bilanz *s dort*
Eigenkapitalfragen **247** 162
Festwertverfahren **240** 74, 100
Fremdwährungsumrechnung **256a** 4
Gängigkeitsabschläge **253** 555 ff.
Geschäftswertansatz **247** 400
Gewinnrücklagen **270** 22
Gruppenbewertung **240** 141
Imparitätsprinzip **252** 40
Kapitalrücklage **270** 22
korrespondierende Teilwertabschreibung
253 506
Niederstwertprinzip **253** 532 ff.
Rückstellungen
– Abzinsungsverbot **253** 181
– Einschränkungen **249** 14
Teilgewinnrealisierung **255** 463
Verpflichtungsrückstellungen **249** 16
Verrechnungsverbot **246** 135
Vollständigkeitsgebot **246** 135
Vorsichtsprinzip **252** 30
Steuerbilanz der Personengesellschaft
247 700 ff.
additive Gewinnermittlung **247** 733

Begriff **247** 732 ff.
Betriebsvermögen **247** 738 ff.
– gewillkürtes BV **247** 739
– Maßgeblichkeitsgrundsatz **247** 738
– notwendiges BV **247** 738
Bilanzierungs- und
Bewertungswahlrechte **247** 736
Einbringung eines Betriebs, Teilbetriebs
oder MU'schaft **247** 751 ff.
Ergänzungsbilanzen *s dort*
Gesamtgewinn der
Mitunternehmerschaft, Begriff und
Umfang **247** 732
Gesamthandsvermögen **247** 738 ff.
Gewinnermittlung der Gesellschaft
247 736 ff.
korrespondierende Bilanzierung **247** 733
personenbezogene
Steuervergünstigungen **247** 754 ff.
Rechtsbeziehungen zw PersGes und
Gesellschafter **247** 737
Sonderbetriebsausgaben **247** 790 f.
Sonderbetriebseinnahmen **247** 789 f.
Sonderbetriebsvermögen *s dort*
Sonderbilanzen **247** 732 ff.; *s iEinz dort*
Sondervergütungen des
Mitunternehmers *s dort*
Steuerbilanz erster und zweiter Stufe
247 732
Übertragung einzelner WG im
Mitunternehmensbereich **247** 792 ff.
Verteilung des Bilanzgewinns/-verlusts
247 741 ff.
– rückwirkende Änderungen **247** 742
– Verlustbeteiligung beschränkt
Haftender **247** 743
– Verteilungsschlüssel **247** 741
Zebragesellschaft **247** 735
Steuererklärungskosten, Rückstellung
249 100
Steuererstattungen, sonstige betriebliche
Erträge **275** 111
Steuererstattungsansprüche
antizipative Forderungen **268** 95
sonstige VG **247** 124
Steuergestaltungsmöglichkeiten, latente
Steuern **274** 43
Steuern
s auch Latente Steuern
s auch Steuerausweis
Aktivierung als Anschaffungsnebenkosten
275 248
Anschaffungsnebenkosten **255** 71
ausländische Steuern **275** 238
Begriff **275** 235
Berechnung der Steuern vom
Einkommen und Ertrag **278** 1 ff.;
s iEinz Ergebnisverwendungsbeschluss
Ergebnisverwendungsbeschluss *s dort*

magere Ziffern = Anmerkungen

Ertragsteuern **275** 238
Ertragsteuerspaltung **285** 120 ff.
Gesamtkostenverfahren **275** 235 ff.
Gewerbesteuer **275** 239 ff.
GuV-Ausweis **275** 235 ff.
- Gesamtkostenverfahren **275** 246 ff.
- „sonstige Steuern" **275** 246 ff., 309
- „sonstige Steuern"
Umsatzkostenverfahren **275** 274
Herstellungskosten **255** 470
Konzernabschluss, Steuerberechnung und Steueransatz **298** 34 f.
Körperschaftsteuer **275** 242 f.
Lohnsteuer **275** 246
Quellensteuern **275** 235 f.
Verbrauchsteuern **275** 246
Verkehrsteuern **275** 246
Steuernachforderungen, aktive latente Steuern **274** 39
Steuernachzahlungen, Bilanzvermerk bei PersGes **247** 644
Steuerplanung, latente Steuern **274** 42
Steuerrückstellungen
Angaben im Anhang **284** 130
Begriff **266** 201
Bilanzausweis **266** 201
Steuerschulden, Rückstellung **249** 100
Steuerstrafen, GuV-Ausweis **275** 247
Steuerstundungsmodelle nach § 15b **247** 865
Steuer-Taxonomie, Begriff **266** 301; *s iEinz* E-Bilanz
Steuerumlagen
Organgesellschaftsvertrag **274** 72
Organschaft **275** 256 f.
Organträger **271** 141
Steuerverbindlichkeiten
Bilanzausweis **266** 250 ff.
Einzelkaufleute **246** 70
Personenhandelsgesellschaften **246** 75
Steuervergünstigungen, personenbezogene St. einzelner Mitunternehmer **247** 754 ff.
Stichprobeninventur 241 5 ff.
Anwendungsvoraussetzungen **241** 7 ff.
Aussageäquivalenz **241** 22 f.
Beachtung der GoB **241** 17 ff.
Bestandszuverlässigkeit der Lagerbuchhaltung **241** 25 ff.
mathematisch-statistische Verfahren **241** 7 ff.
Nachprüfbarkeit der Ergebnisse **241** 21
Richtigkeit der St. **241** 20
Schätzverfahren **241** 8 f.
- freie/gebundene Hochrechnung **241** 10
Sequentialtest **241** 11 ff.
spezielle Ausprägungen **241** 16

Stille Gesellschaften

Testverfahren **241** 8, 11
Umstellung auf anderes Inventurverfahren **241** 14
Vollständigkeit der Grundgesamtheit **241** 18 ff.
Stichprobenprüfung
Einzelfallprüfungen bei Fehlerrisiken **317** 173 ff.
Prüfstelle für Rechnungslegung **342b** 24 ff.
Stichtagsinventur 240 40 ff., 48 ff.; **241** 50 ff.
Aufstellung eines besonderen Inventars **241** 51 f.
Bestandszu- und -abgänge **241** 57
Fortschreibungsverfahren **241** 53
Lifo-Bewertung **241** 55
nachverlegte St. **241** 52
Pensionsverpflichtungen **249** 169
Rückrechnungsverfahren **241** 53
Wertermittlung **241** 54
Stichtagskurs, Begriff **256a** 12
Stichtagskursmethode, Forderungen an verbundene Unternehmen **303** 19
Stichtagsprinzip
Begriff und Umfang **242** 6
Fremdwährungsumrechnung im KA **308a** 2
Großreparaturen künftige **285** 63
Investitionsvorhaben/Folgeinvestitionen **285** 61 f.
Jahresabschluss **252** 27
Konzernabschlussstichtag **299** 1 ff.; *s iEinz dort*
Lagebericht **289** 17
Miet- und Pachtverträge **285** 60
Pensionsverpflichtungen **249** 169
sonstige finanzielle Verpflichtungen **285** 53
Zuordnung zu Anlage-/Umlaufvermögen **247** 360
Stiftungen
Offenlegung nach PublG **325** 113
Unternehmensträgerstiftungen **238** 48
Wirtschaftsbetriebe **238** 39
Stille Beteiligungen
Beteiligungsdefinition **271** 15
GuV-Ausweis gewinnabhängiger Vergütungen **275** 207
Stille Gesellschaften
Angaben im Anhang bei Einlagen **284** 59
atypisch stille Beteiligung von Familienangehörigen **247** 814
atypisch stille G. als Mitunternehmerschaft **247** 724
Bilanzausweis von Einlagen **266** 192
Definition stiller Beteiligungen **271** 15

2717

Stille Reserven/Stille Rücklagen fette Ziffer = Paragraphen

gesonderter Ausweis stiller Gesellschafter
 264c 8
Kriterien der Bilanzierung von Einlagen
 247 233 f.
Rechnungslegungspflichten 247 704
Teilgewinnabführungsvertrag 277 10
Umqualifizierung EK in FK 247 233
Stille Reserven/Stille Rücklagen
Beteiligungen an assoz Unt,
 Buchwertmethode 312 6 ff.
Fremdwährungsumrechnung 308a 72
latente Steuern 274 21; 306 11
Stillhalteverpflichtung,
 Kapitalfolgekonsolidierung 301 271
Stilllegung einer Anlage, Anlage-/
 Umlaufvermögen 247 361
Stillstandkosten, HK 255 470
Stimmbindungsverträge 290 46 f.
 beherrschender Einfluss 290 85
Stimmrechtsausübungsbeschränkungen
 290 48
Stimmrechtsmehrheit, finanzielle
 Eingliederung bei Organschaft 271 111
Stock options, Kapitalrücklage 272 184
Strafen, Rückstellung 249 100
Strafgesetzbuch, unrichtige Darstellung
 der Verhältnisse 331 85
Strafverteidigungskosten, Rückstellung
 249 100
Strafvorschriften
 Anwendung auf KapCoGes 335b 1
 Berichtspflichtverletzung 332 1 ff.; *s
 iEinz dort*
 Geheimhaltungspflichtverletzung
 333 1 ff.
 Genossenschaften Vor 339 75
 Rechnungsabgrenzungsposten 250 57
 unrichtige Darstellung 331 1 ff.; *s iEinz
 dort*
Straßenbaubeiträge, AK 255 325
Stromanschlussbeiträge, AK 255 325
Stromsteuer, GuV-Ausweis 275 246
Stückaktien
 Anteil am Grundkapital 272 15
 Kapitalherabsetzung 272 103
 Mindestausgabebetrag 272 170
Stückzinsen
 gesonderte Vergütung 255 176
 Wertpapiere 255 307
Stufenkalkulation *s* Divisionskalkulation
Subsidiärfunktion des true and fair view
 264 26 ff.
Subsidiaritätsthese 247 763, 772
Substanzerhaltungsrechnung im
 Lagebericht 289 165
Substanzerhaltungsverpflichtungen,
 Rückstellung 249 100
Substanzmehrungen 255 380
Substanzwert, Teilwertbegriff 253 320

Subventionen *s* Zuschüsse
Sukzessivlieferungsvertrag 249 54
 Gewinnrealisierung 247 88
Swapgeschäfte
 Bilanzierung 254 110
 GuV-Ausweis 275 210
 Rückstellung 249 100
 total return swaps 246 18
 Zinsswap 254 110 ff.
Synallagma, Drohverlustrückstellungen
 249 64
Syndikatsabrechnungen
 Gewinnabführungsverträge 277 11
 Umsatzerlösausweis 275 55
Systemprüfungen 241 38
Systemsoftware, immaterielle VG
 247 387

Tabaksteuer, GuV-Ausweis 275 246
Tagebuch 238 114
Tageszeitungen, freiwillige Publizität
 328 18
Tanks 247 480
Tannenbaum-Prinzip
 Konzernabschluss-Größenmerkmale
 293 4
 publizitätspflichtige Unternehmen
 290 108
Tantiemen, Rückstellung 249 100
Tarifbelastung, Körperschaftsteuer
 275 243
Tätigkeit nachhaltige 238 11
**Tätigkeitsvergütungen des
 Mitunternehmers** *s unter*
 Sondervergütungen des M.
Tatsachenangaben im LBer 289 11
Tausch
 Ansatzwahlrecht 255 40
 Anschaffungskosten 255 39 ff.
 Begriff und Anwendungsfälle 255 39
 Beteiligungen 255 142
 Gewinnrealisierung 255 41
 handelsrechtliche Behandlung 255 40 f.
 Realisationszeitpunkt 252 49
 steuerrechtliche Behandlung 255 41
 Wertansatz 247 192
Taxikonzessionen, Abschreibung
 253 384
Taxonomie, Gliederungsschema der
 E-Bilanz 266 301; *s iEinz* E-Bilanz
Technische Anlagen *s* Anlagen
 technische
Technischer Rentner
 Auflösung der Pensionsrückstellung
 249 236
 Nachholung einer Pensionsrückstellung
 249 234
Teilabrechnungen, Teilgewinn-
 realisierung 247 86 f., 100; 255 461

2718

magere Ziffern = Anmerkungen

Teilbetrieb
Anschaffungskosten bei unentgeltlichem Erwerb **255** 103
Geschäftswert **247** 423
Teilgewinnabführungsverträge
Ausweis der Erträge im Gliederungsschema **277** 19
Begriff **277** 10
Dividendengarantieverrechnung **277** 13
Einstellungen in gesetzliche Rücklage **272** 287
GuV-Ausweis von Erträgen **277** 8 ff.
Teilgewinnrealisierung
Forderungen aus Lieferungen und Leistungen **247** 86 f.
IFRS-Abweichungen **255** 600 ff.
Teilgewinnrealisierung bei langfristiger Fertigung 255 457 ff.
Bewertungsstetigkeit **255** 464
Erhöhung bis anteilige Selbstkosten **255** 459
Realisationsprinzip **255** 458
Steuerbilanz **255** 463
Teilabrechnungen **255** 461
Teilkonzernabschluss
Abschlusspflicht **290** 2
publizitätspflichtige Unt **290** 112 ff.
Zwischenergebniseliminierung **304** 65
Teilkostenansatz bei schwebenden Absatzgeschäften **253** 169
Teilkostenrechnung 255 416, 418
Teilleistungen, Gewinnrealisierung **247** 86 f., 100; **255** 457 ff.
Teilnahme am wirtschaftlichen Verkehr 238 13
Teilwert
Aufteilung eines Gesamtkaufpreises **255** 83
Begriff **253** 320
Fiktionen *s* Teilwertfiktionen
Grenzen des T. **253** 322
niedrigerer Teilwert **253** 532 ff.
– Ermittlung bei Vorratsvermögen **253** 540
– Ermittlungsgrundsätze bei Vorräten **253** 539 ff.
– fertige und unfertige Erzeugnisse **253** 544 ff.
– Gängigkeitsabschreibungen **253** 555 ff.
– Investmentanteile **253** 614
– Leistungen **253** 544 ff.
– Roh-, Hilfs- und Betriebsstoffe **253** 542 f.
– un- und unterverzinsliche Forderungen **253** 593 f.
– Verlustprodukte **253** 553
– Vorräte **253** 535
– Waren **253** 550 ff.
– Wertpapiere **253** 614

Teilwertvermutungen

Pauschalwertberichtigung von Forderungen **253** 578
Pensionsanwartschaften **249** 210 ff.
Pensionsrückstellungen **249** 210 ff.
– Ermittlung *nach* Beendigung des Dienstverhältnisses **249** 221
– Ermittlung *vor* Beendigung des Dienstverhältnisses **249** 213 ff.
Verbindlichkeiten **253** 52, 61
verdeckte Einlagen **272** 406
Vermutungen *s* Teilwertvermutungen
Wertansatz bei Einlagen **247** 193
Wertobergrenze/Wertuntergrenze **253** 322
Teilwertabschreibung 253 317 ff.
Abgrenzung zu
– außerplanmäßigen Abschreibungen **253** 317
– niedrigerem beizulegenden Wert **253** 317
Abschreibungen außerplanmäßige *s* dort
Abweichungen HB/StB **243** 119
Geschäftswert **253** 675
Herstellungskosten-ABC **255** 470
Instandhaltungsaufwendungen **249** 102
Nachholungsverbot für AfA **253** 263 ff.
Rechnungsabgrenzungsposten **250** 32
Teilwertvermutungen *s* dort
Überleitung HB/StB **274** 147 ff.
Werteverzehr des Anlagevermögens **255** 429
Teilwertfiktionen 253 323 ff.
Annahme der Unternehmensfortführung **253** 324
Fiktion eines Unternehmenserwerbs **253** 325
gedachter Gesamtkaufpreis **253** 326
Teilwertsplittingverfahren,
Pensionsrückstellung **249** 218
Teilwerttabellen, Pensionsrückstellungen **249** 227
Teilwertvermutungen
AK/HK als Teilwert **253** 328
Anschaffung oder Herstellung als Fehlmaßnahme **253** 332
außergewöhnliche Abnutzung **253** 334
Betriebsnotwendigkeit der einzelnen WG **253** 335
betriebsspezifischer Wert **253** 331
Fehlinvestition/-kalkulation **253** 330
– Kapazitätsverschätzung **253** 331
Feststellungslast **253** 327
Material- oder Schrottwert **253** 336
Restbuchwert als Teilwert **253** 331
Schätzungsspielraum **253** 327
Schnell-/Sonderbaukosten **253** 331
überhöhter Aufwand **253** 330
Überpreiszahlungen **253** 332
Unrentabilität eines Unt **253** 333

2719

Teilzeitarbeit

fette Ziffer = Paragraphen

Veräußerungswert als Teilwert 253 336 f.
Verlustproduktion 253 333
Widerlegbarkeit der T. 253 327
Wiederbeschaffungs- oder
Reproduktionswert als Teilwert
253 329 ff.
Teilzeitarbeit, Pensionsanspruch 249 187
Telefax, Betriebs- und
Geschäftsausstattung 253 430
Telefonanlagen
Aktivierung 247 500
Betriebs- und Geschäftsausstattung
253 430
Temporary concept
latente Steuern 274 5 f., 101
– IFRS-Abweichungen im KA 306 46
Teppiche, Betriebs- und
Geschäftsausstattung 253 430
Termingeschäfte
Anschaffungskosten 255 312
bedingte T. 254 71 ff.
Devisentermingeschäfte s dort
niedrigerer Wert 253 606
Optionen s dort
Rückstellung für drohende Verluste
249 100
unbedingte T. 254 100 ff.
Terminkurs
Begriff 256a 12
Fremdwährungsumrechnung 255 258
Testat s Bestätigungsvermerk
Teststrecke, Betriebsvorrichtung 253 419
Testverfahren 241 8, 11
Textilien, GWG 253 444
Tilgungsgarantien, Haftungsvermerk
251 31
Timing concept
latente Steuern im JA 274 7 f.
latente Steuern im KA und IFRS-
Abweichungen 306 46
Tochterunternehmen
Bilanzgliederung 266 3
Eigenkapitalmindestgliederung 272 5
Erleichterungen für Konzern-TU
264 101 ff.
– Angabe der Befreiung im KA
264 150 ff.
– Befreiungsmitteilung an BAnz
264 158 ff.
– Einbeziehung der TU in KA
264 140 ff.
– kumulative Erfüllung der
Vorauszahlungen 264 115
– Mutter-Tochterverhältnis 264 116 f.
– Rechtsfolgen bei Verstoß 264 175
– Verpflichtung zur Verlustübernahme
264 130 ff.
– Zustimmung der Gesellschafter zur
Befreiung 264 120 ff.

Fremdwährungsumrechnung 308a 45 ff.
Geheimhaltungspflichten 333 8
Konzernabschluss
– einbezogene T. 313 156 f.
– mit mind 20%igem Anteilsbesitz
313 172 ff.
– nicht einbezogene TU 313 160
Konzernanhang
– einzubeziehende T. 313 200
– nicht einzubeziehende TU 313 202
nicht in Konzernabschluss einbezogene
T. 313 160
– eigene Anteile 314 85
– Einbeziehung der AN 314 32, 36
– Haftungsverhältnisse 314 21
– Verbindlichkeitenangabe im
Konzernanhang 314 9 f.
– Verpflichtungen, Angabe im
Konzernanhang 314 16
Offenlegungsbefreiung 325 22, 142
Rechte des AP 320 16 ff., 25
Verzicht auf Ausschüttungssperre
264 110
Vorlage- und Auskunftspflichten ggü
MU 294 20 ff.
Traglufthallen, Gebäude 253 395
Transaktionskosten, Aktivierung 254 72,
101
Transformatorenhäuser,
Betriebsvorrichtung 253 395
Transitorische Posten und
Rechnungsabgrenzung 250 23
Transportanlagen 247 480
Transportbehälter 247 500
Transportkästen, geringwertige
Wirtschaftsgüter 253 444
Transportkonzessionen, Abschreibung
253 384
Transportkosten, Fertigungsgemein-
kosten 255 470
Transportversicherungskosten,
Anschaffungsnebenkosten 255 71
Trennungstheorie, gemischte Schenkung
255 94
Treugut, bilanzielle Behandlung 246 10 ff.
Treuhanderwerb,
Anschaffungsnebenkosten 255 72
Treuhandverhältnisse 246 9 ff.
doppelseitige Treuhandschaft 246 14
Ermächtigungstreuhand 246 15 f.
fiduziarische Treuhandschaft 246 10 ff.
Mitunternehmerschaft 247 726
steuerliche Behandlung 246 16
Trivialsoftware, immaterielle VG 247 388
Trockenschuppen, Gebäude 253 395
True and fair view
s auch Vermögens-, Finanz- und
Ertragslage
Auslegungsfragen 264 24 ff.

magere Ziffern = Anmerkungen

Umgliederung

Beachtung der GoB 264 32 ff.
Begriff der GoB 297 186
Generalnormcharakter 264 25; 297 185 ff.
IFRS-Abweichungen 264 215 f.
Lagebericht 289 4
Nichtigkeit des JA bei Verstoß 264 58
Primär- und Subsidiärfunktion 264 25 ff.
Typische GmbH & Co. KG 247 815

Überbestände
Bewertung zu Reproduktionskosten
253 527
Gängigkeitsabschlag 253 557
Gängigkeitsabschreibungen 253 529
Übergang, von IFRS- auf HGB-
Rechnungslegung 301 297 ff.
Übergangskonsolidierung *s* Kapital-
Übergangskonsolidierung
Übergangsregelungen
s auch Anwendungsregelungen
BilMoG 67 **EGHGB** 1 ff.
EGHGB 253 681 ff.
Passivierungswahlrechte für
Pensionsverpflichtungen 249 256
Überleitung Handels-/Steuerbilanz
274 121 ff.
Ansatz- und Bewertungsunterschiede
– derivativer Geschäfts-/Firmenwert
274 193 ff.
– eigene Anteile 274 218 f.
– Finanzinstrumente zum beizZW
274 228 f.
– selbst geschaffene immaterielle VG des
AV 274 191 f.
– Währungsumrechnung 274 226 f.
Ansatz- und Bewertungswahlrechte
– Altersversorgungsverpflichtungen
274 207 ff.
– außerplanmäßige Abschreibungen
274 200 ff.
– Bewertungseinheiten 274 211 ff.
– Dividendenforderungen 274 216
– Drohverlustrückstellungen 274 222
– Herstellungskosten 274 203 ff.
– Nutzungsdauer planmäßiger
Abschreibungen 274 196 ff.
– Rechnungsabgrenzungsposten 274 217
– Rückstellungen 274 223 f.
– Verbindlichkeiten 274 225
Aufstellung der Steuerbilanz 274 231 ff.;
s iEinz dort
Ausübung steuerlicher Wahlrechte in der
StB 274 144 ff., 162 f.
– erhöhte Abschreibungen 274 164 f.
– GoB-fremde steuerliche Wahlrechte
274 147 ff.
– Pensionsrückstellungen 274 166 ff.
– Reichweite und Voraussetzungen der
Ausübung 274 144 ff.

– Rücklage nach § 6b EStG
274 153 ff.
– Teilwertabschreibungen 274 147 ff.
– Umwandlungen 274 169 ff.
Bewertungsvereinfachungsverfahren
274 230
Geringwertige VG/WG 274 177
Investitionsabzugsbeträge nach § 7g
EStG 274 157 ff.
kein Steuerbilanzausweis 274 220 f.
Sonderabschreibungen 274 157 ff.
übereinstimmende Wahlrechte
– Abschreibungsmethoden 274 172 ff.
– Herstellungskosten 274 178 ff.
– Zuschüsse 274 181 ff.
Überleitungsrechnung
E-Bilanz 266 317 ff.
latente Steuern 285 474
Übernahmeangaben im LBer
289 110 ff.; *s iEinz unter* Lagebericht
Überschuldung, Abgrenzung Kapital-/
Darlehenskosten 247 163
Übersetzungen, offenlegungspflichtige
Unterlagen 328 9
Übersichtlichkeitsgrundsatz
Abhängigkeitsbericht 289 266 ff.
Anhang 284 12, 25
– bei freiwilligen Angaben 284 81
Bilanzgliederung 266 15
Form der Darstellung in Bilanz und GuV
265 2 ff.
GuV-Rechnung bei PersGes 247 623 ff.
IFRS-Abweichungen 243 135 f.
Konzernabschluss 297 180 ff.
Konzernanhang 297 183; 313 13, 19
Konzernlagebericht 315 4
Lagebericht 289 12
mehrfache Zuordnung eines VG oder
einer Schuld 265 7 ff.
weitere Bilanzuntergliederung und
Ausweis neuer Posten 265 14
Überstunden, Rückstellung 249 100
„Gleitzeitüberhänge"
Übertragungsbuchführung 238 125
Überverzinsliche Verbindlichkeiten,
Bewertung 253 60 ff.
Umbuchungen
Anlage-/Umlaufvermögen und
umgekehrt 268 36, 53
Begriff 268 50
Kapitalrücklagen 270 14
Sachanlagen 268 50
**Umgekehrter Maßgeblichkeits-
grundsatz** *s* Maßgeblichkeitsgrundsatz
umgekehrter
Umgliederung
Anlage-/Umlaufvermögen und
umgekehrt 268 36, 53
Vermögensart 247 360 f.

2721

Umlaufvermögen

fette Ziffer = Paragraphen

Umlaufvermögen 247 51 ff.;
253 501 ff.
Abgrenzung zum Anlagevermögen
  247 52 f., 350 ff.
Absatzmarkt **253** 516 ff.
Abschreibungen **253** 501 ff.
– aktive latente Steuern **274** 31
AK als Ausgangswert **253** 503
Angaben im Anhang **284** 116 ff.
Anlage-/Umlaufvermögen **253** 609 ff.
Ausleihungen **247** 357
Begriff **247** 51
Beibehaltungswahlrecht von KapCoGes
  264c 105 ff.
beizulegender Wert **253** 515
Beschaffungsmarkt **253** 516 ff.
Beteiligungen **271** 6
Bewertung nach IFRS **253** 726 ff.
Bilanzausweis **266** 90 ff.
Bilanzgliederung **266** 90 ff.
flüssige Mittel **247** 130 ff.
Forderungen **247** 75 ff.; **253** 558 f.;
  s *iEinz* dort
Gängigkeitsabschreibungen **253** 529 ff.
Gliederung **247** 55
Guthaben bei Kreditinstituten **247** 132
GuV-Ausweis, Abgangsverlust
  275 159 ff.
HK als Ausgangswert **253** 503
Kassenbestand **247** 131
Leasing-Gegenstände **247** 355
Mindestgliederung **247** 55
Niederstwertprinzip **253** 506 ff.; s *iEinz*
  dort
sonstige Vermögensgegenstände
  247 120 ff.
Teilwert niedrigerer **253** 532 ff., 539 ff.;
  s *iEinz* unter Teilwert
Überbestände **253** 527
Umgliederung ins Anlagevermögen
  247 360
Verbrauchsgut **247** 352
Verkaufswert **253** 515, 518
Vorräte **247** 60 ff.; s *iEinz* dort
Vorratsbewertung **253** 521 ff.; s *iEinz*
  dort
Wechsel der Vermögensart **247** 360 f.
Werkzeuge **247** 352
Wertmaßstäbe **253** 510 ff.
Wertpapiere **247** 125 ff.; **253** 609 ff.;
  s *iEinz* dort
Wiederbeschaffungswert **253** 515
Wieder-HK bei Erzeugnissen und
  Leistungen **253** 526 ff.
Umrechnungsdifferenzen,
  Konzernabschluss **308a** 40 f.
Umrüstungskosten als
  Anschaffungskosten **255** 25
Umsatzbonus/Umsatzrabatt s Bonus

Umsatzerlöse 275 45 ff.
Abgrenzung der U.
– von den sonstigen betrieblichen
  Erträgen **275** 49 ff.
– in Einzelfällen **275** 54
– von sonstigen betrieblichen Erträgen
  275 45
Arbeitsgemeinschaften **275** 56 ff.
Aufgliederung im Anhang **285** 90 ff.
– nach geographischen Märkten
  285 95 ff.
– nach Tätigkeitsbereichen **285** 91 ff.
– Unterlassen der A. **286** 5 f.
Aufwands- und Ertragskonsolidierung
– Gesamtkostenverfahren **305** 15 ff.
– Umsatzkostenverfahren **305** 20 ff.
Ausweis bei kleinen und mittelgroßen
  KapGes **275** 46
Ausweisstetigkeit **275** 53
Begriff **275** 47 ff.
Beteiligungserträge von
  Holdinggesellschaften **275** 54
Dienstleistungen gelegentliche **275** 54
Dienstleistungsunternehmen **275** 52 f.
Erlöse aus Kantinenverkäufen und
  Werksküchen **275** 54
Erlösschmälerungen **275** 47, 62 ff.
Gesamtkostenverfahren **275** 45 ff.
Gestionsgebühren **275** 54
Gewährleistungsaufwendungen **275** 63
Gewinnpoolungen **275** 55
Größenmerkmal
– der KapGes **267** 7 f.; **293** 10 f.
– nach Publizitätsgesetz **293** 44
Handelsunternehmen **275** 50
Herstellungskosten des Umsatzes s dort
IFRS-Abweichungen **275** 335
Kompensationsgeschäfte **275** 48
Konzernanhangaufgliederung nach
  Tätigkeitsbereichen und Märkten
  314 24 ff.
Konzernumlagen **275** 54
Kundenskonti **275** 65
Magazinverkäufe (Roh-, Hilfs- und
  Betriebsstoffe) **275** 54
Miet- und Pachteinnahmen **275** 54
Mieteinnahmen aus Werkswohnungen
  275 54
Monopolabgaben **275** 66 ff.
nachträgliche Boni und Rabatte **275** 63
Nebenleistungen und Umlagen **275** 53
Patent- und Lizenzeinnahmen **275** 54
Preisnachlässe u. ä. **275** 64
Produktionsunternehmen **275** 51
Schrotterlöse **275** 54
Segmentberichterstattung **297** 166 f.
Speditionserträge **275** 55
Spendenaufkommen **275** 54
Staffelform **275** 45

magere Ziffern = Anmerkungen

Unrichtige Darstellung

Subventionen **275** 54
Syndikatsabrechnungen **275** 55
Umsätze im Rahmen gewöhnlicher
 Geschäftstätigkeit **275** 48
unterschiedliche Definition nach
 Handels- und USt-Recht **275** 48 f.
Unterstützungskassenleistungen **275** 54
Verbrauch- und Verkehrsteuern **275** 66 f.
Vermittlungs- und Kommissionsgeschäfte
 275 55
Versicherungsentschädigungen **275** 54
Zuordnungskriterium **275** 48
Zuschüsse **275** 53, 54
Umsatzkostenverfahren 275 26 ff.,
 265 ff.; **298** 75 f., 98
Abweichung postenmäßige ggü
 Gesamtkostenverfahren **275** 27
„ähnliche" Aufwendungen **275** 308
allgemeine Verwaltungskosten **275** 290 ff.
Angaben im Anhang zu Material- und
 Personalaufwand **275** 31
Aufwands- und Ertragskonsolidierung,
 Überblick **305** 11
Bruttoergebnis vom Umsatz **275** 280
Definition **275** 31 ff.
Einzelunternehmen **247** 662 ff.
Gleichwertigkeit mit
 Gesamtkostenverfahren **275** 36
größenabhängige Erleichterungen für
 GuV-Aufstellung **276** 1 ff.
GuV-Ausweis außerplanmäßiger
 Abschreibungen **277** 5
Herstellungskosten des Umsatzes *s dort*
IFRS-Abweichungen **275** 335 ff.
Konsolidierung der Umsatzerlöse
 305 20 ff.
Konzernanhang, Angabe des Personal-
 und Materialaufwands **314** 39 f.
Konzern-GuV-Gliederung **298** 75 f.
Konzern-GuV-Rechnung **298** 98
Personengesellschaften **247** 642, 662 ff.
Postenabweichungen ggü Gesamtkosten-
 verfahren **275** 265 ff.
sonstige betriebliche Aufwendungen
 275 305 ff.; *s iEinz dort*
sonstige betriebliche Erträge **275** 300;
 s iEinz dort
Unterscheidung ggü Gesamtkosten-
 verfahren **275** 29 ff.
Vertriebskosten **275** 281 ff.
Vorteile des U. **275** 35
Zinsaufwendungen **275** 308
Umsatzprämien ohne Rechtsanspruch als
 antizipative Forderungen **268** 95
Umsatzprovisionen, GuV-Ausweis **275** 208
Umsatzsteuer
Anschaffungskostenumfang **255** 51
erhaltene Anzahlungen auf Bestellungen
 266 226

geleistete Anzahlungen **247** 554
GuV-Ausweis **275** 246
Kürzung bei Wertberichtigungen von
 Forderungen **253** 589
Vorsteuer
– Anschaffungskosten **275** 248
– Verbindlichkeiten aus LuL **266** 231
Umsatzvergütungen,
Erlösschmälerungen **275** 64
Umspannwerke, Ausweis **247** 480
Umwandlungen
Anschaffungsnebenkosten **255** 44 ff.
Begriff und Arten **267** 25 ff.
Bewertungsfähigkeit **252** 74
Eigenkapitaländerungen **272** 350 ff.
Erleichterungen für Konzern-TU
 264 108
Formwechsel *s dort*
Geheimhaltungspflichten **333** 30
Größenklassenbestimmung der
 Kapitalgesellschaften **267** 21 f., 25 ff.
Kapital-Folgekonsolidierung **301** 290 ff.
Organschaftsrechtsnachfolge **271** 128
Spaltungen *s dort*
Überleitung HB/StB **274** 169 ff.
Übertragungsstichtag **268** 39
– steuerrechtlich **268** 40
Umwandlungsstichtag **268** 39
unrichtige Darstellung der Verhältnisse
 331 82
Verschmelzungen *s dort*
Umweltbelange, Zusatzberichterstattung
 289 103
Umweltschutzverpflichtungen
Angaben im Anhang **285** 64
Rückstellung **249** 100
Umzugskosten, Rückstellung **249** 100
 „Geschäftsverlegung"
Unabhängigkeit des AP Vor 319 1 ff.
Bestätigungserklärung **321** 75
Unabhängigkeitsgrundsatz der
 Konzernbilanzierung **300** 43 ff.
Unentgeltliche Übertragungen,
Wertansatz **247** 192
Unentgeltlicher Erwerb
 s Erwerb unentgeltlicher
 s auch Schenkung
Unfallstation, Fertigungsgemeinkosten
 255 470
Unfallverhütungsaufwendungen,
Fertigungsgemeinkosten **255** 470
Unfertige Erzeugnisse *s* Fertige und
 unfertige Erzeugnisse
Unfertige Leistungen *s unter* Leistungen
Unparteilichkeitsgrundsatz
Abschlussprüfer **323** 25 ff.
Prüfungsbericht **321** 14
Unrichtige Darstellung
betroffener Personenkreis **331** 18

Unrichtige Versicherung

fette Ziffer = Paragraphen

Erheblichkeit der Verletzung **331** 20 f.
Eröffnungsbilanz **331** 10 ff.
– Sanktionen **331** 4
Falschbewertungen/Falschbeurteilungen **331** 11
Jahresabschluss **331** 10 ff., 25 ff.
Konzernabschluss **331** 30 ff.
Konzernlagebericht **331** 30 ff.
Lagebericht **331** 10 ff.
Leichtfertigkeit beim „befreienden" KA **331** 33
pessimistische Darstellung **331** 13
Rechtsfolgen **331** 40
Sanktionen **331** 1 ff.
– Adressaten **331** 3
– Spezialgesetzregelungen **331** 1
Schönfärberei **331** 12
Spezialregelungen in anderen Gesetzen **331** 50 ff.
Täuschungsmittel **331** 19
Überbewertung/Unterbewertung **331** 12 f.
unrichtige Angaben an AP **331** 39
unrichtige Wiedergabe **331** 11 ff.
durch Unterlassen **331** 14
„Verhältnisse der Gesellschaft" (Begriff) **331** 16 f.
Verschleierung **331** 15
Verschweigen von Tatsachen **331** 14
Vollendung der Tat **331** 22
– beim „befreienden" KA **331** 33
Vorsatz **331** 23

Unrichtige Versicherung
Bilanzeid **331** 34
JA, KA, LBer **331** 34 ff.

Unterbeschäftigung, Leerkosten **255** 470
Unterbeschäftigungskosten 255 438 f.
HK des Umsatzes **275** 273

Unterbeteiligungen
Begriff **247** 703
Mitunternehmerschaft **247** 725
steuerliche Anerkennung von U. mit Familienangehörigen **247** 814

Unterbewertung, Angaben im Anhang bei unzulässiger U. **284** 49

Untergliederung des JA **265** 14

Unterlassene Instandhaltung
s Instandhaltungsrückstellungen

Unternehmen
Begriff **271** 11
Beteiligungsdefinition **271** 9 ff.

Unternehmen assoziierte s Assoziierte Unternehmen

Unternehmen einbezogene
s Konzernabschlussstichtag

Unternehmen nahestehende
s Nahestehende U.

Unternehmen verbundene s Verbundene Unternehmen

Unternehmen von öffentl Interesse,
Ausschlussgründe für AP **319a** 1 ff.;
s iEinz unter Abschlussprüfer

Unternehmenseinstellung, Bewertung **252** 19

Unternehmensfortführung s Going-concern-concept

Unternehmensführungserklärung 289a 1 ff.
Angaben zu Unternehmensführungs-praktiken **289a** 19 ff.
Arbeitsweise von Vorstand, AR, Ausschüsse **289a** 22 ff.
betroffene Unternehmen **289a** 2 ff.
erklärendes Organ **289a** 9
Inhalt der Erklärung **289a** 17 f.
Kodexänderung unterjährige **289a** 14
Lagebericht und Konz-LBer **317** 70 ff.
Ort der Erklärung **289a** 10 ff.
Prüfungspflicht **289a** 30 ff.
Rechtsfolgen bei Verstoß **289a** 32 ff.
Zeitpunkt der Erklärung **289a** 14 f.

Unternehmensführungspraktiken 289a 19 ff.

Unternehmensgründung,
Bilanzierungsverbot der Gründungskosten **252** 50

Unternehmensleitungsfunktionen,
Besorgnis der Befangenheit **319** 61

Unternehmenssteuern, Begriff **275** 235 f.

Unternehmensträgerstiftungen,
Buchführungspflicht **238** 48

Unternehmensumstrukturierungen,
AK **255** 42 ff.

Unternehmensverträge
s auch Gewinnabführungsverträge
s auch Gewinngemeinschaften
s auch Teilgewinnabführungsverträge
Angaben im Anhang **285** 66
Ausweis der Erträge im Gliederungsschema **277** 19
Jahresüberschuss/Jahresfehlbetrag **275** 262
Organschaftsverhältnis **271** 130
Verrechnungsverbot von Aufwendungen und Erträgen **277** 14 f.
Voraussetzungen **277** 12

Unternehmergesellschaft
Kaufmannseigenschaft **238** 29

Unternehmergewinn
fertige und unfertige Erzeugnisse **253** 547
niedrigerer Teilwert **253** 552

Unternehmerinitiative, Mitunternehmer **247** 720

Unternehmerrisiko, Mitunternehmer **247** 720

Unterschiedsbetrag aus Kapital-konsolidierung 268 110 ff.; **309** 1 ff.
s auch Disagio

2724

magere Ziffern = Anmerkungen

Analyse der Bestimmungsgründe
309 26
Anhangangabe bei Auflösung **313** 79
Beteiligungen an assoziierten
 Unternehmen *s dort*
Fortschreibung in Folgejahren **309** 1
Geschäfts- oder Firmenwert **309** 5;
 s iEinz dort
IFRS-Abweichungen **312** 102 ff.
IFRS-Regelung **268** 168
publizitätspflichtige Unt **309** 33
Rechtsfolgen bei Verletzung **309** 34
Unterschiedsbetrag aus
 Kapitalkonsolidierung **309** 20 ff.
– Einstellung in Rücklagen **309** 30 ff.
– Entstehungsursache/Ausweis **309** 20
– erfolgswirksame Auflösung **309** 21 ff.
Unterschiedsbetrag aus Verbindlichkeiten, aktive Abgrenzung **250** 35 ff.
Unterschiedsbetrag aus Vermögensverrechnung
aktiver Unterschiedsbetrag **266** 162; **284** 122
IFRS-Ausweis **266** 284
Unterschrift
Beweiskraft der U. unter JA **245** 6
Jahresabschluss **245** 1 ff.; *s auch*
 Unterzeichnung des Jahresabschlusses
Konzernabschluss **298** 14
Unterstützungskassen
Angaben um Anhang **284** 128
Deckungslücke/latente Steuern **274** 35
Einstellung des Mehrbetrags des Kassenvermögens in Rücklagen **272** 251
Erlöse für Leistungen **275** 54
Pensionsübergangsregelungen **249** 267; *s iEinz dort*
Rückstellungen für Zuwendungen an U. **249** 252
Zuwendungen/latente Steuern **274** 21
Unterzeichnung des Bestätigungsvermerks 322 150 ff.
Unterzeichnung des Jahresabschlusses 245 1 ff.; **264** 13 ff.
Anwendung auf Sonderbilanzen **245** 1
Auswirkungen und Rechtsfolgen **245** 6
endgültiger JA **245** 3
geänderter Jahresabschluss **245** 5
IFRS-Regelung **245** 7
Konzernabschluss **245** 4
Konzernanhang **245** 4
Kreis der Unterzeichnungsverpflichteten
 beim Jahresabschluss **245** 2 f.
öffentlich-rechtliche Verpflichtung **245** 2
Vertretungsverbot **245** 2
Un-/Unterverzinsliche Verbindlichkeiten, Bewertung **253** 63 ff.
Unveränderlichkeit der
 Bucheintragungen **239** 16

Verbindlichkeiten

Upstream-Gewinneliminierung bei
 Assoziierungsverhältnissen **312** 78
Urheberrechtsverletzung, Rückstellung **249** 100
Urkunden
Herausgabe im Rechtsstreit **258** 6
Vorlegung im Rechtsstreit **258** 3 ff.
Urlaubsrückstellungen, aktive latente Steuern **274** 35
Urlaubsverpflichtung, Rückstellung **249** 100

Variation margin **254** 100 f.
Verantwortlichkeit des Abschlussprüfers **323** 1 ff.; *s iEinz dort*
Veräußerung eigener Anteile
Ergebnisverwendungsrechnung **272** 143
Nebenkosten **272** 142
Sacherlös **272** 148
steuerliche Behandlung **272** 150
Veräußerung von Anteilen 272 140 ff.
Veräußerungsfolgeverfahren
s Bewertungsvereinfachungsverfahren
Veräußerungsgeschäfte, Wertgarantien **246** 35 f.
Veräußerungswert
Ermittlung **253** 309
Teilwert/Teilwertvermutung **253** 336 f.
Verbandsbeiträge, HK **255** 470
Verbesserung von
Vermögensgegenständen 255 375 ff.
Herstellungskosten **255** 382 ff.
Verbindlichkeiten
Abgang von V. **247** 235
Abweichungen HB/StB **243** 119
AK bei Übernahme **255** 56
aktive latente Steuern **274** 35
Anfechtungs- und Minderungsrecht **247** 222
Angaben im Anhang
– Aufgliederung des Gesamtbetrags **285** 17 ff.
– Bewertungsmethoden **284** 133
– gesicherte V. **285** 9 ff.
– Restlaufzeit von mehr als fünf Jahren **285** 5 f.
– Umfang der Angabepflicht **285** 12
Angaben im Konzernanhang
– gesicherte V. **314** 10 ff.
– Restlaufzeit mehr als 5 Jahre **314** 8 ff.
auflösend bedingte V. **247** 225
aufschiebend bedingte V. **247** 224
bedingte V. **247** 223 ff.
befreiende Schuldübernahme **247** 239
Besserungsschein **247** 237 f.
Bewertung von V. *s dort*
Bewertungseinheiten **254** 10
Bilanzausweis **266** 210 ff.
Bilanzgliederung **266** 210 ff.

2725

Verbindlichkeiten

fette Ziffer = Paragraphen

dingliche Sicherheiten **285** 11
Eigenkapitalausweis **247** 160 ff.
Einlagen stiller Gesellschafter **247** 233 f.
Einreden und Gestaltungsrechte
 247 221 f.
Erlass einer V. **247** 236
Erläuterungspflicht rechtlich noch nicht
 entstandener V. **268** 107 ff.
Folgebewertung **256a** 185 ff.
Forderungsverzicht **247** 236 ff.
Fremdwährungsumrechnung **256a** 30 ff.;
 s *iEinz dort,* 180 ff.
Genussrechtskapital **247** 227 ff.
gesicherte V. **285** 9 ff.
gewillkürte Betriebsschulden **246** 74
Größenklasseneinteilung **266** 210 f.
Insolvenzfall **247** 235
kapitalersetzende Darlehen **247** 231
Kapitalkonsolidierung **301** 82
Kontokorrentkonto betriebliches **246** 72
Note Issuance Facilities (NIF's) **268** 103
objektiv wirtschaftlicher Zusammenhang
 mit Unternehmen **246** 71
öffentliche Zuwendungen **247** 226
Passivierungsverbot fiktiver V. **243** 36
personelle Zurechnung **246** 50 f.
Rangrücktritt **247** 232, 238
Rechnungsabgrenzung **250** 18
rechtlich noch nicht entstandene
 266 253
rechtsmängelbehaftete V. **247** 221 f.
Restlaufzeit
 – Bestimmung der R. **285** 6
 – mehr als ein Jahr **256a** 33, 50 ff.
 – Vermerkpflicht **285** 18
Revolving Underwriting Faciliates
 (RUF's) **268** 103
Roll-over Kredit **268** 103
Rückstellung für IFRS-Abweichungen
 249 332 ff.
sachliche Zurechnung bei **246** 70 ff.
 – Einzelkaufleuten **246** 70
 – KapitalGes **246** 77
 – PersonenhandelsGes **246** 75 f.
Schulden *s dort*
Sonderbetriebsvermögen **247** 761
Sonstige finanzielle Verpflichtungen
 s dort
Sozialverbindlichkeiten, Bilanzausweis
 266 250 ff.
steuerrechtliche Zurechnung bei
 – Einzelkaufleuten **246** 71 ff.
 – KapitalGes **246** 77
 – PersonenhandelsGes **246** 76
Steuerverbindlichkeiten
 – Bilanzausweis **266** 250 ff.
 – Einzelkaufleute **246** 70
 – PersonenhandelsGes **246** 75
Swap-Transaktionen **246** 18

teils betrieblich, teils privat veranlasst
 246 74
treuhänderisch übernommene V. **246** 13
Übergang zu Rechnungsabgrenzungs-
 posten **250** 16
Überleitung HB/StB **274** 225
Umqualifizierung in Privatschuld **246** 73
Verjährung **247** 221
Vermerk und Ausweis nach IFRS
 268 165 ff.
Vermerkpflicht bei Restlaufzeit
 – bis zu einem Jahr **268** 101 ff.
 – von mehr als fünf Jahren **268** 102
Verrechnungsverbot **246** 105 ff.
Zugangsbewertung **256a** 181 ff.
Verbindlichkeiten aus Lieferungen und
Leistungen
Bilanzausweis **266** 228 ff.
langfristige Stundung **266** 230
Vorsteuerbehandlung **266** 231
Verbindlichkeiten gegenüber Gesell-
schaftern
Angaben im Anhang **284** 58
Bilanzausweis **266** 254 ff.
Verbindlichkeiten gegenüber Kredit-
instituten
Bewertung **253** 93
Bilanzausweis **266** 221 f.
Verbindlichkeiten gegenüber Unter-
nehmen mit Beteiligungsverhältnis,
Bilanzausweis **266** 245
Verbindlichkeiten gegenüber
verbundenen Unternehmen
Bilanzausweis **266** 244
Schuldenkonsolidierung **303** 17 ff.
Verbindlichkeitenspiegel 268 104;
285 18
Verbrauchsfolgeverfahren
s Bewertungsvereinfachungsverfahren
Verbrauchsgut, Begriff **247** 352
Verbrauchsteuern
Erlösschmälerungen **275** 66 f.
GuV-Ausweis **275** 246
Herstellungskosten **255** 453, 470
Verbundene Unternehmen 271 1 ff.,
30 ff.
s auch Konzernunternehmen
Abgrenzung gegenüber
 – assoziierten Unt **311** 5
 – Beteiligungen **271** 3
 – nicht verbundenen Unt **271** 31
Angaben im Anhang **271** 31
Angaben von Haftungsverhältnissen
 271 31
Anwendungsbereich **271** 30
Aufwendungen, GuV-Ausweis **275** 204 ff.
Begriff **271** 33 ff.
 – erweiterter Verbundenheitsbegriff
 271 35

magere Ziffern = Anmerkungen   **Verdeckte Gewinnausschüttungen**

Begriff und Zweck 271 2, 32
Bewertung von Forderungen gegen
   verbundene U. 253 597 ff.
Bilanzgliederung bei EkR und PersGes
   247 8
Davonvermerk über Zinsen und ähnliche
   Aufwendungen 275 211 f.
fehlende Verbundenheit 271 34
Forderungen gegen verbundene Unter-
   nehmen 266 118 ff.; s *iEinz dort*
GuV-Ausweis von
– Erträgen aus verbundenen U. 275 175 ff.
– Erträgen und Aufwendungen 271 31
– Wertpapiererträgen 275 185 ff.
Haftungsverhältnisse, Angabepflicht
   268 127 f.
IFRS-Abweichungen 271 45 ff.
Konzernabschlussgliederung 298 70
Konzernabschlusspflicht 290 1 ff.
Organschaft *s dort*
publizitätspflichtige Unternehmen
   290 102
Rechtsfolgen bei Verletzung 271 40
sonstige finanzielle Verpflichtungen
   285 58
im Steuerrecht *s* Organschaft
Verbindlichkeiten ggü verbundenen Unt
   266 244
Verdeckte Einlagen 255 162 ff.;
   272 400 ff.
Ansatz oder Erhöhung eines
   Aktivpostens 272 403
Ausschüttungsfolge 272 412
Bareinlagen 272 401
Begriff 272 400, 404
Beteiligungen 255 162 ff.
– Kapitalgesellschaften 255 162 ff.
Dienstleistungen 272 402
Domain-Name 272 402
einlagefähige Vermögensgegenstände
– handelsrechtliche Behandlung
   272 401 f.
– steuerrechtliche Behandlung
   272 403 f.
Erfassung und Bewertung beim
– bilanzierenden Gesellschafter
   272 407
– Empfänger 272 405 f.
– Empfänger, handelsrechtliche
   Behandlung 272 405
– Empfänger, steuerrechtliche
   Behandlung 272 406
Fortfall oder Verminderung eines
   Passivpostens 272 403
Geschäftswert 272 402
Gewinnkorrektur auf Grund AStG
   272 420
Gruppen verdeckter E. 255 162
Herstellungskosten 255 405

Know-how-Überlassung 272 401
körperschaftsteuerliche Organschaft
   272 419
Lieferungen und Leistungen zu
   unangemessenen Preisen 255 166 f.
Nachteilsausgleich 272 408 f.
Nutzungsüberlassungen 272 402
Nutzungsüberlassungen des
   Gesellschafters 255 167
Nutzungszuführungen 272 403
Rückgewähr verdeckter E. 272 410 ff.
– Auswirkungen bei der KapGes
   272 410 ff.
– Behandlung beim Gesellschafter
   272 415 f.
Rückgewähranspruch 272 413
Sachen und Rechte 272 401
Sanierungsleistungen, Abgrenzung von
   der verdeckten E. 272 417 f.
Steuer-/Satzungsklauseln 272 414
Teilwertansatz 247 193; 272 406
unentgeltliche Zuwendungen 255 163 f.
verdeckte Einlagenrückgewähr 272 411
verdeckte Sacheinlagen 272 401, 404
– Kapitalerhöhung 272 50
Verhältnis zu § 1 AStG 272 420
Verkehrswertansatz 272 405
Verlustübernahme 272 419
Vorteilsausgleich 272 408 f.
– erweiterter V. 272 420
Verdeckte Gewinnausschüttungen
   278 101 ff.
Ausschüttungskonsequenzen 278 113
ausstehende Einlagen auf das Grund-
   oder Stammkapital 272 42
Begriff und Voraussetzungen 278 101 ff.
Beteiligungsquote 278 103
Doppelbelastung 278 128
Einkommenserhöhung 278 112
Erfassung bei der Kapitalgesellschaft
– Aktiengesellschaft 278 109
– GmbH 278 110
– handelsrechtlich 278 109 ff.
– steuerrechtlich 278 112 ff.
Erfassung beim bilanzierenden
   Gesellschafter
– handelsrechtlich 278 115
– steuerrechtlich 278 116
Gewinnabführungsvertrag 271 134
Gleichbehandlungsgrundsatz 278 120
Kapitalerstragsteuer 278 114
Korrespondenzprinzip 278 117
Leistungen an
– ausgeschiedene Gesellschafter 278 102
– künftigen Gesellschafter 278 102
Organschaftsverhältnis 278 132
Rückgewähr von vGA 278 119 ff.
– Auswirkungen bei der KapGes
   278 125 ff.

2727

Verdeckte Mitunternehmerschaften fette Ziffer = Paragraphen

– Auswirkungen beim bilanzierenden Gesellschafter **278** 130 f.
– Rechtsgrundlagen **278** 119 ff.
  Satzungsklauseln **278** 121
  Sperrminoritäts-Gesellschafter **278** 104
  Steuerklauseln **278** 122
  Subsidiarität des AStG **278** 133
  unentgeltliche Nutzung/Überlassung **278** 106
  Vermögensminderung (Begriff) **278** 105
  Vollzug der vGA **278** 127
  Vorteilsausgleich **278** 118
  Zuwendungen ggü Dritten **278** 106
Verdeckte Mitunternehmerschaften **247** 729
Verdeckte Zinszahlungen *s unter* Zinszahlungen
Verdienstsicherung, Rückstellung **249** 100
Veredelung, Begriff **266** 94
Veredelungsrechnung, HK-Ermittlung **255** 470
Vereine
  Buchführungspflicht **238** 48 f.
  Kaufmannseigenschaft **238** 36
  nicht rechtsfähige Vereine
  – Begriff **247** 703
  – Buchführungspflicht **238** 49
  wirtschaftlicher Geschäftsbetrieb, Offenlegung nach PublG **325** 113
Verfahrensdokumentation **239** 38 ff.
Verfahrensprüfung, Grundsätze ordnungsmäßiger DV-gestützter Buchführung **239** 37
Verfügungsbetrag von Verbindlichkeiten **253** 53
Vergleichszahlen im Konzernanhang **313** 15
Vergütungen, bilanzielle Behandlung bei Personengesellschaften **247** 645 ff.
Vergütungsbericht
  börsennotierter AG **289** 93 ff.
  Grundzüge des Vergütungssystems **289** 97 f.
  über Vorstandsvergütungssystem **315** 34
Verjährung
  Bilanzberichtigung und Bilanzzusammenhang **253** 814
  Schadensersatzansprüche an Abschlussprüfer **323** 140 ff.
  Verbindlichkeiten **247** 221
Verkaufserlös, Begriff **253** 522
Verkaufsgeschäfte, Gewinnrealisierung bei Rückgaberecht **247** 90 ff.
Verkaufskommission
  Gewinnrealisierung **247** 89
  wirtschaftliches Eigentum **246** 22
Verkaufsoptionen
  Bilanzierung **254** 78
  als sonstige VG **247** 124

Verkaufsprovisionen, Vertriebskosten **255** 450
Verkaufswert
  Steuerbilanzansatz **253** 520
  Umlaufvermögen **253** 515, 518
Verkehrskonzessionen, Abschreibung **253** 384
Verkehrsteuern
  Erlösschmälerungen **275** 66 f.
  GuV-Ausweis **275** 246
  Herstellungskosten **255** 470
Verkehrsunternehmen, Formblatt-Verordnung **330** 20
Verkehrswert, Aufteilung eines Gesamtkaufpreises **255** 82
Verkürzte Bilanz
  kleine-KapCo-Ges **264c** 90
  Kleinst-KapCo-Ges **264c** 90
  Kleinst-KapGes/Kleinst-KapCo-Ges **326** 60 ff.
Verkürzte GuV-Rechnung, Kleinst-KapGes/Kleinst-KapCo-Ges **326** 60 ff.
Verladeplatz, Betriebsvorrichtung **253** 419
Verlag, Klischees als Fertigungsgemeinkosten **255** 470
Verlagsrechte/Verlagswerte
  Abschreibung **253** 384
  Aktivierungsverbot **248** 18
  geschäftswertähnliches WG **247** 411
Verlässlichkeitsgrundsatz, Konzernlagebericht **315** 4
Verlaufsangaben im Lagebericht **289** 11
Verlautbarungen des IdW, Gewissenhaftigkeit **323** 12 ff.
Verlustabzug/Verlustausgleich
  Einschränkung **247** 863
  negatives Kapitalkonto **247** 858 ff.
  Organeinkommensermittlung **271** 142
  SE-/SCE-Sonderregelung **247** 864
  Steuerstundungsmodelle **247** 865
Verlustantizipation,
  Drohverlustrückstellungen **249** 51
Verlustausgleichsverpflichtung, Rückstellung **249** 100
Verlustprodukte
  Begriff **253** 553
  Teilwert niedriger **253** 553
  Teilwertabschreibung **253** 333
  Vorratsbewertung **253** 525
  Vorratsvermögen **253** 553
Verlustrückstellung
  s Drohverlustrückstellung
Verlustrücktrag, latente Steuern **274** 67 f.
Verlustübernahme
  Erleichterungen für Konzern-TU **264** 130 ff.
  verdeckte Einlagen **272** 419

magere Ziffern = Anmerkungen

Vermögensauseinandersetzung

Verlustübernahmeverpflichtung
Organschaftsverhältnis **271** 130
Rückstellung **249** 100
Verlustübernahmeverträge
außerordentliche Aufwendungen und
 Erträge **277** 24
GuV-Ausweis
− abgeführte Gewinne und Erträge aus
 V. **277** 23
− Aufwendungen aus V. **277** 20 ff.
Verrechnungsverbot von Aufwendungen
 und Erträgen **277** 14 f.
Verlustvortrag
Ausgleich durch gesetzliche Rücklage
 272 240
Bilanzausweis **266** 181
latente Steuern **274** 16, 40 f., 45
Vermerke als Teil des Bilanzschemas
 266 7
Vermerkpflichten
s auch Anhang
s auch Bilanzvermerke
Bestimmung der Restlaufzeit **268** 92
Forderungen mit Restlaufzeit von mehr
 als einem Jahr **268** 90 ff.
Grundkapital der AG **272** 16
Haftungsverhältnisse **251** 3 ff.;
 268 120 ff.; s iEinz dort
konvertible Anleihen **266** 248
Ratenzahlungen **268** 92
Restlaufzeiten **285** 18
Rückstellungen nicht ausgewiesene
 249 256
Sozialverbindlichkeiten **266** 250 ff.
Stammkapital der GmbH **272** 20
Steuerverbindlichkeiten **266** 250 ff.
Verbindlichkeiten gegenüber
 Gesellschaftern **266** 254 ff.
Verbindlichkeiten mit Restlaufzeit
− bis zu einem Jahr **268** 101 ff.
− von mehr als fünf Jahren **268** 102
Verbindlichkeitenspiegel **268** 104
Vermittlung eines den tatsächlichen
Verhältnissen entspr Bildes der
VFE-Lage
s True and fair view
s Vermögens-, Finanz- u. Ertragslage
Vermögens-, Finanz- und Ertragslage
(VFE) 264 37 ff.; **297** 185 ff.
s auch True and fair view
Abweichungen
− von Bewertungsgrundsätzen **252** 76
− aus steuerlichen Gründen **264** 51 f.
Angaben im Anhang **264** 48 f.
− zusätzliche Angaben **264** 54 f.
Angaben im Konzernanhang, Einfluss
 von Methodenänderungen **313** 136
anzuwendender Beurteilungsmaßstab
 264 41 ff.

Aufgaben und Adressaten des JA
 264 35 ff.
Auslegungsfragen des true and fair view
 264 24 ff.
Beachtung der GoB **264** 32 ff.
Behandlung „gesetzlicher
 Zwangsreserven" **264** 44
Beispiele relevanter Diskrepanzen
 264 50 ff.
Bestätigungsvermerk **322** 9
Beweis des ersten Anscheins **264** 43
Bewertungsvereinfachungsverfahren
 256 45 f.
Darstellung der Abweichungen im
 Anhang **284** 170
eingeschränkte Erfüllung der
 Voraussetzungen **264** 45
Einschränkung/Versagung des BVm
 264 59
Entstehungsgeschichte (BiRiLiG)
 264 21 ff.
Erfordernis einer relevanten Diskrepanz
 264 48 f.
Ermittlung der maßgebenden
 tatsächlichen Verhältnisse **264** 39 f.
Ertragslage (Begriff) **264** 37
Finanzlage (Begriff) **264** 37
IFRS-Abweichungen **264** 215 f.
Konzernabschluss **297** 185 ff.
− Einheitstheorie **297** 190 ff.
− Generalnorm **297** 186 f.
− Interessentheorie **297** 191
Konzernanhang **313** 11
− zusätzliche Angaben **297** 188
Lagebericht **289** 16
Nichtigkeit des JA bei Verstoß **264** 58
objektiver Maßstab der tatsächlichen
 Verhältnisse **264** 40, 42
Primär- und Subsidiärfunktion **264** 25 ff.
Prüfungsberichterstattung **321** 60, 62
− Einzelabschluss **321** 84 ff.
− Konzernabschluss **321** 117
Rangverhältnis der VFE-Begriffe **264** 38
Rechtsfolgen bei Verstößen **264** 56 ff., 60
Regresspflichten **264** 59
Sonderprüfung bei Verletzung **264** 59
steuerrechtliche Bedeutung **264** 180 f.
strafrechtliche Verantwortung bei
 Verstößen **264** 60
Unterlassen von Angaben im Anhang bei
 Anteilsbesitz **286** 8
Verhältnis zu den Einzelvorschriften
 264 25
Vermittlung eines entspr Bildes **264** 41 ff.
Vermögenslage (Begriff) **264** 37
wesentliche Abweichung von der
 gesetzlichen Norm **264** 57
Vermögensauseinandersetzung,
Vorlegung der Handelsbücher **260** 1 ff.

2729

Vermögensbilanzen

fette Ziffer = Paragraphen

Vermögensbilanzen, Bilanzgliederung (-schema) **266** 3
Vermögensgegenstände
s auch Wirtschaftsgüter
Abgrenzung zum WG **247** 10, 13, 16 f.
Abnutzbarkeit **253** 213 ff.
AK, 60 Euro-Grenze **268** 34
Auffüllrechte **247** 13
Begriff **240** 2; **247** 10
beizulegender Wert **253** 308
Bewertung von V. s dort
Bewertungseinheiten **254** 10
Bierlieferungsrechte **247** 13
BilMoG-Anwendung bei AfA **253** 683
Chancen, bloße Möglichkeiten, tatsächliche Vorteile **247** 10
einlagefähige V. **272** 401 ff.
Ertragswert **253** 310 f.
Fremdwährungsumrechnung **256a** 30 ff., 61 ff.; s iEinz dort
geleistete Anzahlungen auf V. **253** 450
geringwertige V. s dort
Geschäftswert **247** 14 f.
immaterielle VG/WG s dort
Inventurvereinfachungsverfahren **241** 62
Konzernabschluss, Wertansatz **298** 39
Markenrechte **247** 13
personelle Zurechnung **246** 5 ff.
Rechnungsabgrenzungsposten **247** 11
Sachgesamtheiten **247** 13
sachliche Zurechnung **246** 55 ff.
– Einzelkaufleute **246** 56 f.
– Kapitalgesellschaften **246** 66
– PersonenhandelsGes **246** 63 f.
selbstständige Bewertbarkeit **253** 443
sonstige Vermögensgegenstände s dort
steuerrechtliche Zurechnung
– Einzelkaufleute **246** 58 ff.
– Kapitalgesellschaften **246** 66
– PersonenhandelsGes **246** 65
Übergang zu RAP **250** 16
Veräußerungswert **253** 309
Wechsel der Vermögensart **247** 360 f.
Zubehör zu immateriellen Werten **247** 388
Vermögenslage, Darstellung **321** 84
Vermögensübertragung gegen Versorgungsleistungen **255** 106
Vermögensübertragungsbilanzen, Bilanzgliederung (-schema) **266** 3
Vermögensverrechnung, aktiver Unterschiedsbetrag **266** 162
Vermögenswerte, Gliederung nach IFRS **266** 281
Veröffentlichung
s auch Offenlegung
Abgrenzung zur Offenlegung **328** 2
Begriff **328** 2

Bilanzierungsverbot für Gründungskosten **248** 2
freiwillige Publizität **328** 15
sonstige Unterlagen **328** 20 ff.
Verpackungskosten 255 445
Herstellungskosten **255** 470
Vertriebskosten **255** 452
Verpackungsmittel, Hilfs- und Betriebsstoffe **266** 91
Verpfändung, finanzielle Eingliederung bei Organschaft **271** 110
Verpflichtungen aus Dauerschuldverhältnissen, Angaben im Anhang **285** 67
Verpflichtungen aus Investitionsvorhaben/Folgeinvestitionen, Angaben im Anhang **285** 61 f.
Verpflichtungen aus künftigen Großreparaturen, Angaben im Anhang **285** 63
Verpflichtungen aus Miet- und Pachtverträgen, Angaben im Anhang **285** 60
Verpflichtungen aus öffentlichrechtlichen Auflagen, Angaben im Anhang **285** 69
Verpflichtungen aus schwebenden Geschäften, Angaben im Anhang **285** 65
Verpflichtungen aus Umweltschutzmaßnahmen, Angaben im Anhang **285** 64
Verpflichtungen ggü GmbH-Gesellschaftern, Angaben im Anhang **285** 59
Verpflichtungen ggü KapCo-Gesellschaftern, Angaben im Anhang **285** 59
Verpflichtungen ggü künftigen Aufwendungen, Angaben im Anhang **285** 68
Verpflichtungen ggü verbundenen Unt, Angaben im Anhang **285** 58
Verpflichtungen sonstige s Sonstige finanzielle Verpflichtungen
Verrechnung VG/Schulden 285 430 ff.
Konzernanhang **314** 125
Verrechnungssatzkalkulation bei den HK **255** 349
Verrechnungsverbot 246 100 ff.
Abweichungen **284** 149
Ausnahmen bei
– Bestandserhöhungen **246** 115
– Bilanz **246** 105 ff.
– Forderungen und Verbindlichkeiten **246** 105 ff.
– Gesamtschuldverhältnisse **246** 109
– GuV-Rechnung **246** 115
– Kontokorrentkonten **246** 110
– Rohergebniszusammenfassung **246** 115

magere Ziffern = Anmerkungen

– Steuererstattungen **246** 115
– Umsatzerlösschmälerungen **246** 115
Bankguthaben/-verbindlichkeiten
  266 157
betriebliche Altersversorgung **246** 120
Deckungsvermögen **246** 120 ff.;
  s auch Deckungsvermögen
Gewinnabführungs-/Verlustabführungs-
  verträge **277** 14 f.
Grundsatz der Klarheit **243** 60
GuV-Rechnung **275** 9
– Personengesellschaften **247** 626
Haftungsverhältnisse **251** 12
IFRS-Abweichungen **246** 185 ff.
in besonderen Fällen (§ **246** II 2)
  246 120 ff.
Insolvenzfall **246** 122
Konzernabschluss **298** 17
latente Steuern **67 EGHGB** 23 f.
offene Absetzung **246** 110
Rechnungsabgrenzungsposten **250** 17
Rechtsfolgen bei Verletzung **246** 130
sonstige betriebliche Erträge **275** 102
sonstige finanzielle Verpflichtungen
  285 54
sonstige Zinsen und ähnliche Erträge
  275 193
steuerrechtliche Bedeutung **246** 135
Verbindlichkeiten ungewisse **246** 110
Währungsgewinne mit
  Währungsverlusten **275** 171
Zinsaufwendungen mit Zinserträgen
  275 205
Versagungsvermerk 322 6, 67 ff.
Abgrenzung zw Einschränkung und
  Versagung **322** 55 f.
Anspruch auf V. **322** 15
Begründung **322** 53 f.
einzelne Versagungsgründe **322** 67 ff.
fehlende Beurteilungsmöglichkeit **322** 70
Konzernabschlussprüfungen **322** 122
Kumulierung von Verstößen **322** 67
Musterformulierung **322** 68, 70
Nichtigkeit des JA **322** 45
Offenlegung **325** 6
– Konzernrechnungslegung **325** 80
– publizitätspflichtige Unt **325** 114
rechtliche Wirkung **322** 11 ff.
Unterzeichnung des V. **322** 155 ff.
– Tag der Unterzeichnung **322** 156
Zielsetzung **322** 9
zusammengefasster V. bei Konzern-
  abschlussprüfung **322** 146
Versandhandel, Gewinnrealisierung bei
  Rückgaberecht **247** 91, 93
Versandkosten, Umfang **275** 283
Verschleierung im JA oder LBer **331** 15
Verschmelzungen
  s auch Umwandlungen

Versicherungsunternehmen

Agio **272** 175
Anschaffungskosten **255** 46 ff.
Down-stream-merger **272** 360
Eigenkapitaländerungen **272** 360 f.
ergänzende Hinweise **272** 385
auf Kapitalgesellschaft
– mit Kapitalerhöhung **272** 365
– ohne Kapitalerhöhung **272** 360
Kapitalrücklage-Zuzahlungen **270** 9
Organschaftsrechtsnachfolge **271** 128
PersGes, Ergänzungsbilanz **247** 751 ff.
Verschmelzungsstichtag **268** 39
Wertaufholung bei Abweichungen
  HB/StB **253** 658
Verschmelzungsbilanzen,
Bilanzgliederung (-schema) **266** 3
Verschrottung eines Gegenstands,
Anlage-/Umlaufvermögen **247** 361
Verschwiegenheitspflicht
Abschlussprüfer *s dort*
Einsichtnahme in Prüfungsbericht bei
  Insolvenz **321a** 15 ff.
Prüfstelle für Rechnungslegung,
  Adressaten der V. **342c** 6
Prüfungsorgane von Genossenschaften
  Vor 339 21
Versicherungen, Befreiung von JA-
  Aufstellung **264b** 15
Versicherungsaufwendungen,
  Herstellungskosten **255** 470
Versicherungsentschädigungen
sonstige betriebliche Erträge **275** 97
Umsatzerlöse **275** 54
Versicherungsmathematische
Berechnung von Pensionsrück-
  stellungen **249** 222 ff.
Versicherungsnehmer,
Konsolidierungsgrundsätze **300** 52 f.
Versicherungsteuer, GuV-Ausweis
  275 246
Versicherungsunternehmen 285 1
Abschlussprüferbestellung **318** 40
Anlagengitterbefreiung **268** 11
Anschaffungskosten bestehender
  Forderungen **255** 255
Aufstellungsfrist für JA **243** 91
Begriff **238** 35 f.
Beibehaltungswahlrechte im
  Konzernabschluss **308** 24, 26
Berichterstattungspflichten und
  Prüfungsbericht **321** 96 f.
Bestätigungsvermerk **322** 5
Bußgeldfestsetzungen **334** 49
Bußgeldvorschriften **334** 49
Eigenkapitaldarstellung **272** 1
Erleichterungen für Konzern-TU
  264 107
Formblätter **275** 10
Formblattermächtigungen **330** 20, 50 ff.

2731

Versicherungsvertrag

fette Ziffer = Paragraphen

Geheimhaltungspflichten **333** 27
Größenmerkmale beim
 Konzernabschluss nach PublG **293** 55
JA-Aufstellungsfrist **264** 18
Konzernabschluss **298** 90 ff.
Konzernanhangsverpflichtung **313** 3
Offenlegung
 – Form und Inhalt **328** 4
 – Pflicht zur O. **325** 141 f.
Prüfungsgegenstand **317** 6
Prüfungsumfang **317** 15
rechtsformspezifische
 Rechnungslegungspflichten **242** 9 ff.
Rückstellungen **253** 158
unrichtige Darstellung der Verhältnisse **331** 75 f.
Zusammenfassung von Konzernanhang und MU-Anhang **298** 100
Versicherungsvertrag-Abschlussaufwendungen
Aktivierungspflicht nach IFRS **248** 58 ff.
Aktivierungsverbot **248** 7
Versicherungsverträge,
Bewertungseinheiten **254** 23
Verspätungszuschläge, GuV-Ausweis **275** 247
Versuchskosten 255 425
Verteilungsrückstellung 249 35 ff.
Verteilungsrückstellungen 253 164 f.
Vertrag mit Schutzwirkung für Dritte **323** 194 ff.
Vertragserfüllungsgarantien,
Haftungsvermerk **251** 31
Vertragsstrafen, Angaben im Anhang **285** 73
Vertretung, Unterzeichnung des Jahresabschlusses **245** 2; **264** 14
Vertriebseinzelkosten 275 283
Vertriebsgemeinkosten 255 444; **275** 284
Vertriebskosten
Abgrenzung Herstellung/Vertrieb **255** 452
Abschreibungen (Umsatzkosten-GuV) **275** 285
Aktivierungsverbot
 – Divisionskalkulation **255** 470
 – Einzelkosten **255** 449
 – Gemeinkosten **255** 449, 451
Aktivierungsverbot steuerliches **255** 448 ff.
Begriff und Umfang **255** 443
Einrechnungsverbot **255** 456
Einzelkosten **255** 449
Gemeinkosten **255** 449, 451
Herstellungskosten **255** 442 ff.
IFRS-Abweichungen **255** 587
Sondereinzelkosten *s dort*
Teilgewinnrealisierung bei langfristiger Fertigung **255** 457 ff.

typische Sondereinzelkosten (Überblick) **255** 443
typische Vertriebsstellen (Überblick) **255** 443
Umfang **275** 283
Umsatzkostenverfahren **275** 281 ff.
Verkaufsprovisionen **255** 450
Verpackungskosten **255** 445
 – Druckerzeugnisse **255** 452
Versandkosten **275** 283
Vertriebseinzelkosten **275** 283
Vertriebsgemeinkosten **255** 444; **275** 284
Verwaltungskosten des Vertriebs **275** 284
Vorlaufkosten **255** 446
Vorräte **255** 442 ff.
Vorratsbewertung **253** 522
Verurteilungen, strafrechtliche
Rückstellung **249** 100
Vervielfältigungen
s auch Offenlegung, Veröffentlichung
Begriff **328** 2
freiwillige Publizität **328** 15
sonstige Unterlagen **328** 20 ff.
Verwahrungsbuch 238 114
Verwaltungskosten 255 431
allgemeine V. **275** 290 ff.
Fertigungsgemeinkosten **255** 470
IFRS-Abweichungen **255** 586
Rechnungsabgrenzung **250** 43
Umsatzkostenverfahren **275** 275, 290 ff.
Vertriebsgemeinkosten **275** 284
Vorratsbewertung **253** 522
Verwendung des Jahresüberschusses
s Jahresüberschuss-Verwendung
Verwertungserlös, Abschreibung **253** 223
Verwertungsverbot
für Abschlussprüfer **323** 50; *s iEinz dort*
Geheimnisse der geprüften Ges **333** 15
Verwertungsverpflichtungen, aktive latente Steuern **274** 35
Verzinsung von Verbindlichkeiten,
Bewertungsfragen **253** 60 ff.
VFE-Lage *s* Vermögens-, Finanz- und Ertragslage
Vinkulierung von Wertpapieren **255** 259
Vollkonsolidierung
s auch Konsolidierungsgrundsätze
Abgrenzung zur
 – Equity-Methode **312** 3
 – Quotenkonsolidierung **310** 5 ff.
Befreiung von JA-Aufstellung **264b** 33 ff.
durchschnittliche Zahl der Arbeitnehmer **314** 32
Fremdwährungsumrechnung **308a** 50 ff.
Vorrang vor QuoKons **310** 37 ff.
Vollkostenansatz
Sach- und Dienstleistungsverpflichtungen **253** 159
schwebende Absatzgeschäfte **253** 169

magere Ziffern = Anmerkungen

Vollkostenmethode, Vorratsbewertung 253 522
Vollkostenrechnung 255 416, 418
Wiederherstellungskosten **253** 546
Vollmachtindossament,
Haftungsvermerk **251** 15
Vollständigkeitserklärung
gegenüber Abschlussprüfer **320** 13
gesetzlicher Vertreter an AP **321** 65
Vollständigkeitsgebot 246 2 ff.
Abhängigkeitsbericht **289** 263 ff.
Abweichungen **284** 148
Anhang **284** 11
Ansatz- und Beibehaltungswahlrechte **246** 85 f.
Aussagen über Geschäftsvorfälle und Ereignisse **317** 101
Betriebsführungsverträge **246** 50
Bewertungsvereinfachungsverfahren **256** 30
Buchführung **239** 10
dingliche Sicherungsrechte **246** 19 f.
Geschäftswert **246** 82 f.
GuV-Rechnung **246** 90 ff.; **275** 8
– Personengesellschaften **247** 626
IFRS-Abweichungen **246** 150 ff.; s *iEinz dort*
Inventarisierung **240** 19
Jahres- und Konzernabschluss bei Offenlegung **328** 6 ff.
KA-Bilanzierung **300** 13, 43
Kommissionsgeschäfte **246** 21 ff.
Konsolidierungsgrundsatz **300** 43 ff.
Konsolidierungsgrundsätze **300** 43 ff.
Konzernabschluss **298** 16
Konzernanhang **313** 13
Konzernlagebericht **315** 4
Lagebericht **289** 9 f., 61 f.
Leasinggeschäfte **246** 37 ff.
Maßgeblichkeit des wirtschaftlichen Eigentums **246** 5 ff.
Nießbrauch **246** 48 f.
Pensionsgeschäfte **246** 24 ff.
personelle Zurechnung
– Verbindlichkeiten **246** 50 f.
– Vermögensgegenstände **246** 5 ff.
Prüfungsbericht **321** 11 ff.
Rechnungsabgrenzungsposten **246** 80
Rechtsfolgen bei Verletzung **246** 130
sachliche Zurechnung
– Verbindlichkeiten **246** 70 ff.
– Vermögensgegenstände **246** 55 ff.
steuerliche Bedeutung **246** 135
Stichprobeninventur **241** 18 ff.
Termingeschäfte
– bedingte T. **254** 71 ff.
– unbedingte T. **254** 100 ff.
Treuhandverhältnisse **246** 9 ff.
Verhältnis zur Werterfassung **246** 3

Vorlage

Wertpapierleihgeschäfte **254** 120 ff.
Zurechnung von VG **246** 2 ff.
Vollverschleiß, HK **255** 376
Vorausrechnungen, Realisationszeitpunkt **252** 48
Vorauszahlungen, Währungsumrechnung **255** 53
Vorbehalt landesrechtlicher Vorschriften **263** 1 ff.
Vorbereitungskosten, Fertigungskosten **255** 470
Vordienstzeiten, Pensionsrückstellungen **249** 217 f.
Vorführstücke, Betriebs- und Geschäftsausstattung **253** 430
Vorführwagen
Anlagevermögen **247** 354
Betriebs- und Geschäftsausstattung **247** 501
Vorgesellschaften
Beginn der Buchführungspflicht **238** 44
Größenklassenbestimmung der KapGes **267** 23
Organgesellschaftsfähigkeit **271** 108
Vorgründungsgesellschaften
Begriff und Buchführungspflicht **238** 43
Organgesellschaftsfähigkeit **271** 108
Vorjahreszahlen
Konzernabschluss **298** 51 ff.
Stetigkeitsgebot im Übergangsjahr **67 EGHGB** 26 f.
Vorlage
s *auch* Vorlagepflichten
Abhängigkeitsbericht an Aufsichtsrat **Vor 325** 1 f.
Aufsichtsrats-Berichtsvorlage an Vorstand **Vor 325** 32
Jahresabschluss der AG
– an Aufsichtsrat **Vor 325** 1 f.
– Rechte der AR-Mitglieder **Vor 325** 10 f.
Jahresabschluss der GmbH an Gesellschafter **Vor 325** 120, 130
Jahresabschluss der KGaA an Aufsichtsrat **Vor 325** 12
Jahresabschluss publizitätspflichtiger Unternehmen **Vor 325** 140 ff.
Konzernabschluss und Konzernlagebericht an GmbH-Gesellschafter **Vor 325** 133
Konzernrechnungslegung eines Mutterunternehmens an Aufsichtsrat **Vor 325** 140
Lagebericht
– an AR bei publizitätspflichtigen Unt **Vor 325** 140
– an Aufsichtsrat der AG **Vor 325** 1 f.
– an GmbH-Gesellschafter **Vor 325** 120
– Rechte der AR-Mitglieder **Vor 325** 10 f.

2733

Vorlagepflichten

fette Ziffer = Paragraphen

Prüfungsbericht
- an AR publizitätspflichtiger Unt **Vor 325** 141 f.
- an Aufsichtsrat der AG **Vor 325** 1 f.
- an GmbH-Gesellschafter **Vor 325** 120
- Rechte der AR-Mitglieder **Vor 325** 10 f.

Vorlagepflichten
Anhang **320** 5
GmbH-Geschäftsführer **Vor 325** 130 ff.
Jahresabschluss **320** 5
Konsolidierungsunterlagen **320** 21
Konzernabschluss **320** 20 ff.
- Einwendungen bei KA-Prüfung **322** 125
Lagebericht **320** 5
Prüfstelle für Rechnungslegung **342c** 11 f.
TU ggü MU **294** 20 ff.
Vorstand ggü Aufsichtsrat **Vor 325** 2
- Rechtsfolgen bei Verstoß **Vor 325** 13
Vorstand in der HV **Vor 325** 110 f.

Vorläufige Erwerbsbilanzierung bei Kapitalkonsolidierung **301** 115 ff.

Vorlaufkosten, Bewertung **255** 446

Vorlegung im Rechtsstreit
Einsichtnahme und Auszug von Handelsbüchern **259** 1 ff.
Handelsbücher **258** 1 ff.
- bei Vermögensauseinandersetzungen **260** 1 ff.
steuerliche Vorlegung **258** 7
Urkunden **258** 3 ff.

Vorlegung von Unterlagen auf Bild- oder Datenträgern **261** 1 ff.

Vorleistungen *s* Geleistete Anzahlungen

Vororganschaftliche Rücklagen **272** 285
steuerrechtliche Behandlung **275** 316

Vorprodukt, Anschaffung/Herstellung **255** 37

Vorprüfungen 320 14

Vorräte 247 60 ff.; **255** 201 ff., 410 ff.
s auch Vorratsbewertung
s auch Vorratsvermögen
ABC der Herstellungskosten **255** 470
Abgrenzungsfragen **266** 98 ff.
Abzug der Bruttospanne **255** 211
Aktivierbarkeit von Einzelkosten **255** 204
Anschaffungskosten **255** 201 ff.
Beförderungskosten **255** 206
Begriff **247** 60
Bewertung **253** 521 ff.; *s iEinz* Vorratsbewertung
Bilanzausweis **266** 90 ff.
Bilanzgliederung **266** 90 ff.
Dienstleistungsunternehmen **247** 60
Divisionskalkulationen **255** 413
Durchschnittsbewertung **255** 209 f.

fertige und unfertige Erzeugnisse **247** 62 f.
Folgebewertung **256a** 115 ff.
geleistete Anzahlungen **247** 70 ff.
Gemeinkosten **255** 410 f., 422 ff.; *s iEinz dort*
Handelsunternehmen **247** 60
Herstellungskosten **255** 410 ff.
innerbetrieblich anfallende Nebenkosten **255** 204
Inventurvereinfachungsverfahren **241** 62
Kapitalkonsolidierung **301** 82
Kostenrechnungssysteme **255** 414
Kuppelkalkulationen **255** 413
Materialgemeinkosten **255** 205
Nebenkosten bei länger lagernder Ware **255** 207
niedrigerer Teilwert **253** 535
Pauschalierung extern anfallender Nebenkosten **255** 202
Produktionsunternehmen **247** 60
retrograde Wertermittlung **255** 211
Roh-, Hilfs- und Betriebsstoffe **247** 61
- Anschaffungsnebenkosten **255** 201 ff.
unfertige Leistungen **247** 64 ff.
Verfahren zur AK-Ermittlung **255** 208 ff.
Vertriebskosten **255** 442 ff.; *s iEinz dort*
Waren **247** 68 f.
- Anschaffungsnebenkosten **255** 201 ff.
Zugangsbewertung **256a** 110 ff.
Zuschlagskalkulation **255** 410 f.
Zwischenergebniseliminierung **304** 37 ff.

Vorratsaktien
Agio **272** 173
Angaben im Anhang **284** 41
Bilanzausweis **266** 135

Vorratsausweis 266 90 ff.
Erleichterungen beim KA **298** 95 ff.
IFRS-Abweichungen **298** 120 ff.

Vorratsbewertung 253 521 ff.
s auch Vorratsvermögen
Erlösschmälerungen **253** 522
Gängigkeitsabschreibungen **253** 529 ff.
IFRS-Abweichungen **255** 573 f.
retrograde Bewertung **253** 521
Verkaufserlös **253** 522
verlustfreie Bewertung **253** 521
Verlustprodukte **253** 525
Vertriebs- und Verwaltungskosten **253** 522
Vollkostenmethode **253** 522
Zwischenprodukte **253** 524

Vorratsverfahren, Bewertungsvereinfachungsverfahren bei gleichartigen VG **256** 4

Vorratsvermögen
s auch Vorratsbewertung
Abgrenzungsfragen **266** 98 f.
Angaben im Anhang **284** 116

magere Ziffern = Anmerkungen

Vorzugsaktien

Ermittlungsgrundsätze für den
 niedrigeren Teilwert **253** 539 ff.
fertige und unfertige Erzeugnisse
 253 544 ff.; *s iEinz dort*
Gängigkeitsabschreibungen **253** 554 ff.
Gruppenbewertung **240** 131, 134
IFRS-Abweichungen **253** 726 ff.
IFRS-Aufgliederung **266** 284
Roh-, Hilfs- und Betriebsstoffe
 253 542 ff.; *s iEinz dort*
Teilwertbestimmung **253** 540
Verlustprodukte **253** 553
Waren **253** 550 ff.; *s iEinz dort*
Wertermittlungsverfahren **253** 539
Wiederbeschaffungs(herstellungs)kosten
 253 540 f.
Vorrichtungen, Maschinenbestandteile
 247 481
Vorruhestand, Pensionsübergangs-
 regelungen **249** 268; *s iEinz dort*
Vorruhestandsgelder
Abgrenzung zu Pensionsverpflichtungen
 249 154
Rückstellung **249** 100
Rückstellungen **249** 162
Vorschaltzeiten, Pensionszusagen
 249 214
Vorschüsse
Angaben im Anhang bei V. an
 Organmitglieder **285** 213
Personalaufwand **275** 126
sonstige Vermögensgegenstände **247** 124
Vorsichtsprinzip 252 29 ff.
Abschreibungsmethoden **253** 239
Abweichungen **284** 155
Arten des V. **252** 29
Bewertungsvereinfachungsverfahren
 256 32
Bilanzierungsverbot
– EK-Beschaffungskosten **252** 50
– Gründungsaufwendungen **252** 50
Ermessensspielraum **252** 32
Geltung für die Steuerbilanz **252** 30
gesetzliche Regelungen und allgemeine
 Erfahrungssätze **252** 33
Grenzwertefindung **252** 33
IFRS-Abweichungen **252** 84 f.
Imparitätsprinzip *s dort*
Inhalt des V. **252** 32 f.
Realisationsprinzip *s dort*
Rückstellungsbewertung **253** 155
Stellenwert des V. **252** 29 f.
Wahlrecht zu außerplanmäßiger AfA auf
 Anlagevermögen **252** 50
Vorstand
Berichtsvorlage des Aufsichtsrats
 Vor 325 32
– Rechtsfolgen bei Verletzung
 Vor 325 34 ff.

Beschreibung der Arbeitsweise **289a** 22,
 24
Bindung an Erklärungen über JA
 Vor 325 106
Erläuterungspflicht an HV **Vor 325** 112 f.
Feststellung des JA **Vor 325** 72 f., 76
Leitungsorganbegriff **290** 52
Rechtsfolgen bei Verletzung der
– Einberufung der HV **Vor 325** 107
– Erläuterungspflichten **Vor 325** 116
Rücklagendotierung **Vor 325** 45 ff.
Unternehmensführungserklärung **289a** 9
Vorlagepflichten *s dort*
Vorstandsbezüge
Personalaufwand **275** 129
Unterlassen der individualisierten
 Angaben **286** 25 f.
Vergütungsbericht börsennotierter AG
 289 93 ff.
Zusatzangaben
– Aufgliederung der Beiträge **285** 195 ff.
– bestimmte Leistungen an
 Vorstandsmitglieder **285** 184
– börsennotierte AG **285** 182 ff.
– erfolgsbezogene Komponenten
 285 196
– erfolgsunabhängige Komponenten
 285 195
– gewährte Bezugsrechte/sonstige
 aktienbasierte Vergütungen **285** 193
– über individualisierte Z. **314** 67
– langfristige Anreizkomponenten
 285 197
– Leistungen bei regulärer Beendigung
 285 186
– Leistungen bei vorzeitiger Beendigung
 285 185
– Leistungen Dritter **285** 190 ff., 198
– Umfang der Bezüge **285** 183 ff.
– Unterlassen der Angaben **314** 136
– während Gj ausgeschiedener Vorstand
 285 188
– während Gj geänderte Zusagen
 285 187
– Zusammenfassung mit Anhang
 289 99
Vorstandsprotokolle,
Aufbewahrungspflicht **257** 17
Vorsteuer *s* Umsatzsteuer
Vorteile, Angabepflicht im Anhang
 285 32 ff.
Vorteilsausgleich
erweiterter V. bei verdeckten Einlagen
 272 420
verdeckte Einlagen **272** 408 f.
Vorweggenommene Erbfolge
s Erbfall/Erbfolge
Vorzugsaktien, IFRS-Abweichungen
 272 458 f.

2735

Wahlrechte

fette Ziffer = Paragraphen

Wahlrechte, Anpassungswahlrecht bei assoz Unt **312** 61 ff.
Wahrheitsgebot
Abhängigkeitsbericht **289** 262
Anhang **284** 11
Konzernanhang **313** 13
Lagebericht **289** 11
Prüfungsbericht **321** 10
Währungen ... *s* Fremdwährungen ...
Währungsumrechnung
s Fremdwährungsumrechnung
Währungsverbindlichkeiten
s Fremdwährungsverbindlichkeiten
Wände
nichttragende W. als Scheinbestandteile **253** 426
Zwischenwände (transportable) als Betriebs- und Geschäftsausstattung **253** 430
Wandelanleihen/Wandelschuldverschreibungen
Angaben im Anhang **284** 44
Angaben im Konzernanhang **313** 36
Begriff **266** 213
Bewertung **253** 91
Bilanzausweis **266** 80, 213
IFRS-Abweichungen **272** 466
steuerrechtliche Behandlung **253** 92
Wandlung *s* Gewährleistung
Wandlungsrechte, Kapitalrücklage **272** 180 ff.
Wandlungsscheine, Agio **272** 183
Wandverkleidung, Betriebsvorrichtung **253** 420
Waren
Aktivierbarkeit von Einzelkosten **255** 204
Angaben im Anhang **284** 116
Anschaffungsnebenkosten **255** 201 ff.
Beförderungskosten **255** 206
Begriff **247** 68 f.; **266** 106
Bilanzausweis **266** 104 ff.
Durchschnittsbewertung **255** 209 f.
Materialgemeinkosten **255** 205
Nebenkosten bei länger lagernder Ware **255** 207
Pauschalierung von Einzelkosten **255** 202
retrograde Wertermittlung **253** 521; **255** 211
Rohgewinnaufschlag **253** 550 f.
Teilwert niedriger **253** 550 ff.
– Unternehmergewinn **253** 552
Verfahren zur Anschaffungskostenermittlung **255** 208 ff.
Vorratsvermögen **253** 550 ff.
Warenausgangsbuch 238 114
Wareneingangsbuch 238 114

Warenrückvergütungsansprüche als sonstige Vermögensgegenstände **247** 124
Warentermingeschäfte
Angaben im Anhang **285** 65
Bewertungseinheiten **254** 24
Warenwechsel, Begriff und Bilanzausweis **266** 240
Warenwirtschaftssystemgestützte Inventur 241 40 ff.
Wartezeiten, Pensionszusagen **249** 214
Wartungsvertrag, Rückstellung **249** 100 „Instandhaltung"
Wäsche
Festwertbildung **240** 125
geringwertige Wirtschaftsgüter **253** 444
Wasseranschlussbeiträge, AK **255** 325
Wassermesser, GWG **253** 442
Wasserversorgungsunternehmen, Forderungen aus LuL **266** 114
Wechsel
s auch Wechselobligo/Wechselverbindlichkeit
Bilanzausweis
– Besitzwechsel **266** 115
– Schatzwechsel **266** 143
Depotwechsel **251** 17
GuV-Ausweis **275** 203
Kautionswechsel **251** 17
Mobilisierungswechsel **251** 17
Sichtwechsel **251** 20
Wechselarten **266** 240 ff.
Wertpapierausweis **247** 126
Zahlungsrealisierung **251** 111
Wechsel der Vermögensart 247 360 f.
Wechselbestand, Ausweis **247** 126
Wechselbürgschaften, Haftungsvermerk **251** 22; **268** 123 ff.
Wechselhaftungsrückstellung, Schuldenkonsolidierung **303** 32
Wechselkurs
Begriff **256a** 11
historischer Kurs **256a** 12
Kursunterscheidungen **256a** 14
Wechselkursänderungen
s Fremdwährungen
Wechselobligo/Wechselverbindlichkeit
Bewertung **253** 100
Bilanzausweis **266** 240 ff.
gesonderter Ausweis **268** 123
Haftungsvermerk **268** 123 ff.
Rückstellung für Wechselobligorisiken **251** 19
Sammelrückstellung **253** 163
Schuldenkonsolidierung **303** 39
Wechselobligo/Wechselverbindlichkeit
Haftungsvermerk **251** 15
Rückstellung für Wechselobligorisiken **249** 100

magere Ziffern = Anmerkungen

Wegerecht, Abschreibung 253 213
Weihnachtszuwendungen
Herstellungskosten 255 470
Rückstellung 249 100
Weltabschlussprinzip 294 5 f.
Weltkonzernabschlussprinzip 290 3
Befreiung von KA-Pflicht **291** 1 f.
Werkkostenzuschüsse 255 119
Werksküchenerlöse 275 54
Werkstatteinrichtung, Betriebs- und Geschäftsausstattung **247** 500
Werkstattinventur, systemgestützte **241** 37 ff.
Werkswohnungen, Mieterlöse **275** 54
Werkverträge, Gewinnrealisierung **247** 95 ff.; s iEinz unter Forderungen aus Lieferungen und Leistungen
Werkzeuge
Abgrenzung Anlage-/Umlaufvermögen **247** 352
Betriebs- und Geschäftsausstattung **247** 500
Festwertbildung **240** 125
geringwertige Wirtschaftsgüter **253** 444
Maschinenbestandteile **247** 481
Wertänderungsrisiken, Bewertungseinheiten **254** 25
Wertansatzwahlrechte 252 56
Wertaufhellende Tatsachen 252 38 f.
Einzelbewertung **252** 28
Konzernabschluss **298** 38
Rückstellungsbildung **249** 17
Stichtagsprinzip **242** 6
Wertaufholungsrücklage 253 661 ff.
Angaben im Anhang **284** 57, 70
Auflösung **253** 664; **272** 276
Bildung **253** 663
– durch Vorstand und AR der AG **Vor 325** 51
Funktion **253** 661
GmbH-Gewinnverwendung **Vor 325** 127
Höhe **253** 662
steuerrechtliche Bedeutung **253** 665
Wertaufholungsverbot
aktive latente Steuern **274** 31
Geschäftswert **253** 671 ff., 676; **309** 16
Wertaufholung/Wertaufholungsgebot 253 630 ff.
s auch Zuschreibungen
Angaben im Anhang **284** 110, 118
Anlagengitter **268** 19
Anwendung von § 280 HGB aF **253** 643 f.
Beibehaltungswahlrecht **253** 645
Bewertungsvereinfachungsverfahren **256** 33, 100
Bilanzberichtigung **253** 652 f.
Durchführung der W.
– buchmäßige Behandlung **253** 649 ff.

Wertpapiere

– Umfang **253** 648
– Zeitpunkt **253** 646 f.
Eigenkapitalanteil **272** 258
Gegenstand der W. **253** 633 ff.
IFRS-Abweichungen **253** 668, 750
Methodenbestimmtheit **252** 67
niedrigerer Wertansatz **253** 635 f.
– Feststellung der Nichtansatzgründe **253** 640 f.
– Wegfall der Ansatzgründe **253** 637 ff.
Rechtsfolgen bei Verletzung **253** 667
Schuldenkonsolidierung **303** 17
Subjekt des W. **253** 632
Verschmelzungsabweichungen **253** 658
Zuschreibungsabweichung HB/StB **253** 654 ff.
Wertbeeinflussende Tatsachen 252 38 f.
Rückstellungsbildung **249** 17
Wertbegründende Tatsachen,
Rückstellungsbildung **249** 17
Wertberichtigungen
Einzelwertberichtigungen von Forderungen s dort
Länderrisiken **253** 573
Pauschalwertberichtigungen von Forderungen s dort
Werteverzehr
Anlagevermögen **255** 427 ff., 470
Herstellungskosten **255** 356
Wertgarantien bei
Veräußerungsgeschäften **246** 35 f.
Werthaltigkeitsgarantien 251 29
Bewertungseinheiten **254** 23
Schuldenkonsolidierung **303** 33
Wertminderungen
s auch Abschreibungen außerplanmäßige
s auch Niederstwertprinzip
Abwertungspflicht bei dauernder W. **253** 300, 312 ff.
börsennotierte Aktien **253** 316
dauernde Wertminderung **253** 533
– Forderungen **253** 559
festverzinsliche Wertpapiere **253** 316
Finanzanlagen
– dauernde W. **253** 460
– nicht dauernde W. **253** 460
GuV-Ausweis **275** 148, 160
– nach IFRS **275** 346
nicht dauernde Wertminderung **253** 350 f.
steuerrechtliche Definition
– dauernde W. **253** 316
– nicht dauernde W. **253** 353
Wertpapiere
Abgang/Zugang **247** 127
Angaben im Anhang **284** 44, 119
Angaben im Konzernanhang **313** 36
Anlage-/Umlaufvermögen **247** 357
Anlagevermögen **247** 125 ff.

2737

Wertpapierhandel

fette Ziffer = Paragraphen

Anleihe/aktive latente Steuern **274** 37
Anschaffungskosten **255** 175 ff., 300 ff.
– nachträgliche Minderung **255** 306
– Wertpapiere in Fremdwährung
 255 309
– wertpapierverbriefte Forderungen
 255 250
Anschaffungsnebenkosten **255** 301
Anschaffungspreisminderungen **255** 301
Ausweis **247** 125; **266** 80 f., 135 ff.
Bankspesen **255** 301
Begriff
– Wertpapiere des Anlagevermögens
 266 80
– Wertpapiere des Umlaufvermögens
 266 135 ff.
Bewertung **253** 609 ff.; **255** 300 ff.
Bewertungsvereinfachungsverfahren
 255 305
Bezugsrechtsausschluss **255** 308
Bilanzausweis
– Anlagevermögen **266** 80 f.
– sonstige Wertpapiere **266** 142 ff.
– Umlaufvermögen **266** 135 ff.
Bilanzgliederung
– Anlagevermögen **266** 80 f.
– Umlaufvermögen **266** 135 ff.
Bonifikationen **255** 301
Durchschnittsbewertung **255** 303
Einzelbewertung **255** 302
Folgebewertung **256a** 145
Forderungsrechte **255** 176
Fremdwährungsumrechnung **256a** 140 f.
Futures **255** 312
Genussrechte **255** 177
Girosammeldepot **255** 303
Gruppenbewertung **255** 304
GuV-Ausweis
– Abschreibung auf W. des
 Umlaufvermögens **275** 200 ff.
– Erträge aus W. **275** 185 ff.
IFRS-Ausweis **266** 284
Leihgeschäfte
– Begriff und Bilanzierung **254** 120 ff.
– sonstige VG **247** 124
Mitgliedschaftsrechte **255** 175
Namensschuldverschreibungen **255** 310
Niederstwertprinzip **253** 609 ff.
organisierter Kapitalmarkt **264d** 3
Provisionen **255** 301
Stückzinsen **255** 307
Stückzinsenvergütung **255** 176
Teilwert niedriger **253** 614
Terminkauf **255** 312
Verkaufsabsicht am Abschlussstichtag
 253 609 ff.
Vermerk bei Beschränkungen **247** 128
Vinkulierungen **255** 259
Wechsel **247** 126

Wertminderung **253** 316
Zeitwertermittlung **253** 516
Zero-Bonds **255** 176, 311
Zugangsbewertung **256a** 140
Zuschreibung vinkulierter W. **255** 259
Zwischenergebniseliminierung beim KA
 304 36, 40
Wertpapierhandel, unrichtige Darstellung
 der Verhältnisse **331** 90
Wertrechte, Bilanzausweis **266** 80
Wertschöpfung, Abgang durch W. **268** 26
Wertschöpfungsrechnung im
 Lagebericht **289** 165
Wertsicherungsklauseln
Anschaffungskosten **255** 65
Begriff **253** 57
Bewertung von Verbindlichkeiten
 253 57 ff.
Pensionsverpflichtungen **249** 160
Rentenverpflichtungen **253** 185
Wertzeichen als Kassenbestand **266** 152
Wesensänderung von VG, nachträgliche
 HK **255** 378 f.
Wesentliche Verbesserungen, HK
 255 382 ff.
Wesentlichkeitsgrundsatz 252 70 f.
Anhang **284** 13
Bewertungsvereinfachungsverfahren
 256 38
Gruppenbildung beim Bewertungs-
 vereinfachungsverfahren **256** 24
Konzernabschluss **297** 195 ff.
Konzernanhang **313** 13, 104
Konzernlagebericht **315** 4
Lagebericht **289** 9 f.
Prüfungsumfang **317** 12
Prüfungsziel **317** 103 ff.
Risikoberichterstattung über
 Finanzinstrumente **289** 67
Rückstellungen **249** 18
Schuldenkonsolidierung **303** 70 ff.
sonstige finanzielle Verpflichtungen
 285 51
Zwischenergebniseliminierung **304** 61
Wettbewerbsverbot, Zahlungen als
Anschaffungskosten **255** 325
Widerrufsvorbehalt, Pensionszusagen
 249 179 ff.
Wiederaufforstungskosten,
 Rückstellung **249** 100
Wiederbeschaffungskosten
Begriff und Umfang **253** 540 f.
Roh-, Hilfs- und Betriebsstoffe **253** 542 f.
Wertmaßstab für beizulegenden Wert
 253 518
Wiederbeschaffungswert
niedriger Wert **253** 308
Teilwertvermutung **253** 329, 331
Umlaufvermögen **253** 515

magere Ziffern = Anmerkungen

Wiederherstellungskosten
Begriff und Umfang **253** 540 f.
Erzeugnisse und Leistungen **253** 526 ff.
fertige und unfertige Erzeugnisse
 253 544 ff.
halbfertige Arbeiten **253** 544 ff.
nachträgliche HK **255** 377
Teilkostenmethode **253** 528
Teilzerstörungen **255** 377
Vollkostenmethode **253** 528
Vollkostenrechnung **253** 546, 549
Wiegegelder, Anschaffungsnebenkosten
 255 71
Wiesbadener Modell bei
Betriebsaufspaltung **247** 844
Willkürverbot
Bewertungsgrundsätze **252** 68 f.
Bewertungsvereinfachungsverfahren
 256 37
Bilanzänderung **253** 835
Windkraftanlagen, Aktivierung vor
Inbetriebnahme **255** 325
**Windkraftenergie-
Rücknahmeverpflichtung,**
Rückstellung **249** 100
Wirtschaftliche Betrachtungsweise der
Inventarisierung **240** 20
**Wirtschaftliche Verfügungsmacht
255** 31
Wirtschaftliche Verursachung,
Rückstellungen für ungewisse
Verbindlichkeiten **249** 36
Wirtschaftlicher Verkehr, Teilnahme am
 238 13
Wirtschaftliches Eigentum
Begriff **246** 6
dingliche Sicherungsrechte **246** 19 f.
Inventarisierung **240** 56 f.
Kaufoption **247** 451
Kommissionsgeschäfte **246** 21 ff.
Leasinggeschäfte **246** 37 ff.; **247** 452
Nießbrauch **246** 48
technische Anlagen und Maschinen
 247 482
Treuhandverhältnisse **246** 9 ff.
Vermögensgegenstände **247** 451
Wirtschaftlichkeitsgrundsatz
Bewertungsvereinfachungsverfahren **256** 9
Einschränkungen **240** 28
Konzernabschluss **297** 195 ff.
Konzernanhang **313** 13
Prüfungsziel **317** 107
Wirtschaftsbetriebe der öff Hand
Begriff **238** 38 ff.
Gewinnerzielungsabsicht **238** 40
Wirtschaftsgebäude, Abschreibung
 253 403
Wirtschaftsgüter
s auch Vermögensgegenstände

Zebragesellschaft

Abgrenzung zum VG **247** 10, 13, 16 f.
Begriff des Wirtschaftsguts **240** 3
– bilanzsteuerrechtlicher Begriff **247** 12
Einzelwirtschaftsgutübertragung
 247 799
immaterielle WG s Immaterielle
 VG/WG
Wirtschaftsjahr
s auch Geschäftsjahr
Ermittlung der Gewerbesteuer bei
abweichendem W. **275** 240
Wirtschaftsprüfungsgesellschaften
Ausschlussgründe **319** 77 f.
– AR-Mitglieder **319** 81
– interne Rotationen **319a** 35 ff., 40
– Netzwerk **319b** 1 ff.; s iEinz dort
– Personen mit Einfluss auf das
 Prüfungsergebnis **319** 80
– Rechtsfolgen bei Verstößen **319** 92 ff.
– Sozietätsklausel **319** 82
– Stimmrechtsanteil von mehr als 20 vH
 319 77
– verantwortlich beschäftigte
 Gesellschafter **319** 79
– verbundenes Unternehmen **319** 78
Bestellung **319** 10
Definition der gesetzlichen Vertreter
 323 63
Haftung der gesetzlichen Vertreter
 323 114
Partnerschaftsgesellschaft **319** 12
Qualitätskontrolle **319** 15 ff.
Rechtsformmöglichkeiten **319** 9
Sozietät als GbR **319** 11
Witwerrentenanspruch **249** 187
Wohngebäude, wesentliche Verbesserung
 255 386
Wohnungsbaudarlehen, Bewertung
unverzinslicher W. **253** 595
Wohnungseigentum, Gebäudezuordnung
 247 459
Wohnungsunternehmen
AP-Bestellung **319** 13
Formblatt-Verordnung **330** 20
Verbandsprüfung **Vor 339** 35 f.

Zahlenverweis im Konzernanhang
 297 183
Zahlungsinstitute,
Formblattermächtigungen **330** 20
Zahlungsstromänderungsrisiken,
Bewertungseinheiten **254** 25
Zahlungsstromschwankungsrisiken bei
Finanzinstrumenten **289** 77
Zahlungsunfähigkeit, Going-concern-
concept **252** 15
Zebragesellschaft
Gewinnermittlung **247** 735
Quotenkonsolidierung **310** 5

2739

Zeitgerechte Verbuchung

fette Ziffer = Paragraphen

Zeitgerechte Verbuchung 239 12
Zeitwert, Beizulegender Z. *s dort*
Zero-Bonds
  Anschaffungskosten **255** 176, 311
  Bewertung **253** 65
  Null-Kupon-Anleihen **255** 311
  Zugang **268** 64
Zeugnisverweigerungsrecht des
  Abschlussprüfers **323** 41 f.
Zinsansprüche als sonstige
  Vermögensgegenstände **247** 124
Zinsaufwendungen
  GuV-Ausweis
  – Gesamtkostenverfahren **275** 204 ff.
  – Umsatzkostenverfahren **275** 308
  Verrechnungsverbot mit Zinserträgen
  275 205
Zinsbegrenzungsvereinbarungen
  254 90 ff.
  Ausgleichszahlungen **254** 96
Zinsen
  Eigenkapitalzinsen *s dort*
  Fremdkapitalzinsen *s dort*
  Rückstellung für Z. auf Steuernach-
  forderungen **249** 100
Zinserträge, GuV-Ausweis **275** 187, 190 ff.
Zinsfutures, Begriff **254** 101
Zinslose Forderungen, Bewertung
  253 592 ff.
Zinsoptionen
  Begriff und Bilanzierung **254** 80 ff.
  Cap **254** 91 ff.
  Collar **254** 92
  Drohverlustrückstellung **254** 83
  Floors **254** 92 f.
  GuV-Ausweis **275** 210
  Optionen auf Bund-Future **254** 80
  Teiloptionen **254** 93
Zinssätze, Angaben im Anhang bei
  Organmitgliedern **285** 216
Zinsscheine, Bilanzausweis **266** 145
Zinsschranke
  latente Steuern **274** 51
  – IFRS-Ausweis **274** 103
Zinsswap
  Auflösung vor Fälligkeit **254** 114
  Begriff und Bilanzierung **254** 110 ff.
  Einmalzahlungen **254** 113
  GuV-Ausweis **275** 210
  Rückstellung **249** 100
Zinstermingeschäfte, GuV-Ausweis
  275 210
Zinsvorträge, latente Steuern **274** 50 ff.
Zinszahlungen 249 100
  verdeckte Z. **253** 66 ff.
  – Verbindlichkeiten unverzinsliche
  253 63 f.
  – Verbindlichkeitenbewertung **253** 53,
  66 ff.

Zinszuschüsse
  GuV-Ausweis **275** 194
  periodengerechte Vereinnahmung
  275 205
Zufallskurve/-preise 253 514
Zugänge
  Festwerterhöhungen **268** 38
  Finanzanlagen **268** 61 ff.
  Geschäfts- und Firmenwert **268** 23
  Gratisanteile auf Grund Kapitalerhöhung
  268 61
  Grundstücke und grundstücksgleiche
  Rechte **268** 31
  immaterielle Vermögensgegenstände,
  selbst geschaffene **268** 22 f.
  nachträgliche AK/HK **268** 37
  Sachanlagen **268** 30 ff.
  tatsächliche Sachherrschaft **268** 33
  Zugang (Begriff) **268** 30
Zugangsbewertung bei
  Währungsumrechnung **256a** 3, 30 f., 34,
  38, 61 f., 70 ff., 91 ff., 110 ff. 120 ff., 140,
  151 f., 181 ff., 190, 291
Zugangsverfahren,
  Gängigkeitsabschreibung **253** 530
Zugangswert, Bewertung von
  Rückstellungen **253** 152
Zuordnung *s* Zurechnung
Zurechnung
  Leasinggeschäfte **246** 41 ff.
  Nießbrauchs- und Nutzungsrechte **246** 48
  Pensionsgeschäfte **246** 28
  Verbindlichkeiten **246** 51, 71 ff.
  Vermögensgegenstände **246** 58 ff.
Zurechnung persönliche
  Leasinggeschäfte **246** 37 ff.
  Nießbrauchsrechte **246** 48
  Verbindlichkeiten **246** 50 f.
  Vermögensgegenstände **246** 2 ff.
Zurechnung sachliche
  Aufwendungen und Erträge **246** 91
  Einlagen und Entnahmen **246** 92 f.
  Verbindlichkeiten **246** 70 ff.
  Vermögensgegenstände **246** 56 ff.
Zusatzangaben im Anhang über AP-
  Gesamthonorar **285** 290 ff.; *s iEinz*
  Abschlussprüferhonorar
Zusatzberichterstattung über
  nichtfinanzielle Leistungsindikatoren
  289 100 ff.
Zuschlagskalkulation
  Begriff und Umfang **255** 410 f.
  Herstellungskostenermittlung **255** 470
Zuschreibungen
  s auch
  Wertaufholung/Wertaufholungsgebot
  Abweichungen HB/StB und
  Wertaufholung **253** 654 ff.
  Angaben im Anhang **284** 110, 118

magere Ziffern = Anmerkungen

Anlagengitter **268** 18 ff.
Anpassung HB/StB **268** 45
Aufwands- und Ertragskonsolidierung
 auf Anteile **305** 49
Begriff **268** 45 f.
Bewertungsvereinfachungsverfahren
 256 109
dauernde Wertminderungen **253** 316
Erträge aus Z. zu
 Vermögensgegenständen **275** 98
Festwerterhöhungen **268** 38
Finanzanlagen **268** 61 ff.
Forderungen **253** 559
Geschäfts- oder Firmenwert aus
 KapitalKons **309** 16
IFRS-Abweichungen **253** 707, 716, 729
Kapital-Folgekonsolidierung **301** 245 ff.
Sachanlagen **268** 45 ff.
vinkulierte Wertpapiere **255** 259
Zuschreibungsspiegel, Aufnahme in
 Anhang **268** 20
Zuschüsse
Angabe bedingt rückzahlbarer Z. im
 Anhang **285** 78
Ansatzwahlrecht **255** 115 ff.
– Angaben im Anhang **255** 117
Anschaffungskosten **255** 113 ff.
Anschaffungskostenminderung **255** 117
Ausbildungsplatzzuschüsse **255** 119
Begriff und Anwendungsfälle **255** 113 f.
Einstellung in gesonderten Passivposten
 255 117
Formkostenzuschüsse **255** 119
mit Gegenleistungscharakter **255** 124
Gewinnrealisierung **255** 117
Haftungsverhältnisse bei bedingt
 rückzahlbaren Z. **251** 50
handelsrechtliche Behandlung **255** 115 ff.
Herstellungskosten **255** 345
Investitionszulagen/-zuschüsse *s dort*
Mühlenstrukturzuwendungen **255** 119
Nichtvermarktungsprämie für
 Milcherzeugnisse **255** 119
private Zuschüsse **255** 118
Sanierungszuschüsse *s dort*
Schnellbaukosten **255** 119
steuerrechtliche Behandlung **255** 120 ff.
Überleitung HB/StB **274** 181 ff.
Umsatzerlöse **275** 53, 54
Werkkostenzuschüsse **255** 119
Zuwendungen der öffentlichen Hand
 255 115 f.
Zustandsangaben im Lagebericht **289** 11
Zuwachssparen, Bewertung **253** 68
Zuweisungen an Unterstützungs-
 kassen, Rückstellung **249** 100
Zuwendungen
Haftungsverhältnisse bei bedingt
 rückzahlbaren Z. **251** 50

Zwischenergebniseliminierung

IFRS-Abweichungen **255** 580 f.
Rückstellung für bedingt rückzahlbare
 Z. **249** 100
unentgeltliche Z.
– Überlassung von Rechten **255** 165
– verdeckte Einlagen **255** 163 f.
– zinslose/zinsverbilligte Darlehen
 255 165
Zuzahlungen des Gesellschafters,
Kapitalrücklageneinstellung **272** 195
Zwangsabschreibungen, Ausnahmefälle
 253 622
Zwangsgelder
Anwendung auf KapCoGes **335b** 1
GuV-Ausweis **275** 247
Zwangsversteigerung, AK **255** 325
Zweckgesellschaften
Chancen und Risiken **290** 65 ff., 75
Einbeziehung in Konskreis **296** 12, 22
Einbeziehungswahlrecht,
 Versorgungseinrichtungen **296** 13
Funktion **290** 71
gegrenzter Zweck **290** 68 ff.
Kapital-Erstkonsolidierung **301** 49
Zweckmäßigkeitsprüfung des
Aufsichtsrats **Vor 325** 21 f.
Zweigniederlassungen
Buchführungspflicht **238** 45 f.
Lagebericht **289** 90
Offenlegung von Z. im Ausland
 325a 1 ff.; *s iEinz unter* Offenlegung
Organgesellschaftsfähigkeit **271** 108
Sprache und Währungseinheit der Bilanz
 ausländischer Z. **244** 7
Zweischneidigkeit der Bilanz 252 4
Zwischenabschlüsse
Angabe der Einbeziehung in
 Konzernabschluss **313** 119
Aufwendungen und Erträge
– ergebnishängige **299** 20
– zeitanteilige Berücksichtigung **299** 17
Ertragsteuerermittlung **299** 22
Ertragsteuerrechnung **299** 21 f.
gesetzliche Regelungen **299** 11
Gewinnverwendung **299** 15
Konzernabschluss **299** 10 ff.
latente Steuern **299** 21
Sinn und Zweck **299** 12
technische Ableitung **299** 13
Vereinfachungen **299** 18
Vorlage- und Auskunftspflichten **320** 21
Vorratsbestände-Ermittlung **299** 19
zusätzliche Abgrenzungen **299** 16 f.
zusätzliche Untergliederungen **299** 14
Zwischenbuchhandel,
Gängigkeitsabschlag **253** 557
Zwischenergebniseliminierung 304 1 ff.
Anlagevermögen **304** 52
Anteile an TU und Beteiligungen **304** 36

2741

Zwischenholdinggesellschaften

fette Ziffer = Paragraphen

Ausgleichspostenermittlung **307** 53 ff.
Ausnahmen von untergeordneter
  Bedeutung **304** 60 ff.
Beteiligungen an assoziierten
  Unternehmen **312** 71 ff.
– Downstream- oder
  Abwärtseliminierung **312** 80 f.
– Satelliteneliminierung **312** 83
– Upstream- oder Aufwärtseliminierung
  312 78
– Vereinfachungen und Ausnahmen
  312 75
– Wahlrecht der quotalen Eliminierung
  312 85
Ermittlung
– anzusetzende Konzern-AK **304** 11 f.
– anzusetzender Betrag **304** 10 ff.
– Konzernherstellungskosten **304** 13 ff.
– Zwischenergebnisse im
  Entstehungsjahr **304** 50
erst-/letztmalige Behandlung von
  Zwischenabschlüssen **304** 65
Fortführung der Zwischenergebnisse in
  den Folgejahren **304** 51 ff.
Fremdwährungsumrechnung **308a** 90 ff.
gewerbliche Schutzrechte **304** 30
IFRS-Abweichungen **304** 80; **312** 112 f.
immaterielle VG **304** 30 f.

Konzernhöchstwert/Konzernminderwert
  304 16 f.
latente Steuern **306** 24
Lizenzen **304** 30
Niederstwertberücksichtigung **304** 18
publizitätspflichtige Unt **304** 70
Quotenkonsolidierung **310** 65 f.
Sachanlagen **304** 32 ff.
Sanktionen bei Verstoß **304** 75
Teilkonzernabschluss **304** 65
Umlaufvermögen **304** 53
untergeordnete Bedeutung **304** 60
Vorräte **304** 37 ff.
Wertpapiere
– Anlagevermögen **304** 36
– Umlaufvermögen **304** 40
Wesentlichkeitsgrundsatz **304** 61
Zwischenholdinggesellschaften,
Organträgerschaft **271** 105
Zwischenprodukte, Vorratsbewertung
253 524
Zwischenprüfungen
s auch Vorprüfungen
Rechte vor JA-Aufstellung **320** 14
Zwischenwände transportable,
Betriebs- und Geschäftsausstattung
253 430